D1997296

Gesamtherausgeber:
Prof. Dr. Barbara Dauner-Lieb, Köln
RA Dr. Thomas Heidel, Bonn
Prof. Dr. Gerhard Ring, Freiberg

NomosKommentar

BGB

Allgemeiner Teil | EGBGB

Band 1
2. Auflage

Herausgegeben von

Dr. Thomas Heidel, Rechtsanwalt, Fachanwalt für Steuerrecht und Fachanwalt für Handels- und Gesellschaftsrecht, Bonn | **Dr. Rainer Hüßtege,** Vorsitzender Richter am Oberlandesgericht München | **Prof. Dr. Heinz-Peter Mansel,** Universität zu Köln, Direktor des Instituts für internationales und ausländisches Privatrecht | **Prof. Dr. Ulrich Noack,** Universität Düsseldorf, Lehrstuhl für Bürgerliches Recht, Handels- und Wirtschaftsrecht

in Verbindung mit dem Deutschen Anwaltverein

Nomos

DeutscherAnwaltVerein

Zitiervorschlag: NK-BGB/*Bearbeiter* § ... Rn ...

Die Deutsche Nationalbibliothek verzeichnet diese Publikation in der Deutschen Nationalbibliografie; detaillierte bibliografische Daten sind im Internet über http://dnb.d-nb.de abrufbar.

ISBN 978-3-8329-3439-2

2. Auflage 2012
© Nomos Verlagsgesellschaft, Baden-Baden 2012. Printed in Germany. Alle Rechte, auch die des Nachdrucks von Auszügen, der fotomechanischen Wiedergabe und der Übersetzung, vorbehalten.

Vorwort der Herausgeber

Der NomosKommentar BGB setzt nach dem Verlagswechsel den ehemaligen AnwaltKommentar fort. Er hat auch weiterhin das Ziel, wissenschaftliche Analyse und Kreativität bei der Lösung neuer, aber auch altbekannter Rechtsfragen mit Hinweisen für die praktische Arbeit des Anwalts und Richters am Fall und im Prozess zu verbinden.

Der erste Band enthält die Kommentierungen zum Allgemeinen Teil des Bürgerlichen Gesetzbuches und zum internationalen Privatrecht, wie es in den Art. 3 bis 47 EGBGB niedergelegt ist, sowie der wichtigsten für die Bundesrepublik Deutschland in Kraft befindlichen intenational-privatrechtlichen Staatsverträge. Auch die EU-Unterhaltsverordnung[1], die EuEheVO[2] und die Verordnung zum internationalen Scheidungsrecht[3], die in Deutschland mit Wirkung ab dem 21.6.2012 gelten wird, werden kommentiert. Das internationale Gesellschaftsrecht und die Frage der Überlagerung eines anwendbaren ausländischen Gesellschaftsrechtes durch deutsche Gläubigerschutzvorschriften werden eingehend untersucht.

Die Kommentierung der EU-Verordnungen zum internationalen Schuldvertragsrecht und dem internationalen Privatrecht der außervertraglichen Schuldverhältnisse[4] wird im Jahr 2012 in einem eigenen Band erscheinen.

Der Kommentar hat den Anspruch, für Wissenschaft und Praxis ein wichtiges Arbeitsmittel zu sein. Daher sind Autoren und Herausgeber dankbar für Hinweise und Anregungen. Sie können gerichtet werden an bgb@nomos.de.

Im Herbst 2011

Thomas Heidel, Bonn
Rainer Hüßtege, München
Heinz-Peter Mansel, Köln
Ulrich Noack, Düsseldorf

1 EG-VO Nr. 4/2009 vom 18.12.2008 über die Zuständigkeit, das anwendbare Recht, die Anerkennung und Vollstreckung von Entscheidungen und die Zusammenarbeit in Unterhaltssachen.

2 EG-VO Nr. 2201/2003 über die Zuständigkeit, Anerkennung und Vollstreckung von Entscheidungen in Ehesachen und in Verfahren betreffend die elterliche Verantwortung vom 27.11.2003.

3 Rom III-Verordnung, EU-VO Nr. 1259/2010 vom 20.12.2010 zur Durchführung einer verstärkten Zusammenarbeit im Bereich des auf die Ehescheidung und Trennung ohne Auflösung des Ehebandes anzuwendenden Rechts.

4 Rom I- und Rom II-Verordnung, EG-VO Nr. 593/2008 über das auf vertragliche Schuldverhältnisse anzuwendende Recht vom 17.6.2008 und EG-VO Nr. 864/2007 über das auf außervertragliche Schuldverhältnisse anzuwendende Recht vom 11.7.2007.

Inhaltsübersicht

Gesetz über die Spende, Entnahme und Übertragung von Organen und Geweben

Autorenverzeichnis

Prof. Dr. Thomas Ackermann, LL.M.
Ludwig-Maximilians-Universität München, Lehrstuhl für Bürgerliches Recht, Europäisches und Internationales Wirtschaftsrecht

Prof. Dr. Marianne Andrae
Universität Potsdam

Prof. Dr. Christian Baldus
Universität Heidelberg, Institut für geschichtliche Rechtswissenschaft, Romanistische Abteilung

Prof. Dr. Christoph Benicke
Universität Gießen, Lehrstuhl für Bürgerliches Recht, Internationales Privatrecht und Rechtsvergleichung

Daniela A. Bergdolt
Rechtsanwältin, München

Dr. Kai Bischoff, Dipl.-Kfm, LL.M.
Notar, Köln-Rodenkirchen

Dr. Christine Budzikiewicz
Akad. Rätin, Universität zu Köln, Institut für internationales und ausländisches Privatrecht

Dr. Ilse Dautert
Rechtsanwältin und Fachanwältin für Medizinrecht und Fachanwältin für Sozialrecht, Oldenburg

Dr. Rupert Doehner
Rechtsanwalt, München

Prof. Dr. Diederich Eckardt
Universität Trier, Lehrstuhl für Bürgerliches Recht und Zivilprozessrecht

Prof. Dr. Florian Faust, LL.M.
Bucerius Law School, Hamburg, Lehrstuhl für Bürgerliches Recht, Handels- und Wirtschaftsrecht und Rechtsvergleichung

Prof. Dr. Andreas Feuerborn
Heinrich-Heine-Universität Düsseldorf, Professur für Bürgerliches Recht, Arbeitsrecht und Rechtsvergleichung

Prof. Dr. Robert Freitag, Maêtre en droit (Bordeaux)
Friedrich-Alexander Universität Erlangen-Nürnberg, Lehrstuhl für Deutsches, Europäisches und Internationales Privat- und Wirtschaftsrecht

Manfred Fuchs
Richter am Oberlandesgericht München

Prof. Dr. Martin Gebauer
Eberhard Karls Universität Tübingen, Lehrstuhl für Bürgerliches Recht, Internationales Privatrecht und Rechtsvergleichung

Prof. Dr. Urs Peter Gruber
Johannes Gutenberg Universität Mainz, Lehrstuhl für Zivilrecht und Zivilprozessrecht

Dr. Thomas Heidel
Rechtsanwalt und Fachanwalt für Steuerrecht und für Handels- und Gesellschaftsrecht, Bonn

Prof. Dr. Jochen Hoffmann
Friedrich-Alexander Universität Erlangen-Nürnberg, Lehrstuhl für Wirtschaftsprivatrecht

Prof. Dr. Peter Huber, LL.M.
Universität Mainz, Lehrstuhl für Bürgerliches Recht, Internationales Privatrecht und Rechtsvergleichung

Prof. Dr. Friedrich Klein-Blenkers
Fachhochschule Köln, Lehrstuhl für Bürgerliches Recht und Steuerrecht

Prof. Dr. Stefan Koos
Universität der Bundeswehr München, Professur für Bürgerliches Recht, Handels- und Wirtschaftsrecht

Sascha Kremer
Rechtsanwalt, Köln

Dr. Ludwig Kroiß
Dirketor des Amtsgerichts, Traunstein; Lehrbeauftragter an der Universität Passau

Herbert Krumscheid
Rechtsanwalt und Fachanwalt für Versicherungsrecht, Bonn

Christoph Legerlotz
Rechtsanwalt und Fachanwalt für Arbeitsrecht, Köln

Prof. Dr. Stefan Leible
Universität Bayreuth, Lehrstuhl für Bürgerliches Recht, Internationales Privatrecht und Rechtsvergleichung

Dr. Daniel Lochner
Rechtsanwalt, Bonn

Prof. Dr. Dirk Looschelders
Heinrich-Heine-Universität Düsseldorf, Lehrstuhl für Bürgerliches Recht, Internationales Privatrecht und Rechtsvergleichung sowie Privatversicherungsrecht

Dr. Jan D. Lüttringhaus, Maître en droit
Universität Hamburg, Max-Planck-Institut für ausländisches und internationales Privatrecht

Prof. Dr. Peter Mankowski
Universität Hamburg, Seminar für ausländisches und internationales Privat- und Prozessrecht

Prof. Dr. Heinz-Peter Mansel
Universität zu Köln, Direktor des Instituts für internationales und ausländisches Privatrecht

Dr. Mark Niehuus
Rechtsanwalt und Fachanwalt für Arbeitsrecht, Mülheim a. d. Ruhr

Prof. Dr. Ulrich Noack
Heinrich-Heine-Universität Düsseldorf, Lehrstuhl für Bürgerliches Recht, Handels- und Wirtschaftsrecht

Dr. Thomas von Plehwe
Rechtsanwalt beim BGH, Karlsruhe

Matthias Pruns
Rechtsanwalt, Bonn

Prof. Dr. Thomas Raab
Universität Trier, Lehrstuhl für Bürgerliches Recht und Arbeitsrecht

Prof. Dr. Gerhard Ring
Technische Universität Bergakademie Freiberg, Lehrstuhl für Bürgerliches Recht, Deutsches und Europäisches Wirtschaftsrecht

Dr. K. Jan Schiffer
Rechtsanwalt, Bonn

Prof. Dr. Hans Schulte-Nölke
Universität Osnabrück, Institut für Europäische Rechtswissenschaft

Prof. Dr. Götz Schulze
Universität Potsdam, Lehrstuhl für Bürgerliches Recht, Europäisches Privatrecht, Internationales Privatrecht, Internationales Verfahrensrecht und Rechtsvergleichung

Prof. Dr. Robert Sieghörtner, LL.M. (Sidney), EMBA (Münster)
Notar, Gräfenberg; Honorarprofessor an der Friedrich-Alexander Universität Erlangen-Nürnberg

Dr. Andreas Staffhorst
Staatsanwalt, Stuttgart

Dr. Jürgen vom Stein
Präsident des Landesarbeitsgerichts Köln

Prof. Dr. Markus Stoffels
Universität Osnabrück, Institut für Handels- und Wirtschaftsrecht

Prof. Dr. Michael Stürner, M.Jur.
Europa-Universität Viadrina, Frankfurt (Oder), Lehrstuhl für Bürgerliches Recht, Internationales Privatrecht und Rechtsvergleichung

Prof. Dr. Ulrich Wackerbarth
FernUniversität Hagen, Lehrstuhl für Bürgerliches Recht, Unternehmensrecht und Rechtsvergleichung

Prof. Dr. Gerhard Wagner, LL.M.
Universität Bonn, Institut für Deutsches und Internationales Zivilprozessrecht sowie Konfliktmanagement, Lehrstuhl für Deutsches und Europäisches Privat- und Prozessrecht, Internationales Privatrecht und Rechtsvergleichung

Inga-Kristin Zillmer
Rechtsanwältin, Stuttgart

Bearbeiterverzeichnis

Im Einzelnen haben bearbeitet:

BGB

§ 1
Prof. Dr. Gerhard Ring

§ 2
Prof. Dr. Christian Baldus

§§ 7–9, 11
Herbert Krumscheid

§ 12
Prof. Dr. Stefan Koos

§§ 13, 14
Prof. Dr. Gerhard Ring

Vor §§ 21 ff, §§ 21–40
Dr. Thomas Heidel/Dr. Daniel Lochner

Steuerlicher Anhang zu § 21: Gemeinnützigkeitsrecht des eingetragenen Vereins
Inga-Kristin Zillmer

§§ 41–54
Prof. Dr. Diederich Eckardt

Vor §§ 55–79, §§ 55–60, 64–73
Dr. Thomas Heidel/Dr. Daniel Lochner

§§ 74–76
Prof. Dr. Diederich Eckardt

§§ 77–79
Dr. Thomas Heidel/Dr. Daniel Lochner

Vor §§ 80 ff, §§ 80–89
Dr. K. Jan Schiffer/Matthias Pruns

Vor §§ 90–103, §§ 90–103
Prof. Dr. Gerhard Ring

§§ 104–113
Prof. Dr. Christian Baldus

Vor §§ 116–144, §§ 116–124
Prof. Dr. Andreas Feuerborn

§§ 125–129
Prof. Dr. Ulrich Noack/Sascha Kremer

Anhang zu § 128: Die Amtshaftung des Notars
Dr. Jürgen vom Stein

§§ 130–132
Prof. Dr. Florian Faust

§§ 133–138
Prof. Dr. Dirk Looschelders

Anhang zu § 133: Auslegung von Gesetzen und Rechtsfortbildung
Prof. Dr. Dirk Looschelders

Anhang zu § 138: Prostitutionsgesetz
Prof. Dr. Dirk Looschelders

§§ 139–141
Prof. Dr. Florian Faust

§§ 142–144
Prof. Dr. Andreas Feuerborn

Vor §§ 145–157, §§ 145–156
Prof. Dr. Götz Schulze

Anhang zu § 156: Internet-Versteigerungen
Sascha Kremer

§ 157
Prof. Dr. Dirk Looschelders

§§ 158–163
Prof. Dr. Ulrich Wackerbarth

§§ 164–166
Prof. Dr. Markus Stoffels

§§ 167–180
Prof. Dr. Thomas Ackermann

§ 181
Prof. Dr. Markus Stoffels

§§ 182–185
Dr. Andreas Staffhorst

§§ 186–193
Herbert Krumscheid

Vor §§ 194–218, §§ 194–202
Prof. Dr. Heinz-Peter Mansel/Prof. Dr. Michael Stürner

Vor §§ 203–213, § 203
Prof. Dr. Heinz-Peter Mansel/Dr. Christine Budzikiewicz

§ 204
Prof. Dr. Heinz-Peter Mansel

§§ 205–213
Prof. Dr. Heinz-Peter Mansel/Dr. Christine Budzikiewicz

§§ 214–218
Prof. Dr. Heinz-Peter Mansel/Prof. Dr. Michael Stürner

§§ 226–231, Vor §§ 232–240, 232–240
Manfred Fuchs

EGBGB

Art. 3, 4
Prof. Dr. Robert Freitag

Art. 5–7, 9
Prof. Dr. Götz Schulze

Anhang I zu Art. 5: New Yorker UN-Übereinkommen über die Rechtsstellung der Staatenlosen

Anhang II zu Art. 5: Sonderregelungen für Flüchtlinge, Verschleppte und Vertriebene

Anhang zu Art. 8: Haager Übereinkommen über den internationalen Schutz von Erwachsenen vom 13.1.2000
Prof. Dr. Götz Schulze

Art. 10
Prof. Dr. Peter Mankowski

Art. 11, 12
Dr. Kai Bischoff

Anhang zu Art. 11: Vollmachtsstatut
Dr. Rupert Doehner

Anhang zu Art. 12: Juristische Personen und Gesellschaften
Prof. Dr. Jochen Hoffmann

Art. 13, 14
Prof. Dr. Marianne Andrae

Anhänge I–III zu Art. 13: Verlöbnis, Nichteheliche Lebensgemeinschaft, Haager Eheschließungsübereinkommen
Prof. Dr. Marianne Andrae

Art. 15, 16
Dr. Robert Sieghörtner

Anhänge I–III zu Art. 15: Haager Ehewirkungsabkommen vom 17.7.1905, Gesetz über den ehelichen Güterstand von Vertriebenen und Flühtlingen, Art. 220 Abs. 3 EGBGB
Dr. Robert Sieghörtner

Art. 17
Prof. Dr. Urs Peter Gruber

Anhang zu Art. 17: Rom III-Verordnung vom 20.12.2010
Prof. Dr. Urs Peter Gruber

Art. 17 a
Prof. Dr. Urs Peter Gruber

Art. 17 b
Prof. Dr. Martin Gebauer

Art. 18
Prof. Dr. Urs Peter Gruber

Anhang zu Art. 18: Haager Unterhaltsprotokoll
Prof. Dr. Urs Peter Gruber

Art. 19, 20
Dr. Kai Bischoff

Art. 21–24
Prof. Dr. Christoph Benicke

Anhang I zu Art. 22: Adoptonswirkungsgesetz
Prof. Dr. Christoph Benicke

Anhang II zu Art. 22: Haager AdÜ
Prof. Dr. Christoph Benicke

Anhänge I–V zu Art 24: KSÜ, MSA, HKÜ, ESÜ, EuSorgeRÜbk
Prof. Dr. Christoph Benicke

Anhang I zum III. Abschnitt: EheVO 2003

Vor EheVO 2003, Art. 1–20 EheVO 2003
Prof. Dr. Urs Peter Gruber

Art. 21–39 EheVO 2003
Prof. Dr. Marianne Andrae

Art. 40–45 EheVO 2003
Prof. Dr. Christoph Benicke

Art. 46–52 EheVO 2003
Prof. Dr. Marianne Andrae

Art. 53–58 EheVO
Prof. Dr. Christoph Benicke

Art. 59–72 EheVO
Prof. Dr. Urs Peter Gruber

Anhang II zum III. Abschnitt: Internationale Zuständigkeit in Ehesachen

1. Teil: § 98 FamFG
Prof. Dr. Urs Peter Gruber

2. Teil: §§ 107, 108, 109 FamFG
Prof. Dr. Marianne Andrae

Art. 25, 26
Dr. Ludwig Kroiß

Art. 38, 39
Prof. Dr. Peter Huber

Art. 40–42
Prof. Dr. Gerhard Wagner

Art. 43–46 a
Dr. Thomas von Plehwe

Art. 46 b–46 c
Prof. Dr. Stefan Leible

Anhang zu Art. 46 c: Internationales Wertpapierrecht
Dr. Jan D. Lüttringhaus

Art. 47
Prof. Dr. Peter Mankowski

Art. 229 § 1
Prof. Dr. Hans Schulte-Nölke

Art. 229 § 2
Prof. Dr. Gerhard Ring

Art. 229 § 3
Prof. Dr. Friedrich Klein-Blenkers

Art. 229 § 4
Dr. Mark Niehuus

Art. 229 § 5, 6
Dr. Christine Budzikiewicz

Art. 229 § 7
Daniela A. Bergdolt

Art. 229 §§ 9–11
Prof. Dr. Gerhard Ring

Art. 229 § 12
Prof. Dr. Michael Stürner

Art. 229 § 23
Dr. Christine Budzikiewicz

Art. 229 § 27
Prof. Dr. Gerhard Ring

Art. 238
Dr. Mark Niehuus

Vor Art. 240–242, Art. 240, 241
Prof. Dr. Gerhard Ring

Art. 242 §§ 1, 2
Dr. Mark Niehuus

Art. 243
Prof. Dr. Gerhard Ring

Art. 244
Prof. Dr. Thomas Raab

Art. 245, 246 §§ 1–3
Prof. Dr. Gerhard Ring

AGG
§§ 1–33
Christoph Legerlotz

TPG
§§ 1–26
Dr. Ilse Dautert

Abkürzungsverzeichnis

1. RBerGAV	Verordnung zur Ausführung des Rechtsberatungsgesetzes
2. RBerGAV	Zweite Verordnung zur Ausführung des Rechtsberatungsgesetzes
5. VermBG	Fünftes Gesetz zur Förderung der Vermögensbildung der Arbeitnehmer
7. StBÄndG	Gesetz zur Änderung von Vorschriften über die Tätigkeit der Steuerberater
aA	anderer Auffassung
aaO	am angegebenen Ort
AbfVerbrG	Abfallverbringungsgesetz
abgedr.	abgedruckt
ABl	Amtsblatt
abl.	ablehnend
ABl. EG/EU	Amtsblatt der Europäischen Gemeinschaften/Union
Abs.	Absatz
Abschn.	Abschnitt
Abt.	Abteilung
abw.	abweichend
A.C.	Appeal Cases (Entscheidungen des House of Lords)
AcP	Archiv für die civilistische Praxis (Band, Seite)
AdÜ	Adoptionsübereinkommen (Haager AdÜ – Haager Übereinkommen über den Schutz von Kindern und die Zusammenarbeit auf dem Gebiet der internationalen Adoption vom 29.5.1993)
AdVermG	Adoptionsvermittlungsgesetz
AdWirkG	Adoptionswirkungsgesetz
aE	am Ende
AEAO	Anwendungserlass zur Abgabenordnung
AEntG	Arbeitnehmer-Entsendegesetz
AErfG	Gesetz über Arbeitnehmererfindungen
AEVO	Arbeitserlaubnisverordnung
aF	alte Fassung
AfA	Absetzung bzw Abschreibung für Abnutzung
AFG	Arbeitsförderungsgesetz (jetzt SGB III)
AfP	Archiv für Presserecht (Jahr, Seite)
AFRG	Arbeitsförderungsreformgesetz
AG	Die Aktiengesellschaft (Jahr, Seite)
AG	Aktiengesellschaft; Amtsgericht; Arbeitgeber; Auftraggeber; Ausführungsgesetz
AGB	Allgemeine Geschäftsbedingungen
AGBGB	Ausführungsgesetz zum Bürgerlichen Gesetzbuch
AGFGG	Ausführungsgesetz zum Gesetz über die Angelegenheiten der Freiwilligen Gerichtsbarkeit
AGGVG	Gesetz zur Ausführung des Gerichtsverfassungsgesetzes
AGH	Anwaltsgerichtshof
AgrarR	Zeitschrift für das Recht der Landwirtschaft, der Agrarmärkte und des ländlichen Raumes
AGS	Anwaltsgebühren Spezial (Jahr, Seite)
AIG	Auslandsinvestitionsgesetz
AKB	Allgemeine Bedingungen für die Kraftfahrtversicherung
AktG	Aktiengesetz
allg.	allgemein
allgM	allgemeine Meinung
ALR	Allgemeines Landrecht für die Preußischen Staaten von 1794
Alt.	Alternative
AlterstzG	Altersteilzeitgesetz
ALVB	Allgemeine Lebensversicherungs-Bedingungen
aM	anderer Meinung
AMG	Arzneimittelgesetz
Amtl. Anz.	Amtlicher Anzeiger
AN	Arbeitnehmer
ÄndG	Änderungsgesetz
AnfG	Anfechtungsgesetz
Angekl	Angeklagte(r)
Anh.	Anhang
Anm.	Anmerkung
AnwBl	Anwaltsblatt (Jahr, Seite)
AnwG	Anwaltsgericht
AnwGH	Anwaltsgerichtshof
AO	Abgabenordnung
AöR	Archiv des öffentlichen Rechts (bis 26.1910: für öffentliches Recht; Band, Seite)
AO-StB	Der AO-Steuerberater
AOW	Algemene Ouderdomswet (Allgemeines Altersversicherungsgesetz, niederl.)
AP	Arbeitsrechtliche Praxis (Nachschlagewerk des Bundesarbeitsgerichts – Gesetzesstelle und Entscheidungsnummer)
ArbG	Arbeitsgericht
ArbGG	Arbeitsgerichtsgesetz
AR-Blattei	Arbeitsrechts-Blattei

AR-Blattei SD	Arbeitsrecht-Blattei Systematische Darstellungen (Nummer, Randnummer)
ArbNErfG	Gesetz über Arbeitnehmererfindungen
ArbPlSchG	Arbeitsplatzschutzgesetz
ArbSchG	Arbeitsschutzgesetz
ArbSichG	Arbeitssicherstellungsgesetz
ArbZG	Arbeitszeitrechtsgesetz
ArchBürgR	Archiv für bürgerliches Recht (Band, Seite)
arg.	argumentum
ARGE	Arbeitsgemeinschaft
ARST	Arbeitsrecht in Stichworten (Jahr, Seite)
Art.	Artikel
ArVNG	Arbeiterrentenversicherungs-Neuregelungsgesetz
ArztR	Arztrecht (Jahr, Seite)
AStG	Außensteuergesetz
AT	Allgemeiner Teil
AuA	Arbeit und Arbeitsrecht (Jahr, Seite)
AUB	Allgemeine Unfallversicherungs-bedingungen
AufenthG/EWG	Gesetz über Einreise und Aufenthalt von Staatsangehörigen der Mitgliedstaaten der Europäischen Wirtschaftsgemeinschaft
Aufl.	Auflage
AÜG	Arbeitnehmerüberlassungs-gesetz
AuR	Arbeit und Recht (Jahr, Seite; davor ArbuR)
ausdr.	ausdrücklich
ausf.	ausführlich
AusfG HZÜ/HBÜ	Gesetz über die Ausführung des Haager Übereinkommens vom 15. November 1965 über die Zustellung gerichtlicher und außergerichtlicher Schriftstücke im Ausland in Zivil- oder Handelssachen
AuslG	Ausländergesetz
AuslInvestmG	Gesetz über den Vertrieb ausländischer Investmentanteile und über die Besteuerung der Erträge aus ausländischen Investmentanteilen
AuslInvStG	Gesetz über steuerliche Maßnahmen bei Auslandsinvestitionen der deutschen Wirtschaft
AußenStG	Gesetz über die Besteuerung bei Auslandsbeziehungen
AV	Ausführungsverordnung
AVAG	Gesetz zur Ausführung zwischenstaatlicher Anerkennungs- und Vollstreckungsverträge in Zivil- und Handelssachen
AVAVG	Gesetz über Arbeitsvermittlung und Arbeitslosenversicherung
AVB	Allgemeine Versicherungsbedingungen, Allgemeine Versorgungsbedingungen
AVBl	Amts- und Verordnungsblatt
AVBV	Verordnung über Allgemeine Bedingungen für die Elektrizitätsversorgung – Fernwärmeversorgung – Gasversorgung – Wasserversorgung
AWD	Außenwirtschaftsdienst des Betriebsberaters (Jahr, Seite; siehe RIW)
AWG	Außenwirtschaftsgesetz
AW-Prax	Außenwirtschaftliche Praxis (Jahr, Seite)
Az.	Aktenzeichen
AZV	Arbeitszeitverordnung
BA	Bundesanstalt/Bundesagentur für Arbeit
BABl	Bundesarbeitsblatt
BadRpr	Badische Rechtspraxis
Bad-WürttAGBGB	Baden-Württembergisches Ausführungsgesetz zum Bürgerlichen Gesetzbuch
BaFin	Bundesanstalt für Finanzdienstleistungsaufsicht
BAföG	Bundesausbildungsförderungs-gesetz
BAG	Bundesarbeitsgericht
BAGE	Entscheidungen des Bundesarbeitsgerichts (Band, Seite)
BAnz	Bundesanzeiger
BAT	Bundes-Angestelltentarif
BauGB	Baugesetzbuch
BauNVO	Verordnung über die bauliche Nutzung der Grundstücke
BauO	Bauordnung
BauR	Zeitschrift für das gesamte öffentliche und private Baurecht
BausparkassenG	Gesetz über Bausparkassen
BAV	Bundesaufsichtsamt für das Versicherungswesen; Betriebliche Altersversorgung
BaWü	Baden-Württemberg
BayAGBGB	Bayerisches Ausführungsgesetz zum Bürgerlichen Gesetzbuch

BayAGGVG	Bayerisches Ausführungsgesetz zum Gerichtsverfassungsgesetz
BayJMBl	Justizministerialblatt für Bayern
BayObLG	Bayerisches Oberstes Landesgericht
BayObLGReport	Rechtsprechungsreport des BayObLG
BayObLGZ	Entscheidungen des Bayerischen Obersten Landesgerichts in Zivilsachen
BayRS	Bayerische Rechtssammlung
BayStaatsbank	Bayerische Staatsbank
BayVBl	Bayerische Verwaltungsblätter
BayVerfGH	Bayerischer Verfassungsgerichtshof
BayVerwG	Bayerischer Verwaltungsgerichtshof
BayVGH	Bayerischer Verwaltungsgerichtshof
BayZ	Zeitschrift für Rechtspflege in Bayern
BB	Der Betriebs-Berater (Jahr, Seite)
BBankG	Gesetz über die Deutsche Bundesbank
BBauG	Bundesbaugesetz
BBergG	Bundesberggesetz
BBesG	Bundesbesoldungsgesetz
BBG	Bundesbeamtengesetz
BBiG	Berufsbildungsgesetz
Bd.	Band
BDG	Bundesdisziplinargesetz
BDH	Bundesdiziplinarhof
BDI	Bundesverband der Deutschen Industrie
BDiG	Bundesdisziplinargericht
BDO	Bundesdisziplinarordnung
BDSG	Bundesdatenschutzgesetz
BeamtVG	Gesetz über die Versorgung der Beamten und Richter in Bund und Ländern
BeckRS	Beck-Rechtsprechungsservice
BEG	Bundesentschädigungsgesetz
Beil.	Beilage
Bekl	Beklagter
BerGesVR	Berichte der deutschen Gesellschaft für Völkerrecht
BerHG	Beratungshilfegesetz
BerlVerfGH	Berliner Verfassungsgerichtshof
BErzGG	Bundeserziehungsgeldgesetz
Beschl.	Beschluss
bestr.	bestritten
BetrAVG	Gesetz zur Verbesserung der betrieblichen Altersversorgung
BetrVG	Betriebsverfassungsgesetz
BeurkG	Beurkundungsgesetz
BewertG	Bewertungsgesetz
BezG	Bezirksgericht
BfA	Bundesversicherungsanstalt für Angestellte
BFH	Bundesfinanzhof
BFH/NV	Sammlung der (bis 1997 amtlich nicht veröffentlichten) Entscheidungen des Bundesfinanzhofs
BFHE	Sammlung der Entscheidungen des Bundesfinanzhofs
BG, die	Die Berufsgenossenschaft (Jahr, Seite)
BGB	Bürgerliches Gesetzbuch
BGB-E	Entwurf eines Gesetzes zur Modernisierung des Schuldrechts (Regierungsentwurf, Stand: 9.5.2001)
BGB-InfoV	BGB-Informationspflichten-Verordnung
BGB-KE	Konsolidierte Fassung des Diskussionsentwurfs des Gesetzes zur Modernisierung des Schuldrechts
BGBl I, II, III	Bundesgesetzblatt, mit oder ohne Ziffer = Teil I; mit II = Teil II; mit III = Teil III
BGE	Entscheidungen des Schweizerischen Bundesgerichts
BGG	Behindertengleichstellungs-gesetz
BGH	Bundesgerichtshof
BGHR	BGH-Rechtsprechung
BGHSt	Entscheidungen des Bundesgerichtshofes in Strafsachen
BGHZ	Entscheidungen des Bundesgerichtshofs in Zivilsachen
BGleiG	Bundesgleichstellungsgesetz
BImSchG	Bundes-Immissionsschutzgesetz
BinnSchG	Binnenschifffahrtsgesetz
BKartA	Bundeskartellamt
BKGG	Bundeskindergeldgesetz
BKleingG	Bundeskleingartengesetz
BKR	Zeitschrift für Bank- und Kapitalmarktrecht
Bl	Blatt
BlGWB	Blätter für Grundstücks-, Bau- und Wohnungsrecht (Jahr, Seite)
BMA	Bundesministerium für Arbeit
BMF	Bundesminister der Finanzen
BMI	Bundesministerium des Innern
BMJ	Bundesministerium der Justiz
BNotO	Bundesnotarordnung
BORA	Berufsordnung für Rechtsanwälte

BörsG	Börsengesetz
BörsZulVO	Börsenzulassungsverordnung
BOStB	Berufsordnung für Steuerberater
BPatG	Bundespatentgericht
BPersVG	Bundespersonalvertretungsgesetz
BPflV	Verordnung zur Regelung der Krankenhauspflegesätze
BR	Bundesrat
BRAGO	Bundesgebührenordnung für Rechtsanwälte
BRAK	Bundesrechtsanwaltskammer
BRAK-Mitt	Bundesrechtsanwaltskammer-Mitteilungen
BRAO	Bundesrechtsanwaltsordnung
BR-Drucks	Bundesrats-Drucksache
BReg	Bundesregierung
BRKG	Gesetz über die Reisekostenvergütung für die Bundesbeamten, Richter im Bundesdienst und Soldaten
BRRG	Rahmengesetz zur Vereinheitlichung des Beamtenrechts
BSG	Bundessozialgericht
BSGE	Entscheidungen des Bundessozialgerichts
BSHG	Bundessozialhilfegesetz
bspw.	beispielsweise
BStBl	Bundessteuerblatt
BT	Besonderer Teil; Bundestag
BtÄndG	Betreuungsrechtsänderungsgesetz
BT-Drucks	Bundestags-Drucksache
BtG	Betreuungsgesetz
BtGB	Betreuungsbehördengesetz
BtMG	Betäubungsmittelgesetz
BtPrax	Betreuungsrechtliche Praxis
Buchholz	Sammel- und Nachschlagewerk der Rechtsprechung des Bundesverwaltungsgerichts, hrsg. v. K. Buchholz (Loseblatt; 1957 ff)
BuchPrG	Gesetz über die Preisbindung für Bücher
Buchst.	Buchstabe
BUrlG	Bundesurlaubsgesetz
BV	Betriebsvereinbarung; Bestandsverzeichnis
BVerfG	Bundesverfassungsgericht
BVerfGE	Entscheidungen des Bundesverfassungsgerichts
BVerfGG	Gesetz über das Bundesverfassungsgericht
BVerwG	Bundesverwaltungsgericht
BVerwGE	Entscheidungen des Bundesverwaltungsgerichts
BVFG	Bundesvertriebenengesetz
BVG	Bundesversorgungsgesetz
BW	Baden-Württemberg
BWNotZ	Zeitschrift für das Notariat in Baden-Württemberg
bzgl	bezüglich
BZRG	Bundeszentralregistergesetz
bzw	beziehungsweise

C.	Codex Justinianus
ca.	circa
CHF	Schweizer Franken
c.i.c.	culpa in contrahendo
CIEC	Commission internationale de l'état civil
CIM	Internationales Übereinkommen v. 7.2.1970 über den Eisenbahnfrachtverkehr (Convention internationale concernant le transport des marchandises pa chemins de fer)
CISG	Convention on Contracts for the international Sale of Goods
CIV	Internationales Übereinkommen v. 7.2.1970 über den Eisenbahn-Personen- und -Gepäckverkehr (Convention internationale concernant le transport des voyageurs et des bagages par chemins de fer)
CMR	Übereinkommen v. 19.5.1956 über den Beförderungsvertrag im internationalen Straßengüterverkehr (Convention relative au Contrat e transport international de marchandises par route)
COTIF	Convention relative aux transports internationaux ferroviaires v. 9.5.1980
CR	Computer und Recht (Jahr, Seite)

DA	Dienstanweisung für die Standesbeamten und ihre Aufsichtsbehörden
DAngVers	Die Angestelltenversicherung (Jahr, Seite)
DAV	Deutscher Anwaltverein
DAVorm	Der Amtsvormund (Jahr, Seite)
DB	Der Betrieb (Jahr, Seite)
DBA	Doppelbesteuerungsabkommen
D.Col.	District of Colorado
DDR	Deutsche Demokratische Republik
DDR-ZGB	Zivilgesetzbuch der DDR
DENIC	Deutsches Network Information Center

DepotG Depotgesetz
dergl. dergleichen
ders. derselbe
DeuFamR Deutsches und europäisches Familienrecht (Jahr, Seite)
DFG Deutsche Freiwillige Gerichtsbarkeit (Jahr, Seite)
DGVZ Deutsche Gerichtsvollzieher-Zeitung
DGWR Deutsches Gemein- und Wirtschaftsrecht
dh das heißt
dies. dieselbe, dieselben
DIJuF Deutsches Institut für Jugendhilfe und Familienrecht
DIS Deutsche Institution für Schiedsgerichtsbarkeit e.V.
DiskE Diskussionsentwurf eines Schuldrechtsmodernisierungsgesetzes des Bundesministeriums der Justiz vom 4.8.2000
Diss. Dissertation
DiszH Disziplinarhof
DJ Deutsche Justiz (Jahr, Seite)
DJT Deutscher Juristentag
DJZ Deutsche Juristen-Zeitung
DNotI Deutsches Notarinstitut
DNotIR Informationsdienst des Deutschen -Notarinstituts-Report
DNotV Zeitschrift des Deutschen Notarvereins (1.1901–33.1933,5; dann Deutsche Notar-Zeitschrift)
DNotZ Deutsche Notar-Zeitschrift
DöD Der öffentliche Dienst (Jahr, Seite)
DONot Dienstordnung für Notare
DÖV Die Öffentliche Verwaltung (Jahr, Seite)
DR Deutsches Recht (Jahr, Seite)
DRiG Deutsches Richtergesetz
DRiZ Deutsche Richterzeitung
DRpfl Deutsche Rechtspflege (Jahr, Seite)
DRS Deutscher Rechnungslegungsstandard
DRspr Deutsche Rechtsprechung, Entscheidungssammlung und Aufsatzhinweise
Drucks Drucksache
DRV Deutsche Rentenversicherung (Jahr, Seite)
DRZ Deutsche Rechtszeitschrift (ab 1946)
DStJG Deutsche Steuerjuristische Gesellschaft
DStR Deutsches Steuerrecht (Jahr, Seite)
DStRE Deutsches Steuerrecht – Entscheidungsdienst (Jahr, Seite)
DStZ Deutsche Steuer-Zeitung, Ausgabe A und B
DSWR Datenverarbeitung in Steuer, Wirtschaft und Recht (Jahr, Seite)
DtZ Deutsch-deutsche Rechtszeitschrift
DuD Datenschutz und Datensicherheit (Jahr, Seite)
DÜG Diskontsatz-Überleitungs-Gesetz
DVBl Deutsches Verwaltungblatt (Jahr, Seite)
DVEV Deutsche Vereinigung für Erbrecht und Vermögensnachfolge e.V.
DVO Durchführungsverordnung
DVR Deutsche Verkehrsteuer-Rundschau
DWW Deutsche Wohnungswirtschaft (Jahr, Seite)
DZWiR Deutsche Zeitschrift für Wirtschaftsrecht

ebd. ebenda
ecolex (Fachzeitschrift für Wirtschaftsrecht, Jahr, Seite)
EFG Entscheidungen der Finanzgerichte
EFZG Entgeltfortzahlungsgesetz
eG eingetragene Genossenschaft
EG Europäische Gemeinschaft; Einführungsgesetz
EGAmtshilfeG Gesetz zur Durchführung der EG-Richtlinie über die gegenseitige Amtshilfe im Bereich der direkten und indirekten Steuern
EGAO Einführungsgesetz zur Abgabenordnung
EGBGB Einführungsgesetz zum Bürgerlichen Gesetzbuch
EGFamGB Einführungsgesetz zum Familiengesetzbuch der DDR
EGGVG Einführungsgesetz zum Gerichtsverfassungsgesetz
EGH Ehrengerichtshof der Rechtsanwaltskammer
EGHGB Einführungsgesetz zum Handelsgesetzbuche
EGInsO Einführungsgesetz zur Insolvenzordnung
EGMR Europäischer Gerichtshof für Menschenrechte
EGScheckG Einführungsgesetz zum Scheckgesetz

EGV Vertrag zur Gründung der Europäischen Gemeinschaft
EGVVG Einführungsgesetz zum Versicherungsvertragsgesetz
EGZPO Einführungsgesetz zur Zivilprozessordnung
EGZVG Einführungsgesetz zu dem Gesetz über die Zwangsversteigerung und die Zwangsverwaltung
EheG Ehegesetz
EheVO 2000 Verordnung (EG) Nr. 1347/2000 v. 29.5.2000 über die Zuständigkeit und die Anerkennung und Vollstreckung von Entscheidungen in Ehesachen und in Verfahren betreffend die elterliche Verantwortung für die gemeinsamen Kinder der Ehegatten
EheVO 2003 Europäische Ehe- und Sorgerechts-Verordnung (VO Nr. 2201/2003 v. 27.11.2003 über die Zuständigkeit und die Anerkennung und Vollstreckung von Entscheidungen in Ehesachen und in Verfahren betreffend die elterliche Verantwortung)
Einf. Einführung
eingetr. eingetragen
EinigungsV Einigungsstellenverordnung; Einigungsvertrag
Einl. Einleitung
einschl. einschließlich
einschr. einschränkend
EKG Einheitliches Gesetz über den internationalen Kauf beweglicher Sachen
EKMR Europäische Kommision für Menschenrechte
ElsLothZ Juristische Zeitschrift für das Reichsland Elsaß-Lothringen
EMRK Europäische Konvention zum Schutz der Menschenrechte und Grundfreiheiten
EMRKG Gesetz über die Konvention zum Schutz der Menschenrechte und Grundfreiheiten
Entgeltfortzahlungsg Gesetz über die Zahlung des Arbeitsentgelts an Feiertagen und im Krankheitsfall
Entsch. Entscheidung
Entschl. Entschluss
entspr. entsprechend
Entw. Entwurf
EnWG Energiewirtschaftsgesetz
EPA Europäisches Patentamt
EPÜ Europäisches Patentübereinkommen
ERA-Forum Europäische Rechtsakademie – Trier (Jahr, Seite)
ErbbauVO Erbbaurechtsverordnung
ErbBstg Erbfolgebesteuerung
ErbGleichG Erbrechtsgleichstellungsgesetz
Erbinfo Erbfolge, Erbrecht, Erbfolgebesteuerung, Unternehmensnachfolge
ErbPrax Praxishandbuch Erbrecht
ErbStDVO Erbschaftsteuer-Durchführungsverordnung
ErbStG Erbschaftsteuer- und Schenkungsteuergesetz
ErfK Erfurter Kommentar zum Arbeitsrecht
Erg. Ergebnis
ERJuKoG Gesetz über elektronische Register und Justizkosten für Telekommunikation
Erkl. Erklärung
Erl. Erlass; Erläuterung
ERVVOBGH Elektronische Rechtsverkehrsverordnung
ES Entscheidungssammlung
ESchG Embryonenschutzgesetz
EStB Der Ertragsteuerberater
EStDV Einkommensteuer-Durchführungsverordnung
EStG Einkommensteuergesetz
EStR Einkommensteuer-Richtlinien
ESÜ Europäisches Sorgerechtsübereinkommen (Übereinkommen vom 20.5.1980 über die Anerkennung und Vollstreckung von Entscheidungen über das Sorgerecht für Kinder und die Wiederherstellung des Sorgeverhältnisses)
etc. et cetera
EU Europäische Union
EuBVO Verordnung (EG) über die Zusammenarbeit zwischen den Gerichten der Mitgliedsstaaten auf dem Gebiet der Beweisaufnahme in Zivil- und Handelssachen
EuG Europäisches Gericht erster Instanz
EuGH Europäischer Gerichtshof
EuGRZ Europäische Grundrechte-Zeitschrift

EuGVÜ	Europäisches Gerichtsstands- und Vollstreckungsübereinkommen (Übereinkommen v. 27.9.1968 über die gerichtliche Zuständigkeit und die Vollstreckung gerichtlicher Entscheidungen in Zivil- und Handelssachen)
EuGVVO	Verordnung (EG) Nr. 44/2001 des Rates über die gerichtliche Zuständigkeit und die Anerkennung und Vollstreckung von Entscheidungen in Zivil- und Handelssachen
EuInSVO	EU-Verordnung Nr. 1346/2000 über Insolvenzverfahren
EuLF	The European Legal Forum (Jahr, Seite)
EuR	Europarecht (Jahr, Seite)
EUR	Euro
EuroEG	Euro-Einführungsgesetz
EuroSchVG	Gesetz zur Umstellung von Schuldverschreibungen auf Euro
EuUnthVO	Verordnung (EG) Nr. 4/2009 des Rates über die Zuständigkeit, das anwendbare Recht, die Anerkennung und Vollstreckung von Entscheidungen und die Zusammenarbeit in Unterhaltssachen vom 18.12.2008
EUV	Vertrag über die Europäische Union
EuVTVO	Verordnung (EG) Nr. 805/2004 des Europäischen Parlaments und des Rates zur Einführung eines europäischen Vollstreckungstitels für unbestrittene Forderungen vom 21.4.2004
EuZPR	Europäisches Zivilprozessrecht
EuZustVO	Verordnung (EG) Nr. 1348/2000 des Rates über die Zustellung gerichtlicher und außergerichtlicher Schriftstücke in Zivil- oder Handelssachen in den Mitgliedstaaten v. 9.5.2000
EuZW	Europäische Zeitschrift für Wirtschaftsrecht
EV	Eidesstattliche Versicherung
e.V.	eingetragener Verein
evtl.	eventuell
EVÜ	EG-Schuldvertragsübereinkommen
EWG	Europäische Wirtschaftsgemeinschaft
EWGV	Vertrag zur Gründung der Europäischen Wirtschaftsgemeinschaft
EWiR	Entscheidungen zum Wirtschaftsrecht (Jahr, Seite)
EWIV	Europäische Wirtschaftliche Interessenvereinigung
EWS	Europäisches Wirtschafts- und Steuerrecht (Jahr, Seite)
EzA	Entscheidungssammlung zum Arbeitsrecht
EZB	Europäische Zentralbank
EzFamR	Entscheidungssammlung zum Familienrecht
f, ff	folgende, fortfolgende
FA	Fachanwalt Arbeitsrecht (Jahr, Seite); Finanzamt
Fa.	Firma
Fam.D.	Family Division
Fam. L. Rep.	Family Law Reporter (USA)
Fam.Law	Family Law (Jahr, Seite)
FamG	Familiengericht
FamNamRG	Gesetz zur Neuordnung des Familiennamensrechts
FamR	Familienrecht
FamRÄndG	Familienrechtsänderungsgesetz
FamRB	Der Familienrechts-Berater (Jahr, Seite)
FamRZ	Zeitschrift für das gesamte Familienrecht
FAO	Fachanwaltsordnung
FARL	Fernabsatzrichtlinie
FAZ	Frankfurter Allgemeine Zeitung
FernUSG	Fernunterrichtsschutzgesetz
FeV	Fahrerlaubnis-Verordnung
FF	Forum Familien- und Erbrecht (Jahr, Seite)
FG	Finanzgericht; Festgabe; Freiwillige Gerichtsbarkeit
FGG	Gesetz über die Angelegenheiten der Freiwilligen Gerichtsbarkeit
FGO	Finanzgerichtsordnung
FGPrax	Praxis der Freiwilligen Gerichtsbarkeit (Jahr, Seite)
FinFARL	Richtlinie über den Fernabsatz von Finanzdienstleistungen
FK-InsO	Frankfurter Kommentar zur InsO
FlaggRG	Flaggenrechtsgesetz
FLR	Family Law Reports (Großbritannien)
Fn	Fußnote
FördergebietsG	Gesetz über Sonderabschreibungen und Abzugsbeträge im Fördergebiet

FormVAnpG	Gesetz zur Anpassung der Formvorschriften des Privatrechts und anderer Vorschriften an den modernen Rechtsverkehr
FPR	Familie, Partnerschaft, Recht (Jahr, Seite)
FR	Finanz-Rundschau (Jahr, Seite)
FreizügG/EU	Freizügigkeitsgesetz/EU
FS	Festschrift
FStrG	Bundesfernstraßengesetz
F.Supp. 2 d	Federal Supplement, 2nd Series
FuR	Familie und Recht (Jahr, Seite)
G 10	Gesetz zur Beschränkung des Brief-, Post- und Fernmeldegeheimnisses
G	Gericht, Gesetz, Gesellschaft
GA	Goltdammer's Archiv für Strafrecht (Jahr, Seite)
GastG	Gaststättengesetz
GazPal	La gazette du palais et du notariat
GBA	Grundbuchamt
GBBerG	Grundbuchbereinigungsgesetz
GBl	Gesetzblatt
GBO	Grundbuchordnung
GbR	Gesellschaft bürgerlichen Rechts
GdB	Grad der Behinderung
GE	Das Grundeigentum (Jahr, Seite)
geänd.	geändert
GebO	Gebührenordnung
GebrMG	Gebrauchsmustergesetz
gem.	gemäß
GenG	Gesetz betreffend die Erwerbs- und Wirtschafts-genossenschaften
GenRegVO	Verordnung über das Genossenschaftsregister
GeschmMG	Geschmacksmustergesetz
GesO	Gesamtvollstreckungsordnung
GesR	Gesellschaftsrecht
GewArch	Gewerbearchiv (Jahr, Seite)
GewO	Gewerbeordnung
GewSchG	Gewaltschutzgesetz
GewStDV	Gewerbesteuer-Durchführungsverordnung
GewStG	Gewerbesteuergesetz
GewStR	Gewerbesteuer-Richtlinien
GFK	Genfer Flüchtlingskonvention (Genfer UN-Abkommen über die Rechtsstellung der Flüchtlinge vom 28.7.1951)
GG	Grundgesetz
ggf	gegebenenfalls
GI	Gerling Informationen für wirtschaftsprüfende, rechts- und steuerberatende Berufe (Jahr, Seite)
GK-BetrVG	Gemeinschaftskommentar zum Betriebsverfassungsgesetz
GKG	Gerichtskostengesetz
Gl.	Gläubiger
GleichberG	Gesetz über die Gleichberechtigung von Mann und Frau auf dem Gebiet des bürgerlichen Rechts
GmbH	Gesellschaft mit beschränkter Haftung
GmbH i. Gr.	GmbH in Gründung
GmbHG	Gesetz betreffend die Gesellschaften mit beschränkter Haftung
GmbHR	GmbH-Rundschau (Jahr, Seite)
GMBl	Gemeinsames Ministerialblatt der Bundesministerien des Innern, für Wohnungsbau, für gesamtdeutsche Fragen, für Angelegenheiten des Bundesrats
GmS-OGB	Gemeinsamer Senat der obersten Gerichtshöfe des Bundes
GO	Gemeindeordnung
GoA	Geschäftsführung ohne Auftrag
GOÄ	Gebührenordnung für Ärzte
GoB	Grundsätze ordnungsgemäßer Buchführung
GOZ	Gebührenordnung für Zahnärzte
GPR	Zeitschrift für Gemeinschaftsprivatrecht
GPÜ	Gemeinschaftspatentübereinko mmen
grds.	grundsätzlich
GrdstVG	Grundstückverkehrsgesetz
GrEStG	Grunderwerbsteuergesetz
GrS	Großer Senat
GRSSt	Großer Senat in Strafsachen
GrStG	Grundsteuergesetz
GrStVG	Grundstücksverkehrsgesetz
Gruchot	Beiträge zur Erläuterung des Deutschen Rechts
GrundE	Grundeigentum
GRUR	Gewerblicher Rechtsschutz und Urheberrecht (Jahr, Seite)
GRUR Int.	Gewerblicher Rechtsschutz und Urheberrecht, Internationaler Teil (Jahr, Seite)
GRUR-RR	Gewerblicher Rechtsschutz und Urheberrecht/ Rechtsprechungs-Report (Jahr, Seite)
GRZS	Großer Senat in Zivilsachen

GS	Großer Senat; Gedächtnisschrift
GSiG	Grundsicherungsgesetz
GüKG	Güterkraftverkehrsgesetz
GüterstG	Gesetz über den ehelichen Güterstand von Vertriebenen und Flüchtlingen
GV	Gebührenverzeichnis
GV NW	Gesetz- und Verordnungsblatt für das Land Nordrhein-Westfalen
GVBl	Gesetz und Verordnungsblatt
GVG	Gerichtsverfassungsgesetz
GVGA	Geschäftsanweisung für Gerichtsvollzieher
GVKostG	Gesetz über Kosten der Gerichtsvollzieher
GWB	Gesetz gegen Wettbewerbsbeschränkungen
Haager ADÜ	Haager Adoptionsübereinkommen (Übereinkommen über den Schutz von Kindern und die Zusammenarbeit auf dem Gebiet der internationalen Adoption vom 29.5.1993)
Haager Protokoll	Haager Protokoll über das auf Unterhaltspflichten anzuwendende Recht vom 23.11.2007
Halbbd.	Halbband
HandwO	Handwerksordnung
HansRGZ	Hanseatische Rechts- und Gerichtszeitschrift
HausratV	Hausratsverordnung
HBÜ	Haager Übereinkommen über die Beweisaufnahme im Ausland in Zivil- und Handelssachen
HeimG	Heimgesetz
HeimsicherungsVO	Verordnung über die Pflichten der Träger von Altenheimen, Altenwohnheimen, und Pflegeheimen für Volljährige im Falle der Entgegennahme von Leistungen zum Zwecke der Unterbringung eines Bewohners oder Bewerbers
HessFGG	Hessisches Gesetz über die Freiwillige Gerichtsbarkeit
HessStGH	Hessischer Staatsgerichtshof
HEZ	Höchstrichterliche Entscheidungen. Slg v. Entscheidungen d. Oberlandesgerichte u. d. Obersten Gerichte in Zivilsachen
HGB	Handelsgesetzbuch
HintO	Hinterlegungsordnung
Hinw.	Hinweis(e)
HK-BGB	Handkommentar BGB
HKK	Historisch kritscher Kommentar zum BGB
HKÜ	Haager Übereinkommen über die zivilrechtlichen Aspekte internationaler Kindesentführung vom 25.10.1980
hL	herrschende Lehre
hM	herrschende Meinung
HOAI	Honorarordnung für Architekten und Ingenieure
HöfeO	Höfeordnung
HöfeVfO	Verfahrensordnung für Höfesachen
HpflG	Haftpflichtgesetz
HRefG	Handelsrechts-Reformgesetz
HReg	Handelsregister
HRR	Höchstrichterliche Rechtsprechung (Jahr, Nummer)
Hrsg.	Herausgeber
hrsg.	herausgegeben
HRV	Handelsregisterverordnung
Hs	Halbsatz
HUntÜ	Haager Unterhaltsübereinkommen (Haager Übereinkommen über das auf Unterhaltspflichten anzuwendende Recht v. 2.10.1973)
HVA	Haager Abkommen zur Regelung der Vormundschaft über Minderjährige v. 12.6.1902
HwO	Gesetz zur Ordnung des Handwerks
HypBG	Hypothekenbankgesetz
HZPÜ	Haager Übereinkommen v. 1.3.1954 über den Zivilprozess
HZÜ	Haager Übereinkommen v. 15.11.1965 über die Zustellung gerichtlicher und außergerichtlicher Schriftstücke im Ausland in Zivil- und Handelssachen
iA	im Auftrag
ibid.	ibidem
I.C.L.Q.	International and Comparative Law Quarterly
idF	in der Fassung
idR	in der Regel
idS	in diesem Sinne
IDW	Institut der Wirtschaftsprüfer in Deutschland
iE	im Ergebnis
ieS	im engeren Sinne

IFR	Internationales Familienrecht
i.G.	in Gründung
IGH	Internationaler Gerichtshof
IHK	Industrie- und Handelskammer
IHKG	Gesetz über die Industrie- und Handelskammern
iHv	in Höhe von
i.L.	in Liquidation
INF	Die Information über Steuer und Wirtschaft (Jahr, Seite)
IngALG	Gesetz zur Regelung von Ingenieur- und Architektenleistungen
inkl.	inklusive
insb.	insbesondere
insg.	insgesamt
InsO	Insolvenzordnung
InsVV	Insolvenzrechtliche Vergütungsverordnung
int.	international
IntFam.	International Family Law (Jahr, Seite)
IntFamRVG-E	Gesetz zur Aus- und Durchführung bestimmter Rechtsinstrumente auf dem Gebiet des internationalen Familienrechts (Internationales Familienrechtsverfahrens-gesetz – IntFamRVG) – RegE
Int.GesR	Internationales Gesellschaftsrecht
Int.SachR	Internationales Sachenrecht
InvestmG	Investmentgesetz
InVo	Insolvenz und Vollstreckung (Jahr, Seite)
IPG	Gutachten zum internationalen und ausländischen Privatrecht von Ferid/Kegel/Zweigert (Jahr, Nummer)
IPR	Internationales Privatrecht
IPrax	Praxis des Internationalen Privat- und Verfahrensrechts (Jahr, Seite)
IPRNG	Gesetz zur Neuregelung des Internationalen Privatrechts
IPRspr	Die deutsche Rechtsprechung auf dem Gebiete des internationalen Privatrechts (Jahr, Nummer)
i.R.d.	im Rahmen des/der
iSd	im Sinne des/der
ISO	International Standard Organization
IStR	Internationales Steuerrecht (Jahr, Seite)
iSv	im Sinne von
ITRB	Der IT-Rechtsberater (Jahr, Seite)
iÜ	im Übrigen
i.V.	in Vertretung
iVm	in Verbindung mit
i. Vorb.	in Vorbereitung
i.W.	in Worten
IWB	Internationale Wirtschafts-Briefe (Loseblatt)
iwS	im weiteren Sinne
IWPR	Internationales Wertpapierrecht
IZPR	Internationales Zivilprozessrecht
JA	Juristische Arbeitsblätter (Jahr, Seite)
JAmt	Das Jugendamt (Jahr, Seite)
JAO	Juristenausbildungsordnung
JArbSchG	Jugendarbeitsschutzgesetz
JBeitrO	Justizbeitreibungsordnung
JBItalR	Jahrbuch für italienisches Recht
JBl	Justizblatt
JbPraxSch	Jahrbuch für die Praxis der Schiedsgerichtsbarkeit (Band, Seite)
JCP	Juris classeur périodique. La Semaine juridique (Jahr, Seite)
JDI	Journal du droit international
JFG	Jahrbuch für Entscheidungen in Angelegenheiten der freiwilligen Gerichtsbarkeit und des Grundbuchrechts
Jg.	Jahrgang
JherJb	Jherings Jahrbücher für die Dogmatik des bürgerlichen Rechts (Band, Seite)
JJZ	Jahrbuch Junger Zivilrechtswissenschaftler (Jahr, Seite)
JMBl	Justizministerialblatt
JMBlNW	Justizministerialblatt Nordrhein-Westfalen
JP	Juristische Praxis (Jahr, Seite)
JR	Juristische Rundschau (Jahr, Seite)
JuMiG	Justizmitteilungsgesetz
Jura	Juristische Ausbildung
JurBüro	Das juristische Büro (Jahr, Seite)
JurPC	Internet-Zeitschrift für Rechtsinformatik
JuS	Juristische Schulung (Jahr, Seite)
Justiz	Die Justiz (ABl des Justizministeriums Baden-Württemberg)
JVBl	Justizverwaltungsblatt
JVEG	Justizvergütungs- und -entschädigungsgesetz
JVKostO	Verordnung über Kosten im Bereich der Justizverwaltung
JW	Juristische Wochenschrift (Jahr, Seite)

JZ	Juristenzeitung (Jahr, Seite)
K&R	Kommunikation und Recht (Jahr, Seite)
KA	Netzwerk Kulturarbeit (Lfg.-Jahr, Seite)
KAGG	Gesetz über Kapitalanlagegesellschaften
Kap.	Kapitel
KapErhStG	Gesetz über steuerrechtliche Maßnahmen bei Erhöhung des Nennkapitals aus Gesellschaftsmitteln
KfH	Kammer für Handelssachen
KG	Kommanditgesellschaft; Kammergericht
KGaA	Kommanditgesellschaft auf Aktien
KGJ	Jahrbuch für Entscheidungen des Kammergerichts in Sachen der freiwilligen Gerichtsbarkeit in Kosten-, Stempel- und Strafsachen
KG-Rp/KGR	Rechtsprechungsreport des Kammergerichts Berlin
Kind-Prax	Kindschaftsrechtliche Praxis (Jahr, Seite)
KindRG	Kindschaftsreformgesetz
KindUG	Gesetz zur Vereinheitlichung des Unterhaltsrechts minderjähriger Kinder
KJ	Kritische Justiz (Jahr, Seite)
KJHG	Gesetz zur Neuordnung des Kinder- und Jugendhilferechts
KKZ	Kommunal-Kassen-Zeitschrift
KO	Konkursordnung
KonsG	Konsulargesetz
KonTraG	Gesetz zur Kontrolle und Transparenz im Unternehmensbereich
KÖSDI	Kölner Steuerdialog
KostenRÄndG	Gesetz zur Änderung und Ergänzung kostenrechtlicher Vorschriften
KostO	Kostenordnung
krit.	kritisch
KSchG	Kündigungsschutzgesetz
KStDV	Körperschaftsteuer-Durchführungsverordnung
KStG	Körperschaftsteuergesetz
KStR	Körperschaftsteuer-Richtlinien
KSÜ	Kinderschutzübereinkommen (Haager Übereinkommen über die Zuständigkeit, das anzuwendende Recht, die Anerkennung, Vollstreckung und Zusammenarbeit auf dem Gebiet der elterlichen Verantwortung und der Maßnahmen zum Schutz von Kindern vom 19.10.1996)
KTS	Konkurs-, Treuhand- und Schiedsgerichtswesen (Jahr, Seite)
KUG	Gesetz betreffend das Urheberrecht an Werken der bildenden Künste und der Photographie
KuR	Kirche und Recht (Jahr, Seite)
KUR	Kunstrecht und Urheberrecht (Jahr, Seite)
KV	Kostenverzeichnis
KVLG	Gesetz über die Krankenversicherung der Landwirte
KWG	Kreditwesengesetz
LAG	Landesarbeitsgericht; Lastenausgleichsgesetz
LandPVerkG	Landpachtverkehrsgesetz
LCIA	London Court of International Arbitration
lfd.	laufend
LFGG	Landesgesetz über die freiwillige Gerichtsbarkeit
LFZG	Lohnfortzahlungsgesetz
LG	Landgericht
Lit.	Literatur
lit.	litera (Buchstabe)
LJV	Landesjustizverwaltung
LK	Leipziger Kommentar zum Strafgesetzbuch
LM	Nachschlagewerk des Bundesgerichtshofes, hrsg. v. Lindenmaier, Möhring u.a.
LMBG	Lebensmittel- und Bedarfsgegenständegesetz
LMK	Kommentierte BGH-Rechtsprechung Lindenmaier-Möhring
LoI	Letter of Intent
LPachtVG	Gesetz über die Anzeige und Beanstandung von Landpachtverträgen
LPartG	Lebenspartnerschaftsgesetz
LRiG	Landesrichtergesetz
LS	Leitsatz
LSchlG	Ladenschlussgesetz
LSG	Landessozialgericht
LStDV	Lohnsteuer-Durchführungsverordnung
LStR	Lohnsteuer-Richtlinien
LuftfzRG	Gesetz über Rechte an Luftfahrzeugen
LuftVG	Luftverkehrsgesetz
LuftVO	Luftverkehrs-Ordnung

LugÜ	Luganer Übereinkommen über die gerichtliche Zuständigkeit und die Vollstreckung gerichtlicher Entscheidungen in Zivil- und Handelssachen v. 16.9.1988
LVA	Landesversicherungsanstalt
LWG	Landwirtschaftsgericht
LwVfG	Gesetz über das gerichtliche Verfahren in Landwirtschaftssachen
LZ	Leipziger Zeitschrift für Deutsches Recht
MaBV	Makler- und Bauträgerverordnung
m.Anm.	mit Anmerkung
MarkenG	Markengesetz
m.a.W.	mit anderen Worten
MdE	Minderung der Erwerbsfähigkeit
MDP	Mitteilungen der deutschen Patentanwälte
MDR	Monatsschrift für Deutsches Recht (Jahr, Seite)
mE	meines Erachtens
MHRG	Gesetz zur Regelung der Miethöhe
MinBl	Ministerialblatt
mind.	mindestens
Mio.	Million
MitbestG	Mitbestimmungsgesetz
Mitt.	Mitteilungen
MittBayNot	Mitteilungen des Bayerischen Notarvereins, der Notarkasse und der Landesnotarkasse Bayern (Jahr, Seite)
MittRhNotK	Mitteilungen der Rheinischen Notarkammer (Jahr, Seite)
MiZi	Allgemeine Verfügung über Mitteilungen in Zivilsachen
MM	Mietrechtliche Mitteilungen (Jahr, Seite)
MMR	MultiMedia und Recht (Jahr, Seite)
mN	mit Nachweisen
MPU	Medizinisch-psychologische Untersuchung
MRVerbG	Gesetz zur Verbesserung des Mietrechts und zur Begrenzung des Mietanstiegs sowie zur Regelung von Ingenieur- und Architektenleistungen
MSA	Minderjährigenschutzabkommen (Übereinkommen über die Zuständigkeit der Behörden und das anzuwendende Recht auf dem Gebiet des Schutzes von Minderjährigen v. 5.10.1961)
MSchG	Mieterschutzgesetz
MüKo-InsO	Münchener Kommentar zur Insolvenzordnung
MüKo-ZPO	Münchener Kommentar zur Zivilprozessordnung
MünchArbR	Münchener Handbuch Arbeitsrecht
MuSchG	Mutterschutzgesetz
MuW	Markenschutz und Wettbewerb (Jahr, Seite)
m.w.H.	mit weiteren Hinweisen
mwN	mit weiteren Nachweisen
MwSt	Mehrwertsteuer
mWv	mit Wirkung vom
NachlG	Nachlassgericht
Nachw.	Nachweis
NachwG	Nachweisgesetz
NamÄndG	Gesetz über die Änderung von Familiennamen und Vornamen
Namens-änderungsDV	Erste Verordnung zur Durchführung des Gesetzes über die Änderung von Familiennamen und Vornamen
NaStraG	Namensaktiengesetz
NdsFGG	Niedersächsisches Gesetz über die freiwillige Gesetzbarkeit
NdsRpfl.	Niedersächsische Rechtspflege (Jahr, Seite)
NdsVBl	Niedersächsische Verwaltungsblätter
NDV	Nachrichtendienst des Deutschen Vereins für öffentliche und private Fürsorge
ne.	nichtehelich
NEhelG	Gesetz über die rechtliche Stellung der nichtehelichen Kinder
n.e.V.	nicht eingetragener Verein
nF	neue Fassung
NiemZ	Niemeyers Zeitschrift für internationales Recht
NIPR	Nederlands Internationaal Privaatrecht (Jahr, Seite)
NJ	Neue Justiz (Jahr, Seite)
NJB	Nederlands Juristenblad (Jahr, Seite)
NJOZ	Neue Juristische Online-Zeitschrift
NJW	Neue Juristische Wochenschrift
NJW-CoR	Computerreport der NJW
NJW-RR	NJW-Rechtsprechungs-Report
NJWE	NJW-Entscheidungsdienst
NJWE-FER	NJW-Entscheidungsdienst Familien- und Erbrecht
NJWE-MietR	NJW-Entscheidungsdienst Mietrecht

NJWE-VHR	NJW-Entscheidungsdienst Versicherungs- und Haftungsrecht
NJWE-WettbR	NJW-Entscheidungsdienst Wettbewerbsrecht
NMV	Neubaumietenverordnung
NotBZ	Zeitschrift für die notarielle Beratungs- und Beurkundungspraxis
Nr.	Nummer
n.r.	nicht rechtskräftig
NRW	Nordrhein-Westfalen
NStE	Neue Entscheidungssammlung für Strafrecht
NStZ	Neue Zeitschrift für Strafrecht
NStZ-RR	Neue Zeitschrift für Strafrecht – Rechtsprechungs-Report
NuR	Natur und Recht (Jahr, Seite)
NutzEV	Nutzungsentgeltverordnung
n.v.	nicht veröffentlicht
NVersZ	Neue Zeitschrift für Versicherung und Recht
NVwZ	Neue Zeitschrift für Verwaltungsrecht
NW	Nordrhein-Westfalen
NWB	Neue Wirtschaftsbriefe für Steuer- und Wirtschaftsrecht
NWBauKaG	Baukammerngesetz des Landes Nordrhein-Westfalen
NWVBl	Nordrhein-Westfälische Verwaltungsblätter
NZA	Neue Zeitschrift für Arbeitsrecht
NZA-RR	NZA – Rechtsprechungs-Report
NZBau	Neue Zeitschrift für Baurecht
NZG	Neue Zeitschrift für Gesellschaftsrecht
NZI	Neue Zeitschrift für Insolvenz- und Sanierungsrecht
NZM	Neue Zeitschrift für Miet- und Wohnungsrecht
NZS	Neue Zeitschrift für Sozialrecht
NZV	Neue Zeitschrift für Verkehrsrecht
NZWehrR	Neue Zeitschrift für Wehrrecht
o.a.	oben angegeben/angeführt
o.Ä.	oder Ähnliches
OBG-NW	Gesetz über Aufbau und Befugnisse der Ordnungsbehörden Nordrhein-Westfalen – Ordnungsbehördengesetz
OECD	Organization for Economic Cooperation and Development
OFD	Oberfinanzdirektion
OFH	Oberfinanzhof
o.g.	oben genannt
OGH	Oberster Gerichtshof (Österreich)
OGHZ	Entscheidungen des Obersten Gerichtshofes für die Britische Zone in Zivilsachen
OHG	Offene Handelsgesellschaft
OJLS	Oxford Journal of Legal Studies
ÖJZ	Österreichische Juristen-Zeitung (Jahr, Seite)
öKSchG	Österreichisches Konsumentenschutzgesetz
OLG	Oberlandesgericht
OLG-NL	OLG-Rechtsprechung Neue Länder
OLG-VertrÄndG	OLG.Vertretungsänderungsgesetz
OLGE	Entscheidungssammlung der Oberlandesgerichte
OLGR	OLG-Report
OLGSt	Entscheidungen der Oberlandesgerichte zum Straf- und Strafverfahrensrecht
OLGZ	Entscheidungen der Oberlandesgerichte in Zivilsachen
ÖNotZ	Österreichische Notariats-Zeitung (Band, Seite)
Öst. JBl	Österreichische Juristische Blätter (Jahr, Seite)
OVG	Oberverwaltungsgericht
OWi	Ordnungswidrigkeit
OWiG	Ordnungswidrigkeitengesetz
p.a.	pro anno
PachtKrG	Pachtkreditgesetz
PACS	Pacte Civil de Solidarité
PAngG	Preisangaben- und Preisklauselgesetz
PAngV	Preisangabenverordnung
PaPkG	Preisangaben- und Preisklauselgesetz
PartG	Parteiengesetz
PartGG	Partnerschaftsgesellschaftsgesetz
PatAO	Patentanwaltsordnung
PatG	Patentgesetz
PBefG	Personenbeförderungsgesetz
PECL	Principles of European Contract Law
PEL	Principles of European Law
PersAG	Personalausweisgesetz
PersV	Die Personalvertretung (Jahr, Seite)
PfandbSchuldvG	Gesetz über die Pfandbriefe und verwandte Schuldverschreibungen öffentlich-rechtlicher Kreditanstalten
PflegeVG	Pflegeversicherungsgesetz
PflVG	Pflichtversicherungsgesetz

PKH	Prozesskostenhilfe
PKV	Prozesskostenvorschuss
PrAGBGB	Preußisches Ausführungsgesetz zum Bürgerlichen Gesetzbuch
PrFGG	Preußisches Gesetz betreffend die Angelegenheiten der Freiwilligen Gesetzbarkeit
PrKV	Preisklauselverordnung
ProdHaftG	Produkthaftungsgesetz
ProstG	Prostitutionsgesetz
Prot.	Protokolle; Protokolle der Kommission für die II. Lesung des Entwurfs des BGB
PRV	Partnerschaftsregister-verordnung
PStG	Personenstandsgesetz
PVÜ	Pariser Verbandsübereinkunft v. 20.3.1883 zum Schutze des gewerblichen Eigentums in der Stockholmer Fassung v. 14.7.1967
pVV	positive Vertragsverletzung
r+s	Recht und Schaden (Jahr, Seite)
RA	Rechtsanwalt
RabelsZ	Zeitschrift für ausländisches und internationales Privatrecht (Band, Seite)
RAG	Reichsarbeitsgericht
RAin	Rechtsanwältin
RAuN	Rechtsanwalt und Notar
RAuNin	Rechtsanwältin und Notarin
RBerG	Rechtsberatungsgesetz
RCDIP	Revue critique de droit international privé (Band, Seite)
RdA	Recht der Arbeit (Jahr, Seite)
RdC	Requeil des cours (Band, Seite)
RdErl	Runderlass
RdL	Recht der Landwirtschaft (Jahr, Seite)
RdSchr	Rundschreiben
RDV	Recht der Datenverarbeitung (Jahr, Seite)
RdW	Das Recht der Wirtschaft (Jahr, Seite)
Re	In Sachen
Rec. des Cours	Recueil des Cours de l'Academie de droit international (Jahr, Seite)
Recht	Das Recht (Jahr, Nr./Seite)
rechtskr.	rechtskräftig
Red.	Redaktion
Reg.	Regierung; Register
RegBl	Regierungsblatt
RegelbetrVO	Regelbetrags-Verordnung
RegelsatzVO	Verordnung zur Durchführung des § 22 des Bundessozialhilfegesetzes
RegEntw	Regierungsentwurf
RegTP	Regulierungsbehörde für Telekommunikation und Post
Rev. crit. dr. int. priv.	Revue critique de droit international privé (Band o. Jahr, Seite)
Rev. trim. dr. fam.	Revue trimestrielle de droit familial (Jahr, Seite)
RFH	Reichsfinanzhof
RG	Reichsgericht
RGBl	Reichsgesetzblatt
RGRK	(s. Allgemeines Literaturverzeichnis)
RGSt	Entscheidungen des RG in Strafsachen
RGZ	Entscheidungen des RG in Zivilsachen
RheinZ	Rheinische Zeitschrift für Zivil- und Prozeßrecht des In- und Auslandes (Band, Seite)
RhPfAGBGB	Rheinland-Pfälzisches Ausführungsgesetz zum Bürgerlichen Gesetzbuch
RhPfGerichtsOrgG	Rheinland-Pfälzisches Gerichtsorganisationsgesetz
Ri	Richter
RiA	Das Recht im Amt
RiAG	Richter am Amtsgericht
RIW	Recht der internationalen Wirtschaft (Jahr, Seite; von 4.1958–20.1974: AWD)
RJA	Entscheidungen in Angelegenheiten der freiwilligen Gerichtsbarkeit und des Grundbuchrechts
Rn	Randnummer
RNotZ	Rheinische Notar-Zeitschrift (ab 2001, vorher: MittRhNotK)
ROW	Recht in Ost und West
RPflAnpG	Rechtspflegeanpassungsgesetz
Rpfleger	Der deutsche Rechtspfleger (Jahr, Seite)
RPflG	Rechtspflegergesetz
RpflJb	Rechtspfleger-Jahrbuch
RpflStud	Rechtspfleger-Studienhefte
RR	Rechtsprechungsreport
RRa	Reiserecht aktuell (Jahr, Seite)
Rs.	Rechtssache
RSDA	Schweizerische Zeitschrift für Wirtschaftsrecht
Rspr	Rechtsprechung
RsprEinhG	Gesetz zur Wahrung der Einheitlichkeit der Rechtsprechung der obersten Gerichtshöfe des Bundes
RStBl	Reichssteuerblatt
RÜ	Rechtsprechungsübersicht
rückw.	rückwirkend
RuS	Recht und Sport (Jahr, Seite)

RuStAG	Reichs- und Staatsangehörigkeitsgesetz
RVA	Reichsversicherungsamt
RVG	Rechtsanwaltsvergütungsgesetz
RVO	Reichsversicherungsordnung
RWS	Kommuniaktionsforum Recht-Wirtschaft-Steuern
S.	Satz; Seite
s.	siehe
s.a.	siehe auch
SachBezV	Verordnung über den Wert der Sachbezüge in der Sozialversicherung
SächsArch	Sächsisches Archiv für Rechtspflege
SAE	Sammlung Arbeitsrechtlicher Entscheidungen
SchiedsVfG	Schiedsverfahrens-Neuregelungsgesetz
SchiedsVZ	Die neue Zeitschrift für Schiedsverfahren
SchiffRegO	Schiffsregisterordnung
SchiffsRG	Gesetz über Rechte an eingetragenen Schiffen und Schiffsbauwerken
SchlHA	Schleswig-Holsteinische Anzeigen (Jahr, Seite)
SchlHOLG	Oberlandesgericht Schleswig-Holstein
SchlichtVerfVO	Verordnung über das Verfahren der Schlichtungsstellen für Überweisungen
SchuldRÄndG	Schuldrechtsänderungsgesetz
SchuldRAnpG	Schuldrechtsanpassungsgesetz
SchuldRModG	Schuldrechtsmodernisierungsgesetz
SchwarzArbG	Gesetz zur Bekämpfung der Schwarzarbeit
SeuffA	Seufferts Archiv für Entscheidungen der obersten Gerichte in den deutschen Staaten (Band, Seite)
SG	Sozialgericht; Soldatengesetz
SGB	Sozialgesetzbuch
SGb	Die Sozialgerichtsbarkeit (Jahr, Seite)
SGB AT	Sozialgesetzbuch – Allgemeiner Teil
SGB III	Sozialgesetzbuch Drittes Buch – Arbeitsförderung
SGB IV	Sozialgesetzbuch Viertes Buch – Sozialversicherung
SGB V	Sozialgesetzbuch Fünftes Buch – Gesetzliche Krankenversicherung
SGB VI	Sozialgesetzbuch Sechstes Buch – Gesetzliche Rentenversicherung
SGB VII	Sozialgesetzbuch Siebtes Buch – Gesetzliche Unfallversicherung
SGB VIII	Sozialgesetzbuch Achtes Buch – Kinder- und Jugendhilfe
SGB IX	Sozialgesetzbuch Neuntes Buch – Rehabilitation und Teilhabe behinderter Menschen
SGB X	Sozialgesetzbuch Zehntes Buch – Sozialverwaltungsverfahren und Sozialdatenschutz
SGB XI	Sozialgesetzbuch Elftes Buch – Soziale Pflegeversicherung
SGG	Sozialgerichtsgesetz
SGOBau	Schiedsgerichtsordnung für das Bauwesen
SigG	Signaturgesetz
SJZ	Schweizerische Juristen-Zeitung (Jahr, Seite)
Slg	Sammlung
s.o.	siehe oben
SoergelRspr	Rechtsprechung zum BGB, EGBGB, CPO, KO, GBO und RFG
sog.	sogenannte/r/s
SoldG	Gesetz über die Rechtsstellung der Soldaten
SorgeRÜbkAG	Gesetz zur Ausführung des Haager Übereinkommens v. 25.10.1980 über die zivilrechtlichen Aspekte internationaler Kindesentführung und des Europäischen Übereinkommens v. 20.5.1980 über die Anerkennung und Vollstreckung von Entscheidungen über das Sorgerecht für Kinder und die Wiederherstellung des Sorgeverhältnisses
SozR	Sozialrecht. Rechtsprechung und Schrifttum, bearb. v. d. Richtern des Bundessozialgerichts (Loseblatt)
SozSich	Soziale Sicherheit (Jahr, Seite)
SozVers	Die Sozialversicherung (Jahr, Seite)
SP	Schaden-Praxis (Jahr, Seite)
SprAuG	Sprecherausschussgesetz
SpuRt	Zeitschrift für Sport und Recht
st. Rspr	ständige Rechtsprechung
StaatlÜbk	New Yorker UN-Übereinkommen über die Rechtsstellung der Staatenlosen v. 28.9.1954
StAG	Staatsangehörigkeitsgesetz
StAnz	Staatsanzeiger

StAZ	Das Standesamt (Jahr, Seite)
StB	Der Steuerberater (Jahr, Seite)
StBerG	Steuerberatungsgesetz
StBGebV	Steuerberatergebühren-verordnung
StBp	Die steuerliche Betriebsprüfung (Jahr, Seite)
StGB	Strafgesetzbuch
StGH	Staatsgerichtshof
StiftFördG	Gesetz zur weiteren steuerlichen Förderung von Stiftungen
StiftungsG	Stiftungsgesetz
StPO	Strafprozessordnung
str.	streitig
StraFo	Strafverteidiger Forum (Jahr, Seite)
StrÄndG	Strafrechtsänderungsgesetz
StSenkG	Gesetz zur Senkung der Steuersätze und zur Reform der Unternehmensbesteuerung
StuB	Steuern und Bilanzen (Jahr, Seite)
StudZR	Studentische Zeitschrift für Rechtswissenschaft
StuW	Steuer und Wirtschaft (Jahr, Seite)
StV	Strafverteidiger (Jahr, Seite)
StVj	Steuerliche Vierteljahresschrift
s.u.	siehe unten
SÜ	Sicherungsübereignung
SVG	Gesetz über die Versorgung für die ehemaligen Soldaten der Bundeswehr und ihre Hinterbliebenen
SZ	Süddeutsche Zeitung
SZIER	Schweizerische Zeitschrift für Internationales und Europäisches Recht
SZW	Schweizerische Zeitschrift für Wirtschaftsrecht
TDG	Teledienstegesetz
tlw.	teilweise
TPG	Transplantationsgesetz
TranspR	Transportrecht (Jahr, Seite)
TSG	Transsexuellengesetz
TV	Tarifvertrag
TVG	Tarifvertragsgesetz
Tz	Textziffer
TzBfG	Teilzeit- und Befristungsgesetz
TzWrG	Teilzeit-Wohnrechtegesetz
u.a.	unter anderem
uÄ	und Ähnliches
UÄndG	Unterhaltsänderungsgesetz
UBGG	Gesetz über Unternehmensbeteiligungsgesellschaften
UCC	Uniform Commercial Code
uE	unseres Erachtens
UFITA	Archiv für Urheber-, Film-, Funk- und Theaterrecht (Band, Seite)
UhVorschG	Gesetz zur Sicherung des Unterhalts von Kindern alleinstehender Mütter und Väter durch Unterhaltsvorschüsse oder -ausfalleistungen
UKlaG	Unterlassungsklagengesetz
ULR	Uniform Law Review (Band, Seite)
umstr.	umstritten
UmwBerG	Gesetz zur Bereinigung des Umwandlungsgesetzes
UmwG	Umwandlungsgesetz
UmwStErl	Umwandlungssteuererlass
UmwStG	Gesetz über steuerliche Maßnahmen bei Änderungen der Unternehmensform
Univ.	Universität
unstr.	unstreitig
UntVorschG	Unterhaltsvorschussgesetz
unveröff.	unveröffentlicht
UR	Umsatzsteuer-Rundschau
UrhG	Urheberrechtsgesetz
urspr.	ursprünglich
Urt.	Urteil
usf.	und so fort
UStDV	Umsatzsteuer-Durchführungsverordnung
UStG	Umsatzsteuergesetz
UStR	Umsatzsteuerrichtlinien
usw.	und so weiter
uU	unter Umständen
uVm	und Vieles mehr
UVR	Umsatz- und Verkehrsteuer-Recht
UWG	Gesetz gegen den unlauteren Wettbewerb
UZwG	Gesetz über den unmittelbaren Zwang bei Ausübung öffentlicher Gewalt durch Vollzugsbeamte des Bundes
v.	von; vom; vor
VAG	Versicherungsaufsichtsgesetz
VAHRG	Gesetz zur Regelung von Härten im Versorgungsausgleich
VBl BW	Verwaltungsblätter Baden-Württemberg
VerBAV	Veröffentlichungen des Bundesaufsichtsamtes für das Versicherungswesen
VerbrKrG	Verbraucherkreditgesetz
VereinsG	Gesetz zur Regelung des öffentlichen Vereinsrechts
Verf.	Verfassung; Verfasser

VerfGH	Verfassungsgerichtshof
VerfGHG	Gesetz über den Verfassungsgerichtshof
VerfO	Verfahrensordnung
VerglO	Vergleichsordnung
VerjAnpG	Gesetz zur Anpassung von Verjährungsvorschriften an das Gesetz zur Modernisierung des Schuldrechts
VermG	Vermögensgesetz
Veröff.	Veröffentlichung
VerschG	Verschollenheitsgesetz
VersG	Gesetz über Versammlungen und Aufzüge
VersPrax	Versicherungspraxis
VersR	Versicherungsrecht (Jahr, Seite)
VerstVO	Versteigererverordnung
Verz.	Verzeichnis
Vfg.	Verfügung
VG	Verwaltungsgericht; Verwertungsgesellschaft
VGH	Verwaltungsgerichtshof; Verfassungsgerichtshof
vgl	vergleiche
VglO	Vergleichsordnung
VGrS	Vereinigter Großer Senat
VgV	Vergabeverordnung
v.H.	vom Hundert
VHB	Allgemeine Hausratsversicherungs-bedingungen
VIZ	Zeitschrift für Vermögens- und Investitionsrecht (bis 6.1996); Zeitschrift für Vermögens- und Immobilienrecht (ab 7.1996)
VO	Verordnung
VOBl	Verordnungsblatt
VOL	Verdingungsordnung für Leistungen, ausgenommen Bauleistungen
Vorbem.	Vorbemerkung
vorl.	vorläufig
VormG	Vormundschaftsgericht
VRS	Verkehrsrechts-Sammlung
VRV	Vereinsregisterverordnung
VStG	Vermögensteuergesetz
VStR	Vermögensteuer-Richtlinien
VuR	Verbraucher und Recht (Jahr, Seite)
VVaG	Versicherungsverein auf Gegenseitigkeit
VVDStRL	Veröffentlichungen der Vereinigung der Deutschen Staatsrechtslehrer (Band, Seite)
VVG	Versicherungsvertragsgesetz
VW	Versicherungswirtschaft (Jahr, Seite)
VWG	Vereinigtes Wirtschaftsgebiet
VwGO	Verwaltungsgerichtsordnung
VwKostG	Verwaltungskostengesetz
VwVfG	Verwaltungsverfahrensgesetz
VwVG	Verwaltungsvollstreckungs-gesetz
VwZG	Verwaltungszustellungsgesetz
VwZVG	Verwaltungszustellungs- und Vollstreckungsgesetz
VZ	Veranlagungszeitraum
WahrnG	Gesetz über die Wahrnehmung von Urheberrechten und verwandten Schutzrechten
WarnR	Warneyer, Die Rechtsprechung des Reichsgerichts (Jahr und Nummer der Entscheidung)
WBl.	Wirtschaftsrechtliche Blätter (Jahr, Seite)
WE	Wohnungseigentum
WEG	Wohnungseigentumsgesetz
WertErmVO	Wertermittlungsverordnung
WEZ	Zeitschrift für Wohnungseigentumsrecht
WG	Wechselgesetz
WHG	Wasserhaushaltsgesetz
WiB	Wirtschaftsrechtliche Beratung (Jahr, Seite)
WiKG, 1.	Erstes Gesetz zur Bekämpfung der Wirtschaftskriminalität
WiR	Wirtschaftsrecht (Jahr, Seite)
WiStG	Wirtschaftsstrafgesetz
wistra	Zeitschrift für Wirtschafts- und Steuerrecht
WM	Wertpapiermitteilungen (Jahr, Seite)
WoBindG	Wohnungsbindungsgesetz
WP	Wirtschaftsprüfer
WpG	Die Wirtschaftsprüfung (Jahr, Seite)
WpHG	Wertpapierhandelsgesetz
WPO	Wirtschaftsprüferordnung
WRP	Wettbewerb in Recht und Praxis (Jahr, Seite)
WRV	Weimarer Reichsverfassung
WuW	Wirtschaft und Wettbewerb (Band o. Jahr, Seite)
WZG	Warenzeichengesetz
ZAkDR	Zeitschrift der Akademie für Deutsches Recht
ZAP	Zeitschrift für die Anwaltspraxis
zB	zum Beispiel
ZBB	Zeitschrift für Bankrecht und Bankwirtschaft
ZBernJV	Zeitschrift des Bernischen Juristen-Vereins (Band, Seite)
ZblFG	Zentralblatt für Freiwillige Gerichtsbarkeit und Notariat
ZErB	Zeitschrift für die Steuer- und Erbrechtspraxis

ZEuP	Zeitschrift für Europäisches Privatrecht
ZEV	Zeitschrift für Erbrecht und Vermögensnachfolge
ZfA	Zeitschrift für Arbeitsrecht
ZfbF	Schmalenbachs Zeitschrift für betriebswirtschaftliche Forschung (Band, Seite)
ZfBR	Zeitschrift für deutsches und internationales Bau- und Vergaberecht
ZFE	Zeitschrift für Familien- und Erbrecht
ZfF	Zeitschrift für Fürsorgewesen
ZfIR	Zeitschrift für Immobilienrecht
ZfJ	Zentralblatt für Jugendrecht (Jahr, Seite)
ZfRV	Zeitschrift für Rechtsvergleichung
zfs	Zeitschrift für Schadensrecht
ZfSH/SGB	Zeitschrift für Sozialhilfe und Sozialgesetzbuch
ZfV	Zeitschrift für Versicherungswesen
ZGB	Schweizerisches Zivilgesetzbuch; Zivilgesetzbuch (DDR)
ZGR	Zeitschrift für Unternehmens- und Gesellschaftsrecht
ZGS	Zeitschrift für das gesamte Schuldrecht
ZHR	Zeitschrift für das gesamte Handelsrecht
Ziff.	Ziffer
ZInsO	Zeitschrift für das gesamte Insolvenzrecht
ZIP	Zeitschrift für Wirtschaftsrecht
zit.	zitiert
ZLW	Zeitschrift für Luftrecht und Weltraumrechtsfragen
ZMR	Zeitschrift für Miet- und Raumrecht
ZNotP	Zeitschrift für die Notarpraxis
ZNR	Zeitschrift für Neuere Rechtsgeschichte
ZPO	Zivilprozessordnung
ZRHO	Rechtshilfeordnung für Zivilsachen
ZRP	Zeitschrift für Rechtspolitik
ZSchwR	Zeitschrift für Schweizerisches Recht
ZSt	Zeitschrift für Stiftungswesen
zT	zum Teil
ZTR	Zeitschrift für Tarifrecht
ZUM	Zeitschrift für Urheber- und Medienrecht
zust.	zustimmend
ZustErgG	Zuständigkeitsergänzungsgesetz
zutr.	zutreffend
ZVersWiss	Zeitschrift für die gesamte Versicherungswirtschaft
ZVG	Gesetz über die Zwangsversteigerung und die Zwangsverwaltung
ZVglRWiss	Zeitschrift für Vergleichende Rechtswissenschaft
ZVI	Zeitschrift für Verbraucher-Insolvenzrecht
ZWE	Zeitschrift für Wohnungseigentum
zzgl	zuzüglich
ZZP	Zeitschrift für Zivilprozess (Band, Seite)
ZZP Int.	Zeitschrift für Zivilprozess International (Band, Seite)
zzt.	zurzeit

Allgemeines Literaturverzeichnis

Kommentare

Alternativkommentar, Bürgerliches Recht, Band 1: Allgemeiner Teil (§§ 1–240), 1987; zitiert: AK/*Bearbeiter*

Bamberger/Roth, Kommentar zum Bürgerlichen Gesetzbuch, 3. Auflage 2011; zitiert: Bamberger/Roth/*Bearbeiter*

Baumbach/Hopt, Handelsgesetzbuch, 34. Auflage 2010

Baumbach/Lauterbach/Albers/Hartmann, Zivilprozessordnung, 69. Auflage 2011; zitiert: Baumbach/Lauterbach/*Bearbeiter*, ZPO

BeckOK-BGB, Beckscher Online-Kommentar zum BGB, hrsg. von Bamberger/Roth, 2. Auflage 2007; zitiert: BeckOK-BGB/*Bearbeiter*

Bumiller/Harders, Freiwillige Gerichtsbarkeit FamFG, 9. Auflage 2009

Erman, Bürgerliches Gesetzbuch, 12. Auflage 2008; zitiert: Erman/*Bearbeiter*

Handkommentar BGB – Bürgerliches Gesetzbuch, Schulze (Schriftltg.)/Dörner/Ebert/ Hoeren/Kemper/Saenger/Schreiber/Schulte-Nölke/Staudinger, 6. Auflage 2009; zitiert: Hk-BGB/*Bearbeiter*

Heidel, Aktienrecht und Kapitalmarktrecht, 3. Auflage 2011, zitiert: *Bearbeiter* in: Heidel, AktG

Heidel/Schall, HGB, 2011; zitiert: *Bearbeiter* in: Heidel/Schall, HGB

Historisch-kritischer Kommentar zum BGB, hrsg. von Schmoeckel/Rückert/Zimmermann, Band 1, Allgemeiner Teil §§ 1–240, 2003; zitiert: HKK/*Bearbeiter*

Jauernig, Bürgerliches Gesetzbuch, 13. Auflage 2009; zitiert: Jauernig/*Bearbeiter*

Juris PraxisKommentar BGB, hrsg. von Herberger/Rüßmann/Martinek/Weth, 5. Auflage 2011; zitiert: jurisPK-BGB/*Bearbeiter*

Koller/Roth/Morck, Handelsgesetzbuch, 7. Auflage 2011

Looschelders, Internationales Privatrecht – Artikel 3–46 EGBGB, 2004

Münchener Kommentar zum Bürgerlichen Gesetzbuch, 5. Auflage 2006 ff plus Erg.-Band; zitiert: MüKo/*Bearbeiter*

Münchener Kommentar zur Zivilprozessordnung, 3. Auflage 2007/2008/2010; zitiert: MüKo-ZPO/*Bearbeiter*

Musielak, Zivilprozessordnung, 8. Auflage 2011; zitiert: Musielak/*Bearbeiter*

Palandt, Bürgerliches Gesetzbuch, 70. Auflage 2011; zitiert: Palandt/*Bearbeiter*

Planck´s Kommentar zum Bürgerlichen Gesetzbuch, Band 1, 4. Auflage 1913; zitiert: Planck/*Bearbeiter*

Prütting/Wegen/Weinreich, Bürgerliches Gesetzbuch, 5. Auflage 2010; zitiert: PWW/*Bearbeiter*

RGRK, Das Bürgerliche Gesetzbuch mit besonderer Berücksichtigung der Rechtsprechung des Reichsgerichts und des Bundesgerichtshofes, Kommentar, 12. Auflage 1974 ff; zitiert: RGRK/*Bearbeiter*

Saenger, Zivilprozessordnung, 4. Auflage 2011; zitiert: Hk-ZPO/*Bearbeiter*

Soergel, Bürgerliches Gesetzbuch mit Einführungsgesetz und Nebengesetzen, 13. Auflage 1999 ff; zitiert: Soergel/*Bearbeiter*

Staudinger, Kommentar zum Bürgerlichen Gesetzbuch, 13. Auflage 1993 ff; §§ 139–163 2010 neubearbeitet; zitiert: Staudinger/*Bearbeiter*

Stein/Jonas, Kommentar zur Zivilprozeßordnung, 22. Auflage 2002 ff; zitiert: Stein/Jonas/*Bearbeiter*

Thomas/Putzo, Zivilprozessordnung, 32. Auflage 2011; zitiert: Thomas/Putzo/*Bearbeiter*

Wieczorek/Schütze, Zivilprozessordnung und Nebengesetze, Band 1 (§§ 1–127 a ZPO), 3. Auflage 1994; zitiert: Wieczorek/Schütze/*Bearbeiter*

Zöller, Zivilprozessordnung, 28. Auflage 2010; zitiert: Zöller/*Bearbeiter*

Lehr- und Handbücher, Monografien

v. Bar, Internationales Privatrecht, Band 2, 1991; zitiert: *v. Bar*, IPR II

v. Bar/Mankowski, Internationales Privatrecht, Band 1, 2. Auflage 2003; zitiert: *v. Bar/Mankowski*, IPR I

Baumgärtel/Laumen, Handbuch der Beweislast im Privatrecht, 2. Auflage 1991

Bork, Allgemeiner Teil des BGB, 3. Auflage 2011

Brehm, Allgemeiner Teil des BGB, 6. Auflage 2008

Brödermann/Iversen, Europäisches Gemeinschaftsrecht und Internationales Privatrecht, 1994; zitiert: Brödermann/Iversen/*Bearbeiter*, IPR

Brox, Allgemeiner Teil des BGB, 35. Auflage 2011

Bydlinski, Bürgerliches Recht Band I, Allgemeiner Teil, 2. Auflage 2002

Eisenhardt, Allgemeiner Teil des BGB, 4. Auflage 1997

Enneccerus/Nipperdey, Allgemeiner Teil des Bürgerlichen Rechts, 2 Teilbände, 15. Auflage 1959/1960

Faust, Bürgerliches Gesetzbuch, Allgemeiner Teil, 3. Auflage 2010

Ferid, Internationales Privatrecht, 3. Auflage 1986

Flume, Allgemeiner Teil des Bürgerlichen Rechts, Band 1/1: Die Personengesellschaft, 1977; zitiert: *Flume*, BGB AT Bd. 1/1

Flume, Allgemeiner Teil des Bürgerlichen Rechts, Band 1/2: Die juristische Person, 1983; zitiert: *Flume*, BGB AT Bd. 1/2

Flume, Allgemeiner Teil des Bürgerlichen Rechts, Band 2: Das Rechtsgeschäft, 4. Auflage 1992; zitiert: *Flume*, BGB AT Bd. 2

Geimer, Internationales Zivilprozessrecht, 6. Auflage 2009

Giesen, BGB Allgemeiner Teil, Rechtsgeschäftslehre, 2. Auflage 1995

Griegoleit/Herresthal, BGB Allgemeiner Teil, 2. Auflage 2010

Henssler/von Westphalen, Praxis der Schuldrechtsreform, 2. Auflage 2003; zitiert: Henssler/von Westphalen/*Bearbeiter*

Herrmann, BGB – Allgemeiner Teil, 1997

Hirsch, Der Allgemeine Teil des BGB, 6. Auflage 2009

v. Hoffmann, Internationales Privatrecht, 9. Auflage 2007

Hübner, Allgemeiner Teil des Bürgerlichen Gesetzbuches, 2. Auflage 1996

Jayme/Hausmann, Internationales Privat- und Verfahrensrecht (Textsammlung), 15. Auflage 2010

Junker, Internationales Privatrecht, 1998

Kegel/Schurig, Internationales Privatrecht, 9. Auflage 2004

Koch/Magnus/Winkler v. Mohrenfels, IPR und Rechtsvergleichung, 4. Auflage 2010

Köhler, BGB Allgemeiner Teil, 34. Auflage 2010

Kropholler, Internationales Privatrecht, 6. Auflage 2006

Kunz, Internationales Privatrecht, 4. Auflage 1998

Larenz/Wolf, Allgemeiner Teil des Bürgerlichen Rechts, 9. Auflage 2004

Leipold, BGB I, Einführung und Allgemeiner Teil, 6. Auflage 2010

Linke, Internationales Zivilverfahrensrecht, 5. Auflage 2011

Löwisch, Allgemeiner Teil des BGB, 7. Auflage 2004

Lüderitz, Internationales Privatrecht, 2. Auflage 1992

Medicus, Allgemeiner Teil des BGB, 10. Auflage 2010

Medicus/Petersen, Bürgerliches Recht, 22. Auflage 2009

Nagel/Gottwald, Internationales Zivilprozessrecht, 6. Auflage 2007

Oertmann, Bürgerliches Gesetzbuch, Allgemeiner Teil (Nachdruck der 3. Auflage 1927), 2002

Pawlowski, Allgemeiner Teil des BGB, 7. Auflage 2003

Raape, Internationales Privatrecht, 6. Auflage 1977

Raape/Sturm, Internationales Privatrecht, Band 1, 6. Auflage 1977

Rauscher, Internationales Privatrecht, 3. Auflage 2009

Rosenberg/Schwab/Gottwald, Zivilprozessrecht, 17. Auflage 2010

Rüthers/Stadler, Allgemeiner Teil des BGB, 16. Auflage 2009

Schack, BGB – Allgemeiner Teil, 12. Auflage 2008

Schack, Internationales Zivilverfahrensrecht, 5. Auflage 2010

Schloßhauer-Selbach, Internationales Privatrecht, 1989

Schnyder/Liatowitsch, Internationales Privat- und Zivilverfahrensrecht, 3. Auflage 2011

Schotten, Das Internationale Privatrecht in der notariellen Praxis, 2. Auflage 2007

Schwimann, Internationales Privatrecht, 3. Auflage 2001

Siehr, Internationales Privatrecht, 2001

v. Tuhr, Der Allgemeine Teil des deutschen bürgerlichen Rechts, Bd. 1: Allgemeine Lehren und Personenrecht, 1910 (Nachdruck 1957); zitiert: *v. Tuhr*, BGB AT Bd. 1

v. Tuhr, Der Allgemeine Teil des deutschen bürgerlichen Rechts, Bd. 2 (in zwei Teilbänden): Die rechtserheblichen Tatsachen, insbesondere das Rechtsgeschäft, 1914/1918 (Nachdruck 1957); zitiert: *v. Tuhr*, BGB AT Bd. 2

Tonner/Willingmann/Tamm, Vertragsrecht, 2010; zitiert: TWT/*Bearbeiter*

Formularbücher

Beck'sches Formularbuch Bürgerliches, Handels- und Wirtschaftsrecht, 10. Auflage 2010

Böhme/Fleck/Bayerlein/Kroiß, Formularsammlung für Rechtsprechung und Verwaltung, 16. Auflage 2003

Böhme/Fleck/Kroiß, Formularsammlung für Rechtspflege und Verwaltung, 22. Auflage 2011

Heidel/Pauly/Amend, AnwaltFormulare, Schriftsätze – Verträge – Erläuterungen, 6. Auflage 2009

Schulze/Grziwotz/Lauda, BGB, Kommentiertes Vertrags- und Prozessformularbuch, 2011; zitiert: GF-BGB/*Bearbeiter*

Wurm/Wagner/Zartmann, Das Rechtsformularbuch, 16. Auflage 2011

Bürgerliches Gesetzbuch (BGB)

In der Fassung der Bekanntmachung vom 2. Januar 2002

(BGBl. I S. 42, berichtigt S. 2909 und BGBl. I 2003 S. 738)
Zuletzt geändert durch Art. 1 G zur Anpassung der Vorschriften über den Wertersatz bei Widerruf von Fernabsatzverträgen und über verbundene Verträge vom 27.7.2011 (BGBl. I S. 1600)

Buch 1
Allgemeiner Teil

Abschnitt 1
Personen

Titel 1 Natürliche Personen, Verbraucher, Unternehmer

§ 1 Beginn der Rechtsfähigkeit

Die Rechtsfähigkeit des Menschen beginnt mit der Vollendung der Geburt.

Literatur: *Ahrens*, Der Leichnam – rechtlich betrachtet, ErbR 2007, 146; *Augstein*, Das Transsexuellengesetz, StAZ 1981, 10; *Augstein*, Zur Altersgrenze für Vornamensänderung und Personenstandsänderung Transsexueller, StAZ 1982, 173; *Bausch/Kohlmann*, Die erklärte Spendenbereitschaft als verfassungsrechtlich zulässiges Kriterium der Organallokation, NJW 2008, 1562; *Becker*, Das Transsexuellengesetz, ZfF 1981, 1; *Bentzien*, Gibt es eine zivilrechtliche Haftung für genetische Schäden?, VersR 1972, 1075; *Besold/Rittner*, Über die Alternativen zur Lebendspende im Transplantationsgesetz – Die Überkreuz-Lebendspende – warum nicht auch in Deutschland?, MedR 2005, 502; *Borowy*, Die postmortale Organentnahme und ihre zivilrechtlichen Folgen, 2000; *Buschmann*, Zur Fortwirkung des Persönlichkeitsrechts nach dem Tode, NJW 1970, 2081; *Clement*, Der Rechtsschutz der potentiellen Organempfänger nach dem Transplantationsgesetz, 2007; *Damm*, Persönlichkeitsschutz und medizinisch-technische Entwicklung, JZ 1998, 926; *Deutsch*, Das Transplantationsgesetz vom 5.11.1997, NJW 1998, 777; *Deynet*, Die Rechtsstellung des Nasciturus und der noch nicht erzeugten Personen im deutschen, französischen, englischen und schottischen bürgerlichen Recht, 1960; *Fabricius*, Relativität der Rechtsfähigkeit, 1963; *Fabricius*, Gedanken zur höchstrichterlichen Rechtsprechung betreffend den Nasciturus, FamRZ 1963, 403; *Fechner*, Nachtrag zu einer Abhandlung über Menschenwürde und generative Forschung und Technik, in: Günther/Keller (Hrsg.), Fortpflanzungsmedizin und Humangenetik – strafrechtliche Schranken?, 2. Auflage 1991; *Forkel*, Das Persönlichkeitsrecht am Körper, gesehen besonders im Lichte des Transplantationsgesetzes, Jura 2001, 73; *Geilen*, Medizinischer Fortschritt und juristischer Todesbegriff, in: FS Heinitz 1972, S. 373; *Geilen*, Der Deliktsschutz des Ungeborenen, JZ 1965, 593; *Geisler*, Zur Anrede eines Transsexuellen nach Vornamensänderung, aber noch ausstehender Geschlechtsumwandlungsentscheidung, StAZ 1997, 272; *Grünberger*, Zur Verfassungswidrigkeit von § 7 Abs. 1 Nr. 3 TSG, JZ 2006, 516; *Grünberger*, Ein Plädoyer für ein zeitgemäßes Transsexuellengesetz, StAZ 2007, 357; *Gutmann/Schroth*, Organlebendspende in Europa, 2002; *Hähnchen*, Der werdende Mensch – Die Stellung des Nasciturus im Recht, Jura 2008, 161; *Heger*, Erwiderung auf *Schroth*, Die strafrechtlichen Tatbestände des Transplantationsgesetzes, JZ 1998, 506; *Heldrich*, Der Persönlichkeitsschutz Verstorbener, in: FS Lange 1970, S. 173; *Hubmann*, Das Persönlichkeitsrecht, 1967; *Keller*, Beginn und Stufungen des strafrechtlichen Lebensschutzes, in: Günther/Keller (Hrsg.), aaO; *Klinge*, Todesbegriff, Todesschutz und Verfahren, 1996; *Knoll*, Arbeitsunfall einer Leibesfrucht?, JR 1960, 403; *Koch*, Transsexualismus und Intersexualität – Rechtliche Aspekte, MedR 1986, 172; *Laufs*, Haftung für Nachkommenschaftsschäden nach § 823 BGB, NJW 1965, 1053; *Linck*, Vorschläge für ein Transplantationsgesetz, ZRP 1975, 249; *Löser*, Wirksamkeit der Änderung der Vornamen und Feststellung nach dem Transsexuellengesetz, StAZ 1985, 54; *Marx*, Zur Einführung – Transsexuellenrecht, VR 1994, 152; *Neft*, Die Überkreuz-Lebendspende im Lichte der Restriktionen des Transplantationsgesetzes, NZS 2004, 519; *Neft*, Novellierung des Transplantationsgesetzes – eine herkulische Aufgabe, NZS 2010, 16; *Nickel/Preisigke*, Zulässigkeit einer Überkreuz-Lebendspende nach dem Transplantationsgesetz, MedR 2004, 307; *Nied*, Geschlechtsumwandlung eines Verheirateten, Verabschiedung des Transsexuellengesetzes, StAZ 1981, 120; *Niemeyer*, Die Verfassungsmäßigkeit der Altersgrenze zur Namensänderung eines Transsexuellen, FuR 1993, 153; *Pannenbecker*, Zur Anamnese für eine Gewebespende und zu den Zustimmungsanforderungen des nächsten Angehörigen bei toten Organspendern, StoffR 2008, 298; *Parzeller/Bratzke*, Gewebe- und Organtransplantation – Verfehlte und praxisferne Regelungen im Transplantationsgesetz, KritV 2004, 371; *Parzeller/Henze*, Richtlinienkompetenz zur Hirntod-Feststellung erneut bei Bundesärztekammer, ZRP 2006, 176; *Parzeller/Dettmeyer*, Der Nachweis des Todes bei der postmortalen Gewebespende: Unvollständige und praxisuntaugliche Vorgaben?, StoffR 2008, 288; *Pawlowski*, Antragsberechtigung zur Änderung des Vornamens und zur Feststellung der Geschlechtszugehörigkeit von ausländischen Transsexuellen, JZ 2007, 413; *Pfäfflin*, Fünf Jahre Transsexuellengesetz – eine Zwischenbilanz, StAZ 1986, 199; *Rittner/Besold/Wandel*, Die anonymisierte Lebendspende nach § 9 Satz 1 TPG geeigneter Organe (§ 8 I 2 TPG lege ferenda) – ein Plädoyer pro vita und gegen ärztlichen und staatlichen Paternalismus, MedR 2001, 118; *Rixe*, Zur Verfassungswidrigkeit des TSG § 8 Abs. 1 Nr. 2, FF 2008, 451; *Rixen*, Datenschutz im Transplantationsgesetz, DuD 1998, 75; *Rohwer-Kahlmann*, Die Rechtsstellung des Nasciturus in der Unfallversicherung, JuS 1961, 285; *Roth*, Zur Anwendbarkeit des Transsexuellenrechts auf Ausländer, StAZ 2007, 17; *Rotondo*, Transplantationsgesetz (TPG), BRJ 2009, 31; *Sachs*, Altersgrenze für Vornamensänderung bei Transsexuellen (Anm. zu BVerfG vom 26.1.1993 –1 BvL 38/92), JuS 1993, 862; *Saerbeck*, Beginn und Ende des Lebens als Rechtsbegriffe, 1974; *Schenk*, Die Totensorge – ein noch immer kaum beachtetes Rechtsinstitut, ZfL 2007, 112; *Scherpe*, Antrag auf Namensänderung ausländischer Transsexueller, FamRZ 2007, 271; *Schmidt*, Neues zur Organverteilung – Das Transplantationsgesetz und die Folgen, ZfGWiss 2002, 252; *Schmidt-Recla*, Tote leben länger – Ist der Hirntod ein ausreichendes Kriterium für die Organspende?, MedR 2004, 672; *Schneider*, Zu den Voraussetzungen einer Feststellung der Geschlechtszugehörigkeit nach § 8 Abs. 1 Nr. 3 und 4 TSG, MedR 1984, 141; *Schneider*, Zur Feststellung der Geschlechtszugehörigkeit nach dem Transsexuellengesetz, NJW 1992, 2940; *Schreiber*, Die gesetzliche Regelung der Lebendspende von Organen in der Bundesrepublik Deutschland, 2004; *Schroth*, Die strafrechtlichen Tatbestände des Transplantationsgesetzes, JZ 1997, 1149; *Schroth*, Zulässigkeit einer Überkreuz-Lebendorganspende zwischen Ehepaaren – Begriff „in besonderer persönlicher Verbundenheit" – Organhandelsverbot, JZ 2004, 469; *Schroth/Schneewind/Gutmann/Fateh-Moghadam/Gross/Sedelmayer*, Patientenautonomie am Beispiel der Lebendorganspende, 2006; *Schwerdtner*, Das Persönlichkeitsrecht in der deutschen Zivilrechtsordnung: Offene Probleme einer juristischen Entdeckung, 1976; *Seifert*, Postmortaler Schutz des Persönlichkeitsrechts und Schadensersatz – Zugleich ein Streifzug durch die Geschichte des allgemeinen Persönlichkeitsrechts, NJW 1999, 1889; *Selb*, Schädigung des Menschen vor der Geburt – Ein Problem der Rechtsfähigkeit?, AcP 166 (1966), 76; *Sieß*, Die Änderung der Geschlechtszugehörigkeit, 1996; *Sigusch*, Medizinischer Kommentar zum Transsexuellengesetz, NJW 1980, 2740; *Stoll*, Zur Deliktshaftung für vorgeburtliche Gesundheitsschäden, in: FS Nipperdey I 1965, S. 793; *Strätz*, Zivilrechtliche Aspekte der Rechtsstellung des Toten unter besonderer Berücksichtigung der Transplantationen, 1971; *Walter*, Organentnahme nach dem Transplantationsgesetz – Befugnisse der Angehörigen, FamRZ 1998, 201; *Weber*, Verfassungswidrigkeit der starren Altersgrenze für Personenstandsänderung eines Transsexuellen, JuS 1982, 936; *Weimar*, Haftpflichtansprüche des Kindes im Mutterleib?, MDR 1962, 780; *Westermann*, Das allgemeine Persönlichkeitsrecht nach dem Tode seines Trägers, FamRZ 1969, 561; *Wille/Kröhn*, Kleine und große Lösung im Transsexuellengesetz, ArztR 1981, 320. *Wille/Kröhn/Eicher*, Sexualmedizinische Anmerkungen zum Transsexuellengesetz, FamRZ 1981, 418; *Wolber*, Unfallversicherungsschutz bei Organspenden nach dem Transplantationsgesetz, SozVers 1998, 147; *Zillgens*, Die strafrechtlichen Grenzen der Lebendorganspende, 2004.

A. Allgemeines

1 Adressaten von Rechtsnormen des BGB sind (in einem rechtstechnischen Sinne) **Rechtssubjekte** mit Rechten und Pflichten in Gestalt **natürlicher** (§§ 1–20 – mithin Menschen) oder **juristischer Personen** (§§ 21–89, dh Vereine, Stiftungen und juristische Personen des öffentlichen Rechts – als Zweckschöpfungen des Gesetzgebers),[1] deren gemeinsames Merkmal nach der Konzeption des BGB die **Rechtsfähigkeit** ist (vgl aber auch die Rechtsfortbildung des BGH bei Personengesellschaften – so der BGB-Außengesellschaft –, nach der auch dieser [Teil-]Rechtsfähigkeit zugebilligt wird).[2]

2 Titel 1 des Abschnitts 1 (Personen) des ersten Buches des BGB (Allgemeiner Teil) ist überschrieben mit „Natürliche Personen, Verbraucher, Unternehmer". Unter einer **natürlichen Person** ist jeder Mensch zu verstehen. Die **Rechtspersönlichkeit des Menschen** wird vom BGB als Selbstverständlichkeit vorausgesetzt. Geregelt wird in § 1 nur, ab wann ein Mensch rechtsfähig ist (mithin der **Zeitpunkt des Beginns der Rechtsfähigkeit**) und damit als Person im Rechtssinne zu qualifizieren ist.[3]

3 Die Rechtsfähigkeit einer Person bestimmt sich international-privatrechtlich gemäß Art. 7 EGBGB grundsätzlich nach dem Recht des Staates, dem die Person angehört. Zur Frage der Anwendbarkeit von Art. 6 EGBGB für den Fall, dass das ausländische Recht einer natürlichen Person keine Rechtsfähigkeit zukommen lässt, siehe Rn 5.

4 Die Rechtsfähigkeit (Rn 12) als Frucht der Neuzeit (insbesondere der Aufklärung mit ihrem Naturrecht[4] sowie des deutschen Idealismus) und der Idee der Gleichheit aller[5] steht – ohne Unterschied, dh ohne Berücksichtigung von Abstammung, Beruf, Geschlecht, gesellschaftlicher Herkunft, Religion oder Weltanschauung[6] bzw (deutscher) Staatsangehörigkeit, da die Rechtsfähigkeit dem Menschen nicht durch den Gesetzgeber, dh von

1 Bamberger/Roth/*Bamberger*, § 1 Rn 1.
2 BGHZ 146, 341; HK-BGB/*Dörner*, Vor §§ 1–2 Rn 1; HK-BGB/*ders.*, Vor §§ 21–89 Rn 6.
3 HK-BGB/*Dörner*, § 1 Rn 1.
4 Vgl dazu *Christian Wolff*, Institutiones Juris Naturae et Gentium, 1750 – der Mensch als „persona moralis" und damit Subjekt bestimmter Rechte und Pflichten.
5 Bamberger/Roth/*Bamberger*, § 1 Rn 1.
6 MüKo/*Schmitt*, § 1 Rn 12 f; Staudinger/*Habermann*/*Kannowski*, § 1 Rn 1.

der Rechtsordnung verliehen wird, sondern dem Gesetz vorgegeben ist[7] – **jedem geborenen und noch lebenden Menschen** zu (vgl zur juristischen Person § 21) und kann diesem weder durch Gesetz[8] noch durch Urteil oder Verwaltungsakt aberkannt werden.[9] Ebenso wenig kann ein Mensch durch Vertrag oder Verzicht seine Rechtsfähigkeit aufgeben.[10] Die Rechtsfähigkeit ist mit dem Wesen der Person untrennbar verbunden.

Sollte die Rechtsnorm eines anderen Staates einer natürlichen Person die Rechtsfähigkeit verweigern (im Extremfall eine Form von Sklaverei anerkennen), verstieße diese nach Art. 6 S. 1 EGBGB wegen Unvereinbarkeit mit Art. 1 GG gegen die öffentliche Ordnung (**ordre public**), da sie „mit wesentlichen Grundsätzen des deutschen Rechts offensichtlich unvereinbar" wäre. Damit wäre die Norm im Inland unanwendbar.[11] 5

Mit Inkrafttreten des Grundgesetzes im Jahre 1949 entspricht § 1, der von der Rechtsfähigkeit aller Menschen ausgeht, auch Art. 1 GG (Schutz der Menschenwürde) und bildet die Grundlage für eine freie Entfaltung der Persönlichkeit nach Art. 2 Abs. 1 GG.[12] Die Anerkennung der Rechtsfähigkeit **aller** Menschen ist zugleich Ausprägung des Gleichheitssatzes nach Art. 3 GG. Eine Differenzierung in der Rechtsfähigkeit aufgrund einer nationalen deutschen gesetzlichen Regelung wäre wegen Verstoßes gegen den der „Ewigkeitsgarantie" des Art. 79 Abs. 3 GG unterfallenden Art. 1 GG verfassungswidrig.[13] 6

B. Regelungsgehalt

§ 1 regelt unmittelbar nur den **Zeitpunkt des Beginns der Rechtsfähigkeit** des Menschen (nicht hingegen deren Ende, dazu Rn 20 ff): Sie beginnt mit der Vollendung der Geburt. 7

Die Rechtsfähigkeit des Menschen entfaltet (in begrenztem Umfang) allerdings auch schon Wirkungen auf die Zeit vor der Geburt (Rn 35 ff) und nach dem Tod (Rn 31 ff) – **Vor- und Nachwirkungen der Rechtsfähigkeit**. 8

Rechtsfähigkeit kommt außer dem Menschen auch **juristischen Personen** zu. 9

Teilrechtsfähigkeit ist sowohl der Leibesfrucht[14] (Nasciturus – Rn 37 ff) als auch Personenvereinigungen des bürgerlichen Rechts (GbR nach §§ 705 ff und nicht rechtsfähigen Vereinen gemäß § 54,[15] politischen Parteien und Gewerkschaften) und des Handelsrechts (vgl § 124 HGB) zuzuerkennen. 10

Von der Rechtsfähigkeit zu unterscheiden ist die „besondere Rechtsfähigkeit im Hinblick auf den Erwerb bestimmter Einzelrechte", weil bestimmte Rechtsstellungen ein bestimmtes Alter, ein bestimmtes Geschlecht (dazu noch Rn 58 ff) oder sonstige besondere Merkmale voraussetzen.[16] 11

Unter dem zentralen Begriff der „Rechtsfähigkeit" – den das BGB nicht definiert, sondern voraussetzt – ist in Abgrenzung zur **Handlungsfähigkeit** die Fähigkeit eines jeden Menschen zu verstehen, **Träger von Rechten und Pflichten** zu sein.[17] Handlungsfähigkeit als Fähigkeit, durch ein eigenes rechtlich relevantes Verhalten, sei es ein Tun oder ein Unterlassen, wirksam Rechte und Pflichten zu begründen,[18] setzt die Fähigkeit zur 12

7 Palandt/*Ellenberger*, Vor § 1 Rn 1. Die Rechtsfähigkeit war bereits schon vor der Rechtsordnung da – so Bamberger/Roth/*Bamberger*, § 1 Rn 1: „Würde und Freiheit des Individuums sind nur gewährleistet, wenn die Person als Trägerin von Rechten und Pflichten anerkannt ist".

8 Arg.: Rechtsfähigkeit als Teil der durch Art. 1 GG geschützten Menschenwürde – so Erman/*Saenger*, Vor § 1 Rn 1; MüKo/*Schmitt*, § 1 Rn 13.

9 MüKo/*Schmitt*, § 1 Rn 13; Soergel/*Fahse*, Vor § 1 Rn 5.

10 Erman/*Saenger*, Vor § 1 Rn 1; HK-BGB/*Dörner*, § 1 Rn 3; MüKo/*Schmitt*, § 1 Rn 13.

11 MüKo/*Schmitt*, § 1 Rn 13; Palandt/*Ellenberger*, § 1 Rn 1.

12 So zutreffend Bamberger/Roth/*Bamberger*, § 1 Rn 1.

13 Bamberger/Roth/*Bamberger*, § 1 Rn 2.

14 Für eine beschränkte (Teil-)Rechtsfähigkeit große Teile der Literatur, vgl etwa: *Enneccerus/Nipperdey*, BGB AT Bd. 2, § 84 II 3; *Fabricius*, FamRZ 1963, 403, 410 – siehe auch BVerwG NJW 1962, 1459; aA hingegen BSG NJW 1963, 1078, 1079; Erman/*Saenger*, § 1 Rn 2. Vom BGH offen gelassen, vgl BGHZ 8, 234, 248 ff = NJW 1953, 417; BGHZ 58, 48, 50 = NJW 1972, 1121. Vgl aber auch BVerfG NJW 1975, 537, das ungeborenes menschliches Leben dem Schutz des Art. 2 Abs. 2 S. 1 GG unterstellt.

15 Der BGB-Außengesellschaft und dem nicht rechtsfähigen Verein (dazu Musielak/*Weth*, ZPO, § 50 Rn 29) kommt insoweit Rechtsfähigkeit zu, als sie durch Teilnahme am Rechtsverkehr eigene Rechte und Pflichten begründen können, wobei ihnen in diesem Rahmen zivilprozessual auch aktive und passive Parteifähigkeit zukommt, vgl BGHZ 146, 344 = NJW 2001, 1056.

16 Palandt/*Ellenberger*, Vor § 1 Rn 2.

17 Erman/*Saenger*, Vor § 1 Rn 1; *Larenz/Wolf*, BGB AT, § 6 Rn 6; *Medicus*, BGB AT, Rn 1039; MüKo/*Schmitt*, § 1 Rn 6; Palandt/*Ellenberger*, Vor § 1 Rn 1; Soergel/*Fahse*, Vor § 1 Rn 1; Staudinger/*Habermann/Kannowski*, § 1 Rn 1; aA bspw *Fabricius*, Relativität der Rechtsfähigkeit, 1963, S. 31 ff und 43 ff: Rechtsfähigkeit verstanden als die Fähigkeit des Zuordnungssubjekts, sich rechtserheblich zu verhalten (juristisches Verhaltensvermögen – Verbindung von Rechts- und Handlungsfähigkeit).

18 Palandt/*Ellenberger*, Vor § 1 Rn 3; Staudinger/*Habermann/Kannowski*, § 1 Rn 2.

natürlichen Willensbildung voraus.[19] Die Handlungsfähigkeit kann grundsätzlich unterschieden werden in die **Geschäftsfähigkeit** (als Fähigkeit, allgemein zulässige Rechtsgeschäfte selbständig vorzunehmen, §§ 104 ff) und die **Haftungs- oder Deliktsfähigkeit** (als Zurechnungsfähigkeit, §§ 827 f, vgl zudem § 276 Abs. 1 S. 2).[20] Die gesetzliche Regelung geht als Normalfall vom Bestehen der Geschäfts- und Deliktsfähigkeit aus und normiert nur, wann diese Fähigkeit im Einzelnen fehlt.

13 Prozessuales Gegenstück zur Rechtsfähigkeit ist die **Parteifähigkeit** (§ 50 Abs. 1 ZPO), mithin die Fähigkeit, in einem Rechtsstreit Prozesspartei, dh Subjekt eines Prozessrechtsverhältnisses, zu sein. Parteifähig ist, wer rechtsfähig ist, mit der Ausnahme nach § 50 Abs. 2 ZPO, der die passive Parteifähigkeit auch dem nicht rechtsfähigen Verein zubilligt.[21]

14 Weiterhin ist von der Rechtsfähigkeit zu unterscheiden die **Beteiligtenfähigkeit** (als Fähigkeit im Verwaltungs- und Steuerrecht, Verfahrenshandlungen gegenüber Behörden vorzunehmen – zB § 11 VwVfG, § 61 VwGO bzw § 78 AO) sowie die **Prozessfähigkeit** (als Fähigkeit, Prozesshandlungen selbst oder durch selbst bestellte Vertreter wirksam vorzunehmen oder entgegenzunehmen – §§ 51 f ZPO) und die **Postulationsfähigkeit** (Verhandlungsfähigkeit als Fähigkeit einer Partei, im Prozess in rechtlich erheblicher Form zu handeln).

I. Der Beginn der Rechtsfähigkeit

15 Die Rechtsfähigkeit beginnt mit der **Vollendung der Geburt**.[22] Darunter ist der vollständige Austritt eines lebenden Kindes aus dem Mutterleib (iS einer auf natürlichem oder künstlichem Wege herbeigeführten Trennung) zu verstehen,[23] nachdem der historische Gesetzgeber der Ansicht war, dass „die Rechtspersönlichkeit … ein selbständiges von dem Mutterleibe getrenntes Dasein" voraussetzt.[24] Diesen Zeitpunkt des Beginns der Rechtsfähigkeit eröffnet dem Menschen relativ früh die Rechtsfähigkeit und ist verhältnismäßig einfach feststellbar.[25]

16 Zur Einräumung von Rechtspositionen durch Sondervorschriften bereits in einem vorgelagerten Zeitpunkt zugunsten des gezeugten, aber noch nicht geborenen Kindes (Nasciturus) siehe Rn 37 ff sowie des noch nicht gezeugten Kindes (Nondum conceptus) siehe Rn 47 ff.

17 Alleinige Voraussetzung für die Rechtsfähigkeit ist, dass das Kind mit Vollendung der Geburt, dh im Zeitpunkt der Trennung vom Mutterleib – und wenn auch nur für kurze Zeit, da es auf eine generelle Lebensfähigkeit des Kindes nach allgemeiner Ansicht **nicht** ankommt[26] – **gelebt** hat iS des Nachweises auch nur einer sicheren Lebensfunktion.[27] Es kommt also nicht auf das Gewicht des Kindes an – auch Frühgeburten sind rechtsfähig.[28]

18 Fehlt es gänzlich an einer der Lebensfunktionen, handelt es sich um eine **Totgeburt**, sofern das Kind vor (dh während der Schwangerschaft) oder während der Geburt stirbt und mehr als 500 Gramm wiegt. Bei einem geringeren Gewicht spricht § 29 Abs. 2 und 3 der AVO zum PStG von einer **Fehlgeburt**.

19 Bamberger/Roth/*Bamberger*, § 1 Rn 10: weshalb die Handlungsfähigkeit sowohl einem unmündigen Kind als auch einer juristischen Person als solcher fehlt (die nur mittels ihrer Organe, mithin natürlicher Personen, handeln kann).

20 MüKo/*Schmitt*, § 1 Rn 10.

21 Auch die OHG und die KG (§ 124 HGB – iVm § 161 Abs. 2 HGB), politische Parteien (§ 3 PartG) und Gewerkschaften sind (passiv) parteifähig, obgleich sie nicht voll rechtsfähig sind (Bamberger/Roth/*Bamberger*, § 1 Rn 11), gleichermaßen die Vor-GmbH, die sowohl aktiv wie passiv parteifähig ist, BGH NJW 1998, 1079, 1080.

22 Wohingegen das Strafrecht auf den Beginn der Geburt abstellt, vgl § 217 StGB, wodurch menschliches Leben auch schon während des Geburtsvorgangs strafrechtlich geschützt ist, vgl BGHSt 10, 291, 292.

23 Staudinger/*Habermann*/*Kannowski*, § 1 Rn 4 f; eine vorausgegangene Lösung von der Nabelschnur wird nicht verlangt, Motive I, S. 28. Nicht verlangt wird gleichermaßen die Austreibung der Nachgeburt – so MüKo/*Schmitt*, § 1 Rn 15.

24 Motive I, S. 28.

25 MüKo/*Schmitt*, § 1 Rn 2; Palandt/*Ellenberger*, § 1 Rn 2; Staudinger/*Habermann*/*Kannowski*, § 1 Rn 5.

26 LSG Niedersachsen NJW 1987, 2328. Vgl auch Palandt/*Ellenberger*, § 1 Rn 2, womit selbstverständlich auch Missbildungen der Rechtsfähigkeit nicht entgegenstehen; Motive I, S. 28 f: abnorm gebildete oder missgebildete menschliche Wesen.

27 MüKo/*Schmitt*, § 1 Rn 16: geführt durch den Nachweis von Hirnströmen (oder jeder anderen sicheren Lebensfunktion, Erman/*Saenger*, § 1 Rn 1; Staudinger/*Habermann*/*Kannowski*, § 1 Rn 7); ebenso Soergel/*Fahse*, § 1 Rn 10. Entgegen § 29 Abs. 1 AVO des PStG v. 25.2.1977 (BGBl I S. 377) – entsprechend einer Empfehlung der WHO aus dem Jahre 1974, wonach eine Lebendgeburt alternativ entweder einen Herzschlag des Kindes nach der Trennung vom Mutterleib, ein Pulsieren der Nabelschnur oder das Einsetzen der natürlichen Lungenatmung als Lebensäußerungen voraussetzt. Insoweit kommt einer von § 1 abweichenden Personenstandsbucheintragung lediglich Beweisfunktion zu – der Nachweis der Unrichtigkeit bleibt möglich (was insbesondere im Falle des Todes der Mutter bei der Geburt bedeutsam wird, da diese dann vom Kind beerbt wurde, sofern keine anderweitige testamentarische Vereinbarung getroffen worden ist), so zutreffend MüKo/*Schmitt*, § 1 Rn 16.

28 Bamberger/Roth/*Bamberger*, § 1 Rn 13.

Beweislastpflichtig für die Tatsache einer Lebendgeburt ist derjenige, der daraus Rechte herleitet. Eine gesetzliche Vermutung besteht nicht.[29] Die Personenstandsbücher nach dem PStG (vgl gemäß § 3 Abs. 1 Nr. 3 und 4 PStG das Geburtenregister [§ 21 PStG] und das Sterberegister [§ 31 PStG]) – insbesondere das **Geburtenbuch** (in das jede Geburt einschließlich ihres Zeitpunkts nach § 21 Abs. 1 Nr. 2 PStG einzutragen ist) – erleichtern jedoch den Beweis, dass eine Person nach Vollendung der Geburt (noch) gelebt hat. Die Beweiserleichterung nach den §§ 59, 21 PStG (ebenso beglaubigte Abschriften nach den §§ 56, 59, 60 PStG) durch das Geburtenbuch (Lebendgeburt) ist allerdings dem Gegenbeweis (Nachweis der Unrichtigkeit) zugänglich[30] – ebenso wie ein Eintrag im **Sterbebuch** nach § 21 Abs. 2 PStG, dass ein Kind tot geboren oder in (während) der Geburt verstorben ist. Eine Berichtigung der Eintragung im Personenstandsregister (sowie in entsprechenden Urkunden) ist nach Maßgabe der §§ 46 ff PStG zulässig. 19

II. Das Ende der Rechtsfähigkeit

1. Der Tod des Menschen. Die Rechtsfähigkeit jedes Menschen endet (ohne dass dies ausdrücklich im BGB eine Regelung erfahren hat)[31] mit dem **Tod** (Erbfall iSv § 1922 Abs. 1, mit dem alle Rechte und Rechtsgüter des Verstorbenen im Rahmen einer Universalsukzession auf den oder die Erben als neue[n] Berechtigte[n] übergehen und von diesem/diesen geltend gemacht werden können – da dem BGB der „bürgerliche Tod", bspw durch den Eintritt in ein Kloster, unbekannt ist).[32] Die Rechtsfolge, dass mit dem Tod einer Person deren Vermögen auf einen anderen (den Erben) übergeht, beruht auf dem Umstand, dass der Tod die Rechtsfähigkeit des ursprünglichen Vermögensträgers beendet hat[33] (zur Anerkennung einer postmortalen Teilrechtsfähigkeit noch Rn 31 ff). 20

Umstritten ist in diesem Kontext die Frage nach dem **maßgeblichen Zeitpunkt des Todes**, der im BGB nicht näher behandelt wird, weil der historische Gesetzgeber diesen als wissenschaftlich feststehend und damit nicht für regelungsbedürftig erachtet hat.[34] 21

Ist dabei auf den **Herztod** oder auf den **(Gesamt-)Hirntod** abzustellen?[35] Der Herztod entspricht dem klassischen Todesbegriff (sog. **klinischer Tod**) iS eines Herz-, Kreislauf- und Atemstillstands. Der Hirntod meint den irreversiblen Funktionsverlust des Gehirns ohne Reanimationsmöglichkeit.[36] Diese Frage stellt sich aufgrund des medizinischen Fortschritts auch der Transplantationsmedizin, welche die Aufrechterhaltung einzelner Körperfunktionen trotz Funktionsunfähigkeit lebenswichtiger Organe mittels Einsatzes von Herz-Lungen-Maschinen uÄ im Rahmen einer Reanimation ermöglicht, aber auch aufgrund neuerer Erkenntnisse der Wissenschaft, die den Tod nicht als punktuelles Ereignis, sondern als Ende eines Sterbeprozesses qualifiziert.[37] Bedeutung kommt der Beantwortung dieser Frage neben den Auswirkungen für die Erbfolge vor allem im Kontext mit Organentnahmen zu Transplantationszwecken zu. 22

Die heute **herrschende Ansicht**[38] plädiert zu Recht im Falle eines Auseinanderfallens beider Zeitpunkte, weil bspw nach Eintritt des Hirntods (mithin dem Ende der Gehirntätigkeit) eine Herz-Lungen-Maschine eingesetzt wird (die Atmung und Kreislauf ggf noch für längere Zeit künstlich aufrechterhält), im Interesse der Rechtssicherheit für die **Maßgeblichkeit des Hirntodes**,[39] dh den Zeitpunkt, zu dem die Hirnstromkurve des Elektroenzephalogramm (EEG) eine Nulllinie verzeichnet, mithin keine Hirnströme mehr feststellbar sind im Hinblick auf die Rechtsfähigkeit des Sterbenden (mit korrespondierendem Eintritt des Erbfalls). Der Mensch ist nach Ausfall der Hirnfunktionen tot, dh, wenn die Gesamtfunktion des Großhirns, des Kleinhirns und des Gehirnstammes endgültig und nicht mehr behebbar ausgefallen ist,[40] also eine Wiedererlangung des Bewusstseins ausgeschlossen ist. 23

29 Bamberger/Roth/*Bamberger*, § 1 Rn 15.

30 MüKo/*Schmitt*, § 1 Rn 16; Palandt/*Ellenberger*, § 1 Rn 2.

31 Da dem historischen Gesetzgeber der Zeitpunkt des Todes selbstverständlich erschien und dessen Feststellung zu Beginn des 20. Jahrhunderts noch als unproblematisch erachtet wurde, MüKo/*Schmitt*, § 1 Rn 3. Vgl aber auch Prot. VIII, S. 110: Der Entwurfszusatz „und endigt mit dem Tode" wurde als überflüssig qualifiziert und gestrichen.

32 Palandt/*Ellenberger*, § 1 Rn 3.

33 *Medicus*, BGB AT, Rn 1051 – wenngleich Nicht-Vermögensrechte ggf auch noch über den Tod hinaus fortbestehen können, vgl etwa BGHZ 50, 133 = NJW 1958, 1773 – Mephisto; BGHZ 107, 384 – Emil Nolde. Zudem *Kehl*, Die Rechte der Toten, 1991.

34 Palandt/*Ellenberger*, § 1 Rn 3.

35 HK-BGB/*Dörner*, § 1 Rn 5.

36 So BayObLGZ 99, 5; OLG Köln NJW-RR 1992, 1481; OLG Frankfurt/M. NJW 1997, 3099; zudem *Henn*, JZ 1996, 213; *Walter*, FamRZ 1998, 201, 205; *Weber/Lejeune*, NJW 1994, 2393. Krit. hingegen *Bavastro*, ZRP 1999, 114.

37 MüKo/*Schmitt*, § 1 Rn 20 f.

38 OLG Köln NJW-RR 1992, 1481, 1482; zudem HK-BGB/*Dörner*, § 1 Rn 5; *Hoerster*, JuS 1995, 192; MüKo/*Schmitt*, § 1 Rn 21 f.

39 Ebenso MüKo/*Leipold*, § 1922 Rn 12; *Medicus*, BGB AT, Rn 1052.

40 OLG Köln NJW-RR 1992, 1480; OLG Frankfurt/M. NJW 1997, 3099; BayObLG NJW-RR 1999, 1309; *Geilen*, JZ 1971, 42; MüKo/*Schmitt*, § 1 Rn 21; Palandt/*Ellenberger*, § 1 Rn 3; Staudinger/*Weick/Habermann*, Vor § 1 BGB VerschG Rn 7.

24 Dem **entsprechen** die **Vorgaben des Transplantationsgesetzes** (TPG) vom 5.11.1997,[41] nach dessen § 3 Abs. 2 Nr. 2 eine Organentnahme unzulässig ist, wenn nicht vor der Entnahme beim Organspender der endgültige, nicht behebbare Ausfall der Gesamtfunktion des Großhirns, des Kleinhirns und des Hirnstammes (**Gesamthirntodkriterien**)[42] nach Verfahrensregeln festgestellt wurde, die dem „Stand der Erkenntnisse der medizinischen Wissenschaft" entsprechen. Die entsprechenden Feststellungen sind nach § 5 Abs. 1 TPG (Nachweisverfahren) durch jeweils zwei dafür qualifizierte Ärzte zu treffen, die den Organspender unabhängig voneinander untersucht haben – wenn auch die Untersuchung und Feststellung durch nur einen Arzt dann ausreicht, wenn der endgültige, nicht behebbare Stillstand von Herz und Kreislauf eingetreten ist und seitdem mehr als drei Stunden vergangen sind.

25 Vor diesem Hintergrund erscheint es angemessen, die Vorgaben des TPG (Rn 24) auch im Hinblick auf die **Bestimmung des Todeszeitpunkts** heranzuziehen.[43]

26 Der Eintrag im Sterbebuch (bzw daraus erteilte beglaubigte Abschriften oder Auszüge aus dem Familienbuch) erbringt (widerleglich) Beweis dafür, dass eine bestimmte eingetragene Person an einem bestimmten Ort und zu einem bestimmten Zeitpunkt verstorben ist (§§ 60, 66, 61 a PStG).[44]

27 Zum rechtlichen Status einer **Leiche** vgl § 90 Rn 39 ff.

28 **2. Todeserklärung nach Verschollenheit.** Eine Person, deren Aufenthalt (insbesondere in Kriegszeiten oder nach schweren Unglücksfällen) während längerer Zeit unbekannt ist, ohne dass Nachrichten darüber vorliegen, dass sie in dieser Zeit noch gelebt hat oder gestorben ist, und an deren Fortleben ernstliche Zweifel bestehen (**Fall der Verschollenheit** iS von § 1 Abs. 1 VerschG), kann nach Maßgabe der §§ 2 ff VerschG auf Antrag des Staatsanwalts, des gesetzlichen Vertreters, des Ehegatten, der Abkömmlinge und Eltern des Verschollenen bzw eines jeden, der ein rechtliches Interesse an der Todeserklärung hat (§ 16 VerschG), im Rahmen eines Aufgebotsverfahrens „für tot erklärt werden" (**Todeserklärung** als gerichtliche Feststellung des Todes und des Todeszeitpunkts). Das Verschollenheitsgesetz[45] differenziert zwischen Kriegsverschollenheit (§ 4), Seeverschollenheit (§ 5), Luftverschollenheit (§ 6) und Fällen der Lebensgefahr (§ 7).

29 Die §§ 39 ff VerschG eröffnen die Möglichkeit, den **Todeszeitpunkt** gerichtlich feststellen zu lassen, wenn nach allgemeiner Lebenserfahrung vom Tod eines Menschen auszugehen ist, ohne dass dessen Tod (bislang) standesamtlich beurkundet wurde.

30 Die gerichtliche **Todeserklärung**, der ein Aufgebotsverfahren vorauszugehen hat, begründet nach § 9 Abs. 1 S. 1 VerschG lediglich eine (widerlegbare) Vermutung[46] dafür, dass die Person tot und zu einem bestimmten Zeitpunkt gestorben ist[47] (und umgekehrt, dass der für tot Erklärte bis zu dem festgestellten Zeitpunkt gelebt hat, §§ 10, 11 VerschG). Sie hat als rechtliche Vermutung jedoch für die Frage des Todeszeitpunkts im Hinblick auf die Rechtsfähigkeit nach § 1 keinen Einfluss.[48] Die Todeserklärung vermag also die Rechtsfähigkeit nicht zu beenden (**kein Rechtsverlust** durch die Todeserklärung). Dies bedeutet, dass nach einer Wiederkehr des „Verschollenen" dieser voll in seine Rechte wiedereintritt, womit eine Erbfolge nicht stattgefunden hat.[49]

31 **3. Die Rechtsstellung des Menschen nach dem Tode.** Fraglich ist, ob dem Menschen – dessen Rechtsfähigkeit mit dem Tod endet (Rn 20 ff) – im Nachgang noch eine beschränkte Rechtsfähigkeit (postmortale **Teilrechtsfähigkeit**)[50] zuzuerkennen ist. Diese Fragestellung hat insbesondere im Kontext mit dem Persönlichkeitsschutz (immaterielle Ausstrahlungen des allgemeinen Persönlichkeitsrechts über den Tod hinaus) Bedeutung.

32 Die verfassungsrechtliche Wertordnung des Grundgesetzes gebietet – so der BGH[51] – dass nach dem Tode einer Person auch das durch ihre Leistungen erworbene und teilweise viel nachhaltiger im Gedächtnis der Nachwelt fortlebende Ansehen Eingriffen Dritter nicht schutzlos preisgegeben werden darf. Wenn auch

41 BGBl I S. 2631; dazu näher *Deutsch*, NJW 1998, 777.

42 Dazu auch *Gerkel/Krieglstein/Dobis*, DNotZ 2004, 647.

43 Ebenso MüKo/*Schmitt*, § 1 Rn 22; aA Erman/*Saenger*, § 1 Rn 5, der für eine differenzierende Lösung plädiert, die für die Erbfolge andere Kriterien heranzieht als für Tatbestände, für die der Tod die rechtfertigende Voraussetzung für Handlungen oder Unterlassungen darstellt.

44 Allerdings ist eine neu eingegangene Ehe auch gegenüber dem gutgläubigen Ehepartner nach einem zu Unrecht angenommenen und im Sterbebuch eingetragenen Tod des anderen Ehegatten nicht geschützt, wenn sich nachträglich die Unrichtigkeit der Eintragung herausstellt (§§ 1306, 1316, Art. 3 § 1 VerschÄndG), Bamberger/Roth/*Bamberger*, § 1 Rn 17.

45 Vom 4.7.1939 in der im BGBl. Teil III, Gliederungsnummer 401 – VI, veröffentlichten bereinigten Fassung, das zuletzt durch Art. 55 des Gesetzes vom 17.12.2008 (BGBl. I, S. 2586) geändert worden ist.

46 Beweispflichtig ist, wer sich darauf beruft, eine Person lebe noch oder sei zu einem anderen Zeitpunkt gestorben: Bamberger/Roth/*Bamberger*, § 1 Rn 18.

47 Palandt/*Ellenberger*, § 1 Rn 4.

48 Palandt/*Ellenberger*, § 1 Rn 4.

49 Bamberger/Roth/*Bamberger*, § 1 Rn 18 – wobei für die familienrechtlichen Verhältnisse etwas anderes gilt.

50 So MüKo/*Schmitt*, § 1 Rn 55; aA hingegen Bamberger/Roth/*Bamberger*, § 1 Rn 33: „Die Annahme einer Rechtsfähigkeit ohne Person ist künstlich".

51 BGHZ 50, 133, 138.

Art. 1 Abs. 1 und Art. 2 Abs. 1 GG vorwiegend den Schutz von Persönlichkeitsbelangen des in der Rechtsgemeinschaft noch tätigen Bürgers gewährleisten wollen, besteht kein Anlass – entgegen den Anschauungen unseres Kulturkreises –, die Schutzgarantie für die Menschenwürde, die auch im Tode unantastbar bleibt, für Verstorbene entfallen zu lassen. Da die Wertentscheidung des Grundgesetzgebers im Grundrechtekatalog zugunsten eines umfassenden Schutzes der Menschenwürde keine zeitliche Begrenzung auf das Leben des Menschen erkennen lässt, ist nicht einzusehen, warum der Schutz des **allgemeinen Persönlichkeitsrechts**, das die höchstrichterliche Rechtsprechung als „sonstiges Recht" iSv § 823 Abs. 1 anerkannt hat,[52] zwangsläufig mit dem Tod sein Ende finden sollte. Vielmehr ist nach Anerkennung des allgemeinen Persönlichkeitsrechts (zu Lebzeiten) dieses auch nach dem Tode seines Inhabers von den Rechtsgenossen zu achten (wodurch eine Verunglimpfung des Verstorbenen bzw. eine Entstellung seines Persönlichkeits- und Lebensbildes verhindert wird), da anderenfalls die Wertentscheidung des Grundgesetzes nicht ausreichend zur Geltung käme[53] (Kontinuität des allgemeinen Persönlichkeitsrechts bzw. einiger seiner Ausgestaltungen über den Tod hinaus:[54] sog. **postmortales Persönlichkeitsrecht**, dazu näher § 12 Rn 128 ff).

Das Persönlichkeitsrecht des Verstorbenen zeitigt also auch über den Tod hinaus **Nachwirkungen** (Ausstrah- 33
lungen des allgemeinen Persönlichkeitsrechts) und zwar zum einen im Hinblick auf einen Schutz des Verstorbenen in seinem Ansehen und seiner Ehre (gegen Entstellungen und Verunglimpfungen) und zum anderen gegen einen Missbrauch (bspw den unbefugten Gebrauch von Eigenschaften des Verstorbenen).[55]

Zur Wahrnehmung der Schutzrechte des Verstorbenen ist derjenige als **Sachwalter** berechtigt, dem der Ver- 34
storbene zu Lebzeiten (durch Willenserklärung, weshalb Geschäftsfähigkeit des Auftraggebers erforderlich ist)[56] oder durch letztwillige Verfügung dieses Recht übertragen hat.[57] Ist keine ausdrückliche Beauftragung erfolgt, werden die Rechte (subsidiär) von den nächsten Angehörigen[58] oder dem Verstorbenen sonst wie in besonderer Verbundenheit nahe stehende Personen wahrgenommen. Der Sachwalter hat die Schutzrechte des Verstorbenen nach dessen erkennbarem oder mutmaßlichem Willen auszuüben. Ist ein ausdrücklicher oder mutmaßlicher Wille des Verstorbenen nicht feststellbar, haben die Sachwalter nach pflichtgemäßem Ermessen[59] zu handeln – was gleichermaßen für das Totensorgerecht (§ 90 BGB Rn 46 ff) gilt.[60]

III. Teilrechtsfähigkeit

Das BGB räumt auch dem Nasciturus (dh dem gezeugten, aber noch nicht geborenen Kind, Rn 37 ff) – ja selbst 35
dem Nondum conceptus (mithin dem noch nicht gezeugten Kind, Rn 47 ff) – gewisse Rechtspositionen ein (weshalb die hM in der Literatur eine **partielle Rechtsfähigkeit** bzw **Teilrechtsfähigkeit** bejaht).[61] Daraus folgt, dass der Nasciturus vor seiner Geburt zwar berechtigt, nicht aber verpflichtet werden kann, weshalb der Abschluss eines ihn (auch) verpflichtenden Vertrags unzulässig ist.[62] Der Nasciturus ist zur Geltendmachung

52 Entwickelt aus Art. 1 Abs. 1 iVm Art. 2 Abs. 1 GG, vgl BGHZ 50, 133 = NJW 1958, 1773 – Mephisto; BGHZ 30, 7 = NJW 1969, 1269 – Catarina Valente; BGHZ 26, 349 = NJW 1958, 827 – Herrenreiter.

53 So BGHZ 50, 133, 139.

54 Zur dogmatischen Konstruktion näher MüKo/*Schmitt*, § 1 Rn 51 ff., der von einer der pränatalen Teilrechtsfähigkeit vergleichbaren postmortalen Teilrechtsfähigkeit des Verstorbenen im Hinblick auf das allgemeine Persönlichkeitsrecht ausgeht, wobei die daraus resultierenden Rechte des Toten entweder durch die vom Verstorbenen zu Lebzeiten selbst dazu berufenen Personen oder die nächsten Anverwandten ausgeübt werden (MüKo/*Schmitt*, § 1 Rn 55); aA *Westermann* (FamRZ 1969, 561): Verletzung der Angehörigen in ihrem (eigenen) Recht auf Totengedenken; bzw BGHZ 15, 249, 259: subjektloses Recht; oder *Heldrich* (Das Persönlichkeitsrecht Verstorbener, in: FS Lange 1970, S. 163, 170 f): die Anerkennung der Angehörigen oder anderer vom Verstorbenen zu Lebzeiten berufener Personen als treuhänderische Träger des Persönlichkeitsrechts.

55 Bamberger/Roth/*Bamberger*, § 1 Rn 34.

56 Bamberger/Roth/*Bamberger*, § 1 Rn 36.

57 MüKo/*Schmitt*, § 1 Rn 55; Staudinger/*Habermann/Kannowski*, Vor § 1 Rn 29.

58 Vgl BGHZ 50, 133, 137 = NJW 1968, 1773; BGH NJW 1974, 1371; MüKo/*Schmitt*, § 1 Rn 55; Staudinger/*Habermann/Kannowski*, Vor § 1 Rn 29.

59 Bamberger/Roth/*Bamberger*, § 1 Rn 36.

60 KG FamRZ 1967, 414, 415; OLG Frankfurt/M. NJW-RR 1989, 1159, 1160; AG Grevenbroich NJW 1998, 2063.

61 Umstritten – so aber Palandt/*Ellenberger*, § 1 Rn 7; Soergel/*Fahse*, § 1 Rn 13; Staudinger/*Habermann/Kannowski*, § 1 Rn 15; MüKo/*Schmitt*, § 1 Rn 31; aA OLG Hamm VersR 1973, 810, 811. Von BGHZ 58, 48, 50 offen gelassen.

62 So zutr. Bamberger/Roth/*Bamberger*, § 1 Rn 21; aA OLG Celle VersR 1955, 408: Dienstvertrag zwischen einem ungeborenen Kind und dem Krankenhaus, in das die schwangere Mutter eingeliefert wird.

dieser Rechte auch bereits schon (beschränkt) **parteifähig**,[63] wenngleich zunächst die Eltern (§ 1912 Abs. 2 iVm §§ 1626 ff) bzw ein Pfleger (§ 1912 Abs. 1)[64] für ihn handeln.[65]

36 Voraussetzung für den endgültigen Rechtserwerb ist die spätere Lebendgeburt.[66]

37 **1. Der Nasciturus.** Der Nasciturus, dh die gezeugte (Zeitpunkt der Erzeugung ist spätestens die Nidation des Eies in der Gebärmutter,[67] was gleichermaßen für eine In-vitro-Fertilisation gilt),[68] aber noch nicht geborene Leibesfrucht, ist nach der Definition des § 1 zwar nicht (voll) rechtsfähig, gleichwohl werden ihm unter der Voraussetzung seiner späteren Lebendgeburt bereits in einer Reihe von Vorschriften Rechtspositionen zugewiesen:[69]

- § 331 Abs. 2: Rechtliche Zulässigkeit eines Vertrags, in dem eine Leistung zugunsten des Nasciturus versprochen wird (Vertrag zugunsten Dritter). Der Nasciturus kann auch durch einen Vertrag mit Schutzwirkung zugunsten Dritter begünstigt sein – weshalb keine Bedenken bestehen, „von Fall zu Fall im Wege der Rechtsanalogie zu den bestehenden Vorschriften dem ungeborenen Kind auch für weiter gehende Bereiche Rechtsträgerschaft in der Form partieller Grundrechtsfähigkeit und Teilrechtsfähigkeit zuzuerkennen“.[70]
- § 844 Abs. 2 S. 2: Wegen schuldhafter Tötung eines Unterhaltsverpflichteten können dem Nasciturus Ersatzansprüche gegen den Verletzer zustehen.
- §§ 1592 Nr. 2, 1600 lit. b Abs. 2: Anerkennung der Vaterschaft gegenüber dem Nasciturus.
- § 1615 lit. o Abs. 1 S. 2: Zur Sicherung eines künftigen Unterhaltsanspruchs kann auch schon vor der Geburt eine einstweilige Verfügung erwirkt werden.
- § 1714: Beistandschaft zur Sicherstellung der Vaterschaftsfeststellung.
- § 1923 Abs. 2: Der Nasciturus kann Erbe (bzw Miterbe) sein – auch Nacherbe (§ 2108) oder Vermächtnisnehmer (§ 2178). Nach § 2043 ist aber eine Auseinandersetzung der Erbengemeinschaft (soweit die Erbanteile unbestimmt sind) bis zur Geburt ausgeschlossen. Eine pränatale Erbschaftsausschlagung ist (anders als eine Erbschaftsannahme) zulässig.[71]

38 Auch außerhalb des BGB finden sich eine Reihe weiterer Rechte des Nasciturus – bspw weitere Ersatzansprüche im Falle einer Tötung des Unterhaltsverpflichteten (nach § 10 Abs. 2 S. 2 StVG, § 35 Abs. 2 S. 2 LuftVG, § 5 Abs. 2 S. 2 HaftPflichtG bzw § 28 Abs. 2 S. 2 AtomG) oder die Gleichstellung des Nasciturus mit einem Versicherten (§ 12 SGB VII) im Rahmen der gesetzlichen Unfallversicherung im Falle einer gesundheitlichen Schädigung infolge eines Versicherungsfalls der Mutter während der Schwangerschaft. Die Judikatur wendet auch sonstige versorgungs- und entschädigungsrechtliche Vorschriften – wie § 1 BVG,[72] §§ 11 f LAG[73] bzw. § 1 Abs. 3 Nr. 3 und 4 BEG[74] – **analog** auf das zum maßgeblichen Zeitpunkt bereits erzeugte, aber noch nicht geborene Kind an. Andererseits wird der Nasciturus noch nicht als Familienmitglied iSv § 4 Abs. 1 WohngeldG anerkannt.[75] Gleichermaßen soll eine analoge Anwendung des § 16 Abs. 2 AKB nicht in Betracht kommen.[76]

63 RGZ 66, 277, 281; MüKo/*Schmitt*, § 1 Rn 33 (arg.: Bindung der Parteifähigkeit an die Rechtsfähigkeit, § 50 Abs. 1 ZPO bzw § 1615 o, s. Rn 13).

64 OLG Schleswig NJW 2000, 1271.

65 HK-BGB/*Dörner*, § 1 Rn 4. Daher ist ein Rechtserwerb bereits durch den Nasciturus möglich, MüKo/*Schmitt*, § 1 Rn 33, ebenso Schenkungen durch Vertrag, Staudinger/*Habermann*/*Kannowski*, § 1 Rn 16, Bestellung von Hypotheken zugunsten des Nasciturus, RGZ 61, 355; 65, 277 (bereits für den Nondum conceptus) oder die Einleitung eines Zwangsteigerungsverfahrens bzw die Erhebung einer Drittwiderspruchsklage nach § 771 ZPO für den Nasciturus, RGZ 65, 277. Die Leibesfrucht kann weiterhin nach § 1594 Abs. 4 anerkannt werden, OLG Karlsruhe OLGZ 75, 77, und bereits eine Vaterschaftsfeststellung betreiben, OLG Schleswig NJW 2000, 1271.

66 Palandt/*Ellenberger*, § 1 Rn 7.

67 BVerfGE 39, 1, 37 = NJW 1975, 573; aA iS einer Vorverlagerung der Entstehung menschlichen Lebens auf den Zeitpunkt der Verschmelzung von Ei- und Samenzelle (Verschmelzung der Zellkerne): Staudinger/*Habermann*/*Kannowski*, § 1 Rn 23; ebenso Bamberger/Roth/*Bamberger*, § 1 Rn 22: „Die Unterscheidung zwischen individuellem menschlichem Leben (nach der Einnistung) und artspezifischem menschlichem Leben (vor diesem Zeitpunkt) erscheint nach der Zweckrichtung des Art. 2 Abs. 2 S. 1 GG künstlich.... Hiernach beginnt der Schutz der Grundrechte und Teilrechtsfähigkeit mit der Verschmelzung der Keimzellen.“

68 So Palandt/*Ellenberger*, § 1 Rn 8; Soergel/*Fahse*, § 1 Rn 37; aA Staudinger/*Habermann*/*Kannowski*, § 1 Rn 23: Entscheidend sei bereits der Zeitpunkt der extrakorporalen Verschmelzung der Eizelle.

69 Vgl Motive I, S. 29: Das werdende Leben soll (außer durch das Strafrecht) „am geeignetsten durch besondere Bestimmungen“ des Zivilrechts geschützt sein.

70 Bamberger/Roth/*Bamberger*, § 1 Rn 20.

71 Palandt/*Ellenberger*, § 1 Rn 6.

72 BSG NJW 1963, 1078, 1080; 1964, 470.

73 BVerwGE 14, 43.

74 BGH FamRZ 1968, 250.

75 OVG Münster NJW 2000, 1282.

76 OLG Hamm VersR 1973, 810, 811; aA Bamberger/Roth/*Bamberger*, § 1 Rn 26: Die Teilrechtsfähigkeit (auch im Lichte der Bedeutung von Art. 1 Abs. 1 und Art. 2 Abs. 2 S. 1 GG) gebietet eine analoge Anwendung.

39 Daneben kommt dem Nasciturus auch eine (**partielle**) **Grundrechtsfähigkeit** zu.[77] Das Grundgesetz verpflichtet nämlich den Staat, menschliches Leben zu schützen, auch das ungeborene (unmittelbar ab der Nidation), da es sich dann bereits um individuelles in seiner genetischen Identität und damit Einmaligkeit und Unverwechselbarkeit festgelegtes und nicht mehr teilbares Leben handelt.[78] Diese Schutzpflicht resultiert aus dem Schutz der Menschenwürde nach Art. 1 Abs. 1 GG. Ihr Gegenstand und (von ihm her) ihr Maß werden durch Art. 2 Abs. 2 GG (Recht auf Leben und körperliche Unversehrtheit, in das nur aufgrund eines Gesetzes eingegriffen werden darf) näher bestimmt. Mithin kommt auch schon dem ungeborenen menschlichen Leben Menschenwürde zu, und die Rechtsordnung muss die rechtlichen Voraussetzungen seiner Entfaltung iS eines eigenen Lebensrechts des Ungeborenen gewährleisten. Dieses Lebensrecht wird nicht erst durch die Annahme seitens der Mutter begründet. Rechtlicher Schutz gebührt dem Ungeborenen auch gegenüber seiner Mutter. Der Schwangerschaftsabbruch muss daher für die ganze Dauer der Schwangerschaft **grundsätzlich als Unrecht** angesehen und demnach rechtlich verboten sein.[79]

40 Über die normierten Rechte zugunsten des Nasciturus hinaus (Rn 37) erfolgt eine **analoge Anwendung** weiterer Vorschriften auf die Leibesfrucht, (insbesondere auch) um seiner verfassungsrechtlich gewährleisteten Position Rechnung zu tragen:[80]

41 Für **körperliche Schäden** stehen dem Nasciturus zwar keine vertraglichen Ansprüche zu,[81] wohl aber (im Falle der Erkennbarkeit der Schutzpflicht für den Vertragspartner) solche aus einem **Vertrag mit Schutzwirkung zugunsten Dritter**, da er von den Auswirkungen einer Vertragsverletzung ebenso betroffen sein kann wie der Leistungsgläubiger.

42 Die Judikatur gewährt im Übrigen einen **vorgeburtlichen Deliktsschutz** für Körperschäden nach § 823 Abs. 1: Wer die Leibesfrucht einer Schwangeren verletzt, haftet dem später mit einem Gesundheitsschaden zur Welt gekommenen Kind aus unerlaubter Handlung nach § 823 Abs. 1 auf Schadensersatz.[82]

43 Dh, der Schadensersatzanspruch erfasst den **Schaden des lebend geborenen Kindes**, nicht jedoch den Schaden, den zunächst der Nasciturus erleidet.[83] Pränatale Verletzungen werden damit erst mit einer Lebendgeburt zu Verletzungen im Rechtssinne – eine Auffassung, die schwerlich mit dem Schutzzweck des § 823 Abs. 1 im Lichte der Grundrechtsgewährleistung durch Art. 2 Abs. 2 GG (Rn 39) vereinbar ist. Es spricht vieles dafür, bereits die Schädigung des Nasciturus als haftungsbegründend anzusehen.[84] Die unterschiedliche Bewertung hat auch Auswirkungen auf die Beweisfrage: Tritt der Schaden erst bei einer Lebendgeburt ein, gelangt § 286 ZPO zur Anwendung; erforderlich ist ein voller Beweis des Ursachenzusammenhangs zwischen Handlung und Erfolg. Hat hingegen der (teilrechtsfähige) Nasciturus schon den Schaden erlitten, gilt die Beweiserleichterung des § 287 ZPO.[85]

44 Eine **Schädigung der Mutter vor der Zeugung des Kindes** mit nachfolgender Schädigung des Nasciturus begründet bei einer Lebendgeburt gleichermaßen einen Schadensersatzanspruch des Kindes gegen den Schädiger nach § 823 Abs. 1, sofern zwischen der Schädigung der Mutter und dem später mit der Geburt eintretenden Schaden des Kindes ein adäquater Ursachenzusammenhang besteht.[86] Erfolgte die Verletzungshandlung bei der Zeugung (reale Ursächlichkeit des Geschlechtsakts für den Schaden), ist ein Schadensersatzanspruch deshalb fraglich, weil dann die hypothetische Erwägung anzustellen ist, was wäre, wenn der Zeugungsakt entfiele und in diesem Fall das Kind gar nicht gezeugt worden wäre.[87]

45 Der Schädiger haftet grundsätzlich auch dann, wenn die Verletzung der Leibesfrucht durch einen Angriff auf die Psyche der Schwangeren vermittelt wird (Schädigung der Leibesfrucht durch einen **Schockschaden der**

77 Vgl BVerfG NJW 1993, 1751 – Entscheidung zur Neuregelung des Schwangerschaftsabbruchs; offen gelassen noch in BVerfGE 39, 44 = NJW 1975, 373 – Fristenlösungsvorteil. Ebenso *Laufs*, NJW 1965, 1053, 1055; MüKo/*Schmitt*, § 1 Rn 31; Staudinger/*Habermann*/*Kannowski*, § 1 Rn 14 f.

78 MüKo/*Schmitt*, § 1 Rn 25: „das sich nicht erst zum Menschen, sondern als Mensch entwickelt".

79 So BVerfG NJW 1993, 1751 – LS 4, in Bestätigung von BVerfGE 39, 1, 44 = NJW 1975, 373, 376.

80 MüKo/*Schmitt*, § 1 Rn 31.

81 So zutr. MüKo/*Schmitt*, § 1 Rn 36; aA hingegen OLG Celle VersR 1955, 408.

82 BGHZ 58, 48 = NJW 1972, 1126.

83 AA MüKo/*Schmitt*, § 1 Rn 39: der Nasciturus sei als „anderer" iSv § 823 Abs. 1 zu qualifizieren und der Schadensersatzanspruch sei ihm (im Falle einer Lebendgeburt) wegen einer rechtswidrigen und schuldhaften „Einwirkung auf die reifende Frucht zuzugestehen". Ebenso Bamberger/Roth/*Bamberger*, § 1 Rn 24. Folglich können der Leibesfrucht, falls erforderlich, auch schon (unabhängig von einer späteren Lebendgeburt) im Falle einer Gesundheitsgefährdung Unterlassungsansprüche zustehen, so *Larenz*/*Wolf*, BGB AT, § 5 Rn 16.

84 So auch *Heldrich*, JZ 1965, 593; *Laufs*, NJW 1965, 1053, *Selb*, AcP 166 (1966), 76.

85 Bamberger/Roth/*Bamberger*, § 1 Rn 24.

86 BGHZ 8, 243 = NJW 1953, 417.

87 BGHZ 8, 243 = NJW 1953, 417; aA hingegen MüKo/*Schmitt*, § 1 Rn 39: Infolge der mit der Zeugung verbundenen Schädigung wurde von Anfang an die Entstehung eines gesunden Kindes vereitelt, was zur Begründung eines Schadensersatzanspruchs ausreicht. „Nach allgemeinen Wertungsaspekten ist es gleich, ob eine Schädigung des später geborenen Kindes vor, bei oder nach der Zeugung erfolgt", Bamberger/Roth/*Bamberger*, § 1 Rn 24.

Mutter), wobei ein Haftungszusammenhang zwischen einem Verkehrsunfall mit tödlichen oder lebensbedrohenden Verletzungen des Unfallopfers, dem Schock der Schwangeren bei der Nachricht hiervon und der durch ihre psychische Beeinträchtigung vermittelten Schädigung der Leibesfrucht jedenfalls dann besteht, wenn das Unfallopfer ein naher Angehöriger und wenn die Schädigung der Leibesfrucht schwer und nachhaltig ist.[88]

46 Gleichermaßen erleidet der Nasciturus einen Gesundheitsschaden im Falle einer **Keimzellenschädigung**[89] eines der Elternteile bei einer schädigenden Behandlung zB durch Chemikalien oder Strahlen – und zwar unabhängig davon, dass sich entsprechende Schäden (nicht beim Kind selbst, sondern) erst bei den Abkömmlingen des Kindes auswirken.

47 **2. Der Nondum conceptus.** Auch der Nondum conceptus, dh ein noch nicht erzeugter Mensch, wird vom BGB in einer Reihe von Vorschriften berücksichtigt, wenngleich seine Rechtsstellung weniger ausgeprägt ist als jene des Nasciturus (Rn 37 ff)[90] – vgl. etwa:

- § 331 Abs. 2: Er kann Berechtigter eines Vertrags zugunsten Dritter sein (Rn 53).[91]
- § 2101 Abs. 1 S. 1: Ist eine zur Zeit des Erbfalls noch nicht erzeugte Person als Erbe eingesetzt, so ist im Zweifel anzunehmen, dass sie als Nacherbe eingesetzt ist.
- § 2106 Abs. 2 S. 1: Ist die Einsetzung einer noch nicht erzeugten Person als Erbe nach § 2101 Abs. 1 als Nacherbeneinsetzung anzusehen, so fällt die Erbschaft dem Nacherben mit dessen Geburt an.
- § 2162 Abs. 2: Ist der Bedachte zur Zeit des Erbfalls noch nicht gezeugt, so wird ein Vermächtnis mit dem Ablauf von 30 Jahren nach dem Erbfall unwirksam, wenn nicht vorher der Bedachte erzeugt wird.
- § 2178: Vermächtnisanfall bei einem noch nicht erzeugten Bedachten.

48 Anders als beim Nasciturus fehlt beim Nondum conceptus jedoch ein Subjekt als Rechtsträger, dem Rechte zugeordnet werden können, mit der Folge, dass es sich bei der Zuordnung von Rechten um eine „**fingierte Rechtspersönlichkeit**“[92] handelt oder aber – wie *Bamberger*[93] annimmt – um eine „**Vorwirkung der Rechtsfähigkeit**“ (zunächst der sukzessive eintretenden Teilrechtsfähigkeit des Nasciturus, nachfolgend der Vollrechtsfähigkeit des geborenen Menschen). In jedem Fall werden die genannten Rechte erst dann wirksam, wenn der Nondum conceptus gezeugt und später lebend geboren wird.

49 Wenngleich der Nondum conceptus nicht Erbe sein kann (da § 1923 Abs. 2 nur für den Nasciturus gilt, Rn 37), machen die vorgenannten Regelungen deutlich, dass er anderen Rechtssubjekten im Zusammenhang mit einem Rechtserwerb zu seinen Gunsten gleichgestellt ist.[94]

50 Darüber hinaus ist anerkannt, dass zugunsten des noch nicht Erzeugten die Eintragung einer Hypothek möglich ist,[95] wohingegen er unfallversicherungsrechtlich keinen Schutz genießt.[96] Ebenso wenig ist er haftungsrechtlich dem Nasciturus (dazu Rn 38 u. 41 ff) gleichgestellt,[97] da vor der Zeugung begrifflich weder eine Körperverletzung noch eine Gesundheitsbeschädigung möglich ist.[98]

51 Damit kommt auch dem Nondum conceptus eine **beschränkte Rechtsfähigkeit** zu, die allerdings gegenüber der Stellung des Nasciturus (Rn 37 ff) in verschiedener Hinsicht deutlich schwächer ausfällt.[99]

52 Die (aufschiebend bedingten) Rechte[100] des noch nicht Erzeugten können ggf durch einen Pfleger nach § 1913 (Pflegschaft für unbekannte Beteiligte) wahrgenommen werden.

53 Da es allgemein anerkannt ist, dass dem noch nicht erzeugten Nachkommen für den Fall seiner Lebendgeburt Rechte zugewendet werden können, insbesondere auch durch einen **Vertrag zugunsten Dritter** (§ 328 Abs. 1),[101] hat bspw der BGH[102] festgestellt, dass eine Vereinbarung zwischen Eheleuten, in der der Ehemann sein Einverständnis zu einer heterologen Insemination (Rn 55) erteilt, regelmäßig zugleich einen von familienrechtlichen Besonderheiten geprägten berechtigenden Vertrag zugunsten des aus der heterologen Insemination hervorgehenden Kindes enthält, aus dem sich für den Ehemann dem Kind gegenüber die Pflicht ergibt, für dessen Unterhalt wie ein ehelicher Vater aufzukommen.

88 BGHZ 93, 351.
89 Bamberger/Roth/*Bamberger*, § 1 Rn 25; aA *Laufs*, NJW 1965, 1053, 1057.
90 MüKo/*Schmitt*, § 1 Rn 42 ff; Palandt/*Ellenberger*, § 1 Rn 5; Soergel/*Fahse*, § 1 Rn 22.
91 Nicht jedoch eines Vertrags mit Schutzwirkung zugunsten Dritter: MüKo/*Schmitt*, § 1 Rn 48.
92 So RGZ 65, 277, 281.
93 In: Bamberger/Roth, § 1 Rn 31.
94 MüKo/*Schmitt*, § 1 Rn 46.
95 RGZ 61, 355, 356; 65, 277, 281.
96 BSG NJW 1986, 1568; BVerfG FamRZ 1987, 899.
97 MüKo/*Schmitt*, § 1 Rn 47.
98 Bamberger/Roth/*Bamberger*, § 1 Rn 32.
99 MüKo/*Schmitt*, § 1 Rn 45.
100 Weshalb die Konstruktion einer „fingierten Rechtsfähigkeit“ nicht erforderlich sei, so Palandt/*Ellenberger*, § 1 Rn 9; aA *Avenarius*, JR 1994, 267.
101 So MüKo/*Schmitt*, § 1 Rn 50 f; Palandt/*Ellenberger*, § 1 Rn 8; Soergel/*Fahse*, § 1 Rn 22.
102 BGHZ 129, 297.

3. Exkurs: Moderne Fortpflanzungsmedizin. Den Schutz von Embryonen gewährleistet im Bereich der Fortpflanzungsmedizin (**Reproduktionsmedizin**)[103] das Gesetz zum Schutz von Embryonen (ESchG),[104] in dem bestimmte Verfahren bei der Erzeugung oder Verwendung menschlicher Embryonen sowie eine damit einhergehende Forschung unter Strafe gestellt wird.[105] Damit erfolgt allerdings keine Vorverlagerung der Rechtsfähigkeit.[106] 54

a) Künstliche Insemination. Der durch künstliche Insemination (ohne Geschlechtsverkehr) – homologe Insemination (Sperma des Ehemannes), quasi-homologe Insemination (Sperma des Lebensgefährten) bzw heterologe Insemination (Sperma eines Dritten)[107] – sich entwickelnde Embryo ist dem auf natürliche Weise gezeugten in rechtlicher Hinsicht völlig gleichzustellen und genießt denselben rechtlichen Schutz[108] wie vorbeschrieben (Rn 37 ff). 55

b) Gametentransfer und künstliche Befruchtung. Bei künstlicher Befruchtung (dh Einpflanzung eines intrakorporal oder extrakorporal befruchteten Eies in den Körper einer anderen Frau [Tragemutter] oder der Frau, von der die Eizelle stammt [bei der sog. In-vitro-Fertilisation]) und Gametentransfer (dh der instrumentellen Einbringung von Spermien und Eizellen in die Gebärmutter oder in den Eileiter zwecks natürlicher Befruchtung) ist die Frage der Teilrechtsfähigkeit des Embryos in der Zeitspanne zwischen Keimverschmelzung und Einnistung umstritten. Teilweise wird für den Beginn der Teilrechtsfähigkeit auf den Zeitpunkt der Verschmelzung der Keimzellen,[109] teilweise auf den Zeitpunkt der Einnistung (Nidation)[110] abgestellt. Im Hinblick auf den rechtlichen Status des Embryos darf es jedoch keinen Unterschied machen, ob eine intrakorporale oder extrakorporale Verschmelzung von Ei- und Samenzelle stattfindet. 56

c) Klonen. Durch einen extrakorporalen Zellkernaustausch wird beim Klonen die exakte Kopie eines Lebewesens geschaffen, was nach deutschem Recht gemäß § 6 Abs. 1 ESchG verboten ist. Danach ist es strafbar, wenn künstlich bewirkt wird, dass ein menschlicher Embryo mit der gleichen Erbinformation wie ein anderer Embryo, ein Fötus, ein Mensch oder ein Verstorbener entsteht. Wie *Bamberger*[111] zutreffend ausführt, muss der Embryo als menschliches Wesen mit Würde (Art. 1 GG) gegen jede Instrumentalisierung geschützt sein – „geschehe sie auch zwecks Heilung schwerwiegender Erkrankungen“. 57

IV. Das Geschlecht

1. Die Geschlechtszuordnung. Die Geschlechtszuordnung („männlich“ oder „weiblich“) – die im Ehe- und Familienrecht erhebliche Bedeutung hat[112] – beurteilt sich, nachdem das BGB keine entsprechenden Begriffsbestimmungen vorgegeben hat,[113] nach der **äußeren körperlichen Beschaffenheit** (vor allem den äußeren Geschlechtsmerkmalen) – nicht hingegen nach der seelischen Einstellung.[114] 58

Bei Zwittern (Intersexuellen) – bei denen eine Eintragung als „Zwitter“ im Geburtenbuch nicht zulässig ist[115] (vor allem dann nicht, wenn nach Chromosomensatz und Keimdrüsen eine Geschlechtszuordnung möglich ist)[116] – entscheidet das überwiegende Geschlecht,[117] wobei hier aber auch in Grenzfällen die psychische Einstellung mit berücksichtigt werden kann.[118] Ist die (deklaratorische) Eintragung im Geburtenbuch (auf der Grundlage einer vom Arzt für das neugeborene Kind erstellten Bescheinigung) als männlich oder weiblich erfolgt, erweist sich diese Einordnung nachträglich aber als falsch, kann eine nachträgliche Berichtigung nach Maßgabe von § 47 PStG erfolgen.[119] 59

103 *Damm*, JZ 1998, 926; *Kirchmeier*, FamRZ 1998, 1281; *Laufs*, NJW 1990, 1512.

104 Embryonenschutzgesetz – ESchG idF der Bekanntmachung v. 13.12.1980 (BGBl I S. 2746).

105 Dazu näher *Deutsch*, NJW 1991, 721.

106 MüKo/*Schmitt*, § 1 Rn 44.

107 Zu den dabei entstehenden familienrechtlichen Fragen (Vater-Kind-Verhältnis) näher *Kirchmeier*, FamRZ 1998, 1281, 1282; *Quantius*, FamRZ 1998, 1145, 1147.

108 Bamberger/Roth/*Bamberger*, § 1 Rn 28.

109 Bamberger/Roth/*Bamberger*, § 1 Rn 29; MüKo/*Leipold*, § 1923 Rn 15; Staudinger/*Habermann*/*Kannowski*, § 1 Rn 23.

110 Palandt/*Ellenberger*, § 1 Rn 8; Soergel/*Fahse*, § 1 Rn 27.

111 Bamberger/Roth/*Bamberger*, § 1 Rn 30.

112 Vgl zum geschlechtsspezifischen Diskriminierungsverbot auch Art. 3 Abs. 2 und 3 GG, Art. 157 AEUV (Art. 141 EGV), die RL 75/117/EWG des Rates v. 10.2.1975 zur Angleichung der Rechtsvorschriften der Mitgliedstaaten über die Anwendung des Grundsatzes des gleichen Entgelts für Männer und Frauen, die RL 76/207/EWG des Rates v. 9.2.1976 – bzw (einfachgesetzlich) § 1 iVm § 11 AGG (§ 611 a alt).

113 Vgl MüKo/*Schmitt*, § 1 Rn 56 – da es nach dem Stand der Erkenntnisse des historischen Gesetzgebers als selbstverständlich galt, dass die Geschlechtszugehörigkeit mit der Geburt durch die äußeren Geschlechtsmerkmale festgelegt würde und unveränderlich sei.

114 Vgl KG NJW 1965, 1484; OLG Frankfurt/M. NJW 1976, 1800.

115 AG München NJW-RR 2001, 1586.

116 So LG München NJW-RR 2003, 1590.

117 Palandt/*Ellenberger*, § 1 Rn 10 – iSd überwiegenden Geschlechtsmerkmale, Motive I, S. 26.

118 KG NJW 1965, 1084; LG Frankenthal FamRZ 1976, 214.

119 OLG Frankfurt/M. NJW 1966, 407; LG Frankenthal FamRZ 1976, 214.

60 Lässt sich kein überwiegendes Geschlecht feststellen, können gesetzliche Regelungen, die ein bestimmtes Geschlecht voraussetzen, nicht angewendet werden.[120]

61 **2. Transsexuelle.** Nachdem das BVerfG[121] im Jahre 1978 festgestellt hatte, dass Art. 2 Abs. 2 iVm Art. 1 Abs. 1 GG es gebieten, die Eintragung des männlichen Geschlechts eines Transsexuellen im Geburtenbuch jedenfalls dann zu berichtigen (was der BGH in der Ausgangsentscheidung verweigert hatte, Rn 62),[122] wenn es sich nach den medizinischen Erkenntnissen um einen irreversiblen Fall von Transsexualismus handelt (dh ein Mensch sich nach seiner seelischen Einstellung zwanghaft als Mann oder als Frau empfindet, obgleich er die Geschlechtsmerkmale des jeweils anderen Geschlechts aufweist) und eine geschlechtsanpassende Operation durchgeführt worden ist, hat der Gesetzgeber das Gesetz über die Änderung der Vornamen und die Feststellung der Geschlechtszugehörigkeit in besonderen Fällen[123] erlassen, das die **nachträgliche Änderung der Geschlechtszugehörigkeit** (sog große Lösung bzw eine **Namensänderung** (sog. kleine Lösung) regelt.[124]

62 Vorangegangen war eine Entscheidung des BGH im Jahre 1971, dass dem Antrag, eine Geschlechtsänderung (im Falle eines männlichen Transsexuellen nach genitalverändernder Operation) im Geburtenbuch einzutragen, mangels ausdrücklicher gesetzlicher Grundlage nicht entsprochen werden könne.[125] Am 10.9.1980 ist infolge dessen das Gesetz über die Änderung der Vornamen und die Feststellung der Geschlechtszugehörigkeit in besonderen Fällen (Transsexuellengesetz – fortan: TSG) in Kraft getreten.[126]

63 **a) Änderung der Feststellung der Geschlechtszugehörigkeit.** Nach § 8 TSG kann auf Antrag einer Person, die sich aufgrund ihrer sexuellen Prägung nicht mehr dem in ihrem Geburtseintrag angegebenen, sondern dem anderen Geschlecht zugehörig empfindet und die seit mindestens drei Jahren unter dem Zwang steht, ihre Vorstellungen zu leben, vom Amtsgericht im FamFG-Verfahren festgestellt werden, dass sie als dem anderen Geschlecht zugehörig anzusehen ist (**große Lösung** – Änderung der Feststellung der Zugehörigkeit zu einem Geschlecht).[127] Dazu müssen die Voraussetzungen des § 1 Abs. 1 bis 2 TSG erfüllt sein, dh die Person muss grundsätzlich Deutscher sein (nach einer BVerfG-Entscheidung im Jahre 2006 – dazu noch nachstehende Rn 70 – werden auch Ausländer mit unbefristeter Aufenthaltserlaubnis bzw verlängerbarer Aufenthaltserlaubnis und dauerhaft rechtmäßigem Aufenthalt im Inland erfasst, vgl § 1 Abs. 1 Nr. 3 d TSG) und es muss mit hoher Wahrscheinlichkeit anzunehmen sein, dass sich ihr Zugehörigkeitsempfinden zum anderen Geschlecht nicht mehr ändern wird – sog. irreversibler Fall von Transsexualismus.

64 Die Person muss zudem dauernd fortpflanzungsunfähig sein[128] und sich einem ihre äußeren Geschlechtsmerkmale verändernden operativen Eingriff unterzogen haben, durch den eine deutliche Annäherung an das Erscheinungsbild des anderen Geschlechts erreicht werden kann[129] (geschlechtsanpassende Operation nach dem Stand der medizinischen Wissenschaft).[130] Das Erfordernis einer „geschlechtsumwandelnden Operation" beäugt das BVerfG zunehmend kritisch.[131] Das frühere weitere Erfordernis, dass die Person **nicht verheiratet** sein darf (§ 8 Abs. 1 Nr. 2 TSG alt), hat das BVerfG[132] im Jahre 2008 für verfassungswidrig erklärt: § 8 Abs. 1 Nr. 2 TSG alt ist mit Art. 2 Abs. 1 iVm Art. 1 Abs. 1 GG unvereinbar.[133] Dem verfassungsrechtlich nach Art. 2 Abs. 1 iVm Art. 1 Abs. 1 GG geschützten Recht auf Anerkennung der selbstbestimmten geschlechtlichen Identität trägt § 8 TSG grundsätzlich Rechnung, indem er die personenstandsrechtliche Anerkennung des durch operativen Eingriff geänderten Geschlechts eines Transsexuellen ermöglicht. § 8 Abs. 1 Nr. 2 TSG beschränkt dieses Recht allerdings substantiell, soweit er als Voraussetzung für die Personenstandsänderung verlangt, dass der Betroffene nicht verheiratet ist,[134] weil es einem verheirateten Transsexuellen (nachdem dieser sich einer geschlechtsändernden Operation unterzogen hat) die Möglichkeit, die personenstandsrechtliche Anerkennung seiner neuen Geschlechtszugehörigkeit zu erhalten, nur einräumte, wenn seine Ehe zuvor

120 So KG JW 1931, 1495.
121 NJW 1979, 595.
122 BGHZ 57, 63 = NJW 1972, 330.
123 Transsexuellengesetz – TSG v. 10.9.1980 (BGBl I S. 1654).
124 Dazu näher *Schneider*, NJW 1992, 2940; *Sigusch*, NJW 1980, 2740; *Wille/Kröhn/Eicher*, FamRZ 1981, 418.
125 BGHZ 57, 63 = NJW 1972, 330.
126 BGBl. I, S. 1654, zuletzt geändert durch Gesetz vom 17.7.2009 (BGBl. I, S. 1978).
127 MüKo/*Schmitt*, § 1 Rn 60.
128 Das Erfordernis der Fortpflanzungsunfähigkeit nach § 8 Abs. 1 Nr. 3 TSG ist selbst dann unverzichtbar, wenn die dafür notwendige Operation risikobehaftet ist, so OLG Hamm FamRZ 1983, 413.
129 Das Gesetz setzt aber weder eine künstliche Herstellung von männlichen Geschlechtsorganen noch einen Scheidenverschluss voraus, OLG Zweibrücken NJW 1992, 760; BayObLG NJW 1996, 792.
130 BayObLG NJW 1996, 791: Es reicht aus, wenn durch den operativen Eingriff in die Geschlechtsmerkmale eine deutliche Anpassung an das Erscheinungsbild des anderen Geschlechts erreicht wird.
131 Vgl BVerfGE 115, 1 = FamRZ 2006, 182. Dazu auch Palandt/*Ellenberger*, § 1 Rn 11.
132 BVerfGE 121, 175 = NJW 2008, 3117 mit Anmerkung *Rixe*, FF 2008, 451; *Stüber*, JZ 2009, 49.
133 Zum Schutz der engeren persönlichen Lebenssphäre aus Art. 2 Abs. 1 iVm Art. 1 Abs. 1 GG gehört nämlich auch der Sexualbereich, der die sexuelle Selbstbestimmung des Menschen und damit das Finden und Erkennen der eigenen geschlechtlichen Identität sowie der eigenen sexuellen Orientierung umfasst (so BVerfGE 115, 1, 14 f.; 49, 286, 298).
134 BVerfGE 121, 175 = NJW 2008, 3117 Rn 40.

geschieden worden war.[135] Durch Gesetz vom 17.7.2009[136] ist § 8 Abs. 1 Nr. 2 TSG alt infolge dessen aufgehoben worden, mit der Konsequenz, dass eine bestehende Ehe einem Antrag nicht entgegensteht.[137] Über die Frage der „dauernden Fortpflanzungsunfähigkeit" und die erfolgte geschlechtsanpassende Operation ist im FamFG-Verfahren ein Sachverständigengutachten einzuholen. In dem Antrag auf Änderung der Feststellung der Geschlechtszugehörigkeit sind grundsätzlich die Vornamen anzugeben, die der Antragsteller künftig führen will.

Das BVerfG hat einen Verstoß der (Alt-)Regelung des § 8 Abs. 1 Nr. 1 (iVm § 1 Abs. 1 Nr. 3 TSG – zu letzterer Norm noch Rn 70) gegen Art. 3 Abs. 1 GG festgestellt (Erfordernis eines **Mindestalters** von 25 Jahren für eine Neufeststellung der Geschlechtszugehörigkeit), soweit einem Transsexuellen unter 25 Jahren trotz Durchführung einer geschlechtsumwandelnden Operation und Erfüllung der übrigen gesetzlichen Voraussetzungen wegen des Alterserfordernisses die personenstandsrechtliche Feststellung der Zugehörigkeit zum anderen Geschlecht verwehrt werden konnte.[138] **65**

Am 11.1.2011 hat das BVerfG[139] entschieden, dass es gegen Art. 2 Abs. 1 und Abs. 2 iVm Art. 1 Abs. 1 GG verstößt, wenn ein Transsexueller, der die Voraussetzungen des § 1 Abs. 1 Nr. 1 bis 3 TSG erfüllt, zur rechtlichen Absicherung seiner gleichgeschlechtlichen Partnerschaft nur dann eine eingetragene Lebenspartnerschaft begründen kann, wenn er sich zuvor gemäß § 8 Abs. 1 Nr. 3 und Nr. 4 TSG einem seine äußeren Geschlechtsmerkmale verändernden operativen Eingriff unterzogen hat sowie dauernd fortpflanzungsunfähig ist und aufgrund dessen personenstandsrechtlich im empfundenen und gelebten Geschlecht Anerkennung gefunden hat. Zugleich weist das BVerfG[140] darauf hin, dass die Verfassungswidrigkeit von § 8 Abs. 1 Nr. 3 und 4 TSG nicht zur Nichtigkeit, sondern zur Unvereinbarkeit dieser Norm mit Art. 2 Abs. 1 und Abs. 2 iVm Art. 1 Abs. 1 GG, da der Gesetzgeber die Möglichkeit hat, in § 8 Abs. 1 TSG für die personenstandsrechtliche Anerkennung des empfundenen Geschlechts eines Transsexuellen spezifiziertere Voraussetzungen zum Nachweis der Ernsthaftigkeit des Bedürfnisses, im anderen Geschlecht zu leben, als in § 1 Abs. 1 TSG aufzustellen oder eine Gesamtüberarbeitung des Transsexuellenrechts vornehmen kann, um einen verfassungsmäßigen Rechtszustand herbeizuführen.

Nach Ansicht des BSG haben Versicherte keinen Anspruch darauf, im Wege der Krankenbehandlung einen regelwidrigen Körperzustand zu erlangen.[141]

Von der Rechtskraft der Entscheidung an, dass der Antragsteller als dem anderen Geschlecht zugehörig anzusehen ist, richten sich nach § 10 TSG seine vom Geschlecht abhängigen Rechte und Pflichten nach dem (neuen) Geschlecht, soweit durch Gesetz nichts anderes bestimmt ist. Die Entscheidung lässt aber gemäß § 11 TSG das Rechtsverhältnis zwischen dem Antragsteller und seinen Kindern[142] (und seinen Eltern)[143] unberührt – bei angenommenen Kindern jedoch nur, soweit diese vor Rechtskraft der Entscheidung als Kind angenommen sind. Gleiches gilt im Verhältnis zu den Abkömmlingen dieser Kinder. **66**

Die Geschlechtsumwandlung nach § 8 TSG führt zu einer **Änderung des Geschlechts im rechtlichen Sinne**. Folglich kann die Person nach vollzogener Geschlechtsumwandlung eine Person des anderen (dh ihres eigenen früheren) Geschlechts auch heiraten.[144] **67**

Der stattgebende Beschluss über die Feststellung der Geschlechtsumwandlung durch das Amtsgericht im FamFG-Verfahren nach § 9 TSG[145] entfaltet auch bei einem (nachträglich festgestellten) Fehlen einer Antragsvoraussetzung Wirksamkeit.[146] **68**

b) Namensänderung. Von der Änderung der Feststellung der Geschlechtszugehörigkeit (§§ 8 ff TSG) zu unterscheiden ist die (bloße) der empfundenen Geschlechtszugehörigkeit entsprechende Änderung des Vornamens mit korrespondierendem Vermerk in den Personenstandsbüchern nach den §§ 1 ff TSG (sog. **kleine Lösung**).[147] Danach können – auch ohne geschlechtsanpassende Operation (iSv § 8 Abs. 1 Nr. 4 TSG) – die Vornamen einer Person, die sich aufgrund ihrer transsexuellen Prägung nicht mehr dem in ihrem Geburtseintrag angegebenen, sondern dem anderen Geschlecht als zugehörig empfindet und die seit mindestens drei Jahren unter dem Zwang steht, ihren Vorstellungen entsprechend zu leben, durch Antrag beim Amtsgericht geändert werden. Voraussetzung dafür ist, dass die antragstellende Person grundsätzlich Deutscher ist und mit hoher Wahrscheinlichkeit anzunehmen ist, dass sich ihr Zugehörigkeitsempfinden zum anderen Geschlecht nicht mehr ändern wird. **69**

135 Dazu auch *Bräcklein*, StAZ 2008, 297.
136 BGBl. I, S. 1978.
137 Palandt/*Ellenberger*, § 1 Rn 11.
138 BVerfG NJW 1982, 2061.
139 EuGRZ 2011, 74 = Pressemitteilung NJ 3/2011, S. III f.
140 EuGRZ 2011, 74 – Tz. 79.
141 BSG GesR 2011, 41 – Ls.
142 Insb. im Hinblick auf das ihm zustehende Sorgerecht, OLG Schleswig FamRZ 1990, 433.
143 Palandt/*Ellenberger*, § 1 Rn 11.
144 Bamberger/Roth/*Bamberger*, § 1 Rn 45.
145 Palandt/*Ellenberger*, § 1 Rn 11.
146 Palandt/*Ellenberger*, § 1 Rn 11: Ein Verstoß gegen das Kriterium der Unverheiratetheit lässt die Ehe allerdings fortbestehen.
147 MüKo/*Schmitt*, § 1 Rn 59; Palandt/*Ellenberger*, § 1 Rn 12.

70 Das BVerfG hat das (ursprünglich) zusätzlich in § 1 Abs. 1 Nr. 3 TSG normierte Erfordernis eines Mindestalters von 25 Jahren für eine Vornamensänderung als Verstoß gegen Art. 3 Abs. 1 GG und damit als verfassungswidrig qualifiziert.[148] Im Jahre 2006 hat das BVerfG[149] festgestellt, dass die §§ 8 ff TSG auch auf Ausländer zur Anwendung gelangen, sofern sie sich berechtigt und nicht nur vorübergehend in der Bundesrepublik aufhalten: § 1 Abs. 1 Nr. 1 TSG verstoße gegen das Gleichbehandlungsgebot nach Art. 3 Abs. 1 GG iVm dem allgemeinen Persönlichkeitsrecht (nach Art. 2 Abs. 1 iVm Art. 1 Abs. 1 GG), so weit es ausländische Transsexuelle (deren Heimatrecht den §§ 8 ff TSG vergleichbare Regelungen nicht kennt) – die sich rechtmäßig und nicht nur vorübergehend in Deutschland aufhalten – von der Antragsberechtigung zur Feststellung der Geschlechtszugehörigkeit und zur Änderung des Vornamens (nach § 8 Abs. 1 Nr. TSG alt) ausnimmt.[150] Die Entscheidung des BVerfG hat in der Folge durch Art. 3 a des Gesetzes zur Änderung des Passgesetzes und weiterer Vorschriften vom 20.7.2007[151] mit Wirkung vom 1.11.2007 zu einer entsprechenden verfassungskonformen Änderung des § 1 Abs. 1 TSG geführt.[152]

71 Die entsprechende Namensänderung lässt jedoch die Zugehörigkeit zu dem im Geburtseintrag angegebenen Geschlecht unberührt.[153] Eine **Adelsbezeichnung** ist allerdings an das neue Geschlecht anzupassen.[154] Die Namensänderung kann auch von einem verheirateten Antragsteller beantragt werden.[155] Allerdings hat das BVerfG[156] im Jahre 2005 festgestellt, dass der Verlust des nach § 1 TSG geänderten Vornamens im Falle einer Eheschließung (so § 7 Abs. 1 Nr. 3 TSG) das von Art. 2 Abs. 1 iVm Art. 1 Abs. 1 GG geschützte Namensrecht eines homosexuell orientierten Transsexuellen sowie sein Recht auf Schutz seiner Intimsphäre, solange ihm eine rechtlich gesicherte Partnerschaft nicht ohne Verlust des geänderten, seinem empfundenen Geschlechts entsprechenden Vornamens eröffnet ist, verletzt.[157]

§ 2 Eintritt der Volljährigkeit

Die Volljährigkeit tritt mit der Vollendung des 18. Lebensjahres ein.

1 Die Norm dient der Ausfüllung aller Vorschriften, welche auf Voll- oder Minderjährigkeit Bezug nehmen. Namentlich treten mit der Volljährigkeit unbeschränkte Geschäftsfähigkeit (vgl § 106), unbeschränkte Ehemündigkeit (§ 1303) und Testierfähigkeit (§ 2247 Abs. 4) ein. Anwendungsprobleme bestehen nicht; das 18. Lebensjahr ist vollendet am Geburtstag bereits um 0 Uhr, weil der erste Lebenstag mitgerechnet wird, § 187 Abs. 2 S. 2.

§§ 3 bis 6 (weggefallen)

§ 7 Wohnsitz; Begründung und Aufhebung

(1) Wer sich an einem Orte ständig niederlässt, begründet an diesem Orte seinen Wohnsitz.

(2) Der Wohnsitz kann gleichzeitig an mehreren Orten bestehen.

(3) Der Wohnsitz wird aufgehoben, wenn die Niederlassung mit dem Willen aufgehoben wird, sie aufzugeben.

Literatur: *Breidenbach*, „Wohnsitz", „gewöhnlicher Aufenthalt" und „Wohnort", StAZ 1959, 296; *Laube*, Wohnsitz und Staatsangehörigkeit als Anknüpfungspunkt im Internationalen Privatrecht, 1961; *Zepf*, Zur Frage des dienstlichen Wohnsitzes von Wehrpflichtigen, NZWehrR 1970, 18.

148 BVerfG NJW 1993, 1517, dazu *Sachs*, JuS 1993, 862.
149 BVerfGE 116, 243 = NJW 2007, 900 mit Anmerkung *Roth*, StAZ 2007, 17. Vgl zudem *Pawlowski*, JZ 2007, 413; *Scherpe*, FamRZ 2007, 413.
150 Vgl dazu auch *Röthel*, IPrax 2007, 204.
151 BGBl. I, S. 1566.
152 Palandt/*Ellenberger*, § 1 Rn 11.
153 MüKo/*Schmitt*, § 1 Rn 59; Palandt/*Ellenberger*, § 1 Rn 12.
154 So BayObLG NJW-RR 2003, 289.
155 Palandt/*Ellenberger*, § 1 Rn 12.
156 BVerfGE 115, 1 = FamRZ 2006, 182 mit Anmerkung *Adamietz*, KJ 2006, 368; *Grünberger*, StAZ 2007, 357.
157 Dazu auch *Grünberger*, JZ 2006, 516; *Windel*, JR 2006, 265.

A. Allgemeines

I. Normzweck

Der Wohnsitz eines Menschen ist neben dem Namen und dem Alter ein Individualisierungsmerkmal. Der Wohnsitz ist örtlicher Anknüpfungspunkt zahlreicher rechtlicher Regelungen des materiellen und des Verfahrensrechts, sowohl im Zivilrecht als auch im öffentlichen Recht. 1

Der Wohnsitz ist im **bürgerlichen Recht** von Bedeutung für: §§ 132 Abs. 2, 269, 270, 773 Abs. 1 Nr. 2, 1786 Abs. 1 Nr. 5, 1944 Abs. 3, 1954 Abs. 3 BGB; Art. 26 Abs. 1 S. 1 Nr. 3 EGBGB. 2

Im **Handelsrecht** knüpfen die Vorschriften der §§ 106 Abs. 2, 162 Abs. 1 HGB an den Begriff des Wohnortes an, wobei Wohnort in diesem Falle dasselbe heißt wie Wohnsitz. 3

Im **Verfahrensrecht** wird insbesondere der **allgemeine Gerichtsstand** einer Person durch ihren **Wohnsitz** bestimmt (vgl § 13 ZPO). Auch weitere Vorschriften knüpfen für die Bestimmungen der Zuständigkeiten hieran an (vgl §§ 15 f ZPO, § 343 FamFG, §§ 8, 11 StPO, § 14 UWG,[1] § 57 SGG, § 4 PstG, § 15 VerschG und § 6 UKlaG). 4

Im **öffentlichen Recht** knüpfen ebenfalls zahlreiche Regelungen, wie zB § 7 BVersG, § 11 LAG, §§ 1, 2 BVFG, § 2 Abs. 5 BKGG, § 218 Abs. 2 BEG, § 25 Abs. 1 StAG, § 6 SGB VIII, an den Wohnsitz iSd § 7 an. Vielfach wird, wie zB im Melderecht, Wahlrecht, Pass- und Ausweisrecht, auf den durch objektive Gesichtspunkte bestimmten Begriff des Hauptwohnsitzes abgestellt.[2] 5

Im **Steuer- und Abgabenrecht** sowie im **Sozialrecht** wird gemäß § 8 AO und § 30 Abs. 3 SGB I darauf abgestellt, wo jemand eine Wohnung unter Umständen inne hat, die darauf schließen lassen, dass er die Wohnung beibehalten und benutzen wird (vgl § 30 Abs. 3 S. 1 SGB I). Bei beiden Bestimmungen kommt es, anders als bei § 7, **nicht auf den Willen** der Person zur Wohnsitzbegründung und Unterhaltung an, so dass auch der zu rechtsgeschäftsähnlichen Handlungen grundsätzlich nicht fähige Minderjährige einen steuerrechtlich relevanten Wohnsitz ohne Einwilligung seiner gesetzlichen Vertreter begründen kann.[3] 6

II. Abgrenzungen

Vom Wohnsitz sind abzugrenzen in anderen Gesetzen geregelte Institute, die dem Wohnsitz ähnlich sind: 7

Die **Wohnung** bzw der **Wohnort**, vgl §§ 178, 180, 181 ZPO bzw Art. 2 Abs. 3, 4, 21, 22 Abs. 2, 76 Abs. 3 WG, Art. 8 ScheckG: Wohnung sind die Räume, in denen der Adressat tatsächlich wohnt. Wohnort ist der Ort, an dem jemand tatsächlich wohnt. In der Regel, aber nicht zwingend, sind der Wohnort und Wohnsitz identisch. Sie können auseinander fallen, wenn der Betroffene gegen seinen Willen (zB bei Strafgefangenen) an einem anderen Ort tatsächlich wohnt als dem Ort, an dem er den Willen zum Aufenthalt hat. 8

Der **Aufenthalt**, vgl zB § 132 Abs. 2 S. 2 BGB, Art. 5 Abs. 2 und 3 EGBGB, §§ 20, 606 ZPO, §§ 152 Abs. 2, 272 Abs. 1 Nr. 2 FamFG, § 30 Abs. 3 S. 2 SGB I, § 3 Nr. 3 a VwVfG: Dieser ist ein rein tatsächliches Verhältnis, welches aber auch ein Verweilen von gewisser Dauer und Regelmäßigkeit voraussetzt. Aufenthalt kann dabei auch in einem räumlich weiter umfassten Gebiet (zB einem Kreis, Regierungsbezirk, Bundesland oder dem Staatsgebiet der Bundesrepublik) begründet sein.[4] Domizilwille ist dabei nicht erforderlich. **Gewöhnlicher, dauerhafter oder ständiger Aufenthalt** (vgl § 5 Abs. 2 und 3 EGBGB, §§ 20, 606 ZPO, §§ 152 Abs. 2, 272 Abs. 2 Nr. 2 FamFG, § 9 AO, § 30 Abs. 3 S. 2 SGB I und § 3 Abs. 1 Nr. 3 a VwVfG) wird durch tatsächliches längeres Verweilen begründet.[5] Anders als bei der Begründung eines Wohnsitzes ist zur Begründung eines gewöhnlichen oder dauernden Aufenthalts ein rechtsgeschäftlicher Begründungswille nicht erforderlich;[6] Ausnahme: die Begründung eines ständigen Aufenthaltes iSv § 1 WpflG, hier ist ein entsprechender Wille erforderlich.[7] Die vorübergehende Abwesenheit beseitigt einen gewöhnlichen oder ständigen Aufenthalt nicht,[8] auch nicht ein zweijähriger Klinikaufenthalt.[9] Ob eine zwangsweise Unterbringung, wie zB eine Strafhaft oder die Einweisung in eine Pflegeanstalt, einen gewöhnlichen Aufenthalt begründet, ist in Einzelfällen strittig und lässt sich nur aus dem Sinn und Zweck der jeweils einschlägigen Norm heraus entscheiden. 9

Der **dienstliche Wohnsitz** (Amtssitz) von Beamten, Soldaten und Notaren (vgl zB § 10 Abs. 2 BNotO, §§ 9, 74 BBG) ist privatrechtlich nahezu bedeutungslos. Privatrechtliche Bedeutung hat insoweit nur noch der dienstliche Wohnsitz des Soldaten (vgl dazu unten § 9). 10

1 UWG idF v. 9.7.2004 (BGBl. I S. 1414).
2 Palandt/*Ellenberger*, § 7 Rn 5.
3 MüKo/*Schmitt*, § 7 Rn 33; Bamberger/Roth/*Bamberger*, § 7 Rn 5.
4 Bamberger/Roth/*Bamberger*, § 7 Rn 13; MüKo/*Schmitt*, § 7 Rn 13.
5 BGH NJW 1983, 2771.
6 BGH NJW 1993, 2047.
7 MüKo/*Schmitt*, § 7 Rn 15; Bamberger/Roth/*Bamberger*, § 7 Rn 13.
8 OLG Frankfurt NJW 1961, 1586.
9 BayObLG NJW 1993, 674.

11 Der **Sitz** und die **gewerbliche Niederlassung**: Juristische Personen und sonstige Personenvereinigungen haben keinen Wohnsitz, sondern einen **Sitz** (vgl zB § 24 BGB, § 5 AktG, § 4 a GmbHG). Dieser entspricht – abgesehen von der fehlenden Bestimmung zum Wohnen – dem Begriff des Wohnsitzes.

12 Die **gewerbliche Niederlassung** (vgl zB §§ 269 Abs. 2, 270 Abs. 2 u. 3, 772 Abs. 1, 773 Abs. 1 Nr. 2 BGB, § 42 GewO, § 14 UWG, § 6 Abs. 1 UKlaG, § 21 ZPO) dient zur Verfolgung gewerblicher oder geschäftlicher Zwecke und setzt die auf eine gewisse Dauer ausgeführte Ausübung des Gewerbes oder Geschäftes in bestimmten Räumen voraus.[10]

B. Regelungsgehalt

13 Wohnsitz ist der Ort, an dem ein Mensch den räumlichen Schwerpunkt seiner Lebensverhältnisse hat. Die Begründung des Wohnsitzes geschieht durch tatsächliche Niederlassung, verbunden mit dem Willen, den Ort zum ständigen Schwerpunkt seiner Lebensverhältnisse zu machen.[11]

I. Begründung des Wohnsitzes (Abs. 1)

14 Zur Begründung eines Wohnsitzes ist die tatsächliche Niederlassung verbunden mit Domizilwillen erforderlich.

15 Beide Voraussetzungen müssen vorliegen. Die bloße Erklärung eines Niederlassungswillens genügt nicht, ebenso wenig genügt die reine tatsächliche Niederlassung, wenn sie ohne den Willen zur ständigen Niederlassung erfolgt.

16 Die Wohnsitzbegründung ist kein bloßer Realakt, da zu der tatsächlichen Niederlassung ein hierauf gerichteter Wille hinzutreten muss. Andererseits ist sie kein Rechtsgeschäft, weil der Wille sich nur auf die Niederlassung, nicht aber auch auf die Rechtsfolgen der Wohnsitzbegründung beziehen muss. Nach herrschender Auffassung ist die Wohnsitzbegründung daher als **rechtsgeschäftsähnliche Handlung** zu qualifizieren.[12]

17 **1. Niederlassung.** Die Niederlassung erfordert eine eigene Unterkunft, nicht notwendigerweise eine eigene Wohnung, vielmehr genügt auch das Bewohnen eines Hotelzimmers,[13] eines möblierten Zimmers oder einer behelfsmäßigen Unterkunft bei Verwandten oder Bekannten.[14] Die Mitbenutzung einer Wohnung genügt.[15] Ein Obdachloser hat jedoch mangels Unterkunft keinen Wohnsitz begründet.[16] Die Niederlassung muss „ständig", dh für eine gewisse Dauer angelegt sein. Sie darf nicht von vornherein nur vorübergehend sein. Insoweit entscheiden die Umstände des Einzelfalls. Einen Wohnsitz begründet auch, wer für eine Zeit den Mittelpunkt seiner Lebensverhältnisse an einen Ort verlegt, aber damit rechnet, seine Niederlassung bei Gelegenheit wieder aufgeben zu müssen. Der Aufenthalt an einem Ausbildungs- oder Studienort bedeutet jedoch in der Regel keine Wohnsitzbegründung.[17] Gleiches gilt für die Flucht in ein Frauenhaus oder einen Wechsel des Frauenhauses.[18]

18 **Ort** ist die polizeiliche Gemeinde, deren Grenzen nach dem jeweiligen Landesrecht zu bestimmen sind.[19] Bestehen in einer politischen Gemeinde mehrere Gerichtsbezirke, so ist die gerichtliche Zuständigkeit in dem Bezirk gegeben, für den eine Niederlassung begründet wurde.[20]

19 **2. Domizilwille.** Der Betroffene muss den **rechtsgeschäftlichen Willen** haben, den Ort ständig zum Schwerpunkt seiner Lebensverhältnisse zu machen. Dieser so genannte Domizilwille braucht nicht ausdrücklich erklärt zu sein, sondern kann sich aus den Umständen ergeben. Hierbei kann sich aus dem Verhalten der betreffenden Personen oder auch aus sonstigen Indizien auf einen entsprechenden Domizilwillen schließen lassen, wie zB die polizeiliche Anmeldung. Bei Niederlassung auf Dauer wird in der Regel der Wille gegeben sein, den Ort der Niederlassung zum Schwerpunkt der Lebensverhältnisse zu wählen; umgekehrt wird in der Regel bei einem von vornherein nur vorübergehend – wenn auch für einen längeren Zeitraum – geplanten Aufenthalt der Domizilwille fehlen, zB auch bei Aufenthalten zu Ausbildungszwecken.

20 Die Begründung des Wohnsitzes geschieht bei **Geschäftsunfähigen** und bei **beschränkt Geschäftsfähigen** durch den gesetzlichen Vertreter (vgl hierzu auch §§ 8 und 11). Möglich ist aber auch die Wohnsitzbegründung durch einen rechtsgeschäftlichen Vertreter. Eine stillschweigende oder sich aus den Umständen ergebende

10 MüKo/*Schmitt*, § 7 Rn 17.
11 BayObLGZ 1985, 161.
12 BGHZ 7, 104, 109; Bamberger/Roth/*Bamberger*, § 7 Rn 17; MüKo/*Schmitt*, § 7 Rn 18, aA *Flume*, BGB AT Bd. 2, § 9 Anm. 2 a; *Larenz/Wolf*, BGB AT, § 7 II.
13 BVerwG RZW 59, 94.
14 BGH NJW 1984, 971; BVerwGE 1986, 673.
15 MüKo/*Schmitt*, § 7 Rn 10; Bamberger/Roth/*Bamberger*, § 7 Rn 20.
16 BayObLGZ 85, 161.
17 BVerfG NJW 1990, 2194.
18 BGH NJW 1995, 1224; NJW-RR 1993, 4; anders bei längerfristigem Aufenthalt im Frauenhaus, vgl OLG Nürnberg FamRZ 1994, 1104 u. OLG Karlsruhe NJW-RR 1995, 1220.
19 RGZ 67, 191, 194.
20 BVerwGE 5, 108.

Bevollmächtigung genügt dabei. Beispiele sind hierbei der Umzug der Ehefrau und der Kinder während der Kriegsgefangenschaft oder der Strafhaft des Ehemannes.[21]

Ordensangehörige begründen ihren Wohnsitz wie andere Personen auch. Entgegenstehende Ordenssatzungen sind für das staatliche Recht nicht bindend.[22] Ein gesetzliches Verbot, den Wohnsitz zu wechseln (wie früher zB § 101 Abs. 1 KO), steht der Wirksamkeit der Wohnsitzbegründung nicht entgegen; da der Betroffene jedoch aus seinem rechtswidrigen Tun keine Vorteile erlangen darf, gilt der alte Wohnsitz als weiter bestehend. **Ausländer** können nach § 7 AuslG in der Freizügigkeit eingeschränkt werden. 21

Für **Verschollene** gilt der zuletzt bekannte Wohnsitz als fortbestehend, sofern nicht der Wille, ihn aufzugeben, erwiesen ist.[23] 22

II. Mehrere Wohnsitze (Abs. 2)

Abs. 2 stellt klar, dass eine Person einen Wohnsitz auch an mehreren verschiedenen Orten begründen kann. 23 Dann besteht ein allgemeiner Gerichtsstand an mehreren Orten. Für jeden dieser Orte müssen allerdings die Voraussetzungen des Abs. 1 gegeben sein. Es muss also eine Niederlassung mit Domizilwillen für jeden dieser mehrfachen Wohnsitze bestehen. Dies setzt voraus, dass an mehreren Orten dauernd Wohnungen unterhalten werden und diese gleichermaßen den Schwerpunkt der Lebensverhältnisse darstellen.[24] An einem solchen mehrfachen Domizilwillen wird es vielfach fehlen, wenn eine der Unterkünfte lediglich zu Ausbildungszwecken oder zur Berufsausbildung an einem anderen Ort bezogen wird.[25]

III. Aufhebung des Wohnsitzes (Abs. 3)

Die Aufhebung des Wohnsitzes ist der *actus contrarius* zur Begründung des Wohnsitzes und ist wie diese 24 nach hM[26] eine **rechtsgeschäftsähnliche Handlung**, so dass auch auf sie die für Willenserklärungen geltenden Vorschriften analoge Anwendung finden. Hiernach kann auch die Aufhebung des Wohnsitzes durch Vertreter erfolgen. Voraussetzungen der Aufhebung des Wohnsitzes sind Aufgabewillen und tatsächliche Aufhebung der Niederlassung. Wie beim Begründungswillen muss sich die Absicht, die Niederlassung aufzugeben, manifestieren und äußerlich feststellbar sein.[27] Schlüssiges Verhalten genügt, wenn es eindeutig ist. Die bloß vorübergehende Abwesenheit reicht nicht aus.[28] Wer seinen Aufenthalt nur durch Zwang ändert (zB Strafgefangene,[29] unter Betreuung Stehende), hat nicht den Willen, seinen Wohnsitz aufzugeben. Die polizeiliche Abmeldung am bisherigen und die Anmeldung an einem anderen Ort sind für die Aufhebung eines Wohnsitzes weder erforderlich noch ausreichend,[30] sie können allerdings ein Beweisanzeichen dafür sein.[31]

Gesetzliche oder behördliche **Aufenthaltsgebote** führen nicht unmittelbar zu einer Aufhebung des Wohnsitzes; vielmehr endet der Wohnsitz erst dann, wenn infolge des Verbotes die Niederlassung tatsächlich aufgegeben wird. Der Aufhebungswille wird dabei durch das Verbot ersetzt.[32] Beides soll für eine Aufgabe der Niederlassung infolge von Ausweisung oder Abschiebung gelten.[33] 25

Die Aufhebung der Niederlassung ist ein tatsächliches Verhalten und damit unschwer feststellbar. Wer willentlich seine Niederlassung aufgibt, ohne eine neue zu begründen, wird **wohnsitzlos**. Anknüpfungspunkt ist dann der Aufenthalt (vgl zB § 16 ZPO). 26

§ 8 Wohnsitz nicht voll Geschäftsfähiger

(1) Wer geschäftsunfähig oder in der Geschäftsfähigkeit beschränkt ist, kann ohne den Willen seines gesetzlichen Vertreters einen Wohnsitz weder begründen noch aufheben.

(2) Ein Minderjähriger, der verheiratet ist oder war, kann selbständig einen Wohnsitz begründen und aufheben.

21 KG NJW 1956, 264; BVerwG NJW 1959, 1053.
22 BayObLGZ 1960, 455.
23 Staudinger/*Habermann/Weick*, § 7 Rn 22.
24 AG Köln, NZI 2008, 390.
25 BGH LM § 7 Nr. 3; BVerwG NJW 1986, 673.
26 BGHZ 7, 104, 109; Bamberger/Roth/*Bamberger*, § 7 Rn 17; MüKo/*Schmitt*, § 7 Rn 18, aA *Flume*, BGB AT Bd. 2, § 9 Anm. 2 a; *Larenz/Wolf*, BGB AT, § 7 II.
27 BGH NJW 1988, 713.
28 BayObLGZ 12 (1906), 238.
29 BayObLGZ 1951, 261 ff.
30 OLG Hamm, FamRZ 2006, 1460; BayObLG FamRZ 1995, 346.
31 BVerfG NJW 1990, 2193/2194; BGH NJW-RR 1990, 506.
32 Staudinger/*Habermann/Weick*, § 7 Rn 24, MüKo/*Schmitt*, § 7 Rn 33.
33 Palandt/*Ellenberger*, § 7 Rn 12, MüKo/*Schmitt*, § 7 Rn 42 unter Verweis auf RGZ 15, 53, 60; aA Bamberger/Roth/*Bamberger*, § 7 Rn 26.

A. Allgemeines

1 § 8 ergänzt die Regelungen des § 7. Wer geschäftsunfähig oder in der Geschäftsfähigkeit beschränkt ist, kann grundsätzlich einen Wohnsitz weder begründen noch aufheben. Eine Ausnahme macht das Gesetz in Abs. 2 lediglich für Minderjährige, die verheiratet sind oder waren. Andere in der Geschäftsfähigkeit beschränkte Personen bedürfen der Zustimmung ihres gesetzlichen Vertreters.

B. Regelungsgehalt

I. Geschäftsunfähige oder in der Geschäftsfähigkeit beschränkte Personen (Abs. 1)

2 Gemeint sind hier nicht volljährige Personen, unabhängig davon, ob sie gemäß § 106 beschränkt geschäftsfähig sind, sowie alle wegen krankhafter Störung der Geistestätigkeit iSv § 104 Nr. 2 Geschäftsunfähigen.

3 **1. Wohnsitzbegründung oder -aufhebung mit Willen des gesetzlichen Vertreters.** Der in Abs. 1 unmittelbar geregelte Fall betrifft die Begründung oder Aufhebung des Wohnsitzes durch den nicht voll Geschäftsfähigen selbst. Da Wohnsitzbegründung und Wohnsitzaufhebung nach herrschender Meinung[1] als rechtsgeschäftsähnliche Handlungen eines darauf gerichteten und geäußerten Willens bedürfen, scheiden sie schon aus, wo der **Geschäftsunfähige** außerstande ist, einen entsprechenden (natürlichen) Willen zu bilden und auszuführen.[2] Dies gilt für nach dem Alter Geschäftsunfähige und für bestimmte Fälle von gemäß § 104 Nr. 2 BGB Geschäftsunfähigen.

4 Für **beschränkt Geschäftsfähige** ist im Einzelfall zu prüfen, ob die natürliche Handlungsfähigkeit vorliegt. Hinzukommen muss dann die Zustimmung des gesetzlichen Vertreters. Beim Minderjährigen steht sie dem Personensorgeberechtigten zu, idR also den Eltern, sonst dem Vormund, Pfleger oder Betreuer, zu dessen Aufgabenkreis die Wohnsitzbestimmung gehört (§§ 1696, 1629, 1793, 1896, 1902, 1909, 1915). Eine ausdrückliche Erklärung des gesetzlichen Vertreters ist nicht notwendig. Es genügt vielmehr auch eine konkludente Zustimmung.[3] Auf die Erklärung finden die §§ 182 ff analoge Anwendung.

5 **2. Wohnsitzbegründung oder -aufhebung durch die gesetzlichen Vertreter.** In den Fällen, in denen der Geschäftsunfähige oder der in der Geschäftsfähigkeit Beschränkte **keine natürliche Handlungsfähigkeit** entwickeln kann, kann für ihn nur der gesetzliche Vertreter einen Wohnsitz begründen oder aufheben. Auch hier ist weitere Voraussetzung der Wille des gesetzlichen Vertreters zur Begründung einer ständigen Niederlassung und die Ausführung dieses Willens für den Vertretenen. Praktische Fälle sind die Begründung des Wohnsitzes durch den gesetzlichen Vertreter für sich selber und zugleich die Wohnsitzbegründung in Bezug auf das minderjährige Kind durch ihn (vgl hierzu auch § 11). Ob der Aufenthalt nur von vorübergehender Dauer oder dauerhaft sein soll, entscheidet sich nach dem Willen des gesetzlichen Vertreters. Bei Einweisung eines Geisteskranken auf unabsehbare Zeit in eine Heilanstalt wird nach dem Willen seines Vormundes/Betreuers in der Regel dort ein Wohnsitz begründet;[4] anders bei nur vorübergehendem Aufenthalt.

6 Für die Frage der gerichtlichen Zuständigkeit ist bei Zweifeln an der Geschäftsfähigkeit des Betroffenen von der wirksamen Begründung oder Aufhebung des Wohnsitzes durch diesen auszugehen.[5]

7 **3. Wohnsitzbegründung oder -aufhebung bei Betreuung.** Ist der **Betreute geschäftsfähig**, gilt § 8 für ihn **nicht**. Er kann dann selbständig einen Wohnsitz begründen oder aufheben.

8 Besteht für den Betreuten ein Einwilligungsvorbehalt gemäß § 1903, bedarf er der Zustimmung des Betreuers. Ob der Betreuer bei der Wahl von Wohnsitzbegründung oder -aufhebung mitzuwirken hat, richtet sich nach dessen Aufgabenkreis (§§ 1896, 1902). Soweit hierzu auch die Wohnsitzbegründung gehört, hat er insoweit

1 BGHZ 7, 104, 109; Bamberger/Roth/*Bamberger*, § 7 Rn 17; MüKo/*Schmitt*, § 7 Rn 18; aA *Flume*, BGB AT Bd. 2, § 9 Anm. 2 a; *Larenz/Wolf*, BGB AT, § 7 II.
2 MüKo/*Schmitt*, § 8 Rn 5; Bamberger/Roth/*Bamberger*, § 8 Rn 4.
3 BGHZ 7, 104 = NJW 1952, 1251; BayObLGZ 1984, 95 u. 97.
4 OLG Karlsruhe Rpfleger 1970, 202; OLG Köln JMBl NRW 1960, 131.
5 BGH NJW-RR 1988, 387.

Vertretungsmacht und es bedarf seiner Zustimmung.[6] Nach dem Bayerischen Obersten Landesgericht soll es hierbei ausreichen, wenn der Betreuer zur Aufenthaltsbestimmung des Betreuten befugt ist.[7]

II. Verheiratete Minderjährige (Abs. 2)

Wer als Minderjähriger verheiratet ist oder war, bedarf zur Wohnsitzbegründung und -aufhebung nicht der Zustimmung des gesetzlichen Vertreters. Hiervon werden Minderjährige umfasst, die aufgrund einer Befreiung vom Alterserfordernis gemäß § 1303 Abs. 2 verheiratet sind oder waren. Abs. 2 greift auch dann ein, wenn der Minderjährige in einer aufhebbaren Ehe lebt.[8] 9

§ 9 Wohnsitz eines Soldaten

(1) [1]Ein Soldat hat seinen Wohnsitz am Standort. [2]Als Wohnsitz eines Soldaten, der im Inland keinen Standort hat, gilt der letzte inländische Standort.
(2) Diese Vorschriften finden keine Anwendung auf Soldaten, die nur auf Grund der Wehrpflicht Wehrdienst leisten oder die nicht selbständig einen Wohnsitz begründen können.

A. Allgemeines

§ 9 begründet einen vom Willen des Betroffenen unabhängigen gesetzlichen Wohnsitz. Abs. 1 ist gemäß Abs. 2 nicht auf Soldaten, die lediglich aufgrund der Wehrpflicht Wehrdienst leisten, sowie nicht auf nicht voll Geschäftsfähige anwendbar. Auf Mitglieder der NATO-Streitkräfte ist Abs. 1 analog anzuwenden, soweit sich deren Wohnsitz nach deutschem Recht richtet.[1] 1

B. Regelungsgehalt

I. Wohnsitz am Standort (Abs. 1)

Da die von § 9 umfassten Berufs- und Zeitsoldaten keine freie Wahl des dienstlichen Wohnsitzes haben, bestimmt Abs. 1, dass der Wohnsitz für diese Soldaten an ihrem Standort ist. Abs. 1 S. 2 schließt einen daneben bestehenden gewählten weiteren Wohnsitz nicht aus.[2] 2

1. Begriff des Soldaten. Soldat ist, wer in einem Wehrdienstverhältnis steht. Nicht zu den Soldaten gehören Beamte und Angestellte der Bundeswehr ebenso wenig wie Angehörige des Bundesgrenzschutzes, da deren rechtliche Stellung derjenigen der Mitglieder der kasernierten Bereitschaftspolizei der Länder entspricht.[3] 3

2. Standort. Gesetzlicher Wohnsitz gemäß Abs. 1 ist der Standort, das heißt der Garnisonsort, in dem der Truppenteil, zu dem der Soldat gehört, seine regelmäßige Unterkunft hat.[4] Abkommandierungen führen lediglich zu einer vorübergehenden Dienstleistung bei einer anderen Einheit oder bei einem anderen Standort, sodass sie nicht zu einer Änderung des Wohnsitzes führen.[5] Soldaten, die keinem Truppenteil angehören, haben ihren Standort am Ort ihrer militärischen Dienststelle. 4

Fehlt ein inländischer Standort, wie zB bei Soldaten, die im Ausland eingesetzt sind, gilt als Wohnsitz der letzte inländische Standort (Abs. 1 S. 2). Bei Ausscheiden des Soldaten aus dem Dienstverhältnis endet auch der gesetzliche Wohnsitz nach § 9.[6] 5

6 BayObLG NJW-RR 1993, 460 = Rpfleger 1992, 435 (Abweichung von BayObLGZ 1985, 158).
7 BayObLGZ 1992, 123; ebenso *Klüsener/Rausch*, NJW 1993, 617, 619; Bamberger/Roth/*Bamberger*, § 8 Rn 6; aA BayObLGZ 1985, 158.
8 Palandt/*Ellenberger*, § 8 Rn 2.
1 Palandt/*Ellenberger*, § 9 Rn 1; Bamberger/Roth/*Bamberger*, § 9 Rn 2.
2 RGZ 126, 8, 12; BVerwG MDR 1960, 1041 Nr. 106; LVG Oldenburg MDR 1958, 875.
3 Bamberger/Roth/*Bamberger*, § 9 Rn 2; MüKo/*Schmitt*, § 9 Rn 5 u. 6; Palandt/*Ellenberger*, § 9 Rn 1; aA: Soergel/*Fahse*, § 9 Rn 5; *Enneccerus/Nipperdey*, BGB AT Bd. 1 § 96 Fn 20.
4 Palandt/*Ellenberger*, § 9 Rn 1; Bamberger/Roth/*Bamberger*, § 9 Rn 3.
5 Bamberger/Roth/*Bamberger*, § 9 Rn 3; RG JW 1938, 234; OLG Dresden SeuffA 69, 209; OLG Colmar OLGZ 33, 386; BayObLGZ 21, 188; aA (für längere Abkommandierungen) Palandt/*Ellenberger*, § 9 Rn 1; Staudinger/*Habermann/Weick*, § 9 Rn 5.
6 Bamberger/Roth/*Bamberger*, § 9 Rn 3.

II. Ausnahmevorschrift des Abs. 2

6 Abs. 1 gilt gemäß Abs. 2 nicht für Soldaten, die lediglich aufgrund der gesetzlich bestehenden Pflicht Wehrdienst leisten. Hierzu gehört gemäß § 1 Abs. 4 SoldG auch, wer im Rahmen der Reserve zu Wehrübungen einberufen ist.

7 Abs. 1 gilt ferner nicht für Soldaten, die gemäß § 8 – entweder wegen Minderjährigkeit oder aus sonstigen Gründen fehlender Geschäftsfähigkeit – selbständig einen Wohnsitz nicht begründen können.

§ 10 (weggefallen)

§ 11 Wohnsitz des Kindes

[1]Ein minderjähriges Kind teilt den Wohnsitz der Eltern; es teilt nicht den Wohnsitz eines Elternteils, dem das Recht fehlt, für die Person des Kindes zu sorgen. [2]Steht keinem Elternteil das Recht zu, für die Person des Kindes zu sorgen, so teilt das Kind den Wohnsitz desjenigen, dem dieses Recht zusteht. [3]Das Kind behält den Wohnsitz, bis es ihn rechtsgültig aufhebt.

A. Allgemeines

1 § 11 bestimmt für minderjährige Kinder – gleich, ob ehelich oder nichtehelich – einen vom Wohnsitz der sorgeberechtigten Eltern abgeleiteten **gesetzlichen Wohnsitz**. Haben die zusammenlebenden Eltern mehrere Wohnsitze, so sind auch für das Kind mehrere Wohnsitze begründet. Steht keinem Elternteil das Personensorgerecht zu, so teilt das Kind den Wohnsitz desjenigen, dem die Personensorge zusteht. Das für das Kind zuständige Vormundschaftsgericht bestimmt sich nach dem Wohnsitz des § 11. § 11 S. 1 ist jedoch nicht zwingend.[1] Neben oder anstelle des gesetzlichen Wohnsitzes des § 11 kann gemäß §§ 7, 8 ein gewillkürter Wohnsitz begründet werden, zB wenn das Kind ständig in einem Internat lebt[2] oder wenn die Eltern es andauernd in eine Pflegefamilie geben.[3] In einem solchen Falle hat der gewillkürte Wohnsitz den Vorrang vor dem gesetzlichen Wohnsitz.[4] Die Bestimmung über den gesetzlichen Wohnsitz greift somit erst ein, wenn kein gewillkürter Wohnsitz nach §§ 7, 8 begründet worden ist.[5]

B. Regelungsgehalt

I. Wohnsitz des minderjährigen Kindes

2 **1. Wohnsitz bei den Eltern (S. 1).** Grundsätzlich teilt ein minderjähriges Kind gem. § 11 den Wohnsitz der Eltern. Sind beide Elternteile miteinander verheiratet oder aufgrund einer Sorgeerklärung gemäß § 1626 a personensorgeberechtigt und leben sie zusammen, teilt das Kind den Wohnsitz der Eltern. Haben die gemeinschaftlich personensorgeberechtigten Eltern, weil sie geschieden sind oder getrennt leben, unterschiedliche Wohnsitze, besteht für das Kind bis zu einer Entscheidung gemäß § 1671 ein doppelter Wohnsitz.[6] Dies gilt auch dann, wenn das Kind erst nach der Trennung geboren wird.[7] Unerheblich ist, ob beide Elternteile einen früher bestehenden gemeinsamen Wohnsitz verlassen haben oder nur einer.[8]

3 **Zuständiges Vormundschaftsgericht** für das Kind **war** bei einem Doppelwohnsitz das mit dem Fall zuerst befasste Gericht (§ 36 FGG).[9] Seit der Geltung des FamFG mit Datum vom 1.9.2009 ist das Familiengericht gemäß § 151 Nr. 4 FamFG für Vormundschaftssachen sachlich zuständig. Die örtliche Zuständigkeit knüpft nunmehr nicht mehr an den Wohnsitz des Kindes an, vielmehr ist gemäß § 152 Abs. 1 FamFG zunächst das

1 OLG Brandenburg, FamRZ 2009, 798.
2 BayObLG NJW-RR 1989, 262.
3 OLG Köln FamRZ 1996, 859.
4 AG Garmisch- Partenkirchen, 1 F 216/08, OLG Brandenburg aaO.
5 AG Garmisch- Partenkirchen aaO.
6 BGHZ 48, 228; BGH NJW 1967, 2253; 1984, 971; 1995, 1224.
7 KG NJW 1964, 1577.
8 BGH NJW-RR 1992, 258; OLG Karlsruhe, FamRZ 2009, 1768.
9 BGH NJW 1984, 971; NJW-RR 1990, 1282; 1992, 258; OLG Karlsruhe aaO.

Gericht örtlich zuständig, bei welchem eine Ehesache anhängig ist oder war. Ansonsten ist das Gericht örtlich zuständig, in dessen Bezirk das Kind seinen gewöhnlichen Aufenthalt hat (vgl § 152 Abs. 2 FamFG). Geben die Eltern nach der Aufhebung ihres Wohnsitzes das Kind auf Dauer in die Obhut eines Dritten, ist dort gemäß §§ 7, 8 ein gewillkürter Wohnsitz des Kindes begründet.[10]

Ist **nur ein Elternteil personensorgeberechtigt**, so bestimmt sich der Wohnsitz des Kindes nur nach dessen Wohnsitz. Hierunter fallen folgende Fallgestaltungen: 4

- Kinder, deren Eltern bei Geburt nicht miteinander verheiratet waren und keine Sorgerechtserklärung gem. § 1626 a abgegeben haben;
- Kinder von Eltern, bei denen einem Elternteil die Ausübung des Sorgerechts gemäß § 1666 Abs. 1 entzogen wurde;
- Kinder, bei denen einem Elternteil nach Trennung oder Scheidung durch einstweilige Anordnung gemäß § 620 Abs. 1 Nr. 1 ZPO die elterliche Sorge gemäß §§ 1671, 1672 übertragen wurde;
- nach Tod oder Todeserklärung eines Elternteiles (§§ 1680, 1681).

Ein gewillkürter Wohnsitz gemäß §§ 7, 8 kann begründet werden, wenn der Elternteil längere Zeit damit einverstanden ist, dass das Kind bei dem anderen Elternteil wohnt. Hierfür genügt ein bloßes Dulden allerdings nicht. Vielmehr muss ein entsprechender Wille unzweideutig zum Ausdruck kommen.[11] 5

2. Wohnsitz bei sonstigen Personensorgeberechtigten (S. 2). Steht keinem Elternteil das Recht der Personensorge zu, teilt das Kind gem. S. 2 den Wohnsitz desjenigen, dem das Recht der Personensorge zusteht. Fälle sind die Entziehung oder Verwirkung des Rechts auf Personensorge gemäß § 1666 oder der Tod beider Elternteile. In diesen Fällen ist in der Regel die elterliche Sorge auf einen Vormund (§ 1773) oder von Teilen der Personensorge auf einen Pfleger (§§ 1909, 1672) übertragen. Das Kind leitet dann seinen Wohnsitz von dem Vormund oder Pfleger ab. Dies gilt unabhängig davon, wo das Kind tatsächlich seine Unterkunft hat, und selbst dann, wenn es bei seinen Eltern wohnt.[12] 6

Bei **Adoptivkindern** besteht der Wohnsitz des Kindes am Wohnsitz der Annehmenden (§ 1754). **Findelkinder** teilen den Wohnsitz ihres Vormundes (§§ 1791, 1800). Werden die Eltern des Findelkindes ermittelt, besteht ein Wohnsitz gemäß S. 1 am Wohnsitz der Eltern, allerdings ohne Rückwirkung.[13] Im Falle einer Adoption geht die elterliche Sorge gem. § 1754 auf den Annehmenden über, sodass das Kind dann den Wohnsitz des Annehmenden teilt. 7

II. Fortdauer des Wohnsitzes (S. 3)

Der vom Wohnsitz der Eltern abgeleitete Wohnsitz des Kindes bleibt bestehen, bis das Kind ihn rechtsgültig aufhebt. Erforderlich sind dazu gemäß § 7 Abs. 3 Aufgabewille und tatsächliche Aufhebung des Wohnsitzes.[14] Es genügt daher nicht, dass das Kind volljährig wird oder ein Elternteil stirbt.[15] Die Aufgabe des Wohnsitzes kann, wenn das Kind volljährig geworden ist, durch dieses selbst, in anderen Fällen nach § 8 durch den Personensorgeberechtigten erfolgen. Wird der Wohnsitz der Eltern ohne Begründung eines neuen aufgegeben, so bleibt gleichwohl der Wohnsitz des Kindes bestehen.[16] Gleiches gilt in den Fällen, in denen das Kind wegen verschiedener Wohnsitze der Elternteile einen Doppelwohnsitz hat und einer der Elternteile seinen Wohnsitz aufgibt, ohne einen neuen Wohnsitz zu begründen, oder stirbt.[17] 8

§ 12 Namensrecht

[1]Wird das Recht zum Gebrauch eines Namens dem Berechtigten von einem anderen bestritten oder wird das Interesse des Berechtigten dadurch verletzt, dass ein anderer unbefugt den gleichen Namen gebraucht, so kann der Berechtigte von dem anderen Beseitigung der Beeinträchtigung verlangen. [2]Sind weitere Beeinträchtigungen zu besorgen, so kann er auf Unterlassung klagen.

Literatur: *Ahrens*, Die Verwertung persönlichkeitsrechtlicher Positionen, 2002; *Ahrens*, Fragen der erbrechtlichen Gestaltung postmortaler Persönlichkeitsrechtsverwertungen, ZEV 2006, 237; *Baumbach/Hefermehl,* UWG, 22. Auflage 2001;

10 OLG Zweibrücken DAVorm 1983, 862; OLG Düsseldorf MDR 1957, 607; BayObLG NJW-RR 1989, 262.
11 BGH NJW-RR 1992, 578; 1994, 322; OLG Düsseldorf FamRZ 1978, 621; OLG Karlsruhe NJW 1961, 271; Bamberger/Roth/*Bamberger*, § 11 Rn 2; Palandt/*Ellenberger*, § 11 Rn 3.
12 Bamberger/Roth/*Bamberger*, § 11 Rn 5.
13 Bamberger/Roth/*Bamberger*, § 11 Rn 5; Palandt/*Ellenberger*, § 11 Rn 7.
14 BayObLGZ 1979, 142.
15 OLG Hamm OLGZ 1971, 243; BayObLGZ 1982, 374.
16 BGHZ 48, 228, 236, 237; Bamberger/Roth/*Bamberger*, § 11 Rn 6; aA MüKo/*Schmitt*, § 11 Rn 13; Palandt/*Ellenberger*, § 11 Rn 6.
17 BayObLG Rpfleger 1982, 378; Bamberger/Roth/*Bamberger*, § 11 Rn 6; aA MüKo/*Schmitt*, § 11 Rn 13.

Bayreuther, Gewerblicher und bürgerlicher Rechtsschutz des Vereinssymbols, WRP 1997, 820; *Beuter*, Die Kommerzialisierung des Persönlichkeitsrechts, 2000; *Beuthien/Schmölz*, Persönlichkeitsschutz durch Persönlichkeitsgüterrechte, 1999; *Blankenagel*, Das Recht, ein „Anderer" zu sein, DÖV 1985, 953; *Brandi/Dohrn*, Sukzessionsschutz bei der Veräußerung von Schutzrechten, GRUR 1983, 146; *Ernst*, Verträge rund um die Domain, MMR 2002, 714; *Fabricius*, Extensive Anwendung des § 12 BGB?, JZ 1972, 15; *Fezer*, Markenrecht, 4. Auflage 2009; *ders.*, Anm. zu BGH GRUR 1976, 311, GRUR 1976, 312; *ders.*, Anm. zu BGH GRUR 1976, 644, GRUR 1976, 647; *ders.*, Anm. zu BGH GRUR 1979, 564, GRUR 1979, 566; *ders.*, Liberalisierung und Europäisierung des Firmenrechts, ZHR 161 (1997), 52; *ders.*, Grundprinzipien und Entwicklungslinien im europäischen und internationalen Markenrecht, WRP 1998, 1; *ders.* Die Kennzeichenfunktion von Domainnamen, WRP 2000, 669; *Forkel*, Gebundene Rechtsübertragung, 1977; *ders.*, Lizenzen an Persönlichkeitsrechten durch gebundene Rechtsübertragung, GRUR 1988, 491; *ders.*, Zur Zulässigkeit beschränkter Übertragungen des Namensrechtes, NJW 1993, 3181; *Fouquet*, Gewerblicher und bürgerlicher Rechtsschutz des Behördenlogos, GRUR 2002, 35; *Fritze*, Namensfunktion nicht aussprechbarer Buchstabenfolgen als besondere Geschäftsbezeichnungen nach § 16 UWG, GRUR 1993, 538; *v. Gierke*, Buchstabenkombinationen als Unternehmenskennzeichen, WRP 2000, 877; *Goldmann/Rau*, Der Schutz von Buchstabenkombinationen als Unternehmenskennzeichen, GRUR 1999, 216; *Götting*, Persönlichkeitsrechte als Vermögensrechte, 1995; *ders.*, Anmerkung zu BGH „Klaus Kinski", GRUR 2007, 170; *Hackbarth*, „Branchenübergreifende Gleichnamigkeit" bei Domainstreitigkeiten vor dem Hintergrund der „mho-de"-Entscheidung des BGH, WRP 2006, 519; *Hartig*, Die Domain als Verfügungsgegenstand, 2005; *ders.*, Die Rechtsnatur der Domain, GRUR 2006, 299; *Hefermehl*, Der namensrechtliche Schutz geschäftlicher Kennzeichen, in: FS Hueck 1959, S. 519; *Heuer*, Neue Entwicklungen im Namensrecht, 2006; *Hoeren*, Anm. zu BGH MMR 2002, 382 – shell.de, MMR 2002, 386; *Jonas/Schmitz*, Neue Möglichkeiten für den Kennzeichenmissbrauch? – Zur Einordnung von so genannten Vanity-Rufnummern, GRUR 2000, 183; *Kern*, Verwertung der Personalfirma im Insolvenzverfahren, BB 1999, 1717; *Klaka/Krüger*, Zur Problematik örtlich begrenzter Kennzeichenrechte, in: FS Gaedertz 1992, S. 299; *Kleespies*, Die Domain als selbständiger Vermögensgegenstand in der Einzelzwangsvollstreckung, GRUR 2002, 764; *Klippel*, Der zivilrechtliche Schutz des Namens, 1985; *Köhler*, Namensrecht und Firmenrecht, in: FS Köhler 1998, S. 494; *Köhler/Bornkamm*, UWG, 28. Auflage 2010; *Koos*, Geldentschädigung bei Verletzung des postmortalen Würdeanspruchs, WRP 2003, 202; *ders.*, Der Name als Immaterialgut, GRUR 2004, 808; *ders.*, Die Domain als Vermögensgegenstand zwischen Sache und Immaterialgut, MMR 2004, 359; *Koppensteiner*, Österreichisches und Europäisches Wettbewerbsrecht, 1997; *Krings*, Der Schutz von Buchstabenkennzeichen, WRP 1999, 50; *Krüger*, Der Schutz des Pseudonyms, unter besonderer Berücksichtigung des Vornamens, UFITA 30 (1960), 269; *Kur*, Namens- und Kennzeichenschutz im Cyberspace, CR 1996, 590; *Loos*, Namensänderungsgesetz, 2. Auflage 1996; *Müller*, Vererblichkeit vermögenswerter Bestandteile des Persönlichkeitsrechts, GRUR 2003, 31; *Müller-Graff*, Unterlassungshaftung bei Fremdkennzeichenbezugnahme in Fernsprechbüchern – Teil I, GRUR 1987, 493; *Nägele*, Das Verhältnis des Schutzes geschäftlicher Bezeichnungen nach § 15 MarkenG zum Namensschutz nach § 12 BGB, GRUR 2007, 1007; *Nauta*, Die Rechtsstellung des Lizenznehmers, ÖJZ 2003, 404; *Peukert*, Persönlichkeitsbezogene Immaterialgüterrechte?, ZUM 2000, 710; *Plaß*, Unternehmenskennzeichen im Wandel?, WRP 2001, 661; *Raschauer*, Namensrecht, 1978; *Reich*, Selbständige und unselbständige Stiftungen des privaten Rechtes nach dem Bürgerlichen Gesetzbuch, 1923; *Renck*, Kennzeichenrechte versus Domain-Names – Eine Analyse der Rechtsprechung, NJW 1999, 3587; *Sack*, Der wettbewerbliche Schutz gegen den Gebrauch des Namens verstorbener Persönlichkeiten zu Wettbewerbszwecken, WRP 1982, 615; *ders.*, Die eigenmächtige Werbung mit fremden Namen als Delikt, WRP 1984, 521; *K. Schmidt*, Gesellschaftsrecht, 4. Auflage 2002; *Schmitt*, WiB 1997, 1116; *Scholz*, Die Änderung der Gleichgewichtslage zwischen namensgleichen Unternehmen und das Recht auf die Namensmarke, GRUR 1996, 679; *Schricker*, Zum Schutz bildlicher Unternehmenskennzeichen, GRUR 1998, 310; *Siebert*, Persönlichkeitsrecht, Namensrecht, Zeichenrecht, 1959; *Steinbeck*, Die Verwertbarkeit der Firma und der Marke in der Insolvenz, NZG 1999, 133; *Ullmann*, Persönlichkeitsrechte in Lizenz?, AfP 1999, 209; *ders.*, Caroline v., Marlene D., Eheleute M. – ein fast geschlossener Kreis, WRP 2000, 1049; *Wachter*, Besprechung von Ebenroth/Boujong/Joost, Kommentar zum Handelsgesetzbuch, NotBZ 2002, 73; *Welzel*, Zwangsvollstreckung in Internet-Domains, MMR 2001, 131; *Wochner*, Die unselbständige Stiftung, ZEV 1999, 125; *Wulf*, Anm. zu OLG Frankfurt BB 2000, 320, GRUR 2000, 321; *Wüstenberg*, Das Namensrecht der Domainnamen, GRUR 2003, 109; *Zimmerling*, Anspruch auf Anrede mit dem Doktorgrad, MDR 1997, 224.

A. Allgemeines

I. Begriff

Der Name ist ein **sprachliches Kennzeichen einer Person**, das dazu dient, die Person im Rechtsverkehr, geschäftlich als auch allgemein, ständig von anderen Personen zu unterscheiden.[1] Durch den Namen individualisiert sich eine Person in ihrer Umwelt; der Name ist Kennzeichen der Persönlichkeit des Namensträgers im Verhältnis zu seiner Umwelt und ist Repräsentation der Identität und Individualität der Person gegenüber ihrer Umwelt.[2] Der Name ist im Gegensatz zu anderen Arten von Kennzeichen, etwa der Marke, mithin unmittelbar **personenbezogen**. Als sprachliches Unterscheidungskennzeichen der Person, das Kennzeichen der Person, soll es nach hergebrachter Auffassung erforderlich sein, dass der Name aussprechbar, hörbar und schreibbar ist,[3] so dass durch seinen Klang eine bestimmte, unterscheidende Vorstellung von dem Namensträger erzeugt wird.[4] Auf nicht aussprechbare Buchstaben- oder Ziffernkombinationen und auf nicht wörtlich ausdrückbare Bildzeichen und Symbole kann § 12 unter Umständen analoge Anwendung finden (dazu Rn 96 f zu Buchstaben- und Ziffernkombinationen und Rn 114 zu Bildzeichen). 1

II. Funktionen des Namens

1. Identitätsfunktion, Individualisierungsfunktion. In seiner **Identitätsfunktion** hat der Name die Funktion der Kennzeichnung und Unterscheidung der Person.[5] Der Name dient damit einerseits öffentlichen und gesellschaftlichen Interessen, das Individuum bzw die Einheit benennen und unterscheiden zu können. 2

Andererseits dient der Name den Interessen des Namensträgers selbst, indem er ihm die Identifizierung seiner selbst gegenüber anderen ermöglicht. Der Eigenname hat insoweit eine kommunikative Funktion.[6] In dieser 3

1 Vgl RGZ 91, 350, 352; 137, 213, 215; BGHZ 30, 7, 9 – Caterina Valente; 32, 103, 111.
2 BVerfG JZ 1982, 798; BVerfGE 97, 391; BVerfG NJW 2004, 1155; NJW 2007, 671 – maxem.de.
3 So *Hefermehl,* in: FS Hueck, S. 519, 520.
4 *Fezer*, Markenrecht, § 15 Rn 52.
5 BeckOK-BGB/*Bamberger*, § 12 Rn 3.
6 *Klippel*, S. 356.

von der Person ausgehenden Ausprägung der Namensfunktion als **Individualisierungsfunktion** steht die Eigenindividualisierung der Person im Vordergrund.[7]

4 Eine weiter gehende Frage ist, inwieweit sich die Individualisierungsfunktion auch auf den Schutz der Persönlichkeit im Hinblick auf **Beeinträchtigungen des Eigenwerts** des Namensträgers oder im Hinblick auf eine Benutzung des Namens zum Zweck der **Persönlichkeitsausnutzung** bezieht. Falls dies zu verneinen wäre, würde der Schutz des § 12 nur dort eingreifen, wo die Gefahr besteht, dass eine Identitätstäuschung im Verhältnis zu anderen Personen eintritt (**Namensanmaßung**) oder wo dem Namensträger der Gebrauch seines Namens als äußeres personales Unterscheidungszeichen streitig gemacht wird (**Namensbestreitung**). Anderenfalls könnte der Schutz des § 12 auch den Missbrauch eines fremden Namens zu Werbezwecken oder die Darstellung einer existierenden Person unter ihrem Namen in Romanen oder sonstigen darstellenden Werken erfassen.[8] *Schwerdtner* weist insoweit auf den Charakter des Namens als äußeres Kennzeichen einer Person zur Unterscheidung von anderen Personen hin und lehnt eine Erstreckung des Namensschutzes nach § 12 auf den Bereich des durch den Namen repräsentierten Eigenwertes der Person in der Öffentlichkeit ab, der ausschließlich durch den allgemeinen Persönlichkeitsschutz und durch die speziellen, die Persönlichkeit schützenden Normen abgedeckt werde.[9] Demgegenüber erkannte der BGH an, dass § 12 auch den durch den Namen repräsentierten Eigenwert der Person schützt,[10] und im Schrifttum wird der Namensschutz auch gegen die Namensbenutzung zum Zweck der Persönlichkeitsausnutzung herangezogen.[11]

5 Die Sichtweise, wonach der Namensschutz den Namensträger nicht auch gegen eine Namensbenutzung zum Zwecke der Persönlichkeitsausnutzung oder gegen eine Beeinträchtigung des Eigenwerts schützt, erscheint zu eng. Sicher geht die Entwicklung des Namensschutzes historisch von einer eher öffentlich-rechtlichen Identitätsfunktion über eine auch von der Person selbst ausgehenden Eigenindividualisierungsfunktion aus. Er unterlag und unterliegt aber – wie andere Ausflüsse des Persönlichkeitsschutzes, etwa die Marke oder der allgemeine zivilrechtliche Ehrschutz – Wandlungen. Zum einen entwickelt sich der Namensschutz, wie andere Aspekte der Persönlichkeit in Richtung eines umfassenden Immaterialgüterrechts, einhergehend mit einer Objektivierung des Rechtsguts (s. dazu Rn 25, 172 ff). Zum anderen erlangt der Name in einer Welt der modernen Kommunikationsmedien, in der die körperliche Präsenz der Agierenden im Zuge einer Virtualisierung teilweise zurückgedrängt wird, neue Bedeutungen, die über die bloße Zuordnungsidentifikation zum Namensträger hinausgehen. Wo oft nur noch das sprachliche Kennzeichen der Person in rein „virtuellen" Kommunikationsräumen präsent ist, nimmt dieses gleichsam Stellvertreterfunktion für die körperliche Erscheinung des Namensträgers ein. Daraus folgt, dass sich Beeinträchtigungen des Namensrechts noch stärker auf die Person des Namensträgers, ihre Wertschätzung und Repräsentanz in der Gesellschaft auswirken, als dies zur Zeit der Entstehung des Namensschutzes im BGB der Fall war.

6 Der Namensschutz könnte unter diesem Gesichtspunkt auch auf Aspekte über das bloße engere Identitäts- und das Zuordnungsinteresse hinaus auf allgemeine Persönlichkeitsinteressen und wirtschaftliche Interessen auszudehnen sein (zu Letzteren näher Rn 9 f). Das stellt keine normfremde **Erweiterung des Anwendungsbereichs** des § 12 auf den **nicht rein zeichengemäßen Gebrauch des Namens** dar, weil der Wortlaut der Vorschrift weit genug zu verstehen ist und nicht auf den zeichenmäßigen Gebrauch beschränkt ist.[12] Angesichts tiefgreifender Wandlungen im gesellschaftlichen Verständnis des Verhältnisses von Persönlichkeit und kommerziellen Interessen sowie der Bedeutung des Namens wäre allerdings auch eine Ausweitung des Anwendungsbereichs über einen enger verstandenen Wortlaut des § 12 hinaus gerechtfertigt. Auch wenn ein hinreichender weiterer Namensschutz neben § 12 über das allgemeine Persönlichkeitsrecht möglich scheint, sollte auch berücksichtigt werden, dass der Name als spezielle Ausdrucksform der Persönlichkeit in besonderem Maße Element eines kommerzialisierten Persönlichkeitsbereichs sein kann. Die Verortung dieses Vermögensrechtsschutzes des Namens sollte systematisch nicht im allgemeinen Persönlichkeitsrecht erfolgen, sondern im Kennzeichenrecht.

7 **2. Zuordnungsfunktion.** Der Name der natürlichen Person dient der Zuordnung der Person zu einer **Familie als sozialer Einheit**. Diese auch ordnungsrechtlich zu verstehende[13] Funktion des Namens steht im Spannungsfeld mit der Individualisierungsfunktion als persönlichkeitsrelevantem Selbstbestimmungsinteresse des Individuums. So führte die Eheschließung vor der Neuregelung durch das FamNamRG vom 16.12.1993[14] zum

7 Zur Unterscheidung zwischen Identitätsfunktion und Individualisierungsfunktion *Klippel*, S. 356.

8 Vgl *Siebert*, Rn 4.

9 MüKo/*Schwerdtner*, 4. Aufl., § 12 Rn 5; s. auch MüKo/*Bayreuther*, § 12 Rn 5; HK-BGB/*Dörner*, § 12 Rn 5; Staudinger/*Habermann*, § 12 Rn 15.

10 BGH NJW 1959, 525 – Gedenktafel.

11 *Sack*, WRP 1982, 616, 616; *ders.*, WRP 1984, 521, 531 ff; Soergel/*Heinrich*, § 12 Rn 172; *Siebert*, Rn 4 f mwN auf die ältere Rechtsprechung.

12 *Sack*, WRP 1984, 521, 531; aA zur Frage der Ausnutzung des Familiennamens zu Reklamezwecken *Klippel*, S. 409.

13 Vgl BVerfG NJW 1988, 1577; BeckOK-BGB/*Bamberger*, § 12 Rn 7.

14 BGBl I S. 2054; zur Verfassungswidrigkeit des vor der Gesetzesänderung bestehenden Zustands BVerfG NJW 1991, 1602.

Verlust des Geburtsnamens eines Ehepartners. Durch die § 1355 Abs. 4 und die §§ 1617 b, 1617 c und 1618 im Hinblick auf den Kindesnamen und § 1355 Abs. 2, wonach auch der durch frühere Eheschließung erworbene Name eines Ehepartners zum neuen Ehenamen bestimmt werden kann,[15] ist die familiäre Zuordnungsfunktion erheblich zurückgedrängt,[16] wenn auch nicht gänzlich verdrängt worden.[17] Der Zuordnung zur sozialen Einheit Familie untergeordnet ist heute die Kennzeichnung der Blutsabstammung des Namensträgers.[18]

3. Vermögensschützende Funktion. Der Handelsname des Kaufmanns (Firma) sowie andere geschäftliche Bezeichnungen, wie Marken, Werktitel, Unternehmensbezeichnungen oder Sozietätsbezeichnungen, sind wirtschaftlich relevante Unternehmensbestandteile und werden als solche neben dem Schutz durch spezielle Vorschriften auch durch § 12 geschützt. 8

Darüber hinaus ist auch ein **vermögensschützender Aspekt** des Schutzes des bürgerlichen Namens einer Privatperson anzunehmen. Der individuelle **Schutz der Persönlichkeit** hat allgemein zwei Seiten, eine **ideelle** und eine **kommerzielle**. Für das **allgemeine Persönlichkeitsrecht** wird dies zunehmend auch in der Rechtsprechung angenommen.[19] Insbesondere dem Entschädigungsanspruch bei Verletzung des allgemeinen Persönlichkeitsrechts kommt neben einer Genugtuungs- und einer Präventionsfunktion eine Kompensationsfunktion zu, die an den vermögensrechtlichen Bestandteil der Persönlichkeit anknüpft. Der vermögenswerte Bestandteil des Persönlichkeitsrechts ist von Todes wegen übertragbar[20] und könnte nach hier vertretener Auffassung darüber hinaus auch rechtsgeschäftlich übertragbar sein (vgl Rn 173). Das allgemeine Persönlichkeitsrecht würde sich im Zuge einer solchen **Kommerzialisierungstendenz**[21] zunehmend zu einem Immaterialgüterrecht entwickeln.[22] Das würde erst recht für das Namensrecht als spezielle abgrenzbare Ausprägung des Persönlichkeitsrechts gelten. 9

Der BGH[23] und das herrschende Schrifttum gehen bislang von der generellen **Unveräußerlichkeit** des Namensrechts aus (dazu näher Rn 149). Dies beruht vor allem auf der Vorstellung von der Höchstpersönlichkeit des Namens und der Rechte am Namen. Eine weiter gehende Kommerzialisierbarkeit des bürgerlichen Namens scheint demnach begrenzt. Wenn jedoch anzuerkennen ist, dass das allgemeine Persönlichkeitsrecht neben einem rein ideellen einen kommerziellen Aspekt hat, der die Persönlichkeit partiell zu einem Wirtschaftsgut macht, dann ist dies auch auf das Namensrecht übertragbar. Auch der Name der Privatperson ist potenziell kommerziell verwertbar, nämlich dann, wenn ein Markt für die Namensverwertung existiert, insbesondere bei Personen, die im öffentlichen Interesse stehen (latentes Wirtschaftsgut, s. Rn 25). Das betrifft vor allem die Fallgruppe der **Ausnutzung des Reklamewerts** des Familiennamens. Ein anzunehmender kommerzieller Teilaspekt des Namens kann sich so zu einem neuen Immaterialgüterrecht entwickeln, das auch durch § 12 geschützt werden kann. 10

4. Öffentliche Interessen. Unterscheidungs- und Zuordnungsfunktion des Namens sind schließlich gesellschaftlich zu sehen.[24] Das führt dazu, dass keine vollständige Namensfreiheit herrscht.[25] Begründung, Beibehaltung und Führung des Namens berühren insoweit öffentliche Interessen.[26] 11

III. Kennzeichenschutz außerhalb des BGB

1. Markengesetz. Der Name ist eine Form des **Kennzeichens**. Das Kennzeichen im allgemeinen Sinne dient der Abgrenzung und Individualisierung nicht notwendig nur der Person, sondern auch seiner wirtschaftlichen Erscheinung oder der Produkte, die die Person oder ein Unternehmen im Wirtschaftsverkehr anbietet. Namens- und Kennzeichenbegriff überschneiden sich dabei. Die **Marke** ist als besonderes Kennzeichen zur Vermarktung eines Produktes im Wirtschaftsverkehr letztlich zum eigenständigen Wirtschaftsgut verselbständigter Ausfluss des Persönlichkeitsrechts.[27] Mit der Marke verbindet die Umwelt wie mit dem Namen eine bestimmte Vorstellung von dem Produkt oder von dem Hersteller des Produktes. Sie ist daher wie der Name Manifestation des Standorts einer Einheit in seiner Umwelt, freilich als solche gelöst von der Person und über den bloßen 12

15 Vgl dazu BVerfG NJW 2004, 1155.
16 MüKo/*Schwerdtner*, 4. Aufl., § 12 Rn 5; BeckOK-BGB/*Bamberger*, § 12 Rn 7.
17 Soergel/*Heinrich*, § 12 Rn 3.
18 MüKo/*Schwerdtner*, 4. Aufl., § 12 Rn 4; Soergel/*Heinrich*, § 12 Rn 3.
19 Vgl BGH NJW 2000, 2195 – Marlene Dietrich I; GRUR 2007, 168 Rn 12 – Klaus Kinski; vgl auch BGH GRUR 2006, 252 Rn 15 ff – Postmortaler Persönlichkeitsschutz; OLG München GRUR-RR 2002, 341, 342 – Marlene Dietrich nackt; zur Verfassungsmäßigkeit dieser Rechtsprechung BVerfG GRUR 2006, 1049, 1050 f – Werbekampagne mit blauem Engel.
20 BGH NJW 2000, 2195, 2197 – Marlene Dietrich I; GRUR 2007, 168 Rn 12 – Klaus Kinski.
21 Vgl dazu *Ullmann*, WRP 2000, 1049, 1052 f; *Beuter*, Die Kommerzialisierung des Persönlichkeitsrechts, 2000.
22 *Koos*, WRP 2003, 202.
23 BGHZ 119, 237, 240 f – Universitätsemblem.
24 BVerfG NJW 1988, 1577.
25 Vgl Soergel/*Heinrich*, § 12 Rn 3.
26 BeckOK-BGB/*Bamberger*, § 12 Rn 9.
27 Vgl zur persönlichkeitsrechtlichen Qualifikation in der frühen Rechtsprechung des Reichsgerichts RGZ 18, 28, 32 – Hoff; RGZ 51, 263, 267 – Mariani.

hörbaren und schreibbaren Klang hinaus.[28] Eine mögliche Identifikation der Marke mit einem Unternehmen oder einer natürlichen oder juristischen Person ist Reflex der Identifikation der Marke mit dem Produkt, das unter der Marke vermarktet wird.

13 Marken, geschäftliche Bezeichnungen und geografische Herkunftsangaben werden durch das **Markengesetz** geregelt. Sie unterscheiden sich von Namen im Sinne des § 12 durch das Objekt der Bezeichnung: Während der Name eine Person bezeichnet, dienen solche Kennzeichen der Bezeichnung der Herkunft von Waren und Dienstleistungen und der Zuordnung zu einem bestimmten Unternehmen. Als reine Produktkennzeichen fallen die durch das Markengesetz geschützten Kennzeichen grundsätzlich zunächst nicht in den Anwendungsbereich des § 12.

14 Das gilt jedoch nicht pauschal für alle Fälle solcher Kennzeichen. Soweit ein markenrechtlich relevantes Kennzeichen **Namensfunktion** hat, weil der Verkehr es als Kennzeichen des Unternehmens oder der Person selbst ansieht,[29] ist der Namensschutz des § 12 mit seinen eigenen, vom Markenschutz abweichenden Tatbestandsvoraussetzungen tangiert. Der allgemeine Namensschutz ist auch berührt, wenn die Marke einen **Namen im Sinne des § 12** enthält oder aus Firmenbestandteilen oder Schlagworten mit Namensfunktion gebildet ist.[30]

15 Das **Verhältnis zwischen dem Namensschutz nach § 12 und dem markenrechtlichen Schutz** namensartiger Kennzeichen, insbesondere nach §§ 5 und 15 MarkenG ist streitig. Während der BGH und die herrschende Meinung im Schrifttum annehmen, dass § 12 durch das Markengesetz in seinem Anwendungsbereich **verdrängt** wird,[31] wird teilweise von einem Nebeneinander des markenrechtlichen und namensrechtlichen Schutzes iS von **Anspruchskonkurrenz** ausgegangen.[32] Nach hM ist § 12 nur anzuwenden, wenn der Schutzbereich der Marke bzw des Unternehmenskennzeichens nicht betroffen ist. Das betrifft den Namensgebrauch außerhalb des geschäftlichen Verkehrs. Grundsätzlich geht das MarkenG danach im Übrigen vor, auch, wenn lediglich einzelne Tatbestandsvoraussetzungen der markenrechtlichen Norm, etwa die Verwechslungsgefahr nach § 15 Abs. 2 MarkenG, bei einem Kennzeichengebrauch im geschäftlichen Verkehr nicht erfüllt sind.[33] Allerdings soll eine Anwendung von § 12 auch im geschäftlichen Verkehr in Betracht kommen, wenn die Beeinträchtigung einer Unternehmensbezeichnung außerhalb der Branche ohne jede Warenähnlichkeit erfolgt, so dass eine kennzeichenrechtliche Verwechslungsgefahr von vornherein entfällt.[34]

16 Dogmatisch liegt eine Anwendbarkeit des namensrechtlichen Schutzes auch auf markenrechtlich relevante namensartige Kennzeichen nahe, weil die Funktionen des Namensschutzes umfassend und nicht etwa beschränkt auf eine engere Identifikationsfunktion aufzufassen sind. Der Name ist umfassender Ausdruck der Persönlichkeit des Namensträgers und dient als solcher auch zur Individualisierung und persönlichen Entfaltung des Namensträgers in seiner Umwelt. Im geschäftlichen Verkehr manifestiert sich dies durch das Unternehmen.[35] Dem Markenrecht kommen gegenüber dem Namensrecht abweichende Funktionen zu. Ersteres ist nicht geeignet, bestimmte Schutzfunktionen des § 12, die insoweit auch im wirtschaftlichen Bereich bestehen, zu erfüllen. Deshalb ist insoweit **Anspruchskonkurrenz** anzunehmen. Das Namensrecht im geschäftlichen Verkehr hat eine zwar wirtschaftlich relevante, kommerziell bedeutsame Seite, die sich teilweise mit den Funktionen markenrechtlich erfasster Kennzeichen decken kann, etwa im Rahmen der Unterscheidungsfunktion, die sich über die Produktidentifizierung auf den hinter dem Produkt stehenden Hersteller erstrecken mag. Der eigentliche Persönlichkeitsschutz durch ein gegebenenfalls auch als Immaterialgüterrecht verstandenes Namensrecht (dazu Rn 25, 172) geht aber über die Funktionen der Marke als Herkunftsidentifikation und Produktidentifikation deutlich hinaus. Der Schutz der mit dem Namen verbundenen Persönlichkeit hat aber nicht nur im nicht geschäftlichen Verkehr seine Bedeutung, sondern gerade auch im Wirtschaftsverkehr.

17 **2. Firmenrecht.** Der namensrechtliche Schutz erfasst die Firma als Handelsnamen (§§ 17 ff HGB), auch dann wenn sie nicht vom bürgerlichen Namen des Firmeninhabers abgeleitet ist. Nach § 37 Abs. 2 S. 1 HGB besteht ein Unterlassungsanspruch desjenigen, der in seinen Rechten dadurch verletzt wird, dass ein anderer eine Firma unbefugt gebraucht. Gemäß S. 2 bleiben nach sonstigen Vorschriften begründete Schadensersatzansprüche unberührt. Damit soll im öffentlichen Interesse ein firmenrechtlich unzulässiger Gebrauch der Firma

28 Vgl auch *Fezer*, WRP 1998, 1, 12.
29 BGH GRUR 1959, 25, 26 – Triumph.
30 Soergel/*Heinrich*, § 12 Rn 153.
31 BGH NJW 2002, 2031, 2033 – shell.de; NJW 2005, 1196 – mho.de; NJW 2008, 3716 Rn 10 – afilias.de; Palandt/*Ellenberger*, § 12 Rn 15; MüKo/*Bayreuther*, § 12 Rn 14; BeckOK-BGB/*Bamberger*, § 12 Rn 13; Staudinger/*Habermann*, § 12 Rn 9.
32 LG Düsseldorf NJW-RR 1998, 979, 984; *Hefermehl*, in: FS Hueck, S. 519, 534; *Fezer*, Markenrecht, § 15 Rn 15; vgl auch *Nägele* GRUR 2007, 1007 ff.
33 OLG Köln NJW-RR 2006, 1699, 1701 – Ecolab.
34 BGH NJW 2005, 1196 – mho.de; OLG Köln NJW-RR 2006, 1699, 1701 – Ecolab; Palandt/*Ellenberger*, § 12 Rn 15; kritisch und auf die Besonderheiten des Domainrechts zurück führend MüKo/*Bayreuther*, § 12 Rn 19 mit dogmatischen Bedenken hinsichtlich einer ergänzenden Anwendung des § 12 bei Fehlen einzelner Tatbestandsmerkmale der markenrechtlichen Norm.
35 *Hefermehl*, in: FS Hueck, S. 519, 534.

verhindert werden.[36] Die Vorschrift dient also nicht dem materiellen Schutz der Firma oder des Namens. Die Anwendung des § 12 wird hierdurch nicht ausgeschlossen.

IV. Rechtsnatur des Namensrechts

1. Das Namensrecht als subjektives absolutes Recht. Die Rechtsnatur des Namensrechts ist seit langem streitig. Einigkeit besteht darüber, dass der Namensträger ein **subjektives Recht** am Namen genießt. Dieses subjektive Recht am Namen steht dem Namensträger gegen jedermann zu und ist daher ein **absolutes Recht**.[37] Es wird durch die Abwehransprüche des § 12 sowie als „sonstiges Recht" im Sinne des § 823 Abs. 1 geschützt. Die **Ausschlusswirkung** des Namens ist allerdings durch das Bestehen von Rechten Gleichnamiger erheblich gemindert. Auch einen Exklusivitätsschutz besonderer angeborener, etwa adliger oder berühmter Namen, der sich gegen das Namensrecht eines infolge Heirat Gleichnamigen durchsetzen könnte, gibt es nicht.[38] 18

2. Das Namensrecht als Persönlichkeits- und Immaterialgüterrecht. Uneinheitlich wird hingegen die Frage beantwortet, inwieweit das Namensrecht reines Persönlichkeitsrecht oder Immaterialgüterrecht ist. Besonders durch die Ausdehnung des Namensschutzes über den bürgerlichen Namen der natürlichen Person hinaus auf Unternehmensbezeichnungen gestaltet sich die genaue Qualifikation des Namensrechts als schwierig.[39] Verschiedene Lösungen sind denkbar, so könnte das Namensrecht als reines Persönlichkeitsrecht,[40] als Persönlichkeitsrecht mit vermögensrechtlichem Einschlag, als Immaterialgüterrecht mit persönlichkeitsrechtlichem Einschlag oder allgemein als reines **Immaterialgüterrecht**[41] qualifiziert werden. Eine eindeutige Einordnung eines „Standardnamensrechts" in eine einzige der möglichen Kategorien erscheint schwerlich möglich und wenig sinnvoll, weil das Namensrecht, abhängig von der Kategorie des Namensträgers oder der konkreten durch die Stellung des Namensträgers in seiner Umwelt mitbestimmten Bedeutung seines Namens verschiedene Funktionen erfüllen kann, die entweder eher persönlicher oder eher vermögensrechtlicher Natur sind (Rn 21). Die Beantwortung der Frage nach der Rechtsnatur des Namensrechts oder verschiedener namensrechtlicher Elemente ist aber jedenfalls insoweit bedeutsam, als sie Aufschluss über die **Reichweite der Verkehrsfähigkeit** des Namens[42] und über das Verhältnis des Namensrechts zum **allgemeinen Persönlichkeitsrecht** geben kann. 19

Vorherrschend war bisher die Auffassung, das Namensrecht sei, soweit es die Privatsphäre des Namensträgers betreffe, ein **reines Persönlichkeitsrecht**, während es als **Immaterialgüterrecht** zu qualifizieren sei, soweit der Name Unternehmensbezeichnung sei.[43] Für **geschäftliche Bezeichnungen** gilt jedenfalls, dass das Immaterialgüterrecht auch **persönlichkeitsrechtliche Elemente** enthält, soweit der Name auf die Person des Gewerbetreibenden hinweist.[44] Für die **Unternehmensbezeichnung** der juristischen Person wird der Charakter des Namensrechts als uneingeschränkt vermögensrechtlich angesehen.[45] Dasselbe muss jedenfalls für den teilweise unter Berücksichtigung eines Vermarktungsinteresses anerkannten Namensschutz für **Gebäudebezeichnungen** gelten (dazu Rn 115). 20

Für die Frage der rechtlichen Qualifikation des Namensrechts gilt es zunächst festzuhalten, dass diese nicht für „das Namensrecht" einheitlich erfolgen kann. Die Rechtsnatur des Namensrechts in seinem konkreten Kontext wird bestimmt durch die Interessen, die durch § 12 geschützt werden, und damit durch die dem Namensrecht im Sinne des § 12 zukommenden möglichen Funktionen.[46] So spielt es eine erhebliche Rolle, ob sich die Aufgaben des Namensrechts der natürlichen Person ausschließlich in einer Ordnungs- und Unterscheidungsfunktion erschöpfen[47] oder ob auch die Persönlichkeit in ihrer Individualität im gesellschaftlichen Leben und das Interesse der Person, seine Persönlichkeit wirtschaftlich zu verwerten oder nicht verwertet zu wissen, durch § 12 geschützt sind. Je nach den Interessen des Namensträgers kann das Namensrecht persön- 21

36 Soergel/*Heinrich*, § 12 Rn 165; Staudinger/*Habermann*, § 12 Rn 376; BeckOK-BGB/*Bamberger*, § 12 Rn 16.

37 BGHZ 8, 318, 319; Soergel/*Heinrich*, § 12 Rn 19; Erman/*Saenger*, § 12 Rn 2; Palandt/*Heinrichs*, § 12 Rn 2; Staudinger/*Habermann*, § 12 Rn 2.

38 BVerfG NJW 2004, 1155.

39 Vgl Soergel/*Heinrich*, § 12 Rn 22.

40 Vgl *Larenz/Wolf*, BGB AT, § 8 Rn 9: „Prototyp der Persönlichkeitsrechte".

41 *Fezer*, Markenrecht, § 15 Rn 57 f.

42 In diesem Sinne auch MüKo/*Schwerdtner*, 4. Aufl., § 12 Rn 39, der die Qualifikation im Übrigen für nicht hilfreich hält, weil sie nicht sachproblembezogen sei; vgl auch MüKo/*Bayreuther*, § 12 Rn 2.

43 Vgl Staudinger/*Habermann*, § 12 Rn 19; Erman/*Saenger*, § 12 Rn 2; MüKo/*Schwerdtner*, 4. Aufl., § 12 Rn 40; MüKo/*Bayreuther*, § 12 Rn 3; vgl ausgehend von seiner Theorie der Immaterialgüterrechte auch *Fezer*, ZHR 161 (1997), 52, 55, 65. Danach ist das Firmenrecht ein Immaterialgüterrecht, das der Person als Wirtschaftssubjekt einen Freiheitsbereich zur wirtschaftlichen Betätigung zuordnet.

44 *Fezer*, Markenrecht, § 15 Rn 57.

45 KG NJW 1961, 833; vgl Staudinger/*Habermann*, § 12 Rn 22 mwN.

46 *Koos,* GRUR 2004, 808, 813.

47 So MüKo/*Schwerdtner*, 4. Aufl., § 12 Rn 39.

lichkeitsrechtlich oder vermögensrechtlich geprägt sein, eher höchstpersönliches Recht oder Immaterialgüterrecht mit mehr oder weniger starkem persönlichkeitsrechtlichem Einschlag sein.

22 Zweitens sollte die Diskussion über die Rechtsnatur oder die möglichen Elemente des Namensrechts nicht von einem strengen Gegensatz zwischen Persönlichkeitsrecht mit einem rein höchstpersönlichen, gleichsam ideellen Charakter und Immaterialgüterrecht mit einem rein vermögensrechtlichen, persönlichkeitsgelösten Charakter geprägt sein. Die Entwicklung des Persönlichkeitsrechts im bürgerlichen Recht hat sich längst den Wandlungen in der Gesellschaft angepasst. Die **Kommerzialisierung persönlicher Lebensbereiche** ist weithin akzeptiert. Hiervor kann sich in verfassungsrechtlich und ethisch vorgegebenen Grenzen auch die Rechtsentwicklung nicht verschließen.[48] Eine Abgrenzung des Namensrechts als Persönlichkeitsrecht oder Immaterialgüterrecht danach, ob kommerziell verwertete oder verwertbare Positionen der Person betroffen sind, erscheint vor diesem Hintergrund nicht möglich. Weder schließt das Bestehen von Vermögensinteressen die Qualifikation des Namensrechts als Persönlichkeitsrecht aus, noch schließt das Bestehen reiner höchstpersönlicher Interessen die kumulative Existenz von vermögensrechtlichen Interessen und damit die mögliche Qualifikation als Immaterialgüterrecht aus.[49] Der herrschenden Meinung ist insoweit Recht zu geben, als anerkannt wird, dass ein namensrechtliches Immaterialgüterrecht einen mehr oder weniger ausgeprägten persönlichkeitsrechtlichen Charakter hat.[50]

23 Andererseits kann allein ein **persönlichkeitsrechtlicher Charakter des Namensrechts** der natürlichen Person, nicht dagegen sprechen, dass das Namensrecht in nicht nur nicht unbedeutendem, sondern in gleichgewichtigem Maße vermögensrechtlich wie persönlichkeitsrechtlich geprägt ist. Soweit demnach traditionell von einem „höchstpersönlichen" Charakter oder allgemein von der Einordnung des Namensrechts in die Gruppe der Persönlichkeitsrechte auf seine mangelnde Verkehrsfähigkeit geschlossen wird,[51] erscheint diese Argumentation fragwürdig. „Das Namensrecht" als Ganzes ist nicht „höchstpersönlich"; es kann *insgesamt* nur ein gegebenenfalls mehr oder weniger kommerzialisierbares Persönlichkeitsrecht sein. Das schließt jedoch nicht aus, dass das Namensrecht höchstpersönliche Elemente enthalten kann, die einer gesonderten Beurteilung unterliegen.

24 Nicht sachgerecht erscheint es demgemäß, dem Namensrecht der natürlichen Person außerhalb des Bereichs der Unternehmensbezeichnungen pauschal die mögliche Qualifikation als Immaterialgüterrecht abzusprechen. Da auch persönlichkeitsrechtliche Positionen der natürlichen Person außerhalb des engeren Firmenrechts kommerzialisierbar sind, kann in den Grenzen der allgemein als möglich anerkannten Funktionen des Namensschutzes das Namensrecht immaterialgüterrechtliche Züge tragen.[52] Die Unternehmensanhängigkeit des Namens ist daher für die Qualifikation nicht in erster Linie entscheidend, sondern der allgemeine vermögensrechtliche Kontext der Namensverwendbarkeit. Auch die natürliche Person kann über die firmenrechtliche Verwendung ihres Namens hinaus ihren Namen kommerziell verwerten; insoweit ist eine Verselbständigung des Namensrechts von der Persönlichkeit der natürlichen Person und damit wenigstens teilweise ein Immaterialgüterrechtscharakter anzuerkennen.

25 Das Namensrecht ist insoweit ein gleichsam **latentes Immaterialgüterrecht** der Person. Ein *Immaterialgüterrecht* ist es, soweit es sich von der Person verselbständigt hat und insoweit objektiviert ist.[53] *Latentes* Immaterialgüterrecht ist es, weil eine kommerzielle Verwertung des Namens der natürlichen Person nur dann in Betracht kommt, wenn hierfür ein Markt besteht: Der regelmäßig persönliche Name wird durch die Existenz eines Marktes für seine Verwertung zum Wirtschaftsgut.[54] Die Verselbständigung des zumindest bei der natürlichen Person persönlichkeitsrechtlich geprägten Namensrechts erfolgt durch Verknüpfung mit einem Produkt des kommerziellen Interesses,[55] etwa einer Ware, einer Institution, eines Events oder namentlich von der Vermarktung zugänglichen persönlichen Ereignissen von Personen öffentlichen Interesses. Vom Kennzeichen der Person wird der Name im kommerziellen Rahmen gleichsam zur **„Marke der Person"**. Der immaterialgüterrechtliche Aspekt des Namensrechts könnte entweder in ein einheitliches Namensrecht integriert werden oder als von dem persönlichkeitsrechtlichen Namensrecht (Namenspersönlichkeitsrecht) getrenntes Namensimmaterialgüterrecht konstruiert werden[56] (zu dieser Frage im Zusammenhang mit der Verkehrsfähigkeit des Namensrechts Rn 174 f).

48 *Koos,* GRUR 2004, 808, 813; vgl auch *Beuter*, Die Kommerzialisierung des Persönlichkeitsrechts, Diss. Konstanz 2000, S. 65 ff; MüKo/*Bayreuther*, § 12 Rn 4.
49 Vgl *Klippel*, S. 496 f; *Fezer*, Markenrecht, § 15 Rn 58.
50 *Koos,* GRUR 2004, 808, 813 f.
51 Vgl BGHZ 119, 237, 240 – Universitätsemblem.
52 Ähnlich insoweit MüKo/*Bayreuther*, § 12 Rn 4 („dualistisches Recht" mit iS der monistischen Theorie integrierten persönlichkeits- und wirtschaftsrechtlichen Komponenten).
53 Vgl *Forkel*, NJW 1993, 3181, 3182.
54 Ebenso *Fezer*, Markenrecht, § 15 Rn 58; für das allgemeine Persönlichkeitsrecht *Koos*, WRP 2003, 202, 203; ähnlich zuvor *Ullmann*, WRP 2000, 1049, 1052 f.
55 Vgl zur Verknüpfung der persönlichkeitsrechtlichen Position mit einem der Person gegenüberzustellenden Gegenstand oder Gebilde als Voraussetzung der Verselbständigung *Forkel*, GRUR 1988, 491, 499.
56 So *Klippel*, 497 ff.

Die beschriebene Entwicklung des Namensrechts zu einem Immaterialgüterrecht ist von besonderer Relevanz, soweit man den Schutzbereich des Namensrechts nach § 12 weit auffasst und den Namen insbesondere nicht nur auch als Ausdruck der Individualität des Namensträgers,[57] sondern in einem weiteren persönlichkeitsrechtlichen Sinne versteht, der über eine reine Unterscheidungsfunktion hinausgeht und auch weitere mit dem Namen verbundene Interessen erfasst. Vor allem wenn das Interesse des Namensträgers, dass sein Name nicht unbefugt zu kommerziellen Zwecken, insbesondere zu Werbezwecken verwendet wird, zum Schutzbereich des § 12 gehört (dazu näher Rn 4),[58] gewinnt die Möglichkeit des Namensträgers, seinen Namen insoweit als Immaterialgüterrecht nutzen zu können, an Bedeutung. **26**

3. Das Verhältnis des Namensrechts zum allgemeinen Persönlichkeitsrecht. Soweit der Schutzbereich des § 12 eröffnet ist, geht der Namensschutz nach dieser Vorschrift dem Schutz im Rahmen des allgemeinen Persönlichkeitsrechts nach § 823 Abs. 1 vor.[59] Das entspricht dem herrschenden Verständnis vom Verhältnis zwischen den besonderen Persönlichkeitsrechten, zu denen das Namensrecht nach § 12 gehört, und dem allgemeinen Persönlichkeitsrecht.[60] Im Schutzbereich des § 12 kann aus dem allgemeinen Persönlichkeitsrecht kein weiter gehender Schutz des Namens hergeleitet werden.[61] Allerdings kann das allgemeine Persönlichkeitsrecht als sonstiges Recht im Sinne des § 823 Abs. 1 durch eine Handlung verletzt sein, die zwar nicht unmittelbar das nach § 12 geschützte Namensrecht beeinträchtigt, aber persönlichkeitsrechtliche Positionen in einem weiteren Belang verletzt.[62] Der Schutz des Namens als Ausdruck der Individualität und eigenen Persönlichkeit seines Trägers über die engere Zuordnungsfunktion hinaus wird als Frage des allgemeinen Persönlichkeitsrechts gesehen, wobei letztlich nicht der Name als solcher als verletzt gilt, sondern vermittelt durch die Namensverwendung die allgemeinen Persönlichkeitsinteressen des Namensträgers. Die Abgrenzung hat unabhängig von der Frage einer weiteren Anwendung des § 12 (Rn 4 ff) an Bedeutung verloren, weil eine weitgehende Annäherung der Tatbestandsvoraussetzungen und Rechtsfolgen bei Eingriffen in das allgemeine Persönlichkeitsrecht und in das Namensrecht erfolgt ist.[63] **27**

V. Pflicht zur Namensführung

Für den bürgerlichen Namen und den Handelsnamen besteht eine **öffentlich-rechtliche** Pflicht zur Namensführung. Diese Pflicht trifft gleichermaßen natürliche wie juristische Personen.[64] Nach § 111 Abs. 1 OWiG handelt ordnungswidrig, wer der zuständigen Behörde oder einem zuständigen Amtsträger gegenüber unrichtige Angaben über den **bürgerlichen Namen** macht, wobei sich die Verpflichtung auch auf die Vollständigkeit des Namens, einschließlich des zusammengesetzten Namens eines Ehegatten (vgl § 1355 Abs. 4)[65] erstreckt, soweit es für eine zweifelsfreie behördliche Identitätsfeststellung auf die Vollständigkeit ankommt.[66] Eine öffentlich-rechtliche Namensführungspflicht folgt weiterhin aus dem PStG zur Namensbekundung in öffentlichen Registern[67] und aus dem Recht über die Änderung des Namens (Rn 30 ff). Für den **Handelsnamen** ergibt sich die Pflicht zur Namensführung aus §§ 17, 29, 37 a HGB und §§ 15 a, 15 b GewO. Das **Pseudonym** wird von der Namensführungspflicht nicht erfasst.[68] **28**

Privatrechtlich existiert **keine besondere Namensführungspflicht**. Grundsätzlich ist privatrechtlich niemand dazu verpflichtet, seine Identität bekannt zu geben.[69] Ausnahmsweise kann sich aus besonderen Vereinbarungen[70] oder aus Treu und Glauben die Pflicht ergeben, den Namen korrekt anzugeben. Ehegatten sind verpflichtet, den nach § 1355 Abs. 1 S. 1 einmal freiwillig bestimmten gemeinsamen **Ehenamen** zu führen. Ein Verstoß hiergegen soll ein Recht des anderen Ehegatten begründen, auf Herstellung der ehelichen Lebensgemeinschaft zu klagen.[71] Letzteres ist zweifelhaft, weil es sich bei § 1355 um eine Ordnungsvorschrift handelt, die nach der seit dem 1.4.1994 geltenden Neuregelung des Familiennamensrechts durch das FamNamRG zudem im Hinblick auf die Persönlichkeitsfreiheit der Ehegatten erheblich gelockert wurde. Aus dem noch vorhandenen Rest der ordnungsrechtlichen Beschränkung der Namensfreiheit der Ehegatten wird man ein **29**

57 So Soergel/*Heinrich*, § 12 Rn 20, der allerdings den persönlichkeitsrechtlichen Aspekt gegenüber dem vermögensrechtlichen Aspekt im Hinblick auf einen von ihm angenommenen Vorrang der Identifikationsfunktion des Namens als „Kern des Namensrechts" in den Vordergrund stellt und keine immaterialgüterrechtliche Qualifikation des bürgerlichen Namens annimmt.
58 Vgl *Sack*, WRP 1984, 521, 531 f; Soergel/*Heinrich*, § 12 Rn 171.
59 BGHZ 30, 7, 11 – Caterina Valente; MüKo/*Bayreuther*, § 12 Rn 5; Palandt/*Ellenberger*, § 12 Rn 2.
60 Vgl zu den verschiedenen Auffassungen *Klippel*, S. 512 f.
61 MüKo/*Bayreuther*, § 12 Rn 5.
62 BGHZ 30, 7, 11 – Caterina Valente; OLG Köln GRUR 1967, 319, 322 – Killer; vgl auch *Klippel*, S. 513.
63 MüKo/*Bayreuther*, § 12 Rn 5.
64 BVerfG NJW 1988, 1577, 1578; RGZ 158, 156, 163.
65 Soergel/*Heinrich*, § 12 Rn 17.
66 Vgl BVerfG NJW 1988, 1577, 1578.
67 Vgl BGHZ 44, 121, 129.
68 Staudinger/*Habermann*, § 12 Rn 141.
69 *Raschauer*, S. 248.
70 BVerfG NJW 1988, 1577, 1578; Soergel/*Heinrich*, § 12 Rn 18.
71 Soergel/*Heinrich*, § 12 Rn 18.

entsprechendes subjektives Recht des Ehegatten nicht entnehmen können.[72] Der ordnungsrechtlichen Pflicht zur Führung des freiwilligen gemeinsamen Ehenamens entspricht die Pflicht der Kinder zur Führung des Ehenamens der Eltern (§ 1616).

VI. Namensfeststellung, Namensberichtigung, Namensänderung

30 Nach § 8 Abs. 1 NamÄndG erfolgt eine Feststellung des **Familiennamens** mit allgemeinverbindlicher Wirkung *ex tunc*[73] durch die oberste Landesbehörde. Die **Namensfeststellung** kann auf Antrag oder von Amts wegen erfolgen, wenn zweifelhaft ist, welchen Familiennamen der Betroffene berechtigterweise führt.[74] Ein bestehender Rechtsstreit über das Recht, den Namen zu führen, ist gem. § 8 Abs. 3 NamÄndG auf Verlangen der obersten Landesbehörde bis zur Feststellung des Namens auszusetzen.

31 Wenn eine von Anfang an unrichtige Namenseintragung im Personenstandsregister vorliegt, kommt das von der Namensfeststellung zu unterscheidende **Namensberichtigungsverfahren** in Betracht.[75]

32 Personennamen sind nach dem ordnungsrechtlichen **Prinzip der Namensunveränderlichkeit** nicht der freien Disposition des Namensträgers zugänglich. Eine Änderung des Familiennamens wie des Vornamens ist daher nur durch Verwaltungsakt im Wege der **staatlichen Genehmigung** möglich. Maßgeblich sind für die Namensänderung und den Widerruf der Namensänderung die Bestimmungen des Gesetzes über die Änderung von Familiennamen und Vornamen (**NamÄndG**) vom 5.1.1938, zuletzt geändert durch Art. 54 Gesetz vom 17.12.2008.[76]

33 Zu nennen ist schließlich die nur für die Verwaltung verbindliche, faktisch aber als Ausdruck der im Bereich des NamÄndG allgemeinverbindlichen Anschauung[77] auch darüber hinaus bei der Auslegung der Regelungen des NamÄndG bedeutsamen Allgemeinen Verwaltungsvorschriften zum Gesetz über die Änderung von Familiennamen und Vornamen (**NamÄndVwV**) vom 11.8.1980 idF vom 25.4.1986.[78]

34 Kollisionsrechtlich ist das Heimatrecht des Staates anzuwenden, dem die Person angehört (vgl Nr. 1 NamÄndVwV).[79] Das NamÄndG ist auf **deutsche Staatsangehörige** und auf **Deutsche** iSd Art. 116 GG sowie auf **Staatenlose** und **heimatlose Ausländer**,[80] **ausländische Flüchtlinge und Asylberechtigte** mit Wohnsitz oder gewöhnlichem Aufenthalt in der Bundesrepublik Deutschland anwendbar. **Namensänderungen** Deutscher **im Ausland** sind nach deutschem Recht grundsätzlich unbeachtlich.[81] Ein völkergewohnheitsrechtlicher Grundsatz, dass fremde Hoheitsakte innerhalb der Grenzen eines anderen Staates anzuerkennen wären, existiert nicht.[82] Die ausländische Namensänderung erlangt aber Wirksamkeit für den deutschen Rechtskreis, wenn der Namensträger die Staatsangehörigkeit des fremden Staates unter Verlust der deutschen Staatsangehörigkeit erhält.[83] Diese Grundsätze gelten grundsätzlich auch für Namensänderungen von deutschen **Doppelstaatlern**.[84] Nach Maßgabe des Istanbuler CIEC-Abkommens über die Änderung von Namen und Vornamen vom 4.9.1958[85] können in den Vertragsstaaten Behörden den Familiennamen eines Deutschen, der auch die Staatsangehörigkeit dieses Staates besitzt, ändern (vgl Nr. 5 NamÄndVwV). Namensänderungen, die in der ehemaligen **DDR** vorgenommen wurden, sind gültig, soweit sie nicht gegen den bundesdeutschen ordre public verstoßen.[86] Erfolgt eine Namensänderung nach dem NamÄndG für einen Ausländer, auf den es nicht anwendbar ist, so ist sie nichtig.[87]

35 Die Namensänderung ist ein mitwirkungsbedürftiger, rechtsgestaltender **Verwaltungsakt mit Doppelwirkung**, weil er für den Antragsteller begünstigend wirkt, für unmittelbar betroffene Familienmitglieder hingegen gegebenenfalls eine Belastung darstellt.[88] Eine Rückänderung des durch Verwaltungsakt geänderten Namens ist nur ausnahmsweise möglich.[89] Da der Gebrauch des geänderten Namens keine unbefugte Verwendung darstellt, können andere Träger des Namens nicht auf Unterlassung des Namensgebrauchs klagen.[90]

72 So zur Rechtslage vor dem FamNamRG *Raschauer*, S. 249.
73 Staudinger/*Habermann*, § 12 Rn 244 mwN.
74 Zu den Einzelheiten MüKo/*Bayreuther*, § 12 Rn 88.
75 Siehe zu den Voraussetzungen BayObLG StAZ 1993, 387; Soergel/*Heinrich*, § 12 Rn 16.
76 BGBl I S. 2586.
77 MüKo/*Bayreuther*, § 12 Rn 63 mwN.
78 Bundesanzeiger Nr. 78, abgedruckt bei *Loos*, S. 12 ff.
79 Staudinger/*Habermann*, § 12 Rn 217.
80 BVerwGE 40, 353.
81 BVerwGE 28, 29.
82 LG Wiesbaden StAZ 1966, 87.
83 OLG Hamm FamRZ 1976, 519, 520; Soergel/*Heinrich*, § 12 Rn 69.
84 Soergel/*Heinrich*, § 12 Rn 69 unter Verweis auf Art. 5 Abs. 1 S. 2 EGBGB, wonach die Rechtsstellung als Deutscher vorgeht.
85 BGBl 1961 II S. 1055, 1976.
86 MüKo/*Bayreuther*, § 12 Rn 64; Staudinger/*Habermann*, § 12 Rn 216.
87 AG Hamburg StAZ 1969, 43; Soergel/*Heinrich*, § 12 Rn 69.
88 BVerwG NJW 1983, 1133; OVG Münster MDR 1970, 174; Staudinger/*Habermann*, § 12 Rn 219; Soergel/*Heinrich*, § 12 Rn 88.
89 OVG Rheinland-Pfalz StAZ 1983, 32.
90 BVerwG NJW 1960, 450, 451.

36 Der Verwaltungsakt der Namensänderung erfolgt nach § 1 NamÄndG nur auf **Antrag** zur unteren Verwaltungsbehörde (§ 5 NamÄndG). Die untere Verwaltungsbehörde ist für die Änderung lediglich des Vornamens **zuständig** (§ 11 NamÄndG), ansonsten ist die obere Verwaltungsbehörde (§ 6 NamÄndG) zuständig. Die örtliche Zuständigkeit bestimmt sich nach dem Wohnsitz oder gewöhnlichen Aufenthalt (Nr. 16 NamÄndVwV). Für die Änderung des Ehenamens ist der gemeinsame Antrag beider Ehegatten erforderlich.[91] Nach § 4 NamÄndG erstreckt sich die Namensänderung auch auf die unter elterlicher Sorge des Namensträgers stehenden Kinder.

37 Unter den **Begriff der Namensänderung** fällt neben dem vollständigen oder teilweisen Wechsel des Namens jede Änderung der Schreibweise des Namens, auch soweit sie nicht mit einer Änderung des Wortklangs verbunden ist.[92] Auch die Eindeutschung ausländischer Namen, insbesondere die im zweiten Weltkrieg durch das Reichsministerium des Inneren vorgenommene Eindeutschung der Familiennamen so genannter Volksdeutscher kann im Einzelfall eine wirksame Namensänderung darstellen.[93] Die bloße Umschreibung des Namens in die lateinische Schreibweise (**Transkription** und **Transliteration**) ist keine Namensänderung. Auch die Hinzufügung von **Zusätzen** zur Vermeidung von Verwechslungen, etwa Ziffern oder Begriffen wie „senior" oder „geborene", ist keine Namensänderung.[94]

38 Für die Namensänderung muss ein **wichtiger Grund** gegeben sein (§ 3 Abs. 1 NamÄndG), der grundsätzlich im Zeitpunkt der letzten Verwaltungsentscheidung vorliegen muss.[95] Hierbei handelt es sich um einen verwaltungsgerichtlich voll überprüfbaren unbestimmten Rechtsbegriff.[96] Das Erfordernis des die freie Namensänderung einschränkenden Kriteriums eines wichtigen Grundes ist nach herrschender Auffassung **verfassungsgemäß**.[97] Eine Lockerung der Beschränkung einer freien Namensänderung erscheint aber unabhängig von dieser verfassungsrechtlichen Bewertung angesichts der Zurückdrängung der Ordnungsfunktion des Namens zugunsten der wachsendenden Bedeutung des Namens als Ausdruck der persönlichen Individualität seines Trägers im Wege der Interessenabwägung bei der Entscheidung über den Namensänderungsantrag angemessen.[98] Zum Teil ist dies in den Regelungen des NamÄndVwV umgesetzt worden (s. dazu auch Rn 40, 46).

39 Bei der **Interessenabwägung** zur Feststellung des wichtigen Grundes für eine Namensänderung stehen sich das schutzwürdige Interesse des Antragstellers und die Interessen der Allgemeinheit an der Beibehaltung des bisherigen Namens gegenüber. Überwiegt das persönliche schutzwürdige Interesse des Namensträgers die Ordnungs- und Sicherheitsinteressen der Allgemeinheit, so liegt ein wichtiger Grund für die Namensänderung vor.[99] Die zu berücksichtigenden öffentlichen Interessen können von unterschiedlicher Intensität sein; insbesondere wenn der Umfang der beantragten Namensänderung gering ist, können öffentliche Interessen im konkreten Fall weithin zurücktreten.[100]

40 Der Begriff des wichtigen Grunds wird in Nr. 28 **NamÄndVwV** durch eine Begriffsbestimmung und in § 3 a NamÄndG sowie in den Nr. 33 ff NamÄndVwV durch einen nicht abschließenden Katalog praktisch wichtiger Fallgruppen **konkretisiert**. Die Funktion des Familiennamens zur Kennzeichnung der Familienzugehörigkeit und das öffentliche Interesse an einer Namensbeibehaltung sind nach Nr. 30 NamÄndVwV bei der Anwendung der Fallgruppen stets zu berücksichtigen.

41 Ein **wichtiger Grund** liegt in einer nicht zu vernachlässigenden **Behinderung des Namensträgers** durch den Familiennamen. Das gilt etwa für ursprünglich ausländische Familiennamen, deren schwierige Schreibweise oder Aussprache den Namensträger behindern mag, so dass ein Interesse an einer Übertragung des Namens in eine deutsche Form bestehen kann.[101] Inwieweit der **ausländische Klang eines Familiennamens** darüber hinaus einen wichtigen Grund für eine Namensänderung darstellen kann, ist eine Frage des Einzelfalls. Allein der Umstand, dass ein in Deutschland geborener und aufgewachsener Antragsteller einen ausländisch klingenden Namen trägt, der in seinem persönlichen Umfeld zu ausländerfeindlich motivierten Belästigungen führt, soll grundsätzlich keinen hinreichend wichtigen Grund für eine Namensänderung darstellen.[102] Das erscheint in dieser Allgemeinheit zweifelhaft, weil es bei der Entscheidung über eine Namensänderung nicht

91 BVerwG NJW 1983, 1133; Soergel/*Heinrich*, § 12 Rn 156.
92 BVerwG StAZ 1981, 244; Staudinger/*Weick/Habermann*, § 12 Rn 238.
93 BayObLG NJW-RR 1987, 965.
94 Staudinger/*Habermann*, § 12 Rn 241.
95 Soergel/*Heinrich*, § 12 Rn 87, auch zu dem Fall, dass die Namensänderung erst mit Unanfechtbarkeit des Bescheids wirksam wird.
96 Soergel/*Heinrich*, § 12 Rn 87; BeckOK-BGB/*Bamberger*, § 12 Rn 42.
97 BGHZ 30, 132, 138; MüKo/*Bayreuther*, § 12 Rn 70.
98 So zu Recht Soergel/*Heinrich*, § 12 Rn 73; vgl auch *Blankenagel*, DÖV 1985, 953, 957 ff.
99 Vgl BVerwGE 15, 183, 184; 31, 28, 33.
100 St. Rspr, vgl BVerwGE 15, 26, 27; 183, 184; 22, 312, 313; BVerwG NJW 1981, 2713; MüKo/*Bayreuther*, § 12 Rn 70; Soergel/*Heinrich*, § 12 Rn 72.
101 BeckOK-BGB/*Bamberger*, § 12 Rn 42; vgl auch MüKo/*Bayreuther*, § 12 Rn 73.
102 OVG Münster NJW 1990, 2216; vgl auch VGH Kassel NJW-RR 1989, 771; MüKo/*Bayreuther*, § 12 Rn 73; weiter dagegen BVerwGE 15, 183, 184; VGH Baden-Württemberg FamRZ 1989, 207; Soergel/*Heinrich*, § 12 Rn 74.

um einen Widerstreit zwischen dem politischen Interesse an der Durchsetzung multikultureller Akzeptanz einerseits und der persönlichen Selbstentfaltung andererseits geht, sondern um die insoweit nur mit ordnungspolitischen Interessen abzuwägende Beseitigung faktisch gegebenenfalls vorhandener Belastungen für den Namensträger. Es ist daher auf den Einzelfall abzustellen. Grundsätzlich ist jedenfalls eine über die bloße Änderung der Schreibweise hinaus gehende „Eindeutschung" eines ausländischen Namens nur in extremen Fällen gerechtfertigt; das einfache Interesse, einen deutschen Namen zu tragen, genügt nicht.

42 Einen wichtigen Grund stellt es dar, wenn der Name seinen Träger nicht unerheblich in Ansehen und Ehre zu beeinträchtigen geeignet ist. Das kann etwa dann der Fall sein, wenn der Familienname **lächerlich** oder **anstößig** ist, wenn der Name im Zusammenhang mit einer Medienberichterstattung über eine Straftat steht[103] oder wenn die Unterscheidungskraft des Namens nicht mehr gegeben ist, namentlich bei sog. **Sammelnamen** (Schmidt, Meier, Müller).[104] Im letzteren Fall wird zudem auch ein öffentliches Interesse an der Namensänderung aus dem Gesichtspunkt der Unterscheidungsfunktion angenommen;[105] eine konkrete Verwechslungsgefahr braucht bei Sammelnamen nicht glaubhaft gemacht zu werden.[106]

Ein weiterer wichtiger Grund kann allein in der langjährigen **gutgläubigen Führung des beantragten Namens** in der Vergangenheit liegen, so dass der beantragte Name bereits in öffentlichen Registern und Ausweispapieren und Zeugnissen erscheint.[107] Auch bei fehlender Gutgläubigkeit des Namensträgers kann die langjährige Führung des beantragten Namens im Einzelfall bedeutsam sein, namentlich im Hinblick darauf, dass gegebenenfalls sogar ein öffentliches Interesse daran bestehen kann, dass der im offiziellen Verkehr verwendete Name weiterhin verwendet wird. Im Übrigen kommt das Namensfeststellungsverfahren nach § 8 NamÄndG in Betracht, in dem der Vertrauensschutz unberücksichtigt bleibt.[108]

43 Nach Inkrafttreten des § 1618 in der Fassung des Kindschaftsreformgesetzes vom 16.12.1997 am 1.7.1998, der die erweiterte Möglichkeit der Einbenennung eröffnet, haben die sog. **Stiefkinderfälle** an Bedeutung verloren.[109] Zuvor stellte es einen wichtigen Grund für eine Namensänderung dar, wenn eine sorgeberechtigte Mutter wieder heiratete und einen neuen Ehenamen annahm. § 1618 verdrängt die Möglichkeit der Namensänderung nach dem NamÄndG.[110] Für den Familiennamen sog. **Scheidungshalbwaisen** fehlt eine Regelung im BGB. Wenn der allein sorgeberechtigte Elternteil nach einer Scheidung seinen Geburtsnamen nach § 1355 Abs. 5 wieder angenommen hat,[111] ist § 1618 nicht anwendbar, ebenso, wenn der sorgeberechtigte Elternteil nach der Scheidung seinen Geburtsnamen wieder annimmt und das Kind zuvor nach § 1618 in die zweite Ehe des Elternteils einbenannt wurde[112] sowie wenn nach dem Tod eines Ehegatten der überlebenden sorgeberechtigte Ehegatte seinen Geburtsnamen wieder annimmt.[113] In diesen Fällen ist die Möglichkeit einer Namensänderung nach dem NamÄndG gegeben.[114] Ein wichtiger Grund liegt aber nicht schon vor, wenn die Namensänderung für das Kindswohl förderlich ist, sondern nur, wenn sie für das Kindswohl erforderlich ist.[115] Das Interesse der Namenskontinuität ist mit dem Interesse an der Namensänderung abzuwägen und hat in dieser Abwägung erhebliches Gewicht. Liegt eine Einwilligung des nicht sorgeberechtigten Elternteils und des Kindes, soweit es das fünfte Lebensjahr vollendet hat, in die Namensänderung vor, so ist widerleglich zu vermuten, dass die Namensänderung dem Kindswohl entspricht.[116]

44 **Kein wichtiger Grund** für eine Namensänderung ist gegeben, wenn dem Antragsteller sein bisheriger Name unangenehm oder lästig ist.[117] Der Wunsch, durch eine Namensänderung eine Steigerung des eigenen Ansehens herbeizuführen,[118] ist ebenso wenig beachtlich wie das Interesse, einen Familiennamen vor dem Aussterben zu bewahren.[119]

45 Für die **Wahl des neuen Namens** ist maßgeblich, dass nicht eine neue Namensänderung zu erwarten ist. Insbesondere müssen Irreführungen und Namensverwechslungen sowie ein falscher Eindruck über die familiären Verhältnisse des Namensträgers vermieden werden. Restriktiv ist die Wahl eines **Künstlernamens** oder

103 VG Münster FamRZ 1967, 347; MüKo/*Bayreuther*, § 12 Rn 75.
104 Zu nur regional häufig vorkommenden Sammelnamen BVerwG NJW 1973, 1057.
105 BVerwGE 40, 359, 360; MüKo/*Bayreuther*, § 12 Rn 71; Soergel/*Heinrich*, § 12 Rn 75 mwN.
106 Nr. 34 NamÄndVwV; vgl BVerwG NJW 1973, 1057; anderes gilt auch nicht bei nur regional häufig vorkommenden Namen, MüKo/*Bayreuther*, § 12 Rn 71; aA VG Münster StAZ 1978, 17, 18; Staudinger/*Habermann*, § 12 Rn 221 aE.
107 Nr. 50 NamÄndVwV; BVerwG StAZ 1981, 277, 279; MüKo/*Bayreuther*, § 12 Rn 76.
108 Soergel/*Heinrich*, § 12 Rn 77.
109 BeckOK-BGB/*Bamberger*, § 12 Rn 44 mwN.
110 VG Düsseldorf NJW 1999, 1730.
111 BVerwG NJW 2002, 2406; 2002, 2410.
112 BGH NJW 2004, 1108, 1109.
113 MüKo/*Bayreuther*, § 12 Rn 82.
114 BGH NJW 2004, 1108, 1109; vgl zur Rechtsprechung Staudinger/*Habermann*, § 12 Rn 225 ff.
115 BVerwG NJW 2002, 2406, 2407; OVG Brandenburg FamRZ 2004, 1399; ablehnend Staudinger/*Habermann*, § 12 Rn 235.
116 BVerwG NJW 2002, 2410.
117 Nr. 30 Abs. 3 NamÄndVwV.
118 MüKo/*Bayreuther*, § 12 Rn 74; BeckOK-BGB/*Bamberger*, § 12 Rn 42.
119 MüKo/*Bayreuther*, § 12 Rn 74; aA Staudinger/*Habermann*, § 12 Rn 221.

eines Adelsprädikats als neuer Name zu handhaben.[120] Auch Doppelnamen sind nur ausnahmsweise zu gestatten.[121]

Die Grundsätze zur Änderung von Familiennamen gelten gem. § 11 NamÄndG entsprechend für die Änderung von **Vornamen**. Auch insoweit ist ein wichtiger Grund für die Namensänderung erforderlich. Für die Interessenabwägung ist zu beachten, dass das öffentliche Interesse an einer Beibehaltung des bisherigen Vornamens geringer ist als das öffentliche Interesse an einer Beibehaltung des Familiennamens. Ein wichtiger Grund kann sich aus gewandelten religiösen Überzeugungen ergeben, etwa wenn nach Übertritt zum Islamischen Glauben ein islamischer Vorname beigefügt werden soll.[122] 46

VII. Räumliche Reichweite des Namensschutzes

Der Namensschutz nach § 12 erstreckt sich grundsätzlich ohne territoriale Beschränkung auf das **gesamte Bundesgebiet**.[123] Darin unterscheidet er sich vom Firmenschutz nach § 37 Abs. 2 HGB, der örtlichen Beschränkungen unterliegt. Der Schutz von Namens- und Kennzeichenrechten, die in der ehemaligen DDR und im Bundesgebiet vor der Wiedervereinigung bestanden haben, erstreckt sich seit dem 3.10.1990 jeweils auf das gesamte neue Bundesgebiet.[124] Deshalb sind vor der Wiedervereinigung bestehende Schutzrechte im Hinblick auf die räumliche Schutzwirkung so zu behandeln, als hätte keine Trennung Deutschlands bestanden. Hieraus entstehende Kollisionsfälle lösen sich nach den Grundsätzen, die zum Recht der Gleichnamigen entwickelt wurden (dazu Rn 226 ff).[125] 47

Der räumliche Geltungsbereich des Namensschutzes nach § 12 wird **in tatsächlicher Hinsicht begrenzt** durch die Reichweite der Kennzeichnungskraft des Namens im Verkehr. Das gilt für geschäftliche Kennzeichen im Hinblick darauf, dass diese ihre namensmäßige Unterscheidungskraft erst durch **Verkehrsgeltung** erlangen; der räumliche Schutzbereich beschränkt sich auf die Reichweite der Verkehrsgeltung.[126] Der Schutz der Bezeichnung eines Unternehmens, das nach seinem Gegenstand und Zuschnitt nur lokal oder regional tätig ist und auch nicht auf Expansion angelegt ist, ist regional beschränkt.[127] Bedeutsam ist das insbesondere bei Hotel- oder Gaststättenbezeichnungen, deren Namensschutz regelmäßig – vorbehaltlich einer überörtlichen Bekanntheit etwa berühmter Gaststätten in Fremdenverkehrsorten[128] – auf den Ort der Niederlassung beschränkt ist;[129] allerdings gilt anderes bei Filialketten.[130] Die Schutzbereichsbegrenzung entfällt, wenn das Unternehmen schon im Zeitpunkt des Aufeinandertreffens der Kollisionsbezeichnungen sichtbar die Absicht verwirklicht hat, überörtlich tätig zu werden.[131] Allein das Bestehen eines Internetauftritts genügt nicht, um Überörtlichkeit zu begründen.[132] Soweit die **Verwechslungsgefahr** nach § 15 Abs. 2 MarkenG nur mit Rücksicht auf den örtlichen Tätigkeitsbereich des Kennzeicheninhabers anzunehmen ist, folgt hieraus eine effektive Begrenzung des räumlichen Schutzbereichs.[133] Eine **potenzielle Ausdehnung** des wirtschaftlichen Tätigkeitsbereichs in sachlicher oder räumlicher Hinsicht ist aber zu berücksichtigen.[134] Entsprechend wird der räumliche Schutzbereich durch die Schutzvoraussetzungen eines **schutzwürdigen Interesses** nach § 12 begrenzt. 48

B. Regelungsgehalt

I. Schutzsubjekte

1. Natürliche Personen. Schutzsubjekte des § 12 sind natürliche Personen als Namensträger. Jede Bezeichnung mit namensmäßiger Funktion, die die natürliche Person führt, ist grundsätzlich geschützt. In Betracht kommen der bürgerliche Name, das Pseudonym, der Ordensname sowie die Firma eines Einzelkaufmanns. 49

a) Bürgerlicher Name. Unter den Namensschutz fällt zunächst vor allem der bürgerliche Name eines Menschen. Darunter versteht man eine Personenbezeichnung, die einen Menschen in seinen bürgerlichen, recht- 50

120 MüKo/*Bayreuther*, § 12 Rn 84.
121 Soergel/*Heinrich*, § 12 Rn 75; MüKo/*Bayreuther*, § 12 Rn 83 mwN.
122 MüKo/*Bayreuther*, § 12 Rn 86 mwN.
123 St. Rspr, vgl BGH GRUR 1955, 299, 300 – Koma; GRUR 1957, 550, 551 – tabu II; *Fezer*, Markenrecht, § 15 Rn 86; Soergel/*Heinrich*, § 12 Rn 33.
124 BGHZ 130, 134, 140 – Altenburger Spielkartenfabrik; OLG Stuttgart BB 1993, 382, 384; Staudinger/*Habermann*, § 12 Rn 392 f.
125 Vgl auch Brandenburgisches OLG OLG-NL 1998, 45, 46 f – Templiner Puppenkiste, auch zur Nichtanwendbarkeit des kennzeichenrechtlichen Prioritätsgrundsatzes.
126 BGHZ 11, 214, 219 KfA; MüKo/*Bayreuther*, § 12 Rn 116; *Fezer*, Markenrecht, § 15 Rn 86.
127 BGH GRUR 2005, 262, 263 – soco.de; 2007, 884, 886 – Cambridge Institute.
128 BGH GRUR 1957, 550, 552 – Tabu II.
129 Vgl BGH NJW 1970, 1365 – Zum Treppchen.
130 Vgl RG JW 1935, 1521 – Nordsee; *Klaka/Krüger*, in: FS Gaedertz S. 299, 300 f
131 BGH NJW-RR 1993, 1065 – PicNic.
132 BGH GRUR 2007, 884, 886 – Cambridge Institute.
133 Soergel/*Heinrich*, § 12 Rn 33.
134 BGHZ 8, 387, 392 – Fernsprechnummer; *Fezer*, Markenrecht, § 15 Rn 87.

lichen und gesellschaftlichen Beziehungen zu kennzeichnen bestimmt ist.[135] Der bürgerliche Name ist gesetzlich vorgeschrieben (Rn 28) und wird kraft Gesetzes erworben. Er besteht als zusammengesetzter Name aus einem oder mehreren Vornamen und dem Familiennamen. Nur dem Gesamtnamen kommt die volle Individualisierungsfunktion zu.[136]

51 Der **Familienname** dient der Zuordnung des Menschen zu einer bestimmten Familie[137] und wird durch Geburt (**Geburtsname** oder Abstammungsname) oder durch Eheschließung (**Ehename**) erworben. Gemäß § 1355 Abs. 1 S. 1 sollen die Ehegatten einen gemeinsamen Ehenamen führen, den sie gem. § 1355 Abs. 1 S. 2 führen. Ein Zwang zur Bestimmung eines gemeinsamen Ehenamens besteht aber nach Inkrafttreten des FamNamRG am 1.4.1994 nicht mehr. Unterbleibt die Bestimmung des gemeinsamen Ehenamens, so bleibt es nach § 1355 Abs. 1 S. 3 bei den zum Zeitpunkt der Eheschließung bestehenden Familiennamen der Ehegatten. Der gemeinsame Ehename bleibt vorbehaltlich einer abweichenden Erklärung des Betroffenen gegenüber dem Standesbeamten nach dem Tod des Ehegatten oder nach einer Ehescheidung grundsätzlich bestehen. Die Regelung des § 1355 Abs. 2 aF, wonach der Ehename aus einer früheren Heirat nach der Ehescheidung in der neuen Ehe nicht zum Ehenamen bestimmt werden konnte, war verfassungswidrig, weil es kein Recht auf Namensexklusivität des Geburtsnamensträgers gegenüber dem aus Heirat erworbenen Namensrecht gibt.[138]

52 Nach § 1355 Abs. 5 S. 1 gilt bei Verwitwung oder Ehescheidung das **Prinzip der Namensfortführung**.[139] Ein familienrechtliches Recht der Namensaberkennung (§§ 56, 57 EheG aF) ist mit dem Übergang zum Zerrüttungsprinzip 1976 weggefallen. Ein Recht des namensgebenden Ehegatten zur Untersagung der Weiterführung des Ehenamens durch den anderen Ehegatten nach der Scheidung gibt es grundsätzlich nicht, da der Ehename des nicht namensgebenden Ehegatten nicht bloß ein abgeleiteter – „geliehener" – sondern ein zu eigenem Recht erworbener Name ist. Nur in krassen Einzelfällen kommt ein **Untersagungsrecht** über § 242 aus dem Gesichtspunkt eines besonders gravierenden **Rechtsmissbrauchs** in Betracht. Dazu ist die Beurteilung erforderlich, dass aus Zumutbarkeits- und Verwirkungsgrundsätzen das persönlichkeitsrechtlich geschützte Recht auf Namensfortführung hinter den Schutz vor Namensmissbrauch zurücktritt.[140] Dazu muss ein Verhalten des anderen Ehegatten vorliegen, das den **Namenserwerb oder** die **Namensführung als solche betrifft** und in so hohem Maße zu missbilligen ist, dass dem anderen Ehegatten auch bei Berücksichtigung des allgemeinen Persönlichkeitsrechts an dem aus der Ehe erworbenen Namen die Fortführung des Namens gegen den Willen des früheren Ehegatten nach Treu und Glauben nicht länger gestattet werden kann.[141] Das ist nicht schon dann der Fall, wenn der andere Ehegatte unter dem Namen moralisch anstößige Taten oder Straftaten begeht,[142] die er auch ohne diesen Namen begehen könnte, denn der Rechtsmissbrauch ergibt sich nicht bereits aus der möglicherweise auf den Namen zurück fallenden Anstößigkeit des Handelns selbst. Auch ein verwerfliches Verhalten gegen den namensgebenden Ehegatten genügt als solches nicht.[143] Ein Rechtsmissbrauch kann aber vorliegen, wenn der andere Ehegatte den Namensgeber gerade deswegen zur Eheeingehung bewogen hat, um den Namen als Ehenamen erwerben und sodann missbräuchlich nutzen zu können[144] oder wenn gerade dieser Name für die Begehung einer Straftat oder anstößigen Handlungsweise förderlich oder notwendig ist.[145] Daraus folgt, dass insbesondere bei Namen bekannter Persönlichkeiten mit hohem öffentlichem Ansehen die Gefahr des Rechtsmissbrauchs bestehen kann. Die **Vereinbarung** der Ehegatten, nach einer Scheidung den Ehenamen wieder abzulegen, ist nicht grundsätzlich unzulässig,[146] jedenfalls soweit sie nicht gegen Entgelt erfolgt.[147] Die Berufung auf die Vereinbarung kann aber im Einzelfall **rechtsmissbräuchlich** sein, bzw die **Geschäftsgrundlage** für die Vereinbarung kann entfallen sein (§ 313), wenn etwa in Folge langer Ehedauer das persönlichkeitsrechtliche Interesse des Ehegatten an der Namensführung erheblich gesteigert ist.[148] Das ist aber dann nicht der Fall, wenn keine Anhaltspunkte dafür vorgelegen haben, dass die Ehegatten von einer kurzen Ehedauer ausgegangen sind.[149] Auch das Interesse daran, nach der Scheidung keinen von den gemeinsamen Kindern abweichenden Namen zu tragen, genügt regelmäßig nicht, jedenfalls, wenn die Ehegatten nicht von Kinderlosigkeit ausgegangen sind. Der Namensschutz des § 12 bleibt auch

135 Staudinger/*Habermann*, § 12 Rn 3, 23.
136 BGH NJW 2003, 1120, 1120; MüKo/*Bayreuther*, § 12 Rn 23.
137 Staudinger/*Habermann*, § 12 Rn 3.
138 BVerfG NJW 2004, 1155, 1156.
139 MüKo/*v. Sachsen Gessaphe*, § 1355 Rn 33; vgl zur Frage der Anwendung auf die Eheaufhebung s. AG Göttingen NJWE-FER 2001, 251 mwN.
140 OLG Braunschweig NJW 1979, 1463, 1464; AG Göttingen NJWE-FER 2001, 251, 252; BeckOK-BGB/*Hahn*, § 1355 Rn 23.
141 Vgl BGH NJW-RR 2005, 1521, 1522, wo ein Recht zur Namensführungsuntersagung aus diesem Gesichtspunkt für möglich gehalten wird.
142 AA MüKo/*Wacke*, § 1355 Rn 28.
143 Vgl OLG Celle FamRZ 1992, 817 (Mord am Ehegatten).
144 OLG Braunschweig NJW 1979, 1463, 1464; vgl auch BGH NJW-RR 2005, 1521, 1522.
145 Vgl BGH NJW-RR 2005, 1521, 1522.
146 BGH NJW 2008, 1528 Rn 12 ff.
147 Offengelassen in BGH NJW 2008, 1528 Rn 20; vgl auch LG Bonn FamRZ 2008, 1183.
148 Staudinger/*Voppel*, § 1355 Rn 110 mwN; Palandt/*Brudermüller*, § 1355 Rn 14.
149 BGH NJW 2008, 1528 Rn 25 f.

nach Annahme des Namens des Ehegatten als gemeinsamer Ehename für den **Geburtsnamen** des annehmenden Ehegatten bestehen.[150]

Kinder können unabhängig von einer ehelichen oder unehelichen Abstammung gemäß § 1618 durch **Einbenennung** den Familiennamen einer Stiefelternfamilie erwerben. Durch die Einbenennung wird der neue Geburtsname des Kindes im Interesse der Namenskontinuität grundsätzlich **unwandelbar** fixiert, so dass sich das Kind einer Namensänderung nicht anschließen kann, die der sorgeberechtigte Elternteil nach Scheidung seiner Ehe nach § 1355 Abs. 5 S. 2 vorgenommen hat.[151] Möglich bleiben nur eine weitere Einbenennung sowie eine Namensänderung nach dem NamÄndG (vgl Rn 43). 53

Entsprechendes wie für den Ehenamen gilt für den **Partnerschaftsnamen** nach § 3 LPartG; jedoch stellt die Regelung anders als § 1355 Abs. 1 S. 1 keine Sollregelung für gleichgeschlechtliche Lebenspartner dar. 54

Der **Vorname** einer natürlichen Person ist für sich allein nicht im Hinblick auf einen unbefugten Namensgebrauch geschützt; er genießt den Schutz des § 12 grundsätzlich nur als Teil des Gesamtnamens.[152] Es ist aber möglich, dass der Vorname eine eigenständige Individualisierungsfunktion erlangt hat, weil das Publikum mit dem Namen die Person des Trägers verbindet. Dann ist ein Schutz dieses Namens wie des Gesamtnamens zuzuerkennen.[153] Davon ist auch dann auszugehen, wenn der Vorname nicht für sich als Pseudonym oder Künstlername etabliert wird bzw von dem Träger aktiv angenommen wurde, sondern von der Öffentlichkeit aufgrund eines dauerhaften Gebrauchs, etwa in den Medien, mit dem ansonsten unter dem Gesamtnamen bekannten Prominenten in Verbindung gebracht wird.[154] Auch dann ist aufgrund der **Verkehrsgeltung** eine faktische Individualisierungsfunktion des alleinigen Vornamens neben dem Gesamtnamen anzunehmen. Insoweit ist allerdings eine erhebliche Einprägung dieses Namensgebrauchs in der Öffentlichkeit zu fordern; die gelegentliche Nennung des Trägers mit dem Vornamen in Medien dürfte nicht ausreichen. Es muss aber der Namensträger nicht notwendig ausschließlich unter dem Vornamen bekannt sein.[155] Die Rechtsprechung nimmt den alleinigen Schutz des Vornamens unabhängig von der Häufigkeit des Namens an, wenn der Namensträger ein besonders berühmter Träger des Vornamens ist und der Vorname von nicht unerheblichen Verkehrskreisen als individualisierender Hinweis auf den Träger verstanden wird.[156] Entsprechendes gilt für **Verkürzungen von Nachnamen**. So wäre der Name „Schumi" für den Rennfahrer Michael Schumacher geschützt.[157] Die Bezeichnung „Brangelina" für die Schauspieler Brad Pitt und Angelina Jolie dürfte ebenfalls namensrechtlichen Schutz genießen. Davon ist der Gebrauch des Vornamens als angenommenes **Pseudonym** oder als Künstlername zu unterscheiden (Rn 58). 55

Zum Familiennamen gehören nach Art. 109 Abs. 3 Weimarer Reichsverfassung (vgl zur Weitergeltung als einfaches Recht Art. 123 GG) grundsätzlich auch **Adelsbezeichnungen**, die allerdings nicht mehr durch Staatsakt im Wege der Verleihung erworben werden können.[158] Weibliche Namensträger können die Adelsbezeichnung in der weiblichen Form führen. Nach Vornamensänderung eines transsexuellen Namensträgers wird die Adelsbezeichnung entsprechend angepasst.[159] 56

Der **Ordensname**, also ein vom eigentlichen Vornamen abweichender Vorname des Mitglieds eines geistlichen Ordens, ist nicht Bestandteil des bürgerlichen Namens,[160] kann jedoch in den Personalausweis und den Reisepass als zusätzlicher Name eingetragen werden.[161] Auch ein **Hofname**, der von einem Hofbesitzer seinem bürgerlichen Namen beigefügt wird, ist grundsätzlich nicht Bestandteil des bürgerlichen Namens. Im Wege der Namensänderung kann der Hofname unter bestimmten Voraussetzungen jedoch als Namensbestandteil dem bürgerlichen Namen hinzugefügt werden.[162] **Akademische Titel** und **Berufs- oder Dienstbezeichnungen** sind ebenfalls nicht Teil des bürgerlichen Namens,[163] aber gemäß tatsächlicher Übung eintragungsfähig für Personenstandsbücher und Personenstandsregister. Die Eintragung des Doktorgrads erfolgt nach § 1 Abs. 2 Nr. 3 PersAG bzw § 4 Abs. 1 Nr. 3 PassG. Der Träger eines Titels hat bei Bestreiten seines 57

150 MüKo/*Bayreuther*, § 12 Rn 22.
151 BGH NJW 2004, 1108, 1108 f.
152 Staudinger/*Habermann*, § 12 Rn 255.
153 Staudinger/*Habermann*, § 12 Rn 255; *Fezer*, Markenrecht, § 15 Rn 62.
154 BGH NJW 1983, 1184 – Uwe; GRUR 2008, 1124 Rn 12 – Zerknitterte Zigarettenschachtel (Ernst August); OLG München GRUR 1960, 394 – Romy; MüKo/*Bayreuther*, § 12 Rn 23, 156; aA *Fabricius*, JR 1972, 15, 16.
155 Enger wohl MüKo/*Bayreuther*, § 12 Rn 156.
156 LG München I ZUM 2000, 526, 529.
157 Vgl auch LG Hamburg NJW-RR 2004, 1121, 1122 – Schaumburg-Lippe; MüKo/*Bayreuther*, § 12 Rn 23.
158 Vgl RGZ 109, 243, 253; zu den Einzelheiten BeckOK-BGB/*Bamberger*, § 12 Rn 24; Staudinger/*Habermann*, § 12 Rn 50 ff.
159 BayObLG NJW-RR 2003, 289.
160 Staudinger/*Habermann*, § 12 Rn 48; Soergel/*Heinrich*, § 12 Rn 4.
161 Vgl § 1 Abs. 2 Nr. 4 PersAG und § 4 Abs. 1 Nr. 4 PassG.
162 Vgl BVerwG StAZ 1970, 57 zum westfälischen Hofnamen; dazu Staudinger/*Habermann*, § 12 Rn 41.
163 BGHZ 38, 380, 382; BVerwGE 5, 291, 293; BGH NJW 1958, 2112 – Dentist, zu Berufsbezeichnungen; Staudinger/*Habermann*, § 12 Rn 42; vgl *Zimmerling*, MDR 1997, 224.

Rechts zur Führung des Titels ein auf § 12 analog gestütztes Klagerecht;[164] ein Anspruch auf Anrede mit dem Doktortitel besteht jedoch nicht.[165]

58 **b) Pseudonym, Künstlername, Spitzname.** Das Pseudonym, also ein angenommener **Deckname** oder ein angenommener Künstlername, wird grundsätzlich von § 12 geschützt.[166] Im künstlerischen Bereich entspricht die Verwendung von Künstlernamen einer jahrhundertealten Sitte. Bei entsprechender Unterscheidungskraft kann dem Pseudonym die gleiche **Individualisierungsfunktion** wie dem bürgerlichen Namen zukommen.[167] Auf die Form des Künstlernamens, insbesondere eine dem bürgerlichen Namen entsprechende Zweigliedrigkeit kommt es nicht an. Soweit auch der eingliedrige oder **abgekürzte Künstlername** hinreichende Unterscheidungskraft besitzt, ist er geschützt wie ein mehrgliedriges Pseudonym.[168] Grundsätzlich ist die Wahl des Pseudonyms frei. Den Namensschutz genießen gerade auch an sich als Namen für natürliche Personen unübliche Fantasienamen oder Fantasiebezeichnungen (dazu auch Rn 93); die Unüblichkeit der Namensschöpfung intensiviert gerade die Unterscheidungskraft des Namens. Da das Pseudonym aufgrund der Funktionsentsprechung dem gleichen Schutz wie der bürgerliche Name unterfallen kann, genießt der Träger eines solchen Pseudonyms den Namensschutz auch gegenüber dem Träger eines gleich lautenden bürgerlichen Namens (zum Unterlassungsanspruch des Trägers eines Pseudonyms Rn 189).[169]

59 Während ein Teil des Schrifttums annimmt, dass der Namensschutz des Pseudonyms regelmäßig keine besondere **Verkehrsgeltung** erfordert,[170] geht die wohl herrschende Meinung von einem solchen Erfordernis aus.[171] Verlangt wird dabei, dass das Pseudonym als Wahlname den bürgerlichen Namen kraft der Verkehrsgeltung weitgehend verdrängt hat,[172] woraus das dem Schutz des bürgerlichen Namens entsprechende Schutzbedürfnis mit einer wenigstens analogen Anwendung des § 12 hergeleitet wird. Auch der **BGH** fordert eine Verkehrsgeltung des Pseudonyms. Der namensrechtliche Schutz setzt danach voraus, dass der Namensträger im Verkehr unter diesem Namen bekannt ist. Anderenfalls sei der Schutz gleich lautender bürgerlicher Namen beeinträchtigt, weil der Namensträger schon durch die einfache Ingebrauchnahme eines entsprechenden Pseudonyms die Grundsätze des Rechts der Gleichnamigen in Anspruch nehmen könne. Ein Nichtberechtigter könne so einem Unterlassungsanspruch des Trägers des entsprechenden bürgerlichen Namens durch die bloße Berufung auf den Aliasnamen ausweichen.[173]

60 Gerade beim Künstlernamen spielt aber über die Individualisierungsfunktion hinaus der hier vertretene Aspekt der Herausbildung des Namensrechts als **persönlichkeitsrechtliches Immaterialgüterrecht** eine bedeutende Rolle, weil der Künstlername gerade auch der **Vermarktung des Rufs als Künstler** auf dem Kunstmarkt dient. Insoweit besteht zudem eine Parallele zur Firma des Einzelkaufmanns, denn dort wird die Bezeichnung (auch) zur Bezeichnung eines bestimmten Tätigkeitsbereichs der Person verwendet.[174] Ein Künstlername kann deshalb in besonderem Maße als „Marke der Person" seines Trägers fungieren (vgl Rn 25).

61 Zumindest *faktisch* erfordert der immaterialgüterrechtsartige Schutz des Künstlernamens die **wirtschaftliche Verwertbarkeit** des Namens. Diese setzt in der Tat eine gewisse Verbreitung und Bekanntheit voraus. Im Hinblick auf die eigentliche Individualisierungsfunktion des Pseudonyms ist jedoch eine besondere **Verkehrsgeltung** für den namensrechtlichen Schutz nicht zu verlangen, wenn es um die Schutzfähigkeit, also um die Frage geht, ob § 12 überhaupt anwendbar ist. Die Bejahung eines schutzwürdigen Interesses für einen Abwehranspruch nach § 12 erfordert allerdings eine gewisse Bekanntheit des Künstlernamens.[175] Sie ist allgemein auch für die Entstehung einer verstärkten Anbindung an den Decknamensträger im Hinblick auf den ideellen Persönlichkeitsschutz von Bedeutung (s. auch Rn 142, 176).

62 Das Pseudonym kann auch bei Verwendung im **privaten Bereich** dem Schutz des § 12 unterfallen. Eine Trennung von beruflichem und privatem Bereich wird verbreitet für nicht möglich gehalten.[176] Ein einmal erworbener Künstlername wird nach Beendigung der künstlerischen Tätigkeit seines Trägers weiterhin geschützt.[177] Ist eine geschiedene Frau unter ihrem Ehenamen als Schriftstellerin bekannt geworden, so kann

164 Palandt/*Ellenberger*, § 12 Rn 41; Soergel/*Heinrich*, § 12 Rn 157; MüKo/*Bayreuther*, § 12 Rn 28; BeckOK-BGB/*Bamberger*, § 12 Rn 27.
165 MüKo/*Bayreuther*, § 12 Rn 28.
166 HM, aA *Raschauer*, S. 251; *Fabricius*, JR 1972, 15, 16.
167 RGZ 101, 226, 228 – Üssems Meisterakrobaten; BGHZ 30, 7, 9 – Caterina Valente; Soergel/*Heinrich*, § 12 Rn 119.
168 Soergel/*Heinrich*, § 12 Rn 121.
169 MüKo/*Bayreuther*, § 12 Rn 25; BeckOK-BGB/*Bamberger*, § 12 Rn 26.
170 Soergel/*Heinrich*, § 12 Rn 120; RGRK/*Krüger-Nieland*, § 12 Rn 31; BeckOK-BGB/*Bamberger*, § 12 Rn 26.
171 Staudinger/*Habermann*, § 12 Rn 32; MüKo/*Bayreuther*, § 12 Rn 25; *Fezer*, Markenrecht, § 15 Rn 62; Palandt/*Ellenberger*, § 12 Rn 7; *Klippel*, S. 467 f.
172 MüKo/*Schwerdtner*, 4. Aufl., § 12 Rn 47.
173 BGH NJW 2003, 2978, 2979 – maxem.de; vgl auch BVerfG NJW 2007, 671, 672 – maxem.de.
174 *Raschauer*, S. 251.
175 Soergel/*Heinrich*, § 12 Rn 120.
176 OLG München GRUR 1961, 46, 47 – Schriftstellername; Staudinger/*Habermann*, § 12 Rn 38; BeckOK-BGB/*Bamberger*, § 12 Rn 26; vgl Soergel/*Heinrich*, § 12 Rn 120: für eine von der Verkehrsgeltung abhängige Differenzierung.
177 RGZ 101, 226, 231 – Üssems Meisterakrobaten.

sie diesen Namen auch nach der Scheidung und einer erneuten Eheschließung als Künstlernamen weiterführen.[178]

Das Pseudonym ist vom sog. **Inkognito** (Anonym) zu unterscheiden, das nicht durch § 12 geschützt wird. Hierunter fallen vor allem Gattungsbezeichnungen, unter denen jemand agiert, um die Person zu verschleiern. Der Autor etwa, der unter einem Inkognito (iudex, medicus etc.) Texte veröffentlicht, will gerade eine Individualisierung verhindern; somit kommt solchen Inkognitos keine Namensfunktion zu.[179] Das gleiche gilt für Agentendecknamen und die Decknamen inoffizieller Mitarbeiter des ehemaligen Ministeriums für Staatssicherheit der DDR.[180] Es kann im Einzelfall allenfalls ein ursprüngliches Inkognito durch entsprechende Benutzung zum Pseudonym werden und als solches namensrechtlich geschützt sein.[181] 63

Eine besondere Stellung nehmen sog. **Sammelpseudonyme** ein. Unter Sammelpseudonymen veröffentlichen verschiedene Autoren eines Verlags innerhalb einer bestimmten Romangattung. Da insoweit letztlich eine Kennzeichnung der Romangattung, also des vermarkteten Produktes, gegeben ist, nicht aber des einzelnen Autors, nähert sich das Sammelpseudonym der Marke an[182] und ist zumindest überwiegend immaterialgüterrechtlich zu beurteilen. Allerdings wird im Schrifttum die Auffassung vertreten, dass das Sammelpseudonym im Hinblick auf sämtliche beteiligten Autoren Individualisierungsfunktion haben kann.[183] 64

Spitznamen, die sich der Betroffene nicht selbst zugelegt hat, sondern die ihm vom Verkehr zugeordnet werden, sollen den Schutz des § 12 genießen, wenn zwischen dem Spitznamen und der mit dem Spitznamen bezeichneten Person ein Zuordnungszusammenhang besteht.[184] Eine besondere Verkehrsgeltung wird auch von der hM hier nicht geprüft, weil das Entstehen einer gewissen Verkehrsgeltung bereits mit der Herausbildung des Spitznamens angenommen wird.[185] Der namensrechtliche Schutz entsteht grundsätzlich, sobald der Spitzname in Gebrauch genommen wird.[186] Ein Namensschutz des Spitznamens ist abzulehnen, wenn sich der Betroffene mit dem Spitznamen selbst nicht identifiziert, insbesondere bei Spott- und Schimpfnamen; Anhaltspunkte für eine Identifizierung mit dem Spitznamen kann die Eintragung einer dem Spitznamen entsprechenden Marke sein.[187] Die aktive Ingebrauchnahme durch den Bezeichneten kann nach Auffassung des LG München I durch die Verwendung des Spitznamens und die Zuordnung des Namens zu einer bestimmten Person in den öffentlichen Medien ersetzt werden. Der Namensschutz entsteht dann auch, wenn der Träger des Spitznamens diesen selbst noch nicht aktiv aufgreift und benutzt und gegebenenfalls sogar dann, wenn er selbst nicht positiv hinter der Verwendung des für ihn verwendeten Spitznamens steht.[188] 65

c) Firma der Einzelkaufleute. Die Firma der Einzelkaufleute (§ 17 HGB) fällt immer unter den Schutz des § 12. Ihr registerrechtlich zulässiger Inhalt richtet sich nach § 19 Abs. 1 Nr. 1 HGB. Der namensrechtliche Schutz der Firma ist nicht davon abhängig, dass die Firma mit dem bürgerlichen Namen der natürlichen Person als Firmeninhaber übereinstimmt.[189] Vielmehr ist jede Firma, auch soweit sie als abgeleitete Firma den bürgerlichen Namen des Inhabers nicht enthält, Name im Sinne des § 12 (zum Verhältnis zum handelsrechtlichen Firmenschutz s. Rn 17).[190] Das Namensrecht der Einzelkaufleute und ihr Firmenrecht stehen selbständig nebeneinander.[191] 66

2. Juristische Personen, Rechtssubjekte ohne Rechtspersönlichkeit und Gebilde ohne Rechtsfähigkeit. a) Ausdehnung des Anwendungsbereichs. Ursprünglich sollte sich der Schutz des § 12 nur auf natürliche Personen beziehen. Neben der Ausdehnung des Schutzbereichs des § 12 auf sämtliche Firmen der Einzelkaufleute (Rn 66) erfolgte bereits früh eine richterrechtliche **Erweiterung des Schutzbereichs** des § 12 auf Kennzeichen von juristischen Personen und Personenvereinigungen ohne Rechtspersönlichkeit, weil das Bedürfnis erkannt wurde, sämtliche Einheiten, die im Rechtsverkehr unter einem Namen oder einer Firma 67

178 OLG München GRUR 1961, 46, 47 – Schriftstellername.
179 OLG Jena JW 1925, 1659; Soergel/*Heinrich*, § 12 Rn 122.
180 Staudinger/*Habermann*, § 12 Rn 37; MüKo/*Bayreuther*, § 12 Rn 26.
181 Staudinger/*Habermann*, § 12 Rn 35; MüKo/*Bayreuther*, § 12 Rn 26.
182 OLG Hamm GRUR 1967, 260, 261 – Irene von Velden.
183 *Fromm/Nordemann*, Urheberrecht, § 10 Rn 17; aA die hM, s. Wandtke/Bullinger/*Thum*, Urheberrecht, § 10 Rn 6; Möhring/Nicolini/*Kroitzsch*, Urheberrechtsgesetz, § 13 Rn 5; Dreier/Schulze/*Schulze*, Urheberrechtsgesetz, § 10 Rn 9; Staudinger/*Habermann*, § 12 Rn 36; MüKo/*Bayreuther*, § 12 Rn 26.
184 OLG Hamburg GRUR 2002, 450, 451 – Quick Nick; LG Frankfurt/M. MMR 2004, 113 – mormonen.de; zweifelnd hinsichtl. der Spitznamenseigenschaft der Bezeichnung „Mormonen" MüKo/*Bayreuther*, § 12 Rn 25.
185 Staudinger/*Habermann*, § 12 Rn 39; MüKo/*Bayreuther*, § 12 Rn 25; ähnlich Fezer, Markenrecht, § 15 Rn 63 (keine Verkehrsgeltung erforderlich); vgl auch LG München I NJW-RR 2007, 921, 922 – Schweini; aA wohl Palandt/*Ellenberger*, § 12 Rn 7.
186 OLG Hamburg GRUR 2002, 450, 451 – Quick Nick.
187 LG Frankfurt/M. MMR 2004, 113 – mormonen.de.
188 LG München I NJW-RR 2007, 921, 922 – Schweini.
189 Anders noch RGZ 59, 284, 285 f.
190 BGHZ 11, 214 – KfA; 14, 155, 159 – Farina; Staudinger/*Habermann*, § 12 Rn 24; *Fezer*, Markenrecht, § 15 Rn 64.
191 *Köhler*, in: FS Fikentscher, S. 494, 496 f; MüKo/*Bayreuther*, § 12 Rn 11.

auftreten, im Hinblick auf ihr Unterscheidungsinteresse gleich zu behandeln.[192] Die Schutzbereichsausdehnung kann inzwischen als **gewohnheitsrechtlich** anerkannt angesehen werden.[193] § 12 ist damit zur **Generalklausel des gesamten Bezeichnungsrechts** geworden.[194] Auf das Vorliegen einer eigentlichen Verbandsstruktur dürfte es im Übrigen nicht ankommen; der Namensschutz knüpft richtigerweise rein funktionell an die **Teilnahme einer Einheit am Rechtsverkehr** an. Deshalb ist der Namensschutz *zumindest* bei Zuerkennung von (Teil-)Rechtsfähigkeit an andere Einheiten auf diese ohne weiteres in vollem Umfang auszudehnen (vgl aber auch Rn 74). Nach herrschender Lehre handelt es sich bei der erweiternden Anwendung des § 12 um eine **Analogie**.[195]

68 **b) Juristische Personen.** Juristische Personen genießen Namensschutz nach § 12, weil sie ohne eine Firma oder ein anderweitiges Kennzeichen als Name nicht im Rechtsverkehr handeln können. Namensschutz kommt daher dem **eingetragenen Verein** zu,[196] dessen grundsätzlich frei wählbarer[197] Name eine dem bürgerlichen Namen entsprechende Funktion hat.[198] Der Namensschutz nach § 12 erstreckt sich auf den vollen Vereinsnamen, der in der Vereinssatzung nach § 57 Abs. 1 bestimmt, in das Vereinsregister eingetragen wird und damit den Zusatz „eingetragener Verein" erhält (§ 65).[199] Daneben ist auch die aus dem Vereinsnamen abgeleitete für sich unterscheidungskräftige Kurzbezeichnung schutzfähig (s. zu Kurzbezeichnungen Rn 100 ff). Namensschutz besteht für die Firma einer **Kapitalgesellschaft**, die Sach- oder Personenfirma sein kann. Der Namensschutz der Firma einer Kapitalgesellschaft besteht grundsätzlich so lange, wie die Gesellschaft als Rechtsperson existiert; die Gesellschaft hat aus dem Gesichtspunkt einer unbefugten Benutzung des Namens durch Dritte allerdings keine kennzeichenrechtlichen Ansprüche, wenn sie kein Unternehmen mehr betreibt.[200] Ebenso genießt die **BGB-Stiftung** als juristische Person den Schutz des § 12.[201]

69 Für die Anerkennung des Namensschutzes spielt es grundsätzlich keine Rolle, ob es sich um eine juristische Person des Privatrechts oder des **öffentlichen Rechts** handelt. Geschützt ist deshalb der Name einer Stadtgemeinde,[202] wobei nach Auffassung der Rechtsprechung schon die Bezeichnung „Stadt" ohne Angabe des vollen Gemeindenamens Namensschutz nach § 12 genießt.[203] So versteht die Rechtsprechung die Bezeichnung „Stadttheater" nicht nur örtlich, sondern als Namensverwendung dergestalt, dass damit das Theater der Stadt als Namensträgerin gemeint ist.[204] Das wird auf andere Bezeichnungen übertragen, wie „Stadtapotheke",[205] „Kreisblatt"[206] sowie „Universität".[207] Als maßgeblich wird dabei angesehen, dass nach der Verkehrsauffassung eine irgendwie geartete Beziehung der Bezeichnung zur politischen Körperschaft gegeben ist.[208] Deshalb erfasst der Schutz auch Bezeichnungen, die mittelbar auf die Gemeinde oder Stadt hinweisen.[209]

70 Namensschutz genießen auch Bezeichnungen von Behörden und Gerichten sowie anderen Funktionseinheiten der öffentlichen Verwaltung. Eine Gemeinde kann etwa Namensschutz an der **Bezeichnung einer ihrer Behörden** oder Einrichtungen haben. Voraussetzung ist aber eine sichere Zuordnung der Behördenbezeichnung zu der betroffenen Gemeinde. Es darf sich nicht um die Verwendung einer bloßen Sachbezeichnung handeln. Eine entsprechende Zuordnung ist bei Verwendung der Behördenbezeichnung in einem örtlich gegliederten Telefonbuch immer der Fall, weil der Verkehr die entsprechende Zuordnung der dort aufgeführten Behördenbezeichnung zu der jeweiligen Gemeinde schon aufgrund des Standorts im Telefonbuch vornimmt.[210] Bei der Behördenbezeichnung einer Bundesbehörde kann man von einer grundsätzlichen Zuordnung zur Bundesrepublik Deutschland ausgehen.[211] Die Bezeichnung „Mahngericht" ist dagegen mangels Kennzeichnungs- und Namensfunktion nicht zu Gunsten eines Bundeslandes geschützt.[212] Die Bezeichnung „stadt-

192 RGZ 74, 114, 115 – Verein für deutsche Schäferhunde; 78, 101, 102 – Gesangsverein Germania; BGHZ 14, 155, 159 – Farina; BGH GRUR 1953, 446 – Verein der Steuerberater; MüKo/*Schwerdtner*, 4. Aufl., § 12 Rn 51 ff; Soergel/*Heinrich*, § 12 Rn 29 ff, jeweils mwN; aA jedoch *Fabricius*, JR 1972, 15, 17.
193 MüKo/*Schwerdtner*, 4. Aufl., § 12 Rn 52; Soergel/*Heinrich*, § 12 Rn 29.
194 *Fezer*, Markenrecht, § 15 Rn 53.
195 Vgl Staudinger/*Weick/Habermann*, § 12 Rn 65 mwN.
196 BGH NJW 1970, 1270; GRUR 2008, 1102, 1103 – Haus & Grund I.
197 Vgl BayObLG NJW 1992, 2362, 2363.
198 RGZ 74, 114, 115 – Verein für deutsche Schäferhunde; MüKo/*Schwerdtner*, 4. Aufl., § 12 Rn 60.
199 Ausf. zum Namen des eingetragenen Vereins Soergel/*Heinrich*, § 12 Rn 123 ff.
200 BGH GRUR 1961, 420, 422 – Cuypers; *Fezer*, Markenrecht, § 15 Rn 67.
201 Soergel/*Heinrich*, § 12 Rn 30.
202 LG Mannheim NJW 1996, 2736 – heidelberg.de; OVG Sachsen-Anhalt Beschl. v. 13.11.2009 – 4 M 217/09 – Oberharz; Staudinger/*Habermann*, § 12 Rn 69 mwN.
203 RGZ 101, 169, 171.
204 RGZ 101, 169, 171; *Fezer*, Markenrecht, § 15 Rn 69.
205 RG JW 1927, 117; in moderner Zeit so nicht mehr aufrechtzuerhalten, vgl Soergel/*Heinrich*, § 12 Rn 135; krit. mit beachtlichen Gründen insgesamt auch MüKo/*Bayreuther*, § 12 Rn 37, 164.
206 Erman/*H.P. Westermann*, § 12 Rn 16.
207 Soergel/*Heinrich*, § 12 Rn 135 mwN.
208 RGZ 101, 169, 171; Erman/*H.P. Westermann*, § 12 Rn 16; Soergel/*Heinrich*, § 12 Rn 135.
209 GRUR 1964, 38 – „Dortmund grüßt".
210 OLG Düsseldorf GRUR-RR 2003, 381, 381 – Straßenverkehrsamt.
211 Vgl zu § 43 ABGB österreichischer OGH GRUR Int. 2000, 470, 471 – bundesheer.at; GRUR Int. 2003, 182, 184 – bundesheer.at II.
212 OLG Köln GRUR-RR 2006, 67, 68 – Mahngericht (nicht rechtskräftig).

werke-*Gemeindename*" in einer Domain ist ausreichend kennzeichnungskräftig.[213] Einer Gemeinde kann **öffentlich-rechtlicher Namensschutz** analog § 12 zustehen, wenn ihr Name durch einen anderen öffentlichen Rechtsträger im Rahmen seines öffentlich-rechtlichen Wirkungsbereichs beeinträchtigt wird.[214]

c) Rechtssubjekte ohne Rechtspersönlichkeit und Gebilde ohne Rechtsfähigkeit. Rechtssubjekte, denen zwar Rechtsfähigkeit zukommt, nicht aber Rechtspersönlichkeit, genießen volle Namensrechtsfähigkeit. Die Begründung hierfür unterscheidet sich nicht von der Begründung der Namensrechtsfähigkeit juristischer Personen (Rn 68). Geschützt ist daher die Firma der **OHG** und der **KG** und zwar unabhängig davon, ob die Firma den Familiennamen wenigstens eines der Gesellschafter enthält.[215] Die Firma, Personenfirma wie Sachfirma, ist dabei immer der Name der Handelsgesellschaft.[216] Entsprechendes gilt für die Firma einer **Vorgesellschaft**, also der Vorstufe einer AG oder GmbH zwischen Gründung und Erlangung der Rechtspersönlichkeit durch Eintragung in das Handelsregister. Die Rechtsfähigkeit der Vorgesellschaft ist als Ausfluss der bereits körperschaftlichen Struktur des als Gesellschaft *sui generis* angesehenen Gebildes anerkannt. Die Firma der Vorgesellschaft ist nach § 15 MarkenG und ihr Name nach § 12 geschützt.[217] Wird der Name der Vorgesellschaft in der Firma der später eingetragenen Kapitalgesellschaft verwendet, dann genießt diese die Kennzeichenpriorität der Vorgesellschaft.[218] Wegen der Irreführungsgefahr nach § 5 UWG ist es erforderlich, dass die Vorgesellschaft mit einem das Gründungsstadium anzeigenden Zusatz firmiert.[219] 71

Da es auf die Rechtsfähigkeit des Namensträgers für den Namensschutz einer Einheit nach Auffassung der Rechtsprechung allgemein nicht ankommt, es vielmehr ausreicht, dass es sich um eine hinreichend abgegrenzte und dauerhaft verselbständigte **Organisationseinheit** handelt,[220] kommt geeigneten Einheiten auch ohne einen die (Teil-)Rechtsfähigkeit erreichenden Personifikationsgrad Namensschutz zu. Ob dabei räumliche und personelle Mittel zu einer besonderen Unternehmenseinheit zusammengefasst sind, ist unerheblich.[221] Erst recht ist der Bezeichnung einer **unselbständigen Stiftung** im Sinne einer treuhänderisch hergestellten Verselbständigung kennzeichnungsrechtlicher Schutz grundsätzlich zuzugestehen (vgl aber auch Rn 74 f). 72

Inwieweit **nichtrechtsfähigen Gebilden** nicht nur der Schutz nach § 15 MarkenG zugestanden werden kann, sondern auch der **Schutz nach § 12**, ist **streitig**. Für früher als nicht rechtsfähig angesehene **Verbände** wurde ein namensrechtlicher Schutz nach § 12 mit der Begründung für möglich gehalten, dass man diesen schon aus den Namensrechtspositionen der Mitglieder des Verbands herleiten könne.[222] Nach § 12 geschützt ist danach der Name der **Gesellschaft bürgerlichen Rechts**.[223] Das gilt erst recht nach der höchstrichterlichen Anerkennung der Rechtsfähigkeit der BGB-Außengesellschaft.[224] 73

Auch andere **Gesamthandsgemeinschaften** können unter Umständen Namensschutz genießen, etwa eine **Erbengemeinschaft** und insbesondere die **Partenreederei** nach § 489 HGB.[225] Schließlich genießt auch ein **Verein ohne Rechtspersönlichkeit**,[226] einschließlich einer **Gewerkschaft** – auch hinsichtlich einer unterscheidungskräftigen oder mit Verkehrsgeltung ausgestatteten Namensabkürzung[227] – und einer politischen **Partei**,[228] den Namensschutz des § 12. Der Namensschutz politischer Parteien wird darüber hinaus durch § 4 Abs. 1 S. 1 PartG modifiziert und erweitert. Der Name einer später gegründeten Partei muss sich danach von dem Namen einer bereits bestehenden Partei deutlich unterscheiden.[229] Dies gilt unabhängig davon, ob der Name der bestehenden Partei eine individualisierende Eigenheit oder Verkehrsgeltung hat.[230] Die Bezeichnung einer **Stiftung ohne Rechtspersönlichkeit** wird von der herrschenden Lehre hingegen aufgrund der 74

213 OLG Hamburg K&R 2010, 195 – stadtwerke-u.de.
214 Vgl BVerwGE 44, 351, 353 f; *Fezer*, Markenrecht, § 15 Rn 69; Soergel/*Heinrich*, § 12 Rn 136; MüKo/*Bayreuther*, § 12 Rn 38.
215 RGZ 114, 90, 93 – Neuerburg; aA noch RG MuW 1929, 220.
216 *Fezer*, Markenrecht, § 15 Rn 65.
217 BGHZ 120, 103, 107 – Columbus; Soergel/*Heinrich*, § 12 Rn 140; *Fezer*, Markenrecht, § 15 Rn 68.
218 *Fezer*, Markenrecht, § 15 Rn 68.
219 OLG Karlsruhe WRP 1993, 42, 43.
220 BGHZ 103, 171, 173 – Christophorus-Stiftung, zu § 16 UWG aF, dazu *K.Schmidt*, in: Hopt/Reuter (Hrsg.), Stiftungsrecht in Europa, 2001, S. 175, 186, und *Koos*, Fiduziarische Person und Widmung, 2004, S. 214 f; OLG Brandenburg OLG-NL 1998, 45 – Templiner Puppenkiste; vgl auch BGHZ 120, 103, 106; RGZ 78, 101, 102 – Gesangsverein Germania; MüKo/*Bayreuther*, § 12 Rn 33; Palandt/*Ellenberger*, § 12 Rn 9; Soergel/*Heinrich*, § 12 Rn 31.
221 BGHZ 103, 171, 173 – Christophorus-Stiftung, entgegen OLG Hamburg NJW-RR 1986, 1305, 1305 als Vorinstanz.
222 Vgl OLG Hamburg NJW-RR 1986, 1305 – Christophorus-Stiftung.
223 Soergel/*Heinrich*, § 12 Rn 31; *Fezer*, Markenrecht, § 15 Rn 66; MüKo/*Bayreuther*, § 12 Rn 33; Staudinger/*Habermann*, § 12 Rn 76 mwN.
224 BGHZ 146, 341 ff – ARGE Weißes Ross.
225 Zur Gesamtshandsstruktur der Partenreederei *K. Schmidt*, Gesellschaftsrecht, 4. Aufl. 2002, S. 1895 mwN; vgl auch Soergel/*Heinrich*, § 12 Rn 139.
226 RGZ 78, 101, 102 – Gesangsverein Germania; Brandenburgisches OLG OLG-NL 1998, 45 – Templiner Puppenkiste.
227 BGHZ 43, 245, 257 – GdP.
228 OLG Frankfurt NJW 1952, 792, 794 – SPD; OLG Karlsruhe NJW 1972, 1810 – CDU; LG Bielefeld GRUR-RR 2004, 400, 401 – Grün-Alternative-Liste; LG Hamburg GRUR-RR 2005, 67, 68 – Schill-Partei; vgl zur verfassungsrechtlichen Frage BVerfG DtZ 1991, 27 – DSU.
229 S. näher MüKo/*Bayreuther*, § 12 Rn 105.
230 BGHZ 79, 265, 269.

Herleitung des Namensschutzes aus den namensrechtlichen Positionen der Mitglieder verbandsmäßiger Gebilde als nicht nach § 12 schutzfähig angesehen.[231]

75 Für **unselbständige Stiftungen** könnte man einen Namensrechtsschutz auf der Grundlage der herrschenden Begründung für die Zuerkennung des Namensschutzes an nichtrechtsfähige Verbände aus den Namensrechtspositionen des Stifters oder des Stiftungsträgers ableiten. Das kommt jedenfalls in Betracht, falls man fiduziarisch verfasste stiftungshafte Gestaltungen als wenigstens verbandsähnliche Personifikationen auffasst.[232] Der Namensschutz nach § 12 BGB sollte unabhängig davon im Hinblick auf die wirtschaftliche und soziale Bedeutung des Namens für ein im gesellschaftlichen Leben als Einheit auftretendes Gebilde gesehen werden. Es ist danach nicht angemessen, ihn lediglich von der namensrechtlichen Position der Stiftungsbeteiligten abzuleiten. Wenn ein Gebilde als soziale Einheit auftritt, so folgt daraus, dass jedenfalls die Grundlage für die Anerkennung eines gewissen Personifikationsgrades besteht, der auch durch die Rechtsordnung Anerkennung finden sollte.

76 Dabei ist der Schutz des Namens nicht als Ausfluss der Anerkennung als rechtsfähiges Gebilde zu sehen, sondern vielmehr bereits als Ausfluss der sozialen Realität eines Gebildes als einer der (begrenzten) juristischen Personifizierung zugänglichen Einheit. Die Gründe, die dazu führen, ein an sich nur natürlichen Personen zustehendes Namensrecht aufgrund der sozialen Präsenz bestimmter anderer Gebilde zumindest analog auf juristische Personen zu erstrecken, gelten aufgrund der sozialen Realität unselbständiger Stiftungsgebilde auch für diese Gestaltungen. Der Namensschutz nach § 12 BGB ist allgemein allen mit persönlichen oder sachlichen Mitteln ausgestatteten Organisationseinheiten zuzugestehen, nicht nur Personenverbänden.

77 Weit darüber hinausgehend hat der BGH es sogar für möglich gehalten, dass nicht nur *personale* Einheiten und Verselbständigungen, zu denen auch Stiftungen aufgrund ihrer Ableitung aus dem Stifterwillen letztlich gehören, sondern auch „tote" Einheiten, namentlich **Gebäude**, Träger eines nach § 12 schutzfähigen Namens sein können, soweit ein, nicht notwendig wirtschaftliches, schutzwürdiges Interesse an einem Namensschutz gegeben ist (Rn 115).[233] Dabei geht es offensichtlich nicht um eine Frage des **Schutzobjektes**, sondern um das Schutzsubjekt, die **Trägerschaft des Namens**, die wiederum von der **Trägerschaft des Namensrechts** zu unterscheiden ist. Letztere ist nach Auffassung des BGH nach den Umständen des Einzelfalls zu entscheiden.[234] Konsequenterweise könnten damit auch Namen anderer materieller Gegenstände, Namen von Tierindividuen, sogar Namen von schöpferischen Leistungen analog § 12 geschützt werden. Unter Verweis auf diese Rechtsprechung hat das LG Düsseldorf den Namensschutz einer Fantasiebezeichnung einer Immobilie deshalb als nach § 12 geschützt angesehen, weil ein besonderes wirtschaftliches Interesse daran bestehe, eine Immobilie mit einer einprägsamen Bezeichnung zu versehen und sie unter dieser Bezeichnung zu vermarkten.[235] Diese Ausweitung des Schutzbereichs von § 12 ist mit der personenrechtlichen Verwurzelung des Namensrechts nach § 12 nicht mehr in Einklang zu bringen und abzulehnen.[236] Der Name „löst" sich hier nicht etwa nur von der Person, wie dies etwa bei der Personenmarke der Fall war und auch bei der Firma der Fall ist; er wird von vornherein nicht mehr personenbezogen gesehen.

78 Die Anerkennung einer darüber hinausgehenden (Teil-)Rechtsfähigkeit ist jedenfalls maßgeblich für die Frage der **Namensrechtsfähigkeit** solcher Gebilde, also die Frage, inwieweit die Einheit selbst Trägerin des Namensrechts sein kann und dieses Recht selbst geltend machen kann. Fehlt es an einer eigenen Rechtsfähigkeit des Namensträgers, ist zwar der **Name** der Einheit als solcher geschützt, das **Recht am Namen** steht aber dem jeweiligen Rechtsträger zu, dessen entsprechend abgegrenzte Organisationseinheit den Namen trägt.[237]

79 Infolge der Anerkennung der **Rechtsfähigkeit von Gesamthandsgesellschaften**, insbesondere der Außengesellschaft bürgerlichen Rechts und des Vereins ohne Rechtspersönlichkeit, sind solche Einheiten selbst Träger ihres Namensrechts. Das Namensrecht eines Rechtssubjekts ohne Rechtspersönlichkeit ist dabei nicht von den Namensrechtspositionen der Verbandsmitglieder abzuleiten, sondern allein mit der wirtschaftlichen und sozialen Bedeutung des Namens für das im gesellschaftlichen Leben als Einheit auftretende Gebilde zu erklären. Zwar können einer solchen Einheit Rechtspositionen nur insoweit zustehen, als sie mit dem Wesen des Rechtssubjektes vereinbar sind. Inwieweit einer rechtsfähigen Gesellschaft bürgerlichen Rechts oder einem Verein ohne Rechtspersönlichkeit selbst Persönlichkeitsrechte zustehen können, kann im Einzelnen

231 *Reich*, S. 122; *Wochner*, ZEV 1999, 125, 130; Seifart/v. Campenhausen-*Hof*, Handbuch des Stiftungsrechts, 2. Aufl. 1999, § 36 Rn 100; offen gelassen von OLG Hamburg NJW-RR 1986, 1305, 1305 – Christophorus-Stiftung.

232 *Koos*, Fiduziarische Person und Widmung, 2004, S. 260 ff; ablehnend Staudinger/ *Hüttemann/Rawert*, Vor §§ 80 ff Rn 233.

233 BGH GRUR 1976, 311, 312 – Sternhaus; *Fezer*, Markenrecht, § 15 Rn 74.

234 BGH GRUR 1976, 311, 312 – Sternhaus.

235 LG Düsseldorf GRUR-RR 2001, 311, 312.

236 *Fezer*, GRUR 1976, 312, 313; MüKo/*Bayreuther*, § 12 Rn 52; Staudinger/*Habermann*, § 12 Rn 105.

237 Etwas missverständlich Brandenburgisches OLG OLG-NL 1998, 45, 45 – Templiner Puppenkiste, s. aber auch 46; vgl auch die Erörterung in OLG Hamburg NJW-RR 1986, 1305, 1305 – Christophorus-Stiftung.

fraglich sein. Gerade das Namensrecht ist aber ein Recht, das auch soweit es nicht ausschließlich im geschäftlichen Rahmen verwendet wird, mit der sozialen Realität der Einheit unmittelbar verbunden ist. Die Einheit bedarf aufgrund ihres Identitätsinteresses auch insoweit eines Namensrechts.

Bestand der Namensträger ursprünglich als nichtrechtsfähige Organisationseinheit und stand das Namensrecht damit dem Rechtsträger der Organisationseinheit zu, dann geht das Namensrecht ohne weiteres auf den Namensträger über, wenn dieser später Rechtsfähigkeit erlangt.[238] **80**

3. Namensschutz von Ausländern. Ausländer genießen den Namensschutz des § 12. Das gilt unabhängig davon, ob ein inländischer Wohnsitz oder eine inländische Niederlassung besteht und ob die PVÜ Anwendung findet oder ob Gegenseitigkeit verbürgt ist.[239] Die unbefugte Ingebrauchnahme des Kennzeichens muss im Inland erfolgen.[240] Die Frage, ob ein Ausländer ein Namensrecht oder ein Recht auf eine Geschäftsbezeichnung hat, ist eine Frage des Internationalen Privatrechts. Das **Personalstatut** (Art. 10 Abs. 1 EGBGB) ist maßgeblich für den bürgerlichen Namen, das **Gesellschaftsstatut** für Kennzeichen und Firmen von Gesellschaften. Die **Reichweite des Namensschutzes** im Inland richtet sich bei Ingebrauchnahme im Inland jedoch nach **deutschem Recht**; das ist Folge der Maßgeblichkeit des **Deliktsstatuts**.[241] Es ist dabei möglich, dass ein Ausländer durch den Inlandsschutz des Namens besser gestellt ist als durch den Namensschutz in seinem Heimatstaat.[242] Die Schutzreichweite geht niemals über den Schutzbereich des inländischen Rechts nach § 30 HGB, § 12 hinaus.[243] Ausländische Handelsnamen sind nicht lediglich als vollständige Firmenbezeichnungen geschützt, sondern auch als Firmenschlagworte, Firmenbestandteile, Firmenabkürzungen oder als sonstige Geschäftsbezeichnungen.[244] Soweit Namensrechte als **Immaterialgüterrechte** zu qualifizieren sind, insbesondere im Fall der Kennzeichen nach §§ 5, 15 MarkenG, ist das Territorialitätsprinzip maßgeblich, so dass eine Verletzung des inländischen Rechts ausschließlich im Inland erfolgen kann. Kollisionsrechtlich ist dann nach dem gewohnheitsrechtlich anerkannten und für die außervertragliche Haftung im Zusammenhang mit der Verletzung eines als Recht des geistigen Eigentums zu qualifizierenden Namens- oder Kennzeichenrechts in Art. 8 Abs. 1 Rom II-VO normierten **Schutzlandprinzip** das Recht des Staates anwendbar, für den der Schutz begehrt wird.[245] **81**

Der Schutz der **Firma eines ausländischen Unternehmens** tritt ein, wenn das Unternehmen die Benutzung des Kennzeichens im Inland aufgenommen hat. Eine hinreichende **Benutzungsaufnahme** ist nicht schon bei Vorliegen der bloßen Absicht anzunehmen, das Kennzeichen im Inland zu benutzen. Das Kennzeichen muss andererseits nicht notwendig so in den inländischen Geschäftsverkehr eingedrungen sein, dass in den beteiligten Verkehrskreisen bereits eine gewisse Namensgeltung erlangt wurde[246] oder dass das Unternehmen bereits im Inland gegenüber der Marktgegenseite in Erscheinung getreten ist.[247] Es reicht aus, dass irgendeine, gegebenenfalls auch im Ausland erfolgende, Benutzungshandlung festzustellen ist, die auf eine dauerhafte **Ausdehnung der Geschäftstätigkeit** des bisher im Ausland tätigen Unternehmens auf das Inland schließen lässt.[248] **82**

Eine solche Ausdehnung der Geschäftstätigkeit in das Inland kann sich insbesondere daraus ergeben, dass das Unternehmen im Inland **Warenlieferungen** vornimmt, aber auch bereits, wenn es nur **Wareneinkäufe** tätigt.[249] Dabei kommt es nicht darauf an, ob der Wareneinkauf eine besondere Öffentlichkeitswirkung hat, weil maßgeblich nicht die Bekanntheit der wirtschaftlichen Betätigung des Auslandsunternehmens im Inland ist, sondern allein die tatsächliche Aufnahme der Betätigung im Inland.[250] Eine Beschränkung des Firmenschutzes eines einkaufenden Auslandsunternehmens auf den Bestellbereich erfolgt aufgrund von Abgrenzungsproblemen, die sich hieraus ergeben würden, nicht.[251] Auch aus einer entsprechenden **Geschäftskorrespondenz** des Auslandsunternehmens kann sich die Benutzungsaufnahme im Inland ergeben.[252] Die Ingebrauchnahme des Kennzeichens durch ein **Tochterunternehmen** kann genügen. Mit dem Kennzeichen kann der Hinweis nur auf das Tochterunternehmen selbst verbunden sein; dann muss das Publikum den Namen aber jedenfalls auch auf das ausländische Mutterunternehmen beziehen.[253] **83**

238 Vgl Brandenburgisches OLG OLG-NL 1998, 45, 46 – Templiner Puppenkiste.
239 RGZ 117, 215, 218 – Eskimo Pie; BGHZ 8, 318, 319 – Pazifist; NJW 1971, 1522 – SWOPS.
240 Soergel/*Heinrich*, § 12 Rn 34; *Fezer*, Markenrecht, § 15 Rn 91.
241 Vgl dazu Staudinger/*Habermann*, § 12 Rn 374 mwN.
242 *Fezer*, Markenrecht, § 15 Rn 91.
243 BGHZ 8, 318, 319 – Pazifist; 39, 220, 233 – Koh-n-nor; 75, 172 – Concordia I; NJW 1971, 1522 – SWOPS.
244 BGH GRUR 1973, 661, 662 – Metrix; *Fezer*, Markenrecht, § 15 Rn 49; MüKo/*Schwerdtner*, § 12 Rn 160.
245 BGH GRUR 2005, 431, 432 – HOTEL MARITIME mwN; s. näher dazu Staudinger/*Fezer/Koos*, Internationales Wirtschaftsrecht (2010), Rn 883 ff, 904 ff.
246 BGHZ 75, 172 – Concordia I; GRUR 1969, 357, 359 – Siehl.
247 BGH NJW 1971, 1522 – SWOPS.
248 BGH GRUR 1966, 267, 269 – White Horse; NJW 1971, 1522, 1524 – SWOPS; BGHZ 75, 172 – Concordia I; MüKo/*Bayreuther*, § 12 Rn 125.
249 BGHZ 75, 172 – Concordia I; MüKo/*Bayreuther*, § 12 Rn 126; BeckOK-BGB/*Bamberger*, § 12 Rn 55; aA OLG Köln WRP 1978, 226, 228.
250 BGHZ 75, 172 – Concordia I.
251 BGHZ 75, 172 – Concordia I.
252 Soergel/*Heinrich*, § 12 Rn 34.
253 OLG Karlsruhe NJW-RR 1992, 876 – McChinese.

84 Nach Auffassung des EuGH stellt es keinen Verstoß gegen die Warenverkehrsfreiheit (Art. 34, 36 AEUV) dar, wenn sich ein inländischer Inhaber eines Kennzeichens gegenüber dem Unternehmen eines anderen Mitgliedstaates auf sein Kennzeichenrecht und auf eine bestehende Verwechslungsgefahr beruft und dadurch die Einfuhr von mit einem entsprechenden Kennzeichen versehenen Waren verhindert. Voraussetzung ist jedoch das Fehlen von wettbewerbsbeschränkenden Absprachen und von rechtlichen oder wirtschaftlichen Abhängigkeiten der Unternehmen, und die Kennzeichenrechte müssen unabhängig voneinander begründet worden sein.[254] Auch dann kann im Einzelfall in der Rechtsausübung aber noch eine verschleierte Handelsbeschränkung oder eine willkürliche Diskriminierung zu sehen sein.[255]

II. Schutzobjekte

85 **1. Allgemeine Kriterien für den Schutz einer Bezeichnung als Name. a) Unterscheidungskraft.** Wegen der Kennzeichnungsfunktion des Namens muss nach hergebrachter Auffassung eine Bezeichnung – unabhängig von einer möglichen Schutzbereichsausweitung des bürgerlich-rechtlichen Namensschutzes – dazu geeignet sein, eine Person, ein Unternehmen, gegebenenfalls auch einen Gegenstand (s. zum Schutz von Gebäudenamen aber Rn 77, 115) zu **individualisieren**. Die Bezeichnung muss also auf einen Namensträger, sei es eine natürliche oder juristische Person, eine rechtsfähige Einheit, eine dauerhaft abgesonderte Organisationseinheit oder gegebenenfalls einen Gegenstand, hinweisen. Die herrschende Auffassung verlangt daher eine aus der Natur der Bezeichnung folgende ausreichende **Unterscheidungskraft** der Bezeichnung oder bei deren Fehlen eine bestehende **Verkehrsgeltung** (s. Rn 88).[256]

86 Nach hier vertretener Ansicht dürfen die Anforderungen an die Verknüpfung zwischen dem Namenssubjekt und der Bezeichnung nicht zu streng formuliert werden. Der Namensschutz geht nämlich über die bloße Zuordnungsidentifikation und Individualisierung hinaus (Rn 4 ff). Der Name dient auch der **Verwirklichung der Persönlichkeit** und **wirtschaftlichen Interessen** im Zusammenhang mit der Kommerzialisierung von Persönlichkeitsaspekten. Daraus folgt zum einen, dass eine Bezeichnung auch nach dieser Auffassung auf den Namensträger in hinreichendem Maße hinweisen muss. Andererseits wird man bei Heranziehung dieser Auffassung zur Funktion des Namensschutzes die Voraussetzung einer Unterscheidbarkeit der Bezeichnung weniger streng zu fassen haben als bei Maßgeblichkeit der hergebrachten Auffassung.

87 Der **Unterscheidungskraft** einer Bezeichnung kommt nach allgemeiner Auffassung zentrale Bedeutung für die Zuerkennung des Namensschutzes zu, weil sie, konsequent im Hinblick auf die traditionell angenommenen Namensfunktionen, eine Bezeichnung zum individualisierenden und zuordnenden Kennzeichnungsmittel macht. So muss eine Bezeichnung in hinreichendem Ausmaß eine individualisierende Eigenart aufweisen, die die Verwirklichung der Namensfunktion ermöglicht.[257] Zur Feststellung der besonderen Eigenart der Bezeichnung ist auf den Sprachgebrauch abzustellen.[258] Wenn eine Bezeichnung im Sprachgebrauch nicht üblich oder in dem konkreten Zusammenhang, in dem sie verwendet wird, unüblich ist, ist eine hinreichend individualisierende Eigenart und damit die Unterscheidungskraft anzunehmen (vgl zur Unterscheidungskraft bürgerlicher Sammelnamen Rn 91). Der Name muss seiner Art nach geeignet sein, Personen oder Gegenstände voneinander zu unterscheiden. Der Verkehr muss der Bezeichnung einen eindeutigen Hinweis auf den Namensträger entnehmen können.[259] Ist eine eindeutige Unterscheidungskraft aus der Natur der Bezeichnung gegeben, dann kommt es auf eine Verkehrsgeltung nicht an. Die **Verkehrsgeltung** ist aber Schutzvoraussetzung, wenn kein hinreichend unterscheidungskräftiges Kennzeichen vorliegt (zu den Einzelheiten im Folgenden Rn 88 ff).

88 **b) Verkehrsgeltung.** Ist eine Bezeichnung nicht ihrer Art nach geeignet, zur namensmäßigen Individualisierung zu dienen, vor allem weil sie dem allgemeinen Sprachgebrauch entspricht, eine Gattungsbezeichnung darstellt oder aus anderen Gründen nicht als Name gewertet wird, etwa im Falle von unaussprechbaren Buchstabenkombinationen (vgl aber Rn 97 f), dann kann sie gleichwohl dem Schutz des § 12 bzw dem kennzeichenrechtlichen Schutz nach §§ 5, 15 MarkenG unterfallen, wenn sie sich im Verkehr als Bezeichnung mit namensmäßiger Funktion durchgesetzt hat. Die Bezeichnung wird dann wie ein Name behandelt. Zumeist wird dies für **Unternehmensbezeichnungen** bedeutsam sein;[260] es kann aber auch eine Bezeichnung durch Verkehrsgeltung Namensfunktion im Sinne etwa eines **Pseudonyms** erlangen.[261] Die Verkehrsgeltung einer Bezeichnung schließt ihre individualisierende Unterscheidungskraft ein.[262] Sie liegt vor, wenn die Bezeichnung von einem beachtlichen Teil der berührten Verkehrskreise als Hinweis auf ein bestimmtes Unternehmen

254 EuGH NJW 1976, 1578.
255 MüKo/*Schwerdtner*, § 12 Rn 164.
256 MüKo/*Bayreuther*, § 12 Rn 95; Soergel/*Heinrich*, § 12 Rn 118; *Fezer*, Markenrecht, § 15 Rn 78; Staudinger/*Habermann*, § 12 Rn 84.
257 BGHZ 43, 245, 252; GRUR 1991, 157, 158 – Johanniter-Bier; BGHZ 124, 173 – römisch-katholisch.
258 BGH GRUR 1973, 265, 266 – Charme & Chic; 1976, 254, 255; *Krieger*, GRUR 1976, 255, 256.
259 *Fezer*, Markenrecht, § 15 Rn 78.
260 Vgl etwa BGH GRUR 2004, 514, 515 – Telekom; 2007, 888, 889 – Euro Telekom.
261 Vgl etwa BGH GRUR 2003, 897, 898 – Maxem.
262 *Fezer*, Markenrecht, § 15 Rn 84.

oder allgemein auf einen bestimmten Namensträger verstanden wird. Die mit der Verkehrsgeltung verbundene Kennzeichnungskraft muss sich auf die Bezeichnung als solche beziehen, ohne dass es auf einen weiteren Zusatz ankommen darf.[263] Die Namensfunktion endet im Falle ihrer alleinigen Vermittlung durch eine Verkehrsgeltung, wenn die Verkehrsgeltung verloren geht. Eine nur vorübergehende Nichtbenutzung ist unschädlich (näher Rn 146).[264]

Die Eintragung der Bezeichnung als Marke steht dem Namensschutz nicht entgegen.[265] Die namensmäßige Verkehrsgeltung einer Bezeichnung kann sich aus ihrer **Verwendung als Marke** ergeben, auch wenn ihre Verkehrsdurchsetzung als Bezeichnung für eine bestimmte Ware allein nicht genügt.[266] Vielmehr muss ein nicht unbeträchtlicher Teil der maßgeblichen Verkehrskreise den Begriff als Bezeichnung nicht nur für eine bestimmte Ware, sondern als Hinweis auf ein bestimmtes Unternehmen verstehen.[267] Das Warenzeichen genießt dann zugleich Kennzeichenschutz nach §§ 12, 15 MarkenG, der sich nicht nur gegen die firmenmäßige Benutzung, sondern auch gegen die markenrechtliche Benutzung eines jüngeren Zeichens durchsetzt.[268] 89

c) Freihaltebedürfnis. Für die Frage des namensrechtlichen Schutzes einer Bezeichnung ist ein Freihaltebedürfnis des Verkehrs zu berücksichtigen. Der originäre Namensschutz von Begriffen, die dem **allgemeinen Sprachgebrauch** entsprechen oder eine allgemeine **Herkunftsbezeichnung** darstellen, würde zu einer unangemessenen Monopolisierung führen, für die wegen der mangelnden Individualisierungskraft solcher Bezeichnungen kein hinreichendes schutzwürdiges Interesse des Verwenders besteht.[269] Das Freihaltebedürfnis stellt aber kein absolutes Hindernis des Namensschutzes dar. Soweit eine Bezeichnung unterscheidungskräftig ist, kann ihr die Namensschutzfähigkeit auch nicht unter Verweis auf ein besonderes, auch unter Berücksichtigung der künftigen Entwicklung sperrendes Freihaltebedürfnis verweigert werden.[270] Für nicht unterscheidungskräftige Bezeichnungen aus dem allgemeinen Sprachgebrauch besteht andererseits regelmäßig ein Freihaltebedürfnis. Hier ist aber letztlich die mangelnde Unterscheidungskraft und nicht das Freihaltebedürfnis als solches der Grund für die Ablehnung eines originären Namensschutzes der Bezeichnung.[271] Das Freihaltebedürfnis wirkt sich dagegen unmittelbar auf die Anforderungen für die Bejahung einer hinreichenden Verkehrsgeltung aus. Ein höheres Freihaltebedürfnis des Verkehrs führt zu entsprechend strengeren Voraussetzungen für die Annahme und den Nachweis der Durchsetzung einer Bezeichnung im Verkehr.[272] 90

2. Einzelfragen. a) Bürgerlicher Name. Die Unterscheidungskraft und damit die Schutzreichweite sind im Bereich des bürgerlichen Namens vor allem bei sog. **Sammelnamen** (Meier, Müller) problematisch. Hier ist eine eindeutige Zuordnung zum Namensträger allein anhand des Familiennamens nicht möglich.[273] Der aus Vornamen und Familiennamen zusammengesetzte bürgerliche Name hat dagegen als Kombination stärkere Unterscheidungskraft. Die Zugehörigkeit zu einer Adelsfamilie steigert die natürliche Unterscheidungskraft des verwendeten Namens nur dann, wenn er bei den beteiligten Verkehrskreisen einen erhöhten Bekanntheitsgrad erreicht hat.[274] Auch Sammelnamen haben jedoch eine wenn auch schwache Kennzeichnungskraft, so dass eine Geschäftsbezeichnung, die aus einem häufig vorkommenden Familiennamen gebildet ist, grundsätzlich schutzfähig sein kann.[275] Die geminderte Unterscheidungskraft eines Sammelnamens nimmt dem Namen zwar nicht die Namenseigenschaft, sie wirkt sich im Einzelfall aber auf die Reichweite des Namensschutzes aus, indem ein schutzwürdiges Interesse des Namensträgers mangels konkreter Verwechslungsgefahr bei Gebrauch eines Sammelnamens regelmäßig nicht verletzt ist.[276] Ein isolierter Schutz des Vornamens scheidet mangels Unterscheidungskraft grundsätzlich aus (s. Rn 55). 91

b) Firma und sonstige Geschäftsbezeichnungen. Schutzobjekt des § 12 ist die handelsrechtliche **Firma**, und zwar beim Einzelkaufmann nicht nur, soweit sie mit dem bürgerlichen Namen übereinstimmt (s. dazu auch Rn 66). Der Schutz der Firma setzt zum einen voraus, dass sie registerrechtlich zulässig ist.[277] Zum anderen muss sie die allgemeinen Anforderungen des § 12 erfüllen, sie muss also hinreichend unterscheidungskräftig sein. Insoweit stimmen die Voraussetzung des Schutzes nach § 12 mit § 18 HGB überein, wonach 92

263 Baumbach/*Hefermehl*[22], UWG, Allg. Rn 187.
264 BGH GRUR 1957, 428, 429 – Bücherdienst; BeckOK-BGB/*Bamberger*, § 12 Rn 52; MüKo/*Bayreuther*, § 12 Rn 114.
265 BGH GRUR 1955, 299, 300 – Koma.
266 Staudinger/*Habermann*, § 12 Rn 84.
267 BGH GRUR 1955, 299, 300 – Koma; GRUR 1959, 25, 27 – Triumph; zu den Anforderungen an den Bekanntheitsgrad BGH NJW 1997, 2379, 2380 – grau/magenta.
268 BGH GRUR 1959, 25, 26 f – Triumph.
269 *Fezer*, Markenrecht, § 15 Rn 92.
270 BGHZ 30, 357, 370 ff – Nährbier; GRUR 1964, 381, 383 – WKS Möbel; *Fezer*, Markenrecht, § 15 Rn 92; anders noch BGHZ 8, 387, 389 – Fernsprechnummer; GRUR 1957, 547, 548 – tabu I; vgl auch BGH GRUR 1963, 469 – Nola.
271 Vgl BGH GRUR 1989, 449, 450 – Maritim.
272 BGHZ 30, 357, 371 – Nährbier; 34, 299, 305 – Almglocke; GRUR 1990, 681, 683 – Schwarzer Krauser; 1994, 905, 906 – Schwarzwald-Sprudel; MüKo/*Bayreuther*, § 12 Rn 107; vgl auch östOGH ÖBl. 1974, 139 – Wiener E-Mailmanufaktur.
273 Vgl OLG Hamburg WRP 1955, 183.
274 OLG München NJW-RR 1996, 1005 – Frankenberg.
275 BGH GRUR 2008, 801 Rn 15 – Hansen-Bau.
276 OLG Nürnberg NJW-RR 2006, 906, 907 – Süß; Palandt/*Ellenberger*, § 12 Rn 31; vgl auch MüKo/*Bayreuther*, § 12 Rn 155.
277 Soergel/*Heinrich*, § 12 Rn 142.

die Firma zur Kennzeichnung der Kaufleute geeignet sein und Unterscheidungskraft besitzen muss. Diese Anforderungen können sowohl Sach- als auch Personenfirmen erfüllen.

93 **c) Fantasiebezeichnung.** Unterscheidungskraft kann Fantasiebezeichnungen zukommen, die ein **Unternehmen** oder als **Wahlname** eine Privatperson (Rn 58) bezeichnen; insoweit können sie Namensfunktion erfüllen und nach § 12 geschützt sein. Das gilt für **Wortschöpfungen**, die keinerlei Sprachgebrauch entsprechen sowie für als Bezeichnung verwendete, an sich nicht unterscheidungskräftige Begriffe, die im verwendeten Zusammenhang unüblich sind, aber unter Umständen auch für nicht frei erfundene Wörter, die in der Umgangssprache gleichwohl nicht gebräuchlich sind.[278] Solche Bezeichnungen können für sich allein hinreichend unterscheidungskräftig sein, so dass es auf eine Verkehrsgeltung nicht mehr ankommt.[279] Auch soweit ein Begriff verwendet wird, der an sich keine Unterscheidungskraft hat und auch nicht in unüblichem äußerem Zusammenhang steht, kann ein Namensschutz gegeben sein, wenn er mit anderen Begriffen, Wortbestandteilen[280] oder Eigennamen[281] **kombiniert** wird und dadurch Eigenart erlangt[282] oder wenn er verfremdet wird. Das gilt auch für einen Begriff aus der **Umgangssprache**, der in unüblicher[283] oder verfremdender Weise oder in einer Wortzusammensetzung verwendet wird (vgl aber auch Rn 96).[284] Die Wortzusammensetzung darf dabei aber nicht ihrerseits im umgangssprachlichen Rahmen bzw als rein beschreibend geläufig sein.[285] Ebenso sind **fremdsprachliche Begriffe** und **Dialektbegriffe** als Namen geschützt, wenn sie im allgemeinen Sprachgebrauch nicht üblich sind oder in ungewöhnlichem Zusammenhang stehen.[286] Besonders bei Begriffen aus dem englischen Sprachraum muss man eine vordringende Anglisierung der Sprache berücksichtigen, so dass bestimmte Begriffe aus der englischen Sprache tendenziell geringere Unterscheidungskraft haben werden.

94 Die **Namensschutzfähigkeit** eines zunächst wegen seiner Ungewöhnlichkeit schutzfähigen Fantasienamens kann infolge des Verlustes der Unterscheidungskraft **entfallen**, wenn die Bezeichnung zu allgemeinem Sprachgebrauch wird.[287] Dies scheidet aber so lange aus, wie ein rechtlich beachtlicher Teil der Verkehrskreise den Begriff noch als Hinweis auf den Namensträger auffasst.[288] Der Verlust der Namensschutzfähigkeit wird mit dem Verlust der Unterscheidungskraft oft auch deshalb nicht infrage kommen, weil inzwischen eine **Verkehrsgeltung** erlangt wurde.

95 **d) Umgangssprachliche, Sach-, Tätigkeits- und Gattungsbezeichnungen.** Die Unterscheidungskraft und damit die Namensschutzfähigkeit fehlen allgemein bei Begriffen, für die ein **Freihaltebedürfnis** des Verkehrs besteht (s. Rn 90). Das Entfallen des Namensschutzes stellt eine namensrechtliche Parallele zu den absoluten Schutzhindernissen des § 8 Abs. 2 MarkenG dar. Der BGH beurteilt die Namensschutzfähigkeit von **Unternehmenskennzeichen** in entsprechender Heranziehung der Schutzvoraussetzungen nach § 8 Abs. 2 MarkenG.[289] Ein namensrechtlicher Schutz einer Bezeichnung scheidet aus, wenn es sich um eine **rein beschreibende Bezeichnung** handelt.

96 **Umgangssprachliche Wörter** können zwar durch ihre unübliche oder verfremdete Verwendung für sich unterscheidungskräftig sein (Rn 93), an die Zuerkennung des Namensschutzes sind wegen des Freihaltebedürfnisses aber strenge Anforderungen zu stellen. Regelmäßig **fehlt** umgangssprachlichen Bezeichnungen danach die **Unterscheidungskraft** und zwar auch dann, wenn sie mit anderen umgangssprachlichen Begriffen in nicht unüblicher Weise kombiniert werden. Das gilt auch für in der deutschen Umgangssprache gebräuchliche fremdsprachliche Begriffe.[290] Sprachübliche Wortkombinationen rein beschreibender Art haben keinen

278 Vgl BGH GRUR 1991, 472 – Germania.
279 BGH GRUR 1954, 331, 332 – Altpa; 1957, 281 – karo-as; OLG Karlsruhe WRP 1976, 254, 255 – ESTA; Soergel/*Heinrich*, § 12 Rn 145.
280 Vgl OLG Hamm GRUR 1984, 890 – Chemitec.
281 OLG Köln WRP 1975, 373, 374 – Möbel-Franz; Soergel/*Heinrich*, § 12 Rn 145.
282 BGH GRUR 1957, 561, 562 – REI-Chemie; 1973, 265, 266 – Charme & Chic; 1976, 643 – Interglas; NJW 1977, 1587 – Terranova; OLG Köln WRP 1977, 733 – Transcommerce; OLG Frankfurt WRP 1982, 420 – Multicolor.
283 Vgl BGH GRUR 1955, 481, 482 – Hamburger Kinderstube; BGHZ 21, 66 – Hausbücherei; GRUR 1957, 547, 548 – tabu I; 1973, 539, 540 – product-contact.
284 BGH GRUR 1957, 29, 31 – Spiegel; GRUR 2002, 176 – Automagazin; OLG Oldenburg WRP 1986, 508 – Video-Land; OLG Hamburg GRUR 1986, 475 – Blitz-Blank.
285 Vgl EuGH GRUR 2004, 680, 681 Rn 39 – BIOMILD; BGH GRUR 1966, 495, 497 – Uniplast; GRUR 1992, 865 – Volksbank; GRUR 2003, 1050 f – Cityservice; GRUR 2005, 517 – Literaturhaus; OLG Frankfurt M. WRP 1982, 420 – Multicolor (im Fall Unterscheidungskraft bejaht).
286 BGH NJW 1985, 741 – Consilia; OLG Hamm GRUR 1979, 784 – Splenterkotten; OLG Hamm GRUR 1990, 699 – petite fleur; vgl auch BGH GRUR 1991, 472 – Germania.
287 BGH GRUR 1955, 95, 96 – Buchgemeinschaft; Soergel/*Heinrich*, § 12 Rn 145.
288 BGH GRUR 1977, 226, 227 – Wach- und Schließ; *Fezer*, Markenrecht, § 15 Rn 83.
289 BGH Urt. v. 26.10.2000 – I ZR 117/98 – Windsurfing Chiemsee; vgl auch OLG Hamburg NJWE-WettbR 1999, 261 – Windsurfing Chiemsee.
290 OLG Frankfurt NJW-RR 1986, 535, 535 – alta moda/haut couture.

Namenscharakter.[291] Auch **Sachbezeichnungen** können ohne eine Verkehrsgeltung für sich nicht ohne weiteres als Namen geschützt werden, weil hieran regelmäßig ein Freihaltebedürfnis besteht. Nicht unterscheidungskräftig sind regelmäßig **Gattungsbezeichnungen**,[292] auch in allgemein gebräuchlich abgekürzter Form,[293] und **Tätigkeits- und Beschaffenheitsbegriffe**.[294] Insoweit kommt es dann auf eine Verkehrsgeltung an, an die bei glatt beschreibenden Gattungsbezeichnungen erhöhte Anforderungen zu knüpfen sind.[295]

e) Zahlenkombinationen, Buchstabenkombinationen. Reine **Zahlenkombinationen** sollen nach hergebrachter Auffassung zu § 12 grundsätzlich nicht aus sich heraus als Namen schutzfähig sein, sie können dann aber jedenfalls entsprechende Verkehrsgeltung erlangen und vom Verkehr einem bestimmten Unternehmen zugeordnet werden (näher zum Namensschutz von Fernsprechnummern Rn 106).[296] Entsprechendes wurde bislang von nicht aussprechbaren **Buchstabenkombinationen** angenommen, weil solche Kombinationen vom Verkehr allgemein nicht als Namen gewertet würden.[297] Die Abgrenzung zu den grundsätzlich originär als Namen geschützten Fantasiebezeichnungen wurde von der herrschenden Auffassung über die Unaussprechbarkeit der Buchstabenkombination vorgenommen (zu Namensabkürzungen auch Rn 100 ff).[298] Dabei ist aber zwischen der als Wort möglichen Aussprechbarkeit und der möglichen lautlichen Umsetzung zu unterscheiden.[299] Buchstabenkombinationen sind stets lautlich umsetzbar, jedoch nicht unbedingt als herkömmlich Sinn tragendes Wort aussprechbar. 97

Die Möglichkeit einer originären namensrechtlichen Schutzfähigkeit auch von Buchstaben- und Zahlenfolgen oder Kombinationen aus Buchstaben und Zahlen sollte nicht ausgeschlossen werden.[300] Die Aussprechbarkeit einer Buchstaben- oder Ziffernfolge ist kein sachgerechtes Kriterium zur Abgrenzung unterscheidungskräftiger und deshalb originär als Namen geschützter Bezeichnungen von nur bei Feststellung einer Verkehrsgeltung geschützten Bezeichnungen. Das ergibt sich vor allem daraus, dass der Verkehr im modernen Sprachgebrauch prägnanten Abkürzungen und Ziffernfolgen durchaus originäre Namensfunktion beilegt.[301] Das gilt auch für das @-Zeichen als Bestandteil einer Bezeichnung.[302] Dieses ist lautlich als „at" umsetzbar (vgl zur lautlichen Umsetzbarkeit auch Rn 114). 98

f) Herkunfts- und Ortsbezeichnung. Differenzierend sind geografische Bezeichnungen und Herkunftsbezeichnungen zu beurteilen. Bloße **Ortsbezeichnungen** sind für sich allein grundsätzlich nicht als Namen geschützt. Für solche Bezeichnungen besteht auch regelmäßig ein Freihaltebedürfnis des Verkehrs.[303] Die Hinzufügung von auf den räumlichen Tätigkeitsbereich oder den Sitz des Unternehmens hindeutenden Ortsbezeichnungen zu einer Tätigkeits- oder Sachbezeichnung führt grundsätzlich nicht dazu, dass der Sachbezeichnung eine Unterscheidungskraft zukommt.[304] Eine Ausnahme wird aber bei Unternehmen gemacht, die traditionell ortsverbunden sind und bei denen der Verkehr nur mit einem einzigen Unternehmen dieser Benennung rechnet.[305] Hier ergibt sich die Unterscheidungskraft der Bezeichnung schon aus dem örtlich begrenzten Tätigkeitsbereich des Unternehmens.[306] Das gilt namentlich für **Etablissements-Bezeichnungen**, wie insbesondere Hotel- und Gaststättennamen,[307] und Apothekenbezeichnungen[308] sowie für die Bezeichnungen von Lokalzeitungen.[309] In diesen Fällen kann die Verbindung einer für sich nicht unterscheidungskräftigen Sach- 99

291 Vgl RGZ 172, 129, 130 – Fettchemie; BGH GRUR 1966, 495, 497 – Uniplast; 1976, 254, 255 – Management-Seminare; 1991, 556 – Leasing-Partner; 1992, 865 – Volksbank; OLG Hamburg GRUR 1987, 184 – Sicherheit + Technik.

292 RG MuW 1929, 343 – Deutsche Asbestwerke; BGHZ 11, 214, 217 – KfA; GRUR 1957, 428 – Bücherdienst; OLG Hamm BB 1972, 589 – Fundgrube; OLG Frankfurt GRUR 1991, 251 – Mitwohnzentrale; für die Bezeichnung „Dresdner Stollen" BGHZ 106, 101 – Dresdner Stollen I; GRUR 1990, 461, 462 – Dresdner Stollen II; anders zur Bezeichnung „Dresdner Stollen" dagegen OLG München NJW 1986, 387, 388; LG Leipzig GRUR 1994, 379 – Dresdner Butterstollen.

293 MüKo/*Schwerdtner*, 4. Aufl., § 12 Rn 81.

294 BGH GRUR 1988, 319, 320 – Video-Rent; GRUR 1996, 68, 69 – Cotton Line; OLG Frankfurt GRUR 1991, 251 – Mitwohnzentrale; LG Frankental NJW-RR 2008, 480 – günstig; sehr zweifelhaft dagegen LG Köln NJW-RR 1999, 629 – Zivildienst.de.

295 Vgl zum Markenrecht BGH NJW 2006, 3282 Rn 20 – Lotto.

296 BGH GRUR 1990, 711, 713 – 4711; BeckOK-BGB/*Bamberger*, § 12 Rn 31; MüKo/*Bayreuther*, § 12 Rn 48.

297 BGHZ 43, 245, 253 – GdB; BGH GRUR 1976, 379, 381 – KSB; GRUR 1998, 165, 166 – RBB; Soergel/*Heinrich*, § 12 Rn 146.

298 MüKo/*Schwerdtner*, 4. Aufl., § 12 Rn 92.

299 MüKo/*Bayreuther*, § 12 Rn 46.

300 So für Firmen auch Ebenroth/Boujong/Joost/*Zimmer*, Handelsgesetzbuch, 2001, § 18 Rn 28; vgl auch MüKo/*Bayreuther*, § 12 Rn 46.

301 BGH GRUR 2001, 344, 344 f – DB Immobilienfonds; *Fezer*, Markenrecht, § 15 Rn 81, 203, 225 (jeweils zu §§ 5, 15 MarkenG).

302 *Wachter*, NotBZ 2002, 73; vgl auch MüKo/*Bayreuther*, § 12 Rn 46; aA BayObLG NJW 2001, 2337, 2338 – D@B; OLG Braunschweig MMR 2001, 522 – Met@box.

303 Vgl OLG Jena GRUR 2000, 435, 436 –Wartburg.

304 BGH GRUR 1957, 426, 427 – Getränke Industrie; 1976, 254, 255 – Management-Seminare.

305 MüKo/*Bayreuther*, § 12 Rn 99, 116.

306 Soergel/*Heinrich*, § 12 Rn 146.

307 BGH GRUR 1977, 165 – Park-Hotel; GRUR 1995, 507, 508 – City-Hotel.

308 OLG Karlsruhe WRP 1974, 422 – Stadtapotheke.

309 Vgl BGH NJW-RR 1992, 1128 – Berliner Morgenpost.

bezeichnung mit einer für sich nicht unterscheidungskräftigen Ortsbezeichnung zu einer schutzfähigen Bezeichnung mit Namensfunktion führen.

100 **g) Schlagworte, Abkürzungen, Teile von Namen.** Für die originäre Schutzfähigkeit von im Verkehr verwendeten Schlagworten, Abkürzungen oder Namensteilen kommt es wie bei Firmennamen auf die **Unterscheidungskraft** der Bezeichnung an. Grundsätzlich sind auch solche unabhängig von dem Namen oder der Firma verwendeten **besonderen Geschäftsbezeichnungen** nach § 12 schutzfähig.[310] In der Regel ist für den Schutz von Gattungsbezeichnungen, umgangssprachlichen oder beschreibenden Begriffen, die als besondere Geschäftskennzeichen verwendet werden, eine besondere **Verkehrsgeltung** erforderlich. Insoweit gilt das zu diesen Bezeichnungen allgemein Gesagte (Rn 95 f).[311]

101 Auch besonderen Geschäftsbezeichnungen in der Erscheinungsform nicht aussprechbarer den Namen oder die Firma abkürzender **Buchstabenkombinationen** (Rn 97 f) soll nach hergebrachter Auffassung und früherer Rechtsprechung des BGH grundsätzlich mangels Unterscheidungskraft kein originärer Namensschutz zukommen; sie sind danach aber jedenfalls dann geschützt, wenn der Verkehr die Abkürzung als Hinweis auf das Unternehmen versteht.[312]

102 Entsprechendes gilt für aus Namens- bzw Firmensilben zusammengestellte Schlagworte.[313] Ein in Alleinstellung herausgestellter **Namens-** oder **Firmenbestandteil** kann originären Namensschutz genießen, wenn der herausgestellte Namensteil Träger der Unterscheidungskraft und damit der Kennzeichenfunktion im Vergleich zu den nicht herausgestellten Namensteilen ist.[314]

103 Einem **Schlagwort** kann, auch wenn es **nicht Bestandteil einer Firma oder eines Namens** ist, Namensschutz zukommen, wenn es für sich allein auf ein bestimmtes Unternehmen oder einen bestimmten Namensträger hinweist. Das betrifft beispielsweise aus einer Marke hergeleitete Schlagworte, die nicht Bestandteil der Firma sind und auch nicht originär als Namen aufgefasst werden können.[315] Hier kommt es darauf an, dass der Verkehr das Schlagwort als Hinweis nicht auf eine bestimmte Ware, sondern auf das Unternehmen auffasst.[316] Unter dem Schlagwort „Mormonen" versteht der Verkehr die „Kirche Jesu Christi der Heiligen der letzten Tage", so dass an dem Schlagwort Namensschutz besteht.[317]

104 Inzwischen ist der BGH von der Auffassung abgerückt, nicht als Wort aussprechbaren Buchstabenkombinationen könne keine namensmäßige Unterscheidungskraft und damit kein originärer Kennzeichenschutz zukommen. Er geht davon aus, dass die Verkehrsauffassung entsprechenden Kombinationen auch aufgrund der erheblichen Verbreitung solcher Bezeichnungen durchaus Namensfunktion beilegt.[318] Diese Beurteilung folgt auch aus einer zum Markenschutz kompatiblen Bewertung mit dem Erfordernis eines einheitlichen Kennzeichenschutzes und aus der Entwicklung der Firma zum vorwiegend vermögensrechtlich anzusehenden Immaterialgüterrecht.[319]

105 Der selbständige Namensschutz von Schlagworten, Buchstaben- oder Ziffernkombinationen ist von dem **abgeleiteten Schutz** solcher Bezeichnungen zu unterscheiden. Dieser besteht ohne Verkehrsgeltung, wenn die Abkürzung oder das Schlagwort Bestandteil des Namens oder der Firma ist oder sich aus dem Namen oder der Firma ableitet.[320] Dann kommt der abgeleiteten Bezeichnung die Priorität der Gesamtbezeichnung zu.[321]

106 **h) Telefonnummern, Vanity-Nummern.** Telefon- und Faxnummern genießen grundsätzlich keinen Namensschutz, weil sie nur im engen Telekommunikationsbereich im Hinblick auf eine Verbindungsherstellung Kennzeichnungsfunktion haben.[322] Es ist aber möglich, dass eine Fernsprechnummer als Ziffer für sich geeignet ist, auf ein bestimmtes Unternehmen zu verweisen, weil sie nicht nur als Telefonnummer verwendet wird, sondern zugleich als Schlagwort des Unternehmens. Wenn eine Ziffer insoweit Verkehrsgeltung besitzt, kann sie allgemein als besondere Geschäftsbezeichnung geschützt sein (vgl Rn 97, etwa „4711" oder als Tel.-

310 Eingehend *Fezer*, Markenrecht, § 15 Rn 230 ff; Soergel/*Heinrich*, § 12 Rn 143.

311 Beispiele sind etwa: RGZ 115, 401, 407; 171, 147, 154 – Salamander; 117, 215, 219 – Eskimo; BGH GRUR 1977, 503, 505 – Datenzentrale; GRUR 1990, 681, 683 – Schwarzer Krauser.

312 BGHZ 11, 214, 216 – KfA; BGH GRUR 1976, 379, 380 – KSB; GRUR 1998, 165, 166 – RBB; vgl auch *Fritze*, GRUR 1993, 538, 539 zur tatrichterlichen Feststellung einer abweichenden Verkehrsauffassung.

313 BGH NJW-RR 1993, 1387 – Kowog; GRUR 1985, 461, 462 – Gefa/Gewa.

314 BGHZ 11, 214, 216 – KfA; 14, 155, 160 – Farina; GRUR 1957, 547, 548 – tabu I; GRUR 2006, 159, 160 – hufeland.de (Kennzeichnungskraft lag bei dem Schlagwort „Hufeland" gegenüber der Gesamtbezeichnung „Gabriele Wöppel Hufelandklinik für ganzheitliche immunbiologische Therapie").

315 RGZ 115, 401, 407; 171, 147, 154 – Salamander; 117, 215, 219 – Eskimo Pie; NJW 1956, 1713 – Meisterbrand; 1959, 2209 – Martinsberg.

316 BGH GRUR 1959, 25, 27 – Triumph; BGHZ 15, 107, 109 – Koma; MüKo/*Schwerdtner*, § 12 Rn 90 mwN.

317 Vgl LG Frankfurt M. MMR 2004, 113, 113 – mormonen, das „Mormonen" als Spitznamen ansieht; vgl dazu MüKo/*Bayreuther*, § 12 Rn 44.

318 BGH GRUR 2001, 344, 344 f – DB mwN zum Schrifttum; LG Düsseldorf NJW-RR 1999, 629, 630 – JPNW.

319 *Fezer*, Markenrecht, § 15 Rn 81, 203, 225; Ebenroth/Boujong/Joost/*Zimmer*, Handelsgesetzbuch, 2001, § 18 Rn 28.

320 *Fezer*, Markenrecht, § 15 Rn 230.

321 BGH GRUR 1996, 68, 69 – COTTON LINE.

322 Vgl BGHZ 8, 387, 388 f.

Nr. „01051").[323] So genannte **Vanity-Rufnummern**, bei denen Kennzeichen alphanumerisch in Telefonnummern umgesetzt sind, werden als solche regelmäßig nicht namensrechtlich geschützt, weil ihnen in aller Regel eine hinreichende Unterscheidungskraft fehlt.[324] Als Kombination zwischen Ziffern und Worten, kann theoretisch ohne besondere Verkehrsgeltung eine Identifikationsfunktion bestehen, soweit aus der Vanity-Ziffern-Wort-Kombination originäre Unterscheidungskraft folgt, etwa bei Identifikation eines Mehrwertdiensteanbieters gerade über die Telefonnummer selbst.[325] Dies ist aber jedenfalls nicht der Fall bei rein beschreibenden Wortbestandteilen wie 0800RECHTSANWALT.[326] Nach Auffassung des LG Aachen kann durch die Verwendung einer Vanity-Nummer kein fremdes Namens- oder Markenrecht verletzt werden, weil es an der eindeutigen Zuordnung der Ziffern zu einzelnen Buchstaben fehlt.[327]

i) Domainnamen. Die Funktion des Domainnamens ist erstens im Sinne einer Internetadresse als technische **Registrierungs-** und **Adressierungsfunktion** zu sehen. Zweitens wird dem Domainnamen zumeist auch **Namens-** und **Kennzeichnungsfunktion** zugeschrieben, soweit er als alphanumerisches Zeichen den registrierten Inhaber der Internetadresse von anderen Internetteilnehmern abzugrenzen bestimmt ist.[328] Eine **originäre Namensfunktion** erfordert jedoch zumindest, dass der Domainname entweder vom Namen abgeleitet, mit dem Namen des Domaininhabers identisch ist oder dass er für sich geeignet ist, auf einen bestimmten Domaininhaber namensmäßig hinzuweisen,[329] also **Unterscheidungskraft** besitzt.[330] Dann kann der Namensschutz bereits durch Aufnahme der Benutzung des alphanumerischen Zeichens als Domainname entstehen. Ansonsten kommt es auf Verkehrsgeltung an. Auf Aussprechbarkeit des Domainnamens kommt es dabei nicht an (Rn 98).[331] Kein Namensschutz besteht, wenn der Domainname allein zwecks **Adressierung im Netz** verwendet wird.[332] Das soll dann der Fall sein, wenn ein Unternehmen einen Namen letztlich aufgegeben hat und nur noch als Domainnamen aufrechterhält, um, ähnlich wie bei einer Nachsendeadresse, weiterhin unter dem alten Namen aufgefunden werden zu können und auf der betreffenden Internetseite auf den neuen Namen hinweist.[333] Letztlich handelt es sich bei Domainnamen insoweit um eine **besondere Verwendungsform** eines nach den jeweils einschlägigen Erwerbstatbeständen zustande gekommenen Namens- oder Unternehmenskennzeichenrechts und nicht etwa um ein besonderes „virtuelles" Kennzeichenrecht. In diesem Sinne kann der Schutz des § 12 bzw der §§ 5, 15 MarkenG nach verbreiteter Auffassung auch den Bereich des Domainnamens betreffen.[334] 107

Davon ist die Frage der **Rechtsnatur** eines von einem bestehenden Kennzeichenrecht **unabhängigen Domainnamens** zu unterscheiden. Hier ist streitig, ob der Domainname ein selbständiges Vermögensrecht sui generis des Domaininhabers ist[335] oder ob insoweit ausschließlich eine relative Vertragsbeziehung zwischen dem Domaininhaber und dem DENIC vorliegt (zur Übertragung des Domainnamens nach dieser Lösung s. Rn 178).[336] Der **BGH** sieht im Domainnamen **kein absolutes Recht**, vielmehr erwerbe der Inhaber eines 108

323 BGH GRUR 1990, 711, 713 – 4711; Soergel/*Heinrich*, § 12 Rn 160; MüKo/*Bayreuther*, § 12 Rn 48; *Fezer*, Markenrecht, § 15 Rn 228.

324 Vgl VG Köln MMR 2001, 190, 191 f; *Fezer*, Markenrecht, Einl. G. (Domainrecht – Kennzeichen im Internet) Rn 103 mwN.

325 MüKo/*Bayreuther*, § 12 Rn 49 mit Beispiel.

326 Vgl BGH NJW 2002, 2642, 2645 – Vanity-Nummer (kein der Verwendung als Vanity-Nummer entgegen stehendes Freihaltebedürfnis, da durch Verwendung der Vanity-Nummer keine Ausschließlichkeitsrechte begründet werden).

327 LG Aachen MMR 2001, 178 – Vanity-Nummern.

328 BGH NJW 2002, 2031 – shell.de; GRUR 2005, 871, 873 – Seicom; GRUR 2005, 262, 263 – soco.de; NJW 2008, 3716, 3717 – afilias.de; KG NJW 1997, 3321, 3322 – cc.de; OLG Hamm NJW-RR 1998, 909, 910 – krupp.de; KG GRUR-RR 2003, 370, 371 – Berlin Arena; OLG Karlsruhe CR 1999, 783, 784 – badwildbad.de; OLG München MMR 2001, 692, 693 – boos.de; aA LG Köln GRUR 1997, 377 – hürth.de; CR 1997 291 – pulheim.de; *Ingerl/Rohnke*, Markengesetz, 2. Aufl. 2003, Nach § 15 Rn 56; Soergel/*Heinrich*, § 12 Rn 152 a; MüKo/*Bayreuther*, § 12 Rn 59; BeckOK-BGB/*Bamberger*, § 12 Rn 33.

329 Vgl den Fall in BGH GRUR 2005, 871, 873 – Seicom, in dem die Bezeichnung „Seicom" ausschließlich noch im Internet, nicht aber mehr anderweitig verwendet wurde (im Fall nur Adressfunktion angenommen).

330 KG NJW 1997, 3321 – cc.de; OLG Hamburg NJW-RR 1999, 625, 626 – emergency.de; LG Mannheim GRUR 1997, 377 – heidelberg.de; Soergel/*Heinrich*, § 12 Rn 152 a; *Ingerl/Rohnke*, Markengesetz, 2. Aufl. 2003, Nach § 15 Rn 57; vgl auch *Fezer*, Markenrecht, § 3 Rn 24; vgl auch *ders.*, WRP 2000, 669, 673; *Kur*, CR 1996, 590, 590 f.

331 MüKo/*Bayreuther*, § 12 Rn 59.

332 BGH GRUR 2005, 262, 263 – soco.de; GRUR 2005, 871, 873 –Seicom.

333 BGH GRUR 2005, 871, 873 – Seicom; *Fezer*, Markenrecht, § 15 Rn 77; MüKo/*Bayreuther*, § 12 Rn 59.

334 Vgl auch *Welzel*, MMR 2001, 321, 323; für ein besonderes eigenständiges Kennzeichenrecht im Falle der ausschließlich auf den virtuellen Bereich begrenzten, namensunabhängigen Verwendung der Domain *Kleespies*, GRUR 2002, 764, 774.

335 *Fezer*, Markenrecht, Einl. G (Domainrecht – Kennzeichen im Internet) Rn 15 f; *Koos*, MMR 2004, 359, 362 ff zu den Konsequenzen.

336 *Ingerl/Rohnke*, Markengesetz, 2. Aufl. 2003, Nach § 15 Rn 37; MüKo/*Bayreuther*, § 12 Rn 57 mwN zum Schrifttum; Palandt/*Ellenberger*, § 12 Rn 19.

Domainnamens nur ein vertragliches Nutzungsrecht, jedoch keine dingliche Rechtsposition.[337] Das Bestehen eines Marktes handelbarer Domainnamen und der unter Umständen erhebliche Vermögenswert des Domainnamens sprechen aber dafür, in dem Domainnamen ein **selbständiges subjektives Vermögensrecht** mit absoluter Wirkung zu sehen. Dieses Recht ist jedoch weder nach § 12 noch nach dem MarkenG geschützt, sondern als **sonstiges Recht nach § 823 Abs. 1**.[338] Dagegen spricht noch nicht, dass der Domaininhaber für die Domaininnehabung auf die Mitwirkung seines Vertragspartners, des DENIC, angewiesen ist. Die aus der Vertragsbeziehung zwischen Domaininhaber und Registrierungsstelle folgende Einschränkung der Rechtsmachtposition des Domaininhabers im Verhältnis zum Domainnamen dadurch, dass das DENIC die Innehabung des Domainnamens als Vertragsleistung gewährleistet, ist rein formeller Natur.[339]

109 So ist richtigerweise aufgrund der technischen Monopolstellung des DENIC ein Kontrahierungszwang anzunehmen[340] und man wird im Fall der Übertragung des Domainnamens auf einen Dritten ebenso von einem Zwang des DENIC auszugehen haben, den Eintritt des Dritten in die Vertragsbeziehung hinzunehmen. Zudem ist das DENIC nicht berechtigt, den Domainvertrag ordentlich zu kündigen. Daher kann es für die Annahme eines absolut geschützten Rechts nicht ausschlaggebend sein, dass das DENIC für eine Umregistrierung im Fall einer Verfügung über den Domainnamen mitwirken muss.[341] Auch ein numerus clausus absoluter Herrschaftsrechte spielt in diesem Zusammenhang keine Rolle,[342] da zumindest im Bereich der Immaterialgüterrechte kein Bedürfnis für das Unterbinden der Entstehung absoluter Herrschaftsrechte besteht.[343]

110 Von der Rechtsprechung wird die **Registrierung** der Domain beim DENIC nicht als ausreichend für die Entstehung eines Ausschließlichkeitsrechts am Domainnamen angesehen.[344] Hierdurch wird kein Namensrecht einer als solchen nicht unterscheidungskräftigen Domainbezeichnung erzeugt. Daraus folgt, dass die Verwendung einer bloßen Gattungsbezeichnung in einer Domain einer Verwendung der Bezeichnung in einer anderen Internetadresse aus **namensrechtlichen Gründen** nicht entgegensteht.[345] Allerdings geht die Domainregistrierung mit der Entstehung der Internetpräsenz einher und markiert damit den Beginn der Namensbenutzung einer dem Namen entsprechenden Domainbezeichnung[346] – wenigstens, wenn eine tatsächliche Nutzung des registrierten Domainnamens beabsichtigt ist.[347]

111 Der **kennzeichenrechtliche Schutz** nach den §§ 5, 15 MarkenG verdrängt nach Auffassung des BGH den namensrechtlichen Schutz des § 12 im geschäftlichen Verkehr.[348]

112 **j) Bildzeichen.** Namensmäßiger Schutz kann zumindest Bildzeichen zukommen, die **als Wort ausgedrückt** werden können.[349] Voraussetzung für den namensmäßigen Schutz eines unterscheidungskräftigen Bildzeichens ist, dass es als solches namensmäßige **Hinweiskraft** auf eine bestimmte Person oder ein Unternehmen besitzt. Da Bildzeichen visuell wirken, wird überwiegend ausgeschlossen, dass auch unterscheidungskräftige, sprachlich ausdrückbare Bildzeichen ohne **Verkehrsgeltung** Namensschutz genießen können.[350]

113 Dagegen sollen nach verbreiteter Auffassung Bildzeichen und auch Farbzusammenstellungen, die nicht als Wort ausgedrückt werden können, niemals nach § 12 schutzfähig sein können.[351] Teilweise wird auf solche Bildzeichen § 12 analog angewendet.[352] Überwiegend wird hierfür ein originärer Namensschutz von Bildzeichen abgelehnt und eine **Verkehrsgeltung** gefordert. Davon weicht der BGH im Fall besonders geschützter **Wahrzeichen** ab, an denen Namensschutz bereits durch Ingebrauchnahme entsteht.[353]

114 Die Frage, ob ein originärer Namensschutz von Bildzeichen auch **ohne besondere Verkehrsgeltung** möglich ist, stellt sich in ähnlicher Weise wie bei nicht aussprechbaren Buchstaben- und Ziffernkombinationen (dazu

337 BGH GRUR 2002, 622, 626 – shell.de; GRUR 2005, 969, 969 – Domain-Pfändung; OLG Hamm MMR 2005, 381, 382; s. auch BVerfG GRUR 2005, 261, 261 f – ad-acta.de zum Eigentumsschutz nach Art 14 GG bei Ablehnung eines absoluten Rechts; vgl aber auch OLG Köln GRUR-RR 2006, 267, 268 – investment.de (Recht auf Nutzung einer Internetdomain als „sonstiges Recht" nach § 823 Abs. 1 BGB).

338 *Fezer*, Markenrecht, § 3 Rn 15 auch zur Unbeachtlichkeit eines numerus clausus der Immaterialgüterrechte.

339 *Koos*, MMR 2004, 359, 361.

340 *Ernst*, MMR 2002, 714, 716.

341 *Koos*, MMR 2004, 359, 361.

342 So aber *Kleespies*, GRUR 2002, 764, 766.

343 Vgl schon *Forkel*, Gebundene Rechtsübertragungen, S. 67 ff.

344 Vgl BGH NJW 2001, 2362, 2364 – mitwohnzentrale.de.

345 Palandt/*Ellenberger*, § 12 Rn 14; vgl zu Grenzen nach §§ 1, 3 UWG OLG München NJW 2002, 2113.

346 *Wüstenberg*, GRUR 2003, 109, 113.

347 MüKo/*Schwerdtner*, 4. Aufl., § 12 Rn 202.

348 BGH NJW 2002, 2031, 2033 – shell.de.

349 RGZ 171, 147, 155 – Salamander; GRUR 1957, 281, 282 – karo-as; GRUR 1957, 287, 288 f – Plasticummännchen; GRUR 1958, 393, 394 f – Ankerzeichen; Erman/*Saenger*, § 12 Rn 16; Soergel/*Heinrich*, § 12 Rn 154.

350 MüKo/*Bayreuther*, § 12 Rn 47; Soergel/*Heinrich*, § 12 Rn 154; aA Staudinger/*Habermann*, § 12 Rn 107; *Schricker* GRUR 1998, 310, 314; vgl auch BGH GRUR 2005, 419, 422 – Räucherkate.

351 BGHZ 14, 155, 160 – Farina; Soergel/*Heinrich*, § 12 Rn 154; MüKo/*Bayreuther*, § 12 Rn 47; Staudinger/*Habermann*, § 12 Rn 107.

352 BeckOK-BGB/*Bamberger*, § 12 Rn 38; Palandt/*Ellenberger*, § 12 Rn 11, 41.

353 BGH NJW 1994, 2820, 2821 – Rotes Kreuz; vgl zum besonderen Schutz des roten Kreuzes auch § 3 DRKG.

Rn 98). Soweit der BGH dort von der Differenzierung zwischen aussprechbaren und nicht aussprechbaren Buchstabenkombinationen aufgrund der starken Verbreitung von Abkürzungen und Buchstabenkombinationen als Unternehmenskennzeichen und der damit verbundenen Akzeptanz solcher Bezeichnungsformen als namensmäßige Bezeichnungen ausgeht,[354] mag fraglich sein, ob dies mit der gleichen Begründung auch für Bildzeichen und Farbkombinationen gelten kann. Bildzeichen könnte es im Gegensatz zu Buchstabenkombinationen nämlich nicht nur an einer Aussprechbarkeit als sinntragendes Wort fehlen, sondern schon an einer generellen lautlichen Umsetzung. So wird das Bild eines roten Rosses zwar als „rotes Ross" umschrieben;[355] die Umschreibung ist gleichwohl nicht mit dem Bild identisch, insbesondere, weil dadurch nicht besondere Gestaltungsmerkmale erfasst werden, die dem Bild seine Eigenheit geben. Es handelt sich nicht um eine lautliche Umsetzung, sondern um eine mehr oder weniger ungenaue Beschreibung eines lautlich an sich nicht umsetzbaren Wahrnehmungsgegenstands, durch die bei rein sprachlicher Kommunikation die Identifikationsfunktion nicht vermittelt wird. Noch deutlicher wird das bei Farben. Man wird allerdings nicht ausschließen können, dass zumindest prägnanten **Bildzeichen** vom modernen, an Piktogramme und visuelle Signale gewöhnten Verkehr **originäre Namensfunktion** beigelegt wird.[356] Stellt man allgemein für die Zuerkennung eines Unternehmenskennzeichenschutzes ohne besondere Verkehrsgeltung auf eine abstrakte kennzeichenrechtliche Unterscheidungseignung statt auf eine namensmäßige Unterscheidungskraft ab, dann kann allgemein ein Namensschutz nach bloßer Ingebrauchnahme nicht generell ausscheiden.[357] Für bloße **Farben** und **Farbkombinationen** bleibt dies aber zweifelhaft; hier wird es deshalb bei dem Erfordernis einer Verkehrsgeltung bleiben müssen.

k) Gebäudebezeichnungen. Der BGH[358] und ein Teil der instanzgerichtlichen Rechtsprechung haben die Namensschutzfähigkeit von Gebäudebezeichnungen für möglich gehalten. Dies geschieht teilweise ausdrücklich aufgrund der Annahme eines Bedürfnisses an der Vermarktung von Immobilien unter einem prägnanten Namen.[359] Der Name nähere sich der Marke als Produktkennzeichnung an und sei insoweit ein Immaterialgut. Die Auffassung ist aber wegen der völligen und anfänglichen Ablösung des Namensrechts von seinen personalen Wurzeln abzulehnen (Rn 77). Davon ist die Frage zu unterscheiden, ob das grundsätzlich personale Namensrecht so von der Person gelöst werden kann, dass es zumindest begrenzt verkehrsfähig und damit ein Immaterialgüterrecht ist. **115**

Zu beachten ist, falls man die Schutzfähigkeit von Gebäudenamen anerkennt, jedenfalls auch ein **entgegenstehendes Interesse** der auf die Nutzbarkeit des Begriffs als Herkunftsbezeichnung angewiesenen Verkehrskreise, insbesondere, wenn die Gebäudebezeichnung mit einem Bauwerk verbunden ist, das als Wahrzeichen einer ganzen Region angesehen wird.[360] **116**

l) Marken. Marken sind an sich nur Kennzeichen bestimmter Waren oder Dienstleistungen. Ihr Schutz bestimmt sich nach den Vorschriften des MarkenG. In den Bereich des Namensschutzes fallen Marken nur, wenn sie sich im Verkehr zu Kennzeichen von Unternehmen entwickelt haben;[361] ansonsten fehlt es an einer personalen Herkunftsfunktion. Die personale bzw unternehmensbezogene Herkunftsfunktion einer Marke kann insbesondere dann fehlen, wenn der Markeninhaber eine Vielzahl von ähnlich bekannten Produkten unter anderen Markenbezeichnungen vertreibt.[362] **117**

m) Wappen, Siegel, Embleme. Unterscheidungskräftige Vereinsembleme,[363] Wappen und Siegel[364] genießen zumindest analog § 12 originären Namensschutz, soweit ihnen Namensfunktion zukommt (vgl zu Bildzeichen auch Rn 114).[365] Auf eine Verkehrsgeltung kommt es im Grundsatz nicht an.[366] Für **Vereinsembleme** wird für den originären Namensschutz jedoch verlangt, dass das Emblem von vornherein symbolisch für den Verein steht, da eine allgemeine Monopolisierung etwa von Stadtsilhouetten, markanten Gebäuden oder die Tätigkeit eines Vereins charakterisierender Gegenstände vermieden werden soll.[367] Ein entgegenstehendes Interesse der auf die Nutzbarkeit des Begriffs als Herkunftsbezeichnung angewiesenen Verkehrskreise, insbesondere, wenn die Gebäudebezeichnung mit einem Bauwerk verbunden ist, das als Wahrzeichen **118**

354 BGH GRUR 2001, 344, 344 f mwN zum Schrifttum.
355 Vgl dazu MüKo/*Bayreuther*, § 12 Rn 47.
356 *Schricker,* GRUR 1998, 310, 314.
357 *Fezer*, Markenrecht, § 15 Rn 206.
358 BGH GRUR 1976, 311, 312 – Sternhaus; vgl aber auch BGH GRUR 2005, 419, 421 – Räucherkate; s. dazu MüKo/*Bayreuther*, § 12 Rn 52 f; *Fezer*, Markenrecht, § 15 Rn 74.
359 LG Düsseldorf GRUR-RR 2001, 311, 312 – Skylight.
360 Vgl OLG Jena GRUR 2000, 435 – Wartburg.
361 BGH GRUR 1957, 87, 88 – Meisterbrand; 1959, 25, 26 – Triumph.
362 OLG Hamm GRUR 2003, 722, 722 – www.castor.de.
363 Dazu *Bayreuther* WRP 1997, 820, 821.
364 Staudinger/*Habermann*, § 12 Rn 108.
365 BGH NJW 1994, 2820, 2821 – Rotes Kreuz.
366 Für Vereinsembleme BGH GRUR 1976, 644, 646 – Kyffhäuser, m. Anm. *Fezer*; zust. MüKo/*Schwerdtner*, 4. Aufl., § 12 Rn 104; Staudinger/*Habermann*, § 12 Rn 111; aA Soergel/*Heinrich*, § 12 Rn 154.
367 *Fezer,* Anm. zur Kyffhäuser-Entscheidung des BGH, GRUR 1976, 647, 648; MüKo/*Schwerdtner*, 4. Aufl., § 12 Rn 104.

einer ganzen Region angesehen wird,[368] ist zu berücksichtigen. Auch **Titelemblemen** von Presseorganen kann Namensschutz nach § 12 zukommen.[369]

119 **Wappen** stehen als eigenständige gewohnheitsrechtlich anerkannte absolute Kennzeichnungsrechte einer Person an sich neben dem Namen,[370] daher liegt methodisch eher eine analoge Anwendung des § 12 nahe.[371] Erfasst werden sowohl adelige als auch bürgerliche Wappen sowie Wappen von Körperschaften und Anstalten des öffentlichen Rechts.[372] Stadtwappen, die auf eine bestimmte Stadt als Wappenträger hinweisen, genießen den gleichen Schutz wie der Name.[373] Die Annahme eines Wappens ist mit Ausnahme der Landeswappen und der kommunalen Wappen nicht geregelt und frei.[374] Bundes- und Landeswappen sind anders als kommunale Wappen zudem nach § 124 OWiG gegen unbefugte Benutzung geschützt. Zudem ist die öffentliche Verunglimpfung des Bundeswappens und des Wappens eines Bundeslandes nach § 90 a StGB strafbar.

120 Das Wahrzeichen des **Roten Kreuzes** sowie das **Schweizer Wappen** sind nach § 125 OWiG geschützt (vgl zum Roten Kreuz auch § 3 DRKG). Die Rechtsprechung bezieht den Schutz nach § 12 nicht nur auf die Benutzung eines Wappens als eigenes Kennzeichen, sondern auch auf die Benutzung des Wappens zur Warenausstattung oder als Herkunftsbezeichnung durch einen Gewerbetreibenden.[375] Dabei ist erforderlich, dass der Eindruck erzeugt wird, der Träger des Wappens stehe selbst hinter der Verwendung des Wappens.[376] Der Schutz des § 12 scheidet aber aus, wenn die gewerbliche Wappenverwendung von ortsansässigen Unternehmen nur als Hinweis auf den Standort des Unternehmens oder als bloße Verzierung etwa von lokalen Andenken verstanden wird, ohne auf den Wappenträger hinzuweisen.[377]

121 **n) Werbeslogans.** Unterscheidungskräftige Werbeslogans können theoretisch Namensfunktion haben und dem Schutz des § 12 unterfallen, wenn sie im Verkehr als namensmäßige Kennzeichnung eines Unternehmens verstanden werden. In der Regel werden Werbesprüche jedoch nicht als namensmäßige Kennzeichnung aufgefasst. Dann kommt unter der Voraussetzung von Unterscheidungskraft[378] und Verkehrsgeltung als zusätzliches Unternehmenskennzeichen nur ein Schutz nach §§ 5 Abs. 2 S. 2, 15 MarkenG oder dem UWG sowie subsidiär außerhalb des wettbewerblichen Bereichs nach den Grundsätzen über den eingerichteten und ausgeübten Gewerbebetrieb[379] (§§ 823 Abs. 1, 1004) in Betracht.[380]

III. Entstehung, Erlöschen und Verkehrsfähigkeit des Namensrechts

122 **1. Entstehung.** Namensschutz nach § 12 und nach dem MarkenG entsteht nur für Bezeichnungen, die weder gegen das Gesetz verstoßen noch sittenwidrig sind.[381] Die Ersitzung des Namensrechts ist ausgeschlossen (vgl zur Vermutung der berechtigten Namensführung Rn 259).[382]

123 **a) Bürgerlicher Name.** Der Schutz des bürgerlichen Namens beginnt mit der Geburt (§ 1616), Eheschließung (§ 1355), Begründung der Lebenspartnerschaft (§ 3 Abs. 1 LPartG), Einbenennung (§ 1618) oder Adoption (§§ 1757, 1767 Abs. 2) kraft Gesetzes.

124 **b) Pseudonym.** Der namensrechtliche Schutz eines von Natur aus unterscheidungskräftigen Pseudonyms beginnt mit seiner **Benutzung**. Eine besondere **Verkehrsgeltung** ist nur erforderlich, wenn die ursprüngliche Unterscheidungskraft fehlt (vgl aber auch Rn 59).[383] Allerdings ist der Bekanntheitsgrad des Trägers eines Künstlernamens für die Frage von Bedeutung, inwieweit ein Abwehranspruch wegen der Verletzung schutzwürdiger Interessen anzunehmen ist.[384] Die Schutzentstehung für den Künstlernamen ist entweder beschränkt auf bestimmte Wirkungsbereiche des Künstlers oder erstreckt sich auf sämtliche Lebensbereiche, so dass das Pseudonym insoweit vollständig die Funktion des bürgerlichen Namens einnehmen kann. Die Verkehrsfähigkeit wirkt sich hierauf aus. So kann ein umfassender namensmäßiger Schutz, der dem bürgerlichen Namen

368 Vgl OLG Jena GRUR 2000, 435 – Wartburg.
369 Vgl BGH GRUR 1979, 564, 568 – Metall-Zeitung; vgl dazu *Fezer*, GRUR 1979, 566, 567 f.
370 Vgl *v. Gierke*, Deutsches Privatrecht I, 1895, S. 730 f; Staudinger/*Habermann*, § 12 Rn 109.
371 *Klippel*, S. 482.
372 RGZ 71, 262 – Aachener Stadtwappen; RG JW 1924, 1711; BGHZ 119, 237, 245 – Universitätsemblem.
373 BGHZ 14, 15, 19 – Frankfurter Römer; LG Berlin GRUR 1952, 253, 254 – Berliner Stadtwappen.
374 Soergel/*Heinrich*, § 12 Rn 155; Staudinger/*Habermann*, § 12 Rn 109.
375 RG JW 1924, 1711, 1712; anders noch RGZ 71, 262, 263 – Aachener Stadtwappen; vgl BGHZ 119, 237, 244 f – Universitätsemblem.
376 OLG Schleswig SchlHA 1972, 168; Soergel/*Heinrich*, § 12 Rn 155.
377 Soergel/*Heinrich*, § 12 Rn 155.
378 Vgl zur Unterscheidungskraft BGH NJW-RR 2000, 706, 706 – Partner with the Best.
379 Vgl zum deliktischen Unternehmensschutz bei Beeinträchtigung des Werbewerts eines berühmten Kennzeichens BGH GRUR 1990, 711, 712–4711.
380 Soergel/*Heinrich*, § 12 Rn 159.
381 BGHZ 10, 197, 201.
382 Staudinger/*Habermann*, § 12 Rn 357.
383 BVerfG NJW 1988, 1577, 1578; OLG Köln VersR 2001, 861; Soergel/*Heinrich*, § 12 Rn 120; anders die hM: BGH NJW 2003, 2978, 2979 – maxem.de; MüKo/*Bayreuther*, § 12 Rn 25; Palandt/*Ellenberger*, § 12 Rn 7; Staudinger/*Habermann*, § 12 Rn 32; *Klippel*, S. 467 f.
384 Soergel/*Heinrich*, § 12 Rn 120.

entspricht, bei entsprechender Verkehrsgeltung aus einem zunächst nur im beruflichen Wirkungsbereich des Kunstschaffenden originär begründeten Namensschutz hervorgehen.

c) Firma und andere Unternehmenskennzeichen. Der namensrechtliche Schutz der Firma beginnt mit dem befugten **Gebrauch im geschäftlichen Verkehr**.[385] Auch die Firma einer **Vorgesellschaft** ist vom Zeitpunkt des Gebrauchs an geschützt;[386] die später eingetragene juristische Person kann sich dann auf die von der Vorgesellschaft erlangte Priorität berufen, soweit der Name auch in ihrer Firma verwendet wird.[387] Der Beginn des Schutzes mit Gebrauch der Bezeichnung muss entsprechend für den Schutz anderer unterscheidungskräftiger **Geschäftsbezeichnungen**, einschließlich Abkürzungen, nicht als Worte aussprechbarer **Buchstabenkombinationen** sowie **Bildzeichen** gelten (dazu Rn 100 ff, 112 ff). Unerheblich ist, ob die Benutzung nach oder vor der Aufnahme des Geschäftsbetriebs, im Rahmen eines Vorbereitungsstadiums erfolgt.[388] Voraussetzung ist aber eine ausreichende **Unterscheidungskraft** der Bezeichnung. Fehlt diese, so beginnt der Schutz erst mit der Erlangung der entsprechenden **Verkehrsgeltung**, die vorliegt, wenn ein nicht unbeträchtlicher Teil des einschlägigen Geschäftsverkehrs in dem Zeichen das Kennzeichen eines bestimmten Unternehmens erblickt (allgemein zur Verkehrsgeltung Rn 88).[389] 125

Es kommt nicht auf die im Handelsregister als Firma eingetragene Fassung einer Bezeichnung an, sondern auf die tatsächlich verwendete Bezeichnungsfassung.[390] Da die Feststellung einer von Hause aus unterscheidungskräftigen Bezeichnung, bei der es ausschließlich auf die Ingebrauchnahme ankommt, insbesondere bei Bildzeichen und nicht als Wort aussprechbaren Buchstabenzusammenstellungen problematisch sein kann, ist es praktisch empfehlenswert, zudem eine Verkehrsgeltung vorzutragen und zu beweisen.[391] Voraussetzung für den Beginn des namensrechtlichen Schutzes geschäftlicher Kennzeichen ist regelmäßig der Gebrauch der Bezeichnung auf dem Territorium der Bundesrepublik Deutschland.[392] 126

2. Erlöschen. a) Bürgerlicher Name. Der **Verlust** des bürgerlichen Namens ist zu Lebzeiten grundsätzlich ausgeschlossen. Das ergibt sich wohl nicht zwingend aus der Höchstpersönlichkeit des Namensrechts (s. dazu auch Rn 135), zumindest jedoch aus der Ordnungsfunktion des bürgerlichen Namens. Eine **Namensänderung** bleibt möglich, durch ihren Vollzug endet der Schutz des bisherigen Namens. 127

Nach traditioneller Sichtweise wird davon ausgegangen, dass das **Namensrecht** des bürgerlichen Namens **mit dem Tod des Namensträgers erlischt**.[393] Ein subjektiv geprägtes Alleinbestimmungsrecht der Witwe eines Verstorbenen zur Nennung des Namens des Verstorbenen ist nicht anzuerkennen,[394] zumindest soweit der Name mit Vor- und Familiennamen verwendet wird, weil insoweit nicht der Namensschutz der Witwe betroffen ist. Die Rechtsprechung hat schon früher eine gewisse Fortwirkung des Namensrechts als Ausschnitt des allgemeinen Persönlichkeitsrechts im Rahmen eines **postmortalen** Persönlichkeitsschutzes für möglich gehalten, und zwar in seinem ideellen wie in seinem kommerziellen Aspekt.[395] 128

Die **Durchsetzung** des nachwirkenden Namensrechts kommt den nahen Angehörigen des Namensträgers oder den von dem Namensträger dazu ermächtigten Personen zu. Da es insoweit an sich an einem existenten Rechtsträger fehlte,[396] nachdem höchstpersönliche Rechte als nicht vererbbar angesehen wurden, war zweifelhaft, ob es sich um eine Geltendmachung aus übergegangenem Recht des Verstorbenen oder um eine originäre Befugnis der Angehörigen handeln sollte. Zumeist wurde im Schrifttum eine **Wahrnehmungsberechtigung** nach §§ 189, 194, 77 Abs. 2 StGB oder analog § 22 S. 3 KUG angenommen.[397] Eine **Rechtsträgerschaft der Erben** wurde von der herrschenden Auffassung dagegen insgesamt ausgeschlossen.[398] Unberührt 129

385 Palandt/*Ellenberger*, § 12 Rn 13; BeckOK-BGB/*Bamberger*, § 12 Rn 51.

386 BGH NJW 1993, 459, 460 – Columbus; OLG München GRUR 1990, 697, 698; BeckOK-BGB/*Bamberger*, § 12 Rn 51.

387 Staudinger/*Habermann*, § 12 Rn 81.

388 MüKo/*Bayreuther*, § 12 Rn 95.

389 BGHZ 11, 214, 217 – KfA; 43, 245, 252 – GdP; MüKo/*Bayreuther*, § 12 Rn 95, 106; BeckOK-BGB/*Bamberger*, § 12 Rn 51.

390 RGZ 171, 321, 323 – CHEMPHAR; MüKo/*Schwerdtner*, 4. Aufl., § 12 Rn 114.

391 MüKo/*Schwerdtner*, 4. Aufl., § 12 Rn 115.

392 BGHZ 34, 91, 96; MüKo/*Schwerdtner*, 4. Aufl., § 12 Rn 117.

393 BGHZ 8, 318, 324 – Pazifist; GRUR 2007, 168 Rn 8 – Klaus Kinski; vgl für die Schweiz Art. 31 I schwZGB.

394 OLG München NJW-RR 2001, 42 – Wolfgang-Hairich-Gesellschaft e.V.; vgl dagegen BGHZ 8, 318, 320 – Pazifist.

395 BGH NJW 1990, 1986, 1987 – Emil Nolde; OLG München WRP 1982, 660, 661 – Cellular-Therapie; vgl allgemein zu Persönlichkeitsaspekten im postmortalen Schutzbereich OLG Hamburg GRUR 1990, 1995, 1995 – Heinz Erhardt.

396 Vgl zur Rechtszuordnung eines postmortalen Persönlichkeitsrechts *Koos*, ZHR 172 (2008), 214, 218 Fn 35; s. auch MüKo/*Rixecker*, Anh. § 12 Rn 33.

397 Staudinger/*Habermann*, § 12 Rn 297; MüKo/*Schwerdtner*, 4. Aufl., § 12 Rn 120; vgl BGHZ 50, 133; 139 f – Mephisto; OLG Bremen NJW-RR 1995, 84, 84; noch strenger lehnt das schweizerische Bundesgericht jeden postmortalen Persönlichkeitsschutz im Sinne einer von den Angehörigen geltend zu machenden Verletzung der Persönlichkeit des Verstorbenen ab, dazu BG sic! 2003, 888, 891 – Obduktion.

398 AA wohl *Deutsch/Ahrens*, Deliktsrecht, 4. Aufl. 2002, Rn 208.

bleibt davon der indirekte Schutz im Zuge einer Geltendmachung von Verletzungen der eigenen mit dem Namensrecht des Verstorbenen deckungsgleichen Namensrechte der Hinterbliebenen.[399]

130 In der Entscheidung **„Marlene Dietrich"** des BGH zeichnete sich eine Fortentwicklung des postmortalen Namensschutzes ab: Danach ist zwischen dem **ideellen** Bestandteil und dem **vermögensrechtlichen** Bestandteil des Persönlichkeitsrechts zu unterscheiden.[400] Der BGH sieht aus Gründen des Persönlichkeitsschutzes ein Schutzbedürfnis nicht nur hinsichtlich des ideellen Bestandteils des Persönlichkeitsrechts nach dem Tode des Rechtsträgers, das mit einem Abwehrrecht befriedigt werden könnte, sondern auch des vermögensrechtlichen Bestandteils. Der Eingriff in **vermögensrechtliche Persönlichkeitsbestandteile** kann nur durch einen **Schadensersatzanspruch** gegen den Verletzer hinreichend abgewehrt werden.[401] Die vermögensrechtliche Persönlichkeitsrechtsposition sieht der BGH nicht als untrennbar mit dem Träger des ideellen Persönlichkeitsrechtsbestandteils verbunden an; er hält diese Rechtsposition grundsätzlich für **vererbbar**. Im Ergebnis stellt sich für diesen Bereich des postmortalen Persönlichkeitsschutzes die schwierige Problematik der **Rechtsträgerschaft** nicht. Die Erben – nicht etwa grundsätzlich die nahen Angehörigen[402] – sind als Rechtsnachfolger des Verstorbenen Träger des vermögensrechtlichen Persönlichkeitsrechtsbereiches[403] (s. zur allgemeinen Frage der Übertragbarkeit auch unter Lebenden Rn 173). Diese Rechtsträgerschaft der Erben sieht der BGH zu Recht als konstruktive Voraussetzung für die Annahme eines ersatzfähigen Verletzungsschadens an.[404]

131 Gleichwohl ist die **Bindung** des vermögensrechtlichen Persönlichkeitsrechtsbestandteils an den ursprünglichen Träger des Persönlichkeitsrechts nach Auffassung des BGH nicht gänzlich aufgehoben. Der vermögensrechtliche Persönlichkeitsrechtsbestandteil soll den Erben nur so lange zustehen, wie ein ideeller Schutz des postmortalen Persönlichkeitsrechts anzunehmen ist. Da dieser regelmäßig **zeitlichen Begrenzungen** unterliegt,[405] folgt aus dieser Verbindung der Untergang des vermögensrechtlichen Bestandteils mit dem Ende des Nachwirkens der Persönlichkeit des Verstorbenen; es handelt sich um einen zeitlich gleichsam versetzten Rechtsuntergang. Analog § 22 S. 3 KUG begrenzt der **BGH** die Schutzdauer des vermögenswerten Bestandteils des postmortalen Persönlichkeitsrechts auf **zehn Jahre**.[406] Daran wird zugleich deutlich, dass der BGH keine echte **vermögensrechtliche Verselbständigung** von Persönlichkeitsrechten um ihrer selbst willen erzielen will, sondern letztlich nur einen Schutz der auf den Verstorbenen bezogenen Persönlichkeitsinteressen mit dem Mittel der begrenzten Anerkennung einer Kommerzialisierung des Persönlichkeitsteilbereichs erreichen möchte. Es steht daher nicht die **Kompensation**, sondern die **Verletzungsabwehr durch vermögensrechtlichen Ausgleich**[407] und ähnlich wie im Bereich der Verletzung ideeller Persönlichkeitsinteressen Lebender[408] sicher die **Prävention** im Vordergrund.[409]

132 Eine freie Verwertbarkeit im Sinne eines unbeschränkten **positiven Benutzungsrechts** hinsichtlich des vererbten Bestandteils des Persönlichkeitsrechts ist wegen der vom BGH angenommenen untrennbaren Bindung an die Interessen des Verstorbenen[410] nicht gegeben. Daher ist die Entscheidung nur in ihrem Reflex für eine immaterialgüterrechtliche Begründung des Namensrechts heranziehbar.

133 Der **ideelle Rechtsbestandteil** eines Persönlichkeitsrechts **endet** danach mit dem **Tod**; insoweit ist nur eine Rechtsdurchsetzung in Prozessstandschaft durch die dazu berufenen Personen möglich.[411] Der **vermögensrechtliche Bestandteil** wird hingegen **zeitlich begrenzt** weiter **existent** gehalten; seine Durchsetzung durch die Erben bewirkt unmittelbar einen postmortalen Schutz des vermögensrechtlichen Persönlichkeitsinteresses des Verstorbenen und mittelbar auch den Schutz seiner ideellen Persönlichkeits- und Würdeinteressen, soweit durch die Zwangskommerzialisierung auch der ideelle Bereich betroffen ist.

134 Über die Entscheidungen „Marlene Dietrich" und „Klaus Kinski" hinaus sollte man einen **vermögensrechtlichen** Bereich des Namensrechts als nach dem Tod des ursprünglichen Trägers grundsätzlich zeitlich **unbegrenzt fortbestehend** anerkennen. Der modernen Entwicklung eines nicht per se verwerflichen Marktes für

399 BGHZ 8, 318, 324 – Pazifist; NJW 1990, 1986, 1987 – Emil Nolde.

400 BGH NJW 2000, 2195, 2197 – Marlene Dietrich I; GRUR 2007, 168 Rn 12 – Klaus Kinski; vgl Auch LG München GRUR-RR 2001, 161, 163 – Marlene.

401 Vgl BGH NJW 2000, 2196, 2198 und 2199 – Marlene Dietrich I.

402 BGH NJW 2000, 2195, 2199 – Marlene Dietrich I.

403 BGH NJW 2000, 2195, 2197 – Marlene Dietrich I; 2201, 2201 – Der blaue Engel; NJW 2002, 2317, 2318 – Marlene Dietrich II.

404 BGH NJW 2000, 2195, 2198 – Marlene Dietrich I.

405 BGH NJW 2000, 2195, 2199 – Marlene Dietrich I; vgl auch MüKo/*Bayreuther*, § 12 Rn 93.

406 BGH GRUR 2007, 168 Rn 16 ff – Klaus Kinski.

407 Vgl die Vermögenszuordnungserwägungen des BGH NJW 2000, 2195, 2198 im Anschluss an *Götting*, S. 281; zum Ausgleichgedanken als schutzrechtlicher Aspekt *Ahrens*, S. 105.

408 Vgl BGH NJW 1995, 224, 229 – erfundenes Exklusiv-Interview; NJW 1996, 373, 374 – Caroline von Monaco.

409 Vgl *Koos,* WRP 2003, 202, 203.

410 BGH NJW 2000, 2195, 2199 – Marlene Dietrich I.

411 Zum möglichen Konflikt zwischen den Erben des vermögensrechtlichen Bestandteils des Namensrechts und den Angehörigen, die den ideellen Rechtsbestandteil durchsetzen *Müller,* GRUR 2003, 31, 33; MüKo/*Bayreuther*, § 12 Rn 91.

gewisse persönlichkeitsrechtliche Rechtspositionen entspricht es, wenn man die Existenz von mehr oder weniger verkehrsfähigen, verobjektivierten **Persönlichkeitsimmaterialgüterrechten**[412] anerkennt. Ein vererbliches Persönlichkeitsvermögensrecht sollte danach von dem ideellen Bereich der Persönlichkeit des Verstorbenen grundsätzlich abgekoppelt werden (anders im Rahmen von Verfügungen unter Lebenden, dazu Rn 174 f). Jedenfalls die aus einer Analogie zu § 22 S. 3 KUG hergeleitete Schutzhöchstdauer ist angesichts des modernen „**Marktes für Prominenz**" nicht angemessen.[413]

Die Notwendigkeit, den vermögensrechtlichen und grundsätzlich auch nach Auffassung des BGH begrenzt verkehrsfähigen Bestandteil des Persönlichkeitsrechts des Verstorbenen an den postmortalen ideellen Persönlichkeitsschutz zu binden, besteht nicht. Das gilt gerade auch für das **Namensrecht** und damit zusammenhängende Rechtspositionen. Denn die Verbindung des bürgerlichen Namens mit dem Namensträger ist durchaus nicht so fest, wie mit dem Hinweis auf eine Höchstpersönlichkeit, gleichsam eher tautologisch, behauptet wird. In erster Linie ergibt sich die fehlende Entäußerbarkeit des bürgerlichen Namens aus **Ordnungsgesichtspunkten**[414] und allenfalls noch aus dem Interesse, den Namensträger von anderen Personen unterscheiden zu können. Letzteres Interesse ist bei einem verstorbenen Namensträger schon nach der Natur der Sache nicht mehr betroffen, da die Unterscheidbarkeit schon dadurch gegeben ist, dass der Namensträger verstorben ist. Ersteres Interesse entfällt bei einer jedenfalls auch behördlich als verstorben bekannten Person ebenfalls. Die Gründe, die einer vollständigen Namensentäußerung zu Lebzeiten entgegenstehen, bestehen im postmortalen Bereich nicht. 135

Richtigerweise ist jedenfalls der vermögensrechtliche Bestandteil des Namensrechts als **Namensimmaterialgüterrecht vererbbar**. Dieses Namensimmaterialgüterrecht endet nach hier vertretener Auffassung weder mit dem Tod des ursprünglichen Namensträgers, noch endet es zeitlich konform mit dem Verblassen des postmortalen Würdeanspruchs. Es umfasst ein positives Benutzungsrecht der Erben und kann insbesondere weiter übertragen bzw durch die Erben lizenziert werden.[415] Wenn somit auch der ideelle Bereich des Namensrechts von dem kommerziellen Bereich abstrahiert ist, muss doch berücksichtigt werden, dass die Kommerzialisierung des Namensimmaterialgüterrechts nicht zur **Verletzung** der zeitlich begrenzt fortwirkenden **postmortalen Würdeinteressen** des Verstorbenen führen darf. 136

Während ein Namensimmaterialgüterrecht bei Lebenden auch bei Annahme einer gewissen Verkehrsfähigkeit nach dem Modell der so genannten gebundenen Rechtsübertragung mit einem „Mutterpersönlichkeitsrecht" verbunden bleiben mag (näher Rn 175), liegt es bei Verstorbenen konstruktiv nahe, die Begrenzung der vermögensrechtlichen Verwertbarkeit des Namensimmaterialgüterrechts aus der **Überlagerung mit dem ideellen postmortalen Persönlichkeitsschutz** herzuleiten. Aus diesem Gesichtspunkt können die insoweit wahrnehmungsbefugten Personen in Prozessstandschaft gegen eine gegebenenfalls ausufernde, die ideellen Interessen des Persönlichkeitsschutzes verletzende Ausübung der vermögensrechtlichen Namensrechtsposition durch die Träger des Namensimmaterialgüterrechts vorgehen. 137

Sind Erben und Wahrnehmungsbefugte identisch, so kann sich freilich aufgrund einer Konfusion eine Schutzlücke ergeben, die aber auch dann gegeben ist, wenn man der gemäßigten Lösung des BGH nach der Entscheidung „Marlene Dietrich" folgt. Denn hier können die zur Wahrnehmung ideeller Persönlichkeitsinteressen des Toten befugten Personen jedenfalls nicht zur Durchsetzung des postmortalen Würdeanspruchs gezwungen werden.[416] Mit dem Verblassen **des postmortalen Schutzes** ideeller Persönlichkeitsrechte wird das Namensimmaterialgüterrecht zunehmend frei von Begrenzungen der Verwertbarkeit. 138

b) Pseudonym. Der Schutz des Pseudonyms in der Erscheinungsform des **Künstlernamens** erlischt nicht automatisch mit dem Ende der Ausübung der künstlerischen Tätigkeit.[417] Wenn bei Annahme einer Trennbarkeit zwischen kunstschaffendem und privatem Bereich[418] (vgl aber Rn 62) jedoch eine **erweiterte Verkehrsgeltung** erworben wurde, die den Schutz des Künstlernamens über den **kunstschaffenden Bereich** des Namensträgers hinaus auf sämtliche, auch weitere Lebensbereiche ausdehnt (vgl zur grundsätzlichen originären Schutzfähigkeit Rn 58, 124), kann der erweiterte Schutz mit **Verlust dieser Verkehrsgeltung** entfallen. Es bleibt dann aber weiterhin zumindest beim **originären Namensschutz** des Künstlernamens im eigentlichen 139

412 Vgl zur Anerkennung von Persönlichkeitsimmaterialgüterrechten *Klippel*, S. 562; *Beuthien/Schmölz*, S. 32; *Ullmann*, AfP 1999, 209, 210 (freilich vorrangig zwecks Verstärkung des Schutzes gegen Verletzungen und weniger zwecks Schaffung eines verkehrsfähigen Wirtschaftsguts); dagegen etwa *Peukert*, ZUM 2000, 710, 713 f.

413 Ähnlich *Götting*, GRUR 2007, 170, 170.

414 Vgl *Götting*, S. 103 f.

415 Vgl in diesem Sinne österreichischer OGH v. 15.6.2000, 4 Ob 85/00 d, JBl. 2001, 54 – Radetzki, wo eine von den Rechtsnachfolgern des ursprünglichen Namensträgers einem Dritten eingeräumte „dinglich" wirkende Befugnis zum Gebrauch des Namens eines bereits 1858 Verstorbenen angenommen wird; dazu *Nauta*, ÖJZ 2003, 404, 406 f; *Koos*, GRUR 2004, 808, 811 f.

416 So zu Recht das schweizerische BG sic! 2003, 888, 891.

417 RGZ 101, 226, 231 – Üssems Meisterakrobaten; MüKo/*Schwerdtner*, 4. Aufl., § 12 Rn 48.

418 Soergel/*Heinrich*, § 12 Rn 120.

kunstschaffenden Bereich, und zwar schon wegen der werksidentifizierenden Bedeutung des Künstlernamens (vgl § 10 Abs. 1 UrhG).

140 Das Pseudonym kann mangels einer dem bürgerlichen Namen entsprechenden Pflicht zur Namensführung vom Decknamensträger **aufgegeben** werden. Der Schutz des Pseudonyms endet damit.

141 Mit dem **Tod des Namensträgers** erlischt der den Schutz des bürgerlichen Namens ersetzende Schutz des Pseudonyms regelmäßig, soweit er parallel zum bürgerlichen Namen den **ideellen Persönlichkeitsbereich** des Decknamensträgers betrifft (s. Rn 133).[419] Zwar kann das Pseudonym jederzeit aufgegeben werden und ist daher in weitaus geringerem Ausmaß als der bürgerliche Name mit der Person seines Trägers verbunden. Im Falle des Todes ist von einer solchen Namensaufgabe und damit von einer Aufgabe der mit der Decknamensführung zusammenhängenden ideellen Interessen des Decknamensträgers und einer Vererbung aber grundsätzlich nicht auszugehen; dann geht das entsprechend erweitert geschützte Pseudonym mit dem Tod seines Trägers unter.

142 Es erscheint allerdings möglich, dass der Namensträger in bestimmten Fällen über das Pseudonym **letztwillig verfügt** (zur Übertragbarkeit des Pseudonyms in Abgrenzung zum bürgerlichen Namen s. Rn 176). Für die Fortgeltung und Vererbbarkeit des **vermögensrechtlichen Bereichs** gilt Entsprechendes wie beim bürgerlichen Namen (vgl Rn 128 ff). Eine Überlagerung des vermögensrechtlichen Namensbereichs durch einen postmortalen ideellen Persönlichkeitsschutz ist dabei anzunehmen, wenn der Deckname mit dem ideellen Persönlichkeitsbereich des Trägers hinreichend eng verbunden ist. Dazu wird man freilich eine verstärkte Verbindung des Decknamens mit dem Träger durch einen dauerhaften Gebrauch an Stelle des bürgerlichen Namens oder eine entsprechende Bekanntheit des Namensträgers unter dem Künstlernamen verlangen müssen (vgl auch Rn 61).[420]

143 **c) Firma und andere Unternehmenskennzeichen.** Der namensrechtliche Schutz von Firmen und anderen Unternehmenskennzeichen juristischer Personen endet spätestens mit dem Ende der Rechtspersönlichkeit der juristischen Person. Der Schutz von Geschäftsbezeichnungen rechtsfähiger Einheiten ohne Rechtspersönlichkeit endet mit der Auflösung bzw Beendigung der Einheit. Bei der Firma einer natürlichen Person endet der Namensschutz mit dem Tod des Trägers. Ausnahmsweise kann der Namensschutz unabhängig von dem Ende der Rechtssubjektseigenschaft bereits vorher entfallen, namentlich wenn das Unternehmen untergeht (dazu im Folgenden).[421]

144 Die längere **Nichtausübung** oder **Stilllegung des Betriebs** eines Unternehmens kann sich auf die Frage der für einen Anspruch wegen Namensanmaßung erforderlichen Interessenbeeinträchtigung auswirken, weil hier die **Verwechslungsgefahr** regelmäßig entfällt.[422] Daneben kommt auch eine **Verwirkung** des Namensschutzes in Betracht.[423] Danach liegen die Voraussetzungen eines Namensschutzes vor, die Geltendmachung von Abwehransprüchen scheitert aber an § 242. Eine Verwirkung kann zumindest nicht immer geltend gemacht werden, wenn eine längere Nichtausübung vorliegt, sondern allenfalls dann, wenn eine länger andauernde redliche Namensverwendung bei gleichzeitigem Nichteinschreiten gegen die Namensverwendung gegeben ist.[424] Schließlich soll sich die Nichtbenutzung, etwa als Folge einer längeren Stilllegung des Unternehmens, auf die **Unterscheidungskraft** des Unternehmenskennzeichens auswirken. Der Verlust der Unterscheidungskraft führt dann zum Entfallen des namensrechtlichen Schutzes.[425] Diese Auffassung ist bei originär unterscheidungskräftigen Kennzeichen abzulehnen, weil die unterbleibende Ausübung des Rechts nicht die Natur des Schutzobjekts ändern kann.

145 Entgegen der herrschenden Auffassung ist nicht auf die Unternehmensstilllegung oder -unterbrechung abzustellen, sondern auf die zu einem **Verblassen der Identifikation** des Unternehmens mit der Bezeichnung führende länger andauernde oder endgültige Nichtbenutzung des Kennzeichens, sei es infolge der Stilllegung oder infolge einer willkürlichen Nichtbenutzung des Kennzeichens bei fortdauernder Betriebsausübung im Sinne einer **Aufgabe des Kennzeichens** sowie auf die Nichtbenutzung als Tatbestand des **Interessenwegfalls** für einen Abwehranspruch. Die Unternehmensaufgabe ist danach lediglich ein Indiz für das Vorliegen eines Tatbestands mit der Folge des Schutzwegfalls.

146 Zur Feststellung eines Entfallens des Namensschutzes verbieten sich feste zeitliche Maßstäbe. Es kommt vielmehr auf den **Einzelfall** an. Eine nur **vorübergehende Nichtbenutzung** des Kennzeichens oder **vorübergehende Stilllegung** des Betriebs für absehbare Zeit genügt regelmäßig nicht für den Verlust der Schutz-

419 Vgl BGH GRUR 2007, 168 Rn 8 – Klaus Kinski.
420 Vgl zur Verfestigung des Pseudonyms zu einem dem Familiennamen entsprechenden Namen *Klippel*, S. 474.
421 RGZ 170, 265, 273; RG GRUR 1943, 349, 350 – Wien-Berlin; BGH GRUR 1957, 428, 429 – Bücherdienst; BGH GRUR 1961, 420, 422 – Cuypers.
422 BGH GRUR 1961, 420, 422 – Cuypers; MüKo/*Bayreuther*, § 12 Rn 110.
423 BGH GRUR 1960, 137, 142 – Astra; Staudinger/*Habermann*, § 12 Rn 359 ff.
424 BGH GRUR 1961, 420, 424 f – Cuypers; Staudinger/*Habermann*, § 12 Rn 362.
425 BeckOK-BGB/*Bamberger*, § 12 Rn 52.

fähigkeit,[426] es sei denn, darin wäre bereits die Aufgabe des Namensrechts zu erblicken. Da für eine Verwirkung des Namensrechts nicht in erster Linie die mangelnde Verwendung des Kennzeichens im Rahmen einer Unternehmensaktivität maßgeblich ist, sondern das dauerhafte Unterbleiben eines Einschreitens gegen eine Verwendung der Bezeichnung durch einen Dritten, spielt die Frage der Absehbarkeit einer Betriebswiederaufnahme insoweit jedenfalls keine Rolle. Sie ist aber bedeutsam für das Vorliegen einer Interessenbeeinträchtigung. Für die Frage, ob die Betriebsstilllegung nur vorübergehender Natur ist, kommt es auf die Verkehrsauffassung an.[427] Auch nach hier vertretener Auffassung ist eine freiwillige **endgültige Stilllegung** des Unternehmens als Hinweis auf eine Aufgabe des Unternehmenskennzeichens mit der Folge des Verlusts des Schutzobjektes des Namensschutzes anzusehen. Nach herkömmlicher Auffassung liegt in der freiwilligen Stilllegung jedenfalls ein Indiz für die Endgültigkeit der Betriebsaufgabe und damit für ein Entfallen der Verwechslungsgefahr.[428] Eine langjährige Betriebseinstellung, auch soweit sie nicht auf einer autonomen unternehmerischen Entscheidung, sondern auf **staatlichen Zwangsmaßnahmen** oder der Teilung Deutschlands beruhte, kann zum Verlust des Kennzeichenschutzes und der Priorität (dazu Rn 224) führen; die Priorität kann aber wieder aufleben, wenn der Name des Unternehmens aufgrund seiner Geltung oder Berühmtheit dem Verkehr in Erinnerung geblieben ist und dem neu eröffneten Unternehmen wieder zugeordnet wird.[429]

Die **Unterscheidungskraft** des Kennzeichens und damit die **originäre Namensschutzfähigkeit** können entfallen, wenn die ursprünglich unterscheidungskräftige Bezeichnung nachträglich zu einer **Beschaffenheits-, Gattungsbezeichnung**, einem **Gattungsnamen** oder einer **Systembezeichnung** wird.[430] Dafür kommt es darauf an, ob ein rechtlich beachtlicher Teil der maßgeblichen Verkehrskreise den Namen nicht mehr als namensmäßigen Hinweis auf ein bestimmtes Unternehmen auffasst. Das kann insbesondere dadurch geschehen, dass ein bestimmtes Produkt eines Unternehmens eine solche Bekanntheit oder Verbreitung erlangt, dass der Verkehr die Unternehmenskennzeichen auf die gesamte Produktgattung anwendet.[431] Solange ein rechtlich beachtlicher Teil des Verkehrs allerdings die entstehende Gattungs- oder Beschaffenheitsbezeichnung auch noch als Herkunftsangabe versteht, ist eine Umwandlung mit einhergehendem Verlust der originären Schutzfähigkeit nicht anzunehmen.[432] Häufig wird in solchen Fällen zugleich eine **Verkehrsbekanntheit** entstanden sein, so dass für die Bezeichnung auch nach einer Umwandlung zur Gattungsbezeichnung Namensschutz besteht; doch beschränkt sich der Schutz dann auf die Unterbindung der Verwendung als **Namensbezeichnung** und erstreckt sich nicht auf die Verwendung zur Namens- oder Firmenbildung unter Hinzufügung unterscheidender Zusätze.[433] 147

Für den Namensschutz nicht unterscheidungskräftiger und damit nicht originär geschützter Bezeichnungen kommt es auf die **Verkehrsgeltung** an. Der ausschließlich auf der Verkehrsgeltung beruhende Namensschutz entfällt mithin, wenn die Verkehrsgeltung verloren geht.[434] Die lediglich **vorübergehend unterbleibende Verwendung der Bezeichnung** schadet dabei nach der Rechtsprechung nicht, wenn das Unternehmen in seinem wesentlichen Bestand erhalten bleibt und die Absicht und Möglichkeit besteht, sie innerhalb eines solchen Zeitraums fortzusetzen, dass die Einstellung noch als vorübergehende Unterbrechung erscheinen kann.[435] Richtigerweise muss es hier darauf ankommen, inwieweit die Unterbrechung oder Aufgabe der Verwendung einer Bezeichnung dazu geführt hat, dass kein wesentlicher Teil der maßgeblichen Verkehrskreise die Bezeichnung mehr mit dem ursprünglichen Namensträger in Verbindung bringt. Je stärker die Bezeichnung das Unternehmen geprägt hat und je intensiver die Bezeichnung in der Vergangenheit verwendet wurde, desto stärker **wirkt** die **Verkehrsgeltung** nach einer Unterbrechung oder Stilllegung **nach** und desto länger wird der Verkehr die Bezeichnung als Hinweis auf das Unternehmen auffassen.[436] Die **Beweislast** für einen Wegfall der Verkehrsgeltung trägt der Verletzer.[437] 148

3. Verkehrsfähigkeit von Namensrechten. a) Übertragbarkeit und Gestattungsvertrag. aa) Bürgerlicher Name. Der bürgerliche Name wird als grundsätzlich **nicht mit dinglicher Wirkung übertragbar** angesehen, weder zu Lebzeiten noch im Erbgang. Das wird zumeist aus der herkömmlich angenommenen 149

426 RGZ 170, 265, 274; BGH GRUR 1961, 420, 422 – Cuypers; GRUR 2002, 972, 974 – FROMMIA; GRUR 2005, 871, 872 – Seicom; MüKo/*Bayreuther*, § 12 Rn 112 mwN.
427 BGH GRUR 1961, 420, 422 – Cuypers mwN.
428 MüKo/*Bayreuther*, § 12 Rn 110.
429 BGH NJW 2002, 3332, 3333 – Hotel Adlon; vgl auch BGH GRUR 1997, 749, 752 – L'Orange; *Fezer*, Markenrecht, § 15 Rn 130.
430 Soergel/*Heinrich*, § 12 Rn 161; Staudinger/*Habermann*, § 12 Rn 91; MüKo/*Bayreuther*, § 12 Rn 114.
431 Vgl RGZ 69, 310, 311 – Liberty (ursprüngliches Unternehmenskennzeichen als Bezeichnung für eine bestimmte Gewebesorte); vgl auch RGZ 56, 160 – Singer; 101, 407 – Simonsbrot; BGH GRUR 1959, 38, 40 – Buchgemeinschaft II.
432 Vgl RGZ 100, 182, 184 – Gervais; BGH GRUR 1977, 226, 228 – Wach- und Schließ.
433 Soergel/*Heinrich*, § 12 Rn 161; vgl auch BGH GRUR 1955, 95, 96 – Buchgemeinschaft I.
434 MüKo/*Bayreuther*, § 12 Rn 114; Soergel/*Heinrich*, § 12 Rn 150.
435 BGH GRUR 1957, 428, 429 – Bücherdienst.
436 *Fezer*, Markenrecht, § 15 Rn 85; Soergel/*Heinrich*, § 12 Rn 150; MüKo/*Bayreuther*, § 12 Rn 112.
437 *Fezer*, Markenrecht, § 15 Rn 85.

Rechtsnatur des bürgerlichen Namens als höchstpersönliches Recht gefolgert,[438] teilweise aus der Ordnungsfunktion des bürgerlichen Namens, der nicht entäußerbar oder ohne weiteres veränderbar sein soll.[439] Entsprechendes wird allgemein für das **Pseudonym** vertreten, weil auch dieses als Ausfluss des allgemeinen Persönlichkeitsrechts angesehen wird.[440] Anderes nimmt die herrschende Meinung nur beim **Sammelpseudonym** an (Rn 64). Auch ein dinglich wirkender **Verzicht** auf den bürgerlichen Namen wird nicht für möglich gehalten; allerdings wird dies für das Pseudonym nicht uneingeschränkt gelten können, weil insoweit keine Namensführungspflicht besteht und das frei gewählte Pseudonym nicht untrennbar mit dem Persönlichkeitsbereich des Trägers verbunden ist.

150 **bb) Firma, Unternehmenskennzeichen, Vereinsname.** Die Firma ist wegen des Zurücktretens der persönlichkeitsrechtlichen Bindung infolge der rein geschäftlichen Verwendung als Immaterialgut weitgehend anerkannt (Rn 20) und weithin **übertragbar und vererbbar**.[441] Wegen §§ 22, 23 HGB ist die Übertragung jedoch nur zusammen mit dem Geschäftsbetrieb möglich (**Akzessorietätsprinzip**).[442] Wegen der auch allgemein bei im geschäftlichen Bereich verwendeten Namen gegebenen Ablösung von der Person ist eine der Firma entsprechende Verkehrsfähigkeit allgemein bei **Unternehmenskennzeichen** und auch bei **Sozietätsbezeichnungen** anzunehmen (dazu auch Rn 165). Dabei spielt es keine Rolle, ob die Bezeichnung einen Personennamen enthält.[443] Überwiegend wird aber entsprechend der wegen § 23 HGB bei der Firma bestehenden Rechtslage wenigstens bei Bestehen einer Irreführungsgefahr eine an das Unternehmen gebundene Übertragbarkeit angenommen.[444] Das soll auch für **Domainnamen** gelten.[445] **Vereinsnamen** sind frei übertragbar.[446]

151 **cc) Domainnamen.** Die **Übertragbarkeit** von Domainnamen ist **streitig**. Teilweise werden Domainnamen als frei übertragbare Rechte *sui generis* angesehen (Rn 108 ff).[447] Andere Entscheidungen stellen eine Namensfunktion der Domain in den Vordergrund und verneinen die Übertragbarkeit der Domain, und zwar sowohl bei Bildung aus dem Familiennamen als auch bei einer davon unabhängigen Bildung.[448]

152 Es ist zu unterscheiden: Die Verwendung von Domainnamen kann, soweit sie individualisierend sind (dazu Rn 107), eine **besondere Verwendungsform des Namens oder Kennzeichens** sein,[449] bzw ihre Verwendung kann eine das Namensrecht zur Entstehung bringende Handlung darstellen. Es geht dann letztlich aber ohnehin nicht um eine Übertragbarkeit eines „Domainnamensrechts", sondern um eine das allgemeine Namensrecht betreffende Frage der Übertragbarkeit. Die „dingliche Übertragbarkeit" des Domainnamens bestimmt sich dann nach der Übertragbarkeit der Namensform oder des Kennzeichens, dem er entspricht.

153 Soweit der **Domainname dem bürgerlichen Namen entspricht** und nicht als Kennzeichen von der Person des Namensträgers abgelöst ist, könnte eine Übertragbarkeit wegen der persönlichkeitsrechtlichen Verbindung den gleichen Einschränkungen unterliegen wie allgemein beim bürgerlichen Namen. Da die Verwendung des Namens im Rahmen eines Internetdomainnamens jedoch allgemein nicht annähernd dieselbe Zuordnungswirkung zum Namensträger hat, sollte eine Übertragbarkeit des Domainnamens als von einem Namensrecht zu unterscheidendes absolutes Recht *sui generis* (dazu Rn 108) nicht wegen des Bestehens eines gleich lautenden Namensrechts beschränkt sein.

154 Anderenfalls kommt die Annahme einer „Übertragung" der Domain als besondere **schuldrechtliche Gestattung** (dazu Rn 156) der Verwendung des ihr entsprechenden Namens für die Verwendung im virtuellen Raum in Betracht. Das würde dann auch für Domains gelten, die Unternehmenskennzeichen entsprechen; da der Domainname kein besonderes, von dem Unternehmenskennzeichen abgelöstes Vermögensgut darstellen würde, wäre eine „Übertragung" des Domainnamens als schuldrechtliche Gestattung der Kennzeichenverwendung anzusehen. Davon ist die **Abtretung des Anspruchs gegen die Vergabestelle** zu unterschei-

438 RGZ 87, 147, 149; BGH GRUR 1960, 490, 493 – Vogeler; 119, 237, 240 – Universitätsemblem; NJW 1993, 2236, 2237 – Decker; MüKo/*Bayreuther*, § 12 Rn 131; BeckOK-BGB/*Bamberger*, § 12 Rn 40.

439 RG JW 1924, 164, 165; Staudinger/*Habermann*, § 12 Rn 123.

440 Soergel/*Heinrich*, § 12 Rn 197.

441 Vgl BGHZ 1, 241 – Piekfein; GRUR 1970, 528, 531 – Migrol; Staudinger/*Habermann*, § 12 Rn 127; MüKo/*Bayreuther*, § 12 Rn 136.

442 Soergel/*Heinrich*, § 12 Rn 197 nimmt auch insoweit an, dass dabei keine echte Rechtsübertragung vorliegt. Die Firma stelle kein selbständiges Rechtsgut dar.

443 Staudinger/*Weick/Habermann*, § 12 Rn 53; aA offenbar OLG Saarbrücken NJWE-WettbR 1999, 284, 285 – H&K.

444 BGH GRUR 1959, 87, 89 – Fischl; Staudinger/*Weick/Habermann*, § 12 Rn 53; Palandt/*Heinrichs*, § 12 Rn 16.

445 *Kleespies*, GRUR 2002, 764, 775.

446 MüKo/*Bayreuther*, § 12 Rn 136.

447 LG Essen GRUR 2000, 453 – Pfändung einer Domain; vgl auch LG Düsseldorf CR 2001, 468 f; *Fezer*, Markenrecht, Einl. G (Domainrecht – Kennzeichen im Internet) Rn 15 f; *Koos*, MMR 2004, 359, 362.

448 LG München I MMR 2000, 565, 566 – familienname.de; MMR 2001, 319, 320.

449 Insoweit ähnlich *Ingerl/Rohnke*, Markengesetz, 2. Aufl. 2003, nach § 15 Rn 38; *Welzel*, MMR 2001, 321, 323.

den.[450] Mit der Abtretung wird auf der Grundlage der hM die namensrechtliche Gestattung regelmäßig verbunden sein.

Vereinzelt wurde das strenge Dogma einer nicht möglichen Begründbarkeit dinglicher Rechtspositionen Dritter am bürgerlichen Namen kritisiert. Vor allem die Lehre von der **gebundenen Rechtsübertragbarkeit**[451] nimmt an, dass dinglich wirkende Rechtspositionen als an das Namensmutterrecht gebundene Tochterrechte begründet werden können. Es handelt sich dabei nicht um eine Übertragung unter Entäußerung von Teilbereichen des Namensrechts auf einen Dritten, sondern um eine gegenständlich wirkende beschränkte „Rechtsübertragung", die das Tochterrecht erst konstitutiv zur Entstehung bringt. Die fortbestehende Bindung des Tochterrechts an das Mutterrecht mit der Bindung an die konkreten Zwecke und Interessen der Beteiligten ermöglicht es, diese beschränkt immaterialgüterrechtliche Sichtweise mit der Notwendigkeit zu vereinen, dass zumindest der bürgerliche Name grundsätzlich unveräußerlich bleiben muss und dass Eingriffe eines dinglich berechtigten Dritten unveräußerliche Persönlichkeitsrechte des Namensträgers nicht einschränken dürfen. Die Auffassung hat sich bislang nicht durchsetzen können. Das Gleiche gilt für Auffassungen, wonach Namensrechte als Immaterialgüterrechte verstanden werden, die translativ übertragbar sind.[452] 155

dd) Gestattungsvertrag. Die hergebrachte Auffassung lässt nur eine **schuldrechtlich wirkende Gestattung der Ausübung der Namensrechte** zu.[453] Ein ausschließlich schuldrechtlich wirkender Gestattungsvertrag kommt auch in Betracht, soweit eine **Firma** nicht zusammen mit dem Geschäftsbetrieb übertragen wird.[454] Wenn man den **Domainnamen** nicht als gesondert übertragbares Recht ansieht und die Domainverwendung nur als besondere Verwendungsform des Gebrauchs eines Namensrechts betrachtet (Rn 154), liegt in der „Übertragung" der Domain letztlich nur eine auf den Internetverkehr beschränkte Gestattung des Namensrechts. 156

Der Namensträger verpflichtet sich im Fall eines Gestattungsvertrags schuldrechtlich, gegenüber dem Gestattungsempfänger von seinen Rechten aus § 12 keinen Gebrauch zu machen. Es handelt sich dabei um den Fall einer **obligatorischen Lizenz** in der Gestalt eines Gestattungsvertrags.[455] Darin liegt mittelbar die schuldrechtliche positive Einräumung von Nutzungsrechten am Namen, nicht aber eine Verfügung über das Namensrecht. Die Gestattung begründet keine originären oder abgeleiteten dinglichen Namensrechte des Gestattungsempfängers.[456] 157

Allerdings kann sich der Gestattungsempfänger auch Dritten gegenüber auf die **Namenspriorität** des Gestattenden berufen, ohne diese zu erwerben. Das folgt nicht aus einer dinglichen Wirkung der Gestattung, sondern aus einer Analogie zu § 986 Abs. 1.[457] Eine **eigene** ältere **Priorität** des Gestattungsnehmers kann aber anzunehmen sein, wenn der Gestattungsnehmer eine Anwaltssozietät ist, der der frühere Sozius unwiderruflich die Namensbenutzung als Sozietätsbezeichnung gestattet hat. Benutzt der ausgeschiedene Sozius seinen Namen ebenfalls als Bezeichnung seiner Kanzlei, muss er als Prioritätsjüngerer die Gefahr einer Verwechslung nach § 3 UWG durch geeignete Zusätze mildern.[458] In diesem Fall wird man von einer **firmenähnlichen Ablösung des Namens vom Namensträger** und einer Verdinglichung auszugehen haben, so dass der Grundsatz, dass keine originären Namensrechte entstehen, wenigstens hier nicht gilt (vgl auch Rn 165). Weiterhin können dem Gestattungsnehmer gegebenenfalls eigene **Bereicherungsansprüche** gegen einen unberechtigt die Verwertung des Namens betreibenden Dritten zustehen; ein solcher Bereicherungsanspruch folgt nicht notwendig aus einer Übertragung des Persönlichkeitsrechts auf den Gestattungsnehmer, sondern letztlich aus dem wirtschaftlichen Zuweisungsgehalt einer rein schuldrechtlich wirkenden Exklusivgestattung, die auch die Befugnis des Gestattungsnehmers umfasst, Dritten die Benutzung gegen eine Vergütung zu gestatten.[459] 158

Der schuldrechtliche Anspruch des Gestattungsempfängers gegen den Namensträger, ihm gegenüber auf die Ausübung von Unterlassungs- und Schadensersatzansprüchen zu verzichten, ist **nicht abtretbar**. Die Abtretung des Anspruchs könnte nicht ohne Veränderung ihres Inhalts erfolgen und scheidet deshalb nach § 399 aus.[460] Die Rechtsprechung und der überwiegende Teil des Schrifttums nehmen jedoch die Möglichkeit einer **gewillkürten Prozessstandschaft** an. Voraussetzung dafür ist eine wirksame Ermächtigung des Prozessstandschafters zur gerichtlichen Geltendmachung der Ansprüche des Rechtsinhabers. Zudem muss ein eigenes 159

450 Vgl BGH GRUR 2005, 969 – Domain-Pfändung; Palandt/*Ellenberger*, § 12 Rn 19; MüKo/*Bayreuther*, § 12 Rn 147.
451 Grundlegend *Forkel*, aaO; *ders.*, NJW 1993, 2182, 2183; *Nauta*, ÖJZ 2003, 404, 407.
452 *Ullmann*, AfP 1999, 209, 209, 212; *Beuthien/Schmölz*, S. 32 ff; dagegen *Peukert*, ZUM 2000, 710, 712.
453 BGHZ 119, 237, 242 – Universitätsemblem.
454 BGH GRUR 1970, 528, 531 – Migrol; vgl dazu MüKo/*Bayreuther*, § 12 Rn 137.
455 Vgl zum Begriff auch Soergel/*Heinrich*, § 12 Rn 197; *Koppensteiner*, § 42 Rn 8.
456 RGZ 87, 147, 149; BGHZ 119, 237, 242 – Universitätsemblem; vgl auch OLG Zweibrücken GRUR 1978, 546; Staudinger/*Habermann*, § 12 Rn 117; Palandt/*Ellenberger*, § 12 Rn 20.
457 BGH GRUR 1957, 34, 35 – Hadef; 1985, 567, 567 – Hydair; NJW 1993, 2236, 2237 – Decker.
458 Vgl BGH NJW 2002, 2093, 2095 – Vossius&Partner; Palandt/*Ellenberger*, § 12 Rn 20.
459 IdS BGH GRUR 1987, 128, 128 – Nena.
460 BGHZ 119, 237, 240 – Universitätsemblem; MüKo/*Schwerdtner*, 4. Aufl., § 12 Rn 129.

schutzwürdiges Interesse des Ermächtigten festzustellen sein, das auch durch ein wirtschaftliches Interesse begründet werden kann.[461]

160 **Sukzessionsschutz** kommt dem schuldrechtlichen Gestattungsvertrag nach herrschender Auffassung nicht zu. Die schuldrechtliche Gestattung des Namensgebrauchs wirkt grundsätzlich nur zwischen den Vertragspartnern und bindet nicht den Rechtsnachfolger des Gestattenden. Im Bereich der einfachen Lizenz an gewerblichen Schutzrechten wurde insbesondere vor Inkrafttreten des § 30 Abs. 5 MarkenG ein gewisser Sukzessionsschutz teilweise mit dem Rechtsgedanken des § 566 Abs. 1 BGB begründet.[462] Dies wurde vom BGH abgelehnt.[463] Es ist daher ohne Annahme einer Verfügungsmöglichkeit über das Namensrecht ein Sukzessionsschutz nach der Rechtsprechung wohl nicht erzielbar.[464]

161 Der **österreichische OGH** hat jedoch im Hinblick auf ein Namensrecht angenommen, dass sich ein Gestattungsnehmer auch gegenüber den Erben des Gestattenden auf die Gestattung berufen kann. Diese können den Gebrauch des Namens, auf den sich die Gestattung bezieht, auch nicht aus eigenem Recht untersagen.[465] Das stellt eine **Verdinglichung** der im österreichischen wie im deutschen Recht traditionell als lediglich schuldrechtlich wirkend angesehenen namensrechtlichen Gestattung dar.

162 Ebenso wenig wie gegenüber Rechtsnachfolgern des Gestattenden soll die Namensgestattung allgemein Rechte des Gestattungsnehmers gegenüber **weiteren gleichnamigen Rechtsträgern** erzeugen können. Da nach herrschender Auffassung eine absolute Wirkung des Gestattungsvertrags ausscheidet, würde eine solche Erweiterung der Rechtsposition bei einer rein schuldrechtlichen Sichtweise einen unzulässigen Vertrag zu Lasten Dritter darstellen. Deshalb hat der Gestattungsnehmer nach herrschender Auffassung keine Abwehr- beziehungsweise **Ausschließungsrechte** gegenüber Dritten. Damit fehlt es auch an einem Schutz gegenüber weiteren Gestattungsnehmern.[466] Davon ist die Frage zu unterscheiden, ob gleichnamige Dritte oder Rechtsnachfolger des Gestattenden dem Gestattungsnehmer die Benutzung des Namens untersagen können. Für die Beantwortung dieser Frage kommt es darauf an, inwieweit der Gestattungsnehmer als gegenüber Dritten **Benutzungsberechtigter**, wenn auch nicht Abwehrberechtigter anzusehen ist (vgl Rn 166).

163 Insoweit ist auf der Grundlage der herrschenden Ansicht zur Verkehrsfähigkeit des Namensrechts zu unterscheiden: Soweit die Gestattung des Namensgebrauchs den **kommerziellen Teil** des Persönlichkeitsrechts betrifft, könnte man im Einklang mit der *Marlene-Dietrich*-Rechtsprechung des BGH (dazu Rn 130) von einem Übergang der Rechte auf die Erben des Namensträgers auszugehen haben. Es ist dann aber zu fragen, ob die Übertragbarkeit im Erbgang nicht auch die Übertragbarkeit durch Rechtsgeschäft unter Lebenden im Sinne einer dinglich wirkenden Gestattung bedeutet; dies lässt der BGH in „Marlene Dietrich" ausdrücklich offen.[467] Es scheint aber so, dass der BGH im Ergebnis nicht zur Entwicklung eines echten vermögensrechtlichen Namensimmaterialguts kommen will (s. näher Rn 172 ff). Bejaht man die Frage, so wäre ein Schutz gegenüber Dritten schon wegen der dinglichen Wirkung der Gestattung gegeben. Auch wenn die **Erben** der wirtschaftlichen Bestandteile des Namensrechts nicht aus eigenem Namensrecht berechtigt sind, können sie als Rechtsnachfolger in das obligatorische Gestattungsrechtsverhältnis die **Namensgestattung** wie der Gestattende selbst im Rahmen der konkreten vertraglichen Vereinbarung **widerrufen**. Eine Höchstpersönlichkeit des Namensrechts steht dem Übergang der schuldrechtlichen Rechte und Pflichten aus dem Gestattungsvertrag nicht entgegen. Spätestens mit Erlöschen des nach Auffassung des BGH zeitlich begrenzten wirtschaftlichen Namensrechtsbestandteils[468] entfiele jedoch das Gestattungsschuldverhältnis automatisch.

164 Wenigstens soweit die Namensgestattung den **ideellen Namensbereich** betrifft, geht das Namensrecht nach hergebrachter Auffassung nicht auf die Erben über. Der Erfolg einer gegen den Gestattungsnehmer gerichteten Geltendmachung im Wege der **Prozessstandschaft** durch **Wahrnehmungsbefugte** hängt davon ab, ob der Gestattungsnehmer auch nach dem Tod des Gestattenden weiterhin als zur Namensbenutzung berechtigt anzusehen ist. Da der Vertragspartner insoweit ohne Rechtsnachfolger im Namensrecht weggefallen ist,

461 St. Rspr, vgl BGHZ 119, 237, 242 – Universitätsemblem; vgl auch BeckOK-BGB/*Bamberger*, § 12 Rn 62; Palandt/*Ellenberger*, § 12 Rn 20; MüKo/*Bayreuther*, § 12 Rn 226; vgl aber auch MüKo/*Bayreuther*, § 12 Rn 135.

462 Vgl dazu *Fezer*, Markenrecht, § 30 Rn 7; vgl auch *Ingerl/Rohnke*, Markengesetz, 2. Aufl. 2003, § 30 Rn 8; *Brandi/Dohrn*, GRUR 1983, 146 ff.

463 BGH 1982, 411, 413 – Verankerungsteil; vgl dazu *Hauser*, GRUR Int. 1983, 858, 858; krit. *Forkel*, NJW 1983, 1764.

464 Anders OLG Saarbrücken NJWE-WettbR 1999, 284, 286 – H&K mit dem Hinweis auf den Sukzessionsschutz als allg. für das Immaterialgüterrecht geltenden Rechtsgedanken; für Annahme von Sukzessionsschutz analog §§ 35 UrhG, 15 Abs. 3 PatG, 31 Abs. 5 GeschmMG MüKo/*Bayreuther*, § 12 Rn 135.

465 Österreichischer OGH v. 15.6.2000, 4 Ob 85/00 d, JBl. 2001, 54 – Radetzki; s. dazu *Koos*, GRUR 2004, 808, 811 f.

466 Palandt/*Ellenberger*, § 12 Rn 20; kritisch *Forkel*, NJW 1983, 1764.

467 BGH NJW 2000, 2195, 2198 – Marlene Dietrich, vgl schon BGH GRUR 1987, 128, 129 – Nena.

468 Vgl BGH NJW 2000, 2195, 2199 – Marlene Dietrich; GRUR 2007, 168 Rn 16 ff – Klaus Kinski; anders österreichischer OGH v. 15.6.2000, 4 Ob 85/00 d, JBl. 2001, 54 – Radetzki, wo es um eine Gestattung hinsichtlich des Namensrechts eines im Jahre 1858 Verstorbenen ging.

endet an sich auch die vertraglich begründete **Berechtigung** des Gestattungsnehmers zur Namensbenutzung. Mangels Anerkennung einer dinglichen Wirkung der Gestattung mit Begründung oder Erwerb eines eigenen Namens(teil)rechts beim Gestattungsnehmer wäre dieser nicht mehr zum Namensgebrauch berechtigt und könnte an der Benutzung des Namens gehindert werden. Zu denken ist aber an einen „Bestandsschutz" des Gestattungsnehmers, der gegebenenfalls über § 242 zur unzulässigen Rechtsausübung wenigstens der Rechtsnachfolger des Gestattenden und wenigstens bei Unwiderruflichkeit der Namensgestattung führen könnte. Praktisch dürfte allerdings nur die kommerzielle Seite des Namensrechts Gegenstand des Gestattungsvertrages sein, so dass die mangelnde Rechtsträgerschaft hinsichtlich des ideellen Namensbestandteils kaum eine Rolle spielen wird. Solange keine übermäßigen Eingriffe in die ideellen Persönlichkeitsinteressen gegeben sind (vgl Rn 174), wird man von einer zunächst fortwirkenden Gestattung im Rahmen des kommerziellen Bereichs ausgehen können, die den Gestattungsnehmer Berechtigter bleiben lässt.

Der Sohn des namensgebenden ausgeschiedenen Sozius einer **Rechtsanwaltssozietät**, der der Namensgebrauch in der Sozietätsbezeichnung für sämtliche Fälle des Ausscheidens aus der Sozietät unwiderruflich gestattet wurde, kann den Fortgebrauch des Namens nach dem Tod des ausgeschiedenen Sozius auch dann nicht untersagen, wenn er am selben Ort eine eigene Rechtsanwaltskanzlei unter seinem gleich lautenden Namen eröffnet.[469] Dieses Ergebnis kann schon damit begründet werden, dass sich der Name in der Sozietätsbezeichnung als Firmenschlagwort aufgrund seiner **Firmenähnlichkeit** wie eine Firma vom Namensträger abgelöst hat und so zu einem reinen **Immaterialgüterrecht** geworden ist, dessen dingliches Benutzungsrecht nach dem Ausscheiden des Namensträgers bei der Sozietät verbleibt („**Anwaltsfirma**"[470]).[471] Damit besteht im Ergebnis ein dinglicher Sukzessionsschutz. 165

Jedenfalls **zu Lebzeiten des gestattenden Namensträgers** ist, solange der Gestattungsvertrag besteht, eine **Berechtigung** des Gestattungsnehmers auch gegenüber gleichnamigen Dritten anzunehmen. Der Gestattungsnehmer kann seinerseits diesen zwar nicht die Benutzung ihres Namens verbieten, muss sich die Benutzung aber auch nicht verbieten lassen. Bei der unwiderruflichen Gestattung der Namensbenutzung in einer Sozietätsbezeichnung durch einen Sozius kann eine firmenähnliche Verdinglichung des Benutzungsrechts (vgl Rn 165) in Betracht kommen, so dass sich auch eine entsprechende Prioritätsstellung des Gestattungsnehmers begründen lässt.[472] 166

Der Gestattungsvertrag ist grundsätzlich **nicht formbedürftig**. Der Vertragsschluss kann insbesondere schlüssig erfolgen,[473] etwa durch Duldung der Namensführung.[474] Ein Vertragsabschluss im Voraus ist möglich.[475] Die **Unwirksamkeit** des Gestattungsvertrags ergibt sich aus allgemeinen Grundsätzen. Daneben kann sich die Unwirksamkeit insbesondere aus einem Verstoß gegen § 5 UWG iVm § 134 ergeben, wenn sich aus der Gestattung der Namensbenutzung die Gefahr einer Täuschung des Rechtsverkehrs ergibt.[476] 167

Sachliche, räumliche und zeitliche **Reichweite** des Gestattungsvertrags bestimmen sich nach seinem Inhalt.[477] Das betrifft vor allem die wichtige Frage der **Übertragbarkeit** der sich für den Gestattungsnehmer aus dem Gestattungsvertrag ergebenden **Benutzungsrechte** auf einen Dritten (vgl zur Abtretung der Unterlassungsansprüche gegen den Namensrechtsträger Rn 159). Bei **entgeltlicher Gestattung** des Namensgebrauchs wird man regelmäßig davon auszugehen haben, dass eine Übertragung der sich aus dem Gestattungsvertrag ergebenden Rechte seitens des Namensträgers nicht ausgeschlossen sein soll.[478] In der Gestattung kann nach herrschender Meinung zugleich die Ermächtigung liegen, die Rechte des Namensträgers gerichtlich im Rahmen einer **Prozessstandschaft** geltend zu machen (Rn 159). Auch wenn dies im Ergebnis eine dingliche Namensübertragung gleichsam simulieren mag, ist die mit der Gestattung kombinierte Ermächtigung doch eine zulässige Konstruktion.[479] 168

Der Gestattungsvertrag kann **auflösend bedingt** oder **zeitlich befristet** abgeschlossen werden. Auch eine **unwiderrufliche** Gestattung ist grundsätzlich möglich.[480] Ob eine **Befristung** vorliegt, ist durch Auslegung zu ermitteln. Die Gestattung der Verwendung des Familiennamens eines Sozius in der Bezeichnung einer Rechtsanwaltssozietät deutet vorbehaltlich einer gegenteiligen Absprache auf das Fehlen einer zeitlichen Begrenzung der Namensgestattung[481] hin. Ähnliches gilt für die Namensverwendung in der satzungsmäßigen 169

469 MüKo/*Bayreuther*, § 12 Rn 141 mwN; vgl OLG München EWiR 1993, 225 m. Anm. *Ring*.
470 Vgl *Ring*, EWiR 1993, 225, 226.
471 Vgl auch OLG Hamm NJW-RR 1998, 1073; *Ring*, EWiR 1993, 226 (Goodwillerhalt für den Kanzleifortführer).
472 Vgl BGH NJW 2002, 2093, 2095 – Vossius&Partner; Palandt/*Ellenberger*, § 12 Rn 20.
473 BayObLGZ 1986, 370; OLG München DB 1992, 2078, 2079.
474 RG JW 1924, 164, 165.
475 RG JW 1921, 824, 825.
476 BGHZ 1, 241, 246 – Piekfein; BGH NJW 2002, 2093, 2094 – Vossius&Partner; Staudinger/*Habermann*, § 12 Rn 129; MüKo/*Bayreuther*, § 12 Rn 143.
477 RGZ 76, 263, 265; JW 36, 923, 924 – Iduna.
478 Vgl RG Gruchot 45, 74; MüKo/*Schwerdtner*, 4. Aufl., § 12 Rn 143.
479 AA MüKo/*Schwerdtner*, 4. Aufl., § 12 Rn 139.
480 RG JW 1924, 164, 165.
481 BGH NJW 2002, 2093, 2094 – Vossius&Partner.

Bezeichnung einer Partei.[482] Aus dem Zusammenhang der Gestattung mit einer bestimmten Beziehung der Vertragspartner zueinander kann sich nach Treu und Glauben eine zeitliche Befristung der Gestattung auf das Ende des Rechtsverhältnisses ergeben.[483]

170 Bei der Gestattung der Namensbenutzung in einer Firma oder einer Geschäftsbezeichnung im Übrigen ist vorbehaltlich besonderer Vereinbarungen regelmäßig von einer **unwiderruflichen** Gestattung auszugehen.[484] Soweit eine unwiderrufliche Gestattung gegeben ist, kann der Gestattungsvertrag gleichwohl **aus wichtigem Grund widerrufen** werden.[485] Ein wichtiger Grund für einen Widerruf wird wegen des engeren Benutzungsrahmens bei einer Firmenfortführung unter erheblich strengeren Voraussetzungen vorliegen als bei der Gestattung der Benutzung des bürgerlichen Namens.[486] Dasselbe muss allgemein für den Widerruf der Gestattung einer Verwendung des bürgerlichen Namens als Bestandteil eines firmenartigen Unternehmenskennzeichens gelten, weil an der Bezeichnung ein Immaterialgüterrecht entsteht, das insoweit zur Loslösung des Namens vom Träger des entsprechenden bürgerlichen Namens führt (s. schon Rn 158). Ein wichtiger Grund für den Widerruf einer ggf auch über den Zeitpunkt des Ausscheidens fortgeltenden Namensgestattung wurde vom LG Hamburg im Fall eines Politikers angenommen, der einer Partei ursprünglich seinen Namen gegeben hatte, und aufgrund tiefgreifender Zerwürfnisse später aus der Partei ausgeschlossen wurde.[487]

171 **ee) GmbH, OHG, KG.** Eine GmbH ist berechtigt, den Namen eines **Gesellschafters**, der ihr die Führung seines Namens in der Firma gestattet hat, auch nach dem Ausscheiden weiterzuführen, soweit sich keine abweichenden Vereinbarungen aus der Gestattung ergeben.[488] Für die OHG und die KG gilt insoweit wegen § 24 Abs. 2 HGB Abweichendes.[489]

172 **b) Eigene Auffassung.** **Weiter gehend** als Rechtsprechung und herrschende Auffassung im Schrifttum sollte die je nach Art des Namens abgestuft weitgehende Verkehrsfähigkeit aller Namenstypen anerkannt werden und so die **Anerkennung eines Immaterialgüterrechtscharakters** der Persönlichkeitsrechte, insbesondere des Namensrechts erreicht werden. Den ersten Schritt in diese Richtung hat der BGH mit seiner Unterscheidung zwischen vermögensrechtlichem und ideellem Bestandteil des Persönlichkeitsrechts bereits getan, freilich ohne zu einer wahren Abspaltung eines eigentlichen Persönlichkeitsimmaterialgüterrechts zu gelangen. Wenn man eine vermögensrechtliche Deutung der Persönlichkeitsrechte konsequent anerkennt, dann muss dies losgelöst von einem reinen Hilfscharakter einer solchen Deutung im Sinne einer „Prävention durch Kommerzialisierung" geschehen, die sich letztlich auf das Ziel eines ideellen Schutzes der Persönlichkeit beschränkt, aber nicht die Verkehrsfähigkeit eines persönlichkeitsrechtlichen Wirtschaftsguts bezweckt.

173 Das bedeutet insbesondere für die Anerkennung eines Namensimmaterialgüterrechts zweierlei: *Erstens* kann sich die Verkehrsfähigkeit nicht auf die Vererbbarkeit beschränken. Der BGH benötigte die Vererbbarkeit nur, weil es ihm darum ging, den postmortalen Persönlichkeitsschutz zu stärken, aber nicht, um eine Vermögensnachfolge in ein Persönlichkeitsimmaterialgüterrecht anzuerkennen. Es geht ihm letztlich um den Schutz vermögenswerter Interessen der verstorbenen Person, die von den Erben geltend gemacht werden können. Darin liegt eine Art treuhänderischer Interessenwahrnehmung der Erben, die ihre Befugnisse vom verstorbenen Träger des Persönlichkeitsrechts ableiten und schon deshalb nicht als erworbenes eigenes Vermögensrecht ausüben, weil die Ausübung unter dem Vorbehalt des mutmaßlichen Willens des Verstorbenen steht.[490] Es sollte abweichend davon auch eine Übertragbarkeit durch Rechtsgeschäft unter Lebenden anerkannt werden. *Zweitens* kann ein vermögensrechtliches Persönlichkeitsrecht nicht abhängig von der zeitlichen Reichweite des ideellen postmortalen Persönlichkeitsschutzes sein. Es spricht nichts dagegen, ein verkehrsfähiges Persönlichkeitsimmaterialgüterrecht auch nach dem Verblassen des ideellen Persönlichkeitsschutzinteresses als Wirtschaftsgut, erst recht nach Ablauf einer starren Frist von zehn Jahren, bestehen zu lassen, zumal ideelle Beeinträchtigungen dann ohnehin keine vom Recht zu berücksichtigende Rolle mehr spielen. Wenn der Verstorbene postmortal nicht mehr in seinen Persönlichkeitsinteressen geschützt ist, ist nicht ersichtlich, warum ein ererbtes Wirtschaftsgut, etwa das kommerzielle Recht am Namen, untergehen sollte. Auch das entspricht

482 Vgl LG Hamburg NJW-RR 2005, 187, 188 – Schill-Partei.
483 RG JW 1936, 923, 924 – Iduna; BGH GRUR 1976, 644, 646 – Kyffhäuser; MüKo/*Schwerdtner*, 4. Aufl., § 12 Rn 141.
484 Vgl OLG München NZG 2000, 367 (Name in einer Sozietätsbezeichnung); BGH NJW 2002, 2093, 2094 – Vossius&Partner.
485 BGH GRUR 1970, 528, 533 – Migrol; OLG München NZG 2000, 367, 368; Palandt/*Ellenberger*, § 12 Rn 20; MüKo/*Schwerdtner*, § 12 Rn 144; vgl aber Staudinger/*Weick/Habermann*, § 12 Rn 52; Bamberger/Roth/*Bamberger*, § 12 Rn 43.
486 MüKo/*Schwerdtner*, § 12 Rn 144.
487 LG Hamburg NJW-RR 2005, 187, 188 – Schill-Partei.
488 BGHZ 58, 322, 326; Staudinger/*Habermann*, § 12 Rn 130.
489 BeckOK-BGB/*Bamberger*, § 12 Rn 64; aA teilweise MüKo/*Schwerdtner*, 4. Aufl., § 12 Rn 145; vgl *Kern*, BB 1999, 1717, 1719, wonach § 24 Abs. 2 HGB auch auf Kapitalgesellschaften Anwendung finden soll.
490 BGH GRUR 2007, 168 Rn 13 – Klaus Kinski; BVerfG GRUR 2006, 1049, 1050 f – Werbekampagne mit blauem Engel.

indes nicht der Auffassung des BGH, der den Schutz der vermögenswerten Bestandteile des postmortalen Persönlichkeitsrechts analog § 22 S. 3 KUG auf zehn Jahre begrenzt (s. dazu Rn 131 ff).[491]

Erkennt man die Prämisse einer theoretischen Abspaltung des Namensimmaterialgüterrechts von dem ideellen Namensrecht an, so muss doch gewährleistet sein, dass, solange ein vom Recht geschützter ideeller Persönlichkeitsinteressenbereich besteht, dieser nicht missachtet wird. Dieser Aspekt und vor allem auch das Ordnungsinteresse, das mit dem bürgerlichen Zwangsnamen verbunden ist, stehen gegen eine unbeschränkte Verkehrsfähigkeit des bürgerlichen Namens. Der Namensträger kann sich nicht vollends seines Namens entledigen; in Betracht kommt also nur das Modell einer Abspaltung, bei der dem Namensträger sein Name erhalten bleibt, sonst wäre das Ordnungsinteresse verletzt. Sodann kann es dem lebenden Namensträger nicht verwehrt sein, seinen Namen weiterhin auch selbst kommerziell zu nutzen, weil dies Teil seines unveräußerlichen wirtschaftlichen Betätigungsrechts ist. Man kann also nicht von einer einfachen Abspaltung eines kommerziellen Bereichs und einer restlosen Übertragung dieses Bereichs ausgehen. Schließlich muss der Namensträger davor geschützt werden, dass eine ausufernde Verwertung des Namensimmaterialgüterrechts durch den Erwerber oder einen Dritterwerber in seine schutzwürdigen ideellen Persönlichkeitsinteressen eingreift. 174

Hier sind **zwei Modelle** möglich: Entweder man nimmt eine Übertragung eines Namensimmaterialgüterrechts an,[492] dessen Ausübung mit dem verbliebenen Namensrechtsbereich beim Namensträger kollidieren kann; hier kann der Namensträger aus eigenem Namenspersönlichkeitsrecht im Einzelfall gegen die Verwertung des übertragenen und nun fremden Namensimmaterialgüterrechts vorgehen. Oder man folgt dem Vorbild der von *Forkel* vorgeschlagenen gebundenen Rechtsübertragung[493] und versteht das Namensimmaterialgüterrecht als vom verbliebenen Namensrecht als Mutterrecht abhängiges Tochterrecht, das bei entsprechenden Überschreitungen letztlich über das Mutterrecht kontrollierbar bleibt. Letztere Konstruktion erscheint beim **bürgerlichen Namen** vorzugswürdig. Es ist weiter gehend davon auszugehen, dass sich das Namensimmaterialgüterrecht dann zu einem vollkommen unabhängigen Immaterialgüterrecht wandelt, wenn das Mutterrecht und sein postmortal nachwirkender Schutz entfallen. Denn hier fallen die Gründe für eine Bindung des Namensimmaterialgüterrechts weg, ohne dass Letzteres unterzugehen hätte (s. Rn 135). 175

Das **Pseudonym** kann im Gegensatz zum bürgerlichen Namen auch, soweit es sich nicht um ein Sammelpseudonym handelt, verkehrsfähig sein,[494] ohne dass eine Bindung an ein beim ursprünglichen Namensträger verbleibendes Recht erforderlich wäre.[495] Hier ist der maßgebliche Gesichtspunkt, dass ein Ordnungsinteresse beim Wahlnamen nicht besteht. Wenn das Pseudonym frei angenommen werden kann, so kann es auch wieder aufgegeben werden. Die Bindung an den Namensträger ist hier von vornherein weiter gehend aufgelöst als beim bürgerlichen Namen; schon dies spricht für eine erleichterte Verkehrsfähigkeit.[496] Hinzu kommt, dass etwa der **Künstler- oder Autorenname** wie ein Unternehmenskennzeichen oft auf einen begrenzten beruflichen Lebensbereich beschränkt bleiben wird (Rn 60), wenn dies auch nicht notwendig so sein muss. Dann liegt die Anerkennung einer Ablösbarkeit umso näher. Es kommt hier auf den Einzelfall an, insbesondere, wie stark das Pseudonym mit der Person des Trägers verbunden ist (s. bereits Rn 142). Bei **Pseudonymen von Urhebern veröffentlichter Werke** mag man zudem eine mittelbare Persönlichkeitsbindung aus der auf das Urheberpersönlichkeitsrecht bezogenen Individualisierung annehmen, die auch bei solchen Pseudonymen nur eine gebundene Rechtsübertragung als angemessen erscheinen lassen würde. 176

Bei **Unternehmenskennzeichen**, die nicht unter das gesetzlich festgelegte Akzessorietätsprinzip des § 23 HGB fallen, kann auf ein allgemeines Akzessorietätsprinzip verzichtet werden. Dies entspricht einer zustimmungswürdigen Tendenz, das Akzessorietätsprinzip zugunsten einer freien Übertragbarkeit von Zeichenrechten zu überwinden. So ist das Prinzip auch für Markenrechte abgeschafft worden. Einer Irreführungsgefahr kann hinreichend mit dem lauterkeitsrechtlichen Irreführungsschutz begegnet werden.[497] 177

Domainnamen sind im Sinne eines **subjektiven Rechts *sui generis***, nicht als besondere Kennzeichen- oder Namensrechte, als solche frei **übertragbar** (vgl aber Rn 107 ff); wird jedoch durch die Domainübertragung ein begrenzt übertragbarer Namensrechtsbereich berührt – das kann vor allem der Fall sein, wenn die Domain mit dem nicht gewerblich verwendeten bürgerlichen Namen gleich lautend ist – kann der nur begrenzt veräußerliche Bereich der Persönlichkeitsinteressen eine Übertragbarkeit tangieren. Diese Überlagerung sollte die Verkehrsfähigkeit des Domainnamens als besonderes, nicht kennzeichenrechtliches Immaterialgüterrecht letztlich jedoch nicht ausschließen, weil der Zuordnungsanschein bei Domainnamen zumindest nicht in der- 178

491 BGH GRUR 2007, 168 Rn 16 – Klaus Kinski mwN.
492 Vgl dazu *Klippel*, S. 497 ff, 532 ff.
493 Grundlegend *Forkel*, aaO; *ders.*, NJW 1993, 2182, 2183; *Nauta*, ÖJZ 2003, 404, 407.
494 Vgl schon *Raschauer*, S. 251, allerdings unter gänzlicher Herausnahme des Decknamens aus dem bürgerlich-rechtlichen Namensschutz.
495 *Koos*, GRUR 2004, 808, 810; ebenso MüKo/*Bayreuther*, § 12 Rn 136.
496 AA Soergel/*Heinrich*, § 12 Rn 197, unter Hinweis darauf, dass der Verkehr den Künstlernamen als Hinweis auf den Künstler versteht.
497 *Hubmann/Götting*, Gewerblicher Rechtsschutz, 7. Aufl. 2002, § 45 Rn 17.

selben Intensität gegeben ist wie bei anderen Namensverwendungen, etwa in einer Firma oder einem sonstigen Unternehmenskennzeichen.

179 **c) Insolvenz und Pfändung. aa) Firma.** Es ist streitig, ob der Insolvenzverwalter die nach § 22 HGB zur Firmenfortführung notwendige **Einwilligung** auch dann wirksam erteilen kann, wenn die Firma des Gemeinschuldners den Familiennamen des Einzelkaufmanns oder des Mitglieds der Personengesellschaft enthält. Zwar gehört die Firma nach Auffassung des BGH zur Insolvenzmasse; dabei komme es nicht darauf an, dass die Firma wegen § 23 HGB nicht der Pfändung unterliegt.[498] Enthält die Firma des **Einzelkaufmanns** jedoch dessen Familiennamen, so war nach Ansicht der Rechtsprechung vor Inkrafttreten der Handelsrechtsnovelle von 1998 das persönlichkeitsrechtliche Interesse gegenüber den vermögensrechtlichen Interessen der Insolvenzgläubiger an der Verwertung der Firma höher zu bewerten.[499] Das Gleiche nahm die Rechtsprechung an, wenn die Firma einer **Personengesellschaft** Namen von Gesellschaftern enthielt.[500] Es war also in diesen Fällen immer erforderlich, dass eine Zustimmung des namensgebenden Einzelkaufmanns oder der namensgebenden Gesellschafter zur Firmenveräußerung vorlag.

180 Bei der insolvenzbedingten Veräußerung von **Kapitalgesellschaften** sowie der **GmbH & Co. KG** ging die Rechtsprechung hingegen davon aus, dass eine solche Zustimmung nicht erforderlich war.[501] Der Grund für diese Differenzierung lag zunächst darin, dass in der Firma einer juristischen Person anders als in der Firma des Einzelkaufmanns oder der Personengesellschaft die Verwendung des Namens des Kaufmanns oder Gesellschafters keiner gesetzlichen Anordnung unterlag. Hier war daher kein Schutz des seinen Namen freiwillig zur Verfügung stellenden Gesellschafters erforderlich (sog. Unausweichlichkeitstheorie).[502] Nach der Neufassung der §§ 18, 19 HGB könnte die maßgebliche Begründung für eine Differenzierung allenfalls noch in der Zwischenschaltung einer juristischen Person als Firmeninhaberin liegen.[503] Der namensgebende Gesellschafter kann allerdings die Zustimmung zur Verwendung seines Namens bei der Firmenbildung von seiner Zugehörigkeit zur Gesellschaft abhängig machen.

181 Die **Unterscheidung der Rechtsprechung** zwischen der Veräußerung der Firma des Einzelkaufmanns und der Personengesellschaft einerseits und der Firma juristischer Personen und der GmbH & Co. KG andererseits ist aus zwei Gründen **nicht aufrechtzuerhalten**:[504]

182 **Zum einen** ist zumal mit der Anerkennung der Rechtsfähigkeit der BGB-Außengesellschaft[505] auch von einer grundsätzlichen Rechtssubjektivität der Personenhandelsgesellschaften auszugehen, die nicht allein von der gesetzlichen Anordnung des § 124 HGB abhängt. Die Gesellschaft ist Trägerin des Unternehmens und des Firmenrechts; der Name hat sich von dem Namensgeber insoweit abgelöst und wird einem anderen Rechtssubjekt zugeordnet. Eine gegenüber der Kapitalgesellschaft abweichende Behandlung könnte daher allenfalls noch mit dem geringeren Verselbständigungsgrad der rechtsfähigen Personenvereinigung, namentlich einer wesensmäßigen Ausrichtung auf einen gegenüber der Kapitalgesellschaft eher kontinuierlichen Mitgliederbestand,[506] begründet werden. Dies bedeutete indes für die namensrechtliche Fragestellung eine **Überbewertung des strukturellen personenrechtlichen Einschlags** der Personengesellschaften, ohne dass ersichtlich wäre, warum der Gesellschafter hier im Hinblick auf das Namensrecht schutzwürdiger sein sollte als bei einem vollständig personifizierten Personenverband.[507]

183 Auch der BGH hat im Übrigen den personenrechtlichen Bezug gerade aus dem mittlerweile entfallenen Zwang zur Namensfirma und weniger aus der Organisationsstruktur der Personengesellschaft hergeleitet.[508] Schon die **Freiwilligkeit der Namensverwendung** in der Firma hebt danach einen personenrechtlich relevanten

498 BGHZ 85, 221, 223; NZI 2004, 626; MüKo/*Bayreuther*, § 12 Rn 145 mwN.
499 BGH GRUR 1960, 490, 493 – Vogeler.
500 OLG Düsseldorf NJW 1982, 1712, 1713; vgl OLG Koblenz NJW 1992, 2101.
501 BGHZ 85, 221, 224; NJW 1990, 1605, 1606 f – Brenner; vgl auch österreichischer OGH ÖBl. 2002, 240.
502 Vgl MüKo/*Bayreuther*, § 12 Rn 145 f mwN.
503 Vgl Staudinger/*Habermann*, § 12 Rn 139.
504 Gegen die Rechtsprechung MüKo/*Bayreuther*, § 12 Rn 146; Staudinger/*Habermann*, § 12 Rn 137; Palandt/*Ellenberger*, § 12 Rn 17; differenzierend BeckOK-BGB/*Bamberger*, § 12 Rn 60; aA *Kern* BB 1999, 1717, 1718; *Wertenbruch* ZIP 2002, 1931.
505 BGHZ 146, 341 ff.
506 In diesem Sinne *Schmitt*, WiB 1997, 1116, 1119; hiergegen *Steinbeck*, NZG 1999, 133, 138.
507 Vgl Soergel/*Heinrich*, § 12 Rn 24, mit dem Hinweis darauf, dass von Seiten des „flüchtigen Verbrauchers" aus der Namensidentität weiterhin auf die Unternehmensbeteiligung des Namensgebers geschlossen werde, woraus sich die Persönlichkeitsverletzung ergebe. Doch würde der „flüchtige Verbraucher" nicht zwischen den Rechtsformen und ihren Strukturunterschieden differenzieren und falls dem bei der Personengesellschaft so wäre, auch bei der juristischen Person auf eine weitere Beteiligung des namensgebenden Gesellschafters an dem Unternehmen schließen; gegen die Annahme einer beachtlichen Zurechnungskontinuität bei Firmenfortführung zu Recht MüKo/*Schwerdtner*, 4. Aufl., § 12 Rn 152.
508 Vgl BGH NJW 1990, 1605, 1607 – Brenner.

Bezug auf. Daran ändert auch die Wertung des § 24 Abs. 2 HGB nichts:[509] Maßgeblich ist, dass der Gesellschafter nicht verpflichtet war, seinen Namen zur Firmenbildung zur Verfügung zu stellen. Die Wertung des § 24 Abs. 2 HGB ist nicht auf die Frage der Verwertbarkeit der Firma in der Insolvenz übertragbar. Im Gegensatz zur von § 24 Abs. 2 HGB erfassten Situation des freiwilligen Ausscheidens des namensgebenden Gesellschafters hat sich der Gesellschafter in der Insolvenz gerade nicht von dem Unternehmen gelöst, sondern gehört der Haftungsgesamtheit im weiteren Sinne an. Er muss sich daher die Verwertung der unter freiwilliger Verwendung seines Namens gebildeten Namensfirma gefallen lassen.

Bedeutender ist **zum anderen** die notwendige Auswirkung einer **immaterialgüterrechtlichen Qualifikation der Firma** auch des Einzelkaufmanns und der Personenhandelsgesellschaft, die nach der Zulassung von Sachfirmen auch dieser Rechtssubjekte durch das Handelsrechtsreformgesetz von 1998 verstärkt wurde. Die Firma hat sich durch die Zuordnung zum Unternehmen von der Person des Namensträgers verselbständigt und ist daher, gebunden an das Unternehmen, verkehrsfähig. Das Interesse des Gemeinschuldners an der erneuten Verwendung seines bürgerlichen Namens in einer verwechselbaren Firma tritt gegenüber den Gläubigerinteressen zurück. Generell ist daher entgegen der früheren Rechtsprechung eine Zustimmung des Namensgebers zur Firmenveräußerung auch bei der Personengesellschaft und dem Einzelkaufmann nicht erforderlich. Eine vervielfältigte Namensverwendung in Firmen gesondert veräußerter Zweigniederlassungen muss der Namensinhaber jedoch ohne besondere Vereinbarung nicht hinnehmen.[510] 184

bb) Domains. Für Domains, die Personennamen entsprechen, ist anzunehmen, soweit man eine gesonderte Verkehrsfähigkeit anerkennt, dass die Verwendung im geschäftlichen Bereich zur Ablösung von der Person des Namensträgers führt. Damit stehen jedenfalls persönlichkeitsrechtliche Gründe einer Veräußerung in der Insolvenz nicht entgegen. Auch hier ist jedoch die Unterscheidung zwischen dem Namensrecht als solchem, dessen Benutzung die Verwendung des Domainnamens ist, und dem Domainnamen als selbständigem Vermögensgegenstand, gegebenenfalls als subjektivem absolutem Recht *sui generis*, zu beachten (dazu Rn 107 ff). Unabhängig davon, ob man das Recht am Domainnamen als von den Namens- und Kennzeichenrechten zu unterscheidendes subjektives Recht anerkennt oder nur als rein faktisch absolute Position des Domaininhabers im Rahmen einer relativen Rechtsbeziehung zum DENIC, ist der **Domainname in der Insolvenz grundsätzlich verwertbar**. Das sollte entsprechend der Situation bei den Namensfirmen auch für Namensdomains gelten, zumal die Zuordnungswirkung des Domainnamens aufgrund der besonderen Überlagerung mit einer rein technischen Adressfunktion zwar nicht völlig fehlt, aber doch gegenüber einer Verwendung etwa in Druckwerken geringer ist. 185

Der registrierte Domainname kann unabhängig von zugleich bestehenden Namensrechten als selbständiger und übertragbarer Vermögensgegenstand nach § 857 ZPO **gepfändet** werden.[511] Nach Auffassung des BGH, der im Domainnamen kein absolutes Recht sieht, ist **Gegenstand der Pfändung** die Gesamtheit der schuldrechtlichen Ansprüche zwischen dem Domaininhaber und der Vergabestelle.[512] Es spielt nach richtiger Auffassung keine Rolle, ob der Domainname dem bürgerlichen Namen des Schuldners entspricht; eine Verletzung des § 12 liegt in der Pfändung eines solchen Domainnamens nicht.[513] Der Namensträger kann sein Interesse an einer Domainverwendung unter Anlehnung oder Benutzung seines Namens unschwer durch geringe Modifikationen oder Zusätze bei der Domainnamensgestaltung verwirklichen, auch wenn der Domainname in seiner ursprünglichen Zusammensetzung verwertet wurde. Das steht im Einklang mit der Rechtsprechung des BGH, wonach die Registrierung eines Domainnamens als solche keine Namensbestreitung darstellen soll.[514] An die daneben mögliche Annahme einer Zuordnungsverwirrung wird man bei der Domainverwendung erhöhte Anforderungen stellen. 186

cc) Marken. Marken unterliegen auch dann der Verwertbarkeit in der Insolvenz des Markeninhabers sowie der Pfändbarkeit in der Einzelzwangsvollstreckung, wenn die Marke aus dem persönlichen Namen des Inhabers oder aus der Firma des Unternehmensinhabers gebildet ist.[515] 187

509 AA *Kern*, BB 1999, 1717, 1719, die aus der Möglichkeit der Sachfirmenbildung bei Personenhandelsgesellschaften auf eine Anwendung des § 24 Abs. 2 HGB auf Kapitalgesellschaften schließt und auch für diese eine Zustimmung des namensgebenden Gesellschafters verlangt.

510 BGH WM 1980, 1360; BeckOK-BGB/*Bamberger*, § 12 Rn 60; MüKo/*Bayreuther*, § 12 Rn 146.

511 BGH GRUR 2005, 969, 970 – Domain-Pfändung; OLG München K&R 2004, 496 – sport.de; LG Essen GRUR 2000, 453; LG Mönchengladbach MMR 2005, 197 – Pfändung einer Internetdomain; *Fezer*, Markenrecht, Einl. G (Domainrecht – Kennzeichen im Internet) Rn 108; *Welzel*, MMR 2001, 131, 134; *Kleespies*, GRUR 2002, 764, 773.

512 BGH GRUR 2005, 969, 970 – Domain-Pfändung; MüKo/*Bayreuther*, § 12 zur hM.

513 AA LG München I MMR 2000, 565, 566 – familienname.de.

514 BGH NJW 2003, 2978, 2979 – maxem.de; ebenso österreichischer OGH MMR 2002, 452, 455 – graz2003.at.

515 *Fezer*, Markenrecht, § 29 Rn 38.

IV. Verletzungstatbestände

188 **1. Allgemeines.** Nach herkömmlicher herrschender Sichtweise sind von § 12 nur die Namensbestreitung und die Namensanmaßung erfasst, während andere Beeinträchtigungen des Namensrechts vor allem über die deliktischen Regeln zum Schutz des allgemeinen Persönlichkeitsrechts erfasst sind (vgl aber auch Rn 4 ff zur funktionalen Erweiterung des Schutzbereichs des § 12).[516]

189 **2. Namensbestreitung (Namensleugnung).** Der Namensträger genießt Schutz des Gebrauchs seines Namens. Wird ihm sein Recht zum Namensgebrauch bestritten, so steht ihm ein Anspruch auf Beseitigung der Beeinträchtigung und bei Wiederholungsgefahr auf Unterlassung zu. Das gilt auch für das Pseudonym. Nur dem Namensrechtsinhaber selbst, nicht dagegen den Familienangehörigen des Rechtsinhabers steht der Anspruch zu. Jedoch kann der **Ehegatte** einen eigenen Anspruch wegen Namensbestreitung auch gegen den anderen Ehegatten geltend machen, wenn die Beeinträchtigung in dem Bestreiten des Ehenamens oder in dem Bestreiten der Beibehaltung des Geburtsnamens nach der Eheschließung liegt.[517] Der Anspruch kann auch **gegen eine Behörde** bestehen.[518]

190 „**Gebrauch**" des Namens ist die Benutzung des Namens zur Kennzeichnung der eigenen Person im allgemeinen Umgang oder im geschäftlichen Verkehr.[519] Dazu gehört auch die Benutzung des eigenen Namens im Bereich des Internets als Domainname (Rn 107).[520] Eine **Namensbestreitung** bzw **-leugnung** ist das Absprechen des Rechts des Berechtigten zum Gebrauch des eigenen Namens, das Infrage stellen des Bestands des Namensrechts.[521] Die Namensbestreitung kann **ausdrücklich**, aber auch **schlüssig** geschehen. Letzteres wird etwa angenommen, wenn der Berechtigte nachhaltig mit falschem Namen benannt wird oder hartnäckig eine falsche Namensschreibweise oder Form verwendet wird.[522] Nachhaltigkeit ist für ein Bestreiten jedoch nicht generell vorauszusetzen; schon ein einmaliges Bestreiten des Namensrechts kann im Einzelfall ausreichen.[523] Eine Namensbestreitung liegt aber nicht schon in der satirischen oder herabsetzenden Abwandlung des Namens.[524] Auch die **Registrierung** eines dem Namen gleich lautenden **Domainnamens** beim DENIC soll als solche keine Namensbestreitung, sondern nur eine Namensanmaßung begründen können.[525] In dem Innehaben einer Marke oder einer geschäftlichen Bezeichnung liegt keine Namensbestreitung.[526] Ausreichend ist das Bestreiten des Namensrechts gegenüber Dritten oder Behörden oder durch öffentliche Erklärung.[527]

191 Die Behauptung eines besonderen Interesses an der Durchsetzung des Anspruchs ist nicht erforderlich.[528] Es genügt bedingter Vorsatz; der Bestreitende muss keine kränkende Absicht haben.[529] Bei fahrlässiger Namensbestreitung besteht gegebenenfalls ein Anspruch auf Richtigstellung und Unterlassung.[530]

192 **3. Namensanmaßung. a) Grundsatz.** Benutzt ein anderer unbefugt den gleichen oder einen verwechslungsfähigen Namen wie der Namensträger und wird dadurch ein schutzwürdiges Interesse des Namensträgers verletzt, so hat der Namensträger, nicht dagegen ein Dritter, etwa der Ehegatte,[531] einen Anspruch auf Beseitigung der Beeinträchtigung und bei Wiederholungsgefahr auf Unterlassung. Die Führung des bürgerlichen Namens ist schon wegen der öffentlich-rechtlichen **Namensführungspflicht** grundsätzlich nicht unbefugt. Der Gebrauch des bürgerlichen Namens kann insoweit nicht über § 12 verhindert werden. Dagegen besteht für **geschäftliche Kennzeichen** nach geltendem Recht keine Pflicht zur Führung eines bestimmten Namens in der Firma eines Einzelkaufmanns oder einer Personengesellschaft, zulässig sind auch Sachfirmen. Soweit eine solche Pflicht ausscheidet, ist unter Heranziehung des **Prioritätsgrundsatzes** zu entscheiden: Das prioritätsjüngere gleiche oder verwechslungsfähige geschäftliche Kennzeichen hat bei Interessenverletzung des Inhabers des älteren Kennzeichens zu weichen. Voraussetzungen für eine Namensrechtsverletzung durch Namensanmaßung sind die Rechtmäßigkeit der Namensführung durch den Verletzten, die Unbefugtheit des Namensgebrauchs durch den Verletzenden und die Verletzung schutzwürdiger Interessen des Verletzten. Maßgeblich ist nach herkömmlicher auf einen engen Schutzbereich des § 12 ausgerichteten Auffassung (vgl

516 BeckOK-BGB/*Bamberger*, § 12 Rn 65.
517 RGZ 108, 230, 231; vgl Soergel/*Heinrich*, § 12 Rn 171; Staudinger/*Habermann*, § 12 Rn 259.
518 Staudinger/*Habermann*, § 12 Rn 260; MüKo/*Bayreuther*, § 12 Rn 188.
519 BeckOK-BGB/*Bamberger*, § 12 Rn 69; Staudinger/*Habermann*, § 12 Rn 255.
520 Vgl BGH NJW 2003, 2978, 2979 – maxem.de.
521 OLG Köln MMR 2001, 170, 171 – maxem.de.
522 Vgl BVerwGE 44, 351, 355; Palandt/*Ellenberger*, § 12 Rn 21.
523 Staudinger/*Habermann*, § 12 Rn 263.
524 OLG Frankfurt GRUR 1982, 319, 320 – Lusthansa; KG NJW-RR 1997, 937, 939 – Telekom.
525 BGH NJW 2003, 2978, 2979 – maxem.de; ebenso österreichischer OGH MMR 2002, 452, 455 – graz2003.at; Palandt/*Ellenberger*, § 12 Rn 21; MüKo/*Bayreuther*, § 12 Rn 186; aA OLG Düsseldorf NJW-RR 1999, 626, 628 – ufa.de; BeckOK-BGB/*Bamberger*, § 12 Rn 65.
526 Vgl OLG München NJW-RR 1996, 1005 – Frankenberg.
527 Staudinger/*Habermann*, § 12 Rn 261.
528 MüKo/*Bayreuther*, § 12 Rn 188; Palandt/*Ellenberger*, § 12 Rn 21.
529 Staudinger/*Habermann*, § 12 Rn 263; BeckOK-BGB/*Bamberger*, § 12 Rn 46.
530 MüKo/*Bayreuther*, § 12 Rn 186.
531 RG JW 1923, 132.

dazu Rn 4) die Erzeugung einer **Zuordnungsverwirrung,** bzw **Identitätsverwirrung** durch den Namensgebrauch.[532]

b) Begriff des Namensgebrauchs. Die nach herrschender Meinung notwendige **Zuordnungsverwirrung** erfordert die Benutzung des gleichen Namens wie der berechtigte Namensträger. Dazu bedarf es einer Benutzung zur namens- oder kennzeichenmäßigen Bezeichnung einer Person, deren Leistungen oder Einrichtungen, eines Unternehmens oder dessen Produkte. Das ist dann der Fall, wenn die mit dem Namen benannte Person als die Person des Namensträgers angesehen wird;[533] bei einer auf der Namensbenutzung beruhenden **fälschlichen Herkunftszuordnung** eines Produkts oder Einrichtung zum Namensträger liegt eine mittelbare Zuordnungsverwirrung im Verhältnis zum wahren Urheber des Produkts oder Einrichtungsbetreiber vor. 193

Es wird aber jedenfalls auch als ausreichend angesehen, dass der Namensträger allgemein aufgrund der Namensbenutzung mit Produkten oder Einrichtungen in Verbindung gebracht wird, mit denen er nichts zu tun hat,[534] insbesondere wenn der falsche Eindruck erzeugt wird, dass der Namensträger dem Gebrauch seines Namens zugestimmt hat.[535] Der Tatbestand der Namensanmaßung wird von der herrschenden Auffassung auf den **kennzeichenmäßigen Gebrauch** des Namens reduziert.[536] Gebrauchshandlung können sowohl die ausdrückliche Nennung als auch andere Handlungen sein, die die Zuordnung zum Namensträger bewirken. Dass eine tatsächliche Verwechslung mit dem Namensträger stattfindet, ist nicht erforderlich.[537] Ist nur eine geringfügige Zuordnungsverwirrung gegeben, so reicht diese aus, wenn die berechtigten Interessen des Namensträgers in besonderem Maße beeinträchtigt werden (näher Rn 234 ff).[538] Das Registrieren und Verwalten eines Domainnamens durch die DENIC ist kein Namensgebrauch.[539] 194

Der verwendete Name muss nicht identisch mit dem Namen des Namensträgers sein. Kleine vom flüchtigen Beobachter nicht beachtete Abweichungen etwa in der Schreibweise beseitigen die Namensübereinstimmung nicht. Es genügt eine hinreichende **Verwechslungsfähigkeit**. Dafür wird darauf abgestellt, ob dem Namen eine schwache Kennzeichnungskraft und damit ein enger Schutzbereich oder ob ihm eine starke Kennzeichnungskraft und damit ein erweiterter Schutzbereich zukommt. Je stärker die Kennzeichnungskraft des Namens, umso eher wird eine Namensrechtsverletzung bei Benutzung nur ähnlicher Namen angenommen.[540] Bei Namensgebrauch gegenüber Verbrauchern im geschäftlichen Verkehr ist in Übertragung der Grundsätze aus dem Lauterkeitsrecht (vgl § 3 Abs. 2 UWG) bei der Beurteilung der Verwechslungsgefahr auf die Sicht eines durchschnittlich informierten, verständigen und situationsadäquat aufmerksamen Verbrauchers abzustellen sein.[541] 195

Völlige Branchenunähnlichkeit schließt einen relevanten Namensgebrauch selbst bei Identität der Bezeichnung aus.[542] Es fehlt dann an einer Verwechslungsgefahr, so dass eine Interessenbeeinträchtigung nicht gegeben ist. Das gilt, schon wegen der Maßgeblichkeit der Wertpapierkennnummern für die Identifizierung börsennotierter Unternehmen, auch, wenn sich zwei gleichnamige branchenverschiedene Unternehmen auf dem Kapitalmarkt begegnen oder die Gefahr einer künftigen Kollision auf dem Kapitalmarkt besteht.[543] 196

Schon die Verwendung eines **schlagwortartigen Bestandteils** des Namens kann zur Annahme eines Namensgebrauchs ausreichen.[544] Die Verwechslungsgefahr kann sich auch aus der bloßen **klanglichen Ähnlichkeit** ergeben, wobei auf die konkrete **Sprechweise** des Verkehrs abzustellen ist. Deshalb kann eine Verwechslungsgefahr zwischen unterschiedlich geschriebenen Kennzeichen bestehen, die aufgrund besonderer Sprachgewohnheiten des Verkehrs, welche insbesondere durch die besondere Bekanntheit des verletzten Kennzeichens geprägt sein können, ähnlich klingend ausgesprochen werden.[545] 197

532 BGHZ 91, 117, 120; NJW 1991, 1532, 1532; GRUR 2003, 897, 898 – maxem.de Staudinger/*Habermann*, § 12 Rn 271.

533 OLG Düsseldorf NJW-RR 1990, 293, 293.

534 BGH GRUR 1964, 38, 40 – Dortmund grüßt; OLG Nürnberg NJW-RR 2006, 906, 907 – Süß; Palandt/*Ellenberger*, § 12 Rn 23.

535 RGZ 74, 309, 311 – Graf Zeppelin; BGHZ 119, 236, 246 – Universitätsemblem; BGHZ 126, 209, 216 – Carrera; GRUR 2005, 357, 358 – Pro Fide Catholica; OLG Koblenz NJW 2004, 605, 605 – Derrick; aA MüKo/*Schwerdtner*, 4. Aufl., § 12 Rn 188; keine Namensanmaßung, wenn nur der Eindruck eines namensrechtlichen Gestattungsvertrags erweckt wird.

536 Vgl BGH GRUR 1958, 302, 302 f – Lego; MüKo/*Bayreuther*, § 12 Rn 152; BeckOK-BGB/*Bamberger*, § 12 Rn 69.

537 Vgl BGH NJW 1994, 245, 247 – römisch-katholisch.

538 BGH NJW 2003, 2978, 2979 – maxem.de.

539 BGH GRUR 2004, 619, 619 – kurt-biedenkopf.de.

540 BeckOK-BGB/*Bamberger*, § 12 Rn 69; vgl BGH GRUR 1952, 35, 36 – Widia/Ardia; 1957, 561, 562 – REI-Chemie; 1960, 296, 297 – Reiherstieg.

541 MüKo/*Bayreuther*, § 12 Rn 158, vgl zum europäischen Verbraucherleitbild *Koos/Menke/Ring* (Hrsg.), Praxis des Wettbewerbsrechts/*Koos*, Rn I/373 ff.

542 BGH NJW 1993, 459, 460 f – Columbus-International; GRUR 2005, 430, 431 – mho.de; OLG Hamburg GRUR 1994, 71, 73 f – Appel; MüKo/*Bayreuther*, § 12 Rn 162; Palandt/*Ellenberger*, § 12 Rn 27.

543 OLG Frankfurt GRUR 2000, 517, 518 – Jost; vgl dazu *Wulf*, BB 2000, 321, 322 f.

544 BGH GRUR 1960, 550, 552 – Promonta.

545 BGH MMR 2004, 158, 159 – DONLINE.

198 Die Verwendung eines **Familiennamens** ohne einen Vornamen wird als ausreichend angesehen, eine Namensrechtsverletzung jedes Trägers des Familiennamens darzustellen, und zwar unabhängig davon, auf welchen konkreten Träger die Namensverwendung abzielt.[546] Der Träger eines Familiennamens ist nach Auffassung der Rechtsprechung auch gegen die Verwendung seines Familiennamens unter Hinzufügung des Vornamens eines anderen Familienmitglieds geschützt.[547]

199 Der bloße **Vornamensgebrauch** kann Namensgebrauch sein, wenn dem Vornamen allein ausnahmsweise Namensschutz zukommt (vgl Rn 55).

200 Die Reduktion des Schutzes des § 12 auf Fälle des zeichenmäßigen Gebrauchs des Namens ist zu eng. Die Funktionserweiterung und die zunehmende teilweise Wandlung auch des bürgerlichen Namens, erst recht gewisser Wahlnamen zu Vermögensgütern, aber auch der umfassende Schutz der namensmäßigen Persönlichkeitsrepräsentanz (Rn 5), sollte sich auch auf den Begriff des Namensgebrauchs auswirken. Daher sind auch gewisse nicht-zeichenmäßige Verletzungshandlungen zu erfassen, insbesondere wenn der berechtigte berühmte Namensträger in der Werbung im Zusammenhang mit Produkten genannt wird, ohne dass daraus auf eine Urheberschaft oder tatsächlich erfolgende Identifikation des Namensträgers mit dem beworbenen Produkt zu schließen ist, weil der Werbende sich dadurch die Prominenz und ihren wirtschaftlichen Wert in der Werbung aneignet.[548]

201 Der nach der herrschenden Auffassung eine Zuordnungsverwirrung erfordernde Namensgebrauch wird von der **bloßen Namensnennung** unterschieden. Bei Letzterer fehlt eine Zuordnungsverwirrung. Eine nach der herrschenden Meinung für § 12 unbeachtliche Namensnennung liegt vor, wenn der Name des berechtigten Namensträgers im Zusammenhang mit **ehrverletzenden oder unrichtigen Sachaussagen** genannt wird.[549] Eine Namensnennung in einem Werk der Prominentenenthüllungsliteratur ist danach nicht von § 12 erfasst. Erst recht gilt das für die Namensnennung im Zusammenhang mit wahren Tatsachen, so für die Benennung einer Behandlungsmethode mit dem Namen ihres tatsächlichen Erfinders.[550] Es können aber Ansprüche wegen einer allgemeinen Persönlichkeitsverletzung gegeben sein.[551]

202 Deshalb werden die Namensnennung auf einer Gefallenentafel,[552] auf einem Grabstein, in einem Telefonbuch[553] oder einem Branchenverzeichnis,[554] die korrekte oder verballhornende Verwendung von Aufklebern mit dem Namen des Namensträgers,[555] in Presseberichten[556] oder auf Wahlplakaten[557] nicht als Namensgebrauch angesehen, ebenso wenig die Veröffentlichung des Praxisschilds eines Rechtsanwalts namens „Killer" im Zusammenhang mit einem Zeitungsartikel über Namensänderungen und -zusätze mit der Überschrift „Hätten Sie Zutrauen zu einem Killer?".[558]

203 Auch die bloße Nennung eines Namens in der **Werbung**, ohne den Eindruck zu erwecken, dem Namensträger sei das Produkt irgendwie zuzurechnen, wird als nach § 12 unbeachtliche Namensnennung angesehen.[559] In solchen Fällen kommt aber jedenfalls eine Verletzung des **allgemeinen Persönlichkeitsrechts**[560] oder lauterkeitsrechtlicher Schutzpositionen[561] in Frage.

204 Die Verwendung eines namensmäßig geschützten **Titelemblems einer Tageszeitung**, um auf einen redaktionellen Inhalt im Innern einer Zeitschrift hinzuweisen, ohne als Herkunftshinweis zu erscheinen, wird ebenfalls nicht als Namensgebrauch angesehen.[562]

205 Die Verwendung eines Namens in korrekter oder verballhornter Form im Rahmen von **Parodie oder Satire** wird grundsätzlich nicht als verbotener Namensgebrauch angesehen.[563] Eine bloße Namensnennung wurde deshalb in der Selbstbenennung des Sängers der Band „Die Toten Hosen" mit dem Namen des Volkssängers „Heino", der von ihm satirisch parodiert wurde, gesehen.[564]

546 RG JW 1925, 1632, 1633.
547 BGHZ 8, 318, 320 f – Pazifist; BGH GRUR 1960, 490, 491; aA MüKo/*Schwerdtner*, 4. Aufl., § 12 Rn 180; vgl auch OLG München NJW-RR 2001, 42 – Wolfgang-Hairich-Gesellschaft e.V.
548 *Sack*, WRP 1984, 521, 531 f.
549 RGZ 91, 350 – Weberlied; *Sack*, WRP 1984, 521, 529; Staudinger/*Habermann*, § 12 Rn 271.
550 OLG Stuttgart NJW-RR 1991, 1326.
551 OLG Bremen GRUR 1986, 838, 839; Soergel/*Heinrich*, § 12 Rn 178.
552 BGH NJW 1959, 525 – Gedenktafel.
553 *Müller-Graff*, GRUR 1987, 493, 497.
554 Vgl OLG Nürnberg NJW 1993, 796.
555 OLG Frankfurt NJW 1982, 648, 648 – Lusthansa; vgl auch BGH GRUR 1986, 759, 760 – BMW.
556 Palandt/*Ellenberger*, § 12 Rn 23.
557 Soergel/*Heinrich*, § 12 Rn 178.
558 Staudinger/*Habermann*, § 12 Rn 271; aA OLG Köln GRUR 1967, 319, 320 – Killer.
559 BGHZ 30, 7, 10 – Caterina Valente.
560 Vgl BGHZ 30, 7, 10 – Caterina Valente; GRUR 2008, 1124 Rn 14 ff – Zerknitterte Zigarettenschachtel.
561 BGHZ 125, 91, 101.
562 Vgl BGH GRUR 1979, 564, 565 f – Metall-Zeitung (Verwendung ist „befugter Gebrauch"), dazu *Fezer*, GRUR 1979, 566, 568; Soergel/*Heinrich*, § 12 Rn 178; Palandt/*Ellenberger*, § 12 Rn 23.
563 Vgl Staudinger/*Habermann*, § 12 Rn 284 ff.
564 LG Düsseldorf NJW 1987, 1413, 1414 – Heino; anders jedoch hinsichtlich der Werbung für die Konzerte der Band unter Nennung des Namens Heino.

Die herrschende Auffassung erscheint zu eng, weil es keinen Unterschied machen dürfte, ob der Namensträger einem Produkt zugeordnet wird unter Erweckung des Eindrucks, er habe der Namensbenutzung ausdrücklich zugestimmt, oder ob er einer unrichtigen Tatsache zugeordnet wird. Maßgeblich sollte sein, ob eine irgendwie geartete Identifikation mit anderen Personen, Unternehmen, mit Einrichtungen, auch immateriellen Produkten oder Umständen angenommen werden kann. Daher liegt jedenfalls dann ein Namensgebrauch nach § 12 vor, wenn der Eindruck erweckt wird, der in der Werbung genannte Namensträger identifiziere sich mit dem beworbenen Produkt, auch soweit keine ausdrückliche Namensgestattung vorgetäuscht wird. Wenn bereits die bloße Namensnennung den Namensträger in einen falschen Tatsachenzusammenhang bringt, wie bei einer fälschlichen Nennung auf einer Gefallenentafel, ist nach hier vertretener Auffassung ebenfalls ein nach § 12 relevanter Namensgebrauch anzunehmen, weil der Namensträger bereits durch die Namensnennung der Tatsache zugeordnet wird. Ein sachlicher Unterschied zu einer Zuordnungsverwirrung bei Annahme, der Namensträger habe die Verwendung seines Namens zur Vermarktung von Produkten gestattet, liegt nicht vor. Auch in dem zweiten Fall ist nämlich keine auch nur mittelbare Identitätszuordnung zu einem anderen über die Zuordnung zu dessen Produkt anzunehmen. **206**

Auch nach dieser Auffassung kann allerdings die bloße Namensnennung im mittelbaren oder unmittelbaren Zusammenhang mit **wahren Tatsachen** keinen Verstoß gegen § 12 darstellen. Denn eine Zuordnungs*verwirrung* auch in dem hier gebrauchten allgemeineren Sinne entsteht in diesem Falle nicht. Auch die verballhornende oder satirische Verwendung des Namens ist für § 12 nicht relevant, weil hier gerade keine Verfälschung des Persönlichkeitsbilds aufgrund der Namensnennung anzunehmen ist, da der Verkehr die Satire gerade nicht mit der Person des Namensträgers in Verbindung bringt. Die Grenze für bloße Namensnennungen, insbesondere im Zusammenhang mit zutreffenden Tatsachen ergibt sich aus dem aus dem allgemeinen Persönlichkeitsrecht folgenden Recht des Betroffenen auf **Namensanonymität**.[565] **207**

c) Namensgebrauch zur Selbstbezeichnung. Wer sich selbst mit dem Namen einer anderen Person benennt, maßt sich den fremden Namen an. Dies kann durch aktive Selbstbezeichnung geschehen, aber auch durch bloße Duldung einer Benennung der eigenen Person mit dem fremden Namen durch andere. Dann muss der Verletzer die geduldete Benennung aber zurechenbar veranlasst haben.[566] Möglich ist ansonsten jedoch eine Namensanmaßung in der Person des Benennenden.[567] Eine Namensanmaßung des ursprünglichen Verletzers liegt nicht vor, wenn Suchmaschinen im Internet die ursprüngliche unberechtigte Namensnutzung weiter perpetuieren, indem sie Verweise aus dem Internet aufführen, die auf die Seite gerichtet sind, auf der die Namensverwendung inzwischen beseitigt wurde. Dies kann der ursprüngliche Verletzer mit zumutbarem Aufwand regelmäßig nicht verhindern, so dass kein aktiver Namensgebrauch anzunehmen ist.[568] **208**

Fälle des Namensgebrauchs zur Selbstbezeichnung sind: das Erscheinenlassen eigener Produkte, Leistungen oder Meinungen als diejenigen des berechtigten Namensträgers, etwa wenn auf ein Wahlplakat der Name einer anderen Partei gesetzt wird, um eine Zurechnung des Plakats zu dieser Partei zu bewirken.[569] Ein Namensgebrauch zur Selbstbezeichnung ist auch die Anmeldung der Firma einer Personengesellschaft zum **Handelsregister**, während es bei der AG und der GmbH auf die Eintragung ankommt.[570] Auch die Anmeldung zum Fernmeldeverzeichnis kann eine Selbstbezeichnung darstellen.[571] Die erkennbar zu Parodiezwecken erfolgende Selbstbenennung mit dem Namen eines vom Handelnden parodierten Künstlers ist mangels Zuordnungsverwirrung kein Namensgebrauch.[572] **209**

Die **Registrierung** oder der **Gebrauch** eines **Domainnamens**, der mit einem fremden Namen gleich lautend oder zumindest verwechslungsfähig ist, ist ebenfalls Namensgebrauch in der Erscheinungsform der Selbstbezeichnung (zur Interessenverletzung in diesen Fällen Rn 239 f).[573] Das gilt auch für die Verwendung eines **Städte- oder Gemeindenamens** als Domainname.[574] Namensgebrauch kann auch die Verwendung einer Domain sein, die sich nur durch einen **Tippfehler** von dem Namen unterscheidet.[575] Durch die absichtliche Registrierung von namensähnlichen Domainnamen mit üblichen Tippfehlern können Nutzer auf eine nicht zu dem Namensträger gehörende Internetseite geleitet werden. Darin liegt eine Namensanmaßung, weil der fehlgeleitete Nutzer zunächst davon ausgeht, er rufe die Seite des Namensberechtigten oder eine mit diesem zusammenhängende Seite auf. Die Zuordnungsverwirrung ist bei der Namensverwendung als Domainname allgemein regelmäßig geringer, weil sich die Identität des Domaininhabers oft schon aus dem zu berücksich- **210**

565 Vgl BGH NJW 1994, 1281, 1282 und dazu BVerfG NJW 1994, 1784; NJW 1994, 1950; OLG Düsseldorf NJW-RR 1993, 1242; MüKo/*Schwerdtner*, § 12 Rn 185; Staudinger/*Habermann*, § 12 Rn 272.
566 RG JW 1930, 1722, 1723.
567 MüKo/*Bayreuther*, § 12 Rn 151.
568 LG Halle Urt. v. 18.1.2010 – 4 O 807/08.
569 OLG Karlsruhe NJW 1972, 1810, 1811 – CDU-Wahlplakate.
570 BGH GRUR 1957, 426, 428 – Getränke Industrie.
571 KG JW 1926, 2930.
572 LG Düsseldorf NJW 1987, 1413, 1414 – Heino.
573 BGH NJW 2002, 2031, 2033 – shell.de; GRUR 2003, 430, 431 – maxem.de.
574 BGH GRUR 2006, 158 Rn 13 f – segnitz.de; GRUR 2007, 259 Rn 14 – solingen.info; LG Mannheim NJW 1996, 2736, 2737 – heidelberg.de; LG Braunschweig NJW 1997, 2687, 2687.
575 Vgl LG Hamburg NJW-RR 2007, 338 – bundesliag.de.

tigenden **Inhalt der zugehörigen Internetseite** ergibt.[576] Ein Namensselbstgebrauch ist auch die Verwendung eines fremden Namens in **Internetgesprächsräumen**, Diskussionsforen und Internetgemeinschaften, des Weiteren in **E-Mail-Adressen**. Hier wird jedoch oft eine kaum beachtliche Zuordnungsverwirrung anzunehmen sein, so dass es maßgeblich auf die Verletzung eines besonderen schutzwürdigen Interesses des Namensträgers im Einzelfall ankommt (näher Rn 240 f). Namensgebrauch ist auch die Verwendung eines Namens als **Meta-Tag**, wobei der Name versteckt in eine Internetseite integriert wird, um Anfragen über Suchmaschinen auf die betreffende Seite zu leiten.

211 Es genügt, dass der Eindruck erweckt wird, der Namensträger habe dem Gebrauch seines Namens zugestimmt oder sei Urheber eines Werks oder Produkts. Deshalb liegt ein Namensgebrauch vor, wenn der Name als Marke[577] oder Etablissementsbezeichnung,[578] in einem Werktitel[579] oder als Aufschrift auf Andenken verwendet wird, Letzteres, weil der Eindruck erweckt wird, dass der Namensträger der Produktion der Andenken mit seinem Namen zugestimmt hat.[580] Auch die Verwendung des Namens als Signatur eines Kunstwerks gehört hierhin.[581]

212 **d) Namensgebrauch zur Benennung eines Dritten.** Der von § 12 erfasste Namensgebrauch ist auch dann gegeben, wenn jemand mit dem fremden Namen eine dritte Person bezeichnet. Das ist etwa dann anzunehmen, wenn der der Ehefrau zustehende Name bei einer Hotelregistrierung durch den das Verhältnis verschleiernden Ehemann dessen Geliebter beigelegt wird.[582] Hier liegt zugleich ein Namensgebrauch zur Selbstbezeichnung durch die Geliebte vor.[583] Entsprechendes gilt, wenn ein nichteheliches Kind von der Mutter mit dem Namen des Vaters benannt wird.[584]

213 Inwieweit die Benennung einer **fiktiven Figur** mit dem Namen eines realen Namensträgers ein Namensgebrauch im Sinne des § 12 ist, wird nicht einheitlich beurteilt. Teilweise wird mangels Existenz einer am Rechtsleben teilnehmenden realen Person als Ziel der Namensbenennung eine Identitätstäuschung und Zuordnungsverwirrung abgelehnt.[585] In diesem Fall wird nur eine allgemeine Persönlichkeitsrechtsverletzung in Betracht gezogen. In der älteren Rechtsprechung und in einem Teil des Schrifttums wird dagegen angenommen, dass die Verwendung eines Namens zur Benennung einer Romanfigur oder einer in einem Theaterstück oder Filmwerk vorkommenden Figur eine Verletzung des § 12 darstellen kann, wenn der Eindruck erzeugt wird, dass die von dem Autor des Werks dargestellte Persönlichkeit mit dem Namensträger identisch ist; das setzt eine entsprechende Identifizierbarkeit voraus.[586]

214 Dieser Auffassung wird zugestimmt, weil schon die Zuordnung des Namensträgers zu falschen Tatsachen, aber auch zu Lebens- und Persönlichkeitsbildern vom Schutz des § 12 erfasst werden sollte (Rn 206). Ein Namensgebrauch wird jedoch auch von dieser Auffassung nur dann angenommen, wenn eine Identitätstäuschung im Verhältnis zu der fiktiven Figur gegeben sein kann.[587] Wenn dagegen eine reale Persönlichkeit unter Namensnennung oder Nennung eines ähnlichen Namens dargestellt wird, nimmt auch diese Auffassung nur eine Verletzung des allgemeinen Persönlichkeitsrechts an. Als maßgeblich wird es angesehen, dass sich die Beeinträchtigung des Namens hier nicht aus einer Namensnennung ergibt, sondern aus der Darstellung seiner Persönlichkeit oder von Tatsachen seines Lebensbildes.[588]

215 **e) Unbefugter Namensgebrauch. aa) Allgemeines.** Der Namensgebrauch ist „unbefugt", wenn der Gebrauchende weder originär Berechtigter am Namen ist, noch aufgrund eines Gestattungsvertrages berechtigt ist, den Namen zu verwenden, ohne dass es auf Bösgläubigkeit ankäme.[589] Der Kläger muss den Namen seinerseits gegenüber dem Beklagten befugt gebrauchen. Die Benutzung des eigenen **bürgerlichen Zwangsnamens** ist, auch soweit er nach einer Namensänderung geführt wird, niemals unbefugt;[590] es können aber einzelne Benutzungshandlungen im Rahmen einer Interessenabwägung bei Kollision mit dem Namen eines anderen Trägers des gleichen Namens unbefugt sein (dazu Rn 226 ff).

576 BGH NJW 2003, 2978, 2979 – maxem.de; vgl auch österreichischer OGH Urt. v. 20.5.2003 – 4 Ob 47/03 w – adnet.at II; GRUR Int. 2003, 260 – galtuer.at; OLG Nürnberg NJW-RR 2006, 906, 907 – Süß; aber auch OLG Düsseldorf WRP 2003, 1254, 1255 – solingen.info, mit dem Hinweis auf die verbleibende durch die Ausschlusswirkung der Domainregistrierung vermittelte Interessenbeeinträchtigung.
577 RGZ 74, 308, 310 – Graf Zeppelin.
578 RGZ 88, 421 ff.
579 Vgl RG JW 1927, 1584, 1585.
580 Vgl BGHZ 119, 236, 246 – Universitätssymbol.
581 BGHZ 107, 384, 390.
582 HM, vgl Staudinger/*Habermann*, § 12 Rn 280; Soergel/*Heinrich*, § 12 Rn 175; Palandt/*Ellenberger*, § 12 Rn 26; aA RGZ 108, 230, 233.
583 Staudinger/*Habermann*, § 12 Rn 280.
584 Palandt/*Ellenberger*, § 12 Rn 26.
585 MüKo/*Bayreuther*, § 12 Rn 168; Palandt/*Ellenberger*, § 12 Rn 26; vgl auch Soergel/*Heinrich*, § 12 Rn 177.
586 RG HRR 1938 Nr. 1583 – Großschieber; RG JW 1939, 153, 154; Staudinger/*Habermann*, § 12 Rn 281.
587 Staudinger/*Habermann*, § 12 Rn 282.
588 Vgl Soergel/*Heinrich*, § 12 Rn 177.
589 Staudinger/*Habermann*, § 12 Rn 298.
590 BeckOK-BGB/*Bamberger*, § 12 Rn 73; vgl auch OVG Münster NJW 1993, 2132 – kein Namensschutz gegen die Erweiterung des Kreises berechtigter Namensträger durch hoheitliche Namensänderung.

Auch die Verwendung des gesetzlich erworbenen **Handelsnamens** ist grundsätzlich kein unbefugter Namensgebrauch;[591] die Verwendung des eigenen bürgerlichen Namens in einer Firma oder als Kennzeichen steht dem Namensträger grundsätzlich frei, und zwar, obwohl die Firmenbildung unter Verwendung des bürgerlichen Namens auch beim Einzelkaufmann nicht mehr gesetzlich vorgeschrieben ist. Grenzen ergeben sich im geschäftlichen Verkehr aus dem **Lauterkeitsrecht**.[592] Aus der Überschreitung dieser Grenzen kann sich vor allem die Pflicht des Namensträgers ergeben, den Namen im Geschäftsverkehr unter Hinzufügung von unterscheidenden Zusätzen zu führen. Dies ist außerhalb des geschäftlichen Verkehrs hingegen grundsätzlich nicht anzunehmen, so dass der Namensträger nicht etwa zur Beifügung seines Vornamens verpflichtet ist.[593] 216

Anderes kann sich für die Verwendung als **Domainname** auch in diesem Bereich, allerdings aus einer Interessenabwägung ergeben, weil die Registrierung eines Domainnamens zu einer wenigstens technischen Monopolisierung der konkreten Namensverwendung in der jeweiligen Schreibweise und Zusammensetzung im Internetverkehr führt. Dies, wie auch die Kollision einer Namensverwendung mit einem prioritätsälteren Wahlnamens- oder Kennzeichenrecht, bewirken die Unbefugtheit des Namensgebrauchs (zur Gleichnamigkeit Rn 229 ff). 217

Gründe für eine mangelnde Befugnis können sich schließlich auch aus Irreführungsverboten des **Firmenrechts** (§ 18 Abs. 2 HGB) oder des **UWG**, etwa wenn die Verwendung des Namens als Domainname, Marke oder Firma eine Marktführerschaft oder Alleinstellung vortäuscht,[594] und aus dem allgemeinen **Deliktsrecht** (§§ 823, 824, 826) ergeben. Da die Gesamtrechtsordnung und nicht nur die speziellen namensrechtlichen Vorschriften über den unbefugten Namensgebrauch entscheidet, ist der Begriff „unbefugt" gleichbedeutend mit dem Begriff „widerrechtlich" des § 823 Abs. 1.[595] Auch ein nicht gegen die gesetzlichen Vorschriften verstoßender und damit nicht absolut unbefugter Namensgebrauch kann im Einzelfall **relativ unbefugt** sein, wenn sich dies aus einer **Verletzung schutzwürdiger Interessen** des berechtigten Namensträgers ergibt.[596] 218

Erkennt man ein **Domainrecht als Immaterialgüterrecht eigener Art** an (dazu Rn 108 f), dann folgt daraus in einer Kollision zwischen einem Namensrecht und einem Domainnamen, der nicht einem eigenen Namens- oder Kennzeichenrecht seines Inhabers entspricht, dass dem Domaininhaber die Domain nicht ohne weiteres mit dem Hinweis auf ein für den Kläger bestehendes Namensrecht streitig gemacht werden kann, weil der Domaininhaber selbst kein Namensrecht an der Domainbezeichnung besitzt. Registrierung und Gebrauch der Domain sind dann aus dem Recht an einem Domainimmaterialgüterrecht legitimiert.[597] Der Konflikt mit bestehenden Namens- und Kennzeichenrechten Dritter ist entsprechend den zur Gleichnamigenkollision entwickelten Interessenabwägungsregeln zu lösen (vgl Rn 229). Im Ergebnis führt das dazu, dass der Namensgebrauch im Internetverkehr in dieser Beziehung regelmäßig berechtigt ist; die Verwendung eines registrierten Domainnamens führt vorbehaltlich einer Interessenabwägung regelmäßig nicht zu einem unberechtigten Namensgebrauch. 219

bb) Prioritätsgrundsatz. In einer Konkurrenz zwischen zwei **Wahlnamen** ist der Gebrauch des im Zeitrang zurückstehenden Namens unbefugt (**Priorität**, vgl § 6 MarkenG).[598] Es handelt sich um einen allgemeinen Grundsatz, der auch im Namensrecht aus der Natur der Sache folgt.[599] Priorität kommt einem Namen, einer Firma oder einer Geschäftsbezeichnung gegenüber einem identischen oder verwechslungsfähigen Namen oder Zeichen zu, wenn es **zuerst in Gebrauch** genommen wurde oder wenn es zuerst **Verkehrsgeltung** erlangt hat.[600] Das Prioritätsprinzip gilt auch für **Domainnamen**.[601] 220

Handelt es sich um eine **ausländische Bezeichnung,** ist die Ingebrauchnahme im Inland maßgeblich.[602] Das gilt wegen Art. 36 S. 1 AEUV auch für Firmen von Unternehmen aus anderen EU-Staaten.[603] Ist die ausländische Bezeichnung von sich aus schutzfähig, bedarf es keiner Verkehrsgeltung im Inland.[604] 221

Der Prioritätsvorrang eines Handelsnamens fällt nicht durch den **Wechsel der Rechtsform** des Trägers weg; es kommt nur darauf an, dass der identische Geschäftsbetrieb fortgeführt wird.[605] Bei einer **Umwandlung** 222

591 RGZ 165, 271, 283; 170, 265, 270; GRUR 1952, 511, 512 – Urköl'sch; 1957, 342, 346 – Underberg; NJW-RR 1993, 934, 935 – Römer-GmbH; Staudinger/*Habermann*, § 12 Rn 299.
592 BGHZ 10, 196, 201 – Dun-Europa; BeckOK-BGB/*Bamberger*, § 12 Rn 73.
593 RG JW 1911, 572; Palandt/*Ellenberger*, § 12 Rn 28.
594 Vgl KG KUR 1998, 115; vgl allgemein bei Domainnamen (keine Namensdomain) auch BGH NJW 2001, 3262, 3265 – mitwohnzentrale.de.
595 Soergel/*Heinrich*, § 12 Rn 179; MüKo/*Bayreuther*, § 12 Rn 189; Palandt/*Ellenberger*, § 12 Rn 28; Staudinger/*Habermann*, § 12 Rn 298.
596 BGH GRUR 1960, 550, 552 – Promonta; *Fezer*, Markenrecht, § 15 Rn 131; Soergel/*Heinrich*, § 12 Rn 179.
597 *Koos*, MMR 2004, 359, 361 ff.
598 BGH GRUR 1953, 252, 254; NJW 1993, 453, 460 – Columbus.
599 *Fezer*, Markenrecht, § 15 Rn 132.
600 Vgl BGH GRUR 1957, 29, 31.
601 BGH GRUR 2006, 158, 158 – segnitz.de.
602 BGH NJW 1971, 1522, 1524; GRUR 1973, 661, 662 – Metrix.
603 Soergel/*Heinrich*, § 12 Rn 184; vgl auch EuGH GRUR Int 1994, 168, 170 – Quattro/Quadra.
604 BGH NJW 1971, 1522, 1524.
605 BGH NJW 1993, 459, 460 – Columbus.

bleibt die Priorität deshalb erhalten, wenn die prägenden Firmenbestandteile beibehalten werden und wenn die Gesellschafter identisch bleiben und sich an den Umwandlungsmaßnahmen beteiligen.[606]

223 Wenn der **Name wesentlich geändert** wird, geht seine Priorität verloren.[607]

224 Auch das **Ausscheiden des Namensträgers aus dem Konzern** soll zum Verlust der Priorität führen können.[608] Schließlich kann die Priorität infolge einer **langjährigen Einstellung des Betriebs** verloren gehen (vgl Rn 146); sie kann jedoch wieder **aufleben**, wenn die Betriebseinstellung nicht auf einer autonomen unternehmerischen Entscheidung, sondern auf staatlichen Zwangsmaßnahmen oder der Teilung Deutschlands beruhte und wenn der Name des Unternehmens aufgrund seiner Geltung oder Berühmtheit dem Verkehr in Erinnerung geblieben ist und dem neu eröffneten Unternehmen wieder zugeordnet wird („**Überbrückung der Priorität**").[609]

225 Auf die Priorität kann vertraglich verzichtet werden.[610] Der aufgrund eines **Gestattungsvertrags** (s. Rn 156 ff) Berechtigte kann sich auf die Priorität des Gestattenden berufen und zwar unabhängig davon, ob man nur eine rein schuldrechtlich wirkende Gestattung für möglich hält. Dies ergibt sich auch in letzterem Fall aus einer Anwendung des Rechtsgedankens des § 986 Abs. 1.[611] Im Übrigen kann sich der Rechtsnachfolger allgemein auf die Priorität berufen.[612]

226 **cc) Gleichnamigkeit.** Die Verwendung des eigenen Namens, die dem Namensträger grundsätzlich offen steht, ist unbefugt, wenn sie im Falle eines **Wahlnamens** mit einer prioritätsälteren Bezeichnung kollidiert. Ein unbefugter Gebrauch liegt auch vor, wenn ein **Missbrauch** durch Zurverfügungstellung des berühmten Namens zur Bildung einer verwechslungsfähigen Firma durch den Namensträger als Strohmann erfolgt.[613] Dasselbe gilt für den Gebrauch des eigenen Namens zwecks Ausnutzung des Rufs eines bekannten gleichnamigen Unternehmens.[614] In diesen Fällen kann auch dem an sich berechtigten Träger des Namens die entsprechende Namensbenutzung ganz untersagt werden, wenn aus der Namensverwendung auf eine Missbrauchsabsicht des Verwenders zu schließen ist, die eine einwandfreie Benutzung des Namens auch in Zukunft nicht erwarten lässt.[615]

227 Hat ein Unternehmen einen **geschützten Besitzstand** hinsichtlich einer Bezeichnung dadurch erworben, dass es die Bezeichnung zunächst in einem geschäftlichen Wirkungsbereich benutzt hatte, der sich mit dem Wirkungsbereich einer später konkurrierenden prioritätsälteren Bezeichnung nicht überschnitten hatte, dann kann die prioritätsältere Bezeichnung diesen redlich erworbenen Besitzstand nicht ohne weiteres verdrängen,[616] insbesondere, wenn der Träger der älteren Bezeichnung die spätere Kollision selbst durch eine Ausdehnung seines geschäftlichen Wirkungskreises hervorgerufen hat.[617] Eine räumliche Ausdehnung liegt aber noch nicht im bloßen Internetauftritt,[618] es sei denn, es gäbe weitere Anhaltspunkte für eine entsprechende räumliche Geschäftsausweitung gerade auf den Bereich, in dem eine Kollision möglich ist, beispielsweise die Aufnahme des Vertriebs über das Internet. Grundsätzlich wird von dem Träger der prioritätsjüngeren Bezeichnung aus der **Pflicht zur Rücksichtnahme** verlangt, dass er erforderliche und zumutbare Maßnahmen, insbesondere durch Zusatz **unterscheidungskräftiger Zusätze**, ergreift, um eine **Verwechslungsgefahr zu mindern**.[619] Diese Pflicht kann im Einzelfall jedoch den prioritätsälteren Namensträger treffen, wenn er die spätere Kollision selbst erzeugt hat;[620] gegebenenfalls muss er einen unvermeidlichen Rest von Verwechslungsgefahr hinnehmen.[621]

228 Die Berufung auf die Priorität kann insbesondere aus dem Gesichtspunkt der **Verwirkung** scheitern, wenn die prioritätsjüngere Bezeichnung über lange Zeit unbeanstandet gebraucht wurde[622] und deshalb eine **Gleichgewichtslage** entstanden ist. Dann kommt es nur noch auf eine **Abwägung** zwischen den beiderseitigen

606 BGH GRUR 1983, 182, 183 – Concordia-Uhren.
607 BGH GRUR 1973, 661, 662 – Metrix.
608 OLG Karlsruhe GRUR 1989, 270 – Heinkel; krit. *Canaris*, GRUR 1989, 711, 711.
609 BGH NJW 2002, 3332, 3333 – Hotel Adlon; vgl auch BGH GRUR 1997, 749, 752 – L'Orange; *Fezer*, Markenrecht, § 15 Rn 130.
610 BGH GRUR 1958, 91, 92 – Hähnel.
611 BGH NJW 1993, 2236, 2237 – Decker; NJW-RR 1994, 1003, 1004 – Virion.
612 BGH GRUR 1984, 378 – Hotel Krone; 1991, 393, 394 – Ott International.
613 BGHZ 14, 155, 161 – Farina; 1966, 343, 345 – Kupferberg; OLG Köln GRUR 1983, 787, 788 – Tina Farina.
614 BGH GRUR 1952, 511, 513 – Urköl'sch; GRUR 1968, 212, 213 – Hellige.
615 BGH GRUR 1952, 511, 513 – Urköl'sch.
616 Vgl BGH GRUR 1958, 90 – Hähnel; NJW 1985, 741 – Consilia; NJW-RR 1993, 1065, 1066 – Pic Nic; vgl auch Staudinger/*Habermann*, § 12 Rn 307.
617 BGH GRUR 1960, 33, 36 – Zamek; *Fezer*, Markenrecht, § 15 Rn 156.
618 BGH GRUR 2005, 431, 432 f – HOTEL MARITIME; GRUR 2005, 262, 263 f – soco.de; GRUR 2006, 159, 160 – hufeland.de.
619 BGH NJW-RR 1993, 934, 935 – Römer GmbH; Staudinger/*Habermann*, § 12 Rn 308.
620 Soergel/*Heinrich*, § 12 Rn 183.
621 BGH GRUR 1960, 33, 36 – Zamek; GRUR 1968, 212, 214 – Hellige.
622 BGH NJW 1985, 741, 742 – Consilia; NJW-RR 1991, 934, 936 – Johanniter; vgl auch LG Düsseldorf MMR 2004, 111 – hudson.de.

schutzwürdigen **Interessen** an.[623] Solange die Verwechslungsgefahr nicht erhöht wird, darf der berechtigte Träger der prioritätsjüngeren Unternehmensbezeichnung diese aus sachlich zwingendem Anlass auch in eine andere, möglicherweise ebenfalls verwechslungsfähige Bezeichnung ändern.[624]

Diese Grundsätze gelten auch bei der Kollision von einem **Domainnamen** mit einem Namens- oder Kennzeichenrecht. Hier besteht jedoch eine besondere Interessenlage, weil ein Domainname technisch bedingt weltweit nur einmal vergeben werden kann. Grundsätzlich stellt es keinen unbefugten Namensgebrauch dar, wenn der Träger des Namens seinen Namen im Wege einer Domainregistrierung benutzt. Bei der Kollision Gleichnamiger kommt es auch hier auf die **Priorität** als Gerechtigkeitsprinzip an,[625] und zwar unabhängig von der relativen Stärke der kollidierenden Rechte.[626] Maßgeblich ist der Zeitpunkt der Domainregistrierung.[627] Bei der Verwendung eines bürgerlichen Namens, eines Pseudonyms oder eines Handelsnamens in einem Domainnamen führt deshalb der frühere Zeitpunkt der **Namensbenutzung als Domainname** zur Priorität. Es gilt der Grundsatz „*first come, first serve*“,[628] der Namensträger muss sich grundsätzlich damit abfinden, dass ein anderer Träger des gleichen Namens, sei es eines Handelsnamens oder eines bürgerlichen Namens, den Domainnamen in seiner konkreten Zusammensetzung und Schreibweise für sich „monopolisiert“ hat. Es ist ihm dann zuzumuten, seine Domain unter Zusätzen oder anderen Modifikationen zu registrieren. Aus dieser das **schutzwürdige Interesse** des konkurrierenden Namensträgers betreffenden Monopolisierung folgt aber zugleich, dass das Ergebnis der Anwendung des Prioritätsgrundsatzes im Einzelfall durch eine **Interessenabwägung** zu korrigieren sein kann. Daraus kann sich ergeben, dass der Inhaber einer vorher registrierten Domain einem anderen Namensträger weichen muss und die Domain zur Registrierung durch diesen Namensträger freigeben muss. Es bleibt ihm dann unbenommen, einen Domainnamen gegebenenfalls unter Verwendung seines Namens, jedoch mit unterscheidenden Modifikationen in den Grenzen der technischen Verfügbarkeit zu registrieren. **229**

Das Interesse des Inhabers eines **aus einem Pseudonym gebildeten Domainnamens** für eine private Internetseite musste nach Auffassung des BGH gegenüber dem Interesse des Trägers eines gleich lautenden bürgerlichen Namens an der Verwendung des Namens für eine Internetseite seiner Rechtsanwaltskanzlei schon deshalb weichen, weil der BGH für den Namensschutz eines Pseudonyms Verkehrsgeltung voraussetzt (s. dazu Rn 59), die im konkreten Fall fehlte; der prioritätsältere Domainname war freizugeben.[629] **230**

Aber auch, wenn dem Inhaber des zuvor registrierten Domainnamens ein **eigenes Namensrecht** an dem zur Domainbildung verwendeten – auch bürgerlichen – Namen zusteht, kann eine Interessenabwägung im Einzelfall dazu führen, dass der Gebrauch der Domain als Namensgebrauch trotz Priorität unbefugt ist. Das wird dann angenommen, wenn der konkurrierende Namensträger eine **überragende Bekanntheit** genießt und damit einen zu schützenden **Besitzstand** erworben hat, der die Priorität im Einzelfall zugunsten einer Interessenabwägung verdrängt.[630] Wenn der Verkehr aufgrund des überragenden Bekanntheitsgrads unter dem Domainnamen einen Internetauftritt des konkurrierenden Namensträgers erwartet, kann der Domaininhaber verpflichtet sein, seinen Namen als Domainnamen nur unter Hinzufügung unterscheidender Zusätze zu verwenden.[631] **231**

Bei geringerem Interessenmissverhältnis kann in Erfüllung des Gebots der Rücksichtnahme zwischen Gleichnamigen auch bereits ein **klarstellender Hinweis** auf der entsprechenden Internetpräsenz ausreichen.[632] Im Einzelfall mag ein solcher Hinweis bei Verwechslungsgefahr eines Kennzeichens im Sinne des § 15 MarkenG als nicht ausreichend zu beurteilen sein, so dass auch von dem erstregistrierenden Domainbenutzer ein unterscheidungskräftiger Zusatz zu verlangen ist. Ein Umstand, der nach der Rechtsprechung eine entsprechende Beurteilung rechtfertigen kann, ist die lange Tradition des mit der einem prioritätsneuen Unternehmenskennzeichen entsprechenden Domain kollidierenden Unternehmenskennzeichens.[633] **232**

Kommt es nicht nur auf eine bloße Zuordnungsverwirrung, sondern gerade darauf an, dem besser berechtigten Namensträger die Domainnutzung seines Namens in der konkreten, infolge der Vorregistrierung technisch gesperrten Art und Weise zu ermöglichen, so genügen bloße klarstellende Hinweise auf der Internetseite ebenfalls nicht. Der Domainnamensgebrauch unter Verletzung dieser Grundsätze ist unbefugt. **233**

dd) Interessenverletzung. (1) Allgemeines. Der unbefugte Namens- oder Kennzeichengebrauch muss gegen die Interessen des Berechtigten verstoßen. Die Interessen des Berechtigten müssen **schutzwürdig** sein. Kollidieren verschiedene Interessen miteinander, muss eine **Interessenabwägung** erfolgen, deren Ergebnis **234**

623 Vgl BGH GRUR 1971, 309, 311 – Zamek II.
624 BGH GRUR 1984, 378 – Hotel Krone.
625 BGH NJW 2002, 2031, 2034 – shell.de; vgl aber OLG Oldenburg MMR 2004, 34 – schulenberg.de; dazu *Koos,* MMR 2004, 359, 364.
626 Vgl BGH NJW 2002, 2096, 2098 – Vossius.
627 S. dazu auch *Rohnke*, NJW 2003, 2203, 2208 („Onlinepriorität“).
628 *Hoeren,* MMR 2002, 386, 387.
629 BGH NJW 2003, 2978, 2979 – maxem.de.
630 BGH NJW 2002, 2031, 2034 – shell.de; ebenso österreichischer OGH, Urt. v. 25.3.2003, 4Ob 42/03 – rtl.at.
631 BGH NJW 2002, 2031, 2034 – shell.de.
632 BGH NJW 2002, 2096, 2097 – Vossius.
633 OLG Hamburg MMR 2004, 107, 108 – Ho-Bauberatung.de.

das Zurücktreten eines der widerstreitenden Interessen ist.[634] Wenn eine besonders gravierende Interessenverletzung des Namensträgers festzustellen ist, reicht bereits eine nur geringe Zuordnungsverwirrung aus, um den Schutz des § 12 auszulösen.[635]

235 Bei **Sammelnamen** ist bei Fehlen weiterer identifizierender Hinweise regelmäßig keine Interessenverletzung gegeben, weil eine eindeutige Zuordnung zu einem bestimmten Namensträger nicht feststellbar ist.[636] Entsprechendes gilt bei Familiennamen die Gattungsbezeichnungen oder Adjektiven entsprechen.[637] **Interessen jeglicher Art** werden geschützt; die Verletzung mag sich auf persönliche, ideelle, wirtschaftliche oder reine Affektionsinteressen beziehen.[638] Insbesondere eine Verwechslungsgefahr,[639] die Herstellung von Zusammenhängen familiärer, geschäftlicher oder sonstiger Art[640] oder die Identifizierung des Namensträgers mit ihm nicht genehmen Einrichtungen, politischen Aussagen oder Zielen[641] begründen eine Interessenverletzung. Ein öffentliches Interesse an der eindeutigen Zuordnung ist ausreichend.

236 Das kann sowohl bei einem unbefugten Gebrauch des bürgerlichen Namens als auch des **Pseudonyms** der Fall sein. Allerdings wird bei Pseudonymen, die ausschließlich im beruflichen Bereich geführt werden, ein beschränkter Schutzbereich angenommen, der sich jedoch in dem Maße erweitert, wie das Pseudonym durch Verkehrsgeltung umfassende Namensfunktion erlangt (zum Schutzumfang Rn 62).

237 Auch der Namensschutz **juristischer Personen** ist im Hinblick auf mögliche Interessenverletzungen funktionell, daneben auch räumlich beschränkt.[642] **Vereine** müssen es nicht hinnehmen, dass ihr Name als Bezeichnung für eine in dem früheren Vereinshaus eröffnete Gaststätte verwendet wird.[643] Politische Parteien haben ein schutzwürdiges Interesse daran, nicht auf Plakaten ihrem Programm widersprechende Tendenzen untergeschoben zu bekommen.[644] Das gilt allgemein, also auch für Wirtschaftsunternehmen, die durch Namensgleichheit mit einer politischen Partei und deren politischen Zielen in Verbindung gebracht werden. Eine Filmschauspielerin hat ein schutzwürdiges Interesse daran, nicht mit einem bestimmten Film in Verbindung gebracht zu werden, in dem sie nicht mitgewirkt hat.[645]

238 Es gilt eine **Geringfügigkeitsgrenze**.[646] Einerseits sind ganz geringfügige Interessen nicht berücksichtigungsfähig; andererseits ist die Frage der Schutzwürdigkeit angesichts des Ausmaßes eines betroffenen Interesses in der Zusammenschau mit kollidierenden Interessen zu bewerten. Schutzwürdige Interessen sind umso eher verletzt, je größer die räumlich-zeitliche Nähe der Namensbenutzung ist.[647] Das Interesse des Trägers eines **Personennamens**, nicht mit anderen Personen verwechselt zu werden oder zu einer fremden Familie zugehörig betrachtet zu werden, ist regelmäßig ausreichend.

239 Liegt der störende Namensgebrauch in der Registrierung eines gleich lautenden **Domainnamens** durch einen nicht an der verwendeten Bezeichnung berechtigten Dritten, so kann sich eine besondere Erheblichkeit der Interessenverletzung auf Seiten des Namensträgers zudem gerade aus der mit der Registrierung des Domainnamens verbundenen faktischen Monopolisierung begründen (s. Rn 229), weil der Namensträger insoweit an der ihm zustehenden Nutzung seines Namens dauerhaft gehindert wird.[648]

240 Es scheint allerdings fraglich, ob in Fällen der Domainkollisionen das Interesse eines Namensträgers an der Verwendung des Namens gerade in der konkreten Domaingestaltung schutzwürdig sein sollte. Bei einer Namensbenutzung als Forenname in **Internetdiskussionsräumen** und **Internetforen** ohne weitere ausdrückliche oder konkludente Behauptung der Namensträgerschaft wird eine Interessenverletzung zumeist ausfallen, weil erstens keine beachtliche Zuordnungsverwirrung erzeugt wird, da die Nutzer in solchen Foren nicht von einer Identität des Agierenden mit dem wahren Namensträger ausgehen und weil die Sperrwirkung der Forennamenregistrierung meist nur vorübergehender Natur ist. Anders kann es sein, wenn eine dauerhafte Registrierung des Nutzernamens stattfindet, weil auch dann eine Behinderung des rechtmäßigen Namensgebrauchs durch den Namensträger vorliegt.

241 Entsprechendes muss für die Registrierung des Namens als **E-Mail-Adresse** gelten. Wenigstens die Verwendung des zugunsten des Namensträgers freizugebenden Domainnamens in einer E-Mail-Adresse verletzt die Interessen des Namensträgers.[649] Eine Zuordnungsverwirrung ist bei der Namensverwendung als E-Mail-

634 BGH GRUR 1958, 302, 303 – Lego; MüKo/*Bayreuther*, § 12 Rn 217.
635 BGH NJW 2003, 2978, 2979 – maxem.de.
636 Palandt/*Ellenberger*, § 12 Rn 28.
637 OLG Nürnberg NJW-RR 2006, 906, 907 – Süß.
638 BGHZ 8, 318, 322 – Pazifist; 43, 245, 255 – GdP; 124; 173, 181; NJW 1994, 245, 247 – römisch-katholisch.
639 BGHZ 29, 256, 264.
640 BGHZ 124, 173, 181.
641 BGHZ 8, 318, 323 – Pazifist; vgl auch OLG Nürnberg NJW-RR 2006, 906, 907 – Süß im Zusammenhang mit einem Erotikportal im Internet.
642 BGH GRUR 1957, 547, 548 f – tabu I; Staudinger/*Habermann*, § 12 Rn 344.
643 BGH NJW 1970, 1270 – Weserklause.
644 OLG Karlsruhe NJW 1972, 1810, 1811.
645 OLG München UFITA 30, 110, 112 – Romy.
646 OLG München MDR 1974, 577; vgl BGH NJW 1991, 1532, 1534.
647 BeckOK-BGB/*Bamberger*, § 12 Rn 81.
648 BGH NJW 2003, 2978, 2979 – maxem.de; vgl auch OLG Düsseldorf WRP 2003, 1254, 1255 – solingen.info.
649 BGH NJW 2003, 2978, 2979 – maxem.de.

Adresse sehr gering. Gerade bei prominenten Namen kann sich jedoch eine faktische Sperrwirkung daraus ergeben, dass eine Vielzahl von Internetnutzern E-Mail-Adressen registrieren, die in unterschiedlichen Zusammensetzungen den Namen des Namensträgers enthalten, so dass dieser keine Möglichkeit mehr haben mag, seinen Namen als E-Mail-Adresse zu verwenden. Hier wird man im Einzelfall darauf abzustellen haben, ob eine dem Namensträger zumutbare E-Mail-Verwendung seines Namens noch möglich ist. Jedenfalls wenn faktisch alle Nutzungswege versperrt sind, weil jede zumutbare E-Mail-Adressen-Gestaltung bereits von anderen Nutzern registriert wurde, wird man dem Namensträger gegenüber einem Nutzer, der nicht Träger dieses Namens ist, ein berechtigtes Interesse an der Freigabe der E-Mail-Adresse nicht absprechen können. Ohne diese Sperrwirkung wird dagegen eine beachtliche Verletzung in solchen Fällen regelmäßig ausscheiden, weil die Zuordnungsverwirrung zu gering erscheint.

Wenn im Hinblick auf einen Personennamen ein Namensgebrauch vorliegt, wird regelmäßig auch eine Interessenverletzung festzustellen sein, so dass auch eine nur geringe Zuordnungsverwirrung ausreicht. Soweit die Verwendung eines **Familiennamens** ohne einen Vornamen ausreicht, um einen Namensgebrauch jedes Familienmitglieds, das den betreffenden Familiennamen trägt, darzustellen (dazu Rn 198), ist auch das Interesse jedes dieser Namensträger verletzt.[650] Der Träger eines Familiennamens soll nach Auffassung der Rechtsprechung auch gegen die Verwendung seines Familiennamens unter Hinzufügung eines anderen Vornamens geschützt sein.[651] Hier dürfte jedoch zumindest eine Interessenverletzung zu verneinen sein.[652] Der bloße **Vornamensgebrauch** kann Namensgebrauch sein, wenn dem Vornamen allein ausnahmsweise Namensschutz zukommt; dann ist regelmäßig auch eine Interessenverletzung anzunehmen. **242**

Die Verletzung von im **Geschäftsverkehr** verwendeten Namen und Kennzeichen setzt eine regelmäßig allgemein **funktional beschränkte** Interessenverletzung voraus. Ausnahmsweise sollen nicht nur geschäftliche Interessen, sondern auch ideelle Interessen Berücksichtigung finden können.[653] Des Weiteren ist die Interessenverletzung auch **örtlich beschränkt** auf den – bei Unternehmensketten regelmäßig gegebenenfalls überörtlichen[654] – räumlichen Wirkungsbereich des Unternehmens[655] sowie **sachlich beschränkt** auf den sachlichen geschäftlichen Wirkungsbereich, wobei auch zukünftige Ausdehnungen der Wirkungsbereiche berücksichtigt werden, soweit diese konkret beabsichtigt sind und der Namensschutz bereits besteht.[656] Nur ein lebendes Unternehmen ist geschützt.[657] In Betracht kommt ein Interesse, nicht mit einem anderen Unternehmen verwechselt zu werden, eine Verwässerung eines berühmten Kennzeichens zu verhindern und nicht einer Rufschädigung ausgesetzt zu werden.[658] **243**

(2) Verwechslungsgefahr. Während das Vorliegen einer Verwechslungsfähigkeit Tatbestandsmerkmal des Namensgebrauchs ist (Rn 195), ist die Verwechslungsgefahr ein Aspekt, der stets eine Interessenverletzung begründet.[659] Es ist zwischen der Verwechslungsgefahr **im engeren und im weiteren Sinne** zu unterscheiden.[660] Eine Verwechslungsgefahr im engeren Sinne ist gegeben, wenn die maßgeblichen Verkehrskreise eine **Identität** der betroffenen Unternehmen annehmen. Im weiteren Sinne besteht eine Verwechslungsgefahr, wenn die maßgeblichen Verkehrskreise **Zusammenhänge** rechtlicher, organisatorischer, wirtschaftlicher oder personeller Art oder das Bestehen eines Gestattungsvertrags zwischen dem Namensträger und dem Verletzer vermuten.[661] **244**

Es kommt für die Prüfung einer Verwechslungsgefahr auf den **Gesamteindruck** an, den die maßgeblichen Verkehrskreise im Verkehr nach Schriftbild, Klang und Sinngehalt haben.[662] Es sollte dabei auf das gemeinschaftsrechtliche Verbraucherleitbild eines durchschnittlich informierten, aufmerksamen und verständigen Durchschnittsverbrauchers abgestellt werden, soweit ein Wettbewerbszusammenhang besteht (vgl Rn 159); auch ansonsten sollte ein entsprechender Maßstab angelegt werden, insbesondere sollte der dem europäischen Verbraucherleitbild entsprechende normative, anstelle eines empirischen Ansatzes herangezogen werden.[663] **245**

Verwechslungsgefahr ist gegeben, wenn nach diesem Maßstab eine Ähnlichkeit festzustellen ist.[664] Zu berücksichtigen ist der Umstand, dass übereinstimmende Merkmale erfahrungsgemäß eher erinnert werden **246**

650 RG JW 1925, 1632.
651 BGH GRUR 1960, 490, 491; aA MüKo/*Schwerdtner*, 4. Aufl., § 12 Rn 180.
652 BeckOK-BGB/*Bamberger*, § 12 Rn 81.
653 BGH LM Nr. 42; Palandt/*Ellenberger*, § 12 Rn 32; vgl aber auch BGH GRUR 1976, 379, 381 – KSB; MüKo/*Bayreuther*, § 12 Rn 219.
654 BGHZ 24, 238.
655 RGZ 171, 30, 34; BGHZ 11, 214, 221; 24, 238, 243; vgl auch BGH NJW 1970, 1365.
656 BGHZ 8, 387, 392; 11, 214, 219; vgl auch OLG Frankfurt GRUR 1995, 154, 154 – Börsen-Order-Service-System.
657 BGHZ 21, 66, 69.
658 Palandt/*Ellenberger*, § 12 Rn 32.
659 Palandt/*Ellenberger*, § 12 Rn 33.
660 BGHZ 15, 107, 110.
661 BGH NJW-RR 1989, 1388 – Commerzbau; OLG Frankfurt GRUR 1989, 288 – Help.
662 EuGH GRUR Int. 1998, 56, 57 f Rn 23 – Springende Raubkatze II; BGH GRUR 1998, 830, 835 – Les-Paul-Gitarren.
663 Vgl dazu *Fezer,* WRP 2001, 989, 992, 998.
664 EuGH WRP 1999, 806, 809 Rn 25 – Lloyd Schuhfabrik; BGHZ 28, 320, 322 – Quick/Glück; BGH NJW-RR 1989, 808, 809 – Maritim; NJW 1999, 360, 362 – Lions; BeckOK-BGB/*Bamberger*, § 12 Rn 85.

als unterscheidende Merkmale. Prägend sind regelmäßig die besonders kennzeichnungskräftigen Firmenbestandteile:[665] Auch nur durch einen Firmenbestandteil, der unterscheidungskräftig und geeignet ist, sich im Verkehr als schlagwortartige Unternehmensbezeichnung durchzusetzen, kann eine Verwechslungsgefahr begründet werden.[666] Eine besondere Fachkunde der angesprochenen Verkehrskreise kann die Verwechslungsgefahr ausschließen,[667] das gilt aber nicht, wenn zugleich auch die Allgemeinheit angesprochen wird. Der Annahme einer Verwechslungsgefahr im weiteren Sinne bei großer klanglicher Ähnlichkeit kann das Verständnis der maßgeblichen Verkehrskreise von der angegriffenen Bezeichnung als Familienname entgegenstehen.[668]

247 Die Verwechslungsgefahr ist umso eher zu verneinen, je entfernter die **sachlichen Geschäftsbereiche** der betroffenen Unternehmen voneinander sind und je größer der **örtliche Abstand**[669] der Unternehmen zueinander ist. Bei großer Nähe sind geringere Anforderungen an die Bejahung der Verwechslungsgefahr zu stellen als bei größerer, vor allem sachlicher Entfernung der betroffenen Unternehmen. Die Ähnlichkeit der Bezeichnungen darf umso größer sein, je entfernter die Branchen voneinander liegen, in denen sich die Namensträger betätigen.[670] Eine relativ große Brachenverschiedenheit schließt umgekehrt eine Verwechslungsgefahr nicht zwingend aus, wenn sich die Bezeichnungen besonders weitgehend decken. Insoweit besteht eine Wechselwirkung zwischen dem Abstand der Geschäftsbereiche und dem Ähnlichkeitsgrad der Bezeichnung.[671] Zu berücksichtigen ist auch die Existenz weiterer ähnlich lautender Unternehmensbezeichnungen im Geschäftsbereich der Namensträger.[672]

248 Eine größere **Unterscheidungskraft** einer Bezeichnung hat zur Folge, dass eine Verwechslungsgefahr eher anzunehmen ist; bei geringer Unterscheidungskraft ist auch der Schutzbereich enger zu bemessen.[673] Wenn die Schutzfähigkeit der Bezeichnung nicht auf einer originären Unterscheidungskraft, sondern auf **Verkehrsgeltung** beruht, kommt es dementsprechend auf die Stärke der Verkehrsgeltung an.[674] Die Prüfung der Verwechslungsgefahr erstreckt sich dabei nur auf den Raum der Verkehrsgeltung.[675] Die Verwechslungsgefahr wird schließlich allgemein durch die Beifügung unterscheidungskräftiger Zusätze gemindert.[676]

249 Bei der Kollision eines **Domainnamens** mit einem Namen oder Kennzeichen kann die Verwechslungsgefahr durch unterscheidende Zusätze im Domainnamen,[677] klarstellende ausdrückliche Hinweise auf der Internetseite des Domaininhabers[678] oder auch allgemein durch den Inhalt der Internetseite[679] gemindert sein. Ob schon der Umstand, dass die Internetpräsenz, die unter einem Domainnamen besteht, unbenutzt ist, die Interessenbeeinträchtigung entfallen lassen kann, ist fraglich.[680] Zumindest kann eine Interessenbeeinträchtigung in der faktischen Sperrung des Domainnamens zulasten des Namensträgers liegen (Rn 239).

250 **(3) Verwässerungsgefahr. Berühmte Unternehmenskennzeichen** sind besonders gegen Verwässerungsgefahr, also jede Beeinträchtigung ihrer Alleinstellung und Werbekraft geschützt.[681] Das bedeutet, dass eine Verwechslungsgefahr insoweit nicht Schutzvoraussetzung ist, so dass der Schutz auch gegen einen völlig branchenentfernten Verletzer geltend gemacht werden kann.[682] Soweit ein Schutz berühmter Unternehmenskennzeichen im Falle der Benennung eines Dritten mit dem Kennzeichen nicht nach § 12 angenommen wird, kommt eine Herleitung nach den Grundsätzen des eingerichteten und ausgeübten Gewerbebetriebs (§ 823 Abs. 1) in Betracht.[683]

251 Die Verwässerungsgefahr begründet die erforderliche **Interessenverletzung**. Dem Kennzeichen muss eine – nicht objektiv absolute[684] – **Alleinstellung** bzw **Einmaligkeit** zukommen, die sich auf den infrage stehenden Kollisionsbereich erstrecken muss.[685] Zudem bedarf es einer hieraus begründeten hinreichenden **Berühmtheit des Kennzeichens**. Dazu muss das Kennzeichen mit überragender Kennzeichenkraft ausgestattet sein und

665 Soergel/*Heinrich*, § 12 Rn 190.
666 BGH GRUR 1954, 457, 458 – Irus-Urus; 1988, 635, 635 – Grundcommerz; vgl auch OLG Köln GRUR 1995, 508, 509 – Sports Life.
667 Vgl BGH GRUR 1958, 606, 608 – Kronenmarke; OLG Hamm GRUR 2003, 722, 722 – CASTOR; Soergel/*Heinrich*, § 12 Rn 190.
668 BGH NJW 2003, 1044, 1046 f – Kellogg's/Kelly.
669 BGH GRUR 2005, 262 Rn 6 f – soco.de.
670 St. Rspr vgl nur BGH GRUR 1977, 167, 168 – WESTERNSHOP; 1993, 404, 405 – Columbus.
671 BGH GRUR 1992, 329, 332 – AjS-Schriftenreihe; Staudinger/*Habermann*, § 12 Rn 311.
672 LG Hamburg BB 1969, 379 – Contitrade; Soergel/*Heinrich*, § 12 Rn 190.
673 BGH GRUR 1973, 265, 266 – Charme & Chic; 1977, 503, 505 – Datenzentrale; 1988, 635, 636 – Grundcommerz.
674 Palandt/*Ellenberger*, § 12 Rn 33.
675 Soergel/*Heinrich*, § 12 Rn 190.
676 BGH GRUR 1993, 404, 405 – Columbus; OLG München GRUR 1993, 491, 492 – Personalhansa.
677 BGH NJW 2002, 2031, 2034 – shell.de.
678 BGH NJW 2002, 2096, 2097 – Vossius.
679 Vgl OLG Nürnberg NJW-RR 2006, 906, 907 – Süß.
680 Vgl aber *Ingerl/Rohnke*, Markengesetz, 2. Aufl. 2003, nach § 15 Rn 47.
681 LG München GRUR 1992, 76, 76 – Allianz.
682 BGH NJW 1956, 591 – Magirus; GRUR 1966, 623, 624 – Kupferberg; OLG Frankfurt NJW-RR 1992, 940, 942 – Mercedes; Staudinger/*Habermann*, § 12 Rn 325; BeckOK-BGB/*Bamberger*, § 12 Rn 88 f.
683 *Fezer*, Markenrecht, § 15 Rn 128.
684 MüKo/*Bayreuther*, § 12 Rn 222.
685 BGH NJW-RR 1990, 1127, 1127–4711; OLG Frankfurt NJW-RR 1992, 940, 942 – Mercedes.

durch lange Benutzung und umfassende Werbung eine **überragende Verkehrsgeltung** erlangt haben. Der BGH verlangt einen Bekanntheitsgrad von mehr als 80% des Publikums,[686] während ein Bekanntheitsgrad von 68% in der Rechtsprechung nicht als ausreichend angesehen wird.[687]

Die **überragende Verkehrsgeltung kann fehlen**, wenn das Produkt, für das das Kennzeichen verwendet wird, nur einen sehr beschränkten Abnehmerkreis anspricht.[688] Verallgemeinerungsfähige Grenzen gibt es insoweit nicht; die Frage, ob eine überragende Verkehrsgeltung vorliegt, ist nach dem Einzelfall zu beantworten. Es genügt, wenn überragende Verkehrsgeltung im Inland gegeben ist; Weltgeltung ist nicht erforderlich.[689] Weiterhin muss als Voraussetzung der den Verwässerungsschutz rechtfertigenden besonderen Werbekraft des Kennzeichens eine **allgemeine Wertschätzung** des betreffenden Unternehmens vorliegen, ohne dass es jedoch auf konkrete Vorstellungen über die Güte der von dem Unternehmen hergestellten Produkte ankäme.[690] Die für die Bejahung der Verwässerungsgefahr erforderliche hinreichende Berühmtheit des Kennzeichens kann fehlen, wenn das Kennzeichen für eine Vielzahl unterschiedlicher Produkte verwendet wird.[691] 252

Der Schutz **bekannter Marken** greift bei unlauterer Ausnutzung oder Beeinträchtigung der Unterscheidungskraft oder Wertschätzung einer Marke hingegen bereits bei Bekanntheit des Kennzeichens ein (§§ 9 Abs. 1 Nr. 3; 14 Abs. 2 Nr. 3, 15 Abs. 3 MarkenG).[692] Die Vorschriften des MarkenG zum Bekanntheitsschutz von Marken und geschäftlichen Kennzeichen verdrängen den namensrechtlichen Verwässerungsschutz nicht.[693] 253

Bei einer **Kollision** zwischen einem Kennzeichen mit überragendem Bekanntheitsgrad und einem gleich lautenden Namens- oder Kennzeichenrecht eines anderen Trägers kann die überragende Bekanntheit das Überwiegen der Interessen im Rahmen der Interessenabwägung zwischen Gleichnamigen bewirken, so dass das kollidierende Zeichen oder der kollidierende Name als **Domainname** nur mit unterscheidenden Zusätzen gebraucht werden darf.[694] 254

V. Rechtsfolgen bei Verletzung des Namensrechts

1. Allgemeines. Aus der Verletzung des Namensrechts ergeben sich Unterlassungs- und Beseitigungsansprüche, daneben auch Ansprüche auf Schadensersatz wegen der Verletzung des Namensrechts als sonstiges Recht iSd § 823 Abs. 1 sowie ausnahmsweise Bereicherungsansprüche nach § 812 Abs. 1 S. 1 Alt. 2. Eine Feststellungsklage, die das Namensrecht zum Gegenstand hat, ist neben § 12 BGB ausgeschlossen.[695] **Anspruchsinhaber** ist der Namensträger als **Verletzter**. 255

Liegt die Verletzung in dem unbefugten Gebrauch eines **Familiennnamens**, nimmt die Rechtsprechung eine Klagebefugnis jedes Trägers des betroffenen Familiennamens an, unabhängig davon, auf welches konkrete Familienmitglied die Verletzung abzielt oder ob der Vorname beigefügt wird (dazu Rn 198, 242). 256

Die Ehefrau oder die Witwe kann gegen den unbefugten Gebrauch des Namens ihres Ehemannes vorgehen, weil insoweit auch ihr eigenes schutzwürdiges Interesse verletzt ist.[696] Wird einem Ehepartner das Recht bestritten, den gemeinsamen Ehenamen zu führen, dann ist nur der von dem Bestreiten betroffene Ehepartner klagebefugt.[697] Der Anspruch richtet sich auch gegen den anderen Ehepartner, wenn die Namensleugnung von diesem ausgeht. Ein Ehepartner, der den gemeinsamen Ehenamen führt, kann gegen den unbefugten Namensgebrauch seines Geburtsnamens klagen.[698] 257

Der schuldrechtlich aufgrund eines **Namensgestattungsvertrags** zum Namensgebrauch Berechtigte kann ermächtigt sein, das Namensrecht des Gestattenden in Prozessstandschaft geltend zu machen. Nach dem **Tod des Namensträgers** sind regelmäßig die nächsten Angehörigen des Verstorbenen hinsichtlich des aus dem postmortalen Persönlichkeitsschutz folgenden ideellen Namensschutzes wahrnehmungsbefugt. Der **vermögensrechtliche Bestandteil** des Namensrechts ist hingegen vererblich und kann von den Erben oder dem Testamentsvollstrecker im zeitlichen Rahmen der Nachwirkung des postmortalen Persönlichkeitsschutzes geltend gemacht werden (näher Rn 130 ff, 163 f). 258

686 BGH NJW 1991, 3218, 3219 – Avon.
687 OLG Hamburg 1987, 400, 401 f – Pirelli.
688 OLG Hamm GRUR 2003, 722, 723 – www.castor.de.
689 BGH GRUR 1966, 623, 624 – Kupferberg.
690 BGH GRUR 1966, 623, 624 – Kupferberg; MüKo/*Bayreuther*, § 12 Rn 222 mwN zur Rechtsprechung.
691 OLG Hamm GRUR 2003, 722, 723 – www.castor.de.
692 MüKo/*Bayreuther*, § 12 Rn 223; Palandt/*Ellenberger*, § 12 Rn 34.
693 Baumbach/*Hefermehl*, UWG, Allg. Rn 138 b; *Fezer*, Markenrecht, § 15 Rn 127; *Krings*, GRUR 1996, 623, 624; vgl auch BeckOK-BGB/*Bamberger*, § 12 Rn 89; vgl BGH NJW 1998, 3781, 3781 – Big Mac versus Mac Dog; aA MüKo/*Bayreuther*, § 12 Rn 223; Staudinger/*Habermann*, § 12 Rn 326.
694 BGH NJW 2002, 2031, 2034 – Shell; vgl aber auch LG Düsseldorf MMR 2004, 111 – hudson.de.
695 Erman/*Saenger*, § 12 Rn 38; MüKo/*Bayreuther*, § 12 Rn 261.
696 BGHZ 8, 318, 320; Palandt/*Ellenberger*, § 12 Rn 35.
697 MüKo/*Bayreuther*, § 12 Rn 188; Staudinger/*Weick*/*Habermann*, § 12 Rn 269.
698 OLG München WRP 1982, 660, 662 – Cellular-Therapie.

259 Den **Kläger** trifft die **Darlegungs- und Beweislast** für das Bestehen des Namens- beziehungsweise Kennzeichenrechts, gegebenenfalls für das Vorliegen von Verkehrsgeltung[699] sowie für die Tatsache der Verletzung des Rechts.[700] Der Nachweis eines lang andauernden unbeanstandeten Gebrauchs des Namens durch eine Familie führt zur Vermutung dafür, dass der Namensgebrauch rechtmäßig ist.[701] Grundsätzlich wird der Beweis über das Recht zur Führung des bürgerlichen Namens durch die Personenstandsbücher (§§ 60, 66 PStG) geführt, jedoch ist der Gegenbeweis zulässig. Wird auch auf Unterlassung geklagt, so muss der Kläger auch die insoweit erforderliche Wiederholungsgefahr beweisen,[702] es sei denn, diese wird vermutet; hier obliegt dann dem **Beklagten** der Beweis, dass eine Wiederholungsgefahr ausnahmsweise ausgeschlossen ist.[703] Der Beklagte muss seine Befugnis beweisen, den gleichen oder einen verwechslungsfähigen Namen zu führen, insbesondere auch im Konflikt Gleichnamiger.[704] Der Beweis der mangelnden Befugnis des Beklagten zum Gebrauch des Namens des Klägers ist Letzterem nicht zumutbar.[705] Der Beweis, dass das bewiesene ursprünglich bestehende Recht des Beklagten zur Namensführung nachträglich erloschen ist, obliegt sodann dem Kläger.[706]

260 **2. Beseitigungsanspruch.** S. 1 gibt einen Anspruch auf Beseitigung der Beeinträchtigung des Namensrechts. Erforderlich ist also die Feststellung einer Beeinträchtigung als Folge der Namensbestreitung, der Namensanmaßung oder der diesen gegebenenfalls gleichzusetzenden Verletzungen des Namensrechts. Diese Beeinträchtigung ist nicht mit der Interessenverletzung gleichzusetzen (dazu Rn 234 ff); maßgeblich ist der durch die Namensrechtsstörung herbeigeführte Zustand, auf dessen Beseitigung die Klage zu richten ist.[707]

261 Bei einer **Namensbestreitung** ist die Beseitigung durch **Widerruf** des Bestreitens und Anerkennung des Namensrechts in der gleichen Art und Weise wie das Bestreiten vorzunehmen (*actus contrarius*).[708] Ein öffentliches Bestreiten des Namensführungsrechts muss also ebenfalls öffentlich widerrufen werden, ein Bestreiten mittels Rundschreiben oder Rundmail auf dem entsprechenden Wege. Gegebenenfalls kann die Einwilligung in eine bestimmte Namensführung gegenüber der zuständigen Stelle verlangt werden.[709] Die Vollstreckung des Urteils erfolgt nach § 888 ZPO oder gegebenenfalls nach § 887 ZPO.

262 Im Falle des unbefugten **Namensgebrauchs** geht die Klage auf Beseitigung der rechtswidrigen Einwirkung für die Zukunft,[710] wobei nur die Untersagung des Namensgebrauchs in der konkret benutzten Form in Betracht kommt[711] und nicht weiter als nötig gehen darf.[712] Ein völliges Verbot der Namensführung kommt ausnahmsweise in Betracht, wenn der Verletzer den fremden Namen in der Absicht gewählt hat, Verwechslungen herbeizuführen und den fremden Ruf auszunutzen.[713] Es sind Zustände, die die Namensanmaßung manifestieren, zu beseitigen; ansonsten liegt die Beseitigung in dem zukünftigen Nichtgebrauch des Namens, was einer Unterlassung entspricht.[714]

263 Die Registrierung einer unbefugt gebrauchten Firma im **Handelsregister** oder einer Marke im **Markenregister** ist zu löschen, der Klageantrag geht auf **Einwilligung in die Löschung**. Firmenaufkleber, Firmenschilder oder Signaturen sind zu entfernen.[715]

264 Erfolgt der Namensgebrauch durch **Registrierung** eines **Domainnamens** beim DENIC, so kann nach Auffassung des BGH der Verzicht des Domaininhabers gegenüber dem DENIC auf den Domainnamen verlangt werden, nicht hingegen die Übertragung des Domainnamens auf den Kläger.[716] Das folgt für § 12 schon aus der Beschränkung auf Unterlassung, Beseitigung und Schadensersatz; eine Verbesserung der Rechtsposition des Verletzten schuldet der Verletzer nicht.[717] Der Namensträger ist jedenfalls nicht automatisch auch der Berechtigte an der konkreten Domain und zwar auch nicht, falls die Domain als solche als absolutes Recht zu qualifizieren wäre (dazu Rn 108).[718] Nur eine Unterlassung, nicht aber ein Verzicht (Löschung) kommt in Betracht, wenn der Gebrauch des Domainnamens durch den Beklagten nur im geschäftlichen Bereich unbefugt ist.[719] Wenn die Interessenverletzung bereits durch Hinzufügung unterscheidender Zusätze beseitigt werden kann (dazu auch Rn 249), ist der Beseitigungsantrag hierauf zu richten.[720] Bei einem Namensgebrauch durch

699 MüKo/*Bayreuther*, § 12 Rn 263.
700 RG JW 1937, 390 Nr. 1.
701 BayObLGZ 32, 330; 42, 91; Staudinger/*Habermann*, § 12 Rn 370; MüKo/*Bayreuther*, § 12 Rn 263.
702 MüKo/*Bayreuther*, § 12 Rn 233.
703 MüKo/*Bayreuther*, § 12 Rn 233; vgl auch Soergel/*Heinrich*, § 12 Rn 203.
704 BGH WM 1957, 1152, 1153; Staudinger/*Habermann*, § 12 Rn 372.
705 Soergel/*Heinrich*, § 12 Rn 198.
706 Staudinger/*Habermann*, § 12 Rn 372.
707 Staudinger/*Habermann*, § 12 Rn 348; BeckOK-BGB/*Bamberger*, § 12 Rn 205.
708 MüKo/*Bayreuther*, § 12 Rn 238.
709 Palandt/*Ellenberger*, § 12 Rn 36.
710 Palandt/*Ellenberger*, § 12 Rn 36.
711 BGH GRUR 2003, 436 – Feldenkrais; Soergel/*Heinrich*, § 12 Rn 201; MüKo/*Bayreuther*, § 12 Rn 235.
712 Soergel/*Heinrich*, § 12 Rn 201.
713 BGHZ 4, 96, 102 – Urköl'sch; GRUR 1968, 212, 213 – Hellige; Soergel/*Heinrich*, § 12 Rn 201.
714 Soergel/*Heinrich*, § 12 Rn 201.
715 Vgl BGHZ 107, 384, 390.
716 BGH NJW 2002, 2031, 2035 – Shell; *Ingerl/Rohnke*, Markengesetz, 2. Aufl. 2003, nach § 15 Rn 144.
717 OLG Hamm CR 1998, 241, 243 – krupp.de.
718 Dazu *Koos*, MMR 2004, 359, 362.
719 BGH NJW 2002, 2096, 2098 – Vossius.
720 BGH LM Nr. 19; Palandt/*Ellenberger*, § 12 Rn 37.

Verwendung eines Domainnamens kann auch schon die Aufnahme entsprechender Hinweise auf der Internetseite, die unter dem Domainnamen unterhalten wird, genügen.[721] Der Verletzer muss sich mit vom Grad der Verletzungsschwere abhängig zumutbarem Aufwand um die Beseitigung auch solcher Folgen eines unberechtigten Namensgebrauchs bemühen, die er unmittelbar nicht mehr selbst beherrscht. So muss er sich darum bemühen, dass fortwirkende Spuren des Namensmissbrauchs in Internetsuchmaschinen vermindert werden.[722]

3. Unterlassungsanspruch. Voraussetzung für den Unterlassungsanspruch ist die **Wiederholungsgefahr**: Es muss die Besorgnis weiterer Beeinträchtigungen bestehen. Die Beurteilung der Wiederholungsgefahr ist im Wesentlichen Tatfrage und der Revision nur im Hinblick auf die Nachprüfung zugänglich, ob von den richtigen rechtlichen Gesichtspunkten ausgegangen wurde und keine wesentlichen Tatumstände außer Acht gelassen wurden.[723] Es gilt namentlich bei Handeln in Wettbewerbsabsicht bzw bei Verwendung des Namens im geschäftlichen Verkehr[724] eine tatsächliche Vermutung der Wiederholungsgefahr.[725] Die Vermutung der Wiederholungsgefahr ist nur unter strengen Anforderungen widerlegbar.[726] 265

Regelmäßig beseitigt die Abgabe einer **strafbewehrten Unterlassungserklärung** eine bestehende Wiederholungsgefahr. Wiederholungsgefahr besteht immer, wenn der Verletzer bis zur letzten mündlichen Verhandlung auf dem Standpunkt der Rechtmäßigkeit seines Handelns beharrt.[727] Die Besorgnis weiterer Beeinträchtigung braucht nicht besonders begründet zu werden, wenn die Namensanmaßung eine Beeinträchtigung zur Folge hatte, weil die Fortsetzung der Anmaßung hier als Grund weiterer Beeinträchtigungen anzusehen ist.[728] Schon die **Erstbegehungsgefahr** im Sinne einer hinreichend nahe bevorstehenden Beeinträchtigung ist ausreichend.[729] 266

Die Führung des Namens kann grundsätzlich nur in der **konkret benutzten Form** untersagt werden.[730] Kann die Beeinträchtigung durch die Hinzufügung unterscheidungskräftiger Zusätze beseitigt werden, scheidet die Untersagung der Namensbenutzung aus; die Unterlassungsklage ist dann auf die Verwendung eines solchen Zusatzes zu richten; es bleibt grundsätzlich dem Verletzer überlassen, mit welchen geeigneten Zusätzen er die Verwechslungsgefahr beseitigen will.[731] Ein Verschulden ist nicht erforderlich. Die Strafbarkeit einer Handlung schließt den zivilrechtlichen Unterlassungsanspruch nicht aus.[732] Der Unterlassungsanspruch kann nur im Zusammenhang mit der Übertragung des absolut wirkenden Namens- bzw Kennzeichenrechts abgetreten werden.[733] 267

4. Verwirkung. Die Geltendmachung der Ansprüche aus § 12 kann an einem Verwirkungseinwand scheitern. Die Verwirkung setzt voraus, dass zwischen der Geltendmachung des Anspruchs und dem erstmaligen Gebrauch des Namens- oder Kennzeichenrechts ein längerer Zeitraum liegt. Hinzutreten müssen Umstände, aus denen sich im Hinblick auf die späte Geltendmachung des Anspruchs ein Verstoß gegen Treu und Glauben ergibt. Der Verwirkungseinwand ist bei Überlagerung der privaten Interessen durch überragende Interessen der Allgemeinheit, namentlich auch bei einer Irreführung der Allgemeinheit, ausgeschlossen.[734] 268

VI. Verjährung

Der Anspruch aus der Verletzung des Namensrechts nach § 12 verjährt nach §§ 195, 199 Abs. 4 relativ nach drei Jahren und absolut nach zehn Jahren. Das Namensrecht selbst verjährt als absolutes Recht nicht.[735] 269

VII. Schadensersatzanspruch

Das Namensrecht ist als absolutes Recht „sonstiges Recht" im Sinne des § 823 Abs. 1. Daneben kann bei Verletzung von im Geschäftsverkehr verwendeten Bezeichnungen auch ein Eingriff in den eingerichteten und ausgeübten Gewerbebetrieb vorliegen.[736] Bei schuldhafter Verletzung kann daher ein Anspruch auf Scha- 270

721 BGH NJW 2002, 2096, 2097 – Vossius.
722 LG Halle Urt. v. 18.1.2010, 4 O 807/08.
723 BGH NJW-RR 1994, 1001, 1002; MüKo/*Bayreuther*, § 12 Rn 233.
724 MüKo/*Bayreuther*, § 12 Rn 233.
725 BGH WM 1973, 118, 119; DB 1964, 259; Soergel/*Heinrich*, § 12 Rn 203; s. auch BeckOK-BGB/*Bamberger*, § 12 Rn 218.
726 BGH GRUR 1957, 342, 347 – Underberg; NJW-RR 1994, 1001, 1002; NJW 1994, 1281, 1283; vgl auch Soergel/*Heinrich*, § 12 Rn 203.
727 BGH GRUR 1957, 342, 345 – Underberg; BGHZ 14, 155, 162 – Farina; OLG Frankfurt WRP 1976, 700, 702; MüKo/*Bayreuther*, § 12 Rn 233.
728 Staudinger/*Habermann*, § 12 Rn 352; Erman/*H.P. Westermann*, § 12 Rn 31.
729 Vgl BGH NJW 1953, 843; MüKo/*Bayreuther*, § 12 Rn 234.
730 Palandt/*Ellenberger*, § 12 Rn 37.
731 BGH LM Nr. 19; Palandt/*Ellenberger*, § 12 Rn 37.
732 Vgl BGH GRUR 1970, 558, 560 – Sanatorium.
733 OLG Koblenz WRP 1988, 258; BeckOK-BGB/*Bamberger*, § 12 Rn 221.
734 BGH GRUR 1966, 267, 271 – White Horse; MüKo/*Bayreuther*, § 12 Rn 258.
735 Staudinger/*Habermann*, § 12 Rn 356.
736 Soergel/*Heinrich*, § 12 Rn 195.

densersatz gegeben sein. Der Verschuldensmaßstab folgt aus § 276. Der Schadensersatzanspruch richtet sich nach § 249 Abs. 1 auf Naturalrestitution, mithin regelmäßig auf Beseitigung der Beeinträchtigung. In Betracht kommt neben einer **konkreten Schadensberechnung** nach der Differenzhypothese auch eine **abstrakte Schadensberechnung**, die sich entweder an einer angemessenen entgangenen Lizenzgebühr oder an dem Verletzergewinn orientiert.[737] Im Zusammenhang mit der abstrakten Schadensberechnungsmethode hat der Verletzte einen vorbereitenden **Anspruch auf Auskunftserteilung und Rechnungslegung**.[738] Bei schweren Verletzungen des Namensrechts als besonderes Persönlichkeitsrecht kommt auch ein Geldentschädigungsanspruch im Hinblick auf den immateriellen Schaden in Frage.[739]

VIII. Bereicherungsanspruch

271 Neben einem Anspruch auf Schadensersatz kommt ein Anspruch auf Herausgabe der Bereicherung (§ 812 Abs. 1 S. 1 Alt. 2) in Betracht, der vor allem dann bedeutsam ist, wenn kein Verschulden festgestellt werden kann. Eine Pflicht zur Herausgabe des durch einen Eingriff Erlangten ist namentlich in Fällen gegeben, in denen ein fremder Name, insbesondere eines Prominenten, zu Werbezwecken ausgenutzt wurde. Insoweit liegt eine Bereicherung aus dem Gesichtspunkt eines Eingriffs in den Zuweisungsgehalt des Persönlichkeitsrechts vor; das entspricht einer vermögensrechtlichen Deutung des Persönlichkeitsrechts. Die Rechtsprechung unterstreicht den Aspekt des Eingriffs in die Befugnis des Rechtsträgers, selbst über Art und Umfang des Namensgebrauchs zu bestimmen, und stellt damit das eher ideelle persönlichkeitsrechtliche Recht der geistigen und wirtschaftlichen Selbstbestimmung unter freier Entfaltung der Persönlichkeit in den Vordergrund,[740] und zwar auf der Grundlage des **allgemeinen Persönlichkeitsrechts**.[741]

272 Eine Beeinträchtigung der Wertschätzung des Namensträgers oder eine Zuordnungsverwirrung ist auch nach der Rechtsprechung für die Begründung des Bereicherungsanspruchs nicht erforderlich.[742] Der Anspruch richtet sich auf Herausgabe des erlangten Vermögensvorteils, welcher sich grundsätzlich nach der Vergütung bestimmt, die der Verletzer bei vertragsgemäßer Benutzungsgestattung an den Namensträger hätte zahlen müssen.[743]

§ 13 Verbraucher[1]

Verbraucher ist jede natürliche Person, die ein Rechtsgeschäft zu einem Zwecke abschließt, der weder ihrer gewerblichen noch ihrer selbständigen beruflichen Tätigkeit zugerechnet werden kann.

§ 14 Unternehmer[1]

(1) Unternehmer ist eine natürliche oder juristische Person oder eine rechtsfähige Personengesellschaft, die bei Abschluss eines Rechtsgeschäfts in Ausübung ihrer gewerblichen oder selbständigen beruflichen Tätigkeit handelt.

(2) Eine rechtsfähige Personengesellschaft ist eine Personengesellschaft, die mit der Fähigkeit ausgestattet ist, Rechte zu erwerben und Verbindlichkeiten einzugehen.

Literatur: *Armbrüster*, Kapitalanleger als Verbraucher?, ZIP 2006, 406; *Artz*, Verbrauchereigenschaft einer natürlichen Person wird im Zweifel bejaht, ZJS 2009, 719; *Benecke/Pils*, Der Arbeitsvertrag als Verbrauchervertrag, ZIP 2005, 1956; *Blaurock*, Verbraucherkredit und Verbraucherleitbild in der Europäischen Union, JZ 1999, 801; *Brors*, Arbeitnehmer und Verbraucher – keine deckungsgleichen Begriffe, ZGS 2003, 34; Buchmann, Ausschluss der Verbrauchereigenschaft bei nur eindeutigem Hinweis, K&R 2010, 39; *Bülow*, Scheinselbständiger und Ich-AG als Verbraucher nach § 13 BGB, FS für Derleder, 2005, S. 27; *Bülow*, Aufklärungspflichten von Banken gegenüber Verbrauchern, NJ 2010, 221; *Dauner-Lieb*, Verbraucherschutz durch Ausbildung eines Sonderprivatrechts für Verbraucher, 1983; *Dauner-Lieb/Dötsch*, Ein „Kauf-

737 BGH GRUR 1973, 375, 377 – Miss Petite; NJW 2000, 2195, 2201 – Marlene Dietrich; Staudinger/*Habermann*, § 12 Rn 350; s. dazu Fezer/*Koos*, UWG, § 9 Rn 28 ff.

738 BGH GRUR 1973, 375, 377 f – Miss Petite; NJW 2000, 2195, 2201 – Marlene Dietrich.

739 BGH GRUR 1967, 319, 323 – Killer; Palandt/*Ellenberger*, § 12 Rn 39.

740 Vgl BGHZ 20, 345, 350 – Paul Dahlke; 81, 75, 80 – Carrera.

741 Vgl schon BGHZ 30, 7, 11 f – Caterina Valente; vgl auch *Sack*, WRP 1984, 521, 532.

742 BGHZ 81, 75, 80 – Carrera.

743 BGHZ 81, 75, 81 f – Carrera; s. Fezer/*Koos*, UWG, § 9 Rn 33.

1 Diese Vorschriften dienen der Umsetzung der eingangs zu den Nummern 3, 4, 6, 7, 9 und 11 genannten Richtlinien.

1 Diese Vorschriften dienen der Umsetzung der eingangs zu den Nummern 3, 4, 6, 7, 9 und 11 genannten Richtlinien.

mann“ als „Verbraucher“? – Zur Verbrauchereigenschaft des Personengesellschafters, DB 2003, 1666; *Dick*, Das Verbraucherleitbild der Rechtsprechung: Der Einfluß von Verbraucherschutzkonzeptionen auf die Rechtsprechung am Beispiel der Rechtsprechung zur Verbraucherverschuldung und zur Verbraucherinformation, 1995; *Dreher*, Der Verbraucher – Das Phantom in der opera des europäischen und deutschen Rechts?, JZ 1997, 167; *Drexl*, Der Bürge als deutscher und europäischer Verbraucher, JZ 1998, 1046; *Drexl*, Die wirtschaftliche Selbstbestimmung des Verbrauchers: Eine Studie zum Privat- und Wirtschaftsrecht unter Berücksichtigung gemeinschaftsrechtlicher Bezüge, 1998; *Ebers*, Wer ist Verbraucher? – Neuere Entwicklungen in der Rechtsprechung des BGH und EuGH, VuR 2005, 361; *Elssner/Schirmbacher*, Die Gesellschaft bürgerlichen Rechts als Verbraucher? – Zur Verbrauchereigenschaft anderer natürlicher Personen, VuR 2003, 247; *Faber*, Elemente verschiedener Verbraucherbegriffe in EG-Richtlinien, zwischenstaatlichen Übereinkommen und nationalem Zivil- und Kollisionsrecht, ZEuP 1998, 854; *Faust*, BGB AT: Begriffe des Verbrauchers, JuS 2010, 254; *Fehrenbacher/Herr*, Die BGB-Gesellschaft – eine natürliche Person im Sinne des Verbraucherschutzrechts?, BB 2002, 1006; *Grädler/Marquart*, Die Verbrauchereigenschaft eines Existenzgründers, ZGS 2008, 250; *Hommelhoff*, Verbraucherschutz im System des deutschen und europäischen Vertragsrechts, 1996; *Hümmerich/Holthausen*, Der Arbeitnehmer als Verbraucher, NZA 2002, 173; *Jauernig*, Verbraucherschutz in „Mischfällen“?, FS für Schlechtriem, 2003, S. 569; *K. Schmidt*, Unternehmer – Kaufmann – Verbraucher – Schnittstellen „Sonderprivatrecht“ und Friktionen zwischen §§ 13, 14 BGB und §§ 1 ff. HGB, BB 2005, 837; *Kellermann*, Der deutsche Verbraucherbegriff – eine Würdigung der streitigen Einzelfälle, JA 2005, 546; *Kellermann*, Arbeitsrecht – Schuldrecht – §§ 312, 355 BGB Aufhebungsvertrag und Widerrufsrecht – der Arbeitnehmer als Verbraucher, JA 2003, 834; *Kemper*, Verbraucherschutzinstrumente, 1994; *Kern*, Die Entwicklung des Verbraucherbegriffs, ZGS 2009, 456; *Kieselstein/Rückebeil*, Der Verbraucher im BGB, ZGS 2007, 54; *Krebs*, Verbraucher, Unternehmer oder Zivilperson, DB 2002, 517; *Lettl*, Der Schutz der Verbraucher nach der UWG-Reform, GRUR 2004, 449; *Mankowski*, Der Nachweis der Unternehmereigenschaft, VuR 2004, 79; *Medicus*, Wer ist Verbraucher?, FS für Kitagawa 1992, S. 471; *Medicus*, Schutzbedürfnisse (insbesondere der Verbraucherschutz) und das Privatrecht, JuS 1996, 761; *Meyer*, Das Verbraucherleitbild des Europäischen Gerichtshofes, WRP 1993, 215; *Micklitz*, Ein neues Kaufrecht für Verbraucher in Europa?, EuZW 1997, 229; *Mülbert*, Außengesellschaften – manchmal ein Verbraucher?, WM 2004, 905; *Najdecki*, Rollenwechsel beim Verbrauchsgüterkauf, ZGS 2009, 155; *Natzel*, Schutz des Arbeitnehmers als Verbraucher?, NZA 2002, 595; *Peter*, PowerSeller als Unternehmer ITRB 2007, 18; *Pfeiffer*, Der Verbraucherbegriff als zentrales Merkmal im Europäischen Privatrecht, in: Schulte-Nölke/Schulze (Hrsg.), Europäische Rechtsangleichung und nationale Privatrechte, 1999, S. 21; *Piekenbrock/Ludwig*, Zum deutschen und europäischen Verbraucherbegriff, GPR 2010, 114; *Prasse*, Existenzgründer als Unternehmer oder Verbraucher? – Die neue Rechtsprechung des BGH, MDR 2005, 961; *Preis*, Der persönliche Anwendungsbereich der Sonderprivatrechte, ZHR 158 (1994), 567; *Reich*, Zur Theorie des Europäischen Verbraucherrechts, ZEuP 1994, 381; *Reich*, Das Phantom „Verbraucher“ (endlich!?) im Gral des BGB!, VuR 2000, 261; *Reinhart*, Zur Auslegung des Begriffs „Verbraucher“ im Kollisionsrecht, FS für Trinkner, 1995, S. 657; *Riesenhuber*, Kein Zweifel für den Verbraucher, JZ 2005, 829; *Ritter*, Verbraucherschutz und Bestattung, VuR 2010, 99; *Rohlfing*, Unternehmer qua Indizwirkung?, MMR 2006, 271; *Roth*, Europäischer Verbraucherschutz und BGB, JZ 2001, 475; *Schneider*, Der Begriff des Verbrauchers im Recht, BB 1974, 764; *Schünemann*, Mündigkeit versus Schutzbedürftigkeit – Legitimationsprobleme des Verbraucher-Leitbildes, in FS für Brandner 1976, S. 279; *Schünemann/Lohmeyer*, Existenzgründer: Unternehmer oder Verbraucher?, JZ 2010, 1156; *Schwab*, Die neuere LAG- und BAG-Rechtsprechung zum Arbeitnehmer-Verbraucher im Lichte der „Dietzinger-Entscheidung“ des EuGH, FA 2004, 331; *Schwerdtner*, Widerrufsrecht und arbeitsrechtlicher Aufhebungsvertrag, FS für Honsell, 2002, S. 371; *Steding*, Landwirt oder/und Unternehmer?, NL-BzAR 2010, 347; *Szcesny/Holthusen*, Zur Unternehmereigenschaft und ihren zivilrechtlichen Folgen im Rahmen von Internetauktionen, K&R 2005, 302; *Tilmann*, Der „verständige Verbraucher“, in FS für Piper 1996, S. 481; *Tonikidis/Bohinova*, Der Arbeitnehmer als Verbraucher i.S.d. § 13 BGB, HomFoR 2010, 177; *Tschöpe/Pirscher*, Der Arbeitnehmer als Verbraucher im Sinne des § 13 BGB, RdA 2004, 358; *Ultsch*, Der einheitliche Verbraucherbegriff, §§ 13, 14: Nationale Vereinheitlichung im Lichte europäischer Vorgaben, 2006; *Wolf/von Bismarck*, Kaufmann, Unternehmer, Verbraucher – Wann gilt das BGB, wann das HGB, wann Verbraucherrecht?, JA 2010, 841.

A. Allgemeines

Die §§ 13 und 14 sind als Legaldefinition durch Art. 2 Nr. 1 des am 27.6.2000 verkündeten Gesetzes über Fernabsatzverträge und andere Fragen des Verbraucherschutzrechts sowie zur Umstellung von Vorschriften auf Euro[2] (FernAbsG) als zentrale Begrifflichkeiten des bürgerlichen Rechts in das BGB aufgenommen worden. Der Gesetzgeber hat im Interesse einer **Einheit des Privatrechts** dadurch u.a. auch einen ersten wichtigen Schritt zu einer Integration des bisherigen Verbraucher-Sonderprivatrechts in das BGB[3] vollzogen, der sich mit dem SchuldRMoG fortgesetzt hat (**Verbraucherschutz als Teil des BGB**).[4] Das BGB wurde für Grund- 1

2 BGBl I S. 897.
3 Zur Integration des Verbraucherrechts in das BGB *Brüggemeier/Reich*, BB 2001, 213.
4 MüKo/*Micklitz*, vor §§ 13, 14 Rn 1: „Seine Legitimation und Legitimität steht außer Frage“.

begriffe des Verbraucherrechts geöffnet. Der Verbraucherschutz ist somit zu einem wesentlichen Schutzprinzip des bürgerlichen Rechts geworden: Das Verbraucherschutzrecht ist nicht länger Sonderprivatrecht, sondern Teil des allgemeinen Privatrechts.[5] Vor diesem Hintergrund stellt der **Verbrauchervertrag** (als Vertrag zwischen einem Unternehmer und einem Verbraucher) die typische Erscheinungsform des schuldrechtlichen Vertrags und der Verbraucherschutz einen schuldrechtsimmanenten allgemeinen Schutzgedanken dar.[6] Als im Verhältnis zum Unternehmer (§ 14) typischerweise unterlegene Marktgruppe schützt das BGB den Verbraucher in einer Vielzahl verbraucherschutzrechtlicher Sonderbestimmungen (Rn 6).

2 Die Rechtsfigur des Verbrauchers nach § 13 folgt der **europäischen Verbraucherschutzkonzeption**, wie sie in Art. 2 Haustürgeschäfterichtlinie,[7] Art. 1 Abs. 2 lit. a Verbraucherkreditrichtlinie[8] und Art. 2 Nr. 2 Fernabsatzrichtlinie (FARL)[9] bzw Art. 2 lit. b Missbräuchliche-Klauseln-Richtlinie[10] zum Ausdruck kommt, wonach sich der Verbraucherbegriff nicht an der individuellen Schutzbedürftigkeit eines Vertragsschließenden im Einzelfall, sondern am **Vertragszweck** selbst orientiert. Dieses Konzept gilt (wie es für den früheren § 24 a AGBG [Verbraucherverträge] bereits schon seit der Umsetzung der Missbräuchliche-Klauseln-Richtlinie galt) nach § 13 für alle verbraucherschutzrechtlichen Sondergesetze, mithin auch für solche, die nicht auf einer Transformation des europäischen Sekundärrechts in das nationale Recht beruhen.

3 Eine **Ausnahme** gilt nur für das Fernunterrichtsschutzgesetz (FernUSG).[11] Dort verbleibt es bei den alten Begrifflichkeiten des „Teilnehmers" und des „Veranstalters" als Vertragspartner. Dies liegt darin begründet, dass beim Fernunterrichtsvertrag zwar typischerweise, nicht aber notwendigerweise[12] der Teilnehmer auch zugleich Verbraucher ist.

4 Im Übrigen definiert § 13 zugleich auch den **persönlichen Anwendungsbereich** von Verbraucherschutzgesetzen, die keine eigenen entsprechenden Regelungen mehr enthalten, bspw § 312 Abs. 1 (früher § 1 Abs. 1 HaustürWG), § 312 b Abs. 1 (früher § 1 Abs. 1 FernAbsG), § 481 (früher § 1 Abs. 2 TzWrG) oder § 491 (früher §§ 1 Abs. 1, 9 Abs. 2 VerbrKrG).

5 Im Rahmen der Verabschiedung des FernAbsG als Artikelgesetz hat sich der Gesetzgeber dafür entschieden, die zentralen Begriffe „Verbraucher" und „Unternehmer" im Allgemeinen Teil des BGB – im Ersten Abschnitt „Personen", Erster Titel „Natürliche Personen"[13] – in Gestalt einer **Legaldefinition** zu regeln (gesetzliche Definition des Verbraucher- und Unternehmerbegriffs als Zentralbegriffe des bürgerlichen Rechts).[14] Damit hat das Verbraucherrecht eine symbolische Anerkennung durch den Gesetzgeber erfahren.[15]

6 Die Begriffsbestimmungen der §§ 13 und 14 gelangen immer dann zur Anwendung, wenn in den verbraucherschutzrechtlichen Sondervorschriften auf den Terminus „Verbraucher" oder „Unternehmer" Bezug genommen wird, so in den §§ 241 a, 310 Abs. 3, 355, 356, 474, 485, 495, 655 a und 661 a sowie bei Haustürgeschäften (§ 312), Fernabsatzverträgen (§ 312 b ff), Teilzeit-Wohnrechteverträgen (§ 481) oder Verbraucherdarlehensverträgen (§ 491) – nicht hingegen im Reisevertragsrecht (im Reisevertragsrecht ist der Leistungsempfänger zwar typischerweise auch ein Verbraucher, es gelangt aber auch dann zur Anwendung, wenn ausnahmsweise ein Unternehmer Reisender ist)[16] bzw im FernUSG (vgl § 4 Rn 3). Bei Letzterem ist eine Verwendung des Verbraucherbegriffs entbehrlich, da hier der Leistungsempfänger regelmäßig Verbraucher ist. Weiterhin können die §§ 13 f auch im Zusammenhang mit § 1 Abs. 1 S. 2 ProdHG hinsichtlich der Abgren-

5 So Palandt/*Ellenberger*, Einl. BGB Rn 1; aA *Bülow/Artz*, NJW 2000, 2049.

6 Palandt/*Ellenberger*, Einf. vor § 145 BGB Rn 13.

7 Richtlinie 85/577/EWG des Rates v. 20.12.1985 betreffend den Verbraucherschutz im Falle von außerhalb von Geschäftsräumen geschlossenen Verträgen (ABlEG Nr. L 372, S. 31).

8 Richtlinie 87/102/EWG des Rates v. 22.12.1986 zur Angleichung der Rechts- und Verwaltungsvorschriften der Mitgliedstaaten über den Verbraucherkredit (ABlEG Nr. L 42, S. 48), zuletzt geändert durch die Richtlinie 98/7/EWG des Europäischen Parlaments und des Rates v. 16.2.1998 (ABlEG Nr. L 101, S. 17).

9 Richtlinie 97/7/EG des Europäischen Parlaments und des Rates über den Verbraucherschutz bei Vertragsabschlüssen im Fernabsatz v. 20.5.1997 (ABlEG. Nr. L 144, S. 19).

10 Richtlinie 93/13/EWG v. 5.4.1993 über missbräuchliche Klauseln in Verbraucherverträgen (ABlEG Nr. L 95 v. 21.4.1993, S. 29).

11 V. 24.8.1976 (BGBl. I S. 2525), neugefasst durch Bekanntmachung v. 4.12.2000 (BGBl. I S. 1670).

12 Vgl etwa das Beispiel von *Bülow/Artz*, NJW 2000, 2049, 2050: Die Regelungen des FernUSG gelten etwa auch für den Vertrag des Arbeitgebers, der zugunsten seines Arbeitnehmers einen Fernunterrichtsvertrag abschließt (§ 328) mit der Folge, dass der Arbeitnehmer zwar nicht Teilnehmer, aber Lernender (§ 1 Abs. 1 Nr. 1 FernUSG) ist.

13 Wobei der Gesetzgeber bei Erlass des Fernabsatzgesetzes den bereits früher erfolgten Wegfall der Bestimmungen über die Todeserklärung in den §§ 13 ff BGB aF nutzte, um die Definitionen „unterzubringen, als ob es sich bei dem Titel ‚Natürliche Personen' um einen Titel für die Sammlung von Definitionen handelte", so *Flume*, ZIP 2000, 1427. Im Übrigen sind Unternehmen oftmals juristische Personen. Die Zuordnung der Regelungen zum Abschnitt „Personen" hätte zumindest einen eigenen Titel „Verbraucher, Unternehmer" erfordert, zutreffend Palandt/*Ellenberger*, § 13 Rn 1.

14 Bamberger/Roth/*Schmidt-Räntsch*, § 13 Rn 1; Palandt/*Ellenberger*, § 13 Rn 1; Soergel/*Pfeiffer*, § 13 Rn 2; aA hingegen *K. Schmidt*, JuS 2006, 1.

15 So zutr. *Tonner*, BB 2000, 1413, 1414.

16 BGH NJW 2002, 2238.

zung des privaten vom beruflichen Bereich herangezogen werden.[17] Im Übrigen gilt die Definition des § 13 (ebenso wie jene des Unternehmers nach § 14) für den Verbraucher(Unternehmer)begriff in den §§ 449 Abs. 1 S. 1, 451 a Abs. 2, 451 b Abs. 2 und 3, 451 g Abs. 1, 451 h Abs. 1, 455 Abs. 3, 466 Abs. 1, 468 Abs. 2 S. 1, 472 Abs. 1 S. 2 und 475 HGB, § 2 Abs. 2 UWG,[18] § 17 Abs. 2 a BeurkG, § 2 UKlaG, § 304 Abs. 1 InsO[19] sowie § 1031 Abs. 5 ZPO bzw § 34 Abs. 1 S. 3 RVG.[20]

Vgl aber auch Art. 29 a EGBGB (Verbraucherschutz für besondere Gebiete) mit seinem Verweis auf die EG-Verbraucherschutzrichtlinien (der allerdings ohne Verwendung des Verbraucherbegriffs auskommt).[21] 7

Als Folgeänderung war in diesem Kontext erforderlich, auch die Definition der **rechtsfähigen Personengesellschaft** aus ihrem früheren Standort in § 1059 a Abs. 2 aF herauszunehmen und sie in die Definition des Unternehmers zu integrieren (§ 14 Abs. 2). 8

B. Regelungsgehalt

I. Vereinheitlichung der Begrifflichkeiten der Verbraucherschutzvorschriften

Die §§ 13 und 14 vereinheitlichen durch die Vorgabe von Legaldefinitionen einige Schlüsselbegriffe verbraucherschutzrechtlicher Regelungen, die den Verbraucher als eine im Verhältnis zum Unternehmer typischerweise unterlegene Marktgruppe durch eine Vielzahl von unterschiedlichen Vorschriften und Maßnahmen schützen.[22] 9

II. Der Verbraucherbegriff (§ 13)

1. Definition. a) Verbraucher. Verbraucher ist – was objektiv zu bestimmen ist –[23] jede (aber auch ausschließlich[24] eine) natürliche Person[25] (ohne Rücksicht auf ihren intellektuellen oder ökonomischen Status),[26] die ein Rechtsgeschäft zu einem Zweck abschließt, der weder einer gewerblichen noch einer selbständigen beruflichen Tätigkeit zugerechnet werden kann (§ 13). Es muss sich also um ein zu privaten Zwecken vorgenommenes Rechtsgeschäft handeln. Auch eine **GbR** ist damit Verbraucher, sofern sie ein entsprechendes Rechtsgeschäft tätigt.[27] Die Judikatur des BGH zur GbR ist – nach Ansicht von *Ellenberger*[28] – auf die **Wohnungseigentümergemeinschaft** übertragbar, nachdem deren Teilrechtsfähigkeit anerkannt worden ist.[29] Schließt eine Wohnungseigentümergesellschaft ein Rechtsgeschäft zu Zwecken ab, die weder ihrer gewerblichen noch ihrer selbständigen beruflichen Tätigkeit zugerechnet werden kann, soll sie „Verbraucher" 10

17 Palandt/*Ellenberger*, § 13 Rn 7.

18 Verbraucher iSv § 16 Abs. 2 iVm § 2 Abs. 2 UWG, § 13 ist nur jede natürliche Person, die im Geschäftsverkehr zu privaten und damit zu Zwecken handelt, die weder ihrer gewerblichen noch ihrer selbständigen beruflichen Tätigkeit zuzurechnen sind. Privat ist alles, was dem privaten Konsum oder der sonstigen individuellen Bedarfsdeckung und der persönlichen Daseinsvorsorge dient. Nur diese Gruppe bedarf des besonderen Schutzes des UWG, da sie im Vergleich zu den beruflich oder gewerblich handelnden Vertragspartnern als wirtschaftlich schwächer und wenig erfahren anzusehen ist: so etwa OLG Hamm NStZ-RR 2009, 155 – LS. Vgl auch OLG Sachsen-Anhalt Beschl. v. 18.11.2009 – 1 Ws 673/09: Die zur Teilnahme an einem progressiven Vertriebssystem geworbenen Personen unterfallen nicht dem eng auszulegenden Begriff des „Verbrauchers" nach § 16 Abs. 2 iVm § 2 UWG, § 13. Durch ihre auf den Aufbau eines selbständigen, gewinnorientierten Gewerbes ausgerichtete Zielsetzung erhalten die Geworbenen den die Verbrauchereigenschaft ausschließenden Status von Existenzgründern. BGH NJW 2011, 1236 = WPR 2011, 572 zum Verbraucherbegriff bei progressiver Kundenwerbung.

19 Zum insolvenzrechtlichen Verbraucherbegriff näher BGH NJW 2006, 917.

20 Wann ist ein Mandant Verbraucher? – dazu *Hümmerich/Bießk*, AnwBl. 2006, 749.

21 Palandt/*Ellenberger*, § 13 Rn 7.

22 Palandt/*Ellenberger*, § 13 Rn 1.

23 KG MDR 2011, 590.

24 Hingegen nicht juristische Personen oder Idealvereine bzw gemeinnützige Stiftungen: so EuGH NJW 2002, 205.

25 AG Köpenick, MMR 2010, 753: Die negative Formulierung des § 13 spricht im Falle eines rechtsgeschäftlichen Handelns einer natürlichen Person für ein Verbraucherhandeln.

26 Palandt/*Ellenberger*, § 13 Rn 2.

27 Umstritten, so aber BGH NJW 2002, 368; Bamberger/Roth/*Schmidt-Räntsch*, § 13 Rn 3; Palandt/*Ellenberger*, § 13 Rn 2 – sie ist keine juristische Person, „sondern, ohne juristische Person zu sein, als Gruppe rechtsfähig" (unter Bezugnahme auf BGH NJW 2001, 1056); aA *Fehrenbacher/Herr*, BB 2002, 1006; *Dauner-Lieb/Dötsch*, DB 2003, 1666; *K. Schmidt*, JuS 2006, 1, 4.

28 Palandt/*Ellenberger*, § 13 Rn 2.

29 Vgl BGH NJW 2005, 2061. Dazu *Drasdo*, NJW-Spezial 2011, 535.

sein.[30] Der Verbraucherbegriff entspricht damit der Definition im früheren § 24 a S. 1 AGBG. Qualifizierte Einrichtungen iSv § 4 UKlaG in der Rechtsform eines eingetragenen Vereins sind hingegen keine „Verbraucher" iSv § 13.[31]

11 Handelt für einen Verbraucher ein Unternehmer als dessen Vertreter, so finden gleichermaßen die verbraucherschutzrechtlichen Vorschriften Anwendung.[32] Etwas anderes gilt nur dann, wenn es auf die Person des Handelnden und nicht auf die des Vertragspartners ankommt.[33]

12 **b) Abschluss eines Rechtsgeschäfts.** Die Anwendung des Verbraucherschutzrechts setzt den Abschluss eines „Rechtsgeschäfts" voraus, mithin eines solchen über den Erwerb von Gütern oder Dienstleistungen. *Ellenberger*[34] erachtet die Beschränkung in § 13 auf „abgeschlossene" Rechtsgeschäfte mit Recht als zu eng und will den Schutz des Verbrauchers auch dann zum Tragen kommen lassen, wenn dieser nicht selbst rechtsgeschäftlich gehandelt hat (bspw auch in den Fällen des § 241 a, § 661 a oder wenn der Verbraucher auf Informationen des Unternehmers angewiesen ist, etwa in den Fällen der §§ 312 c, 482). Dienstleistungen sind in einem weiten (europarechtlichen) Sinne zu verstehen, womit auch Leistungen von Kreditgebern, Vermietern bzw Versicherern davon erfasst werden.[35]

13 Damit fällt aber der **Arbeitsvertrag** (aufgrund der strukturellen Unterschiede, wonach der Arbeitnehmer seine Arbeitskraft anbietet, nicht jedoch Güter oder Dienstleistungen nachfragt) noch nicht allgemein aus dem Anwendungsbereich des Verbraucherschutzrechts heraus (mit der Folge, dass der Arbeitnehmerschutz allein durch das Arbeitsrecht als Sonderprivatrecht gewährleistet wird).

14 Das BAG[36] hat allerdings im Hinblick auf den **arbeitsrechtlichen Aufhebungsvertrag** die Nichtanwendbarkeit der §§ 312, 355 festgestellt.[37] Zum einen fehle das in § 312 geforderte Merkmal der Entgeltlichkeit (mithin die Begründung einer Schuld durch den Arbeitnehmer beim Abschluss des Aufhebungsvertrags). Zum anderen handele es sich bei den mündlichen Verhandlungen am Arbeitsplatz nicht um eine Haustürsituation.

15 Der **Arbeitsvertrag** ist nach neuerer Judikatur „Verbrauchervertrag" iSv § 310 Abs. 3,[38] wobei jedoch die Besonderheiten des Arbeitsrechts nach § 310 Abs. 4 S. 2 Berücksichtigung finden müssen.[39] Der Wortlaut des § 13 erfasst auch den **Arbeitnehmer** bei Abschluss, Änderung oder Aufhebung des Arbeitsvertrags.[40] Damit ist die frühere Auffassung, ein Arbeitnehmer könne nicht Verbraucher sein, „weil arbeitsrechtlich Arbeitgeber und Arbeitnehmer nicht mit Unternehmer und Verbraucher deckungsgleich sind",[41] obsolet – ebenso die von *Hromadka* darauf gestützte Ansicht, der Arbeitsvertrag sei kein Verbrauchervertrag iSv § 310 Abs. 3.[42] Die neue Judikatur zum Arbeitsvertrag als Verbrauchervertrag argumentiert wie folgt:[43] Die gesetzliche Regelung des § 310 Abs. 3 nimmt eine negative Abgrenzung vor. Verbraucher ist jede Person, die ein Rechtsgeschäft zu einem Zweck abschließt, der weder ihrer gewerblichen noch ihrer selbständigen beruflichen Tätigkeit zugerechnet werden kann (vgl den Wortlaut des § 13). Der Arbeitsvertrag ist der unselbständigen beruflichen Tätigkeit des Arbeitnehmers zuzuordnen. „Verbraucher" bezeichnet nur einen rechtstechnischen Oberbegriff. Einen konsumtiven Zweck, wie er für Kauf- oder Darlehensverträge typisch ist, verlangt das Gesetz hingegen nicht. Mit der Definition des Verbraucherbegriffs hat sich der Gesetzgeber vom allgemeinen Sprachgebrauch gelöst und eine eigenständige umfassende Begriffsbestimmung vorgenommen. Deren Sinn ergibt sich jeweils aus dem Zusammenhang der Normen, die auf die Eigenschaft als Verbraucher abstellen. Nach der systematischen Stellung im Allgemeinen Teil des BGB findet § 13 auf alle Arten von Rechtsgeschäften Anwendung.[44] Aus Art. 29 und 29 a EGBGB einerseits und Art. 30 EGBGB andererseits folgt nichts anderes. Art. 29 EGBGB enthält eine selbständige, deutlich engere Begriffsbestimmung des Verbrauchervertrags, der eine Überschneidung mit dem Arbeitsvertrag in Art. 30 EGBGB von vornherein ausschließt. Die Vorschriften verfolgen jeweils besondere kollisionsrechtliche Schutzzwecke. Nach Art. 36 EGBGB ist der Grundsatz der einheitlichen Auslegung in den Vertragsstaaten zu beachten. Rückschlüsse auf den Verbraucherbegriff des § 13 lassen sich daraus nicht ziehen.[45]

30 Umstritten, so aber Palandt/*Ellenberger*, § 13 Rn 2. Vgl OLG München NJW 2008, 3574: Eine teilrechtsfähige Wohnungseigentümergemeinschaft ist jedenfalls dann ein Verbraucher iSv § 13, wenn an dieser nicht ausschließlich Unternehmer beteiligt sind. Auch das Halten einer Wohnung oder Teileigentums, um über dauerhafte Vermietungen oder Verpachtungen erhebliche regelmäßig und dauerhafte Mieteinnahmen zu erzielen, ist Verwaltung eigenen Vermögens und stellt unabhängig von der Höhe der verwalteten Werte grundsätzlich keine „unternehmerische Tätigkeit" dar; aA hingegen LG Rostock NZM 2007, 370.
31 BGH WM 2010, 647 = ZIP 2010, 667 = BB 2010, 513.
32 LG Rostock NZM 2007, 370; *Böher*, RNotZ 2003, 281.
33 BGH NJW 2000, 2268; Palandt/*Ellenberger*, § 13 Rn 5; *ders.*, § 312 Rn 5.
34 Palandt/*Ellenberger*, § 13 Rn 6.
35 Palandt/*Ellenberger*, § 13 Rn 3; § 312 b Rn 10.
36 BAG NJW 2004, 2401. Vgl auch BAG NJW 2006, 938.
37 Ebenso bereits LAG Brandenburg DB 2003, 1447; LAG Hamm DB 2003, 1443.
38 BVerfG NJW 2007, 286; BAG NJW 2005, 3305.
39 Palandt/*Grüneberg*, § 310 Rn 11.
40 Palandt/*Ellenberger*, § 13 Rn 3.
41 Jauernig/*Stadler*, § 310 Rn 16.
42 *Hromadka*, NJW 2002, 2524.
43 BAG NZA 2005, 694.
44 BAG NZA 2005, 694.
45 BAG NZA 2005, 694.

Für die Einordnung des Arbeitnehmers als „Verbraucher“ spricht auch die Entstehungsgeschichte des § 13:[46] Die Übernahme des § 24 a AGBG in § 13 und § 310 Abs. 3 steht einem engen Verbraucherbegriff entgegen. Der Verbraucherbegriff hat nämlich einen Bedeutungswandel erfahren, weil die Bereichsausnahme des § 23 Abs. 1 AGBG für das Gebiet des Arbeitsrechts nicht mehr besteht. Aufgrund von § 310 Abs. 4 sind die Einzelarbeitsverträge dem AGB-Recht unterstellt, das Verbraucherverträge gemäß § 310 Abs. 3 grundsätzlich mit einschließt. Diese Vorschrift ist, anders als zB § 305 Abs. 2 und 3, nicht ausgenommen worden. Schließlich hat der Gesetzgeber in § 15 UKlaG das Arbeitsrecht ausdrücklich ausgeschlossen, um die Herbeiführung einer abstrakten gerichtlichen Kontrolle vorformulierter Arbeitsverträge im Wege einer Unterlassungsklage durch Verbraucherverbände (aber auch durch Gewerkschaften) zu unterbinden.[47] Der Verbraucherbegriff des § 13 bietet eine breite Grundlage für die Anwendung der Verbraucherschutzvorschriften. Ihm kommt aber kein abstrakt zu bestimmender Sinn zu. Aufschluss können nur die weiteren Normen geben, die auf die Eigenschaft als Verbraucher abstellen. Dass die Erstreckung des Verbraucherbegriffs auf den Arbeitnehmer nicht zu unvertretbaren Ergebnissen führt, zeigt die zu § 312 ergangene Entscheidung des BAG vom 27.11.2003.[48] Entscheidend für das Widerrufsrecht ist in der Entscheidung die Annahme des Haustürgeschäfts und nicht die des Verbraucherbegriffs. Der Status des Arbeitnehmers als solcher steht der Anwendung des § 312 nicht entgegen. Außerdem erscheint der Zinssatz des § 288 Abs. 2 von 8 % Punkten über dem Basiszinssatz nicht auf Arbeitsverhältnisse zugeschnitten.[49] Ist danach die sachgerechte Anwendung der auf den Verbraucher bezogenen Schutzvorschriften nicht vornehmlich auf der Statusebene, sondern bei der konkret in Rede stehenden Norm vorzunehmen, steht der Einbeziehung des Arbeitnehmers in den Verbraucherbegriff nichts mehr entgegen. Nur dort, wo sich Kraft gesetzlicher Anordnung oder aus systematisch-teleologischen Gründen etwas anderes ergibt, lässt sich von der Anwendung der Verbraucherschutzregeln auf das Arbeitsverhältnis absehen.[50]

Beachte: Auch Verträge über eine **vorweggenommene Erbfolge** oder **Zuwendungen zwischen Ehegatten** können idR **nicht** als Verbraucherverträge qualifiziert werden (selbst wenn einer der Vertragspartner Unternehmer iSv § 14 ist).[51] **16**

c) Gewerbliche Tätigkeit. Unter einer gewerblichen Tätigkeit ist eine planmäßige[52] kaufmännische oder sonstige selbständige, auf Dauer angelegte entgeltliche Tätigkeit zu verstehen, die sich als Beteiligung am allgemeinen Wirtschaftsverkehr darstellt und keinen freiberuflichen Charakter hat,[53] wobei es auf eine Gewinnerzielungsabsicht nicht ankommen soll.[54] Die Verwaltung eigenen Vermögens ist keine Teilnahme am freien Wirtschaftsverkehr und somit auch keine gewerbliche Tätigkeit.[55] **17**

Freiberufler (zB Ärzte, Zahnärzte, Tierärzte, Rechtsanwälte, Steuerberater, Wirtschaftsprüfer oder Architekten) üben eine **selbständige berufliche Tätigkeit** aus, die nicht gewerblicher Natur ist und damit auch nicht dem Kaufmannsbegriff der §§ 1 ff HGB unterfällt.[56] Sie sind aber wegen ihrer selbständigen beruflichen Tätigkeit „Unternehmer“ iSd § 14 Abs. 1. **18**

Juristische Personen können nicht Verbraucher iSd § 13 sein,[57] ebenso wenig wie Idealvereine und gemeinnützige Stiftungen,[58] die keine gewerblichen oder freiberuflichen Zwecke verfolgen. Sie können sich nicht auf verbraucherschutzrechtliche Vorschriften berufen.[59] **19**

2. Der bereichsspezifische Verbraucherbegriff und das Gemeinschaftsrecht. Der Gesetzgeber gibt einen bereichsspezifischen Verbraucherbegriff vor. Verbraucher ist also auch eine Person, die einer **gewerblichen** oder **selbständigen beruflichen Tätigkeit** nachgeht, solange nicht das konkret in Rede stehende **20**

46 BAG NZA 2005, 694.
47 Dazu RegE, BT-Dr. 14/7052, S. 189 f.
48 BAG AP Nr. 1 zu § 312 BGB.
49 BAG NZA 2005, 694.
50 BAG NZA 2005, 694.
51 *Grzwiwotz*, FamRZ 2002, 963.
52 OLG Koblenz, MDR 2011, 531 = ZMR 2011, 547: nur bei planmäßigem Geschäftsbetrieb ist ein Vermieter Unternehmer.
53 Zum Begriff des „freien Berufs“ näher *Ring*, Wettbewerbsrecht der freien Berufe, S. 41 ff; *ders.*, Partnerschaftsgesellschaftsgesetz, Kommentar, 1997, § 1 PartGG Rn 6 ff.
54 So *Baumbach/Hopt*, HGB, 34. Aufl., 2010, § 1 Rn 2; *Hopt*, ZGR 1987, 145, 172 ff; *Roth*, in: Koller/Roth/Morck, Handelsgesetzbuch, Kommentar, 6. Aufl. 2007, § 1 HGB Rn 10; *Röhricht*, in: Röhricht/v. Westphalen, Handelsgesetzbuch, Kommentar, 3. Aufl. 2009, Vor §§ 1–7 HGB Rn 27; aA BGHZ 49, 258, 260; ebenso BGHZ 83, 382, 387; anders jedoch BGHZ 95, 155, 157 f.
55 *Härting*, Fernabsatzgesetz, Kommentar, 2000, Einl. FernAbsG Rn 50; *Pfeiffer*, NJW 1999, 169, 172.
56 So *Baumbach/Hopt*, HGB, § 1 Rn 3; *Roth*, in: Koller/Roth/Morck, Handelsgesetzbuch, Kommentar, 6. Aufl. 2007, § 1 HGB Rn 12 f.
57 *Härting*, Fernabsatzgesetz, Kommentar, 2000, Einl. FernAbsG Rn 50; *Heinrichs*, NJW 1996, 2190, 2191; *Horn*, in: Wolf/Horn/Lindacher, Gesetz zur Regelung des Rechts der Allgemeinen Geschäftsbedingungen, Kommentar, 4. Aufl. 1999, § 24 a AGBG Rn 19; *Ulmer*, in: Ulmer/Brandner/Hansen, AGB-Gesetz, Kommentar, 8. Aufl. 1997, § 24 a AGBG Rn 21.
58 EuGH NJW 2002, 205.
59 Palandt/*Heinrichs*, 60. Aufl. 2001, § 24 a AGBG Rn 6.

Rechtsgeschäft dieser Tätigkeit zuzurechnen ist.[60] Der Gesetzgeber verwirklicht mit dieser Begriffsbestimmung die Konzeption von Art. 2 Nr. 2 FARL, Art. 1 Abs. 2 lit. a Verbraucherkreditrichtlinie sowie Art. 2 Haustürgeschäfterichtlinie.

21 § 13 ist jedoch **nicht deckungsgleich mit** dem **Richtlinienrecht**. Letzteres ist umfassender und schließt jene natürlichen Personen vom Verbraucherbegriff aus, die zu einem Zweck handeln, der ihrer beruflichen Tätigkeit zuzurechnen ist: Eine jegliche berufliche Zweckbestimmung, nicht nur die selbständig-berufliche (wie nach § 13), hindert damit also den persönlichen Anwendungsbereich. Infolgedessen ist der **Arbeitnehmer**, der zu abhängig-beruflichen (nicht zu selbständig-beruflichen, Rn 22) Zwecken Güter oder Dienstleistungen erwirbt (zB Arbeitskleidung oder einen Pkw für die Fahrt zur Arbeit kauft), nach deutschem Recht Verbraucher, nach europäischem Sekundärrecht nicht.[61]

22 Nach dem Richtlinienrecht hebt also jeder Bezug zu einer beruflichen Tätigkeit die Verbrauchereigenschaft auf, während § 13 **nur Rechtsgeschäfte für selbständige berufliche Zwecke** dem Verbraucherschutz entzieht.[62] Der deutsche Gesetzgeber schützt (über das Gemeinschaftsrecht hinausgehend) den Arbeitnehmer also auch dann, wenn er im Rahmen des Arbeitsverhältnisses tätig wird.[63] Der Verbraucherbegriff ist damit bewusst weit gefasst und nicht für bestimmte Vertragstypen reserviert – mithin ist auch der Arbeitnehmer „Verbraucher" iSv § 13.[64] Diese mit § 13 getroffene Regelung ist trotz dieser Abweichung vom Gemeinschaftsrecht statthaft, da die Richtlinienvorgaben nach Art. 15 Verbraucherkreditrichtlinie, Art. 8 Haustürgeschäfterichtlinie oder Art. 8 Missbräuchliche-Klauseln-Richtlinie dem nationalen Gesetzgeber im Rahmen der Umsetzung weiter gehende Regelungen im Verbraucherschutzinteresse zubilligen (Option für eine Ausdehnung des Verbraucherschutzes).[65] Nach *Ellenberger*[66] ist eine entsprechende Abweichung selbst im Anwendungsbereich der FARL zulässig, obgleich diese keine ausdrückliche Regelung beinhaltet.[67]

23 Umstritten ist allerdings, ob ein **Arbeitnehmer** auch in seiner Eigenschaft als solcher „Verbraucher" ist, mithin die verbraucherschutzrechtlichen Regelungen (bspw § 310 Abs. 3 oder § 288 Abs. 2)[68] auch im Arbeitsverhältnis anwendbar sind – er also beim Abschluss eines Arbeitsvertrags, dessen Änderung oder Aufhebung **Verbraucher**[69] (oder aber **Nichtverbraucher**)[70] ist. In der Literatur wird zwischen dem **absoluten** und dem **relativen Verbraucherbegriff** differenziert. Die Vertreter des absoluten Verbraucherbegriffs wollen jede Verbraucherschutznorm (losgelöst von ihrer Zweckrichtung) auf das Arbeitsverhältnis angewendet sehen,[71] wohingegen die Vertreter des relativen Verbraucherbegriffs Regelungen des Verbraucherschutzrechts nur auf Vertragsabschlüsse zwischen Arbeitnehmer und Arbeitgeber außerhalb des eigentlichen Arbeitsvertrages angewendet wissen wollen (bspw im Falle eines Arbeitgeberdarlehens).[72]

24 Diese Fragestellung ist wohl differenziert zu beantworten:[73] Auch wenn die Verbrauchereigenschaft des Arbeitnehmers nicht infrage zu stellen ist (vorstehende Rn 15), hat dies nicht zwingend zur Folge, dass im Arbeitsvertragsrecht auf jede Form eines Rechtsgeschäfts (das ein Arbeitnehmer eingeht) Verbraucherschutzrecht (in concreto § 312) zur Anwendung gelangt. Dies hat das BAG jüngst im Hinblick auf den Aufhebungs-

60 *Lorenz*, JuS 2000, 833, 839. *Flume* (ZIP 2000, 1427, 1428) weist zutreffend darauf hin, dass bei unbefangener Betrachtung des gesetzestechnisch „verunglückten" Wortlauts der Norm der „Verbraucher" offensichtlich eine Person ist, „die an sich eine gewerbliche oder selbständige berufliche Tätigkeit ausübt und die nur Verbraucher ist, wenn sie ein Rechtsgeschäft zu einem Zweck abschließt, der weder ‚ihrer' gewerblichen noch ‚ihrer' selbständigen beruflichen Tätigkeit zugerechnet werden kann", wohingegen es in der überwiegenden Zahl der Verbraucherschutzvorschriften um „Verbraucher" gehe, die weder eine gewerbliche noch eine selbständige berufliche Tätigkeit ausüben. Fazit nach *Flume* (aaO): „Die Definition des § 13 BGB ist nach ihrem Wortlaut barer Unsinn. Danach wäre jeder Beteiligte eines Rechtsgeschäfts, das ihm nach dem von ihm verfolgten Zweck nicht für eine gewerbliche oder selbständige berufliche Tätigkeit zugerechnet werden kann, ein Verbraucher. Auch der private Verkäufer, der Schenker wie der Beschenkte, der private Vermieter, der private Auftraggeber wie der Beauftragte, selbst der Bürge könnte nach dem Wortlaut von § 13 BGB ‚Verbraucher' sein. Wie sehr hatte doch *Javolen* Recht mit seiner Warnung: ‚Omnis definitio est periculosa'".

61 *Bülow/Artz*, NJW 2000, 2049, 2050.

62 Palandt/*Ellenberger*, § 13 BGB Rn 3.

63 Bamberger/Roth/*Schmidt-Räntsch*, § 13 Rn 6; *Boemke*, BB 2002, 96, 97; *Lütcke*, Fernabsatzgesetz, Kommentar, 2002, § 312 b BGB Rn 17.

64 So *Däubler*, NZA 2001, 1329, 1333 f; ErfK/*Preis*, 10. Aufl. 2010, § 611 BGB Rn 208; *Hümmerich/Holthausen*, NZA 2002, 173; *Reinecke*, DB 2002, 583, 587; aA *Bauer/Kock*, DB 2002, 42, 44; *Berkowsky*, AuA 2002, 11, 15; *Henssler*, RdA 2002, 129, 133 ff; *Lingemann*, NZA 2002, 181.

65 Palandt/*Ellenberger*, § 13 Rn 3.

66 Palandt/*Ellenberger*, § 13 Rn 3.

67 Palandt/*Ellenberger*, § 312 b Rn 9.

68 Ablehnend Palandt/*Ellenberger*, § 13 Rn 3; Ders. § 288 Rn 9.

69 So *Däubler*, NZA 2001, 1332; *Hümmerich*, AnwBl 2002, 671; *Reim*, DB 2002, 2434.

70 So *Annuß*, NJW 2002, 2844; *Bauer/Kock*, DB 2002, 42, 43 f; *Rieble/Klumpp*, ZIP 2002, 2153; Palandt/*Ellenberger*, § 13 Rn 3; Soergel/*Pfeiffer*, § 13 Rn 44.

71 Vgl etwa *Däubler*, NZA 2001, 1329, 1333; *Hümmerich/Holthausen*, NZA 2002, 173.

72 *Henssler*, RdA 2002, 129, 133 ff.

73 Vgl auch ErfK/*Preis*, § 611 BGB Rn 208: „Die Differenzierung zwischen relativem und absolutem Verbraucherbegriff bringt keinen Erkenntnisfortschritt".

vertrag ausdrücklich konstatiert (Rn 14). Im Übrigen soll wegen der strukturellen Unterschiede des Arbeitsvertrags mit Verträgen, die auf eine Güter- oder Dienstleistungsnachfrage zielen, arbeitsvertragliche Vereinbarungen weitgehend dem Anwendungsbereich des Verbraucherschutzrechts entzogen und dem Sonderprivatrecht „Arbeitsrecht" exklusiv zugewiesen sein[74] (Rn 13). Auch *Preis*[75] vertritt die Auffassung, dass nur dort, wo kraft ausdrücklicher gesetzlicher Anordnung oder aus systematisch-teleologischen Gründen etwas anderes folgt, von einer Anwendung der Verbraucherschutzregeln im Arbeitsrecht abzusehen sei – weshalb „das Haustürwiderrufsrecht… zB bei Aufhebungsverträgen deshalb keine Anwendung (findet), weil dieses Widerrufsrecht – ausweislich des Untertitels – nur für ‚besondere Vertriebsformen' gilt"[76] (zur zwischenzeitlich parallelen BAG-Judikatur vorstehende Rn 14). Andererseits ist der Arbeitnehmer bei der Inanspruchnahme von Diensten oder dem Warenerwerb „Verbraucher",[77] ebenso auch beim Erwerb eines PKW für den täglichen Weg zur Arbeit oder von Arbeitskleidung.[78]

Existenzgründer sind auch schon bei Aufnahme ihrer unternehmerischen Tätigkeit keine Verbraucher 25
mehr[79] (arg. e contrario § 507) – mithin im Hinblick auf Geschäfte, „die nach ihrer objektiven Zweckrichtung auf unternehmerisches Handeln ausgerichtet sind".[80] So liegt bspw Unternehmer- (§ 14) und nicht Verbraucherhandeln (§ 1031 Abs. 5 S. 1 ZPO iVm § 13) schon dann vor, wenn das betreffende Geschäft im Zuge der Aufnahme einer gewerblichen oder selbständigen beruflichen Tätigkeit (sog. **Existenzgründung**) geschlossen wird.[81] In Bezug auf Geschäfte, die nach ihrer objektiven Zweckrichtung hingegen aber lediglich eine Entscheidung über die Existenzgründung vorbereiten sollen, ist der Existenzgründer „Verbraucher".[82]

Unstreitig unterfällt dem Verbraucherbegriff nicht ein **Unternehmer**, der sein bestehendes Unternehmen 26
erweitert bzw ein neues Unternehmen gründet[83] – zumal diese (analog § 344 HGB) von ihm vorgenommenen Rechtsgeschäfte im Zweifelsfalle seinem Unternehmen zuzurechnen sind.

3. Die private Sphäre. Die Anwendbarkeit von Verbraucherschutzrecht setzt nach § 13 voraus, dass eine 27
natürliche Person zu privaten Zwecken ein Rechtsgeschäft abschließt, Letzteres also weder mit einer gewerblichen noch mit einer selbständigen beruflichen Tätigkeit in Verbindung steht (Bezogenheit auf die **private Sphäre**).[84] Zur privaten Sphäre zählen zB der private Haushalt, die Freizeit, der Urlaub, Sport oder die Gesundheitsvorsorge bzw vergleichbare Vorsorgemaßnahmen (zB der Abschluss einer Unfall- oder Lebensversicherung),[85] darüber hinaus aber auch die Verwaltung oder Anlage des persönlichen Vermögens[86] (zB Geldanlage in Mietshäusern oder Wertpapieren),[87] wodurch der Verbraucher auch nicht Unternehmer wird.[88] Letzteres gilt aber nur, soweit der Verbraucher Leistungen nachfragt. Tritt der Verbraucher hingegen als Anbieter (etwa als Vermieter einer Wohnung) in den Wettbewerb mit anderen unter Anbieten planmäßiger Leistungen gegen ein Entgelt ein, ist er „Unternehmer".[89]

Die Notwendigkeit einer Bezogenheit auf die private Sphäre hat zur Folge, dass Verträge eines **Kaufmanns** 28
in Ausübung seiner gewerblichen Tätigkeit wie auch solche eines **Freiberuflers** im Rahmen seiner Berufsausübung dem Verbraucherschutzrecht nicht unterfallen.[90] Unternehmer, die außerhalb ihres gewerblichen oder beruflichen Tätigkeitskreises handeln, sind allerdings Verbraucher.

74 Umstritten, aA Palandt/*Ellenberger*, § 13 Rn 3.
75 ErfK/*Preis*, § 611 BGB Rn 208.
76 ErfK/*Preis*, § 611 BGB Rn 208; im Erg. ebenso *Bauer*, NZA 2002, 169, 171.
77 Palandt/*Ellenberger*, § 13 Rn 3.
78 Palandt/*Ellenberger*, § 13 Rn 3.
79 Umstr., so aber die hM, vgl etwa BGH NJW 2008, 435: Zur Abgrenzung von Unternehmer- und Verbraucherhandeln und zu einer Haustürsituation bei einem Rechtsgeschäft, das der Vorbereitung einer Existenzgründung dient in Fortführung der Grundsätze von BGHZ 162, 253; BGHZ 162, 253 = NJW 2005, 1273; OLG Oldenburg NJW 2002, 641; Soergel/*Pfeiffer*, § 13 Rn 55; aA hingegen MüKo/*Micklitz*, § 13 Rn 41; Palandt/*Heinrichs*, 69. Aufl., § 13 Rn 3; *Prasse*, NZG 2002 354.
80 Palandt/*Ellenberger*, § 13 Rn 3.
81 BGHZ 162, 253 = NJW 2005, 1273.
82 BGH NJW 2008, 435 – Existenzgründungsbericht; Palandt/*Ellenberger*, § 13 Rn 3.
83 Palandt/*Ellenberger*, § 13 Rn 3.
84 *Härting*, Fernabsatzgesetz, Kommentar, 2000, Einl. FernAbsG Rn 51.
85 Palandt/*Heinrichs*, 60. Aufl. 2001, § 24 a AGBG Rn 6; Palandt/*Ellenberger*, § 13 Rn 3.
86 *Ulmer*, in: Ulmer/Brandner/Hansen, AGB-Gesetz, Kommentar, 8. Aufl. 1997, § 24 a AGBG Rn 25. OLG Düsseldorf, MDR 2010, 858 = ZEV 2010, 417: Testamentsvollstrecker einer Erbengemeinschaft, der er selbst angehört, ist Verbraucher.
87 So *Pfeiffer*, NJW 1999, 169, 172 (zum früheren § 24 a AGBG); Palandt/*Ellenberger*, § 14 Rn 3. Vgl zur Abgrenzung des Handelns als Privatperson (Verbraucher, § 13) von gewerblicher selbständiger Tätigkeit (Unternehmer, § 14) bei privater Vermögensverwaltung in Gestalt einer Vermietung von Gewerbehallen auch OLG Stuttgart ZGS 2010, 380 = BauR 2010, 1599.
88 BGH NJW 2002, 368.
89 So Palandt/*Ellenberger*, § 14 Rn 2; aA Staudinger/*Schlosser*, 12. Aufl., § 24 a AGBG Rn 29.
90 *Heinrichs*, NJW 1996, 2190, 2191; *Roth/Schulze*, RIW 1999, 924.

29 Übernimmt ein **GmbH-Geschäftsführer** eine Schuld der GmbH oder verbürgt er sich für eine solche (auch für ein Existenzgründungsdarlehen einer GmbH),[91] ist er Verbraucher.[92] Auch das bloße Halten von GmbH-Gesellschaftsanteilen steht einer Verbrauchereigenschaft nicht entgegen,[93] selbst ein geschäftsführender Alleingesellschafter soll – wenn auch nach umstrittener Auffassung[94] – Verbraucher sein, obgleich er nicht Verbraucher iSv § 304 Abs. 1 InsO ist.[95] Ein GmbH-Geschäftsführer ist jedenfalls dann Verbraucher iSv § 13, wenn er nicht zugleich als Gesellschafter über zumindest eine Sperrminorität verfügt und Leitungsmacht über die Gesellschaft ausüben kann.[96] Die Aufnahme eines Darlehens zum Erwerb der Gesellschaftsanteile einer GmbH durch deren späteren Alleingesellschafter und Geschäftsführer sollen gleichermaßen keine „gewerbliche Tätigkeit" iSv § 14 darstellen.[97] Die Beurteilung, dass der Geschäftsführer oder Gesellschafter einer werbenden GmbH, der in Zusammenhang mit seiner Tätigkeit als GmbH-Geschäftsführer im eigenen Namen ein Rechtsgeschäft abschließt, nicht Unternehmer, sondern Verbraucher ist, gilt in gleicher Weise für die GmbH & Co KG.[98] Beim Abschluss eines Anstellungsvertrages für den Vorstand einer AG ist dieser als Verbraucher einzuordnen.[99] Für den Geschäftsführer einer GmbH hat der BGH wiederholt die Verbrauchereigenschaft bejaht.[100] Die Geschäftsführung einer GmbH sei keine selbständige, sondern eine angestellte berufliche Tätigkeit. Diese Beurteilung gilt auch für das Vorstandsmitglied einer AG.[101] Zwar ist die Rechtsstellung des Vorstandsmitglieds einer AG im Vergleich zu dem Geschäftsführer einer GmbH in größerem Maße mit Selbständigkeit und Eigenverantwortung ausgestaltet. So ist er etwa keinem Weisungsrecht des Aufsichtsrats und der Hauptversammlung unterworfen (vgl §§ 76, Abs. 1, 119 Abs. 2 AktG). Die Bestellung zum Vorstandsmitglied kann auch nur aus wichtigem Grund widerrufen werden, wobei jedoch ein auf sachliche Gründe gestützter Vertrauensentzug durch die Hauptversammlung genügt (§ 84 Abs. 3 AktG). Dieses größere Maß an Selbständigkeit bei der Wahrnehmung der dem Vorstandsmitglied obliegenden Pflichten rechtfertigt es aber nicht, grundsätzlich von einer selbständigen beruflichen Tätigkeit auszugehen. Maßgeblich für die Einordnung einer beruflichen Tätigkeit als „selbständig" ist neben der weitgehenden Freiheit von Weisungen, dass die Tätigkeit im eigenen Namen, für eigene Rechnung und im eigenen Verantwortungsbereich ausgeübt wird, so dass das wirtschaftliche Risiko der Tätigkeit unmittelbar selbst getragen wird.[102] Da das Vorstandsmitglied typischer Weise nicht das unternehmerische Risiko seines Handelns trägt, liegen diese Voraussetzungen idR bei ihm nicht vor. Soweit sich die Vergütung zum Teil nach dem wirtschaftlichen Erfolg seiner Vorstandstätigkeit richtet, kann darin ein ausschlaggebendes Kriterium hingegen nicht gesehen werden. Ob die Verbrauchereigenschaft anders zu beurteilen ist, wenn das Vorstandsmitglied in erheblichem Umfang Aktien „seiner" AG hält,[103] konnte das OLG Hamm[104] dahin stehen lassen.

30 Ob die private oder die unternehmerische Sphäre betroffen wird, entscheidet sich nicht subjektiv nach dem inneren Willen der Handelnden. Entscheidend ist der durch Auslegung zu ermittelnde Inhalt des in Rede stehenden Rechtsgeschäfts unter Berücksichtigung der Begleitumstände.

31 **4. Dual use und Zweifelsfälle.** Ob einer Person Verbraucher- oder Unternehmereigenschaft zukommt, entscheidet sich nach dem durch Auslegung zu ermittelnden Inhalt des in Rede stehenden Rechtsgeschäfts (ggf unter Berücksichtigung der Begleitumstände) – nicht jedoch nach dem inneren Willen des Handelnden:[105] Zwar hat der BGH entschieden, dass Unternehmer- und Nichtverbraucherhandeln schon dann vorliegt, wenn

91 BGH NJW-RR 2007, 1673: Das VerbrKrG findet auf die Mithaftungsübernahme des geschäftsführenden Gesellschafters einer GmbH & Co KG auch dann entsprechende Anwendung, wenn die neu gegründete Gesellschaft das Darlehen zur Anschubfinanzierung aufgenommen hat (im Anschluss an BGH WN 1997, 663).

92 BGH NJW 2006, 431; BGHZ 133, 71: Nach der noch zum VerbrKrG entwickelten, gefestigten Judikatur des BGH finden die Verbraucherschutzvorschriften auch Anwendung, wenn der Kredit einer GmbH gewährt wird und der der Gesellschaftsschuld Beitretende deren geschäftsführender Gesellschafter ist (vgl OLG Düsseldorf OLGR 2009, 265). Dies gilt sowohl für den Fall, dass der Beitretende Mehrheitsgesellschafter und Alleingesellschafter ist (vgl BGHZ 165, 43; 133, 71, 77 f; BGH NJW 2000, 3133; OLG Frankfurt/M. ZGS 2007, 240), als auch dass er Hauptgesellschafter und Mitgeschäftsführer der kreditnehmenden Hauptschuldnerin ist (vgl BGHZ 165, 43; 144, 370, 380; 133, 71, 77 f; BGH NJW 2000, 3133) oder auch dann, wenn es sich um den geschäftsführenden Alleingesellschafter handelt (BGHZ 165, 43; 144, 370, 380; BGH NJW 1997, 1443). BGH WM 2000, 1632 = NJW 2000, 3133; OLG Brandenburg NJ 2006, 274; aA *Hänlein*, DB 2001, 1185, *Dauner-Lieb/Dötsch*, DB 2003, 1666.

93 BGH NJW 2007, 759 – Tz 13; Palandt/*Ellenberger*, § 13 Rn 3.

94 So aber BGHZ 144, 370; BGH NJW 2006, 43.

95 BGH NJW 2006, 917; Palandt/*Ellenberger*, § 13 Rn 3.

96 BAG NJW 2010, 2827 = ZIP 2010, 1816 – Tz 23.

97 OLG Celle DB 2010, 2160: Womit die Verjährung der Ansprüche der kreditgebenden Bank gegenüber dem Darlehensnehmer als Verbraucher nach § 13 gem. § 497 Abs. 3 S. 3 für bis zu zehn Jahre gehemmt sind.

98 OLG Hamm Urt. v. 29.10.2007 – 31 U 54/07.

99 OLG Hamm MDR 2007, 1438.

100 BGHZ 133, 71; BGH NJW 2004, 3039.

101 Ebenso MüKo/*Micklitz*, § 13 Rn 49; *Mülbert*, FS für Hadding, 2004, S. 575, 582.

102 MüKo/*Micklitz*, § 14 Rn 32.

103 Für eine selbständige Tätigkeit bei Stimmrechtsmehrheit des Vorstandsmitglieds in der Hauptversammlung: *Mülbert*, FS für Hadding, 2004, S. 575, 583 f.

104 MDR 2007, 1438.

105 BGH NJW 2008, 435.

das betreffende Geschäft im Zuge der Aufnahme einer gewerblichen oder selbständigen beruflichen Tätigkeit (sog. **Existenzgründung**) geschlossen wird[106] (vorstehende Rn 25). Entscheidend hierfür ist die – objektiv zu bestimmende – Zweckrichtung des Verhaltens. Das Gesetz stellt nicht auf das Vorhandensein oder Nichtvorhandensein geschäftlicher Erfahrung, etwa aufgrund einer bereits ausgeübten gewerblichen oder selbständigen beruflichen Tätigkeit, ab. Vielmehr kommt es darauf an, ob das Verhalten der Sache nach dem privaten (dann Verbraucherhandeln) oder dem gewerblich-beruflichen Bereich (dann Unternehmertum) zuzuordnen ist.[107] Rechtsgeschäfte im Zuge einer Existenzgründung, zB die Miete von Geschäftsräumen, der Abschluss eines Franchisevertrags oder der Kauf eines Anteils an einer freiberuflichen Gemeinschaftspraxis, sind nach den objektiven Umständen klar auf unternehmerisches Handeln ausgerichtet. Schließt eine natürliche Person ein Rechtsgeschäft objektiv zu einem Zweck ab, der weder ihrer gewerblichen noch ihrer selbständigen beruflichen Tätigkeit zugerechnet werden kann (im konkreten Fall: Lampenkauf einer Rechtsanwältin unter Angabe der Kanzlei- als Liefer- und Rechnungsadresse), so kommt eine Zurechnung entgegen dem mit dem rechtsgeschäftlichen Handeln objektiv verfolgten Zweck nur dann in Betracht, wenn die den Vertragspartner erkennbaren Umstände eindeutig und zweifelsfrei darauf hinweisen, dass die natürliche Person in Verfolgung ihrer gewerblichen oder selbständigen beruflichen Interessen handelt.[108] Verbraucher iSd § 13 ist – wie ausgeführt (Rn 10) – wer ein Geschäft überwiegend zu privaten Zwecken abschließt. Dafür ist der zeitliche Anteil der privaten Nutzung, nicht das Maß der Kostendeckung durch den anderen Nutzungsanteil entscheidend.[109] Andererseits entfällt die Verbrauchereigenschaft des Käufers eines PKW nicht deswegen, weil sich der Käufer im Zusammenhang mit dem Abschluss eines Kaufvertrags unbewusst an einem Schneeballsystem beteiligt hat, dessen Ziel es war, die finanzierende Bank zu überhöhten Darlehenszahlungen zu bewegen.[110] Schwierig kann eine Abgrenzung zwischen privater und unternehmerischer Sphäre bei Vertragsabschlüssen von Kaufleuten oder Freiberuflern hinsichtlich Gegenständen sein, die – wie etwa Kraftfahrzeuge – **sowohl beruflich als auch privat** genutzt werden sollen (sog. dual use).[111] Abzustellen ist auf die beabsichtigte überwiegende Nutzung.[112] Ist diese (bei ex ante-Betrachtung) privater Natur, sollen die verbraucherschutzrechtlichen Vorschriften zur Anwendung gelangen.[113] Auf jeden Fall soll in entsprechenden Konstellationen die Auslegungsregel des § 344 Abs. 1 HGB (die im Übrigen auch nur Kaufleute und nicht auch Freiberufler erfasst) **keine** Anwendung finden.[114] *Härting*[115] plädiert zutreffend dafür, in **Zweifelsfällen,** dh wenn nicht zweifelsfrei eine überwiegend private oder gewerbliche bzw freiberufliche Nutzung des Vertragsgegenstandes feststellbar ist, im Interesse eines wirksamen Verbraucherschutzes den Kunden immer als „Verbraucher" zu behandeln:[116] Hat eine natürliche Person den veräußerten Gebrauchtwagen sowohl privat als auch für ihr (nebengewerbliches) Unternehmen genutzt (**dual use**), so ist entscheidend für die Einordnung als Verbrauchsgüterkauf iSv § 474, welche Benutzung überwiegt.[117] Wird eine Kaufsache somit sowohl gewerblich als auch privat genutzt, so ist für die Einordnung des Geschäfts als gewerbliches oder als Verbrauchsgüterkauf auf den erklärten Parteiwillen, also den durch Auslegung zu ermittelnden Inhalt des Vertrages abzustellen.[118] Entscheidend ist daher im Grundsatz, wie der Käufer gegenüber seinem Vertragspartner auftritt und wie dieses Auftreten vom Verkäufer unter Berücksichtigung der Lebens- und Berufssituation des Käufers objektiv verstanden werden kann.[119] Ob ein Vermieter als Verwalter eigenen Vermögens als Verbraucher iSv § 13 oder im Hinblick auf den mit der Vermietung verbundenen organisatorischen und zeitlichen Aufwand und das dadurch vermittelte Bild eines planmäßigen Geschäftsbetriebs als Unternehmer iSv § 14 zu qualifizieren ist, soll nach den Umständen des Einzelfalls zu entscheiden sein.[120]

106 Vgl BGHZ 162, 253, 256 f.
107 BGH NJW 2008, 435.
108 BGH NJW 2009, 3780.
109 OLG Bremen ZGS 2004, 394.
110 OLG Düsseldorf VRR 2009, 322: In einer derartigen Fallgestaltung sind weder Kauf- noch der hiermit verbundene Darlehensvertrag wegen Sittenwidrigkeit nichtig.
111 Dazu näher *Härting*, aaO, Einl. FernAbsG Rn 54 ff.
112 IdS OLG Celle ZGS 2007, 354; Dass. NJW-RR 2004, 1645; Soergel/*Pfeiffer*, § 13 Rn 38; *Wendehorst*, DStR 2000, 1311.
113 Str., so aber *Heinrichs*, NJW 1996, 2190, 2191; *Wolf*, in: Wolf/Horn/Lindacher, aaO, § 24 a AGBG Rn 23; *Pfeiffer*, NJW 1999, 169, 173: im Zweifel sei bei dual use kein Verbrauchergeschäft anzunehmen – ebenso Palandt/*Ellenberger*, § 13 Rn 4: „Bleiben Zweifel, sind die Schutzvorschriften des Verbraucherrechts nicht anzuwenden"; vgl auch Jauernig/*Jauernig*, § 13 Rn 3: bei dual use kein Verbrauchergeschäft; aA *v. Westphalen*, BB 1996, 2101: Verbrauchergeschäft bei dual use.
114 Da die Regelung den Kaufmann in Zweifelsfällen zur Einhaltung der verschärften handelsrechtlichen Vorschriften verpflichten soll (*Baumbach/Hopt*, HGB, § 344 Rn 1; *Wagner*, in: Röhricht/v. Westphalen, Handelsgesetzbuch, Kommentar, 3. Aufl. 2009, § 344 HGB Rn 8), mithin einen Zweck verfolgt, der auf das Verbraucherschutzrecht nicht übertragbar ist, so *Härting*, aaO, Einl. FernAbsG Rn 56.
115 AaO, Einl. FernAbsG Rn 57.
116 AA *Heinrichs*, NJW 1996, 2190, 2191; Palandt/*Ellenberger*, § 13 Rn 4; ebenso *v. Westphalen*, BB 1996, 2101.
117 OLG Celle NJW-RR 2004, 1645.
118 BGH NJW 2005, 1273.
119 OLG Celle ZGS 2007, 384.
120 OLG Düsseldorf ZEV 2010, 417 = MDR 2010, 858 – wobei im konkreten Fall eine Verbrauchereigenschaft für den Testamentsvollstrecker einer Erbengemeinschaft (der er selbst angehörte) bejaht wurde (Tz 5 ff).

32 **Beachte**: Formularmäßige Klauseln (**AGB**), in denen sich ein Unternehmer von seinem Vertragspartner bestätigen lässt, dieser sei gleichfalls „Unternehmer", sind nach § 309 Nr. 12 **unwirksam.**[121]

33 **Beachte weiterhin**: Sind an einem Vertrag als eine der Vertragsparteien zwei Personen beteiligt, von denen einer Verbraucher und der andere Unternehmer ist, steht allein dem Verbraucher gegenüber dem Vertragspartner bspw das Widerrufsrecht nach § 312 d Abs. 1 S. 1 zu[122] – allerdings mit der Folge, dass nach § 139 die Ausübung des verbraucherrechtlichen Widerrufsrechts im Zweifelsfalle zur Rückabwicklung des ganzen Vertrags führt. Wer sich wahrheitswidrig im Zusammenhang mit einem Rechtsgeschäft als „Unternehmer" geriert, kann sich nicht im Nachgang auf seine Verbrauchereigenschaft berufen.[123]

34 Die **Beweislast** dafür, dass die Voraussetzungen des § 13 vorliegen, trägt derjenige, der sich auf den Schutz einer (Verbraucherschutz-)Norm beruft.[124]

35 **5. Abschluss eines Rechtsgeschäfts.** § 13 beschränkt den Anwendungsbereich der Norm auf vom Verbraucher „abgeschlossene" Rechtsgeschäfte. *Heinrichs*[125] hält diese Einschränkung für „verfehlt", vielmehr werde der Verbraucher auch geschützt, wenn er selbst nicht rechtsgeschäftlich handelt, sondern ihm eine unbestellte Sache zugesandt wird (§ 241 a), ihm gegenüber der Eindruck einer Gewinnzusage vermittelt wird (§ 661 a) oder er auf Informationen des Unternehmers angewiesen ist (zB nach § 312 c bei Fernabsatzverträgen).

III. Der Unternehmerbegriff (§ 14)

36 **Unternehmer** ist – entsprechend dem EU-Recht als Gegenbegrifflichkeit zum Verbraucher (§ 13) ausgestaltet – nach **§ 14 Abs. 1** jede **natürliche** oder (in Ausdifferenzierung des früher in der Unternehmensdefinition nur allgemein verwendeten Begriffs der „Person" auch) **juristische Person** bzw eine **rechtsfähige Personengesellschaft**, die bei Abschluss eines Rechtsgeschäfts in Ausübung ihrer gewerblichen oder selbständigen beruflichen (bzw freiberuflichen) Tätigkeit (bspw Rechtsanwälte, Steuerberater oder Wirtschaftsprüfer)[126] handelt.[127] Dh jede natürliche oder juristische Person, die am Markt planmäßig und dauerhaft gegen Entgelt arbeitet (Leistungen anbietet), ist Unternehmer[128] – unabhängig davon, ob eine Gewinnerzielungsabsicht besteht oder nicht.[129]

121 Umstritten – so aber Palandt/*Ellenberger*, § 13 Rn 4; aA hingegen *Müller*, NJW 2003, 1974.

122 So zutr. Bamberger/Roth/*Schmidt-Räntsch*, § 13 Rn 8.

123 So BGH NJW 2005, 1045: Dem Käufer, der dem Verkäufer einen gewerblichen Verwendungszweck der Kaufsache vortäuscht, ist die Berufung auf die Vorschriften über den Verbrauchsgüterkauf (§§ 474 ff) verwehrt, wobei sich die Rechtfertigung für eine Beschränkung des Verbraucherschutzes auf den redlichen Verbraucher auch im Verbraucherschutz aus den Grundsätzen von Treu und Glauben (§ 242) ergibt. A A hingegen OLG Koblenz OLGR 2005, 193: Gibt sich ein Verbraucher gegenüber einem Gebrauchtwagenhändler, der nachweislich nur an einen Händler verkaufen will, bewusst wahrheitswidrig als „Händler" aus und wird der Vertrag ausdrücklich als „Händlergeschäft" bezeichnet, liege kein Verbrauchsgüterkauf vor. Die Vorschriften zum Verbrauchsgüterkauf sollen den Verbraucher vor der Ausnutzung einer Marktposition durch den Unternehmer schützen, nicht aber dazu, den Verbraucher vor sich selbst zu schützen.

124 BGH NJW 2007, 2619: Der Käufer, der sich auf die ihn günstige Beweislastumkehr gemäß § 476 beruft, muss im Streitfall darlegen und beweisen, dass die für die Anwendung dieser Vorschrift erforderlichen Voraussetzungen eines Verbrauchsgüterkaufs nach § 474 erfüllt sind, er insbesondere beim Abschluss des Kaufvertrages als „Verbraucher" iSd § 13 gehandelt hat; Palandt/*Ellenberger*, § 13 Rn 4. Wobei *Szczesny/Holthusen*, NJW 2007, 2586 für Beweiserleichterungen plädieren. Vgl allerdings auch OLG Koblenz NJW 2006, 1438: Beweislastumkehr für „Oowerseller" bei eBay.

125 Palandt/*Ellenberger*, § 13 Rn 5.

126 BGH NJW 2009, 3097 zum lauterkeitsrechtlichen Unternehmer-/Verbraucherbegriff.

127 Der Gesetzgeber verkennt, dass die §§ 631 ff den Begriff „Unternehmer" auch für „Private" verwenden, die die Herstellung eines Werks versprechen, *Flume*, ZIP 2000, 1427, 1428.

128 BGHZ 167, 40 = BGH NJW 2006, 2250; OLG Frankfurt/M. NJW 2004, 3433; *Becker/Fröhlich*, NJW 2005, 3377. Vgl auch Palandt/*Ellenberger*, § 14 Rn 2 unter Bezugnahme auf *K. Schmidt*, Handelsrecht, 5. Aufl. 1999, § 9 IV.

129 BGHZ 167, 40 = NJW 2006, 2250 (allerdings nur im Hinblick auf den Verbrauchsgüterkauf): Beim Verbrauchsgüterkauf (§ 474) setzt das Vorliegen eines Gewerbes und damit die Unternehmerstellung des Verkäufers nicht voraus, dass dieser mit seiner Geschäftstätigkeit die Absicht verfolgt, Gewinn zu erzielen. Vgl zudem LG Mainz NJW 2006, 783; OLG Hamm RdL 2008, 37: Für die Unternehmereigenschaft iSd § 14 Abs. 1 komme es grundsätzlich nicht auf eine Gewinnerzielungsabsicht an – vielmehr setze die Unternehmereigenschaft in Abgrenzung zur privaten Ausübung von Hobbys bzw reiner Vermögensverwaltung ein auf Dauer angelegtes planvolles Handeln am Markt im Wettbewerb mit anderen Unternehmern und mit einem planmäßigen Geschäftsbetrieb (der mit einem gewissen organisatorischen Aufwand verbunden ist) voraus. Zudem *Faber*, ZEuP 1998, 854, 869; Palandt/*Ellenberger*, § 14 Rn 2; Soergel/*Pfeiffer*, § 14 Rn 13; Staudinger/*Habermas*, § 14 Rn 35; *Ulmer/Brandner/Hensen*, aaO, § 24 a AGBG Rn 16.

Unternehmer iSd § 14 sind damit auch gesetzliche Vermögensverwalter (bspw Insolvenz- oder Nachlassverwalter bzw Testamentsvollstrecker, deren Aufgabe in der Verwaltung eines Unternehmens besteht); berufsmäßige Betreuer,[130] Handwerker[131] bzw gemeinnützige Vereine. 37

Dem Unternehmerbegriff unterfällt gleichermaßen ein **Strohmann**, der auf der Grundlage einer wirksamen Vereinbarung für einen Unternehmer tätig wird.[132] 38

Der Unternehmerbegriff entspricht der Definition im früheren § 24 S. 1 Nr. 1 AGBG[133] und ersetzt im Verbraucherrecht den Begriff des Kaufmanns sowie jenen des Gewerbebetriebs (an dem das BGB anderenorts – zB in § 269 Abs. 2 – noch festhält).[134] Die Terminologie ist deckungsgleich mit dem Begriff des Erwerbsgeschäfts in § 1822 Nr. 3 und entspricht dem Unternehmensbegriff des § 84 HGB. Andererseits ist „Unternehmer" nach Maßgabe des Werkvertragsrechts (§§ 631 ff) der Hersteller, dh der Auftragnehmer, der iSd §§ 13 f auch Verbraucher sein kann.[135] Damit erfasst der **weite Unternehmerbegriff** des § 14 Abs. 1 im Hinblick auf natürliche Personen Kaufleute (unabhängig von ihrer Handelsregistereintragung, mithin auch Kleingewerbetreibende), sonstige (nicht kaufmännische Klein-)Gewerbetreibende, Angehörige der freien Berufe und Landwirte. 39

Folgt man dem Rechtsgedanken des § 344 HGB (Rn 31), gelten Rechtsgeschäfte eines Unternehmers im Zweifelsfalle als unternehmerisch getätigt.[136] Der Unternehmerbegriff umfasst auch eine nebenberufliche unternehmerische Betätigung (bspw sog. Powerseller bei eBay[137] sowie Hilfs- und Nebengeschäfte, ungewöhnliche Verträge und vorbereitende bzw abwickelnde Geschäfte[138] – ebenso branchenfremde Nebengeschäfte.[139] Ob ein Anbieter von Waren auf einer Internet-Plattform im geschäftlichen Verkehr oder im privaten Bereich handelt, ist aufgrund einer Gesamtschau der relevanten Umstände zu beurteilen. Dazu können wiederholte, gleichartige Angebote, ggf auch von neuen Gegenständen, Angebote erst kurz zuvor erworbener Waren, eine ansonsten gewerbliche Tätigkeit des Anbieters, häufige sog. Feedbacks und Verkaufsaktivitäten für Dritte zählen.[140] Dies hat zur Folge, dass ein sog. **Powerseller**, der auf der Verkaufsplattform eBay auf Dauer angelegt unternehmerisch Waren anbietet, verpflichtet ist, die Verbraucher auch über das Bestehen und die Ausübung eines Widerrufs- und Rückgaberechts zu informieren sowie im Rahmen der Anbieterkenn- 40

130 BFH NJW 2005, 1006.
131 Palandt/*Ellenberger*, § 14 Rn 2.
132 BGH NJW 2002, 2030: Der Strohmann ist nicht Verbraucher.
133 Allerdings werden in § 14 Abs. 1 – anders als im früheren § 24 S. 1 Nr. 1 AGBG – öffentlich-rechtliche Einrichtungen nur dann als „Unternehmer" qualifiziert, wenn sie rechtsfähig sind (was auf nichtrechtsfähige Eigenbetriebe kommunaler Gebietskörperschaften nicht zutrifft, weswegen diese folgerichtig auch nicht zur Einhaltung verbraucherschutzrechtlicher Bestimmungen verpflichtet sind): *Härting*, aaO, Einl. FernAbsG Rn 60.
134 Palandt/*Ellenberger*, § 14 Rn 1.
135 Palandt/*Ellenberger*, § 14 Rn 1.
136 Umstritten, so aber *Faber*, ZEuP 1998, 854, 866; *Weyer,* WM 2005, 490, 499; *Wolf*, in: Wolf/Horn/Lindacher, aaO, § 24 a AGBG Rn 23; aA hingegen KG ZGS 2007, 78; *Herresthal*, JZ 2006, 695; *Pfeiffer*, NJW 1999, 169, 172.
137 So LG Berlin MMR 2007, 401; LG Mainz NJW 2006, 783; OLG Frankfurt/M. NJW 2005, 1438; AG Bad Kissingen NJW 2005, 2463; AG Radolfzell NJW 2004, 3342. Vgl auch OLG Koblenz jurisPR-ITR 4/2006 Anm. 4 *Heckmann*, wonach wer im Internet-Auktionshaus eBay als Powerseller auftritt, im Streit, ob ein Fernabsatzvertrag geschlossen wurde, beweisen müsse, dass er kein „Unternehmer" iSv § 14 ist. Die Besonderheiten derartiger Geschäfte würden eine Beweislastumkehr zugunsten des Verbrauchers rechtfertigen. Zudem OLG Frankfurt/M. MMR 2007, 378 zur Abgrenzung privater und gewerblicher Verkaufstätigkeit gleichermaßen auch der Handelsplattform eBay.
138 Palandt/*Ellenberger*, § 14 Rn 2.
139 Umstritten, so aber BGH WM 2009, 262: Kreditvergabe; MüKo/*Micklitz*, § 13 Rn 44; Palandt/*Ellenberger*, § 14 Rn 2; Soergel/*Pfeiffer*, § 14 Rn 36; aA hingegen KG ZGS 2007, 78; AG Bad Hersfeld NJW-RR 2004, 435.
140 So BGH GRUR 2009, 871 = WRP 2009, 967 – Ohrclips. Vgl OLG Hamburg WRP 2008, 522 – LS 1: Die Unternehmereigenschaft eines Verkäufers bei eBay ist bei Würdigung der Gesamtumstände des Einzelfalls anhand von Indizien zu bestimmen. Ebenso OLG Zweibrücken ZGS 2007, 357: Ein Verkäufer, der Verbrauchern über ein Internet-Auktionshaus Waren anbietet, handelt als Unternehmer, wenn die Gesamtumstände seines Internetauftritts den Eindruck eines professionellen Händlers erwecken – dann obliegen ihm die bei Fernabsatzverträgen vorgeschriebenen Informationspflichten.

zeichnung seine Identität durch Angabe von Name und Adresse offenzulegen.[141] So ist Unternehmer iSd § 14 Abs. 1 auch, wer bei Abschluss eines Geschäfts eine selbständige Tätigkeit im **Nebenberuf** ausübt. Entsprechendes gilt für gelegentliche Geschäfte im Zusammenhang mit einer hauptberuflichen selbständigen Tätigkeit.[142]

Beachte: Die **Anlage** und **Verwaltung eigenen Vermögens** unterfällt hingegen grundsätzlich nicht dem Unternehmerbegriff[143] – ebenso wenig wie der **Beitritt** zu einer **Fondsgesellschaft**,[144] es sei denn, dass unter Berücksichtigung der konkret in Rede stehenden Umstände des Einzelfalls der mit der Vermögensverwaltung zusammenhängende Aufwand in organisatorischer und zeitlicher Hinsicht als „planmäßiger Geschäftsbetrieb" qualifiziert werden kann.[145]

Schließt eine natürliche Person ein Rechtsgeschäft objektiv zu einem Zweck ab, der weder ihrer gewerblichen noch ihrer selbständigen beruflichen Tätigkeit zugerechnet werden kann, so kommt eine Zurechnung entgegen dem mit dem rechtsgeschäftlichen Handeln objektiv verfolgten Zweck nur dann in Betracht, wenn die dem Vertragspartner erkennbaren Umstände eindeutig und zweifelsfrei darauf hinweisen, dass die natürliche Person in Verfolgung ihrer gewerblichen oder selbständigen beruflichen Tätigkeit handelt.[146] Einem Käufer, der dem Verkäufer einen gewerblichen Verwendungszweck der Kaufsache vortäuscht, ist jedoch die Berufung auf die Vorschriften über den Verbrauchsgüterkauf (§§ 474 ff) verwehrt.[147] Unternehmer- (§ 14) und Nichtverbraucherhandeln (§ 1031 Abs. 5 S. 1 ZPO iVm § 13) liegt schon dann vor, wenn das betreffende Geschäft im Zuge der Aufnahme einer gewerblichen oder selbständigen beruflichen Tätigkeit (sog. **Existenzgründung**, vorstehend § 13 Rn 25) geschlossen wird.[148] Der BGH hält an seiner gefestigten Rechtsprechung[149] zur entsprechenden Anwendung des VerbrKrG auf die **Mithaftungsübernahme des geschäftsführenden Allein- oder Mehrheitsgesellschafters einer GmbH** fest[150] (vorstehend: § 13 Rn 29). Die in der Literatur zum Teil bejahte Gleichstellung dieser Geschäftsführungsorgane mit den Kaufleuten des HGB oder kaufmännischen Personen (mit einer damit korrespondierenden Unternehmereigenschaft iSv § 14) entspeche nicht der Vorstellung des Gesetzgebers und überschreite die Grenzen zulässiger Rechtsfortbildung.[151]

41 Zum Problem des **dual use** siehe Rn 31. Hat eine natürliche Person den veräußerten Gebrauchtwagen sowohl privat als auch für ihr (nebengewerbliches) Unternehmen genutzt (**dual use**), so ist entscheidend für die Einordnung als Verbrauchsgüterkauf iSv §§ 474 f, welche Benutzung überwiegt.[152]

Ein im Internet-Auktionshaus eBay als Powerseller auftretender Verkäufer (dazu bereits vorstehende Rn 40) trifft im Streitfalle, ob ein Fernabsatzvertrag geschlossen wurde oder nicht, die **Beweislast** dafür, dass er kein Unternehmer iSv § 14 ist.[153]

141 OLG Karlsruhe WRP 2006, 1038: Wenn er dieses unterlässt, kann er auf Unterlassung in Anspruch genommen werden, wobei § 6 TDG sowie § 312 c Abs. 1 S. 1 iVm § 1 Abs. 1 Nr. 10 BGB-InfoVO alt Marktverhaltensregelungen darstellen, deren Verletzung geeignet ist, den Wettbewerb nicht unerheblich zu beeinträchtigen (im Anschluss an BGH GRUR 2002, 1085). Vgl zudem OLG Frankfurt/M. K&R 2007, 585: Eine Verkaufstätigkeit über die elektronische Handelsplattform eBay ist idR als gewerblich einzustufen, wenn der Anbieter als Powerseller registriert ist. Die freiwillige Registrierung als Powerseller ist jedoch umgekehrt keine notwendige Voraussetzung für die Bewertung einer Internet-Verkaufstätigkeit als „unternehmerisch" – vielmehr kann diese Einstufung sich auch aus anderen Umständen des Einzelfalles ergeben, wobei Dauer und Umfang der Verkaufstätigkeit, aber auch ihrer geschäftsbezogenen Ausgestaltung wesentliche Bedeutung zukommt. Zudem OLG Koblenz MMR 2009, 199: Partner eines durch Vermittlung von eBay geschlossenen Rechtsgeschäfts wird der zum Zeitpunkt des Vertragsschlusses angemeldete Nutzer. Dass der Nutzername neutral ist, indiziert nicht, dass es sich um einen privaten Teilnehmer handelt.

142 OLG Bremen ZGS 2004, 394. Vgl aber OLG Hamm RdL 2009, 181: Der Verkauf von vier Fohlen in den Jahren 2005 bis 2008 geht über einen gelegentlichen Verkauf von gezogenen Pferden nicht hinaus, und reicht deswegen für die Annahme eines planmäßigen und dauerhaften Anbietens von Leistungen am Markt als Pferdezüchter nicht aus.

143 BGH NJW 2002, 368; Palandt/*Ellenberger*, § 14 Rn 2; *Pfeiffer*, NJW 1999, 169, 172.

144 Palandt/*Ellenberger*, § 14 Rn 2: Wobei dann etwas anderes gelten soll, wenn eine unternehmerische Stellung erworben wird: so *Armbrüster*, ZIP 2006, 406.

145 BGH NJW 2002, 368: Wohnungsvermietung: OLG Düsseldorf NJW-RR 2005, 13, 17.

146 BGH NJW 2009, 3780.

147 BGH NJW 2005, 1045.

148 BGH NJW 2005, 1273 in Bestätigung von OLG Rostock OLGR 2003, 505 und OLG Oldenburg NJW-RR 2002, 641, aber entgegen OLG Koblenz NJW 1987, 74 und OLG Nürnberg OLGR 2003, 355 (jedoch in Fortführung von BGH NJW 1994, 2759).

149 BGHZ 133, 71, 77 f; 133, 220, 223; 144, 370, 380; BGH WM 1997, 710.

150 BGHZ 165, 43 = NJW 2006, 431.

151 Vgl auch BGH NJW-RR 2007, 1673, wonach das VerbrKrG auf die Mithaftungsübernahme des geschäftsführenden Gesellschafters einer GmbH & Co KG auch dann entsprechende Anwendung findet, wenn die neu gegründete Gesellschaft das Darlehen zur Anschubfinanzierung aufgenommen hat (im Anschluss an BGH WM 1997, 663).

152 So OLG Celle NJW-RR 2004, 1645.

153 OLG Koblenz NJW 2006, 1438: Wegen der Besonderheit entsprechender Geschäfte sei eine Umkehr der Beweislast zugunsten des Verbrauchers gerechtfertigt.

Juristische Personen des **öffentlichen Rechts** sind dann „Unternehmer" iSv § 14 Abs. 1, wenn sie sich gewerblich betätigen[154] und die Leistungsbeziehung nicht ausschließlich öffentlich-rechtlich organisiert ist. Damit sind Einrichtungen des öffentlichen Rechts (wie Eigenbetriebe der Gemeinden oder Schwimmbäder) Unternehmen iSv § 14, sofern sie eine Leistung an den Bürger gegen Entgelt erbringen (es sei denn, die Leistungsbeziehung vollzieht sich ausschließlich auf öffentlich-rechtlicher Grundlage).[155]

§ 14 Abs. 2 qualifiziert – tautologisch – eine Personengesellschaft, die mit der Fähigkeit ausgestattet ist, Rechte zu erwerben und Verbindlichkeiten einzugehen, als **rechtsfähige Personengesellschaft**.[156] § 14 Abs. 1 erklärt auch die rechtsfähige Personengemeinschaft[157] zum „Unternehmer". Damit unterfallen dem Unternehmerbegriff auch die offene Handelsgesellschaft (§ 124 Abs. 1 HGB), die Kommanditgesellschaft (§ 161 Abs. 2 iVm § 124 Abs. 1 HGB), die Partnerschaftsgesellschaft (§ 7 Abs. 2 PartGG) sowie die Europäische Wirtschaftliche Interessenvereinigung (Art. 1 Abs. 2 EWIV-VO), die, obgleich sie keine juristischen Personen sind, Teilrechtsfähigkeit besitzen. Dies gilt gleichermaßen für die (Außen-)GbR,[158] nachdem der BGH am 29.1.2001 – ohne dass sie juristische Person ist[159] – ihre (Teil-) Rechtsfähigkeit anerkannt hat, soweit sie durch ihre Teilnahme am Rechtsverkehr eigene Rechte und Pflichten begründet.[160] Eine in einem EU-Mitgliedstaat (nach dortigem Recht wirksam) gegründete Gesellschaft gilt auch nach einer Sitzverlegung nach Deutschland kraft Gemeinschaftsrecht (Art. 43, 48 EGV) als **juristische Person ausländischen Rechts** fort.[161] 42

Der Gesetzgeber hat in § 14 Abs. 2 die Gesetzesformulierung des § 1059 a Abs. 3 aF übernommen, nach der einer juristischen Person eine Personengesellschaft gleichsteht, die mit der Fähigkeit ausgestattet ist, Rechte zu erwerben und Verbindlichkeiten einzugehen (Legaldefinition „rechtsfähige Personengesellschaft"). Die in § 14 Abs. 2 getroffene Definition steht im Einklang mit den verbraucherschutzrechtlichen Vorgaben des europäischen Richtlinienrechts:[162] Art. 2 Nr. 3 FARL, Art. 1 Abs. 2 lit. b Verbraucherkreditrichtlinie, Art. 2 zweiter Spiegelstrich Haustürgeschäfterichtlinie, Art. 2 lit. c Missbräuchliche-Klauseln-Richtlinie sowie Art. 2 dritter Spiegelstrich Time-Sharing-Richtlinie. 43

Erstaunlich ist allerdings die Positionierung der Legaldefinition „Unternehmer" im Abschnitt „Natürliche Personen". Dies ist systemwidrig[163] und auch nicht durch die Verortung des Parallelbegriffs „Verbraucher" in § 13 erklärlich, da Unternehmer – wie dargelegt (Rn 36) – auch die juristische Person oder eine aus natürlichen wie juristischen Personen bestehende Personengemeinschaft sein kann. 44

§ 14 beschränkt den Anwendungsbereich der Norm auf vom Unternehmer abgeschlossene Rechtsgeschäfte. *Heinrichs* hält diese Einschränkung für „verfehlt"[164] (zum Parallelproblem im Kontext mit dem Verbraucherbegriff s. Rn 35) – dem Unternehmer werden nicht nur Verpflichtungen auferlegt, wenn er ein Rechtsgeschäft abschließt, sondern auch, wenn er ein solches vorbereitet (§ 241 a bzw § 312 c bei Fernabsatzverträgen). 45

IV. Die unmittelbare Anwendung der Schlüsselbegriffe

Der Gesetzgeber sah davon ab, die Regelungen der §§ 13 und 14 Abs. 1 dergestalt als Verweisungsnormen auszugestalten, dass diese auf die Begriffsdefinitionen des Unternehmers im früheren § 24 S. 1 Nr. 1 AGBG und des Verbrauchers im früheren § 24 a S. 1 AGBG verwiesen. Obgleich diese Schlüsselbegriffe im BGB selbst bislang nicht eigenständig definiert waren, birgt die weitgehend inhalts- und wortgleiche Übernahme der früheren Definitionen des AGB-Gesetzes in die Regelung der §§ 13 und 14 Abs. 1 den Vorteil in sich, „dass in den einzelnen Verbraucherschutzgesetzen nicht auf andere Gesetze verwiesen werden (muss). Denn im BGB verwendete Schlüsselbegriffe können ohne derartige Verweisungen verwendet werden".[165] So gelangen die Begriffsdefinitionen der §§ 13 und 14 zB bei Haustürgeschäften (§ 312), Fernabsatzverträgen 46

154 Palandt/*Heinrichs*, 60. Aufl. 2001, § 24 AGBG Rn 4.
155 Palandt/*Ellenberger*, § 14 Rn 2.
156 *Flume* (ZIP 2000, 1427, 1428) weist darauf hin, dass der Begriff der „Rechtsfähigkeit", wenn er für die Personengesellschaft verwendet wird, nicht mehr besagt, „als dass die Gesamthand, das heißt die Gruppe, und nicht jedes Mitglied derselben der Beziehungspunkt der Rechtsbeziehungen ist"; *ders.*, BGB AT Bd. 1/1, S. 90: „Jede Personengemeinschaft ist mit dieser Fähigkeit ausgestattet, wenn die Gesellschafter dies wünschen".
157 Zur Diskussion über die Rechtsfähigkeit der Gesellschaft bürgerlichen Rechts (GbR) näher BGH NJW 1999, 3483; *Reiff*, NZG 2000, 281; *Ulmer*, ZGR 2000, 339.
158 AA HK-BGB/*Dörner*, §§ 13 f Rn 4.
159 *Leipold*, FS für Canaris, 2007, S. 221, 227 f.
160 BGHZ 146, 341 = NJW 2001, 1056 (noch offen gelassen von BGHZ 142, 315), dazu *K. Schmidt*, NJW 2001, 993; vgl auch BGH NJW 2008, 1378, 1379; ebenso BGHZ 179, 102 = NJW 2009, 594 zur Grundbucheintragungsfähigkeit einer GbR: Die GbR kann unter der Bezeichnung in das Grundbuch eingetragen werden, die ihre Gesellschafter im Gesellschaftsvertrag für sie vorgesehen haben; *Gesmann-Nuissl*, WM 2001, 973.
161 Vgl EuGH NJW 2002, 3614; BGH NJW 2003, 1461; aA BGH NJW 2002, 3539: Die Gesellschaft sei rechtsfähige Gesellschaft deutschen Rechts.
162 *Bülow/Artz*, NJW 2000, 2049, 2051.
163 *Flume*, ZIP 2000, 1427: „Ungereimtheit".
164 Palandt/*Ellenberger*, § 13 Rn 5.
165 RegE, BT-Drucks. 14/2648, S. 48.

(§ 312 b), Teilzeit-Wohnrechteverträgen (§ 481) oder Verbraucherdarlehensverträgen (§ 491)[166] zur Anwendung. Wer Unternehmer iSv § 14 ist, wird regelmäßig auch **Mitbewerber** iSv § 2 UWG sein[167] – und (sofern er Marken verwendet) auch „im geschäftlichen Verkehr" iSv § 14 Abs. 2 MarkenG handeln. Der Begriff des „Handeln im geschäftlichen Verkehr" iSv § 14 Abs. 2 MarkenG entspricht nämlich dem Begriff der „gewerblichen Tätigkeit" iSv § 14.[168]

§§ 15 bis 20 (weggefallen)

Titel 2 Juristische Personen

Untertitel 1 Vereine

Kapitel 1 Allgemeine Vorschriften

Vorbemerkungen zu §§ 21 ff

Literatur: *Adams/Maßmann*, Vereinsreform in Deutschland, ZRP 2002, 128; *Arnold*, Die geplante Vereinsrechtsreform – Fortschritt oder Irrweg?, DB 2004, 2143; *Beuthien*, Zur Funktion und Verantwortung juristischer Personen im Privatrecht, JZ 2011, 124; *Bethge*, Die Grundrechtsberechtigung juristischer Personen nach Art. 19 Abs. 3 Grundgesetz, 1985; *Blum/Ebeling*, Dynamische Verweisungen im Arbeits- und Verbandsrecht, in: FS Fenn 2000, S. 85; *Böckenförde*, Organ, Organisation, Juristische Person, in: FS H.-J. Wolff 1974, S. 269; *Büttner*, Identität und Kontinuität bei der Gründung juristischer Personen, 1967; *Ehses*, Die Gründerhaftung in der Vorgesellschaft, Eine Untersuchung von Vor-GmbH, Vor-AG, Vorverein und Vorgenossenschaft, 2000, S. 261; *Fiedler*, Konzernhaftung beim eingetragenen Verein, 1998; *Flume*, Gesellschaft und Gesamthand, ZHR, 136 (1972), 177; *ders.*, Körperschaftliche juristische Person und Personenverband, in: FS Kegel 1987, S. 147; *ders.*, Savigny und die Lehre von der juristischen Person, in: FS Wieacker 1978, S. 340; *Grundmann/Terner*, Vereinsrecht – ein Überblick, JA 2002, 689 *Hadding*, Zur Durchgriffshaftung wegen Rechtsformverfehlung des e.V., WuB II N § 21 BGB 1.08; *Hüttemann*, Zur Durchgriffshaftung bei einem eingetragenen Verein – Anmerkung, LMK 2008, I, 74;*John*, Die organisierte Rechtsperson, 1977; *Kögler*, Arbeiterbewegung und Vereinsrecht, 1974; *Leist*, Untersuchungen zum inneren Vereinsrecht, 1904; *Müller-Freienfels*, Zur Lehre vom sogenannten Durchgriff bei juristischen Personen, AcP 156 (1957), 522; *Mummenhoff*, Gründungssysteme und Rechtsfähigkeit, 1979; *Ott*, Reform des privaten Vereinsrechts, ZRP 2002, 433; *Raiser*, Der Begriff der juristischen Person – Eine Neubesinnung, AcP 199 (1999), 104; *Reichert*, Handbuch des Vereins- und Verbandsrechts, 9. Auflage 2003; *Reuter*, Zur Abgrenzung von Vereins- und Gesellschaftsrecht, ZGR 1981, 364; *Rittner*, Die werdende juristische Person, 1973; *Sauter/Schweyer/Waldner*, Der eingetragene Verein, 17. Auflage 2001; *K. Schmidt*, Der bürgerlich-rechtliche Verein mit wirtschaftlicher Tätigkeit, AcP 182 (1982), 1; *ders.*, Die Abgrenzung der beiden Vereinsklassen, Rpfleger 1972, 286; *ders.*, Systemfragen des Vereinsrechts, ZHR 147 (1983), 43; *ders.*, Ultra-vires-Doktrin: tot oder lebendig? AcP 184 (1984), 529; *ders.*, Verbandszweck und Rechtsfähigkeit im Vereinsrecht – Eine Studie über Erwerb und Verlust der Rechtsfähigkeit nichtwirtschaftlicher und wirtschaftlicher Vereine, 1984; *Segna*, Rechnungslegung und Prüfung von Vereinen - Reformbedarf im deutschen Recht, DStR 2006, 1568; *Seltmann*, Rechtsfolgen der wirtschaftlichen Betätigung von Idealvereinen, DStR 2008, 1443; *Schwarz*, Europäisches Gesellschaftsrecht, 2000, Rn 1223; *Vollmer*, Der Europäische Verein, ZHR 157 (1993), 373; *Vormbaum*, Die Rechtsfähigkeit der Vereine im 19. Jahrhundert, 1976; *Wagner*, Der Europäische Verein, 2000; *Wiedemann*, Juristische Personen und Gesamthand als Sondervermögen, WM 1975, Beilage 4; *Wilhelm*, Rechtsform und Haftung bei der juristischen Person, 1981.

166 Vgl BGHZ 179, 126 = ZGS 2009, 139: Darlehensgeber iSv § 491 Abs. 1 kann auch ein Unternehmer sein, dessen unternehmerische Tätigkeit sich nicht auf die Kreditvergabe bezieht. Notwendig ist nur, dass der Unternehmer bei Abschluss des Darlehensvertrages in Ausübung seiner gewerblichen oder selbständigen beruflichen Tätigkeit handelt, wobei auch eine erstmalige Darlehensvergabe gelegentlich der gewerblichen Tätigkeit ausreichend ist.

167 *Peifer/Blank*, Anm. zu OLG Frankfurt/M. jurisPR-WettbR 7/2007 Anm. 2.

168 So OLG Frankfurt/M. GRUR-RR 2005, 317, 318.

A. Juristische Personen

I. Begriff, Rechtsnatur und Arten juristischer Personen

Bereits im Römischen Recht gab es Vereine als juristische Personen.[1] Das Verständnis der juristischen Person aus heutiger Sicht entwickelte sich jedoch erst im 19. Jahrhundert aus der Kontroverse romanistischer Fiktionstheorie und germanistischer Theorie von der realen Verbandspersönlichkeit.[2] Rechtsnatur und Begriff der juristischen Person sind streitig.[3] Heute wird überwiegend die Auffassung vertreten, dass die juristische Person eine zweckgebundene Organisation ist, in der Personen oder Sachen zusammengefasst sind und der die Rechtsordnung Rechtsfähigkeit verliehen und sie als Träger eigener Rechte und Pflichten verselbständigt hat.[4] In der Praxis ist der Theorienstreit bedeutungslos.[5] Es gibt juristische Personen des öffentlichen und des privaten Rechts. Sie unterscheiden sich durch den Entstehungstatbestand (Rechtsgeschäft/Hoheitsakt)[6] sowie das maßgebende Recht. **Juristische Personen des öffentlichen Rechts** sind namentlich der Staat (Bund, Länder), die in ihn eingegliederten Gebietskörperschaften (Gemeinden, Kreise), die Kirchen sowie die sonstigen öffentlich-rechtlichen Körperschaften, Anstalten und Stiftungen.[7] Die §§ 21 ff sind auf die juristischen Personen des öffentlichen Rechts grundsätzlich nicht anwendbar; eine Ausnahme gilt kraft ausdrücklicher gesetzlicher Anordnung in § 89 für den § 31. **Juristische Personen des Privatrechts** sind Vereine und Stiftungen sowie die in Spezialgesetzen geregelten AG, KGaA, GmbH, eG und VVaG. 1

Juristische Personen sind abzugrenzen von **Gesamthandgemeinschaften**. Gesamthandgemeinschaften sind die GbR, der sog. „nicht rechtsfähige" – richtiger: nicht eingetragene – Verein, OHG, KG, EWIV, eheliche Gütergemeinschaft, Erbengemeinschaft und Partnerschaftsgesellschaft. Nach traditioneller Auffassung („Gesamthandtheorie") sind Träger der Rechte und Pflichten die Mitglieder der Gemeinschaft, nicht aber eine von ihnen begrifflich zu unterscheidende (juristische) Person; das Gesamthandsvermögen steht danach den Gesamthändern in gesamthänderischer Verbundenheit als Sondervermögen zu.[8] Die Gesamthänder können aber nicht über ihren Anteil an den einzelnen Vermögensgegenständen verfügen (§§ 719 Abs. 1, 1419 Abs. 1, 2033 Abs. 2). Demgegenüber sieht eine von *Flume* begründete Gegenansicht („Gruppenlehre") die Gesamthand als Zuordnungseinheit, die der juristischen Person angenähert und (teil-)rechtsfähig ist. Rechtsfähige Subjekte sind insofern die OHG, KG und EWIV sowie die Außen-GbR. Gleiches gilt für den nicht eingetragenen Verein (vgl § 54 Rn 6 ff). Keine rechtsfähigen Subjekte sind demgegenüber die eheliche Gütergemeinschaft und die Erbengemeinschaft (vgl AnwK-BGB/*Heidel*, § 705 Rn 7, 82, 84).[9] 2

II. Erwerb und Umfang der Rechtsfähigkeit

1. Erwerb. Drei Systeme des Erwerbs der Rechtsfähigkeit bzw Entstehung juristischer Personen sind gängig: (a) Im System der freien Körperschaftsbildung entsteht das rechtsfähige Objekt, sobald die gesetzlichen Voraussetzungen für seine Gründung erfüllt sind; der Staat kontrolliert das nicht; Standardfälle sind der „nicht rechtsfähige" Verein und die GbR.[10] (b) Das für die Praxis wesentliche System in Deutschland ist die **Erlangung der Rechtsfähigkeit durch Eintragung** (System der Normativbestimmungen): Die Rechtsfähigkeit wird dadurch anerkannt, dass bestimmte gesetzliche Anforderungen erfüllt sind und die Personen-Organisation in ein öffentliches Register eingetragen wird; das gilt in Deutschland zumal für den Idealverein (§ 21), die AG (§§ 23 ff AktG), GmbH (§§ 1 ff GmbHG), Genossenschaften (§§ 1 ff GenG), KGaA (§§ 278 ff AktG) sowie (mit Abweichungen) für die Stiftung (vgl § 80 Rn 31 ff). (c) Nach dem Konzessionssystem erwirbt die Kör- 3

1 *Kaser*, Römisches Privatrecht, 17. Aufl. 2003, § 17 I.
2 Zum Theorienstreit im 19. Jahrhundert *H.J. Wolff*, Organschaft und juristische Person: Untersuchungen zur Rechtstheorie und zum öffentlichen Recht, 2 Bde., 1933/34, Neudruck 1968, S. 1–87; neuere Darstellung: *Wieacker*, in: FS Huber 1973, S. 339, 361 f; *Wiedemann*, Gesellschaftsrecht, 6. Aufl. 2002, S. 112 ff.
3 Vgl die Überblicke bei Staudinger/*Weick*, Einl. zu §§ 21 ff Rn 3 ff; MüKo/*Reuter*, Vor § 21 Rn 1 ff; *Flume*, BGB AT, Bd. 1/1, § 1.
4 BGHZ 25, 134, 144 = DB 1957, 747 = NJW 1957, 1433; Palandt/*Ellenberger*, Vor §§ 21 ff Rn 1; *Raiser*, AcP 199 (1999), 104; Bamberger/Roth/*Schwarz*, Vor § 21 Rn 1.
5 *K. Schmidt*, GesR, 4. Aufl. 2002, § 8 II 1; Palandt/*Ellenberger*, Vor § 21 Rn 1.
6 Ausnahmsweise kann eine juristische Person des Privatrechts auch auf einem Hoheitsakt beruhen, so die Deutsche Bundesstiftung Umwelt, Gesetz v. 18.7.1990 (BGBl. I S. 1448).
7 Vgl Staudinger/*Weick*, Einl. zu §§ 21 ff Rn 19 f.
8 BGH DB 1988, 2560 = NJW 1988, 556; BAG DB 1989, 1973 = NJW 1989, 3034; BGH DB 1990, 1814 = NJW 1990, 1181; *Weber-Grellet*, AcP 182 (1982), 316.
9 BayObLG DNotZ 2003, 454 = NJW-RR 2003, 899; BGH DB 2002, 2527 = NJW 2002, 3389; BGH NJW 2006, 3715 = ZIP 2006, 3915.
10 Vgl Staudinger/*Weick*, Einl. zu §§ 21 ff Rn 60; Bamberger/Roth/*Schwarz*, Vor § 21 Rn 7.

perschaft ihre Rechtsfähigkeit durch staatliche Verleihung bzw Genehmigung, über die nach pflichtgemäßem Ermessen zu entscheiden ist; dieses System gilt für den wirtschaftlichen Verein (§ 22) sowie den VVaG (§ 15 VVaG).

4 **2. Umfang der Rechtsfähigkeit.** Die juristische Person des Privatrechts besitzt eine **umfassende, nicht auf Vermögensfähigkeit beschränkte Rechtsfähigkeit**, die der der natürlichen Person entspricht, soweit das jeweilige Recht bzw die jeweilige Pflicht nicht eine natürliche Person als Träger voraussetzt.[11] Die Rechtsfähigkeit ist insbesondere nicht auf die Zwecke beschränkt, die nach Gesetz oder Satzung festgelegt worden sind (sog. ultra-vires-Lehre, die etwa im amerikanischen Zivilrecht gilt).[12] **Beispiele**: Die juristische Person kann Trägerin von Vermögensrechten und von Persönlichkeitsrechten (vgl unten zum allg. Persönlichkeitsrecht) wie Recht auf Namen,[13] Firma, Zeichenrechte, Urheber- und Erfinderrechte sein; sie kann Vollmachtträgerin sein; sie kann Mitglied in einem eingetragenen oder wirtschaftlichen Verein, einem „nicht rechtsfähigen" Verein, einer OHG[14] oder Genossenschaft sein; sie kann Besitzerin und Eigentümerin sein; sie ist aktiv und passiv parteifähig sowie insolvenzfähig; sie ist erb- und vermächtnisfähig und kann Anspruch auf Prozesskostenhilfe haben; sie kann persönlich haftender Gesellschafter, Liquidator, Testamentsvollstrecker und Mitglied einer juristischen Person sein.[15] Demgegenüber kann sie nicht Trägerin von Rechten sein, die nach ihrem Sinn und Zweck nur einer natürlichen Person zustehen können: Zu nennen sind etwa familienrechtliche Positionen, die Rolle als Schiedsrichter oder als Nachlasspfleger sowie die Übernahme von bestimmten Funktionen bei juristischen Personen (sie kann nicht Vorstands- und Aufsichtsratsmitglied einer AG sein, §§ 76 Abs. 3 S. 1, 100 Abs. 1 S. 1 AktG, wohl aber Liquidator, § 256 Abs. 2 S. 3 AktG, streitig Fähigkeit, besonderer Vertreter nach § 147 AktG zu sein,).[16] Die juristische Person hat gem. § 12 ein Recht am eigenen Namen.[17] Ihr steht – wenn auch beschränkt – ein allgemeines Persönlichkeitsrecht zu.[18] Die juristische Person ist grundrechtsfähig gem. Art. 19 Abs. 3 GG: Grundrechte gelten für inländische juristische Personen, soweit sie ihrem Wesen nach auf diese anwendbar sind. Das BVerfG versteht das so, dass die materiellen Grundrechte dann einschlägig sind, wenn Bildung und Betätigung der juristischen Person „Ausdruck der freien Entfaltung der natürlichen Personen sind";[19] für öffentlich-rechtliche Personen gelten insoweit Einschränkungen.[20]

5 **3. Anerkennung ausländischer juristischer Personen.** Vgl dazu Rn 17 sowie den Anhang zu Art. 12 EGBGB Rn 3 ff.

III. Handlungs- und Deliktsfähigkeit juristischer Personen

6 Die juristische Person kann nicht selbst, sondern nur durch natürliche Personen handeln. Bei der Frage des Handelns nach innen ist die innere Willensbildung einer juristischen Person angesprochen; diese vollzieht sich in den von Gesetz und Satzung vorgesehenen Gremien, beim Verein etwa Vorstand und Mitgliederversammlung. Handeln nach außen kann rechtsgeschäftlicher oder deliktischer Art sein. Insofern geht es um die Frage, welche Handlungen welcher Personen der juristischen Person zugerechnet werden – zB welche Erklärungen sie binden, welche Delikte sie ersatzpflichtig machen, welche Verfügungen über Gegenstände ihres Vermögens wirksam sind. Streitig ist, ob der „gesetzliche Vertreter" (§ 26 Abs. 2) die juristische Person wie einen Unmündigen vertritt und so die Handlungsfähigkeit begründet („**Vertretertheorie**") oder ob nach der „**Organtheorie**" (auch „reale Verbandstheorie") die Vertreter mit den „Organen" eines Lebewesens zu ver-

11 AllgM, vgl Bamberger/Roth/*Schwarz*, Vor § 21 Rn 6; Palandt/*Ellenberger*, Vor § 21 Rn 8; Soergel/*Hadding*, Vor § 21 Rn 22; MüKo/*Reuter*, Vor § 21 Rn 12 f; Staudinger/*Weick*, Einl. zu §§ 21 ff Rn 23 ff.
12 Vgl statt aller *K. Schmidt*, AcP 184 (1984), 529.
13 Vgl zum Namensrecht des Vereins und Fragen der Unterscheidbarkeit OLG Köln NJOZ 2001, 1763.
14 Vgl *Heidel*, in: Heidel/Schall, § 105 HGB Rn 45.
15 Vgl Staudinger/*Weick*, Einl. zu §§ 21 ff Rn 27 ff; MüKo/*Reuter*, Vor § 21 Rn 13; Bamberger/Roth/*Schwarz*, Vor § 21 Rn 9 f.
16 Vgl *Lochner*, in: Heidel, Aktienrecht, § 147 Rn 24.
17 Palandt/*Ellenberger*, Vor § 21 Rn 9.
18 MüKo/*Reuter*, Vor § 21 Rn 15; Staudinger/*Weick*, Einl. zu §§ 21 ff Rn 31 ff; vgl zur Frage des Schmerzensgeldes zugunsten eines e.V. bei Verletzung des Persönlichkeitsrechts OLG München AfP 2003, 359; vgl auch LG Hamburg NJW-RR 2006, 844 = ZUM-RD 2005, 463.
19 BVerfGE 21, 362, 369; 61, 82, 101; vgl Staudinger/*Weick*, Einl. zu §§ 21 ff Rn 26; MüKo/*Reuter*, Vor § 21 Rn 14; *Hesse*, Grundzüge des Verfassungsrechts der Bundesrepublik Deutschland, 20. Aufl. 1999, Rn 286; *Rupp-von Brünneck*, in: FS Arndt 1969, S. 349; *Ulsamer*, in: FS Geiger 1974, S. 199 ff; *Oechsle*, Zur wesensmäßigen Anwendung der Grundrechte auf juristische Personen des Zivilrechts, 1970; *Achterberg*, in: GS Friedrich Klein 1977, S. 1 ff.
20 BVerfG NJW 1982, 2173 = BVerfGE 61, 82; *Hesse*, Grundzüge des Verfassungsrechts der Bundesrepublik Deutschland, 20. Aufl. 1999, Rn 286.

gleichen sind: in den Handlungen ihrer Organe stelle sich die juristische Person unmittelbar dar.[21] Der BGB-Gesetzgeber hat den Theorienstreit offen gelassen. Bedeutung in der Praxis hat er kaum erlangt. Unabhängig vom Theorienstreit ist der juristischen Person nicht nur das rechtmäßige, sondern auch das rechtswidrige Verhalten ihrer Organe, die innerhalb ihres Wirkungskreises handeln, als eigenes Verhalten zuzurechnen (§ 31).

IV. Haftungsbeschränkung und Durchgriffshaftung

Die juristische Person ist gegenüber ihren Mitgliedern verselbständigt („**Trennungsgrundsatz**"). Daher 7 begründet die juristische Person grundsätzlich beschränkte Haftung: Da das Verbandsvermögen von dem der Mitglieder unabhängig ist, haftet grundsätzlich nur dieses Vermögen. Die Rechtsgeschäfte, die die für die juristische Person handelnden gesetzlichen Vertreter eingehen, sind Geschäfte der juristischen Person. Sie sind nur dieser zuzurechnen und machen daher nur ihr Vermögen haftbar; die Mitglieder der juristischen Person und deren Organe haften grundsätzlich nicht mit dem eigenen Vermögen.[22] Die Mitglieder haften grundsätzlich nur bei Vorliegen eines besonderen Rechtsgrundes, der ihre persönliche Haftung vorsieht (zB Bürgschaft, Delikt, c.i.c. oder eine satzungsmäßige, freiwillig übernommene Sonderpflicht), was prinzipiell auch bei der Einmann-Gesellschaft gilt.[23]

Eine **Ausnahme gilt bei der sog. Durchgriffshaftung**: Der Gläubiger der juristischen Person kann unter 8 besonderen Voraussetzungen durch diese durchgreifen und das Mitglied persönlich in Anspruch nehmen. Die ständige Rechtsprechung bejaht den Durchgriff zumal dann (vgl Rn 9), wenn die Rechtsform der juristischen Person missbräuchlich verwendet wird oder wenn die Berufung auf die rechtliche Selbständigkeit der juristischen Person gegen Treu und Glauben verstößt.[24] Einzelheiten der Durchgriffshaftung sind sehr streitig.[25] Der BGH hat lange Zeit die Gesellschafterhaftung nach konzernrechtlichen Grundsätzen entwickelt.[26] Von diesem Konzept ist er inzwischen abgewichen.[27] Nunmehr bejaht er einen eigenständigen Anspruch der juristischen Person (in den entschiedenen Fällen handelte es sich jeweils um eine GmbH) auf Gewährleistung ihres Bestandes: Die Gesellschafter haften, wenn sie in das **Eigeninteresse der juristischen Person auf Bestandswahrung** in existenzvernichtender Weise eingreifen; die Gesellschafter müssten bei Eingriffen in das Vermögen der abhängigen GmbH angemessene Rücksicht auf deren Belange nehmen. Diese seien der Dispositionsfreiheit der Gesellschafter entzogen. Die Zulässigkeit von Eingriffen in die Geschicke der juristischen Person seien dadurch beschränkt, dass die Gesellschafter nicht in gläubigerschädigender Weise in den Bestand der juristischen Person eingreifen dürften. Alleingesellschafter oder einverständlich handelnde Gesellschafter haften den Gläubigern der juristischen Person für Nachteile, die dadurch entstehen, dass sie der GmbH das Vermögen entziehen, das diese zur Erfüllung ihrer Verbindlichkeiten benötigt. Grundlage der Haftung ist nach dem BGH § 826.[28] Diese Rechtsprechung beschränkte sich in den bekannten Fällen bislang auf die GmbH. Wegen der gleichen Interessenlage hat sie aber u.a. für alle deutschen juristischen Personen entsprechend zu gelten.

Demgegenüber soll es nach dem BGH beim **Idealverein keine Durchgriffshaftung** geben, selbst wenn die 9 Mitglieder die Rechtsform des eingetragenen Vereins zu einer wirtschaftlichen Tätigkeit nutzen, die das Nebenzweckprivileg nicht deckt.[29] Die Vorinstanz OLG Dresden hatte die Durchgriffshaftung wegen des Missbrauchs der Rechtsform des eingetragenen Idealvereins noch bejaht, da die Vereinsmitglieder die erheb-

21 Vgl allg. Staudinger/*Weick*, Einl. zu §§ 21 ff Rn 52; Bamberger/Roth/*Schwarz*, Vor § 21 Rn 11 f; *Beuthien*, NJW 1999, 1142; für die Organtheorie *Hübner*, BGB AT, 1 Auflage, 1985, § 14 V 2 b; MüKo/*Reuter*, § 26 Rn 11; *K. Schmidt*, GesR, 4. Aufl. 2002, § 10 I 2; *v. Gerke*, Die Genossenschaftstheorie und deutsche Rspr, 1887, S. 603 ff und 620 ff; *ders.*, Deutsches Privatrecht I 1899, § 67 I, S. 518 f; für die Vertretertheorie: *v. Savigny*, System des heutigen Römischen Rechts, 1840, § 90, S. 282 f; *Flume*, BGB AT, Bd. 1/2, § 11 I, S. 398 ff.

22 Vgl statt aller Staudinger/*Weick*, Einl. zu §§ 21 ff Rn 8 und 61; Bamberger/Roth/*Schwarz*, Vor § 21 Rn 13.

23 BGHZ 22, 226, 230 = DB 1957, 42 = NJW 1957, 181.

24 BGHZ 22, 226 = DB 1957, 42 = NJW 1957, 181; BGHZ 26, 31 = DB 1957, 1197 = JZ 1958, 369; BGHZ 54, 222 = DB 1970, 1874 = NJW 1970, 2015; BGHZ 61, 380 = DB 1974, 181 = NJW 1974, 134; BGHZ 78, 318 = DB 1981, 574 = NJW 1981, 522.

25 Vgl die Überblicke bei Staudinger/*Weick*, Einl. zu §§ 21 ff Rn 37; MüKo/*Reuter*, Vor § 21 Rn 19; *K. Schmidt*, GesR, 4. Aufl. 2002, § 24 VI 2; Allg. *Flume*, BGB AT, Bd. 1/1, § 3.

26 BGHZ 122, 123 = DB 1993, 825 = NJW 1993, 1200 (TBB); BGHZ 115, 187 = DB 1991, 2176 = NJW 1991, 3142 (Video); BGHZ 107, 7 = DB 1989, 816 = NJW 1989, 1800 (Tiefbau); BGHZ 95, 330 = DB 1985, 2341 = NJW 1986, 188 (Autokran).

27 Begründet durch einen Beitrag des damaligen Vorsitzenden des BGH-Gesellschaftsrechtssenats *Röhricht*, in: FS 50 Jahre BGH, 2000, S. 83 ff.

28 BGHZ 149, 10 = DB 2001, 2338 = NJW 2001, 3622 (Bremer Vulkan); BGH NJW 2002, 3024 = DB 2002, 1875 (KBV); BGH NJW 2005, 3137, 3140 = BB 2005; 2144; BGH NJW 2007, 2689 = ZIP 2007, 1552 (Trihotel).

29 BGHZ 175, 12 = JZ 2008, 516 = ZIP 2008, 354 – Kolpingwerk; vgl dazu *Hofmeister*, ZIP 2009, 161; *Reuter*, NZG 2008, 650; *Hadding*, WoB, II N § 120 BGB 1.08; *Hüttemann*, LMK 2008, 256400; *K. Schmidt*, ZIP 2007, 605, 608.

liche, das Nebenzweckprivileg überschreitende wirtschaftliche Betätigung ihres Vereins nicht unterbunden hatten.[30] Der BGH begründete seine Entscheidung damit, dass aufgrund der Rechtsfähigkeit eines eV die strikte rechtliche Trennung der Vermögenssphären der Vereinsmitglieder einerseits und des Vereins andererseits gewährleistet sei und eine Durchbrechung dieses Trennungsgrundsatzes nur ausnahmsweise dann zulässig sei, wenn die Ausnutzung der rechtlichen Verschiedenheit zwischen der juristischen Person und den hinter ihr stehenden natürlichen Personen rechtsmissbräuchlich sei und Konzernstrukturen zu Lasten der Gläubiger ausgenutzt würden. Der gesetzlichen Sanktion der Amtslöschung und der behördlichen Entziehung der Rechtsfähigkeit (§ 43 Abs. 2) sowie der durch sie bewirkte mittelbare Zwang zur Auflösung oder Umwandlung des das Nebenzweckprivileg überschreitenden Idealvereins seien grundsätzlich (soweit eine rechtsmissbräuchliche Ausnutzung des Trennungsprinzips nicht hinzukomme) zum Schutz des Rechtsverkehrs ausreichend.[31]

10 Unbeeinträchtigt von der Kolping-Entscheidung bleiben aber die Grundsätze, die BGHZ 54, 222 aufgestellt hatte. In dem Fall hatten die Mitglieder einen Verein gegründet, der von Anfang an vermögenslos war und keine Aussicht hatte, Vermögen zu erwerben, was die Mitglieder wussten. In solchen Fällen widerspricht es nach dem BGH Treu und Glauben, wenn die Vereinsmitglieder „die Vorteile aus der juristischen Konstruktion, der Zwischenschaltung des Vereins, sich erhalten wollen, obgleich sie verpflichtet gewesen wären, dafür Sorge zu tragen, daß dem Verein … die nötigen Mittel zur … (Zahlung) zur Verfügung standen".[32] Mit Recht hat *Reuter* herausgearbeitet, dass bei Vereinen mit nicht wirtschaftlichen Zwecken eine Haftung des Dachverbandes in Betracht kommen kann, wenn solche Dachverbände, wie es namentlich im Sport der Fall ist, „faktisch die Position einer ‚Konzernmutter' erreicht haben". In solchen **Gesamtvereinen**, die in Haupt- und Zweigverein gegliedert seien, habe der Hauptverein kraft Verfassung „in mehr oder weniger engen Grenzen eine beherrschende Stellung"; daher gebe es nicht nur eine Treuepflicht des Hauptvereins zum Zweigverein, der den Hauptverein zur Respektierung des Eigeninteresses des abhängigen Vereins verpflichte, sondern auch eine Verpflichtung des Hauptvereins zur Haftung, wenn der Hauptverein dem Zweigverein „durch nachhaltige Eingriffe in seinen ‚Haftungsfonds' (Vermögen) oder seine ‚Geschäftschancen' (Sponsorenaquisition uÄ) die Mittel entziehen, die er zur Begleichung seiner Verbindlichkeiten benötigt".[33]

Sehr streitig ist die Frage der Anwendung der Rechtsprechung zum Haftungsdurchgriff auf **ausländische juristische Personen**, die in das Inland ihren Verwaltungssitz verlegt haben.[34]

11 **Weitere Fälle der Haftung**: Vermögensvermengung (Sphärenvermischung) zwischen dem Vermögen der juristischen Person und dem ihrer Mitglieder;[35] Hervorrufen des Rechtsscheins persönlicher Haftung;[36] unlauteres Vorschieben der juristischen Person;[37] Rechtsform- bzw Institutsmissbrauch und sonst unlautere Verhalten der Mitglieder auch unterhalb der Schwelle des § 826.[38] Nicht zur Durchgriffshaftung führt nach ständiger Rechtsprechung die bloße Unterkapitalisierung der juristischen Person[39] – und zwar selbst dann, wenn die Gründer/Gesellschafter/Mitglieder die juristische Person so eindeutig unzureichend mit Kapital ausgestattet haben, dass mit hoher Wahrscheinlichkeit ein ökonomischer Misserfolg eintreten wird[40] -; nur wenn zu der Unterkapitalisierung weitere Umstände hinzukommen, ist eine persönliche Haftung der Mitglieder denkbar.[41] Nicht zur Haftung führt auch die bloße Eingliederung der juristischen Person in ihren Alleingesellschafter.[42]

30 OLG Dresden, ZIP 2005, 1680.
31 BGHZ 175, 12 = JZ 2008, 516 = ZIP 2008, 354 – Kolpingwerk.
32 BGHZ 54, 222 = NJW 1970, 2015 = WM 1970, 1106.
33 MüKo/*Reuter*, Vor § 21 Rn 48.
34 *Eidenmüller*, ZIP 2002, 2233, 2242; *Paefgen*, DB 2003, 487; *Schanze/Jüttner*, AG 2003, 30, 34; *Forsthoff*, DB 2002, 2471; *Zimmer*, BB 2003, 1 = NJW 2006, 1631; *Möslein*, NZG 2011, 174; OLG Hamm NZG 2006, 826.
35 BGHZ 68, 312, 315 = DB 1977, 1246 = NJW 1977, 1449; BGHZ 125, 366, 368 = DB 1994, 1354 = NJW 1994, 1801; BGH NJW 2006, 1344 = DB 2006, 604 Rn 14; vgl dazu auch MüKo/*Reuter*, Vor § 21 Rn 34 ff; *K. Schmidt*, GesR, 4. Aufl. 2002, § 9 IV 2.
36 BGHZ 22, 226, 230 = DB 1957, 42 = NJW 1957, 181.
37 BGHZ 54, 222 = DB 1970, 1874 = NJW 1970, 2015; BGHZ 68, 312 = DB 1977, 1246 = NJW 1977, 1449.
38 BGH WM 1979, 229; NJW-RR 1988, 1181; BGHZ 175, 12 = JZ 2008, 516 = ZIP 2008, 354 – *Kolpingwerk*; vgl dazu *Hofmeister*, ZIP 2009, 161; *Reuter*, NZG 2008, 650; *Hadding*, WoB, II N § 120 BGB 1.08; *Hüttemann*, LMK 2008, 256400; *K. Schmidt*, ZIP 2007, 605, 1680, BGHZ 54, 222 = NJW 1970, 2015 = WM 1970, 1106.
39 BGHZ 68, 312 = DB 1977, 1246 = NJW 1977, 1449; BGHZ 90, 390; BGHZ 176, 204 = NJW 2008, 2437 – *Gamma*; BAG NJW 1999, 740 = DB 1998, 2532 = GmbHR 1998, 1221; Ausnahme in der Rspr BSG NJW 1984, 2117; in der Lit. vielfach befürwortet, vgl zB die Darstellungen bei Hachenburg/*Ulmer*, GmbHG, 8. Aufl. 1997, Anh. § 30 Rn 1 ff, 35 ff, 50 ff; Scholz/*Emmerich*, GmbHG, 9. Aufl. 2000/2002, § 13 Rn 81 ff; Lutter/*Hommelhoff*, GmbHG, 16. Aufl. 2004, § 13 Rn 6 ff.
40 BGHZ 176, 204 = NJW 2008, 2437 – Gamma – Rn 17 ff.
41 Palandt/*Ellenberger*, Rn 13 im Anschluss an BAG NJW 1999, 740 = DB 1998, 2532; BGHZ 176, 204 = BGH NJW 2008, 2437 Rn 21; *Altmeppen*, ZIP 2008, 1201.
42 BGHZ 68, 312 = DB 1977, 1246 = NJW 1977, 1449.

B. Verein

I. Begriff und Rechtsnatur

12 Der Verein ist ein auf Dauer angelegter, körperschaftlich organisierter Zusammenschluss von Personen mit einem gemeinsamen Zweck.[43] Drei Merkmale kennzeichnen die körperschaftliche Organisation: der **Vereinsname**, die Vertretung durch einen **Vorstand** und die **Unabhängigkeit des Vereins vom Wechsel seiner Mitglieder**.[44] Praktische Bedeutung hat die Frage des Vereinsbegriffs nicht beim eingetragenen Verein nach § 21, sondern beim sog. „nicht rechtsfähigen", nicht eingetragenen Verein gem. § 54 in Abgrenzung von der GbR (vgl § 54 und § 705 Rn 89). Der rechtsfähige eingetragene und der „nicht rechtsfähige", nicht eingetragene Verein sind nach heute ganz herrschender Auffassung wesensgleich, dagegen von der Personengesellschaft wesensverschieden.[45] Dennoch ist die Grenzziehung zwischen dem nicht eingetragenen Verein und der GbR keine klare Trennungslinie. Die Abgrenzung knüpft an die obigen Begriffsmerkmale an, von denen die körperschaftliche Organisation und die Unabhängigkeit vom Mitgliederwechsel besonders wichtig sind. Die Abgrenzung kann man wegen der Möglichkeit von Mischformen und Überschneidungen[46] nicht begrifflich, sondern nur typologisch vornehmen.[47] Während die GbR ein Vertragsverhältnis unter bestimmten Personen ist, das grundsätzlich durch den Tod eines Gesellschafters erlischt, ist der Verein auf die Veränderlichkeit des Personenstandes angelegt; der Verein besitzt eine korporative Organisation. Deren Grundlage bildet die Mitgliederversammlung, die mit Mehrheitsprinzip abstimmt und einen Vorstand festlegt, der den Verein vertritt. Kein konstitutives Begriffs- und Abgrenzungsmerkmal des Vereins von der GbR ist die Rechtsfähigkeit, da von der ganz hM inzwischen die Rechtsfähigkeit der Außen-GbR anerkannt ist (vgl § 705 Rn 6 ff). Betreibt die Einheit ein Unternehmen, liegt eine Gesellschaft und kein Verein vor, und zwar auch bei körperschaftlicher Organisation.[48] Nicht maßgeblich für die Unterscheidung ist die Bezeichnung; es gibt viele Vereine, die sich als „Gesellschaft" bezeichnen (zur Namensgebung beim e.V. vgl § 57 Rn 6 f).

II. Vereinsfreiheit

13 Art. 9 Abs. 1 GG gewährleistet die Vereinsfreiheit, nach der „alle Deutschen das Recht (haben), Vereine und Gesellschaften zu bilden". Gem. Art. 9 Abs. 2 GG sind Vereinigungen, „deren Zweck oder deren Tätigkeit den Strafgesetzen zuwiderlaufen oder die sich gegen die verfassungsmäßige Ordnung oder gegen den Gedanken der Völkerverständigung richten, … verboten". Regelungen zum öffentlichen Vereinsrecht finden sich im Vereinsgesetz.[49] Der grundrechtliche Schutz des Art. 9 Abs. 1 GG umfasst einerseits das Recht auf **freie Vereinsgründung** einschließlich des freien Beitritts zu einem Verein. Zudem schützt Art. 9 Abs. 1 GG mittelbar, iVm Art. 19 Abs. 3 GG, den Verein selbst (**kollektive Vereinigungsfreiheit**), und zwar hinsichtlich Entstehung (Gründungsfreiheit), Bestehens nach innen und außen (interne und externe Bestandsfreiheit) sowie seiner autonomen Betätigung bzw Gestaltung im Innen- und Außenverhältnis. Andererseits gewährleistet Art. 9 Abs. 1 GG auch die **negative Vereinigungsfreiheit**: das Recht, Vereinen fernzubleiben und aus ihm auszutreten (vgl § 25 Rn 21 ff und § 39).[50] In den Grenzen der Vereinsfreiheit kann auch eine **Pflicht zur Aufnahme in Vereine** (Kontrahierungszwang) bestehen; das wird insb. im Hinblick auf die Aufnahmepflicht von Interessenverbänden und von sozial mächtigen Verbänden sowie solchen diskutiert, die staatliche Subventionen erhalten (vgl § 25 Rn 35 ff).[51]

43 Vgl *K. Schmidt*, GesR, 4. Aufl. 2002, § 23 I 1 a; MüKo/*Reuter*, §§ 21, 22 Rn 1.

44 RGZ 60, 94, 96; 143, 212, 213; MüKo/*Reuter*, §§ 21, 22 Rn 1; *Flume*, BGB AT, Bd. 1/1, § 4 I.

45 *K. Schmidt*, GesR, 4. Aufl. 2002, § 25 I 2 a.

46 Vgl *K. Schmidt*, GesR, 4. Aufl. 2002, § 25 I 2 b.

47 *K. Schmidt*, GesR, 4. Aufl. 2002, § 25 I 2 b; Bamberger/Roth/*Schwarz*, § 25 Rn 5.

48 *K. Schmidt*, GesR, 4. Aufl. 2002, § 25 I 2 b; *Flume*, BGB AT, Bd. 1/1, § 7 I; vgl aber MüKo/*Reuter*, § 54 Rn 5 ff.

49 Gesetz zur Regelung des öffentlichen Vereinsrechts v. 5.8.1964 (BGBl. I 1964 S. 593); vgl dazu *Schnorr*, Öffentliches Vereinsrecht, 1965; *Reichert*, Rn 3034 ff.

50 Vgl BVerfGE 13, 174, 175 = NJW 1961, 2251; 30, 227, 241 = NJW 1971, 1123; 50, 290, 353 f = NJW 1979, 679; *Reichert*, Rn 3011 ff; Dreier/*Bauer*, GG, 2. Aufl. 2004, Art. 9, Rn 46; *Ingo v. Münch*, GG, 3. Aufl. 1985, Art. 9, Rn 45; Jarass/*Pieroth*, GG, 6. Aufl. 2002, Art. 9, Rn 7; v. Mangoldt/Klein/Starck/*Kemper*, Bonner GG, Art. 9 Rn 130 ff; MüKo/*Reuter*, Vor § 21 Rn 90 ff, 96 ff.

51 Vgl MüKo/*Reuter*, Vor § 21 Rn 108 ff; *Bartodziej*, ZGR 1991, 517; *Birk*, JZ 1972, 343; *Edenfeld*, Die Rechtsbeziehung des bürgerrechtlichen Vereins zu Nichtmitgliedern, 1996, S. 151 ff; *Grunewald*, AcP 182 (1982), 181; *Grunewald*, ZHR 152 (1988), 242; *Grunewald*, Gesellschaftsrecht, Rn 78; *Lutter*, AcP 180 (1980), 84; *Nicklisch*, JZ 1976, 105; *Reuter*, JZ 1985, 586; vgl aus der Rspr BGH NJW 1980, 186 (zum Aufnahmeanspruch in den Hamburgischen Anwaltverein; BGH NJW 1991, 485; BGHZ 29, 344, 348 ff; BGHZ 37, 160, 163; BGHZ 63, 282, 285 = NJW 1975, 771; BGHZ 93, 151, 152 = NJW 1985, 1216; BGHZ 140, 74 = NJW 1999, 1326.

14 Wesentlich ist die **Vereinsautonomie**, dh das Recht des Vereins, sich in freier Selbstbestimmung eine innere Ordnung zu geben.[52] Vereinsautonomie bedeutet aber nicht, dass keine Unterordnung unter staatliche Gerichte bestände. Der Rechtsweg zum Gericht kann für Rechtsbeziehungen des Vereins zu den Mitgliedern und der Mitglieder untereinander nicht ausgeschlossen werden, es sei denn, die Satzung bestimmt ein Schiedsgericht (vgl § 25 Rn 3). Satzungsbestimmungen, die den Rechtsweg gegen Beschlüsse der Mitgliederversammlung ausschließen, ohne zugleich ein Schiedsverfahren vorzusehen, sind nichtig.[53] Im Hinblick auf die Vereinsautonomie gewinnt in jüngerer Zeit die Frage an Bedeutung, inwieweit die Vereinsautonomie zugunsten mitglieder- und minderheitsschützender Erwägungen zu ergänzen ist bzw diese umfasst (vgl § 25 Rn 16 ff).

III. Anwendungsbereich

15 Die §§ 21–53 gelten für alle rechtsfähigen Vereine. Weithin gelten sie auch für den sog. „nicht rechtsfähigen" Verein (vgl § 54 Rn 2). Für **Handelsgesellschaften**, Genossenschaften und den VVaG gelten die Sondergesetze AktG, GmbHG, GenG sowie VAG; nur soweit diese Lücken haben, kann man auf das Vereinsrecht zurückgreifen, etwa hinsichtlich der §§ 29, 30, 31 und 35 (nicht aber zB § 31 a). Beschränkt Anwendung finden die §§ 21 ff auf die als Vereine organisierten politischen **Parteien**, für die das Parteiengesetz besondere Vorschriften normiert. Für die Abgrenzung des Anwendungsbereich des Parteiengesetzes ist dessen § 2 Abs. 1 S. 1 einschlägig: Eine Partei ist eine Vereinigung von Bürgern, „die… auf die politische Willensbildung Einfluss nehmen und an der Vertretung des Volkes im Deutschen Bundestag oder einem Landtag mitwirken wollen, wenn sie nach dem Gesamtbild der tatsächlichen Verhältnisse… eine ausreichende Gewähr für die Ernsthaftigkeit dieser Zielsetzung bieten".[54] Nur soweit das Parteiengesetz keine speziellen Vorschriften enthält, findet ergänzend das BGB Anwendung.

16 **Religiöse Vereine**, die Religionsgemeinschaften gem. Art. 140 GG iVm Art. 137 WRV sind, können ihre Angelegenheiten nach ihrem religiösen Selbstverständnis ordnen.[55] Die Religionsgemeinschaft wird als ein Personenverband definiert, der die Angehörigen eines Glaubensbekenntnisses (oder mehrerer verwandter Glaubensbekenntnisse) zu allseitiger Erfüllung der durch das gemeinsame Bekenntnis gestellten Aufgaben zusammenfasst.[56] Gem. Art. 140 GG iVm Art. 137 Abs. 4 WRV erwerben die Religionsgemeinschaften die Rechtsfähigkeit nach den allgemeinen Vorschriften des bürgerlichen Rechts; die Religionsgesellschaft ordnet und verwaltet gem. Art. 137 Abs. 3 WRV ihre Angelegenheiten „selbständig innerhalb der Schranken des für alle geltenden Gesetzes. Sie verleiht ihre Ämter ohne Mitwirkung des Staates oder der bürgerlichen Gemeinde". Es ist nach ständiger Rechtsprechung anerkannt, dass bei Religionsgemeinschaften, die als e.V. organisiert sind, besondere Freiheiten bei Satzungsänderung, Auflösung, Rechtsstellung der Mitglieder einschließlich ihres Ausschlusses und Entsendung von kirchlichen Funktionsträgern gelten, die sonst nach der Vereinsautonomie nicht zulässig wären, da der religiöse Verein Teil einer Religionsgemeinschaft ist.[57]

17 Für **Altvereine der ehemaligen DDR** bestimmt Art. 231 § 2 EGBGB den Fortbestand rechtsfähiger Vereinigungen.[58]

18 Für Altvereine für die Zeit vor dem 1.1.1900 sind Art. 163 ff EGBGB zu beachten.[59]

19 **Ausländische Vereine**, die ihren Verwaltungssitz im Ausland haben, sind in Deutschland ohne weiteres rechtsfähig[60] (vgl auch § 23 Rn 1). § 23 aF ermöglicht die Verleihung inländischer Rechtsfähigkeit (vgl § 23 Rn 1). Im Inland ipso iure anzuerkennen sind auch in der EU gegründete juristische Personen, die ihren Verwaltungssitz in das Inland verlegen, selbst wenn ihre Gründung nicht den deutschen Gründungsvorschriften entspricht.[61] Auch ein nach keiner staatlichen Rechtsordnung verfasster ausländischer Verein kann uU in einem Rechtsstreit beteiligungsfähig sein.[62]

52 BVerfGE 50, 190, 354 = NJW 1979, 699; BVerfGE 80, 244 = NJW 1990, 37.
53 OLG Celle WM 1988, 495 m.Anm. *Grunewald*, RGZ 55, 326; 80, 189.
54 Vgl zu dem Begriff BVerfG NJW 1993, 3213; BVerwG NVwZ 1997, 66; BVerfGE 91, 262, 266 f; vgl dazu zB *Reichert*, Rn 2874 ff.
55 BayObLGZ 1987, 161, 170; BVerfG NJW 1991, 2623.
56 BVerfGE 99, 1, 3 = NJW 1999, 43.
57 BVerfG NJW 1991, 2623, 2625; OLG Köln NJW 1992, 1048; OLG Frankfurt NJW-RR 1997, 482; *Reichert*, Rn 2952 ff.
58 Vgl allg. MüKo/*Reuter*, Vor § 21 Rn 154 ff, dort auch zu den nicht rechtsfähigen DDR-Altvereinen, vgl auch Art. 231 § 2 Abs. 2 EGBGB; vgl OLG Brandenburg NJ 2002, 371.
59 Vgl auch *Reichert*, Rn 2991.
60 BGHZ 53, 181, 183 = DB 1970, 441 = NJW 1970, 998; RGZ 92, 73, 76; BayObLGZ 1986, 61, 67 = NJW 1986, 3029.
61 EuGH NJW 2002, 3614; BGH NJW 2003, 1461.
62 BVerwG NJW 2004, 2768 = NVwZ 2004, 887.

IV. Europäisches Vereinsrecht

20 Eine Integration zum „europäischen Verein“ gibt es bislang nicht: Versuche der EU-Kommission sind nach den ersten Schritten der Vorlage einer Verordnung und einer Richtlinie versandet.[63]

V. Erscheinungsformen

21 In Deutschland gibt es etwa eine halbe Million eingetragene Vereine[64] und eine unüberschaubare Zahl von nicht eingetragenen Vereinen. *Schmidt* weist darauf hin, dass man die **politische Dimension des Vereinsrechts** verkenne, wenn man „nur an wirtschafts- und sozialpolitisch minderbelangvolle Vereinigungen wie Ruderclubs, Trachten-, Karnevals-, Pudel- oder Beagle-Vereine“ denke.[65] Einem ähnlichen Missverständnis unterlag schon der BGB-Gesetzgeber: Der SPD-Reichstagsabgeordnete *Stadthagen* bezeichnete das Vereinsrecht des BGB als das Recht der „Skat-, Kegel-, Sauf- und Rauchvereine“.[66]

22 *Schmidt* nennt **exemplarisch folgende Tätigkeitsbereiche rechtsfähiger Vereine**: politische Gruppierungen; Bürgerinitiativen;[67] karitative Vereinigungen; Stiftungsvereine; Natur- und Denkmalschutzvereine; Sportvereine; Dachverbände der Sportorganisation; Automobilclubs; Forschungsinstitute oder Förderverbände für Forschungsinstitute; Technische Überwachungsvereine; Volkshochschulen; kulturelle Institutionen; gesellige Clubs; Traditionsvereine; Gewerkschaften; Wirtschaftsverbände, Verbraucherverbände und sonstige Interessenverbände; genossenschaftsartige Vereinigungen wie Einkaufsgemeinschaften, Handelsketten, Werbegemeinschaften, landwirtschaftliche Maschinenringe, Erzeugergemeinschaften oder Siedlergemeinschaften; genossenschaftliche Prüfungsverbände; Sparkassen; privatärztliche Abrechnungsstellen; betriebliche Sozialeinrichtungen; Werkarztzentren und Lohnsteuerhilfevereine.[68] Die Liste ließe sich verlängern.

23 Zahlen, die die **wirtschaftliche Bedeutung von Vereinen** indizieren, sind beispielsweise bekannt für den ADAC und den FC Bayern e.V.: Der ADAC hat rund 17 Mio. Mitglieder und Beitragseinnahmen von 634,3 Mio. EUR, der Jahresüberschuss aus der gewöhnlichen Geschäftstätigkeit des Vereins betrug 2009 39 Mio. EUR, der Gesamtumsatz der wirtschaftlichen Geschäftsbetriebe des ADAC betrug 2009 1,6 Mrd. EUR, der Jahresüberschuss 38 Mio. EUR. Der FC Bayern München hat rund 162.000 Mitglieder und erzielte im Geschäftsjahr 2008/2009 einen Umsatz von 268,7 Mio. EUR und einen Gewinn von 2,5 Mio. EUR.[69]

24 Typologisch ordnet man Vereine häufig nach Vereinsstrukturen ein. Gruppen sind beispielsweise der **Gesamtverein** (Verein mit Untergliederungen, die ihrerseits selbständige Vereine sein können) und der **Verbandsverein** (Verein als Vereinigung/Dachorganisation von anderen Vereinen oder sonstige Personen).[70]

25 Keine besondere „Rechtsform“ sind die **gemeinnützigen Vereine** (vgl § 21 Rn 36).

VI. Vereinsrechtsreform

26 Mit Recht ist darauf hingewiesen worden, dass das geltende Recht zB in Bezug auf die Vorstandskontrolle in Großvereinen „einige rechtspolitische bedenkliche Lücken auf(weist), die nicht ausschließlich durch Rechtsprechung und Wissenschaft geschlossen werden können“; Regulierungsbedarf wird genannt im Hinblick auf die Mitgliederversammlung, Rechnungslegung, Publizität und Abschlussprüfung.[71] Hintergrund des Reformbedarfs ist, dass die Großvereine wie die Automobilclubs, die Vereine der freien Wohlfahrtspflege, die technischen Vereine und die Vereine der Fußballlizenzligen (Profi-Fußball) nicht mehr dem Leitbild des ideellen Vereins entsprechen, das der Gesetzgeber bei der Schaffung des Vereinsrechts vor Augen hatte (vgl Rn 19). Schon in den 1970er Jahren legte zB die FDP ein Verbändegesetz vor,[72] und die SPD-Fraktion schlug 1995

63 Vorschlag für eine Verordnung (EWG) des Rats über das Statut eines europäischen Vereins, KOM (91), 273 endg, ABlEG C 99 v. 21.4.1992, 1 ff; Vorschlag der EG-Kommission vom 6.7.1993 für eine „Verordnung (EG) des Rats über das Statut des europäischen Vereins“, KOM (93), 252 endg, ABlEG C 236 v. 31.8.1993, 1 ff, 14 ff Richtlinien-Vorschlag; vgl *Vollmer*, ZHR 157 (1993), 373; *Wagner*, Der europäische Verein, 2000; *Weisbrod*, Europäisches Vereinsrecht, 1995; kritisch zur Aufgabe der Initiative *Terner*, ZEuP 2007, 96.

64 Stand 2008: 554.401 Vereine, vgl Sauter/Schweyer/Waldner/*Waldner/Wörle-Himmel*, Rn 1 mit Verweis auf Küpperfahrenberg, Haftungsbeschränkungen für Verein und Vorstand, 2005, S. 20 f; Vereinsstatistiken ab 2001 abrufbar unter: www.registeronline.de/vereinsstatistik.

65 *K. Schmidt*, GesR, 4. Aufl. 2002, § 23 I 2.

66 *Mugdan* I, S. 995.

67 Vgl zur gemeinnützigen GmbH als Rechtsformalternative im Sport zum e.V. *Wengel/Kiel*, StuB 2002, 952.

68 *K. Schmidt*, GesR, 4. Aufl. 2002, § 23 I 2.

69 Zahlen nach *Segna*, NZG 2002, 1048. Zahlen abrufbar unter: www.media.adac.de/news/news/article/adac-geschaeftsjahr-2009.html (ADAC); www.fcbayern.t-home.de/media/native/pressemitteilungen/bilanz_0809.pdf (FC Bayern München).

70 Vgl Bamberger/Roth/*Schwarz*, Vor § 21 Rn 29 ff; Palandt/*Ellenberger*, Vor § 21 Rn 19 ff.

71 *Segna*, NZG 2002, 1048; *Adams/Maßmann*, ZRP 2002, 128; dagegen: *Ott*, ZRP 2002, 433; vgl *Segna*, DB 2003, 1311 zur Publizitätspflicht; dazu auch LG München I DB 2003, 1316.

72 RdA 1977, 235.

ein Gesetz „zur Verbesserung von Transparenz und Beschränkung von Machtkonzentration in der deutschen Wirtschaft“ vor mit dem Ziel, Vereinsvorstände besser zu kontrollieren.[73] Die Regierungskommission Corporate Governance hat sich nach eigenen Angaben aus Zeitgründen außerstande gesehen, zum Vereinsrecht Empfehlungen abzugeben, sie weist aber auf Diskussionsbedarf hin.[74]

Das Bundesjustizministerium erarbeitete 2004 einen „**Entwurf eines Gesetzes zur Änderung des Vereinsrechts**“, der auf (zum Teil massive) Kritik stieß.[75] Der Entwurf hatte das erklärte Ziel, das Vereinsrecht des BGB moderner zu gestalten, zu vereinfachen und den „heutigen Bedürfnissen“ anzupassen.[76] Unter anderem war vorgesehen, das Nebenzweckprivileg (vgl § 21 Rn 32 ff) in § 21 zu kodifizieren, die Vorschriften zum wirtschaftlichen und ausländischen Verein (§§ 22, 23) zu streichen und in § 54 für den nicht rechtsfähigen Verein anstatt auf das Recht der Gesellschaft (§§ 705 ff) fortan auf das Recht des rechtsfähigen Vereins zu verweisen, soweit die Vorschriften nicht die Rechtsfähigkeit oder die Registereintragung des Vereins voraussetzen. Die vordringlich regelungsbedürftigen Probleme – Vorstandskontrolle, Publizität und Gläubigerschutz in Großvereinen – ließ der Entwurf jedoch unberücksichtigt, so dass uE die Kritik berechtigt war, da ohne solche Regelungen das Ziel der Gesetzesänderung, die Anpassung des Vereinsrechts an die heutigen Bedürfnisse, verfehlt wurden. Der Referentenentwurf hat das Stadium eines Regierungsentwurfs nicht erreicht.

27 Stattdessen gab es 2009 eine **Vereinsrechtsreform „light“**: Das am 30.9.2009 in Kraft getretene Gesetz zur Erleichterung elektronischer Anmeldungen zum Vereinsregister und vereinsrechtlichen Änderungen vom 24.9.2009 („**Vereinsrechtsänderungsgesetz**“)[77] hob § 23 ersatzlos auf und änderte insb. §§ 26, 32, 33, 40, 41, 42, 43 f, 45, 48 sowie §§ 55 ff; das am 3.10.2009 in Kraft getretene Gesetz zur Begrenzung der Haftung von ehrenamtlich tätigen Vereinsvorständen vom 28.9.2009 („**Vereinsvorstandshaftungsbegrenzungsgesetz**“)[78] fügte insb. § 31 a ein.

C. Die fehlerhafte Gesellschaft

28 Im allgemeinen Vertragsrecht beseitigt die Nichtigkeit eines Vertrages dessen Rechtswirkungen. Das gilt nicht uneingeschränkt für Satzungen und Gesellschaftsverträge, wenn die Gesellschaft bzw juristische Person aufgrund ihrer nichtigen Rechtsgrundlage – Satzung bzw Gesellschaftsvertrag – vollzogen wurde. Nach der Lehre von der fehlerhaften Gesellschaft, die grundsätzlich allgemein anerkannt ist, wird die Gesellschaft bzw juristische Person wegen des Vertrauens des Rechtsverkehrs in ihre Existenz und der mit der Rückabwicklung verbundenen Schwierigkeiten als wirksam betrachtet, jedoch mit der Möglichkeit der Gesellschafter, sie jederzeit für die Zukunft zu beenden.[79] Hintergrund ist der Gedanke, dass **eine verbandsrechtliche Organisation, die umfassend in Erscheinung getreten ist, nicht als inexistent angesehen werden kann und darf**, wenn im Innenverhältnis Leistungen erbracht bzw entgegengenommen worden sind und die fehlerhafte Gesellschaft/juristische Person im Außenverhältnis am Rechtsverkehr teilgenommen hat. Die Annahme der Nichtigkeit ex tunc geriete in Konflikt mit nach Treu und Glauben berechtigten Erwartungen, die vom Rechtsverkehr der Wirksamkeit des Verbandes, ggf über längere Zeit, entgegengebracht worden sind. Der Kernbestand dieser Lehre gilt als gewohnheitsrechtlich anerkannt.[80]

73 BT-Drucks. 13/367, Gesetzentwurf v. 30.1.1995.

74 „Die Regierungskommission ist… der Auffassung, daß rechtspolitischer Diskussionsbedarf vor allem hinsichtlich solcher Vereine besteht, die steuerliche Privilegien in Anspruch nehmen, Spenden einsammeln oder als Idealvereine im Rahmen des sog. Nebenzweckprivilegs als Wirtschaftsunternehmen tätig sind“, *Baums* (Hrsg.), Bericht der Regierungskommission Corporate Governance 2001, S. 6.

75 Stellungnahme des DAV v. 6.10.2004, abrufbar unter: http://anwaltverein.de/downloads/Stellungnahmen/2004-45.pfd; *Arnold*, DB 2004, 2143; *Arnold*, ZRP 2005, 170; *Beuthien*, NZG 2005, 493; *Damas*, ZRP 2005, 3; *Hadding*, ZGR 2006, 137; *Mühlenkamp*, DB 2004, 2737; *Reuter*, NZG 2005, 738; *Senga*, Rpfleger 2006, 449; *Terner*, Rpfleger 2005, 296, *Terner*, ZRP 2005, 169.

76 BMJ, Schreiben vom 31.8.2004, Entwurf, Allgemeine Begründung, S. 11 (unveröffentlicht, abrufbar unter: www.jura.uni-duesseldorf.de/dozenten/noack/rechtspolitik.

77 BGBl. I 2009, 3145; vgl dazu *Reuter*, NZG 2009, 1368, 1371 ff und *Wörle-Himmel*, DStR 2010, 759, 762 ff.

78 BGBl. I, 2009, 3161, vgl dazu *Reuter*, NZG 2009, 1368, 1369 ff; *Arnold*, in: Non Profit Law Yearbook 2009, 2010, S. 89.

79 Vgl grundlegend *Weber*, Die Lehre von der fehlerhaften Gesellschaft, 1978, S. 94 ff; *Wiesner*, Die Lehre von der fehlerhaften Gesellschaft, 1980, S. 103 ff; *Ulmer*, in: FS Flume 1978, S. 301 ff; MüKo/*Ulmer*, § 705 Rn 323 ff, *Hueck*, AcP 149 (1944), 1 ff; *Goette*, DStR 1996, 266; BGHZ 3, 285 = DB 1952, 1008 = NJW 1952, 97; BGHZ 8, 157 = DB 1953, 39 = NJW 1953, 818; BGHZ 11, 190 = DB 1954, 16 = NJW 1954, 231; BGHZ 17, 160 = DB 1955, 553 = NJW 1955, 1067; BGHZ 26, 330 = DB 1958, 277 = NJW 1958, 668; BGHZ 44, 235 = DB 1965, 1903 = NJW 1966, 107; BGHZ 55, 5 = DB 1971, 189 = NJW 1971, 375; BGHZ 62, 20, 27 = DB 1974, 523 = NJW 1974, 498; BGHZ 62, 234, 241 = DB 1974, 1057 = NJW 1974, 1201; BGHZ 103, 1, 4 = DB 1988, 596 = NJW 1988, 1326; BGHZ 116, 37, 38 = DB 1992, 29 = NJW 1992, 505; BGH NJW 2002, 822.

80 Staudinger/*Habermeier*, § 705 Rn 63; *Hartmann*, in: FS Schiedermair 1976, S. 257, 259; vgl zur Entwicklung der Lehre *Heidel*, in: Heidel/Schall, § 105 HGB Rn 196 ff.

I. Voraussetzungen der Anwendung

Zur Anwendung der Lehre von der fehlerhaften Gesellschaft bedarf es einer **auf einer fehlerhaften Rechtsgrundlage** (Satzung oder Gesellschaftsvertrag) **in Vollzug gesetzten Gesellschaft** bzw **juristischen Person**: fehlerhafter Gesellschaftsvertrag bzw Satzung müssen auf ernst gemeinten Willenserklärungen beruhen.[81] Es genügt also nicht, dass zwischen Personen eine bloße Zusammenarbeit vorliegt, die nicht mindestens einen konkludenten Vertragsschluss bedeutet; fehlt es an einem solchen Vertragsschluss bzw an einem rechtsgeschäftlichen Handeln aller Beteiligten, besteht nur eine tatsächliche Gemeinschaft zwischen den Beteiligten, die ggf nach Gemeinschaftsrecht zu beenden ist.[82] Die Abschlussmängel, für die die allgemeinen Unwirksamkeitsgründe gelten (vgl AnwK-BGB/*Heidel*, § 705 Rn 131 ff, 159), müssen zur nicht nur teilweisen[83] anfänglichen Nichtigkeit der Rechtsgrundlage des Gründungsdokuments führen. Der Mangel darf nicht entfallen sein (zB gem. §§ 311 b Abs. 1 S. 2, 177 Abs. 1). Umdeutung (§ 140) muss ausscheiden. 29

Typische Anwendungsfälle der fehlerhaften Gesellschaft bei Gründungsfehlern sind zB:[84]

- Formnichtigkeit, § 125;[85]
- Verstoß gegen § 138;[86]
- Dissens über eine wesentliche Bestimmung, §§ 154, 155;[87]
- Anfechtung wegen Irrtums, arglistiger Täuschung oder Drohung, §§ 119 ff;[88]
- Fehlen oder Veränderung der Geschäftsgrundlage, § 313 Abs. 2;[89]
- Widerruf von Haustürgeschäften nach §§ 355, 358 Abs. 2.[90]

Die so zustande gekommene Rechtsgrundlage der Gesellschaft/juristischen Person muss Grundlage für das Invollzugsetzen der Gesellschaft/juristischen Person gewesen sein. Voraussetzung für das Invollzugsetzen ist das Setzen von Rechtstatsachen, „an denen die Rechtsordnung nicht vorbeigehen kann".[91] Ob tatsächlich eine Invollzugsetzung vorliegt, ist mitunter schwierig zu beantworten. Mit der Tätigkeit der Gesellschaft muss begonnen worden sein, wofür auch Vorbereitungsgeschäfte genügen.[92] Vollzug ist jedenfalls zu bejahen, wenn die Gesellschaft **nach außen tätig** wurde, etwa durch Abschluss von Rechtsgeschäften mit Dritten.[93] Nach dem BGH genügt auch schon die bloße Eintragung im Handelsregister.[94] Zweifelhaft ist das Invollzugsetzen, wenn die Beteiligten Vertrag/Satzung lediglich im Innenverhältnis vollzogen haben, zB durch Leistung der Einlage.[95] UE wird man ein Invollzugsetzen nur verneinen können, wenn die Rückabwicklung noch leicht möglich ist, etwa weil Gesellschafterleistungen unverändert vorhanden sind.[96] **Vor Invollzugsetzen** richtet sich die Nichtigkeit nach den allgemeinen Regeln für schuldrechtliche Verträge. Es gelten daher §§ 104 ff, 119 ff, 138, 142, 143 und begründen die Nichtigkeit ex tunc (§ 142 Abs. 1), ohne dass Klage erhoben werden muss.

In Einzelheiten streitig ist die Frage, ob bzw in welchem Maß die Grundsätze der fehlerhaften Gesellschaft anwendbar sind auf **fehlerhafte Vertragsänderungen, fehlerhaften Ein- und Austritt sowie fehlerhafte Anteilsübertragungen**.[97] In ständiger Rechtsprechung anerkannt hat der BGH die Anwendung der Grundsätze der fehlerhaften Gesellschaft auf fehlerhafte **Gewinnabführungs- und/oder Beherrschungsver-** 30

81 Staudinger/*Habermeier*, § 705 Rn 64.
82 BGHZ 11, 190, 196 = DB 1954, 14; BGH NJW 1988, 1321; Palandt/*Sprau*, § 705 Rn 18; Bamberger/Roth/*Timm/Schöne*, § 705 Rn 84.
83 Bamberger/Roth/*Timm/Schöne*, § 705 Rn 84; MüKo/*Ulmer*, § 705 Rn 330; Palandt/*Sprau*, § 705 Rn 17 f.
84 Gruppierung im Wesentlichen auf der Grundlage von Baumbach/*Hopt*, § 105 HGB Rn 80; *Goette*, DStR 1996, 266.
85 Vgl zB BGHZ 8, 165; BGH DB 1977, 1250.
86 BGH BB 1970, 897; DB 1976, 2106; ZIP 2003, 1442; BB 1975, 759.
87 BGHZ 11, 191; NJW 1992, 1501.
88 BGHZ 13, 324; 26, 335; 44, 235; 55, 10; 63, 346; BGH BB 1973, 1090; BGHZ 74, 1501.
89 BGHZ 62, 26; BGH BB 1959, 318; BGHZ 10, 51.
90 BGH NJW 2010, 3096 = ZIP 2010, 1540; BGH ZIP 2010, 1689 = NZG 2010, 1025; EuGH NJW 2010, 1511 = ZIP 2010, 772.
91 Palandt/*Sprau*, § 705 Rn 18.
92 BGH NJW 2000, 3558; BGHZ 3, 285, 288 = DB 1952, 1008 = NJW 1952, 97; Staudinger/*Habermeier*, § 705 Rn 66.
93 RGZ 165, 193, 205; BGHZ 3, 285, 288 = NJW 1952, 97; BGHZ 13, 320 = NJW 1954, 1552; BGH NJW 1992, 1501, 1502 (Gesellschafter haben den Geschäftsführer unwidersprochen handeln lassen).
94 BGHZ 26, 330, 334 = WM 1958, 355; *Hueck*, § 7 HGB II 6; aA *K. Schmidt*, AcP 186 (1986), 421, 440; *Ulmer*, in: FS Flume 1978, 301, 311; Röhricht/Graf von Westfalen/*Haas/Mock*, § 105 HGB Rn 41; Ebenroth/*Wertenbruch*, § 105 HGB Rn 179; *Wiedemann*, GesR II, § 2 V 3 a.
95 Bejahend BGHZ 13, 320, 321 f = NJW 1954, 1562; BGH NJW 1992, 1501, 1502 = ZIP 1992, 247; BGH NZG 2005, 261 = ZIP 2005, 254.
96 Vgl BGHZ 13, 320, 321 = DB 1954, 597 = NJW 1954, 1562; RGZ 166, 51, 59; *Flume*, BGB AT, Bd. 1/1, § 2; *K. Schmidt*, AcP 186 (1986), 441 (nach dessen Auffassung bereits das Ingangsetzen einer verfassten Organisation genügt); einschr. Soergel/*Hadding*, § 705 Rn 75; *Hueck*, Das Recht der offenen Handelsgesellschaft, 4. Aufl. 1971, § 7 III 6; weiter gehend *Wiesner*, Die Lehre von der fehlerhaften Gesellschaft, 1980, S. 117 ff.
97 Vgl Bamberger/Roth/*Timm/Schöne*, § 705 Rn 93 ff; Palandt/*Sprau*, § 705 Rn 19.

träge[98] – einschließlich Teilgewinnabführungsverträgen/atypisch stillen Gesellschaftsverträgen[99] –, und zwar auch bei der Aktiengesellschaft uE entgegen der bisher hM[100] unabhängig von der Eintragung im Handelsregister und der Zustimmung der Hauptversammlung nach §§ 293 und 294 AktG mit der Folge der Haftung nach §§ 302 f und §§ 304 f AktG, da die wirtschaftliche Wirkung des nichtigen, aber praktizierten Beherrschungsvertrages dem eines ordnungsgemäß zustande gekommenen entspricht, was für den Schutz der Gläubiger und Minderheitsaktionäre der vertraglich beherrschten Gesellschaft entscheidend ist.[101]

II. Unanwendbarkeit der Grundsätze

31 Die Grundsätze der fehlerhaften Gesellschaft sind unanwendbar, wenn der Anerkennung der fehlerhaften Gesellschaft gewichtige Interessen der Allgemeinheit oder besonders schützwürdiger Personen entgegenstehen.[102] Ein solcher klassischer Fall der Unanwendbarkeit ist der Verstoß von Gesellschaftsvertrag/Satzung gegen **§§ 134, 138**.[103] Auch in diesen Fällen soll die Nichtigkeit aber gegenüber gutgläubigen Dritten nicht geltend gemacht werden können; die Beteiligten sollen den Dritten gegenüber nach Rechtsscheinsgrundsätzen haften können.[104] Im Innenverhältnis ist die fehlerhafte Gesellschaft nach Bereicherungsrecht (§§ 812 ff) abzuwickeln, wobei § 817 zu beachten ist, woran die Rückabwicklung häufig scheitern wird.[105] Unanwendbar sind die Grundsätze der fehlerhaften Gesellschaft auch bei Beteiligung von **Geschäftsunfähigen und beschränkt Geschäftsfähigen** (bei diesen freilich mit der Möglichkeit der Genehmigung der schwebend unwirksamen Erklärungen, §§ 108 Abs. 1, 184 mit Wirkung ex tunc).[106] Die Unanwendbarkeit der Grundsätze der fehlerhaften Gesellschaft gilt aber nur gegenüber dem Geschäftsunfähigen/beschränkt Geschäftsfähigen; im Verhältnis der übrigen Gesellschafter untereinander bleibt es bei den Regeln der fehlerhaften Gesellschaft.[107] Der Geschäftsunfähige/beschränkt Geschäftsfähige kann beispielsweise erbrachte Einlagen nach §§ 812 ff kondizieren bzw nach § 985 herausverlangen; er nimmt nicht am Verlust teil.[108] Sehr streitig ist die Gewinnbeteiligung des Geschäftsunfähigen/beschränkt Geschäftsfähigen im Hinblick auf die regelmäßig ausschließlich vorteilhaften Wirkungen.[109]

32 Der Anwendbarkeit der Grundsätze der fehlerhaften Gesellschaft steht es nicht entgegen, wenn ein Gesellschafter gem. § 123 **anfechtbar den Gesellschaftsvertrag geschlossen** hat oder dieser gem. §§ 355, 358 Abs. 2 unwirksam ist. Gleiches soll im Fall der **sittenwidrigen Übervorteilung eines Gesellschafters** gelten, die grundsätzlich nur zur Unwirksamkeit der sittenwidrigen Klausel führen soll.[110] Insofern soll der betroffene

98 BGHZ 103, 1,4 = DB 1988, 596; BGHZ 116, 37, 38 = DB 1992, 29 = NJW 1992, 505.
99 OLG Braunschweig NZG 2004, 126 = AG 2003, 686; OLG Bamberg NZG 2004, 129; BayObLGR 2004, 152; OLG Hamm NZG 2003, 228 = AG 2003, 520; OLG Stuttgart DB 2003, 764 = AG 2003, 533; OLG Frankfurt NZG 2004, 136; ähnlich BFH BFH/NV 1998, 1339, 1340 f; diff. OLG Jena NZG 2004, 131 = DB 2003, 766.
100 Vgl statt aller MüKo-AktG/*Altmeppen*, § 291 Rn 197 ff.
101 Ähnlich OLG Hamm und Stuttgart sowie BFH, aaO; auf die Wirkung auf das Aktieneigentum stellt zu Recht ab BGHZ 153, 47 = ZIP 2003, 387 m.Anm. *Streit* = DB 2003, 544 m.Anm. *Heidel*.
102 BGHZ 153, 214 = DB 2003, 268 = NJW 2003, 1252.
103 BGHZ 62, 234, 241 = DB 1974, 1057 = NJW 1974, 1201; BGHZ 75, 214 = DB 1979, 2478 =NJW 1980, 638; BGHZ 97, 243 = DB 1986, 1389 = NJW 1987, 65 = WM 1986, 1524; BGH NJW-RR 1988, 1379; BGH NJW 1967, 39.
104 Bamberger/Roth/*Timm/Schöne*, § 705 Rn 37; Staudinger/*Habermeier*, § 705 Rn 68; MüKo/*Ulmer*, § 705 Rn 334, der bei Rn 343 den Rückgriff auf Rechtsscheinsgrundsätze für entbehrlich hält, die Haftung beruhe auf der in Vollzug gesetzten Gesellschaft als rechtsfähigem Personenverband.
105 Staudinger/*Habermeier*, § 705 Rn 68; MüKo/*Ulmer*, § 705 Rn 346; einschr. Soergel/*Hadding*, § 705 Rn 81, der für Liquidation bei Fehlerhaftigkeit nach § 134 votiert, mit Ausnahme des Falls, dass Sinn und Zweck des Verbots durch die Liquidation/Abwicklung berührt würden.
106 AllgM, vgl Bamberger/Roth/*Timm/Schöne*, § 705 Rn 88; Palandt/*Sprau*, § 705 Rn 18; Staudinger/*Habermeier*, § 705 Rn 69; BGH NJW 1992, 1503; BGHZ 17, 160, 167 = NJW 1955, 1067; BGHZ 38, 26, 29 = DB 1962, 1500 = NJW 1962, 2348; BGH NJW 1983, 748.
107 BGH NJW 1983, 748; diff. *Hueck*, Das Recht der offenen Handelsgesellschaft, 4. Aufl. 1971, § 7 I 2; MüKo/*Ulmer*, § 705 Rn 339, wonach es darauf ankommen soll, ob der Gesellschaftsvertrag trotz des Mangels Bestand haben soll, wofür insbesondere eine gesellschaftsvertragliche Fortsetzungsklausel spricht; nur anderenfalls gelten die Grundsätze der fehlerhaften Gesellschaft.
108 Erman/*Westermann*, § 705 Rn 76; MüKo/*Ulmer*, § 705 Rn 337; Bamberger/Roth/*Timm/Schöne*, § 705 Rn 88; *Ganssmüller*, DB 1955, 257, 260.
109 Vgl einerseits *Ganssmüller*, DB 1955, 257, 260; *Flume*, BGB AT, Bd. 1/1, § 13, 7; *Hueck*, Das Recht der offenen Handelsgesellschaft, 4. Aufl. 1971, § 7 III 4 c; andererseits Soergel/*Hadding*, § 705 Rn 82; Erman/*Westermann*, § 705 Rn 76; MüKo/*Ulmer*, § 705 Rn 337; Bamberger/Roth/*Timm/Schöne*, § 705 Rn 88.
110 BGH WM 1975, 512, 514; OLG Stuttgart ZIP 2001, 692, 697; MüKo/*Ulmer*, § 705 Rn 340, Bamberger/Roth/*Timm/Schöne*, § 705 Rn 90; BGH NJW 2001, 2718; anders noch BGHZ 13, 320, 323 = NJW 1954, 1562; BGHZ 26, 330, 335 = NJW 1958, 668; BGHZ 55, 5, 9 = NJW 1971, 375.

Gesellschafter ausreichend durch die Beendigung bzw den Austritt aus der Gesellschaft mit Wirkung ex nunc und Schadensersatzansprüche gem. §§ 826, 311 Abs. 2, 241 Abs. 2, 280 geschützt sein.[111]

III. Rechtswirkungen

Liegen die Voraussetzungen der fehlerhaften Gesellschaft vor, ist diese für die Vergangenheit und Gegenwart als voll wirksame Gesellschaft zu behandeln, und zwar sowohl für die Innen- als auch für die Außenbeziehungen.[112] Die Gesellschafter haben mithin alle Rechte und Pflichten, die sie bei einer wirksam gegründeten Gesellschaft/juristischen Person hätten. Insbesondere müssen sie ihre Beiträge leisten.[113] Der Mangel der fehlerhaften Gesellschaft kann aber jederzeit von jedem und gegen jeden Gesellschafter geltend gemacht werden, indem die Gesellschaft zum Zwecke ihrer Auflösung für die Zukunft außerordentlich fristlos gekündigt wird,[114] ggf kommt auch eine Kündigung binnen angemessener Frist in Betracht.[115] Das bedeutet einen Ausschluss des Bereicherungsrechts, an dessen Stelle die Abwicklung der Gesellschaft nach den jeweiligen Liquidationsregeln tritt. Ausnahmsweise soll dem Kündigungsrecht die Treuepflicht der Gesellschafter (§ 705 Rn 169 ff) entgegenstehen können.[116] 33

§ 21 Nicht wirtschaftlicher Verein

Ein Verein, dessen Zweck nicht auf einen wirtschaftlichen Geschäftsbetrieb gerichtet ist, erlangt Rechtsfähigkeit durch Eintragung in das Vereinsregister des zuständigen Amtsgerichts.

Literatur: *Arnold*, Die geplante Vereinsrechtsreform – Fortschritt oder Irrweg?, DB 2004, 2143; *Ballerstedt*, Mitgliedschaft und Vermögen beim rechtsfähigen Verein, in: FS Knur 1972, S. 1; *Balzer*, Die Umwandlung von Vereinen der Fußball-Bundesligen in Kapitalgesellschaften zwischen Gesellschafts-, Vereins- und Verbandsrecht, ZIP 2001, 175; *Beuthien*, Die Vorgesellschaft im Privatrechtssystem (Teil II), ZIP 1996, 360;*Beuthien*, Zur Funktion und Verantwortung juristischer Personen im Privatrecht, JZ 2011, 124; *Blum/Ebeling*, Dynamische Verweisungen im Arbeits- und Verbandsrecht, in: Sportler, Arbeit und Statuten, H. Fenn zum 65. Geburtstag, hrsg. von Bepler, 2000; *Doberenz*, Betriebswirtschaftliche Grundlagen zur Rechtsformgestaltung professioneller Fußballklubs, 1980; *Eyles*, Die Auslagerung unternehmensübergreifender Aktivitäten auf rechtsfähige Vereine, NJW 1996, 1994; *Füllgraf*, Wieviel wirtschaftliche Betätigung im Idealverein?, DB 1981, 2267; *Hadding*, Zum Erlangen von Rechtsfähigkeit nach deutschem Zivilrecht, in: FS Kraft 1998, S. 137; *Heckelmann*, Der Idealverein als Unternehmer?, AcP 179 (1979), 1; *Hemmerich*, Möglichkeiten und Grenzen wirtschaftlicher Betätigung von Idealvereinen, Diss. Heidelberg 1982; *Hornung*, Der wirtschaftliche Verein nach § 22 BGB, Diss. Göttingen 1972; *Hüttemann*, Wirtschaftliche Betätigung und steuerliche Gemeinnützigkeit, 1991; *Knauth*, Die Ermittlung des Hauptzwecks bei eingetragenen Vereinen, JZ 1979, 339; *Knauth*, Die Rechtsformverfehlung bei eingetragenen Vereinen mit wirtschaftlichem Geschäftsbetrieb, 1976; *Korinek/Krejci* (Hrsg.), Der Verein als Unternehmer, 1988; *Kornblum*, Bemerkungen zum e.V., NJW 2003, 3671; *Lehmann*, Die wettbewerbs- und bürgerlich-rechtlichen Grenzen der wirtschaftlichen Betätigung von Vereinen, WRP 1986, 63; *Lettl*, Wirtschaftliche Bestätigung und Umstrukturierung von Ideal-Vereinen, DB 2000, 1449; *Märkle/Alber/Gölle*, Der Verein im Zivil- und Steuerrecht, 11. Auflage 2004; *Menke*, Die wirtschaftliche Betätigung nichtwirtschaftlicher Vereine, 1998; *Petersen*, Das Vereinsrecht des BGB, Jura 2002, 683; *Reinhardt*, Die Abgrenzung zwischen Vereinen mit und ohne „wirtschaftlichen Geschäftsbetrieb", in: FS Paulick 1973, S. 3; *Reuter*, 100 Bände BGHZ: Vereins- und Genossenschaftsrecht, ZHR 151 (1987), 355; *ders.*, Die Verbände in der Privatrechtsordnung, in: Festgabe BGH II 2000, S. 213; *ders.*, Rechtliche Grenzen ausgegliederter Wirtschaftstätigkeit von Idealvereinen, ZIP 1984, 1052; *ders.*, Verbandszweck und Rechtsfähigkeit im Vereinsrecht, ZHR 151 (1987), 237; *Rittner*, Die werdende juristische Person, 1973; *Sachau*, Der nicht rechtsfähige Verein als Unternehmer eines Handelsgewerbes, ZHR 56 (1905), 444; *Sack*, Der „vollkaufmännische Idealverein", ZGR 1974, 147; *Schad*, Eingetragener Verein oder Wirtschaftsverein, NJW 1998, 2411; *K. Schmidt*, Der bürgerlich-rechtliche Verein mit wirtschaftlicher Tätigkeit, AcP 182 (1982), 1; *ders.*, Die Abgrenzung der beiden Vereinsklassen, Rpfleger 1972, 286, 343; *ders.*, Sieben Leitsätze zum Verhältnis zwischen Vereinsrecht und Handelsrecht, ZGR 1975, 477; *ders.*, Systemfragen des Vereinsrechts, ZHR 147 (1983), 43; *ders.*, Verbandszweck und Rechtsfähigkeit im Vereinsrecht, 1984; *Schnorr*, Öffentliches Vereinsrecht, 1965; *Schwierkus*, Der rechtsfähige ideelle und wirtschaftliche Verein (§§ 21, 22 BGB), Diss. Berlin 1981; *Segna*, Publizitätspflicht eingetragener Vereine?, DB 2003, 1311; *Segna*, Bundesligavereine und Börse, ZIP 1997, 1901; *Sprengel*, Vereinskonzernrecht. Die Beteiligung von Vereinen an Unternehmensverbindungen, 1998; *Steding*, Zulässigkeit und Begrenzung des Einsatzes der GbR und des Vereins für wirtschaftliche Tätigkeit, NZG 2001, 721; *Steinbeck*, Vereinsautonomie und Dritteinfluss, 1999; *Stöber*, Handbuch zum Ver-

111 MüKo/*Ulmer*, § 705 Rn 340; Soergel/*Hadding*, § 705 Rn 83; Bamberger/Roth/*Timm/Schöne*, § 705 Rn 90; Staudinger/*Habermeier*, § 705 Rn 70; *Hueck*, Das Recht der offenen Handelsgesellschaft, 4. Aufl. 1971, § 7 III 4 d; *K. Schmidt*, AcP 186 (1986), 421, 445 f.

112 Ganz hM, vgl BGH NJW 1969, 1483; Erman/*Westermann*, § 705 Rn 73, 81; Soergel/*Hadding*, § 705 Rn 76; MüKo/*Ulmer*, § 705 Rn 342; Bamberger/Roth/*Timm/Schöne*, § 705 Rn 91.

113 BGHZ 26, 330, 335 = DB 1958, 277.

114 BGHZ 3, 285, 290 = DB 1952, 1008 = NJW 1952, 97; MüKo/*Ulmer*, § 705 Rn 339; Soergel/*Hadding*, § 705 Rn 78; *Hueck*, Das Recht der offenen Handelsgesellschaft, 4. Aufl. 1971, § 7 III 1 b.

115 Palandt/*Sprau*, § 705 Rn 18.

116 Soergel/*Hadding*, § 705 Rn 78; Staudinger/*Habermeier*, § 705 Rn 67; *Hueck*, Das Recht der offenen Handelsgesellschaft, 4. Aufl. 1971, § 7 III 1 b; Erman/*Westermann*, § 705 Rn 83; Bamberger/Roth/*Timm/Schöne*, § 705 Rn 92.

einsrecht, 9. Auflage 2004; *Terner*, Zur Abgrenzung von wirtschaftlichen und nichtwirtschaftlichen Vereinen, RNotZ 2008, 94; *Terner*, ZNotP 2009, 132; *Ulmer*, Zu einer neuen Theorie der juristischen Person – zugleich Besprechung von: *Rittner*, Die werdende juristische Person, ZHR 140 (1976), 61. S.a. bei Vorbemerkungen zu §§ 21 ff.

A. Allgemeines

1 § 21 regelt die Voraussetzung, unter denen ein nicht wirtschaftlicher Verein Rechtsfähigkeit erlangt, während § 22 die Erlangung der Rechtsfähigkeit des wirtschaftlichen Vereins betrifft. Maßgebendes Abgrenzungskriterium zwischen dem nicht wirtschaftlichen Verein und dem wirtschaftlichen Verein ist, ob der Vereinszweck auf einen wirtschaftlichen Geschäftsbetrieb gerichtet ist (vgl Rn 15 ff).

B. Regelungsgehalt

I. Bestehen des Vereins

2 Voraussetzung für die Eintragung ist das Bestehen eines Vereins.

3 **1. Vereinsbegriff.** Der Verein ist ein auf Dauer angelegter, körperschaftlich organisierter Zusammenschluss von Personen mit einem gemeinsamen Zweck (vgl Vor § 21 Rn 10).

4 **2. Vereinsgründung. a) Voraussetzungen der Gründung.** Die Gründung (Errichtung) eines Vereins besteht darin, dass sich die Gründer über den Inhalt der Satzung des Vereins (§ 25) einigen. **Gründer und damit Vereinsmitglied** können unbeschränkt geschäftsfähige natürliche Personen sein, ungeachtet ihrer Staatsangehörigkeit und eines Wohnsitzes im Inland. Besonderheiten sind bei der Beteiligung von Geschäftsunfähigen, beschränkt Geschäftsfähigen und unter Betreuung stehenden Personen zu beachten.[1] Gründer können auch juristische Personen und Personengesellschaften einschließlich der Außen-GbR und der EWIV sein.[2] Eheliche Gütergemeinschaft, Erbengemeinschaft und Bruchteilsgemeinschaft sollen nicht Gründungsbeteiligte sein können.[3] Vereinsgründer kann auch ein „nicht rechtsfähiger" Verein sein, denn er kann nach heute herrschender Auffassung als Teilnehmer am Rechtsverkehr jede Rechtsposition einnehmen, soweit nicht spezielle rechtliche Gesichtspunkte entgegenstehen.[4] Die **Vereinsgründung ist nach hM ein Vertrag**, der die Satzung feststellt, also Vereinszweck, Name, Sitz und Verfassung festlegt, und damit den Verein ins Leben ruft sowie die mitgliedschaftlichen Rechte und Pflichten für die Gründer entstehen lässt.[5] Nach dieser Satzungsfeststellung, für die es keiner ausdrücklichen Gründungsvereinbarung bedarf,[6] können die Gründer die Satzung nur durch übereinstimmende Willenserklärung ändern.[7] Wollen die Gründer Rechtsfähigkeit durch Eintragung im Vereinsregister herbeiführen, müssen sie sich darüber einig sein.

5 An der Gründung müssen sich **mindestens zwei Personen** beteiligen. Soll der Verein in das Vereinsregister eingetragen werden, müssen sich gem. §§ 56, 60 (vgl § 56 Rn 2), an der Gründung mindestens sieben Gründer beteiligen.[8]

1 Vgl *Reichert*, Rn 57 ff; *Sauter/Schweyer/Waldner*, Rn 10.
2 *Reichert*, Rn 56, 61 ff.
3 Soergel/*Hadding*, § 38 BGB Rn 5; *Sauter/Schweyer/Waldner*, Rn 11.
4 BGH FGPrax 2001, 251 = NJW 2001, 3121; BGH NJW 2002, 1207, 1208; *Sauter/Schweyer/Waldner*, Rn 11; *Reichert*, Rn 62.
5 Bamberger/Roth/*Schwarz*, § 21 Rn 27; Staudinger/*Weick*, § 21 Rn 18; Palandt/*Ellenberger*, § 25 Rn 3; vgl auch RGZ 153, 267, 270; 165, 140, 143; BGHZ 47, 172, 179 = DB 1967, 855 = MDR 1967, 564; BayObLGZ 1977, 9.
6 Bamberger/Roth/*Schwarz*, § 21 Rn 27; Soergel/*Hadding*, Vor § 21 Rn 63.
7 OLG München NZG 1999, 780, 781.
8 Vgl zu Besonderheiten, wenn juristische Personen als Gründer von natürlichen Personen beherrscht und repräsentiert werden, OLG Stuttgart Rpfleger 1983, 318 = MDR 1983, 840; OLG Köln NJW 1989, 173, 174.

Solange der Verein noch nicht nach außen aufgetreten ist, sind die Rechtsgeschäfte zur Gründung nach allgemein bürgerlich-rechtlichen Grundsätzen anfechtbar und nichtig.[9] Nach Eintragung des Vereins in das Vereinsregister bzw nach Tätigwerden des Vereins nach außen können Anfechtungs- und Nichtigkeitsgründe nach den Grundsätzen der fehlerhaften Gesellschaft nur mit ex-nunc-Wirkung geltend gemacht werden (vgl Vor § 21 Rn 29).[10] 6

b) Vorverein und Vorgründungsgesellschaft. Mit Satzungsfeststellung und Wahl des ersten Vereinsvorstands entsteht ein **„Vorverein"** als körperschaftlich organisierter Personenverband.[11] Der Vorverein, der gegen die Nichteintragung des Vereins als e.V. Rechtsmittel einlegen kann,[12] ist mit dem eingetragenen e.V. identisch („Identitätstheorie"); Rechte und Pflichten des Vorvereins (nicht aber der Vorgründungsgsellschaft, vgl Rn 14) gehen ipso iure auf den e.V. über, was auch für Verbindlichkeiten aus unerlaubter Handlung gilt.[13] Bei Grundstücken ist wegen der Identität keine Auflassung vom Vorverein an den e.V. erforderlich, sondern nur eine Grundbuchberichtigung.[14] 7

Kein Vorverein ist der nicht rechtsfähige Verein, der zunächst ohne Rechtsfähigkeit existiert und nachträglich mit satzungsändernder Mehrheit den Erwerb der Rechtsfähigkeit beschlossen hat (**„unechter Vorverein"**).[15] 8

Der Vorverein ist ein „nicht rechtsfähiger" Verein iSd § 54;[16] daher haften nur die Handelnden gem. § 54 S. 2.[17] 9

Der Begriff des Handelnden ist eng auszulegen und betrifft nur den Vorstand, einen evtl bestellten besonderen Vertreter (§ 30) sowie diejenigen Personen, die faktisch als solche Organmitglieder auftreten.[18] Nach hM erlischt die **Handelndenhaftung** wie im Recht der Kapitalgesellschaften mit Eintragung des e.V. im Vereinsregister. Diese Auffassung erscheint zutreffend; denn Zweck der Handelndenhaftung beim Vorverein ist, auf die Handelnden Druck zur raschen Anmeldung auszuüben. Diejenigen, die mit einem Vorverein kontrahieren, können nicht davon ausgehen, dass sie auf ewig Zugriff auf den Handelnden haben; vielmehr lassen sie sich bewusst auf Geschäftskontakte zu einer werdenden juristischen Person ein, deren Handelnde nur in der Übergangszeit zwischen Satzungsfeststellung und der Eintragung persönlich haften wollen. Ist der Druck der persönlichen Haftung zur Einreichung der Eintragung erledigt, besteht auch keine Veranlassung, den Gläubigern des Vorvereins neben dem Vorverein bzw eingetragenen e.V. ein zusätzliches Sicherungsmittel durch die Handelndenhaftung zu geben.[19] 10

Abzulehnen sind Versuche, für den Verein bzw seine Gründer eine **Differenzhaftung** bzw **Verlustdeckungshaftung** zu konstruieren, ähnlich den GmbH-Vorschriften zur Haftung der Gesellschafter für die Differenz zwischen Vorbelastungen und Wert des Stammkapitals.[20] Entsprechende Auffassungen werden etwa (ausdrücklich als Mindermeinung bezeichnet) vertreten von *Heinrichs/Ellenberger* und *Reuter*.[21] Anders als Kapitalgesellschaften hat der e.V. aber keine gesetzlichen Mindestkapitalvorschriften, und Gläubiger, die mit einem werdenden e.V. kontrahieren, können daher nicht darauf vertrauen, dass der e.V. über ein bestimmtes 11

9 Bamberger/Roth/*Schwarz*, § 21 Rn 28; BGHZ 47, 172, 180 = DB 1967, 855 = NJW 1967, 1268, 1271; MüKo/*Reuter*, §§ 21, 22 Rn 60.

10 Bamberger/Roth/*Schwarz*, § 21 Rn 28; Staudinger/*Weick*, § 21 Rn 19; Palandt/*Ellenberger*, § 21 Rn 9; *Reichert*, Rn 198 ff.

11 Palandt/*Ellenberger*, § 21 Rn 10; Bamberger/Roth/*Schwarz*, § 21 Rn 30; *Sauter/Schweyer/Waldner*, Rn 14; *Schiffer/Pruns*, NWB 2011, 1258; *K. Schmidt*, GesR, 4. Aufl. 2002, § 24 II 1 c, erwähnt das Erfordernis der Feststellung des ersten Vorstands nicht.

12 BayObLG NJW-RR 1991, 958 = BayObLGZ 1991, 52, 55; OLG Hamm OLG-RR 1995, 119; LG Bonn Rpfleger 2001, 432; Palandt/*Ellenberger*, § 21 Rn 10; *Reichert*, Rn 178.

13 RGZ 85, 256; BGHZ 17, 385, 387 = DB 1955, 664 = NJW 1955, 1229 (zur Genossenschaft); BGHZ 80, 129, 133 = DB 1981, 1032 = NJW 1981, 1373 (zur GmbH); Staudinger/*Weick*, § 21 Rn 31 ff; Bamberger/Roth/*Schwarz*, § 21 Rn 36; Palandt/*Ellenberger*, § 21 Rn 10.

14 BGHZ 45, 338, 348 = DB 1966, 853 = NJW 1966, 1311 zur GmbH; MüKo/*Reuter*, §§ 21, 22 Rn 81 f; Palandt/*Ellenberger*, § 21 Rn 12.

15 MüKo/*Reuter*, §§ 21, 22 Rn 82.

16 BayObLGZ 1972, 29 = MDR 1972, 513.

17 Vgl umfassend *Ehses*, Die Gründerhaftung in der Vorgesellschaft; Palandt/*Ellenberger*, § 21 Rn 12 und § 54 Rn 12.

18 Soergel/*Hadding*, Vor § 21 Rn 69; *Reichert*, Rn 94; Bamberger/Roth/*Schwarz*, § 21 Rn 34.

19 So iE die hM, vgl Staudinger/*Weick*, § 54 Rn 70; Palandt/*Ellenberger*, § 54 Rn 13; MüKo/*Reuter*, §§ 21, 22 Rn 104; *Reichert*, Rn 96; OLG Celle NJW 1976, 806; diff. OLG Düsseldorf MDR 1984, 489 (Erlöschen nur, wenn bei Abschluss der Geschäfte die Eintragung bereits in die Wege geleitet war); für Fortbestehen der Haftung Bamberger/Roth/*Schwarz*, § 21 Rn 34; Soergel/*Hadding*, Vor § 21 Rn 70, mit dem unzutr. Hinw. darauf, dass wegen der fehlenden Vorschriften beim Verein über Kapitalaufbringung und -erhaltung das Sicherungsinteresse des Gläubigers fortbestehe, „in der Person des Handelnden einen unbeschränkt haftenden Schuldner zu haben"; dabei wird verkannt, dass sich der Gläubiger gerade darauf einlässt, mit einer Person zu kontrahieren, die einen beschränkt haftenden Vertragspartner ohne Mindestkapital vertritt.

20 BGHZ 134, 333, 338 = DB 1997, 867 = NJW 1997, 1507, 1508; BGHZ 140, 35, 37 = NJW 1999, 283; BGHZ 165, 391 = WM 2006, 719.

21 Palandt/*Ellenberger*, § 21 Rn 12; MüKo/*Reuter*, §§ 21, 22 Rn 84.

gesetzliches Haftkapital verfügen wird.[22] Auch sonst sind in der Lit. vertretene Versuche abzulehnen, eine persönliche Haftung der Gründer für Verbindlichkeiten des Vorvereins zu konstruieren;[23] maßgebend für diese Sicht ist, dass auch die Mitglieder des „nicht rechtsfähigen" Vereins für dessen Schulden nicht persönlich haften; die Grundsätze der akzessorischen Gesellschafterhaftung bei der Außen-GbR gelten nicht für die Mitglieder des „nicht rechtsfähigen" Vereins (vgl § 54 Rn 17 ff). Es erscheint aus systematischen Gründen nicht vertretbar, dass diejenigen Vereinsmitglieder, die sich an der Gründung eines einzutragenden Vereins beteiligen, nach außen stärker haften als solche Vereinsmitglieder, die von Anfang an eine Eintragung nicht erstreben, wie dies beim „nicht rechtsfähigen" Verein der Fall ist. Anderes gilt bei der Gründung eines auf Betrieb eines wirtschaftlichen Vereins gerichteten Vorvereins: Bei diesem haften die Gründer nach den Grundsätzen der GbR.[24]

12 Der **Vorstand des Vorvereins** vertritt diesen. Seine Vertretungsmacht folgt aus § 26 iVm der Satzung. Der Vorstand berechtigt und verpflichtet bei Handeln im Rahmen seiner Vertretungsmacht unmittelbar die Vorgesellschaft – nach zutreffender Auffassung unabhängig davon, ob er noch im Rahmen der Vorgesellschaft oder bereits im Namen der zukünftigen juristischen Person auftritt, da diese rechtlich identisch mit der Vorgesellschaft ist.[25] Seine Vertretungsmacht ist grundsätzlich auf gründungsnotwendige Geschäfte und das Verwalten des schon eingebrachten Vermögens begrenzt, seine Vertretungsmacht kann aber erweitert werden bis zur sofortigen Aufnahme der Vereinstätigkeit.[26]

13 Der Vorverein ist aktiv und passiv **parteifähig**.[27] Das **Innenrecht** des Vorvereins entspricht grundsätzlich dem des e.V. Daher bestimmen sich beispielsweise Rechtsbeziehungen zwischen dem Vorverein und seinen Mitgliedern nach der Satzung. Bei entsprechender Vereinbarung kann der Vorverein eine Mitgliederversammlung bilden, die die Gründungssatzung mehrheitlich ändern kann. Das Vereinsvermögen des **Vorvereins** steht den Mitgliedern des Vorvereins als Gesamthandsvermögen zu.[28] Die Liquidation des Vorvereins richtet sich nach den Regeln des Vereins.[29]

14 Der Vorverein ist von der **Vorgründungsgesellschaft** (vgl § 705 Rn 78 ff) zu unterscheiden, diese ist eine GbR zur Vereinsgründung. Der Vorverein ist nicht identisch mit der Vorgründungsgesellschaft. Er ist nicht ihr Rechtsnachfolger, Rechte und Verbindlichkeiten der Vorgründungsgesellschaft gehen nicht auf den Vorverein über, es sei denn aufgrund ausdrücklicher Vereinbarung.[30]

II. Nicht auf einen wirtschaftlichen Geschäftsbetrieb gerichteter Vereinszweck

15 Der Vereinszweck eines nicht wirtschaftlichen Vereins darf nicht auf einen wirtschaftlichen Geschäftsbetrieb gerichtet sein.

16 **1. Vereinszweck.** Der gemeinsame Zweck ist konstituierendes Merkmal jeder Personenvereinigung (vgl Vor § 21 Rn 1 und 10; § 705 Rn 145).[31] **Vereinszweck kann grundsätzlich jeder erlaubte nicht wirtschaftliche Zweck sein** (vgl zum wirtschaftlichen Zweck Rn 22 ff). Die Gründer können den Vereinszweck frei bestimmen (Art. 9 Abs. 1 GG).[32] Der Vereinszweck muss in der Gründungssatzung angegeben sein; diese ist der Anmeldung beizufügen (§§ 57 Abs. 1, 59 Abs. 2 Nr. 1). Der Vereinszweck ist nicht nur Zielsetzung der Gründer, der durch den Zusammenschluss erreicht werden soll, sondern auch oberster Leitsatz („Lebensgesetz") des Vereins für die praktische Tätigkeit.[33] Ohne Zustimmung aller Mitglieder darf vom Vereinszweck mangels abweichender Satzungsbestimmung (§ 40) kein Vereinsorgan abweichen (§ 33 Abs. 1 S. 2). Der Zweck kennzeichnet das Wesen und die Individualität des jeweiligen Vereins.[34]

17 **Verbotene Vereinszwecke** folgen aus Art. 9 Abs. 2 GG (Verstoß gegen verfassungsmäßige Ordnung oder den Gedanken der Völkerverständigung) sowie §§ 134 und 138.[35] Hinsichtlich des Vereinszwecks darf kein

22 Vgl Staudinger/*Weick*, § 21 Rn 32; Bamberger/Roth/*Schwarz*, § 21 Rn 35; *Reichert*, Rn 92; Soergel/*Hadding*, Vor § 21 Rn 67, 74; OLG Hamm WM 1985, 644; vgl auch BGHZ 146, 190 = BGH NJW 2001, 748, 750 f.
23 Vgl insb. MüKo/*Reuter*, §§ 21, 22 Rn 97 ff.
24 Palandt/*Ellenberger*, § 21 Rn 12.
25 MüKo/*Reuter*, § 21, 22 Rn 95; *Lieb*, DB 1970, 961, 963; aA noch BGHZ 53, 210 = NJW 1970, 806; BGHZ 65, 378 = NJW 1976, 419; BGH NJW 1973, 778; BGH NJW 1974, 1284.
26 Bamberger/Roth/*Schwarz*, § 21 Rn 33; BGHZ 80, 129, 139 = DB 1981, 1032 = NJW 1981, 1373, 1375 zur Vor-GmbH; MüKo/*Reuter*, §§ 21, 22 Rn 90 ff; *Reichert*, Rn 89 ff.
27 *Reichert*, Rn 79.
28 Vgl statt aller Bamberger/Roth/*Schwarz*, § 21 Rn 32.
29 MüKo/*Reuter*, §§ 21, 22 Rn 98.
30 Vgl statt aller Bamberger/Roth/*Schwarz*, § 21 Rn 31; MüKo/*Reuter*, §§ 21, 22 Rn 79; Soergel/*Hadding*, Vor § 21 Rn 64; BGHZ 91, 148, 151 = DB 1984, 1716 = NJW 1984, 2164 zur Vorgründungsgesellschaft einer Kapitalgesellschaft.
31 *K. Schmidt*, GesR, 4. Aufl. 2002, § 4 II I; Bamberger/Roth/*Schwarz*, § 21 Rn 7.
32 *Reichert*, Rn 403; Bamberger/Roth/*Schwarz*, § 21 Rn 7.
33 BGHZ 96, 245, 252 = DB 1986, 473 = NJW 1986, 1033; BayObLG NJW-RR, 2001, 1261.
34 RGZ 119, 184, 186.
35 Vgl zu Beispielen Bamberger/Roth/*Schwarz*, § 21 Rn 9; *Sauter/Schweyer/Waldner*, Rn 51 ff.

Rechtsformzwang für eine andere Vereinsform bestehen, und die Verwendung der Vereinsform für den gesetzten Zweck und die beabsichtigte Tätigkeit darf gesetzlich nicht ausgeschlossen sein.[36]

Die **Ermittlung des Vereinszwecks** ist im Hinblick auf die Registereintragung Aufgabe des Registergerichts (§ 12 FGG aF/§ 26 FamFG nF). Entscheidend für die Zweckermittlung ist der Inhalt der Satzung; das Registergericht darf jedoch die Eintragung versagen, wenn es zur Überzeugung gelangt, dass der wahre Vereinszweck in der Satzung verschleiert wird und der Verein zB nicht auf einen idealen, sondern auf einen wirtschaftlichen Zweck gerichtet ist, was aus § 43 Abs. 2 folgt.[37] Dabei kann das Registergericht aus Tatsachen (zB der Tätigkeit des Vereins) auf den eigentlichen Vereinszweck schließen; der **tatsächlich verfolgte (oder beabsichtigte) Zweck** ist der maßgebende Vereinszweck.[38] **18**

Hat das Registergericht Zweifel am Vereinszweck, kann es im Wege einer Amtshilfe Stellungnahmen Dritter einholen (zB der Landesbehörden nach § 22 oder der IHK gem. § 9 Abs. 2 S. 2 VRV.[39] Werden die Zweifel nicht ausgeräumt, tragen die Vereinsgründer die objektive Beweislast für die Eintragungsvoraussetzungen.[40] Dies entbindet das Gericht freilich nicht von seiner Pflicht aus § 12 FGG aF/§ 26 FamFG nF, ggf zunächst von Amts wegen für eine weitere Sachaufklärung Sorge zu tragen (vgl § 60 Rn 2). Die Anerkennung eines Vereins als steuerlich gemeinnützig spricht nach der Rspr gegen einen wirtschaftlichen Geschäftsbetrieb.[41] **19**

Übt der Verein einen unzulässigen Zweck aus, nimmt er etwa einen wirtschaftlichen Geschäftsbetrieb auf, droht eine **Amtslöschung** nach § 43.[42] Nach der „Scientology"-Entscheidung hat die Verwaltungsbehörde beim Entzug der Rechtsfähigkeit **kein Ermessen**.[43] Ein subjektives öffentlich-rechtliches Recht Dritter auf Einschreiten der Verwaltungsbehörde soll nicht bestehen.[44] Unterlassungsansprüche von Wettbewerbern sollen ausgeschlossen sein.[45] Zur Frage, ob das Registergericht die Eintragung gem. §§ 159, 142 FGG aF/ § 395 FamFG nF vom Amts wegen löschen kann, wenn das Registergericht nach der Eintragung den wahren Zweck erkennt, und zur Prüfungskompetenz vgl § 60 Rn 2 ff. **20**

Übt der Verein **mehrere Zwecke** aus, kommt es für die Entscheidung des Zwecks darauf an, was Haupt- und was Nebenzweck ist (vgl Rn 32). **21**

2. Unzulässige Zweckrichtung – der wirtschaftliche Geschäftsbetrieb. Wie der wirtschaftliche Geschäftsbetrieb abzugrenzen ist, ist seit Inkrafttreten des BGB umstritten. Zur Bejahung eines Idealvereins reicht nicht, dass der verfolgte Zweck ideeller Natur ist; beispielsweise kann die Inanspruchnahme von staatlichen Subventionen sowie die entgeltliche Anbiederung von Leistungen einen wirtschaftlichem Geschäftsbetrieb entstehen lassen.[46] Dem wirtschaftlichen Zweck steht nicht entgegen, dass der Verein bzw seine Mitglieder keine Gewinnerzielungsabsicht verfolgen (vgl Rn 24); für die Verneinung der Wirtschaftlichkeit genügt es auch nicht, dass ein Verein eventuelle Gewinne ausschließlich für ideelle Zwecke verwendet oder sonst sich durch christliche oder kulturelle Werte geleitet fühlt.[47] Zur Abgrenzung vertreten wurden objektive, subjektive und gemischte (subjektiv-objektive) Theorie.[48] Diese Theorien sind mehr und mehr obsolet geworden.[49] Eine von *K. Schmidt* entwickelte Abgrenzung einer **teleologisch begründeten Typenbildung** hat die alten Theorien ersetzt.[50] Entscheidendes Abgrenzungskriterium ist, ob der Verein wie ein Unternehmer am **22**

36 Vgl *Reichert*, Rn 405.

37 Staudinger/*Weick*, § 21 Rn 20.

38 BayObLGZ 1983, 45, 48; BayObLG Rpfleger 1977, 19, 20; BayObLGZ 1983, 45, 48; Palandt/*Ellenberger*, § 21 Rn 8; Bamberger/Roth/*Schwarz*, § 21 Rn 8; Staudinger/*Weick*, § 21 Rn 20.

39 Vereinsregisterverordnung v. 10.2.1999 (BGBl. I S. 147).

40 BayObLGZ 1983, 45; Palandt/*Ellenberger*, § 21 Rn 8; Staudinger/*Weick*, § 21 Rn 21.

41 OLG Hamm NJW-RR 2008, 350 = NZG 2008, 473.

42 Vgl zu einem Fall der Löschung im Hinblick auf wirtschaftlichen Betrieb und damit verbundene Fragen der Beschwerdebefugnis LG Hanau NJW-RR 2002, 102.

43 BVerwG NJW 1998, 1166, 1168.

44 Dafür zB *Wagner*, NZG 1999, 469, 470 f; dagegen zB *K. Schmidt*, AcP 182 (1982), 1, 50.

45 BGH NJW 1986, 3201.

46 KG, Beschl. v. 20.1.2011, 25 W 35/10, n.v., juris.

47 Vgl MüKo/*Reuter*, §§ 21, 22 Rn 44 unter Hinweis auf abweichende Entscheidungen des OLG Hamm NJW-RR 2003, 898 = DB 2003, 1567, das den Vereinszweck der Durchführung von Reisen im In- und Ausland sowie Durchführung von kulturellen Veranstaltungen deshalb als Idealverein einstufte, weil der Verein sich nach seiner Satzung zu den Zielen des Kolpingwerks bekannte.

48 Vgl Staudinger/*Weick*, § 21 Rn 2 ff; MüKo/*Reuter*, §§ 21, 22 Rn 5; *Schwierkus*, aaO; RGZ 83, 231; 88, 332; 133, 170; 154, 343; BGHZ 15, 315 = NJW 1955, 422; BGHZ 45, 395 = DB 1966, 1350 = NJW 1966, 2007.

49 Palandt/*Ellenberger*, § 21 Rn 2 bezeichnet mit Recht die von der Rspr früher vertretene gemischte Theorie als „überholt".

50 *K. Schmidt*, Rpfleger 1972, 286 ff, 343 ff; *ders.*, ZGR 1975, 477; *ders.*, AcP 182 (1982), 1; *ders.*, Rpfleger 1988, 45; *ders.*, Verbandszweck; *ders.*, GesR, 4. Aufl. 2002, § 23 III 2.

Wirtschafts- und Rechtsverkehr teilnimmt. Dieser Abgrenzungsmethode hat sich die ganz hM angeschlossen.[51]

23 Danach gibt es **drei Grundtypen von wirtschaftlichen Vereinen**, die dem § 22 zuzuordnen sind, da ihr Vereinszweck auf einen wirtschaftlichen Geschäftsbetrieb gerichtet ist. Fällt ein Verein nicht unter einen der Typen des wirtschaftlichen Vereins, ist er nicht wirtschaftlich und damit nach § 21 grundsätzlich eintragungsfähig. Ein idealistischer Vereinszweck ist für die Eintragung weder erforderlich noch ausreichend.[52] Mit der negativen Ausgrenzung ist aber noch nicht gesagt, dass der Verein tatsächlich eintragungsfähig ist. Wirtschaftliche Zwecke schaden nämlich nicht, wenn sie nur **Nebenzweck** eines nicht wirtschaftlichen Vereins sind (vgl Rn 32).

24 **a) Volltypus des unternehmerisch tätigen Vereins.** Solche Vereine weisen im Wesentlichen die Merkmale des **handelsrechtlichen Unternehmensbegriffs** (vgl auch § 14) aus: Sie sind planmäßig und entgeltlich als Anbieter auf einem Markt tätig; auf ihre tatsächliche Gewinnerzielung oder **Gewinnerzielungsabsicht** kommt es nicht an.[53]

25 Als **Beispiele** hierfür werden genannt: Privatschulen, Bühnen, Reiseunternehmen, Sparkassen, gemeinsame Vermietung von Wohnungen, Wohnungsvermittlung, als Hotelagentur oder Unternehmensvermittlung tätiger Fremdenverkehrsverein, Lotterien veranstaltender Gewinnspielverein, zu kostendeckenden Preisen Lehrgänge anbietender Verein.[54] Weitere Beispiele: Abmahnvereine, Betrieb eines Krankenhauses, eines Altenwohnheimes oder anderer Pflegeeinrichtungen; entgeltliche Aufnahme in ein Erholungsheim auch von Nichtmitgliedern; Betrieb einer Schauspielbühne; Betrieb von Skiliften oder Seilbahnen; Angebot von Rettungsdiensten einschließlich Krankentransport; Betrieb einer Immobilienbörse; Bau von Wohnungen und Siedlerstellen für bedürftige Kreise; Dritte-Welt-Läden; betriebliche Unterstützungskasse der betrieblichen Altersversorgung, wenn neben dem sozialen Zweck eine wirtschaftliche Betätigung verfolgt wird, die an sich der Kontrolle durch das Bundesaufsichtsamt für das Versicherungswesen/Bafin unterliegt; Totalisatorenunternehmen eines Rennvereins.[55]

26 In dieser Fallgruppe ist die Behandlung der **Fälle streitig, in denen der Verein das Unternehmen nicht selbst betreibt**, sondern einer unternehmenstragenden Gesellschaft beitritt, diese als Tochtergesellschaft für sich arbeiten lässt oder sich in den Dienst eines Unternehmens stellt. Standardbeispiele sind der ADAC und der Edeka-Verband,[56] die Tochtergesellschaften haben und diese ggf beherrschen. Verbreitet ist bei Sportvereinen auch die Ausgliederung der Lizenzsportabteilungen auf Kapitalgesellschaften (Borussia Dortmund KGaA,[57] Bayern München Fußball AG). Unter Kritik der Literatur[58] hat der BGH im exemplarischen Falle der ADAC-Rechtsschutzversicherungs-AG entschieden, dass die Beherrschung einer AG nicht ausreiche, um einen Verein zu einem wirtschaftlichen zu machen; der BGH hat es zur Verneinung der Wirtschaftlichkeit genügen lassen, dass die Tochtergesellschaft von dem Verein organisatorisch getrennt ist; schon dann könne die Tätigkeit der Tochtergesellschaft dem Verein nicht zugerechnet werden; ein wirtschaftlicher Geschäftsbetrieb ist in einem solchen Fall nach dem BGH nicht einmal dann anzunehmen, wenn der Verein seine unternehmerische Tätigkeit auf eine neu gegründete Tochtergesellschaft ausgliedert und dieser alle ihm zur Verfügung stehenden Sicherheiten bietet.[59]

27 **b) Verein mit unternehmerischer Tätigkeit an den Binnenmarkt seiner Mitglieder.**[60] Ein solcher wirtschaftlicher Verein bietet einem aus seinen Mitgliedern bestehenden inneren Markt **planmäßig und dauerhaft Leistungen gegen Entgelt** an. Das Entgelt kann im Mitgliedsbeitrag enthalten sein.[61]

51 Ansätze schon bei BGHZ 45, 395 = DB 1966, 1350 = NJW 1966, 2007; Palandt/*Ellenberger*, § 21 Rn 2 ff; MüKo/*Reuter*, §§ 21, 22 Rn 6 ff; Bamberger/Roth/*Schwarz*, § 21 Rn 13 ff; Soergel/*Hadding*, § 21 Rn 24 ff; Staudinger/*Weick*, § 21 Rn 5 ff; BVerwG NJW 1979, 2261; BayObLG Rpfleger 1978, 249 f; OLG Düsseldorf Rpfleger 1979, 259 f; BGHZ 85, 84, 88 = NJW 1983, 569; BayObLGZ 1978, 91; BayObLGZ 1985, 284 = ZMR 1985, 389; BayObLG NZG 1998, 606; OLG Düsseldorf NZG 1998, 273; OLG Düsseldorf NJW 1983, 2574; OLG Düsseldorf NJW-RR 1996, 989; OLG Schleswig NJW-RR 2001, 1478.

52 *K. Schmidt*, GesR, 4. Aufl. 2002, § 23 III 2 c.

53 *K. Schmidt*, GesR, 4. Aufl. 2002, § 23 III 3 a; KG, Beschl. v. 20.1.2011, 25 W 35/10, n.v., juris.

54 Beispiele nach *K. Schmidt*, GesR, 4. Aufl. 2002, § 23 III 3 a; vgl auch Palandt/*Ellenberger*, § 21 Rn 3.

55 Beispiele nach *Reichert*, Rn 120; vgl auch die Beispiele bei Staudinger/*Weick*, § 21 Rn 16 ff; MüKo/*Reuter*, §§ 21, 22 Rn 43 f; Palandt/*Ellenberger*, § 21 Rn 8; Bamberger/Roth/*Schwarz*, § 21 Rn 17.

56 Vgl auch die Fälle der angeblich nicht wirtschaftlichen Familienvereine Spießhofer & Braun e.V. sowie Schickedanz e.V. als Konzernspitzen der Triumph International-Gruppe bzw der Quelle-Gruppe *K. Schmidt*, AcP 182 (1982), 1, 22.

57 Vgl zur Frage „KGaA – die ideale Rechtsform für die Bundesliga?" *Arnold*, in: Beiträge zum Sportrecht, hrsg. von Bepler, 2000, S. 9 ff; *Koch*, DB 2002, 1701 zB der KGaA von Borussia Dortmund.

58 Vgl statt aller *K. Schmidt*, GesR, 4. Aufl. 2002, § 23 III 3 a; *Senga*, ZIP 1997, 1901; *Lettl*, DB 2000, 1449.

59 BGHZ 85, 84 = DB 1983, 491 = NJW 1983, 569.

60 *K. Schmidt*, GesR, 4. Aufl. 2002, § 21 III 3 b.

61 *K. Schmidt*, GesR, 4. Aufl. 2002, § 23 III 3 b; *ders.*, AcP 182 (1982), 17.

Bei diesem Typus besteht die Hauptschwierigkeit in der Abgrenzung der typischen geldwerten Vorteile einer Vereinsmitgliedschaft (Benutzung von Vereins-Sportanlagen etc.) von der Angebotstätigkeit des Vereins an einen Binnenmarkt (Vermietung von Sportplätzen gegen Vorlage einer Mitgliedskarte).[62] Die angebotenen **Leistungen** müssen typischerweise auch in einem äußeren Markt gegen Entgelt erworben werden können, sie dürfen **keinen mitgliedschaftlichen Charakter** haben, das Mitgliedschaftsverhältnis muss sich faktisch auf den Austausch einer Ware oder Dienstleistung gegen ein Entgelt beschränken.[63] Plastisch wird formuliert, das Vereinsmitglied müsse dem Verein als Kunden gegenübertreten.[64] Derartige wirtschaftliche Zwecke sind abzugrenzen vom nicht wirtschaftlichen Verein, der seinen Mitgliedern Leistungen in Verwirklichung seines idealen, nicht wirtschaftlichen Zwecks anbietet. In einem solchen Fall liegt keine unternehmerische Tätigkeit vor. Das ist zB der Fall bei einem Tennisverein, der seinen Mitgliedern Tennisplätze stundenweise gegen Entgelt zur Verfügung stellt, oder wenn betriebliche Sozialeinrichtungen in der Rechtsform eines Vereins Werkskantinen, Pensions- oder Unterstützungskassen bzw Büchereien zur Verfügung stellen.[65] **28**

Folgende **Beispiele**[66] solcher **wirtschaftlichen Vereine** werden genannt: arbeitsmedizinische Zentren; Abrechnungsstellen für Angehörige von Heilberufen etc; Auskunftsvereine; Buchclubs; Garagen- und Antennenvermietungsvereine; Gewinnsparvereine; Internetvereine zur Förderung privat betriebener Datenkommunikation, die Mitgliedern kostengünstige Zugangsmöglichkeiten zum Internet anbieten; Kapitalanlagevereine; Vereine von zum Notfalldienst verpflichteten Kassenärzten,[67] wenn durch Abendsprechstunden zusätzliche Patienten gewonnen werden; zentrale Abrechnungsstelle, die Körperschaften zur Gehaltsabrechnung, als Buchungsstelle oder für ähnliche Tätigkeiten unterhalten; Wasserbeschaffungs- und Entsorgungsvereine; Werbegemeinschaften; Wohnungsbauvereine; Wohnungsvermittlungsvereine; Car-Sharing-Vereine. **Nicht wirtschaftlich** sollen sein:[68] Lohnsteuerhilfevereine gem. § 13 StBerG;[69] Haus- und Grundbesitzervereine; kassenärztliche Vereinigung; Warenhausverband; Vereine zum Betreiben von Werkskantinen; Vereine zum Betreiben eines Betriebsarztzentrums. **29**

c) Der genossenschaftlich tätige Verein. Eine genossenschaftliche Kooperation der Vereinsmitglieder liegt vor, wenn sie ihre eigene **Unternehmenstätigkeit** oder hierfür benötigte Einrichtungen ganz oder teilweise **auf einen Verein auslagern** und der so tätige genossenschaftsähnliche, wirtschaftliche Verein mittelbar oder unmittelbar die Anbietertätigkeit der Mitglieder fördert, also aktiv im Absatzprozess der Mitglieder eingeschaltet ist. Der genossenschaftliche Verein braucht eigene Leistung weder den Mitgliedern noch Außenstehenden anzubieten, es genügt, dass er gemeinschaftliche Einrichtungen zur Förderung des Geschäftsbetriebs seiner Mitglieder unterhält, ohne nach außen aufzutreten.[70] Demgegenüber sind Vereine, die sich nicht an unternehmerischen Aktivitäten ihrer Mitglieder beteiligen, sondern deren Interessen wahrnehmen, nicht wirtschaftlich.[71] **30**

In Literatur und Rechtsprechung sind folgende **Beispiele** genossenschaftlicher, also wirtschaftlicher Vereine behandelt worden: Funktaxizentralen zur Vermittlung von Beförderungsverträgen; Zusammenschluss von Taxiunternehmern zur Koordinierung und Förderung des gemeinsamen Betriebs von Taxiunternehmern; Abfallentsorgungsverband, dessen Mitglieder Unternehmer sind und dem sie die ihnen obliegende Abfallentsorgung übertragen; Abrechnungsstellen für Angehörige der Heilberufe; Werbegemeinschaften von Gewerbetreibenden; Lotsengemeinschaften; Weide- und Landschaftspflegegemeinschaften zur Betreuung von Tieren der Mitglieder; Verbrauchereinkaufsringe; Vereine mit dem Hauptzweck, zugunsten seiner gewerblichen Mitglieder bei Herstellern günstige Einkaufskonditionen auszuhandeln; Vereine zur Verwaltung von Gebrauchsmustern; Rabattsparvereine; land- und forstwirtschaftliche Erzeugergemeinschaften.[72] **31**

d) Nebenzweckprivileg („Nebentätigkeitsprivileg"). Der Verein ist kein wirtschaftlicher, sondern ein nicht wirtschaftlicher Verein, wenn sein Geschäftsbetrieb im Rahmen der ideellen Zwecksetzung lediglich Nebenzweck ist.[73] Über dieses Prinzip herrscht Einigkeit. Es sollte nach dem (nicht weiterverfolgten) Reformentwurf des Bundesjustizministeriums künftig in § 21 kodifiziert werden (vgl Vor § 21 Rn 24).[74] Problematisch ist seine Konkretisierung. *K. Schmidt* bringt das Problem mit einem Beispiel auf den Punkt: Wenn ein Ama- **32**

62 *K. Schmidt*, GesR, 4. Aufl. 2002, § 23 III 3 b.
63 Palandt/*Ellenberger*, § 21 Rn 3 a; Soergel/*Hadding*, § 21 Rn 28; Bamberger/Roth/*Schwarz*, § 21 Rn 18.
64 *K. Schmidt*, AcP 182 (1982), 1, 17; *ders.*, Rpfleger 1988, 45, 48.
65 Bamberger/Roth/*Schwarz*, § 21 Rn 19; Palandt/*Ellenberger*, § 21 Rn 3 a.
66 Beispiele zB bei *Reichert*, Rn 126 f.
67 Vgl demgegenüber, aber bei anderem Sachverhalt, LG Bonn Rpfleger 2001, 600.
68 Beispiele nach Bamberger/Roth/*Schwarz*, § 21 Rn 21.
69 BGH WM 1976, 458 = BB 1976, 621.
70 *Reichert*, Rn 129 f; Bamberger/Roth/*Schwarz*, § 21 Rn 22; MüKo/*Reuter*, §§ 21, 22 Rn 34 f; undeutlich BGHZ 45, 395, 397 = NJW 1996, 2007, wo nicht klar wird, ob der BGH zusätzlich das Kriterium der Teilnahme am Rechtsverkehr mit Dritten verlangt.
71 Palandt/*Ellenberger*, § 21 Rn 4; LG Frankfurt NJW 1996, 2039.
72 *Reichert*, Rn 131; vgl auch Bamberger/Roth/*Schwarz*, § 21 Rn 23; Staudinger/*Weick*, § 21 Rn 16; MüKo/*Reuter*, §§ 21, 22 Rn 46 ff.
73 Einhellige M., vgl Palandt/*Ellenberger*, § 21 Rn 5; RGZ 154, 351; BGHZ 85, 84, 93 = NJW 1983, 569.
74 Entwurf, Art. 1 Nr. 2, S. 3 (unveröffentlicht); vgl auch *Arnold*, DB 2004, 2143, 2145.

teursportverein sonntags von den wenigen Schaulustigen ein Eintrittsgeld verlange, sträube sich das Rechtsgefühl nicht gegen die Eintragung als nicht wirtschaftlich; hieran ändere sich auch nichts, „wenn die Rückseite der Eintrittskarten als Werbefläche vermietet ist. Aber wie steht es, wenn derselbe Verein eine Lizenzsportabteilung mit Millionenumsätzen aufbaut, die außer den Eintrittskarten auch Fernsehrechte vergibt, Fanartikel verkauft usw?"[75]

33 Nach einer verbreiteten Auffassung genügt es, dass die **wirtschaftliche Nebentätigkeit funktionell unter die nicht wirtschaftliche Haupttätigkeit (eindeutig) untergeordnet** sein muss und der wirtschaftliche Nebenzweck ein Hilfsmittel zur Erreichung des nicht wirtschaftlichen Zwecks ist.[76] Weiter gehend verlangen manche Autoren, der wirtschaftliche Geschäftsbetrieb müsse für die effektive Verfolgung des satzungsmäßigen nicht wirtschaftlichen Gesamtszwecks oder für ein funktionsfähiges Vereinsleben unentbehrlich sein;[77] eine derartig enge Auslegung widerspricht uE der vom Gesetzgeber des BGB vertretenen Auffassung, zu akzeptieren, dass Vereine, „die zweifellos als gemeinnützige, wohltätige, gesellige usw anzusehen sind, … ganz nebenbei auch einen wirtschaftlichen Geschäftsbetrieb haben".[78] Das Erfordernis der Unentbehrlichkeit ist also überzogen. Es genügt, dass die wirtschaftliche Nebentätigkeit „ganz nebenbei" betrieben wird, also der nicht wirtschaftlichen Haupttätigkeit des Vereins untergeordnet ist. Beim ADAC soll nach der Rspr das Nebenzweckprivileg noch gewahrt sein (vgl § 26). Das Nebenzweckprivileg soll auch nicht verletzt sein bei Sportvereinen, die staatlich geförderte Kurse für Nichtmitglieder durchführen.[79]

34 Heiß diskutiert wird die Grenze des Nebenzweckprivilegs am Beispiel der **Lizenzsportabteilungen der Bundesligavereine**, die nach Auffassung mancher Autoren den e.V. zum nur nach § 22 zulässigen wirtschaftlichen Verein werden lassen und deren Ausgliederung als Kapitalgesellschaften (vgl Rn 26) manche Autoren als Gebot des Vereinsrechts ansehen.[80] Vgl zur gebotenen Vereinsrechtsreform Rn 24 ff, auch zur Publizitätspflicht.

35 Die gezielte Verletzung des Nebenzweckprivilegs kann zur Durchgriffshaftung der Mitglieder führen (vgl Vor § 21 Rn 7 ff).

36 **3. Beispiele.** Die Rspr zur Frage wirtschaftlich – nicht wirtschaftlich ist ausufernd.[81]

a) **Nicht-wirtschaftlicher Zweck:**

ADAC;[82] Ambulante Notfallversorgung;[83] Arbeitsmedizinische Betreuung;[84] Behindertensportverein, der Fördergelder von Sozialversicherungsträgern in Anspruch zu nehmen beabsichtigt;[85] Betriebsarztzentren;[86] Car-Sharing-Verein;[87] Erzeugergemeinschaften als Idealverein;[88] Förderung und Weiterentwicklung eines Kreditkartensystems;[89] Großvereine mit weitgehend anonymer Mitgliedschaft;[90] Gruppenunterstützungskasse;[91] Haus- und Grundbesitzverein;[92] Kletterhalle in Sortiment von sonst nicht wirtschaftlichem Verein;[93] Reisedienst des Kolpingwerks;[94] Altersvorsorge der Mitarbeiter der

75 *K. Schmidt*, GesR, 4. Aufl. 2002 § 23 III 3 d; vgl generell zum Nebenzweckprivileg *Reichert*, Rn 132 ff; Palandt/*Ellenberger*, § 21 Rn 5; Scergel/*Hadding*, §§ 21, 22 Rn 33 ff; *Sauter/Schweyer/Waldner*, Rn 47 ff; Staudinger/*Weick*, § 21 Rn 12 ff; MüKo/*Reuter*, §§ 21, 22 Rn 19 ff.

76 *K. Schmidt*, GesR, 4. Aufl. 2002, § 23 III 3 d; *Reichert*, Rn 133; BVerwG NJW 1998, 1166, 1168; OLG Celle Rpfleger 1992, 66, 67; OLG Düsseldorf Rpfleger 1998, 251; Palandt/*Ellenberger*, § 21 Rn 7; Soergel/*Hadding*, § 21 Rn 36; Staudinger/*Weick*, § 21 Rn 14; ähnlich BGHZ 85, 84, 93 = DB 1983, 491 = NJW 1983, 569, hier stellt der BGH darauf ab, ob die unternehmerischen Tätigkeiten „dem nicht wirtschaftlichen Hauptzweck zu- und untergeordnet und Hilfsmittel zu dessen Erreichung sind".

77 So *Reichert*, Rn 133; MüKo/*Reuter*, §§ 21, 22 Rn 19.

78 *Mugdan* I, S. 1997.

79 OLG Hamm NJW-RR 2008, 350 = NZG 2008, 473.

80 Vgl *Knauth*, aaO; *Flume*, BGB AT, Bd. 1/1, § 4 II 2; *Heckelmann*, AcP 179 (1979), 1 ff; *Knauth*, JZ 1978, 339, 341 ff; Staudinger/*Weick*, § 21 Rn 15; Palandt/*Ellenberger*, § 21 Rn 5; Steinbeck/*Menke*, NJW 1998, 2169; *dies.*, SpuRt 1998, 226; *Heermann*, ZIP 1998, 1249, 1256 f; *Wagner*, NZG, 1999, 469; *Lettl*, DB 2000, 1449; *Balzer*, ZIP 2001, 175; *Segna*, ZIP 1997, 1901; *Segna*, NZG 2002, 1048, 1051; *Fuhrmann*, SpuRt 1995, 12; MüKo/*Reuter*, §§ 21, 22 Rn 26 bezeichnet es als „erwägenswert", dem Profiverein die Organisation als Wirtschaftsvereine zu ermöglichen.

81 Vgl zB die Übersicht bei Palandt/*Ellenberger*, § 21 Rn 9 f.

82 LG München I DB 2003, 1316.

83 LG Bonn Rpfleger 2001, 600.

84 LG Gießen Rpfleger 2000, 24.

85 OLG Hamm NZG 2008, 473 = NJW-RR 2008, 350.

86 OLG Oldenburg Rpfleger 1976, 11.

87 LG Bremen Rpfleger 1992, 67.

88 Aufsatz mit Hinweis auf unveröffentlichtes Urt.: *Deselaers*, Rpfleger 1990, 103.

89 LG Frankfurt a.M. NJW 1996, 2039 = WiB 1995, 751.

90 OLG Oldenburg Rpfleger 1976, 11, 12.

91 LG Münster Rpfleger 2008, 426.

92 RGZ 88, 332, 333.

93 OLG Frankfurt v. 28.10.2010, 20 W 254/10; *Terner*, EWiR 2011, 365.

94 NZG 2003, 879 = NJW-RR 2003, 989.

Vereinsmitglieder;[95] Saunaverein;[96] Verein „Kieler Hafenfest";[97] Warenhausverband;[98] Wasserbeschaffungsverein.[99]

b) **Wirtschaftlicher Geschäftsbetrieb:**

Abfallentsorgungsverbund;[100] Comedy-Filmverein";[101] Einkaufsverein für gewerblich tätige Mitglieder;[102] Ferienwohnrechte-Verein;[103] Gewerbliche Vermietung/Verpachtung zur Finanzierung eines ideellen Zwecks;[104] Interessengemeinschaft zur Errichtung und Erhaltung einer Antennenanlage;[105] Internetverein;[106] Kapitalanlageverein;[107] Kindergärten-Kindertagesstätten-Betreiberverein;[108] Kundenwerbung für Nichtmitglieder;[109] Garagenverpachtungsverein;[110] Scientology Kirche;[111] Tätigkeit an einem inneren Markt;[112] Treuhandverein zum Erwerb einer notfalls an Hausmeister zu vermietenden Wohnung;[113] Unterstützungskasse, die auch wirtschaftliche Zwecke verfolgt;[114] Vereinigung von Notfallärzten („Notfallpraxis" mit „Abendsprechstunde");[115] Verwaltung von Wasserrechten für Tiefbrunnen;[116] Wasserentsorgungsverein;[117] Wasserversorgungsverein zur entgeltlichen Belieferung seiner Mitglieder.[118]

III. Eintragung im Vereinsregister

Die Eintragung im Vereinsregister (§§ 55 f) ist konstitutiv – auch wenn wesentliche Eintragungsvoraussetzungen fehlen.[119] Mit der Eintragung im Vereinsregister (§§ 55 ff) erlangt der Verein Rechtsfähigkeit. Bei wesentlichen Mängeln ist gem. §§ 142, 159 FGG aF/§ 395 FamFG nF ein Löschungsverfahren einzuleiten (vgl Vor § 55 Rn 4); bis zum rechtskräftigen Abschluss des Löschungsverfahrens besteht der Verein als rechtsfähiger fort. 37

Steuerlicher Anhang zu § 21: Gemeinnützigkeitsrecht des eingetragenen Vereins

Abgabenordnung (AO) – Auszug

Dritter Abschnitt: Steuerbegünstigte Zwecke

§ 51 AO Allgemeines

(1) ¹Gewährt das Gesetz eine Steuervergünstigung, weil eine Körperschaft ausschließlich und unmittelbar gemeinnützige, mildtätige oder kirchliche Zwecke (steuerbegünstigte Zwecke) verfolgt, so gelten die folgenden Vorschriften. ²Unter Körperschaften sind die Körperschaften, Personenvereinigungen und Vermögensmassen im Sinne des Körperschaftsteuergesetzes zu verstehen. ³Funktionale Untergliederungen (Abteilungen) von Körperschaften gelten nicht als selbständige Steuersubjekte.

(2) Werden steuerbegünstigte Zwecke im Ausland verwirklicht, setzt die Steuervergünstigung voraus, dass natürliche Personen, die ihren Wohnsitz oder ihren gewöhnlichen Aufenthalt im Geltungsbereich dieses Gesetzes haben, gefördert werden oder die Tätigkeit der Körperschaft neben der Verwirklichung

95 OLG Schleswig-Holstein MDR 2010, 1408 = Rpfleger 2010, 669.
96 OLG Schleswig-Holstein FG Prax 2011, 34.
97 OLG Schleswig-Holstein NJW-RR 2001, 1478 = NZG 2001, 768.
98 RGZ 95, 91, 94.
99 BayObLG NZG 1998, 606 = NJW-RR 1999, 765.
100 LG Bremen NJW-RR 2000, 1565 = Rpfleger 2000, 165.
101 KG v. 20.1.2011, 25 W 35/10.
102 OLG Hamm NZG 2000, 441 = NJW-RR 2000, 698.
103 DNotZ 1990, 103 = BayObLGZ 1989, 124.
104 NZG 1998, 273 = NJW-RR 1998, 683.
105 LG Mühlhausen DtZ 1996, 245.
106 AG Passau Rpfleger 1999, 401.
107 OLGR Celle 2000, 29;
108 KG v. 18.1.2011, 25 W 14/10, n.v., juris.
109 KG NZG 2005, 361 = NJW-RR 2005, 339.
110 LG Erfurt v. 18.7.2007, 2 T 147/07.
111 BayOVG KirchE 47, 407; aA bei Untergliederung: VGH Baden-Württemberg NVwZ-RR 2004, 904 = KirchE 44, 378.
112 LG Saarbrücken RPfleger 2000, 25.
113 OLG Frankfurt NJW-RR 2006, 1698 = Rpfleger 2006, 545.
114 OLG Köln FGPrax 2009, 275.
115 DB 1997, 418 = NJW-RR 1997, 1530.
116 LG Freiburg v. 28.9.2010, 4 T 241/09.
117 OLG Schleswig-Holstein NJWE-MietR 1997, 40 = OLGR Schleswig 1997, 12.
118 LG Lübeck RPfleger 2009, 29.
119 Vgl Staudinger/*Weick* § 21 Rn 24 ff; Palandt/*Ellenberger*, § 21 Rn 11; MüKo/ *Reuter* Rn 63 ff; RGZ 81, 210; BGH NJW 1983, 993; BGH MDR 1984, 816 = WM 1984, 977, 979.

der steuerbegünstigten Zwecke auch zum Ansehen der Bundesrepublik Deutschland im Ausland beitragen kann.

(3) [1]Eine Steuervergünstigung setzt zudem voraus, dass die Körperschaft nach ihrer Satzung und bei ihrer tatsächlichen Geschäftsführung keine Bestrebungen im Sinne des § 4 des Bundesverfassungsschutzgesetzes fördert und dem Gedanken der Völkerverständigung nicht zuwiderhandelt. [2]Bei Körperschaften, die im Verfassungsschutzbericht des Bundes oder eines Landes als extremistische Organisation aufgeführt sind, ist widerlegbar davon auszugehen, dass die Voraussetzungen des Satzes 1 nicht erfüllt sind. [3]Die Finanzbehörde teilt Tatsachen, die den Verdacht von Bestrebungen im Sinne des § 4 des Bundesverfassungsschutzgesetzes oder des Zuwiderhandelns gegen den Gedanken der Völkerverständigung begründen, der Verfassungsschutzbehörde mit.

§ 52 AO Gemeinnützige Zwecke

(1) [1]Eine Körperschaft verfolgt gemeinnützige Zwecke, wenn ihre Tätigkeit darauf gerichtet ist, die Allgemeinheit auf materiellem, geistigem oder sittlichem Gebiet selbstlos zu fördern. [2]Eine Förderung der Allgemeinheit ist nicht gegeben, wenn der Kreis der Personen, dem die Förderung zugute kommt, fest abgeschlossen ist, zum Beispiel Zugehörigkeit zu einer Familie oder zur Belegschaft eines Unternehmens, oder infolge seiner Abgrenzung, insbesondere nach räumlichen oder beruflichen Merkmalen, dauernd nur klein sein kann. [3]Eine Förderung der Allgemeinheit liegt nicht allein deswegen vor, weil eine Körperschaft ihre Mittel einer Körperschaft des öffentlichen Rechts zuführt.

(2) [1]Unter den Voraussetzungen des Absatzes 1 sind als Förderung der Allgemeinheit anzuerkennen:

1. **die Förderung von Wissenschaft und Forschung**
2. **die Förderung der Religion;**
3. **die Förderung des öffentlichen Gesundheitswesens und der öffentlichen Gesundheitspflege, insbesondere die Verhütung und Bekämpfung von übertragbaren Krankheiten, auch durch Krankenhäuser im Sinne des § 67, und von Tierseuchen;**
4. **die Förderung der Jugend- und Altenhilfe;**
5. **die Förderung von Kunst und Kultur;**
6. **die Förderung des Denkmalschutzes und der Denkmalpflege;**
7. **die Förderung der Erziehung, Volks- und Berufsbildung einschließlich der Studentenhilfe;**
8. **die Förderung des Naturschutzes und der Landschaftspflege im Sinne des Bundesnaturschutzgesetzes und der Naturschutzgesetze der Länder, des Umweltschutzes, des Küstenschutzes und des Hochwasserschutzes;**
9. **die Förderung des Wohlfahrtswesens, insbesondere der Zwecke der amtlich anerkannten Verbände der freien Wohlfahrtspflege (§ 23 der Umsatzsteuer-Durchführungsverordnung), ihrer Unterverbände und ihrer angeschlossenen Einrichtungen und Anstalten;**
10. **die Förderung der Hilfe für politisch, rassisch oder religiös Verfolgte, für Flüchtlinge, Vertriebene, Aussiedler, Spätaussiedler, Kriegsopfer, Kriegshinterbliebene, Kriegsbeschädigte und Kriegsgefangene, Zivilbeschädigte und Behinderte sowie Hilfe für Opfer von Straftaten; Förderung des Andenkens an Verfolgte, Kriegs- und Katastrophenopfer; Förderung des Suchdienstes für Vermisste;**
11. **die Förderung der Rettung aus Lebensgefahr;**
12. **die Förderung des Feuer-, Arbeits-, Katastrophen- und Zivilschutzes sowie der Unfallverhütung;**
13. **die Förderung internationaler Gesinnung, der Toleranz auf allen Gebieten der Kultur und des Völkerverständigungsgedankens;**
14. **die Förderung des Tierschutzes;**
15. **die Förderung der Entwicklungszusammenarbeit;**
16. **die Förderung von Verbraucherberatung und Verbraucherschutz;**
17. **die Förderung der Fürsorge für Strafgefangene und ehemalige Strafgefangene;**
18. **die Förderung der Gleichberechtigung von Frauen und Männern;**
19. **die Förderung des Schutzes von Ehe und Familie;**
20. **die Förderung der Kriminalprävention;**
21. **die Förderung des Sports (Schach gilt als Sport);**
22. **die Förderung der Heimatpflege und Heimatkunde;**
23. **die Förderung der Tierzucht, der Pflanzenzucht, der Kleingärtnerei, des traditionellen Brauchtums einschließlich des Karnevals, der Fastnacht und des Faschings, der Soldaten- und Reservistenbetreuung, des Amateurfunkens, des Modellflugs und des Hundesports;**

24. die allgemeine Förderung des demokratischen Staatswesens im Geltungsbereich dieses Gesetzes; hierzu gehören nicht Bestrebungen, die nur bestimmte Einzelinteressen staatsbürgerlicher Art verfolgen oder die auf den kommunalpolitischen Bereich beschränkt sind;

25. die Förderung des bürgerschaftlichen Engagements zugunsten gemeinnütziger, mildtätiger und kirchlicher Zwecke.

[2]Sofern der von der Körperschaft verfolgte Zweck nicht unter Satz 1 fällt, aber die Allgemeinheit auf materiellem, geistigem oder sittlichem Gebiet entsprechend selbstlos gefördert wird, kann dieser Zweck für gemeinnützig erklärt werden. [3]Die obersten Finanzbehörden der Länder haben jeweils eine Finanzbehörde im Sinne des Finanzverwaltungsgesetzes zu bestimmen, die für Entscheidungen nach Satz 2 zuständig ist.

§ 53 AO Mildtätige Zwecke

Eine Körperschaft verfolgt mildtätige Zwecke, wenn ihre Tätigkeit darauf gerichtet ist, Personen selbstlos zu unterstützen,

1. die infolge ihres körperlichen, geistigen oder seelischen Zustands auf die Hilfe anderer angewiesen sind oder

2. deren Bezüge nicht höher sind als das Vierfache des Regelsatzes der Sozialhilfe im Sinne des § 28 des Zwölften Buches Sozialgesetzbuch; beim Alleinstehenden oder Haushaltsvorstand tritt an die Stelle des Vierfachen das Fünffache des Regelsatzes. Dies gilt nicht für Personen, deren Vermögen zur nachhaltigen Verbesserung ihres Unterhalts ausreicht und denen zugemutet werden kann, es dafür zu verwenden. Bei Personen, deren wirtschaftliche Lage aus besonderen Gründen zu einer Notlage geworden ist, dürfen die Bezüge oder das Vermögen die genannten Grenzen übersteigen. Bezüge im Sinne dieser Vorschrift sind

   a) Einkünfte im Sinne des § 2 Abs. 1 des Einkommensteuergesetzes und

   b) andere zur Bestreitung des Unterhalts bestimmte oder geeignete Bezüge,

   die der Alleinstehende oder der Haushaltsvorstand und die sonstigen Haushaltsangehörigen haben. Zu den Bezügen zählen nicht Leistungen der Sozialhilfe, Leistungen zur Sicherung des Lebensunterhalts nach dem Zweiten Buch Sozialgesetzbuch und bis zur Höhe der Leistungen der Sozialhilfe Unterhaltsleistungen an Personen, die ohne die Unterhaltsleistungen sozialhilfeberechtigt wären, oder Anspruch auf Leistungen zur Sicherung des Lebensunterhalts nach dem Zweiten Buch Sozialgesetzbuch hätten. Unterhaltsansprüche sind zu berücksichtigen.

§ 54 AO Kirchliche Zwecke

(1) Eine Körperschaft verfolgt kirchliche Zwecke, wenn ihre Tätigkeit darauf gerichtet ist, eine Religionsgemeinschaft, die Körperschaft des öffentlichen Rechts ist, selbstlos zu fördern.

(2) Zu diesen Zwecken gehören insbesondere die Errichtung, Ausschmückung und Unterhaltung von Gotteshäusern und kirchlichen Gemeindehäusern, die Abhaltung von Gottesdiensten, die Ausbildung von Geistlichen, die Erteilung von Religionsunterricht, die Beerdigung und die Pflege des Andenkens der Toten, ferner die Verwaltung des Kirchenvermögens, die Besoldung der Geistlichen, Kirchenbeamten und Kirchendiener, die Alters- und Behindertenversorgung für diese Personen und die Versorgung ihrer Witwen und Waisen.

§ 55 AO Selbstlosigkeit

(1) Eine Förderung oder Unterstützung geschieht selbstlos, wenn dadurch nicht in erster Linie eigenwirtschaftliche Zwecke – zum Beispiel gewerbliche Zwecke oder sonstige Erwerbszwecke – verfolgt werden und wenn die folgenden Voraussetzungen gegeben sind:

1. [1]Mittel der Körperschaft dürfen nur für die satzungsmäßigen Zwecke verwendet werden. [2]Die Mitglieder oder Gesellschafter (Mitglieder im Sinne dieser Vorschriften) dürfen keine Gewinnanteile und in ihrer Eigenschaft als Mitglieder auch keine sonstigen Zuwendungen aus Mitteln der Körperschaft erhalten. [3]Die Körperschaft darf ihre Mittel weder für die unmittelbare noch für die mittelbare Unterstützung oder Förderung politischer Parteien verwenden.

2. Die Mitglieder dürfen bei ihrem Ausscheiden oder bei Auflösung oder Aufhebung der Körperschaft nicht mehr als ihre eingezahlten Kapitalanteile und den gemeinen Wert ihrer geleisteten Sacheinlagen zurückerhalten.
3. Die Körperschaft darf keine Person durch Ausgaben, die dem Zweck der Körperschaft fremd sind, oder durch unverhältnismäßig hohe Vergütungen begünstigen.
4. [1]Bei Auflösung oder Aufhebung der Körperschaft oder bei Wegfall ihres bisherigen Zwecks darf das Vermögen der Körperschaft, soweit es die eingezahlten Kapitalanteile der Mitglieder und den gemeinen Wert der von den Mitgliedern geleisteten Sacheinlagen übersteigt, nur für steuerbegünstigte Zwecke verwendet werden (Grundsatz der Vermögensbindung). [2]Diese Voraussetzung ist auch erfüllt, wenn das Vermögen einer anderen steuerbegünstigten Körperschaft oder einer juristischen Person des öffentlichen Rechts für steuerbegünstigte Zwecke übertragen werden soll.
5. [1]Die Körperschaft muss ihre Mittel grundsätzlich zeitnah für ihre steuerbegünstigten satzungsmäßigen Zwecke verwenden. Verwendung in diesem Sinne ist auch die Verwendung der Mittel für die Anschaffung oder Herstellung von Vermögensgegenständen, die satzungsmäßigen Zwecken dienen. [2]Eine zeitnahe Mittelverwendung ist gegeben, wenn die Mittel spätestens in dem auf den Zufluss folgenden Kalender- oder Wirtschaftsjahr für die steuerbegünstigten satzungsmäßigen Zwecke verwendet werden.

(2) Bei der Ermittlung des gemeinen Werts (Absatz 1 Nr. 2 und 4) kommt es auf die Verhältnisse zu dem Zeitpunkt an, in dem die Sacheinlagen geleistet worden sind.

(3) Die Vorschriften, die die Mitglieder der Körperschaft betreffen (Absatz 1 Nr. 1, 2 und 4), gelten bei Stiftungen für die Stifter und ihre Erben, bei Betrieben gewerblicher Art von juristischen Personen des öffentlichen Rechts für die Körperschaft sinngemäß, jedoch mit der Maßgabe, dass bei Wirtschaftsgütern, die nach § 6 Absatz 1 Nummer 4 Satz 4 des Einkommensteuergesetzes aus einem Betriebsvermögen zum Buchwert entnommen worden sind, an die Stelle des gemeinen Werts der Buchwert der Entnahme tritt.

§ 56 AO Ausschließlichkeit

Ausschließlichkeit liegt vor, wenn eine Körperschaft nur ihre steuerbegünstigten satzungsmäßigen Zwecke verfolgt.

§ 57 AO Unmittelbarkeit

(1) [1]Eine Körperschaft verfolgt unmittelbar ihre steuerbegünstigten satzungsmäßigen Zwecke, wenn sie selbst diese Zwecke verwirklicht. [2]Das kann auch durch Hilfspersonen geschehen, wenn nach den Umständen des Falls, insbesondere nach den rechtlichen und tatsächlichen Beziehungen, die zwischen der Körperschaft und der Hilfsperson bestehen, das Wirken der Hilfsperson wie eigenes Wirken der Körperschaft anzusehen ist.

(2) Eine Körperschaft, in der steuerbegünstigte Körperschaften zusammengefasst sind, wird einer Körperschaft, die unmittelbar steuerbegünstigte Zwecke verfolgt, gleichgestellt.

§ 58 AO Steuerlich unschädliche Betätigungen

Die Steuervergünstigung wird nicht dadurch ausgeschlossen, dass

1. eine Körperschaft Mittel für die Verwirklichung der steuerbegünstigten Zwecke einer anderen Körperschaft oder für die Verwirklichung steuerbegünstigter Zwecke durch eine juristische Person des öffentlichen Rechts beschafft; die Beschaffung von Mitteln für eine unbeschränkt steuerpflichtige Körperschaft des privaten Rechts setzt voraus, dass diese selbst steuerbegünstigt ist,
2. eine Körperschaft ihre Mittel teilweise einer anderen, ebenfalls steuerbegünstigten Körperschaft oder einer juristischen Person des öffentlichen Rechts zur Verwendung zu steuerbegünstigten Zwecken zuwendet,
3. eine Körperschaft ihre Arbeitskräfte anderen Personen, Unternehmen oder Einrichtungen für steuerbegünstigte Zwecke zur Verfügung stellt,

4. eine Körperschaft ihr gehörende Räume einer anderen, ebenfalls steuerbegünstigten Körperschaft oder einer juristischen Person des öffentlichen Rechts zur Nutzung zu steuerbegünstigten Zwecke überlässt,
5. eine Stiftung einen Teil, jedoch höchstens ein Drittel ihres Einkommens dazu verwendet, um in angemessener Weise den Stifter und seine nächsten Angehörigen zu unterhalten, ihre Gräber zu pflegen und ihr Andenken zu ehren,
6. eine Körperschaft ihre Mittel ganz oder teilweise einer Rücklage zuführt, soweit dies erforderlich ist, um ihre steuerbegünstigten satzungsmäßigen Zwecke nachhaltig erfüllen zu können,
7. a) eine Körperschaft höchstens ein Drittel des Überschusses der Einnahmen über die Unkosten aus Vermögensverwaltung und darüber hinaus höchstens 10 Prozent ihrer sonstigen nach § 55 Abs. 1 Nr. 5 zeitnah zu verwendenden Mittel einer freien Rücklage zuführt,
   b) eine Körperschaft Mittel zum Erwerb von Gesellschaftsrechten zur Erhaltung der prozentualen Beteiligung an Kapitalgesellschaften ansammelt oder im Jahr des Zuflusses verwendet; diese Beträge sind auf die nach Buchstabe a in demselben Jahr oder künftig zulässigen Rücklagen anzurechnen,
8. eine Körperschaft gesellige Zusammenkünfte veranstaltet, die im Vergleich zu ihrer steuerbegünstigten Tätigkeit von untergeordneter Bedeutung sind,
9. ein Sportverein neben dem unbezahlten auch den bezahlten Sport fördert,
10. eine von einer Gebietskörperschaft errichtete Stiftung zur Erfüllung ihrer steuerbegünstigten Zwecke Zuschüsse an Wirtschaftsunternehmen vergibt,
11. eine Körperschaft folgende Mittel ihrem Vermögen zuführt:
   a) Zuwendungen von Todes wegen, wenn der Erblasser keine Verwendung für den laufenden Aufwand der Körperschaft vorgeschrieben hat,
   b) Zuwendungen, bei denen der Zuwendende ausdrücklich erklärt, dass sie zur Ausstattung der Körperschaft mit Vermögen oder zur Erhöhung des Vermögens bestimmt sind,
   c) Zuwendungen auf Grund eines Spendenaufrufs der Körperschaft, wenn aus dem Spendenaufruf ersichtlich ist, dass Beträge zur Aufstockung des Vermögens erbeten werden,
   d) Sachzuwendungen, die ihrer Natur nach zum Vermögen gehören,
12. eine Stiftung im Jahr ihrer Errichtung und in den zwei folgenden Kalenderjahren Überschüsse aus der Vermögensverwaltung und die Gewinne aus wirtschaftlichen Geschäftsbetrieben (§ 14) ganz oder teilweise ihrem Vermögen zuführt.

§ 59 AO Voraussetzung der Steuervergünstigung

Die Steuervergünstigung wird gewährt, wenn sich aus der Satzung, dem Stiftungsgeschäft oder der sonstigen Verfassung (Satzung im Sinne dieser Vorschriften) ergibt, welchen Zweck die Körperschaft verfolgt, dass dieser Zweck den Anforderungen der §§ 52 bis 55 entspricht und dass er ausschließlich und unmittelbar verfolgt wird; die tatsächliche Geschäftsführung muss diesen Satzungsbestimmungen entsprechen.

§ 60 AO Anforderungen an die Satzung

(1) [1]Die Satzungszwecke und die Art ihrer Verwirklichung müssen so genau bestimmt sein, dass aufgrund der Satzung geprüft werden kann, ob die satzungsmäßigen Voraussetzungen für Steuervergünstigungen gegeben sind. [2]Die Satzung muss die in der Anlage 1 bezeichneten Festlegungen enthalten.
(2) Die Satzung muss den vorgeschriebenen Erfordernissen bei der Körperschaftsteuer und bei der Gewerbesteuer während des ganzen Veranlagungs- oder Bemessungszeitraums, bei den anderen Steuern im Zeitpunkt der Entstehung der Steuer entsprechen.

§ 61 AO Satzungsmäßige Vermögensbindung

(1) Eine steuerlich ausreichende Vermögensbindung (§ 55 Abs. 1 Nr. 4) liegt vor, wenn der Zweck, für den das Vermögen bei Auflösung oder Aufhebung der Körperschaft oder bei Wegfall ihres bisherigen Zwecks verwendet werden soll, in der Satzung so genau bestimmt ist, dass aufgrund der Satzung geprüft werden kann, ob der Verwendungszweck steuerbegünstigt ist.

(2) (aufgehoben)

(3) [1]Wird die Bestimmung über die Vermögensbindung nachträglich so geändert, dass sie den Anforderungen des § 55 Abs. 1 Nr. 4 nicht mehr entspricht, so gilt sie von Anfang an als steuerlich nicht ausreichend. [2]§ 175 Abs. 1 Satz 1 Nr. 2 ist mit der Maßgabe anzuwenden, dass Steuerbescheide erlassen, aufgehoben oder geändert werden können, soweit sie Steuern betreffen, die innerhalb der letzten zehn Kalenderjahre vor der Änderung der Bestimmung über die Vermögensbindung entstanden sind.

§ 62 AO Ausnahmen von der satzungsmäßigen Vermögensbindung

Bei Betrieben gewerblicher Art von Körperschaften des öffentlichen Rechts, bei staatlich beaufsichtigten Stiftungen, bei den von einer Körperschaft des öffentlichen Rechts verwalteten unselbständigen Stiftungen und bei geistlichen Genossenschaften (Orden, Kongregationen) braucht die Vermögensbindung in der Satzung nicht festgelegt zu werden.

§ 62 ist aufgehoben durch JStG v. 19.12.2008, BGBl. I 2794, 2872. Allerdings sind Übergangsregeln zu beachten.[1]

§ 63 AO Anforderungen an die tatsächliche Geschäftsführung

(1) Die tatsächliche Geschäftsführung der Körperschaft muss auf die ausschließliche und unmittelbare Erfüllung der steuerbegünstigten Zwecke gerichtet sein und den Bestimmungen entsprechen, die die Satzung über die Voraussetzungen für Steuervergünstigungen enthält.

(2) Für die tatsächliche Geschäftsführung gilt sinngemäß § 60 Abs. 2, für eine Verletzung der Vorschrift über die Vermögensbindung § 61 Abs. 3.

(3) Die Körperschaft hat den Nachweis, dass ihre tatsächliche Geschäftsführung den Erfordernissen des Absatzes 1 entspricht, durch ordnungsmäßige Aufzeichnungen über ihre Einnahmen und Ausgaben zu führen.

(4) [1]Hat die Körperschaft Mittel angesammelt, ohne dass die Voraussetzungen des § 58 Nr. 6 und 7 vorliegen, kann das Finanzamt ihr eine Frist für die Verwendung der Mittel setzen. [2]Die tatsächliche Geschäftsführung gilt als ordnungsgemäß im Sinne des Absatzes 1, wenn die Körperschaft die Mittel innerhalb der Frist für steuerbegünstigte Zwecke verwendet.

§ 64 AO Steuerpflichtige wirtschaftliche Geschäftsbetriebe

(1) Schließt das Gesetz die Steuervergünstigung insoweit aus, als ein wirtschaftlicher Geschäftsbetrieb (§ 14) unterhalten wird, so verliert die Körperschaft die Steuervergünstigung für die dem Geschäftsbetrieb zuzuordnenden Besteuerungsgrundlagen (Einkünfte, Umsätze, Vermögen), soweit der wirtschaftliche Geschäftsbetrieb kein Zweckbetrieb (§§ 65 bis 68) ist.

(2) Unterhält die Körperschaft mehrere wirtschaftliche Geschäftsbetriebe, die keine Zweckbetriebe (§§ 65 bis 68) sind, werden diese als ein wirtschaftlicher Geschäftsbetrieb behandelt.

(3) Übersteigen die Einnahmen einschließlich Umsatzsteuer aus wirtschaftlichen Geschäftsbetrieben, die keine Zweckbetriebe sind, insgesamt nicht 35.000 Euro im Jahr, so unterliegen die diesen Geschäftsbetrieben zuzuordnenden Besteuerungsgrundlagen nicht der Körperschaftsteuer und der Gewerbesteuer.

(4) Die Aufteilung einer Körperschaft in mehrere selbständige Körperschaften zum Zweck der mehrfachen Inanspruchnahme der Steuervergünstigung nach Absatz 3 gilt als Missbrauch von rechtlichen Gestaltungsmöglichkeiten im Sinne des § 42.

(5) Überschüsse aus der Verwertung unentgeltlich erworbenen Altmaterials außerhalb einer ständig dafür vorgehaltenen Verkaufsstelle, die der Körperschaftsteuer und der Gewerbesteuer unterliegen, können in Höhe des branchenüblichen Reingewinns geschätzt werden.

1 § 1 f EGAO. Für Körperschaften, die vor dem 1.9.2009 errichtet wurden, gilt § 62 AO weiter. Vgl dazu und zur Weitergeltung des § 62 AO bei staatlich beaufsichtigten Stiftungen Tipke/Kruse/*Tipke*, § 62 Rn 2.

(6) Bei den folgenden steuerpflichtigen wirtschaftlichen Geschäftsbetrieben kann der Besteuerung ein Gewinn von 15 vom Hundert der Einnahmen zugrunde gelegt werden:

1. Werbung für Unternehmen, die im Zusammenhang mit der steuerbegünstigten Tätigkeit einschließlich Zweckbetrieben stattfindet,
2. Totalisatorbetriebe,
3. Zweite Fraktionierungsstufe der Blutspendedienste.

§ 65 AO Zweckbetrieb

1Ein Zweckbetrieb ist gegeben, wenn

1. der wirtschaftliche Geschäftsbetrieb in seiner Gesamtrichtung dazu dient, die steuerbegünstigten satzungsmäßigen Zwecke der Körperschaft zu verwirklichen,
2. die Zwecke nur durch einen solchen Geschäftsbetrieb erreicht werden können und
3. der wirtschaftliche Geschäftsbetrieb zu nicht begünstigten Betrieben derselben oder ähnlicher Art nicht in größerem Umfang in Wettbewerb tritt, als es bei Erfüllung der steuerbegünstigten Zwecke unvermeidbar ist.

§ 66 AO Wohlfahrtspflege

(1) Eine Einrichtung der Wohlfahrtspflege ist ein Zweckbetrieb, wenn sie in besonderem Maß den in § 53 genannten Personen dient.

(2) 1Wohlfahrtspflege ist die planmäßige, zum Wohle der Allgemeinheit und nicht des Erwerbs wegen ausgeübte Sorge für notleidende oder gefährdete Mitmenschen. 2Die Sorge kann sich auf das gesundheitliche, sittliche, erzieherische oder wirtschaftliche Wohl erstrecken und Vorbeugung oder Abhilfe bezwecken.

(3) 1Eine Einrichtung der Wohlfahrtspflege dient in besonderem Maße den in § 53 genannten Personen, wenn diesen mindestens zwei Drittel ihrer Leistungen zugute kommen. 2Für Krankenhäuser gilt § 67.

§ 67 AO Krankenhäuser

(1) Ein Krankenhaus, das in den Anwendungsbereich des Krankenhausentgeltgesetzes oder der Bundespflegesatzverordnung fällt, ist ein Zweckbetrieb, wenn mindestens 40 vom Hundert der jährlichen Pflegetage auf Patienten entfallen, bei denen nur Entgelte für allgemeine Krankenhausleistungen (§§ 11, 13 und 26 der Bundespflegesatzverordnung) berechnet werden.

(2) Ein Krankenhaus, das nicht in den Anwendungsbereich des Krankenhausentgeltgesetzes oder der Bundespflegesatzverordnung fällt, ist ein Zweckbetrieb, wenn mindestens 40 vom Hundert der jährlichen Pflegetage auf Patienten entfallen, bei denen für die Krankenhausleistungen kein höheres Entgelt als nach Absatz 1 berechnet wird.

§ 67 a AO Sportliche Veranstaltungen

(1) 1Sportliche Veranstaltungen eines Sportvereins sind ein Zweckbetrieb, wenn die Einnahmen einschließlich Umsatzsteuer insgesamt 35.000 Euro im Jahr nicht übersteigen. 2Der Verkauf von Speisen und Getränken sowie die Werbung gehören nicht zu den sportlichen Veranstaltungen.

(2) 1Der Sportverein kann dem Finanzamt bis zur Unanfechtbarkeit des Körperschaftsteuerbescheids erklären, dass er auf die Anwendung des Absatzes 1 Satz 1 verzichtet. 2Die Erklärung bindet den Sportverein für mindestens fünf Veranlagungszeiträume.

(3) 1Wird auf die Anwendung des Absatzes 1 Satz 1 verzichtet, sind sportliche Veranstaltungen eines Sportvereins ein Zweckbetrieb, wenn

1. kein Sportler des Vereins teilnimmt, der für seine sportliche Betätigung oder für die Benutzung seiner Person, seines Namens, seines Bildes oder seiner sportlichen Betätigung zu Werbezwecken von dem Verein oder einem Dritten über eine Aufwandsentschädigung hinaus Vergütungen oder andere Vorteile erhält und

2. kein anderer Sportler teilnimmt, der für die Teilnahme an der Veranstaltung von dem Verein oder einem Dritten im Zusammenwirken mit dem Verein über eine Aufwandsentschädigung hinaus Vergütungen oder andere Vorteile erhält.

[2]Andere sportliche Veranstaltungen sind ein steuerpflichtiger wirtschaftlicher Geschäftsbetrieb. [3]Dieser schließt die Steuervergünstigung nicht aus, wenn die Vergütungen oder andere Vorteile ausschließlich aus wirtschaftlichen Geschäftsbetrieben, die nicht Zweckbetriebe sind, oder von Dritten geleistet werden.

§ 68 AO Einzelne Zweckbetriebe

Zweckbetriebe sind auch:

1. a) Alten-, Altenwohn- und Pflegeheime, Erholungsheime, Mahlzeitendienste, wenn sie in besonderem Maß den in § 53 genannten Personen dienen (§ 66 Abs. 3),
   b) Kindergärten, Kinder-, Jugend- und Studentenheime, Schullandheime und Jugendherbergen,
2. a) landwirtschaftliche Betriebe und Gärtnereien, die der Selbstversorgung von Körperschaften dienen und dadurch die sachgemäße Ernährung und ausreichende Versorgung von Anstaltsangehörigen sichern,
   b) andere Einrichtungen, die für die Selbstversorgung von Körperschaften erforderlich sind, wie Tischlereien, Schlossereien,

wenn die Lieferungen und sonstigen Leistungen dieser Einrichtungen an Außenstehende dem Wert nach 20 Prozent der gesamten Lieferungen und sonstigen Leistungen des Betriebs – einschließlich der an die Körperschaften selbst bewirkten – nicht übersteigen,

3. a) Werkstätten für behinderte Menschen, die nach den Vorschriften des Dritten Buches Sozialgesetzbuch förderungsfähig sind und Personen Arbeitsplätze bieten, die wegen ihrer Behinderung nicht auf dem allgemeinen Arbeitsmarkt tätig sein können,
   b) Einrichtungen für Beschäftigungs- und Arbeitstherapie, in denen behinderte Menschen aufgrund ärztlicher Indikationen außerhalb eines Beschäftigungsverhältnisses zum Träger der Therapieeinrichtung mit dem Ziel behandelt werden, körperliche oder psychische Grundfunktionen zum Zwecke der Wiedereingliederung in das Alltagsleben wiederherzustellen oder die besonderen Fähigkeiten und Fertigkeiten auszubilden, zu fördern und zu trainieren, die für eine Teilnahme am Arbeitsleben erforderlich sind, und
   c) Integrationsprojekte im Sinne des § 132 Abs. 1 des Neunten Buches Sozialgesetzbuch, wenn mindestens 40 Prozent der Beschäftigten besonders betroffene schwerbehinderte Menschen im Sinne des § 132 Abs. 1 des Neunten Buches Sozialgesetzbuch sind,
4. Einrichtungen, die zur Durchführung der Blindenfürsorge und zur Durchführung der Fürsorge für Körperbehinderte unterhalten werden,
5. Einrichtungen der Fürsorgeerziehung und der freiwilligen Erziehungshilfe,
6. von den zuständigen Behörden genehmigte Lotterien und Ausspielungen, wenn der Reinertrag unmittelbar und ausschließlich zur Förderung mildtätiger, kirchlicher oder gemeinnütziger Zwecke verwendet wird,
7. kulturelle Einrichtungen, wie Museen, Theater, und kulturelle Veranstaltungen, wie Konzerte, Kunstausstellungen; dazu gehört nicht der Verkauf von Speisen und Getränken,
8. Volkshochschulen und andere Einrichtungen, soweit sie selbst Vorträge, Kurse und andere Veranstaltungen wissenschaftlicher oder belehrender Art durchführen; dies gilt auch, soweit die Einrichtungen den Teilnehmern dieser Veranstaltungen selbst Beherbergung und Beköstigung gewähren,
9. Wissenschafts- und Forschungseinrichtungen, deren Träger sich überwiegend aus Zuwendungen der öffentlichen Hand oder Dritter oder aus der Vermögensverwaltung finanziert. Der Wissenschaft und Forschung dient auch die Auftragsforschung. Nicht zum Zweckbetrieb gehören Tätigkeiten, die sich auf die Anwendung gesicherter wissenschaftlicher Erkenntnisse beschränken, die Übernahme von Projektträgerschaften sowie wirtschaftliche Tätigkeiten ohne Forschungsbezug.

Literatur: *Buchna*, Gemeinnützigkeit im Steuerrecht, 8. Auflage 2003; *Hübschmann/Hepp/Spitaler*, Kommentar zur AO, Loseblatt, §§ 51–68; *Klein*, Abgabenordnung, 10. Auflage 2009, §§ 51 ff; *L. Schmidt*, Einkommensteuergesetz, 29. Auflage 2010; *Reichert*, Handbuch des Vereins- und Verbandsrechts, 9. Auflage 2003, S. 1347 ff; *Sauter/Schweyer/Waldner*, Der eingetragene Verein, 19. Auflage 2010 S. 262 ff; *Schauhoff* (Hrsg.), Handbuch der Gemeinnützigkeit, 3. Auflage 2010; *Tipke/Kruse*, Kommentar zur AO und FGO, Loseblatt, §§ 51 ff; *Tipke/Lang*, Steuerrecht, 20. Auflage 2010. Die Finanzverwaltungen einiger Länder stellen Broschüren zur Verfügung, die aus Sicht der Verwaltung die wichtigsten Fragen zur Gemeinnützigkeit beantworten.[2]

A. Einleitung

Der Gesetzgeber hat sich dafür entschieden, Einrichtungen, die dem Wohle der Allgemeinheit dienen, **steuerlich zu begünstigen**. Einrichtungen, die selbstlos das Gemeinwesen unterstützen, nehmen Aufgaben wahr, die sonst in der Regel aus Steuergeldern finanziert werden, und entlasten damit die öffentlichen Kassen. Ohne ehrenamtliches Engagement könnten diese Aufgaben gar nicht finanziert werden. Im Jahr 2007 brachte das „Gesetz zur weiteren Stärkung des bürgerschaftlichen Engagements“[3] einige spürbare Verbesserungen für die Ehrenamtlichen wie die Erhöhung der Übungsleiterpauschale, eine Vereinfachung des Spendenrechts und die Anhebung der Spendenabzugsbeträge. Die Arbeit dieser Einrichtungen genauso wie eine eigenwirtschaftliche Betätigung zu besteuern, würde die zur Verfügung stehenden Mittel und die Bereitschaft, sich für das Gemeinwesen zu engagieren, schmälern. Eine Steuervergünstigung kommt also letztlich der Allgemeinheit zugute. 1

Die Normen zur Steuerbegünstigung gemeinnütziger Vereine sind **nicht in einem Gesetz zusammengefasst**; sie verteilen sich vielmehr auf die Abgabenordnung (AO), die die allgemeinen Voraussetzungen der Steuerbegünstigung regelt, sowie auf die Einzelsteuergesetze (insb. KStG, GewStG, UStG), die vor allem regeln, wie sich die Steuerbegünstigung innerhalb der einzelnen Steuerarten auswirkt. Aufgrund dieser Systematik sollen zunächst die allgemeinen Voraussetzungen der Gemeinnützigkeit erörtert werden. 2

Die folgende Darstellung bietet einen Überblick über die wichtigsten Regelungen zur Gemeinnützigkeit und orientiert sich am „Lebenslauf“ eines e.V. von der Gründung über das Tagesgeschäft bis zur Auflösung. 3

B. Übersicht über die gesetzlichen Regelungen

Die Abgabenordnung (AO) normiert in den §§ 51 ff die Voraussetzungen, unter denen eine Körperschaft eine in einem anderen Steuergesetz enthaltene Steuervergünstigung in Anspruch nehmen kann.[4] Wenn ein einzelnes Steuergesetz eine Steuervergünstigung gewährt, weil eine Körperschaft ausschließlich und unmittelbar gemeinnützige, mildtätige oder kirchliche Zwecke (steuerbegünstigte Zwecke) verfolgt, gelten gem. § 51 Abs. 1 S. 1 AO die folgenden Vorschriften. 4

Im Steuerrecht ist die Auffassung des Bundesfinanzministeriums (BMF) und der Länderfinanzministerien, wie die gesetzlichen Normen auszulegen sind, von großer Bedeutung, da die Finanzämter an diese Weisungen gebunden sind. Der Anwendungserlass zur Abgabenordnung (AEAO) ist eine solche „Gesetzesanwendungsvorschrift“, die zwar selbst kein Recht setzt. Aber der Steuerpflichtige sollte den wie einen Kommentar aufgebauten AEAO unbedingt beachten, um eine möglichst unkomplizierte Prüfung der Gemeinnützigkeit zu gewährleisten. 5

2 ZB für NRW: „Vereine und Steuern“, zum Download unter http://www.nordrheinwestfalendirekt.de/broschuerenservice/download/157/vereine_steuern_07_internet.pdf.

3 BGBl. I S. 2332, BStBl. I S. 815. Dazu *Fritz*, BB 2007, 2546; *Melchior*, DStR 2007, 1745.

4 Tipke/Kruse/*Tipke*, § 51 Rn 1 mit Aufzählung der Steuervergünstigungen.

6 Die AO zählt die Körperschaften, denen eine Steuervergünstigung gewährt werden kann, nicht auf, sondern verweist auf die im KStG genannten Körperschaften, Personenvereinigungen und Vermögensmassen. Gem. § 1 Abs. 1 Nr. 4 KStG ist der e.V. als sonstige juristische Person des privaten Rechts eine solche Körperschaft.[5]

7 Der e.V. wird steuerlich in **vier Tätigkeitsbereiche** aufgeteilt, nämlich den ideellen Bereich, die Vermögensverwaltung, den wirtschaftlichen Geschäftsbetrieb und den Zweckbetrieb, der ein Unterfall des wirtschaftlichen Geschäftsbetriebs ist.

8 Während der ideelle Bereich der Besteuerung komplett entzogen ist und auch die Vermögensverwaltung und der Zweckbetrieb steuerbegünstigt werden, wird der wirtschaftliche Geschäftsbetrieb grundsätzlich wie andere dem Erwerb dienende Betriebe voll besteuert.

C. Vereinsgründung und Satzung

I. Zivilrecht

9 Zivilrechtlich bestehen zwischen gemeinnützigem e.V. und dem „normalen" e.V. keine Unterschiede. Es gelten ohne Einschränkung die zivilrechtlichen Normen über Gründung, Haftung, Geschäftsführung und Vertretung, Mitgliederrechte, Rechtsfähigkeit, Liquidation usw für den gemeinnützigen Verein ebenfalls. Um die Steuerbegünstigung zu erlangen, muss ein e.V. allerdings zusätzliche Anforderungen erfüllen, die sich vor allem in den Bereichen Satzung, Geschäftsführung und Vermögensverwendung auswirken.

II. Die steuerbegünstigten Zwecke

10 Die steuerbegünstigten Zwecke werden in drei Gruppen eingeteilt: gemeinnützige Zwecke (§ 52 AO), mildtätige Zwecke (§ 53 AO) und kirchliche Zwecke (§ 54 AO). Häufig werden die drei Gruppen unter dem Oberbegriff der Gemeinnützigkeit zusammengefasst, da für alle dieselben steuerlichen Vorschriften gelten.

11 **Gemeinnützig** ist ein Zweck, wenn die Tätigkeit des e.V. die Allgemeinheit auf materiellem, geistigem oder sittlichem Gebiet selbstlos fördern soll, § 52 Abs. 1 S. 1 AO. An die Stelle des bisher sehr kurzen Katalogs, der nur exemplarisch die wichtigsten gemeinnützigen Zwecke umriss, ist ein 25 Ziffern umfassender, abschließender[6] Katalog mit Zwecken getreten, die als gemeinnützig anerkannt sind.[7] Damit wurden die bislang in der Praxis als gemeinnützig anerkannten Zwecke kodifiziert.[8] Sollte der Vereinszweck nicht in dem Katalog enthalten sein, aber der e.V. trotzdem die Allgemeinheit auf materiellem, geistigen oder sittlichem Gebiet entsprechend fördern, kann dieser Zweck für gemeinnützig erklärt werden, § 52 Abs. 2 S. 2 AO. Entgegen dem Wortlaut handelt es sich nicht um eine Ermessensvorschrift: Wenn die Voraussetzungen vorliegen, muss das Finanzamt die Steuerbegünstigung gewähren.[9] Um zu verhindern, dass extremistische Vereinigungen in den Genuss der Steuerbegünstigung kommen, wurde § 51 Abs. 3 AO eingefügt. Verfolgt beispielsweise ein e.V. unter dem Deckmantel der Förderung des Sports extremistische politische Ziele und wird der e.V. daher im Verfassungsschutzbericht des Bundes oder eines Landes genannt, wird für steuerliche Zwecke widerlegbar vermutet, dass er tatsächlich extremistische Ziele verfolgt.[10]

12 Eine positive Definition des Begriffs **„Förderung der Allgemeinheit"** enthält die AO nicht. Finanzverwaltung und Finanzgerichten verbleibt bei der Auslegung ein Beurteilungsspielraum.[11] § 52 Abs. 1 S. 2 AO grenzt den Begriff „Allgemeinheit" lediglich zu fest abgeschlossenen Gruppen wie Familien oder Belegschaften ab und zu Gruppen, die wegen ihrer Merkmale dauernd nur klein sein können. Eine Beschränkung auf exklusive Kreise, zB Personen mit hohem Einkommen oder Vermögen, oder Sonderinteressen soll dadurch ausgeschlossen werden.[12] Schädlich sind dabei unter anderem Aufnahmeverfahren, die den Zugang zur Mitgliedschaft erschweren, zB das Erfordernis der einstimmigen Zustimmung der Mitgliederversammlung.[13] Auch

5 Die §§ 51 ff AO gelten für Körperschaften, Personenvereinigungen und Vermögensmassen iSd § 1 Abs. 1 KStG. Dazu zählen u.a. Kapitalgesellschaften, Genossenschaften, andere juristische Personen des privaten Rechts, nicht rechtsfähige Vereine und Stiftungen, vgl Klein/*Gersch,* § 51 Rn 4.

6 *Fritz,* BB 2007, 2546 (2550); Tipke/Kruse/*Tipke,* § 52 Rn 13.

7 Gesetz zur weiteren Stärkung des bürgerschaftlichen Engagements v. 10.10.2007, BGBl. I S. 2332, rückwirkend anzuwenden seit 1.1.2007. Überblick bei *Melchior,* DStR 2007, 1745; *Fritz,* BB 2007, 2546 (2550).

8 Abschnitt A Anlage 1 zu § 48 Abs. 2 EStDV; Tipke/Kruse/*Tipke,* § 52 Rn 13; *Fritz,* BB 2007, 2546 (2550) mit Fn 53; *Hüttemann,* DB 2007, 127, 128.

9 *Schauhoff/Kirchhain,* DStR 2007, 1985 (1990); *Hüttemann,* DB 2007, 2053, 2055; *Fritz,* BB 2007, 2546, 2550.

10 Zu § 51 Abs. 3 AO und anderen Rechtsverstößen, wegen derer eine Körperschaft die steuerliche Begünstigung verlieren kann, *Jäschke* DStR 2009, 1669; *Becker,* DStR 2010, 953.

11 H/H/Sp/*Spanner*, § 52 AO Rn 17.

12 BFH BStBl II 1979 S. 482, 484; 1998 S. 711, 712 = NJW 1997, 1462; Tipke/Kruse/*Tipke*, § 52 Rn 9.

13 Klein/*Gersch,* § 52 Rn 7; BFH BStBl. II 1979, S. 482; FG Hamburg EFG 1998, 916.

hohe Aufnahmegebühren, Mitgliedsbeiträge und Umlagen[14] sind kritisch zu überprüfen (Golfclubs u.Ä.), da sie verhindern können, dass die Mitgliederstruktur einen Querschnitt durch die Gesellschaft abbildet.[15] Daher kann von einer Förderung der Allgemeinheit nur gesprochen werden, wenn grundsätzlich jedermann Zutritt zu der Körperschaft hat und die Mitglieder dadurch zumindest einen Ausschnitt aus der Gesamtbevölkerung repräsentieren.[16]

Förderung der Allgemeinheit bedeutet nicht, dass jeder Bürger der Bundesrepublik tatsächlich gefördert wird; **13**
es genügt die Förderung auch einer kleineren Gruppe,[17] solange die Ausschlusskriterien des § 52 Abs. 1 S. 2 AO nicht eingreifen.[18]

Ebenfalls steuerbegünstigt ist die Verfolgung **mildtätiger Zwecke (§ 53 AO)**. Dadurch sollen Personen in **14**
Notlagen selbstlos dabei unterstützt werden, ihre Notsituation erträglicher zu gestalten oder zu beseitigen.[19] Durch diese Art der Förderung des Gemeinwohls entlasten nichtstaatliche Organisationen unmittelbar den (Sozial-)Staat.[20] Anders als bei gemeinnützigen Zwecken nach § 52 AO ist eine Unterstützung der Allgemeinheit nicht erforderlich, so dass auch die Förderung eines abgeschlossenen Personenkreises als mildtätig einzustufen ist.[21]

Der Kreis der möglichen Begünstigten besteht aus zwei Personengruppen: **15**

– zum einen Personen, die wegen ihres **körperlichen, geistigen oder seelischen Zustandes auf die Hilfe anderer angewiesen** sind (§ 53 S. 1 Nr. 1 AO), die also die Verrichtungen des täglichen Lebens nicht selbst vornehmen können oder dies nur unter Inkaufnahme unzumutbarer Belastungen könnten. Z.B. sind Einrichtungen wie Pflegeheime, Essen auf Rädern, die Betreuung Krebskranker, die Hilfe in Katastrophenfällen oder die Betreuung von Suchtkranken als mildtätig anzusehen;[22]
– zum anderen **wirtschaftlich bedürftige** Personen, die nur über die in § 53 S. 1 Nr. 2 AO festgelegten – begrenzten – finanziellen Mittel verfügen. Obergrenze ist das Vierfache des Regelsatzes der Sozialhilfe iSd SGB XII; bei Alleinstehenden und Haushaltsvorständen erhöht sich die Grenze auf das Fünffache des Regelsatzes. Auch wenn nicht wie bei den gemeinnützigen Zwecken (§ 52 AO) die Allgemeinheit gefördert werden muss, ist Vorsicht geboten, wenn der Kreis der potentiell begünstigten Personen dauerhaft klein ist oder die Vereinsmitglieder und die Begünstigten in einem besonderen Näheverhältnis zueinander stehen. Die Finanzverwaltung erkennt nämlich die satzungsmäßige Unterstützung „hilfsbedürftiger Verwandter der Mitglieder, Gesellschafter Genossen oder Stifter“ nicht an, da dabei nicht die mildtätigen Zwecke im Vordergrund stünden und kein selbstloses Handeln vorliege (AEAO Nr. 13 zu § 53 AO). Nach anderer Ansicht ist die Steuerbegünstigung nur zu versagen, wenn durch die Tätigkeit des e.V. eigene Unterhaltspflichten abgewendet werden sollen, so dass im Einzelnen die tatsächlichen Unterhaltspflichten zu überprüfen seien.[23] Eine gerichtliche Entscheidung ist hierzu noch nicht veröffentlicht. Der Ansicht der Finanzverwaltung ist zu folgen, da Unterhaltsleistungen grundsätzlich nicht steuermindernd geltend gemacht werden dürfen (§ 12 Nr. 1 u. 2 EstG), und zwar unabhängig davon, ob die Unterhaltsleistungen wegen einer gesetzlichen Verpflichtung, freiwillig oder aufgrund eines Vertrages erbracht werden.[24] Eine Differenzierung zwischen gesetzlich geschuldeten und sonstigen Unterhaltsleistungen ist nicht vorgesehen. Die Ausnahmen von dem Grundsatz, dass Unterhaltsleistungen steuerlich nicht geltend gemacht werden können, sind im EStG abschließend aufgezählt; eine steuerliche Berücksichtigung als mildtätige Leistung, die über die im EStG vorgesehenen Abzugsmöglichkeiten hinaus gewährt wird, würde eine Umgehung des Abzugsverbots bedeuten bzw eine doppelte Berücksichtigung ermöglichen.

Da es für die Gewährung der Steuerbegünstigung keinen Unterschied macht, ob eine Körperschaft sowohl **16**
gemeinnützige als auch mildtätige Zwecke verfolgt bzw welche Tätigkeit des e.V. welchem Zweck zuzuordnen ist, nehmen die Finanzämter die im Einzelfall oft schwierige Abgrenzung bei der Veranlagung in der Regel nicht vor.[25] Allerdings ist diese Abgrenzung in einigen steuerlichen Fragen, zB bei Zweckbetrieben, von Bedeutung.

Nach § 54 AO ist auch die selbstlose Förderung **kirchlicher Zwecke** steuerlich begünstigt. Die Steuerbe- **17**
günstigung wird nur für die Unterstützung von Religionsgemeinschaften in der Rechtsform einer öffentlich-rechtlichen Körperschaft gewährt (§ 54 Abs. 1 AO). Die kirchlichen Zwecke sind in § 54 Abs. 2 AO nicht

14 AEAO zu § 52 Ziff. 1.1.
15 *Patt/Patt,* DStR 2005, 1509, 1514.
16 BFH BStBl 1997 II S. 794 = BB 1998, 33.
17 BFH DStR 2004, 1644: 125.000 Personen als Allgemeinheit. Dazu *Schiffer,* DStR 2005, 508.
18 BFH BStBl 1979 II S. 482, 484.
19 *Reichert,* Rn 3210.
20 Tipke/Kruse/*Tipke,* § 53 Rn 1; *Tiedtke/Möllmann,* DStR 2007, 509.
21 *Hüttemann,* FR 2002, 1337, 1338.
22 Weitere Bespiele bei *Reichert,* Rn 3212; *Buchna,* S. 87; Tipke/Kruse/*Tipke,* § 53 Rn 3.
23 *Hüttemann,* FR 2002, 1337 (1338); Schauhoff/*ders.,* S. 226.
24 Herrmann/Heuer/Raupach/*Nolde,* Einkommensteuer- und Körperschaftsteuergesetz, Loseblatt, § 12 EStG Rn 55, 75 ff.
25 Klein/*Gersch,* AO, § 53 Rn 2.

abschließend aufgezählt.[26] Zum Beispiel zählen auch Missions- und Erweckungsvereine hierzu.[27] Private Religionsgemeinschaften können hingegen nur insoweit unterstützt werden, als sie die Religion iSd § 52 Abs. 2 Nr. 1 AO oder sonstige gemeinnützige Zwecke fördern.[28] Der AEAO zu § 54 sieht die Möglichkeit einer Anerkennung als gemeinnützige Körperschaft ausdrücklich vor.

18 Der e.V. darf die steuerbegünstigten Zwecke auch im Ausland verfolgen.[29] Voraussetzung ist dann allerdings, dass im Inland ansässige Personen gefördert werden oder die Tätigkeit neben der Verwirklichung der steuerbegünstigten Zwecke auch zum Ansehen der Bundesrepublik Deutschland im Ausland beitragen kann, § 51 Abs. 2 AO.

III. Formelle und materielle Anforderungen an die Satzung (§§ 59, 60 AO)

19 Es genügt nicht, dass ein e.V. tatsächlich steuerbegünstigte Zwecke verfolgt, diese müssen bereits **in der Satzung niedergelegt** sein. Hieraus wird die zentrale Aufgabe der Satzung im Rahmen der Steuervergünstigung deutlich. Deshalb sollten die Gründer eines e.V. bereits beim Verfassen der Gründungssatzung die steuerrechtlichen Vorschriften beachten, damit das Finanzamt die Gemeinnützigkeit möglichst schnell anerkennt. Eine nachträgliche Anpassung der Satzung an die steuerlichen Vorgaben ist sehr aufwendig, da für eine Satzungsänderung eine Dreiviertelmehrheit der Mitgliederversammlung benötigt wird und eine Anpassung des Vereinszwecks sogar einstimmig beschlossen werden muss (vgl § 33 Rn 2 ff). Die Gründungsmitglieder werden so dazu angehalten, sich schon vor Beginn der eigentlichen Arbeit über die Formulierung der genauen Ziele und die Durchführung ihrer steuerbegünstigten Tätigkeit klar zu werden.[30] Die Satzung muss materiell (§ 59 AO) und formell (§ 60 AO) den besonderen steuerlichen Anforderungen entsprechen.

20 Materielle Satzungsmäßigkeit bedeutet, dass die Satzung bestimmte Angaben zu den steuerbegünstigten Zwecken und der Art und Weise, wie der e.V. diese Zwecke verfolgt, enthalten muss. Die Satzung muss angeben, welchen Zweck die Körperschaft verfolgt, dass dieser Zweck einer der in den §§ 52–55 AO beschriebenen Zwecke ist und dass dieser Zweck **ausschließlich** (§ 56 AO) und **unmittelbar** (§ 57 AO) verfolgt wird. Ausschließlich die in der AO genannten steuerbegünstigten Zwecke kommen als Vereinszweck in Betracht, wenn der e.V. die Steuervergünstigungen in Anspruch nehmen. Nicht begünstigte „Nebenzwecke", auch wenn sie nur von untergeordneter Bedeutung sein sollten, verbieten sich. Zivilrechtlich sind hingegen alle erlaubten, nichtwirtschaftlichen Zwecke zulässig (vgl § 21 Rn 16). Zudem muss die **tatsächliche Geschäftsführung** mit der Satzung übereinstimmen (§ 59 Hs 2 AO). Auch wenn zivilrechtlich eine Diskrepanz zwischen tatsächlicher und in der Satzung vorgesehener Geschäftsführung möglicherweise keine weiteren Folgen nach sich zieht, kann dies steuerlich schädlich sein. Deshalb müssen die beiden Bereiche Zivil- und Steuerrecht getrennt voneinander betrachtet werden.

21 Daneben muss die Satzung auch den **formellen** Anforderungen genügen (formelle Satzungsmäßigkeit).[31] Gem. § 60 AO müssen die Satzungszwecke sowie die Art der Verwirklichung so genau bestimmt sein, dass das FA aufgrund der Satzung überprüfen kann, ob die satzungsmäßigen Voraussetzungen für die Steuerbefreiung vorliegen. Der Verein muss den von ihm verfolgten steuerbegünstigten Zweck **konkret darstellen**. Ein Verweis auf die Rechtslage mit der Feststellung, dass „gemeinnützige Zwecke iSd § 52 AO verfolgt werden", oder eine einfache Aufzählung im Gesetz genannter steuerbegünstigter Zwecke genügt nicht.[32] Auch die Art und Weise, wie diese Zwecke verwirklicht werden sollen, muss möglichst konkret beschrieben werden. Besteht der Zweck zB in der Unterstützung der Krebsforschung, kann diese zB durch Vergabe von Forschungsstipendien oder Veranstaltung von Kongressen erfolgen; die Satzung müsste insoweit die Art der Unterstützung festlegen. Dabei sollte die Satzung klar trennen zwischen dem Zweck einerseits und der dafür zu ergreifenden Mittel andererseits, da sonst die Satzung nicht überprüft werden kann.[33] Bestehen nach der Auslegung der Satzung Unklarheiten, gehen diese zulasten des e.V.[34]

22 In der Rechtsprechung haben sich die folgenden Tendenzen entwickelt, die bei der Formulierung der Satzung berücksichtigt werden sollten, will man einen Streit mit der Finanzverwaltung vermeiden:[35] Je abstrakter und allgemeiner der Zweck beschrieben ist, desto konkreter muss die Art und Weise der Verwirklichung beschrieben werden,[36] damit das FA überprüfen kann, ob tatsächlich nur steuerbegünstigte Zwecke verfolgt werden.

26 Tipke/Kruse/*Tipke*, § 54 Rn 3.
27 *Reichert*, Rn 3218.
28 Tipke/Kruse/*Tipke*, § 52 Rn 2; Hübschmann/Hepp/Spitaler/*Fischer*, § 52 Rn 16–21 zur Förderung privater Religionsgemeinschaften.
29 Zum Einfluss des Europarechts auf die grenzüberschreitende Verfolgung steuerbegünstigter Zwecke *Jachmann/Meier-Behringer*, BB 2006, 1823; *Jachmann*, BB 2006, 2607.
30 Tipke/Kruse/*Tipke*, § 59 Rn 1.
31 Zur Terminologie Klein/*Gersch*, AO, § 59 Rn 1, § 60 Rn 1.
32 *Osterkorn*, DStR 2002, 16 (17).
33 Vgl zu Abgrenzungsschwierigkeiten BFH BStBl II 2003 S. 384 = BB 2003, 1216.
34 BFH/NV 1992, 695, 696.
35 *Osterkorn*, DStR 2002, 16 (17).
36 FG Rhl.-Pf. EFG 1994, 594; FG Düsseldorf EFG 1990, 2; BFH/NV 1992, 695.

Gerade der lange und detaillierte Katalog in § 52 AO kann die Gründungsmitglieder dazu verleiten, einfach den Gesetzestext zu wiederholen. Dann sollte die Satzung jedoch zumindest bei der Beschreibung, wie der Vereinszweck erreicht werden soll, möglichst konkret formuliert sein, um dem Vorwurf zu entgehen, nur formelhafte Wendungen abstrakten Inhalts zu gebrauchen. Dabei kann vom Verein nicht verlangt werden, dass er all diese Anforderung in der Satzung in einer Weise umsetzt, dass er seine zukünftige Tätigkeit schon bei der Gründung bis ins letzte Detail beschreibt. Es ist nicht nötig, dass das Vorliegen aller Voraussetzungen schon beim ersten Lesen abschließend beurteilt werden kann. Es genügt daher, dass sich diese aufgrund einer Auslegung aller Satzungsbestimmungen[37] bzw einer „verständnisvollen Würdigung"[38] ermitteln lassen. Eine zu genaue Festlegung ist auch nicht sinnvoll, da sie den Handlungsspielraum des e.V. unnötig einschränkt. Sieht die Satzung beispielsweise einen abschließenden Katalog von Maßnahmen vor, derer sich der e.V. bedienen darf, führen diese aber nicht zum Ziel, darf der e.V. vor einer Erweiterung der Satzung keine anderen Maßnahmen ergreifen. Deshalb empfiehlt sich eine offene Formulierung, also eine Liste von Maßnahmen, die „insbesondere" in Frage kommen. Auch kann bereits die Satzung vorsehen, dass der e.V. sich zur Erfüllung seiner Aufgaben auch Einrichtungen anderer Rechtsformen bedienen darf oder solche Einrichtungen, bspw einen Nichtzweckbetrieb, schaffen kann.[39] Der e.V. kann so den Handlungsspielraum seines Vorstandes flexibel gestalten.

Die früher nur im Anhang zum AEAO enthaltene Mustersatzung wurde durch das JStG 2009 als Anlage 1 zur AO hinzugefügt. Die Mustersatzung gilt auch für andere gemeinnützige Körperschaften wie Stiftungen. Gem. § 60 Abs. 1 S. 2 AO muss die Satzung eines e.V. die in der Mustersatzung bezeichneten Festlegungen enthalten. Vor Aufnahme in die AO war die wörtliche Verwendung der Mustersatzung nicht zwingend vorgeschrieben; Abweichungen vom Wortlaut zogen so lange keine Konsequenzen nach sich, wie inhaltlich die gesetzlichen Anforderungen erfüllt waren.[40] Da die Mustersatzung als Teil der AO nicht mehr nur Verwaltungsanweisung sondern Gesetz ist, ist umstritten, ob Körperschaften in ihrer Satzung den Wortlaut der Mustersatzung wiederholen müssen.[41] Um Risiken zu vermeiden, sollte die Mustersatzung das „Gerüst" für die Vereinssatzung sein; die Platzhalter sind entsprechend den inhaltlichen Vorgaben der AO auszufüllen. Dem e.V. ist es unbenommen, über den Text der Mustersatzung hinaus weitere Klauseln frei zu formulieren, solange diese inhaltlich weder im Widerspruch zur AO noch zur Mustersatzung stehen. 23

Um ganz sicher zu gehen, dass die Satzung allen steuerrechtlichen Vorgaben genügt, können die Gründer den Entwurf der Satzung dem Finanzamt zur Prüfung im Rahmen einer verbindlichen Auskunft vorlegen, §§ 89 Abs. 2 AO. Die Satzung muss eingereicht werden, bevor sie beschlossen wird. Allerdings ist die verbindliche Auskunft inzwischen kostenpflichtig, § 89 Abs. 3–5 AO.[42] Die Gebühr wird in entsprechender Anwendung des § 34 GKG grundsätzlich nach dem Gegenstandswert ermittelt. Der Mindestgegenstandswert beträgt 5.000 EUR, was zu einer Gebühr von 121 EUR führt. Der Gegenstandswert bemisst sich nach der steuerlichen Auswirkung des vom Vorstand dargelegten Sachverhalts, Ziff. 4.2.2 AEAO zu § 89. Damit gemeint sind die Mehrsteuern, die entstehen, wenn dem (zukünftige) e.V. die steuerliche Begünstigung versagt wird. Einen konkreten Gegenstandswert zu schätzen ist vor Gründung des e.V. sehr schwer, da kaum abzusehen ist, wie sich der e.V. entwickelt. Deshalb sollte der (zukünftige) Vorstand dem Finanzamt gem. § 89 Abs. 4 S. 4 AO eine Zeitgebühr vorschlagen, wenn der Gegenstandswert auch nicht durch Schätzung ermittelt werden kann. Wenn die Finanzverwaltung von sich aus (bei einer der regelmäßigen Prüfungen des e.V.) entdeckt, dass die Satzung nicht allen steuerlichen Anforderungen gerecht wird, erkennt sie die Gemeinnützigkeit häufig nicht direkt ab, wenn die tatsächliche Geschäftsführung gemeinnützigkeitsrechtlichen Grundsätzen entspricht und der e.V. die aufgedeckten Satzungsmängel zeitnah beseitigt.[43] 24

37 BFH BStBl II 1984 S. 844; 1994 S. 794, 795.
38 BFH BStBl II 1984 S. 844.
39 BFH BStBl II 2003 S. 384 = BB 2003, 1216; Vorinstanz FG Berlin EFG 2002, 519 ff.
40 BFH/NV 1997, 732 (733).
41 Zum Streit *Ullrich,* DStR 2009, 2471 (2472); ausführlich *Tipke/Kruse,* § 60 Rn 2.
42 Die Gebührenpflicht wird im Schrifttum häufig kritisiert, da der Steuergesetzgeber selbst durch immer komplexere Normen eine verbindliche Auskunft erforderlich mache, vgl Tipke/Kruse/*Seer,* § 89 Rn 63; *Reiser/Lahme,* BB 2007, 1361; *Kess/Zillmer,* DStR 2008, 1466; *Blömer,* DStR 2008, 1867.
43 *Buchna,* S. 183.

IV. Mustersatzung für Vereine

25 **Mustersatzung für Vereine**
(nur aus steuerlichen Gründen notwendige Bestimmungen)[44]

§ 1

Der /Die –…(Körperschaft/Verein) mit Sitz in …verfolgt ausschließlich und unmittelbar – gemeinnützige – mildtätige – kirchliche – Zwecke (nicht verfolgte Zwecke streichen) im Sinne des Abschnitts „Steuerbegünstigte Zwecke" der Abgabenordnung.

Zweck der Körperschaft ist …(zB die Förderung von Wissenschaft und Forschung, Jugend- und Altenhilfe, Erziehung, Volks- und Berufsbildung, Kunst und Kultur, Landschaftspflege, Umweltschutz, des öffentlichen Gesundheitswesens, des Sports, Unterstützung hilfsbedürftiger Personen).

Der Satzungszweck wird verwirklicht insbesondere durch …(zB Durchführung wissenschaftlicher Veranstaltungen und Forschungsvorhaben, Vergabe von Forschungsaufträgen, Unterhaltung einer Schule, einer Erziehungsberatungsstelle, Pflege von Kunstsammlungen, Pflege des Liedgutes und des Chorgesanges, Errichtung von Naturschutzgebieten, Unterhaltung eines Kindergartens, Kinder-, Jugendheimes, Unterhaltung eines Altenheimes, eines Erholungsheimes, Bekämpfung des Drogenmissbrauchs, des Lärms, Förderung sportlicher Übungen und Leistungen).

§ 2

Die Körperschaft ist selbstlos tätig; sie verfolgt nicht in erster Linie eigenwirtschaftliche Zwecke.

§ 3

Mittel der Körperschaft dürfen nur für die satzungsmäßigen Zwecke verwendet werden. Die Mitglieder erhalten keine Zuwendungen aus Mitteln der Körperschaft.

§ 4

Es darf keine Person durch Ausgaben, die dem Zweck der Körperschaft fremd sind, oder durch unverhältnismäßig hohe Vergütungen begünstigt werden.

§ 5

Bei Auflösung oder Aufhebung der Körperschaft oder bei Wegfall steuerbegünstigter Zwecke fällt das Vermögen der Körperschaft

a) an – den/die/das …(Bezeichnung einer juristischen Person des öffentlichen Rechts oder einer anderen steuerbegünstigten Körperschaft), – der/die/das – es unmittelbar und ausschließlich für gemeinnützige, mildtätige oder kirchliche Zwecke zu verwenden hat.

oder

b) an eine juristische Person des öffentlichen Rechts oder eine andere steuerbegünstigte Körperschaft zwecks Verwendung für …(Angabe eines bestimmten gemeinnützigen, mildtätigen oder kirchlichen Zwecks, zB Förderung von Wissenschaft und Forschung, Erziehung, Volks- und Berufsbildung, der Unterstützung von Personen, die im Sinne von § 53 Abgabenordnung wegen … bedürftig sind, Unterhaltung des Gotteshauses in …).

V. Selbstlosigkeit und Mittelverwendung (§ 55 AO)

26 **1. Keine eigenwirtschaftlichen Zwecke.** Alle steuerbegünstigten Zwecke müssen **selbstlos** verfolgt werden; die Satzung muss eine entsprechende Vorschrift enthalten (§ 59 S. 1 AO). Unter der Überschrift „Selbstlosigkeit" des § 55 AO sind verschiedene Vorschriften zur **Verwendung der Vereinsmittel** und der Begünstigung von Vereinsmitgliedern und Dritten zusammengefasst. Der Begriff „Mittel" umfasst sämtliche Vermögenswerte, die im Eigentum und in der Verfügungsmacht des e.V. stehen und zur Erfüllung des satzungsmäßigen Zwecks geeignet sind.[45] Dazu zählen alle erzielten Einkünfte, Zuschüsse, Beiträge, Spenden sowie die Wirtschaftsgüter aller Tätigkeitsbereiche.[46]

27 Der Verein darf **nicht in erster Linie eigenwirtschaftliche Zwecke** verfolgen. Er darf also nicht vorrangig seine eigenen wirtschaftlichen Interessen oder die seiner Mitglieder verfolgen, vgl AEAO Nr. 1 zu § 55

44 Anm. d. Verf. Die Vorschriften des BGB und sonstiger Gesetze werden **nicht** berücksichtigt. Bestimmungen, die für einen e.V. nicht relevant sind, werden nicht wiedergegeben.

45 BFH BStBl 1992 II S. 62; BFH/NV 1996, 383; BFH BStBl. II 1998, 711.

46 Klein/*Gersch*, § 55 Rn 4; BFH BStBl. II 1992, S 62.

Abs. 1 Nr. 1.[47] Letzteres darf nur eine Nebenfolge, eine untergeordnete Begleiterscheinung sein.[48] Das ist eine (wenn auch nicht als solche kenntlich gemachte) Durchbrechung des Ausschließlichkeitsgebotes in § 56 AO, wonach eine steuerbegünstigte Körperschaft **ausschließlich** ihre steuerbegünstigten Zwecke verfolgen darf.[49] Besonders Fördervereine, deren Tätigkeit darin besteht, Mittel für andere steuerbegünstigte Körperschaften zu sammeln, laufen Gefahr, wenn sie die Mittel vor allem in wirtschaftlichen Geschäftsbetrieben zusammentragen. Nach Auffassung der Finanzverwaltung soll dies dem e.V. ein wirtschaftliches Gepräge geben, so dass die Eigenwirtschaftlichkeit zu verneinen ist, vgl AEAO Nr. 2 zu § 55 Abs. 1 Nr. 1 AO.[50]

Kritisch ist häufig die Einhaltung des Gebots der Selbstlosigkeit, wenn der e.V. seine Tätigkeit praktisch ausschließlich seinen Mitgliedern zugutekommen lässt und er darüber hinaus keine nennenswerten Aktivitäten zur Verfolgung des steuerbegünstigten Zwecks entfaltet.[51] **28**

Beispiel: Die Mitglieder eines „Vereins zur Förderung des Luftsports" mieteten Flugzeuge zum ermäßigten Umsatzsteuersatz von 7 % statt 16 % vom e.V. (s. Rn 87); der e.V., der selbst keine Flugzeuge besaß, mietete die Flugzeuge seinerseits bei einem Charterunternehmen an. Weitere Aktivitäten zur Förderung des Luftsports (Nachwuchsförderung etc.) fanden nicht statt.[52] Das Finanzgericht kam deshalb zu dem Schluss, dass letztlich die gesamte Aktivität des Vereins den Mitgliedern in Form des ermäßigten Mehrwertsteuersatzes zugutekommen sollte und der e.V. bzw seine Mitglieder also eigennützige Zwecke verfolgten. Daher versagte das Finanzgericht die Gemeinnützigkeit und damit die Anwendung des ermäßigten Umsatzsteuersatzes.

2. Verwendung nur für satzungsmäßige Zwecke. § 55 Abs. 1 Nr. 1 S. 1 AO enthält eine der zentralen Vorschriften für die Mittelverwendung: Der e.V. darf seine Mittel **nur** für die **in der Satzung genannten Zwecke** verwenden. Nach dem eindeutigen Wortlaut der Vorschrift reicht es für die Steuervergünstigung nicht aus, steuerbegünstigte Zwecke zu unterstützen, solange diese nicht in der Satzung festgehalten sind. Möchte ein Verein seinen Tätigkeitsbereich erweitern, muss er deshalb überprüfen, ob diese Erweiterung noch mit der Satzung zu vereinbaren ist, sonst riskiert der e.V. den Verlust seiner Gemeinnützigkeit. **29**

Für die Steuervergünstigung ist nicht nur beachtlich, für welchen Zweck die Mittel verwendet werden, sondern auch, aus welchem Tätigkeitsbereich sie **stammen** und in welchem Tätigkeitsbereich sie **eingesetzt** werden (zur Definition der Tätigkeitsbereiche Rn 53 ff). Alle Überschüsse, egal ob sie im ideellen Bereich, im wirtschaftlichen Geschäftsbetrieb oder in anderen Bereichen anfallen, dürfen nur für die satzungsmäßigen Zwecke verwendet werden.[53] Grundsätzlich gilt, dass die im ideellen Bereich erwirtschafteten Mittel nur in diesem Bereich reinvestiert werden dürfen.[54] Die im steuerpflichtigen wirtschaftlichen Geschäftsbetrieb (vgl Rn 56 ff) erzielten Gewinne dürfen entweder dort verbleiben oder in den ideellen Bereich transferiert werden. Mittel, die aus dem ideellen Bereich stammen, dürfen hingegen grundsätzlich nicht einem wirtschaftlichen Geschäftsbetrieb zugeführt werden.[55] Aus der Buchhaltung muss deshalb eindeutig hervorgehen, welche Mittel in welchem Vereinsbereich verwendet werden. **30**

Der **Verlustausgleich** im wirtschaftlichen Geschäftsbetrieb mit Mitteln des ideellen Bereichs ist grundsätzlich steuerschädlich, AEAO Nr. 4 zu § 55 Abs. 1 Nr. 1.[56] Bei der Ermittlung des Verlusts ist der einheitliche wirtschaftliche Geschäftsbetrieb im Sinne des § 64 Abs. 2 AO maßgeblich; unterhält der e.V. mehrere wirtschaftliche Geschäftsbetriebe, sind deren Ergebnisse also zusammenzufassen. Nur unter enger Voraussetzung ist der Verlustausgleich steuerunschädlich möglich. Gem. AEAO Nr. 6 zu § 55 Abs. 1 Nr. 1 muss der Verlust auf einer Fehlkalkulation beruhen, die Körperschaft innerhalb von zwölf Monaten die dem ideellen Bereich entnommenen Mittel wieder zuführen, und die Mittel dürfen nicht aus folgenden steuerbegünstigten Bereichen stammen: Zweckbetriebe, steuerbegünstigte Vermögensverwaltung oder andere Zuwendungen, die zur Förderung der steuerbegünstigten Zwecke der Körperschaft bestimmt sind.[57] Der Verlustausgleich kann auch durch die Gewährung eines betrieblichen Darlehens erfolgen, wobei Tilgung und Zinsen ausschließlich aus dem steuerpflichtigen wirtschaftlichen Geschäftsbetrieb stammen dürfen, vgl AEAO Nr. 7 zu § 55 Abs. 1 Nr. 1. Ist der Verlust im wirtschaftlichen Geschäftsbetrieb durch Abschreibungen auf gemischt genutzte (im ideellen und wirtschaftlichen Bereich genutzte) Wirtschaftsgüter entstanden, ist dies unter den in AEAO Nr. 5 zu § 55 Abs. 1 Nr. 1 genannten Voraussetzungen ebenfalls steuerunschädlich. **31**

47 BFH BStBl II 1979 S. 482; 1989 S. 670; 1992 S. 62; Klein/*Gersch*, AO, § 55 Rn 2; Tipke/Kruse/*Tipke*, § 55 Rn 2.
48 Tipke/Kruse/*Tipke,* § 55 Rn 2.
49 Tipke/Kruse/*Tipke,* § 55 Rn 1. Ausführlich zur Systematik der §§ 55, 56 AO *Hüttemann,* DStJG 26 (2003), 49 ff.
50 *Lehr,* DStR 2010, 796 speziell zum Förderverein: Zweifelhaft, ob diese Auffassung mit der Rspr des BFH vereinbar ist. Ebenfalls kritisch *Wallenhorst,* DStR 2009, 717.
51 Tipke/Kruse/*Tipke,* § 55 Rn 9; Klein/*Gersch,* § 55 Rn 3; AEAO Nr. 10 zu § 55 Abs. 1 Nr. 1 AO.
52 FG Köln EFG 2003, 422.
53 Tipke/Kruse/*Tipke*, § 55 Rn 8; AEAO Nr. 3 S. 1 u. 2 zu § 55 Abs. 1 Nr. 1 AO.
54 Tipke/Kruse/*Tipke*, § 55 Rn 8.
55 Tipke/Kruse/*Tipke*, § 55 Rn 8.
56 Zum Verlustausgleich bei der Ausgliederung von Zweckbetrieben *Funnemann*, DStR 2002, 2013, 2015.
57 BFH BStBl II 1998 S. 711 = NJW 1997, 1462.

32 Verluste können auch im Bereich der Vermögensverwaltung entstehen, wenn der e.V. (ähnlich wie eine Stiftung) über einen entsprechenden Kapitalstock verfügt.[58]

33 **3. Vergütung, Aufwandsentschädigung und Zuwendungen.** Dass auch die **Mitglieder keine finanziellen Vorteile** aus der Tätigkeit des e.V. ziehen dürfen, legt § 55 Abs. 1 Nr. 1 S. 2 AO fest.[59] Danach dürfen die Mitglieder weder Gewinnanteile noch sonstige Zuwendungen aus den Mitteln der Körperschaft erhalten. Unter den Begriff der Zuwendung fallen wirtschaftliche Vorteile aller Art, die die Körperschaft den Mitgliedern unentgeltlich oder verbilligt durch den Einsatz ihrer Vermögenswerte gewährt.[60]

34 Bei Ausscheiden oder Auflösung des e.V. darf jedes Mitglied maximal seine eingezahlten Kapitalanteile und den gemeinen Wert der geleisteten Sacheinlagen zurückerhalten.

35 Dies bedeutet nicht, dass Mitglieder für geleistete Tätigkeiten nicht entschädigt oder bezahlt werden dürfen; Vergütungen und sog. Aufwandsentschädigungen sind grundsätzlich zulässig. Gemäß § 3 Nr. 26 EStG sind Einnahmen aus der nebenberuflichen Tätigkeit als Übungsleiter, Ausbilder etc. für eine steuerbegünstigte Körperschaft bis zur Höhe von 2.100 EUR pro Jahr steuerfrei (Übungsleiterpauschale).[61]

36 Geht die Vergütung darüber hinaus, müssen die Bezüge versteuert werden. Der **e.V. ist dann als Arbeitgeber** dazu verpflichtet, den Lohnsteuerabzug für seine Arbeitnehmer vorzunehmen, also die Lohnsteuer einzubehalten und abzuführen, §§ 38 Abs. 3 S. 1, 41 a Abs. 1 EStG. Kommt er dieser Verpflichtung nicht nach, kann das zum Verlust der Gemeinnützigkeit führen. Dies gilt auch dann, wenn der Vereinsvorstand von diesem Versäumnis nichts wusste und diese Unkenntnis auf einem Organisationsverschulden (vgl § 31 Rn 8 f) beruht.[62]Die Aufwandsentschädigung muss eine **angemessene Höhe** haben. Übt ein Mitglied seine Tätigkeit laut Satzung ehrenamtlich aus, erhält es aber eine hohe „Aufwandsentschädigung“, die sich der Höhe nach an seiner (uU sehr gut bezahlten) beruflichen Tätigkeit orientiert, liegt ein Verstoß gegen das Gebot der Selbstlosigkeit vor.[63] Gleiches gilt, wenn ein Mitglied zwar eine der Satzung entsprechende Vergütung erhält, diese aber im Vergleich zur tatsächlich aufgewandten Zeit überhöht ist.[64] Zur Beurteilung der Angemessenheit der Vergütungen wird auf die Grundsätze der **Verdeckten Gewinnausschüttung** zurückgegriffen.[65] Der Begriff der Verdeckten Gewinnausschüttung ist gesetzlich nicht definiert. Nach allgemeiner Ansicht werden unter diesen Begriff Vermögensvorteile gefasst, die eine Kapitalgesellschaft ihren Gesellschaftern zuwendet, welche ein ordentlicher und gewissenhafter Geschäftsleiter einem Nichtgesellschafter unter sonst gleichen Voraussetzungen nicht zugewendet hätte.[66] Auf den e.V. übertragen bedeutet dies: Das Vorstandsmitglied erhält vom e.V. eine Vergütung, die höher ist als die Vergütung, die ein externer Dritter für die gleiche Dienstleistung erhalten hätte. Die verdeckte Gewinnausschüttung erhöht die Steuerlast des e.V., da die unangemessen hohen Zahlungen keine Betriebsausgaben und deshalb das Einkommen nicht mindern, § 8 Abs. 3 S. 2 KStG.

37 Tätigt ein Vorstandsmitglied Ausgaben für den e.V. (sei es im eigenen Namen und auf eigene Rechnung oder auf Namen und Rechnung des e.V.) zunächst aus eigener Tasche, darf der e.V. ihm diese Kosten gegen entsprechenden Nachweis ersetzen (§§ 27, 670 BGB), ohne dass dies vom Mitglied zu versteuern wäre. Gerade wenn zahlreiche Kleinbeträge (zB Telefonate) abzurechnen sind, ist dies mit einem hohen Verwaltungsaufwand für beide Seiten verbunden. Allerdings ist eine Pauschalierung zB für Büromaterial, Telefon- und Fahrtkosten zulässig, wenn die Pauschale den tatsächlichen Aufwand offensichtlich nicht übersteigt.[67] Daneben eröffnet § 3 Nr. 26 a EStG dem e.V. die Möglichkeit, dem Vorstandsmitglied eine pauschale steuerfreie Tätigkeitsvergütung von EUR 500 zu zahlen.[68] Jedoch muss diese pauschale Zahlung in der Satzung vorgesehen sein, da die Finanzverwaltung sonst einen Verstoß gegen das Gebot der Selbstlosigkeit annimmt. Falls ein e.V. ohne entsprechenden Passus in der Satzung die Tätigkeitsvergütung auszahlt, gilt eine Übergangsfrist bis zum 31.12.2010. Spätestens mit Ablauf des Jahres 2010 erkennt die Finanzverwaltung die pauschale Tätigkeitsvergütung nur noch an, wenn sie in der Satzung vorgesehen ist.[69]Auch **Zuwendungen und Vergütungen an Dritte** sind grundsätzlich zulässig, doch dürfen diese nicht unverhältnismäßig hoch sein, § 55 Abs. 1

58 *Orth,* DStR 2009, 1397.

59 § 55 Abs. 1 Nr. 2 AO zur Rückzahlung von Kapitalanteilen gilt nur für Kapitalgesellschaften, vgl Tipke/Kruse/*Tipke*, § 55 Rn 12.

60 Klein/*Gersch*, AO, § 55 Rn 15; FG München EFG 1996, 938.

61 Die Erhöhung der Übungsleiterpauschale gilt als politisches Zeichen, die gesellschaftlich wichtige Vereinsarbeit attraktiver zu gestalten, vgl *Hüttemann*, DB 2007, 127, 129.

62 BFH BStBl II 2002 S. 169 = BB 2002, 289. Auch zu weiteren Fallgruppen, bei denen der Verlust der Gemeinnützigkeit wegen Verstoßes gegen die Rechtsordnung droht, *Jansen*, FR 2002, 996; *Becker,* DStR 2010, 953.

63 BFH/NV 2001, 1536, 1537 f.

64 Vgl BFH/NV 2001, 1536, 1538 = DStRE 2001, 1301: 144.000 DM pro Jahr für 4 Tage Arbeit pro Monat!

65 BFH/NV 2001, 1536, 1538 mwN zur BFH-Rspr zur verdeckten Gewinnausschüttung; Tipke/Kruse/*Tipke*, § 55 Rn 10; Klein/*Gersch*, AO, § 55 Rn 15.

66 Schmidt/*Heinicke*, § 20 Rn 61.

67 BMF Schreiben v. 14.10.2009, IV C 4 – S 2121/07/0010, DStR 2009, 2254, 2255.

68 *Kolbe,* DStR 2009, 2465 zu Auslagenersatz, Aufwandsersatz und Vergütungen; *Brouwer,* BB 2010, 865 speziell zu Berufsverbänden.

69 BMF Schreiben v. 14.10.2009, IV C 4 – S 2121/07/0010, DStR 2009, 2254, 2255.

Nr. 3 Alt. 2 AO. Diese Vorschrift bezieht sich auf Nichtmitglieder sowie auf Mitglieder, die nicht in ihrer Eigenschaft als Mitglied tätig sind.[70] Für die Beurteilung der Angemessenheit gilt das zu § 55 Abs. 1 Nr. 1 S. 2 AO Gesagte entsprechend (vgl Rn 58 f).[71]

Die vorgenannten Grundsätze sollen verhindern, dass der e.V. insbesondere für die Geschäftsführer zum „Selbstbedienungsladen aus Spendengeldern" wird und die Mittel zur Verfolgung des steuerbegünstigten Zwecks geschmälert werden.[72] § 55 Abs. 1 Nr. 3 Alt. 1 AO überschneidet sich mit § 55 Abs. 1 Nr. 1 S. 1 AO, da auch hier die Verwendung von Vereinsmitteln – egal woher sie stammen – für nicht satzungsmäßige Zwecke untersagt wird.[73] **38**

4. Zeitnahe Mittelverwendung. Gem. § 55 Abs. 1 Nr. 5 S. 1 AO muss der Verein seine Mittel grundsätzlich zeitnah für seine steuerbegünstigten Zwecke verwenden. Der gemeinnützige e.V. ist keine „Spardose". **Zeitnah** bedeutet, dass der e.V. die Mittel spätestens in dem auf das Jahr des Zuflusses der Mittel folgenden Kalenderjahr bzw Wirtschaftsjahr verwenden muss, § 55 Abs. 1 Nr. 5 S. 3 AO. Die Bildung von **Rücklagen** ist grundsätzlich unzulässig; Ausnahmen sehen die §§ 58 Nr. 6 u. 7 AO vor. Die Bildung freier Rücklagen ist nur bis zu den in § 58 Nr. 7 Buchst. a AO genannten betragsmäßigen Höchstgrenzen möglich. Der e.V. darf demnach ein Drittel seiner Überschüsse aus der Vermögensverwaltung und darüber hinaus 10 % seiner sonstigen zeitnah zu verwendenden Mittel der **freien Rücklage** zuführen.[74] Der e.V. darf gem. § 58 Nr. 6 AO Rücklagen bilden, soweit dies zur nachhaltigen Erfüllung seiner satzungsmäßigen Zwecke erforderlich ist. Insbesondere Vereine, deren Arbeit größere Anschaffungen, wie zB die Errichtung oder den Kauf von Gebäuden, erfordert, machen von der Möglichkeit der Rücklagenbildung Gebrauch. Möchte der e.V. zB ein Altenheim betreiben und zu diesem Zweck ein **Gebäude** anschaffen, darf er hierfür Rücklagen bilden, wenn auf andere Weise der mildtätige Zweck nachhaltig nicht erfüllt werden kann, sog. **zweckgebundene Rücklage**. Hierzu bedarf es eines Beschlusses der Mitgliederversammlung.[75] Noch bevor der e.V. die Rücklage bildet, muss er das zu finanzierende Projekt konkret bestimmen und einen Zeitplan zur Realisierung erstellen.[76] Diese zweckgebundene Rücklage muss auch in der Buchhaltung eindeutig ausgewiesen werden, um der Finanzverwaltung eine einfache Kontrolle zu ermöglichen.[77] Beispielsweise kann eine Rücklage gekennzeichnet werden als „Rücklage für den Bau eines Vereinshauses innerhalb der nächsten 3 Jahre". **39**

Der e.V. kann eine Verlängerung der Frist des § 55 Abs. 1 Nr. 5 S. 3 AO nicht mit der Begründung erreichen, dass die Überlegungen zur Mittelverwendung noch nicht abgeschlossen seien.[78] Er muss deshalb seine zukünftigen Projekte so planen und die Einnahmen so kalkulieren, dass für alle Mittel **rechtzeitig ein passender Verwendungszweck** gefunden wird. Auch darf der e.V. Betriebsmittelrücklagen für periodisch wiederkehrende Ausgaben bilden, wie zB für Löhne, Gehälter und Mieten.[79] Nach einem Urteil des BFH,[80] dem sich inzwischen auch die Finanzverwaltung[81] angeschlossen hat, ist auch die Rücklagenbildung innerhalb eines wirtschaftlichen Geschäftsbetriebes zulässig – allerdings nur unter der engen Voraussetzung, dass „die Gewinnthesaurierung zur Sicherung der Existenz betriebswirtschaftlich notwendig" ist.[82] **40**

Bestimmte Arten von Zuwendungen darf der e.V. seinem Vermögen zuführen, ohne dass für sie das Gebot der zeitnahen Verwendung gilt. Sie sind in **§ 58 Nr. 11 AO** aufgeführt. Dazu zählen unter anderem Zuwendungen von Todes wegen, soweit der Erblasser keine Verwendung für den laufenden Betrieb vorgeschrieben hat, und Zuwendungen aufgrund eines Spendenaufrufs, wenn erkennbar ist, dass sie zur Aufstockung des Vermögens verwendet werden sollen. **41**

AEAO Nr. 27 zu § 55 sieht hierzu besondere Aufzeichnungspflichten vor. Aus der Bilanz[83] bzw der Vermögensaufstellung des e.V. muss deutlich hervorgehen, wie am Ende des Wirtschaftsjahres noch vorhandene Mittel verwendet werden sollen.[84] Sie müssen entweder dem Vermögen oder einer zulässigen Rücklage zugeordnet werden oder sie müssen als Mittel ausgewiesen werden, die im folgenden Wirtschaftsjahr für die satzungsmäßigen Zwecke verwendet werden. Falls Mittel nicht bereits im Jahr des Zuflusses verwendet werden, müssen sie gesondert in einer Nebenrechnung (Mittelverwendungsrechnung) aufgeführt werden.[85] **42**

Siehe Rn 71 ff zum Grundsatz der Vermögensbindung (§ 55 Abs. 1 Nr. 4 AO). **43**

70 Tipke/Kruse/*Tipke*, § 55 Rn 10.
71 Klein/*Gersch*, AO, § 55 Rn 22.
72 Tipke/Kruse/*Tipke*, § 55 Rn 10; Beispiele zur „Mitgliedernützigkeit" H/H/Sp/*Leisner-Egensperger*, § 55 Rn 186.
73 Tipke/Kruse/*Tipke*, § 55 Rn 10; Klein/*Gersch*, § 55 Rn 22.
74 Vgl zur Kapitalbeteiligungsrücklage gem. § 58 Nr. 7 b AO mit Berechnung *Stahlschmidt*, FR 2002, 1109, 1112.
75 *Stahlschmidt*, FR 2002, 1109, 1110.
76 Vgl Klein/*Gersch*, § 58 Rn 10.
77 AEAO Nr. 18 zu § 58 Nr. 6 u. 7; BFH BStBl. II 1979, 496.
78 BMF v. 15.2.2002 (BStBl 2002 I S. 267).
79 *Reichert*, Rn 3263 mit Berechnungsvorschlag.
80 BFH BStBl II 2002 S. 162, 163 = BB 1998, 2295.
81 BMF BStBl I 2002 S. 267.
82 Erläuterungen zu BFH BStBl II 2002 S. 162 = BB 1998, 2295 bei *Stahlschmidt*, FR 2002, 1109, 1112.
83 Ausf. Bilanz bei *Buchna*, S. 131.
84 Allgemein zur Rechnungslegung *Segna*, DStR 2006, 1658; *Vogelbusch*, DB 2006, 1967.
85 Weiterführend *Buchna*, S. 125; zur Mittelverwendungsrechnung ausf. *Thiel*, DB 1992, 1900.

VI. Ausschließlichkeit (§ 56 AO)

44 Aus der Satzung muss sich gem. § 59 S. 1 AO auch ergeben, dass **ausschließlich steuerbegünstigte Zwecke verfolgt** werden. Gibt der e.V. sich eine Satzung, die nur einen ganz eng umrissenen Vereinszweck enthält bzw die sich bei der Verfolgung des Vereinszwecks auf nur wenige Maßnahmen beschränkt, engt der e.V. seinen Handlungsspielraum von vornherein ein. Damit gefährdet ein e.V. seine Steuerbegünstigung, wenn er außerhalb der Satzung liegende Zwecke verfolgt, mögen diese auch steuerbegünstigt sein.[86] Stellt sich später heraus, dass die engen Grenzen der Satzung das Tagesgeschäft zu sehr behindern, ist eine aufwendige Erweiterung der Satzung nötig.

VII. Unmittelbarkeit (§ 57 AO) und Organisationsstruktur

45 Gem. § 57 Abs. 1 S. 1 AO verfolgt der e.V. seine satzungsmäßigen Zwecke unmittelbar, wenn er sie selbst verwirklicht. Der e.V. muss also **selbst tätig werden**.[87] Das Gesetz gibt dem e.V. aber die Möglichkeit, außenstehende Dritte, sog. Hilfspersonen, für sich handeln zu lassen, § 57 Abs. 1 S. 2 AO.[88] Dies ist auch dann zulässig, wenn der e.V. die Handlungen durch seine Organe selbst ausführen könnte.[89] Der e.V. kann sich dritter, auch juristischer Personen, bedienen.[90] Damit dem e.V. das Handeln der Hilfsperson wie eigenes Handeln zugerechnet werden kann, muss der e.V. immer die Fäden in der Hand halten: Die Hilfsperson muss dem e.V. Rechenschaft über all ihre Tätigkeiten und die verwendeten Mittel ablegen, und der e.V. muss seinerseits die Einhaltung der Vereinbarung kontrollieren und dies dokumentieren.[91]

46 § 58 Nr. 2 AO sieht eine Ausnahme vom Gebot der Unmittelbarkeit vor. Danach ist es unschädlich, wenn der e.V. einen Teil seiner Mittel einer anderen steuerbegünstigten Körperschaft zuwendet. Ein steuerbegünstigter Zweck kann also auch dadurch verfolgt werden, dass eine andere steuerbegünstigte Körperschaft mit dem gleichen Ziel unterstützt wird. Eine komplette Zuwendung der eigenen Mittel an eine andere steuerbegünstigte Körperschaft (§ 58 Nr. 1 AO) ist hingegen nur möglich, wenn dies ausdrücklich in der Satzung vorgesehen ist (zB bei Fördervereinen oder Spendensammelvereinen).[92]

47 Aus § 51 S. 3 AO ergibt sich, dass die einzelnen funktionellen Untergliederungen (Abteilungen) des e.V. **keine selbständigen Steuersubjekte** sind. Dies bedeutet, dass die Aktivitäten aller Abteilungen dem e.V. zugerechnet werden. Eine zivilrechtliche Verselbständigung der Abteilungen mit dem Ziel, die in den Gesetzen gewährten Freibeträge mehrfach zu nutzen, verhindert die Zurechnung nicht. So ist es steuerlich unerheblich, wenn ein Sportverein seine unterschiedlichen Sparten wie Tennis, Fußball und Volleyball in zivilrechtlich selbständige Vereine ausgliedert, soweit die ausgegliederte Abteilung weiter eng mit dem Hauptverein verzahnt bleibt und dem Hauptverein untergeordnet ist.[93] Unter welchen Voraussetzungen durch eine **regionale Untergliederung** mehrere Steuersubjekte entstehen, die jeweils die Freigrenzen und -beträge ausnutzen können, regelt ein Erlass des BMF. Die einzelnen Untergliederungen müssen unter anderem über eigene satzungsmäßige Organe verfügen, und ihre Satzungen müssen ebenfalls den gemeinnützigkeitsrechtlichen Vorschriften entsprechen.[94]

D. Tatsächliche Geschäftsführung (§ 59 letzter Hs AO)

48 Die **tatsächliche Geschäftsführung** muss mit der Satzung übereinstimmen. Doch nicht nur für den e.V. kann eine Satzungsverletzung ernsthafte Konsequenzen haben: Ein Vorstandsmitglied kann sich wegen Untreue (§ 266 StGB) strafbar machen, wenn er ein gegen die Satzung verstoßendes Rechtsgeschäft abschließt.[95] Der Vermögensnachteil kann nach der Rechtsprechung in der Gefahr der Aberkennung der Gemeinnützigkeit liegen.

86 *Osterkorn*, DStR 2002, 16, 17.
87 H/H/Sp/*Leisner-Egensperger*, § 57 Rn 4 ff.
88 Tipke/Kruse/*Tipke*, § 57 Rn 1.
89 Tipke/Kruse/*Tipke*, § 57 Rn 1.
90 Zu aktuellen Problemen bei Holding-Strukturen s. *Scherff*, DStR 2003, 727; zur Ausgliederung von Zweckbetrieben *Funnemann*, DStR 2002, 2013.
91 *Funnemann*, DStR 2002, 2013, 2014 f mwN.
92 *Reichert*, Rn 3253. Zum Gebot der Selbstlosigkeit bei Fördervereinen *Lehr*, DStR 2010, 795.
93 Klein/*Gersch*, § 64 Rn 12; Tipke/Kruse/*Tipke*, § 51 Rn 5.
94 BMF-Schreiben vom 18.10.1988 (BStBl 1988 I S. 443) mit weiteren Details.
95 *Lassmann*, NStZ 2009, 473 allgemein zu Strafbarkeitsrisiken im Non-Profit-Bereich.

E. Haftung des Vorstandes

49 Der durch das „Gesetz zur Begrenzung der Haftung von ehrenamtlich tätigen Vereinsvorständen“[96] eingeführte § 31 a Abs. 1 BGB bestimmt, dass ein Vereinsvorstand, dessen jährliche Tätigkeitsvergütung maximal EUR 500 beträgt, dem e.V. selbst sowie dessen Mitgliedern nur für Vorsatz und grobe Fahrlässigkeit haftet, wenn er bei der Wahrnehmung seiner Vorstandspflichten einen Schaden verursacht. Durch diese Haftungsbegrenzung sollen nebenberufliche Vereinsvorstände geschützt werden.[97] Die Vergütungsgrenze von EUR 500 entspricht der maximal steuerfreien Tätigkeitsvergütung des § 3 Nr. 26 a EStG. Bei zivilrechtlichen Schadensersatzansprüchen mag das Gesetz eine Erleichterung für Vereinsvorstände bringen. Die in § 69 AO normierte Haftung des Vertreters für Ansprüche des Fiskus aus dem **Steuerschuldverhältnis** wurde jedoch **nicht eingeschränkt**.[98] Der Vereinsvorstand haftet insoweit für Vorsatz und grobe Fahrlässigkeit. Besonders relevant ist die Haftung für zu Unrecht nicht einbehaltene und abgeführte Lohnsteuer, zu Unrecht ausgestellte Spendenbescheinigungen und die Haftung für KSt, GewSt und USt, wenn sich herausstellt, dass der e.V. zu Unrecht die Vergünstigungen für steuerbefreite Körperschaften in Anspruch genommen hat.

50 Grundsätzlich kann sich ein einzelnes Vorstandsmitglied auch nicht dadurch exkulpieren, dass der Verstoß gegen Steuergesetze sich nicht in seinem Zuständigkeitsbereich ereignete. Umso wichtiger ist es, die steuerlichen Vorgaben von Anfang an einzuhalten und während des laufenden Betriebs die Rechnungslegung im Blick zu halten. Insbesondere die einzelnen Bereiche des e.V. (ideeller Bereich, wirtschaftlicher Geschäftsbetrieb, Zweckbetrieb, Vermögensverwaltung, vgl u. Rn 53 ff) müssen in den Büchern strikt getrennt werden. Hier erfordern die steuerlichen Vorschriften wesentlich mehr Anstrengungen als die zivilrechtlichen Normen. Deshalb sollten bereits die Gründungsmitglieder darauf achten, entsprechende Funktionen zu verteilen und die Einhaltung der steuerrechtlichen Vorschriften laufend zu kontrollieren.[99]

F. Anerkennung als gemeinnütziger e.V.

51 Ein besonderes Anerkennungs*verfahren* ist in der AO **nicht vorgesehen**.[100] Das FA ist vielmehr an die allgemeinen Vorschriften der AO gebunden und kann deshalb keinen Feststellungsbescheid mit dem Inhalt erlassen, dass ein e.V. als gemeinnützig anerkannt wird. Wegen dieser relativ großen verfahrensrechtlichen Freiheit ist es sinnvoll, sich so früh wie möglich mit dem jeweils zuständigen FA in Verbindung zu setzen, um sich die örtlichen Gepflogenheiten erklären zu lassen. Falls das FA zu der Auffassung gelangt, dass die Voraussetzungen der Steuervergünstigung vorliegen, erlässt es einen Steuerbescheid (zB USt- oder KSt-Bescheid), aus dem die Steuerbegünstigung des e.V. hervorgeht.[101] Allerdings kann das FA dem neu gegründeten e.V. eine „vorläufige Bescheinigung“ erteilen, damit er bereits bei Aufnahme seiner Tätigkeit steuerbegünstigt Spenden vereinnahmen kann, AEAO Nr. 4 zu § 59. Das FA muss hierzu die **formelle Satzungsmäßigkeit** feststellen. Besonders wichtig ist diese Bescheinigung für Vereine, die auf Spendengelder angewiesen sind, da sie erst bei Vorliegen der vorläufigen Bescheinigung Zuwendungsbestätigungen erteilen kann (vgl § 10 b Abs. 4 EStG). Insbesondere ein **neu gegründeter Verein** kann mangels Mitgliedern, die regelmäßig Mitgliedsbeiträge zahlen und den e.V. auf andere Weise unterstützen, auf Spenden angewiesen sein. Die Spenden dienen der „Anschubfinanzierung“, und die Spendenbeschaffung ist möglicherweise die einzige Tätigkeit des neu gegründeten Vereins. Trotzdem kann bereits in diesem Stadium der e.V. als steuerbegünstigt anerkannt werden, wenn schon diese vorbereitenden Tätigkeiten ernsthaft auf die Erfüllung eines steuerbegünstigten Zwecks gerichtet sind. Die bloße Absicht, an einem unbestimmten Zeitpunkt in der Zukunft die Satzungszwecke zu verfolgen, genügt jedoch nicht. Die Vorbereitungshandlungen müssen also nachweisbar **zielgerichtet** durchgeführt werden.[102]

52 Das FA soll die Steuerbefreiung spätestens alle drei Jahre überprüfen, AEAO Nr. 7 S. 2 zu § 59. Es versendet in der Regel Fragebögen, um die tatsächliche Geschäftsführung zu überprüfen, und verlangt Aufzeichnungen über Einnahmen und Ausgaben sowie einen Geschäftsbericht.[103] Damit der e.V. belegen kann, dass er die Geschäfte in Übereinstimmung mit der Satzung führt, ist also eine **übersichtliche und vollständige Buch-**

96 BGBl. I 2009, 3161. In Ausnahmefällen können auch Vereinsmitglieder für Verbindlichkeiten des e.V. haften, wenn dieser sich entgegen der Satzung wirtschaftlich betätigt: *Seltmann*, DStR 2008, 1443 zur „Kolpingwerk-Entscheidung“ des BGH v. 10.12.2007, II ZR 239/05, DStR 2008, 363.

97 Vgl *Unger*, NJW 2009, 3269, 3270 f.

98 *Möllmann*, DStR 2009, 2125, 2131; vgl zu den einzelnen Haftungsrisiken *Schießl/Küpperfahrenberg*, DStR 2006, 445.

99 Vgl *Kreutz*, ZRP 2007, 50 zu Corporate-Governance-Systemen bei gemeinnützigen Körperschaften.

100 Klein/*Gersch*, AO, § 59 Rn 3; Tipke/Kruse/*Tipke*, Vor § 51 Rn 6.

101 Tipke/Kruse/*Tipke*, Vor § 51 Rn 6; BFH BStBl. II 1986, S. 677 u. BStBl. II 1997, S. 189, 191.

102 Vgl BFH BStBl II 2003 S. 930.

103 Tipke/Kruse/*Tipke*, Vor § 51 Rn 6.

führung unerlässlich, vgl auch § 63 Abs. 3 AO. Der e.V. trägt nämlich die **Beweislast** für die tatsächlichen Voraussetzungen der Gemeinnützigkeit.[104]

G. Die steuerliche Behandlung von Geschäftsbereichen

53 Ob und wieweit eine bestimmte Tätigkeit eines Vereins steuerlich begünstigt ist, hängt von der Art der Tätigkeit ab. Steuerlich unterscheidet man **vier Tätigkeitsbereiche**: den ideellen Bereich, die Vermögensverwaltung, den wirtschaftlichen Geschäftsbetrieb sowie dessen Teilbereich Zweckbetrieb. Gem. § 64 Abs. 1 AO kann der gemeinnützige Verein sowohl steuerpflichtige als auch steuerbegünstigte Tätigkeitsbereiche nebeneinander haben. Ist also ein Teilbereich steuerpflichtig, bedeutet dies nicht, dass die gesamte Tätigkeit des Vereins steuerpflichtig wird. Die Einzelsteuergesetze sehen für die unterschiedlichen Geschäftsbereiche **verschiedene Besteuerungsformen** vor: In Betracht kommen eine Steuerbefreiung, eine Steuerbegünstigung in Form eines ermäßigten Steuersatzes oder eine volle Steuerpflicht. Die folgende Darstellung geht vor allem auf die wichtigsten Steuerarten ein, nämlich Körperschaftsteuer (KSt), Gewerbesteuer (GewSt) und Umsatzsteuer (USt).[105]

54 Steuerlich erheblich ist auch, zu welchem Zeitpunkt die Voraussetzungen für die Steuerbefreiung vorliegen müssen. Dabei muss zwischen den einzelnen Steuerarten unterschieden werden: Um die Vergünstigungen bei KSt und GewSt zu erlangen, müssen die Voraussetzungen im **gesamten Veranlagungszeitraum** vorliegen.[106] Der e.V. muss also während des gesamten Veranlagungszeitraumes sicherstellen, dass sowohl seine Satzungsbestimmungen als auch seine tatsächliche Geschäftsführung den Anforderungen der AO entsprechen. Für die USt hingegen ist der Zeitpunkt der **Entstehung der Steuer** maßgeblich, also der Zeitpunkt der zu versteuernden Lieferung bzw Leistung des Vereins.[107]

I. Ideeller Bereich

55 Der ideelle Bereich ist **komplett der Besteuerung entzogen**; Einnahmen in diesem Bereich sind von allen Steuern befreit.[108] Eine gesetzliche Definition des ideellen Bereichs existiert nicht. Er lässt sich als „eigentlicher", engster Bereich der förderungswürdigen Tätigkeit umschreiben und muss zum wirtschaftlichen Geschäftsbetrieb (§ 64 AO) einschließlich Zweckbetrieb (§ 65 AO) und der Vermögensverwaltung abgegrenzt werden.[109] Der e.V. tritt im ideellen Bereich nicht als Unternehmer nach außen auf, so dass keine USt anfällt. Auch die Einkünfte aus Vermögensverwaltung sowie die sonstigen Überschüsse unterliegen nicht der KSt und der GewSt. Folgende Einnahmen sind dem ideellen Bereich zuzuordnen: Mitgliedsbeiträge,[110] Spenden, Schenkungen, Erbschaften, Vermächtnisse, Zuschüsse aus öffentlichen Kassen wie Bund, Land und Gemeinden.[111]

II. Wirtschaftlicher Geschäftsbetrieb (§ 64 AO)

56 Neben diesem steuerfreien Bereich unterhält praktisch jeder Verein einen steuerpflichtigen wirtschaftlichen Geschäftsbetrieb. Gem. § 64 Abs. 1 AO iVm § 14 S. 1 AO ist ein wirtschaftlicher Geschäftsbetrieb jede **„selbständige nachhaltige Tätigkeit**, durch die **Einnahmen** oder andere wirtschaftliche Vorteile erzielt werden und die über den Rahmen einer **Vermögensverwaltung hinausgeht"**. Eine Gewinnerzielungsabsicht ist nicht erforderlich (§ 14 S. 2 AO), so dass auch Tätigkeiten, die nur auf Kostendeckung gerichtet sind, zu diesem Bereich zählen.[112] Diese Definition gilt für alle Steuerarten.[113] Eine Unterart des wirtschaftlichen Geschäftsbetriebs ist der steuerfreie Zweckbetrieb (§§ 65–68 AO, vgl Rn 62 ff; zur Abgrenzung von der Vermögensverwaltung vgl Rn 67). Beispiele für den steuerpflichtigen wirtschaftlichen Geschäftsbetrieb sind:[114] selbstbewirtschaftete Vereinsgaststätten, Verkauf von Speisen und Getränken, Bandenwerbung, Veranstaltung von Straßenfesten und geselligen Treffen, stundenweise Vermietung von Sportplätzen an Nichtmitglieder, Verkauf von Trikots, Beteiligung an einer gewerblich tätigen Personengesellschaft.[115]

104 Tipke/Kruse/*Tipke*, Vor § 51 Rn 6.
105 Tipke/Kruse/*Tipke*, § 51 Rn 1.
106 Klein/*Gersch*, § 60 Rn 4.
107 *Buchna*, S. 426.
108 *Reichert*, Rn 3272.
109 Vgl *Reichert*, Rn 3271.
110 Vorsicht bei Golfclubs und ähnlich exklusiven Vereinen: Gefahr der Umsatzsteuerpflicht von Mitgliedsbeiträgen, *Klein*, DStR 2008, 1016. *Becker/Kretzschmann*, DStR 2008, 1985 zum EuGH-Urteil „Kennemer Golf & Country Club".
111 *Reichert*, Rn 3273; *Buchna*, S. 203 mit Übersicht über alle Tätigkeitsbereiche.
112 Klein/*Gersch*, § 14 Rn 12; BFH/NV 1999, 1250; BFH/NV 2002, 1341.
113 Tipke/Kruse/*Tipke*, § 14 Rn 1; H/H/Sp/*Fischer*, § 14 Rn 25.
114 Weitere Beispiele bei Klein/*Gersch*, § 14 Rn 10; H/H/Sp/*Fischer*, § 14 Rn 25 ff.
115 BFH BStBl II 2001 S. 449 = DB 2001, 1231; *Arnold*, DStR 2005, 581 (583 ff).

Die **Einzelsteuergesetze** legen fest, welche steuerlichen Folgen die Unterhaltung eines wirtschaftlichen Geschäftsbetriebs hat. Entgegen dem allgemeinen Grundsatz, dass wirtschaftliche Geschäftsbetriebe steuerpflichtig sind, können sie auch dessen Steuerbefreiung vorsehen.[116] 57

Gem. § 5 Abs. 1 Nr. 9 S. 2 KStG, § 3 Nr. 6 S. 2 GewStG und § 12 Abs. 1 Nr. 8 a S. 2 UStG sind die wirtschaftlichen Geschäftsbetriebe von der **Steuerbefreiung** bzw **-vergünstigung ausgeschlossen**. Dies bedeutet, dass im Bereich des wirtschaftlichen Geschäftsbetriebs **kein Unterschied** zu steuerpflichtigen Körperschaften besteht. Der Umsatzsteuersatz ist im Bereich des wirtschaftlichen Geschäftsbetriebs nicht ermäßigt, § 12 Abs. 2 Nr. 8 a S. 2 UStG. Allerdings sieht § 64 Abs. 3 AO eine Freigrenze für die KSt und GewSt vor. Überschreitet der **Umsatz** im wirtschaftlichen Geschäftsbetrieb **35.000 EUR** pro Jahr (= Kalenderjahr, bei Körperschaften mit vom Kalenderjahr abweichenden Wirtschaftsjahr das Wirtschaftsjahr, AEAO Nr. 14 u. 22 zu § 64 Abs. 3) nicht, fällt keine KSt und GewSt an. Gem. § 64 Abs. 2 AO werden die Umsätze aller wirtschaftlichen Geschäftsbetriebe, die keine Zweckbetriebe (vgl Rn 62) sind, zusammengezählt. Wird diese Grenze überschritten, ist der **gesamte** wirtschaftliche Geschäftsbetrieb körperschaft- und gewerbesteuerpflichtig. Schöpft der e.V. in einem Geschäftsjahr die Freigrenze des § 64 Abs. 3 AO nicht aus, kann er den nicht genutzten Betrag nicht in das nächste Geschäftsjahr übertragen;[117] ein Rücktrag ist ebenfalls nicht möglich. Allerdings gilt für die KSt und GewSt jeweils ein Freibetrag in Höhe von jeweils 5.000 EUR gem. § 24 KStG bzw § 11 Abs. 1 S. 3 Nr. 2 GewStG. 58

Ein e.V. kann die Freibeträge **nicht** dadurch mehrfach in Anspruch nehmen, dass er seine(n) wirtschaftliche(n) Geschäftsbetrieb(e) **auf mehrere selbständige Körperschaften aufteilt**, da dies als Missbrauch rechtlicher Gestaltungsmöglichkeiten im Sinne des § 42 AO gewertet wird, § 64 Abs. 4 AO. Steuerrechtlich gelten die wirtschaftlichen Geschäftsbetriebe deshalb auch nach der Aufteilung als **ein wirtschaftlicher Geschäftsbetrieb**, so dass die Freigrenze des § 64 Abs. 3 AO sowie die genannten Freibeträge **nur einmal** zur Verfügung stehen, § 42 Abs. 1 S. 2 AO. Diese Auf- oder Abspaltung wird nur dann nicht als Missbrauch der Gestaltungsmöglichkeiten angesehen, wenn der e.V. sie aus anderen Gründen als zur mehrfachen Ausnutzung der Freigrenzen durchgeführt hat und diese auch belegen kann. Als mögliche steuerunschädliche Motive kommen zB die Verfolgung unterschiedlicher steuerbegünstigter Zwecke in getrennten Körperschaften oder die Regionalisierung in Betracht.[118] 59

Im Bereich des wirtschaftlichen Geschäftsbetriebs besteht ein Spannungsverhältnis zu den Geboten der Selbstlosigkeit und der Ausschließlichkeit (vgl Rn 26 ff, 44). Das **Gebot der Ausschließlichkeit** darf nicht so missverstanden werden, dass ein steuerpflichtiger wirtschaftlicher Geschäftsbetrieb immer die Steuervergünstigung des Vereins als Ganzes gefährdet. § 64 Abs. 1 AO sieht ausdrücklich vor, dass der Verein nur für den Bereich des wirtschaftlichen Geschäftsbetriebs (**„insoweit“**) seine Steuervergünstigung verliert. Dass der Verein steuerpflichtige Einnahmen und Umsätze hat, begründet keine zweckwidrige Verwendung der Mittel, die das Gebot der Selbstlosigkeit verletzt. Insofern können allerdings Probleme entstehen, wenn der steuerpflichtige Bereich dominierend wird. Dann kann der Eindruck entstehen, dass der Zweck des e.V. nicht mehr in der Verfolgung steuerbegünstigter Zwecke liegt, sondern dass der e.V. wie ein gewerbliches Unternehmen am Markt auftritt. Die Steuerbegünstigung entfällt dementsprechend, „wenn die wirtschaftliche Tätigkeit **bei einer Gesamtbetrachtung [dem e.V.] das Gepräge** gibt“, AEAO zu § 55 Abs. 1 Nr. 1 S. 2. Diese Geprägetheorie führt wegen ihrer Unschärfe in der Praxis zu einer erheblichen Unsicherheit und wird deshalb zu Recht kritisiert.[119] Die Finanzverwaltung stellt derzeit eine quantitative Betrachtung an, bei der Umsätze, Zeit- und Personalaufwand in den einzelnen Bereichen einander gegenübergestellt werden, ohne dass klar ist, wann welches Kriterium den Ausschlag geben soll. Jedenfalls dann, wenn der wirtschaftliche Geschäftsbetrieb einen deutlich größeren Umsatz erwirtschaftet als die anderen Bereiche, ist Vorsicht geboten. 60

Bei der Ermittlung des zu versteuernden Einkommens sind die Einnahmen und Ausgaben zu berücksichtigen, die dem Geschäftsbetrieb zuzuordnen sind, also durch ihn **veranlasst** sind. Ausgaben sind jedoch dann nicht zu berücksichtigen, wenn und soweit sie auch ohne den wirtschaftlichen Geschäftsbetrieb entstanden wären.[120] 61

III. Zweckbetriebe (§ 65 AO)

Viele gemeinnützige Vereine sind auf wirtschaftliche Geschäftsbetriebe zur Verfolgung ihres satzungsmäßigen Zwecks angewiesen. Zum Beispiel ist der Betrieb einer Werkstatt, in der Behinderte im Handwerk ausgebildet werden, sowie der Verkauf der Erzeugnisse ein wirtschaftlicher Geschäftsbetrieb. Wäre dieser jetzt voll steuerpflichtig, hätte der e.V. praktisch keinen Nutzen von den steuerlichen Vergünstigungen; im Ergebnis 62

116 Klein/*Gersch*, AO, § 64 Rn 2.
117 FG Rheinland-Pfalz EFG 1997, 306; Tipke/Kruse/*Tipke*, § 64 Rn 18.
118 Klein/*Gersch*, AO, § 64 Rn 10 ff.
119 Zusammenfassend *Wallenhorst*, DStR 2009, 717; zum Reformbedarf wegen des Europäischen Gemeinschaftsrechts *Musil*, DStR 2009, 2453.
120 BFH/NV 2003, 1391 = DStR 2003, 1616.

wäre er ein normaler gewerblicher Betrieb. Da diese Rechtsfolge nicht der Zielvorstellung des Gesetzes entspräche, sieht die AO den besonderen Tätigkeitsbereich „**Zweckbetrieb**" als **Unterkategorie des wirtschaftlichen Geschäftsbetriebs** vor. Gem. § 64 Abs. 1 AO verliert der Verein die Steuerbegünstigung nicht, *soweit* es sich bei dem wirtschaftlichen Geschäftsbetrieb um einen Zweckbetrieb handelt. Die in den Steuergesetzen angeordnete Steuerpflicht für wirtschaftliche Geschäftsbetriebe gilt also für Zweckbetriebe nicht. Da gerade durch Zweckbetriebe der im öffentlichen Interesse liegende steuerbegünstigte Zweck gefördert wird, muss dieser Bereich steuerfrei gestellt werden.

63 Die in § 65 AO genannten **Eigenschaften eines Zweckbetriebs** lassen sich wie folgt zusammenfassen: Der Zweckbetrieb ist ein „unentbehrlicher Hilfsbetrieb"[121] des Vereins; die wirtschaftliche Tätigkeit selbst und nicht nur die dadurch erzielten Einnahmen dienen dem in der Satzung festgelegten steuerbegünstigten Zweck (§ 65 Nr. 1 und 2 AO).[122] Kumulativ darf die Tätigkeit nicht weiter in den Wettbewerb mit vergleichbaren, nicht steuerbegünstigten Unternehmen eingreifen, als es zur Erfüllung des begünstigten Zwecks unvermeidbar ist (§ 65 Nr. 3 AO). Diese drittschützende Norm[123] schützt schon den potenziellen Wettbewerb.[124] In den §§ 66–67 a AO werden die Besonderheiten für Zweckbetriebe der Wohlfahrtspflege, Krankenhäuser und sportliche Veranstaltungen genannt. § 68 AO zählt dann einzelne Zweckbetriebe auf („Zweckbetriebe sind auch…").

64 In der Praxis ungeklärt war bis zu einer Entscheidung des BFH[125] das Verhältnis von § 68 AO zu § 65 Nr. 3 AO. Der BFH hat entschieden, dass § 68 AO dem § 65 AO vorgeht mit der Konsequenz, dass bei einem in § 68 AO genannten Zweckbetrieb eine über das für die Erfüllung des steuerbegünstigten Zwecks erforderliche Maß hinausgehende **Wettbewerbsbeeinträchtigung hinzunehmen** ist. Das FG hatte diese Frage in der Vorinstanz[126] ausdrücklich offen gelassen. Seiner Entscheidung lag die auch nach der Revision noch gültige Überlegung zugrunde, dass der Staat grundsätzlich zur Wettbewerbsneutralität verpflichtet sei und eine steuerliche Bevorzugung einzelner Wettbewerber nur dann gerechtfertigt sei, wenn das Interesse der Allgemeinheit an der Förderung des steuerbegünstigten Zwecks überwiegt. Der Gesetzgeber hat also abschließend entschieden, dass dies für die in § 68 AO genannten Zweckbetriebe der Fall ist.

65 Für die einzelnen Steuerarten ergeben sich folgende Konsequenzen: Sowohl Körperschaft- als auch Gewerbesteuer fallen in Zweckbetrieben **nicht** an. Umsätze sind nach allgemeinen Grundsätzen umsatzsteuerbar, allerdings nur mit dem **ermäßigten Steuersatz** von 7 %, § 12 Abs. 2 Nr. 8 a S. 1 UStG.

66 Die Rspr hat in den letzten Jahren eine zunehmend kritischere Position gegenüber gemeinnützigen Körperschaften eingenommen.[127] Insbesondere die Zweckbetriebe stehen im Fokus der Rspr. So verneinte der BFH in einem viel beachteten obiter dictum die Zweckbetriebseigenschaft von Krankentransporten und Rettungsdiensten[128] und bewertete die Veranstaltung von Trabrennen als wirtschaftlichen Geschäftsbetrieb.[129] Auch sog. Selbstversorgungsbetriebe wie Wäschereien in einem Krankenhaus sind in den Fokus des BFH geraten („Wäscherei-Urteil"): Erbringt ein Zweckbetrieb dauerhaft Leistungen an fremde Dritte, soll dies zu einem steuerpflichtigen Geschäftsbetrieb führen, selbst wenn die 20 %-Grenze des § 68 Nr. 2 b AO nicht erreicht wird: Dies sei als planmäßiges Vorhalten von Überkapazitäten zu werten und widerspreche dem Grundsatz, dass der Zweckbetrieb vor allem der steuerbegünstigten Körperschaft selbst dienen müsse. Die steuerbegünstigte Körperschaft trete dauerhaft in den Wettbewerb mit normalen Gewerbebetrieben, so dass eine Steuerbefreiung insoweit nicht gerechtfertigt sei.[130] Die Entscheidung des BFH, dass die entgeltliche Schulspeisung umsatzsteuerbar und umsatzsteuerpflichtig sei, löste auch in der Tagespresse heftige Reaktionen aus.[131] Ein e.V. sollte sich deshalb frühzeitig mit dieser Problematik auseinandersetzen, wenn er Umsätze erzielt, mit denen er in Konkurrenz zu gewerblichen, steuerlich nicht begünstigten Unternehmen tritt.

IV. Vermögensverwaltung

67 § 14 AO grenzt den wirtschaftlichen Geschäftsbetrieb von der Vermögensverwaltung ab. Dieser Bereich ist **nicht steuerpflichtig**. Gem. § 14 S. 3 AO liegt eine Vermögensverwaltung in der Regel dann vor, „wenn Vermögen genutzt, zum Beispiel Kapitalvermögen **verzinslich angelegt** oder **unbewegliches Vermögen**

121 Vgl Tipke/Kruse/*Tipke*, § 65 Rn 3.
122 BFH BStBl 1995 II S. 767.
123 BFH BStBl 1998 II S. 63 = DB 1998, 347.
124 BFH BStBl II 1998 S. 63; BMF BStBl I 2000 S. 1548.
125 BFH/NV 2003, 1458 = DB 2003, 2222 (Ls).
126 FG Schleswig-Holstein EFG 2002, 739 (740).
127 *Schauhoff/Kirchhain*, DStR 2008, 1713 mit Verweis auf BFH BStBl. II 2007, 628 = DStR 2007, 938 (Tätigkeit einer Hilfsperson); BFH BStBl. II 2007, 808 = DStR 2007, 1438 (Verlust der Gemeinnützigkeit einer insolventen Körperschaft im Abwicklungszeitraum). Zum letztgenannten Urteil vgl AEAO Nr. 6 zu § 51; *Dehesselles,* DStR 2008, 2050. Kritisch zur Entwicklung der Rspr *Seeger/Brox,* DStR 2009, 2459.
128 BFH, I R 30/06, DStR 2008, 920.
129 BFH, I R 15/07, DStR 2009, 1089.
130 BFH, V R 46/06, BStBl. II 2009, 560. Dazu *Seeger/Brox*, DStR 2009, 2459.
131 BFH, V R 47/07, DStRE 2009, 871. Dazu *Dorau,* DStR 2009, 1570; *Dorau/Heidler,* DStR 2008, 702.

vermietet oder verpachtet wird". Das Gesetz enthält nur typische Beispiele der Vermögensverwaltung. Die Vermögensverwaltung ist nach allgemeiner Auffassung die Nutzung von Wirtschaftsgütern durch Fruchtziehung und nicht durch Umschichtung.[132] Beispiele für die Vermögensverwaltung sind: Verpachtung der Vereinsgaststätte, Überlassung von Patenten, Lizenzen und Know-how sowie Werberechten, Erträge aus Sparguthaben sowie Veräußerung von Wertpapieren.[133] Besonders problematisch ist die Beteiligung an wirtschaftlich tätigen Gesellschaften, seien es Personen- oder Kapitalgesellschaften.[134] Verpachtet der Verein seine zuvor selbst betriebene Vereinsgaststätte, ist die Vereinsgaststätte nicht mehr wirtschaftlicher Geschäftsbetrieb, sondern Vermögensverwaltung. Ein solcher Schritt wird steuerlich als „Betriebsaufgabe" gesehen. Diese Überführung in einen steuerfreien Bereich hat die Versteuerung des Aufgabegewinns zur Folge, vgl § 13 KStG.

V. Steuerbescheide

Es gibt keinen Steuerbescheid, der verbindlich für alle Steuerarten festlegt, dass ein e.V. als gemeinnützig **68** anerkannt ist (vgl Rn 51). Vielmehr ist den einzelnen Steuerbescheiden zu entnehmen, ob und in welchem Umfang die Finanzverwaltung dem e.V. eine Steuervergünstigung zuerkennt. Ergeht zB ein Körperschaftsteuerbescheid über „0 EUR", so bedeutet dies, dass das FA von einer **Körperschaftsteuerpflicht** ausgeht. Dies ist korrekt im Rahmen des wirtschaftlichen Geschäftsbetriebs; aus dem Bescheid muss sich auch ergeben, dass das Finanzamt die entsprechende Freigrenze aus § 64 Abs. 3 AO bzw den Freibetrag aus § 24 KStG berücksichtigt hat. Bezieht sich dieser Bescheid jedoch auf einen Zweckbetrieb, ist er rechtswidrig, da Zweckbetriebe von der Körperschaftsteuer befreit sind. Gegen diesen Bescheid ist der Einspruch bzw im Weiteren die Anfechtungsklage zulässig, da der Verein bereits durch die Feststellung der Steuerpflicht beschwert ist. Eine Beschwer in Form einer Zahlungsverpflichtung ist also nicht erforderlich.[135]

H. Mittelbeschaffung durch Spenden

Spenden stellen neben den Mitgliedsbeiträgen in der Regel die wichtigste Einnahmequelle eines gemeinnüt- **69** zigen Vereins dar. Dabei haben Spenden sowohl für den Spender als auch für die bedachte Körperschaft Vorteile: Für den e.V. stellen Spenden **keine steuerpflichtige Einnahme** dar.[136] Der Spender kann Spenden an steuerbegünstigte Körperschaften unter den Voraussetzungen des § 10 b EStG in seiner Einkommensteuer als Sonderausgaben geltend machen. So sollen Steuerpflichtige zu privatem, uneigennützigem Handeln angeregt werden.[137] Seit 2007 gibt es beim Sonderausgabenabzug keine Unterscheidung mehr zwischen „besonders förderungswürdigen" und anderen steuerbegünstigten Körperschaften: Es kommt nur darauf an, dass der Spendenempfänger überhaupt als steuerbegünstigt anerkannt ist.[138]

Unter **Spenden** versteht man freiwillige und unentgeltliche Geld- und Sachzuwendungen (Ausgaben), die das **70** geldwerte Vermögen des Zuwendenden mindern; es muss sich also um ein freiwilliges Vermögensopfer handeln.[139] Die Spende muss unentgeltlich, also ohne Gegenleistung, erfolgen; eine Spende darf also nicht ein verstecktes Entgelt für eine Leistung des e.V. sein.[140] Sachspenden aus dem Privatvermögen werden dabei mit dem gemeinen Wert angesetzt.[141] Voraussetzung für den Spendenabzug ist weiterhin eine Spendenbestätigung, die die inhaltlichen und formellen Anforderungen des amtlichen Vordrucks erfüllen muss.[142] Beim Spendenabzug trägt der e.V. das Haftungsrisiko gem. § 10 b Abs. 4 S. 2 EStG. Der **gutgläubige** Spender genießt dabei Vertrauensschutz; auch wenn die Spendenbestätigung zu Unrecht ausgestellt wurde, zB weil der Spendenempfänger gar nicht steuerbegünstigt ist. Der e.V. haftet gem. § 10 b Abs. 4 S. 2 EStG, wenn er vorsätzlich oder grob fahrlässig eine falsche Spendenbestätigung ausgestellt hat.

132 Klein/*Gersch,* § 14 Rn 13; Tipke/Kruse/*Tipke,* § 14 Rn 12; BFH BStBl. II 1980, 106; 88, 277; 91, 66; 92, 693.

133 Weitere Beispiele bei *Reichert,* Rn 3276 ff; *Buchna,* S. 209; Tipke/Kruse/*Tipke,* § 64 Rn 11.

134 *Arnold,* DStR 2005, 581 mit Gestaltungsbeispielen.

135 BFH BStBl II 1995 S. 134 = BB 1995, 498; 2000, 325 = BB 2000, 599; FG Schleswig-Holstein EFG 2002, 739.

136 Insbesondere ist eine Spende an steuerbegünstigte Körperschaften nicht schenkungsteuerpflichtig, § 13 Abs. 1 Nr. 16 lit. b) ErbStG. Zur Besteuerung von Spenden auch an nicht steuerbegünstigte Vereine *Eggers,* DStR 2007, 1752.

137 BFH BStBl II 1993 S. 874 = NJW 1994, 1175.

138 Vgl *Hüttemann,* DB 2007, 2053, 2056.

139 BFH BStBl II 1989 S. 879; 1991 S. 690.

140 L. Schmidt/*Wacker,* § 10 b EStG Rn 15.

141 L. Schmidt/*Wacker,* § 10 b EStG Rn 2 auch zur Bewertung von Spenden aus Betriebsvermögen.

142 Zu den Erleichterungen des Spendennachweises gem. § 50 II EStDV vgl *Hüttemann,* DB 2007, 2053 (2058).

I. Die Auflösung des gemeinnützigen e.V.

71 Die Vermögensverwendung für steuerbegünstigte Zwecke muss über den Bestand des Vereins hinaus in der Satzung geregelt werden. Gem. § 55 Abs. 1 Nr. 4 AO darf das Vermögen der Körperschaft nach ihrer Auflösung oder Aufhebung bzw dem Wegfall des bisherigen Zwecks der steuerbegünstigten Körperschaft nur für steuerbegünstigte Zwecke verwendet werden. § 61 AO konkretisiert die Anforderungen an die **satzungsmäßige Vermögensbindung**. Die Satzung muss so genau bestimmt sein, dass aufgrund der Satzung überprüft werden kann, ob der beschlossene Verwendungszweck steuerbegünstigt ist, § 61 Abs. 1 AO. Die Satzung kann hierzu entweder den genauen Verwendungszweck festlegen **oder** an welche (genau zu benennende) steuerbegünstigte Körperschaft das Vermögen übertragen werden soll.[143] Wenn eine konkrete Körperschaft benannt wird, muss diese auch zum Zeitpunkt der Übertragung des Vermögens steuerbegünstigt sein.[144] Deshalb empfiehlt es sich, neben einer bestimmten Körperschaft auch einen allgemeinen Verwendungszweck zu nennen, der dann eingreift, wenn die genannte Körperschaft zum Zeitpunkt der Zuwendung nicht mehr existiert bzw nicht mehr steuerlich begünstigt sein sollte.

72 Ein Verstoß gegen das Gebot der satzungsmäßigen Vermögensbindung zieht schwerwiegende Konsequenzen nach sich: Wegen einer nachträglichen Veränderung der Satzung mit der Folge, dass die Anforderungen an die satzungsmäßige Vermögensbindung nicht mehr erfüllt sind, gilt die Satzung **von Anfang an** als steuerlich nicht ausreichend, § 61 Abs. 3 S. 1 AO. Dadurch soll verhindert werden, dass steuerfrei angesammeltes Vermögen und Wertsteigerungen für nicht begünstigte Zwecke verwendet werden (zB durch Verteilung an die Mitglieder).[145] Es kommt zu einer **Nachversteuerung für die letzten zehn Jahre** vor der § 55 Abs. 1 Nr. 4 AO verletzenden Satzungsänderung. Dabei gilt die Satzungsänderung erst ab Eintragung in das Vereinsregister als steuerschädlich.[146]

73 Nach dem Wortlaut des § 61 Abs. 1 AO muss die **Satzung für alle Fälle des § 55 Abs. 1 Nr. 4 AO** eine **Klausel zur Mittelverwendung** enthalten. Dies soll nach einer Entscheidung des FG Hamburg für diejenigen Varianten nicht gelten, deren Verwirklichung so fern liegt, dass die Gründungsmitglieder hiermit vernünftigerweise nicht rechnen mussten.[147] Das FA hatte in dem der Entscheidung zugrunde liegenden Fall die Steuerbegünstigung abgelehnt, da die Satzung keine Bestimmung über die Vermögensverwendung bei Wegfall des bisherigen Vereinszwecks enthielt. Da es im vorliegenden Fall sehr unwahrscheinlich sei, dass der Vereinszweck jemals tatsächlich objektiv entfällt (Förderung der Systematischen und Vergleichenden Musikwissenschaft im In- und Ausland), müssten diese Varianten in der Satzung nicht berücksichtigt werden. UE geht diese Entscheidung zu weit. Das Gebot der satzungsmäßigen Vermögensbindung wurzelt in der Überlegung, dass steuerbegünstigt erworbenes Vermögen nur steuerbegünstigt eingesetzt werden darf, auch wenn eine andere Körperschaft das Vermögen übernimmt.[148] Ob die Erreichung des steuerbegünstigten Vereinszwecks sehr unwahrscheinlich ist, hat hiermit in der Sache nichts zu tun. Zudem ist bei den meisten gemeinnützigen Zwecken sehr unwahrscheinlich, dass sie erreicht werden. Man kann schwerlich abstrakt festlegen, wann Zweckerreichung gegeben sein soll, zB wann es keiner Förderung der Kunst mehr bedarf, und welche Wahrscheinlichkeit genau genügen soll, damit die Zweckerreichung als unwahrscheinlich gilt. Deshalb sollte für jeden Fall Vorsorge getroffen sein. Der Einfachheit halber kann in jeder Fallgruppe dieselbe steuerbegünstigte Körperschaft bzw derselbe Verwendungszweck genannt werden.

§ 22 Wirtschaftlicher Verein

[1]Ein Verein, dessen Zweck auf einen wirtschaftlichen Geschäftsbetrieb gerichtet ist, erlangt in Ermangelung besonderer bundesgesetzlicher Vorschriften Rechtsfähigkeit durch staatliche Verleihung. [2]Die Verleihung steht dem Land zu, in dessen Gebiet der Verein seinen Sitz hat.

Literatur: S. bei § 21 und bei Vorbemerkungen zu §§ 21 ff.

143 Vgl Klein/*Gersch*, § 61 Rn 1.
144 FG Nürnberg DStRE 2008, 524, Rev. anhängig BFH I B 186/07.
145 Tipke/Kruse/*Tipke*, § 61 Rn 3.
146 BFH DB 2001, 1538.
147 FG Hamburg DStRE 2003, 634 rkr.
148 Vgl H/H/SP/*Fischer*, § 61 Rn 2.

A. Allgemeines

Ist der Zweck eines Vereins auf einen wirtschaftlichen Geschäftsbetrieb gerichtet, erlangt er mangels Einschlägigkeit besonderer bundesgesetzlicher Vorschriften (AktG, GmbH, GenG, VAG) die Eintragung nur durch staatliche Verleihung. Diese ist nur zulässig, wenn es für die Vereinigung wegen besonderer Umstände unzumutbar ist, sich als AG, GmbH, VVaG oder Genossenschaft zu organisieren.[1] In jüngerer Zeit wird allerdings mitunter für eine Öffnung des § 22 für neue Anwendungsfälle plädiert; so sieht *Reuter* als Anwendungsfälle des § 22 Profisportvereine und Wirtschaftsvereine, „deren Unternehmensgegenstand der ‚Dienst am Menschen' ist".[2] In der Praxis spielt die Konzessionierung bislang nur eine ganz unbedeutende Rolle.[3] Daher sah der nicht weiterverfolgte Reformentwurf des Bundesjustizministeriums vor, § 22 aus dem BGB zu streichen (vgl Vor § 21 Rn 24).[4] Hintergrund des Konzessionssystems ist, dass die §§ 21 ff keine besonderen Schutzvorschriften zugunsten der Vereinsgläubiger und allgemein des Rechtsverkehrs enthalten, die aber für den wirtschaftlichen Verein unverzichtbar sind.[5] 1

B. Regelungsgehalt

I. Voraussetzungen der Verleihung der Rechtsfähigkeit

Der Verein (vgl Vor § 21 Rn 10) muss auf einen wirtschaftlichen Geschäftsbetrieb gerichtet sein (vgl § 21 Rn 22 ff). Wirtschaftliche Vereine haben keinen Anspruch auf staatliche Verleihung der Rechtsfähigkeit. Ihnen steht nur ein Anspruch auf **fehlerfrei ausgeübtes Ermessen** zu.[6] Mindestvoraussetzung für die Verleihung ist, dass es dem Verein ausnahmsweise unzumutbar ist, auf die Vereinsformen des Handelsrechts (AG, GmbH, etc.) verwiesen zu werden.[7] 2

In der Praxis (vgl Rn 1) spielt der wirtschaftliche Verein nur eine Rolle, wo durch Gesetz oder Erlasse Verleihungen nach § 22 vorgesehen sind: bei Verwertungsgesellschaften und Lohnsteuerhilfeverein, Rabattsparverein und bei den im Marktstrukturgesetz und im Bundeswaldgesetz geregelten Erzeugergemeinschaften und -zusammenschlüssen.[8] 3

II. Verfahren und Zuständigkeit

Zuständig für die Verleihung sind regelmäßig höhere Verwaltungsbehörden, was sich nach Landesrecht bestimmt (vgl Art. 82 EGBGB).[9] Das Verfahren richtet sich nach den Verwaltungsverfahrensgesetzen der Länder. Die Verleihungsbehörde prüft ähnlich wie ein Registergericht sämtliche Voraussetzungen, von denen die Erlangung der Rechtsfähigkeit abhängt. Die Verleihung ist ein begünstigender Verwaltungsakt, dem nach hM Auflagen beigefügt werden können, die die Widerruflichkeit der Verleihung begründen können.[10] Durch die Verleihung der Rechtsfähigkeit ändert sich nicht die Identität des Vorvereins, der mit dem rechtsfähigen wirtschaftlichen Verein identisch ist (vgl § 21 Rn 7 ff). Der Rechtsschutz richtet sich nach der VwGO.[11] 4

§ 23 (aufgehoben)

§ 23 ist durch das Vereinsrechtsänderungsgesetz vom 24.9.2009 mit Wirkung zum 30.9.2009 aufgehoben worden.[1] Damit ist die Möglichkeit, einem ausländischen Verein Rechtsfähigkeit zu verleihen – wobei es sich ohnehin um totes Recht handelt – entfallen. Gem. Art. 229 § 12 EGBGB bleiben die Vereine, denen nach § 23 die Rechtsfähigkeit verliehen wurde, auch zukünftig rechtsfähig. Auf sie sind § 33 Abs. 2 aF und § 44 aF weiter anzuwenden. 1

Der Gesetzesentwurf der Bundesregierung zur Aufhebung des § 23 ist im Wesentlichen wie folgt begründet:[2] Ausländische Vereine mit Sitz im Ausland, die nach ihrem Heimatrecht rechtfähig seien, seien auch in 2

1 BVerwG NJW 1979, 2261, 2265 = MDR 1979, 959.
2 MüKo/*Reuter*, §§ 21, 22 Rn 53 f.
3 *K. Schmidt*, GesR, 4. Aufl. 2002, § 24 II 2 a.
4 Entwurf, Art. 1 Nr. 3, S. 3 (unveröffentlicht); vgl auch *Arnold*, DB 2004, 2143.
5 Palandt/*Ellenberger*, § 21 Rn 1.
6 Staudinger/*Weick*, 21 Rn 3; *K. Schmidt*, GesR, 4. Aufl. 2002, § 24 II 2 b; diff. MüKo/*Reuter*, §§ 21, 22 Rn 74 f.
7 BVerwG NJW 1979, 2261, 2265 = MDR 1979, 959; BGHZ 85, 89 = WM 1983, 394; *K. Schmidt*, NJW 1979, 2239.
8 *K. Schmidt*, GesR, 4. Aufl. 2002, § 24 II 2 b; Bamberger/Roth/*Schwarz*, § 22 Rn 5.
9 Vgl die Übersichten bei Staudinger/*Weick*, § 22 Rn 8; MüKo/*Reuter*, §§ 21, 22 Rn 73; Soergel/*Hadding*, § 22 Rn 48.
10 *Reichert*, Rn 279; Staudinger/*Weick*, § 22 Rn 6; MüKo/*Reuter*, §§ 21, 22 Rn 76.
11 Vgl zum Verfahren Bamberger/Roth/*Schwarz*, § 22 Rn 7 ff; Staudinger/*Weick*, § 22 Rn 5 f; *Reichert*, Rn 207 ff.

1 BGBl. I 20009, 3145.
2 BT-Drucks. 16/12813, S. 10.

Deutschland nach den Grundsätzen des IPR rechtsfähig. § 23 BGB aF vergleichbare Regelungen für andere juristische Personen habe es (außer bei der Stiftung) nicht gegeben. Auch für Vereine und Stiftungen habe die Möglichkeit der Verleihung der Rechtsfähigkeit im Inland „nur geringe praktische Bedeutung". Da eine partielle Rechtsfähigkeit in Deutschland für ausländische Vereine und Stiftungen zu Wertungswidersprüchen mit deren Heimatrecht führen könne, sei § 23 BGB aF aufzuheben.

Vgl zur Kommentierung des § 23 aF die 1. Aufl.

§ 24 Sitz

Als Sitz eines Vereins gilt, wenn nicht ein anderes bestimmt ist, der Ort, an welchem die Verwaltung geführt wird.

Literatur: *Grossfeld*, Die Anerkennung der Rechtsfähigkeit der juristischen Person, RabelsZ 31 (1967), 1; *Jaeger*, Die kollisionsrechtliche, fremdenrechtliche und europarechtliche Stellung der Idealvereine und ihrer Mitglieder, 1981; *v. d. Seipen*, Zur Bestimmung des effektiven Verwaltungssitzes im Internationalen Gesellschaftsrecht, IPRax 1986, 91. S.a. bei Vorbemerkungen zu §§ 21 ff.

A. Allgemeines

1 Der Sitz einer juristischen Person ist erheblich für den Gerichtsstand nach § 17 ZPO, die Zuständigkeit gem. §§ 21, 22, 23, 25, 44, 45 Abs. 3, 55 Abs. 1, die Reichweite des Namensschutzes gem. § 57 Abs. 2 und das auf den Verein anzuwendende Recht.[1] Vgl zur Frage, ob für die Anknüpfung im IPR der tatsächliche Sitz der Hauptverwaltung maßgebend ist, Anhang zu Art. 12 EGBGB Rn 30 ff. Vom Sitz des Vereins im Sinne des BGB zu unterscheiden ist der im Steuerrecht maßgebende Ort der Geschäftsleitung gem. § 10 AO.[2]

B. Regelungsgehalt

2 § 24 bestätigt, dass der Grundsatz der freien Sitzwahl gilt („wenn nichts anderes bestimmt ist").[3] Bis zur Grenze des Missbrauchs (wofür ein Indiz ist, dass der Verein unter seinem satzungsmäßigen Sitz nicht erreichbar ist)[4] kann der Verein auch einen fiktiven Satzungssitz wählen.[5]

3 Der Sitz muss bestimmt, also eindeutig festgelegt werden, zB nach dem Namen einer politischen Gemeinde. Daher scheidet es zB aus, den Vereinssitz nach dem jeweiligen Wohnort des 1. Vorsitzenden festzulegen.[6]

4 Sehr streitig, aber praktisch nicht besonders relevant ist die Frage, ob ein Verein einen **Doppelsitz** haben kann.[7]

5 Rechtsfähige nicht wirtschaftliche und wirtschaftliche Vereine müssen den **Sitz in der Satzung festlegen** (§ 57 Abs. 1 für den Idealverein).

6 Ist kein satzungsmäßiger Sitz festgelegt oder ist die Festlegung unwirksam, bestimmt § 24 den Verwaltungssitz als Vereinssitz. Als Sitz ist dann der Ort maßgebend, an dem Organe des Vereins, insbesondere der Vorstand, überwiegend tätig werden (zB Vereinsgeschäftsstelle).[8]

7 Die **Verlegung des Vereinssitzes** bedarf einer Satzungsänderung und Eintragung/Genehmigung (vgl §§ 71, 33 Abs. 2).[9] Anders als bei der AG in § 35 AktG und im Handelsrecht nach § 13 c HGB regelt das BGB-Vereinsrecht den verfahrensmäßigen Ablauf nicht ausdrücklich. Zutreffend geht § 6 VRV von einer entsprechenden Geltung der §§ 13 c HGB und 45 AktG aus: Danach ist die Verlegung beim Registergericht des bisherigen Sitzes anzumelden; dieses prüft lediglich die formelle Ordnungsmäßigkeit der Anmeldung, und es teilt die Anmeldung dem Registergericht des neuen Sitzes mit, das die Eintragung materiell prüft und vor-

1 BGHZ 53, 181, 183 = DB 1970, 441 = NJW 1970, 998.
2 Vgl dazu *Tipke/Kruse*, AO, § 10 Rn 2; *Klein*, AO, 8. Aufl. 2003, § 10 Rn 2, § 11 Rn 3.
3 RG JW 1918, 305; BayObLGZ 1930, 104; Palandt/*Ellenberger*, § 24 Rn 2; Bamberger/Roth/*Schwarz*, § 24 Rn 4.
4 BayObLGZ 1987, 267; OLG Köln BB 1983, 1065; *Reichert*, Rn 391 f; Bamberger/Roth/*Schwarz*, § 24 Rn 4.
5 LG Berlin NZG 1998, 782 = NJW-RR 1999, 335.
6 Palandt/*Ellenberger*, § 24 Rn 2; MüKo/*Reuter*, § 24 Rn 5; *Sauter/Schweyer/Waldner*, Rn 66.
7 Bamberger/Roth/*Schwarz*, § 24 Rn 6; MüKo/*Reuter*, § 24 Rn 6 f; Staudinger/*Weick*, § 24 Rn 10; *Reichert*, Rn 292; vgl OLG Hamburg MDR 1972, 417.
8 Bamberger/Roth/*Schwarz*, § 24 Rn 7; Soergel/*Hadding*, § 24 Rn 2; MüKo/*Reuter*, § 24 Rn 2.
9 Vgl MüKo/*Reuter*, § 24 Rn 8; *Reichert*, Rn 393 f; Palandt/*Ellenberger*, § 24 Rn 3; Bamberger/Roth/*Schwarz*, § 24 Rn 8, dort auch zu Fragen der Zuständigkeit der registerlichen Abwicklung sowie der Frage des Verlustes der Rechtsfähigkeit eines wirtschaftlichen Vereins bei Sitzverlegung in ein anderes Bundesland.

nimmt.[10] Vgl zur Sitzverlegung eines deutschen Vereins ins Ausland und eines ausländischen Vereins ins Inland Vor § 21 ff Rn 17.[11]

§ 25 Verfassung

Die Verfassung eines rechtsfähigen Vereins wird, soweit sie nicht auf den nachfolgenden Vorschriften beruht, durch die Vereinssatzung bestimmt.

Literatur: *Arnold*, Satzungsvorbehalt für Vorstandsvergütung bei Vereinen und Stiftungen?, FS Reuter, 2010; S. 3 ff.; *Ballerstedt*, Mitgliedschaft und Vermögen beim rechtsfähigen Verein, in: FS Knur 1972, S. 1; *Bartodziej*, Ansprüche auf Mitgliedschaft in Vereinen und Verbänden, ZGR 1991, 517; *Benecke*, Der Ausschluss aus dem Verein, WM 2000, 1173; *Beuthien*, Die richterliche Kontrolle von Vereinsstrafen und Vertragsstrafen, Beilage 12, BB 1968; *ders.*, Mehrheitsprinzip und Minderheitenschutz im Vereinsrecht, BB 1987, 6; *Beuthien/Gätsch*, Vereinsautonomie und Satzungsrechte Dritter, ZHR 156 (1992), 459; *Birk*, Der Aufnahmezwang bei Vereinen und Verbänden, JZ 1972, 343; *Bodmer*, Vereinsstrafe und Verbandsgerichtsbarkeit, 1989; *Buchberger*, Das Verbandsstrafverfahren deutscher Sportverbände, SpuRt 1996, 122 u. 157; *Engelsing/Lüke*, NWB Fach 3, 15101–15104 (26/2008); *Fischer*, Der Ausschluß aus dem Verein, 1985; *Flume*, Die Vereinsstrafe, in: FS E. Bötticher 1969, S. 101; *Fuchs*, Satzungsautonomie und Aufnahmezwang nach dem GWB, NJW 1965, 1509; *Galperin*, Vereinsautonomie und Kontrahierungszwang im Koalitionsrecht, DB 1969, 704; *Gaumann*, Gewerkschaftsausschluss wegen Betriebsratskandidatur auf konkurrierender Liste, NJW 2002, 2155; *Gehrlein*, Die BGH-Rechtsprechung zur Überprüfung von Vereins- und Parteiausschlüssen, ZIP 1997, 1912; *Gerhard*, Verfassungsrechtliche Fragen des kartellrechtlichen Aufnahmezwangs, 1994; *Grundewald*, Vereinsaufnahme und Kontrahierungszwang, AcP 182 (1982), 181; *Grunewald*, Der Ausschluß aus Gesellschaft und Verein, 1987; *Grunewald*, Vereinsordnungen, ZHR 152 (1988), 242; *Habersack*, Die Mitgliedschaft – subjektives und „sonstiges" Recht, 1996; *Hadding*, Korporationsrechtliche und rechtsgeschäftliche Grundlagen des Vereinsrechts, in: FS Rob. Fischer 1979, S. 165; *Haas*, Die Disziplinargewalt gegenüber nicht (mehr) regelgebundenen Sportlern, CaS 2009, 37; *Hadding/van Look*, Zur Ausschließung aus Vereinen des bürgerlichen Rechts, ZGR 1988, 270; *Heermann*, Die Geltung von Verbandssatzungen gegenüber mittelbaren Mitgliedern und Nichtmitgliedern, NZG 1999, 325; *Hilpert*, Ungeschriebenes Verfahrensrecht der deutschen Sportverbände, insbesondere des DFB, SpuRt 2009, 147; *Graf Kerssenbrock*, Der Rechtsschutz der Parteimitglieder vor Parteischiedsgerichten, 1994; *König*, Der Verein im Verein, 1992; *Kohler*, Mitgliedschaftliche Regelungen in Vereinsordnungen, 1992; *Küttner*, Aufnahmezwang für Gewerkschaften?, NJW 1980, 968; *Leipold*, Richterliche Kontrolle vereinsrechtlicher Disziplinärmaßnahmen, ZGR 1985, 113; *Lohbeck*, Die Vereinsordnungen, MDR 1972, 381; *Lukes*, Der Satzungsinhalt beim e.V. und die Abgrenzung zu sonstigen Vereinsregelungen, NJW 1972, 112; *Meyer-Cording*, Die Vereinsstrafe, 1957, S. 46; *Möschel*, Monopolverband und Satzungskontrolle, 1978; *Nicklisch*, Der verbandsrechtliche Aufnahmezwang, JZ 1976, 105; *Nolte/Polzlin*, Zum Aufnahmezwang für Verbände, NZG 2001, 980; *Ott*, Die Vereinssatzung, 1992; *Reichert*, Erstmalige Verhängung einer Vereinsstrafe durch ein Schiedsgericht als Vereinsorgan, SpuRt 2004, 50; *Reiling*, Übungsblätter Lernbeitrag Zivilrecht, Schadensersatz, Vertragsstrafe und Vereinsstrafe am Beispiel der Verletzung genossenschaftlicher Andienungspflichten, JA 2001, 866; *Reuter*, Die Verfassung des Vereins gemäß § 25 BGB, ZHR 148 (1984), 523; *ders.*, Grenzen der Verbandstrafgewalt, ZGR 1980, 101; *ders.*, Probleme der Transferentscheidung im Fußballsport, NJW 1983, 649; *ders.*, Probleme der Mitgliedschaft beim Idealverein, ZHR 145 (1981), 273; *ders.*, Der Ausschluß aus dem Verein, NJW 1987, 2401; *Rieble*, Verbandsstrafenregelungen oder Vertragsstrafenregelungen bei Ausgestaltung von Strafen in Verein, Gesellschaft oder Genossenschaft (f), LMK 2003, 60; *Röhricht* (Hrsg.), Sportgerichtsbarkeit, 1997; *Röhricht*, Verbandsrechtsprechung und staatl. Gerichtsbarkeit, Schriftenreihe Württembergischer Fußballverband e.V. Nr. 24 (1988), 82; *Schlosser*, Rechtsprechungsübersicht – Anforderungen an einen Vereinsausschluss, JuS 1998, 266; *ders.*, Rechtsprechungsübersicht – Aufnahmezwang für Verbände mit überragender Machtstellung, JuS 1999, 1081; *ders.*, Vereins- und Verbandsgerichtsbarkeit, 1972; *ders.*, Vereins- und Verbandsstrafgewalt, ZGR 1980, 101; *Schmidt, Uwe*, Die Mitgliedschaft im Verein, 1989; *Schockenhoff*, Der Grundsatz der Vereinsautonomie, AcP 193 (1993), 35; *Scholz/Hoppe*, Das Recht auf Aufnahme in Wirtschafts- und Berufsvereinigungen, in: FS Pfeiffer 1988, S. 785; *Schulze*, Mitgliedsausschluß aus einem wirtschaftlichen Verein am Beispiel der GEMA, NJW 1991, 3264; *Steinbeck*, Der Anspruch auf Aufnahme in einen Verein – dargestellt am Beispiel der Sportverbände, WuW 1996, 91; *van Look*, Vereinsstrafen als Vertragsstrafen, 1990; *ders.*, Individualschutz im Vereinsrecht, in: WM-Festgabe Hellner (WM-Sonderheft), 1994, 46; *Vieweg*, Normsetzung und -anwendung deutscher und internationaler Verbände, 1990; *Vogel*, Die Vereinssatzung, 6. Auflage 1991; *Weitnauer*, Vereinsstrafe, Vertragsstrafe und Betriebsstrafe, in: FS Rheinhardt 1972, S. 179; *Wendeling-Schröder*, Aktuelle Probleme der Rechtsprechung zum Gewerkschaftsausschluß, ZGR 1990, 107; *H.P. Westermann*, Die Verbandsgewalt und das allgemeine Recht, 1972; *ders.*, Zur Legitimität der Verbandsgerichtsbarkeit, JZ 1972, 537; *Wiedemann*, Richterliche Kontrolle privater Vereinsmacht, JZ 1968, 219; *Wolfrum*, Die innerparteiliche Ordnung nach dem Parteiengesetz, 1974; *Zöllner*, Zur Frage des Gewerkschaftsausschlusses, 1983. S.a. bei Vorbemerkungen zu §§ 21 ff.

10 MüKo/*Reuter*, § 24 Rn 8; Palandt/*Ellenberger*, § 24 Rn 3.

11 Vgl auch *Reichert*, Rn 396 und 3153, 3153 a; EuGH ZIP 2002, 2037 ff = NJW 2002, 3614.

A. Allgemeines

I. Grundsätze

1 Die Verfassung des rechtsfähigen Vereins wird durch die §§ 26–39 bestimmt. Von diesen sind gem. § 40 die Vorschriften der §§ 26 Abs. 2 S. 1, 27 Abs. 1 und 3, 28, 31 a Abs. 1 S. 2, 32, 33 sowie 38 dispositiv. **Zum zwingenden Recht gehören auch ungeschriebene Rechtsgrundsätze** wie zB der Gleichbehandlungsgrundsatz der Mitglieder (vgl § 35 Rn 3 sowie § 38 Rn 9)[1] oder die Treuepflicht (vgl § 38 Rn 2, 16; vgl auch § 705 Rn 169 ff). § 25 ist die positivrechtliche Verankerung der Satzungsautonomie (vgl Rn 16 sowie Vor § 21 Rn 12).

2 Was unter „Verfassung eines rechtsfähigen Vereins" zu verstehen ist, ist streitig: das ganze Organisationsrecht des Vereins (Gesamtordnung) oder nur dessen Grundordnung? Die hM sieht die Verfassung als die Grundordnung an.[2] Das BGB geht davon aus, dass der Verein das Vereinsleben im Rahmen der Gesetze selbständig ordnet.[3] Dieses „Ordnen" beruht auf Beschlüssen im Einzelfall, aber auch auf allgemeinen Regeln, die unterschiedlichen Rechtsrang und Bedeutung haben (ähnlich wie staatliche Normierungen). Typisch für den Verein sind neben der Vereinsverfassung besondere Ordnungen und Geschäftsordnungen.[4]

II. Reichweite des Satzungsvorbehalts

3 Die **entscheidende Frage ist, welche inhaltlichen Fragen durch die Mitglieder in der Satzung geregelt werden müssen**. Das sind im Kernbereich die das Vereinsleben bestimmenden Grundentscheidungen: die identitätsbestimmenden Regelungen (**Zweck, Name, Sitz**), Voraussetzungen und Folgen der **Mitgliedschaft** sowie grundlegende Regelungen über **Bildung, Bestellung und Wirkungskreis der Organe** – nach hM nicht aber die Zahl der Vorstandsmitglieder –,[5] ggf der Ersatz einer Mitgliederversammlung durch eine Delegiertenversammlung.[6]

Die **Rechtsprechung** geht mit gutem Grunde über diesen Kernbereich weit hinaus: So haben RG und BGH in folgenden Angelegenheiten eine Regelung in der Satzung verlangt:

4 **Zwangsweiser Ausschluss** von Mitgliedern und jede sonstige **Vereinsstrafe** einschließlich Kostenregelung für Vereinsstrafeverfahren;[7] (vgl Rn 28 ff) eine satzungsmäßige Grundlage benötigt der Verein auch für die Mitteilung über den Ausschluss im Vereinsblatt; das Verfahren im Einzelnen kann außerhalb der Satzung, zB in einer Ehrengerichtsordnung, bestimmt sein.

5 **Schiedsklauseln** (vgl § 1066 ZPO) sind nur wirksam, wenn alle wesentlichen Punkte, zumal die Zusammensetzung des Schiedsgerichts und die Bestellung der Schiedsrichter, satzungsförmig geregelt sind.[8] Die nachträgliche Veränderung einer Vereinssatzung durch Einsetzung einer Schiedsklausel bindet jedenfalls die Mitglieder, die zugestimmt haben; ob auch dissentierende Mitglieder gebunden sind, da sie durch Nicht-Austritt auf den Schutz staatlicher Gerichte verzichtet haben, hat der BGH (abgesehen von dem Fall, dass Mitglieder auf die Mitgliedschaft angewiesen sind, vgl sogleich) offen gelassen. Das ist uE zu verneinen, da Vereinsmitglieder einen Anspruch auf rechtmäßige Behandlung haben, was staatlichen Rechtsschutz umfasst, auf den

1 Vgl auch Staudinger/*Weick*, § 35 Rn 13 ff; *Reichert*, Rn 543 ff.
2 Bamberger/Roth/*Schwarz*, § 25 Rn 2; BGHZ 17, 172, 177 = NJW 1967, 1268; BGHZ 105, 306, 314 = DB 1989, 617 = NJW 1989, 1724; BGHZ 47, 172, 175 = DB 1967, 855 = NJW 1967, 1268; MüKo/*Reuter*, § 25 Rn 9; *Reuter*, ZHR 148 (1984), 525; *Grunewald*, ZHR 152 (1988), 247; Staudinger/*Weick*, § 25 Rn 2; aA früher die Rspr, RGZ 73, 187; Staudinger/*Coing*, 11. Aufl., § 25 Rn 1.
3 Vgl die Motive in *Mugdan* I, S. 404, wonach § 25 den Grundsatz hervorhebt, dass „die Körperschaften ihren Rechtskreis durch eigene Satzung regeln können".
4 Staudinger/*Weick*, § 25 Rn 2.
5 MüKo/*Reuter*, § 25 Rn 10.
6 Vgl *K. Schmidt*, GesR, 4. Aufl. 2002, § 24 III 1; MüKo/*Reuter*, § 25 Rn 4, 10; Soergel/*Hadding*, § 25 Rn 5; Bamberger/Roth/*Schwarz*, § 25 Rn 2; OLG Frankfurt ZIP 1985, 213.
7 RGZ 46, 150, 154 f; 125, 338; 151, 229, 232; BGHZ 13, 5 = DB 1954, 325 = NJW 1954, 833; BGHZ 21, 370 f = DB 1956, 1056 = NJW 1956, 1793; BGHZ 28, 131 = DB 1958, 1163 = NJW 1958, 1867; BGHZ 29, 352 = DB 1959, 428 = NJW 1959, 982; BGHZ 36, 105 = DB 1962, 26; BGHZ 47, 172 = DB 1967, 855 = NJW 1967, 1268; BGHZ 88, 314, 316 = DB 1984, 500 = NJW 1984, 1355.
8 BGHZ 88, 314, 316 = DB 1984, 500 = NJW 1984, 1355; OLG Hamm NJW-RR 1993, 1535.

sie nur ausdrücklich verzichten können.[9] Jedenfalls wenn Mitglieder nicht austreten können, weil sie auf die Mitgliedschaft angewiesen sind (vgl allg. Rn 17 f), bindet sie die ohne ihre Zustimmung eingeführte Schiedsklausel nicht.[10] Eine Unterwerfung unter ein Vereinsschiedsgericht liegt nicht schon dann vor, wenn ein Mitglied einen verbandsrechtlich vorgeschriebenen Rechtsbehelf einlegt;[11]

Wenn es nach den **Zielen eines Zuchtvereins** für die Mitglieder entscheidend ist, welchen Inhalt das **Zuchtprogramm** hat und unter welchen Voraussetzungen Tiere im Zuchtbuch eingetragen werden, müssen diese Angelegenheiten in der Satzung geregelt werden.[12] 6

Beim **Spitzenverband deutscher Kreditgenossenschaften** muss die Vereinssatzung Art und Höhe der Beitragspflicht und Regelungen dazu enthalten, welche Mitgliedsbanken einem Sicherungsfonds für den Fall der Krise von Mitgliedsinstituten welche Leistungen erbringen müssen.[13] 7

Ermächtigung für Vorstand, beitragssäumige **Mitglieder aus der Mitgliederliste streichen** zu lassen.[14] 8

Dopingregeln.[15] 9

Beschränkung der Teilnahmemöglichkeit an **Vereinsveranstaltungen.**[16] 10

Einführung einer **Listenwahl anstelle einer Mehrheitswahl.**[17] 11

Streitig (uE zu verneinen) ist, ob ein Satzungsvorbehalt für die **Vorstandsvergütung** besteht.[18] Unsere Sicht steht nicht im Widerspruch zur Rspr des BGH, wonach die Entgegennahme satzungswidriger Entgelte eine Pflichtverletzung darstellt.[19] Die jeweiligen Satzungsbestimmungen sahen in den vom BGH entschiedenen Fällen nämlich ausdrücklich vor, dass die Vorstandsmitglieder ehrenamtlich tätig sind bzw dass der Verein eine angemessene Vergütung für den Vorstand festlegt; über die Angemessenheit der Vergütung bzw die Entgegennahme satzungswidrig überhöhter Vorstandsvergütungen wurde gestritten.[20] 12

Erhebung eines **Sonderbeitrags** der Mitglieder in Form eines zinslosen Darlehens zur Steigerung der Attraktivität des Vereins (Ausbau eines Golfplatzes von neun auf achtzehn Bahnen) – die Verpflichtung bedarf dem Grunde und in Gestalt der Angabe einer Obergrenze der Höhe nach der Zulassung in der Satzung.[21] 13

Erhebung einer einmaligen **Umlage von Mitgliedern**, wofür es nicht nur dem Grunde nach, sondern zumindest auch in Gestalt der Angabe einer Obergrenze der Höhe nach einer Satzungsregelung bedarf – was (nach uE unrichtiger Auffassung des BGH) allerdings nicht erforderlich sein soll, „wenn die Umlageerhebung für den Fortbestand des Vereins unabweisbar notwendig (ist) und dem einzelnen Mitglied unter Berücksichtigung seiner schutzwürdigen Belange zumutbar ist; nach dem BGH soll bei einem solchen Beschluss das Vereinsmitglied, das die Zahlung der Umlage vermeiden will, ein Recht zum Austritt aus dem Verein haben, das es „im Interesse des Vereins in angemessener Zeit ausüben muss“[22] (vgl § 38 Rn 15 und § 39 Rn 5). 14

Regelmäßige Beiträge bedürfen keiner der Höhe nach bestimmten Satzungsregelung.[23] Nach dem BGH braucht die Entscheidung, als Vereinsbetrag nicht einen von vornherein festgelegten Betrag zu erheben, sondern ihn variabel, bezogen auf den Umsatz des Vorjahres zur ermitteln, nicht in die Satzung aufgenommen zu werden.[24] Die Satzung muss nur bestimmen, dass und zu welchem Zweck eine Beitragspflicht der Mitglieder besteht; die konkrete Höhe der Beiträge kann das von der Satzung berufene Organ in dem durch den Vereinszweck gezogenen Rahmen einer Nebenordnung festlegen.[25] 15

Die Satzung braucht in **Benutzungsordnungen für Vereinseinrichtungen** zwar nicht detailliert festzulegen, aber sie muss das Verfahren für den Erlass einschließlich der Zuständigkeit festlegen und den Inhalt vorhersehbar machen.[26] 16

Grund für das Erfordernis der Satzungsregelung solcher für das Vereinsleben und die Mitgliederrechte entscheidender Grundentscheidungen ist, dass § 25 und die Vereinssatzung dem **Schutz der Vereinsminderheit** 17

9 Vgl gegen ähnliche Erwägungen im Aktienrecht nach dem Motto der Abstimmung mit den Füßen: „Wer seine Aktien nicht verkauft, verliert Anspruch auf Rechtsschutz“, *Meilicke/Heidel*, DB 2004, 1479, 1484.
10 BGH NJW 2000, 1713 zu dem § 1066 ZPO entsprechenden früheren § 1048 ZPO; Palandt/*Ellenberger*, § 25 Rn 21.
11 OLG München NJW-RR 2001, 711 = SpuRt 2001, 66.
12 BGHZ 88, 314, 316 = DB 1984, 500 = NJW 1984, 1355.
13 BGHZ 105, 306 = DB 1989, 619 = NJW 1989, 1724; vgl auch OLG München NJW-RR 1998, 966.
14 BGH WM 1989, 1698 = NJW-RR 1989, 1515.
15 OLG München NJW 1996, 2382.
16 OLG Celle WM 1988, 495.
17 BGH WM 1989, 366 = NJW 1989, 1212; vgl auch BGH NJW 1974, 183.
18 Vgl *Arnold*, in: FS Reuter, 2010, S. 3 ff.
19 BGH NJW-RR 1988, 745 = DB 1988, 1007 = ZIP 1988, 706; BGH NJW-RR 2008, 842 = WM 2008, 736 = ZIP 2008, 923.
20 Das berücksichtigt zB Palandt/*Ellenberger*, § 27 Rn 5 nicht hinreichend.
21 BGH BB 2008, 2204 = NZG 2008, 2204.
22 BGH ZIP 2007, 2264.
23 BGHZ 130, 243, 246 = NJW 1995, 2981; BGHZ 105, 306, 316 = NJW 1989, 1724.
24 BGH NJW 2010, 3521 = WM 2010, 1808 = ZIP 2010, 1793; vgl auch BGHZ 130, 243 = ZIP 1995, 1508 zur Genossenschaft.
25 MüKo/*Reuter*, § 25 Rn 10; Staudinger/*Weick*, § 25 Rn 3.
26 MüKo/*Reuter*, § 25 Rn 10.

und der einzelnen Mitglieder dient; diese sollen im Hinblick auf die wesentlichen Aspekte ihrer Rechtsstellung im Verein wissen, „was auf sie zukommt", und daher müssen diese wesentlichen Punkte in der Satzung enthalten sein – mit der Folge ihrer erschwerten Änderbarkeit nur in formalisierten Verfahren unter Beteiligung der Mitglieder.[27] Demgegenüber hält *Reuter* die Vereinsverfassung bzw § 25 für ungeeignet zum Minderheitenschutz, da § 33 Abs. 1 S. 1 gem. § 40 dispositiv sei; für *Reuter* ist die Vereinsverfassung bloße Grundordnung mit Integrationsfunktion, die „Offenheit für evolutionäre Tendenzen" erlangen müsse.[28] Dabei wertet *Reuter* aber zu gering, dass Vereinsmitglieder sich bei ihrem Beitritt bewusst für einen konkreten Verein mit bestimmter Satzung anschließen, um im Verein einen bestimmten Zweck zu erreichen. Das braucht nicht nur die Offenheit für „evolutionäre Tendenzen", sondern Klarheit über Vereinsziel und die Mittel der Erreichung. Wenn davon abgewichen wird, sind die Grundlagen des Beitritts betroffen, die zum Schutz der Mitglieder nur unter den erschwerten Bedingungen der Satzungsänderung geändert werden können.

18 Die **Folge eines Verstoßes gegen den Satzungsvorbehalt** ist grundsätzlich die Unwirksamkeit der betreffenden Regelung; die Rspr bejaht aber grundsätzlich die Möglichkeit einer rückwirkenden Heilung durch eine nachträgliche Satzungsregelung; soweit Vereinsmitglieder sich auf die Unwirksamkeit berufen, soll die mitgliedschaftliche Treuepflicht sie ausnahmsweise an der Ausnutzung ihrer sog. „formalen Rechtsposition" hindern und zur Gewährung einer angemessenen Korrektur verpflichten können.[29] Mit *Reuter* ist zu dieser Rspr zu bemerken, „dass die Berufung der Mitglieder auf die Nichtigkeit keineswegs stets oder auch nur regelmäßig gegen die Treuepflicht verstößt".[30] In vielen Fällen wird Rückwirkung auch deshalb ausscheiden, da zB rückwirkende Regelungen zum Ausschluss oder zur Vereinsstrafe dem Grundsatz nulla poena sine lege widersprechen (vgl Rn 43). Darüber hinaus ist die rückwirkende Heilung auch ausgeschlossen, wenn Vereinsorgane ohne die nach § 25 erforderliche Satzungsgrundlage eingerichtet sind.[31]

III. Vereinsordnungen unterhalb der Satzung

19 Soweit Vereinsorgane **Vereinsordnungen unterhalb der Satzung** erlassen, müssen diese von der Satzung gedeckt sein; die Gerichte können solche Ordnungen auf Satzungskonformität und Billigkeit prüfen.[32] Voraussetzung für den Erlass solcher Ordnungen unterhalb der Satzung ist, dass die Satzung derartigen Regelungen eine **eindeutige Rechtsgrundlage** bietet und das für den Erlass einzuhaltende **Verfahren** ordnet. Selbstverständliche Mindestvoraussetzung ist, dass alle Mitglieder von Vereinsordnungen Kenntnis nehmen können.[33] Vereinsordnungen unterhalb der Satzung können ohne Einhaltung der Vorschriften für die Satzungsänderung (§§ 33, 71) geändert werden.[34] Trifft der Verein in Vereinsordnungen Regeln, die nicht als Satzung erlassen sind, doch zu den in der Satzung zu regelnden Angelegenheiten gehören, oder verstoßen Regelungen in satzungsnachrangigen Vereinsordnungen gegen die Satzung, haben diese nachrangigen Ordnungen keine Geltung.[35]

20 Von Vereinsordnungen außerhalb der Satzung abzugrenzen sind **Geschäftsordnungen**, die sich dadurch unterscheiden, dass sie lediglich den Geschäftsgang von Vereinsorganen regeln.[36] Die Befugnis eines Vereinsorgans, sich selbst eine Geschäftsordnung zu geben, bedarf keiner Grundlage in der Satzung. Jedes Vereinsorgan hat seine Aufgaben selbstverantwortlich wahrzunehmen und demgemäß die Befugnis, sich organisationsintern eine Geschäftsordnung zu geben.[37] Geschäftsordnungen geben den Vereinsmitgliedern einen Anspruch auf Gleichbehandlung. Wenn die Geschäftsordnung dem nicht entgegensteht und ein Beschluss mit der Mehrheit zustande kommt, die für den Erlass einer Geschäftsordnung erforderlich ist, kann das jeweilige Organ in einem Einzelfall die Geschäftsordnung durchbrechen. Der Verstoß gegen die Geschäftsordnung ist keine Satzungsverletzung und begründet auch keine Mängel eines gleichwohl gefassten Beschlusses. Diese können sich aber dadurch ergeben, dass sich in der Durchbrechung der Geschäftsordnung ein Verstoß gegen das Teilnahme-, Rede- oder Auskunftsrecht widerspiegelt.[38] Geschäftsordnungen dürfen nicht in Mitgliederrechte eingreifen.[39]

27 *Grunewald*, ZHR 152 (1988), 242, 247, unter Berufung auf BGH WM 1984, 552; RdL1983, 317 = LM § 25 BGB Nr. 22 sowie RG JW 1915, 1424; JW 1928, 2208; JW 1928, 2209; RGZ 73, 187; 125, 338, 340; 151, 229, 232; BGHZ 29, 352, 354; 36, 105, 114; BGH NJW 1956, 1793.
28 MüKo/*Reuter*, § 25 Rn 6 ff.
29 BGH MDR 1984, 119 = AgrarR 1983, 283.
30 MüKo/*Reuter*, § 25 Rn 14.
31 MüKo/*Reuter*, § 25 Rn 15.
32 *K. Schmidt*, GesR, 4. Aufl. 2002, § 23 III 1 a; Staudinger/*Weick*, § 25 Rn 4; MüKo/*Reuter*, § 25 Rn 10 ff.
33 Palandt/*Ellenberger*, § 25 Rn 6.
34 Palandt/*Ellenberger* § 25 Rn 6; *Reichert*, Rn 319.
35 *Reichert*, Rn 313, 316.
36 Vgl Palandt/*Ellenberger*, § 25 Rn 6; Bamberger/Roth/*Schwarz*, § 25 Rn 24; *Reichert*, Rn 333.
37 BGHZ 47, 172, 177 = DB 1967, 855 = NJW 1967, 1268; Palandt/*Ellenberger*, § 25 Rn 6; Bamberger/Roth/*Schwarz*, § 25 Rn 24; *Reichert*, Rn 335.
38 *Reichert*, Rn 339 f.
39 BGHZ 47, 172, 178 = DB 1967, 855 = NJW 1967, 1268.

B. Regelungsgehalt

I. Satzung

1. Begriff und Inhalt. Satzung ist die vom Verein im Rahmen des zwingenden Rechts verbindlich festgelegte materielle Verfassung (Satzung im materiellen Sinn); diese ist von der Satzungsurkunde (Satzung im formellen Sinn) zu unterscheiden, die vielfach Vorschriften ohne Satzungs- bzw Verfassungscharakter enthält.[40] Zum Inhalt dessen, was materiell in die Satzung gehört, vgl Rn 2 ff. 21

Die Satzung darf unstreitig sog. **statische Verweisungen** auf andere Satzungen und ähnliche Normen in einer bestimmten Fassung enthalten; unzulässig sollen **dynamische Verweisungen** auf die in Bezug genommene Norm in der jeweiligen Fassung sein.[41] Typische Fälle dafür sind Verweise auf übergeordnete Verbandssatzungen. UE ist der Auffassung von der Unzulässigkeit dynamischer Verweisungen nicht zu folgen.[42] Für Unzulässigkeit spricht nicht das häufig angeführte Argument der Registereintragung (§§ 25, 71) beim e.V., da ja gerade auch die (dynamische) Verweisung in das Vereinsregister eingetragen wird. Auch das Gebot, die das Vereinsleben bestimmenden Grundentscheidungen in der Satzung zu regeln (vgl Rn 2), spricht nicht für Unzulässigkeit; denn gerade die (dynamische) Verweisung auf eine Einbindung eines Vereins in eine übergeordnete andere Organisation (zB des DFB – Deutscher Fußball Bund – gem. § 3.1 seiner Satzung in die FIFA) kann zu den den Verein kennzeichnenden Grundentscheidungen gehören, die die Vereinsmitglieder im Rahmen der Vereinsautonomie für den Verein in der Satzung festlegen. Grenze der zulässigen Verweisung ist uE lediglich, dass der Verein in seiner Satzung seine Regelungsmacht nicht vollständig auf den dritten Verfassungsgeber übertragen darf und dass er selbst in seiner eigenen Satzung das regeln muss, was einer ausdrücklichen satzungsmäßigen Grundlagen bedarf; ohne dynamische Verweisung feststehen müssen also der Mindestinhalt der Satzung (vgl Rn 2) sowie die Angelegenheiten, in denen der Verein gegenüber seinen Mitgliedern weiter gehende Befugnisse in Anspruch nehmen können soll, als nach den §§ 26 ff vorgesehen, insbesondere für Vertragsstrafen (vgl Rn 3). 22

2. Rechtsnatur und Auslegung der Satzung. Die Rechtsnatur der Satzung ist schon seit Inkrafttreten des BGB streitig.[43] Mit der Eintragung der juristischen Person in das Register vollzieht sich eine Wandlung der Satzung, die der BGH im Anschluss an das RG so formuliert: „Sobald der Verein ins Leben getreten ist, gilt seine Satzung nicht mehr als Vertrag, sondern als seine Verfassung, der sich die Mitglieder unterworfen haben und die für sie kraft Korporationsrecht gilt."[44] Neben dieser sog. **modifizierten Normentheorie**, die Rechtsprechung und große Teile der Literatur vertreten,[45] werden vertreten die **Vertragstheorie** (wonach die Satzung rechtsgeschäftliche Qualität behält)[46] sowie die **Normentheorie** (nach der der Verein mit der Satzung objektives Recht setzt).[47] Die Bedeutung des Theorienstreits darf in der Praxis nicht überschätzt werden; das gilt jedenfalls für die Unterschiede zwischen der herrschenden modifizierten Normentheorie und der Normentheorie.[48] Es besteht Einverständnis, dass die Vorschriften über das Rechtsgeschäft nicht schematisch auf die Satzung angewendet werden dürfen, sondern bei der Auslegung deren normähnlicher Charakter berücksichtigt werden muss, wobei aber Einverständnis darüber besteht, dass die Satzung keine Rechtsnorm ist, sondern lediglich eine eigenständige normartige Regelung für das Vereinsleben.[49] 23

Für den von den Vereinsgründern geschlossenen Vertrag bestehen keine Formvorschriften, in der Praxis ist aber im Hinblick auf § 59 Abs. 2 bzw das Genehmigungsverfahren nach § 22 Schriftform bzw Textform unentbehrlich (vgl § 59 Rn 4). 24

40 Palandt/*Ellenberger*, § 25 Rn 2; Bamberger/Roth/*Schwarz*, § 25 Rn 11.

41 Palandt/*Ellenberger*, § 25 Rn 2; Bamberger/Roth/*Schwarz*, § 25 Rn 6; MüKo/*Reuter*, Vor § 21 Rn 125; BGHZ 128, 93, 100 = NJW 1995, 283, 285; OLG Hamm OLGZ 1987, 397 = NJW-RR 1988, 134; BGH NJW-RR 1989, 376.

42 So auch *Blum/Ebeling*, S. 85 ff, 109 ff; vgl auch *Heß*, Voraussetzungen und Grenzen eines autonomen Sportrechts, in: Aktuelle Rechtsfragen des Sports, 1999, S. 1 ff.

43 Vgl *Mugdan* I, S. 403 f, wo es heißt, dass die „Privatwillenserklärungen" über die Gründung und Verfassung der juristischen Person zwar „rechtsgeschäftlicher, aber eigentümlicher Natur" sind.

44 BGHZ 21, 370, 373 = DB 1956, 1056 = NJW 1956, 1793 im Anschluss an RGZ 165, 140, 142 ff.

45 BGHZ 21, 370, 373 = DB 1956, 1056 = NJW 1956, 1793; BGHZ 47, 172, 179 f = DB 1967, 855 NJW 1967, 1268; BGHZ 49, 396, 398 = DB 1968, 1122 = NJW 1968, 1431; BGHZ 105, 306 = DB 1989, 619 = NJW 1989, 1724; Palandt/*Ellenberger*, § 25 Rn 3; Staudinger/*Weick*, § 25 Rn 15; vgl auch *K. Schmidt*, GesR, 4. Aufl. 2002, § 5 I 1 c; *Flume*, BGB AT, Bd. 1/1, § 9 I.

46 Soergel/*Hadding*, § 25 Rn 11, 17.

47 MüKo/*Reuter*, § 25 Rn 17 ff; Erman/*Westermann*, § 25 Rn 2.

48 Vgl MüKo/*Reuter*, § 25 Rn 22.

49 BGHZ 47, 172, 179 = WM 1967, 606; BGH NJW-RR 1986, 866, 867 = MDR 1986, 914. Dissens zB zwischen Palandt/*Ellenberger*, § 25 Rn 3 und Bamberger/Roth/*Schwarz*, § 25 Rn 10, ob der Theorienstreit unergiebig ist oder praxisrelevant, das scheint mehr ein Streit um Worte zu sein, da iE der Rechtsanwendung weithin Einigkeit besteht.

25 Die Satzung muss aus sich heraus und einheitlich ausgelegt werden; außerhalb der Satzung liegende Umstände dürfen nur berücksichtigt werden, wenn deren Kenntnis allgemein bei allen Betroffenen erwartet werden kann.[50] Die **Auslegung** orientiert sich wesentlich am Zweck des Vereins und den berechtigten Interessen der Mitglieder, was negativ bedeutet, dass sich die Auslegung nicht an dem Willen oder den Interessen der Gründer orientiert.[51] Daher soll der Entstehungsgeschichte der Satzung keine Bedeutung zukommen.[52] Enthält die Satzung Lücken, sollen diese im Wege der ergänzenden Auslegung geschlossen werden können, wobei aber nur die in der Satzung selbst angelegten Regeln zu einem sinnvollen Ganzen ergänzt werden dürfen.[53] Positiv bedeutet das, dass für die Auslegung von Satzungsbestimmungen der Wortlaut maßgebend ist. Ausschlaggebend ist der allgemeine Sprachgebrauch, ggf der durch die Fachsprache in einem bestimmten Lebensbereich festgelegte Sinn.[54] Gelten soll, was ein vernünftiger Mensch aus der jeweiligen Satzungsklausel entnehmen kann; was für das normale Vereinsmitglied nicht erkennbar ist, sondern erst durch juristische Beratung erschlossen werden muss, soll nicht Satzungsinhalt sein.[55] Die **teleologische Auslegung** muss an den objektiv bekannten Umständen anknüpfen. Einer **längeren vereinsinternen Übung** kann, insbesondere hinsichtlich von Fragen der Kompetenzverteilung, Bedeutung zukommen, zumal wenn sie sich in Beschlüssen der Mitgliederversammlung manifestiert hat.[56]

26 Die Satzungsauslegung ist eine Rechtsfrage und daher **revisibel** bzw der Rechtsbeschwerde nach FGG aF/FamFG nF zugänglich.[57]

27 **3. Satzungsmängel.** Selbst wenn Erklärungen von einzelnen Gründern unwirksam sind, ist die Satzung dennoch wirksam, sofern mindestens zwei wirksame Gründungserklärungen vorliegen.[58] Willensmängel können entgegen § 142 nur mit ex-nunc-Wirkung geltend gemacht werden.[59] § 139 ist nicht anwendbar.[60] Ist eine einzelne Satzungsbestimmung nichtig, kommt es für die Frage, ob die Satzung im Übrigen gültig bleibt, nicht auf den Willen der Gründer an, sondern es ist der objektive Inhalt der Satzung zu beurteilen und die Restgültigkeit zu bejahen, wenn die verbleibenden Bestimmungen als Regelung für ein geordnetes Vereinsleben ausreichen und den Belangen der Mitglieder gerecht werden.[61] An die Stelle der nichtigen Bestimmung treten die dispositiven Vorschriften des BGB; fehlen solche, muss das für Satzungsänderungen zuständige Organ unverzüglich die Lücke schließen; für die Übergangszeit ist, ggf in Anlehnung an die Grundsätze des § 157 zur ergänzenden Vertragsauslegung, eine provisorische Regelung zu entwickeln.[62] Gesamtnichtigkeit ist anzunehmen, wenn sich die verbleibenden Satzungsbestimmungen nicht zu einer sinnvollen Ordnung des Vereinslebens ergänzen lassen[63] oder der Vereinszweck sitten- oder gesetzwidrig ist.[64] Bei Gesamtnichtigkeit der Satzung kommt die Regelung über die fehlerhafte Gesellschaft zur Anwendung (vgl Vor § 21 Rn 25 ff).

28 Das von einer nichtigen Satzungsbestimmung betroffene Vereinsmitglied hat ein **Recht zum sofortigen Vereinsaustritt**, wenn die Unwirksamkeit für das Mitglied von so zentraler Bedeutung ist, dass ihm ein Verbleiben im Verein nicht zugemutet werden kann.[65]

29 **Salvatorische Klauseln** ändern nichts daran, dass die Frage der Gesamtnichtigkeit einer Satzung nach den allgemeinen Grundsätzen zu prüfen ist.[66]

30 **4. Die richterliche Inhaltskontrolle.** Im Rahmen der **Satzungs-** bzw **Vereinsautonomie** (vgl Vor § 21 Rn 11) hat der Verein weitestgehende Freiheit, sich seine innere Ordnung zu geben; Schranken folgen aus den

50 BGHZ 47, 172, 180 = DB 1967, 855 = NJW 1967, 1268; BGHZ 63, 282, 290 = DB 1975, 592 = NJW 1975, 771; BGHZ 96, 245, 250 = DB 1986, 473 = NJW 1986, 1083; BGHZ 113, 237, 240 = DB 1991, 906 = NJW 1991, 1727.

51 Palandt/*Ellenberger*, § 25 Rn 4; Staudinger/*Weick*, § 25 Rn 16; BGHZ 47, 172, 180 = DB 1967, 855 = NJW 1967, 1268.

52 BGHZ 47, 172, 180 = DB 1967, 855 = NJW 1967, 1268; BGHZ 96, 245, 250 = DB 1986, 473 = NJW 1986, 1083; Staudinger/*Weick*, § 25 Rn 16.

53 Vgl BGH NJW-RR 1990, 226; OLG Düsseldorf GmbHR 1994, 245 (zur GmbH).

54 Staudinger/*Weick*, § 25 Rn 16.

55 BGHZ 47, 172, 175 = DB 1967, 855 = NJW 1967, 1268.

56 RG JW 1936, 2387; BAGE 93, 1 = NJW 2000, 1211; OLG Frankfurt WM 1985, 1466, 1468 = ZIP 1985, 213, 215.

57 BGHZ 96, 245, 250 = DB 1986, 473 = NJW 1986, 1033; BGH NJW 1997, 3368, 3369; Bamberger/Roth/*Schwarz*, § 25 Rn 14; Palandt/*Ellenberger*, § 25 Rn 4; *Reichert*, Rn 303.

58 Bamberger/Roth/*Schwarz*, § 25 Rn 13; Soergel/*Hadding*, § 25 Rn 29, 31.

59 Bamberger/Roth/*Schwarz*, § 25 Rn 13.

60 Staudinger/*Weick*, § 25 Rn 16, 19; Bamberger/Roth/*Schwarz*, § 25 Rn 13, *Reichert*, Rn 305; vgl zum Folgenden auch *Heidel*, in: Heidel, Aktienrecht, 3. Aufl., § 241 Rn 16 f.

61 BGHZ 47, 172, 180 = DB 1967, 855 = NJW 1967, 1268; Staudinger/*Weick*, § 25 Rn 19; *Reichert*, Rn 305; Bamberger/Roth/*Schwarz*, § 25 Rn 13.

62 Palandt/*Ellenberger*, § 25 Rn 5; Bamberger/Roth/*Schwarz*, § 25 Rn 13; vgl auch BGH NJW-RR 1990, 226, 227.

63 Palandt/*Ellenberger*, § 25 Rn 5; Bamberger/Roth/*Schwarz*, § 25 Rn 13; KG NJW 1962, 1917; Staudinger/*Weick*, § 25 Rn 19.

64 Beispiele aus der Rspr bei Palandt/*Ellenberger*, § 25 Rn 5.

65 *Reichert*, Rn 307; vgl Hachenburg/*Ulmer*, GmbHG, 8. Aufl. 1992, § 2 Rn 87.

66 *Reichert*, Rn 308.

zwingenden Normen des Vereinsrechts (vgl Rn 1), den öffentlich rechtlichen Vorschriften des Vereinsgesetzes (vgl Vor § 21 Rn 11) sowie aus §§ 134, 138, 242 (vgl § 21 Rn 17). Bei der Ausgestaltung der Organisation ist dem Verein weitgehend freie Hand gegeben. Es gibt grundsätzlich (vgl aber Rn 17) **kein Gebot zur demokratischen Gestaltung der Vereinsverfassung**. Insbesondere soll es zulässig sein, dass die Satzung die Mitgliederversammlung zwar nicht abschafft, aber ihre Rechte weitgehend beschränkt, dem Vorstand eine übermächtige Stellung einräumt, Mehrfach-Stimmrechte vorsieht oder die Berufung von Vorstandsmitgliedern und Satzungsänderungen von der Zustimmung Dritter abhängig macht.[67] **Äußerste Grenzen** sind, (a) dass über Angelegenheiten des Vereins nicht ausschließlich Personen entscheiden dürfen, auf deren Auswahl und Kontrolle die übrigen Vereinsmitglieder keinen Einfluss haben, (b) dass den Vereinsorganen keine Willkür ermöglicht werden darf oder (c) die Satzung den Verein nicht so stark unter fremden Einfluss bringen darf, dass er zu einer eigenen Willensbildung nicht mehr in der Lage ist oder unselbständiges Anhängsel eines außenstehenden Dritten wird.[68]

Anderes gilt für **Verbände mit einer wirtschaftlichen oder sozialen Machtstellung**, deren höchstes Organ die Mitglieder- oder Delegiertenversammlung sein muss und die ihre Verfassung demokratisch ausgestalten müssen.[69] Diese Sichtweise geht auf die Rechtsprechung des Reichsgerichts zurück. Dieses hat besondere Rechtsgrundsätze für Vereine entwickelt, deren Zugehörigkeit „geradezu eine Lebensfrage für die Mitglieder bildet".[70] Diesen Grundsatz hat das Reichsgericht weiterentwickelt auf Vereine von sozialer, wirtschaftlicher oder kultureller Bedeutung im „Volksganzen" oder eines nicht unerheblichen Volksteils („jedenfalls … ausreichend"), wenn beim Ausschluss das Mitglied in wichtigen Lebensbeziehungen betroffen werde.[71] Der BGH hat diese Rechtsprechung erweitert und nicht nur auf „Monopolverbände" bezogen, sondern auch auf solche Vereine mit einer überragenden Machtstellung im wirtschaftlichen oder sozialen Bereich, bei dem die Mitgliedschaft für den Einzelnen aus beruflichen, wirtschaftlichen oder sozialen Gründen von erheblicher Bedeutung sei.[72] **31**

Satzungen solcher Vereine, die eine wirtschaftliche oder soziale Machtstellung innehaben und bei denen das Mitglied auf die Mitgliedschaft angewiesen ist, unterliegen einer **richterlichen Inhaltskontrolle**.[73] Die Inhaltskontrolle stützt sich auf die Generalklauseln des BGH, zumal §§ 138, 826, 242 und § 315. Diese Kontrolle gilt in besonderem Maße für die Vereine mit Monopol- oder mit überragender Machtstellung;[74] sie betrifft aber grundsätzlich sämtliche Vereine.[75] Prüfungsmaßstab ist gem. § 310 Abs. 4 nicht eine AGB-mäßige Kontrolle. Ein wichtiger Prüfungsmaßstab ist die Gleichbehandlung der Mitglieder.[76] Vereinsrechtliche Regelungen, die gegen § 242 verstoßen, sind unwirksam. Ein Vereinsmitglied unterwirft sich der Gewalt des Vereins im Vertrauen darauf, dass diese nach den Grundsätzen von Treu und Glauben ausgeübt wird.[77] Bei der Prüfung wird auf die **Angemessenheit der Regelung** abgestellt; die Justiz prüft, ob die Regelung den Interessenkonflikt zwischen Verein und Mitglied einseitig zugunsten des Verbandes entschieden hat; dabei findet eine **umfassende Interessenabwägung** statt, bei der auch zu berücksichtigen ist, ob ein Mitglied jederzeit aus dem Verein austreten kann, ohne dass seine Interessen hierdurch erheblich beeinträchtigt werden, oder aber das Mitglied auf die Mitgliedschaft beispielsweise zur Ausübung seines Berufs wesentlich angewiesen ist.[78] **32**

In der Praxis wichtig gewesen sind in jüngster Zeit auch Fälle der **Inhaltskontrolle im Verhältnis zu Nicht-Mitgliedern** vor allem im Berufssport.[79] Wichtige Pflöcke der Inhaltskontrolle hat in jüngerer Zeit auch der Europäische Gerichtshof am Beispiel des Sports gesetzt: So sind beispielsweise gem. Art. 39 EGV unwirksam Regelungen, nach denen Vereine anderer Mitgliedsstaaten Berufssportler nach Ablauf ihres Vertrages nur beschäftigen dürfen, wenn eine Transferentschädigung geleistet wird;[80] auch Vorschriften, nach denen Vereine nur eine begrenzte Zahl von Sportlern aus anderen EU-Mitgliedstaaten oder EWR-Staaten einsetzen würfen, **33**

67 Palandt/*Ellenberger*, § 25 Rn 8.
68 Palandt/*Ellenberger*, § 25 Rn 8.
69 Palandt/*Ellenberger*, § 25 Rn 8; *Föhr*, NJW 1975, 617; *K. Schmidt*, ZRP 1977, 659; *Lessmann*, NJW 1978, 1545; *Göhner*, DVBl 1980, 1033.
70 RGZ 107, 386, 388.
71 RGZ 140, 23, 24; 147, 11, 15.
72 BGHZ 93, 151, 152 f = DB 1985, 586 = NJW 1985, 1216; BGHZ 102, 265, 276 = DB 1988, 491 = NJW 1988, 552.
73 BGHZ 105, 306, 318 = DB 1989, 619 = NJW 1989, 1724.
74 BGHZ 63, 282, 290 = NJW 1975, 771; BGHZ 105, 306, 318 f = DB 1989, 619 = NJW 1989, 1724.
75 Palandt/*Ellenberger*, § 25 Rn 9; *Reichert*, Rn 300, 615; OLG Frankfurt OLGZ 1981, 391, 392 = Rpfleger 1981, 310.
76 *Reichert*, Rn 543.
77 OLG Düsseldorf NJW 2008, 1451, 1453.
78 BGHZ 105, 306 = DB 1989, 619 = NJW 1989, 1724, 1726; zum Austritt Palandt/*Ellenberger*, § 25 Rn 9; Bamberger/Roth/*Schwarz*, § 25 Rn 30.
79 Palandt/*Ellenberger*, § 25 Rn 9 a; Bamberger/Roth/*Schwarz*, § 25 Rn 31 f; *Reichert*, Rn 2819 ff; EuGH NJW 1996, 505; BGHZ 142, 304 = NJW 1999, 3552; BGH NJW 2000, 1028; BAG NJW 1996, 1916; LG Stuttgart NJW-RR 2004, 929 = SpuRt 2004, 116; OLG Düsseldorf NJW 2008, 1451.
80 EuGH NJW 1996, 505 = ZIP 1996, 42.

verstoßen gegen das EU-Recht.[81] Mittlerweile hat auch die deutsche Rspr das Verbot von Transferzahlungen auf der Grundlage von Art. 12 GG und § 242 BGB bestätigt.[82]

34 **5. Vereinsgewohnheitsrecht.** Die Verfassung des nicht rechtsfähigen Vereins kann sich zwar aus Gewohnheitsrecht erheben, da er keine geschriebene Verfassung zu haben braucht. Anders beim eingetragenen Verein: Gewohnheitsrecht kann seine geschriebene Satzung nicht ändern, da bei der Satzungsänderung ein förmliches Verfahren einzuhalten ist (vgl § 33 Abs. 1 bzw 2 iVm § 71 Abs. 1). Möglich ist aber, dass ständige Übung (Observanz) bei der Auslegung der Satzung herangezogen wird (vgl Rn 11) sowie zur Lückenausfüllung dient.[83]

II. Aufnahmeanspruch von Vereinsmitgliedern

35 Vereine sind grundsätzlich frei, Mitglieder aufzunehmen oder Bewerber abzuweisen (Art. 9 Abs. 1, 2 Abs. 1 GG) (vgl allg. Vor § 21 Rn 11). Das gilt grundsätzlich auch, wenn der Bewerber die satzungsmäßigen Voraussetzungen der Aufnahme erfüllt.[84] § 18 Abs. 2 AGG untersagt eine gegen die Diskriminierungsverbote des AGG verstoßende Ablehnung eines Aufnahmeantrags (vgl § 18 AGG Rn 8).

36 Weithin unproblematische **Aufnahmeansprüche** können sich aber **aufgrund einer Selbstbindung des Vereins oder kraft Gesetzes** ergeben (vertragliche Bindung mit dem Bewerber; satzungsmäßige Bindung, bei bestimmten Voraussetzungen Mitglieder aufzunehmen; gesetzliche Verpflichtung zur Aufnahme zB gem. § 54 GenG iVm § 63 b Abs. 1 GenG oder gem. § 7 Abs. 1 Nr. 5 Tierzuchtgesetz). Darüber hinaus gibt es einen spezialgesetzlichen Aufnahmeanspruch für Wirtschafts- und Berufsvereinigungen sowie Gütezeichengemeinschaften gem. § 20 Abs. 6 GWB. Der Aufnahmeanspruch ist vor den Zivilgerichten durch Leistungsklage auf Aufnahme in den Verein durchsetzbar.[85]

37 Darüber hinaus besteht bei **sozialmächtigen Vereinen**, die keine Monopolstellung innezuhaben brauchen, (vgl Rn 17) eine Pflicht, Beitrittswilligen den Beitritt nicht ohne deren unbillige Benachteiligung und nur bei Vorliegen eines sachlich rechtfertigenden Grundes zu verwehren.[86] Die materiellen Voraussetzungen des Aufnahmezwangs werden unmittelbar aus Art. 9 Abs. 1 GG hergeleitet. Sie setzen eine Abwägung der beiderseitigen Interessen voraus. Eine kritische Frage ist immer, ob der Verein eine im Sinne der Rechtsprechung ausreichende wirtschaftliche und soziale Machtstellung besitzt. Eine solche ist nicht nur bei Wirtschafts- oder Berufsvereinigungen denkbar, und der Beitrittswillige muss kein Unternehmen sein. Eine überragende Machtstellung kann auch einem Verein auf örtlicher Ebene zukommen, der im regionalen Bereich einzigartig ist.[87]

38 Besondere Probleme ergeben sich, wenn Vereine „**Außenseiter**" von sich **fern halten** wollen, wie zB in den von der Rechtsprechung entschiedenen Fällen des Aufnahmeantrags eines NPD-Mitglieds zur Polizeigewerkschaft oder eines Maoisten zur IG-Metall.[88]

39 Der Bewerber macht seinen Aufnahmeanspruch durch **Leistungsklage** auf Aufnahme geltend.[89] Ausdrücklich vorgesehene vereinsinterne Rechtsschutzmittel muss er zuvor ausgeschöpft haben.[90] In dringenden Fällen ist eine einstweilige Verfügung auf vorläufige Mitgliedschaft denkbar.[91]

40 **Beispiele:** In der Rechtsprechung wurden **Aufnahmeansprüche bejaht** beim Deutschen Sportbund;[92] bei Landessportverbänden gegenüber einem Sportfachverband;[93] Stadtjugendring;[94] örtlicher Sportdachver-

81 EuGH NJW 1996, 505; EuGH, EuZW 2005, 337 = Slg 2005, I-2579.
82 BGHZ 142, 304 = NJW 1999, 3552; BGH NJW 2000, 1028; BAG NJW 1996, 1916; LG Stuttgart NJW-RR 2004, 929 = SpuRt 2004, 116; OLG Düsseldorf NJW 2008, 1451.
83 *Reichert*, Rn 359.
84 RGZ 60, 94, 103; BGHZ 101, 193, 200 = DB 1987, 328 = NJW 1987, 2503; BGH NJW 1999, 1326; *Sauter/Schweyer/Waldner*, Rn 76; *Reichert*, Rn 643; *K. Schmidt*, GesR, 4. Aufl. 2002, § 24 V 2.
85 Vgl zu allem aus der Rspr BGHZ 29, 344 = NJW 1959, 880; BGHZ 127, 388 = DB 1995, 269 = NJW 1995, 462; *K. Schmidt*, GesR, 4. Aufl. 2002, § 24 V 2 a; *Reichert*, Rn 648 ff.
86 BGHZ 63, 282, 285 = NJW 1975, 771; BGHZ 93, 151, 153 f = DB 1985, 586 = NJW 1985, 1216; BGH NJW-RR 1986, 583; BGHZ 140, 74 = DB 1999, 423 = NJW 1999, 1326; vgl *Reichert*, Rn 655 ff; Bamberger/Roth/*Schwarz*, § 25 Rn 35 f; *K. Schmidt*, GesR, 4. Aufl. 2002, § 24 V 2; Palandt/*Ellenberger*, § 25 Rn 10.
87 BGH NJW 1999, 1326 = NZG 1999, 217; BGH NJW 1980, 186.
88 BGH NJW 1973, 35; BGHZ 93, 151 = NJW 1985, 1216; vgl auch BGHZ 102, 265 = DB 1988, 491 = NJW 1988, 552; BGH NJW 1997, 3368, 3370.
89 *K. Schmidt*, GesR, 4. Aufl. 2002, § 24 IV 2 c; *Reichert*, Rn 661.
90 RGZ 105, 127; BGHZ 47, 172, 174 = DB 1967, 855 = NJW 1967, 1268; BGHZ 101, 193, 1999 = DB 1988, 328 = NJW 1987, 2305.
91 OLG Düsseldorf NJW-RR 1998, 328.
92 BGHZ 62, 282, 283 = NJW 1975, 771.
93 BGH NJW 1986, 583; OLG Düsseldorf NJW-RR 1987, 503; OLG Stuttgart NZG 2001, 997.
94 LG Heidelberg MDR 1990, 625 = NJW 1991, 927.

ein;[95] Bergwacht des DRK;[96] grundsätzlich Gewerkschaften;[97] Arzt gegenüber einer Berufsorganisation der Ärzte, deren Mitgliedschaft Voraussetzung für die Zulassung bei Krankenkassen ist.[98]

Verneint wurde der Aufnahmeanspruch in folgenden Fällen: Politische Partei, örtlicher Anwaltverein, Mieterverein, Landespressekonferenz, Universitätsclub, Verband freier Berufe gegenüber einem Heilpraktikerverband, Wohnungsbaugenossenschaft, Verband der Zeitschriftengroßhändler gegenüber einem von einem Großverlag beherrschten Händler.[99] 41

III. Vereinsstrafen

1. Zulässigkeit und gerichtliche Überprüfung. Herrschender Auffassung entspricht es, dass die Vereinsautonomie die Befugnis zur Vereinsstrafgewalt umfasst.[100] Deren Zweck ist nicht der Schutz von Gläubigern, sondern Aufrechterhaltung und Durchsetzung der Vereinsordnung.[101] Die Vereinstrafe ist nach überwiegender Meinung keine Vertragsstrafe iSd §§ 339 ff, sondern ein **eigenständiges verbandsrechtliches Institut**.[102] 42

Die Vereinsstrafgewalt wird aber nachhaltig angegriffen, insbesondere im Hinblick auf den von der früher hM vertretenen Ausschluss der **gerichtlichen Überprüfung der Strafgewalt**.[103] *Flume* beispielsweise kritisiert, die Rechtsordnung kenne „keine ‚Unterwerfung' unter private Strafgewalt… Was immer es mit der Vereinsstrafe auf sich hat, jedenfalls sind die Vereinsehrenstrafen darauf gerichtet, ein Unwerturteil über das Vereinsmitglied auszusprechen. Es ist eine bare Fiktion, dass sich das Mitglied durch den Beitritt zu dem Verein im Vorhinein betreffs seiner Ehre einer Vereinsgewalt unterwirft und dem Verein es überlässt, durch Ausübung der Vereinsgewalt über seine Ehre zu verfügen".[104] 43

Das Reichsgericht prüfte zunächst nur die Einhaltung der Satzungsbestimmungen zur Vereinsstrafe.[105] Später weitete es seine Prüfung auf eine auf grobe Verstöße bezogene Inhaltskontrolle einschließlich Überprüfung der Sittenwidrigkeit, Unbilligkeit und soziale Härte aus.[106] Der BGH blieb dieser Linie anfangs treu und überprüfte nur, ob die Strafe eine (nicht gesetz- oder sittenwidrige) **satzungsmäßige Ermächtigung** besaß, in einem **satzungsmäßig vorgeschriebenen, fairen Verfahren** verhängt wurde und als solche **nicht gesetz- oder sittenwidrig oder offenbar unbillig** ist.[107] Später stellte der BGH auch die **Tatsachenermittlung** der vereinsrechtlichen Disziplinarverfahren unter die Nachprüfung der staatlichen Gerichte.[108] Darüber hinaus prüft die Rechtsprechung bei Vereinen, für die eine Aufnahmepflicht besteht (vgl Rn 22), die Subsumtion unter die vereinsrechtlichen Strafennormen voll nach und überprüft in dem Zusammenhang auch die Strafzumessung.[109] Trotz berechtigter Forderungen in der Literatur nach voller gerichtlicher Überprüfung bei allen Vereinen,[110] beschränkt sich die Rechtsprechung ansonsten bislang auf die Prüfung, ob die Strafe willkürlich oder grob unbillig ist.[111] 44

Für diese Rechtsprechung wird angeführt, dass es „zur richtig verstandenen Vereinsautonomie" gehöre, dass die Vereine und nicht die staatliche Gewalt darüber entschieden, ob das Verhalten eines Mitglieds gegen die 45

95 BGH NJW 1999, 1326.
96 LG München NJW-RR 1993, 890.
97 BGHZ 93, 151, 152 = NJW 1985, 1216; BGHZ 102, 265, 267 = DB 1988, 491 = NJW 1988, 552; BGH NJW 1991, 485.
98 RGZ 106, 120.
99 Vgl die Nachw. bei Bamberger/Roth/*Schwarz*, § 25 Rn 38 f; *Reichert*, Rn 655; Palandt/*Ellenberger*, § 25 Rn 11.
100 RGZ 140, 23, 24; BGHZ 21, 370, 373 = NJW 1956, 1793; BGHZ 87, 337, 344 = NJW 1984, 918.
101 Palandt/*Ellenberger*, § 25 Rn 13; Soergel/*Hadding*, § 25 Rn 44.
102 BGHZ 21, 370, 373 = NJW 1956, 1793; BGHZ 87, 337, 345 = NJW 1984, 918; BGH WM 2003, 292 = DB 2003, 498 = ZIP 2003, 343; Palandt/*Ellenberger* § 25 Rn 12; Bamberger/Roth/*Schwarz*, § 25 Rn 42; aA Soergel/*Hadding*, § 25 Rn 38; *Grunewald*, Gesellschaftsrecht, 5. Aufl. 2002, S. 39; *Bötticher*, ZFA 1970, 3, 45.
103 *Bötticher*, ZFA 1980, 53; *Flume*, BGB AT, Bd. 1/1, § 9 IV.
104 *Flume*, BGB AT, Bd. 1/1, § 9 IV; *Grunewald*, aaO, S. 42 ff; *Weitnauer*, in: FS Reinhardt, 1972, S. 179 ff; Staudinger/*Weick*, Vor §§ 21 ff Rn 39.
105 RGZ 49, 150, 154 f; 80, 189, 191.
106 RGZ 107, 386, 387; 140, 23, 24; 147, 11, 14.
107 BGHZ 21, 370 = DB 1956, 1056.
108 BGHZ 87, 337, 344 = DB 1983, 2300 = NJW 1984, 918; ebenso BGH NJW 1997, 3368; OLG Hamm NJW-RR 2001, 1480; OLG Hamm NJW-RR 2002, 389.
109 BGHZ 102, 265, 277 = DB 1988, 491 = NJW 1988, 552; BGHZ 128, 93, 100 = NJW 1995, 583; ähnlich BGH NJW 1991, 485; 1994, 43; 1995, 583, 587; WM 1990, 89; NJW 1997, 3368; OLG Frankfurt NJW-RR 2000, 1117, 1120; LG München SpuRt 1995, 161; LG Köln SpuRt 2003, 162; Staudinger/*Weick*, § 35 Rn 54 f.
110 Vgl *Flume*, BGB AT, Bd. 1/1, § 9 IV; *Grunewald*, Gesellschaftsrecht, 5. Aufl. 2002, Rn 2; *Wiedemann*, Gesellschaftsrecht, 6. Aufl. 2002, § 3 III 3; Staudinger/*Weick*, Vor §§ 21 ff Rn 41; *Beuthien*, BB 1968, Beilage 12; *Gehrlein*, ZIP 1997, 1915; *Hadding/van Look*, ZGR 1988, 270; *Schlosser*, Vereins- und Verbandsgerichtsbarkeit, S. 99 ff; *H. P. Westermann*, Verbandsstrafgewalt, S. 101 ff; Erman/*Westermann*, § 25 Rn 5; *K. Schmidt*, GesR, 4. Aufl. 2002, § 24 IV 3 f.
111 BGHZ 47, 381 = DB 1967, 1217 = NJW 1967, 1657; BGHZ 75, 158 = NJW 1980, 443; BGHZ 87, 337, 345 = DB 1983, 2300 = NJW 1984, 918; BGH NJW 1997, 3368.

Ziele oder Interessen eines Vereins verstoße.[112] Derartige Auffassungen verkennen aber, dass die Mitgliedschaft im Verein ein Privatrechtsverhältnis ist, das nach allgemeinen Grundsätzen des effektiven Rechtsschutzes grundsätzlich der Überprüfung durch Gerichte offen stehen muss; **in Privatrechtsverhältnissen kann es grundsätzlich keine gerichtsfreien Räume geben**.[113]

46 Bei der Überprüfung erscheinen allerdings **Beschränkungen erforderlich**. Sie betreffen zunächst Tatsachenentscheidungen des (Sport-)Schiedsrichters,[114] was unmittelbar einleuchtet: Hätte jedes samstägliche Bundesliga-Fußballspiel für jede Schiedsrichter-Entscheidung ein Nachspiel im Gerichtssaal, blieben bald die Zuschauer aus und der Zweck des Spiels wäre verfehlt. Daher kann eine nachträgliche Korrektur einer Tatsachenentscheidung eines Schiedsrichters nur ganz ausnahmsweise zulässig sein, und zwar bei spielentscheidenden offenkundigen Fehlern eines **Schiedsrichters**, die das Spielergebnis mit hoher Wahrscheinlichkeit beeinflusst haben.[115] Darüber hinaus gilt auch bei der gerichtlichen Überprüfung im Vereinsrecht das Prinzip des Rechtsschutzbedürfnisses und der Grundsatz minima non curat praetor.

47 *Flume* meint mit gutem Grund, dass folgende **Ordnungsmaßnahmen** „im allgemeinen Recht nicht relevant (sind) und insoweit auch nicht gerichtlicher Kontrolle (unterliegen)": disziplinarmäßige Sanktionen ohne vermögenswirksame Auswirkung und ohne damit verbundenes Unwerturteil gegenüber Ordnungswidrigkeiten bei der Teilnahme am Vereinsleben (wie Mahnung, Verwarnung oder Verweis), Verweisung von einer Veranstaltung, Sperre hinsichtlich der Benutzung von Anlagen oder Teilnahme an Vereinsveranstaltungen, geringfügige Bußgelder; für eine gerichtliche Überprüfung bestehe nur Anlass, wenn der Verein gesetzwidrige, sittenwidrige oder offenbar unbillige Entscheidungen getroffen habe und den Betroffenen durch die Entscheidung in seinem Persönlichkeitsrecht verletzt habe.[116]

48 Eine weitere Beschränkung betrifft die **Einschätzungsprärogative der Verbandsorgane**:[117] Die Vereinsstrafgewalt arbeitet vielfach mit ausfüllungsbedürftigen Begriffen wie „unsportliches Verhalten" (vgl Rn 39).[118] Insoweit muss darauf Rücksicht genommen werden, dass bestimmte Entscheidungen von Vereinsorganen Ausdruck einer ideellen Einstellung oder als Anwendung spezieller Verhaltens- oder Spielregeln nicht ohne weiteres mit den Maßstäben des BGB gemessen werden können. Dieses Bewertungsvorrecht zu respektieren gebietet die Vereinsautonomie.

49 **Gegenstand der gerichtlichen Nachprüfung** ist die Vereinsstrafe mit dem Inhalt, wie sie vor dem zuständigen Vereinsorgan zustande gekommen ist; das **Nachschieben von Gründen** ist unzulässig, der Verein darf weder die Strafe noch den Sachverhalt auswechseln.[119] Etwas anderes soll nach einer älteren BGH-Entscheidung gelten im Falle offenbarer Unbilligkeit eines Vereinsausschlusses.[120] Diese Entscheidung ist zu kritisieren: Auf dem Prüfstand des staatlichen Gerichts steht die Entscheidung des Vereinsorgans. Dessen autonome Entscheidung über die Vereinsstrafe steht zur Überprüfung. Wenn der Entscheidung im Zivilprozess eine andere rechtliche oder tatsächliche Grundlage gegeben wird, als sie dem vor der Vereinsstrafe Betroffenen gegeben worden ist, wird seine Möglichkeit beschnitten, sich vor den Vereinsorganen gegen die Maßnahme und die Vorwürfe zu wehren.[121]

50 Nach einer bislang vereinzelt gebliebenen Entscheidung soll das Gericht die vom Verein verhängte Strafe **„zur Bewährung"** aussetzen können.[122]

51 Streitig ist die Zulässigkeit der Überprüfung von Vereinsstrafen statt durch ein staatliches Gericht durch ein **Schiedsgericht**.[123] Das Schiedsgericht bedarf jedenfalls einer umfassenden Regelung zur Zuständigkeit und Organisation durch die Satzung (vgl Rn 3). Das Vereinsschiedsgericht muss jedenfalls von übrigen Vereinsorganen unabhängig und unparteilich sein, und das Verfahren muss den Anforderungen von §§ 1025 ff ZPO genügen.[124] Erhält ein so genanntes Schiedsgericht die Kompetenz zu erstmaliger Verhängung von Ver-

112 Palandt/*Ellenberger*, § 25 Rn 24; Bamberger/Roth/*Schwarz*, § 25 Rn 67; *Haas/Prokop*, JR 1998, 45.

113 Staudinger/*Weick*, Vor §§ 21 ff Rn 41; MüKo/*Reuter*, § 25 Rn 53; *K. Schmidt*, GesR, 4. Aufl. 2002, § 24 V 3 f (keine Rechtsschutzexklave).

114 Vgl *Reichert*, Rn 1696.

115 *Reichert*, Rn 1697 b.

116 *Flume*, BGB AT, Bd. 1/1, § 9 IV.

117 Vgl dazu, mit Unterschieden im Einzelnen, Erman/*Westermann*, § 25 Rn 5; *K. Schmidt*, GesR, 4. Aufl. 2002, § 25 V 3 f; *Hadding/van Look*, ZGR 1988, 270, 276; *Kübler*, Gesellschaftsrecht, 5. Aufl. 1999, § 33 IV 3 d; *Gehrlein*, ZIP 1994, 856 f; BGHZ 102, 265 = DB 1988, 491 = NJW 1988, 552; BGH NJW 1991, 485.

118 Derartige Klauseln werden bislang noch als ausreichende Grundlagen für Strafen angesehen, vgl Erman/*Westermann*, § 25 Rn 8; vgl zum „unsportlichen Verhalten" BGHZ 47, 381, 383 = DB 1967, 1217 = NJW 1967, 1657.

119 BGHZ 45, 314, 321 = NJW 1966, 1751; BGHZ 102, 265, 273 = DB 1988, 491 = NJW 1988, 552, 554; BGH NJW 1990, 40, 41; Bamberger/Roth/*Schwarz*, § 25 Rn 71; Palandt/*Ellenberger*, § 25 Rn 25; *Reichert*, Rn 1822 ff.

120 BGHZ 47, 381, 387 = DB 1967, 1217 = NJW 1967, 1657; zust. Bamberger/Roth/*Schwarz*, § 25 Rn 71; Palandt/*Ellenberger*, § 25 Rn 25.

121 IE ebenso *Reichert*, Rn 1824.

122 LG Köln SpuRt 2003, 162.

123 Palandt/*Ellenberger*, § 25 Rn 20; Erman/*Westermann*, § 25 Rn 6; *Reichert*, Rn 2530 ff; MüKo/*Reuter*, § 25 Rn 58; *Röhricht*, Sportgerichtsbarkeit, S. 22 ff.

124 BGH NJW 2004, 2226 = BGHZ 159, 207.

einsstrafen, ist es uE kein echtes Schiedsgericht nach §§ 1025 ff, 1066 ZPO, sondern ein normales Vereinsorgan.[125] Dies hat der BGH immer wieder bestätigt.[126]

2. Erscheinungsformen. In der Praxis übliche Mittel der Vereinsstrafgewalt sind die sog. Ehrenstrafen (der förmliche Verweis), die Geldstrafe, die zeitweilige oder dauernde Entziehung von Nutzungsrechten sowie der Ausschluss aus dem Verein (vgl zu diesem Rn 45 ff).[127] Sehr viel feiner gesponnen sind Ordnungsmittel bei Sportverbänden. Sie beginnen bei den Ordnungsmaßnahmen eines Schiedsrichters[128] und umfassen zB: Verwarnung, Verweis, Geldbuße, Platzverbot, Verbot der Ämterbekleidung oder Tätigkeitsverbot im Verbandsbereich, Spielverbot auf Dauer oder Zeit, Lizenzentzug, Ausschluss von der Benutzung von Vereinseinrichtungen, Aberkennung von Punkten, Versetzung in eine niedrigere Spielklasse, Ausschluss vom Verband auf Zeit oder auf Dauer, Entzug des aktiven oder passiven Wahlrechts für Vereinsämter, Verlust einer Organ- oder Ehrenstellung im Verein sowie Entzug des Stimmrechts.[129] 52

3. Voraussetzungen von Vereinsstrafen. a) Grundlage in der Satzung. Straftatbestände und angedrohte Strafe müssen in der Satzung festgelegt sein (vgl Rn 3).[130] Für die Satzungsregeln zur Strafandrohung gilt der **Bestimmtheitsgrundsatz** entsprechend Art. 103 Abs. 2 GG,[131] dem aber Generalklauseln nicht entgegenstehen sollen: Als zulässig werden Tatbestände angesehen wie „unsportliches Verhalten", „Schädigung des Ansehens des Vereins", „Handlungen der Vereinsmitglieder, die die Ehre des Standes, des Vereins oder eines Vereinsmitglieds verletzen können", „wenn das Mitglied in grober Weise gegen die Grundsätze der geschriebenen oder ungeschriebenen Sportgesetze verstößt" sowie „vereinsschädigendes Verhalten" (vgl Rn 34). Vereinsordnungen, die im Rang unterhalb der Satzung stehen (vgl Rn 5), dürfen die Strafvorschriften konkretisieren, diese aber nicht erweitern oder zusätzliche Rechtsnachteile vorsehen.[132] Das strafbewehrte Verbot muss zum Zeitpunkt der Vornahme der Handlung schon bestanden haben.[133] Insofern sollen allerdings echte und unechte Rückwirkung zu unterscheiden sein und Besonderheiten bei der Anknüpfung an einen fortdauernden Zustand gelten.[134] Es gibt kein Verbot der doppelten Bestrafung mit Vereinsstrafe und öffentlicher Strafe.[135] 53

b) Verschulden. Eine Vereinsstrafe erfordert grundsätzlich Verschulden des Betroffenen.[136] Verschulden Dritter genügt nicht, § 278 ist nicht anwendbar.[137] Es gibt die Unschuldsvermutung[138] (vgl Rn 43). 54

c) Grundsatz: Strafgewalt nur gegen Vereinsmitglieder. Der Verein darf grundsätzlich Vereinsstrafen nur gegen seine Mitglieder verhängen.[139] Nach seinem Ausscheiden aus dem Verein kann der Verein das ehemalige Mitglied nicht mehr für Vergehen während seiner Mitgliedschaft bestrafen. Das gilt auch, wenn das Mitglied während des Verfahrens aus dem Verein ausscheidet.[140] Strafgewalt besteht aber in der Zeit zwischen Austrittserklärung und Ausscheiden.[141] Gegen Nichtmitglieder können sich Vereinsstrafen jedoch richten, soweit sie Organe des Vereins oder der Mitgliedsgesellschaft sind.[142] Möglich ist, dass **Nichtmitglieder sich durch Vertrag der Strafgewalt des Vereins unterwerfen**[143] – eine Methode, die zB im Sport 55

125 So auch *Reichert*, SpuRt 2004, 50, in Auseinandersetzung mit der Entscheidung des Sportschiedsgerichts Frankfurt, SpuRt 2003, 212.
126 BGH DB 2004, 2097, 2098 = NJW 2004, 2226; BGH NJW 1995, 583; BGHZ 128, 93; vgl auch OLG Frankfurt NJW 1970, 2250; vgl MüKo/*Reuter*, § 25 Rn 61.
127 *K. Schmidt*, GesR, 4. Aufl. 2002, § 24 IV 3 a.
128 *Reichert*, Rn 1602; gegen Strafcharakter: *Leipold*, ZGR 1985, 113, 121; *van Look*, Vereinsstrafen, S. 123.
129 *Reichert*, Rn 1605.
130 RGZ 125, 340; 151, 232; BGHZ 47, 172, 175 ff = DB 1967, 855 = NJW 1967, 1268; BGHZ 55, 381, 385 = DB 1971, 864 = NJW 1971, 879; BGH NJW 1984, 1355.
131 Bamberger/Roth/*Schwarz*, § 25 Rn 45.
132 BGHZ 47, 172, 178 = DB 1967, 855 = NJW 1967, 1268.
133 RGZ 125, 340; BGHZ 55, 381, 385 = NJW 1971, 379.
134 Vgl Bamberger/Roth/*Schwarz*, § 25 Rn 46; RGZ 125, 338, 341 f; BGH NJW 1971, 379, 881; OLG Celle NJW-RR 1989, 313, 315; *Reichert*, Rn 592 ff.
135 BGHZ 21, 370, 374 = NJW 1956, 1793; BGHZ 29, 352, 356 = DB 1959, 428 = NJW 1959, 982; dagegen in jüngerer Zeit wieder Kritik in der Lit. von *Reinhart*, SpuRt 2001, 45.
136 RGZ 148, 225, 234; 163, 200; OLG Frankfurt NJW-RR 1986, 133, 135; 2000, 1117, 1120; OLG Hamm NJW-RR 2002, 389, 390; MüKo/*Reuter*, § 25 Rn 46 (auch zu in Einzelfällen abweichender Rspr); Palandt/*Ellenberger*, § 25 Rn 14; Soergel/*Hadding*, § 25 Rn 50; *Reichert*, Rn 1606 f; Bamberger/Roth/*Schwarz*, § 25 Rn 27; Erman/*Westermann*, § 25 Rn 8, der darauf hinweist, dass das Verschulden im Hinblick auf die Wettkampfsperre wegen Dopingverstoßes gegen das im internationalen Bereich angewendete Prinzip der strict liability verstößt; *Reichert*, Rn 1607 a f; vgl auch zur Frage des Verstoßes gegen den ordre public, OLG Frankfurt OLGR 2001, 195 = SpuRt 2001, 159.
137 MüKo/*Reuter*, § 25 Rn 45; Erman/*Westermann*, § 25 Rn 8; offen gelassen in BGH NJW 1972, 1892.
138 *Petri*, Unschuldsvermutung im Verbrauchstrafeverfahren, in: Sportler, Arbeit und Statuten, hrsg. von Bepler, 2000, S. 239 ff.
139 RGZ 51, 66, 67; 122, 266, 268; 143, 2; BGHZ 29, 352, 359 = DB 1959, 428 = NJW 1959, 982.
140 RGZ 122, 266, 268.
141 Palandt/*Ellenberger*, § 25 Rn 15.
142 Erman/*Westermann*, § 25 Rn 7.
143 BGHZ 128, 93 = NJW 1995, 563; vgl dazu *Haas*, NJW 1995, 2146; *Pfister*, JZ 1995, 464; *Haas/Adolphsen*, NJW 1996, 2553; MüKo/*Reuter*, § 25 Rn 29, 53.

sehr verbreitet ist.[144] ZB von Landes- und Spitzenverbänden des Sports aufgestellte Sportordnungen erlangen auch ohne Satzungsrang für solche Sportler Bedeutung, die nicht Mitglieder des jeweiligen Verbandes sind, was auch für die in den Sportordnungen enthaltenen Sanktionskataloge für Regelverletzungen und der zu ihrer Durchsetzung unabdingbar erforderlichen inneren Disziplinargerichtsbarkeit gilt; unabdingbare Voraussetzung dafür ist, dass sich die jeweiligen Sportler oder sonstigen Dritten, die nicht Mitglieder sind und dennoch der Sanktionsgewalt des Vereins unterliegen sollen, jeweils durch rechtsgeschäftlichen Einzelakt den Regelungen des Vereins unterwerfen; dafür kommen nicht nur individuelle Vertragsschlüsse in Betracht, es genügen nach der ständigen Rspr schon (1) die Meldung des Dritten zB zu einem sportlichen Wettbewerb, der ausdrücklich nach der Disziplinarordnung des Vereins ausgeschrieben ist, und (2) generelle Start- oder Spielerlaubnisse, bei deren Erhalt der Dritte (zB Sportler) verspricht, die vom Verein aufgestellten Regeln zu beachten und sich bei Verstoß den Sanktionen des Vereins zu unterwerfen.[145]

56 **4. Verfahren der Vereinsstrafenverhängung. a) Zuständigkeit.** Für die Verhängung der Vereinsstrafe zuständig ist gem. § 32 im Zweifel die **Mitgliederversammlung**. Die Satzung kann die Strafgewalt anderen Organen übertragen, zB einem speziellen „Vereinsgericht".[146] Offene Fragen gibt es bei der Besetzung des Vereinsgerichts.[147] Einleitendes und entscheidendes Organ können teilweise personenidentisch sein. Sie dürfen sich derselben Sachbearbeiter zur Vorbereitung ihrer Entscheidungen bedienen.[148]

57 **b) Rechtliches Gehör und andere Grundsätze des Verfahrens.** Dem beschuldigten Vereinsmitglied müssen die gegen es gerichteten Vorwürfe so konkret angegeben werden, dass es sich gegen die Vorwürfe angemessen verteidigen kann.[149] Der Beschuldigte hat Anspruch auf umfassendes rechtliches Gehör, wofür allerdings die Gelegenheit zu schriftlicher Äußerung genügen soll.[150] Der Verein darf nur solche Tatsachen berücksichtigen, zu denen sich der Beschuldigte äußern konnte, dieser muss das belastende Material uneingeschränkt, auch durch Akteneinsicht, überprüfen können.[151] Gewährt der Verein das rechtliche Gehör nicht bzw nicht ausreichend, ist die Vereinsstrafe nichtig.[152] Das beschuldigte Vereinsmitglied soll grundsätzlich keinen Anspruch auf Hinzuziehung eines Rechtsanwalts haben, es sei denn, der Verein ist anwaltlich vertreten.[153] Im Rahmen der dem Verein obliegenden Ermittlung der Grundlagen für eine zu verhängende Vereinsstrafe ist das betroffene Mitglied als Beschuldigter nicht zur Mitwirkung, insbesondere nicht zur Auskunft verpflichtet.[154] Ggf bestehende Satzungsregeln oder in nachrangigen Verfahrensordnungen niedergelegte Regelungen zum Ablauf des vereinsgerichtlichen Verfahrens müssen eingehalten werden. Zumal bei schweren Vereinsstrafen bedarf es der vorherigen Abmahnung.[155] Der Beschuldigte ist nicht verpflichtet, sich selbst zu belasten.[156] Zudem gelten die Prinzipien ne bis in idem[157] sowie nulla poena sine lege.[158] Das Prinzip der Gleichbehandlung von ähnlichen Verstößen, die andere Mitglieder begangen haben, ist zu beachten.[159] Der Verein muss die Strafe begründen.[160]

58 Bevor das Vereinsmitglied um gerichtlichen Rechtsschutz nachsucht, muss es grundsätzlich die **vereinsrechtlichen Instanzen** ausschöpfen. Das gilt aber nicht, wenn der Verein den vereinsinternen Instanzen-Zug unzumutbar verzögert. Wer diesen ausschöpft, läuft nicht Gefahr, dass die damit verbundene Verzögerung einem gerichtlichen Antrag auf **einstweiligen Rechtsschutz** entgegensteht.[161] Einstweiliger Rechtsschutz vor den staatlichen Gerichten ist auch während des vereinsinternen Verfahrens nach allgemeiner Auffassung zulässig.[162]

144 Bamberger/Roth/*Schwarz*, § 25 Rn 50; BAG NJW 1980, 470 (Vorschriften über die Vertragsstrafe sind anwendbar); *Reichert*, Rn 1596 f.
145 BGHZ 128, 93 = NJW 1995, 583; OLG Hamm OLGR Hamm 2003, 100 = NJOZ 2003, 465; OLG München SpuRt 2001, 64 = NJW-RR 2001, 711.
146 BGHZ 90, 92 = DB 1984, 1138 = NJW 1984, 1884.
147 Vgl Bamberger/Roth/*Schwarz*, § 25 Rn 55; Erman/*Westermann*, § 25 Rn 9; *Reichert*, Rn 1665 a, 1669 ff.
148 BGH NJW 1967, 1657; OLG München MDR 1973, 405; BGHZ 102, 265, 271 = NJW 1988, 552.
149 BGH NJW 1990, 40, 41; OLG Karlsruhe NJW-RR 1998, 684.
150 BGHZ 29, 352, 355 = NJW 1959, 982.
151 Bamberger/Roth/*Schwarz*, § 25 Rn 53; *Reuter*, ZGR 1980, 101, 117; *Reichert*, Rn 1666 ff.
152 RGZ 171, 205, 208; *Reichert*, Rn 1666 ff mit Beispielen der Verletzung.
153 BGHZ 55, 381, 390 = NJW 1971, 879; BGHZ 90, 92, 94 = DB 1984, 1138 = NJW 1984, 1884; mit gutem Grund weiter gehend *Reinicke*, NJW 1975, 2048; *Kirberger*, BB 1978, 1390.
154 BGH WM 2003, 292 = NZG 2003, 230.
155 LG Leipzig NZG 2002, 434.
156 BGH WM 2003, 292 = DB 2003, 498 = ZIP 2003, 343; MüKo/*Reuter*, § 25 Rn 46.
157 RGZ 51, 89.
158 MüKo/*Reuter*, § 25 Rn 44; *Hadding/van Look*, ZGR 1996, 326, 330; OLG Celle WM 1988, 495 m.Anm. *Grunewald* = WuB II L § 38 BGB 2.88 (Anm. *van Look*); RGZ 125, 388; 151, 232; BGHZ 47, 172, 178; BGHZ 55,381, 385.
159 BGHZ 47, 381, 385 = DB 1967, 1217 = NJW 1967, 1657.
160 RGZ 147, 11, 13; BGH NJW 1990, 40, 41; OLG Köln NJW-RR 1993, 891; OLG Düsseldorf MDR 1981, 843.
161 Erman/*Westermann*, § 25 Rn 9.
162 Palandt/*Ellenberger*, § 25 Rn 20; Soergel/*Hadding*, § 25 Rn 55.

IV. Vereinsausschluss

Der Vereinsausschluss wird zwar häufig als Vereinsstrafe angesehen. *Flume* hat jedoch nachgewiesen, dass es keinen berechtigten Grund für den Verein gibt, ein Mitglied im Wege der Vereinsstrafe cum infamia aus dem Verein zu entfernen.[163] Diese Auffassung erscheint zutreffend. Die Befugnis jedes Verbandes, ein Mitglied aus wichtigem Grund auszuschließen, ist ein allgemein gesellschaftsrechtliches Institut, nicht aber ein Sonderinstitut der Vereinsstrafgewalt. 59

Ein Ausschluss aus dem Verein setzt einen **wichtigen Grund zum Ausschluss** voraus.[164] Dem Verein darf die weitere Fortsetzung der Mitgliedschaft mit dem betroffenen Vereinsmitglied nicht mehr zumutbar sein. Verschulden des Mitglieds ist nicht erforderlich.[165] Das Verschulden des Vereinsmitglieds kann aber ein Aspekt sein, der bei der Abwägung zu berücksichtigen ist, ob dem Verein die weitere Fortsetzung der Mitgliedschaft zuzumuten ist.[166] Ein Ausschluss aus wichtigem Grund bedarf keiner ausdrücklichen satzungsmäßigen Grundlage.[167] 60

Der Ausschluss aus einem Monopolverein oder einem Verein von überragender sozialer etc. Bedeutung (vgl Rn 17 f) setzt regelmäßig eine **Abmahnung** voraus.[168] 61

Der Ausschluss unterliegt – einschließlich der Prüfung des Ausschlussgrundes in tatsächlicher und rechtlicher Hinsicht sowie der Einhaltung von Verfahrensgarantien – der vollen **gerichtlichen Überprüfung**.[169] Vorläufiger Rechtsschutz ist denkbar.[170] 62

Schließt der Verein ein Mitglied als Vereinsstrafe aus dem Verein aus und stellt sich beispielsweise im Laufe der gerichtlichen Überprüfung heraus, dass die Voraussetzungen für einen strafweisen Ausschluss nicht gegeben sind, wohl aber möglicherweise die für eine Kündigung aus wichtigem Grund, muss sich der Verein daran festhalten lassen, dass er sein Mitglied per Vereinsstrafe aus dem Verein hinauswerfen wollte; er kann nicht subsidiär auf die Kündigung aus wichtigem Grunde zurückgreifen.[171] Ausschlussgründe, die dem ausschließenden Vereinsorgan unbekannt waren, sind bei der richterlichen Nachprüfung ebenso wenig zu berücksichtigen wie solche, die im vereinsrechtlichen Ausschlussverfahren nicht erörtert worden sind, oder die lange zurückliegen.[172] 63

Bei Unwirksamkeit des Vereinsausschlusses hat das zu Unrecht ausgeschlossene Mitglied einen **Schadensersatzanspruch** gegen den Verein.[173] Ein unwirksamer Ausschluss führt nicht zum Verlust der Mitgliedschaft, zum Verlust des Vereinsamtes nur dann, wenn die Voraussetzungen für eine Abberufung von diesen erfüllt sind und sie ausdrücklich ausgesprochen wurde.[174] 64

Beschlüsse, die die Mitgliederversammlung ohne das unwirksam ausgeschlossene Vereinsmitglied fasst, sind fehlerhaft (vgl § 32 Rn 23).[175] 65

Sonderregelungen gibt es in §§ 10, 14 ParteienG für den Ausschluss aus einer politischen Partei. 66

Unter bestimmten Voraussetzungen denkbar sind Regelungen zur **freien Ausschließung** (Kündigung) aus dem Verein.[176] 67

163 *Flume*, BGB AT, Bd. 1/1, § 9 IV; ihm zust. *K. Schmidt*, GesR, 4. Aufl. 2002, § 24 V III c.

164 BGH NJW 1972, 1892; NJW 1990, 40; vgl zum Vereinsausschluss und der Bedeutung der Religionsfreiheit LG Frankfurt NJW-RR 2003, 1436.

165 BGHZ 29, 352, 359 = NJW 1959, 982; BGH NJW 1972, 1892, 1893; 1973, 35, 36; Palandt/*Ellenberger*, § 25 Rn 27; Bamberger/Roth/*Schwarz*, § 25 Rn 78; Erman/*Westermann*, § 25 Rn 8; differenzierend *Reichert*, Rn 1623.

166 Erman/*Westermann*, § 39 Rn 4 im Anschluss an BGHZ 29, 352 = NJW 1959, 982.

167 Erman/*Westermann*, § 25 Rn 10; Palandt/*Ellenberger*, § 25 Rn 27; *K. Schmidt*, GesR, 4. Aufl. 2002, § 24 V 3 c; BGH NJW 1990, 40; *Reuter*, NJW 1987, 2401; OLG Frankfurt NJW-RR 1991, 1276.

168 LG Leipzig NZG 2002, 434.

169 Erman/*Westermann*, § 25 Rn 10; Bamberger/Roth/*Schwarz*, § 25 Rn 79; *K. Schmidt*, GesR, 4. Aufl. 2002, § 24 V 3 c; Palandt/*Ellenberger*, § 25 Rn 27.

170 LG Wiesbaden SpuRt 1994, 244; vgl zum einstweiligen Rechtsschutz bei Ausschluss aus einem Monopol-Verein LG Leipzig NZG 2002, 434.

171 Erman/*Westermann*, § 25 Rn 10; aA *Reuter*, NJW 1987, 2401, 2406 f.

172 Erman/*Westermann*, § 25 Rn 10 mwN.

173 BGH NJW 1990, 2877.

174 Bamberger/Roth/*Schwarz*, § 25 Rn 82.

175 Bamberger/Roth/*Schwarz*, § 25 Rn 82; *Reichert*, Rn 1832; vgl zum GmbH-Recht *Rowedder/Fuhrmann/Koppensteiner*, 4. Aufl. 2002, § 47 GmbHG Rn 125; *Scholz/K. Schmidt*, GmbHG, Bd. 2, 9. Aufl. 2000/2002, § 45 Nr. 175; aA Soergel/*Hadding*, § 39 Rn 15 unter Bezugnahme auf BGHZ 31, 192, 195 = NJW 1960, 193 zur Genossenschaft; *Sauter/Schweyer/Waldner*, Rn 383, im Anschluss an RG Recht 1910 Nr. 204 zur Genossenschaft, was aber nicht übertragbar ist, da die entsprechende Norm des § 68 Abs. 4 GenG eine Sonderregelung für Genossenschaften ist, die keinen allg. Grundsatz für juristische Personen zum Ausdruck bringt.

176 *Reichert*, Rn 1612.

§ 26 Vorstand und Vertretung

(1) [1]Der Verein muss einen Vorstand haben. [2]Der Vorstand vertritt den Verein gerichtlich und außergerichtlich; er hat die Stellung eines gesetzlichen Vertreters. [3]Der Umfang der Vertretungsmacht kann durch die Satzung mit Wirkung gegen Dritte beschränkt werden.

(2) [1]Besteht der Vorstand aus mehreren Personen, so wird der Verein durch die Mehrheit der Vorstandsmitglieder vertreten. [2]Ist eine Willenserklärung gegenüber einem Verein abzugeben, so genügt die Abgabe gegenüber einem Mitglied des Vorstands.

Literatur: *Aden*, Wissenszurechnung in der Körperschaft, NJW 1999, 3098; *Barner*, Die Entlastung als Institut des Verbandsrechts, Diss. Berlin 1989; *Baumann*, Die Kenntnis juristischer Personen des Privatrechts von rechtserheblichen Umständen, ZGR 1973, 284; *Beuthien*, Gibt es eine organschaftliche Stellvertretung?, NJW 1999, 1142; *Bruggemeier*, Organisationshaftung, AcP 191 (1991), 33; *Danckelmann*, Vertretung und Geschäftsführung des rechtsfähigen Vereins durch einen mehrköpfigen Vorstand, NJW 1973, 735; *Eckardt*, Die Beendigung der Vorstands- und Geschäftsführerstellung in Kapitalgesellschaften, 1989; *Grunewald*, Auskunftserteilung und Haftung des Vorstands im bürgerlich-rechtlichen Verein, ZIP 1989, 962; *Grunewald*, Wissenszurechnung bei juristischen Personen, in: FS Beusch 1993, S. 301; *Hornung*, Der wirtschaftliche Verein nach § 22 BGB, Diss. Göttingen 1972; *Hüttinger*, Zur Regelung der Stellvertretung des Vorstands und zur Bestimmung des Einberufungsquorums für die Mitgliederversammlung in der Vereinssatzung, NotBZ 2001, 268; *Kirberger*, Zur Vertretung des eingetragenen Vereins bei mehrgliedrigem Vereinsvorstand, Rpfleger 1975, 277; *Klamroth*, Geschäftsführung und Vertretung beim eingetragenen Verein, DB 1972, 1953; *Lepke*, Zum Recht des Vereinsmitgliedes auf Auskunft außerhalb der Mitgliederversammlung, NJW 1966, 2099; *Linnenbrink*, Der Vorstand als Geschäftsführungsorgan des eingetragenen Vereins, SpuRt 2000, 55; *Lutter*, Zur Rechnungslegung und Publizität gemeinnütziger Spenden-Vereine, BB 1988, 489; *Michalski/Arends*, Zum Auskunftsrecht eines Vereinsmitglieds, NZG 1999, 780; *Mummenhoff*, Gründungssysteme und Rechtsfähigkeit, 1979; *Oestreich*, Der Vorstand und die fakultativen Organe im Verein, Rpfleger 2002, 67; *Säcker*, Probleme der Repräsentation von Großvereinen, 1986; *Säcker/Oetker*, Probleme der Repräsentation von Großvereinen, 1986; *Schilken*, Wissenszurechnung im Zivilrecht, 1983; *K. Schmidt*, Entlastung, Entlastungsrecht und Entlastungsklage des Geschäftsführers einer GmbH – Versuch einer Neuorientierung, ZGR 1978, 425; *ders.*, Rechtsprechungsübersicht – Entlastungsklage des Vereinsvorstands, JuS 1997, 658; *Schwarz*, Die Gesamtvertreterermächtigung, NZG 2001, 529; *ders.*, Die Mehrheitsvertretung des Vereinsvorstandes und deren Eintragung im Vereinsregister, Rpfleger 2003, 1; *ders.*, Die Publizität der Vertretungsmacht des Vorstands und der Liquidatoren eines Vereins, NZG 2002, 1033; *Ulmer*, Begründung von Rechten für Dritte in der Satzung einer GmbH, in: FS Werner 1984, S. 911. S.a. bei Vorbemerkungen zu §§ 21 ff.

A. Allgemeines

1 Jeder Verein muss einen Vorstand als unentbehrliches Element der körperschaftlichen Organisation haben. Es gilt das Prinzip der Drittorganschaft – zum Gegensatz zur Selbstorganschaft, bei dem Mitglieder einer Organisation in ihrer Gesamtheit Rechte und Pflichten für die Organisation begründen können (vgl zur GbR § 709 Rn 3 f). Dem Vorstand obliegt die Vertretung (§ 26) und die Geschäftsführung (§ 27) des Vereins. § 26 vermeidet eine Entscheidung im Streit zwischen Vertreter- und Organtheorie (vgl Vor § 21 Rn 6), indem dem Vorstand „die Stellung eines gesetzlichen Vertreters" gegeben wird, nicht aber als „der gesetzliche Vertreter" des Vereins definiert wird.

Das Vereinsrechtsänderungsgesetz, das am 30.9.2009 in Kraft getreten ist,[1] hat § 26 neu gefasst: Abs. 1 S. 1 und Abs. 2 aF sind inhaltlich unverändert in Abs. 1 nF zusammengefasst. Abs. 1 S. 2 aF ist in geänderter Form Abs. 2 S. 1 nF; § 28 Abs. 2 aF ist inhaltsgleich zum § 26 Abs. 2 S. 2 nF geworden. § 26 Abs. 2 S. 1 stellt den Grundsatz der Mehrheitsvertretung gesetzlich klar (vgl zur entsprechenden hM nach bisheriger Rechtslage 1. Aufl. Rn 10). Die Novelle ist erst im Rahmen des Gesetzgebungsverfahrens entwickelt worden, der Regierungsentwurf enthielt die Neufassung von §§ 26, 28 noch nicht.[2] Der Rechtsausschuss begründete die Novelle im Wesentlichen so:[3] Die gesetzlichen Regelungen über die Vertretung des Vereins in den §§ 26 und 28 aF

1 BGBl. I 2009, 3145.
2 BT-Drucks. 16/12813.
3 Rechtsausschluss, Beschlussempfehlung und Bericht, BT-Drucks. 16/13542, S. 14.

seien „nicht eindeutig". Es sei nämlich umstritten, welche Vertretungsregelungen für einen Vorstand gelten, der aus mehreren Personen besteht. Die hM gehe davon aus, dass der Grundsatz der Mehrheitsvertretung gilt, es werde aber auch vertreten, dass nur alle Vorstandsmitglieder gemeinsam den Verein vertreten können. Soweit Mehrheitsvertretung angenommen werde, sei umstritten, ob die wirksame Vertretung des Vereins durch einen mehrgliedrigen Vorstand davon abhängig ist, dass dem Vertretungshandeln ein wirksamer Vorstandsbeschluss zugrunde liege. Dass die Vorstandsmitglieder den Verein nur wirksam vertreten können, wenn dazu zuvor ein Vorstandsbeschluss gefasst werde, werde aus § 28 Abs. 1 aF hergeleitet. Dort werde nicht nur die Beschlussfassung des Vorstands geregelt, sondern auch festlegt, welche Art der Vertretung für den Vorstand gelte, wenn in der Vereinssatzung keine Regelung dazu getroffen werde. Diese Rechtsunsicherheit bei den Vertretungsregelungen solle beseitigt werden. Auch die Vertretung des Vereins durch seinen Vorstand solle entsprechend den allgemeinen Vertretungsgrundsätzen nicht von einem internen Beschlusserfordernis abhängig sein. Um dies eindeutig klarzustellen, sollten die Regelungen über die Vertretung und die Beschlussfassung voneinander getrennt werden. Die Vertretung des Vereins solle ausschließlich in § 26 nF geregelt und § 28 nF auf die Bestimmung über die Beschlussfassung beschränkt werden. Die Mehrheitsvertretung solle in § 26 Abs. 2 S. 1 nF als die gesetzliche Vertretungsform eindeutig bestimmt werden, von der die Vereine durch Satzung abweichen können.

B. Regelungsgehalt

I. Gesetzlicher Vorstand und seine Vertretungsmacht (Abs. 1)

1. Vorstand als zwingend vorgeschriebenes Vertretungsorgan (Abs. 1 S. 1). a) Grundsätze. Der Verein „muss einen Vorstand haben". Vorstand ist das Vereinsorgan, dem die **Vertretung des Vereins** gem. Abs. 1 S. 2 obliegt. Dem gesetzlichen Vorstand gehört nur an, wer zur Vertretung des Vereins befugt ist.[4] Möglich ist, dass ein Verein einen „erweiterten" oder „**Gesamtvorstand**" hat, dem der engere geschäftsführende Vorstand gegenübersteht, dem die Vertretung nach außen obliegt, der aber intern an die Beschlüsse des Gesamtvorstands gebunden ist.[5] Die Satzung muss nicht nur in solchen Fällen eindeutig festlegen, wer Vorstand iSd Gesetzes sein soll. Daher scheidet es beispielsweise aus, eine bedingte Vertretungsmacht eines zweiten Vorsitzenden für den Fall der Verhinderung des ersten Vorsitzenden vorzusehen.[6] Eine solche Vertretungsregelung ist auch nicht ins Register eintragungsfähig (vgl § 67 Rn 4). Sie kann aber möglicherweise so ausgelegt werden, dass beide Vorstandsmitglieder Einzelvertretungsbefugnis besitzen, von der der zweite Vorsitzende nach dem Innenverhältnis nur bei Verhinderung des ersten Vorsitzenden Gebrauch machen darf.[7] Nur die vertretungsberechtigten Vorstandsmitglieder sind in das Vereinsregister einzutragen (vgl § 67 Rn 2).[8] Unvereinbar mit dem Prinzip organschaftlicher Vertretung soll es sein, einem Nichtvorstandsmitglied die allgemeine Befugnis einzuräumen, den Verein gemeinsam mit einem Vorstandsmitglied zu vertreten.[9] 2

b) Zusammensetzung des Vorstands. Die **Zusammensetzung des Vorstands**, zumal die Zahl der Vorstandsmitglieder, regelt die Satzung (§ 58 Nr. 3). Soll der Vorstand aus mehreren Personen bestehen, muss die Satzung die Mindestzahl der Vorstandsmitglieder bestimmen.[10] Enthält die Satzung keine Vorschriften vom Mehr-Personen-Vorstand, besteht der Vorstand aus einer Person, was aus Abs. 2 S. 1 folgt. Die persönlichen Voraussetzungen der Vorstandsmitgliedschaft legt die Satzung fest. Enthält sie keine Regelung, auch nicht konkludent, können auch Nichtmitglieder, beschränkt geschäftsfähige oder juristische Personen Vorstandsmitglied sein.[11] Soweit die Satzung persönliche Voraussetzungen festlegt, genügt im Zweifel deren Vorliegen im Zeitpunkt des Amtsantritts.[12] Die personengleiche Besetzung mehrerer Vorstandsämter (Personalunion) 3

4 BayObLGZ 1971, 266, 271; 1972, 286, 287; KG OLGZ 1978, 274; OLG Celle NJW 1969, 326; MüKo/*Reuter*, § 26 Rn 8; Erman/*Westermann*, § 26 Rn 1.
5 BGHZ 69, 250 = DB 1977, 2090 = NJW 1977, 2310; Palandt/*Ellenberger*, § 26 Rn 3.
6 Staudinger/*Weick*, § 26 Rn 2; Palandt/*Ellenberger*, § 26 Rn 4; BayObLG NJW-RR 1992, 802; OLG Celle NJW 1969, 326.
7 BayObLG NJW-RR 1992, 802; OLG Celle NJW 1969, 326; BayObLG NZG 2002, 438 = NJW-RR 2002, 456.
8 Erman/*Westermann*, § 26 Rn 1.
9 OLG Hamm DNotZ 1978, 292 und 295; Erman/*Westermann*, § 26 Rn 1; Palandt/*Ellenberger*, § 26 Rn 4; aA *Kirberger*, Rpfleger 1979, 5 und 48.
10 OLG Celle NotBZ 2011, 42.
11 Palandt/*Ellenberger*, § 26 Rn 4; MüKo/*Reuter*, § 26 Rn 6 f; Erman/*Westermann*, § 26 Rn 3; *Reichert*, Rn 1217 ff, dort auch zur streitigen Frage der Vorstandsbestellung von Personen mit Wohnsitz im Ausland im Hinblick auf die Frage, ob Nachweise verlangt werden können, dass sie jederzeit zur Durchführung ihrer Vorstandstätigkeit nach Deutschland einreisen können.
12 Palandt/*Ellenberger*, § 26 Rn 4.

ist mangels entgegenstehender ausdrücklicher Satzungsbestimmungen zulässig.[13] Ausgeschlossen sind Satzungsregeln, wodurch sich Mitglieder eines mehrköpfigen Vorstandes gegenseitig vertreten.[14]

4 **2. Die Vertretungsmacht des Vorstands (Abs. 1 S. 2 und S. 3). a) Gesetzlicher Umfang der Vertretungsmacht (Abs. 1 S. 2).** Die Vertretungsmacht des Vereins ist grundsätzlich umfassend und unbeschränkt (Abs. 1 S. 2 Hs 1 und S. 3). Der **Vertretungsmacht des Vorstands entzogen** ist aber die Änderung der **Vereinsverfassung** und insbesondere die Vornahme von in die Zuständigkeit der Mitgliederversammlung fallenden **Grundlagengeschäften**; beispielsweise darf der Vorstand den Verein nicht ohne die Zustimmung der Mitgliederversammlung zu Satzungsänderung, Vorstandsbestellung oder Vereinsauflösung verpflichten.[15] Anders als bei Kapitalgesellschaften umfasst die Vertretungsmacht nach hM nicht **Geschäfte, die für den Dritten erkennbar völlig außerhalb des Vereinszwecks** liegen.[16] Nach aA bedeutet ein solches Handeln des Vorstands „nur" einen Missbrauch der Vertretungsmacht, so dass das Vorstandshandeln dem Verein nicht zugerechnet wird; die Voraussetzung des Missbrauchs ist nicht erst erfüllt, wenn Vorstand und Vertretungspartner einverständlich zum Schaden des Vereins zusammenwirken; es genügt, dass der Vertragspartner die Unvereinbarkeit des Vertreterhandelns mit der internen Befugnis kennt oder kennen musste, so dass dem Vertragspartner der Einwand der unzulässigen Rechtsausübung (§ 242) entgegenzuhalten ist.[17] Vorzugswürdig erscheint die von der hM vertretene Sicht: Wer mit einem Verein kontrahiert, kennt die beschränkte, nicht wirtschaftliche Zwecksetzung, die fehlende Kapitalausstattung und die Gebundenheit des Vereinsvermögens wirtschaftlich zugunsten der Mitglieder; zudem weiß der Vertragspartner, dass der Vorstand nicht beliebig den Verein verpflichten darf, sondern nur im Interesse des Vereinszwecks. Wenn daher ein Geschäft außerhalb des Vereinszwecks liegt und der Vertragspartner das erkennen muss (§ 122 Abs. 2), darf er nicht auf den Bestand des Geschäfts vertrauen. Nicht von der Vertretungsmacht des Vorstands umfasst ist beispielsweise die Übertragung wesentlicher Teile des Vereinsvermögens ohne vorherige Zustimmung der Mitgliederversammlung.[18]

5 **b) Satzungsmäßige Beschränkungen (Abs. 1 S. 3).** Die Vertretungsmacht des Vorstands ist durch die Satzung beschränkbar (Abs. 1 S. 2). Die Beschränkung wirkt gegenüber einem Dritten nur, wenn sie diesem **bekannt oder im Vereinsregister eingetragen** ist (§§ 68, 70). Voraussetzung einer wirksamen Beschränkung ist, dass die Beschränkung eindeutig und hinreichend bestimmt und nicht nur eine interne Beschränkung der Geschäftsführungsbefugnis ist. Vielmehr bedarf es einer Beschränkung der Vertretungsmacht im Außenverhältnis.[19] In der **Gerichtspraxis** schwanken die **Anforderungen an die Beschränkung**: Schon aus der Eigenart des Vereinszwecks soll sich der Schluss auf die Unzulässigkeit bestimmter Rechtsgeschäfte ergeben (vgl Rn 4); Ressortabgrenzungen (vgl § 27 Rn 15) sollen im Zweifel darauf hindeuten, dass das jeweilige Vorstandsmitglied allein im Rahmen seines Ressorts Vertretungsmacht besitzt.[20] Andererseits hat der BGH in einem Fall, in dem der Vorstand den Austritt aus einem Dachverband erklärte, obwohl die Vereinssatzung die Mitgliedschaft vorsah, die Austrittserklärung im Außenverhältnis als wirksam angesehen.[21] Kein Ausschluss der Vertretungsmacht für die Eintragung einer Grundschuld über 50.000 DM auf einem Vereinsgrundstück soll sich dadurch ergeben, dass der Vorstand bei Investitionsmaßnahmen über 50.000 DM an die Zustimmung der Mitgliederversammlung gebunden ist.[22] Keine satzungsmäßige Beschränkung ist ein nicht satzungsändernder Beschluss der Mitgliederversammlung, der den Vorstand aber gem. §§ 27 Abs. 3, 665 im Innenverhältnis bindet.[23] Keine wirksame Beschränkung liegt auch vor, wenn der in der Satzung vorgesehene Ermächtigungsbeschluss zur Beschränkung der Vertretungsberechtigung nichtig ist.[24]

6 Nach allgemeinen Grundsätzen ergibt sich ein Ausschluss von der Vertretungsmacht im Hinblick auf nach § 181 unzulässige **Insichgeschäfte**, für die die Satzung allerdings allgemein oder für eine bestimmte Art von Geschäften oder das Bestellungsorgan für den Einzelfall Befreiung erteilen kann.[25]

13 Bamberger/Roth/*Schwarz*, § 26 Rn 9; Palandt/*Ellenberger*, § 26 Rn 4; Soergel/*Hadding*, § 26 Rn 7; Staudinger/*Weick*, § 26 Rn 4; OLG Hamm NJW-RR 2011, 471; OLG Düsseldorf NJW 1989, 894; aA LG Darmstadt Rpfleger 1983, 445; vgl auch *Reichert*, Rn 740 und 1437 zur Personalunion in verschiedenen Organen und zwischen Vorstand und Geschäftsführer.

14 OLG Celle Rpfleger 2010, 670 = FGPrax 2010, 303.

15 Bamberger/Roth/*Schwarz*, § 26 Rn 12; Soergel/*Hadding*, § 26 Rn 20.

16 RGZ 145, 314; BGH JZ 1953, 475 = BB 1953, 386; Palandt/*Ellenberger*, § 26 Rn 5; *Larenz/Wolf*, BGB AT, § 10 Rn 74 f; Erman/*Westermann*, § 26 Rn 4; offen gelassen in BGH NJW 1980, 2799, 2800.

17 MüKo/*Reuter*, § 27 Rn 19; Bamberger/Roth/*Schwarz*, § 26 Rn 12; *Flume*, BGB AT, Bd. 1/1, § 10 II 2 d; Staudinger/*Weick*, § 26 Rn 9; Soergel/*Hadding*, § 26 Rn 20.

18 *Terner*, NJW 2008, 16.

19 BGH NJW 1980, 2799; BGH NJW-RR 1996, 866; Palandt/*Ellenberger*, § 26 Rn 5; Bamberger/Roth/*Schwarz*, § 26 Rn 14; Staudinger/*Weick*, § 26 Rn 11.

20 RGRK/*Steffen*, § 26 Rn 5.

21 BGH NJW 1980, 2799; vgl auch BGH NJW-RR 1996, 866.

22 BayObLG NJW-RR 2000, 41, krit. dazu Erman/*Westermann*, § 26 Rn 4.

23 Palandt/*Ellenberger*, § 26 Rn 6.

24 Palandt/*Ellenberger*, § 26 Rn 6 unter Hinweis auf BGH NJW 2008, 69 Tz 70 = ZIP 2007, 1942.

25 BGHZ 33, 189, 191 = DB 1960, 1303 = NJW 1960, 2285; BGHZ 87, 59, 60 = DB 1983, 1192 = NJW 1983, 1676; BayObLGZ 1985, 189, 193, jeweils zur GmbH.

Überschreiten Vorstandsmitglieder die Vertretungsmacht (zB Vorstandsmitglieder handeln in nicht vertretungsberechtigter Zahl), ist der Verein nicht berechtigt und verpflichtet (§§ 177 f, 180), und das jeweilige Vorstandsmitglied trifft eine **Eigenhaftung** gem. § 179. 7

c) Allgemeine Grenzen der Vertretungsmacht. Der Verein wird auch nicht verpflichtet, wenn der Vorstand seine Vertretungsmacht missbraucht, indem er kollusiv mit dem Vertragspartner zusammenwirkt.[26] 8

d) Vertretung des Vereins durch Bevollmächtigte. Der Vorstand kann ohne weiteres sowohl Dritte als auch Einzelne seiner Mitglieder für bestimmte Handlungen bevollmächtigten. Eine Vollmacht darf aber nicht auf eine Übertragung der Organstellung hinauslaufen; die Vollmacht muss vielmehr sachlich beschränkt sein auf ein bestimmtes Geschäft oder eine bestimmte Art von Geschäften; eine Generalvollmacht ist nicht zulässig, da sie einer Übertragung der Organstellung gleichkäme.[27] 9

II. Mehrgliedriger Vorstand (Abs. 2)

1. Aktivvertretung (Abs. 2 S. 1). Beim mehrgliedrigen Vorstand bestimmt die Satzung, ob dem jeweiligen Vorstandsmitglied Einzel- oder Gesamtvertretungsmacht zusteht. Enthält die Satzung keine Regelung, galt (anders als im Kapitalgesellschaftsrecht) schon nach bisher hM nicht das nunmehr ausdrücklich gesetzlich normierte (vgl Rn 1) Prinzip der Gesamtvertretung (§ 78 Abs. 2 S. 1 AktG, § 35 Abs. 2 S. 2 GmbHG, § 25 Abs. 1 S. 1 GenG), sondern das Prinzip der **Mehrheitsvertretung (Mehrheitsprinzip)**, wonach der Verein durch die Mehrheit der Vorstandsmitglieder vertreten wird.[28] Nach anderer Ansicht sollte auch beim Verein das Prinzip der Gesamtvertretung gelten.[29] Für das Mehrheitsprinzip sprachen bislang neben Praktikabilitätserwägungen die Parallelität zur Mehrheitsentscheidung nach § 28 Abs. 1. Auch der BGH neigte offenbar zum Mehrheitsprinzip.[30] Mehrheit ist – entgegen der bisher hM – nicht die einfache Mehrheit der Gesamtzahl der an der Beschlussfassung beteiligten Vorstandsmitglieder, sondern die Gesamtzahl der Vorstandsmitglieder. Die interne Beschlussfassung des Vorstands soll für die Wirksamkeit der Mehrheitsvertretung irrelevant sein, selbst wenn intern das Mehrheitsprinzip gilt; erforderlich, aber auch ausreichend ist lediglich, dass an der Vertretung Vorstandsmitglieder in der erforderlichen Zahl mitwirken[31] (vgl Rn 1). 10

Die Satzung kann gem. § 40 von der gesetzlichen Mehrheitsvertretung **abweichende Regeln** vorsehen, insbesondere Gesamtvertretung durch sämtliche oder mehrere (bestimmte oder unbestimmte) Vorstandsmitglieder, Bestimmung der Mehrheit aufgrund der Vorstandsmitglieder sowie Einzelvertretung durch ein, mehrere oder alle Vorstandsmitglieder. Vertretungsregeln sind in das Vereinsregister einzutragen (§ 64). Möglich und verbreitet ist eine unterschiedliche Regelung von Vertretungs- und Geschäftsführungsbefugnis (vgl § 27 Rn 14 f; vgl zur GbR § 714 Rn 5). 11

Die Mehrheitsvertretung gilt gem. § 77 S. 1 auch für **Anmeldungen zum Vereinsregister**. 12

Die Regelung zur Mehrheitsvertretung gilt **nicht für mehrere Liquidatoren**; gem. § 48 Abs. 3 sind diese nur gemeinschaftlich zur Vertretung befugt, sofern nicht ein anderes bestimmt ist. 13

2. Passivvertretung (Abs. 2 S. 2). a) Entgegennahme von Willenserklärungen. Der Inhalt von Abs. 2 S. 2 war bislang in § 28 Abs. 2 enthalten (vgl Rn 1).

Gem. Abs. 2 S. 2 ist jedes Vorstandsmitglied zwingend (§ 40) für die Entgegennahme von Willenserklärungen einzeln empfangsvertretungsberechtigt. Auf die **Kenntnis der anderen Mitglieder** von der Willenserklärung kommt es nicht an, auch wenn das Vorstandsmitglied die Willenserklärung vorsätzlich unterdrückt.[32] § 26 Abs. 2 S. 2 enthält einen allgemeinen Rechtsgrundsatz, der immer dann gilt, wenn mehrere Personen zur Vertretung bestellt sind (vgl § 166 Rn 4, § 167 Rn 60). Von Abs. 2 S. 2 ist aber nicht gedeckt, dass ein Vorstandsmitglied sich selbst eine Willenserklärung zugehen lässt, die dem Verein zugehen muss. Z.B. kann das 14

26 Vgl *Reichert*, Rn 1459 ff.

27 BGHZ 34, 27, 31 = NJW 1961, 506; BGHZ 64, 72, 76 = DB 1975, 876 = NJW 1975, 1117, zur GmbH; OLG Hamm OLGZ 1978, 21, 24 = MDR 1978, 224; OLG München NJW-RR 1991, 893; *Reichert*, Rn 1444; Bamberger/Roth/*Schwarz*, § 27 Rn 19; Palandt/*Ellenberger*, § 26 Rn 7.

28 *Flume*, BGB AT, Bd. 1/1, § 10 II 2 a; Palandt/*Ellenberger*, § 26 Rn 6; Soergel/*Hadding*, § 26 Rn 16; Bamberger/Roth/*Schwarz*, § 26 Rn 16; Staudinger/*Weick*, § 26 Rn 12; *K. Schmidt*, GesR, 4. Aufl. 2002, § 24 III 2; MüKo/*Reuter*, § 26 Rn 16 f; *Sauter/Schweyer/Waldner*, Rn 231, allerdings mit gewissen Unterschieden, wonach zum Teil vertreten wird, dass die interne Beschlussmehrheit genügt, zum Teil die Vertretung durch die Mehrheit der Gesamtzahl der Mitglieder verlangt wird.

29 Staudinger/*Coing*, 12. Aufl., § 26 Rn 13; *Danckelmann*, NJW 1973, 735; *Reichert*, Rn 1402.

30 BGHZ 96, 245, 247 = NJW 1986, 1033, wo der BGH auf die Vertretung der Gesellschaft in vertretungsberechtigter Zahl abstellt.

31 Palandt/*Ellenberger*, § 26 Rn 7 unter Hinweis auf BT-Rechtsausschuss, BT-Drucks. 16/13542, S. 14.

32 BGHZ 20, 149, 153 = NJW 1956, 869; Erman/*Westermann*, § 28 Rn 3; Bamberger/Roth/*Schwarz*, § 28 Rn 8; MüKo/*Reuter*, § 28 Rn 7.

Vorstandsmitglied nicht die von ihm gegen den Verein erhobene Klage sich selbst zustellen lassen.[33] Nach ganz einheitlicher Auffassung gilt Abs. 2 S. 2 entsprechend für gegenüber dem Verein abgegebene **geschäftsähnliche Handlungen** (zB Mahnung, Fristsetzung, Mängelrüge).[34] Ohne dass es entscheidend darauf ankommt, ist die Wissenszurechnung gerade dann geboten, wenn das Vorstandsmitglied die ihm zugegangene Information infolge einer Organisationspflichtverletzung des Vereins nicht weitergeleitet hat.[35] Nach der Rspr der Finanzgerichte können einen Verein betreffende Steuerbescheide wirksam einer Person bekanntgegeben werden, die als faktischer Vorstand und Empfangsbevollmächtigte für den Verein aufgetreten ist, wenn diese Person „u.a. die zentrale und lenkende Figur innerhalb des Vereins war, alle wesentlichen Entscheidungen selbst getroffen oder daran zumindest mitgewirkt hat, den Verein nach außen vertreten hat, und wenn die sonstigen Vorstände nach dem Gesamtbild der Verhältnisse nur vorgeschoben waren, ihre Position nur pro forma bekleidet haben.[36]

15 **b) Wissenszurechnung.** Die hM wendet die Grundsätze des Abs. 2 S. 2 auf **Wissenszustände aller Art** an: Soweit der subjektive Tatbestand einer gesetzlichen Vorschrift in der Person eines Vorstandsmitglieds (auch ehemaligen) erfüllt ist, gelten sie zugleich als in der Person des Vereins als erfüllt – unabhängig davon, ob das Vorstandsmitglied die Kenntnis in amtlicher oder privater Eigenschaft erlangt hat, ob es an der maßgebenden Rechtshandlung beteiligt gewesen ist oder von ihr gewusst hat,[37] ob es das Wissen vorsätzlich unterdrückt hat (vgl Rn 14) oder ob es inzwischen aus dem Verein ausgeschieden ist.[38] Das (Teil-)Wissen mehrerer Vorstandsmitglieder ist zusammenzurechnen.[39] Eine **Einschränkung** von diesen Grundsätzen wird gemacht, wenn für das Außenhandeln des Vereins ausnahmsweise statt des Vorstands ein anderes Organ (Mitgliederversammlung, Aufsichtsrat) zuständig ist. Dann ist das Wissen des Vereins erst anzunehmen, wenn der maßgebende Sachverhalt in einer Versammlung vorgetragen, die Mitglieder ordnungsgemäß geladen und in einer die Beschussfähigkeit begründenden Zahl zusammengetreten sind.[40] Trotz dieser Einschränkungen sehen einzelne Autoren die umfassende Wissenszurechnung kritisch.[41] Die Kritik wertet aber zu gering, dass der Verein wie jede juristische Person „die durch ihren Organteil vorhandene Kenntnis nicht bei einem Einzelgeschäft nach Belieben oder Zufall abstreifen" kann, da das Wissen eines Organs „das Wissen der Gesellschaft" ist;[42] zudem kann der Inhalt eines Rechtsverhältnisses zwischen zwei Personen nicht davon abhängen kann, wie viele Menschen auf welcher Seite gehandelt haben; schließlich ist nicht einzusehen, warum sich die durch ein Organ vertretene juristische Person nicht anrechnen lassen soll, wenn eines ihrer Organmitglieder in Kenntnis bestimmter Umstände ein Geschäft abgeschlossen oder nicht verhindert hat.

§ 27 Bestellung und Geschäftsführung des Vorstands

(1) Die Bestellung des Vorstands erfolgt durch Beschluss der Mitgliederversammlung.

(2) ¹Die Bestellung ist jederzeit widerruflich, unbeschadet des Anspruchs auf die vertragsmäßige Vergütung. ²Die Widerruflichkeit kann durch die Satzung auf den Fall beschränkt werden, dass ein wichtiger Grund für den Widerruf vorliegt; ein solcher Grund ist insbesondere grobe Pflichtverletzung oder Unfähigkeit zur ordnungsmäßigen Geschäftsführung.

(3) Auf die Geschäftsführung des Vorstands finden die für den Auftrag geltenden Vorschriften der §§ 664 bis 670 entsprechende Anwendung.

33 Staudinger/*Weick*, § 28 Rn 13; RGZ 7, 404; vgl zu ähnlicher Problematik bei der GmbH § 46 Nr. 8 GmbHG (Bestellung eines Vertreters der Gesellschaft in Prozessen, welche sie gegen den Geschäftsführer – aktiv oder passiv – zu führen hat); vgl dazu jüngst OLG München GmbHR 2004, 584, wonach eine Klagezustellung bei unrichtiger Vertretung und deren Angabe auch keine Fristen wahrt dort auch zu Heilungsmöglichkeiten.

34 MüKo/*Reuter*, § 28 Rn 6; Bamberger/Roth/*Schwarz*, § 28 Rn 8.

35 BGH NJW 1999, 284, 286 = BGHZ 140, 54.

36 FG Berlin-Brandenburg, Urt. v. 14.10.2008, 6 K 2204/04, wegen eines Verfahrensfehlers (Verletzung des Grundsatzes der Unmittelbarkeit der Beweisaufnahme) aufgehoben vom BFH BFH/NV 2010, 45.

37 RG JW 1985, 2044; RGZ 81, 433; BGH WM 1959, 81, 84; BGHZ 41, 282, 287 = WM 1964, 1367; BGHZ 109, 327, 331 = DB 1990, 931 = NJW 1990, 375; BGH NJW 1988, 1200; 1984, 1953, 1954; 1995, 2159, 2160; BAG WM 1985, 305, 307 = DB 1985, 237; BayObLG NJW-RR 1989, 910; OLG Köln NJW-RR 2000, 470 = OLGR Köln 1999, 373; ebenso Staudinger/*Weick*, § 28 Rn 14; Bamberger/Roth/*Schwarz*, § 28 Rn 9; Palandt/*Ellenberger*, § 26 Rn 8.

38 BGHZ 109, 327 = NJW 1990, 975.

39 Palandt/*Ellenberger*, § 26 Rn 8.

40 BGHZ NJW 1981, 166 für Aufsichtsrat; ebenso für Gesellschafterversammlung der GmbH BGH ZIP 1998, 1269; eine Ausnahme davon gilt freilich, wenn unabhängig davon alle Organmitglieder über die Kenntnis verfügen, BGH NJW 1990, 2411 (für Gesellschafterversammlung der GmbH).

41 Vgl statt aller MüKo/*Reuter*, § 28 Rn 8 ff; Erman/*Westermann*, § 28 Rn 3; *Buck*, Wissen und juristische Person, Wissenszurechnung und Herausbildung zivilrechtlicher Organisationspflichten, 2001, S. 393 ff.

42 RG JW 1935, 2044.

Literatur: *Bruschke*, Die Haftung des Vorstands im gemeinnützigen Verein, StB 2007, 296; *Herrmann, Peter W.*, Beschränkung der Persönlichen Haftung des Vereinsvorstands durch Ressortverteilung, FS für Volker Röhricht, 2005, 1191; *Reuter*, Keine „Geschäftsführerhaftung" von Vereinsvorständen für masseschmälernde Zahlungen nach Eintritt der Insolvenzreife des Vereins, NZG 2010, 711; s.a. Literatur bei § 26 und bei Vorbemerkungen zu §§ 21 ff.

A. Allgemeines

§ 27 behandelt die Bestellung zum Vorstand und deren Widerruf und enthält Grundlegendes zur Geschäftsführung des Vorstands. 1

B. Regelungsgehalt

I. Bestellung zum Vorstand (Abs. 1)

Bestellungsorgan ist die Mitgliederversammlung, wenn die Satzung (§ 40) nichts anderes vorsieht, zB Vorstandsergänzung durch Kooptation, Wahl durch ein Kuratorium, Bestellung durch einen Dritten oder Personalunion mit einer anderen juristischen Person.[1] Das darf aber, mit Ausnahme von religiösen Vereinen, nicht so weit gehen, dass dem Verein als Personenverband gar keine eigene Bedeutung mehr zukommt, er vielmehr nur noch eine Sonderabteilung eines Dritten ist. Der **Einfluss der Mitgliederversammlung** darf nicht völlig ausgeschaltet werden, ihr müssen zumindest wirksame Kontrollrechte verbleiben.[2] Vgl zur Vorstandsfähigkeit § 26 Rn 3. 2

Die Bestellung ist ein **einseitiges empfangsbedürftiges Rechtsgeschäft** des bestellenden Organs gegenüber dem Bestellten, für das es allerdings keiner besonderen Mitteilung bedarf, wenn der Bestellte anwesend ist.[3] Voraussetzung für die Bestellung ist deren Annahme durch den Bestellten.[4] Bedingte Bestellung zum Vorstandsmitglied ist nicht zulässig, wohl aber eine Verpflichtung des Bestellten im Innenverhältnis, nur zu handeln, wenn der zB erste Vorsitzende verhindert ist (vgl Rn 15). 3

Spezielle Probleme gibt es beim **faktischen Vorstandsmitglied**, das nicht immer ein Strohmann sein muss.[5] 4

Zu unterscheiden von der organschaftlichen Bestellung zum Vorstand ist der Abschluss eines schuldrechtlichen Dienst- und insbesondere **Anstellungsvertrages**. Eines solchen bedarf es nur, wenn das schuldrechtliche Rechtsverhältnis nicht gem. Abs. 3 ausschließlich nach Auftragsrecht geregelt sein soll.[6] Vgl zur Frage, ob ein Satzungsvorbehalt für die Vorstandsvergütung besteht, § 25 Rn 12. Vorstandsmitglieder sind keine Arbeitnehmer des Vereins. Das Arbeitsverhältnis eines Arbeitnehmers endet im Zweifel, wenn dieser unter Abschluss eines neuen Dienstvertrages zum Vorstandsmitglied wird.[7] 5

Die **Zeitdauer der Bestellung** richtet sich nach der Satzung oder kann durch den Beschluss des bestellenden Organs bestimmt werden. Bleibt ein Vorstand nach der Satzung nach Ablauf seiner Amtszeit bis zur Neuwahl 6

1 Palandt/*Ellenberger*, § 27 Rn 1; Staudinger/*Weick*, § 27 Rn 3 f; Soergel/*Hadding*, § 27 Rn 7; OLG Köln NJW 1982, 1048, 1049.

2 Staudinger/*Weick*, § 27 Rn 4; Palandt/*Ellenberger*, § 27 Rn 1; etwas weiter gehend MüKo/*Reuter*, § 27 Rn 17 ff; vgl auch BVerfGE 83, 341 = NJW 1991, 2623; noch kritischer Erman/*Westermann*, § 27 Rn 2 in der Auseinandersetzung mit OLG Frankfurt OLGZ 1981, 391, 392 = Rpfleger 1981, 310, da der Verein nicht zum Mittel der Durchsetzung der Sonderinteressen eines Dritten gemacht werden dürfe.

3 BGHZ 52, 316, 321 = NJW 1970, 33 (zur GmbH).

4 BGH NJW 1975, 2101; BayObLGZ 1981, 270, 277; Erman/*Westermann*, § 27 Rn 1; Soergel/*Hadding*, § 27 Rn 9; Staudinger/*Weick*, § 27 Rn 10.

5 Vgl Bamberger/Roth/*Schwarz*, § 27 Rn 7; *Reichert*, Rn 1288 ff; *Stein*, Das faktische Organ, 1984, S. 97 ff, 119 ff; vgl zur strafrechtlichen Verantwortlichkeit des faktischen GmbH-Geschäftsführers BGH NJW 2000, 2285; BayObLG NJW 1997, 1936; vgl zur Pflicht zur Stellung eines Insolvenzantrags BGHSt 31, 118, 121 = NJW 1983, 240 (zur GmbH); BGH NJW 1988, 1789 (zur GmbH).

6 Vgl zum Anstellungsvertrag *Reichert*, Rn 1238 ff; MüKo/*Reuter*, § 27 Rn 2 ff, der den Anstellungsvertrag als „Amtsführungsvertrag" ansieht, der für das Vorstandsmitglied die Pflicht zur Übernahme und Beibehaltung der Organstellung und für den Verein die Obliegenheit begründe, dem Vorstandsmitglied die Organstellung zu verschaffen und zu belassen.

7 BAG NJW 1996, 614.

eines Vorstands im Amt, verringern sich dadurch seine Befugnisse und der Umfang seiner Vertretungsmacht.[8] Bestellungen auf Lebenszeit sollen grundsätzlich zulässig sein (Ausnahme Großverbände, vgl Vor § 21 Rn 24).[9] Möglich sind auch satzungsmäßige Festlegungen zur Beendigung (zB Vereinsmitgliedschaft, Zugehörigkeit zu einem Beruf). Die Amtszeit endet auch mit Tod und Geschäftsunfähigkeit. Enthält die Satzung keine Regelung zur Dauer der Bestellung, soll nach dem OLG Hamm die Amtsdauer unbegrenzt sein.[10] Das liegt auf der Linie der hM, wonach die Satzung eine Bestimmung zur Dauer treffen kann, dies aber indes nicht muss;[11] die Bestellung gilt in einem solchen Fall auf unbestimmte Zeit bis auf Widerruf, der jederzeit möglich ist (vgl Rn 7). Das Vorstandsmitglied kann sein Amt durch **Amtsniederlegung** (Rücktritt) beenden, die eine einseitige empfangsbedürftige Willenserklärung ist, die gegenüber dem zuständigen Bestellungs- bzw Abberufungsorgan zu erklären ist.[12] Der aufgrund eines Dienstvertrages tätige Vorstand kann nach hM sein Mandat nur aus wichtigem Grund niederlegen, während der ehrenamtlich tätige Vorstand grundsätzlich jederzeit niederlegen kann.[13] Eine Niederlegung zur Unzeit kann das Vorstandsmitglied schadensersatzpflichtig machen.[14] Rechtsmissbrauch hindert aber uE nicht die Wirksamkeit der Niederlegung: Sonst kann es nämlich eine geradezu unendliche Geschichte darüber geben, ob die Niederlegung wirksam ist oder das Vorstandsmitglied an seinem Amt festgehalten werden kann. Die Vertretung des Vereins erfordert aber klare Verhältnisse.[15] Die Niederlegung ist aus wichtigem Grund immer fristlos möglich, sonst unter Beachtung der in der Satzung festgelegten Niederlegungsfrist; Verein (vertreten durch den in der Satzung als für die Niederlegungserklärung empfangszuständig bezeichnet) und Vorstandsmitglied können sich auf eine einvernehmliche Abkürzung der Niederlegungsfrist bis zur sofortigen Wirksamkeit der Niederlegung verständigen. Die kollektive Niederlegung der Ämter aller Vorstandsmitglieder außerhalb der Mitgliederversammlung soll treuwidrig sein und zur Versagung der Eintragung im Vereinsregister führen können.[16]

II. Widerruf der Bestellung (Abs. 2)

7 Abs. 2 ist gem. § 40 nicht dispositiv. Für den Widerruf ist das Organ zuständig, das das Vorstandsmitglied bestellt hat, es sei denn, die Satzung sieht etwas anderes vor. Die Mitgliederversammlung kann die Vorstandsmitgliedschaft auch widerrufen, wenn nach der Satzung ein anderes Organ oder ein Dritter für die Bestellung und den Widerruf zuständig ist.[17] Die Satzung kann den Widerruf entgegen der jederzeitigen freien Widerruflichkeit gem. Abs. 2 S. 1 auf das **Vorliegen eines wichtigen Grundes** beschränken. Aus dem „insbesondere"-Satzteil folgt, dass der wichtige Grund so schwerwiegend sein muss, dass die weitere Tätigkeit des Vorstandsmitglieds für den Verein unzumutbar ist. Die Rechtsprechung formuliert, der Grund müsse von einigem Gewicht sein und eine ordnungsgemäße, das Wohl des Vereins fördernde Amtsführung unmöglich machen oder zumindest gefährden.[18]

8 Die Unfähigkeit nach Abs. 2 S. 2 braucht **keine dauernde** zu sein; sie darf aber nicht absehbar nur vorübergehend sein. Der wichtige Grund braucht nicht in der Person des Vorstandsmitglieds zu liegen, insbesondere braucht das Vorstandsmitglied nicht pflichtwidrig oder schuldhaft gehandelt zu haben, und der Verein braucht auch keinen Schaden erlitten zu haben. Ein wichtiger Grund in der Sphäre des Vereins kann zB sein, den Vorstand zu verkleinern.[19] Die Rechtsprechung hatte mit folgenden **Beispielsfällen** zu tun:[20] strafbares Verhalten zum Nachteil des Vereins unabhängig vom Schaden; Steuerhinterziehung; Bestechlichkeit; unberechtigte Entnahme aus der Vereinskasse; Falschbuchung; Fälschung von Abrechnungsbelegen; unrichtige Bilanzerstellung; Ausnutzung der Vorstandsposition zu eigenen Zwecken; Geheimhaltung mitteilungsbedürftiger Tatsachen; fortlaufende Verletzung der Aufsichtspflicht; Unverträglichkeit bzw persönliche Zerwürfnisse der Vorstandsmitglieder untereinander; Missachtung der Kompetenzordnung für Vorstandsmitglieder.

9 Bei **strafbarem Verhalten im privaten Bereich** soll ein wichtiger Grund regelmäßig nur gegeben sein, wenn dieses Rückschlüsse auf die charakterliche Unzuverlässigkeit erlaubt oder das Ansehen des Vereins erheblich

8 KG KGR Berlin 2006, 615.
9 Staudinger/*Weick*, § 27 Rn 13; MüKo/*Reuter*, § 27 Rn 23 f.
10 OLG Hamm NJW-RR 2008, 350 = NZG 2008, 473 = Rpfleger 2008, 141.
11 Staudinger/*Weick*, § 27 Rn 7; Soergel/*Hadding*, § 27 Rn 15.
12 OLG Frankfurt Rpfleger 1978, 134; LG Flensburg NZG 2004, 582 = DB 2004, 1255 (zur AG – MobilCom); Soergel/*Hadding*, § 27 Rn 16; MüKo/*Reuter*, § 27 Rn 34 ff.
13 Palandt/*Ellenberger*, § 27 Rn 3 im Anschluss an OLG Frankfurt Rpfleger 1978, 134.
14 Palandt/*Ellenberger*, § 27 Rn 3.
15 Etwas anderes ergibt sich nicht aus BGH NJW-RR 2007, 185 = WM 2007, 80, da dort lediglich ausgesprochen wurde, dass sich der Verein im Zwangsvollstreckungsverfahren nicht auf die Amtsniederlegung des Vorstands berufen kann, da diese den alleinigen Zweck verfolgte, sich der Zwangsvollstreckung zu entziehen; weiter gehend für Rechtsmissbrauch OLG München FGPrax 2010, 205 = DNotZ 2011, 148.
16 OLG München FGPrax 2010, 205 = DNotZ 2011, 148.
17 Palandt/*Ellenberger*, § 27 Rn 2.
18 OLG Karlsruhe NJW-RR 1998, 684.
19 OLG Düsseldorf NJW 1989, 172 zur GmbH; *Reichert*, Rn 1301.
20 Vgl die Nachw. bei *Reichert*, Rn 1302.

schädigen kann.[21] Zu Unrecht wird vertreten, dass der **Vertrauensentzug durch die Mitgliederversammlung** kein wichtiger Grund für die Abberufung sei; uE gilt der Erst-recht-Schluss nach § 84 Abs. 3 S. 2 AktG: Wenn schon ein mit der aktienrechtlichen Unabhängigkeit ausgestatteter Vorstand bei Vertrauensentzug abberufen werden kann, gilt dies erst recht für den Vereinsvorstand, der keine derart selbständige Position wie der Vorstand einer AG innehat.[22]

Liegt kein wichtiger Grund vor, ist der Widerruf unwirksam. **§ 84 Abs. 3 S. 4 AktG**, dass der Widerruf bis zur rechtskräftigen Feststellung des Gegenteils wirksam ist, soll nach zweifelhafter hM nicht entsprechend gelten;[23] uE erscheint es zumindest bei größeren Vereinen und Großvereinen sowie Vereinen mit vom Nebenzweckprivileg (vgl § 21 Rn 32) gedecktem wirtschaftlichem Geschäftsbetrieb nahezu unerträglich, wenn uU jahrelang ungewiss ist, ob der Verein durch das abberufene Vorstandsmitglied rechtswirksam vertreten wird. Kautelarjuristisch kann in solchen Fällen nur eine Satzungsregelung nach dem Muster von § 84 Abs. 3 S. 4 AktG Sicherheit und Klarheit über die Vertretungsverhältnisse verschaffen und den in der Praxis unzulänglichen Schwebezustand vermeiden. **10**

Als milderes Mittel gegenüber dem Widerruf wird die **Suspendierung** (vorläufige Amtsenthebung) allgemein für zulässig gehalten.[24] **11**

Mit Zugang der (wirksamen) Widerrufserklärung **endet das Vorstandsamt** und damit die Geschäftsführungs- und Vertretungsbefugnis. Der **Anstellungsvertrag** des Vorstandsmitglieds und sein Vergütungsanspruch bleiben gem. Abs. 2 S. 1 davon nach ganz hM grundsätzlich unberührt, es sei denn, die Voraussetzungen für eine Kündigung des Anstellungsverhältnisses aus wichtigem Grund nach § 626 liegen vor oder § 627 ist anzuwenden.[25] Trotz des Widerrufs bedarf es nach ganz hM einer ausdrücklichen Kündigung des Anstellungsverhältnisses, es sei denn, es ist etwas anderes vereinbart.[26] Die Kündigung des Anstellungsvertrages obliegt dem Organ, das auch für den Widerruf der Bestellung zuständig ist.[27] **12**

Gegen die Abberufung ist **einstweiliger Rechtsschutz** zulässig; die Beschlussfassung der Mitgliederversammlung kann aber nicht verhindert werden.[28] **13**

III. Geschäftsführung (Abs. 3)

1. Vorstand als geschäftsführendes Organ. Der Vorstand ist das geschäftsführende Organ des Vereins, sofern die Satzung nichts anderes bestimmt (§ 40). Beispielsweise kann die Satzung die Geschäftsführung einem anderen Organ, beispielsweise einem Gesamtvorstand, übertragen (vgl § 26 Rn 2). **Falls die Satzung nichts anders bestimmt, entsprechen sich Umfang von Geschäftsführungsbefugnis und Vertretungsmacht.**[29] Daher soll ein Vorstandsmitglied mit Einzelvertretungsmacht nicht ohne weiteres pflichtwidrig handeln, wenn es einen in der Satzung nicht vorgesehenen Vorstandsbeschluss nicht befolgt, wonach sämtliche Geschäfte nur mit Zustimmung weiterer Vorstandsmitglieder durchgeführt werden dürfen.[30] Grund dafür ist, dass der Vorstand nicht über die in der Satzung festgelegten Vorstandsregeln hinweggehen darf, die zumindest eine Ermächtigung enthalten müsste. Gegen die Satzung verstoßendes materiell pflichtwidriges Handeln begründet auch bei Handeln des Vorstandsmitglieds im Rahmen der satzungsmäßigen Vertretungsmacht dessen Haftung.[31] Die Satzung kann die Geschäftsführungsbefugnis so ausgestalten, dass sie ein Minus zur Vertretungsmacht ist. Dem Vorstand kann die Entscheidung bei Angelegenheiten der Vertretung aber nicht entzogen werden (vgl § 26 Rn 9). **14**

Verbreitet sind **Ressortaufteilungen** in Vereinsvorständen. Diese bedürfen einer satzungsmäßigen Grundlage, um die nicht für das Ressort zuständigen Vorstandsmitglieder im Verhältnis zum Verein von einer Haftung zu entlasten; ohne satzungsmäßige Ressortaufteilung bleibt es bei der Gesamtverantwortung der Vorstandsmitglieder.[32] Ob ein Vorstand Gesamtverantwortung trägt oder ob das einzelne Vorstandsmitglied nur für sein **15**

21 *Reichert*, Rn 1302.
22 AA Bamberger/Roth/*Schwarz*, § 27 Rn 13 im Anschluss an OLG Köln GmbHR 1989, 79 zur GmbH.
23 BGH DB 1977, 84 = BB 1977, 273; Palandt/*Ellenberger*, § 27 Rn 2; Soergel/*Hadding*, § 27 Rn 19; aA *Sauter/Schweyer/Waldner*, Rn 270. Zweifel auch bei MüKo/*Reuter*, § 27 Rn 32.
24 Bamberger/Roth/*Schwarz*, § 27 Rn 13; BGHZ 90, 92 = NJW 1984, 1884; BayObLG OLGE 32, 330.
25 Palandt/*Ellenberger*, § 27 Rn 2; Bamberger/Roth/*Schwarz*, § 27 Rn 17; diff. MüKo/*Reuter*, § 27 Rn 10 ff, der von einer Akzessorietät der Anstellung ausgeht.
26 BGH WM 1966, 968; aA MüKo/*Reuter*, § 27 Rn 12 f.
27 BGHZ 113, 237 = DB 1991, 906 = NJW 1991, 1727 unter Verweis auf BGH WM 1990, 630 = NJW-RR 1990, 739 (Jacubowski) unter Aufgabe von BGHZ 47, 341, 344 = NJW 1967, 1711.
28 OLG Düsseldorf NJW 1989, 172; OLG Celle GmbHR 1981, 264; OLG Frankfurt WM 1982, 282, jeweils zur GmbH; entsprechend zum Verein Bamberger/Roth/*Schwarz*, § 27 Rn 15; *Reichert*, Rn 1319 a f.
29 BGHZ 119, 379, 381 = DB 1993, 219 = NJW 1993, 191.
30 BGHZ 119, 379, 381 = DB 1993, 219 = NJW 1993, 191.
31 BGHZ 19, 379, 386 = DB 1993, 219 = NJW 1993, 191, bestätigt in BGH NJW 2008, 1589 = ZIP 2008, 453 = WM 2008, 448 Rn 9.
32 RGZ 98, 98, 100 zur GmbH.

Ressort zuständig ist und lediglich **Überwachungspflichten für die anderen Ressorts** (vgl Rn 22, 23) zu erfüllen hat, berührt entscheidend die Grundstruktur der Verantwortlichkeit des Vorstands gegenüber den Mitgliedern und damit die Grundfeste der Vereinsorganisation.[33] Diese Frage hat nichts Erhebliches mit der anderen Frage zu tun, dass ein mehrköpfiger Vorstand selbstverständlich verpflichtet ist, sein Zusammenwirken nach pflichtgemäßem Ermessen zu ordnen; diese innere Ordnungsfunktion lässt die Verantwortlichkeit der Vorstandsmitglieder gegenüber dem Verein und seinen Mitgliedern unberührt.[34] Die interne Ressortaufteilung kann aber Einfluss auf die deliktische Verantwortlichkeit der Vorstandsmitglieder haben; in jedem Fall verbleiben dem nach der Ressortaufteilung nicht zuständigen Vorstandsmitglied Überwachungspflichten, die zum Eingreifen verpflichten können und insbesondere in finanziellen Krisensituationen zum Tragen kommen.[35]

16 **2. Anwendung der §§ 664–670.** Ebenso wie für die GbR (vgl § 713 Rn 16 ff, dort allerdings mit dem ausdrücklichen Vorbehalt „soweit sich nicht aus dem Gesellschaftsverhältnis ein anderes ergibt") erklärt das Gesetz für den Verein die §§ 664–670 für entsprechend anwendbar. Daraus folgt insbesondere (a) die Pflicht zur persönlichen Ausführung der Geschäftsführung gem. **§ 664 Abs. 1 S. 1**, was die generelle Delegation von Geschäftsführung und Vertretung auf außenstehende Dritte ausschließt, aber konkrete Aufträge und Vollmachten, auch an einzelne Vorstandsmitglieder, nicht ausschließt.[36] (b) das Weisungsrecht der Mitgliederversammlung gegenüber dem Vorstand und seinen einzelnen Mitgliedern gem. **§ 665** (dem Vorstand obliegt aber die Prüfung der formellen und materiellen Wirksamkeit der Beschlüsse vor ihrer Ausführung),[37] (c) gem. **§ 670** der Aufwendungsersatzanspruch (ein Entgelt für seine Tätigkeit kann der Vorstand aber nur auf Basis eines Dienstvertrages verlangen oder wenn die Satzung das vorsieht)[38] und (d) Auskunfts- und Rechenschaftsverpflichtung in der Mitgliederversammlung gem. **§§ 666, 259**[39] (zu dieser Auskunftspflicht gehört neben der Berichtspflicht nach hM auch die Pflicht zu Buchführung und nachvollziehbarer Rechenschaft/Rechnungslegung).[40]

17 Der Vorstand ist zudem der Mitgliederversammlung **auf Verlangen eines jeden einzelnen Mitglieds auskunftspflichtig**, jedenfalls sofern dies zur sachgemäßen Erledigung von Tagesordnungspunkten notwendig ist, was auch für den Vorstand eines Dachverbandes gilt; darüber hinaus steht den Vereinsmitgliedern nach der BGH-Rechtsprechung gem. §§ 27 Abs. 2, 666 ein umfassendes Auskunftsrecht in der Mitgliederversammlung „über alle wesentlichen tatsächlichen und rechtlichen Verhältnisse des Vereins zu"; diese umfasst nicht nur iSd § 131 Abs. 1 S. 2 AktG die „Beziehungen" zu verbundenen Unternehmen, sondern generell die Auskunft über Angelegenheiten von Tochtergesellschaften des Vereins, soweit diese „objektiv von so erheblicher wirtschaftlicher Bedeutung [sind], dass sie … auch Angelegenheiten … [des Vereins] selbst sind"; dieses umfassende Informationsrecht der Mitglieder findet seine Grenze nur an etwaigen vorrangigen berechtigten Geheimhaltungsinteressen entsprechend § 51 a Abs. 2 GmbHG.[41]

18 Der Vorstand soll **Auskunftsbegehren einzelner Mitglieder außerhalb der Mitgliederversammlung** zurückweisen dürfen.[42] Daran wird aber mit gutem Grund Kritik geübt. Denn § 131 AktG, auf den man sich in diesem Zusammenhang vielfach stützt, ist nicht die einzige Vorschrift im Gesellschaftsrecht, die Auskunftsrechte regelt; beispielsweise garantiert § 51 a GmbHG eine Pflicht zur unverzüglichen Auskunft über Angelegenheiten der Gesellschaft einschließlich Einsichtsrechten in Bücher und Schriften; auch das Auskunftsrecht des GbR-Gesellschafters geht weit über den § 131 AktG hinaus (vgl § 713 Rn 18 f und § 716 Rn 2 ff). Die Beschränkung des Auskunftsrechts der Mitglieder in § 131 AktG erklärt sich aus der Verfassung der AG, die der Hauptversammlung keine umfassende Kompetenz einräumt, sondern den drei Organen Hauptversammlung, Vorstand und Aufsichtsrat jeweils wohltarierte Bereiche der Eigenverantwortung gibt. Daher ist § 131 AktG nicht eins zu eins auf den Verein zu übertragen (vgl § 38 Rn 11). Zudem gibt es für die AGs kapitalmarktrechtliche Informationspflichten (vgl insbesondere §§ 15, 21 f WpHG). Vereinsmitglieder sind in zahlreichen Fällen auf Informationen des Vereins zur Wahrnehmung ihrer Mitgliederrechte angewie-

33 Wie hier iE *Reichert*, Rn 1486.
34 AA MüKo/*Reuter*, § 27 Rn 40 zu Unrecht unter Berufung auf RGZ 98, 98, 100, da dort gerade die Verbindlichkeit einer internen Arbeitsteilung von Geschäftsführern ohne Satzungsgrundlage im Verhältnis zur GmbH verneint wird.
35 Vgl BGHZ 133, 370, 376 ff = NJW 1997, 130, 131 (zur GmbH).
36 MüKo/*Reuter*, § 27 Rn 44 unter Hinweis auf BGHZ 119, 379 = NJW 1993, 191, 192 sowie Soergel/*Hadding*, § 27 Rn 22.
37 BGHZ 119, 379, 381 = DB 1993, 219 = NJW 1993, 191; Bamberger/Roth/*Schwarz*, § 27 Rn 19; Soergel/*Hadding*, § 27 Rn 22 a; *Reichert*, Rn 1504.
38 BGH NJW-RR 1988, 745.
39 BGH NJW 1960, 1151; NJW 1962, 104; Staudinger/*Weick*, § 27 Rn 25; MüKo/*Reuter*, § 27 Rn 39 f.
40 MüKo/*Reuter*, § 27 Rn 39 f; KG NZG 1999, 779; *Lutter*, BB 1988, 489, 490 f; vgl zur Publizitätspflicht LG München I DB 2003, 1316 m.Anm. *Segna*, DB 2003, 1311.
41 LG Stuttgart NJW-RR 2001, 1478; BGHZ 152, 339 = NJW-RR 2003, 830; BGHZ 152, 339 = DB 2003, 442 = DStR 2003, 847 = NJW-RR 2003, 830; MüKo/*Reuter*, § 27 Rn 39; *Reichert*, Rn 885 f.
42 BGHZ NJW 1960, 1151; 1962, 104; OLG Nürnberg, 4 U 1639/10, Beschl. v. 31.1.2011; *Lepke*, NJW 1966, 2099; *Lutter*, BB 1988, 489, 490; *Grunewald*, ZIP 1989, 962, 983; MüKo/*Reuter*, § 27 Rn 39.

sen, und diese können für die Wahrnehmung ihrer rechtlichen und wirtschaftlichen Interessen unentbehrlich sein. Die verbreitete Vereinspraxis steht der angeblich hM entgegen, dass außerhalb von Mitgliederversammlungen keine Auskunft zu erteilen ist: Zahlreiche Vereine unterrichten ihre Mitglieder regelmäßig durch Rundschreiben und beantworten ganz bereitwillig auch außerhalb von Mitgliederversammlungen Auskunftsverlangen.[43]

3. Pflichten des Vorstands und Haftung für pflichtwidrige Geschäftsführung. a) Haftung nach BGB. Welche Pflichten der Vorstand im Einzelnen bei der Erfüllung seiner Geschäftsführungspflicht hat, richtet sich nach Gegenstand, Zweck und Größe des Vereins. Zur Ausfüllung des Pflichtenmaßstabs bietet sich eine Übertragung der Gedanken von § 93 Abs. 1 und 2 AktG an, wonach Vorstandsmitglieder bei ihrer Geschäftsführung die **Sorgfalt eines ordentlichen und gewissenhaften Geschäftsführers** anzuwenden haben. Dabei haften Vorstandsmitglieder grundsätzlich gem. § 280 gegenüber dem Verein (nicht dem Mitglied) auf Schadensersatz für jede Pflichtverletzung bei allen Verschuldensarten; § 708 gilt nicht.[44] Der BGH leitet aus § 31 a eine über diesen hinausgehende „eindeutige Sprache (des Gesetzgebers) **gegen eine Ausdehnung der Haftung** von Vereinsvorständen" ab.[45] **19**

Die Rechtsprechung (im entschiedenen Fall der BFH) bestimmt die persönliche Verantwortung jedes, auch eines ehrenamtlich und unentgeltlich tätigen Vorstandsmitglieds für die Abführung der vom Verein geschuldeten Steuern wie die Haftung eines GmbH-Geschäftsführers und wendet § 43 GmbHG einschließlich der gegenseitigen Überwachungspflicht mehrerer Vorstandsmitglieder entsprechend an.[46] Gegen diese rigide Haftung wurde schon lange vor der Novelle des § 31 a zu Recht angeführt, dass sie dann nicht interessengerecht ist, wenn **Vorstandsmitglieder ehrenamtlich tätig** sind. Die Rechtsprechung bejahte schon vor Inkrafttreten des § 31 a bei ehrenamtlich tätigen **Vereinsmitgliedern** außerhalb der Vorstandstätigkeit eine Begrenzung der Verschuldenshaftung im Innenverhältnis nach den Grundsätzen des innerbetrieblichen Schadensausgleichs, wonach bei leichtester Fahrlässigkeit des Arbeitnehmers der Arbeitgeber den Schaden allein trägt, bei mittlerer Fahrlässigkeit der Schaden geteilt wird und nur bei grober Fahrlässigkeit und Vorsatz dem Arbeitnehmer die Entlastung regelmäßig untersagt wird.[47] Der BGH begründet seine Entscheidung zur Haftungsbeschränkung ehrenamtlich tätiger Vereinsmitglieder mit der Erwägung, dass die Begrenzung der Schadensersatzpflicht nicht nur im Interesse betroffener Vereinsmitglieder, sondern auch im Interesse der Vereine liege, die auf die Einsatzbereitschaft ehrenamtlich tätiger Mitglieder angewiesen seien.[48] Der Abschluss einer Haftpflichtversicherung durch den Verein schließt den Freistellungsanspruch des Mitglieds nicht aus.[49] Während sich diese Rechtsprechung zur Haftungsbegrenzung für „einfache" Vereinsmitglieder durchgesetzt hat,[50] entsprach sie für Vorstandsmitglieder bis zur Novelle des § 31 a noch nicht der Rechtspraxis, obwohl sie interessengerecht ist und in der Literatur viele Befürworter findet.[51] Seit der Einführung des **§ 31 a** ist uE grundsätzlich eine **analoge Anwendung** von dessen Grundsätzen auch **auf unentgeltlich tätige Vereinsmitglieder** geboten. Denn es ist nicht zu rechtfertigen, dass „einfache" Vereinsmitglieder stärker haften als in die Vereinsleitung einbezogene Mitglieder des Vereins oder sonstige Mitglieder der Leitungsgremien. Die Analogie ist nicht nur bei unentgeltlicher Tätigkeit der Vereinsmitglieder möglich; uE ist sie auch dann geboten, wenn Mitglieder zwar entgeltlich beschäftigt sind, das Entgelt aber praktisch nur eine Anerkennung für die geleistete Tätigkeit, nicht aber eine angemessene Vergütung für die Tätigkeit darstellt; wo die Grenze konkret verläuft, ist die Frage des Einzelfalls; Höchstgrenze dürfte in der Größenordnung eines Viertels der angemessenen Taxe gem. § 612 Abs. 2 sein.[52] Die nach dem Gesetzeswortlaut unbefriedigende Schlechterstellung der „einfachen" Vereinsmitglieder hat jüngst der Bundesrat zum Anlass für eine Gesetzesinitiative genommen, nach der sie gegenüber dem Verein bei unentgeltlicher oder mit höchstens 500 EUR jährlich vergüteter Tätigkeit nur entsprechend der Grundsätze von § 31 a Abs. 1 S. 1 Abs. 2 mit entsprechendem Freistellungsanspruch haften; der Bundesratsbeschluss sieht entgegen § 31 a Abs. 1 S. 2 keine Beschränkung der Haftung gegenüber den anderen Vereinsmitgliedern vor."[53] **20**

43 *Reichert*, Rn 889.
44 BGH NJW-RR 1986, 572, 574.
45 ZIP 2010, 1080 = NZG 2010, 711 = NJW-RR 2010, 978; der BGH verweist auf *Klasen*, BB 2009, 690; *Hangebrauck*, EWiR 2009, 699; vgl zu der Entscheidung *Roth*, EWiR 2010, 555 und *Reuter*, NZG 2010, 808.
46 BFH BB 1998, 1934 = NJW 1998, 3374 = BStBl II 1998, 761; BFH NZG 2003, 734 zur Haftung nach der AO; vgl BGHZ 133, 370, 376 = NJW 1997, 130 und BGH ZIP 2002, 261 zur Abführung von Sozialversicherungsbeiträgen bei der GmbH.
47 BGHZ 89, 153 = DB 1984, 552 = NJW 1984, 789; vgl OLG Schleswig NJW-RR 2010, 957 = SchlHA 2010, 194; vgl zum Arbeitsrecht BAG NJW 1995, 210; 1996, 1532; BAG AP Nr. 33, 42, 53, 61, 69, 74. 78, 80, 92, 93, 109 zu § 611.
48 BGHZ 89, 153 = DB 1984, 552 = NJW 1984, 789.
49 BGH NJW-RR 2005, 981.
50 OLG Saarbrücken VersR 1995, 832; LG Bonn NJW-RR 1995, 1435, 1436.
51 *K. Schmidt*, GesR, 4. Aufl. 2002, § 24 III 2 d; Bamberger/Roth/*Schwarz*, § 27 Rn 20; Soergel/*Hadding*, § 27 Rn 23; aA MüKo/*Reuter*, § 27 Rn 39; Palandt/*Ellenberger*, § 27 Rn 4 c; *Brox/Walker*, DB 1985, 1469.
52 Ähnlich *Arnold*, Non Profit Law Yearbook 2009, 2010, S. 89, 107; *Roth*, npoR 2010, 1, 2; aA *Burgard*, ZIP 2010, 358, 362.
53 BR-Drucks. 41/11 (Beschl.) v. 18.3.2011.

21 **b) Exkurs: Haftung von Vorstandsmitgliedern in den Bereichen Sozialabgaben und Steuern.** Besonders schwer kann – zumal ehrenamtlich tätige – Vorstandsmitglieder die persönliche Haftung für Steuerschulden und Sozialabgaben treffen. In der Literatur ist von der „Haftungsfalle Ehrenamt" die Rede,[54] an der § 31 a nichts geändert hat (vgl § 31 a Rn 1).

22 Der BFH hatte 1989 entschieden, „ein ehrenamtlich und unentgeltlich tätiger Vorsitzender eines Vereins … haftet … wie ein Geschäftsführer einer GmbH".[55] Daher stellt die **steuerliche Haftung** ein großes Haftungsrisiko dar. Gem. § 69 iVm § 34 AO haften die Vorstandsmitglieder, soweit Ansprüche aus dem Steuerschuldverhältnis infolge vorsätzlicher oder grob fahrlässiger Verletzung der den Vorstandsmitgliedern auferlegten Pflichten nicht oder nicht rechtzeitig festgesetzt oder erfüllt werden oder soweit infolgedessen Steuervergütungen und Steuererstattungen ohne rechtlichen Grund gezahlt werden. Die Haftung umfasst auch Säumniszuschläge. In der Praxis wichtig ist insoweit die Anmeldung und Abführung der Lohnsteuer nach § 41 a EStG, für die der Vorstand verantwortlich ist. Darüber hinaus sind aber auch die Verletzung zahlreicher sonstiger steuerlicher Pflichten und entsprechende Haftung denkbar, beispielsweise eine Haftung für falsche Spendenbescheinigungen (§ 10 b Abs. 4 EStG, § 9 Abs. 3 KStG, § 9 Nr. 5 GewStG). Nach der ständigen Rechtsprechung des BFH bleibt es auch bei einem mehrgliedrigen Vorstand mit Ressortverteilung beim Grundsatz der **Gesamtverantwortlichkeit aller Organmitglieder** nach § 34 Abs. 1 AO.[56] Zwar kann die Haftung durch eine schriftliche und eindeutige **Ressort-/Geschäftsverteilung** begrenzt werden; eine solche Aufteilung mindert nicht nur die Verantwortlichkeit, sondern die Finanzbehörden müssen sie auch bei Beurteilung berücksichtigen, in welchem Verhältnis mehrere grundsätzlich nach § 69 AO haftende Vorstandsmitglieder für die Steuerschulden des Vereins in Anspruch genommen werden können.[57] Die Ressortverantwortung bedeutet aber keine Aufhebung der Verantwortlichkeit für andere Ressorts: Vorstandsmitglieder sind zur **Überwachung** verpflichtet und müssen eingreifen, wenn Anhaltspunkte für eine mangelhafte Aufgabenerfüllung des an sich zuständigen Vorstandsmitglieds besteht; sie müssen zB Stichproben machen und beim Verdacht nicht ordnungsgemäßer Geschäftsführung intensivere Kontrollen vornehmen und notfalls selbst Aufgaben wahrnehmen.[58] Nach der Rechtsprechung indiziert die Verletzung steuerrechtlicher Pflichten im Allgemeinen **grobe Fahrlässigkeit**, und auch Ehrenamt entlastet nicht.[59]

23 Auch für **nicht abgeführte Sozialabgaben** müssen Vorstandsmitglieder ggf haften – § 823 Abs. 2 BGB iVm § 266 a StGB. Nach der ständigen Rechtsprechung sind Sozialversicherungsbeiträge der Arbeitnehmer auch in der Krise vorrangig abzuführen, ohne dass es auf eine tatsächliche Lohnzahlung an die Arbeitnehmer in dem betreffenden Zeitraum ankommt.[60] Die Rechtsprechung ist hinsichtlich der auf Vorsatz beschränkten Haftung streng: Wie bei der Haftung für Sozialabgaben (vgl Rn 20 b) müssen die nach interner Kompetenzverteilung an sich nicht zuständigen Vorstandsmitglieder die Abführung der Arbeitnehmeranteile der Sozialversicherungsbeiträge überwachen, sie müssen auf die Erfüllung der Abführung hinwirken, insbesondere sobald eine finanzielle Krisensituation des Vereins erkennbar wird; nach der Rechtsprechung sollen sie regelmäßig billigend in Kauf genommen haben, dass die Beiträge nicht abgeführt werden, wenn sie in einer solchen Situation nichts unternehmen.[61]

24 **c) Haftung in der Krise – Insolvenzantragspflicht und Insolvenzverschleppungshaftung – Zahlungsverbote?** Bei Verstoß gegen die Pflicht zur Beantragung des Insolvenzverfahrens nach § 42 Abs. 2 S. 1 haften die Vorstandsmitglieder als Gesamtschuldner (vgl § 42 Rn 45 ff).[62]

25 Darüber hinaus wird diskutiert, ob die Vorstände bei Insolvenzreife auch ein Zahlungsverbot analog § 92 Abs. 2 S. 1 oder S. 3 AktG bzw § 64 S. 1 oder 3 GmbHG trifft.[63] Der BGH verneint die Analogie für **masseschmälernde Zahlungen nach Insolvenzreife** schon mangels planwidriger Regelungslücke und da die Haftung des Vorstands nicht ausgeweitet werden dürfe (vgl Rn 19).[64]

54 *Möllmann*, DStR 2009, 2125.
55 BFH BB 1998, 1934 = NJW 1998, 3374 = BStBl II 1998, 761.
56 BFH BB 1998, 1934 = NJW 1998, 3374 = BStBl II 1998, 761.
57 BT-Drucks. 16/13537 S. 4 unter Verweis auf BFH BB 1998, 1934 = NJW 1998, 3374 = BStBl II 1998, 761.
58 BFH BStBl II 2003, 556, 560 = NZG 2003, 734 = NJW-RR 2003, 1117.
59 *Burgard*, ZIP 2010, 358, 360, unter Hinweis auf BFH DStR 2000, 3022 = NJW-RR 2003, 1117, 1119; BFH BStBl II 2003, 556 = NZG 2003, 734 = NJW-RR 2003, 1117.
60 BGHZ 133, 370, 374 ff; BGHZ 134, 304, 307 ff; BGH NZG 2002, 721, 722 f = BGHSt 47, 318; BGH NJW 2003, 3787, 3788 f = BGHSt 48, 307; BGH NJW 2005, 3650, 3651 = ZIP 2005, 1678.
61 Vgl BGH NJW 1997, 130, 132 = BGHZ 133, 370; Bundestag Rechtsausschuss BT-Drucks. 16/13537, S. 4; vgl *Burgard*, ZIP 2010, 358, 360; *Frings*, NWB 2009, 3662, 3666.
62 Vgl dazu jüngst *Arnold*, Non Profit Law Yearbook 2009, 2010, S. 89, 97 ff.
63 Vgl *Arnold*, Non Profit Law Yearbook 2009, 2010, S. 89, 99 ff, 101 f; OLG Hamburg, ZIP 2009, 757 = NZG 2009, 1036, vgl dazu *Roth*, EWiR 2009, 331; OLG Karlsruhe, ZIP 2009, 1716 = NZG 2009, 995.
64 ZIP 2010, 1080 = NZG 2010, 711 = NJW-RR 2010, 978.

IV. Entlastung

26 Anders als im Aktienrecht (§ 120 Abs. 1 AktG) und ebenso wie im Recht der GmbH[65] soll nach Rechtsprechung und ganz hM die Entlastung beim Verein neben der Billigung des Vorstandshandelns für die Dauer der Entlastungsperiode den **Verzicht auf alle Schadensersatzansprüche und Bereicherungsansprüche** (bzw den Ausschluss von deren Geltendmachung) bedeuten, soweit diese bei sorgfältiger Prüfung erkennbar gewesen sind.[66] Kenntnismöglichkeiten von Rechnungsprüfern (Kassenprüfern) braucht sich die Mitgliederversammlung nicht zurechnen zu lassen.[67] Die Verzichtswirkung umfasst nicht solche Ansprüche, die aus den Rechenschaftsberichten und der Mitgliederversammlung zugänglich gemachten sonstigen Unterlagen nicht oder nur so unvollständig erkennbar sind, dass die Mitglieder die Tragweite der Entlastung nicht beurteilen können.[68] Hat die Mitgliederversammlung die Entlastung in Unkenntnis entgegenstehender Umstände beschlossen, entfallen die Entlastungswirkungen.[69] Die Auffassung der Rechtsprechung wird in der ganz herrschenden Literatur geteilt.[70]

27 Die **Richtigkeit dieser ganz hM erscheint sehr zweifelhaft**, in der Literatur ist sie aber nahezu ganz ohne Widerspruch geblieben.[71] Eine ausdrückliche gesetzliche Normierung der Verzichtsfolge eines Entlastungsbeschlusses im Vereinsrecht gibt es nicht; schon daher erscheint es fragwürdig, mit dem Entlastungsbeschluss nur aufgrund einer ständigen Rechtsprechung so weitgehende Folgen zu verbinden wie den völligen Verzicht auf Schadensersatzansprüche – selbst in krassen Fällen der Schädigung nach § 826 oder § 823 Abs. 2 BGB iVm § 266 StGB. Zudem ist die einzige Norm, die sich materiell mit der Entlastung befasst, § 120 Abs. 2 S. 2 AktG, dieser schließt alle Erwägungen von Verzicht, Präklusion und sonstigen Schadensersatz beschränkenden Wirkungen gerade aus. Die Gesetzesmaterialien deuten nicht darauf hin, dass der Gesetzgeber nur eine Spezialregelung für das Aktienrecht treffen wollte.[72] Gegen Verzichtswirkungen der Entlastung spricht auch der Verweis von Abs. 3 auf das Auftragsrecht: Will man im Auftragsverhältnis einen Verzicht begründen, bedarf es eines Verzichtsvertrages (§ 297), den man im Entlastungsbeschluss aber, wie weithin anerkannt, gerade nicht sehen kann.[73]

28 Auch die in der Literatur bemühten Rechtskonstruktionen einer Verzichts- bzw Präsklusionswirkung der Entlastung im Hinblick auf Schadensersatzansprüche (venire contra factum proprium; Verwirkung, Gewohnheitsrecht) scheinen nicht tragfähig: Denn dass die Vereinsmitglieder den Vorstand mit der zufällig in der den Beschluss fassenden Mitgliederversammlung zusammengekommenen Mehrheit entlastet haben, bedeutet nicht, dass ein objektiv urteilendes Vereinsmitglied – auf das es als Beurteilungsmaßstab ankommt[74] – den Vorstand entlastet hätte; dieses objektive Mitglied hätte nämlich nur dann entlastet, wenn keine greifbaren Anhaltspunkte für Ersatzansprüche gegen das zu entlastende Organmitglied bestehen. Aus dem zufälligen Mehrheitsbeschluss lassen sich daher uE nach Treu und Glauben keine Schlüsse zulasten des Vereinsinteresses und -vermögens und zugunsten eines Vorstandsmitglieds ziehen, das den Verein geschädigt hat. Daher können uE grundsätzlich keine Verzichtswirkungen in den Entlastungsbeschluss hineininterpretiert werden.

29 Ob der Vorstand einen Anspruch auf Entlastung hat, ist streitig.[75] Ein Anspruch auf Entlastung, der auch klageweise durchsetzbar ist, kann sich jedenfalls aus der Satzung oder einem Vereinsbrauch ergeben.[76]

65 BGH NJW 1959, 192 = GmbHR 1959, 69; BGHZ 97, 382 = DB 1986, 1449 = NJW 1986, 2250; *Scholz/K. Schmidt*, GmbHG, Bd. 2, 9. Aufl. 2000/2002, § 46 Rn 93 ff.

66 BGHZ 24, 47, 54 = NJW 1957, 832; BGHZ 97, 382, 386 = DB 1986, 1449 = NJW 1986, 2250; BGH NJW 1957, 832, 833; 1987, 2430, 2431; NJW-RR 1988, 745, 748.

67 BGH NJW-RR 1988, 745, 749.

68 BGH NJW-RR 1988, 745, 748.

69 BGH NJW-RR 1988, 745, 748; LG Frankfurt NJW-RR 1998, 396, 397; MüKo/*Reuter*, § 27 Rn 43.

70 Bamberger/Roth/*Schwarz*, § 27 Rn 21; Palandt/*Ellenberger*, § 27 Rn 5; MüKo/*Reuter*, § 27 Rn 42 f; Staudinger/*Weick*, § 27 Rn 27; *Reichert*, Rn 1536; *Flume*, BGB AT, Bd. 1/1, § 10 I 4; *K. Schmidt*, GesR, 4. Aufl. 2002, § 14 IV 2 (Präklusionsfolge der Vertrauenskundgebung); *Tellis*, ZHR 156 (192), 256; *Nägele/Nestel*, BB 2000, 1253, 1256; *Schönle*, ZHR 126 (1964), 199 ff; *Sauter/Schweyer/Waldner*, Rn 289.

71 Für Ausnahme *Barner*, Die Entlastung als Institut des Verbandsrechts, insb. S. 44 ff, 71 ff, 121.

72 Vgl *Kropff*, Aktiengesetz, 1965, S. 167 f.

73 So aber der BGH, vgl BGHZ 94, 324, 326 = DB 1995, 2290 = NJW 1986, 2250; BGHZ 97, 382, 384 = DB 1986, 1449 = NJW 1986, 2430; gegen Verzicht zB *K. Schmidt*, GesR, 4. Aufl. 2002, § 14 VI 2 b; *Tellis*, ZHR 156 (1992), 256, 257.

74 Vgl zum Aktienrecht *Hüffer*, AktG, 6. Aufl. 2004, § 131 Rn 12, und AnwK-AktR/*Heidel*, 2003, § 131 AktG Rn 34.

75 Bejahend *Flume*, BGB AT, Bd. 1/1, § 10 I 4; Erman/*Westermann*, § 27 Rn 8; aA BGHZ 94, 324 = NJW 1986, 129; OLG Celle NJW-RR 1994, 1545; OLG Köln NJW-RR 1997, 483; *K. Schmidt*, ZGR 1978, 425, 440; MüKo/*Reuter*, § 27 Rn 43; Staudinger/*Weick*, § 27 Rn 27.

76 Staudinger/*Weick*, § 27 Rn 27; Palandt/*Ellenberger*, § 27 Rn 5; *Reichert*, Rn 1541 b.

§ 28 Beschlussfassung des Vorstands

Bei einem Vorstand, der aus mehreren Personen besteht, erfolgt die Beschlussfassung nach den für die Beschlüsse der Mitglieder des Vereins geltenden Vorschriften der §§ 32 und 34.

Literatur: S. bei § 26 und bei Vorbemerkungen zu §§ 21 ff.

A. Allgemeines

1 § 28 regelt die Willensbildung im mehrgliedrigen Vorstand. Die Passivvertretung, die Rückschlüsse auf die Wissenszurechnung zulässt, ist seit dem Vereinsrechtsänderungsgesetz in § 26 Abs. 2 geregelt (vgl zu den Gründen der Neuregelung § 26 Rn 1, zu den Fragen der Passivvertretung einschließlich der Wissenszurechnung § 26 Rn 14 f).

B. Regelungsgehalt

I. Beschlussfassung (Abs. 1)

2 Die Regelung zur Beschlussfassung gilt für **jede Art der Willensbildung** im mehrgliedrigen Vorstand. Mangels abweichender Satzungsregeln (§ 40) gelten die Vorschriften über die Mitgliederversammlung (§§ 32, 34) entsprechend, also einschließlich des Grundsatzes von Zusammenkünften (Ausnahme: schriftliches Beschlussverfahren bei einstimmiger Zustimmung aller gem. § 32 Abs. 2)[1], Ladungspflicht unter Bezeichnung der Beschlussgegenstände (§ 32 Abs. 1 S. 2) sowie bei entsprechenden Satzungsvorschriften Beschlussfähigkeit. Enthält die Satzung von §§ 32, 34 abweichende Regelungen, entscheidet die Auslegung, ob diese entsprechend für den Vorstand gelten.[2] Abweichungen des Satzungsinhalts von § 28 müssen den Verweis auf den zwingenden § 34 unberührt lassen; auch die Satzung darf kein Mitstimmen in eigener Sache zulassen.[3] Bei Beschlussfassung in einer Zusammenkunft entscheidet gem. § 28 iVm § 32 Abs. 1 S. 3 nF nicht mehr die Mehrheit der erschienenen Mitglieder, sondern die Mehrheit der abgegebenen Stimmen. Dabei werden Stimmenthaltungen und ungültige Stimmabgaben sowie Stimmverboten unterliegende Stimmen nicht berücksichtigt.

3 Ein ordnungsgemäßer **Vorstandsbeschluss** ist nach § 26 Abs. 2 S. 1 nF, der der bisher ganz hM entspricht,[4] nicht Voraussetzung für eine wirksame Vertretungshandlung im Außenverhältnis, sofern im Außenverhältnis Vorstandsmitglieder in der für die gesetzliche Vertretung erforderlichen Zahl mitgewirkt haben.

4 **Mängel** der Beschlussfassung machen den Beschluss nichtig; bei Verfahrensfehlern ist allerdings Voraussetzung der Nichtigkeit die Kausalität bzw Relevanz des Fehlers für das Beschlussergebnis.[5]

II. Passivvertretung (Abs. 2)

5 Gem. Abs. 2 ist jedes Vorstandsmitglied für die Entgegennahme von Willenserklärungen einzeln empfangsvertretungsberechtigt. Auf die **Kenntnis der anderen Mitglieder** von der Willenserklärung kommt es nicht

1 Vgl dazu OVG Schleswig-Holstein AUR 2008, 380: „Auch bei einer nicht-förmlichen Beschlussfassung eines … Vorstandes (z.B. im ‚Umlaufverfahren') sind alle mitwirkungsberechtigten Vorstandsmitglieder zu informieren und zu beteiligen. Unterbleibt dies und nimmt ein Vorstandsmitglied (deshalb) an der Beschlussfassung nicht teil, kann kein wirksamer Beschluss erfolgen. Ob die Stimme des nicht beteiligten Vorstandsmitgliedes das Ergebnis der Beschlussfassung beeinflusst hätte oder hätte beeinflussen können, ist nicht erheblich. Ein die Vollmachtserteilung betreffender (konkludent gefasster) Beschluss ist – mit anderen Worten – nur wirksam, wenn alle Vorstandsmitglieder daran beteiligt waren, unabhängig davon, ob er einstimmig oder mehrheitlich gefasst worden ist."

2 Palandt/*Ellenberger*, § 28 Rn 2.

3 Bamberger/Roth/*Schwarz*, § 28 Rn 4; Palandt/*Ellenberger*, § 28 Rn 2; MüKo/*Reuter*, § 28 Rn 2; Staudinger/*Weick*, § 28 Rn 6; Soergel/*Hadding*, § 28 Rn 1.

4 Palandt/*Ellenberger*, § 28 Rn 2; Bamberger/Roth/*Schwarz*, § 28 Rn 6; Soergel/*Hadding*, § 26 Rn 16 und § 28 Rn 9; Staudinger/*Weick*, § 28 Rn 8 ff; MüKo/*Reuter*, § 28 Rn 1; *Reichert*, Rn 1477; aA RGRK/*Steffen*, § 26 Rn 6; *Sauter/Schweyer/Waldner*, Rn 232.

5 Bamberger/Roth/*Schwarz*, § 29 Rn 7; Soergel/*Hadding*, § 28 Rn 10; vgl zum Aktienrecht *Hüffer*, AktG, 6. Aufl. 2004, § 243 Rn 11 ff; *Heidel* in: Heidel, Aktienrecht, § 243 AktG Rn 9 f.

an, auch wenn das Vorstandsmitglied die Willenserklärung vorsätzlich unterdrückt.[6] Von Abs. 2 ist aber nicht gedeckt, dass ein Vorstandsmitglied sich selbst eine Willenserklärung zugehen lässt, die dem Verein zugehen muss. Insbesondere kann das Vorstandsmitglied nicht die von ihm gegen den Verein erhobene Klage sich selbst zustellen lassen.[7] Nach ganz einheitlicher Auffassung gilt Abs. 2 entsprechend für gegenüber dem Verein abgegebene **geschäftsähnliche Handlungen** (zB Mahnung, Fristsetzung, Mängelrüge).[8]

III. Wissenszurechnung

Die große Mehrheit der Literatur und die Rechtsprechung wenden die Grundsätze des Abs. 2 auf **Wissenszustände aller Art** an: Soweit der subjektive Tatbestand einer gesetzlichen Vorschrift in der Person eines Vorstandsmitglieds (auch ehemaligen) erfüllt ist, gelten sie zugleich in der Person des Vereins als erfüllt – unabhängig davon, ob das Vorstandsmitglied die Kenntnis in amtlicher oder privater Eigenschaft erlangt hat, ob es an der maßgebenden Rechtshandlung beteiligt gewesen ist oder von ihr gewusst hat.[9] Eine **Einschränkung** von diesen Grundsätzen wird gemacht, wenn für das Außenhandeln des Vereins ausnahmsweise statt des Vorstands ein anderes Organ (Mitgliederversammlung, Aufsichtsrat) zuständig ist. Dann ist das Wissen des Vereins erst anzunehmen, wenn der maßgebende Sachverhalt in einer Versammlung vorgetragen, die Mitglieder ordnungsgemäß geladen und in einer die Beschussfähigkeit begründenden Zahl zusammengetreten sind.[10] Trotz dieser Einschränkungen sehen einzelne Autoren die umfassende Wissenszurechnung kritisch.[11] Die Kritik wertet aber zu gering, dass der Verein wie jede juristische Person „die durch ihren Organteil vorhandene Kenntnis nicht bei einem Einzelgeschäft nach Belieben oder Zufall abstreifen" kann, da das Wissen eines Organs „das Wissen der Gesellschaft" ist[12] und der Inhalt eines Rechtsverhältnisses zwischen zwei Personen nicht davon abhängen kann, wie viele Menschen auf welcher Seite gehandelt haben, zumal nicht einzusehen ist, warum sich die durch ein Organ vertretene juristische Person nicht anrechnen lassen soll, wenn eines ihrer Organmitglieder in Kenntnis bestimmter Umstände ein Geschäft abgeschlossen oder nicht verhindert hat. 6

§ 29 Notbestellung durch Amtsgericht

Soweit die erforderlichen Mitglieder des Vorstands fehlen, sind sie in dringenden Fällen für die Zeit bis zur Behebung des Mangels auf Antrag eines Beteiligten von dem Amtsgericht zu bestellen, das für den Bezirk, in dem der Verein seinen Sitz hat, das Vereinsregister führt.

Literatur: *Halm*, Bestellung eines Notvorstandes für politische Parteien nach § 29?, NJW 1973, 2012; *Kirberger*, Die Notwendigkeit der gerichtlichen Liquidatorenbestellung im Falle der Nachtragsliquidation einer wegen Vermögenslosigkeit gelöschten Gesellschaft oder Genossenschaft, Rpfleger 1975, 341; *Reiff*, Entziehung der Vertretungsbefugnis des einzigen Komplementärs einer KG, NJW 1964, 1940. S.a. bei Vorbemerkungen zu §§ 21 ff.

6 BGHZ 20, 149, 153 = NJW 1956, 869; Erman/*Westermann*, § 28 Rn 3; Bamberger/Roth/*Schwarz*, § 28 Rn 8; MüKo/*Reuter*, § 28 Rn 7.

7 Staudinger/*Weick*, § 28 Rn 13; RGZ 7, 404; vgl zu ähnlicher Problematik bei der GmbH § 46 Nr. 8 GmbHG (Bestellung eines Vertreters der Gesellschaft in Prozessen, welche sie gegen den Geschäftsführer – aktiv oder passiv – zu führen hat); vgl dazu jüngst OLG München GmbHR 2004, 584, wonach eine Klagezustellung bei unrichtiger Vertretung und deren Angabe auch keine Fristen wahrt dort auch zu Heilungsmöglichkeiten.

8 MüKo/*Reuter*, § 28 Rn 6; Bamberger/Roth/*Schwarz*, § 28 Rn 8.

9 RG JW 1985, 2044; RGZ 81, 433; BGH WM 1959, 81, 84; BGHZ 41, 282, 287 = WM 1964, 1367; BGHZ 109, 327, 331 = DB 1990, 931 = NJW 1990, 375; BGH NJW 1988, 1200; 1984, 1953, 1954; 1995, 2159, 2160; BAG WM 1985, 305, 307 = DB 1985, 237; BayObLG NJW-RR 1989, 910; ebenso Staudinger/*Weick*, § 28 Rn 14; Bamberger/Roth/*Schwarz*, § 28 Rn 9; Palandt/*Ellenberger*, § 28 Rn 2.

10 BGHZ NJW 1981, 166 für Aufsichtsrat; ebenso für Gesellschafterversammlung der GmbH BGH ZIP 1998, 1269; eine Ausnahme davon gilt freilich, wenn unabhängig davon alle Organmitglieder über die Kenntnis verfügen, BGH NJW 1990, 2411 (für Gesellschafterversammlung der GmbH).

11 Vgl statt aller MüKo/*Reuter*, § 28 Rn 9 f; Erman/*Westermann*, § 28 Rn 3; *Buck*, Wissen und juristische Person, Wissenszurechnung und Herausbildung zivilrechtlicher Organisationspflichten, 2001, S. 393 ff.

12 RG JW 1935, 2044.

A. Allgemeines

1 § 29 ermöglicht die Wiederherstellung der Handlungsfähigkeit des Vereins durch staatlichen Eingriff. Regelungsgrund ist die Stellung des Vorstands als ein zwingend notwendiges Vereinsorgan (vgl § 26 Rn 1), dem nach der Satzung zur Beschlussfähigkeit ggf mehrere Mitglieder angehören müssen (vgl § 28 Rn 2). Ohne einen (beschlussfähigen) Vorstand kann der Verein nicht handlungsfähig sein und daher nicht am Rechtsverkehr teilnehmen. Andere Gesetze (zB Pfleger nach § 57 ZPO) sehen andere Institute zur Ermöglichung der Teilnahme des Vereins am Rechtsverkehr vor. Daher ist ggf sorgfältig zu prüfen, ob tatsächliche Handlungsunfähigkeit vorliegt oder diese nach dem Gesetz auf andere Weise als gerade die Bestellung eines Notvorstands behindert werden soll. Zweifeln begegnet insoweit die Entscheidung des BGH vom Oktober 2010, wonach die Niederlegung des Mandats durch den einzigen Geschäftsführer einer GmbH mangels gesetzlicher Vertretung zur Unzulässigkeit einer Klage gegen die GmbH führen soll;[1] denn § 246 Abs. 1 ZPO sichert bei Vertretung der GmbH durch einen Anwalt die Möglichkeit der Fortführung des Prozesses.

2 Soweit nicht Sondervorschriften (§§ 85, 104 AktG) gelten, ist § 29 **auf alle juristischen Personen des Privatrechts anwendbar**.[2] § 29 gilt gem. § 48 auch in Hinblick auf fehlende Liquidatoren.[3] Nach hM ist § 29 auch auf die sogenannten „nicht rechtsfähigen" Vereine analog anzuwenden.[4] Nicht anwendbar ist § 29 auf juristische Personen des öffentlichen Rechts und auf Parteien (insoweit streitig).[5] Auf **Personengesellschaften** ist § 29 grundsätzlich nicht anwendbar; eine Ausnahme gilt insoweit nach hM für körperschaftlich strukturierte Personengesellschaften wie die Publikumspersonengesellschaft.[6] Streitig ist die Anwendbarkeit auf die GmbH & Co. KG.[7]

B. Regelungsgehalt

I. Voraussetzungen der Notbestellung

3 Für das Fehlen der zur wirksamen Beschlussfassung oder Vertretung erforderlichen Vorstandsmitglieder genügen auf §§ 28, 34 oder 181 beruhende **Verhinderungsgründe** sowie die grundsätzliche Verweigerung der Geschäftsführung, nicht aber die Verweigerung in einem konkreten Fall oder Differenzen zwischen den Vorstandsmitgliedern. Zwar begründen ein Streit zwischen Vereinsmitgliedern und Personen des Vorstandes oder Differenzen innerhalb des Vorstands nicht ein Einschreiten des Registergerichts durch Bestellung eines Notvorstands; das entspricht ganz hM.[8] Anderes gilt aber dann, wenn der Vorstand durch rivalisierende Vorstandsmitglieder blockiert wird und nicht handlungsfähig ist.[9] Typische Verhinderungsgründe sind: Tod, Geschäftsunfähigkeit, wirksame Absetzung,[10] Amtsniederlegung,[11] Ablauf der Amtsdauer, Entziehung der Vertretungsbefugnis durch einstweilige Verfügung, längere Krankheit oder Abwesenheit, grundsätzliche Verweigerung der Geschäftsführung – nicht aber Weigerung, in einer bestimmten Angelegenheit tätig zu werden oder sonst Differenzen zwischen Vorstandsmitgliedern.[12]

4 Das Fehlen ist nur in einem **dringenden Fall** durch Notbestellung auszugleichen. Die Voraussetzung eines dringenden Falls ist eng auszulegen; das gebietet die Achtung vor der Privatautonomie des Vereins; der hoheitliche Eingriff der Notbestellung ist nur gerechtfertigt, wenn die Handlungsunfähigkeit des Vereins zu bejahen ist und „diese wegen eines dringenden Handlungsbedarfs zur unmittelbar drohenden Schädigung des

1 BGH NJW-RR 2011, 115 = WM 2010, 2362 = ZIP 2010, 2444; vgl dazu *K. Schmidt*, GmbH-Rundschau 2011, 113.

2 Palandt/*Ellenberger*, § 29 Rn 1; MüKo/*Reuter*, § 29 Rn 1, diff. zur Anwendung auf die KGAA, vgl aber RGZ 74, 301 sowie OLG Saarbrücken OLGZ 1977, 291, 293; Soergel/*Hadding*, § 29 Rn 2.

3 Palandt/*Ellenberger*, § 29 Rn 1; MüKo/*Reuter*, § 29 Rn 1; vgl BGHZ; vgl BGHZ 18, 334; BayObLG BB 1976, 998 = BayObLG ZIP 1976, 121.

4 Palandt/*Ellenberger*, § 29 Rn 1; Soergel/*Hadding*, § 29 Rn 2; MüKo/*Reuter*, § 29 Rn 2; aA RGZ 147, 121, 124.

5 MüKo/*Reuter*, § 29 Rn 7; OLG Hamm NJW-RR 1989, 1532; Soergel/*Hadding*, § 29 Rn 4; KG, NJW 1960, 151; BayObLG NJW 1962, 2253.

6 Palandt/*Ellenberger*, § 29 Rn 1; Soergel/*Hadding*, § 29 Rn 3; MüKo/*Reuter*, § 29 Rn 4 ff.

7 Anwendung bejahend Palandt/*Ellenberger*, § 29 Rn 1; OLG Saarbrücken; OLGZ 1977, 291, 293 f; BayObLG WM 1977, 408 = BB 1976, 998; Soergel/*Hadding*, § 29 Rn 3; aA MüKo/*Reuter*, § 29 Rn 6 unter Hinweis darauf, dass bei Wegfall der GmbH als einziger Komplementärin die KG aufgelöst werde; vgl *Heidel*, in: Heidel/Schall, § 131 HGB Rn 11, § 105 HGB Rn 34.

8 BayObLG Rpfleger 1983, 74; BayObLGZ 1998, 179, 184; OLG Frankfurt NJW 1966, 504; OLG Frankfurt OLGR 2001, 82; OLG Köln FGPrax 2002, 264, 265.

9 OLG Köln FGPrax 2002, 264, 266 (zum Fall einer Gewerkschaft); BayObLG Rpfleger 1983, 74; NJW-RR 1999, 1259, 1261.

10 Also dann nicht, wenn die Abberufung eines Vorstandsmitglieds nichtig ist, BayObLG DB 1999, 2357.

11 Beruht die Amtsniederlegung auf sogenanntem Missbrauch, etwa wenn der Alleingeschäftsführer einer GmbH sein Amt als einziger Geschäftsführer ohne Bestellung eines neuen Geschäftsführers niederlegt, soll eine Notbestellung nicht nötig sein, vgl OLG Zweibrücken BB 2006, 1179 = ZIP 2006, 950.

12 Palandt/*Ellenberger* § 29 Rn 2 unter Hinweis auf OLG Frankfurt NJW 1966, 506 sowie BayObLG Rpfleger 1983, 74.

Vereins oder eines außenstehenden Dritten führen kann"[13]. Kein dringender Fall ist zB, dass ein noch eingetragener Vorstand eine Mitgliederversammlung zur Neuwahl des Vorstands einberufen oder dass das Bestellungsorgan den Vorstand von § 181 befreien kann.[14] Der Verein darf durch eigene Maßnahmen das fehlende Vorstandsmitglied nicht rechtzeitig ersetzen können.[15] Daran fehlt es zB, wenn eine nach der Satzung vorgesehene Bestimmung des Vorstands durch einen Dritten nicht mehr durchführbar ist; die Mitgliederversammlung hat in einem solchen Fall selbst den Vorstand zu wählen.[16]

Streitig ist die Dringlichkeit, wenn nach § 57 ZPO ein Prozesspfleger bestellt werden kann. UE ist Dringlichkeit in dem Fall zu verneinen;[17] maßgebend ist, dass die Bestellung eines Notvorstands sehr viel tiefer in die Vereinsautonomie (vgl § 21 Rn 11) eingreift als die bloße Bestellung eines Prozesspflegers. Daher ist die Bestellung eines Notvorstandes nicht erforderlich, wenn es nur um die Führung eines Prozesses geht. Jedenfalls besteht kein Erfordernis zur Bestellung eines Notvorstands, wenn ein Pfleger nach § 57 ZPO bestellt ist, was auch für das Insolvenzverfahren gilt, jedenfalls wenn die Maßnahme, ggf in Verbindung mit anderen gerichtlichen Verfügungen (zB Verfügungsverbot nach § 21 Abs. 2 Nr. 2 InsO) genügt, Schäden vom Verein abzuwenden.[18]

II. Bestellungsverfahren

Voraussetzung für die Bestellung ist ein „**Antrag eines Beteiligten**", wozu jedes Vereinsmitglied, jedes Vorstandsmitglied und jeder Gläubiger des Vereins gehören.[19] Nicht antragsberechtigt soll angeblich ein Stiftungsbeirat sein.[20] Die Beteiligteneigenschaft muss bis zur letzten Entscheidung im Verfahren fortbestehen.[21] Ausnahmsweise soll das Gericht den Notvorstand auch ohne Antrag von Amts wegen bestellen können.[22] Diese Auffassung ist abzulehnen, da die Notbestellung immer einen Eingriff in die Vereinsautonomie darstellt (vgl § 21 Rn 11), die nur in den gesetzlich vorgesehenen Fällen, dh bei Antrag eines Beteiligten, zulässig ist. 5

Das Bestellungsverfahren richtet sich nach dem FGG aF/FamFG. Zuständig ist das gem. § 55 für den Bezirk des Sitzes des Vereins zuständige Amtsgericht. Funktionell zuständig ist gem. § 3 Abs. 1 Nr. 1 a RPflG der Rechtspfleger. Das Amtsgericht prüft, ob die Voraussetzungen des § 29 glaubhaft gemacht sind.[23] Es prüft den Sachverhalt von Amts wegen. Es hört ggf noch vorhandene Vorstandsmitglieder sowie weitere Beteiligte nach § 12 FGG aF/§ 26 FamFG nF an und wählt nach **Ermessen** den Notvorstand aus.[24] In der Satzung vorgeschriebene Qualifikationen soll auch der Notvorstand erfüllen müssen.[25] Findet das Gericht keine geeignete und zur Übernahme des Amtes bereite Person, soll es den Antrag ablehnen können.[26] Pflichten zur Übernahme des Amtes haben die Mitglieder des Vereins nicht.[27] Das Registergericht hat so viele Vorstandsmitglieder zu bestellen, wie zur Vertretung des ersten Vereins erforderlich sind.[28] **Beschwerdeberechtigt** gegen die Bestellung des Notvorstands sind der Verein, seine Mitglieder und die Vorstandsmitglieder.[29] Streitig ist die Bekanntmachung der Bestellung an den Bestellten, den Antragsteller und/oder den Verein.[30] 6

III. Wirkungen der Notbestellung

Der Umfang der Vertretungsmacht und die Dauer des Amtes richtet sich nach dem Bestellungsbeschluss, bei dem das Gericht die Notbestellung an die **satzungsmäßigen Anforderungen** anpassen muss; sieht diese 7

13 OLG München NotBZ 2010, 423; vgl auch OLG München Rpfleger 2008, 140 = BB 2007, 2311 = FGPrax 2007, 281.
14 *Reichert*, Rn 1263; BayObLGZ 1985, 24 = OLGZ 1985, 496.
15 OLG Frankfurt DB 2001, 472; BayObLG DB 1995, 2364.
16 KG FGPrax 2007, 30 = RPfleger 2007, 82.
17 Ebenso *Kutzer*, ZIP 2000, 654; Erman/*Westermann*, § 29 Rn 2; OLG München NZG 2008, 160 = GmbHR 2007, 1108; vgl die Motive zum BGB, dazu Staudinger/*Coing*, 11. Aufl., § 29 Rn 8; aA Staudinger/*Weick*, § 29 Rn 7; Palandt/*Ellenberger*, § 29 Rn 3; BayObLG NJW-RR 1999, 1259; OLG Zweibrücken ZIP 2001, 973 = NJW-RR 2001, 1057; Bamberger/Roth/*Schwarz*, § 29 Rn 6.
18 OLG Zweibrücken ZIP 2001, 973 = NJW-RR 2001, 1057 (zur GmbH).
19 Palandt/*Ellenberger*, § 29 Rn 4; Bamberger/Roth/*Schwarz*, § 7; MüKo/*Reuter*, § 29 Rn 13; Staudinger/*Weick*, § 29 Rn 8.
20 BayObLG NJW-RR 2000, 1198 = KirchF 38, 972.
21 BayObLG 1993, 348 = NJW-RR 1994, 832.
22 BayObLG NJW-RR 1989, 265 = BayObLGZ 1988, 410, 413; Soergel/*Hadding*, § 29 Rn 9; MüKo/*Reuter*, § 29 Rn 14; Bamberger/Roth/*Schwarz*, § 29 Rn 8.
23 RGZ 105, 401; Soergel/*Hadding*, § 29 Rn 10; Bamberger/Roth/*Schwarz*, § 29 Rn 9; MüKo/*Reuter*, § 29 Rn 13; aA *Reichert*, Rn 1268, der Darlegung von Tatsachen genügen lässt.
24 BayObLGZ 1978, 248; 1980, 306, 309; BayObLG Rpfleger 1992, 1114.
25 BayObLG NJW 1981, 995 = WM 1981, 75; BayObLG 1998, 179, 183 = NJW-RR 1999, 1259.
26 OLG Hamm NJW-RR 1996, 996; OLG Frankfurt FGPrax 2006, 81 = GmbHR 2006, 204.
27 KG NJW-RR 2001, 900 zum GmbH-Gesellschafter.
28 BayObLG 1989, 298.
29 BayObLG NJW-RR 1997, 289; OLG Schleswig NZG 2004, 669 = DB 2004, 1306 zur AG.
30 MüKo/*Reuter*, § 29 Rn 16.

Satzung zB Gesamtvertretung vor, darf uE das Registergericht dem von ihm Bestellten nicht Einzelvertretungsmacht verleihen.[31] Nach der Rechtsprechung ist der Aufgabenkreis eines Vorstands (im entschiedenen Fall eines GmbH-Liquidators) auf die Angelegenheiten zu beschränken, „in denen konkret ein dringendes Bedürfnis für eine Vertretung der Gesellschaft besteht".[32] UE verkennt diese Entscheidung, dass das Gesetz für die Vereine des Handelsrechts sachliche Beschränkungen der Vertretungsmacht ausschließt; dann kann für den Notvorstand eines Vereins des Handelsrechts nichts anderes gelten. Bei Vereinen nach §§ 21 ff kann der Umfang der Vertretungsmacht mit Wirkung gegen Dritte nur durch die Satzung beschränkt werden, so dass uE auch beim BGB-Verein dem Registergericht keine Kompetenz zukommt, die Vertretungsmacht zu beschränken.

8 Das Registergericht soll den von ihm Bestellten von den **Beschränkungen des § 181** befreien dürfen, wenn die Satzung dieses ermöglicht.[33] UE fehlt für eine solche Anordnung die gesetzliche Grundlage, da nach § 29 das Gericht Vorstandsmitglieder nur „bestellen" darf. Die Befreiung vom Verbot des § 181 ist nicht Teil des Bestellungsbeschlusses, sondern ein über die Bestellung hinausgehender Eingriff in die Autonomie des Vereins, der einer gesetzlichen ausdrücklichen Grundlage bedürfte. Zudem bedeutet die Befreiung vom Verbot des § 181 eine Gefährdung des Gesellschaftsinteresses, da das von § 181 befreite Organ unweigerlich Interessenkonflikten ausgesetzt ist und somit der gerichtliche Befreiungsbeschluss die latente Gefahr der Schädigung der Gesellschaft auslöst. Eine solche Gefährdung zu ermöglichen sind allein die Vereinsmitglieder berufen.

9 Ebenso scheidet aus, § 29 als Grundlage für eine **isolierte Befreiung vom Wettbewerbsverbot** oder gar isolierte Einzelbefreiungen vorhandener Vorstandsmitglieder vom Verbot des Insichgeschäfts oder des Wettbewerbsverbots auszuweiten.

10 Die Bestellung wird erst wirksam, wenn der Bestellte das Amt annimmt.[34] Die Bestellung kann befristet sein; üblicherweise ist die Beschränkung bis zur nächsten Mitgliederversammlung angezeigt. Ist der Notvorstand nur für bestimmte Aufgaben wie zB eine Anmeldung zum Vereinsregister bestellt, endet sein Amt mit der Erfüllung dieser Aufgabe.[35] Sonst endet die Bestellung mit der Behebung des Mangels, wenn also die Mitgliederversammlung oder das sonstige Bestellungsorgan die erforderlichen Mitglieder des Vorstands selbst bestellt. Das Gericht kann den Notvorstand aus wichtigem Grund abberufen.[36] Die Bestellung wird gem. §§ 67 Abs. 2, 64, 70, 68 (analog) von Amts wegen im Vereinsregister eingetragen.

11 Durch die Bestellung kommt zunächst nur ein Bestellungsverhältnis (Organstellung) zustande. Mit der Annahme des Amts als Notvorstand kann aber ein honorierungspflichtiges (§ 612) Dienstvertragsverhältnis mit dem Verein zustande kommen. Für dessen Regelung ist nicht das den Notvorstand bestellende Gericht zuständig, sondern das übliche Prozessgericht, da der Bestellungsbeschluss mangels einer gesetzlichen Ermächtigung nicht die Anstellung regeln darf.[37]

§ 30 Besondere Vertreter

[1]Durch die Satzung kann bestimmt werden, dass neben dem Vorstand für gewisse Geschäfte besondere Vertreter zu bestellen sind. [2]Die Vertretungsmacht eines solchen Vertreters erstreckt sich im Zweifel auf alle Rechtsgeschäfte, die der ihm zugewiesene Geschäftskreis gewöhnlich mit sich bringt.

Literatur: *Barfuß*, Die Stellung besonderer Vertreter gem. § 30 BGB in der zivilprozessualen Beweisaufnahme, NJW 1977, 1273. S.a. bei Vorbemerkungen zu §§ 21 ff.

31 BayObLG Rpfleger 1992, 114; KG OLGZ 1965, 332; KG OLGZ 1968, 200, 207; MüKo/*Reuter*, § 29 Rn 18; Palandt/*Ellenberger*, § 29 Rn 7.

32 DB 2005, 1985 = GmbHR 2005, 1431 = OLGR München 2005, 661; zur Begründung heißt es: „Im Rahmen der Bestellung eines Notliquidators als einer vorläufigen Maßnahme kann weder unmittelbar noch mittelbar eine dauerhafte, uneingeschränkte Regelung der gesetzlichen Vertretung der Gesellschaft herbeigeführt werden. Diese ist vielmehr nur beschränkt auf die Angelegenheiten sicherzustellen, in denen ein dringendes Bedürfnis für eine Vertretung der Gesellschaft besteht, sei es, weil Rechte Dritter gefährdet sind, sei es, weil die Gesellschaft selbst ihr zustehende Rechte andernfalls nicht wahrnehmen kann."

33 Palandt/*Ellenberger*, § 29 Rn 7; OLG Düsseldorf ZIP 2002, 481, 483 zur GmbH.

34 Bamberger/Roth/*Schwarz*, § 29 Rn 11; Palandt/*Ellenberger*, § 29 Rn 6; Staudinger/*Weick*, § 27 Rn 11 lässt für die Wirksamkeit schon die Bekanntgabe an den Bestellten genügen.

35 BayObLG, Beschl. v. 9.7.2004, 3Z BR 012/04, abrufbar über Juris Web.

36 OLG Düsseldorf NJW-RR 1997, 1398; OLG Düsseldorf ZIP 2002, 481.

37 Sehr str., vgl einerseits BayObLGZ 1973, 59, 62 f; LG Hamburg MDR 1971, 298; aA MüKo/*Reuter*, § 30 Rn 15; Bamberger/Roth/*Schwarz*, § 29 Rn 13; Palandt/*Ellenberger*, § 29 Rn 9; BayObLG NJW-RR 1988, 1500; *Reichert*, Rn 1279.

A. Allgemeines

§ 30 soll insbesondere größeren Vereinen ermöglichen, sich eine differenzierte Vertretungsorganisation zu geben. Sie sollen unterhalb der Vorstandsebene ein zusätzliches Vereinsorgan schaffen können, das nur beschränkte Zuständigkeiten hat, für das der Verein aber nach § 31 haftungsrechtlich verantwortlich ist. § 30 ist (analog) auch anwendbar auf den nicht rechtsfähigen Verein, die juristische Person des öffentlichen Rechts, die Genossenschaft und die GmbH[1] – nicht aber die AG.[2] 1

B. Regelungsgehalt

Voraussetzung der Bestellung eines besonderen Vertreters ist eine satzungsmäßige Grundlage. Nach streitiger, aber zutreffender Auffassung erfordert dies eine **formelle Satzungsvorschrift**, da der besondere Vertreter aufgrund bewusster Entscheidung des Satzungsgebers seinen Platz im Organgefüge bekommen soll. Zudem scheitern beim e.V. materielle Satzungserweiterungen, die nicht formell etabliert sind, am konstitutiven Eintragungserfordernis des § 71.[3] Genügend ist, dass sich die Notwendigkeit eines besonderen Vertreters aus dem Gesamtinhalt der Satzung und der daraus ersichtlichen Bezeichnung eines nicht schon durch den Vorstand zu erledigenden Geschäftskreises ergibt.[4] Unzulässig ist es, einen besonderen Vertreter für alle Vorstandsangelegenheiten zu bestellen.[5] 2

Die **Vertretungsmacht** des besonderen Vertreters ist auf die für den ihm übertragenen Geschäftskreis gewöhnlichen Geschäfte beschränkt, für den er umfassend zuständig wird; Einschränkungen der Vertretungsmacht bis hin zum Ausschluss der Vertretungsmacht sind durch die Satzung möglich.[6] Der besondere Vertreter ist ein Organ mit beschränkter Zuständigkeit, das eine verdrängende Kompetenz gegenüber dem Vorstand hat; er tritt also **neben**, nicht aber **unter** den Vorstand.[7] 3

Für die Bestellung des besonderen Vertreters ist die **Mitgliederversammlung** zuständig. Denkbar ist auch eine satzungsmäßige Grundlage für seine Bestellung durch den Vorstand.[8] Da für den Verein das Prinzip der Drittorganschaft gilt (vgl § 26 Rn 1), kann besonderer Vertreter auch ein Nichtvereinsmitglied sein. Beruht die Vertretungsmacht des besonderen Vertreters auf der Satzung, ist er nicht Arbeitnehmer im Sinne des Arbeitsgerichtsgesetzes.[9] 4

Der besondere Vertreter ist nach hM entsprechend § 64 im Vereinsregister einzutragen.[10] 5

Im Prozess ist der besondere Vertreter **Zeuge**, nicht Partei.[11] 6

§ 31 Haftung des Vereins für Organe

Der Verein ist für den Schaden verantwortlich, den der Vorstand, ein Mitglied des Vorstands oder ein anderer verfassungsmäßig berufener Vertreter durch eine in Ausführung der ihm zustehenden Verrichtungen begangene, zum Schadensersatz verpflichtende Handlung einem Dritten zufügt.

Literatur: *v. Bar*, Zur Struktur der Deliktshaftung von juristischen Personen, ihren Organen und ihren Verrichtungsgehilfen, in: FS Kitagawa 1992, S. 279; *v. Caemmerer*, Objektive Haftung, Zurechnungsfähigkeit und Organhaftung, in: FS Flume I 1978, S. 359; *Coing*, Die Vertretungsordnung juristischer Personen und deren Haftung gemäß § 31 BGB, in: FS R. Fischer 1979, S. 65; *Eisele*, Haftungsfreistellung von Vereinsmitgliedern und Vereinsorganen in nichtwirtschaftlichenschaftlichen Vereinen, 1998; *Franzke/Hansen*, Der Belegarzt – Stellung und Haftung im Verhältnis zum Krankenhausträger, NJW 1996, 737; *Helms*, Schadensersatzansprüche wegen Beeinträchtigung der Vereinsmitgliedschaft, 1998, 150; *Kleindiek*, Deliktshaftung und juristische Person, 1997; *Martinek*, Die Organhaftung nach § 31 BGB als allgemeines Prinzip der Haftung von Personenverbänden für ihre Repräsentanten, Diss. Berlin 1978; *ders.*, Repräsentantenhaftung, 1979; *Medicus*, Die Außenhaftung des Führungspersonals juristischer Personen im Zusammenhang mit Produktionsmängeln, GmbHR 2002, 809; *Nitschke*, Die Anwendbarkeit des im § 31 enthaltenen Rechtsgedankens auf alle Unternehmensträger, NJW 1969, 1737;

1 Palandt/*Ellenberger*, § 30 Rn 2; Soergel/*Hadding*, § 30 Rn 2; MüKo/*Reuter*, § 30 Rn 16.
2 Palandt/*Ellenberger*, § 30 Rn 2; MüKo/*Reuter*, § 30 Rn 16.
3 MüKo/*Reuter*, § 30 Rn 6; Erman/*Westermann*, § 30 Rn 2; Soergel/*Hadding*, § 30 Rn 5; aA RGRK/*Steffen*, § 30 Rn 5, der eine auf langer Übung oder betrieblicher Anordnung beruhende Stellung ausreichend sein lässt.
4 RGZ 117, 64; BGH NJW 1977, 2259; Erman/*Westermann*, § 30 Rn 2; Staudinger/*Weick*, § 30 Rn 3.
5 OLG Hamm, OLGZ 78, 21, 24 = MDR 1978, 224; MüKo/*Ellenberger*, § 30 Rn 6.
6 Erman/*Westermann*, § 30 Rn 4.
7 MüKo/*Reuter*, § 30 Rn 13.
8 BayObLG Rpfleger 1999, 3332.
9 BAG NZA 1997, 959 = DB 1997, 1984.
10 BayObLGZ 1981, 71 = NJW 1981, 2068; vgl auch OLG Hamm OLGZ 1978, 21, 26; MüKo/*Reuter*, § 30 Rn 14; aA Soergel/*Hadding*, § 30 Rn 14; Erman/*Westermann*, § 30 Rn 3.
11 Palandt/*Ellenberger*, § 30 Rn 6; Bamberger/Roth/*Schwarz*, § 30 Rn 11; *Barfuß*, NJW 1977, 1273 f; Soergel/*Hadding*, § 30 Rn 11; aA MüKo/*Reuter*, § 30 Rn 15; *Reichert*, Rn 1572.

Röckrath, Die Haftung des Sportvereins als Veranstalter unter besonderer Berücksichtigung des Bergsports, SpuRt 2003, 189; *C. Schäfer*, Die Lehre vom fehlerhaften Verband, 2002; *Schmiedel*, Die sogenannte Organhaftung und die Gesellschaft bürgerlichen Rechts, in: FS Rödig 1978, S. 261; *Sellert*, Zur Anwendung der §§ 831, 31 BGB auf die Gesellschaft bürgerlichen Rechts, AcP 175 (1975), 77; *Ulmer*, Die höchstrichterlich „enträtselte" Gesellschaft bürgerlichen Rechts, ZIP 2001, 585; *ders.*, Die Lehre von der fehlerhaften Gesellschaft, in: FS Flume II 1978, S. 301; *ders.*, Unbeschränkte Gesellschafterhaftung in der Gesellschaft bürgerlichen Rechts, ZGR 2000, 339; *Ulmer/Steffek*, Grundbuchfähigkeit einer rechts- und parteifähigen GbR, NJW 2002, 330; *Waldner*, Anwendung des § 31 BGB auf die GbR – der vorletzte Schritt auf dem Weg zur oHG, NZG 2003, 620; *Westermann*, Haftung für fremdes Handeln, JuS 1961, 333, 382; *Wilhelm*, Rechtsform und Haftung bei der juristischen Person, 1981.

A. Allgemeines

1 § 31 soll verhindern, dass sich juristische Personen außerhalb vertraglicher Verhältnisse immer auf die Entlastungsmöglichkeit des § 831 berufen können. Der juristischen Person sind die Handlungen ihrer Organe als ihre eigenen Handlungen zuzurechnen, unabhängig von der Einordnung der Handelnden als Organ nach der Organtheorie oder als Vertreter nach der Vertretungstheorie (vgl Vor § 21 Rn 6, § 26 Rn 1). § 31 ist keine haftungsbegründende, sondern eine **haftungszuweisende Norm**.[1] Die Motive zum BGB begründen die Haftung des Vereins für seine Vertreter nach § 31 damit, „daß wenn eine Körperschaft durch die Vertretung die Möglichkeit gewinnt, im Rechtsverkehr handelnd aufzutreten, ihr auch angesonnen werden müsse, die Nachteile zu tragen, welche die künstlich gewährte Vertretung mit sich bringe, ohne daß sie in der Lage sei, Dritte auf den häufig unergiebigen Weg der Belangung des Vertreters zu verweisen"; daher sei die Körperschaft „für alle widerrechtlichen, zum Schadensersatz verpflichtenden Handlungen des Vertreters verantwortlich zu machen, sofern nur dieselben in Ausübung der Vertretungsmacht begangen sind".[2]

2 Die Satzung kann gem. § 40 die **Haftung nach § 31 nicht abbedingen**. In Vertragsverhältnissen kann sich der Verein im Rahmen des gesetzlich Zulässigen von der Haftung nach § 31 freizeichnen. Möglich ist also ein **vertraglicher Haftungsausschluss** für Fahrlässigkeit, nicht aber für Vorsatz, da die Haftung auf § 276 Abs. 3, nicht aber auf § 278 S. 2 beruht.[3] Für formularmäßige Haftungsbeschränkungen gelten die §§ 307, 309 Nr. 7 und 8[4] sowie ggf § 475.

3 § 31 hat einen **umfassenden Anwendungsbereich**. Unmittelbar bzw kraft ausdrücklicher Verweisung ist § 31 anwendbar auf den eingetragenen nicht wirtschaftlichen sowie den wirtschaftlichen und den ausländischen Verein, gem. §§ 86 S. 1 und 89 Abs. 1 auf rechtsfähige Stiftungen des Privatrechts sowie juristischen Personen des öffentlichen Rechts. Anwendbar ist § 31 auch bei Delikten ausländischer Gesellschaften im Inland.[5] Zudem gilt § 31 für alle juristischen Personen (einschließlich Vorverein, Vor-GmbH etc.), analog für OHG, KG, Partnerschaftsgesellschaft und Außen-GbR (vgl § 705 Rn 19 und § 714 Rn 11), den nicht rechtsfähigen Verein (vgl § 54 Rn 16) sowie (str.) für Sondervermögen unter Sonderverwaltung (wie Nachlass unter Testamentsvollstreckung und Insolvenzmasse hinsichtlich Handlungen des Insolvenzverwalters), nicht aber für die Erbengemeinschaft (str.), Eigentümergemeinschaft nach dem WEG sowie (str.) einzelkaufmännische Unternehmen.[6]

B. Regelungsgehalt

I. Vorstand und anderer „verfassungsmäßig berufener Vertreter"

4 Der Verein ist verantwortlich für den Schaden, den „der Vorstand, ein Mitglied des Vorstands oder ein anderer verfassungsmäßig berufener Vertreter" dem Dritten zufügt. Zum „**Vorstand**" und seinen Mitgliedern gehört neben dem Vertretungsorgan Vorstand gem. § 26 auch ein ggf in seiner Vertretungsmacht beschränkter „Gesamtvorstand" (vgl § 26 Rn 2); auch Notvorstand bzw Notvorstands-Mitglied (§ 29) und besonderer Ver-

1 BGHZ 99, 298, 302 = NJW 1987, 1193, 1194; Palandt/*Ellenberger*, § 31 Rn 2; Erman/*Westermann*, § 31 Rn 1.
2 Motive I, S. 103 = *Mugdan* I, S. 409.
3 RGZ 157, 232; BGHZ 13, 198, 203 = NJW 1954; BGH NJW 1973, 456; 1193; Bamberger/Roth/*Schwarz*, § 32 Rn 25; Palandt/*Ellenberger*, § 31 Rn 4; Erman/*Westermann*, § 31 Rn 2.
4 Vgl auch Staudinger/*Weick*, § 31 Rn 50.
5 OLG Köln NJW-RR 1998, 756.
6 Vgl, jeweils mit zahlr. Nachw. aus Rspr und Lit., Palandt/*Ellenberger*, § 31 Rn 3; Erman/*Westermann*, § 31 Rn 1; Bamberger/Roth/*Schwarz*, § 31 Rn 2 f; MüKo/*Reuter*, § 31 Rn 11 ff; Staudinger/*Weick*, § 31 Rn 42 ff; Jauernig/*Jauernig*, § 31 Rn 2.

treter sind Vorstand iSd Vorschrift.[7] Auf andere Organe, wie die Mitgliederversammlung, den Aufsichtsrat oder einen Disziplinarausschuss, ist nach hM der Begriff „Vorstand" (analog) anzuwenden.[8] Bei Gesamtvertretung des Vorstands genügt das Verschulden eines Vertreters.[9]

Was „**ein anderer verfassungsmäßig berufener Vertreter**" ist, beantwortet die ständige Rechtsprechung und ganz herrschende Lehre nicht nur mit Blick auf § 30, sondern legt § 31 sehr weit und mit Analogieschlüssen aus und erstreckt die Vorschrift analog auf andere Körperschaften. Der Vertreter braucht weder Vertretungsmacht zu besitzen, noch braucht seine Bestellung eine satzungsmäßige Grundlage zu haben. Der Verein soll nämlich nicht entscheiden können, für wen er gem. § 31, dh ohne Entlastungsmöglichkeit nach § 831 Abs. 1 S. 2, haften soll. Eine Leitentscheidung des BGH zu dieser Frage stammt aus den 1960er Jahren. Dort heißt es: „Verfassungsmäßig berufene Vertreter im Sinne des § 31 BGB sind nicht nur Personen, deren Tätigkeit in der Satzung der juristischen Person vorgesehen ist; auch brauchen sie nicht mit rechtsgeschäftlicher Vertretungsmacht ausgestattet zu sein. Es braucht sich auch nicht um einen Aufgabenbereich innerhalb der geschäftsführenden Verwaltungstätigkeit der juristischen Person zu handeln. Vielmehr genügt es, daß dem Vertreter durch die allgemeine Betriebsregelung und Handhabung **bedeutsame, wesensmäßige Funktionen der juristischen Person zur selbständigen, eigenverantwortlichen Erfüllung zugewiesen** sind, daß er also die juristische Person auf diese Weise repräsentiert".[10] Weisungsgebundenheit des Vertreters im Innenverhältnis ist unschädlich; es genügt das selbständige Auftreten des Vertreters nach außen.[11] 5

Beispiele anerkannter Vertreter: Filialleiter einer AG (Bank); Leiter einer Zweigwerft einer AG; technischer Betriebsleiter einer von einer AG betriebenen Fabrik; Leiter einer Warenhausfiliale einer GmbH; Filialleiter einer Kreditauskunftei; Vorsteher einer Weidgenossenschaft; weitgehend selbständiger und eigenverantwortlicher Leiter des innerbetrieblichen Transportwesens einer größeren KG; Grubenvorstand einer bergrechtlichen Gewerkschaft; Hauswirtschaftsleiter eines Altenheims; örtlicher Streikleiter einer Gewerkschaft; Chefarzt eines Krankenhauses; als Vertreter des Chefarztes eingesetzter Oberarzt; Filialleiter einer Bank oder Sparkasse; der Vorsitzende eines selbständigen Bezirksverbandes; der Leiter der Rechtsabteilung eines Presseverlages; Betriebsdirektor einer Kleinbahn; Filialleiter eines Selbstbedienungsladens oder eines Warenhauses; Sachbearbeiter, dem wichtige Angelegenheiten zur eigenverantwortlichen Erledigung übertragen sind; selbständiger Handelsvertreter im Außendienst, dem übergeordnete Aufgaben übertragen sind; Mitarbeiter der Presse, der über Veröffentlichungen zu entscheiden haben, die die Rechte Dritter verletzen können, auch bei Anzeigengeschäft; Prokurist, dem die selbständige Durchführung einer Baumaßnahme übertragen ist.[12] 6

Die Rechtsprechung ist bei der weiten Auslegung des Begriffs des „verfassungsmäßig berufenen Vertreters" nicht stehen geblieben. Sie wendet § 31 entsprechend an auf das schädigende Verhalten **anderer Vereinsorgane wie Mitgliederversammlung, Aufsichtsrat oder Disziplinarausschuss** – nicht aber auf Vereinsschiedsgericht und Vereinsschiedsrichter.[13] (vgl Rn 4) Der Personenkreis, für den zu haften ist, ist immer mehr von dem Begriff des verfassungsmäßig berufenen Vertreters gelöst und zu einer **Repräsentantenhaftung** entwickelt worden: Wer die juristische Person nach äußerem Eindruck eigenverantwortlich repräsentiert[14] (vgl Rn 5), für den muss der Verein haften; der Verein soll die Verantwortung für die selbständige Wahrnehmung seiner Aufgaben durch die dazu in Verfolgung des satzungsmäßigen Zwecks ordnungsgemäß eingesetzte Person tragen.[15] 7

II. Wofür haftet der Verein?

Grundsätzliche Haftungsvoraussetzung ist, dass der „Vertreter" (vgl Rn 4 ff) eine „zum Schadensersatz verpflichtende Handlung" begangen hat. Der **Rechtsgrund der Schadensersatzpflicht ist unbeachtlich**; § 31 ist einschlägig bei Verletzung von (vor-)vertraglichen Pflichten (§§ 280 ff, 311), schuldlosen zum Schadensersatz verpflichtenden Handlungen (§§ 228, 231, 904), unerlaubten Handlungen (§§ 823 ff) und Gefährdungshaftung (zB § 7 StVG). In Betracht kommen also alle Rechtsgründe, aus denen eine Schadensersatzpflicht 8

7 Palandt/*Ellenberger*, § 31 Rn 5.
8 Palandt/*Ellenberger*, § 31 Rn 5; Soergel/*Hadding*, § 31 Rn 11.
9 BGHZ 98, 148 = DB 1986, 2275 = NJW 1986, 2941.
10 BGHZ 49, 19, 21 = NJW 1968, 391; ähnlich BGH VersR 1962, 664; BAG NJW 1997, 3261; BGH NJW 1977, 2259; vgl auch RGZ 91, 1, 3; RGZ 163, 21, 30; BGH NJW 1972, 334; 1998, 1854, 1856.
11 BGH NJW 1977, 2260; KG DB 1996, 2381.
12 Beispiele nach Staudinger/*Weick*, § 31 Rn 51 ff; Bamberger/Roth/*Schwarz*, § 31 Rn 8; MüKo/*Reuter*, § 31 Rn 19 ff; Palandt/*Ellenberger*, § 31 Rn 9, dort jeweils mwN.
13 Bamberger/Roth/*Schwarz*, § 31 Rn 9; Staudinger/*Weick*, § 31 Rn 38; Palandt/*Ellenberger*, § 31 Rn 5; Soergel/*Hadding*, § 31 Rn 11; offen gelassen in BGHZ 36, 296 = NJW 1962, 864; zu Recht krit., soweit die Organe nicht nach außen auftreten, MüKo/*Reuter*, § 31 Rn 23.
14 BGHZ 49, 19, 21 = NJW 1968, 391.
15 Erman/*Westermann*, § 31 Rn 1, der sich dabei stützt auf BGH NJW 1977, 2259; 1984, 922 und OLG Nürnberg WM 1988, 120; vgl zum Gedanken der Repräsentantenhaftung auch *Martinek*, Repräsentantenhaftung, S. 196 ff; MüKo/*Reuter*, § 31 Rn 3 ff.

erwachsen kann. Gehaftet wird nicht nur für aktives Tun, sondern auch für Unterlassen, wenn eine Rechtspflicht zum Handeln besteht (zB Verkehrssicherungspflicht oder Aufsichtspflicht).[16] Einen Fall des Verstoßes gegen **Verkehrssicherungspflichten** behandelt zB der BGH-Fall eines Sportvereins, der einem verletzten Kind haftet, wenn der Vorstandsvorsitzende den Sportplatz mähen lässt und damit jemanden betraut, der den eingesetzten Rasenmäher nicht bedienen darf.[17]

9 Darüber hinaus hat die Rechtsprechung die Haftung durch eine Pflicht des Vereins erweitert, für **Organisationsmängel** einzustehen. Die juristische Person müsse sich so organisieren, dass für alle wichtigen Aufgabengebiete ein verfassungsmäßiger Vertreter zuständig ist, der die wesentlichen Entscheidungen selbst trifft; entspricht die Organisation diesen Anforderungen nicht, müsse sich die juristische Person so behandeln lassen, als wäre der tatsächlich eingesetzte Verrichtungsgehilfe ein verfassungsmäßiger Vertreter.[18] Die Literatur kommt zwar zu ähnlichen Ergebnissen, votiert aber für eine analoge Anwendung des § 31.[19]

III. „In Ausführung der ihm zustehenden Verrichtungen"

10 Die schadensverursachende Handlung nimmt der „Vertreter" (vgl Rn 4 ff) in Ausführung der ihm zustehenden Verrichtungen nur vor, wenn ein innerer **sachlicher, nicht nur rein zufälliger und örtlicher Zusammenhang** zwischen seinem Aufgabenkreis (seiner amtlichen Eigenschaft)[20] und der schädigenden Handlung besteht.[21] Kein maßgebendes Kriterium ist, ob das Organ seine Vertretungsmacht überschritten hat. Fälle des Überschreitens der Vertretungsmacht sind gerade Standardfälle der Haftung nach § 31; der Vertreter handelt erst außerhalb der ihm zustehenden Verrichtungen, wenn er für einen Außenstehenden erkennbar außerhalb des Rahmens der ihm übertragenen Aufgaben handelt.[22]

11 Handelt **ein „Vertreter" für mehrere Vereine** oder sonstige Haftungsträger, haftet derjenige Haftungsträger, für den der „Vertreter" nach einer objektiven Sicht eines Außenstehenden gehandelt hat.[23] Über die Zuordnung wird man oft streiten können: Nach dem BGH soll zB eine juristische Person JP1, die ihr Vorstandsmitglied V in den Aufsichtsrat einer juristischen Person JP2 entsendet, nicht für das Verhalten von V nach § 31 haften, obwohl V im Aufsichtsrat dafür sorgt, die Interessen der JP1 zu bevorzugen und die JP2 zu schädigen; eine solche Haftung für eine „pflichtmäßige Wahrnehmung" des Amtes im Aufsichtsrat sei unvereinbar mit der unabhängigen und eigenverantwortlichen Rechtsstellung eines Aufsichtsratsmitglieds.[24] Diese Sichtweise des BGH übersieht, dass V aufgrund der Entsendung durch JP1 in den Aufsichtsrat der JP2 erkennbar in Erfüllung seiner „Verrichtungen" gegenüber JP1 handelt; JP1 muss daher uE für das Fehlverhalten des V einstehen.

12 Weitere **Beispiele** zur Ausführung der dem Vertreter „zustehenden Verrichtungen": Ein Bankfilialleiter nimmt unter Ausnutzung seiner Stellung betrügerische Handlungen zum Nachteil eines Kunden vor;[25] ein Bankfilialleiter verleitet einen Kunden durch Täuschung zur Darlehensgewährung an einen anderen Kunden, um dessen Schuldsaldo bei der Bank zu verringern;[26] ein Bürgermeister erschwindelt unter Vorlage gefälschter städtischer Unterlagen einen Kredit und verbraucht ihn für sich selbst;[27] ein Gesamtvertreter tritt als alleinvertretungsberechtigt auf und begeht unerlaubte Handlungen;[28] ein Gesamtvertreter täuscht die Verbindlichkeit einer allein von ihm abgegebenen Willenserklärung vor;[29] der Vorsitzende einer Taxivereinigung e.V. begeht Untreue in Zusammenhang mit der Übertragung einer Taxikonzession,[30] ein AG-Vorstandsmitglied verbreitet (bewusst) kursrelevante ad hoc-Meldungen.[31]

16 MüKo/*Reuter*, § 31 Rn 29; Soergel/*Hadding*, § 31 Rn 14; Staudinger/*Weick*, § 31 Rn 4 ff; Bamberger/Roth/*Schwarz*, § 31 Rn 10 f.
17 BGH BB 1991, 1453 = NJW-RR 1991, 668; vgl auch BGH NJW-RR 1991, 281 zu Pflichten des Luftsportvereins gegenüber seinen Mitgliedern.
18 Zusammenfassung der Rspr bei Palandt/*Ellenberger*, § 31 Rn 7; vgl aus der Rspr BGHZ 24, 200, 213 = NJW 1957, 315; BGH NJW 1980, 2810; RGZ 157, 235; BGHZ 13, 198, 203; 39, 124, 129 f = DB 1963, 478 = NJW 1963, 902.
19 *Larenz*, BGB AT, 7. Aufl. 1989, S. 164 ff; *Larenz/Wolf*, BGB AT, § 10 Rn 92; Soergel/*Hadding*, 31 Rn 18; MüKo/*Reuter*, § 31 Rn 7 f; *Hassold*, JuS 1982, 583.
20 BGH NJW 1980, 115 = WM 1979, 1184.
21 BGHZ 49, 19, 23 = NJW 1968, 391; BGHZ 98, 148 = DB 1986, 2275 = NJW 1986, 2941; BGH NJW 1972, 335; 1977, 2259, 2260; 1980, 115, 116; vgl schon RGZ 94, 318, 320; 104, 286, 288; 117, 61, 65.
22 BGHZ 98, 148 = DB 1986, 2275 = NJW 1986, 2941; BGHZ 99, 298 = NJW 1987, 1193; BGH NJW 1980, 115; vgl *Fleischer*, NJW 2006, 3239.
23 OLG Frankfurt OLGZ 1985, 112 = WRP 1985, 33; Palandt/*Ellenberger*, § 31 Rn 10.
24 BGHZ 90, 381, 398 = DB 1984, 1188 = NJW 1984, 1893.
25 BGH NJW 1977, 2259 = WM 1977, 994.
26 BGH NJW-RR 1990, 484.
27 BGH NJW 1980, 115.
28 BGH NJW 1952, 537, 538.
29 BGHZ 98, 148 = DB 1986, 2275 = NJW 1986, 2941.
30 OLG Frankfurt zfs 2002, 272.
31 BGH NJW 2005, 2450 = NZG 2005, 672; BGH NJW 2008, 76 = ZIP 2007, 1560.

IV. Wer ist „Dritter"?

Dritter kann jede außerhalb des Vereins stehende Person oder Personengemeinschaft sowie jedes Vereinsmitglied oder Mitglied eines Vereinsorgans sein, nicht hingegen ein Vereinsorgan als solches. Vereinsmitglieder können den Verein nach § 31 zB haftbar machen, wenn der Verein durch seine Vertreter gegenüber dem Mitglied eine sich aus Satzung oder Mitgliedschaftsverhältnis ergebende Pflicht schuldhaft verletzt hat.[32] Schadensersatzansprüche können den Vereinsmitgliedern gegen den Verein auch nach § 823 Abs. 1, § 826 iVm § 31 zustehen, wenn der Verein einem Mitglied gegenüber schuldhaft eine sich aus der Satzung oder dem Mitgliedschaftsverhältnis ergebende Pflicht verletzt.[33] 13

V. Gesamtschuld von Verein und Vertreter

Der „Vertreter" (vgl Rn 4 ff) kann regelmäßig persönlich in die Verantwortung genommen werden und haftet dann neben dem Verein als Gesamtschuldner (§ 840) mit wechselseitigen Ausgleichspflichten nach § 426.[34] Regelmäßig wird der „Vertreter" analog § 840 Abs. 2 allein einzustehen haben.[35] Seit der Novelle des § 31 a ist klargestellt, dass dies nicht gilt, wenn das Vorstandsmitglied ehrenamtlich bzw gering vergütet tätig ist (vgl § 31 a Rn 28).[36] Hat der Verein das Risiko versichert, kann er verpflichtet sein, zunächst den Versicherer in Anspruch zu nehmen und in Höhe der Versicherungsleistung das Organmitglied freizustellen.[37] Nach dem BGH soll nach den Regeln über den gestörten Gesamtschuldnerausgleich die Organisation ebenfalls nicht haften;[38] die Sicht des BGH scheint jedenfalls in Hinblick auf § 31 a nicht übertragbar, da sonst dem Geschädigten überhaupt kein Haftungsschuldner zur Verfügung stände. Man wird daher nach dem Schutzzweck der begünstigenden Norm zu entscheiden haben, ob diese auch dem Verein zugute kommen soll. 14

VI. Darlegungs- und Beweislast

Der geschädigte Dritte muss grundsätzlich darlegen und beweisen, dass er durch den „Vertreter", den er ggf nicht namentlich benennen muss, geschädigt worden ist.[39] Nimmt der Verein ein Organmitglied in Anspruch, muss er dessen objektive Pflichtverletzung und den Schaden darlegen und beweisen. Das Organmitglied muss demgegenüber darlegen und beweisen, dass ihn kein Verschulden trifft oder dass der Schaden auch bei pflichtgemäßem Alternativverhalten eingetreten wäre (vgl § 93 Abs. 2 AktG). 15

§ 31 a Haftung von Vorstandsmitgliedern

(1) [1]Ein Vorstand, der unentgeltlich tätig ist oder für seine Tätigkeit eine Vergütung erhält, die 500 Euro jährlich nicht übersteigt, haftet dem Verein für einen in Wahrnehmung seiner Vorstandspflichten verursachten Schaden nur bei Vorliegen von Vorsatz oder grober Fahrlässigkeit. [2]Satz 1 gilt auch für die Haftung gegenüber den Mitgliedern des Vereins.

(2) [1]Ist ein Vorstand nach Absatz 1 Satz 1 einem anderen zum Ersatz eines in Wahrnehmung seiner Vorstandspflichten verursachten Schadens verpflichtet, so kann er von dem Verein die Befreiung von der Verbindlichkeit verlangen. [2]Satz 1 gilt nicht, wenn der Schaden vorsätzlich oder grob fahrlässig verursacht wurde.

Literatur: *Arnold*, Die Organhaftung in Verein und Stiftung unter besonderer Berücksichtigung des neuen § 31 a BGB, in Hüttemann/Rawert/Schmidt/Weitemeyer (Hrsg.), Non Profit Law Yearbook 2009, 2010, S. 89; *Augsten/Walter*, Zur Neuregelung der Haftung von Mitgliedern von Vereins- und Stiftungsvorständen, DStZ 2010, 148; *Bruschke*, Die Haftung des Vorstandes im Idealverein, ZSteu 2010, 285; *Burgard*, Das Gesetz zur Begrenzung der Haftung von ehrenamtlich tätigen Vereinsvorständen, ZIP 2010, 358; *Burgard*, Ist § 31 a BGB im Stiftungsrecht zwingend oder dispositiv?, FS Reuter, 2010,

32 BGHZ 90, 92, 95 = DB 1984, 1138 = NJW 1984, 1884; BGHZ 110, 323 = NJW 1990, 2877, 2878; BGH NJW-RR 2000, 758 = DStR 2000, 289; vgl auch OLG München NJW 1988, 1030; OLG Hamm NJW-RR 1993, 1179.

33 Vgl BGHZ 90, 92 = DB 1984, 1138 = NJW 1984, 1884; BGHZ 110, 323 = NJW 1990, 2877; vgl anschaulich SchlHOLG SchlHA 2002, 258; OLG Hamm SpuRt 2003, 166.

34 Vgl MüKo/*Reuter*, § 31 Rn 44 f; Bamberger/Roth/*Schwarz*, § 31 Rn 26; Staudinger/*Weick*, § 31 Rn 49; Palandt/*Ellenberger*, § 31 Rn 13; Erman/*Westermann*, § 31 Rn 9; *Hellgardt*, WM 2006, 1514; BGH NJW 1996, 1535 = ZIP 1996, 786; BGH NJW 2006, 830, 842 = BGHZ 166, 84

35 MüKo/*Reuter*, § 31 Rn 44; Soergel/*Hadding*, § 31 Rn 28; vgl RGJW 1924, 1155.

36 Vgl zu einem ähnlichen Haftungsprivileg des Repräsentanten § 106 SGB VII.

37 Palandt/*Ellenberger* § 31 Rn 13 unter Hinweis auf LG Bonn NJW-RR 1995, 1435, 1436.

38 BGH NJW 2003, 2984, 2986 =BGHZ 155, 205; krit. dazu Staudinger/*Weick*, § 31 Rn 11.

39 Bamberger/Roth/*Schwarz*, § 31 Rn 27; MüKo/*Reuter*, § 31 Rn 42.

S. 43; *Frings*, Neuregelung der Haftung für Vereins- und Stiftungsvorstände, NWB 2009, 3662; *Griep*, Haftung ehrenamtlicher Vereins- und Stiftungsvorstände, Sozialrecht aktuell 2010, 161; *Noack*, Haftungsmilderung für ehrenamtliche GmbH-Geschäftsführer?, GmbHR 2010, R 81; *Orth*, Entlastung ehrenamtlicher Vereinsvorstände durch 31 a BGB, SpuRt 2010, 2; *Reuter*, Zur Vereinsrechtsreform 2009, NZG 2009, 1368; *Roth*, Die Haftung im Ehrenamt gemäß § 31 a BGB, npoR 2010, 1; *Schöpflin*, Neuerungen im Vereinsrecht, Rpfleger 2010, 349; *Sobotta/von Cube*, Die Haftung des Vorstands für das Stiftungsvermögen, DB 2009, 2082; *Unger*, Neue Haftungsbegrenzungen für ehrenamtlich tätige Vereins- und Stiftungsvorstände, NJW 2009, 3269; *Wörle-Himmel/Endres*, Neue gesetzliche Regelungen im Vereinsrecht, DStR 2010, 759.

A. Allgemeines

I. Gesetzesgeschichte, Zweck, Inkrafttreten

1 **1. Gesetzesgeschichte.** § 31 a beruht auf dem Gesetz zur Begrenzung der Haftung von ehrenamtlich tätigen Vereinsvorständen (**Vereinsvorstandshaftungsbegrenzungsgesetz**).[1] Die Novelle geht zurück auf einen Gesetzesantrag der Länder Saarland und Baden-Württemberg im Bundesrat.[2] Der Bundesrat legte im Juli 2008 seinen Gesetzentwurf vor.[3] Darin war neben der (in veränderter Form) Gesetz gewordenen Begrenzung der internen Haftungsrisiken[4] vorgesehen, die Haftung für die Verletzung der Pflicht zur Abführung von Sozialversicherungsbeiträgen nach § 28 e SGB IV und die steuerrechtlichen Pflichten nach § 34 AO zu begrenzen (vgl § 27 Rn 21 ff). In das Gesetz haben diese **sozial- und steuerrechtlichen Haftungsbegrenzungen** keinen Einzug gefunden. Die Beschlussempfehlung/Bericht des Rechtsausschusses begründete dies damit, dass schon nach geltendem Recht „die Mitglieder eines Vereinsvorstandes für die Verletzung dieser Pflichten nur unter engen Voraussetzungen“ hafteten und eine weitere Beschränkung nicht erforderlich sei.[5] Schon vom Bundesrat nicht aufgegriffen wurden Forderungen der Gesetzesinitiative Saarland/Baden-Württemberg zur Abmilderung der **Insolvenzverschleppungshaftung**.[6]

2 Gegen die Gesetz gewordene Haftungsbegrenzung gab es **im Gesetzgebungsverfahren deutliche Kritik**: Die Bundesregierung[7] hielt die vom Bundesrat vorgeschlagene Haftungsbeschränkung „nicht für den geeigneten Weg, weil diese insbesondere zu Lasten der Vereine und der Vereinsmitglieder“ gehe.[8] Erhebliche Haftungsrisiken beständen zudem nicht nur für unentgeltlich tätige Vorstandsmitglieder von Vereinen, son-

1 Vom 28.9.2009, BGBl. I 2009, 3161.
2 BR-Drucks. 399/08 vom 2.6.2008; vgl zur vorherigen Gesetzesinitiative dieser Länder (BR-Drucks. 99/06); sehr kritisch *Heermann*, ZHR 170 (2006), 247, 279 ff; *Lepsius*, JZ 2006, 998, 999 ff. Der Bericht des BT-Rechtsausschusses nimmt zwar Bezug auf einen – angeblichen – Gesetzentwurf der Fraktionen CDU/CSU und SPD, BT-Drucks. 16/13537, S. 3; ein solcher Entwurf lässt sich allerdings nicht in den BT-Drucks. finden. Nach einer Mitteilung des Sekretariats des Rechtsausschusses gegenüber den Verf. wird in der BT-Drucks. „offenbar irrtümlich“ auf einen solchen Gesetzentwurf der Fraktionen der CDU/CSU und SPD verwiesen; auch eine Konsultation der einschlägigen Gesetzgebungsmaterialien habe bestätigt, dass es einen solchen Entwurf der damaligen Regierungskoalition nicht gab; es sei davon auszugehen, dass der Bundesratsentwurf gemeint sei.
3 BT-Drucks. 16/10120.
4 BT-Drucks. 16/10120: „(1) Ist der Vorstand ehrenamtlich und unentgeltlich tätig, so haftet er dem Verein für einen in Wahrnehmung seiner Vorstandspflichten verursachten Schaden nur bei Vorliegen von Vorsatz oder grober Fahrlässigkeit. Satz 1 gilt auch für die Haftung gegenüber den Mitgliedern des Vereins. (2) Ist der ehrenamtlich und unentgeltlich tätige Vorstand einem anderen zum Ersatz eines in Wahrnehmung seiner Vorstandspflichten verursachten Schadens verpflichtet, so kann er von dem Verein die Befreiung von der Verbindlichkeit verlangen. Satz 1 gilt nicht, wenn der Schaden vorsätzlich oder grob fahrlässig verursacht wurde.“
5 BT-Drucks. 16/13537, S. 4.
6 Vgl Art. 1 Nr. 4 des Gesetzentwurfs, BR-Drucks. 399/08; vgl zu den Gründen der Streichung BR-Rechtsausschuss, BR-Drucks. 399/1/08, S. 3 f.
7 Ähnlich *Burgard*, ZIP 2010, 358, Fn 40.
8 Stellungnahme der Bundesregierung, BT-Drucks. 16/10120, S. 10.

dern in vergleichbarer Weise auch bei der unentgeltlichen Ausübung anderer privater Ämter; die Bundesregierung nannte die Ämter des Vormunds, des Betreuers und des Pflegers; sie kritisierte, dass zur Entlastung der Vorstandsmitglieder Vereine und ihre Mitglieder ein höheres Schadensrisiko tragen müssten, obgleich sie das erweiterte Risiko „nicht in gleicher Weise beeinflussen (können) wie die Vorstandsmitglieder ihr Haftungsrisiko, da sie die Vorstandstätigkeit nicht ebenso steuern können wie die Vorstandsmitglieder"; die Verursachung erheblicher Schäden durch Vorstandsmitglieder könne aufgrund der Haftungsbegrenzung und den Freistellungsanspruchs zur Zahlungsunfähigkeit auch gesunder Vereine und zu erheblichen finanziellen Folgen für ein Vereinsmitglied führen, „das schuldloses Opfer einer Pflichtverletzung des Vorstandsmitglieds wurde"; die Bundesregierung sprach sich deshalb gegen die **Verlagerung der Haftungsrisiken vom Vorstand auf die Vereine und Vereinsmitglieder** aus und schlug vor, das Haftungsrisiko durch eine **angemessene Versicherung auf Kosten des Vereins** nach dem Vorbild von § 1835 Abs. 2 abzudecken, wozu die Vereine verpflichtet werden sollten.[9] Den Bundestag überzeugte die Kritik der Bundesregierung nicht, und er akzeptierte im Wesentlichen den Vorschlag des Bundesrats zur internen Haftungsbegrenzung nebst Freistellungsanspruch.[10]

2. Zweck. Erklärter Gesetzeszweck ist die **Förderung des ehrenamtlichen Engagements**. Die Übernahme von Leitungsfunktionen in Vereinen hält der Gesetzgeber für mit derart erheblichen Haftungsrisiken verbunden, „die für ehrenamtlich und unentgeltlich tätige Vorstandsmitglieder in bestimmten Bereichen nicht mehr zumutbar erscheinen und zu unbilligen Ergebnissen führen" könnten.[11] 3

Aufgrund der Regelung haften Vorstandsmitglieder, die für ihre Tätigkeit höchstens 500 EUR p.a. Vergütung erhalten, abweichend von der allgemeinen Regelung des § 27 für bei Wahrnehmung von Vorstandspflichten verursachten Schäden **im Innenverhältnis** gegenüber dem Verein und seinen Mitgliedern nur bei Vorsatz oder grober Fahrlässigkeit (Abs. 1). Im Außenverhältnis bleibt es demgegenüber bei dem Grundsatz, das der Vorstand auch bei leichtester Fahrlässigkeit (§ 276 Abs. 2) unbeschränkt persönlich haftet. Für solche Fälle gewährt das Gesetz nunmehr einen vereinsinternen Ausgleich: Wenn sich die Vorstandsmitglieder Dritten gegenüber ohne Vorsatz oder grobe Fahrlässigkeit in Wahrnehmung ihrer Vorstandspflichten schadensersatzpflichtig gemacht haben, haben sie einen **Freistellungsanspruch gegen den Verein** (Abs. 2). 4

Das Regelungsziel ist kritisiert worden (vgl schon die Kritik der Bundesregierung im Gesetzgebungsverfahren, Rn 2). Nach *Reuter* lasse sich die rechtspolitische Weisheit des § 31 a bezweifeln: „Niemand ist gezwungen, Vereinsvorstand zu werden." Zwar sei die Förderung ehrenamtlicher Tätigkeit „eine löbliche Absicht"; aber dabei sei unten anzusetzen, dh bei den ehrenamtlichen Mitarbeitern, die sich ohne Belohnung durch ein besonderes Sozialprestige engagieren; es „fehlt nicht an Häuptlingen, sondern an Indianern", der Vorstand habe eine treuhänderische Position, die in der Zivilrechtsordnung sonst unabhängig von ihrer Entgeltlichkeit mit der Haftung für Vorsatz und Fahrlässigkeit verbunden sei; soweit § 31 a über § 86 anzuwenden sei, laufe er einem der Hauptanliegen des Stiftungsrechts, dem Schutz „des ‚eigentümerlosen' Stiftungsvermögens vor fehlerhafter Verwaltung durch den Vorstand, diametral zuwider."[12] 5

Solche Kritik ist uE überzogen. Es geht nämlich darum, die Interessen derjenigen Personen, die ein Ehrenamt übernehmen, mit den Interessen des Vereins und seiner Mitglieder in ein ausgewogenes Verhältnis zu bringen. Auch sonst ist die Organhaftung nicht unbeschränkt (vgl zB die Business Judgement Rule bei § 93 AktG). Und auch sonst im Zivilrecht ist die Haftung bei unentgeltlich Tätigen häufig privilegiert (vgl §§ 521, 529, 690, 708, 1359, 1664, 2131).[13] Wenn sich der Verein entscheidet, ein Vorstandsmitglied mit einer Vergütung von weniger als 500 EUR einzusetzen, kann er von diesem Vorstandsmitglied auch nur eine begrenzte Haftung bei fahrlässigen Fehlern erwarten. *Reuters* Grundsatz, dass niemand ein Vorstandsamt übernehmen muss, ist ein falscher Ansatzpunkt in der Bewertung: Es geht darum, unentgeltliche Tätigkeit im **Ehrenamt im Verhältnis zur Haftung in ein vernünftiges Maß** – in praktische Konkordanz – zu bringen. Erwartet der Verein ein Mehr an Haftung vom Vorstandsmitglied, dann muss er ihn auch angemessen zum Haftungsrisiko vergüten oder aber entsprechend der Empfehlung der Bundesregierung (vgl Rn 2) für angemessene Versicherungen sorgen. Nicht einschlägig ist auch *Reuters* Erwägung, dass die „Indianer" haftungsmäßig besser gestellt werden müssen. Denn insoweit gibt es bereits die etablierte Rechtsprechung, die ehrenamtlich tätigen einfachen Vereinsmitgliedern eine erhebliche Haftungsbegrenzung gibt (vgl § 27 Rn 20). 6

9 Stellungnahme der Bundesregierung, BT-Drucks. 16/10120, S. 10.

10 Beschlussempfehlung und Bericht des Rechtsausschusses, BT-Drucks. 16/13537.

11 Beschlussempfehlung und Bericht des Rechtsausschusses, BT-Drucks. 16/13537, S. 1.

12 *Reuter*, NZG 2009, 1368, 1369; vgl auch *Burgard*, ZIP 2010, 58, 362 f.

13 Hierauf weist Bamberger/Roth/*Schöpflin*, § 31 a Rn 1 zutreffend hin.

7 Der BGH leitet aus § 31 a eine über diesen hinausgehende „eindeutige Sprache (des Gesetzgebers) **gegen eine Ausdehnung der Haftung** von Vereinsvorständen“ ab.[14]

8 **3. Inkrafttreten.** Das Vereinsvorstandshaftungsbegrenzungsgesetz trat am 3.10.2009 in Kraft.[15] Entscheidender Anknüpfungspunkt ist grundsätzlich der Haftungsfall als solcher,[16] so dass Vorstandsmitglieder für in der Vergangenheit liegende Haftungsfälle keinen Befreiungsanspruch nach Abs. 2 haben. Allerdings darf man bei der Beurteilung des zeitlichen Anwendungsbereichs von § 31 a nicht dabei stehen bleiben, auf die ausdrückliche Regelung zum Inkrafttreten in Art. 2 zu verweisen: Der Gesetzgeber weist in der Begründung zu § 31 a Abs. 2 nämlich ausdrücklich darauf hin, dass es bislang streitig gewesen sei, ob ehrenamtlich tätige Vorstandsmitglieder einer Haftungsmilderung analog zu den Grundsätzen zur Arbeitnehmerhaftung unterliegen (vgl § 27 Rn 20). In der Begründung des Bundesrats heißt es: „Im Hinblick auf die derzeit nicht gelöste und in der Literatur umstrittene Frage, ob im Zusammenhang mit der Haftung ehrenamtlicher Vorstände die arbeitsrechtlichen Grundsätze über den innerbetrieblichen Schadensausgleich entsprechend herangezogen werden können, sieht der Gesetzgeber eine Klarstellung vor.[17]“ Daher sieht es der Gesetzgeber nicht als eine Änderung des Rechts an, dass die ehrenamtlich tätigen Vorstandsmitglieder nur ab Überschreiten der Schwelle zur groben Fahrlässigkeit persönlich haften; ihm ging es vielmehr nur um eine „Klarstellung“ der bestehenden Rechtslage – so wie diese in diesem Kommentar seit der ersten Auflage vertreten wurde (vgl 1. Aufl., § 27 Rn 27). UE bestätigt § 31 a Abs. 2 daher nur, was schon zuvor galt: dass ehrenamtlich tätige Vorstandsmitglieder den internen Freistellungsanspruch haben.

9 **4. Zwingendes Recht in den Grenzen von § 40.** § 31 a ist gem. § 40 S. 1 mit der Ausnahme von Abs. 1 S. 2 zwingend.[18] UE ist aus § 40 zu schließen, dass die Vereinssatzung im Verhältnis zum Mitglied keinen Haftungsausschluss bei grober Fahrlässigkeit enthalten darf.[19] Der zwingende Charakter gilt aber nicht für die Stiftung, auf die 31 a grundsätzlich anwendbar ist (vgl Rn 10), da § 86 S. 1 nicht auf § 40 verweist.[20]

II. Anwendungsbereich

10 § 31 a ist ausdrücklich anwendbar auf den **rechtsfähigen Verein** und iVm § 86 auf die **rechtsfähige Stiftung**. Darüber hinaus ist er uE anwendbar auf den **nicht eingetragenen, nicht wirtschaftlichen Verein**, ungeachtet des Verweises von § 54 S. 1, der nicht auf das Vereins-, sondern das GbR-Recht weist.[21] Voraussetzung für die Anwendung ist nicht die **Gemeinnützigkeit** oder sonst der Vereinszweck;[22] angesichts der ausdrücklichen Regelungsabsicht scheidet eine teleologische Reduktion im Hinblick auf wirtschaftliche Vereine aus. Gleiches gilt für den Zweck von Stiftungen, so dass Stiftungsvorstände unabhängig von Gemein- oder Privatnützigkeit des Stiftungszwecks in den Vorzug der beschränkten Haftung kommen können.[23]

11 Da § 31 a ein Sonderrecht für den Verein und die Stiftung enthält, kommt seine Anwendung auf **sonstige Rechtsformen** wie zB die gemeinnützige GmbH nicht in Betracht.[24] Nicht anzuwenden ist § 31 a auch auf die unselbständige Stiftung;[25] die ganz hM lehnt ohnehin die analoge Anwendung der §§ 80 ff auf diese ab (vgl auch § 80 Rn 119). Vgl zur Frage der Anwendung auf nichtvertretungsberechtigte Vorstandsmitglieder Rn 14 und sonst auf unentgeltlich mitwirkende Vereinsmitglieder § 27 Rn 20.

14 BGH ZIP 2010, 1080 = NZG 2010, 711 = NJW-RR 2010, 978; der BGH verweist auf *Klasen*, BB 2009, 690; *Hangebrauck*, EWiR 2009, 699; vgl zu der Entscheidung *Roth*, EWiR 2010, 555 und *Reuter*, NZG 2010, 808.

15 Art. 2, BGBl. I 2009, 3361.

16 Palandt/*Ellenberger*, Rn 1, S. 13.

17 Bundesrat, BT-Drucks. 16/10120, S. 7; das übersieht *Burgard*, ZIP 2010, 358, 362.

18 Wie hier *Arnold*, Non Profit Law Yearbook 2009/2010, S. 107. Der Gesetzesentwurf des Bundesrats weist zur Begründung darauf hin, dass eine Abweichung von Abs. 1 S. 2 „im Einzelfall zum Schutz der Vereinsmitglieder erforderlich sein“ könne, BT-Drucks. 16/10120, S. 7. Massive Kritik am zwingendem Charakter von *Burgard*, ZIP 2010, 358, 364.

19 So auch *Roth*, npoR 2010, 5 und *Wörle-Himmel/Endres*, DStR 2010, 759, 761; aA *Otto*, in: juris PK-BGB, Rn 5 und *Unger*, NJW 2009, 3269.

20 Ebenso *Burgard*, ZIP 2010, 358, 364; aA *Arnold*, Non Profit Law Yearbook 2009/2010, S. 107 f.

21 Wie hier *Reuter*, NZG 2009, 1368, 1369; *Wörle-Himmel/Endres*, DStR 2010, 759, 760; Bamberger/Roth/*Schöpflin*, § 31 Rn 2; *Arnold*, Non Profit Law Yearbook 2009/2010, S. 105; *Roth*, npoR 2010, 2.

22 So ausdrücklich der Gesetzesentwurf des Bundesrats, BT-Drucks. 16/10120, S. 7 („Die vorgeschlagene Haftungsbegrenzung gegenüber dem Verein greift unabhängig von dem durch den Verein verfolgten Zweck ein, also auch dann, wenn dieser keine gemeinnützigen oder mildtätigen Zwecke verfolgt.“; ebenso *Reuter*, NZG 2009, 1368, 1369.

23 *Reuter*, NZG 2009, 1368, 1370.

24 *Reuter*, NZG 2009, 1368, 1370; *Noack*, GmbHR 2010, R 81; *Wörle-Himmel/Endres*, DStR 2010, 759, 760; Bamberger/Roth/*Schöpflin*, § 31 a Rn 3; *Arnold*, Non Profit Law Yearbook 2009/2010, S. 105; *Roth*, npoR 2010, 2.

25 Staudinger/*Rawert*, Vor § 80 Rn 167; *Reuter*, NZG 2009, 1368, 1370; *Arnold*, Non Profit Law Yearbook 2009/2010, S. 105 f; *Roth*, npoR 2010, 2; Bamberger/Roth/*Schöpflin*, § 31 a Rn 3; jedenfalls de lege ferenda für Einbeziehung *Sobotta/Cube*, DB 2009, 2082 f.

B. Regelungsgehalt

I. Begrenzung der Innenhaftung gegenüber Verein und Mitgliedern (Abs. 1)

1. Begünstigter Personenkreis. a) Vorstand. Gem. Abs. 1 S. 1 haftet „ein Vorstand" nur beschränkt. UE ist der Begriff Vorstand **weit auszulegen auf alle in die Vereinsleitung einbezogenen** Organmitglieder: Den Gesetzesmotiven (vgl Rn 1 f) ist nichts Ausdrückliches dazu zu entnehmen, wie der Gesetzgeber den Begriff „Vorstand" verstanden wissen will. Gem. § 26 ist Vorstand nur der gesetzliche Vertreter des Vereins. Darüber hinaus gibt es insb. in größeren Vereinen und in vielen Stiftungen weitere Organe (**Gesamtvorstand, Kuratorien, Aufsichtsratsmitglieder, Verwaltungsräte, Besondere Vertreter**), die graduell abgestuft an der Leitung des Vereins mitwirken (vgl § 26 Rn 2). UE muss man alle Mitglieder dieser Organe (ggf analog) nach § 31 a behandeln. Aus der Gesetzesbegründung ergibt sich der Regelungszweck des § 31 a, das Ehrenamt zu fördern und Personen, die sich in den Leitungsgremien von Vereinen engagieren, von vom Gesetzgeber als unzumutbar befundenen Haftungsrisiken zu befreien; derjenige, der sich stärker als andere im Verein engagiert, soll „nicht unverhältnismäßigen Haftungsrisiken ausgesetzt" werden.[26] Sowohl der Gesetzentwurf des Bundesrates als auch die Beschussempfehlung und der Bericht des Rechtsausschusses des Bundestages heben darauf ab, dass mit dem Gesetz den nicht zumutbar erscheinenden Haftungsrisiken bei der Übernahme von „Leitungsfunktionen" begegnet werden soll.[27] Daraus folgt ohne Weiteres, dass der Gesetzgeber generell – nicht aber auf die gesetzlichen Vertreter nach § 26 beschränkt – die Haftung bei der Übernahme von Leitungsfunktionen privilegieren wollte. Zudem betrifft das vom Gesetzgeber als maßgebend erachtete stärkere Engagement nicht nur die Mitglieder des Vorstands im engen Sinne des gesetzlichen Vertretungsorgans nach § 26, sondern alle in die Leitung eingebundenen Organmitglieder. 12

Daher ist uE § 31 a teleologisch extensiv auszulegen und (zumindest analog) auf sämtliche Personen mit Leitungsfunktionen im Verein, dh auf alle Mitglieder der Vereins- (und Stiftungs-)Organe, anzuwenden.[28] Maßgebend für die Gleichbehandlung ist uE, dass keine Gründe dafür ersichtlich sind, im Hinblick auf die Innenhaftung gesetzliche Vertreter des Vereins nach § 26 anders – und das heißt: besser – zu behandeln als sonstige in die Vereinsleitung einbezogene Personen, die nicht vertretungsberechtigt sind. Dem Gesetzgeber ist sich ausweislich der Gesetzesmaterialien offenbar nicht bewusst, dass er nur einen Ausschnitt der Personen begünstigte, die in die Vereinsleitung einbezogen sind, weshalb eine planwidrige Regelungslücke offensichtlich ist. Hinzu kommt, dass auch nach § 31 anerkannt ist, dass zum „Vorstand" und seinen Mitgliedern neben dem Vertretungsorgan Vorstand gem. § 26 auch die Mitglieder des Gesamtvorstands gehören. (Vgl § 31 Rn 4) 13

Nicht einschlägig ist uE das Argument von *Reuter*, dass eine restriktive Auslegung geboten sei, da die Novelle das Haftungsrisiko von den Organmitgliedern auf den Verein verlagere, was (wie schon von der Bundesregierung im Gesetzgebungsverfahren herausgearbeitet, vgl Rn 2) systemwidrig sei.[29] Denn der Gesetzgeber ist diesen grundlegenden Bedenken gegen die Novelle nicht gefolgt. Diese muss daher nach ihrem Sinn und Zweck so ausgelegt werden, wie es nach dem Wortlaut (noch) zulässig und den Regelungsmotiven geboten ist. Der Gesetzgeber wollte mit den Begriffen „Vorstand" bzw „Vorstandsmitgliedern" offenbar **keine Beschränkung auf das gesetzliche Vertretungsorgan** favorisieren; die bezweckte Schutzrichtung ist, ehrenamtlich Tätige in Vereinsvorständen zu begünstigen. Dass der Sprachgebrauch des Gesetzgebers nicht ein Muster an Stringenz ist, sieht man beispielsweise auch daran, dass es nach der gesetzlichen Überschrift des § 31 a (zutreffend) um die Regelung der Haftung von Vorstands „mitgliedern" geht und davon abweichend in Abs. 1 S. 1 eine Vergütung des Vorstands – nicht aber des einzelnen Vorstandsmitglieds – als maßgebende Bezugsgröße für die Haftungsprivilegierung genannt wird, obwohl erkennbar die Vergütung des einzelnen Vorstandsmitglieds gemeint ist (vgl Rn 16). Daher ist uE der Gesetzeswortlaut entgegen *Reuter* keine unüberwindliche Hürde für die Auslegung der Norm nach ihrem Telos. 14

Vgl zur analogen Anwendung von § 31 a auf „einfache" Vereinsmitglieder § 27 Rn 20. 15

b) Höchstens 500 EUR jährlich Vergütung. Gem. Abs. 1 S. 1 kommt in den Vorzug der Begünstigung nur ein Vorstand (vgl Rn 12), „der unentgeltlich tätig ist oder für seine Tätigkeit eine Vergütung erhält, die 500 EUR jährlich nicht übersteigt". Maßgebend ist die Vergütung des einzelnen Mitglieds des Vorstands.[30] Daher kann es in einem Verein gleichzeitig Vorstandsmitglieder geben, die unbeschränkt haften, und solche, 16

26 Gesetzesentwurf des Bundesrats, BT-Drucks. 16/10120, S. 7.
27 BT-Drucks. 16/10120, S. 1; BT-Drucks. 16/13537, S. 1.
28 Ebenso *Otto* in: juris PK-BGB, Rn 7 f; *Arnold*, Non Profit Law Yearbook 2009/2010, S. 106; *Roth*, npoR 2010, 2; Frage offen gelassen bei *Sobotta/von Cube*, DB 2009, 2082, 2083, die eine gesetzliche Regelung als „empfehlenswert" und aus Sicht „des gemeinnützigen Sektors sicher wünschenswert" halten; zweifelnd *Burgard*, ZIP 2010, 358, 362 gegen eine erweiternde Auslegung *Reuter*, NZG 2009, 1368, 1370; Bamberger/Roth/*Schöpflin*, § 31 a Rn 4 ebenso, aber ganz ohne Begründung, *Wörle-Himmel/Endres*, DStR 2010, 759, 761.
29 *Reuter*, NZG 2009, 1368, 1370.
30 *Otto*, in: juris PK-BGB, Rn 9; *Terner*, DNotZ 2010, 5, 22.

die nach § 31 a beschränkt haften. Vgl zur Frage, ob die Gewährung einer Vergütung eine Satzungsregelung voraussetzt, § 25 Rn 12.

17 Im Gesetzesentwurf des Bundesrats war die Haftungsprivilegierung noch davon abhängig, dass der Vorstand „ehrenamtlich und unentgeltlich tätig" ist (vgl Rn 2). Nach der Begründung sollte die Tätigkeit immer dann unentgeltlich sein, „wenn sie von keiner Gegenleistung (weder in Form von Geld noch in Form von Naturalien) abhängig" sei; das bedeute jedoch nicht, dass jeder wirtschaftliche Vorteil, den ein Vorstand erhalte, zur Verneinung der Unentgeltlichkeit führe; werde an den Vorstand für seine Tätigkeit „lediglich eine Aufwandsentschädigung in Form eines reinen Auslagenersatzes, insbesondere für Fahrtkosten, Schreib- und Portoauslagen, geleistet, so steht dies der Unentgeltlichkeit ... nicht entgegen".[31] Der Rechtsausschuss des Bundestages hat in seiner Beschlussempfehlung die Begründung des Bundesrats aufgenommen und erweitert: Maßgebend ist danach, dass der Vorstand „unentgeltlich tätig ist oder für seine Tätigkeit eine Vergütung erhält, die 500 EUR jährlich nicht übersteigt". Vergütung seien „**alle Geld- oder Sachleistungen sowie die Gewährung geldwerter Vorteile**, worunter auch eine Befreiung von Mitgliedsbeiträgen fallen kann, mit der die Arbeit des Vorstands für den Verein abgegolten werden soll"; Leistungen des Vereins an das Vorstandsmitglied, die nicht als Vergütung für die Arbeit anzusehen seien, sollen kein Entgelt sein, was insb. für Aufwendungsersatz gelte; gestrichen hat der Rechtsausschuss im Wortlaut des § 31 a das vom Bundesrat noch vorgesehne (vgl Rn 2) Tatbestandsmerkmal „ehrenamtlich", da dieses „hier keine andere Bedeutung als unentgeltlich" habe.[32] Nach dem Rechtsausschuss soll § 31 a auch für Vorstandsmitglieder gelten, die nur eine „geringfügige Vergütung" erhalten; die Wertgrenze von 500 EUR orientiere sich am Steuerfreibetrag in § 3 Nr. 26 a EStG; durch die Einbeziehung „von Vorstandsmitgliedern, die nur eine geringfügige steuerfreie Vergütung erhalten, soll gewährleistet werden, dass Vereine und Vorstandsmitglieder die steuerrechtliche Vergünstigung nutzen können, ohne dass sich dies haftungsrechtlich auswirkt"; Vorstandsmitglieder, die nur eine „so geringe Vergütung" erhielten, seien den unentgeltlich tätigen Vereinsvorständen im Wesentlichen vergleichbar; auch diese Vorstände arbeiteten überwiegend ehrenamtlich und könnten sich mit ihrer Vergütung nicht umfassend gegen die Haftungsrisiken aus ihrer Vorstandstätigkeit versichern; daher sei gerechtfertigt, auch ihre Haftung gegenüber Verein und Mitgliedern zu mildern und eine Haftungsfreistellung gegenüber Dritten vorzusehen.[33]

18 Sieht man einmal davon ab, dass die Bezugnahme auf § 3 Nr. 26 a EStG ein doppelter Fauxpas ist – (1) steuerfrei sind danach nur Einnahmen aus Tätigkeiten für Einrichtungen zur Förderung gemeinnütziger, mildtätiger und kirchlicher Zwecke, während § 31 a unabhängig von solchen Zwecken des Vereins die Haftungsbegünstigung vorsieht, (2) Einnahmen iSd § 3 Nr. 26 a EStG sind etwas grundlegend Anderes als eine Vergütung iSd § 31 a BGB[34] (vgl Rn 17) –, wird deutlich, dass der Gesetzgeber mit der 500 EUR-Regelung eine einfach handhabbare Regelung wollte. Die Privilegierung setzt nicht voraus, dass die Vergütung im konkreten Fall nach § 3 Nr. 26 a EStG begünstigt ist.[35]

19 Gewährt der Verein als Vergütung **Sachleistungen oder sonstige geldwerte Vorteile** (vgl Rn 17), bemisst sich ihr Wert nach dem Verkehrswert, mindestens aber nach den Selbstkosten des Vereins.

20 Maßgebend für die 500 EUR-Grenze ist die als **Gegenleistung für die Vorstandstätigkeit im konkreten Verein** gezahlte Vergütung. Denn für die Privilegierung ist entscheidend, was das Vorstandsmitglied für „seine Tätigkeit" – und das ist die Tätigkeit als Vorstand im konkreten Verein – an Vergütung erhält. Nach dem insoweit klaren Gesetzeswortlaut ist nicht maßgebend, dass der jeweilige Verein die Vergütung zahlt, sondern dass (quasi im Passiv formuliert) das Vorstandsmitglied „eine Vergütung erhält". Somit ist zB Unentgeltlichkeit im O e.V. zu bejahen, wenn dessen Vorstandsmitglied V zwar im Karate-Dachverband D e.V. eine Vergütung über 500 EUR erhält und gleichzeitig im Ortsverband O e.V. unentgeltlich als Vorstandsmitglied tätig ist, wenn die von D gezahlte Vergütung nicht gleichzeitig als Vergütung für die Tätigkeit von V bei O bestimmt ist. Ebenso ist V als Vorstand bei D unentgeltlich tätig, wenn er bei O neben seiner Position als Vorstand als Karate-Trainer tätig ist.[36]

21 **Aufwendungsersatz** bleibt bei der Beurteilung der 500 EUR-Grenze außer Betracht (Rn 17). Zulässig ist, dass der Aufwendungsersatz pauschal gezahlt wird ohne Einzelabrechnung.[37] Das darf jedoch nicht dazu führen, dass die Aufwandsentschädigung eine verkappte Vergütung ist, mit der Zeitversäumnis ersetzt wird. Vielmehr dürfen lediglich die typischerweise tatsächlich entstehenden Aufwendungen pauschal erstattet werden; die Erstattung muss sich eng am tatsächlichen Aufwand orientierten.[38] Entscheidend ist der **Anspruch** auf Vergütung. Maßgebend ist der Anspruch in dem Kalenderjahr, in dem das Vorstandsmitglied die schädi-

31 BT-Drucks. 16/10120, S. 7.
32 Rechtsausschuss, BT-Drucks. 16/13537, S. 3 f.
33 Rechtsausschuss, BT-Drucks. 16/13537, S. 3 f.
34 Vgl *Wörle-Himmel/Endres*, DStR 2010, 759, 761.
35 *Arnold*, Non Profit Law Yearbook 2009/2010, S. 108.
36 Tendenziell aA („viel spricht dafür") *Roth*, npoR 2010, 3.
37 Palandt/*Ellenberger*, Rn 2.
38 Vgl *Burgard*, ZIP 2010, 358, 361 unter Verweis auf BGH ZIP 1988, 706, 707 ff = NJW-RR 1988, 745; vgl auch Lohnsteuerrichtlinien zu § 3 Nr. 12, S 2 und § 3 Nr. 26 a EStG.

gende Handlung oder Unterlassung begangen hat.[39] Entgegen *Burgard*[40] begründet eine nicht satzungsmäßig oder sonst vereinbarte **Übung** keinen Anspruch auf Vergütung iSd § 31 a, da die entsprechenden Grundsätze nur durch die Besonderheiten des Arbeitsverhältnisses bedingt sind. Ein **nachträglicher Verzicht** kann das Vorstandsmitglied nicht in den Genuss des § 31 a bringen.[41] Lediglich Aufwendungsersatz und kein Entgelt ist der Ausgleich unverschuldeter oder im Sinne von § 31 a Abs. 2 nicht grobfahrlässig/vorsätzlich herbeigeführter Schäden.[42]

2. Wahrnehmung von Vorstandspflichten. Privilegiert ist nur eine Schadensverursachung eines Vorstandsmitglieds „in Wahrnehmung seiner Vorstandspflichten". Den Gesetzesmaterialien (vgl Rn 1 f) ist kein Hinweis zu entnehmen, dass der Gesetzgeber mit dem Begriff der Wahrnehmung der Vorstandspflichten etwas anderes zum Ausdruck bringen wollte als § 31 mit dem (leicht antiquierten) Begriff der „Ausführung der ... zustehenden Verrichtungen". Daher ist der Begriff ebenso auszulegen wie die Ausführung der zustehenden Verrichtungen nach § 31[43] (vgl zur Auslegung dieses Begriffs § 31 Rn 10 ff). Demgemäß greift die Haftungsprivilegierung nur bei einer Tätigkeit des Vorstands im Rahmen der ihm bei der Leitung des Vereins (Geschäftsführung und Vertretung) übertragenen Aufgaben.[44] 22

Ebenso wie bei § 31 ist die Voraussetzung Wahrnehmung der Vorstandspflichten schon dann erfüllt, wenn das Vorstandsmitglied in einem objektiven Zusammenhang damit Schäden verursacht; eine Schädigung bloß „bei Gelegenheit" der Vorstandstätigkeit ist ebenso wie in Fällen des § 31 nicht tatbestandsmäßig.[45] Das Haftungsprivileg greift aber zB nicht ein, wenn das Vorstandsmitglied eines Sportvereins als Übungsleiter tätig wird und dabei Schäden verursacht.[46] Im Einzelfall mag die **Abgrenzung** schwierig sein. Entscheidend ist uE die objektive Perspektive und wie der Verein/das Mitglied das Verhalten des Vorstands verstehen musste. 23

3. Die erfassten Beschlüsse. Erfasst werden **Ansprüche aller Art** des Vereins und seiner Mitglieder (vgl Rn 28 f) gegen das Vorstandsmitglied (vgl Rn 12 f), einschließlich von Regressansprüchen sowie deliktischen und insolvenzrechtlichen Ansprüchen.[47] Aus der Streichung der im Gesetzgebungsverfahren zunächst eingebrachten Regelungen zur abgaben- und sozialversicherungsrechtlichen Haftung und zur Insolvenzverschleppung (vgl Rn 1) folgt nicht, dass solche Ansprüche nicht von der Privilegierung nach§ 31 a umfasst sind; denn die Streichung betraf nur die angedachten Regelungen im Außenverhältnis. In der Praxis wird der Freistellungsanspruch angesichts der Vereinsinsolvenz regelmäßig faktisch ohne Wert sein.[48] 24

4. Haftung nur bei Schadensverursachung bei Vorsatz oder grober Fahrlässigkeit. Grundsätzlich haften Vorstandsmitglieder gem. §§ 27 Abs. 3, 664 ff, 280 für jede Pflichtverletzung bei allen Verschuldensarten (vgl § 27 Rn 19). Tatbestandsmäßig sind sowohl aktives Tun wie Unterlassen – wie zB die Nichterfüllung einer Verkehrssicherungspflicht.[49] Grundsätzlich reicht für die Haftung leichte (auch „einfache") Fahrlässigkeit. Die Satzung kann die Haftung für leicht fahrlässiges Verhalten des Vorstandsmitglieds ausschließen.[50] Denkbar sind auch Beschlüsse der Mitgliederversammlung zur Haftungsbegrenzung in Einzelfällen.[51] Unabhängig von solchen Satzungsregelungen bzw Beschlüssen haften die durch § 31 a Abs. 1 Begünstigten (vgl Rn 12 ff und 16 ff) bei leicht fahrlässigem Verhalten (vgl allg. § 276 Rn 11 ff) nicht. Gem. § 276 Abs. 2 handelt fahrlässig, wer die im Verkehr erforderliche Sorgfalt außer Acht lässt. **Grob fahrlässig** ist nach der Definition des BGH ein Handeln, bei dem der Handelnde die erforderliche Sorgfalt nach dem gesamten Umständen in ungewöhnlich großem Maße verletzt und dasjenige unbeachtet gelassen hat, „was im gegebenen Fall jedem hätte einleuchten müssen";[52] grobe Fahrlässigkeit liegt nur vor, wenn dem Handelnden auch in subjektiver Hinsicht ein schwerer Vorwurf zu machen ist[53] (vgl § 276 Rn 13). Es wird darauf hingewiesen, dass der Sorgfaltsmaßstab nach den jeweiligen Verkehrskreisen zu bestimmen ist und daher „von dem Vorstand eines Großvereins mit wirtschaftlicher Betätigung wie dem ADAC eine höhere Sorgfalt zu fordern (ist) als von dem Vorstand eines kleinen Chores".[54] **Vorsatz** ist gesetzlich nicht definiert; nach allg. Auffassung handelt es sich dabei um das Wissen und Wollen der Erfüllung der nach dem objektiven gesetzlichen Tatbestand maßgebenden Umstände (vgl § 276 Rn 10). Liegen Vorsatz und grobe Fahrlässigkeit nicht vor, haftet das Vorstandsmitglied gem. Abs. 1 S. 1 nicht gegenüber dem Verein (vgl Rn 28 f zur Haftung gegenüber Mitgliedern). 25

39 *Otto*, in: jurisPK-BGB, Rn 9.
40 ZIP 2010, 358, 362.
41 *Burgard*, ZIP 2010, 358, 362; *Otto*, in: jurisPK-BGB, Rn 7 f.
42 Vgl Palandt/*Ellenberger*, § 27 Rn 5 und Soergel/*Hadding*, § 27 Rn 22 a.
43 Ebenso Palandt/*Ellenberger*, Rn 3.
44 Ebenso Palandt/*Ellenberger*, Rn 3.
45 *Roth*, npoR 2010, 3; Palandt/*Ellenberger*, Rn 3.
46 So das zutreffende Beispiel bei *Wörle-Himmel/Endres*, DStR 2010, 759, 761; dies übersieht *Burgard*, ZIP 2010, 358, 363.
47 *Burgard*, ZIP 2010, 358, 362 f.
48 Wie hier *Arnold*, Non Profit Law Yearbook 2009/2010, S. 109 f; aA *Roth*, npoR 2010, 3.
49 *Roth*, npoR 2010, 3.
50 Palandt/*Ellenberger*, Rn 4; *Unger*, NJW 2009, 3269, 3270, *Arnold*, Non Profit Law Yearbook 2009/2010, S. 93; *Sauter/Schweyer/Waldner*, Rn 10, Rn 278; *Unger*, NJW 2009, 3269, 3270.
51 *Arnold*, Non Profit Law Yearbook 2009/2010, S. 95.
52 BGH NJW 1984, 789, 791 = BGHZ 89, 153; BGH NJW-RR 2002, 1108 = WM 2002, 2062.
53 BGHZ 10, 14, 17; BGHZ 119, 147, 149 ff = NJW 1992, 2418.
54 Bamberger/Roth/*Schöpflin*, § 31 a Rn 8.

26 § 31 a **begrenzt nur den Haftungsmaßstab – nicht aber den Pflichtenkreis** des jeweiligen Vorstandsmitglieds, worauf *Arnold* mit Recht hinweist: Bedeutung habe dies insbesondere für die Verantwortlichkeit im mehrköpfigen Vorstand bei Ressortverteilung; § 31 a lasse die Überwachungspflicht als solche unberührt; es stelle sich nur noch die Frage, ob das Vorstandsmitglied die Überwachungspflicht grob fahrlässig oder vorsätzlich verletzt habe.[55]

27 Vgl zur **Beweislast** Rn 33 f.

28 **5. Begrenzung auch der Haftung gegenüber Vereinsmitgliedern gem. Abs. 1 S. 2.** Gemäß Abs. 1 S. 2 gilt S. 1 auch für die Haftung des Vorstands gegenüber den Mitgliedern des Vereins. Die Begünstigung ist nicht zwingend (vgl Rn 9).

In der Literatur wird diskutiert, ob die Haftungsprivilegierung auch dann gilt, wenn das **Mitglied dem Verein wie ein Dritter gegenüber tritt** und dabei geschädigt wird. [56] Maßgebend ist uE, dass nach dem Gesetzeswortlaut die Haftung generell beschränkt werden sollte. Der Gesetzgeber wollte diese generelle Haftungsbeschränkung. Er sah es als ausreichend an, dass Vereine durch Satzungsregelung eine andere Regelung treffen können (vgl Rn 9). UE hat es daher bei dem allgemeinen Grundsatz zu bleiben, dass mangels abweichender Satzungsregelung die Privilegierung auch gilt, wenn das Mitglied dem Verein wie ein Dritter gegenüber tritt.

29 **6. Gesamtschuldnerausgleich.** Mehrere Vorstandsmitglieder (vgl Rn 12) haften als Gesamtschuldner (§ 421). Wesentliches Kriterium für den Innenausgleich nach § 426 Abs. 1 S. 1 wird das **Maß der Verursachung und der Pflichtverletzung** sein. (vgl allg. § 426 Rn 10 f)[57] Fragen der sogenannten **gestörten Gesamtschuld** stellen sich, wenn die Haftung eines nach § 31 a privilegiert haftenden Schuldners mit der eines unbegrenzt haftenden Schuldners zusammentrifft. (vgl allg. § 426 Rn 20 ff)[58] UE kommen in solchen Fällen weder bei Haftung gegenüber dem Verein[59] noch bei Haftung gegenüber den Mitgliedern die nicht privilegiert haftenden Vorstandsmitglieder in den Vorzug einer Haftungsbegrenzung im Außenverhältnis, und auch im Innenverhältnis zu anderen, über 500 EUR entgeltlich tätigen Vorstandsmitgliedern greift die Haftungsbegrenzung durch: Dem Gesetzgeber ging es um die Privilegierung des Ehrenamts; wer ehrenamtlich im Vorstand des Vereins (vgl Rn 16) tätig ist, soll nur bei Vorsatz und grober Fahrlässigkeit haften. Er sitzt nicht mit den höher vergüteten Vorständen „in einem Boot". Daher kann seine persönliche Haftungsbegrenzung weder den anderen Vorstandsmitgliedern zugute kommen noch darf sie durch den internen Innenausgleich (zu dem es bei Lichte besehen schon definitionsgemäß nicht kommt, denn das privilegierte Vorstandsmitglied haftet nach außen bei leichter Fahrlässigkeit überhaupt nicht, so dass es schon an der Voraussetzung des § 421 fehlt) wieder ausgehebelt werden. § 31 a geht insoweit zulasten des nicht privilegierten Zweitschädigers, dessen volle Haftung von § 31 a nicht berührt wird.

II. Freistellungsanspruch (Abs. 2)

30 Nach Abs. 2 hat das gem. Abs. 1 S. 1 unentgeltlich tätige bzw höchstens mit 500 EUR jährlich vergütete Vorstandsmitglied (vgl Rn 12 ff und 16 ff) gegenüber dem Verein einen Freistellungsanspruch, wenn es einem Dritten wegen eines nur leicht fahrlässigen Verhaltens zum Schadensersatz verpflichtet ist und hierfür persönlich in Anspruch genommen wird. Nach dem Gesetzeswortlaut kann das Vorstandsmitglied vom Verein „die Befreiung von der Verbindlichkeit verlangen" (Abs. 2 S. 1). Dieser **Freistellungsanspruch wandelt sich in einen Ersatzanspruch** um, wenn das Vorstandsmitglied an den Geschädigten geleistet hat.[60] Mit der Neuregelung reagiert der Gesetzgeber auf die streitige Frage, ob ehrenamtlich tätige Vereinsvorstände in den Genuss einer Haftungsmilderung analog zu den Grundsätzen der Arbeitnehmerhaftung kommen (vgl Rn 8 und § 27 Rn 19 f).

31 Der Freistellungsanspruch (vgl zur ähnlichen Regelung § 670 iVm § 257 S. 1) verpflichtet den Verein, das Vorstandsmitglied von dessen Haftung gegenüber dem Dritten **rechtzeitig durch eine eigene Leistung freizustellen**. Das Vorstandsmitglied kann (entsprechend dem Freistellungsanspruch des Arbeitnehmers gegen den Arbeitgeber) den Freistellungsanspruch an den Gläubiger **abtreten**, und der Gläubiger kann den Freistellungsanspruch **pfänden**, wodurch sich der Freistellungsanspruch in einen unmittelbaren Anspruch des geschädigten Gläubigers auf Zahlung gegen den Verein verwandelt (vgl § 619 a Rn 17 sowie § 257 Rn 5).

32 Vgl zur **Beweislast** Rn 34.

55 *Arnold*, Non Profit Law Yearbook 2009/2010, S. 109.
56 Ausführlich *Roth*, npoR 2010, 3 f.
57 Vgl zu entsprechenden Fragen bei § 93 AktG *Landwehrmann* in: Heidel, Aktienrecht, § 93 Rn 125; *Hopt* in Großkomm. AktG, § 93 Rn 31.
58 Vgl die „Segelanleitung" des BGH im Fall einer Genossenschaft mit einem ehrenamtlichen und anderen beruflich tätigen Vorstandsmitgliedern BGH ZIP 2004, 407 = DB 2004, 534 = WM 2004, 486.
59 Insoweit aA *Roth*, npoR 2010, 4.
60 Palandt/*Ellenberger*, Rn 5.

C. Weitere praktische Hinweise

I. Darlegungs- und Beweislast

1. Bei der Innenhaftung nach Abs. 1. Gem. § 280 Abs. 1 S. 2 muss das begünstigte **Vorstandsmitglied** (vgl Rn 12 ff) beweisen, dass es die Pflichtverletzung **nicht zu vertreten** hat. Es braucht im Hinblick auf die Haftungsmilderung nach § 31 a Abs. 1 nur zu beweisen, dass es weder vorsätzlich noch grob fahrlässig gehandelt hat.[61] Die Regelung der Darlegungs- und Beweislast ändert nichts an dem allgemeinen Grundsatz, dass zunächst der Gläubiger die objektive Pflichtverletzung iSd Abs. 1 S. 1 darlegen und ggf beweisen muss (vgl allg. § 280 Rn 43). UE ist der zB von *Reuter* vorgetragenen Erwägung („es liegt nahe") nicht zu folgen, die durch die Schuldrechtsreform geschaffene Regelung des § 619 a zur Beweislast bei Haftung des Arbeitnehmers auf die Haftung nach § 31 a Abs. 1 anzuwenden.[62] Der Gesetzgeber hat ausweislich der unterschiedlichen Formulierungen von Abs. 1 und Abs. 2 S. 2 sehr wohl zu differenzieren verstanden, wann der Gläubiger und wann der Schuldner die Darlegungs- und Beweislast trägt. Er hat in Abs. 1 auch nicht die Grundsätze zur Arbeitnehmerhaftung 1 : 1 übernommen. Daher spricht uE nichts Entscheidendes dafür, den Rechtsgedanken des § 619 a auf die Vorstandshaftung zu übertragen. 33

2. Beim Freistellungsanspruch nach Abs. 2. Der Gesetzeswortlaut von Abs. 2 S. 2 („Satz 1 gilt nicht, ...") hat zur Folge, dass im Hinblick auf den Freistellungsanspruch nach Abs. 2 S. 1 der Verein beweisen muss, dass das jeweilige Vorstandsmitglied vorsätzlich und grob fahrlässig den Schaden des Dritten verursacht hat; denn das vorsätzliche bzw grob fahrlässige Handeln ist ausgestaltet als rechtshindernde Einwendung.[63] Daher kommt der nach § 31 a Begünstigte immer in den Genuss der **Freistellung, wenn der Verein ihm nicht Vorsatz oder grobe Fahrlässigkeit nachweist**. 34

II. Maßnahmen zur Haftungsbegrenzung

Es sind zahlreiche Möglichkeiten denkbar, die Haftungsrisiken von Vorstandsmitgliedern zu begrenzen. In Betracht kommen zB die Übertragung von Aufgaben auf Besondere Vertreter sowie Ressortverteilungen; eine wichtige Maßnahme ist auch der Abschluss einer D&O-Versicherung (die die Bundesregierung im Gesetzgebungsverfahren zwingend ausgestalten wollte, womit sie aber scheiterte, vgl Rn 2).[64] 35

§ 32 Mitgliederversammlung; Beschlussfassung

(1) ¹Die Angelegenheiten des Vereins werden, soweit sie nicht von dem Vorstand oder einem anderen Vereinsorgan zu besorgen sind, durch Beschlussfassung in einer Versammlung der Mitglieder geordnet. ²Zur Gültigkeit des Beschlusses ist erforderlich, dass der Gegenstand bei der Berufung bezeichnet wird. ³Bei der Beschlussfassung entscheidet die Mehrheit der abgegebenen Stimmen.

(2) Auch ohne Versammlung der Mitglieder ist ein Beschluss gültig, wenn alle Mitglieder ihre Zustimmung zu dem Beschluss schriftlich erklären.

Literatur: *Adams/Maßmann*, Vereinsreform in Deutschland, ZRP 2002, 128; *Eichler*, Probleme des Vereinsrechts aus Sicht der Registergerichte, Rpfleger 2004, 196; *Fleck*, Die virtuelle Mitgliederversammlung im eingetragenen Verein, DNotZ 2008, 245 ff; *Happ*, Stimmbindungsverträge und Beschlußfassung, ZGR 1984, 168; *Keilbach*, Das Erfordernis einfacher Mehrheit in Vereinssatzungen, DNotZ 1998, 597; *ders.*, Fragen des Vereinsregisters, DNotZ 2001, 671; *Kölsch*, Die Form der Einberufung der Mitgliederversammlung eines eingetragenen Vereins, Rpfleger 1985, 137; *Morlok*, Mitgliederentscheid und Mitgliederbefragung, ZRP 1996, 447; *Noack*, Fehlerhafte Beschlüsse in Gesellschaften und Vereinen, 1989; *Ott*, Reform des privaten Vereinsrechts?, ZRP 2002, 433; *Pauli*, Wesen und Aufgaben der Mitgliederversammlung eines Vereins, ZStV 2010, 167; *Reuter*, Die Verfassung des Vereins gem. § 25 BGB, ZHR 148 (1984), 523; *Roßnagel/Gitter/Opitz-Talidou*, Telemedienwahlen im Verein, MMR 2009, 383; *Säcker/Oetker*, Probleme der Repräsentation von Großvereinen, 1986; *K. Schmidt*, Die Beschlußanfechtungsklage bei Vereinen und Personengesellschaften, in: FS Stimpel 1985, S. 217; *Schwarz*, Die Mehrheitsvertretung des Vereinsvorstandes und deren Eintragung im Vereinsregister, Rpfleger 2003, 1; *Segna*, Vereinsreform, NZG 2002, 1048; *Terner*, Neues zum Vereinsrecht, NJW 2008, 16 ff; *Trouet*, Auswirkungen der BGH-Rechtsprechung auf die Stimmenmehrheit nach Vereinsrecht, NJW 1983, 2865. Siehe auch bei Vorbemerkungen zu §§ 21 ff.

61 Palandt/*Ellenberger*, Rn 6; ebenso, aber krit. im Hinblick auf die unterschiedlichen Regelungen nach Abs. 1 und 2 *Reuter*, NZG 2009, 1368, 1371; zweifelnd *Otto*, in: juris PK-BGB, Rn 15.

62 NZG 2009, 1368, 1371; ebenso *Wörle-Himmel/Endres*, DStR 2010, 759, 761; *Otto*, in: juris PK-BGB, Rn 15; *Arnold*, Non Profit Law Yearbook 2009/2010, S. 111.

63 Palandt/*Ellenberger*, Rn 6; *Reuter*, NZG 2009, 1368, 1371; *Roth*, npoR 2010, 3.

64 Vgl zu solchen Möglichkeiten *Unger*, NJW 2009, 3269, 3272.

A. Allgemeines

1 § 32 ist die zentrale Norm für die Willensbildung innerhalb des Vereins. Abs. 1 S. 1 regelt die Zuständigkeit der Mitgliederversammlung und deren grundsätzliches Verhältnis zu den anderen Vereinsorganen. Abs. 1 S. 2 und 3 befassen sich mit der Einberufung der Mitgliederversammlung und der für die Beschlussfassung grundsätzlich erforderlichen Abstimmungsmehrheit. Gegenstand von Abs. 2 ist die Wirksamkeit von Beschlussfassungen außerhalb der Mitgliederversammlung; Abs. 2 wurde 2009 klarstellend im Sinne der Rechtsprechung des BGH[1] dahingehend bereinigt, dass es bei der Beschlussfassung auf die Mehrheit der abgegebenen gültigen Stimmen ankommt.[2]

B. Regelungsgehalt

2 Die Mitgliederversammlung (auch Haupt-, General-, Vollversammlung oder Konvent) ist nicht die Summe der Vereinsmitglieder. Sie ist die Gesamtheit derjenigen Mitglieder, die auf eine ordnungsgemäße Einberufung[3] hin erschienen sind.

3 Aus dem Mitgliedschaftsrecht erwächst zugleich das **Recht zur Teilnahme** an sowie das **Rede- und Fragerecht** in der Mitgliederversammlung.[4] Nichtmitglieder können vom Versammlungsleiter als Gäste zur Versammlung zugelassen werden.[5] Das OLG Zweibrücken verneint mangels entsprechender gesetzlicher Regelung ein Teilnahmerecht von sog. **Fremdorganen**, dh von Organen bzw Organmitgliedern, die selbst nicht Vereinsmitglied sind.[6] Dies vermag aber nicht zu überzeugen. Richtigerweise besteht eine planwidrige Regelungslücke, die durch analoge Anwendung von § 118 Abs. 2 S. 1 AktG zu schließen ist. Alle Organmitglieder sind für die Mitgliederversammlung zur Ermöglichung einer Willensbildung auf angemessener Informationsgrundlage potentiell wichtige Auskunftspersonen, so dass wie im Aktienrecht eine grundsätzliche Anwesenheitspflicht, und als Minus dazu auch ein Anwesenheitsrecht, bestehen muss.

I. Zuständigkeit der Mitgliederversammlung (Abs. 1)

4 **1. Gesetzliche Regelung.** Nach Abs. 1 S. 1 hat grundsätzlich die Mitgliederversammlung die Angelegenheiten des Vereins zu besorgen. Das Gesetz postuliert die Mitgliederversammlung damit als das oberste Entscheidungsorgan des Vereins.[7] Die Entscheidungen werden durch Beschlussfassung des Plenums getroffen.

5 Der Mitgliederversammlung kommt grundsätzlich eine **Allzuständigkeit** für die innere Organisation des Vereins zu; ihre Zuständigkeit wird gesetzlich vermutet.[8] Ausdrücklich zugewiesene Aufgaben sind die Bestellung und Kontrolle des Vorstandes sowie etwaiger anderer Vereinsorgane (§ 27), Satzungsänderungen (§ 33), die Entscheidung über die Vereinsauflösung (§ 41) sowie die Bestimmung von Anfallberechtigten (§ 45) und Liquidatoren (§ 48). **Ausnahmen** von der Zuständigkeitsvermutung bestehen, wenn diese gesetzlich oder durch die Satzung angeordnet sind. So obliegt etwa nach § 26 Abs. 2 dem Vorstand die Vertretung

1 BGHZ 82, 83, 85.
2 BGBl I 2009, 3145 ff; Gesetzentwurf zum Gesetz zur Erleichterung elektronischer Anmeldungen zum Vereinsregister und anderer vereinsrechtlicher Änderungen, BT-Drucks. 16/12813, S. 10 f; *Reuter*, NZG 2009, 1368, 1371; vgl auch die entsprechenden Regelungen im § 133 Abs. 1 AktG, § 47 Abs. 1 GmbHG, § 43 Abs. 2 S. 1 GenG.
3 BGHZ 59, 369, 373 = NJW 1973, 235; Staudinger/*Weick*, § 32 Rn 7; ähnlich Bamberger/Roth/Schwarz/*Schöpflin*, § 32 Rn 2.
4 Vgl OLG Zweibrücken FGPrax 2006, 229, 230 = Rpfleger 2006, 658; LG Bremen Rpfleger 1990, 262 jeweils zum Teilnahmerecht.
5 Ebenso *Sauter/Schweyer/Waldner*, Rn 196; aA *Reichert*, Rn 974: Zuständigkeit der Mitgliederversammlung.
6 OLG Zweibrücken FGPrax 2006, 229, 230 = Rpfleger 2006, 658.
7 Palandt/*Ellenberger*; § 32 Rn 1; aA wohl *K. Schmidt*, GesR, 4. Aufl. 2002, § 24 III 3 a: die Gesamtheit der Mitglieder, da diese gemäß § 32 Abs. 2 auch ohne Versammlung Beschlüsse fassen kann.
8 Staudinger/*Weick*, § 32 Rn 4.

des Vereins nach außen. Die Vertretungsbefugnis des Vorstands wird durch § 32 nicht berührt;[9] die Mitgliederversammlung kann gegenüber dem Vorstand bzgl. der Geschäftsführung aber gemäß §§ 27 Abs. 3, 665, 666 Auskunfts- und Rechenschaftsrechte ausüben und Weisungen erteilen.

Ferner kann die Mitgliederversammlung durch Satzungsregelung neue Organe schaffen (zB Delegiertenversammlung, Beirat, Verwaltungsrat, Aufsichtsrat, Vereinsrevisor) und ihnen Funktionen zuweisen (sog. **Kompetenz-Kompetenz**).[10] Sind diese handlungsunfähig, ist die Mitgliederversammlung ersatzweise zuständig; das gilt gemäß § 29 indes nicht für eine Handlungsunfähigkeit des Vorstands. 6

2. Abweichende Gestaltung. Nach § 40 ist § 32 dispositiv; die Aufgabenbereiche der Mitgliederversammlung können daher durch Satzungsregelung sowohl erweitert als auch beschnitten werden. Eine völlige Abschaffung der Mitgliederversammlung ist jedoch ausgeschlossen,[11] zumal die zwingenden Vorschriften der §§ 36, 37, 41 ihre Existenz voraussetzen. Indes ist es nach allgemeiner Ansicht zulässig, durch Satzungsänderung die Mitgliederversammlung durch eine **Vertreterversammlung** bzw. Delegiertenversammlung zu ersetzen. Von dieser Möglichkeit wird in Großvereinen regelmäßig Gebrauch gemacht.[12] Voraussetzung dafür ist, dass die Satzung eindeutig die Bestellung und Zusammensetzung der Delegiertenversammlung regelt.[13] Für den nichtrechtsfähigen Verein ist allerdings anerkannt, dass diesbezügliche Satzungslücken durch Gewohnheitsrecht oder entsprechende Anwendung der gesetzlichen Vorschriften zur Mitgliederversammlung geschlossen werden können.[14] Die Satzung kann auch regeln, dass insbesondere die Wahl von Organmitgliedern statt oder alternativ zur Stimmabgabe in der Präsenzversammlung durch Briefwahl oder elektronisch über sog. Telemedienwahlen erfolgt, was gerade bei bundesweit tätigen Großvereinen zu einer höheren Beteiligungsquote der Mitglieder am Wahlvorgang führen kann.[15] Anstelle der Mitgliederversammlung kann stets die Gesamtheit der Mitglieder beschließen (Abs. 2). 7

Die allgemeine Zuständigkeit der Mitgliederversammlung für Vereinsangelegenheiten umfasst auch **vereinsinterne Streitigkeiten** zwischen anderen Organträgern. Das hat zur Folge, dass Vereinsmitglieder zur Rüge der Satzungsverletzung durch ein Organ nicht ohne weiteres Feststellungsklage erheben können. Zuvor ist ein Mitgliederversammlungsbeschluss herbeizuführen.[16] 8

II. Einberufung

Die ordnungsgemäße Beschlussfassung der Mitgliederversammlung setzt nach Abs. 1 S. 2 voraus, dass diese zuvor einberufen wurde. Bis auf das Erfordernis der Bekanntgabe der Tagesordnung sind die verfahrensmäßigen und inhaltlichen Anforderungen an eine wirksame Einberufung gesetzlich nicht geregelt. Zu den Folgen eines Einberufungsmangels, s. Rn 22 ff. 9

1. Zuständigkeit. Die Einberufung erfolgt grds. durch den **Vorstand**, sofern die Satzung kein anderes Einberufungsorgan bestimmt (§ 58 Nr. 4). Sie bedarf eines ordnungsgemäßen Vorstandsbeschlusses[17] oder jedenfalls eines Tätigwerdens von Vorstandsmitgliedern in der für die gesetzliche Vertretung vorgesehenen Zahl.[18] Zuständig ist der Vorstand iSv § 26, nicht der erweiterte Vorstand.[19] Beim e.V. ist der eingetragene Vorstand auch noch nach Ablauf seiner Amtszeit zuständig;[20] dies folgt aus dem Rechtsgedanken von § 68 bzw. aus § 121 Abs. 2 S. 2 AktG analog. In der Liquidation erfolgt die Einberufung gemäß § 48 Abs. 2 durch die Liquidatoren. 10

Unter den Voraussetzungen von § 37 Abs. 2 S. 1 kann auch eine **Einberufung durch Vereinsmitglieder** erfolgen (vgl § 37 Rn 6). Nach der wohl herrschenden Meinung bleibt das Einberufungsrecht des Vorstands 11

9 LG Frankfurt Rpfleger 1970, 103; Staudinger/*Weick*, § 32 Rn 2.

10 BGHZ 84, 209, 213 f = DB 1982, 2025 = NJW 1984, 1038; Soergel/*Hadding*, § 32 Rn 5; Bamberger/Roth/Schwarz/*Schöpflin*, § 32 Rn 4; *Reichert*, Rn 742.

11 Vgl RGZ 137, 308 f zur Gesellschafterversammlung der GmbH; Erman/*Westermann*, § 32 Rn 1; MüKo/*Reuter*, § 32 Rn 1.

12 Erman/*Westermann*, § 32 Rn 1; vgl OLG Frankfurt WM 1985, 1466 (Gewerkschaftstag).

13 *Sauter/Schweyer/Waldner*, Rn 216 ff; *Segna*, NZG 2002, 1048, 1049; Palandt/*Ellenberger*, § 32 Rn 1; MüKo/*Reuter*, § 32 Rn 7 ff.

14 BGH WM 1985, 1468; OLG Frankfurt Rpfleger 1973, 54; Palandt/*Ellenberger*, § 32 Rn 1.

15 *Roßnagel/Gitter/Opitz-Talidou*, MMR 2009, 383 ff; *Fleck*, DNotZ 2008, 245, 248 ff; Palandt/*Ellenberger*, § 32 Rn 1; *Erdmann*, MMR 2000, 526 ff.

16 BGHZ 49, 396, 398 = WM 1968, 532; Palandt/*Ellenberger*, § 32 Rn 1.

17 BayObLGZ 1963, 15, 18; OLG Schleswig NJW 1960, 1862; KG OLGZ 1978, 272, 276; Palandt/*Ellenberger*, § 32 Rn 2; Bamberger/Roth/Schwarz/*Schöpflin*, § 32 Rn 9.

18 KG OLGZ 1978, 272; *Sauter/Schweyer/Waldner*, Rn 157; Bamberger/Roth/Schwarz/*Schöpflin*, § 32 Rn 9; Soergel/*Hadding*, § 32 Rn 8.

19 KG OLGZ 1978, 272; Palandt/*Ellenberger*, § 32 Rn 2.

20 BayObLGZ 1985, 24, 26 f; 1988, 410, 412; BayObLG Rpfleger 1995, 465 = NJW-RR 1996, 991; LG Aurich Rpfleger 1987, 116; Palandt/*Ellenberger*, § 32 Rn 2; Bamberger/Roth/Schwarz/*Schöpflin*, § 32 Rn 9; Soergel/*Hadding*, § 32 Rn 8.

jedoch durch eine gerichtliche Ermächtigung der Minderheit zur Einberufung nach § 37 Abs. 2 unberührt.[21] Die Kollision von Einberufungen des Vorstandes und der gerichtlich zur Einberufung ermächtigten Mitglieder soll wegen Verwirrung der Mitglieder zur Unwirksamkeit beider Einladungen führen.[22] Diese Sichtweise ist jedoch mit Sinn und Zweck von § 37 Abs. 2 und insbesondere dem bezweckten Minderheitsschutz unvereinbar.[23] Richtigerweise verliert der Vorstand durch die gerichtliche Ermächtigung des § 37 Abs. 2 sein Einberufungsrecht, zumal er davon weder auf die Aufforderung der Minderheit gemäß § 37 Abs. 1 hin noch während des gerichtlichen Verfahrens nach § 37 Abs. 2 Gebrauch gemacht hat. Die herrschende Meinung, wonach ein Vorstand, der in einem gerichtlichen Verfahren nach § 37 Abs. 2 unterlegen war, gleichwohl einberufen könne und wonach kollidierende Einberufungen zur Unwirksamkeit beider Einberufungen führe, eröffnet dem Vorstand Möglichkeiten, die dem Minderheitsschutz dienende und im Einzelfall womöglich sogar von der Mehrheit der Mitglieder herbeigeführte gerichtliche Entscheidung nach § 37 Abs. 2 bewusst durch eine kollidierende Einberufung zu unterlaufen und so eine von ihm nicht gewünschte Mitgliederversammlung zu verhindern.[24] Die von *Waldner*[25] und dem OLG Stuttgart[26] vorgeschlagene Lösung für eine tatsächliche Kollision zwischen der Einberufung durch die ermächtigten Mitglieder und einer Einberufung durch den Vorstand, wonach die zeitlich früher zugehende Einberufung wirksam sei, ist nicht praktikabel. Zwar wird dies auch in Teilen der aktienrechtlichen Literatur vertreten.[27] Die Annahme einer Priorität nach dem Zeitpunkt des Zugangs der Einladungen kann etwa bei einer Verschickung von Einladungen per Post zu einer nicht eindeutigen Bestimmbarkeit führen, da denkbar ist, dass einigen Vereinsmitgliedern die eine und anderen die andere Einberufung zuerst zugeht.[28] *Weick*[29] weist mit Recht darauf hin, dass es einerseits nicht zu einem „Wettlauf" von Einberufungen kommen und andererseits der Vorstand, der schließlich selbst durch seine Untätigkeit bzw. Verweigerung einer Einberufung die Voraussetzungen für die Ermächtigung der Minderheit geschaffen hat, nicht die Möglichkeit haben dürfe, das Minderheitenrecht zu unterlaufen, zumal er sich dadurch in Widerspruch zu seinem eigenen früheren Verhalten setzen würde. Zu berücksichtigen ist auch, dass es der Vorstand regelmäßig in der Hand hat, der Einberufung der gerichtlich ermächtigten Mitglieder zuvorzukommen, da diese zur Durchführung der Einberufung regelmäßig auf eine Mitteilung der Mitgliederliste durch den Vorstand angewiesen sein dürften (s. dazu § 37 Rn 6 ff). Eine praktikable, eindeutige und der ratio legis des § 37 gerecht werdenden Lösung kann daher nur darin bestehen, dass der Einberufung durch die ermächtigten Vereinsmitglieder Priorität zukommt.[30] Dadurch wird zugleich gewährleistet, dass der Vorstand mit seiner Einberufung etwaige Anordnungen des Gerichts gemäß § 37 Abs. 2, S. 1 Hs 2 hinsichtlich der Führung des Vorsitzes in der Versammlung unterminiert.

12 Eine **Pflicht zur Einberufung** besteht in den durch die Satzung bestimmten Fällen, ferner, wenn das Interesse des Vereins dies erfordert oder auf Verlangen einer qualifizierten Minderheit (s. § 36 Rn 2 f; § 37 Rn 5). Mit dem Recht zur Einberufung ist das Recht verbunden, die Versammlung zu verschieben oder abzusagen.[31] In letzterem Falle sind die Beschlüsse einer gleichwohl abgehaltenen Mitgliederversammlung unwirksam.[32]

13 **2. Form.** Die Satzung soll gemäß § 58 Nr. 4 die Form der Einberufung regeln, wobei die vorgesehenen Ladungsformen eindeutig zu bezeichnen sind.[33] Anerkannte **Einberufungsformen** sind Rundschreiben, Zeitungsveröffentlichungen (zB in einem Vereinsblatt) oder Aushänge (zB in einem dafür vorgesehenen Aushangkasten im Vereinsheim);[34] grundsätzlich zulässig sind auch mündliche Einladungen. Entscheidend ist, dass für die Mitglieder die Möglichkeit rechtzeitiger Kenntnisnahme gewährleistet ist.[35] Die Satzung darf auch alternative Einberufungsformen vorsehen, wenn das die Kenntnisnahmemöglichkeit nicht erschwert,[36] wie zB die Einberufung per Telefax oder E-Mail.[37] **Notwendige Adressaten** sind sämtliche Mitglieder des Vereins,

21 OLG Stuttgart NZG 2004, 1020 = Rpfleger 2004, 106, 107; BayObLG NZG 2004, 1017, 1018; Palandt/*Ellenberger*, § 37 Rn 3; Hk-BGB/*Dörner*, § 37 Rn 2; Prütting/*Schöpflin*, § 32 Rn 4; *Reichert*, Rn 1248.

22 OLG Stuttgart Rpfleger 2004, 106, 107; Palandt/*Ellenberger*, § 37 Rn 3; *Reichert*, Rn 778.

23 Vgl auch *Waldner*, Rpfleger 2004, 108, 109; wohl auch Staudinger/*Weick*, § 37 Rn 14.

24 Diese Gefahr sieht auch *Waldner*, Rpfleger 2004, 108.

25 *Waldner*, Rpfleger 2004, 108.

26 OLG Stuttgart NZG 2004, 1020 = Rpfleger 2004, 106, 107, ebenso *Reichert*, Rn 1249.

27 *Werner* in GroßKomm AktG, § 121 Rn 72; *Zöller* in KölnerKomm AktG, § 121 Rn 42.

28 Darauf weist mit Recht auch Staudinger/*Weick*, § 37 Rn 14 hin.

29 Staudinger/*Weick*, § 37 Rn 14.

30 So wohl auch Staudinger/*Weick*, § 37 Rn 14; *Sauter/Schweyer/Waldner/Wörle-Himmel*, Rn 169; vgl im Ansatz auch *Waldner*, Rpfleger 2004, 108 f.

31 RGZ 166, 129, 133; OLG Hamm OLGZ 1981, 24, 25; Palandt/*Ellenberger*, § 32 Rn 2; Bamberger/Roth/Schwarz/*Schöpflin*, § 32 Rn 10.

32 KG NJW 1988, 3159, 3161; Bamberger/Roth/Schwarz/*Schöpflin*, § 32 Rn 10.

33 OLG Hamm, Beschl. v. 23.11.2010, 15 W 419/10, OLG Hamm OLGZ 1965, 65; OLG Stuttgart NJW-RR 1986, 995; Palandt/*Ellenberger*, § 32 Rn 3.

34 OLG Celle Rpfleger 2010, 670 = NZG 2010, 154 jedenfalls bei ganz überwiegend örtlich ausgerichtetem Tätigkeitsschwerpunkt des Vereins.

35 *Kölsch*, Rpfleger 1985, 137; Palandt/*Ellenberger*, § 32 Rn 3; Bamberger/Roth/Schwarz/*Schöpflin*, § 32 Rn 11 f.

36 OLG Stuttgart Rpfleger 1978, 578; NJW-RR 1986, 995; *Kölsch*, Rpfleger 1985, 137.

37 OLG Jena GmbHR 1996, 536, 537; MüKo/*Reuter*, § 32 Rn 15; *Fleck*, DNotZ 2008, 245, 257 f.

auch die nur fördernden Mitglieder.[38] Soll die Einberufung durch eine Tageszeitung verbreitet werden, hat die Satzung diese konkret zu benennen;[39] eine „ortsüblichen Bekanntmachung" als Einberufungsform ist zu unbestimmt.[40] Die tatsächlich gewählte Ladungsart hat der in der Satzung vorgesehenen Form genau zu entsprechen; eine Abweichung führt zur Nichtigkeit der Einberufung und damit auch zur Nichtigkeit der getroffenen Mitgliederversammlungsbeschlüsse (s. Rn 23). Die in der Satzung vorgesehene schriftliche Einladung wird nicht gewahrt durch Bekanntmachung in den „Vereins-News" oder per E-Mail.[41] Individuelle Einladungen gelten als wirksam, wenn sie an die letztbekannte Postanschrift gerichtet sind, auch wenn der Adressat unbekannt verzogen ist.[42]

3. Ort und Zeit. Die Einberufung muss Ort und Zeit der Mitgliederversammlung eindeutig[43] und rechtzeitig ankündigen. Soll vor einer ordentlichen Mitgliederversammlung eine außerordentliche Mitgliederversammlung abgehalten werden, können diese Mitgliederversammlungen auch in der Weise wirksam einberufen werden, dass beide Mitgliederversammlungen am selben Tag nacheinander stattfinden.[44] Es ist die satzungsgemäß vorgesehene Frist bzw. bei Fehlen einer Fristbestimmung in der Satzung eine angemessene Ladungsfrist einzuhalten.[45] Weder die Frist aus § 123 Abs. 1 AktG (ein Monat) noch die aus § 51 Abs. 1 S. 2 GmbHG (eine Woche) sind entsprechend anzuwenden; die angemessene Frist bestimmt sich nach den Umständen des Einzelfalls.[46] Die Frist beginnt, wenn mit der Kenntnismöglichkeit aller, dh auch des letzten geladenen Mitglieds, zu rechnen ist.[47] Versammlungsort und -zeit stehen mangels Satzungsbestimmung im Ermessen des einberufenden Organs, solange es eine zumutbare Wahl trifft.[48] Die Versammlung braucht nicht am Vereinssitz stattzufinden,[49] auch wenn dies regelmäßig der geeignete Ort ist.[50] Versammlungszeit und -ort dürfen nicht so bestimmt sein, dass damit zu rechnen ist, dass ein Großteil der Mitglieder verhindert sein wird. Ist die Versammlungszeit auf einen Sonn- oder Feiertag bestimmt, darf daher der Versammlungsbeginn nicht vor 11.00 Uhr liegen.[51] Ein Versammlungstermin in der Hauptferienzeit kann unangemessen sein und damit zur Nichtigkeit der gefassten Beschlüsse führen, wenn dieser Termin ohne besondere Dringlichkeit angesetzt wurde und der Vorstandsvorsitzende zuvor schriftlich erklärt hatte, grundsätzlich keine Mitgliederversammlungen in den Schulferien abzuhalten.[52] Gleiches gilt auch für die Bestimmung des Versammlungstermins auf die Zeit zwischen Weihnachten und Neujahr[53] oder regional bezogen zB auf einen im Rheinland beheimateten Verein für die Bestimmung des Versammlungstermins auf Rosenmontag. Unzumutbar kann die Bestimmung des Versammlungsorts an einem weit vom Vereinssitz entfernten Ort sein, wenn die überwiegende Zahl der Mitglieder in der Region des Vereinssitzes wohnhaft ist. Eine Eventualeinberufung ist nur auf Grundlage einer entsprechenden Satzungsbestimmung zulässig (dazu Rn 18, 23). 14

4. Tagesordnung. Die Einberufung hat die Tagesordnung und insbesondere den Gegenstand der anstehenden Beschlussfassung zu bezeichnen, Abs. 1 S. 2. Das zur Einberufung zuständige Organ legt die Tagesordnung fest. Die Ankündigung der Tagesordnung in der Einberufung ist ein **Wirksamkeitserfordernis** für die Beschlüsse der Mitgliederversammlung. Obgleich § 32 gemäß § 40 grundsätzlich abbedungen werden kann, ist eine Angabe der Tagesordnung in der Einberufung gemäß Abs. 1 S. 2 stets zwingend. Die Bekanntmachungspflicht dient dem Informationsinteresse der Mitglieder. Daher muss die Tagesordnung hinreichend konkret gefasst sein, um den Mitgliedern die Entscheidung über ihre Teilnahme und die notwendigen Vorbereitungen zu ermöglichen.[54] Der Wortlaut von Anträgen muss aber grundsätzlich nicht vorab mitgeteilt werden.[55] 15

Ist eine **Satzungsänderung** vorgesehen, muss diese in der Einberufung genau bezeichnet oder ein Änderungsentwurf beigefügt werden;[56] zumindest muss sich aus der Einberufung die geplante Änderung konkret 16

38 LG Bremen Rpfleger 1990, 262; *Reichert*, Rn 1412; Bamberger/Roth/Schwarz/*Schöpflin*, § 32 Rn 11.
39 OLG Hamm OLGZ 1965, 65; LG Bremen Rpfleger 1992, 304; Palandt/*Ellenberger*, § 32 Rn 3.
40 OLG Zweibrücken Rpfleger 1985, 31; Palandt/*Ellenberger*, § 32 Rn 3; Bamberger/Roth/Schwarz/*Schöpflin*, § 32 Rn 26.
41 AG Elmshorn NJW-RR 2001, 25; Palandt/*Ellenberger*, § 32 Rn 3.
42 BayObLGZ 1988, 170, 177; *Reichert*, Rn 1417.
43 *Reichert*, Rn 1253 f.
44 LG Hamburg, Urt. v. 3.1.2008, 319 O 135/07.
45 *K. Schmidt*, GesR, 4. Aufl. 2002, § 24 III 3 b; *Sauter/Schweyer/Waldner*, Rn 172.
46 Bamberger/Roth/Schwarz/*Schöpflin*, § 32 Rn 13.
47 BGHZ 100, 264, 267 = DB 1987, 1829 = NJW 1987, 2580 (zur GmbH); OLG Frankfurt NJW 1974, 189; Palandt/*Ellenberger*, § 32 Rn 3.
48 OLG Frankfurt OLGZ 1982, 418 = NJW 1983, 398 zur WEG.
49 OLG Frankfurt OLGZ 1984, 333; Bamberger/Roth/Schwarz/*Schöpflin*, § 32 Rn 14.
50 *Sauter/Schweyer/Waldner*, Rn 173; *K. Schmidt*, GesR, 4. Aufl. 2002, § 24 III 3 b.
51 BayObLG NJW-RR 1987, 1362; OLG Schleswig NJW-RR 1987, 1362.
52 BayObLGZ 2004, Nr. 37 = NZG 2004, 1017; MüKo/*Reuter*, § 32 Rn 17.
53 MüKo/*Reuter*, § 32, Rn 17.
54 BGH NJW 2008, 69 ff = ZIP 2007, 1942, 1945; BGHZ 64, 301, 304 f = NJW 1975, 1559; BGHZ 88, 119 = NJW 1987, 1811, 1812; BayObLG NJW 1973, 1086; OLG Köln WM 1990, 1068, 1070; OLG Zweibrücken Rpfleger 2002, 314.
55 BayObLG NJW 1973, 1086; Bamberger/Roth/Schwarz/*Schöpflin*, § 32 Rn 15.
56 OLG Schleswig NJW-RR 2002, 760 = NZG 2002, 438.

erschließen lassen.[57] Ein Tagesordnungspunkt „Feststellung des Kassenvoranschlags" ermöglicht nicht die Beschlussfassung über eine Beitragsfestsetzung; die „Ergänzungswahl zum Vorstand" eröffnet nicht dessen Abwahl.[58] Sieht die Tagesordnung allgemein gehaltene Punkte wie „Verschiedenes" oder „Antrag" vor, ist eine Beschlussfassung ausgeschlossen.[59]

17 Wenn die Satzung dies vorsieht, ist die **nachträgliche Ergänzung** der Tagesordnung um Dringlichkeitsanträge grundsätzlich möglich. Eine derartige, von Abs. 1 S. 2 abweichende Satzungsgestaltung setzt stets voraus, dass hinreichend bestimmt ist, unter welchen Voraussetzungen und bis zu welchem Zeitpunkt Dringlichkeitsanträge zulässig sind. Dies gilt in besonderem Maße, wenn der Dringlichkeitsantrag eine Satzungsänderung betrifft. Obwohl § 32 gemäß § 40 dispositiv ist, gebietet der Schutzgedanke des Gesetzes, dass die geplante Satzungsänderung den Mitgliedern noch so rechtzeitig vor der Versammlung mitgeteilt wird, dass ihnen genügend Zeit bleibt, sich auf den neuen Beratungsstoff sachgerecht vorzubereiten. Reicht die Zeit für die Wahrung einer solchen Nachfrist, deren Länge sich nach den Umständen des Einzelfalles richtet, nicht aus, ist die Satzungsänderung auf einer gesonderten Mitgliederversammlung zu beraten.[60] Eine verspätete Unterrichtung ist nur dann unschädlich, wenn bei Erscheinen sämtlicher Mitglieder diese stillschweigend auf eine Rüge verzichten.[61] Eine Heilung tritt dagegen nicht ein, wenn die Mitglieder nur zufällig, inoffiziell oder gerüchteweise von dem neuen Tagesordnungspunkt erfahren.[62]

III. Beschlussfassung der Mitgliederversammlung

18 Die Beschlussfassung hat grundsätzlich in einer Versammlung der Mitglieder zu erfolgen, Abs. 1 S. 1. Der Beschluss ist nach richtiger Auffassung kein Vertrag, sondern ein **Akt körperschaftlicher Willensbildung**.[63]

19 **1. Versammlungsleitung.** Die Mitgliederversammlung leitet der **Vorstandsvorsitzende** bzw. die in der Satzung bestimmte Person. Bei deren Nichterscheinen kann die Versammlung einen anderen Versammlungsleiter bestimmen.[64] Die Mitgliederversammlung kann ad hoc einen anderen zum Versammlungsleiter wählen, insbesondere wenn die Besorgnis der Befangenheit des Versammlungsleiters besteht.[65] Der Versammlungsleiter wahrt die Ordnung und den planmäßigen Versammlungsablauf; er übt das Hausrecht aus, kann die Redezeit begrenzen, störende Mitglieder oder Gäste der Versammlung verweisen und die Versammlung schließen;[66] letztere Entscheidung ist selbst dann bindend, wenn die Tagesordnung noch nicht vollständig abgehandelt ist.[67]

20 **2. Beschlussfähigkeit.** Der Versammlungsleiter stellt die Beschlussfähigkeit der Versammlung fest. Das **notwendige Quorum** folgt aus der Satzung; enthält diese keine Regelungen, ist die Mitgliederversammlung – vorbehaltlich einer ordnungsgemäßen Einberufung – schon bei Anwesenheit eines Mitglieds beschlussfähig.[68] Die Satzung kann vorsehen, dass nach Feststellung der Beschlussunfähigkeit in der folgenden Versammlung ein geringeres oder gar kein Quorum gelten soll. Die Einladung zur 2. Versammlung kann mit Hinweis auf die betreffende Satzungsbestimmung bereits als Eventualeinladung mit der zur 1. Versammlung verbunden werden.[69]

21 **3. Stimmabgabe.** Die Stimmabgabe des Mitglieds ist eine **empfangsbedürftige Willenserklärung** unter Anwesenden,[70] die mit der Wahrnehmung durch den Versammlungsleiter oder die anderen Mitglieder wirksam wird.[71] Gemäß §§ 32 Abs. 1 S. 3, 38 S. 2 ist das Stimmrecht persönlich auszuüben; bei juristischen Personen geschieht dies durch das zuständige Organ, sofern die Satzung nicht die Abstimmung durch Bevollmächtigte gestattet.[72] Hat ein Mitglied mehrere Stimmen, kann es sie nach hM auch uneinheitlich abgeben.[73] Ein Teil der Literatur hält dies hingegen nur dann für zulässig, wenn das Mitglied die Stimmen aufgrund von Stimm-

57 BayObLGZ 1972, 29 = Rpfleger 1972, 132.
58 OLG Köln OLGZ 1984, 401 = Rpfleger 1984, 470.
59 KG OLGZ 1974, 400.
60 BGHZ 99, 119, 122 ff = NJW 1987, 1811.
61 BGH NJW 1973, 235; OLG Frankfurt ZIP 1985, 221.
62 OLG Frankfurt ZIP 1985, 221.
63 BGHZ 52, 316, 318 = DB 1969, 2028 = NJW 1970, 33; OLG Frankfurt WM 1985, 1466, 1488; Bamberger/Roth/Schwarz/*Schöpflin*, § 32 Rn 21; Erman/*Westermann*, § 32 Rn 2; *K. Schmidt*, GesR, 4. Aufl. 2002, § 15 I 2.
64 BayObLGZ 1972, 329 = Rpfleger 1973, 20.
65 OLG Köln Rpfleger 1985, 447; MüKo/*Reuter*, § 32 Rn 19; vgl zum Aktienrecht NK-AktR/*Heidel*, Vor § 129 AktG Rn 6 ff.
66 MüKo/*Reuter*, § 32 Rn 20; *Sauter/Schweyer/Waldner*, Rn 185 ff.
67 BayObLGZ 1989, 298; KG OLGZ 1990, 316.
68 RGZ 82, 388; Soergel/*Hadding*, § 32 Rn 29; Palandt/*Ellenberger*, § 32 Rn 6.
69 BGH NJW-RR 1989, 376; BayObLG NJW-RR 2002, 1612 = NZG 2002, 1069; LG Bremen Rpfleger 1999, 132; AG Elmshorn NJW-RR 2001, 25; *Kölsch*, Rpfleger 1985, 137.
70 BGHZ 14, 264, 267 = NJW 1954, 1563; BGH NJW 2002, 3629.
71 BayObLGZ 1995, 407 = NJW-RR 1996, 524.
72 OLG Hamm NJW-RR 1990, 532.
73 RGZ 137, 305, 319 zur GmbH; Palandt/*Ellenberger*, § 32 Rn 8; Scholz/*K. Schmidt*, GmbHG, § 47 Rn 68; Spindler/Stilz/*Rieckers*, AktG, § 133 Rn 22 mwN.

rechtsvollmachten für andere Mitglieder abgibt und unterschiedlichen Bindungen unterliegt.[74] Die **Nichtigkeit oder Anfechtung** der Stimmabgabe bestimmt sich nach den allgemeinen Regeln über die Wirksamkeit von Willenserklärungen. Deshalb ist die Stimme eines Geschäftsunfähigen nach § 105 nichtig; ein Minderjähriger kann hingegen regelmäßig wirksam abstimmen, wenn dessen Erziehungsberechtigte ihre Einwilligung zur Mitgliedschaft erteilt haben.[75] Eine unwirksam abgegebene Stimme ist wie eine Stimmenthaltung zu behandeln, dh die gilt als nicht abgegeben. Der Verstoß gegen eine grundsätzlich zulässige Stimmrechtsabsprache führt nicht zur Unwirksamkeit der abredewidrig abgegebenen Stimme.[76]

4. Mehrheit. Für die Beschlussfassung genügt grundsätzlich die **Mehrheit der abgegebenen Stimmen;** Abs. 1 S. 3, der bis 2009 noch auf die Mehrheit der erschienenen Mitglieder abstellte, wurde redaktionell der Auslegung durch die Rechtsprechung des BGH angepasst, wonach Stimmenthaltungen und ungültige Stimmen ebenso wie die Stimmen nicht erschienener Mitglieder nicht zu berücksichtigen sind.[77] Zur Änderung der Satzung oder zur Vereinsauflösung bedarf es gemäß §§ 33 Abs. 1 S. 1, 41 S. 2 einer 3/4-Mehrheit der erschienenen Mitglieder, zur Änderung des Vereinszwecks gar der Zustimmung aller Mitglieder, § 33 Abs. 1 S. 2. Diese Regelungen sind gemäß §§ 40, 41 S. 2 dispositiv und daher abweichenden Gestaltungen durch die Satzung zugänglich. Einer absoluten Mehrheit bedarf es jedoch auch dann, wenn die Satzung eine Beschlussfassung durch „einfache" Mehrheit vorsieht.[78] Mögliche abweichende Gestaltungen der Abstimmungsart durch die Satzung sind zB die Gestattung von Stimmhäufungen,[79] von Block- oder von Listenwahl.[80] 22

Stets muss bei Wahlen von Organmitgliedern eine Chancengleichheit aller Bewerber sichergestellt werden; sie kann durch einen parteiischen Versammlungsleiter oder durch die Gestaltung der Stimmzettel verletzt sein.[81] Der Versammlungsleiter entscheidet in Ermangelung einer Satzungsbestimmung über den **Abstimmungsmodus**. Durch Widerspruch kann die Mitgliederversammlung die Entscheidung über die Abstimmungsart an sich ziehen. Eine Pflicht zur geheimen Abstimmung besteht auch auf Antrag nicht.[82] Bei der Stimmenzählung darf der Versammlungsleiter die sog. Subtraktionsmethode verwenden, wenn diese nach den Umständen des Einzelfalls geeignet erscheint.[83] Ob die Beschlussfassung ggf zu protokollieren ist, bleibt nach § 58 Nr. 4 grundsätzlich der Satzung überlassen. Für den e.V. ist jedoch nach richtiger Ansicht aufgrund der Vorschriften über die Eintragung zum Vereinsregister für zahlreiche Fälle eine **schriftliche Dokumentation** der Beschlussfassung zu fordern (dazu § 58 Rn 7). 23

IV. Beschlussmängel

1. Vorliegen eines Mangels. Das Beschlussmängelrecht ist beim Verein nicht gesetzlich geregelt. Es gelten andere Regeln als im Aktien- oder Genossenschaftsrecht. Deren Sonderregelungen in §§ 241 ff AktG, § 51 GenG sind weder direkt noch analog anzuwenden.[84] Die Differenzierung zwischen Anfechtbarkeit und **Nichtigkeit** kennt das Vereinsrecht nicht. Auch finden teilweise vertretene[85] Differenzierungen zwischen angeblich sanktionslosen Ordnungsverstößen und Normverletzungen mit der Folge der Rechtswidrigkeit keine Grundlage im Gesetz und führen nur zu Abgrenzungsschwierigkeiten. Ein Beschluss, der an einem erheblichen Fehler leidet, ist stets und ohne weiteres nichtig. Das ist grundsätzlich bei Verstoß gegen eine zwingende Gesetzesvorschrift oder gegen die Satzung der Fall.[86] Bei Verletzung nur untergeordneter Verfahrensvorschriften bedarf es zur Nichtigkeit des Widerspruchs eines betroffenen Mitglieds binnen angemessener Frist.[87] 24

74 Staudinger/*Weick*, § 32 Rn 20; MüKo/*Reuter*, § 32 Rn 38 f; *Sauter/Schweyer/Waldner*, Rn 200; *Reichert*, Rn 1536 ff.
75 KG OLG 15, 324; Soergel/*Hadding*, § 32 Rn 26.
76 RGZ 165, 78 zur AG; Palandt/*Ellenberger*, § 32 Rn 8.
77 BT-Drucks. 16/12813, S. 10 f; BGHZ 83, 35, 36 = DB 1982, 1051 = NJW 1982, 1585; OLG Köln NJW-RR 1994, 1547 = SpuRt 1994, 241; *Reuter*, NZG 2009, 1368, 1371; vgl auch §§ 133 Abs. 1 AktG, 47 Abs. 1 GmbHG, 43 Abs. 2 S. 1 GenG; zum Erfordernis einer absoluten Mehrheit BGH NJW 1974, 183; WM 1975, 1041; *Keilbach*, DNotZ 1997, 846, 864.
78 OLG München NZG 2008, 351; BayObLG FGPrax 1996, 73 = DB 1996, 386; Palandt/*Ellenberger*, § 32 Rn 7; krit. *Keilbach*, DNotZ 1998, 597.
79 BGHZ 106, 67, 72 f = NJW 1989, 1090.
80 BGHZ 106, 193 = NJW 1989, 1150; BGH NJW 1989, 1213; BayObLG NJW-RR 2001, 537 = Rpfleger 2001, 242.
81 BGH WM 1985, 1474; OLG Frankfurt ZIP 1985, 225.
82 BGH NJW 1970, 46; Palandt/*Ellenberger*, § 32 Rn 7.
83 BGHZ 152, 63 = DB 2003, 1169 = ZIP 2003, 437 zur Wohnungseigentümerversammlung.
84 BGH ZIP 2007, 1942, 1945; BGHZ 59, 369, 371 f = NJW 1973, 235; BGH NJW 1971, 879 f; BGH NJW 1975, 2101; OLG Saarbrücken NZG 2008, 677; OLG Hamm NJW-RR 1997, 989 = SpuRt 1999, 67; Palandt/*Ellenberger*, § 32 Rn 9; Soergel/*Hadding*, § 32 Rn 14; *Reichert*, Rn 1993; *Keilbach*, DNotZ 2001, 671, 680 f; aA *K. Schmidt*, GesR, 4. Aufl. 2002, § 15 II 3; MüKo/*Reuter*, § 32 Rn 56 ff; *Terner*, NJW 2008, 16, 18 f; *Richert*, NJW 1957, 1543 ff.
85 MüKo/*Reuter*, § 32 Rn 52 mwN.
86 BGHZ 59, 369, 372 = DB 1973, 178 = NJW 1973, 235; BGH NJW 1971, 679; BGH NJW 1975, 2101.
87 KG OLGZ 1971, 480, 483 f = Rpfleger 1971, 396; LG Bremen Rpfleger 1990, 466; Staudinger/*Weick*, § 32 Rn 27; Soergel/*Hadding*, § 32 Rn 18; *Sauter/Schweyer/Waldner*, Rn 213; *Keilbach*, DNotZ 2001, 671, 681.

25 Ein **Beschluss ist grundsätzlich nichtig**: bei fehlerhafter Einberufung, wenn sie ohne ordnungsgemäßen Vorstandsbeschluss,[88] von einem unzuständigen Organ,[89] von einem abgewählten oder nicht im Vereinsregister eingetragenen Vorstand[90] ausgesprochen wurde oder wenn die Mitgliederversammlung zu einer unzumutbaren Zeit oder zu einem unzumutbaren Ort einberufen wurde, vgl Rn 12.[91] Das Gleiche gilt bei Nichteinladung eines Teils der Mitglieder,[92] bei verwirrender Kollision mit einer zeitgleichen weiteren Einberufung[93] oder mangels ordnungsgemäßer Mitteilung der Tagesordnung nach Abs. 1 S. 2.[94] Ebenfalls ohne Widerspruch nichtig sind die auf eine unzulässige Eventualeinberufung hin gefassten Beschlüsse[95] oder solche, die ohne ein unwirksam ausgeschlossenes Mitglied gefasst wurden[96] oder bei denen Nichtmitglieder mitgestimmt haben.[97] Wird Letzteres durch ein Mitglied im Prozess behauptet, so hat der Verein darzulegen und ggf zu beweisen, dass kein Nichtberechtigter mitgestimmt hat.[98] Nichtig ist auch der ein Sonderrecht iSv § 35 beeinträchtigende Beschluss, sofern der Rechtsinhaber nicht zumindest konkludent seine Zustimmung erklärt. Ein Beschluss ist **nur auf Widerspruch in der Mitgliederversammlung hin nichtig** bei Nichteinladung eines einzelnen Mitglieds[99] oder bei Verletzung der satzungsmäßig vorgesehenen Ladungsfrist.[100]

26 **2. Relevanz.** In allen Fällen tritt jedoch dann keine Nichtigkeit ein, wenn es an der Relevanz fehlt, dh wenn der Fehler für die Ausübung der Mitgliedschaftsrechte eines objektiv urteilenden Vereinsmitglieds nicht relevant ist.[101] Nach der früheren Rechtsprechung des BGH führte es dagegen nur dann zur Nichtigkeit, wenn der Beschluss auf dem Fehler beruhte.[102] Der Verein, der sich auf die Wirksamkeit und Satzungsmäßigkeit des Beschlusses beruft, ist hinsichtlich der streitigen Tatsachen darlegungs- und beweisbelastet.[103] Ein nichtiger Beschluss wird gemäß § 141 geheilt durch Bestätigung der Beschlussfassung in ordnungsgemäßer Form.[104] Betrifft die verletzte Gesetzes- oder Satzungsbestimmung nur den Schutz einzelner Mitglieder, wird der Mangel geheilt, wenn die betroffenen Mitglieder zustimmen.[105]

27 **3. Verfahrensrechtliche Geltendmachung.** Das betroffene Vereinsmitglied hat den zur Nichtigkeit führenden Verstoß zunächst erschöpfend durch etwaige **vereinsinterne Rechtsbehelfe** geltend zu machen;[106] diese haben regelmäßig aufschiebende Wirkung.[107] Eine Klage kann, wenn vorangig geltend zu machende vereinsinterne Rechtsbehelfe vorgesehen sind, nur in Ausnahmefällen entsprechend § 315 Abs. 3 S. 2 sofort erhoben werden, etwa wegen lebenswichtiger Interessen.[108] Antrags- bzw. klagebefugt sind neben Vereinsmitgliedern auch ein Organmitglied,[109] das selbst nicht Vereinsmitglied ist (sog. Fremdorgan), sofern seine Organstellung bzw. sein Organhandeln Gegenstand des anzugreifenden Beschluss ist. Das Recht zur Geltendmachung des Mangels kann nach sechs Monaten verwirkt sein.[110] Nach Erschöpfung des vereinsinternen Rechtsweges kann die Nichtigkeit durch **Feststellungsklage** gemäß § 256 ZPO geltend gemacht werden,[111] die gegen den Verein zu richten ist.[112] Die Aktivlegitimation setzt grundsätzlich voraus, dass der Kläger bei

88 BayObLGZ 1963, 15, 18; OLG Schleswig NJW 1960, 1862; KG OLGZ 1978, 272, 276, krit. *Reichert*, Rn 1252.

89 BayObLGZ 1989, 298; vgl auch BGHZ 18, 334, 335 f = NJW 1955, 1917 zur Genossenschaft; BGHZ 87, 1, 2 ff = DB 1983, 1248 = NJW 1983, 1677 zur GmbH.

90 OLG Brandenburg RNotZ 2007, 343 = OLGR 2007, 876.

91 OLG Frankfurt OLG 282 418 = NJW 1982, 398 (WEG); BayObLG NZG 2004, 1017 = BayObLGZ 2004, Nr. 37; Palandt/*Ellenberger*, § 32 Rn 9; aA wohl Staudinger/*Weick*, § 32 Rn 27.

92 BGH NJW-RR 2006, 831; BGHZ 59, 369, 373 = NJW 1973, 235; BayObLG NJW-RR 1997, 289 = FGPrax 1996, 232; Palandt/*Ellenberger*, § 32 Rn 9.

93 OLG Stuttgart Rpfleger 2004, 106, 107; *Reichert*, Rn 778.

94 BGH NJW 2008, 69 ff = ZIP 2007, 1942, 1945; BGH ZIP 1987, 446; BayObLG Rpfleger 1979, 196; OLG Zweibrücken FGPrax 2002, 80 = NZG 2002, 436.

95 BayObLG NJW-RR 2002, 1612 = Rpfleger 2003, 90.

96 Bamberger/Roth/Schwarz/*Schöpflin*, § 25 Rn 82.

97 BGHZ 49, 209, 211 = DB 1968, 1406 = NJW 1968, 543.

98 BGHZ 49, 209, 211 = DB 1968, 1406 = NJW 1968, 543.

99 KG OLGZ 1971, 480; LG Gießen Rpfleger 1998, 523.

100 KG OLGZ 1971, 480; LG Gießen Rpfleger 1998, 523; BayObLG NJW-RR 1997, 289 = FGPrax 1996, 232.

101 BGH ZIP 2007, 1942, 1946 = NJW 2008, 69 ff; BGHZ 160, 385, 391 f = ZIP 2004, 2428; BGHZ 153, 32, 37 = ZIP 2003, 290, 292.

102 BGHZ 59, 369, 374.

103 BGH ZIP 2007, 1942, 1946; BGHZ 49, 209, 211 = NJW 1968, 543; BGHZ 59, 369, 375 = DB 1973, 178 = NJW 1973, 235; BGH DB 1998, 124 = NJW 1998, 684; BayObLG NJW-RR 1997, 289 = FGPrax 1996, 232; OLG Köln OLGZ 1984, 401, 403; OLG Zweibrücken NZG 2002, 436, 437 = Rpfleger 2002, 315.

104 BGHZ 49, 209 = DB 1968, 1406 = NJW 1968, 543; BGHZ 59, 369, 373 = DB 1973, 178 = NJW 1973, 235; OLG Zweibrücken NZG 2002, 436, 437 = Rpfleger 2002, 315; Soergel/*Hadding*, § 32 Rn 16.

105 OLG Frankfurt OLGZ 1984, 11 zur GmbH; Palandt/*Ellenberger*, § 32 Rn 10; *Keilbach*, DNotZ 2001, 671, 682.

106 KG NJW 1988, 3159; vgl auch BGHZ 47, 172 = NJW 1967, 1268; BGHZ 49, 396 = NJW 1968, 1131.

107 BayObLGZ 1988, 170.

108 Palandt/*Ellenberger*, § 25 Rn 19.

109 Staudinger/*Weick*, § 32 Rn 28 zur Klagebefugnis des geschäftsführenden Vereinsorgans mit Verweis auf RGZ 122, 266, 269.

110 OLG Hamm NJW-RR 1997, 989; aA OLG Saarbrücken NZG 2008, 677 = NJW-Spezial 2008, 497: Verwirkung bereits nach einem Monat.

111 BGH NJW 2008, 69 = NZG 2007, 826; OLG Saarbrücken NZG 2008, 677 = DStR 2008, 1746; OLG Celle NJW-RR 1994, 1547 = SpuRt 1994, 241.

112 LG Frankfurt NJW-RR 1998, 28.

Beschlussfassung und bei Rechtshängigkeit Vereinsmitglied ist,[113] es sei denn, Gegenstand der Nichtigkeitsklage ist ein Beschluss über den Vereinsausschluss des Klägers oder es handelt sich um eine Klage eines Fremdorgans. Die Klage ist wegen Rechtsmissbrauchs unzulässig, wenn das klagende Mitglied dem Beschluss in Kenntnis des Verstoßes zugestimmt hat.[114] Der Kläger trägt die Beweislast für den behaupteten Nichtigkeitsgrund;[115] der Verein ist hingegen bzgl. der Nichtberuhensfrage beweisbelastet (s. Rn 24). Die Wirkung des Urteils hängt von der Art des Ausspruchs ab. Ein abweisendes Urteil wirkt nur inter partes, während ein Ausspruch der Nichtigkeit neben dem Verein für und gegen alle Mitglieder wirkt.[116]

V. Beschlussfassung ohne Versammlung (Abs. 2)

Nach Abs. 2 ist eine Beschluss bei schriftlicher Zustimmung aller Mitglieder auch dann gültig, wenn er ohne Mitgliederversammlung zustande gekommen ist. Daraus ist abzuleiten, dass an Stelle der Mitgliederversammlung stets die Gesamtheit der Mitglieder tätig werden kann. Dies kann zB durch sog. **Online-Versammlungen** geschehen.[117] Die Möglichkeit von Online-Versammlungen kann – unabhängig von den Voraussetzungen des Abs. 2 – durch entsprechende Satzungsbestimmungen eröffnet werden.[118] Analog Abs. 2 besteht die Möglichkeit aber auch ohne satzungsrechtliche Grundlage, sofern alle Mitglieder ihre Zustimmung erklären. **28**

§ 33 Satzungsänderung

(1) ¹Zu einem Beschluss, der eine Änderung der Satzung enthält, ist eine Mehrheit von drei Vierteln der abgegebenen Stimmen erforderlich. ²Zur Änderung des Zweckes des Vereins ist die Zustimmung aller Mitglieder erforderlich; die Zustimmung der nicht erschienenen Mitglieder muss schriftlich erfolgen.

(2) Beruht die Rechtsfähigkeit des Vereins auf Verleihung, so ist zu jeder Änderung der Satzung die Genehmigung der zuständigen Behörde erforderlich.

Literatur: *Beuthien*, Mehrheitsprinzip und Minderheitenschutz im Vereinsrecht, BB 1987, 6; *ders.*, Besonderer Minderheitenschutz in genossenschaftlichen Prüfungs- und Interessenverbänden, DB 1997, 361; *Beuthien/Gätsch*, Vereinsautonomie und Satzungsrechte Dritter, ZHR 156 (1992), 459; *Flume*, Vereinsautonomie und kirchliche oder religiöse Vereinsfreiheit und das Vereinsrecht, JZ 1992, 238; *Haas*, Zur Einführung von Schiedsklauseln durch Satzungsänderungen in Vereinen, ZGR 2001, 325; *Häuser/van Look*, Zur Änderung des Zwecks beim eingetragenen Verein, ZIP 1986, 749; *Heermann*, Die Ausgliederung von Vereinen auf Kapitalgesellschaften, ZIP 1998, 1249; *Lindemeyer*, Zur Unwirksamkeit eines durch die Mitgliederversammlung eines Vereins gefaßten Beitragserhöhungsbeschlusses und zur gerichtlichen Geltendmachung der Unwirksamkeit, BB 1997, 227; *Steinbeck*, Vereinsautonomie und Dritteinfluss, 1999. Siehe auch bei Vorbemerkungen zu §§ 21 ff.

A. Allgemeines

Das Erfordernis einer qualifizierten Mehrheit für Satzungsänderungen gemäß Abs. 1 S. 1 schützt das Mitspracherecht der Minderheit bei substanziellen Veränderungen des Vereins.[1] Noch stärker kommt der **Minderheitenschutz** in Abs. 1 S. 2 zum Ausdruck, der zur Änderung des Vereinszwecks, dh des Wesens des Vereins, eine Zustimmung aller Mitglieder verlangt. Abs. 2 trägt dem Konzessionssystem Rechnung (s. dazu Vor § 21 Rn 3), so dass Satzungsänderungen in den betreffenden Fällen erst ex nunc mit der staatlichen Genehmigung wirksam werden.[2] Abs. 2 sollte nach dem Reformentwurf des Bundesjustizministeriums als **1**

113 BGH NJW 2008, 69 = ZIP 2007, 1942, 1948; Palandt/*Ellenberger*, § 32 Rn 11.
114 Vgl BayObLG NJW-RR 1992, 910 zu § 25 WEG.
115 BGHZ 49, 209, 212 f = DB 1968, 1406 = NJW 1968, 543.
116 BGH NJW-RR 1992, 1209.
117 *Roßnagel/Gitter/Opitz-Talidou*, MMR 2009, 383 ff; *Fleck*, DNotZ 2008, 245, 248 ff; Palandt/*Ellenberger*, § 32 Rn 1; *Erdmann*, MMR 2000, 526.
118 *Roßnagel/Gitter/Opitz-Talidou*, MMR 2009, 383 ff; *Fleck*, DNotZ 2008, 245, 248 ff; *Schwarz*, MMR 2003, 23; dieser auch zur Möglichkeit einer Online-Präsenz-Hauptversammlung im Aktienrecht; vgl dazu auch *Noack*, NZG 2003, 241, 247 ff.
1 MüKo/*Reuter*, § 33 Rn 1; Bamberger/Roth/Schwarz/*Schöpflin*, § 33 Rn 1.
2 Bamberger/Roth/Schwarz/*Schöpflin*, § 33 Rn 1; MüKo/*Reuter*, § 33 Rn 29.

Folge der geplanten Streichung der §§ 22, 23 ganz aufgehoben werden;[3] es kam jedoch in Abs. 2 nur zu einer Folgeänderung der Aufhebung des § 23 sowie zu einer redaktionellen Änderung in Abs. 1.[4]

B. Regelungsgehalt

I. Satzungsänderung

2 **1. Anwendungsbereich.** Das Quorum von drei Vierteln der erschienenen Mitglieder nach Abs. 1 S. 1 gilt für **jede Änderung** der Satzung, gleich, ob sie materieller oder rein formeller Natur ist. Das folgt aus dem Gesetzeswortlaut, der das notwendige Quorum ohne Differenzierung nach der Qualität der Änderung verlangt. Änderung iSd Vorschrift ist nach richtiger Ansicht daher jede Abänderung des Satzungstexts.[5] Bei nicht beurkundeten Satzungen ist anlässlich jeder Beschlussfassung auf eine Satzungsberührung zu achten. Als Änderungen gelten neben Veränderungen bestehender Teile auch Ergänzungen wie etwa die Einführung einer Schiedsgerichtsordnung[6] oder von Vereinsstrafen.[7] Auch als Satzungsänderungen einzustufen sind redaktionelle Bereinigungen, zumal sie im Einzelfall kaum von Sinnveränderungen abzugrenzen sind.[8] Anderes gilt im Aktienrecht, wo die Hauptversammlung dem Aufsichtsrat die Befugnis zu redaktionellen Bereinigungen bzw. Fassungsänderungen der Satzung gemäß § 179 Abs. 1 S. 2 AktG übertragen kann.

3 **2. Abgrenzung.** Satzungsänderungen sind von sog. Satzungsdurchbrechungen und faktischen Satzungsänderungen zu unterscheiden. **Satzungsdurchbrechungen** sind satzungswidrige Einzelfallbeschlüsse, dh Beschlüsse der Mitgliederversammlung, die für eine bestimmte Einzelmaßnahme die satzungsmäßig bestimmten Anforderungen missachten, ohne die Satzung selbst zu ändern.[9] Eine solche „Ausnahme von der Regel" ist selbst dann unzulässig, wenn sie mit satzungsändernder 3/4-Mehrheit beschlossen wird.[10] **Faktische Satzungsänderungen** sind, anders als Satzungsdurchbrechungen, keine Mitgliederversammlungsbeschlüsse, sondern Kompetenzüberschreitungen anderer Organe, etwa des Vorstands, durch die faktisch satzungswidrige Zustände geschaffen werden.[11] Auch wenn die geschaffenen Zustände in der Regel nach außen hin gemäß §§ 26 Abs. 2, 31 den Verein binden, sind sie keine Satzungsänderungen im eigentlichen Sinne.

4 **3. Änderungsmehrheit.** Die Satzungsänderung bedarf gemäß Abs. 1 S. 1 einer 3/4-Mehrheit der abgegebenen Stimmen; die Bestimmung der Mehrheit und der Begriff der abgegebenen Stimmen richten sich nach den allgemeinen Grundsätzen (vgl § 32 Rn 20). Gemäß § 40 kann die Satzung **abweichende Regelungen** zur Satzungsänderung treffen. Die Satzung kann daher abweichende Mehrheiten vorsehen oder gar die Kompetenz zu Satzungsänderungen einem anderen Organ zuschreiben.[12] Die Satzung kann Satzungsänderungen auch von der Zustimmung einzelner Mitglieder[13] oder eines Dritten abhängig machen, Letzteres gilt insbesondere für religiös ausgerichtete Vereine.[14] Ihre Grenze findet die Gestaltungsfreiheit hingegen dort, wo die Satzungsautonomie aufgegeben wird. Unzulässig ist es daher selbst bei religiösen Vereinen, über ein bloßes Vetorecht hinaus einem außenstehenden Dritten die Satzungsänderungskompetenz zu übertragen.[15] Streitig ist, ob eine mit entsprechender Mehrheit im Wege der Satzungsänderung eingefügte Schiedsklausel auch Mitglieder bindet, die dagegen gestimmt haben, wenn ein Vereinsaustritt nach den Umständen nicht zumutbar ist.[16]

3 Entwurf, Art. 1 Nr. 5 b), S. 3 (unveröffentlicht).

4 Vgl BT-Drucks. 16/12813, S. 11 zu Art. 1 Nr. 5 b; *Reuter*, NZG 2009, 1368, 1371.

5 BayObLG Rpfleger 1976, 56; Palandt/*Ellenberger*, § 33 Rn 1; Bamberger/Roth/Schwarz/*Schöpflin*, § 33 Rn 3; Staudinger/*Weick*, § 33 Rn 12; *K. Schmidt*, BB 1987, 556, 559; vgl auch BGHZ 18, 205, 207 = NJW 1955, 1717 zur GmbH; *Reichert*, Rn 595 ff; aA Sauter/Schweyer/*Waldner*, Rn 133; Soergel/*Hadding*, § 33 Rn 3: nur bei materiellen Änderungen.

6 RGZ 88, 395, 401; Staudinger/*Habermann*, § 71 Rn 2, § 33 Rn 12; *Haas*, SchiedsVZ 2007, 1, 5 ff; *ders.*, ZGR 2001, 325, 338 ff.

7 BGHZ 47, 172 = DB 1967, 855 = NJW 1967, 1268; Bamberger/Roth/Schwarz/*Schöpflin*, § 33 Rn 3; vgl auch OLG Hamm NJW-RR 2002, 389 ff = SpuRt 2002, 115.

8 So BayObLGZ 1975, 435, 438; 1978, 282, 286; Staudinger/*Weick*, § 33 Rn 13; MüKo/*Reuter*, § 33 Rn 1; aA RGRK/*Steffen*, § 33 Rn 1.

9 Vgl BGHZ 32, 17, 19 = NJW 1960, 866; BGHZ 123, 15, 19 = DB 1993, 1713 = NJW 1993, 2246 jeweils zur GmbH; Staudinger/*Weick*, § 33 Rn 11; MüKo/*Reuter*, § 33 Rn 10; Sauter/Schweyer/*Waldner*, Rn 134.

10 *Sauter/Schweyer/Waldner*, Rn 134; Palandt/*Ellenberger*, § 33 Rn 1.

11 Vgl BGHZ 83, 122, 130 = NJW 1982, 1703 zur AG; ebenso: Bamberger/Roth/*Schöpflin*, § 34 Rn 16.

12 BayObLGZ 1987, 161, 170; Palandt/*Ellenberger*, § 33 Rn 2; Soergel/*Hadding*, § 33 Rn 6, 16; Sauter/Schweyer/*Waldner*, Rn 135; aA *K. Schmidt*, GesR, 4. Aufl. 2002, § 5 I 3 b; differenzierend *Reichert*, Rn 1203 f; Bamberger/Roth/Schwarz/*Schöpflin*, § 33 Fn 12: Übertragung muss stets widerruflich sein.

13 BayObLGZ 1975, 435.

14 BVerfGE 83, 341, 359 f = NJW 1991, 2623; OLG Frankfurt OLGZ 1982, 309; KG OLGZ 1974, 385; Staudinger/*Weick*, § 33 Rn 8 f; *Reichert*, Rn 6355.

15 BVerfGE 83, 341, 360 = NJW 1991, 2623; OLG Frankfurt NJW 1983, 2576; Palandt/*Ellenberger*, § 33 Rn 2; Soergel/*Hadding*, § 33 Rn 7.

16 Gegen eine Verbindlichkeit der Schiedsklausel BGH NJW 2000, 1713; Palandt/*Ellenberger*, § 32 Rn 2; aA *Haas*, SchiedsVZ 2007, 1, 5 f.

II. Änderung des Vereinszwecks

5 Der Zweck des Vereins kann nach Abs. 1 S. 2 nur mit Zustimmung aller Vereinsmitglieder geändert werden. Der Vereinszweck ist der in der Satzung zum Ausdruck kommende **oberste Leitsatz** der Vereinstätigkeit.[17] Eine Änderung ist nur die grundsätzliche Neuorientierung der Vereinsziele. Gleichgültig ist, ob dies nur geschieht, weil dem ursprünglichen Vereinszweck die Grundlage entzogen wurde.[18] Keine Änderungen sind hingegen Zweckergänzungen, Zweckeinschränkungen[19] oder die Anpassung der Ziele an den Wandel der Zeit,[20] solange die grundlegende Leitidee beibehalten wird. Gleichwohl bedürfen solche Änderungen einer Anpassung der Satzung mit dem dafür notwendigen Quorum. Zur Gemeinnützigkeit des Vereins und der damit verbundenen steuerrechtlichen Problematik s. Anhang zu § 21.

6 Die zur Zweckänderung notwendige **Zustimmung** aller Mitglieder kann auch **konkludent** erklärt werden, etwa durch Hinnahme einer mehrheitlich beschlossenen Änderung.[21] Das Einstimmigkeitserfordernis kann gemäß § 40 durch Satzungsbestimmung abbedungen werden. Es bleibt indes bei der Regelung des Abs. 1 S. 2, wenn die Satzung nur für Satzungsänderungen ein geringeres als das gesetzliche Quorum vorschreibt.[22] Einer einstimmigen Zustimmung sämtlicher Mitglieder bedarf es neben der Zweckänderung auch bei einem **Rechtsformwechsel** gemäß § 275 UmwG oder wenn unter Beibehaltung des Vereinszwecks sämtliche Mitglieder ausgewechselt werden.[23] Vorbehaltlich einer abweichenden Satzungsbestimmung müssen grundsätzlich auch bei der Schaffung von Sonderrechten iSv § 35 alle Mitglieder zustimmen, da ein Einschnitt in das Recht auf mitgliedschaftliche Gleichbehandlung vorliegt (s. § 35 Rn 3 und § 38 Rn 9).

III. Wirksamwerden

7 Sowohl Satzungs- als auch Zweckänderung bedürfen gemäß Abs. 2 zu ihrer Wirksamkeit **staatlicher Genehmigung**, sofern die Rechtsfähigkeit des Vereins auf staatlicher Verleihung beruht. Diese Regelung gilt folglich für wirtschaftliche Vereine nach § 22 (vgl § 22 Rn 2 ff) sowie uU für altrechtliche Vereine;[24] durch Abschaffung von § 23 sind ausländische Vereine im Sinne von § 23 aF jedenfalls für die Zukunft aus dem Anwendungsbereich der Norm herausgefallen; ausländische Vereine, denen in der Vergangenheit nach § 23 aF Rechtsfähigkeit verliehen wurde, bleiben rechtsfähig und daher im Anwendungsbereich von § 33 Abs. 2.[25] Für den e.V. sind die Änderungen hingegen nach § 71 Abs. 1 S. 1 in das Vereinsregister einzutragen; die **Eintragung** wirkt sowohl im Verhältnis zu Dritten als auch zu den Mitgliedern **konstitutiv**.[26] Für die Eintragung gelten die allgemeinen Regeln (s. dazu § 71 Rn 2 ff). Beim nichtrechtsfähigen Verein, für den Abs. 1 analog gilt, ist die Satzungsänderung unmittelbar mit Beschlussfassung wirksam.[27]

§ 34 Ausschluss vom Stimmrecht

Ein Mitglied ist nicht stimmberechtigt, wenn die Beschlussfassung die Vornahme eines Rechtsgeschäfts mit ihm oder die Einleitung oder Erledigung eines Rechtsstreits zwischen ihm und dem Verein betrifft.

Literatur: Siehe bei Vorbemerkungen zu §§ 21 ff sowie bei § 32.

17 BGHZ 96, 245, 251 f = DB 1986, 473 = NJW 1986, 1083; BayObLG Rpfleger 2001, 307 = NJW-RR 2001, 1260; ähnlich Palandt/*Ellenberger*, § 33 Rn 3; Bamberger/Roth/Schwarz/*Schöpflin*, § 33 Rn 7; *Häuser/van Look*, ZIP 1986, 749, 754.
18 BGHZ 49, 175, 179 = DB 1968, 391 = NJW 1968, 545; BayObLG NJW-RR 2001, 307 = NJW-RR 2001, 1260; Soergel/*Hadding*, § 33 Rn 9.
19 LG Bremen Rpfleger 1989, 415; Bamberger/Roth/Schwarz/*Schöpflin*, § 33 Rn 7.
20 BayObLG NJW-RR 2001, 1260 = Rpfleger 2001, 307; Palandt/*Ellenberger*, § 33 Rn 3; *K. Schmidt*, BB 1987, 556, 558.
21 BGHZ 16, 143, 150 f = NJW 1955, 457; BGHZ 23, 122, 129 = NJW 1957, 497; BGHZ 25, 311, 316 = DB 1957, 1097 = NJW 1957, 1800.
22 OLG Köln NJW-RR 1996, 1180; Bamberger/Roth/Schwarz/*Schöpflin*, § 33 Rn 12.
23 BGH NJW 1980, 2707; vgl bereits BGH NJW 1955, 381, 386; Soergel/*Hadding*, § 33 Rn 10; *Reichert*, Rn 599 ff, 603 zum Wechsel aller Mitglieder.
24 KG Rpfleger 2004, 417 = OLG-NL 2004, 101.
25 Vgl BT-Drucks. 16/12813, S. 10 f.
26 BGHZ 23, 122, 128 = NJW 1957, 497; BFH BStBl II 2001 S. 518 = NJW-RR 2002, 318; OLG Köln NJW 1964, 1575; Staudinger/*Habermann*, § 71 Rn 1.
27 MüKo/*Reuter*, § 33 Rn 28.

A. Allgemeines

1 Der Ausschluss nach § 34 dient zum einen der Vermeidung von **Interessenkollisionen** der betroffenen Mitglieder bei der Stimmabgabe und zum anderen dem Schutz des Vereins sowie der anderen Mitglieder vor einer treuwidrigen Stimmrechtsausübung des betroffenen Mitglieds. Der Stimmrechtsausschluss ist gemäß § 40 **zwingend** und kann durch die Satzung erweitert,[1] nicht aber eingeschränkt werden.

B. Regelungsgehalt

I. Reichweite des Verbots

2 Das Verbot betrifft seinem Wortlaut nach Rechtsgeschäfte und Rechtsstreite zwischen Mitglied und Verein. Ein Mitstimmen des betroffenen Mitglieds wäre ein **Insichgeschäft** oder jedenfalls eine vergleichbare Konstellation bzw ein „Richten in eigener Sache" und soll daher vermieden werden.

3 **1. Subjektiver Anwendungsbereich.** Der Ausschluss gilt unmittelbar für die Stimmabgabe in der Mitgliederversammlung im Verein sowie analog für den nichtrechtsfähigen Verein.[2] Die Vorschrift wird auf die Mitglieder anderer Vereinsorgane, insbesondere des Vorstands, entsprechend angewendet.[3] Vergleichbare Wertungen wie in § 34 finden sich in anderen gesellschaftsrechtlichen Vorschriften, vgl § 136 Abs. 1 AktG, § 47 Abs. 4 GmbHG, § 43 Abs. 6 GenG, § 25 Abs. 5 WEG. Analog wird der Stimmrechtsausschluss aus § 34 auf die GbR, OHG und KG,[4] die Erben- und Bruchteilsgemeinschaft,[5] den Gläubigerausschuss,[6] auf öffentlich-rechtliche Körperschaften[7] sowie auf die Mitglieder des Aufsichtsrates der AG[8] angewendet. Trotz der vielfach analogen Anwendung des § 34 und ähnlichen Sondervorschriften besteht **kein allgemeiner Rechtsgrundsatz**, wonach ein Interessenwiderstreit im Gesellschaftsrecht stets zum Stimmrechtsverlust führt.[9]

4 **2. Objektiver Anwendungsbereich.** In der Sache betrifft das Verbot sowohl alle **Rechtsgeschäfte** zwischen Mitglied und Verein wie auch geschäftsähnliche Handlungen (zB Mahnung, Fristsetzung).[10] Zudem hat das Mitglied auch kein Stimmrecht in Fällen des „**Richtens in eigener Sache**". Das sind etwa Beschlüsse über seine Inanspruchnahme auf Schadensersatz[11] oder die Verhängung einer Vereinsstrafe,[12] über das Mitglied betreffende Weisungen an den Vorstand;[13] über seinen Vereinsausschluss aus wichtigem Grund[14] oder seine Abberufung als Organmitglied aus wichtigem Grund.[15] Keinem Stimmrechtsausschluss unterliegt das Mitglied bei seiner eigenen Bestellung zum Organmitglied[16] oder seiner Abwahl ohne besonderen Grund.[17] Das Stimmverbot gilt grundsätzlich nicht bei Rechtsgeschäften mit nahen Angehörigen oder mit Gesellschaften, an denen das Mitglied beteiligt ist,[18] es sei denn, das Mitglied ist mit der Gesellschaft wirtschaftlich identisch oder beherrscht diese.[19]

1 Soergel/*Hadding*, § 34 Rn 10; Bamberger/Roth/Schwarz/*Schöpflin*, § 34 Rn 12; *Reichert*, Rn 1578 f mit Beispielen.

2 MüKo/*Reuter*, § 34 Rn 4; Soergel/*Hadding*, § 34 Rn 2; Bamberger/Roth/Schwarz/*Schöpflin*, § 34 Rn 2.

3 Palandt/*Ellenberger*, § 34 Rn 1; MüKo/*Reuter*, § 34 Rn 4; Soergel/*Hadding*, § 34 Rn 2; *Ulmer*, NJW 1982, 2288, 2289.

4 RGZ 136, 236, 245; 162, 370, 372; Bamberger/Roth/Schwarz/*Schöpflin*, § 34 Rn 2.

5 BGHZ 34, 367, 371 = NJW 1961, 1299; BGHZ 56, 47, 52 = DB 1971, 910 = NJW 1971, 1265, 1267.

6 BGH ZIP 1985, 423.

7 BVerwG DÖV 1970, 353.

8 BGH ZIP 2007, 1056 f.

9 BGHZ 56, 47, 53 = NJW 1971, 1265; BGHZ 68, 107, 109 = DB 1977, 715 = NJW 1977, 850; BGHZ 80, 69, 71 = NJW 1981, 1512; BGHZ 97, 28 = DB 1986, 853 = NJW 1986, 2051; Palandt/*Ellenberger*, § 34 Rn 3; Soergel/*Hadding*, § 34 Rn 2.

10 BGH NJW 1991, 172, 173.

11 BGHZ 97, 28 = DB 1986, 853 = NJW 1986, 2051; BGHZ 108, 21 = NJW 1989, 2694, jeweils zur GmbH; Palandt/*Ellenberger*, § 34 Rn 2.

12 *K. Schmidt*, GesR, 4. Aufl. 2002, § 21 II 2 a bb; MüKo/*Reuter*, § 34 Rn 14; Soergel/*Hadding*, § 34 Rn 7; Bamberger/Roth/Schwarz/*Schöpflin*, § 34 Rn 8; aA Palandt/*Ellenberger*, § 34 Rn 3.

13 BGHZ 68, 107, 112 = DB 1977, 715 = NJW 1977, 850 (zur GmbH); Soergel/*Hadding*, § 34 Rn 4.

14 BGHZ 86, 177, 179 = DB 1983, 381 = NJW 1983, 938; BayObLG NJW-RR 1986, 1499, 1500; OLG Düsseldorf GmbHR 1989, 468, 469, jeweils zur GmbH; Bamberger/Roth/Schwarz/*Schöpflin*, § 34 Rn 8.

15 BGHZ 9, 157, 178 = NJW 1953, 780; BGH WM 1990, 677, 678 jeweils zur GmbH; MüKo/*Reuter*, § 34 Rn 16; Bamberger/Roth/Schwarz/*Schöpflin*, § 34 Rn 8; *Reichert*, Rn 1576; aA OLG Köln NJW 1968, 992; Palandt/*Ellenberger*, § 34 Rn 3; Staudinger/*Weick*, § 34 Rn 15; Sauter/Schweyer/*Waldner*, Rn 202.

16 BGHZ 18, 205, 210 = NJW 1955, 1717; BGHZ 51, 209, 215 = DB 1969, 299 = NJW 1969, 841 zur GmbH; BGH NJW 2002, 3704, 3707 zur WEG; aA Soergel/*Hadding*, § 34 Rn 5 Fn 24.

17 BayObLG NJW-RR 1986, 1499; OLG Düsseldorf GmbHR 1989, 468, 469.

18 Vgl jedoch *Reichert*, Rn 1579 zu satzungsmäßig erweiterten Stimmverboten.

19 BGHZ 56, 47, 53 f = NJW 1971, 1265, 1267; BGHZ 68, 107, 110 = NJW 1977, 850; BGHZ 80, 69, 71 = DB 1981, 931 = NJW 1981, 1512; Soergel/*Hadding*, § 34 Rn 8.

II. Rechtsfolgen

Der Ausschluss gemäß § 34 bewirkt nur ein Verbot, bei den betreffenden Beschlussfassungen **mitzustimmen**. Eine Teilnahme an der beschließenden Versammlung und der dem Beschluss vorangehenden Diskussion ist dem Mitglied jedoch unbenommen. Ein Verstoß gegen § 34 führt nicht zur Nichtigkeit des Beschlusses, wenn der Verein beweist, dass die ungültige Stimme keinen Einfluss auf das Abstimmungsergebnis gehabt hat,[20] vgl zur Nichtigkeit von Mitgliederversammlungsbeschlüssen § 32 Rn 22 ff 5

§ 35 Sonderrechte

Sonderrechte eines Mitglieds können nicht ohne dessen Zustimmung durch Beschluss der Mitgliederversammlung beeinträchtigt werden.

Literatur: Siehe bei Vorbemerkungen zu §§ 21 ff und bei § 32.

A. Allgemeines

§ 35 schützt den Sonderrechtsinhaber vor **unfreiwilligen Rechtsbeeinträchtigungen** durch die Versammlungsmehrheit. Die Vorschrift bietet einen nachhaltigen Schutz, da gemäß § 40 abweichende Satzungsbestimmungen unzulässig sind.[1] § 35 bildet einen **allgemeinen gesellschaftsrechtlichen Grundsatz** und gilt daher auch für andere juristische Personen des Privatrechts[2] sowie für Personengesellschaften.[3] 1

B. Regelungsgehalt

I. Sonderrechte

1. Begriff. Ein Sonderrecht ist eine auf der Vereinsmitgliedschaft beruhende, über die allgemeine Rechtsstellung der Mitglieder hinausreichende Rechtsposition, die auf satzungsmäßiger Grundlage als **unentziehbares Recht** ausgestaltet ist.[4] Maßgeblich für das Vorliegen dieser Voraussetzungen, insbesondere für die unentziehbare Ausgestaltung des zuerkannten Rechts, ist die Auslegung der Satzung.[5] Abzugrenzen sind Sonderrechte zum einen von Drittgläubigerrechten, die dem Mitglied unabhängig von seiner Mitgliedschaft aus einem Rechtsgeschäft mit dem Verein zustehen. Zum anderen sind solche Rechtspositionen keine Sonderrechte, die Bestandteil der allgemeinen Mitgliedschaft sind, auch wenn sie durch die Satzung unentziehbar ausgestaltet sind.[6] 2

2. Rechtsinhaber. Träger eines Sonderrechts iSd § 35 können nur ein **Vereinsmitglied** oder eine Gruppe von Mitgliedern sein. Das Recht wird begründet durch eine entsprechende Satzungsbestimmung; wegen der Abweichung vom Grundsatz der mitgliedschaftlichen Gleichbehandlung[7] müssen grundsätzlich alle Vereinsmitglieder zustimmen. Der Zustimmung aller Mitglieder bedarf es nicht, wenn etwa die Gründungssatzung die Schaffung von Sonderrechten mit satzungsändernder Mehrheit vorsieht[8] oder das Sonderrecht seiner Natur nach ungeeignet ist, die Rechte anderer Mitglieder zu beeinträchtigen, wie zB die Ernennung zum Ehrenvorsitzenden.[9] Vorbehaltlich einer abweichenden satzungsmäßigen Gestaltung erlischt das Recht mit dem Ende der Mitgliedschaft. 3

20 RGZ 106, 263; Palandt/*Ellenberger*, § 34 Rn 2.
1 Ebenso Erman/*Westermann*, § 35 Rn 1.
2 RGZ 165, 129; BGH NJW-RR 1989, 542 für die GmbH; BGHZ 15, 177, 181 = NJW 1955, 178 zur eG; Soergel/*Hadding*, § 35 Rn 2; Palandt/*Ellenberger*, § 35 Rn 4; Bamberger/Roth/Schwarz/*Schöpflin*, § 35 Rn 2; teilweise aA MüKo/*Reuter*, § 35 Rn 2 f.
3 Soergel/*Hadding*, § 35 Rn 2; Palandt/*Ellenberger*, § 35 Rn 4; Bamberger/Roth/Schwarz/*Schöpflin*, § 35 Rn 2.
4 RGZ 104, 255; BGH NJW 1969, 131; BGH NJW 1974, 1996, 1997.
5 OLG Hamm ZIP 2001, 1916; vgl auch BGH NJW 1969, 131; BGH WM 1981, 438 f, jeweils zur GmbH.
6 BGHZ 84, 209, 218 = NJW 1984, 1038; KG NJW 1962, 1917; Soergel/*Hadding*, § 35 Rn 6.
7 Dazu BGHZ 47, 381, 386; BGH NJW 1954, 953; BGH NJW 1960, 2142.
8 Bamberger/Roth/Schwarz/*Schöpflin*, § 35 Rn 5; vgl auch Hachenburg/*Ulmer*, GmbHG, 8. Aufl. 1992, § 5 Rn 163.
9 Soergel/*Hadding*, § 35 Rn 9; Bamberger/Roth/Schwarz/*Schöpflin*, § 35 Rn 5; *Reichert*, Rn 774 ff.

4 **3. Beispiele.** Beispiele für Sonderrechte sind ein unentziehbares oder vererbliches Mitgliedschaftsrecht,[10] ein Mehrfachstimmrecht, die Mitgliedschaft im Vorstand,[11] ein Ehrenvorsitz, ein Vorschlags- oder Bestellungsrecht für ein Vereinsorgan,[12] ein Veto- oder Zustimmungsrecht bei Mitgliederversammlungsbeschlüssen,[13] ein besonderes Nutzungsrecht für Vereinseinrichtungen,[14] ein Recht auf Beitragsbefreiung bzw Ermäßigung[15] oder auf bevorzugte Teilhabe am Liquidationserlös.[16]

II. Beeinträchtigung

5 § 35 verbietet jede auch nur mittelbare, nachteilige Einwirkung des Vereins auf das Sonderrecht oder dessen Ausübung.[17] Contra legem nimmt dagegen ein Teil der Literatur an, dass ein Sonderrecht ohne Zustimung des Betroffenen aus wichtigem Grund entzogen werden könne;[18] richtigerweise ist ein beeinträchtigender Beschluss, dem der Sonderrechtsinhaber nicht zustimmt, unwirksam.[19] § 35 schützt jedoch nicht vor der bloßen Möglichkeit einer Beeinträchtigung; sie muss die **zwangsläufige Folge** der Vereinsmaßnahme sein. Beeinträchtigende Maßnahmen können ein Mitgliederversammlungsbeschluss oder zB auch ein Handeln des Vorstands sein.

6 § 35 führt zur **Unwirksamkeit eines beeinträchtigenden Beschlusses**, wenn der Rechtsinhaber dem Beschluss nicht ausdrücklich oder durch schlüssiges Verhalten zustimmt oder den Beschluss nachträglich gemäß §§ 184 Abs. 1, 182 Abs. 1 genehmigt. Verweigert das sonderberechtigte Mitglied seine Zustimmung, hat es bei schuldhafter Rechtsverletzung einen **Schadensersatzanspruch** gegen den Verein, wobei § 278 Anwendung findet.[20] Daneben kann der Sonderrechtsinhaber auf Feststellung der Nichtigkeit eines beeinträchtigenden Mitgliederversammlungsbeschlusses (s. § 32 Rn 23) und zudem auf Feststellung des uneingeschränkten Weiterbestehens seines Rechts klagen.[21]

§ 36 Berufung der Mitgliederversammlung

Die Mitgliederversammlung ist in den durch die Satzung bestimmten Fällen sowie dann zu berufen, wenn das Interesse des Vereins es erfordert.

Literatur: Siehe bei Vorbemerkungen zu §§ 21 ff und bei § 32.

A. Allgemeines

1 § 36 befasst sich neben §§ 32, 37, 58 Nr. 4 mit der Einberufung der Mitgliederversammlung und deren Anlass. Aus § 40 folgt der zwingende Charakter der Vorschrift. Da § 36 als unabdingbare Norm die **Existenz der Mitgliederversammlung** voraussetzt, kann die Satzung diese nicht abschaffen.[1] Gleichwohl ist die Ersetzung der Mitgliederversammlung durch eine Delegiertenversammlung bzw. Vertreterversammlung möglich und insbesondere bei Großvereinen auch sinnvoll (s. § 32 Rn 6).

B. Regelungsgehalt

2 § 36 begründet die Pflicht des zuständigen Organs zur Einberufung der Mitgliederversammlung. Das verpflichtete Einberufungsorgan ist regelmäßig der Vorstand (s. § 32 Rn 9). Die Einberufungspflicht besteht in den gemäß § 58 Nr. 4 in der Satzung bezeichneten Fällen.[2] Daneben muss das zuständige Organ eine **außerordentliche Mitgliederversammlung** einberufen, wenn das Vereinsinteresse dies erfordert, dh wenn eine für

10 Bamberger/Roth/Schwarz/*Schöpflin*, § 35 Rn 7.
11 BGH NJW 1969, 131 zur GmbH.
12 BGH NJW-RR 1989, 542; Erman/*Westermann*, § 35 Rn 2.
13 BayObLGZ 1975, 435, 439; BayObLG NJW 1980, 1756.
14 RG HRR 1931 Nr. 98; Palandt/*Ellenberger*, § 35 Rn 1.
15 LG Wiesbaden NJW 1975, 1033.
16 RGZ 136, 185, 190; Bamberger/Roth/Schwarz/*Schöpflin*, § 35 Rn 7.
17 RG Warneyer 1918, Nr. 133; Palandt/*Ellenberger*, § 35 Rn 5; Bamberger/Roth/Schwarz/*Schöpflin*, § 35 Rn 8; Soergel/*Hadding*, § 35 Rn 16.
18 *K. Schmidt*, GesR, § 16 III 3 b aa; MüKo/*Reuter*, § 35 Rn 10; *Grunewald*, EWiR 2005, 25, 26.
19 Palandt/*Ellenberger*, § 35 Rn 5; Erman/*Westermann*, § 35 Rn 3.
20 RG JW 1930, 3473, 1938, 1329; Palandt/*Ellenberger*, § 35 Rn 5.
Palandt/*Ellenberger*, § 35 Rn 5; Bamberger/Roth/Schwarz/*Schöpflin*, § 35 Rn 10.
21 RG Warneyer 1918, Nr. 133; Bamberger/Roth/Schwarz/*Schöpflin*, § 35 Rn 10.
1 Vgl RGZ 137, 308 f zur Gesellschafterversammlung der GmbH; Erman/*Westermann*, § 32 Rn 1; MüKo/*Reuter*, § 32 Rn 1.
2 Dazu eingehend *Reichert*, Rn 1254 ff.

den Verein grundlegende Entscheidung ansteht.[3] Da § 36 gemäß § 40 unabdingbar ist, darf die Satzung die Möglichkeit außerordentlicher Mitgliederversammlungen nicht durch Eingrenzung des dafür notwendigen Vereinsinteresses einschränken.

Die Einberufungspflicht besteht gegenüber dem Verein, nicht gegenüber den einzelnen Mitgliedern; das hat zur Folge, dass ein einzelnes Mitglied eine nach § 36 notwendige Einberufung grundsätzlich nicht einklagen kann.[4] Die Mitglieder können die Einberufung nur nach § 37 Abs. 1 u. 2 dann gerichtlich durchsetzen, wenn sie die Voraussetzungen eines Minderheitsverlangens erfüllen (s. § 37 Rn 2 f). Etwas anderes gilt, wenn die Satzung den einzelnen Mitgliedern ausdrücklich einen klagbaren Anspruch auf Einberufung der Mitgliederversammlung gewährt.[5] Aus einer schuldhaften Pflichtverletzung der Einberufungspflicht kann dem Verein gegenüber dem Einberufungsorgan ein **Schadensersatzanspruch** erwachsen.[6] 3

§ 37 Berufung auf Verlangen einer Minderheit

(1) Die Mitgliederversammlung ist zu berufen, wenn der durch die Satzung bestimmte Teil oder in Ermangelung einer Bestimmung der zehnte Teil der Mitglieder die Berufung schriftlich unter Angabe des Zweckes und der Gründe verlangt.

(2) [1]Wird dem Verlangen nicht entsprochen, so kann das Amtsgericht die Mitglieder, die das Verlangen gestellt haben, zur Berufung der Versammlung ermächtigen; es kann Anordnungen über die Führung des Vorsitzes in der Versammlung treffen. [2]Zuständig ist das Amtsgericht, das für den Bezirk, in dem der Verein seinen Sitz hat, das Vereinsregister führt. [3]Auf die Ermächtigung muss bei der Berufung der Versammlung Bezug genommen werden.

Literatur: Siehe bei Vorbemerkungen zu §§ 21 ff, bei § 32 sowie bei § 38.

A. Allgemeines

§ 37 regelt das **Minderheitsrecht** auf Einberufung der Mitgliederversammlung. Es dient dem Schutz der Minderheit und ist daher gemäß § 40 unabdingbar; nach Abs. 1 kann die Satzung jedoch das für das Initiativrecht notwendige Quorum festlegen (s. Rn 3 f). Da § 37 einen **allgemeinen Grundsatz** des Vereinsrechts bildet, ist die Vorschrift auf eine statt der Mitgliederversammlung eingerichtete Delegiertenversammlung entsprechend anzuwenden.[1] § 37 gilt auch analog für den nicht rechtsfähigen Verein.[2] 1

B. Regelungsgehalt

I. Voraussetzungen

1. Formelle Anforderungen. Gemäß Abs. 1 müssen die einberufungswilligen Mitglieder ihr Verlangen schriftlich sowie unter Angabe des Einberufungszwecks und der Gründe stellen. Sie brauchen ihr Verlangen zur Wahrung der **Schriftform** nicht mit einem gemeinsamen Schriftsatz geltend zu machen; einzelne gleich lautende Erklärungen sind ausreichend[3] und können gemäß § 126 Abs. 3 grundsätzlich auch in elektronischer Form abgegeben werden. Die notwendige **Angabe des Zwecks** entspricht der Bekanntgabe der Tagesordnung durch das Einberufungsorgan nach § 32 Abs. 1 S. 2 (s. § 32 Rn 13 ff). Etwaige Beschlussanträge müssen noch nicht ausformuliert sein.[4] Das Minderheitsverlangen kann analog § 37 auch auf **Ergänzung der Tagesordnung** gerichtet sein, dh darauf, einen bestimmten Tagesordnungspunkt auf die Tagesordnung einer schon 2

3 BGHZ 99, 119 = NJW 1987, 1811; Soergel/*Hadding*, § 36 Rn 4; *Reichert*, Rn 1257.

4 Palandt/*Ellenberger*, § 36 Rn 1; MüKo/*Reuter*, § 36 Rn 5; RGRK/*Steffen*, § 36 Rn 3; aA früher RGZ 79, 409, 411.

5 MüKo/*Reuter*, § 36 Rn 5; RGRK/*Steffen*, § 36 Rn 3.

6 Palandt/*Ellenberger*, § 36 Rn 1.

1 KG JW 1930, 1224; OLG Frankfurt OLGZ 1973, 137, 139; MüKo/*Reuter*, § 37 Rn 14.

2 KG OLGZ 1971, 480; LG Heidelberg NJW 1975, 1661; Soergel/*Hadding*, § 37 Rn 2; MüKo/*Reuter*, § 37 Rn 16.

3 OLG Frankfurt OLGZ 1979, 137, 140; Bamberger/Roth/Schwarz/*Schöpflin*, § 37 Rn 5; MüKo/*Reuter*, § 37 Rn 5.

4 Vgl OLG Köln WM 1959, 1402 f zur AG; Soergel/*Hadding*, § 37 Rn 8; Bamberger/Roth/Schwarz/*Schöpflin*, § 37 Rn 5.

einberufenen oder auf die nächste einzuberufende Mitgliederversammlung zu setzen.[5] Als **Gründe** sind die tatsächlichen und rechtlichen Erwägungen anzugeben, die die Einberufung geboten erscheinen lassen.[6] Schreibt die Satzung eine Einberufung vor, bedarf es außer dem Verweis auf die einschlägige Satzungsbestimmung keiner weiteren Begründung. Bei der Einberufung einer außerordentlichen Mitgliederversammlung haben die Mitglieder das besondere Interesse des Vereins nach § 36 Alt. 2 konkret zu begründen.[7]

3 **2. Quorum.** Das Verlangen nach Abs. 1 hat nur dann verbindlichen Charakter, wenn es von der **erforderlichen Mitgliederzahl** erhoben worden ist. Nach Abs. 1 folgt das notwendige Quorum aus der Satzung oder liegt mangels Satzungsbestimmung bei 10 % der Mitglieder. Der Minderheitenschutz gebietet es, der **satzungsmäßigen Ausgestaltung** des Quorums Grenzen zu setzen. Eine Verringerung des notwendigen Quorums unter 10 % ist ohne weiteres zulässig. Der Schutzzweck der Norm verbietet es hingegen, das Quorum auf 50 % oder einen noch höheren Mitgliederanteil anzuheben, da das Minderheitenrecht aus § 37 sonst zum Mehrheitsverlangen umgestaltet würde.[8] Die Festlegung des Quorums durch absolute Zahlen statt durch Prozentsätze oder Bruchteile ist dann unzulässig, wenn nach den Umständen des Einzelfalls die Gefahr bestünde, dass bei sinkenden Mitgliederzahlen die Mehrheitsgrenze überschritten werden könnte.[9] *K. Schmidt* vertritt zur Parallelvorschrift des § 50 GmbHG, dass unabhängig von dem gesetzlich vorgesehenen Quorum ein Individualrecht eines jeden Gesellschafter/Mitglieds bestehe, wenn Gesetz oder Satzung eine Einberufung verlangen.[10]

4 Streitig ist, ob nicht schon die gesetzliche Schwelle von 10 % die **Obergrenze** eines zulässigen Quorums bildet, wie dies ausdrücklich bei den Parallelvorschriften in § 122 Abs. 1 AktG, § 50 Abs. 1 GmbHG, § 45 Abs. 1 GenG der Fall ist.[11] Zwar definiert Abs. 1 im Gegensatz zu den Parallelnormen die gesetzliche Quote nicht ausdrücklich als Maximalquorum, und die Protokolle zum BGB betonen die Abweichung vom Genossenschaftsrecht.[12] U.a. daraus leitet die wohl hM ab, dass eine satzungsmäßige Erschwerung des Verlangens zulässig sei, sofern das festgesetzte Quorum das Minderheitenrecht nicht aushöhle,[13] weshalb teilweise die Festsetzung der erforderlichen Mitgliederzahl auf 20 % noch für zulässig gehalten wird.[14] Ein höheres Quorum als 10 % ist hingegen uE angesichts des Schutzzwecks der Norm unzulässig, der identisch ist mit dem Schutzzweck der Parallelvorschriften in §§ 122 Abs. 1 AktG, § 50 Abs. 1 GmbH.

II. Einberufungspflicht

5 Das ordnungsgemäß erhobene Einberufungsverlangen verpflichtet das satzungsmäßige Einberufungsorgan zur Anberaumung einer Mitgliederversammlung. Das Einberufungsorgan, in der Regel der Vorstand (s. § 32 Rn 9), hat ein **formelles Prüfungsrecht** hinsichtlich der Voraussetzungen von Abs. 1. Ein materielles Prüfungsrecht steht ihm indes grundsätzlich nicht zu. So darf der Vorstand zB prüfen, ob das Verlangen auf Einberufung einer außerordentlichen Mitgliederversammlung als Grund ein angebliches Vereinsinteresse (§ 36 Alt. 2) vorträgt, nicht aber, ob der vorgetragene Grund das Begehren einer Einberufung der Mitgliederversammlung auch rechtfertigt. Aus sachlichen Gesichtspunkten kann der Vorstand die Einberufung nur verweigern, wenn das Verlangen **offensichtlich rechtsmissbräuchlich** ist.[15]

III. Gerichtliche Durchsetzung

6 Die Mitglieder können ihr Verlangen erst gerichtlich durchsetzen, wenn sie zuvor den **vereinsinternen Weg** beschritten haben und das Einberufungsorgan das Verlangen zurückgewiesen hat oder diesem nicht unverzüglich iSv § 121, dh ohne schuldhaftes Zögern, nachgekommen ist.[16] Die gerichtliche Geltendmachung

5 OLG Hamm MDR 1973, 929; Palandt/*Ellenberger*, § 37 Rn 2; Erman/*Westermann*, § 37 Rn 5; Staudinger/*Weick*, § 37 Rn 17.

6 Soergel/*Hadding*, § 37 Rn 8; Staudinger/*Weick*, § 37 Rn 4; Bamberger/Roth/Schwarz/*Schöpflin*, § 37 Rn 5.

7 Staudinger/*Weick*, § 37 Rn 4.

8 BayObLG NJW-RR 2001, 1479; KG NJW 1962, 1917; OLG Stuttgart NJW-RR 1986, 995; *Sauter/Schweyer/Waldner*, Rn 159; Staudinger/*Weick*, § 37 Rn 3.

9 OLG Stuttgart NJW-RR 1986, 995; Palandt/*Ellenberger*, § 37 Rn 2; MüKo/*Reuter*, § 37 Rn 2.

10 Scholz/*K. Schmidt/Seibt*, GmbHG, § 50 Rn 5; aA Rowedder/*Koppensteiner*, GmbHG, § 50 Rn 3; vgl dazu an *Heidel* in: Heidel/Pauly/Amend, Anwaltformulare, Kap. 16 Rn 178.

11 So Soergel/*Hadding*, § 37 Rn 5; MüKo/*Reuter*, § 37 Rn 3; Erman/*Westermann*, § 37 Rn 1; wohl auch Bamberger/Roth/Schwarz/*Schöpflin*, § 37 Rn 4.

12 Prot. I, S. 534.

13 BayObLG NJW-RR 2001, 1479 = MDR 2001, 948; OLG Stuttgart NJW-RR 1986, 995; *Reichert*, Rn 791; *Wagner*, ZZP 105 (1992), 294, 297; so bereits *v. Tuhr*, BGB AT Bd. 1, S. 507; *Oertmann*, BGB, 1908, § 37 Anm. 5; so auch noch in der Vorauflage Rn 4.

14 BayObLG NJW-RR 2001, 1479 = MDR 2001, 948; Palandt/*Ellenberger*, § 37 Rn 1.

15 Soergel/*Hadding*, § 37 Rn 10; *Sauter/Schweyer/Waldner*, Rn 163; *Reichert*, Rn 1267; *Wagner*, ZZP 105 (1992), 294, 297; aA Staudinger/*Weick*, § 37 Rn 5: die Frage des Rechtsmissbrauchs sei der gerichtlichen Entscheidung nach § 37 Abs. 2 vorbehalten.

16 Soergel/*Hadding*, § 37 Rn 15; Bamberger/Roth/Schwarz/*Schöpflin*, § 37 Rn 9.

geschieht nicht im Wege der zivilprozessualen Klage, sondern im **FamFG-Verfahren**. Sachlich und örtlich zuständig ist nach Abs. 2 S. 2 das Amtsgericht, das für den Bezirk des Vereinssitzes das Vereinsregister führt. Funktionell zuständig ist der Rechtspfleger, § 3 Nr. 1 a RPflG. Der Antrag kann nach § 25 Abs. 2 FamFG schriftlich oder zur Niederschrift der Geschäftsstelle gestellt werden und ist gegen den Verein, nicht gegen das verweigernde Organ, zu richten.[17] Das Gericht prüft, ob die formellen Voraussetzungen des Verlangens vorliegen und ob dieses nicht ausnahmsweise rechtsmissbräuchlich ist.[18] Eine weiter gehende sachliche Prüfung findet nicht statt. Das Gericht hat, sofern dies ausnahmsweise nicht untunlich ist, den Vorstand anhören und entscheidet durch Beschluss. Dabei steht dem Gericht trotz der Formulierung „kann" in Abs. 2 S. 1 **kein Ermessen** zu.[19]

Ein stattgebender Beschluss ermächtigt die antragstellenden Mitglieder an Stelle des sonst zuständigen Vereinsorgans zur begehrten Einberufung der Mitgliederversammlung. Zur Durchführbarkeit der Ermächtigung haben die Mitglieder gegen den Verein Einsichts- und Auskunftsrechte; insbesondere bei einer satzungsmäßig vorgesehenen Einberufung durch persönliche Einladung der Mitglieder haben sie einen Anspruch auf Offenlegung der Namen und Anschriften der übrigen Mitglieder.[20] Ein solcher Anspruch kann bei berechtigtem Interesse auch außerhalb des unmittelbaren Anwendungsbereichs des § 37 bestehen.[21] Zur Frage der Kollision von Einberufungen des Vorstands und der Minderheit, s. § 32 Rn 10 a. **7**

Die gerichtliche Entscheidung kann durch sofortige Beschwerde gemäß §§ 58 ff FamFG iVm § 11 RPflG angegriffen werden. Die Beschwerde hat keine aufschiebende Wirkung,[22] so dass die erfolgreichen Antragsteller durch die Rechtsmitteleinlegung nicht an der Einberufung und Durchführung der Versammlung gehindert sind. Etwas anderes gilt jedoch, wenn das Beschwerdegericht gemäß § 64 Abs. 3 FamFG im Wege der einstweiligen Anordnung die Vollziehung der angefochtenen Entscheidung aussetzt. Beschlüsse, die während des laufenden Beschwerdeverfahrens in einer nach Abs. 2 einberufenen Mitgliederversammlung gefasst werden, bleiben auch dann wirksam, wenn die Ermächtigung infolge der Beschwerde später aufgehoben wird. Die Kosten der infolge des Verlangens bzw. der Ermächtigung durchgeführten Mitgliederversammlung trägt der Verein.[23] Dies gilt auch im Falle einer späteren Aufhebung der Ermächtigung durch das Beschwerdegericht. **8**

§ 38 Mitgliedschaft

[1]Die Mitgliedschaft ist nicht übertragbar und nicht vererblich. [2]Die Ausübung der Mitgliedschaftsrechte kann nicht einem anderen überlassen werden.

Literatur: *Beuthien/Ernst*, Die Gesellschaft des bürgerlichen Rechts als Mitglied einer eingetragenen Genossenschaft, ZHR 156 (1992), 227; *Eisele*, Haftungsfreistellung von Vereinsmitgliedern und Vereinsorganen in nichtrechtsfähigen Vereinen, 1998; *Götz/Götz*, Die Haftung des Vereins gegenüber dem Mitglied, JuS 1995, 106; *Habersack*, Die Mitgliedschaft – subjektives oder „sonstiges" Recht, 1996; *Hadding*, Verfügungen über Mitgliedschaftsrechte, in: FS Steindorff 1990, S. 31; *Helms*, Schadensersatzansprüche wegen Beeinträchtigung der Vereinsmitgliedschaft, 1998; *Kemper/Hey*, Folgen einer Gesamtrechtsnachfolge für das Trägerunternehmen einer Unterstützungskasse, BB 2009, 720 ff; *Lettl*, Der vermögensrechtliche Zuweisungsgehalt der Mitgliedschaft beim Ideal-Verein, AcP 203 (2003), 149; *Michalski/Arends*, Zum Auskunftsrecht eines Vereinsmitglieds, NZG 1999, 780; *Reuter*, Ausschluß des Vereinsmitglieds als vereinsrechtliche Disziplinarmaßnahme – „Hansa-Art", EWiR 1997, 1063; *K. Schmidt*, Die Vereinsmitgliedschaft als Grundlage von Schadensersatzansprüchen, JZ 1991, 157. Siehe auch bei § 21 und bei § 25.

17 BayObLG NJW-RR 1986, 1499; Palandt/*Ellenberger*, § 37 Rn 4; MüKo/*Reuter*, § 37 Rn 9.
18 KG JW 1935, 3636; Palandt/*Ellenberger*, § 37 Rn 4; Bamberger/Roth/Schwarz/*Schöpflin*, § 37 Rn 9.
19 Staudinger/*Weick*, § 37 Rn 12; Erman/*Westermann*, § 37 Rn 3.
20 BGH ZIP 2010, 2399 = DStR 2011, 180; BGH WM 2010, 2360 = NZG 2010, 1430; OLG Saarbrücken NZG 2008, 677; *Röwemann*, NZG 2011, 56 ff.
21 BGH ZIP 2010, 2399 = DStR 2011, 180; BGH WM 2010, 2360 = NZG 2010, 1430; aA AG Bremen, Urt. v. 28.11.2005, 1 C 61/05.
22 Prütting/Helms/*Abramenko*, § 64 FamFG Rn 20.
23 *Reichert*, Rn 1331; *Wagner*, ZZP 105 (1992), 294, 305.

A. Allgemeines

1 § 38 regelt die Mitgliedschaft im Verein. Aus der Vorschrift folgt die dem Grunde nach **höchstpersönliche Rechtsnatur**[1] der Mitgliedschaft. Sie ist nach S. 1 weder übertragbar noch vererblich, und gemäß S. 2 kann auch die Ausübung der Mitgliedschaftsrechte nicht übertragen werden. Freilich sind abweichende Gestaltungen der Mitgliedschaft und der Rechtsausübung durch die Satzung möglich, da § 38 nach § 40 abbedungen werden kann.

B. Regelungsgehalt

I. Mitgliedschaft

2 Die Mitgliedschaft ist die **Gesamtrechtsstellung** einer Person infolge der organisatorischen Eingliederung in den Verband und umfasst die **Summe der Rechte und Pflichten** des Mitglieds gegenüber dem Verein. Aus § 38 folgt die persönliche Rechtsnatur der Mitgliedschaft, was sie zum subjektiven Recht[2] sowie zum sonstigen Recht iSv § 823 Abs. 1 macht.[3] Aus der Mitgliedschaft folgt ein **wechselseitiges Treueverhältnis** zwischen Verein und Mitglied, dessen Intensität je nach Struktur und Zweck des Vereins variiert[4] (dazu Rn 16).

3 **1. Mitgliedsfähigkeit.** Vereinsmitglied können natürliche und juristische Personen sein. Daneben sind auch eine OHG oder KG mitgliedsfähig, da diese Personengesellschaften nach §§ 105, 124, 161 HGB im Außenverhältnis wie juristische Personen behandelt werden. Das Gleiche gilt auch für die **Außen-GbR**[5] (vgl NK-BGB/*Heidel*, § 705 Rn 21). Ebenfalls mitgliedsfähig ist der nichtrechtsfähige Verein,[6] nicht aber die Erbengemeinschaft, eheliche Gütergemeinschaft oder die Bruchteilsgemeinschaft, denen es an der notwendigen rechtlichen Selbständigkeit fehlt.[7]

4 **2. Erwerb der Mitgliedschaft.** Die Mitgliedschaft wird originär durch Teilnahme an der Gründung oder später durch Beitritt erworben (zur Gründung s. § 21 Rn 4 ff). Der Beitritt ist ein **Vertrag** zwischen Verein und künftigem Mitglied, der gemäß §§ 145 ff durch die Beitrittserklärung und deren Annahme in Form der Vereinsaufnahme geschlossen wird.[8] Die Satzung soll nach § 58 Nr. 1 Bestimmungen über den Ein- und Austritt von Mitgliedern enthalten. Sie kann die Aufnahme über die bloße Annahmeerklärung hinaus von nachfolgenden Formalitäten wie der Aushändigung einer Mitgliedskarte abhängig machen.[9] Wenn die Satzung eine sog. Probemitgliedschaft vorsieht, muss sie neben dem Ein- und Austritt der Probemitglieder auch deren Beitragspflicht regeln.[10]

5 **a) Beitrittsmängel.** Die allgemeinen Vorschriften über die **Wirksamkeit** von Willenserklärungen und Rechtsgeschäften sind auf den Vereinsbeitritt teilweise modifiziert anzuwenden. Sowohl das potenzielle Mitglied als auch der Verein können die Mitgliedschaft gemäß § 158 an Bedingungen knüpfen. Das kann seitens des Mitglieds etwa die Einräumung eines Sonderrechts oder einer Organstellung sein[11] oder zB seitens eines religiösen Vereins die Zustimmung einer kirchlichen Stelle.[12] Der Beitrittswillige darf nicht gemäß § 104 geschäftsunfähig sein. Minderjährige bedürfen zum Beitritt gemäß §§ 107, 108 der Zustimmung ihrer Erziehungsberechtigten.[13] Der Vertrag kann grundsätzlich durch **schlüssiges Verhalten** zustande kommen;[14] dies ist jedoch nur zulässig, solange die Satzung keine Form für den Mitgliedschaftserwerb bezeichnet hat.[15] Eine Annahme der Beitrittserklärung ohne Erklärung gegenüber dem Antragenden nach § 151 S. 1 ist hingegen

1 *Reichert*, Rn 476 ff; Palandt/*Ellenberger*, § 38 Rn 3.
2 Bamberger/Roth/Schwarz/*Schöpflin*, § 38 Rn 2; *Reichert*, Rn 722 ff; *K. Schmidt*, GesR, 4. Aufl. 2002, § 19 I 3 b; *Lutter*, AcP 180 (1980), 84, 101 f; *Habersack*, Die Mitgliedschaft – subjektives und sonstiges Recht, 1996, S. 21 ff.
3 BGHZ 110, 323, 327 = NJW 1990, 2877; MüKo/*Reuter*, § 38 Rn 12 ff; *Reichert*, Rn 719; *K. Schmidt*, JZ 1991, 157 ff.
4 BGHZ 110, 323 ff = NJW 1990, 2877, 2878 f; *Lutter*, AcP 180 (1980), 84, 110; Erman/*Westermann*, § 38 Rn 1; Soergel/*Hadding*, § 38 Rn 19; Palandt/*Ellenberger*, § 38 Rn 1.
5 BGHZ 146, 341 = DB 2001, 423 = NJW 2001, 1056; *Reichert*, Rn 620, 62; Erman/*Westermann*, § 38 Rn 5; Bamberger/Roth/Schwarz/*Schöpflin*, § 38 Rn 6; aA zur Mitgliedsfähigkeit der GbR noch OLG Köln NJW 1988, 173; LG Bonn NJW 1988, 1596.
6 BGHZ 148, 291 = DB 2001, 1983 = NJW 2001, 3121 = FGPrax 2001, 251; BGH NJW 2002, 1207, 1208 = ZIP 2002, 614; *Reichert*, Rn 76.
7 Bamberger/Roth/Schwarz/*Schöpflin*, § 38 Rn 6; Soergel/*Hadding*, § 38 Rn 5; vgl auch *Sauter/Schweyer/Waldner*, Rn 11.
8 BGHZ 28, 131, 134 = NJW 1958, 1867; BGHZ 101, 193, 196 = NJW 1987, 2503; BayObLG NJW 1972, 1323.
9 BGHZ 101, 193, 197 = DB 1988, 328 = NJW 1987, 2503; AG Duisburg NZG 2002, 1072; Erman/*Westermann*, § 38 Rn 4; Palandt/*Ellenberger*, § 38 Rn 4.
10 BayObLG NJW-RR 2001, 326, 327.
11 RG JW 1938, 3229; BayObLG DB 1973, 2518; Soergel/*Hadding*, § 38 Rn 9; Bamberger/Roth/Schwarz/*Schöpflin*, § 38 Rn 11.
12 OLG Köln NJW 1992, 1048; Palandt/*Ellenberger*, § 38 Rn 4.
13 Zu satzungsmäßigen Anforderungen an die Aufnahme Minderjähriger OLG Hamm NJW-RR 2000, 42.
14 BGHZ 105, 306, 312 = DB 1989, 619 = NJW 1989, 1724; Palandt/*Ellenberger*, § 38 Rn 4.
15 AG Duisburg NZG 2002, 1072.

nicht möglich.[16] Die Aufnahme eines **Minderjährigen** kann von einer Mithaftung der gesetzlichen Vertreter für die Beitragspflicht abhängig gemacht werden, wenn deren Kenntnisnahme von der Übernahme einer eigenen Verpflichtung sichergestellt ist.[17] Nichtigkeits- oder Anfechtungsgründe können wie beim Gesellschaftsverhältnis grundsätzlich nur mit **ex-nunc-Wirkung** geltend gemacht werden.[18] Die Anfechtungserklärung oder das Berufen auf einen Dissens haben daher die Wirkung einer Austrittserklärung nach § 39.[19] Die Gültigkeit der Stimmabgabe des Mitglieds bei Beschlüssen und sonstigen Abstimmungen bleibt von dem fehlerhaften Beitritt unberührt, sofern ihr nicht derselbe Fehler anhaftet.[20]

b) Eintritt ohne Vertragsschluss. Die Satzung kann abweichend von S. 1 vorsehen, dass die Mitgliedschaft durch **Erbfolge** auf die Rechtsnachfolger der verstorbenen Mitglieder übergeht, wobei es jedoch der Ausübung eines Eintrittsrechts bedarf;[21] die Vererblichkeit der Mitgliedschaft kann auch als Sonderrecht gemäß § 35 eingeräumt werden (s. § 35 Rn 4). Für religiöse Vereine ist zudem anerkannt, dass die Satzung bestimmte kirchliche Funktionsträger als **„geborene" Vereinsmitglieder** einsetzen kann, ohne dass es ihrer Beitrittserklärung bedarf.[22] Die Mitgliedschaft in einem Verein geht aber wohl automatisch auf einen Rechts- oder Funktionsnachfolger über.[23] Die Mitgliedschaft kann schließlich durch **Umwandlungsvorgänge** entstehen. Bei einer Verschmelzung durch Aufnahme oder durch Neugründung werden die Mitglieder des übertragenden Vereins mit Registereintragung gemäß §§ 20 Abs. 1 Nr. 3 Hs 1, 38 Abs. 2 UmwG zu Mitgliedern des aufnehmenden bzw. des neuen Vereins. Ist jedoch auf eine Verschmelzung das UmwG nicht anwendbar wie zB beim nichtrechtsfähigen Verein,[24] muss die Mitgliedschaft im aufnehmenden oder neuen Verein durch Aufnahmevertrag begründet werden.[25] 6

3. Übertragbarkeit. S. 1 schließt eine Übertragbarkeit der Mitgliedschaft aus. Damit sind zugleich nach §§ 851, 857 ZPO die **Pfändbarkeit** sowie die **Verpfändbarkeit** (§§ 1273 Abs. 1, 1274 Abs. 2) und die Bestellung eines **Nießbrauchrechts** (§§ 1068 Abs. 1, 1069 Abs. 2) ausgeschlossen. Ebenso wie die Vererblichkeit (dazu Rn 6) kann die Satzung abweichend von § 36 S. 1 die Mitgliedschaft übertragbar ausgestalten.[26] Dabei kann der Kreis der zulässigen Erwerber eingegrenzt werden.[27] Wird die Mitgliedschaft übertragen, so gehen sämtliche damit verbundene Rechte und Pflichten, auch etwaige Sonderrechte nach § 35, mit über.[28] Das gilt jedoch nicht für die **Organstellung** des Übertragenden[29] oder etwa auch für einen Ehrenvorsitz aufgrund der Höchstpersönlichkeit dieser Stellung. Einzelne Rechte und Pflichten können wegen der Personenbezogenheit der Mitgliedschaft und dem damit verbundenen Abspaltungsverbot vorbehaltlich einer abweichenden Satzungsbestimmung nicht isoliert übertragen werden.[30] Liegt in einer entsprechenden Satzungsbestimmung indes ein Verstoß gegen das Abspaltungsverbot wie zB bei der Regelung einer isolierten Übertragbarkeit von Stimm- und Wahlrechten, ist diese Satzungsregelung nichtig.[31] 7

4. Ende der Mitgliedschaft. Nach § 38 endet die Mitgliedschaft als personenbezogene Rechtsstellung grundsätzlich mit dem Tod des Mitglieds (zur vererblichen Ausgestaltung vgl Rn 6). Daneben endet die Mitgliedschaft durch Austritt gemäß § 39 oder durch Ausschluss (dazu § 25 Rn 45 ff). Auch wenn das Mitglied eine satzungsmäßig geforderte Eigenschaft verliert, kann die Mitgliedschaft je nach Satzungsgestaltung enden[32] oder zumindest ruhen.[33] 8

16 BGHZ 101, 193, 196 = DB 1988, 328 = NJW 1987, 2503; Bamberger/Roth/Schwarz/*Schöpflin*, § 38 Rn 11; *Reichert*, Rn 1036 ff.
17 OLG Hamm NJW-RR 2000, 42 = Rpfleger 2000, 70; Palandt/*Ellenberger*, § 58 Rn 5.
18 MüKo/*Reuter*, § 38 Rn 36; Soergel/*Hadding*, § 38 Rn 10; Palandt/*Ellenberger*, § 38 Rn 4; *Walter*, NJW 1975, 1033; zu den Ausnahmen s. *Reichert*, Rn 1037.
19 Bamberger/Roth/Schwarz/*Schöpflin*, § 38 Rn 12; Erman/*Westermann*, § 38 Rn 3; Staudinger/*Weick*, § 21 Rn 19; RGRK/*Steffen*, § 25 Rn 8.
20 Erman/*Westermann*, § 38 Rn 3.
21 BGH WM 1980, 1286; Staudinger/*Weick*, § 38 Rn 3.
22 OLG Hamm NJW-RR 1995, 119 = FGPrax 1995, 86; Erman/*Westermann*, § 38 Rn 3; Palandt/*Ellenberger*, Einf. v. § 21 Rn 17; unzulässig aber für weltliche Vereine: BayObLG DB 1973, 2518; *Reichert*, Rn 1001, 6359 für religiöse Vereine.
23 OLG Hamm NZG 2011, 35; ArbG Hagen, Beschl. v. 22.2.2007, 3 BV 68/06.
24 Zur Anwendbarkeit des UmwG eingehend *Reichert*, Rn 4500 ff, 4518.
25 Vgl BAG ZIP 1989, 1012, 1019; Bamberger/Roth/Schwarz/*Schöpflin*, § 38 Rn 9; *Reichert*, Rn 1006, 2271 b.
26 RGZ 100, 2; Bamberger/Roth/Schwarz/*Schöpflin*, § 38 Rn 33; Erman/*Westermann*, § 38 Rn 2.
27 Bamberger/Roth/Schwarz/*Schöpflin*, § 38 Rn 33; Soergel/*Hadding*, § 38 Rn 27.
28 *Reichert*, Rn 729; vgl auch Hachenburg/*Raiser*, GmbHG, 8. Aufl. 1992, § 14 Rn 22.
29 *Reichert*, Rn 729.
30 Soergel/*Hadding*, § 38 Rn 28; *K. Schmidt*, GesR, 4. Aufl. 2002, § 19 III 4, S. 560 ff; *Reichert*, Rn 724 ff.
31 OLG Stuttgart NZG 2010, 753 = DStR 2010, 1249; Palandt/*Ellenberger*, § 38 Rn 3; MüKo/*Reuter*, § 38 Rn 3.
32 BVerfG FamRZ 1989, 1047; BGH LM § 25 Nr. 17; OLG Celle NJW-RR 1989, 313; Bamberger/Roth/Schwarz/*Schöpflin*, § 38 Rn 16.
33 BayObLG Rpfleger 1980, 15; Palandt/*Ellenberger*, § 38 Rn 5; *Reichert*, Rn 1158 ff.

II. Mitgliederrechte

9 **1. Gleichbehandlungsgrundsatz.** Alle Mitglieder haben grundsätzlich gemäß dem vereinsrechtlichen Gleichbehandlungsgebot die gleichen Rechte und Pflichten.[34] Jedes Mitglied hat gegenüber dem Verein das Recht, gemäß der geltenden vereinsrechtlichen Bestimmungen behandelt[35] und nicht ohne sachlichen Grund ungünstiger gestellt zu werden als die anderen Mitglieder.[36] Für Verletzungen des Gleichbehandlungsgebots durch den Vorstand haftet der Verein gegenüber den betroffenen Mitgliedern nach § 31[37] (s. auch § 31 Rn 13). Das Gleichbehandlungsgebot ist nicht berührt, wenn ordnungsgemäß verliehene **Sonderrechte** ausgeübt werden (vgl § 35 Rn 3).

10 **2. Mitverwaltungsrechte.** Die allgemeinen Mitgliedschaftsrechte ergeben sich aus dem Gesetz, der Satzung oder aus Mitgliederversammlungsbeschlüssen. Dazu gehören zunächst die aus §§ 32 Abs. 1, 38 folgenden Organschafts- oder Mitverwaltungsrechte, die das Mitglied zur Teilnahme an Mitgliederversammlungen, zur Ausübung des Rede- und Stimmrechts sowie zur aktiven wie passiven Teilnahme an Vereinswahlen berechtigen. Siehe zum Teilnahme- und Rederecht in der Mitgliederversammlung auch § 32 Rn 2.

11 **3. Auskunftsrecht.** Zur Wahrnehmung der Mitverwaltungsrechte hat das Mitglied gegen den Verein bei Darlegung eines berechtigten Interesses jedenfalls in der Mitgliederversammlung ein Auskunftsrecht.[38] Schon zur Gewährleistung der Effektivität des Auskunftsrechts ist eine grundsätzliche Teilnahmepflicht aller Organmitglieder – auch von Fremdorganen – zwingend erforderlich (s. zu dieser streitigen Frage § 32 Rn 2). Nach richtiger Ansicht können Mitglieder unter Umständen auch **außerhalb der Mitgliederversammlung** einen Auskunftsanspruch haben.[39] Zwar sind die Auskunftsansprüche aus §§ 131, 132 AktG, §§ 51 a, 51 b GmbHG wegen des grundsätzlich anders gelagerten vermögensrechtlichen Hintergrunds nicht auf den Verein übertragbar, sieht man von wirtschaftlich orientierten Großvereinen wie etwa Fußballbundesliga-Vereinen ab. Ein besonderes schützenswertes Informationsinteresse kann aber gerade auch außerhalb einer Versammlung bestehen, zB wenn eine Vereinsminderheit nach § 37 eine außerordentliche Mitgliederversammlung herbeiführen will, aber die zur Berechnung des Quorums notwendige Mitgliederzahl nicht kennt[40] (vgl § 37 Rn 3 f).

12 Neben dem Auskunftsrecht steht den Mitgliedern das Recht auf **Einsicht** in die Vereinsunterlagen zu, wenn sie gegenüber dem Verein ein berechtigtes Interesse darlegen.[41] Ferner kann das Mitglied die Aushändigung eines Satzungsexemplars verlangen und braucht sich nicht auf die beim Registergericht hinterlegte Satzung verweisen zu lassen.[42] Das Stimmrecht, nicht aber das Recht auf Teilnahme an der Versammlung, kann für bestimmte Beschlussfassungen nach § 34 ausgeschlossen sein (s. § 34 Rn 5). Das Mitglied hat nach Maßgabe von § 37 ein Recht auf Beteiligung an einem Minderheitsverlangen (dazu § 37 Rn 2 ff).

13 **4. Vorteilsrechte.** Die Mitgliedschaft umfasst daneben auch Wert- oder Vorteilsrechte, dh eine Berechtigung auf bestimmungsgemäße Benutzung der Vereinseinrichtungen und Teilhabe an den Vorteilen aus der Verfolgung des Vereinszwecks. Die **Nutzungsrechte** können durch die Satzung selbst oder eine Benutzungsordnung des Vereins beschränkt sein.[43] Die Mitgliedschaft umfasst jedoch weder einen Anteil am Vereinsvermögen noch eine Beteiligung am Gewinn.[44]

14 **5. Rechtsausübung.** Gemäß S. 2 kann das Mitglied die Ausübung der mit der Mitgliedschaft verbundenen Rechte nicht übertragen. Die Rechte sind persönlich auszuüben, und eine **Stellvertretung** ist dem Grunde nach unzulässig. Handelt es sich bei dem Mitglied um eine juristische Person oder eine Personengesellschaft, übt es seine Rechte durch die zuständigen Vertretungsorgane aus (vgl § 32 Rn 19). Dies gilt als eigenständige Ausübung iSv S. 2.[45] Der Grundsatz persönlicher Rechtsausübung gilt auch für **Minderjährige**, insbesondere für ihr Stimmrecht. Zur Rechtsausübung bedürfen sie regelmäßig nicht der Zustimmung ihrer Erziehungsberechtigten, da ihnen im Zweifel mit der Zustimmung zum Vereinsbeitritt zugleich auch die Zustimmung zur

34 RGZ 73, 191.

35 BGHZ 110, 323, 327 = NJW 1990, 2877; Bamberger/Roth/Schwarz/*Schöpflin*, § 38 Rn 18.

36 RGZ 49, 198; 112, 124; *Sauter/Schweyer/Waldner*, Rn 335.

37 BGHZ 90, 92, 95 = DB 1984, 1138 = NJW 1984, 1884; BGHZ 110, 323, 327 = NJW 1990, 2877; *Sauter/Schweyer/Waldner*, Rn 335 a; krit. *K. Schmidt*, JZ 1991, 157, 160; *Götz/Götz*, JuS 1995, 106.

38 BayObLG NJW 1972, 1377, 1378; KG NJW-RR 1999, 1486 = NZG 1999, 779; *Grunewald*, ZIP 1989, 962, 963; Soergel/*Hadding*, § 38 Rn 17.

39 BGH ZIP 2010, 2399 = DStR 2011, 180; BGH WM 2010, 2360 = NZG 2010, 1430; *Reichert*, Rn 889, 1474 ff; *Michalski/Arends*, NZG 1999, 780; vgl auch BGHZ 152, 339 = DB 2003, 442 = ZIP 2003, 345; aA insb. KG NJW-RR 1999, 1486 = NZG 1999, 779; LG Stuttgart NJW-RR 2001, 1478.

40 *Reichert*, Rn 1476.

41 BGH ZIP 2010, 2399 = DStR 2011, 180; BGH WM 2010, 2360 = NZG 2010, 1430; LG Mainz BB 1989, 812; Palandt/*Ellenberger*, § 38 Rn 1 a; *Sauter/Schweyer/Waldner*, Rn 336.

42 LG Karlsruhe Rpfleger 1987, 164; *Sauter/Schweyer/Waldner*, Rn 336.

43 BGH NJW-RR 1992, 507; *Sauter/Schweyer/Waldner*, Rn 340.

44 OLG Brandenburg MDR 2005, 640; Palandt/*Ellenberger*, § 38 Rn 1 a; Bamberger/Roth/Schwarz/*Schöpflin*, § 38 Rn 20; *Sauter/Schweyer/Waldner*, Rn 340; *Lettl*, AcP 203 (2003), 149.

45 OLG Hamm NJW-RR 1990, 532, 533 = Rpfleger 1991, 24; Staudinger/*Weick*, § 38 Rn 4.

Ausübung der Mitgliedschaftsrechte erteilt wurde.[46] Die Erziehungsberechtigten können diese Einwilligung jedoch widerrufen und das Stimmrecht für den Minderjährigen ausüben. Dem steht S. 2 nicht entgegen, da die Stimmrechtsausübung durch gesetzliche Vertreter regelmäßig zulässig ist, soweit sich nicht aus der Satzung oder dem Vereinszweck etwas anderes ergibt.[47] Für die Rechtsausübung durch einen **Bevollmächtigten**, insbesondere durch ein Nichtmitglied, gilt das nicht. Sie muss ausdrücklich durch die Satzung zugelassen sein;[48] die Satzung kann die Möglichkeit der Bevollmächtigung zulässigerweise auf eine Vertretung durch andere Vereinsmitglieder beschränken.[49]

III. Mitgliederpflichten

Die aus der Mitgliedschaft erwachsenden Pflichten sind gesetzlich nicht geregelt. Sie sind durch die Satzung auszugestalten. Nach § 58 Nr. 2 ist die Festlegung der **Beitragspflicht** Soll-Inhalt der Satzung (zur Beitragspflicht s. § 58 Rn 4). Neben Geldleistungen kann die Satzung den Mitgliedern als besondere Form der Beitragspflicht auch auferlegen, zur Förderung des Vereinszwecks bestimmte Handlungen zu tun oder zu unterlassen, Dienstleistungen zu erbringen[50] oder in bestimmtem Umfang für die Vereinsschulden zu haften.[51] Hier gilt ebenso wie bei den Mitgliederrechten der Grundsatz der **Gleichbehandlung** aller Mitglieder. Eine Satzungsbestimmung, die eine periodisch zu erfüllende Beitragspflicht der Mitglieder festschreibt, ist keine Rechtsgrundlage für die Erhebung von **Umlagen**; eine derartige Nachschussverpflichtung zur Abdeckung eines besonderen Finanzbedarfs des Vereins besteht nur auf hinreichend bestimmter Satzungsgrundlage.[52] Die Satzungsbestimmung muss – abgesehen von existenzbedrohlichen Sondersituationen – nicht nur dem Grunde nach die Erhebung von Umlagen vorsehen, sondern zumindest in Gestalt einer Obergrenze auch ihre Höhe bestimmen.[53] Eine hinreichend bestimmte Satzungsgrundlage ist auch erforderlich für die Erhebung eines Sonderbeitrags zB durch Verpflichtung eines Vereinsmitglieds zur Gewährung eines zinslosen Darlehens.[54] Sonderpflichten können daher grundsätzlich nur mit Zustimmung des Mitglieds eingefordert werden. Die Satzung kann den Mitgliedern auch **Mitverwaltungspflichten** auferlegen.[55] Solche können sich auch aus dem Vereinszweck ergeben.[56] 15

Zudem entstehen aus der Mitgliedschaft wechselseitige **Treuepflichten** sowohl zwischen dem Mitglied und dem Verein als auch zwischen den einzelnen Mitgliedern.[57] Diese auch als passive Förderungspflicht oder Loyalitätspflicht bezeichnete Verpflichtung ist weitreichender als der allgemeine Grundsatz von Treu und Glauben aus § 242 und richtet sich nach dem Vereinszweck, der inneren Geschlossenheit des Vereins und dem Grad der persönlichen Bindung durch die Mitgliedschaft. Das Mitglied ist jedenfalls verpflichtet, alles zu unterlassen, was dem Vereinszweck schadet; bloße Kritik an der Vereinspolitik oder den Vereinsorganen führt jedoch nie zu einem Treuepflichtverstoß.[58] Die vereinsrechtliche Treuepflicht gibt dem Verein die innere Berechtigung zu Sanktionen gegenüber dem Mitglied, etwa zu Vereinsstrafen oder zum Ausschluss. 16

Die **Haftung** des Mitglieds gegenüber dem Verein für Verletzungen seiner Mitgliedschaftspflichten ist gerichtet auf Schadensersatz wegen Pflichtverletzung nach § 280 Abs. 1.[59] Umgekehrt haftet der Verein dem Mitglied für Pflichtverletzungen über § 31 (s. dazu § 31 Rn 13). Schäden, die bei Ausübung von Vorteilsrechten an Vereinseinrichtungen entstehen, hat das Mitglied nur dann zu ersetzen, wenn die Benutzungsordnung das festlegt; dabei gehen Unklarheiten zulasten des Vereins.[60] 17

46 KG OLGE 1915, 324; Staudinger/*Weick*, § 38 Rn 5; Soergel/*Hadding*, § 38 Rn 26; *Sauter/Schweyer/Waldner*, Rn 345; *Reichert*, Rn 875; aA *Braun*, NJW 1962, 92.

47 Soergel/*Hadding*, § 38 Rn 20; Palandt/*Ellenberger*, § 38 Rn 3; *Sauter/Schweyer/Waldner*, Rn 345; *Reichert*, Rn 1511.

48 OLG Hamm NJW-RR 1990, 532, 533 = Rpfleger 1991, 24; MüKo/*Reuter*, § 38 Rn 69; Soergel/*Hadding*, § 38 Rn 20; Erman/*Westermann*, § 38 Rn 2; Bamberger/Roth/Schwarz/*Schöpflin*, § 38 Rn 23; aA Palandt/*Ellenberger*, § 38 Rn 3, wonach eine derartige Regelung mit dem Charakter des Idealvereins unvereinbar sei.

49 Vgl BGHZ 52, 316, 318 = DB 1969, 2028 zur GmbH; Soergel/*Hadding*, § 38 Rn 28; *Reichert*, Rn 1518.

50 *K. Schmidt*, GesR, 4. Aufl. 2002, § 20 II 1 b bb; Soergel/*Hadding*, § 38 Rn 21 a; *Reichert*, Rn 890.

51 RGRK/*Steffen*, § 38 Rn 10; *Sauter/Schweyer/Waldner*, Rn 347; BAG, DB 2003, 47 = NJW 2003, 161.

52 OLG München NJW-RR 1998, 966 = SpuRT 1999, 206; *Reichert*, Rn 933; Staudinger/*Habermann*, § 58 Rn 3; *Müller*, MDR 1992, 924 f; *Beuthien*, BB 1987, 6, 10.

53 BGH ZIP 2007, 2264, 2265; OLG München NJW-RR 1998, 966.

54 BGH ZIP 2008, 1423, 1425 = WM 2008, 1499.

55 Dazu *Reichert*, Rn 940 f; Soergel/*Hadding*, § 38 Rn 22.

56 *Reichert*, Rn 941.

57 *K. Schmidt*, GesR, 4. Aufl. 2002, § 20 IV 1; Bamberger/Roth/Schwarz/*Schöpflin*, § 38 Rn 27 f; *Sauter/Schweyer/Waldner*, Rn 348; *Lutter*, ZHR 162 (1998), 164 ff.

58 Eingehend *Sauter/Schweyer/Waldner*, Rn 348; *Reichert*, Rn 979.

59 BGH LM GG 9 Nr. 6; Palandt/*Ellenberger*, § 38 Rn 1 b; Bamberger/Roth/Schwarz/*Schöpflin*, § 38 Rn 29.

60 KG MDR 1985, 230; Palandt/*Ellenberger*, § 38 Rn 1 b; Bamberger/Roth/Schwarz/*Schöpflin*, § 38 Rn 20.

§ 39 Austritt aus dem Verein

(1) Die Mitglieder sind zum Austritt aus dem Verein berechtigt.

(2) Durch die Satzung kann bestimmt werden, dass der Austritt nur am Schluss eines Geschäftsjahrs oder erst nach dem Ablauf einer Kündigungsfrist zulässig ist; die Kündigungsfrist kann höchstens zwei Jahre betragen.

Literatur: *v. Bernuth*, Austritt aus dem Arbeitgeberverband, NJW 2003, 2215; *Oetker*, Das private Vereinsrecht als Ausgestaltung der Koalitionsfreiheit, RdA 1999, 96; *Reize*, Der Austritt aus Gewerkschaft und Arbeitgeberverband, NZA 1999, 70; *K. Schmidt*, Rechtsprechungsübersicht – Anforderungen an den Vereinsausschluss, JuS 1998, 266. Siehe auch bei § 21 sowie bei § 25.

A. Allgemeines

1 Abs. 1 sichert dem Mitglied das Recht, die Mitgliedschaft zu beendigen. Als Ausgleich des Mehrheitsprinzips soll sich das Mitglied durch rechtsgestaltenden Akt kurzfristig der Einwirkung der Vereinsmehrheit entziehen können.[1] Aus § 40 folgt die **zwingende Natur** der Vorschrift. Über Abs. 2 hinaus ist eine satzungsmäßige Beschränkung oder Erschwerung des Austrittsrechts unzulässig;[2] Gleiches gilt für den Ausschluss durch einen gesonderten Vertrag.[3] § 39 ist entsprechend für körperschaftlich organisierte nichtrechtsfähige Vereine anzuwenden.[4] Beim Versicherungsverein wird § 39 durch die Sondervorschriften der §§ 165, 189 VVG auf Gegenseitigkeit eingeschränkt.[5] Nicht gesetzlich geregelt ist das Recht des Vereins, ein Mitglied auszuschließen (dazu § 25 Rn 45 ff).

B. Regelungsgehalt

I. Austritt

2 Der Austritt bedarf einer **Austrittserklärung**, dh einer einseitigen empfangsbedürftigen Willenserklärung des Mitglieds. Die Austrittserklärung wird gemäß §§ 130, 28 Abs. 2 wirksam durch Zugang bei einem Mitglied des Vereinsvorstands oder bei dem in der Satzung bestimmten sonstigen Vereinsorgan. Die Erklärung ist unwiderruflich,[6] kann aber mit Zustimmung des Vereins zurückgenommen werden, wenn der Austritt zB wegen einzuhaltender Fristen noch nicht wirksam ist.[7]

3 **1. Anforderungen an die Austrittserklärung.** Die Austrittserklärung ist grundsätzlich **formlos**[8] und kann daher auch konkludent, etwa durch Rückgabe des Mitgliedsbuchs, erklärt werden.[9] Gemäß § 58 Nr. 1 soll die Satzung Bestimmungen über den Austritt enthalten (s. § 58 Rn 3). Die Satzung kann für die Austrittserklärung die einfache **Schriftform** vorsehen, für die im Zweifel § 127 gilt.[10] Strengere Formanforderungen wie zB der Austritt durch eingeschriebenen Brief oder ein Begründungszwang[11] sind unzulässig und binden das Mitglied nicht.[12] Ist Schriftform gefordert, so wird diese gemäß § 127 Abs. 2 S. 1 auch durch ein Telefax gewahrt[13] (s. ferner § 127 Rn 16 ff). **Sachliche Erschwerungen** des Austritts durch die Satzung sind ebenfalls unwirksam. Dies gilt etwa für ein Austrittsverbot nach Einleitung eines Vereinsstrafverfahrens[14] oder, solange fällige

1 BGHZ 48, 207, 210 = DB 1967, 1498 = NJW 1967, 2303; Erman/*Westermann*, § 39 Rn 1; Staudinger/*Weick*, § 39 Rn 1.
2 BGH LM § 39 BGB Nr. 2; LG München I NJW 1987, 847.
3 RGZ 71, 388, 390; 88, 395, 398; Bamberger/Roth/Schwarz/*Schöpflin*, § 39 Rn 1; *Reichert*, Rn 1106.
4 BGH NJW 1979, 2304; MüKo/*Reuter*, § 39 Rn 2 f; Bamberger/Roth/Schwarz/*Schöpflin*, § 39 Rn 1.
5 BAG ZIP 1998, 1451 = DB 1998, 213; Bamberger/Roth/Schwarz/*Schöpflin*, § 39 Rn 1; Palandt/*Ellenberger*, § 39 Rn 1.
6 OLG Hamm NJW 2000, 523 = NVwZ 2000, 352; Palandt/*Ellenberger*, § 39 Rn 1.
7 *Sauter/Schweyer/Waldner*, Rn 85.
8 RGZ 78, 134, 137; BayObLGZ 1986, 528, 533.
9 OLG Hamm NJW 2000, 523 = NVwZ 2000, 352; bereits RG Recht 1912, Nr. 541.
10 BGH NJW-RR 1996, 866; BayObLGZ 1986, 528.
11 Ein wichtiger Grund kann indes bei Mischformen zwischen nichtrechtsfähigem Verein und Gesellschaft gefordert werden, BGH LM § 39 BGB Nr. 11; Palandt/*Ellenberger*, § 39 Rn 2.
12 BGH NJW-RR 1996, 866; BayObLGZ 9, 39, 42; Palandt/*Ellenberger*, § 39 Rn 2; *Reichert*, Rn 1092 hält Einschreiben für zulässige Beschränkung.
13 BGH NJW-RR 1996, 866; *Reichert*, Rn 1092.
14 RGZ 108, 160; 122, 268; Soergel/*Hadding*, § 39 Rn 6; Palandt/*Ellenberger*, § 39 Rn 2.

Beiträge oder Schulden nicht gezahlt sind.[15] Ein Austrittsrecht besteht auch bei einer Mitgliedschaft auf Lebenszeit.[16]

2. Austrittsfrist. Die Satzung kann **Kündigungsfristen** vorsehen. Gemäß Abs. 2 sind Satzungsregelungen zulässig, die den Austritt nur am Schluss eines Geschäftsjahres oder nach Ablauf einer Kündigungsfrist von maximal zwei Jahren zulassen.[17] Weitergehende Satzungsgestaltungen sind unwirksam.[18] Sie führen jedoch nicht zum ersatzlosen Wegfall der zu lang bemessenen Frist; vielmehr gilt in diesen Fällen die gesetzlich vorgesehene Zweijahresfrist aus Abs. 2 S. 2.[19] Der nicht fristgerecht erklärte Austritt ist als Austritt zum nächstzulässigen Termin zu werten, ohne dass es einer wiederholten Austrittserklärung bedarf.[20] Ausnahmen von Abs. 2 gelten für **Gewerkschaften**. Wegen Art. 9 Abs. 3 GG ist eine Kündigungsfrist von zwei Jahren unwirksam. Abweichend von Abs. 2 S. 2 darf die Frist maximal sechs Monate betragen.[21] § 10 Abs. 2 S. 3 PartG, wonach Mitglieder politischer Parteien jederzeit zum sofortigen Austritt berechtigt sind, ist auf Gewerkschaften nicht analog anzuwenden.[22] 4

3. Fristlose Kündigung. Ungeachtet einer Fristbestimmung für die ordentliche Kündigung kann die Mitgliedschaft im Verein wie jedes Dauerschuldverhältnis aus wichtigem Grund stets mit sofortiger Wirkung gekündigt werden.[23] Ein **wichtiger Grund** ist anzunehmen, wenn die Einhaltung der satzungsmäßigen Kündigungsfrist unter Berücksichtigung aller Umstände des Einzelfalls für das austrittswillige Mitglied als unzumutbar erscheint. Dies ist zB zu bejahen bei einer rückwirkenden Beitragserhöhung um 300 %,[24] einer nicht nachvollziehbar begründeten Beitragserhöhung um 25 %[25] oder der Aufbürdung einer in der Satzung nicht vorgesehenen Umlagelast.[26] An sich ist eine ordnungsgemäß beschlossene Beitragserhöhung oder eine maßvolle Kostenumlage[27] aber kein wichtiger Grund.[28] Ebenso wenig kann zB ein Mitglied des Mietervereins wegen Erwerbs der zuvor gemieteten Wohnung außerordentlich kündigen, da der Grund aus dem Risikobereich des Kündigenden stammt[29] (vgl allgemein NK-BGB/*Krebs*, § 314 Rn 22). 5

II. Rechtsfolgen des Austritts

Der Austritt beendet die Mitgliedschaft im Verein. Die Beendigung tritt mit dem Wirksamwerden der Austrittserklärung ein. Wenn keine Kündigungsfrist bestimmt ist oder bei außerordentlicher Kündigung wird die Austrittserklärung bereits mit ihrem Zugang wirksam. Im Übrigen scheidet das Mitglied durch ordentliche Kündigung mit Ablauf der in der Satzung vorgesehenen Frist aus dem Verein aus. Ein Abfindungsanspruch steht dem ausscheidenden Mitglied nicht zu.[30] Auch kann es einen Aufnahmebetrag nicht zurückverlangen.[31] Die vor dem Austritt entstandenen und fällig gewordenen Ansprüche und Pflichten bleiben weiterhin bestehen. Werden vor dem Austritt entstandene Beitragspflichten erst nach Austritt fällig, braucht das ausscheidende Mitglied diese nicht mehr zu bezahlen.[32] Von der Beendigung ist das **Ruhen der Mitgliedschaft** abzugrenzen. Bei ruhender Mitgliedschaft kann das Mitglied seine Mitgliedschaftsrechte nicht ausüben oder wegen Vereinspflichten in Anspruch genommen werden. Gleichwohl ist es aber aufgrund der fortbestehenden Mitgliedschaft zur gerichtlichen Geltendmachung der Unwirksamkeit von Satzungsbestimmungen oder Mitgliederversammlungsbeschlüssen berechtigt.[33] 6

15 Bamberger/Roth/Schwarz/*Schöpflin*, § 39 Rn 5; *Reichert*, Rn 1108.
16 RGZ 78, 134, 136; Soergel/*Hadding*, § 39 Rn 2; *Reichert*, Rn 1106.
17 Hk-BGB/*Dörner*, § 39 Rn 5; Prütting/*Schöpflin*, § 39 Rn 3; MüKo/*Reuter*, § 39 Rn 7.
18 RGZ 108, 160, 162; Bamberger/Roth/Schwarz/*Schöpflin*, § 39 Rn 4;Hk-BGB/*Dörner*, § 39 Rn 5.
19 RG JW 1937, 3236; MüKo/*Reuter*, § 39 Rn 7; Soergel/*Hadding*, § 39 Rn 4.
20 Bamberger/Roth/Schwarz/*Schöpflin*, § 39 Rn 4; *Reichert*, Rn 1102.
21 BGH NJW 1981, 340; AG Hamburg NJW 1987, 2380; Palandt/*Ellenberger*, § 39 Rn 3; MüKo/*Reuter*, § 39 Rn 8; Prütting/*Schöpflin*, § 39 Rn 3; *Reize*, NZA 1999, 70.
22 Palandt/*Ellenberger*, § 39 Rn 3; Soergel/*Hadding*, § 39 Rn 3; Bamberger/Roth/Schwarz/*Schöpflin*, § 39 Rn 4; aA AG Ettenheim NJW 1985, 979.
23 RGZ 130, 375, 378; BGHZ 9, 157, 162 = NJW 1953, 780; BGH NJW 1954, 953; BGH LM § 39 BGB Nr. 2; LG Itzehoe NJW-RR 1989, 1531; Palandt/*Ellenberger*, § 39 Rn 3.
24 LG Hamburg NJW-RR 1999, 1708; Palandt/*Ellenberger*, § 39 Rn 3.
25 AG Nürnberg Rpfleger 1988, 109; Bamberger/Roth/Schwarz/*Schöpflin*, § 39 Rn 7.
26 AG Erfurt, Urt. v. 26.3.2008, 11 C 894/07.
27 Eine Umlage darf nur auf hinreichend bestimmter Satzungsgrundlage erhoben werden, *Reichert*, Rn 933.
28 LG Aurich Rpfleger 1987, 115, 116; AG Essen DWW 1961, 119; Soergel/*Hadding*, § 39 Rn 5.
29 Palandt/*Ellenberger*, § 39 Rn 3; Bamberger/Roth/Schwarz/*Schöpflin*, § 39 Rn 7; aA AG Wiesbaden NJW-RR 1999, 1242.
30 OLG Hamburg BB 1980, 122; Palandt/*Ellenberger*, § 39 Rn 4; *Lettl*, AcP 203 (2003), 149.
31 OLG Brandenburg MDR 2005, 641; Prütting/*Schöpflin*, § 39 Rn 5; Palandt/*Ellenberger*, § 39 Rn 4.
32 BGHZ 48, 207, 211 = DB 1967, 1498 = NJW 1967, 2303; BGH NJW 1984, 489, 490 zur GmbH; OLG Schleswig NJW-RR 2004, 609; Soergel/*Hadding*, § 39 Rn 8; Prütting/*Schöpflin*, § 39 Rn 5; vgl auch *Reichert*, Rn 1142 ff.
33 BayObLGZ 1979, 351, 357; LG Hamburg NJW 1992, 440; Bamberger/Roth/Schwarz/*Schöpflin*, § 39 Rn 8; *Reichert*, Rn 1160.

§ 40 Nachgiebige Vorschriften

[1]Die Vorschriften des § 26 Absatz 2 Satz 1, des § 27 Absatz 1 und 3, der §§ 28, 31 a Abs. 1 Satz 2 sowie der §§ 32, 33 und 38 finden insoweit keine Anwendung als die Satzung ein anderes bestimmt. [2]Von § 34 kann auch für die Beschlussfassung des Vorstands durch die Satzung nicht abgewichen werden.

1 § 40 legt die Grenzen der **Satzungsautonomie** fest. Die bezeichneten Vorschriften sind dispositiv. Zu den jeweils zulässigen Gestaltungsmöglichkeiten s. § 26 Rn 2 ff, § 27 Rn 2, 14 f, § 28 Rn 2; § 31 a, § 32 Rn 6 f, § 33 Rn 4 ff und § 38 Rn 4 ff. Die nicht aufgeführten vereinsrechtlichen Vorschriften sind zwingendes Recht und daher keiner abweichenden Satzungsgestaltung zugänglich. Jedoch sehen etliche der zwingenden Vorschriften einen satzungsmäßigen **Gestaltungsrahmen** vor, wie etwa §§ 26 Abs. 2 S. 2, 27 Abs. 2 S. 2, 30 S. 1, 37 Abs. 1, 39 Abs. 2.

§ 41 Auflösung des Vereins

[1]Der Verein kann durch Beschluss der Mitgliederversammlung aufgelöst werden. [2]Zu dem Beschluss ist eine Mehrheit von drei Vierteln der abgegebenen Stimmen erforderlich, wenn nicht die Satzung ein anderes bestimmt.

Literatur: *Ballerstedt,* Mitgliedschaft und Vermögen beim rechtsfähigen Verein, in: FS Knur 1972, S. 1; *Balzer*, Die Umwandlung von Vereinen der Fußball-Bundesligen in Kapitalgesellschaften zwischen Gesellschafts-, Vereins- und Verbandsrecht, ZIP 2001, 175; *Bayer*, Die liquidationslose Fortsetzung rechtsfähiger Idealvereine, Diss. Mainz 1984; *Beitzke*, Mitgliedslose Vereine, in: FS Wilburg 1965, S. 19; *ders.*, Pflegschaften für Handelsgesellschaften und juristische Personen, in: FS Ballerstedt 1975, S. 185; *Böttcher*, Die Beendigung des rechtsfähigen Vereins, Rpfleger 1988, 169; *Beuthien/Gummert*, Münchener Handbuch des Gesellschaftsrechts, 2009, Band 5; *Busekist*, Der Formwechsel des Vereins in die Aktiengesellschaft nach den §§ 190 ff, 272 ff UmwG 1994, 2004; *Christiansen*, Über die reale Seite der Verbände, 1998; *Drobnig/Becker/Remien*, Verschmelzung und Koordinierung von Verbänden, 1991; *Dütz*, Tendenzaufsicht im Vereinsrecht, in: FS Herschel 1982, S. 55; *Flume*, Die Vereinsautonomie und ihre Wahrnehmung durch die Mitglieder hinsichtlich der Selbstverwaltung der Vereinsangelegenheiten und der Satzungsautonomie, in: FS Coing, Bd. 2, 1982, S. 97; *ders.*, Vereinsautonomie und kirchliche oder religiöse Vereinigungsfreiheit und das Vereinsrecht, JZ 1992, 238; *Goette*, EuGH: Niederlassungsfreiheit zwingt Nationalstaaten nicht zur Erlaubnis des uneingeschränkten Wegzugs von Unternehmen in einen anderen EU-Staat, DStR 2009, 128; *Grziwotz*, Die Liquidation von Kapitalgesellschaften, Genossenschaften und Vereinen, DStR 1992, 1404; *Grunewald*, Austrittsrechte als Folge von Mischverschmelzungen, in: FS Boujong 1996, S. 175; *Hadding/Hennrichs*, Zur Verschmelzung unter Beteiligung rechtsfähiger Vereine nach dem neuen Umwandlungsgesetz, in: FS Boujong 1996, S. 203; *Heermann*, Die Ausgliederung von Vereinen auf Kapitalgesellschaften, ZIP 1998, 1249; *Heinrich*, Vereinigungsfreiheit und Vereinigungsverbot – Dogmatik und Praxis des Art. 9 Abs. 2 GG, 2005; *Heller*, Die vermögenslose GmbH, 1989; *Hemmerich*, Die Ausgliederung bei Idealvereinen, BB 1983, 26; *Hennrichs*, Zum Formwechsel und zur Spaltung nach dem neuen Umwandlungsgesetz, ZIP 1995, 796; *ders.*, Formwechsel und Gesamtrechtsnachfolge bei Umwandlungen, 1996; *Hönn*, Die konstitutive Wirkung der Löschung von Kapitalgesellschaften, ZHR 138 (1974), 50; *Hüffer*, Das Ende der Rechtspersönlichkeit von Kapitalgesellschaften GS Schultz 1987, S. 99; *Ihrig*, Verschmelzung und Spaltung ohne Gewährung neuer Anteile?, ZHR 160 (1996), 317; *Katschinski*, Die Verschmelzung von Vereinen, 1999; *Kindler*, Ende der Diskussion über die so genannte Wegzugsfreiheit, NZG 2009, 120; *Kollhosser*, Der Verzicht des rechtsfähigen Vereins auf seine Rechtsfähigkeit, ZIP 1984, 1434; *Knof/Mock*, Vereinbarkeit von Wegzugsbeschränkungen mit der Niederlassungsfreiheit (Cartesio), Anmerkung, ZIP 2009, 30; *Lettl*, Das Wertrecht der Mitgliedschaft beim Idealverein, 1999; *Leible/Hoffmann*, Cartesio – fortgeltende Sitztheorie, grenzüberschreitender Formwechsel und Verbot materiellrechtlicher Wegzugsbeschränkungen, BB 2009, 58; *Lieder*, Der mitgliederlose Verein, ZSt 2004, 330; 2005, 16; *Lutter/Winter*, UmwG, 4. Aufl. 2009; *Mayer*, Die Umstrukturierung von Bundesligavereinen zur Vorbereitung des Börsengangs, in: FS Widmann 2000, S. 67; *Mummenhoff*, Gründungssysteme und Rechtsfähigkeit, 1979; *Neumayer-Schulz*, Die Verschmelzung von rechtsfähigen Vereinen, DStR 1996, 872; *Oetker*, Der Wandel vom Ideal- zum Wirtschaftsverein, NJW 1991, 385; *Pauli*, Wesen und Aufgaben der Mitgliederversammlung eines Vereins, ZStV 2010, 167; *Planker*, Das Vereinsverbot in der verwaltungsgerichtlichen Rechtsprechung, NVwZ 1998, 113; *Reichert*, Handbuch Vereins- und Verbandsrecht, 12. Aufl. 2010; *Reuter*, Probleme der Mitgliedschaft beim Idealverein, ZHR 145 (1981), 273; *ders.*, Verbandszweck und Rechtsfähigkeit im Vereinsrecht, ZHR 151 (1987), 237; *ders.*, Fehlerhafte Fusionen von politischen Parteien im Vorfeld der Wiedervereinigung Deutschlands, DZWiR 1994, 265; *Sauter/Schweyer/Waldner*, Der eingetragene Verein, 19. Aufl. 2010; *Schäfer*, Der Verzicht auf die Rechtsfähigkeit des eingetragenen Vereins, RNotZ 2008, 22; *H. Schmidt,* Zur Vollbeendigung juristischer Personen, 1989; *K. Schmidt*, Verbandszweck und Rechtsfähigkeit im Vereinsrecht, 1984; *ders.*, Ultra-vires-Doktrin: tot oder lebendig?, AcP 184 (1984), 529; *ders.*, Zur Löschung unrechtmäßig eingetragener Vereine, JR 1987, 117; *ders.*, Erlöschen eines eingetragenen Vereins durch Fortfall aller Mitglieder?, JZ 1987, 394; *ders.*, Fehlerhafte Verschmelzung und allgemeines Verbandsrecht, ZGR 1991, 373; *Steinbeck*, Vereinsautonomie und Dritteinfluss – dargestellt an den Verbänden des Sports, 1999; *Stöber*, Handbuch zum Vereinsrecht, 9. Aufl. 2004; *Teichmann*, Cartesio: Die Freiheit zum formwechselnden Wegzug, ZIP 2009, 393; *Wimmer*, Gründung und Beendigung von juristischen Personen, DStR 1995, 1838, 1878; *Zimmer/Naendrup*, Das Cartesio-Urteil des EuGH: Rück- oder Fortschritt für das internationale Gesellschaftsrecht?, NJW 2009, 545.

A. Allgemeines

I. Die Beendigung des Vereins im Überblick

1 Die §§ 41–53 regeln die Beendigung des e.V. Sowohl begrifflich als auch hinsichtlich der Rechtsfolgen sind dabei **drei Erscheinungsformen der Beendigung** zu unterscheiden: Zunächst die **Auflösung** (vgl §§ 41, 42, 45, 50, 74; dazu Rn 2), die nach ihrem Zweck auf die vollständige Beendigung der Existenz des Vereins abzielt, und die **Entziehung der Rechtsfähigkeit** (vgl §§ 43–45, 50, 74 Abs. 1; dazu Rn 3), die nach ihrem Zweck nur die Eigenschaft des Vereins als juristische Person beenden soll. Gemeinsam haben die Auflösung und die Entziehung der Rechtsfähigkeit aber die beiden wichtigsten Beendigungsfolgen: Sie führen nur im Fall des Anfalls an den Fiskus (§ 46) die Existenz des Vereins sogleich zu einem vollständigen Ende, lassen im Übrigen aber übereinstimmend die Existenz des Vereins als Rechtssubjekt (dh als juristische Person im Fall der Auflösung, als nichtrechtsfähige Personenvereinigung iSv § 54 im Fall der Entziehung der Rechtsfähigkeit) zunächst unberührt; zugleich überführen beide Beendigungsformen den e.V. ex lege in das Liquidationsstadium (§§ 47 ff), aus dem nur – oder immerhin – ein Fortsetzungsbeschluss der Mitglieder wieder herausführt. Unter beiden Aspekten unterscheiden sich Auflösung und Entziehung der Rechtsfähigkeit damit von dem **Erlöschen (der Vollbeendigung) des Vereins** (dazu Rn 5), das jegliche Existenz der Personenvereinigung beendet.

2 **1. Auflösung.** Aufgelöst wird der Verein nach dem Gesetz durch Beschluss der Mitgliederversammlung (§ 41) und durch Eröffnung des Insolvenzverfahrens (§ 42, s. Rn 7, § 42 Rn 34). Dem steht der Eintritt bestimmter Umstände gleich, an die die Satzung die Auflösungsfolge geknüpft hat (insbesondere Zeitablauf, Rn 9), die Sitzverlegung ins Ausland (Rn 8) sowie die Auflösung durch Hoheitsakt aufgrund des öffentlichen Vereinsrechts (Rn 11) oder durch Beschluss des BVerfG (Rn 12). Die Auflösung des Vereins führt in der Regel dazu, dass die Personenvereinigung als werbender Verein endet. Fällt das Vermögen ausnahmsweise an den Fiskus (§ 46), so erlischt der Verein sogleich; andernfalls findet regelmäßig (nicht zwingend, s. § 47 Rn 8 ff) die Liquidation statt (§§ 47 ff). Während der Dauer des sich an die Auflösung eines eingetragenen Vereins anschließenden Liquidationsverfahrens und für dessen Zwecke bleibt die Identität des Verbands unberührt; es entsteht der sog. Liquidationsverein, der nach wie vor juristische Person ist und sich vom werbenden Verein allein durch den nurmehr auf Abwicklung gerichteten Vereinszweck unterscheidet (§ 47 Rn 12). Während des Liquidationsverfahrens kann die Auflösung grundsätzlich rückgängig gemacht werden, indem die Fortsetzung des Vereins beschlossen wird (§ 47 Rn 15 ff); damit findet zugleich das Liquidationsverfahren sein Ende. Einen Sonderfall bildet die Auflösung durch Eröffnung des Insolvenzverfahrens (§ 42): Auch hier bleibt der Verein als juristische Person zunächst bestehen (§ 42 Rn 34); jedoch findet die Liquidation nach Maßgabe des Insolvenzrechts statt und nicht nach §§ 47 ff.

3 **2. Entziehung der Rechtsfähigkeit.** Durch die Entziehung der Rechtsfähigkeit des e.V. in den Fällen der §§ 43, 44 Abs. 2 (Rn 14, § 43 Rn 2 ff) **entfällt** mit der Bestandskraft des die Rechtsfähigkeit entziehenden Verwaltungsakts (§ 44 Rn 2) entgegen der missverständlichen Begrifflichkeit des Gesetzes nicht die dem Verein als Verband zukommende Rechtssubjektivität (vgl § 54 Rn 4), sondern – mit Wirkung ex nunc – nur

die nach §§ 21 f erlangte **Eigenschaft als juristische Person.**[1] Das Gleiche gilt, wenn der Verein auf die „Rechtsfähigkeit" **verzichtet** (Rn 15), wenn der Verein **im Vereinsregister gelöscht** wird (Rn 16) oder wenn die „Rechtsfähigkeit" gem. § 73 BGB iVm § 401 FamFG wegen **Unterschreitung der Mindestmitgliederzahl** entzogen wird (Rn 17, § 73 Rn 2). Das Vereinsvermögen fällt mit der Erfüllung des jeweiligen Tatbestands dem oder den Anfallberechtigten an (§ 45 Abs. 1). Sofern das Vereinsvermögen an den Fiskus fällt (§ 46), ist der Verein sogleich erloschen; andernfalls tritt die an sich mit dem ursprünglichen Vereinszweck fortbestehende und nur ihre Rechtsform ändernde Personenvereinigung grundsätzlich (nicht zwingend, s. § 47 Rn 8 ff) in die Liquidation (§ 47 Rn 4). Der Verband bleibt dabei unter Wahrung seiner Identität zunächst als nichtrechtsfähiger (Liquidations-)Verein iSv § 54 bestehen, dh alle Vereinsmitgliedschaften bleiben unberührt, das Vereinsvermögen wird ipso iure zum Gesamthandsvermögen der Mitglieder des Liquidationsvereins.[2] Auch als iSv § 54 „nicht rechtsfähiger", dh nicht mehr als juristische Person anzusehender Verein ist der Vereinszweck nach der Entziehung der Rechtsfähigkeit freilich notwendig allein auf Liquidation gerichtet (§ 47 Rn 10).

4 Anders als im Fall der Auflösung (Rn 2, § 47 Rn 13) bleibt ein e.V., der seine Eigenschaft als juristische Person durch Entziehung der Rechtsfähigkeit oder Verzicht auf dieselbe verloren hat, nicht bis zur Beendigung der Liquidation mit verändertem Zweck als ieS rechtsfähiger Liquidationsverein bestehen: Der e.V. hat die Eigenschaft als juristische Person auf Dauer eingebüßt, und er behält diese Eigenschaft auch nicht für die Dauer des Liquidationsverfahrens und für dessen Zwecke.[3] Wiederum im Unterschied zur Situation bei der Auflösung kann der Verein sich nach dem Wegfall der Eigenschaft als juristische Person auch nicht mehr als rechtsfähiger Verein iSv §§ 21 f fortsetzen (§ 47 Rn 16); hierfür bedürfte es vielmehr der erneuten Eintragung im Vereinsregister bzw der erneuten Verleihung der Rechtsfähigkeit. Gelingt es, den Entziehungsgrund zu beseitigen und die Aufhebung der Entziehungsverfügung zu erwirken, so können die Mitglieder den Verein jedoch in einen werbenden e.V. zurückverwandeln, indem sie seine Fortsetzung beschließen; in gleicher Weise kann die Umwandlung in eine andere Gesellschaftsform oder das Fortbestehen des Vereins als werbender nichtrechtsfähiger Verein iSv § 54 beschlossen werden.[4]

5 **3. Sofortige Vollbeendigung (Erlöschen des Vereins).** Sofortiges Erlöschen des Vereins ohne Liquidation tritt ein, wenn gem. § 46 das **Vermögen dem Fiskus anfällt** (Rn 19, § 46 Rn 2), sei es gemäß Satzung, Vereinsbeschluss oder Gesetz. Das Gleiche gilt nach Ansicht der Rechtsprechung, wenn **alle Mitglieder fortfallen** (Rn 21) oder wenn die Vereinstätigkeit tatsächlich aufgegeben wird (Rn 22). Zum sofortigen Erlöschen des Vereins führen schließlich die Einziehung des Vermögens eines kraft Hoheitsakts aufgelösten Vereins (Rn 11) und die Verschmelzung nach Maßgabe des UmwG (Rn 17). Von der sofortigen Vollbeendigung des Vereins ist die Vollbeendigung nach Durchführung und Abschluss der Liquidation (Rn 18, § 47 Rn 21) zu unterscheiden.

II. Auflösung

6 **1. Beschluss der Mitgliederversammlung, § 41.** Den wichtigsten Auflösungstatbestand bildet der in § 41 geregelte Auflösungsbeschluss der Mitgliederversammlung. Hierdurch wird der Verein aufgelöst und tritt, soweit nicht das Vermögen an den Fiskus fällt (§ 46), in das Liquidationsstadium ein (§§ 47 ff). Siehe im Einzelnen unten Rn 28 ff.

7 **2. Eröffnung des Insolvenzverfahrens, § 42.** Durch die Eröffnung des Insolvenzverfahrens wird der Verein aufgelöst, besteht jedoch als juristische Person weiter und wird – abweichend von den §§ 47 ff – nach Maßgabe der besonderen Bestimmungen des Insolvenzrechts liquidiert. Vgl im Einzelnen § 42 Rn 1, 34, § 47 Rn 6, 31.

8 **3. Sitzverlegung ins Ausland.** Die Sitzverlegung ins Ausland (Satzungs- und Verwaltungssitz) bewirkt einen Wechsel des Personalstatuts.[5] Dieser führt nicht nur (ipso iure) zum Verlust der Rechtsfähigkeit nach deutschem Recht,[6] sondern ist nach hM[7] zugleich als Auflösungsbeschluss gem. § 41 für das Inland auszulegen und als solcher in das Vereinsregister einzutragen, § 6 Abs. 3 VRV. Damit verbunden ist ggf eine Neugründung

1 Bamberger/Roth/*Schwarz/Schöpflin*, § 41 Rn 6; MüKo/*Reuter*, § 41 Rn 1 f; *K. Schmidt*, Verbandszweck, S. 14 ff; Soergel/*Hadding*, § 43 Rn 2, 7.

2 Erman/*Westermann*, § 43 Rn 4; Soergel/*Hadding*, § 43 Rn 7, § 45 Rn 10.

3 Bamberger/Roth/*Schwarz/Schöpflin*, § 41 Rn 6; *K. Schmidt*, GesR, 4. Aufl. 2002, § 24 VII 2 b; *ders.*, Verbandszweck, S. 291, 301 f, 303; Soergel/*Hadding*, Vor § 41 Rn 4, 8, § 42 Rn 9, § 43 Rn 7, § 47 Rn 1; aA (zu § 42 BGB aF) BGH ZIP 2001, 889 ff; *Reichert*, Rn 3985.

4 Soergel/*Hadding*, § 43 Rn 7.

5 Vgl BGHZ 97, 269, 271; BayObLGZ 1992, 113, 116; *Stöber*, Rn 870.

6 Vgl Bamberger/Roth/*Schwarz/Schöpflin*, § 24 Rn 9, § 41 Rn 8; MüKo/*Reuter*, § 41 Rn 75; Palandt/*Ellenberger*, § 24 Rn 3; *Sauter/Schweyer/Waldner*, Rn 399; *Stöber*, Rn 870.

7 Bamberger/Roth/*Schwarz/Schöpflin*, § 24 Rn 9; *Grziwotz*, DStR 1992, 1404; Soergel/*Hadding*, Vor § 41 Rn 6; Staudinger/*Weick*, § 41 Rn 8; aA *Sauter/Schweyer/Waldner*, Rn 399.

im Ausland unter dortigem Recht;[8] dies zieht – in Ermangelung einer satzungsmäßigen Vermögensübertragung an den Auslandsverein – am alten Sitzort Anfall (§§ 45 f) und Liquidation (§§ 47 ff) nach sich. Dies gilt auch, wenn es sich um eine grenzüberschreitende Sitzverlegung in einen anderen EU-Mitgliedstaat handelt, da die Art. 49, 54 AEUV (bisher Art. 43, 48 EGV) nicht die rechtsformwahrende Sitzverlegung verlangen;[9] zudem fällt der nicht erwerbsorientierte Verein selbst dann nicht unter die Niederlassungsfreiheit der Art. 49, 54 AEUV, wenn ein tolerierter unternehmerischer Nebenzweck vorhanden ist. Nach dem Referentenentwurf eines Gesetzes zum Internationalen Privatrecht der Gesellschaften, Vereine und juristischen Personen aus dem Jahr 2008 sollen allerdings nach einem neuen Art. 10 EGBGB alle Vereine ohne Rücksicht auf ihren Gründungsstaat dem Recht desjenigen Staates unterliegen, in dem sie in ein Register eingetragen sind.[10]

4. Ablauf der satzungsmäßig bestimmten Zeit. Die Vereinssatzung kann einen Endtermin des Vereins bestimmen (vgl § 74 Abs. 2 S. 1). Mit Zeitablauf ist der Verein aufgelöst und tritt, soweit nicht das Vermögen an den Fiskus fällt (§ 46), in das Liquidationsstadium ein (§§ 47 ff). **9**

5. Eintritt eines satzungsmäßig bestimmten Ereignisses. Auch eine satzungsmäßige auflösende Bedingung (§ 158 Abs. 2) wird für zulässig gehalten,[11] ebenso eine Satzungsklausel des Inhalts, dass der Verein unter bestimmten Voraussetzungen automatisch aufgelöst ist, ohne dass es noch eines Auflösungsbeschlusses nach § 41 bedarf.[12] Mit Bedingungseintritt ist der Verein aufgelöst und tritt, soweit nicht Vermögensanfall an den Fiskus erfolgt (§ 46), in das Liquidationsstadium ein (§§ 47 ff). **10**

6. Auflösung durch Hoheitsakt aufgrund des öffentlichen Vereinsrechts, § 3 VereinsG, Art. 9 Abs. 2 GG. Ein Vereinsverbot nach öffentlichem Vereinsrecht wird durch Verwaltungsakt (§ 35 VwVfG) verhängt, wenn der Verein den Tatbestand des Art. 9 Abs. 2 GG erfüllt, dh nach seinem Zweck oder nach seiner Tätigkeit den Strafgesetzen zuwiderläuft oder sich gegen die Verfassung oder den Gedanken der Völkerverständigung richtet (§ 3 VereinsG).[13] Das Verbot führt zur Auflösung des Vereins, darüber hinaus aber, wenn die Verbotsbehörde – wie nach dem gesetzlichen Regelfall – die Einziehung des Vereinsvermögens anordnet, unmittelbar zum Erlöschen des Vereins (§§ 3 Abs. 1 S. 2, 11 Abs. 2 S. 3 VereinsG).[14] Mit der Unanfechtbarkeit der Anordnung erwirbt der Einziehungsbegünstigte (Bund oder Land) das Vereinsvermögen als Sondervermögen (§ 11 VereinsG), aus dem in erster Linie die Vereinsgläubiger zu befriedigen sind (§ 13 VereinsG). Soweit ausnahmsweise von der Einziehungsanordnung abgesehen wird, ist der Verein zu liquidieren (§§ 47 ff); in diesem Fall kann die Verbotsbehörde abweichend von § 48 Abs. 1 selbst die Liquidatoren ernennen (§ 11 Abs. 4 VereinsG). **11**

7. Auflösung wegen Grundrechtsverwirkung durch Entscheidung des BVerfG, § 39 Abs. 2 BVerfGG. Der Verein kann aufgelöst werden, wenn ein Spruch des BVerfG die Grundrechtsverwirkung gem. Art. 18 GG feststellt (§ 39 Abs. 2 BVerfGG). Für das Verfahren gelten §§ 13 Nr. 1, 36–41 BVerfGG. Wird das Vermögen des Vereins in diesem Fall zugunsten gemeinnütziger Einrichtungen eingezogen, so erlischt der Verein ohne weiteres, insbesondere ohne Liquidation.[15] Zur Auflösung politischer Parteien vgl Art. 21 Abs. 2 GG, §§ 13 Nr. 2, 43–47 BVerfGG, §§ 32 ff PartG. **12**

8. Verlust aller Mitglieder bzw Untätigkeit des Vereins. Entgegen der Auffassung der bisherigen Praxis ist in Übereinstimmung mit der im Vordringen begriffenen Lehre auch in den Fällen des Wegfalls aller Vereinsmitglieder sowie der andauernden Einstellung der Vereinstätigkeit anzunehmen, dass dies lediglich die Auflösung des Vereins zur Folge hat und nicht dessen sofortige Vollbeendigung (Rn 21). **13**

III. Entziehung der Rechtsfähigkeit (Wegfall der Eigenschaft als juristische Person)

1. Entziehung der Rechtsfähigkeit durch Verwaltungsakt, § 43. Der durch staatliche Verleihung rechtsfähige Wirtschaftsverein (§ 22) verliert seine Rechtsfähigkeit durch deren Widerruf (§§ 48 f VwVfG) sowie deren Entziehung (§ 43). Zu den Voraussetzungen der Entziehung im Einzelnen s. Kommentierung zu § 43, zu den Rechtsfolgen oben Rn 3. **14**

8 Vgl zur umgekehrten Konstellation OLG Zweibrücken NZG 2005, 1019; krit. *Behrens* ZEuP 2007, 327.

9 EuGH NJW 2009, 569 (Cartesio), dazu *Behme/Nohlen*, BB 2009, 13; Beuthien/Gummert/*Korte*, § 61 Rn 54 ff; *Goette*, DStR 2009, 128; *Kindler*, NZG 2009, 130; *Knof/Mock*, ZIP 2009, 30; *Leible/Hoffmann*, BB 2009, 58; *Meilicke*, GmbHR 2009, 92; *Pießkalla*, EuZW 2009, 82; *Teichmann*, ZIP 2009, 393; *Zimmer/Naendrup*, NJW 2009, 545.

10 Vgl zu dem Gesetzentwurf etwa *Clausnitzer*, NZG 2008, 321 ff; *Wagner/Timm*, IPRax 2008, 81 ff.

11 Soergel/*Hadding*, vor § 41 Rn 9; Staudinger/*Weick*, § 41 Rn 6; s.a. BGH WM 1980, 1286 f; aA *Reuter*, ZHR 145 (1981), 273, 282 ff.

12 LG Bremen Rpfleger 1996, 72; Soergel/*Hadding*, Vor § 41 Rn 9; aA Erman/*Westermann*, § 41 Rn 6; Staudinger/*Weick*, § 41 Rn 7: zusätzlich Beschluss der Mitgliederversammlung erforderlich.

13 Vgl BVerwG NVwZ 2003, 986 u. 990; BVerwG NVwZ 2005, 1435; OVG Münster, NVwZ-RR 2003, 113.

14 Vgl BVerwG NJW 1989, 993; *Planker*, NVwZ 1998, 113 ff.

15 Soergel/*Hadding*, vor § 41 Rn 17.

15 **2. Verzicht auf die Rechtsfähigkeit.** Ein Verzicht des Vereins auf die Rechtsfähigkeit, dh auf die Eigenschaft als juristische Person, ist als Minus zum Auflösungsbeschluss möglich. Für den Verzichtsbeschluss gelten, wenn die Satzung hierfür keine besonderen Bestimmungen enthält, im Hinblick auf den gebotenen Minderheitenschutz die gesetzlichen und satzungsmäßigen Voraussetzungen für die Auflösung (§ 41) entsprechend.[16] Rechtsfolge des Verzichts auf die Eigenschaft als juristische Person ist nach nunmehr hM gerade nicht die Auflösung (mit den weiteren Folgen Anfall, § 45, und Liquidation, §§ 47 ff), sondern die identitätswahrende Umwandlung in einen nichtrechtsfähigen Verein iSv § 54.[17] Auch die Regelung der inneren Organisation des Vereins, insbesondere die Satzung, gelten für den Verein in diesem Fall weiter.[18]

16 **3. Amtslöschung des Vereins im Vereinsregister, § 395 FamFG.** Die Amtslöschung eines Vereins gem. § 395 FamFG (bisher §§ 159, 142 FGG) kommt in Betracht, wenn eine **Eintragung wegen Mangels einer wesentlichen Voraussetzung unzulässig** ist. Erforderlich ist eine Verletzung zwingenden Rechts; die Verletzung von reinen Sollvorschriften ist unschädlich. Eine Amtslöschung findet ebenfalls statt im Fall von **Gründungsmängeln**, die einen (wirksamen) fehlerhaften Verein (§ 21 Rn 6) entstehen lassen.[19] Das Löschungsverfahren nach § 395 FamFG ist aber auch zulässig, wenn die Eintragung erst **nachträglich unzulässig geworden** ist; dies war bisher streitig, ist nunmehr aber durch die Änderung der Formulierung des § 395 Abs. 1 gegenüber § 142 Abs. 1 FGG klargestellt worden.[20] Da es die in diesem Fall früher überwiegend als vorrangig angesehene Entziehung der Rechtsfähigkeit gem. § 43 Abs. 2 aF nicht mehr gibt (s. § 43 Rn 3), kann deshalb insbesondere ein e.V., der nach seiner Satzung Idealverein ist, von Amts wegen aus dem Vereinsregister zu löschen sein, wenn er als Hauptzweck im Laufe der Zeit einen **wirtschaftlichen Zweck** (§ 21 Rn 22 ff) verfolgt (sog. verdeckte Rechtsformverfehlung).[21] Da die Bestimmungen über Idealvereine nur in vergleichsweise geringem Maße auf die Belange der Vereinsgläubiger Rücksicht nehmen, muss der Staat – unabhängig von der damit nicht zwingend präjudizierten Frage des haftungsrechtlichen Durchgriffs auf die Mitglieder[22] – darüber wachen, dass ein Verein sich nicht unter der Tarnung als Idealverein in einen wirtschaftlichen Verein verwandelt, als welcher er die Rechtsfähigkeit nur durch Konzessionierung hätte erlangen können. **Voraussetzung** hierfür ist, dass sich der Verein entgegen seiner überwiegend idealen satzungsmäßigen Zwecksetzung nach seinem gesamten Gebaren und tatsächlichen Erscheinungsbild unternehmerisch betätigt und die mit einer solchen Tätigkeit typischerweise verbundenen Risiken eingeht. Die Entziehung der Rechtsfähigkeit kommt deshalb insbesondere auch dann in Betracht, wenn religiöse oder weltanschauliche Lehren zum Vorwand für die Verfolgung rein wirtschaftlicher Zwecke dienen.[23] Leistungen, die der Verein in Verfolgung seines satzungsgemäßen nicht wirtschaftlichen Zweckes, jedoch in entgeltlicher Form seinen Mitgliedern gegenüber erbringt, rechtfertigen nur dann die Annahme eines wirtschaftlichen Geschäftsbetriebs, wenn diese Leistungen unabhängig von mitgliedschaftlichen Beziehungen üblicherweise auch von anderen

16 Vgl RG JW 1936, 2063; BayObLGZ 1959, 152, 158 f; Bamberger/Roth/*Schwarz/Schöpflin*, § 41 Rn 13; *Bayer*, S. 42 ff; Erman/*Westermann*, § 41 Rn 8; *Kollhosser*, ZIP 1984, 1434, 1436; *Schäfer*, RNotZ 2008, 22 f; *Stöber*, Rn 764 f; Soergel/*Hadding*, vor § 41 Rn 8; aA MüKo/*Reuter*, § 41 Rn 80; *Sauter/Schweyer/Waldner*, Rn 401: beim nichtwirtschaftlichen Verein satzungsändernde Mehrheit analog § 33 erforderlich.

17 Bamberger/Roth/*Schwarz/Schöpflin*, § 41 Rn 13; *Bayer*, S. 208 ff; *Kollhosser*, ZIP 1984, 1434 f, 1437 ff; *Reichert*, Rn 4094; *Schäfer*, RNotZ 2008, 22 f; Soergel/*Hadding*, vor § 41 Rn 8; aA *Sauter/Schweyer/Waldner*, Rn 401; Staudinger/*Weick*, § 41 Rn 19: Liquidation erforderlich.

18 *Bayer*, S. 167 ff; *Schäfer*, RNotZ 2008, 22 f; Soergel/*Hadding*, vor § 41 Rn 8.

19 In diesem Fall ist die Auflösung und Liquidation allerdings zwingend, vgl Bamberger/Roth/*Schwarz/Schöpflin*, § 41 Rn 9, vor § 55 Rn 6 f; MüKo/*Reuter* § 41 Rn 85.

20 Vgl Begr. RegE FamFG, BT-Drucks. 16/6308, S. 288; ferner etwa *Bumiller/Harders*, Freiwillige Gerichtsbarkeit, 9. Aufl. 2009, § 395 FamFG Rn 10 f; MüKo-ZPO/*Krafka*, 3. Aufl. 2010, § 395 FamFG Rn 6 f; *Terner*, DNotZ 2010, 5, 13.

21 So auch ausdrücklich die Beschlussempfehlung und der Bericht des Rechtsausschusses, auf den die Streichung des § 43 Abs. 2 aF zurückgeht, vgl BT-Drucks. 16/13542, S. 14; Bamberger/Roth/*Schwarz/Schöpflin*, § 43 Rn 6 f; Palandt/*Ellenberger*, § 43 Rn 3; *Reuter*, ZGR 2009, 1368, 1372; *Schöpflin*, Rpfleger 2010, 349, 350; *Terner*, DNotZ 2010, 5, 13; aA offenbar *Bumiller/Harders*, Freiwillige Gerichtsbarkeit, 9. Aufl. 2009, § 395 FamFG Rn 10 f.

22 Diesen Durchgriff wegen Vorrangs der Amtslöschung und der Entziehung der Rechtsfähigkeit nach § 43 Abs. 2 aF ablehnend BGHZ 175, 12 = NZG 2008, 670 ("Kolpingwerk"); iE ebenso Bamberger/Roth/*Schwarz/Schöpflin*, § 43 Rn 7; *von Hippel*, NZG 2006, 537 ff; *Hofmeister*, ZIP 2009, 160 ff; *Reuter*, NZG 2008, 650 ff; *Karsten Schmidt*, ZIP 2007, 605 ff; anders *Seltmann*, DStR 2008, 1443 ff; *Hüttemann/Meyer*, LMK 2008, 256400, sowie als Vorinstanz zu BGH aaO. noch OLG Dresden ZIP 2005, 1680, 1687, das beim personalistischen Verein eine Durchgriffshaftung bei Kenntnis der Mitglieder von über das Nebenzweckprivileg hinausgehender wirtschaftlicher Vereinsbetätigung annahm.

23 Vgl Bamberger/Roth/*Schwarz/Schöpflin*, § 43 Rn 6 f; s. ferner (zu § 43 Abs. 2 aF) BVerwG NJW 1993, 2496; BVerwG NJW 1998, 1166; VGH Mannheim NJW 1996, 3358 (alle zu „Scientology"); enger aber jetzt VGH München, NVwZ-RR 2006, 297; dazu *Abel*, NJW 1997, 426; *ders.*, NJW 2001, 410; *K. Schmidt*, NJW 1998, 1124; *Müller-Laube*, JZ 1998, 788; vgl zum Problem des Profisports in Idealvereinen noch *Balzer*, ZIP 2001, 175 ff.

angeboten werden.[24] Der Verein muss seinen Zweck jedoch in einen wirtschaftlichen Zweck ändern; die Verfolgung eines anderen als des satzungsmäßig vorgesehenen idealen Zwecks genügt nicht.[25] Ebenso wenig schädlich ist die Verfolgung eines wirtschaftlichen Nebenzwecks (sog. **Nebenzweckprivileg**); die wirtschaftliche Betätigung muss vielmehr den Hauptzweck des Vereins ausmachen.[26] **Folge der Amtslöschung** ist jedenfalls der Wegfall der für die Eigenschaft als juristische Person konstitutiven Registereintragung. Nach wohl hM (vgl auch § 47 Rn 10) führt dies nicht zwangsläufig zugleich zur Auflösung des Vereins (mit den weiteren Folgen Anfall, § 45, und Liquidation, §§ 47 ff), sondern zur identitätswahrenden Umwandlung in einen nichtrechtsfähigen Verein iSv § 54.[27] Auch die Regelung der inneren Organisation des Vereins, insbesondere die Satzung, gelten für den Verein in diesem Fall weiter.

4. Entziehung der Rechtsfähigkeit wegen Unterschreitung der Mindestmitgliederzahl, § 73. Die für die Eintragung erforderliche Mindestmitgliederzahl von sieben (§ 56) braucht nicht auf Dauer vorzuliegen. Hat der Verein jedoch nur noch ein oder zwei Mitglieder, so hat das Registergericht nach Maßgabe von § 73 BGB iVm § 401 FamFG auf Antrag, notfalls von Amts wegen einzuschreiten und dem Verein die „Rechtsfähigkeit", dh die Eigenschaft als juristische Person zu entziehen. Die Entziehung führt zum Anfall des Vereinsvermögens gem. § 45 und, sofern Anfallberechtigter nicht der Fiskus ist, zur Liquidation (§ 47). Siehe dazu weiter § 73 Rn 2 f; zum Verlust aller Mitglieder s. Rn 21. 17

IV. Vollbeendigung (Erlöschen)

Mit dem Begriff der Vollbeendigung wird das vollständige Ende der rechtlichen Existenz des Verbandes bezeichnet (Rn 1, 5, § 47 Rn 21). Sie kommt nur bzw erst dann in Betracht, wenn es kein Vereinsvermögen (mehr) gibt, das im Interesse der Anfallberechtigten der geordneten Abwicklung durch Liquidation gem. §§ 47 ff zuzuführen wäre. 18

1. Abschluss der Liquidation, §§ 47, 49. Der regelmäßige Fall der Vollbeendigung des Vereins ist der nach ordnungsgemäßer Durchführung der Liquidation und durchgeführter Schlussverteilung erreichte Zustand (§ 47 Rn 21): Ist das liquidierbare Vermögen restlos verteilt und bestehen weder realisierbare Außenstände noch ein sonstiges (vermögensbezogenes) Abwicklungsbedürfnis, so erlischt der Verband, und zwar nach hM schon vor der (als rein deklaratorisch verstandenen) Eintragung im Vereinsregister (§ 47 Rn 20). 19

2. Anfall des Vereinsvermögens an den Fiskus, § 46. Gehört der Beendigungstatbestand zwar zu denjenigen, in denen ein Anfall des Vereinsvermögens stattfindet (§ 45 Abs. 1), erfolgt der Anfall jedoch gem. § 45 Abs. 3 an den Fiskus, so erwirbt dieser das Vereinsvermögen im Ganzen aufgrund Gesamtrechtsnachfolge (§ 46). Der Verein wird hierdurch sogleich vermögenslos, so dass es der Durchführung eines Liquidationsverfahrens gleichfalls nicht mehr bedarf. 20

3. Verlust aller Mitglieder. Verliert der (werbende) Verein durch Tod, Austritt oder aus anderen Gründen alle seine Mitglieder, so hat dies nach der Rechtsprechung dessen **sofortiges Erlöschen ohne Liquidation** zur Folge. Die Abwicklung des vorhandenen Vermögens obliegt dann nicht einem (ggf nach § 29 bestellten) Liquidator; vielmehr muss vom Gericht ein Pfleger (§ 1913) bestellt werden, der folgerichtig im Interesse der an der Vermögensabwicklung Beteiligten handelt, nicht als Vertreter des Vereins. § 49 Abs. 2 gelte nicht, der Verein sei weder vermögens- noch insolvenzfähig und könne auch nicht durch Fortsetzungsbeschluss fortgesetzt werden.[28] Dies überzeugt jedoch nicht: Wenngleich der Ausfall der Mitgliederversammlung ein dauerhaftes Dasein nach körperschaftsrechtlichen Grundsätzen zweifellos ausschließt, hindert er jedoch – wie das Beispiel der Kapitalgesellschaft zeigt – nicht das vorübergehende Dasein zum Zweck der Liquidation. Im Hinblick auf die nach der Rechtsprechung ermöglichte willkürliche Vollbeendigung unter Umgehung eines Insolvenzverfahrens erscheint deshalb die Auffassung vorzugswürdig, dass der Austritt aller Mitglieder zwar als **Auflösungstatbestand**, aber nicht als Beseitigung des Rechtssubjekts aufzufassen ist. Die Abwicklung erfolgt danach, sofern ein Insolvenzgrund vorliegt, im Insolvenzverfahren, im Übrigen im Wege der gewöhn- 21

24 Vgl (zu § 43 Abs. 2 aF) BVerwG NJW 1998, 1166 (zu „Scientology"); zust. Soergel/*Hadding*, § 43 Rn 4.

25 Vgl (zu § 43 Abs. 2 aF) Staudinger/*Weick*, § 43 Rn 8.

26 Vgl Bamberger/Roth/*Schwarz/Schöpflin*, § 43 Rn 6 f; s. ferner (zu § 43 Abs. 2 aF) Soergel/*Hadding*, § 43 Rn 4; gegen das Einschreiten gegen sog. Abmahnvereine aus diesem Grund Bamberger/Roth/*Schwarz/Schöpflin*, § 43 Rn 7; s. ferner (zu § 43 Abs. 2 aF) *K. Schmidt*, Verbandszweck, S. 270 ff, 276; MüKo/*Reuter*, §§ 43, 44 Rn 10.

27 Bamberger/Roth/*Schwarz/Schöpflin*, § 41 Rn 12; *Bayer*, S. 2, 207 f; Soergel/*Hadding*, Vor § 41 Rn 14; *Schäfer*, RNotZ 2008, 22 f; *K. Schmidt*, JR 1987, 177, 178 f; *Oetker*, NJW 1991, 385, 389 f; aA Palandt/*Ellenberger*, § 41 Rn 1, Vor § 55 Rn 2; MüKo/*Reuter*, § 41 Rn 85; Staudinger/*Weick*, § 41 Rn 2: Auflösung und Liquidation.

28 BGHZ 19, 51, 57; BGH NZM 2005, 475 [Rn 30]; BAG ZIP 1986, 1482 = JZ 1986, 421 m.Anm. *K. Schmidt*, JZ 1987, 394; BVerwG NJW 1997, 474, 476; OLG Köln NJW-RR 1999, 336, 337; KG Rpfleger 2004, 497; Palandt/*Ellenberger*, § 41 Rn 3; Staudinger/*Weick*, § 41 Rn 12; ebenso § 4 Abs. 2 Nr. 1 VRV.

lichen Liquidation durch den Vorstand als den geborenen Liquidator; gibt es auch kein Vorstandsmitglied mehr, so greift § 29 ein.[29]

22 Der Verein bleibt auch nach hM jedenfalls so lange existent, wie wenigstens ein Mitglied an der Mitgliedschaft festhält. Das mit dem Antrag auf Löschung eines Vereins wegen Wegfalls sämtlicher Mitglieder befasste Gericht hat nach § 26 FamFG die zur Feststellung der Tatsachen erforderlichen Ermittlungen von Amts wegen vorzunehmen. Kann aufgrund der vom Registergericht angestellten Ermittlungen nicht mit der erforderlichen Sicherheit festgestellt werden, dass sämtliche Mitglieder des Vereins – sei es durch Austritt oder auf andere Weise – weggefallen sind oder dass die Zahl der Mitglieder unter drei herabgesunken ist, muss die Anmeldung der Auflösung des Vereins sowie der Löschungsantrag des Vereinsvorstandes zurückgewiesen werden.[30] Verliert der Verein das letzte Mitglied erst während des Liquidationsverfahrens, so geht auch die hM von einem Fortbestand des Vereins aus.[31]

23 **4. Aufgabe der Vereinstätigkeit.** Wenn der Verein sich über einen längeren Zeitraum aus Interesselosigkeit der Mitglieder nicht mehr betätigt oder den **Vereinszweck tatsächlich aufgegeben** hat, gilt das Gleiche wie im Fall des Wegfalls aller Mitglieder (Rn 21); ebenso wie dort ist deshalb streitig, ob der Verein sofort vollbeendet wird oder lediglich aufgelöst ist.[32] Weder Erlöschen noch Auflösung tritt allerdings bei **Erreichen oder Unmöglichwerden des Vereinszwecks** ein; vielmehr kann die Mitgliederversammlung sich auch für eine Zweckänderung entscheiden.[33] Bis zu einem Beschluss darüber reduziert sich der Vereinszweck auf die Verwaltung des vorhandenen Vermögens.[34] Selbst wenn die Satzung die Zweckerreichung als auflösende Bedingung formuliert, ist aus Gründen der Rechtssicherheit ein (feststellender) Auflösungsbeschluss erforderlich.[35] In diesem Fall wird man aber grundsätzlich die Mitglieder für verpflichtet halten müssen, einer Auflösung zuzustimmen.

24 **5. Umwandlung (Verschmelzung, Spaltung, Rechtsformwechsel).** Seit Inkrafttreten des UmwG 1995 stehen auch für den (eingetragenen[36]) Verein verschiedene Formen der Umwandlung – dh der Verschmelzung (§§ 2–122 UmwG), des Formwechsels (§§ 190–304 UmwG) und der Spaltung (§§ 123–173 UmwG) unter vollständiger oder teilweiser Gesamtrechtsnachfolge und einer identitätswahrenden Umwandlung – zur Verfügung (nicht aber gem. § 175 UmwG die Vermögensübertragung iSv §§ 17–189 UmwG).

25 **a) Verschmelzung.** So kann ein e.V. nach § 3 Abs. 1 Nr. 4 UmwG sowohl übertragender als auch aufnehmender Rechtsträger im Rahmen einer Verschmelzung sein; möglich ist hiernach auch die Verschmelzung mehrerer bestehender Vereine auf einen hierdurch neu zu gründenden e.V. Erforderlich sind ein notariell beurkundeter Verschmelzungsvertrag, den die beteiligten Vorstände für ihre Vereine abschließen (§§ 4–6 UmwG), die rechtliche und wirtschaftliche Erläuterung des Vorhabens und seiner Folgen durch die beteiligten Vorstände (Verschmelzungsbericht, § 8 UmwG), eine Verschmelzungsprüfung (beim eingetragenen Verein nur auf schriftliches Verlangen von zehn Prozent der Mitglieder, §§ 100, 9–12 UmwG) und schließlich ein notariell beurkundeter Umwandlungsbeschluss der Mitgliederversammlungen mit jeweils mindestens Dreiviertelmehrheit (§ 103 UmwG). Aus der Vereinssatzung kann sich ein anderes Mehrheitserfordernis ergeben. Erweisen sich die Satzungsanpassungen als Zweckänderung iSv § 33 Abs. 1 S. 2 BGB, so kann die Zustimmung sämtlicher Mitglieder erforderlich werden.[37] Für die Abhaltung der Mitgliederversammlung gelten die allgemeinen Regeln, daneben bestehen spezielle Informationspflichten (vgl §§ 101 f UmwG). Problematischer ist die Verschmelzung eines e.V. auf Kapitalgesellschaften oder Personenhandelsgesellschaften, da der Verein hier nur als übertragender Rechtsträger in Betracht kommt und unter dem Aspekt des Formwechsels nur der Weg in eine Kapitalgesellschaft oder Genossenschaft möglich ist (§§ 99 Abs. 2, 149 Abs. 2, 272 Abs. 1 UmwG).[38] Es gilt die allgemeine satzungsmäßige Einberufungsfrist. Eine längere Frist für die Umwandlungsfälle (etwa dreißig Tage analog § 123 Abs. 1 AktG) kommt allenfalls in Betracht, wenn die Satzung gar keine Ladungsfrist bestimmt.[39] Die Verschmelzung wird – nach Anmeldung bei allen beteiligten Rechtsträgern – wirksam mit Eintragung im Register des übernehmenden Rechtsträgers (§§ 16, 19 f UmwG). Sie führt zum liquidationslosen Erlöschen des übertragenden Vereins; der übernehmende Rechtsträger tritt im Wege der Gesamtrechtsnachfolge in sämtliche Rechtsbeziehungen des übertragenden Vereins ein (vgl §§ 2, 20 Abs. 1

29 *Beitzke*, in: FS Ballerstedt 1975, S. 185, 192 ff; *ders.*, in: FS Wilburg 1965, S. 19, 24; ihm folgend *Flume*, BGB AT Bd. 1/2, S. 186; *K. Schmidt*, JZ 1987, 394 ff, 399; ebenso *Böttcher*, Rpfleger 1988, 169, 172; *Lieder*, ZSt 2002, 246 ff; 2004, 330, 332 ff; Erman/*Westermann*, § 41 Rn 7; *H. Schmidt*, S. 25 ff, 51; *Reichert*, Rn 4032; *Reuter*, ZHR 151 (1987), 355, 391; MüKo/*Reuter*, § 41 Rn 5.
30 OLG Frankfurt Rpfleger 1992, 28 f.
31 Vgl KG WM 1968, 738.
32 Vgl BGH WM 1965, 1132; 1976, 686; Soergel/*Hadding*, Vor § 41 Rn 12; Staudinger/*Weick*, § 41 Rn 12.
33 Soergel/*Hadding*, Vor § 41 Rn 21.
34 BGHZ 49, 175, 179.
35 Soergel/*Hadding*, Vor § 41 Rn 21; Staudinger/*Weick*, § 41 Rn 7; abw. *Flume*, BGB AT Bd. 1/2, S. 1979 f.
36 Nicht für den nichtrechtsfähigen Verein iSv § 54, *Reichert*, Rn 4423 f.
37 Vgl *Krähe*, SpuRt 2005, 237 ff.
38 Vgl *Katschinski*, S. 88 ff; Lutter/*Heinrichs*, UmwG, 4. Aufl. 2009, § 99 Rn 20; MüKo/*Reuter*, § 41 Rn 25 ff.
39 LG Frankenthal, RNotZ 2007, 478 m. zust. Anm. *Terner*.

Nr. 1, 2 UmwG).[40] Die Einzelübertragung aller Vermögenswerte und Verbindlichkeiten, wie sie nach früherem Recht erforderlich war, ist nunmehr entbehrlich.

26 Zu unterscheiden ist die Verschmelzung nach dem UmwG von der **vereinsrechtlichen Verschmelzung**, die vor dem Inkrafttreten des UmwG 1995 die alleinige Möglichkeit zur Fusion von Vereinen bildete und auch danach als Option zulässig geblieben ist. Hiernach geschieht die Fusion durch Einzelrechtsübertragungen unter genehmigter Schuldübernahme (§ 415 BGB) sowie anschließender Auflösung der übertragenden Vereine bzw Bestimmung des neuen Vereins als Anfallberechtigten und Liquidation des übertragenden Vereins.[41] Die vereinsrechtliche Verschmelzung steht insbesondere allen Vereinen offen, denen die Verschmelzung nach dem UmwG verschlossen ist, also vor allem dem nichtrechtsfähigen (Dauer-)Verein iSv § 54, dem Vorverein als nichtrechtsfähigen Verein auf Zeit, dem aufgelösten nichtrechtsfähigen Verein, jedoch kaum auch dem rechtsfähigen Wirtschaftsverein; aber auch für kleinere e.V. kann er einfacher abzuwickeln sein als das Verfahren nach dem UmwG.

27 **b) Spaltung, Formwechsel.** § 123 UmwG erlaubt schließlich die **Spaltung** eines e.V. auf mehrere übernehmende oder hierbei neu zu gründende Rechtsträger,[42] sei es durch **Aufspaltung** in neue Rechtsträger unter liquidationslosem Erlöschen des ursprünglichen Vereins (§ 131 UmwG), als **Abspaltung** durch Übertragung von Teilen des Vereinsvermögens auf eine oder mehrere aufnehmende oder neu gegründete Rechtsträger unter Bestehenbleiben des übertragenden e.V. sowie schließlich als **Ausgliederung** durch Übertragung von Vermögensteilen auf bestehende oder neu gegründete Rechtsträger. Bei der Abspaltung erhalten die Vereinsmitglieder als Ausgleich eine Beteiligung am neuen Rechtsträger, bei der Ausgliederung der übertragende Verein selbst. Ein e.V. kann – soweit die Satzung es zulässt – übertragen oder von anderen Vereinen aufnehmen (§§ 124, 149 UmwG), der wirtschaftliche Verein kann nur übertragen (§ 124 UmwG). Ohne Änderung der Vermögenszuordnung wechselt die Rechtsform des Vereins bei einem **Formwechsel** (§§ 190 ff, 272 ff UmwG). Ein e.V. und ein wirtschaftlicher Verein kann demnach unmittelbar ohne Auflösung und Einzelrechtsübertragungen in die Rechtsformen der Kapitalgesellschaft oder eingetragenen Genossenschaft wechseln (§ 272 UmwG). Nach Eintragung der Umwandlung wird das Registerblatt des übertragenden, aufgespaltenen bzw formgewandelten Vereins geschlossen (§ 6 Abs. 4 VRV), als Verein ist er nicht mehr existent.

B. Regelungsgehalt

I. Auflösung durch Beschluss der Mitgliederversammlung (S. 1)

28 **1. Recht der Mitglieder zur Selbstauflösung.** Der grundgesetzlich geschützten Freiheit der Vereinsbildung korrespondiert ein gleichfalls in Art. 9 Abs. 1 GG verfassungsrechtlich verankertes Recht der Mitglieder zur Vereinsauflösung. Vor diesem Hintergrund regelt S. 1 das Selbstauflösungsrecht des Vereins durch einen Beschluss der Mitgliederversammlung als **Akt der Vereinsautonomie**. Selbst wenn die Satzung vorsieht, dass der Verein bei Erreichen oder Unmöglichwerden des Vereinszwecks ohne weiteres aufgelöst wird, bedarf es für den Eintritt dieser Wirkung noch eines besonderen Beschlusses der Mitgliederversammlung (Rn 23).

29 **2. Kompetenz.** Als Akt der Vereinsautonomie ist die **Zuständigkeit der Mitgliederversammlung** für den Auflösungsbeschluss zwingend, wobei die Einzelheiten durch die Satzung zu regeln sind.[43] Die satzungsmäßige **Bindung des Auflösungsbeschlusses an zusätzliche Erfordernisse,** insbesondere die Zustimmung bestimmter Mitglieder, ist als eine besondere Form der Stimmrechtsgestaltung grundsätzlich zulässig, wenn und soweit das Selbstauflösungsrecht der Mitglieder und die Selbständigkeit des Vereins im Kern unberührt bleiben. **Kumulative Zustimmungsvorbehalte** zugunsten einzelner Mitglieder als deren Sonderrecht (§ 35),[44] anderer Vereinsorgane (insbesondere des Vorstands)[45] wie auch zugunsten Dritter[46] sind danach unproblematisch, weil die entscheidende Initiative zur Auflösung bei der Mitgliederversammlung bleibt und notfalls immer noch durch Satzungsänderung das dem Willen der Mitgliederversammlung entgegenstehende Hindernis beseitigt werden kann. Bedenken begegnet jedoch die **Schaffung alternativer Auflösungskompetenzen**, die eine Auflösung an der Mitgliederversammlung vorbei möglich machen: Wenngleich auch hier

40 Vgl *Hadding/Hennrichs*, in: FS Boujong 1996, S. 203 ff mwN; *Reichert*, Rn 4500; ausf. *Hennrichs*, Formwechsel und Gesamtrechtsnachfolge bei Umwandlungen, 1996, passim.

41 Vgl im Einzelnen *Reichert*, Rn 4426 ff.

42 Zu steuerrechtlichen Fragen s. etwa *Schießl*, DStZ 2007, 494 ff.

43 Vgl BayObLG NJW 1980, 1756, 1757; OLG Stuttgart NJW-RR 1986, 995, 996; *Flume*, in: FS Coing II 1982, S. 97, 106 f; *Pauli*, ZStV 2010, 167 ff; *Reichert*, Rn 3989; Soergel/*Hadding*, § 41 Rn 3; *Steinbeck*, S. 119.

44 BayObLG NJW 1980, 1756; Soergel/*Hadding*, § 41 Rn 3.

45 KG OLGZ 1968, 200, 206.

46 BVerfGE 83, 341, 360; BayObLG NJW 1980, 1756; differenzierend *Reichert*, Rn 3993; *Steinbeck*, S. 121 ff; aA OLG Stuttgart NJW-RR 1986, 995, 996; MüKo/*Reuter*, § 41 Rn 77; Soergel/*Hadding*, § 41 Rn 3; *Staudinger/Weick*, § 41 Rn 6; für GmbH auch RGZ 169, 65, 80 f.

die Mitgliederversammlung ihr Auflösungsmonopol durch Satzungsänderung wiederherstellen kann, könnte sie doch – anders als beim bloßen Zustimmungsvorbehalt zugunsten Dritter – womöglich vor vollendete Tatsachen gestellt werden. Dies darf deshalb weder zugunsten anderer Vereinsorgane noch für Außenstehende zugelassen werden.[47]

II. Beschlussfassung (S. 2)

30 Für die Beschlussfassung durch die Mitgliederversammlung gelten grundsätzlich keine Besonderheiten gegenüber den allgemeinen Grundsätzen (§ 32 Rn 16 ff). Die Versammlung muss ordnungsgemäß einberufen worden sein (§ 32 Rn 8 ff); hierbei ist die Vereinsauflösung als Gegenstand der Beratung und Beschlussfassung besonders anzukündigen (§ 32 Rn 13 ff). Die Satzung kann den Modus der Stimmenberechnung wie auch das zu erreichende Quorum frei bestimmen;[48] fehlt eine Satzungsbestimmung, gilt die **Dreiviertelmehrheit** nach S. 2 (nach nunmehr ausdrücklicher gesetzlicher Regelung wie bei §§ 32 Abs. 1 S. 3, 33 Abs. 1 S. 1 bezogen auf die **abgegebenen gültigen Stimmen unter Ausschluss der Enthaltungen**[49]). Als deren Sonderrecht (§ 35) kann die Wirksamkeit von der Zustimmung bestimmter Mitglieder abhängig gemacht werden. Der Auflösungsbeschluss muss die Anforderungen an eine Satzungsänderung erfüllen (einschließlich der Registereintragung, § 71), wenn er einen in der Satzung vorgesehenen Endtermin ändert.

III. Wirkung

31 Das Wirksamwerden des Auflösungsbeschlusses führt in der Regel dazu, dass die Personenvereinigung als werbender Verein endet. Fällt das Vermögen ausnahmsweise an den Fiskus (§ 46), so erlischt der Verein sogleich; andernfalls findet regelmäßig (nicht zwingend, s. § 47 Rn 8 ff) die Liquidation statt (§§ 47 ff). Während der Dauer des sich an die Auflösung eines e.V. anschließenden Liquidationsverfahrens und für dessen Zwecke bleibt die Identität des Verbands unberührt; es entsteht der sog. Liquidationsverein, der nach wie vor juristische Person ist und sich vom werbenden Verein allein durch den nunmehr auf Abwicklung gerichteten Vereinszweck unterscheidet (§ 47 Rn 12). Während des Liquidationsverfahrens kann die Auflösung grundsätzlich rückgängig gemacht werden, indem die Fortsetzung des Vereins beschlossen wird (§ 47 Rn 10, 15 ff); damit findet zugleich das Liquidationsverfahren sein Ende.

C. Weitere praktische Hinweise

32 Die Auflösung ist nach § 74 Abs. 1 in das Vereinsregister einzutragen (§ 74 Rn 1, 5), doch wirkt die Eintragung, soweit der Beschluss nicht mit einer Satzungsänderung (§ 71) verbunden ist (zB weil er mit der satzungsmäßigen Mindestlebensdauer kollidiert), lediglich deklaratorisch.[50] Ein kraft Verleihung rechtsfähiger Verein bedarf zur Auflösung keiner Zustimmung durch die Konzessionsbehörde; die Auflösung ist ihr jedoch anzuzeigen. Eine Anzeigepflicht des Vorstands besteht auch gegenüber der Finanzbehörde (§§ 137, 34 Abs. 1 AO).

§ 42 Insolvenz

(1) ¹Der Verein wird durch die Eröffnung des Insolvenzverfahrens und mit Rechtskraft des Beschlusses, durch den die Eröffnung des Insolvenzverfahrens mangels Masse abgewiesen worden ist, aufgelöst. ²Wird das Verfahren auf Antrag des Schuldners eingestellt oder nach der Bestätigung eines Insolvenzplans, der den Fortbestand des Vereins vorsieht, aufgehoben, so kann die Mitgliederversammlung die Fortsetzung des Vereins beschließen. ³Durch die Satzung kann bestimmt werden, dass der Verein im Falle der Eröffnung des Insolvenzverfahrens als nicht rechtsfähiger Verein fortbesteht; auch in diesem Falle kann unter den Voraussetzungen des Satzes 2 die Fortsetzung als rechtsfähiger Verein beschlossen werden.

(2) ¹Der Vorstand hat im Falle der Zahlungsunfähigkeit oder der Überschuldung die Eröffnung des Insolvenzverfahrens zu beantragen. ²Wird die Stellung des Antrags verzögert, so sind die Vorstandsmitglieder, denen ein Verschulden zur Last fällt, den Gläubigern für den daraus entstehenden Schaden verantwortlich; sie haften als Gesamtschuldner.

47 OLG Stuttgart NJW-RR 1986, 995 f.
48 Soergel/*Hadding*, § 41 Rn 4.
49 Vgl insoweit die Begründung des Gesetzes zur Erleichterung elektronischer Anmeldungen zum Vereinsregister und anderer vereinsrechtlicher Änderungen, BT-Drucks. 16/12813, S. 11.
50 Zur Anmeldung und Eintragung der Auflösung vgl *Böttcher*, Rpfleger 1988, 169, 171.

Literatur: *Adolphsen*, Lizenz und Insolvenz von Sportvereinen, in: Heermann (Hrsg.), Lizenzentzug und Haftungsfragen im Sport, 2005, S. 65; *Andres*, Die rechtlichen Auswirkungen der Insolvenz des Vereins auf den Spielbetrieb und den Spieler, in: Grunsky (Hrsg.), Der Sportverein in der wirtschaftlichen Krise, 1990, S. 35; *Bach*, Die Insolvenz der Stiftung, Diss Jena 2002; *Bayer*, Die liquidationslose Fortsetzung rechtsfähiger Idealvereine, Diss. Mainz 1984; *Beuthien/Gummert (Hrsg.)*, Münchener Handbuch des Gesellschaftsrechts, 3. Aufl. 2009, Band 5; *Böttcher*, Die Beendigung des rechtsfähigen Vereins, Rpfleger 1988, 169; *Brand/Reschke*, Insolvenzverschleppung – künftig auch im eingetragenen Verein strafbar?, NJW 2009, 2343; *Burgard*, Das Gesetz zur Begrenzung der Haftung von ehrenamtlich tätigen Vereinsvorständen, ZIP 2010, 358; *Calise*, Ist die Haftung wegen existenzvernichtenden Eingriffs auch auf andere juristische Personen als die GmbH anwendbar?, Diss. Köln 2006; *Dehesselles*, Gemeinnützige Körperschaften in der Insolvenz, DStR 2008, 2050; *ders.*, Insolvenz, Liquidation und Gemeinnützigkeit – Vertragsgestaltung im Zivil- und Steuerrecht, in: FS Spiegelberger 2009, S. 1255; *Englisch*, Die Insolvenzklausel des DFB und die bisherigen Insolvenzfälle im Fußball, in: Wirtschaftliche Kontrollmaßnahmen und verbandsrechtliche Sanktionen zur Sicherung des sportlichen Wettbewerbs im Fußball, 2003, S. 25; *Gottwald* (Hrsg.), Insolvenzrechts-Handbuch (InsRHdb.), 4. Aufl. 2010; *Grunewald*, Die Haftung der Mitglieder bei Einflussnahmen auf abhängige eingetragene Vereine, in: FS Raiser 2005, S. 99; *Grunewald/Hennrichs*, Haftungsrisiken für Vorstandsmitglieder insolvenzgefährdeter Vereine, in: FS Hopt 2010, S. 93; *Grunsky* (Hrsg.), Der Sportverein in der wirtschaftlichen Krise, 1990; *Gutsche*, Die Organkompetenzen im Insolvenzverfahren, 2003; *Gutzeit*, Die Vereinsinsolvenz unter besonderer Berücksichtigung des Sportvereins, Diss. Bonn 2003; *Haas*, Die Haftung des Vereinsvorstandes bei Insolvenzverschleppung, SpuRt 1999, 1; *ders.*, Die Auswirkungen der Insolvenz auf die Teilnahmeberechtigung der Sportvereine am Spiel- und Wettkampfbetrieb, NZI 2003, 177; *Haas/Prokop*, Der eingetragene nichtwirtschaftliche Verein und das Kapitalersatzrecht, in: FS Röhricht 2005, S. 1149; *Habersack*, Die Mitgliedschaft – subjektives und sonstiges Recht, 1996; *Häsemeyer*, Insolvenzrecht, 4. Aufl. 2007; *Heermann*, Beschränkung der persönlichen Haftung des Vereinsvorstands durch Ressortverteilung, in: FS Röhricht 2005, S. 1191; *Hientzsch*, Die politische Partei in der Insolvenz, 2010; *dies.*, Die politische Partei in der Insolvenz, NVwZ 2009, 1135; *Hirte*, Stiftung und Insolvenz, in: FS Werner 2009, S. 222; Insolvenzrechts-Handbuch, hrsg. v. Gottwald (InsRHdb.), 4. Aufl. 2010; *Kaiser*, Die Behandlung von Spielerwerten in der Handelsbilanz und im Überschuldungsstatus im Profifußball, DB 2004, 1109; *Kliebisch*, Die Vereinsvorstandshaftung in Insolvenzfällen: Quo Vadis?, ZStV 2010, 48; *ders.*, Zur persönlichen Haftung von Vereinsvorständen, ZStV 2010, 152; *Koch*, Die Ersatzpflicht des Stiftungsvorstands für Zahlungen nach Eintritt der Zahlungsunfähigkeit oder Feststellung der Überschuldung, ZStV 2010, 92; *Kölner Schrift* zur Insolvenzordnung, hrsg. v. Arbeitskreis für Insolvenzwesen Köln e.V., 3. Aufl. 2009; *König/de Vries*, Nach dem Spiel ist vor dem Spiel?, SpuRt 2006, 96; *Koza*, Haften Vereinsvorstände analog §§ 64 Abs. 2 GmbHG, 93 Abs. 3 Nr. 6 AktG, 34 Abs. 3 Nr. 4 GenG auf Ersatz aller Zahlungen nach Insolvenzreife?, DZWIR 2008, 98; *Kreißig*, Der Sportverein in Krise und Insolvenz, 2004; *Leichtle*, Auswirkungen der Insolvenz auf die Rechtsverhältnisse von Profisportclubs, 2008; *Matzke*, Der steuerbefreiende Gemeinnützigkeitsstatus in der Insolvenz, ZInsO 2010, 2314; *H.F. Müller*, Der Verband in der Insolvenz, 2002; *ders.*, Haftung des Stiftungsvorstands wegen Insolvenzverschleppung, ZIP 2010, 153; *Neuhoff*, Nonprofit-Insolvenzen (bei so genannten Idealvereinen), NZI 2004, 486; *Nitsche*, Der existenzvernichtende Eingriff im Vereinsrecht, 2008; *Noack*, Gesellschaftsrecht (Sonderband I zu Kübler/Prütting, Kommentar zur Insolvenzordnung), 1999; *Passarge*, Haftung des Vereinsvorstandes für in der Krise geleistete Zahlungen gem. §§ 92 Abs. 3, 93 Abs. 3 Nr. 6 AktG analog, ZInsO 2005, 176; *ders.*, Zur Haftung des Stiftungsvorstands für in der Krise geleistete Zahlungen gem. §§ 92 III, 93 III Nr. 6 AktG analog, NZG 2008, 605; *Pfister*, Auswirkungen des Insolvenzverfahrens auf die Verbandsmitgliedschaft, SpuRt 2002, 103; *Poertzgen*, Organhaftung wegen Insolvenzverschleppung, 2006; *ders.*, Vorstandshaftung wegen Insolvenzverschleppung (§ 42 II BGB), NZG 2010, 772; *Reichert*, Rechtsfragen beim Konkurs von Sportvereinen mit Profi- und Amateurabteilungen, in: Grunsky (Hrsg.), Der Sportverein in der wirtschaftlichen Krise, 1990, S. 16; *ders.*, Vereins- und Verbandsrecht, 12. Aufl., 2010; *Reuter*, Keine Vorstandshaftung für masseschmälernde Leistungen nach Eintritt der Insolvenzreife des Vereins?, NZG 2010, 808; *Roth/Knof*, Die Stiftung in Krise und Insolvenz, KTS 2009, 163; *dies.*, Verein und Stiftung in Krise und Insolvenz, InsVZ 2010, 190; *Rugullis*, Die Insolvenzantragspflicht beim Verein – Eine Interpretation des § 42 II BGB, NZI 2007, 323; *ders.*, Die Insolvenzgründe des Vereins, DZWIR 2008, 404; *Stingl*, Vermögensverfall und Insolvenzverfahren im Stiftungswesen, Diss. Bielefeld 2006; *Uhlenbruck*, Konkursrechtliche Probleme des Sportvereins, in: FS Merz 1992, S. 581; *Uwer*, Der rechtliche Rahmen der Insolvenz von Krankenkassen, GesR 2009, 113; *Walker*, Zur Zulässigkeit von Insolvenzklauseln in den Satzungen der Sportverbände, KTS 2003, 169; *ders.*, Die Anwendung der Insolvenzordnung im Falle der Insolvenz von Sportvereinen, in: Wirtschaftliche Kontrollmaßnahmen und verbandsrechtliche Sanktionen zur Sicherung des sportlichen Wettbewerbs im Fußball, 2003, S. 45; *Wentzel*, Auswirkungen des Insolvenzverfahrens auf das Vereinsregister, Rpfleger 2001, 334; *Werner*, Die Haftung des Stiftungsvorstands, ZEV 2009, 366; *Wertenbruch*, Der Lizenzspieler als Gläubigersicherheit im Konkurs des Vereins der Fußball-Bundesliga, ZIP 1993, 1292; *Westermann*, Insolvenzrechtliche Haftung der Vorstände von Idealvereinen, in: FS Graf v. Westphalen 2010, S. 755; *Windel*, Zur persönlichen Haftung von Organträgern für Insolvenzverschleppungsschäden, KTS 1991, 477; *Wischemeyer*, Die Vorstandshaftung wegen Insolvenzverschleppung in der Insolvenz des Vereins, DZWIR 2005, 230; *Zeuner/Nauen*, Der Lizenzligaverein in der Krise – Auswirkungen und Lösungsansätze in sportlicher und wirtschaftlicher Hinsicht, NZI 2009, 213.

Kommentare zur InsO: *Andres/Leithaus*, 2. Aufl. 2010; Berliner Kommentar, Loseblatt, Stand 2011; *Braun*, 4. Aufl. 2010; Frankfurter Kommentar (FK-InsO), 6. Aufl. 2011; *Graf-Schlicker*, 2. Aufl. 2010; Hamburger Kommentar, 3. Aufl. 2009; Heidelberger Kommentar (HK-InsO, hrsg. v. *Kreft*), 5. Aufl. 2008; *Jaeger*, 1. Aufl. 2004 ff; *Kübler/Prütting/Bork*, Loseblatt, Stand 2011; Münchener Kommentar (MüKo-InsO), 2. Aufl. 2007/08; *Nerlich/Römermann*, Loseblatt, Stand 2011; *Leonhardt/Smid/Zeuner*, 3. Aufl. 2010; *Uhlenbruck*, 13. Aufl. 2010.

Siehe auch die Literatur bei § 41.

A. Allgemeines

I. Zur neueren Gesetzgebungshistorie

1 Die gesetzliche Bestimmung des § 42 über die Rechtsfolgen der – in der Praxis gar nicht so seltenen[1] – Vereinsinsolvenz wurde im Zuge der Insolvenzrechtsreform zum 1.1.1999 geändert. Nach der **Neufassung von Abs. 1 S. 1** führt die Eröffnung des Insolvenzverfahrens, die auch noch während der Liquidation des Vereins zulässig und ggf geboten ist (§ 47 Rn 30), zur **Auflösung des e.V.** (vgl für die übrigen Personen- und Kapitalgesellschaften die Parallelvorschriften des § 131 Abs. 1 Nr. 3 HGB, § 262 Abs. 1 Nr. 3 AktG, § 60 Abs. 1 Nr. 4 GmbHG, § 101 GenG, § 728 BGB, zum nichtrechtsfähigen Verein iSv § 54 s. Rn 4, § 54 Rn 43, für die Stiftung gilt gem. § 86 S. 1 kraft Verweisung ebenfalls § 42, s. § 86 Rn 10 ff[2]) und damit nicht mehr – wie jedenfalls nach dem früheren Wortlaut der Bestimmung – zum Verlust der Rechtsfähigkeit (Rn 34). Das Insolvenzverfahren ist ein **Liquidationsverfahren eigener Art** mit dem Ziel der Vollabwicklung des Vereinsvermögens; § 47 Hs 2 stellt deshalb klar, dass sich das Insolvenzverfahren und die vereinsrechtliche Liquidation nach §§ 47 ff ausschließen und dass das Insolvenzverfahren als das speziellere Verfahren den Vorrang genießt. Die insolvenzmäßige Abwicklung wird ausschließlich von dem Insolvenzverwalter betrieben (Rn 16, § 47 Rn 31), und zwar zunächst durch Verwertung des bei Verfahrenseröffnung vorhandenen Aktivvermögens und die Verteilung der dadurch erzielten baren Masse an die Insolvenzgläubiger. Sofern der Verein nach Abschluss des Insolvenzverfahrens noch Vermögen hat, beendet der Verwalter die Liquidation nach Maßgabe des § 199 Abs. 2 InsO (Rn 27, § 47 Rn 6, 31). Im Rahmen der Vereinsrechtsreform 2009 wurde Abs. 1 S. 1 ferner mit Wirkung vom 30.9.2009[3] um einen Einschub ergänzt, der die bisher allenfalls durch Analogie zu den handelsgesellschafts- und handelsvereinsrechtlichen Parallelvorschriften begründbare Gleichsetzung der Eröffnung des Insolvenzverfahrens mit der rechtskräftigen **Abweisung des Insolvenzantrags mangels Masse** unmittelbar zum Ausdruck bringt (Rn 35).

2 Für die Fälle der Einstellung des Insolvenzverfahrens auf Antrag des Insolvenzschuldners (§§ 212, 213 InsO) und der Aufhebung des Insolvenzverfahrens nach der Bestätigung eines Insolvenzplans, der den Fortbestand des Vereins vorsieht (§ 258 InsO), räumt **Abs. 1 S. 2** (Rn 38) der Mitgliederversammlung das Recht ein, die **Fortsetzung des Vereins** zu beschließen (wiederum entsprechend der Rechtslage bei den Handelsgesellschaften, vgl § 144 HGB, § 274 Abs. 2 AktG, § 60 Abs. 1 Nr. 4 GmbHG, § 117 GenG). Durch die Vereinssatzung kann zudem bestimmt werden, dass der Verein im Fall der Eröffnung des Insolvenzverfahrens als nichtrechtsfähiger Verein iSv § 54 fortbesteht (§ 42 Abs. 1 S. 3 Hs 1, s. Rn 39); unter den Voraussetzungen des S. 2 kann aber in diesem Fall sogar die Fortsetzung als e.V. beschlossen werden. Diese Vorschrift gewährleistet mithin in ihren beiden Alternativen, dass die Vereinsmitglieder nach ihrer freien Entscheidung in anderer Rechtsform die Vereinsziele fortsetzen und die Vereinstraditionen aufrechterhalten können;[4] sie schützt damit

1 Pro Jahr stellen ca. 200 e.V. Insolvenzantrag, vgl *Creditreform*, Insolvenzen, Neugründungen und Löschungen, 2009, S. 3, 20; s. ausf. *Neuhoff*, NZI 2004, 486 ff.

2 S. dazu monographisch *Bach* u. *Stingl*, passim; ferner *Hirte*, in: FS Werner 2009, S. 222; *H.F. Müller*, ZIP 2010, 153; *Passarge*, NZG 2008, 605; *Roth/Knof*, KTS 2009, 163; *dies.*, InsVZ 2010, 190; *Werner*, ZEV 2009, 366.

3 Gesetz zur Erleichterung elektronischer Anmeldungen zum Vereinsregister und anderer vereinsrechtlicher Änderungen vom 24.9.2009 (BGBl. I S. 3145).

4 Stellungnahme BRat, BT-Drucks. 12/3803, S. 124 Nr. 15.

zugleich die Vereinsautonomie (Art. 9 GG). Die Fortsetzung ist anzumelden (§ 75 Abs. 2 in der seit 30.9.2009 geltenden Fassung).

In **Abs. 2 S. 1** wird nunmehr – wiederum entsprechend der Rechtslage bei den Handelsgesellschaften, bei denen kein persönlich haftender Gesellschafter eine natürliche Person ist (vgl § 15 a Abs. 1 InsO idF d. MoMiG 2008) – ausdrücklich klargestellt, dass der Vorstand nicht nur im Falle der Überschuldung, sondern auch bei Zahlungsunfähigkeit eine **Verpflichtung zur Stellung des Insolvenzantrags** trifft; damit ist der Vereinsvorstand einem deutlich erhöhten Risiko ausgesetzt, Schadensersatz leisten zu müssen, da er nach der unverändert gebliebenen Regelung des § 42 Abs. 2 S. 2 den Gläubigern gegenüber für die schuldhafte Verzögerung der Antragsstellung verantwortlich ist. 3

II. Überblick zum Vereinsinsolvenzrecht

1. Die Insolvenzfähigkeit. Der **rechtsfähige Verein** ist als juristische Person nach § 11 Abs. 1 S. 1 InsO **insolvenzfähig**. Das Gleiche gilt gem. § 11 Abs. 1 S. 2 InsO für den **nichtrechtsfähigen Verein** iSv **§ 54** (s. § 54 Rn 43); haben Sparten bzw Abteilungen innerhalb eines (Haupt-)Vereins die Qualität eines nichtrechtsfähigen Vereins, so sind deshalb auch die Abteilungen bzw Sparten insolvenzfähig.[5] Da auf diesen ebenfalls das Recht des nichtrechtsfähigen Vereins (§ 54) Anwendung findet, gilt dies auch für den **fehlerhaften Verein**. Ebenso wie bei der fehlerhaften Gesellschaft hängt die Insolvenzfähigkeit des fehlerhaften Vereins allerdings im Einzelfall von seinem Außenverhältnis, das heißt seiner Eintragung im Vereinsregister, seiner Invollzugsetzung sowie seiner Bildung von Vereinsvermögen ab.[6] Grundsätzlich kann und muss auch über das Vermögen des **nicht (mehr) werbenden Vereins** das Insolvenzverfahren eröffnet werden, wenn ein Insolvenzgrund vorliegt: Befindet sich der Verein im **Abwicklungsstadium**, so bleibt die Insolvenzeröffnung gem. § 11 Abs. 3 InsO zulässig, solange die Verteilung des Vereinsvermögens noch nicht abgeschlossen ist (s. § 47 Rn 30). 4

2. Der Verein als Insolvenzschuldner. Insolvenzschuldner ist der Verein als solcher, dh ihm und nicht seinen Mitgliedern kommen die im Gesetz dem Insolvenzschuldner zugewiesenen Rechte und Pflichten zu, die von seinen Organen (Vorstand bzw Liquidatoren) wahrgenommen werden (Rn 22). 5

3. Die Insolvenzgründe. Für das Insolvenzverfahren über das Vermögen eines Vereins gelten alle Eröffnungsgründe der §§ 16 ff InsO.[7] Gemäß § 17 Abs. 2 S. 1 InsO liegt **Zahlungsunfähigkeit** vor, wenn der Verein nicht mehr in der Lage ist, die fälligen Zahlungsverpflichtungen zu erfüllen.[8] Auf das Merkmal der Dauerhaftigkeit hat der Gesetzgeber bei dieser Legaldefinition bewusst verzichtet, doch ist nach der Rechtsprechung keine Zahlungsunfähigkeit, sondern lediglich eine vorübergehende Zahlungsstockung gegeben, wenn der Schuldner voraussichtlich in der Lage ist, sich innerhalb von drei Wochen die zur Begleichung der fälligen Verbindlichkeiten notwendigen Mittel zu beschaffen. Ferner darf der Anteil der offenen Verbindlichkeiten nicht ganz unwesentlich sein; der BGH toleriert insoweit regelmäßig eine im Drei-Wochen-Zeitraum nicht zu beseitigende Liquiditätslücke von bis zu 10 % der fälligen Gesamtschulden. Nach § 17 Abs. 2 S. 2 InsO wird die Zahlungsunfähigkeit dann widerleglich vermutet,[9] wenn der Verein seine **Zahlungen eingestellt** hat. Zahlungseinstellung ist jedes nach außen hervortretende Verhalten des Schuldners, in dem sich nach der Verkehrsanschauung die Tatsache dokumentiert, dass er nicht in der Lage ist, seine fälligen Zahlungsverpflichtungen zu erfüllen; hierfür kann bereits die Nichterfüllung einer einzigen Forderung genügen, wenn diese der Höhe nach nicht unerheblich ist.[10] Das Antragsrecht wegen Zahlungsunfähigkeit steht jedem Vorstandsmitglied zu, ungeachtet einer Beschränkung seiner Vertretungsmacht iSd § 26 Abs. 2 S. 2 bzw einer internen Ressortverteilung. 6

Der nur im Falle eines Eigenantrags eingreifende Insolvenzgrund der **drohenden Zahlungsunfähigkeit** nach § 18 InsO liegt vor, wenn der Verein voraussichtlich nicht in der Lage sein wird, die bestehenden Zahlungspflichten im Zeitpunkt der Fälligkeit zu erfüllen.[11] Die Beurteilung dieser Frage verlangt eine zeitraumbezogene Betrachtung der künftigen Zahlungsfähigkeit, wobei sich der Zeitraum bis zum Ablauf des folgenden 7

5 MüKo/*Reuter*, § 42 Rn 11; InsRHdb/*Haas/Mock*, § 93 Rn 166, 175; *Kreißig*, S. 160; vgl zu den vermögensrechtlichen Grundlagen BGH NZG 2007, 826, 828.

6 InsRHdb/*Haas/Mock*, § 93 Rn 151; *Reichert*, Rn 235 ff; *Kreißig*, S. 77.

7 Dies ist unzweifelhaft, vgl nur *Rugullis*, NZI 2007, 323 f; *ders.*, DZWIR 2008, 404 ff.

8 Vgl auch zum Folgenden, BGHZ 163, 134, 139 ff; BGHZ 173, 286, 296; BGH ZIP 2006, 1457, 1458; BGH ZIP 2006, 2222, 2224; BGHZ 181, 132 ff; BGH NZI 2009, 847; Fachausschuss Sanierung und Insolvenz des IDW, ZInsO 2009, 201; *Bork*, ZIP 2008, 1749; *Erdmann*, NZI 2007, 695; *Hoffmann/Staufenbiel*, ZInsO 2008, 785, 838; *Hölzle*, ZIP 2007, 613; *Koza*, DZWiR 2007, 322; *Pape*, WM 2008, 1949; *Schulz*, ZIP 2009, 2281; *Tetzlaff*, ZInsO 2007, 1334.

9 So die Gesetzesbegr. zu §§ 20, 21 RegE; aA Jaeger/*H.F. Müller*, § 17 Rn 28: nur Indiz.

10 Vgl im Einzelnen BGHZ 149, 178, 184 f; Jaeger/*H.F. Müller*, § 17 Rn 28 ff; *Kirchhof*, in: Kölner Schrift, S. 285, 286 Rn 5; Kübler/Prütting/Bork/*Pape*, § 17 Rn 18.

11 Vgl im Einzelnen *Anton*, ZInsO 2009, 506; *Tetzlaff*, ZInsO 2008, 226.

(Geschäfts-)Jahres als maßgeblicher Beurteilungsgegenstand zu etablieren scheint. Grundlage der hierzu erforderlichen Prognose ist ein Finanz- oder Liquiditätsplan, in dem die Entwicklung der finanziellen Lage in dem genannten Zeitraum abzubilden ist und dessen Vorlage das Insolvenzgericht nach Zulassung des Insolvenzantrags ggf von dem Antragsteller verlangen wird.[12] Eine **Antragspflicht** hat der Gesetzgeber für diese Fälle nicht vorgesehen, um eine freie Sanierung im Vorfeld der Überschuldung und Zahlungsunfähigkeit nicht unnötig zu erschweren.[13] Damit die Insolvenzgläubiger den Verein nicht unter Druck setzen, kann die „drohende Zahlungsunfähigkeit" nur von diesem selbst geltend gemacht werden, nicht dagegen von einem Gläubiger. Nach § 18 Abs. 3 InsO kann ein Mitglied eines mehrgliedrigen Vereinsvorstands den Antrag auf Eröffnung des Insolvenzverfahrens wegen drohender Zahlungsunfähigkeit nur dann allein stellen, wenn ihm eine alleinige Vertretungsbefugnis zukommt.

8 Der Eröffnungsgrund der **Überschuldung** liegt nach § 19 Abs. 2 S. 1 InsO in seiner gegenwärtigen, mittlerweile[14] **bis Ende 2013** verlängerten Fassung durch das FinanzmarktstabilisierungsG 2008[15] vor, „wenn das Vermögen des Schuldners die bestehenden Verbindlichkeiten nicht mehr deckt, es sei denn, die Fortführung des Unternehmens ist nach den Umständen überwiegend wahrscheinlich." Bei einem (rechtsfähigen) **nichtwirtschaftlichen Verein,** wie zB dem eingetragenen Sportverein ohne wirtschaftliche Nebentätigkeit, tritt Überschuldung danach bereits im Falle einer einfachen rechnerischen Überschuldung ein.[16] Denn die Regelung des zweiten Halbsatzes des § 19 Abs. 2 S. 1 InsO, wonach die positive Fortführungsprognose die Annahme einer Überschuldung ohne weiteres ausschließt, kommt bei einem Verein, der ausschließlich nichtwirtschaftliche Zwecke verfolgt, nicht in Betracht. Danach ist der Verein ohne wirtschaftliche Nebentätigkeit insolvent, wenn der Zeitwert des Aktivvermögens die Verbindlichkeiten nicht mehr deckt. Die Feststellung der rechnerischen Überschuldung erfolgt aufgrund der Überschuldungsbilanz, einer einfachen Gegenüberstellung der Aktiva und Passiva unter Ansatz der Liquidationswerte, also derjenigen Werte, die sich bei einer Veräußerung im Zuge einer Zerschlagung des Unternehmens erzielen ließen.[17]

9 Beim (rechtsfähigen) **wirtschaftlichen Verein** im Sinne des § 22, der Inhaber eines Unternehmens ist, sowie demjenigen nichtwirtschaftlichen Verein nach § 21, der im Rahmen des Nebentätigkeitsprivilegs ein Unternehmen betreibt (zB dem Profisportverein),[18] schreibt das Gesetz mindestens bis Ende 2013 (Rn 8) nun wieder eine „modifizierte zweistufige Überschuldungsprüfung" vor: In einer Überschuldungsbilanz wird wiederum durch eine Gegenüberstellung des Aktiv- und Passivvermögens ermittelt, ob das schuldnerische Unternehmen rechnerisch überschuldet ist. Als Aktiva setzt man hierbei wiederum die jeweiligen Liquidationswerte an (Rn 8 aE). Die bei Sportvereinen oftmals bestehenden Spielerwerte können in der Überschuldungsbilanz nur aktiviert werden, wenn wenigstens vorvertragliche Vereinbarungen oder vergleichbare Bedingungen existieren und diese auch insolvenzfest sind; die bloße Möglichkeit der Erzielung eines Erlöses auf dem Transfermarkt reicht nicht aus.[19] Ergibt sich hierbei eine rechnerische Überschuldung, so ist nach dem zweiten Halbsatz des § 19 Abs. 2 S. 1 InsO eine **Fortführungsprognose** anzustellen, dh zu fragen, ob eine Fortführung des Unternehmens überwiegend wahrscheinlich ist (Überlebensfähigkeit des Betriebs); bejahendenfalls scheidet eine Überschuldung aus.[20] Die Beurteilung der Fortführungswahrscheinlichkeit verlangt – nicht anders als der Begriff der drohenden Zahlungsunfähigkeit – eine zeitraumbezogene Betrachtung der künftigen Liquiditätslage, wobei sich auch insoweit der Zeitraum bis zum Ablauf des folgenden (Geschäfts-)Jahres als maßgeblicher Beurteilungsgegenstand zu etablieren scheint. Grundlage der hierzu erforderlichen Prognose ist wiederum ein Finanz- oder Liquiditätsplan, in dem die Entwicklung der finanziellen Lage in dem genannten Zeitraum abzubilden ist.

10 **4. Der Insolvenzantrag.** Gem. § 13 Abs. 1 InsO wird das Insolvenzverfahren nicht von Amts wegen, sondern nur auf einen formlosen, aber kostenpflichtigen (vgl § 61 GKG) Antrag hin eröffnet. **Antragsberechtigt** sind

12 Vgl im Einzelnen FK-InsO/*Schmerbach*, § 18 Rn 4; Jaeger/*H.F. Müller*, § 18 Rn 26 f; MüKo-InsO/*Drukarczyk*, § 18 Rn 32 ff.

13 Vgl *Rugullis*, NZI 2007, 323 f mwN; *ders.*, DZWIR 2008, 404, 406.

14 Gesetz zur Erleichterung der Sanierung von Unternehmen vom 24.9.2009, BGBl. I, 3151.

15 S. dazu *Arendt/Plischkaner*, NJW 2009, 964; *Böcker/Poertzgen*, GmbHR 2008, 1289; *Bretz/Gude*, ZInsO 2010, 515; *Büttner*, ZInsO 2009, 841; *Dahl/Schmitz*, NZI 2008, 719 u. NZG 2009, 567; *Eckert/Happe*, ZInsO 2008, 1098; *Hirte/Knof/Mock*, ZInsO 2008, 1217; *Holzer*, ZIP 2008, 2108; *Hölzle*, ZIP 2008, 2003; *Hoos/Kleinschmidt*, NZG 2009, 1172; *Möhlmann-Mahlau/Schmitt*, NZI 2009, 19; *Otto*, MDR 2008, 1369; *Rokas*, ZInsO 2009, 18; *K. Schmidt*, DB 2008, 2467; *Thonfeld*, NZI 2009, 15; *Wackerbarth*, NZI 2009, 145; *Wolf*, DStR 2009, 2682.

16 Erman/*Westermann*, § 42 Rn 5; *Gutzeit*, S. 27 f; MüKo/*Reuter*, § 42 Rn 7; aA *Reichert*, Rn 3879, der nicht zwischen den verschiedenen Vereinstypen differenziert.

17 Vgl etwa *Drukarczyk*, in: FS Moxter 1994, S. 1231 ff; *Drukarczyk/Schüler*, Kölner Schrift zur Insolvenzordnung, Kap. 2 Rn 74 ff; *Harz*, ZInsO 2001, 193, 198 ff; *Höffner*, BB 1999, 198 ff, 252 ff; *Möhlmann*, DStR 1998, 1843 ff; *Wengel*, DStR 2001, 1769 ff; Uhlenbruck/*Uhlenbruck*, § 19 Rn 6 ff.

18 Vgl MüKo/*Reuter*, § 42 Rn 7.

19 Vgl InsRHdb/*Haas/Mock*, § 93 Rn 154; *König/de Vries*, SpuRt 2006, 96, 97.

20 Vgl *Hirte/Knof/Mock*, ZInsO 2008, 1217 ff; *K. Schmidt*, DB 2008, 2467 ff; weitere Nachweise zur Bedeutung der Fortführungsprognose s. Rn 8.

nach § 13 Abs. 1 S. 2 InsO der Insolvenzschuldner (sog. Eigenantrag) und alle Insolvenzgläubiger iSv §§ 38, 39 InsO (sog. Fremdantrag). Gemäß § 15 Abs. 1 Hs 1 InsO ist zur Stellung des Eigenantrags einer juristischen Person **jedes Mitglied des Vertretungsorgans** berechtigt. Antragsberechtigt sind danach die Mitglieder des Vereinsvorstands bzw die Liquidatoren des Vereins ungeachtet dessen, wie die Vertretungsbefugnis im Kollegialorgan geregelt ist (§ 26 Abs. 2 S. 1 BGB). Kein Antragsrecht haben die Vereinsmitglieder als solche. Auch dem faktischen Vorstand steht ein Insolvenzantragsrecht nur zu, soweit dieser fehlerhaft bestellt wurde; Personen, die sich lediglich als Vorstand gerieren, sind nicht antragsberechtigt.[21] Soweit die Vorstandsmitglieder eines mehrgliedrigen Vereinsvorstands den Insolvenzantrag nicht gemeinschaftlich stellen, ist nach § 15 Abs. 2 S. 2 InsO das Vorliegen des Eröffnungsgrundes glaubhaft zu machen und die übrigen Vorstandsmitglieder sind entsprechend § 15 Abs. 2 S. 2 InsO zu hören. Ist der Verein zahlungsunfähig oder überschuldet, so sind die Vorstandsmitglieder (bzw Liquidatoren, §§ 48 Abs. 2, 53) zur Vermeidung einer persönlichen Haftung **zur Antragstellung verpflichtet**, § 42 Abs. 2 (Rn 43). Der Eröffnungsantrag kann durch eine Erklärung gegenüber dem Insolvenzgericht so lange **zurückgenommen** werden, wie der Eröffnungsbeschluss noch nicht wirksam geworden oder der Antrag noch nicht rechtskräftig abgewiesen worden ist.

5. Das Eröffnungsverfahren. Der Insolvenzantrag leitet das sog. Insolvenzeröffnungsverfahren ein, in dem 11
das Insolvenzgericht **prüft**, ob ein zulässiger Insolvenzantrag (Rn 10) vorliegt, ob ein Eröffnungsgrund (Rn 6 ff) gegeben ist und ob genügend Insolvenzmasse (§ 35 InsO) vorhanden ist, um die Verfahrenskosten zu decken (Rn 12). Da die Prüfung der Eröffnungsvoraussetzungen einige Zeit in Anspruch nehmen kann, sieht das Gesetz vor, dass das Insolvenzgericht **vorläufige Sicherungsmaßnahmen** (§§ 21 ff InsO) anordnen kann, um dadurch eine Schmälerung der Insolvenzmasse durch den Insolvenzschuldner, die Insolvenzgläubiger oder Dritte zu verhindern; in Betracht kommt vor allem die Bestellung eines **vorläufigen Insolvenzverwalters** (§§ 21 Abs. 2 Nr. 1, 22 Abs. 1 InsO) unter gleichzeitiger Anordnung eines allgemeinen Verfügungsverbots (§§ 21 Abs. 2 Nr. 2, 24 Abs. 1 InsO). Die Anordnung solcher Sicherungsmaßnahmen führt, wie ein Umkehrschluss aus § 42 ergibt, noch nicht zur Auflösung des Vereins, lässt also sein Fortbestehen als werbender Verein unberührt.

6. Die Eröffnung des Insolvenzverfahrens. a) Der Eröffnungsbeschluss. Ist der Insolvenzantrag 12
zulässig, liegt ein Eröffnungsgrund vor und reicht das Vermögen des Vereins voraussichtlich aus, um die Verfahrenskosten zu decken, so beschließt das Insolvenzgericht die **Eröffnung des Insolvenzverfahrens** (§§ 27 ff InsO). Im Eröffnungsbeschluss ernennt das Insolvenzgericht zugleich den Insolvenzverwalter (§§ 27 Abs. 1, 56 ff InsO) und bestimmt sowohl den Berichts- als auch den Prüfungstermin (§ 29 InsO). Der Eröffnungsbeschluss ist sofort öffentlich bekannt zu machen und dem Insolvenzschuldner sowie dessen Gläubigern (Insolvenzgläubigern) und Schuldnern besonders zuzustellen (§ 30 Abs. 1 S. 1, Abs. 2 InsO). Die Geschäftsstelle des Insolvenzgerichts übermittelt dem Vereinsregistergericht eine Ausfertigung des Eröffnungsbeschlusses (§ 31 Nr. 1 InsO), damit dieses die Eröffnung des Insolvenzverfahrens von Amts wegen in das **Vereinsregister** eintragen kann (§ 75 Rn 1, 3). Gegen den Eröffnungsbeschluss kann der Verein, vertreten durch den Vorstand bzw den Liquidator, mit sofortiger Beschwerde vorgehen. Reicht das Vereinsvermögen voraussichtlich nicht aus, um die Kosten des Insolvenzverfahrens (§ 54 InsO) zu decken und wird auch nicht ein entsprechender Geldbetrag vorgeschossen, so wird der Insolvenzantrag von Amts wegen **mangels Masse abgewiesen** (§ 26 Abs. 1 InsO).

**b) Wirkungen der Eröffnung des Insolvenzverfahrens für das Vereinsvermögen (Insolvenz- 13
masse).** Die Eröffnung des Insolvenzverfahrens führt nicht zum Verlust der Rechts-, Geschäfts-, Partei- und Prozessfähigkeit; der Verein als Insolvenzschuldner bleibt zudem auch weiterhin Rechtsträger seines Vermögens, der nunmehrigen Insolvenzmasse (Rn 14), und Schuldner seiner Verbindlichkeiten. Die **Verwaltungs- und Verfügungsbefugnis** über das insolvenzbefangene Vermögen des Vereins und damit prozessual auch die **Prozessführungsbefugnis** (Rn 50) geht jedoch auf den **Insolvenzverwalter** über (Rn 16). Verfügungen der Vereinsorgane über Gegenstände der Insolvenzmasse sind dieser gegenüber grundsätzlich absolut **unwirksam** (§ 81 Abs. 1 S. 1 InsO), Rechte an den Gegenständen der Insolvenzmasse können ohne Mitwirkung des Insolvenzverwalters grundsätzlich nicht mehr wirksam erworben werden (§ 91 Abs. 1 InsO) und Leistungen an den Verein befreien dessen (Dritt-)Schuldner nur dann, wenn dieser zur Zeit der Leistung von der Eröffnung des Insolvenzverfahrens keine positive Kenntnis hatte (§ 82 S. 1 InsO). Wurde dem Verein bereits in der Eröffnungsphase ein allgemeines Verfügungsverbot auferlegt und ein vorläufiger Insolvenzverwalter bestellt (Rn 11), so treten die beschriebenen Wirkungen bereits zu diesem Zeitpunkt ein (§§ 22 Abs. 1 S. 1, 24 Abs. 2 InsO; § 240 S. 2 ZPO).

Zur **Insolvenzmasse** eines Vereins iSd § 35 InsO zählt nicht nur das gesamte Vermögen, das diesem zur Zeit 14
der Eröffnung des Verfahrens gehörte, sondern auch das sog. Neuvermögen, das der Verein während des Verfahrens erlangt. Eine Ausnahme nach § 36 Abs. 1 InsO für Vermögensgegenstände, die nicht der Zwangsvollstreckung unterliegen, ist nach richtiger, wenngleich sehr umstrittener Auffassung bei juristischen Perso-

21 InsRHdb/*Haas/Mock*, § 93 Rn 155.

nen nicht gegeben.[22] Entgegen der hM kann in der Insolvenz der juristischen Personen auch nicht durch **Freigabe von Massegegenständen** insolvenzfreies Vermögen geschaffen werden; für die Anerkennung sog. massefreien Vermögens eines insolventen Verbands, das den Anteilseignern oder Mitgliedern zur Disposition verbleibt, ist unter der Geltung der InsO kein Raum.[23] Besteht der Verein aus mehreren selbstständigen (in Form nichtrechtsfähiger Vereine organisierten) **Abteilungen**, so besteht die Insolvenzmasse nur aus dem Vermögen desjenigen Rechtsträgers, über dessen Vermögen das Insolvenzverfahren eröffnet wurde (Rn 4); uU bleibt also das Vermögen des Vereins als Ganzes bzw der anderen wirtschaftlich gesunden Abteilungen von dem Insolvenzverfahren unberührt.[24] Sind die Vereinsabteilungen dagegen nicht hinreichend verselbstständigt, unterliegen dem Insolvenzbeschlag alle Vermögenswerte auch dann, wenn sie haushaltsmäßig einer „gesunden Abteilung" zugeordnet sind.[25]

15 Zweifellos fallen sämtliche **Beiträge** der Vereinsmitglieder in die Insolvenzmasse, sofern sie für die Zeit vor Eröffnung des Insolvenzverfahrens nachzuentrichten sind.[26] Umstritten ist jedoch, ob die Beitragspflicht auch nach Eröffnung des Insolvenzverfahrens fortbesteht; die hM verneint die Frage, sofern nicht die Satzung dies ausdrücklich bestimmt.[27]

16 **c) Die Rechtsstellung des Insolvenzverwalters.** Der Insolvenzverwalter erlangt mit der Eröffnung des Insolvenzverfahrens die **Verwaltungs- und Verfügungsbefugnis** über das schuldnerische Vermögen, die jetzige Insolvenzmasse iSd § 35 InsO (Rn 14). Dieses Verfügungsrecht über die zur Insolvenzmasse gehörenden Vermögensgegenstände soll ihn in die Lage versetzen, den Insolvenzzweck, nämlich die gleichmäßige Befriedigung aller Gläubiger des Insolvenzschuldners, zu verwirklichen. Zu seinen Hauptpflichten zählt in diesem Zusammenhang, das Vermögen, das er bei der Eröffnung des Insolvenzverfahrens vorfindet (sog. **Ist-Masse**), in die Insolvenzmasse iSd § 35 InsO (sog. **Soll-Masse**) zu überführen, indem er die Ist-Masse von schuldnerfremden Vermögensgegenständen bereinigt, im Gegenzug aber durch die Gegenstände komplettiert, die sich im Zeitpunkt der Verfahrenseröffnung noch nicht in der Ist-Masse befanden, rechtlich aber zur Soll-Masse gehören; hierzu gehört auch die Geltendmachung von Anfechtungsansprüchen gem. §§ 129 ff InsO. Der Insolvenzverwalter **haftet** nach §§ 60 f InsO allen Beteiligten persönlich für die ordnungsgemäße Erfüllung seiner Amtspflichten und die Erfüllung der von ihm für die Masse eingegangenen Verbindlichkeiten. Für amtsbezogene Delikte des Insolvenzverwalters haftet analog § 31 BGB auch die Insolvenzmasse.[28]

17 Im Gegensatz zum Regelinsolvenzverfahren, bei dem die Verwaltungs- und Verfügungsbefugnis mit der Verfahrenseröffnung nach § 80 Abs. 1 InsO vom Verein auf den Insolvenzverwalter übergeht (Rn 16, 21), bleibt der Vereinsvorstand im Fall der **Eigenverwaltung** selbst verwaltungs- und verfügungsbefugt (vgl § 270 Abs. 1 S. 1 InsO). An die Stelle des Insolvenzverwalters tritt ein Sachverwalter, dessen Hauptaufgabe in der Beaufsichtigung der Vereinsorgane besteht (vgl § 270 Abs. 3 S. 1 InsO). Die gerichtliche Anordnung der Eigenverwaltung wird in Betracht kommen, wenn in besonders gelagerten Fällen die speziellen Kenntnisse und Fähigkeiten der Vereinsorgane für die Abwicklung des Vereinsvermögens unentbehrlich sind und diese besonderen Kenntnisse und Fähigkeiten weder durch Dritte noch durch den Vereinsvorstand im Wege seiner Auskunfts- und Mitwirkungspflichten (Rn 22 f) ausreichend vermittelt werden können und zugleich anzunehmen ist, dass die Vereinsorgane keine wesentliche Schuld am Eintritt der Insolvenz tragen. Gem. § 270 Abs. 1 S. 2 InsO gelten für das Verfahren der Eigenverwaltung die Vorschriften über das Regelinsolvenzverfahren, soweit nicht der Umstand, dass dem Insolvenzschuldner die Verwaltungs- und Verfügungsbefugnis über die Insolvenzmasse belassen wird, eine abweichende Regelung erfordert.

22 So aber Nerlich/Römermann/*Andres*, § 35 Rn 3; Soergel/*Hadding*, § 42 Rn 8 f; vgl auch BGH ZIP 1996, 842; wie hier *Henckel*, ZIP 1991, 133, 135; *H.F. Müller*, S. 29 ff; MüKo/*Reuter*, § 42 Rn 10; *K. Schmidt*, Wege zum Insolvenzrecht der Unternehmen, 1990, S. 75 f.

23 So namentlich *K. Schmidt*, GesR, 4. Aufl. 2002, § 11 VI 4 b bb; *ders.*, ZGR 1998, 633, 637 f; *ders.*, ZIP 2000, 1913, 1920; ferner MüKo/*Reuter*, § 42 Rn 10; *H.F. Müller*, S. 25 ff, 38 ff, 45; *ders.* in Jaeger, § 35 Rn 148; aA aber die hM, vgl BGHZ 163, 32 = NJW 2005, 2015, 2016; *Henckel*, in: FS Kreft, 2004, S. 291, 300 ff; *Henssler*, ZInsO 1999, 121, 127; Jaeger/*Windel*, § 80 Rn 30; Kübler/Prütting/Bork/*Lüke*, § 80 Rn 62; MüKo-InsO/*Lwowski/Peters*, § 35 Rn 113; *Noack*, Rn 281; *Runkel*, in: FS Uhlenbruck, 2000, S. 315, 317.

24 MüKo/*Reuter*, § 42 Rn 11; InsRHdb/*Haas/Mock*, § 93 Rn 166, 175; *Kreißig*, S. 160; vgl zu den vermögensrechtlichen Grundlagen BGH NZG 2007, 826, 828.

25 MüKo/*Reuter*, § 42 Rn 11; InsRHdb/*Haas/Mock*, § 93 Rn 166, 175; aA *Reichert*, in: Grunsky (Hrsg.), Der Sportverein in der wirtschaftlichen Krise, S. 1, 16.

26 InsRHdb/*Haas/Mock*, § 93 Rn 177.

27 BGH NZI 2007, 542 (ausdrücklich auch für den wirtschaftlichen Verein); BGHZ 96, 253, 255 = NJW 1986, 1604 (für den nichtwirtschaftlichen Verein, zur KO); *Andres*, in: Grunsky (Hrsg.), Sportverein in der Krise, S. 49; *Gutzeit*, S. 117 ff; *Häsemeyer*, Rn 30,19; MüKo/*Reuter*, § 42 Rn 5; *Stöber*, Rn 220; Uhlenbruck/*Hirte*, § 11 Rn 221, § 35 Rn 182; aA *Kreißig*, S 202 ff; differenzierend *Reichert*, Rn 3625: Fortbestehen der Beitragspflicht (nur) für „Mehrspartenverein" mit mehreren Abteilungen; Beuthien/Gummert/*Haas/Goetsch*, § 60 Rn 90; InsRHdb/*Haas/Mock*, § 93 Rn 177: Fortbestehen der Beitragspflicht, solange die Mitglieder Vorteils- und Genussrechte in Anspruch nehmen.

28 Vgl *Eckardt*, KTS 1997, 411 ff; MüKo/*Reuter*, § 31 Rn 18, § 42 Rn 13.

d) Die Rechtsstellung der Vereinsgläubiger im Insolvenzverfahren. Entsprechend dem das gesamte Insolvenzverfahren beherrschenden **Grundsatz der gleichmäßigen Gläubigerbefriedigung** (par condicio creditorum) dient die Insolvenzmasse (Rn 14) der gemeinschaftlichen Befriedigung der Insolvenzgläubiger (§ 38 InsO), denen die Insolvenzmasse deshalb haftungsrechtlich zugewiesen ist. Nach der Legaldefinition des § 38 InsO sind alle diejenigen Personen Insolvenzgläubiger, die einen zur Zeit der Eröffnung des Insolvenzverfahrens begründeten persönlichen Vermögensanspruch gegen den Schuldner haben. Die Insolvenzgläubiger können ihre Insolvenzforderungen nur noch nach den Vorschriften des Insolvenzverfahrens verfolgen (§§ 87, 174 ff InsO); etwa bereits anhängige Prozesse werden unterbrochen (Rn 51). Vollstreckungshandlungen eines Insolvenzgläubigers werden mit der Verfahrenseröffnung unwirksam, wenn sie im letzten Monat vor dem Antrag auf Eröffnung des Insolvenzverfahrens erfolgt sind (Rn 54), und sind während der Dauer des Insolvenzverfahrens weder in die Insolvenzmasse noch in das sonstige Vermögen des Insolvenzschuldners zulässig (Rn 54). 18

Ansprüche der Vereinsmitglieder, die aus einem von der Mitgliedschaft unabhängigen Verkehrsgeschäft entstehen, die sog. Drittforderungen, sind im Insolvenzverfahren grundsätzlich zu behandeln wie die übrigen Vereinsverbindlichkeiten.[29] Richtiger Ansicht nach gilt dies auch für Forderungen eines Vereinsmitgliedes gegen seinen Verein, die aus der Verletzung eines Mitgliedschaftsrechts durch den Verein bzw durch ein Vereinsorgan resultieren.[30] Dagegen können Ansprüche aus einem Darlehen, das ein Mitglied gewährt oder besichert hat (**„Mitgliederdarlehen“**), analog zu den insolvenzrechtlichen Regelungen über Gesellschafterdarlehen (vgl §§ 39, 44 a, 135 InsO) zurückgestuft sein bzw Rückgewähransprüche auslösen.[31] 19

7. Die Rechtsstellung des Vereins im Insolvenzverfahren. a) Auflösung des Vereins. Nach der Neufassung von Abs. 1 S. 1 führt die Eröffnung des Insolvenzverfahrens, die auch noch während der Liquidation des Vereins zulässig ist, zur **Auflösung** (auch) des rechtsfähigen Vereins und damit **nicht mehr** – wie jedenfalls nach dem früheren Wortlaut der Bestimmung – **zum Verlust der Rechtsfähigkeit** (Rn 34, s. allg. § 41 Rn 2 f). Ausdrücklich gleichgestellt ist seit der Vereinsrechtsreform 2009 auch die Abweisung des Insolvenzantrags mangels Masse (Rn 35). Besteht der Verein aus mehreren selbstständigen (in Form nichtrechtsfähiger Vereine organisierten) Abteilungen, so tritt die Auflösungsrechtsfolge nur hinsichtlich desjenigen Rechtsträgers ein, über dessen Vermögen das Insolvenzverfahren eröffnet wurde (Rn 4); uU bleibt also der Verein als Ganzes bzw andere wirtschaftlich gesunde Abteilungen von der Insolvenzeröffnung unberührt.[32] Zur Möglichkeit eines **Fortsetzungsbeschlusses** s. Rn 37. 20

b) Stellung der Vereinsorgane. Die Eröffnung des Insolvenzverfahrens lässt die Organisationsverfassung des Vereins und damit auch organschaftliche Stellung des im Zeitpunkt der Eröffnung des Insolvenzverfahrens im Amt befindlichen **Vorstands** unberührt.[33] Eine wichtige Einschränkung seiner Tätigkeit erfährt der Vereinsvorstand durch den **Übergang der Verwaltungs- und Verfügungsbefugnis** nach § 80 Abs. 1 InsO auf den Insolvenzverwalter (Rn 16), da der Vorstand jetzt den Verein nicht mehr bei Angelegenheiten der Vermögensverwaltung vertreten kann. Der Vereinsvorstand behält allerdings seine alleinige Entscheidungskompetenz im sog. insolvenzfreien Bereich, in den die internen Maßnahmen der Vereinsverwaltung fallen;[34] dazu gehören etwa der Ausschluss von Vereinsmitgliedern und die Vorbereitung und Durchführung von Mitgliederversammlungen. Der Vorstand vertritt den Verein in vereinsinternen Angelegenheiten sowohl außergerichtlich als auch gerichtlich. Die Erteilung einer Generalvollmacht an den Insolvenzverwalter in der Form, dass dieser sämtliche mitgliedschaftlichen bzw organschaftlichen Angelegenheiten regeln kann, ist nicht möglich.[35] 21

Das Fortbestehen des Vorstandsamts hat zur Folge, dass die Vorstandsmitglieder – dh sofern die Vereinssatzung die Gesamtvertretung anordnet, jedes einzelne Vorstandsmitglied – als gesetzliche Vertreter des Vereins die **dem Verein als Insolvenzschuldner obliegenden Rechte und Pflichten im Insolvenzverfahren** wahrzunehmen haben. So ist im Falle einer Anhörung des Schuldners nach § 10 Abs. 2 InsO der Vereinsvorstand zu hören. Des Weiteren hat der Vorstand im Prüfungstermin zu den angemeldeten Forderungen Stellung zu nehmen und sie eventuell zu bestreiten, § 176 InsO. Er nimmt für den Verein nach § 4 InsO iVm § 171 ZPO sämtliche Zustellungen entgegen. Er hat gemäß § 74 Abs. 1 S. 2 InsO an Gläubigerversammlungen teilzunehmen, kann für den Gemeinschuldner einen Insolvenzplan nach § 218 Abs. 1 S. 1 InsO vorlegen bzw ist zur beratenden Mitwirkung nach § 218 Abs. 3 InsO berechtigt, sofern der Insolvenzverwalter den Insolvenzplan 22

29 Vgl MüKo/*Reuter*, § 42 Rn 3; Soergel/*Hadding*, § 42 Rn 3.
30 *Gutzeit*, S. 123 ff; *Habersack*, S. 219 f.
31 Vgl *Haas/Prokop*, in: FS Röhricht, S. 1149, 1159 ff, 1171 f; InsRHdb/*Haas/Mock*, § 93 Rn 193; *Reuter*, NZG 2004, 217, 218 f; *ders.*, in: MüKo, § 42 Rn 18; Staudinger/*Weick*, § 42 Rn 16; ausf. *Kreißig*, S. 223 ff.
32 InsRHdb/*Haas/Mock*, § 93 Rn 166, 175; *Kreißig*, S. 160; vgl zu den vermögensrechtlichen Grundlagen BGH NZG 2007, 826, 828.
33 *Reichert*, in: Grunsky, Der Sportverein in der wirtschaftlichen Krise, S. 1, 7, 19; *Walker*, KTS 2003, 169, 170; InsRHdb/*Haas/Mock*, § 93 Rn 164; *Reichert*, Rn 3940; ausf. *Kreißig*, S. 162 ff.
34 InsRHdb/*Haas/Mock*, § 93 Rn 164; *Reichert*, Rn 3941.
35 Vgl BGHZ 64, 72, 74.

aufstellt. Der Vorstand vertritt den Verein als Schuldner bei sämtlichen Rechtsbehelfen, welche nach der Insolvenzordnung möglich sind. Er kann zB die sofortige Beschwerde gegen die Abweisung der Verfahrenseröffnung mangels Masse nach § 34 Abs. 1 InsO, gegen die Eröffnung des Insolvenzverfahrens nach § 34 Abs. 2 InsO und gegen die Verfahrenseinstellung mangels Masse nach § 216 Abs. 1 InsO iVm § 207 InsO einlegen. Nach § 270 Abs. 1 InsO ist er schließlich berechtigt, unter der Aufsicht eines Sachwalters die Insolvenzmasse zu verwalten und zu verfügen, wenn das Insolvenzgericht in dem Beschluss über die Eröffnung des Insolvenzverfahrens die Eigenverwaltung anordnet (Rn 17).

23 Besondere Bedeutung hat in diesem Zusammenhang die Verpflichtung des Vorstands, sämtliche **Auskunfts- und Mitwirkungspflichten des Vereins** im Insolvenzverfahren nach den §§ 97, 101 Abs. 1 S. 1 InsO wahrzunehmen.[36] Der Verein ist nach § 97 Abs. 1 S. 1 InsO verpflichtet, dem Insolvenzgericht, dem Insolvenzverwalter, dem Gläubigerausschuss und auf Anordnung des Insolvenzgerichts auch der Gläubigerversammlung über alle das Verfahren betreffenden Verhältnisse Auskunft zu geben. Die Auskunftspflicht erstreckt sich auf seine Vermögensverhältnisse, das Gläubiger und Schuldnerverzeichnis, die Ursachen der Krise, evtl Anfechtungsklagen, etwaiges Auslandsvermögen und sonstige Sachverhalte, die direkt oder indirekt die Vermögensverhältnisse betreffen. Erfüllt wird die Auskunftspflicht nach § 101 Abs. 1 S. 1, 2, Abs. 2 InsO durch die Mitglieder des Vorstands, soweit sie nicht früher als zwei Jahre vor dem Antrag auf Eröffnung des Insolvenzverfahrens aus ihrer Stellung ausgeschieden sind (§ 101 Abs. 1 S. 2, Abs. 2 InsO). Eine inhaltsgleiche Auskunftspflicht besteht gem. § 22 Abs. 2 S. 3 InsO dem vorläufigen Insolvenzverwalter im Insolvenzeröffnungsverfahren (Rn 11) gegenüber; die Vorschriften der §§ 97, 98, 101 Abs. 1 S. 1 u. S. 2, Abs. 2 InsO sind insoweit analog anwendbar.

24 Ebenso wie der Vereinsvorstand bleibt auch die **Mitgliederversammlung** nach Eröffnung des Insolvenzverfahrens für die vereinsinternen Angelegenheiten entscheidungsbefugt, sofern diese nicht als Maßnahmen der Vermögensverwaltung vom Insolvenzverwalter zu besorgen oder im Insolvenzverfahren abzuwickeln sind.[37] In diesen Grenzen kann die Mitgliederversammlung zB auch noch nach Eröffnung des Insolvenzverfahrens die Satzung ändern, etwa betreffend die Person des Anfallsberechtigten nach § 45 oder die Vereinsfortsetzung nach § 42 Abs. 2 S. 3. Als vereinsinterne Maßnahmen bleibt die Mitgliederversammlung auch für Angelegenheiten des Vereinsordnungsrechts zuständig, also zB den Ausschluss von Vereinsmitgliedern und die Verhängung der in der Satzung vorgesehenen Sanktionen.[38] Der Insolvenzverwalter hat keine Befugnis zur Teilnahme an der Mitgliederversammlung.[39]

25 Die Eröffnung des Insolvenzverfahrens berührt an sich die Zuständigkeit der Mitgliederversammlung für die **Entlastung des Vorstands** nicht. Da der Verein nach § 80 Abs. 1 InsO jedoch nicht mehr über die ihm zustehenden Ansprüche verfügen kann, muss der Insolvenzverwalter den Verzicht nicht gegen sich gelten lassen. Die Entscheidung über die Entlastung der Vorstände kann somit zumindest nicht ohne Billigung des Verwalters erfolgen; sofern der Insolvenzverwalter der Entlastung nicht zustimmt, ist er durch einen gegenteiligen Entlastungsbeschluss der Mitgliederversammlung nicht daran gehindert, die Ansprüche gegen die Organe geltend zu machen.[40]

26 **c) Wirkungen der Eröffnung des Insolvenzverfahrens auf die Mitgliedschaft.** Auch die Vereinsmitgliedschaft bleibt von der Eröffnung des Insolvenzverfahrens unberührt,[41] sofern nicht die Vereinssatzung etwas anders regelt, § 58 Nr. 1. Sieht die Satzung für den Fall der Insolvenzeröffnung die Fortsetzung des Vereins in nichtrechtsfähiger Form vor, wandelt sich die Mitgliedschaft erst mit Abschluss des Insolvenzverfahrens (automatisch) in eine solche im nichtrechtsfähigen Verein um (Rn 39). Auch nach Eröffnung des Insolvenzverfahrens kann das Vereinsmitglied – soweit die Satzung nichts anderes bestimmt – jederzeit aus dem Verein austreten (§ 39 Abs. 1), im Übrigen aber entsprechend den satzungsrechtlichen Vorgaben ordentlich (§ 39 Abs. 2) bzw bei Vorliegen eines wichtigen Grundes außerordentlich kündigen, wobei die Eröffnung des Insolvenzverfahrens als solche keinen wichtigen Grund darstellt.[42] Grundsätzlich kann der insolvente Verein jedoch nach Eröffnung des Insolvenzverfahrens keine neuen Mitgliedschaften mehr begründen (s. allg. zum Liquidationsstadium § 47 Rn 8, 14).[43] Zur Beitragspflicht s. Rn 15.

27 **8. Die Beendigung des Insolvenzverfahrens.** Mit dem Vollzug der Schlussverteilung beschließt das Insolvenzgericht die **Aufhebung des Verfahrens**, § 200 Abs. 1 InsO. Der Insolvenzverwalter hat die etwa

36 Vgl LG Düsseldorf KTS 1961, 191; InsRHdb/*Haas/Mock*, § 93 Rn 164; *Kreißig*, S. 157 ff; *Reichert*, Rn 3946.
37 *Stöber*, Rn 853.
38 *Reichert*, Rn 3933; s.a. OLG Köln ZInsO 2002, 834, 835.
39 *Reichert*, Rn 3938.
40 *Grunsky*, in: Grunsky (Hrsg.), Sportverein, S. 20; *Reichert*, Rn 3933.
41 BGHZ 96, 253, 255 ff; OLG Köln ZInsO 2002, 834, 835; InsRHdb/*Haas/Mock*, § 93 Rn 173; *Kreißig*, S. 181 ff; *Stöber*, Rn 852.
42 Vgl InsRHdb/*Haas/Mock*, § 93 Rn 174; *Reichert*, Rn 3929.
43 *Reichert*, Rn 3928; *Stöber*, Rn 137.

vorhandene restliche Masse nach § 199 S. 2 InsO an die Anfallberechtigten iSd §§ 45, 46[44] herauszugeben. Dem Grundsatz der Vollliquidation entsprechend, dauert das Amt des Insolvenzverwalters regelmäßig so lange an, wie nach § 199 S. 2 InsO noch Vereinsvermögen zu verteilen ist und die Existenz des Vereins noch nicht beendet ist. Ist die Fortsetzung des Vereins nach § 42 Abs. 1 S. 3 Hs 1 beschlossen worden (Rn 39), so endet das Amt des Insolvenzverwalters bereits mit der Befriedigung der Gläubiger. Ein **Liquidationsverfahren** schließt sich in keinem Fall mehr an das Insolvenzverfahren an: In § 47 Hs 2 ist nunmehr ausdrücklich geregelt, dass das Vereinsvermögen, welches nicht an den Fiskus fällt, einer Liquidation nur dann unterliegt, „soweit" nicht das Insolvenzverfahren eröffnet ist; dadurch wird klargestellt, dass sich das Insolvenzverfahren und die vereinsrechtliche Liquidation nach §§ 47 ff im Grundsatz ausschließen und dass das Insolvenzverfahren als das speziellere Verfahren den Vorrang genießt (Rn 1, § 47 Rn 6, 31). Im Anschluss ist das Erlöschen des Vereins von Amts wegen **einzutragen** (§ 75 Abs. 1 S. 1); das Abwarten des Sperrjahres ist im Hinblick auf Sinn und Zweck der gläubigerschützenden Vorschrift in § 51 BGB nicht erforderlich, wenn kein verteilungsfähiges Vermögen mehr vorhanden ist.[45]

Die **Einstellung mangels Masse** gemäß § 207 Abs. 1 S. 1 InsO erfolgt, wenn sich nach der Eröffnung des Verfahrens herausstellt, dass die Masse nicht ausreicht, um die Kosten des Verfahrens zu decken. Sie führt nicht zu einer Rückumwandlung des aufgelösten in den werbenden Verein; vielmehr bleibt der Verein infolge der Eröffnung des Insolvenzverfahrens aufgelöst.[46] Die Fortsetzungsregelung des § 42 Abs. 1 S. 2 setzt eine Einstellung wegen Wegfalls des Eröffnungsgrunds iSd §§ 212 f InsO voraus; sie gilt also für die Einstellung mangels Masse nicht. Dass die Fortsetzung des masselosen Vereins auch nicht nach § 42 Abs. 1 S. 3 möglich ist, ergibt sich aus dem Verweis des § 42 Abs. 1 S. 3 Hs 2 auf § 42 Abs. 1 S. 2 und damit auf die Regelungen nach §§ 212 f InsO. 28

9. Die Insolvenz des Profisportvereins. Auf die Besonderheiten, die sich bei der praktisch immer bedeutsamer werdenden Insolvenz des Profisportvereins ergeben, kann hier nicht ausführlich eingegangen werden.[47] Prinzipiell wird der Spielbetrieb des Profisportvereins insolvenzrechtlich nicht anders behandelt als jedes andere von einem unternehmerisch tätigen Insolvenzschuldner betriebene Unternehmen; die Entscheidung über Fortsetzung oder Einstellung des **Spielbetriebs** obliegt daher dem (vorläufigen wie endgültigen) Insolvenzverwalter und nicht mehr dem Vereinsvorstand.[48] Ebenso hat der Verwalter die alleinige Entscheidungskompetenz über die mit dem **Transfer** einzelner Spieler zusammenhängenden Fragen.[49] Zu einer Verdrängung der Entscheidungskompetenz des Vorstands kommt es schließlich auch im Bereich des reinen **Amateursports**, in dem die Spieler ausschließlich in ihrer Eigenschaft als Vereinsmitglieder am Spielbetrieb teilnehmen.[50] Der Insolvenzverwalter kann zwar den Spielbetrieb der Amateure nicht dem Grunde nach verbieten, weil er den Amateuren gegenüber nicht in der Position eines Arbeitgebers auftreten kann. Er kann jedoch die Durchführung des Amateursportbetriebes insoweit unterbinden, als er eine notwendige finanzielle Unterstützung verweigert. Dass nur die Profiabteilung und nicht die Amateurabteilung vom Insolvenzbeschlag erfasst wird, wie gelegentlich vertreten wird,[51] ist mit dem geltenden Insolvenzrecht, das das Vermögen eines Rechtsträgers grundsätzlich einheitlich erfasst, unvereinbar; auch über die Fortsetzung des Vereins nach § 42 Abs. 1 S. 2 und 3 kann nur in seiner Gesamtheit beschlossen werden.[52] 29

Wenn dem **vorläufigen Insolvenzverwalter** die Verwaltungs- und Verfügungsbefugnis über das Vereinsvermögen eingeräumt wurde (vgl Rn 11), ist er nach § 22 Abs. 1 S. 2 Nr. 2 InsO allerdings grundsätzlich verpflichtet, den Spielbetrieb bis zur Entscheidung über die Eröffnung des Insolvenzverfahrens fortzuführen. Eine Ausnahme besteht nur dann, wenn das Insolvenzgericht die Stilllegung des Spielbetriebs verfügt, um eine erhebliche Minderung der Masse zu vermeiden. Auch nach erfolgter Verfahrenseröffnung hat der **Insol-** 30

44 Nicht, wie der insoweit missverständliche Wortlaut des § 199 S. 2 InsO vermuten lassen würde, an die Mitglieder, vgl Begr. RegE-InsO, BT-Drucks. 12/2443, S. 187.

45 *Böttcher*, Rpfleger 1988, 169, 175; InsRHdb/*Haas/Mock*, § 93 Rn 194.

46 Vgl Uhlenbruck/*Ries*, § 207 Rn 18.

47 Dazu monographisch *Gutzeit*, *Kreißig* und *Leichtle*, passim; s. ferner *Aldermann*, aaO; *Andres* und *Reichert* in: Grunsky (Hrsg.), Sportverein, S. 16 bzw S. 35; *Haas*, SpuRt 1999, 1; *ders.*, NZI 2003, 177; *Kaiser*, DB 2004, 1109; *Pfister*, SpuRt 2002, 103; *Uhlenbruck*, in: FS Merz 1992, S. 581; *Walker*, KTS 2003, 169; *Wertenbruch*, ZIP 1993, 1292; *Zeuner/Nauen*, NZI 2009, 213.

48 Vgl BGH ZIP 2001, 889 ff; *Leichtle*, S. 26 ff; MüKo/*Reuter*, § 42 Rn 12; *Reichert*, in: Grunsky (Hrsg.), Sportverein, S. 19; *Uhlenbruck*, in: FS Merz 1992, S. 581, 588 f.

49 *Andres*, in: Grunsky (Hrsg.), Sportverein, S. 39; *Gutzeit*, S. 224 ff; s. dazu aber relativierend *Leichtle*, S. 112 ff, der auf die Kündigungsmöglichkeit nach § 113 InsO verweist.

50 Ebenso *Andres*, in: Grunsky (Hrsg.), Sportverein, S. 39.

51 *Andres*, in: Grunsky (Hrsg.), Sportverein, S. 37 f; *Reichert*, Rn. 4104; *ders.*, in: Grunsky (Hrsg.), Sportverein, S. 16.

52 Vgl *Gutzeit*, S. 183; *Leichtle*, S. 12 f; MüKo/*Reuter*, § 42 Rn 12; Staudinger/*Weick*, § 42 Rn 6; *Uhlenbruck*, in: FS Merz 1992, S. 581, 588 m. Fn 27.

venzverwalter den Spielbetrieb nach § 80 InsO fortzusetzen, und zwar bis zur Gläubigerversammlung.[53] Der Vereinsvorstand kann die Fortführung des Spielbetriebes nur insofern beeinflussen, als er nach § 158 Abs. 2 S. 2 InsO die Stilllegung des Unternehmens vor dem Berichtstermin per Antrag verhindern kann.[54] Im Berichtstermin entscheidet die **Gläubigerversammlung** dann nach § 157 InsO, ob der Spielbetrieb fortgeführt oder eingestellt werden soll, bzw alternativ auf Grundlage eines Insolvenzplanes, ob der Verein als Schuldner den Spielbetrieb selbst fortführt, § 230 Abs. 1 S. 1 InsO.

31 War der Verein – etwa als Sportverein – in eine Verbandsstruktur eingegliedert, dh selbst wiederum Mitglied in einem übergeordneten (Verbands-)Verein, so bleibt der infolge der Insolvenzeröffnung aufgelöste Verein – grundsätzlich – für die Dauer des Insolvenzverfahrens **Mitglied in dem übergeordneten (Verbands-)Verein.**[55] Das Recht zur **Teilnahme der Mannschaften am sportlichen Wettbewerb** ist grundsätzlich pfändbar und unterfällt dem Insolvenzbeschlag, weil und soweit es von Rechts wegen übertragbar ist und für die Übertragung üblicherweise Geldbeträge gezahlt werden.[56] Die uU erforderlichen **Mannschaftslizenzen** zur Teilnahme am Sportwettbewerb bestehen in der Regel trotz Insolvenz des Vereins fort. Sofern die Statuten keine „Insolvenzklausel" enthalten, dh Bestimmungen, welche die Konsequenzen der Eröffnung des Insolvenzverfahrens für die Mannschaftslizenz regeln, bedeutet dies, dass die Mannschaftslizenzen von der Insolvenzeröffnung unberührt bleiben. Die Insolvenz des Vereins beendet also die Zugehörigkeit zu einer bestimmten Verbandsklasse nicht automatisch, so dass der Insolvenzverein unter der Leitung des Insolvenzverwalters als Ligamitglied zeitweise fortgeführt werden kann.[57] Dies gilt auch, wenn nach der Verbandssatzung nur rechtsfähige Vereine Mitglieder des Verbandes sein können. Soweit in der Literatur ohne Begründung die Ansicht vertreten wurde, wenn die Verbandssatzung vorsehe, dass Verbandsmitglieder nur rechtsfähige Vereine sein könnten, so erlösche die sportliche Qualifikation mit der Verfahrenseröffnung,[58] wurden hierbei bereits nach der früheren Gesetzesfassung (Rn 34) die Rechtswirkungen des § 49 Abs. 2 nicht berücksichtigt;[59] dies gilt erst recht, seitdem der Verein durch die Eröffnung des Insolvenzverfahrens nurmehr aufgelöst wird und seine „Rechtsfähigkeit" und damit die Eigenschaft als juristische Person behält (Rn 1, 34).

32 Der Verlust der Mannschaftslizenz kann sich deshalb allenfalls als Folge von speziellen **„Insolvenzklauseln"** ergeben, die mittlerweile ganz überwiegend Einzug in die Verbandsstatuten erhalten haben; danach kann der Verband entweder den Lizenzvertrag aus wichtigem Grunde mit sofortiger Wirkung kündigen, wenn über das Vermögen eines Bundesligisten das Insolvenzverfahren eröffnet oder ein Antrag auf Einleitung des Insolvenzverfahrens mangels Masse abgelehnt wurde, oder die Lizenz erlischt sogar *ipso iure*, wenn der Verein sich auflöst oder seine Rechtsfähigkeit, aus welchen Gründen auch immer, verliert. Richtiger Ansicht nach[60] sind entsprechende Verbandsregelungen nach dem Inkrafttreten der Insolvenzordnung allerdings für unwirksam zu erachten, weil dies dem grundlegenden gesetzgeberischen Zweck des Insolvenzverfahrens, die Möglichkeit der Erhaltung des Unternehmens zu schaffen, völlig zuwiderliefe. Dies dürfte jedenfalls im Ergebnis auch die Auffassung des BGH[61] sein, der im Jahr 2001 im Hinblick auf § 119 InsO Bedenken gegen die Zulässigkeit der entsprechenden Verbandsregelungen der Zweiten Basketball-Bundesliga geäußert hat, allerdings ohne diese näher zu begründen.

33 Die Geltendmachung einer „Aus- und Weiterbildungsentschädigung" (**Transferzahlung**) ist auch für einen Insolvenzverein unproblematisch möglich und führt dazu, dass die Aus- und Weiterbildungsentschädigung Bestandteil der Insolvenzmasse wird; dies gilt richtiger Ansicht nach unabhängig davon, ob der Insolvenzverein den Spielbetrieb fortsetzt.[62]

53 *Andres*, in: Grunsky (Hrsg.), Sportverein, S. 38; Uhlenbruck/*Hirte*, § 11 Rn 221; *Uhlenbruck*, in: FS Merz 1992, S. 581, 588.
54 *Noack*, Rn 692; Uhlenbruck/*Hirte*, § 11 Rn 221; *Haas*, NZI 2003, 177, 179.
55 InsRHdb/*Haas/Mock*, § 93 Rn 167, 181 ff; *Adolphsen*, KTS 2005, 53, 56; *Haas*, NZI 2003, 177, 178; *Reichert*, Rn 3930.
56 BGH ZIP 2001, 889 ff; *Haas*, NZI 2003, 177 ff; Jaeger/*Henckel*, § 35 Rn 63; *Leichtle*, S. 128 ff.
57 BGH ZIP 2001, 889 ff.
58 *Reichert*, in: Grunsky (Hrsg.), Sportverein, S. 24; *Uhlenbruck*, in: FS Merz 1992, S. 581, 587.
59 BGH ZIP 2001, 889 ff.
60 Vgl *König/de Vries*, SpuRt 2006, 96, 98 f; *Pfister*, SpuRt 2002, 103 f; *Walker*, KTS 2003, 169, 184; aA OLG Köln BeckRS 2010, 09020 = SpuRt 2004, 110, 111; Uhlenbruck/*Hirte*, § 11 Rn 221; InsRHdb/*Haas/Mock*, § 93 Rn 168 ff; *Haas*, NZI 2003, 177 ff; *Walker*, KTS 2003, 169 ff; *Wertenbruch*, ZIP 1993, 1292, 1293; *Zeuner/Nauen*, NZI 2009, 213, 215; dazu ausf. *Gutzeit*, S. 213 ff; *Leichtle*, S. 31 ff, 44 ff, 66 ff, 78 ff.
61 BGH ZIP 2001, 889 ff; s. allg. zu Lösungsklauseln für den Insolvenzfall auch *Berger*, Kölner Schrift, Kap. 12; *Reul*, DNotZ 2008, 824 ff; *Thole*, in: Jahrbuch junger Zivilrechtswissenschaftler 2008 (2009), S. 267 ff; *v. Wilmowsky*, ZIP 2007, 553 ff; Kübler/Prütting/Bork/*Tintelnot*, § 119 Rn 15 ff; MüKo-InsO/*Huber*, § 119 Rn 28 ff; umfassend *Wöllner*, Die Wirksamkeit vertraglicher Lösungsklauseln im Insolvenzfall, 2009, passim.
62 *Andres*, in: Grunsky (Hrsg.), Sportverein, S. 47; *Leichtle*, S. 112 ff; *Wertenbruch*, ZIP 1993, 1294.

B. Regelungsgehalt

I. Auflösung des Vereins durch Eröffnung des Insolvenzverfahrens (Abs. 1 S. 1)

Die Eröffnung des Insolvenzverfahrens löst den Verein auf (Abs. 1 S. 1) und versetzt den Verein in den Abwicklungszustand[63] (und führt deshalb zB zum Verlust einer etwaigen Körperschaftsteuerbefreiung[64]), bringt aber nicht mehr – wie nach dem bis zum 1.1.1999 geltenden Wortlaut der Bestimmung – den Verlust der „Rechtsfähigkeit", dh der Eigenschaft als juristischer Person mit sich.[65] Bereits zur früheren Fassung der Bestimmung wurde allerdings verbreitet angenommen, dass die Eröffnung des Konkursverfahrens nicht zum Verlust der Rechtsfähigkeit, sondern nur zur Auflösung des Vereins führe; der gegenteilige Wortlaut sei als bloßes Redaktionsversehen unbeachtlich.[66] Die Praxis kam zu demselben Ergebnis, in dem sie über eine analoge Anwendung des § 49 Abs. 2 die Rechtsfähigkeit des Vereins als fortbestehend ansah, soweit der Abwicklungszweck dies erfordere; zudem sei davon auszugehen, dass die Rechtsfolgen des Verlustes der Rechtsfähigkeit nach § 42 aF und der Auflösung des Vereins nach § 41 dieselben seien, mithin dass das Vereinsvermögen nach § 49 Abs. 1 an die in der Satzung bestimmte Person falle bzw die Personenvereinigung nach § 47 zu liquidieren sei.[67] Die „Rechtsfähigkeit", verstanden iSd Eigenschaft als juristische Person, verliert der Verein erst mit seinem Erlöschen, dh wenn die Verteilung des Vereinsvermögens beendet ist (§ 47 Rn 21). 34

In Anlehnung an die Bestimmungen für die Handelsgesellschaften, bei denen kein persönlich haftender Gesellschafter eine natürliche Person ist,[68] regelt § 42 Abs. 1 S. 1 seit der Vereinsrechtsreform 2009 auch die **Auflösung** des eingetragenen Vereins durch die **Abweisung des Insolvenzantrags mangels Masse** nach § 26 Abs. 1 InsO.[69] Grund dieser Änderung war die Beseitigung des Wertungswiderspruchs, der sich daraus ergab, dass ein insolventer Verein, dessen Restvermögen nicht einmal zur Deckung der Verfahrenskosten ausreicht, nach bisheriger Rechtslage nicht aufgelöst wurde, wohl aber ein Verein, der noch über genügend Vermögen zur Deckung der Verfahrenskosten verfügt.[70] Die Abweisung des Insolvenzantrags mangels Masse wird dem Registergericht nach § 31 Nr. 2 InsO mitgeteilt und von diesem nach dem ebenfalls reformierten § 75 Abs. 1 im Vereinsregister eingetragen. Die Gläubiger können die Ablehnung der Insolvenzeröffnung mangels Masse durch Vorschussleistung auf die Verfahrenskosten abwenden (§ 26 Abs. 1 S. 2 InsO) und ihre **Vorschusszahlung von den** gemäß § 42 Abs. 2 S. 2 verpflichteten **Vorstandsmitgliedern persönlich erstattet** verlangen, § 26 Abs. 3 S. 1 InsO (Rn 49). Ist der Beschluss, der einen Eröffnungsantrag mangels kostendeckender Masse abweist, rechtskräftig, hindert dies einen neuen Insolvenzantrag des Gläubigers nicht, wenn glaubhaft gemacht wird, dass inzwischen ausreichend Vermögenswerte vorhanden sind, um die Massekosten zu decken. Der Vorstand ist in einem solchen Fall jedoch nicht verpflichtet, einen erneuten Antrag zu stellen.[71] 35

Eine **Einstellung des (eröffneten) Verfahrens mangels Masse** ändert nichts an der bereits eingetretenen Auflösungswirkung (Rn 28). Wird der Eröffnungsbeschluss jedoch **aufgehoben**, so gilt die Auflösung des Vereins als nicht eingetreten;[72] gem. § 34 Abs. 3 S. 3 InsO bleiben die bereits erfolgten Rechtshandlungen des Insolvenzverwalters allerdings wirksam. 36

II. Fortsetzung des Vereins trotz Eröffnung des Insolvenzverfahrens (Abs. 1 S. 2, 3)

Der aufgelöste Verein kann grundsätzlich nicht mehr in werbender Tätigkeit fortgesetzt werden; dies gilt insbesondere uneingeschränkt im Fall der rechtskräftigen Abweisung des Insolvenzantrags mangels Masse 37

63 *Reichert*, Rn 3924; allg. zu juristischen Personen Jaeger/*Ehricke*, § 11 Rn 11 ff; *K. Schmidt*, GesR, 4. Aufl. 2002, § 11 V 4; zur Auflösung im Falle der Insolvenz einer politischen Partei s. *Hientzsch*, NVwZ 2009, 1135, 1136.

64 So zumindest BFHE 217, 381 = DStR 2007, 1438 f; s. eingehend hierzu *Dehesseles*, DStR 2008, 2050 ff; *ders.*, in: FS Spiegelberger 2009, S. 1255 ff; *Denkhaus/Mühlenkamp*, ZInsO 2002, 956 ff; *Matzke*, ZInsO 2010, 2314 ff; *G. Roth/Knof*, KTS 2009, 163, 174 ff.

65 OLG Köln ZInsO 2002, 834, 835; MüKo/*Reuter*, § 42 Rn 8; Soergel/*Hadding*, § 42 Rn 1; Staudinger/*Weick*, § 49 Rn 16 f; Uhlenbruck/*Hirte*, § 11 Rn 219; InsRHdb/*Haas/Mock*, § 93 Rn 164; *Walker*, KTS 2003, 169, 170.

66 *Böttcher*, Rpfleger 1988, 169, 172; Erman/*Westermann*, 9. Aufl., § 42 Rn 1; Jaeger/*Weber*, KO, 8. Aufl. 1973, § 213 Rn 19; *K. Schmidt*, KTS 1984, 345, 368 f; MüKo/*Reuter*, 3. Aufl., § 42 Rn 1; Soergel/*Hadding*, 12. Aufl., § 49 Rn 11; wohl auch Staudinger/*Weick*, 13. Bearb., § 49 Rn 17.

67 BGHZ 96, 253, 254; BGH ZIP 2001, 889 ff; BAG ZIP 2001, 129 m. Anm. *Reuter*, DZWiR 2001, 242; ebenso RGRK/*Steffen*, § 42 Rn 3.

68 Vgl § 262 Abs. 1 Nr. 4 AktG, § 60 Abs. 1 S. 5 GmbHG, § 131 Abs. 2 Nr. 1 HGB, § 81 a Nr. 1 GenG.

69 Bisher nahm die wohl hM an, es sei mangels Auflösungstatbestandes vom Fortbestand des eingetragenen Vereins auszugehen, vgl Voraufl. Rn 35 mwN.

70 Entwurf eines Gesetzes zur Erleichterung elektronischer Anmeldungen zum Vereinsregister und anderer vereinsrechtlicher Änderungen vom 24.9.2009, BT-Drucks. 16/12813, S. 11.

71 InsRHdb/*Haas/Mock*, § 93 Rn 163.

72 MüKo/*Reuter*, § 42 Rn 14; Soergel/*Hadding*, § 42 Rn 6; Staudinger/*Weick*, § 42 Rn 10.

(§ 42 Abs. 1 S. 1 aE, s. Rn 35).[73] Im Fall der Auflösung des Vereins durch die Eröffnung des Insolvenzverfahrens (§ 42 Abs. 1 S. 1) ermöglichen jedoch § 42 Abs. 1 S. 2 und 3 unter bestimmten Voraussetzungen die Fortsetzung des Vereins und damit auch die Weiterführung der Vereinstradition.

38 **1. Fortsetzung als rechtsfähiger Verein kraft Beschlusses der Mitgliederversammlung (Abs. 1 S. 2).** Die Mitgliederversammlung kann nach § 42 Abs. 1 S. 2 die **Fortsetzung als rechtsfähiger Verein** beschließen, wenn entweder das Insolvenzverfahren auf Antrag des Vereins als Insolvenzschuldner wirksam **eingestellt** worden ist (nachdem der Verein den Wegfall des Eröffnungsgrundes glaubhaft gemacht hat, § 212 InsO, oder die Zustimmung sämtlicher Insolvenzgläubiger beigebracht hat, die ihre Forderungen angemeldet haben, § 213 InsO) oder das Insolvenzverfahren nach Bestätigung eines Insolvenzplanes, der den Fortbestand des Vereins vorsieht, wirksam **aufgehoben** worden ist (§ 258 InsO). Eine Satzungsregelung, die im Falle der Eröffnung des Insolvenzverfahrens die Fortsetzung des Vereins als nichtrechtsfähiger Verein iSv § 54 bestimmt, hindert die Vereinsorgane nicht daran, im Falle der Aufhebung oder Einstellung des Insolvenzverfahrens gleichwohl die Fortsetzung als e.V. zu beschließen (§ 42 Abs. 1 S. 3 Hs 2). Gemäß § 32 Abs. 1 S. 3 reicht für einen Fortsetzungsbeschluss der Mitgliederversammlung die einfache Mehrheit aus, weil und soweit sich hier keine hiervon abweichende Regelung aus dem Gesetz (§ 42 Abs. 1 S. 2) bzw der Satzung ergibt.[74] Der Fortsetzungsbeschluss nach Abs. 1 S. 2 bedarf zu seiner Wirksamkeit **nicht** der **Eintragung in das Vereinsregister** analog § 75 Abs. 1.[75]

39 **2. Fortsetzung als nichtrechtsfähiger Verein kraft Satzungsbestimmung (Abs. 1 S. 3).** Nach § 42 Abs. 1 S. 3 kann der rechtsfähige Verein nach Beendigung des Insolvenzverfahrens unter den Voraussetzungen des S. 2 (iVm §§ 212 f InsO, s. Rn 38) auch als nichtrechtsfähiger Verein iSv § 54 fortbestehen, sofern dies die Vereinssatzung vorsieht; eines zusätzlichen Beschlusses durch die Mitgliederversammlung bedarf es in diesem Fall nicht.[76] Im Falle einer Fortsetzungsklausel beginnt die werbende Existenz des Vereins als nichtrechtsfähiger Fortsetzungsverein iSv § 54 nicht schon mit der Eröffnung des Insolvenzverfahrens,[77] sondern erst mit der Aufhebung des Insolvenzverfahrens und der Löschung des e.V. im Vereinsregister.[78] § 42 Abs. 1 S. 3 1. Hs ist also nicht in dem Sinne zu verstehen, dass der Verein mit Eröffnung des Insolvenzverfahrens als nichtrechtsfähiger Verein fortbesteht; vielmehr muss die Bestimmung so verstanden werden, dass für den Fall der Eröffnung des Insolvenzverfahrens schon in der Satzung Vorsorge für die Zeit nach Abschluss des Verfahrens getroffen werden kann, nämlich diesen in der Rechtsform eines nichtrechtsfähigen Vereins weiter zu führen. Es kommt also auch in diesem Fall (s. allg. § 47 Rn 8 f) nicht ohne weiteres zu einer „Doppelexistenz" des Vereins.

40 Der nichtrechtsfähige Fortsetzungsverein ist mit dem rechtsfähigen Insolvenzverein **identisch**.[79] Dies bedeutet nicht nur, dass das Vereinsvermögen ohne gesonderten Übertragungsakt zum Vermögen des nichtrechtsfähigen Fortsetzungsvereins wird, sondern auch, dass die Vereinsmitglieder ohne weiteres Mitglieder des nichtrechtsfähigen Fortsetzungsvereins werden und die Organmitglieder, insbesondere die Mitglieder des Vorstands, ihre Funktionen im nichtrechtsfähigen Fortsetzungsverein behalten.[80] Nach Beendigung des Insolvenzverfahrens hat der Insolvenzverwalter dem nichtrechtsfähigen Fortsetzungsverein das Restvermögen analog § 199 S. 2 InsO herauszugeben (s. Rn 27). Infolge der Rechtsidentität ist der nichtrechtsfähige Fortsetzungsverein allerdings bereits Inhaber der Vermögensgegenstände, so dass es einer Rechtsübertragung nicht mehr bedarf.

41 Die Rechtsidentität führt außerdem dazu, dass die vormals gegen den rechtsfähigen Verein gerichteten **Ansprüche** bestehen bleiben und sich nunmehr gegen den nichtrechtsfähigen Fortsetzungsverein richten.[81] Die Gläubiger können nach der Aufhebung des Insolvenzverfahrens gemäß § 202 Abs. 1 InsO wegen ihrer restlichen, nicht befriedigten Forderungen im Wege der Einzelvollstreckung auf das Vermögen des Fortsetzungsvereins zurückgreifen. Vor dem Hintergrund der gesetzgeberischen Absicht, mit der InsO das Modell einer Vollliquidation der juristischen Person im Wege des Insolvenzverfahrens zur Geltung zu bringen

73 Ebenso die hM zur GmbH, vgl mwN OLG Köln ZIP 2010, 1183, 1184; aA *Kallweit*, NZG 2009 1416 ff.

74 Bamberger/Roth/*Schwarz/Schöpflin*, § 42 Rn 5; Erman/*Westermann*, § 42 Rn 3; Palandt/*Ellenberger*, § 42 Rn 2; Soergel/*Hadding*, § 42 Rn 10 b; MüKo/*Reuter*, § 42 Rn 3; *Stöber*, Rn 856; aA (Dreiviertelmehrheit analog zur Auflösung) InsRHdb/*Haas/Mock*, § 93 Rn 199; *Gutzeit*, S. 93 ff; *K. Schmidt*, Gesellschaftsrecht, § 11 V 5 (S. 323 f); *Reichert*, in: Grunsky, Der Sportverein in der wirtschaftlichen Krise, S. 1, 23.

75 *Noack*, Rn 694; anders für die GmbH Baumbach/Fastrich/*Schulze-Osterloh/Fastrich*, GmbHG, 18. Aufl. 2006, § 60 Rn 52; Lutter/*Hommelhoff*, GmbHG, 17. Aufl. 2009, § 60 Rn 30.

76 Bamberger/Roth/*Schwarz/Schöpflin*, § 42 Rn 6; aA Erman/*Westermann*, § 42 Rn 3; Palandt/*Ellenberger*, § 42 Rn 3.

77 So aber *Gutzeit*, S. 98 ff; *Reichert*, Rn 4405, im Anschluss an die hM zum alten Recht, vgl BGHZ 64, 72, 74; BGHZ 96, 254, 257.

78 Zutr. MüKo/*Reuter*, § 42 Rn 5 f; InsRHdb/*Haas/Mock*, § 93 Rn 165; *Stöber*, Rn 858 f; *Wentzel*, Rpfleger 2001, 334, 336; ausf. *Kreißig*, S. 154 ff.

79 Bamberger/Roth/*Schwarz/Schöpflin*, § 42 Rn 6; MüKo/*Reuter*, § 42 Rn 9; *Reichert*, Rn 4405 f.

80 *Stöber*, Rn 857.

81 MüKo/*Reuter*, § 42 Rn 9; *Reichert*, Rn 4403 f.

(Rn 1, § 47 Rn 6, 31), wird die Vorschrift des § 42 Abs. 1 S. 3 zu Recht als inkonsequent kritisiert.[82] Die Vereinsmitglieder müssen sich bei dem Fortsetzungsbeschluss darüber im Klaren sein, dass sich die Fortsetzung zumindest in finanzieller Hinsicht nur lohnt, wenn zu erwarten ist, dass sämtliche Gläubiger des vormals rechtsfähigen Vereins bereits im Insolvenzverfahren befriedigt worden sind bzw auf die Einzelvollstreckung in das Vermögen des Fortsetzungsvereins verzichten werden. Andernfalls wird auch bei dem nichtrechtsfähigen Fortsetzungsverein sogleich Überschuldung eintreten und zur Vermeidung der persönlichen Inanspruchnahme nach § 54 S. 2 (§ 54 Rn 20 ff) zu einem Antrag auf Eröffnung des Insolvenzverfahrens zwingen.

Von der Fortsetzungsregelung des § 42 Abs. 1 S. 3 Hs 1 sind die **wirtschaftlichen Vereine** iSd **§ 22 ausgeschlossen**, da der wirtschaftliche Verein im Gegensatz zum nichtwirtschaftlichen Verein über kein nichtrechtsfähiges Korrelat verfügt;[83] möchten die Mitglieder des wirtschaftlichen Vereins also ihre Vereinstradition fortführen, sind sie zu einer Neugründung gezwungen, mithin der erneuten Prüfung im Konzessionsverfahren unterworfen. Für den insolventen e.V. ist die Fortsetzung als nichtrechtsfähiger Verein iSv § 54 ausgeschlossen, sofern die Eigenschaft als juristische Person nach der Satzung die notwendige Voraussetzung für den Zusammenschluss und die Zweckverfolgung des Vereins ist und der Verein auch nicht seinen Satzungszweck durch gesonderten Beschluss iSd § 33 Abs. S. 2 anpasst.[84] 42

III. Antragspflicht (Abs. 2 S. 1)

Gemäß § 15 Abs. 1 Hs 1 InsO ist zur Stellung des Eigenantrags einer juristischen Person jedes Mitglied des Vertretungsorgans berechtigt (Rn 10). **Antragsberechtigt** sind danach die Mitglieder des Vereinsvorstands bzw die Liquidatoren des Vereins. Ebenso wie bei allen anderen juristischen Personen und Gesellschaften ohne Rechtspersönlichkeit, bei denen kein persönlich haftender Gesellschafter eine natürliche Person ist, ist nach § 42 Abs. 2 S. 1 auch der Vorstand eines Vereins im Falle der Zahlungsunfähigkeit bzw Überschuldung des Vereins **zur Stellung des Insolvenzantrags verpflichtet**; die beibehaltene Bestimmung des Vereinsinsolvenzrechts stellt insoweit eine die neue allgemeine Regelung des § 15 a InsO (idF des MoMiG 2008) verdrängende **Sonderregelung** dar.[85] Wie sich aus der Formulierung der Haftungsvoraussetzungen in § 42 Abs. 2 S. 2 ergibt, ist der Antrag des Vereinsvorstands ohne schuldhafte Verzögerung, also **unverzüglich** (§ 121 Abs. 1 S. 1) zu stellen. Dies bedeutet primär, dass die für die Gesellschaftsinsolvenz angeordnete Dreiwochenfrist (jetzt § 15 a Abs. 1 InsO idF des MoMiG 2008) hier nicht unmittelbar gilt,[86] schließt aber eine sinnvollerweise zu gewährende gewisse Überlegungsfrist nicht aus.[87] 43

Die Antragsverpflichtung als solche trifft unzweifelhaft jedes einzelne **Vorstandsmitglied** ungeachtet der Ressortverteilung innerhalb des Vereinsvorstands. Eine bei mehrköpfiger Vertretung vereinbarte interne Geschäftsaufteilung bzgl der Zuständigkeit für die Vereinsfinanzen entbindet die einzelnen Vorstandsmitglieder also nicht von der eigenen Verantwortung für die rechtzeitige Antragstellung.[88] Dagegen versteht sich die Feststellung des notwendigen Verschuldens (Rn 45) nicht von selbst und ermöglicht im Ansatz gewisse haftungserleichternde Differenzierungen.[89] Auch wenn das Finanzressort in zulässiger Weise auf andere Mitglieder des Vereinsvorstands übertragen wurde, trifft aber jedes einzelne Vorstandsmitglied die Verpflichtung, notfalls Einblick in die Belange des fremden Ressorts zu nehmen und im Falle einer erkennbaren krisenhaften Entwicklung darauf hinzuwirken, dass die erforderliche wirtschaftliche Selbstprüfung (Rn 45) in die Gesamtverantwortung zurückgeholt wird.[90] Befindet sich der Verein in der Liquidation, sind die Liquidatoren nach 44

82 MüKo/*Reuter*, § 42 Rn 9.
83 Vgl *Bayer*, S. 22.
84 Soergel/*Hadding*, § 42 Rn 9.
85 Vgl Begr. RegE zu Art. 9 Nr. 3 Abs. 1 MoMiG, BT-Drucks. 16/6140, S. 127: „Für den Verein wird die Sonderregelung in § 42 Abs. 2 BGB beibehalten, die der allgemeinen Vorschrift in § 15 a InsO vorgeht"; ferner *Brand/Reschke*, NJW 2009, 2343, 2344 ff; *Haas/Goetsch*, in: Münchener Hdb d. GesellschaftsR V, § 60 Rn 30; InsRHdb/*Haas/Mock*, § 93 Rn 156; FK-InsO/*Schmerbach*, § 15 a Rn 8; *Poertzgen*, ZInsO 2007, 574, 577; *Schmahl*, NZI 2008, 6, 7; s. zur Stiftung auch *H.F. Müller*, ZIP 2010, 153, 154; *Müller-Gugenberger*, in: FS Tiedemann, 2008, S. 1003, 1017 Fn 77; kritisch zur Regelungstechnik *Hirte*, in: FS Werner 2009, S. 222, 225; *Passarge*, NZG 2008, 605; *Roth/Knof*, KTS 2009, 163, 169.
86 So zutreffend die hM, Erman/*Westermann*, § 42 Rn 5; *H.F. Müller*, ZIP 2010, 153, 156; MüKo/*Reuter*, § 42 Rn 15; Palandt/*Ellenberger*, § 42 Rn 4; *Rugullis*, NZI 2007, 323, 325 ff; Soergel/*Hadding*, § 42 Rn 11; Staudinger/*Weick*, § 42 Rn 4; aA *Haas*, SpuRt 1999, 1, 3; *Grunewald/Hennrichs*, in: FS Hopt 2010, S. 93, 96.
87 Vgl Uhlenbruck/*Hirte*, § 11 Rn 220; Jaeger/*Müller*, § 15 Rn 88 Anm. 78; InsRHdb/*Haas/Mock*, § 93 Rn 156; *H.F. Müller*, S. 265 Anm. 22; *Kreißig*, S. 108 ff; *Rugullis*, NZI 2007, 323, 325 ff; *Stöber*, Rn 293, 746; *Wischemeyer*, DZWIR 2005, 230, 231; aA *Noack*, Rn 686.
88 Vgl Erman/*Westermann*, § 42 Rn 6; *Grunewald/Hennrichs*, in: FS Hopt 2010, S. 93, 99 ff; *Haas*, SpuRt 1999, 1, 2; *Heermann*, in: Festschrift Röhricht 2005, S. 1191, 1193 ff, 1196; *Rugullis*, NZI 2007, 323, 324; Soergel/*Hadding*, § 42 Rn 11; ebenso zur Stiftung *H.F. Müller*, ZIP 2010, 153, 154; zur GmbH BGH NJW 1994, 2149, 2150.
89 *Grunewald/Hennrichs*, in: FS Hopt 2010, S. 93, 100 ff.
90 Vgl OLGR Celle 2000, 311 ff; Soergel/*Hadding*, § 42 Rn 11; *Haas*, SpuRt 1999, 1, 2 f; für die GmbH auch BGH NJW 1994, 2149, 2150; BGHZ 133, 370, 376 f.

§§ 48 Abs. 2, 42 Abs. 2, 53 anstelle der Vorstandsmitglieder zur Stellung des Insolvenzantrags verpflichtet.[91] Das Gleiche gilt für einen faktischen Vereinsvorstand, sei es, dass er aufgrund eines tatbestandlich vorliegenden, aber unwirksamen Bestellungsakts mit Duldung der übrigen Vereinsorgane die Aufgaben und Befugnisse des Vorstands ausübt,[92] sei es, dass er ohne fehlerhaften Bestellungsakt lediglich faktisch die Aufgaben der Geschäftsleitung übernimmt.[93] Der nach Eintritt der Insolvenzreife ausgeschiedene Vorstand hat zwar kein Recht mehr, den Antrag auf Insolvenzeröffnung zu stellen, kann sich andererseits durch die Amtsniederlegung aber auch nicht gänzlich den sich aus § 42 Abs. 2 ergebenden Pflichten entziehen; vielmehr ist er regelmäßig verpflichtet, entweder vor seinem Ausscheiden den Antrag zu stellen oder zumindest darauf hinzuwirken, dass sein Nachfolger den Antrag stellt.[94] Eine Antragspflicht einfacher Vereinsmitglieder im Falle der Führungslosigkeit (wie nach § 15 a Abs. 2 InsO für GmbH-Gesellschafter) besteht nicht.[95]

IV. Schadensersatzpflicht wegen Insolvenzverschleppung (Abs. 2 S. 2)

45 **1. Haftung des Vorstands.** Wird die Stellung des Antrags **versäumt** bzw **verzögert**,[96] so haftet der Vorstand gemäß § 42 Abs. 2 S. 2 den Vereinsgläubigern gegenüber auf **Schadensersatz**. Die **Haftungsbeschränkung** nach § 31 a Abs. 1 S. 1 ist hierauf nicht anwendbar, da es sich insoweit nicht um eine Innenhaftung gegenüber dem Verein oder seinen Mitgliedern handelt;[97] statt dessen greift der Freistellungsanspruch nach § 31 Abs. 2 ein, der aber in der Insolvenz des Vereins naturgemäß nahezu wertlos ist. Der Schadensersatzanspruch nach § 42 Abs. 2 S. 2 stellt einen gewissen Ausgleich dafür dar, dass die Vereinsgläubiger wegen fehlender Buchführungs- und Bilanzierungspflichten sowie fehlenden Haftungskapitals der Insolvenz des Vereins vergleichsweise schutzlos ausgeliefert sind. Er setzt unstreitig ein **Verschulden** des säumigen Vorstands voraus.[98] Fahrlässige Unkenntnis der objektiven Insolvenzreife kann sich insbesondere darin äußern, dass der Vereinsvorstand die Erstellung einer Überschuldungsbilanz trotz deutlicher Anhaltspunkte für den Eintritt einer wirtschaftlichen Krise versäumt. Denn der Vereinsvorstand ist genauso wie der Geschäftsführer einer GmbH zur regelmäßigen Überprüfung der finanziellen Lage des Vereins verpflichtet und hat sich bei Anzeichen einer krisenhaften Entwicklung einen Überblick über den Vermögensstand zu verschaffen.[99] Unkenntnis eines Vorstandsmitglieds wegen fehlenden Einblicks in die Geschäftsführung anderer Ressorts befreit dabei grundsätzlich nicht (s. Rn 44). Die **Beweislast** für das persönliche Verschulden des aus § 42 Abs. 2 in Anspruch genommenen Vorstandsmitglieds trifft den Geschädigten.[100]

46 **2. Umfang der Haftung.** Der Umfang der Insolvenzverschleppungshaftung aus § 42 Abs. 2 S. 2 entspricht trotz ihrer eigenständigen Rechtsnatur grundsätzlich dem Umfang der Haftung des GmbH-Geschäftsführers und des AG-Vorstands (§ 15 a Abs. 1 InsO iVm § 823 Abs. 2 BGB).[101] Die Schadensersatzverpflichtung besteht dem Grunde nach gegenüber sämtlichen Gläubigern, und zwar unabhängig davon, ob sie ihre Forderung vor oder nach Eintritt der Überschuldung bzw Zahlungsunfähigkeit des Vereins erworben haben.[102] Der Höhe nach wird jedoch – analog zur Rechtsprechung des BGH zur GmbH[103] – zwischen den vertraglich mit dem Verein verbundenen Gläubigern differenziert: Den sog. **Altgläubigern**, die ihre vertragliche Forderung vor Eintritt der Insolvenzreife erworben haben, ist lediglich derjenige Schaden zu ersetzen, der durch die

91 MüKo/*Reuter*, § 42 Rn 17; Soergel/*Hadding*, § 42 Rn 11.

92 Insoweit unstr., vgl nur *Haas*, SpuRt 1999, 1, 2; *Reichert*, Rn 3884.

93 *Uhlenbruck/Hirte*, § 11 Rn 61; s. zur Stiftung auch *H.F. Müller*, ZIP 2010, 153, 154; *Stingl*, S. 155; zur GmbH BGHZ 104, 44, 46 ff = ZIP 1988, 905; BGH ZIP 2000, 1390; *Weimar*, GmbHR 1997, 473, 479; Scholz/*K. Schmidt*, GmbHG, 10. Aufl. 2010, § 64 Rn 7; aA *Gutzeit*, S. 34 ff; *Haas*, SpuRt 1999, 1, 3; vgl auch *ders.*, DStR 1998, 1359, 1360 (zur GmbH).

94 Vgl zur GmbH ferner BGH NJW 1952, 554; Scholz/*K.Schmidt*, GmbHG, 10. Aufl. 2010, § 64 Rn 7.

95 InsRHdb/*Haas/Mock*, § 93 Rn 156.

96 Beantragt der Vorstand die Insolvenzeröffnung zu früh, ohne Erfolg versprechende Alternativen geprüft zu haben, kommt allenfalls eine Haftung gegenüber dem Verein (Rn 48), nicht dagegen gegenüber den Gläubigern in Betracht.

97 Vgl *Burgard*, ZIP 2010, 358, 362 f; *H. F. Müller*, ZIP 2010, 153, 156 f; aA mit beachtlichen Gründen *Grunewald/Hennrichs*, in: FS Hopt 2010, S. 93, 106 ff.

98 OLG Köln WM 1998, 1043; Erman/*Westermann*, § 42 Rn 6; *Haas*, SpuRt 1999, 1, 4; MüKo/*Reuter*, § 42 Rn 15; *Reichert*, Rn 3739; Soergel/*Hadding*, § 42 Rn 12; Staudinger/*Weick*, § 42 Rn 13.

99 *Grunewald/Hennrichs*, in: FS Hopt 2010, S. 93, 98 f; *Haas*, SpuRt 1999, 1, 3; Soergel/*Hadding*, § 42 Rn 12; InsRHdb/*Uhlenbruck*, § 7 Rn 13; zur GmbH etwa BGH GmbHR 1994, 539, 545; BGH NJW-RR 1995, 669.

100 Uhlenbruck/*Hirte*, § 11 Rn 220; vgl auch BGHZ 126, 181, 199 (zur GmbH).

101 OLG Köln NJW-RR 1998, 686 ff; OLG Hamm OLG-Report 2001, 265 f; OLG Köln NJOZ 2006, 2192, 2193 = WM 2006, 2006; Erman/*Westermann*, § 42 Rn 6; *Grunewald/Hennrichs*, in: FS Hopt 2010, S. 93, 106; *Haas*, SpuRt 1999, 1, 4; *Noack*, Rn 687; *Rugullis*, NZI 2007, 323, 328.

102 Staudinger/*Weick*, § 42 Rn 13; vgl zur GmbH auch BGHZ 29, 100, 104.

103 BGHZ 126, 181, 194 = NJW 1994, 2220; dazu etwa *Bork*, ZGR 1995, 505 ff; *Hirte*, NJW 1995, 1202 ff; ausf. *Poertzgen*, S. S. 259 ff, 308 ff (alle zur GmbH); zust. *Henssler/Dedek*, in: FS Uhlenbruck, 2000, S. 175, 185 ff; zur Kritik an dieser Auffassung s. *Karsten Schmidt*, NZI 1998, 9, 13 ff; *ders.*, ZGR 1998, 634, 665 ff; *Poertzgen*, S. 322 ff, 327 ff, 332 ff, 341ff.

Reduzierung der Haftungsmasse (bzw die Erhöhung der Schuldenmasse) nach Eintritt der Insolvenzreife verursacht wurde. Dieser Schaden errechnet sich aus der Differenz zwischen der Quote, die dem Altgläubiger zustehen würde, sofern der Vorstand den Insolvenzantrag rechtzeitig gestellt hätte, und der im Insolvenzverfahren tatsächlich erzielten Quote (Quotenschaden);[104] in der Praxis ist das kaum zu berechnen, weshalb der Anspruch auch kaum je geltend gemacht wird.[105] Zudem kann dieser Anspruch gemäß § 92 InsO während der Dauer des Insolvenzverfahrens von dem einzelnen Gläubiger nicht geltend gemacht werden (Sperrwirkung); vielmehr ist die Einziehung der Forderung dem Insolvenzverwalter übertragen (Konzentrations- bzw Ermächtigungswirkung).[106] Die sog. **Neugläubiger** haben demgegenüber einen Anspruch auf Ersatz des vollen Schadens, den sie dadurch erlitten haben, dass sie bei Vertragsabschluss auf die Solvenz des Vereins vertraut haben; dieser Anspruch unterfällt auch nicht der Sperr- und Ermächtigungswirkung des § 92 InsO, weil er nicht auf einer Schmälerung der Insolvenzmasse beruht.[107] Schließt ein Vertragspartner in Kenntnis der finanziellen Situation eines zum Vertragsabschlusszeitpunkt insolvenzreifen Vereins mit diesem Verein einen Vertrag ab, so fällt er allerdings nicht in den Schutzbereich des Abs. 2 S. 2 Hs 1: Er ist bewusst das finanzielle Risiko eingegangen und hat somit kein schutzwürdiges Vertrauen in Anspruch genommen.[108] Das Gleiche gilt richtiger Ansicht nach für Gläubiger, deren Anspruch auf einem ebenfalls nicht auf gewährtem Vertrauen beruhenden gesetzlichen Schuldverhältnis beruht, also zB Deliktsgläubiger.[109] Mehrere Antragspflichtige haften als **Gesamtschuldner** (§ 840 BGB); eine abweichende interne Aufgabenverteilung entlastet den einzelnen Organwalter nicht (Rn 44 f).

3. Konkurrierende Anspruchsgrundlagen, Strafbarkeit. Die Bestimmung des § 42 Abs. 2 S. 1 stellt nach zutreffender Ansicht **kein Schutzgesetz** iSv § 823 Abs. 2 dar, so dass dem Anspruch nach Abs. 2 S. 2 kein konkurrierender Schadensersatzanspruch gem. § 823 Abs. 2 iVm § 42 Abs. 2 S. 1 einhergeht; vielmehr haftet der Vorstand den Gläubigern ausschließlich und unmittelbar aus der eigenständigen deliktsähnlichen Anspruchsgrundlage des § 42 Abs. 2 S. 2.[110] Neben § 42 Abs. 2 S. 2 kommt zwar eine persönliche Haftung des Vereinsvorstands ebenso wie bei einem GmbH-Geschäftsführer in der Form der Vertreter-Eigenhaftung aus **culpa in contrahendo** – jetzt § 311 Abs. 2 u. Abs. 3 – wegen der mangelnden Aufklärung über die Insolvenzreife in Betracht,[111] wird allerdings wegen der zuletzt wieder strengeren Interpretation der Haftungsvoraussetzungen durch den BGH[112] im Ergebnis zumeist scheitern. Die unterlassene Aufklärung der Vertragspartner über die Insolvenzreife des Vereins kann zudem eine **deliktische Haftung** des Vereinsvorstands nach § 826 und § 823 Abs. 2 iVm § 263 StGB begründen, sofern der Vereinsvorstand mit einer besonderen Schädigungsabsicht gehandelt hat. Die **Strafbarkeit** wegen vorsätzlicher oder fahrlässiger Insolvenzverschleppung, wie sie § 15 a Abs. 4, Abs. 5 InsO nunmehr (idF d. MoMiG 2008) ihrem Wortlaut nach allgemein für die Organe juristische Personen vorsehen, gilt nach richtiger Ansicht für den Vereinsvorstand ebenfalls nicht, da § 15 a InsO nach der Vorstellung des Gesetzgebers neben § 42 Abs. 2 BGB keine Anwendung finden soll.[113] 47

4. Schadensersatzpflicht gegenüber dem Verein (Innenhaftung). § 42 Abs. 2 S. 2 regelt nur die Insolvenzverschleppungshaftung gegenüber den Vereinsgläubigern (Außenhaftung), nicht die Haftung gegenüber dem Verein (Innenhaftung). Sofern der Vereinsvorstand die Stellung des Insolvenzantrags trotz bestehender 48

104 Vgl BGH ZIP 2010, 985 = NZG 2010, 625 = ZInsO 2010, 915 (Tz. 9); Erman/*Westermann*, § 42 Rn 6; *Grunewald/Hennrichs*, in: FS Hopt 2010, S. 93, 109; InsRHdb/*Haas*, § 92 Rn 76; *Haas*, SpuRt 1999, 1, 4; Soergel/*Hadding*, § 42 Rn 12; ausf. *Poertzgen*, S. 274 ff; zu den insoweit bestehenden Darlegungserfordernissen vgl BGHZ 138, 211, 221 = ZIP 1998, 776 (zur GmbH).

105 Vgl *Karsten Schmidt*, ZHR 168 (2004), 637, 639 ff.

106 Vgl zur GmbH BGHZ 138, 211, 214 ff = NZG 1998, 424 = ZIP 1998, 776; Braun/*Kroth*, § 92 Rn 8; InsRHdb/*Haas*, § 92 Rn 100 ff.

107 So für den Verein auch OLG Köln NJW-RR 1998, 686 ff; OLG Hamm, OLG-Report 2001, 265 f; OLG Köln NJOZ 2006, 2192, 2193 = WM 2006, 2006; Bamberger/Roth/*Schwarz/Schöpflin*, § 42 Rn 10; Erman/*Westermann*, § 42 Rn 6; *Haas*, SpuRt 1999, 1, 4; Palandt/*Ellenberger*, § 42 Rn 4; *Reichert*, Rn 3736 ff. Soergel/*Hadding*, § 42 Rn 12; auch insoweit für Beschränkung auf den Quotenschaden demgegenüber MüKo/*Reuter*, § 42 Rn 16.

108 OLG Hamm OLG-Report 2001, 265 f; OLG Köln, WM 2006, 2006 f; LG Duisburg BeckRS 2008, 10718.

109 Vgl *Grunewald/Hennrichs*, in: FS Hopt 2010, S. 93, 110 f.

110 So Bamberger/Roth/*Schwarz/Schöpflin*, § 42 Rn 13; Erman/*Westermann*, § 42 Rn 6; *Grunewald/Hennrichs*, in: FS Hopt 2010, S. 93, 106; Staudinger/*Weick*, § 42 Rn 13; *Gutzeit*, S. 45 ff; *Poertzgen*, S. 269; *ders.*, NZG 2010, 772 f; *Reichert*, Rn 3731 f; ebenso zur Stiftung *H.F. Müller*, ZIP 2010, 153, 154; für deliktische Qualifikation und damit einen konkurrierenden Anspruch aus § 823 Abs. 2 BGB dagegen OLG Köln WM 1998, 1043; MüKo/*Reuter*, § 42 Rn 15; Soergel/*Hadding*, § 42 Rn 12; *Haas*, SpuRt 1999, 1, 4; *Lüke*, in: MünchHdb-GesR, Bd. 5, 3. Aufl. (2009), § 94 Rn 41; *Werner*, ZEV 2009, 366, 369; *Wischemeyer*, DZWIR 2005, 230, 231.

111 *Uhlenbruck*, in: FS Merz 1992, S. 581, 583 Fn 9; differenzierend *Gutzeit*, S. 73 ff.

112 Vgl BGH NJW-RR 2002, 1309 mwN; s. dazu die Kommentierung zu § 311.

113 *Braun/Bußhardt*, § 15 a Rn 20; Uhlenbruck/*Hirte*, § 11 Rn 220, § 13 Rn 101; *Bittmann*, ZGR 2009, 931, 953 f; *Brand/Reschke*, NJW 2009, 2343 ff; *Poertzgen*, ZInsO 2008, 944, 945; ebenso zur Stiftung *H.F. Müller*, ZIP 2010, 153, 154; *Roth/Knof*, KTS 2009, 163 ff; *Müller-Gugenberger*, in: FS Tiedemann 2008, S. 1003, 1017 Fn 77.

Insolvenzreife versäumt, kann er aber – unbeschadet des § 31 a Abs. 1 S. 1, der zwar in seinem Anwendungsbereich die Haftung auch insoweit beschränkt,[114] aber keineswegs eine grundsätzliche Wertentscheidung des Gesetzgebers für eine Limitierung jeglicher Vorstandshaftung darstellt[115] – auch **gegenüber dem Verein** schadensersatzpflichtig werden. Zu denken ist im Hinblick auf die übereinstimmende Teleologie insbesondere an eine **Haftung für die nach Insolvenzreife geleisteten Zahlungen analog §§ 64 S. 1, 3 GmbHG**, 92 Abs. 2 S. 1, 3 iVm 93 Abs. 3 Nr. 6 AktG, 34 Abs. 2 Nr. 4 GenG;[116] die mittlerweile herrschende Gegenauffassung[117] – es fehle schon an einer planwidrigen Regelungslücke, weil angesichts der an sich sehr sorgfältigen Anpassung des Vereinsrechts an das Recht der Kapitalgesellschaften die Nichtnormierung eines vereinsrechtlichen Zahlungsverbots nicht als unbeabsichtigtes Versehen qualifiziert werden könne – überzeugt methodisch nicht. Neben einer deliktischen Haftung des Vereinsvorstands aus § 826, die über die objektive Verletzung der Verpflichtung zur Insolvenzantragstellung hinaus den Schädigungsvorsatz voraussetzt, kommt ferner – wiederum unbeschadet des § 31 a Abs. 1 S. 1 (s.o.) – eine Haftung wegen schuldhafter Verletzung der Pflichten aus dem korporationsrechtlichen Organverhältnis wie auch aus dem Anstellungsverhältnis gem. § 27 Abs. 3 iVm §§ 280 Abs. 1, 311 Abs. 1 in Betracht;[118] sie greift ein, wenn der Verein durch die Verletzung der Antragspflicht einen Schaden erleidet, indem zB eine Sanierungschance vertan wird oder die Sanierungsbedingungen sich verschlechtern. Zu denken ist aber auch an eine **Haftung aus § 826 wegen existenzvernichtenden Eingriffs**.[119] Der Vereinsvorstand kann dem Verein überdies aufgrund einer **verfrühten Insolvenzantragstellung** aus §§ 280 Abs. 1, 27 Abs. 3 zum Schadensersatz verpflichtet sein.[120] Sämtlichen Schadensersatzansprüchen gegen den Vereinsvorstand ist gemein, dass sie als interne Schadensersatzansprüche des Vereins in die Insolvenzmasse fallen und damit die Insolvenzmasse vergrößern.[121]

49 Ob die **Beweislastumkehr** nach § 93 Abs. 2 S. 2 AktG, § 34 Abs. 2 S. 2 GenG auch auf die interne Haftung des Vereinsvorstands angewendet werden kann, der die rechtzeitige Stellung des Insolvenzantrags versäumt hat, ist umstritten.[122] Der Anspruch aus §§ 280 Abs. 1, 27 Abs. 3 verjährt nach der regelmäßigen Verjährungsfrist des § 195. Überdies trifft den Vorstand die Pflicht zur **Erstattung** eines von einem Gläubiger geleisteten **Vorschusses auf die Kosten des Insolvenzverfahrens** (§ 26 Abs. 3 InsO);[123] hier ergibt sich die Beweislastumkehr zulasten des Vorstands unmittelbar aus dem Gesetz (§ 26 Abs. 3 S. 2 InsO).

C. Weitere praktische Hinweise

I. Zivilprozessuale Fragen der Vereinsinsolvenz

50 **1. Prozessführung durch den Insolvenzverwalter.** Der Verein hat mit dem Verwaltungs- und Verfügungsrecht (Rn 13, 16) auch die Prozessführungsbefugnis hinsichtlich des zur Insolvenzmasse gewordenen Vereinsvermögens verloren. Klagen mit Bezug zur Insolvenzmasse sind deshalb nicht mehr gegen den (durch seinen Vorstand vertretenen) Verein, sondern gegen den insoweit in gesetzlicher Prozessstandschaft für die Insolvenzmasse handelnden Insolvenzverwalter („Rechtsanwalt X als Verwalter im Insolvenzverfahren über

114 Vgl Uhlenbruck/*Hirte*, § 11 Rn 220; *Burgard*, ZIP 2010, 358, 362 f.

115 Vgl *Burgard*, ZIP 2010, 358, 362 f; anders möglicherweise die Hinweisbeschlüsse BGH ZIP 2010, 985 = NZG 2010, 625 = ZInsO 2010, 915; BGH ZIP 2010, 1080 = NZG 2010, 711 = ZInsO 2010, 1003 (jew. Tz. 5).

116 MüKo/*Reuter*, § 42 Rn 17; Uhlenbruck/*Hirte*, § 11 Rn 220; *Hirte*, in: FS Werner 2009, S. 222, 228 f; *Reuter*, NZG 2010, 808 ff; *Richter*, in: MünchHdb-GesR, Bd. 5, 3. Aufl. (2009), § 116 Rn 46; *Passarge*, ZInsO 2005, 176, 179; *ders.*, NZG 2008, 605 ff; *G. Roth/Knof*, KTS 2009, 163, 178 ff; *Werner*, ZEV 2009, 366, 369 f; *Wischemeyer*, DZWIR 2005, 230, 233; krit. auch *Karsten Schmidt*, ZHR 168 (2004), 637, 638 f; differenzierend *Kliebisch*, ZStV 2010, 48 ff, 152 f: nur, wenn der Verein wirtschaftliche Zwecke verfolge.

117 So die Hinweisbeschlüsse BGH ZIP 2010, 985 = NZG 2010, 625 = ZInsO 2010, 915; BGH ZIP 2010, 1080 = NZG 2010, 711 = ZInsO 2010, 1003; ebenso OLG Düsseldorf, Urt. v. 26.3.2010, I-22 U 173/09; OLG Hamburg ZIP 2009, 757; OLG Karlsruhe ZIP 2009, 1717; Bamberger/Roth/*Schwarz/Schöpflin*, § 42 Rn 9; Erman/*H.P. Westermann*, § 42 Rn 6; Palandt/*Ellenberger*, § 42 Rn 4; *Grunewald/Hennrichs*, in: FS Hopt 2010, S. 93, 105 f; InsRHdb/*Haas/Mock*, § 93 Rn 161; *Haas/Goetsch*, in MünchHdb-GesR, Bd. 5, 3. Aufl. (2009), § 60 Rn 41; *Brand/Reschke*, NJW 2009, 2343, 2346; *Klasen*, BB 2009, 690; *Koch*, ZStV 2010, 92 ff; *Koza*, DZWIR 2008, 98 ff; *Poertzgen*, NZG 2010, 772, 773.

118 Vgl MüKo/*Reuter*, § 42 Rn 17; RGRK/*Steffen*, § 42 Rn 4; Soergel/*Hadding*, § 42 Rn 11 f; Staudinger/*Weick*, § 42 Rn 12; Uhlenbruck/*Hirte*, § 11 Rn 220; s. auch OLG Düsseldorf, Urt. v. 26.3.2010, I-22 U 173/09 zur Schadensersatzpflicht unter dem Aspekt der pflichtwidrigen Mittelverwendung.

119 Vgl *Grunewald*, in: FS Raiser 2005, S. 99, 105 f; *Calise*, S. 111 ff; *Nitsche*, S. 87 ff und passim; allgemein zum Konzept der Binnenhaftung wegen Existenzvernichtung in der neueren Rechtsprechung BGH.

120 *Noack*, Rn 688.

121 Vgl *Uhlenbruck*, in: FS Merz 1992, S. 581, 583 m. Fn 9.

122 Abl. *Noack*, Rn 688; dafür *Stöber*, Rn 289.

123 Zur Anwendbarkeit auf den Vereinsvorstand s. HK-InsO/*Kirchhof*, § 26 Rn 42.

das Vermögen des Y e.V.") zu richten.[124] Trotzdem ist der allgemeine Gerichtsstand des Insolvenzverwalters in dieser Eigenschaft nach § 19 a ZPO nicht sein Wohnsitz, sondern der Sitz des Insolvenzgerichts. Insolvenzgläubiger (Rn 18) können allerdings überhaupt nicht mehr Klage erheben (§ 87 InsO), sondern sind auf das Feststellungsverfahren nach §§ 174 ff InsO verwiesen; insoweit kann es erst und nur dann zu einem Prozess über das Bestehen der Insolvenzforderung kommen, wenn sie im Feststellungsverfahren durch den Verwalter oder einen Mitgläubiger bestritten worden ist.

2. Bei Verfahrenseröffnung anhängige Prozesse. Gem. § 240 S. 1 ZPO wird ein durch oder gegen den Verein geführter Prozess mit Eröffnung des Insolvenzverfahrens über das Vermögen des Vereins unterbrochen, wenn er die Insolvenzmasse betrifft. Entsprechendes gilt, wenn die Verwaltungs- und Verfügungsbefugnis über das Vermögen des Vereins auf einen vorläufigen Insolvenzverwalter nach den §§ 21 Abs. 2 Nr. 1, 2, 22 Abs. 1 S. 1, 24 Abs. 2 InsO übergeht. In beiden Fällen verliert der Verein also nicht nur seine Verwaltungs- und Verfügungsbefugnis (Rn 13, 16), sondern zugleich seine Prozessführungsbefugnis. Die Unterbrechungswirkung betrifft jedes anhängige Klageverfahren einschließlich des Mahn-, Arrest-, Kostenfestsetzungs- und Beschwerdeverfahrens sowie des Verfahrens betreffend eine einstweilige Verfügung, das steuerrechtliche Streitverfahren und den Verwaltungsprozess. Nicht erfasst wird dagegen das selbständige Beweisverfahren, das Streitwertfestsetzungsverfahren, das Verfahren betreffend die Prozesskostenhilfe, das Zwangsvollstreckungsverfahren, das schiedsrichterliche Verfahren und grundsätzlich auch die Verfahren der freiwilligen Gerichtsbarkeit.[125] 51

Die Unterbrechung währt so lange, bis das Verfahren nach den für das Insolvenzverfahren geltenden Vorschriften entweder aufgenommen oder beendet wird. Hinsichtlich der (Wieder-)Aufnahme des Verfahrens differenziert das Gesetz danach, ob der Rechtsstreit für oder gegen den Verein anhängig war: § 85 InsO bestimmt, dass Rechtsstreitigkeiten über das zur Insolvenzmasse gehörende Vermögen, die zur Zeit der Eröffnung des Insolvenzverfahrens **für** den Insolvenzschuldner anhängig waren – also die **Aktivprozesse des Vereins**, sog. Teilungsmassestreit –, in der Lage, in der sie sich befinden, vom Insolvenzverwalter oder, wenn dieser ablehnt, vom Insolvenzschuldner bzw dessen Gegner aufgenommen werden können. Rechtsstreitigkeiten, die zur Zeit der Eröffnung des Insolvenzverfahrens **gegen** den Insolvenzschuldner anhängig waren, können sowohl vom Insolvenzverwalter als auch vom Gegner **aufgenommen** werden, wenn sie bei Erfolg des Gegners eine Verminderung der Insolvenzmasse zur Folge hätten (§ 86 InsO), also vor allem im Fall der Aussonderung eines Gegenstandes aus der Insolvenzmasse (§ 47 InsO). Außer den in § 86 InsO genannten Passivprozessen werden auch diejenigen Gerichtsverfahren durch die Eröffnung des Insolvenzverfahrens unterbrochen, die eine Insolvenzforderung iSv §§ 38 f zum Gegenstand haben. Ein solcher Prozess kann aber, wie sich aus §§ 87, 174 ff InsO ergibt, nicht wieder aufgenommen werden; meldet der Insolvenzgläubiger seine Forderung aber zur Tabelle an und wird sie im Prüfungstermin bestritten, so kann der Insolvenzgläubiger den Klageantrag auf Feststellung des Anspruchs zur Tabelle ändern und den unterbrochenen Rechtsstreit gegen den Widersprechenden aufnehmen (§ 184 S. 2 InsO). 52

II. Zwangsvollstreckungsmaßnahmen durch Vereinsgläubiger

Im **Insolvenzeröffnungsverfahren** gibt § 21 Abs. 2 Nr. 3 InsO dem Insolvenzgericht, das den Antrag auf Eröffnung des Insolvenzverfahrens zugelassen hat, die Möglichkeit, Maßnahmen der Zwangsvollstreckung gegen den Insolvenzschuldner zu untersagen oder einstweilen einzustellen, soweit nicht unbewegliche Gegenstände betroffen sind. Die Anordnung eines Vollstreckungsverbots bezüglich unbeweglicher Vermögensgegenstände fällt demgegenüber in den Zuständigkeitsbereich des Vollstreckungsgerichts, das nach § 30 d Abs. 4 ZVG die Zwangsversteigerung eines Grundstücks auf Antrag des vorläufigen Insolvenzverwalters einzustellen hat, wenn dieser glaubhaft macht, dass die einstweilige Einstellung zur Verhütung nachteiliger Veränderungen in der Vermögenslage des Insolvenzschuldners erforderlich ist. 53

Das **eröffnete Insolvenzverfahren** verdrängt demgegenüber als Verfahren der Gesamtvollstreckung *ipso iure* die Einzelvollstreckung. Die Vereinsgläubiger dürfen deshalb, soweit sie Insolvenzgläubiger sind, während der Verfahrensdauer weder in die Insolvenzmasse noch in das sonstige Vermögen des Schuldners vollstrecken (§ 89 Abs. 1 InsO). Die Wirksamkeit eines bereits vor der Eröffnung des Verfahrens durch Zwangsvollstreckung erlangten Pfändungspfandrechts an einer beweglichen Sache oder einer Zwangshypothek an einem Grundstück bleibt vom Verbot der Vollstreckung während des Verfahrens (§ 89 Abs. 1 InsO) unberührt. Das Pfändungspfandrecht oder die Zwangshypothek geben dem Gläubiger im Verfahren die Stellung eines absonderungsberechtigten Gläubigers (§§ 50 Abs. 1, 165 ff InsO). Hat der Gläubiger das Sicherungsrecht allerdings erst im letzten Monat vor dem Antrag auf Eröffnung des Insolvenzverfahrens oder gar erst in der Zeit zwischen Antrag und Eröffnung erlangt, so wird ihm die erlangte Rechtsposition mit der Verfahrenser- 54

124 Vgl dazu BGHZ 88, 331, 333; ausf. Jaeger/*Henckel*, KO, 9. Aufl. 1977, § 6 Rn 54 ff; Uhlenbruck/*Uhlenbruck*, § 80 Rn 103 ff.

125 Vgl Uhlenbruck/*Uhlenbruck*, § 85 Rn 34 ff.

öffnung wieder genommen, denn § 88 InsO erklärt Sicherungen, die in dem genannten Zeitraum an Gegenständen der Insolvenzmasse durch Zwangsvollstreckung erlangt worden sind, für unwirksam. Eine durch Zwangsvollstreckungsmaßnahmen im zweiten oder dritten Monat vor der Verfahrenseröffnung erlangte Sicherung oder Befriedigung unterliegt als sog. inkongruente Deckung erleichtert der Insolvenzanfechtung nach § 131 InsO.[126] Gläubiger von Forderungen, die nach der Verfahrenseröffnung durch eine Rechtshandlung des Insolvenzverwalters begründet worden sind (Massegläubiger), werden durch das Insolvenzverfahren selbstverständlich weder an einer Klage gegen den Insolvenzverwalter noch an einer Vollstreckung in die Insolvenzmasse gehindert (vorbehaltlich des § 210 InsO).

§ 43 Entziehung der Rechtsfähigkeit

Einem Verein, dessen Rechtsfähigkeit auf Verleihung beruht, kann die Rechtsfähigkeit entzogen werden, wenn er einen anderen als den in der Satzung bestimmten Zweck verfolgt.

Literatur: *Hofmeister*, Zivilrechtliche Sanktionen bei unrechtmäßig eingetragenen Wirtschaftsvereinen – Durchgriffshaftung und/oder wettbewerbsrechtliche Abmahnung, ZIP 2009, 161; *Reuter*, (Keine) Durchgriffshaftung der Vereinsmitglieder wegen Rechtsformverfehlung, NZG 2008, 650; *ders.*, Zur Vereinsrechtsreform 2009, NZG 2009, 1368; *Schöpflin*, Neuerungen im Vereinsrecht, Rpfleger 2010, 369; *K. Schmidt*, Entziehung der Rechtsfähigkeit bei unrechtmäßig eingetragenen Wirtschaftsvereinen, NJW 1998, 1124; *Seltmann*, Rechtsfolgen der wirtschaftlichen Betätigung von Idealvereinen, DStR 2008, 1443; *Terner*, Vereinsrechtsreform(en), DNotZ 2010, 5.

Siehe auch die Literatur bei § 41.

A. Allgemeines

1 Mit der Vereinsrechtsreform 2009[1] wurde die Vorschrift des § 43 wesentlich gestrafft, indem die zuvor in Abs. 1 (Entziehung wegen Gefährdung des Gemeinwohls) und Abs. 2 (Entziehung wegen Verfolgung eines wirtschaftlichen Zwecks) genannten Gründe zur Entziehung der Rechtsfähigkeit gestrichen wurden; Abs. 3 (Entziehung der Rechtsfähigkeit im Falle satzungswidriger Verfolgung eines politischen, sozialpolitischen oder religiösen Zwecks) war bereits durch Art. 124 Abs. 2 S. 2 der Weimarer Reichsverfassung aufgehoben worden. An dieser Stelle erhalten geblieben ist lediglich der praktisch wenig bedeutsame Entziehungsgrund des früheren Abs. 4, die Entziehung der Rechtsfähigkeit von **Wirtschaftsvereinen** wegen der **Verfolgung anderer als der in der Satzung bestimmten Zwecke**.

2 Die Anwendbarkeit des § 43 auf Idealvereine ist damit gänzlich entfallen. Der Gesetzesbegründung zufolge ist die Entziehung der Rechtsfähigkeit kein geeignetes Mittel, um **Gemeinwohlgefährdungen (Abs. 1** aF**)** durch Vereine wirksam entgegenzutreten, da für einen Verein stets die Möglichkeit besteht, durch Beschluss als nichtrechtsfähiger Verein fortzubestehen und so das Gemeinwohl gefährdende Handeln weiter zu betreiben; insoweit wird vielmehr die Anwendung des öffentlichen Vereinsrechts – Vereinsverbot gem. § 3 VereinsG (s. § 41 Rn 11) – als geboten angesehen.[2] Der Gesetzgeber ist damit einer bereits mehrfach erhobenen Forderung nachgekommen.[3]

3 Die Entziehung der Rechtsfähigkeit eines Idealvereins wegen **Verfolgung eines wirtschaftlichen Zwecks (§ 43 Abs. 2** aF**)** diente dem Zweck, eine Umgehung des § 22 zu verhindern und den Interessen der Gläubiger Rechnung zu tragen. Sah der ursprüngliche Gesetzentwurf noch vor, Abs. 2 beizubehalten, liegt der später Gesetz gewordenen Fassung die Ansicht des Gesetzgebers zugrunde, ein effektiver Schutz vor missbräuchlich agierenden Idealvereinen könne – unabhängig von der damit nicht zwingend präjudizierten Frage des haf-

126 BGHZ 136, 309 ff; BGH ZIP 2000, 898; Uhlenbruck/*Hirte*, § 131 Rn 20 f.

1 Gesetz zur Erleichterung elektronischer Anmeldungen zum Vereinsregister und anderer vereinsrechtlicher Änderungen vom 24.9.2009, BGBl. I S. 3145, dazu Entwurfsbegr. BT-Drucks. 16/12813.

2 Begr. aaO. BT-Drucks. 16/12813, S. 11; s. dazu auch *Terner*, DNotZ 2010, 5, 12 f.

3 Vgl *K. Schmidt*, Verbandszweck und Rechtsfähigkeit im Vereinsrecht, 1984, § 13 III 1 a; *Terner*, Rpfleger 2005, 296, 303.

tungsrechtlichen Durchgriffs auf die Mitglieder[4] – besser mit den Mitteln des Registerrechts gewährleistet werden.[5] Die Neuregelung beseitigt damit zugleich einen nach bisherigem Recht bestehenden Systembruch, da richtiger actus contrarius zur Eintragung des Vereins in das Vereinsregister allein die Löschung aus dem Register, nicht aber der in § 43 Abs. 2 aF vorgesehene Entzug der Rechtsfähigkeit ist.[6] Mit der neuen Regelung entfällt auch die Problematik des unklaren Konkurrenzverhältnisses des Abs. 2 aF zur Amtslöschung nach § 395 FamFG einerseits, den öffentlich-rechtlichen Bestimmungen des VereinsG über das Vereinsverbot andererseits.[7] Als Folge der Aufhebung der Vorschrift ist die Löschung wegen Überschreitung des Nebenzweckprivilegs gänzlich den Registergerichten nach der allgemeinen verfahrensrechtlichen Vorschrift des § 395 FamFG überlassen (s. eingehend § 41 Rn 16).[8] Die Löschung führt nach allgemeinen Grundsätzen nicht zum Erlöschen des Vereins, sondern bei Fortsetzung der Tätigkeit zur Umwandlung in einen nicht rechtsfähigen wirtschaftlichen Verein mit der Folge einer unbeschränkten Mitgliederhaftung (s. § 41 Rn 16 aE, § 54 Rn 19).

B. Regelungsgehalt

§ 43 gilt in der neuen Fassung nur noch für Vereine, die eine Konzession erhalten haben, dh diejenigen inländischen Vereine, deren satzungsmäßiger Zweck auf einen **wirtschaftlichen Geschäftsbetrieb** gerichtet ist (§ 22); bei diesen gilt die Verleihung der Rechtsfähigkeit als juristische Person – vorbehaltlich dessen nur mit Zustimmung der Aufsichtsbehörde (§ 33 Abs. 2) zulässiger Änderung – nur für den in der Satzung bestimmten Zweck. Da die Konzession nach § 22 nur nach Bedürfnis erteilt wird, muss verhindert werden, dass die tatsächliche Aktivität des Vereins von der bei der Prüfung zugrunde gelegten Tätigkeit abweicht; andernfalls droht die Bedürfniskontrolle leer zu laufen. Durch § 43 wird die Beschränkung der Vereinstätigkeit auf den im Verwaltungsverfahren festgelegten Zweck gewährleistet; deshalb bildet jede Änderung der Zweckverfolgung, auch durch bloß tatsächliche Änderung der wirtschaftlichen Betätigung, einen Grund für die Entziehung der Rechtsfähigkeit.[9] 4

Unter den Voraussetzungen des § 43 verliert der Verein die Rechtsfähigkeit nicht ipso iure, es bedarf vielmehr des konstitutiven staatlichen Akts der Entziehung (§ 44 Rn 2).[10] Nach hM hat die Verwaltungsbehörde – dem Wortlaut („kann“) der Vorschrift entsprechend – einen **Ermessensspielraum** iSv § 22 S. 1 VwVfG bei der Frage, ob im Einzelfall der Entzug der Rechtsfähigkeit mit der Folge der Liquidation geboten ist.[11] Die Behörde hat deshalb das Interesse der Allgemeinheit, insbesondere der Gläubiger, an der Entziehung der Rechtsfähigkeit gegen das Interesse des Vereins und seiner Mitglieder am Fortbestehen des Vereins abzuwägen; zugleich ist insbesondere das Verhältnismäßigkeitsgebot zu beachten.[12] Die Entziehung der Rechtsfähigkeit muss, wenn ihre tatbestandlichen Voraussetzungen vorliegen, jedoch allemal die Regel bleiben.[13] 5

4 Diesen Durchgriff wegen Vorrangs der Amtslöschung und der Entziehung der Rechtsfähigkeit nach § 43 Abs. 2 aF ablehnend BGHZ 175, 12 = NZG 2008, 670 („Kolpingwerk“); iE ebenso Bamberger/Roth/*Schwarz/Schöpflin*, § 43 Rn 7; *von Hippel*, NZG 2006, 537 ff; *Hofmeister*, ZIP 2009, 161 ff; *Reuter*, NZG 2008, 650 ff; *Karsten Schmidt*, ZIP 2007, 605 ff; anders *Seltmann*, DStR 2008, 1443 ff; *Hüttemann/Meyer*, LMK 2008, 256400, sowie als Vorinstanz zu BGH aaO noch OLG Dresden ZIP 2005, 1680, 1687, das beim personalistischen Verein eine Durchgriffshaftung bei Kenntnis der Mitglieder von über das Nebenzweckprivileg hinausgehender wirtschaftlicher Vereinsbetätigung annahm.

5 Beschlussempfehlung und Bericht des Rechtsausschusses zum Entwurf eines Gesetzes zur Erleichterung elektronischer Anmeldungen zum Vereinsregister und anderer vereinsrechtlicher Änderungen, BT-Drucks. 16/13542, S. 14; s. dazu Bamberger/Roth/*Schwarz/Schöpflin*, § 43 Rn 1; *Reuter*, NZG 2009, 1368, 1372; *Terner*, DNotZ 2010, 5, 12 f; *Wörle-Himmel/Endres*, DStR 2010, 759, 762.

6 Vgl *Terner*, DNotZ 2010, 5, 13.

7 Vgl Voraufl. Rn 7 m. Nachw.

8 So auch ausdrücklich die Beschlussempfehlung und der Bericht des Rechtsausschusses, auf den die Streichung des § 43 Abs. 2 aF zurückgeht, vgl BT-Drucks. 16/13542, S. 14; Bamberger/Roth/*Schwarz/Schöpflin*, § 43 Rn 6 f; Palandt/*Ellenberger*, § 43 Rn 3; *Reuter*, ZGR 2009, 1368, 1372; *Schöpflin*, Rpfleger 2010, 349, 350; *Terner*, DNotZ 2010, 5, 13; aA offenbar *Bumiller/Harders*, Freiwillige Gerichtsbarkeit, 9. Aufl. 2009, § 395 FamFG Rn 10 f.

9 Erman/*Westermann*, § 43 Rn 3; Soergel/*Hadding*, § 43 Rn 6.

10 Vgl (zu § 43 Abs. 2 aF) BVerwG NJW 1998, 1166; aA *K. Schmidt*, NJW 1998, 1124 ff.

11 Vgl (zu § 43 Abs. 2 aF) VG Hamburg NJW 1996, 3363; BayVGH NJW-RR 1987, 830; BayObLG Rpfleger 1986, 528; *Böttcher*, Rpfleger 1988, 169, 170; Soergel/*Hadding*, § 43 Rn 6; Staudinger/*Weick*, § 43 Rn 13; einschr. – Ermessensspielraum nur für atypische Fälle – Bamberger/Roth/*Schwarz/Schöpflin*, § 43 Rn 5; vgl ferner (zu § 43 Abs. 2 aF) BVerwG NJW 1998, 1166; *K. Schmidt*, AcP 182 (1982), 1, 47 ff; *ders.*, NJW 1993, 1225, 1227; *ders.*, NJW 1998, 1124.

12 Vgl (zu § 43 Abs. 2 aF) Soergel/*Hadding*, § 43 Rn 6.

13 Bamberger/Roth/*Schwarz/Schöpflin*, § 43 Rn 5; vgl (zu § 43 Abs. 2 aF) ferner BVerwG NJW 1998, 1166 (sub 2.); *K. Schmidt*, NJW 1998, 1124, 1125; Soergel/*Hadding*, § 43 Rn 6.

C. Folgen der Entziehung der Rechtsfähigkeit

6 Durch die Entziehung der Rechtsfähigkeit des e.V. **entfällt** mit der Bestandskraft des die Rechtsfähigkeit entziehenden Verwaltungsakts (§ 44 Rn 2) mit Wirkung ex nunc die nach § 22 erlangte **Eigenschaft als juristische Person** (§ 41 Rn 3). Das Vereinsvermögen fällt mit der Erfüllung des jeweiligen Tatbestands dem oder den Anfallberechtigten an (§ 45 Abs. 1). Sofern das Vereinsvermögen an den Fiskus fällt (§ 46), ist der Verein sogleich erloschen; andernfalls tritt die an sich mit dem ursprünglichen Vereinszweck fortbestehende und nur ihre Rechtsform ändernde Personenvereinigung grundsätzlich (nicht zwingend, s. § 47 Rn 8 ff) in die Liquidation (§ 47 Rn 4).[14] Der Verband bleibt dabei unter Wahrung seiner Identität zunächst als **nichtrechtsfähiger (Liquidations-)Verein** iSv **§ 54** bestehen, dh alle Vereinsmitgliedschaften bleiben unberührt, das Vereinsvermögen wird ipso iure zum Gesamthandsvermögen der Mitglieder des Liquidationsvereins. Auch als iSv § 54 „nicht rechtsfähiger", dh nicht mehr als juristische Person anzusehender Verein ist der Vereinszweck nach der Entziehung der Rechtsfähigkeit freilich notwendig allein auf Liquidation gerichtet (§ 47 Rn 10, 12 ff). Im Unterschied zur Situation bei der Auflösung kann der Verein sich nach dem Wegfall der Eigenschaft als juristische Person auch nicht mehr als rechtsfähiger Verein fortsetzen (§ 47 Rn 16); hierfür bedürfte es vielmehr der erneuten Eintragung im Vereinsregister bzw der erneuten Verleihung der Rechtsfähigkeit. Gelingt es, den Entziehungsgrund zu beseitigen und die Aufhebung der Entziehungsverfügung zu erwirken, so können die Mitglieder den Verein jedoch in einen werbenden e.V. zurückverwandeln, indem sie seine Fortsetzung beschließen (§ 41 Rn 4, § 47 Rn 16).

D. Weitere praktische Hinweise

7 Die Entziehung der Rechtsfähigkeit ist nach § 74 Abs. 1 S. 1 **von Amts wegen in das Vereinsregister einzutragen**, wenngleich eine Anzeige der nach § 44 tätigen Behörde trotz Aufhebung des § 74 Abs. 3 aF nach wie vor sinnvoll erscheint (§ 74 Rn 8). Neben der Entziehung nach § 43 kann bei einem inländischen wirtschaftlichen Verein (§ 22) unter den Voraussetzungen des § 49 Abs. 2 VwVfG auch die Verleihung der Rechtsfähigkeit **widerrufen** werden.[15]

§ 44 Zuständigkeit und Verfahren

Die Zuständigkeit und das Verfahren für die Entziehung der Rechtsfähigkeit nach § 43 bestimmen sich nach dem Recht des Landes, in dem der Verein seinen Sitz hat.

A. Allgemeines

1 § 44 regelt als Begleitvorschrift zu § 43 das bei der Entziehung der Rechtsfähigkeit zu beobachtende **Verfahren**; ebenso wie bei jener Bestimmung beschränkt sich der Anwendungsbereich der Vorschrift daher nunmehr auf die **Entziehung der Rechtsfähigkeit von Wirtschaftsvereinen** aus dem speziellen Grund der **Verfolgung anderer als der satzungsgemäßen Zwecke**. Die Vorschrift wurde durch die Vereinsrechtsreform 2009[1] zudem ebenfalls neu gefasst, indem mit der Aufhebung des § 23 auch die besondere Zuständigkeitsregelung nach Abs. 2 gestrichen wurde.[2]

B. Regelungsgehalt

I. Zuständigkeit und Verfahren

2 Unter den Voraussetzungen des § 43 verliert der Verein die Rechtsfähigkeit nicht *ipso iure*, es bedarf vielmehr des konstitutiven staatlichen Akts der Entziehung; hierbei handelt es sich um einen **(privatrechtsgestaltenden) Verwaltungsakt** iSv § 35 S. 1 VwVfG.[3] Zur Entziehung der Rechtsfähigkeit befugt ist allein die zustän-

14 Zust. Bamberger/Roth/*Schwarz/Schöpflin*, § 43 Rn 6.
15 Bamberger/Roth/*Schwarz/Schöpflin*, § 43 Rn 4.
1 Gesetz zur Erleichterung elektronischer Anmeldungen zum Vereinsregister und anderer vereinsrechtlicher Änderungen vom 24.9. 2009, BGBl. I S. 3145, dazu Begr. BT-Drucks. 16/12813.
2 Begr. aaO., BT-Drucks. 16/12813, S. 11.
3 Soergel/*Hadding*, § 43 Rn 2.

dige Verwaltungsbehörde.[4] Die **zuständige höhere Verwaltungsbehörde** und das anzuwendende Verfahrensrecht werden ausschließlich durch das Landesrecht bestimmt;[5] örtlich zuständig ist gemäß § 44 iVm § 3 Abs. 1 Nr. 3 b VwVfG der Länder die Behörde, in deren Bezirk der Verein seinen Sitz (vgl § 24) hat. Die Entscheidung wirkt jedoch im gesamten Bundesgebiet in gleicher Weise. Die Behörde **ermittelt den Sachverhalt von Amts wegen**; hierbei muss sie den Verein, vertreten durch den Vorstand, vor Erlass der Entziehungsverfügung **anhören** (§§ 24, 28 VwVfG). Die Entziehungsverfügung kann mit aufschiebender Wirkung (§ 80 Abs. 1 S. 2 VwGO) durch Widerspruch und Anfechtungsklage vor dem Verwaltungsgericht angegriffen werden (§§ 42 Abs. 1, 68, 80 VwGO).

II. Entziehung der Rechtsfähigkeit bei Auslandsverein (Abs. 2 aF)

§ 44 Abs. 2 aF betraf die Zuständigkeit für die Entziehung der Rechtsfähigkeit bei einem ausländischen Verein **3**
iSv § 23. Dies gilt für solche ausländischen Vereine, denen vor dem 30.9. 2009 die Rechtsfähigkeit im Inland verliehen wurde, auch nach diesem Tag fort (Art. 229 § 24 EGBGB idF durch die Vereinsrechtsreform 2009[6]). An die Stelle des in Abs. 2 aF für zuständig erklärten Bundesrats ist gemäß Art. 125, 129 GG der Bundesminister des Innern getreten.[7]

§ 45 Anfall des Vereinsvermögens

(1) Mit der Auflösung des Vereins oder der Entziehung der Rechtsfähigkeit fällt das Vermögen an die in der Satzung bestimmten Personen.

(2) [1]Durch die Satzung kann vorgeschrieben werden, dass die Anfallberechtigten durch Beschluss der Mitgliederversammlung oder eines anderen Vereinsorgans bestimmt werden. [2]Ist der Zweck des Vereins nicht auf einen wirtschaftlichen Geschäftsbetrieb gerichtet, so kann die Mitgliederversammlung auch ohne eine solche Vorschrift das Vermögen einer öffentlichen Stiftung oder Anstalt zuweisen.

(3) Fehlt es an einer Bestimmung der Anfallberechtigten, so fällt das Vermögen, wenn der Verein nach der Satzung ausschließlich den Interessen seiner Mitglieder diente, an die zur Zeit der Auflösung oder der Entziehung der Rechtsfähigkeit vorhandenen Mitglieder zu gleichen Teilen, anderenfalls an den Fiskus des Landes, in dessen Gebiet der Verein seinen Sitz hatte.

Literatur: *Dreyer*, Rechtsnachfolge in höchstpersönliche Rechte von Verbänden, JZ 2007, 606; *Scherl*, Die Auseinandersetzung bei Sparkassenzweckverbänden, 1998; *Steinbeck*, Vereinsautonomie und Dritteinfluss – dargestellt an den Verbänden des Sports, 1999; *Tysper*, Konfliktlösung im Umlegungsrecht – Aktuelle Rechtsprechung und Umlegungsmediation, ZfIR 2006, 781. Siehe auch die Literatur bei § 41.

A. Allgemeines

Die Vorschrift trifft Bestimmungen über den **Anfall** des Vereinsvermögens nach Auflösung (§ 41 Rn 2, 6 ff) **1**
oder der Entziehung der Rechtsfähigkeit (§§ 43, 73, s. § 41 Rn 3, 14 ff, § 43 Rn 2 ff) und die Bestimmung des **Anfallberechtigten**. Sie regelt damit eine wichtige **Prämisse für den Übergang des Vereins in das Liquidationsstadium**; denn die Liquidation ist gem. § 47 (nur) unter der Voraussetzung durchzuführen, dass ein Anfall des Vereinsvermögens stattfindet, und zwar bei einer anderen Person als dem Fiskus. Insofern besteht

4 BVerwG NJW 1998, 1166; aA *K. Schmidt*, NJW 1998, 1124 ff.

5 Übersicht über die in den Ländern zuständigen Behörden bei MüKo/*Reuter*, §§ 43, 44 Rn 14 m. Fn 30; *Reichert*, Rn 4056 f, 4059; Staudinger/*Weick*, § 44 Rn 3.

6 Art. 2 des Gesetzes zur Erleichterung elektronischer Anmeldungen zum Vereinsregister und anderer vereinsrechtlicher Änderungen vom 24.9. 2009, BGBl. I S. 3145, dazu Begr. BT-Drucks. 16/12813.

7 Vgl die Entscheidung der Bundesregierung v. 17.2.1953 zu Art. 10 EGBGB (BGBl. I S. 43).

ein **unauflöslicher Zusammenhang zwischen § 45 und § 47**: Die Liquidation ist nur eine Einrichtung zur Bewältigung der Probleme des Anfalls iSv § 45 (vgl § 47 Rn 1) und scheidet jedenfalls aus, wenn kein Anfall stattfindet; allenfalls mag man umgekehrt trotz des Anfalls die liquidationslose Fortsetzung des Vereins für zulässig halten, sei es ex lege, sei es aufgrund entsprechenden Fortsetzungsbeschlusses (§ 47 Rn 8 ff).

2 Unter dem Anfall des Vereinsvermögens versteht das Gesetz grundsätzlich – anders als im Sonderfall des § 46 (Rn 8, § 46 Rn 2) – nicht den Erwerb des Vereinsvermögens im Wege der Gesamtrechtsnachfolge; vielmehr wird lediglich ein **Anspruch des Berechtigten gegen den Verein** auf Verschaffung des Überschusses nach Bezahlung der Schulden begründet (Rn 9). Anfallberechtigt ist diejenige Person, der das Vermögen des Vereins nach dessen Auflösung oder Entziehung der Rechtsfähigkeit zusteht. Der Anfallberechtigte wird vorrangig durch die Satzung bestimmt, hilfsweise durch ein Vereinsorgan, insbesondere die Mitgliederversammlung, oder durch das Gesetz. Wenn der Verein als nichtrechtsfähiger Verein iSv § 54 fortgesetzt wird, tritt er an die Stelle der Mitglieder; wegen der Identität des Vermögensträgers erübrigt sich ein Anfall (Rn 4).

B. Regelungsgehalt

I. Anfallstatbestände: Auflösung oder Entziehung der Rechtsfähigkeit (Abs. 1)

3 Nach dem Wortlaut der Bestimmung setzt der Anfall des Vereinsvermögens voraus, dass der Verein durch Beschluss der Mitgliederversammlung **aufgelöst** (§ 41 Rn 2, 6, 28 ff) oder ihm die **Rechtsfähigkeit entzogen** (§ 41 Rn 3, 14 ff, § 43 Rn 2 ff) worden ist. Die Vorschrift ist zudem analog auf diejenigen Beendigungstatbestände anzuwenden, die zwar auf die Vollbeendigung des Vereins abzielen, diese aber nicht sogleich herbeiführen (zB **Zeitablauf**, § 41 Rn 10, **Bedingungseintritt**, § 41 Rn 9 oder **Gründungsmängel**, § 41 Rn 16); denn in diesen Fällen bedarf es gleichfalls einer Liquidation des Vereinsvermögens. Darüber hinaus ist § 45 jedoch nach hM im Fall der **Auflösung** des Vereins durch Wegfall aller Mitglieder – hier findet keine Liquidation nach § 47 statt, vielmehr wird der Verein durch einen nach § 1913 zu bestellenden Pfleger abgewickelt (§ 41 Rn 13, 20) – entsprechend anwendbar.[1]

4 Die Vorschrift ist jedoch **nicht anwendbar** aufgrund ausdrücklicher Regelung bei einer Insolvenz (§ 42) sowie in denjenigen Fällen, in denen der Verein zwar seine Eigenschaft als juristische Person verliert, jedoch als werbender nichtrechtsfähiger Verein iSv § 54 unter Wahrung seiner Identität fortbesteht, wie zB beim Verzicht auf die Rechtsfähigkeit (§ 41 Rn 15) oder bei einer Fortsetzungsklausel bzw einem Fortsetzungsbeschluss (§ 47 Rn 8 ff, 15 ff).[2]

5 Die Vorschrift gilt entsprechend für den **nicht eingetragenen Verein.**[3] Ebenso sind in Ermangelung einer anderweitigen Regelung die §§ 45–47 entsprechend anwendbar, wenn eine **juristische Person des öffentlichen Rechts** aufgelöst wird.[4]

II. Anfall des Vermögens

6 **1. Vermögens- und Persönlichkeitsrechte.** § 45 regelt an sich nur den Anfall des **Vermögens** des Vereins, nicht das rechtliche Schicksal der dem Verein zustehenden **Persönlichkeitsrechte** (insb. Namen, Firma). Diese Persönlichkeitsrechte gehen mit dem Verein unter, sofern sie mit dem Vereinsvermögen in keinerlei Zusammenhang stehen oder ihnen kein messbarer wirtschaftlicher Wert zukommt; andernfalls stehen sie wie das Vermögen dem Anfallberechtigten zu.[5] Wenn die Fortsetzung des Vereins als nichtrechtsfähiger Verein iSv § 54 beschlossen wird, gehen die Persönlichkeitsrechte in jedem Fall ohne weiteres auf den fortgesetzten n.e.V. über.[6]

7 **2. Rechtswirkungen des Anfalls.** Die Art und Weise des „Anfalls" **unterscheidet sich grundlegend** danach, wer anfallberechtigt ist.

8 **a) Gesamtrechtsnachfolge.** Fällt das Vereinsvermögen an den **Fiskus** (§ 46), tritt *ipso iure* ein **sofortiger und vollständiger Übergang aller Rechte und Pflichten** auf den Fiskus ein und der Verein wird sogleich vollbeendet (s. dazu § 41 Rn 5, 19, § 47 Rn 21); insoweit bezeichnet „Anfall" eine Gesamtrechtsnachfolge nach dem Modell des Erbrechts. Unerheblich ist in diesem Fall, ob der Fiskus sein Anfallrecht auf eine ent-

1 BGHZ 19, 51, 57; OLG Köln NJW-RR 1996, 989; BAG ZIP 1986, 1482 = JZ 1986, 421 m. Anm. *K. Schmidt*, JZ 1987, 394; Erman/*Westermann*, § 45 Rn 1.
2 MüKo/*Reuter*, §§ 45–47 Rn 6; Soergel/*Hadding*, § 45 Rn 3; Staudinger/*Weick*, § 45 Rn 16.
3 Bamberger/Roth/*Schwarz/Schöpflin*, § 45 Rn 2; Soergel/*Hadding*, § 45 Rn 1.
4 RGZ 130, 169, 177 f; BGH WM 1996, 1968, 1970; Erman/*Westermann*, § 45 Rn 1; Soergel/*Hadding*, § 45 Rn 1; eingehend *Scherl*, aaO.
5 Vgl Soergel/*Hadding*, § 45 Rn 4; Staudinger/*Weick*, § 45 Rn 1; s.a. BGHZ 85, 221, 223 (zur Veräußerung der Namensfirma einer GmbH durch den Insolvenzverwalter); in der Begr. krit. MüKo/*Reuter*, §§ 45–47 Rn 2; Differenzierungen bei *Dreyer*, JZ 2007, 606 ff.
6 Bamberger/Roth/*Schwarz/Schöpflin*, § 45 Rn 4.

sprechende Satzungsbestimmung (Abs. 1), einen Beschluss der Mitgliederversammlung (Abs. 2) oder auf Gesetz (Abs. 3) stützt. Gleichgestellt sind die Körperschaften, Stiftungen und Anstalten des öffentlichen Rechts, aber nur für den Fall, dass sie über Art. 85 EGBGB kraft Landesrechts im Rahmen des Abs. 3 an die Stelle des Fiskus treten und nicht, wenn ihre Anfallberechtigung auf Abs. 1 oder 2 beruht.

b) Schuldrechtlicher Anspruch auf den Liquidationsüberschuss. In **allen anderen Fällen** – also auch dann, wenn eine Körperschaft, Stiftung oder Anstalt des öffentlichen Rechts nicht über Art. 85 EGBGB in Verbindung mit Landesrecht, sondern durch die Satzung oder nach § 45 Abs. 2 durch die Mitgliederversammlung bzw ein anderes Vereinsorgan zum Anfallberechtigten bestimmt worden ist – erfolgt zunächst die Liquidation (§§ 47 ff) des Vereinsvermögens; „Anfall" bezeichnet hier lediglich einen Anspruch auf „Ausantwortung" des Vermögensrestes, der nach der Befriedigung der Gläubiger aus dem Vereinsvermögen noch verbleibt (vgl §§ 49 Abs. 1 S. 1, 53). Eine Gesamtrechtsnachfolge findet also in diesem Fall nicht statt; der Anfallberechtigte hat einen **schuldrechtlichen Anspruch** gegen den Liquidationsverein auf Übertragung des Liquidationsüberschusses.[7] Der Anfallberechtigte haftet als solcher den Vereinsgläubigern nicht für die Vereinsverbindlichkeiten, da die Vorschriften über die Liquidation eine abschließende Regelung zur Sicherstellung der Ansprüche der Gläubiger darstellen.[8] Der **Anspruch auf den Liquidationsüberschuss entsteht** erst, wenn die nach Ablauf des Sperrjahres (§ 51) bekannten Gläubiger befriedigt oder sichergestellt sind (§ 52). Siehe dazu im Einzelnen § 49 Rn 8. 9

III. Die Bestimmung des Anfallberechtigten

1. Bestimmung durch Satzung (Abs. 1). Die Bestimmung des Anfallberechtigten ist grundsätzlich Sache des Vereins, namentlich im Wege einer ausdrücklichen Satzungsbestimmung. Die Satzung kann selbst unmittelbar festlegen, welchen konkreten Personen das Vereinsvermögen bei Auflösung oder Entziehung der Rechtsfähigkeit anfällt. Sie kann auch für den Fall, dass ein Anfallberechtigter wegfällt oder den Anfall zurückweist (Rn 14), einen Ersatzanfallberechtigten bestimmen. Die Satzung kann die Bestimmung ferner der Mitgliederversammlung überlassen (Abs. 2, Rn 11), nicht aber im Hinblick auf die Vereinsautonomie einem außen stehenden Dritten.[9] 10

2. Bestimmung durch die Mitgliederversammlung (Abs. 2). Die Satzung kann aber auch der Mitgliederversammlung das Bestimmungsrecht einräumen (Abs. 2 S. 1) oder das Vermögen unmittelbar dem als nichtrechtsfähigen Verein iSv § 54 fortlebenden Verband zuweisen.[10] Eine Satzungsregelung gemäß Abs. 2 ist im Hinblick auf den steuerrechtlichen Grundsatz der Vermögensbindung zwingend erforderlich, falls der Verein einen steuerbegünstigten Zweck verfolgt (§§ 55 Abs. 1 Nr. 4, 61 AO). Schweigt die Satzung, so entspricht es dem überpersönlichen Zweck eines Idealvereins, dass die Mitgliederversammlung das Vereinsvermögen durch Beschluss einer öffentlichen Stiftung oder Anstalt zuweisen kann, wenn diese Verwendung des Vereinsvermögens nach Ansicht der Mitgliederversammlung dem Vereinszweck am besten gerecht wird; der Idealverein kann demgemäß auch ohne satzungsmäßige Ermächtigung einen entsprechenden Beschluss fassen (Abs. 2 S. 2).[11] Die Mitgliederversammlung kann aber in Ermangelung einer weiter gehenden satzungsmäßigen Ermächtigung nur eine öffentliche Stiftung oder Anstalt zum Anfallberechtigten bestimmen; hierzu gehören alle Arten von juristischen Personen des öffentlichen Rechts einschließlich der Körperschaften.[12] Die gleiche Befugnis hat die Mitgliederversammlung auch dann, wenn die statuarisch bestimmten Anfallberechtigten vor dem Anfall wegfallen oder den Anfall zurückweisen (Rn 14).[13] Beim konzessionierten Verein ist das Erfordernis einer satzungsmäßigen Ermächtigung jedoch zwingend. Liegt eine statuarische Bestimmung vor, so kommt eine Bestimmung des Anfallberechtigten durch die Mitgliederversammlung nicht in Betracht. 11

3. Bestimmung durch das Gesetz (Abs. 3). a) Selbstnütziger Verein. Sofern weder eine entsprechende Satzungsbestimmung (Abs. 1) vorliegt noch die Möglichkeit besteht, den Anfallberechtigten durch Beschluss der Mitgliederversammlung zu bestimmen (Abs. 2), so unterscheidet das Gesetz für die weiteren Rechtsfolgen danach, ob es sich um einen „selbstnützigen" Verein handelt, der nach der Satzung allein den Interessen seiner Mitglieder zu dienen bestimmt ist, oder um einen fremdnützigen Verein. „Selbstnützig" sind außer den wirt- 12

7 BGH NZM 2005, 475 [Rn 29]; KG OLGZ 1968, 200; Erman/*Westermann*, § 45 Rn 1; MüKo/*Reuter*, §§ 45–47 Rn 4; Soergel/*Hadding*, § 45 Rn 3; Staudinger/*Weick*, § 45 Rn 5.

8 Vgl RGZ 92, 77, 82; Bamberger/Roth/*Schwarz/Schöpflin*, § 45 Rn 11; Erman/*Westermann*, § 45 Rn 1; MüKo/*Reuter*, §§ 45–47 Rn 5.

9 Soergel/*Hadding*, § 45 Rn 5; Staudinger/*Weick*, § 45 Rn 11; ausf. *Steinbeck*, S. 118 ff.

10 Erman/*Westermann*, § 45 Rn 3, § 47 Rn 2.

11 Vgl Erman/*Westermann*, § 45 Rn 4.

12 Bamberger/Roth/*Schwarz/Schöpflin*, § 45 Rn 7; Palandt/*Ellenberger*, § 45 Rn 3; Staudinger/*Weick*, § 45 Rn 13; aA MüKo/*Reuter*, §§ 45–47 Rn 7, der sich gegen die Ausdehnung auf Körperschaften ausspricht; auf die öffentlich-rechtliche oder privatrechtliche Qualifikation komme es dagegen nicht an; vgl ferner Soergel/*Hadding*, § 45 Rn 6: auch privatrechtliche juristische Personen, die öffentliche Aufgaben wahrnehmen.

13 Staudinger/*Weick*, § 45 Rn 17; *Reichert*, Rn 4294.

schaftlichen Vereinen iSv § 22 auch solche nichtwirtschaftlichen Vereine, deren Vermögen allein der Zweckverfolgung im Interesse der einzelnen Mitglieder zu dienen bestimmt ist; hiervon ist idR auszugehen, wenn der Verein keine gemeinnützigen, mildtätigen oder kirchlichen Zwecke iSv § 51 ff AO verfolgt.[14] Bei selbstnützigen Vereinen fällt das Vermögen zu gleichen Teilen an die im Zeitpunkt der Auflösung oder Entziehung der Rechtsfähigkeit vorhandenen Vereinsmitglieder (Abs. 3 Fall 1). Bei unbekanntem Mitgliederbestand sind die Mitglieder gemäß § 50 Abs. 1 zu ermitteln (§ 50 Rn 7). Wenn die Mitglieder nicht zu ermitteln sind oder wenn sämtliche Mitglieder wegfallen oder den Anfall zurückweisen (Rn 14), ist entsprechend der für fremdnützige Vereine angeordneten Rechtsfolge (Rn 13) die Staatskasse anfallberechtigt, damit das Vereinsvermögen nicht herrenlos wird.[15]

13 **b) Fremdnütziger Verein.** Bei einem nicht selbstnützigen, insbesondere fremdnützigen Verein fällt das Vereinsvermögen an den Fiskus desjenigen Bundeslandes, in dem der Verein seinen Sitz (§ 24) hatte (Abs. 3 Fall 2). Das Landesrecht kann anstelle des Fiskus eine Körperschaft, Stiftung oder Anstalt des öffentlichen Rechts als Anfallberechtigten bestimmen (Art. 85 EGBGB). Hat der Verein Sitze in mehreren Bundesländern (§ 24 Rn 4), so fällt das Vermögen den entsprechenden Ländern zu gleichen Teilen an (§§ 46, 1936 S. 1).

IV. Ablehnung des Anfalls

14 Der Anfallberechtigte kann, sofern es sich nicht um den Fiskus handelt (§ 46 Rn 2), den Anfall ablehnen.[16]

V. Änderung der Bestimmung des Anfallberechtigten

15 Durch eine anderweitige Bestimmung der Person des Anfallberechtigten kann dem zunächst bestimmten Anfallberechtigten sein Recht jederzeit wieder entzogen werden,[17] auch noch nach Eintritt ins Liquidationsverfahren.[18] Ebenso kann eine zunächst unterbliebene Bestimmung nachgeholt werden.[19]

§ 46 Anfall an den Fiskus

¹Fällt das Vereinsvermögen an den Fiskus, so finden die Vorschriften über eine dem Fiskus als gesetzlichem Erben anfallende Erbschaft entsprechende Anwendung. ²Der Fiskus hat das Vermögen tunlichst in einer den Zwecken des Vereins entsprechenden Weise zu verwenden.

Literatur: Siehe bei § 41.

A. Allgemeines

1 Die Vorschrift regelt die **Rechtsfolgen des Anfalls beim Fiskus.**[1] Die Anfallberechtigung des Fiskus kann sich aus einer Bestimmung der Vereinssatzung (§ 45 Abs. 1) oder aufgrund eines Beschlusses der Mitgliederversammlung (§ 45 Abs. 2) oder aufgrund Gesetzes (§ 45 Abs. 3) ergeben; ob der Bundes- oder Landesfiskus berufen ist, ergibt sich aus der jeweiligen Rechtsgrundlage (zu § 45 Abs. 3 s. insoweit § 45 Rn 13). Gleichgestellt sind die Körperschaften, Stiftungen und Anstalten des öffentlichen Rechts, die über Art. 85 EGBGB kraft Landesrechts im Rahmen des § 45 Abs. 3 an die Stelle des Fiskus treten. Die §§ 45–47 sind zudem entsprechend anwendbar, wenn eine juristische Person des öffentlichen Rechts aufgelöst wird (§ 45 Rn 5).

14 *Reichert*, Rn 4297; Staudinger/*Weick*, § 45 Rn 16.
15 MüKo/Reuter, §§ 45–47 Rn 8; Soergel/*Hadding*, § 45 Rn 8; Staudinger/*Weick*, § 45 Rn 17; *Reichert*, Rn 4299.
16 Erman/*Westermann*, § 45 Rn 2; Soergel/*Hadding*, § 45 Rn 11.
17 KG JW 1935, 3636, 3638; OLG Karlsruhe JW 1936, 3266; Erman/*Westermann*, § 45 Rn 2; *Reichert*, Rn 4302; Soergel/*Hadding*, § 45 Rn 9; Staudinger/*Weick*, § 45 Rn 8, 14; zur GmbH auch RGZ 169, 65, 82.
18 RG JW 1935, 3636; Erman/*Westermann*, § 45 Rn 2.
19 Soergel/*Hadding*, § 45 Rn 9.
1 Zur rechtspolitischen Kritik s. *Lieder*, ZSt 2005, 16 ff (zum mitgliederlosen Verein).

B. Regelungsgehalt

I. Gesamtrechtsnachfolge des Staates in das Vereinsvermögen (S. 1)

Unabhängig vom Grund des Anfalls wird der Fiskus in materieller und formeller Hinsicht als Gesamtrechtsnachfolger in das Vereinsvermögen behandelt (§ 45 Rn 8), der damit zugleich in die Schulden des Vereins einzutreten hat (§§ 46 S. 1, 1936 Abs. 1 S. 1, 1922, 1967).[2] Die Haftung des Fiskus ist grundsätzlich unbeschränkt (§ 1967), wenngleich nach erbrechtlichen Vorschriften (zB §§ 1975 ff) auf das angefallene Vereinsvermögen beschränkbar.[3] Der Fiskus hat aber keine Möglichkeit zur Ausschlagung gem. § 1942 Abs. 2.[4] Eines Liquidationsverfahrens bedarf es daher in den Fällen, in denen der Anfall an den Fiskus stattfindet, nicht mehr; die Existenz des Vereins endet vielmehr ohne Weiteres mit dem Anfall an den Fiskus (Vollbeendigung). Ansprüche gegen den Fiskus können erst nach Feststellung seines Anfallrechts durch das Nachlassgericht (Rn 3) geltend gemacht werden (§§ 1966, 1964). Gegenüber dem Grundbuchamt hat der Fiskus den Anfall des Vereinsvermögens durch Erbschein (Rn 3) nachzuweisen. 2

II. Feststellung des Anfalls

Da der Fiskus auch formell als Erbe zu behandeln ist, erfolgt die Feststellung seines Anfallrechts durch das Nachlassgericht (§ 1964).[5] Der Nachweis des Anfallrechts, insbesondere gegenüber dem Grundbuchamt, erfolgt demgemäß durch Erbschein.[6] Zuständig für die Feststellung des Anfallrechts ist das Amtsgericht desjenigen Ortes, an dem der e.V. seinen Sitz hatte (§ 343 FamFG).[7] Ist das Anfallrecht des Fiskus zweifelhaft, kann das Nachlassgericht gem. § 1960 die notwendigen Maßnahmen zur Sicherung des Vereinsvermögens veranlassen, insbesondere einen Pfleger bestellen. 3

III. Verwendung des angefallenen Vermögens (S. 2)

Der Fiskus und die anfallberechtigten juristischen Personen des öffentlichen Rechts haben das Vereinsvermögen gem. S. 2 „tunlichst" in einer den Zwecken des Vereins entsprechenden Weise zu verwenden. Als öffentlich-rechtliche Auflage[8] löst die Verwendungspflicht des S. 2 keine Klagemöglichkeit für Privatpersonen aus, die an einer Verwendung des Vereinsvermögens in einer den Zwecken des Vereins entsprechenden Weise ein persönliches Interesse haben.[9] 4

§ 47 Liquidation

Fällt das Vereinsvermögen nicht an den Fiskus, so muss eine Liquidation stattfinden, sofern nicht über das Vermögen des Vereins das Insolvenzverfahren eröffnet ist.

Literatur: *Bayer*, Die liquidationslose Fortsetzung rechtsfähiger Idealvereine, Diss. Mainz 1984; *Böttcher*, Die Beendigung des rechtsfähigen Vereins, Rpfleger 1988, 169; *Grziwotz*, Die Liquidation von Kapitalgesellschaften, Genossenschaften und Vereinen, DStR 1992, 1404; *Heller*, Die vermögenslose GmbH, 1989; *Hönn*, Die konstitutive Wirkung der Löschung von Kapitalgesellschaften, ZHR 138 (1974), 50; *Hüffer*, Das Ende der Rechtspersönlichkeit von Kapitalgesellschaften, in: GS Schultz 1987, S. 99; *Lieder*, Der mitgliederlose Verein, ZSt 2004, 330; 2005, 15; *Reuter*, Verbandszweck und Rechtsfähigkeit im Vereinsrecht, ZHR 151 (1987), 237; *Scherl*, Die Auseinandersetzung bei Sparkassenzweckverbänden, 1998; *H. Schmidt,* Zur Vollbeendigung juristischer Personen, 1989; *K. Schmidt*, Liquidationszweck und Vertretungsmacht der Liquidatoren, AcP 174 (1974), 55; *ders.*, Zur Gläubigersicherung im Liquidationsrecht der Kapitalgesellschaften, Genossenschaften und Vereine, ZIP 1981, 1; *ders.*, Ultra-vires-Doktrin: tot oder lebendig? – Bemerkungen zur Organvertretungsmacht, AcP 184 (1984), 529; *ders.*, Verbandszweck und Rechtsfähigkeit im Vereinsrecht, 1984; *Wimmer*, Gründung und Beendigung von juristischen Personen, DStR 1995, 1838, 1878.

Siehe auch die Literatur bei § 41 und § 42.

2 Prot. I, S. 547; Staudinger/*Weick*, § 46 Rn 1.

3 Bamberger/Roth/*Schwarz/Schöpflin*, § 46 Rn 3; MüKo/*Reuter*, §§ 45–47 Rn 9; Soergel/*Hadding*, § 46 Rn 2; *Reichert*, Rn 4115; aA *Sauter/Schweyer/Waldner*, Rn 407; Palandt/*Ellenberger*, § 46 Rn 1: wegen §§ 2011, 1994 Abs. 1 S. 2 BGB bzw § 780 Abs. 2 ZPO hafte der Fiskus stets nur mit dem übernommenen Vermögen.

4 Prot. I, S. 547; BGH WM 1996, 1968; Erman/*Westermann*, § 46 Rn 1; Staudinger/*Weick*, § 46 Rn 1.

5 Staudinger/*Weick*, § 46 Rn 4.

6 Vgl OLG Hamm OLGZ 1966, 109; Staudinger/*Weick*, § 46 Rn 4.

7 Vgl Staudinger/*Weick*, § 46 Rn 4.

8 Bamberger/Roth/*Schwarz/Schöpflin*, § 46 Rn 4; Soergel/*Hadding*, § 46 Rn 3; Staudinger/*Weick*, § 46 Rn 5; aA *Reichert*, Rn 4120.

9 Erman/*Westermann*, § 46 Rn 2; Palandt/*Ellenberger*, § 46 Rn 1; Soergel/*Hadding*, § 46 Rn 3; iE auch Bamberger/Roth/*Schwarz/Schöpflin*, § 46 Rn 4: ungenügende Bestimmtheit der gesetzlichen Verpflichtung; aA MüKo/*Reuter*, §§ 45–47 Rn 10; Staudinger/*Weick*, § 46 Rn 2: verwaltungsgerichtlich durchsetzbarer Anspruch auf fehlerfreie Ermessensausübung.

A. Allgemeines

1 Mit dem Ziel, die Rechte der Vereinsgläubiger zu sichern und die Gewähr für eine angemessene Überleitung des Vermögens auf die Anfallberechtigten zu schaffen,[1] untersagt § 47 (iVm §§ 49 ff) die ungeordnete Verteilung des Vereinsvermögens an die anfallberechtigten Privatpersonen iSv § 45 Abs. 1 und verpflichtet den Verein zur Durchführung eines geregelten Abwicklungsverfahrens, sofern nicht die Fortsetzung des Vereins beschlossen wird.

B. Regelungsgehalt

I. Bedeutung der Liquidation

2 Als Liquidation bezeichnet das Gesetz die Abwicklung des Vereinsvermögens. Sie wird durch eine grundlegende **Änderung des Vereinszwecks** gekennzeichnet: Vereinszweck ist nunmehr kraft Gesetzes die Liquidation, dh die Beendigung der laufenden Geschäfte, die Verwertung des Vermögens, die Erfüllung der bestehenden Verpflichtungen des Vereins und die Übertragung des Restvermögens an die Anfallberechtigten (§ 49 Abs. 1).[2] Nach dem Gesetz ist die Liquidation ausschließlich auf das **Vereinsvermögen** bezogen; soweit die Abwicklung einer komplexen Vereinsorganisation eine über die Liquidation des Vermögens hinausgehende Tätigkeit erfordert, ist dies – wenngleich es in der Praxis häufig von den Liquidatoren mit erledigt wird – nicht eigentlich Aufgabe der Liquidatoren.[3] Hieraus folgt zugleich, dass die Liquidation unterbleibt bzw endet, wenn verwertbares Vermögen nicht vorhanden ist (Rn 19, § 51 Rn 5); denn die organisatorische Abwicklung allein rechtfertigt das Stattfinden des Liquidationsverfahrens nicht.[4]

3 Die Vorschrift gilt entsprechend für den **nichtrechtsfähigen Verein** iSv **§ 54** (Rn 11). Ebenso sind in Ermangelung einer anderweitigen Regelung die §§ 45–47 entsprechend anwendbar, wenn eine **juristische Person des öffentlichen Rechts** aufgelöst wird.[5]

II. Stattfinden der Liquidation

4 **1. Liquidationsauslösungstatbestände (Hs 1).** Nach dem Gesetz findet die Liquidation statt, wenn das Vermögen des Vereins gem. § 45 Abs. 1 **„angefallen"** ist, und zwar gerade nicht dem Fiskus – weil anderenfalls der Fiskus gem. § 46 im Wege der Gesamtrechtsnachfolge Rechte und Verbindlichkeiten des Vereins übernähme (§ 45 Rn 8, § 46 Rn 2) und für eine Liquidation weder Anlass noch Raum wäre –, sondern einer oder mehreren anderen (privaten) Personen (§ 47 Hs 1). Ein einschlägiger, den Anfall auslösender **Beendi-**

1 Motive I, S. 112 f.
2 Vgl BGHZ 96, 253, 255; Bamberger/Roth/*Schwarz/Schöpflin*, § 49 Rn 3; Soergel/*Hadding*, § 49 Rn 1.
3 *Reichert*, Rn 4123.
4 *Reichert*, Rn 4127.
5 RGZ 130, 169, 177 f; BGH WM 1996, 1968, 1970; Erman/*Westermann*, § 45 Rn 1; Soergel/*Hadding*, § 45 Rn 1; eingehend *Scherl*, aaO.

gungstatbestand ist nach dem Gesetzeswortlaut nur in zwei Fällen gegeben, nämlich im Fall der Auflösung durch Beschluss seiner Mitglieder (§ 41) sowie im Fall der Entziehung der Rechtsfähigkeit (§§ 43, 73). §§ 45, 47 ff sind zudem analog auf diejenigen Beendigungstatbestände anzuwenden, die zwar auf die Vollbeendigung des Vereins abzielen, diese aber nicht sogleich herbeiführen (zB Zeitablauf, § 41 Rn 9, Bedingungseintritt, § 41 Rn 10, oder Gründungsmängel, § 41 Rn 16); denn in diesen Fällen bedarf es gleichfalls einer Liquidation des Vereinsvermögens. Über den Gesetzeswortlaut hinaus muss nach seinem Sinn und Zweck das Liquidationsverfahren ferner eröffnet sein, wenn der Verein seine aktive Tätigkeit einstellt (§ 41 Rn 13), wenn der Verein seinen Sitz ins Ausland verlegt (§ 41 Rn 8) oder wenn der Verein im Verfahren nach § 395 FamFG (bisher §§ 159, 142 FGG) von Amts wegen gelöscht wird (§ 41 Rn 16). In allen diesen Fällen kommt es zum Anfall des Vereinsvermögens bei dem oder den Anfallberechtigten, und es hängt von der **Person des Anfallberechtigten** ab, ob ein Liquidationsverfahren nachfolgen muss: Fällt das Vereinsvermögen dem **Fiskus** an (§§ 45 Abs. 3), so gewährleistet § 46 eine den Interessen der Gläubiger gerecht werdende Abwicklung. Handelt es sich jedoch um eine oder mehrere Privatpersonen, so bedarf es besonderer Vorkehrungen sowohl zum Schutz der Gläubiger als auch zur Wahrung der berechtigten Interessen der Anfallberechtigten. Diese Vorkehrungen werden durch die Ausgestaltung des Abwicklungsverfahrens gem. §§ 47 ff getroffen.

Im Fall der Auflösung des Vereins durch **Wegfall aller Mitglieder** findet nach hM **keine Liquidation** nach § 47 statt, vielmehr wird der Verein durch einen entsprechend § 1913 zu bestellenden Pfleger abgewickelt (§ 41 Rn 21). Eine Liquidation nach §§ 47 ff findet ebenso wenig statt aufgrund ausdrücklicher Regelung im Fall der Insolvenz (Rn 6) sowie in denjenigen Fällen, in denen der Verein zwar seine Eigenschaft als juristische Person verliert, jedoch als werbender nichtrechtsfähiger Verein iSv § 54 unter Wahrung seiner Identität fortbesteht, wie zB beim Verzicht auf die Rechtsfähigkeit (§ 41 Rn 15) oder bei einer Fortsetzungsklausel bzw einem Fortsetzungsbeschluss (Rn 15 ff, § 41 Rn 4). 5

2. Liquidation nach durchgeführtem Insolvenzverfahren (Hs 2). Nach durchgeführtem Insolvenzverfahren schließt sich in keinem Fall mehr ein Liquidationsverfahren an: Das Insolvenzverfahren ist ein **Liquidationsverfahren eigener Art** mit dem Ziel der Vollabwicklung des Vereinsvermögens.[6] Folgerichtig ist in § 47 Hs 2 nunmehr ausdrücklich geregelt, dass das Vereinsvermögen einer Liquidation nur unterliegt, „soweit“ nicht das Insolvenzverfahren eröffnet ist; dadurch wird klargestellt, dass sich das Insolvenzverfahren und die vereinsrechtliche Liquidation nach §§ 47 ff ausschließen und dass das Insolvenzverfahren als das speziellere Verfahren den Vorrang genießt.[7] Die insolvenzmäßige Abwicklung wird ausschließlich von dem Insolvenzverwalter betrieben (§ 42 Rn 27), und zwar zunächst durch Verwertung des bei Verfahrenseröffnung vorhandenen Aktivvermögens und die Verteilung der dadurch erzielten baren Masse an die Insolvenzgläubiger. Rechte und Pflichten des Insolvenzschuldners nimmt der Vorstand, in einem erst während der Liquidation eröffneten Insolvenzverfahren die Liquidatoren wahr. Sofern der Verein nach Abschluss des Insolvenzverfahrens noch Vermögen hat, beendet der Verwalter die Liquidation nach Maßgabe des § 199 Abs. 2 InsO, dh er gibt das Restvermögen an die Anfallberechtigten iSd §§ 45, 46 heraus (§ 42 Rn 27). 6

Entgegen einer verbreiteten Ansicht[8] bedeutet dies, dass der **Insolvenzverwalter** den Verein nach Maßgabe von § 199 S. 2 InsO **bis zur Löschungsreife abzuwickeln hat**, nicht etwa muss im Anschluss an das Insolvenzverfahren bzw parallel dazu eine außergerichtliche Liquidation stattfinden.[9] Insolvenzfreies Vermögen, das der Verfügungsmacht des Insolvenzverwalters entzogen ist, kann es nach richtiger Ansicht beim Verein nicht geben (§ 42 Rn 14). Zwar gibt es für den Verein, anders als für Kapitalgesellschaften (§ 394 FamFG, bisher § 141 a FGG), keine Bestimmung über die Zwangslöschung für den Fall, dass das Insolvenzverfahren durchgeführt worden ist und keine Anhaltspunkte für das Vorliegen von Restvermögen gegeben sind; dies aber wohl nur, weil der Gesetzgeber die hM zugrunde legte, wonach hier – anders als bei Kapitalgesellschaften, für die die Lehre vom Doppeltatbestand vorherrscht – mit Abschluss der Liquidation die Vollbeendigung des Vereins auch ohne Eintragung im Register eintrete (s. dazu Rn 20). 7

3. Liquidationszwang als Folge der Auflösung und der Entziehung der Rechtsfähigkeit? Die Auflösung des e.V. und der Verlust der Eigenschaft als juristische Person bewirkten, wenn nicht das Vereinsvermögen an den Fiskus falle oder aus einem anderen Grund sofortige Vollbeendigung eintrete (s. zu diesen 8

6 Vgl *K. Schmidt,* GesR, 4. Aufl. 2002, § 24 VII 3 b cc.
7 So auch die Gesetzesbegründung, BT-Drucks. 12/3803, S. 76.
8 Hierfür insbes. MüKo/*Reuter*, § 42 Rn 2; *Gutzeit*, S. 132 ff; allgemein zu juristischen Personen *Henckel*, ZIP 1991, 133, 134; *ders.*, in: FS Merz 1992, S, 197, 203; *Runkel*, in: FS Uhlenbruck 2000, S. 315, 317; *Tetzlaff*, ZIP 2001, 10, 19; zur KO/GesO auch noch BGH NJW 1996, 2035, 2036; ZIP 1998, 515, 516.
9 Zutr. InsRHdb/*Haas/Mock*, § 93 Rn 193; Soergel/*Hadding*, § 42 Rn 9; allg. zu juristischen Personen InsRHdb/*Haas*, § 91 Rn 12; *Hirte*, ZInsO 2000, 127, 133; *H.F. Müller*, Der Verband in der Insolvenz, 2002, S. 13 ff; *K. Schmidt,* Wege zum Insolvenzrecht der Unternehmen, 1989, S. 99 ff, *ders.*, GmbHR 1994, 829, 830 f; *ders.*, GesR, 4. Aufl. 2002, S. 335 ff; *Uhlenbruck*, ZIP 1996, 1641, 1646 f; Uhlenbruck/*Hirte*, InsO, § 11 Rn 18 ff; s.a. die Gesetzesbegründung zur InsO, BT-Drucks. 12/2443, S. 10, 109, u. BT-Drucks. 12/7302, S. 155.

Fällen § 41 Rn 5, 18 ff), nach früher hM **zwingend den Eintritt des Vereins in das Liquidationsverfahren**;[10] bestritten war lediglich, ob sich zu diesem Zweck ipso iure ein besonderer „Liquidationsverein" (mit für die Zwecke des Abwicklungsverfahrens fortbestehender Rechtsfähigkeit[11]) von dem als nichtrechtsfähigem Verein iSv § 54 fortbestehenden ursprünglichen e.V. abspalte oder ob die Fortsetzung des nach Abspaltung des Liquidationsvereins verbliebenen nichtrechtsfähigen Vereins einen Fortsetzungsbeschluss voraussetze.[12] Eine Ausnahme vom Liquidationszwang sollte danach nur dann in Betracht kommen, wenn der Verein nach der Auflösung oder der Entziehung der Rechtsfähigkeit kraft Satzungsbestimmung oder Beschlusses der Mitgliederversammlung als nichtrechtsfähiger Idealverein iSv § 54 weiter bestehe.[13]

9 Heute wird jedoch mit Recht überwiegend angenommen, § 47 enthalte nur das Gebot, im Falle der Verteilung des Vereinsvermögens nach Liquidationsregeln vorzugehen, dagegen **keinen Liquidationszwang**; der Gesetzgeber habe damit lediglich ausgesprochen, dass jede Verteilung des Vereinsvermögens an andere Personen als den Fiskus (also an Vereinsmitglieder oder Dritte) nur im Wege eines Liquidationsverfahrens stattfinde.[14]

10 Die weiteren Konsequenzen dieser Konzeption unterscheiden sich danach, ob der Anfall iSv § 45 infolge Auflösung oder infolge Entziehung der Rechtsfähigkeit eingetreten ist: Der aufgelöste Verein (§ 41 Rn 2, 6 ff) kann danach durch Fortsetzungsbeschluss wieder in einen werbenden e.V. (Rn 15) oder durch Umwandlungsbeschluss in einen wirtschaftlichen Verein, eine GmbH uÄ verwandelt werden.[15] Ist dem Verein die „Rechtsfähigkeit", also die Eigenschaft als juristische Person entzogen worden (§ 41 Rn 3, 14 ff), so ist er – wenngleich unter Wahrung seiner Identität – zunächst ipso iure zum nichtrechtsfähigen Liquidationsverein mutiert und kann gleichfalls nur durch Fortsetzungsbeschluss wieder in den werbenden Zustand zurückversetzt werden; denn es ist nicht zu rechtfertigen, ihn ohne weiteres, insbesondere ohne Willensbekundung der Mitglieder, als werbenden nichtrechtsfähigen (Dauer-)Verein iSv § 54 mit all seinen vor allem haftungsrechtlichen Unterschieden (s. § 54 Rn 16 ff, insb. Rn 19 zur Mitgliederhaftung beim wirtschaftlichen Verein) fortbestehen zu lassen.[16]

11 **4. Die Abwicklung des nichtrechtsfähigen Vereins iSv § 54.** Beim nichtrechtsfähigen Verein iSv § 54 (n.e.V.) ist streitig, ob die Abwicklung nach den vereinsrechtlichen Vorschriften durch Liquidation analog § 47[17] oder aber nach den Regeln über die Auseinandersetzung der GbR analog § 730[18] zu erfolgen hat. Der wesentliche Unterschied zwischen den Abwicklungsregeln besteht darin, dass die vereinsrechtliche Liquidation grundsätzlich zwingend (Rn 8 ff), die gesellschaftsrechtliche Abwicklung dagegen satzungsdispositiv ist; zudem erhalten nach §§ 731, 734 regelmäßig die Vereinsmitglieder den Überschuss, ohne dass es auf eine entsprechende Satzungsregelung oder auf den Vereinszweck iSd § 45 Abs. 3 ankäme. Richtigerweise muss die entsprechende Anwendung der Vereinsvorschriften auf den n.e.V. (§ 54 Rn 2) auch den Liquidationszwang einschließen: Da den Gläubigern auch beim n.e.V., abgesehen von § 54 S. 2, in den Regel nur das Vereinsvermögen haftet (§ 54 Rn 16 f), besteht zum Schutz der Gläubiger das gleiche Bedürfnis für die Liquidation wie beim e.V. Die Verteilung des Liquidationsüberschusses einer GbR und eines n.e.V. sind zudem nicht vergleichbar: Die Gesellschafter können mit unterschiedlichen Anteilen an dem Vermögen der Gesellschaft beteiligt sein und erhalten folglich nach § 734 den Überschuss entsprechend ihrem verhältnismäßigen Anteil am Gewinn. Die Vereinsmitglieder bilden das Vermögen hingegen durch Zahlung von Beiträgen, die nicht zur Erwirtschaftung eines Gewinns, sondern zur Verwirklichung des Vereinszwecks erbracht werden. Die

10 Vgl zuletzt noch (*obiter*) BGHZ 96, 253, 256; ausf. dazu *Reuter*, ZHR 151 (1987), 237, 238 f, 255 f; MüKo/*Reuter*, § 41 Rn 2.

11 BGH MDR 1958, 756.

12 Vgl zu dieser „Abspaltungstheorie" etwa Erman/*Westermann*, § 41 Rn 7; *Flume*, BGB AT Bd. 1/2, § 6 I, S. 181 f; MüKo/*Reuter*, § 41 Rn 2; *Sauter/Schweyer/Waldner*, Rn 408; Staudinger/*Weick*, § 47 Rn 2.

13 Vgl MüKo/*Reuter*, § 41 Rn 1 ff, §§ 45–47 Rn 1; Staudinger/*Weick*, § 47 Rn 2.

14 Grundlegend *Bayer*, S. 181 ff, 220 ff; *K. Schmidt*, Verbandszweck, S. 293 ff, 296; *ders.*, GesR, 4. Aufl. 2002, § 24 VII 3 b bb; zust. Bamberger/Roth/*Schwarz/Schöpflin*, § 41 Rn 4, § 47 Rn 1; Soergel/*Hadding*, Vor § 41 Rn 4, § 47 Rn 1; iE auch *Oetker*, NJW 1991, 385, 390.

15 *K. Schmidt*, Verbandszweck, S. 303 ff; Soergel/*Hadding*, Vor § 41 Rn 4.

16 So aber *Bayer*, S. 71 ff, 75 ff, 212 ff; *K. Schmidt*, Verbandszweck, S. 299 ff, 296; Soergel/*Hadding*, Vor § 41 Rn 4; wie hier Bamberger/Roth/*Schwarz/Schöpflin*, Vor § 41 Rn 6, sowie verschiedene höchstrichterliche Äußerungen zum Verlust der Rechtsfähigkeit nach § 42 Abs. 1 aF, wonach die Rechtsfolgen des Verlustes der Rechtsfähigkeit und der Auflösung des Vereins dieselben seien, mithin das Vereinsvermögen nach § 49 Abs. 1 an die in der Satzung bestimmte Person falle bzw die Personenvereinigung nach § 47 zu liquidieren sei (so BGHZ 96, 253, 254; BGH ZIP 2001, 889 ff; BAG ZIP 2001, 129 m. Anm. *Reuter*, DZWiR 2001, 242).

17 Bamberger/Roth/*Schwarz/Schöpflin*, § 54 Rn 33 f; Erman/*Westermann*, § 54 Rn 16; *Habscheid*, AcP 155 (1954/55), 373, 411; MüKo/*Reuter*, §§ 45–47 Rn 12, § 54 Rn 42, 58; Palandt/*Ellenberger*, § 54 Rn 14; *Reichert*, Rn 5277; *K. Schmidt*, GesR, 4. Aufl. 2002, § 25 II 2 c; *Schöpflin*, Der nichtrechtsfähige Verein, 2003, S. 512; Staudinger/*Weick*, § 54 Rn 85; sympathisierend auch BGHZ 50, 325, 329.

18 RG WarnR 1920 Nr. 199; Soergel/*Hadding*, § 54 Rn 9.

Verteilung eines evtl Überschusses erfolgt zu gleichen Teilen, sofern die Satzung nichts Abweichendes bestimmt.

III. Der Liquidationsverein

1. Identität zwischen werbendem Verein und Liquidationsverein. Der Liquidationsverein ist als Rechtssubjekt mit dem werbenden Verein identisch; diese Aussage des § 49 Abs. 2 ist trotz dessen missverständlichen Wortlauts keine Fiktion, sondern gesetzliche Anordnung der Rechtsfolge, dass der Liquidationsverein keiner Neugründung bedarf, vielmehr die Grundlage seines Daseins und seine Organisation ohne weiteres dem aufgehobenen Verband zu entnehmen hat.[19] Geändert hat sich lediglich der **Vereinszweck**, der unter Verdrängung des ursprünglichen satzungsmäßigen Zwecks des werbenden Verbands nunmehr allein in der Abwicklung des Vereinsvermögens besteht.[20] 12

Demgemäß ist der aus einem e.V. entstandene Liquidationsverein nicht nur, wie eine lange herrschende Meinung[21] unter Hinweis auf den Wortlaut des § 49 Abs. 2 annahm, „teilrechtsfähig" – dh nur insoweit fähig, Träger von Rechten und Pflichten zu sein, als diese dem Liquidationszweck dienen[22] –, sondern **uneingeschränkt rechtsfähig**,[23] und zwar als nichtrechtsfähiger Verein iSv § 54 in den Fällen der Entziehung der Rechtsfähigkeit (vgl Rn 8 ff, § 41 Rn 3, 14 ff), als fortbestehende juristische Person in den Fällen der Auflösung (vgl Rn 8 ff, § 41 Rn 2, 6 ff). Dieses Ergebnis ist nicht nur – da das deutsche Recht eine „ultra-vires-Lehre" nicht kennt – dogmatisch konsistent, sondern entspricht auch allein praktischen Notwendigkeiten, da infolge der Vielzahl potenzieller Abwicklungsgeschäfte nicht immer wieder geprüft werden kann, ob das einzelne Geschäft vom Liquidationszweck noch gedeckt ist oder nicht. Dem an sich gerechtfertigten Anliegen, eine weitere werbende Tätigkeit des Vereins zu verhindern, kann besser dadurch Rechnung getragen werden, dass man einem offensichtlich liquidationsfremden Rechtsgeschäft nach den Grundsätzen über den Missbrauch der Vertretungsmacht (vgl § 48 Rn 8) die Anerkennung versagt.[24] 13

2. Das Organisationsrecht des Liquidationsvereins. Da der Eintritt in das Liquidationsverfahren an der Identität des Vereins nichts ändert, gilt auch die dem werbenden Verein gegebene Organisationsverfassung fort, insbesondere seine Satzung.[25] Durch den Liquidationszweck verdrängt werden jedoch alle Bestimmungen, die die Verfolgung des ursprünglichen Vereinszwecks voraussetzen und regeln. Dies wird insbesondere für einen Großteil der den Mitgliedern eingeräumten Rechte gelten, während die aus der Mitgliedschaft folgenden Verpflichtungen grundsätzlich fortbestehen; jedoch haben die Mitglieder – ebenso wie die Organe (vgl zu den Vorstandsmitgliedern/Liquidatoren § 49 Rn 1 f) – statt des ursprünglichen werbenden Zwecks nunmehr den Liquidationszweck zu fördern. Die Beitragspflicht erlischt mit Eintritt in das Liquidationsverfahren,[26] selbstverständlich unbeschadet der Verpflichtung, rückständige Beiträge zu erbringen;[27] auch kann die Satzung vorsehen, dass die Mitglieder noch die Abwicklung mit Beiträgen zu fördern haben.[28] Gegenstandslos werden auch die Bestimmungen der Satzung über den Eintritt neuer Mitglieder, da der Liquidationsverein keine neuen Mitglieder mehr aufnehmen kann (Rn 8).[29] Der Austritt von Mitgliedern bleibt möglich, selbst wenn der Verein dadurch alle Mitglieder verliert; anders als jedenfalls nach der Praxis beim werbenden Verein (s. § 41 Rn 20) führt dies im Hinblick auf § 49 Abs. 2 auch nicht zum sofortigen Erlöschen des Vereins.[30] 14

19 Staudinger/*Weick*, § 49 Rn 16.

20 Ganz hM, vgl BGHZ 96, 253, 255 = NJW 1986, 1604; Bamberger/Roth/*Schwarz/Schöpflin*, § 49 Rn 3; *Lieder*, ZSt 2005, 16, 18 f; MüKo/*Reuter*, § 41 Rn 87; Soergel/*Hadding*, § 49 Rn 1; anders *K. Schmidt*, GesR, 4. Aufl. 2002, § 11 V 4 c: Zweck des werbenden Verbands wird durch Liquidationszweck nur überlagert (gegen ihn *Lieder* aaO).

21 Vgl BGHZ 1, 325, 329; BGH NJW-RR 1986, 394; Palandt/*Ellenberger*, § 49 Rn 2; RGRK/*Steffen*, § 49 Rn 4.

22 Dies sollte zur Folge haben, dass der Liquidationsverein zB nicht mehr Erbe werden könne (BayObLGZ 1918/19, 192, 196), dass ihm kein Unterlassungsanspruch wegen Ehrverletzung und Kreditgefährdung mehr zustehen könne (RG JW 1936, 2351) oder dass seine tarifvertraglichen Bindungen erlöschen würden (BAGE 23, 46 = AP TVG § 2 Nr. 28 m. abl. Anm. *Wiedemann*; BAG NZA 1987, 246).

23 MüKo/*Reuter*, § 41 Rn 87, § 49 Rn 11 f; *Reichert*, Rn 4133; *K. Schmidt*, AcP 174 (1974), 55, 67 f; *ders.*, Verbandszweck, S. 294 f, 298 f; *ders.*, AcP 184 (1984), 529, 533 ff; Staudinger/*Weick*, § 49 Rn 17; Soergel/*Hadding*, § 49 Rn 11.

24 *Reichert*, Rn 4133; Soergel/*Hadding*, § 49 Rn 13.

25 *Reichert*, Rn 4137.

26 Vgl RG HRR 1937, Nr. 429; BGHZ 96, 253, 255 ff; MüKo/*Reuter*, § 49 Rn 3; *Reichert*, Rn 4142.

27 BGHZ 96, 253, 255 ff.

28 BGHZ 96, 253, 255 ff; MüKo/*Reuter*, § 49 Rn 3.

29 BGH NJW-RR 1995, 1237; *Reichert*, Rn 4143; Soergel/*Hadding*, § 49 Rn 9.

30 OLG Köln OLGZ 1968, 200, 206 f; *Reichert*, Rn 4153; Staudinger/*Weick*, § 49 Rn 16; anders BGH DB 1965, 1665.

IV. Die Fortsetzung des werbenden Vereins

15 **1. Die Fortsetzungsmöglichkeit.** Solange die Liquidation nicht durch vollständige Verteilung des Vereinsvermögens ihren Abschluss gefunden hat, kann der aufgelöste Verein durch einen Fortsetzungsbeschluss in den werbenden Zustand zurückversetzt werden, sofern auch der Eintritt in das Liquidationsstadium auf einem Entschluss der Vereinsorgane beruht (also nicht, wenn die Liquidation gegen den Willen des Vereins – etwa durch Verbot von staatlicher Seite – herbeigeführt worden ist). Diese Option ist zwar nur in § 42 Abs. 1 S. 2 und 3 ausdrücklich ausgesprochen (s. § 42 Rn 37); sie besteht jedoch immer dann, wenn und solange der Verein sich im Liquidationsstadium befindet, also nicht bei sofortiger Vollbeendigung ohne Liquidation oder bei Anfall an den Fiskus. Die Wiederaufnahme der werbenden Tätigkeit kann ungeachtet der bisherigen Rechtsform grundsätzlich sowohl als rechtsfähiger (eingetragener) oder als iSv § 54 nichtrechtsfähiger Verein geschehen. Der wirtschaftliche Verein iSv § 22 nimmt allerdings im Fall der Fortsetzung zwingend eine handelsrechtliche Gesellschaftsform an.

16 **2. Beseitigung des Beendigungsgrunds.** Der Grund, der zur Liquidation geführt hat, muss für die Fortsetzung beseitigt werden, widrigenfalls entfällt die Fortsetzungsoption. Wurde also die Rechtsfähigkeit entzogen und ist die Einziehung des Vereinsvermögens nicht aufgehoben bzw zurückgenommen, so kommt nur eine Fortsetzung als nichtrechtsfähiger Verein iSv § 54 infrage; erst mit einer Löschung von Amts wegen kann der aus diesem Grunde in Liquidation befindliche Verein als eingetragener Verein reaktiviert werden. Der nach Maßgabe des VereinsG verbotene Verein darf auch dann nicht fortgesetzt werden, wenn von einer Vermögenseinziehung abgesehen wurde (vgl § 8 VereinsG, §§ 13 Nr. 1, 36 ff BVerfGG). War die Rechtsfähigkeit wegen gesetzwidrigen Verhaltens entzogen, darf der Verein auch nicht als nicht eingetragener Verein iSv § 54 die verbotene Tätigkeit fortführen.

17 **3. Fortsetzung aufgrund Beschlusses der Mitgliederversammlung.** Die Fortsetzung, die den Verein aus einem Liquidationsverein wieder in den werbenden Verein zurückverwandelt, muss grundsätzlich durch die Mitgliederversammlung beschlossen werden. Die für die Fortsetzung erforderliche Beschlussmehrheit ist umstritten. Richtigerweise ist nach dem Beendigungsgrund zu differenzieren: Ergab sich der Beendigungsgrund aus der Satzung, so liegt in dem Fortsetzungsbeschluss zugleich eine Satzungsänderung, so dass die satzungsändernde Mehrheit (regelmäßig also eine Dreiviertelmehrheit, § 33 Abs. 1 S. 1) erforderlich ist; beruhte die Beendigung dagegen auf einem Beschluss der Mitgliederversammlung, so gilt die hierfür erforderliche Mehrheit auch für den Fortsetzungsbeschluss als actus contrarius (was in Ermangelung einer anderweitigen Regelung aber wiederum die Dreiviertelmehrheit ist, § 41 S. 2).[31] Wird mit dem Fortsetzungsbeschluss zugleich der ursprüngliche Vereinszweck geändert, so bedarf es der Einstimmigkeit (§ 33 Abs. 1 S. 2). Mitgliedern, die mit der Fortsetzung nicht einverstanden sind, steht ein außerordentliches Austrittsrecht zu, soweit mit einer Fortsetzung als nicht eingetragener Verein die persönliche Haftung verbunden wäre (vgl § 54 Rn 19 zur Mitgliederhaftung beim wirtschaftlichen Verein).

18 **4. Fortsetzung aufgrund Satzungsbestimmung.** Die Entscheidung, den Verein bei Verlust der Rechtsfähigkeit fortzusetzen, kann auch bereits in der Satzung getroffen sein, vgl § 42 Abs. 1 S. 3. Diese Satzungsbestimmung greift dann ein, sobald die Fortsetzung zulässig ist. Sie kann die Mitglieder zur Zustimmung zu einem ausdrücklichen (zB von der Finanzbehörde zur Klärung verlangten) Fortsetzungsbeschluss verpflichten.

V. Die Vollbeendigung des Vereins nach durchgeführter Liquidation

19 **1. Beendigung der Liquidation.** Die Bestimmungen der § 47 ff sind allein auf Vermögensliquidation ausgerichtet. Daher ist die Liquidation beendet, wenn der Verein **vermögenslos** ist, dh vor allem nach der Schlussverteilung des verwertbaren Aktivvermögens an die Anfallberechtigten (§ 49 Rn 7). Danach kann die Liquidation auch vor Ablauf der Jahresfrist des § 51 enden, wenn kein verteilungsfähiges Vermögen mehr vorhanden ist (§ 51 Rn 5). Das Vorhandensein von Vermögensgegenständen ohne geldwerte Verwertungsmöglichkeit (zB Geschäftspapieren) hindert die Beendigung der Liquidation nicht,[32] auch nicht das Vorhandensein nichtvermögensrechtlicher Ansprüche.[33] Umgekehrt führt die Verteilung des (restlichen) Vereinsvermögens an die Anfallberechtigten dann nicht die Vermögenslosigkeit (und mit ihr die Beendigung der Liquidation und das Erlöschen des Vereins) herbei, wenn die Verteilung einen bekannten Gläubiger übergangen hat oder unter Verstoß gegen §§ 50–52 erfolgte; denn in diesem Fall erwachsen dem Verein verwertbare

31 MüKo/*Reuter*, § 49 Rn 10; Soergel/*Hadding*, Vor § 41 Rn 23; Staudinger/*Weick*, § 49 Rn 21; aA (immer Dreiviertelmehrheit) KG JW 1935, 3636; Palandt/*Ellenberger*, § 41 Rn 7; in der Begründung abweichend auch LG Frankenthal Rpfleger 1955, 106: immer einfache Mehrheit; stets für satzungsändernde Mehrheit dagegen *K. Schmidt*, Verbandszweck, S. 305 ff; Erman/*Westermann*, § 41 Rn 7.

32 Bamberger/Roth/*Schwarz/Schöpflin*, § 49 Rn 13; Palandt/*Ellenberger*, § 49 Rn 3.

33 Soergel/*Hadding*, § 49 Rn 14.

Bereicherungsansprüche auf Rückgewähr gegen die Anfallberechtigten, so dass die Vermögenslosigkeit eine lediglich scheinbare ist (§ 51 Rn 5, § 53 Rn 3).

2. Konstitutive oder deklaratorische Löschung im Vereinsregister nach erfolgter Liquidation? Die Beendigung der Liquidation ist im Vereinsregister einzutragen (vgl § 74 sowie §§ 3, 4 Abs. 2 Nr. 2 VRV). Nach traditioneller und immer noch herrschender Auffassung[34] führt jedoch bereits der Abschluss der Liquidation durch restlose Verteilung aller Aktiva ohne weiteres zur Vollbeendigung des Vereins und damit zu seinem Erlöschen als selbständiges Rechtssubjekt; die nachfolgende Löschung im Vereinsregister sei **rein deklaratorisch**. Dem ist jedoch entgegenzuhalten, dass die Vermögenslosigkeit ein unscharfes und nicht selten schnellen Änderungen unterworfenes Kriterium darstellt, an das die weit reichende Rechtsfolge der Vollbeendigung nicht geknüpft werden sollte. Daher ist im Interesse der Rechtsklarheit die zum Kapitalgesellschaftsrecht entwickelte **Lehre vom Doppeltatbestand**[35] auch für den Verein vorzugswürdig, dh die Vollbeendigung des Vereins setzt neben der Vermögenslosigkeit auch die **konstitutive Löschungseintragung** im Vereinsregister voraus.[36] Für die Praxis ist gleichwohl bis auf weiteres von der traditionellen Auffassung auszugehen; dem folgt deshalb auch diese Kommentierung. 20

3. Wirkungen der Vollbeendigung. Mit Ende der Liquidation und, jedenfalls nach herrschender Auffassung, bereits vor deren Eintragung im Register (Rn 20) ist der Verein vollbeendet. Er ist dann **nicht mehr existent**, es kann jetzt insbesondere **kein Fortsetzungsbeschluss** mehr gefasst werden.[37] Etwaige steuerliche Aufbewahrungspflichten treffen grundsätzlich die Liquidatoren.[38] Zu den **Auswirkungen auf anhängige Prozesse** s. Rn 26. 21

VI. Die Nachtragsliquidation

Stellt sich nach Abschluss der Liquidation heraus, dass wider Erwarten noch Vermögenswerte vorhanden sind, so ist die Liquidation als sog. Nachtragsliquidation fortzuführen; hierfür lebt die (vermeintlich) erloschene Rechts- und Parteifähigkeit des Liquidationsvereins (Rn 24) wieder auf.[39] Die praktisch häufigste Fallgruppe entsteht durch das unvermutete „Auftauchen" durchsetzbarer Ansprüche gegen Vereinsmitglieder oder Dritte, darunter die Bereicherungsansprüche gegen die Anfallberechtigten bei verfrühter oder nicht ordnungsgemäßer Verteilung zulasten noch nicht befriedigter Gläubiger (§ 51 Rn 5, § 53 Rn 2 f). Nachtragsliquidation tritt nach hM auch dann ein, wenn beim Verein zwar materiell keine Vermögenswerte mehr vorhanden sind, aber eine Mitwirkung des Vereins zur Beseitigung formaler Rechtspositionen (zB Löschungen im Grundbuch) oder bei sonstigen der Abwicklung dienenden Maßnahmen (Durchführung einer steuerlichen Betriebsprüfung, Entgegennahme von zuzustellenden Schriftstücken) erforderlich ist.[40] Zuständig sind grundsätzlich die bisherigen Liquidatoren. Sofern in den bereits erfolgten Abschlusshandlungen der früheren Liquidatoren eine konkludente Niederlegung des Amtes zu sehen ist[41] oder wenn die Beendigung der Liquidation bereits zum Vereinsregister angemeldet wurde, müssen die Nachtragsliquidatoren nach §§ 48 Abs. 1 S. 1, 29 als Notabwickler bestellt werden. 22

C. Weitere praktische Hinweise

I. Auf die Liquidation bezogene Registeranmeldungen

Die **Liquidatoren sowie der Umfang ihrer Vertretungsmacht** sind durch den bisherigen Vorstand in vertretungsberechtigter Zahl zum Vereinsregister anzumelden (§ 76 Abs. 2 S. 1 und 2), was in der Regel zusammen mit der Anmeldung der Auflösung des Vereins geschieht. Der Anmeldung der durch Beschluss der Mitgliederversammlung gestellten Liquidatoren ist eine (unbeglaubigte) Abschrift des Beschlusses, der Anmeldung einer Bestimmung über die Beschlussfassung der Liquidatoren eine Abschrift der die Bestimmung 23

34 RGZ 109, 387, 391; 149, 293, 296; BGHZ 48, 303, 307; 53, 264, 266; 74, 212, 213; OLG Düsseldorf NJW 1966, 1034, 1035; ebenso *Heller*, S. 128 ff; *Hönn*, ZHR 138 (1974), 50 ff; *Reichert*, Rn 4315; *H. Schmidt*, S. 169 ff; Soergel/*Hadding*, § 49 Rn 14; Staudinger/*Weick*, § 49 Rn 20.

35 Vgl etwa BGH NJW-RR 1988, 477; ZIP 1994, 1685; OLG Stuttgart ZIP 1986, 647, 648; Jaeger/*Schilken*, InsO, 2004, § 26 Rn 47 f; *K. Schmidt*, GesR, 4. Aufl. 2002, § 11 V 6; *ders.*, GmbHR 1988, 209 ff; Scholz/*K. Schmidt*, GmbHG, 10. Aufl. 2010, § 60 Rn 56 ff; Uhlenbruck/*Hirte*, § 11 Rn 46.

36 Vgl Bamberger/Roth/*Schwarz/Schöpflin*, § 49 Rn 14; MüKo/*Reuter*, § 41 Rn 13, § 49 Rn 19; *K. Schmidt*, GesR, 4. Aufl. 2002, § 11 V 6; *ders.*, GmbHR 1988, 209 ff.

37 Bamberger/Roth/*Schwarz/Schöpflin*, § 41 Rn 20, § 49 Rn 13.

38 S. *Reichert*, Rn 4378.

39 BGHZ 53, 26, 266; Bamberger/Roth/*Schwarz/Schöpflin*, § 49 Rn 16; *Reichert*, Rn 4366.

40 Bamberger/Roth/*Schwarz/Schöpflin*, § 49 Rn 16; Soergel/*Hadding*, § 49 Rn 15; im Hinblick auf den auf Vermögensabwicklung beschränkten Zweck der Liquidation (Rn 2) ist das aber zweifelhaft.

41 Vgl Soergel/*Hadding*, § 51 Rn 15.

enthaltenden Urkunde beizufügen (§ 76 Abs. 2 S. 3). Die Anmeldepflicht des Vorstands besteht unabhängig davon, ob die bisherigen Vorstandsmitglieder als Liquidatoren berufen sind oder ob andere Personen anzumelden sind. Auch die **Beendigung der Liquidation** ist im Vereinsregister einzutragen (vgl § 74 sowie §§ 3, 4 Abs. 2 Nr. 2 VRV). Vgl im Übrigen die Kommentierung zu §§ 74, 76.

II. Der Liquidationsverein im Zivilprozess

24 **1. Prozessführung während des Liquidationsverfahrens.** Der Liquidationsverein ist nach wie vor als juristische Person uneingeschränkt rechtsfähig (Rn 13); ihm steht deshalb auch unproblematisch weiterhin die **volle Partei- und Beteiligtenfähigkeit** in einem gerichtlichen Verfahren zu. Da der Liquidationsverein mit dem werbenden Verein identisch ist (Rn 12), bleiben **anhängige Prozesse** von dem Eintritt des Vereins in das Liquidationsstadium grundsätzlich **unberührt**.[42] Dementsprechend ist der Eintritt in das Liquidationsverfahren im Zivilprozess auch kein Unterbrechungsgrund entsprechend § 240 ZPO; anders ist dies nur dann, wenn der Verein zeitweise ohne gesetzlichen Vertreter ist (§§ 241, 246 ZPO), insbesondere weil die bisherigen Vorstandsmitglieder nicht Liquidatoren werden und die Bestellung von Liquidatoren sich verzögert.[43] Auch der **Gerichtsstand** des Vereins bleibt unverändert, zumal der Sitz des Vereins im Liquidationsstadium nicht mehr verändert werden kann.

25 Anhängige Aktiv- oder Passivprozesse sind unter dem Aspekt der Abwicklung der laufenden Geschäfte (§ 49 Abs. 1, s. § 49 Rn 3) von den Liquidatoren **fortzuführen**, wenn sie einen vermögensrechtlichen Streitgegenstand haben;[44] sie können unter derselben Voraussetzung auch neu anhängig gemacht werden, wenn dies zur Vermeidung von Vermögensnachteilen zweckmäßig erscheint. Zu beenden (ggf durch kostenpflichtige Klagerücknahme gem. § 269 ZPO, notfalls durch Klageverzicht oder Anerkenntnis) ist jedoch ein Prozess, in dem es lediglich um die Kreditwürdigkeit oder die Ehre des Vereins geht.[45]

26 **2. Prozessführung nach Abschluss der Liquidation.** Ebenso wie die Rechtsfähigkeit endet auch die **Parteifähigkeit** (erst) mit der **Vollbeendigung** des Vereins, dh dann, wenn tatsächlich sämtliches Vermögen verteilt ist (Rn 19 ff); der förmliche Abschluss der Liquidation ist dagegen für sich genommen unerheblich.[46] Mit der Vollbeendigung des Vereins erlischt dieser als Rechts- wie auch (vgl § 50 Abs. 1 ZPO) als Prozesssubjekt. Dies bedeutet nicht nur, dass **keine neuen Prozesse** für oder gegen ihn anhängig gemacht werden können; vielmehr werden nach der Rechtsprechung des BGH auch die unter seiner Beteiligung **bereits anhängigen Aktiv- und Passivprozesse** grundsätzlich **ohne weiteres unzulässig**, die nach wie vor für oder gegen ihn erhobene Klage ist, wenn nicht Erledigung der Hauptsache erklärt wird, kostenpflichtig abzuweisen.[47]

27 Dies gilt jedoch nicht, wenn gerade darum gestritten wird, ob noch Vermögenswerte vorhanden sind; vermögensrechtliche **Aktivprozesse** führt der Verein deshalb grundsätzlich fort.[48] Etwas anderes soll auch dann gelten, wenn **nichtvermögensrechtliche Ansprüche gegen den Verein** geltend gemacht werden, zB der Zeugnisanspruch eines Arbeitnehmers oder dessen Klage auf Feststellung der Unwirksamkeit einer Kündigung.[49] Für die Dauer der **Nachtragsliquidation** lebt auch die Parteifähigkeit des Liquidationsvereins uneingeschränkt wieder auf (Rn 22).

28 Generell ist der (Liquidations-)Verein für die **Dauer des Streits um seine Parteifähigkeit** als parteifähig zu behandeln.[50] Zur Geltendmachung seiner Parteifähigkeit kann der Verein auch Rechtsmittel einlegen; das Rechtsmittelgericht muss, falls es die Parteifähigkeit gleichfalls verneint, das Rechtsmittel als unbegründet

42 RGZ 134, 91, 94; BGH WM 1964, 152, 153; BAG NJW 1988, 2637; BGHZ 74, 212, 213 m. Anm. *Theil*, JZ 1979, 567; Musielak/*Weth*, ZPO, § 50 Rn 18; *Reichert*, Rn 4134; Soergel/*Hadding*, § 49 Rn 4.

43 *Reichert*, Rn 4135.

44 RG HRR 1936, Nr. 1100; BGHZ 74, 212, 213 m. Anm. *Theil*, JZ 1979, 567; Soergel/*Hadding*, § 49 Rn 4.

45 RG HRR 1936, Nr. 1100; RG JW 1936, 2551; KG JW 1936, 672; Soergel/*Hadding*, § 49 Rn 4.

46 Vgl BGH NJW 1982, 238; 1988, 1321, 1322; 1996, 2035; BAG NJW 1988, 2638; BFH NJW 1990, 2647, 2648; Musielak/*Weth*, ZPO, § 50 Rn 18; *Reichert*, Rn 4134.

47 BGH WM 1976, 686; BGHZ 74, 212, 213 m. abl. Anm. *Theil*, JZ 1979, 567; BGH NJW 1983, 883, 884; 1988, 1321, 1322; Staudinger/*Weick*, § 49 Rn 20; aA insb. das BAG, vgl BAGE 36, 125, 128 f = JZ 1982, 372 m. zust. Anm. *Theil*; *Bork*, JZ 1991, 841, 848, 850; MüKo/*Reuter*, § 49 Rn 20 f; Musielak/*Weth*, ZPO, § 50 Rn 18; *K. Schmidt*, GesR, 4. Aufl. 2002, § 11 V 6 c; Soergel/*Hadding*, § 49 Rn 14; s.a. OLG Koblenz ZIP 1998, 967: keine Vermögenslosigkeit im Hinblick auf bedingten Kostenerstattungsanspruch der beklagten Partei.

48 RGZ 134, 91, 94; BGH WM 1986, 145; VersR 1991, 121; NJW-RR 1995, 1237; BAG NJW 1988, 2637, 2638; MüKo/*Reuter*, § 49 Rn 20; Musielak/*Weth*, ZPO, § 50 Rn 18; *K. Schmidt*, GesR, 4. Aufl. 2002, § 11 V 6 c.

49 BAGE 36, 125, 128 f; Musielak/*Weth*, ZPO, § 50 Rn 18; weiter gehend Soergel/*Hadding*, § 49 Rn 14: nichtvermögensrechtliche Ansprüche ohne Rücksicht auf die Parteirolle; vgl auch BGH WM 1965, 1132; NJW-RR 1995, 1237, 1238.

50 Sog. Zulassungsstreit, vgl allg. BGHZ 24, 91, 94; BGH NJW 1993, 2943, 2944; Musielak/*Weth*, ZPO, § 50 Rn 15.

zurückweisen, nicht als unzulässig.[51] Einer auf den Wegfall der Parteifähigkeit gestützten Erledigungserklärung des Gegners kann der Verein widersprechen und Klageabweisung beantragen.[52]

III. Liquidation und Zwangsvollstreckung

Während des Liquidationsverfahrens sind Vollstreckungsmaßnahmen gegen den Verein unproblematisch zulässig. Nach der Vollbeendigung ist die Einleitung oder Fortführung eines Vollstreckungsverfahrens unzulässig,[53] aber natürlich – mangels Vollstreckungssubstrats – auch sinnlos. 29

IV. Zum Verhältnis von Liquidation und Insolvenzverfahren

1. Die Insolvenz des Liquidationsvereins. Der Liquidationsverein ist – unabhängig davon, ob als e.V. oder als nichtrechtsfähiger Verein iSv § 54 – gem. § 11 Abs. 3 InsO in gleicher Weise **insolvenzfähig** wie der werbende e.V., solange die Verteilung des Vereinsvermögens noch nicht abgeschlossen ist (§ 42 Rn 4, § 54 Rn 43). Dies gilt jedoch nicht, wenn die Auflösung auf den Austritt oder Wegfall sämtlicher Mitglieder zurückzuführen ist; die Abwicklung erfolgt in diesem Fall, sofern erforderlich, durch einen nach § 1913 zu bestellenden Pfleger (Rn 5, § 41 Rn 20). Nur für den Fall, dass sich der Verein bei Austritt sämtlicher Mitglieder bereits im Liquidationsstadium befindet, fingiert § 49 Abs. 2 ausnahmsweise die Fortgeltung der Insolvenzfähigkeit (§ 41 Rn 20). Ist ein Verein **im Vereinsregister gelöscht** worden, so ist er grundsätzlich nicht mehr existent und als solcher nicht mehr insolvenzfähig, nach der Lehre vom Doppeltatbestand allerdings nur unter der zusätzlichen Voraussetzung, dass er auch vermögenslos ist (Rn 20). In der Liquidation sind die Liquidatoren nach §§ 48 Abs. 2, 42 Abs. 2, 53 anstelle der Vorstandsmitglieder zur Stellung des Insolvenzantrags verpflichtet, sobald sich erweist, dass das Vermögen des Liquidationsvereins nicht zur Befriedigung aller Gläubiger ausreicht.[54] 30

2. Verdrängung des Liquidationsverfahrens durch die insolvenzmäßige Abwicklung. Ist das Insolvenzverfahren – sei es über das Vermögen des werbenden Vereins, sei es über das Vermögen des Liquidationsvereins – einmal eröffnet, so verdrängen die Bestimmungen der InsO über die insolvenzmäßige Abwicklung die Regelungen der §§ 47 ff über die vereinsrechtliche Liquidation (Rn 6). Hieraus folgt zugleich, dass der Insolvenzverwalter den Verein nach Maßgabe von § 199 S. 2 InsO bis zur Löschungsreife abzuwickeln hat, nicht etwa muss im Anschluss an das Insolvenzverfahren bzw parallel dazu eine außergerichtliche Liquidation stattfinden (Rn 6, § 42 Rn 27). 31

§ 48 Liquidatoren

(1) [1]Die Liquidation erfolgt durch den Vorstand. [2]Zu Liquidatoren können auch andere Personen bestellt werden; für die Bestellung sind die für die Bestellung des Vorstands geltenden Vorschriften maßgebend.

(2) Die Liquidatoren haben die rechtliche Stellung des Vorstands, soweit sich nicht aus dem Zwecke der Liquidation ein anderes ergibt.

(3) Sind mehrere Liquidatoren vorhanden, so sind sie nur gemeinschaftlich zur Vertretung befugt und können Beschlüsse nur einstimmig fassen, sofern nicht ein anderes bestimmt ist.

Literatur: *Grziwotz*, Die Liquidation von Kapitalgesellschaften, Genossenschaften und Vereinen, DStR 1992, 1404; *K. Schmidt*, Liquidationszweck und Vertretungsmacht der Liquidatoren, AcP 174 (1974), 55; *ders.*, Ultra-vires-Doktrin: tot oder lebendig? – Bemerkungen zur Organvertretungsmacht, AcP 184 (1984), 529; *Schwarz*, Die Publizität der Vertretungsmacht des Vorstands und der Liquidatoren eines Vereins, NZG 2002, 1033; *ders.*, Die Mehrheitsvertretung des Vereinsvorstandes und deren Eintragung im Vereinsregister, Rpfleger 2003, 1. Siehe auch die Literatur bei § 41.

51 BGHZ 24, 91, 94; 74, 212, 214 f.
52 BGH NJW-RR 1986, 394.
53 OLG Düsseldorf NJW 1966, 1034, 1035.
54 Vgl MüKo/*Reuter*, § 42 Rn 15; Soergel/*Hadding*, § 42 Rn 11.

A. Allgemeines

1 Nicht anders als der werbende Verein bedarf auch der abzuwickelnde Verein eines Organs zur Wahrnehmung der anfallenden Geschäftsführungs- und Vertretungsaufgaben. Diese Aufgabe übernehmen die Liquidatoren. § 48 regelt die **Auswahl** der Liquidatoren (Abs. 1), deren **Rechtsstellung** (Abs. 2) und deren **Beschlussfassung** (Abs. 3). Leitend ist der Gedanke, so wenig wie möglich in die Organisationsstruktur des Vereins einzugreifen. Zu den **Aufgaben** des Liquidators vgl § 49 Rn 2 ff.

B. Regelungsgehalt

I. Auswahl der Liquidatoren (Abs. 1)

2 **1. Kontinuität des Vorstandsamts im Liquidatorenamt.** In Ermangelung besonderer Satzungsbestimmungen (Rn 3) werden die Mitglieder des bei Eintritt der Liquidation vorhandenen **Vorstands** (§ 26) gem. Abs. 1 S. 1 ohne besonderen Bestellungsakt zu Liquidatoren des Vereins (**„geborene Liquidatoren“**); zugleich wird die entsprechende Anwendung der Vorschriften über die Vorstandsbestellung (§§ 27 Abs. 1, 29) angeordnet. Insofern besteht eine korporationsrechtliche **Verpflichtung der bisherigen Vorstandsmitglieder**, das Liquidatorenamt wahrzunehmen;[1] dieser können sie sich nur durch Amtsniederlegung (Rn 11) entziehen. Ein Recht auf Bestellung zum Liquidator trotz gegenteiliger Satzungsbestimmung haben die bisherigen Vorstandsmitglieder (selbstverständlich) nicht.

3 **2. Bestimmung der Liquidatoren durch die Satzung.** Die Satzung kann aber auch eigenständige Bestimmungen über die zu Liquidatoren zu bestellenden Personen enthalten (**„gekorene Liquidatoren“**). Anstelle der Vorstandsmitglieder können auf diese Weise auch „andere Personen“ bestellt werden (Abs. 1 S. 2 Hs 1). Zulässig ist selbstverständlich auch eine „gemischte“ Zusammensetzung aus bisherigen Vorstandsmitgliedern und „anderen Personen“. Fähig, das Amt des Liquidators auszuüben, sind Vereinsmitglieder ebenso wie Nichtmitglieder, insbesondere externe „Abwicklungsexperten“.[2] Zu Liquidatoren können auch Personengesellschaften oder juristische Personen bestellt werden.[3] Die zu bestellenden Personen müssen in der Satzung bereits bestimmt bezeichnet sein; bloße Bestimmbarkeit genügt nicht.[4] Die Bestellung als solche kann auch durch die Satzung nicht einem Dritten übertragen werden,[5] jedoch kann eine entsprechende Satzungsbestimmung als Benennungsrecht auszulegen sein mit der Folge, dass die Mitgliederversammlung bei der Bestellung grundsätzlich hieran gebunden ist.[6]

4 **3. Bestimmung der Liquidatoren durch die Mitgliederversammlung.** Hat der Verein im Moment des Eintritts in das Liquidationsverfahren keinen Vorstand oder lehnt die durch die Satzung zum Liquidator bestimmte Person die Annahme des Amts ab, so muss die Mitgliederversammlung oder das an ihrer Stelle satzungsmäßig bestimmte Vereinsorgan die Bestellung vornehmen, dh die erforderliche Zahl von Liquidatoren wählen.[7] Für die Wahl ist in Ermangelung abweichender Satzungsbestimmung die einfache Mehrheit der Stimmen erforderlich und ausreichend.[8] Der Vorgeschlagene kann sich, sofern er Vereinsmitglied ist, an der Abstimmung beteiligen.[9]

5 **4. Bestimmung eines Notliquidators durch das Amtsgericht.** Ist ein ordnungsgemäßer Liquidator nicht vorhanden, so kann das Amtsgericht dem Liquidationsverein in dringenden Fällen auf Antrag einen Notliquidator bestellen (§§ 48 Abs. 2, 29).[10] Antragsberechtigt ist jedes Vereinsmitglied, jeder Vereinsgläubiger sowie die amtierenden oder ausgeschiedenen Liquidatoren (sofern eines von mehreren vorgesehenen Liquidatorenämtern vakant ist). Das Gericht entscheidet ohne Bindung an etwaige Vorschläge des Antragstellers nach

1 MüKo/*Reuter*, § 48 Rn 1; Staudinger/*Weick*, § 48 Rn 1; aA *Reichert*, Rn 4159.
2 MüKo/*Reuter*, § 48 Rn 1.
3 *Reichert*, Rn 4160 MüKo/*Reuter*, § 48 Rn 2; Soergel/*Hadding*, § 48 Rn 3.
4 *Reichert*, Rn 4162; aA Soergel/*Hadding*, § 48 Rn 2.
5 *Reichert*, Rn 4160; vgl auch RGZ 145, 99, 104 (zur GmbH); aA LG Siegen Rpfleger 1964, 267; LG Hildesheim NJW 1965, 2400; LG Krefeld Rpfleger 1968, 17; Soergel/*Hadding*, § 48 Rn 2; *Stöber*, Rn 252.
6 *Reichert*, Rn 4160.
7 *Reichert*, Rn 4164.
8 *Reichert*, Rn 4165.
9 *Reichert*, Rn 4165.
10 BayObLGZ 1955, 288, 290 (zur GmbH); BayObLGZ 1976, 126, 129; *Reichert*, Rn 4168; Soergel/*Hadding*, § 48 Rn 4; Staudinger/*Weick*, § 48 Rn 2.

pflichtgemäßem Ermessen, wie viele Liquidatoren bestellt werden, welchen Aufgabenkreis sie erhalten und für welchen Zeitraum sie tätig werden sollen. Die Bestellung kann von einer Vergütungszusage des Vereins oder des Antragstellers abhängig gemacht werden, gegebenenfalls auch von der Leistung eines entsprechenden Vorschusses.[11] Werden mehrere Notliquidatoren bestellt, so legt das Gericht fest, ob sie zur Allein- oder Kollektivvertretung berufen sind. Der Bestellte ist zur Annahme des Amts verpflichtet, ohne hierzu jedoch gezwungen werden zu können.[12] Einen Notliquidator kann nur das Gericht wieder abberufen.[13]

II. Die Rechtsstellung der Liquidatoren (Abs. 2)

Da die Liquidatoren die rechtliche Stellung eines Vorstands haben (§ 48 Abs. 2), ist bei ihnen, ebenso wie hinsichtlich der Mitglieder des Vorstands (§ 27 Rn 5), zwischen der durch die Bestellung erlangten korporationsrechtlichen Organstellung und dem zu Grunde liegenden schuldrechtlichen Anstellungsverhältnis (Auftrags- oder Dienstvertragsverhältnis) zu unterscheiden.[14] Wird die Liquidation durch die bisherigen Vorstandsmitglieder durchgeführt (Rn 2), so erfährt ihre entsprechende Rechtsstellung durch den Übergang in das Liquidationsstadium keine Veränderung; das organschaftliche Vorstandsverhältnis wandelt sich in ein organschaftliches Liquidatorenverhältnis, das Anstellungsverhältnis bleibt unberührt.[15] Bei neu bestellten Liquidatoren werden diese Rechtsverhältnisse mit der Übernahme des Amts neu begründet. Eine Vergütung oder Aufwandsentschädigung erhält der Liquidator in diesem Fall nur, wenn sich dies aus der Satzung[16] bzw – im Falle der Bestellung eines Notliquidators – aus dem gerichtlichen Bestellungsbeschluss ergibt oder wenn er dies vor der Übernahme des Amts mit dem (ordnungsgemäß vertretenen) Verein vereinbart hat. 6

III. Geschäftsführung und Vertretung

1. Die Geschäftsführungsbefugnis der Liquidatoren. Den Liquidatoren obliegt im Rahmen des Liquidationszwecks (vgl § 47 Rn 2, 12, § 49 Rn 1) gleich dem Vorstand die Geschäftsführung des Vereins. Die Mitgliederversammlung kann den Liquidatoren weder die Liquidationsaufgabe entziehen noch ihnen Weisungen erteilen, schon weil die Liquidatoren gem. § 53 den Gläubigern gegenüber haftungsrechtlich einzustehen haben.[17] 7

2. Die Vertretungsbefugnis der Liquidatoren. Der Aufgabenbereich und damit die Geschäftsführungsbefugnis der Liquidatoren wird durch die Liquidationszweck begrenzt (Rn 7, § 47 Rn 2, 12, § 49 Rn 1). **Ebenso wenig wie die Rechtsfähigkeit** des Liquidationsvereins (§ 47 Rn 13) ist deshalb jedoch zugleich die **Vertretungsbefugnis** der Liquidatoren **durch den Liquidationszweck beschränkt**; vielmehr sind Geschäftsführungsbefugnis (Innenverhältnis) und Vertretungsmacht (Außenverhältnis) richtiger Ansicht nach zu trennen.[18] Geschäfte, die dem Liquidationszweck offensichtlich zuwiderlaufen, können allerdings nach den Grundsätzen des **Missbrauchs** der Vertretungsmacht dem Verein gegenüber unwirksam sein;[19] hierzu gehört etwa die Aufnahme neuer Mitglieder.[20] Zu beachten sind zudem **satzungsmäßige Beschränkungen** der Vertretungsbefugnis, und zwar sowohl solche Beschränkungen, die an sich den Vorstand des werbenden Vereins betrafen und für die personenidentischen Liquidatoren ohne weiteres fortgelten, als auch speziell die für die Liquidationsfall satzungsmäßig vorgesehenen Beschränkungen (Rn 10), jeweils unter der Voraussetzung der **Eintragung** im Vereinsregister (§§ 64, 76 Abs. 1 S. 2, Abs. 2 S. 2, s. dazu § 76 Rn 2). 8

3. Willensbildung und Vertretung bei Vorhandensein mehrerer Liquidatoren (Abs. 3). a) Die Willensbildung der Liquidatoren. Die Liquidatoren müssen – in Abweichung von dem für die Beschlussfassung des Vereinsvorstands geltenden Mehrheitsprinzip (§§ 28 Abs. 1, 32 Abs. 1 S. 3) – ihre Beschlüsse 9

11 *Reichert*, Rn 4169.

12 Vgl BayObLGZ 1996, 129, 131; OLG Hamm NJW-RR 1996, 996, 997; *Reichert*, Rn 4168.

13 *Reichert*, Rn 4172; Soergel/*Hadding*, § 29 Rn 16; vgl auch BayObLGZ 1978, 243, 250; BayObLG Rpfleger 1987, 250, 251; anders die hM zur GmbH, vgl Scholz/*K. Schmidt*, GmbHG, 10. Aufl. 2010, § 66 Rn 42.

14 *Reichert*, Rn 4174.

15 *Reichert*, Rn 4175; Soergel/*Hadding*, § 48 Rn 1.

16 *Reichert*, Rn 4169.

17 MüKo/*Reuter*, § 48 Rn 5; Soergel/*Hadding*, § 48 Rn 5, § 49 Rn 1; aA Staudinger/*Weick*, § 48 Rn 3 f.

18 Bamberger/Roth/*Schwarz/Schöpflin*, § 49 Rn 12; MüKo/*Reuter*, § 49 Rn 9; *K. Schmidt*, GesR, 4. Aufl. 2002, § 11 V 4 d; *ders.*, AcP 174 (1974), 55, 67 ff; *ders.*, AcP 184 (1984), 529, 533; *Reichert*, Rn 4188; Soergel/*Hadding*, §§ 48 Rn 5, 49 Rn 3, 13; Staudinger/*Weick*, § 49 Rn 14 f; aA (keine Vertretungsbefugnis für Geschäfte, die nicht dem Liquidationszweck dienen, aber nur, wenn Vertragspartner dies erkennen musste, jew. vom Verein zu beweisen) die bislang hM, vgl RGZ 146, 376, 377; RG JW 1936, 2651; BGH NJW 1984, 982; Erman/*Westermann*, § 49 Rn 2, 5; *Grziwotz*, DStR 1992, 1404, 1405; Palandt/*Ellenberger*, § 48 Rn 2.

19 Soergel/*Hadding*, § 49 Rn 13; Staudinger/*Weick*, § 49 Rn 15; *Reichert*, Rn 4189; vgl zur GmbH auch BayObLG GmbHR 1985, 392; 1986, 269; Scholz/*K. Schmidt*, GmbHG, 10. Aufl. 2010, § 70 Rn 3; *K. Schmidt*, AcP 174 (1974), 55, 75.

20 MüKo/*Reuter*, § 49 Rn 9; s.a. BGH NJW-RR 2004, 900, 902 (zur Genossenschaft); aA *Lieder* ZSt 2005, 16, 18 (unzulässig, aber wirksam); noch weitergehend *K. Schmidt*, GesR, 4. Aufl. 2002, § 11 V 4 d: zulässig und wirksam.

grundsätzlich einstimmig fassen, sofern nicht ein anderes bestimmt ist (§ 48 Abs. 3 nF)[21]. Eine abweichende Bestimmung kann insbesondere die Satzung vorsehen, so etwa, dass auch die Liquidatoren ihre Beschlüsse nach dem Mehrheitsprinzip fassen oder dass bei Vorhandensein von zwei Liquidatoren die Stimme eines von ihnen, etwa des bisherigen Vorstandsvorsitzenden, den Ausschlag gibt. Ausreichend ist auch ein Beschluss der Mitgliederversammlung über eine abweichende Beschlussfassung, der anlässlich der Auflösung des Vereins oder der Bestellung der Liquidatoren vorgenommen worden ist, weil die zulässige „anderweitige Bestimmung" nicht auf eine Satzungsänderung abzielt.[22] Von der Grundregel des § 48 Abs. 3 abweichende Bestimmungen über die Beschlussfassung der Liquidatoren bedürfen allerdings zu ihrer Wirksamkeit der Eintragung im Vereinsregister (§§ 64, 76 Abs. 1 S. 2, Abs. 2, s. § 76 Rn 2).

10 **b) Die Außenvertretung des Liquidationsvereins.** Entsprechend den Regeln über die Willensbildung der Liquidatoren (Rn 9) regelt das Gesetz nunmehr auch die **Aktivvertretung** des Liquidationsvereins nach außen, wenn mehrere Liquidatoren vorhanden sind: Sofern „nichts anderes bestimmt ist" (§ 48 Abs. 3), ist die Mitwirkung aller Liquidatoren erforderlich, es gilt also das Prinzip der Gesamtvertretung.[23] Eine abweichende Bestimmung – insb. Mehrheitsgeschäftsführung und -vertretung (vgl § 26 Rn 4 ff, 10, § 28 Rn 2 ff) oder Einzelgeschäftsführung und -vertretung – liegt insbesondere dann vor, wenn die **Satzung** etwas anderes besagt (vgl §§ 40, 28 Abs. 1); jedoch gilt eine satzungsgemäße Erweiterung der Vertretungsmacht des Vorstandes, wie zB die Gestattung des Selbstkontrahierens (§ 181), nicht ohne weiteres auch für die Liquidation.[24] Anders als für den Vorstand (§ 28 Abs. 1) kann nach hM auch ein **Beschluss der Mitgliederversammlung** eine abweichende Bestimmung treffen.[25] Gilt danach Gesamtvertretung, so müssen nicht notwendig alle Liquidatoren gemeinschaftlich handeln; es genügt, dass sie einen der Liquidatoren zum Alleinhandeln ermächtigen. Ist dem Verein gegenüber eine Willenserklärung abzugeben (**Passivvertretung**), so besteht ohnehin Einzelvertretungsmacht, dh es genügt der Zugang bei einem Liquidator (§§ 48 Abs. 2, 28 Abs. 2).

IV. Die Beendigung des Liquidatorenamts

11 **1. Amtsniederlegung.** Der Liquidator kann sein Amt jederzeit – jedoch nicht zur „Unzeit" (entsprechend § 671 Abs. 2)[26] – mit sofortiger Wirkung niederlegen; eines wichtigen Grundes hierfür bedarf es nicht.[27] Die Erklärung ist im Regelfall dem Verein gegenüber abzugeben, dh gegenüber den übrigen Liquidatoren; legt der einzige (verbliebene) Liquidator sein Amt nieder, so genügt aber auch die Abgabe der Erklärung gegenüber den Vereinsmitgliedern bzw, wenn es auch an solchen fehlt, dem Gericht.[28] Ist der Liquidator aus dem Anstellungsverhältnis zur Durchführung der Liquidation verpflichtet, macht er sich durch die Amtsniederlegung schadensersatzpflichtig (§ 280 Abs. 1); an deren korporationsrechtlicher Zulässigkeit und Wirksamkeit ändert dies aber nichts.

12 **2. Abberufung.** Ebenso wie die Mitglieder des Vorstands können die Liquidatoren, auch die „geborenen" (Abs. 1 S. 1), von der Mitgliederversammlung, **abberufen** werden (§§ 48 Abs. 2, 27 Abs. 2 S. 1); einen Notliquidator kann jedoch nur das Gericht wieder abberufen (Rn 5). Eines wichtigen Grundes für die Abberufung bedarf es im Allgemeinen[29] nicht, selbst wenn die Satzung (§ 27 Abs. 2 S. 2) dies für den Vorstand vorsieht; denn die entsprechende Anwendbarkeit der Vorschriften über den Vorstand (§ 48 Abs. 2) findet ihre Grenze am Liquidationszweck, der hier verlangt, dass das Liquidationsverfahren nicht mit dem Streit über das Vorliegen eines wichtigen Abberufungsgrundes belastet wird.[30] Der Abberufungsbeschluss bedarf lediglich der einfachen Mehrheit in der Mitgliederversammlung.

21 Redaktionelle Änderung des Wortlauts von § 48 Abs. 3 durch das Gesetz zur Erleichterung elektronischer Anmeldungen zum Vereinsregister und anderer vereinsrechtlicher Änderungen, vgl dazu BT-Drucks. 16/12542 S 19; s. dazu Bamberger/Roth/*Schwarz/Schöpflin*, § 48 Rn 4; *Reuter*, ZGR 2009, 1368, 1372; *Schöpflin*, Rpfleger 2010, 349, 350; *Terner*, DNotZ 2010, 5, 11.

22 *Reichert*, Rn 4183.

23 So auch bisher schon die hM, vgl OLGR Hamburg 1998, 109, 110 f; *Schwarz*, Rpfleger 2003, 1, 6; MüKo/*Reuter*, § 48 Rn 6; Palandt/*Ellenberger*, § 48 Rn 2; Soergel/*Hadding*, § 48 Rn 6.

24 BayObL Rpfleger 1985, 301; BayObLGZ 1987, 153; OLG Hamburg OLGR 1998, 109, 110 f; LG Berlin Rpfleger 1987, 250; Soergel/*Hadding*, § 48 Rn 5; aA für Vorstandsmitglieder als „geborene" Liquidatoren *Reichert*, Rn 4204.

25 *Reichert*, Rn 4184; *Sauter/Schweyer/Waldner*, Rn 411; Soergel/*Hadding*, § 48 Rn 6; Staudinger/*Weick*, § 48 Rn 5; aA MüKo/*Reuter*, § 48 Rn 6; *Stöber*, Rn 834: die Willensbildung auch im Liquidationsstadium gehöre zu den satzungsmäßig zu regelnden Grundentscheidungen.

26 Soergel/*Hadding*, § 48 Rn 1.

27 BayObLG NJW-RR 1994, 617; *Reichert*, Rn 4180; Soergel/*Hadding*, § 48 Rn 6; *Stöber*, Rn 845; vgl auch BayObLG WM 1982, 1288, 1290 f; 1982, 1291, 1292.

28 *Reichert*, Rn 4181.

29 Anders, wenn dem Liquidator ein Sonderrecht (§ 35) auf dieses Amt zusteht, *Reichert*, Rn 4178; Soergel/*Hadding*, § 48 Rn 3.

30 MüKo/*Reuter*, § 48 Rn 1; *Reichert*, Rn 4178; Soergel/*Hadding*, § 48 Rn 3.

V. Die Haftung der Liquidatoren

Die Liquidatoren haften dem **Verein** ggf gem. § 280 Abs. 1 wegen Verletzung ihrer Pflichten aus dem organschaftlichen Rechtsverhältnis (§§ 48 Abs. 2, 27 Abs. 3, s. Rn 6) und dem Anstellungsverhältnis (Rn 6). **Dritten** gegenüber haften die Liquidatoren für Pflichtverletzungen über §§ 823 ff hinaus nach § 53 persönlich (§ 53 Rn 1, 6); hinzu tritt die Haftung des Vereins nach § 31. 13

C. Weitere praktische Hinweise

Die Liquidatoren sind gemäß § 76 Abs. 1 **im Vereinsregister einzutragen**; das Gleiche gilt für eine von § 48 Abs. 3 abweichende Regelung der Beschlussfassung sowie der Vertretungsmacht der Liquidatoren (§§ 76 Abs. 1 S. 2, 76 Abs. 2 S. 2). Zur Anmeldung der Änderung verpflichtet ist bei Erstanmeldung der Vorstand (§ 76 Abs. 2), bei Änderungen sind es die Liquidatoren. Gerichtlich bestellte Liquidatoren (§ 29) werden von Amts wegen eingetragen (§ 76 Abs. 3). Siehe im Einzelnen § 76 Rn 1 ff. Zur **Rechtsstellung des Liquidationsvereins im Zivilprozess** s. § 47 Rn 24. 14

§ 49 Aufgaben der Liquidatoren

(1) [1]Die Liquidatoren haben die laufenden Geschäfte zu beendigen, die Forderungen einzuziehen, das übrige Vermögen in Geld umzusetzen, die Gläubiger zu befriedigen und den Überschuss den Anfallberechtigten auszuantworten. [2]Zur Beendigung schwebender Geschäfte können die Liquidatoren auch neue Geschäfte eingehen. [3]Die Einziehung der Forderungen sowie die Umsetzung des übrigen Vermögens in Geld darf unterbleiben, soweit diese Maßregeln nicht zur Befriedigung der Gläubiger oder zur Verteilung des Überschusses unter die Anfallberechtigten erforderlich sind.
(2) Der Verein gilt bis zur Beendigung der Liquidation als fortbestehend, soweit der Zweck der Liquidation es erfordert.

Literatur: *K. Schmidt*, Liquidationszweck und Vertretungsmacht der Liquidatoren, AcP 184 (1984), 55; *ders.*, Ultra-vires-Doktrin: tot oder lebendig? – Bemerkungen zur Organvertretungsmacht, AcP 184 (1984), 529. Siehe auch die Literatur bei § 41.

A. Allgemeines

Das Liquidationsverfahren dient der Vermögensabwicklung, nämlich dazu, das Vereinsvermögen „in Geld umzusetzen", die Gläubiger zu befriedigen und den Liquidationsüberschuss „den Anfallberechtigten auszuantworten" (vgl § 49 Abs. 1 S. 1); dem korrespondiert der nunmehr auf Abwicklung gerichtete **Zweck des Liquidationsvereins** (§ 47 Rn 2, 12). Diesem geänderten Zweck entsprechend regelt § 49 Abs. 1 die **Aufgaben** der Liquidatoren im Innenverhältnis zum Verein; zur **Vertretungsmacht** nach außen vgl § 48 (§ 48 Rn 8 ff). Abs. 2 behandelt den **Fortbestand des Vereins** während des Liquidationsverfahrens (s. Rn 11 und § 47 Rn 12 ff). 1

B. Regelungsgehalt

I. Aufgaben der Liquidatoren (Abs. 1)

1. Übersicht. Abs. 1 bestimmt die im Innenverhältnis zum Liquidationsverein bestehenden Geschäftsführungsaufgaben der Liquidatoren und den zwingenden Mindestumfang ihrer Geschäftsführungsbefugnisse.[1] Ebenso wie für die Liquidatoren einer Kapitalgesellschaft oder Genossenschaft (vgl § 268 Abs. 1 AktG, § 70 GmbHG, § 88 GenG) besteht die Aufgabe der Liquidatoren des e.V. deshalb darin, die laufenden Geschäfte des Vereins zu beendigen, Außenstände einzuziehen, das (übrige) Vereinsvermögen möglichst vorteilhaft in Geld umzusetzen, die Gläubiger zu befriedigen und einen etwa vorhandenen Überschuss an die Anfallbe- 2

1 Bamberger/Roth/*Schwarz/Schöpflin*, § 49 Rn 6; Soergel/*Hadding*, § 49 Rn 1 f; Staudinger/*Weick*, § 49 Rn 2.

rechtigten auszukehren. Die Liquidatoren erledigen die Geschäftsführung nach pflichtgemäßem Ermessen; einer Absegnung der Abwicklungsstrategie durch die Mitgliederversammlung bedarf es nicht, auch nicht bei komplexen Organisationen.[2]

3 **2. Beendigung laufender Geschäfte.** Die Liquidatoren haben „die laufenden Geschäfte zu beendigen" (§ 48 Abs. 1 S. 1). Der Begriff **„laufende Geschäfte"** ist weit auszulegen; er umfasst alles, was erforderlich ist, um den Eintritt von Vermögensnachteilen zu verhindern.[3] Sowohl zur Beendigung schwebender Geschäfte als auch zur bestmöglichen Verwertung des vorhandenen Vereinsvermögens können die Liquidatoren deshalb auch **neue Geschäfte** eingehen (Abs. 1 S. 2); dadurch wird zugleich die – vorübergehende – **Fortführung eines wirtschaftlichen Geschäftsbetriebs** gestattet, wenn und soweit die einzelne Maßnahme für die Verwertung des Vereinsvermögens von Vorteil und Bestandteil einer auf Abwicklung gerichteten Strategie ist.[4] Unzulässig ist jedoch die Neubegründung oder Aufrechterhaltung von Rechtsbeziehungen, die den inzwischen weggefallenen **Zwecken des werbenden Vereins** dienen.[5] Geschäfte, deren Beendigung nicht möglich ist oder die vermögensrechtlich neutral sind, werden bis zur Vollbeendigung des Vereins fortgeführt.[6] Zu **Rechtsstreitigkeiten** s. § 47 Rn 25.

4 Besondere **Befugnisse im Verhältnis zu Dritten**, wie sie etwa dem Insolvenzverwalter eingeräumt sind, verschafft der Eintritt in das Liquidationsstadium den Liquidatoren nicht. Vertragliche Beziehungen, auch Dauerschuldverhältnisse, bestehen deshalb bis zu einer ordentlichen Kündigung bzw einverständlichen Aufhebung unverändert fort; eine außerordentliche Kündigungsmöglichkeit besteht in der Liquidation nicht. Handelt es sich um einen Verein mit einem bedeutenden wirtschaftlichen Geschäftsbetrieb, so besteht trotz des Fehlens einer § 270 Abs. 1 AktG, § 71 GmbHG, § 89 S. 2 GenG entsprechenden ausdrücklichen Gesetzesregelung eine organschaftliche Pflicht der Liquidatoren, eine **Eröffnungsbilanz** zu erstellen.[7] Stichtag für die Eröffnungsbilanz ist der Tag des Eintritts in das Abwicklungsstadium, also etwa der Tag der Beschlussfassung über die Auflösung.

5 **3. Umsetzung des Vereinsvermögens in Geld.** Die Liquidatoren sind grundsätzlich verpflichtet, die offenen Forderungen des Vereins (auch die Forderungen gegen Vereinsmitglieder, einschließlich der rückständigen Beiträge (§ 47 Rn 14)[8]) notfalls zwangsweise einzuziehen und das übrige Vereinsvermögen in Geld umzusetzen (§ 49 Abs. 1 S. 1). Das Vereinsvermögen und das vom Verein betriebene Unternehmen samt Firma können ohne weiteres auch im Ganzen veräußert werden.[9] Von der Einziehung der Außenstände und der Liquidierung des Vereinsvermögens kann abgesehen werden, wenn diese Maßnahmen zur Befriedigung der Gläubiger oder zur Verteilung des Überschusses unter die Anfallberechtigten nicht erforderlich sind (Abs. 1 S. 3). Bei der Annahme dieser Voraussetzungen, deren Vorliegen überdies von den Liquidatoren zu beweisen ist,[10] ist freilich Zurückhaltung geboten, da den Gläubigern die Leistung so zu erbringen ist, wie sie geschuldet war, und auch den Anfallberechtigten in der Regel an der Übertragung von Geld und nicht an einem Anfall von erst noch zu verwertenden Gegenständen oder Ansprüchen gegen Dritte gelegen ist. In der Regel kann auf die Versilberung des Vereinsvermögens deshalb nur verzichtet werden, wenn und soweit die Gläubiger bereit sind, im Vermögen des Liquidationsvereins befindliche Gegenstände in natura als Leistung an Zahlungs statt anzunehmen, und die Anfallberechtigten mit einer Naturalteilung des (verbleibenden) Vereinsvermögens ausdrücklich einverstanden sind.[11] Unabhängig vom Einverständnis der Anfallberechtigten kann die Mitgliederversammlung, solange sie über das Recht der Anfallberechtigten disponieren kann (§ 45 Rn 15), die Verteilung des Restvermögens in Natur anordnen.

6 **4. Befriedigung der Gläubiger.** Die wichtigste Aufgabe der Liquidatoren und eigentliches Ziel des Liquidationsverfahrens ist die Befriedigung der Vereinsgläubiger (§ 49 Abs. 1 S. 1 am Ende). Durch **Erfüllung** (ggf durch Aufrechnung oder sonstige Erfüllungssurrogate) zu befriedigen sind alle den Liquidatoren bekannten Forderungen, soweit sie fällig und nicht streitig sind; andere Forderungen sind zu **sichern** (§ 52). Vor der Erfüllung dieser Aufgabe darf die Liquidation nicht beendet werden, es sei denn, das Vereinsvermögen ist erschöpft; in diesem Fall haben die Liquidatoren zur Vermeidung ihrer persönlichen Inanspruchnahme (§ 53) freilich die Verpflichtung, die Eröffnung des Insolvenzverfahrens zu beantragen (§ 48 Abs. 2 iVm § 42

2 MüKo/*Reuter*, § 49 Rn 2; aA *Reichert*, Rn 4213.
3 RGZ 72, 236, 240; RGZ 146, 376, 378; Bamberger/Roth/*Schwarz/Schöpflin*, § 49 Rn 7; MüKo/*Reuter*, § 49 Rn 2; *Reichert*, Rn 4240.
4 LG Köln MittRhNotK 1980, 55, 56; MüKo/*Reuter*, § 49 Rn 2; *Reichert*, Rn 4241 ff; vgl auch RG JW 1938, 3180, 3184.
5 *Reichert*, Rn 4243; Soergel/*Hadding*, § 49 Rn 3.
6 Vgl zur Fortführung des schuldrechtlichen Teils eines Tarifvertrages MüKo/*Reuter*, § 49 Rn 10; Soergel/*Hadding*, § 49 Rn 3; Staudinger/*Weick*, § 49 Rn 4; aA BAGE 23, 46, 48 f.
7 *Reichert*, Rn 4237.
8 BGHZ 96, 253, 255 f.
9 Erman/*Westermann*, § 49 Rn 1; MüKo/*Reuter*, § 49 Rn 8; Soergel/*Hadding*, § 49 Rn 5; vgl BGHZ 75, 352, 356 zur GmbH; einschr. Staudinger/*Weick*, § 49 Rn 7: nur mit Zustimmung der Mitgliederversammlung.
10 BGH WM 1977, 617, 618.
11 Vgl BGH WM 1977, 617, 618; MüKo/*Reuter*, § 49 Rn 4; *Reichert*, Rn 4256 ff; Soergel/*Hadding*, § 49 Rn 6; Staudinger/*Weick*, § 49 Rn 10.

Abs. 2 S. 1, s. § 42 Rn 43 ff, § 47 Rn 30, § 53 Rn 5 ff).[12] Auch wenn kein Insolvenzverfahren stattfindet, sind die **Gläubiger gleichmäßig zu befriedigen**, wenn die Mittel nicht zur vollständigen Befriedigung aller Gläubiger ausreichen;[13] wird dies von den Liquidatoren nicht beachtet, kann es, soweit Steuerschulden betroffen sind, zu ihrer persönlichen Haftung nach § 69 iVm § 34 AO führen. Auch **eigene Forderungen** können und müssen die Liquidatoren durch Entnahme aus der Vereinskasse selbst befriedigen; da es sich um die Erfüllung einer Verbindlichkeit handelt, steht § 181 nicht entgegen.[14]

5. Ausantwortung des Überschusses. Bleibt nach der Befriedigung der Vereinsgläubiger ein Überschuss, so ist dieser an die Anfallberechtigten (§ 45) zu übertragen. Voraussetzung hierfür ist, dass das sog. Sperrjahr (§ 51) abgelaufen ist (vgl § 51 Rn 7). Sind mehrere Anfallberechtigte vorhanden, ist das verbleibende Vereinsvermögen an diese zu verteilen, in der Regel durch Barzahlung oder Überweisung nach vorheriger Umsetzung des Restvermögens in Geld (Rn 5); dies geschieht durch die Liquidatoren, soweit sich der Verteilungsmaßstab aus Gesetz (§ 45 Abs. 3 Alt. 1) oder Satzung ergibt, ist im Übrigen jedoch Sache der Anfallberechtigten.[15] Erfolgt eine Auskehr in natura, sind Einzelübertragungen nach allgemeinen vermögensrechtlichen Grundsätzen (insb. §§ 398 ff, 873 ff, 929 ff) erforderlich. 7

Der **Anspruch auf den Liquidationsüberschuss entsteht** erst, wenn die nach Ablauf des Sperrjahres (§ 51) bekannten Gläubiger befriedigt oder sichergestellt sind (§ 52).[16] Vor diesem Zeitpunkt besteht noch keine Anwartschaft, sondern lediglich eine Erwerbsaussicht auf den Überschuss;[17] denn während des Liquidationsverfahrens kann sowohl die Bestimmung des Anfallberechtigten geändert (§ 45 Rn 15) als auch der Liquidationsverein durch Fortsetzungsbeschluss der Mitgliederversammlung als werbender Verein fortgesetzt werden (§ 47 Rn 8, 15 ff). Der schuldrechtlich Anfallberechtigte kann den Anspruch auch zurückweisen (§ 45 Rn 14). Der Anspruch auf den Liquidationsüberschuss verjährt nach Maßgabe von §§ 195, 199 mit Ablauf von drei vollen Kalenderjahren, beginnend mit dem Schluss desjenigen Jahres, in dem das Sperrjahr gem. § 51 ablief und (!) der Anfallberechtigte von dem Anfall Kenntnis erlangen musste.[18] Soweit Vereinsmitglieder als Anfallberechtigte infrage kommen, kann die Satzung die Verjährungsfrist verkürzen und/oder eine Ausschlussfrist für die Anmeldung des Anspruchs festsetzen.[19] 8

Gläubiger, deren **Befriedigung unterblieben** ist, erlangen einen Schadensersatzanspruch gem. § 53, wenn die Liquidatoren das Vereinsvermögen unter Verletzung der §§ 50–52 an die Anfallberechtigten verteilt haben; daneben kommt die Pfändung des dem Verein erwachsenen Bereicherungsanspruchs in Betracht (§ 53 Rn 2 f). 9

6. Abrechnung. Neben der Übertragung des Restvermögens sind die Liquidatoren grundsätzlich aus ihrer Organstellung noch zur Schlussrechnung gegenüber dem Verein (in der Regel der Mitgliederversammlung) verpflichtet (§§ 48, 27 Abs. 3, 666).[20] 10

II. Fortbestehen als Liquidationsverein (Abs. 2)

Nach § 49 Abs. 2 gilt der Verein bis zur Beendigung der Liquidation als fortbestehend, soweit der Zweck der Liquidation es erfordert. In dieser Formulierung kommt die Vorstellung des historischen Gesetzgebers zum Ausdruck, dass der Verein an sich als Rechtssubjekt mit der Auflösung fortfalle. Zum heutigen Verständnis s. § 47 Rn 12 ff. 11

§ 50 Bekanntmachung des Vereins in Liquidation

(1) ¹Die Auflösung des Vereins oder die Entziehung der Rechtsfähigkeit ist durch die Liquidatoren öffentlich bekannt zu machen. ²In der Bekanntmachung sind die Gläubiger zur Anmeldung ihrer Ansprüche aufzufordern. ³Die Bekanntmachung erfolgt durch das in der Satzung für Veröffentlichungen bestimmte Blatt. ⁴Die Bekanntmachung gilt mit dem Ablauf des zweiten Tages nach der Einrückung oder der ersten Einrückung als bewirkt.

(2) Bekannte Gläubiger sind durch besondere Mitteilung zur Anmeldung aufzufordern.

12 Vgl MüKo/*Reuter*, § 42 Rn 15; Soergel/*Hadding*, § 42 Rn 11.

13 BGHZ 53, 71, 74; BFH BStBl 1984 II, 776, 778; 1985 II, 702, 704; *Reichert*, Rn 4254.

14 *Reichert*, Rn 4253; vgl zur GmbH auch Scholz/*K. Schmidt*, GmbHG, 10. Aufl. 2010, § 70 Rn 8; aA OLG Düsseldorf ZIP 1989, 917.

15 *Grziwotz*, DStR 1992, 1404, 1405; *Reichert*, Rn 4311; *Sauter/Schweyer/Waldner*, Rn 418.

16 RGZ 169, 65, 82 f; BGH NJW 1965, 969, 971; MüKo/Reuter, §§ 45–47 Rn 4; *Reichert*, Rn 4304; aA Soergel/*Hadding*, § 45 Rn 10.

17 Bamberger/Roth/*Schwarz/Schöpflin*, § 45 Rn 11; MüKo/Reuter, §§ 45–47 Rn 4; aA Soergel/*Hadding*, § 45 Rn 10; *Reichert*, Rn 4304.

18 Vgl *Reichert*, Rn 4309; aA Bamberger/Roth/*Schwarz/Schöpflin*, § 45 Rn 11: 30 Jahre.

19 KG JW 1937, 2979, 2980; *Reichert*, Rn 4309.

20 Erman/*Westermann*, § 49 Rn 4; *Reichert*, Rn 4313.

Literatur: *K. Schmidt*, Zur Gläubigersicherung im Liquidationsrecht der Kapitalgesellschaften, Genossenschaften und Vereine, ZIP 1981, 1. Siehe auch die Literatur bei § 41.

A. Allgemeines

1 Die Liquidatoren haben im Interesse der Vereinsgläubiger die Auflösung des Vereins oder die Entziehung der Rechtsfähigkeit öffentlich bekannt zu machen, wobei zugleich die Gläubiger des Vereins zur Anmeldung ihrer Ansprüche aufzufordern sind (Abs. 1). Bekannte Gläubiger haben Anspruch auf eine individuelle Aufforderung (Abs. 2). Die Bekanntmachung ist Voraussetzung für den Beginn des Sperrjahrs gem. § 51. Sie hat aber keine Ausschlusswirkung; Vereinsgläubiger, die ihre Ansprüche nicht anmelden, verlieren diese nicht, riskieren aber, mit der nach Ablauf des Sperrjahrs vorzunehmenden Verteilung des Vermögens und der nachfolgenden Vollbeendigung des Vereins (§ 41 Rn 18, § 47 Rn 19) ihren Schuldner zu verlieren (§ 51 Rn 11, § 53 Rn 4).

B. Regelungsgehalt

I. Publizierung der Beendigung des Vereins

2 Die Liquidatoren sind – in vertretungsberechtigter Anzahl (§ 48 Rn 10)[1] – sowohl dem Verein als auch den betroffenen Gläubigern gegenüber zur Publizierung der Beendigung des Vereins verpflichtet. Die Publizierung darf auch dann nicht unterbleiben, wenn die Liquidatoren der Ansicht sind, der Verein habe keine Gläubiger. Unterlassen die Liquidatoren die Bekanntmachung oder ist diese mangelhaft, so stellt dies nicht allein dem Verein gegenüber eine Verletzung der (organschaftlichen bzw sich aus dem Auftrags- oder Anstellungsverhältnis ergebenden) Pflichten der Liquidatoren dar, sondern auch den Gläubigern gegenüber, weshalb sich die Liquidatoren auch diesen gegenüber schadensersatzpflichtig machen (§ 53). Bei fehlender Publizierung läuft überdies keine Sperrfrist (§ 51), so dass auch die Verteilung des restlichen Vereinsvermögens unter den Anfallberechtigten nicht zulässig ist und Bereicherungsansprüche des Vereins gegen die Anfallberechtigten auslöst (§ 49 Rn 8, § 53 Rn 2). Wird das Vereinsvermögen an die Anfallberechtigten verteilt, ohne dass den Gläubigern gem. § 50 Gelegenheit gegeben worden ist, ihre Forderungen anzumelden und Befriedigung zu erlangen, so ist die Liquidation nicht beendet, denn der dem Verein insoweit zustehende Bereicherungsanspruch gegen den Anfallberechtigten ist „noch vorhandenes" Vereinsvermögen (§ 51 Rn 9 f, § 53 Rn 2 f).

3 Die Verpflichtung der Liquidatoren (Rn 2) zur Bekanntmachung der Beendigung des Vereins setzt voraus, dass der Verein in das **Liquidationsstadium** eingetreten ist, sei es durch Auflösung (§ 41), Entziehung der Rechtsfähigkeit (§ 43) oder einen anderen Beendigungsgrund (vgl § 41 Rn 1 ff, § 47 Rn 1). Die Bestimmung greift dagegen – schon mangels Deckung für die Kosten der Bekanntmachung – nicht, wenn das Vereinsvermögen dem Fiskus angefallen ist oder wenn der Verein vermögenslos ist und die Vollbeendigung durch Löschung im Register (§ 47 Rn 19) bevorsteht; das Interesse der Gläubiger, die Vermögenslosigkeit in Zweifel ziehen zu können, bevor das Registergericht den Verein löscht, muss deshalb zurückstehen.[2] **Gegenstand der Bekanntmachung** ist gem. Abs. 1 S. 1 die Tatsache der Beendigung und die Mitteilung des abstrakten Beendigungsgrunds (Auflösung bzw Entziehung der Rechtsfähigkeit), nicht die der Beendigung zugrunde liegenden tatsächlichen Umstände. Mit der Bekanntmachung der Beendigung ist die Aufforderung zur Anmeldung der Ansprüche zu verbinden (Abs. 1 S. 2). Ferner sind Name und Anschrift des Liquidationsvereins, ggf auch der Liquidatoren, anzugeben.[3]

II. Öffentliche Bekanntmachung (Abs. 1)

4 Die Bekanntmachung geschieht regelmäßig durch öffentliche Bekanntmachung in dem durch die Satzung bestimmten Blatt (Abs. 1 S. 3), wobei es sich um ein allgemein zugängliches Publikationsorgan handeln muss, also zB eine der am Vereinssitz erscheinenden Tageszeitungen, nicht jedoch die den Gläubigern nicht zugängliche Vereinszeitschrift.[4] In Ermangelung eines in der Satzung für Veröffentlichungen bestimmten Blatts hat die Veröffentlichung ersatzweise im Blatt für öffentliche Bekanntmachungen des Amtsgerichts zu geschehen,

1 MüKo/*Reuter*, § 50 Rn 1; Soergel/*Hadding*, § 50 Rn 1.
2 Bamberger/Roth/*Schwarz/Schöpflin*, § 50 Rn 1; *Reichert*, Rn 4218; *Stöber*, Rn 839; ebenso zur GmbH BayObLG WM 1982, 1288, 1290; OLG Hamm OLGZ 1987, 59, 65; aA MüKo/*Reuter*, § 50 Rn 1.
3 Soergel/*Hadding*, § 50 Rn 1.
4 *Reichert*, Rn 4219.

in dessen Bezirk der Vereinssitz (§ 24) liegt (§ 50 a). Das Bekanntmachungsblatt des Amtsgerichts des Vereinssitzes ist selbst bei einer bezirksübergreifenden Zuständigkeit eines Amtsgerichts als zentrales Registergericht nach § 55 Abs. 2 maßgebend.[5] Erforderlich ist zwar – ebenso wie bei der e.G. (§ 82 Abs. 2 GenG), jedoch anders als bei den Kapitalgesellschaften (§ 267 S. 2 AktG, § 65 Abs. 2 S. 1 GmbHG) – lediglich eine einmalige Bekanntmachung, jedoch ist deren Wiederholung zulässig und kann zumindest bei Vereinen mit nicht ganz unbedeutendem wirtschaftlichem Geschäftsbetrieb nach pflichtgemäßem Ermessen auch geboten sein.[6]

Die öffentliche Bekanntmachung muss **unverzüglich**, dh ohne schuldhaftes Zögern (§ 121 Abs. 1 S. 1) nach der Auflösung bzw Entziehung der Rechtsfähigkeit erfolgen,[7] und zwar auch dann, wenn die Liquidatoren alle Gläubiger zu kennen meinen und nach Abs. 2 informieren oder wenn sie umgekehrt davon ausgehen, es seien keine Gläubiger mehr vorhanden. Sie gilt mit dem Ablauf des zweiten Tages nach der Einrückung (§ 187 Abs. 1)[8] in das in Betracht kommende Blatt (Rn 4) als bewirkt (Abs. 1 S. 4); dies gilt auch dann, wenn eine weitere Bekanntmachung vorgenommen wird. Mit dem Wirksamwerden der Bekanntmachung beginnt das Sperrjahr zu laufen (§ 51). 5

III. Aufforderung bekannter Gläubiger (Abs. 2)

Die den Liquidatoren bekannten Gläubiger des Vereins sind individuell durch **besondere Mitteilung** zur Anmeldung aufzufordern (Abs. 2). Diese bedarf an sich nicht der Schriftform, kann also auch mündlich oder in einer anderen geeignet erscheinenden Form (etwa per E-Mail) erklärt werden, soweit der Zugang beim Gläubiger sichergestellt ist; im Hinblick auf die gravierenden Konsequenzen unterlassener Bekanntmachung (Rn 1) ist hier freilich Nachlässigkeit nicht am Platze. 6

Ein Gläubiger ist dann **bekannt**, wenn der von ihm geltend gemachte Anspruch wenigstens einem der Liquidatoren dem Grunde nach – einschließlich der Person des Anspruchsinhabers – und, soweit es sich um eine Geldforderung handelt, der ungefähren Höhe nach positiv bekannt ist.[9] Unerheblich ist jedoch, ob die Liquidatoren den geltend gemachten Anspruch als begründet anerkennen; es genügt, dass sich aus den Behauptungen des potenziellen Gläubigers oder aus anderen Quellen substantielle Anhaltspunkte für das Bestehen des Anspruchs ergeben.[10] Die Aufforderungspflicht besteht grundsätzlich auch dann, wenn es sich bei den Gläubigern um **Vereins- oder Vorstandsmitglieder** im Hinblick auf Drittgläubigeransprüche, oder Ansprüche aus dem Mitgliedschaftsverhältnis (§ 38 Rn 9 ff) handelt. Die **Anfallberechtigten** gehören nicht zu den Gläubigern iSd §§ 50, 52;[11] sind von einer Vielzahl von Anfallberechtigten einige unbekannt, soll aber eine Verpflichtung zur öffentlichen Bekanntmachung entsprechend Abs. 1 entstehen.[12] 7

§ 50 a Bekanntmachungsblatt

Hat ein Verein in der Satzung kein Blatt für Bekanntmachungen bestimmt oder hat das bestimmte Bekanntmachungsblatt sein Erscheinen eingestellt, sind Bekanntmachungen des Vereins in dem Blatt zu veröffentlichen, welches für Bekanntmachungen des Amtsgerichts bestimmt ist, in dessen Bezirk der Verein seinen Sitz hat.

Die Bestimmung wurde eingefügt durch das Zweite Gesetz über die Bereinigung von Bundesrecht im Zuständigkeitsbereich des Bundesministeriums der Justiz vom 23.11.2007 (BGBl. I S. 2614) mWv 30.11.2007. S. zum Inhalt § 50 Rn 4. 1

5 Bamberger/Roth/*Schwarz/Schöpflin*, § 50 Rn 2; Soergel/*Hadding*, § 50 Rn 2; *Reichert*, Rn 4220; *Sauter/Schweyer/Waldner*, Rn 376; aA MüKo/*Reuter*, § 50 Rn 2.

6 MüKo/*Reuter*, § 50 Rn 1; Staudinger/*Weick*, § 50 Rn 2.

7 *Reichert*, Rn 4231; Soergel/*Hadding*, § 50 Rn 1; vgl auch RGZ 145, 99, 103 f.

8 Bsp.: Ablauf des Mittwoch, wenn Einrückung am Montag.

9 MüKo/*Reuter*, § 50 Rn 6; *Reichert*, Rn 4231; *K. Schmidt*, ZIP 1981, 1, 2; Soergel/*Hadding*, § 50 Rn 3; Staudinger/*Weick*, § 50 Rn 2; vgl (zur GmbH) auch RG JW 1930, 2943; RGZ 92, 77, 80.

10 Vgl *Reichert*, Rn 3930; *K. Schmidt*, ZIP 1982, 1, 2 f; Soergel/*Hadding*, § 50 Rn 3.

11 LG Berlin NJW 1958, 1874; MüKo/*Reuter*, § 50 Rn 4; Soergel/*Hadding*, § 50 Rn 3; Staudinger/*Weick*, § 50 Rn 2.

12 LG Berlin NJW 1958, 1874 m. iE zust. Anm. *Kubisch* NJW 1959, 48; Bamberger/Roth/*Schwarz/Schöpflin*, § 45 Rn 8, § 50 Rn 2; MüKo/*Reuter*, § 50 Rn 4; Staudinger/*Weick*, § 50 Rn 2.

§ 51 Sperrjahr

Das Vermögen darf den Anfallberechtigten nicht vor dem Ablauf eines Jahres nach der Bekanntmachung der Auflösung des Vereins oder der Entziehung der Rechtsfähigkeit ausgeantwortet werden.

Literatur: *Böttcher*, Die Beendigung des rechtsfähigen Vereins, RPfleger 1988, 169; *Grziwotz*, Die Liquidation von Kapitalgesellschaften, Genossenschaften und Vereinen, DStR 1992, 1404; *K. Schmidt*, Zur Gläubigersicherung im Liquidationsverfahren der Kapitalgesellschaften, Genossenschaften und Vereine, ZIP 1981, 1; *Vomhof*, Die Haftung des Liquidators der GmbH, 1988. Siehe auch die Literatur bei § 41.

A. Allgemeines

1 Die Vorschrift regelt das sog. **Sperrjahr.** Während des Sperrjahres bleibt das Vereinsvermögen in der Verwaltung der Liquidatoren und darf nicht an die Anfallberechtigten ausgehändigt werden. Zweck des Sperrjahres ist wie bei den korrespondierenden Vorschriften des § 272 AktG, § 73 GmbHG, § 90 GenG der **Schutz bisher unbekannter Gläubiger**: ihnen soll Gelegenheit gegeben werden, ihre Ansprüche anzumelden, bevor ihnen das Vermögen des Vereins, das zunächst zu ihrer Befriedigung bestimmt ist, durch Verteilung endgültig entzogen wird.

B. Regelungsgehalt

I. Sperrjahr

2 Das Sperrjahr beginnt gem. § 50 Abs. 1 S. 4 mit Wirksamwerden der (ersten) Bekanntmachung (§ 50 Rn 5) Für die Berechnung gelten die §§ 187 Abs. 1, 188 Abs. 2.

II. Wirkungen

3 **1. Verteilungssperre.** Während des Sperrjahres bleibt das Vereinsvermögen in der Verwaltung der Liquidatoren und darf nicht an die Anfallberechtigten ausgehändigt werden. Das Sperrjahr ist auch dann einzuhalten, wenn die Existenz weiterer, noch nicht befriedigter oder gesicherter Gläubiger unwahrscheinlich ist.[1] Die Vorschrift ist zwingend, abweichende Satzungsbestimmungen oder Beschlüsse der Mitgliederversammlung sind wirkungslos und binden die Liquidatoren nicht.[2]

4 Die **Pflicht der Liquidatoren zur Einhaltung des Sperrjahres** besteht dem Verein und den Gläubigern gegenüber; Liquidatoren, die hiergegen verstoßen, machen sich schadensersatzpflichtig, und zwar dem Verein gegenüber gem. § 280 Abs. 1 wegen Pflichtverletzung innerhalb des organschaftlichen Rechtsverhältnisses und des Anstellungsverhältnisses (vgl § 48 Rn 6), den Gläubigern gegenüber nach § 53 (§ 53 Rn 1, 5). Da § 51 kein absolutes oder relatives Veräußerungsverbot darstellt, wird die **dingliche Wirksamkeit der Übertragungsgeschäfte** zugunsten der Anfallberechtigten durch den Verstoß gegen §§ 50, 51 grundsätzlich nicht berührt;[3] jedoch können sie wegen kollusiven Zusammenwirkens von Liquidatoren und Anfallberechtigten zulasten der Gläubiger nach § 138 Abs. 1 nichtig sein.[4] Gegenüber drohender Verletzung des § 51 haben die Gläubiger analog § 1004 einen **vorbeugenden Unterlassungsanspruch**, der auch im Wege der einstweiligen Verfügung durchgesetzt werden kann (§ 53 Rn 8).

5 **2. Eintragungssperre.** Vor Ablauf des Sperrjahres darf die Beendigung der Liquidation grundsätzlich nicht im Vereinsregister eingetragen werden.[5] Jedoch wird die Sperrfrist obsolet, wenn sich ihr Schutzzweck durch vollständige Verteilung des Vereinsvermögens erledigt hat; ebenso wie in diesem Fall die Liquidation überhaupt unterbleiben kann (§ 47 Rn 19), kann die Beendigung der Liquidation auch vor Ablauf der Sperrfrist eingetragen werden, wenn die Liquidatoren versichern, dass kein geldwertes Vermögen mehr vorhanden ist

1 *Reichert*, Rn 4263.
2 *Reichert*, Rn 4263.
3 *Reichert*, Rn 4266.
4 Vgl BGH NJW 1973, 1695; MüKo/*Reuter*, § 51 Rn 2; Soergel/*Hadding*, § 51 Rn 2.
5 *Reichert*, Rn 4265.

und keine Prozesse mehr anhängig sind.[6] Die Auskehrung des gesamten Vereinsvermögens an den Anfallberechtigten ohne die gesetzlich vorgeschriebene Bekanntmachung und demzufolge ohne Abwarten des Sperrjahrs bewirkt die **Fortdauer der Liquidation** trotz scheinbarer Beendigung, denn der dem Verein insoweit zustehende Bereicherungsanspruch gegen den Anfallberechtigten ist „noch vorhandenes" Vereinsvermögen, dessen Existenz die Vollbeendigung ausschließt (§ 47 Rn 19).[7]

3. Keine Befriedigungssperre. Das Sperrjahr bezieht sich auf die **Verteilung des Restvermögens** an die Anfallberechtigten, nicht auf die Ansprüche der Gläubiger; fällige **Forderungen der Gläubiger** können und müssen deshalb selbstverständlich auch während des Sperrjahres erfüllt werden (s. aber § 47 Rn 30, § 49 Rn 6 zur Insolvenzantragspflicht für den Fall, dass das Vermögen des Liquidationsvereins nicht mehr zur Befriedigung aller Gläubiger ausreicht). 6

III. Verfahren nach Ablauf des Sperrjahrs

1. Verteilung an die Anfallberechtigten. Nach Ablauf des Sperrjahres darf das Restvermögen des Vereins den Anfallberechtigten übertragen werden, soweit es nicht zur Befriedigung oder Sicherstellung angemeldeter oder bekannt gewordener Gläubiger (§ 52) zu verwenden ist; erst jetzt wird damit auch der Anspruch des Anfallberechtigten fällig.[8] Zu den Einzelheiten der Verteilung vgl § 49 Rn 7 ff. 7

2. Befriedigung nachträglich auftretender Gläubiger. Melden Gläubiger sich auf die allgemeine Aufforderung nach § 50 Abs. 1 oder auf die besondere Mitteilung nach § 50 Abs. 2 hin nicht, so büßen sie ihre Forderungen nicht etwa ein. Auch der Ablauf des Sperrjahres als solcher bewirkt keinerlei Ausschlusswirkung gegen die Gläubiger; soweit noch Vermögen vorhanden ist, müssen diese vielmehr auch nach Ablauf der Sperrfrist noch befriedigt werden.[9] Meldet sich ein Gläubiger nach Ablauf der Sperrfrist, so darf mit der Verteilung des Restvermögens an die Anfallberechtigten deshalb nicht fortgefahren werden, solange der Gläubiger nicht befriedigt oder gemäß § 52 sichergestellt ist. 8

3. Gläubigeransprüche nach Abschluss der Verteilung. Wird an die Anfallberechtigten mehr als der „wahre Überschuss" verteilt, so dass Gläubiger unberücksichtigt bleiben, entsteht im Umfang der Mehrleistung grundsätzlich ein Bereicherungsanspruch des Vereins (§ 53 Rn 2); denn zulasten bekannter Gläubiger kann es, wie sich aus § 52 Abs. 1 ergibt, keine ordnungsgemäße Verteilung des Überschusses geben. Soweit die Liquidation offiziell bereits beendet ist, können die Gläubiger analog § 273 Abs. 4 AktG beim Gericht die Bestellung von (Nachtrags-)Liquidatoren beantragen und alsdann, zwecks Zugriffs auf den Bereicherungsanspruch, gegen diese vorgehen. 9

Das Gleiche gilt, wenn die Verteilung unter Verletzung von §§ 50, 51 vorgenommen wurde, weil die Bekanntmachung unterblieben ist oder fehlerhaft war oder weil das Sperrjahr nicht abgewartet wurde. Deshalb leistet der Verein in diesen Fällen ohne Rechtsgrund an die Anfallberechtigten; die Gläubiger können die Bereicherungsansprüche des Vereins pfänden und sich überweisen lassen (§ 53 Rn 3). Außerdem haften die Liquidatoren sowohl dem Verein (§ 280 Abs. 1) als auch den Gläubigern (§ 53) auf Schadensersatz (Rn 4, § 53 Rn 6). 10

Ein Bereicherungsanspruch – und damit auch das Bedürfnis für eine derartige Nachtragsabwicklung – entsteht allerdings nicht, wenn die Mehrleistung im Einklang mit den §§ 50–52 erfolgt ist. Unbekannte Gläubiger, die erst nach ordnungsgemäßer Verteilung des (scheinbaren) Liquidationsüberschusses an die Anfallberechtigten auf den Plan treten, müssen den ersatzlosen Wegfall ihres Schuldners hinnehmen und gehen leer aus (s. § 53 Rn 4). 11

§ 52 Sicherung für Gläubiger

(1) Meldet sich ein bekannter Gläubiger nicht, so ist der geschuldete Betrag, wenn die Berechtigung zur Hinterlegung vorhanden ist, für den Gläubiger zu hinterlegen.

(2) Ist die Berichtigung einer Verbindlichkeit zur Zeit nicht ausführbar oder ist eine Verbindlichkeit streitig, so darf das Vermögen den Anfallberechtigten nur ausgeantwortet werden, wenn dem Gläubiger Sicherheit geleistet ist.

Literatur: *K. Schmidt*, Zur Gläubigersicherung im Liquidationsverfahren der Kapitalgesellschaften, Genossenschaften und Vereine, ZIP 1981, 1; *Vomhof*, Die Haftung des Liquidators der GmbH, 1988. Siehe auch die Literatur bei § 41.

6 *Böttcher*, Rpfleger 1988, 169, 175; *Grziwotz*, DStR 1992, 1404; *Reichert*, Rn 4267; *Sauter/Schweyer/Waldner*, Rn 408; vgl auch BGH NJW 1982, 239; KG DR 1941, 2130.

7 OLG Düsseldorf DB 2004, 924 = FGPrax 2004, 132.

8 Staudinger/*Weick*, § 51 Rn 4.

9 RGZ 124, 210, 213; Bamberger/Roth/*Schwarz/Schöpflin*, § 51 Rn 4; *Reichert*, Rn 4269; *Vomhof*, S. 127 f.

A. Allgemeines

1 Die Bestimmung regelt die Erfüllung bzw Sicherung einzelner Forderungen, die den Liquidatoren nach Grund und Höhe – nicht notwendig hinsichtlich der Person des Gläubigers – zwar **bekannt** sind, deren normale Befriedigung jedoch gegenwärtig nicht möglich ist. Analog zu den Bestimmungen des § 272 Abs. 2 und 3 AktG, § 73 Abs. 2 GmbHG, § 90 Abs. 2 GenG werden die Liquidatoren zur Sicherstellung dieser (unbekannten) Gläubiger verpflichtet, damit die Schlussverteilung und damit der Abschluss der Liquidation nicht unnötig verzögert wird.

B. Regelungsgehalt

I. Verpflichtung zur Hinterlegung (Abs. 1)

2 **1. Bürgerlichrechtliche Zulässigkeit der Hinterlegung.** Die **Hinterlegung** der geschuldeten Leistung findet statt, wenn sich ein den Liquidatoren bekannter Gläubiger (Rn 3) nicht meldet und die Hinterlegung nach bürgerlichem Recht zulässig ist. Die **bürgerlichrechtliche Zulässigkeit** der Hinterlegung ist gegeben, wenn der Verein hinterlegungsfähige Gegenstände schuldet und ein Hinterlegungsgrund vorliegt. **Hinterlegungsfähig** sind Geld, Wertpapiere oder sonstige Urkunden sowie Kostbarkeiten (vgl § 372 S. 1); ist der Anspruch auf eine nicht hinterlegungsfähige Sache gerichtet, so können die Liquidatoren die Sache gem. § 383 versteigern und sodann den Erlös hinterlegen.[1] Ein **Hinterlegungsgrund** liegt vor, wenn der Gläubiger sich – was sich bei Holschulden schon aus einer hinreichend konkret gefassten Aufforderung gem. § 50 ergeben kann[2] – in **Annahmeverzug** befindet (§ 372 S. 1), wenn der Verein aus einem anderen in der Person des Gläubigers liegenden Grund seine Verbindlichkeit nicht oder nicht mit Sicherheit erfüllen kann (§ 372 S. 2 Alt. 1, zB Fehlen eines gesetzlichen Vertreters, unbekannter Aufenthalt) oder wenn der Verein schuldlos im Ungewissen über die Person des Gläubigers ist (§ 372 S. 2 Alt. 2, zB bei (mehrfacher) Forderungsabtretung bzw -pfändung oder Erbfolge). Liegen die Voraussetzungen des § 372 vor, so haben die Liquidatoren die Forderung gem. § 49 Abs. 1 durch Hinterlegung unter Verzicht auf das Rücknahmerecht (§ 376 Abs. 2 Nr. 1) zu erfüllen.[3]

3 **2. „Bekannter Gläubiger".** Als ungeschriebenes Tatbestandsmerkmal setzt die Verpflichtung zur Hinterlegung voraus, dass die **Forderung den Liquidatoren** – dh mindestens einem von ihnen[4] – dem Grunde nach, bei Geldforderungen außerdem der Höhe nach **im Wesentlichen bekannt** ist. Auch Forderungen, deren Bestand oder Höhe von den Liquidatoren bestritten wird, verpflichten zur Sicherstellung, es sei denn, die Liquidatoren durften nach pflichtgemäßem Ermessen berechtigtermaßen die Nichtexistenz der behaupteten Forderung annehmen.[5] Ist das Bestehen einer Forderung nach Grund und Höhe substantiiert dargetan, so ist sie in dieser Höhe sicherzustellen; nicht etwa ist dem noch eine eigene Prüfung und ggf Schätzung der Liquidatoren voranzustellen.[6] Eingeklagte Forderungen sind demgemäß in der Regel in voller Höhe sicherzustellen. Unerheblich ist, ob die Forderung während oder nach Ablauf des Sperrjahres (§ 51) angemeldet worden ist. „Bekannt" ist ein Gläubiger aber – anders als bei § 50 Abs. 2 – auch dann, wenn den Liquidatoren nur die Forderung, nicht aber die Person des Gläubigers bekannt ist; dies ergibt sich aus Abs. 1 iVm § 372 S. 2 Alt. 2, der eine Ungewissheit über die Person des Gläubigers gerade voraussetzt.[7]

1 *Reichert*, Rn 4278.
2 Vgl Soergel/*Hadding*, § 52 Rn 2; großzügiger offenbar MüKo/*Reuter*, § 52 Rn 2; *Reichert*, Rn 4279; Staudinger/*Weick*, § 52 Rn 2.
3 MüKo/*Reuter*, § 52 Rn 2; *Reichert*, Rn 4279; Soergel/*Hadding*, § 52 Rn 2; für e.G. auch BGHZ 43, 51, 61; anders die hM zur GmbH, vgl Scholz/*K. Schmidt*, GmbHG, 10. Aufl. 2010, § 73 Rn 10: Verzicht auf das Rücknahmerecht nur nach Ermessen.
4 *Reichert*, Rn 4271.
5 *Reichert*, Rn 4272; Soergel/*Hadding*, § 52 Rn 3.
6 *K. Schmidt*, ZIP 1981, 1, 2; Soergel/*Hadding*, § 52 Rn 3; anders offenbar *Reichert*, Rn 4272; für e.G. auch BGHZ 43, 51, 61.
7 MüKo/*Reuter*, § 52 Rn 1; *K. Schmidt*, ZIP 1981, 1, 2; Soergel/*Hadding*, § 52 Rn 1; vgl zur GmbH auch RG JW 1930, 2043 m. Anm. *Bing*; aA Staudinger/*Weick*, § 52 Rn 4, der in diesem Fall Abs. 2 iVm § 232 anwenden will.

II. Verpflichtung zur Sicherheitsleistung (Abs. 2)

Die Sicherstellung des Gläubigers findet in Form der Sicherheitsleistung statt, wenn die Berichtigung der Verbindlichkeit zurzeit nicht ausführbar ist oder wenn die Verbindlichkeit streitig ist (Abs. 2). Die Berichtigung der Forderung ist zurzeit **nicht ausführbar**, wenn die Verbindlichkeit (aufschiebend) bedingt oder befristet ist; das Gleiche gilt für künftige Forderungen aus Dauerschuldverhältnissen sowie Zug-um-Zug-Leistungen, bei denen der Gläubiger vorleistungs- oder mitwirkungspflichtig ist, dieser Verpflichtung aber nicht nachkommt. Sicherheit ist grundsätzlich auch dann zu leisten, wenn die **Forderung nach Grund oder Höhe streitig** ist; erforderlich ist jedoch im gleichen Sinne wie bei Abs. 1, dass der **Gläubiger den Liquidatoren „bekannt"** ist (Rn 3). Soweit die Liquidatoren die Verbindlichkeit nach Abs. 1 durch Hinterlegung erfüllen können, ist ein Vorgehen nach Abs. 2 unzulässig; denn die Liquidatoren sind in erster Linie zur Erfüllung verpflichtet, die sich nur durch Hinterlegung unter Ausschluss des Rücknahmerechts erreichen lässt, nicht aber durch Sicherheitsleistung.[8] Die Sicherheitsleistung erfolgt durch Hinterlegung von Geld oder Wertpapieren bzw durch Verpfändung beweglicher Sachen (§ 232 Abs. 1), hilfsweise durch Einbringung einer selbstschuldnerischen Bürgschaft (§§ 232 Abs. 2, 239 Abs. 2), insbesondere einer Bankbürgschaft. 4

C. Weitere praktische Hinweise

Ein durchsetzbarer Anspruch der einzelnen Gläubiger auf Hinterlegung oder Sicherheitsleistung wird durch § 52 nicht begründet;[9] jedoch haben die Gläubiger gegenüber drohender Verletzung des § 52 analog § 1004 einen **vorbeugenden Unterlassungsanspruch**, der auch im Wege der einstweiligen Verfügung durchgesetzt werden kann (§ 53 Rn 8). Darüber hinaus begründet die vorzeitige Verteilung des Vereinsvermögens Schadensersatzansprüche der Gläubiger gegen die Liquidatoren (§ 53) sowie Bereicherungsansprüche des Vereins gegen den oder die Empfänger (§ 53 Rn 2). Forderungen, deren Existenz den Liquidatoren **unbekannt** ist und die auch nicht auf die gem. § 50 zu erlassende Aufforderung hin angemeldet werden, bleiben dagegen unberücksichtigt und berechtigen auch nicht zu späteren Bereicherungs- oder Schadensersatzansprüchen (§ 53 Rn 4). 5

§ 53 Schadensersatzpflicht der Liquidatoren

Liquidatoren, welche die ihnen nach dem § 42 Abs. 2 und den §§ 50, 51 und 52 obliegenden Verpflichtungen verletzen oder vor der Befriedigung der Gläubiger Vermögen den Anfallberechtigten ausantworten, sind, wenn ihnen ein Verschulden zur Last fällt, den Gläubigern für den daraus entstehenden Schaden verantwortlich; sie haften als Gesamtschuldner.

Literatur: *K. Schmidt*, Zur Gläubigersicherung im Liquidationsverfahren der Kapitalgesellschaften, Genossenschaften und Vereine, ZIP 1981, 1; *Vomhof*, Die Haftung des Liquidators der GmbH, 1988. Siehe auch die Literatur bei § 41 und § 42.

A. Allgemeines

I. Außenhaftung der Liquidatoren gegenüber übergangenen Gläubigern

Das BGB unterscheidet für den Fall von Pflichtverletzungen der Liquidatoren zwischen den Ansprüchen des Vereins (**Innenhaftung**) und solchen der Gläubiger (**Außenhaftung**): Grundsätzlich stehen die Liquidatoren nur zum Verein in einer Rechtsbeziehung, die ihnen besondere haftungsbewehrte Rechtspflichten auferlegt. Ansprüche des Vereins gegen die Liquidatoren können sich im Fall einer Pflichtverletzung aus dem organschaftlichen Rechtsverhältnis bzw dem Anstellungsverhältnis ergeben (§ 48 Abs. 2 iVm § 27 Abs. 3 bzw 1

8 MüKo/*Reuter*, § 52 Rn 3; Soergel/*Hadding*, § 52 Rn 3; aA *K. Schmidt*, ZIP 1981, 1, 3; Staudinger/*Weick*, § 52 Rn 4, im Anschluss an die hM zur GmbH, wonach ein Wahlrecht zwischen Hinterlegung und Sicherheitsleistung bestehe.

9 Soergel/*Hadding*, § 52 Rn 4; aA Staudinger/*Weick*, § 52 Rn 3.

§ 280 Abs. 1);[1] sie schützen die Interessen der Gläubiger nur mittelbar über eine Erhöhung der Haftungsmasse. § 53 regelt demgegenüber den **Ausnahmefall unmittelbarer Außenhaftung** der Liquidatoren gegenüber den Gläubigern; dem liegt die Annahme zugrunde, in den in § 53 genannten Fällen – Verletzung der den Liquidatoren nach dem § 42 Abs. 2 und den §§ 50–52 obliegenden Verpflichtungen – bestehe ein besonders schutzwürdiges Interesse der Gläubiger an wirksamer Inhaftungnahme der Liquidatoren. Bei § 53 handelt es sich um einen Spezialfall des § 823 Abs. 2 im Hinblick auf die sonach als drittschützend anerkannten Bestimmungen der §§ 42 Abs. 2, 50–52 und damit um einen seiner Rechtsnatur nach **deliktischen Schadensersatzanspruch**.[2]

II. Bereicherungsansprüche übergangener Gläubiger

2 **1. Ansprüche bei Verstoß gegen §§ 50–52.** Von dem in § 53 angesprochenen Schadensersatzanspruch ist die Möglichkeit zu unterscheiden, dass die Vereinsgläubiger im Fall der Verletzung der §§ 50–52 **aus ungerechtfertigter Bereicherung gegen den Begünstigten** vorgehen. Ein unmittelbarer Bereicherungsanspruch eines Gläubigers scheitert indes schon daran, dass der Anfallberechtigte hier nicht auf Kosten des Gläubigers, sondern auf Kosten des Liquidationsvereins etwas erlangt hat; insofern kommt ohnehin allenfalls der Liquidationsverein selbst als Bereicherungsgläubiger in Betracht.[3] In der Tat haftet ein Anfallberechtigter, der unter Verstoß gegen §§ 50–52 befriedigt worden ist, hiernach **dem Verein gegenüber** nach § 812 Abs. 1 S. 1 Alt. 1 auf Rückgewähr des gesetzwidrig Erlangten: Wird das Restvermögen vor Ablauf des Sperrjahres an die Anfallberechtigten verteilt, obwohl noch unbekannte Gläubiger zu befriedigen sind, so haben die Anfallberechtigten in anteiliger Höhe der offenen Forderungen durch Leistung des Liquidationsvereins etwas ohne rechtlichen Grund erlangt.[4] Der an sich gegebene Ausschlusstatbestand des § 814 wird dabei im Gläubigerschutzinteresse teleologisch reduziert, da seine Anwendung dem Zweck des § 51 widerspricht.[5] War der Begünstigte Vereinsmitglied, so hat der Verein gegen ihn einen Rückgewähranspruch auf körperschaftsrechtlicher Grundlage (mit der Konsequenz, dass eine Berufung auf Entreicherung nicht möglich ist).[6] Der Verteilung des Liquidationsüberschusses an die Anfallberechtigten unter Verstoß gegen §§ 50–52 steht der Fall gleich, dass ein Gläubiger unberücksichtigt geblieben ist, obwohl seine Forderung den Liquidatoren bekannt war; denn da solche Gläubiger mit ihren Forderungen nicht ausgeschlossen werden, gehen sie den Anfallberechtigten auch nach Ablauf des Sperrjahres vor.[7]

3 Die Auskehrung des gesamten Vereinsvermögens an den Anfallberechtigten ohne die gesetzlich vorgeschriebene Bekanntmachung der Auflösung bzw ohne Abwarten des Sperrjahrs bewirkt danach zugleich die **Fortdauer der Liquidation** trotz scheinbarer Beendigung, denn der dem Verein insoweit zustehende Rückgewähranspruch gegen den Anfallberechtigten ist „noch vorhandenes" Vereinsvermögen, dessen Existenz die Vollbeendigung ausschließt (§ 47 Rn 19, § 51 Rn 5).[8] Der Gläubiger kann dann den Rückgewähranspruch des Vereins gegen den Anfallberechtigten pfänden und sich zur Einziehung überweisen lassen.[9] Unterbleibt dies, so ist der Rückgewähranspruch im Wege einer Nachtragsliquidation (§ 49 Rn 22) zu realisieren und das Erlangte sodann zugunsten der Vereinsgläubiger zu verteilen.[10]

4 **2. Ansprüche bei Beachtung der §§ 50–52.** Sind die Bestimmungen der §§ 50–52 beachtet worden, geht der verspätet auf den Plan tretende Gläubiger endgültig leer aus; denn auch die Realisierung eines Bereicherungsanspruchs des Vereins scheidet in diesem Fall nach ganz hM schon deshalb aus, weil der Begünstigte mit Rechtsgrund erworben hat.[11]

1 Vgl *Reichert*, Rn 4318 ff.
2 Vgl Bamberger/Roth/*Schwarz/Schöpflin*, § 53 Rn 1; MüKo/*Reuter*, § 53 Rn 3; *Reichert*, Rn 4319; *K. Schmidt*, ZIP 1981, 1, 7; Staudinger/*Weick*, § 53 Rn 7.
3 Bamberger/Roth/*Schwarz/Schöpflin*, § 53 Rn 4; K. *Schmidt*, ZIP 1981, 1, 6; MüKo/*Reuter*, § 51 Rn 3; Palandt/*Ellenberger*, § 53 Rn 2; *Reichert*, Rn 4318 ff; Soergel/*Hadding*, § 51 Rn 4; Staudinger/*Weick*, § 51 Rn 5; vgl zur GmbH auch RGZ 124, 210, 213 f; RG JW 1930, 2943; aA RGZ 92, 77, 82; OLG Düsseldorf DB 2004, 924 = FGPrax 2004, 132; LG Braunschweig MDR 1956, 352; Staudinger/*Weick*, § 51 Rn 2, § 53 Rn 5: bei wissentlichem Verstoß Bereicherungsanspruch des Gläubigers (entspr. § 822).
4 OLG Düsseldorf DB 2004, 924 = FGPrax 2004, 132; *K. Schmidt*, ZIP 1981, 1, 6; MüKo/*Reuter*, § 51 Rn 2; *Reichert*, Rn 4336 f; Soergel/*Hadding*, § 51 Rn 3, § 53 Rn 2; vgl zur GmbH auch RGZ 92, 77, 82 f; RGZ 109, 387, 391 f; RGZ 124, 210, 215.
5 MüKo/*Reuter*, § 51 Rn 2; Soergel/*Hadding*, § 51 Rn 3.
6 *Reichert*, Rn 4336 ff; vgl zur Genossenschaft auch BGH ZIP 1999, 928; 1999, 1173, 1175.
7 MüKo/*Reuter*, § 51 Rn 4; Soergel/*Hadding*, § 51 Rn 4; vgl zur GmbH auch BAGE 36, 125, 130.
8 OLG Düsseldorf DB 2004, 924 = FGPrax 2004, 132.
9 Bamberger/Roth/*Schwarz/Schöpflin*, § 53 Rn 4; *Reichert*, Rn 4340; Soergel/*Hadding*, § 51 Rn 3.
10 Bamberger/Roth/*Schwarz/Schöpflin*, § 53 Rn 4; *Reichert*, Rn 4339; zur GmbH auch BAGE 36, 125, 130.
11 RGZ 124, 210, 213 f; *Reichert*, Rn 4335.

B. Regelungsgehalt

I. Haftungsvoraussetzungen

Die Eröffnung der unmittelbaren Außenhaftung der Liquidatoren setzt voraus, dass die Liquidatoren entweder ihrer Verpflichtung zur rechtzeitigen Stellung des Antrags auf Eröffnung des Insolvenzverfahrens nicht genügt haben (§§ 48 Abs. 2, 42 Abs. 2, s. § 42 Rn 43 ff), die Bekanntmachung und Gläubigeraufforderung nicht rechtzeitig vorgenommen haben (§ 50) oder Vereinsvermögen an die Anfallberechtigten ausgekehrt haben, ohne zuvor alle bekannten Gläubiger befriedigt (§ 49), die Sperrfrist (§ 51) beachtet und alle bekannten Forderungen durch Hinterlegung oder Sicherheitsleistung erfüllt bzw gesichert zu haben (§ 52). Sie erfordert nach der ausdrücklichen Bestimmung des Hs 2 ein schuldhaftes Handeln (Vorsatz oder einfache Fahrlässigkeit) des Liquidators. 5

II. Rechtsfolgen

1. Schadensersatz. Der Anspruch ist auf Ersatz des durch die Verletzung der §§ 42 Abs. 2, 50–52 entstandenen Schadens gerichtet, muss idR also die Verkürzung der individuellen Quote ausgleichen. Der Schaden errechnet sich mithin grundsätzlich aus der Differenz zwischen der Befriedigungsquote, die dem Gläubiger zustehen würde, sofern die Liquidatoren ihre Pflichten aus §§ 42 Abs. 2, 50–52 erfüllt hätten, und der bei der Liquidation bzw im Insolvenzverfahren tatsächlich erzielten Befriedigung (**Quotenschaden**).[12] Dieser Anspruch kann zudem, wenn über das Vermögen des Vereins das Insolvenzverfahren eröffnet wird, gemäß § 92 InsO während der Dauer des Insolvenzverfahrens von dem einzelnen Gläubiger nicht geltend gemacht werden (Sperrwirkung); vielmehr ist die Einziehung der Forderung dem Insolvenzverwalter übertragen (Konzentrationswirkung). Ebenso wie im Fall der Haftung der Vorstandsmitglieder nach § 42 Abs. 2 (§ 42 Rn 47) sind die sog. Neugläubiger in der Insolvenz nicht auf den Quotenschaden beschränkt, sondern haben einen Anspruch auf Ersatz des vollen Schadens, den sie dadurch erlitten haben, dass sie bei Vertragsabschluss auf die Solvenz des Vereins vertraut haben; dieser Anspruch unterfällt auch nicht der Beschränkung des § 92 InsO, weil er nicht auf einer Schmälerung der Insolvenzmasse beruht (§ 42 Rn 47). Mehrere Liquidatoren haften als **Gesamtschuldner** (§§ 421 ff); im Innenverhältnis sind sie nach dem Grad ihres Verschuldens verpflichtet. 6

Der Umstand, dass dem Verein in den Fällen, in denen unter Verstoß gegen §§ 50–52 Ausschüttungen vorgenommen wurden, regelmäßig **Bereicherungsansprüche** auf Rückgewähr des Erlangten gegen den Empfänger zustehen (Rn 3), berührt den Anspruch gegen die Liquidatoren nach Grund und Höhe an sich nicht;[13] denn die Alternative, einen Schadensersatzanspruch gegen die Liquidatoren nur insoweit zu gewähren, als der Gläubiger auch durch Vollstreckung in den Bereicherungsanspruch des Vereins keine Befriedigung erlangt,[14] schränkt den Rechtsschutz der Gläubiger der Intention der Bestimmung zuwider über Gebühr ein. 7

2. Unterlassung. Einen einklagbaren Anspruch auf Einhaltung der in §§ 50–52 vorgeschriebenen Kautelen haben die Gläubiger nicht. Da es sich bei § 53 um einen deliktischen Anspruch handelt (Rn 1), kann jedoch im Wege der **vorbeugenden Unterlassungsklage** analog § 1004 erreicht werden, dass den Liquidatoren bei drohender Verletzung der §§ 50–52 die Vermögensauskehr untersagt wird.[15] Die Klage kann sowohl gegen **die Liquidatoren persönlich**[16] als auch gegen den **Verein**[17] gerichtet werden. Der vorbeugende Unterlassungsanspruch kann zudem durch **einstweilige Verfügung** gegen die Liquidatoren geltend gemacht werden;[18] gegen den Verein kann auch ein **dinglicher Arrest** erwirkt werden.[19] 8

C. Weitere praktische Hinweise

Insbesondere wenn der Gläubiger schon einen Titel gegen den Verein erwirkt hatte, wird es sich in der Regel empfehlen, den (behaupteten) Bereicherungsanspruch des Vereins gegen den entgegen §§ 50–52 befriedigten Anfallberechtigten (Rn 2 f) pfänden und sich zur Einziehung überweisen zu lassen; denn die Voraussetzungen 9

12 MüKo/*Reuter*, § 53 Rn 4; Soergel/*Hadding*, § 53 Rn 4; aA Bamberger/Roth/*Schwarz/Schöpflin*, § 53 Rn 3.

13 Bamberger/Roth/*Schwarz/Schöpflin*, § 53 Rn 3; Palandt/*Ellenberger*, § 53 Rn 2; iE auch *K. Schmidt*, ZIP 1981, 1, 9, der § 426 Abs. 2 entsprechend anwenden will.

14 MüKo/*Reuter*, § 53 Rn 4; Soergel/*Hadding*, § 53 Rn 4; Staudinger/*Weick*, § 53 Rn 5.

15 Ganz hM, s. zum Pro und Contra ausf. *Vomhof*, S. 39 ff.

16 Bamberger/Roth/*Schwarz/Schöpflin*, § 53 Rn 5; MüKo/*Reuter*, § 51 Rn 1, § 53 Rn 1; *K. Schmidt*, ZIP 1981, 1, 4 f; Soergel/*Hadding*, § 51 Rn 3, § 53 Rn 2; Staudinger/*Weick*, § 53 Rn 7.

17 Bamberger/Roth/*Schwarz/Schöpflin*, § 53 Rn 5; aA insoweit Soergel/*Hadding*, § 53 Rn 2, weil die §§ 50–52 nur Organpflichten aufstellten.

18 Bamberger/Roth/*Schwarz/Schöpflin*, § 53 Rn 5; MüKo/*Reuter*, § 53 Rn 1; *Reichert*, Rn 4330; *K. Schmidt*, ZIP 1981, 1, 4 f; Soergel/*Hadding*, § 53 Rn 2.

19 Bamberger/Roth/*Schwarz/Schöpflin*, § 53 Rn 5; *Reichert*, Rn 4329; ausf. *Vomhof*, S. 43 ff, 56, 192.

des Bereicherungsanspruchs sind – insbesondere im Hinblick auf das womöglich schwer nachzuweisende Verschulden gem. § 53 aE – in der Regel leichter nachzuweisen als die des Schadensersatzanspruchs.

§ 54 Nicht rechtsfähige Vereine

[1]Auf Vereine, die nicht rechtsfähig sind, finden die Vorschriften über die Gesellschaft Anwendung. [2]Aus einem Rechtsgeschäft, das im Namen eines solchen Vereins einem Dritten gegenüber vorgenommen wird, haftet der Handelnde persönlich; handeln mehrere, so haften sie als Gesamtschuldner.

Literatur: *Abel,* Die Haftung beim nicht rechtsfähigen Verein, 2005; *Backhaus*, Der nicht eingetragene Verein im Rechtsverkehr – ein Beitrag zur Rechtssubjektslehre im Zivilrecht und im Verfahrensrecht, 2001; *Ballerstedt*, Mitgliedschaft und Vermögen beim rechtsfähigen Verein, in: FS Knur 1972, S. 1; *Bayer*, Die liquidationslose Fortsetzung rechtsfähiger Idealvereine, 1984; *Bergmann*, Die fremdorganschaftlich verfasste Offene Handelsgesellschaft, Kommanditgesellschaft und BGB-Gesellschaft als Problem des allgemeinen Verbandsrechts, 2002; *ders.*, Ein Plädoyer für § 54 Satz 1 BGB: Der nichtrechtsfähige Verein als körperschaftlich verfasste Gesellschaft, ZGR 2005, 654; *Beuthien*, Regeln die Vorschriften über die Handelndenhaftung einen Sonderfall des Handelns ohne Vertretungsmacht? Zum Verhältnis der §§ 54 S 2 BGB, 11 Abs 2 GmbHG, 41 Abs 1 S 2 AktG zu § 179 BGB, GmbHR 1996, 561; *ders.*, Künftig alles klar beim nichtrechtsfähigen Verein?, NZG 2005, 493; *Brand*, Die Mitgliederhaftung in nichteingetragenen Idealverbänden, AcP 208 (2008), 490; *Dauner-Lieb*, Unternehmen in Sondervermögen, 1998; *Fabricius*, Relativität der Rechtsfähigkeit, 1963; *Faisst*, Zur Geschichte, Entwicklung und Zukunft des nichtrechtsfähigen Idealvereins nach deutschem Bürgerlichem Gesetzbuch, Diss. Tübingen 1986; *Fenn*, Zur aktiven Parteifähigkeit von gewerkschaftlichen Bezirksverbänden im Zivilprozeß, ZZP 86 (1973), 177; *Flume*, Der nichtrechtsfähige Verein, ZHR 148 (1984), 503; *Gutzeit*, Die Vereinsinsolvenz unter besonderer Berücksichtigung des Sportvereins, Diss. Bonn 2003; *Habersack*, Die Mitgliedschaft – subjektives und „sonstiges" Recht, 1996; *Habscheid*, Der nicht rechtsfähige Verein zwischen juristischer Person und Gesellschaft, AcP 155 (1956), 375; *Hadding*, Zu einer geplanten Änderung des Vereinsrechts, ZGR 2006, 137; *Hasenkamp*, Die Haftungsbeschränkungen bei der Gesellschaft bürgerlichen Rechts – Eine Untersuchung unter Einbeziehung der Rechtslage beim nichtrechtsfähigen Verein und bei der werdenden GmbH, 2003; *Heiner*, Die persönliche Haftung von Mitgliedern des nicht eingetragenen Idealvereins, in: Juristenausbildung als Leidenschaft, 2004, S. 151; *Hess*, Grundfragen und Entwicklung der Parteifähigkeit, ZZP 117 (2004), 282; *Hientzsch*, Die politische Partei in der Insolvenz, 2010; *dies.*, § 3 PartG – ein parteienrechtliches Relikt? Ein Beitrag zur Parteifähigkeit politischer Parteien, JR 2010, 185; *Hüffer*, Die Gesamthandsgesellschaft in Prozeß, Zwangsvollstreckung und Konkurs, in: FS Stimpel 1985, S. 165; *Jeltsch*, Die Haftung des nichteingetragenen Vereins, 2003; *John*, Die organisierte Rechtsperson, 1977; *Jung*, Zur Partei- und Grundbuchunfähigkeit nichtrechtsfähiger Vereine, NJW 1986, 157; *Katschinski*, Verschmelzung der Vereine, 1999; *Kempfler*, Nicht rechtsfähige Vereine aktiv parteifähig?, NZG 2002, 411; *Kertess*, Die Haftung des für einen nichtrechtsfähigen Verein Handelnden gemäß § 54 S. 2 BGB, Diss. Göttingen 1982; *Konzen*, Grundbuchfähigkeit eines nichtrechtsfähigen Vereins, JuS 1989, 20; *Lehmann*, Der Begriff der Rechtsfähigkeit, AcP 207 (2007), 225; *Leipold*, Einige Bemerkungen zur Rechts- und Parteifähigkeit der BGB-Gesellschaft und des nicht eingetragenen Vereins, in: FS Canaris 2007, Bd. II, S. 221; *Meller-Hannich*, Aktive Parteifähigkeit des nicht rechtsfähigen Vereins, ZJS 2008, 301; *A. Meyer*, Der Grundsatz der unbeschränkten Verbandsmitgliederhaftung, 2006; *ders.*, Haftungsprivilegien bei Idealverbänden ohne Rechtspersönlichkeit?, ZGR 2008, 702; *Morlok/Schulte-Trux*, Staatstragend, aber nicht grundbuchfähig? Zur Grundbuchfähigkeit politischer Parteien, NJW 1992, 2058; *Mummenhoff*, Gründungssysteme und Rechtsfähigkeit, 1979; *Nitschke*, Die körperschaftlich strukturierte Personengesellschaft, 1970; *Nußbaum*, Der nichtrechtsfähige Verein im Prozeß und Konkurse, ZZP 34 (1905), 107; *Ott*, Zur Grundbuchfähigkeit der GbR und des nicht eingetragenen Vereins, NJW 2003, 1223; *Prütting*, Der nichtrechtsfähige Verein im Zivilprozess, in der Zwangsvollstreckung und Insolvenz sowie im Grundbuch, in: FS Reuter 2010, S. 263; *Reffken*, Die Rechts-, Partei- und Grundbuchfähigkeit politischer Parteien, NVwZ 2009, 1131 ff; *Reiff*, Die Haftungsverfassung nichtrechtsfähiger unternehmenstragender Verbände, 1996; *Reuter*, Zur Abgrenzung von Vereins- und Gesellschaftsrecht, ZGR 1981, 364; *ders.*, Der nichtrechtsfähige wirtschaftliche Verein, in: FS Semler 1993, S. 931; *ders.*, Persönliche Haftung für Schulden des nichtrechtsfähigen Idealvereins, NZG 2004, 217; *ders.*, Rechtsfähigkeit und Rechtspersönlichkeit. Rechtstheoretische und rechtspraktische Anmerkungen zu einem großen Thema, AcP 207 (2007), 673; *ders.*, (Keine) Durchgriffshaftung der Vereinsmitglieder wegen Rechtsformverfehlung, NZG 2008, 650; *ders.*, Der Verein im Verein, in: FS Hopt 2010, S. 195; *Schießl*, Die Ausgliederung von Idealvereinen auf Kapitalgesellschaften – Umstrukturierungen im Schnittfeld von Gesellschafts-, Vereins- und Steuerrecht, 2003; *Schlarmann*, Die Rechtsprechung des BGH zu Publikumspersonengesellschaften, BB 1979, 192; *Karsten Schmidt*, Zur Stellung der OHG im System der Handelsgesellschaften, 1972; *ders.*, Systemfragen des Vereinsrechts, ZHR 147 (1983), 43; *ders.*, Verbandszweck und Rechtsfähigkeit im Vereinsrecht, 1984; *ders.*, Die Partei- und Grundbuchunfähigkeit nichtrechtsfähiger Vereine, NJW 1984, 2249; *ders.*, Eintragungsfähige und eintragungsunfähige Vereine, Rpfleger 1988, 45; *ders.*, Die Außengesellschaft: rechts- und parteifähig, NJW 2001, 993; *ders.*, Die parteifähige BGB-Außengesellschaft: noch immer ein schwieriger Fall! – Bemerkungen zu Folgeproblemen einer vollzogenen Rechtsfortbildung, in: Liber amicorum Lindacher 2007, S. 143; *Schöpflin*, Der nichtrechtsfähige Verein, 2003; *Th. Schulz*, Die Parteifähigkeit nicht rechtsfähiger Vereine im Zivilprozeß, 1992; *ders.*, Die Parteifähigkeit nicht rechtsfähiger Vereine, NJW 1990, 1893; *Spilker*, Nicht eingetragene Vereine und unselbständige Stiftungen als juristische Personen im Sinne des UStG, ZStV 2010, 127; *Staake*, § 54 BGB: Mitgliederhaftung im nicht eingetragenen Verein, JA 2004, 94; *Stoltenberg*, Rechtsfähigkeit nicht rechtsfähiger Vereine, MDR 1989, 494; *Terner*, Der Referentenentwurf eines Gesetzes zur Änderung des Vereinsrechts, ZRP 2005, 169; *ders.*, Neues zum Vereinsrecht, NJW 2008, 16; *ders.*, Vereinsrecht in der notariellen Praxis, ZNotP 2009, 132; *ders.*, Vereinsrechtsreform(en), DNotZ 2010, 5; *Teubner*, Organisationsdemokratie und Verbandsverfassung, 1978; *Vogt*, Der Zusammenhang von Vermögensbindung, persönlicher Haftung und Liquidationsgebot bei Gesellschaften, 1999; *Wagner*, Grundprobleme der Parteifähigkeit, ZZP 117 (2004), 305; *Wieacker*, Zur Theorie der juristischen Person des Privatrechts, in: FS E.R. Huber 1973, S. 339. Siehe auch die Literatur bei § 41 und § 42.

A. Allgemeines

I. Die gesetzliche Regelung

Dem rechtlichen Gebilde des ohne eigene Rechtspersönlichkeit bestehenden nicht eingetragenen Vereins (n.e.V.) hat der Gesetzgeber im BGB nur eine einzige Bestimmung gewidmet, welche ihrem Wortlaut nach vor allem die Vorschriften über die GbR und damit die **§§ 705 ff für anwendbar** erklärt (S. 1). Indes sind auch Vereine ohne eigene Rechtspersönlichkeit in der Regel körperschaftlich organisiert, dh auf eine Verselbständigung der Vereinigung gegenüber ihren Mitgliedern angelegt, während die GbR jedenfalls nach ihrer gesetzlichen Grundkonzeption dem Prinzip der Selbstorganschaft gemäß organisiert ist, einstimmiges Handeln aller Gesellschafter erfordert und auch das Ausscheiden eines Gesellschafters nicht überdauert. Die gesetzliche Regelung führt deshalb dazu, dass auf einen formell organisierten, offenen und durch einen Gesamtnamen individualisierten Personenzusammenschluss gesetzliche Bestimmungen angewendet werden sollen, die auf einen informell organisierten, geschlossenen und durch die Person konkreter Mitglieder individualisierten Personenzusammenschluss zugeschnitten sind.[1] **Hintergrund der Gesetzesfassung** war die Absicht des historischen Normgebers, politisch suspekte Vereine wie vor allem politische Parteien und Gewerkschaften zur Eintragung zu veranlassen und sie damit einer präventiven Kontrolle durch die Verwaltungsbehörden nach § 61 Abs. 2 und § 43 Abs. 3 aF, dem sog. verschleierten Konzessionssystem, zu unterziehen; sie motivierte den Gesetzgeber, den strukturellen Unterschied zwischen dem Verein und einer GbR zu ignorieren. Die gesetzgeberische Absicht ist mindestens unzeitgemäß, im Hinblick auf Art. 9 GG wohl sogar verfassungsrechtlich bedenklich, da der einfache Gesetzgeber verpflichtet ist, für den – unter den Schutz des Art. 9 GG fallenden – n.e.V. eine seiner Struktur adäquate rechtliche Ausgestaltung bereitzustellen: Der n.e.V. ist eben nicht, wie das RG einmal formulierte, „eine Gesellschaft, welche nach Art der juristischen Person korporativ organisiert ist";[2] er ist vielmehr überhaupt keine Gesellschaft. Überdies belastet die in S. 2 vorgesehene Haftung der Vereinsvertreter in sachwidriger Weise ein typisches Handeln im Fremdinteresse mit beträchtlichen persönlichen Risiken. 1

II. Anwendung des Vereinsrechts auf den nicht eingetragenen Idealverein

Rechtsprechung und Literatur **lehnen die Anwendung der gesellschaftsrechtlichen Vorschriften** auf den n.e. Idealverein schon seit längerem **als überholt ab**; S. 1 ist für das Recht der n.e. Idealvereine nach dem Grundsatz cessante ratione legis cessat lex ipsa gewissermaßen außer Kraft getreten.[3] Nach heutigem Ver- 2

1 MüKo/*Reuter*, § 54 Rn 1; vgl zur Entwicklung der rechtspolitischen Kritik *Flume*, ZHR 148 (1984), 503, 507; *Schöpflin*, S. 64 ff; dazu wiederum abl. *Bergmann*, S. 351 ff; *ders.*, ZGR, 2005, 654, 658 ff.

2 So aber jetzt wieder *Bergmann*, S. 351 ff und passim.

3 So treffend MüKo/*Reuter*, § 54 Rn 4.

ständnis sind deshalb – entgegen dem Gesetzeswortlaut[4] – auf Idealvereine ohne durch Eintragung erlangte eigene Rechtspersönlichkeit regelmäßig gerade nicht die Vorschriften über die GbR, sondern die **Bestimmungen des Vereinsrechts über den als juristische Person bestehenden Idealverein entsprechend anwendbar** mit Ausnahme derjenigen Vorschriften, die gerade die Eigenschaft als juristische Person voraussetzen.[5] Insbesondere ist, wie schon seit langem anerkannt, die Haftung der Mitglieder für das (vertragliche wie außervertragliche) Verhalten der Vereinsrepräsentanten auf das Vereinsvermögen beschränkt (Rn 17). Unanwendbar, weil sie die Eigenschaft als juristische Person voraussetzen, bleiben insbesondere die Publizitätsvorschriften der §§ 68 ff.

III. Der n.e.V. als Rechtssubjekt und Vermögensträger

3 Erhebliche weitere Impulse erhielt die beschriebene Entwicklung in der jüngsten Vergangenheit durch die Rechtsprechung des Bundesgerichtshofs[6] zur (Außen-)GbR, wonach diese Rechts- und Parteifähigkeit besitzt, soweit sie durch Teilnahme am Rechtsverkehr eigene Rechte und Pflichten begründet (s. § 705 Rn 6 ff, Anhang zu § 705 „Die GbR im Verfahrensrecht" Rn 1 ff). Als gesichertes Ergebnis richterlicher Rechtsfortbildung zugrunde zu legen ist danach die Annahme, dass die GbR damit zwar noch nicht juristische Person ist, wohl aber Rechtssubjekt, und mithin – insofern ganz wie die juristische Person – selbst und losgelöst von ihren Gesellschaftern als Zurechnungsendpunkt von materiellrechtlichen wie prozessualen Rechten und Pflichten anzusehen ist. Dies muss auch **Konsequenzen für die Behandlung des n.e.V.** haben – zwar nicht im Hinblick auf die Verweisung des S. 1 in das Recht der GbR,[7] die, wie gesehen (Rn 2), auf den n.e.V. gar nicht mehr angewandt wird, sondern aufgrund eines Erst-recht-Schlusses: Auch wenn es in der Rechtswirklichkeit in zunehmender Zahl Personalgesellschaften gibt, bei denen die körperschaftlichen die personalistischen Elemente überwiegen, ist die körperschaftliche Verfassung und damit die Abstraktion des Verbands von seinen Mitgliedern immer noch als Strukturmerkmal des Vereins anzusehen (s. vor §§ 21 ff Rn 10).[8] Ist aber der Typus des n.e.V. von einem tendenziell größeren Maß an Verselbständigung gekennzeichnet als die GbR, so ist es nicht zu vertreten, ihn mit einem geringeren „Maß an Rechtsfähigkeit" auszustatten. Mit der ausdrücklichen Zuerkennung der vollen Parteifähigkeit (§ 50 Abs. 2 ZPO nF, s. Rn 32) hat nunmehr auch der Gesetzgeber dieser Auffassung mindestens der Sache nach seinen Segen gegeben.[9]

4 Im Einklang mit dem inzwischen anerkannten Verständnis der GbR ist deshalb die Fähigkeit, selbst und losgelöst von den Mitgliedern Zurechnungsendsubjekt aller Rechte und Pflichten zu sein, nicht erst mit dem Eintritt der (Voll-)Rechtsfähigkeit durch Registereintragung bzw Verleihung zuzuerkennen. Die staatliche Kontrolle durch das Registergericht bzw die Verleihungsbehörde, die Gesamthand und juristische Person im deutschen Recht unterscheidet, ist danach nur noch für die Eigenschaft als juristische Person unerlässlich. Damit ist das Vereinsvermögen des n.e.V. nicht mehr, wie nach traditioneller Ansicht, als Gesamthandsvermögen (§§ 54 S. 1, 718, 719) ein Sondervermögen der lediglich unter der Kollektivbezeichnung des Vereins auftretenden Vereinsmitglieder.[10] Vielmehr kommt dem n.e.V. eine **eigene Rechtssubjektivität** zu; der n.e.V.

4 Der in dieser Form nicht verwirklichte Entwurf eines Gesetzes zur Änderung des Vereinsrechts vom 25.8.2004 sah eine Änderung des § 54 S. 1 in folgende Fassung vor: „Die Vorschriften der §§ 21 bis 53 finden auf nichtrechtsfähige Vereine entsprechende Anwendung, soweit sie nicht die Rechtsfähigkeit oder die Registereintragung des Vereins voraussetzen". Wenn in dieser Weise die Verweisung auf das Recht der Personengesellschaft aufgehoben würde, wäre allerdings über die im Text vertretene Ansicht hinaus die Verweisung auf § 128 HGB für den wirtschaftlichen Verein entfallen (vgl *Beuthien*, NZG 2005, 493 f; *Hadding*, ZGR 2006, 137, 157 ff; s. auch *Bergmann*, ZGR 2005, 654, 669 ff, 673 ff; positiv aber *Reuter*, NZG 2005, 738, 746; s. zum Reformentwurf auch *Heermann*, ZHR 170 (2006), 247, 269 ff).

5 Vgl BGHZ 50, 325, 329; BGH NJW 1979, 2304 f; OLG Frankfurt ZIP 1985, 213; Bamberger/Roth/*Schwarz/Schöpflin*, § 54 Rn 15; Erman/*Westermann*, § 54 Rn 1; MüKo/*Reuter*, vor § 21 Rn 55, § 54 Rn 2; Palandt/*Ellenberger*, § 54 Rn 1; *Reichert*, Rn 32; *K. Schmidt*, GesR, 4. Aufl. 2002, § 25 II 1 a; *Schöpflin*, S. 68 f, 233 ff; ähnlich auch die Begr. des Gesetzes zur Erleichterung elektronischer Anmeldungen zum Vereinsregister und anderer vereinsrechtlicher Änderungen, BT-Drucks. 16/12813, S. 15 zu Art. 3. Nur in der Begr. abw. zB *Bergmann*, S. 345 ff, 413 ff: Anwendbarkeit der §§ 21–53 kraft gesellschaftsvertraglicher Disposition.

6 BGH, Urt. v. 29.1.2001, BGHZ 146, 341 ff („ARGE Weißes Ross") = NJW 2001, 1056; ferner BGHZ 148, 291 ff; 151, 204 ff; BGH NJW 2002, 1207; 2003, 1043, 1044; BB 2003, 2706.

7 So aber BGH NJW 2008, 69, 74 (Rn 55); aus der Lit. vgl zB *K. Schmidt*, NJW 2001, 993, 1002 f; Soergel/*Hadding*, § 54 Rn 16.

8 Vgl *Schöpflin*, S. 154 ff.

9 Gesetz zur Erleichterung elektronischer Anmeldungen zum Vereinsregister und anderer vereinsrechtlicher Änderungen vom 24.9.2009 (BGBl. I S. 3145) mWv 30.9.2009; zur Begr. s. BT-Drucks. 16/12813, S. 15 (zu Art. 3).

10 BGHZ 50, 325, 329; RGZ 143, 212, 213, 215; OLG Düsseldorf MDR 1993, 1020; *Beuthien/Ernst*, ZHR 156 (1992), 227, 232 ff; Erman/*Westermann*, § 54 Rn 7; *Habscheid*, AcP 155 (1956), 375, 400; *Jung*, NJW 1986, 157 ff; ebenso noch nach der Entscheidung des BGH v. 29.1.2001, BGHZ 146, 341, etwa *Heil*, NZG 2001, 300, 302; *Schöpflin*, S. 83 ff.

selbst ist daher **Träger von Rechten und Pflichten.**[11] Als Ergebnis eines hundertjährigen Rechtsfortbildungsprozesses bezeichnet die einst rhetorisch gemeinte, zum Festhalten am Gesetzeswortlaut mahnende Frage: „Der nichtrechtsfähige Verein auf dem Wege zur Rechtsfähigkeit?“,[12] heute das geltende Recht: Der nicht eingetragene Idealverein ist aktiv und passiv parteifähig (§ 50 Abs. 2 ZPO nF, s. Rn 32) sowie insolvenzfähig (§ 11 Abs. 1 S. 2 InsO, Rn 43), er ist vermögensfähig und folgerichtig auch wechsel- und scheckfähig,[13] erbfähig,[14] namensrechtsfähig,[15] markenrechtsfähig,[16] kontofähig[17] und fähig zur Mitgliedschaft in einer juristischen Person,[18] einer GbR[19] oder einem anderen nicht eingetragenen Verein,[20] er ist fähig, Steuersubjekt zu sein[21] sowie richtiger Ansicht zufolge auch grundbuchfähig (Rn 47).

Demgemäß bedeutet der Begriff „nicht rechtsfähiger Verein“ iSv § 54 nur noch, dass der Verein weder durch Eintragung in das Vereinsregister (§ 21) noch durch staatliche Verleihung (§ 22) seine „Rechtsfähigkeit“ erworben hat und damit **keine juristische Person** ist. „Rechtsfähig“ aber ist er gleichwohl, so dass hier der **Begriff des „nicht eingetragenen Vereins“ (n.e.V.)** zur Kennzeichnung des in § 54 angesprochenen Typus vorgezogen wird.[22] Der Begriff ist zugegebenermaßen gleichfalls nicht vollständig präzise, da er auch wirtschaftliche Vereine (§ 22) erfasst, die die Eigenschaft als juristische Person durch Konzessionierung erlangt haben und nicht im Vereinsregister eingetragen werden; im Hinblick auf die praktische Seltenheit dieser Tatbestände ist dies aber eher hinzunehmen als die weitere Tradierung des grob missverständlich gewordenen Begriffs des „nicht rechtsfähigen“ Vereins.[23] 5

IV. Anwendung des Gesellschaftsrechts auf den nicht konzessionierten wirtschaftlichen Verein

Anders als oben (für den Idealverein) dargestellt verfährt die heutige Praxis und hM mit dem (seltenen) **nicht konzessionierten wirtschaftlichen Verein**:[24] Im Unterschied zur Rechtslage beim nicht eingetragenen Idealverein sei der auf Verhinderung der freien Körperschaftsbildung gerichtete Zweck des Sonderrechts des „nicht rechtsfähigen“ Vereins für den wirtschaftlichen Verein nicht gegenstandslos geworden; vielmehr hätten sich die gesetzlichen Vorbehalte gegen die freie Körperschaftsbildung sogar inzwischen verstärkt, da der moderne Gesetzgeber jedenfalls im Falle des Betriebs größerer Unternehmen die Sicherung sozial verantwortungsbewussten Verhaltens (Publizität, Mitbestimmung) anstrebe. Hier sei die **Verweisung auf das Recht der GbR** deshalb zu respektieren;[25] der telos der Unterscheidung zwischen nichtwirtschaftlichem und wirtschaftlichem Verein liegt insofern darin, dass bei wirtschaftlichen Vereinen besondere Vorschriften zum Schutz der Gläubiger und des Rechtsverkehrs erforderlich sind, die in den §§ 21 ff nicht enthalten sind.[26] Beim 6

11 *K. Schmidt*, GesR, 4. Aufl. 2002, § 8 III 2 a, 3, 4 c, § 25 II 1 b; *ders.*, NJW 2001, 993, 1002 f; *Flume*, ZHR 136 (1972), 177 ff; *ders.*, ZHR 148 (1984), 503 ff, 506; *Mummenhoff*, S. 229; MüKo/*Reuter*, § 54 Rn 15 f; Palandt/*Ellenberger*, § 54 Rn 2; *Reichert*, Rn 5093; Soergel/*Hadding*, § 54 Rn 16; Staudinger/*Weick*, § 54 Rn 2, 49, 74; so sub specie der Parteifähigkeit des n.e.V. jetzt auch BGH NJW 2008, 69, 74.

12 *Teutsch*, BayZ 1910, 153.

13 So zutr. Erman/*Westermann*, § 54 Rn 7; MüKo/*Reuter*, § 54 Rn 33; *Reichert*, Rn 5147; Soergel/*Hadding*, § 54 Rn 19 iVm Rn 16; aA noch RGZ 112, 124, 125; RG JW 1980, 544, 55; OLG Koblenz MDR 1988, 424; *Schöpflin*, S. 333 ff.

14 FG Münster EFG 2007, 1037; *Reichert*, Rn 5139 ff; *Sauter/Schweyer/Waldner*, Rn 624; *K. Schmidt*, GesR, 4. Aufl. 2002, § 25 II 1 a; Soergel/*Hadding*, § 54 Rn 17; Staudinger/*Weick*, § 54 Rn 77; (nur) für den n.e. Idealverein auch MüKo/*Reuter*, § 54 Rn 34 ff; aA *Schöpflin*, S. 328 ff.

15 RGZ 78, 101, 102 ff; BayObLG EWiR 1987, 15; OLG Frankfurt NJW 1952, 792, 794; *Schöpflin*, S. 318 ff; Soergel/*Hadding*, § 12 Rn 31.

16 *Fezer*, Markenrecht, 4. Aufl. 2009, § 7 MarkenG Rn 41; dazu tendierend auch BPatG GRUR 2005, 955, 956; aA *Schöpflin*, S. 321 ff.

17 *Reichert*, Rn 5145.

18 *Schöpflin*, S. 338 ff; Soergel/*Hadding*, § 38 Rn 5.

19 MüKo/*Ulmer*, § 705 Rn 68; *Schöpflin*, S. 340 ff; Soergel/*Hadding*, § 705 Rn 25.

20 *Schöpflin*, S. 340 ff; Soergel/*Hadding*, § 54 Rn 16.

21 FG Münster EFG 2007, 1037; s. auch *Spilker*, ZStV 2010, 127 ff zur Eigenschaft als „juristische Person“ iSd UStG.

22 So auch *Beuthien*, NZG 2005, 493; *Hadding*, ZGR 2001, 712, 727 ff; Soergel/*Hadding*, § 54 Rn 1; *K. Schmidt*, GesR, 4. Aufl. 2002, § 25 II 1 a, 2 d; *Terner*, DNotZ 2010, 5, 16; krit. *Leipold*, in: FS Canaris II, 2007, S. 221, 240 f; Bamberger/Roth/*Schwarz/Schöpflin*, § 54 Rn 4; *Schöpflin*, S. 19.

23 Die Begründung des Gesetzes zur Erleichterung elektronischer Anmeldungen zum Vereinsregister und anderer vereinsrechtlicher Änderungen v. 29.4.2009, BT-Drucks. 16/12813, S. 15 zu Art. 3, spricht aus diesem Grund von (bewusst zusammengeschriebenen, dazu *Beuthien* aaO) „nichtrechtsfähigen“ Vereinen.

24 Zur Abgrenzung von idealem und wirtschaftlichem Vereinszweck vgl allg. § 21 Rn 22 ff sowie ausf. *Reiff*, S. 76 ff mwN; *Schöpflin*, S. 151 ff, 188 ff; Soergel/*Hadding*, § 54 Rn 2 ff; schon im Ansatz gegen die Möglichkeit eines iSv § 54 „nichtrechtsfähigen“ wirtschaftlichen Vereins allerdings *K. Schmidt*, Zur Stellung der OHG, S. 229 ff; *ders.*, GesR, 4. Aufl. 2002, § 25 I 2 b.

25 Vgl BGHZ 22, 240, 244; Erman/*Westermann*, § 54 Rn 2; *Flume*, ZHR 148 (1984) 503, 517 f; MüKo/*Reuter*, Vor § 21 Rn 81 ff, § 54 Rn 7 ff, 21, 25, 28, 35 f, 40; *Nitschke*, S. 115 ff; *Schöpflin*, S. 194 ff, 201 f, 395 ff; Soergel/*Hadding*, § 54 Rn 3.

26 *Mummenhoff*, S. 92 ff; *K. Schmidt*, Verbandszweck, S. 92 ff.

nicht konzessionierten wirtschaftlichen Verein ist deshalb im Ergebnis trotz körperschaftlicher Verfassung in weitem Umfang auf die gesellschaftsrechtlichen Vorschriften zurückzugreifen, weil sie besser als die §§ 21 ff auf einen wirtschaftlichen Verband zugeschnitten sind. Sofern der nicht konzessionierte wirtschaftliche Verein ein Handelsgewerbe als Hauptzweck führt, ist er gar nicht als (den Bestimmungen über die GbR unterliegender) Verein, sondern als oHG zu behandeln.[27] In jedem Fall ergibt sich hieraus als praktisch wichtigste Konsequenz die **persönliche Außenhaftung der Vereinsmitglieder** für die im Namen des Vereins begründeten Verbindlichkeiten (Rn 19).

7 Die gesamtschuldnerische Außenhaftung der Mitglieder gilt auch für solche nichtrechtsfähigen wirtschaftlichen Vereine, die sich – vergleichbar einer Vorgesellschaft zu einer Kapitalgesellschaft – im Gründungsstadium zu einem e.V. befinden und als werdende juristische Personen betrachtet werden können (**Vorvereine**). Auch auf einen im Gründungsstadium befindlichen, nichtrechtsfähigen kommunalen Zweckverband kann bei Teilnahme am Privatrechtsverkehr je nach dem Grad der körperschaftlichen Verselbständigung das Recht des nichtrechtsfähigen wirtschaftlichen Vereins (Rn 6) Anwendung finden.[28] Die Vorgesellschaften einer GmbH, AG oder einer e.G. sind jedoch nicht iSv § 54 „nichtrechtsfähige" (Wirtschafts-)Vereine, sondern Gesellschaften sui generis.[29] Schon wegen der gesetzlichen Verweisung auf das Recht der GbR ist eine Übertragung des für die gescheiterte Vorgesellschaft entwickelten Prinzips der Verlustdeckungshaftung als anteilige Innenhaftung der Gründer[30] auf den gescheiterten wirtschaftlichen Vorverein kein Raum.[31]

B. Regelungsgehalt

I. Kennzeichen des nichteingetragenen Vereins

8 Ob ein Verein oder eine GbR gegründet werden soll, ist durch Auslegung der Gründungsvereinbarung festzustellen. Wichtigstes **Abgrenzungskriterium** des n.e.V. von der Personengesellschaft ist seine körperschaftliche Struktur und die Unabhängigkeit vom Mitgliederwechsel: Der n.e.V. ist ebenso wie der e.V. eine auf Dauer eingerichtete Verbindung einer größeren Anzahl von Personen, welche zur Erreichung eines bestimmten Zweckes einen Gesamtnamen führt und auf einen wechselnden Mitgliederbestand angelegt ist.[32] Diese korporationsrechtliche Verfassung führt dazu, dass der nicht eingetragene Idealverein dem e.V. wesensgleich ist und der GbR als wesensverschieden gegenübersteht;[33] immerhin sind **Zwischenformen** möglich, auf die teilweise Vereins-, teilweise Gesellschaftsrecht anzuwenden ist.[34] Liegt danach ein „Verein" vor, so unterscheidet sich der n.e.V. vom „rechtsfähigen Verein" allein durch das Fehlen der Eintragung im Register (Rn 5).

9 **Untergliederungen eines Vereins** können die Rechtsform eines n.e.V. haben, wenn sie auf Dauer Aufgaben nach außen im eigenen Namen durch eine eigene, dafür handlungsfähige Organisation wahrnehmen. Danach muss die Untergliederung eine körperschaftliche Verfassung besitzen, einen Gesamtnamen führen, vom Wechsel ihrer Mitglieder unabhängig sein und neben ihrer unselbständigen Tätigkeit für den Hauptverein Aufgaben auch eigenständig wahrnehmen.[35] Nicht erforderlich ist, dass Zweck und Organisation der Untergliederung in einer von dieser beschlossenen Satzung festgelegt sind; sie können sich auch aus der Satzung des Hauptvereins ergeben.[36]

10 **Einzelfälle:** Die Rechtsprechung hat als „nichtrechtsfähige" Vereine iSv § 54 angesehen: politische Parteien,[37] deren regionale Untergliederungen[38] und Ortsverbände,[39] Parlamentsfraktionen,[40] Arbeitgeberver-

27 Vgl *Bergmann*, S. 370 ff; *Reiff*, S. 83 ff; *Schöpflin*, S. 188 ff.
28 BGHZ 146, 190 ff.
29 BGHZ 20, 281, 285; 51, 30, 32; Bamberger/Roth/*Schwarz/Schöpflin*, § 54 Rn 6; Staudinger/*Weick*, § 54 Rn 4.
30 Vgl BGHZ 134, 333, 338; BSG DStR 2000, 744.
31 BGHZ 146, 190 ff.
32 Vgl RGZ 78, 101, 103 f; BGHZ 42, 210, 216; 43, 316, 319; 50, 325, 328 f; Palandt/*Ellenberger*, § 54 Rn 1; *Schöpflin*, S. 154 ff; Soergel/*Hadding*, § 54 Rn 1.
33 Vgl *K. Schmidt*, GesR, 4. Aufl. 2002, § 25 I 1; Palandt/*Ellenberger*, § 54 Rn 1; eingehend zur Abgrenzung *Schöpflin*, S. 154 ff.
34 BGH NJW 1979, 2304; BGH LM § 39 BGB Nr. 11; dazu *Reuter*, ZGR 1981, 364 ff; *K. Schmidt*, GesR, 4. Aufl. 2002, § 25 II 2; *Schöpflin*, S. 182 ff; Soergel/*Hadding*, § 54 Rn 5.
35 Vgl BGHZ 73, 275, 278; BGH LM ZPO § 50 Nr. 25; BGHZ 90, 331, 332 f; 109, 15, 16 f; BAGE 63, 302, 308.
36 BGHZ 90, 331, 333 f.
37 Von den größeren Parteien bilden CSU, FDP und Die Linke jeweils einen e.V., SPD, CDU und Bündnis 90/Die Grünen sind n.e.V.; s. zur Behandlung der politischen Parteien ausführlich *Hientzsch*, S. 82 ff u. JR 2010, 185 ff; *Reffken*, NVwZ 2009, 1131 ff.
38 BGHZ 73, 275, 277 f; OLG Karlsruhe OLGZ 1978, 226; ausführlich dazu *Hientzsch*, S. 84 ff u. JR 2010, 185 ff; s.a. Rn 9.
39 OLG Bamberg NJW 1982, 895; LG Frankfurt NJW 1979, 1661; aA LG Bonn NJW 1976, 810; s.a. Rn 9.
40 OLG München NJW 1989, 910, 911; OLG Schleswig NVwZ-RR 1996, 103; BayVGH NJW 1988, 2754.

bände und Gewerkschaften,[41] Freiwillige Feuerwehren[42] und Kleingärtnervereine,[43] Ordensniederlassungen[44] ebenso wie Studentenverbindungen,[45] Waldinteressengemeinschaften,[46] Handelssyndikate,[47] bis hin zu Gesangvereinen,[48] Kegel- oder Skatclubs.[49] Keine nichtrechtsfähigen Vereine, sondern Gesellschaften sind zB eine Hausbaugemeinschaft, die nur die Errichtung einer bestimmten Anzahl von Bauten bezweckt und keinen Mitgliederwechsel vorsieht,[50] oder eine Laborgemeinschaft von Ärzten.[51]

II. Gründung und Organisationsrecht des n.e.V

Kennzeichen des n.e.V. ist es, dass er auf Dauer nicht in das Vereinsregister eingetragen werden soll; dies unterscheidet ihn vom Vorverein, der gerade nicht auf längere Dauer angelegt ist, sondern anstrebt, durch Eintragung oder Konzessionierung zur juristischen Person zu werden. Die **Gründung** erfolgt formlos[52] und ohne registergerichtliche Mitwirkung durch Einigung der (mindestens drei)[53] Gründungsmitglieder auf die Errichtung einer Körperschaft, die nach der Absicht der Gründer nicht die Eigenschaft als juristische Person erlangen soll.[54] Der Sitz des n.e.V. befindet sich analog § 24 am Ort der tatsächlichen Verwaltung.[55] 11

Die Gründer müssen sich ferner auf einen Vereinszweck und den Inhalt der (entgegen dem Wortlaut von § 25 auch hier maßgebenden) **Satzung** einigen.[56] Ausdrückliche Vorschriften über einen etwa erforderlichen Satzungsinhalt gibt es nicht; jedoch muss die Satzung den Vereinszweck, den Namen sowie ein Mindestmaß an körperschaftlicher Organisation durch einen von der Mitgliederschaft getrennten Vorstand festlegen, ggf auch die Pflichten der Mitglieder wie insbesondere die Beitragspflicht (§ 58 Nr. 2).[57] Soweit die Satzung darüber hinaus Bestimmungen über die Organisation des Vereins enthält, gelten diese; **Satzungslücken** können durch entsprechende Anwendung der §§ 21 ff geschlossen werden.[58] Im Falle von Satzungsmängeln finden die Grundsätze der fehlerhaften Gesellschaft Anwendung.[59] Satzungsänderungen sind (anders als nach § 71 Abs. 1) mit der Beschlussfassung wirksam. Die Satzung kann durch schlüssiges Verhalten der Mitglieder geändert werden.[60] 12

Der n.e.V. ist gleich dem e.V. körperschaftlich organisiert. Die notwendigen Organe sind Vorstand und Mitgliederversammlung. Während die Handlungsorganisation des nichtrechtsfähigen wirtschaftlichen Vereins durch das gesellschaftsrechtliche Prinzip der Selbstorganschaft gekennzeichnet ist,[61] folgt die Organisation des n.e. Idealvereins dem vereinsrechtlichen Grundsatz der Mehr- oder Drittorganschaft (vgl § 26 Rn 1, 3). Für den **Vorstand** des n.e. Idealvereins gelten deshalb hinsichtlich Bestellung, Willensbildung, Geschäftsführung und Vertretung die §§ 26–29 entsprechend.[62] Auch Nichtmitglieder können zu Vorstandsmitgliedern bestellt werden. Die Vorschriften über den Auftrag sind – sofern die Satzung nicht etwas anderes vorschreibt – entsprechend anwendbar (§§ 27 Abs. 3, 40). Für die Haftung gilt statt §§ 54 S. 1, 708 der Verschuldensmaßstab des § 276.[63] Der Umfang der Vertretungsmacht kann auch konkludent beschränkt werden, weil mangels Eintragung die Publizitätswirkungen der §§ 70, 68 nicht gelten.[64] Entsprechend § 29 kann ein Notvorstand bestellt werden.[65] 13

41 RGZ 76, 25, 27; BGHZ 42, 210, 211; 50, 325, 327.
42 BFHE 182, 195, 197.
43 BSGE 17, 211.
44 RGZ 97, 122, 123; 113, 125, 127.
45 RGZ 78, 134, 135; OLG Koblenz NJW-RR 1993, 697.
46 BGHZ 25, 311, 313 f.
47 RGZ 82, 294, 295.
48 RGZ 78, 101.
49 AG Grevenbroich NJW-RR 2001, 967.
50 BGH WM 1961, 884.
51 FG Münster EFG 1981, 143.
52 *Reichert*, Rn 5159; *Schöpflin*, S. 147, 223; Soergel/*Hadding*, § 54 Rn 7. Zum Erfordernis des Rechtsbindungswillens, insb. bei der Gründung durch konkludentes Verhalten, vgl *Schöpflin*, S. 147 f, 223.
53 *Reichert*, Rn 5159; *Schöpflin*, S. 147; aA Soergel/*Hadding*, § 25 Rn 20.
54 Ausf. *Schöpflin*, S. 146 ff.
55 Vgl *Schöpflin*, S. 246; Staudinger/*Weick*, § 54 Rn 10.
56 *Schöpflin*, S. 220 ff.
57 Vgl *Schöpflin*, S. 147, 159 ff, 220, 298 ff; Soergel/*Hadding*, § 54 Rn 7, § 25 Rn 3, 18.
58 Vgl BayObLGZ 1990, 71, 75; OLG Frankfurt WM 1985, 1466, 1467; Erman/*Westermann*, § 54 Rn 5; *K. Schmidt*, GesR, 4. Aufl. 2002, § 25 II 2; *Schöpflin*, S. 233 ff; einschr. Staudinger/*Weick*, § 54 Rn 30 ff: grds. Anwendbarkeit von Gesellschaftsrecht.
59 *Schöpflin*, S. 226 ff.
60 BGHZ 16, 143, 150 f; 23, 122, 129; OLG Frankfurt ZIP 1985, 213, 215 f; Bamberger/Roth/*Schwarz/Schöpflin*, § 54 Rn 49; *Reuter*, ZHR 148 (1984), 523, 548 ff; Soergel/*Hadding*, § 54 Rn 13.
61 Vgl mwN MüKo/*Reuter*, § 54 Rn 21.
62 BayObLGZ 1990, 71, 75; Bamberger/Roth/*Schwarz/Schöpflin*, § 54 Rn 50; MüKo/*Reuter*, § 54 Rn 42; Palandt/*Ellenberger*, § 54 Rn 6; *Schöpflin*, S. 246 ff; Soergel/*Hadding*, § 54 Rn 12 ff; Staudinger/*Weick*, § 54 Rn 32 ff.
63 RGZ 143, 212, 214 f; Bamberger/Roth/*Schwarz/Schöpflin*, § 54 Rn 50; *Schöpflin*, S. 256 ff; Soergel/*Hadding*, § 54 Rn 14; Staudinger/*Weick*, § 54 Rn 28.
64 Bamberger/Roth/*Schwarz/Schöpflin*, § 54 Rn 50; MüKo/*Reuter*, § 54 Rn 44; Palandt/*Ellenberger*, § 54 Rn 6; Soergel/*Hadding*, § 54 Rn 14.
65 LG Berlin NJW 1970, 1047, 1048; Bamberger/Roth/*Schwarz/Schöpflin*, § 54 Rn 50; MüKo/*Reuter*, § 29 Rn 2 f; *Schöpflin*, S. 258 ff; Soergel/*Hadding*, § 54 Rn 14; aA RGZ 147, 121, 124.

14 Mitglied eines n.e.V. können natürliche und juristische Personen, Personengesellschaften und andere n.e.V. werden.[66] Andere Personen als die Gründer können die Mitgliedschaft nur durch Eintritt in den Verein erwerben; hierüber entscheidet in Ermangelung einer Satzungsbestimmung die Mitgliederversammlung (analog § 32 Abs. 1 S. 1). Das **Mitgliedschaftsverhältnis** (§ 38 Rn 1 f 4, 9 ff) besteht jeweils zwischen dem einzelnen Mitglied und dem Verein. Während sich die einzelnen mitgliedschaftlichen Rechte und Pflichten beim nichtrechtsfähigen wirtschaftlichen Verein im Grundsatz nach Gesellschaftsrecht richten,[67] entsprechen sie beim n.e. Idealverein denen im e.V.; dies gilt auch für die vereinsrechtlichen Sanktionen bis hin zum Vereinsausschluss.[68] Der kurzfristige Austritt eines Mitglieds kann entsprechend § 39 nicht durch die Satzung ausgeschlossen oder über den Bereich des § 39 Abs. 2 hinaus erschwert werden.[69] Mit dem Mitgliedschaftsverhältnis zum Verein entstehen daneben auch besondere Rechtsbeziehungen zwischen den Vereinsmitgliedern untereinander.[70] Da der n.e.V. mit eigener Rechtssubjektivität ausgestattet ist, ist der Verein selbst und nicht die Mitglieder Inhaber der einzelnen Vermögensgegenstände. Ein Vereinsmitglied hat keinen Anteil am Vereinsvermögen und keine vermögensrechtliche Mitgliedschaft; daher findet beim Ein- oder Austritt auch keine Anwachsung von Anteilen statt[71] und das ausscheidende Vereinsmitglied hat keinen Anspruch auf ein Auseinandersetzungsguthaben oder eine Abfindung gem. § 738 Abs. 1 S. 2.[72] Wie der e.V. unterliegt der nicht eingetragene Idealverein der zwingenden Liquidation analog §§ 47 ff, so dass – anders als im Fall der dispositiven Liquidation der GbR – eine Verteilung des Vereinsvermögens vor Befriedigung der Gläubiger unzulässig ist (§ 47 Rn 11). Sieht die Satzung ausdrücklich Gewinnberechtigungen und/oder Abfindungsansprüche vor, so wird der Verein zum wirtschaftlichen Verein.[73]

15 Für die **Mitgliederversammlung** eines n.e.V. gelten die zwingenden Normen der §§ 32, 33 Abs. 1 ebenso wie die dispositiven Normen der §§ 34–37 entsprechend.[74] Es gilt deshalb die Grundzuständigkeit der Mitgliederversammlung als dem obersten Organ des Vereins; sie ist für alle Angelegenheiten zuständig, die nicht dem Vorstand oder einem anderen Vereinsorgan zugewiesen sind (§ 32 Abs. 1 S. 1). An die Stelle des Einstimmigkeitsgrundsatzes (§§ 54 S. 1, 709 Abs. 1) tritt der Mehrheitsgrundsatz (§ 32 Abs. 1 S. 3). Eine Beschlussfassung ohne ordnungsgemäße Berufung der Mitgliederversammlung ist unwirksam (§ 32 Abs. 1 S. 2). Für die Ermächtigung der Minderheit zur Einberufung der Mitgliederversammlung ist entsprechend § 37 Abs. 2 das Amtsgericht zuständig, in dessen Bezirk der n.e.V. seinen Sitz hat.[75] Soweit der n.e.V. gemäß § 40 von den Vorschriften der §§ 32 f abweichen kann, ist die (schriftliche oder mündlich verabredete) Satzung maßgeblich, wenn sie Regelungen über die Mitgliederversammlung enthält; andernfalls können sich entsprechende ungeschriebene Satzungsbestimmungen auch aus einer einschlägigen Vereinsübung ergeben.[76]

III. Die Haftungsverfassung des n.e.V

16 **1. Die Haftung des n.e.V. mit dem Vereinsvermögen.** Nach der modernen Lehre ist der n.e.V. eigenständiges, von seinen Mitgliedern abstrahiertes Rechtssubjekt (Rn 3) und deshalb auch selbst Vertragspartner und Schuldner der wirksam im Namen des n.e.V. begründeten Verbindlichkeiten. Der n.e.V. haftet folglich unproblematisch und ohne Rücksicht auf den jeweiligen Mitgliederbestand mit dem Vereinsvermögen auf Erfüllung, für Vertragsverletzungen und im Rahmen gesetzlicher Schuldverhältnisse für Verschulden seiner Organe und verfassungsmäßigen Vertreter nach § 31 (iVm § 280 Abs. 1), für Verschulden sonstiger Erfüllungsgehilfen nach § 278 (iVm § 280 Abs. 1), im deliktischen Bereich nach §§ 823 Abs. 1, 31 für Organisationspflichtverletzungen sowie gem. § 831.[77] Ebenso kann der n.e.V. aus gesetzlichen Vorschriften, insbesondere gesetzlichen Schuldverhältnissen (zB §§ 677 ff, 812 ff) zur Herausgabe oder zum Schadens- oder Aufwendungsersatz verpflichtet sein. Eine Haftung aus Gefährdungshaftung kann den n.e.V. aufgrund seiner

66 *Schöpflin*, S. 276.
67 Vgl MüKo/*Reuter*, § 54 Rn 72 mwN.
68 MüKo/*Reuter*, § 54 Rn 72; *Schöpflin*, S. 291 ff, 295 ff; Soergel/*Hadding*, § 54 Rn 11; Staudinger/*Weick*, § 54 Rn 47.
69 RGZ 143, 1, 3 f; MüKo/*Reuter*, § 54 Rn 73; *Reuter*, ZGR 1981, 364 ff; Soergel/*Hadding*, § 54 Rn 10; grds. auch BGH NJW 1979, 2304, 2305; aA aber *Flume*, ZHR 148 (1984), 503, 533.
70 Bamberger/Roth/*Schwarz/Schöpflin*, § 54 Rn 53; *Lutter*, AcP 180 (1980), 84, 122 ff; *K. Schmidt*, GesR, 4. Aufl. 2002, § 19 III 1; *Reichert*, Rn 721.
71 Bamberger/Roth/*Schwarz/Schöpflin*, § 54 Rn 27; Soergel/*Hadding*, § 54 Rn 20; aA Palandt/*Ellenberger*, § 54 Rn 7.
72 RGZ 113, 125, 135; BGHZ 50, 325, 329; AG Grevenbroich NJW-RR 2001, 967; MüKo/*Reuter*, § 54 Rn 72 iVm § 38 Rn 30; Soergel/*Hadding*, § 54 Rn 10, 20; einschr. Bamberger/Roth/*Schwarz/Schöpflin* § 54 Rn 52; *Schöpflin*, S. 281 ff.
73 OLG Stuttgart, OLGZ 1971, 465, 467; MüKo/*Reuter*, §§ 21, 22 Rn 40 ff; *K. Schmidt*, AcP 182 (1982), 1, 21.
74 OLG Frankfurt WM 1985, 1466, 1467, 1470; BAG AP § 54 BGB Nr. 4; Bamberger/Roth/*Schwarz/Schöpflin*, § 54 Rn 50; *Reichert*, Rn 5188 ff; *Schöpflin*, S. 264 ff; Soergel/*Hadding*, § 54 Rn 3.
75 LG Heidelberg NJW 1975, 1661; Bamberger/Roth/*Schwarz/Schöpflin*, § 54 Rn 50; MüKo/*Reuter*, § 37 Rn 9; *Schöpflin*, S. 269 ff; Soergel/*Hadding*, § 37 Rn 3, § 54 Rn 13; aA RG JW 1935, 3636, 3638.
76 *Schöpflin*, S. 266.
77 Bamberger/Roth/*Schwarz/Schöpflin*, § 54 Rn 31; Soergel/*Hadding*, § 54 Rn 22; Staudinger/*Weick*, § 54 Rn 71 f; *K. Schmidt*, GesR, 4. Aufl. 2002, § 25 II 2 c.

Eigenschaft als Halter, zB iSv § 7 StVG, § 833 BGB treffen. Die Haftungsverfassung des n.e. Idealvereins entspricht damit derjenigen des e.V. (vgl dazu § 31 Rn 8 ff). Allerdings gelangt auch die herkömmliche Gesamthandsdoktrin nunmehr durch Interpretation der Vertretungsregeln und Anwendung der §§ 31, 831, 278 zu diesem Ergebnis; die Mitglieder haften danach jedenfalls primär nur noch als Gesamthänder mit dem Gesamthandsvermögen.[78]

2. Die persönliche Haftung der Vereinsmitglieder (S. 1). a) Unanwendbarkeit von S. 1 iVm §§ 708 ff auf den Idealverein. Für die moderne Lehre, wonach der n.e.V. ein eigenständiges Rechts- und Haftungssubjekt bildet, ergibt sich ohne weiteres, dass die Vereinsmitglieder jedenfalls grundsätzlich nicht persönlich für die Vereinsverbindlichkeiten haften. Denn hiernach bedarf nicht der Ausschluss, sondern die Begründung einer kumulativen Mitgliederhaftung der besonderen Rechtfertigung; diese scheitert jedoch regelmäßig, weil es für die Mitgliederhaftung an einem allgemeinen Haftungstatbestand fehlt.[79] In entsprechender Anwendung der Vorschriften des Vereinsrechts nach §§ 21 ff wird jedoch heute, dem Wortlaut des § 54 S. 1 zuwider, auch von der Rechtsprechung und den Vertretern der traditionellen Ansicht angenommen, dass auch beim nicht eingetragenen Idealverein die **persönliche Haftung der Mitglieder ausgeschlossen** ist;[80] dies wird damit begründet, dass die Vertretungsmacht des Vorstands durch die Satzung dahin beschränkt werden könne (und idR beschränkt werde), dass die Mitglieder eben nicht persönlich haften, und eine gesetzliche Bestimmung über die persönliche Mitgliederhaftung nicht existiere.[81] 17

Die Frage hat freilich dadurch eine neue Dimension erhalten, dass die nunmehr ganz hM für die Haftung der Gesellschafter der GbR für die Gesellschaftsschulden analog § 128 HGB der **Akzessorietätstheorie** folgt.[82] Denn dies stellt die bisherige Begründung für den Ausschluss der Mitgliederhaftung beim Idealverein, die Verbindlichkeiten des Vereins seien mangels einer Norm nach Art des § 128 HGB nicht auf die Mitglieder zu erstrecken, zumindest infrage. Dementsprechend wurde die persönliche Mitgliederhaftung vielfach zwar nicht befürwortet, wohl aber für schwer vermeidbar gehalten.[83] In einer Entscheidung aus dem Jahr 2003[84] hat der BGH trotzdem an dieser Rechtsprechung festgehalten, zwar ohne Begründung, aber im Ergebnis mit Recht,[85] da die Argumentation, mit der die akzessorische Haftung der Gesellschafter bei der GbR begründet wird, auf den nicht eingetragenen Idealverein nicht passt:[86] Dieser lässt, anders als die GbR, vor der Auflösung keine Entnahmen und Vermögensverteilung an die Mitglieder zu und verlangt nach der Auflösung analog §§ 47 ff die Liquidation mit zwingend vorrangiger Befriedigung der Gläubiger (§ 47 Rn 11); es besteht also nicht die Gefahr, dass die Mitglieder das Gesamthandsvermögen unter sich aufteilen und den Gläubigern einen leeren „Mantel" hinterlassen. Anders als bei der GbR ist im Fall des nichtrechtsfähigen Idealvereins schließlich nicht erst die Zahlungsunfähigkeit, sondern (wie beim rechtsfähigen Verein) bereits die Überschuldung Insolvenzgrund und begründet die (haftungsbewehrte) Antragspflicht der Verantwortlichen (Rn 45). Die **Rechtsfortbildung**, als die sich der Ausschluss der Mitgliederhaftung in Wahrheit darstellt,[87] erweist sich daher nach wie vor als teleologisch wohlbegründet, und ebenso ist es die nunmehr aufgetretene Verschiedenbehandlung mit der GbR. 18

b) Anwendbarkeit von S. 1 iVm §§ 708 ff auf den wirtschaftlichen n.e.V. Eine **persönliche Haftung der Mitglieder** entsteht nur, wenn der n.e.V. wirtschaftliche Zwecke iSv § 22 verfolgt. Denn **bei einem wirtschaftlichen n.e.V.**, der sich den Anforderungen und Prüfungen entzieht, welche mit der Gründung einer Kapitalgesellschaft, Genossenschaft oder mit der staatlichen Verleihung nach § 22 verbunden sind, und damit auch der gesicherten Aufbringung eines hinreichenden Gesellschaftsvermögens entgeht, ist die persönliche 19

78 Erman/*Westermann*, § 54 Rn 14; *Schöpflin*, S. 394 f, 397 ff; aA noch RGZ 134, 242, 244.

79 *Fabricius*, S. 193 f; *Reuter*, NZG 2004, 217, 219 ff; MüKo/*Reuter*, § 54 Rn 48; *K. Schmidt*, GesR, 4. Aufl. 2002, § 25 III 2 a, b; *ders.*, Zur Stellung der OHG, S. 208 ff; Soergel/*Hadding*, § 54 Rn 24.

80 RGZ 62, 63, 65; 90, 173, 176 f; 143, 212, 213; BGHZ 50, 325, 329; BGH NJW 1979, 2304, 2306; BGHZ 142, 315, 318 ff; BGH NJW-RR 2003, 1265; OLG Hamm, WM 1985, 644 f; OLG Schleswig NVwZ-RR 1996, 103; Erman/*Westermann*, § 54 Rn 12; *Schöpflin*, S. 400 ff, 431 ff, 746 f; Staudinger/*Weick*, § 54 Rn 51 ff; aA *Flume*, ZHR 148 (1984), 503, 519; *A. Meyer*, ZGR 2008, 712, 718, 719; ausf. jetzt *Brand*, AcP 208 (2008), 490 ff.

81 Vgl BGH NJW 1979, 2304, 2306; s. aber jetzt BGHZ 142, 315, 318 ff.

82 BGHZ 146, 341, 358; BGH NJW 2004, 836, 837; BGH NJW-RR 2006, 683, 685 Tz 20; BGH NJW-RR 2006, 1268, 1269 Tz 10, 14 f; BGH NJW 2006, 3716, 3717 Tz 14, 19; BGH WM 2007, 2289, 2290 Tz 14; BGH NZG 2007, 140, 141 Tz 22; BGH NZG 2007, 183 Tz 18 (dazu ausf. § 705 Rn 6, 18, 19, § 714 Rn 6, 11, 13 ff); krit. gerade mit Blick auf die folgeweise drohende Haftungsverschärfung beim n.e.V. *Beuthien*, NJW 2005, 855, 858.

83 *Dauner-Lieb*, DStR 2001, 359, 361; *Westermann*, NZG 2001, 289, 295.

84 BGH NJW-RR 2003, 1265; ebenso OLG Brandenburg OLGR 2004, 407.

85 Vgl Bamberger/Roth/*Schwarz/Schöpflin*, § 54 Rn 33; *Bergmann*, ZGR 2005, 654, 674 f; *Reuter*, NZG 2004, 217, 219 ff; MüKo/*Reuter*, § 54 Rn 48 f; *K. Schmidt*, GesR, 4. Aufl. 2002, § 25 III 2 a; *Schöpflin*, S. 431 ff.

86 Vgl *Reuter*, NZG 2004, 217, 219 ff.

87 Vgl *K. Schmidt*, GesR, 4. Aufl. 2002, § 25 II 1 a; *Schöpflin*, S. 444 f.

Haftung aus Gründen des Gläubigerschutzes unentbehrlich.[88] Die persönliche Haftung folgt hier konstruktiv häufig schon daraus, dass der n.e.V. mit wirtschaftlichem Hauptzweck ein kaufmännisches Handelsgewerbe betreibt und deshalb eine oHG ist oder jedenfalls oHG-Recht unterliegt (Rn 6). Wenn der n.e.V. kein kaufmännisches Unternehmen betreibt, haftet das Vereinsmitglied gem. S. 2 wie ein Gesellschafter einer GbR, dh nach der Akzessorietätstheorie für alle rechtsgeschäftlichen wie gesetzlichen Verbindlichkeiten des Vereins analog § 128 HGB persönlich und unbeschränkt mit dem Privatvermögen.[89]

20 **3. Die Haftung des Handelnden (S. 2). a) Grundgedanken.** Nach S. 2 haftet derjenige, der im Namen des n.e.V. ein Rechtsgeschäft mit einem Dritten eingeht, aus diesem Rechtsgeschäft persönlich, und zwar auch dann, wenn der Verein selbst aufgrund einer wirksamen Vereinsverbindlichkeit haftet.[90] Im Unterschied zur Handelndenhaftung bei den Vorgesellschaften (vgl § 11 Abs. 2 GmbHG, § 41 Abs. 1 S. 2 AktG), die den Gläubiger lediglich in der kurzen Zeitspanne zwischen Errichtung und Eintragung der Gesellschaft schützen und haftungsbewehrt für eine zügige Eintragung sorgen soll, ist die vereinsrechtliche Handelndenhaftung auf Dauer angelegt; sie erlischt auch nicht, wenn der Verein später eingetragen wird.[91]

21 **Sinn und Zweck** dieser Vorschrift ist es jedenfalls auch, dem Geschäftspartner eines n.e.V. außer dem Vereinsvermögen, dessen Aufbringung und Erhaltung gesetzlich nicht gesichert ist, das Privatvermögen des Handelnden als **Haftungsmasse** zugänglich zu machen. Ein willkommener Nebeneffekt besteht insofern darin, dass die Handelndenhaftung zu einer Vergrößerung der Haftungsmasse und damit mittelbar zur Erhöhung der Bonität des Vereins führt. Vor allem aber hat die Haftung des Handelnden für den Rechtsverkehr die Funktion, die fehlende Bereitschaft zur **Offenlegung der Vertretungsverhältnisse in den Formen der Registerpublizität** durch die persönliche Verantwortlichkeit der Vertreter kompensieren und dadurch mittelbar die Eintragung und mit ihr die Transparenz der Vertretungsverhältnisse zu fördern.[92]

22 Ein **Ausschluss der Handelndenhaftung** durch die Satzung des n.e.V. ist nicht möglich; erforderlich ist vielmehr eine individuelle und ausdrückliche Vereinbarung mit dem Geschäftsgegner.[93] Insoweit sind strenge Anforderungen zu stellen, so dass ein stillschweigender Haftungsausschluss im Allgemeinen nicht in Betracht kommt; er folgt jedenfalls noch nicht daraus, dass kein Beteiligter die persönliche Haftung des Handelnden gewollt oder auch nur erwogen hat.[94] Für politische Parteien ist die Handelndenhaftung durch § 37 PartG ausgeschlossen; dies ist für die als n.e.V. organisierten Parlamentsfraktionen entsprechend anwendbar,[95] ebenso wohl für Gewerkschaften.[96] Noch ungeklärt, aber für den nichtrechtsfähigen Idealverein richtiger Ansicht nach zu bejahen ist die **Anwendbarkeit der Haftungsbegrenzung nach § 31 a**.[97]

23 **b) Person des Handelnden.** Entscheidend für die Eigenschaft als Handelnder iSv S. 2 ist das **Agieren im Namen des Vereins**. Die Haftung trifft nach hM nur, aber zugleich immer denjenigen, der eine rechtsgeschäftliche Erklärung erkennbar im Namen des Vereins abgegeben hat, dh ausdrücklich oder konkludent (§ 164 Abs. 1 S. 2) für den n.e.V. auftritt. Da die Bestimmung den Gläubiger schützen soll, greift sie gerade auch dann ein, wenn der Handelnde oder der Gläubiger nicht gewusst hat, dass es sich um einen n.e.V. handelt.[98] Abweichend vom Handelndenbegriff des § 11 Abs. 2 GmbHG, § 41 Abs. 1 S. 2 AktG, der nur die eigentlichen Organwalter erfasst, ist die Handelndenhaftung beim n.e.V. unabhängig davon, ob der Betreffende Vorstandsmitglied bzw verfassungsmäßiger Vertreter (§ 31 Rn 4 ff) war oder wenigstens als solcher auftrat,[99] ja sogar, ob er überhaupt Vereinsmitglied ist,[100] dh erfasst wird auch jeder individuell bevollmäch-

88 BGHZ 22, 240, 244; 146, 190, 201; MüKo/*Reuter*, § 54 Rn 52; Palandt/*Ellenberger*, § 54 Rn 12; *K. Schmidt*, GesR, 4. Aufl. 2002, § 25 III 2 b, S. 447; *ders.*, Zur Stellung der OHG, S. 212 ff; *Schöpflin*, S. 449 ff; *Reiff*, S. 79 ff, 94; Soergel/*Hadding*, § 54 Rn 25.

89 Vgl BGHZ 146, 190, 201; zur GbR s. BGHZ 146, 341, 358 f; 142, 315, 318, und eingehend § 705 Rn 6, 8, 19, § 714 Rn 6, 11, 13 ff.

90 AA *Kertess*, S. 73 ff, 108 ff, 140, der die Bestimmung teleologisch uminterpretiert: es handele sich um Dritthaftung wegen Inanspruchnahme besonderen Vertrauens (§ 311 Abs. 3), bezogen auf die ordnungsgemäße Vertretung des n.e.V.

91 Staudinger/*Weick*, § 54 Rn 70; aA MüKo/*Reuter*, §§ 21, 22 Rn 105, § 54 Rn 63; differenzierend OLG Düsseldorf MDR 1984, 489: nur solche Rechtsgeschäfte, bei deren Abschluss die Eintragung bereits eingeleitet war.

92 Vgl Prot. II, S. 458, VI, S. 207; BGH NJW-RR 2003, 1265; *Bergmann*, S. 436 ff, 442 f; MüKo/*Reuter*, § 54 Rn 48, 52, 60; Soergel/*Hadding*, § 54 Rn 26; ausf. zum Diskussionsstand *Schöpflin*, S. 467 ff mwN.

93 RGZ 82, 294, 299; BGH NJW 1957, 1186; Bamberger/Roth/*Schwarz/Schöpflin*, § 54 Rn 46; MüKo/*Reuter*, § 54 Rn 70; Palandt/*Ellenberger*, § 54 Rn 13; *Reichert*, Rn 5256 f; *Schöpflin*, S. 498 ff; *K. Schmidt*, GesR, 4. Aufl. 2002, § 25 III 3 e; Soergel/*Hadding*, § 54 Rn 30; Staudinger/*Weick*, § 54 Rn 62.

94 Vgl RG JW 1937, 392, 393; BGH NJW 1957, 1186; *Schöpflin*, S. 499 f.

95 OLG Schleswig NVwZ-RR 1996, 103.

96 *Kertess*, S. 30 ff; MüKo/*Reuter*, § 54 Rn 50; aA *Schöpflin*, S. 504 f.

97 Überzeugend *Reuter*, ZGR 2009, 1368, 1369; Bamberger/Roth/*Schwarz/Schöpflin*, § 31 a Rn 2.

98 RG JW 1926, 2907, 2908; *Schöpflin*, S. 483 f; Soergel/*Hadding*, § 54 Rn 27.

99 So aber Staudinger/*Weick*, § 54 Rn 61 f.

100 MüKo/*Reuter*, § 54 Rn 56; Soergel/*Hadding*, § 54 Rn 27; Staudinger/*Weick*, § 54 Rn 60.

tigte nichtorganschaftliche Vertreter.[101] Unerheblich ist auch, ob der Handelnde zur Vertretung des Vereins berechtigt gewesen ist und durch sein Handeln den Verein wirksam verpflichtet hat.[102] In Betracht kommt deshalb sogar – insofern verdrängt als lex specialis die Handelndenhaftung nach S. 2 die strukturell parallele Haftung nach § 179 Abs. 1 – ein Vertreter ohne Vertretungsmacht.[103] Die Weglassung des Zusatzes „e.V." beim Abschluss eines Vertrages begründet aber keine Rechtsscheinhaftung gemäß S. 2.[104] Die Handelndenhaftung setzt volle Geschäftsfähigkeit des Handelnden voraus. § 179 Abs. 3 S. 2 ist analog anzuwenden.[105]

Als Handelnder iSv S. 2 gilt nur, wer für den Verein **nach außen** im Namen des Vereins tätig wird. Deshalb ist jemand, der nur intern oder mittelbar an dem eigentlichen Außengeschäft mitwirkt, zB durch Bevollmächtigung, Weisungserteilung, Zustimmung oder Genehmigung des Vertretergeschäfts, kein Handelnder.[106] Deshalb soll im Fall der Gesamt- oder Mehrheitsvertretung nur der nach außen Auftretende von der Handelndenhaftung erfasst werden, während die übrigen Vertreter trotz ihrer Mitwirkung an der konkreten Willensbildung verschont bleiben.[107] Ist ein Dritter vom Vorstand zur Vornahme eines Rechtsgeschäfts im Namen des Vereins bevollmächtigt worden, so haftet dieser nach S. 2 (Rn 23), nicht der Vorstand.[108] 24

c) Person des Dritten. Die Handelndenhaftung beschränkt sich auf privatrechtliche Geschäfte mit „Dritten", erfasst also grundsätzlich **nicht Rechtsgeschäfte gegenüber Vereinsmitgliedern**.[109] Auch ein Vereinsmitglied kann den Schutz dieser Bestimmung jedoch dann in Anspruch nehmen, wenn es das Rechtsgeschäft mit dem Verein als echtes Drittgläubigergeschäft abschließt, dh ohne unmittelbaren Bezug zu seiner mitgliedschaftsrechtlichen Beziehung zu dem Verein und seiner Stellung in demselben.[110] 25

d) Rechtsfolgen. Die Vorschrift begründet ein **akzessorisches gesetzliches Schuldverhältnis** zwischen Handelndem und Dritten, dessen Inhalt sich aus dem abgeschlossenen Vertrag ergibt; die Haftung tritt neben eine eventuelle Haftung des Vereins aus dem vorgenommenen Rechtsgeschäft.[111] Der Handelnde haftet nicht nur auf Schadensersatz, sondern schuldet ggf die Vertragserfüllung, soweit die geschuldete Leistung nicht höchstpersönlich von dem Verein erbracht werden muss.[112] Aufgrund der Akzessorietät seiner Haftung kann der Handelnde der Inanspruchnahme auch Einwendungen und Einreden des n.e.V. entgegenhalten.[113] 26

Die Handelndenhaftung umfasst ferner sämtliche **Sekundäransprüche**, auch soweit sie auf von anderen Vereinsmitgliedern begangenen Pflichtverletzungen beruhen.[114] Die Haftung wegen culpa in contrahendo, dh aus einem **vorvertraglichen Schutzpflichtverhältnis** (§§ 311 Abs. 2, 241 Abs. 2, 280 Abs. 1), steht der vertraglichen Haftung gleich.[115] Überwiegend abgelehnt wird dagegen eine Haftung aus Geschäftsführung ohne Auftrag und aus ungerechtfertigter Bereicherung.[116] 27

101 Vgl RGZ 77, 429, 430; RG JW 1926, 2907, 2908; BGH NJW 1957, 1186; MüKo/*Reuter*, § 54 Rn 56; Erman/*Westermann*, § 54 Rn 14; *Reichert*, Rn 5238; *Schöpflin*, S. 479 f; aA Staudinger/*Weick*, § 54 Rn 61 f.

102 Palandt/*Ellenberger*, § 54 Rn 13.

103 RGZ 77, 429, 430; RGZ 82, 294, 296 f; BGH NJW 1957, 1186; BGH NJW-RR 2003, 1265; LG Frankfurt DB 1976, 2058, 2059; RGRK/*Steffen*, § 54 Rn 21; *Schöpflin*, S. 486 ff; Soergel/*Hadding*, § 54 Rn 26, 28.

104 OLG Celle NJW-RR 1999, 1052.

105 Soergel/*Hadding*, § 54 Rn 27; Staudinger/*Weick*, § 54 Rn 66.

106 BGH NJW 1957, 1186, 1187; OLG Schleswig NVwZ-RR 1996, 103; Bamberger/Roth/*Schwarz/Schöpflin*, § 54 Rn 40; *Kertess*, S. 100 ff; MüKo/*Reuter*, § 54 Rn 56; *Reichert*, Rn 5241; *K. Schmidt*, GesR, 4. Aufl. 2002, § 25 III 3 b; Soergel/*Hadding*, § 54 Rn 28; aA noch RGZ 55, 302, 303 f; RGZ 70, 296, 301 f; *Schöpflin*, S. 478 f; für aktive Mitwirkungshandlungen auch Erman/*Westermann*, § 54 Rn 14.

107 BGH NJW 1957, 1186; aA Staudinger/*Weick*, § 54 Rn 60.

108 AA RGZ 82, 294, 298; *Schöpflin*, S. 478 f, 481 f; Soergel/*Hadding*, § 54 Rn 28; Staudinger/*Weick*, § 54 Rn 60; dagegen ausf. *Kertess*, S. 120 ff.

109 *Reuter*, NZG 2004, 217, 219 f; *ders.*, in MüKo, § 54 Rn 61 iVm § 68 Rn 3; *Kertess*, S. 139 f mwN; für den Regelfall auch OLG Frankfurt NZG 2002, 1071 f: ein Vereinsmitglied kann dann nicht „Dritter" sein, wenn es nach Mitgliederzahl, Größe und Struktur des Vereins dessen Vertretungs- sowie Vermögensverhältnisse kennt und dem Verein somit nicht als Außenstehender gegenübersteht; offen BGH NJW-RR 2003, 1265.

110 BGH NJW-RR 2003, 1265; Bamberger/Roth/*Schwarz/Schöpflin*, § 54 Rn 42; Soergel/*Hadding*, § 54 Rn 27; *Reichert*, Rn 5237; *Schöpflin*, S. 484 f.

111 Erman/*Westermann*, § 54 Rn 14; MüKo/*Reuter*, § 54 Rn 48, 69; Soergel/*Hadding*, § 54 Rn 26, 29; *Kertess*, S. 169 ff; aA *Bergmann*, S. 413 ff, 438 ff; *Beuthien*, ZIP 1996, 305 ff: subsidiäre Haftung, der sich der Handelnde dadurch entziehen kann, dass er dem Gläubiger die Rechtsverfolgung gegen den von ihm repräsentierten Verband ermöglicht.

112 Bamberger/Roth/*Schwarz/Schöpflin*, § 54 Rn 44; *K. Schmidt*, GesR, 4. Aufl. 2002, § 25 III 3 c; Soergel/*Hadding*, § 54 Rn 29.

113 Bamberger/Roth/*Schwarz/Schöpflin*, § 54 Rn 44; *Reichert*, Rn 5253; *K. Schmidt*, GesR, 4. Aufl. 2002, § 25 III 3 d; Soergel/*Hadding*, § 54 Rn 29; aA Staudinger/*Weick*, § 54 Rn 67.

114 LG Münster VersR 1998, 1516; Bamberger/Roth/*Schwarz/Schöpflin*, § 54 Rn 43; Palandt/*Ellenberger*, § 54 Rn 13; Staudinger/*Weick*, § 54 Rn 64; einschr. MüKo/*Reuter*, § 54 Rn 68; Soergel/*Hadding*, § 54 Rn 27.

115 Vgl BGH NJW 1957, 1186; Bamberger/Roth/*Schwarz/Schöpflin*, § 54 Rn 43; MüKo/*Reuter*, § 54 Rn 67; Staudinger/*Weick*, § 54 Rn 64; zweifelnd Soergel/*Hadding*, § 54 Rn 27 aE, weil die Haftung wegen vorvertraglicher Schutzpflichtverletzung nicht „aus einem Rechtsgeschäft" hervorgehe.

116 Soergel/*Hadding*, § 54 Rn 27; *Kertess*, S. 129 f; aA MüKo/*Reuter*, § 54 Rn 68.

28 Handeln mehrere für den Verein, so richtet sich ihre Haftung wie auch der interne Ausgleich gem. S. 2 Hs 2 nach den Bestimmungen über die **Gesamtschuld** (§§ 421 ff).[117] Zwischen dem Handelnden und dem parallel haftenden Verein besteht keine Gesamtschuld, vielmehr hat der Handelnde, wenn er im Rahmen seiner Geschäftsführungsbefugnis oder aufgrund eines Auftrags bzw einer berechtigten GoA tätig geworden ist, gegenüber dem Verein einen Anspruch auf Freistellung bzw Aufwendungsersatz nach § 670 (iVm §§ 675, 677, 683).[118]

IV. Die Beendigung des n.e.V

29 Auch beim n.e.V. vollzieht sich das Ende des Verbands in der Regel in zwei Schritten: Der Auflösung – eine Beendigung des n.e.V. durch Entziehung der Rechtsfähigkeit wie beim e.V. scheidet naturgemäß aus – folgt ein Abwicklungsstadium (Liquidation), mit dessen Abschluss der Verein beendet ist. Die **Auflösungsgründe** beim n.e.V. sind dieselben wie beim e.V. (§ 41 Rn 6 ff),[119] also Zeitablauf, Erreichen oder Unmöglichwerden des Vereinszwecks, Eintritt eines satzungsgemäßen Auflösungsereignisses, Beschluss der Mitgliederversammlung, Insolvenz des Vereins (Rn 43), Sitzverlegung ins Ausland, Wegfall sämtlicher Mitglieder und schließlich das Vereinsverbot nach § 3 VereinsG. Entsprechend dem Vereinsrecht fällt das Vermögen an die in der Satzung oder durch Beschluss der Mitgliederversammlung bestimmten Personen; fehlt eine entsprechende Bestimmung, so erfolgt bei selbstnützigen Vereinen der **Anfall** an die Mitglieder, sonst an den Fiskus (analog § 45).[120]

30 Anders als die GbR lässt der nicht eingetragene Idealverein (wie der rechtsfähige) vor der Auflösung keine Vermögensverteilung an die Mitglieder zu, sondern unterliegt wie der e.V. analog §§ 47 ff der **Liquidation** mit zwingend vorrangiger Befriedigung der Gläubiger (§ 47 Rn 11). Soweit keine Verbindlichkeiten vorhanden sind und der Verein über kein Vermögen verfügt, erübrigt sich eine Liquidation. Mit Abschluss der Verteilung durch das Liquidationsverfahren ist der Verein vermögenslos und **(voll-)beendet**, dh erloschen. Bis zur Vollbeendigung hat die Mitgliederversammlung aber auch die Möglichkeit, die Fortsetzung des aufgelösten Vereins zu beschließen, wenn der Auflösungstatbestand beseitigt ist. Durch den Fortsetzungsbeschluss verwandelt sich der Verband wieder in einen werbenden, aktiven n.e.V.

31 Wird der n.e.V. durch Konzessionierung oder Eintragung in das Vereinsregister zum rechtsfähigen Verein, so bleibt seine Identität gewahrt, lediglich sein Bestehen als nichtrechtsfähiger Verein wird beendet; dementsprechend gehen das Vermögen und die Verbindlichkeiten des n.e.V. ohne weiteres auf den rechtsfähigen Verein über.[121] Eine Umwandlung des n.e.V. nach Maßgabe der Tatbestände des UmwG (vgl § 41 Rn 24 ff) kommt dagegen nicht in Betracht, da der n.e.V. nicht zu den enumerativ aufgezählten Rechtsträgern gehört, die nach § 3 UmwG an einer Verschmelzung beteiligt sein können.[122] Die in § 191 Abs. 2 UmwG genannten Zielrechtsformen sind jedoch über den Umweg des Erwerbs der Rechtsfähigkeit auch für den n.e.V. erreichbar. Falls einem wirtschaftlichen n.e.V. die Konzessionierung versagt wird, hat er die Möglichkeit, sich durch eine entsprechende Satzungsänderung in eine OHG umzuwandeln und auf dieser Grundlage die Umwandlung nach dem UmwG vorzunehmen.

C. Weitere praktische Hinweise

I. Die Parteifähigkeit des n.e.V. im Zivilprozess

32 **1. Die traditionelle Auffassung.** Nach § 50 Abs. 2 ZPO in der bis zum 30. September 2009 geltenden Fassung war der n.e.V. **passiv parteifähig**, konnte also zulässigerweise verklagt werden. Schon immer konnte der n.e.V. deshalb **sämtliche Prozesshandlungen eines Beklagten** vornehmen,[123] zB im Prozess aufrechnen, Widerklage erheben, Prozessvergleiche abschließen, Rechtsmittel einlegen oder auch Vollstreckungsgegenklage – nicht aber Drittwiderspruchsklage – erheben. Jedoch legte die Bestimmung des § 50 Abs. 2 ZPO aF zugleich den Umkehrschluss nahe, dass es hierbei sein Bewenden haben solle, die **aktive Parteifähigkeit** dem n.e.V. also gerade versagt bleiben müsse; eine entsprechende Regelungsabsicht hatte der historische Gesetzgeber zudem ausdrücklich bekundet. Auf dieser Grundlage mussten die Mitglieder des n.e.V. also grundsätz-

117 Vgl Soergel/*Hadding*, § 54 Rn 31; Staudinger/*Weick*, § 54 Rn 67.

118 Bamberger/Roth/*Schwarz/Schöpflin*, § 54 Rn 45; *Kertess*, S. 181 ff; *Reichert*, Rn 5259 ff; *Schöpflin*, S. 490 f, 493 ff; Soergel/*Hadding*, § 54 Rn 29, 31.

119 Palandt/*Ellenberger*, § 54 Rn 14; *Reichert*, Rn 5271; *Schöpflin*, S. 507 ff; Soergel/*Hadding*, § 54 Rn 8.

120 *Bayer*, S. 138; *Schöpflin*, S. 509; *Reichert*, Rn 5274 ff; Soergel/*Hadding*, § 54 Rn 9; Staudinger/*Weick*, § 54 Rn 85: Anwendbarkeit von § 45 Abs. 3 nur, wenn keine Mitglieder mehr vorhanden oder zu ermitteln sind.

121 MüKo/*Reuter*, §§ 21, 22 Rn 64 ff; *K. Schmidt*, GesR, 4. Aufl. 2002, § 24 II 3; *Schöpflin*, S. 513; Soergel/*Hadding*, vor § 21 Rn 71 ff.

122 *Schöpflin*, S. 513.

123 Vgl *Jung*, NJW 1986, 157, 159; MüKo-ZPO/*Lindacher*, § 50 Rn 43 f; *Schöpflin*, S. 360 ff; Stein/Jonas/*Bork*, ZPO, 22. Aufl. 2002, § 50 Rn 33.

lich den Aktivprozess selbst als (materiellrechtlich) notwendige Streitgenossen gem. § 62 Abs. 1 Alt. 2 ZPO führen,[124] so dass schon die Nichtbeteiligung oder das versehentliche Nichtaufführen eines Vereinsmitglieds die Klage unzulässig machte. Ob den hieraus resultierenden erheblichen, oftmals gar unüberwindlichen praktischen Schwierigkeiten dadurch ausgewichen werden konnte, dass einzelne Mitglieder bei übertragbaren Ansprüchen den Prozess als gewillkürter Prozessstandschafter führten und auf Leistung an den Verein klagten, war streitig;[125] häufig blieb deshalb nur die treuhänderische (materiellrechtliche) Übertragung des Anspruchs, sei es an den Vorstand, sei es an einen Dritten.

In rechtsfortbildender Korrektur des Gesetzes hatte die Rechtsprechung gleichwohl schon seit längerem für die in Form eines n.e.V. organisierten **Gewerkschaften** auch die aktive Parteifähigkeit bejaht. Als Grund für diese Ausnahme wurde angeführt, dem verfassungsrechtlichen Schutz des Art. 9 Abs. 3 GG dürfe sich auch das Verfahrensrecht nicht versagen. Es müsse vielmehr den Gewerkschaften die Möglichkeit eröffnen, die Gerichte zum Schutz gegen zivilrechtlich unerlaubte Störungen ihrer Organisationen und ihrer Tätigkeit anzurufen.[126] Für politische Parteien und ihre Gebietsverbände der jeweils höchsten Stufe war dies bereits seit 1967 gesetzlich normiert (§ 3 PartG).[127] 33

Die Rechtsprechung hatte es jedoch lange abgelehnt, **allgemein die aktive Parteifähigkeit eines n.e.V.** anzuerkennen.[128] Die Regelung des § 50 Abs. 2 ZPO aF mit der Versagung der aktiven Parteifähigkeit für den n.e.V. sei klar und eindeutig. Bloße Zweckmäßigkeitserwägungen würden zu einer Gewährung der aktiven Parteifähigkeit contra legem nicht ausreichen. Auch eine an Art. 5 und 9 GG orientierte verfassungskonforme Auslegung des § 50 ZPO aF müsse hier nicht zur aktiven Parteifähigkeit führen; den Mitgliedern eines n.e.V. würde der Rechtsschutz weder versagt noch in unzumutbarer Weise erschwert, da sie die Möglichkeit hätten, in ihrer Gesamtheit Klage zu erheben. 34

2. Die moderne Lehre und § 50 Abs. 2 ZPO nF. Schon seit längerem hatten sich im Schrifttum die Stimmen gemehrt, die auch im Zivilprozess die Anerkennung der aktiven **Parteifähigkeit eines jeden n.e. Idealvereins** forderten.[129] Nachdem der Bundesgerichtshof in seiner Entscheidung vom 29.1.2001 im Wege richterlicher Rechtsfortbildung die Parteifähigkeit der (Außen-)GbR anerkannt hatte,[130] hatte diese Ansicht erst recht Oberwasser bekommen; argumentiert wurde zumeist mit der Verweisung des S. 1 auf das Recht der GbR, die durch die Änderung der Rechtsprechung zur Parteifähigkeit der GbR eine entsprechende Korrektur der Rechtsprechung zur mangelnden Parteifähigkeit des n.e.V. nach sich ziehen müsse.[131] Auch in der höchstrichterlichen Rechtsprechung hatte diese Auffassung zuletzt Anerkennung gefunden: In einem Rechtsstreit zwischen einem eingetragenen Mehrspartensportverein und einer seiner Abteilungen hatte **der Bundesgerichtshof** die aktive Parteifähigkeit der Abteilung des Sportvereins bejaht, wenn die Satzung vorsehe, dass die einzelnen Abteilungen zur Berufung eines eigenen Vorstandes, zur eigenständigen Haushaltsführung und zur Vertretung des Gesamtvereins bei Aufnahme und Ausschluss von Mitgliedern berechtigt seien.[132] 35

Dogmatisch hatte die moderne Lehre die besseren Gründe für sich – nicht wegen der Verweisung des S. 1 auf das Recht der GbR, die im Hinblick auf die strukturelle Verschiedenheit von n.e.V. und GbR ja sonst auch allgemein für obsolet gehalten wird (Rn 2), sondern aufgrund eines Erst-recht-Schlusses: Die **körperschaftliche Verfassung** und damit die Abstraktion des Verbands von seinen Mitgliedern ist immer noch als Strukturmerkmal des Vereins anzusehen, der Typus des n.e.V. deshalb von einem tendenziell größeren Maß an Verselbständigung gekennzeichnet als die GbR. Es war deshalb nicht angemessen, ihm die Parteifähigkeit abzusprechen, sie der (Außen-)GbR aber zu gewähren; die Vorschriften der anderen Verfahrensordnungen, 36

124 Musielak/*Weth*, ZPO, § 50 Rn 27; *Schöpflin*, S. 366.
125 Bejahend OLG Frankfurt NJW 1952, 792; LG Bonn NJW 1957, 1883; *Habscheid*, AcP 155 (1956), 376, 412 ff; abl. RGZ 57, 90, 92; BGHZ 42, 210, 213 f; OLG München MDR 1955, 33; OLG Celle NJW 1989, 2477; *Schöpflin*, S. 367 ff.
126 BGHZ 42, 210, 216 ff; 50, 325, 327 ff; ebenso entschied das BVerfG für den Verfassungsgerichtsprozess, vgl BVerfGE 17, 319, 329; einschr. BGH LM ZPO § 50 Nr. 25 (betr. Untergliederung einer Gewerkschaft); ausf. dazu *Schöpflin*, S. 378 ff.
127 S. dazu BVerwGE 32, 333, 334; BVerwG, Beschl. v. 10.8.2010 – 6 B 16/10; *Reffken*, NVwZ 2009, 1131 ff. Zur heutigen (Rest-)Bedeutung der Bestimmung s. *Hientzsch*, JR 2010, 185 ff.
128 BGHZ 42, 210, 211; 109, 15, 17 f; OLG München NJW 1969, 617, 618; BAG NZA 1990, 615, 616 f; zust. *Flume*, ZHR 148 (1948), 503, 511 f; *K. Schmidt*, Verbandszweck, S. 52 ff; *ders.*, NJW 1984, 2249 ff; so auch nach der Anerkennung der Parteifähigkeit der GbR noch *Leipold*, in: FS Canaris II, 2007, S. 221, 240; *Kempfler*, NZG 2002, 411, 413 f; *Wagner*, ZZP 117 (2004), 305, 358; Bamberger/Roth/*Schwarz/Schöpflin*, § 54 Rn 59; *Schöpflin*, S. 362 ff.
129 *Bayer*, S. 122 ff; *Fabricius*, S. 206 ff; *Habscheid*, AcP 155 (1956), 375, 411 ff; *ders.*, ZZP 78 (1965), 236, 237; *Lindacher*, ZZP 90 (1977), 131, 140; *Schulz*, NJW 1990, 1893; *Stoltenberg*, MDR 1989, 495.
130 BGHZ 146, 341 ff; s. ausf. Anhang zu § 705 „Die GbR im Verfahrensrecht“ Rn 1 ff.
131 Vgl BGH NJW 2008, 69, 74 (Tz 55); *Hadding*, ZGR 2006, 137, 146; *Hartmann*, NJW 2001, 2577, 2578; *Hess*, ZZP 117 (2004), 282, 292 f, 303; *Jauernig*, NJW 2001, 2231, 2232; *K. Schmidt*, NJW 2001, 993, 1002 f; *ders.*, in: Liber amicorum Lindacher, 2007, S. 143, 156.
132 BGH NJW 2008, 69, 74 (Tz 55) mit zust. Anmerkung *Hadding*, WuB II N § 54 BGB 1.08, u. *Terner*, NJW 2008, 16 f.

die dem n.e.V. sämtlichst schon immer die volle Parteifähigkeit zuerkannten (vgl § 61 Nr. 2 VwGO, § 70 Nr. 2 SGG, § 58 Abs. 2 FGO, § 10 ArbGG), bestätigten dies. **Methodisch** stellte § 50 Abs. 2 ZPO aF schließlich bei weitem nicht das unüberwindliche Hindernis dar, als welches er von der traditionellen Auffassung gesehen wurde:[133] § 50 Abs. 2 ZPO aF regelte gerade nicht ausdrücklich, dass der n.e.V. keine volle Parteifähigkeit (iSv Abs. 1) genieße, sondern ging lediglich davon aus, dass dies so sei, und regelte unter dieser Prämisse – um die Vereinsgläubiger nicht rechtlos zu stellen – positiv die passive Parteifähigkeit. Diese Prämisse entsprach schon länger nicht mehr der Rechtslage: Der nicht eingetragene Idealverein war und ist richtigerweise schon kraft richterlicher Rechtsfortbildung rechtsfähig (Rn 3 f) und folgerichtig an sich bereits nach § 50 Abs. 1 ZPO aktiv und passiv parteifähig. Es ist deshalb zu begrüßen, dass sich der **Gesetzgeber dieser Auffassung nunmehr angeschlossen** und mit Wirkung zum 30. September 2009 durch § 50 Abs. 2 ZPO idF d. Gesetzes zur Erleichterung elektronischer Anmeldungen zum Vereinsregister und anderer vereinsrechtlicher Änderungen „klargestellt“[134] hat, dass dem n.e.V. auch im Zivilprozess die volle Parteifähigkeit zukommt.[135]

37 **3. Praktische Konsequenzen.** Der n.e. Idealverein kann nach der nunmehr unmissverständlichen gesetzlichen Regelung (§ 50 Abs. 2 ZPO nF) unter seinem eigenen Namen klagen und verklagt werden, jeweils vertreten durch den Vorstand kraft organschaftlicher **Vertretungsmacht** analog § 26 Abs. 2 S. 1; einer besonderen Bevollmächtigung des Vorstands bedarf es nicht.[136] Nach § 253 Abs. 2 Nr. 1 Alt. 1 ZPO muss der Verein als Prozesspartei im Aktiv- wie Passivprozess in der Klageschrift so bestimmt bezeichnet werden, dass dem Prozessgericht die ihm kraft Amtes obliegende Identifizierung der Parteien mit der gebotenen Eindeutigkeit möglich ist. Hierfür genügt es, wenn in der Klageschrift der **Name des n.e.V.** bezeichnet wird; die zusätzliche Nennung der Mitglieder ist grundsätzlich nicht erforderlich.[137] Der n.e.V. kann damit genauso verklagt werden, wie er im Rechtsverkehr auftritt. Eine ungenaue oder unvollständige Bezeichnung bei einer Klage gegen den n.e.V. schadet nicht, wenn die Identität der Partei durch Auslegung zu ermitteln ist. Der jeweilige Kläger muss die Existenz und Parteifähigkeit des n.e.V. schlüssig darlegen und ggf beweisen.[138]

38 Der n.e.V. ist folgerichtig gem. § 52 ZPO **prozessfähig**, weil er sich durch das ihm zugerechnete Handeln seiner Organe, der geschäftsführungs- und vertretungsberechtigten Vorstandsmitglieder, rechtsgeschäftlich verpflichten kann (Rn 16). Im Prozess **handlungsfähig** ist der n.e.V. indes nur durch die vertretungsberechtigten Vorstandsmitglieder;[139] hierüber wacht das Gericht von Amts wegen (§ 56 Abs. 1 ZPO). Die Bezeichnung der gesetzlichen Vertreter ist in der ZPO aber nicht konstitutiv, sondern nur eine Sollbestimmung (§ 130 BGB), deren Nichtbeachtung – abgesehen vom Risiko der nicht ordnungsgemäßen Zustellung (Rn 39) – keine unmittelbaren prozessualen Konsequenzen hat; sie kann deshalb nachgeholt werden. Die gesamtvertretungsberechtigten Organmitglieder eines rechts- und parteifähigen n.e.V. (Rn 13, 37) können im Prozess nur einheitliche Anträge stellen. Bestehen bleibende **Zweifel an der ordnungsgemäßen Vertretung des n.e.V.** gehen sowohl im Aktiv- wie im Passivprozess des n.e.V. zulasten der jeweils klagenden Partei; letztlich muss also der jeweilige Kläger das Vorliegen einer ordnungsgemäßen Vertretung beweisen. Auch wenn ein n.e.V. verklagt wird, trifft den Kläger folglich die **Darlegungslast** hinsichtlich der ordnungsgemäßen Vertretung des n.e.V. Ist es dem Kläger jedoch nicht möglich, die von ihm behauptete Vertretungsregelung näher zu substantiieren, so trifft den beklagten n.e.V. insofern eine **„sekundäre Darlegungslast“**.

39 Der allgemeine Gerichtsstand des n.e.V. wird durch dessen **Sitz** (§ 17 ZPO, § 24 BGB) bestimmt.[140] In Ermangelung besonderer Satzungsbestimmungen ist gem. § 17 Abs. 1 S. 2 ZPO, § 24 BGB der Gerichtsstand dort, wo die **Verwaltung** geführt wird, also dort, wo die grundlegenden Entscheidungen der Vereinsleitung in laufende Geschäftsführungsakte umgesetzt werden. Die Zustellung der Klageschrift sowie die Zustellungen im Verfahren erfolgen, soweit nicht gem. § 172 ZPO an den Prozessbevollmächtigten zuzustellen ist, an den Vertreter des n.e.V. (Rn 38). Auf der Grundlage der Parteifähigkeit des n.e.V. kann man bei mehreren Vertretern § 170 Abs. 3 ZPO anwenden, so dass die Zustellung an einen der Vertreter genügt. Soweit der n.e.V. selbst zulässigerweise als Partei klagt oder verklagt wird, sind die **Mitglieder als Zeugen** zu vernehmen, sofern sie nicht zugleich vertretungsberechtigte Vorstandsmitglieder sind;[141] zwingt man die Mitglieder dagegen mit der traditionellen Auffassung, selbst zu klagen, sind sie Partei und können nicht Zeugen sein. Da der n.e.V. als solcher, dessen Identität selbst bei einem völligen Austausch aller Mitglieder nicht verändert wird, Träger der Rechte und Pflichten ist, hat das Ausscheiden oder der Neueintritt eines Mitglieds keine Auswir-

133 Vgl zuletzt *Schöpflin*, S. 372: „eindeutige objektive Aussage des Gesetzes“.
134 S. Begründung zum Regierungsentwurf v. 29.4.2009, BT-Drucks. 16/12813, S. 15.
135 S. *Terner*, DNotZ 2010, 5, 14 ff; *Reuter*, ZGR 2009, 1369, 1372; krit. Bamberger/Roth/*Schwarz/Schöpflin*, § 54 Rn 59; *Schöpflin*, Rpfleger 2010, 349, 350.
136 Soergel/*Hadding*, § 54 Rn 33.
137 Anders nach der traditionellen Konzeption *Schöpflin*, S. 365.
138 Soergel/*Hadding*, § 54 Rn 33.
139 *Reichert*, Rn 5123.
140 *Reichert*, Rn 3204 ff.
141 Vgl MüKo/*Reuter*, § 54 Rn 25; *Reichert*, Rn 5122; Soergel/*Hadding*, § 54 Rn 32 aE.

kungen auf den Prozess.[142] Soweit der n.e.V. selbst als Partei klagt oder verklagt wird, ist Auftraggeber des anwaltlichen Vertreters nur der Verein und nicht die einzelnen Mitglieder; damit ist die **Erhöhungsgebühr** nach § 7 RVG nicht anwendbar.[143]

II. Der n.e.V. in der Zwangsvollstreckung

Der n.e.V. ist als verselbständigtes Rechtssubjekt (Rn 3) sowohl Schuldner der Gesellschaftsforderungen als auch Rechtsträger des Vereinsvermögens. Der gegen den n.e.V. aufgrund seiner Parteifähigkeit (§ 50 Abs. 2 ZPO nF, s. Rn 32 ff) erlangte Titel ist unmittelbar gegen den Verein[144] vollstreckbar (§ 735 ZPO), und zwar auch nach dessen Auflösung bis zur Beendigung der Liquidation.[145] Im Vollstreckungsverfahren ist deshalb der n.e.V. auch als solcher **Vollstreckungsschuldner**, so dass nach § 750 ZPO ein Titel gegen ihn sowohl ausreichend als auch – vorbehaltlich des § 736 ZPO (Rn 41) – erforderlich ist. Die **Bezeichnung** des n.e.V. im Titel muss eindeutig sein; hierfür gelten die gleichen Anforderungen wie an die Parteibezeichnung im Prozess (Rn 37). Die **Prüfung** der Identität des als Titelschuldner bezeichneten n.e.V. mit dem Eigentümer oder Rechtsinhaber des in Aussicht genommenen Vollstreckungsobjekts obliegt wie immer dem jeweils zuständigen Vollstreckungsorgan. Der **Wechsel im Mitgliederbestand** ist wie im Prozess (Rn 39) auch vollstreckungsrechtlich unbeachtlich: Ohne dass es noch einer Titelumschreibung analog § 727 ZPO bedürfte, kann unmittelbar in das Vereinsvermögen vollstreckt werden; der n.e.V. kann also die Vollstreckung nicht dadurch verzögern, dass er nach Titelerlass neue Mitglieder aufnimmt. Der Klage auf Titelumschreibung analog § 731 ZPO bedarf es jedoch, wenn der Neueingetretene bereits nach der bisherigen Grundbuchpraxis (Rn 47) als Gesamthandseigentümer im Grundbuch ausgewiesen ist und die Identität des n.e.V. mit dem im Titel als Schuldner genannten Verein nicht anders zu klären ist. 40

Zur Zwangsvollstreckung in das Vereinsvermögen genügt ein solcher gegen den Verein als Prozesssubjekt erstrittener Titel, ist aber nach hM nicht zwingend erforderlich; denn in das Vereinsvermögen kann analog § 736 ZPO auch vollstreckt werden, wenn ein **Titel gegen alle Vereinsmitglieder persönlich** – ggf unter Verurteilung zu einer auf das Vereinsvermögen beschränkten Haftung – ergangen ist.[146] Der Vorstellung von der Eigenschaft des n.e.V. als eigenständigem Rechts- und Prozesssubjekt entspricht es freilich, anzunehmen, dass der n.e.V. nicht nur verklagt werden kann, sondern muss, da eine Klage gegen die Gesamtheit der Mitglieder mangels Passivlegitimation für die Vereinsverbindlichkeit unbegründet ist.[147] Aus einem Titel gegen den n.e.V. kann wegen der Verschiedenheit der Rechtssubjekte (Rn 3, 36) wie auch der haftenden Vermögensmassen weder unmittelbar noch im Wege der Titelumschreibung in das Privatvermögen eines Mitglieds vollstreckt werden.[148] Auch wenn der n.e.V. während eines Rechtsstreits wegen **Vollbeendigung** wegfällt (Rn 30), kann, da die Mitglieder bzw sonstigen Anfallberechtigten nicht Rechtsnachfolger des n.e.V. sind, der Titel nicht nach § 727 ZPO für oder gegen sie umgeschrieben werden. Aus Sicherheitsgründen sollte deshalb in der Regel der nach S. 2 akzessorisch mithaftende Handelnde mitverklagt werden (Rn 20 ff); dies nicht in Betracht gezogen und dem Mandanten vorgeschlagen zu haben, wird in aller Regel eine anwaltliche Pflichtverletzung darstellen. Erlangt der n.e.V. infolge Eintragung die Eigenschaft als e.V., so ändert er doch nicht seine Identität; der Titel muss deshalb nicht umgeschrieben werden.[149] 41

Die **Zustellungen** im Vollstreckungsverfahren richten sich nach den zum Prozess angesprochenen Grundsätzen (Rn 39), dh grundsätzlich genügt gem. § 170 Abs. 3 ZPO die Zustellung an ein Vorstandsmitglied. Soweit es für die Geldvollstreckung in bewegliche Sachen und die Herausgabevollstreckung auf den **Gewahrsam des Vollstreckungsschuldners** ankommt, muss deshalb der n.e.V. als Vollstreckungsschuldner selbst Gewahrsam haben, den er durch die geschäftsführungs- und vertretungsberechtigten Vorstandsmitglieder als seine Organe (Rn 13) ausübt. Als Vollstreckungsschuldner ist der n.e.V. auch als solcher zB zur **Abgabe einer eidesstattlichen Versicherung** (§ 807 ZPO) verpflichtet, und zwar wiederum handelnd durch seine Organe, dh die vertretungsberechtigten Gesellschafter. Ist der n.e.V. **Drittschuldner** in der Zwangsvollstreckung gegen einen Gläubiger des n.e.V., so muss der Pfändungs- und Überweisungsbeschluss wie bei den Zustel- 42

142 *Reichert*, Rn 5122; s.a. RGZ 57, 90, 93; *Schöpflin*, S. 366 f; Stein/Jonas/*Bork*, ZPO, 22. Aufl. 2002 ff, § 50 Rn 38, zur iE übereinstimmenden Behandlung der Frage nach der traditionellen Lehre.

143 Vgl OLG München AnwBl 1994, 471; *Reichert*, Rn 5124.

144 § 735 ZPO spricht zwar lediglich von einer Vollstreckung „in das Vermögen" des n.e.V., jedoch ist man sich mit Recht einig, dass nichtvermögensrechtliche Ansprüche, etwa auf Handlungen/Unterlassungen, ebenfalls erfasst werden, vgl MüKo-ZPO/*Heßler*, § 735 Rn 4; Musielak/*Lackmann*, ZPO, § 735 Rn 1; *Schöpflin*, S. 384; Stein/Jonas/*Münzberg*, ZPO, 22. Aufl. 2002, § 735 Rn 1.

145 Musielak/*Lackmann*, ZPO, § 735 Rn 1.

146 Bamberger/Roth/*Schwarz/Schöpflin*, § 54 Rn 60; MüKo-ZPO/*Hessler*, § 735 Rn 17; *Reichert*, Rn 5126; *K. Schmidt*, GesR, 4. Aufl. 2002, § 25 IV 2; *Schöpflin*, S. 383; Soergel/*Hadding*, § 54 Rn 32, 34; Stein/Jonas/*Bork*, 22. Aufl. 2002, § 50 Rn 31.

147 *Fabricius*, S. 196, 205; MüKo/*Reuter*, § 54 Rn 24.

148 RGZ 13, 212, 216; Musielak/*Lackmann*, ZPO, § 735 Rn 2; *Schöpflin*, S. 383; Soergel/*Hadding*, § 54 Rn 35.

149 BGHZ 17, 385, 387; BGH WM 1987, 115, 116; Musielak/*Lackmann*, ZPO, § 735 Rn 3.

lungen im Prozess und in der Zwangsvollstreckung gegen den n.e.V. analog § 170 Abs. 3 ZPO (Rn 39) nur noch einem der vertretungsberechtigten Vorstandsmitglieder zugestellt werden.

III. Der n.e.V. im Insolvenzverfahren[150]

43 Nach § 11 Abs. 1 S. 2 InsO kann ein Insolvenzverfahren über das Vermögen des n.e.V. eröffnet werden. Damit wird, wie bereits in § 213 KO, die **Insolvenzfähigkeit** des n.e.V. als Personenvereinigung anerkannt. Bereits zu Zeiten der Konkursordnung hatte sich auch die Auffassung durchgesetzt, dass der Konkurs eines n.e.V. als Verbandskonkurs zu verstehen ist. Dieses Verständnis ist durch § 11 Abs. 1 S. 2 InsO bestätigt worden, indem der n.e.V. den juristischen Personen gleichgestellt wird. Insolvenzschuldner ist demgemäß der n.e.V. als solcher, und zwar nicht als Gruppe der gesamthänderisch verbundenen Mitglieder, sondern als eigenständiger Rechtsträger des Vereinsvermögens (Rn 3);[151] damit ist die Identität zwischen dem Vermögensträger im materiellrechtlichen Sinne und dem Insolvenzschuldner wieder hergestellt. **Insolvenzmasse** ist demgemäß nicht mehr das gesamthänderisch gebundene gemeinschaftliche Vermögen der Mitglieder, sondern das Vereinsvermögen des rechtsfähigen n.e.V. selbst, und zwar nach § 35 InsO das gesamte Vermögen, welches dem n.e.V. zur Zeit der Eröffnung des Verfahrens gehört sowie dasjenige, welches er während des Verfahrens erlangt.

44 Das **Eröffnungsverfahren** ebenso wie das eigentliche **Insolvenzverfahren** folgen danach mit nur geringen Abweichungen den gleichen Prinzipien wie im Fall des e.V. (s. § 42 Rn 1 ff). Als **Eröffnungsgrund** kommt im Fall des n.e.V. neben der (drohenden) **Zahlungsunfähigkeit** nach §§ 17, 18 InsO insbesondere auch die **Überschuldung** nach § 19 InsO in Betracht;[152] denn gem. § 19 Abs. 1 und Abs. 3 InsO ist die Überschuldung Eröffnungsgrund auch bei Gesellschaften ohne Rechtspersönlichkeit, bei denen kein persönlich haftender Gesellschafter eine natürliche Person ist, mithin auch im Fall des (nichtwirtschaftlichen) n.e.V., bei dem eine persönliche Haftung der Vereinsmitglieder entgegen dem Wortlaut des § 54 gleichfalls nicht besteht (Rn 17 ff). Die Insolvenzreife schon wegen Überschuldung (statt erst wegen Zahlungsunfähigkeit) berücksichtigt, dass mangels Identifizierbarkeit des Vereins mit seinen wechselnden Mitgliedern anders als bei der Personengesellschaft nicht die persönliche Leistungsfähigkeit der Mitglieder, sondern allein das Vereinsvermögen die Kreditwürdigkeit bestimmt.[153]

45 Ebenso wie beim e.V. trifft den Vorstand des n.e.V. analog § 42 Abs. 2 S. 1 eine haftungsbewehrte **Verpflichtung zur Stellung des Insolvenzantrags** bei Vorliegen der Zahlungsunfähigkeit oder der Überschuldung.[154] Weil der n.e.V. nicht anders als der e.V. körperschaftlich organisiert ist, ist anzunehmen, dass auch beim n.e.V. der Insolvenzantrag von jedem einzelnen Vorstandsmitglied gestellt werden kann. Dass der Vereinsvorstand analog § 42 Abs. 2 S. 1 zur Stellung des Antrags verpflichtet ist, bedeutet, dass er im Falle der Insolvenzverschleppung den Gläubigern gegenüber analog § 42 Abs. 2 S. 2 haften muss.[155] Denn da ebenso wie beim e.V. die Haftung grundsätzlich auf das Vereinsvermögen beschränkt ist, dürfen die Gläubiger des n.e.V. nicht schlechter gestellt werden als die Gläubiger des e.V., dem die Haftungsbeschränkung aufgrund seiner Eigenschaft als juristischer Person immanent ist. Ferner ist der Vorstand dem Verein gegenüber analog § 27 Abs. 3 zur rechtzeitigen Stellung des Insolvenzantrags verpflichtet.[156]

46 Analog § 42 Abs. 1 S. 1 wird der n.e.V. ohne gesonderten Vereinsbeschluss **mit Eröffnung des Insolvenzverfahrens aufgelöst**. Die Eröffnung des Insolvenzverfahrens versetzt den n.e.V. gleich dem e.V. in den Abwicklungszustand. Ebenso wie beim e.V. besteht die Organisation des n.e.V. nach der Eröffnung des Insolvenzverfahrens zunächst fort. Rechte und Obliegenheiten des Insolvenzschuldners nimmt der Vorstand und in einem erst während der Liquidation eröffneten Insolvenzverfahren (vgl § 47 Rn 30) der Liquidator wahr. Die Handelndenhaftung nach § 54 S. 2 wird im Insolvenzverfahren analog § 93 InsO vom Insolvenzverwalter durchgesetzt.[157] Sofern der Verein nach Abschluss des Insolvenzverfahrens noch Vermögen besitzt, beendet der Verwalter die Liquidation nach Maßgabe des § 199 Abs. 2 InsO, dh er gibt das Restvermögen an die Anfallberechtigten iSd §§ 45, 46 heraus (§ 42 Rn 27). In analoger Anwendung des § 42 Abs. 1 S. 2 ist es aber

150 Nachw. zur Lit. s. insoweit bei § 42.

151 Vgl InsRHdb/*Haas/Mock*, § 93 Rn 203, 205; Nerlich/Römermann/*Mönning*, § 11 Rn 58; Uhlenbruck/*Hirte*, § 11 Rn 229, 231; *Noack*, Rn 697; *Schöpflin*, S. 388 f; Soergel/*Hadding*, § 54 Rn 35.

152 Vgl FK-InsO/*Schmerbach*, § 19 Rn 3; HK-InsO/*Kirchhof*, § 19 Rn 3; InsRHdb/*Haas/Mock*, § 93 Rn 204; Nerlich/Römermann/*Mönning*, § 19 Rn 14; *Schöpflin*, S. 389; *Noack*, Rn 683; iE auch Soergel/*Hadding*, § 42 Rn 2; MüKo/*Reuter*, § 54 Rn 49; *Uhlenbruck*, in: FS Merz, 1992, S. 581, 582.

153 *Kertess*, S. 9 ff.

154 InsRHdb/*Haas/Mock*, § 93 Rn 205; MüKo/*Reuter*, § 42 Rn 15; sogar für unmittelbare Anwendung *Noack*, Rn 685; *Schöpflin*, S. 389.

155 InsRHdb/*Haas/Mock*, § 93 Rn 205; MüKo/*Reuter*, § 42 Rn 10.

156 Vgl *Uhlenbruck*, in: FS Merz 1992, S. 571, 584; Uhlenbruck/*Hirte*, § 11 Rn 231.

157 Vgl Jaeger/*Henckel*, § 38 Rn 47; Uhlenbruck/*Hirte*, § 93 Rn 8; aA InsRHdb/*Haas/Mock*, § 93 Rn 206.

auch möglich, den n.e.V. bei Einstellung nach §§ 212, 213 InsO bzw bei Aufhebung des Insolvenzverfahrens nach § 258 InsO durch gesonderten Beschluss als solchen fortzusetzen.

IV. Die Grundbuchfähigkeit des n.e.V

Nach der traditionellen Auffassung und der bisherigen Praxis der Grundbuchämter ist der n.e.V. nicht grundbuchfähig. In das Grundbuch ist er als **Gesamthandsgemeinschaft** unter dem **Namen aller Mitglieder** (mit dem Zusatz „als Mitglieder des n.e.V. XY") einzutragen (§ 47 GBO).[158] Da sich dies bei größeren Vereinen mit ständigem Mitgliederwechsel praktisch nicht verwirklichen lässt, bleibt als Ausweg nur die Eintragung eines satzungsmäßig oder durch Mitgliederbeschluss berufenen **Treuhänders**[159] oder einer eigens gegründeten Kapitalgesellschaft (AG, GmbH), deren Anteile dann von dem Verein gehalten werden. Eine Ausnahme macht man nur für die politischen (Gesamt-)Parteien in der Rechtsform eines n.e.V.[160] Die neuere Lehre, die den n.e.V. als rechtsfähiges Rechtssubjekt und Vermögensträger ansieht, lässt demgegenüber die Grundbucheintragung des n.e.V. unter seinem Vereinsnamen zu.[161] In der Tat sollte – weniger im Hinblick auf die Parallele zur GbR, für die die Grundbuchfähigkeit bekanntlich mittlerweile außer Frage steht (vgl §§ 899 a BGB, 47 Abs. 2 GBO, § 15 Abs. 1 lit. c GBV,[162] und dazu § 705 Rn 17 f), als angesichts der praktischen Notwendigkeit, dem als Rechtssubjekt und Vermögensträger anerkannten n.e.V. (Rn 3) Grunderwerb zu ermöglichen – folgerichtig nun auch die Grundbuchfähigkeit des n.e.V. zumindest durch entsprechende Anwendung der für die GbR geltenden Vorschriften anerkannt werden: Ist der n.e.V. als solcher fähig, **Rechtsträger** zu sein, dann spricht die Funktion des Grundbuchs, den Rechtsinhaber zuverlässig zu verlautbaren, zweifellos für und nicht gegen die Eintragung des n.e.V. Zu vermeiden gilt es nicht zuletzt eine nicht gerechtfertigte **Schlechterstellung zu den Vorgesellschaften** (Vor-GmbH, Vor-AG), die als grundbuchfähig anerkannt sind. 47

Kapitel 2
Eingetragene Vereine

Vorbemerkungen zu §§ 55–79

Literatur: *Arnold*, Die geplante Vereinsrechtsreform – Fortschritt oder Irrweg?, DB 2004, 2143; *Demharter*, Vereinsregisterverordnung und Änderungen registerrechtlicher Vorschriften, FGPrax 1999, 84; *Busch*, Die Publizität des Handels-, Genossenschafts- und Vereinsregisters, RpflStud 2008, 129; *Eichler*, Problem des Vereinsrechts aus Sicht der Registergerichte, Rpfleger 2004, 196; *Fleck*, die Inhaltskontrolle von Vereinssatzungen, Rpfleger 2009, 58–67; *Griep*, Firmierungs- und Impressumspflichten gemeinnütziger Vereine, GmbHs und Stiftungen, Sozialrecht aktuell 2009, 132–135; *Keilbach*, Fragen des Vereinsregisters, DNotZ 2001, 671; *Oetker*, Der Wandel vom Ideal- zum Wirtschaftsverein, NJW 1991, 385; *Reichert*, Zur Satzungsqualität von Spielordnungen und sonstigen Vereinsordnungen, SpuRt 2008, 7–8; *Schäfer*, Keine Eintragung von Vorstandsbezeichnungen in das Vereinsregister, RNotZ 2005, 481–483; *K. Schmidt*, Zur Löschung unrechtmäßig eingetragener Vereine, JZ 1987, 177; *ders.*, Erlöschen eines eingetragenen Vereins durch Fortfall der Mitglieder?, JZ 1987, 394; *ders.*, Eintragungsfähige und eintragungsunfähige Vereine, Rpfleger 1988, 45; *ders.*, Zur Amtslöschung unrechtmäßig eingetragener Wirtschaftsvereine, NJW 1993, 1225; *Schwarz*, Die Publizität der Vertretungsmacht des Vorstands und der Liquidatoren eines Vereins, NZG 2002, 1033; *ders.*, Die Mehrheitsvertretung des Vereinsvorstands und deren Eintragung im Vereinsregister, Rpfleger 2003, 1; *Segna*, Publizitätspflicht eingetragener Vereine?, DB 2003, 1311; *Terner*, Vereinsrecht in der notariellen Praxis Teil 2, ZNotP 2009, 132; *Wentzel*, Auswirkungen des Insolvenzverfahrens auf das Vereinsregister, Rpfleger 2003, 334. S.a. bei Vorbemerkungen zu §§ 21 ff und bei § 21.

158 RGZ 127, 309, 311 f; BGHZ 43, 316, 320; BayObLG Rpfleger 1985, 102; OLG Zweibrücken NJW-RR 1986, 181; OLG Zweibrücken NJW-RR 2000, 749; DNotI-Gutachten, DNotI-Report 1996, 84; Bamberger/Roth/*Schwarz/Schöpflin*, § 54 Rn 28 ff; *Konzen*, JuS 1989, 20; *Schöpflin*, S. 346 ff; auch *Raiser*, AcP 199 (1999), 104, 143 f; *K. Schmidt*, GesR, 4. Aufl. 2002, § 25 II 1 b; *ders.*, NJW 1984, 2249, die trotz der materiellen Eigentümerstellung den n.e.V. als solchen wegen seiner fehlenden Registerpublizität aus Gründen des formellen Grundbuchrechts für nicht eintragungsfähig erachten.

159 BGHZ 43, 316, 320; OLG Celle NJW 2004, 1743; LG Hagen RPfleger 2007, 26; *K. Schmidt*, GesR, 4. Aufl. 2002, § 25 II 1 b.

160 OLG Koblenz NJW-RR 2000, 749; LG Berlin Rpfleger 2003, 291; *Kempfler*, NJW 2000, 3763; *Morlok/Schulte-Trux*, NJW 1992, 2058, 2060; *Reffken*, NVwZ 2009, 1131; anders für Bezirksverband OLG Zweibrücken NJW-RR 1986, 181; ganz abl. Bamberger/Roth/*Schwarz/Schöpflin*, § 54 Rn 30; *Schöpflin*, S. 353 ff.

161 Erman/*Westermann*, § 54 Rn 8; *Habscheid*, AcP 155 (1956), 375, 402; *Morlok/Schulte-Trux*, NJW 1992, 2058; MüKo/*Reuter*, § 54 Rn 18 ff, 27 ff; *Ott*, NJW 2003, 1223; Palandt/*Ellenberger*, § 54 Rn 8; RGRK/*Steffen*, § 54 Rn 16; *Sauter/Schweyer/Waldner*, Rn 624; Soergel/*Hadding*, § 54 Rn 18; Staudinger/*Weick*, § 54 Rn 80; *Stoltenberg*, MDR 1989, 497; *Terner*, DNotZ 2010, 5, 16.

162 Zur die GbR betreffenden gesetzlichen Neuregelung s. nur *Lautner*, DNotZ 2009, 650 ff.

A. Allgemeines

1 Die §§ 55–79 regeln die verfahrensrechtlichen Belange des Idealvereins. Sie bestimmen die Voraussetzungen und die Durchführung von Eintragungen in das **Vereinsregister** von der Vereinsgründung über spätere Änderungen bis hin zur Auflösung des Vereins. Zweck des Vereinsregisters ist die Herstellung von **Publizität**, dh die Unterrichtung der Öffentlichkeit über die Verhältnisse des Vereins.[1] Diese wird gewährleistet durch das jedermann zustehende Einsichtsrecht nach § 79 (s. § 79 Rn 2 ff). Die §§ 55–79 werden ergänzt durch die Vorschriften der Vereinsregisterverordnung (VRV),[2] die durch das Bundesministerium für Justiz auf Grundlage von § 55 a Abs. 7 aF erlassenen wurde.

B. Regelungsgehalt

I. Eintragung in das Vereinsregister

2 Die in das Vereinsregister einzutragenden Tatsachen folgen aus dem Gesetz: Es sind gem. § 64 Name und Sitz des Vereins, der Tag der Satzungserrichtung, die Vorstandsmitglieder sowie deren Vertretungsmacht (dazu § 70 Rn 1) in das Vereinsregister aufzunehmen. Einzutragen sind ferner Änderungen des Vorstands (§ 67) oder der Satzung (§ 71), die Eröffnung des Insolvenzverfahrens (§ 75), die Liquidatoren (§ 76), die Vereinsauflösung sowie die Entziehung der Rechtsfähigkeit (§ 74). Die Struktur des Registerblattes und der Standort der verschiedenen Eintragungen folgt aus § 3 VRV. Die Eintragung ist nur für die Erlangung der Rechtsfähigkeit nach § 21 und für Satzungsänderungen nach § 71 Abs. 1 S. 1 konstitutiv (dazu § 21 Rn 35, § 71 Rn 1); im Übrigen haben die Eintragungen nur eine deklaratorische Wirkung.[3] Der Erhalt der Rechtsfähigkeit von DDR-Vereinen durch sog. Registrierung ist nach Maßgabe von § 22 Abs. 1 VereinigungsG/DDR nicht von der tatsächlichen Eintragung abhängig, wenn ein Antrag auf Registrierung gestellt und eine Urkunde erteilt wurde.[4]

II. Registerverfahren

3 Das Registerverfahren ist ein **Verfahren** der **Freiwilligen Gerichtsbarkeit nach dem FamFG**.[5] Neben den allgemeinen Verfahrensvorschriften in §§ 1–110 FamFG finden die besonderen Vorschriften für Registersachen in §§ 374–401 FamFG Anwendung. Zu beachten ist der nach § 26 FamFG im FamFG-Verfahren geltende Amtsermittlungsgrundsatz. Gem. § 3 Nr. 1 a RPflG sind die Vereinssachen grundsätzlich dem **Rechtspfleger** übertragen. Der Amtsrichter entscheidet bei Vorlage durch den Rechtspfleger gem. § 5 RPflG sowie über die Rechtsbehelfe gegen Entscheidungen des Rechtspflegers;[6] die Zuständigkeit für eine Vereinslöschung nach § 43 kann gem. § 44 durch die Länder anderweitig geregelt werden (vgl § 44 Rn 2).[7] Das Rechtsmittel der Beschwerde ist gem. § 64 Abs. 1 FamFG beim iudex a quo einzulegen. Über die Beschwerde entscheidet das Landgericht nach Maßgabe der §§ 58 ff FamFG. Die Rechtsbeschwerde zum OLG ist nach § 70 Abs. 1 FamFG statthaft, wenn diese durch das Beschwerdegericht zugelassen wird.

4 Entspricht die Anmeldung nicht den gesetzlichen Anforderungen, ist diese nach § 60 durch das Registergericht zurückzuweisen, gleich, ob eine Muss- oder Soll-Vorschrift verletzt ist (im Einzelnen § 60 Rn 2 ff). Eine über die Rechtmäßigkeitskontrolle hinausgehende Zweckmäßigkeitskontrolle findet durch das Registergericht nicht statt; sie wäre mit der Vereinsautonomie nicht vereinbar.[8] Begründetem Zweifel an der Richtigkeit der einer Anmeldung beigefügten Unterlagen hat das Gericht im Wege der Amtsermittlung nachzugehen.[9] Gleich-

1 BGHZ 87, 59, 61 f = DB 1983, 1192 = NJW 1983, 1676; BGH NJW 1989, 295, 299; BayObLGZ 1987, 449, 452; MüKo/*Reuter* § 55 Rn 1.

2 Verordnung über das Vereinsregister und andere Fragen des Registerrechts v. 10.2.1999, BGBl. I S. 147 ff, in Kraft getretenen am 28.2.1999; teilweise abgedruckt bei *Sauter/Schweyer/Waldner*, S. 383 ff; ferner *Demharter*, FGPrax 1999, 84 ff mit einem Überblick.

3 Staudinger/*Habermann*, § 55 Rn 7 f; Palandt/*Ellenberger*, Vor § 55 Rn 1; Bamberger/Roth/Schwarz/*Schöpflin*, § 55, Rn 3; *Keilbach*, DNotZ 2001, 670, 671.

4 OLG Brandenburg NJ 2002, 371, 372; *Sauter/Schweyer/Waldner*, Rn 30; aA KG NJ 2001, 551.

5 Eingehend zum FamFG-Verfahren in Vereinssachen *Reichert*, Rn 4563 ff; *Sauter/Schweyer/Waldner*, Rn 424 ff.

6 Zu den verschiedenen Rechtsbehelfen *Reichert*, Rn 235 ff; 4677 ff.

7 Entwurf, Art. 4 Nr. 3, S. 8 (unveröffentlicht).

8 OLG Hamm NJW-RR 2011, 39 f.

9 OLG Schleswig Rpfleger 2005, 317 = OLGR Schleswig 2005, 209; Palandt/*Ellenberger*, Vor § 55 Rn 2.

wohl vorgenommene, rechtswidrige **Registereintragungen** sind grundsätzlich gültig[10] und **unanfechtbar**.[11] Die Beseitigung von Registereintragungen ist nur im **Amtslöschungsverfahren** nach § 395 FamFG möglich. Gleichwohl eingelegte, unzulässige Rechtsbehelfe sind jedoch regelmäßig als Löschungsanregung auszulegen und stets zu bescheiden.[12] Die Amtslöschung ist vorzunehmen, wenn die Eintragung wegen Mangels einer wesentlichen Voraussetzung unzulässig war, § 395 Abs. 1 S. 1 FamFG. Ein Verstoß gegen eine vereinsrechtliche Vorschrift kann grundsätzlich nur zur Amtslöschung führen, wenn es sich um eine **wesentliche Sachvorschrift** handelt (§§ 21, 26 Abs. 1, 57 Abs. 1, 59 Abs. 1, 73); diese kennzeichnet der Gesetzeswortlaut durch die Fassung in Mussform.[13] Nicht zur Löschung führt hingegen der Verstoß gegen bloße **Ordnungsvorschriften** (§§ 56, 57 Abs. 2, 58, 59 Abs. 2, 3), die als Sollvorschrift gefasst sind.[14] Die Amtslöschung führt zu einer Vernichtung der Eintragung mit ex-nunc-Wirkung.[15] Zur Auswirkung der Unzuständigkeit des Gerichts auf die Wirksamkeit der Eintragung s. § 55 Rn 3 f.

§ 55 Zuständigkeit für die Registereintragung

Die Eintragung eines Vereins der im § 21 bezeichneten Art in das Vereinsregister hat bei dem Amtsgericht zu geschehen, in dessen Bezirk der Verein seinen Sitz hat.

Literatur: S. bei Vorbemerkungen zu §§ 21 ff und bei Vorbemerkungen zu §§ 55–79.

A. Allgemeines

1 Die Vorschrift regelt die **gerichtliche Zuständigkeit** für die Eintragung von Idealvereinen iSv § 21 in das Vereinsregister. Der Inhalt der Eintragung bestimmt sich nach § 64 (s. dort Rn 2 f); die Voraussetzungen der Eintragung richten sich nach den §§ 56–59, 77. Zur Wirkung der Eintragung s. § 21 Rn 35. Abs. 2 aF[1] ermächtigte die Landesjustizverwaltung, die Zuständigkeit für Vereinssachen für mehrere Amtsgerichtsbezirke zu bündeln. Von dieser Ermächtigung hatten Baden-Württemberg, Berlin, Bremen, Hamburg, Nordrhein-Westfalen und Rheinland-Pfalz Gebrauch gemacht.[2] An die Stelle von Abs. 2 aF ist die allgemeine Konzentrationsermächtigung in § 23 d GVG getreten. Die bereits zuvor erlassenen Konzentrationsverordnungen bleiben in Kraft.[3]

B. Regelungsgehalt

I. Gesetzliche Zuständigkeit

2 Gem. § 55 ist die Registereintragung von demjenigen Amtsgericht vorzunehmen, in dessen Bezirk der Verein seinen Sitz hat. Damit ist den Amtsgerichten die **sachliche Zuständigkeit** zum Führen von Vereinsregistern zugewiesen. Die Vorschrift bestimmt zudem, dass sich die **örtliche Zuständigkeit** des Registergerichts nach dem Ort des Vereinssitzes (§ 24) richtet. Örtlich zuständig ist damit grundsätzlich das Amtsgericht, in dessen Bezirk der Verein seine Verwaltung führt (s. zum Ort des Vereinssitzes § 24 Rn 2 ff). **Funktionell zustän-**

10 BGH NJW 1983, 993, RGZ 81, 206, 210; Soergel/*Hadding*, Vor § 55 Rn 5; Bamberger/Roth/Schwarz/*Schöpflin*, § 55 Rn 6.
11 BGH NJW 1988, 1840; BayObLG NZG 2000, 98; *Reichert*, Rn 273 f.
12 BayObLG NJW-RR 1993, 698; OLG Düsseldorf Rpfleger 1999, 29 (zur GmbH); *Sauter/Schweyer/Waldner*, Rn 449. Gegen einen die Anregung ablehnenden Bescheid ist das Rechtsmittel der Beschwerde eröffnet, wenn Beschwerdebefugnis vorliegt, dazu *Sauter/Schweyer/Waldner*, aaO.
13 MüKo/*Reuter*, § 55 Rn 4; Bamberger/Roth/Schwarz/*Schöpflin*, Vor § 55 Rn 7; *K. Schmidt*, GesR, 4. Aufl. 2002, § 24 II 1 a.
14 BayObLGZ 1971, 266, 269; Staudinger/*Habermann*, Vor § 55 Rn 7.
15 RGZ 81, 206, 208 ff; 165, 140, 144; KG Rpfleger 1962, 292; Palandt/*Ellenberger*, Vor § 55 Rn 2.
1 Abgeschafft durch FGG-Reformgesetz v. 17.12.2009, BGBl. I S. 2586.
2 Baden-Württemberg: VO v. 23.12.1958 (GVBl. 1959 S. 3); Berlin: VO v. 4.12.1972 (GVBl. 2301); Bremen: VO v. 17.12.1986 (GBl. 315); Hamburg: Allg. Verf. v. 24.2.1938 (Slg Bereinigten hamb. LandesR II 301); Nordrhein-Westfalen: VO v. 28.4.1963 (GVBl. 195), idF v. 20.11.1978 (GVBl. 603); Rheinland-Pfalz: VO v. 23.5.1972 (GVBl. 202) idF v. 22.11.1985 (GVBl. 267); vgl im Einzelnen MüKo/*Reuter*, § 55 Rn 8; *Reichert*, Rn 171.
3 Palandt/*Ellenberger*, § 55 Rn 1.

dig für die Registereintragung ist der Rechtspfleger, dem gem. § 3 Nr. 1 a RPflG sämtliche Vereinssachen übertragen sind.

II. Örtliche Zuständigkeit

3 Nimmt ein örtlich unzuständiges Gericht die Registereintragung vor, ist diese gem. § 2 Abs. 3 FamFG gleichwohl wirksam.[4] Trotz Wirksamkeit begründet die fehlende örtliche Zuständigkeit aber einen **wesentlichen Eintragungsmangel**, so dass die Eintragung durch das Registergericht gem. § 395 FamFG mit ex-nunc-Wirkung von Amts wegen gelöscht werden kann[5] (zur Amtslöschung s. Vor § 55 Rn 4).

III. Sachliche und funktionelle Zuständigkeit

4 Nach herrschender und richtiger Auffassung ist die gesetzliche Wertung des § 2 Abs. 3 FamFG, der § 7 FGG aF entspricht, nicht auch auf die Fälle sachlicher Unzuständigkeit zu übertragen, da dem der klare Wortlaut des § 2 Abs. 3 FamFG entgegensteht.[6] Daher ist die Eintragung durch ein sachlich unzuständiges Gericht **unwirksam**. Das gilt grundsätzlich auch für die Fälle funktioneller Unzuständigkeit, zB bei eigenmächtiger Eintragung durch einen Geschäftsstellenbeamten. Wird die Eintragung abweichend von § 3 Nr. 1 a RPflG durch einen **Richter** durchgeführt, ist diese wirksam, da ein richterliches Handeln anstelle des funktionell zuständigen Rechtspflegers gem. § 8 RPflG stets unschädlich ist.

IV. Sitzverlegung

5 Eine durch Satzungsänderung zu beschließende Sitzverlegung ist in das Vereinsregister einzutragen. Zuständig für die Eintragung ist nicht, wie früher häufig vertreten, das Gericht des bisherigen Sitzes.[7] Nach § 6 Abs. 1 VRV (vgl zur VRV Vor § 55 Rn 1) hat das Gericht des bisherigen Sitzes die Anmeldung der Sitzverlegung an das **Gericht des neuen Sitzes** weiterzuleiten, das die Sitzverlegung nach Prüfung (Vorliegen einer ordnungsgemäßen Satzungsänderung, Voraussetzungen des § 57 Abs. 2) einträgt und die übermittelten sonstigen Vereinseintragungen ohne weitere Nachprüfung übernimmt.[8] Die Regelung des § 6 VRV ist an § 13 h Abs. 2 HGB, § 45 Abs. 2 AktG angelehnt.

§ 55 a Elektronisches Vereinsregister

(1) [1]Die Landesregierungen können durch Rechtsverordnung bestimmen, dass und in welchem Umfang das Vereinsregister in maschineller Form als automatisierte Datei geführt wird. [2]Hierbei muss gewährleistet sein, dass

1. **die Grundsätze einer ordnungsgemäßen Datenverarbeitung eingehalten, insbesondere Vorkehrungen gegen einen Datenverlust getroffen sowie die erforderlichen Kopien der Datenbestände mindestens tagesaktuell gehalten und die originären Datenbestände sowie deren Kopien sicher aufbewahrt werden,**
2. **die vorzunehmenden Eintragungen alsbald in einen Datenspeicher aufgenommen und auf Dauer inhaltlich unverändert in lesbarer Form wiedergegeben werden können,**
3. **die nach der Anlage zu § 126 Abs. 1 Satz 2 Nr. 3 der Grundbuchordnung gebotenen Maßnahmen getroffen werden.**

[3]Die Landesregierungen können durch Rechtsverordnung die Ermächtigung nach Satz 1 auf die Landesjustizverwaltungen übertragen.

(2) [1]Das maschinell geführte Vereinsregister tritt für eine Seite des Registers an die Stelle des bisherigen Registers, sobald die Eintragungen dieser Seite in den für die Vereinsregistereintragungen bestimmten Datenspeicher aufgenommen und als Vereinsregister freigegeben worden sind. [2]Die entsprechenden Seiten des bisherigen Vereinsregisters sind mit einem Schließungsvermerk zu versehen.

4 BayObLG NJW-RR 1996, 938 zum gleichlautenden § 7 FGG aF; *Reichert*, Rn 269.
5 Soergel/*Hadding*, § 55 Rn 5; MüKo/*Reuter*, § 55 Rn 4, 6; *Sauter/Schweyer/Waldner*, Rn 27; aA Erman/*Westermann*, § 55 Rn 2.
6 BGHZ 24, 47, 51 = NJW 1957, 832; MüKo/*Reuter*, § 55 Rn 4, 6; Bamberger/Roth/Schwarz/*Schöpflin*, § 55 Rn 9; aA Soergel/*Hadding*, Vor § 55 Rn 4; *Habscheid*, NJW 1966, 1787, 1791.
7 So noch OLG Oldenburg MDR 1993, 79 f; OLG Schleswig NJW-RR 1994, 1404; OLG Hamm 1963, 254; Erman/*Westermann*, 10. Aufl., § 55 Rn 2.
8 *Reichert*, Rn 570; *Sauter/Schweyer/Waldner*, Rn 68; *Keilbach*, DNotZ 2001, 670, 673.

(3) [1]Eine Eintragung wird wirksam, sobald sie in den für die Registereintragungen bestimmten Datenspeicher aufgenommen ist und auf Dauer inhaltlich unverändert in lesbarer Form wiedergegeben werden kann. [2]Durch eine Bestätigungsanzeige oder in anderer geeigneter Weise ist zu überprüfen, ob diese Voraussetzungen eingetreten sind. [3]Jede Eintragung soll den Tag angeben, an dem sie wirksam geworden ist.

Literatur: S. bei Vorbemerkungen zu §§ 21 ff und bei Vorbemerkungen zu §§ 55–79.

A. Allgemeines

1 Die rein verfahrensrechtliche Vorschrift dient der Erleichterung und Beschleunigung des Registerverfahrens. Sie ermächtigt die Landesregierungen zur Umstellung der Vereinsregister auf **EDV**, ohne sie dazu zu verpflichten. § 55 a wurde zusammen mit § 79 Abs. 2–10 durch das Registerverfahrensbeschleunigungsgesetz (RegVBG)[1] eingeführt und ist zum 21.12.1993 in Kraft getreten. Parallelvorschriften für das Grundbuch und das Handelsregister sind §§ 126 ff GBO und § 8 a HGB. Das Handels-, Unternehmens- und Genossenschaftsregister werden inzwischen als EDV-Register geführt.[2] Auf Grundlage von Abs. 7 aF[3] hat das BMJ die am 28.2.1999 in Kraft getretene Vereinsregisterverordnung (VRV) erlassen (vgl Vor § 55 Rn 1). Diese enthält ergänzende Vorschriften über das EDV-Register in den §§ 18 ff VRV. In einigen Bundesländern finden sich weitere ergänzende Bestimmungen.[4] Durch das Vereinsrechtsänderungsgesetz[5] wurde § 55 a umgestaltet: Abs. 3 und 4 aF wurden zu den jetzigen Abs. 2 und 3. An die Stelle der Regelung von Abs. 5 aF sind aufgrund von § 14 Abs. 4 FamFG erlassene Rechtsverordnungen getreten.[6] Die Regelung des Abs. 6 aF findet sich in § 387 Abs. 5 FamFG und die des Abs. 7 aF in § 387 Abs. 1 FamFG wieder.

B. Regelungsgehalt

I. Umstellung des Registers

2 Die Umstellung des Vereinsregisters auf EDV bedarf gem. Abs. 1 S. 1 einer **Rechtsverordnung** der Landesregierung bzw der Landesjustizverwaltung, wenn die Ermächtigung gem. Abs. 1 S. 3 auf diese übertragen wurde. Die Umstellung kann zeitlich gestaffelt und auf bestimmte Teile des Registers beschränkt sein[7] und sich nach dem örtlichen Rationalisierungsbedarf sowie den technischen und finanziellen Möglichkeiten der Länder richten.[8] Über den Wortlaut des Abs. 1 S. 1 hinaus sind die Länder auch berechtigt, den bereits vorhandenen Registerbestand in die maschinelle Form zu überführen.[9] Nach § 23 VRV sind bisher in Papierform geführte Registerblätter für die maschinelle Führung umzuschreiben, wobei das maschinell angelegte Registerblatt mit Freigabe gem. § 25 VRV an die Stelle des in Papierform geführten Registerblattes tritt. Auch wenn das Vereinsregister im Übrigen in Papierform weitergeführt wird, kann das Namensverzeichnis, dh die alphabetische Auflistung der eingetragenen Vereine, gem. § 8 VRV elektronisch geführt werden.

3 Aus § 55 a Abs. 1 S. 2 Nr. 1–3 BGB iVm § 126 Abs. 1 S. 2 Nr. 3 GBO ergeben sich die an eine EDV-Umstellung zu stellenden **Sicherheitsanforderungen**. Der Schutz vor Datenverlusten muss die nachhaltige Sicherung der Datenbestände zumindest tagesaktuell gewährleisten. Die über § 126 Abs. 1 S. 2 Nr. 3 GBO in Bezug genommene Anlage zur GBO schreibt Schutzmaßnahmen gegen Einwirkungsversuche von außen durch die dort im Einzelnen aufgelisteten Kontrollen des Datenverkehrs und der Datenspeicherung vor. Die **Wirksamkeit der Umstellung** auf EDV tritt nach Abs. 3 für jede Seite des Registers ein, deren Daten in die dafür bestimmte Datenbank aufgenommen und als Vereinsregister freigegeben werden. Daraus folgt, dass die Umstellung für jeden Verein einzeln und nicht einheitlich für den ganzen Gerichtsbezirk erfolgt.[10]

1 Gesetz v. 20.12.1993, BGBl. I S. 2182.
2 Vgl Gesetz über das elektronische Handelsregister und Genossenschaftsregister sowie das Unternehmensregister (EHUG), BGBl. I 2006 S. 2553; vgl *Schlotter/Reiser*, BB 2008, 118; *Jeep/Wiedemann*, NJW 2007, 2439.
3 Abgeschafft durch Art. 50 FGG-Reformgesetz v. 17.12.2008, BGBl. I S. 2586.
4 Für Nordrhein-Westfalen: Verfügung v. 22.7.1999, JMBl. NRW 1999, 208; für Baden-Württemberg: Verfügung v. 6.12.1999, Justiz 2000, 33.
5 Gesetz zur Erleichterung elektronischer Anmeldungen zum Vereinsregister und anderer vereinsrechtlicher Änderungen vom 24.9.2009, BGBl. I 2009 S. 3145 ff.
6 BT-Drucks. 16/12813, S. 11 f; vgl auch Prütting/Helms/*Jennissen*, § 14 FamFG Rn 26 mwN.
7 Palandt/*Ellenberger*, § 55 a Rn 2; Bamberger/Roth/Schwarz/*Schöpflin*, § 55 a Rn 2.
8 MüKo/*Reuter*, § 55 a Rn 2; BT-Drucks. 12/5553, S. 100.
9 MüKo/*Reuter*, § 55 a Rn 2.
10 Palandt/*Ellenberger*, § 55 a Rn 4; Bamberger/Roth/Schwarz/*Schöpflin*, § 55 a Rn 3.

II. Registerführung

4 Nach Umstellung auf EDV bestimmt sich das Wirksamwerden der Eintragungen nach Abs. 3. Anstatt der gem. § 382 Abs. 2 FamFG sonst maßgeblichen Unterzeichnung der Eintragung erklärt Abs. 3 S. 1, § 27 Abs. 1 VRV die **Eintragung** mit wiedergabefähiger Aufnahme in die Datenbank für wirksam. Die sich gem. Abs. 3 S. 2 und 3 anschließende Überprüfung der Eintragung und ihre Datierung sind keine Wirksamkeitsanforderungen;[11] sie dienen der Sicherheit und Nachvollziehbarkeit der Registerführung. Zum Register eingereichte **Schriftstücke** können durch Aufnahme in einen Bild- oder Datenträger ersetzt werden, sofern sie kurzfristig wieder lesbar gemacht werden können. Das sonst nach § 7 Abs. 3 VRV zu jedem Registerblatt zu führende **Handblatt** kann nach § 26 Abs. 2 VRV vernichtet werden. Im Übrigen werden die Registerakten auch nach einer EDV-Umstellung wie bisher geführt, § 26Abs. 1 VRV.

5 Das zuständige Amtsgericht kann nach § 387 Abs. 5 FamFG (früher: Abs. 6 S. 1) die **Datenverarbeitung** des in maschineller Form geführten Vereinsregisters durch andere staatliche Stellen oder eine juristische Person des öffentlichen Rechts vornehmen lassen. Das beauftragte **externe Rechenzentrum** übernimmt damit nicht die Führung des Vereinsregisters, sondern übt nur technische Hilfstätigkeiten aus. Nach § 387 Abs. 1 FamFG kann wie nach § 55 a Abs. 7 aF die Datenübermittlung an andere Gerichte zugelassen werden, um dort eine Registereinsicht nach § 79 zu ermöglichen.

§ 56 Mindestmitgliederzahl des Vereins

Die Eintragung soll nur erfolgen, wenn die Zahl der Mitglieder mindestens sieben beträgt.

Literatur: S. bei Vorbemerkungen zu §§ 21 ff und bei Vorbemerkungen zu §§ 55–79.

A. Allgemeines

1 Die Regelung dient ebenso wie § 73 dem Zweck, das Vereinsregister von unbedeutenden Vereinen freizuhalten. Sie soll für die Willensbildung ein Mindestmaß an Meinungsvielfalt gewährleisten.[1] § 56 ist eine Ordnungsvorschrift (vgl Vor § 55 Rn 4).

B. Regelungsgehalt

2 Die Mitgliederzahl bei Eintragung bestimmt sich grundsätzlich nach der Anzahl der Unterschriften der Satzung, die gem. § 59 Abs. 2, 3 der Anmeldung beigefügt ist. Sind Gründungsmitglieder natürliche sowie von diesen **beherrschte juristische Personen**, ist für § 56 nur auf die Anzahl der natürlichen Personen abzustellen[2] (vgl zur Mitgliedsfähigkeit § 38 Rn 3). Die Mindestzahl von sieben Gründungsmitgliedern gilt auch für **Dachverbände**, deren Mitgliedsvereine ihrerseits zahlreiche Mitglieder haben. Denn es ist die Personenmehrheit des Dachverbandes und nicht die der Mitgliedervereine maßgeblich.[3] Eine Ausnahme gilt jedoch für **religiöse Vereine**, die aufgrund ihrer verfassungsrechtlichen Stellung aus Art. 4, 140 GG iVm Art. 137 WRV auch von weniger als sieben Mitgliedern gegründet werden können.[4] Dessen ungeachtet müssen an der Gründung **zumindest zwei Mitglieder** beteiligt sein, da es sonst an der für den Verein wesentlichen Personenmehrheit fehlt.[5]

3 Bei einem **Verstoß** gegen die Voraussetzung des § 56 hat das Amtsgericht den Eintragungsantrag nach § 60 zurückzuweisen. Kommt es dennoch zur Eintragung, ist diese trotz des Verstoßes gegen § 56 wirksam. Das gilt selbst dann, wenn die Eintragung durch **Täuschung** des Gerichts erschlichen wurde.[6] Eine entgegen § 56

11 Palandt/*Ellenberger*, § 55 a Rn 5; Erman/*Westermann*, § 55 a Rn 3; Staudinger/*Weick*, § 55 a Rn 8.
1 Erman/*Westermann*, § 56 Rn 1.
2 OLG Köln NJW 1989, 173 f; OLG Stuttgart OLGZ 1983, 307; Palandt/*Ellenberger*, § 56 Rn 1; Soergel/*Hadding*, § 56 Rn 2.
3 KG NJ 2001, 551; LG Hamburg Rpfleger 1981, 198; Palandt/*Ellenberger*, § 56 Rn 1; Soergel/*Hadding*, § 56 Rn 2; Staudinger/*Habermann*, § 56 Rn 3; aA LG Mainz MDR 1978, 312.
4 OLG Hamm NJW-RR 1997, 1397 zu den fünf Diözesen der Katholischen Kirche in NRW; ebenso Palandt/*Ellenberger*, § 56 Rn 4; Bamberger/Roth/Schwarz/*Schöpflin*, § 56 Rn 3; Erman/*Westermann*, § 56 Rn 1; aA MüKo/*Reuter*, § 56 Rn 2; *Sauter/Schweyer/Waldner*, Rn 8 Fn 1; *v. Campenhausen*, NJW 1990, 887, 888.
5 Palandt/*Ellenberger*, § 56 Rn 1; Soergel/*Hadding*, § 56 Rn 1; Staudinger/*Habermann*, § 56 Rn 2.
6 BGH NJW 1983, 993; Soergel/*Hadding*, § 56 Rn 1; MüKo/*Reuter*, § 56 Rn 1; Staudinger/*Habermann*, § 56 Rn 1.

vorgenommene Eintragung leidet nicht unter einem zur Amtslöschung nach § 395 FamFG führenden wesentlichen Mangel, da es sich bei § 56 nur um eine Ordnungsvorschrift handelt.[7]

§ 57 Mindesterfordernisse an die Vereinssatzung

(1) Die Satzung muss den Zweck, den Namen und den Sitz des Vereins enthalten und ergeben, dass der Verein eingetragen werden soll.
(2) Der Name soll sich von den Namen der an demselben Orte oder in derselben Gemeinde bestehenden eingetragenen Vereine deutlich unterscheiden.

Literatur: S. bei § 25 und bei Vorbemerkungen zu §§ 55–79.

A. Allgemeines

1 § 57 legt den für die Eintragung in das Vereinsregister notwendigen Mindestinhalt der Satzung fest (allgemein zur Satzung § 25 Rn 7 ff). Abs. 1 ist eine wesentliche Sachvorschrift, deren Nichtbeachtung zur Amtslöschung der Eintragung nach § 395 FamFG führt; Abs. 2 ist hingegen eine bloße Ordnungsvorschrift (vgl Vor § 55 Rn 4).

B. Regelungsgehalt

I. Allgemeine Anforderungen

2 Gem. **Abs. 1** ist in der Satzung der **Zweck des Vereins** anzugeben (zum Begriff s. § 21 Rn 16 ff und § 33 Rn 5). Das verfolgte Vereinsziel muss erkennbar sein. Die Zweckangabe soll ermöglichen, den Verein als Idealverein (§ 21) oder als wirtschaftlichen Verein (§ 22) einzustufen.[1] Zur **Gemeinnützigkeit** und den damit verbundenen steuerrechtlichen Problemen s. Anhang zu § 21. Weiterhin ist gem. Abs. 1 auch der **Vereinssitz** anzugeben (dazu § 24 Rn 2 ff). Die Satzung muss zudem den **Willen zur Rechtsfähigkeit** durch Eintragung in das Vereinsregister erkennen lassen. Fehlt eine Satzungsklausel zur Eintragungsabsicht, kann dieser Mangel auch noch nach Eintragung durch einen entsprechenden Beschluss der Mitgliederversammlung geheilt werden.[2]

3 Zur Überprüfbarkeit der Anforderungen des § 57 muss der Satzungstext in **Schrift- oder jedenfalls Textform**[3] fixiert sein. Das folgt unmittelbar aus der Ordnungsvorschrift des § 59 Abs. 2, wonach die Satzung beim Vereinsregister in Abschrift eingereicht werden soll. Bei Nichtbeachtung hat das Registergericht den Eintragungsantrag nach § 60 zurückzuweisen, sofern der behebbare Mangel nicht auf eine Zwischenverfügung hin behoben wird; es handelt sich jedoch nur um eine Ordnungsvorschrift (vgl Vor § 55 Rn 4). Ferner ist die Satzung grundsätzlich in **deutscher Sprache** einzureichen,[4] da das Vereinsregister gem. § 184 GVG auf Deutsch geführt wird. Dabei ist Deutsch gleichbedeutend mit Hochdeutsch.[5] Die Satzung kann aber auch in einer deutschen Mundart[6] oder in einer Fremdsprache verfasst sein, wenn daneben ein hochdeutsches Satzungsexemplar mit eingereicht wird.[7]

7 MüKo/*Reuter*, § 56 Rn 1; Bamberger/Roth/Schwarz/*Schöpflin*, § 56 Rn 4; Staudinger/*Habermann*, § 56 Rn 1; Soergel/*Hadding*, § 56 Rn 1.

1 MüKo/*Reuter*, § 57 Rn 1; Soergel/*Hadding*, § 57 Rn 2; aA *Reichert*, Rn 123.

2 MüKo/*Reuter*, § 57 Rn 6; Staudinger/*Habermann*, § 57 Rn 3; Soergel/*Hadding*, § 57 Rn 3; Bamberger/Roth/Schwarz/*Schöpflin*, § 57 Rn 5.

3 Palandt/*Ellenberger*, § 57 Rn 1; wohl ebenso *Sauter/Schweyer/Waldner*, Rn 33; *Reichert*, Rn 188; vgl auch RGZ 73, 187, 192 f aA Bamberger/Roth/Schwarz/*Schöpflin*, § 57 Rn 3, nach dessen Ansicht die Satzung keiner Form bedarf.

4 Palandt/*Ellenberger*, §§ 57/58 Rn 1.

5 BGH NJW 2003, 671; Palandt/*Ellenberger*, §§ 57, 58 Rn 1.

6 Insbesondere in sorbischer Sprache: Einigungsvertrag, Anlage III Kapitel III Abschnitt III Nr. 1 r, sowie § 6 Sorbengesetz v. 31.3.1999 (Sächs. GVBl. 1999 S. 116).

7 LG Düsseldorf Rpfleger 1999, 334 (zur GmbH); *Sauter/Schweyer/Waldner*, Rn 35; ebenso Palandt/*Ellenberger*, § 57 Rn 1; Bamberger/Roth/Schwarz/*Schöpflin*, § 57 Rn 3, jeweils zu plattdeutschen Satzungen; aA LG Osnabrück Rpfleger 1965, 304.

II. Vereinsname

4 Gem. Abs. 1 ist in der Satzung der Vereinsname anzugeben. Der Verein darf grundsätzlich nur einen Namen haben.[8] Eine Ausnahme gilt, wenn er im Rahmen des Nebenzweckprivilegs eine übernommene Firma weiterführt[9] (vgl zum Nebenzweckprivileg § 21 Rn 32 ff). Den Namen kann der Verein grundsätzlich frei wählen.[10] Dem Namen muss aber eine Namensfunktion zukommen, dh er muss geeignet sein, den Namensträger mit sprachlichen Mitteln unterscheidungskräftig zu bezeichnen, was zB nicht bei einer nicht aussprechbaren willkürlichen Buchstabenaneinanderreihung der Fall ist.[11]

5 **1. Unterscheidbarkeit (Abs. 2).** Abs. 2 verlangt, dass sich der Name von den am selben Ort oder in derselben Gemeinde bereits eingetragenen Vereinen deutlich unterscheidet. Dies ist durch einen deutlichen Zusatz bei gleichem Namensstamm hinreichend gegeben.[12] Die Ordnungsvorschrift soll im öffentlichen Interesse der Verwechslungsgefahr mit anderen Vereinen vorbeugen. Dabei gilt der **Prioritätsgrundsatz**.[13] Vereinsnamen sind trotz gleichen Namensstamms nicht verwechselungsfähig, wenn ein Namensbestandteil mit ausreichender Unterscheidungskraft hinzutritt und die Verwechslungsgefahr bei korrekter Namensführung in den potenziellen Interessentengruppen gering ist.[14] Verletzt der gewählte Name trotz fehlender Verwechslungsgefahr das nach § 12 geschützt Namensrecht eines anderen Vereins, stellt dies kein Eintragungshindernis dar. Denn dem Registergericht fehlt insofern nach herrschender Meinung die Prüfungskompetenz.[15]

6 **2. Namenswahrheit.** Ferner wird der Grundsatz der freien Namenswahl eingeschränkt durch das Gebot der Namenswahrheit analog § 18 Abs. 2 HGB. Danach sind keine Namen zu wählen, die **ersichtlich** geeignet sind, über Verhältnisse irrezuführen, die für die angesprochenen Verkehrskreise **wesentlich** sind, wie etwa über dessen Zweck, Größe oder Bedeutung.[16] Die 1998 in § 18 Abs. 2 HGB neu eingeführten Kriterien „ersichtlich" und „wesentlich" schränken die Kontrollbefugnis des Registergerichts weiter ein, wodurch die ältere Rechtsprechung teilweise obsolet wird.[17] Unerheblich ist, ob eine Täuschung beabsichtigt wird.[18] Irreführend ist ein Name regelmäßig zB dann, wenn dieser dem Publikum die unzutreffende Annahme nahe legt, es handele sich um eine öffentliche oder öffentlich überwachte Einrichtung.

7 **3. Beispiele.** Im Einzelnen **können irreführend sein**: der Name „International chamber of commerce" für einen Verein, der keine Verbindung zu staatlichen Stellen oder Wirtschaftsorganisationen hat;[19] „Aktionsgemeinschaft der deutschen Rechtsanwälte" für einen Verein mit unbedeutender Mitgliederzahl;[20] „Ärztlicher Arbeitskreis", wenn nur 1/3 der Mitglieder Ärzte sind;[21] „gemeinnützig" für einen Verein, der für seine Leistungen über den Selbstkosten liegende Gegenleistungen fordert,[22] s. zur Gemeinnützigkeit Anhang zu §§ 21–79. Ferner können ggf die Bezeichnungen „Kammer",[23] „Fachverband",[24] „Landesarbeitsgemeinschaft"[25] oder eine nicht mit dem Gründungsdatum übereinstimmende Jahreszahl[26] täuschend sein. Der Name „Gemeinde"[27] kann irreführen, wenn er keinen klarstellenden oder beschränkenden Zusatz (zB „griechische")[28] erhält. Das Gleiche gilt insbesondere an Hochschulorten für die Namensbezeichnung „Institut".[29] Der Namensbestandteil „Stiftung" soll unbedenklich für eine als Verein organisierte Parteistiftung sein;[30] er ist hingegen täuschend, wenn ein Verein ausschließlich von Mitgliedsbeiträgen lebt und keiner öffentlichen

8 RGZ 85, 397, 399; Palandt/*Ellenberger*, § 57 Rn 2; MüKo/*Reuter*, § 57 Rn 1.
9 KG JW 1932, 62; MüKo/*Reuter*, § 57 Rn 1; Bamberger/Roth/Schwarz/*Schöpflin*, § 57 Rn 6.
10 BayObLGZ 1971, 329, 331 = NJW 1972, 957; Soergel/*Hadding*, § 57 Rn 2; *Reichert*, Rn 521.
11 OLG München NZG 2007, 320 = MDR 2007, 414; OLG München NJW 2002, 611; OLG Celle DB 2006, 1950; Palandt/*Ellenberger*, § 57 Rn 2.
12 OLG Hamm NJW-RR 2008, 350; Palandt/*Ellenberger*, § 57 Rn 2.
13 *Reichert*, Rn 530; Bamberger/Roth/Schwarz/*Schöpflin*, § 57 Rn 10.
14 LG Bonn Rpfleger 1996, 463; Bamberger/Roth/Schwarz/*Schöpflin*, § 57 Rn 10.
15 BGHZ 8, 318, 321 = NJW 1953, 577; BayObLGZ 1986, 370; BayObLG NJW-RR 1993, 184, 185; OLG Jena NJW-RR 1994, 698, 699; Staudinger/*Habermann*, § 57 Rn 5; *Keilbach*, DNotZ 2001, 670, 674; aA MüKo/*Reuter*, § 57 Rn 8; Soergel/*Hadding*, § 57 Rn 12; auch aA *Reichert*, Rn 533.
16 OLG Köln FGPrax 2006, 129 f; BayObLGZ 1992, 168 f = NJW-RR 1993, 184; OLG Düsseldorf NJW-RR 1996, 989; OLG Hamm NJW-RR 1999, 1710; OLG Frankfurt NJW-RR 2002, 176; Palandt/*Ellenberger*, § 57 Rn 2; Soergel/*Hadding*, § 57 Rn 2.
17 So auch Palandt/*Ellenberger*, § 57 Rn 2.
18 OLG Hamm OLGZ 1978, 428, 431; OLG Hamm OLGZ 1981, 433, 434; Soergel/*Hadding*, § 57 Rn 2.
19 OLG Stuttgart WRP 1996, 945 = NJWE-WettbR 1996, 197.
20 OLG Hamm OLGZ 1978, 428.
21 OLG Karlsruhe OLGZ 1982, 385.
22 BGH GRUR 1981, 670.
23 OLG Frankfurt OLGZ 1974, 332; LG Dresden WRP 2000, 662.
24 OLG Frankfurt BB 1966, 262; LG Bremen Rpfleger 1989, 202.
25 BayObLG NJW-RR 1993, 184 = Rpfleger 1992, 397.
26 BayObLG NJW 1972, 957; KG OLGZ 1983, 272.
27 LG Bonn Rpfleger 1987, 205.
28 BayObLGZ 1982, 278, 282.
29 BGH NJW-RR 1987, 735; BayObLG NJW-RR 1990, 1125, 1126; OLG Frankfurt NJW-RR 2002, 459 = DB 2001, 1664.
30 OLG Frankfurt NJW-RR 2002, 176.

Kontrolle unterliegt.[31] Unbedenklich sind der Namensbestandteil „Akademie" für Einrichtungen der Aus- und Weiterbildung[32] oder „Anwalt des Kindes", wenn Kindesinteressen wahrgenommen werden.[33] Schließlich sind geografische Namenszusätze wie „Euro" oder „European",[34] „Deutsch"[35] oder ein Stadtname[36] unbedenklich, wenn sich nicht konkrete Anhaltspunkte für eine Täuschungseignung ergeben. Der geografische Namenszusatz „Rheinland" soll für einen Tierschutzverein unbedenklich sein, da mangels gewerblicher Tätigkeit keine Irreführung über eine Sonderstellung des Geschäftszweiges in der Region vorliegen könne.[37] Solche Anhaltspunkte bestehen, wenn ein geografischer Bezug tatsächlich vollkommen fehlt oder ein unbedeutender lokaler Verein damit über seine Größe oder seine überregionalen Verbindungen irreführt.[38]

§ 58 Sollinhalt der Vereinssatzung

Die Satzung soll Bestimmungen enthalten:
1. **über den Eintritt und Austritt der Mitglieder,**
2. **darüber, ob und welche Beiträge von den Mitgliedern zu leisten sind,**
3. **über die Bildung des Vorstands,**
4. **über die Voraussetzungen, unter denen die Mitgliederversammlung zu berufen ist, über die Form der Berufung und über die Beurkundung der Beschlüsse.**

Literatur: S. bei Vorbemerkungen zu §§ 21 ff und bei § 25.

A. Allgemeines

§ 58 ergänzt § 57 und regelt, welche Anforderungen bei der Registereintragung an den Inhalt der Satzung zu stellen sind. Ebenso wie § 57 Abs. 2 ist § 58 eine Sollvorschrift und damit eine registerrechtliche Ordnungsbestimmung. Die Vorschrift berechtigt zur Zurückweisung des Eintragungsantrags nach § 60. Eine wider § 58 vorgenommene Eintragung ist jedoch rechtsbeständig und kann nicht im Wege der Amtslöschung nach § 395 FamFG beseitigt werden (vgl Vor § 55 Rn 4). 1

B. Regelungsgehalt

Die gem. § 58 zu regelnden Punkte müssen **hinreichend bestimmt** sein, wobei teilweise unklar ist, in welcher Ausführlichkeit dies zu geschehen hat bzw wann ein Antrag auf Eintragung zurückzuweisen ist. 2

I. Eintritt und Austritt (Nr. 1)

Nach § 58 Nr. 1 soll die Satzung den Ein- und Austritt der Mitglieder regeln und damit die §§ 38, 39 ergänzen. 3
Sie soll festlegen, ob ein **besonderes Aufnahmeverfahren** vorgesehen ist[1] oder ob sich der Vereinsbeitritt schlicht durch eine Beitrittserklärung und deren Annahme vollzieht. Die **Form** des Eintritts bedarf keiner Regelung, da der Beitritt im Zweifel formfrei möglich ist.[2] Enthält die Satzung aber Vorschriften über eine bestimmte Form des Mitgliedschaftserwerbs, so ist eine Begründung durch schlüssiges Verhalten ausge-

31 BayObLG NJW 1973, 249; OLG Köln NJW-RR 1997, 1531 = NZG 1998, 35, 36.
32 KG Berlin NZG 2005, 360; OLG Düsseldorf NJW-RR 2003, 262; nicht aber ohne Lehrtätigkeit: OLG Bremen NJW 1972, 164.
33 OLG Hamburg NJW-RR 1991, 1005 = MDR 1991, 439.
34 OLG Hamm NJW-RR 1999, 1710, 1711 = DB 1999, 2002.
35 BGH NJW-RR 1987, 1178.
36 OLG Stuttgart NJW-RR 2001, 755: Großstadt als Namensbestandteil eines Vereins der Nachbargemeinde.
37 LG Mönchengladbach MDR 2009, 641 f.
38 OLG Hamm OLGZ 1982, 303, 305, LG Tübingen Rpfleger 1995, 258; LG Bremen Rpfleger 1994, 362; LG Hagen Rpfleger 1971, 428.
1 BayObLG NJW-RR 2001, 326; NJW 1972, 1323; LG Münster MDR 1974, 309; Palandt/*Ellenberger*, § 58 Rn 1; Bamberger/Roth/Schwarz/*Schöpflin*, § 58 Rn 3; MüKo/*Reuter*, § 58 Rn 2.
2 BayObLG NJW 1972, 1323; OLG Hamm OLGZ 1965, 66; AG Duisburg NZG 2002, 1072; Palandt/*Ellenberger*, § 58 Rn 1; Erman/*Westermann*, § 58 Rn 2.

schlossen.[3] Die Mitgliedschaft in einem Verein kann von bestimmten persönlichen Voraussetzungen abhängig gemacht werden; bei Wegfall dieser Voraussetzungen endet die Mitgliedschaft aber nur dann automatisch, wenn dies explizit in der Satzung bestimmt ist.[4] Zum Eintritt s. § 38 Rn 4 ff; zum Austritt § 39 Rn 2 ff.

II. Beitragspflicht (Nr. 2)

4 Die Satzung soll gem. § 58 Nr. 2 zur Vereinsmitgliedschaft ferner bestimmen, ob und welche **Beiträge** die Mitglieder an den Verein zu leisten haben (s. zur Beitragspflicht auch § 38 Rn 15). Aus der Vorschrift folgt, dass die Vereinsmitgliedschaft beitragsfrei ausgestaltet sein kann.[5] Der Verein hat nur dann das Recht zur Beitragserhebung, wenn die Satzung dies vorsieht.[6] Die Auffassung, dass sich dieses Recht ohne ausdrückliche Satzungsbestimmung allein aus dem **Vereinszweck** ergeben kann, ist abzulehnen, da der Vereinszweck nur ein abstraktes Ziel festsetzt und damit als Anspruchsgrundlage zu unbestimmt ist.[7] Eine konkrete Bezifferung der zu entrichtenden Beiträge ist nicht notwendig;[8] die Satzung kann hierfür auf einen Beschluss der Mitgliederversammlung oder eines anderen Vereinsorgans verweisen.[9] **Rückwirkende Beitragserhöhungen** sind nur auf Grundlage einer ausdrücklichen Satzungsbestimmung zulässig.[10] Das gilt auch für die Erhebung eines 13. Monatsbeitrags, für die die Festlegung einer monatlichen Beitragspflicht nicht ausreicht.[11] Die Satzung kann den Mitgliedern als Beitrag statt oder neben Geldleistungen auch die Verrichtung von **Dienst- oder Werkleistungen** auferlegen.[12] Das darf nicht zur Umgehung zwingender arbeitsrechtlicher Schutznormen führen.[13] Der Verein ist bei der Beitragsfestsetzung stets an den Grundsatz der **Gleichbehandlung** aller Mitglieder gebunden.[14] Auch **Umlagen** kann der Verein nur aufgrund einer ermächtigenden Satzungsbestimmung erheben; die Berufung auf die allgemeine Beitragspflicht ist unzureichend.[15] Dabei müssen Art und Umfang jedoch nicht im Einzelnen bestimmt sein.[16] Die Beitragspflicht endet mit Eröffnung des Insolvenzverfahrens;[17] s. zur Eröffnung des Insolvenzverfahrens § 42 Rn 12 ff.

III. Bildung des Vorstandes (Nr. 3)

5 Die Satzung soll nach § 58 Nr. 3 die Bildung des Vorstands regeln. Es sind eindeutige Festlegungen zur Zusammensetzung zu treffen. Bestimmt die Satzung **eine Mindest- oder Höchstzahl**, kann die Bestimmung der konkreten Vorstandsmitgliederzahl einem anderen Organ, insbesondere der Mitgliederversammlung, überlassen werden.[18] Unzulässig ist es, wenn die Satzung die Bildung des Vorstandes der Mitgliederversammlung überlässt, ohne eine Größenordnung festzulegen.[19] Ist entgegen § 58 Nr. 3 keine Regelung zur Anzahl der Vorstände getroffen, gilt die gesetzliche Bestimmung des § 26 Abs. 1 S. 1, so dass der Vorstand aus einer Person besteht.[20] Eine Vorstandswahl, die eine Person in mehrere in der Satzung vorgesehene Vorstandsämter beruft, ist wirksam, sofern sich nicht aus der Satzung ergibt, dass eine personengleiche Besetzung unzulässig ist (vgl § 26 Rn 3).[21] Zur Bestellung und der Vertretungsmacht der Vorstände s. § 26 Rn 4 ff und § 27 Rn 2 ff.

3 AG Duisburg NZG 2002, 1072.
4 OLG Oldenburg OLGR 2009, 612 = NZG 2009, 917.
5 Auch dies soll die Satzung positiv bestimmen, MüKo/*Reuter*, § 58 Rn 3.
6 OLG Hamm DB 1976, 93.
7 *Reichert*, Rn 895; aA die hM: Palandt/*Ellenberger*, § 58 Rn 2; Soergel/*Hadding*, § 58 Rn 3; Erman/*Westermann*, § 58 Rn 2; Bamberger/Roth/Schwarz/*Schöpflin*, § 58 Rn 4, jeweils ohne schlüssige Beispiele anzuführen, bei denen die Beitragspflicht bereits aus dem Vereinszweck folgen soll.
8 BGH NJW-RR 2008, 194; BGH NJW 1995, 2981.
9 BGHZ 105, 306, 316 = DB 1989, 619 = NJW 1989, 1724; OLG Hamm DB 1976, 93; Staudinger/*Habermann*, § 58 Rn 3; Soergel/*Hadding*, § 58 Rn 3; MüKo/*Reuter*, § 58 Rn 3; *Beuthien*, BB 1987, 10; aA Erman/*Westermann*, § 58 Rn 2, der eine satzungsmäßige Festlegung verlangt.
10 LG Hamburg NJW-RR 1999, 1708; Palandt/*Ellenberger*, § 58 Rn 2.
11 OLG München NJW-RR 1998, 966; Bamberger/Roth/Schwarz/*Schöpflin*, § 58 Rn 4.
12 BAG DB 2003, 47; AG Grevenbroich NJW 1991, 2646; *K. Schmidt*, GesR, 4. Aufl. 2002, § 20 II 1 b bb, S. 568; Soergel/*Hadding*, § 38 Rn 21 a; *Reichert*, Rn 893.
13 BAG NJW 1996, 143, 151; Palandt/*Ellenberger*, § 58 Rn 2.
14 LG Bonn DB 1992, 879; Palandt/*Ellenberger*, § 58 Rn 2.
15 BGHZ 105, 306, 311 = DB 1989, 619 = NJW 1989, 1724; OLG München NJW-RR 1998, 966; Staudinger/*Habermann*, § 58 Rn 3; *Müller*, MDR 1992, 924 f; *Beuthien*, BB 1987, 6, 10.
16 Staudinger/*Habermann*, § 58 Rn 3; *Müller*, MDR 1992, 924 f.
17 BGH NJW-RR 2007, 1346; BGHZ 96, 253, 255 = DB 1986, 474 = NJW 1986, 1604 f.
18 BayObLGZ 1969, 33, 36; BayObLG NZG 2002, 438 f; LG Gießen MDR 1984, 312; MüKo/*Reuter*, § 58 Rn 4; Erman/*Westermann*, § 58 Rn 3.
19 MüKo/*Reuter*, § 58 Rn 4; Soergel/*Hadding*, § 58 Rn 4; vgl auch Staudinger/*Habermann*, § 58 Rn 5; aA LG Gießen MDR 1984, 312; Palandt/*Ellenberger*, § 58 Rn 3; Bamberger/Roth/Schwarz/*Schöpflin*, § 58 Rn 6.
20 Staudinger/*Habermann*, § 58 Rn 5.
21 OLG Hamm, Beschl. v. 30.11.2010, 15 W 286/10.

IV. Einberufung der Mitgliederversammlung (Nr. 4)

Nach § 58 Nr. 4 soll die Satzung Bestimmungen über die Voraussetzungen und die Form der Einberufung der Mitgliederversammlung sowie über die Beurkundung der Beschlüsse enthalten. Durch die in der Satzung zu bezeichnenden **Einberufungsvoraussetzungen** werden die in §§ 36, 37 vorgesehenen Einberufungsfälle ergänzt (s. § 32 Rn 10, § 36 Rn 2, § 37 Rn 4). Eine Satzungsregelung, wonach die Einberufung „durch Presseveröffentlichung" erfolge, ist nicht hinreichend bestimmt.[22] Die Festlegung der **Einberufungsform** kann die Satzung nicht dem Ermessen des Vorstands überlassen.[23] Hinsichtlich der zulässigen Satzungsgestaltungen der Einberufungsform vgl die Grundsätze bei § 32 Rn 8 ff. 6

Vielfach wird vertreten, der Verein sei bei seiner Satzungsgestaltung hinsichtlich der **Beurkundung** der Beschlüsse mangels einer ausdrücklichen gesetzlichen Regelung frei und könne daher ganz von einer Protokollierung absehen.[24] Dem ist für den e.V. zu widersprechen, da das Gesetz im Zusammenhang mit der Eintragung in das Vereinsregister teils ausdrücklich, teils implizit eine schriftliche oder jedenfalls lesbare Fassung zahlreicher Beschlüsse fordert,[25] vgl §§ 33 Abs. 2, 67 Abs. 1 S. 2, 71 Abs. 1 S. 3, 74 Abs. 2 S. 2, 76 Abs. 2 S. 2 und § 17 Abs. 1 UmwG. Zumindest für Beschlüsse in den vorgenannten Fällen bedarf es daher einer Beurkundung. Die Satzung braucht hingegen keine Bestimmung über die Mitteilung des Ergebnisses einer schriftlichen Beschlussfassung zu enthalten.[26] Sieht die Satzung ein vom Protokollführer zu unterschreibendes Beschlussprotokoll vor, muss dieser ausdrücklich als „Protokollführer" unterschreiben.[27] 7

§ 59 Anmeldung zur Eintragung

(1) Der Vorstand hat den Verein zur Eintragung anzumelden.

(2) Der Anmeldung sind Abschriften der Satzung und der Urkunden über die Bestellung des Vorstands beizufügen.

(3) Die Satzung soll von mindestens sieben Mitgliedern unterzeichnet sein und die Angabe des Tages der Errichtung enthalten.

Literatur: S. bei § 21 und bei Vorbemerkungen zu §§ 55–79.

A. Allgemeines

§ 59 regelt die Formalien der Anmeldung zur Vereinsregistereintragung. Abs. 1 bestimmt das zur Antragstellung zuständige Organ. Die Abs. 2 und 3 haben die der Anmeldung beizufügenden Unterlagen zum Gegenstand und sollen dem Registergericht die nach §§ 56–58 vorzunehmenden Prüfungen ermöglichen. Aus der Fassung als Muss-Vorschrift folgt, dass Abs. 1 eine wesentliche Sachvorschrift ist, deren Nichtbeachtung ggf das Amtslöschungsverfahren nach § 395 FamFG eröffnet. Als Sollvorschriften handelt es sich hingegen bei Abs. 2 und 3 um bloße Ordnungsbestimmungen (vgl Vor § 55 Rn 4). § 59 wird ergänzt durch § 77, wonach die Anmeldung mittels öffentlich beglaubigter Erklärung zu bewirken ist. 1

B. Regelungsgehalt

I. Zuständigkeit (Abs. 1)

Gem. Abs. 1 hat der Vorstand die Anmeldung zur Eintragung vorzunehmen. Die Norm ist eine zwingende Zuständigkeitsregelung. Umstritten ist, ob die Erstanmeldung bei einem **mehrgliedrigen Vorstand** von sämt- 2

22 OLG Hamm, Beschl. v. 23.11.2010, 15 W 419/10.

23 OLG Hamm OLGZ 1965, 66; AG Elmshorn NJW-RR 2001, 25; Soergel/*Hadding*, § 58 Rn 6.

24 MüKo/*Reuter*, § 58 Rn 6; Staudinger/*Habermann*, § 58 Rn 8; Soergel/*Hadding*, § 58 Rn 7; Palandt/*Ellenberger*, § 58 Rn 4; Bamberger/Roth/Schwarz/*Schöpflin*, § 58 Rn 7.

25 Ebenso *Reichert*, Rn 1910; *Sauter/Schweyer/Waldner*, Rn 127.

26 OLG Köln NJW-RR 1994, 1547; Erman/*Westermann*, § 58 Rn 4.

27 OLG Hamm NJW-RR 1997, 484; Palandt/*Ellenberger*, § 58 Rn 4.

lichen Vorständen vorzunehmen ist[1] oder ob Abs. 1 nur die Mitwirkung von Vorstandsmitgliedern in vertretungsberechtigter Zahl erfordert.[2] Der BGH hat mit Recht ausgesprochen, dass jedenfalls die Eintragung einer Satzungsänderung (§ 71) nur die Anmeldung durch Vorstandsmitglieder in vertretungsberechtigter Zahl verlangt.[3] Das ist auch für die Ersteintragung anzunehmen. Denn für diese sind keine strengeren Anforderungen zu stellen als für alle übrigen Rechtshandlungen des Vereins, zumal eine vereinsrechtliche Parallelvorschrift zu § 36 Abs. 1 AktG, §§ 7 Abs. 1, 78 GmbHG, §§ 11, 157 GenG, die eine Gesamtvertretung verlangt, gerade nicht existiert. Ebenfalls anders als zB im Genossenschaftsrecht ist beim Verein die **gewillkürte Stellvertretung** bei der Anmeldeerklärung zulässig; die Anmeldung durch einen Bevollmächtigten setzt eine öffentlich beglaubigte Vollmacht voraus.[4] Antragsteller im Verfahren auf Eintragung ist der Vorverein[5] (vgl zum Vorverein § 21 Rn 7 ff). Für die Form der Anmeldung gilt § 77 (s. dort Rn 3).

3 Abs. 1 begründet trotz des missverständlichen Wortlauts keine öffentlich-rechtliche Pflicht des Vorstands zur Anmeldung, da § 59 im Katalog des § 78 der mit Zwangsgeld durchsetzbaren Vorstandspflichten fehlt.[6] Vielmehr obliegt es der Entschlussfreiheit des Vereins, ob er die mit der Eintragung verbundene Rechtsfähigkeit erwerben will. Hat sich der Verein dafür entschieden und die Eintragungsabsicht gem. § 57 Abs. 1 in der Satzung verankert, ist der Vorstand dem Verein gegenüber zur Antragstellung verpflichtet.[7] Kommt der Vorstand seiner Verpflichtung nicht nach, muss die Mitgliederversammlung notfalls nach Abs. 2 vorgehen und den Vorstand abberufen,[8] vgl zum Widerruf der Bestellung § 27 Rn 7 ff, vgl ferner zur Schadensersatzpflicht des Vorstands § 27 Rn 19 ff.

II. Beizufügende Unterlagen (Abs. 2 und 3)

4 Der Anmeldung sollen gem. Abs. 2 die **Satzung in Abschrift** sowie Urkundsabschriften über die Vorstandsbestellung, die eine Überprüfung der Eintragungsvoraussetzungen ermöglichen, beigefügt werden. Der vorzulegende vollständige, bereinigte aktuelle Satzungswortlaut – nicht eine Zusammenstellung der Ursprungssatzung und der späteren Änderungen – soll dem Registergericht seine Prüfung erleichtern.[9] Bis zur Einführung des Vereinsrechtsänderungsgesetzes verlangte Abs. 2 noch die Einreichung der Urschrift der Satzung.[10] Die Vereinfachung soll die elektronische Anmeldung erleichtern.[11] Hat der Verein besondere Vereinsorgane wie zB ein Kuratorium, sind auch insofern Abschriften der Bestellungsurkunden beizufügen.[12] Die Abschriften müssen bei Einreichung nicht bereits öffentlich beglaubigt sein.[13] Die Satzung soll nach Abs. 3 von mindestens sieben Vereinsmitgliedern unterschrieben sein und zudem den Errichtungstag benennen. Dies dient dem Nachweis der Mindestmitgliederzahl nach § 56. Aus den Forderungen von Abs. 2 Nr. 1 und Abs. 3 ist abzuleiten, dass die Satzung der **Schrift- oder zumindest der Textform** bedarf (dazu § 57 Rn 3, dort auch zu den Folgen eines Verstoßes gegen die Ordnungsvorschrift; s. ferner Vor § 55 Rn 4). Das Registergericht gibt die mit einem Eintragungsvermerk versehene Urschrift der Satzung gem. § 66 Abs. 2 S. 1 zurück. Die Abschriften beglaubigt das Gericht und nimmt sie zu den Registerakten, §§ 66 Abs. 2 S. 2, 7 Abs. 2 VRV.

1 LG Bonn NJW-RR 1995, 1515; LG Bonn Rpfleger 2001, 432; MüKo/*Reuter*, § 59 Rn 3; Palandt/*Ellenberger*, § 59 Rn 1; Erman/*Westermann*, § 59 Rn 1; Soergel/*Hadding*, § 59 Rn 3; Bamberger/Roth/Schwarz/*Schöpflin*, § 59 Rn 3; *Winkler*, in: Keidel/Kuntze/Winkler, 15. Aufl. 2003, FGG, § 159 Rn 18; *Reichert*, Rn 172.

2 BayObLG NJW-RR 1991, 958; OLG Hamm NJW-RR 2000, 698, 699; LG Schwerin Rpfleger 1997, 264; LG Bremen NJW 1949, 345; AG Mannheim Rpfleger 1979, 179; *Stöber*, Handbuch, Rn 1018; *Sauter/Schweyer/Waldner*, Rn 15; *K. Schmidt*, GesR, 4. Aufl. 2002, § 23 II 2 b aa und § 24 II 1 a; *Kirberger*, ZIP 1986, 346, 349.

3 BGHZ 96, 245, 248 f = NJW 1986, 1033 f.

4 Palandt/*Ellenberger*, § 59 Rn 1; Bamberger/Roth/Schwarz/*Schöpflin*, § 59 Rn 3; MüKo/*Reuter*, § 59 Rn 4; *Reichert*, Rn 175.

5 BayObLG NJW-RR 1991, 958; Erman/*Westermann*, § 59 Rn 1; Bamberger/Roth/Schwarz/*Schöpflin*, § 59 Rn 2.

6 Palandt/*Ellenberger*, § 59 Rn 1; Staudinger/*Habermann*, § 59 Rn 2; MüKo/*Reuter*, § 59 Rn 1; Bamberger/Roth/Schwarz/*Schöpflin*, § 59 Rn 2; *Reichert*, Rn 166.

7 MüKo/*Reuter*, § 59 Rn 1; *Reichert*, Rn 167.

8 OLG Frankfurt NJW 1966, 504; Palandt/*Ellenberger*, § 59 Rn 1; Soergel/*Hadding*, § 59 Rn 2; Bamberger/Roth/Schwarz/*Schöpflin*, § 59 Rn 2.

9 BT-Drucks. 16/12813, S. 12.

10 Gesetz zur Erleichterung elektronischer Anmeldungen zum Vereinsregister und anderer vereinsrechtlicher Änderungen v. 24.9.2009, BGBl. I 2009 S. 3145 ff.

11 BT-Drucks. 16/12813, S. 12; Palandt/*Ellenberger*, § 59 Rn 1.

12 BayObLGZ 1984, 1, 3 = MDR 1984, 489; Staudinger/*Habermann*, § 59 Rn 1.

13 Staudinger/*Habermann*, § 59 Rn 6; Bamberger/Roth/Schwarz/*Schöpflin*, § 59 Rn 6; *Reichert*, Rn 188.

§ 60 Zurückweisung der Anmeldung

Die Anmeldung ist, wenn den Erfordernissen der §§ 56 bis 59 nicht genügt ist, von dem Amtsgericht unter Angabe der Gründe zurückzuweisen.

(2) [1](weggefallen)

Literatur: S. bei Vorbemerkungen zu §§ 55–79.

A. Allgemeines

Gegenstand des § 60 ist die gerichtliche Prüfung bei der Erstanmeldung des Vereins. Der Wortlaut der Norm verpflichtet das Registergericht zur Zurückweisung der Anmeldung, wenn die Voraussetzungen der §§ 56–59 nicht vorliegen. Daraus folgt zum einen, dass die vorzunehmende Prüfung jedenfalls die §§ 56–59 umfasst, und zum anderen, dass die Verstöße gegen wesentliche Sachvorschriften und bloße Ordnungsvorschriften (vgl zur Unterscheidung Vor § 55 Rn 4) das Gericht gleichermaßen zur Zurückweisung des Antrags verpflichten.[2] § 60 findet gem. § 71 Abs. 2 bei der Eintragung von Satzungsänderungen entsprechende Anwendung. 1

B. Regelungsgehalt

I. Prüfungsumfang

Über den Wortlaut des § 60 hinaus ist das Registergericht berechtigt und verpflichtet, den einzutragenden Verein über die explizit genannten §§ 56–59 hinaus einer **allgemeinen Rechtmäßigkeitskontrolle** zu unterziehen.[3] So kann das Amtsgericht die Anmeldung zB zurückweisen, wenn der Vereinszweck gegen §§ 134, 138 verstößt,[4] wenn der Zweck auf einen wirtschaftlichen Geschäftsbetrieb gerichtet ist (vgl § 21 Rn 22 ff),[5] wenn der Vereinsname irreführt (vgl § 57 Rn 6 f) oder wenn der Verein nach öffentlichem Vereinsrecht (vgl Art. 9 Abs. 2 GG, §§ 3 ff VereinsG) unerlaubt ist.[6] Die Anmeldung ist nicht schon deshalb zurückzuweisen, weil der satzungsmäßige Zweck, „die Rauchkultur durch genussbezogenen Tabakkonsum" zu fördern, offenkundig auf eine Umgehung des Nichtraucherschutzgesetzes abzielt.[7] Wie bereits unter Rn 1 festgestellt, ist dabei ohne Bedeutung, ob die verletzte Norm eine Sach- oder Ordnungsvorschrift ist. Hat das Gericht Bedenken gegen die Richtigkeit der mit der Anmeldung vorgetragenen Umstände, ist es nach § 26 FamFG von Amts wegen zur weiteren Sachaufklärung verpflichtet.[8] 2

Nicht von der gerichtlichen Prüfungskompetenz umfasst sind hingegen etwaige **Rechtsgefährdungen Dritter**. Verletzt der gewählte Name zB trotz fehlender Verwechslungsgefahr das nach § 12 geschützte Namensrecht eines anderen Vereins, stellt dies kein Eintragungshindernis dar.[9] Ferner darf das Gericht die Anmeldung nur wegen des Verstoßes gegen zwingende Rechtsvorschriften zurückweisen; es ist zur Zurückweisung nicht befugt, wenn es die Satzung lediglich für unzweckmäßig, unklar oder redaktionell überarbeitungsbedürftig hält.[10] Denn eine derartige **Zweckmäßigkeitskontrolle** wäre ein unzulässiger Eingriff in die verfassungsmäßig durch Art. 9 Abs. 1 GG geschützte **Satzungsautonomie** des Vereins.[11] Ist die vorgelegte Satzung aber 3

1 Absatzbez. amtlich.

2 BayObLG NJW-RR 1992, 802; KG OLG-NL 2001, 205, 210; Palandt/*Ellenberger*, § 60 Rn 1; Erman/*Westermann*, § 60 Rn 2.

3 BGH NJW 1952, 1216; BayObLGZ 1963, 15, 17; OLG Köln NJW 1992, 1048; OLG Köln NJW-RR 1994, 1547, 1548; Soergel/*Hadding*, § 60 Rn 2; Staudinger/*Habermann*, § 60 Rn 3; *K. Schmidt*, GesR, 4. Aufl. 2002, § 24 II 1 d.

4 BGH NJW 1952, 1216; OLG Köln NJW 1992, 1048; LG Bonn Rpfleger 1995, 302; LG Lübeck WM 1990, 601; Erman/*Westermann*, § 60 Rn 2; Staudinger/*Habermann*, § 60 Rn 3 mwN.

5 BGHZ 45, 395, 398 = DB 1966, 1350; OLG Hamm Rpfleger 1997, 166, 167; LG Bonn Rpfleger 2001, 600; unschädlich ist ein wirtschaftlicher Nebenzweck: OLG Schleswig NJW-RR 2001, 1478 = DB 2001, 1609, 1610; zur Abgrenzung *Steding*, NZG 2001, 721, 725 ff.

6 BayObLGZ 1981, 289, 294; LG Hamburg NJW-RR 1991, 892, LG Bremen MDR 1974, 134; Soergel/*Hadding*, § 60 Rn 3; MüKo/*Reuter*, § 60 Rn 3; Staudinger/*Habermann*, § 60 Rn 3; Bamberger/Roth/Schwarz/*Schöpflin*, § 60 Rn 2.

7 OLG Oldenburg NZG 2008, 473 = NJW 2008, 2194.

8 BayObLGZ 1977, 76, 78 f; MüKo/*Reuter*, § 60 Rn 1; Soergel/*Hadding*, § 60 Rn 2; *Reichert*, Rn 202.

9 BGHZ 8, 318, 321 = NJW 1953, 577; BayObLGZ 1986, 370; BayObLG NJW-RR 1993, 184, 185; OLG Jena NJW-RR 1994, 698, 699; Staudinger/*Habermann*, § 57 Rn 5; *Reichert*, Rn 530; *Keilbach*, DNotZ 2001, 670, 674 (hM); aA Soergel/*Hadding*, § 57 Rn 12.

10 OLG Köln NJW 1989, 173, 174; NJW-RR 1994, 1547, 1548; OLG Hamm NJW-RR 1995, 119; Staudinger/*Habermann*, § 60 Rn 1.

11 OLG Hamm NJW-RR 2011, 39 f; OLG Köln NJW 1989, 173, 174; OLG Köln NJW-RR 1994, 1547, 1548.

derart unübersichtlich, dass ihr Inhalt nicht sicher festzustellen und damit auch nicht auf ihre Rechtmäßigkeit überprüfbar ist (zB bei einer aus mehreren aufeinander Bezug nehmenden Fragmenten bestehenden Satzung), kann das Registergericht die Eintragung von der Vorlage einer **fortlaufend lesbaren Fassung** abhängig machen.

II. Verfahren und Kosten

4 Über die Eintragung des Vereins entscheidet gem. § 3 Nr. 1 a RPflG der Rechtspfleger (vgl zur gerichtlichen Zuständigkeit Vor § 55 Rn 3, § 55 Rn 2 ff). Trotz des Wortlauts von § 60 ist die Anmeldung bei Feststellung eines Gesetzesverstoßes nicht zwangsläufig zurückzuweisen. Ist der Mangel behebbar (zB im Falle des Fehlens von Abschriften nach § 59 Abs. 2), hat das Gericht zunächst gem. § 382 Abs. 4 FamFG eine **Zwischenverfügung** zu erlassen und eine Frist zur Behebung des Eintragungshindernisses zu setzen.[12] Wird die Anmeldung zurückgewiesen, ist gegen die Entscheidung das Rechtsmittel der Beschwerde nach §§ 11 Abs. 1 RpflG, 58 FamFG eröffnet. Beschwerdebefugt nach § 59 FamFG ist der durch den Vorstand vertretene **Vorverein**[13] (vgl zum Vorverein § 21 Rn 7 ff). Wird der Verein hingegen trotz eines Gesetzesverstoßes eingetragen, ist die Eintragung wirksam und unanfechtbar; jedoch kommt ggf eine Amtslöschung gem. § 395 FamFG in Betracht (s. Vor § 55 Rn 4). Einer erneuten Anmeldung fehlt das Rechtsschutzbedürfnis, wenn sie sich ausdrücklich auf die Tatsachen der früheren Anmeldung stützt und die Beschwerde gegen die frühere Zurückweisung erfolglos geblieben ist.[14]

5 Bei Aufnahme in das Vereinsregister entsteht die **Beurkundungsgebühr** nach §§ 86 Abs. 1, 38 Abs. 2 Nr. 7 KostO. Das Amtsgericht hat die Eintragung des Vereins gem. § 159 Abs. 2 FGG aF/400 FamFG der zuständigen Verwaltungsbehörde mitzuteilen, wenn Anhaltspunkte dafür bestehen, dass es sich um einen Ausländerverein oder um eine Einrichtung eines ausländischen Vereins nach §§ 14, 15 VereinsG handelt. Die **Mitteilungspflicht** des § 159 Abs. 2 FGG aF trat mit Wirkung zum 1.6.1998 an die Stelle der damals aufgehobenen §§ 61–63,[15] die eine Mitwirkung der Verwaltungsbehörde beim Verfahren auf Eintragung in das Vereinsregister vorsahen. Die Verwaltungsbehörde konnte nach § 61 Abs. 2 aF wegen Verstoßes gegen das öffentliche Vereinsrecht Einspruch gegen die Registereintragung erheben.[16]

§§ 61 bis 63 (weggefallen)

§ 64 Inhalt der Vereinsregistereintragung

Bei der Eintragung sind der Name und der Sitz des Vereins, der Tag der Errichtung der Satzung, die Mitglieder des Vorstands und ihre Vertretungsmacht anzugeben.

Literatur: S. bei Vorbemerkungen zu §§ 55–79.

A. Allgemeines

1 § 64 bestimmt die vom Gericht in das Vereinsregister einzutragenden Angaben. Die Vorschrift wurde zuletzt 2001 durch das ERJuKoG neu gefasst.[1] Entgegen des irreführenden Wortlauts handelt es sich bei § 64 um eine **Ordnungsvorschrift**.[2] Daher ist die Eintragung grundsätzlich auch dann wirksam, wenn die in § 64 genannten Angaben nicht eingetragen sind (vgl Vor § 55 Rn 4). Das gilt jedoch nicht für **Name** und **Sitz** (vgl § 57 Abs. 1), die als **Minimalangaben** zur Individualisierung des Vereins nötig sind. Ohne diese Angaben liegt

12 BayObLGZ 1969, 33, 36; BayObLG Rpfleger 1971, 352; BayObLG NZG 2002, 438; OLG Düsseldorf OLGR 2000, 147, 149; OLG Köln NJW-RR 1994, 1547; MüKo/*Reuter*, § 60 Rn 4; *Reichert*, Rn 222 f; *K. Schmidt*, GesR, 4. Aufl. 2002, § 24 II 1 d.

13 BayObLG NJW-RR 1991, 958; BayObLG NJW-RR 2001, 1479; Palandt/*Ellenberger*, § 60 Rn 1; Soergel/*Hadding*, § 60 Rn 5; Erman/*Westermann*, § 59 Rn 1; Bamberger/Roth/Schwarz/*Schöpflin*, § 60 Rn 4; aA MüKo/*Reuter*, § 60 Rn 6: auch der Vorstand selbst.

14 KG Berlin FGPrax 2005, 130 = NZG 2006, 557.

15 Justizmitteilungsgesetz v. 18.6.1997, Art. 11 BGBl. I S. 1430; dazu *Sauter/Schweyer/Waldner*, Rn 25; *Keilbach*, DNotZ 2001, 670, 672 f.

16 Vgl Staudinger/*Habermann*, § 61 Rn 4 ff.

1 Gesetz über elektronische Register und Justizkosten für Telekommunikation v. 10.12.2001, BGBl. I S. 3422 die Vertretungsmacht auch beim Fehlen besonderer Beschränkungen stets einzutragen; zu den Änderungen eingehend Schwarz/*Schöpflin*, NZG 2002, 1033 ff; *ders.*, Rpfleger 2003, 1 ff.

2 Staudinger/*Habermann*, § 64 Rn 1; MüKo/*Reuter*, § 64 Rn 1.

eine sog. **Nichteintragung**, dh keine Eintragung im Rechtssinne vor.[3] Eine gleichwohl vorgenommene Eintragung hat zur Folge, dass die konstitutive Wirkung der Eintragung nach § 21 nicht eintritt, der Verein also nicht rechtsfähig wird.

B. Regelungsgehalt

Neben Name und Sitz benennt § 64 als **weitere einzutragende Tatsachen** den Tag der Satzungserrichtung (vgl § 59 Abs. 3), die Mitglieder des Vorstandes (vgl §§ 26 Abs. 1 S. 2, 59 Abs. 2 Nr. 2) und ihre Vertretungsmacht (vgl § 26 Abs. 2 S. 2; § 3 S. 3 Nr. 3 VRV). Nach der durch das ERJuKoG (vgl Rn 1) geänderten Gesetzesfassung sind hinsichtlich der **Vertretungsmacht** nicht nur etwaige Beschränkungen nach § 26 Abs. 2 S. 2 oder von § 28 Abs. 1 abweichende Beschlussfassungsgestaltungen anzugeben, sondern die Vertretungsmacht ist auch dann einzutragen, wenn sie dem gesetzlichen Normalfall entspricht.[4] Zu den verschiedenen Gestaltungsmöglichkeiten der Vertretungsmacht s. § 26 Rn 4 ff und § 28 Rn 2 ff.[5] In formeller Hinsicht ist ferner nach §§ 9, 10, 13 VRV, 382, 383 FamFG das Eintragungsdatum anzugeben, die Eintragung durch den zuständigen Richter oder Beamten zu unterschreiben und dem Antragsteller die Eintragung bekannt zu machen. Die Rechtsfähigkeit des Vereins beginnt nicht mehr mit Ablauf des nach § 130 FGG aF mit anzugebenden Tages der Eintragung; vielmehr wird die Eintragung gem. § 382 Abs. 1 S. 2 FamFG mit Vollzug im Register wirksam. Weitere Formalia der Eintragung folgen aus §§ 9 ff VRV (zur VRV vgl Vor § 55 Rn 1). 2

Über § 64 hinaus können grundsätzlich keine weiteren Tatsachen, etwa auf **Wunsch des Antragstellers**, eingetragen werden,[6] da das Vereinsregister übersichtlich zu halten ist. Allerdings ist § 64 dahingehend **extensiv auszulegen**, dass alle Tatsachen eintragungsfähig sind, welche die satzungsgemäßen Vertretungsverhältnisse offen legen,[7] zB die Bestellung eines besonderen Vertreters nach § 30,[8] die Einräumung der Einzelvertretung oder sonstige Ausgestaltung der Vertretungsmacht bei einem mehrgliedrigen Vorstand[9] oder die Befreiung vom Verbot des § 181.[10] Nicht einzutragen ist hingegen die **Vereinssatzung** selbst; sie wird gem. § 66 Abs. 2 S. 2 in Abschrift zur Registerakte genommen. 3

Gem. § 383 Abs. 3 FamFG ist die Eintragung nicht mit **Rechtsmitteln** abgreifbar. Es kann jedoch auf Antrag eine Amtslöschung nach § 395 FamFG erfolgen. Die Zurückweisung der Anmeldung richtet sich nach § 60. 4

§ 65 Namenszusatz

Mit der Eintragung erhält der Name des Vereins den Zusatz „eingetragener Verein".

Literatur: S.bei Vorbemerkungen zu §§ 55–79.

Der Zusatz „eingetragener Verein" bzw „e.V." wird mit der Eintragung ipso iure zum Bestandteil des Vereinsnamens. Aus § 65 erwächst eine **Verpflichtung des Vereins**, den Zusatz im Rechtsverkehr zu führen; das Führen einer fremdsprachigen Entsprechung ist selbst bei einem fremdsprachigen Vereinsnamen unzureichend.[1] Verletzt der Verein wiederholt die Verpflichtung aus § 65, kann dies für den Verein zur **Haftung** nach § 826 und für den nach außen hin Handelnden zur Rechtsscheinhaftung gem. § 54 S. 2 analog führen[2] (vgl § 54 Rn 20 ff). Ein einmaliger Verstoß vermag die Rechtsscheinhaftung jedoch noch nicht zu begründen.[3] 1

3 Erman/*Westermann*, § 64 Rn 1; Soergel/*Hadding*, § 64 Rn 1; MüKo/*Reuter*, § 64 Rn 1.

4 Palandt/*Ellenberger*, § 64 Rn 2 a; Schwarz/*Schöpflin*, NZG 2002, 1033, 1034 ff; *ders.*, Rpfleger 2003, 1.

5 Eingehend zu den jeweils notwendigen Registereintragungen Schwarz/*Schöpflin*, Rpfleger 2003, 1, 2 ff.

6 BayObLG NJW-RR 1992, 802, 803; MüKo/*Reuter*, § 64 Rn 6; Palandt/*Ellenberger*, § 64 Rn 3; Soergel/*Hadding*, § 64 Rn 3; Staudinger/*Habermann*, § 64 Rn 7 ff; Bamberger/Roth/Schwarz/*Schöpflin*, § 64 Rn 3; aA *Reichert*, Rn 187 unter Bezug auf BGH NJW 1992, 1452, 1453 f zum Handelsregister.

7 Palandt/*Ellenberger*, § 64 Rn 3; Soergel/*Hadding*, § 64 Rn 3; Bamberger/Roth/Schwarz/*Schöpflin*, § 64 Rn 3.

8 BayObLGZ 1981, 71 = NJW 1981, 2068; OLG Hamm OLGZ 1978, 21, 26; MüKo/*Reuter*, § 64 Rn 4.

9 BGHZ 69, 250, 253 = DB 1977, 2090 = NJW 1977, 2310; OLG Düsseldorf Rpfleger 1982, 477; Staudinger/*Habermann*, § 64 Rn 3 ff; *Sauter/Schweyer/Waldner*, Rn 26.

10 BGHZ 87, 59, 61 = NJW 1983, 1676 zur GmbH; LG Ravensburg Rpfleger 1990, 26; Soergel/*Hadding*, § 64 Rn 5; Bamberger/Roth/Schwarz/*Schöpflin*, § 64 Rn 3.

1 KG JW 1930, 3777; Palandt/*Ellenberger*, § 65 Rn 1; *Sauter/Schweyer/Waldner*, Rn 58.

2 Staudinger/*Habermann*, § 65 Rn 1; Soergel/*Hadding*, § 65 Rn 2; MüKo/*Reuter*, § 65 Rn 2; *Sauter/Schweyer/Waldner*, Rn 26.

3 OLG Celle NJW-RR 1999, 1052; Erman/*Westermann*, § 65 Rn 1.

§ 66 Bekanntmachung der Eintragung und Aufbewahrung von Dokumenten

(1) Das Amtsgericht hat die Eintragung des Vereins in das Vereinsregister durch Veröffentlichung in dem von der Landesjustizverwaltung bestimmten elektronischen Informations- und Kommunikationssystem bekannt zu machen.

(2) Die mit der Anmeldung eingereichten Dokumente werden vom Amtsgericht aufbewahrt.

Literatur: S.bei Vorbemerkungen zu §§ 55–79.

A. Allgemeines

1 § 66 regelt einerseits die gerichtliche Pflicht zur Bekanntmachung der Registereintragung (Abs. 1) und andererseits die weitere Verfahrensweise mit den gem. § 59 Abs. 2 eingereichten Abschriften (Abs. 2). § 66 ist eine **Ordnungsvorschrift**, so dass ihre Nichtbeachtung die konstitutive Wirkung der Eintragung nicht berührt (vgl Vor § 55 Rn 4). Die Nichtbeachtung seitens des Amtsgerichts kann ggf zu einem **Amtshaftungsanspruch** des Vereins gem. Art. 34 GG iVm § 839 BGB führen.[1]

B. Regelungsgehalt

I. Veröffentlichung und Benachrichtigung

2 Nach Abs. 1 elektronisch zu veröffentlichen sind nur der Name und Sitz des Vereins, das Registergericht, die Registernummer und der Tag der Eintragung (§ 14 VRV; zur VRV vgl Vor § 55 Rn 1).[2] Über § 14 VRV hinaus erscheint die Veröffentlichung nicht notwendig. Denn jedermann kann sich über die übrigen, nach § 64 eintragungsbedürftigen Tatsachen Kenntnis verschaffen durch Einsicht in das Vereinsregister nach § 79 Abs. 1. Zumal kann jedermann eine Bescheinigung gem. § 386 FamFG einholen, dass weitere Registereintragungen nicht vorhanden bzw dass bestimmte Eintragungen nicht erfolgt sind. Neben der Veröffentlichung hat das Registergericht die Eintragung gem. § 383 Abs. 1 FamFG dem Antragsteller bekannt zu geben. Die Benachrichtigung richtet sich nach § 13 VRV. Die bereits vorgenommene Eintragung ist unanfechtbar, § 383 Abs. 3 FamFG (s. Vor § 55 Rn 4).

II. Registerrechtliche Behandlung der eingereichten Dokumente

3 Die nach § 59 Abs. 2 Nr. 1 bei der Anmeldung mit einzureichende Satzungsabschrift war gem. Abs. 2 S. 1 aF mit einem Eintragungsvermerk versehen an den Verein zurückzugeben. Da mit Einführung des Vereinsrechtsänderungsgesetzes[3] die Pflicht zur Einreichung der Satzung in Urschrift entfallen ist (s. § 59 Rn 4), ist als Folgeänderung auch die diesbezügliche Verfahrensvorschrift des Abs. 2 S. 1 aF ersatzlos entfallen.[4] Die nach § 59 Abs. 2 einzureichende Satzungsabschrift sowie die Urkunden über die Vorstandsbestellung werden gem. Abs. 2, § 7 Abs. 2 VRV vom Registergericht beglaubigt und zur Registerakte genommen. Wird das Register als **EDV-Register** geführt, kann die Satzungsabschrift durch Aufnahme in einen Bild- oder Datenträger ersetzt werden, sofern sie kurzfristig wieder lesbar gemacht werden kann.

§ 67 Änderung des Vorstands

(1) [1]Jede Änderung des Vorstands ist von dem Vorstand zur Eintragung anzumelden. [2]Der Anmeldung ist eine Abschrift der Urkunde über die Änderung beizufügen.

(2) Die Eintragung gerichtlich bestellter Vorstandsmitglieder erfolgt von Amts wegen.

Literatur: S. bei § 26 und bei Vorbemerkungen zu §§ 55–79.

1 MüKo/*Reuter*, § 66 Rn 1; Soergel/*Hadding*, § 66 Rn 3; Staudinger/*Habermann*, § 66 Rn 1; Bamberger/Roth/Schwarz/*Schöpflin*, § 66 Rn 1.

2 *Reichert*, Rn 282; aA entgegen § 14 VRV Erman/*Westermann*, § 66 Rn 1: sämtliche nach § 64 einzutragenden Tatsachen.

3 Gesetz zur Erleichterung elektronischer Anmeldungen zum Vereinsregister und anderer vereinsrechtlicher Änderungen v. 24.9.2009, BGBl. I 2009 S. 3145 ff.

4 BT-Drucks. 16/12813, S. 12.

A. Allgemeines

1 § 67 sowie die §§ 68–70 befassen sich mit der Änderung des Vorstands und deren Auswirkungen. Regelungsgegenstand von § 67 ist die Anzeigepflicht bei Änderung des Vorstands (Abs. 1) und die Eintragung gerichtlich bestellter Vorstände (Abs. 2). Die vorzunehmende Eintragung hat nur **deklaratorischen Charakter**,[1] ist aber für die negative Publizität des Vereinsregisters nach § 68 von Bedeutung (dazu § 68 Rn 1 ff; zu Änderungen der Satzung vgl § 71 Rn 1 ff).

B. Regelungsgehalt

I. Anzumeldende Änderungen

2 Gem. Abs. 1 S. 1 ist jede Änderung des Vorstands zur Eintragung anzumelden. Vorstand im Sinne der Vorschrift ist der **gesetzliche Vorstand** nach § 26 Abs. 2,[2] hingegen nicht die Mitglieder eines nicht vertretungsbefugten erweiterten Vorstands (vgl zum Vorstandsbegriff § 26 Rn 2 ff). Die Anmeldungspflicht des § 67 gilt auch für die besonderen Vertreter gem. § 30.[3] Mitteilungsbedürftig sind alle **Veränderungen im Personalbestand** des Vorstands, also sowohl die Neubestellung als auch das Ausscheiden aus dem Vorstandsamt, gleich aus welchem Grund.[4] Da nur Änderungen anmeldepflichtig sind, ist die Wiederbestellung des bisherigen Vorstands nicht eintragungsbedürftig.[5] Auch nicht unter Abs. 1 S. 1 fallen Änderungen der **Vertretungsbefugnis**. Eine explizite Pflicht zur Anmeldung solcher Änderungen, wie sie zB nach § 81 Abs. 1 AktG, § 28 Abs. 1 S. 1 GenG vorgesehen ist, ordnet das Vereinsrecht nicht an. Da Änderungen der Vertretungsbefugnis aber regelmäßig einer Satzungsänderung bedürfen (vgl § 26 Rn 10 f), folgt die Anmeldungspflicht in diesen Fällen aus § 71 Abs. 1 S. 1;[6] zudem lässt sich das Eintragungserfordernis von Änderungen des Vertretungsmachtumfangs aus §§ 70, 68 ableiten,[7] da die Vorschriften den guten Glauben Dritter vor nicht eingetragenen Änderungen schützen.

3 Die **Anmeldung** erfolgt durch den Vorstand in vertretungsberechtigter Zahl; dies ist seit einer klärenden Entscheidung des BGH zur Anmeldung einer Satzungsänderung allgemein anerkannt[8] (vgl zur Erstanmeldung § 59 Rn 2). Zuständig ist nicht der ausgeschiedene, sondern der zur Zeit der Anmeldung schon vertretungsberechtigte, neu bestellte Vorstand.[9] Die Form des § 77 ist zu beachten. Gem. Abs. 1 S. 2 ist der Anmeldung eine Abschrift der Urkunde über die Änderung beizufügen; es bedarf auch eines urkundlichen Nachweises über die Annahme der Wahl.[10] Das Registergericht kann die Anmeldung durch Festsetzung eines Zwangsgeldes nach § 78 Abs. 1 BGB iVm §§ 388 ff FamFG erzwingen (s. § 78 Rn 2 f).

II. Eintragung

4 Das Registergericht prüft die Ordnungsmäßigkeit der Anmeldung und die Rechtmäßigkeit der angemeldeten Vorstandsänderung.[11] Zu dieser Prüfung dient die nach Abs. 1 S. 2 einzureichende Bestellungsurkunde. Dem Gericht obliegt grundsätzlich nur die Prüfung, ob die beantragte Eintragung durch den Inhalt der beigefügten Urkunden gerechtfertigt ist; begründetem Zweifel an der Richtigkeit der Urkunden hat das Gericht im Wege der Amtsermittlung nachzugehen.[12] Den gerichtlich bestellten Notvorstand trägt das Gericht gem. §§ 67 Abs. 2, 29 von Amts wegen ein. Die Änderung der Eintragung richtet sich nach § 11 VRV (zur VRV vgl Vor

1 BayObLG NJW-RR 1997, 289; MüKo/*Reuter*, § 67 Rn 1; Soergel/*Hadding*, § 67 Rn 1; Erman/*Westermann*, § 67 Rn 1; *K. Schmidt*, GesR, 4. Aufl. 2002, § 23 II 2 b bb.

2 Vgl KG Recht 1929, Nr. 1454; *Reichert*, Rn 2347; Bamberger/Roth/Schwarz/*Schöpflin*, § 67 Rn 2.

3 Erman/*Westermann*, § 67 Rn 1; Staudinger/*Habermann*, § 67 Rn 1; MüKo/*Reuter*, § 67 Rn 1; Soergel/*Hadding*, § 67 Rn 4.

4 Dazu *Reichert*, Rn 2347 ff.

5 MüKo/*Reuter*, § 67 Rn 1; Soergel/*Hadding*, § 67 Rn 4; *Reichert*, Rn 2351.

6 Vgl BGHZ 18, 303, 306 f = NJW 1955, 1916; *Reichert*, Rn 2352.

7 So wohl auch Palandt/*Ellenberger*, § 70 Rn 1.

8 BGHZ 96, 245, 247 f = DB 1986, 473 = NJW 1986, 1033; BayObLGZ 1991, 53 = NJW-RR 1991, 958, 959; Palandt/*Ellenberger*, § 67 Rn 1; Staudinger/*Habermann*, § 67 Rn 3; *K. Schmidt*, GesR, 4. Aufl. 2002, § 23 II 2 b aa und § 24 II 1 a; früher aA OLG Hamm OLGZ 1980, 389; nunmehr aber wie hier: OLG Hamm NJW-RR 2000, 698, 699.

9 OLG Frankfurt OLGZ 1983, 385 f; OLG Zweibrücken GmbHR 1999, 479; Soergel/*Hadding*, § 67 Rn 6; Bamberger/Roth/Schwarz/*Schöpflin*, § 67 Rn 4; *Reichert*, Rn 2357.

10 KG Berlin Beschl. v. 7.9.2010, 1 W 198/10.

11 Zur Prüfung des Registergerichts s. im Einzelnen *Reichert*, Rn 2365 ff.

12 OLG Schleswig Rpfleger 2005, 317 = OLGR Schleswig 2005, 209; OLG München NZG 2008, 351.

§ 55 Rn 1). Gegen die Zurückweisung der Eintragung findet die Beschwerde gem. §§ 58 ff FamFG statt. Die Veränderung des Vorstands durch Bestellung neuer und Ausscheiden bisheriger Mitglieder stellt für jede betroffene Person jeweils einen verschiedenen Gegenstand iSv § 44 Abs. 2 a KostO dar.[13]

§ 68 Vertrauensschutz durch Vereinsregister

[1]Wird zwischen den bisherigen Mitgliedern des Vorstands und einem Dritten ein Rechtsgeschäft vorgenommen, so kann die Änderung des Vorstands dem Dritten nur entgegengesetzt werden, wenn sie zur Zeit der Vornahme des Rechtsgeschäfts im Vereinsregister eingetragen oder dem Dritten bekannt ist. [2]Ist die Änderung eingetragen, so braucht der Dritte sie nicht gegen sich gelten zu lassen, wenn er sie nicht kennt, seine Unkenntnis auch nicht auf Fahrlässigkeit beruht.

Literatur: S. bei § 26 und bei Vorbemerkungen zu §§ 55–79.

A. Allgemeines

1 Die Vorschrift soll dafür Sorge tragen, dass gutgläubige Dritte keine Nachteile durch unbekannte Veränderungen der Vertretungsverhältnisse im Verein erleiden. Dies erreicht das Gesetz durch einen beschränkten Vertrauensschutz bzgl des im Vereinsregister eingetragenen Vorstandes. Der Schutz des § 68 wird gem. § 70 auch auf den Umfang der Vertretungsmacht und die Beschlussfassung des Vorstands erstreckt. Es gilt der Grundsatz der sog. **negativen Publizität** des Vereinsregisters, vgl § 15 Abs. 1 HGB zum Handelsregister.

B. Regelungsgehalt

I. Negative Publizität (S. 1)

2 **1. Fehlende Eintragung.** Die aus § 68 folgende negative Publizität bedeutet, dass Dritte allein negativ darauf vertrauen können, dass Vertretungsverhältnisse, die nicht im Vereinsregister eingetragen sind, **nicht gelten**. Das kommt in S. 1 zum Ausdruck, wonach einem Dritten, der ein Rechtsgeschäft mit einem bisherigen Vorstand vornimmt, nicht eingetragene Änderungen der Vertretungsverhältnisse nicht entgegengehalten werden können.

3 **2. Tatbestandvoraussetzungen.** **Dritter** im Sinne der Vorschrift sind nicht nur Außenstehende, sondern ist jeder, der nicht unmittelbar selbst (sei es als Vorstand, Liquidator oder besonderer Vertreter) Gegenstand der Eintragung ist.[1] Dritte können somit auch Vereinsmitglieder sein,[2] da das Vereinsregister auch ihrem Schutz dient und sie nicht allein auf vereinsinterne Informationsquellen verwiesen sind. Der Begriff des **Rechtsgeschäfts** ist aufgrund des Schutzzwecks der Norm weit auszulegen – darunter fallen neben Rechtsgeschäften im engeren Sinne auch geschäftsähnliche Handlungen und grundsätzlich auch Prozesshandlungen.[3] Für die Erteilung einer Prozessvollmacht reicht es jedoch nicht aus, dass die Vorstandsmitglieder im Vereinsregister eingetragen sind, da bei der Beurteilung der Prozessfähigkeit nicht auf den Schein des Registers abgestellt werden kann.[4] § 68 gilt auch nicht für Delikte, da es bei diesem an einem zu schützenden Vertrauen fehlt.[5] Der Dritte ist nur geschützt, wenn er **gutgläubig** ist, dh wenn er gem. S. 1 die Änderungen bei Vornahme des Rechtsgeschäfts nicht kannte. Die Gutgläubigkeit wird nur durch positive Kenntnis ausgeschlossen; bloßes Kennenmüssen ist nicht ausreichend.[6] Ebenso wenig setzt der Vertrauensschutz voraus, dass der Dritte zuvor

13 BGHZ 153, 22 = NJW-RR 2003, 1149; OLG Hamm FGPrax 2009, 185 = JurBüro 2009, 435.

1 Staudinger/*Habermann*, § 68 Rn 6; Bamberger/Roth/Schwarz/*Schöpflin*, § 68 Rn 3.

2 Soergel/*Hadding*, § 68 Rn 7; Staudinger/*Habermann*, § 68 Rn 6; Palandt/*Ellenberger*, § 68 Rn 2; Bamberger/Roth/Schwarz/*Schöpflin*, § 68 Rn 3; aA MüKo/*Reuter*, § 68 Rn 3; vgl auch *Baumbach/Hopt*, HGB, § 15 Rn 7.

3 OLG Frankfurt Rpfleger 1978, 134; Soergel/*Hadding*, § 68 Rn 6; Staudinger/*Habermann*, § 68 Rn 7; MüKo/*Reuter*, § 68 Rn 2.

4 KG Berlin KGR Berlin 2006, 615 ff.

5 BGH DB 1985, 1338, 1339 = WM 1985, 570; Soergel/*Hadding*, § 68 Rn 6; Staudinger/*Habermann*, § 68 Rn 7; MüKo/*Reuter*, § 68 Rn 2.

6 Staudinger/*Habermann*, § 68 Rn 2; Bamberger/Roth/Schwarz/*Schöpflin*, § 68 Rn 3; aA Erman/*Westermann*, § 68 Rn 3, der annimmt, dass auch fahrlässige Unkenntnis schadet.

Einblick in das Vereinsregister genommen hat.[7] Die Beweislast für eine positive Kenntnis des Dritten trägt der Verein.[8]

3. Bestehende Eintragungen. § 68 schützt nur das Vertrauen auf das Schweigen des Registers und nicht auch umgekehrt das Vertrauen auf die Richtigkeit bestehender Eintragungen. Eine derartige **positive Publizität**, wie sie § 892 für das Grundbuch und § 15 Abs. 3 HGB in gewissem Umfang[9] für das Handelsregister vorsehen, kennt das Vereinsrecht nicht. So schützt die Norm nicht das Vertrauen auf eine von Anfang an **unrichtige Registereintragung.**[10] Aus dem Rechtsgedanken von § 68 sowie aus § 121 Abs. 2 S. 2 AktG analog folgt aber, dass der noch eingetragene Vorstand, dessen Bestellung ungültig oder dessen Amtszeit bereits abgelaufen ist, zur Einberufung der Mitgliederversammlung befugt bleibt.[11] 4

II. Eingetragene Änderungen (S. 2)

Wurden die Änderungen der Vertretungsverhältnisse in das Vereinsregister eingetragen, wirken sie grundsätzlich gegen jeden. Der Dritte braucht die eingetragene Änderung gem. S. 2 dennoch nicht gegen sich gelten lassen, wenn er die Änderung nicht kannte, ohne dass dies auf Fahrlässigkeit beruht. Anders als bei der negativen Publizität nach S. 1 schadet hier somit ein **Kennenmüssen** und lässt den Vertrauensschutz entfallen.[12] Die Eintragung bewirkt zudem eine **Umkehr der Beweislast**, so dass der Dritte zu beweisen hat, dass seine Unkenntnis nicht auf Fahrlässigkeit beruht.[13] Von einer unverschuldeten Unkenntnis ist zB auszugehen, wenn sich der Dritte unmittelbar vor Abschluss des Rechtsgeschäfts ein Registerzeugnis nach § 69 vorlegen lässt.[14] 5

§ 69 Nachweis des Vereinsvorstands

Der Nachweis, dass der Vorstand aus den im Register eingetragenen Personen besteht, wird Behörden gegenüber durch ein Zeugnis des Amtsgerichts über die Eintragung geführt.

Literatur: S. bei § 26 und bei Vorbemerkungen zu §§ 55–79.

A. Allgemeines

Die Vorschrift eröffnet die Option, statt der Originalurkunde ein Legitimationszeugnis des Amtsgerichts vorzulegen, und soll den **Verkehr mit Behörden** erleichtern. 1

B. Regelungsgehalt

Das Legitimationszeugnis bezieht sich über den Wortlaut des § 69 hinaus auch auf den **Umfang der Vertretungsmacht**.[1] Mit dem Legitimationszeugnis kann zB gegenüber dem Grundbuchamt die Vertretungsmacht des Vorstands nachgewiesen werden, da es sich dabei um eine öffentliche Urkunde iSd § 29 Abs. 2 GBO handelt.[2] Das Legitimationszeugnis ist nur eine **widerlegbare, rein deklaratorische Bestätigung**; eine tatsächlich nicht erfolgte Bestellung des Vorstands wird dadurch nicht fingiert. § 69 findet grundsätzlich keine Anwendung im **rechtsgeschäftlichen Verkehr** mit Privatpersonen. Ein privater Geschäftspartner kann sich aber statt der Bestellungsurkunde auch ein Legitimationszeugnis nach § 69 vorlegen lassen, um hinsichtlich der Vertretungsmacht vom Gutglaubensschutz des § 68 S. 2 zu profitieren (s. § 68 Rn 5). 2

7 Staudinger/*Habermann*, § 68 Rn 2; Bamberger/Roth/Schwarz/*Schöpflin*, § 68 Rn 3; MüKo/*Reuter*, § 68 Rn 4.

8 MüKo/*Reuter*, § 68 Rn 1; Staudinger/*Habermann*, § 68 Rn 2.

9 Im Einzelnen *Baumbach/Hopt*, HGB, § 15 Rn 16 ff mwN.

10 BayObLG Rpfleger 1983, 71; Palandt/*Ellenberger*, § 68 Rn 1.

11 BayObLGZ 1985, 24, 26 f; 1988, 410, 412; BayObLG Rpfleger 1995, 465; LG Aurich Rpfleger 1987, 116; Palandt/*Ellenberger*, § 32 Rn 2; Bamberger/Roth/Schwarz/*Schöpflin*, § 32 Rn 9; Soergel/*Hadding*, § 32 Rn 8.

12 Bamberger/Roth/Schwarz/*Schöpflin*, § 68 Rn 6; Palandt/*Ellenberger*, § 68 Rn 1.

13 Staudinger/*Habermann*, § 68 Rn 3; Erman/*Westermann*, § 68 Rn 4.

14 Palandt/*Ellenberger*, § 68 Rn 1; Staudinger/*Habermann*, § 69 Rn 3; Bamberger/Roth/Schwarz/*Schöpflin*, § 68 Rn 6; MüKo/*Reuter*, § 69 Rn 2.

1 MüKo/*Reuter*, § 69 Rn 1; Staudinger/*Habermann*, § 69 Rn 1.

2 KG Recht 1929, Nr. 2492; Staudinger/*Habermann*, § 69 Rn 4; Erman/*Westermann*, § 69 Rn 1; Soergel/*Hadding*, § 69 Rn 2; MüKo/*Reuter*, § 69 Rn 1.

§ 70 Vertrauensschutz bei Eintragungen zur Vertretungsmacht

Die Vorschriften des § 68 gelten auch für Bestimmungen, die den Umfang der Vertretungsmacht des Vorstands beschränken oder die Vertretungsmacht des Vorstands abweichend von der Vorschrift des § 26 Absatz 2 Satz 1 regeln.

Literatur: S. bei § 26 und bei Vorbemerkungen zu §§ 55–79.

1 Die Vorschrift erstreckt den **Vertrauensschutz** des § 68 auf dem Dritten unbekannte Änderungen des Vertretungsmachtumfangs und etwaige von § 28 Abs. 1 abweichende Beschlussfassungsregelungen. Zum Umfang des Vertrauensschutzes s. § 68 Rn 2 ff. § 70 setzt eine **Registereintragung** von Änderungen der Vertretungsbefugnis voraus. Da eine Pflicht zur Anmeldung solcher Änderungen für den Verein – anders als zB nach § 81 Abs. 1 AktG oder § 28 Abs. 1 S. 1 GenG – nicht explizit aus dem Gesetz folgt, ist sie aus den §§ 70, 68 abzuleiten[1] (vgl § 67 Rn 2). Ist eine Änderung der Vertretungsbefugnis nicht in das Vereinsregister eingetragen und war sie dem Dritten auch nicht positiv bekannt, kann sie ihm gem. §§ 70, 68 S. 1 nicht entgegengehalten werden. War die Änderung aber eingetragen und hätte der Geschäftspartner des Vereins davon durch Registereinsicht Kenntnis nehmen können, muss er die Änderung gegen sich gelten lassen.[2]

§ 71 Änderungen der Satzung

(1) [1]Änderungen der Satzung bedürfen zu ihrer Wirksamkeit der Eintragung in das Vereinsregister. [2]Die Änderung ist von dem Vorstand zur Eintragung anzumelden. [3]Der Anmeldung sind eine Abschrift des die Änderung enthaltenden Beschlusses und der Wortlaut der Satzung beizufügen. [4]In dem Wortlaut der Satzung müssen die geänderten Bestimmungen mit dem Beschluss über die Satzungsänderung, die unveränderten Bestimmungen mit dem zuletzt eingereichten vollständigen Wortlaut der Satzung und, wenn die Satzung geändert worden ist, ohne dass ein vollständiger Wortlaut der Satzung eingereicht wurde, auch mit den zuvor eingetragenen Änderungen übereinstimmen.

(2) Die Vorschriften der §§ 60, 64 und des § 66 Abs. 2 finden entsprechende Anwendung.

Literatur: S. bei § 25 und bei Vorbemerkungen zu §§ 55–79.

A. Allgemeines

1 § 71 befasst sich mit der Eintragung von Änderungen der Satzung in das Vereinsregister (zur Änderung der Satzung s. § 33 Rn 2 f). Aus Abs. 1 S. 1 folgt die **konstitutive Wirkung** der Eintragung.[1] Die Zuständigkeit des Vorstands zur Anmeldung der Änderung nach Abs. 1 S. 2 und die Pflicht zur Einreichung von einer Abschrift des betreffenden Mitgliederversammlungsbeschlusses gem. Abs. 1 S. 3 entsprechen den Anforderungen bei der Ersteintragung nach § 59 Abs. 1, 2 Nr. 1. Abs. 1 S. 4 wurde 2009 neu eingeführt[2] und hat die korrekte Anknüpfung an die Satzungshistorie zum Gegenstand. Nach Abs. 2 finden die Bestimmungen zur Ersteintragung über die gerichtliche Prüfung (§ 60), die erforderlichen Registereintragungen (§ 64) und über die weitere Verfahrensweise mit den einzureichenden Urkunden (§ 66 Abs. 2) entsprechende Anwendung. Zur Änderung des Vorstands (vgl § 67 Rn 1 ff).

1 So wohl auch Palandt/*Ellenberger*, § 68 Rn 1.
2 OLG Köln BB 1999, 1186; Bamberger/Roth/Schwarz/*Schöpflin*, § 70 Rn 3.

1 BGHZ 23, 122, 128 = NJW 1957, 497; BFH NJW-RR 2002, 318; OLG Köln NJW 1964, 1575; Staudinger/*Habermann*, § 71 Rn 1; Erman/*Westermann*, § 71 Rn 1; *Keilbach*, DNotZ 2001, 670, 671.
2 Gesetz zur Erleichterung elektronischer Anmeldungen zum Vereinsregister und anderer vereinsrechtlicher Änderungen v. 24.9.2009, BGBl. I S. 3145.

B. Regelungsgehalt

I. Anmeldung

1. Zuständigkeit des Vorstands. Gem. Abs. 1 S. 2 hat der Vorstand Satzungsänderungen anzumelden. Bei einem **mehrgliedrigen Vorstand** ist die Anmeldung durch Vorstandsmitglieder in vertretungsberechtigter Zahl erforderlich und ausreichend; dies ist seit einer klärenden Entscheidung des BGH einhellige Auffassung.[3] Das Gleiche gilt bei der Anmeldung von Änderungen des Vorstands (§ 67 Rn 3) und nach richtiger Ansicht auch bei der Erstanmeldung (§ 59 Rn 2). Betrifft die einzutragende Satzungsänderung die **Bildung des Vorstands** und sind auf Grundlage der noch nicht eingetragenen Änderung bereits neue Vorstände gewählt, sind diese, anders als bei § 67, nicht zur Anmeldung befugt (vgl § 67 Rn 3). Denn da die Eintragung nach Abs. 1 S. 1 im Gegensatz zu Fällen des § 67 nicht bloß deklaratorisch, sondern **konstitutiv** wirkt, sind die auf Grundlage der Änderung neu ernannten Vorstände vor Eintragung noch nicht im Amt.[4] Wenn die alten Vorstände bereits aus ihrem Amt geschieden sind, ist konsequenterweise zur Anmeldung der Satzungsänderung ein Notvorstand gem. §§ 29, 67 Abs. 2 zu bestellen. 2

2. Formalien der Anmeldung. Die Anmeldung hat der Form des § 77 zu entsprechen. Ihr sind gem. Abs. 1 S. 3 der die Satzung ändernde Mitgliederversammlungsbeschluss in Abschrift beizufügen (zur Beurkundungspflicht s. § 58 Rn 7). Der der Anmeldung zudem beizufügende vollständige Satzungswortlaut muss nicht von Vorstandsmitgliedern in vertretungsberechtigter Zahl unterschrieben werden.[5] Die Abschrift der Satzung muss eine vollständige bereinigte aktuelle Fassung und damit so beschaffen sein, dass das Gericht alle Eintragungsvoraussetzungen, die sich auf die Satzung beziehen, daran überprüfen kann.[6] Mit der eingereichten Abschrift verfährt das Amtsgericht gem. §§ 71 Abs. 2, 66 Abs. 2 (vgl § 66 Rn 3). Das Registergericht kann die Anmeldung durch Festsetzung eines Zwangsgeldes nach § 78 Abs. 1 BGB iVm §§ 388 FamFG erzwingen (s. § 78 Rn 2 f). Es darf vom Vorstand, etwa im Wege der Zwischenverfügung, aber keine Versicherung verlangen, dass der eingereichte Wortlaut der Satzung mit dem im Vereinsregister verlautbarten Text der Satzung identisch ist, vgl auch Rn 4.[7] 3

II. Eintragung

1. Gerichtliche Prüfung. Gem. §§ 71 Abs. 2, 60 hat das Registergericht die Anmeldung auf ihre Ordnungsmäßigkeit und die Satzungsänderung anhand der nach Abs. 1 S. 3 eingereichten Unterlagen auf ihre Rechtmäßigkeit hin zu überprüfen. Dem Gericht steht dabei eine umfassende Prüfungskompetenz zu (vgl § 60 Rn 2 f). Prüfungsgegenstand ist nicht nur der geänderte Teil, sondern die gesamte Satzung unter Berücksichtigung der Änderung.[8] Dabei hat das Registergericht gem. Abs. 1 S. 4 besonderes Augenmerk darauf zu richten, dass die Satzung dem Wortlaut des satzungsändernden Beschlusses sowie im Übrigen der Satzungsfassung nach Maßgabe der zuletzt eingetragenen Änderungen entspricht. Das Registergericht kann sich nicht seiner eigenen Prüfungspflicht entledigen, indem es vom Vorstand eine entsprechende Versicherung zum Inhalt der eingereichten Unterlagen fordert (vgl Rn 3).[9] Zeigt bereits eine summarische Prüfung, dass die zur Anmeldung eingereichte Satzungsfassung die aktuelle Fassung nicht richtig wiedergibt, so hat das Registergericht diesen behebbaren Mangel durch Zwischenverfügung zu beanstanden.[10] Hat das Registergericht begründete Zweifel an der Einhaltung einer Ordnungsvorschrift, zB Zweifel hinsichtlich der ordnungsgemäßen Einberufung der Mitgliederversammlung,[11] besteht Anlass zur Amtsermittlung. 4

2. Inhalt der Eintragung. Satzungsänderungen, die nach §§ 64, 67, 70 eintragungspflichtige Tatsachen betreffen, sind ihrerseits eintragungspflichtig.[12] Das folgt für § 64 aus der Verweisung des Abs. 2 und für Änderungen des Vorstands aus § 67 sowie für den Umfang der Vertretungsmacht aus § 3 S. 2 Nr. 3 VRV. Früher war umstritten, in welchem **Umfang** sonstige Satzungsänderungen einzutragen waren.[13] Nach § 3 5

3 BGHZ 96, 245, 247 f = DB 1986, 473 = NJW 1986, 1033; BayObLGZ 1991, 53 = NJW-RR 1991, 958, 959; Palandt/*Ellenberger*, § 71 Rn 2; Soergel/*Hadding*, § 71 Rn 3; Staudinger/*Habermann*, § 71 Rn 2; *K. Schmidt*, GesR, 4. Aufl. 2002, § 23 II 2 b aa und § 24 II 1 a; *Kirberger*, ZIP 1986, 346.

4 BayObLGZ 1910, 81; OLG Bremen NJW 1955, 1925; MüKo/*Reuter*, § 71 Rn 7; Staudinger/*Habermann*, § 71 Rn 2; Soergel/*Hadding*, § 71 Rn 3; Palandt/*Ellenberger*, § 71 Rn 2; aA *Richert*, DRiZ 1957, 17.

5 OLG Hamm NJW-RR 2010, 1627 = Rpfleger 2011, 88.

6 BT-Drucks. 16/12813, S. 12.

7 OLG Düsseldorf NZG 2010, 754 = FGPrax 2010, 247.

8 BayObLGZ 1984, 293; BayObLGZ 1992, 16, 18; OLG Köln NJW-RR 1993, 223; OLG Celle NJW-RR 1995, 1273; Palandt/*Ellenberger*, § 71 Rn 2; Erman/*Westermann*, § 71 Rn 2.

9 OLG Düsseldorf NZG 2010, 754 = FGPrax 2010, 247; Terner, RNotZ 2010, 479 f; Palandt/*Ellenberger*, § 71 Rn 2.

10 OLG Hamm NJW-RR 2010, 1627 = Rpfleger 2011, 88.

11 OLG Düsseldorf FGPrax 2010, 43 = Rpfleger 2010, 271.

12 BGHZ 18, 303, 306 = NJW 1955, 1916; BGH WM 1987, 1100, 1101 (zur GmbH); Staudinger/*Habermann*, § 71 Rn 6; Soergel/*Hadding*, § 71 Rn 6.

13 Dazu Palandt/*Ellenberger*, § 71 Rn 4 f; MüKo/*Reuter*, § 71 Rn 2; Staudinger/*Habermann*, § 71 Rn 6; Soergel/*Hadding*, § 71 Rn 6.

S. 2 Nr. 4 a VRV gilt für sonstige Satzungsänderungen, dass die Angabe der geänderten Satzungsvorschrift und des Gegenstands der Änderung genügt.[14] Sollen zB die jährlichen Beiträge der Mitglieder nach den Umsätzen des Vereinsmitglieds im Vorjahr bestimmt werden, so handelt es sich dabei um eine Grundsatzentscheidung, die erst wirksam wird mit der Registereintragung einer entsprechenden Satzungsbestimmung.[15]

6 **3. Wirkung der Eintragung.** Wie bereits unter Rn 2 festgestellt, wirkt die Eintragung der Satzungsänderung in das Vereinsregister **konstitutiv**. Daraus folgt, dass bereits vorher auf Grundlage der geänderten Satzungsbestimmung durchgeführte Beschlüsse oder sonstige Rechtshandlungen erst mit Eintragung der Änderung wirksam werden.[16] Möglich ist eine Satzungsänderung, die erst nach Eintragung zu einem genau bezeichneten, baldigen Zeitpunkt in Kraft tritt.[17] Eine Satzungsänderung mit rückwirkender Kraft ist dagegen wegen der konstitutiven Kraft der Eintragung unzulässig.[18] Streitig ist die Zulässigkeit von Vorabeintragungen von bedingten und befristeten Änderungen.[19]

§ 72 Bescheinigung der Mitgliederzahl

Der Vorstand hat dem Amtsgericht auf dessen Verlangen jederzeit eine schriftliche Bescheinigung über die Zahl der Vereinsmitglieder einzureichen.

Literatur: S. bei § 26 und bei Vorbemerkungen zu §§ 55–79.

1 § 72 soll es dem Registergericht im Hinblick auf §§ 33, 37 Abs. 2, 73 ermöglichen, die Mitgliederzahl des Vereins zu überprüfen.[1] Die einzureichende Bescheinigung hat nur die aktuelle Zahl der Mitglieder zu benennen und muss vom Vorstand in vertretungsberechtigter Zahl unterzeichnet sein.[2] Die Angabe der Mitgliedernamen oder sogar ein ausführliches **Mitgliederverzeichnis** kann nicht gefordert werden.[3] Bei begründeten Zweifeln etwa hinsichtlich der Richtigkeit und Vollständigkeit einer Registereintragung kann das Registergericht die Eintragung von der Vorlage einer Bescheinigung nach § 72 abhängig machen.[4] Bei einer Weigerung des Vorstands kann das Registergericht die Vorlage der Bescheinigung durch Auferlegung eines Zwangsgeldes erzwingen, §§ 78 Abs. 1, 72 BGB iVm §§ 388 ff FamFG.

§ 73 Unterschreiten der Mindestmitgliederzahl

Sinkt die Zahl der Vereinsmitglieder unter drei herab, so hat das Amtsgericht auf Antrag des Vorstands und, wenn der Antrag nicht binnen drei Monaten gestellt wird, von Amts wegen nach Anhörung des Vorstands dem Verein die Rechtsfähigkeit zu entziehen.

(2) [1](weggefallen)

Literatur: S. bei Vorbemerkungen zu §§ 21 ff und bei Vorbemerkungen zu §§ 55–79.

A. Allgemeines

1 Ebenso wie die §§ 56, 59 Abs. 2 dient § 73 dazu, das Vereinsregister von ganz unbedeutenden Vereinen freizuhalten. Im Vergleich zur Erstanmeldung gilt aber eine andere Mindestmitgliederzahl. Während die Anmeldung zur Ersteintragung schon wegen einer Unterschreitung der Anzahl von sieben Mitgliedern nach §§ 60, 56 zurückzuweisen ist, soll gem. § 73 nur ein Herabsinken auf weniger als drei Mitglieder zum Entzug der Rechtsfähigkeit führen. Die strengeren Anforderungen für den Rechtsentzug sind dadurch begründet, dass die

14 Zum Ganzen *Sauter/Schweyer/Waldner*, Rn 144 mit Beispielen.
15 OLG Oldenburg OLGR 2009, 612 = ZIP 2009, 2060 f.
16 OLG München NJW-RR 1998, 966; Erman/*Westermann*, § 71 Rn 1; Palandt/*Ellenberger*, § 71 Rn 1; *Reichert*, Rn 457.
17 MüKo/*Reuter*, § 71 Rn 2; Erman/*Westermann*, § 71 Rn 3; Palandt/*Ellenberger*, § 71 Rn 1; *Reichert*, Rn 630; *Sauter/Schweyer/Waldner*, Rn 139 a; *Ziegler*, Rpfleger 1984, 320, 321; aA LG Bonn Rpfleger 1984, 192; Staudinger/*Habermann*, § 71 Rn 1.
18 OLG Hamm NZG 2007, 318 = DNotZ 2007, 317 f; Palandt/*Ellenberger*, § 71 Rn 1; MüKo/*Reuter*, § 71 Rn 4.
19 Sauter/Schweyer/Waldner, Rn 139 a mwN, hM lehnt dies ab.
1 Soergel/*Hadding*, § 72 Rn 1; Staudinger/*Habermann*, § 72 Rn 1.
2 Staudinger/*Habermann*, § 72 Rn 1; MüKo/*Reuter*, §§ 72, 73 Rn 1.
3 Staudinger/*Habermann*, § 72 Rn 2; Erman/*Westermann*, § 72 Rn 1.
4 OLG Düsseldorf Rpfleger 2009, 28, 29 = DNotZ 2009, 145.
1 Absatzbez. amtlich.

hoheitliche Beseitigung eines schon existierenden Vereins der vergleichsweise stärkere Eingriff in die Vereinigungsfreiheit nach Art. 9 Abs. 1 GG ist. Die Dreimonatsfrist dient dem Zweck, dem Verein das Abwenden des Rechtsentzugs durch Aufnahme neuer Mitglieder zu ermöglichen.[2]

B. Regelungsgehalt

Der Entzug der Rechtsfähigkeit erfolgt nicht ipso iure, sondern bedarf eines **gerichtlichen Beschlusses** gem. § 401 FamFG. Etwas anderes gilt nur beim **Wegfall sämtlicher Mitglieder**, wodurch der Verein automatisch erlischt.[3] Das Gericht hat bei Zweifeln über die Mitgliederzahl den Sachverhalt gem. § 26 FamFG von Amts wegen aufzuklären und kann zu diesem Zwecke etwa eine Mitgliederbescheinigung nach § 72 einholen. Der Vereinsvorstand ist verpflichtet, bei Unterschreiten der Mindestmitgliederzahl eine entsprechende Verfügung zu beantragen. Bei Vorliegen des Antrags hat das Gericht die Rechtsentziehung ohne weiteres auszusprechen.[4] Ein Antrag des Vorstands kann jedoch nicht gem. § 78 erzwungen werden. Kommt der Vorstand seiner Verpflichtung nicht nach, ist das Gericht nach Ablauf von drei Monaten und nach Anhörung des Vorstands grundsätzlich von Amts wegen zum Rechtsentzug verpflichtet.[5] Trotz des eindeutigen Wortlauts des § 73 kann ein Rechtsentzug bei **verfassungskonformer Auslegung** im Lichte von Art. 9 Abs. 1 GG unter Umständen unverhältnismäßig sein. Das ist zB der Fall, wenn der Vorstand im Rahmen der Anhörung glaubhaft macht, dass sich die Mitgliederzahl in näherer Zukunft wieder erhöhen wird.[6] Ist kein Vorstand vorhanden, hat das Gericht analog § 29 einen **Notvorstand** zu bestellen, um die Anhörung nach § 73 und die Bekanntmachung des Entzugs gem. § 401 FamFG zu ermöglichen.[7] 2

Über den Rechtsentzug nach § 73, § 401 FamFG entscheidet gem. § 3 Nr. 1 a RPflG der Rechtspfleger. Der gerichtliche Beschluss ist gem. §§ 401, 41 Abs. 1 S. 2, 15 Abs. 2 FamFG dem Vereinsvorstand bekannt zu geben. Gegen die Entscheidung ist das Rechtsmittel der Beschwerde nach §§ 58 ff FamFG eröffnet; der Rechtsentzug wird erst mit Rechtskraft der Entscheidung wirksam, § 401 FamFG. Der Entzug der Rechtsfähigkeit führt zur Liquidation des Vereinsvermögens nach § 47, sofern sich aus der Satzung ergibt, dass der Verein nur in rechtsfähiger Form Bestand haben soll.[8] Vgl zum Entzug der Rechtsfähigkeit durch die Verwaltungsbehörde die Kommentierung zu § 43. 3

§ 74 Auflösung

(1) Die Auflösung des Vereins sowie die Entziehung der Rechtsfähigkeit ist in das Vereinsregister einzutragen.

(2) [1]Wird der Verein durch Beschluss der Mitgliederversammlung oder durch den Ablauf der für die Dauer des Vereins bestimmten Zeit aufgelöst, so hat der Vorstand die Auflösung zur Eintragung anzumelden. [2]Der Anmeldung ist im ersteren Falle eine Abschrift des Auflösungsbeschlusses beizufügen.

Literatur: *Eichler*, Der eingetragene Verein – Praxisprobleme des Registergerichts, Rpfleger 2004, 196; *Friedrich*, Grundlagen und ausgewählte Probleme des Vereinsrechts, DStR 1994, 61, 100; *Reuter*, Zur Vereinsrechtsreform 2009, NZG 2009, 1368; *Schöpflin*, Neuerungen im Vereinsrecht, Rpfleger 2010, 369; *Terner*, Vereinsrechtsreform(en), DNotZ 2010, 5.

2 Staudinger/*Habermann*, § 73 Rn 2; MüKo/*Reuter*, §§ 72, 73 Rn 2; Soergel/*Hadding*, § 73 Rn 2; Bamberger/Roth/Schwarz/*Schöpflin*, § 73 Rn 2; Erman/*Westermann*, § 73 Rn 1.

3 BGHZ 19, 51, 57 = NJW 1957, 138; BGH DB 1965, 1665; BVerfG NJW 1997, 474, 476; BAG DB 1986, 2686 f = ZIP 1986, 1483; OLG Köln NJW-RR 1999, 336; Soergel/*Hadding*, § 73 Rn 2; aA *Reichert*, Rn 2073 ff, 4032.

4 Bamberger/Roth/Schwarz/*Schöpflin*, § 73 Rn 2; MüKo/*Reuter*, §§ 72, 73 Rn 2; Soergel/*Hadding*, § 73 Rn 3.

5 Keidel/*Heinemann*, § 401 FamFG Rn 5; Bumiller/*Harders*, § 401 FamFG Rn 3.

6 MüKo/*Reuter*, §§ 72, 73 Rn 2; Soergel/*Hadding*, § 73 Rn 2; Staudinger/*Habermann*, § 73 Rn 2.

7 BayObLG NJW-RR 1989, 765, 766; Palandt/*Ellenberger*, § 73 Rn 1; Erman/*Westermann*, § 73 Rn 1; MüKo/*Reuter*, §§ 72, 73 Rn 3; *Reichert*, Rn 4073.

8 *Reichert*, Rn 4088; vgl auch Palandt/*Ellenberger*, § 73 Rn 1; Bamberger/Roth/Schwarz/*Schöpflin*, § 73 Rn 4.

A. Allgemeines

1 Abs. 1 bestimmt die Eintragungspflicht in den Fällen der Auflösung (§ 41 Rn 2, 6 ff) und des **Verlusts der Rechtsfähigkeit als juristischer Person** (§ 41 Rn 3, 14 ff; § 43 Rn 1 ff), ausgenommen die in § 75 geregelten Eintragungen bei Insolvenz, die in § 76 behandelte Eintragung bei Liquidation sowie die Eintragung der Auflösung nach dem Vereinsgesetz (§ 7 Abs. 2 VereinsG).

2 Streitig ist, ob die (vom Wortlaut der §§ 74–76 nicht erfasste) durch Beendigung der Liquidation eingetretene **Vollbeendigung des Vereins** oder das Erlöschen des Vereins eingetragen werden kann[1] oder analog § 74 Abs. 1 GmbHG, § 273 AktG sogar (mit der der Erzwingungsoption nach § 78) angemeldet und eingetragen werden muss;[2] folgt man der Lehre vom Doppeltatbestand, wonach das Erlöschen der juristischen Person außer der Vermögenslosigkeit auch die Löschung im Register voraussetzt (§ 47 Rn 20), so ist Letzteres allerdings zwingend.

3 Das **Verfahren zur weiteren registertechnischen Abwicklung des Vereins** ist in der Vereinsregisterverordnung vom 10.2.1999 (VRV)[3] geregelt. Nach Beendigung der Liquidation kann das Registerblatt geschlossen werden, sei es nach Anmeldung und Eintragung des Beendigungsgrundes (§ 4 Abs. 2 S. 1 Nr. 2 VRV) oder wenn seit mindestens einem Jahr von der Eintragung der Auflösung an keine weitere Eintragung erfolgt und eine schriftliche Anfrage des Registergerichts bei dem Verein unbeantwortet geblieben ist (§ 4 Abs. 2 S. 3 VRV). Die liquidationslose Beendigung des Vereins führt unmittelbar zur Schließung des Registerblatts (§ 4 Abs. 2 S. 1 Nr. 1 VRV). Ist ein Registerblatt zu Unrecht geschlossen worden, so wird die Schließung rückgängig gemacht (§ 4 Abs. 3 VRV).

B. Regelungsgehalt

I. Inhalt der Eintragung (Abs. 1)

4 Eingetragen wird nach § 74 lediglich der abstrakte **Beendigungsgrund** als Rechtsfolge – also die Auflösung, der Entzug bzw der Verlust der Rechtsfähigkeit als juristischer Person –, aber nicht die jeweiligen tatsächlichen Gründe hierfür. Anders war dies bisher im Fall der Eröffnung des Insolvenzverfahrens, die nach § 75 als solche eingetragen wurde; ausdrücklich nicht einzutragen war dagegen nach § 74 Abs. 1 S. 2 aF die durch sie bewirkte Auflösung. Mit dem Gesetz zur Erleichterung elektronischer Anmeldungen zum Vereinsregister und anderer vereinsrechtlicher Änderungen vom 24.9.2009 wurde dies geändert, indem künftig nicht nur die Eröffnung des Insolvenzverfahrens, sondern zur Klarstellung auch die daraus folgende Auflösung eingetragen wird (§ 75 Abs. 1 S. 1 nF, s. § 75 Rn 1, 3); hiermit soll der Informationsgehalt des Vereinsregisters insbesondere für juristische Laien weiter verbessert werden.[4]

II. Verfahren

5 Verfahrensrechtlich ist zu unterscheiden, aus welchem Grund die Eigenschaft als juristische Person weggefallen bzw die Beendigung eingetreten ist.

6 **1. Eintragung auf Antrag („Anmeldung", Abs. 2).** Die Auflösung auf **Beschluss der Mitgliederversammlung** (§ 41 Rn 28 ff) oder infolge **Satzungsbestimmung** (insbesondere wegen Zeitablaufs, vgl § 41 Rn 9) kann verfahrensrechtlich nur aufgrund einer Anmeldung, dh auf Antrag des Vorstands eingetragen werden (Abs. 2 S. 1). Als Minus zur Auflösung ist auch der **Verzicht auf die Rechtsfähigkeit** (§ 41 Rn 15) auf Antrag einzutragen. Soweit der zugrunde liegende Auflösungsbeschluss der Mitgliederversammlung zugleich eine Satzungsänderung herbeiführt – etwa weil damit die satzungsmäßig bestimmte Lebensdauer des Vereins verkürzt wird –, bedarf es zu seiner Wirksamkeit nicht nur der nach § 33 Abs. 1 S. 1 vorgeschriebenen Mehrheit, sondern auch der Eintragung nach § 71 (Rn 10). Der Beschluss der Mitgliederversammlung ist in jedem Fall in der für die Beurkundungen der Versammlungsbeschlüsse vorgesehenen Form (vgl § 59 Rn 5) nachzuweisen.

7 Obwohl das Amt des Vorstands durch die Auflösung bereits erloschen ist, trifft ihn in den genannten Fällen nach Abs. 2 S. 1 eine nachwirkende öffentlich-rechtliche **Verpflichtung zur Antragstellung**; kommt der Vorstand dieser Verpflichtung nicht nach, so kann er mit Zwangsgeld (§ 78) dazu angehalten werden. Zum

1 OLG Düsseldorf NJW 1966, 1034; LG Hannover Rpfleger 1967, 174; LG Siegen Rpfleger 1991, 115 m. Anm. *Meyer-Stolte*; Soergel/*Hadding*, § 74 Rn 2.
2 So zutr. die hL, vgl Staudinger/*Habermann*, § 74 Rn 3; MüKo/*Reuter*, §§ 74, 75 Rn 5; *Friedrich*, DStR 1994, 61, 64; einschr. *Reichert*, Rn 4357: nicht nach § 78 erzwingbar.
3 BGBl I S. 147, idF durch G. v. 24.9.2009, BGBl. I, S. 3145.
4 Begr. zum Entwurf eines Gesetzes zur Erleichterung elektronischer Anmeldungen zum Vereinsregister und anderer vereinsrechtlicher Änderungen vom 24.9.2009, BT-Drucks. 16/12813, S. 13.

Zwecke der Antragstellung ist ggf auch ohne entsprechenden Antrag analog § 29 ein Notvorstand zu bestellen (vgl auch § 73 Rn 2). Ist das Amt des Vorstands erloschen, aber bereits ein Liquidator bestellt, kann und muss dieser zusammen mit seinem Amt auch die Auflösung anmelden (§ 76 Rn 5).

2. Eintragung von Amts wegen (Abs. 1 S. 1). Von Amts wegen erfolgt die Eintragung der **Entziehung der Rechtsfähigkeit**, und zwar im Fall des § 73 ohne weiteres mit Wirksamkeit des Entziehungsbeschlusses (Abs. 1 S. 1) sowie analog § 74 auch im Fall der **Auflösung wegen Mitgliederwegfalls** (s. § 41 Rn 13).[5] Nach Abs. 3 aF erfolgte die Eintragung in den Fällen des § 43 auf Anzeige der Behörde, die die Entziehung ausgesprochen hat; diese Bestimmung ist im Zusammenhang mit der Streichung des § 43 Abs. 1, Abs. 2 aF (§ 43 Rn 1 ff) aufgehoben worden, so dass in den verbleibenden Fällen des § 43 ebenfalls Abs. 1 S. 1 zur Anwendung kommen muss, wenngleich eine Anzeige der nach § 44 tätigen Behörde nach wie vor sinnvoll erscheint.[6] Ebenso wird naturgemäß die Amtslöschung wegen unzulässiger Verfolgung wirtschaftlicher Zwecke (§ 395 FamFG, s. § 41 Rn 16, § 43 Rn 3) von Amts wegen eingetragen. Im Falle einer Vereinsauflösung nach § 3 VereinsG erfolgt die Eintragung von Amts wegen auf Grund einer Anzeige der zuständigen Behörde (§ 7 Abs. 2 VereinsG). 8

3. Bekanntmachung. Das Registergericht veranlasst nicht die öffentliche Bekanntmachung der Beendigung. Die Bekanntmachung herbeizuführen ist vielmehr gem. § 50 Abs. 1 S. 1 **Pflicht der Liquidatoren**. In den Fällen der §§ 3 Abs. 4, 7 Abs. 1 VereinsG erfolgt die Bekanntmachung durch die zuständige Verwaltungsbehörde (§ 3 Abs. 2 VereinsG). 9

III. Wirkung der Eintragung

Die Eintragungen wirken grundsätzlich nur **deklaratorisch**, ändern also nichts an der materiellen Rechtslage. Bei einem zugleich satzungsändernden Auflösungsbeschluss der Mitgliederversammlung (§ 41 Rn 28 ff) ist die Eintragung der Satzungsänderung allerdings wegen § 71 konstitutiv. 10

§ 75 Eintragungen bei Insolvenz

(1) [1]Die Eröffnung des Insolvenzverfahrens und der Beschluss, durch den die Eröffnung des Insolvenzverfahrens mangels Masse rechtskräftig abgewiesen worden ist, sowie die Auflösung des Vereins nach § 42 Absatz 2 Satz 1 sind von Amts wegen einzutragen. [2]Von Amts wegen sind auch einzutragen

1. **die Aufhebung des Eröffnungsbeschlusses,**
2. **die Bestellung eines vorläufigen Insolvenzverwalters, wenn zusätzlich dem Schuldner ein allgemeines Verfügungsverbot auferlegt oder angeordnet wird, dass Verfügungen des Schuldners nur mit Zustimmung des vorläufigen Insolvenzverwalters wirksam sind, und die Aufhebung einer derartigen Sicherungsmaßnahme,**
3. **die Anordnung der Eigenverwaltung durch den Schuldner und deren Aufhebung sowie die Anordnung der Zustimmungsbedürftigkeit bestimmter Rechtsgeschäfte des Schuldners,**
4. **die Einstellung und die Aufhebung des Verfahrens und**
5. **die Überwachung der Erfüllung eines Insolvenzplans und die Aufhebung der Überwachung.**

(2) [1]Wird der Verein durch Beschluss der Mitgliederversammlung nach § 42 Absatz 1 Satz 2 fortgesetzt, so hat der Vorstand die Fortsetzung zur Eintragung anzumelden. [2]Der Anmeldung ist eine Abschrift des Beschlusses beizufügen.

Literatur: *Reuter*, Zur Vereinsrechtsreform 2009, NZG 2009, 1368; *Schöpflin*, Neuerungen im Vereinsrecht, Rpfleger 2010, 359; *Terner*, Vereinsrechtsreform(en), DNotZ 2010, 5; *Wentzel*, Auswirkungen des Insolvenzverfahrens auf das Vereinsregister, Rpfleger 2001, 334.

5 *Böttcher*, Rpfleger 1998, 169, 172; *Reichert*, Rn 4033; aA Soergel/*Hadding*, § 74 Rn 6: Löschung nach § 395 FamFG (bisher §§ 159, 142 f FGG).

6 Bei der Annahme des Rechtsausschusses, mit der Streichung von § 43 Abs. 2 aF habe sich auch § 74 Abs. 3 in Gänze erledigt (vgl BT-Drucks. 16/13542, S. 14), handelt es sich offensichtlich um ein Redaktionsversehen.

A. Allgemeines

1 § 75 ist zum 1.1.1999 an die zum gleichen Zeitpunkt in Kraft getretene InsO angepasst worden und bestimmt die im Falle der **Insolvenz des Vereins** vorzunehmenden Eintragungen. Durch das Gesetz zur Erleichterung elektronischer Anmeldungen zum Vereinsregister und anderer vereinsrechtlicher Änderungen vom 24.9.2009 wurde die Norm neu gefasst, indem der Wortlaut des Abs. 1 geändert wurde und ein Abs. 2 hinzugekommen ist.[1] Eingetragen wird nunmehr nach § 75 Abs. 1 nicht mehr nur die Eröffnung des Insolvenzverfahrens, sondern darüber hinaus der Beschluss, der die Insolvenzeröffnung mangels Masse rechtskräftig abgewiesen hat, da dies – wie nach § 42 Abs. 1 S. 1 nF nunmehr klarstellt – ebenfalls die Auflösung des Vereins zur Folge hat. Zur Erhöhung des Informationsgehalts des Vereinsregisters wird darüber hinaus klarstellend nunmehr auch die Rechtsfolge der Vereinsauflösung (s. § 74 Rn 4) sowie die Existenz eines Fortsetzungsbeschlusses nach § 42 Abs. 1 S. 2 verlautbart.

B. Regelungsgehalt

I. Verfahren

2 Die Eintragungen im Fall der Insolvenz des Vereins erfolgen **von Amts wegen**. Grundlage der Eintragung sind die durch die Geschäftsstelle des Insolvenzgerichts von Amts wegen veranlassten Mitteilungen; hierbei kann es sich, auch wenn die InsO durchweg von „Ausfertigungen" spricht, auch um beglaubigte Abschriften handeln, da sie den jeweiligen Normzweck in gleicher Weise erfüllen. Die Eintragungen im Vereinsregister werden dem Vorstand bzw den Liquidatoren analog § 15 Abs. 1 FamFG mitgeteilt. Die Eintragungen im Vereinsregister werden als solche nicht öffentlich bekannt gemacht; es erfolgt lediglich eine Bekanntmachung der zugrunde liegenden Beschlüsse des Insolvenzgerichts. Zur Entbehrlichkeit des Hinweises auf die amtswegige Eintragung vgl § 10 Abs. 4 S. 4 VRV.

II. Eintragungspflichtige Entscheidungen des Insolvenzgerichts

3 **1. Eröffnung des Insolvenzverfahrens und Ablehnung des Insolvenzantrags mangels Masse (S. 1).** Die Eröffnung des Insolvenzverfahrens erfolgt durch Beschluss des Insolvenzgerichts gem. § 27 InsO. Aufgrund des Gesetzes zur Erleichterung elektronischer Anmeldungen zum Vereinsregister und anderer vereinsrechtlicher Änderungen vom 24.9. 2009 sind neben der Eröffnung des Insolvenzverfahrens zudem der Beschluss, durch den die Eröffnung des Insolvenzverfahrens mangels Masse rechtskräftig abgewiesen worden ist (§ 26 InsO), und die Auflösung des Vereins in diesen Fällen (§ 42 Abs. 2 S. 1) einzutragen. Die Entscheidung wird öffentlich bekannt gemacht (§ 30 Abs. 1 InsO); dem Registergericht, dem durch die Geschäftsstelle des Insolvenzgerichts von Amts wegen eine Beschlussausfertigung übermittelt wird (§ 31 Nr. 1 InsO), obliegt sodann die Eintragung im Vereinsregister.

4 **2. Aufhebung des Eröffnungsbeschlusses (S. 2 Nr. 1).** Die Aufhebung des Eröffnungsbeschlusses (§ 34 InsO) lässt den Auflösungsgrund wegfallen (§ 42 Rn 36). Die Aufhebung wird wiederum öffentlich bekannt gemacht und dem Registergericht mitgeteilt (§§ 34 Abs. 3 S. 2, 200 Abs. 2, 31 InsO); dieses vollzieht sodann die Eintragung im Vereinsregister.

5 **3. Bestellung und Abberufung eines vorläufigen Insolvenzverwalters (S. 2 Nr. 2).** Öffentlich bekannt zu machen (§ 23 Abs. 1 S. 1 InsO), dem Registergericht mitzuteilen (§ 23 Abs. 2 InsO) und im Vereinsregister einzutragen ist ferner stets die Bestellung eines „starken" vorläufigen Insolvenzverwalters mit Verwaltungs- und Verfügungsbefugnis (§ 22 InsO); der nicht verwaltungs- und verfügungsbefugte sog. „schwache" Insolvenzverwalter ist nur einzutragen, wenn – was allerdings absolut die Regel ist – zusätzlich ein Zustimmungsvorbehalt iSv § 21 Abs. 2 Nr. 2 InsO angeordnet ist. Die Aufhebung einer solchen Anordnung ist gleichfalls mitzuteilen und einzutragen. Die übrigen in § 21 InsO vorgesehenen Sicherungsmaßnahmen sollten zwar, wenn – wie zB bei einem besonderen Verfügungsverbot hinsichtlich einzelner Vermögensgegenstände des Vereins – der Rechtsverkehr für die praktische Wirksamkeit des Verbots hiervon Kenntnis erlangen muss, öffentlich bekannt gemacht werden; sie werden jedoch dem Registergericht nicht mitgeteilt und deshalb auch nicht eingetragen.

1 Vgl Begr. zum Entwurf eines Gesetzes zur Erleichterung elektronischer Anmeldungen zum Vereinsregister und anderer vereinsrechtlicher Änderungen vom 24.9.2009, BT-Drucks. 16/12813.

4. Anordnung und Aufhebung der Eigenverwaltung (S. 2 Nr. 3). Die Eigenverwaltung durch die Organe des (gleichwohl durch die Verfahrenseröffnung aufgelösten) Vereins kann nach §§ 271 ff InsO angeordnet werden; sie ist dem Registergericht nach §§ 270 Abs. 1, 31 InsO (Anordnung im Eröffnungsbeschluss) bzw § 271 InsO (nachträgliche Anordnung) mitzuteilen. Der Verein wird dann weiter durch den Vorstand bzw die Liquidatoren vertreten. Mitteilungs- und eintragungspflichtig ist auch die Anordnung, dass bestimmte Rechtshandlungen an die Zustimmung eines Sachwalters gebunden werden (§ 277 InsO). Die Aufhebung der Eigenverwaltung ist gleichfalls mitzuteilen und einzutragen (§ 272 InsO). 6

5. Einstellung und Aufhebung des Verfahrens (S. 2 Nr. 4). Dem Registergericht mitzuteilen (§§ 215 Abs. 1 S. 3, 200 Abs. 2 S. 3, 31 InsO) und im Vereinsregister einzutragen ist ferner die Einstellung des Verfahrens nach §§ 207 ff InsO, unabhängig vom Einstellungsgrund. Das Gleiche gilt für die Aufhebung des Verfahrens nach erfolgter Schlussverteilung (§§ 200 Abs. 2, 31 InsO). 7

6. Überwachung des Insolvenzplans (S. 2 Nr. 5). Endet das Verfahren mit einem Insolvenzplan, so ist eine vom Gericht angeordnete Überwachung der Erfüllung dem Registergericht mitzuteilen (§§ 267 Abs. 3 S. 1, 31 InsO) und im Vereinsregister einzutragen. Mitgeteilt und eingetragen wird auch die Aufhebung einer derartigen Maßnahme (§ 268 Abs. 2 S. 2 InsO). Das Gleiche gilt für die in § 267 Abs. 2 InsO genannten Modalitäten der Überwachung, darunter vor allem eine im Insolvenzplan ggf vorgesehene Beschränkung des Verfügungsrechts gem. § 263 InsO. Die übrigen Details des Insolvenzplans werden nicht eingetragen. 8

III. Anmeldung der Fortsetzung des insolventen Vereins (Abs. 2)

Um es anhand des Registers ersichtlich zu machen, ob die Mitgliederversammlung von der Fortsetzungsmöglichkeit des § 42 Abs. 1 S. 2 (s. § 42 Rn 37 ff) Gebrauch gemacht hat, sieht der durch das Gesetz zur Erleichterung elektronischer Anmeldungen zum Vereinsregister und anderer vereinsrechtlicher Änderungen vom 24.9.2009 eingefügte § 75 Abs. 2 die Anmeldung und Eintragung der Fortsetzung im Register vor.[2] Entgegen dem Eindruck, den die Begründung erweckt, ist eine solche (deklaratorische) Eintragungspflicht freilich – gestützt auf die Analogie zu § 74 Abs. 2 – schon nach bisherigem Recht angenommen worden.[3] Die Anmeldung ist gem. § 14 Abs. 2 FamFG auch in elektronischer Form möglich; der Anmeldung muss eine Abschrift des Fortsetzungsbeschlusses beigefügt werden, welche aber ebenfalls elektronisch übermittelt werden kann.[4] 9

§ 76 Eintragung bei Liquidation

(1) ¹Bei der Liquidation des Vereins sind die Liquidatoren und ihre Vertretungsmacht in das Vereinsregister einzutragen. ²Das Gleiche gilt für die Beendigung des Vereins nach der Liquidation.

(2) ¹Die Anmeldung der Liquidatoren hat durch den Vorstand zu erfolgen. ²Bei der Anmeldung ist der Umfang der Vertretungsmacht der Liquidatoren anzugeben. ³Änderungen der Liquidatoren oder ihrer Vertretungsmacht sowie die Beendigung des Vereins sind von den Liquidatoren anzumelden. ⁴Der Anmeldung der durch Beschluss der Mitgliederversammlung bestellten Liquidatoren ist eine Abschrift des Bestellungsbeschlusses, der Anmeldung der Vertretungsmacht, die abweichend von § 48 Absatz 3 bestimmt wurde, ist eine Abschrift der diese Bestimmung enthaltenden Urkunde beizufügen.

(3) Die Eintragung gerichtlich bestellter Liquidatoren geschieht von Amts wegen.

Literatur: *Eichler*, Der eingetragene Verein – Praxisprobleme des Registergerichts, Rpfleger 2004, 196; *Reuter*, Zur Vereinsrechtsreform 2009, NZG 2009, 1368; *Schöpflin*, Neuerungen im Vereinsrecht, Rpfleger 2010, 369; *Schwarz*, Die Publizität der Vertretungsmacht des Vorstands und der Liquidatoren eines Vereins, NZG 2002, 1033; *ders.*, Die Mehrheitsvertretung des Vereinsvorstandes und deren Eintragung im Vereinsregister, Rpfleger 2003, 1; *Terner*, Vereinsrechtsreform(en), DNotZ 2010, 5.

2 Begr. zum Entwurf eines Gesetzes zur Erleichterung elektronischer Anmeldungen zum Vereinsregister und anderer vereinsrechtlicher Änderungen vom 24.9.2009, BT-Drucks. 16/12813, S. 13.

3 Zutr. *Reuter*, ZGR 2009, 1368, 1373; s. auch *Schöpflin*, Rpfleger 2010, 349, 352; *Terner*, DNotZ 2010, 5, 13 f.

4 Bamberger/Roth/*Schwarz/Schöpflin*, § 75 Rn 4.

A. Allgemeines

1 Die Bestimmung regelt die (deklaratorische) **Eintragung der Person und der Beschlussfassung der Liquidatoren** analog zur Eintragung des Vorstands eines werbenden Vereins (§§ 64, 67): Zwar gewährleistet § 48 Abs. 1 S. 1 im Regelfall die personelle Kontinuität der für den Verein handlungsbefugten Personen. Jedoch verleiht die Liquidation dem Vorstand sowohl einen anderen Namen als auch eine andere Aufgabe. Es besteht deshalb ein Interesse der Öffentlichkeit an der Information über den Eintritt der Liquidation (die allein durch die Eintragung der Liquidatoren registermäßig verlautbart wird) und die nunmehr handlungsbefugten Personen. Auch die Bestimmungen über die Registerpublizität werden hierauf entsprechend angewandt. Die Eintragung kann nach § 78 erzwungen werden. Mit dem Ziel, die Angaben zur Vertretungsmacht innerhalb eines Vereins für die Nutzer des Vereinsregisters verständlicher und übersichtlicher zu machen, wird durch die Neufassung des Abs. 1 und Abs. 2 der Vorschrift durch das Gesetz zur Erleichterung elektronischer Anmeldungen zum Vereinsregister und anderer vereinsrechtlicher Änderungen vom 24.9.2009 klargestellt, dass die Vertretungsmacht der Liquidatoren auch dann eingetragen werden soll, wenn entsprechend der gesetzlichen Regelung des § 48 Abs. 3 gemeinschaftliche Vertretung besteht.[1]

B. Regelungsgehalt

I. Inhalt der Eintragung (Abs. 1)

2 Eingetragen werden die **Liquidatoren**. Unerheblich ist, ob dies die bisherigen Vorstandsmitglieder sind, die nach § 48 Abs. 1 mit der Auflösung ohne weiteres zu Liquidatoren geworden sind (§ 48 Rn 2), oder ob es sich um andere Personen handelt. Einzutragen sind die Person des oder der Liquidatoren, die Vertretungsmacht und ggf die Abweichungen vom Einstimmigkeitsgrundsatz des § 48 Abs. 3 bei der Beschlussfassung (Abs. 1, 2 S. 2). Unter der gem. Abs. 2 S. 2 einzutragenden Vertretungsmacht versteht das Gesetz – ebenso wie nach § 64 für den Vorstand des werbenden Vereins – sowohl die dem gesetzlichen Regelfall entsprechende als auch die davon abweichende **personelle** (gesetzliche Gesamtvertretung iSv § 48 Abs. 3 oder eine davon abweichende Regelung) **und sachliche** (unbeschränkte oder gem. § 26 Abs. 2 S. 2 durch die Satzung beschränkte) **Vertretungsmacht**.[2] Durch das Gesetz zur Erleichterung elektronischer Anmeldungen zum Vereinsregister und anderer vereinsrechtlicher Änderungen vom 24.9.2009 hat der Gesetzgeber dies nun auch ausdrücklich in § 76 Abs. 2 S. 2 gesetzlich festgehalten: Auch der Umfang der Vertretungsmacht sowie alle Änderungen dieses Umfangs unterliegen der Eintragungspflicht. Eingetragen werden in Spalte 3 des Registerblatts unter Buchstabe a die allgemeine Vertretungsregelung und unter Buchstabe b die Liquidatoren mit Namen, Vornamen, Wohnort, Geburtsdatum und, soweit zweckmäßig, auch besondere Vertretungsbefugnisse sowie die Änderung dieser Eintragungen unter kurzer Angabe des Grundes (§ 3 S. 3 Nr. 3 VRV).

3 Die Anmeldung der **Beendigung der Liquidation** und damit der Vollbeendigung des rechtsfähigen Vereins durch die Liquidatoren ist seit dem Gesetz zur Erleichterung elektronischer Anmeldungen zum Vereinsregister und anderer vereinsrechtlicher Änderungen vom 24.9.2009 nunmehr in § 76 Abs. 1 S. 2 ausdrücklich vorgeschrieben und damit eine bisherige Streitfrage geklärt.[3] Die Anmeldepflicht besteht auch dann, wenn ein verteilungsfähiges Vermögen nicht vorhanden ist.[4]

II. Anmeldepflichtige Personen (Abs. 2, 3)

4 Voraussetzung der Eintragung ist die **Anmeldung**; nur im Fall der §§ 48 Abs. 2, 29 (§ 48 Rn 5) erfolgt eine Eintragung von Amts wegen. Obwohl dieser seine Organstellung schon mit Eintritt des Beendigungsgrunds verloren hat, trifft den **Vorstand** des werbenden Vereins als solchen nach Abs. 2 S. 1 eine nachwirkende öffentlich-rechtliche Verpflichtung (sowie naturgemäß eine korrespondierende zivilrechtliche Vertretungsmacht) zur Antragstellung;[5] kommt der Vorstand dieser Verpflichtung nicht nach, so kann er mit Zwangsgeld (§ 78) dazu angehalten werden. Erforderlich und ausreichend sind die Erklärungen einer vertretungsberechtigten Zahl von Vorstandsmitgliedern (s. § 48 Rn 8 ff). Nach Abs. 2 S. 3 sind der Anmeldung der durch Beschluss der Mitgliederversammlung bestellten Liquidatoren eine (unbeglaubigte) Abschrift des Beschlusses

1 Beschlussempfehlung und Bericht des Rechtsausschusses zu dem Gesetzentwurf der Bundesregierung, Entwurf eines Gesetzes zur Erleichterung elektronischer Anmeldungen zum Vereinsregister und anderer vereinsrechtlicher Regelungen, BT-Drucks. 16/12542, S. 19.

2 Vgl *Schwarz*, NZG 2002, 1033, 1037 ff.

3 Vgl *Reuter*, ZGR 2009, 1368, 1373; *Schöpflin*, Rpfleger 2010, 349, 352; s. auch *Terner*, DNotZ 2010, 5, 13 f.

4 BayObLG WM 1982, 1288, 1290; *Reichert*, Rn 4197.

5 LG Köln MittRhNotK 1979, 171; *Böttcher*, Rpfleger 1988, 169, 171; Palandt/*Ellenberger*, § 76 Rn 1; *Reichert*, Rn 4193; Soergel/*Hadding*, § 76 Rn 2; aA *Buchberger*, Rpfleger 1991, 24, 25: nur die ersten Liquidatoren.

sowie der Anmeldung einer Bestimmung über die Beschlussfassung der Liquidatoren eine Abschrift der die Bestimmung enthaltenden Urkunde beizufügen.

Spätere Änderungen melden die **Liquidatoren** an (Abs. 2 S. 1). Sind die Liquidatoren anstelle des bereits vor dem Auflösungsbeschluss ausgeschiedenen Vorstands bestellt, so kann und muss auch die erste Anmeldung durch die Liquidatoren selbst vorgenommen werden.[6] 5

III. Rechtsfolgen

Da die Rechtsstellung der Liquidatoren der des Vorstands beim werbenden Verein entspricht (vgl § 48 Rn 6 ff), finden die Vorschriften über die **Publizität des Vereinsregisters** (§§ 68, 70) entsprechende Anwendung.[7] Der gutgläubige Dritte darf also insbesondere darauf vertrauen, dass die durch andere Liquidatoren ersetzten, im Vereinsregister aber noch eingetragenen Vorstandsmitglieder den Liquidationsverein vertreten und dass eine nicht eingetragene Beschränkung der Vertretungsbefugnis auch nicht existiert. 6

§ 77 Anmeldepflichtige und Form der Anmeldungen

[1]Die Anmeldungen zum Vereinsregister sind von Mitgliedern des Vorstands sowie von den Liquidatoren, die insoweit zur Vertretung des Vereins berechtigt sind, mittels öffentlich beglaubigter Erklärung abzugeben. [2]Die Erklärung kann in Urschrift oder in öffentlich beglaubigter Abschrift beim Gericht eingereicht werden.

A. Allgemeines

§ 77 gilt für **sämtliche Anmeldungen** zum Vereinsregister, also für die Erstanmeldung zum Vereinsregister nach § 59 Abs. 1, für spätere Anmeldungen von Änderungen des Vorstands (§ 67 Abs. 1 S. 1) oder der Satzung (§ 71 Abs. 1 S. 2) sowie für die Anmeldung der Vereinsauflösung (§ 74 Abs. 2 S. 1) und die Anmeldung der Liquidatoren (§ 76 Abs. 2 S. 1). Die Form dient als Grundlage für eine ordnungsgemäße Registerführung, ebenso wie die Parallelvorschrift des § 12 Abs. 1 HGB für das Handelsregister und § 29 Abs. 1 GBO für das Grundbuch. Da § 77 Ordnungsvorschrift ist, kann das Registergericht die Eintragung nach § 60 wegen Nichteinhaltung der Form verweigern; erfolgt die Eintragung gleichwohl, ist diese wirksam, unanfechtbar und auch eine Amtslöschung nach § 395 FamFG ausgeschlossen (vgl Vor § 55 Rn 4). § 77 wurde zuletzt im Rahmen der Vereinsrechtsreform 2009 modifiziert.[1] 1

B. Regelungsgehalt

I. Mitglieder des Vorstands

Bei einem **mehrgliedrigen, nicht nur gesamtvertretungsberechtigten Vorstand** bedarf die Anmeldung nach richtiger Auffassung weder bei der Ersteintragung noch bei späteren Eintragungen der Mitwirkung sämtlicher Vorstände; stets ist die Anmeldung durch Vorstandsmitglieder in vertretungsberechtigter Zahl ausreichend (s. § 59 Rn 2, § 67 Rn 3, § 71 Rn 2). Dies ist für spätere Eintragungen seit einer klärenden Entscheidung des BGH inzwischen allgemein anerkannt,[2] jedoch hinsichtlich der Ersteintragung wohl immer 2

6 OLG Hamm NJW-RR 1990, 532; MüKo/*Reuter*, §§ 74, 75 Rn 2; *Reichert*, Rn 4193; aA *Buchberger*, Rpfleger 1991, 24, 25.

7 AllgM, vgl *Reichert*, Rn 4209; Soergel/*Hadding*, § 76 Rn 2; Staudinger/*Habermann*, § 76 Rn 3.

1 Gesetz zur Erleichterung elektronischer Anmeldungen zum Vereinsregister und anderer vereinsrechtlicher Änderungen vom 24.9.2009, BGBl. I S. 3145.

2 BGHZ 96, 245, 247 f = NJW 1986, 1033; BayObLGZ 1991, 53 = NJW-RR 1991, 958, 959; Palandt/*Ellenberger*, § 77 Rn 1; Bamberger/Roth/Schwarz/*Schöpflin*, § 77 Rn 2; Staudinger/*Habermann*, § 67 Rn 3; Soergel/*Hadding*, § 71 Rn 3; *Kirberger*, ZIP 1986, 346; früher aA OLG Hamm OLGZ 1980, 389; vgl nunmehr aber OLG Hamm NJW-RR 2000, 698, 699.

noch umstritten[3] (vgl § 59 Rn 2, § 67 Rn 3). Obwohl der 2009 geänderte Wortlaut für sich betrachtet uE keine größere Klarheit schafft,[4] war eine Klarstellung im Sinne der vorstehend vertretenen Auffassung ausdrücklich beabsichtigt.[5] Die Anmeldung kann auch von einem Bevollmächtigten vorgenommen werden.[6] Statt des Vorstands sind gem. S. 1 die **Liquidatoren**, die insoweit zur Vertretung des Vereins berechtigt sind, anmeldepflichtig, wenn sie bereits ihrerseits durch den Vorstand gem. § 76 Abs. 2 S. 1 zur Eintragung in das Vereinsregister angemeldet wurden (vgl § 76 Rn 5).

II. Form der Anmeldung

3 Die für die Anmeldung notwendigen Erklärungen sind gem. S. 2 entweder in Form der öffentlichen Beglaubigung iSv § 129 einzureichen, dh die Anmeldung ist schriftlich abzufassen und die Unterschrift bzw das Handzeichen des oder der Erklärenden sind von einem Notar oder einer anderen ermächtigten Stelle zu beglaubigen (vgl § 129 Rn 9 ff).[7] Ein Gesetzesentwurf des Bundesrates sieht vor, die Länder zu ermächtigen, Erklärungen zum Vereinsregister künftig auch vom Amtsgericht öffentlich beglaubigen zu lassen.[8] Die öffentliche Beglaubigung kann gem. § 129 Abs. 2 durch eine notarielle Beurkundung ersetzt werden. Alternativ können nach S. 2 die Erklärungen auch in Urschrift eingereicht werden. Bei Anmeldung durch einen Bevollmächtigten ist (ggf auch) die Vollmacht in öffentlich beglaubigter Form vorzulegen.[9]

§ 78 Festsetzung von Zwangsgeld

(1) Das Amtsgericht kann die Mitglieder des Vorstands zur Befolgung der Vorschriften des § 67 Abs. 1, des § 71 Abs. 1, des § 72, des § 74 Abs. 2, des § 75 Absatz 2 und des § 76 durch Festsetzung von Zwangsgeld anhalten.

(2) In gleicher Weise können die Liquidatoren zur Befolgung der Vorschriften des § 76 angehalten werden.

Literatur: S. bei § 26 und bei Vorbemerkungen zu §§ 55–79.

A. Allgemeines

1 Die Vorschrift bietet dem Registergericht die Möglichkeit, den Vorstand sowie nach Abs. 2 auch die Liquidatoren durch Auferlegung eines Zwangsgeldes zur Befolgung ihrer registerrechtlichen Pflichten zu zwingen. Die Zielsetzung zeigt, dass das Zwangsgeld **reines Beugemittel** und keine Strafe ist. Daher kommt bei Uneinbringlichkeit des Zwangsgeldes eine Ersatzfreiheitsstrafe nach § 43 StGB nicht in Betracht.[1] Eine Freiheitsentziehung ist zudem schon nach Art. 104 Abs. 2 S. 1 GG ausgeschlossen, da die Entscheidungen im vereinsrechtlichen Registerverfahren regelmäßig kein Richter, sondern gem. § 3 Nr. 1 a RPflG der Rechtspfleger trifft. § 78 wurde zuletzt redaktionell geändert durch die Vereinsrechtsreform 2009.[2]

3 Wie hier: BayObLG NJW-RR 1991, 958; OLG Hamm NJW-RR 2000, 698, 699; LG Schwerin Rpfleger 1997, 264; LG Bremen NJW 1949, 345; AG Mannheim Rpfleger 1979, 179; *Stöber*, Handbuch, Rn 1018; *Sauter/Schweyer/Waldner*, Rn 15; *K. Schmidt*, GesR, 4. Aufl. 2002, § 23 II 2 b aa und § 24 II 1 a; *Kirberger*, ZIP 1986, 346, 349; aA LG Bonn NJW-RR 1995, 1515; LG Bonn Rpfleger 2001, 432; MüKo/*Reuter*, § 59 Rn 3; Palandt/*Ellenberger*, § 59 Rn 1; Erman/*Westermann*, § 59 Rn 1; Soergel/*Hadding*, § 59 Rn 3; Bamberger/Roth/Schwarz/*Schöpflin*, § 59 Rn 3; *Reichert*, Rn 172.

4 Zweifelnd auch Reuter NZG 2009, 1368, 1372.

5 BT-Drucks. 16/12813, S. 14.

6 Staudinger/*Habermann*, § 77 Rn 2; MüKo/*Reuter*, § 77 Rn 2; Erman/*Westermann*, § 77 Rn 1.

7 Vgl BT-Drucks. 16/12813, S. 9.

8 Entwurf eines Gesetzes zur Förderung ehrenamtlicher Tätigkeit im Verein v. 18.3.2011, BR-Drucks. 41/11, S. 6.

9 KGJ 26, A 232; Palandt/*Ellenberger*, § 77 Rn 1; Staudinger/*Habermann*, § 77 Rn 3; MüKo/*Reuter*, § 77 Rn 2; Erman/*Westermann*, § 77 Rn 1.

1 MüKo/*Reuter*, § 78 Rn 2; Staudinger/*Habermann*, § 78 Rn 2; Soergel/*Hadding*, § 78 Rn 2.

2 Gesetz zur Erleichterung elektronischer Anmeldungen zum Vereinsregister und anderer vereinsrechtlicher Änderungen v. 24.9.2009, BGBl. I S. 3145.

B. Regelungsgehalt

I. Voraussetzungen

Das Registergericht ist nur in den ausdrücklich in § 78 benannten Fällen zur Auferlegung eines Zwangsgeldes befugt.[3] Somit ist der Einsatz des gerichtlichen Beugemittels zB unzulässig, wenn der Vorstand sich weigert, den Verein zur Ersteintragung anzumelden (§ 59 Abs. 1) oder bei der Ersteintragung sämtliche, den gesetzlichen Anforderungen entsprechenden Unterlagen vorzulegen (vgl §§ 57–59). Ferner kommt ein Zwangsgeld bei einer Weigerung des Vorstands in Betracht, wegen Unterschreitung der Mindestmitgliederzahl die Entziehung der Rechtsfähigkeit zu beantragen (§ 73). Einer **analogen Anwendung** des § 78 steht in diesen Fällen der bei hoheitlichen Eingriffen, insbesondere bei Strafen und Ordnungsmitteln, geltende Gesetzesvorbehalt nach Art. 20 Abs. 3, 103 Abs. 2 GG entgegen. 2

II. Festsetzung

Gem. Art. 6 Abs. 1 EGStGB ist das Zwangsgeld auf mindestens 5 EUR bis maximal 1.000 EUR zu bestimmen. Das Verfahren über die Festsetzung des Zwangsgeldes ist geregelt in §§ 388 ff FamFG. Das Zwangsgeld richtet sich unmittelbar gegen die konkret anmeldepflichtigen Personen.[4] Wegen des Zwangsgeldes kann daher nicht in das Vereinsvermögen vollstreckt werden.[5] 3

§ 79 Einsicht in das Vereinsregister

(1) [1]Die Einsicht des Vereinsregisters sowie der von dem Verein bei dem Amtsgericht eingereichten Dokumente ist jedem gestattet. [2]Von den Eintragungen kann eine Abschrift verlangt werden; die Abschrift ist auf Verlangen zu beglaubigen. [3]Wird das Vereinsregister maschinell geführt, tritt an die Stelle der Abschrift ein Ausdruck, an die der beglaubigten Abschrift ein amtlicher Ausdruck.

(2) [1]Die Einrichtung eines automatisierten Verfahrens, das die Übermittlung von Daten aus maschinell geführten Vereinsregistern durch Abruf ermöglicht, ist zulässig, wenn sichergestellt ist, dass

1. der Abruf von Daten die zulässige Einsicht nach Absatz 1 nicht überschreitet und

2. die Zulässigkeit der Abrufe auf der Grundlage einer Protokollierung kontrolliert werden kann.

[2]Die Länder können für das Verfahren ein länderübergreifendes elektronisches Informations- und Kommunikationssystem bestimmen.

(3) [1]Der Nutzer ist darauf hinzuweisen, dass er die übermittelten Daten nur zu Informationszwecken verwenden darf. [2]Die zuständige Stelle hat (z.B. durch Stichproben) zu prüfen, ob sich Anhaltspunkte dafür ergeben, dass die nach Satz 1 zulässige Einsicht überschritten oder übermittelte Daten missbraucht werden.

(4) Die zuständige Stelle kann einen Nutzer, der die Funktionsfähigkeit der Abrufeinrichtung gefährdet, die nach Absatz 3 Satz 1 zulässige Einsicht überschreitet oder übermittelte Daten missbraucht, von der Teilnahme am automatisierten Abrufverfahren ausschließen; dasselbe gilt bei drohender Überschreitung oder drohendem Missbrauch.

(5) [1]Zuständige Stelle ist die Landesjustizverwaltung. [2]Örtlich zuständig ist die Landesjustizverwaltung, in deren Zuständigkeitsbereich das betreffende Amtsgericht liegt. [3]Die Zuständigkeit kann durch Rechtsverordnung der Landesregierung abweichend geregelt werden. [4]Sie kann diese Ermächtigung durch Rechtsverordnung auf die Landesjustizverwaltung übertragen. [5]Die Länder können auch die Übertragung der Zuständigkeit auf die zuständige Stelle eines anderen Landes vereinbaren.

Literatur: S. bei Vorbemerkungen zu §§ 55–79.

3 OLG Hamm OLGZ 1979, 1, 2; LG Hof DNotZ 1974, 609; MüKo/*Reuter*, § 78 Rn 2; Bamberger/Roth/Schwarz/*Schöpflin*, § 78 Rn 2; *Reichert*, Rn 4769 f.

4 LG Lübeck SchlHA 1984, 115; Staudinger/*Habermann*, § 78 Rn 4; MüKo/*Reuter*, § 78 Rn 1; Erman/*Westermann*, § 78 Rn 1.

5 Staudinger/*Habermann*, § 78 Rn 4; Soergel/*Hadding*, § 78 Rn 2; MüKo/*Reuter*, § 78 Rn 1; Erman/*Westermann*, § 78 Rn 1.

A. Allgemeines

1 § 79 gewährleistet die **Öffentlichkeit des Vereinsregisters** durch ein umfassendes Recht auf Einsicht und Abschrift sowie den Abruf von Daten aus **EDV-Vereinsregistern**. Die Vorschrift wird durch § 386 FamFG (Negativbescheinigung) sowie durch die Verfahrensvorschriften der §§ 16, 17, 31–36 VRV ergänzt (zum VRV s. Vor § 55 Rn 1). § 79 wurde 1993 durch das RegVBG[1] im Zusammenhang mit der Einführung des EDV-Registers (§ 55 a) wesentlich erweitert. Damals wurden Abs. 1 S. 3–5, Abs. 2–10 neu eingeführt. Das ERJuKoG[2] bildete 2001 den § 79 erneut um, beseitigte das 1993 eingeführte Genehmigungsverfahren für Online-Abrufe (Abs. 3–10 aF) und führte ein **generelles Online-Einsichtsrecht** mit Verbotsvorbehalt für Missbrauchsfälle ein. Durch das 2. Justizmodernisierungsgesetz wurde 2006 Abs. 2 geändert und Abs. 5 um S. 5 ergänzt.[3] Abs. 1 wurde zuletzt im Rahmen der Vereinsrechtsreform 2009 geändert.[4]

B. Regelungsgehalt

I. Recht auf Einsicht und Abschrift

2 **1. Akteneinsicht.** Das Einsichtsrecht nach Abs. 1 S. 1 steht **jedermann** zu. Der Interessent kann nicht auf eine mündliche Unterrichtung aus den Akten verwiesen werden.[5] Das Recht umfasst gem. § 16 Abs. 1 S. 1 VRV die Einsicht in das **Vereinsregister**, in die vom Verein eingereichten **Schriftstücke** sowie in das **Namensverzeichnis** (§ 8 VRV), dh das alphabetische Register aller angemeldeten Vereine. Die Einsicht ist jederzeit ohne vorherige Anmeldung während der Dienststunden auf der Geschäftsstelle des Registergerichts möglich, vgl § 16 Abs. 1 S. 1 VRV. Ein **berechtigtes Interesse** an der Einsichtnahme, wie dies § 13 Abs. 2 FamFG allgemein für die Einsicht in Gerichtsakten fordert, ist nach Abs. 1 S. 1 nicht erforderlich. Für die Einsichtnahme in andere Teile der Registerakten war nach § 16 Abs. 1 S. 2 VRV aF ein berechtigtes Interesse glaubhaft zu machen, sofern der Einsichtswillige nicht Beauftragter einer inländischen Behörde oder ein inländischer Notar ist. Anstelle von § 16 Abs. 1 S. 2 VRV aF gilt nunmehr für die Einsicht in die sonstigen Registerakten die allgemeine Regelung des § 13 FamFG, der in Abs. 4 auch eine besondere Einsichtsregelung für Rechtsanwälte, Behörden und Notare vorsieht.[6] Ein berechtigtes Interesse iSv § 13 Abs. 2, 4 FamFG liegt bei jedem vernünftigerweise gerechtfertigten Interesse auch nur tatsächlicher, wirtschaftlicher oder wissenschaftlicher Art vor, das sich grundsätzlich nicht auf vorhandene Rechte zu stützen braucht.[7] Für die Einsicht in das Vereinsregister werden gem. § 90 KostO **keine Gebühren** erhoben.

3 **2. Abschrift.** Neben dem Einsichtsrecht verschafft Abs. 1 S. 2 jedermann einen Anspruch auf wahlweise einfache oder beglaubigte Abschrift der Registereintragungen. Wird das Vereinsregister maschinell geführt, tritt gem. Abs. 1 S. 3, § 32 VRV an Stelle der einfachen Abschrift der Ausdruck und an Stelle der beglaubigten Abschrift der amtliche Ausdruck. Für die Ausdrucke gelten die Gebührenregelungen gem. §§ 89 Abs. 1, 80, 73 Abs. 2 Nr. 1, 2 KostO. Die Fertigung von Abschriften richtet sich nach § 17 VRV. Zudem hat jeder einen Anspruch auf eine sog. **Negativbescheinigung** (auch Negativattest) gem. § 386 FamFG, dh die ausdrückliche gerichtliche Bescheinigung über das Nichtvorhandensein bestimmter Registereintragungen. Eine Abschrift der Eintragungen des Vereinsregisters sowie die Negativbescheinigung kann ohne Nachweis eines berechtigten Interesses verlangt werden. Werden indes Abschriften der eingereichten **Schriftstücke** begehrt, gelten die allgemeinen Grundsätzen des FamFG-Verfahrens nach § 13 Abs. 2 FamFG, so dass ein berechtigtes Interesse glaubhaft zu machen ist.[8] Die vom Antragsteller zu tragenden **Gebühren** für unbeglaubigte und beglaubigte Abschriften richten sich nach §§ 89 Abs. 1, 80, 73 Abs. 1 Nr. 1, 2 KostO,[9] die Gebühren für eine Negativbescheinigung nach §§ 89 Abs. 2, 80, 33 KostO.

II. EDV-Register

4 **1. Grundsätzliches.** § 385 FamFG iVm § 31 VRV regelt die Art und Weise der Einsicht in das maschinell geführte Register; diese wird durch ein **Datensichtgerät** oder durch Einsicht in einen **aktuellen oder chro-**

1 Registerverfahrensbeschleunigungsgesetz v. 20.12.1993 (BGBl. I S. 2182).
2 Gesetz über elektronische Register und Justizkosten für Telekommunikation v. 10.12.2001, BGBl. I S. 3422.
3 BGBl. I S. 3416.
4 Gesetz zur Erleichterung elektronischer Anmeldungen zum Vereinsregister und anderer Änderungen v. 24.9.2009, BGBl. I S. 3145.
5 OLG Hamm JMBl NRW 1955, 95; *Reichert*, Rn 2339; *Sauter/Schweyer/Waldner*, Rn 426.
6 Gesetz zur Erleichterung elektronischer Anmeldungen zum Vereinsregister und anderer vereinsrechtlicher Änderungen, BGBl. I S. 3145; Gesetzesbegründung BT-Drucks. 16/12813, S. 16.
7 BayObLGZ 1997, 315; BayObLG FGPrax 1997, 32; OLG Frankfurt NJW-RR 1997, 581.
8 Bamberger/Roth/Schwarz/*Schöpflin*, § 79 Rn 2; *Sauter/Schweyer/Waldner*, Rn 427; wohl ebenso MüKo/*Reuter*, § 79 Rn 2; Soergel/*Hadding*, § 79 Rn 3; Staudinger/*Habermann*, § 79 Rn 3.
9 AG Köln NZG 2009, 1317; vgl auch Palandt/*Ellenberger*, § 79 Rn 1.

nologischen Ausdruck gewährt. Wenn eingereichte Schriftstücke auf Bild- oder anderen Datenträgern gespeichert wurden, beschränkt sich das Einsichts- und Abschriftsrecht grundsätzlich auf die Wiedergabe der gespeicherten Daten, vgl § 31 S. 2 VRV. Eine Einsicht oder Abschrift der eingereichten **Originale** ist nach Streichung von Abs. 1 S. 5 aF nicht mehr vorgesehen.[10] Besteht jedoch ein berechtigtes Interesse, zB, weil ein Vereinsmitglied berechtigte Zweifel an der Richtigkeit oder Vollständigkeit der wiedergegebenen Daten glaubhaft macht, ist auch weiterhin von einem solchen Recht auszugehen.[11]

2. Online-Zugriff. Abs. 2 bis 5 ermöglichen ein automatisiertes Datenübermittlungsverfahren auf Abruf, dh den Online-Zugriff auf das Vereinsregister, sofern ein derartiges Register bei dem betreffenden Amtsgericht eingerichtet ist. Die Regelungen entsprechen den Parallelvorschriften über das Handelsregister (§ 9 a HGB) und über das Grundbuch (§ 133 GBO). Gem. Abs. 2 S. 2 können die Länder für das Verfahren ein länderübergreifendes elektronisches Informations- und Kommunikationssystem einrichten. Das Abrufverfahren wird im Einzelnen geregelt durch die §§ 33, 36 VRV. Der Online-Zugriff ermöglicht den vom Ausdruck abzugrenzenden **Abdruck** der Daten, § 33 S. 2 und 3 VRV. Für den Abruf von Daten gilt die Gebührenregelung des § 7 b JVKostO. **5**

Die Einrichtung des automatisierten Verfahrens muss nach Abs. 2 gewährleisten, dass nur ein Datenabruf im Rahmen des Einsichtsrechts möglich ist und die Zulässigkeit der Abrufe aufgrund einer Protokollierung zu kontrollieren ist (§ 36 VRV). Der Online-Zugriff darf nur zu **Informationszwecken** genutzt werden, worauf der Nutzer gem. Abs. 3 S. 1 hingewiesen werden muss. Die Einhaltung des zulässigen Nutzungsrahmens ist stichprobenartig zu kontrollieren (Abs. 3 S. 2, § 36 VRV). Die Kontrolle obliegt gem. Abs. 5 S. 1 der Landesjustizverwaltung, kann durch Rechtsverordnung aber abweichend zugewiesen werden. Die Länder können ferner gem. Abs. 5 S. 5 die Zuständigkeit auch auf die zuständige Stelle eines anderen Landes übertragen. Bei Gefährdung der Funktionsfähigkeit der Abrufeinrichtung, bei Überschreitung des Nutzungsrahmens, bei Datenmissbrauch oder wenn eine Nutzungsüberschreitung oder ein Datenmissbrauch drohen, kann die Kontrollbehörde dem betreffenden Nutzer gem. Abs. 4 S. 1 den künftigen Online-Zugriff verwehren. **6**

Eine **Gefährdung der Funktionsfähigkeit** des Online-Registers liegt zB in der Übertragung von Computerviren[12] oder in dem übermäßigen, technisch nicht mehr vertretbaren Gebrauch durch einen Nutzer.[13] Eine **Überschreitung des Nutzungsrahmens** liegt etwa vor, wenn der gesamte Datenbestand des Registers zum Zwecke einer späteren gewerblichen Nutzung in Konkurrenz zum Handelsregister abgerufen wird[14] oder wenn sich der Nutzer durch Überwindung von Schutzmaßnahmen unberechtigten Zugriff auf Daten verschafft, die vom Einsichtsrecht nach Abs. 1 S. 1 nicht umfasst sind. Ein **Datenmissbrauch** liegt zB in der Nutzung der abgerufenen Daten zu einer unerlaubten Werbung.[15] Unabhängig vom künftigen Zugriffsausschluss kommt ggf eine Strafbarkeit gem. §§ 202 a, 303 a, 303 b StGB in Betracht. **7**

Untertitel 2 Stiftungen

Vor §§ 80 ff

Literatur: *Andrick/Suerbaum*, Stiftung und Aufsicht, 2001; *dies.*, Stiftung und Aufsicht, mit Nachtrag: Das modernisierte Stiftungsrecht, (Stand: September 2002), 2002; *Arens/Rinck*, AnwaltFormulare Gesellschaftsrecht. Schriftsätze, Verträge, Erläuterungen, 3. Auflage 2007; *Badelt/Meyer/Simsa* (Hrsg.), Handbuch der Nonprofit Organisation, 4. Auflage 2007; *Berndt/Götz*, Stiftung und Unternehmen; 8. Auflage 2009; Bertelsmann Stiftung (Hrsg.), Handbuch Bürgerstiftungen, 2. Auflage 2003; *Buchna/Seeger/Brox*, Gemeinnützigkeit im Steuerrecht, 10. Auflage 2010; Bundesverband Deutscher Stiftungen, Die Errichtung einer Stiftung, 5. Auflage 2002; Bundesverband Deutscher Stiftungen (Hrsg.), Bürgerstiftungen in Deutschland – Entstehung.Struktur.Projekte.Netzwerke (Forum Deutscher Stiftungen Bd. 15), 2002; Bund-Länder-Arbeitsgruppe (beim Bundesjustizministerium) Stiftungsrecht, Bericht vom 19.1.2002; *Deininger/Götzenberger*, Internationale Vermögensplanung mit Auslandsstiftungen und Trusts, 2006; *Hennerkes/Schiffer*, Stiftungsrecht – Gutes tun und Vermögen sichern – privat und im Unternehmen, 3. Auflage 2001; *Hopt/Reuter* (Hrsg.), Stiftungsrecht in Europa, 2001; *Hüttemann*, Gemeinnützigkeits- und Spendenrecht, 2008; *Hüttemann/Schön*, Vermögensverwaltung und Vermögenserhaltung im Stiftungs- und Gemeinnützigkeitsrecht, 2007; IDW (Hrsg.), Stiftungen – Rechnungslegung, Kapitalerhaltung, Prüfung und Besteuerung, 1997; *Mecking/Schindler/Steinsdörfer*, Stiftung und Erbe, 3. Auflage 1997 (Materialien aus dem Stiftungszentrum, Heft 21); Münchener Handbuch Gesellschaftsrecht Bd. V: Verein, Stiftung bürgerlichen Rechts; *Muscheler*, Stiftungsrecht, 2005; *Richter/Wachter* (Hrsg), Handbuch des internationalen Stiftungsrechts, 2007; *Roggencamp*, Public Private Partnership. Entstehung und Funktionsweise kooperativer Arrangements zwischen öffentlichem Sektor und Privatwirtschaft, 1999; *Sauter/Schweyer/Waldner*, Der eingetragene Verein, 19. Auflage 2010; *Schauhoff* (Hrsg.), Handbuch der Gemein-

10 BT-Drucks. 16/12813, S. 16; Palandt/*Ellenberger*, § 79 Rn 1.

11 AA die Gesetzesmotive BT-Drucks. 16/12813, S. 16, wonach die elektronischen Akten die Originalakten seien und daher angeblich kein Bedürfnis mehr an einer Einsicht in eingereichte Papierdokumente bestehe.

12 Bamberger/Roth/Schwarz/*Schöpflin*, § 79 Rn 9; RegE, BT-Drucks. 14/6855 S. 18 zu § 9 a HGB.

13 Palandt/*Ellenberger*, § 79 Rn 3.

14 BGHZ 108, 32, 35 ff = NJW 1989, 2818; OLG Köln NJW-RR 2001, 1255; Palandt/*Ellenberger*, § 79 Rn 3.

15 Palandt/*Ellenberger*, § 79 Rn 3.

nützigkeit – Verein – Stiftung – GmbH, 3. Auflage 2011; *Schiffer*, Der Unternehmensanwalt, 1997; *ders.*, Die Stiftung in der Beraterpraxis, 2. Auflage 2009; *Schiffer/v. Schubert*, Recht, Wirtschaft und Steuern im E-Business, 2002; *Schiffer/Rödl/Rott*, Haftungsgefahren in Unternehmen, 2004; *Schindler*, Die Familienstiftung, 1975; *Schindler/Steinsdörfer*, Treuhänderische Stiftungen, 7. Auflage 2002; *Schwintek*, Vorstandskontrolle in rechtsfähigen Stiftungen bürgerlichen Rechts – Eine Untersuchung zu Pflichten und Kontrolle von Leitungsorganen im Stiftungsrecht – insbesondere in Unternehmensträgerstiftungen, 2001; *Seifart/v. Campenhausen* (Hrsg.), Handbuch des Stiftungsrechts, 3. Auflage 2009; *Soergel/Neuhoff*, Stiftungen, §§ 80–88 BGB, Sonderdruck aus: Soergel: Kommentar zum Bürgerlichen Gesetzbuch (13. Auflage), Band 1: Allgemeiner Teil 1 (Stand Frühjahr 2000), 2001; *Staudinger/Hütteman/Rawert*, (2011), §§ 80–89 BGB – Stiftungsrecht; *Steffek*, Die Anforderung an das Stiftungsgeschäft von Todes wegen, 1996; *Stengel*, Kommentar zum Hessischen Stiftungsgesetz, 2. Auflage 2000; Stifterverband für die deutsche Wissenschaft (Hrsg.), Mehr Innovation – Thesen und Empfehlungen zur Zukunft von Public Private Partnerships in der Wissenschaft, 2002; Stifterverband für die Deutsche Wissenschaft (Hrsg.), Private internationale Hochschulen – Profile und Bewertungen, 2002 (erweiterter Sonderdruck aus Wirtschaft & Wissenschaft, 1. Quartal 2002); *Vogel/Stratmann*, Public Private Partnership in der Forschung. Neue Formen der Kooperation zwischen Wissenschaft und Wirtschaft, 2000; *von Löwe*, Familienstiftung und Nachlassgestaltung, 1999; *Wachter*, Stiftungen – Zivil- und Steuerrecht in der Praxis, 2001; *O. Werner/Saenger* (Hrsg), Die Stiftung, 2008.

A. Die Stiftung – Eine besondere juristische Person

1 Die Stiftung ist eine **besondere Rechtsform**, über die selbst unter Juristen oft Unkenntnis herrscht und viele Missverständnisse bestehen. Das mag auch daher rühren, dass sie im BGB und den Landesstiftungsgesetzen[1] nicht ausdrücklich definiert wird. Eine Stiftung wird allgemein als eine von einem Stifter oder von mehreren Stiftern geschaffene Institution verstanden, die die Aufgabe hat, mit Hilfe des ihr gewidmeten Vermögens den festgelegten Stiftungszweck dauernd und nachhaltig zu verfolgen.[2] Sie ist in ihrer im BGB geregelten **Grundform** als **selbständige Stiftung** des Privatrechts eine juristische Person ohne Eigentümer, Gesellschafter oder Mitglieder und ist als eine einem oder mehreren Zwecken gewidmete Zusammenfassung von vermögenswerten Gegenständen (Grundstockvermögen) auf Dauer angelegt. Es werden insbesondere **Förderstiftungen** (Förderung bestimmter Zwecke) und **Trägerstiftungen** (zB Träger einer Krankenanstalt) unterschieden. Zivilrechtliche Folgen lassen sich aus dieser Unterscheidung allerdings nicht ableiten. Sie beschreibt allein die Art und Weise der Zweckerfüllung durch die Stiftung (s. auch § 80 Rn 38 ff). Ganz allgemein gilt, dass der „**Stiftungsbegriff**"[3] des BGB nur durch **Auslegung der gesetzlichen Merkmale** gewonnen werden kann. Er steht also erst nach der Auslegung fest und kann die Auslegung damit nicht anleiten.[4]

2 Das Grundstockvermögen der Stiftung darf grundsätzlich nicht angegriffen werden, es ist in seinem Bestand zu erhalten („**Grundsatz der Vermögenserhaltung**", § 81 Rn 51 ff), denn die Stiftung besteht de facto nur aus diesem Vermögen.[5] Die Verbrauchsstiftung, bei der auch das Grundstockvermögen zur Zweckverfolgung eingesetzt werden darf, ist eine eher seltene und auch umstrittene Ausnahme (näher mN § 80 Rn 18 ff, 22 f).

3 Die Stiftung ist in ihrer Grundform **eine wertneutrale, steuerpflichtige juristische Person des Privatrechts**, die – wie andere Rechtsformen (in der Praxis insb. Vereine und GmbHs, Paradebeispiel: Robert Bosch Stiftung GmbH) auch – gemeinnützig im Sinne der §§ 51 ff AO sein kann, aber es nicht sein muss. Zulässig ist die Verfolgung eines jeden Zwecks, der das Gemeinwohl nicht gefährdet (Gemeinwohlkonforme Allzweckstiftung, § 80 Rn 24 ff).

B. Lebenssachverhalte

4 Stiftungen sind nach aktueller Praxis nicht nur Instrumente zur Umverteilung materieller Werte von Einzelnen in den öffentlichen Bereich. Stiftungen sind auch Institutionen aus der Mitte unserer Gesellschaft, mit deren Hilfe Bürger versuchen, im Sinne des Gemeinwohls Wandel zu bewirken.[6] Das wohl entscheidende Stichwort

1 Die aktuellen Texte der Landesstiftungsgesetze finden sich auf der Homepage des Bundesverbandes Deutscher Stiftungen, Berlin: www.stiftungen.org.
2 S. etwa Seifart/*v. Campenhausen*, § 1 Rn 6; *O. Werner*/Saenger, Rn 9 f.
3 Zu einzelnen Stiftungsbegriffen vgl Staudinger/*Hüttemann*/*Rawert* (2011), Vor §§ 80 ff Rn 1 ff.
4 Vgl in einem strafrechtlichen Zusammenhang zur Ungeeignetheit vorgesetzlicher Begriffsbildung zur Anleitung der Auslegung bereits *Schlehofer*, in: FS Herzberg, 2008, S. 355, 356.
5 S. etwa Palandt/*Ellenberger*, § 80 Rn 5; *Berndt*/Götz, Rn 16.
6 S. dazu auch *v. Arnim*, ZRP 2002, 223.

ist hier die **Bürgergesellschaft**,[7] in der die Stiftung heute zunehmend ihre Rolle findet. Stiften kann heute auf verschiedenen Wegen beinahe jedermann[8] – wenngleich es eher selten eine Stiftung nach § 80 ff BGB sein wird, sondern zB eher eine Zustiftung (§ 80 Rn 49 f). Der Fall der gemeinnützigen Stiftung vermögender Privatpersonen ist vor diesem Hintergrund zwar derjenige, der in der Öffentlichkeit am bekanntesten ist, aber Stiftungen werden zur Vermögenssicherung und Erbfolge nach wie vor gerade auch unternehmensbezogen gegründet (§ 80 Rn 51 ff).[9] Stiftungen kommen für die **Erbfolgegestaltung** vor allem als Familienstiftungen, als gemeinnützige und mildtätige Stiftungen sowie als Doppelstiftungen in Betracht.[10]

Die Lebenssachverhalte, die mit Stiftungen verbunden sind, sind vielfältig.[11] Eines haben aber in der Regel alle diese Lebenssachverhalte gemeinsam: Sie betreffen jeweils die Bereiche Wirtschaft, Recht, Steuern und menschliche Aspekte[12] und erfordern deshalb eine wertende Gesamtbetrachtung[13] von Stifter und Berater.

Drei Hauptmotive für die Errichtung von Stiftungen lassen sich identifizieren, die einzeln oder auch kombiniert auftreten können: Gemeinnützige und mildtätige Motive vielfältiger Art, dazu der Wunsch, die Selbständigkeit eines (Familien-)Unternehmens aufrechtzuerhalten, die Unternehmensnachfolge zu sichern, das eigene Lebenswerk oder das Werk (Vermögen), das von der Familie über viele Generationen aufgebaut wurde, zu erhalten und schließlich der Wunsch nach einer langfristigen finanziellen Absicherung der Familie.[14] **5**

Stiftungen werden heute überwiegend von **Privatpersonen** errichtet, die ihr Vermögen nach ihrem Tod für einen guten Zweck arbeiten lassen wollen und so ihre Erbfolge zumindest teilweise „gemeinnützig" gestalten, um „der Gesellschaft etwas zurückzugeben".[15] Stiftungen werden zunehmend aber **auch** aus dem **unternehmerischen Mittelstand** heraus – etwa auch von erfolgreichen Start-up-Unternehmern – zur Vermögenssicherung und Unternehmensnachfolgeregelung unternehmensbezogen errichtet.[16] Nach Untersuchungen des Instituts für Mittelstandsforschung, Bonn (IfM Bonn), stehen im Zeitraum 2010 bis 2014 knapp 110.000 von den insgesamt über 3.4 Mio. Familienunternehmen in Deutschland zur Unternehmensübertragung an.[17] Um ein Familienunternehmen handelt es sich nach der Definition des IfM Bonn dann, wenn „die Eigentums- und Leitungsrechte in der Person des Unternehmers oder der Unternehmerin bzw. deren Familie vereint sind."[18] Ergänzen lässt sich diese Definition dahin, dass solche Unternehmen die familiäre Verbundenheit und die von der oder den Familien aufgestellten Prinzipien als tragende Elemente ihrer unternehmerischen Tätigkeit betrachten.[19] **6**

C. Statistisches

Derzeit gibt es über deutlich über 18.000 Stiftungen bürgerlichen Rechts in Deutschland, die überwiegend gemeinnützige Stiftungszwecke verfolgen. Die Hälfte wurde allein im vergangenen Jahrzehnt errichtet: durchschnittlich 891 Stiftungen pro Jahr zwischen 2001 und 2010. Man kann durchaus von einer „Reformrendite"[20] sprechen. Der Gesetzgeber hat nämlich durch die Reformen des Stiftungszivilrechts (2002) sowie des (Stiftungs-) Steuerrechts (2000 und 2007)[21] die Errichtung von Stiftungen erheblich gefördert. Doch bereits **7**

7 S. dazu den Tagungsband zur 57. Jahrestagung 2001 des Bundesverbandes Deutscher Stiftungen („Auf dem Weg zur Bürgergesellschaft – Die Rolle der Stiftungen").

8 S. *Schiffer*, ErbR 2008, 94.

9 S. etwa *Nietzer/Stadie*, NJW 2000, 3457.

10 Ausf dazu *Mecking/Schindler/Steinsdörfer*, Stiftung und Erbe, 3. Auflage 1997; Seifart/v. Campenhausen/*Hof*, § 6 Rn 66 ff; *Wachter*, S. 17 ff; *Schiffer*, Stiftung, § 5 Rn 16 ff, § 11 Rn 1 ff; *Schiffer* in: Jubiläumsschrift 10 Jahre DVEV 2005, S. 24 ff; *Schiffer/Kotz*, ZErB 2004, 115. Speziell zur Familienstiftung s. *Schiffer*, FS Spiegelberger, 2009, S. 1358; zur Doppelstiftung: *Schiffer*, BBV 2007, 21; *ders.*, in: Eiselsberger (Hrsg.), Jahrbuch Stiftungsrecht 07 (Wien), 2007, S. 175 ff.

11 Einen Überblick „Zur Situation der Stiftungen in Deutschland" geben Hopt/Reuter/*Mecking*, S. 33 ff; *Schiffer*, NJW 2004, 2497.

12 Einer dieser menschlichen Aspekte ist, dass „Stiften glücklich macht", so *Weizmann*, in: Schiffer, Stiftung, § 1 Rn 31; s. auch *Schiffer*, Gastkommentar, in: Das Magazin der Stiftung BSW (Bahnsozialwerk), 5/2010, 10.

13 Zur Frage der Stiftungsethik (Leitlinien für die Stiftungspraxis) s. Themenheft Deutsche Stiftungen (Mitteilungen des Bundesverbandes Deutscher Stiftungen) 1/1999.

14 Näher *Schiffer*, Stiftung, § 1 Rn 28 ff; eingehend zu den Motiven der Stifter *Timmer*, Stiften in Deutschland. Die Ergebnisse der Stifterstudie, 2005.

15 Anschauliche Beispiele finden sich etwa bei *Martin/Wiedemeier*, Stiftungsideen, 2002, und bei Stiftung Rheinland-Pfalz für Kultur (Hrsg.), Freude am Stiften – Stiftungskultur in Rheinland-Pfalz, 2000.

16 Zur Unternehmensnachfolge mittels Stiftungen *Schiffer*, Stiftung, § 11 Rn 1 ff.

17 Institut für Mittelstandsforschung Bonn, Unternehmensnachfolgen in Deutschland 2010 bis 2014, als pdf abrufbar unter: http://www.ifm-bonn.org/index.php?id=855 (zuletzt abgerufen am 1.4.2011).

18 So die Definition des Instituts für Mittelstandsforschung Bonn unter: http://www.ifm-bonn.org/index.php?id=68 (zuletzt abgerufen am 1.4.2011).

19 S. schon *Schiffer*, Der Unternehmensanwalt, S. 161 f.

20 Vgl das Statement des Generalsekretärs des Bundesverbandes Deutscher Stiftungen *Prof. Dr. Hans Fleisch* vom 3.2.2010, das unter: http://www.stiftungen.org/de/presse/pressematerial.html abgerufen werden kann (letzter Abruf am 1.4.2011).

21 Näher *Schiffer*, Stiftung, § 3 Rn 1 ff mwN; vgl auch AnwK-BGB/*Schiffer*, § 80 Rn 21 ff.

zuvor stieg die Zahl der jährlichen Neuerrichtungen kontinuierlich an, nämlich von 184 im Jahre 1990 auf 564 im Jahre 1999. Nimmt man die in den neunziger Jahren des vergangenen Jahrhunderts neu errichteten Stiftung hinzu, so kommt man auf 70 % der heute in Deutschland existierenden Stiftungen.[22]

D. Verwirrungen und Klarstellungen

8 Für Verwirrung bei potenziellen Stiftern und auch in der wissenschaftlichen Diskussion[23] führt immer wieder, dass bei der Rechtsfigur „Stiftung" der Gedanke der Gemeinnützigkeit mitzuschwingen scheint; wurden doch in früheren Zeiten Stiftungen meist als **„gute Werke"** errichtet.[24] Oft trugen sie den Zusatz „fromm" oder „mild". Die rechtsfähige Stiftung ist entgegen manchem Missverständnis und Vorurteil aber eine wertneutrale, steuerpflichtige juristische Person (Rn 3). Sie ist als gemeinwohlkonforme Allzweckstiftung (§ 80 Rn 24 ff) in der Praxis vielfältig einsetzbar (zB als Bürgerstiftung, „Unternehmensnachfolgestiftung" etc.; s. auch § 80 Rn 38. **Körperschaftsrecht und Steuerrecht** sind als zwei gesonderte Rechtsgebiete auch bei den Stiftungen zu **trennen**! Sofern eine Stiftung unmittelbar oder mittelbar unternehmerisch tätig ist, kann sie sich den Gesetzmäßigkeiten des Wirtschaftslebens, wie insbesondere der Steuerpflicht, nicht entziehen.

9 Die Stiftung ist deshalb **weder** ein **Steuersparansatz noch** ein **Allheilmittel** zur Regelung der **Unternehmensnachfolge** im Mittelstand. Die Stiftung ist eine spezielle Rechtsfigur für spezielle Fälle. Dabei muss ein Stifter bestimmte persönliche Qualifikationen erfüllen, die sich als **„Stiftungsreife"** (§ 80 Rn 90 ff) bezeichnen lassen. Auch ein Unternehmer muss beispielsweise wie jeder andere Stifter mit seiner Familie vor allem gewillt sein, zu akzeptieren, dass mit der Stiftung eine eigenständige, von seinem zukünftigen Willen unabhängige juristische Person ins Leben gerufen wird, der das erforderliche Stiftungsvermögen dauerhaft übertragen wird. Die einmal genehmigte Stiftung genießt mit ihrem jeweiligen spezifischen Stiftungszweck staatlichen Bestandsschutz – und zwar auch gegenüber dem Stifter.

E. Reform des Stiftungszivilrechts 2002

10 Die „Politik" entdeckte die Stiftung vor geraumer Zeit – nicht zuletzt angesichts der zunehmend leeren öffentlichen Kassen. Das Stiftungszivilrecht wurde nach intensiven Diskussionen[25] 2002 modernisiert. Ebenso wurden das Stiftungssteuerrecht (zur steuerbefreiten Stiftung s. § 80 Rn 66 ff) und das Spendenrecht modernisiert.[26]

11 Für das neue Recht wurde ein sehr pragmatischer und praxisnaher Ansatz ohne wesentliche materielle Änderungen gewählt.[27] Die Neuregelung im BGB,[28] die ab dem 1.9.2002 gilt, stärkt vor allem die Stifterfreiheit, indem sie durch eine bundeseinheitliche Regelung die rechtlichen Anforderungen für die Errichtung einer Stiftung transparenter und einfacher gestaltet. Der Gesetzgeber hat die bewährten Grundlagen des Deutschen Stiftungsrechts gestärkt. Er hat den Wunsch mancher nach zusätzlicher Regulierung des Stiftungsrechts ausdrücklich nicht erfüllt. Die **breit gefächerten Möglichkeiten für Stiftungsgestaltungen** einschließlich der Familienstiftung (s. § 80 Rn 41 ff) und der unternehmensverbundenen Stiftung (s. § 80 Rn 51 ff) sind mit dem neuen Gesetz gesichert.[29] Die von verschiedenen Seiten vorgebrachten Vorbehalte u.a. gegenüber unternehmensverbundenen Stiftungen sind ins Leere gegangen und sollten damit endgültig überholt sein (vgl aber auch § 80 Rn 53 ff).[30] Der Gesetzgeber hat den Stiftern mit dem neuen Recht – nach wie vor – eine große Freiheit gelassen und ihnen nicht etwa Vorgaben für eine bestimmte interne Struktur ihrer Stiftung gegeben.

F. Landesstiftungsgesetze

12 Mit dem neuen Bundesstiftungsrecht im BGB sind die Voraussetzungen für das Entstehen einer rechtsfähigen Stiftung bundeseinheitlich im BGB geregelt. Neben dem Stiftungszivilrecht im BGB gelten die verschiedenen

22 Vgl zu diesem Absatz die vom Bundesverband Deutscher Stiftungen erhobenen Zahlen, die man auszugsweise im Internet findet: http://www.stiftungen.org/de/news-wissen/zahlen-daten.html (zuletzt abgerufen am 1.4.2011) und die jährlich im „StiftungsReport" des Bundesverbandes veröffentlicht werden.

23 Dazu näher *Schiffer*, Stiftung, § 2 Rn 25 ff.

24 So auch Bundesverband Deutscher Stiftungen, Die Errichtung einer Stiftung, S. 13.

25 S. AnwK-BGB/*Schiffer*, § 80 Rn 21 ff; *Schiffer*, Stiftung, § 3 Rn 2 ff mwN.

26 Überblick bei *Schiffer*, Stiftung, § 10 Rn 21 ff; s.a. AnwK-BGB/*Schiffer*, § 80 Rn 21 ff; *Jost*, DB 2000, 1248.

27 S. die hilfreiche Synopse von altem und neuem Recht bei *Schwarz*, DStR 2002, 1767, 1771.

28 Näher dazu *Nissel*, Das neue Stiftungsrecht, 2002; *Andrick/Suerbaum*, NJW 2002, 2905; *Lex*, Stiftung & Sponsoring, 4/2002, 15; *Schwarz*, DStR 2002, 1718 ff und 1767.

29 Deutsche Stiftungen (Mitteilungen des Bundesverbandes Deutscher Stiftungen) 2/2002, 1; s.a. *Schiffer*, BB 42/2002, Die erste Seite (Kommentar); Palandt/*Ellenberger*, Vor § 80 Rn 6, § 80 Rn 9 mwN unter Hinweis auf *Schiffer/v. Schubert*, DB 2002, 265.

30 *Schiffer*, ZSt 2003, 252.

Landesstiftungsgesetze, soweit nicht im BGB eine vorrangige und abschließende materiellrechtliche Regelung getroffen wurde,[31] was insbesondere bei der Regelung der Anerkennung von Stiftungen der Fall ist.[32] Die Landesstiftungsgesetze wurden inzwischen[33] alle an das modernisierte Stiftungszivilrecht angepasst.[34] Dazu hatten *Hüttemann* und *Rawert* einen **Modellentwurf eines Landesstiftungsgesetzes** vorgelegt.[35] Die aktuellen Landesstiftungsgesetze findet man u.a. auf der Internetseite des Bundesverbandes Deutscher Stiftungen.[36] Als beispielhaft sei hier das Landesstiftungsgesetz von Rheinland-Pfalz[37] hervorgehoben.

Im Einzelnen umstritten ist das Verhältnis des Bundes- zum Landesrecht. Unstreitig ist, dass die Landesgesetzgeber befugt sind, die öffentlich-rechtlichen Fragen des Anerkennungsverfahrens sowie der Stiftungsaufsicht zu regeln.[38] Problematisch sind allerdings alle Regelungen, die sich in ihrem Regelungsgehalt mit denen der §§ 80 ff überschneiden können. Das sind zB landesrechtliche Vorgaben zur Verwaltung des Stiftungsvermögens (vgl etwa Art. 6 StiftG Bayern, § 6 StiftG Hessen) oder zur Zweckänderung und Aufhebung der Stiftung (vgl etwa § 9 Abs. 2 StiftG Hessen, § 6 Abs. 1 StiftG Schleswig-Holstein). Hier sind noch viele Einzelfragen umstritten,[39] worauf in dieser Kommentierung jeweils an geeigneter Stelle eingegangen wird. **13**

G. „Konkurrenzen“: Stiftungs-GmbH etc.

Die Widmung von Vermögen zu einem dauerhaften Zweck kann nicht nur über eine Stiftung erfolgen.[40] Die **Bezeichnung „Stiftung“** wird in der Praxis etwa **auch für Vereine oder Gesellschaften mit beschränkter Haftung verwendet**.[41] Dieser eher verwirrende Gebrauch des Schlagwortes „Stiftung“ in der Firma einer GmbH ist zulässig, wenn die Gesellschaft ein einem bestimmten Zweck gewidmetes Vermögen verwaltet.[42] So muss etwa auch ein Stiftungs-Verein[43] anders als ein „normaler“ gemeinnütziger Verein über eine **kapitalartige Vermögensausstattung** oder jedenfalls über eine gesicherte Anwartschaft darauf verfügen, damit eine dem Wesen einer Stiftung entsprechende Aufgabenerfüllung zumindest über einen gewissen Zeitraum sichergestellt ist. Verfolgt ein Verein seinen Zweck alleine mit Mitgliedsbeiträgen und/oder Spenden, darf er sich nicht „Stiftung“ nennen. **14**

Die GmbH ist die in Deutschland am weitesten verbreitete Gesellschaftsform.[44] Da eine GmbH zur Erreichung jedes beliebigen Zwecks errichtet werden kann, kann sie auch für einen gemeinnützigen und/oder mildtätigen Zweck errichtet werden. Die **Stiftungs-GmbH**[45] ist anders als die auch mögliche Stiftungs-AG[46] relativ weit verbreitet. Besonders hinzuweisen ist auf den Grundsatz der Satzungsstrenge[47] und die Möglichkeit der sog. kleinen AG. Die **Stiftungs-AG** ist deshalb ganz selten, weil das AktG wesentlich weniger Gestaltungsfreiheit als das GmbHG gibt. So leitet bei der AG der Vorstand die Gesellschaft nach § 76 Abs. 1 AktG in eigener Verantwortung, wohingegen die Gesellschafter einer GmbH einen starken Einfluss auf die Geschäftsführung der Gesellschaft nehmen können. **15**

Es soll ca. 150 **Stiftungsvereine**[48] in Deutschland geben,[49] die nicht mit den „normalen“ gemeinnützigen Vereinen zu verwechseln sind,[50] von denen es hunderttausende gibt. Der Stiftungs-Verein muss anders als diese über eine kapitalartige Vermögensausstattung oder jedenfalls über eine gesicherte Anwartschaft darauf verfügen, damit eine dem Wesen einer Stiftung entsprechende Aufgabenerfüllung zumindest über einen **16**

31 Palandt/*Ellenberger*, Vor § 80 Rn 13; *Hüttemann/Rawert*, ZIP 2002, 2019.

32 Staudinger/*Hüttemann*/*Rawert* (2011), Vor §§ 80 ff Rn 75 mwN.

33 Zuletzt das StiftG des Landes Sachsen-Anhalt v. 20.1.2011, in Kraft getreten am 1.2.2011, GVBl. LSA 2011, 14.

34 S. dazu etwa *Richter*, ZEV 2003, 314; *Schwintek*, Stiftung & Sponsoring, 1/2004, 19; *Schindler/Lewitzki*, Stiftung & Sponsoring, 1/2004, 23.

35 ZIP 2002, 2019.

36 Unter: http://www.stiftungen.org/de/news-wissen/recht-steuern-finanzen/landesstiftungsgesetze.html (zuletzt aufgerufen am 1.4.2011).

37 LT-Drucks. 14/3129.

38 Vgl nur Seifart/*v. Campenhausen*, § 3 Rn 9; Staudinger/*Hüttemann*/*Rawert* (2011), Vor §§ 80 ff Rn 75.

39 Näher zur Diskussion und teilweise mit unterschiedlichen Ergebnissen *Burgard*, Gestaltungsfreiheit im Stiftungsrecht, 2006, S. 358 f; *Muscheler*, Stiftungsrecht, S. 71 ff, 79 ff; MüKo/*Reuter*, § 85 Rn 4, § 87 Rn 14 ff; Seifart/v. Campenhausen/*Hof*, § 7 Rn 122 f; Staudinger/*Hüttemann*/*Rawert* (2011), Vor §§ 80 ff Rn 27 ff.

40 Näher Seifart/*v. Campenhausen*, § 2 Rn 19 ff; anschaulich etwa: *Wochner*, Die Roten Seiten zum Magazin Stiftung & Sponsoring, 2/1999; *Wachter*, S. 201 ff; *Berndt*/Götz, Rn 1981 ff.

41 S. auch *Berndt*/Götz, Rn 17.

42 OLG Stuttgart NJW 1964, 1231 = GmbHR 1964, 116; kritisch *O. Werner*/Saenger, Rn 1 f.

43 S. *Sauter/Schweyer/Waldner*, Rn 59.

44 *Lutter/Hommelhoff*, GmbH-Gesetz, 17. Auflage 2009, Einleitung Rn 1; *Hansen*, GmbHR 1999, 24.

45 Näher *Priester*, GmbHR 1999, 149.; O. Werner/*Saenger*, Rn 937 ff; *von Holt/Koch*, Gemeinnützige GmbH, 2. Auflage 2009; *Wengel/Kiel*, StuB 2002, 952; *Wochner*, DStR 1998, 1835; zum Steuerrecht der gemeinnützigen GmbH s. *Schröder*, DStR 2008, 1069.

46 S. *Wachter*, S. 217.

47 § 23 Abs. 5 AktG.

48 S. O. Werner/*Saenger*, Rn 942; *Schlüter/Stolte*, Stiftungsrecht, Kap. 4 Rn 35.

49 *Schlüter/Stolte*, Stiftungsrecht, Kap. 4 Rn 31.

50 S. *Sauter/Schweyer/Waldner*, Rn 59.

gewissen Zeitraum sichergestellt ist. Verfolgt ein Verein seinen Zweck alleine mit Mitgliedsbeiträgen und/oder Spenden, darf er sich nicht „Stiftung" nennen. Die Privatautonomie des Vereinsrechts und die Vereinsautonomie[51] eröffnen einen großen Gestaltungsspielraum.

17 Eine **Stiftung** zeichnet sich unabhängig von dem „Phänomen" der **Verbrauchsstiftung** (s. § 80 Rn 18 ff, 22 f) vor allem durch ihre **Stetigkeit** („**Ewigkeitstendenz**") aus. Wesentliche Merkmale der Stiftung sind zudem (s. Rn 1), dass sie keine Mitglieder/Gesellschafter hat, dass ihr Vermögen einem bestimmten Zweck dient, dass sie – außer im Fall der treuhänderischen Stiftung – staatlich anerkannt werden muss, um als juristische Person zu entstehen, dass sie grundsätzlich der staatlichen (Dauer-)Aufsicht unterliegt (s. § 80 Rn 93 ff), dass Satzungsänderungen nur unter engen Voraussetzungen erfolgen können und dass durch das Stiftungssteuerrecht bestimmte Steuervorteile nur für Stiftungen bestehen. Vor allem § 58 Nr. 5 AO gilt nur für Stiftungen. Die GmbH, die Aktiengesellschaften und der eingetragene Verein als Rechtsformen haben im Gegensatz zur Stiftung Mitglieder/Gesellschafter. Sie sind auf einen vorübergehenden Zeitraum angelegt und unterliegen keiner staatlichen Daueraufsicht. Satzungsänderungen können problemlos durch die jeweiligen Mitglieder/Gesellschafter beschlossen werden.

18 Die Stetigkeit der Stiftung durch die „**Verewigung des Stifterwillens**" kann wegen mangelnder Flexibilität zugleich ihr Nachteil sein; dem ist gegebenenfalls gestalterisch gegenzusteuern.[52] Die grundsätzlich vorteilhafte Flexibilität der Alternativformen (Kapitalgesellschaften, Verein) ist in Sachen Kontinuität allerdings ihr Nachteil. Entscheidend ist bei den Alternativformen anders als bei der Stiftung nicht der (damalige) Wille des oder der „Stifter", sondern der aktuelle Wille und die jeweiligen Vorstellungen der Gesellschafter/Mitglieder; eine dauerhafte Vermögensbindung und Zweckverfolgung im Sinne der „Gründer" ist nicht garantiert.

19 „**Stiftungen**" im Sinne einer Vermögensverselbständigung unter eigenständiger Organisation (mit einer Aufsichtsbehörde!) zu einem auf Dauer angelegten Zweck können **am ehesten** über die Rechtsform der **rechtsfähigen Stiftung** des Privatrechts vollzogen werden. Die genannten Ersatzformen sind nur „Lösungen zweiter Klasse", die versuchen, den Stiftungsansatz künstlich zu imitieren. Soll über eine der Alternativformen dennoch die Verstetigung des „Gründerwillens" und die dauerhafte Verfolgung des gewählten Zwecks erreicht werden, ist ausgefeilte und aufwändige juristische Vertragstechnik erforderlich, um die typischen Merkmale dieser Organisationsformen „zu unterdrücken". Die Zahl der Mitglieder ist langfristig bewusst klein zu halten. Die Mitgliedschaftsrechte, Geschäftsanteile und Aktien sollten nur treuhänderisch übertragen werden, wobei sicherzustellen ist, dass sie unveräußerlich und nicht vererblich sind. Satzungsänderungen und Zweckänderungen sind durch Einstimmigkeitserfordernisse und/oder Genehmigungserfordernisse (Beirat/Stiftungsrat) zu erschweren. Auch dann hat der „Stifter" aber keine endgültige Sicherheit. Möglicherweise wünscht er aber für seine Zwecke gerade die hier nur skizzierten Punkte der Alternativlösungen. Von daher gibt es hier nicht richtig oder falsch, sondern nur die Frage danach, was der Stifter für seine Zwecke wünscht und durch welche Rechtsform die Wünsche am ehesten erfüllt werden können.

20 In gewisser Weise kann man auch die **Dauertestamentsvollstreckung** als eine Alternativgestaltung zu einer Stiftung sehen, denn auch sie läuft lange und lässt sich nach § 2210 S. 1 auf 30 Jahre und ggf nach § 2210 S. 2 auch auf einen längeren Zeitraum erstrecken. Je größer die Zahl der Erben, je schutzbedürftiger ein Erbe, je komplizierter der Nachlass ist, je weniger einträchtig die Erben vermutlich sein werden, desto näher liegt der Gedanke an die Einsetzung eines Testamentsvollstreckers.[53] Sofern bei dem plötzlichen Ableben des Erblassers der vorgesehene Erbe beispielsweise die Unternehmerfunktion voraussichtlich nicht voll wird wahrnehmen können, bietet sich die Dauertestamentsvollstreckung an. Der Testamentsvollstrecker übernimmt zeitlich begrenzt die Unternehmensführung oder die Ausübung des Stimmrechts für eine Gesellschaftsbeteiligung.

21 Neben den damit verbunden rechtlichen Schwierigkeiten und Bedenken[54] sprechen grundsätzlich auch betriebswirtschaftliche Erwägungen gegen eine Dauertestamentsvollstreckung im unternehmerischen Bereich. Der Leiter/Geschäftsführer eines Unternehmens muss ein „Profi" mit entsprechender Führungs- und Branchenerfahrung sein. Er benötigt gänzlich andere Qualifikationen als sie von einem Testamentsvollstrecker typischerweise verlangt werden. Sinnvoll erscheint es allenfalls, dass ein Testamentsvollstrecker zur Überwachung der Geschäftsführung tätig wird. Aber auch in einem solchen Fall benötigt er entsprechende Spezialkenntnisse und Erfahrungen etwa als Beirats- oder Aufsichtsratsmitglied. Insgesamt erscheint hier ein entsprechend besetzter Beirat[55] wesentlich sinnvoller.

51 S. nur *Sauter/Schweyer/Waldner*, Rn 39 a ff; *Wachter*, S. 226 ff.

52 Dazu *Schiffer*, Stiftung, § 11 Rn 53 ff.

53 Zur Testamentsvollstreckung bei der Unternehmensnachfolge anschaulich *Lorz/Kirchdörfer*, Unternehmensnachfolge, 2002, S. 79 ff; *Rott/Kornau/Zimmermann*, Testamentsvollstreckung, 2008, § 7 Rn 71 ff; s. auch *Arnhold*, Die selbständige Stiftung und der Testamentsvollstrecker, 2010.

54 S. nur *Lorz/Kirchdörfer*, Unternehmensnachfolge, 2002, S. 82 ff mit zahlreichen Praxisbeispielen.

55 Arens/Rinck/*Schiffer*, § 16 Rn 18 ff.

H. Die unselbständige/treuhänderische Stiftung

22 Die unselbständige Stiftung[56] (auch treuhänderische oder fiduziarische Stiftung genannt) ist keine juristische Person,[57] sondern eine schuld- oder erbrechtliche Gestaltung, durch die eine rechtsfähige Stiftung nachgeahmt (simuliert) wird.[58] Der BGH beschreibt sie wie folgt: „Unter einer unselbständigen Stiftung versteht man die Übertragung von Vermögenswerten auf eine natürliche oder juristische Person mit der Maßgabe, diese als ein vom übrigen Vermögen des Empfängers getrenntes wirtschaftliches Sondervermögen zu verwalten und dauerhaft zur Verfolgung der vom Stifter gesetzten Zwecke zu verwenden."[59] Der Treuhänder/Stiftungsträger wird (treuhänderisch) Eigentümer der Vermögenswerte. Treuhänder kann natürlich auch eine (selbständige) Stiftung sein. Die unselbständige Stiftung kann unter Lebenden oder von Todes wegen errichtet werden. Da sie keine juristische Person ist, kann sie nicht als Erbin eingesetzt werden; Erbe kann nur der Treuhänder sein. Weder die §§ 80 ff noch die Landesgesetze finden Anwendung. Die Errichtung einer unselbständigen Stiftung erfordert also kein staatliches Anerkennungsverfahren. Ein Mindestkapital ist für die Errichtung einer unselbständigen Stiftung ebenfalls nicht erforderlich, da § 80 Abs. 2 keine Anwendung findet (s. aber sogleich Rn 23). Die unselbständige Stiftung kann auch als Verbrauchsstiftung (§ 80 Rn 22 f) ausgestaltet werden.[60]

23 Auch eine unselbständige Stiftung **kann** etwa wegen Mildtätigkeit oder Gemeinnützigkeit **steuerbefreit** sein. Dabei ist die Gemeinnützigkeit des Trägers der unselbständigen Stiftung nicht erforderlich. Es ist jedoch in Stiftungsgeschäft und Satzung der unselbständigen Stiftung die Gemeinnützigkeit festzulegen und festzuhalten, dass die Mittel nur für die vom Stifter festgelegten steuerbegünstigten Zwecke verwendet werden können. Hier wird in der Regel eine sehr genaue Abstimmung des Stiftungszwecks mit dem Aufgabenbereich des vorgesehenen Trägers/Treuhänders erforderlich sein. Das spricht dafür, eine unselbständige Stiftung bereits **zu Lebzeiten** zu **errichten** (s. auch § 83 Rn 26 f). Die unselbständige Stiftung unterliegt **keiner staatlichen Aufsicht**. Im Fall der Steuerbefreiung wacht **aber** natürlich die **Finanzverwaltung** über die Einhaltung der einschlägigen Steuervorschriften (insb. §§ 51 ff AO). Auf dieser Grundlage wird von Teilen der Finanzverwaltung die Forderung erhoben, dass eine unselbständige Stiftung über ein Vermögen von mindestens 25.000 EUR verfügen müsse, um als gemeinnützig anerkannt zu werden.[61] Aus welcher Vorschrift des Gemeinnützigkeitsrecht das zu folgern sein soll, bleibt allerdings unklar. Aufschlussreich ist es, dass solche Anforderungen an andere Rechtsformen, etwa an einen Verein, nicht gestellt werden. Das Schlagwort „Stiftung" scheint hier für Verwirrung zu sorgen.

24 **Das Stiftungsgeschäft unter Lebenden** ist bei der unselbständigen Stiftung ein Vertrag zwischen dem Stifter und dem Stiftungsträger. Wie das OLG Oldenburg[62] gezeigt hat, kann eine unselbständige Stiftung deshalb auch unter bestimmten Voraussetzungen „errichtet" werden, ohne dass sich die Vertragsparteien dessen im Einzelnen bewusst sind.

Umstritten ist die **Rechtsnatur** des Vertrages zwischen Stifter und Stiftungsträger. Dabei wird oft übersehen, dass die Frage in die Irre führt. Aufgrund der Vertragsfreiheit kann nämlich auf verschiedenen Wegen versucht werden, eine selbständige Stiftung „nachzuahmen".[63] Im Einzelfall ist dann jeweils durch Auslegung zu ermitteln, welche Gestaltung gewählt wurde. Zu unterscheiden sind in der Praxis vor allem die folgenden Gestaltungsmöglichkeiten, wobei Einzelheiten, wie erwähnt, durchaus umstritten sind:[64]

25 Der Stifter kann der von ihm gewählten Person seines Vertrauens die von ihm dem Stiftungszweck gewidmeten Vermögenswerte unter der Auflage übertragen, sie entsprechend zu verwenden (**Schenkung unter Auflage oder Zweckschenkung**). Zwar wird der Treuhänder nur formal (= treuhänderisch) Eigentümer der Vermögenswerte, dennoch ist die schenkungsrechtliche Bereicherung bei ihm gegeben, da die Vertrauensstellung als Treuhänder an sich schon als Vorteil bei ihm anzusehen ist.[65] Ein Schenkungsversprechen bedarf der notariellen Beurkundung (§ 518 Abs. 1 BGB). In der Praxis wird diese Form allerdings oftmals nicht einge-

56 *Schiffer*, Stiftung, § 2 Rn 40 ff; *Schindler/Steinsdörfer*; *A. Werner*, ZSt 2008, 51; *O. Werner*, ZSt 2008, 58.

57 Palandt/*Ellenberger*, Vor § 80 Rn 10; Seifart/v. Campenhausen/*Hof*, § 36 Rn 1; aA *Bruns*, JZ 2009, 840 (s. dazu auch das Interview mit *Bruns* auf www.stiftungsrecht-plus.de). Zur treuhänderischen Stiftung als juristischer Person iSd UstG (§ 3 a Abs. 2 S. 3 UStG) s. *Spilker*, ZStV 2010, 127.

58 Hopt/Reuter/*K. Schmidt*, S. 175, 180 ff spricht von einer „virtuellen Stiftung".

59 BGH, Urt. v. 12.3.2009 – III ZR 142/08, Rn 14 mwN; s. auch *Muscheler*, Die unselbständige Stiftung, in: Andrick/Hellmig/Janitzki/Muscheler/Schewe (Hrsg.), Die Stiftung, Jahreshefte zum Stiftungswesen, 1. Jahrgang 207, S. 59.

60 *Wallenhorst*, DStR 2002, 986.

61 So die Oberfinanzdirektion Rheinland (Köln/Düsseldorf), die ihren Standpunkt, soweit ersichtlich, nicht veröffentlicht hat; s. aber schon *Schiffer*, NJW 2006, 2528, dort auch zur Kritik.

62 Urt. v. 18.11.2003, 12 U 60/03 (unveröffentlicht), näher *Schiffer,* Stiftung, § 2 Rn 53.

63 BGH, Urt. v. 12.3.2009 – III ZR 142/08, Rn 15: [E]ntscheidend ist, welche Rechtsform die Parteien gewählt haben, nicht welche sie hätten wählen sollen."

64 Ausf. mwN Seifart/v. Campenhausen/*Hof*, § 36 Rn 23 ff; Staudinger/*Hüttemann/Rawert* (2011), Vor §§ 80 ff Rn 231 ff; Hopt/Reuter/*K. Schmidt*, Stiftungsrecht in Europa, 2001, S. 175, 180 ff; O. Werner/Saenger/*A. Werner*, Rn 952 ff.

65 Seifart/v. Campenhausen/*Hof*, § 36 Rn 34.

halten. Der Mangel der Form wird aber jedenfalls durch die Bewirkung der Leistung (sprich: die Übertragung) geheilt (§ 518 Abs. 2 BGB).

26 Der Stifter kann mit der betreffenden Person direkt und (sinnvollerweise) schriftlich ein **Treuhandverhältnis** vereinbaren. Für das Treuhandverhältnis gilt bei Unentgeltlichkeit das Auftragsrecht (§§ 662 ff BGB). Bei Entgeltlichkeit findet das Recht der Geschäftsbesorgung Anwendung (§ 675 BGB).

27 Möglich ist auch ein **Vertrag eigener Art**, wenn der Stifter und der Treuhänder von den gesetzlichen Vorgaben abweichen wollen.[66]

28 Die Einzelheiten wird der Stifter mit dem Stiftungsträger aushandeln und in einer „Stiftungssatzung" festhalten, die man richtigerweise als „**Organisationsvertrag**"[67] bezeichnen sollte. Für den Inhalt dieses Vertrages gilt entsprechend das, was noch zur Satzung der rechtsfähigen Stiftung des Privatrechts auszuführen sein wird (§ 81 Rn 15 ff). Wegen der bereits angesprochenen teilweise umstrittenen Einzelheiten zu den zivilrechtlichen Grundlagen der treuhänderischen Stiftung ist dem Stifter und dem Treuhänder zu möglichst genauen und klaren Regelungen zu raten, die der Stifter über seine letztwilligen Verfügungen etwa durch Auflagen an seine Erben absichern sollte.

29 Die treuhänderische Stiftung ist nicht zwingend endgültig. Zu beachten sind vor allem folgende Punkte:

30 Im Fall der **Schenkung** kann die Übertragung der Vermögenswerte wegen Notbedarf verweigert werden (§ 519 BGB). Zudem können die treuhänderisch geschenkten Vermögenswerte unter den jeweiligen gesetzlichen Voraussetzungen wegen Nichtvollziehung der Auflage (§ 527 BGB), wegen Verarmung des Schenkers (§ 528 f BGB) oder wegen groben Undanks (§ 530 BGB) zurückgefordert werden

31 Ein **Treuhandverhältnis nach Auftragsrecht** kann grundsätzlich jederzeit widerrufen (Stifter) oder gekündigt (Treuhänder) werden (§ 671 BGB, § 675 BGB), dh ggf auch von den Erben des Stifters widerrufen werden. (Endgültigkeit erreicht der Stifter hier eher über eine Zweckschenkung.) Zu Absicherung seines Stiftungswunsches kann der Stifter das Kündigungsrecht auf wichtige Gründe beschränken und auch die wichtigen Gründe konkret definieren. Zu denken ist auch an eine letztwillige Auflage an die Erben, den Treuhandvertrag nicht zu widerrufen, was ggf ein Testamentsvollstrecker überwachen kann.

32 Bei einer treuhänderischen Stiftung **von Todes wegen**[68] (Testament, Erbvertrag, Vermächtnis) errichtet typischerweise ein Testamentsvollstrecker die Stiftung für den Erblasser, der beispielsweise die Stiftungserrichtung durch eine Auflage für seine Erben bestimmt. Dem Treuhänder sind dann dementsprechend die Vermögenswerte zu übertragen. Wegen der testamentarischen Errichtung ist ein Widerruf durch die Erben ausgeschlossen.

33 Bei der **Auswahl des Stiftungsträgers (Treuhänders)** für die unselbständige Stiftung ist besondere Sorgfalt anzuwenden. Die Auswahl einer juristischen Person, vor allem einer solchen des öffentlichen Rechts, hat den Vorteil, dass diese anders als natürliche Personen zumindest potenziell unsterblich ist. In der Regel werden daher als Stiftungsträger bereits bestehende selbständige Stiftungen, Gesellschaften, Vereine oder auch Universitäten oder Gemeinden gewählt. Zu nennen ist in diesem Zusammenhang vor allem der Stifterverband in Essen. Der Stifter sollte dabei besonderen Wert darauf legen, dass der Stiftungsträger über eine Organisation verfügt, deren Kontrollmechanismen (insbesondere Aufsichtsorgane, zB Beirat) die Verwendung der treuhänderisch übertragenen Mittel für den gewählten Stiftungszweck sicherstellen. Zum Abschluss sei hier erwähnt, dass in jüngerer Zeit diskutiert wurde, ob für die Verwaltung einer unselbständigen Stiftung, dh für den Treuhänder eine bankenrechtliche Erlaubnis erforderlich ist.[69] Die BaFin hat nunmehr klargestellt, dass sie eine solche Erlaubnis für den Normalfall der unselbständigen Stiftung, bei dem eine Rückübertragung des Stiftungsvermögens auf den Stifter oder seine Erben gerade nicht gewollt ist, für nicht erforderlich hält.[70]

I. Trusts

34 Dem deutschen Recht ist die Rechtsfigur des Trusts[71] fremd. Trust-Rechtsverhältnisse sind äußerst **vielschichtig** und zudem in den einzelnen Ländern entsprechend ihren Rechtstradition unterschiedlich geregelt und gestaltbar. Trusts findet man vorwiegend im angloamerikanischen Rechtsraum. Besonders beliebt für die

66 Seifart/v. Campenhausen/*Hof*, § 36 Rn 46.

67 Zu der Frage, ob für die Verwaltung treuhänderischer Stiftungen uU, eine bankenrechtliche Erlaubnis nach KWG erforderlich ist, s. *Fischer/Figatowski*, StiftungsBrief 2009, 236.

68 Näher Seifart/v. Campenhausen/*Hof*, § 36 Rn 102 ff.

69 S. etwa *Fischer/Figatowski*, Stiftungsbrief 2009, 236; *Fritsche*, ZSt 2005, 272.

70 Stellungnahme der BaFin gegenüber dem Autor *Schiffer* (einsehbar unter http://www.stiftungsrecht-plus.de/Schreiben_Bafin-pdf.pdf); ausf. *Schiffer/Pruns*, npoR 2011 (erscheint in Kürze).

71 Näher *Jorde/Götz*, in: FS Spiegelberger, 2009, 1301; *Schiffer*, Stiftung, § 13 Rn 6 ff jeweils mwN und Fallbeispielen; zu Fragen des IPR Richter/Wachter/*Hoffmann*, § 11.

Trust-Gründung sind die britischen Kanalinseln Guernsey und Jersey, empfohlen werden aber auch Gibraltar, Zypern, die Bahamas oder die Cayman-Islands. Auch das liechtensteinische Recht kennt Trust-Gestaltungen.

Die britischen Kanalinseln **Guernsey** und **Jersey** sollen hier beispielhaft näher betrachtet werden. Sie haben – und das macht sie für viele attraktiv – ihre eigene Steuerhoheit und erheben weder Schenkung- und Erbschaftsteuer, noch Umsatzsteuer oder Kapitalertragsteuer. Die „Inländer" müssen lediglich eine niedrige Einkommensteuer abführen. Diese Steuer gilt auch für auf den Inseln verwaltete Trusts – seien sie von Ausländern oder Inländern. Ausländer sind dagegen (im Übrigen) grundsätzlich nicht steuerpflichtig. Den Steuerprivilegien droht allerdings nach der gegenwärtigen Diskussion zum Thema **„Steuerdumping"** innerhalb der EU die Abschaffung. **35**

Unterschieden werden Trusts vor allem in solche, die in letztwilligen Verfügungen angeordnet werden (**testamentary trusts**), und in solche, die durch Rechtsgeschäft unter Lebenden errichtet werden (**inter vivos trusts**). Zur Errichtung eines Trusts genügt im Wesentlichen ein **schuldrechtlicher Treuhandvertrag** mit einem **Treuhänder (Trustee)**, in der Regel einem Rechtsanwalt vor Ort oder auch einer dortigen, entsprechend spezialisierten Bank. Hier wird die Abhängigkeit des Trust von bestimmten Personen ähnlich wie bei der unselbständigen, treuhänderischen Stiftung (Rn 21 ff) deutlich. Ein Trust und dessen Errichter sind letztlich von der Vertrauensperson abhängig. Der Trustee ist für das Trust-Vermögen und die „Ausschüttungen" an die Begünstigten (beneficiaries) aufgrund des Vertrages mit dem Errichter verantwortlich. Anders als eine Stiftung ist ein Trust also keine juristische Person. Die Errichtung eines Trusts dauert in der Regel nicht länger als etwa vier Wochen. Dabei kann der Errichter für Dritte anonym bleiben. Pauschale Aussagen zu den Kosten lassen sich kaum machen. **36**

Ein Trust mit Sitz und Geschäftsleitung im Ausland *kann* in Deutschland beschränkt körperschaftsteuerpflichtig sein. Der **Bundesfinanzhof** hat in einem Grundlagenurteil aus dem Jahre 1992[72] zur Rechtsnatur von Trusts entschieden, dass ein Trust eine körperschaftsteuerpflichtige Vermögensmasse sein *kann*, wobei die Vermögensmasse als „selbständiges, einem bestimmten Zweck dienendes Sondervermögen, das aus dem Vermögen des Widmenden ausgeschieden ist und dem eigene Einkünfte zufließen" definiert wird. Damit ähnelt ein Trust tatsächlich der Stiftung, ohne allerdings beispielsweise deren Grad an Unabhängigkeit von bestimmten Personen zu erlangen. Ein Trust mit Sitz und Geschäftsleitung im Ausland *kann* in Deutschland im Hinblick auf das besagte BFH-Urteil zudem steuerrechtlich als (ausländische) Familienstiftung iSd deutschen Außensteuerrechts einzustufen sein. Dabei soll nach Ansicht des Bundesfinanzhofes dem in Deutschland unbeschränkt steuerpflichtigen Errichter des Trusts das Trust-Einkommen unabhängig von seiner Bezugsberechtigung im Verhältnis zu dem Trust zuzurechnen sein. Damit verlieren Trust-Gestaltungen ersichtlich viel von ihrem steuerlichen Reiz. **37**

Seit 1999 werden Vermögensübertragungen auf „Trusts" entgegen der früheren Rechtslage (!) von der **Erbschaft-/Schenkungsteuer** erfasst (§§ 3 Abs. 2 Nr. 1, 7 Abs. 1 Nr. 8 u. 9 ErbStG). Dabei kommt es nicht darauf an, wo sich Sitz oder Geschäftsleitung befinden. Nicht nur die Errichtung, sondern auch die spätere zusätzliche Ausstattung der Trusts gilt als steuerbarer Erwerb (§ 3 Abs. 2 Nr. 1 ErbStG). Die Auflösung und die erfolgende Auskehrung an sowie der Erwerb von Zwischennutzungsrechten gelten als Erwerb unter Lebenden (§ 78 Abs. 1 Nrn. 8, 9 ErbStG). Mit der Übertragung eines Vermögens auf einen ausländischen Trust lassen sich kaum noch Steuern vermeiden.[73] **Erbersatzsteuer** dürfte allerdings **nicht** anfallen, da die diesbezügliche Ausnahmevorschrift für Familienstiftungen nach den allgemeinen Rechtsgrundsätzen eng auszulegen, dh nicht auf Trusts auszudehnen ist. **38**

J. Ausländische Stiftungen

Auch ausländische Stiftungen[74] sind alternative Ansätze zu der Wahl einer Stiftung nach deutschem Recht. Das gilt unabhängig davon, dass auch die Gemeinnützigkeit deutscher Stiftungen nicht an der Staatsgrenze endet,[75] dh es können auch gemeinnützige Zwecke im Ausland verwirklicht werden. Als besonders „beliebt" haben sich in der Praxis die sehr einfach zu errichtenden und Stiftungen in Liechtenstein erwiesen.[76] Diese werden insbesondere wegen ihrer (angeblichen) Verschwiegenheit gewählt. Ob diese Beliebtheit auch ange- **39**

72 BFH BStBl II 1993, 388.
73 Troll/Gebel/*Jülicher*, ErbStG, § 2 Rn 112 ff.
74 *Richter/Wachter*; s. auch die Nachweise bei *Schiffer*, Stiftung, § 13 Rn 25 in Fn 34.
75 EuGH DStR 2006, 1736 („Stauffer"); DStR 2009, 207 („Persche"); s. auch *Schiffer*, Stiftung, § 10 Rn 9 ff mwN.
76 So schon *Hennerkes/Schiffer*, S. 168 ff; näher und kritisch zur Beliebtheit liechtensteinischer Stiftungen *Schiffer*, Stiftung, § 13 Rn 22, 41 ff und vorher *ders.*, Stiftung & Sponsoring 2/2008, 40. Liechtenstein hat sich inzwischen ein neues Stiftungsrecht gegeben, s. dazu *Lorenz*, Stiftung & Sponsoring, 6/2007, 38; *Marxer*, Stiftung & Sponsoring, 4/2008, 36; *Schurr*, Stiftung & Sponsoring, 5/2010, 26.

sichts der jüngst in der Presse bekannt gewordenen Steuerhinterziehungsfälle anhält, ist abzuwarten. Zunehmend wichtig in der Beratungspraxis ist auch das österreichische Stiftungsrecht[77] geworden.[78]

40 Nach **§ 15 Außensteuergesetz** (AStG)[79] sind Vermögen und Einkommen auch einer Familienstiftung, die Geschäftsleitung und Sitz außerhalb Deutschlands hat, dem Stifter zuzurechnen, wenn er in Deutschland unbeschränkt steuerpflichtig ist, ansonsten anteilig den unbeschränkt steuerpflichtigen Personen, die bei der Stiftung bezugs- und anfallberechtigt sind (Destinatäre). Die durch die ausländische Stiftung gewollte steuerliche Abschottungswirkung gegenüber der deutschen Finanzverwaltung wird durch diese steuerliche Zurechnung also insoweit durchbrochen, wenn die Beteiligten in Deutschland einen Wohnsitz oder ihren gewöhnlichen Aufenthalt haben.

41 Familienstiftungen im Sinne des Außensteuerrechts sind solche, bei denen der Stifter, seine Angehörigen oder seine Abkömmlinge zu mehr als der Hälfte bezugs- oder anfallberechtigt sind. Unter bestimmten Voraussetzungen sind auch unternehmensverbundene Stiftungen als solche Familienstiftungen einzustufen (s. § 15 Abs. 3 AStG). Zugerechnet werden den Betreffenden nach dem Gesetzeswortlaut lediglich Vermögen und Einkommen der Familienstiftung. Auswirkungen hat das Außensteuergesetz damit nach dem Auslaufen der Vermögensteuer bis zu deren etwaiger Wiedereinführung zunächst nur noch auf die Besteuerung des Einkommens (Einkommen- und Körperschaftsteuer). Die Errichtung einer Familienstiftung im Ausland ist also demnach gegenwärtig kein legales Steuersparmodell für die Besteuerung des Einkommens eines („inländischen") Stifters und seiner Familie.

42 Jenseits der Einkommensbesteuerung bietet eine „ausländische" Stiftung für einen „inländischen" Stifter und seine Familie die Möglichkeit, die **Erbersatzsteuer** (§ 80 Rn 49 f) einzusparen.[80] Das können im Einzelfall ganz erhebliche Beträge sein. Es sind aber in jedem Einzelfall die Steuergesetze am Sitz der Stiftung zu beachten. Die hier möglicherweise anfallenden Steuern sind jedoch zB bei der Errichtung in der „Steueroase" Liechtenstein so gering, dass sie zu vernachlässigen sind.

43 Unabdingbare Voraussetzung für die gewünschte Steuerersparnis ist, dass die Familienstiftung weder ihren **Sitz** (§ 11 AO) noch ihre **Geschäftsleitung** (§ 10 AO) in Deutschland hat. Der Sitz wird typischerweise im Ausland sein und bleiben, aber bei der Geschäftsleitung als dem „Mittelpunkt der geschäftlichen Oberleitung", wo der für die Geschäftsführung maßgebliche Wille gebildet wird, wird in der Praxis häufig übersehen, dass aufgrund einer „ungeschickten" Handhabung der Leitung der ausländischen Familienstiftung sich deren Geschäftsleitung sehr leicht unabsichtlich nach Deutschland verlagern kann[81], wodurch dann die Steuerzuständigkeit nach Deutschland „wandert" (§ 20 AO, § 35 ErbStG). Gerade bei „Werbevorträgen" zu ausländischen Stiftungen wird dieser Aspekt gerne übergangen.[82]

§ 80 Entstehung einer rechtsfähigen Stiftung

(1) Zur Entstehung einer rechtsfähigen Stiftung sind das Stiftungsgeschäft und die Anerkennung durch die zuständige Behörde des Landes erforderlich, in dem die Stiftung ihren Sitz haben soll.

(2) Die Stiftung ist als rechtsfähig anzuerkennen, wenn das Stiftungsgeschäft den Anforderungen des § 81 Abs. 1 genügt, die dauernde und nachhaltige Erfüllung des Stiftungszwecks gesichert erscheint und der Stiftungszweck das Gemeinwohl nicht gefährdet.

(3) [1]Vorschriften der Landesgesetze über kirchliche Stiftungen bleiben unberührt. [2]Das gilt entsprechend für Stiftungen, die nach den Landesgesetzen kirchlichen Stiftungen gleichgestellt sind.

Literatur: Siehe Vor §§ 80 ff.

77 *Althuber/Kirchmayr/Toifl*, in Richter/Wachter, S. 1231; Deininger/*Götzenberger*, Internationale Vermögensnachfolgeplanung mit Auslandsstiftungen und Trusts, 2006, Rn 237 ff.

78 Jüngstes und bekanntestes Beispiel dafür sind, wie man der Presse entnehmen konnte, die zwei österreichischen Privatstiftungen, mit denen Ferdinand Piëch seine Nach- und Erbfolge geregelt hat.

79 Näher *Jorde/Neudecker*, in Eiselsberg (Hrsg.), Stiftungsrecht. Jahrbuch 2009, Wien/Graz 2009, S. 403; *Schiffer*, Stiftung, § 13 Rn 29 ff.

80 Zu den steuerlichen Problempunkten s. *Schiffer*, Stiftung, § 13 Rn 26 ff.

81 BFH BStBl II 1991, S. 554; vgl auch BFH BStBl II 1998, 86; BFH BStBl II 1970, 759; BFH BStBl II 1968, 695; Nieders. FG, EFG 1970, 316; *Schiffer*, Stiftung, § 13 Rn 34 ff.

82 *Schiffer*, Stiftungsbrief, 2011, 41.

A. Allgemeines

Welche **Zwecke** eine Stiftung wie und mit welcher **Organisation** verfolgen soll, wird in dem Stiftungsgeschäft einschließlich der damit der Stiftung gegebenen Stiftungssatzung abschließend festgelegt. Der Stiftungszweck bestimmt sich mithin (abgesehen von dem Erfordernis der Gemeinwohlkonformität, s. Rn 24 ff) letztlich **ausschließlich nach dem Willen des Stifters**. Nichts anderes gilt für die Organisation der Stiftung (§ 81 Rn 24 ff), wenn man einmal davon absieht, dass sie nach dem Gesetz zumindest über einen (Ein-Personen-)Vorstand verfügen muss. Nach der Anerkennung durch die Aufsichtsbehörde sind der Stiftungszweck und die Stiftungsorganisation grundsätzlich der Disposition des Stifters und der von ihm gewählten Stiftungsorgane entzogen. Es gelten dann die gesetzlichen Regeln und die Stiftungssatzung. Die Stiftungssatzung bindet die Stiftungsorgane und deren Mitglieder. Bei der Beratung eines potentiellen Stifters liegt in der Praxis eine der Hauptaufgaben darin, das Bewusstsein für diesen Zusammenhang zu schaffen (Stichwort **Stiftungsreife**, Rn 90 ff). 1

Anders als bei sonstigen Körperschaften wie etwa einem Verein oder einer GmbH ist bei der Stiftung **kein Personenverband** als Rechtsträger gegeben. Eine Stiftung hat keine Gesellschafter oder Mitglieder. Das Schicksal einer Stiftung wird deshalb nicht wie dasjenige eines Vereins von dem Willen einer solchen Personenmehrheit bestimmt, es hängt vielmehr von dem in der Stiftungssatzung wiedergegebenen vorrangigen **Stifterwillen** im Zeitpunkt der Errichtung der Stiftung ab,[1] dessen Einhaltung und Beachtung die Stiftungsaufsicht zu überwachen hat, soweit das nicht schon durch geeignete Satzungsvorschriften und eine geeignete Organisation der Stiftung ausdrücklich sichergestellt ist.[2] So heißt es bspw. in § 4 Abs. 1 des nordrhein-westfälischen Stiftungsgesetzes wörtlich: 2

„Die Stiftungsorgane haben die Stiftung so zu verwalten, wie es die dauernde und nachhaltige Verwirklichung des Stiftungszwecks im Sinne der Stiftungssatzung oder – hilfsweise – des mutmaßlichen Willens der Stifterin oder des Stifters erfordert."

Der Stifterwille ist also der **Maßstab für das Handeln der Stiftungsorgane**. Er ist **das oberste Prinzip des Stiftungsrechts**.[3] Er bindet deshalb die Stiftungsorgane und wird von der Stiftungsaufsicht überwacht,[4] Die ihn mit ihren Aufsichtsmitteln (Rn 93 ff) ggf auch durchsetzt. Die Stiftung ist die Vollstreckerin des Stifterwillens. Dieser manifestiert sich ausdrücklich und vorrangig in der Stiftungssatzung und dem Stiftungsgeschäft oder zeigt sich als nur hypothetischer (mutmaßlicher) Wille.[5] Mit der Anerkennung der Stiftung wird der Stifterwille verselbständigt, dh auch dem künftigen Einfluss des Stifters entzogen, und objektiviert. Auf einen etwaigen späteren (subjektiven) geänderten Willen des Stifters kommt es damit nicht mehr an.[6] Die grundlegende Bedeutung des Stifterwillens wird etwa auch in § 87 betont.

1 *Andrick/Suerbaum*, Stiftung und Aufsicht, 2002, S. 54; Seifart/v. Campenhausen/*Hof*, § 4 Rn 25; *Schiffer*, Stiftung, § 5 Rn 41 ff, § 6 Rn 51 ff; *O. Werner* in: Stiftungen in Deutschland und Europa, 1998, S. 243.

2 *Andrick/Suerbaum*, Stiftung und Aufsicht, 2002, S. 55 unter ausdr. Hinweis auf OVG-NRW NVwZ-RR 1996, 425, 426.

3 So ausdr. *Wachter*, S. 5; deutlich auch BVerfG NJW 1978, 581; BGH NJW 1987, 2364, 2366; *O. Werner*/Saenger, Rn 313.

4 Beispiel: § 6 Abs. 2 StiftG NRW.

5 S. nur § 4 Abs. 1 StiftG NRW; § 5 StiftG Hess.

6 BGH NJW 1987, 2364 ff; Seifart/v. Campenhausen/*Hof*, § 8 Rn 20; *Hüttemann*, FG für Flume, 1998, S. 69, 74.

3 Der **mutmaßliche (hypothetische) Stifterwille** ist, falls ein ausdrücklicher Stifterwillen zu einem Punkt nicht feststellbar ist, erforderlichenfalls aus den Umständen in Zusammenhang mit dem formbedürftigen (= Schriftform) Stiftungsgeschäft einschließlich Stiftungssatzung zu ermitteln und **auszulegen**.[7]

In einem ersten Schritt ist bei der Ermittlung des mutmaßlichen Stifterwillens festzustellen, wie die Erklärung (des Stifters) unter Berücksichtigung aller maßgebenden Umstände auszulegen ist.[8] Dabei dürfen Umstände außerhalb der Urkunde (Stiftungsgeschäft und Stiftungsverfassung) nur berücksichtigt werden, soweit sie bewiesen sind.[9] In einem zweiten Schritt ist zu prüfen, ob die ausgelegte Erklärung der Form genügt.[10] Dabei folgt die Rechtsprechung der sog. **Andeutungstheorie**, dh der aus Umständen außerhalb der Urkunde ermittelte (Stifter-)Wille muss in der Urkunde einen – wenn auch (nur) unvollkommenen – Ausdruck, eine Andeutung gefunden haben.[11]

4 **Gegenüber der staatlichen Gewalt** ist der Stifter bei und nach Stiftungserrichtung vor allem durch Art. 2 Abs. 1 und Art. 14 Abs. 1 GG geschützt.[12] Art. 14 Abs. 1 GG ist für den vermögensrechtlichen Teil des Stiftungsgeschäfts bedeutsam und Art. 2 Abs. 1 GG schützt den Willen des Stifters als Organisationsakt zur Errichtung einer juristischen Person. Die auf die Stiftungserrichtung gerichtete Willenserklärung des Stifters, das Stiftungsgeschäft, und sein darin und ggf in anderen Urkunden geäußerter Wille ist von der staatlichen Gewalt zu respektieren. So hat zB die Stiftungsaufsicht in Zweifelsfällen den Willen des Stifters ebenso zu ermitteln und zu beachten, wie der Richter, der im Zusammenhang mit einer Stiftung einen Rechtsstreit zu entscheiden hat. Als Beispiel aus der Praxis lässt sich die Frage nach der Einordnung einer Stiftung als Familienstiftung iSd § 1 Abs. 1 Nr. 4 ErbStG nennen: Der Richter muss den Willen des Stifters auslegen, um zu erkennen, welchen Zwecken die Stiftung dient. Nur so kann er dann beurteilen, ob die Stiftung „wesentlich im Interesse einer Familie oder bestimmter Familien errichtet ist" (§ 1 Abs. 1 Nr. 4 ErbStG). Unterlässt er die Auslegung und berücksichtigt den Willen des Stifters deshalb (teilweise) nicht, ist Art. 2 Abs. GG verletzt. Diese Zusammenhänge werden mitunter **schlagwortartig** als **„Grundrecht auf Stiftung"** zusammengefasst.[13] Ein „Grundrecht auf Stiftung" in dem Sinne, dass der Gesetzgeber durch das GG verpflichtet wäre, dem Einzelnen zivilrechtlich gerade das Rechtsinstitut Stiftung zur Verwirklichung seiner Privatautonomie zur Verfügung zu stellen, **existiert allerdings nicht**.[14] Inwieweit über den Gemeinwohlvorbehalt des § 80 Abs. 2 hinaus sich aus den Grundrechten Dritter auch Einschränkungen der zulässigen Stiftungszwecke ergeben, ist weiter unten beim Thema Familienstiftung (Rn 43) näher zu beleuchten.

B. Regelungsgehalt

I. Stiftungsgeschäft und zuständige Anerkennungsbehörde

5 Zur Entstehung einer rechtsfähigen Stiftung des Privatrechts ist neben dem Stiftungsgeschäft (§ 81) die Anerkennung (früher: Genehmigung) durch die zuständige Behörde in dem Bundesland erforderlich, in dessen Gebiet die Stiftung ihren Sitz haben soll.

6 Die zuständige Anerkennungsbehörde ergibt sich aus den Landesstiftungsgesetzen. In der Regel ist es das Regierungspräsidium.

II. Anerkennung

7 Die Stiftung ist nach Abs. 2 anzuerkennen[15] („**Recht auf Stiftung**"), wenn das Stiftungsgeschäft den Anforderungen des § 81 Abs. 1 genügt, die dauernde und nachhaltige Erfüllung des Stiftungszwecks gesichert erscheint (Rn 18 ff) und der Stiftungszweck das Gemeinwohl nicht gefährdet (Rn 24 ff). Liegen diese Voraussetzungen vor, so besteht ein einklagbarer **Rechtsanspruch auf Anerkennung**.

8 Das **Anerkennungsverfahren** wird eröffnet durch einen **Antrag** des Stifters, seines Vertreters oder seiner Erben bei der zuständigen Anerkennungsbehörde (§ 81 Abs. 2 S. 2). Mehrere Stifter müssen den Antrag

7 Zu den Auslegungsfragen und -grundsätzen bei formbedürftigen Willenserklärungen s. etwa Palandt/*Ellenberger*, § 133 Rn 19; ausführlich zur Auslegung der Stiftungssatzung s. § 81 Rn 57 ff im Zusammenhang mit dem Vermögenserhaltungsgrundsatz; zur Auslegung des Stiftungsgeschäfts s. § 83 Rn 6 f.
8 BGHZ 80, 250; 86, 47.
9 Palandt/*Ellenberger*, § 133 Rn 29.
10 S. etwa BGH NJW 2000, 1569.
11 BGH NJW 2000, 1569 mwN.
12 Eingehend zum Stifter als Grundrechtsträger Seifart/v Campenhausen/*Hof*, § 4 Rn 8 ff mwN; s. dort auch zu der umstrittenen Frage, ob und wenn ja welche Grundrechte noch einschlägig sein können;vgl ferner *Rawert*, FS Reuter, 2010, S. 1323 ff.
13 Davon zu unterscheiden ist das „Recht auf Stiftung", § 80 Abs. 2; näher dazu sogleich unter Rn 7.
14 Vgl *Rawert*, in FS Reuter, 2010, S. 1323, 1336.
15 Früher: „zu genehmigen". Der Gesetzgeber hat sich für den Begriff der Anerkennung entschieden, um dem Gedanken des Obrigkeitsstaates zu begegnen, der in dem Begriff Genehmigung steckt, vgl dazu etwa *Schwarz*, DStR 2002, 1719.

gemeinsam stellen. Bei der Stiftung von Todes wegen ist ein Antrag verzichtbar. Der Antrag wird in diesem Fall nach dem BGB ersetzt durch die Verpflichtung des Nachlassgerichts, die Anerkennung einzuholen (§ 83).

Die Anerkennung ist ein **landesrechtlicher Verwaltungsakt**. Im Anerkennungsverfahren prüft die Behörde, 9
ob die gesetzlichen Anforderungen an eine selbständige Stiftung bürgerlichen Rechts nach dem BGB und dem betreffenden Landesstiftungsgesetz gegeben sind. Die Anerkennungsbehörde hat einen Spielraum nur bei der Beurteilung hinsichtlich der Frage der „Gemeinwohlgefährdung" und bei der Prognoseentscheidung zur angemessenen Vermögensausstattung der Stiftung.[16] Stiftungen mit einer zu geringen Vermögensausstattung werden grundsätzlich nicht anerkannt (zur Prognoseentscheidung s. Rn 20, § 81 Rn 46).

Eine von der zuständigen Behörde anerkannte Stiftung ist auch bei Mängeln des Stiftungsgeschäfts so lange 10
rechtsfähig, bis die Anerkennung mit Wirkung ex nunc[17] zurückgenommen ist.[18]

Der bei der Stiftungserrichtung vor allem in Stiftungsgeschäft (§ 81) und Stiftungsverfassung/-satzung (§ 85) 11
manifestierte Wille des Stifters (**Stifterwille**) ist das Maß aller Dinge und bindet die Organe der Stiftung; seine Einhaltung wird auch von der Stiftungsaufsicht überwacht (s. Rn 2 f, 93 ff).

Ergeben sich in der **Praxis** einmal **Probleme mit der Anerkennung einer Stiftung**, empfiehlt es sich trotz 12
des Rechtsanspruchs auf Anerkennung, gemeinsam mit der Anerkennungsbehörde eine Lösung zu suchen oder die Stiftung in dem Bezirk einer „offeneren" Anerkennungsbehörde zu errichten. Rechtsstreitigkeiten sind auch in diesem Bereich eher langwierig, aufwändig und wenig ergiebig.[19] Bestehen aus Sicht der Stiftungsbehörde Unklarheiten oder Mängel etwa hinsichtlich des Stiftungsgeschäftes oder der Stiftungssatzung, so kann sie diese im Laufe des Anerkennungsverfahrens aufklären und beseitigen lassen. Sinnvollerweise werden der Stifter und sein Berater ihre jeweiligen Entwürfe mit der Anerkennungsbehörde und ggf der Finanzverwaltung im Vorhinein abklären, denn die Usancen der Behörden sind immer noch unterschiedlich.

Manche Stiftungsbehörde möchte etwa bestimmte Gesetzestexte auch in der Stiftungssatzung wiederholt wis- 13
sen, was den Vorteil der Übersichtlichkeit für die „Nutzer" der Satzung mit sich bringt, aber aus rechtlichen Gründen an sich nicht erforderlich ist. Ein Streit darüber mit der Stiftungsbehörde lohnt sich auch hier in aller Regel nicht. Mitunter möchte eine Stiftungsbehörde auch ganz konkrete Formulierungen („Muster") in der Satzung wiederfinden, die erprobt sind und deshalb aus ihrer Sicht nicht mehr konkret überprüft werden müssen. Solche Forderungen sind mit Blick auf die Stifterfreiheit durchaus kritisch zu sehen, so etwa aktuell auch die Forderung der Finanzverwaltung, die Formulierungen der **Mustersatzung nach Anlage 1 zu § 60 AO** für die Errichtung einer steuerbefreiten Stiftung wörtlich zu übernehmen.[20] Ob sich Streiten und Diskutieren aber tatsächlich lohnt, ist auch hier eine Frage der Abwägung der Umstände des Einzelfalls.

III. Vor-Stiftung?

Ob es eine Vor-Stiftung ähnlich dem Vor-Verein oder der Vor-GmbH gibt, ist **umstritten**.[21] Zwischen der 14
Antragstellung und der Anerkennung einer selbständigen Stiftung kann einige Zeit vergehen. Nehmen der Stifter oder künftige Stiftungsorgane bereits während dieser „Schwebezeit" Rechtshandlungen für die noch nicht anerkannte Stiftung vor, mieten sie etwa Büroräume an oder tätigen Anschaffungen für den künftigen Stiftungsbetrieb, so sehen manche darin Handlungen einer Vor-Stiftung.[22] Diese soll für entsprechende Rechtshandlungen gegenüber den Gläubigern einzustehen haben und die künftige Stiftung entsprechend den für den **Vor-Verein** entwickelten Grundsätzen wirksam verpflichten können. Neben der zivilrechtlichen Frage nach der Haftung der Stiftung im Errichtungsstadium stellt sich auch die Frage nach ihrer steuerrechtlichen Behandlung, insbesondere nach der Körperschaftssteuerpflicht und der steuerlichen Privilegierung wegen Gemeinnützigkeit.[23]

Der Ansatz einer Vor-Stiftung scheint zwar auf den ersten Blick als eine konsequente Erstreckung der Grund- 15
sätze zu Vor-Verein und Vor-GmbH auf die Stiftung, ist aber im Ergebnis **abzulehnen**:[24] Für eine Vor-Stiftung könnte die Formulierung des § 80 Abs. 2 sprechen. Dieser bestimmt, dass eine Stiftung als rechtsfähig anzuerkennen ist, „wenn das Stiftungsgeschäft den Anforderungen des § 81 Abs. 1 genügt, die dauernde und nachhaltige Erfüllung des Stiftungszwecks gesichert erscheint und der Stiftungszweck das Gemeinwohl nicht

16 Wie hier *Schwarz*, DStR 2002, 1719, 1720.
17 BVerwG NJW 1969, 339.
18 Palandt/*Ellenberger*, § 80 Rn 2.
19 S. zu diesen „abschreckenden" Punkten nur *Schiffer*, Der Unternehmensanwalt, 1997, S. 144 ff.
20 S. *Schiffer*, Stiftung, § 10 Rn 207 ff.
21 Ablehnend *Hütteman*, in: FS Spiegelberger, S. 1292; *Schiffer/Pruns*, StiftungsBrief 2010, 203; Staudinger/*Hüttemann/Rawert* (2011), § 80 Rn 38 ff jeweils mwN auch zu Gegenstimmen sowie zu steuerlichen Fragestellungen; s. auch FG Schleswig-Holstein DStRE 2009, 1386.
22 S. Palandt/*Ellenberger*, § 80 Rn 2; *Wachter*, ZEV 2003, 445, 446; LG Heidelberg NJW-RR 1991, 969; Erman/*Werner*, Vor § 80 Rn 22; ausführlich Münch. Hdb. GesR Bd. V/*Schwake*, § 84 Rn 9 ff mwN.
23 Dazu BFH BStBl II 2005, 149; s. auch *Schiffer/Pruns*, StiftungsBrief 2010, 207 mwN.
24 Vgl schon *Schiffer/Pruns*, StiftungsBrief 2010, 203, 204 ff.

gefährdet." Das Wort „anzuerkennen" scheint darauf hinzudeuten, dass schon vor der Anerkennung eine, allerdings nicht voll rechtsfähige, Stiftung existiert, die wie nicht rechtsfähiger Verein und GmbH auch nur noch eines offiziellen Akts zur Erlangung der vollen Rechtsfähigkeit bedarf. Insbesondere wenn man zusätzlich die Formulierungen in § 81 betrachtet („durch das Stiftungsgeschäft muss die Stiftung eine Satzung erhalten"), spricht einiges für diese Überlegung. Ganz ähnlich wie bei der Einmann-GmbH, kann im Übrigen schon eine Person alle Voraussetzungen für die Errichtung einer Stiftung schaffen. Die Stiftungsbehörde muss deren Vorliegen dann nur noch im Anerkennungsverfahren prüfen. Ergibt sich ein positiver Befund, ist sie gesetzlich verpflichtet, die Stiftung anzuerkennen.

16 Gegen die Annahme einer Vor-Stiftung spricht allerdings, dass der Stifter nach § 81 Abs. 2 S. 1 das Stiftungsgeschäft jederzeit widerrufen kann. Das ist für sich betrachtet noch kein wesentlicher Unterschied zu Verein und GmbH. Auch die Mitglieder des Vereins können gemeinsam darauf verzichten, die Eintragung weiter voranzutreiben. Bei der Einmann-GmbH ist es sogar so, dass sich der Gesellschafter niemandem gegenüber zur Gründung der GmbH verpflichtet hat. Es steht ganz in seinem Belieben, ob er die Eintragung der GmbH weiter betreibt oder nicht. Die Widerrufbarkeit des Stiftungsgeschäfts spricht also allein nicht zwingend gegen die Annahme einer Vor-Stiftung. Anders als bei der GmbH muss der Stifter allerdings nicht bereits vor Anerkennung (Eintragung bei der GmbH) das Stiftungsvermögen ganz oder teilweise auf die Stiftung übertragen. Hierzu ist er erst ab Anerkennung verpflichtet (§ 82). Im Gegensatz zu der Rechtslage bei der GmbH entsteht also durch das Stiftungsgeschäft noch kein Sondervermögen. Aber auch dieses Argument ist für sich betrachtet nicht zwingend. Denn: Der Wortlaut des § 82 verbietet dem Stifter auch nicht, das im Stiftungsgeschäft versprochene Vermögen schon vorher zu übertragen. Die entscheidende Frage ist damit, ob der Stifter das Vermögen bereits vorher übertragen könnte! Für die lebzeitige Vermögensübertragung gibt das BGB keine eindeutige Antwort. Verstirbt der Stifter aber vor Anerkennung der Stiftung regelt § 84, dass die Stiftung „für die Zuwendung des Stifters als schon vor dessen Tod entstanden" gilt. Gäbe es eine Vor-Stiftung, bestünde kein Bedürfnis für eine solche gesetzliche Fiktion.[25] Besonders deutlich wird die Rechtslage, vergleicht man sie mit der ganz ähnlichen Regelung des § 1923 Abs. 2 BGB. Danach gilt als vor dem Erbfall geboren, wer zur Zeit des Erbfalls bereits gezeugt war. Notwendig ist diese gesetzliche Fiktion, weil nach § 1923 Abs. 1 nur der Erbe sein kann, der zur Zeit des Erbfalls lebt. Übertragen auf die Stiftung heißt das: Vor Anerkennung durch die Stiftungsaufsichtsbehörde „lebt" die Stiftung noch nicht. Die Aussage des § 84 gilt dabei nicht nur für die Errichtung der Stiftung von Todes wegen, denn § 84 erfasst beispielsweise auch den Fall, dass der Stifter ein Stiftungsgeschäft unter Lebenden vornimmt, den Antrag auf Anerkennung bei der Stiftungsaufsichtsbehörde stellt und dann vor der Entscheidung über die Anerkennung verstirbt. Aus § 84 BGB lässt sich also durch Auslegung ableiten, dass weder durch das Stiftungsgeschäft unter Lebenden noch durch das Stiftungsgeschäft von Todes wegen bereits eine (teilrechtsfähige) Vor-Stiftung entsteht.

17 Eine rechtsfähige Stiftung entsteht somit nicht in einem allmählichen Prozess, sondern vielmehr „mit einem Schlag" durch Anerkennung (§ 80). Eine zumindest gewisse Vermögensverselbständigung, wie sie bei Vor-Gesellschaften regelmäßig vorliegt, findet im Vorfeld einer Stiftungserrichtung ebenfalls nicht statt. Auch sonstige Rechte, zu deren Übertragung ein Abtretungsvertrag genügt, gehen erst mit der Genehmigung auf die Stiftung über (§ 82 S. 2). Bis zu diesem Zeitpunkt kann der Stifter das Stiftungsgeschäft jederzeit frei widerrufen (§ 81 Abs. 2 S. 1).

Als pragmatische Lösung[26] kann der Stifter gegebenenfalls etwaige Vorgeschäfte selbst vornehmen, sie im Stiftungsgeschäft berücksichtigen und der rechtsfähigen Stiftung damit zuschreiben. Das ist bis zur Anerkennung der Stiftung möglich (Argument aus § 81 Abs. 2 S. 1 BGB). Bei der Stiftung von Todes wegen können Vor-Geschäfte von einem Testamentsvollstrecker oder einem Pfleger wahrgenommen werden. Der Stifter kann auch, etwa um steuerrechtliche Vorteile noch kurz vor Jahresschluss zu nutzen, zunächst eine nichtrechtsfähige unselbständige (treuhänderische) Stiftung errichten, die dann später in eine rechtsfähige Stiftung umgewandelt wird (zur steuerrechtlichen Behandlung der Stiftung vor Anerkennung § 84 Rn 10).

25 S.a. Seifart/v. Campenhausen/*Hof*, § 6 Rn 252: „Eine Fiktion ersetzt typischerweise etwas, das nicht vorhanden ist, hier die Stiftung."; dieses Argument wird von den Befürwortern der Vor-Stiftung häufig nicht gesehen, vgl etwa Münch. Hdb. GesR Bd. V/*Schwake*, § 84 Rn 9 ff.

26 Vgl schon *Schiffer/Pruns*, StiftungsBrief 2010, 203, 206 mit einem Formulierungsvorschlag für die Stiftungssatzung.

IV. Dauernde und nachhaltige Erfüllung des Stiftungszwecks – Stiftung auf Zeit – Verbrauchsstiftung

18 Nach dem Gesetz muss die dauernde[27] und nachhaltige Erfüllung des Stiftungszwecks zum Schutz des Rechtsverkehrs für die Anerkennungsbehörde gesichert erscheinen.[28] Der Gesetzgeber ging davon aus, dass Stiftungen grundsätzlich auf unbegrenzte Dauer angelegt sind.[29] Auf „ewig" muss die Stiftung aber entgegen dem verbreiteten Schlagwort von der „Ewigkeitstendenz der Stiftung" nicht angelegt sein. Das ergibt sich aus dem Wortlaut des § 80 Abs. 2 und aus den Gesetzgebungsmaterialien. Das Adjektiv „dauernd" bedeutet „für längere Zeit in gleichbleibender Weise vorhanden"[30] und das Adjektiv „nachhaltig" bedeutet „sich für längere Zeit stark auswirkend."[31] Damit die Stiftung als rechtsfähig anerkannt werden kann, verlangt der Wortlaut also, dass die Zweckerfüllung durch die Stiftung für eine längere Zeit in gleichbleibender und sich stark auswirkender Weise gesichert erscheint. Für eine längere Zeit ist aber nicht gleichbedeutend mit „ewig" (=„zeitlich ohne Ende").[32] So hat es auch der Gesetzgeber gemeint, der es als zulässig angesehen hat, dass ein „Stifter privatautonom auch eine Stiftung ins Leben rufen kann, deren Zweckerfüllung ebenfalls auf eine längere Dauer gerichtet, [die] aber dennoch mit einem zeitlichen Ende verbunden" ist. Als Beispiel hat er „die Widerherstellung eines kunsthistorischen Bauensembles oder Ähnliches" genannt.[33]

19 Umstritten ist allerdings, ob neben der Auflösung wegen Zweckerfüllung auch andere Formen der zeitlichen Begrenzung der Existenz der Stiftung zulässig sind. Nach *Muscheler* soll etwa die **Befristung der Stiftung** auf einen genau bestimmten Zeitraum (zB 20 Jahre, Tod des Stifters) unzulässig sein („Stiftung auf Zeit").[34] Eine solche Auslegung des BGB lässt sich indes nicht mit dem Wortlaut des § 80 Abs. 2, den Gesetzgebungsmaterialien (s. soeben Rn 18) und auch nicht rechtssystematisch begründen.[35] Eine dauernde und nachhaltige Zweckerreichung ist nämlich auch über einen begrenzten Zeitraum möglich. Auch aus dem Fehlen von Vorschriften im Stiftungszivilrecht zur Befristung der Stiftung, wie man sie etwa bei anderen juristischen Personen findet (zB für die Aktiengesellschaft in § 262 Abs. 1 Nr. 1 AktG), kann man nicht etwa im Wege der rechtssystematischen Auslegung folgern, eine direkte Befristung der Stiftung sei unzulässig.[36] *Reuter* weist zutreffend darauf hin, dass eine solche Vorschrift im Vereinsrecht zwar ebenfalls fehlt, sich aber indirekt aus § 74 Abs. 2 ergibt, dass der Gesetzgeber dennoch die Auflösung des Vereins wegen Ablaufs einer festgelegten Frist für möglich gehalten hat.[37] Nicht anders ist es bei der Stiftung. Der Gesetzgeber hat die zeitliche Unbeschränktheit der Stiftung ausdrücklich nur als Grundsatz betrachtet und die Auflösung wegen Zweckerfüllung nur beispielhaft als *eine* mögliche Ausnahme von diesem Grundsatz benannt.[38]

20 Damit eine dauernde und nachhaltige Erfüllung des Stiftungszwecks gewährleistet ist, muss die Stiftung mit einem zur Zweckerfüllung **ausreichenden Vermögen** ausgestattet sein. Das Gesetz fordert von der Anerkennungsbehörde bei der Prüfung insoweit eine **Prognoseentscheidung** („gesichert erscheint"). Weil es sich um eine Prognoseentscheidung handelt, hat die Anerkennungsbehörde etwaige Zustiftungen und sonstige Zuwendungen an die Stiftung in die Prüfung mit einzubeziehen, die mit hinreichender Sicherheit zu erwarten sind.

21 Aus dem Erfordernis der dauernden und nachhaltigen Zweckerfüllung folgt, dass die Stiftung das auf sie übertragene Vermögen so erhalten muss, dass die dauernde und nachhaltige Zweckerfüllung nicht nur im Zeitpunkt der Errichtung der Stiftung, sondern auch für die Zukunft gesichert erscheinen muss (Ausnahme: Verbrauchsstiftung, Rn 22 f). Ist das nicht mehr der Fall, wird die Zweckerfüllung unmöglich und es bleibt der Aufsichtsbehörde prinzipiell nur die Möglichkeit der Stiftung gem. § 87 Abs. 1 entweder einen neuen Zweck zu geben, für dessen Erfüllung das Stiftungsvermögen noch ausreicht, oder sie ganz aufzuheben (s. aber auch § 87 Rn 16 ff). Aus diesem Zusammenhang folgt der (stiftungsrechtliche) **Grundsatz der Vermögenserhaltung** (§ 81 Rn 51 ff). Plastisch ausgedrückt ist die Stiftung das Vermögen[39] und dieses ist zur dauernden und nachhaltigen Zweckerfüllung grundsätzlich zu erhalten. Die Stiftung dient allerdings nicht etwa der Vermögenserhaltung (s. aber Rn. 27 ff.), sondern das Vermögen der Stiftung dient der Zweckerfüllung (§ 81

27 Nicht „dauerhafte"! Dennoch wird „dauerhaft" oft verwendet oder es wird von dem „Erfordernis der Dauerhaftigkeit" gesprochen; vgl vor allem BT-Drucks. 14/8765, 8 und ferner *Muscheler*, in: FS Werner, 2009, 129, 135, 140; *Reuter*, npoR 2010, 69, 70 f.

28 Zum Folgenden s. schon *Schiffer/Pruns*, StiftungsBrief 2011, 28.

29 BT-Drucks. 14/8765, 8.

30 Vgl Duden, Das Bedeutungswörterbuch, 4. Aufl. 2010, S. 259.

31 Vgl Duden, Das Bedeutungswörterbuch, 4. Aufl. 2010, S. 666.

32 Vgl Duden, Das Bedeutungswörterbuch, 4. Aufl. 2010, S. 357.

33 Vgl BT-Drucks. 14/8765, 8.

34 *Muscheler*, FS Werner, 2009, S. 129, 133 ff.

35 Vgl *Reuter*, npoR 2010, 69, 70 f; s. auch O. Werner/Saenger/*Fritz*, Rn 462 f; Staudinger/*Hüttemann*/*Rawert* (2011), § 81 Rn 57.

36 So aber *Muscheler*, in: FS Werner, 2009, 129, 135.

37 *Reuter*, npoR 2010, 69, 71; dort auch zu den weiteren Argumenten *Muschelers*.

38 BT-Drucks. 14/8765, 8.

39 In diesem Sinne auch Münch. Hdb. GesR Bd. V/*Schwake*, § 79 Rn 246.

Rn 51). Trotzdem darf man die Stiftung und ihr Vermögen nicht pauschal gleichsetzen. Vermögen selbst kann keine juristische Person sein, sondern eine juristische Person kann Eigentümerin von Vermögensgegenständen sein. Da die Stiftung aber allein in einer durch das Stiftungsgeschäft und die Stiftungssatzung bestimmten Organisation besteht, die durch den ihr vorgegebenen Zweck geprägt wird, ist das der Zweckerfüllung gewidmete Stiftungsvermögen essentiell für das Fortbestehen der Stiftung, was in § 80 Abs. 2 und § 87 Abs. 1 auch zum Ausdruck kommt. In diesem Sinne ist die Gleichsetzung der Stiftung mit ihrem Vermögen berechtigt.

22 Von dem Grundsatz der Vermögenserhaltung gibt es aber ebenfalls Ausnahmen. Neben – und praktischerweise zusammen mit – der zeitlich näher bestimmten oder bestimmbaren Befristung der Stiftung kann der Stifter auch den Verbrauch des Stiftungsvermögens zur Zweckerfüllung gestatten, wodurch die Existenz der Stiftung ebenfalls befristet ist. Diese Ausnahmefälle kennzeichnet man mit dem Stichwort „**Verbrauchsstiftung**" (Beispiel: Verbrauchsstiftung zum Wiederaufbau eines historischen Gebäudes). Auch ihre Zulässigkeit ist umstritten[40] und auch die Stiftungsbehörden sehen solche Gestaltungen kritisch. So führt zB die Bezirksregierung Köln in ihrem insoweit wohl unter den Stiftungsreferenten zumindest in NRW abgestimmten Leitfaden zur Stiftungsgründung aus, dass Verbrauchsstiftungen nur „unter ganz engen Voraussetzungen genehmigt" werden, nämlich nur bei denkbarer und beabsichtigter abschließender Erfüllung des Stiftungszwecks und regelmäßig nur bei einer Existenz der Stiftung von mindestens zehn Jahren.[41] Unseres Erachtens steht die grundsätzliche Zulässigkeit der Verbrauchsstiftung bereits angesichts der Auslegung zur Frage der Zulässigkeit befristeter Stiftungen (s. Rn 18 f) außer Frage. Insbesondere die Gesetzgebungsmaterialien sprechen, wie dargelegt, eine deutliche Sprache. Die vom Gesetzgeber als Beispiel genannte Stiftung zur Wiederherstellung eines kunsthistorischen Bauensembles macht praktisch nur als Verbrauchsstiftung Sinn, da sonst mit der Vollendung des Stiftungszwecks eine Stiftung mit Vermögen aber ohne Zweck dastehen würde.

23 Zuzugeben ist den Bemühungen zur Einschränkung der Zulässigkeit von Verbrauchsstiftungen aber, dass das Merkmal der dauernden und nachhaltigen Zweckerfüllung tatsächlich ernst genommen werden muss. Konkrete Zeitrahmen, die im Stiftungszivilrecht eben gerade nicht festgeschrieben sind, bergen allerdings die Gefahr, die einmal gewonnene Liberalität des Stiftungsrechts[42] wieder einzuschränken. Sie können deshalb allenfalls der Orientierung dienen, aber die Prüfung und Abwägung im konkreten Einzelfall nicht ersetzen. So verstehen wir auch die oben angesprochenen Ausführungen und Formulierungen der Bezirksregierung Köln („regelmäßig nur bei"). Problematisch ist bei dieser Vorgabe der Bezirksregierung Köln indes, dass eine Verbrauchsstiftung nur bei denkbarer und beabsichtigter abschließender Erfüllung des Stiftungszwecks zulässig sein soll. Dadurch wird die Zulässigkeit der Verbrauchsstiftung auf Fälle der Befristung durch Zweckerfüllung beschränkt. Diese Einschränkung ergibt sich nicht aus dem Gesetz und entspricht auch nicht dem Willen des Gesetzgebers. Unzulässig wäre nach Auffassung der Bezirksregierung Köln zB eine auf 30 Jahre befristete Stiftung zur Förderung der Bildung von Kindern aus einkommensschwachen Familien. Da es aller Voraussicht nach auch nach Ablauf dieser Frist noch ein Bedürfnis für eine solche Förderung geben wird, kann der Stiftungszweck nicht abschließend erfüllt werden. Ein sachlicher Grund, eine solche Stiftung nicht anzuerkennen, dafür aber beispielsweise eine solche, die innerhalb von zehn Jahren ihr Vermögen für den Wiederaufbau der Stadtkirche verwendet, ist nicht erkennbar und ein solches Verbot ist ein ungerechtfertigter staatlicher Eingriff in die durch Art 2 Abs. 1 GG und § 80 BGB gewährte Privatautonomie des Stifters. Aus der Zulässigkeit der Verbrauchsstiftung nach dem BGB folgt die Unwirksamkeit (Art. 31 GG) solcher landesgesetzlichen Regelungen, die ohne Ausnahme den Erhalt des Stiftungsvermögens vorschreiben (zB Art. 6 Abs. 2 StiftG Bayern).

Eine weitere Frage ist die nach der „**steuerlichen Anerkennung der Verbrauchsstiftung**" gem. § 10 b Abs. 1 a EStG, wonach Spenden in den Vermögensstock einer gemeinnützigen Stiftung bis zu einem Gesamt-

40 Pro Zulässigkeit etwa *Pauli*, ZSt 2009, 97; *Reuter*, npoR 2010, 69, 71 ff; Staudinger/*Hüttemann*/*Rawert* (2011), § 81 Rn 57; *Wallenhorst*, DStR 2002, 984, 985 f; contra Zulässigkeit etwa: *Muscheler*, in: FS Werner, 2009, S. 129 ff.

41 Bezirksregierung Köln, Der Weg zur Stiftung (Stand: April 2010, *Enzmann*, Redaktion Auflage 2006/*Bernsdorf*, Redaktion Überarbeitung 2010), S. 18; die Mindestdauer von zehn Jahren orientiert sich an § 10 b Abs. 1 a EStG.

42 *Schiffer*, Stiftung, § 3 Rn 2 ff, 8 f; *ders.*, BB Heft 42/2002, Die erste Seite (Kommentar): „Das Stiftungszivilrecht bleibt liberal." Dabei steht Liberalität, die die individuelle Freiheit als Grundlage der Gesellschafts- und Wirtschaftsordnung anstrebt, dort gar nicht einmal im Gegensatz zum Ansatz des Ordoliberalismus, der eine marktwirtschaftliche Wirtschaftsordnung anstrebt, in der ein Ordnungsrahmen den Wettbewerb und die Freiheit der Bürger gewährleisten soll. Das scheint aber *Rawert* so zu sehen (FS Reuter, 2010, S. 1323, 1325 in Fn 16), wobei solche Begründungsansätze mit Schlagworten (s.a. Rn 38) bei der juristischen Arbeit genauso wenig weiterführen wie politische Einordnungen in „Rechts" oder „Links" (anders wohl *Rawert* aaO).

betrag von 1 Mio. EUR über einen Zeitraum von zehn Jahren abzugsfähig sind."[43] Nach Verfügungen der OFD Frankfurt a.M.[44] sollen Zuwendungen an Verbrauchsstiftungen allerdings nicht nach § 10 b Abs. 1 a EStG begünstigt sein. *Reuter*[45] pflichtet dem bei, weil bei einer Verbrauchsstiftung gerade nicht zwischen dem Vermögensstock und den zur Zweckerfüllung dienenden Erträgen aus dem Stiftungsvermögen unterschieden werden könne. Dem kann im Hinblick auf den klaren Wortlaut des § 10 b Abs. 1 a EStG jedenfalls nicht gefolgt werden[46], wenn und soweit bei der Verbrauchsstiftung der Zeitraum von zehn Jahren überschritten wird.[47] In einem solchen Fall kann nämlich durchaus auch bei einer Verbrauchsstiftung zwischen dem Vermögensstock und den Erträgen des Stiftungsvermögens unterschieden werden. Das Stiftungsvermögen, auch wenn es prinzipiell angegriffen werden kann, wird zu seinem größten Teil zunächst ja trotzdem mit dem Ziel angelegt und verwaltet, Erträge für die Zweckerfüllung zu erwirtschaften. Zudem ist es auch unbestritten zulässig, dass, soweit es der Stifter in der Satzung erlaubt hat, das Stiftungsvermögen bei fehlendem Ertrag vorübergehend zur Zweckerfüllung angegriffen werden darf.[48] Bei entsprechender Gestaltung besteht also kein Unterschied zwischen der Spende in den Vermögensstock einer Verbrauchsstiftung und der Spende in den Vermögensstock einer „normalen" Stiftung. In der Praxis sollten der Stifter, Spender und Berater sich der Problematik allerdings bewusst sein und die Frage vorsorglich frühzeitig mit dem Finanzamt klären.

V. Gemeinwohlkonforme Allzweckstiftung – Selbstzweckstiftung – Stiftung für den Stifter

Der Stiftungszweck darf das Gemeinwohl nicht gefährden. Der Gesetzgeber hat damit den schon vor der Reform von 2002 von der hM vertretenen Grundsatz der „Zulässigkeit der gemeinwohlkonformen Allzweckstiftung"[49] gesetzlich festgeschrieben.[50] Positiv gewendet gilt damit, dass **jeder Stiftungszweck zulässig** ist, **der nicht** das **Gemeinwohl gefährdet**.[51] **24**

Das Gemeinwohl ist gefährdet, wenn die Erfüllung des Stiftungszwecks Gesetze verletzt oder der Stiftungszweck im Widerspruch zu Grundentscheidungen der Rechts- oder Verfassungsordnung steht.[52] Gemeinwohlgefährdung überschneidet sich als Gesetzesverletzung mit der rechtlichen Unmöglichkeit (§ 87). Mit Rücksicht auf die grundrechtlich geschützte (Rn 4) und im Stiftungszivilrecht ausdrücklich betonte Stiftungs- und Stifterfreiheit (§ 80 Abs. 2) ist der unbestimmte Rechtsbegriff des Gemeinwohls eng auszulegen.[53] **25**

1. Keine Förderung des Gemeinwohls erforderlich. Aus dem Umkehrschluss zu § 80 Abs. 2 folgt, dass eine Förderung des Allgemeinwohls durch den Stiftungszweck nicht erforderlich ist. Der Gesetzgeber hat zwar darauf hingewiesen, dass der Begriff des Gemeinwohls „traditionell mit der Rechtsfigur Stiftung verknüpft [ist]; er spiegelt den für die Stiftung typischen Klang von Wohltat im Gesetz wider", doch „eine Beschränkung auf steuerbegünstigte Zwecke ist damit nicht verbunden, wenngleich solche die Stiftungspraxis bestimmen."[54] Damit ist klargestellt, dass auch allgemein (oder: schlicht) privatnützige Stiftungen (Rn 39 ff) zulässig sind, solange sie nicht das Gemeinwohl gefährden. Auch wenn somit zumindest im Ansatz Einigkeit darüber besteht, dass eine Stiftung **prinzipiell jeden Zweck verfolgen** kann, der das Gemeinwohl nicht gefährdet, so wurden in der Vergangenheit und werden teilweise auch noch heute Einschränkungen privater Stiftungszwecke befürwortet. Nach teilweise vertretener Ansicht sollen insbesondere Familienstiftungen und unternehmensverbundene Stiftungen nicht oder nur beschränkt zulässig sein. Darauf wird bei der Darstellung dieser speziellen Stiftungsformen (zur Familienstiftung Rn 41 ff, zur unternehmensverbundenen Stiftung Rn 51 ff) näher eingegangen. Die Befürworter der genannten Einschränkungen berufen sich für ihre Argumentation auf den sogleich näher zu behandelnden Lehrsatz von dem angeblichen „Verbot der Selbstzweckstiftung" und das **26**

43 Zu beachten ist, dass der BFH derzeit die Verfassungsmäßigkeit des Sonderausgabenabzugs für Spenden an Stiftungen gemäß § 10 b Abs. 1 EStG prüft (X R 11/08). Sollte die Bevorzugung von Stiftungen zB vor Vereinen gegen Art. 3 Abs. 1 GG verstoßen, müsste auch § 10 b Abs. 1 a EStG auf den verfassungsrechtlichen Prüfstand.

44 Vom 13.6.2008 und 13.10.2008, Stiftung & Sponsoring 5/2008, 43 und 6/2008, 41.

45 *Reuter*, npoR 2010, 69, 73.

46 *Schiffer/Pruns*, StiftungsBrief, 2011, 28, 31.

47 Generell für Abzugsfähigkeit der Spenden in den Vermögensstock einer Verbrauchsstiftung *Schauhoff*, Handbuch der Gemeinnützigkeit, 3. Aufl., § 11 Rn. 94; *Wallenhorst/Halaczinsky*, Besteuerung, 6. Aufl., Kap. E Rn. 83; aA *Hüttemann*, Gemeinnützigkeits- und Spendenrecht, § 8 Rn 166.

48 Für einen Spendenabzug in solchen Fällen: *Hüttemann*, aaO.

49 S. Palandt/*Ellenberger*, § 80 Rn 6; *Schiffer*, Stiftung, § 2 Rn 19, 24 ff; Seifart/v. Campenhausen/*Hof*, § 7 Rn 55 ff, 61 ff.

50 Vgl BT-Drucks. 14/8765, 8.

51 S. etwa Palandt/*Ellenberger*, § 80 Rn 6; *Berndt*/Götz, Rn 64; *Andrick*, Stiftung & Sponsoring, 06/2002, 23, 25.

52 Vgl den sog. Republikanerfall, der über drei Instanzen lief: VG Düsseldorf NVwZ 1994, 811 f; OVG Münster NVwZ 1996, 913 ff; BVerwG NJW 1998, 2545 ff; krit. zu diesem Urteil Hopt/*Reuter*, S. 139 ff; verteidigend: *Andrick*, Stiftung & Sponsoring, 06/2002, 23, 25.

53 VG Düsseldorf NVwZ 1994, 811, 812 f; Bamberger/Roth/*Schwarz*, § 87 Rn 2; Staudinger/*Rawert*, § 87 Rn 7.

54 Vgl BT-Drucks. 14/8765, 9; s. auch *Hüttemann*, ZHR 167 (2003), 35, 57.

„Verbot der Stiftung für den Stifter“ (Rn 33 ff.). Diese Einschränkungen sollen aus dem „Wesen“ der Stiftung oder dem „Stiftungsbegriff“[55] folgen.

27 **2. Verbot der Selbstzweckstiftung?** Die Rechtsform Stiftung „setzt voraus, dass das Stiftungsvermögen nicht nur sich selbst und damit seiner eigenen Verewigung, sondern einem außerhalb der Stiftung liegenden Zweck gewidmet ist.“[56] So oder ähnlich lauten die Fassungen des Lehrsatzes vom Verbot der **Selbstzweckstiftung** in den meisten Darstellungen des Stiftungsrechts. Mit dem Schlagwort „Selbstzweckstiftung“ ist also eine Zwecksetzung gemeint, durch die die Erträge des Stiftungsvermögens diesem wieder durchweg zugeführt werden. Die ganz hM ist der Auffassung, dass eine solche Stiftungsgestaltung unzulässig ist.[57] *Reuter* spricht insoweit davon, dass ein Vermögenstransfer zugunsten anderer notwendig ist.[58] Das leuchtet zunächst ein, wenn man an eine allein mit „Geldvermögen“ ausgestattete Stiftung denkt. Durch die ständige bloße Rückführung der Erträge in das Stiftungsvermögen entstünde in der Tat ein allein sich selbst erhaltendes Gebilde (ein **perpetuum mobile**[59]), das daneben keinem anderen Zweck dient. Betrachtet man aber einmal folgendes Beispiel, so wird deutlich, dass die landläufige Formulierung des Verbots der Selbstzweckstiftung nicht stimmig ist:

Beispiel: Stifter S will eine Stiftung errichten und ihr ein Gebäude in der Stadt X sowie Kapitalvermögen übertragen. Zweck der Stiftung soll der Erhalt des Gebäudes sein, da der Stifter es für erhaltenswert hält. Zur Instandhaltung sollen Erträge aus Mieteinnahmen und aus der Verwaltung des Kapitalvermögens verwendet werden. Die beschriebene Stiftung dient unmittelbar nur dem Erhalt (der „Verewigung“) ihres Vermögens. Nimmt man die Vertreter des Lehrsatzes vom Verbot der Selbstzweckstiftung beim Wort, wäre die Stiftung damit unzulässig. Denn dritte Personen, zB die Mieter des Gebäudes oder die Bewohner der Stadt, profitieren nur mittelbar. Ein Vermögenstransfer findet nicht statt. Unbestritten zulässig ist die Stiftung aber dann, wenn das auf sie übertragene Gebäude denkmalgeschützt ist. Als Begründung ließe sich unter Verweis auf § 52 Abs. 1, 2 Nr. 6 AO anführen, dass durch den Erhalt eines denkmalgeschützten Gebäudes mittelbar die Allgemeinheit im Sinne des Gemeinnützigkeitsrechts profitiert und die Stiftung damit eben nicht nur dem Erhalt ihres Vermögens dient. Auf eine unmittelbare Förderung einzelner Personen durch die Stiftung, auf einen direkten Vermögenstransfer kann es dann aber nicht ankommen.

28 Damit sind aber die Zweifelsfragen noch nicht gelöst. Nach dem Willen des Gesetzgebers soll es für die Frage nach der Zulässigkeit eines Stiftungszwecks ja gerade nicht auf die **steuerliche Gemeinnützigkeit** des Zwecks oder eine **Gemeinwohlförderung** ankommen (Rn 26). Beschränkte man die Zulässigkeit der Stiftung aus unserem Beispiel allein auf den Fall, dass das zu erhaltende Gebäude denkmalgeschützt ist, so würde der Lehrsatz vom Verbot der Selbstzweckstiftung zur Folge haben, dass man über ihn Wertungen des Gemeinnützigkeitsrechts unzulässigerweise in das BGB „importiert“. Die Begründung über § 52 Abs. 1, 2 Nr. 6 AO ist als Argument also nur eine „Krücke“. Die eigentliche Antwort muss eine spezifisch stiftungszivilrechtliche sein. Diese Überlegung gewinnt zusätzlich an Überzeugungskraft, wenn wir uns das zu erhaltende Gebäude aus dem Beispielsfall als nicht (oder noch nicht) denkmalgeschützt denken, denn in diesem Fall ist der Nutzen für andere Personen nicht zwingend geringer als im Falle des Denkmalschutzes. Von daher überzeigt es nicht, beide Konstellationen stiftungsrechtlich zu unterscheiden.

- Ein **praktischer Ausweg** aus der Streitfrage könnte im Falle des fehlenden Denkmalschutzes in der **Formulierung des Stiftungszwecks** liegen. Beschränkt sich der Stifter auf den Stiftungszweck „Erhalt des Gebäudes“ müsste man mit dem Lehrsatz eine unzulässige Selbstzweckstiftung annehmen. Formuliert der Stifter dagegen den Stiftungszweck so, dass er mit der Erhaltung des Gebäudes etwa „dem Wohl der Bürger der Stadt X“ („idealistische Überhöhung“) oder einer bestimmten Familie dienen will, die sich in dem Haus zB regelmäßig treffen soll, wäre die Stiftung auch nach dem Lehrsatz zulässig. Diese Unterscheidung kann rechtsmethodisch nicht befriedigen, da sie allein auf die Formulierung(skunst) abstellt und geradewegs zu juristischen Formulierungskunststücken („juristische Zaubertricks“) herausfordert, in der Sache aber nichts ändert. Zudem würde dabei noch die Möglichkeit der rechtsmethodischen Auslegung des knapp formulierten Stiftungszwecks im Sinne der längeren Fassung übersehen.
- Bei genauer Betrachtung liegt das **Problem** in der hergebrachten **Formulierung des Lehrsatzes vom Verbot der Selbstzweckstiftung,** da der Lehrsatz bereits, wie gezeigt, in unserem einfachen Beispielsfall zu Wertungswidersprüchen führt. Zu diesem Befund passt es, dass Inhalt und Herleitung des Verbots der Selbstzweckstiftung sich im Detail je nach Autor sehr unterscheiden. Der angebliche Lehrsatz kann weder

55 Statt vieler: Staudinger/*Hüttemann/Rawert* (2011), Vor §§ 80 ff Rn 8; Münch. Hdb. GesR Bd. V/*Schwake*, § 79 Rn 35; vgl auch MüKo/*Reuter*, Vor § 80 Rn 44, der sich auf das „Leitbild“ der gemeinwohlkonformen Allzweckstiftung beruft.

56 Staudinger/*Hüttemann/Rawert* (2011), Vor §§ 80 ff Rn 8 mwN; s. auch Rn 21.

57 Vgl neben den bereits genannten etwa Seifart/v. Campenhausen/*Hof*, § 7 Rn 58; *Burgard*, Gestaltungsfreiheit im Stiftungsrecht, 2006, S. 147 ff mwN; aA Münch. Hdb GesR Bd. V/*Beuthien*, § 77 Rn 30.

58 MüKo/*Reuter*, Vor § 80 Rn 44.

59 *Riemer*, ZBernJV 116 (1980), 489, 505, zitiert nach Staudinger/*Hüttemann/Rawert* (2011), Vor §§ 80 ff Rn 150.

aus dem „Stiftungsbegriff" noch aus einem „Leitbild" der Stiftung abgeleitet werden. Der Stiftungsbegriff des BGB kann nämlich nur durch die Auslegung des BGB selbst gewonnen werden und die Auslegung nicht anleiten (Vor §§ 80 ff Rn 1). Alles andere ist ein Zirkelschluss: Man lädt den Stiftungsbegriff zunächst mit seinen eigenen Wertungen auf, legt anschließend das Gesetz anhand des Stiftungsbegriffs aus und findet dann (natürlich!) seine eigenen Wertungen wieder.[60] Zu welchem Ergebnis führt nun aber die Auslegung des Gesetzes?

Wenn der Versuch unternommen wird, den **Lehrsatz vom Verbot der Selbstzweckstiftung** aus dem **Gesetz** herzuleiten, wird meist auf § 81 Abs. 1 S. 2 abgestellt.[61] Aus dem Umstand, dass die Stiftung einen bestimmten von dem Stifter vorgegebenen Zweck verfolgt und der Stifter zur Erfüllung dieses Zwecks der Stiftung ein Vermögen überträgt, wird gefolgert, dass das Stiftungsvermögen gegenüber dem Stiftungszweck eine dienende Funktion einnimmt, was stimmt (Rn 21), und deshalb nicht (zugleich) selbst Zweck der Stiftung sein kann, was sprachlich allerdings nicht zwingend ist. Wenn ein Stifter beispielsweise formuliert, die Stiftung habe den Zweck, „Profit zu erwirtschaften", so nimmt das Stiftungsvermögen im Hinblick auf diesen Zweck ebenfalls eine dienende Funktion ein. *Rawert* ergänzt die Argumentation noch mit einem **Hinweis auf § 80 Abs. 2**, der bestimmt, dass das Stiftungsvermögen für die dauerhafte und nachhaltige Erfüllung des Stiftungszwecks ausreichen muss (Rn 18). Diese gesetzliche Anforderung an die Vermögensausstattung wäre, so *Rawert*, überflüssig, wenn die Selbstzweckstiftung zulässig wäre, da für den Stiftungszweck „Vermögensverwaltung und Vermögensmehrung" dann bereits die Ausstattung mit einem EUR ausreichend wäre.[62] Auch dieses Argument überzeugt bei näherer Betrachtung nicht, denn auch bei Zulässigkeit der Selbstzweckstiftung behält die Anforderung, die § 80 Abs. 2 mit Blick auf den Stiftungszweck an den Umfang der Vermögensausstattung stellt, sehr wohl ihren Sinn. So ist etwa für den Stiftungszweck „Erhalt eines historischen Gebäudes" die Ausstattung der Stiftung mit einem Vermögen von einem EUR eben nicht ausreichend und der Stiftung deshalb die Anerkennung mangels ausreichender Sicherung der dauerhaften und nachhaltigen Zweckerfüllung zu verweigern. Für den Stiftungszweck „Erhalt und Vermehrung des Stiftungsvermögens" wäre dagegen ein EUR ausreichend. 29

Auch aus dem **Verbot der Gefährdung des Gemeinwohls** in § 80 Abs. 2 lässt sich das Verbot der Selbstzweckstiftung nicht herleiten. Die Verwaltung eines Vermögens an sich gefährdet das Gemeinwohl nicht. Das bestätigt ein Vergleich mit der GmbH: Dort ist unstrittig, dass die Vermögensverwaltung ein gesetzlich zulässiger Zweck nach § 1 GmbHG ist.[63] Dann kann die bloße Vermögensverwaltung durch eine Stiftung aber nicht das Gemeinwohl gefährden. Unmittelbar aus dem Wortlaut der §§ 80, 81 folgt das Verbot der Selbstzweckstiftung nach alledem nicht.[64]

Der Vergleich mit der GmbH weist aber auf einen für die hier anzustellende Betrachtung wesentlichen Unterschied zwischen der GmbH und der Stiftung hin, der uns zurück zu dem Kern des Problems der Selbstzweckstiftung führt. Während bei der GmbH die Gesellschafter über ihre Gesellschaftsanteile an dem Vermögen der GmbH partizipieren, ist das bei der mitglieder- und gesellschafterlosen Stiftung nicht der Fall. Theoretisch ließe sich durch eine Stiftung ein auf unbegrenzte Dauer abgeschlossenes System errichten. Der „Klang der Wohltat", wie ihn der Gesetzgeber mit der Stiftung typischerweise (!) verbunden sieht (Rn 26), fehlt dann. Zudem wollte die Bund-Länder Arbeitsgruppe an der grundsätzlichen Unzulässigkeit der Selbstzweckstiftung festhalten.[65] Auch wenn das Verbot der Selbstzweckstiftung also nicht unmittelbar aus dem Wortlaut der §§ 80, 81 folgt, so hat zumindest der Gesetzgeber dieses Verbot anerkannt. Tatsächlich findet sich der Gedanke des Vermögenstransfers, den *Reuter* aus dem Leitbild der Stiftung ableitet[66] im Gesetz selbst wieder, allerdings an einer bisher in der Diskussion nicht beachteten Stelle, nämlich in § 87 Abs. 2. Dort heißt es: „Bei der Umwandlung des Zweckes soll der Wille des Stifters berücksichtigt werden, insbesondere soll dafür gesorgt werden, dass die Erträge des Stiftungsvermögens dem Personenkreis, dem sie zustattenkommen sollten, im Sinne des Stifters erhalten bleiben." 30

Aus § 87 Abs. 2 BGB folgt damit, dass und wie man das Verbot der Selbstzweckstiftung präziser, nämlich orientiert am Gesetz zu formulieren hat, als das bisher geschieht. Das **Verbot der Selbstzweckstiftung** ist deshalb **wie folgt zu fassen**: Durch die Erfüllung des Stiftungszwecks müssen die Erträge des Stiftungsver- 31

60 Vgl zur Kritik solcher und ähnlicher Vorgehensweisen bei der Auslegung schon *Schlehofer*, JuS 1992, 572, 576; in eine ähnliche Richtung geht auch *Herzbergs*, Kritik der teleologischen Gesetzesauslegung, NJW 1990, 2525.

61 S. etwa Staudinger/*Hüttemann*/*Rawert* (2011), Vor §§ 80 ff Rn 150; *Wochner*, Die Stiftung – Jahreshefte zum Stiftungswesen, 2. Jahrgang 2008, S. 79, 83.

62 *Rawert*, in: Kötz u.a. (Hrsg.), Non Profit Law Yearbook 2003, S. 1, 7 und Fn 33.

63 Statt vieler Baumbach/*Hueck*/*Fastrich*, GmbHG, 19. Aufl. 2010, § 1 Rn 11.

64 In diesem Sinne auch Münch. Hdb GesR Bd. V/*Beuthien*, § 77 Rn 30.

65 Bericht der Bund-Länder-Arbeitsgruppe Stiftungsrecht vom 19.10.2001, S. 38.

66 MüKo/*Reuter*, Vor § 80 Rn 44.

mögens einem von der Stiftung verschiedenen Personenkreis zumindest mittelbar zustattenkommen.[67] Das ist nicht der Fall, wenn die Erträge dem Stiftungsvermögen wieder zufließen, ohne dass andere wenigstens mittelbar an der Erhaltung des Stiftungsvermögens partizipieren. Wenn wir uns an das Beispiel des Stifters S erinnern (Rn 27), so wird deutlich, dass dazu keine Auszahlung der Stiftungserträge an eine oder mehrere Personen erforderlich ist. „Zustattenkommen" bedeutet lediglich, dass etwas für jemanden nützlich, hilfreich, von Vorteil ist.[68] Das kann sehr wohl auch bei „nur" mittelbaren Vorteilen der Fall sein, wenn das Stiftungsvermögen selbst so beschaffen ist, dass andere daran teilhaben können. In unserem Ausgangsbeispiel des Stifters S haben wir es also auch dann nicht mit einer Selbstzweckstiftung zu tun, wenn das zu erhaltende Gebäude nicht denkmalgeschützt ist, weil der Erhalt des Gebäudes den Mietern und den Bürgern der Stadt X zustattenkommt. Auf diese Zusammenhänge ist noch einmal im Rahmen der Darstellung unternehmensverbundenen Stiftung zurückzukommen (Stichwort: Unternehmensselbstzweckstiftung, Rn 54 f).

32 Hier ist zunächst festzuhalten, dass der wahre Kern des Verbots der Selbstzweckstiftung allein darin liegt, dass eine reine Kapitalstiftung, also eine Stiftung, die allein dem Zweck dient, das ihr gehörende Vermögen zu verwalten, anzulegen und zu vermehren, nicht zulässig ist. Anders ist das aber zB auch schon bei einer Stiftung, die ausschließlich durch die Art und Weise der vom Stifter vorgegebenen gezielten Anlage ihres Stiftungsvermögens bestimmte Zwecke fördert und auch ihre Erträge entsprechend reinvestiert (Investitionsstiftung).[69] Hier werden das Vermögen und die Erträge aus dem Vermögen unmittelbar zur Zweckverwirklichung eingesetzt (Praxisbeispiel: Mikrokredit[70]-Stiftung).

33 **3. Verbot der Stiftung für den Stifter?** Im Schrifttum wird weit verbreitet vertreten, dass neben dem Lehrsatz vom Verbot der Selbstzweckstiftung auch ein (jedoch ebenfalls nirgendwo ausdrücklich gesetzlich niedergelegter) **angeblicher Grundsatz der „Unzulässigkeit der Stiftung für den Stifter"** gelten soll.[71] Begründet wird er damit, dass bei der Stiftungserrichtung aus Sicht des Stifters die Uneigennützigkeit dessen Handelns zu fordern sei. Auch dieser Lehrsatz ist kritisch zu sehen. Man betrachte nur das Beispiel der durchaus eigennützigen Familienstiftung, die auch nach dem neuen Stiftungszivilrecht zweifelsfrei und unbeschränkt zulässig ist (s. Rn 42 ff). Stiftungsrechtlich entscheidend ist tatsächlich nur, dass eine Stiftung nach dem Grundsatz der „gemeinwohlkonformen Allzweckstiftung" nicht das Gemeinwohl gefährdet (s. Rn 24 ff) und die Erträge aus der Verwaltung des Stiftungsvermögens einer oder mehreren von der Stiftung verschiedenen Personen zumindest mittelbar (s. Rn 31) zustattenkommen. Eine von der Stiftung verschiedene Person ist aber auch der Stifter selbst. Eine Uneigennützigkeit oder gar eine aktive Gemeinwohlförderung ist weder nach dem Wortlaut der §§ 80 ff noch nach dem Willen des Gesetzgebers stiftungsrechtlich erforderlich (Rn 26). Der Gesetzgeber hat sich, anders als zum Verbot der Selbstzweckstiftung, auch nicht dahingehend geäußert, dass er eine Stiftung für den Stifter für unzulässig hält.

34 Gegen eine Stiftung, deren Erträge dem Stifter zugutekommen, könnte also nur ein **systematischer Einwand** sprechen. Ein solcher wird auch tatsächlich von *Reuter* erhoben. Durch eine Stiftung für den Stifter, so argumentiert *Reuter*, werde ein Sondervermögen geschaffen, dass einerseits dem Wohl des Stifters dient und andererseits dessen Gläubigern mangels pfändbarer Beteiligungen/Anteile des Stifters an dem Vermögen der Stiftung auf Dauer entzogen ist. Das ist im Prinzip zwar richtig, aber kein durchschlagender Einwand. Es handelt sich nämlich um eine Fallkonstellation, die nicht nur bei der Errichtung einer Stiftung für den Stifter, sondern bei jeder Art von Stiftungserrichtung auftreten kann. Wenn ein Stifter beispielsweise sein gesamtes Vermögen an eine gemeinnützige Stiftung überträgt, so ist ggf der Schaden für seine Gläubiger noch dadurch größer, dass der Stifter noch nicht einmal Zuwendungen aus den Erträgen des Stiftungsvermögens erhält, auf die seine Gläubiger zugreifen könnten.[72] Systematisch für die Zulässigkeit einer Stiftung, deren Erträge (auch) dem Stifter zustattenkommen, spricht darüber hinaus auch § 58 Nr. 5 AO. Dort hat der Gesetzgeber sogar für gemeinnützige Stiftungen ausdrücklich anerkannt, dass solche Stiftungen bis zu einem Drittel ihres Einkommens verwenden dürfen, um in angemessener Weise den Stifter und seine nächsten Angehörigen zu unterhalten, ihre Gräber zu pflegen und ihr Andenken zu ehren, ohne dass die Steuervergünstigung (Steuerbefrei-

67 Zur Klarstellung: die Wahl des Wortes „Personenkreis" schließt nicht aus, dass eine Stiftung auch zur Unterstützung nur einer anderen (juristischen) Person errichtet werden kann. Die Wahl der Pluralform in § 87 Abs. 2 hat wohl eher sprachliche Gründe und zielt auf den typischen Fall der Stiftung ab, von der mehr als nur eine Person profitiert.

68 Duden, Bedeutungswörterbuch, 4. Aufl. 2010, S. 1144.

69 Zur Konzeption einer Investitionsstiftung *Fritz*, Stifterwille und Stiftungsvermögen, 2009, S. 174 ff.

70 Zur Bedeutung (und den Risiken!) dieser Art der „Förderung" s. *Terberger*, Ruperto Carola 3/2002, http://www.uni-heidelberg.de/presse/ruca/ruca3_2002/ (zuletzt abgerufen am 9.4.2011).

71 Vgl die Nachweise bei Staudinger/*Hüttemann/Rawert* (2011), Vor §§ 80 ff Rn 8 sowie die Darstellung bei *Burgard*, Gestaltungsfreiheit im Stiftungsrecht, 2006, S. 132 ff.

72 Vgl im Einzelnen zur Kritik auch *Burgard*, Gestaltungsfreiheit im Stiftungsrecht, 2006, S. 134 f; Seifart/v. Campenhausen/*Hof*, § 7 Rn 57.

ung) hierdurch ausgeschlossen wird (§ 58 Nr. 5 AO).[73] Das ist ein klarer Fall der (teilweisen) Eigennützigkeit, der nach dem Gesetz im Übrigen nicht auf den Notfall beschränkt ist.

Der eigentliche Gedanke hinter dem Grundsatz der angeblichen „Unzulässigkeit der Stiftung für den Stifter" 35 liegt darin, dass der Stifter sich seines der Stiftung gewidmeten Vermögens entäußert, es in die unabhängige Stiftung entlässt. Dieses Vermögen bildet losgelöst vom Stifter gemäß den von ihm vorgegebenen Regeln nach der staatlichen Anerkennung die Grundlage der Stiftung. Folglich kann es, anders als etwa bei dem Alleingesellschafter einer GmbH, keinen absoluten Einfluss des Stifters geben, aufgrund dessen er die besagten Regeln beliebig aufhebt. Der Stifter muss vielmehr die Grenzen des Stiftungsrechts einhalten. Das führt genau betrachtet nur zu der Frage nach der Stiftungsreife (Rn 90) des betreffenden Stifters. Mithin ist das Schlagwort von der „Unzulässigkeit einer Stiftung für den Stifter" eher verwirrend, als dass es größere Erkenntnis fördert. Typischerweise errichtet ein Stifter eine Stiftung gerade auch für sich, da sie ja einen von ihm gewählten Zweck verfolgen soll. Fazit: Es ist in jedem Einzelfall sehr genau zu prüfen, ob die Grenzen des Stiftungszivilrechts und ggf des Stiftungssteuerrechts eingehalten werden. Schlagworte helfen zur rechtlichen Bewertung nicht weiter.

VI. Destinatäre

Eine Stiftung hat keine Mitglieder oder Gesellschafter. Sie hat nur **Nutzer**, allgemein Destinatäre genannt. 36 Destinatäre sind diejenigen natürlichen oder juristischen Personen, denen die Vorteile der Stiftung (Stiftungsleistungen) zugutekommen sollen. Wer Destinatär einer Stiftung ist, wird generell durch den Stiftungszweck und konkret durch eine entsprechende Regelung in der Stiftungssatzung sowie die Entscheidung des zuständigen Organs innerhalb der Stiftung bestimmt. Es können sowohl einzelne Personen, bestimmte Personenkreise oder die Allgemeinheit als Destinatäre eingesetzt werden. Am letzten Fall zeigt sich, dass eine ausdrückliche Bestimmung der Destinatäre der Stiftung nicht erforderlich und auch gar nicht immer möglich ist. Wenn die Stiftung beispielsweise dem Erhalt einer Kunstsammlung dient, muss der Stifter in der Stiftungssatzung nicht ausdrücklich festhalten, dass die Stiftung dem Nutzen der Öffentlichkeit dienen soll. Bei echten Familienstiftungen (s. Rn 45 ff) werden die Familienmitglieder des Stifters oder bestimmte Mitglieder einer oder mehrerer Familien als Destinatäre bestimmt. Zuwendungen einer Stiftung an ihre Destinatäre sind nach hM keine Schenkungen.[74] Der Rechtsgrund für die Zuwendung ist, wie auch der BGH hervorhebt,[75] in allen diesen Fällen der Stiftungszweck selbst. *Muscheler*[76] tritt zwar abweichend davon für eine analoge Anwendung der Schenkungsvorschriften ein, sieht aber § 81 Abs. 1 S. 1 als die gegenüber § 518 Abs. 1 S. 1 speziellere Vorschrift,[77] womit die einfache Schriftform für einen zusagenden Vertrag genügt. Wendet eine Stiftung einem Destinatär satzungsgemäß Leistungen zu, liegt darin ganz einfach eine Erfüllung des Stiftungszwecks. Eine Stiftung wird „nur" und gerade zur Erfüllung ihres Zwecks errichtet (§§ 80 Abs. 2, 81 Abs. 1).

Die Destinatäre sind weder Mitglieder noch Gesellschafter der Stiftung. Damit haben sie **grundsätzlich** auch 37 **keine** „Mitgliedschaftsrechte", wie insbesondere **Verwaltungs- oder Kontrollbefugnisse**. Dem Stifter ist es aber unbenommen, in geeigneten Fällen den Destinatären in der Stiftungssatzung entsprechende Rechte einzuräumen. Er kann die Stellung der Destinatäre durch Organisations- und Verwaltungsbestimmungen in der Stiftungssatzung deutlich stärken. So kann er ihnen zB einklagbare Ansprüche auf Stiftungsleistungen einräumen oder bestimmte Verwaltungs- und Kontrollrechte (zB ein Recht zur Einsichtnahme in die Bücher der Stiftung) übertragen. Hierfür kann der Stifter die Destinatäre auch zu einem eigenen Stiftungsorgan, einem Kuratorium etwa, zusammenschließen und diesem Organ konkrete Verwaltungsbefugnisse und/oder etwa die Überwachung des Stiftungsvorstandes übertragen.

VII. Stiftungsformen

Die §§ 80–88 unterscheiden nicht zwischen den verschiedenen Formen der privatrechtlichen Stiftung. Wenn 38 in Fachschrifttum und Praxis dennoch zwischen bestimmten Stiftungsformen unterschieden wird, dient das allein der Typisierung und der Strukturierung des Themas. Man orientiert sich an den in der Praxis typischerweise vorkommenden Stiftungszwecken und fasst Stiftungen mit ähnlichen Zwecken in Gruppen zusammen. Konsequenzen für das Stiftungszivilrecht sind daraus aber nicht zu ziehen.[78] Das Zivilrecht unterscheidet allein zwischen genehmigungsfähigen und nicht genehmigungsfähigen Stiftungen. Anders ist es im **Steuerrecht**

73 Ausführlich zu § 58 Nr. 5 AO *Schiffer*, Stiftung, § 10 Rn 133 ff.

74 S. Prütting/Wegen/Weinreich/*Schöpflin*, § 89 Rn 3 und die nachfolgende Fn.

75 BGH BB 2010, 77 m.Anm. *Schiffer*; s.a. BGH, NJW 1957, 708; Seifart/v. Campenhausen/*Hof*, § 7 Rn 157.

76 *Muscheler*, ,S. 223 ff = WM 2003, 2213, *ders.*, AcP Bd. 203 (2003), 469.

77 *Muscheler*, S. 242.

78 Zu dem unzulässigen Schluss von Schlagworten auf rechtliche Zusammenhänge vgl schon *Schiffer/v. Schubert*, BB 2002, 265, 266 zu *Schwarz*, BB 2001, 2381, 2387.

und in einer Reihe von **Landesstiftungsgesetzen**. Dort sind beispielsweise für dort mehr oder weniger klar definierte Familienstiftungen besondere Rechtsfolgen (Ersatzerbschaftsteuer, einschränkte Rechtsaufsicht) vorgesehen.

39 **1. Die allgemein (oder: schlicht) privatnützige Stiftung.** Bevor sogleich einige Stiftungsarten mit einem besonderen Zweck und/oder einer speziellen Ausrichtung angesprochen werden, bleibt vorab festzuhalten, dass eine Stiftung keinen dieser (beispielhaften) Zwecke und auch keine dieser Ausrichtungen haben muss. Bis zur Grenze der Gemeinwohlgefährdung (s. Rn 24 ff) darf sie **jeden beliebigen privatnützigen Zweck** verfolgen und jede beliebige privatnützige Ausrichtung haben. Sie muss insbesondere nicht eine Familienstiftung, eine unternehmensverbundene Stiftung oder gar eine wegen Gemeinnützigkeit steuerbefreite Stiftung sein. Das wird in der Praxis nicht selten verkannt – etwa von der Finanzverwaltung, die mit Blick auf die Erbersatzsteuer eine Stiftung „gerne" als Familienstiftung einstuft und andere Möglichkeiten ausschließt. Das Gesetz kennt hier keine Zweckvorgaben, wie man sie früher leider vereinzelt im Landesstiftungsrecht fand, wonach zB unternehmensverbundene Stiftungen nicht genehmigungsfähig sein sollten.[79] Die hier skizzierten Zusammenhänge finden nunmehr auch in einigen Landesstiftungsgesetzen ihren Ausdruck darin, dass dort ausdrücklich und allgemein von Stiftungen die Rede ist, die privaten Zwecken dienen (s. zB §§ 6 Abs. 3, 7 Abs. 4 StiftG NRW).

40 Ein **Praxisbeispiel** für eine **allgemein privatnützige Stiftung ist** eine Stiftung, die als potenzielle Destinatäre nur die „Mitglieder" einer bestimmten Einrichtung oder eines bestimmten Unternehmens hat. Eine solche Stiftung ist nicht unternehmensverbunden und dient nicht einer Familie. Sie dient aber ersichtlich auch nicht der Allgemeinheit (§ 52 Abs. 1 S. 2 AO), weshalb sie nicht wegen Gemeinnützigkeit steuerbefreit ist (s. Rn 66 ff). Zu denken ist etwa auch an eine Stiftung, die bestimmte, nicht gemeinnützige Zwecke fördert, etwa die Beschäftigung mit dem Brettspiel „Go". Zu Erinnerung: Nach § 52 Abs. 1 Nr. 21 AO „gilt" (nur) „Schach als Sport".[80] Verwiesen sei etwa auch auf die Stiftung Bahn-Sozialwerk, die, wie ihr Internetauftritt zeigt,[81] nicht gemeinnützig ist.

41 **2. Familienstiftungen.** Die Familienstiftung[82] ist nach dem Gesagten keine eigene Stiftungsart, sondern eine **Unterform der rechtsfähigen Stiftung des Privatrechts**. In der Debatte zur Reform des Stiftungsrechts wurde insbesondere in dem von Bündnis 90/Die Grünen vorgelegten Gesetzesentwurf, der dem Vernehmen nach maßgeblich von *Rawert* „beeinflusst" wurde, der Gedanke vertreten, eine Familienstiftung längstens für 30 Jahre zuzulassen, und zwar mit Fortsetzungsmöglichkeit durch zustimmenden Beschluss aller Begünstigten (Destinatäre).[83] Dieser Gedanke setzte sich bei der Reform des Stiftungszivilrechts aber nicht durch. Stiftungen sind, wenngleich sie auf Zeit möglich sind (Rn 19 ff), dennoch grundsätzlich auf unbegrenzte Dauer angelegt (Rn 18). Ihre Dauer bestimmen zudem die Stifter und nicht die Destinatäre. Frühere Einschränkungen der „Genehmigungsfähigkeit" von Familienstiftungen in den Landesstiftungsgesetzen sind durch das neue Stiftungsrecht im BGB überholt und obsolet.[84]

42 **a) Zulässigkeit.** Trotz dieses eigentlich eindeutigen Votums des Gesetzgebers, dem auch die ganz herrschende Meinung folgt,[85] werden vereinzelt[86] noch immer Bedenken gegen die Zulässigkeit bestimmter Formen der Familienstiftung geäußert. Die Argumentation gegen die Zulässigkeit der Familienstiftung oder gegen bestimmte Formen der Familienstiftung ist an anderer Stelle bereits widerlegt worden, worauf hier verwiesen sei.[87] In der hier gebotenen Kürze wollen wir aber ein ganz grundlegendes Argument gegen die Zulässigkeit bestimmter Familienstiftungen näher untersuchen.

43 *Reuter* ist der Auffassung, dass die grundrechtlich geschützte Freiheit des Stifters bei der Bestimmung des Stiftungszwecks (Rn 4) durch das Recht der Vermögensnachfolger darauf, vor Bevormundungen des Erblassers beim Gebrauch des Vermögens geschützt zu werden, beschränkt ist. Der Erblasser soll nach *Reuters* Auffassung grundsätzlich nur im Umfang der durch die Verwaltungstestamentsvollstreckung eröffneten Möglichkeiten über die Verwaltung und Verwendung seines Vermögens nach dem Erbfall bestimmen können. Weiter gehe seine grundrechtlich geschützte Freiheit nicht, weshalb sich der Stifter bei der Errichtung einer

79 S. *Hennerkes/Schiffer*, BB 1992, 1940.

80 Zur Förderung des Sports als Stiftungszweck sehr anschaulich *Ritter*, Die Roten Seiten zu dem Magazin Stiftung & Sponsoring, 4/2009.

81 BSW (www.bsw24.de).

82 Grundlegend: *Schindler*, Familienstiftung, 1975; s. auch *Lehleiter*, Die Familienstiftung als Instrument zur Sicherung der Unternehmenskontinuität bei Familienunternehmen, 1996; *Leisner*, DB 2005, 2434; *Muscheler*, S. 317 ff; *v. Löwe*, Familienstiftung und Nachfolgegestaltung; Seifart/v. Campenhausen/*Pöllath/Richter*, § 13; *Schiffer*, in FS Spiegelberger, 2009, S. 1358 ff.

83 S. dazu *Sorg*, Stiftung und Sponsoring, 2/2000, 14, 16.

84 Wie hier etwa Palandt/*Ellenberger*, § 80 Rn 8 für die Familienstiftung; *Hüttemann/Rawert*, ZIP 2002, 2019.

85 Vgl nur Palandt/*Ellenberger*, § 80 Rn 8; Seifart/v. Campenhausen/*Pöllath/Richter*, § 13 Rn 29 mwN.

86 Vor allem MüKo/*Reuter*, §§ 80, 81 Rn 84 ff mwN; Staudinger/*Rawert* (1995), Vor §§ 80 ff Rn 132 ff; aufgegeben von Staudinger/*Hüttemann/Rawert* (2011), Vor §§ 80 ff Rn 186, wenn auch noch weiterhin kritisch, vgl Rn 187.

87 S. etwa *Burgard*, Gestaltungsfreiheit im Stiftungsrecht, 2006, S. 127 ff; *Fröhlich*, Die selbständige Stiftung im Erbrecht, 2004, S. 53 ff, 59 ff, 64 ff, 68 ff.

Familienstiftung insoweit auch nicht auf den Grundrechtsschutz berufen könne. Anders sei es nur, wenn die Stiftungserrichtung der Förderung sozialer Anliegen dient, weshalb er nur solche Familienstiftungen für zulässig hält, die Mitglieder einer bestimmten Familie nicht voraussetzungslos begünstigen.[88]

Dem kann nicht gefolgt werden. Der Einzelne und damit auch jeder Stifter ist in der Verfügung über sein Vermögen nur insoweit beschränkt, als Pflichtteils- und Pflichtteilsergänzungsansprüche eingreifen (Rn 87 ff). Jedenfalls die Abkömmlinge des Verfügenden haben nämlich einen grundrechtlich geschützten Anspruch auf Teilhabe an dem Vermögen, der durch die Regelungen zum Pflichtteil und zur Pflichtteilsergänzung verwirklicht wird.[89] Da aus den Grundrechten aber kein darüber hinausgehendes Recht auf Nachfolge in das Vermögen des Erblassers folgt, kann es auch kein weitergehendes Recht von Familienmitgliedern auf Schutz vor Bevormundung geben, wie es aber *Reuter* behauptet. Wer die mit einer Vermögensnachfolge verbundenen Vorgaben des Erblassers nicht auf sich nehmen will, kann sich davor zB durch Ausschlagung der Erbschaft schützen. Aus den Grundrechten der Familienmitglieder folgt demnach gegen *Reuter* keine Einschränkung der Zulässigkeit von Familienstiftungen. 44

b) Begriff. Familienstiftungen werden vor allem **im Unternehmensbereich** eingesetzt. Über eine Familienstiftung kann die von der Familie unabhängige Sicherung der Zukunft des Unternehmens bei gleichzeitiger finanzieller Versorgung der Familienangehörigen erreicht werden. Zudem wird die inländische Familienstiftung auch als Ansatz zur so genannten „Asset Protection", dh zum Schutz vor Gläubigern, propagiert.[90] 45

Definitionen der Familienstiftung finden sich in einigen Landesstiftungsgesetzen sowie im ErbStG und im AStG. Einheitlich sind diese Definitionen nicht. Sofern die Familienstiftung in den Landesstiftungsgesetzen definiert ist, stellen diese darauf ab, dass die Stiftung nach dem Stiftungsgesetz ausschließlich oder überwiegend dem Wohle der Mitglieder einer oder mehrerer bestimmter Familien dient (zB § 21 Abs. 1 StiftG Hessen). Eine Familienstiftung nach dem AStG liegt vor, wenn der Stifter, seine Angehörigen und deren Abkömmlinge zu mehr als der Hälfte bezugsberechtigt oder anfallsberechtigt sind (§ 15 Abs. 2 AStG). Nach § 1 Abs. 4 ErbStG unterliegt das Vermögen einer Stiftung in Zeitabschnitten von 30 Jahren der Erbschaftsteuer, sofern sie wesentlich im Interesse einer Familie oder bestimmter Familien errichtet ist. 46

Die Besonderheit einer Familienstiftung liegt demnach jedenfalls darin, dass sie nach ihrem Stiftungszweck in erster Linie – oder jedenfalls wesentlich – den Interessen einer oder mehrerer Familien dient. Allen Definitionen gemeinsam ist das **Erfordernis der Begünstigung einer oder mehrerer Familien**. Es gibt allerdings zwischenzeitlich „alte" Familienstiftungen mit über 1.000 potenziellen Destinatären. Bei diesen stellt sich schon wegen der Größe des Destinatärkreises die offensichtliche Frage, ob hier überhaupt noch von einer Familienstiftung im eigentlichen Sinne gesprochen werden kann. Das herkömmliche Verständnis einer Familienstiftung stößt hier jedenfalls an Grenzen. Auch der Gesetzgeber geht bei der Familienstiftung offensichtlich von einer Kleinfamilie aus, gewährt er doch bei der Erbersatzsteuer den doppelten Freibetrag nach § 16 Abs. 1 Nr. 2 ErbStG (§ 15 Abs. 2 S. 3 ErbStG), legt also eine „Regelfamilie" mit zwei Kindern zugrunde.[91] Welchen Umfang die Familienförderung haben muss, ist auch unabhängig von diesem Aspekt beinahe schon „traditionell" umstritten.[92] Diese Frage wird zudem für das Stiftungszivilrecht anders beantwortet als für das Stiftungssteuerrecht. Spätestens daraus ergeben sich vor allem im Zusammenhang mit der Erbersatzsteuer erhebliche Probleme (s. Rn 49 f). Die Familienstiftung als Stiftung des privaten Rechts ist im Erbschaftsteuergesetz, im Außensteuergesetz und in einzelnen Landesstiftungsgesetzen unterschiedlich definiert. 47

Außerhalb des Steuerrechts entscheidet die Einordnung als Familienstiftung vor allem darüber, ob und in welchem Umfang die jeweilige Stiftung der staatlichen **Stiftungsaufsicht** unterliegt. So entfällt beispielsweise bei der Familienstiftung nach § 13 Abs. 3 StiftG BW die ansonsten für die Stiftung geltende Verpflichtung, bestimmte Rechtsgeschäfte der Stiftung im Voraus anzuzeigen;[93] nach § 6 Abs. 3 StiftG NRW unterfallen Stiftungen, „die ausschließlich oder überwiegend private Zwecke verfolgen" (also insbesondere auch Familienstiftungen), „nur insoweit der Stiftungsaufsicht, als sicherzustellen ist, dass ihre Betätigung nicht gesetzlich geschützten öffentlichen Interessen zuwiderläuft." Der Gesetzgeber vertraut auf die Kontrolle durch die von der Stiftung begünstigte Familie, da sich die Familienstiftungen – auch nach den Erfahrungen der Behörden – in aller Regel korrekt verhalten. Das rechtfertigt grundsätzlich auch eine großzügige Aufsichtsführung.[94] Da das BGB mit seinem neuen Stiftungsrecht die Frage der Stiftungsaufsicht nicht regelt, vielmehr die Stiftungsaufsicht weiterhin in den Landesstiftungsgesetzen geregelt ist, haben die dortigen Definitionen der Familienstiftung insoweit weiterhin ihre rechtliche Bedeutung.[95] 48

88 MüKo/*Reuter*, Vor § 80 Rn 32 ff.
89 BVerfGE 112, 332.
90 S. *v. Oertzen/Hosser*, ZEV 2010, 168.
91 Zu diesem Aspekt s. *Schiffer*, in Fischer u.a. (Hrsg.), ErbStG, 2. Aufl. 2010, § 1 Rn 69 mwN.
92 S. schon bei *Schindler/Steinsdörfer*, S. 21 ff; ausführlich *Schiffer*, Stiftung, § 9 Rn 40 ff mwN.
93 Übersicht bei *Schiffer*, Stiftung, § 2 Rn 20 f.
94 S. Bericht der Bund-Länder-Arbeitsgruppe Stiftungsrecht, S. 56 f; *Sorg*, Stiftung & Sponsoring, 2/2000, 14; kritisch *Seyfahrt*, ZSt 2008, 145.
95 Vgl auch Palandt/*Ellenberger*, § 80 Rn 8.

49 Bei einer deutschen (echten) Familienstiftung fällt alle 30 Jahre die sog. **Erbersatzsteuer** an (§§ 1 Abs. 1 Nr. 4, 9 Abs. 1 Nr. 4 ErbStG; auch Ersatzerbschaftsteuer genannt), wobei das Gesetz zwei selbständig zu besteuernde Vermögensteile fingiert. Im Ergebnis führt das zu einer Steuerbelastung der Stiftung (Steuerklasse, Freibeträge), wie sie anfiele, wenn der Nachlass alle 30 Jahre auf zwei natürliche Personen der Steuerklasse I verteilt würde (§ 15 Abs. 2 S. 3 ErbStG). Die Erbersatzsteuer kann im Übrigen bei einer Verzinsung von 5,5 % pro Jahr in 30 gleichen Jahresbeträgen entrichtet werden (§ 24 ErbStG).

50 Für den Bereich des **Steuerrechts**[96] ist, wenngleich die Finanzverwaltung das bestreitet, nach der hier vertretenen Ansicht für die Einstufung als Familienstiftung zu fordern, dass den begünstigten Familienangehörigen (Destinatären) entweder mindestens 75 % der laufenden Bezüge und des bei der Auflösung der Stiftung anfallenden Vermögens zugesagt sind (sog. „Löwenanteilstheorie") oder zumindest 1/3 der Bezüge und des bei Auflösung der Stiftung anfallenden Vermögens, wenn im Übrigen qualitative Vermögensinteressen der Familie an der Stiftung ein Familieninteresse belegen.[97] Die Finanzverwaltung setzt diese Grenze, um zu den Steuerfolgen für Familienstiftungen, dh insbesondere zu der **Erbersatzsteuer** zu gelangen, auf bis zu 25 % herab (R 2 Abs. 2 ErbStR). Der BFH hat sich zweimal[98] mit der steuerlichen Einstufung einer Stiftung als Familienstiftung befasst. Den Urteilen lagen allerdings jeweils besondere Sachverhalte zugrunde. Im jüngeren der beiden Urteile hat der BFH das Vorliegen einer Familienstiftung bejaht, obwohl die Stiftung in dem steuerlich relevanten 30-jahres Zeitraum keine Zahlungen an Familienmitglieder geleistet hat.[99] Die Besteuerung der Leistung der Stiftung an die Destinatäre erfolgt mit der hM nach § 20 Abs. 1 Nr. 9 EStG.[100]

51 **3. Unternehmensverbundene Stiftungen. a) Grundtypen.** Nach der Zweckrichtung und den Motiven des Stifters sind zwei Grundtypen der unternehmensverbundenen Stiftung zu unterscheiden:[101] Die **Unternehmensträgerstiftung** betreibt das Unternehmen unmittelbar selbst. Diese Stiftungsform ist wenig praktikabel und hat sich deshalb in der Praxis nicht durchgesetzt und soll deshalb hier nicht näher betrachtet werden.[102] Hält eine Stiftung eine Beteiligung an einer Personen- oder Kapitalgesellschaft, so bezeichnet man sie als **Beteiligungsträgerstiftung** (auch „Kapitalfondsträger-Stiftung" genannt).[103] Diese Form der unternehmensverbundenen Stiftung ist bei richtiger Gestaltung in speziellen Fällen durchaus praktikabel.[104] Die Beteiligungsträgerstiftung ist alleinige Gesellschafterin oder Mitgesellschafterin. Das Unternehmen wird als Personen- oder Kapitalgesellschaft betrieben, so dass das Unternehmen den Vorschriften für diese Rechtsformen unterfällt,[105] weshalb auch die **erforderliche Flexibilität des Unternehmens** selbst grundsätzlich erhalten bleiben kann.

52 Eine Beteiligungsträgerstiftung kann zur Nachfolgegestaltung[106] als Dotationsquelle für durchaus verschiedene Zwecke, als Familientreuhänder oder auch als Führungsinstrument für das Unternehmen dienen. Dabei werden die genannten Aufgaben in der Praxis typischerweise miteinander kombiniert. Bekannte gegenwärtige und vormalige (!) Beispiele von Stiftungen und Stiftungskonstruktionen im Unternehmensbereich sind die Breuninger Stiftung, die Peter Klöckner-Stiftung, die Sedus Stiftung und die Vorwerk Elektrowerke Stiftung & Co. KG. Zu nennen sind auch Aldi, dm, Lidl, Würth und Bertelsmann.

96 S. zur Abgrenzung im Steuerrecht vor allem die rechtsmethodischen sauberen Ausführungen von *Jülicher*, StuW 1995, 71 und StuW 1999, 363; ausführlich *Schiffer* in: Fischer u.a. (Hrsg.), ErbStG, 2. Aufl. 2010, § 1 ErbStG Rn 50 ff mwN.

97 Vgl *Schiffer*, Stiftung, § 9 Rn 67 ff, 73 f mwN zu verwandten Ansätzen.

98 BStBl II 1998 S. 114 ff; BFH/NV 2010, 898.

99 S. zu dem Urteil die kurze Besprechung von *Halaczinsky*, ErbStB 04/2010, 92. Der Entwurf der Erbschaftsteuerrichtlinie 2011 sieht in R 1.2 Abs. 2 S. 4 im Anschluss an das Urteil vor, „dass bereits die Bezugsberechtigung der in der Satzung bezeichneten Familienangehörigen […] das Wesen der Stiftung als Familienstiftung [prägen soll], auch wenn Ausschüttungen bisher nicht vorgenommen worden sind." – Widerspruch zum erbschaftsteuerlichen Bereicherungsprinzip!; vgl Schiffer in Fischer u.a. (Hrsg.), ErbStG, § 1 Rn 87 mwN.

100 In diesem Sinne jetzt auch BFH, Urt. v. 3.11.2010, I R 98/09 (zu finden unter www.bundesfinanzhof.de); ausführlich zuvor schon *Schiffer*, StuB 2001, 923; *ders./v. Schubert*, BB 2002, 265, 267 f.; *ders.*, Die Stiftung in der Beraterpraxis, 2. Aufl. 2009, § 9 Rn. 33 f.; *Berndt*, Stiftung & Sponsoring, 03/2004, 16 (19); *Freundl*, DStR 2004, 1509 (1513); BMF-Schr. v. 9.5.2006 – IV B 7 – S 2252 -4/06; vermittelnd und darauf abstellend, ob der Destinatär einen Asnpruch hat: *Orth*, DStR 2001, 325, 333; aA *Kirchhain*, ZSt 2004, 22; zur aktuellen Rechtslage: *Schiffer/Pruns*, in: Die Stiftung. Jahreshefte zum Stiftungswesen, 5. Jahrgang 2011 (erscheint in Kürze).

101 Ebenso Münch. Hdb GesR Bd. V/*Gummert*, § 81 Rn 45 ff; *Wachter*, S. 124; *Berndt*/Götz, Rn 1681 ff, unterscheiden zusätzlich „Funktionsträger-Stiftungen und Anstaltsträger-Stiftungen"; wir weisen einmal mehr darauf hin, dass es sich dabei nur um Schlagworte handelt (s. Rn 38), aus denen keine rechtliche Folgerungen zu ziehen sind.

102 *Lex*, ZSt 2003, 178 (Editorial) scheint diese Form der Stiftung aufgrund des neuen Körperschaftsteuersystems aber durchaus positiv zu sehen.

103 *Berndt*/Götz, Rn 1686.

104 *Schiffer*, Stiftung, § 11 Rn 50 ff.

105 Schon deshalb wird, anders als wohl *Rawert* (ZEV 1999, 294, 295) meint, hier nicht die angebliche „frappierende Regellosigkeit" der Rechtsform Stiftung ausgenutzt; wie hier etwa *Schwintek*, ZRP 1999, 25, 29.

106 Näher *Schiffer*, Stiftung, § 11 Rn 1 ff, 39 f.

b) Zulässigkeit. Die hM bejahte auch schon vor dem neuen Stiftungszivilrecht insbesondere die Zulässigkeit der unternehmensverbundenen **Beteiligungsträgerstiftung**.[107] Echte Probleme in der Praxis konnte die Bund-Länder-Arbeitsgruppe, aus deren Vorschlag das „neue" Stiftungsrecht ab 2002 hervorging (Vor §§ 80 ff Rn 10 f), nicht feststellen.[108] Dagegen vertraten vor allem *Rawert*[109] und *Reuter*[110] die Ansicht, dass Stiftungen nicht allein wirtschaftlichen Zwecken dienen dürfen und leiteten, mit Unterschieden in den Details ihrer Begründungen, aus einer Analogie zu § 22 die weitgehende Unzulässigkeit von unternehmensverbundenen Stiftungen ab. Wirtschaftliche Betätigungen sollten nur als untergeordneter Nebenzweck zu einem ideellen Hauptzweck zulässig sein. Während *Reuter* diese Ansicht, wohl ausgehend von den Gedanken aus seiner Habilitationsschrift,[111] nach wie vor vertritt,[112] hat *Rawert* – nunmehr im Verein mit *Hüttemann* – sie inzwischen – mehr oder weniger – aufgegeben. *Hüttemann/Rawert* sehen nach der Reform des Stiftungszivilrechts mangels Regelungslücke keinen Raum mehr für eine analoge Anwendung des § 22, auch wenn beide sie unter „teleologischen Gesichtspunkten" im Kern weiterhin für berechtigt halten.[113] Die Berechtigung des Analogieschlusses war allerdings bereits vor der Reform des Stiftungszivilrechts aufgrund des fehlenden Verweises auf § 22 in § 86 zweifelhaft. Deutliche Worte wurden dazu schon an anderer Stelle gefunden.[114] 53

Die Diskussion schien eigentlich mit der deutlichen Formulierung des § 80 Abs. 2 beendet,[115] doch halten sie einige Fachautoren für fortführungsbedürftig.[116] In den Vordergrund ist dabei anstelle der Analogie zu § 22 nunmehr die Argumentation über den Lehrsatz vom Verbot der Selbstzweckstiftung (Rn 27 ff) gerückt.[117] Eine Stiftung, „deren Zweck die Bestandserhaltung (Perpetuierung) eines von ihr unmittelbar oder in Beteiligungsträgerschaft geführten Unternehmens" ist, soll als „Unternehmensselbstzweckstiftung" unzulässig sein.[118] Auch die Bund-Länder-Arbeitsgruppe hat die „Unternehmensselbstzweckstiftung" erörtert und für einen Unterfall der unzulässigen Selbstzweckstiftung gehalten.[119] Ein ausdrückliches Verbot scheitere, so die Bund-Länder-Arbeitsgruppe, aber unter anderem an einer Definition der Unternehmensselbstzweckstiftung.[120] Dass eine überzeugende Definition der „Unternehmensselbstzweckstiftung" nicht gefunden werden konnte, verwundert nicht. Kann doch schon das Verbot der Selbstzweckstiftung in seiner herkömmlichen Formulierung nicht aufrechterhalten werden, wie wir oben (Rn 27 ff) gesehen haben. Es ist zu weit gefasst und erfasst – beim Wort genommen – ungewollt auch Fälle gemeinnütziger Stiftungsgestaltungen, die unstreitig zulässig sind. 54

Erinnern wir uns an den **Beispielsfall** des Stifters S, der „seiner" Stiftung eine Immobilie und Kapitalvermögen überträgt, um die Immobilie zu erhalten (Rn 27). Wir brauchen an die Stelle der Immobilie nur das Unternehmen oder die Beteiligung an dem Unternehmen zu setzen, um die Frage der Zulässigkeit unternehmensverbundener Stiftungen zu untersuchen. Wenn das Unternehmen einen gemeinnützigen Zweck verfolgt, zB als Zweckbetrieb (§ 67 AO) ein Krankenhaus betreibt, so sind der Betrieb und die Erhaltung des Unternehmens auch nach Auffassung der Kritiker der unternehmensverbundenen Stiftung zulässig. Sie sprechen in solchen Fällen in Anlehnung an den steuerlichen Begriff des Zweckbetriebes nach der Abgabenordnung von einem (zivilrechtlichen) „Stiftungszweckbetrieb". Der Zweck der Krankenpflege ist, so ihr Argument, ein außerhalb der Stiftung und ihres Vermögens liegender Zweck, der sich ohne das individuelle Unternehmen nicht erreichen ließe. Deswegen handele es sich nicht um eine unzulässige (Unternehmens-) Selbstzweckstiftung.[121] Bei 55

107 S. etwa die Vorauflagen von *Palandt* bei § 80 (Vor 62. Aufl.).

108 Bericht der Bund-Länder-Arbeitsgruppe Stiftungsrecht vom 19.1.2001, S. 52.

109 Staudinger/*Rawert* (1995), Vor §§ 80 ff Rn 83 ff, 94 ff.

110 MüKo/*Reuter*, 4. Aufl., Vor § 80 Rn 47 ff.

111 Privatrechtliche Schranken der Perpetuierung von Unternehmen, 1973, *Burgard*, Gestaltungsfreiheit im Stiftungsrecht, 2006, S. 61 ff hat am Beispiel (!) *Reuters* aufgezeigt, wie ein bestimmtes Vorverständnis (naturgemäß) das Ergebnis juristischer Überlegungen beeinflusst. Ähnlich wie *Reuter* spricht auch *Rawert*, in FS Reuter, 2010, S. 1323, 1324 im Zusammenhang mit Stiftungen unter Hinweis auf *Schiffer*, Stiftung, § 11 (wo die „Unternehmensnachfolge mit Stiftungen" behandelt wird) nach wie vor von „privatnützig motivierten Stiftungsstrategien, deren Sinn weniger mäzenatische Gemeinwohlförderung als vielmehr die Sicherung dynastischer Vermögensstrukturen" sei. Wir Juristen müssen gesetztes und gewünschtes Recht auseinander halten, vgl dazu oben schon Rn 28. Im Übrigen aber vertreten wir immer „nur" Meinungen und geben keine zwingenden Ableitungen. Die Jurisprudenz ist und bleibt eine wertende Wissenschaft.

112 MüKo/*Reuter*, Vor § 80 Rn 45; §§ 80, 81 Rn 90 ff.

113 *Rawert*, Non Profit Law Yearbook 2003, S. 1, 5 Fn 21; s. auch Staudinger/*Hüttemann/Rawert* (2011), Vor §§ 80 ff Rn 148.

114 Palandt/*Ellenberger*, § 80 Rn 9 und zuvor (66. Aufl.) aaO schon *Heinrichs*.

115 Palandt/*Ellenberger*, § 80 Rn 9; *Schiffer*, ZSt 2003, 252.

116 *Hüttemann*, ZHR 167 (2003), 35, 60; zustimmend *Rawert*, in: Kötz u.a. (Hrsg.), Non Profit Law Yearbook 2003, S. 1, 6; s. auch Staudinger/*Hüttemann/Rawert* (2011), Vor §§ 80 ff Rn 150 ff.

117 S. neben *Hüttemann* und *Rawert* (jew aaO) auch MüKo/*Reuter*, §§ 80, 81 Rn 95 ff.

118 Staudinger/*Hüttemann/Rawert* (2011), Vor §§ 80 ff Rn 151.

119 Bericht der Bund-Länder-Arbeitsgruppe Stiftungsrecht v. 19.10.2001, S. 38, 40.

120 Bericht der Bund-Länder-Arbeitsgruppe Stiftungsrecht v. 19.10.2001, Anlage 2: Protokollvermerk der Bund-Länder-Arbeitsgruppe Stiftungsrecht, Anhörung von Sachverständigen am 5.9.2001, S. 5.

121 Staudinger/*Hüttemann/Rawert* (2011), Vor §§ 80 ff Rn 137, 156.

einem solchen Stiftungszweckbetrieb sollen dann aber auch unternehmensbezogene Zwecke zulässig sein, wenn sie als solche in der Stiftungssatzung „ausdrücklich normiert" werden.[122] Als **Beispiele**[123] für solche **unternehmensbezogene Zwecke** nennen die Autoren die Schaffung und Erhaltung von Arbeitsplätzen und „die Gewährung von besonders vorbildlichen Sozialleistungen für Mitarbeiter.".[124] *Reuter* sieht ganz in diesem Sinne den Betrieb einer Maschinenfabrik zu dem Zweck, „den Menschen in einer Region Arbeit und Brot zu verschaffen", als zulässigen Stiftungszweckbetrieb an.[125]

Diese Ausnahmen vom Verbot der Unternehmensselbstzweckstiftung stellen bei Lichte betrachtet im Ergebnis eine Preisgabe des ganzen Verbots an sich dar. Wenn es nämlich lediglich auf die Offenlegung des unternehmenverbundenen Zwecks ankommen soll, stellt sich folgende Frage: Der schlicht formulierte Stiftungszweck „Erhalt des Unternehmens" soll unzulässig sein, der ambitionierter formulierte, aber im Ergebnis identische Stiftungszweck „Erhalt des Unternehmens zur Schaffung und Sicherung der mit dem Unternehmen verbundenen Arbeitsplätze" dagegen nicht? Das ist eine sophistisch anmutende Unterscheidung, die nicht überzeugt. Die Schaffung und Erhaltung von Arbeitsplätzen geht mit der Unternehmensperpetuierung zwangsläufig einher. Das Missverständnis liegt in der zugrunde liegenden Prämisse, also in der Formulierung des Verbots der Selbstzweckstiftung als Verbot der Zwecksetzung „Erhalt des Stiftungsvermögens". Der Erhalt des Stiftungsvermögens ist ein zulässiger Stiftungszweck, wenn das Stiftungsvermögen so beschaffen ist, dass seine Verwaltung auch anderen Personen als der Stiftung „zustattenkommt" (§ 87 Abs. 2; s. dazu Rn 31). Das ist bei der Aufrechterhaltung (Perpetuierung) eines Unternehmens aber immer der Fall, denn das Unternehmen wird zwangsläufig auch für dessen Arbeitnehmer aufrechterhalten,[126] dh es „setzt sie in Lohn und Brot".[127] Das entspricht dem oben angesprochenen *Reuterschen* Beispiel. Das verkennt etwa *Wochner*,[128] der undifferenziert meint, der Erhalt von Arbeitsplätzen betreffe nur die „personellen Ressourcen des Unternehmens"[129] und damit den Bereich der Gewinnerzielung. Der Erhalt von Arbeitsplätzen begründe für sich betrachtet keinen über die Verwaltung und Erhaltung der Unternehmenssubstanz hinausgehenden Zweck. Man könnte zu so einer Auffassung mit Blick auf den einzelnen Mitarbeiter, auf den Arbeitsmarkt und auf unsere Volkswirtschaft noch vieles sagen, hier ist aber nicht der Ort dafür.

56 **c) Unternehmensnachfolge mit Stiftungen.** Die Stiftung als **Gestaltungsinstrument** bei der Regelung der Unternehmensnachfolge ist ein oft behandeltes Thema.[130] Im unternehmerischen Bereich hat die selbständige Stiftung in der Tat erhebliche Vorteile gegenüber den klassischen erbrechtlichen Instrumenten zur Regelung der **Unternehmensnachfolge und Vermögenssicherung**.[131] Dem Stifter ist im Idealfall durch eine spezifische Stiftungsgestaltung die Möglichkeit gegeben, das Familienunternehmen zu erhalten, die Zerschlagung des Unternehmens durch die Erben zu vermeiden sowie die Fortführung des Unternehmens in der Familie zu sichern, der Unternehmerfamilie als solcher weiterhin Sinn zu geben und damit die Grundlage der Familie zu sichern. Das ist möglich, weil die Organe der Stiftung an den in der Stiftungssatzung festgeschriebenen Willen des Stifters gebunden sind. Das „garantiert" die Stiftungsaufsichtsbehörde, denn die Aufhebung der Stiftung sowie jede Zweckänderung der Stiftung bedürfen ihrer Zustimmung (§ 87). Sie wird die Zustimmung nur dann erteilen, wenn eine geforderte Satzungsänderung dem tatsächlichen oder mutmaßlichen Willen des Stifters entspricht (§ 85 Rn 3 ff).[132]

57 Wenn ein Unternehmer, wie es einmal *Hans L. Merkle* gesagt hat, die „**Nutzung** des von ihm **erwirtschafteten Produktionskapitals als Treuhandaufgabe** sieht",[133] dann perpetuiert ein Unternehmer mit einer unternehmensverbundenen Stiftung nichts anderes als diese Treuhandaufgabe zum Wohle der Allgemeinheit.[134] Dabei ist es ein erfreulicher Befund, dass sich Unternehmen, in die eine unternehmensverbundene Stiftung eingebunden ist, hinsichtlich der Kapitalrendite von Börsenunternehmen praktisch nicht unterscheiden.[135]

122 Die ausdrückliche Normierung entsprechender Zwecke in der Stiftungssatzung fordern etwa Staudinger/*Hüttemann/Rawert* (2011), Vor §§ 80 ff Rn 137, 157.

123 Zu dem zitierten zweiten Beispiel fragt sich, warum hier „besonders vorbildliche Sozialleitungen" genannt werden. Da scheint entgegen dem im Gesetz normierten Grundsatz der gemeinwohlkonformen Allzweckstiftung wieder der Gedanke der der Stiftung angeblich innewohnenden Notwendigkeit einer Gemeinwohlförderung durch (vgl Rn 26).

124 Staudinger/*Hüttemann/Rawert* (2011), Vor §§ 80 ff Rn 137, 157.

125 MüKo/*Reuter*, §§ 80, 81 Rn 97; s. auch *Rawert,* in: Kötz u.a. (Hrsg.), Non Profit Law Yearbook 2003, S. 1, 11 ff.

126 Seifart/v. Campenhausen/*Hof,* S. 168 f mwN; *Schiffer*, ZSt 2003, 252 ff.

127 S. auch sogleich Rn 57.

128 *Wochner*, Die Stiftung – Jahreshefte zum Stiftungswesen, 2. Jahrgang 2008, S. 79, 83.

129 Was für eine Wortwahl! „Es geht um Mitmenschen!", möchte man dem Autor der Zeilen zurufen.

130 *Berndt/Götz*, Rn 1686; *Hennerkes/Schiffer*, BB 1992, 1940 ff; *Muscheler*, Stiftungsrecht, S. 317 ff; *Schiffer*, Stiftung, § 11 Rn 1 ff mwN; Schiffer/Pruns, Die Roten Seiten zum Magazin Stiftung & Sponsoring, Heft 5 2011 (erscheint demnächst).

131 Ausführlich *Schiffer*, Stiftung, § 11 Rn 1 ff.

132 *Schiffer*, Stiftung, § 11 Rn 4.

133 Zitiert nach *Flämig*, DB-Beilage 22/1978, 12.

134 So ausdr. *Flämig*, DB-Beilage 22/1978, 12.

135 Zu diesem Befund kommt *Herrmann*, Unternehmenskontrolle durch Stiftungen, 1996, S. 194.

Der Stifter kann also durch eine Stiftung sehr lange **über seinen Tod hinaus auf die Unternehmensfortführung Einfluss** nehmen, was die besondere Attraktivität der unternehmensverbundenen Stiftung für viele Stifter ausmacht. Darin liegen aber gleichzeitig auch das grundsätzliche Problem entsprechender Stiftungsgestaltungen, denn insbesondere kann die erforderliche Flexibilität der Gestaltung verloren gehen.[136] 58

Eine Stiftung kann sich **an jeder Art von Gesellschaft**, dh etwa auch an einer Gesellschaft bürgerlichen Rechts **beteiligen**. Sie kann persönlich haftende Gesellschafterin einer Offenen Handelsgesellschaft oder Kommanditgesellschaft (Stiftung & Co. KG)[137] werden, aber auch Kommanditistin einer Kommanditgesellschaft.[138] Sie eignet sich auch als Gestaltungsansatz für **Mitarbeiterbeteiligungsmodelle**[139] oder kann als Reaktion auf Basel II (und künftig Basel III) als „**Familienbank**" zur Unternehmensfinanzierung[140] eingesetzt werden.[141] Mit einer Stiftung lässt sich das Vermögen eines Unternehmens über die Generationen gezielt zusammenhalten und aufbauen. Das (Grundstock-)Vermögen muss bei einer unternehmensverbundenen Stiftung „im Unternehmen" verbleiben, kann also nicht etwa an die Unternehmerfamilie gehen. Die Stiftung wird damit zur „Familienbank". Dadurch wird erstens die Eigenkapitalquote verbessert. Zweitens sinkt damit automatisch der Kreditbedarf. Drittens steigt dadurch die Kreditwürdigkeit. 59

Eine Änderung gegenüber der ursprünglichen Rechtslage hat sich bei der **Publizität** für die **Stiftung & Co. KG** ergeben,[142] was hier besonders erwähnt werden soll, weil gerade mittelständische Unternehmen (fälschlicherweise?) als recht publizitätsscheu gelten.[143] Auf Klage der Europäischen Kommission hat der EuGH mit Urt. v. 22.4.1999 (Rs. C-272/97)[144] die Bundesrepublik Deutschland verurteilt, die sog. GmbH & Co. Richtlinie unverzüglich in deutsches Recht umzusetzen. Schon knapp vor dem Urteil wurde das Umsetzungsgesetz vorgelegt.[145] Am 28.7.1999 hat die Bundesregierung einen überarbeiteten Gesetzesentwurf verabschiedet, der am 13.8.1999 veröffentlicht[146] und am 16.12.1999 vom Bundestag verabschiedet worden ist; der Bundesrat hat am 4.2.2000 zugestimmt. Betroffen ist entgegen früheren Äußerungen aus der „Politik" auch die Stiftung & Co. KG.[147] Das wäre, wie der Bundesjustizminister seinerzeit betonte, nach der EG-GmbH & Co.-Richtlinie an sich nicht erforderlich.[148] Ob in einer solchen Publizität tatsächlich ein Nachteil liegt, ist zu bezweifeln. Zweifel an der Vereinbarkeit der Richtlinie mit dem Gemeinschaftsrecht hatte das LG Essen geäußert, dem die Publizitätspflicht wohl zu weit ging.[149] Diese Zweifel sind inzwischen überholt.[150] Publizität wird in modernen Unternehmen sinnvollerweise als Marketinginstrument genutzt. Ähnlich wie bei einem Börsengang dieser Aspekt im Zusammenhang mit der Frage nach der sog. „Börsenreife" behandelt wird, ist es eine Frage der „**Stiftungsreife**" (s. Rn 90 ff) des Stifters und des Nachfolgegründers, ob die Publizität der Stiftung & Co. KG positiv verstanden und aufgegriffen wird. 60

Immer wieder diskutiert wird die Kombination einer Familienstiftung mit einer gemeinnützigen Stiftung (sog. **Doppelstiftung**).[151] Das Modell der Doppelstiftung kombiniert die Vorteile einer unternehmensverbundenen Stiftung mit den Steuervorteilen einer gemeinnützigen Stiftung. 61

136 S. schon *Hennerkes/Schiffer*, BB 1992, 1940 und die Zusammenfassung zu den bekannten betriebswirtschaftlichen Grenzen von Stiftungsgestaltungen bei *Verstl*, DStR 1997, 674; s. aber auch das Fazit bei *Feick*, BB-Special 6 2006, 13, 18.

137 Ausführlich etwa *Binz/Sorg*, Die GmbH & Co. KG, 11. Aufl. 2011, § 25 Rn 1 ff; *Brandmüller/Lindner*, Gewerbliche Stiftungen, 3. Aufl. 2004, S. 77 ff; *Delp*, Die Stiftung & Co. KG, 1991; Münch. Hdb GesR Bd. V/*Gummert*, § 82 Rn 1 ff; *Hävelmann*, Die Stiftung & Co. KG als Unternehmensnachfolge, 2006; *Schiffer*, Stiftung § 11 Rn 11 ff; Staudinger/*Hüttemann/Rawert* (2011), Vor §§ 80 ff Rn 140 halten die Stiftung & Co. KG für unzulässig; dazu *Burgard*, Gestaltungsfreiheit im Stiftungsrecht, 2006, S. 146 f, 685 ff.

138 *Schiffer*, Stiftung, § 11 Rn 47 f; ausführlich: *Berndt/Götz*, Rn 1791 ff; *Brandmüller/Lindner*, Gewerbliche Stiftungen, S. 77 ff, 90 ff; *v. Werthern*, Unternehmensverfassungsrecht und Stiftungen, 1986; *Heuel*, Die Entwicklung der Unternehmensträgerstiftung in Deutschland, 2000 (insbesondere zur historischen Entwicklung dieser Art von Stiftung); Bundesverband Deutscher Stiftungen, Die unternehmensverbundene Stiftung, 2001; *Hennerkes/Binz/Sorg*, DB 1986, 2217, 2269 ff; *Götz*, INF 2004, 628 und 669; *Schurr*, Die Stiftung mit unternehmerischer Verantwortung, 1998 (grundlegend zur unternehmensverbundenen Stiftung in Deutschland, Österreich und Italien); *Stengel*, Stiftung und Personengesellschaft, 1993.

139 *Schiffer*, Stiftung, § 11 Rn 60 ff.

140 *Döring*, Die Stiftung als Finanzierungsinstrument für Unternehmen, 2010.

141 *Schiffer*, DStR 2002, 1208 und ausführlich *ders.*, Stiftung, § 11 Rn 63 ff; zur Stiftung als Ansatz zur Regelung der Unternehmensnachfolge s. auch demnächst *Schiffer/Pruns*, Die Roten Seiten zu dem Magazin Stiftung & Sponsoring 5/2011.

142 S. schon *Schiffer/v. Schubert*, DB 2000, 437, 440.

143 Zu den „Gefahren der Publizität" s. etwa: *Weimar/Reeh*, DB 1988, 1637 ff.

144 GmbHR 1999, 535 ff.

145 S. etwa *Heni*, DStR 1999, 912, 914.

146 BR-Drucks. 458/99; s. dazu *Stuckert*, StuB 1999, 816 ff.

147 *Ernst*, DStR 1999, 903, 904; Begründung zu dem Gesetzesentwurf, S. 23.

148 S. etwa bei *Hennerkes/Schiffer*, BB 1992, 1940, 1943.

149 LG Essen ZIP 2003, 31 ff; GmbHR 2003, 298 (Vorlage zum EuGH); s. dazu auch *Naujok*, GmbHR 2003, 263 ff.

150 EuGH BB 2004, 2456 m.Anm. *Schulze-Osterloh*, 2461.

151 Ausführlich zur Doppelstiftung *Schiffer*, in Eiselsberg (Hrsg), Stiftungsrecht. Jahrbuch 2007 (Wien, Graz 2007), S. 175 ff; *ders.*, Stiftung, § 11 Rn 28 ff; *Schuck*, Die Doppelstiftung, 2009 jeweils mwN.

62 Eine selbständige Stiftung kann auch als Holding und Konzernspitze dienen.[152] Der Ausgleich/die Harmonisierung zwischen Stiftungsrecht und Konzernrecht lässt sich gestalterisch lösen.[153]

63 Die finanziellen Möglichkeiten der Unternehmerfamilien reichen gerade in Zeiten neuer wirtschaftlicher Herausforderungen nur bedingt aus, um das erforderliche **Unternehmenskapital** zur Verfügung zu stellen. Ab Ende der 80er-Jahre haben sich daher zahlreiche Unternehmerfamilien dazu entschlossen, mit ihren Unternehmen an die Börse zu gehen, um die Kapitalbasis für ihr Unternehmen zu verbreitern. Unternehmen, die in Form einer Stiftungskonstruktion gestaltet sind, ist das jedenfalls auf direktem Weg verschlossen. Da gegenwärtig allein der Aktiengesellschaft und der Kommanditgesellschaft auf Aktien der direkte Zugang zum Kapitalmarkt möglich ist, besteht für unternehmensverbundene Stiftungen, die nicht an einem Unternehmen in einer der genannten Rechtsformen beteiligt sind, keine unmittelbare Möglichkeit der Kapitalbeschaffung über die Börse. Die Umwandlung einer Stiftung in eine andere Rechtsform ist ausgeschlossen (s. § 87 Rn 26 ff).

64 Aber auch hier lassen sich Gestaltungen etwa über Tochtergesellschaften, die an die Börse gehen, oder über die Gestaltung einer Kommanditgesellschaft auf Aktien (KGaA) finden, um eine Kapitalbeschaffung am **Kapitalmarkt** zu ermöglichen. Es können auch von einem stiftungsgetragenen Unternehmen **Anleihen** ausgegeben werden.[154] Auch so können Mittel über den Kapitalmarkt generiert werden. So hat die Würth-Gruppe bereits 1987 erfolgreich eine Auslandsanleihe iHv 75 Mio. CHF platziert. In der Folgezeit hat sie mehrere weitere Anleihen am Kapitalmarkt platzieren können. Die Würth-Gruppe wird von fünf Familienstiftungen getragen.[155]

65 Im Unternehmensbereich kann eine **gemeinnützige Stiftung** auch über die bereits angesprochene Möglichkeit der Doppelstiftung (Rn 60) hinaus eine sinnvolle Rolle spielen und gleichzeitig der Allgemeinheit dienen. Unternehmenseinkünfte können zB dem eventuellen Wunsch der Familie entsprechend ganz oder teilweise gemeinnützigen Zwecken (§ 52 AO) zugeführt werden, was durchaus zugleich als positiver Marketingeffekt für das Unternehmen genutzt werden kann (Motto: „Tue Gutes und rede drüber."). Dadurch kann im Interesse der Gemeinschaft als Vorbild auch zur Nachahmung angeregt werden. Zudem finden sich mildtätige Stiftungen für bedürftige Angehörige von Unternehmen und deren Familienangehörigen. Bei der Mildtätigkeit ist eine Förderung der Allgemeinheit (§ 52 AO) nicht erforderlich, entscheidend ist alleine die Bedürftigkeit im Sinne des § 53 AO (Rn 71). Solche Stiftungen finden sich etwa bei Porsche und Haribo. Eine Stiftung kann auch gleichzeitig gemeinnützige und mildtätige Zwecke verfolgen.

66 **4. Steuerbefreite Stiftungen.** Grundsätzlich sind die Errichtung und die Tätigkeit einer Stiftung mit unterschiedlichen steuerlichen Belastungen verbunden (Schenkungsteuer, Körperschaftsteuer, etc.).[156] Stiftungen, die steuerbegünstigte Zwecke iSd **§§ 51** ff **AO** verfolgen,[157] dh insbesondere gemeinnützig oder mildtätig sind, sind nach den einschlägigen Steuergesetzen beinahe vollständig von den betreffenden Steuern befreit – etwa nach § 5 Abs. 1 Nr. 9 S. 1 KStG von der Körperschaftsteuer. Die Befreiung von der Körperschaftsteuer ist neben der Möglichkeit zum Empfang steuerlich abzugsfähiger Zuwendungen (vgl § 10 b EStG, § 9 Nr. 3 KStG, § 9 Nr. 5 GewStG) der wichtigste steuerliche Vorteil der Gemeinnützigkeit. Weitere Steuervergünstigungen wegen Gemeinnützigkeit bestehen bei der Gewerbesteuer (§ 3 Nr. 6 S. 1 GewStG), der Umsatzsteuer (§ 12 Abs. 2 Nr. 8 a UStG) sowie im Bereich der Grundsteuer (§ 3 Abs. 1 Nr. 3 b GrStG) und Erbschaft- und Schenkungsteuer (§ 13 Abs. 1 Nr. 16 b ErbStG).

67 Es handelt sich also auch bei der gemeinnützigen Stiftung nicht um eine besondere Rechtsform, sondern vielmehr um eine Stiftung, der Steuerbefreiungen gewährt werden, weil sie bestimmte steuerrechtliche Vorgaben einhält.[158] Die Steuerbefreiung setzt voraus, dass eine Stiftung nach ihrer Satzung und tatsächlichen Geschäftsführung ausschließlich und unmittelbar gemeinnützige, mildtätige oder kirchliche Zwecke verfolgt, anderenfalls fällt die Steuerbefreiung ggf auch rückwirkend weg,[159] was nicht nur haftungsrechtliche, sondern auch strafrechtliche Folgen[160] für die handelnden Organmitglieder der Stiftung haben kann.

152 *Schiffer*, Stiftung, § 11 Rn 49.
153 S. dazu *Schwintowski*, NJW 1991, 2740; *Kohl*, NJW 1992, 1922 (auch mit krit. Hinweisen); zur Stiftung im Konzernverbund s.a. *Ihrig/Wandt*, FS Hüffer, 2009, S. 387.
154 S. schon *Schiffer/v. Schubert*, BB 2002, 265, 266.
155 S. etwa *Schiffer*, Stiftung, § 11 Rn 59.
156 Näher *Schiffer*, Stiftung, § 9 Rn 1 ff.
157 Ausführlich *Buchna*/Seeger/Brox, *Hüttemann*, Gemeinnützigkeits- und Spendenrecht, 2008; *Schiffer*, Stiftung, § 10 Rn 1 ff; *Wallenhorst*/*Halaczinsky*, Die Besteuerung gemeinnütziger Vereine und Stiftungen, 6. Aufl. 2009.
158 „Gemeinnützige" Stiftungen genießen in der Bevölkerung eine ganz besondere Wertschätzung, ausführlich dazu *Schäfers*, Stiftung & Sponsoring, 4/2000, 30, zu einer vom Zentralinstitut für kirchliche Stiftungen (Zks) in Mainz/Wiesbaden in Auftrag gegebenen Repräsentativ-Erhebung, die das Institut für Markt- und Politikforschung („dimap"), Bonn, durchgeführt hat.
159 Zum Wegfall des gemeinnützigkeitsrechtlichen Status s. *Becker*, DStR 2010, 953.
160 S. dazu *Lassmann*, ZStV 2010, 141.

Gemeinnützige Zwecke (§ 52 AO) verfolgt eine Stiftung, wenn ihre Tätigkeit darauf gerichtet ist, die **Allgemeinheit** (!) auf materiellem, geistigem oder sittlichem Gebiet selbstlos zu fördern.[161] Beispiele: Förderung von Wissenschaft und Forschung, Bildung und Erziehung, Kunst und Kultur, der Religion, der Völkerverständigung, des Umweltgedankens, der Jugend- und Altenhilfe, des Sports und des Wohlfahrtswesens. **Keine Förderung der Allgemeinheit** im Sinne des Gemeinnützigkeitsrechts ist dann mehr gegeben, wenn der Kreis der Personen, denen die Förderung durch die Stiftung zugutekommt, geschlossen ist. Ein solcher geschlossener Kreis ist etwa bei einer Familie oder der Belegschaft eines Unternehmens gegeben (§ 52 Abs. 1 S. 2 AO) – aber auch, wenn die betreffenden Personen nach ihrer Abgrenzung, vor allem nach räumlichen oder beruflichen Merkmalen, dauernd nur einen kleinen Kreis bilden. Beispiel: Errichtet ein Unternehmen oder der Unternehmer eine gemeinnützige Stiftung, kann er damit nicht etwa – ausschließlich – seine Belegschaft fördern, zu fördern ist die Allgemeinheit, zu der aber natürlich auch die Belegschaftsmitglieder gehören können. Eine solche gemeinnützige Stiftung bietet für das Unternehmen die Möglichkeit einer positiven Öffentlichkeitsarbeit – etwa im Sinne eines Mäzenatentums des Unternehmers, das dieser über die Stiftung ausführt. 68

Zunehmend diskutiert werden die Möglichkeiten der Auslagerung und Ausgliederung/Ausgründung von Aktivitäten aus steuerbefreiten Stiftungen (**Outsourcing**). Hier wird zum Teil stiftungsrechtliches und stiftungssteuerrechtliches Neuland beschritten.[162] 69

Die **„gemeinnützige Familienstiftung"** hat der Gesetzgeber in § 58 Nr. 5 AO erfunden.[163] Bei jeder gemeinnützigen Stiftung sollte dieser Aspekt – und sei es als Notfallvorsorge – mit dem potenziellen Stifter erörtert werden. 70

Mildtätige Zwecke (§ 53 AO) verfolgt eine Stiftung, wenn ihre Tätigkeit darauf gerichtet ist, Personen selbstlos zu unterstützen, die infolge ihres körperlichen, geistigen oder seelischen Zustandes oder auch aufgrund ihrer wirtschaftlichen Situation (näher § 53 Nr. 2 AO) auf die Hilfe anderer angewiesen sind. Hier ist die Leistung der Stiftung also nicht an die Allgemeinheit gerichtet, sondern an einzelne Personen oder Personenkreise, die auch aus der Familie und/oder dem Unternehmen des Stifters stammen können. 71

Eine **Familienstiftung** kann zwar nicht wirklich gemeinnützig sein (Rn 70), wohl aber **mildtätig**, wenn sie den mildtätigen Zweck selbstlos unmittelbar und ausschließlich verfolgt.[164] Nicht selbstlos tätig ist nach wohl hM[165] eine Stiftung (nur) zur Unterstützung des Stifters und seiner Verwandten.[166] Der Anwendungserlass zur Abgabenordnung (AEAO zu den §§ 51–68 AO)[167] besagt genau das und geht sogar noch weiter. Nach Nr. 3 AEAO zu § 53 AO kann eine Körperschaft, zu deren Satzungszwecken die Unterstützung hilfsbedürftiger Verwandter der Mitglieder, Gesellschafter, Genossen und Stifter gehört, nicht als steuerbegünstigt anerkannt werden. Bei einer derartigen Körperschaft stehe nicht die Förderung mildtätiger Zwecke, sondern die Förderung der Verwandtschaft im Vordergrund. Die Tätigkeit sei entgegen § 53 AO nicht selbstlos. § 58 Nr. 5 AO stehe dem als Ausnahmevorschrift von dem Gebot der Selbstlosigkeit nicht entgegen.[168] 72

Auch bei einer mildtätigen Stiftung soll allerdings die Begrenzung der Unterstützung auf bedürftige Verwandte im Sinne einer **„mildtätigen Familienstiftung"** dennoch zulässig sein, wenn durch die Unterstützung keine gesetzlichen Unterhaltspflichten nach §§ 1601 ff umgangen werden.[169] 73

Eine Stiftung kann auch mehreren Zwecken (gleichzeitig) dienen. Sie kann also durchaus **gleichzeitig gemeinnützig und mildtätig** sein. So finden sich in der Praxis etwa unternehmensnahe oder unternehmensverbundene Stiftungen, die einem gemeinnützigen Zweck (zB Förderung der Allgemeinheit durch Förderung der Wissenschaft) und einem mildtätigen Zweck (zB Unterstützung von Mitarbeitern in Not gem. § 53 AO) dienen. 74

Mildtätig und gleichzeitig gemeinnützig kann auch ein und derselbe Zweck sein, beispielsweise der Zweck, Speiseanstalten für mittellose Personen zu unterhalten; der darin liegende **wirtschaftliche Geschäftsbetrieb** steht als Zweckbetrieb (§ 65 AO) der Steuerbefreiung nicht entgegen, da nur auf diese Weise der steuerbegünstigte Zweck verfolgt werden kann und ein Wettbewerb mit privaten Gaststätten ausgeschlossen ist. 75

5. Bürgerstiftungen. Mit dem zur Vererbung anstehenden Vermögen der Nachkriegsgeneration gewinnt gegenwärtig nicht nur traditionelles soziales Engagement an Bedeutung, sondern auch etwas, das man als bürgerschaftliches Engagement beschreiben kann. **Bürger** setzen sich **vor Ort** konkret für ihr Gemeinwesen 76

161 Zur „Nichtanerkennung der Gemeinnützigkeit wegen durch Stiftungsgeschäft übergegangener Verpflichtungen" s. *Berndt*, Stiftung & Sponsoring 5/1999, 16.
162 Näher dazu *Schiffer*, Stiftung, § 7 Rn 2 ff.
163 Ausführlich *Schiffer*, Stiftung, § 10 Rn 133 ff.
164 Seifart/v. Campenhausen/*Pöllath*/*Richter*, § 43 Rn 37.
165 Seifart/v. Campenhausen/*Pöllath*/*Richter*, § 43 Rn 37 mwN.
166 S. aber § 58 Nr. 5 AO.
167 BStBl I 2002, 867 ff.
168 Krit. *Schiffer*, DStR 2003, 14, 18; Seifart/v. Campenhausen/*Pöllath*/*Richter*, § 43 Rn 37 Fn 117 mwN.
169 *Kümpel*, in: Weitz u.a. (Hrsg.), Rechtshandbuch für Stiftungen, 2004 ff, Kap. 3/3.1 (S. 16).

ein. Eine Auswirkung dieses Engagements vor Ort sind die sog. Bürgerstiftungen,[170] die in den letzten Jahren zahlreich errichtet worden sind. Es sollen derzeit über 220 Bürgerstiftungen in Deutschland existieren. Bürgerstiftungen lassen sich definieren als „Stiftungen von Bürgern für Bürger zur Förderung sozialer, kultureller oder ökologischer Zwecke in einem geographisch begrenzten, lokalen oder regionalen Raum". Bürgerstiftungen sind damit eine **Sonderform der steuerbefreiten Stiftung**.

77 Stifter sind vielfach Bürger mit einem durchaus überschaubaren Vermögen, die ihrerseits nicht unbedingt eine eigene Stiftung errichten würden, andererseits aber dieser modernen Form der Unterstützung des Gemeinwohls, die etwa neben die bekannten Service-Clubs[171] tritt, aufgeschlossen gegenüber stehen und sie dem Verein (Negativstichwort: „Vereinsmeierei) vorziehen – zumal der Ruf der Rechtsform Stiftung ausgesprochen positiv ist (Rn 67 Rn 130). Die Bürgerstiftung ist so gesehen eine Fortentwicklung der aus den **USA** bekannten „community foundations" (Stichwort: „Stiftung für Dich und mich"). In aller Regel sind die Bürgerstiftungen operativ tätig. Neben den Geld-Spendern leisten zB die Zeit-Spender einen ganz wichtigen Beitrag zur Arbeit der Bürgerstiftungen. Der Gedanke ist erfolgreich. Das zeigt sich auch darin, dass über das **„reine" Modell** der „Stiftung von Bürgern für Bürger" hinaus sich auch große Institutionen diesem Gedanken anschließen und Stiftungen errichten, die um Zustiftungen werben und die sie Bürgerstiftungen nennen. Ein Beispiel ist die (vormalige) Sparkasse Bonn (jetzt: Sparkasse KölnBonn) die eine Bürgerstiftung initiiert hat.[172]

78 Bei genauer Betrachtung ergibt sich bei einer Bürgerstiftung allerdings jedenfalls ein grundsätzliches Problem: Die Stiftung ist im Gegensatz zu dem eben beschriebenen Ansatz der Zusammenfassung kollektiven bürgerschaftlichen Engagements eine juristische Person ohne Mitglieder oder Gesellschafter. Es ist geradezu das Ziel einer Bürgerstiftung, – wie bei einem Verein – möglichst viele engagierte Bürger unter ihrem Dach zu versammeln. Problematisch können Bürgerstiftungen deshalb vor allem dann werden, wenn der Kreis der Stifter so groß wird, dass sich die Rechtsfigur Stiftung tatsächlich der des Vereins annähert. Stiftergruppen von 50 und mehr engagierten Personen bei der Stiftungserrichtung und später in der „Stifterversammlung"[173] lassen sich typischerweise nur schwer unter einen (einheitlichen) Stifterwillen fassen und noch weniger unter einen ggf auszulegenden hypothetischen Stifterwillen. Der damalige Stifterwille bei Errichtung der Stiftung ist aber Maßstab für die staatliche Stiftungsaufsicht, denn diese dient in erster Linie dem öffentlichen Interesse an der Verwirklichung des Stifterwillens (Rn 93).

79 *Rawert* hat diese Problemzusammenhänge hervorgehoben und dazu mit Blick auf die hier skizzierte Besonderheit der Bürgerstiftung unter Hinweis auf Erwägungen von *Richter*[174] den für das Stiftungsrecht neuen Gedanken betont, bei Bürgerstiftungen oder anderen Gemeinschaftsstiftungen sei weniger auf den damaligen Willen als Maßstab für die Stiftungsaufsicht abzustellen, sondern eher auf eine noch näher zu diskutierende Vermögens-Zweck-Beziehung.[175]

80 Die Diskussion scheint hier noch ganz am Anfang, endgültige Antworten liegen noch nicht vor. Die Diskussion zeigt aber bereits, dass auf „Ausdehnungen" der Rechtsform Stiftung auf eher stiftungsuntypische Sachverhalte mit genauem Blick und differenzierten Antworten zu reagieren ist.

81 **6. Kulturstiftungen.** Gemeinnützige Stiftungen sind heute auch vermehrt ein Thema im Kulturbereich[176] u.a. im Zusammenhang mit der Frage der Museums- und Ausstellungsfinanzierung.[177] Auch dort ist angesichts der weitgehend leeren öffentlichen Kassen ein neues, wirtschaftliches Denken und Handeln erforderlich. Die öffentliche Hand wird wegen steigender Finanznot zunehmend weniger in der Lage sein, den Kulturbetrieb zu finanzieren. Mithin sind Finanzmittel aus dem Privat- und dem Unternehmensbereich gefragt.

82 **7. Public Private Partnership durch Stiftungen.** Angesichts der zunehmend leeren öffentlichen Kassen gewinnt das Public Private Partnership (PPP)[178] zunehmend an Bedeutung. Unter dem Schlagwort PPP werden

170 Ausführlich dazu *Bertelamann Stiftung* (Hrsg.), Handbuch Bürgerstiftungen, 2. Aufl. 2004; Bundesverband Deutscher Stiftungen (Hrsg.), Bürgerstiftungen stellen sich vor; *ders.*, Bürgerstiftungen in Deutschland – Entstehung. Struktur. Projekte. Netzwerke; *Kaper*, Bürgerstiftungen; Bundesverband Deutscher Stiftungen, Bürgerstiftungen stellen sich vor, 2006; *O. Werner*/Saenger, Rn 365 ff.

171 Lions, Rotary, Round Table, Zonta etc.

172 www.buergerstiftung-bonn.de.

173 S. dazu *Rawert* in: Nährlich u.a. (Hrsg.), Bürgerstiftungen in Deutschland, S. 39, 46 f.

174 *Richter*, Rechtsfähige Stiftungen und Charitable Corporation, S. 366 ff.

175 *Rawert* in: Nährlich u.a. (Hrsg.), Bürgerstiftungen in Deutschland, S. 39, 48.

176 Einen guten Überblick gibt: Beauftragter der Bundesregierung für Angelegenheiten der Kultur und Medien (Hrsg.), Kulturstiftungen – Ein Handbuch für die Praxis; s. etwa auch *Graf Strachwitz*/*Then*, Kultureinrichtungen in Stiftungsform, 2004; *Mecking* in: Röckrath/Poser (Hrsg.), Kultur & Recht, C 2.2, 1.

177 *Boochs*, NWB F 3, 10525; *Zimmer* (Hrsg.), Das Museum als Nonprofit-Organisation, 1996.

178 *Budäus*, Kooperationsformen zwischen Staat und Markt – Theoretische Grundlagen und praktische Ausprägungen von Public Private Partnership, 2006; *Gertlberg*/*Schneider*, Öffentlich Private Partnerschaften, 2008; *Roggencamp*, Public Private Partnership, 1998; *Tettinger*, NWVBl. 2005, 1; *Weber*/*Schäfer*/*Hausmann*, Praxishandbuch Public Private Partnership, 2005.

sehr **verschiedene Arten der Kooperation und Zusammenarbeit** von öffentlicher Verwaltung und Privatpersonen bei der Erfüllung öffentlicher Aufgaben zusammengefasst.[179]

Nicht erst seit den vielfach zitierten PISA-Studien ist das Thema Bildung im Lande der „Dichter und Denker" ein besonderes Thema. Der Bildungsmisere wollen u.a. zahlreiche private Initiativen an den Hochschulen[180] und den Schulen[181] entgegenwirken. **Stiftungen** werden hier als Weg aus der staatlichen Abhängigkeit diskutiert.[182] Will man allerdings eine Stiftung tatsächlich mit Erträgen ausstatten, die auf absehbare Zeit die Unabhängigkeit einer Hochschule oder Schule sicherstellen, so dürften angesichts des Finanzbedarfs einer solchen Einrichtung durchaus mehrere Milliarden EUR kein unsinniger Betrag sein. Solche **Beträge** sind ersichtlich **utopisch**. Eine Förderstiftung beispielsweise oder auch eine Hochschule in der Rechtsform einer Stiftung können dennoch sinnvoll sein, wenn das Gesamtkonzept stimmt. Praxisbeispiel: „Wissenschaftliche Hochschule für Unternehmensführung (WHU) – Otto Beisheim-Hochschule" mit der Trägerstiftung „Stiftung Wissenschaftliche Hochschule für Unternehmensführung",[183] die durch zahlreiche weitere Initiativen und Personen unterstützt wird.[184] 83

Bereiche für PPP sind neben Schule und Hochschule auch etwa die Forschung und auch Baudienstleistungen. Typischerweise werden hier, wenn nicht nur ein loses Netzwerk gewählt wird, Kooperationsverträge zwischen den Partnern[185] geschlossen, es ist aber auch durchaus denkbar, dass die Partner eine **Gesellschaft**[186] oder eine **Stiftung**[187] errichten – beispielsweise als Basisfinanzierung für ein gemeinsames Projekt. Eine solche Stiftung wird häufig gemeinnützig sein – etwa im Themenbereich Wissenschaft oder Ausbildung –, muss es aber nicht. So kann sich im Einzelfall die Problematik des wirtschaftlichen Geschäftsbetriebes[188] stellen, der die Gemeinnützigkeit ausschließt. 84

8. Kommunale Stiftungen. Kommunale Stiftungen[189] dienen Zwecken im Aufgabenbereich einer kommunalen Körperschaft. Nicht selten sind Vermögensmassen, die den Gemeinden und Gemeindeverbänden zugeordnet sind und dabei kommunalen Zwecken dienen, als Stiftungen gestaltet. 85

9. Kirchliche Stiftungen. Kirchliche Stiftungen[190] können privatrechtlich oder öffentlich-rechtlich organisiert sein. In jedem Fall gehören diese Stiftungen zum Ordnungsbereich einer Kirche und sind in deren Organisation eingegliedert. Kirchliche Stiftungen sind vor allem ortskirchliche und Pfründestiftungen. 86

C. Weitere praktische Hinweise

I. Pflichtteilsrecht

Das Pflichtteilsrecht bei Stiftungen ist in der Praxis ein besonderes Thema. Nicht eben selten wird in der Beratungspraxis die Frage gestellt, ob durch eine Stiftung Pflichtteilsansprüche (Pflichtteils- und Pflichtteilsergänzungsanspruch) vermieden werden.[191] Die Antwort auf die Frage nach dem Pflichtteil war **ursprünglich** in der Tat **umstritten**. So wurde angenommen, bei Familienstiftungen (!) stünde den enterbten gesetzlichen Erben kein Pflichtteilsrecht zu, wenn sie durch die Stiftung als Destinatäre begünstigt sind und die zu erwartenden Zahlungen der Stiftung in angemessener Zeit die Summe des Pflichtteils erreichen.[192] Dem kann jedoch nicht gefolgt werden, hängen doch die Leistungen der Stiftung in aller Regel erst noch von einer Entscheidung des Stiftungsvorstandes ab. Typischerweise wird in den Stiftungssatzungen sogar ausdrücklich betont, dass die Destinatäre keine Ansprüche gegen die Stiftung auf irgendwelche Zahlungen haben. Die (künftigen) Zahlungen sind deshalb grundsätzlich zunächst nur als Erwartung einzustufen und eben nicht als ein (Pflichtteils-)Anspruch. Zudem erscheint das geforderte Merkmal „angemessener Zeitraum" als zu unkonkret, um eine praktikable Abgrenzung zu ermöglichen. Die völlig hM bejaht denn auch Pflichtteils- und Pflichtteilsergänzungsansprüche der enterbten Erben gegen eine letztwillige bedachte oder lebzeitig beschenkte Stiftung.[193] 87

179 S. nur *Becker*, ZRP 2002, 303.
180 Stifterverband für die Deutsche Wissenschaft e.V. (Hrsg.), Private internationale Hochschulen; *ders.*, Reformuniversitäten; Deutsche Stiftungen (Mitteilungen des Bundesverbandes Deutscher Stiftungen), 3/2002: Themenheft Stiftung und Hochschule – Formeln für Erfolg und Lehre?
181 *Hohlmeier* (Interview), Stiftung & Sponsoring 6/2002, 3; *Gottfried*, Stiftung & Sponsoring, 6/2002, 30.
182 S. dazu die Beiträge etwa von *Sandberg, Herfurth/Kirmse, Müller-Böling* und *Baumanns*, in: Deutsche Stiftungen 3/2002; *Battis/Grigoleit*, ZRP 2002, 65.
183 www.whu.edu.
184 ZB Stiftung in Praxi, Stiftung Pro Futura (whu).
185 *Becker*, ZRP, 2002, 303, 306.
186 *Becker*, ZRP 2002, 303, 305.
187 S. dazu etwa *Mecking*, KA 7–99, 883.
188 Dazu *Schiffer*, Stiftung, § 10 Rn 67 ff.
189 Näher dazu Seifart/*v. Campenhausen*, §§ 29 ff (S. 571 ff); O.Werner/Saenger/*M. Kilian*, Rn 1143 ff.
190 Näher dazu Seifart/*v. Campenhausen*, § 22 ff (S. 543 ff); O.Werner/*Saenger*, Rn 191 ff; O.Werner/Saenger/*Schulte/Meyer*, Rn 1184 ff (ev. Kirche); O.Werner/Saenger/*Röder*, Rn 1219 (kath. Kirche).
191 Näher dazu *Schiffer*, ZSt 2005, 199.
192 *Steffek*, Die Anforderung an das Stiftungsgeschäft von Todes wegen, 1996, S. 39.
193 S. etwa Seifart/v. Campenhausen/*Hof*, § 6 Rn 75; *Schiffer*, Stiftung, § 1 Rn 42 ff mwN.

88 Das OLG Dresden[194] hatte 2002 in einem besonderen Fall (**Dresdner Frauenkirche**) einen Anspruch aus Pflichtteilsrecht gegen eine gemeinnützige Stiftung verneint und angenommen, der Erblasser habe der Stiftung nichts iSd §§ 2325, 2329 geschenkt, sondern ihr nur Durchgangsvermögen treuhänderisch gebunden zugewandt, welches die Stiftung wirtschaftlich nicht habe bereichern können. Dem und der damit kurzzeitig entstandenen Verwirrung ist der **BGH** der hM folgend unter Hinweis insbesondere auf den **Zweck der Pflichtteils(ergänzungs)bestimmungen** ausdrücklich entgegengetreten.[195] Die §§ 2325, 2329 sollen eine Aushöhlung des Pflichtteilsrechts durch lebzeitige Rechtsgeschäfte des Erblassers verhindern. Ohne den Schutz der §§ 2325, 2329 liefe das Pflichtteilsrecht Gefahr, seine materielle Bedeutung weitgehend zu verlieren, da der Erblasser es über lebzeitige Schenkungen in der Hand hätte, Nachlass und Pflichtteilsansprüche zu schwächen.[196] Als weiteres wesentliches Argument wird in der benannten Rechtsprechung und in der Literatur außerdem darauf hingewiesen, dass auch die Verfolgung gemeinnütziger ideeller Zwecke eine solche Verschiebung nicht rechtfertigen kann. Aus der Sicht des Pflichtteilsberechtigten ist der Erfolg einer Schenkung und einer Spende zu Stiftungszwecken wirtschaftlich identisch.[197] Beides ist im Ergebnis nichts anderes als der Versuch, auf diese Weise einen erheblichen Teil des Nachlassvermögens zum Nachteil des Pflichtteilsberechtigten an einen anderen weiterzuleiten. Dass im Einzelfall die Motive durchaus anerkennenswert sein mögen und die als gemeinnützig gedachte Vermögensverschiebung im allgemeinen Interesse liegen kann, sei für die damit einhergehende Pflichtteilsverkürzung ohne Belang.

89 Potenzielle Spender (§ 2325) sowie auch potenzielle Spendenempfänger (§ 2329) und deren Berater müssen auch zukünftig zumindest bei größeren Spenden das etwaige Pflichtteilsproblem vorweg klären. Zur Pflichtteilsvermeidung bleibt auch in solchen Fällen nur der Weg über Erb- oder **Pflichtteilsverzichtsverträge** nach §§ 2346 ff, die ggf mit entsprechenden Abfindungen verbunden werden, oder über eine ausreichende (letztwillige) Begünstigung der Pflichtteilsberechtigten.

II. Stiftungsreife

90 Damit die Stiftung ihr satzungsmäßiges Ziel erreicht, müssen der Stifter und die Organmitglieder bestimmte persönliche Qualifikationen erfüllen, die – in Anlehnung an den Begriff der **Börsenreife**[198] bei der Aktiengesellschaft – mit „Stiftungsreife“[199] bezeichnet werden können. Ein Unternehmer, der mit seinem Unternehmen an die Börse gehen will, muss nicht nur eine Vision und eine „Geschichte“, die Fantasie zulässt, haben, sondern vorher der ihn begleitenden Bank und der Öffentlichkeit seine „Börsenreife“ nachweisen. Dazu gehört u.a., dass er gewillt ist, neue Aktionäre als Partner zu akzeptieren und deren Belange angemessen zu berücksichtigen. Er muss insbesondere zu einer ausreichenden Publizität und Öffentlichkeitsarbeit bereit sein, anderenfalls wird der Markt seinem Börsengang keinen Erfolg bescheren. Der Markt kontrolliert die an der Börse eingeführte Aktiengesellschaft.

91 Ganz ähnlich ist es bei einer Stiftung. Ein Stifter und seine Familie müssen gewillt sein, zu akzeptieren, dass mit der Stiftung eine eigenständige, von ihrem Willen zukünftig **unabhängige, juristische Person** ins Leben gerufen wird, der das erforderliche Stiftungsvermögen mit der Folge übertragen wird, dass man nach der Stiftungserrichtung nicht mehr frei über das gestiftete Vermögen verfügen kann. Die einmal genehmigte Stiftung genießt mit ihrem jeweiligen spezifischen Stiftungszweck staatlichen Bestandsschutz- und zwar auch gegenüber dem Stifter. Bei einer gemeinnützigen Stiftung sollte der Stifter zudem erkennen, dass ihm mit der Stiftung ein wirkungsvolles, staatlich geschütztes Instrument zur Verwirklichung seiner individuellen Ziele zur Verfügung gestellt wird, das weit mehr darstellt als ein bloßes Steuersparmodell. In der Praxis finden sich aber immer wieder genügend Beispiele, in denen leider genau auf diese Weise für Stiftungen geworben wird.

92 Die meisten Stifter sind erfahrungsgemäß bereit, diese Kriterien zu erfüllen. Es ist letztlich die Aufgabe der Stiftungsberater, den Stiftern das hierzu erforderliche Wissen zu vermitteln. Der Stiftungsberater muss seinen Mandanten umfassend über die möglichen Folgen der Stiftungserrichtung aufklären, damit keine falschen Erwartungen entstehen, die später enttäuscht werden und die zu einer Missachtung der Stiftungssatzung führen können.

194 NJW 2002, 3181; dazu krit. *Schiffer*, DStR 2003, 14, 15 mwN.

195 BGH NJW 2004, 1598 ff; näher zu dem Urteil *Schiffer*, NJW 2004, 1565 ff.

196 Vgl a. BGHZ 116, 167, 174.

197 *Rawert*, NJW 2002, 3151, 3153; s. auch *Mugdan*, Materialien zum BGB V. Band, S. 7633.

198 Vgl *Schanz*, Börseneinführung, 3. Aufl. 2007, § 6 Rn 17.

199 Ausführlich *Schiffer/Bach*, Stiftung & Sponsoring, 4/1999, 16 und 5/1999, 21; *Schiffer/v. Schubert*, DB 2000, 437; dem dort entwickelten Ansatz ausdr. folgend zB *Wachter*, S. 32. Zusammenfassend *Schiffer*, Stiftung, § 14 Rn 1 ff.

III. Stiftungsaufsicht

Der Stifterwille ist (beinahe) das Maß aller Dinge im Stiftungsrecht (Rn 2 ff). Die Stiftungsaufsicht[200] ist der **„Garant des Stifterwillens“** und der Stiftungsautonomie. Stiftungsaufsicht ist Ländersache. Sie ist in den Bundesländern im Einzelnen unterschiedlich ausgestaltet. Die jeweiligen Landesstiftungsgesetze sind in den letzten Jahren an das reformierte Stiftungszivilrecht angepasst worden, jüngst etwa desjenigen von Sachsen-Anhalt. 93

1. Umfang der Aufsicht: Rechtsaufsicht. Die **Aufsicht** der Stiftung durch die Stiftungsbehörde umfasst „nur“ die Überwachung der Einhaltung von Gesetz und Stiftungssatzung, durch die der Stifterwille manifestiert ist. Sie ist überall auf eine reine **Rechtsaufsicht** beschränkt.[201] Es besteht also keine Aufsicht bei fachlichen Fragen (Fachaufsicht), dh die Stiftungsorgane sind hinsichtlich ihrer Entscheidung über die Art und Weise der Verwaltung der Stiftung grundsätzlich frei. 94

In der Praxis kommt es hier mitunter zu **Abgrenzungsproblemen**. So ist etwa die Rechtmäßigkeit wirtschaftlicher Entscheidungen der Stiftungsorgane nicht nur an den Gesetzen, sondern auch an den abstrakt formulierten Satzungsregelungen des Stifters zu messen. Beispiele solcher Entscheidungen sind die Frage der Büroeinrichtung des Stiftungsvorstandes, die Einstellung einer Vollzeitsekretärin anstelle einer Teilzeitkraft oder die Frage der Vergütung des Stiftungsvorstandes. 95

In vielen Stiftungssatzungen hat der Stifter abstrakt und unbestimmt festgelegt, die Verwaltung der Stiftung habe „sparsam und wirtschaftlich“ zu erfolgen. Auch in diesen Fällen darf die Aufsichtsbehörde nicht ihre eigene Einschätzung zur Sparsamkeit und Wirtschaftlichkeit an die Stelle der Einschätzung der Stiftungsorgane setzen. Auch hier bleibt die Behörde auf die Rechtsaufsicht beschränkt (näher zur Maßgeblichkeit des Vermögenserhaltungskonzepts des Stifters § 81 Rn 55 ff). 96

Nach den einzelnen Stiftungsgesetzen der Länder ließen sich vor der Reform des Stiftungsrechts verschiedene Erscheinungsformen der Stiftungsaufsicht unterscheiden. In den neuen Landesstiftungsgesetzen findet sich eine Tendenz zur Beschränkung auf eine sog. „Anlass-Aufsicht“. Zahlreiche früher bestehende Genehmigungserfordernisse für eine Stiftung sind entfallen. Die infolge der Reform des Stiftungszivilrechts angepassten Landesstiftungsgesetze ähneln sich in punkto Stiftungsaufsicht nunmehr stärker. 97

Nach der Rechtsprechung des BVerwG[202] darf die Stiftungsaufsicht **nicht zum Durchsetzen öffentlicher Interessen** gegenüber der Stiftung missbraucht werden. Öffentliche Interessen können vielmehr nur dann und insoweit als Maßstab für die Stiftungsaufsicht dienen, wenn sie als solche in dem Stiftungszweck und dem Stifterwillen erkennbar aufgenommen worden sind. 98

Ausgehend von diesem Grundgedanken wird in einigen Landesstiftungsgesetzen für schlicht privatnützige Stiftungen oder speziell für **Familienstiftungen** der Umfang der staatlichen Aufsicht und Kontrolle ausdrücklich eingeschränkt.[203] 99

2. Präventive und repressive Aufsichtsmaßnahmen. Damit die Stiftungsaufsichtsbehörde die Einhaltung der gesetzlichen Anforderungen und des Stifterwillens sicherstellen kann, werden ihnen in den Landesstiftungsgesetzen verschiedene rechtliche Instrumente, die sich in **präventive** Aufsichtsmaßnahmen und in **repressive Aufsichtsmaßnahmen** unterteilen lassen,[204] an die Hand gegeben. Zu nennen sind insbesondere als präventive Aufsichtsmaßnahmen Informationspflichten, Auskunftsansprüche und Anzeigepflichten und als repressive Aufsichtsmaßnahmen die Beanstandung des Vorgehens der Stiftungsorgane, die Anordnung bestimmter Maßnahmen der Stiftungsorgane, die Ersatzvornahme und die Abberufung von Organmitgliedern.[205] 100

Damit die Stiftungsbehörden ihrer Aufsichtspflicht überhaupt wirkungsvoll nachkommen können, bestehen nach den einzelnen Landesstiftungsgesetzen **Informationspflichten** der Stiftung[206] und **Informationsansprüche** der Stiftungsaufsichtsbehörde. Der Behörde steht es im Rahmen der einschlägigen landesgesetzlichen Regelungen grundsätzlich frei, wie sie sich von der Stiftung die für die Aufsicht erforderlichen Informationen verschafft. Wichtig zu wissen ist in diesem Zusammenhang, dass die einzelnen Gesetze Regelungen dazu treffen, welche Auskunftspflichten der Stiftungsorgane gegenüber den Stiftungsbehörden bestehen. So ist etwa grundsätzlich in den Landesgesetzen festgelegt, dass eine Jahresrechnung mit einer Vermögensübersicht und 101

200 Ausführlich dazu *Andrick/Suerbaum*; s.a. *Schiffer*, Stiftung, § 8 Rn 1 ff; O. Werner/Saenger/*Backert*, Rn 1256 ff jeweils mwN.

201 Näher dazu *Andrick/Suerbaum*, S. 51 ff; O. Werner/Saenger/*Backert*, Rn 1275 ff.

202 BVerwGE 40, 347; dazu Seifart/v. Campenhausen/*Hof*, § 10 Rn 50.

203 Überblick bei *Schiffer*, Stiftung, § 2 Rn 20 f.

204 Ausführlich O. Werner/Saenger/*Backert*, Rn 1293 ff, 1324 ff.

205 Überblick bei *Schiffer*, Stiftung, § 8 Rn 9.

206 Der Stiftungsaufsicht ist typischerweise jährlich zu berichten. Zu dem Transparenzinstrument „Stiftungsbericht“ s. *Schmidt/Haacke/Orthmann*, Die Roten Seiten zu dem Magazin Stiftung & Sponsoring, 1/2010.

mit einem Bericht über die Erfüllung des Stiftungszwecks von den Stiftungsorganen der Stiftungsaufsichtsbehörde vorzulegen ist.

102 Ein gänzlich anderes Instrument zur Durchsetzung der Rechtsaufsicht der Stiftungsbehörde waren die in den Landesstiftungsgesetzen für verschiedene wesentliche Rechtsgeschäfte der Stiftungen vorgesehenen Genehmigungsvorbehalte. In den reformierten Landesstiftungsgesetzen findet sich indes nur noch in Art. 19 des Bayerischen Stiftungsgesetzes ein solcher Vorbehalt betreffend den Abschluss von Bürgschaftsverträgen und Verträgen ähnlicher Art, die das Einstehen der Stiftung für eine fremde Schuld zum Inhalt haben.

103 Den Genehmigungsvorbehalten ähneln die nunmehr in § 13 StiftG BW, § 9 StiftG S-H zu findenden **qualifizierten Anzeigevorbehalte**.[207] Anzeigepflichtig sind beispielsweise die Veräußerung und Belastung von Grundstücken oder unentgeltliche Zuwendungen, die nicht der Erfüllung des Stiftungszwecks dienen. In Baden-Württemberg darf die Stiftung die anzeigepflichtige Maßnahme erst nach Bestätigung durch die Stiftungsaufsichtsbehörde oder nach Ablauf von zwei Wochen ohne Beanstandung durch die Behörde vornehmen. In Schleswig-Holstein greift nach vier Wochen ohne Beanstandung durch die Behörde eine Genehmigungsfiktion.

104 **3. Einzelne Aufsichtsmittel.** Die Aufsichtsmittel sind hier nicht im Einzelnen zu erläutern, die folgenden Punkte mögen jedoch als Orientierungshilfe dienen: Für die Praxis ist vor allem als wesentlich zu vermerken, dass die Eingriffe der Behörde in jedem Fall nur unter den einzelnen, jeweils in den betreffenden Landesstiftungsgesetzen genannten Voraussetzungen und unter Beachtung des **Grundsatzes der Verhältnismäßigkeit** zur Anwendung kommen dürfen. Bei Verletzung ihrer Amtspflichten im Zusammenhang mit der Stiftungsaufsicht haftet die Stiftungsbehörde wie alle öffentlichen Behörden nach den Grundsätzen der Amtshaftung.[208] Gegen Maßnahmen der Stiftungsaufsicht besteht **verwaltungsgerichtlicher Rechtsschutz**.[209]

105 Unabhängig von der etwaigen Prüfung der Verwaltung der Stiftung durch die Aufsichtsbehörde steht es dem Stifter frei, in der Stiftungssatzung stiftungseigene oder auch externe Kontrollinstanzen festzulegen. Eine derartige interne Kontrollinstanz ist der **Stiftungsrat** (§ 81 Rn 29 ff). Dessen Kontrollkompetenz kann (!) der Stifter so ausgestalten, dass der Stiftungsrat den Vorstand gerade auch in fachlichen Fragen beaufsichtigt.

106 In der Praxis kontrollieren die Behörden vor allem die Einhaltung der für die betreffende Stiftung jeweils einschlägigen Regelung des BGB und der Landesstiftungsgesetze sowie die in der Satzung enthaltenen Rechtsregelungen. Sie stellen auf diese Weise die Einhaltung des Stifterwillens sicher.

107 Die einzelnen **landesrechtlichen Regelungen** zur Ausübung der Rechtsaufsicht sind aber durchaus unterschiedlich. Nach § 11 Abs. 4 des saarländischen Stiftungsgesetzes ist beispielsweise eine Prüfung der Stiftungsverwaltung (nur) bei Vorliegen eines wichtigen Grundes vorgesehen. Die Handhabung der Stiftungsaufsicht hängt überdies wesentlich von der spezifischen (Rechts-)Auffassung der jeweiligen Behörde ab.[210] Stellt die Behörde Verstöße gegen gesetzliche Vorschriften oder Satzungsregelungen fest, so hat sie unverzüglich Maßnahmen zu ergreifen, die die Erhaltung der Stiftung oder etwa die Rückerlangung unzulässig verwendeten Stiftungsvermögens sicherstellen. Sie wird das betreffende rechtswidrige Verhalten beanstanden und die Beanstandung gegebenenfalls mit der Ankündigung weiter gehender aufsichtsrechtlicher Maßnahmen – etwa der Androhung eines Zwangsgeldes – verbinden. Als zusätzliches Mittel steht der Stiftungsaufsichtsbehörde nach den unterschiedlichen Landesrechten in geeigneten Fällen regelmäßig die Aufhebung der beanstandeten Maßnahme zu. Erfüllen die Stiftungsorgane ihre Verpflichtungen nicht, so kann die Behörde die erforderlichen Maßnahmen unter Setzung einer angemessenen Frist anordnen. Wird die Maßnahme auch dann nicht vorgenommen, so hat die Behörde die Möglichkeit der Ersatzvornahme, dh, sie kann die Maßnahme selbst durchführen oder durch Dritte durchführen lassen.

108 Für den Fall, dass ein entsprechend wichtiger Grund in der Person eines Stiftungsorganmitglieds vorliegt, sehen die meisten Landesstiftungsgesetze die Möglichkeit vor, dieses **Organmitglied abzuberufen**. Ein wichtiger Grund wird jedoch in der Regel nur in Fällen grober Pflichtverletzung oder der Unfähigkeit zu ordnungsgemäßer Geschäftsführung gegeben sein. Eine **grobe Pflichtverletzung** liegt etwa dann vor, wenn der Betreffende seine Kompetenzen in schwerwiegender Weise und mehrfach missbraucht, die Vermögensinteressen der Stiftung grob vernachlässigt oder sich beharrlich weigert, den Stiftungszweck zu erfüllen. Beispiele: Die Unfähigkeit zur ordnungsgemäßen Geschäftsführung ist gegeben, wenn das betreffende Organmitglied dauerhaft schwer erkrankt oder für einen längeren Zeitraum ortsabwesend ist. Hohes Alter allein rechtfertigt die Abberufung dagegen nicht; hier sollte der Stifter in der Stiftungsverfassung durch Festschreibung einer Altersgrenze Vorsorge treffen. Mangelnde Eignung und mangelnde Vertrauenswürdigkeit hingegen können allerdings die Unfähigkeit zur ordnungsgemäßen Geschäftsführung begründen. Liegt ein entsprechender wichtiger Grund bei einem Organmitglied vor, so hat die Aufsichtsbehörde keine Wahl, sie muss das Organmitglied abberufen.

207 Ausführlich O. Werner/Saenger/*Backert*, Rn 1307 ff.
208 Seifart/v. Campenhausen/*Hof*, § 10 Rn 388 ff.
209 Ausführlich Münch. Hdb GesR Bd. V/*Schwarz van Berk*, § 101 Rn 29 ff.
210 S. dazu *Hennerkes/Schiffer/Fuchs*, BB 1995, 209.

Um in **Eilfällen** eine Reaktion der Stiftungsbehörde zu ermöglichen, gewähren einige Stiftungsgesetze auch 109
die Möglichkeit, einem Organmitglied die Ausübung seiner Funktionen auf Zeit zu untersagen. Nach richtiger Auffassung obliegt wegen des Grundsatzes der Verhältnismäßigkeit bei der Stiftungsaufsicht die Bestellung des Nachfolgers eines abberufenen Organmitgliedes in erster Linie den Organen der Stiftung entsprechend der Stiftungssatzung und erst dann der Aufsichtsbehörde, falls dieser Weg in angemessener Frist nicht zum Erfolg führt. Für den Fall, dass sich ein abberufenes Organmitglied schadensersatzpflichtig gemacht hat, besteht nach einigen Landesstiftungsgesetzen die Möglichkeit, dass die Aufsichtsbehörde diese Ansprüche für die Stiftung auf deren Kosten gerichtlich geltend macht, sofern dies nicht die Stiftungsorgane innerhalb einer angemessenen Frist tun.

Reichen die übrigen Befugnisse der Aufsichtsbehörde nicht aus, um eine rechtmäßige Verwaltung der Stiftung 110
durchzusetzen, besteht nach einigen Landesstiftungsgesetzen die Möglichkeit, dass die Behörde ausnahmsweise sog. **Beauftragte oder Sachwalter** bestellt.[211] Da in diesen Fällen ganz besonders die Gefahr besteht, dass die Rechtsaufsicht der Stiftungsbehörde in eine Zweckmäßigkeitsaufsicht umschlägt, ist eine entsprechende Anordnung der Stiftungsaufsichtsbehörde allerdings in der Regel unverhältnismäßig, dh nur ganz ausnahmsweise zulässig.

§ 81 Stiftungsgeschäft

(1) [1]Das Stiftungsgeschäft unter Lebenden bedarf der schriftlichen Form. [2]Es muss die verbindliche Erklärung des Stifters enthalten, ein Vermögen zur Erfüllung eines von ihm vorgegebenen Zweckes zu widmen. [3]Durch das Stiftungsgeschäft muss die Stiftung eine Satzung erhalten mit Regelungen über

1. den Namen der Stiftung,
2. den Sitz der Stiftung,
3. den Zweck der Stiftung,
4. das Vermögen der Stiftung,
5. die Bildung des Vorstands der Stiftung.

[4]Genügt das Stiftungsgeschäft den Erfordernissen des Satzes 3 nicht und ist der Stifter verstorben, findet § 83 Satz 2 bis 4 entsprechende Anwendung.

(2) [1]Bis zur Anerkennung der Stiftung als rechtsfähig ist der Stifter zum Widerruf des Stiftungsgeschäfts berechtigt. [2]Ist die Anerkennung bei der zuständigen Behörde beantragt, so kann der Widerruf nur dieser gegenüber erklärt werden. [3]Der Erbe des Stifters ist zum Widerruf nicht berechtigt, wenn der Stifter den Antrag bei der zuständigen Behörde gestellt oder im Falle der notariellen Beurkundung des Stiftungsgeschäfts den Notar bei oder nach der Beurkundung mit der Antragstellung betraut hat.

Literatur: S. Vor §§ 80 ff.

A. Allgemeines

Eine Voraussetzung für die Anerkennung einer rechtsfähigen Stiftung des Privatrechts ist das Stiftungsgeschäft 1
des Stifters. Das Stiftungsgeschäft ist ein einseitiges Rechtsgeschäft, dh eine einseitige nicht empfangsbedürftige Willenserklärung.[1] Die Regelungen über Willenserklärungen (Geschäftsfähigkeit, Willensmängel etc.) finden Anwendung. Eine Stiftung kann von mehreren Stiftern gleichzeitig und gemeinsam errichtet werden.

211 Näher dazu *Andrick/Suerbaum*, S. 191 ff.
1 S. etwa *Schiffer*, Stiftung, § 5 Rn 8.

2 Bei dem Stiftungsgeschäft ist zwischen einem solchen **unter Lebenden** und dem **Stiftungsgeschäft von Todes wegen** (§ 83 Rn 2 ff) zu unterscheiden. In den meisten Fällen wird eine Stiftung zu Lebzeiten des Stifters errichtet. Der Stifter ruft durch Vorgabe des Stiftungszwecks und durch Übertragung von Vermögen auf die Stiftung die Stiftung ins Leben. Durch dieses Stiftungsgeschäft und die Satzung drückt er seinen **Stifterwillen** aus, der über die Stiftungssatzung für die Stiftung auch nach seinem Tode bestimmend bleibt (Grundsatz der Maßgeblichkeit des Stifterwillens; § 80 Rn 1 f).

3 Sowohl natürliche Personen als auch juristische Personen können **Stifter** sein. Auch rechtsfähige Stiftungen können wiederum rechtsfähige Stiftungen, dh „Unterstiftungen" errichten, soweit sie dadurch nicht ihr Stiftungsvermögen (= zu erhaltendes Grundstockvermögen, s. § 80 Rn 1 f) angreifen.[2] In jedem Fall muss der Stifter unbeschränkt geschäftsfähig sein.

B. Regelungsgehalt

I. Stiftungsgeschäft

4 Das Stiftungsgeschäft muss der Stifter nicht höchstpersönlich vornehmen, er kann sich durch einen Bevollmächtigten **vertreten lassen**. Auch mehrere Stifter können die Stiftung gemeinsam in einer Urkunde oder durch gesonderte Erklärungen errichten. Das Stiftungsgeschäft ist grundsätzlich[3] **bedingungsfeindlich**, denn jede Unsicherheit über die Existenz der Stiftung muss im Interesse des Rechtsverkehrs vermieden werden. Nicht möglich wäre also beispielsweise die Errichtung einer Stiftung für den Fall des Eintritts eines (un-)bestimmten Ereignisses (**Beispiel**: Errichtung einer Stiftung unter der Bedingung, dass ein Enkel des Stifters geboren wird).

5 **Auflagen** (Fall der „Beschenkung der Stiftung unter einer Auflage") und **Fristen** in einem Stiftungsgeschäft sind nur statthaft, wenn sie den Bestand der Stiftung, dh insbesondere deren Vermögensausstattung (Rn 43 f), nicht berühren.[4]

6 Eine **Auflage** vermindert das der Stiftung zugewendete Vermögen von Anfang an. Darüber besteht, nachdem das FG München dazu eine unhaltbare andere Auffassung vertreten hatte,[5] durch ein diese Auffassung deutlich zurückweisendes Urteil des BFH,[6] an sich[7] Einigkeit. Verbindlichkeiten, die in Ausführung des Stiftungsgeschäftes auf die Stiftung übergehen, so betont der BFH, mindern von vornherein das der Stiftung zugewendete Vermögen. Der zur Erfüllung derartiger Ansprüche notwendige Teil des Vermögens steht den satzungsmäßigen Zwecken der Stiftung von Anfang an nicht zur Verfügung. Die Erfüllung derartiger Ansprüche stellt, wie der BFH für den Fall einer steuerbefreiten Stiftung ausdrücklich betont, keinen Verstoß gegen die Gebote der Selbstlosigkeit und Ausschließlichkeit dar. **Zulässige Auflagen** sind etwa der Vorbehalt von Nießbrauch-, Wohn- und anderen Nutzungsrechten bei der Vermögensübertragung auf die Stiftung (Vermögensausstattung), die Übernahme/Übergabe von Verbindlichkeiten, Hypotheken, Rentenzahlungsverpflichtungen etc. Eine Auflage darf das Stiftungsvermögen nicht soweit reduzieren, dass realistischerweise der Stiftungszweck nicht mehr dauerhaft erfüllt werden kann. In einem solchen Fall ist die Stiftung nicht anerkennungsfähig.

7 Nach Abs. 1 S. 1 bedarf das Stiftungsgeschäft unter Lebenden der **schriftlichen Form** nach § 126. Nach § 126 a kann die Schriftform durch die **elektronische Form** ersetzt werden. Die Stiftungsurkunde ist in Schriftform eigenhändig durch Namensunterschrift oder mittels notariell beglaubigten Handzeichens zu unterzeichnen. Das Stiftungsgeschäft kann auch im Wege der notariellen Beurkundung erfolgen (Abs. 2 S. 3).

8 Die **einfache Schriftform** soll nach wohl herrschender Ansicht sogar dann genügen, wenn im Stiftungsgeschäft die **Übertragung von Grundstücken** oder **von Geschäftsanteilen** an einer GmbH auf die Stiftung vorgesehen ist, denn die Sonderformvorschriften für die Übertragung von Grundstücken und GmbH-Anteilen gelten nur für Verträge, also nicht für einseitige Erklärungen wie ein Stiftungsgeschäft.[8] Dafür spricht, dass das staatliche Anerkennungsverfahren für Stiftungen dieselbe Richtigkeitsgewähr und denselben oder sogar besseren Schutz vor Übereilung wie die ansonsten erforderliche notarielle Form bietet. Nach anderer

2 Steuerlich ist außerdem das Endowment-Verbot zu beachten. Ein Endowment („Die Weiterleitung von Mitteln an eine andere steuerbegünstigte Körperschaft als Ausstattungskapital"; *Hüttemann*, Gemeinnützigkeits- und Spendenrecht, 2008, § 5 Rn 120) verstößt regelmäßig gegen das Gebot der zeitnahen Mittelverwendung; Ausnahme: Mittel aus einer freien Rücklage, § 58 Ziff. 7 a) AO.

3 Zu Ausnahmen vgl Seifart/v. Campenhausen/*Hof*, § 6 Rn 14.

4 Ausf. etwa *Berndt*/Götz, Rn 203 ff.

5 FG München EFG 1995, 650.

6 BFH BStBl II 1998 S. 758.

7 Die FinVerw folgt dem BFH allerdings nur bedingt; vgl *Schiffer*, Stiftung, § 10 Rn 139, 157.

8 *Berndt*/Götz, Rn 188 unter Hinweis auf OLG Schleswig-Holstein DNotZ 1996, 770, 771 f; *Burgard*, Gestaltungsfreiheit im Stiftungsrecht, 2006, 77; Seifart/v. Campenhausen/*Hof*, § 6 Rn 17 mwN; MüKo/*Reuter*, § 81 Rn 1; *O. Werner*/Saenger, Rn 310.

Ansicht[9] soll die Schriftform in diesen Fällen nicht genügen. Dem ist aus den besagten Gründen nicht zu folgen.

Das **Stiftungsgeschäft** hat einen bestimmten **Mindestinhalt** (Abs. 1 S. 2). Der Stifter muss verbindlich erklären, dass ein bestimmter Teil seines Vermögens auf Dauer der Erfüllung eines oder mehrerer von ihm vorgegebener Zwecke gewidmet wird (Vermögensausstattung, Grundstockvermögen) und dass er eine selbständige Stiftung errichten will. Bei Zweifeln am Stiftungsgeschäft ist die Stiftungsbehörde zu Lebzeiten des Stifters gehalten, ihn zur Präzisierung zu veranlassen. **9**

In den Stiftungsgesetzen der Länder wurden bis zur Reform des Stiftungszivilrechts im Jahre 2002 (Vor §§ 80 ff Rn 10 f) die Anforderungen aus dem BGB präzisiert und ergänzt. Einige Bundesländer hatten mit bis zu 12 Einzelpunkten einen umfangreichen Katalog von Anforderungen an das Stiftungsgeschäft und die Stiftungssatzung aufgestellt.[10] Diese Kataloge wurden durch die fünf Punkte des Abs. 1 S. 3 ersetzt. Der Bundesgesetzgeber hat hier seine konkurrierende Gesetzgebungskompetenz aus Art. 74 Abs. 1 Nr. 1, Art. 72 GG genutzt und in § 81 Abs. 1 S. 3 nunmehr **abschließend** bestimmt,[11] welche Regelungen die Satzung einer Stiftung enthalten muss. Die betreffenden Ländervorschriften, soweit sie die materiellrechtlichen Voraussetzungen der Anerkennung einer Stiftung regelten, wurden dadurch außer Kraft gesetzt.[12] Sie finden sich in den reformierten Landesstiftungsgesetzen nicht mehr. **10**

In der Praxis wurden hier bisher mögliche Zweifelsfragen dadurch umgangen, dass in dem Stiftungsgeschäft auf die jeweils beigefügte Stiftungsverfassung Bezug genommen und die Stiftungsverfassung ausdrücklich zum Bestandteil des Stiftungsgeschäfts erklärt wurde. Es ist für die Praxis anzuraten, auch künftig auf die beigefügte Stiftungsverfassung/-satzung in dem Stiftungsgeschäft ausdrücklich Bezug zu nehmen, um etwaige Zweifel zu vermeiden. **11**

Eine Stiftung ist grundsätzlich auf ewig angelegt (Ausnahmen: befristete Stiftung und Verbrauchsstiftung, § 80 Rn 18 ff). Die **Umgestaltung der** von ihm gewählten **Stiftungskonstruktion** und -konzeption kann der Stifter uU auch nach der Anerkennung durch eine Änderung der Stiftungssatzung erreichen (§ 85 Rn 3 ff; § 87 Rn 12). Nur bis zur Erteilung der Anerkennung der Stiftung kann der Stifter das Stiftungsgeschäft formfrei **widerrufen** (Abs. 2 S. 1). Widerruft er das Stiftungsgeschäft tatsächlich, so ist die Entstehung der Stiftung ausgeschlossen. Hat der Stifter bereits bei der zuständigen Stiftungsbehörde wegen der Anerkennung nachgesucht, so kann der Widerruf nur der Behörde gegenüber erklärt werden (Abs. 2 S. 2). Bei mehreren Stiftern macht im Zweifel der Widerruf nur eines Stifters das Stiftungsgeschäft im Ganzen in analoger Anwendung von § 139 unwirksam.[13] Der Erbe/die Erben des Stifters, auf den/die das Widerrufsrecht nach § 1922 übergeht, ist/sind zum Widerruf nicht berechtigt, wenn der Stifter den Antrag bei der zuständigen Behörde gestellt oder, im Falle der notariellen Beurkundung des Stiftungsgeschäfts, den Notar bei oder nach der Beurkundung mit der Antragstellung betraut hat (Abs. 2 S. 3). Ein Stifter kann sich, etwa gegenüber einem Mitstifter, nur mit schuldrechtlicher, nicht aber mit dinglicher Wirkung verpflichten, sein Widerrufsrecht nicht auszuüben.[14] **12**

Ist die Anerkennung einer Stiftung einmal erfolgt, kann das Stiftungsgeschäft nicht mehr widerrufen, sondern nur noch **wegen Irrtums, Täuschung oder Drohung angefochten** werden.[15] Solche Fälle sind allerdings kaum praxisrelevant. Seine Anfechtungserklärung hat der Stifter an die Stiftung zu richten. Für die Stiftung ist dann ggf ein Pfleger durch das Amtsgericht zu bestellen, der die Frage der rechtsgültigen Anfechtung des Stiftungsgeschäftes im Wege der Feststellungsklage klären lassen kann. Ein angefochtenes Stiftungsgeschäft wird als von Anfang an nichtig angesehen. Die Stiftung als Organisation und Körperschaft wird durch die Anfechtung nach richtiger Ansicht jedoch nicht in ihrem Bestand berührt.[16] Faktisch wird das Erreichen des Stiftungszwecks in einem solchen Fall allerdings regelmäßig unmöglich werden, da die wirksame Anfechtung den Anspruch der Stiftung gegen den Stifter auf Übertragung des Stiftungsvermögens hemmt. Die Stiftung ist dann von der Anerkennungsbehörde nach § 87 Abs. 1 aufzuheben. **13**

Fehlt dem Stiftungsgeschäft die vorgeschriebene Form, verstößt das Stiftungsgeschäft gegen gesetzliche Vorschriften, ist es sittenwidrig oder ist gar der Stifter geschäftsunfähig, so ist das Stiftungsgeschäft ebenfalls **nichtig**, und zwar mit denselben Folgen wie bei der wirksamen Anfechtung. **14**

9 Palandt/*Ellenberger*, § 81 Rn 3; *Wachter*, S. 9; *Schwarz*, DStR 2002, 1721.
10 S. bei *Schwarz*, DStR 2002, 1720.
11 S. Staudinger/*Hüttemann/Rawert* (2011), Vor §§ 80 ff Rn 16 mwN.
12 Palandt/*Ellenberger*, Vor § 80 Rn 13; *Hüttemann/Rawert*, ZIP 2002, 2019.
13 Palandt/*Ellenberger*, § 81 Rn 12 aE.
14 Seifart/v. Campenhausen/*Hof*, § 6 Rn 56; aA *Muscheler*, Stiftungsrecht, 2005, S. 109 ff mwN.
15 MüKo/*Reuter*, § 83 Rn 7.
16 MüKo/*Reuter*, § 80 Rn 2.

II. Die Stiftungssatzung

15 Bei der Gestaltung einer Stiftungssatzung ist zwischen dem notwendigen und dem möglichen Inhalt zu unterscheiden.[17] **Notwendig und zwingend** für eine Stiftungsverfassung (Abs. 1 S. 3) sind zivilrechtlich zunächst Angaben zu Namen, Sitz, Zweck und Vermögen der Stiftung. Außerdem muss in der Satzung zur Leitung der Stiftung zumindest die Bildung des Vorstands geregelt sein. **Daneben** kann eine Stiftungssatzung zahlreiche **weitere Regelungen** enthalten. Das Stiftungszivilrecht gibt hier seit 2002 eine noch größere Gestaltungsfreiheit als bis dahin (Vor § 80 Rn 11). Durch Regelungen in der Stiftungssatzung können vor allem die Wege zur Erreichung des Stiftungszwecks näher konkretisiert werden, Vorgaben zur Art und Weise der Vermögensverwaltung der Stiftung (Rn 51 ff) gegeben und neben dem Vorstand weitere Organe für die Stiftung (Rn 24 ff) festgelegt werden. Es besteht ein weiter Gestaltungsspielraum und es lässt sich für jedes konkrete Stiftungsprojekt eine maßgeschneiderte Satzung entwerfen. Eine Standardsatzung gibt es nicht. Jeder Fall ist anders und benötigt einen „Maßanzug" in Form einer spezifischen Satzung. Für steuerbefreite Stiftungen (§ 80 Rn 66 ff) sind natürlich die steuerrechtlichen Vorgaben, insbesondere also die der §§ 51 ff AO, für die Satzung einer entsprechenden Stiftung zu beachten.

16 Im Regelfall ist es vor allem bei Stiftungen mit einem größeren Vermögen sinnvoll, in der Satzung neben dem Vorstand (Rn 25 ff) als weiteres Organ einen **Stiftungsrat** (Rn 29 ff), auch Stiftungsbeirat genannt, zu bestimmen, dem die Beratung und Beaufsichtigung des Stiftungsvorstands sowie – nach dem Tod des Stifters – die Bestellung des Stiftungsvorstands zugewiesen wird. Sogar in der Wirtschaftspresse wurde schon vor Jahren[18] eine Kontrolle der Stiftungsvorstände gefordert. Daneben kann dann ein Freundes-, Förder- und sonstiger Beraterkreis treten. Dieser wird oftmals als „**Kuratorium**" oder „**Fachbeirat**" bezeichnet. Die Begriffsverwendung ist in der Praxis allerdings uneinheitlich. Entscheidend sind die Regelungen in der Stiftungssatzung.

III. Sitz

17 Über die ihm freistehende **Wahl** des Sitzes der Stiftung[19] hat der Stifter die Möglichkeit, das für die Stiftung einschlägige Landesstiftungsgesetz zu wählen. Als Sitz der Stiftung galt nach § 80 S. 3 aF, wenn nicht ein anderes bestimmt war, der Ort, an welchem die Verwaltung geführt wird. Eine solche ausdrückliche Regelung zum Sitz der Stiftung enthält das neue Recht nicht mehr. Es gilt jedoch nach wie vor, dass der Ort, an dem die Verwaltung der Stiftung geführt werden soll, in der Regel der Stiftungssitz wird.[20]

18 Der Rechtssitz, nach dem sich gemäß § 80 Abs. 1 die für die Anerkennung der Rechtsfähigkeit der Stiftung zuständige Behörde ergibt, und der Verwaltungssitz können auseinander fallen.[21] Das spielte nach altem Recht vor allem dann eine Rolle, wenn sich ein Stifter für die „Anerkennung" seiner Stiftung ein „stiftungsfreundliches" Bundesland[22] beispielsweise zur Errichtung einer unternehmensverbundenen Stiftung suchen wollte, der nach altem Recht einige Skepsis entgegengebracht wurde (§ 80 Rn 53 ff). Vom Sitz der Stiftung ist der Ort der Geschäftsleitung zu unterscheiden (vgl § 10 AO, s. auch Vor §§ 80 ff Rn 41).

IV. Der Name der Stiftung

19 Bei der Wahl des Namens einer Stiftung[23] gelten nicht die strengen Regelungen zur Wahl der Firmierung für ein Unternehmen. Der Stifter ist bei der Wahl des Namens der Stiftung grundsätzlich **frei**. Eine gesetzlich geschützte Firma oder ein anderweitig geschützter Name dürfen allerdings nicht verletzt werden. Durch den Namen der Stiftung kann insbesondere deren Zwecksetzung umrissen werden (Beispiel: „Studienstiftung des deutschen Volkes").

20 Davon zu unterscheiden ist die **Firmierung einer Gesellschaft**, an der eine unternehmensverbundene Stiftung beteiligt ist (Bsp.: Stiftung & Co. KG). In Ausnahmefällen kann eine Stiftung kraft Gewerbebetriebs[24] selbst Kaufmann sein (§ 1 Abs. 1 HGB). Dann hat sie eine Firma zu führen (§§ 18, 30 HGB), die Unterscheidungskraft besitzen muss und nicht irreführend sein darf.[25]

17 S. auch *Berndt*/Götz, Rn 271 ff; *Schiffer*, Stiftung, § 5 Rn 38 ff.

18 Wirtschaftswoche vom 7.6.1991, S. 150 („Stiftungen: Wer kontrolliert da wen? Unangefochtene Macht – In stiftungseigenen Unternehmen kann das Management oft schalten und walten, wie es will – manchmal, bis es nicht mehr geht."); *Schwintek*, Vorstandskontrolle in rechtsfähigen Stiftungen bürgerlichen Rechts, 2001, hat das sehr gründlich untersucht.

19 Ausf. *Mecking*, ZSt 2004, 199.

20 RegE, BT-Drucks. 14/8765, S. 10; wie hier *Schwarz*, DStR 2002, 1718, 1722.

21 *Hennerkes/Schiffer*, BB 1992, 1940, 1941; *Mecking*, ZSt 2004, 199, 201 f; *Schwarz*, DStR 1718, 1722.

22 S. dazu *Hennerkes/Schiffer/Fuchs*, BB 1995, 209 ff.

23 S. auch *Berndt*/Götz, Rn 286 f; *Gromberg*, Stiftung & Sponsoring 2/2006, 32.

24 Der handelsrechtliche Begriff des Gewerbebetriebs ist von dem des wirtschaftlichen Geschäftsbetriebs iSd § 14 AO zu unterscheiden.

25 Ausf. dazu *Berndt*/Götz, Rn 406 ff.

Um die **Erinnerung an den Stifter wachzuhalten**, kann auch dessen Name in den Namen der Stiftung aufgenommen werden. Ein prominentes Beispiel hierfür ist die „Dr. Mildred Scheel Stiftung". Etwas weniger bekannt sein dürfte die „Ingeborg Schmidt Gedächtnis-Stiftung", die aber ebenfalls ein typisches Beispiel darstellt. Ebenso kann der Stifter aber auch den Namen eines erinnerungswürdigen Vorfahren oder verstorbenen Kindes wählen (Bsp.: „Isabel Zachert Stiftung"). 21

V. Stiftungszweck

Der Zweck einer Stiftung entspricht in seiner Funktion dem Unternehmensgegenstand eines Gewerbebetriebes und ist von entsprechender Wichtigkeit. Der Stiftungszweck bezeichnet die spezifischen, der Stiftung vom Stifter zugedachten Aufgaben und kann nach dem Tod des Stifters faktisch kaum noch oder nur sehr schwer geändert werden (§ 85 Rn 5 ff, § 87 Rn 9 ff). Vor allem durch die Formulierung des Stiftungszwecks legt der Stifter seinen Stifterwillen verbindlich nieder. Er wird deshalb auch als „Seele der Stiftung" bezeichnet.[26] 22

Die gesetzlichen Vorschriften enthalten keine besonderen Voraussetzungen für die Zulässigkeit von Stiftungszwecken. Allerdings darf die Stiftung nicht gegen bestehende Gesetze verstoßen und nicht das Gemeinwohl gefährden. Bei Einhaltung dieser Grenzen kann eine Stiftung an sich beliebige private wie öffentliche Zwecke verfolgen (§ 80 Rn 24 ff). 23

VI. Organe

Die konkrete Ausgestaltung der Organisation einer Stiftung richtet sich zunächst nach deren jeweiligem Stiftungszweck, insbesondere aber auch nach der Vermögensausstattung der Stiftung. Die **spezifische Organisation** muss den zu erwartenden Erträgen und dem tatsächlichen Geschäftsumfang entsprechen. Sie divergiert zB deutlich im Fall einer kleinen Familienstiftung zur Versorgung der Familiengrabstätte und im Fall einer unternehmensbezogenen Familienstiftung, die in Bezug auf ein großes (Familien-)Unternehmen errichtet wird. Typischerweise verfügen nur größere Stiftungen, die nicht auf ein ehrenamtliches Mitwirken angewiesen sind, sondern eine leistungsgerechte Vergütung zahlen können, über eine ausgefeilte Organisation und mehrere die Stiftung leitende Personen.[27] 24

1. Stiftungsvorstand. Das wesentliche und das einzige nach dem Gesetz vorgeschriebene Organ einer Stiftung ist deren Vorstand.[28] Seine Größe und Funktion richten sich nach der konkreten Geschäftstätigkeit der Stiftung. Davon hängt insbesondere auch ab, ob er ehrenamtlich, nebenamtlich oder hauptamtlich mit entsprechender Vergütung tätig wird. Nach dem BGB hat der Vorstand die Stellung eines **gesetzlichen Vertreters** der Stiftung, dh er vertritt die Stiftung gerichtlich und außergerichtlich. Die Vertretungsberechtigung kann in der Satzung wie bei einem Unternehmen als Einzelvertretungsmacht oder als Gesamtvertretungsberechtigung mehrerer Vorstandsmitglieder ausgestaltet werden. Die Aufsichtsbehörde stellt im Bedarfsfall für den Vorstand eine **Vertretungsbescheinigung** aus, die den Vorstand im Rechtsverkehr legitimiert. Die Rechtsqualität solcher Urkunden und die durch sie begründeten Rechtsfolgen und -wirkungen sind allerdings fraglich.[29] 25

Die **Geschäftsführungsbefugnis**, dh die Befugnisse des Vorstands im Innenverhältnis zur Stiftung und etwaigen weiteren Stiftungsorganen, kann, ebenso wie wir es vor allem aus dem Unternehmensbereich kennen, in der Satzung, im Anstellungsvertrag oder auch in einer Geschäftsordnung für die Vorstandsmitglieder detailliert geregelt werden. So kann der Stifter etwa bestimmte Geschäfte der Geschäftsführungsbefugnis des Vorstands entziehen oder das Erfordernis der vorherigen Zustimmung, beispielsweise des Stiftungsrats, für solche Geschäfte festlegen oder dem Stiftungsrat die Befugnis erteilen, in einer Geschäftsordnung für den Vorstand entsprechende Regeln festzulegen. Ihre **Grenze** findet diese Regelungsmacht des Stifters darin, dass die Organstellung des Vorstands und die Funktionsfähigkeit der Stiftung nicht ausgehöhlt werden dürfen. 26

Ist der Stiftungsvorstand rechtlich oder tatsächlich nicht in der Lage, seine Funktion auszuüben, beispielsweise weil er durch den Wegfall einzelner Vorstandsmitglieder beschlussunfähig geworden ist, so kann das für den Sitz der Stiftung zuständige Amtsgericht in dringenden Fällen einen **Notvorstand** bestellen (§ 86 Rn 3). 27

2. Geschäftsführer. Es ist zulässig, „unter" dem Vorstand einen Geschäftsführer für die „Alltagsgeschäfte" der Stiftung zu bestellen (s. auch § 86 Rn 9). Das ist vor allem bei größeren Stiftungen üblich und geschieht in der Regel aufgrund einer entsprechenden Satzungsbestimmung durch den Vorstand, der ggf die Zustimmung eines etwaigen Stiftungsrats einholen muss. Der Geschäftsführer leitet seine Befugnisse aus denen des Vor- 28

26 *Liermann*, in: Franz u.a. (Hrsg), Deutsches Stiftungswesen 1948–1966, 1968, S. 153, 154; dem folgen auch Staudinger/*Hüttemann*/*Rawert*, Vor §§ 80 ff Rn 5.

27 Zur arbeitsrechtlichen Einordnung der Stiftungsorgane *Kilian*, ZSt 2007,34.

28 Ausf. *Schiffer*, Stiftung, § 5 Rn 52; *O. Werner*/Saenger, Rn 391 ff; *Schwintek*, S. 96 ff.

29 Ausf. *Dörnbrack*/*Fiala*, DStR 2009, 2490 ff; Staudinger/*Hüttemann*/*Rawert*, Vor §§ 80 ff Rn 112 ff.

stands ab und ist in dessen Bereich vertretend tätig. Die Funktionsfähigkeit des Vorstands darf durch eine solche Geschäftsführerbestellung nicht tangiert werden. Der Vorstand hat in seinem Zuständigkeitsbereich das abschließende Entscheidungsrecht.

29 **3. Kontrollorgan – Stiftungsrat.** Die (freiwilligen) Kontrollorgane bei einer Stiftung ähneln dem Aufsichtsrat bei der Aktiengesellschaft und dem Beirat bei sonstigen Gesellschaften.[30] Sie werden als Stiftungsrat, Verwaltungsrat, Kuratorium oder auch als Beirat bezeichnet (s. schon Rn 16). Die Begriffsverwendung ist leider nicht einheitlich. Der Stiftungsrat ist regelmäßig zuständig für die vorherige Zustimmung zu bestimmten wesentlichen Geschäften des Stiftungsvorstands („**Zustimmungskatalog**"), für die Entlastung des Vorstands, die Jahresrechnung, die Prüfung der **Wirtschaftspläne** und die Prüfung der Haushalts- und Wirtschaftsführung sowie die Beratung des Vorstands.[31] Fachlich versierte und „prominente" Mitglieder des Stiftungsrats können einen guten Ansatz für eine erfolgreiche Öffentlichkeitsarbeit der Stiftung darstellen. Ein „Frühstücksdirektoriumskollegium" sollte allerdings vermieden werden.

30 Sowohl für die Tätigkeit des Vorstands als auch des Stiftungsrats werden üblicherweise **Geschäftsordnungen** verabschiedet. Sie werden entweder vom Stifter oder von den Organen erlassen. Als sinnvoll hat sich dabei herausgestellt, dass der Stiftungsrat die Geschäftsordnung für den von ihm zu kontrollierenden Vorstand entweder selbst festlegt oder jedenfalls dadurch auf deren Inhalt Einfluss nimmt, dass sie seiner Anerkennung bedarf.

31 In jedem Fall sollte die Geschäftsordnung innerhalb des vom Stifter mit der Stiftungsverfassung vorgegebenen Rahmens abänderbar sein, um sie geänderten Anforderungen anpassen zu können, die sich zB aus einem erhöhten oder verringerten Verwaltungs-/„Geschäfts"-Volumen der Stiftung ergeben. Von einer starren Geschäftsordnung ist grundsätzlich abzuraten. Sie würde die erforderliche Flexibilität der Gesamtkonstruktion unnötig beschränken. Eine **flexibel gestaltete** Geschäftsordnung für den Vorstand und/oder den Stiftungsrat ist – ähnlich wie die aus dem unternehmerischen Bereich bekannten Geschäftsordnungen – ein gutes Instrument zur Fernsteuerung der Verwaltung der Stiftung.

32 Neben natürlichen Personen können auch juristische Personen **Mitglieder von Stiftungsorganen** sein.[32] Letztere sind ebenso wie die Stiftung vom Ansatz her „unsterblich". Juristische Personen sollten jedoch nur in besonderen Ausnahmefällen ernannt werden – etwa wenn der Stifter auf den besonderen Sachverstand einer Organisation für seine Stiftung Wert legt (Bsp.: „Greenpeace" als Fachorganisation für Umweltschutz). Einem solchen Bestreben kann der Stifter aber regelmäßig sinnvoller dadurch Rechnung tragen, dass er in der Satzung bestimmte Anforderungen an die fachliche oder sonstige Qualifikation der Organmitglieder festlegt. Die Mitgliederzahl für die einzelnen Organe bestimmt sich im konkreten Einzelfall nach dem Zweck der Stiftung und dem Umfang der Geschäftstätigkeit der Organe. Mit weniger als drei Personen ist eine funktionierende Stiftungsratstätigkeit grundsätzlich nicht möglich.

33 Entweder **beruft** der Stifter **die Organmitglieder** selbst oder es berufen die in der Satzung festgelegten Personen/Instanzen.[33] In der Regel bestellt der Stifter jedenfalls die ersten Organmitglieder. Er kann sich selbst oder auch engen Vertrauten die Mitgliedschaft in den Organen zeitlich befristet oder auf Lebenszeit vorbehalten. Er kann sich auch vorbehalten, die Besetzung bestimmter Positionen durch letztwillige Verfügung zu regeln. Es ist in jedem Fall zu beachten, dass die Eigenständigkeit der Stiftung als juristische Person erhalten bleibt und die Stiftung nicht lediglich als „verlängerter Arm" des Stifters oder seiner Vertrauten erscheint. Das würde der Anerkennung der Stiftung entgegenstehen. Spätere Neu- oder Wiederbestellungen von Organmitgliedern kann der Stifter sich ebenfalls selbst vorbehalten.

34 Für die Zeit **nach dem Tod des Stifters** dürfte es regelmäßig sinnvoll sein, dass der **Stiftungsrat** die Mitglieder des Vorstands bestimmt. Für den Stiftungsrat selbst empfiehlt sich zur Wahrung und Betonung der Autonomie dieses Kontrollorgans die **Kooptation**, dh die Selbstergänzung durch einstimmigen oder jedenfalls mehrheitlich gefassten Beschluss. Der Stifter kann Neu- oder Wiederbestellungen aber auch dritten Personen, wie etwa seinen Erben, juristischen Personen, Inhabern bestimmter Ämter oder bestimmten Personengruppen überlassen. In der Praxis ist die Mischung mehrerer der vorstehend angesprochenen Bestellungsverfahren häufig. Der Stifter hat hier aufgrund der knappen gesetzlichen Regelung (Abs. 1 Nr. 5) einen großen Gestaltungsspielraum.

35 Eine **Personalunion** von Mitgliedern verschiedener Organe einer Stiftung ist grundsätzlich zu **vermeiden**, um eine möglichst ungehinderte Ausübung der verschiedenen Organfunktionen – insbesondere der Kontroll-

30 Ausf. zur Vorstandskontrolle *Schwintek*, insb. S. 350 ff; ferner: *Schiffer*, Stiftung, § 5 Rn 58 ff; Seifart/v. Campenhausen/*Hof*, § 8 Rn 77 ff; zu dem Parallelfall des freiwilligen Unternehmensbeirats s. Arens/*Schiffer*, § 16.

31 Ausf. zum Verhältnis zwischen Stiftungsvorstand und fakultativem Kontrollorgan Seifart/v. Campenhausen/*Hof*, § 8 Rn 80 ff; *Jakob*, Schutz der Stiftung, 2006, S. 232 ff; *Kilian*, Die Roten Seiten zum Magazin Stiftung & Sponsoring, 5/2002.

32 Seifart/v. Campenhausen/*Hof*, § 8 Rn 11 mwN.

33 Ausf. zur Bestellung der Organmitglieder in einer Stiftung: *O. Werner*/Saenger, Rn 401 ff.

funktion des Stiftungsrats – zu gewährleisten und etwaige **Interessenkonflikte** zu vermeiden. In der Praxis wird hier bedauerlicherweise oft recht unkritisch verfahren.

Die Stiftungsverfassung sollte diese Fragen einschließlich der der **Vergütung** der Organmitglieder (ehrenamtlich[34] oder entgeltlich? Höhe der Vergütung?[35] Sitzungsgelder? etc.) detailliert regeln. Dabei kann es auch sinnvoll sein, dass in der Stiftungsverfassung je nach Zweck der Stiftung die Mitgliedschaft im Vorstand oder Stiftungsrat an bestimmte berufliche Qualifikationen oder Erfahrungen oder auch an bestimmte Ämter (zB IHK-Präsident; Vorsitzender des örtlichen Tierschutzvereins) gebunden wird. Der (potenzielle) Stifter sollte sich jedoch darüber im Klaren sein, dass er durch solche Festlegungen **Fehlbesetzungen** nicht verhindern kann, sie uU etwa bei der Koppelung an bestimmte Ämter sogar heraufbeschwören mag. Die jeweiligen, den hinzutretenden Stiftungsrat auswählenden verbleibenden bisherigen Stiftungsratsmitglieder werden bei verantwortungsbewusster Amtsführung regelmäßig besser wissen, mit welcher **Qualifikation** zur Ergänzung des Stiftungsorgans welche Person geeignet ist. Das gilt zunehmend mit fortschreitendem Zeitablauf nach dem Tod des Stifters. Kein noch so vorausplanender Stifter kann über Jahrzehnte in die Zukunft schauen. Die Satzung einer Stiftung sollte daher hinsichtlich der Qualifikation von Mitgliedern der Stiftungsorgane sinnvollerweise grundsätzlich nur sog. **Sollvorschriften** enthalten, von denen im Einzelfall begründet abgewichen werden kann. Etwas anderes mag gelten, wenn der Stifter die Organmitgliedschaft eines Juristen für erforderlich hält, den er als eine Art Justitiar der Stiftung und als „Garant" für ein „geordnetes" Stiftungsleben ansieht. 36

Organmitglieder können theoretisch auf Lebenszeit bestimmt werden. Das ist jedoch in aller Regel nicht sinnvoll. Üblich ist jedenfalls eine **Höchstaltersbegrenzung**. Größere Flexibilität bietet die von vornherein begrenzte **Amtsdauer** der Organmitglieder, wie wir sie etwa für den Vorstand und die Aufsichtsratsmitglieder einer Aktiengesellschaft kennen. Die Stiftungsverfassung sollte überdies eine Regelung dazu enthalten, dass und wie oft die **Wiederbestellung** von Organmitgliedern zulässig ist. Von sich aus kann sowohl ein Mitglied des Vorstands als auch des Stiftungsrats sein Amt grundsätzlich jederzeit niederlegen, es sei denn, aus der Satzung oder dem Anstellungsvertrag ergibt sich ausnahmsweise etwas anderes. Keinesfalls darf die Niederlegung zur Unzeit erfolgen. Auch durch die ernennende Instanz kann das einzelne Organmitglied **abberufen** werden. Die Einzelheiten ergeben sich wiederum aus der Stiftungssatzung und etwaigen Anstellungsverträgen. 37

Die meisten Stiftungsgesetze sehen überdies in schwerwiegenden Fällen (vor allem bei grober Pflichtverletzung oder etwa bei Unfähigkeit zur Amtsführung wegen schwerer Krankheit) die Möglichkeit der **Abberufung** von Organmitgliedern durch die Stiftungsaufsicht vor.[36] Ein einmaliges Versagen des Organmitgliedes reicht hierzu in der Regel aber nicht aus. 38

Das Verhältnis zwischen der Stiftung und ihren Organmitgliedern bestimmt sich nach den vereinbarten **Anstellungsmodalitäten**. Insbesondere bei kleineren Stiftungen wird die Tätigkeit regelmäßig ehrenamtlich erfolgen. Jedenfalls bei größeren Stiftungen und bei unternehmensverbundenen Stiftungen ist jedoch eine professionelle Führung der Stiftung erforderlich. Die Anstellungsmodalitäten von Vorstands- und Stiftungsratsmitgliedern sind hier in der Praxis denen von Geschäftsführern/Vorständen und Beirats-/Aufsichtsratsmitgliedern in gewerblichen Unternehmen zumindest angenähert. 39

4. Haftung von Stiftung und Organmitgliedern. Das Thema der Haftung von Stiftungsorganen und deren Mitgliedern wird **in der Praxis** trotz der generellen Haftungsverschärfung durch die Rechtsprechung und das Gesetz zur Kontrolle und Transparenz im Unternehmensbereich (KonTraG) noch immer unterschätzt (für Einzelheiten s. auch § 86 Rn 11 ff). Der Gesetzgeber hat 2009 Haftungserleichterungen geschaffen, jedoch nur für ehrenamtlich tätige Mitglieder des Stiftungsvorstands und nicht für Mitglieder anderer Organe wie zB Stiftungsratsmitglieder. Die Einführung der Haftungserleichterung für Stiftungsvorstände erfolgte durch das Gesetz zur Begrenzung der Haftung von ehrenamtlich tätigen Vereinsvorständen vom 2.10.2009, mit dem insbesondere § 31 a eingefügt und § 86 geändert wurde. Baden-Württemberg und das Saarland haben aktuell einen Entwurf für ein Gesetz zur Förderung ehrenamtlicher Tätigkeit in Vereinen in den Bundesrat eingebracht.[37] Ehrenamtlich tätige Vereinsmitglieder sollen nur noch für grobes Verschulden haften. Für Stiftungen ehrenamtlich Tätige werden in dem Gesetzesentwurf nicht genannt (§ 86 Rn 17 a). 40

34 Badelt/*Badelt*, S. 503 ff; zu den rechtlichen Aspekten des Ehrenamtes s. *Menges*, Die Roten Seiten zum Magazin Stiftung & Sponsoring, 02/2000.

35 Ausf. zur Frage der Angemessenheit der Organbezüge *Herfurth/Dehesselles*, Stiftung & Sponsoring, 1/2000, 22 und 2/2000, 17; *Richter/Werz*, Stiftung & Sponsoring 4/2006, 23; zur Vergütung von Vorständen und Geschäftsführern einer gemeinnützigen Stiftung s. *Feick*, ZSt 2007, 152 und die empirische Untersuchung von *Sandberg/Mecking*, Vergütung haupt- und ehrenamtlicher Führungskräfte in Stiftungen, 2007.

36 S. *Schiffer*, Stiftung, § 8 Rn 24. S. ferner VG Düsseldorf, ZSt 2006, 139; *Reuter*, in: Kötz u.a. (Hrsg.), Non Profit Law Yearbook 2002, 157; *O. Werner*, Stiftung & Sponsoring, 3/2000, 15.

37 BR-Drucks. 41/11 v. 1.2.2011.

Die Stiftung haftet gegenüber Dritten nach §§ 86, 31 zwingend für jeden Schaden, den ein Stiftungsorgan oder ein Organmitglied in Ausführung der ihm übertragenen Aufgaben schuldhaft verursacht (**Außenhaftung**). Grundsätzlich kann die Stiftung Rückgriff gegenüber den betreffenden Organmitgliedern nehmen (**Innenhaftung**), wobei diese auch für leicht fahrlässige Nicht- oder Schlechterfüllung haften. Allerdings kann in der Stiftungssatzung der Rückgriff auf Fälle von Vorsatz und grober Fahrlässigkeit beschränkt werden. Auch dazu finden sich nähere Einzelheiten bei § 86 (s. § 86 Rn 11 ff).

41 Ansprüche der Stiftung gegen Mitglieder vertretungsberechtigter Organe können von der Stiftungsaufsicht im Namen und auf Kosten der Stiftung geltend gemacht werden (s. § 86 Rn 19).

42 Wegen der verhältnismäßig eingeengten und oft auch unpraktikablen Haftungsbeschränkungsmöglichkeiten ist die Versicherungsdeckung in der Praxis ein wichtiges Thema. Entsprechende Policen (**D & O-Policen**) werden seit einer Reihe von Jahren auch in Deutschland von verschiedenen in- und ausländischen Versicherern angeboten (s. § 86 Rn 20).

VII. Das Stiftungsvermögen

43 **1. Vermögensausstattung.** Stiftungen werden zur Erfüllung ihrer Zwecke errichtet (s. auch § 80 Rn 1, 24 ff).[38] Damit die Organe der Stiftung den Stiftungszweck verwirklichen können, bedürfen sie eines **ausreichenden Stiftungsgrundstockvermögens**,[39] das dann der Zweckerfüllung dient. Es kann aus Finanzmitteln, Sachen und Rechten jeder Art bestehen und wird der Stiftung bei Errichtung oder später durch Zustiftung übertragen. Der **Stiftungszweck** ist das eigentliche konstitutive Merkmal einer Stiftung, es wird von den Stiftern als **„zentrales Wesensmerkmal"**[40] verbindlich insbesondere für die Stiftungsorgane vorgegeben. Eine Stiftung ohne irgendeinen über die Erhaltung ihres eigenen Vermögens hinausgehenden Zweck soll als „Selbstzweckstiftung" unzulässig sein. Tatsächlich ist auch der Erhalt des Stiftungsvermögens zulässiger Stiftungszweck, solange es einem von der Stiftung verschiedenen Personenkreis zustattenkommt (zu echten und angeblichen **Selbstzweckstiftungen** s. § 80 Rn 27 ff, 53 ff).[41] Die wohl hM sieht in der Vermögensausstattung ein Rechtsgeschäft sui generis, auf das die Vorschriften des Schenkungsrechts ggf entsprechend anzuwenden sind; die Einzelheiten sind umstritten (s. zu dem Meinungsstreit bei § 82 Rn 5 f).[42]

44 **Umstritten** ist, ob die Schenkungsvorschriften (§§ 521 ff und §§ 519, 528) auch zugunsten des Stifters anzuwenden sind (zum Streitstand s. § 82 Rn 5 f), was insbesondere wesentlich für ein etwaiges **Rückforderungsrecht** ist. Die (ausreichende) Vermögensausstattung ist eine Grundlage für die Anerkennung der Stiftung, die zu einer besonders intensiven Vermögensbindung führt (s. § 82 Rn 2 ff). Das kommt auch in dem sogleich zu behandelnden Grundsatz der Vermögenserhaltung zum Ausdruck (Rn 52 ff). Die Stiftung besteht nur aus dem Vermögen. Die Regeln des Stiftungszivilrechts gehen als Spezialregeln denen des Schenkungsrechts grundsätzlich vor. Diese Zusammenhänge kommen deutlich in der Einordnung der Vermögensausstattung als Vertrag sui generis zum Ausdruck. Die Einordnung ermöglicht hier zugleich eine differenzierte Betrachtung für verschiedene Bereiche des Schenkungsrechts in der Praxis (s. dazu bei § 82 Rn 5 ff).

45 **2. Größe des Stiftungsvermögens.** Zur Verwirklichung des Stiftungszwecks muss das Vermögen der Stiftung erhalten bleiben. Es darf grundsätzlich nicht zur Erfüllung des Stiftungszwecks verbraucht werden. Man spricht von dem stiftungsrechtlichen **Grundsatz der Vermögenserhaltung**, der in § 80 Abs. 2 zum Ausdruck kommt und darüber hinaus in den Landesstiftungsgesetzen erwähnt wird (s. sogleich Rn 52 ff).[43] Ausnahmsweise kann der Stifter nach umstrittener Meinung auch den Verbrauch des Vermögens in der Satzung anordnen („Verbrauchsstiftungen", s. § 80 Rn 22 f).

46 Eine für die Erfüllung des Stiftungszwecks **angemessene Vermögensausstattung** wird allseits für erforderlich gehalten. Es ist jedoch nirgendwo gesetzlich geregelt, um welche Mindestausstattung es sich handeln muss. Der Gedanke einer festen Mindestkapitalausstattung für Stiftungen ist auch zu Recht verworfen worden. Zu groß sind in der Praxis die Unterschiede zwischen den einzelnen Stiftungen, die maßgebend für das zur Zweckerfüllung erforderliche Vermögen sind. Grundlegend für den Umfang des zu fordernden Vermögens ist der **Stiftungszweck** (§ 80 Abs. 2: „dauerhafte und nachhaltige Erfüllung des Stiftungszwecks"; Stichworte: Kleiner Zweck und großer Zweck; ein Zweck und viele Zwecke; Förderstiftung und/oder Projektstiftung;

38 Arg. aus § 80 Abs. 2 BGB iVm § 81 Abs. 1 Nr. 4 BGB. Näher dazu etwa, O. Werner/Sanger/*Fritz*, Rn 456 ff, 469; Seifart/v Campenhausen/*Hof*, § 7 Rn 30 ff, § 9 Rn 42; MüKo/*Reuter*, §§ 80, 81 Rn 11, § 85 Rn 11 („Mittel zur Zweckerfüllung"); *Schiffer*, Stiftung, § 5 Rn 72 ff.

39 S. etwa *Lex*, Stiftung & Sponsoring, 5/1999, 3.; *Schindler*, Stiftung & Sponsoring, 2/2001, 21 („Erhaltung der Leistungskraft von Stiftungen"); *Doppstadt/Koss/Toepler*, Vermögen von Stiftungen – Bewertung in Deutschland und den USA, 2002.

40 So etwa Wigand/Haase-Theobald/Heuel/*Stolte*, Stiftungen in der Praxis, 2007, § 8 Rn 1. S. auch *Wigand*/Haase-Theobald/Heuel/Stolte, Stiftungen in der Praxis, § 3 Rn 11.

41 *O. Werner*/Saenger, Rn 17 f.

42 S. bspw auch *Schwarz*, DStR 2002, 1718, 1721.

43 Ausf. *Schiffer*, Stiftung, § 5 Rn 72 ff.

lokaler, regionaler, nationaler, internationaler, EU-weiter und globaler Wirkungsbereich, …). Mangels konkreter Regelung besteht damit in jedem Einzelfall für die Vermögensausstattung der Stiftung ein erheblicher Ermessensspielraum. Die Anerkennungsbehörde hat „lediglich" eine **Prognoseentscheidung** zu treffen (§ 80 Abs. 2: „gesichert erscheint"). Dabei sind insbesondere auch künftige Zuwendungen zu berücksichtigen, soweit diese mit einer gewissen Sicherheit zu erwarten sind.[44] Ein typischer Beispielsfall für eine solche Prognose ist der einer Bürgerstiftung (§ 80 Rn 76 ff), die typischerweise mit einem kleinen Vermögen einerseits und großem Einsatz sowie vielen Ideen zahlreicher Mit-Stifter startet, was eben typischerweise erhebliche Zustiftungen erwarten lässt. Die Beantwortung der Frage nach der ausreichenden Vermögensausstattung hängt vorrangig vom jeweiligen Stiftungszweck und von der konkreten Praxis der einzelnen Stiftungsbehörden ab. Letztere ist bisher aber durchaus unterschiedlich.

Zum gegenwärtigen Zeitpunkt (2011) wird man wohl sagen müssen, dass zumindest aus Sicht der Stiftungsbehörden als „Faustregel" grundsätzlich jedenfalls ein **„Mindest(start)kapital"** in Höhe von wohl 50.000 EUR erforderlich ist.[45] Verschiedene Stiftungsbehörden haben allerdings in der Vergangenheit pauschal deutlich niedrigere oder höhere Mindestbeträge gefordert – zumindest für unternehmensverbundene Stiftungen. Nach einer Untersuchung aus dem Jahre 1994[46] lagen zB für unternehmensverbundene Familienstiftungen die geforderten Beträge zwischen 10.000 EUR (Regierungspräsident Darmstadt) und 250.000 EUR (Chemnitz und Dessau). Eine solche Diskrepanz, die sich auch aus einer unterschiedlichen Vertrautheit mit dem Thema Stiftung ergeben haben dürfte, wird sich aktuell bei einer solchen Umfrage wohl nicht mehr ergeben. Vor allem durch die (Fach-) Diskussion zum neuen Stiftungszivilrecht, zu den Neuregelungen im BGB und zu den neuen Landesstiftungsgesetzen haben sich die Kenntnisse zum Thema Stiftungen auch in der Stiftungsverwaltung deutlich verbessert und untereinander angepasst. Ganz überwiegend trifft man dort aktuell auf vorzügliche Fachleute, die sich dem Thema mit großem Einsatz und Interesse widmen. Zu bedauern ist allerdings, dass an der einen und der anderen Stelle in den Stiftungsbehörden angesichts des bekannten Zustandes der Staatskasse die Personaldecke schon wieder verdünnt wird. Das führt dort in der Praxis zu einer unguten Arbeitsüberlastung, die sich u.a. in unerwünschten Verzögerungen ausdrückt. 47

In der Tat ist es regelmäßig kaum sinnvoll, für **kleinere Vermögen** eine eigenständige Stiftung zu gründen. Derartige Stiftungen werden kaum in der Lage sein, aus ihrem Vermögen ausreichende Erträge zu erwirtschaften, um ihren Zweck umzusetzen und die Stiftung mit Leben zu erfüllen. Für solche Fälle bieten sich **Zustiftungen** zu einer anderen Stiftung oder auch eine **unselbständigen/treuhänderischen Stiftung** (Vor §§ 80 ff Rn 21 ff) an. Für letztere gibt es keine Vorschriften zu einer Mindestvermögensausstattung.[47] Anders wird man die Angelegenheit aber wohl bewerten müssen, wenn zunächst zu Lebzeiten eine Stiftung mit relativ geringem Vermögen errichtet wird, um der Stiftung später durch letztwillige Verfügung ein größeres Vermögen zukommen zu lassen (§ 83 Rn 26). 48

3. Zustiftungen. Zustiftungen[48] sind **Zuwendungen** des Stifters oder von dritter Seite an eine bestehende Stiftung, die dem Stiftungszweck dienen und dem Stiftungsvermögen zufließen sollen. Zustiftungen können auch in Form von Erbeinsetzungen und Vermächtnissen erfolgen. Eine Stiftung durfte zumindest bisher an sich bei ihrer Errichtung grundsätzlich nicht auf Zustiftungen angewiesen sein. In der Praxis fanden sich allerdings auch bisher durchaus Fälle, in denen eine Stiftung mit einem an sich zu geringen Vermögen anerkannt wurde, wenn sie belegen konnte, dass ihr aller Voraussicht nach ausreichend Zustiftungen zufließen. Nunmehr hat die Anerkennungsbehörde die bereits oben (Rn 46) angesprochene **Prognoseentscheidung** vorzunehmen (§ 80 Rn 20), so dass diese Problematik im Zusammenhang mit Zustiftungen überholt ist. Ob eine Stiftung Zustiftungen annehmen darf, richtet sich nach dem Stifterwillen. In der Stiftungssatzung sollte vorsorglich die Möglichkeit der Annahme von Zustiftungen sowie ein etwaiges Procedere (zB Mindestsummen, Eintritt in eine Stifterversammlung, …) ausdrücklich und eindeutig vorgesehen werden. 49

Ein **Sonderfall** der Zustiftung ist der **„Stiftungsfonds"**. Ein Stiftungsfonds ist hier eine Zustiftung mit einer Auflage gegenüber der Stiftung. Die Auflage betrifft typischerweise den Zweck, für den das zugestiftete Vermögen verwendet werden soll. Das ist regelmäßig ein Teilzweck aus den umfassenderen Zwecken der Stiftung. Die Auflage kann zusätzlich beinhalten, dass der Stiftungsfonds wie eine treuhänderische Stiftung (Vor §§ 80 ff Rn 22 ff) einen eigenen Namen erhält und das innerhalb der Stiftung ein internes Organ geschaffen wird, das über die Verwendung der Erträgnisse aus dem Stiftungsfonds befindet. Ein Stiftungsfonds ist

44 S. nur RegE, BT-Drucks. 14/8765, 8.

45 Kritisch zu solchen „kleinen" Stiftungen und zu etwaigen Ausnahmefällen: *Schiffer*, StiftungsBrief 2011, 21.

46 *Hennerkes/Schiffer/Fuchs*, BB 1995, 209 (DM-Beträge gerundet und umgerechnet in EUR).

47 Achtung: Die Oberfinanzdirektion Rheinland (Köln/Düsseldorf) fordert entgegen der herrschenden Meinung und ohne irgendeine einschlägige öffentliche Verlautbarung, dass einer gemeinnützigen treuhänderischen Stiftung zum Zeitpunkt der Gründung ein nachzuweisendes Vermögen von mindestens 25.000 EUR zur Verfügung steht. Ausf. Kritik bei *Schiffer*, NJW 2006, 2528.

48 Näher zu Zustiftungen etwa Seifart/v. Campenhausen/*Hof*, § 9 Rn 11 ff; *Rawert*, DNotZ 2008, 5.

keine eigene Rechtspersönlichkeit und ist anders als die treuhänderische Stiftung auch kein Steuersubjekt. Die Stiftung, der zugestiftet wird, verfolgt idR, aber nicht notwendigerweise steuerbegünstigte Zwecke.

50 Anders als Zustiftungen in das Vermögen einer gemeinnützigen Stiftung unterliegen **Spenden** an eine solche dem **Gebot der zeitnahen Mittelverwendung** nach § 55 Abs. 1 Nr. 5 AO. Zustiftungen, die dem Stiftungsvermögen zuzuführen sind und deshalb nicht diesem Gebot unterliegen, sollten deshalb ausdrücklich als Zustiftungen bezeichnet werden, damit erst gar kein Missverständnis aufkommen kann. Zustiftungen sind seit dem Veranlagungszeitraum 2007 wie Vermögenserstausstattungen von Stiftungen (früher: „Errichtungsdotationen") nach § 10 b Abs. 1 a EStG und wie auch Spenden steuerlich begünstigt (zum Spenden- und Stiftungssteuerrecht s. auch § 80 Rn 66 ff).[49] Der sog. Vermögensstockspendenbetrag beläuft sich nunmehr auf 1,0 Mio. Euro.

51 **4. Vermögenserhaltungsgrundsatz.** Die konkrete Bedeutung des vielfach beschworenen Grundsatzes der Erhaltung des Stiftungsvermögens wird nach wie vor diskutiert.[50] Er kommt in § 80 Abs. 2 zum Ausdruck (§ 80 Rn 21), woraus sich auch einmal mehr ergibt, dass das Stiftungsvermögen eben für die Erfüllung des Stiftungszwecks zu erhalten ist, und wird in den Landesstiftungsgesetzen erwähnt. Die einschlägigen Fälle der **Praxis** haben wir relativ klar vor Augen: Vor allem durch Preis- und Marktentwicklungen oder durch äußere Einflüsse wie zB Unwetter kann ein vollständiger oder teilweiser (unvermeidbarer) **Verlust der Vermögenssubstanz** der Stiftung drohen.[51] Klar ist auch, dass die Stiftungsorgane in angemessenem Umfang auf solche und ähnliche Sachverhalte werden reagieren müssen. Sie müssen idR auch Vorsorge treffen, also etwa das Stiftungsvermögen gegen Naturkatastrophen versichern. Es stellt sich allerdings die Frage, nach welchem **Maßstab** die Stiftungsorganmitglieder konkret vorzusorgen und zu reagieren haben. Bei der Beantwortung dieser Frage ist als immer zu beachten, dass der Stifter die Stiftung nicht vorrangig zur Erhaltung des Stiftungsvermögens, sondern ersichtlich zur **Erfüllung des Stiftungszwecks** errichtet hat (§ 80 Abs. 2: „… die dauernde und nachhaltige Erfüllung des Stiftungszwecks gesichert erscheint …".). Diese Erkenntnis ist, so profan sie klingen mag, grundlegend für die Beantwortung der Frage, wie der Grundsatz der Erhaltung des Stiftungsvermögens in der Praxis zu verstehen ist. Wer einen Stiftungszweck möglichst optimal erfüllen will, wird das Stiftungsvermögen anders anlegen als derjenige, der „nur" das Vermögen erhalten will.

52 In wenigen Bereichen herrscht in der Praxis so viel Naivität wie bei dem Erhalten und Verwalten von Stiftungsvermögen[52] (Praxiszitate: „Machen wir es doch einfach mündelsicher, das passt schon." oder „Die Bank weiß schon, was sie tut. Das sind ja Experten und ich bin ohnehin Künstler."; s. sogleich auch Rn 55 ff, 68 ff). Auch „rechtswissenschaftlich" werden nach wie vor verschiedene Deutungen des Vermögenserhaltungsgrundsatzes vertreten,[53] denn der Gesetzgeber hat es bis heute bei "wenig hilfreichen Gemeinplätzen"[54] zu diesem Grundsatz belassen und keine abschließende Entscheidung zu dessen Inhalt getroffen oder auch nur eine in der Praxis hilfreiche Handreichung entwickelt. Das ist nicht nur rechtswissenschaftlich zu bedauern, sondern auch für die **Praxis** der Verwaltung von Stiftungen problematisch. Für die zur Einhaltung des, wie auch immer exakt zu definierenden Grundsatzes Verpflichteten (in der Regel ehrenamtlich tätige Mitglieder der Stiftungsorgane) ist die Situation wirklich nicht einfach. Sie finden zahlreiche divergierende Landesstiftungsgesetze, unterschiedliche Fachmeinungen sowie Angebote von Banken oder Vermögensverwaltern und müssen bei der Anlage des Stiftungsvermögens auch in Zeiten eines schwierigen Kapitalmarktes nicht nur den Stifterwillen sowie das die Stiftung betreffende Stiftungsrecht beachten, sondern auch das Stiftungssteuerrecht, wenn die Stiftung gemeinnützig und damit steuerbefreit ist. Über alledem schwebt für die Organmitglieder zudem das Damoklesschwert der **Haftung** bei einem schuldhaften Verstoß (Rn 40 f, § 86 Rn 13 ff).

53 Im BGB und in den Landesstiftungsgesetzen findet sich noch nicht einmal eine konkrete Regelung dazu, welches „**Stiftungsvermögen**" zu erhalten ist. Unter dem unbestimmten Rechtsbegriff[55] Stiftungsvermögen werden in Abgrenzung zum „Ertrag"[56] verschiedene Vermögensmassen verstanden,[57] nämlich

– das Anfangsvermögen, das der Stifter bei Errichtung der Stiftung in diese eingebracht hat,

49 Näher *Schiffer*, Stiftung, § 10 Rn 26 ff.

50 S. etwa den Überblick bei *Wachter*, Rote Seiten zum Magazin Stiftung & Sponsoring, 6/2002 und beinahe in jedem Heft des besagten Magazins; s. aber etwa auch schon *Seifart*, BB 1987, 1889 und grundlegend *Carstensen*, Vermögensverwaltung, 2. Aufl. 1996; *ders.*, WPg 1996, 781; *Schiffer*, Stiftung, § 6 Rn 37 ff.

51 Zur insb. bilanziellen Behandlung von Wertverlusten im Stiftungsvermögen s. *Schauhoff*, DStR 2004, 471.

52 Achtung: Rechtsanwälte erhalten typischerweise nur die problematischen Fälle zur Bearbeitung und eben nicht die, in denen alles glatt läuft.

53 Ausf. *Hüttemann/Schön*, Vermögensverwaltung und Vermögenserhaltung im Stiftungs- und Gemeinnützigkeitsrecht, 2007, S. 15 ff. Anschaulich dazu auch *Wachter*, Rote Seiten zum Magazin Stiftung & Sponsoring 6/2002.

54 So kritisiert etwa *Henß*, ZSt 2004, 83.

55 *Peiker*, StiftG Hessen, § 6, 1. Abs. zu Anm. 1: „unbestimmter Rechtsbegriff".

56 Ausf. O. Werner/Saenger/*Fritz*, Rn 453 ff mwN.

57 O. Werner/Saenger/*Fritz*, Rn 445 ff; MüKo/*Reuter*, § 85 Rn 13 f.

– das Grundstockvermögen (auch Stiftungskapital,[58] Vermögensstamm[59] oder Grundvermögen[60] genannt), das aus dem Anfangsvermögen zuzüglich der nach dem Willen des Stifters, eines sonstigen Zahlenden, Spenders und/oder der Stiftungsorgane hinzuzurechnender Vermögenswerte (Zustiftungen, ggf aufgelöste Rücklagen, etc.), die mit dem ursprünglichen Grundstockvermögen „verschmelzen",[61] besteht,[62]
– das jeweilige aktuelle Nettovermögen einer Stiftung, das etwa auch die etwaigen Rücklagen[63] mit umfasst.

Der Vermögenserhaltungsgrundsatz bezieht sich nach seinem Sinn und Zweck „nur" auf das Grundstockvermögen (Stiftungskapital).[64] Nur dieses ist nach dem bereits als Maßstab angesprochenem **Stifterwillen** (s. oben Rn 51) zu erhalten. Der gesetzliche Vermögenserhaltungsgrundsatz ist nachrangig gegenüber den einschlägigen Satzungsregelungen und dem Stifterwillen zur Vermögenserhaltung.[65]

Die **Landesstiftungsgesetze** enthalten überwiegend Vorschriften, wonach das Stiftungsvermögen in seinem Bestand ungeschmälert zu erhalten ist.[66] 54

Der Vermögenserhaltungsgrundsatz in den Landesstiftungsgesetzen

Baden-Württemberg	Bayern	Berlin	Brandenburg	Bremen	Hamburg	Hessen	Mecklenburg-Vorpommern
§ 7 Abs. 2***	Art. 6 Abs. 2	§ 3**		§ 7 Abs. 1*	§ 4 Abs. 2 S. 3***	§ 6 Abs. 1*	
Niedersachsen	Nordrhein-Westfalen	Rheinland-Pfalz	Saarland	Sachsen	Sachsen-Anhalt	Schleswig-Holstein	Thüringen
§ 6 Abs. 1*	§ 4 Abs. 2 S. 1***	§ 7 Abs. 2 S. 1 Hs 1***	§ 6 Abs. 1*	§ 4 Abs. 3***	§ 7 Abs. 2*	§ 4 Abs. 2***	§ 14 Abs. 2**

*Die Stiftungsaufsichtsbehörde kann Ausnahmen von dem Vermögenserhaltungsgrundsatz zulassen, wenn der Stifterwille anders nicht zu verwirklichen ist und der Bestand der Stiftung auch in diesem Fall für angemessene Dauer gewährleistet ist.

**In der Stiftungssatzung kann eine vom Grundsatz der Vermögenserhaltung abweichende Regelung getroffen werden.

***Ausnahmen können durch die Stiftungsbehörde zugelassen werden. Auch in der Stiftungssatzung kann eine abweichende Regelung getroffen werden.

Die Übersicht zeigt, dass einige Landesstiftungsgesetze **Ausnahmen von dem Grundsatz der Vermögenserhaltung** in der Satzung und/oder durch die Stiftungsaufsicht zulassen, andere dagegen nicht. Den Stiftungsorganen bleibt demnach nichts anderes übrig, als sich im Einzelfall mit Hilfe ihrer Berater zu orientieren, welcher konkreten Rechtsgrundlage sie wie zu dienen haben. Grund für die Ausnahmebestimmungen in den Landesstiftungsgesetzen ist die ebenso richtige wie grundlegende Erwägung, dass nach dem **Grundsatz der Stifterfreiheit** für die Frage der Vermögenserhaltung in erster Linie der Wille des Stifters und dessen Regelungen in der Stiftungssatzung entscheidend sein müssen.[67] Oberster Grundsatz für die Errichtung und die Verwaltung der Stiftung ist der **Stifterwille** (s. § 80 Rn 1 ff). Die von den Stiftern zur Vermögenserhaltung ausdrücklich oder konkludent getroffenen Entscheidungen haben die Stiftungsorgane und die Stiftungsbehörden ebenso zu respektieren wie den entsprechenden ggf auch nur mutmaßlichen Stifterwillen.[68] Der **BGH** hat dazu sehr deutlich formuliert, dass die Bestimmung des Stiftungszwecks durch den Stifter den Stiftungsorganen einen eindeutigen und klar abgegrenzten Auftrag geben soll, um Rechtsunsicherheit, Willkür der Stiftungsverwaltung und ein Verzetteln der Stiftungsleistungen zu verhüten.[69] 55

Zu dem Grundsatz der Erhaltung des Grundstockvermögens gibt es bis heute kein gesetzlich fixiertes Konzept. Die bloße formale (nominale) **Substanzerhaltung** wird zu dem Vermögenserhaltungsgrundsatz heute nicht mehr herrschend vertreten.[70] Sie ist aber ausnahmsweise dann eine Vorgabe für den Vermögenserhaltungs- 56

58 IDW RS HFA 5, 3.
59 MüKo/*Reuter*, § 85 Rn 11.
60 *Andrick/Suerbaum*, Stiftung und Aufsicht, 2001, § 7 Rn 17.
61 *Rawert*, DNotZ 2008, 5, 9.
62 *Peiker*, StiftG Hess., § 6 Anm. 1.1; MüKo/*Reuter*, §§ 80, 81 Rn 31.
63 *Hüttemann*, FG für Flume 1998, S. 59, 93; *Wachter*, Stiftungen, 2001, B Rn 54 ff.
64 S. nur Werner/Saenger/*Fritz*, Rn 452; MüKo/*Reuter*, § 85 Rn 12.
65 O. Werner/Saenger/*Fritz*, Rn 469; *Rawert*, DNotZ 2008, 5, 7. S. zB auch § 6 Abs. 2 StiftG Saarl.
66 S. zu den LStiftG unter www.stiftungen.org.
67 Ausf. *Hüttemann*, FG für Flume 1998, S. 59 ff; kritisch MüKo/*Reuter*, § 85 Rn 14; ausf. zum Ganzen: *Schiffer*, Stiftung, § 6 Rn 51 ff.
68 S. nur *Hüttemann*, FG für Flume 1998, S. 59, 69 („bindet die Stiftungsorgane und die Stiftungsaufsicht ebenso"). S. auch *Henß*, ZSt 2004, 83, 88 unter Hinweis auf *Schiffer*, Stiftung & Sponsoring, 6/2002, 28, 29; *Schwintek*, Stiftung & Sponsoring, 1/2004, 19.
69 BGH NJW 1977, 1148 (= BGHZ 68, 141). S. etwa auch *Schwarz*, ZSt 2004, 64, 66.
70 S. bei *Hüttemann/Schön*, Vermögensverwaltung und Vermögenserhaltung im Stiftungs- und Gemeinnützigkeitsrecht, 2007, S. 16 f; *Reuter*, NZG 2005, 649 f.

grundsatz, wenn die Stifter keine wirtschaftliche Bestimmung des Stiftungsvermögens festgelegt haben,[71] oder wenn die reine Substanzerhaltung von den Stiftern ausdrücklich, stillschweigend oder mutmaßlich vorgegeben ist. Bestandserhaltung im Sinne des Gesetzes bedeutet nach aktuell herrschender Meinung grundsätzlich **„Werterhaltung".**[72] Gestritten wird dabei allerdings über die Bewertungsgrundsätze.[73] Eine Werterhaltung ist aber ersichtlich überhaupt nur möglich, wenn Klarheit über die zugehörigen Bewertungsgrundsätze besteht.[74] Es sind hier verschiedene Wertbegriffe denkbar. Man denke nur an „Substanzwert", „Verkehrswert", „realen Wert", „Ertragswert", „individuelle Wertvorgaben des Stifters" etc. Alle diese Werte kann ein Stifter im Rahmen seiner **Stiftungsautonomie** bei der Stiftungserrichtung nach seinem Stifterwillen bestimmen und festlegen.

57 Finden sich in der Satzung keine klaren und eindeutigen Regelungen, was insbesondere in älteren Satzungen eher der Regelfall als die Ausnahme ist, ist die **Stiftungssatzung** zu diesem Punkt **auszulegen** (zur Auslegung s. auch schon § 80 Rn 3 f) Falls ein ausdrücklicher (wirklicher) Stifterwillen zu einem Punkt nicht feststellbar ist, ist der mutmaßliche (hypothetische) Stifterwille erforderlichenfalls aus den Umständen im Zusammenhang mit dem Stiftungsgeschäft einschließlich Stiftungssatzung zu ermitteln und auszulegen.[75] Bei der Auslegung nicht empfangsbedürftiger Willenserklärungen, wie sie bei Stiftungsgeschäften vorliegen, ist der wirkliche Wille des Erklärenden zu ermitteln, wie er in den Erklärungen – sei es auch versteckt – zum Ausdruck kommt und wie er nach den Grundsätzen von Treu und Glauben mit Rücksicht auf die Verkehrssitte zu verstehen ist (sog. natürliche Auslegung, § 133 BGB).[76] Gleiches gilt für die Stiftungssatzung, zumindest was ihren vermögensrechtlichen Teil betrifft.[77] Abzustellen ist bei der Auslegung auf das **Gesamtverhalten des Stifters**[78] im Zusammenhang mit der Stiftungserrichtung. Entscheidend ist der damalige Stifterwille! Nicht entscheidend sind etwaige Motive des Stifters oder sein später geänderter Wille, maßgeblich ist[79] alleine der Stifterwille, die Willensbekundung des Stifters, die Gegenstand des "Genehmigungs-" (heute: Anerkennungs-) Verfahrens gewesen ist.[80]

58 Die Stiftungsbehörde und die Stiftungsorgane als Auslegende sind bei der „Fortentwicklung des Stifterwillens" nicht etwa frei, sie müssen vielmehr alle verfügbaren Anhaltspunkte nutzen, die Aufschluss darüber geben, **was der Stifter getan hätte, wenn er den besagten Umstand bedacht hätte**. Anhaltspunkte werden hier vor allem in dem Ziel liegen, das der Stifter verfolgt hat,[81] mit anderen Worten in dem Zweck der Stiftung, den der Stifter festgelegt hat. Wenn ein solches Ziel erkennbar ist, *„hat die ergänzende Auslegung dieses Ziel zur Geltung zu bringen"*.[82] Die Frage dazu ist: Was hätten die Stifter veranlasst, wenn sie die veränderten Umstände vorausbedacht hätten[83] oder die Unklarheit in der Satzungsformulierung gesehen hätten (hypothetischer Stifterwille). Ein Bonmot unter Juristen sagt, die Ermittlung des hypothetischen Willens gehöre in den **„Giftschrank der Jurisprudenz"** – will sagen: Hier ist äußerste Sorgfalt erforderlich. Notfalls ist aber, wie etwa *Bruns* zum StiftG B.-W. betont, sogar darauf abzustellen, was nach der Lebenserfahrung ein „vernünftiger Stifter" in besagtem Fall veranlasst hätte.[84] Das bringt jedenfalls immer noch zumindest einen gewissen Bezug zu dem Stifter.

59 In einem **ersten Schritt** ist bei der Ermittlung des mutmaßlichen (hypothetischen) Stifterwillens festzustellen, wie die Erklärung (des Stifters) unter Berücksichtigung aller maßgebenden Umstände auszulegen ist.[85] Dabei dürfen Umstände außerhalb der Urkunde (Stiftungsgeschäft und Stiftungsverfassung) nur berücksichtigt werden, soweit sie bewiesen sind.[86] Hier sind natürlich auch Hinweise des ggf noch lebenden Stifters beachtlich. In einem **zweiten Schritt** ist zu prüfen, ob die ausgelegte Erklärung der nach § 81 Abs. 1 S. 1 BGB vorgegebenen Schriftform genügt.[87] Dabei folgt die Rechtsprechung der sog. Andeutungstheorie aus dem Erbrecht,

71 S. etwa *Spiegel*, Die Roten Seiten zum Magazin Stiftung & Sponsoring, 03/2000, 4 f.

72 *Bruns*, StiftG BW, § 7 Erl. 2.2; Seifart/v. Campenhausen/*Hof*, § 9 Rn 61; MüKo/*Reuter*, § 85 Rn 13, 15 („Erhaltung der Kaufkraft").

73 Ausf. *Hüttemann/Schön*, Vermögensverwaltung und Vermögenserhaltung im Stiftungs- und Gemeinnützigkeitsrecht, 2007, S. 15 ff; *Hüttemann*, FG für Flume 1998, S. 59, 60 ff mit zahlr. Nachw.

74 Deutlich: *Hüttemann*, FG für Flume 1998, S. 59, 60 f.

75 S. etwa *Schwintek*, Vorstandskontrolle in rechtsfähigen Stiftungen bürgerlichen Rechts, 2001, S. 105. Zu den Auslegungsfragen und -grundsätzen bei formbedürftigen Willenserklärungen s. etwa Palandt/*Ellenberger*, § 133 BGB Rn 19.

76 *O. Werner*/Saenger, Rn 313; Palandt/*Ellenberger*, § 133 Rn 1.

77 MüKo/*Reuter*, § 85 Rn 8.

78 S. nur *Bruns*, StiftG BW, § 2 Erl. 4.

79 Abgesehen von dem mutmaßlichen Stifterwillen.

80 BGH NJW 1994, 184, 186; Seifart/v. Campenhausen/*Hof*, § 8 Rn 20 f.

81 So ausdrücklich *Bruns*, StiftG BW, § 2 Erl. 6. S. dort auch zu den folgenden Ausführungen.

82 *Bruns*, StiftG BW, § 2 Erl. 6.

83 *Bruns*, StiftG BW, § 2 Erl. 6 unter Hinweis auf BGHZ 16, 71, 76; VGH BW ESVGH 5, 127, 130.

84 *Bruns*, StiftG BW, § 2 Erl. 6 unter Hinweis auf OVG Münster NWVBl. 1994, 338. Das entspricht in etwa dem Maßstab des ordentlichen Kaufmanns.

85 BGHZ 80, 250; BGHZ 86, 47.

86 Palandt/*Ellenberger*, § 133 Rn 29.

87 BGH NJW 2000, 1569, 1570; Palandt/*Ellenberger*, § 133 Rn 19.

dh der aus Umständen außerhalb der Urkunde ermittelte (Stifter-)Wille muss in der Urkunde einen wenn auch (nur) unvollkommenen Ausdruck/eine Andeutung gefunden haben.[88]

Ein vorrangiger Auslegungsgesichtspunkt des sich aus dem Stiftungszweck ergebenden **Vermögenserhaltungskonzeptes des Stifters** ist die bisherige wirtschaftliche Bestimmung der von ihm der Stiftung ins Grundstockvermögen übertragenen Vermögenswerte.[89] Ein Stifter legt bei seinen Überlegungen über die Mittelausstattung der Stiftung typischerweise stillschweigend die bisherige Nutzung des übertragenen Vermögens zugrunde. Soweit der Stifter bspw Unternehmensbeteiligungen übertragen hat, wollte er eben gerade kein Geld- oder Wertpapiervermögen übertragen, sondern eine unternehmerische Beteiligung mit der dieser immanenten, bestimmten Nutzungsart. Damit hat der Stifter den Stiftungsorganen von vornherein zumindest nach seinem damaligen mutmaßlichen Willen die entsprechenden unternehmerischen Dispositionsfreiheiten zur Erwirtschaftung von unternehmerischen Erträgen eingeräumt.[90] Gerade weil der Grundsatz der Vermögenserhaltung, wie oben dargelegt, der Erfüllung des Stiftungszwecks dient und sich nach dem Stifterwillen richtet, ergibt sich in der **Praxis** der Inhalt des Grundsatzes im konkreten Fall eben nicht zuletzt auch aus der „wirtschaftlichen Bestimmung des Stiftungsvermögens"[91] durch den Stifter, dh mittelbar aus dessen der Stiftung vorgegebenem Vermögensverwendungskonzept[92]/Vermögenserhaltungskonzept.[93] Zu dem maßgebenden Verwendungskonzept der Stifter findet sich in den Stiftungssatzungen aber eben vor allem der Zweck der Stiftung. Beispielsweise kann der Stifter vorgegeben haben, dass die u. a.[94] als Vermögen der Stiftung übertragenen Bilder oder das übertragene Haus zu erhalten und für den Stiftungszweck zu verwenden sind. Die Bilder sollen ausgestellt werden und in dem Haus soll zB ein Treffpunkt für Jugendliche eingerichtet werden. 60

Hat ein Stifter der Stiftung als Grundstockvermögen beispielsweise ein lebendes **Unternehmen übertragen**, so entspricht es der bisherigen wirtschaftlichen Bestimmung des Unternehmens, dass Gesellschaften und Beteiligungen entsprechend der jeweiligen Geschäftspolitik[95] veräußert werden und damit nach dem Willen des Stifters veräußert werden dürfen. Der Stifter wollte der Stiftung gerade die Erträge zukommen lassen, die sich aus der Bewirtschaftung dieses Unternehmens ergeben.[96] Erträge sind bei einer Unternehmensbeteiligung aber gerade nicht zwangsläufig nur ordentliche und außerordentliche Erträge, sondern auch realisierte stille Reserven. Außerordentliche Erträge können zB bei einem Unternehmen, das als Holding fungiert, gerade auch aus der Realisierung von Wertsteigerungen auf der Ebene der operativen Gesellschaften durch die Veräußerung von Beteiligungen erzielt werden. Das ist genau betrachtet sogar ein typischer Fall bei solchen Unternehmen. Gegen diesen Befund kann nicht mit Erfolg die Rechtslage bei einer Vermögensumschichtung vorgebracht werden. Solche Umschichtungen sind, wie sogleich zu zeigen sein wird (s. sogleich Rn 63 ff), nach dem ausdrücklichen oder dem mutmaßlichen Willen des Stifters zulässig, wenn sie werterhaltend oder wertsteigernd sind.[97] Bei solchen Umschichtungen erzielte Buchgewinne sind allerdings grundsätzlich keine Erträge des Stiftungsgrundstockvermögens, sondern Teil desselben, weshalb sie grundsätzlich dem Grundstockvermögen zufließen.[98] 61

Ist im Einzelfall trotz aller Auslegungsbemühungen ein Stifterwille nicht festgelegt und auch nicht erkennbar, ist auch im Stiftungsrecht der **Maßstab des ordentlichen Kaufmanns** anwendbar.[99] Es ist kein Grund ersichtlich, von diesem bewährten Grundsatz gerade für Stiftungen abzuweichen. Dabei ist dann auch die bereits oben angesprochene Erkenntnis zu beachten, dass es dem Stifter grundsätzlich vorrangig um die Erfüllung des Stiftungszwecks geht (s. Rn 51). Mit Matthäus, Kapitel 25, Vers 14 bis 30, wird man sagen müssen: **„Vergraben alleine genügt nicht"**.[100] Folglich ist auch eine „mündelsichere" Anlage nicht von vornherein richtig oder auch nur zulässig (Rn 73). 62

88 BGH NJW 2000, 1569, 1570.
89 *Hüttemann*, FG für Flume, 1998, S. 59, 75. S. dort auch zu den folgenden Ausführungen in diesem Absatz.
90 *Hüttemann*, FG für Flume 1998, S. 59, 76.
91 *Hüttemann*, FG für Flume, 1998, S. 59, 68 ff.
92 O. Werner/Saenger/*Fritz*, Rn 559.
93 *Meyn*/Richter, Die Stiftung, Rn 132; *Schlüter/Stolte*, Stiftungsrecht, 2007, Kap. 5 Rn 9; *Schwintek*, Stiftung & Sponsoring, 1/2004, 19 f.
94 Alleine die Übertragung von Sachvermögen wird in aller Regel, jedenfalls dann, wenn es konkret als Grundstockvermögen zu erhalten ist, kein ausreichendes Vermögen für die Stiftung darstellen. Man denke nur an die von der Stiftung aufzubringenden Erhaltungs- und Unterhaltskosten.
95 S. den Hinweis von *Hüttemann*, FG für Flume, 1998, S. 59, 81, auf die „konkrete Geschäftspolitik" als „notwendigen, aber auch hinreichenden objektiven Maßstab für die Entscheidung über die Gewinnthesaurierung" bei einem auf eine Stiftung übertragenen Unternehmen, wobei kein enger Maßstab angelegt werden dürfe.
96 *Schwintek*, Vorstandskontrolle in rechtsfähigen Stiftungen bürgerlichen Rechts 2001, S. 103. S. auch *Schwarz*, ZSt 2004, 64, 68 f – allerdings mit einer Ausnahme für den Fall, dass der Stifter keine Unternehmenskontinuität wolle.
97 *Hüttemann*, FG für Flume, 1998, S. 59, 70 f; *Schwarz*, ZSt 2004, 64, 69. Zurückhaltender Seifart/v. Campenhausen/*Hof*, § 9 Rn 113.
98 Seifart/v. Campenhausen/*Hof*, § 9 Rn 115;MüKo/*Reuter*, § 85 Rn 16.
99 Wie hier etwa *Schauhoff*, DStR 1998, 704.
100 Ausf. *Schiffer*, Stiftung, § 6 Rn 72.

63 **5. Vermögensumschichtung.** Zur Zulässigkeit von Umschichtungen (Umstrukturierung) des zu erhaltenden Stiftungsgrundstockvermögens enthalten nur wenige Landesstiftungsgesetze Regelungen. Lediglich die Stiftungsgesetze von Hamburg, Nordrhein-Westfalen und Rheinland-Pfalz besagen ausdrücklich, dass Vermögensumschichtungen nach den Regeln einer ordnungsgemäßen Wirtschaftsführung zulässig sind.[101] Das Stiftungsgesetz des Landes Schleswig-Holstein verpflichtet die Stiftung zur Anzeige von Umschichtungen bei der Stiftungsbehörde, die für den Bestand der Stiftung von Bedeutung sind.[102]

64 **Umschichtungen** im Grundstockvermögen sind, falls sich aus der Satzung oder nach dem Stifterwillen nicht etwas anderes ergibt, allgemein zulässig, wenn sie den Wert des Grundstockvermögens erhalten oder steigern,[103] denn Zweck des Vermögenserhaltungsgrundsatzes ist es, die Ertragskraft der Stiftung und so die Verwirklichung des Stiftungszwecks nach dem Stifterwillen zu gewährleisten (S. Rn 43 und 51). Das bedeutet zugleich, dass, wenn nicht die Stifter das ausnahmsweise festlegen, nicht etwa einzelne Bestandteile des Grundstockvermögens als solche erhalten bleiben müssen, dh der Vermögenserhaltungsgrundsatz bezieht sich grundsätzlich nicht auf einzelne Vermögensgegenstände[104] und steht damit Vermögensumschichtungen grundsätzlich nicht entgegen. Wer aber beispielsweise eine unternehmensverbundene Stiftung mit Aktien seines Unternehmens ausstattet, wird deren Verkauf auch bei einem Kursverlust zumindest nach seinem hypothetischen Stifterwillen gerade nicht wollen.[105]

65 Die Behandlung etwaiger, bei einer Vermögensumschichtung erzielter **Buchgewinne** ist umstritten. Die bei einer Umschichtung erzielten Buchgewinne sind grundsätzlich keine Erträge des Stiftungsgrundstockvermögens, sondern Teil desselben; anders ausgedrückt, sie fließen grundsätzlich dem Grundstockvermögen zu.[106] Als „Erträge" des Stiftungsgrundstockvermögens, die eben gerade nicht in das Grundstockvermögen fallen, sind solche „Buchgewinne" ausnahmsweise dann zur Erfüllung der Stiftungszwecke zu verwenden, wenn die Stifter das bei Errichtung der Stiftung ausdrücklich oder stillschweigend oder ggf mutmaßlich so gewollt haben (Stifterwille).[107] Deshalb kann auch die konkrete Vermögensausstattung der Stiftung durch den Stifter mit bestimmten Vermögensgegenständen wesentlich für die Beantwortung der Frage sein, ob im konkreten Fall eine Vermögensumschichtung zulässig ist.[108]

66 Bezweifelt wird, ob sich aus dem Vermögenserhaltungsgrundsatz für die Stiftungsorgane sogar die Pflicht (davon zu unterscheiden ist die Frage nach einer etwaigen Haftung der Stiftungsorgane, s. § 86 Rn 11 ff) ergeben kann, das Vermögen der Stiftung umzuschichten.[109] Hat ein Stifter seine Stiftung beispielsweise mit Vermögenswerten ausgestattet, deren Marktwert kontinuierlich sinkt, soll die Veräußerung dieser Teile des Stiftungsvermögens und die damit verbundene Realisierung des Wertverlusts in der Regel nicht geboten sein. Etwas anderes soll aber dann gelten können, wenn der fortschreitende Vermögensverlust ersichtlich die langfristige Ertragskraft der Stiftung und damit deren Existenz gefährdet. Solchen pauschalen Vorschlägen für (angebliche) Rechtsgrundsätze kann nicht gefolgt werden, denn entscheidend für eine etwaige Umschichtungspflicht beispielsweise ist allein der tatsächlich geäußerte oder hilfsweise der hypothetische **Stifterwille** (§ 80 Rn 3). An diesem haben sich die Stiftungsorgane auszurichten. Der Stifter sollte den Stiftungsorganen die Angelegenheit erleichtern und seinen Willen auch zur Frage der Vermögensumschichtung möglichst klar und deutlich in der Satzung äußern, wobei er gleichzeitig einen Spielraum für die Stiftungsorgane belassen sollte. Die aktuellen Organmitglieder haben künftig ersichtlich einen besseren Marktüberblick als etwa der vor Jahrzehnten verstorbene Stifter.

67 *Hüttemann* bringt ein weiteres überzeugendes Beispiel.[110] Danach gehören gemäß der konkreten wirtschaftlichen Bestimmung durch den Stifter auch die Gewinne aus Umschichtungen zum ausschüttungsfähigen „Ertrag" und nicht zum zu erhaltenden Grundstockvermögen, wenn das Stiftungs(grundstock)vermögen (bei-

101 § 4 Abs. 2 S. 1 Hs 2 StiftG HH; § 4 Abs. 2 S. 2 StiftG NRW, § 7 Abs. 2 S. 1 Hs 2 StifG RP.
102 S. § 9 Abs. 1 Nr. StiftG SH.
103 *Bruns*, StiftG BW, § 7 Erl. 2.2.; *Rotberg/Broo/Frey*, StiftG BW (4. Auflage 2000), § 7 Erl. 2.2 Abs. 1; *Peiker*, StiftG Hess, § 6 Anm. 2.2; *Schwarz*, ZSt 2004, 64, 69 f; ausf. O. Werner/Saenger/*Fritz*, Rn 488 ff (zur Umschichtung allgemein) und Rn 500 ff (zur Zulässigkeit der Umschichtung) mwN.
104 S. nur O. Werner/Saenger/*Fritz*, Rn 500 mwN. Zu Ausnahmen s. aber *Schiffer*, Stiftung, § 6 Rn 83.
105 Zur Vermögensumschichtung bei unternehmensverbundenen Stiftungen s. auch *Saenger/Veltmann*, ZSt 2005, 281.
106 Seifart/v. Campenhausen/*Hof*, § 9 Rn 115; MüKo/*Reuter*, § 85 Rn 16; *Schwake*, in: Beuthien/Gummert (Hrsg.), MünchHdb GesR, Bd. V, § 79 Rn 302; *Wilkes*, Stiftung & Sponsoring 3/2000, 20. AA *Lex*, Stiftung & Sponsoring 5/1999, 3, 6, der Umschichtungsgewinne nicht dem zu erhaltenden Grundstockvermögen zuschlagen, sondern in eine Rücklage einstellen will, die wie eine freie Rücklage nach § 58 Nr. 7 a AO zu behandeln sein soll; ebenso: *Koppenhöfer*, Stiftung & Sponsoring 2/2000, 24.
107 *Hüttemann*, FG für Flume, 1998, S. 59.
108 Anschaulich *Schwake*, in: Beuthien/Gummert (Hrsg.), MünchHdb GesR, Bd. V, § 79 Rn 300.
109 So *Wachter*, Rote Seiten zum Magazin Stiftung & Sponsoring, 6/2002, 3.
110 *Hüttemann*, FG für Flume, 1998, S. 59, 79 mit Beispiel in Fn 73. Diesem Beispiel und der Ansicht *Hüttemanns* ausdrücklich zustimmend etwa *Schwintek*, Vorstandskontrolle in rechtsfähigen Stiftungen bürgerlichen Rechts, 2001, S. 113.

spielsweise) aus einem Wertpapierdepot besteht, das nach dem Willen des Stifters entsprechend einer gewerblichen Tätigkeit laufend umgeschichtet werden soll. Aus dieser Bindung der Stiftungsorgane folgt eine „positive Pflicht zum bestimmungsgemäßen Einsatz des Stiftungsvermögens" durch die Stiftungsorgane.[111]

C. Weitere praktische Hinweise

I. Vermögensanlage

Das BGB und die Landesstiftungsgesetze enthalten keine näheren Regelungen zu der Frage, wie das (zu erhaltende) Stiftungsvermögen anzulegen ist. Vermögenserhaltung und Vermögensanlage hängen unmittelbar zusammen, sind aber doch im Sinne von Grundlage/Maßstab (Vermögenserhaltungsgrundsatz) auf der einen und konkrete Umsetzung (Vermögensanlage) auf der anderen Seite zu unterscheiden. Der Stifter hat hier **weitgehende Gestaltungsfreiheit** und bindet die Stiftungsorgane durch seinen (Stifter-)Willen.[112] 68

Die Frage, welche **Anlageformen** im Einzelfall zulässig oder sachgerecht sind, ist demnach auch nicht generell 69 zu beantworten.[113] Dies gilt vor allem für die sich immer weiterentwickelnden modernen Kapitalanlagen, die der Laie und auch der „normale" Fachmann oft nicht verstehen. Die Ansichten dazu, was eine im konkreten Fall nach dessen Spezifika und insbesondere nach dem Stifterwillen hinreichend sichere und hinreichend Ertrag bringende Anlage ist, werden nicht nur von Fall zu Fall, sondern auch je nach Typus der handelnden Personen sehr divergieren. Gerade vor dem Hintergrund der gegenwärtigen (2010) Finanzkrise stellt sich die Frage nach der richtigen Anlageform mit besonderer Dringlichkeit.[114] Die Kraft des Faktischen wirkt hier mit. Nicht zu jeder Zeit und in jedem Umfang werden die an sich gewünschten Anlageformen für einen Stiftungsvorstand verfügbar sein. Auch die Möglichkeiten einer etwa angestrebten Risikostreuung wechseln mit der Marktsituation. Sie hängen außerdem von Art und Umfang des Stiftungsvermögens ab.

Für die Praxis bedeutet das, dass die Mitglieder der zuständigen Stiftungsorgane sich in einem **ersten** 70 **Schritt** klar machen müssen, was der **Grundsatz der Vermögenserhaltung**, gem. dem Stifterwillen für die von ihnen zu leitende Stiftung konkret bedeutet. Ausgehend davon haben sie sich in einem **zweiten Schritt** klarzumachen, was der Stifter für die Vermögensanlage der Stiftung vorgegeben hat. Eine Stiftungssatzung sollte deshalb Vorgaben zur Verwaltung des Stiftungsvermögens enthalten, die einerseits den Stiftungsorganen eine Leitlinie geben („Welches Risiko dürfen wir oder sollen wir sogar ausdrücklich eingehen?") und andererseits wegen der naturgemäß nicht absehbaren Zukunft den Stiftungsorganen eine hinreichende Flexibilität ermöglichen.

Der Stifter kann auch neben der Satzung in einem gesondert formulierten schriftlichen Stifterwillen („**Stif-** 71 **tertestament**") seine individuellen Vorstellungen von einer sachgerechten Vermögensanlage darlegen und dazu später (festzuschreibende) **Anlagegrundsätze aufstellen**,[115] ohne den Stiftungsorganen zu enge Fesseln anzulegen (**Praxisbeispiel**: „Die Anlage des Stiftungsvermögens darf nur in Schweizer Franken erfolgen." Das ist keine begrüßenswerte Festlegung. In solchen Fällen sollte der Stifter allenfalls eine Soll-Regelung vorgegeben, die begründete Ausnahmen zulässt.) Eine praxiserprobte **Grundregel** ist, dass die Verwaltung des Stiftungsvermögens ausschließlich nach sachlichen Gesichtspunkten und Erwägungen zu erfolgen hat. Jede auch nur potenzielle Interessenkollision etwa von Stiftungsorganmitgliedern sollte vermieden werden. Das kann als unveränderbar in der Stiftungssatzung niedergelegt werden.

Vorschriften zur Vermögensanlage in der Stiftungssatzung und auch **Anlagerichtlinien** können die jeweiligen 72 gesetzlichen Rahmenbedingungen zur Verwaltung des Stiftungsvermögens nicht aufheben, beseitigen oder erweitern, sondern nur konkretisieren. Wesentlich ist die erfolgreiche Umsetzung der Richtlinien durch den Stiftungsvorstand, der sich dazu zumindest bei größeren Vermögen der Hilfe von Profis bedienen wird. Die Betreuung von Stiftungen durch Banken ist deshalb ein zunehmend diskutiertes Thema. Ganz besonders wichtig ist hier ein aussagekräftiges internes Controlling durch die Stiftung oder ein an einen externen, unabhängigen Spezialisten vergebenes Controlling, wenn das die Stiftung selbst nicht leisten kann. Es reicht in jedem Fall nicht aus, dass der Stiftungsvorstand die Vermögensverwaltung einfach nur an einen Vermögensverwalter oder ein Finanzinstitut abgibt;[116] der Vorstand hat, um seine Pflichten gegenüber der Stiftung nicht zu verletzten, in geeigneter Form zu kontrollieren oder kompetent kontrollieren zu lassen.

111 *Hüttemann*, FG für Flume, 1998, S. 59 (68 ff, 80).

112 Wie hier etwa *Hüttemann*, in: FG Flume 1998 S. 59, 68 f; s.a. *Henß*, ZSt 2004, 83, 87 f.

113 S. dazu etwa *Funken*, Stiftung & Sponsoring 2/2002, 24, der aus der Sicht eines Bankers für nachhaltige Anlageformen plädiert. Wir finden in den Fachzeitschriften zahlreiche mehr oder weniger überzeugende generelle oder konkrete Anlagevorschläge. Man setzt auf eine einzige Anlagestrategie oder gerade nicht. Die Vielfalt kann durchaus verwirren.

114 S. *Schiffer/Sommer*, BBEV 2009, 267 ff.

115 Näher *Wachter*, Rote Seiten zum Magazin Stiftung & Sponsoring, 6/2002, 5.

116 S. Seifart/v. Campenhausen/*Hof*, § 9 Rn 57, der auf OLG Dresden, Beschl. v. 10.2.2004, 8 U 2225/03 verweist.

73 In der Praxis stößt man häufig noch auf das Vorurteil, das Vermögen einer Stiftung sei **mündelsicher** anzulegen.[117] Tatsächlich war bis Ende 1995 im bayerischen Stiftungsgesetz bestimmt, dass Stiftungen ihr Vermögen nur in mündelsichere Wertpapiere anlegen dürfen.[118] Eine andere Anlageform war nur mit Genehmigung der Stiftungsaufsichtsbehörde zulässig. Im Interesse einer Stärkung der Selbstverwaltung der Stiftungen und einer Entlastung der Stiftungsaufsichtsbehörden wurde diese Beschränkung bei der Anlage des Stiftungsvermögens ersatzlos aufgehoben – zumal der Begriff angesichts der Vielfalt der Rechtsprechung auch keine scharfe Abgrenzung sicherstellt. Es gibt heute auch anderweitig keine entsprechenden Regelungen oder Vorschriften mehr. Stiftungen sind heute in der Anlage ihres Vermögens unter Beachtung des Stifterwillens grundsätzlich frei. Eher schon ist das Gegenteil richtig, dass mündelsichere Anlagen idR nicht ausreichen, um den Stifterwillen zu befolgen (s.a. Rn 62).[119] Da der Stiftungszweck grundsätzlich dauernd und nachhaltig zu erfüllen ist, wird allerdings der pauschale „Grundsatz einer sicheren und ertragbringenden Vermögensanlage" behauptet.[120] Spekulationsgeschäfte sollen deshalb regelmäßig ausgeschlossen sein.[121] Dem ist nicht zu folgen, denn dieser Grundsatz nähert sich bedenklich dem „gerade" erst aufgegebenen Grundsatz der mündelsicheren Anlage. *Schindler* formuliert es denn auch deutlich anders[122] und betont: "Für Stiftungen gilt wie für Unternehmen und Privatpersonen die Zielvorschrift, dass der Ertrag unter den Nebenzielen Erhaltung der Leistungskraft und angemessenes Risiko zu maximieren ist."[123] Ähnlich hat etwa auch schon *Seifart* die Erwirtschaftung möglichst hoher Beträge auch für gemeinnützige Stiftungen betont.[124] Das überzeugt, denn, wie bereits dargestellt, dient die Stiftung der Erfüllung des Stiftungszwecks und diesem Zweck dient das Stiftungsvermögen und damit auch der Grundsatz der Vermögenserhaltung (Rn 43 ff, 51 ff). Die Stiftung „dient nicht" etwa der Erhaltung des Stiftungsvermögens. Die Erhaltung des Stiftungsvermögens dient der Zweckerfüllung, weshalb letztere im Vordergrund steht.

74 Mangels konkreter Regelung und überzeugender Auslegung im Einzelfall werden die Einzelheiten zur Vermögensanlage **umstritten** bleiben. Richtig ist und bleibt aber, dass bei der Anlage des Stiftungsvermögens ausgehend von den vorstehend skizzierten Maßstäben in jedem Einzelfall abzuwägen ist zwischen einer möglichen Steigerung der Erträge und den damit verbundenen Risiken für die Substanz des Stiftungsvermögens. Dazu wird vertreten, dass im Zweifel mit Blick auf die „Ewigkeitstendenz" der Stiftung (§ 80 Rn 18 ff) der langfristige Erhalt des Stiftungsvermögens Vorrang vor einer Verbesserung der Ertragskraft haben soll.[125] Diese pauschale Aussage übersieht den Vorrang des Stifterwillens sowie der Zweckerfüllung und die sich daraus ergebenden Konsequenzen. Gefragt ist ein konkreter Maßstab im Einzelfall. Ist ein **Stifterwille** festgelegt oder erkennbar, ergibt sich daraus im Einzelfall der Maßstab.[126]

75 Ist im Einzelfall ein Stifterwille nicht festgelegt und auch nicht erkennbar, bleibt auch für Fragen der konkreten Vermögensanlage nur der **Maßstab des ordentlichen Kaufmanns** anwendbar (s. bei dem Vermögenserhaltungsgrundsatz Rn 51 ff).

II. Mittelbeschaffung

76 **„Fundraising"** ist das moderne Stichwort, unter dem angesichts des schwierigen Kapitalmarktes das Thema Mittelbeschaffung vor allem für steuerbefreite Stiftungen diskutiert wird.[127] Es wird versucht, Mittel für die Stiftungsarbeit einzusammeln über Einzelspenden, Stiftungsfonds,[128] Zustiftungen (s. Rn 49 ff), Förderstiftungen (s. Rn 46) oder Fördervereine und Unternehmen (Achtung: **Steuerliche Abgrenzung** zwischen Spenden und Sponsoring beachten – s. Rn 77).[129] Direct-Mailing, Spendenwerbung per Telefon („Erbschaftsmarketing") und das gezielte persönliche Ansprechen gewünschter Fundraising-Partner sind wesentliche Wege der Mittelbeschaffung.[130] Was aus Sicht der Stiftung einfach nur „Sponsoring" ist, ist aus der Sicht der Partner-Unternehmen der Stiftung „Sales Promotion". Das werden sich die Verantwortlichen in einer Stiftung, die

117 Vgl *Schiffer*, Stiftung, § 6 Rn 47; mit einem kritischen Beispiel aus der Praxis, s. auch *ders.*, StiftungsBrief 2011, 21.
118 Art. 14 und 30 StiftG Bayern aF.
119 *Schiffer*, Stiftung, § 6 Rn 72.
120 *Wachter*, Rote Seiten zum Magazin Stiftung & Sponsoring 6/2002, 5. S. auch Seifart/v. Campenhausen/*Hof*, § 9 Rn 89 ff.
121 *Wachter*, Rote Seiten zum Magazin Stiftung & Sponsoring 6/2002, 5.
122 *Schindler*, Stiftung & Sponsoring 2/2001, 21.
123 Ausf. dazu: *Schindler*, DB 2003, 297.
124 *Seifart*, BB 1997, 1889, 1895.
125 *Wachter*, Rote Seiten zum Magazin Stiftung & Sponsoring, 6/2002, 5.
126 So auch *Schindler*, DB 2003, 300.
127 Ausf. *Baier*, Fundraising – Ein Wegweiser für Stiftungen und den Non-Profit-Bereich, 2008; *Fabisch*, Fundraising, Spenden, Sponsoring und mehr ..., 2. Aufl. 2006; *Haibach*, Handbuch Fundraising. Spenden, Sponsoring, Stiftungen in der Praxis, 3. Aufl. 2006; *Urselmann*, Fundraising – Professionelle Mittelbeschaffung für Nonprofit-Organisationen, 4. Aufl. 2007; *Kiefer*, Die Roten Seiten zum Magazin Stiftung & Sponsoring, 6/2001.
128 S. *Schiffer*, Stiftung, § 2 Rn 93 ff.
129 Der sog. **Sponsoring-Erlass** (BMF-Schreiben vom 18.2.1998, IV B 2 – S 2144–40/98, DStR 1998, 454) gibt leider nur bedingt praxistaugliche Kriterien.
130 Einen Überblick über die gängigen Mittel bietet Wigand/Haase-Theobald/Heuel/*Stolte*, § 9 Rn 43.

Mittel über einen Sponsoring-Ansatz beschaffen wollen, verdeutlichen, wenn sie ihr Konzept erarbeiten. Die gegensätzlichen Erwartungen und die sich daraus ggf ergebenden Schwierigkeiten bei der Frage, wer unter dem Aspekt der CSR (Corporate Social Responsibility) das Sagen hat (Stiftung oder Geldgeber) liegen auf der Hand. Die **steuerlichen Grenzen** eines Sponsoring sind nach wie vor in Teilen umstritten (s. Rn 77). Unerlässlich für die erfolgreiche Mittelbeschaffung ist jedenfalls eine Gesamtstrategie, bei der heute regelmäßig erfahrene Spezialisten beraten.

„Sponsoring" ein geradezu verwässertes Stichwort zur Mittelbeschaffung. Was wird in der Praxis nicht alles 77
unter diesem Begriff verstanden? Wohl beinahe jede Mittelzuführung in den gemeinnützigen Bereich aus der Unternehmenswelt. Diese Begriffsverwirrung mag den Wissenschaftler ärgern, für die Praxis ist sie grundsätzlich unerheblich, solange die betroffenen Stiftungsorgane bei der steuerbefreiten Stiftung die **steuerlichen Rahmenbedingungen** einhalten. Diese sind allerdings im Einzelfall durchaus schwierig zu handhaben, was hier allerdings nicht vertieft werden kann.[131]

Die (steuerliche) Angemessenheit des Aufwandes für die Mittelbeschaffung und auch ganz allgemein für 78
die Verwaltung einer (gemeinnützigen) Stiftung ist ein vor allem bei Außenprüfungen gemeinnütziger Stiftungen immer wieder auftauchendes und ggf die Steuerbefreiung gefährdendes Problem.[132] Als **Faustregel** kann gelten, dass Werbe- und Verwaltungsausgaben von 35 % der Gesamtausgaben als noch angemessen angesehen werden. Diese maximal 35 % Werbe- und Verwaltungskosten propagiert das Deutsche Zentralinstitut für soziale Fragen (DZI) bezogen allerdings „nur" auf Spenden sammelnde NPOs.[133] Die Faustregel muss ggf. für Stiftungen, die eigene Projekte durchführen und nicht nur die Projekte anderer NPOs fördern, höher angesetzt werden. Dabei stellt sich ganz besonders die schwierige Frage nach der Abgrenzung der Verwaltungskosten von den Projektkosten. Beispielsweise ist der angestellte Geschäftsführer einer Projektstiftung typischerweise nicht nur verwaltend tätig, sondern auch persönlich im Projekt. Zusätzlich stellt sich dann natürlich auch die Frage nach der Höhe der Vergütung des Geschäftsführers (Rn. 36). Klar sein sollte, dass die zunehmende Professionalisierung von Stiftungsarbeit im NPO-Bereich auch ihren Marktpreis hat, der sich letztlich nicht wesentlich von dem in der freien Wirtschaft unterscheiden wird. Das alles ist natürlich immer eine Frage, die nach den Gegebenheiten im konkreten Einzelfall zu beantworten ist.

Die **konkreten Umstände des Einzelfalls** belieben allerdings jenseits und diesseits dieser Grenze (Faustregel) 79
immer entscheidend. Eine Größenordnung von mehr als 50 % dürfte, auch wenn der BFH keine allgemeine Obergrenze aufgestellt hat,[134] wohl idR überzogen sein; in einem solchen Fall fehlt die abgabenrechtliche Selbstlosigkeit.[135] Spätestens ein bestimmter Sportwagen-Fall, der Anfang 2010 durch die Presse ging, hat gezeigt, dass die Höhe der nicht für die Zweckerfüllung an sich verwendeten Mittel einer gemeinnützigen Stiftung oder sonstigen gemeinnützigen Körperschaft auch emotional durchaus an Grenzen stößt. Emotionen sind hier aber nicht gefragt; gefragt ist eine (steuer-)rechtliche konkrete Einzelfallprüfung der Gesamtumstände des Einzelfalls. Problematisch erscheint es zB, wenn „Fundraiser" vortragen, es seien Kosten von bis zu 80% und mehr pro über sie gesammeltem Euro zulässig. Bei allen Bemühungen, eine gemeinnützige Stiftung auf eine finanziell solide Basis zu stellen, ist doch sehr angeraten, solche Angebote ganz genau zu prüfen, denn hier wird besonders leicht die haftungsträchtige Grenze des gemeinnützigkeitsrechtlich Unzulässigen überschritten. Es gibt eine recht einfache **Kontrollüberlegung**: Stellen wir uns vor, wir wären der Spender und erführen dann, dass 80 % unserer Spende an den Dienstleister (Fundraiser) gehen und nicht in die Erfüllung des Stiftungszwecks. Wie würden wir wohl darüber denken? Sogar strafrechtliche Gedanken (Stichworte: Täuschung und Betrug) liegen nicht fern.

III. Stiftungsmanagement

Der Begriff Management war vor allem im Zusammenhang mit gemeinnützigen Stiftungen bis vor nicht allzu 80
langer Zeit noch gar nicht en vogue. Es ist ein Verdienst vor allem des Bundesverbandes Deutscher Stiftungen und einiger engagierte Streiter für das Thema,[136] das geändert zu haben. Strategische[137] Projektarbeit,[138] Pro-

131 Näher dazu *Weiand/Poser*, Sponsoringvertrag, 3. Aufl. 2005; *Schiffer/Sommer*, BBEV 2008, 261 und 292; *Röthel/Konolt*, DStR 2009, 15.

132 § 55 AO, s. dazu etwa Klein/*Gersch*, Abgabenordnung, 10. Aufl. 2010, § 55 AO Rn 13 und 22; *Hüttemann*, Gemeinnützigkeits- und Spendenrecht, 2008, § 5 Rn 48 ff; *Geserich*, DStR 2001, 604.

133 S. www.dzi.de/downloads/Verwaltungskostenkonzept.pdf (zuletzt abgerufen am 5.3.2011).

134 S. BFH BFH/NV 1999, 1055 und 1089 sowie DStR 1998, 1674.

135 S. auch *Geserich*, DStR 2001, 604, 606 mwN zur Rspr des BFH.

136 S. etwa *Weger*, Die Roten Seiten zum Magazin Stiftung & Sponsoring 2/1999. Die Ergebnisse einer empirischen Studie zum Management von Stiftungen präsentiert *Sandberg*, ZSt 2006, 99.

137 Näher zu Zielen und Strategien von Nonprofit Organisationen: Badelt/*Horak/Matul/Scheuch*, Handbuch der Nonprofit Organisation, S. 153 ff.

138 Dazu Bertelsmann/*Breiteneicher/Marble*, Handbuch Stiftungen, S. 699 ff.

jektauswahl, Projektmanagement, Personalentwicklung und Ressourcenmanagement,[139] Kooperation von Stiftungen,[140] Netzwerke als Instrument von Projektarbeit[141] sind hier wichtige Begriffe, mit denen sich auch der Rechtsanwalt vertraut machen sollte, der im Stiftungswesen beraten möchte.

81 Gemeinnützige Unternehmensstiftungen können besonders erfolgreich wirken. Sie können im Idealfall Unternehmertum mit einer professionellen Förderung der Allgemeinheit verbinden. Mit profunden Hinweisen zur Konzeption, Gestaltung und Arbeitsweise solcher Stiftungen hat sich immer wieder *Weger* hervorgetan.[142]

82 Kostenrechnung wird zunehmend auch, zumindest für größere Stiftungen, als unerlässlich zur Planung und Kontrolle der „Unternehmung" Stiftung erkannt, zu einem effizienten „Berichtswesen" und ganz allgemein zur Steuerung einer Stiftung.[143] Sie bildet die Basis eines effektiven Stiftungs-Controlling. Der konkreten **Evaluation** und der Qualitätssicherung in der Stiftungspraxis wird erfreulicherweise zunehmend mehr Aufmerksamkeit gewidmet.[144] Um eine langfristig erfolgreiche Stiftungstätigkeit sicherzustellen, reicht es nicht, einfach nur die Mittelverwendung zu dokumentieren und zu kontrollieren. Es sind sinnvollerweise Nützlichkeitsstandards, Durchführungsstandards (einschließlich Fairnessstandards) und Genauigkeitsstandards zu erarbeiten.

83 Öffentlichkeitsarbeit gehört ebenso zu einer professionellen Stiftungsverwaltungsarbeit; und zwar professionelle Öffentlichkeitsarbeit für die einzelnen Projekte der Stiftung im Speziellen[145] und für die jeweilige Stiftung im Allgemeinen.[146]

84 **Rechnungslegung** bei Stiftungen[147] dient den Stiftungsorganen und der Finanzverwaltung, aber auch der Stiftungsaufsicht als **Informationsquelle** und im Rahmen ihrer jeweiligen Aufgaben als **Entscheidungsgrundlage**. In den einzelnen Landesstiftungsgesetzen finden sich üblicherweise einschlägige Vorschriften. Außerdem finden sich Vorschriften im BGB (§ 86 iVm §§ 27 Abs. 3, 259, 260, 666), im Handelsrecht (§§ 238 ff HGB) und in der Abgabenordnung (§§ 140, 141, 63 Abs. 3 AO). Eine Stiftung kann sich auch freiwillig oder nach ihrer Satzung einer Prüfung durch einen Wirtschaftsprüfer oder eine sonstige anerkannte Prüfungseinrichtung unterwerfen. Sie kann dann natürlich auch freiwillig den Prüfungsbericht der Stiftungsaufsichtsbehörde vorlegen. Kleinere Stiftungen werden sich allerdings kaum eine entgeltliche Prüfung leisten können – auch nicht zur Erleichterung der Stiftungsaufsicht.

85 Der **Hauptfachausschuss (HFA) des Instituts der Wirtschaftsprüfer in Deutschland (IDW)** hat, weil die Wirtschaftsprüfer Stiftungen zunehmend als Klientel entdeckten, am 25.2.2000 eine Stellungnahme zur Rechnungslegung und Prüfung von Stiftungen vorgelegt.[148] Bedauerlicherweise kommt es aber dennoch immer wieder einmal vor, dass Prüfer die Besonderheiten bei Stiftungen nicht kennen oder verkennen, ja sogar, dass ihnen die „IDW-Grundsätze" unbekannt sind. Besonders problematisch erscheint die Frage der Bestandserhaltung des Stiftungsvermögens (s. Rn 51 ff) im Rahmen der Rechnungslegung[149] und der Prüfung. Ein wichtiger Punkt in diesem Zusammenhang ist die streitträchtige Frage der Bewertung des Stiftungsvermögens.[150]

86 Die Stiftungsbehörden regen in der Praxis im Anerkennungsverfahren zumindest bei Errichtung größerer Stiftungen zunehmend an, eine **Prüfungspflicht** in der Satzung festzuschreiben, um so auch die Stiftungsaufsicht etwa bei unternehmensverbundenen Stiftungen zu erleichtern.[151] Das sollte nicht etwa als „Gängelung" verstanden werden. Die Prüfungspflicht ist regelmäßig eine sinnvolle Grundlage für eine erfolgreiche Stiftungsarbeit. Ein geprüfter Jahresabschluss hilft auch, wenn es bei einer Stiftung zu einer **Außenprüfung** (§ 193 Abs. 2 Nr. 2 AO) kommt. Wesentlicher Teilaspekt dieser Prüfung ist dann erfahrungsgemäß die Über-

139 Badelt/*v. Eckardstein*, Handbuch der Nonprofit Organisation, S. 257 ff (Personalmanagement); Badelt/*Runggaldier*, Handbuch der Nonprofit Organisation, S. 277 ff (arbeitsrechtliche und sozialrechtliche Rahmenbedingungen).

140 Dazu Bertelsmann/*Schlüter*, Handbuch Stiftungen, S. 833.

141 Dazu Bertelsmann/*Pröhl/Sach/Windau*, Handbuch Stiftungen, S. 855.

142 S. etwa *Weger*, Die Roten Seiten zum Magazin Stiftung & Sponsoring 4/2000.

143 Ausf. *Sandberg*, Die Roten Seiten zum Magazin Stiftung & Sponsoring 1/2001; Badelt/*Eschenbach/Horak*, Handbuch der Nonprofit Organisation, S. 331 ff.

144 Ausf. *Beywl/Henze/Mäder/Speer*, Die Roten Seiten zum Magazin Stiftung & Sponsoring 2/2002.

145 S. dazu etwa *Hamann*, Stiftung & Sponsoring 5/2002, 16 f.

146 Dazu Badelt/*Scheuch*, Handbuch der Nonprofit Organisation, S. 241 ff; s. in diesem Zusammenhang etwa auch *Randa-Campani* (Hrsg.), WunderbareWerbe-Welten – Marken, Macher, Mechanismen, 2001.

147 Näher dazu etwa Bundesverband Deutscher Stiftungen (Hrsg.), Das Rechnungswesen einer Stiftung, 2004; *Kußmaul/Meyering*, DStR 2004, 371; *Wambach/Etterer*, Die Roten Seiten zum Magazin Stiftung & Sponsoring 2/2006, 16 ff.

148 S. IDW RS HFA 5, IDW-Nachrichten 2000, 129 = WPg 2000, 391; IDW PS 740, IDW-Nachrichten 2000, 142 = WPg 2000, 385.

149 Dazu *Spiegel*, Die Roten Seiten zum Magazin Stiftung & Sponsoring 3/2000.

150 Dazu *Merl/Koss*, Die Roten Seiten zum Magazin Stiftung & Sponsoring 5/1998.

151 S. auch § 8 Abs. 1 Nr. 2, Abs. 2 StiftG Berlin und § 12 des StiftG Hessen (gesetzliche Anordnungsmöglichkeit!).

einstimmung mit der Stiftungssatzung und den Vorschriften des Gemeinnützigkeitsrechts, dh etwa Mittelverwendung und Selbstlosigkeit.

§ 82 Übertragungspflicht des Stifters

[1]Wird die Stiftung als rechtsfähig anerkannt, so ist der Stifter verpflichtet, das in dem Stiftungsgeschäft zugesicherte Vermögen auf die Stiftung zu übertragen. [2]Rechte, zu deren Übertragung der Abtretungsvertrag genügt, gehen mit der Anerkennung auf die Stiftung über, sofern nicht aus dem Stiftungsgeschäft sich ein anderer Wille des Stifters ergibt.

Literatur: Siehe Vor §§ 80 ff.

A. Allgemeines

1 Die Stiftung dient der Erfüllung des jeweiligen Stiftungszwecks. Unabdingbare Voraussetzung dafür, dass sie das kann, ist ihr Stiftungsvermögen. Die Vorschrift stellt den **Vermögenserwerb** der Stiftung **von dem Stifter** oder den Stiftern sicher. Das ist grundlegend, denn die Stiftung besteht „nur" aus dem Stiftungsvermögen (Grundstockvermögen; § 80 Rn 1). Wenn die Stiftung durch die Anerkennung entstanden ist, erwirbt sie deshalb zugleich einen **schuldrechtlichen Anspruch**[1] auf Übertragung des ihr von dem Stifter durch das Stiftungsgeschäft zugesicherten Stiftungsvermögens (S. 1). Eine Rückwirkung auf den Zeitpunkt der Vornahme des Stiftungsgeschäfts findet nur statt, wenn sie vom Stifter gewollt ist.[2] Auch hier ist der Stifterwille einmal mehr das entscheidende Kriterium (§ 80 Rn 1 ff).

B. Regelungsgehalt

2 Da die einzelnen Vermögensgegenstände nicht qua Gesetz wie etwa im Erbfall (§ 1922) übergehen, hat der Stifter die zugesagten Vermögensgegenstände (Geld, Immobilien, Wertpapiere etc.) nach **S. 1** grundsätzlich jeweils über die gesetzlich vorgesehenen einzelnen **Übertragungsakte** (§§ 929 ff, 873 etc.) zu übertragen.[3] Die Formvorschriften, die für die Übertragung von Grundstücken oder von Geschäftsanteilen an einer GmbH gelten, treten hinter die vorrangige Regelung des § 81 Abs. 1 S. 1 zurück (§ 81 Rn 8).

3 Eine **Ausnahme** von dem Erfordernis eines eigenständigen Übertragungsaktes besteht nach **S. 2.** Danach gehen **Rechte**, zu deren Übertragung der Abtretungsvertrag (§§ 398, 413) genügt, ausnahmsweise kraft Gesetzes mit der Anerkennung der Stiftung als rechtsfähig auf diese über, sofern sich nicht aus dem Stiftungsgeschäft ein anderer Wille des Stifters ergibt, wogegen allerdings mit der Gesetzesformulierung („sofern nicht") eine Vermutung spricht.[4] Rechte in diesem Sinne sind insbesondere Forderungen, Urheber- und Patentrechte.

4 Die Vorschrift gilt auch, wenn die Stiftung erst nach dem Tod des Stifters als rechtsfähig anerkannt wird (§ 84).[5]

C. Weitere praktische Hinweise

5 Umstritten ist, nach welcher Vorschrift sich die **Haftung des Stifters** für den Zeitraum zwischen der Einreichung des Antrags auf Anerkennung der Stiftung und der Anerkennung richtet, wenn er währenddessen anderweitige Verfügungen („Zwischenverfügungen") über das im Stiftungsgeschäft zugesicherte Vermögen trifft. Nach einer Ansicht sind hier §§ 160 ff analog anzuwenden.[6] Die wohl hM setzt sich hier für die analoge Anwendung der § 521 ff ein.[7] Eine Haftung wird jedenfalls allseits bejaht.

6 Für die analoge Anwendung der §§ 160 ff spricht, dass das Stiftungsvermögen grundlegend für die Stiftung ist und dass das Verfügungsrisiko bei dem Stifter liegt. Er hat es in der Hand, ob er trotz Zusage im Stiftungsgeschäft noch über das Vermögen verfügt. Es besteht zudem eine bedingungsähnliche Bindung, die durch den Antrag auf Anerkennung der Stiftung begründet wird. Würde man eine Haftung hier verneinen, hätte das zur

1 S. nur MüKo/*Reuter*, § 82 Rn 1.
2 Bamberger/Roth/*Schwarz/Backert*, § 83 Rn 3; Staudinger/*Hüttemann*/*Rawert* (2011), § 82 Rn 6 unter Hinweis auf Mot I bei Mugdan I, S. 420.
3 Ausdrücklich zu Grundstücken: BayOblG NJW-RR 1987, 1418 f.
4 *Reinecke*, Die Beweislastverteilung im Bürgerlichen Recht und im Arbeitsrecht als rechtspolitische Regelungsaufgabe, 1976, S. 32 f; MüKo/*Reuter*, § 82 Rn 1 bei FN 1.
5 MüKo/*Reuter*, § 82 Rn 2 mwN.
6 Seifart/v. Campenhausen/*Hof*, § 6 Rn 41; MüKo/*Reuter*, § 83 Rn 4; Bamberger/Roth/*Schwarz/Backert*, § 82 Rn 3.
7 Palandt/*Ellenberger*, § 82 Rn 1; Soergel/*Neuhof*, § 82 Rn 3; *Muscheler*; Stiftungsrecht, 2005, S. 185, 219 ff.

Folge, dass die Behörde ggf eine Stiftung als rechtsfähiges eigenes Rechtssubjekt anerkennt, der das ihr zugesagte Vermögen von vorneherein nicht mehr zugeführt werden kann. Eine Haftung nach den wegen der unentgeltlichen Verfügung nur relativ schützenden Vorschriften des Schenkungsrechts passt da nicht, denn die Stiftungserrichtung geht in ihrem Verpflichtungsgrad über eine Schenkung hinaus.[8] Gegen die Annahme einer Schenkung spricht auch, dass es sich bei der Vermögensausstattung zwar um eine Zuwendung handelt, diese aber nicht freigebig erfolgt, sondern als zwingende Voraussetzung der Stiftungserrichtung und als zwingende Folge des Stiftungsgeschäfts.

7 Dem folgend sind **Zwischenverfügungen** des Stifters über Rechte im Sinne von S. 2 analog § 161 unwirksam.[9] Nach Anerkennung der Stiftung kann diese, wenn der Stifter, ohne gegenüber der Behörde sein Stiftungsgeschäft nach § 81 Abs. 2 S. 1 widerrufen (s. § 81 Rn 12) zu haben, über das im Stiftungsgeschäft zugesagte Vermögen verfügt hat, analog § 160 Schadensersatz verlangen.[10]

8 Der Stiftungsvorstand, der den Anspruch auf Vermögensübertragung geltend zu machen hat, hat ggf. auch den Schadensersatz im Interesse der Stiftung geltend zu machen, falls er sich nicht einer eigenen Haftung für schuldhaftes Unterlassen aussetzen will (zur Haftung von Stiftungsorganen s. § 82 Rn 40 ff, § 86 Rn 11 ff). Dabei hat der Vorstand sich ggf auch gegenüber dem Stifter durchzusetzen, der sich beispielsweise das Recht der jederzeitigen Abberufung des Vorstandes vorbehalten hat, denn der Stifter darf diese Abberufungskompetenz nur im Interesse der Stiftung ausüben.[11] Notfalls haben die (vormaligen) Stiftungsvorstandsmitglieder die Stiftungsaufsichtsbehörde einzuschalten oder sogar Strafanzeige gegen den Stifter wegen Untreue o. ä. zu erstatten. Allerdings erscheinen solche Fallkonstellationen bei der Stiftungserrichtung – anders als bei Haftungsfragen im Zusammenhang mit vormaligen Organmitgliedern – eher als Gedankenspiele denn als typische Praxisfälle.[12]

9 Eine weitere für die Praxis bedeutsame Frage ist, ob, wenn die Stiftung noch nicht anerkannt worden ist, auf Zwischenverfügungen des Stifters § 519 und nach Anerkennung der Stiftung dann § 528 zumindest entsprechend anzuwenden sind(s.a. bei § 81 Rn 43 ff).[13] Anders als bei § 519 muss dabei die Not im Fall des § 528 nicht nur drohen, sondern eingetreten sein. Das Rückforderungsrecht nach § 528 wird durch die §§ 529, 534 begrenzt. Beide Vorschriften dienen dem Schutz der Unterhaltsverpflichtungen des Schenkers. Dieser Gesetzeszweck gilt, wie insbesondere *Muscheler* nachgewiesen hat[14], auch im Fall der Stiftungserrichtung. Es kann, wie der BGH im Fall einer Zuwendung an eine Stiftung im Zusammenhang mit Pflichtteilsansprüchen klargestellt hat, keinen Unterschied machen, an wen die Zuwendung erfolgt.[15] Entscheidend sind Entreicherung des Gebers und Bereicherung des Empfängers, denn eben daraus folgt, dass der Geber ggf seinen Unterhaltspflichten nicht nachkommen kann. Auch die §§ 2325 ff sind zumindest entsprechend anwendbar (s.a. § 80 Rn 87 ff).[16]

10 Auf die **Erben eines Stifters**, der vor Übertragung des der Stiftung zugesagten Vermögens stirbt, geht nach § 1967 die Verpflichtung des Stifters über.[17] Im Fall der Pflichtteilsberechtigung kann ein Erbe entsprechend dem vorstehend Gesagten analog §§ 2325 ff **Pflichtteilsergänzung** verlangen. Gegenüber der Stiftung kann er dann den **dolo-petit-Einwand** erheben.[18]

§ 83 Stiftung von Todes wegen

[1]Besteht das Stiftungsgeschäft in einer Verfügung von Todes wegen, so hat das Nachlassgericht dies der zuständigen Behörde zur Anerkennung mitzuteilen, sofern sie nicht von dem Erben oder dem Testamentsvollstrecker beantragt wird. [2]Genügt das Stiftungsgeschäft nicht den Erfordernissen des § 81 Abs. 1 Satz 3, wird der Stiftung durch die zuständige Behörde vor der Anerkennung eine Satzung gegeben oder eine unvollständige Satzung ergänzt; dabei soll der Wille des Stifters berücksichtigt werden. [3]Als Sitz der Stiftung gilt, wenn nicht ein anderes bestimmt ist, der Ort, an welchem die Verwaltung geführt wird. [4]Im Zweifel gilt der letzte Wohnsitz des Stifters im Inland als Sitz.

Literatur: Siehe Vor §§ 80 ff.

8 Deutlich: MüKo/*Reuter*, § 82 Rn 3 mwN.
9 Seifart/v. Campenhausen/*Hof*, § 6 Rn 41; MüKo/*Reuter*, § 83 Rn 4.
10 Bamberger/Roth/*Schwarz/Backert*, § 82 Rn 3.
11 Darauf weist MüKo/*Reuter*, § 82 Rn 6 hin.
12 Uns jedenfalls sind solche Fälle noch nicht zu Ohren gekommen.
13 Dafür Palandt/*Ellenberger*, § 82 Rn 1 und *Muscheler*, Stiftungsrecht, S. 185, 215 ff.
14 *Muscheler*, Stiftungsrecht, S. 185, 215 ff.
15 BGH NJW 2004, S. 1382 ff.
16 Palandt/*Ellenberger*, § 82 Rn 1; *Schiffer*, NJW 2004, 1565.
17 S. nur MüKo/*Reuter*, § 82 Rn 6 mwN.
18 S. nur MüKo/*Reuter*, § 82 Rn 6.

A. Allgemeines

1 Die Vorschrift regelt die Errichtung einer Stiftung durch letztwillige Verfügung des Stifters. Das Stiftungsgeschäft gliedert sich wie bei der Stiftungserrichtung unter Lebenden in einen organisationsrechtlichen Teil (Satzung) und einen vermögensrechtlichen Teil (Vermögenszuwendung). „Private" **Stiftungen** kommen für die **Erbfolgegestaltung** vor allem als Familienstiftungen, als gemeinnützige Stiftungen und als mildtätige Stiftungen in Betracht (Anhang zu § 1923 BGB Rn 1 ff).[1] Auch treuhänderische Stiftungen können (wirtschaftlich) Erben sein. Eine zukünftige Stiftung kann im Rahmen der gesetzlichen Fiktion in § 84 (sog. „Städel-Paragraph") ebenfalls letztwillig bedacht werden.

B. Regelungsgehalt

I. Stiftungsgeschäft von Todes wegen

2 Das Stiftungsgeschäft von Todes wegen erfolgt als **Testament** oder **Erbvertrag**. Es gelten die erbrechtlichen Vorschriften (Testierfähigkeit, Formvorschriften etc.). In Deutschland gilt über Art. 14 Abs. 1 S. 1 GG der Grundsatz der Testierfreiheit mit Einschränkungen durch das Pflichtteilsrecht und (wirtschaftlich betrachtet) zusätzlich durch das Erbschaftsteuerrecht. Das gilt auch für Stiftungen. Es gibt kein Sondererbrecht für Stiftungen (Anhang zu § 1923 Rn 59 ff). Auch eine Stiftung unterliegt dem Pflichtteilsrecht (s. § 80 Rn 94 ff).

3 Das letztwillige Stiftungsgeschäft muss eine ausreichende Vermögenszuwendung enthalten (zu den erbrechtlichen Ansätzen s. sogleich Rn 11 ff). Die Stellvertretung ist beim Stiftungsgeschäft von Todes wegen nach den erbrechtlichen Grundsätzen ausgeschlossen. Anders als bei der Stiftungserrichtung zu Lebzeiten genügt eine (verlässliche) Aussicht auf eine künftige ausreichende Mittelausstattung hier grds. nicht.[2]

4 Die rechtsfähige Stiftung des Privatrechts entsteht auch bei einem Stiftungsgeschäft von Todes wegen formal erst mit der Anerkennung. Die Anerkennung gilt jedoch für die Zuwendungen des Stifters/Erblassers **rückwirkend** als schon vor dessen Tode entstanden (§ 84).

5 Für die **Anfechtung** des Stiftungsgeschäfts von Todes wegen gelten die §§ 2078 ff.[3] Eine **Ausschlagung** der Zuwendung durch die Stiftung als Erbin oder Vermächtnisnehmerin scheidet schon *de facto* aus, denn das würde ihr die Existenzgrundlage nehmen; die Annahme der Erbschaft ist Geschäftsgrundlage für das Stiftungsgeschäft.

II. Unvollständiges Stiftungsgeschäft

6 Genügt das Stiftungsgeschäft nicht den Erfordernissen des § 81 Abs. 1 S. 3, geht der Gesetzgeber nach S. 2 von einem **heilbaren Rechtsmangel** aus,[4] dh die Stiftungsbehörde muss unter „Berücksichtigung" des Stifterwillens (§ 80 Rn 28 ff) der Stiftung eine **Satzung** geben oder eine unvollständige Satzung ergänzen. Dabei ist der Stifterwille entgegen der missverständlichen Formulierung des Gesetzes nicht nur irgendwie („soll") zu „berücksichtigen", dh in Betracht zu ziehen, sondern zu beachten und anzuwenden (näher zu diesem „Grundrecht" s. oben § 80 Rn 4) .[5] Der Stifterwille ist auch hier das Maß der Dinge. Soweit der Wille des Stifters „erkennbar"[6] ist – etwa zur Bildung des Vorstandes und zur sonstigen Stiftungsorganisation –, hat die Stiftungsbehörde diesen Willen umzusetzen.

1 Ausf. dazu Seifart/v. Campenhausen/*Hof*, § 6 Rn 66 ff; *Schiffer/Kotz*, ZErB 2004, 115.
2 Bamberger/Roth/*Schwarz/Backert*, § 83 Rn 2 und vor § 80 Rn 8.
3 Bamberger/Roth/*Schwarz/Backert*, § 83 Rn 7.
4 RegE, BT-Drucks. 14/8765, 11.
5 Palandt/*Ellenberger*, § 83 Rn 2; MüKo/*Reuter*, § 83 Rn 18 unter Hinweis auf das „Grundrecht auf Stiftung".
6 MüKo/*Reuter*, § 83 Rn 14; Palandt/*Ellenberger*, § 83 Rn 2 („soweit er festgestellt werden kann").

7 Die gesetzliche Reparaturregelung in § 83 Satz 2 ist konsequent, gilt doch für letztwillige Verfügungen die vom BGH entwickelte sog. **Andeutungstheorie**,[7] wonach dem letzten Willen auch bei einer nur geringen Andeutung in der Verfügung mit Blick auf die Unwiederholbarkeit der Erklärung des Erblassers wenn eben möglich zur Geltung verholfen wird. Eine solche Satzungsergänzung wird indessen dennoch nur in Betracht kommen, wenn im Stiftungsgeschäft/in der letztwilligen Verfügung der Stifter/Erblasser den Stiftungszweck eindeutig angibt und zugleich eine verbindliche Vermögenszusage macht.[8] Zumindest diese beiden **Grundelemente** sind **unverzichtbar**.[9] Sie lassen sich schon rein tatsächlich nicht nur andeuten und dann ergänzen. Es reicht beispielsweise auch nicht aus, diese beiden zentralen Elemente einfach nur und ohne Weiteres in einer maschinenschriftlich (!) abgefassten Satzung als Anlage zu dem handschriftlichen Testament festzulegen. Der einfache Hinweis auf die Anlage in dem formgerechten Testament ist noch keine Andeutung. Es ist deshalb dringend dazu zu raten, dass der Erblasser in seinem Testament unmittelbar selbst seinen Stifterwillen formgültig mit den wesentlichen Merkmalen festlegt, die eine Stiftung kennzeichnen (s. § 81 Rn 9), wie das LG Berlin umfassend noch zu der alten Rechtslage forderte.[10] Nach seinem Tod kann er seine Stiftungserrichtung nicht mehr reparieren. Er sollte nicht darauf vertrauen, dass ein Dritter (hier die Stiftungsbehörde) das in seinem Sinne tut. Die Behörde kann seinen Stifterwillen nur umsetzen, soweit er ihr vorliegt.

8 Der Stifter kann seiner letztwilligen Verfügung, wenn er die genannten Voraussetzungen beachtet, die von ihm **vorgesehene Stiftungssatzung beifügen**, anstatt letztwillig etwa den Testamentsvollstrecker mit der Fertigung einer Satzung gemäß der letztwilligen Verfügung zu beauftragen. Regelmäßig wird es sinnvoll sein, eine Satzung beizufügen, da der Stifter ja seinen konkreten Willen umsetzen will. Sinnvollerweise wird der Stifter zudem den Testamentsvollstrecker ausdrücklich bevollmächtigen, etwaige „Mängel“ des Stiftungsgeschäftes und/oder der Stiftungssatzung durch entsprechende Änderungen und Ergänzungen zu beheben.

III. Antragstellung

9 Der Erbe oder der Testamentsvollstrecker hat bei der Stiftungsbehörde den Antrag auf Anerkennung der Stiftung zu stellen. Nach S. 1 ist das **Nachlassgericht von Amts wegen** verpflichtet, das Stiftungsgeschäft von Todes wegen der Behörde zur Anerkennung mitzuteilen. Diese Amtspflicht besteht nicht, sofern die Anerkennung von dem **Erben** oder dem Testamentsvollstrecker **beantragt** wird (Anhang zu § 1923 Rn 107 ff). Diese Amtspflicht des Nachlassgerichts soll gewährleisten, dass eine Anerkennung durch die zuständige Behörde nicht mangels Kenntnis unterbleibt.[11] Mithin hat das Nachlassgericht im Zweifel mitzuteilen. Es muss sicher sein, dass der Erbe oder der Testamentsvollstrecker beantragt haben, nur dann entfällt seine Mitteilungspflicht. Der Anerkennungsantrag kann auch von einem Nachlasspfleger gestellt werden. Die für die Anerkennung der Stiftung zuständige Behörde kann die Stiftung auch ohne Antrag eines Beteiligten anerkennen, wenn sie von dem Stiftungsgeschäft Kenntnis erhält, denn es besteht bei Stiftungen von Todes wegen kein Antragserfordernis.[12]

IV. Sitz der Stiftung

10 Der Sitz der letztwilligen Stiftung ist in S. 3 und 4 für den Fall geregelt, dass in der Satzung die an sich nach § 81 Abs. 1 S. 3 erforderliche Angabe des Sitzes fehlt. Als Sitz der Stiftung gilt danach der Ort, an dem die Verwaltung geführt wird. Im Zweifel, etwa bei noch fehlender Büroorganisation, gilt der letzte Wohnsitz des Stifters im Inland als Sitz der Stiftung. So wird berücksichtigt, dass gerade ältere Stifter nicht immer ihren inländischen Wohnsitz als Ruhestandswohnsitz beibehalten.[13] Typischerweise wird der letzte Wohnsitz des Erblassers als Sitz der Stiftung jedenfalls dem mutmaßlichen Stifterwillen entsprechen.

V. Stiftung als letztwillig Bedachte[14]

11 **1. Erbenstellung.** Eine Stiftung tritt als Erbin (s. Anhang zu § 1923 Rn 59 ff) ggf gemeinsam mit weiteren (Mit-)Erben (Erbengemeinschaft) die **Gesamtrechtsnachfolge** nach dem Erblasser an und haftet damit auch für etwaige Verbindlichkeiten. Sie kann als Mitglied einer **etwaigen Erbengemeinschaft** deren Auflösung fordern und im Wege der Zwangsversteigerung betreiben (§§ 2042 Abs. 2, 753). Um unsinnige Auseinander-

7 Anschaulich dazu: *Weirich*, Erben und Vererben, 5. Aufl. 2004, S. 65 ff; BGHZ 286, 41; 94, 36; s.a. § 80 Rn 30; s.a. *Schiffer/Scherf*, ZErb 2006, 335 zur wohlwollenden Auslegung letztwilliger Verfügungen.
8 RegE, BT-Drucks. 14/8765, 11; Rechtsausschuss, BT-Drucks. 14/8894, 11.
9 *Schwarz*, DStR 2002, 1723.
10 S. LG Berlin FamRZ 2001, 450.
11 MüKo/*Reuter*, § 83 Rn 17 mwN.
12 MüKo/*Reuter*, § 83 Rn 17; Bamberger/Roth/*Schwarz/Backert*, § 83 Rn 8; Seifart/v. Campenhausen/*Hof*, § 6 Rn 110.
13 Bamberger/Roth/*Schwarz/Backert*, § 83 Rn 10.
14 Seifart/v. Campenhausen/*Hof*, § 6 Rn 73 ff; *Schiffer/Kotz*, ZErB 2004, 115.

setzungen und Streitereien zu vermeiden, sollte der Erblasser grundsätzlich im Wege einer Teilungsanordnung bestimmen, wer welche Nachlassgegenstände erhält.

Eine letztwillige Zuwendung an eine bereits bestehende Stiftung ist eine **Zustiftung** (s. § 81 Rn 49), wenn der Erblasser nichts anderes verfügt. In der Stiftungssatzung sollte vorgesehen sein, dass die Stiftung Zustiftungen etwa auch in der Form von **Stiftungsfonds** (§ 81 Rn 49) annehmen darf. 12

Eine Stiftung kann auch als **Nacherbin** eingesetzt werden. Grundsätzlich tritt die Nacherbfolge mit dem Tod des Vorerben ein (§ 2106). Nicht übersehen werden darf allerdings, dass die Einsetzung eines Nacherben nach Ablauf von 30 Jahren nach dem Erbfall unwirksam wird (§ 2109 Abs. 1 S. 1). Die Nacherbschaft bleibt jedoch dann auch nach dem Ablauf der Frist wirksam (§ 2109 Abs. 1 S. 2), wenn die Nacherbfolge für den Fall angeordnet ist, dass in der Person des Vorerben oder des Nacherben ein bestimmtes Ereignis (Beispiele: Tod des Vorerben, die Wiederverheiratung des Vorerben) eintritt und derjenige, in dessen Person das Ereignis eintreten soll, zur Zeit des Erbfalls lebt (§ 2109 Abs. 1 S. 2 Nr. 1), und wenn dem Vorerben oder einem Nacherben für den Fall, dass ihm ein Bruder oder eine Schwester geboren wird, der Bruder oder die Schwester als Nacherbe bestimmt ist (§ 2109 Abs. 1 S. 2 Nr. 1). Gehört ein Grundstück oder ein Recht an einem solchen zur Erbschaft, ist das Recht der Stiftung als Nacherbin in das Grundbuch einzutragen (§ 51 GBO). 13

Eine Stiftung als **Vorerbin** einzusetzen, wird regelmäßig keinen Sinn machen, ist aber anders als *Wachter*[15] und wohl auch *Hof*[16] meinen, nicht etwa per se ausgeschlossen (s.a. Rn 31 ff). Eine bereits errichtete Stiftung kann ein Vermögen sehr wohl als Vorerbin nutzen. Voraussetzung ist, dass sie in ihrer Zweckerfüllung nicht davon abhängig ist, dh ohne die Vorerbschaft über ein Vermögen verfügt, das die nachhaltige Erfüllung des Stiftungszwecks sicherstellt. Eine Stiftung bei ihrer Errichtung von Todes wegen nur als Vorerbin mit Vermögen auszustatten, wird regelmäßig nicht ausreichen, erscheint aber immerhin bei einem entsprechend zeitlich begrenzten Stiftungszweck nicht ausgeschlossen. 14

Unter Beachtung dieser Zusammenhänge kann eine Stiftung auch als **Ersatzerbin** eingesetzt werden. 15

2. Vermächtnis. Eine Stiftung kann auch als Vermächtnisnehmerin eingesetzt werden (Anhang zu § 1923 Rn 81 ff). Sie wird dann zwar nicht Rechtsnachfolgerin des Erblassers, erwirbt aber mit dem Erbfall einen **Anspruch gegen den oder die Erben** auf Herausgabe des vermachten Gegenstandes (§ 2174). Die Annahme und die etwaige Ausschlagung des Vermächtnisses erfolgen gegenüber dem Beschwerten, in der Regel dem Erben. Durch das Vermächtnis kann der Erblasser der Stiftung einen ganz bestimmten Gegenstand zuwenden, aber bei einem Wahlvermächtnis (§ 2154) und einem Gattungsvermächtnis (§ 2155) die „Auswahl" des Gegenstandes auch einem Dritten oder dem Bedachten übertragen. Das mag es in problematischen Einzelfällen der Familie des Erblassers/Stifters erleichtern, die Vermögensübertragung auf die Stiftung innerlich zu akzeptieren. Wenn der Erblasser den Zweck der Zuwendung hinreichend bestimmt hat, kann er sogar die Bestimmung der konkreten Leistung an die Stiftung ebenfalls dem Beschwerten oder einem Dritten überlassen (Zweckvermächtnis, § 2156). Ist ein Grundstück Gegenstand des Vermächtnisses, haftet der Beschwerte im Zweifel nicht für die Lastenfreiheit des Grundstücks von Grunddienstbarkeiten, beschränkten persönlichen Dienstbarkeiten oder Reallasten (§ 2182 Abs. 3). 16

3. Auflage. Der Erblasser kann eine bereits existierende Stiftung letztwillig auch mit einer Auflage bedenken, die Stiftung hat dann allerdings **kein Recht, die Leistung zu fordern** (§§ 1940, 2192 ff; s. Anhang § 1923 Rn 89 ff). Dennoch ist die Auflage für den Erben oder Vermächtnisnehmer bindend. Die Vollziehung einer Auflage (§ 2194 S. 1) können Erben, Miterben und diejenigen verlangen, denen der Wegfall des mit der Auflage zunächst Beschwerten unmittelbar zustattenkommen würde, wie zum Beispiel der Nacherbe oder Ersatzerbe. Außerdem kann auch der in einem solchen Fall sinnvollerweise einzusetzende Testamentsvollstrecker die Vollziehung der Auflage verlangen (§ 2208 Abs. 2). Liegt die Vollziehung einer Auflage im **öffentlichen Interesse**, was bei einer Auflage zugunsten einer gemeinnützigen Stiftung regelmäßig der Fall sein dürfte,[17] kann auch die zuständige Behörde die Vollziehung der Auflage verlangen (§ 2194 S. 2). Die Behörde ist nicht etwa mit der Stiftungsbehörde identisch, sondern nach Landesrecht zu bestimmen.[18] 17

4. Testamentsvollstreckung. Ist kein Testamentsvollstrecker bestellt, die Stiftung aber zur Erbin bestimmt worden, wird vom Nachlassgericht nach Eröffnung des Testamentes ein **Nachlasspfleger** als gesetzlicher Vertreter der zu errichtenden Stiftung bestimmt (§ 1960).[19] Ist die Stiftung nur Miterbin oder Vermächtnisnehmerin, so reicht die Bestellung eines Pflegers nach § 1913. Hierzu sollte es ein Stifter nicht kommen lassen. Er sollte nicht die Möglichkeit versäumen, durch die Einsetzung eines Testamentsvollstreckers seiner Wahl auf die Umsetzung seines Stiftungsprojektes nach seinem Tode einzuwirken (Anhang zu § 1923 Rn 93 ff). 18

15 *Wachter*, S. 17.
16 Seifart/v. Campenhausen/*Hof*, § 6 Rn 83 („prinzipiell").
17 Wie hier *Wachter*, S. 19.
18 MüKo/*Schlichting*, § 2194 Rn 8 mit zahlreichen Nachweisen in Fn 13.
19 *Mecking/Schindler/Steinsdörfer*, S. 21; Seifart/v. Campenhausen/*Hof*, § 6 Rn 78.

19 **5. Treuhänderische Stiftung. a) Erbin oder Vermächtnisnehmerin?** Treuhänderische (unselbständige) Stiftungen (s. Vor §§ 80 ff Rn 21 ff) können **nicht selbst Erbinnen oder Vermächtnisnehmerinnen** sein (Anhang zu § 1923 Rn 121 ff). Da sie keine eigene rechtliche Persönlichkeit bilden, wird in ihrem Fall der Treuhänder Erbe oder Vermächtnisnehmer, der dann erbrechtlich per Auflage und/oder aufgrund des Treuhandvertrages verpflichtet wird oder ist, den zugewendeten Vermögenswert „für" die Stiftung zu verwenden. Eine Stellung der treuhänderischen Stiftung als Erbin oder Vermächtnisnehmerin ist damit allein wirtschaftlich gegeben.

20 **b) Steuerliches.** Erbschaftsteuerlich wird die unselbständige Stiftung als **Zweckzuwendung** nach § 1 Abs. 3 und § 8 ErbStG behandelt.[20] Eine Zweckzuwendung ist eine Zuwendung von Todes wegen oder eine freigebige Zuwendung unter Lebenden, die mit der Auflage verbunden ist, zugunsten eines bestimmten Zwecks verwendet zu werden, oder die von der Verwendung zugunsten eines bestimmten Zwecks abhängig ist, soweit hierdurch die Bereicherung des Erwerbers gemindert wird. Eine Zweckzuwendung ist nur gegeben, wenn die Zweckbindung zu einer Minderung der Bereicherung des Erwerbers führt.[21] Eine Bereicherungsminderung fehlt, wenn die Erfüllung des Zwecks im eigenen Interesse des Beschwerten liegt (§ 10 Abs. 9 ErbStG). Daher mindert beispielsweise die Auflage an eine Stiftung, das ihr Zugesagte satzungsgemäß zu verwenden, die Bereicherung nicht. **Steuerschuldner** bei der Zweckzuwendung ist nach § 20 Abs. 1 ErbStG der mit der Ausführung der Zuwendung Beschwerte. Der Gesetzgeber geht dabei von der Annahme aus, dass der Beschwerte den zur Zweckerfüllung aufzuwendenden Betrag um die Steuerschuld kürzen darf, was mangels anderer ausdrücklicher Anordnung, die möglich ist, im Zweifelsfall durch Auslegung der Zweckzuwendung zu entnehmen ist.[22]

21 Da sich treuhänderische Stiftungen mangels Erfordernis der Anerkennung durch den Staat deutlich schneller errichten lassen als rechtsfähige Stiftungen, sind sie auch ein probates Mittel, noch kurz vor Ablauf der **24-Monats-Frist** aus **§ 29 Abs. 1 Nr. 4 S. 1 ErbStG** in den Genuss der dortigen **Steuerbefreiung** zu gelangen.

22 Unter Stiftungen iSd § 29 ErbStG sind **rechtsfähige Stiftungen** und auch **nichtrechtsfähige Stiftungen**[23] zu verstehen. Die treuhänderische Stiftung fällt ebenso wie die rechtsfähige Stiftung in den Anwendungsbereich des „Gesetzes zur weiteren steuerlichen Förderung von Stiftungen". Zur Klärung verschiedener **Zweifel aus der Praxis**[24] hat der damalige Bundesminister der Finanzen Hans Eichel unter dem Datum des 21.3.2000 an den Stifterverband für die Deutsche Wissenschaft in Essen insb. wie folgt geschrieben:[25] „Der zusätzliche Abzugsrahmen für Zuwendungen an Stiftungen soll entgegen Ihrer Annahme für alle steuerbegünstigten Stiftungen im Sinne der Abgabenordnung gelten, also auch für die nicht rechtsfähigen gemeinnützigen Stiftungen. Durch die Beschränkung auf Stiftungen des privaten Rechts sollen lediglich die Stiftungen des öffentlichen Rechts von der besonderen Steuervergünstigung ausgegrenzt werden."

Die Ausweitung des Anwendungsbereiches des § 29 Abs. 1 Nr. 4 S. 1 ErbStG war gerade auch Bestandteil des vom Bundesfinanzminister angesprochenen „Gesetzes zur weiteren steuerlichen Förderung von Stiftungen".[26] Es ist deshalb mit dem Schreiben des Bundesfinanzministers kein Grund ersichtlich, warum die Steuerprivilegierung das § 29 ErbStG nicht auch für treuhänderische Stiftungen gelten soll.

23 Auch zu der mit der alten Fassung insoweit identischen Fassung des § 29 ErbStG waren unabhängig davon verschiedene Autoren aus der Finanzverwaltung ohne Weiteres und ohne Begründung der Auffassung, dass „inländische Stiftungen" im Sinne der Vorschrift sowohl rechtsfähige Stiftungen (§ 1 Abs. 1 Nr. 4 KStG) als auch nicht rechtsfähige (treuhänderische) Stiftungen (§ 1 Abs. 1 Nr. 5 KStG) sind.[27] Das überzeugt, denn in beiden Fällen handelt es sich um Stiftungen, dh entsprechend gesonderte Vermögensmassen, die gleichermaßen der Steuerpflicht unterliegen. Das Steuerrecht unterscheidet hier ganz bewusst und ausdrücklich nicht nach der Frage der zivilrechtlichen Rechtsfähigkeit, wie gerade § 1 Abs. 1 KStG zeigt, sondern stellt gerade rechtsfähige und nicht rechtsfähige Stiftungen steuerlich gleich. In § 29 ErbStG ist auch nur von „inländischen Stiftungen" und nicht etwa nur von rechtsfähigen Stiftungen die Rede.

20 *Wachter*, S. 188.
21 *Meincke*, § 8 ErbStG Rn 7.
22 *Meincke*, § 8 ErbStG Rn 10.
23 *Meincke*, § 29 ErbStG Rn 13 mwN (anders noch in der 13. Aufl.).
24 *Schiffer*, DStR 2004, 1031, 1033.
25 IV C6 – S 0171–54/00; s. dazu auch *Schindler*, BB 2000, 2077, 2078.
26 *Schiffer*, DStR 2004, 1031, 1033; s. auch FinVerw ZEV 2003, 329.
27 *Thiel/Eversberg*, DB 1991, 118, 125; *Troll*, DB 1991, 672, 673.

C. Weitere praktische Hinweise

I. Kein Widerruf, kein Ausschlagungsrecht

24 Das Stiftungsgeschäft von Todes wegen kann nur unter den erbrechtlichen Voraussetzungen widerrufen werden (§§ 2153 ff).[28] Ein Widerruf durch die Erben ist ausgeschlossen, denn § 81 Abs. 2, der den Widerruf auch durch Erben in bestimmten Fallkonstellationen, die durch die Vorschrift nicht ausgeschlossen sind (Satz 3), zulässt, gilt nur für das Stiftungsgeschäft unter Lebenden.[29] Die Stiftung selbst hat **kein Ausschlagungsrecht** (Anhang zu § 1923 Rn 106), [30] denn das Stiftungsgeschäft steht nicht zur Disposition der Stiftungsorgane. Sie sind an den Stifterwillen gebunden (§ 80 Rn 2) und erst durch das Stiftungsgeschäft in ihr Amt gelangt.

II. Verbindung mit einem Stiftungsgeschäft unter Lebenden

25 Das Stiftungsgeschäft von Todes wegen kann mit einem Stiftungsgeschäft unter Lebenden verbunden werden.[31] Soll beispielsweise eine von beiden Ehegatten durch Erbvertrag errichtete Stiftung nach dem Tode des erstversterbenden Ehegatten entstehen, nimmt jeder Ehegatte ein Stiftungsgeschäft sowohl unter Lebenden wie von Todes wegen vor, nämlich Ersteres unter der Bedingung, dass der andere Ehegatte, Letzteres unter der Bedingung, dass er selbst als Erster verstirbt.[32]

III. Stiften von Todes wegen oder zu Lebzeiten?

26 Stifter „verschenken" bei einer Stiftung von Todes wegen die Möglichkeit, maßgeblichen und **aktiven Einfluss** auf „ihre" Stiftung und deren Arbeit zu nehmen.[33] Deutlich sinnvoller ist grundsätzlich, wobei natürlich jeweils nach den konkreten Gegebenheiten im Einzelfall zu entscheiden ist, die Stiftung bereits zu Lebzeiten mit einem vergleichsweise geringen Vermögen zu errichten und das Vermögen der Stiftung durch Zustiftungen von Todes wegen aufzustocken („Zustiftungsmodell").[34] Auf diese Weise behalten die Stifter zu Lebzeiten die finanzielle Absicherung durch ihr eigenes Vermögen und erhalten gleichzeitig die Gelegenheit, die Stiftung in ihren Gründungsjahren – sei es als Vorstands- oder Stiftungsratsmitglied – wesentlich mitzugestalten und die Stiftung über den Text der Stiftungsverfassung hinaus deutlich zu prägen.[35] Zu Lebzeiten der Stifter lässt sich vor allem auch eine etwaig erforderliche Änderung der Stiftungssatzung, sei es zur Anpassung an geänderte Verhältnisse oder zur Korrektur eventueller Fehlvorstellungen, mit Hilfe des Stifters erfahrungsgemäß leichter bei den Stiftungsbehörden durchsetzen..[36]

27 Wirklich wichtig ist auch, wie die Praxis immer wieder zeigt, dass ein Stifter zu seinen Lebzeiten die **Leitungspersonen** auswählen und anleiten kann, die die Stiftung verwalten. Gerade die ersten Stiftungsvorstände und Stiftungsräte prägen das Bild und die Kultur einer Stiftung für die Nachfolger. Wollen die Stifter nicht selbst konkret in der Stiftung tätig werden und so Maßstäbe setzen, können sie jedenfalls die geeigneten Persönlichkeiten bestimmen und deren Wirken verfolgen. Wählen Stifter den Weg über ein Anstiften zu Lebzeiten und ein Zustiften von Todes wegen, können sie zu Lebzeiten mit ihrer Stiftung „üben". Tatsächlich ist das Zustiftungsmodell dem Modell einer Stiftungserrichtung von Todes wegen in aller Regel vorzuziehen.[37] Die Stiftung von Todes wegen ist theoretisch hoch interessant, aber tatsächlich kaum einmal ein sinnvolles Modell für die Praxis. Wer will beispielsweise bei einer Unternehmensnachfolgegestaltung unter Einbindung von Stiftungen als Stifter riskieren, ein solches typischerweise sehr komplexes Modell nicht zu Lebzeiten zu

28 BGHZ 70, 313; Bamberger/Roth/*Schwarz/Backert*, § 83 Rn 8.
29 MüKo/*Reuter*, § 83 Rn 15; Bamberger/Roth/*Schwarz/Backert*, § 83 Rn 8 mwN.
30 MüKo/*Reuter*, § 83 Rn 13; Palandt/*Ellenberger*, § 83 Rn 1; aA *Schmidt*, ZEV 1999, 141.
31 Bamberger/Roth/*Schwarz/Backert*, § 83 Rn 2.
32 BGHZ 70, 313, 321.
33 Ausf. dazu *Schiffer*, Siftung, § 5 Rn 16 ff.
34 Seifart/v. Campenhausen/*Hof*, § 6 Rn 91 spricht hier in Anlehnung an sog. (inaktive) Vorratsgesellschaften fälschlich von „Vorratsstiftung". Das ist schon deshalb falsch, weil die lebzeitig errichtete Stiftung nicht etwa „ruht", sondern wie jede Stiftung aktiv ihren Zweck zu verfolgen hat. Bei gemeinnützigen Stiftungen kommt noch die Verpflichtung zur zeitnahen Mittelverwendung (§ 55 Abs. 1 Nr. 5 AO) hinzu. Gemeinnützige Stiftungen sind als „Vorratsstiftungen" auch steuerrechtlich unzulässig.
35 So schon *Hennerkes/Schiffer*, Stiftungsrecht, 1. Aufl. 1996, S. 171; insoweit zustimmend zB *Schewe*, Anhang zu § 1923 Rn 5.
36 Falsch ist es, wenn *Schewe* (Anhang zu § 1923 Rn 5, Fn 10) meint, *Hennerkes/Schiffer* hätten vor der Reform des Stiftungsrechts in 2002 von einer Stiftungserrichtung von Todes wegen deshalb abgeraten, weil zu unsicher sei, ob nach dem Erbfall die „Genehmigung" der Stiftung von der zuständigen Behörde erteilt werde. Hier zitiert *Schewe* die besagten Autoren wohl versehentlich falsch. Er zitiert für seine Behauptung im Übrigen *Hennerkes/Schiffer*, Stiftungsrecht, 1. Aufl. 1996, 171. Dort steht ebenso wenig zu seiner Behauptung, wie in der von ihm nicht zitierten 3. Aufl., 2001, S. 194 ff; ausf. zu dem Thema „Stiftung von Todes wegen oder zu Lebzeiten?" *Schiffer*, Stiftung, § 5 Rn 16 ff, Rn 27 ff.
37 Deutlich schon *Hennerkes/Schiffer*, aaO.

üben, um es ggf selbst nach zu justieren? Man betrachte etwa nur die bekannten Praxisfälle Mohn/Bertelsmann, Würth, Lidl, Aldi, und Vorwerk. Die (Nachfolge-)Stiftungen wurden jeweils zu Lebzeiten errichtet. Langenfeld sieht die Stiftung von Todes wegen sogar als bloße „Notlösung".[38] Das ist pointiert formuliert, aber nicht falsch, darf allerdings wie immer in der Praxis nicht den Blick auf die konkreten Gegebenheiten des Einzelfalles verstellen, die uU eine Durchbrechung des ansonsten geltenden Grundsatzes erfordern mögen. In der Vorauflage dieses Kommentars war zudem noch zu kritisieren, dass der Gesetzgeber steuerlich einen Unterschied zwischen (Erst-)Stiftung und Zustiftung machte. Zwischenzeitlich genießt eine Zustiftung bei der steuerbefreiten Stiftung **dieselbe Steuerprivilegierung** wie die Errichtungsdotation (§ 10 b Abs. 1 a EStG).[39] Damit spricht für gemeinnützige Stiftungen sogar noch mehr als bisher für das Zustiftungsmodell. Auch im Bereich der nicht steuerbefreiten Familienstiftung ist das Zustiftungsmodell aus den vorstehend genannten Erwägungen in aller Regel vorzugswürdig. Mit einem Zustiftungsmodell kann flexibel auf steigende Versorgungsbedürfnisse der Familie reagiert werden.

IV. Auslegung letztwilliger Stiftungsgeschäfte

28 Bei der Auslegung eines letztwilligen Stiftungsgeschäfts ist nach wohl hM[40] zwischen der Satzung und der letztwilligen Vermögenszuwendung zu unterscheiden. Die Satzung ist nach den allgemeinen Regeln (§§ 133, 157) auszulegen; für die letztwillige Vermögenszuwendung gelten die Auslegungsregelungen des Erbrechts.[41] Für Satzungsergänzungen und -änderungen durch den Testamentsvollstrecker oder die Aufsichtsbehörde gelten auch die §§ 133, 157.[42]

V. Steuerhinweise

29 Die Besteuerung der Stiftung erfolgt nach den allgemeinen Grundsätzen und Regeln.[43] Besonders hinzuweisen ist auf das Erbschaftsteuerreformgesetz 2009 mit wesentlichen Änderungen des Erbschaftsteuer- und Bewertungsrechts.[44] Diese Neuerungen können sich natürlich auch im Zusammenhang mit Stiftungen auswirken. In der Folge des neuen Rechts sind in dem „Erlass zur Umsetzung des Gesetzes zur Reform des Erbschafsteuer- und Bewertungsrechts; Anwendung der geänderten Vorschriften des Erbschaftsteuer- und Schenkungssteuergesetzes (AEErbSt) v. 25.6.2009[45] sind wesentliche Anpassungen und Ergänzungen bei den bisherigen Erbschaftsteuer-Hinweisen vorgenommen worden. Die Erbschaftsteuerrichtlinien sind noch nicht an das neue Erbschaftsteuerrecht angepasst. Es sind noch die ErbStR 2003.

30 Die sog. **„Vererbung von Verlusten"** war ein gestalterisches Dauerthema. Der BFH hat Ende 2007 die Möglichkeit der Vererbung von Verlusten **abgeschafft**[46], weil eine solche Möglichkeit weder auf zivilrechtliche noch auf steuerrechtliche Vorschriften und Prinzipien gestützt werden könne. Die Einkommensteuer sei eine Personensteuer, weshalb sie mit dem Tod des Steuerpflichtigen ende. Das gelte auch für noch offene Verluste. Wegen des Vertrauensschutzes greift diese Änderung der Rechtsprechung aber nicht rückwirkend, sondern erst nach der Entscheidung eintretende Erbfälle. Damit ist auch die BFH-Rechtsprechung zur Vererbung von Verlusten bei Stiftungen[47] überholt.

31 Im Fall der **Vorerbschaft und Nacherbschaft** ergeben sich steuerlich zwei Erbfälle, so dass eine **Doppelbesteuerung** stattfindet. Aus steuerlicher Sicht ist diese Gestaltung deshalb möglichst zu vermeiden.

32 Über **§ 29 Abs. 1 Nr. 4 ErbStG** („Erlöschen der Steuer wegen Weitergabe an gemeinnützige Stiftung") kann ein Erbe ggf steuerliche Vorteile durch den Weg in die Gemeinnützigkeit auch noch nach dem Erbfall erlangen. Der Gesetzgeber gibt ihm dafür eine Frist von 24 Monaten. Der Erbe kann dabei allerdings nicht gleichzeitig auf die Möglichkeit des § 58 Nr. 5 AO (Stichwort: „Steuerliche Familienstiftung"[48]) zurückgreifen (§ 29 Abs. 1 Ziffer 4., Satz 2 ErbStG).

33 Das sog. **Berliner Testament**, bei dem in einem 1. Schritt der überlebende Ehegatte zum Erben eingesetzt wird und sodann in einem 2. Schritt als dessen Erben die Abkömmlinge oder eben auch eine Stiftung eingesetzt

38 *Langenfeld*, ZEV 2002, 481.
39 Näher dazu *Schiffer*, Stiftung, § 10 Rn 32.
40 Palandt/*Ellenberger*, § 85 Rn 2; Bamberger/Roth/*Schwarz/Backert*, § 83 Rn 7. Unkonkret: MüKo/*Reuter*, § 83 R 14 („...an erbrechtlichen Grundsätzen zu orientieren"); *Schewe* (Anhang zu § 1923 Rn 113 mwN) will – jedenfalls vor Anerkennung der Stiftung – einheitlich nach erbrechtlichen Grundsätzen auslegen.
41 AA Soergel/*Neuhoff*, § 83 Rn 1. S. zu dem Streit auch Seifart/v. Campenhausen/*Hof*, § 6 Rn 69 ff.
42 Seifart/v. Campenhausen/*Hof*, § 6 Rn 70.
43 Ausf. *Schiffer*, Stiftung, § 9 Rn 1 ff, § 10 Rn 1 ff.
44 Ausf. dazu etwa Fischer/Jüptner/Pahlke/Wachter (Hrsg.), ErbStG Kommentar, 2. Aufl., 2010.
45 Gleichlautender Ländererlass BStBl I 2009, 713 ff; s. den „Vorgänger" BStBl I 2002, 668.
46 BFH-Beschl. v. 17.12.2007, GrS 2/04, BStBl. 2008 II, 608; s. dazu etwa *Birnbaum*, DB 2008, S. 278 f (Urteilsanm.). S. zu der vorangegangenen wechselhaften Rspr etwa die Urteilsanm. von *Rettig*, BB 2002, 31; *Schiffer*, StuB 2001, 923; 1999, 1102 u. 997.
47 BFH BStBl II 1972, 621; BFH BB 2002, 29.
48 Ausf. dazu *Schiffer*, Stiftung, § 10 Rn 133 ff.

werden, ist nicht zu empfehlen. Es ist nicht pflichtteilsfest und führt zu einer steuerlichen Doppelbelastung bei den Vermögenswerten, die vom Erblasser über den ersten Erben an den späteren Erben gehen.

In einem Erlass v. 5.11.2003 hat das Bayerische Staatsministerium der Finanzen[49] im Einvernehmen mit den obersten Finanzbehörden der anderen Bundesländer die Ansicht vertreten, die Erbschaftsteuerbefreiung **nach § 13 Abs. 1 Nr. 16 Buchst. b ErbStG** entfalle bei Einsetzung einer **gemeinnützigen Stiftung als Vorerbin** vor anderen Personen (Beispiel: Abkömmlinge des Erblassers). Für die Gewährung der Steuerbefreiung fehle es an der „Bindung" des zugewandten Vermögens iSv § 55 Abs. 1 Nr. 1 AO. Da nur der einmalige Vermögensübergang auf die Stiftung der Erbschaftsteuer unterliege, müsse die „Bindung" gerade hinsichtlich des zugewendeten Vermögens bestehen. In der Fachwelt ist dieser Erlass auf Erstaunen gestoßen.[50] Er findet **keine Stütze in den gesetzlichen Vorschriften** und dürfte letztlich auf einem Fehlverständnis beruhen. In den ErbStR findet sich denn auch kein entsprechender Hinweis. In ihrer oben skizzierten Argumentation scheint die Finanzverwaltung § 55 Abs. 1 Nr. 4 AO (Grundsatz der Vermögensbindung) mit § 55 Abs. 1 Nr. 1 AO zu verwechseln, der „nur" die satzungsmäßige Zweckverwendung der Mittel der Stiftung betrifft, auf den sich die Finanzverwaltung aber zum Thema Vermögensbindung beruft. Das „Grundstockvermögen" und die „Einlagen" der Stifter sind keine Mittel iSd § 55 Abs. 1 Nr. 1 AO. Zuwendungen als Vorerbschaft sind deshalb in aller Regel keine Mittel im Sinne der Vorschrift. Es ist daher nicht nachvollziehbar, was die Finanzverwaltung mit ihrer Begründung meint. Aus § 13 Abs. 1 Nr. 16 Buchst. b ErbStG ergibt sich auch weder dem Wortlaut noch dem Sinn der Vorschrift nach als Voraussetzung für die Steuerbefreiung, dass das Vermögen der Stiftung dauerhaft verbleiben muss. 34

Es ist auch unerfindlich, wie die Bayerische Finanzverwaltung in besagtem Erlass zu der Ansicht gelangt, dass im **Vor-/Nacherbfall** nur der Vermögensübergang auf die Stiftung (= Vorerbfall) der Erbschaftsteuer unterliegt. Auch mit dem Nacherbfall liegt ein nach § 1 Abs. 1 Nr. 1 iVm § 6 ErbStG steuerbarer Vorgang vor. Eine Besteuerung ist in der von der Finanzverwaltung angesprochenen Fallkonstellation also sichergestellt. Für die steuerbefreite Stiftung ist die Vorerbschaft im Übrigen wirtschaftlich vorteilhaft, weil sie bis zum Nacherbfall die Erträge aus der Vorerbschaft erhält und zusätzlich für ihre satzungsmäßigen Zwecke einsetzt (§ 55 Abs. 1 Nr. 1 AO). Auch von daher läuft der dies verhindernde Erlass der klaren Intention des Gesetzgebers, Zuwendungen an gemeinnützige Stiftungen durch Steuerbefreiung zu fördern, zuwider und ist unverständlich. Die Finanzverwaltung sollte ihren Erlass noch einmal überdenken. So wie er bisher vorliegt, ist er weder verständlich noch im Gesetz fundiert. In der Praxis schafft er damit unnötige Verwirrung. 35

§ 84 Anerkennung nach Tod des Stifters

Wird die Stiftung erst nach dem Tode des Stifters als rechtsfähig anerkannt, so gilt sie für die Zuwendungen des Stifters als schon vor dessen Tod entstanden.

Literatur: Siehe Vor §§ 80 ff.

A. Allgemeines

Die rechtsfähige Stiftung des Privatrechts entsteht auch bei einem Stiftungsgeschäft von Todes wegen (formal) erst mit der Anerkennung (§ 83). Die Stiftung gilt jedoch für die Zuwendungen des Stifters/Erblassers über § 84 **rückwirkend als schon vor dessen Tode entstanden**. Die Vorschrift fingiert also das Bestehen der Stiftung als juristische Person für den Fall, dass der **Stifter vor Anerkennung der Stiftung stirbt** und dass sie von ihm schon vor dessen Tod durch Verfügung von Todes wegen oder durch Rechtsgeschäft unter Lebenden Zuwendungen erhalten hat. So wird dem Stifter **entgegen § 1923** auch die Erbeinsetzung der künftigen Stiftung ermöglicht. Aus § 84 folgt systematisch, dass vor der Anerkennung der Stiftung durch die Stiftungsbehörde noch keine teilrechtsfähige Vor-Stiftung existiert (§ 80 Rn 14 ff). 1

49 Az. 34–S3812–044–37478/03, ZEV 2004, 65.
50 S. etwa *Söffing/Thoma*, BB 2004, 855.

B. Regelungsgehalt

2 Die Vorschrift gilt sowohl **für Stiftungen unter Lebenden** (= Stifter stirbt nach lebzeitigem Stiftungsgeschäft) als auch **für Stiftungen von Todes wegen** (Anhang zu § 1923 Rn 7).[1] Über die gesetzliche Fiktionswirkung gelten die Vermögensübertragungsansprüche und/oder letztwilligen Verfügungen aus dem Stiftungsgeschäft nach § 82 S. 1 als schon vor dem Tode des Stifters entstanden. § 84 gilt nach seinem klaren Wortlaut und Sinn nur für Zuwendungen, dh nicht für sonstige rechtliche Beziehungen zwischen Stifter und Stiftung (zB etwaige Schadensersatzforderungen der Stiftung). § 84 ist entsprechend anwendbar für Stiftungen, die im **Ausland** errichtet worden sind.[2]

3 Soweit der Stifter der Stiftung Vermögen **außerhalb seines Stiftungsgeschäfts zuwendet** (Rechtsgeschäft, Schenkung, letztwillige Verfügung), soll die gesetzliche Fiktion nach wohl hM nicht greifen, weil eine Vorstiftung abzulehnen sei, solche Rechtsgeschäfte aber der Mitwirkung der Stiftung oder eben einer rechtsfähigen Vorstiftung bedürften.[3] Zwar ist eine Vorstiftung in der Tat abzulehnen (s. § 80 Rn 14 ff), der besagten Meinung ist aber dennoch nicht zu folgen,[4] denn der Gesetzeswortlaut ist eindeutig. Er spricht nur allgemein von „Zuwendungen des Stifters" und nicht etwa von Zuwendungen im Rahmen des Stiftungsgeschäfts. Auch Sinn und Zweck der Vorschrift sprechen dafür, sie so wie hier zu verstehen. Es geht darum, der Stiftung qua Fiktion (!) vom Stifter zugedachtes Vermögen zur Erfüllung des Stiftungszwecks zukommen zu lassen. Dabei ist unerheblich, ob der Stifter die betreffenden Zuwendungen über das Stiftungsgeschäft eingeleitet hat oder ob er sie über ein daneben laufendes Rechtsgeschäft (Schenkungszusage) eingeleitet hat. In beiden Fällen wäre an sich die Mitwirkung der rechtsfähigen Stiftung erforderlich, eine solche wird hier eben vom Gesetz fingiert. Damit fällt einer Stiftung im Rahmen des § 84 zB auch ein **Vermächtnis** nicht erst zum Zeitpunkt der Anerkennung der Stiftung, sondern bereits zum Zeitpunkt des Erbfalls an (s. Anhang zu § 1923 Rn 7).

4 Bei einem **Stiftungsgeschäft unter Lebenden** gilt der Anspruch auf das im Stiftungsgeschäft zugesagte Vermögen nach § 84 als schon vor dem Tod des Stifters entstanden, aber auch dann müssen Vermögensgegenstände – anders als Rechte iSv § 82 S. 2 – einzeln übertragen werden (§ 82 Rn 2 f).[5] Rechte gem. § 82 S. 2 sind nach § 84 bereits als Rechte der Stiftung anzusehen.[6] **Beim Stiftungsgeschäft von Todes wegen** wird die Stiftung als Erbin Gesamtrechtsnachfolgerin (§ 1922).

5 Für **letztwillige Verfügungen Dritter** zugunsten der noch nicht anerkannten Stiftung gilt § 84 nach seinem Wortlaut und Sinn **nicht**.[7] Im Zweifel sind sie als Nacherbeneinsetzung (§ 2101) oder Vermächtnis (§ 2178) anzusehen.[8]

C. Weitere praktische Hinweise

I. Zwischenzeitliche Verfügungen

6 Im Erbfall sind bei § 84 aus Sicht der Stiftung bei **zwischenzeitlichen Verfügungen Dritter** (zu **Zwischenverfügungen des Stifters** s. § 82 Rn 7) drei Fälle zu unterscheiden:[9]

7 **Erstens:** Bei einem Stiftungsgeschäft unter Lebenden oder einer sonstigen Zuwendung des Stifters an die Stiftung gilt über § 84 der Anspruch auf das vom Stifter der Stiftung Zugewendete als schon vor dem Tod des Stifters entstanden. Hat ein **Erbe** über diese Vermögensgegenstände verfügt, wird er über § 84 nachträglich zum **Nichtberechtigten**, denn die Verfügungen sind gegenüber der Stiftung unwirksam. Die hM lehnt die analoge Anwendung des § 184 Abs. 2 auf Verfügungen des Scheinerben ab, weil es an der Interessenlage fehlt, die die Vorschrift voraussetzt.[10]

8 **Zweitens:** Bei einem Stiftungsgeschäft von Todes wegen sind Verfügungen über die einzelnen zugewendeten Vermögensgegenstände und die Rechte iSv § 82 S. 2 der – insoweit – **Scheinerben** ebenfalls unwirksam (§ 1922).

9 **Drittens:** Hat der Erblasser/Stifter die Stiftung nur mit einem **Vermächtnis** bedacht, greift § 84 nicht. Es greifen die §§ 2174 ff. Der mit dem Vermächtnis beschwerte Erbe ist verfügungsberechtigt und der Stiftung gegenüber lediglich gemäß § 2174 zur Leistung verpflichtet.[11] Der Vermächtnisanspruch kann durch Zeitab-

1 BayObLG NJW-RR 1991, 523.
2 BayObLG NJW 1965, 1428; OLG München NZG 2009, 917; Palandt/*Ellenberger*, § 84 Rn 1.
3 Bamberger/Roth/*Schwarz*, § 84 Rn 2; MüKo/Reuter, § 84 Rn 1; Seifart/v. Campenhausen/*Hof*, § 6 Rn 47.
4 Wie hier Palandt/*Ellenberger*, § 84 Rn 1; Soergel/*Neuhoff*, § 84 Rn 3.
5 Seifart/v. Campenhausen/*Hof*, § 6 Rn 48.
6 Bamberger/Roth/*Schwarz/Backert*, § 84 Rn 3.
7 HM: Palandt/*Ellenberger*, § 84 Rn 1; AnwK-BGB/*Schewe*, Anhang zu § 1923 Rn 8 mwN zur Gegenmeinung.
8 Palandt/*Ellenberger*, § 84 Rn 1.
9 S.a. Bamberger/Roth/*Schwarz/Bakert*, § 84 Rn 3.
10 Staudinger/*Hüttemann/Rawert* (2011), § 84 Rn 11; Bamberger/Roth/*Schwarz/Bakert*, § 84 Rn 4; differenzierend MüKo/*Reuter*, § 84 Rn 4.
11 Seifart/v. Campenhausen/*Hof*, § 6 Rn 87.

lauf entfallen (§ 2162). Bei einer noch nicht anerkannten Stiftung, die ein Vermächtnis eines Dritten erhält, gelten die §§ 2178, 2179.

II. Steuerpflicht und steuerrechtliche Privilegierung ab wann?

Bei der Anerkennung der Stiftung zu Lebzeiten des Stifters kommen weder eine Körperschaftssteuerpflicht noch eine Steuerbefreiung der Stiftung in Frage, insbesondere da eine Vor-Stiftung nicht existiert.[12] Die Finanzverwaltung verfolgt bisher einen eher pragmatischen Ansatz und zieht eine Steuerbefreiung der Stiftung im Errichtungsstadium unter gewissen Umständen in Betracht.[13] Für den Fall der Errichtung der Stiftung von Todes wegen sieht der BFH aufgrund der Rückwirkungsfiktion des § 84 die Stiftung im Falle ihrer Anerkennung bereits ab dem Zeitpunkt des Vermögensanfalls als steuerpflichtig nach § 1 Abs. 1 Nr. 4 KStG an.[14] Folgt man dem, muss Gleiches auch für den Fall gelten, dass der Stifter vor Anerkennung der Stiftung verstirbt, also ein Stiftungsgeschäft noch zu Lebzeiten verfasst und auf den Weg gebracht hat, denn § 84 gilt auch für diesen Fall (Rn 2). Die in § 84 angeordnete Rückwirkung soll sich nach Auffassung des BFH auf die Steuerbefreiung nach § 5 Abs. 1 Nr. 9 KStG allerdings nicht auswirken. Der BFH argumentiert gegen die Erstreckung der Rückwirkungsfiktion des § 84 auf die Steuerbefreiung, es fehle dafür eine eigenständige steuerrechtliche Anordnung der Rückwirkung.[15] Für die Körperschaftssteuerpflicht der Stiftung gibt es eine solche eigenständige steuerrechtliche Anordnung der Rückwirkung aber auch nicht! Dort genügt es dem BFH, sich allein auf § 84 zu berufen. Es ist für den BFH „nicht ersichtlich, warum diese [zivilrechtliche] Zuordnung" des Vermögens zur Stiftung „für das Steuerrecht nicht gelten sollte." Das erscheint uns als eine widersprüchliche und gegen Art. 3 Abs. 1 GG verstoßende Argumentation. Oder pointiert ausgedrückt: Die Argumentation wirkt durchaus fiskalisch motiviert. Entweder sind Steuerpflicht und Steuerbefreiung zu bejahen oder beide sind zu verneinen. 10

Wir meinen: Beides ist zu verneinen, denn § 84 ordnet die Fiktion nur „für die Zuwendungen" des Stifters an. Nur insoweit gilt die Stiftung als existent. Die Zuwendungen des Stifters fallen aber in die Vermögenssphäre der Stiftung und nicht in deren Einkommenssphäre. Davon abgesehen kann es hier jedenfalls kein Rosinenpicken geben.[16]

III. Schenkungsversprechen von Todes wegen (§ 2301)

Nach fast absolut hM ist eine Stiftungserrichtung durch ein Schenkungsversprechen von Todes wegen nicht möglich, weil das Stiftungsgeschäft mit Rücksicht auf den Bestand der Stiftung als juristische Person bedingungsfeindlich ist.[17] *Schewe* (Anhang zu § 1923 Rn 39 ff) sieht das differenzierter und sieht besondere Ausnahmefälle. Auch nach Ansicht Schewes führt § 84 aber nicht dazu, dass der Stifter die erbrechtlichen Formvorschriften umgehen kann (s. Anhang zu § 1923 Rn 42). 11

IV. Vertrag zugunsten Dritter auf den Todesfall (§ 331)

Durch Vertrag zugunsten Dritter auf den Todesfall kann eine Stiftung errichtet werden (Anhang zu § 1923 Rn 43 ff).[18] Dabei ist allerdings umstritten, ob § 84 oder § 331 Abs. 2 oder auch beide Vorschriften anzuwenden sind (s. Anhang zu § 1923 Rn 47 ff). 12

§ 85 Stiftungsverfassung

Die Verfassung einer Stiftung wird, soweit sie nicht auf Bundes- oder Landesgesetz beruht, durch das Stiftungsgeschäft bestimmt.

Literatur: Siehe Vor §§ 80 ff.

12 Vgl FG Schleswig-Holstein DStRE 2009, 1386.
13 *Buchna*/Seeger/Brox, S. 49 f; ob das angesichts insbesondere der Entscheidung des FG Schleswig-Holstein (vorhergehende Fn) so bleibt, kann bezweifelt werden.
14 BFH BStBl II 2005, 149.
15 BFH BStBl II 2005, 149, 151.
16 Vgl zu weiteren Kritikpunkten *Hüttemann*, FS Spiegelberger, 2009, 1292, 1299 f.
17 Seifart/v. Campenhausen/*Hof*, § 6 Rn 92 ff.
18 *Muscheler*, DNotZ 2003, 661, 675 ff.

A. Allgemeines

1 Vor allem in der Verfassung einer Stiftung manifestiert sich der Stifterwille, der die Grundlage für die Stiftung und deren Handeln ist (§ 80 Rn 1 ff). Die Verfassung bestimmt sich nach Bundes- oder Landesrecht und nach dem Stiftungsgeschäft (zum Verhältnis von Bundes- und Landesrecht s. Vor § 80 Rn 12). Die Terminologie ist nicht einheitlich. IeS versteht man unter einer Stiftungsverfassung die Satzung der Stiftung. § 85 verwendet einen **weiten Begriff** für die Verfassung der Stiftung und fasst darunter alle Rechtsgrundlagen der Stiftung (Stiftungsgeschäft einschließlich Satzung, Landesrecht und Bundesrecht).

B. Regelungsgehalt

I. Regelungsschwerpunkt in der Satzung

2 Die Satzung der Stiftung ist das **Kernstück** der Stiftungsverfassung iwS Sie hat Normcharakter und bestimmt sich nach dem gesamten Inhalt des Stiftungsgeschäfts,[1] wobei typischerweise der Schwerpunkt der Regelungen in der eigentlichen Satzung festgeschrieben wird. Es ist zwischen dem notwendigen und dem möglichen Inhalt der Stiftungssatzung zu unterscheiden (s. § 81 Rn 15 ff; siehe dort auch zur **Satzungsgestaltung**). Notwendig und zwingend für eine Stiftungsverfassung (§ 81 Abs. 1 S. 3) sind nach BGB zunächst Angaben zu Namen, Sitz, Zweck und Vermögen und Vorstand der Stiftung. Soweit Landestiftungsrecht weitere zwingende Anforderungen an die Satzung stellte, sind diese Regelungen mit der Reform des Stiftungszivilrechts unzulässig geworden.[2] Zahlreiche weitere Regelungen sind fakultativ. Das neue Stiftungszivilrecht gibt hier eine große Gestaltungsfreiheit (Satzungsautonomie).[3]

II. Satzungsänderungen

3 Wesentlicher Maßstab für die Zulässigkeit von Satzungsänderungen ist der **Stifterwille** (zum Maßstab des Stifterwillens s. § 80 Rn 1 ff). Die Änderung muss von den zuständigen Stiftungsorganen beschlossen worden und in der Satzung ausdrücklich vorgesehen oder wegen wesentlicher Änderungen der bestehenden Bedingungen unumgänglich notwendig sein, um die (weitere) Tätigkeit der Stiftung entsprechend dem Stifterwillen zu ermöglichen. Darauf stellen im Wesentlichen auch die Landesstiftungsgesetze ab.[4] Allerdings ist die Regelungstechnik im Detail unterschiedlich ausgestaltet. Ein Stifter ist daher sehr gut beraten, wenn er in der Verfassung der Stiftung ausdrücklich entsprechende Änderungen der Stiftungsverfassung zulässt und, wenn möglich, Beispielsfälle nennt („Eine Änderung der Stiftungsverfassung ist insbesondere zulässig, wenn ..."). Das gilt insbesondere für unternehmensverbundene Stiftungen, um eine Anpassung an geänderte wirtschaftliche Rahmenbedingungen zu ermöglichen. Außerdem sollte der Stifter in der Verfassung ausdrücklich feststellen, in welchem Verfahren und mit welchen Mehrheiten die Stiftungsorgane hierüber zu beschließen haben. Änderungen der Stiftungssatzung bedürfen in der Regel[5] der Genehmigung durch die Stiftungsaufsicht.

4 Besondere Anforderungen gelten insbesondere für Änderungen der Stiftungsorganisation und des Stiftungszwecks (Rn 5 ff). Satzungsänderungen zur **Umgestaltung der Organisation der Stiftung** sind in der Praxis relativ häufig, beispielsweise dann, wenn sich die vom Stifter vorgesehene Organisation als nicht tragfähig erweist, etwa weil sich die Stiftung anders als erwartet nicht allein durch ehrenamtliche Kräfte führen lässt. Seltener sind solche Organisationsänderungen im Bereich der unternehmensverbundenen Stiftungen. Hier ist die Organisation in Anlehnung an weithin übliche Gestaltungen anderer Rechtsformen für Unternehmungen durch Einsatz eines Vorstandes und eines kontrollierenden Stiftungsrates in der Regel praktikabel gestaltet. Auch in diesen Fällen sollten allerdings vor allem die Satzungsregelungen zur Besetzung der Organe flexibel gestaltet sein. Es ist beispielsweise auch hier wenig hilfreich, bestimmte persönliche Eigenschaften der Organmitglieder als zwingende Anforderungen in der Satzung festzuschreiben. (Negatives Beispiel: „Ein Stiftungsratsmitglied muss ein langjähriger Mitarbeiter des Familienunternehmens sein".) Findet sich in dem Unternehmen keine – auch fachlich – geeignete Persönlichkeit, so wäre die rein formale Erfüllung der Satzungsregelung sicher ein schlechter Dienst für das Unternehmen. Auf eine entsprechende Satzungsregelung sollte

1 RGZ 158, 185, 188.
2 Palandt/*Ellenberger*, Vor § 80 BGB Rn 13: Mit Ausnahme von Sachsen-Anhalt wurden die Landesstiftungsgesetze inzwischen angepasst.
3 Ausf. zur Satzungsgestaltung *Schiffer*, Stiftung, § 5 Rn 38 ff.
4 Vgl etwa § 7 StiftG Niedersachsen.
5 Ausn. § 5 Abs. 1 NWStiftG für bestimmte Arten von Satzungsänderungen.

daher möglichst verzichtet werden, jedenfalls aber sollte sie Ausnahmen zulassen. Sie wäre also etwa als Soll-Regelung abzufassen.

III. Sonderfall: Zweckänderung

Ein Sonderfall der Änderung der Stiftungssatzung ist die Änderung des Zwecks der Stiftung. Nach der Anerkennung der Stiftungssatzung durch die Stiftungsbehörde ist die **Änderung des Stiftungszwecks grundsätzlich ausgeschlossen**. Der Stiftungszweck hat für die Stiftungsorganisation, Vermögensbindung und die tägliche Arbeit der Stiftung grundlegende Bedeutung. Seine Änderung darf daher nur unter besonderen Voraussetzungen zulässig sein und muss im Einklang mit dem in der Satzung ausdrücklich geäußerten oder mutmaßlichen Willen des Stifters erfolgen. Die Zweckänderung durch ein Stiftungsorgan muss deshalb entweder in der Stiftungsverfassung ausdrücklich zugelassen werden oder es müssen sich die bei der Errichtung der Stiftung für die Stiftung maßgebenden Verhältnisse wesentlich geändert haben. Nach § 87 Abs. 1 ist eine Änderung des Stiftungszwecks durch die zuständige Behörde möglich, wenn die Erfüllung des Stiftungszwecks unmöglich geworden ist oder sie das Gemeinwohl gefährden würde. Einzelheiten in diesem Bereich sind nicht abschließend geklärt, so dass sich für die Praxis vorsorglich eine **abgestufte Vorgehensweise** empfiehlt. 5

Zunächst kann der Stifter den **Stiftungszweck** – wenn möglich – **thematisch weit fassen** und ihn auf diese Weise so flexibel gestalten, dass die Stiftungsorgane innerhalb dieses Zwecks zumindest den Schwerpunkt verlagern können. Dabei ist jedoch zu beachten, dass ein weiter Stiftungszweck typischerweise ein größeres Grundstockvermögen für die Stiftung erfordert als ein enger Stiftungszweck. 6

Überdies kann der Stifter Ersatzzwecke festlegen. Dieser Ansatz ist allerdings etwas zweischneidig, da der Stifter kaum voraussehen kann, welcher Ersatzzweck nach mehreren Jahrzehnten sinnvoll ist. Schließlich kann der Stifter in der Satzung eine Zweckänderungsklausel aufnehmen, wonach bei wesentlicher Änderung der für die Stiftung maßgebenden Verhältnisse der Zweck der Stiftung geändert werden kann. Dabei wird er zur Erläuterung sinnvollerweise einige denkbare Fälle angeben, in denen insbesondere die Zweckänderung zulässig sein soll. 7

IV. Satzungsänderung durch Stiftungsbehörde

Nach § 87 hat überdies die Stiftungsbehörde, falls die Erfüllung des Stiftungszwecks unmöglich geworden oder das Gemeinwohl gefährdet ist (dazu § 80 Rn 25, 94 ff; § 87 Rn 7 f, 9 ff), die Möglichkeit, den Zweck der Stiftung zu ändern. 8

C. Weitere praktische Hinweise

Nach der Rechtsprechung des BGH kann die Satzung einer Stiftung im gerichtlichen **Revisionsverfahren** frei nachgeprüft werden,[6] nicht aber der sonstige Inhalt des Stiftungsgeschäfts.[7] Entscheidend für die Auslegung einer Stiftungssatzung ist der Stifterwille, wie er ausdrücklich in dem Stiftungsgeschäft objektiviert formuliert wird[8] oder jedenfalls hypothetisch angedeutet wird (§ 80 Rn 3 f, § 81 Rn 57 ff). 9

Der Stifter kann nicht die (bindende) Auslegung der Satzung den Stiftungsorganen oder der Aufsichtsbehörde unter Ausschluss der gerichtlichen Kontrolle übertragen,[9] denn die Aufsichtsbehörde wäre im erstgenannten Fall an die Auslegung der Satzung durch die Stiftungsorgane gebunden und hätte entgegen der ihr gesetzlich zugewiesenen Kontrollkompetenz tatsächlich insoweit keine Kontrollmöglichkeit mehr.[10] Im zweiten genannten Fall wäre die Stiftung als juristische Person einer Fremdbestimmung ausgeliefert,[11] was schon aufgrund der **Selbstverwaltungskompetenz** und der Autonomie der Stiftung ausgeschlossen ist. 10

In der Praxis ist es schon vorgekommen, dass eine Stiftungsbehörde unter Hinweis auf ein Urteil des BGH aus dem Jahre 1975[12] pauschal fordert, jede Änderung der Satzung, sei sie nun allein redaktioneller Natur, in Folge einer vorangegangenen Änderung notwendig geworden oder eben im Rahmen der Vorgaben des Stifters entsprechend der Satzung erfolgt, gegenüber der Stiftungsbehörde konkret zu begründen. Eine allgemeine Begründung mit Hinweis auf den entsprechenden „Änderungsparagraphen" der Stiftungssatzung in dem Beschluss der Stiftungsorgane sollte nicht reichen - auch nicht für rein redaktionelle Änderungen. 11

6 S. etwa BGH NJW 1994, 184, 185.
7 BGHZ 70, 313, 321.
8 BGHZ 99, 344, 347 f; BGH NJW 1994, 184, 185.
9 So aber Palandt/*Ellenberger*, § 85 Rn 2 unter Hinw. auf RGZ 100, 230, 234 f.
10 Seifart/v. Campenhausen/*Hof*, § 7 Rn 129; Bamberger/Roth/*Schwarz/Backert*, § 85 Rn 2 mwN.
11 Seifart/v. Campenhausen/*Hof*, § 7 Rn 130; Bamberger/Roth/*Schwarz/Backert*, § 85 Rn 2 mwN.
12 MDR 1976, 1001 = JZ 1976, 715.

Der BGH betont in dem Urteil die auch schon oben (Rn 3 ff) dargelegten Grundsätze: Änderungen einer Stiftungssatzung müssen dem erklärten oder dem mutmaßlichen Willen des Stifters entsprechen. Sie sind nach allgemeinen Grundsätzen des Stiftungsrechts nur zulässig, wenn für sie ein rechtfertigender Grund vorliegt, vor allem wenn sie wegen wesentlicher Veränderungen der Verhältnisse angezeigt sind. Der BGH betont insbesondere, die Stiftungsbehörde habe nicht über die zivilrechtliche Wirksamkeit der Satzungsänderung zu entscheiden; sie habe nur über öffentlich-rechtliche Fragen zu befinden. Auf dem Privatrecht beruhende Zweifel an der Gültigkeit der Satzungsänderung könnten der Aufsichtsbehörde einen Anlass geben, die Erteilung der Genehmigung bis zur Behebung von Mängeln hinauszuschieben oder die Genehmigung zu versagen. Der BGH sagt in seinem Urteil gerade nicht, dass generell jede einzelne Satzungsänderung von vornherein schriftlich zu begründen ist. Die Genehmigungsbehörde muss vielmehr jeweils die vom BGH geforderten Zweifel haben. Nur dann kann es ein geeignetes Aufsichtsmittel sein, sich die Satzungsänderung im Einzelnen begründen zu lassen. Eine generelle schriftliche **Begründungspflicht** folgt aus dem Urteil nicht. Am besten spricht man dennoch die Behörde an und fragt, was konkret gewünscht ist.

§ 86 Anwendung des Vereinsrechts

[1]Die Vorschriften der §§ 26 und 27 Absatz 3 und der §§ 28 bis 31 a und 42 finden auf Stiftungen entsprechende Anwendung, die Vorschriften des § 26 Absatz 2 Satz 1, des § 27 Absatz 3 und des § 28 jedoch nur insoweit, als sich nicht aus der Verfassung, insbesondere daraus, dass die Verwaltung der Stiftung von einer öffentlichen Behörde geführt wird, ein anderes ergibt. [2]Die Vorschriften des § 26 Absatz 2 Satz 2 und des § 29 finden auf Stiftungen, deren Verwaltung von einer öffentlichen Behörde geführt wird, keine Anwendung.

Literatur: Siehe Vor §§ 80 ff.

A. Allgemeines

1 Nach § 86 sind **einzelne Vorschriften des Vereinsrechts** auf die rechtsfähige Stiftung **entsprechend anwendbar**. Es handelt sich um diejenigen zu Vorstand und Vertretung (§ 26), zur Geschäftsführung (§ 27 Abs. 3), zur Beschlussfassung (§ 28), zur Notbestellung des Vorstands (§ 29), zum besonderen Vertreter (§ 30), zur Haftung des Vereins für die Organe (§ 31), zur Haftung von Vorstandsmitgliedern (§ 31 a) und zur Insolvenz (§ 42). § 26 Abs. 2 und § 29 finden keine Anwendung auf Stiftungen, deren Verwaltung von einer öffentlichen Behörde geführt wird. Von besonderem praktischem Interesse ist der Verweis auf den am 3.10.2009 in Kraft getretenen § 31 a BGB,[1] der das Problem der Haftung ehrenamtlich tätiger Vorstandsmitglieder zumindest teilweise entschärft (Rn 14 f).

B. Regelungsgehalt

I. Stiftungsvorstand

2 **1. Zusammensetzung, Bestellung und Abberufung.** Eine Stiftung muss einen Vorstand haben (§§ 81 Abs. 1 S. 3 Nr. 4, 86, 26 Abs. 1 S. 1). Soweit deren **Satzung** die Bestellung oder Abberufung des Vorstandes nicht regelt (zur Regelung in der Satzung s. § 81 Rn 33 ff), gilt das **gesetzliche Stiftungsrecht**. So kann etwa die Abberufung eines Mitglieds eines Stiftungsorgans nach Landesstiftungsrecht erfolgen.[2] Der Stiftungsvor-

1 Eingeführt durch Gesetz zur Begrenzung der Haftung von ehrenamtlich tätigen Vereinsvorständen v. 28.9.2009, BGBl I 2009, 3161.

2 Beispiele: § 15 HessStiftG; § 9 NWStiftG.

stand kann aus mehreren Personen bestehen (§§ 86, 26 Abs. 2 S. 1). Ein Stifter kann sich selbst oder auch engste Vertraute und sonstige Dritte zum Vorstand bestellen (näher § 81 Rn 33).[3]

In **Eilfällen** kann über §§ 86, 29 auf Antrag eines Beteiligten das jeweilige Amtsgericht einen **Stiftungsnotvorstand** bestellen, wenn der Vorstand oder einzelne Vorstandsmitglieder ständig fehlen, vorübergehend fehlen oder an der Wahrnehmung der Geschäftsführung tatsächlich gehindert sind (Beispiele: dauernde Abwesenheit, Geschäftsunfähigkeit, wirksame Abberufung, Fall des § 181[4]). Untätigkeit des Vorstandes ist nach hM aber kein tragfähiger Grund für eine Notbestellung.[5] In einem solchen Fall können der Stiftung allerdings Schadensersatzansprüche gegen den untätigen Vorstand zustehen (zur Haftung s. Rn 11 ff). Antragsberechtigt sind alle, deren Rechtsstellung durch die Bestellung unmittelbar beeinflusst wird, dh insbesondere die Gläubiger der Stiftung und die Stiftungsaufsicht.[6] Ob auch die (potenziellen) Destinatäre (§ 80 Rn 27 ff) der Stiftung antragsbefugt sind, ist umstritten.[7] Problematisch ist dabei, dass die Destinatäre in der Regel keinen einklagbaren Anspruch auf Leistungen der Stiftung haben und damit auch keine verfestigte Rechtsstellung, die durch die Bestellung eines Stiftungsnotvorstandes unmittelbar beeinflusst werden könnte. Allerdings wird man deshalb eine Antragsbefugnis nicht kategorisch ablehnen können. Es ist vielmehr durchaus denkbar, dass sich im konkreten Einzelfall ausnahmsweise Umstände ergeben, die eine verfestigte Rechtsstellung eines Destinatärs gegenüber der Stiftung begründen. Das dürfte beispielsweise dann der Fall sein, wenn der bisherige Vorstand bereits über die Leistung an einen bestimmten Destinatär positiv entschieden hat und zu befürchten ist, dass der Notvorstand von dieser Entscheidung abweichen will. In einem solchen Fall dürfte die Rechtsstellung des Destinatärs idR zu einer echten Gläubigerposition erstarkt sein. 3

2. Vertretung und Geschäftsführung. Der Stiftungsvorstand vertritt die Stiftung als **gesetzlicher Vertreter** gerichtlich und außergerichtlich (§§ 86, 26 Abs. 1 S. 2). Seine aktive Vertretungsmacht ist grundsätzlich unbeschränkt. Nach §§ 86, 28 Abs. 2 S. 2 ist jedes Vorstandsmitglied passiv vertretungsbefugt. Im Stiftungsgeschäft oder der Satzung kann die Befreiung von § 181 ermöglicht und/oder festlegt werden. Selbstkontrahieren ist nach § 181 auch erlaubt, wenn das Rechtsgeschäft ausschließlich in der Erfüllung einer Verbindlichkeit besteht. 4

Die Vertretungsmacht kann nach §§ 86, 26 Abs. 1 S. 3 durch die Satzung mit Wirkung gegen (gutgläubige) Dritte beschränkt werden.[8] Nach der wohl noch hM kann sich die Beschränkung der Vertretungsmacht im Übrigen schon aus dem Stiftungszweck ergeben.[9] Zur Sicherheit des Rechtsverkehrs müssen solche Beschränkungen der Vertretungsmacht allerdings in der Satzung eindeutig geregelt sein und dürfen ihr nicht erst durch Auslegung des Stiftungszwecks entnommen werden können.[10] Auch zur Absicherung der Mitglieder des Stiftungsvorstandes sollten die betreffenden Regelungen in der Stiftungssatzung eindeutig sein. 5

Es ist gängige Praxis, dass Stiftungsaufsichtsbehörden den Vorständen einer Stiftung auf deren Antrag so genannte **Vertretungsbescheinigungen** ausstellen, damit sich die Vorstände im Rechtsverkehr legitimieren können. In einigen Landesstiftungsgesetzen[11] ist das ausdrücklich vorgesehen, in anderen nicht. Die Rechtsqualität solcher Urkunden und die durch sie begründeten Rechtsfolgen und -wirkungen sind allerdings fraglich.[12] 6

Mangels anderer Regelung in der Stiftungsverfassung sind für die Geschäftsführung des Stiftungsvorstandes nach §§ 86, 27 Abs. 3 die für den Auftrag geltenden Vorschriften der **§§ 664–670 entsprechend** anzuwenden. Die Geschäftsführung umfasst insbesondere die ordnungsgemäße Vermögensverwaltung (§ 81 Rn 51 ff, 63 ff, 68 ff) und die Verwendung der Erträge zur Erfüllung des Stiftungszwecks. Typischerweise wird die Stiftungssatzung hierzu nähere Regelungen enthalten. 7

3. Mehrpersonenvorstand. Bei einem mehrgliedrigen Stiftungsvorstand gilt das Mehrheitsprinzip (§§ 86, 28, 32). Nach S. 1 kann § 28 aber durch eine anders lautende Regelung in der Stiftungssatzung ersetzt werden. Jedes Stiftungsorgan, dh auch der Vorstand, kann ein oder mehrere Organmitglieder dazu ermächtigen, eine dem Beschluss entsprechende Willenserklärung abzugeben. 8

3 Vgl *Schiffer*, Stiftung, § 5 Rn 62; Seifart/v. Campenhausen/*Hof*, § 8 Rn 97.
4 OLG Frankfurt NJW 1966, 504.
5 Seifart/v. Campenhausen/*Hof*, § 8 Rn 100.
6 Bamberger/Roth/*Schwarz/Backert*, § 86 Rn 3.
7 Vgl MüKo/*Reuter*, § 86 Rn 13 mwN.
8 Palandt/*Ellenberger*, § 86 Rn 1. Gegen die Wirkung auch gegenüber gutgläubigen Dritten etwa Seifart/v. Campenhausen/*Hof*, § 8 Rn 34 mwN in Fn 45.
9 BGH NJW 1957, 708; Palandt/*Ellenberger*, § 86 Rn 1; aA Staudinger/*Hüttemann/Rawert* (2011), § 86 Rn 14; Erman/*Werner*, § 86 Rn 2.
10 MüKo/*Reuter*, § 86 Rn 11; Seifart/v. Campenhausen/*Hof*, § 8 Rn 35.
11 Vgl etwa § 12 Abs. 5 StiftG Nordrhein-Westfalen.
12 Vgl *Dörnbrack/Fiala*, DStR 2009, 2490; Seifart/v. Campenhausen/*Hof*, § 8 Rn 40 mit Fn 61 jew. mwN zum Streitstand.

II. Besonderer Vertreter

9 In der **Stiftungssatzung** können neben dem Vorstand **für gewisse Geschäfte** besondere Vertreter (zB **Geschäftsführer**, § 81 Rn 28) bestellt werden (§§ 86, 30). Die Vertretungsmacht eines solchen Vertreters erstreckt sich im Zweifel auf alle Rechtsgeschäfte, die der ihm zugewiesene Geschäftskreis typischerweise beinhaltet. Enthält die Satzung keine abweichende Regelung, ist ein besonderer Vertreter nach denselben Regeln zu bestellen, die für den Vorstand gelten.[13] Zur Sicherstellung der ordnungsgemäßen Verwaltung der Stiftung kann die Stiftungsaufsichtsbehörde bei entsprechenden **landesrechtlichen Vorschriften** einen besonderen Vertreter bestellen.[14] In entsprechend dringenden Fällen kann für einen besonderen Vertreter nach hM über § 29 ein **Notvertreter** bestellt werden.[15]

III. Verwaltung durch eine öffentliche Behörde

10 Die Verwaltung einer rechtsfähigen Stiftung des Privatrechts kann, **wenn dies der Stifter angeordnet hat**, durch eine öffentliche Behörde erfolgen (S. 2).[16] Die Vorschriften des § 26 Abs. 2 und des § 29 zur Mehrheitsvertretung und zur Bestellung eines Notvorstands finden auf solche Stiftungen keine Anwendung, da sie organisatorisch mit der öffentlichen Verwaltung verbunden sind. Schädigen Beamte eine unter öffentlicher Verwaltung stehende Stiftung, richtet sich die Haftung nach § 839, Art. 34 GG.[17]

IV. Haftung von Stiftung, Organmitgliedern und „sonstigen Mitarbeitern"

11 Das Thema der Haftung der Stiftung, der Organmitglieder (Vorstandsmitglied, Mitglieder des Stiftungsrates etc.) oder anderer für die Stiftung tätiger Personen (Bediensteter, Angestellter, Dienstleister, ehrenamtliche Helfer)[18] wurde in der Praxis trotz der generellen Haftungsverschärfung durch die Rechtsprechung, die Reform des Schuldrechts (Verschuldensvermutung des § 280 Abs. 1 S. 2) und das Gesetz zur Kontrolle und Transparenz im Unternehmensbereich (KonTraG) lange Zeit unterschätzt.[19] Die Stiftung haftet gegenüber Dritten nach §§ 86, 31 zwingend für jeden Schaden, den ein Organmitglied oder eine andere Person in Ausführung der ihm von der Stiftung übertragenen Aufgaben schuldhaft verursacht, wenn diese Tätigkeit der Stiftung zuzuordnen ist (**Außenhaftung**). Grundsätzlich kann die Stiftung Rückgriff gegenüber den betreffenden Organmitgliedern oder anderen Personen nehmen (**Innenhaftung**), wobei diese auch für leicht fahrlässige Nicht- oder Schlechterfüllung haften (gesetzliche Ausnahme: ehrenamtlich tätige oder nur geringfügig vergütete Vorstandsmitglieder, s. Rn 16 f).

12 **1. Außenhaftung.** Voraussetzung der Haftung nach §§ 86, 31 ist ein innerer Zusammenhang zwischen der schädigenden Handlung und der Organtätigkeit. Auf die Vertretungsmacht und deren Grenzen kommt es dabei nicht an. Besteht die schädigende Handlung allerdings lediglich in einer Überschreitung der Vertretungsmacht, so haftet dafür nicht die Stiftung, sondern das Organmitglied selbst (§ 179). Auch Schadenszuführung „nur" bei Gelegenheit der Organtätigkeit führt nicht zu einer Haftung der Stiftung.

13 **2. Innenhaftung.** In allen Fällen der Außenhaftung stellt sich zugleich die Frage nach der Innenhaftung der Organe, dh nach dem **Rückgriff der Stiftung auf die Organmitglieder** wegen des ihr entstanden Schadens. Diese Frage stellt sich aber natürlich auch dann, wenn der Stiftung ein Schaden nicht durch einen Fall der Außenhaftung, sondern auf sonstige Weise (zB Vermögensverlust) entstanden ist.

14 Anspruchsgrundlage für den Rückgriff war vor der Schuldrechtsreform neben der Haftung aus Delikt (beispielsweise §§ 823, 826) das Institut der positiven Forderungsverletzung anknüpfend an der aus §§ 86, 27 Abs. 3 resultierenden Geschäftsführungspflicht.[20] Soweit Stiftungsorgane im Rahmen eines Dienstvertrages, Geschäftsbesorgungsvertrages oder Auftrages tätig werden, ergibt sich heute die Anspruchsgrundlage unmittelbar aus § 280 Abs. 1 wegen Verletzung einer Pflicht aus dem jeweiligen Schuldverhältnis.[21] In Betracht kommen bei der Stiftung insbesondere zwei Pflichten und ein korrespondierendes Verbot,[22] nämlich die Pflicht zur Verwirklichung des Stiftungszwecks, die Pflicht zur Erhaltung des Stiftungsvermögens (§ 81 Rn 51 ff) und das Verbot der Förderung eigener Interessen oder solcher Dritter zulasten der Stiftung.

13 Bamberger/Roth/*Schwarz*/*Backert*/*Backert*, § 86 Rn 6.
14 Beispiel: § 16 HessStiftG („Beauftragter").
15 Seifart/v. Campenhausen/*Hof*, § 8 Rn 75; Bamberger/Roth/*Schwarz*/*Backert*, § 86 Rn 8; aA Soergel/*Neuhoff*, § 86 Rn 10.
16 Vgl MüKo/*Reuter*, § 86 Rn 2.
17 RGZ 161, 288, 294 f; MüKo/*Reuter*, § 86 Rn 1027.
18 Ausf. *Schiffer*, Stiftung, § 6 Rn 6 ff; s. dazu im Zusammenhang mit dem KonTraG auch *Schüller*, Die Roten Seiten zum Magazin Stiftung & Sponsoring, 03/2002; allg. *Schiffer*/*Rödl*/*Rott* (Hrsg.), Haftungsgefahren in Unternehmen, 2004.
19 Näher *Schiffer*, Stiftung, § 6 Rn 2 f.
20 Vgl Seifart/v. Campenhausen/*Hof* (2. Aufl. 1999), § 9 Rn 218.
21 O. Werner/Saenger/*Kilian*, Rn 547.
22 Vgl *Reuter*, in: Kötz u.a. (Hrsg.), Non Profit Law-Yearbook 2002, S. 157, 158 ff.

3. Haftungsmaßstab. Der Haftungsmaßstab ergibt sich aus § 276 Abs. 1. Gehaftet wird grds. also für Vorsatz und jede Form der Fahrlässigkeit. Die Grenze zur leichten Fahrlässigkeit ist schnell überschritten. Im Widerspruch dazu soll nach einer Ansicht eine Innenhaftung/ein Rückgriff wegen Verletzung des Grundsatzes der Vermögenserhaltung gegen Organmitglieder nur dann in Betracht kommen, wenn „bei deutlich erkennbaren, konkreten Vermögensverlusten grob pflichtwidrig … von im Einzelfall tatsächlich und rechtlich verfügbaren und erfolgversprechenden Gegenmaßnahmen" kein Gebrauch gemacht wird.[23] Das entspricht indes nicht dem gesetzlichen Haftungsmaßstab des § 276 Abs. 1. Die genannte Ansicht verliert zudem weiter an Überzeugungskraft, wenn man sich einmal von dem Leitbild eines ehrenamtlich handelnden Vorstandes löst und sich stattdessen an dem Vorstand einer unternehmensverbundenen Stiftung orientiert. 15

Es empfiehlt sich, was aufgrund der Satzungsautonomie möglich ist, in der **Stiftungssatzung** für die Organmitglieder den Rückgriff auf Fälle von Vorsatz und grober Fahrlässigkeit zu beschränken.[24] Ein entsprechender Haftungsausschluss kann im Einzelfall **auch stillschweigend** (konkludent) vereinbart worden sein oder sich aus einer ergänzenden Vertragsauslegung ergeben.[25] Letztere kommt etwa dann im Innenverhältnis zur Stiftung in Betracht, wenn feststeht, dass das Stiftungsorganmitglied, wenn die Rechtslage vorher besprochen worden wäre, einen Haftungsausschluss gefordert hätte und die geschädigte Stiftung diesen billigerweise nicht hätte ablehnen dürfen.[26] 16

Bei der Prüfung, ob eine (vertragliche/satzungsmäßige) Haftungsbeschränkung angeraten ist, sollte bedacht werden, dass unangemessen strenge Haftungsregeln die Akteure verunsichern und zu einer „Rückversicherungsmentalität" führen können, die der Entschlusskraft der Stiftungsorgane und der Stiftungsautonomie abträglich ist.[27] Wird bei diesem Punkt in der Praxis überzogen, könnte gerade in dem unternehmerischen Bereich die Zusammenarbeit der Organe leiden. Es besteht die Gefahr, die Besonderheiten in Familienunternehmen nicht hinreichend zu beachten und sich für diese untypischen „Konzernstrukturen" anzunähern.

Wird von außen, dh von Dritten, eine Schadensersatzhaftung eines Organmitglieds geltend gemacht, kann eine Haftungsbeschränkung, der die Gesellschafter (innen) zugestimmt haben, nicht greifen. Zu Lasten Dritter können die Gesellschafter ersichtlich keine Haftungsbeschränkung festlegen. Eine solche Haftungsbeschränkung kann sich nur aus dem Verhältnis zwischen dem potenziell haftenden Organmitglied und dem Dritten selbst ergeben. Nichts anderes gilt für Stiftungen.

Im Gegensatz zu der Haftungsbeschränkung, die eine Haftung insoweit gar nicht erst entstehen lässt, bedeutet **„Haftungsfreistellung"** (im eigentlichen Sinne), dass die an sich haftende Person durch einen Dritten von der Haftung freigestellt wird, der die Haftung „übernimmt", dh im Innenverhältnis den Schadensersatz für die Außenhaftung gegenüber dem Haftenden finanziell ausgleicht. Ein solches Modell macht jedoch grundsätzlich nur Sinn, wenn entweder nur geringe Schadensbeträge drohen oder andernfalls der Dritte, der freistellt, über ganz erhebliche freie Mittel verfügt.

Gesetzliche Haftungsbeschränkungen gab es bis vor kurzem nicht. Privilegierung in analoger Anwendung von § 619 a oder bei besonders schadensträchtigen Aufgaben wurden zumindest diskutiert.[28] In der Stiftungssatzung kann, wie eben angesprochen, der Rückgriff auf Fälle von Vorsatz und grober Fahrlässigkeit beschränkt werden. Für **ehrenamtlich tätige Vorstandsmitglieder** oder solche, die von der Stiftung eine Vergütung von nicht mehr als 500 EUR erhalten, ist eine solche Haftungserleichterung nunmehr gesetzlich in §§ 86, 31 a vorgeschrieben. Die Grenze von 500 EUR orientiert sich an dem Steuerfreibetrag des § 3 Nr. 26 a EStG. Die Haftungsfreistellung umfasst zum einen (§§ 86, 31 a Abs. 1 S. 1) die Fälle der Innenhaftung und zum anderen (§§ 86, 31 a Abs. 2) die Fälle, in denen das Vorstandsmitglied von einem Dritten in Anspruch genommen wird. Soweit also ein unentgeltlich oder nur geringfügig vergütetes Vorstandsmitglied **in Ausübung seiner Pflichten als Vorstandsmitglied** einen Schaden verursacht, kann die Stiftung in Fällen der leicht oder normal fahrlässigen Verursachung keinen Rückgriff nehmen und ist dem Vorstandsmitglied gegenüber zur Befreiung von der Verbindlichkeit gegenüber einem Dritten verpflichtet. Der Freistellungsanspruch wandelt sich in einen Anspruch auf Ersatz um, wenn das privilegierte Vorstandsmitglied den Schaden des Dritten bereits selbst beglichen hat.[29] **Unentgeltlich** heißt, dass das Vorstandsmitglied keinerlei Gegenleistung für seine Tätigkeit erhält, weder finanzieller Art noch in Naturalien. Die Zahlung von Aufwandsentschädigungen ist unschädlich.[30] 17

Mit dieser gesetzlichen Regelung hat der Gesetzgeber auf schon länger im Raum stehende Forderungen zum besseren Schutz ehrenamtlich in Stiftungen tätiger Personen reagiert.[31] Der **Schutz** ist aber gerade im Bereich 18

23 Seifart/v. Campenhausen/*Hof*, § 9 Rn 185.
24 Zu dieser Möglichkeit s. *Schwintek*, ZSt 2005, 108, 111 f. S. dort auch zu den Argumenten gegen die Ansicht *Reuters* (MüKo, § 86 Rn 20), der eine Einschränkung der Haftung in der Satzung für nicht möglich hält. S.a. *Schiffer*, Stiftung, § 6 Rn. 29 ff.
25 Palandt/*Grüneberg*, § 276 Rn 37 mwN.
26 S. etwa BGH NJW 1989, 3273 (3276); NJW 2003, 578.
27 So auch Seifart/v. Campenhausen/*Hof*, § 8 Rn 288.
28 Vgl *Schiffer*, Stiftung, § 6 Rn 26 mwN.
29 Palandt/*Ellenberger*, § 31 a Rn 5.
30 BT-Drucks. 16/10 120, S. 7.
31 Zur näheren Begründung vgl BT-Drucks. 16/10120, S. 1 f, 6 f.

der praktischen Arbeit von Stiftungen **unvollkommen**, denn nach dem eindeutigen Wortlaut des § 31 a kommen allein Mitglieder des Stiftungsvorstands in den Genuss der Haftungserleichterung. Mitglieder anderer Stiftungsorgane haften dagegen weiterhin bereits für leichte Fahrlässigkeit, obwohl ihre Tätigkeit gerade im Bereich der Überwachung des Vorstandes in Fragen der Vermögensverwaltung nicht weniger haftungsträchtig ist als bei diesem. Es ist daher über eine **analoge Anwendung der §§ 86, 31 a** auf ehrenamtliche tätige Mitglieder anderer Stiftungsorgane oder anderer ehrenamtlich im Auftrag der Stiftung tätig werdender Personen nachzudenken. Zwar hat der Gesetzgeber für das Vereinsrecht ganz bewusst nur Vorstandsmitglieder privilegieren wollen, weil sich diese stärker als andere im Verein engagierten.[32] Doch ist damit noch nicht gesagt, dass sich das Argument ohne weiteres auf Stiftungen übertragen lässt. Vielmehr sind gerade bei Verletzung des Vermögenserhaltungsgrundsatzes Fallgestaltungen denkbar, in denen eine unentgeltliche Tätigkeit im Stiftungsrat ebenso haftungsträchtig ist wie diejenige im Vorstand der Stiftung und das im Gesetz festgeschriebene Haftungsgefälle deshalb nicht einleuchten mag. Dieses Problem hätte durch eine flexiblere Regelung vermieden werden können.[33] Als Vorbild dafür wäre zB § 24 Abs. 1 des österreichischen Vereinsgesetzes in Frage gekommen, der bestimmt: *„Bei der Beurteilung des Sorgfaltsmaßstabs ist eine Unentgeltlichkeit der Tätigkeit zu berücksichtigen."*

19 Der Gesetzgeber scheint nun auch selbst nicht mehr recht von seiner Argumentation überzeugt zu sein. Der Bundesrat hat nämlich inzwischen auf Initiative des Landes Baden-Würtemberg und des Saarlandes beschlossen, dass dem Bundestag der „Entwurf eines Gesetzes zur Förderung ehrenamtlicher Tätigkeit im Verein" vorgelegt wird.[34] Der Entwurf sieht die Einführung eines § 31 b vor, der § 31 a nachempfunden ist. Damit wird eine von der Rechtsprechung[35] schon länger verfolgte Linie aufgegriffen, wonach die Haftung ehrenamtlich tätig werdender Vereinsmitglieder aus „Billigkeitserwägungen"[36] auf Vorsatz und grobe Fahrlässigkeit beschränkt wird. Eine Erweiterung der Haftungsbefreiung auf Stiftungen durch einen entsprechenden Verweis in § 86 ist allerdings nicht vorgesehen. In der Sache ist diese Unterscheidung zwischen Verein und Stiftung uE nicht berechtigt, weil sie zu einem 2-Klassen Haftungsrecht führt. Eine andere Frage ist die nach der politischen Durchsetzbarkeit. Zu beachten ist nämlich insbesondere, dass sich bei einer Erweiterung der Haftungsfreistellung auf Stiftungen die Anschlussfrage stellt, ob nicht auch für andere ehrenamtlich Tätige (zB für Genossenschaften oder für ehrenamtlich tätige Betreuer, etc.) eine Haftungsfreistellung in Betracht zu ziehen ist. Das würde allerdings eine fundamentale Änderung des zivilrechtlichen Haftungssystems bedeuten! Außerdem dürfen auch die einer Haftungsbefreiung gegenläufigen Interessen nicht außer Betracht bleiben. So ist die Stiftung zu ihrem Schutz auf ein wirksames Haftungsrecht angewiesen. Das gilt aber nicht nur für die Stiftung, sondern auch gleichermaßen für den Verein.

Nach unserer Auffassung wäre die oben (Rn 18 aE) vorgeschlagene Regelung nach Vorbild des § 24 Abs. 1 des österreichischen Vereinsgesetzes flexibel genug, diese gegenläufigen Interessen im konkreten Fall zu berücksichtigen. Gegen eine solche Regelung ließe sich allerdings einwenden, dass sie nicht dieselbe klare Rechtsfolge (Ausschluss der Haftung in jedem Fall der leichten und der einfachen Fahrlässigkeit) und damit nicht dieselbe Rechtssicherheit für die ehrenamtlich Tätigen bietet, wie der jetzige § 31 a und der geplante § 31 b. Diese Rechtssicherheit wird indes durch eine Starrheit des Haftungsausschlusses zulasten von Verein und Stiftung erkauft.

20 **4. Stiftungsaufsicht.** Eine etwaige **Haftung der Aufsichtsbehörde** bestimmt sich nach Art. 34 GG, § 839.[37] Eine Haftung der Behörde setzt hier vor allem voraus, dass die Behörde eine gerade gegenüber dem Anspruchsteller bestehende Amtspflicht verletzt hat. Solche Amtspflichten bestehen aufgrund der gesetzlichen Aufsichtsbefugnisse zunächst gegenüber der einzelnen Stiftung. Erfährt die Behörde davon, dass der Stiftung Schaden droht, so verstößt sie gegen ihre Aufsichts- und Beratungspflichten, wenn sie die ihr zur Verfügung stehenden Aufsichtsmittel nicht oder nur unzureichend nutzt. Das gilt insbesondere dann, wenn die Behörde nicht gegen eine zweckwidrige Verwendung von Stiftungsmitteln durch Stiftungsorgane einschreitet oder einen Zugriff auf das Stiftungskapital zulässt, den die Satzung nicht erlaubt.

21 Ansprüche der Stiftung gegen Mitglieder vertretungsberechtigter Organe können von der Stiftungsaufsicht im Namen und auf Kosten der Stiftung geltend gemacht werden.[38] Es liegt nahe, dass die Stiftungsbehörde idR entsprechend vorgehen wird, wenn die Frage ihrer etwaigen Haftung auch nur im Raume steht. Nach § 839 Abs. 1 S. 2 scheidet ein Amtshaftungsanspruch bei wohl allenfalls infrage stehendem fahrlässigem Verhalten der Aufsichtsbehörde nämlich aus, soweit die Stiftung ihr pflichtwidrig handelndes Organmitglied in Anspruch nehmen kann. Das ist von der Aufsichtsbehörde zu prüfen und notfalls durchzusetzen. Im Verhältnis zum

32 BT-Drucks. 16/10 120, S. 7.
33 Vgl schon *Schiffer/Pruns*, Stiftung & Sponsoring 4/2009, 38.
34 BR-Drucks. 41/11.
35 Vgl. etwa BGH NJW 2005, 981; OLG Schleswig npoR 2010, 112.
36 BGH NJW 2005, 981.
37 Vgl auch Seifart/v. Campenhausen/*Hof*, § 10 Rn 388 ff; *Schwintek*, Stiftung & Sponsoring 2/2003, 14.
38 S. auch O. Werner/Saenger/*Fritsche*, Rn 560 ff.

Stifter können Amtspflichten insoweit in Betracht kommen, als die Behörde ihm die Überwachung der Einhaltung seines Stifterwillens garantieren muss oder Beratungsfunktionen ihm gegenüber wahrgenommen hat und daraus für ihn selbst ein Schaden entsteht. Wie die Stiftungsaufsicht in einem konkreten Fall tatsächlich reagieren wird, lässt sich kaum vorhersagen.

5. D & O-Policen. Wegen der verhältnismäßig eingeengten und oft auch unpraktikablen Haftungsbeschränkungsmöglichkeiten ist die Versicherungsdeckung in der Praxis ein wichtiges Thema. Entsprechende Policen (**D & O-Policen**)[39] werden seit einer Reihe von Jahren auch in Deutschland von verschiedenen in- und ausländischen Versicherern angeboten.[40] Für das Organmitglied kann sich daraus sogar ein Freistellungsanspruch gegenüber der Stiftung ergeben. Die Stiftung ist aufgrund von § 242 BGB gehalten, sich vorrangig an die Versicherung zu halten.[41] Ob die Versicherer wirklich passende Angebote für den nicht eben häufigen Spezialfall „Stiftung" unterbreiten können, ist im Einzelfall sehr genau zu prüfen. Nach den Erfahrungen der Verfasser sind hier durchaus Zweifel angebracht. Sorgfältig zu prüfen bleiben in jedem Einzelfall der Deckungsumfang der Policen (Ausschlüsse, Rückwärtsversicherung, Nachhaftung etc.) sowie die Angemessenheit der Deckungssumme. Versicherte Personen sind typischerweise sämtliche Organe. Auch grob fahrlässiges Verhalten wird gedeckt, erst bei Vorsatz scheitert die Versicherungslösung. 22

V. Insolvenz einer Stiftung

Als juristische Person des Privatrechts ist die rechtsfähige Stiftung **insolvenzfähig** (§ 11 Abs. 1 S. 1 InsO) und zwar auch dann, wenn sie fehlerhaft, aufgelöst, aufgehoben oder nach dem Umwandlungsgesetz umgewandelt ist.[42] Hinsichtlich der **Insolvenzgründe** der §§ 16–19 InsO ergeben sich für die Stiftung keine Besonderheiten. In der Praxis sind es vor allem die Insolvenzgründe Zahlungsunfähigkeit (§ 17 InsO) und Überschuldung (§ 19 InsO), die in Frage kommen. Häufiger als die Insolvenz einer Stiftung ist allerdings die Insolvenz der Tochtergesellschaft einer Stiftung.[43] Stiftungsrechtliche Besonderheiten wie die Zusammenlegung, Zulegung und die „Umwandlung" des Stiftungszwecks sind zu beachten. Besonderheiten für die Insolvenz der selbständigen Stiftung ergeben sich auch aus dem Fehlen eines zentralen Stiftungsregisters, was zunächst die Bestimmung des für den Insolvenzantrag zuständigen Eröffnungsgerichts erschwert. 23

Zur **Insolvenzmasse** der Stiftung gehören neben ihrem Grundstockvermögen vor allem auch grundstockerhöhende Zustiftungen und laufende Zuwendungen. Es besteht allerdings keine Verpflichtung, Zustiftungen oder Zuwendungen zu erbringen, die erst nach Eröffnung des Insolvenzverfahrens fällig geworden sind.[44] 24

Unselbständige Stiftungsvermögen, die von einer selbständigen Stiftung in Trägerschaft verwaltet werden, gehören nur dann zur Insolvenzmasse, wenn sie Folge einer Schenkung unter Auflage sind. Liegt dagegen ein Treuhandvertrag vor, kann der Stifter/Treugeber die Aussonderung (§ 47 InsO) des unselbständigen Stiftungsvermögens verlangen.[45] Nach Beendigung des Insolvenzverfahrens fällt das etwaig verbliebene Restvermögen an die nach der Stiftungssatzung und/oder nach Stiftungsrecht vorgesehenen Personen. 25

Durch die Eröffnung des Insolvenzverfahrens wird die Stiftung aufgelöst (§§ 86, 42), gilt aber für die Zwecke des Insolvenzverfahrens als fortbestehend. Die entsprechende Anwendung des § 42 Abs. 1 S. 3 BGB, wonach eine Fortsetzung der selbständigen (rechtsfähigen) Stiftung als nicht rechtsfähige unselbständige Stiftung beschlossen werden kann, ist nicht unproblematisch, da sich die beiden Rechtsformen in ihrer Organisationsstruktur und in ihren rechtlichen Grundlagen erheblich unterscheiden. 26

Die gerichtliche **Abweisung der Insolvenzeröffnung** wegen Masselosigkeit (vgl § 26 InsO) führt nicht wie sonst üblich zu einer Auflösung des Rechtsträgers durch Löschung des Registereintrags (§ 394 FamFG), die Stiftung ist vielmehr von der Stiftungsaufsichtsbehörde wegen Unmöglichkeit der Zweckerreichung aufzuheben (§ 87 Abs. 1). Das Stiftungsrecht lässt aber eine Reaktivierung der Stiftung nach Abweisung des Insolvenzverfahrens wegen Masselosigkeit zu, wenn durch Zustiftungen die Erreichung des Stiftungszwecks wieder möglich wird. Wird der Eröffnungsbeschluss nach §§ 6 Abs. 1, 34 Abs. 2 und Abs. 3 InsO aufgehoben, erlangt die Stiftung mit der Rechtskraft dieser Entscheidung wieder die volle Rechtsfähigkeit.[46] 27

Nach §§ 86, 42 Abs. S. 1 hat der **Vorstand** bei Zahlungsunfähigkeit oder Überschuldung der Stiftung die **Pflicht**, das Insolvenzverfahren **zu beantragen**. Verzögert er die Antragstellung, haftet er den Gläubigern unmittelbar gesamtschuldnerisch auf Schadensersatz (§ 42 Abs. 2 S. 2). Neben dem Vorstand als gesetzlichem Vertreter der selbständigen Stiftung kann auch die **Stiftungsaufsichtsbehörde** zur Mitwirkung an der Stellung 28

39 Abgeleitet von „directors and officers liabilty insurance".
40 Näher *Sandberg/Magdeburg*, Stiftung & Sponsoring 3/2006, 32.
41 LG Bonn NJW-RR 1995, 1435 für Vereinsvorstand.
42 Näher dazu *Schiffer*, Stiftung, § 7 Rn 46 ff; *ders./Sommer*, NWB 2010, 3046; speziell zur steuerlichen Begünstigung wegen Gemeinnützigkeit in der Insolvenz s. *Dehesselles*, FS Spiegelberger, S. 1255 ff.
43 Dazu *Schiffer/Sommer*, NWB 2010, 3046, 3050 ff.
44 BGHZ 96, 253.
45 O. Werner/Saenger/*Fritsche*, Rn 835 f.
46 Seifart/v. Campenhausen/*Hof*, § 11 Rn 41.

des Insolvenzantrags verpflichtet sein, denn sie ist Garant des satzungsmäßigen Stifterwillens. Außerdem obliegt ihr eine Schutzpflicht gegenüber der Allgemeinheit, die sich auch in zahlreichen Eingriffsbefugnissen außerhalb des Insolvenzverfahrens äußert. So bestimmen viele Landesstiftungsgesetze, dass die Stiftungsaufsicht darüber zu wachen hat, dass die Verwaltung der Stiftung „im Einklang mit den Gesetzen"[47] zu erfolgen hat. Deshalb kann die Stiftungsbehörde insbesondere bei Untätigkeit des Stiftungsvorstandes zur Stellung des Insolvenzantrags im Wege der **Ersatzvornahme** verpflichtet sein.[48] Da für den Stiftungsvorstand keine ausdrücklichen gesetzlichen Zahlungsbeschränkungen bei Zahlungsunfähigkeit oder Überschuldung bestehen und den Mitgliedern des Vorstands bei Zuwiderhandlung auch keine Strafe droht, wie dies bei Personen- oder Kapitalgesellschaften der Fall ist, kommt einem präventiven und begleitenden Handeln der Stiftungsaufsicht hier in der Praxis eine besondere Bedeutung zu.

29 Eine **Antragsrücknahme** (§ 13 Abs. 2 InsO) kann grundsätzlich nur durch das Organmitglied erfolgen, das den Antrag gestellt hat. Nur ausnahmsweise kann auch die Stiftungsaufsicht den Antrag zurücknehmen. Damit wird dem öffentlichen Interesse an dem Bestand der Stiftung Rechnung getragen. Bei der Stiftungsaufsicht ist die Gefahr gering, dass sie bewusst zum Nachteil der Gläubiger entscheidet.

30 Auch **ausländische Stiftungen** sind in Deutschland *ipso jure* rechtsfähig. Gegen sie kann ein Insolvenzverfahren unter den Voraussetzungen des Art. 102 § 1 Abs. 3 EGInsO eröffnet werden.

31 Der **Stifter** ist grundsätzlich nicht an dem Insolvenzverfahren zu beteiligen, es sei denn in seiner etwaigen Funktion als Mitglied des Stiftungsvorstands oder falls er als Gläubiger eigene Rechte gegen die Stiftung geltend macht.

32 Da die **Destinatäre** keine originären mitgliedschaftlichen oder organschaftlichen Rechte haben, wirken auch sie an einem Insolvenzverfahren „ihrer" Stiftung nicht als solche mit, sondern allenfalls als etwaige Organmitglieder. Satzungsmäßige Leistungen der Stiftung an die Destinatäre sind nachrangige Insolvenzforderungen (§ 39 Abs. 1 Nr. 4 InsO), die erst entstehen, wenn der Vorstand dem betreffenden Destinatär eine ausdrückliche Mittelzusage erteilt hat oder wenn – ausnahmsweise – die Satzung diese Zuwendung abschließend regelt. Im Übrigen sind diese Leistungen in einem Insolvenzverfahren grundsätzlich anfechtbar.

VI. Nach dem Recht des Sitzstaates nicht rechtsfähige ausländische Stiftungen

33 Diese Vorschrift hat **kaum eine praktische Bedeutung**. Sie bezieht sich nur auf Stiftungen, die ihren Sitz im Ausland haben und die nach dem Recht des Sitzstaates nicht rechtsfähig sind. Solche Stiftungen sind insoweit mit einem ausländischen Verein nach § 23 (siehe dort) zu vergleichen, der durch die Genehmigung des Bundesministers des Innern die Rechtsfähigkeit erlangen kann.[49]

C. Weitere praktische Hinweise

34 § 84 Abs. 3 S. 4 AktG, wonach der **Widerruf der Bestellung zum Vorstandsmitglied** so lange wirksam ist, bis seine Unwirksamkeit rechtskräftig festgestellt ist, ist im Stiftungsrecht nicht entsprechend anwendbar.[50]

35 Solange es noch kein **Stiftungsregister** gibt, lassen sich die im Vereinsrecht geltenden Grundsätze der §§ 68 ff nicht auf die Stiftung übertragen.[51]

36 **Stiftungen mit einem wirtschaftlichen Geschäftsbetrieb** können nach hM entgegen dem Grundsatz der rechtsgeschäftlichen Unbeschränkbarkeit der Vertretungsmacht bei Handelsgesellschaften[52] **Vertretungsbeschränkungen** nach Eintragung in das Handelsregister Dritten gegenüber geltend machen.[53] Die Frage ob und ggf unter welchen Voraussetzungen ein Geschäftsbetrieb eine „gemeinnützige" Stiftung **prägt**, ist insbesondere zwischen Finanzverwaltung und BFH umstritten.[54]

37 Schreibt die Stiftungssatzung zur **Beschlussfähigkeit des Stiftungsvorstandes** mindestens **„die Hälfte der Mitglieder"** des Organs vor, zählen im Zweifel nach dem so in der Satzung erklärten Stifterwillen auch die Organmitglieder mit, denen die Stiftungsaufsichtsbehörde die Wahrnehmung ihrer Pflichten einstweilen untersagt hat,[55] denn sie bleiben bis zu ihrer etwaigen Abberufung Organmitglieder, obwohl sie gehindert sind, ihre Geschäfte als Organmitglieder auszuüben. Das aber hat mit der Frage, welche Mehrheitserfordernisse

47 § 10 Abs. 1 S. 1 HessStiftG.
48 Seifart/v. Campenhausen/*Hof*, § 11 Rn 40; O. Werner/Saenger/*Fritsche*, Rn 800 ff, dort auch zu der Gegenansicht von MüKo/*Reuter*, § 86 Rn 25.
49 Bamberger/Roth/*Schwarz/Backert*, § 86 Rn 10.
50 BGH BB 1977, 263 f.
51 Bamberger/Roth/*Schwarz/Backert*, § 86 Rn 3.
52 S. § 126 Abs. 2 HGB, § 82 Abs. 1 AktG, § 37 Abs. 2 GmbHG, § 27 Abs. 2 GenG.
53 Bamberger/Roth/*Schwarz/Backert*, § 86 Rn 3 aE mwN (str.).
54 Ausführlich zu diesem Streit und zur Kritik an der Geprägetheorie der Finanzverwaltung *Schiffer/Sommer*, BB 2008, 2432.
55 BGH NJW 1994, 184, 185; Bamberger/Roth/*Schwarz/Backert*, § 86 Rn 4; missverständlich Palandt/*Ellenberger*, § 86 Rn 1 unter Hinw. auf eben diese BGH-Entscheidung.

in der Satzung festgelegt sind, nichts zu tun. Etwas anders gilt, wenn die Satzung für die erforderliche Mehrheit auf die „stimmberechtigten" Mitglieder abstellt.

Eine generelle Befugnis Dritter oder auch der Organmitglieder einer Stiftung, Beschlüsse des Organs im eigenen Namen **gerichtlich überprüfen** zu lassen, gibt es nicht. Auf die Ungültigkeit eines Vorstandsbeschlusses kann sich nur berufen, wen der Beschluss in seinen organschaftlichen Rechten beeinträchtigt.[56] Die Voraussetzungen des § 256 ZPO sind zu beachten. 38

§ 87 Zweckänderung; Aufhebung

(1) Ist die Erfüllung des Stiftungszwecks unmöglich geworden oder gefährdet sie das Gemeinwohl, so kann die zuständige Behörde der Stiftung eine andere Zweckbestimmung geben oder sie aufheben.
(2) [1]Bei der Umwandlung des Zweckes soll der Wille des Stifters berücksichtigt werden, insbesondere soll dafür gesorgt werden, dass die Erträge des Stiftungsvermögens dem Personenkreis, dem sie zustatten kommen sollten, im Sinne des Stifters erhalten bleiben. [2]Die Behörde kann die Verfassung der Stiftung ändern, soweit die Umwandlung des Zweckes es erfordert.
(3) Vor der Umwandlung des Zweckes und der Änderung der Verfassung soll der Vorstand der Stiftung gehört werden.

Literatur: Siehe Vor §§ 80 ff.

A. Allgemeines

1 Über § 87 hat die Stiftungsbehörde, falls die Erfüllung des Stiftungszwecks unmöglich geworden oder das Gemeinwohl gefährdet ist (s. dazu § 80 Rn 24 ff), die Möglichkeit, den Zweck der Stiftung zu ändern (**Zweckumwandlung**). Vor einer solchen Änderung soll sie den Vorstand der Stiftung hören (Abs. 3). Außerdem hat sie bei der Zweckänderung den Willen des Stifters tunlichst zu berücksichtigen und insbesondere dafür Sorge zu tragen, dass die Erträge des Stiftungsvermögens dem vom Stifter vorgesehenen Personenkreis erhalten bleiben. Alternativ kann die Stiftungsbehörde die **Aufhebung** der Stiftung verfügen. Die Landesstiftungsgesetze enthalten weitere Möglichkeiten (umstr.; s. sogleich Rn 16 ff), wie etwa die „Zusammenlegung" von Stiftungen,[1] die ggf als mildere Maßnahmen anzuwenden sind. (Zu „einfachen" Satzungsänderungen s. bei § 85 Rn 3 ff).

B. Regelungsgehalt

I. Unmöglichkeit der Erfüllung des Stiftungszwecks

2 Für einen Zwangseingriff der Stiftungsbehörde nach § 87 muss die Erfüllung des Stiftungszwecks unmöglich geworden sein oder sie muss das Gemeinwohl gefährden. Das Tatbestandsmerkmal **„Unmöglichkeit der Zweckerreichung"** entspricht dem der „Unmöglichkeit" im Leistungsstörungsrecht (§ 275 Abs. 1), umfasst aber auch zusätzlich die Fälle der wirtschaftlichen Unzumutbarkeit (§ 275 Abs. 2).[2]

3 War der Stiftungszweck schon **anfänglich unmöglich**, hat aber die Behörde die Stiftung dennoch als rechtsfähig anerkannt, ist diese als juristische Person entstanden, die Zweckerreichung bleibt aber natürlich unmöglich. Das rechtfertigt die Anwendung der Vorschrift entgegen ihrem Wortlaut auch auf diese Fälle.[3]

4 Die Unmöglichkeit kann **tatsächlicher oder rechtlicher Art** sein. Beispiele für eine tatsächliche Unmöglichkeit sind die endgültige Zweckerfüllung, der endgültige (Total-)Verlust des Stiftungsvermögens oder auch der Wegfall der Destinatäre. Ein Beispiel für eine rechtliche Unmöglichkeit ist das Verbot der Zweckerfüllung.

56 BGH NJW 1994, 184, 185.
1 Beispiele: Art. 8 Abs. 3 BayStiftG; § 9 HessStiftG.
2 BVerwGE 29, 314; Seifart/v. Campenhausen/*Hof*, § 11 Rn 59; aA BayVGH ZSt 2006, 41 (verwaltungsrechtliche Rücknahme der Anerkennung) m. abl. Anm. *Andrick*, ZSt 2006, 41, 42 f.
3 MüKo/*Reuter*, § 87 Rn 4 mwN.

5 Die nur **vorübergehende, zeitweilige und eine nur teilweise Unmöglichkeit** der Zweckerreichung genügen nicht als Voraussetzung für die Zwangsmaßnahmen nach § 87. Beispiele:[4] Vorübergehend steht kein Destinatär zur Verfügung, Wegfall einer von mehreren bedachten Sozialeinrichtungen.

6 Mitunter wird erwogen, § 87 (Aufhebung) auch bei sog. **Rechtsformverfehlungen** anzuwenden.[5] Gemeint sind etwa die Fälle, in denen die Stiftungsbehörde eine wirtschaftliche (= unternehmensverbundene) Stiftung oder Unterhaltsstiftung „zu Unrecht" als rechtsfähig anerkannt oder sich eine Stiftung zu einer solchen Stiftung entwickelt hat. Allerdings sind solche Stiftungen zulässig (§ 80 Rn 33 ff, 42 ff, 53 ff). Die Grenze für mögliche Stiftungszwecke bildet alleine die Gemeinwohlgefährdung (§ 80 Rn 24 ff).

II. Gefährdung des Gemeinwohls

7 Die Tatbestandsvoraussetzung „Gefährdung des Gemeinwohls" entspricht derjenigen in § 80 Abs. 2. Eine Gefährdung des Gemeinwohls ist gegeben, wenn die Tätigkeit der Stiftung in Widerspruch zu Strafgesetzen oder zu Grundlagenentscheidungen der Rechts- und Verfassungsordnung gerät.[6]

8 Eine Gefährdung des Gemeinwohls kann nicht schon dann bejaht werden, wenn die Stiftung im konkreten Fall nicht hätte anerkannt werden sollen.[7] Die einmal anerkannte Stiftung genießt Vertrauensschutz. Bei der Frage der Anerkennung hat die Stiftungsbehörde bereits bei einer Rechtsformverfehlung die Anerkennung zu verweigern. Im Rahmen des § 87 BGB hat sie wegen Gefährdung des Gemeinwohls erst dann vorzugehen, wenn die sich aus einer grundsätzlichen Rechtsformverfehlung ergebenden abstrakten Gefahren in dem ihr zur Entscheidung vorliegenden Fall konkretisiert haben.

III. Zweckumwandlung und Aufhebung

9 Bei der **Zweckumwandlung (= Zweckänderung)** soll der Wille des Stifters berücksichtigt werden. Der Stifterwille (§ 80 Rn 1 ff; § 85 Rn 5 ff) ist auch hier der grundlegende Maßstab für die Stiftung. Insbesondere ist in diesem Zusammenhang Sorge zu tragen, dass die Erträge des Stiftungsvermögens weiterhin dem bisher nach dem Stiftungszweck und dem Willen des Stifters bedachten Personenkreis zufließen (Abs. 2 S. 1). Weitere Satzungsbestimmungen außer dem Zweck der Stiftung darf die Behörde nur ändern, soweit das zur Erfüllung des geänderten Stiftungszwecks erforderlich ist (Abs. 2 S. 2).

10 Bei einer Zweckänderung besteht die Gefahr, dass diese steuerlich als Neuerrichtung gewertet wird – etwa bei einer Familienstiftung, deren Zweck in einen anderen (schlichten) privatnützigen Zweck geändert wird.[8]

11 Nach Abs. 3 soll der **Stiftungsvorstand** vor einer Zweckumwandlung und der Änderung der Stiftungsverfassung **gehört werden**. Wegen § 28 VwVfG ist die Vorschrift als **Mussvorschrift** auszulegen und anzuwenden.[9] Lebt der Stifter noch, muss auch er gehört werden.[10]

12 Ebenso wie bei der Errichtung hat die Stiftungsaufsichtsbehörde auch bei der **Auflösung** einer Stiftung mitzuwirken. Entweder verfügt sie hoheitlich die Beendigung der Stiftung und hebt sie auf, wenn die Voraussetzungen des Abs. 1 vorliegen, oder sie genehmigt einen entsprechenden Auflösungsbeschluss der Stiftungsorgane (Rn 22). Die **Aufhebung** einer Stiftung durch staatlichen Hoheitsakt ist nur als ultima ratio zulässig (Grundsatz der Verhältnismäßigkeit).

IV. Subsidiarität

13 Durch die **Zwangsmaßnahmen des § 87** greift die Stiftungsbehörde in die grundrechtlich geschützte und durch das aktuelle Stiftungszivilrecht noch zusätzlich betonte (§ 80 Abs. 2) Stifterfreiheit ein. Die Zweckänderung und die Aufhebung der Stiftung sind deshalb nur unter den engen Voraussetzungen des Abs. 1 zulässig. Sie sind **gegenüber Maßnahmen der Stiftungsorgane nach der Stiftungssatzung subsidiär**, denn die Stiftungssatzung manifestiert den Stifterwillen. Entsprechende Maßnahmen der Stiftungsbehörde sind mithin insbesondere nur zulässig, wenn eine Satzungsänderung nicht durchführbar oder zur Wiederherstellung einer funktionstüchtigen Stiftung nicht geeignet ist.[11]

4 Bamberger/Roth/*Schwarz/Backert*, § 87 Rn 2.
5 MüKo/*Reuter*, § 87 Rn 8 (differenzierend).
6 Palandt/*Ellenberger*, § 87 Rn 1; Bamberger/Roth/*Schwarz/Backert*, § 87 Rn 2; ausf., aber letztlich unklar MüKo/*Reuter*, § 87 Rn 7 f.
7 Wie hier Bamberger/Roth/*Schwarz*, § 87 Rn 2; MüKo/*Reuter*, § 87 Rn 8, s. dort auch zu den folgenden Erwägungen.
8 S. *Schiffer*, Stiftung, § 9 Rn 99 ff.
9 Seifart/v. Campenhausen/*Hof*, § 7 Rn 139, § 11 Rn 57.
10 Seifart/v. Campenhausen/*Hof*, § 11 Rn 57.
11 Palandt/*Ellenberger*, § 87 Rn 1.

C. Weitere praktische Hinweise

I. Gerichtliche Überprüfung

14 Maßnahmen nach § 87 können im Wege der **Anfechtungsklage** verwaltungsgerichtlich überprüft werden.[12] Rechtsbehelfe haben aufschiebende Wirkung; die Stiftung bleibt bis zur rechtskräftigen Entscheidung über die Aufhebungsverfügung uneingeschränkt rechtsfähig.[13]

II. Weitere Auflösungsgründe

15 Weitere mögliche Auflösungsgründe sind:[14] die Eröffnung des Insolvenzverfahrens (§§ 88, 42), der Eintritt einer auflösenden Bedingung, der entsprechende Beschluss des zuständigen Stiftungsorgans,[15] der Eintritt eines Endtermins oder die vollständige Erfüllung des Stiftungszwecks, der Widerruf oder die Rücknahme der Anerkennung der Stiftung. Der bloße (teilweise) Vermögensverfall führt hingegen grundsätzlich nicht zu einer Aufhebung der Stiftung, solange die Verluste absehbar durch Erträge des Restvermögens wieder ausgeglichen werden können. Der **Stifter ist frei**, in der **Satzung** zusätzlich Auflösungsgründe mit Genehmigung durch die Aufsichtsbehörde festzulegen.[16]

III. Sonstige Eingriffe

16 Die **Landesstiftungsgesetze** eröffnen nach entsprechendem Beschluss der Stiftungsorgane statt der Maßnahmen nach § 87 mit Zustimmung der Stiftungsaufsichtsbehörde oder durch Anordnung der Behörde verschiedene **mildere „Umwandlungsmaßnahmen"** für eine Stiftung als eine Aufhebung:[17] die Zusammenlegung und die Zulegung. Ob das vor dem Hintergrund der Zuständigkeitsregelung des GG zulässig ist, ist zunehmend umstritten[18]. Den Kritikern zufolge soll § 87 BGB eine abschließende bundesgesetzliche Regelung enthalten. Umwandlungsmaßnahmen sind danach aber als Spezialfälle der Zweckänderung und der Aufhebung zulässig, wenn die Eingriffsvoraussetzungen des § 87 vorliegen.[19]

Unabhängig davon ist auch umstritten, ob zu solchen Umwandlungsmaßnahmen eine „autonome" Beschlusskompetenz der Stiftungsorgane bestehen kann, wenn die Stiftungssatzung eine entsprechende Regelung enthält.[20] Nach hM kann allerdings dennoch die Zusammenlegung, Zulegung, Zweckänderung oder Aufhebung einer Stiftung durch deren Organe beschlossen werden, wenn der Stifter diese dazu in der Stiftungssatzung ermächtigt hat.[21] Dem ist zumindest dann zu folgen, wenn der Stifter in der Satzung die Voraussetzungen unter denen nach seinem (!) Willen diese Beschlüsse gefasst werden dürfen, konkret bestimmt hat (Beispiele: Wegfall des Stiftungszwecks, Wegfall möglicher potentieller Destinatäre, etwa bei einer Familienstiftung, wenn die Mitglieder der Familie ausgestorben sind). Maßgebend ist der Stifterwille bei Errichtung der Stiftung, der in diesen die Identität der Stiftung begründenden Punkten nicht durch den Willen der Organmitglieder ersetzt werden darf (Primat des Stiftungsgeschäfts).[22]

Steuerlich sind „Umwandlungen" nach den allgemeinen Grundsätzen zu beurteilen.[23]

17 Eine **Zusammenlegung** ist – vergleichbar der Verschmelzung zur Neugründung im Umwandlungsrecht – die Zusammenfassung mehrerer Stiftungen mit gleichem oder ähnlichem Zweck zu einer neuen Stiftung. Dafür ist erforderlich, dass bei allen beteiligten Stiftungen die Erreichung des Stiftungszwecks unmöglich geworden ist. Die Stiftungen gehen als solche unter und es entsteht eine neue Stiftung. Deren (neue) Satzung erlässt die Stiftungsbehörde in Abstimmung mit den Organen der Stiftungen.

18 Das Vermögen der zusammengelegten Stiftungen geht im Wege der Einzelrechtsnachfolge auf die neue Stiftung über, wofür je nach Regelung in den Stiftungssatzungen die Zustimmung der Anfallberechtigten (§ 88 BGB) erforderlich ist. Die Landesstiftungsgesetze sehen, um hier Probleme im Interesse der Stiftungen zu vermeiden, vielfach eine Gesamtrechtsnachfolge vor,[24] doch ist die Wirksamkeit solcher Vorschriften zwei-

12 Seifert/v. Campenhausen/*Hof*, § 11 Rn 67.
13 OLG Hamm NJW-RR 1995, 120 f.
14 Seifert/v. Campenhausen/*Hof*, § 11 Rn 29 ff; Bamberger/Roth/*Schwarz*, § 87 Rn 5.
15 OLG Koblenz NZG 2002, 135.
16 Seifert/v. Campenhausen/*Hof*, § 11 Rn 35; Bamberger/Roth/*Schwarz*, § 87 Rn 1; aA MüKo/*Reuter*, § 87 Rn 3.
17 Näher *Pauls*, ZSt 2007, 123; *Saenger*, ZSt 2007, 81; *Fritsche*, ZSt 2009, 21, 33 f; Staudinger/*Hüttemann*/*Rawert* (2011), § 87 Rn 3 ff.
18 Nachweise bei Staudinger/*Hüttemann*/*Rawert* (2011), § 87 Rn 3.
19 Zu den umstrittenen Einzelheiten s. etwa Staudinger/*Hüttemann*/*Rawert* (2011), § 87 Rn 17 ff und MüKo/*Reuter*, § 87 Rn 14 ff.
20 S. nur die Darstellung zum Streitstand und die Kritik an der hM bei Staudinger/*Hüttemann*/*Rawert* (2011), § 87 Rn 4 ff und bei MüKo/*Reuter*, § 87 Rn 3.
21 S. etwa Seifert/v. Campenhausen/*Hof*, § 10 Rn 332; OLG Koblenz NZG 2002, 135.
22 S. Staudinger/*Hüttemann*/*Rawert* (2011), § 87 Rn 17 und MüKo/*Reuter*, § 87 Rn 3.
23 Ausf. Seifart/v. Campenhausen/*Pöllath*/*Richter*, § 42 Rn 29 ff.
24 Beispiel: § 14 Abs. 2 BWStiftG.

felhaft, da den Ländern insofern wohl die Gesetzgebungskompetenz fehlen dürfte.[25] Die durch die Zusammenlegung entstandene neue Stiftung bedarf einer neuen Satzung mit einem neuen Zweck, der aus den ursprünglichen Zwecken abzuleiten ist (arg. e. Abs. 2). Die übertragenden Stiftungen sind aufzulösen und zu liquidieren.

19 Von der Zusammenlegung ist die bloße **Zusammenfassung mehrerer Stiftungen** unter einer gemeinsamen Stiftungsverwaltung zu unterscheiden, die die Rechtsfähigkeit und den Fortbestand der einzelnen Stiftungen durch die gemeinsame Stiftungsverwaltung nicht berührt. Für eine Zusammenlegung ist in aller Regel erforderlich, dass bei allen beteiligten Stiftungen die Erreichung des Stiftungszwecks unmöglich geworden ist (arg. § 87).[26] Es ist also nicht etwa zulässig, eine Stiftung, der die Zweckerreichung unmöglich geworden ist, und eine Stiftung, bei der kein Aufhebungsgrund vorliegt, zusammenzulegen.[27]

20 Bei einer **Zulegung** wird das Vermögen einer oder mehrerer dann aufzulösender Stiftungen unter entsprechender dortiger Satzungs- und Zweckänderung auf eine bereits bestehende Stiftung übertragen, dh mit dieser vereinigt.[28] Sie gibt ihre eigene Rechtspersönlichkeit auf und wird fortan von der anderen Stiftung mit verwaltet. Dabei müssen sich die Stiftungen in ihren Zwecksetzungen zumindest ähneln. Dieser Vorgang ist der Verschmelzung zur Aufnahme im Umwandlungsrecht vergleichbar. Voraussetzung ist regelmäßig die beiderseitige Unmöglichkeit der Erreichung des Stiftungszwecks.

21 Entscheidend ist auch in allen diesen Fällen der **Stifterwille**, denn er gibt der Stiftung ihr Existenzrecht. Entspricht die Zweckänderung, Zusammenlegung oder Zulegung nicht dem zumindest hypothetischen Stifterwillen, ist nach § 87 BGB grundsätzlich nur **Aufhebung** zulässig, da dann angenommen werden muss, dass der Stifter alle anderen Maßnahmen nicht gewollt hat.[29] Dem Stifterwillen kann dann nicht Rechnung getragen werden, weshalb die Stiftung als ultima ratio aufzuheben ist.

22 Voraussetzung für einen **Auflösungsbeschluss der Stiftungsorgane** ist, dass dieser entweder nach dem Landesstiftungsrecht oder nach der betreffenden Stiftungssatzung überhaupt zulässig ist. Ist in der Satzung die Aufhebung der Stiftung bei Eintritt bestimmter Auflösungsgründe (etwa Zeitablauf oder vollständige Erfüllung der Stiftungszwecke) vorgesehen, so stellt das nach der Satzung zuständige Stiftungsorgan das Vorliegen des betreffenden Aufhebungsgrundes fest. Die Aufsichtsbehörde prüft sodann unter dem Aspekt der **Rechtsaufsicht**, ob diese Feststellung richtig ist.

23 Ist nach dem Willen des Stifters in der Stiftungssatzung oder dem Stiftungsgeschäft die **Aufhebung der Stiftung** ausdrücklich oder stillschweigend **untersagt**, so bleibt zur Beendigung der Stiftung nur der Weg einer staatlichen Aufhebung durch eine entsprechende Verfügung der Stiftungsbehörde. Die wesentlichen Aufhebungsgründe sind die Insolvenz, die Unmöglichkeit der Zweckerfüllung und die Fälle der Gesetzwidrigkeit sowie die Gefährdung des Gemeinwohls.

24 Die **Rechtsfolgen des Erlöschens der Stiftung** mit der Folge des Verlustes der Rechtsfähigkeit sind **unterschiedlich**, je nachdem, ob in der Stiftungssatzung ein Anfallberechtigter benannt ist oder nicht.[30] In den Satzungen steuerbefreiter Stiftungen ist regelmäßig bestimmt, welcher steuerbegünstigten Person das Liquidationsvermögen zufällt.[31] Der Rechtsübergang erfolgt im Rahmen einer Liquidation (§ 88 S. 3 iVm §§ 47 bis 53). Die Anfallberechtigten haben einen schuldrechtlichen Anspruch auf Auskehrung des nach der Liquidation verbleibenden Überschusses.[32] Ist in der Stiftungssatzung kein Anfallberechtigter genannt, so ist der Fiskus Anfallberechtigter (§ 88 S. 2). Dann findet eine Gesamtrechtsnachfolge statt (§§ 88 S. 2, 46 iVm §§ 1936, 1942 Abs. 2, 1964, 1966, 2011 und 1994 Abs. 1 S. 2).[33]

25 Bei der **Auflösung einer steuerbegünstigten Körperschaft** darf das Vermögen nur für steuerbegünstigte Zwecke verwendet werden (§ 55 Abs. 1 Nr. 4 AO),[34] weshalb grundsätzlich in der Satzung bestimmt sein muss, welcher steuerbegünstigten Person das Liquidationsvermögen zufällt (§§ 61 Abs. 1, 55 Abs. 1 Nr. 4 AO; Ausnahme: § 61 Abs. 2 AO). Ausländische Körperschaften können nicht wirksam als Anfallberechtigte benannt werden.[35]

25 So auch Werner/Saenger/*Fritsche*, Rn 724 ff mwN auch zu Gegenstimmen (Rn 726 mit Fn 40).
26 Der theoretisch auch mögliche Fall der beiderseitigen Gemeinwohlgefährdung ist in der Praxis zu vernachlässigen.
27 So auch *Wachter*, S. 245.
28 Seifart/v. Campenhausen/*Hof*, § 11 Rn 51.
29 BVerwG 1991, 713.
30 *O. Werner*/Saenger, Rn 360.
31 §§ 61 Abs. 1, 55 Abs. 1 Nr. 4 AO; gemeinnützigkeitsrechtlicher Grundsatz der Vermögensbindung; s.a. § 88 S. 1.
32 *Wachter*, S. 240 f.
33 S.a. *Wachter*, S. 241.
34 *Dehesselles*, Stiftung & Sponsoring 1/2009, 22.
35 OFD Hannover, Verf. v. 17.2.2000, S 0180–1 – StO 214/S 2729–326 – StH 233, DB 2000, 597; *Wachter*, S. 86.

IV. Gesellschaftsrechtliche Umwandlung

Die Umwandlung einer Stiftung ist auch nach den Vorschriften des Umwandlungsgesetzes (§ 1 Abs. 1 und 2 UmwG) möglich.[36] Da eine Stiftung keine Anteilsinhaber oder Mitglieder hat, sondern nur aus Vermögen besteht, sind die Umwandlungsmöglichkeiten nach dem Umwandlungsgesetz aber **beschränkt**. Sie kann nur an solchen Umwandlungsvorgängen beteiligt sein, bei denen die Gegenleistung für die Vermögensübertragung auf der Ebene des übertragenden Rechtsträgers erfolgt, denn eine Gegenleistung auf der Ebene von Gesellschaftern/Mitgliedern ist unmöglich. Eine Stiftung kann vor allem nicht an einer Auf- oder Abspaltung, bei einer Verschmelzung oder bei einem Formwechsel beteiligt sein. 26

Es bleibt einer Stiftung also nur die **Ausgliederung**,[37] denn dabei kommt es „nur" zu einem Aktivtausch. Im Übrigen ist eine Stiftung kein umwandlungsfähiger Rechtsträger. Auch bei der Ausgliederung kann sie nur als übertragender und nicht als übernehmender Rechtsträger beteiligt sein (§ 161 UmwG). Eine Ausgliederung zur Aufnahme kann nur auf eine Personenhandels- oder Kapitalgesellschaft und eine Ausgliederung zur Neugründung nur auf eine Kapitalgesellschaft erfolgen. Abgesehen von stiftungszivilrechtlichen Grenzen,[38] die sich insbesondere aus dem Stifterwillen, der Stiftungssatzung und vor allem dem Stiftungszweck ergeben, kann das **gesamte Vermögen** einer Stiftung Gegenstand der Ausgliederung sein, ohne dass auch nur ein Teil des Vermögens bei der Stiftung bleiben muss.[39] Die rechtstechnischen Einzelheiten zu der Ausgliederung im Fall einer Stiftung gibt das Gesetz in §§ 161 ff UmwG vor. 27

Bringt eine Stiftung einen Betrieb (Teilbetrieb, Mitunternehmeranteil) nach dem UmwStG steuerbegünstigt in eine Kapitalgesellschaft (§ 20 UmwStG) oder eine Personengesellschaft (§ 24 UmwStG) ein oder spaltet ihn durch Ausgliederung ab, so bleiben die Anteile an der aufnehmenden oder ggf neu entstehenden Gesellschaft bei der Stiftung. Das ist stiftungszivilrechtlich regelmäßig als ein Fall der **Vermögensumschichtung** zu sehen. 28

Die Ausgliederung eines Unternehmens(teils) aus dem Vermögen der Stiftung (Hauptfall: **Outsourcing**[40]) hat zur Konsequenz, dass die Stiftung nicht mehr selbst Inhaberin des Unternehmens ist (Fall der Unternehmensträgerstiftungen), sondern insoweit zur Beteiligungsträgerstiftung wird, dh nur noch an dem das Unternehmen betreibenden Rechtsträger beteiligt ist. Frühestens nach Abschluss des Vorgangs kann die Stiftung die Anteile veräußern oder zuwenden, was in aller Regel dann mit steuerlicher Gewinnrealisierung erfolgt.[41] *Wachter*[42] empfiehlt, dass im Interesse der dauerhaften Erfüllung des Stiftungszwecks die Stiftung im Fall einer Ausgliederung über maßgeblichen Einfluss auf die Unternehmensführung des aufnehmenden Rechtsträgers verfügen sollte. Nicht übersehen werden darf dabei allerdings bei einer steuerbefreiten Stiftung die Problematik des wirtschaftlichen Geschäftsbetriebs[43] und ggf auch Probleme mit der Selbstlosigkeit und der unmittelbaren Zweckverfolgung.[44] 29

V. Unselbständige Stiftungen

Ob § 87 auf die unselbständige Stiftung anwendbar ist, ist umstritten. Die hM lehnt die Anwendung ab.[45] Für die hM spricht entscheidend, dass die unselbständige Stiftung allein ein schuld- oder erbrechtliches Verhältnis zwischen „Stifter" und Treuhänder ist (Vor §§ 80 ff Rn 22 ff). Es sind deshalb hier die allgemeinen Regeln des Schuld- und Erbrechts anzuwenden.[46] Nur soweit staatliche Stellen auf dieser Basis zum Eingriff berechtigt sind, zB bei der Übertragung unter einer Auflage, deren Vollziehung im öffentlichen Interesse liegt (§ 525 Abs. 2, § 2194 S. 2)[47] existieren die entsprechenden Ermächtigungsgrundlagen. Zuständig ist in diesen Fällen aber nicht die Stiftungsbehörde.[48] 30

§ 88 Vermögensanfall

¹Mit dem Erlöschen der Stiftung fällt das Vermögen an die in der Verfassung bestimmten Personen. ²Fehlt es an einer Bestimmung der Anfallberechtigten, so fällt das Vermögen an den Fiskus des Landes,

36 Ausf. dazu *Schiffer*, Stiftung, § 7 Rn 28 ff; *Wachter*, S. 243 ff, 247 ff; Werner/Saenger/*Fritsche*, Rn 711 ff.
37 Widmann/Mayer/*Schwarz*, § 124 UmwG Rn 2.3.2.2; Seifart/v. Campenhausen/*Pöllath/Richter*, § 42 Rn 29 ff.
38 S. dazu Widmann/Mayer/*Rieger*, § 161 UmwG Rn 270 ff.
39 Widmann/Mayer/*Rieger*, § 161 UmwG Rn 44.
40 S. dazu *Schiffer*, Stiftung, § 7 Rn 2 ff.
41 Seifart/v. Campenhausen/*Pöllath/Richter*, § 42 Rn 30.
42 *Wachter*, S. 244.
43 S. dazu *Schiffer*, Stiftung, § 10 Rn 67 ff, 91 ff.
44 S. dazu *Schiffer*, Stiftung, § 10 Rn 64 ff, 189 ff.
45 RGZ 105, 305; Staudinger/*Hüttemann/Rawert* (2011), Vorbem. 261 zu §§ 80 ff.
46 RGZ 105, 305, 397; Staudinger/*Hüttemann/Rawert* (2011), Vorbem. 261 zu §§ 80 ff.
47 Vgl. MüKo/*Reuter*, Vor § 80 Rn 99.
48 Vgl. zB Art. 69 AGBGB Bayern.

in dem die Stiftung ihren Sitz hatte, oder an einen anderen nach dem Recht dieses Landes bestimmten Anfallberechtigten. ³Die Vorschriften der §§ 46 bis 53 finden entsprechende Anwendung.

Literatur: Siehe Vor §§ 80 ff.

A. Allgemeines

1 Die Vorschrift gilt für **alle Fälle der Auflösung** (Insolvenzverfahren, §§ 88, 46; Aufhebung, § 87; vom Stifter bestimmte Aufhebungsgründe gem. Satzung) und bestimmt dafür den Anfallberechtigten des Stiftungsvermögens. Primär wird der Anfallberechtigte in der Satzung bestimmt. Subsidiär ist nach S. 2 der Fiskus des Landes anfallberechtigt, in welchem die Stiftung ihren Sitz hatte, oder eine andere nach Landesrecht bestimmte Person (Beispiel: Gemeinde).[1] S. 2 der Vorschrift wurde durch das neue Stiftungszivilrecht eingefügt (vgl § 45 Abs. 3). Die Einzelheiten zur Abwicklung ergeben sich aus einer entsprechenden Anwendung der einschlägigen vereinsrechtlichen Vorschriften (§§ 46–53).

B. Regelungsgehalt

2 Eine Stiftung erlischt nicht automatisch, sondern verliert ihre Rechtsfähigkeit durch staatlichen Akt (= Aufhebung nach § 87 sowie alle sonstigen Beendigungsfälle, vgl dazu bei § 87). Die Stiftung verliert mit dem Erlöschen ihre **Rechtsfähigkeit.**

3 Die in der Satzung genannten Anfallberechtigten erhalten schuldrechtliche Ansprüche auf Vermögensübertragung gegen die Stiftung. Es ist ein **Liquidationsverfahren** nach §§ 47–53 durchzuführen, wobei gem. §§ 88, 49 Abs. 2 die Rechtsfähigkeit der Stiftung „bis zur Beendigung der Liquidation als fortbestehend [gilt], soweit der Zweck der Liquidation es erfordert".[2] Zu übertragen ist der Liquidationsüberschuss (§§ 88, 47). Ein Anfallberechtigter kann analog §§ 1942, 1953 ausschlagen;[3] das Vermögen fällt dann an den nächsten Berechtigten.

4 Der Stifter kann in der **Satzung** die Stiftungsorgane oder die Aufsichtsbehörde ermächtigen, den oder die Anfallberechtigten zu bestimmen, sofern die Satzung den Zweck angibt, für den das Vermögen nach Stiftungsauflösung verwendet werden soll, oder sich der in Betracht kommende Personenkreis aus dem Stiftungszweck ergibt.[4] Die Anfallberechtigten müssen nicht dem Kreis der Destinatäre angehören.

5 Erwirbt der Landesfiskus oder die nach Landesrecht bestimmte Person, erfolgt der Vermögensanfall ohne Liquidation, sondern gem. §§ 88, 46 im Wege der **Gesamtrechtsnachfolge**. Der Fiskus kann gem. §§ 88, 46, 1942 Abs. 2 das angefallene Vermögen nicht ausschlagen, sondern ist gem. §§ 88 S. 3, 46 S. 2 bundesrechtlich „tunlichst" verpflichtet, das Stiftungsvermögen nach dem in der Satzung festgelegten Stiftungszweck zu verwenden.

6 Handelt es sich um eine etwa wegen Gemeinnützigkeit steuerbefreite Stiftung, gilt der **steuerrechtliche Grundsatz der Vermögensbindung** (§ 55 Abs. 1 Nr. 4 iVm § 55 Abs. 3 AO). Danach ist u.a. bei Auflösung oder Aufhebung der Stiftung oder bei Wegfall ihres bisherigen Zwecks das Stiftungsvermögen weiterhin nur für steuerbegünstigte Zwecke zu verwenden (§ 55 Abs. 1 Nr. 4 AO).[5] Die Stiftungssatzung sollte deshalb eine entsprechende konkretisierende Anfallregelung enthalten, die eine entsprechende Organisation oder jedenfalls einen entsprechenden gemeinnützigen Zweck für die Vermögensverwendung nennt (s.a. Rn 9 f).

C. Weitere praktische Hinweise

7 Es ist umstritten, ob eine vormals selbständige Stiftung bei Verlust ihrer Rechtsfähigkeit als **unselbständige (treuhänderische) Stiftung** weiter bestehen kann.[6] Die Stiftung wird aufgrund des Primates des Stifterwillens (§ 80 Rn 1 ff) nur ganz ausnahmsweise als unselbständige Stiftung weiter bestehen können, nämlich dann, wenn sich das aus dem zumindest hypothetischen Stifterwillen ergibt. Deutlich ist das etwa, wenn die Satzung als Anfallberechtigten den Treuhänder einer unselbständigen Stiftung vorsieht.[7]

8 Vor dem Hintergrund der aktuellen (2011) Schwierigkeit, Vermögen nachhaltig erfolgreich anzulegen, was regelmäßig zu erheblich schwankenden und schwindenden Einnahmen einer Stiftung führt, kann bei bei-

1 S. zB Art. 9 Bay StiftG; § 23 HessStiftG; § 9 NdsStiftG.
2 Bamberger/Roth/*Schwarz/Backert*, § 88 Rn 5; einschr. OLG Koblenz NZG 2002, 135 f (Liquidationsstiftung mit auf Durchführung der Liquidation beschränktem Zweck).
3 LG Mainz NZG 2002, 738; Palandt/*Ellenberger*, § 88 Rn 1.
4 Seifart/v. Campenhausen/*Hof*, § 11 Rn 21.
5 *Schiffer*, Stiftung, § 7 Rn 45.
6 Dafür: Soergel/*Neuhoff*, § 88 Rn 1; dagegen: Seifart/v. Campenhausen/*Hof*, § 36 Rn 2.
7 Staudinger/*Rawert*, § 88 Rn 5.

spielsweise gleichzeitiger Zusage einer Stiftung, ein Projekt dauerhaft zu finanzieren,[8] das Thema Zahlungsunfähigkeit und damit Insolvenz für eine Stiftung aktuell werden (§ 86 Rn 21 ff).

Bei wegen gemeinnützigen, mildtätigen oder kirchlichen Zwecken **steuerbefreiten Stiftungen** ist die sat- 9
zungsmäßige Vermögensbindung nach der Abgabenordnung zu beachten (§ 55 Abs. 1 Nr. 4, 61 AO, „Anfallklausel"). Dem § 60 Abs. 1 AO ist folgender Satz angefügt worden, der seit dem 1.1.2009 gilt. *„Die Satzung muss die in der Anlage 1 bezeichneten Festlegungen enthalten."*

Der AO ist sodann folgende Anlage 1 angefügt: „Anlage 1 (zu § 60) Mustersatzung für Vereine, Stiftungen, Betriebe gewerblicher Art von juristischen Personen des öffentlichen Rechts, geistliche Genossenschaften und Kapitalgesellschaften (nur aus steuerlichen Gründen notwendige Bestimmungen)".

Die sog. „**Mustersatzung**" enthält folgende **Anfallklausel**:

§ 5

Bei Auflösung oder Aufhebung der Körperschaft oder bei Wegfall steuerbegünstigter Zwecke fällt das Vermögen der Körperschaft

1. an – den – die – das – … (Bezeichnung einer juristischen Person des öffentlichen Rechts oder einer anderen steuerbegünstigten Körperschaft) – der – die – das – es unmittelbar und ausschließlich für gemeinnützige, mildtätige oder kirchliche Zwecke zu verwenden hat.

oder

2. an eine juristische Person des öffentlichen Rechts oder eine andere steuerbegünstigte Körperschaft zwecks Verwendung für … (Angabe eines bestimmten gemeinnützigen, mildtätigen oder kirchlichen Zwecks, zB Förderung von Wissenschaft und Forschung, Erziehung, Volks- und Berufsbildung, der Unterstützung von Personen, die im Sinne von § 53 AO wegen … bedürftig sind, Unterhaltung des Gotteshauses in …).

Vor allem in der Finanzverwaltung hat sich die Meinung herausgebildet, dass die Formulierungen in der Mustersatzung verbindlich seien und deshalb auch in neuen Stiftungssatzungen **wörtlich** (!) enthalten sein müssen. Altsatzungen sollen bei der nächsten Änderung anzupassen sein. Im Gesetz heißt es allerdings nur: „Die Satzung muss die in der Anlage 1 bezeichneten Festlegungen enthalten." Von der „wörtlichen" Übernahme von Formulierungen ist nicht die Rede, sondern von „Festlegungen", was nur die Regelung gewisser Inhalte meint. Die Finanzverwaltung überinterpretiert das Gesetz hier aus bürokratischen Erwägungen in unzulässiger Weise. Sie verlässt den Rahmen der zulässigen Gesetzesauslegung.[9] Der Gesetzgeber wollte (s. Überschrift der Anlage: "Mustersatzung") nur ein „Muster" geben.

Unabhängig von der grundlegenden Kritik an dem angeblichen Erfordernis der wörtlichen Übernahme fällt 10
auf, dass die Formulierungen gar nicht alle wörtlich auf die Stiftung passen und damit tatsächlich auch gar nicht wörtlich übernommen werden können. So spricht § 3 der Mustersatzung von „Mitgliedern". Eine Stiftung hat aber gar keine Mitglieder. Die Auffassung der Finanzverwaltung führt nicht zu Erleichterungen, sondern zu zusätzlichen Fragen und Diskussionen in der Praxis und damit zu Erschwerungen bei der Errichtung einer gemeinnützigen Stiftung. Die Finanzverwaltung sollte ihre Forderung nach einer wörtlichen Übernahme der „Mustersatzungsformulierungen" unverzüglich aufgeben, dennoch ist die Auffassung der Finanzverwaltung, wenn sie nicht im Einzelfall von ihrer grundsätzlichen Auffassung abweicht, bei der Satzungsgestaltung vorsorglich zu beachten.

Untertitel 3 Juristische Personen des öffentlichen Rechts

§ 89 Haftung für Organe; Insolvenz

(1) Die Vorschrift des § 31 findet auf den Fiskus sowie auf die Körperschaften, Stiftungen und Anstalten des öffentlichen Rechts entsprechende Anwendung.

(2) Das Gleiche gilt, soweit bei Körperschaften, Stiftungen und Anstalten des öffentlichen Rechts das Insolvenzverfahren zulässig ist, von der Vorschrift des § 42 Abs. 2.

Literatur: Siehe Vor §§ 80 ff.

8 Zu einem Beispielsfall aus der Praxis s. *Schiffer*, Stiftung & Sponsoring, 6/2002, 28 ff.

9 Gegen eine wörtliche Übernahme der Mustersatzung wenden sich etwa auch: *Klein/Gersch*, Abgabenordnung, 10. Aufl. 2009, § 60 Rn 2; *Ullrich*, DStR 2009, 2471; *Pauls/Eismann*, ZStV 2010, 120.

A. Allgemeines

1 Nach Abs. 1 der Vorschrift haften der **Fiskus und Personen des öffentlichen Rechts** (Körperschaften, Stiftungen und Anstalten) entsprechend § 31 (s. dort) für den Schaden, den ihre verfassungsgemäßen Vertreter durch eine in Ausrichtung der ihnen zustehenden Verrichtungen begangene, zum Schadensersatz verpflichtende Handlung einem Dritten zufügt haben. Die Voraussetzungen und die Grundlagen der Haftung sind die gleichen wie in § 31 (s. dort).

2 Die Regelung in Abs. 2 (**Insolvenzantragspflicht**, § 42 Abs. 2) hat nur geringe praktische Bedeutung, da das Insolvenzverfahren über das Vermögen des Bundes oder eines Landes unzulässig ist (§ 12 Abs. 1 Nr. 1 InsO). Für Gemeinden und andere öffentlich-rechtliche Körperschaften gilt Entsprechendes (Art. 28 GG). Für die anderen juristischen Personen des öffentlichen Rechts gilt § 11 InsO, wonach die Insolvenz grundsätzlich zulässig ist.[1]

B. Regelungsgehalt

I. Haftungsträger

3 Haftungsträger nach Abs. 1 kann zunächst der Fiskus sein. **Fiskus** bezeichnet den Staat (= Bund und Länder) als Privatrechtssubjekt. Haftungsträger können aber auch alle juristischen Personen des öffentlichen Rechts sein, dh insb. Gebietskörperschaften (zB Gemeinden, Landkreise), Personalkörperschaften, sonstige **Körperschaften** (zB Steuerberater- und Rechtsanwaltskammern), rechtsfähige Anstalten (zB Bundesbank) und Stiftungen (zB Preußischer Kulturbesitz).[2]

4 Die Vorschrift nennt auch Stiftungen als juristische Personen des öffentlichen Rechts.[3] Unterscheidungsmerkmale zur rechtsfähigen Stiftung des Privatrechts nach den §§ 80 ff werden allerdings nicht angegeben.[4] **Stiftungen des öffentlichen Rechts** haben die Grundmerkmale (Stiftungszweck, Stiftungsvermögen, Stiftungsorganisation) mit der Stiftung des Privatrechts im Prinzip gemeinsam, sind jedoch in das System der staatlichen Verwaltung (Stichwort: mittelbare Staatsverwaltung) eingegliedert.[5] Sie erfüllen öffentliche Aufgaben (Beispiele: Stiftung Preußischer Kulturbesitz, Stiftung Bundeskanzler-Adenauer-Haus). In der Praxis sind öffentlich-rechtliche Stiftungen nicht selten mit Sachvermögen ausgestattet, während es ihnen an einem (ausreichenden) Kapitalvermögen zum Erhalt ihres Sachvermögens fehlt.[6] Zur Erfüllung ihres Stiftungszwecks sind sie deshalb auf Zuwendungen von staatlicher Seite angewiesen (**Einkommensstiftung**).[7]

II. Haftungsbereich

5 Abs. 1 ist wie § 31 eine **Zurechnungsnorm** (s. § 31 Rn 1 f), die die Existenz einer Schadensersatznorm voraussetzt.[8] Die Vorschrift in Abs. 1 stellt juristische Personen des öffentlichen Rechts und des Privatrechts im Zivilrecht haftungsrechtlich gleich.[9] Haben die gesetzlichen Vertreter einem Dritten also in Ausübung eines öffentlichen Amtes (hoheitlich) schuldhaft Schaden zugefügt, greifen §§ 89, 31 und auch §§ 278, 831 (sonstige Personen) nicht. Es gilt vielmehr Art. 34 GG iVm § 839 (s. dort).[10] Die juristische Person des öffentlichen Rechts haftet bei hoheitlichem Handeln, unabhängig davon, ob ein Beamter im staatshaftungsrechtlichen Sinne oder eine sonstige Person gehandelt hat.[11] Die Haftung der juristischen Person schließt die Haftung des Handelnden grundsätzlich aus (vgl. Art. 34 GG).

6 Die **verfassungsmäßig berufenen Vertreter** (s. § 31 Rn 5 f) leiten ihre Funktion unmittelbar aus den betreffenden Organisationsnormen ab.[12] Unerheblich ist, ob der Handelnde ein Beamter im staatshaftungsrechtlichen Sinne ist. Es ist aber zu unterscheiden, ob der Handelnde **Organperson** ist, dh Vorstand oder verfas-

1 Achtung: Ausnahmeregelung des § 12 Abs. 1 Nr. 2 InsO beachten.
2 Näher m Bsp und wN MüKo/*Reuter*, § 89 Rn 3 ff; Staudinger/*Hüttemann*/*Rawert* (2011), § 89 Rn 8 ff.
3 Näher dazu Seifart/*v. Campenhausen*, § 16 Rn 1 ff; O. Werner/Saenger/*M. Kilian*, Rn 993 ff und insb. Rn 1076 ff – dort (Rn 1170 ff) auch zahlreiche Beispiele für Bundes- und Landesstiftungen.
4 S. § 3 Abs. 4 StiftG Rheinland Pfalz; § 2 Abs. 1 Hess StiftG; §§ 17, 18 StiftG Bad.-Württ.
5 Ausführlich Seifart/*v. Campenhausen*, § 15 Rn 1 ff.
6 Beispiel: Museum mit Gebäude und Bildern, dessen Kosten nicht von den Einnahmen gedeckt sind.
7 O. Werner/Saenger/*M. Kilian*, Rn 1082.
8 BGHZ 99, 298, 302.
9 MüKo/*Reuter*, § 89 Rn 1.
10 Staudinger/*Hüttemann*/*Rawert*, (2011), § 89 Rn 5.
11 MüKo/*Papier*, § 839 Rn 132 ff.
12 RGZ 157, 237, 240; 162, 167 f.

sungsmäßig berufener Vertreter, oder ob **sonstige Personen** tätig geworden sind. Vertreter ist hier nicht iSd §§ 164 ff gemeint.[13] Der Begriff des **verfassungsmäßig berufenen Vertreters** ist wie bei § 31 weit auszulegen,[14] weshalb auf die dortige Kommentierung verwiesen wird. Er umfasst alle Personen, denen durch „satzungsgemäße" Organisationsnormen der juristischen Person bestimmte, eigenverantwortlich zu erledigende Aufgaben übertragen worden sind.[15] Deshalb können Bedienstete der juristischen Person unter § 31 fallen, wenn ihnen aufgrund allgemeiner Betriebsregelung oder auch nur aufgrund der Handhabung (!) bedeutsame wesensmäßige Funktionen zur selbständigen Erfüllung überlassen sind und sie so die juristische Person repräsentieren **(Repräsentantenhaftung)**.[16]

In Ausführung der ihm zustehenden Verrichtung (s. § 31 Rn 10 f) muss der verfassungsmäßig berufene Vertreter gehandelt haben. Bei Handlungen jenseits des Wirkungskreises der betreffenden juristischen Person des öffentlichen Rechts ist eine Zurechnung nach § 89 ausgeschlossen.[17] Davon zu unterscheiden sind bloße Überschreitungen oder ein Missbrauch der Vertretungsmacht; in diesen Fällen kann § 89 greifen.[18] Beispielsweise hat eine Gemeinde für Betrugshandlungen ihres Bürgermeisters bei einer rechtsgeschäftlichen Betätigung für die Gemeinde grundsätzlich auch dann deliktisch einzustehen, wenn die Täuschung gerade darin bestand, die nach der Gemeindeordnung fehlende rechtliche Verbindlichkeit der allein vom Bürgermeister abgegebenen Erklärungen vorzuspiegeln.[19] 7

III. Abgrenzung von privatrechtlicher und hoheitlicher Tätigkeit

Zwischen privatrechtlicher und hoheitlicher Tätigkeit der juristischen Person ist nicht nach den verfolgten Zielen oder den Inhalten der wahrgenommenen Aufgaben abzugrenzen.[20] Entscheidend ist vielmehr, dass die Verwaltung grundsätzlich wählen darf, ob sie eine konkrete Aufgabe mit den Mitteln des öffentlichen oder des privaten Rechts erfüllen will, es sei denn, besondere Rechtssätze oder die Eigenart der öffentlichen Aufgabe stehen dem entgegen.[21] Abzustellen ist deshalb auf die konkrete **Form des Tätigwerdens** im jeweiligen Einzelfall.[22] Obwohl die Abgrenzung im Einzelfall ersichtlich schwierig ist, weil häufig ein ambivalentes Verhalten vorliegt, ist dieser Ansicht zu folgen, denn sie wird der erforderlichen Abgrenzung nach dem Inhalt der jeweiligen Lebenssachverhalte am besten gerecht. Es ist im Einzelfall eine Wertung vorzunehmen, die sich an Sachzusammenhang und Zweck des Verwaltungshandelns orientiert. Führt das nicht zu einer eindeutigen Zuordnung, gilt für typisch öffentlich-rechtliche Aufgaben eine Vermutung, dass öffentlich-rechtlich gehandelt wird.[23] 8

C. Weitere praktische Hinweise

Ist die handelnde Person **kein Organ** im Sinne der Vorschrift, haftet die juristische Person nach § 278 iVm einem vertraglichen Ersatzanspruch, wenn der Handelnde als **Erfüllungsgehilfe** anzusehen ist. Für einen **Verrichtungsgehilfen** haftet die juristische Person aus § 831. 9

Dazu, wer verfassungsmäßig berufener Vertreter im Sinne der Vorschrift ist, ist eine umfangreiche Rechtsprechung ergangen, auf deren Nachweis hier bewusst verzichtet werden soll.[24] Es gilt die **Faustregel**: Wer nach außen vertritt, ist grundsätzlich auch Organ (s. aber Rn 6), weshalb hier die typischen Fälle wie Bürgermeister, Chefarzt und Polizeipräsident nicht näher zu belegen sind, sondern beispielhaft nur einige auf den ersten Blick nicht ganz typische Fälle (– = kein Organ iSd Vorschrift):[25] angestellter Stadtbaumeister (–),[26] Gemeindebeamter des Liegenschaftsamtes mit allgemeiner Vertragsabschlussvollmacht,[27] Intendant des Stadttheaters,[28] Oberförster,[29] Oberschleusenmeister bei einer Wasserstraße erster Ordnung,[30] Sparkassendirektor mit rein technischen Aufgaben (–),[31] Stationsarzt (–),[32] Treuhänder der Autobahnen für die Bundesrepublik,[33] Vorstände der Landesbau- und Wasserbauämter hinsichtlich der Verkehrssicherungspflicht.[34] 10

13 Jauernig/*Jauernig*, § 88 Rn 4.
14 S. nur Prütting/Wegen/Weinreich/*Schöpflin*, § 89 Rn 3.
15 S. nur Palandt/*Ellenberger*, § 89 Rn 4.
16 BGH NJW 1968, 391 ff; 1987, 2925 ff.
17 BGHZ 20, 126; BGH NJW 1986, 2940 ff.
18 Ausf. Bamberger/Roth/*Schwarz/Backert*, § 89 Rn 22.
19 BGH NJW 1986, 2939 ff.
20 BGH NJW 1973, 460 ff mwN.
21 BGH NJW 1973, 460 ff; 1985, 197 ff.
22 Wie hier Bamberger/Roth/*Schwarz/Backert*, § 89 Rn 18; aA MüKo/*Reuter*, § 89 Rn 12, 15 (Sonderrollentheorie).
23 Wie hier Bamberger/Roth/*Schwarz/Backert*, § 89 Rn 18.
24 S. dazu insb. Palandt/*Ellenberger*, § 89 Rn 5 f.
25 S. insb. Bamberger/Roth/*Schwarz/Backert*, § 89 Rn 23.
26 Bamberger/Roth/*Schwarz/Backert*, § 89 Rn 23 mwN.
27 BGH NJW 1992, 1099 ff.
28 Bamberger/Roth/*Schwarz/Backert*, § 89 Rn 23.
29 BGH VersR 1965, 1055 ff.
30 OLG Celle VersR 1961, 1143 f.
31 RGZ 131, 239, 247 f.
32 OLG Bamberg NJW 1959, 816 ff.
33 BGH NJW 1952, 617 ff.
34 BGH NJW 1952, 1090 ff.

11 Nach Privatisierung des Bahnverkehrs und der Postdienstleistungen (in Deutsche Bahn AG, Deutsche Post AG, Deutsche Telekom AG) ist § 31 unmittelbar anwendbar.[35]

12 Die juristische Person ist verpflichtet, ihren Tätigkeitsbereich so zu organisieren, dass für alle wichtigen Aufgabenbereiche ein verfassungsmäßiger Vertreter zuständig ist, welcher die wesentlichen Entscheidungen selbst trifft (Lehre vom **Organisationsmangel**, dazu § 31 Rn 9).[36] Ist nicht entsprechend organisiert, muss sich die juristische Person so behandeln lassen, als sei der Bedienstete, der im betreffenden Fall tatsächlich tätig geworden ist, verfassungsgemäßer Vertreter iSd § 89.[37]

35 Bamberger/Roth/*Schwarz*/*Backert*, § 89 Rn 23 aE.
36 Palandt/*Ellenberger*, § 31 Rn 9.
37 BGH VersR 1965, 1055 ff.

Abschnitt 2
Sachen und Tiere

Vorbemerkung zu §§ 90–103

In den §§ 90–103 trifft der Gesetzgeber Definitionen und Grundregeln zu **Rechtsobjekten,** dh Gegenständen im technischen Sinne, mithin Sachen (§ 90), aber auch unkörperlichen Gegenständen wie Forderungen, Immaterialgüterrechten und sonstigen Vermögensrechten, die in Gestalt subjektiver Rechte natürlichen oder juristischen Personen bzw (teilrechtsfähigen) Personenvereinigungen zugeordnet werden.[1] **1**

Allein an Sachen kann Besitz iSd §§ 854 ff, Eigentum iSd §§ 903 ff bzw – grundsätzlich – ein anderes dingliches Recht bestehen. **2**

§ 90 Begriff der Sache

Sachen im Sinne des Gesetzes sind nur körperliche Gegenstände.

Literatur: *Bydlinski*, Der Sachbegriff im elektronischen Zeitalter, AcP 198 (1998), 287; *Costede*, Der Eigentumswechsel beim Einbau von Sachgesamtheiten, NJW 1977, 2340; *Giesen,* Scheinbestandteil – Beginn und Ende, AcP 202 (2002), 689; *Häde*, Das Recht der öffentlichen Sachen, JuS 1993, 113; *Harms/Ahorn*, Sachen, Bestandteile, Zubehör, Jura 1982, 404; *König*, Software (Computerprogramme) als Sache und deren Erwerb als Sachkauf, NJW 1993, 3121; *Kort*, Software – eine Sache?, DB 1994, 1505; *Michaelis*, Voraussetzungen und Auswirkungen der Bestandteilseigenschaft, FS für Nipperdey, 1965, Bd. I, S. 553; *Müller-Hengstenberg*, Computersoftware ist keine Sache, NJW 1994, 3128; *Oertmann*, Zum Rechtsproblem der Sachgesamtheit, AcP 136 (1932), 98; *Papier*, Recht der öffentlichen Sachen, 3. Auflage 1998; *Siebert*, Zubehör des Unternehmens und Zubehör des Grundstücks, FS für Giesecke, 1958, S. 59; *Spyridakis*, Zur Problematik der Sachbestandteile, 1966; *Wieacker*, Sachbegriff, Sacheinheit und Sachzuordnung, AcP 148 (1943), 57.

A. Allgemeines

§ 90 trifft eine **Legaldefinition** des Begriffs der Sache: Sachen iSd BGB sind nur **körperliche Gegenstände**. **1**

Als Oberbegriff geht § 90 vom Tatbestandsmerkmal **Gegenstand** aus, der keine gesetzliche Definition erfahren hat und in einer Reihe von Vorschriften im Kontext mit Verfügungen[1] bzw schuldrechtlichen Verpflich- **2**

1 HK-BGB/*Dörner*, Vor §§ 90–103 Rn 1.

1 Vgl etwa §§ 135, 161, 185, 747, 816 oder 2040 – als Verfügungsobjekt.

tungen[2] mit unterschiedlichem Sinngehalt Erwähnung findet. Gegenstand ist ein individualisierbares vermögenswertes (allerdings nicht unbedingt körperliches) Objekt der natürlichen Welt.[3] Zum Begriff „Gegenstand" zählt alles, was **Objekt von Rechten** sein kann[4] (Rechtsobjekte wie Verfügungsobjekte),[5] mithin neben Sachen auch unkörperliche Gegenstände, wie bspw Forderungen, Immaterialgüterrechte und sonstige Vermögensrechte. Der Gegenstandsbegriff umfasst hingegen **nicht** Persönlichkeits- oder Familienrechte.[6]

3 Die Definition der Sache in § 90 findet (mit sachgebotenen Abweichungen)[7] für das gesamte **BGB** und **HGB** (ebenso wie für das **Strafrecht**)[8] Anwendung – **nicht** hingegen für andere Gesetze, wie zB die ZPO (vgl allerdings zum Zwangsvollstreckungsrecht die §§ 808 ff, 883 ff ZPO) sowie landesrechtliche Vorschriften, selbst wenn diese nach Inkrafttreten des BGB erlassen wurden.[9] Für das **öffentliche Recht** erfolgt eine (ggf auch unabhängige) Begriffsbestimmung in Anlehnung an § 90, bspw müssen öffentliche Sachen (zum Begriff Rn 124 ff) keine Sachqualität iSv § 90 aufweisen;[10] das **Steuerrecht** hingegen bestimmt den Sachbegriff eigenständig nach Maßgabe des steuerrechtlichen Normzwecks.[11]

4 Der Sachbegriff des BGB ist maßgeblich dafür, woran Eigentum (iSd §§ 903 ff) bzw beschränkte dingliche Rechte erlangt oder Besitz (§ 854) innegehabt werden kann.[12]

Beachte: Wird in Regelungen außerhalb des dritten Buches der Sachbegriff verwendet (vgl bspw in den §§ 119 Abs. 2, 434, 598, 607 oder 849)[13] ist nach den Umständen des konkret in Rede stehenden Einzelfalles zu entscheiden, ob davon auch **unkörperliche Gegenstände** (Sachen als nur körperliche Gegenstände, dazu nachstehende Rn 5) mit umfasst werden.[14]

B. Regelungsgehalt

I. Sachen als körperliche Gegenstände

5 Sachen sind nach dem engeren Sachbegriff, den das BGB im Unterschied zu älteren Gesetzen (vgl bspw § 265 ZPO),[15] die unter Sachen alle Rechtsobjekte verstehen, verwendet, gemäß § 90 (ohne Differenzierung zwischen beweglicher und unbeweglicher bzw einfacher und zusammengesetzter Sache) nur **körperliche Gegenstände** (Körperlichkeit eines Gegenstandes als Kriterium seiner Sachqualität),[16] wenn auch das BGB – ungenau – an anderer Stelle (bspw im Kontext mit § 119 Abs. 2) unter „Sache" auch unkörperliche Gegenstände erfasst und nur im Sachenrecht den in § 90 gewählten Sprachgebrauch strikt einhält.[17] Allerdings bestehen dingliche Rechte (dh Eigentum nach § 903 und beschränkte dingliche Rechte) sowie Besitz (§ 854) nur an Sachen, hingegen nicht an nichtkörperlichen Gegenständen. Das Erfordernis der **Körperlichkeit** lässt sich letztlich darauf zurückführen, dass eine Sache als Gegenstand von Eigentum und Besitz für den Menschen beherrschbar sein muss.[18] So ist **Blutserum** von Versuchstieren als beweglicher körperlicher Gegenstand zu qualifizieren.[19]

6 Die Sache als körperlicher Gegenstand (zum Abgrenzbarkeits- und Beherrschbarkeitserfordernis siehe Rn 7 ff) muss im Raum sinnlich wahrnehmbar sein und nach natürlicher Anschauung als Einheit erscheinen (Sachen als unpersönliche körperliche Stücke der Außenwelt).[20]

7 **1. Die Körperlichkeit des Gegenstandes.** Körperlich ist ein Gegenstand nach natürlicher Anschauung[21] (mithin als naturwissenschaftlicher Substanzbegriff oder als philosophisch fundierter Sachbegriff)[22] dann,

2 Bspw in den §§ 119 Abs. 2, 256, 260, 273, 281, 292, 433, 453, 581, 743 ff, 2149, 2374 Abs. 2 – als Objekt schuldrechtlicher Verpflichtungen.
3 Soergel/*Mühl*, Vor § 90 Rn 2; *Wieacker*, AcP 148 (1943), 57, 65.
4 Palandt/*Ellenberger*, Überbl. v. § 90 Rn 2.
5 Erman/*Michalski*, Vor § 90 Rn 2.
6 So Palandt/*Ellenberger*, Überbl. v. § 90 Rn 2.
7 Palandt/*Ellenberger*, § 90 Rn 4; Staudinger/*Jickeli/Stieper*, § 90 Rn 3. Bspw werden zahlreiche schuldrechtliche Vorschriften (die auf den Sachbegriff Bezug nehmen) auch auf Sach- und Rechtsgesamtheiten (wie Unternehmen – RGZ 70, 220, 223 ff) bzw nichtkörperliche Gegenstände (zB Energie, RGZ 67, 229, 232) zumindest entsprechend angewendet: Bamberger/Roth/*Fritzsche*, § 90 Rn 1.
8 Das insbesondere im Zusammenhang mit § 242 (Diebstahl) bzw § 246 StGB (Unterschlagung) dem Sachbegriff des § 90 folgt (RGRK/*Kregel*, § 90 Rn 28) – mit der Folge, dass Elektrizität (dazu Rn 12 keine Sache im strafrechtlichen Sinne darstellt (Staudinger/*Jickeli/Stieper*, § 90 Rn 4).
9 So RGZ 51, 101, 105.
10 Staudinger/*Jickeli/Stieper*, § 90 Rn 4.
11 Staudinger/*Jickeli/Stieper*, § 90 Rn 4.
12 Bamberger/Roth/*Fritzsche*, § 90 Rn 1.
13 Beispiele nach Palandt/*Ellenberger*, § 90 Rn 4.
14 BGH NJW 2008, 1084.
15 Der Sachbegriff des § 265 ZPO umfasst auch Rechte – Stein/Jonas/*Schumann*, ZPO, § 265 Rn 11. Dem hingegen beschränkt sich die Begrifflichkeit der „körperlichen Sache" in § 808 Abs. 1 ZPO nur auf Mobilien – so Staudinger/*Jickeli/Stieper*, Vor §§ 90 ff Rn 12.
16 Staudinger/*Jickeli/Stieper*, § 90 Rn 1.
17 Palandt/*Ellenberger*, Überbl. v. § 90 Rn 1.
18 Bamberger/Roth/*Fritzsche*, § 90 Rn 5.
19 Niedersächsisches FG EFG 2010, 270.
20 Staudinger/*Jickeli/Stieper*, Vor §§ 90 ff Rn 8.
21 Motive III, S. 33.
22 Staudinger/*Jickeli/Stieper*, Vor §§ 90 ff Rn 8.

wenn er im Raum abgrenzbar (**Abgrenzbarkeitserfordernis**) und durch den Menschen beherrschbar ist (**Beherrschbarkeitserfordernis**) – entweder durch seine eigene körperliche (naturbedingte) Begrenzung oder dadurch, dass er in einem Behältnis eingefasst ist, bzw durch sonstige künstliche Mittel, bspw eine Eintragung in einer Karte oder einen Grenzstein.[23] Erforderlich ist also, dass der Gegenstand in den Dimensionen von Mikrokosmos und Makrokosmos seine Grenze findet.[24] Körperlichkeit setzt keine Wahrnehmbarkeit durch den Tastsinn (dh Greifbarkeit) voraus.[25]

Nicht erforderlich ist ein **bestimmter Aggregatzustand**,[26] womit unter den Sachbegriff neben festen Körpern auch Flüssigkeiten und Gase fallen können. Aber nicht alles, was einer sinnlichen Wahrnehmung zugänglich ist, kann als „Sache" qualifiziert werden; vielmehr ist für die Qualifikation der Körperlichkeit eines Gegenstandes primär auf die bei Laien vorherrschende **Verkehrsanschauung** abzustellen[27] und nicht auf den letzten Stand der physikalischen Wissenschaft.[28] **8**

Der Sachbegriff setzt **nicht zwingend Verkehrsfähigkeit** voraus,[29] weshalb auch öffentliche Sachen (Rn 124 ff) und res sacrae (Rn 132 ff) dem Sachbegriff unterfallen. Sie unterliegen damit grundsätzlich den privatrechtlichen Regelungen über Sachen, sofern sich aus ihrer öffentlich-rechtlichen Zweckbestimmung nichts anderes ergibt.[30] **9**

Verwenden Regelungen außerhalb des dritten Buches des BGB den Sachbegriff (bspw in § 119 Abs. 2, § 434, § 598 oder § 607 BGB), ist aufgrund der Umstände des Einzelfalles zu entscheiden, ob sie auch auf unkörperliche Gegenstände angewendet werden können.[31] **10**

Fazit: Eine Sache iSv § 90 kann als jedes in räumlicher Abgrenzung für sich bestehende und im Verkehrsleben als selbständig anerkannte Stück der beherrschbaren Materie definiert werden.[32] **11**

a) Energien uÄ sowie Allgemeingüter. Aus dem Sachbegriff fallen mangels Körperlichkeit heraus: **Energien**,[33] gleich, in welcher Form (wie Elektrizität,[34] selbst „wenn sie in einem Akku gefangen wird",[35] Fernwärme[36] und Strahlenenergie, ungeachtet der uneingeschränkten Zulässigkeit schuldrechtlicher Energiebelieferungsverträge[37] – nicht hingegen die zur Energiegewinnung erforderlichen Stoffe),[38] **Strahlen** (dh nicht verbrauchsgerichtete weitergeleitete Energie, unabhängig davon, ob diese auf menschliche Handlungen zurückführbar ist oder nicht),[39] **Wärme** und **Schallwellen** und die **Allgemeingüter** (dazu noch Rn 103 ff), dh Licht,[40] freie Luft und fließendes (dh nicht gefasstes) Wasser, Grundwasser,[41] die Meere sowie gefallener Schnee,[42] da sie dem Abgrenzbarkeitserfordernis nicht genügen. **12**

Langlaufloipen sind demnach gleichermaßen keine Sachen.[43] **13**

Befinden sich Wasser oder Gas (mithin flüssige oder gasförmige Substanzen) hingegen in Flaschen oder anderen Behältnissen, sind sie „Sachen" iSv § 90, da im Raum abgegrenzt und auch beherrschbar (Rn 7).[44] Dann ist allerdings eine Differenzierung zwischen zwei Sachen (Behältnis und Inhalt) erforderlich.[45] **14**

23 Palandt/*Ellenberger*, § 90 Rn 1: auch Liegenschaftskataster oder Pläne nach dem BoSoG.
24 *Larenz/Wolf*, BGB AT, § 20 II.
25 Staudinger/*Jickeli/Stieper*, § 90 Rn 1; aA Bamberger/Roth/*Fritzsche*, § 90 Rn 6; Erman/*Michalski*, § 90 Rn 2; MüKo/*Holch*, § 90 Rn 6.
26 Staudinger/*Jickeli/Stieper*, Vor §§ 90 ff Rn 8.
27 Staudinger/*Jickeli/Stieper*, Vor §§ 90 ff Rn 8.
28 RGZ 87, 43, 45; Palandt/*Ellenberger*, § 90 Rn 1.
29 Motive III, S. 25 ff; MüKo/*Holch*, § 90 Rn 25 ff; Soergel/*Mühl*, Vor § 90 Rn 32 ff; Staudinger/*Jickeli/Stieper*, Vor § 90 Rn 27 ff.
30 Vgl Staudinger/*Jickeli/Stieper*, Vor § 90 Rn 27 ff.
31 Palandt/*Ellenberger*, § 90 Rn 4.
32 RGZ 87, 43, 45; Staudinger/*Jickeli/Stieper*, § 90 Rn 1.
33 RGZ 56, 403; 67, 229; 86, 12, 13; MüKo/*Holch*, § 90 Rn 20; Palandt/*Ellenberger*, § 90 Rn 1; RGRK/*Kregel*, § 90 Rn 13; Soergel/*Mühl*, § 90 Rn 2 – wohingegen andere Rechtsordnungen der Elektrizität Sachqualität beimessen, dazu Staudinger/*Jickeli/Stieper*, § 90 Rn 12 – bspw Art. 528 des französischen Code Civile, Art. 814 des italienischen Codice Civile bzw Art. 713 des schweizerischen ZGB.
34 Weshalb strafrechtlich (dazu bereits Rn 3) eine spezialgesetzliche Strafandrohung in § 248 c StGB erforderlich war.
35 Bamberger/Roth/*Fritzsche*, § 90 Rn 6: „Dann ist nur das Behältnis Sache, die Energie als solche bleibt ungreifbar".
36 OLG Frankfurt NJW 1980, 2532.
37 Staudinger/*Jickeli/Stieper*, § 90 Rn 11. Energie als „Gegenstand" (soweit beherrschbar), da sie dann Gegenstand von Rechtsgeschäften ist – BGH NJW 1969, 1903; 1979, 1304; Bamberger/Roth/*Fritzsche*, § 90 Rn 24.
38 Staudinger/*Jickeli/Stieper*, § 90 Rn 9: die fossilen Brennstoffe (Kohle, Erdöl und Erdgas), aber auch Kernbrennstoffe – *nicht* hingegen fließendes Wasser (dazu noch Rn 110 ff) bzw freie Luft (Rn 106 ff) und Sonnenstrahlen (der Verwendung der beiden zuletzt genannten Energieträger stehen auch keine rechtlichen Schranken entgegen).
39 Staudinger/*Jickeli/Stieper*, § 90 Rn 13.
40 Palandt/*Ellenberger*, § 90 Rn 2.
41 BayObLG NJW 1965, 974; Palandt/*Ellenberger*, § 90 Rn 1.
42 RGRK/*Kregel*, § 90 Rn 12.
43 So BayObLG NJW 1980, 132; MüKo/*Holch*, § 90 Rn 8; offen gelassen von BGH NJW-RR 1989, 673.
44 MüKo/*Holch*, § 90 Rn 6; Palandt/*Ellenberger*, § 90 Rn 6.
45 Zutr. Bamberger/Roth/*Fritzsche*, § 90 Rn 7.

15 **b) Rechte, Immaterialgüter und Geisteswerke.** **Nicht** dem Sachbegriff des § 90 unterfallen somit (als unkörperliche Gegenstände) auch Rechte,[46] Immaterialgüter (Zuordnungsrechte an geistigen Gütern: Immaterialgüterrechte wie die Firma, der Name nach § 12, das Patent, das Gebrauchs- oder Geschmacksmuster, die Kennzeichenrechte nach § 1 MarkenG oder das Urheberrecht) und Geisteswerke[47] (auch wenn diese Gegenstand rechtlicher Herrschaft sein können).[48] Ist ein Geisteswerk (als absolutes Recht nach Urheberrecht oder Patentrecht geschützt) hingegen verkörpert, erfasst der Sachbegriff des § 90 allein die Verkörperung selbst (bspw das Buch als Gegenstand).

16 **c) Sach- und Rechtsgemeinschaften.** Ebenfalls nichtkörperliche Gegenstände sind als Vermögensrechte: **Rechtsgesamtheiten** (iS der einer Person zugeordneten Einheiten von Sachen und anderen Gegenständen) – insbesondere das **Vermögen,** dh alle geldwerten Güter und Rechte einer Person, (wovon das Sonderregelungen unterworfene **Sondervermögen** wie das Gesellschaftsvermögen [§§ 718 ff], das Gesamt-, Sonder- und Vorbehaltsgut bei der Gütergemeinschaft [§§ 1416 ff], das Kindesvermögen [§§ 1638 f] oder der Nachlass [§ 1922] zu unterscheiden sind)[49] als Gegenstand schuldrechtlicher Verpflichtungen (das allerdings nur im Rahmen einer Gesamtrechtsnachfolge nach § 1922 übergehen, nicht aber Gegenstand von Verfügungen sein kann)[50] und das **Unternehmen** (bzw der Gewerbebetrieb)[51] als Sach- und Rechtsgesamtheit.[52]

17 Weiterhin stellen der **Kundenstamm**[53] bzw **Know-how** oder **Goodwill** (als den Wert eines Unternehmens prägende Kriterien) mangels Verkörperung keine „Sache" dar; es handelt sich dabei aber um „sonstige immaterielle Gegenstände" (wenngleich an ihnen kein Sonderrechtsschutz besteht).[54]

18 **d) Software.** Dieser Grundsatz gilt auch für Software (ebenso für sonstige Daten und Informationen): Der Datenträger selbst (als Transportmittel des Programms)[55] oder der Arbeitsspeicher eines Computers unterfällt dem Sachbegriff[56] (ebenso der Datenträger **mit** Programm oder sonstigen Daten),[57] wohingegen das Programm als „Auslöser elektrischer Impulse"[58] das Geisteswerk (Immaterialgut) als **Nicht-Sache** darstellt.[59] Auch der Urheberrechtsschutz (§§ 2 Abs. 1 Nr. 1, 69 a ff UrhG) spricht gegen den Sachcharakter von Software. Im Übrigen macht eine Verkörperung von Computerprogrammen,[60] sonstigen Dateien[61] und Informationen[62] auf einem Datenträger Erstere selbst nicht zu Sachen.[63] Mangels eigener Verkörperung sind Daten und reine Informationen keine Sachen, weshalb auch bei einem Datenverlust im PC bei Stromausfall kein Schadensersatz verlangt werden kann.[64] Software und Bedienungshandbuch bilden beim Vertrieb aber eine Sachgesamtheit[65] (dazu noch Rn 87 ff).

19 Damit unterfallen dem Sachbegriff **nicht** Computerdaten[66] und Computerprogramme,[67] wohingegen ihre Verkörperung auf einem Datenträger „Sache" ist.[68]

20 Etwas anderes ist die Anwendung von Kaufrecht (einschließlich des Gewährleistungsrechts) auf den Verkauf von Computerprogrammen, „weil der Vorgang wirtschaftlich betrachtet einem Sachkauf ähnelt".[69] Beim Überspielen eines Computerprogramms auf eine Festplatte finden bspw die Vorschriften über den Sachkauf (auch ohne Übergabe eines Datenträgers) entsprechende Anwendung.[70]

46 So ist bspw auch eine mit einem Grundstück verbundene Gerechtigkeit, die nach § 96 als Grundstücksbestandteil gilt, Teil einer Sache: RGZ 83, 198, 200.
47 BGHZ 44, 288, 294 – Apfel-Madonna: Nachbildung einer gemeinfreien Skulptur.
48 Staudinger/*Jickeli/Stieper*, Vor §§ 90 ff Rn 9.
49 Bamberger/Roth/*Fritzsche*, § 90 Rn 22.
50 Bamberger/Roth/*Fritzsche*, § 90 Rn 22: Wovon § 1085 S. 1 für die Bestellung eines Nießbrauchs an einem Vermögen ausgeht.
51 RGZ 70, 224.
52 BGHZ 97, 127, 131; Erman/*Michalski*, Vor § 90 Rn 7; Palandt/*Ellenberger*, § 90 Rn 2; Staudinger/*Jickeli/Stieper*, Vor §§ 90 ff Rn 23 ff.
53 OLG Nürnberg MDR 1979, 144: Er ist als immaterielles Gut zu qualifizieren.
54 Bamberger/Roth/*Fritzsche*, § 90 Rn 28.
55 Staudinger/*Jickeli/Stieper*, § 90 Rn 2.
56 BGHZ 102, 135, 144. Vgl auch *Bydlinski*, AcP 198 (1998), 287, 307.
57 Bamberger/Roth/*Fritzsche*, § 90 Rn 26.
58 Staudinger/*Jickeli/Stieper*, § 90 Rn 2.
59 Das Programm kann auch nicht deshalb als Sache qualifiziert werden, weil es ohne Verkörperung nicht existent wäre: so zutr. *Redeker*, NJW 1992, 1739; Junker, NJW 1993, 824; aA *König*, NJW 1993, 3121; *ders.*, Das Computerprogramm im Recht, 1991, Rn 269 ff; *Marty*, BB 1991, 432; vgl zudem BGH NJW 1993, 2436, 2437 f.
60 *Müller/Hengstenberg*, NJW 1994, 3128; Staudinger/*Jickeli/Stieper*, § 90 Rn 2.
61 LG Konstanz NJW 1996, 2662.
62 *Mehrings*, NJW 1993, 3102, 3103.
63 Bamberger/Roth/*Fritzsche*, § 90 Rn 26.
64 LG Konstanz NJW 1996, 2662.
65 BGH NJW 1993, 461, 462.
66 LG Konstanz NJW 1996, 2662.
67 *Bormann/Bormann*, DB 1991, 2641; *Junker*, NJW 1993, 824; *Redeker*, NJW 1992, 1739; aA *König*, NJW 1993; 3121.
68 So BGH NJW 2007, 2394; BGHZ 102, 135, 144; BGH NJW 1993, 2436; OLG Karlsruhe NJW 1996, 200; aA hingegen *Müller-Hengstenberg/Kien*, NJW 2007, 237.
69 Bamberger/Roth/*Fritzsche*, § 90 Rn 27: „dies ist grundsätzlich sachgerecht, betrifft aber die Frage, welche schuldrechtlichen Vorschriften man auf einen wirtschaftlichen Leistungsaustausch anwenden kann".
70 BGHZ 109, 97.

21 **2. (Lebende) Tiere.** (Lebende) Tiere, die durch besondere Gesetze geschützt werden, sind nach § 90 a **keine Sachen,** wenngleich auf sie die für Sachen geltenden Vorschriften entsprechend anzuwenden sind, soweit nicht ein anderes bestimmt ist. Damit stehen (lebende) Tiere im Ergebnis Sachen allerdings weitgehend gleich.[71]

3. Der menschliche Körper

Literatur: *Behl*, Organtransplantation, DRiZ 1980, 342; *Carstens*, Das Recht der Organtransplantation, Diss. Frankfurt/M. 1978; *ders.*, Organtransplantation, ZRP 1979, 282; *Deutsch*, Die rechtliche Seite der Transplantation, ZRP 1982, 174; *Forkel*, Verfügungen über Teile des menschlichen Körpers, JZ 1974, 593; *Görgens*, Künstliche Teile im menschlichen Körper, JR 1980, 140; *Gropp*, Ersatz- und Zusatzimplantat, JR 1985, 181; *Schünemann*, Die Rechte am menschlichen Körper, 1985; *Toellner* (Hrsg.), Organtransplantation – Beiträge zu ethischen und juristischen Fragen, 1991; *Zenker*, Ethische und rechtliche Probleme der Organtransplantation, in: FS Bockelmann 1979, S. 481.

22 Der Körper eines lebenden Menschen (als Träger von Rechten und Pflichten nach § 1 und damit Rechtssubjekt)[72] wird ebenso wie der (zur Bestattung vorgesehene) Leichnam eines Verstorbenen (wenngleich Letzteres umstritten ist) nach der Verkehrsanschauung **nicht als Sache qualifiziert.**[73]

23 **a) Der Körper des lebenden Menschen.** Der Körper des lebenden Menschen (einschließlich seiner **ungetrennten** Teile und seiner Bestandteile) ist nicht als Sache zu qualifizieren, womit an ihm auch **kein Eigentum** besteht.[74]

24 Andererseits steht dem (lebenden) Menschen an seinem Körper eine Rechtsmacht zu, die jener des Eigentümers im Verhältnis zu dessen Sachen gleichkommt.[75] Diese Rechtsmacht beruht auf dem **Recht am eigenen Körper als besonderem Persönlichkeitsrecht**,[76] das seine Grundlage in Art. 1 Abs. 1 iVm Art. 2 Abs. 1 GG findet und dessen Schutz über die nach § 823 Abs. 1 geschützten absoluten Rechtsgüter insoweit hinausreicht, als es auch „die Grundlage für die Beachtlichkeit postmortaler Anordnungen des Verstorbenen und für die Beschränkungen des Sachenrechts bei einer Bestimmung der Rechtslage des Leichnams bildet".[77]

25 **Beachte**: Ein Verpflichtungsgeschäft über die Darbietung eines menschlichen Körpers (bspw als Modell – vgl dazu aktuell die Ausstellung „Körperwelten") ist nur in den Grenzen der guten Sitten nach § 138 zulässig.[78]

26 **b) Mit dem menschlichen Körper nicht fest verbundene künstliche Körperteile.** Anders verhält es sich mit heraus- bzw abnehmbaren **künstlichen Körperteilen** (reinen Hilfsmitteln, die nicht in den Körper organisch einbezogen sind) – bspw Brillen, Kontaktlinsen, Hörgeräten, künstlichen Gebissen oder Prothesen bzw Perücken, die als **Sachen** iSv § 90 anzusehen sind (an denen auch ein Eigentumsvorbehalt möglich ist).[79] Für mit dem menschlichen Körper nicht fest verbundene künstliche Körperteile gelten nach § 811 Nr. 12 ZPO **besondere Pfändungsschutzvorschriften**.

27 **c) Mit dem menschlichen Körper fest verbundene künstliche Körperteile.** Künstliche Körperteile sind solche Ersatzstücke, die unter Einsatz organischer Vorgänge in die Körperfunktionen ihres Trägers einbezogen werden und mit dem Zeitpunkt der Einfügung in den menschlichen Körper ihre Sacheigenschaft verlieren, womit sie – wie natürliche Körperteile – vom besonderen Persönlichkeitsrecht am eigenen Körper (Rn 25) erfasst werden.[80]

28 Mit der Implantation ist auch ein **Herzschrittmacher**[81] Teil des menschlichen Körpers geworden,[82] da **fest** mit dem menschlichen Körper verbundene künstliche Körperteile wie der Körper des lebenden Menschen zu beurteilen sind.[83] Die Implantate verlieren ihre Sacheigenschaft. Das Eigentum an ihnen geht verloren.[84]

29 Werden künstliche Körperteile (bspw ein Herzschrittmacher oder ein künstliches Hüftgelenk) zu Lebzeiten wieder „ausgetauscht", erlangen sie mit der Abtrennung wieder Sachqualität und stehen **analog § 953** im

71 Palandt/*Ellenberger*, Überbl. v. § 90 Rn 1.

72 Arg.: Weil mit dem menschlichen Geist, dh der Persönlichkeit untrennbar verbunden und diesem zugeordnet, so *Taupitz*, NJW 1995, 745.

73 Staudinger/*Jickeli/Stieper*, § 90 Rn 14: „weil Sache iSd § 90 nur sein kann, was der Person gegenübersteht"; aA *Brunner*, NJW 1953, 1173.

74 *Forkel*, JZ 1974, 594; RGRK/*Kregel*, § 90 Rn 2; *Taupitz*, JZ 1992, 1089.

75 Palandt/*Ellenberger*, § 90 Rn 3.

76 So Soergel/*Mühl*, § 90 Rn 3; Staudinger/*Jickeli/Stieper*, § 90 Rn 14; *Taupitz*, JZ 1992, 1091.

77 Staudinger/*Jickeli/Stieper*, § 90 Rn 14.

78 Staudinger/*Jickeli/Stieper*, § 90 Rn 14 – mit einer Vollstreckbarkeit nach § 888 ZPO.

79 Vgl § 4 der Verordnung über die orthopädische Versorgung Unfallverletzter vom 18.7.1973 (BGBl. I S. 871).

80 Erman/*Michalski*, § 90 Rn 7; Soergel/*Mühl*, § 90 Rn 4; Staudinger/*Jickeli/Stieper*, § 90 Rn 18; einschr. *Schünemann* (Die Rechte am menschlichen Körper, 1985, S. 128 f): Nur bei dauerhaftem Verbleib des Implantats im Körper.

81 Dazu näher *Ilgner*, Der Schrittmacher als Rechtsobjekt, Diss. Osnabrück 1990.

82 LG Mainz MedR 1984, 200; aA *Brandenburg*, JuS 1984, 47; *Gropp*, JR 1985, 183.

83 Vgl MüKo/*Holch*, § 90 Rn 29.

84 *Laufs/Reiling*, NJW 1994, 775; MüKo/*Holch*, § 90 Rn 21 f; Palandt/*Ellenberger*, § 90 Rn 3.

Eigentum des früheren Trägers, der über sie frei verfügen kann (da ggf vor der Einpflanzung an ihnen bestehende Rechte Dritter mit der Explantation nicht wiederaufgelebt sind).[85]

30 Während mit dem menschlichen Körper fest verbundene künstliche Körperteile vor dem Tod Bestandteil des Schutzgutes „Körper" sind, haben die Erben nach dem Tod an diesen Sachen ein **Aneignungsrecht**, das allerdings nur mit Zustimmung der Angehörigen ausgeübt werden darf[86] – „man könnte auch sagen, die künstlichen Körperteile waren Teil des Körpers und sind daher nun ein Teil der Leiche".[87]

31 **d) Natürliche Körperteile.** Sachen sind gleichermaßen (allerdings nach nicht unumstrittener,[88] wohl aber weit überwiegender Auffassung)[89] auch natürliche Körperteile und Bestandteile nach ihrer **Trennung** vom Körper (es sei denn, diese ist nur vorübergehender Natur)[90] – zB (gespendetes) Blut,[91] Sperma,[92] Haare, Goldplomben, gezogene Zähne, ein herausoperierter Blinddarm oder eine herausoperierte Galle bzw Organspenden,[93] vgl zu Letzterem das Gesetz über die Spende, Entnahme und Transplantation von Organen,[94] das die Organentnahme regelt (dazu noch Rn 58 ff). Folge ist, dass sich das besondere Persönlichkeitsrecht des Betroffenen an seinem ganzen Körper im Augenblick der Trennung in Sacheigentum am abgetrennten Körperteil umwandelt[95] (unabhängig davon, ob diese gewollt oder ungewollt erfolgt und ob die Trennung zugunsten eines bestimmten Destinatärs erfolgen soll oder nicht), da das besondere Persönlichkeitsrecht mit dem menschlichen Körper als solchem untrennbar verknüpft ist und sich nach der Trennung eines verselbständigten Teils desselben nicht an diesem fortsetzen kann.[96]

32 Mit der Trennung wandelt sich die Herrschaft des Menschen über seinen Körper – entsprechend § 953 – ipso facto in Eigentum um (gesetzlicher Eigentumserwerb des früheren Rechtsträgers),[97] womit das Eigentum am getrennten Körperteil vollen Eigentumsschutz genießt.[98]

33 Der Eigentümer des abgetrennten Körperteils kann unmittelbar darüber frei verfügen – dh einen Dritten (dem bspw das Organ eingepflanzt werden soll) damit bedenken, aber auch einem Dritten, der das Körperteil aufbewahren soll, das Eigentum daran verschaffen oder diesem gestatten, frei über das Körperteil selbst weiter zu verfügen.

34 Wird der abgetrennte Körperteil (beim Spender selbst oder auch bei einem Dritten) wieder eingepflanzt, endet seine Sachqualität (ggf mit korrespondierenden Ausgleichsansprüchen wegen des Eigentumsverlustes). Der abgetrennte Körperteil wird (ohne Rücksicht auf die bloß medizinische Frage einer ggf bestehenden Unverträglichkeit) wieder **Körperbestandteil.**[99]

35 Etwas anderes gilt dann, wenn die getrennten Körperteile oder die zur Transplantation entnommenen Organe zur Bewahrung von Körperfunktionen oder zur späteren Wiederverwendung im eigenen Körper bestimmt

85 So Staudinger/*Jickeli*/*Stieper*, § 90 Rn 18.
86 LG Mainz MedR 1984, 199, 200; *Brandenburg*, JuS 1984, 47, 48; Palandt/*Ellenberger*, Überbl. v. § 90 Rn 11; Palandt/*Edenhofer*, § 1922 Rn 44.
87 Bamberger/Roth/*Fritzsche*, § 90 Rn 31.
88 Vgl etwa *Forkel* (JZ 1974, 595), der ein fortgesetztes besonderes Persönlichkeitsrecht (dazu Rn 25) bei für bestimmte Empfänger vorgesehenen Organspenden annimmt. Ebenso *Jansen* (Die Blutspende aus zivilrechtlicher Sicht, Diss. Bochum 1978, S. 85 ff) bei einer Bluttransfusion Mensch zu Mensch; bzw *Schünemann* (Die Rechte am menschlichen Körper, 1985, S. 89 ff), der trotz Trennung ein das Sachenrecht überlagerndes Persönlichkeitsrecht annimmt, auf das aber verzichtet werden kann, womit allein noch eine sachenrechtliche Beurteilung des Körperteils in Rede steht. Krit. zudem *Laufs*/*Reiling*, NJW 1994, 774; *Taupitz*, NJW 1995, 745.
89 BGHZ 124, 54 = NJW 1994, 127; Erman/*Michalski*, § 90 Rn 5; Staudinger/*Jickeli*/*Stieper*, § 90 Rn 14 f – arg.: hier wird das besondere Persönlichkeitsrecht (Rn 25) von sachenrechtlichen Regeln verdrängt.
90 HK-BGB/*Dörner*, § 90 Rn 3.
91 Dazu *Jansen*, Die Blutspende aus zivilrechtlicher Sicht, Diss. Bochum 1978.
92 Vgl hingegen etwa BGHZ 124, 52 = NJW 1994, 127: Wird Sperma, das der Spender hat einfrieren lassen, um sich für eine unvorhergesehene Unfruchtbarkeit die Möglichkeit zu erhalten, eigene Nachkommen zu haben, durch das Verschulden eines anderen vernichtet, dann steht dem Spender unter dem Gesichtspunkt der Körperverletzung ein Anspruch auf Schmerzensgeld zu; aA: konserviertes Sperma sei nach der Trennung als Sache zu qualifizieren mit der Konsequenz, dass das Recht des Spenders an seinem Körper in Sacheigentum am abgetrennten Sperma sich umgewandelt habe, so MüKo/*Holch*, § 90 Rn 21; Palandt/*Ellenberger*, § 90 Rn 3.
93 Vgl auch *Carstens*, Das Recht der Organtransplantation, Diss. Frankfurt/M. 1978; *J. Maier*, Der Verkauf von Körperorganen, 1991; *Schäfer*, Rechtsfragen zur Verpflanzung von Körper- und Leichenteilen, Diss. Münster 1961; *Tress*, Die Organtransplantation aus zivilrechtlicher Sicht, Diss. Mainz 1972.
94 Transplantationsgesetz – TPG vom 5.11.1997 (BGBl. I S. 2631).
95 So die hM: *Enneccerus*/*Nipperdey*, § 121 II 1; RGRK/*Kregel*, § 90 Rn 4; MüKo/*Holch*, § 90 Rn 21; Palandt/*Ellenberger*, § 90 Rn 3; Staudinger/*Jickeli*/*Stieper*, § 90 Rn 15; *Taupitz*, JZ 1992, 1089, 1092.
96 Staudinger/*Jickeli*/*Stieper*, § 90 Rn 15.
97 MüKo/*Holch*, § 90 Rn 21; Palandt/*Ellenberger*, § 90 Rn 3; RGRK/*Kregel*, § 90 Rn 4; Soergel/*Mühl*, § 90 Rn 4; *Taupitz*, AcP 191 (1991), 208.
98 Staudinger/*Jickeli*/*Stieper*, § 90 Rn 16.
99 Staudinger/*Jickeli*/*Stieper*, § 90 Rn 17.

sind[100] (bspw im Falle einer Eigenblutspende bzw auch bei konserviertem Sperma).[101] Dann gehören sie weiterhin (dh auch während des Zeitraums der Trennung) zum Schutzgut „Körper“.[102]

Vgl zur Zulässigkeit einer Organentnahme aus dem Körper eines lebenden Spenders zwecks Transplantation die Regelungen der §§ 7 ff TPG (zum TPG noch Rn 60 ff). 36

Verpflichtungsgeschäfte (iSv Verträgen sui generis) über abgetrennte Körperteile (auch über eine künftige Abtrennung oder eine Transplantation am lebenden Körper – bspw bei einer Nierentransplantation oder einer Knochenmarksübertragung) sind in den Grenzen[103] des § 138 (wobei vor allem der Aspekt der Entgeltlichkeit problematisch sein kann) zulässig,[104] sofern sie keinen Erfüllungszwang enthalten.[105] Entsprechende Verträge beinhalten die Einwilligung in eine Verletzung der körperlichen Integrität. Letztere kann allerdings auch im Rahmen einer einfachen Einwilligung (des [Organ-] Spenders) erfolgen. 37

e) Leichen und Leichenteile

Literatur: *Albrecht*, Die rechtliche Zulässigkeit postmortaler Transplantationsentnahme, Diss. Marburg 1986; *Bieler*, Persönlichkeitsrecht, Organtransplantationen und Totenfürsorge, JR 1976, 224; *Brunner*, Theorie und Praxis im Leichenrecht, NJW 1953, 1173; *Carstens*, Das Recht der Organtransplantation, Diss. Frankfurt/M. 1978; *Deutsch*, Die rechtliche Seite der Transplantation, ZRP 1982, 174; *Dotterweich*, Die Rechtsverhältnisse an Goldplomben in den Kieferknochen beerdigter Leichen, JR 1953, 174; *Eichholz*, Die Transplantation von Leichenteilen aus zivilrechtlicher Sicht, NJW 1968, 2272; *Engler*, Todesbegriff und Leichnam als Element des Totenrechts, Diss. Trier 1979; *Forkel*, Verfügungen über Teile des menschlichen Körpers, JZ 1974, 593; *Gaedke*, Handbuch des Friedhofs- und Bestattungsrechts, 8. Auflage 2000; *Görgens*, Künstliche Teile im menschlichen Körper, JR 1980, 140; *Gropp*, Ersatz- und Zusatzimplantation, JR 1985, 181; *Henninger*, Todesdefiniton und Organtransplantation im Recht, Diss. Würzburg 1972; *Hilchenbach*, Die Zulässigkeit von Transplantatentnahmen vom toten Spender aus zivilrechtlicher Sicht, Diss., Heidelberg 1973; *Ilgner*, Der Schrittmacher als Rechtsobjekt, Diss. Osnabrück 1990; *Koebel*, Das Fortwirken des Persönlichkeitsrechts nach dem Tode, NJW 1958, 936; *Kolhaas*, Organentnahmeverbot durch letztwillige Verfügung, DMW 1968, 1612; *ders.*, Zivilrechtliche Probleme der Transplantation von Leichenteilen, DMW 1969, 290; *ders.*, Rechtsfolgen von Transplantationseingriffen, NJW 1970, 1224; *Kramer*, Rechtsfragen der Organtransplantation, Diss. München 1987; *Linck*, Gesetzliche Regelung von Sektionen und Transplantationen, JZ 1973, 759; *J. Maier*, Der Verkauf von Körperorganen, 1991; *Peuster*, Eigentumsverhältnisse an Leichen und ihre transplantationsrechtliche Relevanz, Diss. Köln 1971; *Reimann*, Die postmortale Organentnahme als zivilrechtliches Problem, in: FS Küchenhoff 1972, S. 341; *Schünemann*, Rechte am menschlichen Körper, 1985; *Strätz*, Zivilrechtliche Aspekte der Rechtsstellung des Toten unter besonderer Berücksichtigung der Transplantation, 1971; *Toellner* (Hrsg.), Organtransplantation – Beiträge zu ethischen und juristischen Fragen, 1991; *Trockel*, Das Recht zur Vornahme einer Organtransplantation, MDR 1969, 811; *Westermann*, Das allgemeine Persönlichkeitsrecht nach dem Tode seines Trägers, FamRZ 1969, 561; *Zenker*, Ethische und rechtliche Probleme der Organtransplantation, in: FS Bockelmann 1979, S. 481.

Im Zusammenhang mit dem Leichnam stellt sich zunächst die Frage nach der **Bestimmung des Todeszeitpunkts**,[106] wobei nach hA auf den **Hirntod** abzustellen ist (dazu § 1 Rn 23), der dann eingetreten ist, wenn auf dem Elektroenzephalogramm (EEG) irreversibel die Nulllinie angezeigt wird.[107] Auch bei einer maschinellen Aufrechterhaltung von Körperfunktionen (zu Transplantationszwecken) nach Ende der Hirntätigkeit (dh bei irreversibel beendeter Hirntätigkeit) liegt kein Leben im Rechtssinne mehr vor.[108] 38

Leichen oder Leichenteile (als materielle Substanz des toten Körpers) werden dann als **Sache** iSv § 90 qualifiziert (da sie iS der Begriffsbestimmung „Sache“ einen räumlich abgegrenzten und beherrschbaren Gegenstand bilden – **Sachcharakter des Leichnams**),[109] wenn und soweit sie zulässigerweise zu medizinischen oder anderen wissenschaftlichen Zwecken Verwendung finden. Auch die **Asche eines Verstorbenen** (nach einer Feuerbestattung) ist dem Leichnam gleichzustellen,[110] womit ihr Sachqualität zukommt. Dies gilt gleichermaßen für solche Leichen, die – wie bspw historische Skelettfunde aus der Steinzeit,[111] Mumien oder Moorleichen – aus bestimmten Gründen, meist durch Zeitablauf, nicht mehr als sterbliche Hülle einer Per- 39

100 BGHZ 124, 52 = NJW 1994, 127; krit. dazu *Taupitz*, NJW 1995, 745; vgl *Nixdorf*, VersR 1995, 740.
101 BGHZ 124, 52, 54 = NJW 1994, 127.
102 Palandt/*Ellenberger*, § 90 Rn 3; aA *Schwab/Prütting*, Sachenrecht, 31. Aufl. 2004, Rn 5: alle abgetrennten Körperteile seien Sachen, für die § 953 analog gelte.
103 Vgl zu den Grenzen auch *Spranger*, NJW 2005, 1084.
104 Staudinger/*Jickeli/Stieper*, § 90 Rn 16.
105 Umfassend *Müller*, Die kommerzielle Nutzung menschlicher Körpersubstanzen, 1997.
106 Dazu *Funk*, Der Todeszeitpunkt als Rechtsbegriff, MDR 1992, 182; *Schreiber*, Kriterien des Hirntodes, JZ 1983, 593.
107 So Palandt/*Ellenberger*, § 1 Rn 3; Soergel/*Fahse*, § 1 Rn 12; Staudinger/*Jickeli/Stieper*, § 90 Rn 19.
108 So Soergel/*Fahse*, § 1 Rn 12; Staudinger/*Jickeli/Stieper*, § 90 Rn 19. Vgl differenzierend aber auch MüKo/*Leipold*, § 1922 Rn 12.
109 So LG Detmold NJW 1958, 265; ebenso MüKo/*Holch*, § 90 Rn 23; Palandt/*Ellenberger*, Überbl. v. § 90 Rn 11; Staudinger/*Jickeli/Stieper*, § 90 Rn 20; aA und *Lehmann* (Postmortaler Persönlichkeitsrechtsschutz, Diss. Bonn 1973, S. 64 ff): Die Leiche als Rückstand der Persönlichkeit.
110 RGZ 154, 269, 274.
111 MüKo/*Holch*, § 90 Rn 39.

sönlichkeit angesehen werden[112] und daher nicht mehr einem Pietätgefühl zugänglich sind.[113] An ihnen besteht (sofern sie nicht der Totenehrung unterliegen) auch uneingeschränktes Eigentum.[114]

40 Der **Leichnam** eines Verstorbenen als Sache steht andererseits in niemandes Eigentum,[115] weshalb er auch nicht Teil des Nachlasses ist (und damit im Eigentum der Erben stünde).[116] Er ist mithin als eine dem Rechtsverkehr entzogene **herrenlose Sache** zu qualifizieren. Für die Dauer der Totenehrung bestimmen sich daher die über den toten Körper zulässigen Dispositionen nach **nichtvermögensrechtlichen Regeln**,[117] dh eine Aneignung an der Leiche ist so lange nicht möglich, wie diese noch die Persönlichkeit des Verstorbenen repräsentiert.[118]

41 **aa) Das postmortale besondere Persönlichkeitsrecht.** Für die Dauer der Totenehrung setzt sich am Leichnam das am (lebenden) Körper bestandene **besondere Persönlichkeitsrecht** (vergleichbar der Fortwirkung des allgemeinen Persönlichkeitsrechts nach dem Tode) fort[119] mit der Folge, dass nichtvermögensrechtliche Willensbekundungen des Verstorbenen über das seinen Leichnam betreffende Verfahren (ebenso wie Anordnungen über die Unterlassung einer künstlichen Lebensverlängerung im Rahmen einer **Patientenverfügung** oder die Gestattung bzw das Verbot einer Organentnahme) zu respektieren sind.[120]

42 Das besondere Persönlichkeitsrecht des Verstorbenen (dh der **postmortale Persönlichkeitsschutz**) wird (im Gleichklang mit dem Personenkreis, dem das Totensorgerecht obliegt – dazu Rn 46 ff) primär von einer noch zu Lebzeiten vom Verstorbenen bestimmten Person[121] für diesen ausgeübt,[122] sekundär (dh mangels einer entsprechenden Bestimmung) von den nächsten Angehörigen des Verstorbenen.[123]

43 Das (zunächst fortbestehende) postmortale besondere Persönlichkeitsrecht **erlischt** mit dem (nicht generell fixierbaren) Zeitpunkt der Beendigung der Totenehrung.[124] Ein absolutes (iSv objektives) Kriterium für die Beendigung des postmortalen besonderen Persönlichkeitsrechts (sowie des Totensorgerechts, Rn 46 ff) bilden die in den Friedhofssatzungen normierten (und verlängerbaren) **Mindestruhezeiten**,[125] nach deren Ablauf die sachenrechtlichen Regeln wieder uneingeschränkte Geltung beanspruchen.

44 **bb) Das Totensorgerecht.** Des Weiteren wird die Rechtslage um den Leichnam auch stark vom (in § 2 des Gesetzes über die Feuerbestattung vom 15.5.1934[126] [Feuerbestattungsgesetz] eine verallgemeinerungsfähige Grundlage findenden)[127] Totensorgerecht (verstanden als Berechtigung, Bestimmungen über den Leichnam zu treffen)[128] bestimmt.

45 Inhaber des Totensorgerechts ist (wiederum) primär derjenige, den der Verstorbene formlos dazu bestimmt hat,[129] sekundär (gewohnheitsrechtlich)[130] die nahen Angehörigen[131] (die, sofern sie gleichrangig berechtigt sind, nur einstimmige Entscheidungen treffen können) – wobei jedoch stets der durch das postmortale Persönlichkeitsrecht geschützte Wille des Verstorbenen Entscheidungen des Totensorgeberechtigten verdrängt. Das **Totensorgerecht endet** – vergleichbar dem postmortalen besonderen Persönlichkeitsrecht – mit dem (nicht generell fixierbaren) Zeitpunkt der Beendigung der Totenehrung (dazu bereits Rn 45).

46 Während der Dauer des postmortalen besonderen Persönlichkeitsrechts und jener des Totensorgerechts bestehen (aufgrund dieser nichtvermögensrechtlichen Rechtssituation, allerdings auch wegen grundlegender sittlicher Bedenken) keine **Eigentumsrechte am Leichnam** – wohingegen Besitz (§ 854 Abs. 1) des Totensorgeberechtigten zwecks Durchführung der Bestattung möglich ist.[132]

112 HK-BGB/*Dörner*, § 90 Rn 3.
113 Palandt/*Ellenberger*, Überbl. v. § 90 Rn 11.
114 Soergel/*Mühl*, § 90 Rn 5; Staudinger/*Jickeli/Stieper*, § 90 Rn 23.
115 AA *Brunner*, NJW 1953, 1173.
116 Palandt/*Ellenberger*, Überbl. v. § 90 Rn 11; Palandt/*Edenhofer*, § 1922 Rn 44.
117 Staudinger/*Jickeli/Stieper*, § 90 Rn 20.
118 Bamberger/Roth/*Fritzsche*, § 90 Rn 32.
119 So OLG München NJW-RR 1994, 925; Staudinger/*Jickeli/Stieper*, § 90 Rn 20.
120 Staudinger/*Jickeli/Stieper*, § 90 Rn 20.
121 Abl., dass durch formlose Willensbekundung einer Person eine tatsächliche Rechtspflicht auferlegt werden kann, *Gaedke*, Handbuch des Friedhofs- und Bestattungsrechts, S. 121 f, in Anknüpfung an erbrechtliche Kategorien einer Pflichtenauferlegung durch Auflagen.
122 BGH NJW-RR 1992, 834; BGHZ 15, 249 259.
123 *Taupitz*, JZ 1992, 1094.
124 BGHZ 107, 384, 392; Staudinger/*Jickeli/Stieper*, § 90 Rn 20.
125 MüKo/*Holch*, § 90 Rn 23; Staudinger/*Jickeli/Stieper*, § 90 Rn 23.
126 RGBl I S. 380 – das Gesetz gilt aber u.a. nicht mehr in Baden-Württemberg, Bayern, Berlin, Bremen, Hamburg, Mecklenburg-Vorpommern bzw Rheinland-Pfalz.
127 So Staudinger/*Jickeli/Stieper*, § 90 Rn 21.
128 Dazu näher MüKo/*Holch*, § 90 Rn 23.
129 BGH NJW-RR 1992, 834; Palandt/*Ellenberger*, Vor § 90 Rn 11.
130 BGH NJW-RR 1992, 834.
131 Staudinger/*Jickeli/Stieper*, § 90 Rn 21.
132 So zutr. Staudinger/*Jickeli/Stieper*, § 90 Rn 22.

cc) Der Leichnam als „herrenlose Sache". Konstatiert man somit trotz des Sachcharakters des Leichnams, dass an ihm keine Eigentumsrechte bestehen, gelangt die hM zur Qualifikation des Leichnams als **herrenlose Sache**,[133] an der **kein Aneignungsrecht** (auch nicht aufgrund des Totensorgerechts) besteht.[134] 47

dd) Das Aneignungsrecht des Friedhofsträgers nach Ablauf der Ruhezeit der Totenehrung. Nach Ablauf der Ruhezeit der Totenehrung (Rn 45) leben die sachenrechtlichen Grundsätze wieder auf mit der Folge, dass nunmehr ein Aneignungsrecht des Friedhofsträgers (nicht jedoch des Totensorgeberechtigten bzw des Erben) am Leichnam auflebt, das mit dem Abräumen der Grabstätte ausgeübt wird.[135] Es entsteht Eigentum des widmungsberechtigten Friedhofsträgers an ggf noch vorhandenen Gebeinen, das nunmehr zwar keiner Begrenzung mehr durch das postmortale besondere Persönlichkeitsrecht (Rn 43 ff) bzw Totensorgerecht (Rn 46 ff), wohl aber durch den Widmungszweck erfährt. „Demnach muss mit den Gebeinen beim Abräumen eines Grabes in einer dem Widmungszweck entsprechenden Weise verfahren werden...; häufig dient dazu ein sog. Beinhaus".[136] 48

ee) Modalitäten der Bestattung. Jedermann kann (aufgrund des postmortalen besonderen Persönlichkeitsrechts – Rn 43 ff) schon zu Lebzeiten die **Modalitäten seiner Bestattung** formlos selbst bestimmen, da es sich nicht um eine letztwillige Verfügung im technischen Sinne handelt[137] (sofern er nicht eine Feuerbestattung wünscht, die nach § 4 Feuerbestattungsgesetz der Schriftform bedarf), wobei allerdings im Falle einer Nichtbeachtung dieser Anordnung idR eine spätere Änderung entsprechend dem Wunsch des Verstorbenen der Grundsatz der Wahrung der Totenruhe entgegensteht.[138] Fehlt eine Anordnung über die Modalitäten der Bestattung, wird diese durch die Totensorgeberechtigten (hilfsweise durch die zuständige Verwaltungsbehörde) bestimmt.[139] 49

ff) Anatomie. Jedermann kann (im Rahmen einer Verpflichtung sui generis)[140] anordnen (auch vertraglich, wobei entsprechende unentgeltliche Verträge nicht gegen § 138 verstoßen), dass sein Körper nach dem Tode der Anatomie zur Verfügung gestellt werden soll, wogegen die Totensorgeberechtigten (unter Berufung auf ihr Pietätgefühl) nicht angehen können.[141] Hingegen kann nicht der Totensorgeberechtigte aus eigenem Entschluss heraus den Leichnam der Anatomie überlassen, da seine Rechtsposition diese Befugnis nicht umfasst.[142] 50

Die Anatomie erlangt aufgrund der Anordnung des Verstorbenen **kein Aneignungsrecht**. „Vielmehr hat der Verstorbene die Anatomie kraft der Fortwirkung seines Persönlichkeitsrechts am Körper mit der Befugnis ausgestattet, den Leichnam vom derzeitigen Besitzer herauszuverlangen, um ihn für Zwecke der Forschung und der Lehre zu verwenden".[143] Die Anatomie wird damit nicht Eigentümer des Leichnams, sondern erlangt eine (durch den Verstorbenen selbstbestimmte) **Berechtigung eigener Art** an der Leiche – mit der korrespondierenden Verpflichtung, den Leichnam nach Durchführung der anatomischen Zweckbestimmung würdig zu bestatten.[144] 51

gg) Obduktionen. Aufgrund entsprechender AGB des Krankenhausaufnahmevertrags[145] kann auf vertraglicher Grundlage eine Obduktion des Leichnams durchgeführt werden,[146] ohne dass ein Widerspruchsrecht des Totensorgeberechtigten besteht.[147] 52

133 Vgl etwa Erman/*Schmidt*, § 90 Rn 8; Palandt/*Ellenberger*, Vor § 90 Rn 11, Staudinger/*Jickeli/Stieper*, § 90 Rn 22. „Herrenlosigkeit" als „Fall des zeitweise durch vorrangige andere Berechtigungen auf Null reduzierten Eigentümerrechts".

134 Umstritten, so aber RGRK/*Kregel*, § 90 Rn 5; Staudinger/*Jickeli/Stieper*, § 90 Rn 22 – arg.: die Argumente gegen Eigentümerbefugnisse am Leichnam (postmortales besonderes Persönlichkeitsrecht [Rn 43 ff] und Totensorgerecht [Rn 46 ff]) sprechen gleichermaßen auch gegen ein Aneignungsrecht; aA LG Köln MDR 1948, 365: Aneignungsrecht der Erben.

135 Staudinger/*Jickeli/Stieper*, § 90 Rn 23.

136 Staudinger/*Jickeli/Stieper*, § 90 Rn 23.

137 RGZ 100, 172; 108, 217; 154, 269; Soergel/*Mühl*, § 90 Rn 7; Staudinger/*Jickeli/Stieper*, § 90 Rn 24.

138 RGZ 108, 217, 220; 154, 269, 275.

139 Staudinger/*Jickeli/Stieper*, § 90 Rn 24.

140 Auf die Staudinger/*Jickeli/Stieper* (§ 90 Rn 25) unter Bezugnahme auf *Eichholz* (NJW 1968, 2275) die Regelungen des Vermächtnisrechts analog anwenden wollen.

141 Umstritten, so aber Staudinger/*Jickeli/Stieper*, § 90 Rn 25: „Andererseits wird die zwangsweise Durchsetzung der Herausgabepflicht auszuschließen sein"; aA *Gaedke*, Handbuch des Friedhofs- und Bestattungsrechts, S. 122.

142 Umstritten, so aber *Forkel*, JZ 1974, 597; Staudinger/*Jickeli/Stieper*, § 90 Rn 25; aA *Bieler*, JR 1976, 226; *Gaedke*, Handbuch des Friedhofs- und Bestattungsrechts, S. 118.

143 Staudinger/*Jickeli/Stieper*, § 90 Rn 25.

144 Staudinger/*Jickeli/Stieper*, § 90 Rn 25.

145 Die *nicht* als unwirksame, weil „überraschende Klauseln" iSv § 305 c zu qualifizieren sind, so BGH NJW 1990, 2313, 2315.

146 Da ein sinnvoller Zusammenhang zwischen Krankenhausaufnahme und Sektionsfallklausel, insbesondere zur Klärung haftungsrechtlicher Fragen, besteht, Staudinger/*Jickeli/Stieper*, § 90 Rn 26.

147 Umstritten, so aber Staudinger/*Jickeli/Stieper*, § 90 Rn 26: Vorrang des vertraglich niedergelegten Willens des Verstorbenen; aA *Franzki*, MedR 1991, 223, 226.

53 Hat der Verstorbene hingegen ausdrücklich eine **Obduktion verboten**, geht dieser Wille aufgrund seines postmortalen besonderen Persönlichkeitsrechts (Rn 43 ff) dem Sektionsinteresse des Krankenhauses vor, es sei denn, dieses hätte ein besonderes berechtigtes Interesse.

54 Hat der Verstorbene weder in eine Obduktion ausdrücklich eingewilligt noch eine solche verboten, muss der Totensorgeberechtigte in eine Sektion (nur dann) einwilligen, wenn das Krankenhaus ein berechtigtes Interesse geltend machen kann.[148]

55 Auf **gesetzlicher Grundlage** kann eine Obduktion – ohne Einwilligung und auch ohne Berücksichtigung eines entgegenstehenden Willens des Verstorbenen – bspw erfolgen nach Maßgabe

- der §§ 87 ff StPO (Leichenschau, Leichenöffnung) oder
- des § 26 Abs. 3 S. 2 Infektionsschutzgesetz[149] (innere Leichenschau).

56 Die Obduktion erfasst den Leichnam als „herrenlose Sache" (Rn 49) und macht ihn zum Gegenstand einer Untersuchung, nach deren Ende eine ordnungsgemäße (würdige) Bestattung stattzufinden hat.

57 Ist im Vorfeld einer Obduktion eine Exhumierung erforderlich, ist auch dazu grundsätzlich die Zustimmung des Totensorgeberechtigten erforderlich,[150] es sei denn, diese erfolgt nach Maßgabe des Strafprozessrechts, vgl § 87 Abs. 4 StPO.[151]

58 **hh) Transplantationen.** Die Problematik der Transplantation von Organen aus einem nach Eintritt des Hirntods noch maschinell versorgten Körper als Spender mit dem Ziel, diese in den lebenden Körper eines Kranken einzupflanzen (**postmortale Transplantation**),[152] regelt als Problem einer Nachwirkung des Persönlichkeitsrechts eines Verstorbenen (Recht am eigenen Körper) das Gesetz über die Spende, Entnahme und Transplantation von Organen.[153]

59 Das TPG normiert sowohl die Organentnahme bei lebenden (§ 7) als auch bei verstorbenen Organspendern (§§ 3 bis 6), wobei der Organspende eines Verstorbenen ein Vorrang eingeräumt ist. Steht eine solche Organspende zur Verfügung, ist eine Lebendspende grundsätzlich unzulässig (§ 7 Abs. 1 S. 1 Nr. 3 TPG).

60 Zur Vermeidung von Missbräuchen trifft das Gesetz eine Verpflichtung zur organisatorischen Trennung von Organentnahme, Organvermittlung und Organverpflanzung (§§ 3–6, 8–11 TPG). Eine Organentnahme setzt den irreversiblen Gesamthirntod (dh den nicht mehr behebbaren Ausfall von Großhirn, Kleinhirn und Hirnstamm) voraus, der von zwei dafür befähigten Ärzten unabhängig voneinander nach Maßgabe des jeweils geltenden Standes der medizinischen Wissenschaft (der nach § 16 Abs. 1 TPG von der Bundesärztekammer in Richtlinien fixiert werden kann) festgestellt werden muss. Der Beachtung der Richtlinie der Bundesärztekammer kommt eine Vermutungswirkung zu, dass der Stand der Erkenntnisse der medizinischen Wissenschaft eingehalten wurde.

61 Voraussetzung für eine Organentnahme ist eine (idR schriftlich abzugebende) Einwilligung des Spenders (§ 3 Abs. 1 Nr. 1 TPG). Diese Erklärung kann (als rechtsgeschäftsähnliche Handlung) ab dem vollendeten 16. Lebensjahr (ein Widerspruch gegen eine Organentnahme bereits ab vollendetem 14. Lebensjahr) wirksam abgegeben werden (§ 2 Abs. 2 S. 3 TPG). Für diesen Fall ist eine Entnahme zulässig, da die Einwilligung Ausdruck des Selbstbestimmungsrechts des Spenders ist, über seinen Körper auch nach seinem Tod noch selbstverantwortlich zu bestimmen.[154] Eine Beschränkung der Einwilligung auf bestimmte Organe ist zulässig (§ 2 Abs. 2 S. 2 TPG), eine Beschränkung hingegen auf bestimmte Organempfänger umstritten.[155]

62 Hat ein potenzieller Organspender einer Entnahme hingegen widersprochen – eine einmal erteilte Einwilligung kann nämlich jederzeit widerrufen werden[156] – ist die Organentnahme unzulässig (§ 3 Abs. 2 Nr. 1 TPG).

63 Verboten ist eine Organentnahme kraft vermuteter Zustimmung oder aufgrund einer Einwilligung, die sich aus den Bedingungen der Krankenhausaufnahme ergibt.[157]

64 Nur wenn keine Einwilligung des Toten vorliegt, können andere Personen (bspw Angehörige) einer Organentnahme zustimmen oder dieser widersprechen.

65 Gemäß §§ 2 Abs. 2 und 4 Abs. 3 TPG kann der Verstorbene zu Lebzeiten das Recht zur Wahrnehmung der Entscheidung über eine Organspende auf eine Vertrauensperson übertragen, die an seiner Stelle die Entscheidung über eine Organentnahme treffen soll. Die Person muss zu diesem Zeitpunkt volljährig sein.

148 OLG Hamm VersR 1983, 1131; Staudinger/*Jickeli/Stieper*, § 90 Rn 26.
149 Vom 20.7.2000 (BGBl. I S. 1045).
150 LG Detmold NJW 1958, 268.
151 Staudinger/*Jickeli/Stieper*, § 90 Rn 26.
152 *Linck*, ZRP 1975, 240; *Strätz*, Zivilrechtliche Aspekte der Rechtsstellung des Toten, S. 40 ff.
153 Transplantationsgesetz – TPG v. 5.11.1997 (BGBl. I S. 2631) – zur Verfassungsmäßigkeit des Gesetzes: BVerfG NJW 1999, 3399.
154 BGHZ 29, 33, 36; *Walter*, FamRZ 1998, 205; *Weber/Lejeune*, NJW 1994, 2392, 2396.
155 *Walter*, FamRZ 1998, 205.
156 Bamberger/Roth/*Fritzsche*, § 1 Rn 40.
157 So zutr. *Deutsch*, NJW 1998, 777, 778; Bamberger/Roth/*Fritzsche*, § 1 Rn 40.

Fehlt eine ausdrückliche Erklärung des Verstorbenen und ist von ihm auch kein Sachwalter bestimmt worden (oder erklärt sich ein solcher nicht), sind die nächsten Angehörigen des Verstorbenen (§ 4 Abs. 2 S. 1 TPG bestimmt insoweit die Reihenfolge; § 4 Abs. 2 S. 6 TPG stellt diesen volljährige Personen gleich, die dem Verstorbenen bis zu seinem Tode in besonderer persönlicher Verbundenheit offenkundig nahe gestanden haben) als Sachwalter (des über den Tod fortwirkenden Persönlichkeitsrechts) zur Erklärung (Zustimmung oder Widerspruch) berufen, denen eine Entscheidung nach dem mutmaßlichen Willen des Verstorbenen obliegt bzw (sofern ein solcher nicht feststellbar ist) eine eigene ethisch verantwortliche Ermessensentscheidung.[158] 66

4. Urkunden. Urkunden als körperliche Gegenstände unterfallen dem Sachbegriff, womit die Zwangsvollstreckung grundsätzlich den Vorgaben der §§ 808 Abs. 2, 821 ff ZPO nach den Vorschriften über die Vollstreckung in das bewegliche Vermögen folgt. 67

Verkörpern Urkunden auch Rechte (bspw **Wertpapiere** ieS), besteht an ihnen neben Besitz und Eigentum auch ein Recht, das den Urkundeninhaber zur Rechtsausübung berechtigt. So geht bei **Inhaberpapieren** nach der Übertragung des Eigentums an der Urkunde gemäß §§ 929 ff zugleich auch das in der Urkunde verbriefte Recht auf den neuen Eigentümer der Urkunde über. Dies gilt gleichermaßen bei **Orderpapieren**, wenn die Übertragung der Urkunde nach Maßgabe der Regelungen über Indossamente erfolgt.[159] 68

Bei Wertpapieren ieS bewirkt eine Zerstörung der Urkunde nicht den Untergang des verbrieften Rechts. Vielmehr ist nur die Rechtsausübung ausgeschlossen. Der Rechtsinhaber kann aber die Ausstellung einer neuen Urkunde verlangen. 69

Erlischt das in der Urkunde verbriefte Recht durch Erfüllung, besteht die Sacheigenschaft der Urkunde fort, die im Eigentum des letzten Berechtigten verbleibt.[160] 70

Bei anderen Urkunden, die ein Recht verbriefen – bspw bei **Hypotheken-, Grundschuld- und Rentenschuldbriefen** – steht dem Inhaber des Rechts das Eigentum an der Urkunde zu (wobei ggf für einen Rechtsübergang auch noch eine Urkundenübergabe erforderlich ist, vgl etwa § 1154). Nach § 952 Abs. 2 erstreckt sich das Recht eines Dritten an der Forderung auf die Urkunde, womit selbständige Verfügungen über die Urkunde nicht statthaft sind. 71

Obgleich dem **Schuldschein** kein Wertpapiercharakter zukommt, gelten für ihn (unabhängig davon, ob er mit schuldbegründender Wirkung oder bloß zur Beweissicherung ausgestellt wurde) nach § 952 Abs. 1 die gerade genannten Grundsätze gleichermaßen.[161] 72

Dem **Kfz-Brief** (und dem Anhängerbrief, § 25 StVZO) als Nicht-Wertpapier[162] (der auch nicht als öffentliche Sache zu qualifizieren ist, dazu noch Rn 125 ff) kommt eine Ausweisfunktion als Berechtigungsnachweis gegenüber der Kfz-Zulassungsstelle zu,[163] weshalb analog § 952 das Eigentum am Brief als Urkunde jenem am PKW folgt.[164] 73

Demhingegen handelt es sich bei **Pässen** und **sonstigen Personalausweispapieren**, die allein der Personenidentifikation dienen, um öffentliche Sachen[165] (dazu noch Rn 125 ff), die im Eigentum der Bundesrepublik Deutschland stehen (vgl etwa § 1 Abs. 3 Hs 2 PassG), weshalb eine Verpfändung dieser Papiere unwirksam ist.[166] 74

II. Arten von Sachen

Der allgemein gehaltene Sachbegriff des § 90 kann in unterschiedlicher Weise konkretisiert werden. Der Gesetzgeber selbst hat in § 91 eine Definition der „vertretbaren Sachen", in § 92 der „verbrauchbaren Sachen", in § 97 Abs. 1 eine Differenzierung zwischen „Hauptsache" und „Zubehör" und in § 243 Abs. 1 der „Gattungssache" (der die Speziessache gegenübersteht) getroffen.[167] 75

158 So Bamberger/Roth/*Fritzsche*, § 1 Rn 41.
159 Staudinger/*Jickeli/Stieper*, § 90 Rn 5.
160 Staudinger/*Jickeli/Stieper*, § 90 Rn 5.
161 Staudinger/*Jickeli/Stieper*, § 90 Rn 7.
162 BGH NJW 1970, 653; 1978, 1854.
163 Staudinger/*Jickeli/Stieper*, § 90 Rn 7.
164 BGHZ 88, 11, 13; 34, 122, 134; Soergel/*Mühl*, § 952 Rn 2; Staudinger/*Gursky*, § 952 Rn 9; Staudinger/*Jickeli/Stieper*, § 90 Rn 7; aA Erman/*Hefermehl* (§ 952 Rn 2), wonach dem Kfz-Brief lediglich eine zulassungsrechtliche Aufgabe zukommt, die keine Ausstrahlung auf das Privatrecht zeitigt. Gleichermaßen soll auch der *Pferdepass* analog § 952 im Eigentum des Pferdeeigentümers stehen, so LG Karlsruhe NJW 1980, 789; Staudinger/*Jickeli/Stieper*, § 90 Rn 7; aA Palandt/*Bassenge*, § 952 Rn 4.
165 Staudinger/*Jickeli/Stieper*, § 90 Rn 8.
166 Vgl AG Heilbronn NJW 1974, 2182 – Verpfändung eines gültigen Personalausweises. Gleichermaßen stellt eine Einbehaltung dieser Papiere eine sittenwidrige Freiheitsberaubung dar, so LG Baden-Baden NJW 1978, 1750. Nach Staudinger/*Jickeli/Stieper* (§ 90 Rn 8) ist eine kurzfristige Einbehaltung des Ausweises zur privaten Besucherkontrolle hingegen statthaft.
167 Bamberger/Roth/*Fritzsche*, § 90 Rn 10.

76 **1. Mobilien und Immobilien.** Die Differenzierung zwischen beweglichen Sachen (**Mobilien**) und unbeweglichen Sachen (**Immobilien oder Grundstücken**), die auf das germanische Recht zurückzuführen ist,[168] wird vom BGB[169] vorausgesetzt und daher keiner Regelung zugeführt. Sie ist insoweit bedeutsam, als Verfügungen über Mobilien rechtlich anders ausgestaltet sind als Verfügungen über Immobilien.

77 **a) Grundstücke.** Grundstücke (iSd §§ 873 ff, 925 ff) werden definiert als abgrenzbare Teile der Erdoberfläche, die im Bestandsverzeichnis eines Grundbuchblattes als selbständige Einheit unter einer besonderen Nummer eingetragen (§ 3 Abs. 1 GBO)[170] oder nach § 3 Abs. 5 GBO gebucht worden sind[171] – einschließlich ihrer Bestandteile iSd §§ 93 ff.[172]

78 Auch nicht-wesentliche Bestandteile eines Grundstückes verlieren für die Dauer ihrer Verbindung ihren Charakter einer beweglichen Sache.[173]

79 Das **Erbbaurecht** wird gemäß § 11 Abs. 1 S. 1 ErbbauVO einem Grundstück gleichgestellt – ebenso wie nach den §§ 1, 7 WEG das **Wohnungseigentum** und nach § 30 Abs. 3 S. 2 WEG das **Wohnungserbbaurecht** (sowie nach Art. 63 und 67 EGBGB nach Landesrecht als Immobiliarrechte ausgestaltete Rechte, wie bspw das Bergwerkseigentum und Abbaurechte).

80 **b) Bewegliche Sachen.** Unter Mobilien (vgl dazu §§ 929 ff) sind hingegen all jene Sachen zu verstehen, die weder Grundstücke, den Grundstücken gleichgestellt noch wesentliche Grundstücksbestandteile sind.[174]

81 Zu den beweglichen Sachen zählen auch jene, die iSd § 95 nur vorübergehend mit dem Grund und Boden verbunden worden sind.

82 Im Gebäudegrundbuch eingetragene Gebäude sind wegen Art. 233 §§ 4 Abs. 1, 2 b Abs. 4 EGBGB keine beweglichen Sachen.[175]

83 Bewegliche Sachen werden zT von Rechtsnormen, die an die Unbeweglichkeit einer Sache anknüpfen (zB §§ 1120 ff) dann erfasst, wenn sie abgetrennte Erzeugnisse, Bestandteile oder Zubehör der unbeweglichen Sache sind – womit sie dann nach § 865 ZPO (als bewegliche Sachen) auch der Zwangsvollstreckung in das unbewegliche Vermögen unterworfen sind. **Aber**: Auch noch ungetrennte Früchte einer unbeweglichen Sache können nach §§ 810 sowie 824 ZPO Gegenstand der Mobiliarvollstreckung sein.[176]

84 Schiffe und Luftfahrzeuge, die ins Schiffsregister bzw in die Luftfahrzeugrolle eingetragen sind, behandeln das Schiffsregistergesetz (SchRG) sowie § 870 a ZPO und die §§ 162 ff ZVG bzw § 99 Luftregistergesetz (LuftRG), das entsprechende Luftfahrzeuge eingetragenen Schiffen gleichstellt, wie Grundstücke. Die Übereignung von nicht ins Schiffsregister eingetragenen Schiffen vollzieht sich nach den Sondervorschriften der §§ 929 a und 932 a. Die Zwangsversteigerung von Luftfahrzeugen beurteilt sich nach den §§ 171 a ff ZVG.

85 **2. Einzelsachen und Sachgesamtheiten.** Der Sachbegriff des § 90 setzt eine konkrete einheitliche oder zusammengesetzte Einzelsache voraus. Nur diese kann Zuordnungsobjekt des Sachenrechts sein.[177]

86 Unter einer **Sachgesamtheit** versteht man mehrere selbständige Sachen,[178] die im Verkehr unter einer einheitlichen Bezeichnung zusammengefasst werden[179] und deren Wert und Funktionsfähigkeit durch ihre Vollständigkeit und funktionelle Verbindung mitbestimmt wird[180] (dh deren Wert als Gesamtheit viel höher als jener der Einzelsachen ist), bspw ein Warenlager (vgl dazu § 92 Abs. 2), eine Briefmarkensammlung, eine Bibliothek, eine Einbauküche oder eine Software, die mit dem zur Nutzung erforderlichen Bedienungshandbuch als Sachgesamtheit verkauft wird.[181] Sachgesamtheiten kennt das Gesetz (bspw in § 92 Abs. 2 oder § 1035) als Inbegriff, misst ihnen allerdings keine allzu große (sachenrechtliche) Bedeutung zu.[182] Aufgrund des Spezialitätsgrundsatzes muss nämlich über jede der Sachgesamtheit zugehörige Sache einzeln verfügt werden,[183] wenngleich Sachgesamtheiten oft Gegenstand schuldrechtlicher Verpflichtungen sind.

168 *Wieling*, Sachenrecht, Bd. 1, 4. Aufl. 2001, § 2 III 8.
169 Vgl auch die §§ 864, 865 ZPO, die auf „unbewegliches Vermögen" abstellen.
170 RGZ 84, 265, 270.
171 Demhingegen stellt der „natürliche Grundstücksbegriff" auf die einheitliche Bewirtschaftung von Grundstücken ab, Bamberger/Roth/*Fritzsche*, § 90 Rn 11.
172 HK-BGB/*Dörner*, § 90 Rn 5; Jauernig/*Jauernig*, Vor § 90 Rn 2; Palandt/*Ellenberger*, Vor § 90 Rn 3; Palandt/*Bassenge*, Vor § 873 Rn 1.
173 Vgl RGZ 158, 369.
174 RGZ 55, 284; 78, 51.
175 OLG Naumburg VIZ 2000, 557, 558; Bamberger/Roth/*Fritzsche*, § 90 Rn 11.
176 Staudinger/*Jickeli*/*Stieper*, Vor §§ 90 ff Rn 26.
177 Bamberger/Roth/*Fritzsche*, § 90 Rn 16.
178 BGHZ 18, 226.
179 OLG Celle NJW-RR 1994, 1305.
180 RGRK/*Kregel* § 90 Rn 15; Staudinger/*Jickeli*/*Stieper*, Vor § 90 Rn 15; BGHZ 76, 216, 219 = NJW 1980, 1518 – Urkundenbestand eines Archivs.
181 BGH NJW 1993, 461, 462.
182 Bamberger/Roth/*Fritzsche*, § 90 Rn 16.
183 Was aber auch unter der Bezeichnung der Sachgesamtheit geschehen kann, da nach § 929 S. 1 „die Bestimmtheit der zu übereignenden Sachen ausreicht", Bamberger/Roth/*Fritzsche*, § 90 Rn 16.

Beachte: In prozessualer Hinsicht kommt keine Herausgabeklage bzw **keine Klage auf Übereignung eines Sachinbegriffs** unter seiner Sammelbezeichnung in Betracht. Vielmehr sind alle der Sachgesamtheit zugehörigen Einzelsachen „in geeigneter Form zu benennen".[184] 87

Zu den Sachgesamtheiten zählen auch **Komplementärsachen** (bspw Teile einer Sitzgarnitur[185] bzw die Einzelschuhe bei einem Paar).[186] Bei einer Beschädigung ist der Schädiger verpflichtet, die Aufwendung zu tragen, die zur Wiederherstellung des funktionellen Zusammenhanges erforderlich ist, womit der BGH im Kontext mit § 823 Abs. 1 einen Verletzungsschutz für die organisatorische Sacheinheit anerkennt.[187] 88

Obgleich die Sachgesamtheit selbst Objekt einer schuldrechtlichen Verpflichtung sein kann,[188] ist Verfügungsobjekt aufgrund des sachenrechtlichen Spezialitätsgrundsatzes[189] nur die Einzelsache, aus der sich die Sachgesamtheit zusammensetzt.[190] Es ist jedoch statthaft, die dingliche Einigung unter der Sammelbezeichnung für die Sachgesamtheit vorzunehmen.[191] 89

Einzelsachen, deren Vorliegen sich nach der Verkehrsanschauung bestimmt (also nach den Gesichtspunkten der Körperlichkeit und Abgegrenztheit, Rn 7) können als natürliche Einheiten[192] (iS physischer Kohärenz,[193] bspw ein Stein, Getreidekorn oder ein Tier)[194] in Erscheinung treten oder wenn eine natürliche Mehrheit von Sachen nach der Verkehrsanschauung als besonders bezeichneter und bewerteter einheitlicher Gegenstand angesehen wird[195] (zB ein Getreide- oder Sandhaufen)[196] bzw in Gestalt einer zusammengesetzten Sache, in der mehrere fremde selbständige Sachen solcherart aufgegangen sind, dass sie als Bestandteile ihre Selbständigkeit verloren haben[197] (feste Verbindung von Einzelsachen, wenn sich das Ganze auch nach natürlicher Anschauung als eine Einheit darstellt).[198] 90

Allein bei Grundstücken wird hinsichtlich der Einheitlichkeit der Sache **nicht** auf die Verkehrsanschauung abgestellt, sondern eine rechtliche Bewertung vorgenommen, da das Grundstück als Sache erst durch katastermäßige Vermessung und Grundbucheintragung zur Entstehung gelangt.[199] 91

3. Einfache und zusammengesetzte Sachen. Der Differenzierung zwischen einfachen und zusammengesetzten Sachen kommt bei den Bestandteilen der §§ 93 ff und der §§ 946 ff sowie in der Judikatur zu den Weiterfresser-Schäden Bedeutung zu.[200] 92

Unter einer **zusammengesetzten Sache** versteht man eine solche, bei der mehrere (leicht individualisierbare) bewegliche Sachen zu einer neuen Sache zusammengefügt werden, aber noch als körperlich abgrenzbare Teile (dh austauschbare Einzelsachen) in der neuen Sache vorhanden sind (bspw Computer, Fahrzeuge, Möbel oder Gebäude). Ob die körperlich abgegrenzten Teile noch Gegenstand besonderer Rechte sein können (dh ob an ihnen noch isoliert Eigentum besteht), beurteilt sich nach den §§ 93 ff, 946 ff. 93

Einfache Sachen sind hingegen solche, die sich nicht aus individualisierbaren oder abgrenzbaren Bestandteilen zusammensetzen,[201] wie bspw Grundstücke, Steine, Pflanzen oder Erzeugnisse aus Porzellan, Glas oder sonstigen Rohstoffen, die einen Guss zulassen (wie Geschirr oder Vasen). Nach der Verkehrsanschauung werden zu den einfachen Sachen auch Mengensachen[202] (Rn 97) bzw natürliche Sacheinheiten[203] (bspw ein Sack Kartoffeln oder ein Kieshaufen) gezählt. 94

Unter **Mengensachen** versteht man Sachen, die nur in größeren Quantitäten für den Wirtschaftsverkehr bedeutsam sind, weshalb den gleichwohl vorhandenen Einzelsachen kein rechtserheblicher wirtschaftlicher Wert zukommt. Vor diesem Hintergrund erachtet die Verkehrsanschauung nur größere abgeteilte Mengen (bspw einen Zentner Kartoffeln) als Sacheinheit.[204] 95

184 Bamberger/Roth/*Fritzsche*, § 90 Rn 16.
185 OLG Celle NJW-RR 1994, 1305.
186 Staudinger/*Jickeli*/*Stieper*, Vor § 90 Rn 15.
187 BGHZ 76, 216, 220 f = NJW 1980, 1518. Dabei ist anhand des konkret in Rede stehenden Einzelfalls zu entscheiden, ob bspw bei der Beschädigung des Bezugstoffes bloß hinsichtlich eines Teils einer Sitzgruppe der Neubezug aller Teile verlangt werden kann, OLG Celle NJW-RR 1994, 1305.
188 Palandt/*Ellenberger*, Überbl. v. § 90 Rn 5.
189 Wovon lediglich das Pachtkreditgesetz eine Ausnahme macht. Danach ist die globale Verpfändung des einem Pächter eines landwirtschaftlichen Grundstücks gehörenden Inventars an ein Pachtkreditinstitut statthaft.
190 BGHZ 76, 216. Davon macht – trotz des Wortlauts des § 1035 – auch die Nießbrauchsbestellung keine Ausnahme.
191 Staudinger/*Jickeli*/*Stieper*, Vor §§ 90 ff Rn 17: ebenso kann der Besitz an Einzelsachen durch einen einheitlichen Akt übertragen werden.
192 RGZ 69, 119.
193 Staudinger/*Jickeli*/*Stieper*, Vor § 90 Rn 13.
194 Beispiele nach Palandt/*Ellenberger*, Überbl. v. § 90 Rn 5.
195 BGHZ 102, 135, 149.
196 Palandt/*Ellenberger*, Überbl. v. § 90 Rn 5.
197 BGHZ 18, 226.
198 Palandt/*Ellenberger*, Überbl. v. § 90 Rn 5 – was nach RGZ 87, 45 auch bei einer nur losen, leicht lösbaren Verbindung der Teile der Fall sein kann.
199 Staudinger/*Jickeli*/*Stieper*, Vor § 90 Rn 13.
200 Bamberger/Roth/*Fritzsche*, § 90 Rn 12.
201 Bamberger/Roth/*Fritzsche*, § 90 Rn 13; MüKo/*Holch*, § 93 Rn 3; aA Jauernig/*Jauernig*, § 93 Rn 1.
202 *Wieling*, Sachenrecht, Bd. 1, 4. Aufl. 2001, § 2 II 2 a dd; aA Bamberger/Roth/*Fritzsche*, § 90 Rn 14: Mengensachen als zusammengesetzte Sachen iwS.
203 Palandt/*Ellenberger*, § 93 Rn 2.
204 Staudinger/*Jickeli*/*Stieper*, Vor § 90 Rn 14.

96 **4. Vertretbare und nichtvertretbare Sachen.** Unter vertretbaren Sachen sind nach § 91 bewegliche Sachen (Rn 82 ff) zu verstehen, die im Verkehr nach Zahl, Maß oder Gewicht bestimmt zu werden pflegen.

97 **5. Verbrauchbare und nichtverbrauchbare Sachen.** Verbrauchbare Sachen sind nach § 92 Abs. 1 bewegliche Sachen (Rn 82 ff), deren bestimmungsgemäßer Gebrauch im Verbrauch oder in der Veräußerung besteht. Als verbrauchbar gelten gemäß § 92 Abs. 2 auch solche beweglichen Sachen, die zu einem Warenlager oder zu einem sonstigen Sachinbegriff gehören, dessen bestimmungsgemäßer Gebrauch in der Veräußerung der einzelnen Sachen besteht.

98 **6. Teilbare und unteilbare Sachen.** Eine Sache ist entsprechend § 752 S. 1 dann teilbar, wenn sie sich ohne Wertminderung in gleichartige Teile (mehrere neue Sachen) zerlegen lässt – was im Falle von Auseinandersetzungen (bspw bei der Gemeinschaft, §§ 741 ff, nicht jedoch im Sachenrecht) bedeutsam wird,[205] bspw Baumstämme, (unbebaute) Grundstücke oder Mengensachen[206] (Rn 97).

99 **7. Hauptsachen und Nebensachen.** Eine Differenzierung zwischen Hauptsachen und Nebensachen trifft bspw § 97 hinsichtlich des Zubehörs oder § 947 Abs. 2 beim Eigentumsverlust durch Verbindung. Die Abgrenzung beurteilt sich nach der Verkehrsanschauung.[207]

III. Exkurs: Verkehrsunfähigkeit von Sachen

100 In einer Reihe von Fällen sind Sachen aufgrund ihrer Beschaffenheit oder aber auch aus Rechtsgründen (bspw durch eine Zweckwidmung) dem Verkehr ganz oder teilweise entzogen (sog. Verkehrsunfähigkeit von Sachen),[208] wenngleich das BGB selbst keine Differenzierung zwischen verkehrsfähigen und verkehrsunfähigen iSv dem Privatrechtsverkehr entzogenen Sachen trifft.[209]

101 **1. Allgemeingüter.** Unter Allgemeingütern sind solche zu verstehen, die aufgrund ihrer natürlichen Beschaffenheit einer Beherrschung durch den Menschen unzugänglich sind und damit nicht Objekt von Rechten sein können (**privatrechtliche Verkehrsunfähigkeit**, bspw die freie Luft (nicht jedoch der davon zu unterscheidende Raum über der Grundstücksfläche, auf den sich gemäß § 905 S. 1 das Recht des Grundstückseigentümers erstreckt), fließendes Wasser oder das Meer,[210] der Meeresstrand sowie der Meeresboden.

102 Allgemeingüter sind wegen des Abgrenzbarkeitserfordernisses (Rn 7) des BGB-Sachbegriffs **keine Sachen** iSd BGB. Erst mit der Entnahme – bspw von Wasser – aus dem jeweiligen Allgemeingut entsteht eine Sache.

103 Daher können zwar am Wasserlauf, nicht jedoch am fließenden Wasser private Rechte begründet werden.

104 **a) Die freie Luft.** Freier Luft fehlt mangels Beherrschbarkeit die Sachqualität. Erst durch die private Entnahme freier Luft (die keinen rechtlichen Restriktionen unterworfen ist) mit Einschluss in ein Behältnis erfolgt eine Aneignung, wodurch Luft zum Gegenstand des Privatrechtsverkehrs werden kann.[211]

105 Fehlt freier Luft auch die Sachqualität des BGB, kann sie rechtserheblich – vor allem zu Zwecken des Luftverkehrs (der nach § 1 Abs. 1 LuftVG grundsätzlich frei ist) – genutzt werden mit der Folge, dass die Rechte des Grundstückseigentümers nach § 905 am Raum über seinem Grundstück dergestalt eingeschränkt sind, dass er gegen einen ordnungsgemäßen Überflug rechtlich nicht angehen kann.[212]

106 Weiterhin kann die aus der natürlichen Windbewegung resultierende Energie (Windenergie) bspw für den Betrieb von Windrädern frei genutzt werden.[213]

107 Demhingegen ist es nach dem BImSchG grundsätzlich (dh mit der ausnahmsweisen Zulässigkeit im Falle einer Genehmigung nach den §§ 4 ff BImSchG) verboten, die freie Luft zum Abtransport schädlicher Emissionsstoffe (iSv § 3 Abs. 3 BImSchG) zu nutzen.

108 **b) Das freie Wasser.** Freiem Wasser – dh sowohl Meerwasser als auch Grundwasser[214] – fehlt die Sachqualität des BGB.[215]

109 Bei **Binnengewässern** erfolgt eine Differenzierung zwischen fließendem und stehendem Wasser.[216] Stehendes Wasser, bspw in Teichen, ist beherrschbar, weshalb an ihm als Sache Eigentum begründet werden kann.[217]

205 Palandt/*Ellenberger*, Überbl. v. § 90 Rn 4.
206 Bamberger/Roth/*Fritzsche*, § 90 Rn 17.
207 Palandt/*Ellenberger*, Überbl. v. § 90 Rn 6.
208 Palandt/*Ellenberger*, Überbl. v. § 90 Rn 7.
209 Zu verkehrsunfähigen Sachen näher *Friedrichs*, Verkehrsfähige Sachen im heutigen Recht, Gruchot 64, 676; *ders*., Bürgerliches und öffentliches Sachenrecht, AöR 40, 257.
210 Palandt/*Ellenberger*, Überbl. v. § 90 Rn 8.
211 Staudinger/*Jickeli*/*Stieper*, Vor § 90 Rn 28.
212 Dazu näher NK-BGB/*Ring*, § 905 Rn 2.
213 Staudinger/*Jickeli*/*Stieper*, Vor § 90 Rn 28.
214 BayObLG NJW 1965, 973: Am Grundwasser besteht keine Verfügungsbefugnis gemäß § 905 (aA noch BGHZ 69, 1, 4), so BVerfGE 58, 300, 333; entsprechend nunmehr auch BGHZ 84, 223, 226.
215 Anders, bspw eine von der Wasserfläche eines Hafens bedeckte Grundfläche (wenn Abgrenzbarkeit), OVG Schleswig NVwZ-RR 1999, 717, 718.
216 So Staudinger/*Jickeli*/*Stieper*, Vor § 90 Rn 29.
217 RGRK/*Kregel*, § 90 Rn 12.

Umstritten ist hingegen bei fließendem Binnenwasser, ob nur das Gewässerbett oder auch die fließende Welle eigentumsfähig ist.[218] **110**

Das Eigentum am Gewässerbett als BGB-Sacheigentum[219] resultiert aus Art. 89 GG und dem nach Art. 65 EGBGB vorbehaltenen Eigentum (vgl zur besonderen Rechtslage in Baden-Württemberg Art. 32 LWasserG). Demhingegen hat der BGH[220] nur die fließende Welle über dem Flussbett (entsprechend § 905) als eigentumsfähig (im Eigentum des Bodeneigentümers stehend) erachtet, was von der hA in der Literatur (da es dem Wasser an der Sachqualität fehle) zu Recht abgelehnt wird.[221] **111**

Für eine **Wasserentnahme** zwecks Eigentumsbegründung ist (mit einer Ausnahme für das offene Meer) sowohl für das Oberflächen- und Grundwasser im Binnenland als auch für Küstengewässer eine öffentlich-rechtliche Erlaubnispflicht nach den §§ 22 ff WHG[222] bzw nach dem Landeswasserrecht erforderlich, es sei denn, es handelt sich um eine Maßnahme im Rahmen des Gemeingebrauchs[223] oder Anliegergebrauchs. **112**

Eine **Stoffeinleitung** (zB von Abwasser) in freies Wasser ist nach Maßgabe der §§ 2 ff WHG sowie des Landeswasserrechts einer öffentlich-rechtlichen Erlaubnispflicht unterworfen.[224] **113**

Wird das freie Oberflächenwasser in anderer Weise genutzt (zB durch Schifffahrt oder Baden), bestehen ggf bürgerlich-rechtliche Restriktionen – ggf gelten auch die Regeln des Gemeingebrauchs.[225] **114**

c) Der Strand. Das Eigentum am Strand von **Binnengewässern** bestimmt sich nach dem Grundstückseigentum, das nach Art. 89 GG bzw Art. 65 EGBGB (vorbehaltenes Landesrecht) am Gewässerbett begründet wird.[226] **115**

Am **Meeresstrand** (verstanden als Fläche zwischen der Niedrigwasserlinie und dem durch den Beginn des Graswuchses gekennzeichneten höchsten Flutstand) besteht „gemeines Eigentum" des Staates, allerdings kein BGB-Grundstückseigentum,[227] womit eine private Aneignung des Strandes ausgeschlossen ist[228]– nicht jedoch eine andere private Nutzung des Strandes als öffentliche Sache (Rn 124 ff) im Rahmen des Gemeingebrauchs[229] bzw einer Sondernutzung.[230] Ein Strand gewordener Grundstücksteil bleibt Sache.[231] **116**

Wird ein ehemaliger Strand trockengelegt, wird dieser herrenlos. Er unterliegt nach § 928 Abs. 2 iVm Art. 190 EGBGB der Aneignung durch den Bund, sobald er durch Vermessung und Eintragung Festland geworden ist.[232] **117**

d) Meeresboden. Am Meeresboden besteht **kein privatrechtliches Eigentum.**[233] Der Meeresgrund ist aufgrund der Entschließung der Generalversammlung der Vereinten Nationen vom 17.12.1970 als „common heritage of mankind" einer privaten Aneignung entzogen.[234] **118**

Im Hinblick auf die staatlich beanspruchte Hoheitszone besteht bei einer **wirtschaftlichen Ausbeutung des Meeresbodens** ein öffentlich-rechtliches Nutzungsrecht nach Maßgabe des Genfer Abkommens über den Festlandssockel von 1958. Insoweit gilt in Deutschland das Gesetz vom 24.7.1964[235] und vom 25.6.1969.[236] Danach ist die Gewinnung von Bodenschätzen im deutschen Festlandssockel genehmigungspflichtig.[237] **119**

Art. 2 des Genfer Abkommens über die Hohe See von 1958 gestattet die freie Nutzung des Meeresbodens zur **Verlegung von Kabeln** und **Pipelines**. **120**

Nach dem Gesetz zur vorläufigen Regelung des Tiefseebergbaus vom 16.8.1980[238] und vom 12.2.1982[239] werden auch außerhalb der staatlichen Hoheitszone staatliche Abbaugenehmigungen erteilt – solche anderer Staaten werden anerkannt.[240] **121**

218 Staudinger/*Jickeli/Stieper*, Vor § 90 Rn 29.
219 BGH NJW 1967, 1368.
220 BGHZ 28, 34, 38.
221 Erman/*Michalski*, § 90 Rn 4; RGRK/*Kregel*, § 90 Rn 12; Soergel/*Mühl*, § 90 Rn 33; Staudinger/*Jickeli/Stieper*, Vor § 90 Rn 29.
222 Vom 23.9.1986 (BGBl. I S. 1529, 1654).
223 Allerdings überschreitet eine Flusswasserentnahme durch ein Saugrohr für industrielle Zwecke den Gemeingebrauch, so BGHZ 28, 34, 43.
224 Vgl zur großen Zahl völkerrechtlicher Abkommen in diesem Bereich Staudinger/*Jickeli/Stieper*, Vor § 90 Rn 29.
225 Staudinger/*Jickeli/Stieper*, Vor § 90 Rn 29.
226 Staudinger/*Jickeli/Stieper*, Vor § 90 Rn 30.
227 So BGHZ 44, 27, 30.
228 Staudinger/*Jickeli/Stieper*, Vor § 90 Rn 30.
229 VG Schleswig-Holstein SchlHAnz 1973, 124.
230 BGHZ 44, 27, 32.
231 OLG Schleswig NJW 2001, 1073.
232 BGH NJW 1989, 2467; Staudinger/*Jickeli/Stieper*, Vor § 90 Rn 30.
233 BGHZ 44, 27, 30.
234 Dazu *Eitel*, Völkerrecht und Meeresnutzung, JZ 1980, 41; *Graf Vitzhum*, Der Rechtstatus des Meeresbodens, 1972, S. 156 ff.
235 BGBl I S. 492.
236 BGBl I S. 561.
237 Soergel/*Mühl*, § 90 Rn 33; Staudinger/*Jickeli/Stieper*, Vor § 90 Rn 31: „Dasselbe gilt für den bei der Aufteilung der Nordsee durch Vertrag vom 28.1.1971 (BGBl. II 1972 S. 88) der Bundesrepublik als Hoheitsbereich zugesprochenen Teil des Nordseebodens, und zwar auch außerhalb des Festlandsockels".
238 BGBl I S. 1457.
239 BGBl I S. 136.
240 *Lauff*, Die Verträge zum Tiefseebergbau und die faktische Aufteilung der Welt, NJW 1982, 2700; Staudinger/*Jickeli/Stieper*, Vor § 90 Rn 31.

2. Öffentliche Sachen

Literatur: *Hede*, Das Recht der öffentlichen Sachen, JuS 1993, 113; *Höfling*, Grundzüge des öffentlichen Sachenrechts, JA 1987, 605; *Papier*, Recht der öffentlichen Sachen, 2. Auflage 1984; *Stern*, Die öffentliche Sache, VVDStRL 21 (1964), 183; *Weber*, Die öffentliche Sache, VVDStRL 21 (1964), 145.

122 Unter öffentlichen Sachen sind – unabhängig von der Sachdefinition des BGB[241] – die dem **Gemeingebrauch gewidmeten Sachen** und das **Verwaltungsvermögen** zu verstehen,[242] mithin Gegenstände, die einer öffentlich-rechtlichen Zweckbestimmung unterworfen werden. Die Eigenschaft als öffentliche Sache wird durch **Widmung** (sofern diese nicht nachgewiesen werden kann, begründet die **unvordenkliche Verjährung** eine Vermutung für eine Widmung) und **Indienststellung begründet** und durch **Entwidmung** und **Außerdienststellung** (bzw Einziehung) **aufgehoben** (womit wieder uneingeschränkt die bürgerlich-rechtlichen Regelungen zur Anwendung gelangen).[243] Öffentliche Sachen unterfallen grundsätzlich den privatrechtlichen Vorschriften über Sachen, sofern sich aus der öffentlich-rechtlichen Zweckbestimmung nichts anderes ergibt.[244] Jedenfalls macht eine Widmung zu öffentlichen Zwecken die Sache nicht zu einer res extra commercium.[245] Für öffentliche Sachen kann aber (ausnahmsweise) landesrechtlich **öffentliches Eigentum** (als vom Privatrecht zu unterscheidende zweite Form des Eigentums) geschaffen werden mit der Folge, dass dann die Regelungen des BGB keine Anwendung mehr finden.[246]

123 **Öffentliches Eigentum** besteht in Hamburg nach § 4 WegeG vom 4.4.1961[247] an staatseigenen öffentlichen Wegen[248] und gemäß § 4 a DeichG vom 29.4.1964[249] an Hochwasserschutzanlagen;[250] in Baden-Württemberg nach § 4 WasserG vom 26.7.1976[251] am Bett von Gewässern erster Ordnung.

124 **a) Dem Gemeingebrauch gewidmete Sachen.** Dem Gemeingebrauch gewidmete Sachen – bspw öffentliche Wege, Flüsse oder der Meeresstrand[252] – stehen im **privaten Eigentum** (meist öffentlich-rechtlicher Körperschaften, aber auch Privater),[253] das jedoch aufgrund der öffentlich-rechtlichen Zweckbestimmung beschränkt[254] und seines wesentlichen Inhalts entkleidet ist.[255] Eine Überlagerung des Privateigentums an einer öffentlichen Sache durch den öffentlich-rechtlichen Widmungszweck ist ohne gesetzliche Anordnung nicht möglich[256] (**Theorie vom modifizierten Privateigentum**).[257]

125 **b) Verwaltungsvermögen.** Sachen im Verwaltungsvermögen (insbesondere öffentliche Einrichtungen, wie bspw Schulen und Verwaltungsgebäude oder Kasernen) als Sachen iSd BGB dienen durch ihren Gebrauch **unmittelbar** öffentlichen Verwaltungszwecken[258] und sind, soweit ihre Zweckbestimmung dies erfordert, einer Veräußerung entzogen.[259]

126 Am Verwaltungsvermögen besteht **modifiziertes Privateigentum** mit der Folge, dass die Berechtigung nach BGB durch die öffentlich-rechtliche Zweckbindung der Sache überlagert wird.[260] Die Zivilrechtsordnung gelangt nur insoweit zur Anwendung, als ihre Folgen nicht im Widerspruch zur öffentlich-rechtlichen Zweckbindung stehen. Dadurch kann bspw ein Reisepass nicht verpfändet werden.[261] Auf öffentliche Sachen finden die §§ 93–95 **keine Anwendung.**[262]

127 Vom **Verwaltungsvermögen** ist das **Finanzvermögen** zu unterscheiden, das nur **mittelbar** durch seinen Vermögenswert oder seine Erträge öffentlichen Verwaltungszwecken dient und daher in vollem Umfang den Vorgaben des Privatrechts unterworfen ist.[263]

241 Soergel/*Mühl*, § 90 Rn 43; Staudinger/*Jickeli*/*Stieper*, Vor § 90 Rn 32: weshalb als öffentliche Sachen auch Gegenstände angesehen werden können, denen die bürgerlich-rechtliche Sachqualität fehlt.
242 Palandt/*Ellenberger*, Überbl. v. § 90 Rn 14.
243 Staudinger/*Jickeli*/*Stieper*, Vor § 90 Rn 34.
244 BGH NJW 1989, 1351; Staudinger/*Jickeli*/*Stieper*, Vor § 90 Rn 27 ff.
245 So BGH NJW 1990, 899, 900: historisches Hamburger Stadtsiegel; OLG Schleswig NJW 2001, 1073, 1074: Strand; Bamberger/Roth/*Fritzsche*, § 90 Rn 8.
246 BVerfG NJW 1976, 1835; BVerwGE 27, 132.
247 GVBl S. 117.
248 Vgl dazu BVerfGE 42, 20, 32.
249 GVBl S. 79.
250 Dazu BVerfGE 24, 367, 386.
251 GVBl S. 369.
252 Dazu Palandt/*Ellenberger*, Überbl. v. § 90 Rn 12 unter Bezugnahme auf OLG Schleswig NJW 2001, 1073; Dass. NJW-RR 2003, 1171.
253 AA hinsichtlich des Meeresstrandes LG Kiel SchlHA 1975, 86.
254 *Wolff*/*Bachof*, Verwaltungsrecht I, 9. Aufl. 1974, § 57: öffentlich-rechtliche Dienstbarkeit als Duldungspflicht des privaten Eigentums.
255 Palandt/*Ellenberger*, Überbl. v. § 90 Rn 12; dazu näher NK-BGB/*Ring*, § 903 Rn 24.
256 BVerwG NJW 1980, 2538, 2540; 1994, 144, 145.
257 VG Köln NJW 1991, 2584, 2585; Bamberger/Roth/*Fritzsche*, § 90 Rn 8.
258 BGH NJW 1995, 1492.
259 BGHZ 33, 230.
260 Staudinger/*Jickeli*/*Stieper*, Vor § 90 Rn 33.
261 AG Heilbronn NJW 1974, 2182.
262 Staudinger/*Jickeli*/*Stieper*, Vor § 90 Rn 33.
263 Palandt/*Ellenberger*, Überbl. v. § 90 Rn 13; *Wolff*/*Bachhof*, Verwaltungsrecht III, 4. Aufl. 1978, § 164 III.

Beschränkungen bestehen nur im Falle einer Zwangsvollstreckung (in das Finanzvermögen) gegen öffentlich-rechtliche Körperschaften, Anstalten und Stiftungen nach § 882 a ZPO oder § 170 VwGO bzw gegen Gemeinden gemäß Art. 15 Nr. 3 EGZPO.[264] 128

3. Res sacrae und Ähnliches

Literatur: *Forsthoff*, Res sacrae, AöR 31, 209; *Goerlich*, Zwangsvollstreckung und Kirchengut, in: FS Martens 1987, S. 557; *Müller-Vollbehr*, Res sacrae und Sprachgebrauch, NVwZ 1991, 142.

Dem Gottesdienst (religiösen Kult) einer anerkannten oder als öffentlich-rechtliche Körperschaft iSv Art. 140 GG iVm Art. 137 Abs. 5 WRV privilegierten Glaubensgemeinschaft gewidmete Sachen (res sacrae) – wie Kirchengebäude und kirchliche Gerätschaften (einschließlich der Glocken)[265] – sind regelmäßig als eine Gruppe innerhalb der **öffentlichen Sachen** (Rn 124 ff) zu qualifizieren,[266] an denen privatrechtliches Eigentum besteht,[267] die jedoch aufgrund ihrer **Widmung** (durch die Kirche bzw Religionsgemeinschaft und den Sacheigentümer) für eine religiöse Zweckbestimmung (Weiheakt) weitgehend dem privaten Rechtsverkehr entzogen sind.[268] 129

Der Umfang des Ausschlusses privater Befugnisse des Sacheigentümers bestimmt sich oft aus alten Vorschriften (Stadtrechten bzw in ehemals preußischen Gebieten aus §§ 160 ff II ALR) bzw Gewohnheitsrecht.[269] Art. 133 EGBGB bestimmt, dass für Kirchenstühle die landesrechtlichen Vorschriften fortgelten. Dh bei im Kirchengebrauch stehenden Sachen können auch vorkonstitutionelle Altwidmungen für eine Überlagerung des Privateigentums ausreichen.[270] 130

In der Folge kann ein Eigentümer, der einer entsprechenden Widmung zugestimmt hat, die Sache auch nicht mehr herausverlangen – grundsätzlich auch dann nicht mehr, wenn er sich bei der Erklärung seiner Zustimmung eine andere Zweckbestimmung vorbehalten hatte.[271] 131

Die Anerkennung als öffentliche Sache mit den daraus resultierenden Konsequenzen beurteilt sich nach staatlichem Recht (und nicht nach ggf davon abweichendem Kirchenrecht) – weshalb bspw den Res sacrae kein Schutz nach § 882 a ZPO (dazu Rn 131) gewährt wird.[272] Allerdings hat der Staat bei seiner Anerkennung der Fragestellung, wann eine Widmung zur Res sacrae anzunehmen ist und welche Zweckbindung damit verbunden ist, der staatsfreien Eigenständigkeit der Kirchen in ihrem Kernbereich kirchlicher Betätigung Rechnung zu tragen.[273] 132

Aufgrund der Widmung ist es unerheblich, in wessen Eigentum die Res sacrae stehen. Rechtsgeschäfte und Verfügungen nach Maßgabe des Privatrechts sind **unwirksam**, sofern sie der Widmung widersprechen, und **wirksam**, wenn sie sich im Einklang mit dieser befinden.[274] 133

Ein Gegenstand verliert durch **Entwidmung** und Außerdienststellung seine Eigenschaft als Res sacrae. Eine Entwidmung durch den Eigentümer ohne Zustimmung der widmungsbegünstigten Glaubensgemeinschaft ist nicht möglich.[275] Auch staatlicherseits kann nur durch Gesetz oder durch Verwaltungsakt aufgrund ausdrücklicher besonderer gesetzlicher Ermächtigung eine einseitige Entwidmung ausgesprochen werden[276] – wofür eine allgemein erteilte Enteignungsermächtigung **nicht** ausreicht.[277] 134

Jedoch kann nicht das gesamte Vermögen der Kirchen als „öffentliche Sache" qualifiziert werden. So unterliegt bspw kirchliches Verwaltungsvermögen regelmäßig keiner öffentlich-rechtlichen Zweckbestimmung[278] (Rn 133). Kirchliche Krankenhäuser und Altenheime unterfallen im vollen Umfang dem Privatrecht.[279] 135

4. Friedhöfe und Grabdenkmäler. Gemeindliche wie kirchliche Friedhöfe sind als öffentliche Sachen zu qualifizieren mit der Folge, dass Friedhofsgrundstücke nur insoweit nach bürgerlichem Recht zu beurteilen sind, als der Widmungszweck (dh die Zweckbindung Begräbnis) nicht entgegensteht.[280] 136

264 Vgl dazu *Dagtoglou*, Die Zwangsvollstreckung gegen den Fiskus, die Gemeinden und die sonstigen Personen des öffentlichen Rechts, VerwArch 50, 165.
265 OVG Rheinland-Pfalz DVBl 1956, 624; VGH München NJW 1980, 1973.
266 BayObLGZ 1967, 93; *Schlink*, NVwZ 1987, 633; Staudinger/*Jickeli/Stieper*, Vor § 90 Rn 31.
267 RGZ 107, 367; Palandt/*Ellenberger*, Überbl. v. § 90 Rn 9.
268 BayObLGZ 1967, 93, 97.
269 Vgl etwa OVG Koblenz DVBl 1956, 626, wonach es einer Kommune als Eigentümerin von Kirchenglocken verwehrt ist, deren Gebrauch gegenüber der Kirchengemeinde verbindlich festzulegen.
270 BVerwGE 87, 115, 123; BayOLG JZ 1981, 190.
271 BayObLGZ 1980, 381.
272 Staudinger/*Jickeli/Stieper*, Vor § 90 Rn 35.
273 *Maunz/Dürig*, Grundgesetz, Art. 140 Rn 9; Staudinger/*Jickeli/Stieper*, Vor § 90 Rn 35.
274 Vgl RGZ 31, 217, 219 f; 107, 365.
275 BayObLGZ 1980, 381, 389.
276 BayObLGZ 1967, 100.
277 Staudinger/*Jickeli/Stieper*, Vor § 90 Rn 36.
278 *Müller/Vollbehr*, NVwZ 1991, 142.
279 Staudinger/*Jickeli/Stieper*, Vor § 90 Rn 35.
280 RGZ 100, 214; RG DR 1941, 1319.

137 Bei **kirchlichen Friedhöfen** bestimmt sich der Umfang der Widmung und die mit der Indienststellung geschaffene Zweckbindung ebenso wie eine Entwidmung entsprechend den Grundsätzen bei den Res sacrae[281] (Rn 132 ff) unter Berücksichtigung des Brauchtums.[282]

138 Bei **gemeindlichen Friedhöfen** erfolgt die Widmung zur Wahrnehmung der öffentlichen Aufgabe Totenbestattung mit korrespondierender Gewährung eines allgemeinen Bestattungsanspruchs.[283]

139 Die Benutzung eines Begräbnisplatzes vollzieht sich auf (gemeindlichen wie kirchlichen) Friedhöfen nach Maßgabe der anstaltlichen Nutzungsordnung (Anstaltsordnung des Friedhofs),[284] wobei die Benutzung kirchlicher Friedhöfe Kirchenmitgliedern vorbehalten werden kann.[285] § 9 Abs. 1 des Feuerbestattungsgesetzes vom 15.5.1934[286] ordnet für gemeindliche Friedhöfe einen **Benutzungszwang** iS einer gemeinsamen Bestattung an, der dem sittlichen Empfinden des weit überwiegenden Teils der Bevölkerung zu entsprechen hat.[287]

140 **Sondernutzungsrechte** an besonderen Grabstellen können eingeräumt werden[288] oder aufgrund alten Rechts fortbestehen.[289]

141 Die Regelungen in der Anstaltsordnung eines Friedhofs treffen im Interesse der öffentlichen Aufgabenstellung einer würdigen Totenbestattung Vorgaben über die Ausgestaltung der Grabplätze.[290] Die Vorgaben der Anstaltsordnung können auch nachträglich noch geändert werden,[291] bspw ein einmal vereinbarter Gebührensatz für eine Verlängerung eines Erbbegräbnisses.[292]

142 Während der Totenehrung unterliegt der **Leichnam** als Inhalt des Grabes nicht den Regelungen über Sachen (Rn 42) – danach steht er (im Rahmen des Widmungszwecks) im Eigentum des Friedhofseigentümers.[293]

143 Korrosionsbeständige **Grabbeigaben** verbleiben nach § 95 im Eigentum des Gebers und sind diesem (soweit bekannt) beim Abräumen eines Grabes zurückzugewähren – widrigenfalls gilt § 984 (Schatzfund).[294]

144 Obwohl **Grabdenkmäler** (ebenso wie anderer dauerhafter Grabschmuck) Gegenstand privater Rechte sind[295] – sie verbleiben nach dem Aufstellen gemäß § 95 im Eigentum des Aufstellenden[296] (wohingegen der Besitz an der Grabstelle dem Friedhofseigentümer[297] bzw dem durch die Widmung Begünstigten zusteht)[298] –, genießen sie nach § 811 Nr. 13 ZPO auch gegenüber dem Werklohnanspruch des Werkunternehmers Pfändungsschutz.[299] Überdies verstoßen Rechtsgeschäfte, die dem Ziel der Totenehrung widersprechen, nach § 138 gegen die guten Sitten.[300]

§ 90 a Tiere

[1]Tiere sind keine Sachen. [2]Sie werden durch besondere Gesetze geschützt. [3]Auf sie sind die für Sachen geltenden Vorschriften entsprechend anzuwenden, soweit nicht etwas anderes bestimmt ist.

281 Staudinger/*Jickeli/Stieper*, Vor § 90 Rn 37.
282 BGH NJW 1954, 1483.
283 Staudinger/*Jickeli/Stieper*, Vor § 90 Rn 37. Lehnt allerdings ein Friedhofsbenutzer (unter Berufung auf seine Glaubensüberzeugung) die Bestattung seiner Angehörigen auf einem (nahe gelegenen) kommunalen Friedhof ab und verlangt er eine Bestattung auf einem konfessionellen Friedhof, ist es ihm zuzumuten, sich den Regeln zu unterwerfen, die dort (als Ausfluss der allgemeinen Glaubensüberzeugung) gelten; BVerwG NJW 2004, 2844.
284 BGHZ 25, 200, 208; BVerwGE 25, 364, 365.
285 Staudinger/*Jickeli/Stieper*, Vor § 90 Rn 38.
286 RGBl I S. 380.
287 So Hessischer StGH NJW 1968, 1924.
288 Staudinger/*Jickeli/Stieper*, Vor § 90 Rn 38.
289 BGHZ 25, 200, 208.
290 Vgl allerdings BVerwG DöV 1964, 200, wonach ein generelles Verbot schwarzer polierter Grabsteine in einer Friedhofsordnung nicht zulässig ist. Allerdings ist es dem Friedhofsträger nicht verboten, Vorschriften über die Gestaltung zu erlassen, die durch die allgemeinen Friedhofszwecke nicht gefordert, aber mit ihnen vereinbar sind, wenn sie durch einen legitimen Zweck gedeckt sind und die Rechte der Friedhofsbenutzer nicht in einem Maße beschränken, das außer Verhältnis zu Gewicht und Bedeutung des verfolgten Zwecks steht, BVerwG NJW 2004, 2844.
291 Staudinger/*Jickeli/Stieper*, Vor § 90 Rn 38.
292 BGHZ 25, 200, 209.
293 Staudinger/*Jickeli/Stieper*, Vor § 90 Rn 39 – der im Rahmen des Abräumens alter Gräber der Erde wieder entnommene Gebeine in gebührender Weise aufzubewahren hat, was gleichermaßen im Falle des Abräumens eines Urnengrabs für die der Erde entnommene Urne mit der Asche gilt.
294 So Staudinger/*Jickeli/Stieper*, Vor § 90 Rn 39.
295 So BGH NJW-RR 2006, 570. Dazu auch *Faber*, NJW 1956, 1480; *Ganschezian-Finck*, NJW 1956, 1481.
296 Staudinger/*Jickeli/Stieper*, Vor § 90 Rn 14; aA LG Koblenz NJW 1956, 949: Grabdenkmals als *res extra commercium*, dazu jedoch krit. *Faber*, NJW 1956, 1480, 1481.
297 RG JW 1936, 399.
298 Staudinger/*Jickeli/Stieper*, Vor § 90 Rn 40.
299 Umstritten, so LG Verden DGVZ 1990, 31; LG Stuttgart DGVZ 1991, 59; *Wacke*, DGVZ 1986, 161; aA OLG Köln OLGZ 1993, 113 = JuS 1993, 514; LG Wiesbaden NJW-RR 1989, 575; LG Braunschweig NJW-RR 2001, 715.
300 Staudinger/*Jickeli/Stieper*, Vor § 90 Rn 40.

Literatur: *Grunsky,* Sachen, Tiere – Bemerkungen zu einem Gesetzentwurf, FS für Jauch, 1990, S. 93; *Lorz,* Tier = Sache?, MDR 1989, 201; *ders.,* Das Gesetz zur Verbesserung der Rechtsstellung des Tieres im bürgerlichen Recht, MDR 1990, 1057; *Küper,* Die „Sache mit den Tieren" oder: Sind Tiere strafrechtlich noch „Sachen"?, JZ 1993, 435; *Mühe,* Das Gesetz zur Verbesserung der Rechtsstellung des Tieres im bürgerlichen Recht, NJW 1990, 2238; *Pütz,* Zur Notwendigkeit der Verbesserung der Rechtsstellung des Tieres im bürgerlichen Recht, ZRP 1989, 171; *Schmidt,* Sind Hunde Plastiktüten?, JZ 1989, 790. *Schneider,* Der Hund als Hausrat, MDR 1999, 193; *Steding,* § 90 a BGB: nur juristische Begriffskosmetik? – Reflexionen zur Stellung des Tieres im Recht, JuS 1996, 962.

A. Allgemeines

Mit der durch Gesetz zur Verbesserung der Rechtsstellung des Tieres vom 20.8.1990[1] (zusammen mit § 251 Abs. 2 S. 2 und § 903 S. 3) neu eingeführten Regelung des § 90 a (Tiere)[2] folgte der Gesetzgeber der Überlegung, dass Tiere als schmerzempfindsame Lebewesen und Mitgeschöpfe einer Sache nicht formal gleichgestellt werden dürfen, sondern der Mensch ihnen gegenüber zu Schutz und Fürsorge verpflichtet sei, was auch im BGB statuatorisch seinen Niederschlag finden soll. Damit bekennt sich der Gesetzgeber zu einem (bereits dem Tierschutzgesetz 1986) zugrunde liegenden ethisch fundierten Tierschutz.[3] Der Gesetzgeber nimmt somit Abschied von der römisch-rechtlichen Tradition einer Zweiteilung der Rechtsobjekte in körperliche und unkörperliche Gegenstände und schafft durch die Herausnahme der Tiere aus dem Begriff der körperlichen Gegenstände eine neue, dritte, gesetzlich eigenständige sachenrechtliche Gegenstandskategorie.[4] 1

Wenn aber nach S. 3 die für Sachen geltenden Vorschriften auf Tiere entsprechende Anwendung finden, bringt die Regelung gegenüber einer unmittelbaren Anwendung keine große Änderung gegenüber dem früheren Rechtszustand, weshalb *Heinrichs* die Norm des § 90 a zu Recht – und im Unterschied zur Staatszielbestimmung „Tierschutz" nach Art. 20 a GG (dem bei verfassungsrechtlichen Abwägungen eine grundsätzliche Gleichwertigkeit mit anderen Verfassungsgütern zukommt)[5] – im Ergebnis als „eine gefühlige Deklamation ohne wirklich rechtlichen Inhalt"[6] oder *Medicus* sie als „Begriffskosmetik"[7] qualifiziert. Die Norm kann somit allenfalls als „ethisches Postulat" gewertet werden und erweist sich letztlich als Fremdkörper im BGB.[8] Jedenfalls wertet § 90 a Tiere nicht als Rechtssubjekte auf. 2

B. Regelungsgehalt

I. Tiere sind keine Sachen (S. 1)

Gemäß S. 1 sind Tiere keine Sachen iSv § 90, wenngleich S. 3 (Rn 7 ff) die Konsequenz vermeidet, dass die Vorschriften über Sachen auf Tiere unanwendbar wären. Wegen ihrer fehlenden Vernunftbegabung sind Tiere damit also Rechtsobjekte (und nicht Rechtssubjekte)[9] – andererseits aber auch keine „Sachen sui generis"[10] (was einer Missachtung des gesetzgeberischen Willens – Rn 1 – gleichkäme).[11] Das Gesetz geht (in Abgrenzung zu lebloser Materie und lebenden Pflanzen) nach allgemeinem Sprachgebrauch und der Verkehrsauffassung von einem **biologischen Tierbegriff**[12] aus – womit Beschränkungen der Begrifflichkeit, die bspw auf eine Schmerzempfindlichkeit als Notwendigkeit des Tierbegriffs[13] abstellen oder nur Tiere höherer Art vom Geltungsbereich des § 90 a erfasst sehen wollen, nicht in Betracht gezogen werden können.[14] 3

Dem Tierbegriff unterfallen nicht **Embryonen lebendgebärender Tiere** (die – mangels körperlicher Abgegrenztheit – das rechtliche Schicksal des Muttertiers teilen) sowie (befruchtete) Tiereier, ebenso wenig wie Tierkadaver (die als Sachen zu qualifizieren sind).[15] 4

1 BGBl I S. 1762. Dazu näher *Mühe,* NJW 1990, 2238.
2 Dazu krit. *Braun,* JZ 1993, 7: „evidente Torheit"; *Pütz,* ZRP 1989, 171; *K. Schmidt,* JZ 1989, 780.
3 BT-Drucks. 11/7369, S. 1.
4 Staudinger/*Jickeli/Stieper,* § 90 a Rn 2 – die „nicht besonders glücklich zu nennen" sei. „Der ursprüngliche Plan, die Novelle als § 103 a (ohne S. 1) zur Schlussvorschrift eines dann ‚Sachen, Tiere' überschriebenen Abschnitts mit dem Titel ‚Tiere' zu machen, wäre korrekter gewesen".
5 Dazu *Obergfell,* NJW 2002, 2296.
6 Palandt/*Ellenberger,* § 90 a Rn 1.
7 *Medicus,* BGB AT, Rn 1178 a.
8 Bamberger/Roth/*Fritzsche,* § 90 a Rn 1.
9 MüKo/*Holch,* § 90 a Rn 3.
10 Jauernig/*Jauernig,* § 90 a Rn 1.
11 Bamberger/Roth/*Fritzsche,* § 90 a Rn 3.
12 Staudinger/*Jickeli/Stieper,* § 90 a Rn 3.
13 Vgl Ansätze hierzu in RegE, BT-Drucks. 11/7369, S. 1.
14 *Lorz,* MDR 1990, 1058, Staudinger/*Jickeli/Stieper,* § 90 a Rn 3.
15 Staudinger/*Jickeli/Stieper,* § 90 a Rn 4.

II. Der Schutz von Tieren (S. 2)

5 Tiere werden nach S. 2 durch besondere Gesetze geschützt.[16] S. 2 stellt somit eine Vorschrift dar, die wie § 903 S. 2 völlig überflüssig ist, da die Tierschutzgesetze ohnehin gelten.[17] „Besondere Gesetze" sind bspw das Bundestierschutzgesetz (BTierSchG) vom 18.8.1986,[18] das Gesetz über Naturschutz und Landschaftspflege (Bundesnaturschutzgesetz – BNatSchG) vom 25.3.2002,[19] die Bundesartenschutzverordnung vom 18.9.1989,[20] die Bundeswildschutzverordnung vom 25.10.1985,[21] das Bundesjagdgesetz (BJagdG) vom 29.9.1976,[22] Regelungen des Tierseuchen- und Schlachtrechts sowie Jagd- und Fischereigesetze der Länder, aber auch § 251 Abs. 2 S. 2 (wonach die aus der Heilbehandlung eines verletzten Tieres entstandenen Aufwendungen nicht bereits dann unverhältnismäßig sind, wenn sie dessen Wert erheblich übersteigen) und § 903 S. 2[23] (wonach der Eigentümer eines Tieres bei der Ausübung seiner Befugnisse die besonderen Vorschriften zum Schutz der Tiere zu beachten hat) bzw § 765 a Abs. 1 S. 2 ZPO oder § 811 c Abs. 1 ZPO.

6 Ist ein Tier durch „besondere Gesetze" nicht ausdrücklich besonders geschützt, resultiert auch aus S. 2 kein besonderer Schutz.[24] Zwecks Wahrung der Rechtsordnung sind Tierschutzgesetze (auch wenn dies in S. 2 nicht so klar zum Ausdruck gebracht wird) auch bei der Anwendung der Normen des allgemeinen Zivilrechts zu berücksichtigen.[25]

III. Die Rechtsfolge nach S. 3

7 Allerdings finden auf Tiere nach S. 3 die für Sachen geltenden Vorschriften entsprechende Anwendung, „soweit nicht ein anderes bestimmt ist". Der Vorrang, der Sondervorschriften für Tiere (bspw §§ 98, 251 Abs. 2 S. 2, 833 f, 903 S. 2 oder 960 ff) eingeräumt wird, ist eine überflüssige Klarstellung.[26] Diese Vorschriften sind aber gleichermaßen bei der Anwendung allgemeiner zivilrechtlicher Vorschriften zu berücksichtigen, weshalb man insofern „die Signalfunktion des § 90 a nicht unterschätzen" sollte.[27] So werden, auch wenn Tiere keine Sachen sind, die Regelungen zur vorläufigen oder endgültigen **Hausratsverteilung** zumindest analog angewendet.[28]

8 Nach der **Verweisungsanalogie** (als Gesetzesanalogie sui generis wegen des Fehlens einer Gesetzeslücke) des S. 3[29] muss im Hinblick auf sachenrechtliche Vorschriften untersucht werden, ob sie entsprechend auf Tiere angewendet werden können. Obgleich Tiere also keine Sachen sind (S. 1, Rn 3), bleiben sie Rechtsobjekte[30] und können damit Gegenstand von Verpflichtungs- und Verfügungsgeschäften sein. Folglich sind bspw § 885 Abs. 2 ZPO auf Tiere, die sich auf einem zu räumenden Grundstück befinden, oder § 7 StVG[31] beim Kfz-Betrieb im Falle ihrer Verletzung anwendbar.[32]

So sind auf Tiere bspw die Vorschriften über den **Verbrauchsgüterkauf** (§§ 474 ff) anzuwenden.[33] Beim **Viehkauf** fehlt sowohl eine Sonderregelung dafür, ob ein Tier als „neue" oder als „gebrauchte Sache" zu qualifizieren ist,[34] als auch (weil eine für Lebewesen ungewöhnliche Feststellung)[35] wie die „übliche Beschaffenheit" eines Tiers ist.[36] Tiere, die verkauft werden, sind nicht generell als „gebraucht" anzusehen. Ein Tier,

16 Eine Regelung, deren Streichung der Rechtsausschuss des Bundesrats empfohlen hatte: BR-Drucks. 380/1/89 v. 8.9.1989, S. 2.
17 Bamberger/Roth/*Fritzsche*, § 90 a Rn 5.
18 I.d.F. der Neubekanntmachung v. 25.5.1999 (BGBl. I S. 1105, 1818).
19 BGBl I S. 1193.
20 BGBl I S. 1677.
21 BGBl I S. 2040.
22 BGBl I S. 2849.
23 AA Bamberger/Roth/*Fritzsche*, § 90 a Rn 5: Die Norm schützt in erster Linie die wirtschaftlichen Interessen des Tierhalters.
24 Bamberger/Roth/*Fritzsche*, § 90 a Rn 5; „das etwa einen Autofahrer zu gefährlichen Aktionen zwänge, um ein Tier nicht zu überfahren", AG Schorndorf NJW-RR 1993, 356.
25 So zutreffend Bamberger/Roth/*Fritzsche*, § 90 a Rn 5.
26 MüKo/*Holch*, § 90 a Rn 10; aA *Lorz*, MDR 1990, 1057.
27 Bamberger/Roth/*Fritzsche*, § 90 a Rn 6.
28 OLG Hamm MDR 2011, 104 – Rz 8.
29 Staudinger/*Jickeli*/*Stieper*, § 90 a Rn 5.
30 Bamberger/Roth/*Fritzsche*, § 90 a Rn 3.
31 LG Köln NJW-RR 1998, 320.
32 Bamberger/Roth/*Fritzsche*, § 90 a Rn 6.
33 BGHZ 167, 40 = NJW 2006, 2250.
34 BGH NJW 2007, 674.
35 So Palandt/*Ellenberger*, § 90 a Rn 1.
36 BGH NJW 2007, 1351. Dazu auch *Faust*, JuS 2007, 684.

das zum Zeitpunkt des Verkaufs noch jung und bis zum Verkauf nicht benutzt worden ist, ist nicht „gebraucht“.[37]

Beachte: Trotz des strafrechtlichen Analogieverbots nach Art. 103 Abs. 2 GG ändert § 90 a nichts an der Strafbarkeit des Diebstahls (§ 242 StGB) oder der Beschädigung (§ 303 StGB) von Tieren.[38] Tiere können nach § 74 StGB auch eingezogen werden.[39] 9

IV. Exkurs: Pflanzen

Die gleichermaßen nicht der leblosen Materie zuzurechnenden Pflanzen unterfallen nicht § 90 a und sind als **Sachen** zu qualifizieren – meist (da sie idR für ihr Gedeihen Erdreich benötigen) sind sie als **wesentliche Grundstücksbestandteile** zu qualifizieren (womit sie dem Recht der unbeweglichen Sachen unterworfen sind), es sei denn, es handelt sich um Topfpflanzen oder Pflanzen, die nach § 95 nur zu einem vorübergehenden Zweck mit Grund und Boden verbunden worden sind.[40] 10

Dilcher[41] weist auf das Dilemma hin, dass eine an ethischen Geboten orientierte Achtung und Fürsorge gegenüber Pflanzen ausgerichtete Aufhebung ihrer Sacheigenschaft durch Umwandlung des Bewuchses der Grundstücksoberfläche in eine Art sonderrechtsfähige Scheinbestandteile als neue Kategorie des bürgerlichen Rechts für den Grundstücksverkehr untragbare Unsicherheiten mit sich brächte (praktische Undurchführbarkeit). 11

§ 91 Vertretbare Sachen

Vertretbare Sachen im Sinne des Gesetzes sind bewegliche Sachen, die im Verkehr nach Zahl, Maß oder Gewicht bestimmt zu werden pflegen.

A. Begriffsbestimmung

Vertretbare Sachen sind nach der Definitionsnorm des § 91 **bewegliche Sachen**, die im Verkehr nach Zahl, Maß oder Gewicht bestimmt zu werden pflegen – dh, wenn sie sich von anderen Sachen derselben Art nicht durch irgendwelche ausgeprägten Individualisierungsmerkmale abheben und daher (nach regelmäßiger Anschauung) ohne weiteres austauschbar sind[1] (dh diese ersetzen können oder durch diese ersetzbar sind; meist Mengensachen und nicht Einzelstücke),[2] bspw bei Serienprodukten oft eine neue (nicht hingegen eine schon gebrauchte) Sache.[3] 1

37 BGHZ 170, 31 = NJW 2007, 674: im konkreten Fall ein sechs Monate altes Hengstfohlen, das als Reittier oder zur Zucht verwendet worden ist. Vgl auch OLG Schleswig-Holstein ZGS 2006, 277: Bei einem sechs Monate alten Hengstfohlen handelt es sich objektiv nicht um eine „gebrauchte Sache“. Nach § 90 a sind auf Tiere die für Sachen geltenden Vorschriften entsprechend anzuwenden. Die Abgrenzung zwischen neuen und gebrauchten Sachen bei Tieren ist umstritten. Der BGH musste sich 1985 anlässlich eines Rechtsstreits über den Verkauf lebender Regenbogenforellen mit der Frage befassen, ob es sich dabei um neu hergestellte Sachen iSv § 11 Nr. 10 AGBG handelt. Dies hat er bejaht (BGH NJW 1986, 52 f). Daraus kann geschlossen werden, dass Arbeits- oder Reitpferde nach damaliger Auffassung des BGH bis zu ihrer erstmaligen entsprechenden Verwendung noch als „neue Sachen“ angesehen werden können. Dementsprechend hat das LG Aschaffenburg (NJW 1990, 915) auch neun Wochen alte Hundewelpen als „neu hergestellte Sachen“ angesehen. Auch die Literatur hat zT die Auffassung vertreten, dass Tiere, sofern es sich nicht um bereits verwendete Nutztiere handele, als „neu hergestellte Sachen“ einzuordnen seien (vgl Soergel/*Stein*, 12. Aufl. 1991, § 11 AGBG Rn 92; Staudinger/*Coester-Waltjen*, 13. Aufl. 1998, § 11 Nr. 10 AGBG Rn 8 – danach sollen Lebewesen „bis zur üblichen Verkaufszeit“ als „neu“ angesehen werden).

38 Loslösung der strafrechtlichen Begrifflichkeit von jener des Zivilrechts: *Graul*, JuS 2000, 215; *Küper*, JZ 1993, 435 (eigener strafrechtlicher Sachbegriff – Tiere als lebende Sachen); Palandt/*Ellenberger*, § 90 a Rn 1; aA *Braun*, JuS 1992, 761; *Leitenstorfer*, JuS 1993, 616 und Staudinger/*Jickeli/Stieper*, § 90 a Rn 5: „Die Grenzen entsprechender Anwendung sind strafrechtlich bei Diebstahl und Sachbeschädigung erreicht, weil hier das Analogieverbot entgegensteht“.

39 OLG Karlsruhe NJW 2001, 2488.

40 So zutr. Staudinger/*Jickeli/Stieper*, § 90 a Rn 7.

41 Staudinger/*Jickeli/Stieper*, § 90 a Rn 7.

1 BGH NJW 1966, 2307; 1971, 1793, 1794; 1985, 2403; MüKo/*Holch*, § 91 Rn 1.

2 Staudinger/*Jickeli/Stieper*, § 91 Rn 2.

3 RGRK/*Kregel*, § 91 Rn 5; Staudinger/*Jickeli/Stieper*, § 91 Rn 1.

2 Auch bei der Gattungssache (§ 243) kommt es nicht auf besondere individuelle Merkmale an. Im Unterschied zur Gattungsschuld, bei der die Festlegung der relevanten Gattung der Parteidisposition unterliegt, beurteilt sich die **Vertretbarkeit einer Sache** nach einem allein objektiven Maßstab[4] mit der Folge, dass im Rahmen des § 91 Parteivereinbarungen unbeachtlich sind[5] (Rn 6). Gattungsschulden werden allerdings regelmäßig durch die Leistung vertretbarer, Stückschulden durch die Leistung nicht-vertretbarer Sachen erfüllt.[6]

3 Vertretbare Sachen sind nicht nur solche, die bereits vorhanden sind. Vielmehr fallen darunter auch künftig erst noch herzustellende Sachen (wenn die Sache nach ihrer Herstellung – unmaßgeblich ist hingegen der Herstellungsstoff – eine vertretbare ist) – arg. § 651.[7]

4 Die Begrifflichkeit „Vertretbarkeit" verwendet das Gesetz allerdings auch in anderem Zusammenhang, bspw in § 887 ZPO (Vertretbare Handlungen). Im Falle der Leistung durch Dritte nach § 267 wird dies in der Literatur als „vertretbare Leistung" bezeichnet.

5 Umgekehrt ist eine Sache damit dann **nicht vertretbar**, wenn sie auf die Wünsche des Bestellers ausgerichtet ist und daher für den Unternehmer anderweitig nur schwer oder gar nicht abgesetzt werden kann.[8]

I. Maßgeblichkeit der Verkehrsanschauung

6 Das Gesetz legt ein objektives Verständnis der Vertretbarkeit zu Grunde.[9] Maßgeblich ist als objektive Grundlage die vom Parteiwillen unabhängige **Verkehrsanschauung**. Eine Parteivereinbarung spielt diesbezüglich keine Rolle,[10] dh eine vertretbare Sache wird nicht dadurch, dass die Parteien aufgrund ihrer Dispositionsfreiheit eine nach der Verkehrsauffassung vertretbare Sache „im Vertragszusammenhang" gewollt als nicht vertretbare Sache behandeln (was ihnen unbenommen ist), zu einer unvertretbaren.[11]

7 **Beachte aber**: Knüpfen Normen an eine nur der Gattung nach bestimmte Sache an (wie bspw §§ 243, 300 Abs. 2, 524 Abs. 2, 2182 Abs. 1 bzw § 2183), kommt es auf das vertraglich Vereinbarte (bzw einseitig Bestimmte) – dh, ob der Leistungsgegenstand individuell bzw nach allgemeinen Merkmalen bestimmt worden ist – und nicht auf die Vertretbarkeit bzw Unvertretbarkeit der Sache an:[12] vertretbare Sache als Gesellschaftsbeitrag (§ 706 Abs. 2 S. 1).

II. Bedeutung der Differenzierung

8 Die Differenzierung zwischen vertretbaren und nicht vertretbaren Sachen gewinnt bspw beim Werklieferungsvertrag (§ 651 S. 3), beim Sachdarlehen (§ 607), der Anweisung (§ 783) oder bei der unechten (unregelmäßigen) Verwahrung (§ 700) Bedeutung – ebenso bei kaufmännischen Orderpapieren (§ 363 HGB) oder beim Lagergeschäft (§ 419 Abs. 1 HGB).

Beachte: Im Falle eines mangelhaften Stückkaufs soll der Anspruch auf Ersatzlieferung nach § 439 nicht davon abhängen, ob die gekaufte Sache vertretbar, sondern ob sie „ersetzbar" ist.[13]

9 Bei vertretbaren Sachen ist im Falle des Verlusts oder der Zerstörung Schadensersatz im Wege der Naturalrestitution nach § 249 S. 1 durch die Lieferung einer anderen gleichartigen Sache möglich (weil die Sachen nach der Verkehrsanschauung austauschbar sind und daher ein wirtschaftliches Interesse des Gläubigers gerade am Erhalt der beschädigten Sache regelmäßig nicht besteht)[14] – wohingegen dies bei unvertretbaren Sachen regelmäßig nicht möglich ist.[15]

10 Im **Zivilprozessrecht** gewinnt die Differenzierung Bedeutung im Zusammenhang mit § 592 ZPO (Urkundenprozess), § 794 Nr. 5 ZPO (vollstreckbare Urkunde) sowie § 884 ZPO (Zwangsvollstreckung durch Wegnahme).

4 Bamberger/Roth/*Fritzsche*, § 91 Rn 5.
5 Jauernig/*Jauernig*, § 91 Rn 1; MüKo/*Holch*, § 91 Rn 1; Palandt/*Ellenberger*, § 91 Rn 1.
6 Bamberger/Roth/*Fritzsche*, § 91 Rn 5; MüKo/*Holch*, § 91 Rn 7; Soergel/*Mühl*, § 91 Rn 4.
7 RGRK/*Kregel*, § 91 Rn 2; Staudinger/*Jickeli/Stieper*, § 91 Rn 1.
8 BGH NJW 1971, 1793.
9 Palandt/*Ellenberger*, § 91 Rn 1.
10 MüKo/*Holch*, § 91 Rn 1.
11 Erman/*Michalski*, § 91 Rn 3; Soergel/*Mühl*, § 91 Rn 4; Staudinger/*Jickeli/Stieper*, § 91 Rn 5 f.
12 So Staudinger/*Jickeli/Stieper*, § 91 Rn 6.
13 Palandt/*Ellenberger*, § 91 Rn 4 unter Bezugnahme auf *Canaris*, JZ 2003, 831, 835.
14 MüKo/*Holch*, § 91 Rn 6; Staudinger/*Jickeli/Stieper*, § 91 Rn 4.
15 BGH NJW 1985, 2413.

B. Beispielsfälle vertretbarer und unvertretbarer Sachen

Als **vertretbare Sachen** kommen bspw die folgenden in Betracht: Bierflaschen,[16] Briefmarken, (deutsche) Eichenfurnierrundhölzer,[17] (rohe) Edelsteine,[18] Einzelexemplare eines Buches, Fertigbauteile, Geld[19] (§ 783 – bei **Geldscheinen** wird die Individualisierungsnummer von der Verkehrsanschauung ignoriert,[20] bei **Münzen** erfolgt erst gar keine Individualisierung durch Nummern;[21] auch ausländische Geldzeichen und Münzsonderprägungen sind als vertretbare Sachen zu qualifizieren),[22] (neue) Kraftfahrzeuge,[23] Maschinen (gewöhnlicher Art und üblicher Beschaffenheit),[24] Serienmaschinen, Transportbeton,[25] Vervielfältigungsgegenstände (von Druckschriften oder Tonträgern), (Handels-)Ware aus Serienanfertigung, sofern sie ungebraucht ist (bspw Serienmöbel – auch dann, wenn sie nach den Wünschen des Bestellers oder nach Muster angefertigt wurden[26] oder einen vom Besteller gewünschten Bezugsstoff erhalten),[27] Werkzeuge, sogar Windkraftanlagen,[28] Wärmepumpen,[29] Wein (in seiner durch Rebsorte, Lage, Jahrgang und Qualitätsstufe bestimmten Gattung),[30] Wertpapiere (bspw Aktien)[31] oder Ziegelsteine – darüber hinaus Naturerzeugnisse wie Kartoffeln oder Getreide.[32] 11

Wie aufgezeigt (Bezugsstoff bei Serienmöbeln, Rn 11) ändert sich an der Vertretbarkeit grundsätzlich auch dann nichts, wenn Waren aus einer Serienproduktion an individuelle Kundenwünsche angepasst werden.[33] Etwas anderes gilt nur dann, wenn die (individuellen) Anpassungen nicht ohne weiteres im Serienprogramm des Herstellers vorgesehen oder nicht ohne weiteres reproduzierbar sind. Dann handelt es sich um individuelle Sachen.[34] 12

Ist die veränderte Ware auf dem Markt unabsetzbar, spricht dies gegen ihre Vertretbarkeit.[35] Umgekehrt spricht der Umstand, dass eine veränderte Sache in den Produktionslisten eines oder mehrerer Hersteller geführt wird, für deren Vertretbarkeit.[36] 13

Unvertretbar sind hingegen (außer den vorbenannten Sachen, sofern sie ausnahmsweise doch individuelle Merkmale aufweisen), etwa folgende Sachen: bewegliche Sachen, die Grundstücksbestandteile geworden sind[37] (bspw ein Zaun),[38] Bier einer bestimmten Brauerei (im Verhältnis zu jenem einer anderen Brauerei),[39] Eigentumswohnungen,[40] Einbauküchen[41] (umstritten, da sie grundsätzlich aus Serienbestandteilen und damit aus vertretbaren Sachen bestehen[42] – anders ggf die Sachgesamtheit „fertige Einbauküche"),[43] Grundstücke (arg.: die Lage als Charakteristikum eines Grundstücks gegenüber anderen mit der Folge, dass auch identisch geschnittene, gleichgroße Grundstücksparzellen in einem Baugebiet nicht vertretbar sind),[44] gebrauchte Kraftfahrzeuge[45] oder sonstige gebrauchte Sachen,[46] Kunstwerke, (individuelle) Laden- und Hoteleinrichtungen,[47] Maschinen (die für einen bestimmten Raum oder Betrieb angepasst wurden),[48] Maßkleidung,[49] nach Maß speziell gefertigte Möbel,[50] Prospekte (und sonstiges Werbematerial, das auf die Bedürfnisse eines bestimmten Unternehmens abstellt)[51] bzw Tiere (sofern sie nicht in Massen verkauft wer- 14

16 BGH MDR 1956, 154.
17 BFH BB 1986, 647.
18 BGH NJW-RR 2009, 103.
19 Palandt/*Ellenberger*, § 91 Rn 2. Hingegen sind Buchgeld (Giralgeld, dazu *Schmidt*, JuS 1984, 738) bzw Computergeld als unkörperliche Gegenstände zu qualifizieren, Staudinger/*Jickeli*/*Stieper*, § 91 Rn 7.
20 MüKo/*Holch*, § 91 Rn 3.
21 Staudinger/*Jickeli*/*Stieper*, § 91 Rn 7.
22 So *Paefgen*, JuS 1992, 192.
23 OLG München DAR 1964, 189.
24 RGZ 45, 64.
25 BGH NJW 1996, 836.
26 BGH NJW 1971, 1793.
27 OLG Karlruhe BB 1988, 1209.
28 FG Flensburg WM 2000, 2112, 2113.
29 OLG Hamm NJW-RR 1986, 477.
30 BGH NJW 1985, 2403.
31 Palandt/*Ellenberger*, § 91 Rn 2.
32 Bamberger/Roth/*Fritzsche*, § 91 Rn 6.
33 BGH NJW 1971, 1794 – Serienmöbel; OLG Hamm NJW-RR 1986, 477 – Wärmepumpe; OLG Karlsruhe NJW-RR 1988, 1400 – Auswahl eines Bezugsstoffs für Möbel.
34 Bamberger/Roth/*Fritzsche*, § 91 Rn 7.
35 BGH NJW 1966, 2307; 1971, 1793, 1794.
36 OLG Hamm, NJW-RR 1986, 477; Bamberger/Roth/*Fritzsche*, § 91 Rn 7.
37 Palandt/*Ellenberger*, § 91 Rn 3.
38 LG Weiden NJW-RR 1997, 1108.
39 RG JW 1913, 540.
40 BGH NJW 1995, 588.
41 BGH NJW-RR 1990, 787.
42 So Bamberger/Roth/*Fritzsche*, § 91 Rn 9; aA Palandt/*Ellenberger*, § 91 Rn 3.
43 Einbauküche aus Werbeprospekt (die gekauft wird wie abgebildet): vertretbare Sache; anders die individuell angefertigte (OLG Zweibrücken NJW-RR 1989, 84) oder angepasste Einbauküche, die durch den Einbau unvertretbar wird, Bamberger/Roth/*Fritzsche*, § 91 Rn 9.
44 Palandt/*Ellenberger*, § 91 Rn 3.
45 OLG München DAR 1964, 189.
46 RGRK/*Kregel*, § 91 Rn 5; Staudinger/*Jickeli*/*Stieper*, § 91 Rn 1.
47 BGH NJW 1994, 663.
48 RGZ 45, 74.
49 Staudinger/*Jickeli*/*Stieper*, § 91 Rn 1.
50 RGZ 107, 340.
51 BGH NJW 1966, 2307; vgl auch BGH DB, 1981, 313 (Zündholzwerbebriefe mit Firmenaufdruck).

den),[52] Waren- und Getränkeautomaten (als Gegenstand von Mietverträgen)[53] oder die Sonderanfertigung eines Serienmotorrades.[54]

15 *Fritzsche*[55] weist darauf hin, dass die Vertretbarkeit (bspw im Zusammenhang mit § 651) auch davon abhängig sein kann, „in welcher Eigenschaft man eine Sache gerade betrachtet". So ist bspw eine Vereinbarung über die Herstellung von Reise- oder Hotelprospekten sowie von Versandhauskatalogen als Werklieferungsvertrag über unvertretbare Sachen zu qualifizieren,[56] wohingegen eine Serienanfertigung von Möbeln für ein Handelsunternehmen vertretbare Sachen erfasst.[57]

§ 92 Verbrauchbare Sachen

(1) Verbrauchbare Sachen im Sinne des Gesetzes sind bewegliche Sachen, deren bestimmungsmäßiger Gebrauch in dem Verbrauch oder in der Veräußerung besteht.

(2) Als verbrauchbar gelten auch bewegliche Sachen, die zu einem Warenlager oder zu einem sonstigen Sachinbegriff gehören, dessen bestimmungsmäßiger Gebrauch in der Veräußerung der einzelnen Sachen besteht.

A. Allgemeines

1 Der praktische Bedeutungsgehalt der aus dem gemeinen Recht übernommenen Definition des § 92 (Verbrauchbare Sachen) ist für das Schuldrecht relativ gering – vgl aber zum einen die §§ 706 Abs. 2, 1814 S. 2, 2116 Abs. 1 S. 2, 2325 Abs. 2 sowie zum anderen die §§ 1067, 1075 Abs. 2, 1084 und 1086 S. 2 (die Nutzungsrechte an verbrauchbaren Sachen zu Verbrauchsrechten machen, indem sie den Nutzungsberechtigten zum Eigentümer der verbrauchbaren Sache erklären und dem Sacheigentümer dafür als Ausgleich einen Wertersatzanspruch gewähren).[1]

2 Verbrauchbare Sachen unterliegen den allgemeinen sachenrechtlichen Vorschriften und können auch Zubehör (iSv § 97) sein bzw unter Eigentumsvorbehalt veräußert oder sicherungsübereignet werden.[2] Die Abnutzung einer Sache durch den Gebrauch (zum Gebrauch bestimmte Sache) führt noch nicht dazu, dass sie iSd § 92 verbrauchbar ist.[3] Eine Sache (bspw Geld) kann sowohl verbrauchbar iSv § 92 als auch vertretbar iSv § 91 sein, ohne dass dies zwingend wäre.[4]

B. Regelungsgehalt

I. Begriffsbestimmung

3 Verbrauchbare Sachen sind nach § 92 **bewegliche Sachen**, deren bestimmungsgemäßer Gebrauch in dem Verbrauch oder in der Veräußerung besteht. Entscheidend ist die **objektive Zweckbestimmung.**[5] Die Regelung des § 92 Abs. 1 enthält eine Definition der **objektiv** (dh nach der Zweckbestimmung, die ihnen die Verkehrsauffassung zumisst) **verbrauchbaren Sachen** und differenziert zwischen **tatsächlich verbrauchbaren Sachen** (Abs. 1 Alt. 1, Rn 4 f) und **im Rechtssinne verbrauchbaren Sachen** (Abs. 1 Alt. 2, Rn 6 ff). Zudem qualifiziert Abs. 2 **Sachinbegriffe** als verbrauchbare Sachen (Rn 9 f).

4 **1. Tatsächlich verbrauchbare Sachen.** Tatsächlich verbrauchbare Sachen (dh Verbrauchbarkeit in einem engeren Sinne) iSv Abs. 1 Alt. 1 sind solche, bei denen im (auch bestimmungsgemäßen) Gebrauchsakt der Verbrauch (durch Zerstörung oder erhebliche Entwertung der Sache) eingeschlossen ist (im Gebrauch liegt

52 Soergel/*Mühl*, § 91 Rn 2.
53 OLG Celle OLGR Celle 1996, 32.
54 LG Hamburg ZIP 1994, 290.
55 Bamberger/Roth/*Fritzsche*, § 91 Rn 9.
56 BGH NJW 1966, 2307; OLG Hamm NJW-RR 1996, 1530 – arg.: Die einzeln hergestellten Prospekte können später nur vom Besteller (und von sonst niemandem) abgesetzt werden.
57 BGH NJW 1971, 1793, 1794.
1 Bamberger/Roth/*Fritzsche*, § 92 Rn 1.
2 MüKo/*Holch*, § 92 Rn 7; Staudinger/*Jickeli*/*Stieper*, § 92 Rn 4.
3 MüKo/*Holch*, § 92 Rn 3, Staudinger/*Jickeli*/*Stieper*, § 92 Rn 1.
4 Staudinger/*Jickeli*/*Stieper*, § 92 Rn 2.
5 Palandt/*Ellenberger*, § 92 Rn 1.

der Verbrauch), bspw Arzneimittel, Brennmaterial, Heizmaterial, Körperpflegemittel oder Lebensmittel[6] (Nahrungs- und Genussmittel), Reinigungsmittel, Tinte, Toner und Treibstoffe, **nicht** jedoch Kleidungsstücke, Möbel oder Teppiche, da diese durch den Gebrauch zwar abgenutzt, aber nicht verbraucht werden (die Sache als solche mithin zurückbleibt). Dabei ist eine Abgrenzung zwischen den beiden Konstellationen manchmal schwierig, da nach der Verkehrsauffassung auch nur einmal benutzbare Sachen (wie bspw ein Papiertaschentuch) verbrauchbar sind[7] – vergleichbar ist die Benutzung entwerteter Sachen (zB Briefmarken).[8]

Nachdem die Sache tatsächlich verbraucht worden ist, ist sie körperlich (mehr oder weniger) nicht mehr als solche vorhanden.[9] 5

2. Im Rechtssinne verbrauchbare Sachen. Im Rechtssinne verbrauchbare Sachen iSv Abs. 1 Alt. 2 sind solche, die zur Veräußerung bestimmt sind, als Sachen selber hingegen keinen eigenen Gebrauchswert haben, wie bspw Geld oder Wertpapiere (sofern sie sich als Geldsurrogate darstellen),[10] einschließlich der bloß einmal verwertbaren kleinen Inhaberpapiere nach § 807 (wie Eintritts- oder Fahrkarten), **nicht** jedoch Grundstücke. Ob auch Wertpapiere, die der Kapitalanlage dienen, unter Abs. 1 Alt. 2 fallen, ist umstritten,[11] dürfte jedoch zu verneinen sein, da sie nicht in erster Linie zur Veräußerung bestimmt sind und damit nicht als Geldsurrogate qualifiziert werden können.[12] 6

Bei im Rechtssinne verbrauchbaren Sachen führt der Verbrauch nicht zu einer endgültigen Wertvernichtung, sondern nur zu einem Wertverlust beim Verbraucher, weshalb sich der Gebrauchswert in ihrer Veräußerbarkeit erschöpft.[13] Dabei kommt es nicht darauf an, ob die (konkrete) Sache tatsächlich veräußert wird. Entscheidend ist vielmehr, ob dies ihr „bestimmungsgemäßer Gebrauch" sein könnte.[14] 7

Der BGH[15] hat entschieden, dass der schenkweise Erlass einer Geldforderung wie die Schenkung einer verbrauchbaren Sache qualifiziert werden könne. 8

II. Sachinbegriffe als verbrauchbare Sachen

Als verbrauchbar gelten nach der gesetzlichen Fiktion des Abs. 2 auch **subjektiv verbrauchbare Sachen**, mithin bewegliche Sachen, die zu einem Warenlager oder zu einem sonstigen **Sachinbegriff** (dazu näher § 90 Rn 87 ff) gehören, dessen bestimmungsgemäßer Gebrauch (also entsprechend dem nach Abs. 1 unerheblichen Willen des Berechtigten) in der Veräußerung der einzelnen Sachen besteht (Verbrauchbarkeit der Einzelsache, die zum veräußerungsbestimmten Sachinbegriff gehört; hingegen resultiert aus Abs. 2 nicht die Verbrauchbarkeit des Sachinbegriffs selbst).[16] Mithin kann jede bewegliche Sache dadurch zur verbrauchbaren Sache werden, dass der Berechtigte sie einer zur Veräußerung bestimmten Sachgesamtheit zuordnet (also dem Verbrauchszweck unterordnet) – „selbst wenn es sich um ein Unikat handelt".[17] Die Benennung des Warenlagers stellt die gesetzliche Hervorhebung eines entsprechenden Sachinbegriffs dar.[18] Im Unterschied zu Abs. 1 entscheidet hier nicht die objektive Zweckbestimmung (Rn 3), sondern der **Wille des Berechtigten.**[19] Mithin ist entscheidend, welchen Zweck der Berechtigte mit dem Sachinbegriff verfolgt, dem die veräußerte Sache zugehörig ist.[20] 9

Als verbrauchbare Sachen iSv Abs. 2 können somit der Warenbestand eines Groß- oder Einzelhändlers (Kleider in einem Warenhaus)[21] oder Schlachtvieh eines Fleischers[22] angesehen werden – nicht jedoch Wertpapiere in einem Fonds.[23] 10

III. Rechtsfolgen des Verbrauchs

Verbrauchbarkeit einer Sache wird bei Einräumung eines Nutzungsrechts an einer entsprechenden Sache bedeutsam. Der Nutzungsberechtigte ist bei verbrauchbaren Sachen regelmäßig zum Verbrauch der Sache berechtigt. Er muss später jedoch für den Verbrauch Wertersatz leisten. Dies gilt bspw für den Nießbrauch an 11

6 Palandt/*Ellenberger*, § 92 Rn 1 – zu denen auch Tiere gehören, RGZ 79, 248.
7 *Wieling*, Sachenrecht, Bd. 1, 4. Aufl. 2001, § 2 II 7.
8 Bamberger/Roth/*Fritzsche*, § 92 Rn 5 – bei denen allerdings die Grenze zur 2. Alt. fließend ist.
9 Bamberger/Roth/*Fritzsche*, § 92 Rn 5.
10 Palandt/*Ellenberger*, § 92 Rn 2. Die Börsengängigkeit soll ein Wertpapier noch nicht zu einer verbrauchbaren Sache iSv § 92 Abs. 1 Alt. 2 machen, so Staudinger/*Jickeli/Stieper*, § 92 Rn 2; aA RGRK/*Kregel*, § 92 Rn 3.
11 Bejahend: RGRK/*Kregel*, § 92 Rn 3; aA die hA in der Literatur, vgl Erman/*Michalski*, § 92 Rn 2 b; Soergel/*Mühl*, § 92 Rn 1; Staudinger/*Jickeli/Stieper*, § 92 Rn 2.
12 So zutr. Bamberger/Roth/*Fritzsche*, § 92 Rn 7.
13 Bamberger/Roth/*Fritzsche*, § 92 Rn 6.
14 Staudinger/*Jickeli/Stieper*, § 92 Rn 2.
15 BGHZ 98, 226 = NJW 1987, 122.
16 Staudinger/*Jickeli/Stieper*, § 92 Rn 3.
17 Bamberger/Roth/*Fritzsche*, § 92 Rn 8; Soergel/*Mühl*, § 92 Rn 16.
18 Staudinger/*Jickeli/Stieper*, § 92 Rn 3.
19 Palandt/*Ellenberger*, § 92 Rn 3.
20 Staudinger/*Jickeli/Stieper*, § 92 Rn 3.
21 RGRK/*Kregel*, § 92 Rn 4.
22 RGZ 79, 246, 248.
23 Soergel/*Mühl*, § 92 Rn 1; Staudinger/*Jickeli/Stieper*, § 92 Rn 2.

verbrauchbaren Sachen, wobei der Nießbraucher zwar Eigentümer wird, nach Beendigung des Nießbrauchs aber Wertersatz für die verbrauchten Sachen nach den §§ 1067, 1075 Abs. 2, 1084 und 1086 S. 2 zu leisten hat (vergleichbar zudem § 706 Abs. 2 [verbrauchbare Sachen als Gesellschafterbeitrag], § 1814 S. 2 und § 2116 Abs. 1 S. 2 [Hinterlegung von Inhaberpapieren, die zu den verbrauchbaren Sachen zählen] bzw § 2325 Abs. 2 S. 1 [Wertansatz verbrauchbarer, geschenkter Sachen beim Pflichtteilsergänzungsanspruch]).

12 Verbrauchbare Sachen (eines Warenlagers) können zur Sicherheit übereignet werden.[24] An ihnen kann auch ein Eigentumsvorbehalt vereinbart werden.[25]

§ 93 Wesentliche Bestandteile einer Sache

Bestandteile einer Sache, die voneinander nicht getrennt werden können, ohne dass der eine oder der andere zerstört oder in seinem Wesen verändert wird (wesentliche Bestandteile), können nicht Gegenstand besonderer Rechte sein.

Literatur: *Bernhard*, Probleme des Bestandteils- und Zubehörbegriffs im deutschen bürgerlichen Recht, Diss. München 1978; *Börner*, Das Wohnungseigentum und der Sachbegriff des Bürgerlichen Rechts, in: FS Dölle 1963, S. 201; *Gaul*, Sachenrechtsordnung und Vollstreckungsordnung im Konflikt, NJW 1989, 2509; *Hagen*, Der Einbau von Blockheizkraftwerken in Wohngebäude, CuR 2010, 44; *Hurst*, Das Eigentum an Heizungsanlagen, DNotZ 1984, 66 und 140; *Kauke*, Versuch einer dogmatischen Grundlegung der Bestandteilslehre des BGB, Diss. Göttingen 1964; *Michaelis*, Voraussetzungen und Auswirkungen der Bestandteilseigenschaft, in: FS Nipperdey I 1965, S. 553; *Neufang/Körner*, Gebäude auf fremdem Grund und Boden versus Drittaufwand, BB 2010, 1503; *Otte*, Wesen, Verkehrsanschauung, wirtschaftliche Betrachtungsweise – ein Problem der §§ 93, 119 II, 459 und insbes. 950 BGB, JuS 1970, 154; *Schneider*, Die sachenrechtliche Zuordnung von Rauchwarnmeldern in Eigentumswohnanlagen, ZMR 2010, 827; *Spyriades*, Zur Problematik der Sachbestandteile, 1966; *Thümmel*, Abschied vom Stockwerkseigentum, JZ 1980, 125.

A. Allgemeines

1 Nach den Regelungen der §§ 93 ff teilen eine Sache und ihre wesentlichen Bestandteile ein **einheitliches rechtliches Schicksal**. Sie finden ihren wirtschaftlichen Zweck und damit ihren Wert nur in der von ihnen gebildeten Einheit.[1] Manche Sachen gewinnen ihren besonderen Wert erst durch die Zusammenfügung oder das Zusammenwirken mehrerer Bestandteile.[2] Die Regelungen verfolgen das bei der Auslegung der Normen zu berücksichtigende **Ziel** (iSv wirtschaftlichen Überlegungen des historischen Gesetzgebers),[3] dass eine nutzlose Zerstörung wirtschaftlicher Werte durch eine Trennung der Bestandteile voneinander verhindert werden soll. Diese gesetzgeberische Intention ist im Rahmen der Auslegung der §§ 93 ff zu beachten.[4]

2 Allerdings kann der Fortschritt der wirtschaftlichen Entwicklung und eine Veränderung der wirtschaftlichen Verhältnisse insofern Bedeutung erlangen,[5] „dass ein zu früherer Zeit als wesentlich angesehener Bestandteil wegen heute bestehender Ersatzmöglichkeiten nicht mehr als wesentlich gilt".[6]

3 Die rechtlichen Konsequenzen aus den §§ 93 ff ziehen die §§ 946 ff (dh die Regelungen über den originären Eigentumserwerb durch Verbindung, Vermischung und Verarbeitung), wenn eine zunächst selbständige Sache wesentlicher Bestandteil einer anderen Sache wird. Weiterhin sind die §§ 93 ff für die Zwangsvollstreckung (bspw in Grundstücke und ihre Bestandteile) bedeutsam.

4 § 93 definiert den Begriff des wesentlichen Bestandteils einer Sache (und erklärt wesentliche Bestandteile für rechtlich unselbständig), § 94 dehnt den Kreis wesentlicher Bestandteile im Falle eines Grundstücks oder

24 BGHZ 28, 16, 19; Staudinger/*Jickeli/Stieper*, § 92 Rn 4.
25 RGRK/*Kregel*, § 92 Rn 7; Soergel/*Mühl*, § 92 Rn 3.
1 RGZ 69, 120; BGHZ 20, 154 = NJW 1956, 945.
2 Bamberger/Roth/*Fritzsche*, § 93 Rn 2.
3 Motive III, S. 41; vgl auch RGZ 69, 117, 120; BGHZ 20, 154, 157 = NJW 1956, 945; BGH NJW 1985, 2413, 2415.
4 So BGH NJW 2008, 1810.
5 BGHZ 18, 226, 232.
6 Palandt/*Ellenberger*, § 93 Rn 1.

Gebäudes aus (ohne lex specialis für Grundstücke gegenüber § 93 zu sein),[7] wohingegen § 95 eine Einschränkung hinsichtlich solcher Sachen herbeiführt, die nur zu einem vorübergehenden Zweck mit dem Grund und Boden verbunden sind. § 96 fingiert Rechte, die mit dem Eigentum an einem Grundstück verbunden sind, als Bestandteile des Grundstücks. Von Sachen, die wesentliche oder unwesentliche Bestandteile sind, ist das Zubehör (§§ 97 ff) zu unterscheiden.

B. Regelungsgehalt

Bestandteile einer Sache, die voneinander nicht getrennt werden können, ohne dass der eine oder der andere zerstört (physische oder wirtschaftliche Vernichtung) oder in seinem Wesen verändert wird (**Legaldefinition** wesentlicher Bestandteil), können nach § 93 nicht Gegenstand besonderer Rechte, also nicht sonderrechtsfähig sein. Wesentliche Bestandteile sind also solche Sachteile, denen **keine Sonderrechtsfähigkeit** zukommt. Mit § 93, der auch die tatsächlichen Voraussetzungen für wesentliche Bestandteile bestimmt, erfolgt ein **Schutz der Sacheinheit** – nicht als Eigenwert, sondern aufgrund des **Werts der Sachteile**.[8] 5

I. Bestandteile

Bestandteil einer beweglichen oder unbeweglichen Sache (Sachbestandteil, der keine Definition erfahren hat) sind nach dem allgemeinen Sprachgebrauch[9] körperliche Gegenstände, die entweder von Natur aus eine Einheit bilden oder durch Verbindung untereinander ihre Selbständigkeit dergestalt verloren haben, dass sie für die Dauer der Verbindung als ein Ganzes (dh als eine einheitliche Sache) erscheinen.[10] Sachbestandteil kann daher sowohl ein Teil einer natürlichen Sacheinheit[11] als auch ein Teil einer zusammengesetzten Sache sein, die durch ihre Verbindung untereinander ihre Selbständigkeit verloren haben.[12] 6

Hingegen kommt **mehreren Einzelsachen keine Bestandteilseigenschaft** iSd §§ 93 ff zu – sie können aber Teil einer Sachgesamtheit sein oder zueinander im Verhältnis von Hauptsache und Zubehör (§§ 97 ff) stehen.[13] 7

Bestandteile können grundsätzlich nur **körperliche Gegenstände** sein. Davon statuiert § 96 insoweit eine Ausnahme, als Rechte (als unkörperliche Gegenstände) beim Vorliegen der tatbestandlichen Voraussetzungen gesetzlich als Grundstücksbestandteile fingiert werden. 8

Das Tatbestandsmerkmal „wesentlicher Bestandteil" setzt das Vorhandensein einer Sache voraus, die überhaupt Bestandteile hat, was nur bei einer **zusammengesetzten Sache** oder einer **natürlichen Sacheinheit** (Mengensache) der Fall ist – wohingegen eine „Sache aus einem Guss" keine Bestandteile haben kann.[14] 9

Beachte zudem: Nach § 12 Abs. 1 ErbbauVO ist ein aufgrund des Erbbaurechts errichtetes Bauwerk **Bestandteil des Erbbaurechts.**[15] 10

Gemäß § 9 BBergG sind Schächte und technische Anlagen eines Bergwerks **Bestandteile des Bergwerkeigentums**[16] (und nicht des Grundstücks).[17] 11

Regelmäßig teilt ein Bestandteil das rechtliche Schicksal der Sache.[18] 12

An Bestandteilen, die nicht wesentlicher Bestandteil (geworden) sind, können bereits vor der Trennung dingliche Rechte begründet werden. Im Zusammenhang mit einem solchen Sonderrecht sind Bestandteile dann wie selbständige Sachen zu behandeln.[19] 13

Für die Beurteilung der Frage, ob ein Sache Bestandteil, Zubehör (§ 97) oder selbständige Sache innerhalb einer Sachgesamtheit ist, muss auf die **Verkehrsauffassung** bzw hilfsweise auf eine **natürliche Betrachtungsweise**[20] unter Zugrundelegung eines technisch-wirtschaftlichen Standpunktes (und ggf auch regionaler 14

7 RGZ 150, 26 – „wesentliche Bestandteile" an Grundstücken können auch nach § 93 beurteilt werden, bspw stationäre (dh mit dem Grundstück nicht fest verbundene) Maschinen: so Staudinger/*Jickeli*/*Stieper*, § 93 Rn 5.

8 Staudinger/*Jickeli*/*Stieper*, § 93 Rn 3.

9 OLG Saarbrücken VersR 1996, 97.

10 RGZ 63, 171, 173.

11 RGZ 63, 418; 67, 32.

12 RGZ 63, 418; 69, 120; 87, 46.

13 RGZ 69, 117, 120 f; Bamberger/Roth/*Fritzsche*, § 93 Rn 4.

14 So Bamberger/Roth/*Fritzsche*, § 93 Rn 6; MüKo/*Holch*, § 93 Rn 3; aA RGZ 87, 43, 45.

15 Staudinger/*Jickeli*/*Stieper*, § 93 Rn 12: Ausnahme vom Grundsatz, dass Sachen nur Bestandteile anderer Sachen sein können. Aber: Der Heimfallanspruch des Grundstückseigentümers ist wesentlicher Bestandteil des Grundstücks, so BGH WM 1980, 938.

16 Ebenso wie ggf Halden abgebauter Mineralien, so BGHZ 17, 223, 232.

17 RGZ 161, 203, 206.

18 OLG Frankfurt/M. NJW 1982, 654; Palandt/*Ellenberger*, § 93 Rn 2.

19 RGZ 158, 362, 369.

20 RGZ 158, 362, 370: hilfsweise ist die Entscheidung des Richters maßgeblich, wie an seiner Stelle jeder vernünftige und unbefangene Beurteiler die Dinge sehen würde.

Beurteilungen, vgl zu Einbauküchen Rn 53, Fn 112)[21] abgestellt werden,[22] wobei Art und beabsichtigte Dauer der Verbindung, der Anpassungsgrad der bisher selbständigen Sachen aneinander und ihr wirtschaftlicher Zusammenhang Berücksichtigung finden.[23] Änderungen der wirtschaftlichen Lage oder der technische Fortschritt können die Beurteilung demnach dergestalt ändern, dass ein vormals als wesentlich qualifizierter Bestandteil als ersetzbar und damit unwesentlich qualifiziert wird.[24] Hilfreich ist die Frage: Hat ein Bestandteil noch einen Wert, der auch in der Gesamtsache erkennbar ist?[25] Deshalb stellen die Wurzeln eines Baumes nach der Verkehrsauffassung keine Bestandteile dar.[26] Die Kosten der Trennung spielen aber nur im Verhältnis zum Wert des Bestandteils eine Rolle.[27]

15 Indiziell spricht für eine Bestandteilseigenschaft eine feste Verbindung (die bei bloßer Verschraubung nicht angenommen werden kann)[28] mit der anderen Sache (auch wenn nach der Verkehrsauffassung, der maßgebliche Bedeutung zukommt, ggf ein Bestandteil nur bei loser oder lösbarer Verbindung angenommen werden kann),[29] ebenso wie eine endgültige (und nicht lediglich vorübergehende – arg.: § 95) Verbindung.

II. Wesentlichkeit des Bestandteils

16 Ein Bestandteil ist dann als **wesentlich** (und damit als sonderrechtsunfähig) anzusehen, wenn bei natürlicher wirtschaftlicher Betrachtungsweise[30] unter Berücksichtigung der jeweiligen Verkehrsanschauung[31] infolge einer Trennung der abgetrennte oder zurückbleibende Bestandteil (nicht die Gesamtsache) zerstört (Rn 19) oder dergestalt in seinem Wesen verändert würde (ohne Rücksicht darauf, ob einer der Bestandteile durch eine Sache von gleicher oder ähnlicher Bedeutung ersetzt werden könnte),[32] dass er in der bisherigen Art (und sei es auch erst wieder in Verbindung mit einer anderen Sache) wirtschaftlich genutzt werden kann[33] (Rn 20). Dann genießt die Sacheinheit Schutz – die Bestandteile sind nicht sonderrechtsfähig. Ist dies nicht der Fall, können die Bestandteile – als nicht-wesentliche Bestandteile – Gegenstand von Sonderrechten sein.[34]

17 Ob der Bestandteil für die Gesamtsache hingegen besonders wichtig ist oder nicht, ist für die Frage der Wesentlichkeit unerheblich.[35]

18 „Unwesentliche Bestandteile" zusammengesetzter Sachen sind – arg. e contrario – ohne Zerstörung oder Wesensänderung trennbar und somit auch sonderrechtsfähig.[36]

19 **Zerstörung** kann in mehreren Formen auftreten: Durch physische Vernichtung[37] (wohingegen eine leichte Beschädigung oder die bloße Gefahr einer Beschädigung bei der Trennung[38] keine Zerstörung bedeutet),[39] aber auch durch eine praktische Werteinbuße,[40] die ein Bestandteil mit der Trennung dadurch erleidet, dass die Abtrennung des Bestandteils (unabhängig von der Person des Kostenträgers) höhere Kosten verursacht, als dies im Vergleich zum verbleibenden Gewinn vertretbar erscheint.[41]

20 Eine **Wesensveränderung des abgetrennten Teils**[42] (dessen Wesen in seiner Funktion liegt) ist dann anzunehmen (wobei es keine Rolle spielt, ob der Bestandteil vor der Trennung zur Restsache in einer festen Verbindung stand),[43] wenn nach der Trennung keine seiner Verwendung in der früher zusammengesetzten Sache vergleichbare Nutzungsmöglichkeit – ggf auch durch Zusammenführung mit einer neuen Sache, womit das

21 BGH NJW-RR 1990, 586, 587.
22 BGHZ 20, 154, 157 = NJW 1956, 945; BGHZ 102, 135 = NJW 1988, 406.
23 RGZ 158, 362, 370; Palandt/*Ellenberger*, § 93 Rn 2.
24 Bamberger/Roth/*Fritzsche*, § 93 Rn 5.
25 Staudinger/*Jickeli*/*Stieper*, § 93 Rn 6.
26 Staudinger/*Jickeli*/*Stieper*, § 93 Rn 7; aA LG Itzehoe NJW-RR 1995, 978.
27 LG Flensburg WM 2000, 2112, 2113.
28 RGZ 158, 362, 374; BGHZ 20, 154, 156 = NJW 1956, 945.
29 RGZ 67, 30, 34; 69, 117, 121: bei besonderer Anpassung an die Rechtssache.
30 BGHZ 36, 46, 50; 61, 80.
31 BGHZ 36, 50.
32 RGZ 58, 342; 69, 158.
33 BGHZ 18, 226; 61, 80.
34 Staudinger/*Jickeli*/*Stieper*, § 93 Rn 14.
35 BGHZ 18, 226, 229 = NJW 1955, 1793. „Insoweit ist der Rückgriff auf die natürliche Betrachtungsweise und die Verkehrsauffassung, die Anhaltspunkte für die Anwendung des § 93 ergeben sollen, fragwürdig, da Definition und Wortwahl des § 93 einer natürlichen Betrachtungsweise zuwiderlaufen": Bamberger/Roth/*Fritzsche*, § 93 Rn 8.
36 Staudinger/*Jickeli*/*Stieper*, § 93 Rn 33 f.
37 Bspw idR die Lösung von Plakaten an einer Litfaßsäule (BayObLG NJW 1981, 1053; OLG Oldenburg NJW 1982, 1166) oder die Zerlegung geklebter Gesamtsachen wie Netzstecker oder Netzteile, wodurch zumindest das Gehäuse zerstört wird (Bamberger/Roth/*Fritzsche*, § 93 Rn 11).
38 OLG Köln NJW 1991, 2570.
39 H.M. – vgl nur RGRK/*Kregel*, § 93 Rn 26. Eine „starke Beschädigung" soll nicht als Zerstörung, sondern als Wesensveränderung zu qualifizieren sein – umstritten, so aber Soergel/*Mühl*, § 93 Rn 7; aA *Enneccerus*/*Nipperdey*, § 125 II 1.
40 BGHZ 20, 159, 162 = NJW 1956, 159; BGHZ 61, 80, 83 = NJW 1973, 1454.
41 Staudinger/*Jickeli*/*Stieper*, § 93 Rn 15 – die Abtrennung eines Bestandteils muss also ohne besondere Kosten und Aufwendungen möglich sein.
42 Dazu BGHZ 18, 226, 229 = NJW 1955, 1793; BGHZ 20, 159, 162 = NJW 1956, 788; BGH NJW-RR 1990, 586.
43 RGZ 63, 171, 173.

Wesen des Bestandteils (anders als der Sachbegriff) wirtschaftlich zu bestimmen ist[44] – mehr für sie besteht.[45]

Unbeachtlich soll (anders als bei § 94 Abs. 2) hingegen sein, ob es infolge der Trennung zu einer Veränderung des wirtschaftlichen Zwecks bzw der Einsetzbarkeit der Gesamtsache gekommen ist.[46] Dies kann bspw angenommen werden, wenn der Bestandteil nach der Trennung nur noch Schrottwert hat.[47] 21

Eine **Wesensveränderung der (verbleibenden) Bestandteile der Restsache** (durch die Wegnahme des abgetrennten Teils) liegt dann vor, wenn keine Möglichkeit besteht, den weggenommenen Teil wirtschaftlich sinnvoll zu ersetzen[48] (sog. **Ersetzbarkeitslehre**).[49] 22

Werden daher aus einem Fabrikgebäude Serienmaschinen entfernt, ist hinsichtlich der verbleibenden Bestandteile der Restsache nicht vom Begriff „Fabrik", sondern vom Begriff „Gebäude" auszugehen, das durch die Wegnahme keine Wesensveränderung erleidet.[50] Allein im Falle speziell angefertigter und eingepasster Maschinen in einem Fabrikgebäude kann somit von einer wesentlichen Bestandteilseigenschaft ausgegangen werden.[51] 23

Von der Sonderrechtsfähigkeit serienmäßig hergestellter Bestandteile ist insoweit für **kleinere Serienteile** (wie Schrauben und Hebel im Verhältnis zur Maschine oder eines einzelnen Rades in einem Getriebe zur Restmaschine oder dem restlichen Getriebe) eine **Ausnahme** zu machen, als es Bestandteile gibt, deren Wesen in solcher Weise durch den Zweck bestimmt ist, die praktische Verwendbarkeit der einheitlichen Sache mehr oder weniger zu ermöglichen, dass sie, nachdem sie in das Ganze eingefügt worden sind, für eine allgemeine Betrachtung überhaupt kein eigenes Wesen mehr haben: Ihr Zweck geht durch den Einbau vollständig im Ganzen auf. Sie sind daher als wesentliche Bestandteile zu qualifizieren[52] und damit nicht sonderrechtsfähig. 24

Wesentlich ist also etwa ein Bestandteil nicht deshalb, weil er für eine Sache besonders wichtig ist.[53] Eine nur unerhebliche Wertminderung infolge der Trennung ist ohne Belang.[54] 25

Hinsichtlich der Frage der Wesentlichkeit ist nicht jene der betreffenden Bestandteile für die Gesamtsache maßgeblich,[55] sondern, ob bei einer Zerlegung der Gesamtsache **einer der Teile** – nicht aber notwendig jeder Teil der Gesamtsache – eine beträchtliche **Wertminderung** erleiden würde.[56] 26

Für das Erfordernis der Wesentlichkeit eines Bestandsteils ist eine **feste Verbindung** weder notwendig noch ausreichend,[57] ebenso wie eine **vorübergehende Trennung** die Eigenschaft „wesentlicher Bestandteil" wieder entfallen lässt.[58] 27

Im Falle **zusammengesetzter Sachen** sind solche Bestandteile „wesentlich", die infolge des Einbaus vollständig im Ganzen aufgehen und für eine allgemeine Betrachtung keine Bedeutung mehr haben.[59] Umgekehrt sind Bestandteile dann „unwesentlich", wenn sie trotz Einbaus ihr eigenes Wesen und ihre Natur behalten.[60] Ggf kann eine zusammengesetzte Sache bei einfacher Austauschbarkeit aller Teile überhaupt keine wesentlichen Bestandteile aufweisen.[61] 28

Eine Sache verliert ihre Sonderrechtsfähigkeit, sobald sie wesentlicher Bestandteil einer anderen geworden ist (vgl die §§ 946 ff). Ein wesentlicher Bestandteil gewinnt umgekehrt seine Sacheigenschaft (und damit seine 29

44 RGRK/*Kregel*, § 93 Rn 27.
45 Staudinger/*Jickeli*/*Stieper*, § 93 Rn 16.
46 BGHZ 61, 80, 81 = NJW 1973, 1454 – weshalb der Motor kein wesentlicher Bestandteil eines Kfz darstellt, da nach ihrer Trennung sowohl der Motor als auch das Kfz unabhängig voneinander wieder benutzt werden können. Folglich ist auch ein Fertighaus, das jederzeit wieder demontiert und an einem anderen Ort wiedererrichtet werden kann, nach § 93 kein wesentlicher Grundstücksbestandteil (LG Bochum DGVZ 1988, 156; AG Recklinghausen DGVZ 1988, 156) – ggf aber nach § 94 Abs. 1.
47 BGHZ 61, 80, 83 = NJW 1973, 1454; BGH NJW-RR 1990, 586.
48 BGHZ 18, 226, 228; Staudinger/*Jickeli*/*Stieper*, § 93 Rn 17.
49 Kritisch dazu *Michaelis*, in: FS Nipperdey 1965, S. 553, 561 ff; *Pinger*, JR 1973, 463.
50 Ständige Judikatur seit RGZ 67, 30, 34 f; 69, 117, 121; 130, 264, 266; BGHZ 20, 154, 157 = NJW 1956, 948 – wodurch ein Eigentumsvorbehalt an Serienmaschinen möglich ist, so Staudinger/*Jickeli*/*Stieper*, § 93 Rn 17.
51 Staudinger/*Jickeli*/*Stieper*, § 93 Rn 17.
52 BGHZ 20, 154, 157 = NJW 1956, 945; RGRK/*Kregel*, § 93 Rn 25; Staudinger/*Jickeli*/*Stieper*, § 93 Rn 18: Damit wolle der BGH die Sonderrechtsfähigkeit auf solche Serienteile beschränken, deren wirtschaftlicher Wert noch in einem angemessenen Verhältnis zum Wert der Gesamtsache stehe. Die geringe Größe könne aber nicht maßgeblich sein – weshalb „zB kleinste, aber wertvolle elektronische Bauteile serienmäßiger Herstellung weiterhin sonderrechtsfähig" bleiben.
53 Palandt/*Ellenberger*, § 93 Rn 3.
54 OLG Köln NJW 1991, 2570; Palandt/*Ellenberger*, § 93 Rn 3.
55 BGHZ 18, 226, 229.
56 Staudinger/*Jickeli*/*Stieper*, § 93 Rn 14.
57 Palandt/*Ellenberger*, § 93 Rn 3.
58 Palandt/*Ellenberger*, § 93 Rn 3 – eine andere Beurteilung ist jedoch geboten, wenn eine Wiedervereinigung der getrennten Stücke ungewiss ist, so RG Gruchot 64, 97: kein wesentlicher Bestandteil mehr.
59 BGHZ 20, 154 = NJW 1956, 945 – bspw Schrauben und Hebel einer Maschine: so Palandt/*Ellenberger*, § 93 Rn 3.
60 BGHZ 20, 154 = NJW 1956, 945: bspw ein in ein Hochfrequenzgerät eingebautes Messinstrument.
61 Palandt/*Ellenberger*, § 93 Rn 3.

Sonderrechtsfähigkeit) durch Trennung wieder zurück (sofern diese ohne Zerstörung möglich ist), vgl §§ 547 a Abs. 1, 997 Abs. 1, 1049 Abs. 2, 2125 Abs. 2.

III. Die einheitliche (zusammengefügte) Sache

30 In der Regel entsteht die Verbindung durch menschliches Zusammenfügen vorhandener Sachen zu einer neuen Einheit, wobei nach der Verkehrsauffassung (bzw hilfsweise nach natürlicher Betrachtungsweise) zu bestimmen ist, ob dabei eine „einheitliche Sache" entstanden ist.[62] Für die notwendige Festigkeit einer einheitlichen Sache sprechen chemophysikalisch geschaffene (zB durch Schweißen oder Mauern) bzw (nicht ohne weiteres lösbare) mechanische Verbindungen (bspw Bolzen oder Schrauben) oder die Wirkung der Schwerkraft;[63] **nicht** jedoch eine bloß funktionale (oder sprachliche) Zusammenfassung von Einzelsachen unter eine gemeinsame Zweckbestimmung bzw vorübergehend gewollte Zusammenfügungen.[64] Die Bestandteilseigenschaft einer einheitlichen Sache besteht bis zu deren Zerstörung oder der endgültigen (Wieder-)Ablösung des Bestandteils mit der Folge, dass eine nur vorübergehende Abtrennung des Bestandteils die Bestandteilseigenschaft nicht aufhebt.[65]

31 Eine einheitliche Sache weist dann noch Bestandteile (iS erkennbarer körperlicher Gegenstände) auf, wenn diese nach der Verkehrsauffassung bzw hilfsweise bei natürlicher Betrachtungsweise (auch mit Schwierigkeiten) in den früheren Zustand zurückversetzt werden können – was bei aufgetragener Farbe, Verbindungsmaterial (zB Mörtel oder Kitt) oder mittels chemischer Reduktionsprozesse nicht möglich ist.[66]

IV. Nicht-wesentliche Bestandteile

32 Die Definition wesentlicher Bestandteile in § 93 begründet im Umkehrschluss die Existenz nicht-wesentlicher Bestandteile einer Sache (auch „einfache Bestandteile" genannt),[67] mithin jener Bestandteile, die nach § 93 bzw § 94 nicht als den wesentlichen Bestandteilen zugehörig definiert werden. Nicht-wesentliche Bestandteile sind **sonderrechtsfähig.**[68] Die Differenzierung zwischen wesentlichen und nicht-wesentlichen Bestandteilen entspricht nicht jener zwischen Haupt- und Nebensachen (dazu § 90 Rn 101).

V. Rechtsfolgen

33 **1. Wesentliche Bestandteile.** Wesentliche Bestandteile können nach der zwingenden Vorschrift[69] des § 93 „nicht Gegenstand besonderer (dinglicher) Rechte sein" (**fehlende Sonderrechtsfähigkeit**), da sie ihren wirtschaftlichen Zweck und in der Folge ihren Wert idR nur im Zusammenhang mit den von ihnen gebildeten Sachen haben können.[70] Damit kann an wesentlichen Bestandteilen kein gesondertes Eigentum und kein sonstiges dingliches Recht bestehen.[71] Dies hat zur Folge, dass **dingliche Rechtsgeschäfte** über wesentliche Bestandteile ebenso wie eine Übereignung nach § 825 ZPO[72] **nichtig** sind,[73] weil an wesentlichen Bestandteilen weder Sondereigentum[74] noch beschränkte dingliche Rechte[75] begründet werden können. Trotz § 1030 Abs. 2 ist damit ein auf eine Wohnung in einem Gebäude beschränkter Nießbrauch nach § 95 unzulässig.[76]

34 Eine Verfügung über wesentliche Bestandteile ist allerdings dann zulässig, wenn sie unter der **aufschiebenden Bedingung** (§ 158 Abs. 1) ihrer Abtrennung von der Gesamtsache (sofern bei Bedingungseintritt die Wirksamkeitsvoraussetzungen der Verfügung noch erfüllt sind) erfolgt[77] – aufschiebend bedingte Verfügung.[78]

62 RGRK/*Kregel*, § 93 Rn 9 und 11; Staudinger/*Jickeli/Stieper*, § 93 Rn 8; aA Soergel/*Mühl*, § 93 Rn 1, wonach wirtschaftliche Gesichtspunkte ausschlaggebend sein sollen.
63 Staudinger/*Jickeli/Stieper*, § 93 Rn 8.
64 Staudinger/*Jickeli/Stieper*, § 93 Rn 9.
65 RGRK/*Kregel*, § 93 Rn 22; Staudinger/*Jickeli/Stieper*, § 93 Rn 11.
66 Staudinger/*Jickeli/Stieper*, § 93 Rn 10.
67 So MüKo/*Holch*, § 93 Rn 28 f.
68 RGZ 69, 117; 158, 362, 369; Soergel/*Mühl*, § 93 Rn 27; Staudinger/*Jickeli/Stieper*, § 93 Rn 33.
69 RGZ 62, 410.
70 Motive III, S. 41.
71 MüKo/*Holch*, § 93 Rn 16 ff; Staudinger/*Jickeli/Stieper*, § 93 Rn 22 ff.
72 BGHZ 104, 298; aA *Gaul*, NJW 1989, 2509. Zulässig soll es auch sein, durch den Zuschlagsbeschluss eine schuldrechtliche Verpflichtung des Erstehers zu begründen, wesentliche Bestandteile an jenen herauszugeben, der den Bestandteil von der Versteigerung ausschließen ließ, RGZ 150, 22, 25.
73 So BGHZ 104, 298, 304; RGZ 60, 319; 164, 200; ggf können entsprechende Rechtsgeschäfte aber in die Einräumung eines Aneignungsrecht nach § 140 umgedeutet werden, so Palandt/*Ellenberger*, § 93 Rn 4.
74 BGH MDR 1970, 576.
75 Staudinger/*Jickeli/Stieper*, § 93 Rn 23.
76 BayObLGZ 1979, 361, 364.
77 Staudinger/*Jickeli/Stieper*, § 93 Rn 23.
78 Auch in Gestalt einer Aneignungsgestattung zugunsten eines Dritten, der sich wesentliche Bestandteile einer Sache aneignen darf, Staudinger/*Wiegand*, § 956 Rn 9.

Im Rahmen der **Zwangsvollstreckung** ist nach § 808 Abs. 1 ZPO eine gesonderte Pfändung wesentlicher Bestandteile im Rahmen einer selbständigen Mobiliarvollstreckung ausgeschlossen; wesentliche Bestandteile unterfallen vielmehr der Immobiliarvollstreckung nach § 865 ZPO. 35

Bei der Auflassung eines Grundstücks kann ein Eigentumsübergang im Hinblick auf wesentliche Bestandteile nicht ausgeschlossen werden.[79] 36

Eine Ausnahme zu § 93 findet sich in § 96 (Rechte als Bestandteile).

Beachte: Das WEG statuiert in § 3 Abs. 1 (Vertragliche Einräumung von Sondereigentum) eine weitere Ausnahmeregelung, wonach das Miteigentum (§ 1008) an einem Grundstück durch Vertrag der Miteigentümer in der Weise beschränkt werden kann, dass jedem der Miteigentümer – abweichend von § 93 – **Sondereigentum** an einer bestimmten Wohnung oder an nicht zu Wohnzwecken dienenden Räumen in einem auf dem Grundstück errichteten oder zu errichtenden Gebäude eingeräumt wird (womit die im Sondereigentum stehenden Räume als selbständige Sachen qualifiziert werden können).[80] **Wohnungseigentum** ist nach § 1 Abs. 2 WEG das **Sondereigentum** an einer Wohnung in Verbindung mit dem Miteigentumsanteil an dem gemeinschaftlichen Eigentum, zu dem es gehört; **Teileigentum** ist das **Sondereigentum** an nicht zu Wohnzwecken dienenden Räumen eines Gebäudes in Verbindung mit dem Miteigentumsanteil am gemeinschaftlichen Eigentum, zu dem es gehört. 37

Das WEG sieht eine dinglich verselbständigte Untergemeinschaft an einzelnen Räumen oder Gebäudeteilen nicht vor, so dass diese gemäß § 93 auch nicht Gegenstand besonderer Rechte sein können. Eine abweichende Auffassung stünde in Widerspruch zu den Bemühungen des WEG, klar und überschaubar abgegrenzte Bereiche des Sondereigentums zu schaffen. Es bleibt den Wohnungseigentümern lediglich unbenommen, Einrichtungen und Aggregate, die nicht wesentliche Bestandteile des Gebäudes sind, in das Eigentum beliebiger Gruppierungen von Wohnungseigentümern zu stellen. Eine Ausnahme ist allgemein anerkannt nur für das sog. Nachbareigentum. Dieses ist gegeben, wenn eine nicht tragende Mauer, die also nicht zwingend nach § 5 Abs. 2 WEG Gemeinschaftseigentum ist, zwei Sondereigentumseinheiten von einander oder eine Sondereigentumseinheit vom Gemeinschaftseigentum trennt.[81]

Eine weitere **Ausnahme** zu § 93 bilden das Wohnungserbbaurecht bzw Teilerbbaurecht nach § 30 WEG sowie das Dauerwohn- oder Dauernutzungsrecht nach § 31 WEG als dingliche Sonderrechte,[82] weiterhin § 12 Abs. 1 ErbbauVO (Bestandteile von Rechten). 38

§ 810 ZPO gestattet auch die Pfändung ungeteilter Früchte, womit Verstrickung eintritt. Hinsichtlich des Pfändungspfandrechts begründet § 810 ZPO eine Ausnahmeregel gegenüber § 93 (die ein Pfandrecht an einem wesentlichen Bestandteil ermöglicht).[83] 39

Zum Sondereigentum an Gebäuden in den neuen Bundesländern vgl Art. 231 §§ 4 und 5 EGBGB. 40

Vgl zudem landesrechtliche Vorschriften nach Art. 65 (Wasserrecht), 66 EGBGB (Deich- und Sielrecht). 41

Aufgrund nach Inkrafttreten des BGB weiter geltenden Landesrechts kann nach Art. 182 EGBGB **Stockwerkseigentum** bzw nach Art. 181 EGBGB **Kellereigentum** fortbestehen. 42

§ 1 des Gesetzes zur Sicherung der Düngemittel- und Saatgutversorgung vom 19.1.1949[84] ermöglicht die Begründung eines gesetzlichen Pfandrechts an zum Verkauf bestimmten ungetrennten Früchten der nächsten Ernte (als wesentlichen Bestandteilen) – nicht jedoch an Wirtschaftsfrüchten.[85] 43

An wesentlichen Bestandteilen können Immaterialgüterrechte – Urheber- oder Patentrechte[86] – bestehen, was § 93 nicht ausschließt, der auf Sachenrechte beschränkt ist.[87] 44

Im Versicherungsrecht sind hinsichtlich der Abgrenzung der Gebäude- von der Hausratsversicherung nicht die §§ 93 ff, sondern versicherungsrechtliche Maßstäbe zugrunde zu legen.[88] 45

79 KG OLGZ 1980, 198.
80 Staudinger/*Jickeli*/*Stieper*, § 93 Rn 25.
81 Schleswig-Holsteinisches OLG DNotZ 2007, 620: Ein Mitsondereigentum an wesentlichen Bestandteilen von Gebäuden ist nach dem WEG grundsätzlich nicht anzuerkennen – im konkreten Fall eine Abwasserhebeanlage. Eine Ausnahme gilt nur für das Nachbareigentum.
82 Staudinger/*Jickeli*/*Stieper*, § 93 Rn 25.
83 Staudinger/*Jickeli*/*Stieper*, § 93 Rn 25; aA Baumbach/Lauterbach/*Hartmann*, ZPO, § 810 Rn 1: Anwartschaft auf das Pfandrecht bis zur Trennung der Frucht.
84 WiGBl 1949, S. 8 idF des Gesetzes v. 30.7.1951 (BGBl. I S. 476).
85 BGHZ 41, 6, 7.
86 RGZ 108, 129; 130, 242, 245; allerdings besteht *kein* Patentschutz für wesentliche Bestandteile von Grundstücken, da eine Patentfähigkeit von Grundstücken ausgeschlossen ist, so RG DR 1941, 1963.
87 Soergel/*Mühl*, § 93 Rn 24; Staudinger/*Jickeli*/*Stieper*, § 93 Rn 27.
88 OLG Köln NJW-RR 2000, 697; 1993, 861; BGH NJW-RR 1992, 793.

46 Andererseits sind **schuldrechtliche Vereinbarungen** über wesentliche Bestandteile statthaft,[89] bspw wenn diese (durch spätere Trennung von der Hauptsache) selbständige Sachen werden sollen.[90]

47 Sofern die Voraussetzungen von § 865 vorliegen, wird Teilbesitz an wesentlichen Bestandteilen anerkannt.[91]

48 Nach den §§ 946 ff erlöschen an einer Sache, die wesentlicher Bestandteil einer anderen wird, alle an ihr bestehenden Rechte (ohne Rücksicht darauf, ob die Beteiligten ggf etwas anderes wollen),[92] bspw ein Eigentumsvorbehalt des Verkäufers, sobald die von ihm gelieferte Sache wesentlicher Bestandteil der Hauptsache wird.[93]

49 Werden gleichwertige bewegliche Sachen zu wesentlichen Bestandteilen einer einheitlichen Sache zusammengefügt, entsteht nach § 947 Abs. 1 Miteigentum der früheren Sacheigentümer.

50 **Prozessuales**: Da die Eigenschaft als wesentlicher Bestandteil von der Verkehrsauffassung abhängig ist (Rn 14), kann darüber (sofern die Verkehrsauffassung nicht feststeht) Beweis erhoben werden.[94] Eine Beweiserhebung ist dann entbehrlich, wenn das Gericht den fraglichen Verkehrskreisen angehört und daher die Frage selbst beantworten kann.[95]

51 **2. Nicht-wesentliche Bestandteile.** Nicht-wesentliche Bestandteile – für die zunächst (ohne dass eine gesetzliche Regelung erfolgt ist) die Rechtslage sich nach jener der gesamten Sache beurteilt, der sie angehören,[96] – können Gegenstand besonderer dinglicher Rechte sein. Sie sind also **sonderrechtsfähig**. Infolgedessen kann an ihnen Sondereigentum oder Eigentumsvorbehalt begründet werden.[97] Begründete Sonderrechte bestehen auch dann fort, wenn der nicht-wesentliche Bestandteil mit anderen Sachen zusammengefügt wird – ohne als wesentlicher Bestandteil in der Gesamtsache aufzugehen.[98] Der Eigentümer des nicht-wesentlichen Bestandteils kann dann auch wieder Trennung seines nicht-wesentlichen Bestandteils von der zusammengesetzten Sache verlangen – es sei denn, ein Dritter hätte bei Weiterveräußerung der zusammengesetzten Sache nach Maßgabe der §§ 932 ff gutgläubig auch an dem nicht-wesentlichen Bestandteil Eigentum erworben. An nicht-wesentlichen Bestandteilen kann rechtsgeschäftlich auch ein Pfandrecht begründet werden.[99]

52 Nicht-wesentliche Bestandteile beweglicher Sachen sind im Rahmen der **Zwangsvollstreckung** nicht pfändbar. Der Eigentümer eines nicht-wesentlichen Bestandteils einer zusammengesetzten Sache kann im Zuge einer Zwangsvollstreckung gegen den Eigentümer der zusammengesetzten Sache Drittwiderspruchsklage nach § 771 ZPO erheben, da ihm ein die Veräußerung hinderndes Recht zur Seite steht.[100] Andererseits kann ein Gläubiger des Bestandteilseigentümers dessen Abtrennungs- oder Herausgabeanspruch gegen den Eigentümer einer zusammengesetzten Sache pfänden und sich zur Einziehung überweisen lassen (Pfändungs- und Überweisungsbeschluss, §§ 929, 935 ZPO).

Nach § 865 Abs. 2 ZPO ist die Pfändung von Grundstückszubehör unzulässig – weshalb (erst recht) die Pfändung von (ungetrennten nicht-wesentlichen) Grundstücksbestandteilen ausgeschlossen ist.[101]

VI. Einzelfälle (Rechtsprechungsübersicht zu den §§ 93 ff)

53 **1. Wesentliche Bestandteile.** Als wesentliche Bestandteile einer Sache (§ 93) bzw eines Grundstücks oder Gebäudes (§ 94) wurden von der Rechtsprechung anerkannt: Anbau eines Gebäudes,[102] Anschlussrohre, Antennen (die der Eigentümer eingefügt hat, § 94 Abs. 2),[103] (in ein Gebäude besonders eingepasster) Aufzug,[104] (im Boden tief verankerte) Baumstämme,[105] Be- und Entlüftungsanlagen (in Gaststätten),[106] Betriebs-

89 BGH NJW 2000, 504 – bspw der Verkauf einer fest mit dem Grundstück verbundenen Halle oder von Holz auf dem Stamm: Palandt/*Ellenberger*, § 93 Rn 4. Zur Begründung obligatorischer Rechte, die sich nur auf den wesentlichen Bestandteil beziehen: RG JW 1904, 139.
90 Erman/*Michalski*, § 93 Rn 15; MüKo/*Holch*, § 93 Rn 20.
91 RGZ 108, 269, 272 – arg.: Besitz als tatsächliche Sachherrschaft (§ 854 Abs. 1) – kein Sonderrecht. Umstritten ist allerdings die Möglichkeit einer Ersitzung auf der Grundlage von Teilbesitz am wesentlichen Bestandteil, bejahend Soergel/*Mühl*, § 93 Rn 23; aA Staudinger/*Jickeli*/*Stieper*, § 93 Rn 28: die Ersitzung verstoße gegen § 93 und § 937, wonach Eigentum nur an der gesamten Sache entstehen könne.
92 Palandt/*Ellenberger*, § 93 Rn 4.
93 RGZ 63, 422.
94 *Bergmann*/*Stretz*, NJW 1992, 1726, 1729.
95 Bamberger/Roth/*Fritzsche*, § 93 Rn 18.
96 RGZ 158, 362, 369; Soergel/*Mühl*, § 93 Rn 27; Staudinger/*Jickeli*/*Stieper*, § 93 Rn 34.
97 RGZ 69, 117, 120; MüKo/*Holch*, § 93 Rn 29; Staudinger/*Jickeli*/*Stieper*, § 93 Rn 34.
98 RGRK/*Kregel*, § 93 Rn 47; Staudinger/*Jickeli*/*Stieper*, § 93 Rn 34.
99 RGZ 69, 117, 120.
100 RGZ 144, 236.
101 RGRK/*Kregel*, § 93 Rn 48; Staudinger/*Jickeli*/*Stieper*, § 93 Rn 36.
102 BGH NJW 1987, 744.
103 BGH NJW 1975, 388.
104 RGZ 90, 200.
105 OLG Koblenz MDR 2009, 1157: Wenn Baumstämme für einen Hochseilgarten 2,60 Meter tief im Boden verankert mit Glockenmuffenrohren fixiert und anschließend die Gründungslöcher mit Füllmaterial verdichtet werden, handelt es sich um ein Bauwerk.
106 OLG Hamm NJW-RR 1986, 376.

einrichtungen,[107] Beleuchtungsanlagen,[108] Bierausschankanlage,[109] Blaufichte,[110] Blockheizung,[111] Bodenbelag,[112] Bootssteg,[113] Bremstrommel eines Lkws,[114] Dachgebälk,[115] Drainagenanlage,[116] Einbauküche,[117] Einbaumöbel,[118] Einbruchmeldeanlage,[119] Fahrgestelle,[120] Fenster (und Rahmen),[121] Fernmeldekabel,[122] Fertiggarage,[123] Fütterungs- und Lüftungsanlage,[124] Gewächshaus,[125] (einzelne Blätter nicht gebundener) Handelsbücher,[126] Häuserhälfte auf ungeteiltem Grundstück,[127] Heißwasseranlage,[128] Heizungsanlage,[129] (elektrischer) Herd,[130] Holzfertighaus,[131] (Kfz-)Karosserie,[132] Kies,[133] (elektrische) Leitungen,[134] Lukendeckel,[135] Markisen,[136] Maschinenanlage (eines wasserkraftbetriebenen Elektrizitätswerks),[137] Motorblock (im Verhältnis zum Gesamtmotor),[138] Notstromaggregat,[139] Pavillonaufbau,[140] (Einzelkomponenten eines kom-

107 OLG Schleswig MDR 1995, 1212: bei spezieller Anfertigung und Einfassung.

108 RGZ 58, 341; es sei denn, der Beleuchtungskörper musste nicht besonders eingepasst werden, RG Warn 1917, 264.

109 OLG Schleswig WM 1994, 1639: bei eingebauter Sonderanfertigung.

110 OLG Zweibrücken NZM 2005, 438 unter Bezugnahme auf BGH NJW 2000, 512 und 1975, 2061.

111 OLG Hamm MDR 2005, 387 – sofern für mehrere Gebäude. Vgl auch Brandenburgisches OLG CuR 2009, 59: Ein Blockheizkraftwerk ist idR wesentlicher Bestandteil des Wohngrundstücks, soweit der Einbau nicht nur zu einem vorübergehenden Zweck in Ausübung eines zeitlich befristeten Nutzungsrechts erfolgt, bei dem im Zeitpunkt des Einbaus schon feststeht, dass die Anlage nach Ablauf der vereinbarten Zeit wieder ausgebaut und entfernt werden soll und die Anlage dann noch über einen gewissen Wert verfügt.

112 LG Köln NJW 1979, 1608; AG Karlsruhe NJW 1978, 2602: Teppichboden, der im Auftrag des Eigentümers zugeschnitten und verlegt wurde (aA LG Oldenburg VersR 1988, 1285: bei bewohnbarem Untergrund). Dies gilt entsprechend für einen Linoleumbelag, Palandt/*Ellenberger*, § 93 Rn 5. Auf eine Abnutzung des Bodenbelags kommt es nicht an, RG JW 1935, 418.

113 BGH LM § 891 BGB Nr. 3: wesentlicher Bestandteil des Grundstücks, von dem er angelegt wurde.

114 OLG Hamm MDR 1984, 842 – arg.: gebrauchte Bremstrommeln können keiner sinnvollen Nutzung mehr zugeführt werden.

115 RGZ 62, 250.

116 BGH DB 1984, 113.

117 Bei Spezialanfertigung (OLG Zweibrücken NJW-RR 1989, 84), besonderer Einfassung (BFH DB 1971, 656) und Einbau bei ursprünglicher Herstellung (OLG Nürnberg MDR 1973, 758). *Beachte zudem*: In Deutschland besteht eine regionale Differenzierung dahin gehend, dass in Norddeutschland auch bei nachträglichem Einbau eine dauernde Einfügung beabsichtigt ist (vgl etwa BGH NJW-RR 1990, 586; OLG Celle NJW-RR 1989, 913), während in Süd- und Westdeutschland die Einbauküche beim Umzug eher mitgenommen wird (OLG Karlsruhe NJW-RR 1988, 459; OLG Düsseldorf NJW-RR 1994, 1039).

118 OLG Köln NJW-RR 1991, 1077, 1081: bei Sonderanfertigung.

119 OLG Hamm NJW-RR 1988, 923.

120 OGHZ 2, 389, 393; Erman/*Michalski*, § 93 Rn 6.

121 LG Lübeck NJW 1986, 2514: Eine Trennung von Innen- und Außenseiten von Fensterscheiben als Bestandteilen ist auch bei Thermopanverglasung nicht möglich.

122 OLG Jena OLG NL 2005, 83 – sofern in der Wohnung verlegt.

123 BFH NJW 1979, 392; aA FG Bremen NJW 1977, 606.

124 Niedersächsisches FG EFG 2009, 800: Bei durch feste Verschraubungen in einem Schweinestall eingebauten, technisch unproblematisch und zerstörungsfrei wieder ausbaubaren Anlagen zur Fütterung und Lüftung handelt es sich um „wesentliche Bestandteile" des Grund und Bodens, welche der Zweckbestimmung eines Schweinestalls als Gebäude entsprechen.

125 BGH LM § 94 BGB Nr. 16: bei Stahlkonstruktion.

126 KG Rpfleger 1972, 441.

127 BGH LM § 93 BGB Nr. 14.

128 LG Berlin NJW-RR 2004, 635.

129 BGHZ 53, 326; auch nachträglich eingebaute Zentralheizung in einem Wohngebäude; in einer Fabrik, OLG Hamm MDR 1975, 488; in einer Schule, BGH NJW 1979, 712; Wärmepumpe, BGH NJW-RR 1990, 158. Heizkörper und Ventile einer Heizungsanlage, FG Dessau EFG 2000, 188. Dazu näher auch *Hurst*, DNotZ 1984, 77 und 140.

130 BGHZ 40, 272; BGH NJW 1953, 1180.

131 LG Konstanz ZIP 1981, 512.

132 OLG Stuttgart NJW 1952, 145.

133 OLG Landshut NJW-RR 1990, 1037: der auf einer Parkfläche aufgebracht wurde.

134 RG JW 1932, 1199. Wohingegen Versorgungsleitungen und Hausanschlüsse grundsätzlich § 95 unterfallen.

135 OLGR Bremen 2005, 248: Lukendeckel mit einem Gewicht von 25-29 t/je Stück, die für ein Containerhochseeschiff speziell angefertigt worden sind, werden, wenn sie auf den Schiffsrumpf aufgelegt und mit Abhebesicherungen versehen sind, zum „wesentlichen Bestandteil" des Schiffes. Dies gilt sowohl unter dem rechtlichen Gesichtspunkt des § 93, da es an einem „Markt" für solche Lukendeckel fehlt, als auch unter dem Aspekt des § 94 Abs. 2 analog, weil die Lukendeckel zur Herstellung „des Schiffs eingefügt" sind.

136 Umstritten, so aber BFH BB 1990, 1185; *Schulte-Thoma*, RNotZ 2004, 64; aA hingegen FG Köln EFG 2003, 1648.

137 BayObLG Rpfleger 1999, 86.

138 BGHZ 18, 226 = NJW 1955, 1793; BGHZ 61, 80 = NJW 1973, 1454.

139 BGH NJW-RR 2001, 1632; BGH NJW 1987, 3178.

140 BGH NJW 1978, 1311.

plett gekauften) PC,[141] Schiffsmotor,[142] Scheiben einer Thermopanverglasung,[143] Schwimmbecken,[144] Sichtschutzzaun,[145] Slipanlage (einer Werft),[146] Spundwand,[147] Squash-Court,[148] Tiefgarage (unter zwei Grundstücken),[149] Videoüberwachungsanlage,[150] (festverklebter) Wandteppich,[151] Warmwasserbereiter,[152] (häusliche) Wasch- und Badeanlage[153] sowie Wurzeln und Zweige von Pflanzen.[154]

54 **2. Nicht-wesentliche Bestandteile.** Nicht als wesentlicher Bestandteil einer Sache (§ 93) bzw eines Grundstücks oder Gebäudes (§ 94) und damit als sonderrechtsfähig wurden von der Judikatur angesehen: ein (eingebautes) Autotelefon (im Verhältnis zum Kfz),[155] Baracken,[156] Baum,[157] die Bedienungsanleitung (eines PC[158] oder eines sonstigen technischen Geräts), ein Bett (im Schlafzimmer, wenn auf Sockeln montiert und mit Stromkabeln verbunden),[159] (Verhältnis) Bild zu Rahmen,[160] Betriebseinrichtungen,[161] Bierausschankanlage,[162] Brikettieranlage (einer Schreinerei zur Verarbeitung von Sägemehl im Verhältnis zur Heizungsanlage),[163] (mehrere funktionsmäßig verbundene, aber isoliert lauffähige) Computerprogramme,[164] Daten (oder Programme auf PC-Festplatten oder sonstigen überschreibbaren Datenträgern[165] – wobei nach hier vertretener Auffassung Daten bereits die Sacheigenschaft iSv § 90 fehlt [§ 90 Rn 18 ff]), Einbauküche,[166] Einbaumöbel,[167] Elektromotor (einer Förderanlage),[168] (reale) Flächenteile eines Grundstücks[169] sowie Straßen und Wege[170] (da durch das Ziehen von Grenzlinien diese jederzeit wieder in verschiedene Teile zerlegt werden können, ohne dass ihr Wesen dadurch irgendwie verändert würde),[171] Gastank,[172] Grab- und Grenzsteine,[173] Kegelbahnanlage,[174] (alte) Kfz-Teile (sofern sie aufgrund serienmäßiger Herstellung ersetz- und wiederverwendbar sind),[175] Kirchenglocke,[176] Kristallspiegel (im Schrank einer Gaststätte),[177] Ladegerät auf einem Schlepper,[178] Maschinen,[179] Matratzen (mit Lattenrost),[180] Messgeräte (aus Serienproduktion oder mit Kom-

141 OLG München NJW-RR 1992, 1269.
142 Bei normalen Motorschiffen, RGZ 152, 91, 98; BGHZ 26, 225, 227 = NJW 1958, 475 (unter der Geltung des Schiffregistergesetzes [dazu § 90 Rn 86] nach § 94 Abs. 2 wesentlicher Bestandteil des Schiffes, da zur Herstellung eingefügt, womit daran ein Eigentumsvorbehalt ausgeschlossen ist); krit. dazu *Graue*, BB 1959, 1283 (der für Zubehör plädiert); aA auch noch OLG Stettin LZ 1931, 1098 – Segelschiffshilfsmotor (nichtwesentlicher Bestandteil) bzw OLG Köln JW 1936, 466 – Motor eines Schiffskahns.
143 LG Lübeck NJW 1986, 2514.
144 BGH NJW 1983, 567.
145 LG Hannover NJW-RR 1987, 208: sofern ins Erdreich eingelassen.
146 OVG Bremen NJW-RR 1986, 955, 957.
147 BGH NJW 1984, 2569.
148 OLG München OLGZ 1989, 335.
149 BGH NJW 1982, 955: einheitliches Bauwerk.
150 OLG Schleswig-Holstein SchlHA 2006, 76 – einschließlich des Servers.
151 OLG Hamm VersR 1984, 673.
152 BGHZ 40, 272.
153 OLG Braunschweig NdsRpfl. 1955, 193.
154 LG Itzehoe NJW-RR 1995, 978.
155 OLG Köln MDR 1993, 1177.
156 BGHZ 8, 1, 5: Behelfsheim (arg.: § 95).
157 BGH NJW 2006, 1424: Ein Baum wird nach § 94 Abs. 1 S. 2 mit dem Einpflanzen „wesentlicher Bestandteil" des Grundstücks. Er kann deshalb gemäß § 93 nicht Gegenstand eigener Rechte sein. Daraus folgt nach ständiger Rechtssprechung des BGH, dass ein Baum, von dem Sonderfall der zum Verkauf bestimmten Bäume (vgl dazu OLG Hamm NJW-RR 1992, 1438, 1439; OLG München VersR 1995, 843, 844) abgesehen, auch kein eigenständiges schädigungsfähiges Rechtsgut darstellt, seine Beschädigung vielmehr nur als Schädigung des Grundstücks eine Ersatzverpflichtung auslöst (vgl BGHZ 143, 1, 6; BGH NJW 1953, 906, 907; 1975, 2061; BGH NuR 1991, 94).
158 Dazu zur *Megede*, NJW 1989, 2580, 2581.
159 OLG Köln NJW-RR 1991, 1077, 1082.
160 Erman/*Michalski*, § 93 Rn 16.
161 LG Aachen NJW-RR 1987, 272: Bäckerei.
162 OLG Celle MDR 1998, 463: soweit sie in einer Gaststätte jederzeit wieder entfernt werden kann.
163 Bamberger/Roth/*Fritzsche*, § 93 Rn 15.
164 OLG Hamm NJW-RR 1991, 953, 954.
165 Dazu näher *Lehmann/Köhler/Fritzsche*, Rechtsschutz und Verwertung von Computerprogrammen, 2. Aufl. 1993, XIII Rn 7.
166 OLG Karlsruhe NJW-RR 1986, 19; 1988, 459.
167 BFH NJW 1977, 648: wenn sie beim Auszug demontiert mitgenommen und an anderer Stelle wieder aufgebaut werden kann; OLG Düsseldorf OLGZ 1988, 115: aus serienmäßigen Teilen bestehende Schrankwand; OLG Schleswig NJW-RR 1988, 1459: vom Mieter angeschaffte Einbaumöbel (arg.: § 95).
168 OLG Köln NJW 1991, 2570.
169 BayObLG 24, 294; RG DJZ 1910, 1353.
170 RG JW 1910, 813.
171 Palandt/*Ellenberger*, § 93 Rn 3.
172 LG Gießen NJW-RR 1999, 1538.
173 Palandt/*Ellenberger*, § 93 Rn 6 – arg.: idR Scheinbestandteile.
174 BGH LM § 93 BGB Nr. 2.
175 OLG Karlsruhe MDR 1955, 413.
176 BGH NJW 1984, 2277.
177 LG Bonn NJW 1990, 1360, 1361.
178 OLG Hamburg BB 1957, 1246.
179 Meist handelt es sich bei Maschinen in einem Fabrikgebäude noch nicht einmal um „wesentliche Bestandteile", RG JW 1932, 1198; Palandt/*Ellenberger*, § 93 Rn 7, es sei denn, Maschine und Gebäude sind in ihrer Bauart aufeinander abgestimmt und bilden eine Einheit, RGZ 69, 121. Es kommt weder auf eine wesentliche Bedeutung der Maschine für das Unternehmen (RGZ 130, 266) noch darauf an, ob die Maschine mit einem eigenen Fundament versehen oder in einem eigenen Gebäude untergebracht ist (RG JW 1912, 129).
180 AG Esslingen NJW-RR 1987, 750.

patibilität zu Produkten unterschiedlicher Hersteller),[181] (serienmäßig hergestellte Kfz-) Motoren,[182] Motor (eines Förderbandes),[183] (zusätzlicher) Ölbrenner (an einer Kohlezentralheizung),[184] (Kfz-)Räder und andere serienmäßig hergestellte Kfz-Teile,[185] (Bus-)Reifen[186] und (Kfz-)Reifen sowie Sitze,[187] Sandkasten,[188] Schalter (eines Heizkissens),[189] Schaukel,[190] Schiffsradaranlage,[191] Schrankwand,[192] Schubladen (eines Schrankes),[193] (Bus-)Sitze,[194] Standardsoftware (im Verhältnis zu Standardhardware),[195] eine Statue,[196] (lose verlegter) Teppichboden,[197] Verkabelung und Zuwegung (eines Windparks)[198] oder (leicht abmontierbare bzw auswechselbare) Werkzeuge (wie bspw Bohrer).[199]

§ 94 Wesentliche Bestandteile eines Grundstücks oder Gebäudes

(1) [1]Zu den wesentlichen Bestandteilen eines Grundstücks gehören die mit dem Grund und Boden fest verbundenen Sachen, insbesondere Gebäude, sowie die Erzeugnisse des Grundstücks, solange sie mit dem Boden zusammenhängen. [2]Samen wird mit dem Aussäen, eine Pflanze wird mit dem Einpflanzen wesentlicher Bestandteil des Grundstücks.

(2) Zu den wesentlichen Bestandteilen eines Gebäudes gehören die zur Herstellung des Gebäudes eingefügten Sachen.

Literatur: *Costede*, Der Eigentumswechsel beim Einbau von Sachgesamtheiten, NJW 1977, 2340; *Danter*, Die Sicherungsübereignung von Windkraftanlagen als Scheinbestandteil eines fremden Grundstücks, WM 2002, 105; *Eichler*, Der unentschuldigte Überbau – BGHZ 41, 157, JuS 1965, 479; *Gaul*, Sachenrechtsordnung und Vollstreckungsordnung im Konflikt, NJW 1989, 2509; *Hodes*, Bauen unter Inanspruchnahme fremden Eigentums, NJW 1964, 2382; *Hurst*, Das Eigentum an Heizungsanlagen, DNotZ 1984, 66 und 140; *Klempt*, Eigentumsverhältnisse beim nicht entschuldigten Überbau, JZ 1969, 223; *Knütel*, Gegenstände im Grenzgelände – Zur Reichweite des § 94 Abs. 1 BGB, in: FS Medicus 1999, 259; *Ludwig*, Grenzüberbau bei Wohnungs- und Teileigentum, DNotZ 1983, 411; *Moritz*, Teppichboden als wesentlicher Bestandteil des Gebäudes, JR 1980, 55; *Peters*, Wem gehören die Windkraftanlagen auf fremdem Grund und Boden?, WM 2002, 110; *Thamm*, Der Untergang des Eigentumsvorbehalts wegen wesentlicher Bestandteilseigenschaft eines Grundstücks/Gebäudes, BB 1990, 866; *Thümmel*, Abschied vom Stockwerkseigentum, JZ 1980, 125; *Weimar*, Gebäude als Scheinbestandteile, BlGBW 1960, 308; *Woite*, Eigentumsverhältnisse beim unentschuldigten Grenzüberbau, MDR 1961, 895.

181 BGHZ 20, 154, 158 = NJW 1956, 945: bei serienmäßiger Herstellung oder Verwendbarkeit für Apparate unterschiedlicher Hersteller.
182 BGHZ 18, 226, 229 = NJW 1955, 1793: bei Serienherstellung (Serienmotor); Austauschmotor, BGHZ 61, 80, 81 f = NJW 1973, 1454; abl. *Pinger*, JR 1973, 473.
183 OLG Köln NJW 1991, 2570.
184 OLG Celle BB 1958, 134; OLG Stuttgart MDR 1959, 37.
185 OLG Karlsruhe MDR 1955, 413; OLG Stuttgart NJW 1952, 145; aA OLG Düsseldorf NZV 1994, 432.
186 BayObLG NVwZ 1986, 511.
187 OLG Bamberg MDR 1951, 29; OLG Stuttgart NJW 1952, 145.
188 BGH NJW 1992, 1101.
189 RGZ 130, 242, 245.
190 BGH NJW 1992, 1101.
191 LG Hamburg MDR 1958, 923.
192 OLG Schleswig NJW-RR 1988, 1459.
193 Jauernig/*Jauernig*, § 93 Rn 2.
194 BayObLG NVwZ 1986, 511.
195 OLG Koblenz NJW-RR 1994, 1206; offen gelassen von BGHZ 102, 135 = NJW 1988, 406.
196 OLG Frankfurt/M. NJW 1982, 653: im Garten aufgestelltes Bronzerelief.
197 LG Hamburg NJW 1979, 721: auch bei passendem Zuschnitt.
198 FG Schleswig-Holstein EFG 2010, 129: Die Verkabelung und Zuwegung eines Windparks sind selbständig bewertbare Wirtschaftsgüter.
199 RGZ 157, 244, 245; BGHZ 20, 154, 158 = NJW 1956, 945.

A. Allgemeines

1 Die Regelung des § 94, die einige Bestandteile eines Grundstücks (bei denen die Voraussetzungen des Akzessionsprinzips zutreffen) zu wesentlichen Bestandteilen erklärt,[1] zielt auf die Schaffung klarer Rechtsverhältnisse.[2] Der am Erwerb eines Grundstücks Interessierte soll durch bloßen Augenschein (und ohne Prüfung der Tatbestandsmerkmale des § 93) feststellen können, was zum Grundstück gehört.[3] Insoweit wird der Begriff des wesentlichen Bestandteils für Grundstücke konkretisiert, indem dieser auch erweitert wird.[4]

2 Weiterhin entscheidet § 94 darüber, ob einzelne Sachen der Mobiliar- oder der Immobiliarzwangsvollstreckung unterworfen sind.[5]

3 Neben der sachenrechtlichen Zuordnung erlangt § 94 auch im Schuldrecht (bspw für § 438 Abs. 1 Nr. 2, Abs. 2 bzw § 634 a Abs. 1 Nr. 2) sowie im Investitionszulagenrecht[6] Bedeutung.

4 Wenngleich Parteivereinbarungen an den gesetzlichen Vorgaben des § 94 nichts zu ändern vermögen, kommt es doch bei Abs. 2 (ebenso wie bei § 95, dort Rn 13) auf die **(subjektive) Willensrichtung** desjenigen an, der eine Sache mit einer anderen verbindet.[7]

5 § 94 ist **nicht** lex specialis gegenüber § 93. Daher können Bestandteile von Grundstücken und Gebäuden, die § 94 nicht als wesentliche Grundstücksbestandteile qualifiziert, über § 93 gleichwohl als wesentliche Bestandteile anzusehen sein.[8]

6 Hinsichtlich Gegenständen, die nach § 94 zu wesentlichen Bestandteilen erklärt worden sind, erübrigt sich aber eine Prüfung der tatbestandlichen Voraussetzungen des § 93, womit § 94 gegenüber § 93 eine eigenständige Bedeutung (wenngleich auch nicht den Charakter eines Spezialtatbestandes für Grundstücksbestandteile)[9] zukommt.[10] Eine Sache kann daher zugleich sowohl nach § 93 als auch nach § 94 „wesentlicher Bestandteil" sein.[11]

7 Für einen Gegenstand, der nach § 94 wesentlicher Bestandteil ist, resultieren die **Rechtsfolgen** aus § 93.

8 Auch auf das **Erbbaurecht** findet § 94 Anwendung mit der Folge, dass Bestandteile des Erbbaurechts gemäß § 12 Abs. 2 ErbbauVO nicht zugleich Grundstücksbestandteile sind; sie werden dies erst mit Erlöschen des Erbbaurechts (§ 12 Abs. 3 ErbbauVO).[12]

9 Bei Inkrafttreten des BGB noch bestehendes Keller-[13] und Stockwerkseigentum, bspw Art. 62 BayAGBGB (als Ausnahme zu § 94), ist nach Art. 181 f EGBGB bestehen geblieben.[14]

10 **Beachte**: Das Sachenrechtsbereinigungsgesetz (Art. 231 §§ 4 und 5 EGBGB) unternimmt den Versuch einer Integration des in den neuen Bundesländern noch bestehenden Sondereigentums in das alte Recht der Bundesrepublik Deutschland.

B. Regelungsgehalt

I. Wesentliche Bestandteile eines Grundstücks (Abs. 1)

11 Abs. 1 normiert eine **Erläuterung** und eine **Erweiterung** des Begriffs „wesentlicher Bestandteil" bei Grundstücken: Zu den wesentlichen Bestandteilen eines Grundstücks gehören entsprechend dem römisch-rechtlichen Grundsatz „superfices solo cedit" die mit dem Grund und Boden fest verbundenen Sachen, insbesondere Gebäude sowie die Erzeugnisse des Grundstücks, solange sie mit dem Boden zusammenhängen (so Abs. 1 S. 1) – unabhängig davon, durch wen die Verbindung hergestellt wurde und ob dies in berechtigter oder unberechtigter Weise geschah.[15]

12 Da zu den wesentlichen Bestandteilen eines Grundstücks auch Gebäude zählen, regelt Abs. 2 (Rn 26 ff) die wesentlichen Bestandteile von Gebäuden.

13 **1. Die feste Verbindung.** Die Frage, ob eine feste Verbindung (im Unterschied zu einer leicht lösbaren Verbindung)[16] gegeben ist, ist Tatfrage[17] und beurteilt sich nach der **Verkehrsauffassung**.[18] Eine feste Ver-

1 Staudinger/*Jickeli/Stieper*, § 94 Rn 1.
2 BGH NJW 1979, 712.
3 Palandt/*Ellenberger*, § 94 Rn 1.
4 Erman/*Michalski*, § 94 Rn 1; Soergel/*Mühl*, § 94 Rn 1; Staudinger/*Jickeli/Stieper*, § 94 Rn 2.
5 Bamberger/Roth/*Fritzsche*, § 94 Rn 1.
6 BFHE 122, 385, 386.
7 Palandt/*Ellenberger*, § 94 Rn 1.
8 RGZ 62, 248, 250; Bamberger/Roth/*Fritzsche*, § 94 Rn 1.
9 Staudinger/*Jickeli/Stieper*, § 94 Rn 2.
10 RGZ 63, 416, 418.
11 RGZ 62, 248, 251.
12 Staudinger/*Jickeli/Stieper*, § 94 Rn 3.
13 Staudinger/*Jickeli/Stieper*, § 93 Rn 25.
14 Näher *Thümmel*, JZ 1980, 125. Zur Möglichkeit einer Neubegründung von Stockwerkseigentum *Pause*, NJW 1990, 807; *Reithmann*, NJW 1992, 649.
15 BGH BB 1957, 166.
16 Dazu RG HRR 1932 Nr. 700.
17 RGZ 158, 362, 374.
18 Palandt/*Ellenberger*, § 94 Rn 2.

bindung setzt voraus, dass die Trennung Schwierigkeiten bereitet,[19] bspw zur physischen Zerstörung oder erheblichen Beschädigung (des abzulösenden Teils bzw des verbleibenden Grundstücks) oder zu einer Wesensveränderung der mit dem Grundstück verbundenen Sache (iSv § 93) führt,[20] bzw wenn die Trennung nur mit einem im Verhältnis zum Wert der Bestandteile unverhältnismäßigen Aufwand an Kosten und Mühen möglich ist.[21] Ggf können beide Möglichkeiten (Zerstörung oder starke Beschädigung einerseits, verhältnismäßig erhebliche Kosten und Mühen andererseits) auch zusammen vorliegen.[22] Bereits die Schwerkraft (dh das Eigengewicht) kann für die Annahme einer festen Verbindung ausreichend sein,[23] was bspw bei Fertighäusern angenommen wird[24] (die auf ein festes Fundament zu setzenden, vorgefertigten Bauelemente sind zunächst noch selbständige Sachen, die erst mit dem Einbau der Leitungssysteme zu wesentlichen Bestandteilen der neuen Sache iSv § 93 werden),[25] ebenso bei Fertiggaragen[26] bzw einer 7 x 23 qm großen und 22 m hohen Anlage.[27]

Eine feste Verbindung erfolgt regelmäßig durch eine (wenigstens teilweise) Einfügung in den Boden,[28] eine bloße Berührung des Bodens (bspw Kies auf einem Parkplatz)[29] reicht dann aus, wenn eine spätere Trennung Schwierigkeiten bereiten würde. **Unzureichend** ist hingegen idR eine **bloß mechanische Verbindung** der Sache mit dem Boden.[30] 14

Mehrere bewegliche Sachen, die bereits mit ihrer Zusammenführung ihre rechtliche Selbständigkeit verloren haben,[31] aber als Einheitssache mit dem Grund und Boden verbunden werden sollen, werden erst mit der Verbindung der zusammengesetzten Sache mit dem Grundstück zu Grundstücksbestandteilen.[32] 15

Beachte: **Versorgungsleitungen** auf nicht dem Versorgungsunternehmen gehörenden Grund und Boden sind als Scheinbestandteile und somit als Zubehör des Betriebsgrundstücks des Versorgungsunternehmens zu qualifizieren[33] – was gleichermaßen für Erdölfernpipelines gilt.[34] Verlaufen Versorgungsleitungen hingegen auf Grundstücken des Versorgungsunternehmens, handelt es sich um wesentliche Bestandteile iSv Abs. 1.[35] Dies soll gleichermaßen für einen privaten Abwasserkanal gelten.[36] 16

2. Der Gebäudebegriff. Abs. 1 S. 1 benennt beispielhaft Gebäude als „mit Grund und Boden festverbundene Sachen". 17

Unter den Begriff des **Gebäudes** (gleichermaßen bedeutsam für die Ausnahmeregeln in § 95 Abs. 1 S. 2 und Abs. 2) fallen Häuser und andere Bauwerke[37] (bspw Blockhäuser mit festem Fundament),[38] mithin jeder Baukörper (ohne Berücksichtigung der konkreten Nutzungsart – die allgemeine Zweckbestimmung als Bauwerk ist maßgeblich),[39] dh auch Betonfertiggaragen,[40] Brücken,[41] Fertiggaragen,[42] ein Gewächshaus aus Stahlkombination,[43] Mauern, Papillonaufbauten,[44] Tiefgaragen,[45] Toilettenhäuschen,[46] Windkraftanlagen[47] bzw (fest installierte) Zäune.[48] Unter diesen allgemeinen Gebäudebegriff fallen auch Bauwerke, die bei Berücksichtigung des § 95 (nur vorübergehender Zweck) als bewegliche Sachen gelten.[49] 18

19 Staudinger/*Jickeli*/*Stieper*, § 94 Rn 6: Schwierigkeiten, die über das bloße Ergreifen von Vorsichtsmaßnahmen hinausgehen.
20 Palandt/*Ellenberger*, § 94 Rn 2; Staudinger/*Jickeli*/*Stieper*, § 94 Rn 6.
21 RG WarnR 1932 Nr. 114; OLG Frankfurt/M. NJW 1982, 653, 654; RGRK/*Kregel*, § 94 Rn 4.
22 RG WarnR 1932 Nr. 114.
23 Vgl BFH NJW 1979, 392; Soergel/*Mühl*, § 94 Rn 9.
24 OLG Karlsruhe ZIP 1983, 330, 331; LG Konstanz ZIP 1981, 512.
25 Staudinger/*Jickeli*/*Stieper*, § 94 Rn 9.
26 BFH NJW 1979, 392; OLG Düsseldorf BauR 1982, 164, 165.
27 OLG Düsseldorf ZIP 1998, 701.
28 Bspw durch ein Fundament (BGHZ 104, 298, 300), *nicht* aber durch ein einfaches Einführen von Pfählen und Stangen in den Boden, so RGRK/*Kregel*, § 94 Rn 4.
29 LG Landshut NJW-RR 1990, 1037.
30 Bspw bloß angeschraubte Maschinen (RG JW 1909, 159), ein bloßes „Anzementieren" (RG JW 1912, 128) oder ein Verlegen von Gleisen (RG JW 1928, 1730).
31 Staudinger/*Jickeli*/*Stieper*, § 94 Rn 7.
32 RGZ 132, 346.
33 H.M., vgl etwa BGHZ 37, 353, 356; Staudinger/*Jickeli*/*Stieper*, § 94 Rn 8; aA noch RGZ 168, 288, 290: Wasserrohre als wesentliche Grundstücksbestandteile iSv § 94 Abs. 1.
34 Dazu *Olzen*, BB 1978, 1340.
35 So RGRK/*Kregel*, § 94 Rn 8; Soergel/*Mühl*, § 94 Rn 31; Staudinger/*Jickeli*/*Stieper*, § 94 Rn 8.
36 BGH NJW 1968, 2331: Grundstücksbestandteil.
37 Palandt/*Ellenberger*, § 94 Rn 3.
38 BGHZ 104, 298 = NJW 1988, 2789.
39 Staudinger/*Jickeli*/*Stieper*, § 94 Rn 4.
40 BFH NJW 1979, 392: selbst wenn sie nicht fest mit dem Boden verankert sind.
41 OLG Karlsruhe NJW 1991, 926.
42 Bamberger/Roth/*Fritzsche*, § 94 Rn 7.
43 BGH LM § 94 Rn 16.
44 BGH NJW 1978, 1311.
45 BGH NJW 1982, 756.
46 OLG München NJW-RR 1996, 654, 655.
47 Dazu *Ganter*, WM 2002, 105; *Winter*, ZfIR 2005, 441; aA hingegen *Peters*, WM 2002, 110. Vgl auch OLG Koblenz NotBZ 2007, 144 – LS: Eine Windkraftanlage ist kein Scheinbestandteil des Betriebsgrundstücks, wenn bei der Errichtung vereinbart wurde, dass der Grundstückseigentümer die Anlage nach Vertragsende übernehmen kann. Auch nach § 95 Abs. 1 S. 2 kann eine Windkraftanlage nur dann „Scheinbestandteil" sein, wenn bereits die Errichtung in Ausübung eines dinglichen Rechts am Grundstück erfolgte.
48 LG Hannover NJW-RR 1987, 208.
49 Erman/*Michalski*, § 94 Rn 8.

19 **Beachte**: Nicht alle Gebäude sind stets mit dem Grundstück fest verbunden, bspw leichte Fertigbauten wie Holzhütten für Gartenwerkzeuge.[50]

20 **3. Sonstige mit Grund und Boden fest verbundene Sachen.** Sonstige, dh nicht dem Gebäudebegriff unterfallende, mit Grund und Boden fest verbundene Sachen (und damit, vorbehaltlich § 95, wesentliche Grundstücksbestandteile) sind bspw Bäume[51] (und andere Pflanzen),[52] eine Berghalde (auf einem Bergbaugrundstück),[53] ein (80 cm in den Boden eingegrabener) Betonhöcker,[54] zum Bootssteg siehe Rn 49, Drainageanlagen,[55] Einfriedungsmauern, Fernleitungen,[56] Fundamente aller Art,[57] Gasometer,[58] Getreidereinigungs- und Getreideaufbereitungsanlagen (auf Spezialfundamenten verankert),[59] Grenzstein (der vom Eigentümer angebracht wurde),[60] Kies (der zur Erstellung einer Parkfläche aufgebracht wurde),[61] Mülltonnenschränke,[62] (verlegte) Pflastersteine,[63] Rohrleitungen (die im Grundstück verlegt und vom Erdreich verdichtet sind),[64] (im Boden eingelassenes und einbetoniertes) Schwimmbecken,[65] ein Turbinenhaus,[66] das Wasserleitungssystem in kommunalen Straßen und Grundstücken[67] sowie Tore und Zäune.[68]

Wasserleitungen werden mit ihrer Verlegung wesentlicher Bestandteil eines Straßengrundstücks. Das RG hat dahin erkannt, dass von einer Stadt in ihr gehörende Straßengrundstücke verlegte **Versorgungsleitungen** „wesentliche Bestandteile" des Straßengrundstücks sind.[69] Dies ist eine Folge der nicht zur Disposition der Beteiligten stehenden sachenrechtlichen Anordnungen in den §§ 93 bis 95 und in den §§ 946 bis 950. Eine Versorgungsleitung wird danach gemäß § 94 Abs. 1 S. 1 durch die Verlegung in ein dem Versorgungsträger gehörendes Grundstück zu einem „wesentlichen Bestandteil" des Grundstücks. Das Eigentum daran erstreckt sich nach § 946 auf die ehemals selbständige Sache.[70] Die gesetzlichen Folgen aus der festen Verbindung einer beweglichen Sache mit dem eigenen Grundstück treten nur dann nicht ein, wenn einer der in § 95 Abs. 1 genannten zwei Ausnahmetatbestände vorliegt, was jedoch beim Einbau einer Wasserversorgungsleitung durch eine Gemeinde in ein ihr gehörendes Straßengrundstück idR nicht zutrifft. Eine in einem Straßengrundstück verlegte Versorgungsleitung kann nach denselben Grundsätzen zum Scheinbestandteil bestimmt und auf den neuen Versorgungsträger übereignet werden, nach denen ein Scheinbestandteil nach § 95 Abs. 1 „wesentlicher Bestandteil" eines Grundstücks werden kann.[71] Hierfür bedarf es eines nach außen hin in Erscheinung tretenden Willens des Eigentümers des Scheinbestandteils, dass die Verbindung nunmehr auf Dauer gewollt ist.[72] Diese Umwandlung wird entsprechend § 929 S. 2 durch die Einigung herbeigeführt,[73] dass mit dem Übergang des Eigentums zugleich der Zweck der Verbindung geändert und die bisher rechtlich selbständige Sache künftig ein „Bestandteil" des Grundstücks sein soll.[74]

21 Demhingegen hat die Judikatur eine **wesentliche Bestandteilseigenschaft verneint** bei Fossilienfunden,[75] einem (aus dem Boden aufgrabbaren oder im Gebäude sich befindlichen) Gastank,[76] einem (auf dem Grundstück aufgestellten) Kunstwerk,[77] Sandkasten und Schaukel,[78] Versorgungsleitungen aller Art,[79] Wasserzäh-

50 Bamberger/Roth/*Fritzsche*, § 94 Rn 7.
51 BGHZ 20, 85, 97 = NJW 1956, 748; OLG Düsseldorf NJW-RR 1997, 856. Ein Baum wird nach § 94 Abs. 1 S. 2 mit dem Einpflanzen „wesentlicher Bestandteil" des Grundstücks. Er kann deshalb gemäß § 93 nicht Gegenstand eigener Rechte sein: so BGH NJW 2006, 1424.
52 BGH NJW 1992, 1101, 1102.
53 OVG Münster NuR 1985, 286.
54 BGH NJW 1978, 1311.
55 BGH DB 1984, 113.
56 BGHZ 37, 353, 358 – die im Falle einer Verlegung in einem fremden Grundstück allerdings grundsätzlich § 95 unterfallen, so Palandt/*Ellenberger*, § 94 Rn 3 – dazu noch nachstehend § 95 Rn 43 ff.
57 BGH NJW 1978, 1311.
58 RG WarnR 1932, 114.
59 OLG Düsseldorf ZIP 1998, 701.
60 Bamberger/Roth/*Fritzsche*, § 94 Rn 8; aA Palandt/*Ellenberger*, § 94 Rn 6 – arg.: § 95.
61 LG Landshut NJW-RR 1990, 1031.
62 BGH NJW 1992, 1101, 1102.
63 OLG Hamm JZ 1998, 322.
64 OLG München OLGR 1995, 2.
65 BGH NJW 1983, 567.
66 OLG Karlsruhe OLGZ 1989, 341.
67 RGZ 168, 290.
68 LG Hannover NJW-RR 1987, 208.
69 RGZ 168, 288, 290; dem RG folgend BGHZ 37, 353, 358.
70 So RGZ 168, 288, 290; BGHZ 37, 353, 358.
71 BGHZ 165, 184 = NJW 2006, 990.
72 BGH NJW 1987, 774; 1980, 721; BGH WM 1971, 822, 824; BGHZ 23, 57, 60.
73 BGHZ 165, 184 = NJW 2006, 990: Auch hier erfolgt die sachenrechtliche Umwandlung von einem ehemals wesentlichen Bestandteil zu einer selbständigen Sache durch eine Übereignung entsprechend § 929 S. 2, ohne dass es einer Trennung der Leitung vom Straßengrundstück bedarf (in Fortführung von BGHZ 37, 353, 359).
74 BGH NJW 1987, 774; BGHZ 23, 57, 60. Vgl auch LG Frankfurt/Oder CuR 2009, 107 zum Eigentumserwerb des Grundstückseigentümers an Anlagenteilen des Fernwärmeversorgers nach Beendigung der Wärmelieferung durch Verbindung mit einer eigenen Heizanlage.
75 BVerwG NJW 1997, 1172 – arg.: § 19 a Denkmalschutzgesetz Rheinland-Pfalz als vorrangige Sonderregelung gegenüber §§ 93 f.
76 LG Gießen NJW-RR 1999, 1538.
77 BGH NJW 1982, 653, 654: Bildstock.
78 BGH NJW 1992, 1101, 1102 – arg.: § 95.
79 Bamberger/Roth/*Fritzsche*, § 94 Rn 9.

lern (die von der Gemeinde ohne Übereignung überlassen wurden)[80] oder (regelmäßig auch) Windkraftwerken.[81]

22 **4. Erzeugnisse.** Wesentliche Bestandteile des Grundstücks nach Abs. 1 S. 1 sind auch die „Erzeugnisse" (solange sie mit dem Boden zusammenhängen).[82] Als Erzeugnisse (die Begrifflichkeit ist enger als jene der „Frucht" iSv § 99) sind **natürliche Boden- und Pflanzenprodukte**, wie bspw Getreide, Holz auf dem Stamm[83] oder Obst (aber auch Unkraut),[84] zu verstehen.[85] Erzeugnisse können so lange nicht Gegenstand besonderer Rechte sein, als sie noch mit dem Boden zusammenhängen (zB keine Übereignung von Holz auf dem Stamm).[86] Die §§ 953 ff (Erwerb von Erzeugnissen und sonstigen Bestandteilen einer Sache) regeln den Eigentumserwerb an Erzeugnissen.

23 Unter die Begrifflichkeit „Erzeugnisse" fallen hingegen **nicht** Teile der Substanz, die den Grund und Boden ausmacht (**unmittelbare Bodenbestandteile**), wie zB Kies, Lehm, Sand, Steine, Torf oder Ton.[87] Letztere können als unmittelbare Substanzteile des Grundstücks (schon von Natur aus) nicht Gegenstand besonderer dinglicher Rechte sein,[88] da sie vom Grundstück rechtlich nicht getrennt werden können.[89]

24 Wird Sand hingegen abgebaut oder aus dem Erdreich herausgebaggert, verselbständigt er sich von der Erdmasse und erlangt eigenständige Sachqualität, womit er mit der Ablagerung auf einem anderen Grundstück (durch feste Verbindung mit der Erdoberfläche) zu dessen wesentlichem Bestandteil werden kann.[90]

25 **5. Samen und Pflanzen.** **Samen** (als Keim künftiger Bodenerzeugnisse) wird nach Abs. 1 S. 2 (bereits) mit dem Aussäen (und nicht erst mit dem Anwurzeln),[91] eine **Pflanze** mit dem Einpflanzen „wesentlicher Bestandteil des Grundstücks" – ohne Rücksicht darauf, wer eingesät oder eingepflanzt hat (wobei allerdings für Pflanzen von Gärtnereien und Baumschulen die Regelung des § 95 eingreifen kann)[92] und ob der Samen keimt oder die Pflanze Wurzeln schlägt.[93] Damit tritt ihre **Sonderrechtsunfähigkeit** ein. Entwickeln sich aus dem Samen Pflanzen, sind sie dem Grundstück, auf dem sie an die Oberfläche treten, zugehörig.[94]

II. Wesentliche Bestandteile von Gebäuden (Abs. 2)

26 Abs. 2 trifft eine **Erweiterung** des Begriffs „wesentlicher Bestandteil", indem zu den wesentlichen Bestandteilen eines **Gebäudes** auch die zur Herstellung des Gebäudes eingefügten Sachen gehören (die damit auch wesentliche Bestandteile des Grundstücks nach Abs. 1 S. 1 sind); es sei denn, es handelt sich um selbständige Sachen (die nach der Verkehrsanschauung nicht Bestandteil einer zusammengesetzten Sache werden können,[95] bspw auch eine Kirchenglocke in einer Kapelle)[96] oder solche, die nur zu einem vorübergehenden Zweck in das Gebäude eingefügt worden sind (§ 95 Abs. 2).

27 Wenn ein Gebäude nach Abs. 1 S. 1 selbst wesentlicher Bestandteil eines Grundstücks ist, sind seine wesentlichen Bestandteile nach Maßgabe des Abs. 2 zugleich solche des Grundstücks.[97]

28 Abs. 2 gelangt – über seinen Wortlaut hinaus – auch auf **Bestandteile sonstiger Bauwerke** zur Anwendung[98] (bspw Brücken).

Es entspricht allgemeiner Auffassung, dass an Einbauten im Bereich des Sondereigentums durchaus Gemeinschaftseigentum entsteht, sofern das Bauteil „wesentlicher Bestandteil" des Gebäudes wird (§ 94 Abs. 2) und seine konstruktiven Bestandteile zwingend in Gemeinschaftseigentum stehen.[99] Dies hat bspw das OLG Düsseldorf in einer Entscheidung vom 4.11.2005[100] in Bezug auf einen auf einer Terasse aufgebauten Wintergarten angenommen. In gleicher Weise entspricht es allgemeiner Auffassung, dass die oberste Schicht eines Balkon- oder Terrassenaufbaus, der lediglich zur Verschönerung oder leichteren Begehbarkeit dient und keine Funktion in Bezug auf die Abdichtung oder Dämmung hat, dem Sondereigentum zuzurechnen ist.[101]

29 **1. Der Gebäudebegriff des Abs. 2.** Der Gebäudebegriff nach Abs. 2 umfasst – über jenen des Abs. 1 S. 1 (Rn 17 ff) hinausgehend – auch Bauwerke, die aufgrund von § 95 (Verbindung oder Einfügung nur zu vorüber-

80 BayVerfGH NVwZ 1982, 368.
81 LG Flensburg WM 2002, 2112, 2113.
82 Staudinger/*Jickeli*/*Stieper*, § 94 Rn 11.
83 RGZ 80, 232.
84 *Schmid*, NJW 1988, 29.
85 Palandt/*Ellenberger*, § 94 Rn 3.
86 Staudinger/*Jickeli*/*Stieper*, § 94 Rn 11.
87 MüKo/*Holch*, § 94 Rn 11; Palandt/*Ellenberger*, § 94 Rn 3.
88 So MüKo/*Holch*, § 94 Rn 5.
89 Palandt/*Ellenberger*, § 94 Rn 3; Soergel/*Mühl*, § 94 Rn 9.
90 Staudinger/*Jickeli*/*Stieper*, § 94 Rn 14.
91 Palandt/*Ellenberger*, § 94 Rn 4.
92 Staudinger/*Jickeli*/*Stieper*, § 94 Rn 12.
93 RGRK/*Kregel*, § 94 Rn 11.
94 OLG Düsseldorf OLGZ 1978, 190, 191; *Schmid*, NJW 1988, 28, 30.
95 Bspw Türschlüssel, Staudinger/*Jickeli*/*Stieper*, § 94 Rn 20.
96 BGH NJW 1984, 2277.
97 Palandt/*Ellenberger*, § 94 Rn 5.
98 OLG Karlsruhe NJW 1991, 926; MüKo/*Holch*, § 94 Rn 13; Soergel/*Mühl*, § 94 Rn 19; Staudinger/*Jickeli*/*Stieper*, § 94 Rn 4.
99 OLG Celle ZMR 2007, 55.
100 Az: I-3 Wx 92/05.
101 Staudinger/*Rapp*, WEG, § 5 Rn 25.

gehenden Zwecken) bzw weil eine feste Verbindung mit Grund und Boden fehlt, nicht wesentlicher Grundstücksbestandteil iSv Abs. 1 S. 1 sind.[102]

30 Abs 2 findet **analoge Anwendung** auf **Schiffe**, die im Schiffsregister eingetragen sind. Dies wird damit begründet, dass dem Schiffsregister in weitem Umfang dieselben Funktionen zukommen wie dem Grundbuch.[103] Lukendeckel mit einem Gewicht von 25 bis 29 t/je Stück, die für ein Containerhochseeschiff speziell angefertigt worden sind, werden, wenn sie auf den Schiffsrumpf aufgesetzt und mit Abhebesicherungen versehen sind, zum „wesentlichen Bestandteil" des Schiffes.[104] **Umstritten** ist, ob eine analoge Anwendung auch für **eingetragene Luftfahrzeuge** in Betracht kommt.[105]

31 **2. Die Einfügung zur Herstellung.** Eingefügt zur Herstellung des Gebäudes sind – unabhängig vom Zeitpunkt (bspw bereits bei Gebäudeerrichtung oder erst später, nachträglich im Rahmen einer Reparatur)[106] und dem Grund (bspw auch im Zuge eines An- oder Umbaus oder einer Renovierung)[107] der Einfügung – all jene Sachen, ohne die das Gebäude (Rn 29) nach der Verkehrsanschauung als noch nicht fertig gestellt anzusehen wäre.[108] Als zur Herstellung eingefügt kommen neben Baumaterialien[109] auch das Fundament oder Aufbauten, die nach der Verkehrsauffassung zusammen erst das Gebäude bilden,[110] in Betracht. Darüber hinaus (dh über die zur eigentlichen Fertigstellung des Gebäudes erforderlichen Sachen) können auch Einrichtungs- und sonstige Ausstattungsgegenstände „eingefügt" worden sein.[111] Dies ist dann der Fall, wenn sie dem Baukörper entweder besonders angepasst wurden (und aus diesem Grunde mit ihm eine Einheit bilden)[112] oder dem Bauwerk ein besonderes Gepräge geben.[113] Es kann sogar die Prägung eines einzelnen, das Gebäude seinerseits prägenden Raums ausreichend sein.[114] Eine technische Einrichtung ist „eingefügt" mit der Installation.[115] Der Server einer Videoüberwachungsanlage in einem Einkaufszentrum gehört damit zu den „wesentlichen Bestandteilen des Gebäudes" mit der Folge, dass der Gebäudeeigentümer gemäß §§ 946, 94 Abs. 2 mit dem „Einfügen" auch Eigentum an der Anlage erwirbt.[116] „Einfügen" iSv § 94 Abs. 2 setzt begrifflich keine feste Verbindung voraus. Es genügt, wenn zwischen der Sache und dem Gebäude ein räumlicher Zusammenhang hergestellt ist.[117] Hingegen führt eine bloß mechanische Verbindung einer Niederspannungsschaltanlage durch Anschrauben nicht zu einer „festen Verbindung" iSd § 94. Diese entsteht erst mit dem Anschluss an das in dem Gebäude verlegte Kabelnetz, da eine Anlage regelmäßig erst mit ihrer Installation „eingefügt" ist.[118]

32 Ob die eingefügten Sachen zur Herstellung des Gebäudes „erforderlich" waren oder ob sie reiner Luxus sind, ist unerheblich.[119]

33 Die Einfügung setzt weder eine feste Verbindung (objektive Festigkeit der Verbindung)[120] voraus, da es hinsichtlich Abs. 2 nicht auf die Art der Verbindung, sondern auf ihren Zweck ankommt,[121] noch muss die beabsichtigte Verbindung schon vollständig hergestellt worden sein.[122] Ein räumlicher Zusammenhang mit dem Gebäude sowie eine Anpassung des Gegenstands an das Gebäude reichen aus,[123] womit Dachziegel, Fensterflügel oder Türen als „wesentliche Bestandteile" des Gebäudes qualifiziert werden können.[124] Werden

102 Palandt/*Ellenberger*, § 94 Rn 5.
103 Vgl BGHZ 26, 225, 228 = NJW 1958, 475; mit der Folge, dass der Motor eines im Schiffsregister eingetragenen Schiffes (anders als der eines Kfz, Bamberger/Roth/*Fritzsche*, § 94 Rn 23) „wesentlicher Bestandteil" des Schiffes ist, Palandt/*Ellenberger*, § 94 Rn 5.
104 OLGR Bremen 2005, 248: Dies gilt sowohl unter dem rechtlichen Gesichtspunkt des § 93, da es an einem „Markt" für solche Lukendeckel fehlt, als auch unter dem Aspekt des § 94 Abs. 2 analog, weil die Lukendeckel zur Herstellung des Schiffs eingefügt sind.
105 Ablehnend Palandt/*Ellenberger*, § 94 Rn 5; vgl auch *Schmid/Burgk/Schölermann*, WM 1990, 1143, wonach Motoren von Luftfahrzeugen keine „wesentlichen Bestandteile" sind, sondern Sonderrechtsfähigkeit genießen.
106 RG JW 1932, 1197.
107 BGHZ 53, 324, 326 = NJW 1970, 895.
108 BGH NJW 1979, 712; 1984, 2277; 1992, 1162; Jauernig/*Jauernig*, § 94 Rn 3; MüKo/*Holch*, § 94 Rn 13; Soergel/*Mühl*, § 94 Rn 22.
109 BGH NJW-RR 1991, 343, 344.
110 BGH NJW 1978, 1311.
111 Bamberger/Roth/*Fritzsche*, § 94 Rn 17.
112 RGZ 67, 30, 34; 130, 264, 266.
113 RGZ 90, 198, 201; BGHZ 53, 324, 325 = NJW 1970, 895; BGH NJW 1987, 2277, 2278; 3178; BGH NJW-RR 1990, 586, 587.
114 So BGH LM § 93 Rn 2; MüKo/*Holch*, § 94 Rn 24.
115 OLG Schleswig SchlHA 2006, 76.
116 OLG Schleswig SchlHA 2006, 76.
117 BFH BStBl II 2000, 150; FG Dessau EFG 2001, 96.
118 Brandenburgisches OLG Urt. v. 11.7.2007 – 4 U 197/06.
119 RGZ 90, 198, 201; 150, 22, 26.
120 RGRK/*Kregel*, § 94 Rn 16.
121 So BGHZ 36, 46, 50; BGH NJW 1978, 1311.
122 Palandt/*Ellenberger*, § 94 Rn 7 – unter Bezugnahme auf RGZ 62, 250: Gebälk des Dachstuhls ist auch schon vor der Verankerung im Mauerwerk „wesentlicher Bestandteil"; OLG Naumburg OLGZ 28, 16: Mit der Einsetzung von Türen und Fenstern zwecks Einpassung werden sie zum „wesentlichen Bestandteil", auch wenn sie kurzfristig nochmals herausgenommen werden (anders – vorübergehendes probeweises Einsetzen – LG Konstanz NJW-RR 1997, 499).
123 Soergel/*Mühl*, § 94 Rn 22; Staudinger/*Jickeli/Stieper*, § 94 Rn 20.
124 RGZ 60, 421, 423; 150, 22, 27.

Sachgesamtheiten eingebaut, werden die einzelnen Teile bereits mit ihrer Einfügung „wesentlicher Bestandteil“, die Fertigstellung der Gesamtanlage muss nicht zugewartet werden.[125]

Das Tatbestandsmerkmal „zur Herstellung des Gebäudes“ stellt zum einen subjektiv auf den Willen des Einfügenden ab,[126] zum anderen objektiv auf die angestrebte wirtschaftliche Funktion des Gebäudes.[127] 34

Die Bestimmung erfolgt also nicht nur nach technischen Gesichtspunkten. Vielmehr ist eine natürliche wirtschaftliche Betrachtungsweise zugrunde zu legen unter Mitberücksichtigung der Verkehrsauffassung und der Umstände des Einzelfalles.[128] Hilfreich ist hier die Frage: Waren die Sachen zur Fertigstellung des Bauwerks als solches erforderlich?[129] 35

Unzureichend ist es allerdings, wenn die Sache lediglich auf das Grundstück verbracht und für den Einbau vorbereitet[130] bzw nur probeweise eingefügt wird,[131] Platten nur an das Gebäude angefügt werden,[132] provisorisch eingehängte Türen (die noch einer Anpassung für den endgültigen Einbau bedürfen)[133] oder Türen (probeweise) zur Überprüfung der Ordnungsgemäßheit der Handwerksleistung eingehängt werden.[134] Allerdings soll es ausreichen, wenn ein Gewächshaus auf das dafür vorgesehene Fundament aufgesetzt wird.[135] Andererseits sind Sachen (Türen) selbst dann „eingefügt“, wenn sie komplett eingepasst sind, später aber noch einmal zwecks Einbaus von Schlössern oder zum Lackieren entfernt werden.[136] 36

Ob ein Gebäude im vorbeschriebenen Sinne als „fertig gestellt“ anzusehen ist, beurteilt sich unter Berücksichtigung seiner Beschaffenheit und seines Zwecks[137] mit der Folge, dass sowohl die Teile, die für die Herstellung notwendig sind,[138] als auch „überflüssiger Zierrat“ wesentlicher Bestandteil werden können.[139] 37

Beachte: Ausstattungen und Einrichtungen werden nach Abs. 2 aber nur dann wesentlicher Bestandteil, wenn eine besondere Anpassung an den Baukörper erfolgt ist (aufgrund deren sie mit diesem eine Einheit bilden)[140] bzw wenn sie dem Gebäude ein bestimmtes Gepräge oder eine besondere Eigenart verleihen.[141] 38

3. Rechtsfolgen der Einfügung. Wird die Sache zur Herstellung des Gebäudes eingefügt, gehört sie zu den „wesentlichen Bestandteilen“ des Gebäudes und verliert ihre Selbständigkeit. 39

4. Beispielsfälle „wesentlicher Bestandteile“ iSv Abs. 2. Die Judikatur hat als „wesentliche Bestandteile“ iSv Abs. 2 folgende Gegenstände anerkannt: (vom Eigentümer montierte) Antenne[142] (oder Satellitenschüssel),[143] Aufzüge,[144] Außenjalousien (sofern maßgefertigt und in die Fassade integriert),[145] Bade- und 40

125 Umstritten, so aber Palandt/*Ellenberger*, § 94 Rn 7 für den Fall einer Heizungsanlage; aA *Costede*, NJW 1977, 2340.

126 RGZ 158, 362, 376.

127 RGZ 50, 241, 244; 90, 198, 200; aA eine engere Auffassung des § 94 Abs. 2 (Herstellung des reinen Baukörpers), so RG JW 1911, 574; ebenso RGRK/*Kregel*, § 94 Rn 14. Differenzierend Staudinger/*Jickeli/Stieper*, § 94 Rn 22: Es komme darauf an, ob das Gebäude auf eine bestimmte Verwendung speziell ausgerichtet sei oder ob es unterschiedlichen Zwecken dienen kann. „Nur im ersteren Falle verdient der Rechtsverkehr Vertrauensschutz dahin, dass die zur Zweckerreichung eingefügten Sachen dieselbe Rechtslage aufweisen wie der Baukörper selbst, sie also dessen wesentliche Bestandteile geworden sind“ – unter Bezugnahme auf *Thamm*, BB 1990, 867. Bei einem Gebäude mit Eignung für verschiedene Verwendungszwecke ist *Dilcher* (aaO) der Auffassung, dass für eine bestimmte Nutzungsweise aufgestellte Maschinen *nicht* zur Herstellung des Gebäudes eingefügt und damit nicht wesentliche Bestandteile des Gebäudes geworden sind: Serienmaschinen und genormte Raumausstattungen seien selbständige Sachen oder nicht-wesentliche Bestandteile.

128 Bamberger/Roth/*Fritzsche*, § 94 Rn 16.

129 RGZ 90, 198, 200; BGH NJW 1984, 2277, 2278; MüKo/*Holch*, § 94 Rn 13; RGRK/*Kregel*, § 94 Rn 13.

130 RG Warn 1915 Nr. 6 – vgl aber auch BGH NJW 1979, 712, wonach ein Heizkessel bereits dann zum „wesentlichen Bestandteil“ wird, wenn er an die Stelle in einem Rohbau verbracht wird, der nach den baulichen und betrieblichen Erfordernissen für ihn bestimmt ist. Ebenso LG Berlin NJW-RR 2004, 635.

131 Soergel/*Mühl*, § 94 Rn 23.

132 BGHZ 36, 46, 51.

133 LG Konstanz NJW-RR 1997, 499.

134 RG WarnR 1915 Rn 6.

135 BGH NJW 1978, 1311: Einfügung iSv § 94 Abs. 2.

136 OLG Naumburg OLGZ 28 (1914), 15, 16. Vgl auch BGH NJW 1979, 712: am endgültigen Platz aufgestellter Heizkessel, der noch nicht vollständig angeschlossen ist.

137 BGHZ 53, 324.

138 RGZ 90, 201; 150, 26.

139 Palandt/*Ellenberger*, § 94 Rn 6.

140 BGH NJW 1984, 2277.

141 BGHZ 53, 324; BGH NJW 1987, 3178; zudem Palandt/*Ellenberger*, § 94 Rn 6.

142 BGH NJW 1975, 688; nach Bamberger/Roth/*Fritzsche* (§ 94 Rn 20) „mittlerweile eher zweifelhaft, da ein Haus nach der Verkehrsanschauung wegen der Möglichkeit eines Kabelanschlusses auch ohne Antenne fertig gestellt sein kann“.

143 Bamberger/Roth/*Fritzsche*, § 94 Rn 20.

144 RGZ 90, 198, 200; LG Freiburg MDR 1957, 419.

145 VG Karlsruhe VBlBB 1989, 468.

Waschanlagen in Wohnhäusern[146] und Hotels,[147] Blockkraftheizwerk,[148] Dach(-Gebälk),[149] Einbauküchen,[150] (nicht nur auf Putz montierte) Einbruchmeldeanlage,[151] (Be- und) Entlüftungsanlagen (in Gaststätten),[152] Fenster und Rahmen,[153] Heizungsanlagen,[154] Kletterwand an einer Sporthalle,[155] Kompressoranlage,[156] Küchenherd,[157] Legehennenbatterie (in einem Stallgebäude),[158] Leitungen (bspw eigene Strom- und Rohrleitungen),[159] Licht- und Tonanlagen (einer Diskothek),[160] Markise (einer Schneiderei),[161] Maschinenanlage[162] (eines wasserkraftbetreibenden Elektrizitätswerks),[163] Notstromaggregat,[164] Rolltreppen,[165] sanitäre Einrichtungen,[166] Squash-Court (in Squash-Halle),[167] Teppichboden (Bodenbelag),[168] Wärmepumpen,[169] Wärmeversorgungs- (und Heizungs-) anlagen,[170] Warmwasseraufbereitungsanlagen,[171] Waschtisch[172] bzw

146 BGHZ 40, 272, 275 = NJW 1964, 399.

147 RG WarnR 1933 Nr. 21.

148 Brandenburgisches OLG CuR 2009, 59: Ein Blockheizkraftwerk ist regelmäßig „wesentlicher Bestandteil" des Wohngrundstücks, soweit der Einbau nicht nur zu einem vorübergehenden Zweck in Ausübung eines zeitlich befristeten Nutzungsrechts erfolgt, bei dem im Zeitpunkt des Einbaus schon feststeht, dass die Anlage nach Ablauf der vereinbarten Zeit wieder ausgebaut und entfernt werden soll und die Anlage dann noch über einen gewissen Wert verfügt.

149 RGZ 62, 248, 250.

150 OLG Celle NJW-RR 1989, 913, 914: besondere Einbauküche. Wenn Gebäudewand Rückwand der Kücheneinrichtung bildet (BFH DB 1971, 656) bzw in Bauplänen schon vorgesehen ist (OLG Nürnberg MDR 1973, 758). Speziell hergestellte Einbauküche (OLG Hamm FamRZ 1991, 89); hufeisenförmig angelegte Küche (OLG Zweibrücken NJW-RR 1989, 84); Raumteiler (OLG Köln NJW-RR 1991, 1077, 1082; LG Stuttgart Justiz 1988, 102). Etwas anderes soll für serienmäßig hergestellte Einbauküchen gelten (vgl OLG Frankfurt/M. ZMR 1988, 136); vgl zudem die Berücksichtigung regionaler Differenzen in der Verkehrsauffassung bei Einbauküchen aus Serienproduktion BGH NJW-RR 1990, 586, 587 bzw 914. „Wesentlicher Bestandteil" in Norddeutschland (OLG Hamburg MDR 1978, 138). „Kein wesentlicher Bestandteil" in Baden (OLG Karlsruhe NJW-RR 1986, 19; 1988, 459, 460), Nordrhein-Westfalen (OLG Düsseldorf NJW-RR 1994, 1039; OLG Hamm NJW-RR 1989, 333; OLG Köln NJW-RR 1993, 861), ebenso OLG Frankfurt/M. ZMR 1988, 136; OLG Saarbrücken VersR 1996, 97; OLG Zweibrücken Rpfleger 1993, 169.

151 OLG Hamm NJW-RR 1988, 923.

152 Nur in großstädtischen Hotels, OLG Stuttgart NJW 1958, 1685. Vgl auch OLG Hamm NJW-RR 1986, 376. In Stallgebäuden, OLG Oldenburg NdsRpfl. 1970, 113.

153 LG Lübeck NJW 1986, 2514, 2515.

154 In Wohnhäusern (BGH NJW 1953, 1180; BGH NJW-RR 1990, 158, 159; BayObLG NZM 2000, 516); auch in renovierten Altbauten (BGHZ 53, 324, 325 f = NJW 1970, 895; RGZ 158, 362) und für mehrere Gebäude (dann ist die Heizungsanlage „wesentlicher Bestandteil" des Gebäudes, in dem sie steht, BGH NJW 1979, 2391); in einem Gästehaus (OLG Stuttgart BB 1966, 1737); in einem Kino (LG Bochum MDR 1966, 48); in einem Fabrikgebäude (OLG Hamm BB 1975, 176); in einer Schule (BGH NJW 1979, 712); Bestandteile der Heizungsanlage (BGH NJW 1953, 1180 – angeschlossene Heizkörper). Beachte: Hingegen fehlt einer zusätzlichen Heizungsanlage die Bestandteilseigenschaft, so OLG Celle NJW 1958, 632; OLG Stuttgart MDR 1959, 37. Vgl auch OLG Hamm NZM 2005, 158: Bei einer Heizungsanlage handelt es sich um einen „wesentlichen Bestandteil" eines Gebäudes, das Wohn-, Schul- oder vergleichbaren Zwecken dient (im konkreten Fall: eine ehemalige Kaserne). Dies gilt auch dann, wenn sie mehreren Gebäuden dient (Blockheizung) und bauseitig erst nachträglich in das bereits hergestellte Gebäude eingefügt worden ist (im Anschluss an BGH NJW-RR 1990, 158). Allerdings kann die Heizzentrale eines Gebäudekomplexes, die nur für die Dauer eines Wärmelieferungsvertrages errichtet worden ist, als „Scheinbestandteil" – und damit nicht als „wesentlicher Bestandteil eines Grundstücks" – zu qualifizieren sein: So Brandenburgisches OLG Urt. v. 23.10.2008 – 12 U 39/08.

155 BGH NJW-RR 1989, 1045, 1047.

156 OLG Jena OLGR 1996, 73.

157 BGHZ 40, 272, 275 = NJW 1958, 475.

158 Bamberger/Roth/*Fritzsche*, § 94 Rn 20.

159 RG JW 1932, 1199.

160 OLG Frankfurt/M. OLGR 1998, 241.

161 FG Brandenburg EFG 1998, 777, 778.

162 Maschinen sind „wesentliche Bestandteile" eines Fabrikationsgebäudes, wenn sie speziell für das Gebäude angefertigt wurden, das Gebäude gerade zur Aufnahme dieser Maschinen konstruiert wurde oder Gebäude und Maschinen besonders aneinander angepasst sind: so BGH BauR 2005, 1222 – LS.

163 RGZ 69, 117, 121; BayObLG Rpfleger 1999, 86.

164 In Hotels, BGH NJW 1987, 3178.

165 BFH BB 1971, 300.

166 In Wohnhäusern und Hotels, RGRK/*Kregel*, § 94 Rn 52.

167 OLG München WM 1989, 384.

168 Bei Zuschnitt und loser Verlegung: LG Köln NJW 1979, 1608; LG Frankenthal VersR 1978, 1106; LG Oldenburg VersR 1988, 1285; LG Hamburg NJW 1979, 721; AG Karlsruhe NJW 1978, 2602; *anders* Linoleum: OLG München SeuffA 74 Nr. 157: keine Bestandteilseigenschaft. Vgl zudem MüKo/*Holch*, § 94 Rn 18 b; Palandt/*Ellenberger*, § 94 Rn 8.

169 BGH NJW-RR 1990, 158: außerhalb des Hauses befindliche Wärmepumpe einer Heizungsanlage.

170 Bei Schwimmbädern sind Wärmeversorgungs- oder Heizungsanlagen als „wesentliche Bestandteile" des Schwimmbadgebäudes iSv § 94 Abs. 2 zu qualifizieren – und zwar auch dann, wenn ein Dritter sich verpflichtet, das Gebäude mit dieser Anlage zu nutzen: OLG Frankfurt/M. CuR 2009, 65.

171 In Privathäusern (BGHZ 40, 272, 275 = NJW 1964, 399), Hotels (LG Freiburg MDR 1957, 419) und Betrieben (OLG Hamm BB 1975, 176).

172 OLG Braunschweig ZMR 1956, 80.

eine Zentralheizungsanlage.[173] **Baumaterial** wird wesentlicher Bestandteil eines Grundstücks nach § 94 dann, wenn es mit diesem verbunden wird.[174] Selbst **massive Gebäude** können nur zu einem „vorübergehenden Zweck" mit einem Grundstück verbunden werden und damit unwesentlicher Bestandteil sein. Dies ist aber dann nicht anzunehmen, wenn die Errichtung eines Gebäudes in der Erwartung erfolgte, dass der Errichtende nach Ablauf des Nutzungsvertrages Eigentümer des Grundstücks werden sollte.[175]

Beachte: Der **Elektrizitätshauptabnahmezähler** steht (als Abschluss des äußeren Leitungsnetzes – dazu bereits Rn 16) im Eigentum des Versorgungsunternehmens[176] (das Leitungsnetz innerhalb des Hauses dient nicht der Herstellung des Gebäudes[177] – wenn auch im Mauerwerk verlegte Leitungen wesentlicher Bestandteil nach § 93 Abs. 1 sein können),[178] und auch der Wasserzähler wird als selbständige Sache qualifiziert.[179] **41**

Die Judikatur hat etwa die Qualifikation folgender Gegenstände als „wesentlicher Bestandteil" **abgelehnt**: Beleuchtungskörper,[180] Dampferzeugungsanlage,[181] Datenkabel (über Putz und in Wand- bzw Elektroführungsschächten lose verlegt),[182] Firmenschilder, Glocke einer Kapelle,[183] Kegelbahn,[184] Kletterwand (an einem Wohnhaus),[185] Klimageräte,[186] Kühlanlage (einer Gaststätte),[187] Maschinen in einem Fabrikgebäude,[188] Möbel (sofern nur aufgestellt und leicht wiederabbaubar),[189] Sauna (in Rasterbauweise),[190] Schallschutzverkleidung (eines Diskothekenfensters),[191] Schankanlage einer Gaststätte,[192] Schrankwand,[193] Terrassenüberdachung (eines Wohnhauses),[194] (öffentliche) Versorgungsleitungen[195] bzw Wandbehänge[196] bzw ein Waschunterschrank (sowie ein Spiegel in einem Gäste-WC).[197] **42**

Aufgrund der Gleichstellung von Schiffen mit Immobilien infolge des Schiffsregistergesetzes (dazu bereits § 90 Rn 86; zu eingetragenen Luftfahrzeugen vgl § 90 Rn 86) findet Abs. 2 auch auf Schiffe Anwendung[198] mit der Folge, dass bei Motorschiffen der Motor zur Herstellung eingefügt wird und damit wesentlicher Bestandteil des Schiffes ist,[199] ebenso wie der Anker und die Ankerkette.[200] Kein wesentlicher Bestandteil ist hingegen die Schiffswinde eines Bergungsschiffes.[201] **43**

173 OLG Rostock CuR 2004, 145: Eine Zentralheizungsanlage in einem Mehrfamilienhaus kann grundsätzlich als „wesentlicher Bestandteil" des Gebäudes qualifiziert werden. Damit sind die Grundstückseigentümer – auch eine Wohnungseigentümergemeinschaft – Eigentümer der Heizungsanlage, was auch für den Fall gilt, dass im langfristigen Wärmeversorgungsvertrag mit dem Voreigentümer vereinbart worden war, dass die vom Wärmeversorger finanzierte Heizungsanlage in dessen Eigentum verbleiben sollte, ein Ausbau der Heizung aber angesichts der Länge der vereinbarten Vertragsdauer und des zu erwartenden Wertverlusts nicht zu erwarten ist. Vgl zudem OLG Hamm MDR 2005, 158: Heizungsanlage als „wesentlicher Bestandteil eines Gebäudes", das Wohn-, Schul- oder vergleichbaren Zwecken (im konkreten Fall: ehemalige Kaserne) dient – selbst dann, wenn sie mehreren Gebäuden dient (Blockheizung) und bauseitig erst nachträglich in ein bereits hergestelltes Gebäude eingefügt worden ist (im Nachgang zu BGH NJW-RR 1990, 158).

174 Brandenburgisches OLG Urt. v. 5.4.2007 – 5 U 129/06.

175 BGH DNotZ 1973, 472; BGH NJW 1961, 1251.

176 Staudinger/*Jickeli*/*Stieper*, § 94 Rn 25.

177 RGZ 61, 24; 83, 67.

178 Staudinger/*Jickeli*/*Stieper*, § 94 Rn 25.

179 BayVerfGH NVwZ 1982, 369.

180 RG JW 1917, 809: Hotel; OLG Köln HRR 1932 Nr. 1029: Kino.

181 BGH WM 1987, 47: selbst bei Verwendung der Hälfte des Dampfes für die Heizung.

182 BFH DStRE 2000, 253, 254.

183 BGH NJW 1984, 2277, 2278.

184 BGH LM § 94 BGB Nr. 2.

185 BGH NJW-RR 1989, 1045, 1047.

186 BFH BB 1977, 1084: selbst wenn mit Rohren verbunden.

187 OLG Hamm NJW-RR 1986, 376, 377.

188 Auch bei fester Verbindung (RG JW 1912, 129) bzw wenn sie für den Gewerbebetrieb eine besondere Bedeutung haben (RGZ 130, 266) – arg.: Gebäude und Maschinen sind nicht nur in der konkreten Kombination nutzbar, OLG Düsseldorf NJW-RR 1987, 563, 564; Bamberger/Roth/*Fritzsche*, § 94 Rn 21.

189 BGH NJW-RR 1989, 1045, 1047: Bar in einem Wohnhaus; OLG Köln NJW-RR 1991, 1077, 1082: Bett, selbst wenn es auf einem Sockel montiert und mit Strom- und Telefonkabel verbunden ist; OLG Köln NJW-RR 1991, 1077, 1083: Eckschrank; OLG Düsseldorf DNotZ 1987, 108: Raumteiler aus Serienteilen.

190 AG Ludwigsburg DGVZ 1991, 95. Vgl OLG Koblenz JurBüro 2004, 506 hinsichtlich einer Saunaanlage und der dazu gehörigen Einrichtungsteile – da sie nicht zu den wesentlichen Bestandteilen des Gebäudes, in das sie eingebaut worden sind, werden, kann der Lieferant, der eine entsprechende Saunaanlage unter Eigentumsvorbehalt geliefert hat, sie also unter Berufung auf seinen Eigentumsvorbehalt nebst zugehörigen Einrichtungsgegenständen vom jeweiligen Besitzer wieder heraus verlangen.

191 BFH BB 1977, 1289.

192 OLG Celle MDR 1998, 463.

193 OLG Schleswig NJW-RR 1988, 1459; es sei denn, die Schrankwand wird eingepasst und zwischen ihr und der Wand besteht ein räumlicher Zusammenhang, OLG Köln NJW-RR 1991, 1077.

194 OLG Saarbrücken NJW-RR 1993, 36, 37.

195 Bamberger/Roth/*Fritzsche*, § 94 Rn 21.

196 RG LZ 1919, 857.

197 OLG Hamm MDR 2005, 1220.

198 Staudinger/*Jickeli*/*Stieper*, § 94 Rn 27.

199 BGHZ 26, 225, 229.

200 LG Hamburg MDR 1955, 413.

201 OLG Schleswig-Holstein SchlHA 1954, 253.

III. Sonderfälle (Bestandteile mehrerer Grundstücke)

44 **1. Überbau.** Hinsichtlich des Überbaus auf ein Nachbargrundstück gelten nach § 912[202] aufgrund der vorzunehmenden Differenzierungen folgende Grundsätze:

– Beim **unentschuldigten Überbau** wird das grenzüberschreitende Bauwerk lotrecht geteilt,[203] womit es bei der Regelung des Abs. 1 S. 1 verbleibt.[204]
– Beim **entschuldigten Überbau** erlangt der Eigentümer des Stammgrundstücks das Eigentum am grenzüberschreitenden Teil des Bauwerks[205] (arg.: § 95 Abs. 1 S. 2 analog), womit der Erhaltung der Eigentumseinheit ein Vorrang vor Abs. 1 S. 1 eingeräumt wird.[206] Die Eigentumsverhältnisse am überbauten Grundstück bleiben unverändert.[207]

45 Die vorbeschriebenen Ausführungen gelten gleichermaßen für den **Eigengrenzüberbau**[208] (dh die Konstellation, dass Identität in der Person des Eigentümers des Stammgrundstücks und des überbauten Grundstücks besteht) sowie den Fall einer nachträglichen Grundstücksteilung, infolge deren ein bereits errichtetes Gebäude von der neu fixierten Grundstücksgrenze durchschnitten wird.[209] Wurden nebeneinander liegende Grundstücke in der Weise mit einem einheitlichen Gebäude bebaut, dass die Grundstücksgrenze das Gebäude durchschneidet, lässt sich die Frage nach dem Eigentum an dem Gebäude nicht unmittelbar aus dem Gesetz beantworten. § 93 bestimmt das einheitliche Eigentum an dem gesamten Gebäude, stellt also die Gebäudeeinheit in den Vordergrund. Die in § 94 Abs. 1 vorgeschriebene Bindung des Eigentums an dem Gebäude an das Grundstückseigentum führt dagegen zu einer vertikalen Aufspaltung des Eigentums an dem Gebäude. Es muss deshalb eine Lösung des sich bei einer solchen Sachlage ergebenden Widerspruchs gesucht werden, welche die widerstreitenden Gesetzesbestimmungen und die Interessen der Beteiligten angemessen berücksichtigt. Dabei ist der Zweckgedanke der Überbauvorschriften, wirtschaftliche Werte zu erhalten,[210] maßgebend.[211] In dem Fall des sog. **Eigengrenzüberbaus** erhält nach der Judikatur des BGH der in § 93 geregelte Grundsatz des einheitlichen Eigentums an einer Sache den Vorrang gegenüber der in § 94 Abs. 1 vorgesehenen Bindung des Eigentums an einem Gebäude an das Grundstückseigentum.[212] Überschreitet der Eigentümer zweier benachbarter Grundstücke mit dem Bau auf einem dieser Grundstücke die Grenze zu dem anderen, wird der hinüber gebaute Gebäudeteil nicht Bestandteil des überbauten Grundstücks, sondern das Gebäude bildet, wenn es ein einheitliches Ganzes darstellt, einen „wesentlichen Bestandteil" desjenigen Grundstücks, von dem aus übergebaut wurde.[213] Dasselbe gilt für den Fall der Teilung eines Grundstücks in der Weise, dass ein aufstehendes Gebäude von der Grenze der beiden neu gebildeten Grundstücke durchschnitten wird.[214] Gelangen diese Grundstücke in das Eigentum verschiedener Personen, ist das Eigentum an dem Gebäude als Ganzem, wenn sich der nach Umfang, Lage und wirtschaftlicher Betrachtung eindeutig maßgebende Teil auf einem der Grundstücke befindet, mit dem Eigentum an diesem Grundstück verbunden.[215] Nur wenn die Grenzziehung zu einer Trennung des Gebäudes in zwei wirtschaftlich selbständige Einheiten führt, kann jeder Gebäudeteil eigentumsrechtlich dem Grundstück zugeordnet werden, auf dem er steht (**Grundsatz der vertikalen Teilung** entsprechend dem Gedanken des § 94 Abs. 1).[216] Ragt jedoch ein Teil des einen Gebäudes in das Nachbargrundstück hinein, findet auf diesem Teil auch wenn es sich nur um eines von mehreren Geschossen handelt, wiederum § 93 Anwendung. Nach dem darin zum Ausdruck gekommenen Grundsatz, wirtschaftliche Werte möglichst zu erhalten, werden Räume, die von ihrer Größe, Lage, baulichen Eigenart und wirtschaftlichen Nutzung her einem Gebäudeteil zugeordnet sind, auch eigentumsrechtlich diesem Gebäudeteil zugeordnet, sind also mit dem Eigentum an dem Grundstück verbunden, auf dem sich der maßgebende Teil des Gebäudes befindet.[217] Im Falle des wechselseitigen Überbaus einzelner Geschosse gilt nichts anderes:[218] Wenn jedes Geschoss insgesamt nach seiner Lage, baulichen Gestaltung und wirtschaftlichen Nutzung eine Einheit mit einem der beiden Gebäude bildet, führt das zu einem Vorrang des in § 93 ebenfalls zum Ausdruck gekommenen Gesichtspunkts der natürlich-wirtschaftlichen Einheit von Gebäuden vor der in § 94 Abs. 1 bestimmten Zuordnung zu dem Grundstückseigentum. Eigentümer der Räume in den übergebauten Geschossen ist somit derjenige, dem das Grundstück gehört, auf dem sich das Gebäude befindet, dem die Geschosse bei natürlicher und wirtschaftlicher Betrachtung zuzuordnen sind.

202 Dazu näher NK-BGB/*Ring*, § 912 Rn 24 ff.
203 Ständige Judikatur, vgl etwa BGHZ 27, 204, 207; 41, 177, 179; 57, 245, 248.
204 Staudinger/*Jickeli/Stieper*, § 94 Rn 16.
205 H.M., vgl etwa BGHZ 43, 127; 110, 298, 300.
206 Staudinger/*Jickeli/Stieper*, § 94 Rn 16.
207 Soergel/*Baur*, § 912 Rn 25.
208 RGZ 160, 166, 177; BGH NJW 1990, 1791.
209 Dazu BGHZ 64, 333.
210 BGHZ 157, 301, 304.
211 So BGHZ 64, 333, 335 f; 41, 177, 178 f; 27, 204, 207 f.
212 BGHZ 176, 253 = NJW 2008, 1810.
213 BGH WM 2004, 1340; 2002, 603, 604; BGHZ 102, 311, 314.
214 BGHZ 176, 253 = NJW 2008, 1810.
215 BGH WM 2004, 1340.
216 BGH WM 2004, 1340, 1341.
217 BGH WM 2004, 1340.
218 BGHZ 175, 253 = NJW 2008, 1810 unter Bezugnahme auf BGHZ 64, 333, 337; 62, 141, 145 f.

2. Kommunemauer. Im Falle der Errichtung einer Kommunemauer,[219] die ganz oder teilweise auf dem Nachbargrundstück steht, erfolgt dieselbe Differenzierung wie beim Überbau (Rn 44): 46
- unentschuldigter Überbau: lotrechte Teilung;[220]
- entschuldigter Überbau: Eigentum des Errichtenden.[221]

Diese Grundsätze gelten gleichermaßen bei einer Einbeziehung der Mauer in ein auf dem Nachbargrundstück bereits stehendes Bauwerk: 47
- unentschuldigte Einbeziehung der Mauer: lotrechte Teilung;[222]
- entschuldigte Einbeziehung der Mauer: Eigentum des Eigentümers des Nachbargrundstücks.

Im Falle einer Nutzung der Kommunemauer durch beide Nachbarn entsteht **Miteigentum**, und zwar ohne Rücksicht darauf, ob die Mauer entschuldigt oder schuldhaft auf dem Nachbargrundstück errichtet worden ist.[223] Im Falle des Abrisses oder der Zerstörung des Gebäudes bestehen die Eigentumsverhältnisse an der Kommunemauer (Rn 46) fort,[224] doch erwirbt derjenige **Alleineigentum** an der Mauer, der sie als Erster wieder errichtet.[225] 48

3. Bootssteg. Ein vom eigenen Grundstück aus in einen fremden Wasserlauf hinausgebauter Bootssteg ist nach Abs. 1 wesentlicher Bestandteil des Ufergrundstücks.[226] 49

§ 95 Nur vorübergehender Zweck

(1) [1]Zu den Bestandteilen eines Grundstücks gehören solche Sachen nicht, die nur zu einem vorübergehenden Zweck mit dem Grund und Boden verbunden sind. [2]Das Gleiche gilt von einem Gebäude oder anderen Werk, das in Ausübung eines Rechts an einem fremden Grundstück von dem Berechtigten mit dem Grundstück verbunden worden ist.

(2) Sachen, die nur zu einem vorübergehenden Zwecke in ein Gebäude eingefügt sind, gehören nicht zu den Bestandteilen des Gebäudes.

Literatur: *Brüning*, Die Sonderrechtsfähigkeit von Grundstücksbestandteilen – Ein zivilrechtliches Problem bei der Privatisierung kommunaler Leistungsnetze, VIZ 1997, 398; *Flatten*, Bau des Nießbrauchers auf fremdem Grundstück, BB 1965, 1211; *Goecke/Gamon*, Windkraftanlagen auf fremdem Grund und Boden, WM 2000, 1309; *Hagen*, Der Einbau von Blockheizwerken; CuR 2010, 44; *Lauer*, Scheinbestandteile als Kreditsicherheit, MDR 1986, 889; *Lebek*, Eigentum an Mietereinbauten – Sicherung der Scheinbestandseigenschaft, NZM 1998, 747; *Noack*, Zur Mobiliarvollstreckung in Gebäude als bewegliche körperliche Sachen, ZMR 1982, 97; *Peters*, Windkraftanlagen und §§ 33 ff. BGB, WM 2007, 2003; *Reymann*, Fotovoltaikdienstbarkeiten bei Anlagen auf fremden Grundstücken, DNotZ 2010, 84; *Schulze*, Das Eigentum an Versorgungsanlagen bei der Mitbenutzung fremder Grundstücke, Rpfleger 1999, 167; *Siebenhaar*, Die Zeitbauten des § 95 Abs. 1 S. 1 BGB, AcP 160 (1960), 156; *Stieper*, Die Scheinbestandteile, 2002; *Strauch*, Auf deutschen Dächern – Dachnutzungsverträge für Fotovoltaik-Anlagen, ZNuR 2010, 247; *Weimar*, Rechtsfragen bei Gebäuden als Scheinbestandteilen, MDR 1971, 902.

A. Allgemeines

Abs. 1 S. 1 und Abs. 2 verweigern Sachen (Gebäuden), die nur zu einem **vorübergehenden Zweck** mit dem Grund und Boden verbunden (bzw entsprechend in Gebäude eingefügt) worden sind, den Charakter eines Grundstücksbestandteils, da es unbillig wäre, auch für sie die hinsichtlich eines wesentlichen Bestandteils verknüpften Rechtsfolgen eintreten zu lassen,[1] womit die §§ 93 und 94 eine Einschränkung erfahren.[2] Ent- 1

219 Dazu näher NK-BGB/*Ring*, § 921 Rn 27 ff.
220 BGHZ 91, 282.
221 BGHZ 57, 245, 248.
222 BGHZ 27, 204, 207; 43, 127, 129; 57, 245, 249.
223 BGHZ 27, 197, 201; 43, 127, 129.
224 BGHZ 43, 127, 131; 57, 245, 249.
225 OLG Köln NJW-RR 1993, 87.
226 So BGH MDR 1967, 749; ebenso Staudinger/*Jickeli*/*Stieper*, § 94 Rn 19: „Die Auffassung des BGH verdient den Vorzug, weil der Steg untrennbar ist"; aA OLG Schleswig SchlHA 1991, 11: Differenzierung – hinsichtlich des über dem Festland verlaufenden Teils des Bootsstegs gelte § 94 Abs. 1, der über dem Wasser liegende Teil unterfalle § 95 Abs. 1 S. 2.
1 Staudinger/*Jickeli*/Stieper, § 95 Rn 1.
2 RGZ 153, 231, 234.

sprechend verbundene oder eingefügte Sachen sind weder wesentliche Bestandteile[3] noch einfache (nichtwesentliche) Grundstücksbestandteile, sondern bloße **Scheinbestandteile**,[4] behalten also ihre rechtliche Selbständigkeit (wobei es unerheblich ist, ob eigentlich auch die tatbestandsmäßigen Voraussetzungen der §§ 93 oder 94 vorliegen).[5]

2 Scheinbestandteile sind **bewegliche Sachen** und sonderrechtsfähig, womit sie sowohl einem Eigentumserwerb nach den §§ 929 ff zugänglich sind[6] als auch der Mobiliarzwangsvollstreckung unterliegen.[7] IdR scheidet auch eine Qualifikation als Zubehör aus, da Letzteres nach § 97 Abs. 1 neben einer rechtlichen Selbständigkeit auch zur Voraussetzung hat, dass die bewegliche Sache „dem wirtschaftlichen Zweck der Hauptsache zu dienen bestimmt" ist, Scheinbestandteile aber gerade nur „zu einem vorübergehenden Zweck" mit Grund und Boden verbunden (bzw in ein Gebäude eingefügt) worden sind.[8]

3 Zu den Bestandteilen eines Grundstücks gehören nach Abs. 1 S. 2 gleichermaßen nicht solche Sachen, die in **Ausübung eines Rechts an einem fremden Grundstück** von dem Berechtigten mit dem Grundstück verbunden worden sind, wenn nur eine vorübergehende Verbindung erfolgt, da die Verbindung zweckbestimmt sich an der Dauer des Rechts orientiert.[9] Errichtet der Mieter Bauten und Anlagen auf einem gemieteten Grundstück, wird widerlegbar vermutet, dass dies nur zu einem vorübergehenden Zweck geschieht und er daher zivilrechtlicher Eigentümer der Bauten und Anlagen bleibt.[10] Ein Gebäude, das nur zu einem vorübergehenden Zweck mit dem Grund und Boden verbunden worden ist (mithin eine bewegliche Sache darstellt), wird bei einer später erfolgten Änderung der Zweckbestimmung (wie zB auch bei einer Rückgabe des vermieteten Grundstücks an den Vermieter) nicht von selbst wesentlicher Bestandteil des Grundstücks. Dafür bedarf es vielmehr der Einigung zwischen dem bisherigen Eigentümer des Gebäudes und dem Grundstückseigentümer über den Übergang des Eigentums an dem Gebäude.[11]

4 Ein **Eigentumsvorbehalt** begründet nicht die Anwendbarkeit von § 95.[12] Dies liegt darin begründet, dass die Ausübung des Eigentumsvorbehalts im für die rechtliche Beurteilung maßgeblichen Normalfall nicht die Anwendung des § 95 erwarten lässt.[13]

5 An den rechtlichen Konsequenzen der Qualifikation einer Sache als Scheinbestandteil iSv § 95 vermag auch der öffentliche Glaube des Grundbuchs nach § 892 nichts zu ändern.[14]

6 An einem Scheinbestandteil eines Grundstücks (als beweglicher Sache) ist voller Besitz (und nicht nur Teilbesitz am Grundstück) möglich.[15]

7 Die Kündigung eines **Grundstücksmietvertrags** erfasst nicht einen vom Mieter auf dem Grundstück errichteten Scheinbestandteil (bspw eine Baracke).[16]

8 **Beachte**: § 12 Abs. 1 ErbbauVO statuiert für aufgrund des **Erbbaurechts** errichtete Gebäude eine **Sonderregelung**: Es wird fingiert, dass die Verbindung des Gebäudes mit dem Boden dieses **nicht** zum Grundstücksbestandteil werden lässt. Die Gebäudeteile sind Bestandteil des Erbbaurechts. § 12 Abs. 2 ErbbauVO schafft in entsprechender Anwendung des § 95 die Möglichkeit der Begründung von Scheinbestandteilen.

9 Bestandteile von zu **Wohn- oder Teileigentum** gehörenden Räumen sind nach Maßgabe der §§ 93 und 94 bzw 95 Bestandteile oder Scheinbestandteile des Wohnungs- oder Teileigentums,[17] was gleichermaßen für das Wohnungs- und Teilerbbaurecht gilt (so § 30 Abs. 3 S. 2 WEG).[18] Dauerwohn- und Dauernutzungsrechte nach § 31 WEG lassen aber Abs. 1 S. 2 zur Anwendung gelangen.[19]

10 Bestandteile des **Bergwerkeigentums** sind aufgrund der entsprechenden Anwendung der Grundstücksvorschriften nach § 9 Abs. 1 BBergG auch Bergbauanlagen und Bergbaumaschinen mit der Folge, dass bei einer Verbindung der Anlagen oder Maschinen mit dem Boden diese nach Abs. 1 S. 2 als Scheinbestandteile zu qualifizieren sind.[20] Die Frage, ob eine auf Dauer angelegte oder nur eine vorübergehende Verbindung vor-

3 *Noack*, ZMR 1982, 97, 99.
4 Palandt/*Ellenberger*, § 95 Rn 1; Staudinger/*Jickeli/Stieper*, § 95 Rn 2.
5 RGZ 109, 128, 129; Staudinger/*Jickeli/Stieper*, § 95 Rn 3.
6 BGH NJW 1987, 774.
7 AG Pirna DGVZ 1999, 63.
8 Was es aber nicht ausschließt, dass ein Scheinbestandteil Zubehör einer anderen Sache (als jener, dessen Scheinbestandteil sie ist) ist, so RGRK/*Kregel*, § 95 Rn 48; Staudinger/*Jickeli/Stieper*, § 95 Rn 2.
9 Staudinger/*Jickeli/Stieper*, § 95 Rn 1.
10 BFH/NV 2010, 190.
11 FG Nürnberg EFG 2009, 1140.
12 Ein bestehender Eigentumsvorbehalt lässt auch keinen Schluss auf den Willen des Erwerbs zu einer nur vorübergehenden Verbindung oder Einfügung zu, so RGZ 62, 410; 63, 416, 422; BGHZ 26, 225, 231; selbst dann nicht, wenn der Erwerber als Mieter der Hauptsache gehandelt hat, Staudinger/*Jickeli/Stieper*, § 95 Rn 5.
13 BGHZ 53, 324, 327.
14 RGZ 61, 188, 194.
15 RGZ 59, 8, 10.
16 BGHZ 92, 70, 73.
17 Soergel/*Mühl*, § 95 Rn 25.
18 Staudinger/*Jickeli/Stieper*, § 95 Rn 20.
19 So Staudinger/*Jickeli/Stieper*, § 95 Rn 20.
20 Staudinger/*Jickeli/Stieper*, § 95 Rn 21.

gesehen ist, beurteilt sich nach der Lebensdauer der Anlage oder der Maschine in Relation zur Dauer des projizierten Abbaubetriebs.[21]

B. Regelungsgehalt

Zu den Bestandteilen eines **Grundstücks** gehören nach Abs. 1 S. 1 solche Sachen nicht, die nur zu einem vorübergehenden Zweck mit dem Grund und Boden verbunden sind – was gleichermaßen von einem Gebäude oder einem sonstigen Werk gilt, das in Ausübung eines Rechts an einem fremden Grundstück von dem Berechtigten mit dem Grundstück verbunden worden ist (so Abs. 1 S. 2). Sachen die nur zu einem vorübergehenden Zweck in ein **Gebäude** eingefügt worden sind, gehören gemäß Abs. 2 nicht zu den Bestandteilen des Grundstücks. Damit differenziert § 95 (wie § 94) in zwei Absätzen zwischen Scheinbestandteilen von Grundstücken und von Gebäuden. 11

I. Die Verbindung zu einem vorübergehenden Zweck (Abs. 1 S. 1 und Abs. 2)

Bei Scheinbestandteilen von Grundstücken trifft Abs. 1 in S. 1 eine allgemeine Regel und in S. 2 eine besondere Regel für Gebäude und andere Werke (Rn 33 ff). 12

Eine Verbindung zu einem „vorübergehenden Zweck" iSv Abs. 1 S. 1 und Abs. 2 (Einfügung iS einer Herstellung der Verbindung, die Realakt sein soll)[22] setzt voraus, dass der Wegfall der Verbindung nach dem erwarteten normalen Verlauf der Dinge[23] von vornherein nach dem inneren **Willen des Verbindenden**,[24] mithin einem subjektiven Maßstab (der mit dem nach außen in Erscheinung tretenden Verhalten vereinbar[25] ist und dergestalt klar hervortritt),[26] beabsichtigt ist:[27] Absicht einer späteren Rückgängigmachung der Verbindung, auch wenn diese erst Jahre später erfolgen soll.[28] Unzureichend ist allerdings eine Vorstellung der Beteiligten, dass eine Trennung nicht ganz ausgeschlossen sein soll[29] (bzw das Wissen, dass die verbundene Sache infolge Zeitablaufs abgenutzt sein wird)[30] oder nach der Natur des Zwecks sicher war.[31] 13

Dem Willen des Verbindenden zur späteren Rückgängigmachung soll dann keine Bedeutung zukommen, wenn **objektive Gründe,** bspw aus dem der Verbindung oder Einfügung zugrunde liegenden Rechtsverhältnis[32] (nicht hingegen eine späterhin enttäuschte Erwartungshaltung künftigen Eigentumserwerbs)[33] bzw die Beschaffenheit der verbundenen oder eingefügten Sache[34] für eine dauernde Verbindung (bzw Einfügung der Sache) sprechen.[35] Wenn ein Grundstückseigentümer vor Eigentumsübergang eine Sache einfügt, wird davon auszugehen sein, dass dies auch dann nicht zu einem „vorübergehenden Zweck" geschehen ist, wenn im Erwerbsvertrag ein vertragliches Rücktrittsrecht eingeräumt ist.[36] 14

21 RG JW 1935, 418; RGZ 153, 231, 235; auch ein langlebiges Gut kann aber nur bis zur Erschöpfung des Vorkommens Verwendung finden, was für eine dauernde Zwecksetzung spricht, so OLG Kassel JW 1934, 2715; Soergel/*Mühl*, § 95 Rn 8; Staudinger/*Jickeli/Stieper*, § 95 Rn 21.

22 *Giesen*, AcP 202 (2002), 701.

23 BGH NJW 1970, 895.

24 BGHZ 54, 208; BGH NJW 1968, 2331; Soergel/*Mühl*, § 95 Rn 2.

25 BGHZ 92, 70, 73 = NJW 1984, 2878; BGHZ 104, 298, 301 = NJW 1988, 2789; BGH NJW 1996, 916, 917; BGH VIZ 1999, 582, 583.

26 Kritisch zu BGH NJW 1992, 1101 (Kinderschaukel als Scheinbestandteil wegen der Verbindung mit Grund und Boden nur für die „Dauer des Bedarfs spielender Kinder") Staudinger/*Jickeli/Stieper*, § 95 Rn 4.

27 Nach KG JW 1936, 673 soll selbst die Verpflichtung, eine Anlage auf dem Grundstück zu errichten, den Willen zu einem „vorübergehenden Zweck" nicht ausschließen; anders hingegen, wenn die Verbindung oder Einfügung auf einer Instandhaltungsverpflichtung beruht, so RG JW 1937, 2265; RGRK/*Kregel*, § 95 Rn 21; Staudinger/*Jickeli/Stieper*, § 95 Rn 5.

28 RG JW 1935, 418: unzureichend.

29 BGHZ 26, 225, 230. Auch im Falle eines über 60 Jahre bestehenden Bauwerks spricht die Dauer gegen eine „Verbindung zum vorübergehenden Zweck", OLG Köln NJW-RR 1991, 99.

30 RG JW 1935, 418.

31 RGZ 63, 421.

32 Das für den Fall der Vertragsbeendigung eine Übernahme der Sache durch den Grundstückseigentümer regelt (RGZ 63, 416, 421; BGH DB 1964, 368) oder wonach der Vertragspartner (Pächter, Mieter) eine Beseitigungsverpflichtung hinsichtlich Verbindungen oder Einfügungen eingegangen ist (LG Köln ZMR 1957, 264). Die bloße (und vorhersehbare und nicht beabsichtigte) Möglichkeit einer vorzeitigen Kündigung des Rechtsverhältnisses bleibt bei der Beurteilung, ob ein „vorübergehender Zweck" beabsichtigt ist, außen vor, RGZ 153, 231, 237.

33 BGHZ 92, 70, 74 – arg.: eine bloße Erwartungshaltung begründet kein entsprechendes Rechtsverhältnis, so Staudinger/*Jickeli/Stieper*, § 95 Rn 5.

34 Bspw weil die verbundene oder eingefügte Sache von geringerer Lebensdauer ist als das Nutzungsrecht, so Staudinger/*Jickeli/Stieper*, § 95 Rn 5; aA OLG München HRR 1938 Nr. 364 – Maschineneinrichtungen. Ist die perspektivische Lebensdauer der verbundenen oder eingefügten Sache hingegen länger als die reguläre Laufzeit des Berechtigungsverhältnisses (selbst wenn relativ kurze Kündigungsfristen gelten), kann ggf ein „vorübergehender Zweck" angenommen werden, Staudinger/*Jickeli/Stieper*, § 95 Rn 7.

35 So Staudinger/*Jickeli/Stieper*, § 95 Rn 5.

36 Bamberger/Roth/*Fritzsche*, § 95 Rn 4.

15 Bei **Sand**, der nach Ansicht des BGH[37] bei der Zweckbestimmung „Kinderspiel(möglichkeit)" als Scheinbestandteil qualifiziert wird, kann dies richtigerweise[38] nur für die oberen Schichten gelten, da eine kostengünstige Trennung der unteren, auf dem Boden ruhenden Sandschichten oft ausgeschlossen sein dürfte.

16 Ein entsprechender Wille des Verbindenden vermag auch Scheinbestandteile am **eigenen Grundstück** zu begründen[39] – dh, dass auch der Eigentümer eigene Sachen zu einem „nur vorübergehenden Zweck" mit **seinem Grundstück** als „Scheinbestandteile" verbinden kann[40] (die alsdann Scheinbestandteile werden, bspw Gerüste oder Tribünen,[41] aber auch unterirdische Öltanks einer Tankstelle[42] oder die Verbindung gemieteter oder geliehener Sachen mit dem eigenen Grundstück).[43]

17 Ein entsprechender **Wille des Verbindenden** nur zu einem „vorübergehenden Zweck" wird regelmäßig dann anzunehmen sein, wenn dieser in Ausübung eines zeitlich nur begrenzten (privatrechtlichen oder öffentlich-rechtlichen) Nutzungsrechts[44] (befristete schuldrechtliche Nutzungsvereinbarung)[45] die Verbindung vornimmt[46] (vor allem auch dann, wenn der Grundstückseigentümer die Entfernung bei Vertragsende nicht verhindern kann),[47] bspw als Pächter[48] oder Mieter,[49] insbesondere dann, wenn die Verbindung oder Einfügung allein den Zwecken des Pächters oder Mieters zu dienen bestimmt ist[50] (selbst wenn es sich um Massivbauten auf einem fremden Grundstück handelt).[51] Dann spricht eine entsprechende Vermutung für den Willen zur „nur vorübergehenden Verbindung,[52] es sei denn, der Pächter hat den Willen, die Sache auch nach Vertragsende auf dem Grundstück zu belassen.[53] Auch Bauten eines GbR-Gesellschafters auf einem von ihm in die Gesellschaft eingebrachten Grundstück[54] bzw Verbindungen oder Einfügungen beim Kauf auf Probe (§§ 454 f) sind (vor Eintritt der aufschiebenden Bedingung der Billigung)[55] zu einem „vorübergehenden Zweck" erfolgt.

18 Ist dem Grundstückseigentümer (Vermieter oder Verpächter) hingegen vertraglich ein Wahlrecht[56] bzw gar ein Übernahmerecht im Hinblick auf die verbundenen oder eingefügten Sachen eingeräumt worden, können die verbundenen bzw eingefügten Sachen wesentliche Bestandteile werden.[57]

19 Dies gilt auch dann, wenn der entsprechende Nutzungsvertrag gegen die Entschädigungspflicht nach § 552 Abs. 2 verstößt[58] bzw die Parteien eine **ausdrückliche Vereinbarung** getroffen hatten, dass die Einfügung nur zu „vorübergehenden Zwecken" erfolge.[59] Hat ein Mieter eine Sache in der später enttäuschten Erwartung einer Erbbaurechtsbestellung eingefügt, so geschah dies gleichermaßen nicht zu „vorübergehenden Zwecken"[60] – ebenso, wenn die Lebensdauer der eingefügten Sache die voraussichtliche Nutzungsdauer oder die Dauer der Nutzungsvereinbarung nicht übersteigt.[61]

20 Eine Verbindung oder Einfügung iSv § 95 setzt voraus, dass durch **menschliche Tätigkeit** eine vorher selbständige Sache (und nicht etwa Bodenbestandteile) mit dem Grundstück verbunden oder in ein Gebäude eingefügt wird.[62]

21 Die Judikatur hat einen **„vorübergehenden Zweck"** bspw **in folgenden Fällen bejaht**: Ausstellung,[63] Baracken eines Mieters[64] bzw zur Unterbringung von Besatzungstruppen,[65] Behelfsheim,[66] Bootshaus (des Pächters),[67] Bootssteg,[68] Fertighäuser (deren Verlagerung an einen anderen Ort bereits im Zeitpunkt ihrer Aufstellung beabsichtigt ist),[69] (massives) Gartenhaus (auf gepachtetem Gartengrundstück nebst späterem Anbau),[70] Gebäude, das ein Gesellschafter zur Nutzung in die Gesellschaft eingebracht hat,[71] Grabstein (auf

37 NJW 1992, 1101.
38 So Staudinger/*Jickeli/Stieper*, § 95 Rn 6.
39 Staudinger/*Jickeli/Stieper*, § 95 Rn 4.
40 Staudinger/*Jickeli/Stieper*, § 95 Rn 10.
41 RG WarnR 1910 Nr. 154.
42 OLG Düsseldorf VersR 1993, 316.
43 BGH NJW 1962, 1498; Staudinger/*Jickeli/Stieper*, § 95 Rn 10.
44 Bspw ein Gestattungsvertrag, der jeweils nur um ein Jahr verlängert wird, OVG Bremen NJW-RR 1986, 955.
45 BGH NJW-RR 1990, 411, 412.
46 Palandt/*Ellenberger*, § 95 Rn 3.
47 BGH NJW 1985, 789; BGHZ 104, 298, 301 = NJW 1988, 2789.
48 Dazu RGZ 158, 394, 400; BGHZ 104, 298, 301 = NJW 1988, 2789.
49 Vgl dazu BGH NJW 1987, 2702.
50 OLG Köln ZMR 156, 80.
51 BGHZ 8, 1, 5; 10, 171, 175; 92, 70, 74.
52 LG Köln ZMR 1957, 264; Erman/*Michalski*, § 95 Rn 3; Staudinger/*Jickeli/Stieper*, § 95 Rn 4.
53 BGHZ 104, 298, 301 = NJW 1988, 2789.
54 BGH NJW 1959, 1487.
55 OLG Dresden OLGE 13, 311.
56 OLG Hamburg OLGR 1999, 362.
57 BGH JZ 1958, 362; Staudinger/*Jickeli/Stieper*, § 95 Rn 5. Vgl auch *Lebek*, NZM 1998, 747, 748.
58 OLG Düsseldorf NJW-RR 1999, 160.
59 BFH NJW 1987, 2702.
60 BGH MDR 1961, 591.
61 RGZ 153, 231, 235; Staudinger/*Jickeli/Stieper*, § 95 Rn 6 f.
62 Staudinger/*Jickeli/Stieper*, § 95 Rn 6.
63 LG Düsseldorf NJW 1988, 345.
64 BGH NJW 1981, 2564; BGHZ 92, 70, 73. Vgl für Anbauten OLG Köln NJWE-MietR 1996, 199.
65 RG LZ 1931, 1063.
66 BGHZ 8, 1, 5 = NJW 1953, 137; OLG Hamburg MDR 1951, 736.
67 OLG Naumburg NJ 2001, 652.
68 OLG Schleswig SchlHA 1991, 11.
69 Staudinger/*Jickeli/Stieper*, § 95 Rn 11.
70 BGH NJW 1987, 774.
71 BGH NJW 1959, 1487.

öffentlichem Friedhof, der nicht satzungsgemäß in das Eigentum des Friedhofsträgers übergeht),[72] (historischer) Grenzstein,[73] Heizöltanks,[74] Heizzentrale eines Gebäudekomplexes (sofern sie nur für die Dauer des Wärmelieferungsvertrages errichtet wurde),[75] Hütten (die von Mietern oder [Jagd-]Pächtern errichtet werden),[76] Kauf auf Probe vor Bedingungseintritt,[77] Maschinen (mit Anlagen) zur Ausbeutung begrenzter Bodenschätze,[78] (landwirtschaftliche) Maschinenhalle,[79] Mobilhome (auf einem Campingplatz),[80] Sandkasten und Schaukel,[81] Slipanlage einer Werft,[82] Einbau eines Tresors im Mauerwerk durch einen Mieter[83] bzw Windkraftanlage[84] oder Wohnwagen, Wohnmobile bzw Mobilhome[85] (auf einem Pachtgrundstück bzw einem Campingplatz – nebst auf festem Fundament stehendem Anbau).[86]

Abgelehnt wurde hingegen ein beabsichtigter „vorübergehender Zweck" bei vom Mieter gepflanzten Sträuchern und Bäumen,[87] bei Baumschulbeständen und auch bei Gärtnereien[88] (es sei denn, es handelt sich um zum Verkauf bestimmte Pflanzen, die als Scheinbestandteile zu qualifizieren sind)[89] sowie immer dann, wenn der Verbindende die Verbindung in der Absicht vornahm, die Sache dem Eigentümer nach Ablauf des Nutzungsverhältnisses (endgültig) zu überlassen.[90] Bei Plakaten (an Litfaßsäulen) scheidet § 95 deshalb aus, weil diese im Nachhinein nicht abgelöst, sondern überklebt werden.[91] Ein Blockheizkraftwerk ist idR „wesentlicher Bestandteil" des Wohngrundstücks, wenn der Einbau nicht nur zu einem vorübergehenden Zweck in Ausübung eines zeitlich befristeten Nutzungsrechts erfolgt, bei dem im Zeitpunkt des Einbaus schon feststeht, dass die Anlage nach Ablauf der vereinbarten Zeit wieder ausgebaut und entfernt werden soll und die Anlage dann noch über einen gewissen Wert verfügt.[92] **22**

Keine Verbindung zu einem „vorübergehenden Zweck" wird auch bei Lieferungen unter **Eigentumsvorbehalt** angenommen[93] (vor allem bei Vorbehalt in AGB).[94] **23**

Eine **massive Bauweise** mag dies zwar indizieren; aber erst wenn die Bauweise einen solchen Schluss darauf zulässt, dass ein Bauwerk letztlich dem Grundstückseigentum zufallen soll, ist ein beabsichtigter „vorübergehender Zweck" zu verneinen.[95] Aber auch an einem zunächst für einen dauerhaften Zweck errichteten Gebäude (bspw einem Backhaus) kann später, wenn nach Verpachtung des Grundstücks und einem Umbau **24**

72 OLG Köln OLGZ 1993, 113; LG Braunschweig NJW-RR 2001, 715; BGH NJW 1977, 1392, 1393.
73 OLG Frankfurt/M. NJW 1984, 2303.
74 Brandenburgisches OLG BauR 2009, 1484: Ein Heizöltank nebst Zuleitungen ist Scheinbestandteil, wenn er nach dem erkennbaren Willen der Beteiligten nur zu einem vorübergehenden Zweck in Grund und Boden verlegt worden ist. Im Falle der Zusage einer Eintragung einer beschränkt persönlichen Dienstbarkeit vor der Einfügung ist der Tank jedenfalls dann jedoch kein wesentlicher Bestandteil, sofern Verkehrsschutzinteressen Dritter nicht entgegenstehen.
75 Brandenburgisches OLG Urt. v. 23.10.2008 – 12 U 39/08.
76 BGHZ 92, 70; BGH NJW 1996, 916.
77 OLG Dresden OLGE 13, 311.
78 RGZ 153, 231, 235.
79 OLG Celle RdL 2005, 37: Eine vom Pächter auf einem 1,9 ha großen landwirtschaftlichen Pachtgrundstück auf 16 Punktfundamenten errichtete landwirtschaftliche Maschinenhalle, die dem landwirtschaftlichen Betrieb des Pächters dient, ist nur Scheinbestandteil des Pachtgrundstücks und kann bei Pachtende vom Pächter entfernt und mitgenommen werden.
80 OLG Koblenz MDR 1999, 1059.
81 BGH NJW 1992, 1101, 1102: nur für die Dauer des Bedarfs spielender Kinder des Eigentümers. Krit. Bamberger/Roth/*Fritzsche*, § 95 Rn 6; Staudinger/*Jickeli/Stieper*, § 95 Rn 4.
82 OVG Bremen NJW-RR 1986, 955, 956: die aufgrund Nutzungsvereinbarung auf dem Ufergrundstück steht.
83 OLG Jena JW 1933, 924.
84 OLG Schleswig WM 2005, 1909: Windkraftanlagen sind „Scheinbestandteile" eines Grundstücks iSv § 95 Abs. 1, sofern sie in Ausübung eines zeitlich begrenzten Nutzungsrechts errichtet worden sind (arg.: Möglichkeit der „Repowering" und eines Marktes für gebrauchte Windkraftanlagen); LG Flensburg WM 2000, 2112: auch unter der Vorraussetzung, dass die Nutzungsdauer der Anlage nicht länger ist als die Vertragslaufzeit; umstritten, aA OLG Koblenz ZfIR 2007, 292 bei Übernahmerecht des Grundstückseigentümers: Eine Windkraftanlage soll kein Scheinbestandteil des Betriebsgrundstücks sein, wenn bei der Errichtung vereinbart wurde, dass der Grundstückseigentümer die Anlage nach Vertragsende übernehmen kann. Außerhalb der §§ 928, 873 kann das Eigentum an einer Windkraftanlage nicht dadurch erlöschen oder auf den Grundstückspächter übergehen, dass der Optionsberechtigte erklärt, auf die Übernahme der Anlage endgültig zu verzichten. Maßgeblich ist allein die mit der Errichtung geschaffene Eigentumslage. Auch nach § 95 Abs. 1 S. 2 kann eine Windkraftanlage nur dann Scheinbestandteil sein, wenn bereits die Errichtung in Ausübung eines dinglichen Rechts am Grundstück erfolgte. Zu Windkraftanlagen näher *Goecke/Gamon*, WM 2000, 1309; *Ganter*, WM 2002, 105; *Peters*, WM 2002, 110, 115 ff; *ders.*, WM 2007, 411.
85 Bamberger/Roth/*Fritzsche*, § 95 Rn 6.
86 Der Sachbestandteil ist, OLG Koblenz MDR 1999, 1059, 1066; AG Neuwied DGVZ 1996, 141.
87 OLG Düsseldorf NJW-RR 1999, 160.
88 RG Gruchot 59, 111.
89 RGZ 66, 88, 89; 105, 213, 215; LG Bayreuth DGVZ 1985, 42.
90 BGHZ 8, 1, 7; BGH NJW 1996, 916.
91 BayObLG NJW 1981, 1053.
92 So Brandenburgisches OLG CuR 2009, 59.
93 BGHZ 53, 324, 327 = NJW 1970, 895 – arg.: Im Regelfall sei hier die Berufung auf den Eigentumsvorbehalt nicht zu erwarten.
94 Bamberger/Roth/*Fritzsche*, § 95 Rn 7; Erman/*Michalski*, § 95 Rn 1.
95 BGHZ 8, 1 6; 92, 70.

in ein Wochenendhaus ein berechtigtes Interesse an nunmehr vorübergehender Nutzung besteht, Sondereigentum als Scheinbestandteil iSv § 95 neu begründet werden.[96]

25 Dies gilt gleichermaßen bei einer entsprechenden **Vereinbarung** der Parteien, wenn diese von vornherein eine Verständigung darüber getroffen hatten, dass der Grundstückseigentümer die Sache nach Beendigung des Nutzungsverhältnisses übernehmen soll[97] oder ihm ein entsprechendes Wahlrecht eingeräumt worden ist.[98]

26 Kommt es zu einer **Vereinigung des Eigentums am Grundstück mit** jenem an einem **Scheinbestandteil** in einer Person, ist der Schluss auf einen Wegfall des Willens zur bloß „vorübergehenden Verbindung" statthaft,[99] aber nicht zwingend,[100] da sich aus dem Willen des Eigentümers auch hier etwas anderes ergeben kann.[101]

27 Es spielt für den „vorübergehenden Zweck" keine Rolle, wer die Verbindung oder Einfügung vorgenommen hat,[102] ob die verbundene oder eingefügte Sache dem Zweck des Grundstücks oder Gebäudes zu dienen geeignet ist oder unter Verletzung des Berechtigungsverhältnisses (bspw unter Verstoß gegen die Vorgaben eines Miet- oder Pachtvertrages) erfolgt ist.[103]

28 Gegen einen beabsichtigten „vorübergehenden Zweck" sprechen folgende Umstände: Die Nutzungsdauer der Sache ist kürzer als die Laufzeit des vertraglichen Nutzungsrechts;[104] nach Ablauf der Miet(Pacht)Zeit ist eine automatische Verlängerung derselben beabsichtigt;[105] bzw der Verbindende hat in der Erwartung gehandelt, er werde später Eigentümer des Grundstücks[106] oder Erbbauberechtigter.[107]

29 Bei **militärischen Anlagen** ist zu differenzieren: Während rein militärische Anlagen (Kampfbunker) unabhängig von der Massivität ihrer Bauweise immer einem „nur vorübergehenden Zweck" dienen[108] (wobei auch Abs. 1 S. 2 zur Anwendung gelangen kann),[109] gilt für Bunker der Zivilverteidigung (Luftschutzbunker) etwas anderes,[110] hier fehlt es an einer „nur vorübergehenden Verbindung" mit dem Grundstück.

30 Für ins **Schiffsregister eingetragene Schiffe** (die nach § 94 Abs. 2 beurteilt werden,[111] § 94 BGB Rn 43) gilt § 95 gleichermaßen.[112]

31 Es ist auf den **Willen im Zeitpunkt der Verbindung** abzustellen.[113] Daher kann die Eigenschaft als Bestandteil – ohne das Hinzutreten weiterer Umstände – durch eine **nachträgliche Zweckänderung** weder begründet[114] noch aufgehoben werden.[115] In der Konsequenz kann ein Scheinbestandteil nur dann wesentlicher Bestandteil eines Grundstücks werden, wenn der Grundstückseigentümer und der Sacheigentümer sich in Verfolgung des Zwecks, die Sache dauerhaft mit dem Grundstück zu verbinden,[116] über den Eigentumsübergang einigen[117] (bzw wenn die Änderung der Zweckbestimmung zumindest als Willensbekundung für Dritte eindeutig erkennbar ist)[118] oder wenn der Grundstückseigentümer aufgrund eines anderen Erwerbsaktes Eigentum am Scheinbestandteil erlangt.[119] Dies gilt vice versa für den Fall der **Umwandlung eines wesentlichen Bestandteils in einen Scheinbestandteil**[120] **(Umstufung)** – bspw auch im Falle einer Privatisie-

96 OLG Celle ZMR 2007, 690 im Anschluss an BGH NJW 2006, 990.
97 BGHZ 104, 298 = NJW 1998, 2789.
98 BGH LM § 95 BGB Nr. 5 und 15; OLG Koblenz ZflR 2007, 292.
99 RGZ 97, 102, 105; BGH NJW 1980, 771.
100 RGRK/*Kregel*, § 95 Rn 26; Staudinger/*Jickeli/Stieper*, § 95 Rn 9.
101 Bamberger/Roth/*Fritzsche*, § 95 Rn 8; MüKo/*Holch*, § 95 Rn 10.
102 RGRK/*Kregel*, § 95 Rn 1; Soergel/*Mühl*, § 95 Rn 3.
103 Staudinger/*Jickeli/Stieper*, § 95 Rn 8.
104 RGZ 153, 231; LG Flensburg WM 2000, 2112. Vgl zu Windkraftanlagen auch vorstehende Rn 21.
105 OLG Köln NJW 1961, 461.
106 BGH NJW 2008, 69: Fall eines Clubhauses; RGZ 106, 148; BGH DNotZ 1973, 472.
107 BGH NJW 1961, 1251: Errichtung eines Mauerbaus mit Zustimmung des Eigentümers.
108 BGH NJW 1956, 1273: Westwallbunker.
109 Staudinger/*Jickeli/Stieper*, § 95 Rn 12.
110 BGH LM § 95 BGB Nr. 16: Luftschutzbunker für Kriegs- und Friedenszeiten; BGH MDR 1971, 997. Vgl für einen Luftschutzstollen BGH NJW 1960, 1003.
111 Staudinger/*Jickeli/Stieper*, § 95 Rn 13.
112 RGZ 152, 91, 97; BGHZ 26, 225, 231.
113 Palandt/*Ellenberger*, § 95 Rn 4.
114 BGHZ 23, 57, 60; BGH NJW 1959, 1487.
115 BGHZ 37, 353, 359; BGH NJW 1987, 774; aA hingegen Giesen, AcP 202 (2002), 689.
116 BGH NJW 1980, 771.
117 So BGHZ 23, 57, 60; BGH NJW 1987, 774.
118 BGHZ 27, 57, 59 f = NJW 1957, 457; BGH NJW 1987, 774; MüKo/*Holch*, § 95 Rn 9 f; Soergel/*Mühl*, § 95 Rn 6; Staudinger/*Jickeli/Stieper*, § 95 Rn 9.
119 Zu den Folgen nachträglicher Zweckänderung näher MüKo/*Holch*, § 95 Rn 9; RGRK/*Kregel*, § 95 Rn 25; Staudinger/*Jickeli/Stieper*, § 95 Rn 9.
120 Palandt/*Ellenberger*, § 95 Rn 4; dazu auch OLG Köln RdE 2005, 303: Schließung der Regelungslücke durch eine analoge Anwendung von § 929, was aber voraussetzt, dass vor der eigentlichen Eigentumsübertragung der innere Wille der Zweckänderung des Grundstückseigentümers nach außen erkennbar kundgetan werden muss – möglich idR auch durch eine nachweisbare rechtsgeschäftliche Einigung über die Veräußerung.

rung[121] –, auf den § 95 Abs. 1 entsprechende Anwendung findet[122] mit der Folge, dass nachstehende Voraussetzungen notwendig, aber auch erforderlich sein sollen:[123]

- Einigung über den Eigentumsübergang auf den Erwerber.
- Einverständnis, dass der Erwerber den Bestandteil vorübergehend für eigene Zwecke nutzt.
- Berechtigtes Interesse an einer entsprechenden vorübergehenden Nutzung (wobei eine Trennung vom Grundstück nicht erforderlich ist).

Kann festgestellt werden, dass die Verbindung oder Einfügung zu einem „vorübergehenden Zweck“ erfolgt ist, liegt – ohne Rücksicht auf die Art des Einbaus – ein **Scheinbestandteil** vor (selbst wenn im Übrigen die tatbestandlichen Voraussetzungen des § 93 bzw des § 94 gegeben sind).[124] **32**

II. Die Verbindung eines Gebäudes (oder anderen Werks) mit dem Grundstück „in Ausübung eines Rechts an einem fremden Grundstück“ (Abs. 1 S. 2)

Gemäß Abs. 1 S. 2 sind Gebäude (verstanden – entsprechend § 94 – als jeder Baukörper)[125] und andere Werke (dh vom Menschen geschaffene Einrichtungen,[126] wie bspw Anbauten an bestehende Gebäude,[127] Anlagen einer U-Bahn,[128] Schienenanlagen,[129] Stauwehre[130] oder Zäune,[131] nicht jedoch Pflanzen[132] oder Sandhaufen)[133] dann **keine Grundstücksbestandteile**, wenn sie vom Inhaber eines Rechts an einem fremden Grundstück in Ausübung dieses Rechts mit dem Grundstück verbunden werden. **33**

Als „Recht an einem fremden Grundstück“ iSv Abs. 1 S. 2, das dem Verbindenden tatsächlich zustehen muss (weshalb eine irrtümliche Annahme der Innehabung unzureichend ist),[134] sind vor allem **dingliche Rechte**[135] (nicht jedoch obligatorische Rechte wie Miete oder Pacht),[136] bspw das Erbbaurecht (wobei jedoch aufgrund des Erbbaurechts geschaffene Bauwerke nach § 12 Abs. 1 S. 1 ErbbauVO Bestandteil des Erbbaurechts und nach dessen Erlöschen gemäß § 12 Abs. 3 ErbbauVO Bestandteil des Grundstücks werden, Rn 8), der Nießbrauch[137] oder eine Grunddienstbarkeit[138] zu verstehen, darüber hinaus aber auch die Befugnis der Deutschen Post AG zur Verlegung von Fernmeldekabeln in öffentlichen Wegen.[139] Abs. 1 S. 2 soll auch zur Anwendung gelangen, wenn das Recht erst nach der Errichtung der Baulichkeit eingetragen wird.[140] Wenn die Errichtung eines Bootsstegs auf der Grundlage einer (unwiderruflichen) altrechtlichen Dienstbarkeit erfolgt, soll Abs. 1 S. 2 hingegen nicht zur Anwendung gelangen.[141] **34**

„Recht[e] an einem fremden Grundstück“ können aber auch **öffentlich-rechtlich gewährte Rechte** (Befugnisse) sein,[142] bspw (ausnahmsweise, da andere Sondernutzungen, zB jene der Straßen, dem Privatrecht folgen) **35**

121 So Palandt/*Ellenberger*, § 95 Rn 6 und 4.
122 BGHZ 165, 184 = NJW 2006, 990: Eine in einem Straßengrundstück verlegte Versorgungsleitung kann nach denselben Grundsätzen zum Scheinbestandteil bestimmt und auf den neuen Versorgungsträger übereignet werden, nach denen ein Scheinbestandteil nach § 95 Abs. 1 wesentlicher Bestandteil eines Grundstücks werden kann. Auch hier erfolgt die sachenrechtliche Umwandlung von einem ehemals wesentlichen Bestandteil zu einer selbständigen Sache durch eine Übereignung entsprechend § 929 S. 2, ohne dass es dazu einer Trennung der Leitung vom Straßengrundstück bedarf (in Fortführung von BGHZ 37, 353, 359).
123 Palandt/*Ellenberger*, § 95 Rn 4 unter Bezugnahme auf BGH NJW 2006, 990; KG NJW-RR 2006, 301. Ebenso *Wicke*, DNotZ 2006, 252. Kritisch hingegen Terstegen, RNotZ 2006, 433, 437.
124 RGZ 109, 129; Staudinger/*Jickeli*/*Stieper*, § 95 Rn 8.
125 Soergel/*Mühl*, § 95 Rn 20 und ihm folgend Staudinger/*Jickeli*/*Stieper*, § 95 Rn 14, wobei darunter aber auch alle wesentlichen Bestandteile nach § 93 BGB fallen.
126 Staudinger/*Jickeli*/*Stieper*, § 95 Rn 14.
127 OLG Köln WuM 1996, 269.
128 Bamberger/Roth/*Fritzsche*, § 95 Rn 11; MüKo/*Holch*, § 95 Rn 19.
129 RG JW 1908, 196.
130 RG HRR 1928 Nr. 2078.
131 KG OLGE 20, 37; OLG Hamm OLGR 2000, 5.
132 Staudinger/*Jickeli*/*Stieper*, § 95 Rn 14.
133 Bamberger/Roth/*Fritzsche*, § 95 Rn 11: „weil es insoweit an dem für ein Werk notwendigen Mindestmaß an Herstellung aufgrund von Regeln der Technik oder der Erfahrung fehlt“, so RGZ 60, 138, 139 f.
134 Soergel/*Mühl*, § 95 Rn 22.
135 Palandt/Ellenberger, § 95 Rn 5; Staudinger/Jickeli/Stieper, § 95 Rn 15.
136 Selbst dann nicht, wenn ein Pächter das Grundstück vom Nießbraucher gepachtet hat (Staudinger/*Jickeli*/*Stieper*, § 95 Rn 15) oder ein Mieter in der Erwartung, Erbbaurechtsberechtigter zu werden, das Bauwerk errichtet (BGH NJW 1961, 1251).
137 RGZ 106, 49, 50; BGH LM § 95 BGB Rn 2; OLG Schleswig WM 2005, 1909.
138 OLG Köln NJW-RR 1993, 892, 893.
139 BGHZ 125, 56; OLG Nürnberg NJW-RR 1997, 19. Zu sonstigen Versorgungsleitungen: BGH NJW 1980, 771.
140 Umstritten, so aber für den Fall einer Grunddienstbarkeit OLG Schleswig WM 2005, 1909; ebenso Palandt/*Ellenberger*, § 95 Rn 5; *Wicke*, DNotZ 2006, 259; *Witter*, ZflR 2006, 41; aA hingegen OLG Koblenz ZflR 2007, 292: wenn das Recht erst nach der Errichtung vereinbart wird.
141 OLG München ZMR 1997, 568; aA Bamberger/Roth/*Fritzsche*, § 95 Rn 12, da § 95 Abs. 1 S. 2 nicht auf den „vorübergehenden Zweck“ abstelle.
142 BGH NJW 1980, 771; Staudinger/*Jickeli*/*Stieper*, § 95 Rn 16; bspw das Requisitionsrecht einer Besatzungsmacht (Bau von Wohnungen auf requirierten Grundstücken), LG Köln NJW 1955, 1797.

ein Sondernutzungsrecht (dem eine Benutzungsvereinbarung nach § 31 PersBefG mit dem Straßenbaulastträger zugrunde liegt) des Straßenbahnunternehmens, Schienen in öffentlichen Wegen zu verlegen,[143] oder die Ausübung eines Staurechts an einem am fremden Wasserlauf errichteten Stauwerk (nach Maßgabe der §§ 2, 3 Abs. 1 Nr. 2 und 8 WHG).[144]

36 Abs. 1 S. 2 setzt ein Recht an einem **fremden Grundstück** voraus – was bspw die Anwendung der Norm auf eine Verbindung des Grundstückseigentums aufgrund einer Eigengrunddienstbarkeit ausschließt.[145] Die Ausübung eines Rechts setzt dessen Bestand voraus, womit ein erst künftig zu begründendes Recht nicht ausreicht.[146]

37 **Berechtigter** in Ausübung eines entsprechenden Rechts ist nicht nur der Rechtsinhaber selbst, sondern auch derjenige, dem durch den Rechtsinhaber (bspw durch Vermietung oder Verpachtung) die Rechtsausübung überlassen worden ist.[147]

38 Durch die Verbindung einer Sache mit einem auf einem Grundstück stehenden Gebäude wird die Sache wesentlicher Bestandteil des Gebäudes und es erfolgt zugleich eine Verbindung mit dem Grundstück selbst.[148]

39 Abs. 1 S. 2 gelangt **entsprechend** zur Anwendung auf den rechtmäßigen[149] und den rechtswidrigen, aber entschuldigten Überbau.[150] Da die §§ 912 ff nicht die Frage regeln, wer Eigentümer des Überbaus ist, beurteilt sich dies nach den §§ 93 bis 95 unter Berücksichtigung der Wertung des § 912.[151] D.h., wenn beim Überbau nach § 912 ein Duldungsanspruch gegen den Nachbarn besteht, ist auf den Überbau nicht § 94 Abs. 1 anzuwenden. Der hier übergebaute Gebäudeteil ist vielmehr nach Abs. 1 S. 2 Scheinbestandteil des Grundstücks, auf dem er sich befindet.[152] Folglich ist er nach §§ 93, 94 Abs. 2 wesentlicher Bestandteil des Gebäudes, zu dem er gehört[153] und mit dem Gesamtgebäude dann nach § 94 Abs. 1 wesentlicher Bestandteil des Grundstücks, auf dem das Gebäude hauptsächlich steht.[154]

40 Zur (halbscheidigen Giebel- oder) Kommunmauer (Nachbarwand) näher AnwK-BGB/*Ring*, § 921 Rn 27 ff.

41 Eine Verbindung wird „in Ausübung des Rechts an einem fremden Grundstück" vorgenommen, wenn sie der Rechtsinhaber bei tatsächlichem Bestehen des Rechts (wobei ein Irrtum über das Bestehen oder Nichtbestehen des Rechts dem Verbindenden schadet)[155] selbst vornimmt oder veranlasst.[156] Ein späterer Wegfall des Rechts schadet hingegen nicht. Problematisch ist, ob ein künftiges Entstehen des Rechts (bspw durch Eintragung) ausreicht, wenn das Recht bereits bestellt worden ist.[157]

42 Abs. 1 S. 2 gelangt hingegen nicht bei einer **hoheitlichen Inanspruchnahme** eines Grundstücks zur Anwendung.[158]

III. Insbesondere: Versorgungsleitungen

43 § 95 erfasst regelmäßig Versorgungsleitungen in fremden Grundstücken[159] (ebenso gemietete Energie- und Wasserverbrauchszähler).[160]

44 Wenn die Versorgungsleitung aufgrund öffentlich-rechtlicher Befugnisse (zB nach § 8 AVBWasserV bzw § 8 NAV/NADV [Elektrizität und Gas] oder §§ 9 Abs. 1, 9 a GBBerG[161] [gesicherte Leitungen für Elektrizität, Gas, Fernwärme, Wasser und Abwasser in den neuen Bundesländern]), bspw bei Fernmelde-(Telekommuni-

143 Dazu OLG Hamburg HRR 1933 Nr. 1919; RGRK/*Kregel*, § 95 Rn 37; Staudinger/*Jickeli/Stieper*, § 95 BGB Rn 17.
144 Staudinger/*Jickeli/Stieper*, § 95 Rn 17.
145 So Soergel/*Mühl*, § 95 Rn 22; Staudinger/*Jickeli/Stieper*, § 95 Rn 18; aA RGRK/*Kregel*, § 95 Rn 32, der § 95 Abs. 1 S. 2 hier entsprechend anwenden will.
146 Staudinger/*Jickeli/Stieper*, § 95 Rn 18.
147 BGH LM § 95 BGB Nr. 2; Palandt/*Ellenberger*, § 95 Rn 5.
148 RGZ 106, 51.
149 RGZ 169, 175; dazu näher NK-BGB/*Ring*, § 912 Rn 25.
150 BGHZ 27, 197, 204; 41, 177; dazu näher NK-BGB/*Ring*, § 912 Rn 26 ff.
151 Bamberger/Roth/*Fritzsche*, § 95 Rn 13.
152 BGHZ 110, 298, 300 = NJW 1990, 1791; BVerwG VIZ 2000, 88, 90; Staudinger/*Jickeli/Stieper*, § 95 Rn 15.
153 BGHZ 110, 298, 300 = NJW 1990, 1791.
154 Bamberger/Roth/*Fritzsche*, § 95 Rn 13.
155 BGH MDR 1961, 591; MüKo/*Holch*, § 95 Rn 17; Staudinger/*Jickeli/Stieper*, § 95 Rn 18.
156 Bamberger/Roth/*Fritzsche*, § 95 Rn 15.
157 So BGH MDR 1961, 591; MüKo/*Holch*, § 95 Rn 20; Soergel/*Mühl*, § 95 Rn 19; Staudinger/*Jickeli/Stieper*, § 95 Rn 18. Bamberger/Roth/*Fritzsche*, § 95 Rn 15 plädiert dafür, in der Phase zwischen Einigung und Eintragung (bzw eines anderen Wirksamkeitserfordernisses) auf § 95 Abs. 1 S. 1 abzustellen.
158 BGH LM § 95 BGB Rn 16; Palandt/*Ellenberger*, § 95 Rn 5.
159 RGZ 87, 43, 51; 168, 288, 290; BGHZ 37, 353, 358; Palandt/*Ellenberger*, § 95 Rn 6; *Schulze*, Rpfleger 1999, 168.
160 Staudinger/*Jickeli/Stieper*, § 95 Rn 4 und § 94 Rn 25.
161 OLG Dresden VIZ 2003, 140; dazu *Böhringer*, VIZ 1998, 605.

kations-)leitungen[162] (§ 57 TKG) oder Gas- und Wasserleitungen,[163] in fremde Grundstücke verlegt wurde, gelangt Abs. 1 S. 2 (dazu bereits Rn 34) zur Anwendung.

Sollten die Voraussetzungen des Abs. 1 S. 2 nicht erfüllt sein, wird die Versorgungsleitung regelmäßig nur zu einem „vorübergehenden Zweck" eingefügt worden sein.[164] 45

Beachte: Die auf den Grundstücken der Anschlussnutzer verlaufenden Leitungen stehen nach § 10 NADV (Gas) bzw § 10 NAV (Elektrizität) im Eigentum des Versorgungsunternehmens.

Hausanschlüsse unterfallen gleichermaßen § 95.[165] Nach § 10 AVBWasser stehen sie (ebenso wie **Wasserzähler**)[166] im Eigentum des Versorgungsunternehmens. 46

Kabelverteilerkästen und **Transformatorenstationen** sind lediglich Scheinbestandteile der Grundstücke, auf denen sie sich befinden – und im Übrigen Zubehör der Elektrizitätsversorgungsanlage (die im Eigentum des Elektrizitätsversorgungsunternehmens steht).[167] 47

Beachte: Etwas anderes gilt für Telekommunikationsnetzbetreiber,[168] für die keine entsprechenden Regelungen (wie nach NADV bzw NAV) gelten mit der Folge, dass die Versorgungsleitungen auf den Grundstücken der Anschlussnutzer nicht § 57 TKG unterfallen[169] und auch nicht durch Erklärung nach § 10 TKV Scheinbestandteil wurden.[170]

§ 95 gelangt auch bei der Verlegung einer Versorgungsleitung auf dem eigenen Grundstück entsprechend dem Rechtsgedanken des § 13 Abs. 2 S. 2 EnWG zur Anwendung.[171] 48

Sollte dies nicht der Fall sein, kann aus dem Leitungsnetz als wesentlichem Bestandteil durch Übereignung unter Zweckänderung ein **Scheinbestandteil** werden, bspw im Falle einer Privatisierung des Abwasserbetriebs.[172] 49

Problematisch ist auch das Verhältnis von § 95 zu den **Leitungssammelkanälen** in den neuen Bundesländern.[173] 50

Der allein durch die Entnahme von Elektrizität, Gas, Wasser oder Fernwärme aus einem Leitungsnetz aufgrund der darin zum Ausdruck kommenden Realofferte konkludent zustande gekommene Versorgungsvertrag richtet sich allein nach den üblichen Bedingungen für diesen Leistungsbezug und führt nicht zur Übernahme des zuvor konkret für die Abnahmestelle abgeschlossenen Vertragsverhältnisses.[174] Bei Schwimmbädern gehören Wärmeversorgungs- bzw Heizungsanlagen zu den „wesentlichen Bestandteilen" des Schwimmbadgebäudes iSv § 94 Abs. 2 und zwar auch dann, wenn ein Dritter sich verpflichtet, das Gebäude mit dieser Anlage zu nutzen. § 10 Abs. 4 AVBFernwärmeV begründet nur einen schuldrechtlichen Eigentumsverschaffungsanspruch und enthält keine sachenrechtlich relevante Zuweisung des Eigentums am Hausanschluss. Die sachenrechtliche Zuweisung von Leitungen aus einem Versorgungsnetz für Gas zu dem Betriebsgrundstück des Versorgungsbetriebes endet an dem Übergabepunkt, an dem das Gas in die Anlage des Kunden übergehen soll. Die Wärmeversorgungs- bzw Heizungsanlage des Kunden gehört nicht mehr zum Leitungsnetz.[175] Ein „vorübergehender Zweck" für einen Scheinbestandteil iSv § 95 ergibt sich nicht bereits aus einer schuldrechtlichen Vereinbarung, wenn auch das Eigentum an einem Gegenstand einem anderen zustehen soll. Gegenstände, die infolge eines Nutzungsrechts für den Teil eines Gebäudes in dieses eingefügt wurden, sind idR kein Scheinbestandteil dieses Gebäudes, wenn sie nach Ablauf des Nutzungsrechts darin verbleiben sollen.[176]

IV. Scheinbestandteile von Gebäuden (Abs. 2)

Sachen, die nur zu einem vorübergehenden Zweck in ein Gebäude eingefügt sind, gehören nach Abs. 2 (der die Regelung des Abs. 1 S. 1 für Scheinbestandteile von Gebäuden wiederholt)[177] nicht zu den Bestandteilen des Gebäudes. Dies gilt bspw für Telefonanlagen (die ein Mieter eingefügt hat),[178] Teppichböden (die ein Mieter verlegt hat)[179] oder auch einen Tresor (den ein Mieter eingebaut hat).[180] Ein zwischen einem Bauträger 51

162 BGHZ 125, 56; OLG Nürnberg NJW-RR 1997, 19.
163 BGHZ 37, 353, 362; BGH NJW 1980, 771.
164 BGHZ 138, 266, 272; BGH NJW 1980, 771. Vgl auch *Brüning*, VIZ 1997, 398. Etwas anderes soll für Abwasserleitungen gelten, so BGH NJW 1968, 2331; aA Palandt/*Ellenberger*, § 95 Rn 6: „aber wohl überholt".
165 Palandt/*Ellenberger*, § 95 Rn 6.
166 Dazu BayVerfG NVwZ 1982, 368.
167 Bamberger/Roth/*Fritzsche*, § 95 Rn 14.
168 Palandt/*Ellenberger*, § 95 Rn 6.
169 BGH NJW-RR 2004, 231.
170 OLG Naumburg VIZ 2004, 210; OLG Jena OLG-NL 2005, 82.
171 *Brüning*, VIZ 1997, 398, 400; *Schulze*, Rpfleger 1999, 168, 171.
172 *Brüning*, VIZ 1997, 398, 402, Palandt/*Ellenberger*, § 95 Rn 6.
173 Näher *Böhringer*, VIZ 1998, 605.
174 OLG Frankfurt/M. CuR 2009, 65.
175 OLG Frankfurt/M. CuR 2009, 65.
176 OLG Frankfurt/M. CuR 2009, 65.
177 Bamberger/Roth/*Fritzsche*, § 95 Rn 16.
178 LG Mannheim JW 1937, 3305.
179 MüKo/*Holch*, § 95 Rn 13.
180 OLG Jena JW 1933, 924; Staudinger/*Jickeli*/*Stieper*, § 95 Rn 16.

und den Stadtwerken abgeschlossener Wärmebereitstellungsvertrag ist wirksam, unabhängig davon, ob die Heizungsanlage mit der Installation „wesentlicher Bestandteil" des Gebäudes gemäß § 94 Abs. 2 oder ob sie gemäß § 95 Abs. 2 als Scheinbestandteil ins Eigentum der Erwerber nach Beendigung des Vertragsverhältnisses übergeht und die Stadtwerke nur Halterin der Anlage ist.[181]

V. Rechtsfolgen

52 Scheinbestandteile bleiben – selbst dann, wenn sie tatsächlich unbeweglich sind – **bewegliche** Sachen im Rechtssinne.[182] Folglich gelten für ihre Übereignung die §§ 929 ff. Ein gutgläubiger Erwerb vollzieht sich nach den §§ 932 ff.[183] Die Bestellung eines Nießbrauchs richtet sich nach § 1032, die Verpfändung nach den §§ 1204 ff.[184]

53 Scheinbestandteile unterfallen im Rahmen der Zwangsvollstreckung folglich der Mobiliarvollstreckung – ggf kann wegen ihrer Zubehöreigenschaft aber § 865 ZPO zur Anwendung gelangen, womit die Mobiliarvollstreckung unzulässig ist.[185]

C. Beweislast

54 Aufgrund des Ausnahmetatbestandscharakters von § 95 (zu § 93 und § 94) trägt derjenige die Beweislast, der sich (gegen den äußeren Anschein) auf die Ausnahmesituation des § 95 beruft.[186] Allerdings spricht ggf zugunsten desjenigen, der beweispflichtig ist, eine **tatsächliche Vermutung** (Anscheinsbeweis),[187] bspw im Falle der Verbindung einer Sache durch einen Mieter (oder einen sonstigen schuldrechtlich oder dinglich Berechtigten).[188] Nach *Fritzsche*[189] wird eine entsprechende Vermutung nicht bereits schon durch die massive Bauart eines Gebäudes bzw durch eine lange Verweildauer entkräftet; vielmehr erst dann, wenn der Verbindende bei der Verbindung die Absicht hatte (bspw belegt durch den schuldrechtlichen Nutzungsvertrag, wonach nach Ablauf der Vertragszeit das Bauwerk gegen Zahlung einer Ablösung oder aber auch unentgeltlich), die Sache nach Vertragsbeendigung in das Eigentum des Grundstückseigentümers (Vermieters oder Verpächters) übergehen zu lassen.[190] Die Beurteilung, ob eine Sache Scheinbestandteil ist, stellt eine Rechtsfrage dar und ist damit einer revisionsgerichtlichen Überprüfung zugänglich.[191]

§ 96 Rechte als Bestandteile eines Grundstücks

Rechte, die mit dem Eigentum an einem Grundstück verbunden sind, gelten als Bestandteile des Grundstücks.

A. Allgemeines

1 § 96 stellt durch eine **rechtliche Fiktion** Rechte, die mit einem Grundstück verbunden sind, Grundstücksbestandteilen (die nur Sachen sein können) gleich (**Gleichstellung von Rechten mit Grundstücksbestandteilen** – als **sonderrechtsfähige Bestandteile**) mit dem Ziel, vor allem die hypothekarische Haftung nach den §§ 1120 ff auf die mit dem Grundstück verbundenen Rechte auszudehnen.[1] Damit erfolgt für entsprechende Rechte keine Änderung ihrer Qualität,[2] da sie nicht zu wesentlichen Grundstücksbestandteilen (mithin Sachen oder Sachteilen) werden[3] – weshalb entsprechende Mängel gewährleistungsrechtlich als Rechtsmängel (und

181 OLG Düsseldorf CuR 2007, 66.
182 RGZ 55, 284; 59, 20; 87, 51; 97, 103 – arg.: Sachen die nicht grundbuchfähig sind, könnten nicht als unbewegliche Sachen (worunter nur Grundstücke und deren Bestandteile fallen) qualifiziert werden.
183 BGHZ 23, 57; BGH NJW 1987, 774.
184 MüKo/*Holch*, § 95 Rn 24; Staudinger/*Jickeli/Stieper*, § 95 Rn 22.
185 Staudinger/*Jickeli/Stieper*, § 95 Rn 22.
186 So RGZ 158, 362, 375; Palandt/*Ellenberger*, § 95 Rn 1.
187 Jauernig/*Jauernig*, § 95 Rn 2.
188 BGHZ 8, 1, 5 = NJW 1953, 137; BGHZ 92, 70, 74 = NJW 1984, 2878; BGH NJW 1996, 916; BGH VIZ 1998, 583.
189 Bamberger/Roth/*Fritzsche*, § 95 Rn 17.
190 So auch MüKo/*Holch*, § 95 Rn 13.
191 RG HRR 1942 Nr. 257; Staudinger/*Jickeli/Stieper*, § 95 Rn 23.
1 RGZ 83, 198, 200; Palandt/*Ellenberger*, § 96 Rn 1; Soergel/*Mühl*, § 96 Rn 4.
2 Staudinger/*Jickeli/Stieper*, § 96 Rn 1.
3 RGZ 74, 401, 402 f. Denen sie nur dann ähneln, wenn sie vom Grundeigentum nicht getrennt werden können, Bamberger/Roth/*Fritzsche*, § 96 Rn 1.

nicht als Sachmängel des Grundstücks) zu qualifizieren sind.[4] Etwas anderes gilt dann, wenn für bestimmte (auch § 96 unterfallende) Rechte aus anderen Vorschriften folgt, dass sie untrennbar mit dem Grundstück verbunden und somit sonderrechtsunfähig sind.[5]

Die Rechte nach § 96 können gemäß § 9 GBO (Eintragung subjektiv-dinglicher Rechte auf Antrag) auf dem Grundbuchblatt desjenigen Grundstücks vermerkt werden, dessen Eigentümer sie zustehen.[6] 2

Beachte die Sonderregelung des § 2 a HöfeO, wonach bestimmte, einem Hof dienende Rechte „Bestandteile des Hofes" sind.[7] 3

B. Regelungsgehalt

I. „Rechte"

Rechte iSv § 96 sind vor allem die (dem jeweiligen Grundstückseigentümer zustehenden) **subjektiv-dinglichen Rechte**[8] (die dem Eigentümer eines herrschenden Grundstücks als solchem an einem anderen Grundstück zustehen), wobei sich eine subjektive Verdinglichung auch aus öffentlich-rechtlichen Normen ergeben kann.[9] Erfasst werden bspw Grunddienstbarkeiten (§ 1018)[10] und (zugunsten des jeweiligen Eigentümers eines anderen Grundstücks bestellte) Reallasten (§ 1105 Abs. 2),[11] dingliche Vorkaufsrechte nach § 1094 Abs. 2[12] (wenn sie nach den §§ 1105 Abs. 2, 1024 Abs. 2 zugunsten des jeweiligen Eigentümers eines anderen Grundstücks bestellt worden sind, einschließlich des Anwartschaftsrechts auf Eintragung einer entsprechenden Belastung),[13] der Erbbauzinsanspruch nach § 9 ErbbauVO,[14] weiterhin der Heimfallanspruch des Grundstückseigentümers nach § 3 ErbbauVO[15] (bzw ein Zustimmungsvorbehalt nach § 5 ErbbauVO),[16] das Jagdrecht nach § 3 Abs. 1 S. 2 BJagdG,[17] eine mit einem Grundstück verbundene Abdeckereigerechtigkeit[18] bzw Realverbandsanteile an einer niedersächsischen Forstgenossenschaft.[19] Des Weiteren unterfallen § 96 auch Benutzungsrechte nach § 921,[20] das Notwegrecht (§ 912 Abs. 1),[21] die Notwegrente (§ 917 Abs. 2)[22] und das Recht auf Duldung des Überbaus (§ 912 Abs. 1)[23] sowie die Überbaurente nach §§ 912 Abs. 2 S. 1, 913 Abs. 1.[24] 4

Anwartschaftsrechte auf Erwerb der vorgenannten subjektiv dinglichen Rechte unterfallen gleichermaßen § 96.[25] 5

Rechte iSv § 96 können auch solche des **Landesrechts** sein, sofern das Recht dem Eigentümer als solchem zusteht und mit dem Grundeigentum untrennbar verbunden ist,[26] was jeweils durch Auslegung der in Rede stehenden Vorschrift festzustellen ist, bspw ein nach Art. 181 und 184 EGBGB fortbestehendes rheinisches Kellerrecht auf fremdem Grundstück,[27] ein Brandversicherungsanspruch nach hamburgischem Landes- 6

4 RGZ 93, 198, 200; 93, 71, 73; Erman/*Michalski*, § 96 Rn 3; Staudinger/*Jickeli/Stieper*, § 96 Rn 1.
5 Bspw Dienstbarkeiten (zugunsten des herrschenden Grundstücks) und Reallasten (zugunsten des jeweiligen Grundstückseigentümers): RGZ 93, 71, 73; RGRK/*Kregel*, § 96 Rn 13; Staudinger/*Jickeli/Stieper*, § 96 Rn 1.
6 Bamberger/Roth/*Fritzsche*, § 96 Rn 8; MüKo/*Holch*, § 96 Rn 6.
7 MüKo/*Holch*, § 96 Rn 3 a.
8 RGZ 140, 107, 111; RGRK/*Kregel*, § 96 Rn 5; Staudinger/*Jickeli/Stieper*, § 96 Rn 2.
9 Bamberger/Roth/*Fritzsche*, § 96 Rn 2.
10 RGZ 93, 71, 73; BGH NJW 1994, 2947, 2949; BayObLG NJW-RR 1990, 1043; OLG Köln NJW-RR 1993, 982; OLG Dresden VIZ 1997, 244. Nach OLG Stuttgart (NJW-RR 1990, 569) soll eine Grunddienstbarkeit mit Zugangs- bzw Parkplatzrechten Bestandteil aller begünstigten Wohnungseigentumsrechte sein.
11 RGZ 104, 316, 318; BayObLGZ 1990, 212; MüKo/*Holch*, § 96 Rn 2.
12 RGZ 104, 316, 319. Wobei ein dem Erbbauberechtigten zusammen mit der Erbbaurechtsbestellung eingeräumtes dingliches Vorkaufsrecht am Grundstück Bestandteil des Erbbaurechts ist, OLG Frankfurt/M. Rpfleger 1960, 181.
13 OLG Köln OLGZ 1968, 453, 455 f.
14 BFH NJW 1991, 3176.
15 BGH ZIP 1980, 652, 654; OLG Düsseldorf DNotZ 1974, 177.
16 OLG Hamm NJW-RR 1993, 1106, 1108.
17 Umstritten, so aber Palandt/*Ellenberger*, § 96 Rn 2; MüKo/*Holch*, § 96 Rn 3; vgl auch BFH NJW 1975, 1145; aA RGRK/*Kregel*, § 96 Rn 3. Die Problematik liegt darin, dass § 3 Abs. 1 S. 1 BJagdG das Jagdrecht als untrennbar mit dem Eigentum an Grund und Boden auszeichnet, wohingegen § 3 Abs. 1 S. 3 BJagdG die Aussage trifft, dass das Jagdrecht als selbständiges Recht nicht begründet werden kann.
18 RGZ 83, 200.
19 OLG Braunschweig NdsRpfl. 1990, 7.
20 RGZ 160, 166, 177; Erman/*Hagen*, § 96 Rn 1. Staudinger/*Roth*, § 921 Rn 12 spricht sich für eine analoge Anwendung von § 96 aus.
21 Staudinger/*Jickeli/Stieper*, § 96 Rn 2; allerdings ist umstritten, ob es sich überhaupt um ein selbständiges Recht handelt, vgl dazu RGRK/*Kregel*, § 96 Rn 4.
22 Palandt/*Ellenberger*, § 96 Rn 2; Staudinger/*Jickeli/Stieper*, § 96 Rn 2.
23 RGZ 160, 166, 177.
24 Umstritten, so aber Staudinger/*Jickeli/Stieper*, § 96 Rn 2: Streitig ist, ob es sich dabei um selbständige Rechte iSv § 96 BGB handelt; RGRK/*Kregel*, § 96 Rn 4.
25 OLG Köln OLGZ 1968, 453, 455; MüKo/*Holch*, § 96 Rn 2.
26 Bamberger/Roth/*Fritzsche*, § 96 Rn 4.
27 RGZ 56, 258, 260; KG JW 1933, 1334.

recht,[28] Fischereirechte, sofern sie nach Landesrecht dem jeweiligen Gewässereigentümer zustehen,[29] Forstnutzungsrechte am Genossenschaftsforst[30] und sonstige Forstrechte[31] sowie Mitgliedschaftsrechte an einer öffentlich-rechtlichen Waldgenossenschaft,[32] Realgemeindeanteile (am Wald) eines Bauernhofs,[33] ein vor Inkrafttreten des BGB verliehenes Staurecht, das Bestandteil eines Mühlengrundstücks ist,[34] bzw Wassernutzungsrechte in Abhängigkeit von ihrem jeweiligen Inhalt.[35]

7 Weitere Rechte iSv § 96 nach **öffentlichem Recht** (zT noch Altrechte aus der Zeit vor dem Inkrafttreten des BGB) sind Patronatsrechte,[36] das (preußische) Apothekenprivileg[37] (vor 1810, als mit dem Eigentum am Grundstück verbundenes Recht), das auch unter der Geltung des Apothekengesetzes (ApothG) fortbesteht, da § 27 Abs. 1 ApothG zugunsten des Inhabers des Privilegs eine Betriebserlaubnis fingiert,[38] bzw Waldnutzungsrechte.[39]

8 Kennzeichnendes Merkmal dieser subjektiv-dinglichen Rechte ist es, dass sie dem Eigentümer des herrschenden Grundstücks hinsichtlich eines anderen Grundstücks zustehen.[40]

9 Die Judikatur hat hingegen in folgenden Fällen die Eigenschaft als **Recht** iSv **§ 96 verneint**, da die Rechte nicht dem Eigentümer als solchem, sondern als Person zustehen[41] (dh nicht zwingend, sondern allenfalls zufällig mit dem Eigentum am Grundstück verbunden sind):[42] bei der Auflassungsvormerkung zugunsten des jeweiligen Eigentümers eines anderen Grundstücks,[43] bei einer Eigentümerhypothek,[44] bei einem Anspruch des Eigentümers auf einen beim Hypothekengläubiger gebildeten Amortisationsfonds zur Tilgung der hypothekarisch gesicherten Schuld,[45] einem Anspruch auf Brandversicherungsleistung nach § 97 VVG,[46] Brennrechten (nach dem Brantweinmonopolgesetz, da das Brennrecht nur eine steuerliche Bevorzugung, nicht jedoch als selbständiger Vermögensgegenstand zu qualifizieren ist),[47] einem Entschädigungsanspruch nach der KriegsschädenVO 1940,[48] der Milchreferenzmenge (Milchkontingente),[49] einer Abgeltung für die Aufgabe der Milcherzeugung,[50] Miteigentumsanteilen an einem Wegegrundstück[51] bzw einem schuldrechtlichen Rübenlieferungsrecht.[52]

II. Rechtsfolgen

10 Rechte iSv § 96 sind dann **sonderrechtsunfähige „wesentliche Bestandteile“** des Grundstücks, wenn sie – wie die subjektiv dinglichen Rechte (Rn 4) – nicht vom Grundstückseigentum getrennt werden können.[53] Ist eine Trennung möglich, werden sie wie **einfache Bestandteile** behandelt[54] (die idR gleichwohl das Schicksal des Grundstücks teilen – „die Unterscheidung gilt daher als praktisch bedeutungslos“).[55] Sind sie sonderrechtsunfähig, folgen sie dem Grundstückseigentum im Falle seiner Übertragung.[56]

11 Die rechtliche Fiktion des § 96 macht Rechte, die mit dem Eigentum an einem Grundstück verbunden sind, jedoch nicht zu Sachen.[57]

§ 97 Zubehör

(1) [1]Zubehör sind bewegliche Sachen, die, ohne Bestandteile der Hauptsache zu sein, dem wirtschaftlichen Zwecke der Hauptsache zu dienen bestimmt sind und zu ihr in einem dieser Bestimmung entsprechenden räumlichen Verhältnis stehen. [2]Eine Sache ist nicht Zubehör, wenn sie im Verkehr nicht als Zubehör angesehen wird.

28 FG Hamburg EFG 1984, 79; nicht jedoch nach hessischem Landesrecht, so FG Hessen VersR 1978, 856.
29 BGHZ 122, 93, 99 ff, 102 ff; BGH NVwZ-RR 1998, 522; Staudinger/*Jickeli*/*Stieper*, § 96 Rn 6.
30 OLG Braunschweig NdsRpfl. 1990, 7.
31 BFH DStR 1969, 671 Nr. 453.
32 VGH Mannheim AgrarR 1983, 70.
33 OLG Celle NdsRpfl. 1961, 34.
34 LG Hildesheim NdsRpfl. 1965, 275.
35 BGH MDR 1961, 924.
36 So Motive III, S. 60.
37 Zur historischen Entwicklung BVerfGE 7, 377, 387 ff.
38 Dazu Staudinger/*Jickeli*/*Stieper*, § 96 Rn 4.
39 BayObLG RdL 1981, 209, 210.
40 Palandt/*Ellenberger*, § 96 Rn 2.
41 Bamberger/Roth/*Fritzsche*, § 96 Rn 5.
42 Bamberger/Roth/*Fritzsche*, § 96 Rn 6.
43 RGZ 128, 246, 248.
44 Staudinger/*Jickeli*/*Stieper*, § 96 Rn 5; aA *Hirsch*, ArchBürgR 25, 252.
45 RGZ 104, 68, 73; Soergel/*Mühl*, § 96 Rn 4.
46 BFH BB 1986, 723.
47 RG HRR 1932 Nr. 1157; BGH LM § 96 BGB Rn 1.
48 BGHZ 18, 128, 137 = NJW 1955, 1516.
49 BGHZ 114, 277 = NJW 1991, 3280; BGHZ 135, 292 = NJW 1998, 78.
50 VG Stade WM 1987, 1312.
51 BayObLGZ 1987, 121, 128.
52 BGHZ 111, 110 = NJW 1991, 1723; vgl zudem MüKo/*Holch*, § 96 Rn 2 ff; RGRK/*Kregel*, § 96 Rn 8; Soergel/*Mühl*, § 96 Rn 1 ff.
53 BayOblG NJW-RR 2003, 451.
54 Palandt/*Ellenberger*, § 96 Rn 1.
55 Bamberger/Roth/*Fritzsche*, § 96 Rn 7; Erman/*Michalski*, § 96 Rn 2.
56 OLG Dresden VIZ 1997, 244, 246.
57 Palandt/*Ellenberger*, § 96 Rn 1.

(2) [1]Die vorübergehende Benutzung einer Sache für den wirtschaftlichen Zweck einer anderen begründet nicht die Zubehöreigenschaft. [2]Die vorübergehende Trennung eines Zubehörstücks von der Hauptsache hebt die Zubehöreigenschaft nicht auf.

Literatur: *Brüning*, Die Sonderrechtsfähigkeit von Grundstücksbestandteilen – ein zivilrechtliches Problem bei der Privatisierung kommunaler Leistungsnetze, VIZ 1997, 389; *Schneider*, Die sachenrechtliche Zuordnung von Rauchwarnmeldern in Eigentumswohnungsanlagen, ZMR 2010, 833; *Siebert*, Zubehör des Unternehmens und Zubehör des Grundstücks, in: FS Giesecke 1958, S. 59; *Weimar*, Das Zubehör und seine Rechtslage, MDR 1980, 907; *Witt*, Das Pfandrecht am Inventar des landwirtschaftlichen Betriebs, Diss. Hohenheim, 1974.

A. Allgemeines

1 In § 97 erfolgt für das gesamte Privatrecht eine Definition des Begriffs **Zubehör**, der in § 98 teilweise in den Erläuterungen für landwirtschaftliches und gewerbliches Zubehör erweitert wird. Damit können bewegliche Sachen zu einer anderen Hauptsache, wenn sie nicht deren Bestandteile sind, in einem bestimmten wirtschaftlichen Zusammenhang stehen. Diese gesetzliche Begriffsbestimmung kann nicht durch Parteivereinbarung geändert werden, sofern das Gesetz nicht selbst auf den Parteiwillen abstellt.[1]

2 **Sonderbestimmungen** (mit einem von § 97 abweichenden Inhalt) finden sich zudem in § 3 S. 2 HöfeO, der (in Erweiterung des § 98) eine Bestimmung des Hofzubehörs trifft, und in § 478 HGB hinsichtlich des Schiffszubehörs. § 68 LuftfzRG regelt das Zubehör von Luftfahrzeugen. Eine weitere eigenständige Definition trifft § 9 des Kabelpfandgesetzes.[2]

3 Daneben (und unabhängig vom BGB-Zubehörsbegriff) trifft § 4 Abs. 4 Nr. 3 FStrG einen **öffentlich-rechtlichen Zubehörsbegriff** für das Straßenzubehör – etwa Verkehrszeichen und die Bepflanzung (die nach BGB Sachbestandteile sind).[3]

4 Die Definition des Zubehörs in § 97 stellt den Zubehörsbegriff auf eine **objektive Grundlage** und trennt diesen von jenem des Bestandteils.[4]

B. Regelungsgehalt

I. Der Begriff des Zubehörs (Abs. 1 S. 1)

5 Zubehör sind nach Abs. 1 S. 1 **bewegliche Sachen** (auch Scheinbestandteile),[5] wenn und solange[6] sie – ohne Bestandteile der Hauptsache zu sein[7] – dem wirtschaftlichen Zweck der Hauptsache zu dienen bestimmt sind **und** zu ihr in einem dieser Bestimmung entsprechenden räumlichen Verhältnis stehen. Mithin sind unter Zubehör **rechtlich selbständige bewegliche Sachen** zu verstehen (die den Vorschriften über bewegliche Sachen, insbesondere den §§ 929 ff, unterfallen).

6 Zubehör teilt nur ausnahmsweise dann das rechtliche Schicksal der Hauptsache, wenn dies gesetzlich angeordnet ist, bspw nach § 314 (Veräußerungs- und Belastungsverpflichtung), § 498 Abs. 1 (Wiederverkauf),

1 Soergel/*Mühl*, § 97 Rn 5; Staudinger/*Jickeli/Stieper*, § 97 Rn 3.
2 Vom 31.3.1925 (RGBl I S. 37).
3 Staudinger/*Jickeli/Stieper*, § 97 Rn 3.
4 Staudinger/*Jickeli/Stieper*, § 97 Rn 2.
5 Wobei allerdings problematisch sein kann, ob eine „vorübergehende Verbindung" iSv § 95 nicht einer „dauerhaften Zweckbindung" iSv § 97 widerspricht, Staudinger/*Jickeli/Stieper*, § 97 Rn 4. Scheinbestandteile können auch immer Zubehör einer anderen Sache (als der, deren Scheinbestandteile sie sind) sein, RGZ 55, 281, 284.
6 BGH NJW 1969, 2135; 1984, 2277.
7 Fraglich ist, ob der nicht wesentliche Bestandteil einer Sache Zubehör einer anderen Sache sein kann, bejahend OLG Köln NJW 1961, 461: Fernsprechanlage als nicht-wesentlicher Bestandteil des Fernsprechnetzes *und* Zubehör eines Fabrikgrundstücks; aA die hM, vgl etwa RGZ 55, 281, 284; Soergel/*Mühl*, § 97 Rn 9; Staudinger/*Jickeli/Stieper*, § 97 Rn 4 – arg.: Wortlaut des § 97 Abs. 1 S. 1 BGB: „bewegliche Sache".

§ 926 Abs. 1 (Grundstücksveräußerung), §§ 1031, 1062 (Nießbrauch), § 1096 S. 2 (Vorkaufsrecht), § 1932 (Voraus des Ehegatten) bzw § 2164 Abs. 1 (Vermächtnis).

7 Die **Hauptbedeutung** des Zubehörs liegt in der Erstreckung der Haftung für Grundpfandrechte, vgl §§ 1120 ff, ergänzt durch § 865 ZPO, §§ 20 Abs. 2, 21 Abs. 1 ZVG.[8]

8 **Beachte**: Die Beweislast dafür, dass eine Sache Zubehör ist (mithin dem wirtschaftlichen Zweck einer Hauptsache zu dienen bestimmt ist und damit zu dieser auch in einem Über-Unterordnungsverhältnis steht), trägt derjenige, der sich auf die Zubehöreigenschaft beruft.[9] Umgekehrt trägt derjenige, der leugnet, dass das Grundstückszubehör im Eigentum des Grundstückseigentümers steht, dafür die Beweislast[10] – ebenso wie jener, der eine nur vorübergehende Zweckbindung oder eine andere Qualifikation nach der Verkehrsanschauung behauptet[11] – wobei keine Vermutung für den Fortbestand einer früher einmal vorhandenen Verkehrsanschauung besteht.[12]

9 Wer sich also auf die Zubehöreigenschaft einer beweglichen Sache beruft, muss die Tatbestandsmerkmale nach Abs. 1 S. 1 und Abs. 2 S. 2 beweisen, wohingegen derjenige, der die Zubehöreigenschaft bestreitet, die Tatbestandsmerkmale von Abs. 1 S. 2 und Abs. 2 S. 1 zu beweisen hat.[13]

10 **1. Die bewegliche Sache.** Dem Begriff des Zubehörs unterfallen nur bewegliche Sachen (nicht hingegen Grundstücke und Grundstücksbestandteile[14] und – mangels Sachqualität – auch nicht Rechte [aller Art],[15] die nur dann gemäß § 96 als Bestandteile des Grundstücks gelten, wenn sie mit dem Grundeigentum verbunden sind,[16] dazu § 96 Rn 4) bzw sonstige Immaterialgüter oder der Goodwill eines Unternehmens.[17]

11 **Beachte**: Nur ganz ausnahmsweise können Regelungen, die den Terminus „Zubehör" verwenden, auf Rechte analog anwendbar sein.[18]

12 Ein **Sachinbegriff** (Sachgesamtheit, dazu § 90 Rn 87 ff) kann dann als Zubehör (iS einer beweglichen Sache) qualifiziert werden, wenn dessen Voraussetzungen bei allen zum Inbegriff gehörenden Sachen vorliegen.[19] Vgl auch § 98, der für das Inventar ausdrücklich die Zubehöreigenschaft vorsieht.

13 Für den Begriff des Zubehörs macht es keinen Unterschied, ob die bewegliche Sache im Eigentum des Hauptsacheeigentümers steht oder in **fremdem Eigentum**[20] (bspw weil sie gestohlen oder unter Eigentumsvorbehalt geliefert wurde).[21] Dies wird argumentativ aus § 1120 (bzw § 55 Abs. 2 ZVG) hergeleitet,[22] der im Hinblick auf den Hypothekenverband feststellt, dass dieser sich auf das Zubehör des Grundstücks mit Ausnahme der Zubehörstücke erstreckt, „welche nicht in das Eigentum des Eigentümers des Grundstücks gelangt sind".

14 **Verbrauchbare Sachen** (iSv § 92) können „Zubehör" sein, da es der Zubehöreigenschaft nicht entgegensteht, dass das Zubehörstück nur einmal benutzt werden kann,[23] bspw Baumaterial (das auf dem Baugrundstück lagert),[24] Heizölvorräte eines Wohnhauses,[25] Kohlevorräte einer Ziegelei[26] oder Materialreserven eines Unternehmens.[27]

15 **2. Die Notwendigkeit einer Hauptsache.** Die Zubehöreigenschaft setzt zwingend das Vorhandensein einer dem Zubehör zugeordneten Hauptsache voraus. Hauptsache kann entweder ein **Grundstück** oder eine **andere bewegliche Sache** sein,[28] Rechte hingegen nur dann, wenn sie dem Grundstücksrecht (wie das Erbbaurecht,

8 Bamberger/Roth/*Fritzsche*, § 97 Rn 1.
9 Staudinger/*Jickeli*/*Stieper*, § 97 Rn 34.
10 RG JW 1911, 707.
11 Staudinger/*Jickeli*/*Stieper*, § 97 Rn 34.
12 RG JW 1914, 460.
13 BGH NJW-RR 1990, 586, 588; Bamberger/Roth/*Fritzsche*, § 97 Rn 22; Soergel/*Mühl*, § 97 Rn 36; Staudinger/*Jickeli*/*Stieper*, § 97 Rn 34.
14 RGZ 87, 43, 50.
15 RGZ 83, 54, 56; BGHZ 111, 110, 116 = NJW 1990, 1723; BGHZ 135, 292 = NJW 1998, 78; Palandt/*Ellenberger*, § 97 Rn 2; Soergel/*Mühl*, § 97 Rn 11 – ebenso wenig, wie der Wohnungseigentümeranteil an der Instandhaltungsrücklage; aA *Röll*, NJW 1996, 937, 938, der die Instandhaltungsrücklage nach § 21 Abs. 5 Nr. 4 WEG gemäß § 97 analog als Zubehör qualifiziert.
16 Staudinger/*Jickeli*/*Stieper*, § 97 Rn 6.
17 OLG Karlsruhe WM 1989, 1229: Arztpraxis.
18 Vgl BGHZ 111, 110, 116 = NJW 1990, 1723: Rübenlieferungsrechte im Verhältnis zum Betrieb (nicht zu einer einzelnen Ackerfläche).
19 BGH BB 1965, 473; Erman/*Michalski*, § 97 Rn 2 a; RGRK/*Kregel*, § 97 Rn 11; Staudinger/*Jickeli*/*Stieper*, § 97 Rn 7; aA Bamberger/Roth/*Fritzsche*, § 97 Rn 3: „Jedoch kann bei einer Tankstelle die Antwort für eine dem Eigentümer der Hauptsache gehörende Hebebühne anders ausfallen als für eine gemietete Zapfsäule", ebenso MüKo/*Holch*, § 97 Rn 4; Palandt/*Ellenberger*, § 97 Rn 2; Soergel/*Mühl*, § 97 Rn 7: Sachgesamtheiten können nicht Zubehör sein.
20 RGZ 53, 350.
21 Da der Vorbehaltskäufer (der mit einer Rückforderung aufgrund des vorbehaltenen Eigentums des Vorbehaltsverkäufers nicht rechnet) die ihm unter Vorbehalt gelieferte Sache auf Dauer der Hauptsache widmet, BGHZ 58, 309, 313.
22 Vgl Palandt/*Ellenberger*, § 97 Rn 2.
23 RGZ 66, 358; 77, 36, 38: Kohlevorräte einer Fabrik.
24 BGHZ 58, 309. Bzw. Heizöl im Tank, LG Braunschweig ZMR 1986, 120.
25 OLG Braunschweig ZMR 1986, 120.
26 RGZ 77, 38.
27 RGZ 66, 358; 84, 285.
28 Nicht jedoch eine Arztpraxis als Hauptsache und dem Goodwill als Zubehör, OLG Karlsruhe WM 1989, 1229.

das Wohnungseigentumsrecht oder die Rechte nach Art. 63 EGBGB) gleichgestellt sind.[29] Nach § 98 können Sachen auch Zubehör eines Gebäudes sein. Da dieses aber idR Grundstücksbestandteil ist (§§ 94 Abs. 1, 95), ist das Gebäudezubehör dann rechtlich meist auch Grundstückszubehör.[30]

Was Haupt- und was Nebensache ist, beurteilt sich wie folgt: Im Falle **mehrerer Sachen** ist Hauptsache jene, der der wirtschaftliche Schwerpunkt zukommt[31] (nicht hingegen sind die quantitative Größe, das Wertverhältnis oder die räumliche Ausdehnung, maßgeblich).[32] Bei mehreren Grundstücken ist jenes Hauptsache, das Mittelpunkt der Bewirtschaftung ist.[33] Ist zu entscheiden, ob ein Grundstück oder eine Immobilie Hauptsache ist, gebührt der Immobilie immer ein Vorrang (arg. § 98).[34] Im Falle von Baumaterialien ist das zu bebauende Grundstück (nicht jedoch das noch unfertige Gebäude) Hauptsache.[35] **16**

Sachbestandteile (bspw ein Haus) können Hauptsache sein[36] mit der Folge, dass das Zubehör dann zugleich auch Zubehör des Grundstücks ist.[37] **17**

Demhingegen **können Sach- und Rechtsgesamtheiten** (dazu § 90 Rn 87 ff) **kein Zubehör haben**,[38] mithin nicht als Hauptsache in Betracht kommen, was gleichermaßen für Sachen hinsichtlich eines Unternehmens als Rechtsgesamtheit gilt.[39] D.h., ein Unternehmen kann nicht Hauptsache iSv § 97 sein. **18**

Bei Gewerbebetrieben (dh einem Unternehmen als Nicht-Sache iSv § 90, das kein Zubehör iSv § 97 haben kann) ist der wirtschaftlich-betriebstechnische Unternehmensschwerpunkt für die Beantwortung der Frage, was Hauptsache ist, maßgeblich. Daher kann das Unternehmenszubehör (iSd Inventars eines Gewerbebetriebs) ebenso wie andere Rechts- und Sachgesamtheiten entsprechend § 98 Nr. 1 Zubehör des Betriebsgrundstücks (oder anderer dem Unternehmer gehöriger Einzelsachen) sein.[40] Voraussetzung dafür ist, dass das Grundstück für eine entsprechende Nutzung nach seiner objektiven Beschaffenheit dauernd eingerichtet ist[41] **und** der wirtschaftliche Schwerpunkt des Unternehmens auf dem Grundstück liegt.[42] Betreibt das Unternehmen das Gewerbe allerdings auf fremdem Grund, helfen diese Überlegungen nicht weiter. Doch wird dann auch der Zweck des § 97 (Rn 7) nicht passen. Hier kann § 311 c analog zur Anwendung gelangen.[43] **19**

Eine Sache kann auch **Zubehör mehrerer Hauptsachen** sein,[44] auch wenn die Sachen, die die Hauptsache bilden, verschiedenen Eigentümern gehören.[45] Erfolgt dann eine Veräußerung nach § 926 (Zubehör des Grundstücks), kann hinsichtlich des Zubehörs Miteigentum der Eigentümer der Hauptsache zur Entstehung gelangen.[46] **20**

Auch ein dem **Grundeigentum gleichgestelltes Recht** – wie bspw das Erbbaurecht (wobei allerdings nach § 12 ErbbauVO ein aufgrund dieses Rechts errichtetes Bauwerk „Bestandteil" des Erbbaurechts wird, mithin nicht dessen Zubehör sein kann), das Wohnungseigentum oder das (nach Art. 67 EGBGB landesrechtliche) Bergwerkseigentum[47] – können ausnahmsweise Hauptsache sein.[48] Ein Zubehör an Rechten existiert ansonsten nicht.[49] **21**

3. Die Zweckbestimmung. Das Zubehör muss (im weitesten Sinne) dem **wirtschaftlichen Zweck** der Hauptsache (die nicht zwingend gewerblich genutzt zu werden braucht, sofern sie auch nur überhaupt nutzbar **22**

29 Palandt/*Ellenberger*, § 97 Rn 3.
30 Bamberger/Roth/*Fritzsche*, § 97 Rn 6.
31 Staudinger/*Jickeli*/*Stieper*, § 97 Rn 8: mit der Folge, dass nach RG DR 1942, 137 ein wertvoller Bagger Zubehör einer wertlosen Kiesgrube sein kann.
32 BGHZ 20, 159, 162 f = NJW 1956, 788; MüKo/*Holch*, § 97 Rn 10.
33 OLG Stettin JW 1932, 1581.
34 So RGZ 87, 43, 49; Staudinger/*Jickeli*/*Stieper*, § 97 Rn 8.
35 RGZ 84, 284, 285; RGRK/*Kregel*, § 97 Rn 18; Staudinger/*Jickeli*/*Stieper*, § 97 Rn 17.
36 BGHZ 62, 49.
37 RGZ 89, 63.
38 Palandt/*Ellenberger*, § 97 Rn 3; RGRK/*Kregel*, § 97 Rn 7.
39 Umstritten, in diesem Sinne aber MüKo/*Holch*, § 97 Rn 12; RGRK/*Kregel*, § 97 Rn 7; Soergel/*Mühl*, § 97 Rn 15. Ggf können die Sachen allerdings Zubehör des Unternehmensgrundstücks (Grundstückszubehör) sein, so OLG Köln NJW 1961, 461.
40 Palandt/*Ellenberger*, § 97 Rn 3; wobei die Judikatur aber bspw entschieden hat, dass der Kraftfahrzeugpark eines Speditionsunternehmens regelmäßig nicht Zubehör des Betriebsgrundstücks ist (BGHZ 85, 234) und bei einem Tiefbauunternehmen gleichermaßen auch nicht die Gerätschaften, die auf den verschiedenen Baustellen eingesetzt werden (BGHZ 124, 380).
41 BGHZ 62, 49; 124, 380, 392.
42 BGHZ 85, 234.
43 So Bamberger/Roth/*Fritzsche*, § 97 Rn 7; MüKo/*Holch*, § 97 Rn 13.
44 Vgl OLG Stettin JW 1932, 1581; ebenso Staudinger/*Jickeli*/*Stieper*, § 97 Rn 9: bspw eine Maschine, die Zubehör mehrerer landwirtschaftlicher Grundstücke ist.
45 OLG Breslau OLGE 35, 291.
46 Erman/*Michalski*, § 97 Rn 12; Staudinger/*Jickeli*/*Stieper*, § 97 Rn 9.
47 BGHZ 17, 223, 232 = NJW 1955, 1184.
48 Soergel/*Mühl*, § 97 Rn 12; Staudinger/*Jickeli*/*Stieper*, § 97 Rn 12.
49 Staudinger/*Jickeli*/*Stieper*, § 97 Rn 12; mit der Folge, dass der Schuldschein nicht Zubehör der Forderung ist, so RGRK/*Kregel*, § 97 Rn 6.

ist[50] – Entbehrlichkeit einer unmittelbaren Erwerbsbezogenheit)[51] zu dienen bestimmt sein (**wirtschaftliche Zweckbindung** als objektive Bestimmung des Zubehörbegriffs – Subordinationsverhältnis des Zubehörs zu einer Hauptsache).[52] Ausreichend ist auch eine entsprechende Zweckbestimmung hinsichtlich einzelner Bestandteile der Hauptsache mit der Folge, dass – wenn ein Grundstück eine **unterschiedliche Nutzung** (privat und geschäftlich) erfährt – dem Grundstück für jeden Nutzungszweck unterschiedliches Zubehör zugeordnet ist.[53]

23 Zubehör kann nur auf den Zweck einer **fertigen Hauptsache** ausgerichtet sein[54] (wenngleich auch Baumaterial Zubehörcharakter zukommen kann, das dann aber – noch nicht dem in Herstellung begriffenen Gebäude, sondern – dem Baugrundstück zu Bebauungszwecken zugeordnet ist).[55] Zumindest muss die Hauptsache so weit hergestellt sein, dass sie bereits einen wirtschaftlichen Zweck erfüllen kann.[56]

24 **Zum Verkauf bestimmte Waren- und Produktvorräte** stellen (ebenso wenig wie Rohstoffe und Halbfertigwaren, die nach einer Be- oder Verarbeitung veräußert werden sollen)[57] **kein Zubehör** des Betriebsgrundstücks dar, da sie nicht dem wirtschaftlichen Zweck des Betriebsgrundstücks dienen, sondern diesem gleichgewichtig gegenüberstehen.[58]

25 Nach Einstellung eines Gewerbebetriebs oder einer sonstigen Nutzung kommt eine Zubehöreigenschaft nicht mehr in Betracht.[59]

26 **a) Die Widmung.** Die Zweckbestimmung einer dauernden Unterordnung der Zubehörssache unter die Hauptsache wird durch den Parteiwillen festgelegt und setzt somit eine entsprechende **Widmung** voraus. Diese ist nicht als Rechtsgeschäft, sondern als bloße **Rechtshandlung** (geschäftsähnliche Handlung)[60] zu qualifizieren (mit der Folge, dass für ihre Vornahme natürliche Willensfähigkeit ausreicht, mithin Geschäftsfähigkeit nicht erforderlich ist).[61] Widmen kann jeder, der das Zubehör berechtigt in ein wirtschaftliches Unterordnungsverhältnis zur Hauptsache setzen kann,[62] dh nicht nur der Eigentümer, sondern auch ein Pächter, Mieter oder ein Eigenbesitzer iSv § 872.[63]

27 Die Zweckbestimmung iSd Widmung erfolgt regelmäßig durch ein schlüssiges Handeln des tatsächlichen Benutzers der Hauptsache,[64] unabhängig von dem Grad der Eignung der Sache für den ins Auge gefassten Zweck.[65]

28 Die **Zubehöreigenschaft entsteht** durch eine entsprechende Widmung, auf die erstmalige tatsächliche Benutzung kommt es nicht an.[66] Sobald die Widmung erfolgt ist, entscheidet allerdings nicht mehr der Parteiwille darüber, ob eine Sache Zubehör sein soll oder nicht.[67]

29 Ein Widerruf der Widmung ist möglich, wenn der Benutzer der Hauptsache beschließt, dass die Sache nicht mehr (oder nur noch vorübergehend) dem wirtschaftlichen Zweck der Hauptsache dienen soll.[68]

30 **b) Die Widmung auf Dauer.** Nach Abs. 2 S. 1 begründet die „vorübergehende Benutzung" einer Sache für den wirtschaftlichen Zweck einer anderen nicht die Zubehöreigenschaft mit der Folge, dass die Zubehöreigenschaft eine **dauernde** (und nicht nur eine vorübergehende) **Unterordnung** (dazu noch Rn 31 ff) unter den

50 Weshalb Schrott oder Brachland kein Zubehör sein können, Bamberger/Roth/*Fritzsche*, § 97 Rn 9.

51 Eine gewerbliche Nutzung ist nicht erforderlich, womit auch eine Nutzung zu Wohnzwecken oder kirchlichen Zwecken ausreicht; weshalb bspw auch eine Orgel (RG JW 1910, 466) oder eine Glocke Zubehör einer Kirche sein können, BGH NJW 1984, 2277. Vgl hinsichtlich einer Alarmanlage als Wohnungszubehör OLG München MDR 1979, 934; aA OLG Hamm NJW-RR 1988, 923: wesentlicher Bestandteil nach § 94 Abs. 2.

52 Staudinger/*Jickeli*/*Stieper*, § 97 Rn 13.

53 BGHZ 85, 234, 237; Palandt/*Ellenberger*, § 97 Rn 4.

54 Staudinger/*Jickeli*/*Stieper*, § 97 Rn 17.

55 So RGZ 86, 326, 330; 89, 61, 65: Maschinen sind noch kein Zubehör eines erst im Rohbau errichteten Fabrikgebäudes. Vgl auch BGHZ 58, 309, 311 hinsichtlich noch nicht fertig montierter Heizkörper in einem Rohbau.

56 BGH NJW 1969, 36; Palandt/*Ellenberger*, § 97 Rn 5.

57 KG JW 1934, 435.

58 RGZ 66, 90; 86, 329; Palandt/*Ellenberger*, § 97 Rn 5.

59 BGH NJW 1996, 835; Bamberger/Roth/*Fritzsche*, § 97 Rn 9.

60 Staudinger/*Jickeli*/*Stieper*, § 97 Rn 20.

61 Umstritten, so aber Bamberger/Roth/*Fritzsche*, § 97 Rn 13; Erman/*Michalski*, § 97 Rn 5; Palandt/*Ellenberger*, § 97 Rn 6; RGRK/*Kregel*, § 97 Rn 14; Soergel/*Mühl*, § 97 Rn 25.

62 Staudinger/*Jickeli*/*Stieper*, § 97 Rn 20.

63 BGH NJW 1969, 2135: Dessen Pflicht zur Herausgabe des Zubehörs. Seine rechtskräftige Verurteilung zur Herausgabe und die Einleitung der Zwangsvollstreckung aus dem Titel führen noch nicht zur Änderung der Widmung.

64 BGH NJW 1969, 2135; ggf auch eines Mieters oder Pächters, wobei deren Handlungen idR aber eine „Widmung auf Dauer" (Rn 30 ff) fehlen dürfte, da sich bei ihnen die Zweckbestimmung regelmäßig auf die Zeit ihrer Nutzungsmöglichkeiten erstrecken wird, so zutr. Palandt/*Ellenberger*, § 97 Rn 6.

65 BGH NJW-RR 1990, 586.

66 RGZ 66, 356; Palandt/*Ellenberger*, § 97 Rn 6.

67 Staudinger/*Jickeli*/*Stieper*, § 97 Rn 13.

68 BGH NJW 1969, 2135, 2136; 1984, 2277, 2278; Bamberger/Roth/*Fritzsche*, § 97 Rn 13.

wirtschaftlichen Zweck der Hauptsache erfordert.[69] Dies bestätigt Abs. 2 S. 2, wonach eine nur vorübergehende Trennung von Haupt- und Nebensache die Zubehöreigenschaft nicht beendet.

Daraus folgt, dass das Zubehör dem Zweck der Hauptsache **auf Dauer** zu dienen bestimmt sein muss.[70] 31

Bedeutsam ist dabei auch die Person des Widmenden: Widmet eine nur schuldrechtlich nutzungsbefugte Person (wie der Mieter oder Pächter), erfolgt nach Abs. 2 S. 1 regelmäßig nur eine „vorübergehende Unterordnung".[71] 32

Der Notwendigkeit einer dauerhaften Unterordnung der Zubehörsache steht nicht entgegen, dass entweder die Hauptsache[72] oder die Zubehörsache[73] von nur **begrenzter Lebenszeit** ist. Umgekehrt reicht es bei langlebigen Sachen für die Zubehöreigenschaft aus, dass sie sich für eine „gewisse Dauer" der Hauptsache unterordnet[74] und nicht von Anfang an eine Aufschiebung des Unterordnungsverhältnisses beabsichtigt war.[75] 33

Umgekehrt hebt gemäß Abs. 2 S. 2 die „vorübergehende Trennung" eines Zubehörstücks von der Hauptsache – bspw zu Reparaturzwecken[76] – die Zubehöreigenschaft nicht auf. 34

Dies hat zur Folge, dass Scheinbestandteile (iSv § 95) von der Regelung des § 97 nicht erfasst werden[77] – ebenso wenig Werkzeugsformen, die nach der Beendigung eines Auftrags in das Eigentum des Kunden übergehen sollen.[78] Bei Mietern oder Pächtern, die eine Sache nur in Ausübung eines zeitlich begrenzten Nutzungsrechts innehaben, spricht eine **Vermutung** (vergleichbar § 95 Abs. 2, wonach Sachen, die zu einem nur vorübergehenden Zweck in ein Gebäude eingefügt sind, nicht zu den Bestandteilen des Gebäuden gehören) dafür, dass sie nur eine „vorübergehende Verbindung" beabsichtigen.[79] Dh, die von diesem Personenkreis eingefügten Sachen stellen in aller Regel kein Grundstückszubehör dar.[80] Etwas anderes gilt nur dann, wenn der Mieter oder der Pächter im Nachhinein das Grundstückseigentum erwirbt: Nunmehr dienen seine Sachen, auch ohne äußeren Widmungsakt (Rn 26 f), Grundstückszwecken.[81] 35

Der **Eigentumsvorbehalt** eines Lieferanten steht (im Unterschied zu einer nur auf Probe gelieferten Sache, die noch nicht Zubehör wird)[82] der Zubehöreigenschaft (mithin einer dauerhaften Widmung durch den Käufer) nicht entgegen.[83] 36

Eine nur „vorübergehende Benutzung" iSv Abs. 2 S. 1 hat die Judikatur bspw in folgenden Fällen angenommen: bei einem (jederzeit wieder entfernbaren) Autotelefon,[84] einer (vom Mieter angeschafften) Beleuchtung,[85] bei aufgrund Kauf auf Probe gelieferten Sachen[86] bzw einer Stofftragetasche (beim Einkauf).[87] Abgelehnt wurde eine nur „vorübergehende Benutzung" bei noch nicht fertig montierten Heizkörpern in einem Rohbau.[88] 37

Die **Beweislast** liegt bei demjenigen, der den Ausnahmetatbestand einer nur „vorübergehenden Benutzung" behauptet.[89] 38

4. Der dienende Charakter des Zubehörs. Ein dienender Charakter des Zubehörs ist dann anzunehmen, wenn dieses (aufgrund einer an der Verkehrsanschauung orientierten wirtschaftlichen Betrachtungsweise) die zweckentsprechende Verwendung der Hauptsache (die bereits dergestalt vorhanden ist, dass sich mit ihr ein wirtschaftlicher Zweck verwirklichen lässt) – und sei es auch nur durch die Gewährung mittelbarer Vor- 39

69 Staudinger/*Jickeli/Stieper*, § 97 Rn 18; vgl etwa OLG Köln MDR 1993, 1177: Ein zeitweilig in einem Geschäftswagen eingebautes Autotelefon ist nicht „Zubehör".

70 Palandt/*Ellenberger*, § 97 Rn 7.

71 BGH BB 1971, 1123. Vgl zudem OLG Düsseldorf NJW-RR 1991, 1130: Werkzeugformen, die ein kunststoffverarbeitender Betrieb einsetzt, um Kunststoffflaschen herzustellen als Nicht-Zubehör (iSv §§ 97, 98), wenn über Amortisationsverträge vereinbart wurde, dass Eigentum und Besitz an den Formen nach Auftragsbeendigung an den Kunden des Betriebs übergehen.

72 OLG Kassel JW 1934, 2715.

73 RGRK/*Kregel*, § 97 Rn 29; Staudinger/*Jickeli/Stieper*, § 97 Rn 19.

74 RGRK/*Kregel*, § 97 Rn 13; Staudinger/*Jickeli/Stieper*, § 97 Rn 19.

75 RGZ 62, 410, 411.

76 KG OLGE 6, 213.

77 BGH NJW 1962, 1498.

78 OLG Düsseldorf NJW-RR 1991, 1130; Palandt/*Ellenberger*, § 97 Rn 7.

79 BGH NJW 1984, 2277; bspw fest eingebaute Maschinen in einem gepachteten Gebäude, die nach Beendigung des Pachtverhältnisses wieder entfernt werden sollen, BGH DB 1971, 2113 (weil dem Verpächter nach Beendigung des Pachtverhältnisses nur ein wahlweises Übernahmerecht eingeräumt worden ist). Oder vom Mieter angebrachte Lampen, OLG Bamberg OLGZ 14, 8.

80 So RGRK/*Kregel*, § 97 Rn 30; Soergel/*Mühl*, § 97 Rn 27.

81 RGZ 132, 321, 324.

82 Erman/*Michalski*, § 97 Rn 7.

83 BGHZ 58, 309, 314 = NJW 1972, 1187; BGHZ 35, 85, 87 = NJW 1961, 1349; Staudinger/*Jickeli/Stieper*, § 97 Rn 18.

84 Vgl Bamberger/Roth/*Fritzsche*, § 97 Rn 15.

85 OLG Bamberg OLGZ 14, 8, 9.

86 Erman/*Michalski*, § 97 Rn 7.

87 OLG Düsseldorf NJW-RR 1994, 735, 737.

88 Zubehör des Grundstücks, BGHZ 58, 309, 312 f = NJW 1972, 1187.

89 RGZ 47, 201.

teile[90] – fördert oder ermöglicht.[91] Die Zubehöreigenschaft ist also nicht davon abhängig, dass das Zubehör zwingend zur Benutzung der Hauptsache erforderlich ist.[92] Es reicht auch aus, wenn das Zubehör nur dem wirtschaftlichen Zweck einzelner Bestandteile der Hauptsache dient.[93]

40 Ggf kann Inventar (das einem gewerblichen Betrieb auf Dauer dienen soll) auch schon vor Fertigstellung des Betriebsgebäudes als „Zubehör" zu qualifizieren sein.[94]

41 Die dienende Funktion des Zubehörs im Verhältnis zur Hauptsache (Unterordnung unter den wirtschaftlichen Zweck der Hauptsache) kommt durch ein **Über-Unterordnungsverhältnis** zwischen Hauptsache und Zubehör zum Ausdruck[95] (Abhängigkeitsverhältnis), auch wenn die Unterordnung des Zubehörs unter den Hauptsachezweck – wie bspw bei einer Materialreserve[96] (nicht jedoch bei einer Rohstoffreserve für den laufenden Betrieb, da hier eine Unterordnung gegenüber dem Betriebsgrundstück wegen Gleichwertigkeit fehlt;[97] ebenso bei Fertigprodukten eines Betriebs)[98] – erst künftig beabsichtigt ist.[99]

42 Eine Unterordnung des Zubehörs ist dann anzunehmen, wenn es zur Förderung des wirtschaftlichen Zwecks der Hauptsache Verwendung findet, indem es diesem zumindest mittelbar – wenn nicht ausschließlich, so doch zumindest auch – dient.[100]

43 Eine grundsätzliche Eignung des Zubehörs für den Einsatzzweck ist nicht erforderlich, da die subjektive Widmung (Rn 26) über den Charakter der Zubehöreigenschaft entscheidet.[101] Ein tatsächlich zweckentsprechender Einsatz des Zubehörs ist (bei tatsächlicher Eignung, dem wirtschaftlichen Zweck der Hauptsache zu dienen) bei entsprechender Widmung nicht erforderlich.[102]

44 **5. Das notwendige räumliche Verhältnis zwischen Zubehör und Hauptsache.** Zwischen Zubehör und Hauptsache muss ein – gemäß der Zweckbestimmung, dem wirtschaftlichen Zweck der Hauptsache zu dienen – entsprechendes räumliches Verhältnis bestehen (mithin eine tatsächliche Stellung des Zubehörs in den Dienst der Hauptsache).[103] Mit der Begründung dieses notwendigen räumlichen Verhältnisses gelangt die Zubehöreigenschaft erst zur Entstehung,[104] da das Zubehör ansonsten seine dienende Funktion gegenüber der Hauptsache nicht wahrnehmen kann.

45 Das Näheverhältnis setzt nicht voraus, dass eine körperliche Verbindung der beiden Sachen erfolgt[105] oder dass sich das Grundstückszubehör auf dem in Rede stehenden Grundstück befindet;[106] es reicht vielmehr aus, dass aufgrund der örtlichen Belegenheit des Zubehörs eine Benutzung für die Zwecke der Hauptsache (Zweckbestimmung) möglich ist,[107] auch wenn sich die Zubehörsache auf einem anderen (ggf sogar auf einem fremden) Grundstück befindet.[108] Insoweit ist eine erhebliche Distanz zwischen Zubehör und Hauptsache dem Zubehörcharakter nicht abträglich,[109] was bspw beim Leitungsnetz von Versorgungsunternehmen zum Tragen kommt (das als Zubehör des Betriebsgrundstücks qualifiziert wird, § 95 Rn 43 ff).[110] Gleiches gilt für auf anderen Grundstücken stehende Hilfsgebäude[111] oder Anschlussgleise eines Betriebs.[112]

46 **6. Die Bedeutung der Verkehrsanschauung (Abs. 1 S. 2).** Nach Abs. 1 S. 2 ist eine Sache dann nicht Zubehör, wenn sie im Verkehr nicht als Zubehör angesehen wird. Dh, auch wenn alle vorab dargestellten Voraussetzungen einer Zubehöreigenschaft (Über-Unterordnungsverhältnis) vorliegen sollten, kann eine Sache gleichwohl nicht als Zubehör qualifiziert werden, wenn die Verkehrsanschauung dem – in Zweifelsfällen – entgegensteht.

90 OLG Stettin JW 1932, 1581.
91 Palandt/*Ellenberger*, § 97 Rn 4.
92 LG Berlin DGVZ 1977, 156; Bamberger/Roth/*Fritzsche*, § 97 Rn 11; MüKo/*Holch*, § 97 Rn 15.
93 Bspw einem Stockwerk eines Gebäudes, RGZ 48, 207, 208; 89, 61, 63.
94 BGH NJW 1969, 36.
95 Unterordnung des Zubehörs unter die Hauptsache, RGZ 86, 326, 329; BGHZ 85, 234.
96 Bspw Kohlevorräte (RGZ 77, 36, 38) oder Heizölvorräte (LG Braunschweig ZMR 1986, 120).
97 RGZ 86, 326, 329; Soergel/*Mühl*, § 97 Rn 23; Staudinger/*Jickeli*/*Stieper*, § 97 Rn 16.
98 RGRK/*Kregel*, § 97 Rn 23; Staudinger/*Jickeli*/*Stieper*, § 97 Rn 16 – arg.: nur noch vorübergehende Verbindung mit dem Betriebsgrundstück.
99 Staudinger/*Jickeli*/*Stieper*, § 97 Rn 15.
100 Staudinger/*Jickeli*/*Stieper*, § 97 Rn 14.
101 BGH NJW-RR 1990, 586, 588; Bamberger/Roth/*Fritzsche*, § 97 Rn 12; MüKo/*Holch*, § 97 Rn 15 und 19; aA OLG Karlsruhe NJW-RR 1986, 19, 20.
102 Wenngleich einem entsprechenden Einsatz Indizwirkung zukommt, Bamberger/Roth/*Fritzsche*, § 97 Rn 12; MüKo/*Holch*, § 97 Rn 19.
103 Staudinger/*Jickeli*/*Stieper*, § 97 Rn 21.
104 RG JW 1909, 159; Palandt/*Ellenberger*, § 97 Rn 8.
105 Da dadurch idR Bestandteilseigenschaft begründet wird, schlösse dies eine Zubehöreigenschaft sogar aus, Staudinger/*Jickeli*/*Stieper*, § 97 Rn 21.
106 RGZ 87, 50.
107 Palandt/*Ellenberger*, § 97 Rn 8; weshalb auch Anschlussgleise (RG Warn 1930, 49), auf einem Nachbargrundstück errichtete Hilfsgebäude (RGZ 55, 284) oder auf einem fremden Grundstück verlegte Gas-, Wasser- oder Elektrizitäts(versorgungs)leitungen „Zubehör" sind (BGHZ 37, 353; BGH NJW 1980, 771).
108 RGZ 130, 364, 367; BGH MDR 1965, 561.
109 RGZ 151, 40, 46; Staudinger/*Jickeli*/*Stieper*, § 97 Rn 21.
110 Dazu RGZ 168, 288, 290; BGHZ 37, 353, 356 = NJW 1962, 1817; BGH NJW 1980, 771, 772.
111 RGZ 55, 284, 285.
112 RG WarnR 1930 Nr. 49.

Unter der **Verkehrsanschauung** ist die Auffassung zu verstehen, die sich allgemein oder in dem in Rede stehenden Verkehrsgebiet gebildet hat und in den Lebens- und Geschäftsgewohnheiten der Beteiligten auch ihren nach außen hin in Erscheinung tretenden Ausdruck findet.[113] Vor diesem Hintergrund kann (aufgrund geografischer Unterschiede in Deutschland) die Qualifikation einer (nicht speziell eingepassten) Einbauküche als Zubehör eines Wohnhauses in bestimmten Gegenden an einer entsprechenden Verkehrsauffassung scheitern[114] (Rn 65, Fn 160). Der **Beurteilungsmaßstab** ist damit ein **objektiver**, wodurch vertragliche Vereinbarungen über die Zubehöreigenschaft an einer Zuordnung nichts ändern können.[115] Die Verkehrsanschauung findet in verschiedener Hinsicht **Grenzen**:[116] So kommt es in personeller Hinsicht auf die Lebens- und Geschäftsverhältnisse der Beteiligten an.[117] Gleichermaßen sind lokale Begrenzungen der Verkehrsanschauung möglich,[118] ebenso wie diese einem Wandlungsprozess im Laufe der Zeit unterworfen ist,[119] wodurch auch unterschiedliche (dh entgegengesetzte) Entscheidungen der Gerichte nicht gerade selten sind.[120] 47

Beachte: Unter Beweislastgesichtspunkten hat derjenige die Verkehrsanschauung (als Ausnahmetatbestand, Rn 46) zu beweisen, der sich auf sie als Ausnahme, die eine Nicht-Zubehöreigenschaft statuiert, beruft.[121] Dieser muss eine bestimmte Verkehrsanschauung behaupten und dafür geeignete Beweismittel benennen.[122] Die Beweiserhebung über die Verkehrsanschauung bedarf grundsätzlich der Einholung eines Sachverständigengutachtens in Gestalt einer demoskopischen Umfrage. Das Bestehen einer Verkehrsanschauung kann allerdings Gegenstand fachlicher Erfahrung sein, die eine Beweiserhebung dann entbehrlich macht, wenn das Gericht über eigene Sachkunde verfügt.[123] 48

Beachte weiter: Da auch ein Wandel in der Verkehrsanschauung möglich ist, kann diese dann uU nicht den Feststellungen lang zurückliegender gerichtlicher Entscheidungen entnommen werden.[124] 49

Unter diesem Gesichtspunkt sind **Möbel** – anders als ggf Einbauküchen[125] – nach der Verkehrsanschauung **kein Zubehör** einer Wohnung.[126] 50

II. Rechtsfolgen der Zubehöreigenschaft

Zubehör kann **sonderrechtsfähig** sein, mithin also grundsätzlich auch ohne die Hauptsache übertragen und belastet werden. 51

Da das Zubehör gleichzeitig aber in einem engen wirtschaftlichen Zusammenhang mit der Hauptsache steht, **teilt** es im Zweifel deren **rechtliches Schicksal** – was der Gesetzgeber in einer Reihe von Vorschriften so angeordnet hat, bspw im Zusammenhang mit **Verpflichtungsgeschäften** in **§ 311 c**, wonach, wenn sich jemand zur Veräußerung oder Belastung einer Sache verpflichtet, sich diese Verpflichtung im Zweifel (dh als Auslegungsregel) auch auf das „Zubehör" der Sache erstreckt – Zusammengehörigkeit von Hauptsache und Zubehör mit korrespondierender grundsätzlich rechtlicher Gleichbehandlung von Zubehör und Hauptsache. 52

Vgl zudem **§ 457 Abs. 1** (wonach der Wiederverkäufer verpflichtet ist, dem Wiederkäufer den gekauften Gegenstand nebst Zubehör herauszugeben), **§ 1096 S. 2** (wonach sich das Vorkaufsrecht im Zweifel auf das mit dem Grundstück verkaufte Zubehör erstreckt) sowie **§ 2164 Abs. 1** (Erstreckung des Vermächtnisses im Zweifel auf das zur Zeit des Erbfalls vorhandene Zubehör). Nach § 1932 Abs. 1 S. 1 gebühren dem Ehegatten außer dem Erbteil u.a. die zum ehelichen Haushalt gehörenden Gegenstände, soweit sie nicht Zubehör eines Grundstücks sind, als Voraus. 53

Im Rahmen von **Verfügungsgeschäften** kann der Erwerber eines Grundstücks gemäß § 926 Abs. 1 (Erstreckung der Grundstücksveräußerung auf das Zubehör) am Grundstückszubehör Eigentum erwerben, ohne dass es der Übergabe des beweglichen Zubehörs bedürfte[127] – was jedoch nur für dem Veräußerer gehörende Zubehörstücke gilt,[128] wohingegen an in fremdem Eigentum stehendem Zubehör sich der Eigentumsübergang gemäß § 926 Abs. 2 nach Maßgabe der §§ 932 ff vollzieht. Eine Entsprechung findet dieser Regelungsgehalt in den §§ 1031, 1062 für den Nießbrauch, in § 1093 für die beschränkt persönliche Dienstbarkeit sowie in § 11 ErbbauVO für das Erbbaurecht. 54

113 Vgl RGZ 77, 244; BGHZ 101, 186 = NJW 1987, 2812; OLG Köln NJW 1961 461; Palandt/*Ellenberger*, § 97 Rn 9.
114 Bamberger/Roth/*Fritzsche*, § 97 Rn 17.
115 MüKo/*Holch*, § 97 Rn 2.
116 Staudinger/*Jickeli*/*Stieper*, § 97 Rn 23.
117 RGZ 77, 241, 244.
118 Vgl etwa Prot. III, S. 19.
119 Staudinger/*Jickeli*/*Stieper*, § 97 Rn 23.
120 Beispiele bei Staudinger/*Jickeli*/*Stieper*, § 97 Rn 24; vgl etwa nur die unterschiedliche Einschätzung von Einbauküchen in der Judikatur, dazu bereits § 94 Rn 40, Fn 135.
121 BGH NJW-RR 1990, 586; OLG Nürnberg MDR 2002, 815.
122 BGH NJW 1992, 3224.
123 Vgl BGH NJW 1992, 3224, 3226.
124 BGH NJW 1992, 3224, 3226; Bamberger/Roth/*Fritzsche*, § 97 Rn 23.
125 Palandt/*Ellenberger*, § 97 Rn 9.
126 OLG Düsseldorf DNotZ 1987, 108.
127 RGZ 97, 102, 107; Staudinger/*Jickeli*/*Stieper*, § 97 Rn 30.
128 OLG Düsseldorf DNotZ 1993, 342.

55 Die praktisch wohl bedeutendste Zubehörsregel ist **§ 1120** (Erstreckung der Hypothek auf das Zubehör, soweit es im Eigentum des Grundstückseigentümers steht[129] – vgl zudem die korrespondierende Zwangsvollstreckungsvorschrift des § 865 ZPO, Rn 59). Zubehörstücke können nach Maßgabe der §§ 1121 und 1122 Abs. 2 von der Haftung frei werden. Werden Zubehörstücke zur Sicherheit übereignet, ändert sich an der Zubehöreigenschaft – wenn keine Entwidmung stattfindet – nichts.[130]

56 § 1120 findet über den Verweis in § 1192 für die Grundschuld und in § 1199 für die Rentenschuld entsprechende Anwendung.

57 Vgl zudem § 31 Schiffsregistergesetz (Zubehör an eingetragenen Schiffen) und § 103 BinnSchG sowie § 31 Luftfahrzeugsregistergesetz (wonach die pfandrechtliche Haftung sogar nur vorübergehend eingebautes Zubehör erfasst).[131]

58 Zubehör im Rahmen der Zwangsvollstreckung ist nach § 97 bzw § 98 zu verstehen.[132]

59 Die **Zwangsvollstreckung** in bewegliche Sachen, die Grundstückszubehör sind und im Eigentum des Grundstückseigentümers stehen, erfolgt gemäß § 865 Abs. 1 ZPO nicht nach den Regeln über die Mobiliarzwangsvollstreckung, sondern gemäß § 865 Abs. 2 ZPO iVm §§ 1120 ff werden die Sachen von der Immobiliarzwangsvollstreckung des Grundstücks erfasst, dessen Zubehör sie sind.[133]

60 Eine **Grundstücksbeschlagnahme** erfasst nach § 20 Abs. 1 ZVG das dem Grundstückseigentümer gehörende Zubehör (vgl hinsichtlich land- und forstwirtschaftlicher Erzeugnisse § 21 Abs. 1 ZVG). Die Zwangsversteigerung erfasst nach § 55 Abs. 2 ZVG auch Dritten gehörende Zubehörstücke, wenn sie sich im Besitz des Schuldners befinden und der berechtigte Dritte sein Recht nicht nach § 37 Nr. 5 ZVG geltend macht.

61 Vgl zur Zwangsverwaltung die §§ 146 Abs. 1, 148 Abs. 1 ZVG (mit entsprechender Anwendung der Vorschriften über die Zwangsversteigerung).[134]

III. Aufhebung der Zubehöreigenschaft

62 Die rechtliche Qualifikation einer Sache als „Zubehör" entfällt, wenn eine der vorgenannten Voraussetzungen der Zubehöreigenschaft (mithin objektive Aufhebungsgründe, Rn 5 ff) **auf Dauer** (dh nicht nur vorübergehend, vgl § 97 Abs. 2 S. 1 [Rn 30 ff], weshalb eine nur „vorläufige" Betriebseinstellung mit beabsichtigter Wiedereröffnung des Betriebs als Hauptsache das Zubehörverhältnis nur unterbricht, nicht aber beendet)[135] **wegfällt**,[136] bspw durch eine dauernde räumliche Trennung des Zubehörs von der Hauptsache[137] (womit Widmung und Indienststellung enden),[138] durch eine Widmungsänderung[139] oder durch eine dauernde (nicht hingegen eine bspw insolvenzbedingte vorübergehende)[140] Betriebseinstellung (wenn das Zubehör dem Betrieb diente).[141] Die **(Sicherungs-)Übereignung des Zubehörs**[142] führt hingegen allein ebenso wenig wie eine Verurteilung des tatsächlichen Besitzers einer Zubehörsache zur Aufhebung der Zubehöreigenschaft.[143] Auch ein bloßer Aufhebungswille allein vermag die Zubehöreigenschaft nicht zu beenden.[144]

IV. Scheinzubehör und Nebensachen

63 Unter **Scheinzubehör** sind nur scheinbar den Zubehörtatbestand erfüllende Sachen zu verstehen, die aber bspw nur vorübergehend dem Zweck der Hauptsache zu dienen bestimmt sind (Rn 30 ff), oder solche Sachen, die nach der Verkehrsauffassung (Rn 46 ff) nicht als Zubehör verstanden werden.[145]

129 Jedoch werden Anwartschaftsrechte des Eigentümers auf Erwerb von Zubehörstücken von der hypothekarischen Haftung mit erfasst, BGHZ 35, 85.

130 BGH NJW 1987, 1266, 1267; Staudinger/*Jickeli*/*Stieper*, § 97 Rn 31.

131 Erman/*Michalski*, § 97 Rn 15; Staudinger/*Jickeli*/*Stieper*, § 97 Rn 31.

132 OLG Oldenburg NJW 1952, 671.

133 RGZ 59, 87; Staudinger/*Jickeli*/*Stieper*, § 97 Rn 33.

134 Staudinger/*Jickeli*/*Stieper*, § 97 Rn 33: „Die Erweiterung des § 55 Abs. 2 ZVG auf Zubehör, das im Eigentum eines Dritten steht, greift hier allerdings nicht Platz".

135 RGZ 77, 36, 40; Staudinger/*Jickeli*/*Stieper*, § 97 Rn 26; wohingegen eine Betriebseinstellung auf 99 Jahre zur Beendigung des Zubehörverhältnisses führt, so RG WarnR 1934 Nr. 56. Die Entwidmung einer Kapelle führt zur Beendigung der Zubehöreigenschaft der Kirchenglocke, BGH NJW 1984, 2278.

136 BGH NJW 1984, 2277.

137 Palandt/*Ellenberger*, § 97 Rn 10.

138 Staudinger/*Jickeli*/*Stieper*, § 97 Rn 26.

139 Dauerhaft anderweitige Widmung, BGH NJW 1969, 2135, 2136; 1984, 2277, 2278. Vgl auch BGH WM 1993, 168: ausgelagertes Inventar verliert die Zubehöreigenschaft, wenn die Auslagerung mit dem Ziel seiner gesonderten Verwertung erfolgt ist.

140 RGZ 69, 88; 77, 36, 39.

141 RGRK/*Kregel*, § 97 Rn 35.

142 So BGH NJW 1979, 2514: 1987, 1266.

143 BGH NJW 1979, 2514; 1987, 1266, 1267.

144 Staudinger/*Jickeli*/*Stieper*, § 97 Rn 26.

145 So Staudinger/*Jickeli*/*Stieper*, § 97 Rn 27.

Nebensachen – mithin Sachen, die ohne die Hauptsache nicht gekauft oder bestellt worden wären bzw (im Kontext mit § 947 Abs. 2) die ohne Beeinträchtigung der praktischen Verwertbarkeit des Ganzen fehlen können[146] – stellen **kein Zubehör** dar.[147] 64

V. Einzelbeispiele aus der Judikatur

1. Zubehöreigenschaft. Die Rechtsprechung hat etwa eine **Zubehöreigenschaft bejaht** bei einer Abraumhalde (eines Bergwerkseigentums),[148] einer Alarmanlage,[149] Anschlussgleisen eines Fabrikgrundstücks,[150] einer Apothekeneinrichtung,[151] einem Autotelefon,[152] einem Bagger,[153] Baumaterial auf dem Baugrundstück,[154] Baugerät,[155] einer Bedienungsanleitung,[156] einer Bierausschankanlage,[157] einer Büroeinrichtung,[158] dem Container eines Zugfahrzeugs,[159] einer Einbauküche,[160] (Gastwirtschafts-)Einrichtungen,[161] dem Erdaushub eines Grundstücks,[162] (Kraft-)Fahrzeugen[163] (wobei ein Fuhrpark nur dann Grundstückszubehör ist, wenn der wirtschaftliche Schwerpunkt des Unternehmens gerade auf diesem Grundstück liegt),[164] einem Gastank (im Erdreich des Grundstücks),[165] einem Handtuchspender (Rollenhalter und Sammelkörbe im Verhältnis zu Hygienepapier),[166] Heizvorräten,[167] Kabelverteilerkästen (und Transformatorenstationen im Verhältnis zur Elektrizitätsversorgungsanlage des Energieversorgungsunternehmens),[168] einer Kirchenglocke und Kirchenorgel,[169] einer Kühlanlage,[170] (Fernversorgungs-)Leitungen,[171] Maschinen,[172] bei Rauchwarnmeldern,[173] Satellitenempfangsanlagen,[174] einer Sauna,[175] der Schankanlage (einer Gaststätte),[176] einem Schaukasten (eines Ladens),[177] einem Schwimmbecken (nebst Filter- und Heizanlage),[178] einer Speiseeismaschine (in einer Bäckerei),[179] Theaterrequisiten (eines Theatergebäudes),[180] Verpackungsmaterial,[181] Versorgungs- 65

146 BGHZ 20, 159, 167.
147 Staudinger/*Jickeli*/*Stieper*, § 97 Rn 27.
148 BGHZ 17, 223, 231 = NJW 1955, 1186.
149 OLG München MDR 1979, 934 – in einer Eigentumswohnung; aA OLG Hamm NJW-RR 1988, 923: wesentlicher Bestandteil iSv § 94 Abs. 2. Vgl zu einer Alarmanlage in einem PKW OLG Düsseldorf NZV 1996, 196.
150 RG WarnR 1930, Nr. 49.
151 RG WarnR 1909, Nr. 491.
152 Bamberger/Roth/*Fritzsche*, § 97 Rn 18; aA OLG Köln NJW-RR 1994, 51.
153 RG DR 1942, 138: eines Kiesgewinnungsbetriebes (selbst dann, wenn der Bagger sich nicht auf dem Grundstück selbst befindet).
154 BGHZ 58, 309.
155 OLG Hamm MDR 1985, 495: wenn es sich auf dem für das Baugeschäft eingerichteten Grundstück befindet.
156 Bamberger/Roth/*Fritzsche*, § 97 Rn 18.
157 OLG Celle OLGZ 1980, 13: in einer Gastwirtschaft.
158 Palandt/*Ellenberger*, § 97 Rn 12: eines gewerblichen Betriebs, wenn das Grundstück auf eine entsprechende Benutzung dauerhaft eingerichtet ist. Vgl BayObLG OLGE 24, 250 (Fabrikgebäude) bzw LG Mannheim DB 1976, 2206 (Verwaltungsgebäude).
159 FG München EFG 1976, 255, 256.
160 BGH NJW-RR 1990, 586: soweit es sich nicht um einen Bestandteil des Gebäudes handelt (s. § 94 Rn 40, Fn 135). Vgl auch OLG Nürnberg NJW-RR 2002, 1485; OLG Stuttgart FamRZ 1999, 855; OLG Celle NJW-RR 1989, 913; LG Düsseldorf VersR 2011, 525; AG Köln RuS 2010, 518. Im Übrigen sind regionale Auffassungen zu berücksichtigen, OLG Hamm NJW-RR 1989, 333; OLG Düsseldorf NJW-RR 1994, 1039. Regional abweichende Verkehrsauffassungen sollen sich jedoch im Laufe der Zeit auch ändern können: so BGH NJW 2009, 1078 (für den süddeutschen Raum).
161 BGHZ 62, 49: wenn das Grundstück auf eine entsprechende dauernde Benutzung hin eingerichtet ist.
162 Bamberger/Roth/*Fritzsche*, § 97 Rn 18.
163 PKW eines Baubetriebes, OLG Hamm JMBl NRW 1953, 244; Hotelomnibus (auch wenn noch andere als Hotelgäste befördert werden), RGZ 47, 197, 200; 157, 40, 48; Lieferfahrzeug von (Fabrik- oder Handels-) Unternehmen, BGH WM 1980, 1384. Hingegen wurde die Zubehöreigenschaft **verneint** bei Fahrzeugen eines Speditions- oder Transportunternehmens, BGHZ 85, 234, 237 – arg.: Fahrzeuge operieren außerhalb des Betriebsgeländes, was gleichermaßen für Baugerät (Fn 155 u. 185) gilt, bspw einen Baukran (OLG Koblenz MDR 1990, 49) oder sonstige Baumaschinen (BGH NJW 1994, 864), die an unterschiedlichen Stellen eingesetzt werden.
164 Staudinger/*Jickeli*/*Stieper*, § 97 Rn 14.
165 LG Gießen NJW-RR 1999, 1538.
166 OLG Düsseldorf GRUR 1985, 391.
167 OLG Düsseldorf NJW 1966, 1714: bspw an Öl oder Kohle. Vgl auch OLG Schleswig-Holstein SchlHA 1997, 110. Zudem *Schulte-Thomas*, RNotZ 2004, 64.
168 Bamberger/Roth/*Fritzsche*, § 97 Rn 18.
169 RG JW 1910, 466; RGZ 90, 346, 348; BGH NJW 1984, 2277, 2278.
170 OLG Hamm NJW-RR 1986, 376: einer Gaststätte.
171 BGHZ 37, 353, 357; BGH NJW 1980, 771: Zubehör des Grundstücks des Versorgungsbetriebs, es sei denn, die Leitungen sind *Bestandteil* der Grundstücke, in denen sie liegen (dazu § 95 Rn 43 ff).
172 BGH NJW 1979, 2514; selbst vor ihrer Inbetriebnahme, BGH NJW 1994, 864. Etwas anderes gilt dann (dh fehlende Zubehöreigenschaft), wenn das betreffende Grundstück nicht dauerhaft für einen entsprechenden Gewerbebetrieb eingerichtet ist (BGHZ 62, 49) bzw wenn Maschinen ausschließlich auf Baustellen eingesetzt werden (BGH NJW 1994, 864).
173 LG Hamburg, ZMR 2011, 387.
174 LG Nürnberg-Fürth DGVZ 1996, 123.
175 AG Aschaffenburg DGVZ 1998, 158; AG Ludwigsburg DGVZ 1991, 95.
176 OLG Celle OLGZ 80, 13, 14.
177 OLG Marienwerder JW 1932, 2097.
178 AG Betzdorf DGVZ 1998, 189.
179 LG Kassel MDR 1959, 487.
180 KG OLGE 30, 3028.
181 RG Gruchot 53, 899.

leitungen (im Verhältnis zu Klär-, Kraft- und Wasserwerken, sofern sie nicht Bestandteile des Grundstücks sind, in dem sie verlegt sind),[182] einer Waschmaschine (in einem Mehrfamilienhaus),[183] bzw einem Zuchthengst.[184]

66 Zur Behandlung von **Einbauküchen** (die auch unter § 94 Abs. 2 fallen können) siehe bereits Fn 120 und § 94 Rn 40, Fn 35.

67 **2. Nicht-Zubehör.** Die Judikatur hat bspw eine **Zubehöreigenschaft verneint** bei einem Autotelefon,[185] Baugerät,[186] Beständen eine Baumschule,[187] Beleuchtungsgeräten,[188] Bier einer Brauerei,[189] Bodenbelag,[190] Büroeinrichtung (in einer Villa),[191] Garten (im Verhältnis zur Wohnung),[192] Kfz-Brief (im Verhältnis zum Fahrzeug),[193] Ladeneinrichtung (im Geschäftshaus),[194] Möbeln,[195] Nebenstellensprechanlage,[196] Reisegepäck (im Auto),[197] Rohstoffen,[198] einer Schrankwand,[199] Speisen und Getränken einer Gastwirtschaft,[200] (im Garten aufgestellte) Statue[201] bzw allen, für den Verkauf bestimmte Waren,[202] (im Kfz speziell für eine Reise mitgeführtem) Werkzeug[203] bzw Ziegeln einer Ziegelei.[204]

68 Steht die Zubehöreigenschaft **verbrauchbarer Sachen** in Rede, ist immer deren „dauerhafte Unterordnung" unter den wirtschaftlichen Zweck der Hauptsache zu prüfen. Dann kommt ggf eine Zubehöreigenschaft in folgenden Fällen in Betracht: (auf dem Baugrundstück lagerndes) Baumaterial,[205] Heizölvorrat (eines zu beheizenden Wohn- oder sonstigen Gebäudes),[206] Kohlevorrat (einer Ziegelei)[207] oder Materialvorräte (einer Fabrik).[208] Eine Zubehöreigenschaft scheidet hingegen aus bei Rohstoffen und Halbfertigprodukten (die nach Be- oder Verarbeitung veräußert werden sollen)[209] bzw bei (zum Verkauf bestimmten) Waren und Produkten.[210]

§ 98 Gewerbliches und landwirtschaftliches Inventar

Dem wirtschaftlichen Zwecke der Hauptsache sind zu dienen bestimmt:

1. **bei einem Gebäude, das für einen gewerblichen Betrieb dauernd eingerichtet ist, insbesondere bei einer Mühle, einer Schmiede, einem Brauhaus, einer Fabrik, die zu dem Betrieb bestimmten Maschinen und sonstigen Gerätschaften,**
2. **bei einem Landgut das zum Wirtschaftsbetrieb bestimmte Gerät und Vieh, die landwirtschaftlichen Erzeugnisse, soweit sie zur Fortführung der Wirtschaft bis zu der Zeit erforderlich sind, zu welcher gleiche oder ähnliche Erzeugnisse voraussichtlich gewonnen werden, sowie der vorhandene, auf dem Gut gewonnene Dünger.**

Literatur: *Reischl*, Kreditsicherung durch Grundpfandrechte – Ausgewählte Probleme bei der Modernisierung landwirtschaftlicher Betriebe, AgrarR 1997, 277.

182 Bamberger/Roth/*Fritzsche*, § 97 Rn 18.
183 LG Dortmund MDR 1965, 740; vgl zudem AG Elmshorn DGVZ 1986, 191: Waschmaschine und Wäschetrockner eines Cafés.
184 AG Oldenburg DGVZ 1980, 94: Zubehör eines Reiterhofs.
185 OLG Köln NJW-RR 1994, 51: eines Geschäftswagens.
186 BGHZ 62, 49: sofern es sich nicht auf einem für ein Baugeschäft eingerichteten Grundstück befindet (sondern zB auf einem Lagerplatz, OLG Koblenz BB 1989, 2138).
187 RGZ 66, 88, 90 – arg.: zur Veräußerung bestimmt, weshalb die räumliche Nähe zur Hauptsache nur vorübergehender Natur ist.
188 OLG Bamberg OLGZ 14, 9: wenn Mieter sie nur für vorübergehende (Nutzungs-) Dauer angeschafft haben.
189 OLG Kiel SeuffA 67, Nr. 146.
190 Palandt/*Ellenberger*, § 97 Rn 11 – arg.: Linoleumbodenbelag als Bestandteil.
191 OLG München OLGE 29, 244.
192 LG Hagen MDR 1948, 147.
193 LG Aachen DAR 1958, 267.
194 OLG Braunschweig HRR 1939 Nr. 869.
195 OLG Düsseldorf DNotZ 1987, 108: wegen entgegenstehender Verkehrsanschauung, § 97 Abs. 1 S. 2.
196 OLG Köln NJW 1961, 461: wegen entgegenstehender Verkehrsanschauung, § 97 Abs. 1 S. 2.
197 BGH VersR 1962, 557.
198 Palandt/*Ellenberger*, § 97 Rn 12: für Fabrikgrundstück.
199 OLG Düsseldorf OLGZ 1988, 115.
200 OLG Rostock OLGE 31, 309, 311.
201 OLG Frankfurt/M. NJW 1982, 653: Bronzerelief.
202 RGZ 66, 88, 90: Verkaufsbestände einer Baumschule; RG JW 1934, 435.
203 AG Freiburg VersR 1980, 964.
204 OLG Dresden OLGE 14, 106, 108.
205 BGHZ 58, 309 = NJW 1972, 1187.
206 OLG Braunschweig ZMR 1986, 120; OLG Düsseldorf NJW 1966, 1714.
207 RGZ 77, 36, 38.
208 RGZ 66, 356, 358; 84, 284, 285.
209 RGZ 86, 326, 329; Palandt/*Ellenberger*, § 97 Rn 5; Staudinger/*Jickeli*/*Stieper*, § 97 Rn 16.
210 RGZ 66, 88, 90; 142, 379, 382; RGRK/*Kregel*, § 97 Rn 23.

A. Allgemeines

§ 98 erleichtert die Anwendung der allgemeinen Zubehörsregelung des § 97 im Hinblick auf gewerbliches und landwirtschaftliches Inventar dadurch, dass die konkrete Zwecksetzung zum Ausgangspunkt für die Bestimmung des Zubehörs gemacht wird.[1] Die Norm dient – historisch betrachtet – nur der Klarstellung, dass § 97 auch für gewerbliches und landwirtschaftliches Inventar gilt[2] – „und ist somit im Wesentlichen überflüssig".[3] Der Eingangssatz „Dem wirtschaftlichen Zweck der Hauptsache… zu dienen bestimmt" trifft zwar eine zwingende Festlegung. Die genannten Gegenstände werden dann jedoch nicht als Zubehör festgelegt. Systematisch setzt § 98 nämlich voraus, dass ansonsten alle Tatbestandsmerkmale des Inventars nach § 97 erfüllt sind.[4] 1

Die Norm spiegelt in ihrer kasuistischen Aufzählung des Inventars den tradierten (veralteten, allerdings auch nicht erschöpfenden)[5] „technisch-wirtschaftlichen Entwicklungsstand in der zweiten Hälfte des 19. Jahrhunderts" wider:[6] Inventar von gewerblichen Betriebsgebäuden, dh Mühle, Schmiede, Brauhaus etc. (Nr. 1, Rn 10 ff) und von Landgütern (Nr. 2, Rn 23 ff) sind immer dem wirtschaftlichen Zweck der Hauptsache zu dienen bestimmt. Der historische Gesetzgeber ging davon aus, dass Wert und Nutzbarkeit eines Grundstücks wesentlich von der fortwährenden Verbindung des Inventars mit diesem abhängig sind.[7] § 98 soll den Wert erhalten, der gerade in der Verbindung beweglicher Sachen als Zubehör zu einem gewerblichen oder landwirtschaftlichen Grundstück zu sehen ist.[8] 2

Eine Erweiterung des Anwendungsbereichs durch § 98 gegenüber § 97 kann dann erfolgen,[9] wenn (im Einzelfall) eine dem Zweck der Hauptsache nicht zu dienen bestimmte Sache ausnahmsweise nach der ausdrücklichen Regelung des § 98 als Zubehör zu qualifizieren ist.[10] 3

§ 3 HöfeO trifft eine von § 98 abweichende Begriffsbestimmung des Zubehörs, die vor allem für die Erbfolge bedeutsam ist.[11] 4

Die Definition des § 98 ist jedoch stets für die **Zwangsvollstreckung** maßgeblich.[12] 5

§ 98 differenziert zwischen zwei unterschiedlichen Tatbeständen für gewerbliches (Nr. 1) und landwirtschaftliches Inventar (Nr. 2), wobei die Aufzählungen in der Norm nicht abschließend sind.[13] 6

B. Regelungsgehalt

I. Die Hauptsache

Die Hauptsache (der das Zubehörstück auf Dauer zu dienen bestimmt sein muss) ist nach § 98 entweder ein **gewerbliches Betriebsgebäude** (Nr. 1) oder ein **Landgut** (Nr. 2). Der gewerbliche oder landwirtschaftliche Betrieb muss hinsichtlich des wirtschaftlichen Schwerpunktes des Betriebs auf dem entsprechenden Grund- 7

1 So Staudinger/*Jickeli/Stieper*, § 98 Rn 1.
2 Motive III, S. 66; RGZ 67, 30, 33; Jauernig/*Jauernig*, § 98 Rn 7; MüKo/*Holch*, § 98 Rn 1; Soergel/*Mühl*, § 97 Rn 1; aA RGZ 47, 197, 199: § 98 ordne (unabhängig von § 97) bestimmte Sachen stets als Zubehör gewerblichen oder landwirtschaftlichen Hauptsachen zu, wodurch der Zubehörbegriff teilweise erweitert werde.
3 Bamberger/Roth/*Fritzsche*, § 98 Rn 1.
4 RGZ 69, 152; Palandt/*Ellenberger*, § 98 Rn 1; RGRK/*Kregel*, § 98 Rn 1. Insb. muss auch das gewerbliche bzw landwirtschaftliche Zubehörstück dem Zweck der Hauptsache „auf Dauer" zu dienen bestimmt sein; umstritten, so aber OLG Düsseldorf NJW-RR 1991, 1130; Soergel/*Mühl*, § 98 Rn 2; Staudinger/*Jickeli/Stieper*, § 98 Rn 2; aA Erman/*Michalski*, § 98 Rn 6.
5 RGZ 66, 356, 358; 77, 36, 38 (Kohlevorräte auf einem Ziegeleigrundstück als Zubehör): Damit kann auch in § 98 nicht genannten Gegenständen Zubehöreigenschaft zukommen.
6 Palandt/*Ellenberger*, § 98 Rn 1.
7 Vgl Motive III, S. 66.
8 BGHZ 62, 49, 51 = NJW 1974, 269; BGHZ 85, 234, 237 = NJW 1983, 746; BGHZ 124, 380, 392 = NJW 1994, 864.
9 Umstritten, so aber Staudinger/*Jickeli/Stieper*, § 98 Rn 3; aA Motive III, S. 67: § 98 BGB bezwecke „übrigens nicht eine Erweiterung, sondern nur eine Verdeutlichung des Zubehörbegriffs. Wohnte ihm… eine selbständige Bedeutung bei, so würde seine Anwendung nicht selten zu unrichtigen Ergebnissen führen".
10 Vgl dazu RG JW 1901, 184; der auf einem Landgut gewonnene Dünger (sofern er für den Verkauf bestimmt ist) würde nämlich nicht unter § 97 BGB fallen, Staudinger/*Jickeli/Stieper*, § 98 Rn 3.
11 Bamberger/Roth/*Fritzsche*, § 98 Rn 18.
12 OLG Oldenburg NJW 1952, 671; MüKo/*Holch*, § 98 Rn 21; Staudinger/*Jickeli/Stieper*, § 98 Rn 16.
13 RGZ 47, 197, 199; Palandt/*Ellenberger*, § 98 Rn 1.

stück liegen[14] mit der Folge, dass entsprechende Betriebe, die „keinen in einem eigenen Gebäude oder Grundstück verkörperten Mittelpunkt haben", kein Zubehör im Rechtssinne haben können.[15] Andererseits wird ein Grundstück nicht allein durch den Umstand, dass von dort aus der Betrieb geführt wird, zur Hauptsache für das Inventar.[16]

8 Das Gebäude (das für den entsprechenden gewerblichen Betrieb dauernd eingerichtet ist) ist also stets als Hauptsache anzusehen, ohne dass es auf das Wertverhältnis zwischen Zubehör und Gebäude ankommt;[17] der Wert des Inventars kann also auch höher als der Gebäudewert sein.

9 Ein **gewerblicher Betrieb** hat (ohne Rückgriff auf die Voraussetzungen eines Gewerbebetriebs nach HGB oder GewO) eine planmäßige Tätigkeit zur Voraussetzung, die Einnahmen erschließen soll und wofür eine ständige Einrichtung erforderlich ist[18] – unabhängig davon, ob es sich um Betriebs(Fabrik)gebäude (zur Warenproduktion) bzw um Gebäude eines Dienstleistungsbetriebs (bspw eines Krankenhauses, Gasthauses oder Theaters)[19] oder Handelsbetriebs (etwa eines Einzelhandelsgeschäfts[20] bzw einer Apotheke)[21] handelt.

II. Inventar eines gewerblichen Betriebsgebäudes (gewerbliches Inventar)

10 Dem wirtschaftlichen Zwecke der Hauptsache sind nach **Nr. 1** bei einem Gebäude zu dienen bestimmt, das für einen gewerblichen Betrieb dauernd eingerichtet ist, insbesondere bei einer Mühle, einer Schmiede, einem Brauhaus, einer Fabrik, die zu dem Betrieb bestimmten Maschinen und sonstigen Gerätschaften.

11 Die Einrichtung des Gebäudes für den **dauernden**[22] (dh zunächst zeitlich unbegrenzten[23] und nicht nur zeitweise an den Bedürfnissen des aktuellen Besitzers eingerichteten)[24] **gewerblichen Betrieb** (Rn 13 ff) hat zur Voraussetzung, dass das Gebäude (bzw zumindest ein Teil desselben)[25] nach seiner konkreten Bauweise, Aufteilung, Gliederung oder Ausstattung auf den (wenn auch erst noch einzurichtenden)[26] Betrieb ausgerichtet ist.[27] Es reicht allerdings auch aus, wenn Gebäude und Gewerbebetrieb durch ihre sonstige bauliche Beschaffenheit dergestalt verbunden sind, dass sie sich nach der Verkehrsauffassung als „wirtschaftliche Einheit" darstellen (für die das Gebäude besonders eingerichtet ist).[28] Zudem reicht es aus, wenn das Gebäude aufgrund seiner Ausstattung mit betriebsdienlichen Maschinen und sonstigen Gerätschaften als für einen gewerblichen Betrieb dauernd eingerichtet angesehen werden kann.[29] Fehlt eine entsprechende, der objektiven Beschaffenheit nach dauernde Eignung der Einrichtung für einen Gewerbebetrieb, ist Nr. 1 tatbestandsmäßig nicht erfüllt.[30]

12 Fraglich ist, was für den Fall gilt, dass das Gebäude ohne weiteres für einen anderen Gewerbebetrieb nutzbar ist. Auch dann soll Nr. 1 erfüllt sein,[31] da sich die tatsächlichen Verhältnisse seit Inkrafttreten der historischen Formulierung insoweit geändert haben, als Gewerbebetriebe häufiger in Insolvenz gehen oder ihren Standort wechseln und eine Vielzahl von Fabrik- und Ladengebäuden sich auch ohne umfassenden Umbau für unterschiedlichste Produktionsfirmen sowie Handel und Dienstleistung als tauglich erweisen.[32] Daraus folgt, dass bei einer unterschiedlichen Gebäudenutzbarkeit letztlich das Erfordernis einer dauernden Widmung durch den derzeitigen Eigentümer maßgeblich ist.[33]

13 **1. Die dauernde Einrichtung.** Die dauernde Einrichtung für einen gewerblichen Betrieb setzt entweder voraus, dass das Gebäude nach Bauart oder Einteilung auf einen bestimmten Gewerbebetrieb abstellt oder dass das Gebäude mit dem Betriebsgegenstand nach der Verkehrsanschauung so verbunden ist, dass es als eine für diesen dauernd eingerichtete wirtschaftliche Einheit erscheint.[34]

14 BGHZ 85, 234 = NJW 1983, 740.
15 OLG Dresden OLGZ 13, 314, Palandt/*Ellenberger*, § 98 Rn 2.
16 BGHZ 124, 380 = NJW 1994, 864; BGHZ 85, 234, 237 = NJW 1983, 746.
17 RGZ 87, 43, 46; RGRK/*Kregel*, § 98 Rn 2; Staudinger/*Jickeli/Stieper*, § 98 Rn 4.
18 Staudinger/*Jickeli/Stieper*, § 98 Rn 4.
19 So Staudinger/*Jickeli/Stieper*, § 98 Rn 5.
20 OLG Marienwerder JW 1932, 2097.
21 RG WarnR 1909 Nr. 491.
22 Fehlt die Dauerhaftigkeit der Einrichtung des Betriebs, sind dem Betrieb dienende Geräte kein Zubehör, BGHZ 62, 49.
23 RGRK/*Kregel*, § 98 Rn 5.
24 RG JW 1909, 485.
25 RGZ 48, 207, 209; zB Konditoreieinrichtung als Zubehör eines mehrgeschossigen Wohnhauses (OLG Jena JW 1933, 924) bzw Einrichtung einer Fremdenpension (die nur einen Teil des Hauses ausmacht) als Zubehör (OLG München LZ 1927, 189).
26 RGZ 89, 61, 64.
27 Staudinger/*Jickeli/Stieper*, § 98 Rn 6.
28 BGHZ 62, 49, 50 f = NJW 1974, 269; BGHZ 124, 380, 392 = NJW 1994, 864.
29 BGHZ 165, 261 = NJW 2006, 993 Rn 7.
30 BGHZ 62, 49, 50 f = NJW 1974, 269.
31 OLG Köln NJW-RR 1997, 751; aA *Eickmann*, EWiR 1997, 217.
32 Bamberger/Roth/*Fritzsche*, § 98 Rn 6: „Insoweit wäre § 98 kaum noch anwendbar, wollte man eine spezielle Ausrichtung auf einen ganz bestimmten Gewerbebetrieb verlangen", ebenso MüKo/*Holch*, § 98 Rn 9 a.
33 Bamberger/Roth/*Fritzsche*, § 98 Rn 6.
34 BGHZ 62, 49, 50 = NJW 1974, 269; BGHZ 124, 380, 392 = NJW 1994, 864.

Unerheblich ist, ob ohne eine bauliche Änderung auch eine andere gewerbliche Nutzung des Gebäudes möglich wäre[35] bzw ob der Wert des Inventars höher ist als jener des Gebäudes.[36] 14

Die Judikatur hat bspw eine „dauernde Einrichtung eines Gebäudes für einen Gewerbebetrieb“ **in folgenden Fällen bejaht**: Apotheken,[37] Bäckereien,[38] Cafés,[39] Gaswerke,[40] Gastwirtschaften,[41] Hotels,[42] Konditoreien,[43] Kraftwerke,[44] Metzgereien,[45] Molkereien,[46] Pensionen,[47] Sägewerke,[48] Schlossereien,[49] Wasserwerke[50] und Ziegeleien.[51] 15

2. Maschinen und sonstige Gerätschaften. Dem wirtschaftlichen Zweck des Gewerbebetriebs dienen nach Nr. 1 die zu dem Betrieb bestimmten und sonstigen Gerätschaften. 16

Maschinen (ohne Rücksicht darauf, in wessen Eigentum sie stehen und ob ein Berechtigter oder ein Nichtberechtigter sie eingebracht hat)[52] sind **Zubehör** iSv Nr. 1,[53] wenn sie nicht ausnahmsweise „wesentlicher Bestandteil“ des Gebäudes (iSv § 94 Abs. 2) sind. Unter **sonstigen Gerätschaften** werden solche verstanden, die dem Gewerbebetrieb nur im weiteren Sinne dienen.[54] 17

Das entsprechende Zubehör muss (obgleich das Gebäude für den gewerblichen Betrieb dauernd eingerichtet zu sein hat, Rn 13 ff) nicht dem Zweck der Hauptsache auf Dauer dienen.[55] 18

Die Judikatur hat etwa in folgenden Fällen **„gewerbliches Inventar“ bejaht**: Brikettierpresse (eines Schreiners),[56] Büroeinrichtungen,[57] Dekorationen und Vergnügungsgegenstände (eines Restaurants),[58] Flaschen (und Versandkisten),[59] Kleiderschränke (für Arbeitnehmer),[60] Registrierkassen[61] bzw Speiseeismaschinen (einer Bäckerei).[62] **Verneint** wurde die Zubehöreigenschaft hingegen für Waren aller Art, die für den Verkauf bestimmt waren,[63] ebenso für Tiere.[64] 19

Problematisch ist die Beurteilung von Kraftfahrzeugen und mobilen Maschinen, da bei ihnen die für Nr. 1 erforderliche Verknüpfung mit dem Betriebszweck eines Grundstücks nicht stets anzunehmen ist, sondern vom jeweiligen Betriebszweck abhängt.[65] Die Rechtsprechung hat zB eine Zubehöreigenschaft angenommen bei Baugeräten auf dem Betriebsgrundstück eines Baugeschäfts,[66] Fahrzeugen, die auf dem Grundstück für die Vorhaltung, Lagerung sowie den An- und Abtransport der produktionsnotwendigen Rohstoffe und der Betriebserzeugnisse Verwendung finden,[67] den Fahrzeugpark einer Fabrik oder eines Handelsunternehmens[68] bzw Mietfahrzeugen (die von einem Grundstück aus vermietet werden).[69] Hingegen wurde die Zubehöreigenschaft verneint bei dem Fahrzeugpark eines Speditions- und Transportunternehmens,[70] einem mobilen Baukran (im Hinblick auf das Lagergrundstück)[71] bzw – generell – bei Maschinen und Geräten, die das Unternehmen regelmäßig oder typischerweise außerhalb des Grundstücks einsetzt.[72] 20

35 OLG Köln NJW-RR 1987, 751.
36 RGZ 87, 43, 49.
37 RG WarnR 1909, Nr. 491.
38 OLG Rostock SeuffA 65 Nr. 157.
39 OLG Frankfurt/M. HRR 1932 Nr. 2235.
40 Bamberger/Roth/*Fritzsche*, § 98 Rn 7.
41 RGZ 47, 197, 200; 48, 207, 208.
42 OLG München OLGE 27, 177.
43 OLG Jena JW 1933, 924.
44 Bamberger/Roth/*Fritzsche*, § 98 Rn 7.
45 OLG Hamburg OLGE 24, 247.
46 Bamberger/Roth/*Fritzsche*, § 98 Rn 7.
47 OLG München LZ 1927, 189.
48 RGZ 69, 85, 87.
49 OLG Oldenburg OLGE 12, 10.
50 Bamberger/Roth/*Fritzsche*, § 98 Rn 7.
51 BGH NJW 1969, 36.
52 Staudinger/*Jickeli/Stieper*, § 98 Rn 7.
53 Bspw Baugeräte auf einem Baugrundstück (OLG Hamm MDR 1985, 494), Kleiderschränke für Arbeitnehmer (OLG Hamm Recht 1932 Nr. 636), Schreibmaschinen (im Büro, LG Eisenach JW 1925, 1924) bzw Speiseeismaschinen in einer Bäckerei (LG Kassel MDR 1959, 487).
54 Palandt/*Ellenberger*, § 98 Rn 3; bspw Büroeinrichtungen (LG Mannheim BB 1976, 1152), die Dekoration eines Restaurants (RGZ 47, 199), Flaschen und Versandkisten (BayObLGZ 12, 15), Gasthauseinrichtungen (RGZ 48, 207, 209), Registrierkassen (OLG Kiel JW 1933, 1422) bzw Waren, die zum Versand hergestellt wurden (BayObLGZ 12, 314); *nicht* jedoch der Kassenbestand (OLG Dresden OLGE 30, 329).
55 Staudinger/*Jickeli/Stieper*, § 98 Rn 7; insoweit gilt also das Dauererfordernis des § 97 BGB, Soergel/*Mühl*, § 98 Rn 2.
56 Bamberger/Roth/*Fritzsche*, § 98 Rn 10: zur Verarbeitung von Spänen und Sägemehl.
57 LG Mannheim BB 1976, 1152, 1153; LG Berlin DGVZ 1977, 156; LG Freiburg BB 1979, 1672; LG Mannheim MDR 1979, 49.
58 RGZ 47, 197, 199.
59 BayObLGZ 1912, 314, 315.
60 OLG Hamm Recht 1932 Nr. 636.
61 OLG Kiel JW 1933, 1422.
62 LG Kassel MDR 1959, 487.
63 AG Viechtach DGVZ 1989, 29.
64 RGZ 69, 85, 87; Staudinger/*Jickeli/Stieper*, § 98 Rn 8: die eher § 97 unterfallen.
65 Bamberger/Roth/*Fritzsche*, § 98 Rn 11.
66 OLG Hamm MDR 1985, 494: sofern das Grundstück den wirtschaftlichen und betriebstechnischen Mittelpunkt des Betriebs darstellt.
67 BGHZ 85, 234 = NJW 1983, 740: Elektrokarren und Gabelstapler.
68 BGH WM 1980, 1383, 1384: mit dem Bedarfsgüter des Unternehmens angeliefert und Erzeugnisse des Unternehmens ausgeliefert werden.
69 Bamberger/Roth/*Fritzsche*, § 98 Rn 11.
70 BGHZ 85, 234, 239 = NJW 1983, 746: hinsichtlich des Grundstücks mit Verwaltungssitz des Unternehmens.
71 OLG Koblenz BB 1989, 2138.
72 BGHZ 124, 380 = NJW 1994, 864.

21 **Beachte**: (Äußere) **Versorgungsleitungen** (zu inneren Versorgungsleitungen bereits § 95 Rn 43 ff) von Versorgungsunternehmen (auf fremden Grundstücken) sind Zubehör des Unternehmensgrundstücks; verlaufen sie auf eigenen Grundstücken des Versorgungsunternehmens, sind sie hingegen Bestandteil.[73]

22 Auch dem **Verbrauchszähler** kommt Zubehöreigenschaft zu: entweder des Betriebsgrundstücks des Versorgungsunternehmens oder des Abnehmergrundstücks.[74]

III. Inventar eines Landguts

23 Dem wirtschaftlichen Zweck der Hauptsache sind nach **Nr. 2** bei einem Landgut zu dienen bestimmt (**landwirtschaftliches Inventar**) das zum Wirtschaftsbetrieb bestimmte (mithin dauerhaft gewidmete) Gerät und Vieh, die landwirtschaftlichen Erzeugnisse, soweit sie zur Fortführung der Wirtschaft bis zu der Zeit erforderlich sind, zu welcher gleiche oder ähnliche Erzeugnisse voraussichtlich gewonnen werden, sowie der vorhandene, auf dem Gut gewonnene Dünger. Damit regelt Nr. 2 die **Zubehöreigenschaft des landwirtschaftlichen Inventars**.

24 Unter den Zubehörsbegriff des Gutsinventars nach Nr. 2 fallende Gegenstände werden unter dem Begriff des Inventars auch von den §§ 582 ff (Verpachtung eines Grundstücks mit Inventar) erfasst, ebenso wie sie vom Registerpfand nach § 1 Pachtkreditgesetz erfasst werden,[75] wohingegen das Hofzubehör nach § 3 HöfeO (insbesondere im Hinblick auf die Erbfolge) eine abweichende Bestimmung erfährt.[76] Allerdings gilt auch hinsichtlich der Zwangsvollstreckung in Hofzubehör der Zubehörsbegriff des § 98.[77]

25 **1. Das Landgut.** Unter Landgut (heute: Bauernhof) ist jede zum selbständigen Betrieb der Landwirtschaft – dh Ackerbau und Viehzucht sowie Forstwirtschaft und Fischereiwirtschaft (wobei eine Spezialisierung auf *eine* landwirtschaftliche Betriebsart ausreicht, bspw eine Geflügelfarm oder reine Forst- und Fischereiwirtschaften)[78] – geeignete und eingerichtete Betriebseinheit (landwirtschaftlicher Betrieb) zu verstehen,[79] ohne dass (anders als nach § 2312)[80] auf dem Landgut heutzutage neben den Betriebsgebäuden auch noch ein Wohngebäude vorhanden sein muss.[81]

26 Landgut ist damit – im Unterschied zu § 585 – **nicht** ein einzelnes landwirtschaftliches Grundstück[82] – wohl aber bspw auch die Konstellation, dass eigene Grundstücke zusammen mit angepachtetem Land eine wirtschaftsfähige Betriebseinheit bilden.[83]

27 Nicht-landwirtschaftliche Nebenbetriebe (wie bspw eine Mühle) sind für den Begriff des „Landguts" unschädlich.[84]

28 **2. Landwirtschaftliches Inventar.** Beim landwirtschaftlichen Inventar als Zubehör kommt es im Hinblick auf die Zubehöreigenschaft nicht auf den Wert des einzelnen Zubehörstück an – ebenso wenig wie es darauf ankommt, wem das Zubehörstück gehört.[85] Bei der Bestimmung zum Betrieb des landwirtschaftlichen Betriebs kommt es aber wieder auf die dauerhafte Bestimmung an.[86]

29 **a) Gerät.** Unter das zum landwirtschaftlichen Wirtschaftsbetrieb bestimmte Gerät fallen alle Betriebsmittel, mithin bspw ein Ackerwagen, eine Sense, der Traktor, ein Schlepper,[87] der Pflug, eine Dreschmaschine, Mobiliar, das den auf dem Landgut beschäftigten Personen (mithin dem Betriebspersonal) zu dienen bestimmt ist, oder Büroeinrichtungsgegenstände. Weiterhin auch Berieselungsanlagen,[88] **nicht** jedoch Einrichtungsgegenstände in den Räumlichkeiten des landwirtschaftlichen Personals.[89]

30 Nr. 2 soll Zweifel bei Arbeitsgerätschaften beheben, die (auch bzw sogar vor allem) außerhalb des Betriebsgrundstücks bei der Feld- und Waldarbeit eingesetzt werden.[90]

73 Dazu näher RGZ 87, 43, 49; BGHZ 37, 353, 356.
74 Staudinger/*Jickeli*/*Stieper*, § 98 Rn 9.
75 Staudinger/*Jickeli*/*Stieper*, § 98 Rn 16.
76 Staudinger/*Jickeli*/*Stieper*, § 98 Rn 16.
77 So OLG Oldenburg NJW 1952, 671.
78 Staudinger/*Jickeli*/*Stieper*, § 98 Rn 16.
79 OLG Rostock OLGZ 1929, 211; Palandt/*Ellenberger*, § 98 Rn 4. Die von BGHZ 98, 375 zu § 2312 vertretene Definition des Begriffs „Landgut" im Kontext mit dem Nachlass – als ein zum dauerhaften Betrieb der Landwirtschaft geeignetes und bestimmtes Grundstück, das zu einem erheblichen Teil dem Lebensunterhalt seines Inhabers dient – ist enger und stellt auf den Regelungsgehalt des § 2312 ab. Sie gilt für § 98 nicht, Palandt/*Ellenberger*, aaO.
80 Dazu BGHZ 98, 375, 377 = NJW 1987, 951.
81 So zutr. Palandt/*Ellenberger*, § 98 Rn 4; Staudinger/*Jickeli*/*Stieper*, § 98 Rn 10 – arg.: rasche Sicherung der Beweglichkeit des Betriebsinhabers; aA OLG Rostock OLGE 29, 211; Erman/*Michalski*, § 98 Rn 4; Soergel/*Mühl*, § 98 Rn 14.
82 RGRK/*Kregel*, § 98 Rn 10.
83 So OLG Stettin JW 1932, 1581; Staudinger/*Jickeli*/*Stieper*, § 98 Rn 10.
84 Bamberger/Roth/*Fritzsche*, § 98 Rn 13.
85 Staudinger/*Jickeli*/*Stieper*, § 98 Rn 15: Es reicht aus, wenn das Zubehörstück im Eigentum des Pächters steht.
86 Bamberger/Roth/*Fritzsche*, § 98 Rn 14.
87 AG Varel DGVZ 1962, 48.
88 RGRK/*Kregel*, § 98 Rn 12.
89 OLG Königsberg HRR 1941 Nr. 924.
90 So *Reischl*, AgrarR 1997, 277, 279 f; zweifelhaft, so Bamberger/Roth/*Fritzsche*, § 98 Rn 15.

b) Vieh. Vieh ist dann zum Wirtschaftsbetrieb bestimmt, wenn es zur Arbeitsleistung (Arbeitstiere, auch Wachhunde)[91] oder zur Gewinnung landwirtschaftlicher Erzeugnisse – wie Milch, Wolle oder Eier – bzw zu Zuchtzwecken (Nutztiere[92] und Zuchttiere)[93] gehalten wird.[94] So stellen bspw Rinder[95] und Zuchthengste[96] Zubehör eines landwirtschaftlichen Betriebs dar. **Mastvieh** ist grundsätzlich Zubehör,[97] verliert aber seine Zubehöreigenschaft, wenn es zum endgültigen Verkauf bestimmt wird[98] (womit sich seine Widmung ändert). Dh, Vieh, das zur Veräußerung bestimmt ist, verliert mit Erreichen der Veräußerungsreife seine Zubehöreigenschaft.[99] Weiterhin sind auch Tiere, die dem persönlichen Gebrauch des Betriebsinhabers dienen, kein Zubehör des Landguts.[100] 31

§ 90 a (Tiere) ändert an der Zuordnung von Tieren als Zubehör eines Landguts als Hauptsache nichts.[101] 32

c) Landwirtschaftliche Erzeugnisse. Landwirtschaftliche Erzeugnisse sind dann Zubehör iSv Nr. 2, wenn sie zur Fortführung der Wirtschaft (dh der Gewinnung neuer Produkte, also gleicher oder ähnlicher Erzeugnisse, bspw Saatgut und Viehfutter)[102] erforderlich sind – wobei es keine Rolle spielt, ob die landwirtschaftlichen Erzeugnisse aus der eigenen Produktion stammen oder hinzugekauft wurden.[103] 33

Landwirtschaftliche Erzeugnisse, die zum Verkauf bestimmt sind, verlieren ihre Zubehöreigenschaft,[104] da es nicht ausreicht, dass der aus der Veräußerung erzielte Erlös zur Fortführung des Betriebs Verwendung findet.[105] 34

d) Dünger. Auf dem Gut gewonnener (dh selbst produzierter) Dünger ist nach dem Wortlaut der Nr. 2 auch dann Zubehör, wenn er zur Fortführung des landwirtschaftlichen Betriebes nicht erforderlich ist.[106] Im Umkehrschluss und entsprechend der gesetzgeberischen Intention[107] ist zugekaufter Dünger kein Zubehör iSv Nr. 2, ggf kommt ihm aber Zubehöreigenschaft nach § 97 zu.[108] 35

§ 99 Früchte

(1) Früchte einer Sache sind die Erzeugnisse der Sache und die sonstige Ausbeute, welche aus der Sache ihrer Bestimmung gemäß gewonnen wird.

(2) Früchte eines Rechts sind die Erträge, welche das Recht seiner Bestimmung gemäß gewährt, insbesondere bei einem Recht auf Gewinnung von Bodenbestandteilen die gewonnenen Bestandteile.

(3) Früchte sind auch die Erträge, welche eine Sache oder ein Recht vermöge eines Rechtsverhältnisses gewährt.

Literatur: *Möhring*, Der Fruchterwerb nach geltendem Recht, insbesondere bei einem Wechsel des Nutzungsberechtigten, Diss. Köln 1955; *Mohr/Jainta*, Nießbrauch an GmbH-Geschäftsanteilen, GmbH StB 2010, 269; *Schnorr v. Carolsfeld*, Soziale Ausgestaltung des Erwerbs von Erzeugnissen, AcP 145, 27.

91 Erman/*Michalski*, § 98 Rn 5.
92 Bspw Milchkühe, OLG Augsburg OLGE 37, 212.
93 OLG Dresden OLGE 2, 342; KG OLGE 15, 327.
94 Palandt/*Ellenberger*, § 98 Rn 4.
95 AG Itzehoe DGVZ 1993, 61.
96 AG Oldenburg DGVZ 1980, 93.
97 RGZ 142, 382.
98 AG Neuwied DGVZ 1975, 63; MüKo/*Holch*, § 98 Rn 19.
99 RGZ 142, 379, 382; auch nur vorübergehend auf dem Landgut vorhandenes Vieh, das zur Veräußerung ansteht, begründet keine Zubehöreigenschaft, RGZ 163, 104, 106.
100 Staudinger/*Jickeli/Stieper*, § 98 Rn 12.
101 Staudinger/*Jickeli/Stieper*, § 98 Rn 12.
102 Erman/*Michalski*, § 98 Rn 7; Soergel/*Mühl*, § 98 Rn 18; Staudinger/*Jickeli/Stieper*, § 98 Rn 13.
103 RG JW 1920, 553: eine Eigenproduktion wird nicht gefordert; MüKo/*Holch*, § 98 Rn 19; Palandt/*Ellenberger*, § 98 Rn 4.
104 RGZ 143, 33, 39.
105 RG DNotZ 1933, 441; Staudinger/*Jickeli/Stieper*, § 98 Rn 13.
106 Palandt/*Ellenberger*, § 98 Rn 4.
107 Motive III, S. 23.
108 RGRK/*Kregel*, § 98 Rn 15; Soergel/*Mühl*, § 98 Rn 20; Staudinger/*Jickeli/Stieper*, § 98 Rn 14.

A. Allgemeines

1 In § 99 erfolgt eine (aus einer kombiniert wirtschaftlichen und naturorientierten Beurteilung[1] abgeleitete) **Definition** des Begriffs „Früchte" (einer Sache oder eines Rechts) als bestimmungsgemäßer Ertrag einer Sache oder eines Rechts,[2] der in einer Vielzahl von Vorschriften (die sich mit Früchten befassen) bedeutsam ist, bspw in den §§ 953 ff (Eigentumserwerb) bzw den §§ 581 ff, 1030 ff (Nutzungsrecht des Pächters und des Nießbrauchers) oder im Zusammenhang mit der Nachlassverwaltung (§ 2038 Abs. 2 S. 2) und der Vorerbschaft (§ 2133).

2 Keine Regelung erfährt in § 99 hingegen die Frage der **Fruchtverteilung**, mithin das Recht zum Fruchtbezug und der Eigentumserwerb an den Früchten.[3]

3 Wer Eigentümer von Früchten an einer Sache ist, bestimmt sich nach den §§ 953–957.

4 Da § 100 unter dem Begriff der Nutzungen die Früchte (einer Sache oder eines Rechts) sowie die Gebrauchsvorteile zusammenfasst (**Nutzungen als Oberbegriff**), beinhaltet eine Nutzungsherausgabe – bspw nach den §§ 818 Abs. 1, 987 ff, 2020 bzw 2184 – auch eine Verpflichtung zur Herausgabe der Früchte, wobei der zur Fruchtherausgabe Verpflichtete nach § 102 Ersatz der Gewinnungskosten verlangen kann.[4]

5 Die §§ 101, 102 regeln die Frage der Verteilung der Früchte beim Wechsel des Fruchtziehungsberechtigten und die Tragung der Lasten ihrer Gewinnung.

6 Der Fruchtbegriff nach § 99 ist nicht deckungsgleich mit jenem gemäß § 810 ZPO. Unter Letzteren fällt bspw nicht die (nach § 99 zu beurteilende) nicht in Sacherzeugnissen bestehende Ausbeute, die aus der Sache bestimmungsgemäß gewonnen wird, bzw schlagreifes Holz im Wald.[5]

7 Verwenden Vorschriften des Landesrechts die Begrifflichkeit „Frucht", ist dafür die in § 99 getroffene Definition nicht maßgeblich.[6]

B. Regelungsgehalt

8 § 99 differenziert zwischen **unmittelbaren Sachfrüchten** in Gestalt der organischen Erzeugnisse und der sonstigen bestimmungsgemäßen Ausbeute (Abs. 1 Rn 10 ff) und **unmittelbaren Rechtsfrüchten** (Abs. 2 Rn 23 ff) – beide Formen werden (wegen der unmittelbaren Gewinnung) auch als **natürliche Früchte** bezeichnet[7] – einerseits sowie **mittelbaren** (wegen ihrer mittelbaren Gewinnung) **Sach- und Rechtsfrüchten** (Abs. 3 Rn 37 ff), auch **juristische oder Zivilfrüchte** genannt, andererseits.

9 Sachfrüchte können zugleich Früchte eines an dieser Sache bestehenden Rechts sein.[8]

I. Unmittelbare Sachfrüchte (Abs. 1)

10 Unmittelbare Sachfrüchte nach Abs. 1 sind sowohl die Erzeugnisse der Sache (Alt. 1 Rn 12 ff) als auch die sonstige Ausbeute, welche aus der Sache ihrer Bestimmung gemäß gewonnen wird (Alt. 2 Rn 17 ff).

11 Voraussetzung ist somit, dass die Sache ihrer Natur nach überhaupt geeignet ist, Erzeugnisse abzuwerfen oder ausgebeutet zu werden,[9] was bei **Geld nicht** der Fall ist.[10]

12 **1. Erzeugnisse einer Sache.** Unter Erzeugnissen der Sache (Alt. 1) sind alle natürlichen (organischen) Tier- (§ 90 a S. 3) und Bodenprodukte[11] (ohne Berücksichtigung, ob die Gewinnung einen Arbeitsaufwand voraussetzt oder im Rahmen einer geordneten Wirtschaftsführung erfolgt ist oder nicht)[12] zu verstehen,[13] wie bspw

1 Staudinger/*Jickeli*/*Stieper*, § 99 Rn 3: dieser weite Umfang des Fruchtbegriffs wird zB an anderer Stelle wieder korrigiert, zB in § 581 bzw § 993 (Beschränkung auf ein den Grundsätzen der Wirtschaftlichkeit entsprechendes Maß).
2 Womit § 99 auf Unternehmenserträge allenfalls analog angewendet werden kann, so Bamberger/Roth/*Fritzsche*, § 99 Rn 2.
3 Staudinger/*Jickeli*/*Stieper*, § 99 Rn 1.
4 Staudinger/*Jickeli*/*Stieper*, § 99 Rn 1: „Dies bedeutet jedoch nicht, daß Früchte nur den Reinertrag darstellen, der sich nach Abzug der Gewinnungskosten vom Wert des Rohertrages ergibt".
5 Staudinger/*Jickeli*/*Stieper*, § 99 Rn 5.
6 Staudinger/*Jickeli*/*Stieper*, § 99 Rn 5; aA Bamberger/Roth/*Fritzsche*, § 99 Rn 17: Ob § 99 maßgeblich sei, müsse durch Auslegung des einschlägigen Landesrechts unter Berücksichtigung des Entstehungszeitpunkts entschieden werden.
7 Die Erstreckung der Begrifflichkeit auf § 99 Abs. 2 qualifiziert Bamberger/Roth/*Fritzsche*, § 99 Rn 3 als „historisch überkommene Begriffsverwirrung".
8 MüKo/*Holch*, § 99 Rn 6; Staudinger/*Jickeli*/*Stieper*, § 99 Rn 12.
9 Bamberger/Roth/*Fritzsche*, § 99 Rn 3.
10 LG Frankfurt/M. WuM 1988, 307.
11 Bodenprodukte durch Aussaat oder Einpflanzung von Pflänzchen: Staudinger/*Jickeli*/*Stieper*, § 99 Rn 6. Vgl zudem RG JW 1938, 2030; BGH NJW-RR 1989, 673, 674.
12 Staudinger/*Jickeli*/*Stieper*, § 99 Rn 6.
13 Palandt/*Ellenberger*, § 99 Rn 2.

Bäume,[14] organischer Dünger, Eier, Kälber, Milch, Obst, Pflanzen oder Wolle, aber auch Fohlen, Kälber, Küken, Lämmer und sonstiger Nachwuchs von Muttertieren.[15] Erzeugnisse einer Sache sind mithin vielfach das, was auch nach dem natürlichen Sprachgebrauch dem Fruchtbegriff unterfällt, sofern das Erzeugnis nur (bei Fortbestand der Muttersache[16] bei der Trennung Erzeugnis der Muttersache) war (arg.: Wortlaut §§ 953 ff: „Erzeugnissen und sonstigen Bestandteilen").[17]

Auch eine bestimmungsgemäße Gewinnung ist nicht erforderlich[18] (Fruchtgewinnung im Rahmen wirtschaftlicher Erzeugung), dh es kommt nicht darauf an, ob die Fruchtgewinnung aus einer bestimmungsgemäßen oder aus einer übermäßigen Bewirtschaftung der Muttersache resultiert[19] (Holz als „Frucht", wenn es infolge Windbruchs anfällt, durch Kahlschlag gewonnen wird oder von noch tragbaren Obstbäumen herrührt).[20] Dies liegt letztlich darin begründet, dass der Gesetzgeber, wenn er eine übermäßige Fruchtziehung verhindern will, dies gesetzlich an anderer Stelle (bspw durch eine Beschränkung der einem Nichteigentümer eingeräumten Fruchtziehungsbefugnis nach §§ 581 Abs. 1, 993 oder § 2133) normiert.[21] 13

In Abgrenzung zu Alt. 2 (Rn 17 ff) kann von einem Erzeugnis der Sache aber nur dann ausgegangen werden, wenn es die Sachsubstanz der Muttersache nicht zerstört. Erforderlich ist also, dass auch im Nachgang weitere gleichartige Produkte immer wieder aus der Muttersache gewonnen werden können.[22] 14

Es spielt für Abs. 1 keine Rolle, ob das Erzeugnis mit der Muttersache noch verbunden ist (dh zusammenhängt) oder bereits getrennt ist[23] (was allerdings bei Rechtsfolgenormen bedeutsam sein kann, bspw §§ 101 Nr. 1, 592, 953 ff, 998, 1120 oder § 1212). 15

Nicht (mehr) als Früchte iSv Abs. 1 sind aufgrund einer Verarbeitung der Erzeugnisse gewonnene Folgeprodukte zu qualifizieren.[24] 16

2. Sonstige bestimmungsgemäße Ausbeute. Den Erzeugnissen der Sache gleichgestellt ist die **sonstige Ausbeute** (Alt. 2, meist anorganische Bodenbestandteile), wie zB Eis (eines Teiches), Lehm, Marmor, Kies, Kohle, Mineralwasser oder Sand, Schiefer oder Torf[25] (Sachcharakter der Ausbeute iS einer teleologischen Einschränkung des Wortsinns),[26] sofern sie aus der Sache ihrer **Bestimmung gemäß** (ohne Erzeugnis zu sein) gewonnen wird. Dies setzt eine Gewinnung in naturgemäßer oder verkehrsüblicher Weise (bzw entsprechend der Absicht des Fruchtziehungsberechtigten) voraus,[27] wobei eine Sache auch eine wechselnde Bestimmung haben kann.[28] 17

Die Leistung einer **Brandversicherung** ist nicht „aufgrund einer bestimmungsgemäßen Ausbeute" erlangt.[29] § 590 regelt für die Pacht und § 1037 für den Nießbrauch Grenzen für eine „bestimmungsgemäße Ausbeute". In aller Regel geht bei einer entsprechenden Ausbeute die Sachsubstanz der Muttersache wegen der Entnahme teilweise verloren, ohne dass die Muttersache aber völlig untergeht.[30] Dem Begriff der Ausbeute soll nicht verbrauchter Deponieraum[31] (arg.: aus dem Grundstück werde nichts gewonnen, dieses werde lediglich iS eines Gebrauchsvorteils genutzt) bzw (auf einem Grundstück erzeugte) Energie[32] (wegen ihres fehlenden Sachcharakters) unterfallen. 18

Im Falle von **Mineralien** ist gemäß § 3 BBergG darauf abzustellen, ob diese dem Grundstückseigentümer gehören oder (aufgrund Bergrechts) nicht.[33] 19

14 RGZ 80, 229, 232; 109, 190, 192: wenn sie auf natürlicher Fortpflanzung beruhen und mit dem Boden verwurzelt sind; auch unbefugt geschlagene Bäume sind „Erzeugnisse" (Staudinger/*Jickeli/Stieper*, § 99 Rn 6), ebenso aufgrund Unwetters gefallenes Holz (RG JW 1938, 203).

15 Bamberger/Roth/*Fritzsche*, § 99 Rn 4: „organisch vom Tier abgetrennte Teile".

16 Womit das Fleisch geschlachteter Tiere nicht „Erzeugnis" ist, Staudinger/*Jickeli/Stieper*, § 99 Rn 6.

17 RGRK/*Kregel*, § 99 Rn 8; Staudinger/*Jickeli/Stieper*, § 99 Rn 6.

18 Staudinger/*Jickeli/Stieper*, § 99 Rn 6.

19 Vgl Motive III, S. 69; Erman/*Michalski*, § 99 Rn 4; MüKo/*Holch*, § 99 Rn 3; Palandt/*Ellenberger*, § 99 Rn 2 – vgl zudem § 1039 Abs. 1: „Übermaßfrüchte".

20 Bamberger/Roth/*Fritzsche*, § 99 Rn 5; Staudinger/*Jickeli/Stieper*, § 99 Rn 6.

21 Bamberger/Roth/*Fritzsche*, § 99 Rn 5.

22 Bamberger/Roth/*Fritzsche*, § 99 Rn 4: womit das Fleisch eines Schlachttiers oder Abbauprodukte eines Grundstücks keine „Erzeugnisse", sondern „Ausbeute" sind.

23 MüKo/*Holch*, § 99 Rn 2.

24 Staudinger/*Jickeli/Stieper*, § 99 Rn 6.

25 Palandt/Ellenberger, § 99 Rn 2; Staudinger/*Jickeli/Stieper*, § 99 Rn 7.

26 Prot. III; S. 3324; Staudinger/*Jickeli/Stieper*, § 99 Rn 9; aA Erman/*Michalski*, § 99 Rn 5.

27 RGZ 94, 259, 261; RG JW 1909, 451; MüKo/*Holch*, § 99 Rn 4; Soergel/*Mühl*, § 99 Rn 8.

28 Staudinger/*Jickeli/Stieper*, § 99 Rn 7: bspw ein landwirtschaftliches Grundstück, das später zur Kiesgewinnung genutzt wird.

29 OLG Düsseldorf NJW-RR 1997, 604.

30 Bamberger/Roth/*Fritzsche*, § 99 Rn 6.

31 Bamberger/Roth/*Fritzsche*, § 99 Rn 7; OLG Koblenz NJW 1994, 463, 464 erwägt hingegen eine Analogie.

32 Palandt/*Ellenberger*, § 99 Rn 2; Soergel/*Mühl*, § 99 Rn 9; Staudinger/*Jickeli/Stieper*, § 99 Rn 9; aA Erman/*Michalski*, § 99 Rn 5.

33 Bamberger/Roth/*Fritzsche*, § 99 Rn 6.

20 **3. Einwirkungsberechtigung.** Die notwendige Bestimmung kann auch durch andere Einwirkungsberechtigte als den Eigentümer (bspw durch einen Pächter) getroffen werden,[34] wobei ein Verstoß des Pächters gegen ein Bestimmungsveränderungsverbot nach § 583 (Pächterpfandrecht am Inventar) bzw entsprechend ein Nießbrauchsverstoß gegen § 1037 (Umgestaltungsverbot) hinsichtlich der verbotswidrigen Ausbeute nicht dazu führt, dass diese nunmehr eine „bestimmungswidrige“ iSv § 91 Abs. 1 würde.[35]

21 **4. Raubbau uÄ.** Auch durch Raubbau oder zur Unzeit gewonnene Produkte sind als „Früchte“ iSv Abs. 1 zu qualifizieren,[36] weshalb es auf die Wirtschaftlichkeit der Ausbeute nicht ankommt.[37] Voraussetzung ist allerdings, dass die Sachsubstanz (der Muttersache) nicht verletzt wird (Notwendigkeit einer Sacherhaltung).[38] Folglich stellt das Fleisch eines Schlachttiers keine Sachfrucht dar.[39]

22 **5. Ausnahmen.** Dem Begriff der unmittelbaren Sachfrucht nach Abs. 1 unterfallen nicht ein **Schatz** (iSv § 984) oder ein anderer Fund auf einem Grundstück, da der unmittelbaren Sachfrucht als Ausbeute Sachcharakter zukommen muss und Grundstücke grundsätzlich nicht dem Schatzfund dienen,[40] bzw auf einem Grundstück erzeugte Elektrizität oder andere Energien[41] (vgl bereits § 90 Rn 12 ff) – arg.: Energien werden nicht „aus der Sache“ gewonnen.[42]

II. Unmittelbare Rechtsfrüchte (Abs. 2)

23 Unmittelbare Rechtsfrüchte nach Abs. 2 sind die Erträge, welche ein Recht seiner Bestimmung gemäß gewährt (**Erträgnisse eines Rechts** bzw Erträge aus fruchtbringenden Rechten), insbesondere bei einem Recht auf Gewinnung von Bodenbestandteilen die gewonnenen Bestandteile. Diese Erträge können also in Sachen oder Rechten bestehen, die ihrerseits selbständig und als eigener Leistungsgegenstand neben dem Stammrecht existent sind (aus dem sie hervorgegangen sind, bspw ein „Recht auf Gewinnung von Bodenbestandteilen“).[43]

24 Bei den unmittelbaren Rechtsfrüchten muss es sich um Teilleistungen handeln, die der Rechtsverkehr als vom (fruchtbringenden) Stammrecht Verschiedenes qualifiziert.[44] Die Rechtsfrucht ist also dadurch gekennzeichnet, dass sie sich als Anspruch auf Teilleistungen vom Stammrecht (das dieses vermöge seines Bestehens aus sich selbst als Erträge hervorbringt)[45] unterscheidet.[46]

25 Ein Recht ist also dann „fruchtbringend“, wenn es entsprechend seinem Inhalt unmittelbar auf die Gewinnung von Erträgen (die im Rechtsverkehr als etwas vom Stammrecht Verschiedenes angesehen werden) durch den Rechtsinhaber gerichtet ist. Widrigenfalls werden aufgrund des Rechtsverhältnisses Leistungen erbracht, die als Früchte iSv Abs. 3 (Rn 37 ff) zu qualifizieren sind.[47]

26 Das **Stammrecht**, das dergestalt auf die Gewinnung von Erträgen gerichtet ist, kann **dinglicher oder obligatorischer Natur** sein, wobei es keine Rolle spielt, ob seine Rechtsgrundlage im privaten oder im öffentlichen Recht liegt.[48]

27 Rechtsfrüchte resultieren – anders als Erträgnisse (Rn 21), aber ebenso wie die Ausbeute (Rn 17) – nur aus einem **bestimmungsgemäßen Ertrag,** der von dem Inhalt abhängt, was – sofern dieses gesetzlich nicht geregelt ist – sich aus der Parteivereinbarung bzw hilfsweise nach der Verkehrsüblichkeit bestimmt.[49] Es schadet aber nichts, wenn die Fruchtziehung auf Dauer die Sachsubstanz erschöpft (vgl bspw die Gewinnungsrechte hinsichtlich Bodenbestandteilen).

28 Sachfrüchte iSv Abs. 1 (Rn 10 ff) können dann Rechtsfrüchte gemäß Abs. 2 sein, wenn sie von einem Pächter oder einem Nießbraucher auf der Grundlage seines Pachtrechts (§ 581) oder seines Nießbrauchrechts (§ 1030 BGB) gewonnen werden.[50]

29 Die Judikatur hat bspw **in folgenden Fällen unmittelbare Rechtsfrüchte obligatorischer Natur** angenommen: bei Erträgen von Pächtern,[51] bei einer Aktie die Dividende,[52] beim Bergwerkseigentum die geförderte

34 So Staudinger/*Jickeli/Stieper*, § 99 Rn 7; aA KG OLGE 6, 217.
35 So RGRK/*Kregel*, § 99 Rn 10; Soergel/*Mühl*, § 99 Rn 8; Staudinger/*Jickeli/Stieper*, § 99 Rn 7.
36 So die hM, vgl etwa Palandt/*Ellenberger*, § 99 Rn 2.
37 Staudinger/*Jickeli/Stieper*, § 99 Rn 8.
38 Staudinger/*Jickeli/Stieper*, § 99 Rn 8.
39 Palandt/*Ellenberger*, § 99 Rn 2.
40 Staudinger/*Jickeli/Stieper*, § 99 Rn 9.
41 Staudinger/*Jickeli/Stieper*, § 99 Rn 9.
42 Soergel/*Mühl*, § 99 Rn 9; aA Erman/*Michalski*, § 99 Rn 5.
43 Bamberger/Roth/*Fritzsche*, § 99 Rn 9.
44 Bamberger/Roth/*Fritzsche*, § 99 Rn 9; RGRK/*Kregel*, § 99 Rn 10; Soergel/*Mühl*, § 99 Rn 10; Staudinger/*Jickeli/Stieper*, § 99 Rn 11.
45 RGZ 80, 208, 209.
46 Bamberger/Roth/*Fritzsche*, § 99 Rn 9.
47 Staudinger/*Jickeli/Stieper*, § 99 Rn 10.
48 BSG MDR 1982, 698; Bamberger/Roth/*Fritzsche*, § 99 Rn 9.
49 Bamberger/Roth/*Fritzsche*, § 99 Rn 12.
50 Palandt/*Ellenberger*, § 99 Rn 3.
51 RG JW 1938, 3040, 3041.
52 OLG Bremen DB 1970, 1436. Zudem BGHZ 58, 316, 320 = NJW 1972, 1755; BGHZ 78, 177, 188 = NJW 1981, 115; BGH NJW-RR 1987, 989.

Kohle,[53] bei einer verzinslichen Forderung die Zinsen,[54] bei einem GmbH-Anteil der Gewinn[55] (bzw Dividenden einer Kapitalgesellschaft),[56] beim Jagdrecht die Jagdbeute,[57] bei einem Leibrentenvertrag (§ 759) die Einzelleistungen[58] bzw bei einer Realverbandsmitgliedschaft (Waldgenossenschaft) die zugeteilten Holzmengen und Überschüsse.[59]

Als **unmittelbare Rechtsfrüchte dinglicher Natur** können der Nießbrauch[60] bzw die Reallast[61] gelten. 30

Weiterhin bestehen auch **unmittelbare Rechtsfrüchte auf öffentlich-rechtlicher Grundlage**, bspw laufende 31 Rentenleistungen aus der gesetzlichen Rentenversicherung[62] – arg.: Möglichkeit einer Differenzierung zwischen dem unverjährbaren Anspruch auf Versicherungsleistungen als solchen und verjährbaren Ansprüchen auf einzelne monatliche Rentenleistungen).

Hingegen wird bspw das Vorliegen **unmittelbarer Rechtsfrüchte verneint** beim Recht des Aktionärs auf 32 Bezug neuer Aktien (arg.: kein bestimmungsgemäßer Ertrag des Aktienrechts, sondern auf einem Hauptversammlungsbeschluss beruhend) bzw Kursgewinnen beim Aktienverkauf;[63] ebenso beim Stimmrecht (da zum Rechtsinhalt gehörend),[64] Gehaltsansprüchen aus Dienstvertrag (wegen fehlendem Stammrecht)[65] bzw Liquidationsanteilen im Falle einer Vereins- oder Gesellschaftsauflösung (arg.: Gegenwert für das Stammrecht).[66] Früchte aufgrund des Eigentums an einer Sache fallen nicht unter Abs. 2, sondern unter Abs. 1.[67]

Nach einer in der Literatur vertretenen Auffassung[68] ist der **Unternehmensertrag analog Abs. 1 und 2** 33 „Frucht“ der Rechts- und Sachgesamtheit „Unternehmen“,[69] wohingegen der BGH eine Fruchtqualität ablehnt[70] (da der Unternehmensgewinn Gebrauchsvorteil sei).

Auch unmittelbare Rechtsfrüchte sind nur solche Erträge, „welche das Recht seiner Bestimmung nach 34 gewährt“: Erfordernis eines bestimmungsgemäßen Ertrags, dessen Umfang nach dem Inhalt des Rechts festzulegen ist,[71] wenngleich auch aufgrund der Gewinnung der Erträge die Sachsubstanz nicht auf Dauer unberührt gelassen bleiben muss.[72]

Abs. 2 stellt beispielhaft besonders die „bei einem Recht auf Gewinnung von Bodenbestandteilen… gewon- 35 nenen Bestandteile“ heraus (die sowohl Sachfrüchte iSv Abs. 1 als auch Rechtsfrüchte nach Abs. 2 sein können).

Aber: Zählen die „bei einem Recht auf Gewinnung von Bodenbestandteilen… gewonnenen Bestandteile“ als 36 Sachausbeute zu den Früchten (sofern damit der Sachbestimmung – Rn 17 – nicht widersprochen wird), stellen sie **keine Rechtserträgnisse** dar (und unterfallen damit nicht dem Fruchtbegriff), wenn eine unwirtschaftliche Gewinnung vorgenommen worden sein sollte – arg.: Ein Recht ist seinem Inhalt nach idR nur auf eine wirtschaftliche Gewinnung hin ausgerichtet. In einem solchen Falle kann entsprechend der Gesetzessystematik nach einer Verneinung des (vorrangigen) Abs. 2 nicht mehr auf Abs. 1 zurückgegriffen werden.[73]

53 RG JW 1938, 3040, 3042.
54 Zinsen als Früchte der Kapitalforderung (so Erman/*Michalski*, § 99 Rn 7; RGRK/*Kregel*, § 99 Rn 12; Soergel/*Mühl*, § 99 Rn 15; Staudinger/*Jickeli/Stieper*, § 99 Rn 13), wohingegen Verzugszinsen § 99 Abs. 3 (Rn 38) unterfallen (Staudinger/*Jickeli/Stieper*, § 99 Rn 13). Vgl auch BGHZ 81, 8, 13: Zinszuschlag nach dem LAG als „Nutzung“ iSv § 100 BGB. AA MüKo/*Holch*, § 99 Rn 5: Gelddarlehenszins als mittelbare Sachfrucht.
55 BGH NJW 1995, 1027; BGHZ 78, 177, 188 = NJW 1981, 115.
56 Erman/*Michalski*, § 99 Rn 7.
57 BGHZ 112, 392, 398 = NJW 1991, 1421; OLG Nürnberg VersR 1969, 620.
58 RGZ 80, 208, 209; 67, 204, 210.
59 BGHZ 94, 306, 309 = NJW 1986, 1042.
60 KG NJW 1964, 1808.
61 Bamberger/Roth/*Fritzsche*, § 99 Rn 10.
62 BSG NJW 1982, 698.
63 OLG Bremen DB 1970, 1436 – arg.: dies stellt keinen bestimmungsgemäßen Ertrag der Aktien dar.
64 Staudinger/*Jickeli/Stieper*, § 99 Rn 13.
65 RGZ 69, 59, 64.
66 Erman/*Michalski*, § 99 Rn 8; Staudinger/*Jickeli/Stieper*, § 99 Rn 12.
67 Erman/*Michalski*, § 99 Rn 8; Staudinger/*Jickeli/Stieper*, § 99 Rn 10.
68 AA: unmittelbare Anwendung von § 100, vgl etwa KG OLGE 24, 139; BayObLG OLGE 36, 282.
69 MüKo/*Holch*, § 99 Rn 3; Palandt/*Ellenberger*, § 99 Rn 3; Soergel/*Mühl*, § 99 Rn 3. Vgl auch OLG München OLGE 38, 146: Der aus dem Gewerbebetrieb fließende Ertrag sei den Früchten zuzurechnen, wenngleich der auch in § 99 nicht ausdrücklich erwähnt werde. RGRK/*Kregel*, § 99 Rn 4 qualifiziert hingegen den Unternehmensertrag als „Unternehmensfrucht“: unmittelbare Anwendung von § 99 Abs. 2 BGB.
70 BGH WM 1992, 442, 443; Staudinger/*Jickeli/Stieper*, § 99 Rn 11.
71 Staudinger/*Jickeli/Stieper*, § 99 Rn 12; weshalb ein übermäßiger Holzeinschlag durch den Nießbraucher § 99 Abs. 2 nicht unterfällt, ebenso wenig wie ein Liquidationsanteil, der bei einer Vereins- oder Gesellschaftsauflösung auf die Vereinsmitglieder bzw Gesellschafter entfällt, Erman/*Michalski*, § 99 Rn 8.
72 Staudinger/*Jickeli/Stieper*, § 99 Rn 12: Erschöpfung eines Steinbruchs durch einen normalen Wirtschaftsbetrieb, gleichwohl sind die Erträge „Rechtsfrüchte“ iSv § 99 Abs. 2.
73 Staudinger/*Jickeli/Stieper*, § 99 Rn 12.

III. Mittelbare Sach- und Rechtsfrüchte (Abs. 3)

37 Mittelbare Sach- und Rechtsfrüchte sind nach Abs. 3 auch jene Erträge (genauer: der Lohn iS einer Gegenleistung für die Überlassung von Erträgen oder der Nutzung an andere),[74] die eine Sache oder ein Recht vermöge eines (auf Nutzung oder Gebrauch gerichteten)[75] Rechtsverhältnisses gewährt.

38 Das Rechtsverhältnis iSv Abs. 3 (das sich nicht nur auf Sachen, sondern auch auf fruchtbringende Früchte bezieht)[76] kann sowohl **vertraglich** begründet werden (bspw als Miet- oder Pachtvertrag)[77] als auch ein **gesetzliches Schuldverhältnis** (zB hinsichtlich der Überbaurente nach § 912) sein.[78] So werden bspw Verzugszinsen auf der Grundlage eines Rechtsverhältnisses gezahlt.[79] Nur soweit es vertraglicher Natur ist, muss es auf die Nutzung oder den Gebrauch des Rechts bzw der Sache gerichtet sein.[80]

39 So stellen insbesondere wiederkehrende Gegenleistungen für die Überlassung einer Sache wie bspw der Mietzins (bei der Vermietung von Mietshäusern),[81] auch eine Untermiete bzw die aufgrund der Auflösung eines Untermietverhältnisses erhaltene Entschädigung,[82] bzw der Pachtzins (bei der Verpachtung eines Betriebs),[83] Entgelte für einen Nießbrauch[84] oder die Überbaurente nach den §§ 912 Abs. 2, 913[85] (im Falle eines überbauten Grundstücks; hingegen nicht eine ausgezahlte Brandversicherungssumme),[86] eine Enteignungsentschädigung,[87] der Kaufpreis[88] (arg.: dabei handelt es sich nicht um Erträge, sondern um Surrogate)[89] oder Tilgungsbeträge für ein Darlehen[90] **mittelbare Sachfrüchte** dar.[91]

40 Die Lizenzgebühr für eine Patentüberlassung (oder die sonstige Benutzung eines Immaterialgüterrechts)[92] ist zB eine **mittelbare Rechtsfrucht**,[93] da Immaterialgüterrechte fruchtbringende Rechte iSv Abs. 3 darstellen[94] – ebenso wie Verzugszinsen zu den Früchten nach Abs. 3[95] zählen (arg.: sie werden für die nicht rechtzeitige Leistungserbringung bzw Erfüllung der Forderung gewährt) und gleichermaßen auch Zinszuschläge nach § 250 Abs. 2 LAG[96] oder ein Entgelt, das der Gläubiger einer verzinslichen Forderung für die Bestellung eines Nießbrauchs an einer Forderung (§ 1076) vom Nießbraucher erhält.[97]

§ 100 Nutzungen

Nutzungen sind die Früchte einer Sache oder eines Rechts sowie die Vorteile, welche der Gebrauch der Sache oder des Rechts gewährt.

74 So zutreffend Staudinger/*Jickeli/Stieper*, § 99 Rn 14; folglich ist weder der Kaufpreis noch eine Enteignungsentschädigung „mittelbare Frucht" iSv § 99 Abs. 3 (Erman/*Michalski*, § 99 Rn 10), da Letztere an die Stelle der Sache tritt.
75 BGHZ 115, 157 = NJW 1991, 2836.
76 Motive III, S. 70 – bspw im Falle ihrer Verpachtung.
77 RGZ 67, 378, 380; 138, 69, 72; auch über bewegliche Sachen, RGZ 105, 409; Staudinger/*Jickeli/Stieper*, § 99 Rn 15.
78 Erman/*Michalski*, § 99 Rn 9; Staudinger/*Jickeli/Stieper*, § 99 Rn 15.
79 BGHZ 81, 8, 13 = NJW 1981, 2350; Soergel/*Mühl*, § 99 Rn 16.
80 Bamberger/Roth/*Fritzsche*, § 99 Rn 13. Vgl auch BGHZ 115, 157 = NJW 1991, 2836 – arg.: gesetzliche Schuldverhältnisse sind nämlich meist nicht auf Nutzung gerichtet, sondern können allenfalls an sie anknüpfen.
81 RGZ 105, 408, 409; 138, 69, 72; BGH NJW 1986, 1340, 1341.
82 BGH MDR 2009, 1267 = NZM 2009, 701: Nach Rechtshängigkeit des Rückgabeanspruchs schuldet der Mieter im Rahmen der Herausgabe von Nutzungen nach den §§ 546 Abs. 1, 292 Abs. 2, 987 Abs. 1, 99 Abs. 3 auch die Auskehr eines durch Untermietvertrag erzielten Mehrerlöses. Dazu gehört auch eine „Entschädigung", die der Mieter von dem Untermieter als Abfindung für eine vorzeitige Beendigung des Untermietverhältnisses erhalten hat (in Fortführung von BGH NJW-RR 2005, 1542 und BGH NJW 2002, 60; entgegen OLG Düsseldorf NJW-RR 1994, 596).
83 RGZ 79, 116, 119; BGHZ 63, 365.
84 RGZ 67, 378, 380.
85 Wegen der Grundstücksnutzung, so Erman/*Michalski*, § 99 Rn 9; Palandt/*Ellenberger*, § 99 Rn 4; Staudinger/*Jickeli/Stieper*, § 99 Rn 10; aA Jauernig/*Jauernig*, § 99 Rn 3: mittelbare Rechtsfrucht – arg.: Anknüpfung an die Duldungspflicht nach § 912 Abs. 1.
86 BGHZ 115, 157, 159 = NJW 1991, 2836 – arg.: die Brandversicherungssumme ist kein Sachertrag, sondern Surrogat; OLG Düsseldorf NJW-RR 1997, 604.
87 Erman/*Michalski*, § 99 Rn 10.
88 Staudinger/*Jickeli/Stieper*, § 99 Rn 14.
89 Bamberger/Roth/*Fritzsche*, § 99 Rn 14.
90 MüKo/*Holch*, § 99 Rn 5 a.
91 Palandt/*Ellenberger*, § 99 Rn 4.
92 Jauernig/*Jauernig*, § 99 Rn 3; Palandt/*Ellenberger*, § 99 Rn 4; Staudinger/Jickeli/Stieper, § 99 Rn 16.
93 Beispiel nach Palandt/*Ellenberger*, § 99 Rn 4.
94 Staudinger/*Jickeli/Stieper*, § 99 Rn 16.
95 BGHZ 81, 8, 13 = NJW 1981, 2350; Soergel/*Mühl*, § 99 Rn 16; Staudinger/*Jickeli/Stieper*, § 99 Rn 15; aA Erman/*Michalski*, § 99 Rn 8; Palandt/*Ellenberger*, § 99 Rn 3.
96 BGHZ 81, 8, 13 f = NJW 1981, 2350; Soergel/*Mühl*, § 99 Rn 16.
97 Bamberger/Roth/*Fritzsche*, § 99 Rn 15; MüKo/*Holch*, § 99 Rn 10.

A. Allgemeines

1 In § 100 erfolgt eine **Legaldefinition** des Begriffs Nutzungen, der in einer Vielzahl von Vorschriften (die sich mit der Herausgabe von Nutzungen befassen) bedeutsam ist, bspw in §§ 347 S. 2, 487 Abs. 4, 2020 f sowie 818 Abs. 1 bzw 987 ff (Nutzungsherausgabe). Darüber hinaus findet der Nutzungsbegriff des § 100 bspw Verwendung in den §§ 256, 292, 302, 379, 446, 584 b, 745, 820, 1030, 1039, 1213 f, 1283, 1698, 1803, 2111, 2133, 2184, 2379 f BGB, §§ 13, 16, 33 WEG, §§ 4, 9, 863 ZPO, §§ 10, 56, 150 d, 152, 155 ZVG, §§ 18, 20, 24 KostO bzw Art. 164, 232 § 2 a EGBGB.

2 Der Begriff der Nutzung erfasst als **Oberbegriff** sowohl die Früchte (§ 99: einer Sache oder eines Rechts) als auch die Gebrauchsvorteile (einer Sache oder eines Rechts).

3 **Beachte**: Denjenigen, der sich auf einen an die Nutzungseigenschaft anknüpfenden Tatbestand beruft, trifft hinsichtlich der Nutzungseigenschaft die Beweislast. Andererseits trifft den Schuldner die Beweislast für nicht herausgabepflichtige Anteile, die auf Investitionen des Schuldners bzw dessen Leistung (Rn 20) beruhen.[1]

B. Regelungsgehalt

I. Der Begriff der Nutzung

4 Nutzungen sind nach § 100 die Früchte einer Sache oder eines Rechts (Sach- und Rechtsfrüchte) sowie die Vorteile, welche der Gebrauch einer Sache oder eines Rechts gewährt.

5 Der Nutzungsbegriff umfasst somit außer **Früchten** (iSv § 99) auch **Gebrauchsvorteile** (Rn 7 ff) einer Sache oder eines Rechts.[2] Eine Sache oder ein Recht „gebraucht" derjenige, der die durch die Innehabung verbundenen Rechte ausübt.[3] Den Gegensatz zum Gebrauch bildet der Verbrauch.[4]

6 Für den Nutzungstatbestand spielt es keine Rolle, ob die Nutzung zu einem Gewinn oder zu einem Verlust geführt hat.[5]

7 Unter **Gebrauchsvorteilen** versteht man die aus dem Gebrauch einer Sache oder eines Rechts erlangten (natürlichen) Vorteile infolge der Ausübung der durch die Innehabung verbundenen Rechte (bedeutsam vor allem bei solchen Sachen, die aufgrund ihrer natürlichen Beschaffenheit keine unmittelbaren Sachfrüchte iSv § 99 Abs. 1 tragen),[6] bspw Häuser oder Kraftfahrzeuge. Somit zählen zum **Gebrauchsvorteil einer Sache** etwa das Bewohnen eines Hauses als Grundstücksnutzung,[7] das Bewohnen einer Eigentumswohnung,[8] mietfreies Wohnen,[9] Nutzungsüberlassung eines eingeführten Hotels[10] oder eines Raumes,[11] aber auch nur die (bloße) Benutzung eines Dachbodens[12] oder einer Garage[13] bzw eines Kfz,[14] das Reiten eines Pferdes[15] (aber auch eine mit diesem erlangte Siegerprämie)[16] bzw die Nutzungsmöglichkeit eines Instruments.[17] Gebrauchsvorteil eines Grundstücks sind neben seiner Nutzung als Kreditunterlage auch die dadurch entstehenden Zinsvorteile.[18]

8 Umstritten ist hingegen die Frage, ob gewonnene Energie als Gebrauchsvorteil aus einer Energiegewinnungsanlage (zB einem Kraftwerk oder auch einem Windrad) zu qualifizieren ist.[19]

9 Gebrauchsvorteile von Geld sind bspw Zinsen, die ein Treuhänder aus weiterzuleitenden durchlaufenden Geldern zieht[20] oder die aus einem rechtsgrundlos erlangten Geldbetrag resultieren,[21] weiterhin aber auch

1 BGH NJW 1995, 2627, 2628; Bamberger/Roth/*Fritzsche*, § 100 Rn 13.
2 Palandt/*Ellenberger*, § 100 Rn 1.
3 Palandt/*Ellenberger*, § 100 Rn 1.
4 Bamberger/Roth/*Fritzsche*, § 100 Rn 4.
5 BGH DB 1966, 738, 739.
6 Staudinger/*Jickeli*/*Stieper*, § 100 Rn 1: wie Häuser, Räume, Möbel oder Kraftfahrzeuge.
7 BGH NJW 1986, 1340; 1990, 3274, 3275; 1992, 892.
8 OLG Zweibrücken NJW 1992, 1902, 1903.
9 OLG Karlsruhe FamRZ 2009, 48.
10 OLG Düsseldorf ZMR 2009, 120.
11 BGH NJW 1995, 2627.
12 LG Saarbrücken WuM 1998, 31.
13 BGH NJW 1986, 1340, 1341.
14 OLG Köln VersR 1993, 109.
15 BGHZ 79, 232 = NJW 1981, 865.
16 Bamberger/Roth/*Fritzsche*, § 100 Rn 6; Staudinger/*Jickeli*/*Stieper*, § 100 Rn 2.
17 *Wieling*, Sachenrecht, Bd. 1, 4. Aufl. 2001 § 2 X 3.
18 Palandt/*Ellenberger*, § 100 Rn 1 unter Bezugnahme auf *Gaier*, ZflR 2002, 612.
19 So MüKo/*Holch*, § 100 Rn 3: sofern sie sich auf ein Wassernutzungsrecht bezieht und nicht § 99 Abs. 2 unterfällt; Staudinger/*Jickeli*/*Stieper*, § 100 Rn 4; aA Soergel/*Mühl*, § 100 Rn 9: bei Energie handele es sich „weder (um eine) Frucht noch (um eine) Nutzung".
20 BSG NZS 1997, 575, 577.
21 BGH NJW 1997, 933, 935.

Zinsersparnisse aus rechtsgrundlos erlangtem Kapital[22] bzw die Tilgung eigener Schulden durch rechtsgrundlos erlangtes Kapital.[23]

10 **Gebrauchsvorteile von Rechten** sind vom vertraglich bzw gesetzlich geregelten Inhalt des Rechts abhängig.[24] Die Judikatur hat bspw folgende Gebrauchsvorteile von Rechten anerkannt: Grundstücksbenutzung (aufgrund eines dinglichen Wohnrechts),[25] Jagdausübung (auf einem Grundstück)[26] bzw die Stimmrechtsausübung durch einen Gesellschafter[27] oder einen Wohnungseigentümer.[28]

11 Die Qualifikation des Gebrauchsvorteils wird **in folgenden Fällen verneint**, da nicht jeder Vorteil auch zugleich Gebrauchsvorteil ist:[29] aus Verbrauch, Veräußerung oder sonstiger rechtsgeschäftlicher Verwertung (lucrum ex negotiatione) bzw Belastung erlangte Vorteile,[30] da die Erträge hier nicht als Vorteile aus dem Gebrauch, sondern als Vorteile aus der Sache selbst gezogen werden, bspw Kursgewinne aus Wertpapierverkäufen,[31] ebenso der Verbrauch vorhandener Energie (bzw die Nutzung von Wasserkraft).[32]

12 Vorteile, die aus der **rechtsgeschäftlichen Verwertung** einer Sache (bspw deren Veräußerung oder Belastung) gezogen werden,[33] oder **Kursgewinne** infolge eines Wertpapierverkaufs[34] sind keine Gebrauchsvorteile, da nicht Vorteile aus der Sache, sondern mittels der Sache gewonnene Vorteile.[35]

13 Der Gebrauchsvorteil einer Sache muss aus dem Sachbesitz oder einer sonstigen tatsächlichen Nutzungsmöglichkeit gezogen werden, dh, nicht jeder aus einer Sache gewonnene Vorteil ist Gebrauchsvorteil iSv § 100.[36]

14 Unerheblich ist, ob der Gebrauchsvorteil aus einer regulären Rechtsausübung resultiert[37] oder aber im Widerstreit zur Rechtsordnung gezogen wird[38] (bspw die Nutzung eines gestohlenen Gegenstandes). Die Früchte iSv § 100 beinhalten gerade auch spezifische Gebrauchsvorteile, die mit der Überlassung eines voll eingerichteten und betriebsfertigen Hauses unter seinem eingeführten Namen verbunden sind.[39]

15 Bei einem Grundstück mit darauf errichtetem **Gewerbebetrieb** (Unternehmen als Sach- und Rechtsgesamtheit) ist Gebrauchsvorteil der Betriebsgewinn, reduziert um den Unternehmerlohn:[40] Gewinne, die auf die persönliche Leistung oder auf die persönlichen Fähigkeiten des die Sache Gebrauchenden zurückzuführen sind, sind nicht in den Nutzungen eingeschlossen.[41]

16 Gebrauchsvorteile können sowohl vermögensrechtlicher als auch immaterieller Natur sein.[42]

17 Was aus der **Verwertung einer Sache** erzielt wird[43] (auch der Vorteil, der durch einen Verbrauch erzielt wird),[44] stellt **keine Nutzung** dar.[45] Auch ist das, was als wesentlicher Bestandteil zu einer Sache kommt, keine Nutzung derselben.[46]

II. Der Wert von Gebrauchsvorteilen

18 Der Wert von Gebrauchsvorteilen (die ggf herauszugeben sind) orientiert sich an ihrem **objektiven Wert**[47] in Gestalt einer objektiven Nutzungsmöglichkeit (Gebrauchsvorteil) – dh er ist regelmäßig errechenbar über die Höhe des üblichen Miet- oder Pachtzinses,[48] sofern die Herausgabenorm dem nicht entgegensteht und überhaupt herausgabefähige Nutzungen vorhanden sind[49] (wobei der objektive Nutzwert, nicht der vereinbarte Miet- oder Pachtzins maßgeblich ist).[50] Sofern ein Besitzer vermietet, ist der Anspruch aus § 988 auf die

22 RGZ 151, 123, 127; BGH NJW 1962, 1148, 1149.
23 BGHZ 138, 160 = NJW 1999, 2354.
24 Bamberger/Roth/*Fritzsche*, § 100 Rn 8.
25 BGH NJW-RR 1988, 1093, 1095.
26 Bamberger/Roth/*Fritzsche*, § 100 Rn 8.
27 RGZ 118, 266, 269.
28 KG OLGZ 1979, 290, 293.
29 Staudinger/*Jickeli*/*Stieper*, § 100 Rn 2.
30 Bamberger/Roth/*Fritzsche*, § 100 Rn 9; Palandt/*Ellenberger*, § 100 Rn 1.
31 OLG Bremen DB 1970, 1436; RGRK/*Kregel*, § 100 Rn 4.
32 Arg.: kein Gebrauchsvorteil, weil nicht auf der Benutzung einer Sache beruhend, so Bamberger/Roth/*Fritzsche*, § 100 Rn 9; Staudinger/*Jickeli*/*Stieper*, § 100 Rn 4; aA Soergel/*Mühl*, § 99 Rn 9.
33 RG WarnR 1915 Nr. 70.
34 OLG Bremen DB 1970, 1436.
35 RGRK/*Kregel*, § 100 Rn 4; Staudinger/*Jickeli*/*Stieper*, § 100 Rn 3.
36 RG JW 1915, 324; Staudinger/*Jickeli*/*Stieper*, § 100 Rn 2.
37 RGZ 118, 266, 268.
38 Staudinger/*Jickeli*/*Stieper*, § 100 Rn 2.
39 OLG Düsseldorf NZM 2011, 550.
40 BGH NJW 1978, 1578; ebenso BGH DB 1956, 63; BB 1962, 535.
41 BGH NJW 1992, 892; BGHZ 7, 208, 218 = NJW 1952, 1410.
42 MüKo/*Holch*, § 100 Rn 3; Palandt/*Ellenberger*, § 100 Rn 1: bspw die Benutzung eines unter Naturschutz stehenden Grundstücks, auf dem nicht gebaut werden darf; aA OLG Hamburg MDR 1953, 614.
43 Bspw Gewinne aus Aktienverkäufen (oder das Bezugsrecht auf neue Aktien, da es nicht aus dem Gebrauch der Aktien fließt), OLG Bremen DB 1970, 1436.
44 Soergel/*Mühl*, § 100 Rn 5.
45 Palandt/*Ellenberger*, § 100 Rn 1.
46 Staudinger/*Jickeli*/*Stieper*, § 100 Rn 1.
47 BGH NJW 1995, 2627, 2628.
48 BGH NJW 1998, 1707; NJW-RR 1998, 803, 805.
49 BGH NJW 2002, 60, 61.
50 LG Köln ZMR 1967, 201.

„tatsächlich gezogene Miete" beschränkt.[51] Dem Käufer steht im Falle der Rückgängigmachung eines Grundstückskaufvertrags im Rahmen seines Schadenersatzanspruchs ein Wahlrecht zu, ob der Nutzungsvorteil zeitanteilig aus dem Erwerbspreis[52] **oder** nach dem üblichen Miet- oder Pachtzins berechnet werden soll.[53]

Andererseits kann sich aus der einschlägigen Herausgabenorm auch ergeben, dass nur die durch die Nutzungsdauer eingetretene Wertminderung, dh der Wertverzehr, herauszugeben ist, bspw bei der Rückabwicklung von Kaufverträgen.[54] **19**

Die Herausgabe erstreckt sich nicht auf (anteilige) Vorteile, die nicht auf der Beschaffenheit einer Sache oder eines Rechts, sondern nur auf **persönlichen Leistungen oder Fähigkeiten**[55] bzw Investitionen[56] des Gebrauchenden beruhen, da diese Aspekte schon nicht dem Nutzungsbegriff unterfallen.[57] **20**

Es kommt nicht auf einen durch den Gebrauch tatsächlich entstandenen Gewinn oder Verlust an.[58] **21**

Umstritten ist die Frage, ob **Nutzungen eines Gewerbebetriebs** oder eines Unternehmens als unmittelbare Sach- oder Rechtsfrüchte der Sach- und Rechtsgesamtheit „Unternehmen" nach § 99 Abs. 1[59] oder Abs. 2[60] analog zu qualifizieren sind oder als deren Gebrauchsvorteile iSv § 100.[61] *Fritzsche*[62] meint zu Recht, dass die Kontroverse sich in Grenzen hält, da die Rechtsfolgennormen regelmäßig ohnehin an den Oberbegriff der Nutzungen anknüpfen.[63] **22**

Als **Gebrauchsvorteil eines Unternehmens** ist bspw der aus Sachen oder Rechten des Unternehmens als Sach- und Rechtsgesamtheit gezogene **Gewinn** zu qualifizieren, sofern erst der Herausgabepflichtige das Unternehmen eingerichtet hat.[64] Ein Gewinn ist aber selbst dann nicht in vollem Umfang zurückzugewähren, wenn tatsächlich ein Unternehmen überlassen wurde[65] – „daran fehlt es, wenn lediglich Räume und Inventar zum Betrieb eines Unternehmens überlassen werden, so dass dann nur die Gebrauchsvorteile der Räume und Gerätschaften zu ersetzen sind".[66] **23**

Vorteile, die von Sachen herrühren, die nur im Zusammenhang mit einem Betrieb einen Vorteil zeitigen (zB Maschinen in einem Betrieb), berechnen sich nach dem Wert des Gebrauchsvorteils, aus dem damit verursachten Mehrertrag, reduziert um den persönlichen Leistungsanteil des Betreibers.[67] **24**

Ggf ist aber (aufgrund des für die Herausgabe einer Nutzung maßgebenden Rechtsgrundsatzes)[68] nur eine zeitanteilige Wertminderung iS eines Werteverzehrs zu ersetzen, bspw im Falle eines Rücktritts wegen Sachmangels[69] oder der Rückabwicklung eines nicht zustande gekommenen Kaufvertrags.[70] **25**

Bei der Vermietung einer Sache durch den Besitzer beschränkt sich der Anspruch des Eigentümers nach § 988 (Nutzungen des unentgeltlichen Besitzers) auf die tatsächlich gezogene Miete.[71] **26**

Eine Berücksichtigung von Vorteilen, die auf **wertsteigernden Investitionen** des Schuldners beruhen, findet nicht statt.[72] **27**

51 Palandt/*Ellenberger*, § 100 Rn 2 unter Bezugnahme BGH NJW 2002, 60.
52 BGH NJW 2006, 53.
53 BGHZ 167, 108 = NJW 2006, 1582: Der Wert der Eigenutzung eines Grundstücks ist idR nach dem üblichen Miet- oder Pachtzins zu bemessen. Bei der Rückabwicklung eines Grundstückskaufvertrages im Wege des großen Schadenersatzes ist die Nutzung des Grundstücks durch den Käufer im Rahmen des Vorteilsausgleichs nur insoweit zu berücksichtigen, als sie mit dem geltend gemachten Schaden in einem qualifizierten Zusammenhang steht. Verlangt der Käufer auch Ersatz seiner Finanzierungskosten bzw der Kosten für die Unterhaltung des Grundstücks, muss er sich hierauf den nach dem üblichen Miet- oder Pachtzins zu berechnenden Wert der Eigennutzung anrechnen lassen. Beschränkt der Käufer sich darauf, den Leistungsaustausch rückgängig zu machen und Ersatz der Vertragskosten zu verlangen, ist als Nutzungsvorteil nur die abnutzungsbedingte, zeitanteilig linear zu berechnende, Wertminderung der Immobilie anzurechnen.
54 BGHZ 115, 47, 54 = NJW 1991, 2484 (Wandelung); BGH NJW 1995, 2159, 2161 (Schadensersatz wegen Nichterfüllung); BGH NJW 1986, 250, 252 (nicht zustande gekommener Kaufvertrag).
55 BGHZ 7, 208, 218 = NJW 1952, 1410; BGH NJW 1992, 892.
56 BGHZ 109, 179 = NJW 1990, 447; BGH NJW 1995, 2627, 2628.
57 Bamberger/Roth/*Fritzsche*, § 100 Rn 10.
58 BGH DB 1966, 739.
59 In diesem Sinne Soergel/*Mühl*, § 99 Rn 3.
60 So die hL, vgl MüKo/*Holch*, § 100 Rn 9; Palandt/*Ellenberger*, § 99 Rn 3.
61 So zwischenzeitlich die ständige Judikatur, vgl etwa BGH NJW 1978, 1578.
62 Bamberger/Roth/*Fritzsche*, § 100 Rn 11: Für Ersteres spreche die natürliche Betrachtungsweise (dh möglicherweise die Verkehrsauffassung), für Letzteres das formale Argument, dass das Unternehmen weder als Sache noch als Recht zu qualifizieren ist.
63 Ebenso MüKo/*Holch*, § 100 Rn 9; Soergel/*Mühl*, § 99 Rn 3.
64 BGH DB 1956, 63; BGHZ 63, 365 = NJW 1975, 638; BGHZ 109, 179 = NJW 1990, 447.
65 BGHZ 7, 208, 218 = NJW 1952, 1416.
66 Bamberger/Roth/*Fritzsche*, § 100 Rn 12 unter Bezugnahme auf BGH NJW 1984, 2937, 2938.
67 Staudinger/*Jickeli*/*Stieper* § 100 Rn 5.
68 Palandt/*Ellenberger*, § 100 Rn 2.
69 BGHZ 115, 47.
70 BGHZ NJW 1996, 250.
71 BGH NJW 2002, 60.
72 BGHZ 109, 179, 191 = NJW 1990, 447; BGH NJW 1992, 892 Staudinger/*Jickeli*/*Stieper* § 100 Rn 5.

28 Aus einem Recht resultiert dann ein Gebrauchsvorteil, wenn das zugrunde liegende Recht nicht an einer Sache besteht (oder auf einen Gebrauch der Sache ausgerichtet ist), da dies einen „Gebrauchsvorteil an einer Sache" darstellen würde.[73]

29 Es gibt auch **Gebrauchsvorteile ohne Vermögenswert,**[74] bspw das Stimmrecht[75] (als Gebrauchsrecht des in der Aktie verbrieften Mitgliedschaftsrechts) oder die Benutzung eines unter Naturschutz stehenden (nicht bebaubaren) Grundstücks als Gebrauchsvorteil.[76]

30 Der Schuldner trägt die **Beweislast.**[77] So hat bspw der Besitzer, der in ihm überlassene Räume investiert und diese vermietet hat, gegenüber dem Nutzungsherausgabeanspruch des Eigentümers den nicht herausgabepflichtigen Investitionsverkehrswert zu beweisen.

§ 101 Verteilung der Früchte

Ist jemand berechtigt, die Früchte einer Sache oder eines Rechts bis zu einer bestimmten Zeit oder von einer bestimmten Zeit an zu beziehen, so gebühren ihm, sofern nicht ein anderes bestimmt ist:

1. **die im § 99 Abs. 1 bezeichneten Erzeugnisse und Bestandteile, auch wenn er sie als Früchte eines Rechts zu beziehen hat, insoweit, als sie während der Dauer der Berechtigung von der Sache getrennt werden,**
2. **andere Früchte insoweit, als sie während der Dauer der Berechtigung fällig werden; bestehen jedoch die Früchte in der Vergütung für die Überlassung des Gebrauchs oder des Fruchtgenusses, in Zinsen, Gewinnanteilen oder anderen regelmäßig wiederkehrenden Erträgen, so gebührt dem Berechtigten ein der Dauer seiner Berechtigung entsprechender Teil.**

Literatur: *Böckeler/Fink*, Unternehmensvertragliche Ausgleichsansprüche bei Zusammentreffen mit Squeeze-Out-Grundsatzentscheidungen des BGH, NZG 2011, 816; *Heider/Hirte*, Auswirkungen eines Squeeze out auf den Ausgleichsanspruch der Minderheitenaktionäre, GWR 2011, 301; *Mennicke/Leyendecker*, Kein restanteiliger Ausgleichsanspruch beim Squeeze out, BB 2010, 1436; *Mohr/Jainta*, Nießbrauch an GmbH-Anteilen, GmbH-StB 2010, 269.

A. Allgemeines

1 § 101 regelt – entsprechend der verwendeten Terminologie („gebühren") – die **schuldrechtliche Ausgleichspflicht** hinsichtlich der Verteilung der Früchte, die während einer laufenden Wirtschaftsperiode angefallen sind, zwischen mehreren aufeinander folgenden Berechtigten (**Regelung der Früchteverteilung**),[1] wenn das Recht, Sach- oder Rechtsfrüchte zu ziehen, vom ursprünglichen Rechtsinhaber auf einen Nachfolger übergegangen ist (**Wechsel in der Fruchtziehungsberechtigung**). Geregelt wird bspw die Ausgleichspflicht zwischen Veräußerer und Erwerber, zwischen Verpächter und Pächter bzw zwischen Erblasser, Vorerbe und Nacherbe,[2] zwischen Eigentümer und Nießbraucher[3] oder zwischen Eigentümer und Besitzer (nach § 993 Abs. 2), nicht jedoch der Eigentumserwerb (nach §§ 953 ff) an den Früchten selbst.[4]

2 Aus § 101 folgt allerdings nicht, wem die gezogenen Früchte rechtlich, dh im Verhältnis zu Dritten, gehören (was Regelungsgehalt der §§ 953 ff für Sachen ist), sondern (auch für das Steuerrecht maßgeblich)[5] wie die Früchte (im Innenverhältnis) der nacheinander fruchtziehungsberechtigten Personen aufzuteilen sind. § 101 normiert insoweit die vorerwähnte (Rn 1) schuldrechtliche Ausgleichspflicht[6] dergestalt, dass dem im Innenverhältnis Berechtigten unmittelbar ein Ausgleichsanspruch gegen den Fruchtzieher eingeräumt wird.[7]

73 Staudinger/*Jickeli/Stieper*, § 100 Rn 7.
74 MüKo/*Holch*, § 100 Rn 2.
75 RGZ 118, 266, 268; Soergel/*Mühl*, § 100 Rn 3.
76 Palandt/*Ellenberger*, § 100 Rn 1; aA OLG Hamburg MDR 1953, 613, 614.
77 BGH NJW 1995, 2627.
1 Wobei eine „Verteilung" im eigentlichen Sinn des Wortes jedoch nicht stattfindet, Staudinger/*Jickeli/Stieper*, § 101 Rn 1.
2 BGHZ 81, 8, 13 f = NJW 1981, 2350; MüKo/*Holch*, § 101 Rn 4; Palandt/*Ellenberger*, § 101 Rn 1.
3 RGZ 80, 311, 316.
4 Palandt/*Ellenberger*, § 101 Rn 1.
5 BFH BB 1992, 410, 411.
6 BFH BB 1992, 410; MüKo/*Holch*, § 101 Rn 2; Soergel/*Mühl*, § 101 Rn 2; Staudinger/*Jickeli/Stieper*, § 101 Rn 5.
7 BGH NJW 1995, 1027, 1029.

Die Regelung folgt grundsätzlich römisch-rechtlichen Grundsätzen (wonach auf den Zeitpunkt der Trennung abgestellt wurde, dh, wenn die Trennung erst nach Übergang des Nutzungsrechts auf den Nachfolger erfolgte, so gebührten diesem auch die Früchte); mit einer Ausnahme in Nr. 2 hinsichtlich regelmäßig wiederkehrender Erträge, die gemeinrechtlichen Grundsätzen folgen: „Wer sät, der mäht“.[8] 3

B. Regelungsgehalt

Ist jemand berechtigt,[9] die Früchte einer Sache oder eines Rechts bis zu einem bestimmten Zeitpunkt oder von einer bestimmten Zeit an zu ziehen (und sind Früchte tatsächlich auch gezogen worden),[10] so gebühren ihm nach § 101, sofern nicht ein anderes bestimmt ist: 4

- die in § 99 Abs. 1 bezeichneten Erzeugnisse und Bestandteile (mithin die Früchte als Erzeugnisse der Sache und die sonstige Ausbeute, welche aus der Sache ihrer Bestimmung gemäß gewonnen wird), auch wenn er sie als Früchte eines Rechts zu beziehen hat, insoweit, als sie während der Dauer der Berechtigung von der Sache getrennt werden (Nr. 1);
- andere Früchte insoweit, als sie während der Dauer der Berechtigung fällig werden. Bestehen jedoch die Früchte in der Vergütung für die Überlassung des Gebrauchs oder des Fruchtgenusses in Zinsen, Gewinnanteilen oder anderen regelmäßig wiederkehrenden Erträgen, so gebührt dem Berechtigten ein der Dauer seiner Berechtigung entsprechender Teil (Nr. 2).

Dem Berechtigten nach § 101 steht ein **schuldrechtlicher Anspruch auf Herausgabe der Früchte** zu, die sein Vorgänger oder Nachfolger erworben hat, sofern die Früchte diesem (nach dem Regelungsgehalt der Norm) nicht gebühren.[11] 5

I. „Sofern nicht ein anderes bestimmt ist“

Die schuldrechtliche Ausgleichspflicht (Fruchtverteilung) nach § 101 gelangt nur mangels abweichender anderweitiger Bestimmung in einer Sonderregelung (vgl Wortlaut: „sofern nicht ein anderes bestimmt ist“, dh subsidiär) zur Anwendung. Eine abweichende anderweitige Bestimmung kann sich ergeben aus:[12] 6

- Gesetz – bspw § 987 Abs. 2 (Nichtziehung von Nutzungen nach Eintritt der Rechtshängigkeit, vgl aber auch § 993 Abs. 2, der hinsichtlich der Haftung des redlichen Besitzers bestimmt, dass für die Zeit, für welche dem Besitzer die Nutzungen verbleiben, auf ihn § 101 Anwendung findet), § 1039 (für den Nießbraucher), § 1214 (für den Nutzpfandgläubiger) sowie die §§ 2111 und 2133 (für den Vorerben); aber auch, da § 101 dispositiv ist,[13] aus
- Rechtsgeschäft (zB Vertrag)[14] oder
- Testament (bzw in sonstiger Weise durch Verfügung von Todes wegen).[15]

II. Die tatsächliche Ziehung der Nutzungen

§ 101 setzt voraus, dass die Nutzungen tatsächlich gezogen worden sind. Unzureichend ist, dass die Nutzungen hätten gezogen werden können.[16] Die Regelung erfasst also nicht „die zu ziehenden Früchte“. Dies kann sich allerdings aus Sondervorschriften ergeben,[17] bspw nach § 987 Abs. 2, der eine Erstattungspflicht auch im Hinblick auf **nicht gezogene Früchte** statuiert. 7

III. Die Verteilung der Früchte

Die Regelung differenziert hinsichtlich der Verteilung der Früchte zwischen unmittelbaren Sachfrüchten (§ 99 Nr. 1 Rn 10 ff), anderen Früchten (§ 99 Nr. 2 Hs 1 Rn 13) sowie regelmäßig wiederkehrenden Erträgen (§ 99 Nr. 2 Hs 2 Rn 14 f). 8

Die der Früchteverteilung nach § 101 spiegelbildlich gegenüberstehende **Lastenverteilung** ist in § 103 geregelt, entspricht Ersterer jedoch nicht ganz. 9

8 Staudinger/*Jickeli*/*Stieper*, § 101 Rn 2.
9 An einer Berechtigung fehlt es bspw nach dem Erwerb von eigenen Gesellschaftsanteilen durch eine Kapitalgesellschaft, da das Gewinnbezugsrecht aus eigenen Anteilen ruht und der Gewinn unmittelbar den anderen Gesellschaftern zufällt, BGH NJW 1998, 1314.
10 BGH NJW 1995, 1027, 1029.
11 Staudinger/*Jickeli*/*Stieper*, § 101 Rn 5.
12 Palandt/*Ellenberger*, § 101 Rn 1.
13 Bamberger/Roth/*Fritzsche*, § 101 Rn 7.
14 BGH NJW 1995, 1027, 1028, 1998, 1314, 1315; Erman/*Michalski*, § 101 Rn 5.
15 RG JW 1913, 193; Palandt/*Ellenberger*, § 101 Rn 1; Staudinger/*Jickeli*/*Stieper*, § 101 Rn 7.
16 BGH NJW 1995, 1027.
17 Staudinger/*Jickeli*/*Stieper*, § 101 Rn 1.

10 **1. Unmittelbare Sachfrüchte.** Bei ummittelbaren Sachfrüchten iSv § 99 Abs. 1 ist nach Nr. 1 der **Zeitpunkt der Trennung** maßgeblich. D.h., **grundsätzlich** gebühren nach Nr. 1 die in § 99 Abs. 1 bezeichneten Erzeugnisse und Bestandteile – die sog. **natürlichen Früchte** – demjenigen, der zur Zeit ihrer Trennung Bezugsberechtigter ist. Es spielt somit keine Rolle, zu welchem Zeitpunkt und durch wen die Trennung erfolgt ist. Genauso wenig ist es von Bedeutung, wer die Früchte gesät hat.[18]

11 Dies gilt kraft ausdrücklicher gesetzlicher Anordnung („auch wenn er sie als Früchte eines Rechts zu beziehen hat") auch dann, wenn unmittelbare Sachfrüchte dem Berechtigten der Rechtsfrüchte zustehen.[19]

12 Etwas anderes gilt nur dann, wenn die Trennung nach Beendigung der Berechtigungsperiode erfolgt, bspw nach Ablauf der Pachtzeit. Erntet der Pächter nach Beendigung des Pachtverhältnisses, findet Nr. 1 auf ihn keine Anwendung. Ggf hilft ihm dann noch der Wertersatzanspruch nach § 596 a (Ersatzpflicht bei vorzeitigem Pachtende) weiter. Danach hat der Verpächter dem Pächter, wenn das Pachtverhältnis im Laufe eines Pachtjahres endet, den Wert der noch nicht getrennten, jedoch nach den Regeln einer ordnungsgemäßen Bewirtschaftung vor dem Ende des Pachtjahres zu trennenden Früchte (unter angemessener Berücksichtigung des Ernterisikos) zu ersetzen.

13 **2. Andere Früchte.** Bei allen anderen Früchten als den natürlichen Früchten nach § 99 Abs. 1 (Rn 10), bspw jenen nach § 99 Abs. 2 (sofern sie keine natürlichen Früchte sind) und jenen nach § 99 Abs. 3, bestimmt Nr. 2 Hs 1, dass grundsätzlich der **Zeitpunkt der Fälligkeit** maßgeblich ist[20] (**Fälligkeitsprinzip**). D.h., sie gebühren immer demjenigen, der im Fälligkeitszeitpunkt (der durch § 101 keine Modifikation erfährt)[21] berechtigt ist.

14 **3. Regelmäßig wiederkehrende Erträge.** Vom Grundsatz „Die Früchte gebühren dem, der im Zeitpunkt der Trennung Bezugsberechtigter ist" (**Fälligkeitsprinzip,** Rn 13) macht Nr. 2 Hs 2 eine **Ausnahme** für Früchte, die in der Vergütung für die Überlassung des Gebrauchs (bspw Miete) oder des Fruchtgenusses (zB Pacht), in Zinsen, Gewinnanteilen (vor allem von Gesellschaftern) oder anderen, regelmäßig wiederkehrenden Erträgen (wobei nur die Erträge selbst regelmäßig wiederkehren müssen, wohingegen die Höhe variieren kann, weshalb bspw auch Dividenden dazu zählen)[22] bestehen. Die Verteilung erfolgt (unabhängig von ihrer Fälligkeit) pro rata (dh zeitanteilig) nach der Berechtigungsdauer. Auch Rentenzahlungen fallen darunter.[23] Der Fruchtziehungsberechtigte hat einen Ausgleichsanspruch in Höhe der tatsächlich angefallenen Früchte.[24] Für die Anwendung des § 101 spielt der Zeitpunkt des Gewinnverwendungsbeschlusses keine Rolle.[25]

Im Wege des Squeeze-out ausscheidende Aktionäre haben keinen Anspruch mehr auf ausstehende Ausgleichszahlungen gemäß § 304 AktG.[26] Der Verlust dieser Ansprüche wird durch die Barabfindung gemäß § 327 b AktG kompensiert.[27] Auch aus § 101 Nr. 2 Hs 2 lässt sich ein entsprechender Anspruch nicht herleiten. Es erscheint zwar möglich, die Ausgleichsansprüche des Aktionärs als regelmäßig wiederkehrende Erträge iS dieser Bestimmung anzusehen. Bei § 101 handelt es sich aber um einen internen Ausgleich zwischen verschiedenen aufeinander folgenden Fruchtziehungsberechtigten.[28] Voraussetzung für einen Innenausgleich zwischen verschiedenen Fruchtziehungsberechtigten ist aber, dass tatsächlich Früchte gezogen wurden.[29] Sieht ein Beherrschungs- und Gewinnabführungsvertrag die Fälligkeit der Ausgleichsansprüche der außenstehenden Aktionäre nach § 304 AktG für den Tag nach der ordentlichen Hauptversammlung für das abgelaufene

18 Staudinger/*Jickeli/Stieper*, § 101 Rn 3: dies gilt für Früchte nach § 99 Abs. 1 auch dann, wenn der Bezugsberechtigte sie als Früchte iSv § 99 Abs. 2 beanspruchen kann.
19 Bamberger/Roth/*Fritzsche*, § 101 Rn 4.
20 RGRK/*Kregel*, § 101 Rn 9; Staudinger/*Jickeli/Stieper*, § 101 Rn 3.
21 BFH BB 1992, 410, 411.
22 RGZ 88, 42, 46; zum Verkauf von Aktien mit Gewinnanteilsscheinen näher RGRK/*Kregel*, § 101 Rn 11; Soergel/*Mühl*, § 101 Rn 8; Staudinger/*Jickeli/Stieper*, § 101 Rn 4.
23 So Bamberger/Roth/*Fritzsche*, § 101 Rn 6.
24 RG JW 1913, 913.
25 BGH NJW 1995, 1027, 1028.
26 BGH ZIP 2011, 1097 = WM 2011, 1137: Ein Minderheitsaktionär hat weder ganz noch teilweise einen Anspruch auf Zahlung des festen Ausgleichs für ein Geschäftsjahr, wenn der Beschluss, die Aktien der Minderheitsaktionäre auf den Hauptaktionär zu übertragen, vor dem Entstehen des Anspruchs auf die Ausgleichszahlung in das Handelsregister eingetragen wird. Der Anspruch auf die Zahlung des jährlichen festen Ausgleichs entsteht als regelmäßig wiederkehrender Anspruch jedes Jahr mit dem Ende der auf ein Geschäftsjahr folgenden ordentlichen Hauptversammlung der abhängigen Gesellschaft neu, soweit im Beherrschungs- und Gewinnabführungsvertrag zugunsten der außenstehenden Aktionäre nichts anderes vereinbart ist. Ebenso BGH AG 2011, 517 = NJZ 2011, 780.
27 OLG Köln NZG 2010, 225 = ZIP 2010, 519. Die ihnen gemäß § 327 a AktG zustehende Barabfindung muss zum einen den Verlust des Stammrechts aber auch den damit verbundenen Verlust des Fruchtziehungsrechtes für das jeweils laufende Geschäftsjahr, in dem der Beschluss eingetragen wird, kompensieren. Näher auch OLG Köln ZIP 2010, 1797 und *Altmeppen*, ZIP 2010, 1773; *Mennicke/Leyendecker*, BB 2010, 1426.
28 MüKo/*Holch*, § 101 Rn 2 ff; Staudinger/*Jickeli/Stieper*, § 101 Rn 1.
29 OLG Köln NZG 2010, 225 unter Bezugnahme auf BGH NJW 1995, 1027, 1029.

Geschäftsjahr vor, steht den außenstehenden Aktionären im Falle eines unterjährig erfolgten Squeeze-out kein anteiliger Anspruch auf Ausgleichszahlung zu.[30]

Bei regelmäßig wiederkehrenden Erträgen erfolgt also nach § 99 Nr. 2 Hs 2 eine Teilung nach Maßgabe der Berechtigungsdauer (pro rata temporis), was bspw für Gewinnanteile,[31] Kapitalzins, Pacht oder Ratenzahlungen gilt.[32] 15

IV. Eigentumserwerb und Regelung der Früchteverteilung

Der Eigentumserwerb an den getrennten Früchten hat in § 101 (als nur schuldrechtlich wirkender Regelung für das Innenverhältnis) – der allein das schuldrechtliche Verhältnis sukzessiv Fruchtziehungsberechtigter untereinander festlegt[33] – **keine Regelung** erfahren. 16

Der Eigentumserwerb vollzieht sich hinsichtlich **unmittelbarer Früchte** nach Maßgabe der §§ 953 ff (Erwerb von Erzeugnissen und sonstigen Bestandteilen). 17

Obgleich der Eigentumserwerb an **mittelbaren Früchten** (§ 99 Abs. 3) im BGB keine Regelung erfahren hat, fallen diese – nach allgemeinen Regeln – demjenigen zu, der nach dem zugrunde liegenden Rechtsverhältnis Anspruchsgläubiger ist,[34] mithin dem Vermieter oder Verpächter hinsichtlich Mietzins- und Pachtzinszahlungen,[35] dem Nießbraucher im Hinblick auf die Mietzinszahlungen (die aus dem Mietverhältnis des Grundstücks resultieren, das seinen Nießbrauch erfasst).[36] Geht die Berechtigung zur Fruchtziehung über, stehen mittelbare Früchte ab dem Zeitpunkt des Rechtserwerbs dem neuen Rechtsinhaber zu.[37] 18

§ 102 Ersatz der Gewinnungskosten

Wer zur Herausgabe von Früchten verpflichtet ist, kann Ersatz der auf die Gewinnung der Früchte verwendeten Kosten insoweit verlangen, als sie einer ordnungsmäßigen Wirtschaft entsprechen und den Wert der Früchte nicht übersteigen.

A. Allgemeines

Die Früchte sollen nach § 102 als Ausdruck des Gerechtigkeitsgefühls[1] demjenigen gebühren, der die aufgewandten Kosten ihrer Gewinnung zu tragen hatte. Dies entspricht der Billigkeit.[2] 1

Vor diesem Hintergrund bestimmt die dispositive[3] Vorschrift des § 102 als Anspruchsgrundlage folgende **Ersatzverpflichtung für getrennte Früchte** (Sach- wie Rechtsfrüchte iSv § 99 Abs. 1 und 2): Derjenige, der zur Herausgabe von Früchten verpflichtet ist (was sich auf rechtsgeschäftlicher Grundlage, mithin Vertrag, oder gesetzlich nach Maßgabe der §§ 101, 292 Abs. 2, 346 Abs. 1, 446, 818 Abs. 1, 987 ff, 2020, 2023 Abs. 2 oder 2184 ergibt),[4] kann Ersatz der auf die Gewinnung der Früchte verwendeten Kosten (die bereits schon getrennt sind)[5] insoweit verlangen, als sie einer ordnungsgemäßen Wirtschaft entsprechen und den Wert der Früchte nicht übersteigen **(Ersatzanspruch wegen der Gewinnungskosten** – der allerdings nur dann geltend gemacht werden kann, wenn eine Herausgabepflicht wegen Sachen „gerade weil sie Früchte sind" besteht).[6] § 102 gilt auch im Verhältnis von Vor- und Nacherbe.[7] 2

Der Anspruchsberechtigte nach § 101 kann seinen Erstattungsanspruch auch schon **vor** Herausgabe der Früchte geltend machen.[8] 3

30 So OLG Hamm, BB 2010, 2199 – Rz 19 und 26 = AG 2010, 787.
31 BGH NJW 1995, 1027.
32 Beispiele nach Palandt/*Ellenberger*, § 101 Rn 2.
33 BGH WM 1992, 516, 518.
34 Staudinger/*Jickeli*/*Stieper*, § 101 Rn 6.
35 Motive III, S. 74.
36 RGZ 80, 311, 316.
37 So Erman/*Michalski*, § 101 Rn 6; Soergel/*Mühl*, § 101 Rn 1; Staudinger/*Jickeli*/*Stieper*, § 101 Rn 6.
1 Bamberger/Roth/*Fritzsche*, § 102 Rn 1.
2 Palandt/*Ellenberger*, § 102 Rn 2.
3 Was in der Praxis allerdings keine Rolle spielt, vgl MüKo/*Holch*, § 102 Rn 7.
4 Staudinger/*Jickeli*/*Stieper*, § 102 Rn 2.
5 Da ansonsten keine Herausgabepflicht besteht, so Bamberger/Roth/*Fritzsche*, § 102 Rn 4.
6 Soergel/*Mühl*, § 102 Rn 1; Staudinger/*Jickeli*/*Stieper*, § 102 Rn 2.
7 BGH NJW-RR 1986, 1069, 1070.
8 Palandt/*Ellenberger*, § 102 Rn 1; Erman/*Michalski*, § 102 Rn 3; da es dem Verpflichteten zumutbar ist, sich gegen den Anspruch auf sein Zurückbehaltungsrecht zu berufen, so Staudinger/*Jickeli*/*Stieper*, § 102 Rn 3.

4 § 102 statuiert einen **selbständigen Anspruch** (vgl den Wortlaut: „verlangen") und keine bloße Einrede.[9] Andererseits begründet der Kostenerstattungsanspruch auch ein Zurückbehaltungsrecht (dh eine Einrede) nach den §§ 273, 274, wenn die Herausgabe der Früchte verlangt wird.[10] Kostenerstattung kann bereits schon vor Erhebung des Herausgabeanspruchs verlangt werden. Der Herausgabegläubiger ist nämlich gleichermaßen durch § 273 geschützt.[11]

5 Verzichtet der Fruchtziehungsberechtigte auf die Früchte, lässt dies den Anspruch nach § 102 unberührt.[12]

6 Anstelle des Ersatzanspruchs wegen der Gewinnungskosten nach § 102 ist allerdings auch eine Aufrechnung (§ 387) mit den Gewinnungskosten statthaft,[13] die jedoch erklärt werden muss[14] (womit keine Saldierung, wie bei § 812 erfolgt).[15] Voraussetzung für die Aufrechnungslage ist jedoch Gleichartigkeit, dh, die herauszugebenden Früchte müssen (wie der Ersatzanspruch nach § 101) in Geld bestehen.[16]

B. Regelungsgehalt

I. Sonderregelungen hinsichtlich der Ersatzpflicht für ungetrennte Früchte

7 Eine entsprechende Ersatzpflicht für **ungetrennte Früchte** statuieren **Sondervorschriften** (dh Konstellationen, in denen ein Wechsel in der Nutzungsberechtigung eintritt, ohne dass hinsichtlich der Früchte eine Herausgabepflicht angeordnet wird), bspw § 596 a, wonach einen Pächter grundsätzlich eine Ersatzpflicht bei vorzeitigem Pachtende hinsichtlich des Wertes der noch nicht getrennten Früchte trifft, bzw § 998, wonach bei der Herausgabe eines landwirtschaftlichen Grundstücks der Eigentümer dem Besitzer zum Ersatz der Kosten verpflichtet ist, die Letzterer auf die noch nicht getrennten Früchte verwendet hat. Vgl zudem § 1055 Abs. 2 sowie § 2130 Abs. 1.[17]

8 Vgl weiterhin § 818 Abs. 3, wonach die Verpflichtung zur Herausgabe von Nutzungen (nach Bereicherungsrecht) ausgeschlossen ist, soweit der Empfänger nicht mehr bereichert ist. Damit können alle mit dem Bereicherungsvorgang adäquat verbundenen Aufwendungen bzw (zumindest) alle im Vertrauen auf den Rechtsbestand des Erwerbs gemachten Aufwendungen zum Abzug gebracht werden.[18]

II. Umfang der Ersatzpflicht nach § 102

9 Der Anspruch nach § 102 umfasst die **Fruchtgewinnungskosten**, worunter neben Geldausgaben alle vermögenswerten Leistungen fallen (sofern ihnen nur ein unmittelbarer Vermögenswert zukommt), sofern diese die Fruchtziehung ermöglicht haben bzw bei dieser selbst angefallen sind.

10 Die Ersatzpflicht nach § 102 umfasst die Kosten für eine Bezahlung fremder Arbeitskraft (aber auch den Wert der Arbeitsleistung von eigenen Angestellten[19] oder Angehörigen),[20] ebenso die Kosten der Gewinnung von Rohstoffen (einschließlich der Herstellungs- und Erhaltungskosten für Grubenbauten[21] oder für den Abraumvorrat).[22] Weiterhin unterfallen den Gewinnungskosten[23] die Kosten für Düngung, Ernte, Feldbestellung, Saatgut, Unkraut- und Schädlingsbekämpfung sowie der Wert der persönlichen Arbeitsleistung des Herausgabepflichtigen[24] (losgelöst von der Frage, ob die Arbeitskraft durch die Fruchtziehung tatsächlich anderweitig gewinnbringend hätte eingesetzt werden können).[25]

11 Nach *Dilcher*[26] sind den Fruchtgewinnungskosten solche Kosten gleichzustellen, die zur Erhaltung der Früchte aufgewendet werden (**Fruchterhaltungskosten**).[27]

9 RG JW 1938, 3042; RGRK/*Kregel*, § 102 Rn 5; Soergel/*Mühl*, § 102 Rn 2; Palandt/*Ellenberger*, § 102 Rn 1.
10 Staudinger/*Jickeli*/*Stieper*, § 102 Rn 3.
11 Erman/*Michalski*, § 102 Rn 3; MüKo/*Holch*, § 102 Rn 6; Palandt/*Ellenberger*, § 102 Rn 1; Staudinger/*Jickeli*/*Stieper*, § 102 Rn 3.
12 So *Wieling*, Sachenrecht, Bd. 1, 4. Aufl. 2001 § 2 X 4 b; einschränkend Bamberger/Roth/*Fritzsche*, § 102 Rn 9: „Das ist nur insoweit richtig, als ein einseitiger Verzicht den Herausgabeanspruch nicht zum Erlöschen bringt, vgl § 397 BGB".
13 BGH NJW-RR 1986, 1069, 1070: Verrechnung.
14 MüKo/*Holch*, § 102 Rn 6.
15 Bamberger/Roth/*Fritzsche*, § 102 Rn 9.
16 BGH MDR 1962, 556.
17 Nach BGH NJW-RR 1986, 1069 trägt der Vorerbe die Kosten der Fruchtgewinnung.
18 Staudinger/*Jickeli*/*Stieper*, § 102 Rn 6.
19 BGHZ 131, 220 = NJW 1996, 921; Soergel/*Mühl*, § 102 Rn 3.
20 Bamberger/Roth/*Fritzsche*, § 102 Rn 5.
21 RG JW 1938, 3040, 3042.
22 BFH BB 1979, 249.
23 Beispiele nach Bamberger/Roth/*Fritzsche*, § 102 Rn 5.
24 BGH BB 1962, 535; Palandt/*Ellenberger*, § 102 Rn 1; Staudinger/*Jickeli*/*Stieper*, § 102 Rn 4.
25 Bamberger/Roth/*Fritzsche*, § 102 Rn 5; MüKo/*Holch*, § 102 Rn 4; Palandt/*Ellenberger*, § 102 Rn 1; aA RGRK/*Kregel*, § 102 Rn 2; Soergel/*Mühl*, § 102 Rn 3; Staudinger/*Jickeli*/*Stieper*, § 102 Rn 4.
26 Staudinger/*Jickeli*/*Stieper*, § 102 Rn 4; vgl auch Erman/*Michalski*, § 102 Rn 2.
27 AA KG OLGZ 22, 273: Kosten des Umbaus eines Mietshauses.

Der Umfang der Ersatzpflicht ist jedoch (aus Billigkeitsgründen) insoweit „gedeckelt", als die zu ersetzenden Kosten einer „ordnungsgemäßen Wirtschaft" entsprechen müssen (was nach der Verkehrsanschauung zu bestimmen ist)[28] und den Wert der (gewonnenen) Früchte als Obergrenze nicht übersteigen dürfen. Der Herausgabeberechtigte soll dadurch vor einer Kostenbelastung geschützt werden, die in keinem Verhältnis mehr zum Nutzen steht.[29] 12

Beweispflichtig (für die Gewinnungskosten und) für den Wert der Früchte ist derjenige, der den Ersatzanspruch geltend macht.[30] 13

Hingegen trifft die gesetzliche Regelung des § 102 keine Differenzierung zwischen notwendigen und (bloß) nützlichen Verwendungen bzw zwischen einer gutgläubigen oder einer bösgläubigen Fruchtziehung. 14

Im Falle eines **Untergangs der Früchte vor Herausgabe** ist der Ersatzanspruch wegen bereits getätigter Gewinnungskosten nach § 102 ausgeschlossen.[31] 15

Beachte: Sonderregelungen hinsichtlich der **Erstattung der Gewinnungskosten für noch nicht getrennte Früchte** bestehen nach den §§ 592, 998, 1055 Abs. 2 bzw 2130 Abs. 2. 16

Im Falle einer bereicherungsrechtlichen Herausgabepflicht sind die Fruchtgewinnungskosten im Rahmen der Saldotheorie zu berücksichtigen,[32] „auch dort sollte man § 102 BGB berücksichtigen".[33] 17

§ 103 Verteilung der Lasten

Wer verpflichtet ist, die Lasten einer Sache oder eines Rechts bis zu einer bestimmten Zeit oder von einer bestimmten Zeit an zu tragen, hat, sofern nicht ein anderes bestimmt ist, die regelmäßig wiederkehrenden Lasten nach dem Verhältnis der Dauer seiner Verpflichtung, andere Lasten insoweit zu tragen, als sie während der Dauer seiner Verpflichtung zu entrichten sind.

A. Allgemeines

In (nicht vollständiger) Anlehnung[1] an § 101 (Regelung der Früchteverteilung bei einem Wechsel des Ausübungsberechtigten) statuiert § 103 eine schuldrechtlich wirkende (dispositive) Regelung[2] für das **Innenverhältnis**[3] im Falle eines Wechsels des Berechtigten hinsichtlich der **Lastenverteilung** im Hinblick auf das Verhältnis zwischen Vorgänger und Nachfolger in der Verpflichtung: Wer verpflichtet ist, die Lasten einer Sache oder eines Rechts bis zu einer bestimmten Zeit oder von einer bestimmten Zeit an zu tragen (was aus der Rechtsgrundlage der Last zu ermitteln ist),[4] hat – „sofern nicht ein anderes bestimmt ist" (mithin für den Regelfall) – die regelmäßig wiederkehrenden Lasten nach dem Verhältnis der Dauer seiner Verpflichtung, andere Lasten insoweit zu tragen, als sie während der Dauer seiner Verpflichtung zu entrichten sind. Der Nutzungsberechtigte einer Sache soll also auch deren Kosten tragen. Eine abweichende Lastenverteilung kann sowohl aus rechtsgeschäftlicher Vereinbarung (mithin Vertrag[5] oder letztwilliger Verfügung) bzw spezialgesetzlicher Regelung (bspw §§ 436 Abs. 1, 446, 535 Abs. 1 S. 3, 581 Abs. 2, 586 a, 995 S. 2, 1047, 2126, 2185 oder 2379 f BGB bzw § 56 S. 2 ZVG)[6] resultieren. 1

28 Staudinger/*Jickeli*/*Stieper*, § 102 Rn 5: womit auch objektiv nicht notwendige Kosten – sofern sie nicht Ausdruck eines wirtschaftlich unvernünftigen Verhaltens sind – erstattungsfähig sein können.
29 Bamberger/Roth/*Fritzsche*, § 102 Rn 7.
30 Staudinger/*Jickeli*/*Stieper*, § 102 Rn 5.
31 Staudinger/*Jickeli*/*Stieper*, § 102 Rn 5: wenngleich gegen einen Ersatzanspruch nach den §§ 989, 990 wegen untergegangener Früchte ein Abzug der Gewinnungskosten zulässig sein soll; ebenso RG JW 1938, 3040, 3042 – arg.: Da der ursprüngliche Herausgabeanspruch bereits um diesen Betrag geringer gewesen sei, könne der Ersatzanspruch nicht höher sein.
32 Vgl nur MüKo/*Lieb*, § 818 Rn 54 ff.
33 Bamberger/Roth/*Fritzsche*, § 102 Rn 10.

1 Allein zwischen § 101 Nr. 2 und § 103 besteht Übereinstimmung, Staudinger/*Jickeli*/*Stieper*, § 103 Rn 3.
2 Staudinger/*Jickeli*/*Stieper*, § 103 Rn 1.
3 OLG Hamm NJW-RR 1996, 911, 912 will den Rechtsgedanken auch auf das Außenverhältnis anwenden.
4 RGRK/*Kregel*, § 103 Rn 1.
5 Vgl zu Vertragsregelungen hinsichtlich der Tragung von Erschließungskosten BGH NJW 1982, 1178.
6 Dazu näher BGHZ 95, 118 = NJW 1985, 2717. Vgl auch BGH WM 2009, 1438: Nach Aufhebung der Zwangsverwaltung ist der Zwangsverwalter nicht befugt, Ansprüche gegen den Ersteher des Grundstücks wegen der auf die Zeit nach dem Zuschlag entfallenden Lasten einzuklagen.

2 Entgegen dem Wortlaut der Norm gewährt § 103 unmittelbar einen **Ausgleichsanspruch.**[7]

3 Die Frage, wer die Lasten im **Außenverhältnis** (gegenüber ihrem Gläubiger) zu tragen hat, bestimmt sich nach der Rechtsgrundlage der Last.[8]

4 In den §§ 446 Abs. 1 S. 2 und 581 Abs. 2 finden sich gesetzliche Anknüpfungspunkte für eine Anwendung des § 103.[9]

B. Regelungsgehalt

5 § 103 differenziert zwischen regelmäßig wiederkehrenden Lasten (Rn 12 ff), bei denen hinsichtlich der Lasten**verteilung** eine Verteilung nach dem Verhältnis der Dauer der beiderseitigen Verpflichtung vorgesehen ist, und in unbestimmten Abständen wiederkehrenden (dh anderen) Lasten (Rn 16), bei denen die Lastenverteilung sich an der Fälligkeit orientiert.

I. Der Begriff der „Lasten"

6 Unter dem Begriff „Lasten" (den das Gesetz voraussetzt, aber nicht definiert) versteht man die auf einer Sache oder einem Recht liegende **Verpflichtung zu Leistungen** (nicht hingegen dingliche Belastungen),[10] die aus der Sache oder dem Recht zu entrichten sind und den Nutzungswert mindern,[11] mithin **Leistungspflichten** (des **Zivilrechts** oder des **öffentlichen Rechts,** insbesondere Steuern),[12] die in entsprechender Weise den Eigentümer, Besitzer oder Rechtsinhaber als solchen treffen.[13] Lasten mindern also den Nutzen der Sache oder des Rechts.[14]

7 Lasten eines Grundstücks, die zu Leistungen aus diesem verpflichten und dementsprechend dessen Nutzungswert mindern, sind in privatrechtlicher Hinsicht (**privatrechtliche Grundstückslasten**) bspw Zinsen auf Grundschulden und Hypothekenforderungen,[15] Leistungen aufgrund einer Reallast oder einer Rentenschuld bzw eine Notwege- oder Überbaurente nach §§ 917 Abs. 2, 912 Abs. 2.[16]

8 Als **öffentlich-rechtliche Grundstückslasten** kommen zB Erschließungs(Anlieger)beiträge, Deichlasten, Grundsteuer,[17] Schullasten bzw Straßenreinigungskosten in Betracht, als **öffentlich-rechtliche Lasten beweglicher Sachen** bspw die Kfz-Steuer bzw Pflichtversicherungsprämien.[18]

9 Unter den Begriff der Lasten fallen hingegen **nicht subjektiv dingliche Rechte** (bspw der Nießbrauch, die Grunddienstbarkeit oder das Vorkaufsrecht), da sie nicht zu einer Leistung aus dem Grundstück verpflichten, sondern nur die Eigentümerstellung einschränken.[19] Weiterhin sind keine Lasten, da sie vom Verpflichteten in Person (und nicht in seiner Eigenschaft als Eigentümer zu entrichten sind)[20] Benutzungsgebühren für eine Inanspruchnahme öffentlicher Einrichtungen,[21] Bürgersteigausbaukosten,[22] öffentlich-rechtliche Handlungspflichten (bzw Auflagen) aufgrund Verwaltungsakt,[23] allgemeine Verkehrssicherungspflichten[24] (wie bspw die Streupflicht)[25] bzw Verwaltungsgebühren.

10 Als **Lasten eines Rechts** kommen die Verpflichtungen eines Erbbauberechtigten[26] bzw die Gebühren zur Erhaltung von Immaterialgüterrechten in Betracht.[27]

7 BGH WM 2009, 1438; Bamberger/Roth/*Wendtland*, § 103 Rn 9; MüKo/*Holch*, § 103 Rn 2; Prütting/Wegen/Weinreich, *Völzmann-Stickelbrock*, § 103 Rn 1. Nach BGH WM 2009, 1438 unterfällt dieser Anspruch nicht der Beschlagnahme gemäß §§ 146, 148 ZVG. Weder handelt es sich um einen Anspruch auf Mieten oder Pachten, noch tritt er im Wege der Surrogation oder gemäß § 19 S. 3 KO an die Stelle eines solchen Anspruchs.
8 BGH NJW 1981, 2127; MüKo/*Holch*, § 103 Rn 3; RGRK/*Kregel*, § 103 Rn 1; Staudinger/*Jickeli*/*Stieper*, § 103 Rn 1.
9 So Staudinger/*Jickeli*/*Stieper*, § 103 Rn 1.
10 Bamberger/Roth/*Wendtland*, § 103 Rn 3.
11 RGZ 66, 318; OLG Hamm NJW 1989, 839; Palandt/*Ellenberger*, § 103 Rn 1.
12 BGH NJW 1980, 2465.
13 RGZ 66, 316, 318; BGH NJW 1980, 2465, 2466; Staudinger/*Jickeli*/*Stieper*, § 103 Rn 5.
14 Palandt/*Ellenberger*, § 103 Rn 1; Staudinger/*Jickeli*/*Stieper*, § 103 Rn 5.
15 BGH NJW 1986, 2438, 2439; nicht jedoch Grundpfandrechte als solche, RGZ 66, 316, 318; aA Soergel/*Mühl*, § 103 Rn 3.
16 Bamberger/Roth/*Wendtland*, § 103 Rn 4.
17 BGH NJW 1980, 2465, 2466.
18 Näher Bamberger/Roth/*Wendtland*, § 103 Rn 4.
19 MüKo/*Holch*, § 103 Rn 7; Staudinger/*Jickeli*/*Stieper*, § 103 Rn 7.
20 Beispiel nach Bamberger/Roth/*Wendtland*, § 103 Rn 5.
21 MüKo/*Holch*, § 103 Rn 7.
22 BGH NJW 1981, 2122.
23 RGZ 129, 10, 12.
24 OLG Köln VersR 1998, 605.
25 BGH NJW 1990, 111, 112.
26 Staudinger/*Jickeli*/*Stieper*, § 103 Rn 5.
27 Z.B. Patentgebühren, Soergel/*Mühl*, § 103 Rn 4.

II. Die Lastenverteilung

Hinsichtlich der Lastenverteilung differenziert § 103 zwischen regelmäßig wiederkehrenden Lasten (Rn 12 ff) und anderen Lasten (Rn 16). 11

1. Regelmäßig wiederkehrende Lasten. Die Verteilung regelmäßig wiederkehrender Lasten – wie bspw auf privatrechtlicher Grundlage Hypotheken- und Grundschuldzinsen, § 1047 (Lastentragung beim Nießbrauch), Beiträge zur Erhaltung von Immaterialgüterrechten (bspw eines Patent-, Gebrauchs- oder Geschmacksmusterrechts), Sachversicherungsprämien[28] oder auf öffentlich-rechtlicher Grundlage Grundsteuern[29] und vergleichbare Abgabepflichten[30] – erfolgt (vorbehaltlich einer abweichenden Regelung) bei einem Wechsel der Berechtigung durch Teilung nach der Dauer der Berechtigung (pro rata temporis). Die Höhe regelmäßig wiederkehrender Lasten muss nicht unbedingt gleich bleiben[31] (und kann bspw vom Basiszinssatz der EZB abhängig sein).[32] 12

Unter die Begrifflichkeit der „regelmäßig wiederkehrenden Lasten" fallen hingegen nicht die Unterhaltungs- und Bewirtschaftungskosten einer Sache.[33] 13

In **§ 436 Abs. 1** (öffentliche Lasten von Grundstücken) findet sich eine (insoweit) § 103 verdrängende[34] **Sonderreglung** hinsichtlich der **Erschließungs- und Anliegerbeiträge**. Soweit nicht anders vereinbart, ist der Verkäufer eines Grundstücks verpflichtet, Erschließungsbeiträge und sonstige Anliegerbeiträge für die Maßnahmen zu tragen, die bis zum Tage des Vertragsschlusses bautechnisch begonnen sind, unabhängig vom Zeitpunkt des Entstehens der Beitragsschuld.

Im Zuge einer ergänzenden Vertragsauslegung kann – im Falle, dass öffentlich-rechtliche Vorschriften wegen des Eigentumswechsels eine Lastenerstattung und Lastenneufestsetzung gegenüber dem neuen Eigentümer vorsehen – eine Belastung des früheren Eigentümers gerechtfertigt sein.[35] 14

Im **Außenverhältnis** hat derjenige die Lasten für eine Abrechnungsperiode zu tragen, der im Zeitpunkt des Fälligwerdens der Last berechtigt ist. Allerdings kann er von seinem Rechtsvorgänger anteilige Erstattung für die Periode vor dem Rechtsübergang verlangen.[36] 15

2. Andere Lasten. Andere Lasten, die nicht regelmäßig wiederkehren,[37] mithin außerordentliche (nicht notwendigerweise aber einmalige) Lasten – wie bspw Deichlasten, Einkommensteuer, die nach § 16 EStG bei der Aufgabe oder Veräußerung eines Gewerbebetriebs anfällt (Veräußerungsgewinne),[38] Anlieger- und Erschließungsbeiträge[39] (die nach der Schuldrechtsreform allerdings in § 436 Abs. 1 eine Sonderregelung erfahren haben, Rn 13), Leistungen im Umlegungs- oder Flurbereinigungsverfahren[40] bzw Patronatslasten[41] – sind im Zweifel von dem zur Zeit ihrer Fälligkeit Verpflichteten endgültig zu tragen.[42] 16

III. Die anderweitige Bestimmung

§ 103 gelangt zur Anwendung, „sofern nicht ein anderes bestimmt ist". Mithin ist eine anderweitige Bestimmung der Lastenverteilung statthaft, entweder 17

- durch Rechtsgeschäft[43] (aufgrund Vertrags) oder auch
- auf gesetzlicher Grundlage (bspw nach den §§ 995 S. 2, 1047, 2126, 2185 bzw 2379 S. 2).[44]

28 OLG Düsseldorf NJW 1973, 146, aber umstritten. Vgl zudem MüKo/*Holch*, § 103 Rn 6; Palandt/*Ellenberger*, § 103 Rn 3; Soergel/*Mühl*, § 103 Rn 4; Staudinger/*Jickeli*/*Stieper*, § 103 Rn 6.
29 BGH VIZ 1999, 40, 43.
30 Palandt/*Ellenberger*, § 103 Rn 3; bspw auch Versicherungsbeiträge für eine Pflichtbrandversicherung, so OLG Königsberg SeuffA 59 Nr. 198.
31 Staudinger/*Jickeli*/*Stieper*, § 103 Rn 6.
32 RGZ 88, 42, 46; MüKo/*Holch*, § 103 Rn 9.
33 Staudinger/*Jickeli*/*Stieper*, § 103 Rn 6.
34 Palandt/*Ellenberger*, § 103 Rn 2.
35 BGH NJW 1986, 2438.
36 Bamberger/Roth/*Wendtland*, § 103 Rn 7; MüKo/*Holch*, § 103 Rn 8.
37 BGH NJW 1980, 2465, 2466.
38 BGH NJW 1980, 2465.
39 BGH NJW 1994, 2283; der Käufer trägt Anliegerbeiträge nach der Übergabe, wenn sie dann erst fällig werden, BGH NJW 1982, 1278. In diesem Zusammenhang kommt jedoch abweichenden rechtsgeschäftlichen Vereinbarungen (Rn 17) eine besondere Bedeutung zu, BGH NJW 1988, 2099. Ein Pächter hat die Anliegerbeiträge nur dann zu tragen, wenn dies so vereinbart worden ist, OLG Celle OLGZ 1984, 109.
40 MüKo/*Holch*, § 103 Rn 10; Palandt/*Ellenberger*, § 103 Rn 4.
41 RGZ 70, 263, 264.
42 BGH NJW 1982, 1278; 1994, 2283. Für Lasten des Gemeinschaftseigentums, die *vor* dem Zuschlag des ersteigerten Wohnungseigentums anfallen, soll der Ersteher nicht haften – selbst dann nicht, wenn die Rechnungslegung erst nach dem Zuschlag erfolgt ist, BGHZ JZ 1986, 191 m. krit. Anm. *Weitnauer*, S. 193; gleichermaßen abl.: Staudinger/*Jickeli*/*Stieper*, § 103 Rn 7: fehlende Fälligkeit, weshalb die Entscheidung gegen das Fälligkeitsprinzip des § 103 verstoße.
43 Vgl dazu näher *Mieder*, NJW 1984, 2662.
44 Staudinger/*Jickeli*/*Stieper*, § 103 Rn 2.

Abschnitt 3
Rechtsgeschäfte

Titel 1 Geschäftsfähigkeit

§ 104 Geschäftsunfähigkeit

Geschäftsunfähig ist:

1. **wer nicht das siebente Lebensjahr vollendet hat,**
2. **wer sich in einem die freie Willensbestimmung ausschließenden Zustand krankhafter Störung der Geistestätigkeit befindet, sofern nicht der Zustand seiner Natur nach ein vorübergehender ist.**

Literatur: *Baetge*, Anknüpfung der Rechtsfolgen bei fehlender Geschäftsfähigkeit, IPRax 1996, 185; *Baldus*, Export des Pandektensystems?, (öst.) Journal für Rechtspolitik 2008, 23–26; *Canaris*, Verstöße gegen das verfassungsrechtliche Übermaßverbot im Recht der Geschäftsfähigkeit und im Schadensersatzrecht, JZ 1987, 993; *ders.*, Zur Problematik von Privatrecht und verfassungsrechtlichem Übermaßverbot, JZ 1988, 494; *Cording*, Die Begutachtung der Testier(un)fähigkeit, Fortschritte der Neurologie und Psychiatrie 2004, 147; *ders.*, Die Begutachtung der „freien Willensbestimmung" im deutschen Zivilrecht: Geschäftsfähigkeit, Testierfähigkeit, Prozessfähigkeit, Suizid bei Lebensversicherung, in: Müller/Hajak, Willensbestimmung zwischen Recht und Psychiatrie (2005), 37; *Czeguhn*, Geschäftsfähigkeit – beschränkte Geschäftsfähigkeit – Geschäftsunfähigkeit (2003); *Francoz-Terminal*, La capacité de l'enfant dans les droits français, anglais et écossais (2008); *Grunsky*, Testierfähigkeit und Geschäftsfähigkeit (2009); *Günther*, Anmerkung zu OLG Frankfurt FamRZ 2000, 603, 604 f; *Habermeyer/Saß*, Voraussetzungen der Geschäfts(un-)fähigkeit – Anmerkungen aus psychopathologischer Sicht, MedR 2003, 543; *Habersack*, Das neue Gesetz zur Beschränkung der Haftung Minderjähriger, FamRZ 1999, 1; *Heiter*, Verfahrensfähigkeit des Kindes in personenbezogenen Verfahren nach dem FamFG, FamRZ 2009, 85; *Knothe*, Die Geschäftsfähigkeit der Minderjährigen in geschichtlicher Entwicklung, 1983; *Kölmel*, Die familienrechtliche Genehmigung in der notariellen Praxis nach der Reform durch das FamFG, NotBZ 2010, 2; *Ludwig*, Der Erwachsenenschutz im Internationalen Privatrecht nach Inkrafttreten des Haager Erwachsenenschutzübereinkommens, DNotZ 2009, 251; *Musielak*, Die Beweislastregelung bei Zweifeln an der Prozessfähigkeit, NJW 1997, 1736; *Peters*, Die Selbstsperre des Glücksspielers, JR 2002, 177; *Ramm*, Drittwirkung und Übermaßverbot, JZ 1988, 489; *Reimann*, Der Minderjährige in der Gesellschaft – Kautelarjuristische Überlegungen aus Anlass des Minderjährigenhaftungsbeschränkungsgesetzes, DNotZ 1999, 179; *M. Roth*, Die Rechtsgeschäftslehre im demographischen Wandel, AcP 208 (2008), 451; *G. Roth/Lampe/Pauen* (Hrsg.), Willensfreiheit, 2008; *Ruppert*, Lebensalter und Recht. Zur Segmentierung des menschlichen Lebenslaufs durch rechtliche Regelungen seit dem 19. Jahrhundert, in: Lieberwirth/Lück (Hrsg.), Akten des 36. Deutschen Rechtshistorikertages, 2008, 346; *Spickhoff*, Autonomie und Heteronomie im Alter, AcP 208 (2008), 345; *Stoppe/Lichtenwimmer*, Die Feststellung der Geschäfts- und Testierfähigkeit beim alten Menschen durch den Notar – ein interdisziplinärer Vorschlag, DNotZ 2005, 806 (mit Erwiderungen von *Müller* DNotZ 2006, 325; *Cording/Foerster* DNotZ 2006, 329); *Wagner-von Papp*, Die privatautonome Beschränkung der Privatautonomie, AcP 205 (2005), 342; *Wetterling/Neubauer/Neubauer*, Psychiatrische Gesichtspunkte zur Beurteilung der Testierfähigkeit Dementer, ZEV 1995, 46; *Wieser*, Verstößt § 105 BGB gegen das verfassungsrechtliche Übermaßverbot?, JZ 1988, 493; *Zimmer*, Demenz als Herausforderung für die erbrechtliche Praxis, NJW 2007, 1713; *Zimmermann*, Juristische und psychiatrische Aspekte der Geschäfts- und Testierfähigkeit, BWNotZ 2000, 97.

A. Allgemeines

I. Grundsätzliches

1 §§ 104–113 regeln die Folgen des gänzlichen (§§ 104 f) oder teilweisen **Fehlens der Geschäftsfähigkeit**. Geschäftsfähigkeit ist die Fähigkeit, Rechtsgeschäfte in eigener Person wirksam vorzunehmen; sie setzt die Rechtsfähigkeit[1] voraus, welche auch Geschäftsunfähigen unbeschränkt zusteht, und wird nach den Regeln des Prozessrechts ggf durch die Prozessfähigkeit (vgl Rn 90) ergänzt. Mit der Inhaberschaft und der Zuständigkeit hinsichtlich bestimmter Rechte hat sie nichts zu tun.[2]

1 Mit dieser korrespondiert nach richtiger Ansicht die Parteifähigkeit; ausführlich *Beranek*, Die Parteifähigkeit (2008), S. 60–64.

2 Vgl OLG Frankfurt NJW-RR 1990, 968.

Das BGB geht grundsätzlich von der vollen Geschäftsfähigkeit aus und regelt in den §§ 104 ff nur **Ausnahmefälle**. Dabei folgt es einem **Stufenmodell**: Bei Geschäftsunfähigkeit und bei vorläufigen Zuständen, die der Geschäftsunfähigkeit vergleichbar sind, tritt Nichtigkeit einer tatbestandlich etwa abgegebenen Willenserklärung ein. Bei beschränkter Geschäftsfähigkeit (zwischen Vollendung des siebten und des achtzehnten Lebensjahres, §§ 2, 106) hängt die Wirksamkeit der Erklärung davon ab, ob sie lediglich einen rechtlichen Vorteil für den Erklärenden mit sich bringt. Zu § 105 a s. dort. Ergänzend regelt § 131 den Zugang einer Erklärung an nicht (voll) Geschäftsfähige (vgl § 105 Rn 10). 2

Dieses gesetzliche Stufenmodell setzt ein Modell strikt abgegrenzter Altersstufen und Befugnisse voraus, das rechtsgeschichtlich[3] und rechtsvergleichend[4] nicht selbstverständlich ist. Andere Rechtsordnungen kennen beispielsweise eine Vorverlegung der vollen Geschäftsfähigkeit im Einzelfall oder flexible Handhabung bestimmter Regeln. Es stößt auf neue Herausforderungen dadurch, dass die **Zahl älterer Menschen** mit **degenerativen Erkrankungen** zunimmt.[5] Praktisch relevante Probleme der Geschäftsfähigkeit stellen sich zunehmend am Ende des Lebens. 3

Für diese Fälle sah das deutsche Recht bis 1991 nur das schematische und wenig respektvolle, wenngleich praktisch erprobte Modell der Entmündigung vor. Das seit 1992 geschaffene **Betreuungsrecht**[6] will den neuen Herausforderungen ohne förmliche Entziehung der Geschäftsfähigkeit begegnen; das schafft bisweilen Rechtsunsicherheit, und das Verhältnis von Geschäftsunfähigkeit und Betreuung ist in der Theorie klarer als in der Praxis (Rn 37, 40 ff). 4

Eine **Konzeption**, welche die besondere Situation des alternden Menschen angemessen abbildete, ist bislang nicht erkennbar. Sie kann sicher nicht in einer Kopie minderjährigenrechtlicher Regelungen bestehen. Geschäftsunfähigkeit im Alter mag um 1900 ein seltener Defekt gewesen sein, den man ohne größere Folgen mit angeborener oder früh erworbener Geschäftsunfähigkeit und frühkindlichem Mangel an Reife gleichbehandeln konnte; heute ist dies zumindest zweifelhaft (vgl Rn 34, 40, 68). 5

Die Einführung des § 105 a lässt sich auch als Versuch interpretieren, zu neuen Lösungen zu kommen (s. dort). Man darf jedoch bezweifeln, dass die Auflockerung des bisherigen – immerhin klaren und berechenbaren – Systems für Volljährige, wie sie durch § 105 a erfolgt ist, ein gutes Modell für die Einführung eines Schutzes Hochbetagter (dazu auch Rn 34) oder gar für künftige Veränderungen des Minderjährigenschutzes abgibt.[7] 6

II. Ehegeschäftsfähigkeit, Testierfähigkeit

Die §§ 104–113 geben allgemeine Regeln über die Geschäftsfähigkeit. Außerhalb des Allgemeinen Teils sind **speziell** geregelt namentlich die sog. **Ehegeschäftsfähigkeit** (§ 1304) und die **Testierfähigkeit** (§ 2229 Abs. 4, abweichende Formulierung). Es handelt sich jeweils um Geschäftsfähigkeit hinsichtlich gegenständlich abgegrenzter Angelegenheiten, die neben den allgemeinen Regeln über die Geschäftsfähigkeit von besonderer praktischer Relevanz sind. 7

Dies erlangt nach hM[8] Bedeutung für das **Eherecht** im Zusammenhang mit der sog. **partiellen Geschäfts(un)fähigkeit** (Rn 25 ff): § 1304 stellt dem Wortlaut nach einen impliziten Verweis auf die §§ 104 f dar („Wer geschäftsunfähig ist, ...“), ist im Ergebnis aber nicht so zu lesen, dass nur der nach §§ 104 f voll Geschäftsfähige heiraten könnte. Das wäre verfassungsrechtlich bedenklich (Art. 6 Abs. 1 GG). Vielmehr verlangt § 1304 lediglich die Fähigkeit, im Lebensbereich der Ehe einen Willen frei und unbeeinflusst von der ggf vorliegenden geistigen Störung zu bilden und nach dieser Einsicht zu handeln.[9] **Methodisch** handelt es sich um einen Fall verfassungskonformer Auslegung; dass eine solche Auslegung aus zivilrechtlicher Sicht möglich ist, folgt aus der systematischen Stellung des § 1304 im Familienrecht und aus dem Gedanken teleologischer Reduktion. 8

Bei der **Testierfähigkeit** (§ 2229 Abs. 4) arbeitet das Gesetz nicht mit einem Verweis auf §§ 104 f, wohl aber mit den sachlich weithin gleichbedeutenden Kriterien der krankhaften Störung der Geistestätigkeit, der Geistesschwäche und der Bewusstseinsstörung (näher § 2229 Rn 10–15). Hier ist also – umgekehrt zu § 1304 – bei abweichendem Gesetzestext sachlich parallel zu §§ 104 f zu subsumieren; vgl freilich Rn 13. 9

3 Einführend HKK/*Thier*, §§ 104–115 BGB, 2003; *Kaser/Knütel*, Römisches Privatrecht, 19. Aufl. 2008, § 14 (Rn 1–11, 15 ff, S. 8 ff, 89 f); *Fernández Barreiro/Paricio*, Fundamentos de Derecho Privado Romano, 7. Aufl. 2007, §§ 2, 22 ff (S. 35 f, 173, 194).

4 Für einige Nachbarrechtsordnungen *Francoz-Terminal*, La capacité.

5 Grundsätzlich *Roth*, AcP 208 (2008), 451, passim mwN. Zum französischen Recht ergänze *Francoz-Terminal*, La capacité, und *Malaurie*, Les personnes – La protection des mineurs et des majeurs, 4. Aufl. 2009, S. 225 Nr. 495.

6 Ausf. *Jurgeleit* (Hrsg.), Betreuungsrecht (2. Aufl. 2010).

7 Günstiger urteilt *Roth*, AcP 208 (2008), 451, 484 ff, 487.

8 BVerfG NJW 2003, 1382, 1383 mwN.

9 Ausf. BVerfG, aaO; LG Osnabrück StAZ 2001, 176, 176 f.

10 Die Testierfähigkeit ist von besonderer praktischer Bedeutung, weil eine wirksame Wiederholung letztwilliger Verfügungen nach dem Tode des Erblassers naturgemäß unmöglich ist (Vermutungen und Prozessuales Rn 61, 64 ff, 90). Der Testierende muss sich vorstellen können, dass er ein Testament errichtet und welchen Inhalt die darin enthaltenen Verfügungen aufweisen. Er muss sich ein **Urteil** über die **persönliche und wirtschaftliche Tragweite** seiner Anordnungen bilden können, und zwar frei von Einflüssen Dritter.[10]

11 Bei einseitigen Verfügungen von Todes wegen kommt es auf die Testierfähigkeit an, bei Erbverträgen auf die allgemeine Geschäftsfähigkeit (§ 2275 Abs. 1);[11] doch ist es (wegen der sachlichen Parallelität der Norminhalte, s. Rn 9, 12) unschädlich, wenn in einem Erbvertragsfall zwar irrig die Testierfähigkeit geprüft wird, die festgestellten Tatsachen aber auch einen Schluss auf die Geschäftsfähigkeit zulassen.[12]

12 De lege ferenda bleibt für Eherecht wie Testamentsrecht zu wünschen, dass der Gesetzeswortlaut dem Ergebnis systematischer, teleologischer und verfassungskonformer Auslegung angeglichen wird.

13 In letzter Zeit wird das **Verhältnis** von Testierfähigkeit und Geschäftsfähigkeit wieder stärker problematisiert. Hintergrund ist zweierlei, zum einen die Kritik an der Lehre von der partiellen Geschäftsunfähigkeit (Rn 26, 30), zum anderen das steigende Interesse an einem Recht des Alters oder der Älteren.[13] Zweifelt man daran, dass es überhaupt eine gegenständlich abgegrenzte Einschränkung der Geschäftsfähigkeit geben kann, dann darf auch die Testierfähigkeit nicht als (gesetzlich geregelter) Sonderfall der partiellen Geschäftsfähigkeit begriffen werden. In der Tat liegt es nicht nahe, einen gesetzlich positivierten Tatbestand durch Einordnung in eine außergesetzliche Kategorie besser erfassen zu wollen.

14 Die sachliche Relevanz der Frage folgt daraus, dass Zweifel an der geistigen Fähigkeit zur Abschätzung der Folgen eigenen Handelns besonders häufig bei Verfügungen Hochbetagter mit beginnender oder fortgeschrittener **Demenz** auftreten. Der historische Gesetzgeber hatte diese Fallgruppe nicht als häufiges Phänomen vor Augen: Bei der deutlich geringeren Lebenserwartung Ende des 19. Jahrhunderts starben die meisten Menschen, bevor sie dement werden konnten. Die Rspr behilft sich bei den nunmehr häufiger auftretenden Problemfällen mit Vermutungen zugunsten der Testierfähigkeit (näher Rn 61, 64 f, 90).

15 In der Lit. wird vereinzelt vertreten, es sei geboten, an die Testierfähigkeit **geringere** Anforderungen zu stellen als an die Geschäftsfähigkeit.[14] Für diese Position scheint zu sprechen, dass der Testator sich mit unsinnigen Verfügungen selbst nicht mehr schaden kann und dass auch Dritte durch solche Verfügungen jedenfalls nichts verlieren können, was ihnen bereits rechtlich zustünde (vgl auch Rn 53). Das ist aber wohl zu kurz gegriffen: Auch einseitige Verfügungen von Todes wegen können der Sache nach Teil der mit den potentiellen Erben abgestimmten **Nachlassplanung** sein oder eine bestehende Nachlassplanung stören. Das zeigt sich namentlich an den **praktischen Problemfällen**, in denen kurz vor dem Tode des Erblassers und in Abweichung von bestehenden Verfügungen etwa eine häusliche Pflegeperson im Testament bedacht oder als Erbe eingesetzt wird. An die Wirksamkeit solcher Akte geringere Anforderungen zu stellen als für einen Erbvertrag (der Geschäftsfähigkeit verlangt), liegt nicht nahe. Richtigerweise steht die Rspr daher auf dem Standpunkt, die Testierfähigkeit sei nach **denselben** Kriterien zu beurteilen wie die Geschäftsfähigkeit.[15] Diese Aussage setzt wohlgemerkt nicht voraus, dass man die Testierfähigkeit als partielle Geschäftsfähigkeit betrachtet; die Normen können auch ohne eine solche Annahme parallel interpretiert werden, soweit der jeweilige Normzweck es rechtfertigt.

16 Ebenfalls unabhängig davon, ob man in der Testierfähigkeit insgesamt eine partielle Geschäftsfähigkeit sieht, sprechen gute Gründe dagegen, die Testierfähigkeit ihrerseits wieder in partielle Testierfähigkeiten zu zerlegen. Dazu tendieren freilich (der Sache nach) Teile der überkommenen Rspr mit der Formel, Wahnvorstellungen müssten sich auf potentielle Erben beziehen, um erheblich zu sein (Rn 65), und auch anders orientierte Urteile streifen den Begriff.[16] In der Sache geht es aber nicht um die scheinlogische Frage, ob Partielles weiter geteilt werden kann, sondern um die letztlich psychiatrische, wie viel Zugriff auf ihre Welt eine Person insgesamt haben muss, um speziell ihr Vermögen eigenverantwortlich verteilen zu können; die medizinische Literatur tendiert hier zu einer einheitlichen Betrachtungsweise (Rn 68, 78).

10 St. Rspr, vgl etwa BayObLG FamRZ 1996, 566, 567 f.

11 Vgl BayObLG FamRZ 2002, 62, 63; NJW-RR 1996, 1289; Rpfleger 1982, 286.

12 BayObLG FamRZ 2002, 62, 63; NJW-RR 1996, 1289; Rpfleger 1982, 286.

13 Ob eine solche Kategorie hilfreich ist, bleibe hier dahingestellt: Recht ist nicht immer sinnvoll nach Anwendungsfeldern zu strukturieren. Fernschreiben (und vermutlich auch E-Mail) vergeht, Willenserklärung besteht.

14 *Grunsky*, Testierfähigkeit und Geschäftsfähigkeit, 2009, passim.

15 OLG München ZEV 2008, 37, 39 = FGPrax 2007, 274, 276: ausdrücklich gegen die These, „die Testierfähigkeit stelle eine Zwischenstufe zwischen dem ‚natürlichen Willen', den auch ein Geschäftsunfähiger bilden und äußern kann, und der vollen Geschäftsfähigkeit dar".

16 Zu OLG Jena ZEV 2005, 343, 344 vgl Rn 69; und *Scherer/Lehmann* ZEV 2005, 453, 455 (mwN über die Debatte zu den partiellen Geschäftsfähigkeiten).

Die Anforderungen an die Testierfähigkeit müssen nach all dem ebenso hoch sein wie die an die Geschäftsfähigkeit: Der Vergleich von letztwilliger Verfügung und Verfügung inter vivos lässt sich nicht auf die Frage reduzieren, wem die Verfügung schaden kann. Im Gegenteil: Wer sicher sein kann, die ökonomischen wie persönlichen Folgen seines Handelns nicht mehr selbst tragen zu müssen, dem fehlt ein Korrektiv, wie es für Geschäfte unter Lebenden typisch ist; und ebenso dem, der über sein gesamtes Vermögen verfügt, ohne dass ihn eine Pflicht träfe, sich notariell oder anwaltlich beraten zu lassen. Die deutsche Rechtsordnung gewährt (in römischer Tradition)[17] dem Erblasser ein besonderes Maß an Privatautonomie; er kann belohnen, bestrafen und sich rächen. Solange er den später Betroffenen solche Pläne nicht offenlegt, genießt er auch faktisch eine besondere Freiheit, die aber von der Rechtsgemeinschaft nur dann hingenommen werden kann, wenn wenigstens sicher ist, dass er weiß, was er tut. **17**

Weitere formell abgrenzbare Stufen, etwa für gerade volljährig Gewordene, gibt es nicht. Doch bleiben die **allgemeinen Vorschriften** zu beachten, namentlich §§ 138 und 355, und § 1629 a beschränkt die Haftung für Schulden, die zur Zeit der Minderjährigkeit entstanden sind. Die Einführung dieser Vorschrift[18] erfolgte aus verfassungsrechtlichen Gründen (§ 1629 a Rn 1);[19] sie wirft zahlreiche Fragen auf.[20] **18**

Wurde noch vor einigen Jahren primär diskutiert, ob das Grundgesetz nicht eine Erweiterung der rechtsgeschäftlichen Handlungsmöglichkeiten von Jugendlichen verlange,[21] prägen heute die Fälle volkswirtschaftlich und sozial nicht mehr tragbarer **Überschuldung** auch junger Erwachsener[22] die Debatte (vgl § 138 Rn 71 f). Die wirtschaftlichen Grundlagen solcher Überschuldung werden oftmals bereits zur Zeit der Minderjährigkeit gelegt (etwa: unökonomischer Gebrauch von Mobiltelefonen oder Internetdienstleistungen). Aber auch nach Vollendung des 18. Lebensjahres sind einige Personen offenbar mit der ihnen rechtlich gewährten Freiheit überfordert. Das gilt jedenfalls bei bestimmten Kredit- und Risikogeschäften.[23] Dass bestimmte Formen der Werbung auf irrationales Handeln zielen, ist ökonomisch nichts Neues; auffällig ist aber, dass statistisch signifikante Bevölkerungsanteile dem anscheinend nichts entgegenzusetzen haben und damit unmittelbar sich selbst schaden, indirekt aber auch einen Anstieg sozialstaatlicher Leistungen erzeugen. Im Ergebnis wird so der Gewinn einzelner Privater von der Allgemeinheit finanziert. Darauf wird die Rechtsordnung früher oder später systematisch reagieren müssen. Ansätze hierzu finden sich im Wettbewerbsrecht;[24] ob auch das allgemeine Privatrecht sich ändern muss, wird von den weiteren Erfahrungen mit der geltenden Gesetzeslage abhängen. **19**

Maßstab muss die **Sicherung tatsächlicher („materieller“) Privatautonomie**[25] sein: Systematische Grundwertungen des BGB verlangen es, Volljährige an ihren Entscheidungen festzuhalten, soweit diese Entscheidungen tatsächlich privatautonom getroffen wurden (pacta sunt servanda).[26] Fehlt es hingegen an solcher Autonomie, so bleibt zu bewerten, welche Einflüsse welche Einschränkungen rechtsgeschäftlicher Bindung zulasten des Vertragspartners bewirken können. Das wird namentlich für junge Erwachsene und Hochbetagte diskutiert. Stellen sich solche Fragen aber schon bei Volljährigen, so ist a maiore ad minorem jedenfalls kein Bedürfnis dafür erkennbar, den formellen Minderjährigenschutz zu relativieren. **20**

Das BGB kennt – in Abweichung von historischen[27] und ausländischen Modellen – auch keine **Emanzipation** oder venia aetatis: Niemand kann vor Erreichen der Volljährigkeitsgrenze insgesamt für unbeschränkt geschäftsfähig erklärt werden. Wohl aber gibt es eine Teilgeschäftsfähigkeit, die aus der Genehmigung zur Aufnahme bestimmter wirtschaftlicher Aktivitäten resultiert (§§ 112 f). **21**

17 Zu einigen Differenzierungen *Baldus*, AcP 210 (2010), 2–31.

18 Verbunden mit der Änderung von § 723 Abs. 1 (Einfügung des S. 3 Nr. 2: Kündigungsrecht mit Erreichen der Volljährigkeit). Da das Altvermögen keinen Bestandsschutz genießt, soll ein Abfindungsausschluss für den Fall der Ausübung dieses Kündigungsrechts zulässig sein, *Reimann*, DNotZ 1999, 207; aA *Habersack*, FamRZ 1999, 7.

19 Zur Neuregelung vgl *Reimann*, DNotZ 1999, 180 f; *Habersack*, FamRZ 1999, 1 f; zu § 723 Abs. 1 S. 2 Nr. 3 vgl MüKo/*Ulmer*, § 723 Rn 38–45.

20 Vgl nur *Piekenbrock*, KTS 2008, 307, 319–333.

21 Vgl für eine Grundsatzkritik namentlich an § 105 *Canaris*, JZ 1987, 996 ff, mit Reaktionen von *Ramm*, JZ 1988, 490 f, und *Wieser*, JZ 1988, 493 f, sowie Schlusswort von *Canaris*, JZ 1988, 496 ff.

22 Vgl *Bork*, Das Kind als Schuldner, in: Bork/Repgen (Hrsg.), Das Kind im Recht, S. 85, 95–103.

23 Vgl *Medicus*, Allgemeiner Teil des BGB, 10. Aufl. 2010, Rn 538.

24 § 110 Rn 13.

25 Zur Privatautonomiedebatte mit Lit. *Riesenhuber/Nishitani* (Hrsg.), Wandlungen oder Erosion der Privatautonomie? (Berlin 2007); Staudinger/*Olzen* (2009), Einleitung zum Schuldrecht, Rn 48–51; Staudinger/*Looschelders*/*Olzen* (2009), § 242 Rn 458–464; Sonderheft 1/2010 des AcP; über „Römische Privatautonomie“ dort *Baldus*, AcP 210 (2010), 2–31.

26 Im neueren Verständnis des Satzes; das römische pacta conventa servabo betrifft eine Spezialfrage des Vertragsrechts; vgl *Kaser/Knütel*, Römisches Privatrecht, 19. Aufl. 2008, § 38 (Rn 13–18, S. 210 f).

27 Vgl *Knothe*, Geschäftsfähigkeit.

III. Anwendbarkeit der §§ 104 ff

22 Auf andere Fragen als die Wirksamkeit von Willenserklärungen finden §§ 104 ff keine, jedenfalls keine direkte Anwendung (vgl auch § 107 Rn 5–10).[28] Der **unmittelbare Besitz** ist eine tatsächliche Situation; für ihn kommt es folglich allein auf den natürlichen Willen an (vgl § 854 Rn 5).[29] Eine Analogie wird diskutiert für **§ 833**: Das Halten eines Tieres sei wegen der Haftung nicht lediglich rechtlich vorteilhaft.[30] Es besteht eine Regelungslücke; doch ist diese eher durch eine analoge Anwendung der §§ 827 f zu füllen, da § 833 den Tatbeständen deliktischer Verschuldenshaftung näher steht als rechtsgeschäftlichem Handeln.[31]

23 Außerhalb des Zivilrechts knüpfen die **Wahlgesetze** Rechtsfolgen an die Betreuung, nicht etwa an die Geschäftsunfähigkeit (Rn 42). Das RKEG knüpft in §§ 5, 2 Abs. 3 S 5 die Entscheidung über das **religiöse Bekenntnis** an das Alter des Kindes (freie Religionsbestimmung ab 14 Jahren, keine Erziehung in einem anderen Bekenntnis gegen den Willen des Kindes ab 12 Jahren, Anhörung vor gerichtlicher Entscheidung ab 10 Jahren).[32] Die **Kirchensteuer**- bzw **Kirchenaustrittsgesetze** der Länder ergeben kein einheitliches Bild für die Frage nach dem Kirchenaustritt; einige Länder regeln das Problem gar nicht oder nur rudimentär, einzelne sehen andererseits ausdrücklich den Kirchenaustritt des Geschäftsunfähigen kraft Erklärung seines Betreuers vor, sofern die Religionszugehörigkeit denn in den festgelegten Aufgabenkreis fällt.[33] Die verfassungsrechtliche Problematik bereits einer solchen Bestimmung des Aufgabenkreises liegt auf der Hand.

IV. Relative und partielle Geschäftsunfähigkeit. Aktuelle Problemfelder

24 Das gesetzliche System ist nach traditioneller Auffassung auch insoweit starr, als es keine **„relative Geschäftsunfähigkeit“** für bestimmte schwierige Geschäfte gibt.[34] Eine Abgrenzung nach dem Schwierigkeitsgrad des Geschäfts ist schon deswegen nicht möglich, weil sie Rechtsunsicherheit erzeugen würde, aber auch deswegen, weil ein Ausschluss der freien Willensbestimmung regelmäßig die ganze Persönlichkeit betrifft.[35] Dies gilt ebenso für Verfügungen von Todes wegen.[36]

25 Hingegen soll eine **„partielle Geschäftsunfähigkeit“** für bestimmte Arten von Rechtsgeschäften möglich sein. Die Rechtsprechung spricht von einem „gegenständlich begrenzten Kreis von Angelegenheiten“[37] oder von einem „bestimmten Gebiet“.[38] Neuerdings wird dies auch auf Vollmachtserteilungen ausgedehnt.[39]

26 Die Unterscheidung zwischen relativer und partieller Geschäftsunfähigkeit wird damit begründet, dass es bei der Geschäftsfähigkeit vorrangig auf das **Willensmoment** und weniger auf die intellektuellen Fähigkeiten ankomme.[40] Sie ist dennoch zweifelhaft, denn sie findet keine Stütze im Gesetz, ermöglicht keine sichere Abgrenzung[41] und geht im Wesentlichen auf **problematische Einzelfälle** zurück. Beide Kategorien sind mithin von zweifelhaftem Wert.

27 Partielle Geschäfts- bzw **Prozessunfähigkeit** (vgl Rn 90) wurde von der Rechtsprechung zB bejaht im Falle krankhafter Querulanz,[42] für ein Scheidungsverfahren, das in dem krankhaften Eifersuchtswahn des Klägers seine Grundlage hatte,[43] für Angelegenheiten, die mit einem Eheprozess zusammenhingen,[44] oder in dem Fall, in dem ein hochbetagter, nicht haftpflichtversicherter Anwalt aufgrund der Schockwirkung einer Fristversäumung sein Verhalten in der weiteren Prozessführung nicht seinen Erkenntnissen gemäß bestimmen

28 Zu Besonderheiten im Anwendungsbereich des Geschäftsfähigkeitsrechts und zu Fällen analoger Anwendung vgl Staudinger(2004)/*Knothe*, Vor §§ 104–115 Rn 31 ff.

29 OLG Düsseldorf FamRZ 1999, 652, 653.

30 *A.Staudinger/R.Schmitt*, Jura 2000, 347, 349; *Früh*, JuS 1995, 701, 706. Zu der Frage, was daraus eigentumsrechtlich folgt, § 107 Rn 94 ff.

31 MüKo/*Wagner*, § 833 Rn 30. Vgl Staudinger/*Eberl-Borges* (2008), § 833 Rn 115.

32 Vgl dazu *Hoffmann*, Personensorge (2009), § 5 Rn 66–85.

33 So Rh.-Pfalz und Sachsen-Anhalt; vollständige Übersicht zum damaligen Rechtsstand bei *Deinert* FamRZ 2006, 243, 245 f.

34 Das ist freilich bestr.: *Leipold*, BGB I, 6. Aufl. 2010, § 11 Rn 17; *Spickhoff* AcP 208 (2008), 345, 380 ff mwN.

35 Statt aller BGH NJW 1953, 1342.

36 OLG München ZEV 2008, 37, 39 = FGPrax 2007, 274, 275.

37 Vgl BGH NJW 1970, 1680, 1681.

38 BayObLG NJW 1992, 2100, 2101; NJW-RR 1988, 1416 (jeweils auch: „Wirkungskreis“).

39 OLG München NJW-RR 2009, 1599, 1602.

40 Vgl nur BayObLG FamRZ 1989, 664, 665; NJW-RR 1988, 1416, 1416.

41 Vgl AG Rottweil FamRZ 1990, 626, 627: Die Ehegeschäftsfähigkeit (§§ 2 ff EheG, vgl jetzt § 1304) könne bei Personen vorliegen, die in ihrer Geistestätigkeit krankhaft gestört seien, obwohl diese „bestimmte schwierige rechtliche Beziehungen“ (nämlich die Ehe) verstandesmäßig nicht erfassen könnten. Dass die genannte „Schwierigkeit“ nach der höchstrichterlichen Rechtsprechung nichts mit einer relativen Geschäftsunfähigkeit zu tun hat, sondern es sich bei der Ehe um einen „gegenständlich abgegrenzten Kreis von Angelegenheiten“ handelt, stellt BayObLG FamRZ 1997, 294, 295 mwN klar.

42 RG HRR 1934, Nr. 42.

43 RG JW 1912, Nr. 33.

44 BGHZ 18, 184, 186 = NJW 1955, 1714; RGZ 162, 223, 229.

konnte;[45] in neuerer Zeit bei einem von Wahnideen bezüglich seiner früheren Gesellschafterstellung in einer wegen Vermögenslosigkeit gelöschten GmbH beherrschten Beschwerdeführer[46] und in einem „Telefonsex"-Fall.[47]

Die Identifikation solcher Einzelfälle kann ähnliche Rechtsunsicherheit schaffen wie die Annahme einer „relativen Geschäftsunfähigkeit". Zwar wurde zuweilen darauf abgehoben, dass ein „Schlüsselerlebnis" die Geschäftsunfähigkeit bezüglich gewisser Angelegenheiten bei den Betroffenen ausgelöst habe,[48] doch stellt der BGH auch in den neueren Entscheidungen keine klaren Abgrenzungskriterien auf und hält die Fälle partieller Geschäfts- bzw Prozessunfähigkeit damit konturenlos. 28

Weiterhin führt die Annahme partieller Geschäftsunfähigkeit zu **Abgrenzungsproblemen** bei **Drogenabhängigkeit**, etwa Alkoholismus: Einerseits bewirkt Trunksucht als solche keine (allgemeine) Geschäftsunfähigkeit (Rn 56; § 105 Rn 9), andererseits soll partielle Geschäftsunfähigkeit vorliegen, wenn das Denken einer Person nur noch um den Alkohol kreist, die Person aber nicht fähig ist, diesen ihren Zustand verständig zu würdigen.[49] 29

Anzuerkennen ist, dass bestimmte Geschäfte ex post **nur** dann zugunsten des Betroffenen für unwirksam erklärt werden können, wenn man §§ 104, 105 Abs. 1 eingreifen lässt. Eine Lösung aller problematischen Fälle etwa über § 138 ist nicht möglich und angesichts der generalklauselartigen Weite dieser Vorschrift auch nicht wünschenswert. Andererseits darf Zurückhaltung namentlich bei der Annahme von Sittenwidrigkeit nicht zu einer Aufweichung der Geschäftsfähigkeitsregeln führen, die sich in besonderer Weise am Kriterium der **Rechtssicherheit** orientieren müssen; besser ist es dann, offen von § 138 Gebrauch zu machen. 30

Die **Berührungspunkte** zwischen § 138 und §§ 104 f sind im Übrigen noch nicht systematisch aufgearbeitet. Neue Probleme aus diesem Felde stellen sich namentlich beim **Glücksspiel**[50] (zur Eigensperre näher Rn 98, zu Bankabhebungen Rn 57): Der historische Gesetzgeber konnte die heutige wirtschaftlich-soziale Lage noch nicht kennen. Er musste sich auf verbreitetes illegales Spiel unter ärmeren Bürgern und auf eine sozial regulierte Spielcasinokultur am anderen Ende der Gesellschaft einstellen, nicht aber auf die massenhafte Präsenz von Spielautomaten in genehmigten Betrieben mit ebenso massiven Folgen für die Spieler und deren Familien. Zwischen „Großem Spiel" und Automatenspiel ist bei alldem nicht zu differenzieren, und die (vielen) Spielhallen dürfen nicht besser behandelt werden als die (wenigen) Spielbanken. Die Amtspflicht, bei zugelassenen Spieleinrichtungen im Interesse des einzelnen Spielsüchtigen und seines sozialen Umfeldes geltendes Recht durchzusetzen, wird häufig verletzt, etwa in unterfinanzierten Gemeinden, die lieber Spielhallen auf ihrem Gebiet sehen als Leerstände; am Bestehen der Pflicht können solche Rücksichten nichts ändern. 31

Diese Problematik, in Deutschland von maßgeblichen politischen Kräften lange ignoriert, ist namentlich durch die Entscheidung des EuGH vom 8.9.2010 zum **Glücksspielmonopol** in der Sache Winner Wetten (8.9.2010, C-409/06) stärker ins Blickfeld gerückt.[51] Das deutsche Monopol weist so offensichtliche Inkohärenzen auf, dass es mit Europarecht[52] nicht mehr vereinbar ist. Die wie üblich knappe Formulierung lautet im entscheidenden Punkt: „Aus der Vorlageentscheidung geht nämlich hervor, dass das vorlegende Gericht, das allein für die Würdigung des Sachverhalts des bei ihm anhängigen Rechtsstreits zuständig ist, in diesem Stadium der Ansicht war, dass die im Ausgangsverfahren in Rede stehende restriktive Regelung nicht effektiv dazu beitrug, die Wetttätigkeiten in kohärenter und systematischer Weise zu begrenzen, so dass sich aus der bisherigen Rechtsprechung des Gerichtshofs ergab, dass eine solche Regelung, die nicht mit dem Ziel gerechtfertigt werden kann, Anreize zu überhöhten Ausgaben für das Spielen zu vermeiden und die Spielsucht zu bekämpfen, gegen die Art. 43 EG und 49 EG verstößt."[53] Gerichtshof wie Generalanwalt beziehen sich dabei auf Einschätzungen des vorlegenden deutschen Verwaltungsgerichts. Das BVerwG folgt in seiner neuesten Rspr[54] dem EuGH. 32

45 Vgl BGHZ 30, 112, 116 ff.
46 BayObLG DB 2003, 1565, 1566.
47 Offen BGH NJW-RR 2002, 1424 = CR 2003, 338; nachdem der BGH § 138 verneint hatte, war dies in einem Falle „emotionaler Abhängigkeit" anscheinend der einzige Weg, eine Abweisung der Klage auf das horrende Verbindungsentgelt von über DM 108.000 (!) zu ermöglichen.
48 BGHZ 18, 186, 188; 30, 112, 118.
49 BayObLG FamRZ 1991, 608, 609; vgl Rn 56.
50 Vgl *Peters*, JR 2002, 177, 179 ff.
51 Vgl zum Gesamtkomplex *Schmitt*, GPR 2010 (im Druck); kurz *Baldus*, Spiel, Satz und offene Fragen, GPR 2011, 1. Zu den tatsächlichen Grundlagen vgl aus der Presse etwa *Prummer/Stawski*, Die Spielverderber, SZ Nr. 189 v. 18.8.2010, S. 6 (über 200.000 Spielsüchtige in Deutschland); *Scherff*, Der Bandit gewinnt immer, Frankfurter Allgemeine Sonntagszeitung Nr. 42 v. 24.10.2010, S. 45 (240.000 Süchtige); zur besonderen Gefährlichkeit von Automaten s. das Interview mit *Meyer* auf derselben Seite. Ausf. *Meyer/Bachmann*, Spielsucht 2. Aufl. 2005, S. 29–55.
52 Rechtsvergleichende und europarechtliche Bestandsaufnahme vor Ergehen der jüngsten Entscheidungen: Beiträge von *Heusel*, *Koenig*, *van der Paardt*, *Levi*, *Vilotte* in ERA Forum – scripta iuris europaei – 2009, Heft 4 (S. 507–550).
53 Tz. 68. Vgl auch Tz. 78 in den Schlussanträgen von GA *Bot*.
54 BVerwG, 24.11.2010, 8 C 14.09 und 15.09; jetzt auch VG Trier, 29.11.2010, 1 L 1230/10.TR.

33 Nationale Stellen werden Konsequenzen für das Glücksspielmonopol ziehen müssen; Auswirkungen auf die bisher sehr liberale Genehmigung und Überwachung namentlich von Spielautomaten sind zu erwarten. Auch solange der Gesetzgeber nicht tätig geworden ist, wird neu zu prüfen sein, wie sich die Beurteilung der Spielsucht unter Geschäftsfähigkeitsaspekten zu Fragen der Sittenwidrigkeit verhält: Das Privatrecht ist ebenso wie das Verwaltungsrecht Teil der mitgliedstaatlichen Rechtsordnung und europarechtlichen Vorgaben ebenso unterworfen wie dieses. Soweit der deutsche Gesetzgeber das Glücksspiel nunmehr kohärent bekämpfen will, um das Monopol zu rechtfertigen, erfasst die europarechtliche Kontrolle dieser Kohärenz alle Rechtsgebiete gleichermaßen.

34 Auch beim **Schutz Hochbetagter** greift die Rspr auf § 138 zurück, wenn die Geschäftsfähigkeitsregeln Schwierigkeiten bereiten.[55]

35 Das Bedürfnis nach generalklauselartiger Regelung wird im Spezialbereich der unentgeltlichen Zuwendungen auch deswegen zunehmen, weil infolge der Föderalismusreform das **Zuwendungsverbot** nach § 14 HeimG[56] seit Ende 2009 im Zuständigkeitsbereich der Länder jedenfalls nicht mehr kraft Parlamentsgesetzes gilt. Die Nachfolgeregelungen in den Ländern gestalten sich bislang unübersichtlich. In der Praxis ist die Auffassung anzutreffen, die (einstweilen fortgeltende) Heimsicherungsverordnung[57] des Bundes lasse sich auch auf Zuwendungen von Todes wegen anwenden. Das ist aus Wortlaut und System der Verordnung zumindest nicht eindeutig abzuleiten. Es besteht Bedarf nach einer möglichst einheitlichen Regelung, die den Regelungszweck des § 14 HeimG wahrt; hier liegt ein Prüfstein für die Sinnhaftigkeit des Föderalismus im Privatrecht.

36 Für die dogmatische Bewältigung der sog. **Ehegeschäftsfähigkeit** genügt eine systematische und teleologische Auslegung des § 1304, ohne dass darin eine Bestätigung der Lehre von der „partiellen Geschäftsunfähigkeit" läge (Rn 7 f).

37 Die Überforderung in bestimmten Lebensbereichen ist de lege lata so weit als möglich mit den Mitteln des **Betreuungsrechts**[58] zu bewältigen; die rechtzeitige Anordnung eines **Einwilligungsvorbehalts** (§ 1903)[59] ermöglicht hier weithin sachgerechte Lösungen, bevor zu einer ergebnisorientierten Korrektur gegriffen werden muss.

38 Befindet sich eine Person in einem dauernden, die freie Willensbestimmung ausschließenden Zustand krankhafter Störung der Geistestätigkeit, so soll sie nach hM trotzdem geschäftsfähig sein, wenn sie in einem sog. **lichten Augenblick** handelt. Das ist psychiatrisch wie juristisch zweifelhaft (vgl § 105 Rn 2).

V. Guter Glaube an die Geschäftsfähigkeit

39 Guter Glaube an die Geschäftsfähigkeit wird **nicht geschützt**. Liegt eine Beschränkung der Geschäftsunfähigkeit vor oder fehlt diese gänzlich, so kommt es auf eine etwa abweichende Vorstellung des Geschäftsgegners nicht an: Schutz des nicht oder nicht voll Geschäftsfähigen geht vor Vertrauensschutz. Dies gilt selbst dann, wenn der Erklärende sich wahrheitswidrig für (voll) geschäftsfähig ausgegeben hat, und selbstverständlich auch gegen den Fiskus.[60] Diese Grundregel folgt aus der Entscheidung des BGB für ein System formaler Abstufungen in der Zulassung zum Rechtsverkehr und dient damit zugleich der **Rechtssicherheit**. Soweit § 105 a im Ergebnis den Erklärungsempfänger begünstigt (dort Rn 47, 50), beruht dies nicht auf einer Relativierung des Grundsatzes vom Vorrang des Geschäftsunfähigenschutzes. Zur Rechtslage nach § 15 HGB s. § 105 Rn 17.

VI. Geschäftsfähigkeit und Betreuungsrecht

40 Nach der Vorstellung des Gesetzgebers zum Betreuungsrecht haben Geschäftsfähigkeit und Betreuung nichts miteinander zu tun. Dem folgt die Rechtsprechung.[61] Diese Vorstellung beruht auf der richtigen Zielsetzung des BtG, den Betroffenen mehr Autonomie zu verschaffen. Sie ist jedoch weithin **praxisfremd**: In vielen

55 Vgl *Roth*, AcP 208 (2008), 451, 472 f mwN.

56 Zur Vorschrift etwa Staudinger/*Otte* (2008), Einleitung zum Erbrecht, Rn 74, *Röthel*, AcP 210 (2010), 33, 57 f (m. Fn 119).

57 Verordnung über die Pflichten der Träger von Altenheimen, Altenwohnheimen und Pflegeheimen für Volljährige im Fall der Entgegennahme von Leistungen zum Zweck der Unterbringung eines Bewohners oder Bewerbers v. 24.4.1978 (BGBl. I S. 553), die durch Art. 18 d. Gesetzes v. 27.12.2003 (BGBl. I S. 3022) geändert worden ist; vgl hier § 1 Abs. 1 über „Pflichten des Trägers einer Einrichtung im Sinne des § 1 Abs. 1 des Gesetzes, der Geld oder geldwerte Leistungen zum Zwecke der Unterbringung eines Bewohners oder Bewerbers entgegennimmt".

58 Entsprechend verweist BGH NJW 1970, 1680, 1681, auf die Möglichkeit, einen Pfleger zu bestellen.

59 Vgl näher *Jurgeleit*, Betreuungsrecht, 2. Aufl. 2010 § 1903 (*Kieß*).

60 BGHZ 158, 1 = NJW 2004, 1315, 1317.

61 Für die Testierfähigkeit OLG Oldenburg FamRZ 2000, 834, 835.

Betreuungsfällen muss man an der Geschäftsfähigkeit zweifeln.[62] Dies gilt namentlich bei Bestehen eines Einwilligungsvorbehaltes, wenn es also nicht nur darum geht, den Betreuten zu unterstützen, sondern auch darum, ihn vor sich selbst zu schützen (vgl *Heitmann*, § 1903 Rn 2).

Der Schutz einer Person vor den Folgen unbedacht abgegebener Erklärungen ist nach dem System des BGB zunächst auf der Ebene zu prüfen, ob diese Person überhaupt wirksam einen rechtsgeschäftlichen Willen bilden konnte. Sieht das Betreuungsgericht Anlass, den Betreuten unter Einwilligungsvorbehalt zu stellen, so liegt es zumindest nahe, die Geschäftsfähigkeit zu überprüfen. Dies entspricht notarieller Praxis bei der Abfassung von Testamenten. 41

Auf öffentlich-rechtlicher Ebene ist bemerkenswert, dass in allen ihren Angelegenheiten Betreute kraft Gesetzes nicht **wählen** dürfen (näher §§ 13 BWahlG, 7 LWahlG Baden-Württ., Rn 23).[63] Das wird verstanden als eine Betreuung, die ausdrücklich für alle Angelegenheiten angeordnet ist: Bloße Kumulation von Einzelanordnungen genügt nicht, auch wenn kaum noch Lebensbereiche übrig bleiben. Für diesen (wenngleich in der Praxis seltenen) Fall trug der Gesetzgeber offenbar keine Bedenken, weitgehende Folgen an die Betreuungsanordnung zu knüpfen. Ob es bei dieser Regelung bleibt, ob sie menschenrechtlich bedenklich ist oder ob sie – angesichts der Dunkelziffer manipulierter Stimmabgaben in Heimen – umgekehrt nicht einmal genügt, um bestehenden Problemen entgegen zu steuern, bleibt aus zivilrechtlicher Sicht aufmerksam zu beobachten. 42

Eine **tatsächliche Vermutung** gegen die Geschäftsfähigkeit von Betreuten sollte jedoch aus zweierlei Gründen **nicht** angenommen werden. Erstens bestehen grundsätzliche Bedenken gegen die Rechtsfigur der tatsächlichen Vermutung, weil sie die Darlegungs- und Beweislast praeter legem verschiebt. Konkret sieht das Gesetz, zweitens, die Geschäftsfähigkeit als Regelfall an (Rn 2, 61 f); gerade dieses Verhältnis darf nicht umgekehrt werden. Für die rechtsberatende Praxis empfiehlt es sich aber schon aus Gründen der Haftung, jedenfalls bei unter Einwilligungsvorbehalt stehenden Betreuten die Möglichkeit einer Geschäftsunfähigkeit zu thematisieren und den Mandanten auf die spezifischen Risiken eines Vertragsabschlusses (usw) mit solchen Personen hinzuweisen. 43

De lege ferenda sollte ein auf zeitgemäßen Formen der Entmündigung beruhendes Schutzmodell für Geschäftsunfähige (ebenso wie für Verschwender) kein Tabu sein (Rn 71 f). Die Mängel des Betreuungsrechts ließen sich auf diesem Wege möglicherweise auffangen. 44

VII. Vertretung bei Fehlen der Geschäftsfähigkeit

Die Schutzwirkung der §§ 104–113 wird ergänzt durch die gesetzlichen Grenzen der **Vertretung** des Minderjährigen: Auch die gesetzlichen Vertreter können nicht unbeschränkt für ihn handeln. Bestimmte Geschäfte sind von der Vertretung ganz ausgeschlossen, weil der Gesetzgeber Interessenkollisionen sieht, §§ 1629 Abs. 2 S. 1, 1795 sowie 181;[64] andere unterliegen aufgrund ihrer besonderen Tragweite oder Gefährlichkeit Genehmigungserfordernissen nach §§ 1643, 1821 f. Im ersten Fall ist ein **Ergänzungspfleger** zu bestellen (der seinerseits nach §§ 1915, 1795, 1837 einer familien- bzw betreuungsgerichtlichen Genehmigung bedürfen kann), im zweiten ist eine familiengerichtliche **Genehmigung** einzuholen.[65] Vgl dazu die Kommentierung dieser Vorschriften, namentlich im Lichte der Änderungen durch das FamFG.[66] Über Tendenzen, zur Vermeidung des Genehmigungserfordernisses Rechtsgeschäfte als rechtlich lediglich vorteilhaft iSd § 107 zu klassifizieren, dort Rn 15 ff. 45

Dem **Geschäftsgegner haften** die Sorgeberechtigten bei Überschreitung ihrer Vertretungsmacht nach § 179 analog;[67] nach ganz hM[68] nicht hingegen der Minderjährige aus § 280 (früher: c.i.c.): Das wäre mit dem Schutzzweck des Minderjährigenrechts unvereinbar. 46

62 Zum Problem ausf. MüKo/*Schwab*, § 1896 Rn 23 ff.
63 Vgl *Jurgeleit*, Betreuungsrecht (2. Aufl. 2010), § 1896 Rn 166.
64 Vgl § 1629 Rn 60–75.
65 Zu § 1822 s. den Überblick bei *Klüsener*, Rpfleger 1993, 133–140; auch *Reimann*, DNotZ 1999, 184–187.
66 Übersicht zum neuen Verfahrensrecht bei *Heinemann*, DNotZ 2009, 6 (16 ff zur familiengerichtlichen, 21 ff zur betreuungsgerichtlichen Genehmigung); *Kölmel* NotBZ 2010, 2.
67 § 179 Rn 4.
68 RGZ 132, 76, 78; § 177 Rn 29.

47 Jedenfalls bei Missbrauch der Vertretungsmacht **haften** die **Eltern** dem Kind aus dem Innenverhältnis.[69] Das folgt aus § 280 Abs. 1: Das Schuldverhältnis iS dieser Norm orientiert sich an § 241; es kann vertraglich wie gesetzlich begründet sein.[70] Daher ist beispielsweise das aus § 1353 Abs. 1 S 2 resultierende Schuldverhältnis zwischen Ehegatten von § 241 erfasst: Es ordnet – unabhängig von der freiwilligen Abgabe von Willenserklärungen – Rücksichtspflichten an;[71] mit der Folge des § 280.[72] Minderjährige sind besonders schutzbedürftige Vertretene, auch und gerade deswegen, weil sie sich ihre Vertreter nicht aussuchen konnten. In dieselbe Richtung weist eine systematische Auslegung aus Ziel und Zweck der §§ 1629, 1629, 1664.

48 Die faktischen Grenzen eines Anspruchs des Minderjährigen gegen seine Eltern liegen auf der Hand: emotional wie aufgrund eigener Mittellosigkeit oder Insolvenz der Eltern. Hier besteht eine Schutzlücke, die durch den Anspruchsübergang nach § 116 SGB X nur punktuell geschlossen wird. Der Regress des Staates bedeutet faktisch, dass über Punkte gestritten wird, die innerhalb der Familie nicht zu gerichtlicher Klärung gekommen wären. Das ist aber das kleinere Übel, nicht nur in fiskalischer Hinsicht: Gerade Eltern, die selbst mit Geld nicht umgehen können, schädigen bisweilen vorsätzlich oder fahrlässig ihre Kinder und tragen solcherart nicht nur durch falsche Erziehung dazu bei, dass „Dynastien" von Hilfsbedürftigen entstehen. Hier besteht eine staatliche **Schutzpflicht** für die Minderjährigen (und für die Allgemeinheit), die im Konfliktfall falsch verstandener Subsidiarität vorgeht: Vorrang hat die kleinere Einheit nur dann, wenn sie ein Problem mindestens ebenso gut lösen kann wie die größere, und das tun bestimmte Familien nicht.[73]

B. Regelungsgehalt

I. Kinder bis zum siebten Lebensjahr (Nr. 1)

49 Kinder bis zum siebten Lebensjahr sind geschäftsunfähig. Das siebte Lebensjahr ist vollendet mit Beginn des siebten Geburtstags um 0 Uhr, § 187 Abs. 2 S. 2.

II. Störung der Geistestätigkeit (Nr. 2)

50 Nr. 2 verlangt einen Zustand krankhafter Störung der Geistestätigkeit, der überdies nicht vorübergehend sein darf; nicht krankhafte oder lediglich vorübergehende Störungen fallen unter § 105 Abs. 2 (dort Rn 8), so dass für die Abgabe der Erklärung identische Rechtsfolgen eintreten (vgl auch Rn 60). Dies gilt nicht im Fall des § 131, so dass Zugang einer Erklärung beim nur vorübergehend in seiner Geistestätigkeit Beeinträchtigten nach allgemeinen Regeln (namentlich § 130) möglich ist (§ 105 Rn 11).

51 **1. Krankhafte Störung der Geistestätigkeit.** Eine krankhafte Störung der Geistestätigkeit setzt nach verbreiteter Definition das Vorliegen einer irgendwie gearteten geistigen Anomalie voraus.[74] Dabei wird nicht danach unterschieden, ob Geisteskrankheit oder Geistesschwäche vorliegt.[75] Jedenfalls muss die Störung den **Ausschluss der freien Willensbestimmung** zur Folge haben. Das ist dann der Fall, wenn der Betroffene nicht die Fähigkeit besitzt, seine Entscheidungen von vernünftigen Erwägungen abhängig zu machen, sondern **fremden Einflüssen** oder **unkontrollierten Trieben** folgt.[76]

69 Im Einzelnen gehen die Meinungen auseinander. Vgl *Bork*, Das Kind als Schuldner, in: Bork/Repgen (Hrsg.), Das Kind im Recht, S. 85, 92; Staudinger/*Peschel-Gutzeit* (2007), § 1626 Rn 74 mwN (allerdings nicht speziell zum Missbrauch der Vertretungsmacht): Die Anspruchsgrundlage sei die sich aus der Pflicht zur elterlichen Sorge ergebende familienrechtliche Sonderverbindung zwischen jedem Elternteil und dem Kind (nicht etwa § 1664, wie auch vertreten wird), in der ein schuldhaft pflichtwidriges Verhalten eines Elternteils Schadensersatzansprüche des Kindes begründen kann. Ebenso *Gernhuber/Coester-Waltjen*, Familienrecht, 6. Aufl. 2010, § 57 Rn 37: Die oben beschriebene Haftung sei ein ungeschriebener Grundsatz, § 1664 sei lediglich Haftungsmaßstab. § 1664 rechtfertige sich jedoch aus dem Gedanken, das innerfamiliäre Leben möglichst wenig zu stören. De lege ferenda sei deshalb sogar daran zu denken, statt einer Haftungserleichterung die Durchsetzbarkeit der Ansprüche gegen die Eltern auszuschließen, um die heute als problematisch empfundene Entlastung Dritter zu verhindern. § 1664 gelte nicht für die Haftung aus Vertragsverhältnissen zwischen Eltern und Kind (weil diese eine eigenständige Sonderverbindung begründen), aaO Rn 39. Zu den (str.) Konstruktionen weiterhin § 1626 Rn 21, § 1664 Rn 1 mN.

70 Staudinger/*Otto* (2009), § 280 Rn B 1, 2.

71 Vgl Staudinger/*Olzen* (2009), § 241 Rn 63.

72 Vgl *Pohlenz*, Gesetzliche Vertretungsmacht für nahe Angehörige (2007), S. 177–185. Die Ausführungen S. 189–195 beziehen sich auf volljährige Kinder.

73 Zu den Grenzen der elterlichen Vertretungsmacht vgl § 1629 Rn 60–86.

74 MüKo/*Schmitt*, § 104 Rn 10; ausf. Staudinger/*Knothe* (2004), § 104 Rn 5 ff.

75 BayObLG Rpfleger 1987, 20, 20; BGH WM 1965, 895, 896 (zu §§ 6, 104 Nr. 2 aF).

76 Vgl etwa BayObLG Rpfleger 1987, 20 f. Ältere ausf. Definition (mit der problematischen Kategorie der Verkehrsauffassung) in RGZ 162, 223, 228.

Es kommt also darauf an, ob sich die (vorliegende) Geistesstörung auf die **Willensbildung** und auf die **Fähigkeit** auswirkt, **nach zutreffend gewonnenen Einsichten zu handeln**.[77] Differenzierter wird von psychiatrischer Seite formuliert: „Für die Frage der Testierfähigkeit entscheidungserhebliche psychopathologische Beurteilungsdimensionen sind vor allem Einbußen an Selbstvergegenwärtigung / Selbstreflexivität / Selbstverfügbarkeit, an Einsichtsfähigkeit und/oder Realitätsbezug, an der Fähigkeit zur kritischen Distanzierung von bestimmten Vorstellungen sowie an Abwägenkönnen. Mit anderen Worten: Die entscheidende psychopathologische Voraussetzung für die Freiheit der Willensbestimmung ist letztlich eine hinreichend intakte Urteilsfähigkeit."[78] 52

Indizien für ein Fehlen der Geschäfts- bzw Testierfähigkeit können wirtschaftlich völlig unsinnige Handlungen sein.[79] 53

Hier liegt ein sachlicher Anknüpfungspunkt an die historisch zulässige Entmündigung wegen **Verschwendungssucht**: Diese wurzelte zwar vornehmlich in Interessen der Angehörigen und potentiellen Erben,[80] was mit der Konzeption der §§ 104 f theoretisch nicht vereinbar ist. Praktisch verfolgen solche Angehörigen und Erben aber oftmals das gleiche Ziel, wenn sie heute vortragen, der Betroffene sei geschäfts- bzw testierunfähig gewesen. Möglicherweise unterliegt die Rechtsordnung, wo sie dies ausblendet, liberalen Illusionen: Ginge es wirklich nur um den Schutz des Geschäftsunfähigen vor sich selbst, dann müsste näher darüber nachgedacht werden, warum er nicht wenigstens am Ende seines Lebens auch sinnlos weggeben kann. Vgl Rn 14. 54

Mit einem niedrigen **Intelligenzquotienten** allein kann Geschäftsunfähigkeit iSd Nr. 2 nicht begründet werden;[81] für sehr niedrige Werte wird man anders entscheiden können.[82] Das rudimentäre Vorhandensein einzelner **intellektueller Fähigkeiten** genügt jedenfalls für die Annahme von Testierfähigkeit nicht, wenn ein Erblasser nicht imstande ist, sich über die für und gegen die sittliche Berechtigung einer letztwilligen Verfügung sprechenden Gründe ein klares Urteil zu bilden und nach diesem Urteil frei von Einflüssen einzelner interessierter Dritter zu handeln.[83] Hingegen kann Testierunfähigkeit auch bei hohen intellektuellen Fähigkeiten vorliegen, wenn der Betroffene nicht in der Lage ist, seine Entscheidungen von vernünftigen Erwägungen abhängig zu machen.[84] Bloße Willensschwäche oder leichte Beeinflussbarkeit schließen die Möglichkeit freier Willensbildung ebenfalls nicht aus.[85] Auch bei der **Altersdemenz** (vgl Rn 68–71) kommt es darauf an, ob die geminderte geistig-seelische Leistungsfähigkeit die Freiheit des Willensentschlusses beeinträchtigt.[86] 55

Alkoholismus allein bewirkt nach üblicher Ansicht keine dauerhafte Störung der Geistestätigkeit.[87] Anders verhält es sich dann, wenn das Denken eines völlig krankheitsuneinsichtigen Alkoholikers nur noch um den Alkohol kreist.[88] Ob diese Unterscheidung praktisch besonders hilfreich ist, darf bezweifelt werden. Geschäfts- bzw Testierunfähigkeit liegt jedenfalls dann vor, wenn die Trunksucht entweder Folge einer Geisteskrankheit ist (dann kommt es freilich auf die Trunksucht möglicherweise nicht an) oder wenn sie ihrerseits einen Persönlichkeitsabbau verursacht hat, der den Wert einer Geisteskrankheit oder Geistesschwäche erreicht. Die Rspr verlangt in diesem Zusammenhang bisweilen hirnorganische Veränderungen;[89] das ist angreifbar. Zur Abgrenzung von nur vorübergehender Störung der Geistestätigkeit durch Alkohol vgl § 105 Rn 8. Leiten starke Entzugserscheinungen das Verhalten, so kommt gleichfalls § 105 Abs. 2 infrage: Bei schweren Alkoholikern liegt zumindest nahe, dass alles, was sie zur Beschaffung der Droge tun, nicht klaren Geistes getan wird. 56

77 Vgl BGH NJW 1996, 918, 919; mit der probl. Kategorie der „Tragweite" arbeitet BGH NJW 1961, 261.

78 *Cording*, Fortschr Neurol Psychiat 2004, 147, 150.

79 Das Lehrbuchbeispiel des Erwerbs teurer Bücher durch Analphabeten kommt auch in der Praxis vor: BGH NJW 1996, 918, 919.

80 Vgl *Baldus*, Die Bedeutung der Willensfreiheit im römischen Recht, in: Roth/Lampe/Pauen (Hrsg.), Willensfreiheit (2008), S. 167, 182 f.

81 OLG Köln MDR 1975, 1017; OLG Düsseldorf VersR 1996, 1493: ein Ausschluss der freien Willensbestimmungsfähigkeit kommt erst bei einem IQ von weniger als 60 in Betracht. Vgl aber die folgende Fn.

82 Aus psychiatrischer Sicht fehlt die Geschäfts– und Testierfähigkeit bei einem IQ unter 60 auch dann nicht regelmäßig, wenn die Beeinträchtigung der Intelligenz angeboren oder früh erworben ist (Oligophrenie): Weil solche Personen sich in ihrer Umwelt zurechtzufinden gelernt haben, ist ihre Urteilsfähigkeit auch durch einen vergleichsweise niedrigen IQ noch nicht entscheidend beeinträchtigt. Später aufgetretene Beeinträchtigungen der Intelligenz hingegen können die Geschäfts– und Testierfähigkeit folglich bei gleichem IQ weitaus stärker schädigen. Vgl *Cording*, Fortschr Neurol Psychiat 2004, 147, 151. Damit ist eine allgemeine Untergrenze von 60 (vgl die vorige Fn) jedenfalls für die beschriebenen Personen nicht haltbar.

83 BayObLG ZEV 2005, 348, 350.

84 OLG Frankfurt NJW-RR 1992, 763, 764.

85 BGH WM 1972, 972.

86 BayObLG FamRZ 2003, 391; ausf. OLG Düsseldorf FamRZ 1998, 1064, 1065 f.

87 BayObLG NJW 2003, 216, 219 mwN.

88 Nach BayObLG FamRZ 1991, 608, 609, ein Fall partieller Geschäftsunfähigkeit; wohl unzutr.: Wer nur noch an Alkohol denkt, denkt an nichts mehr verantwortlich und bedarf des Schutzes vor sich selbst, weswegen von voller Geschäftsunfähigkeit auszugehen ist.

89 BayObLG NJW 2003, 216, 219: Erforderlich ist der Nachweis eines hirnorganischen Psychosyndroms als Folge chronischen Alkoholmissbrauchs. Auch OLG Naumburg NJW 2005, 2017, 2018 verlangt eine organische Veränderung des Gehirns durch den Alkoholmissbrauch.

57 **Andere Süchte** unterfallen denselben Kriterien. Neben **illegalen Drogen** ist an **Spielsucht**[90] und Ähnliches zu denken. Praktische Probleme bereitet hier weniger der Erwerb illegaler Drogen unter Einwirkung von Entzugssymptomen, denn er fällt ohnehin zumindest unter § 134. Es ist jedoch an die **Abhebung von Geld** am Automaten vor oder zwischen Geldspielen zu denken. Hebt jemand, zumal wenn er es sich nicht leisten kann, gar mehrfach in wenigen Stunden Beträge ab, um spielen oder weiterspielen zu können, so sind die durch den Automaten an die Bank gerichteten Erklärungen nichtig. Die daraus resultierende Belastung der Bank (auch dann, wenn sie nichts von der Sucht weiß) entspricht lediglich dem allgemeinen Grundsatz, dass der Gutgläubige nicht geschützt wird, s. Rn 39. Im Übrigen gibt es Schutzmechanismen gegen auffällige Buchungsprofile, wie sie etwa bei Kreditkarten zur Anwendung kommen. In solchen Fällen kann es nahe liegen, mit der Rechtsfigur der partiellen Geschäftsunfähigkeit zu arbeiten,[91] wenn man diese für sinnvoll hält (vgl Rn 24–30); nach hier vertretener Auffassung kommt eher die Anwendung des § 105 Abs. 2 in Betracht.[92]

58 Bei „**Kaufsucht**" (und vergleichbaren Phänomenen) ist zwischen wirklich pathologischen Zuständen und dem irreführend sog. psychischen Kaufzwang zu unterscheiden: Letzterer Begriff bezeichnet die möglicherweise[93] wettbewerbswidrige Erzeugung von Dankbarkeits- und Anstandsgefühlen durch den Verkäufer und hat nichts mit der Geschäftsfähigkeit zu tun. Hingegen kommen in der Praxis Fälle vor, in denen der Kaufende sogar weiß, dass er sich den Kauf nicht leisten kann, und die Ware später oft nicht einmal gebraucht; er kann aber der Vorstellung nicht widerstehen, der Erwerb (bisweilen: dieser eine Erwerb, wie er meint, der letzte) werde seine Probleme lösen. Solche Fälle können bei entsprechender Schwere durchaus Geschäftsunfähigkeit erkennen lassen; dazu ist ein psychiatrisches Gutachten einzuholen.

59 Eher unter § 138 als unter §§ 104, 105 werden bisweilen Rechtsgeschäfte fallen, die Mitgliedern religiöser **Sekten** (oder vergleichbarer, sich mehr oder minder religiös gebender Gruppierungen) abverlangt werden, sofern der Handelnde diese Geschäfte unter Zwang oder aus Zwangsvorstellungen heraus abschließt. Das gilt – je nach den Umständen – etwa für Schriftenerwerb von der Gruppierung zum Verkauf auf eigenes ökonomisches Risiko. Praktisch wichtig ist die unentgeltliche oder nicht angemessen entlohnte **Arbeit** für die Gruppierung.[94] Je stärker die Mitglieder der Gruppierung in Abhängigkeit und Isolation leben, umso näher liegt in solchen Fällen Sittenwidrigkeit. Doch sind Grenz- und Überschneidungsfälle zum Wahn nicht ausgeschlossen: Kranke lassen sich leichter ausbeuten als Gesunde. Art. 4 Abs. 1, Abs. 2 GG bzw Art. 140 GG iVm Art. 137 Abs. 3 WRV, sollten die sonstigen Voraussetzungen vorliegen, stehen dem zivilrechtlichen Nichtigkeitsurteil in solchen Fällen jedenfalls nicht entgegen. Der Richter muss lediglich erkennen lassen, dass er sich mit der denkbaren Ausstrahlungswirkung der Religionsfreiheit bzw des Selbstbestimmungsrechts der Kirchen auseinandergesetzt hat. §§ 134, 138 gehören zu den Schranken der allgemeinen Gesetze.

60 **2. Dauerzustand.** Der die freie Willensbildung ausschließende Zustand darf in Abgrenzung zu § 105 Abs. 2 nicht nur vorübergehender Natur sein. Es muss sich also um einen **Dauerzustand** handeln. Dieser ist nicht gegeben bei in Abständen periodisch eintretenden kurzzeitigen Störungen[95] oder im Falle eines sog. lichten Augenblicks (wenn man diese Figur akzeptiert, vgl § 105 Rn 2 ff). Zur beweisrechtlichen Seite s. Rn 90 ff. Für die Annahme einer nur vorübergehenden krankheitsbedingten Störung genügt nicht schon deren Heilbarkeit, wenn sich die Heilungsphase über einen längeren Zeitraum erstreckt.[96] Relevant wird die Unterscheidung zwischen vorübergehenden und dauerhaften Zuständen für die Frage des Zugangs von Willenserklärungen (vgl Rn 50) und im Prozess für die Prozess(un)fähigkeit, da diese gem. §§ 51, 52 ZPO vom Vorliegen der Geschäfts(un)fähigkeit gem. § 104 abhängt (vgl auch Rn 90 ff).[97]

61 **3. Vermutung für die Geschäftsfähigkeit.** Die **volle Geschäftsfähigkeit** wird – als Regelfall – **vermutet**.[98] Praktisch besonders bedeutsam ist die **Vermutung** für die **Testierfähigkeit** (Rn 9 f); die Feststellungslast

90 Vgl OLG Hamm VersR 2003, 998, 1001; OLG Karlsruhe, Urt. v. 16.4.1999, 10 U 120/98, zitiert nach juris.
91 Vgl *Peters*, JR 2002, 177, 179.
92 § 105 Abs. 2 zugunsten eines Spielsüchtigen bejaht von OLG Hamm VersR 2003, 998, 1001.
93 Skeptisch *Gleißner*, Psychischer Kaufzwang im Wettbewerbsrecht (2008).
94 Zum Problem (in casu: Ausbeutung von Scientology-Mitgliedern) BAGE 103,20 = NJW 2003, 161; hier zit. nach KirchE 41,93. Danach dürfen vereinsrechtliche Arbeitspflichten nicht gegen §§ 134, 138 verstoßen und damit zwingende arbeitsrechtliche Schutzbestimmungen umgehen.
95 So für einen akuten schizophrenen Schub BGHZ 70, 252, 260.
96 Staudinger/*Knothe* (2004), § 104 Rn 12; wochenlange Bewusstlosigkeit nach schwerer Hirnverletzung: OLG München MDR 1989, 361, 361, mit bemerkenswerter, wenngleich rechtsfolgenorientierter Begründung; zum Ganzen krit. *Habermeyer/Saß*, MedR 2003, 545: bei chronischen Erkrankungen, deren Symptome durch langfristige medikamentöse Behandlung unterdrückt werden können, sei allein § 105 Abs. 2 anwendbar.
97 Interessant dazu OLG München MDR 1989, 361.
98 Das wurde früher auch (e contrario) mit dem Institut der Entmündigung begründet (vgl nur BayObLG Rpfleger 1987, 20, 21), folgt aber auch nach Abschaffung dieses Instituts aus dem Ausnahmecharakter der Geschäftsunfähigkeit (vgl OLG Düsseldorf FamRZ 1998, 1064, LS 1).

trifft regelmäßig[99] denjenigen, der aus der Testierunfähigkeit[100] eine Unwirksamkeit des Testaments herleiten will.[101] Erforderlich ist volle Überzeugung des Gerichts.[102] Diese Vermutung schützt zumeist Testamentserben bzw Vermächtnisnehmer vor den gesetzlichen Erben (oder vor in einem früheren Testament Begünstigten) und sichert damit die **Testierfreiheit**.

Auf der anderen Seite besteht das Risiko, dass bereits nicht mehr Testierfähige unter dem Einfluss derjenigen Personen, die Zugang zu ihnen haben und von deren Unterstützung sie abhängig sind, wohlüberlegte Verfügungen (oder auch eine bewusste Entscheidung für die gesetzliche Erbfolge) revidieren. In solchen Fällen besteht nur noch der Anschein der Testierfähigkeit: bereits dann, wenn der Kranke von einzelnen Personen übermäßig **beeinflussbar** ist, und nicht erst dann, wenn er beliebigen Einflüssen nichts entgegenzusetzen hat oder wenn bestimmte Personen tatsächlich Einfluss zu nehmen suchen.[103] Auch dies ist bei der Aufstellung und Anwendung von Vermutungen zu bedenken. 62

Geschäfts- und Testierfähigkeit – es macht insoweit keinen Unterschied, ob beispielsweise verkauft oder vermacht wird[104] – bereiten durch die steigende Lebenserwartung und die darauf beruhende Zunahme von Altersdemenz und ähnlichen Erkrankungen statistisch mehr Probleme als früher. Soweit nicht positives Recht zu einer anderen Beurteilung zwingt, sind diese Probleme in Orientierung am Grundsatz der Privatautonomie, der formellen wie der materiellen, zu lösen, nicht mit Blick auf rechtspolitische Kategorien wie etwa diejenige der Altersdiskriminierung. 63

Geschäfts- und Testierunfähigkeit müssen **positiv festgestellt** werden. Es handelt sich dabei um eine vom Gericht zu entscheidende Rechtsfrage,[105] für die jedoch medizinische Erwägungen eine zentrale Rolle spielen, die das Gericht nach § 286 Abs. 1 ZPO frei zu würdigen hat (näher Rn 95 ff). Praktisch ist das Zusammenspiel medizinischer und juristischer Erkenntnis oft schwierig. Die Maßgeblichkeit der gerichtlichen Beurteilung wird nicht immer über eine Kontrolle der Plausibilität von Gutachten sichergestellt. 64

Bisweilen arbeitet die Rechtsprechung auch mit weit getriebenen, nicht immer sachgerechten Vermutungen: Sie stellt für die Feststellung der Geschäfts- bzw Testierunfähigkeit ausgesprochen **hohe Anforderungen** auf, die auch für die Kautelarpraxis von Bedeutung sind.[106] Das galt jedenfalls für die – über Bayern hinaus meinungsbildende – Rspr des zwischenzeitlich aufgelösten BayObLG. Das bloße Vorliegen seniler Demenz[107] soll hiernach nicht genügen, ebenso wenig eine beginnende vaskuläre Demenz mit erheblichen, aber stark schwankenden Symptomen;[108] nicht einmal paranoide Wahnvorstellungen, wenn diese sich nämlich nicht auf potentielle Erben beziehen.[109] Entsprechend ist jüngst für die Erteilung einer Vorsorgevollmacht entschieden worden, die Diagnose einer fortschreitenden Demenz stehe der Wirksamkeit einer früher erteilten Vorsorgevollmacht nicht entgegen, solange nicht die Geschäftsunfähigkeit bereits zum Zeitpunkt der Vollmachtserteilung hinreichend sicher feststehe.[110] 65

In der Rspr wird sogar ventiliert, der Gedanke der partiellen Geschäftsfähigkeit (Rn 24 ff) könne aus der allgemeinen Zivilrechtsdogmatik (verschiedene Lebensbereiche) „auf das Gebiet von Vertretung und Vollmacht" übertragen werden, „wenn keine Zweifel bestehen, dass der Vollmachtgeber das Wesen seiner Erklä- 66

99 Eine Ausnahme nimmt BayObLG FamRZ 1996, 1438, 1439 = NJW-RR 1996, 1160 für den Fall an, dass ein testierunfähig Gewordener zu einer Zeit, zu der er bereits testierunfähig gewesen sein könnte, ein bis dahin noch unvollständiges Schriftstück zu einem Testament ergänzt hat und der Zeitpunkt dieser Ergänzung nicht klar ist. Hier begründe § 2247 Abs. 5 S. 1 eine Feststellungslast in der Person dessen, der sich auf die Wirksamkeit des Testaments berufe.

100 Ebenso für die Unfähigkeit, Geschriebenes zu lesen (§ 2247 Abs. 4), BayObLG FamRZ 1985, 742, 743.

101 Statt aller OLG Frankfurt NJW-RR 1996, 1159.

102 BayObLG FamRZ 1998, 515, 516; OLG Köln NJW-RR 1991, 1285, 1286; BayObLG NJW-RR 1991, 1287.

103 Vgl den Fall des OLG Celle FGPrax 2006, 268, 269 = ZEV 2007, 127, 128 f; zu den medizinischen Grundlagen *Cording*, Fortschr Neurol Psychiat 2004, 147, 152 f.

104 Für ein praktisches Beispiel vgl OLG Saarbrücken, Beschl. v. 3.3.2004, 4 UH 754/03; 4 UH 754/03-139 (nur elektronisch veröffentlicht).

105 OLG München Urt. v. 25.1.2007, 6 U 2416/06, zitiert nach juris. Der Senat weist auf die Divergenz zwischen dieser Auffassung und zwei BGH-Urteilen hin: einmal GRUR 2006, 131, 133 – Seitenspiegel (X. ZS, patentrechtlich), weiterhin NJW-RR 1988, 763, 764 (III. ZS, zur Geschäftsfähigkeit). In der letztgenannten Entscheidung rügt der BGH das Berufungsgericht, weil es ein Gutachten nicht hinreichend auf seine tatsächlichen Voraussetzungen überprüft hatte (hier: Vorliegen einer depressiven Erkrankung).

106 Vgl instruktiv und ausf. *Th. Zimmermann*, BWNotZ 2000, 97 mwN; *Zimmer*, NJW 2007, 1713.

107 Vgl BayObLG FamRZ 1996, 566, 568. Ausf. zur Beurteilung von Demenzerkrankungen OLG Düsseldorf FamRZ 1998, 1064, 1065 f.

108 BayObLG FamRZ 2005, 555, 556.

109 BayObLG FamRZ 2000, 701, 702 f = NJW-RR 2000, 6; BayObLG FamRZ 2002, 497, 498: Abgrenzung zu § 2078 Abs. 2. In FamRZ 2005, 658, 659 zitiert das BayObLG seine st. Rspr mit der Einschränkung, es schadeten **insbesondere** (Hervorhebung vom Verf.) „Wahnvorstellungen, die sich auf nächste Angehörige und als (testamentarische oder gesetzliche) Erben in Betracht kommende Personen beziehen" (das „insbesondere" freilich obiter, da der Erblasser Mordpläne seiner Frau und seiner Söhne annahm).

110 OLG München FGPrax 2010, 29, 30; ebenso bereits derselbe Senat in NJW-RR 2009, 1599, 1602.

rung begriffen hat und diese in Ausübung freier Willensentschließung abgibt, sollte auch seine Geschäftsfähigkeit im allgemeinen Rechtsverkehr nicht mehr gesichert sein".[111]

67 Ziel dieser Übertragung ist offenbar eine Privilegierung von Vollmachten für Vertrauenspersonen, und zwar zur Eindämmung der Betreuungsfälle; allein der Wertungswiderspruch zu weitaus risikoärmeren Geschäften ist evident, zumal Vertrauen oft erschlichen wird. Vorzugswürdig ist daher die schlichte Anwendung allgemeiner Regeln auch auf die Vorsorgevollmacht. Dass dann oft Betreuung erforderlich sein wird, entspricht dem Willen des Gesetzgebers.

68 Was Demenzkranke angeht, ist jedoch eine Abgrenzung der Bereiche, in denen sie testierfähig sind, von anderen Bereichen psychiatrisch kaum möglich.[112]

69 Auch in der Rspr wird nicht verlangt, dass der Sachverständige (Rn 70, 74–78) eine Testierunfähigkeit mit an Sicherheit grenzender Wahrscheinlichkeit feststellt.[113] War der Erblasser im Zeitraum vor und nach der Testamentserrichtung anhaltend[114] testierunfähig, so kann ein erster Anschein für Testierunfähigkeit auch im Zeitpunkt der Testamentserrichtung sprechen; dann trägt auch nach der Rspr derjenige, der Rechte aus dem Testament herleitet, die Feststellungslast für einen „lichten Augenblick".[115] Geht man mit neuerer psychiatrischer Erkenntnis davon aus, dass es „lichte Augenblicke" nicht oder nicht in dem juristisch üblichen Sinne gibt (§ 105 Rn 3), dann muss diese Verteilung der Feststellungslast erst recht gelten. Richtig hat das OLG Jena für einen (mangels Datierung des Testaments) über einige Monate sich erstreckenden Zeitraum entschieden, dass nicht testierfähig ist, wer in schwankendem Umfang seine vertraute Umgebung nicht mehr erkennt und irreale Personen zu sehen meint; und zwar auch dann nicht, wenn die Verfügung selbst inhaltlich folgerichtig erscheint.[116]

70 Regelmäßig ist ein **Sachverständigengutachten** erforderlich. Auf die Aussagen medizinischer **Laien** – auch auf solche des beurkundenden **Notars** – kommt es hingegen nach verbreiteter Ansicht nicht an.[117]

71 Für Laien, die in einem **Näheverhältnis** zum Betroffenen stehen oder standen und die (wie in Erbfällen typisch) ein Interesse am Ausgang des Rechtsstreits haben, liegt dies auf der Hand. Dafür spricht die Möglichkeit bewusster Fehlinformationen an das Gericht, aus Pietät oder aus Eigeninteresse. Aber auch die eingespielte alltägliche Kommunikation in reduzierten Lebensbereichen beeinträchtigt die Erkenntnisfähigkeit des Angehörigen, denn sie lässt den Verfall übersehen.[118]

72 Der Vermerk des **Notars** über seine Wahrnehmungen hinsichtlich der Testierfähigkeit nach § 28 BeurkG stellt immerhin ein Indiz dar. Dieses Indiz soll freilich nicht geeignet sein, aufgrund konkreter Umstände begründete Zweifel an der Testierfähigkeit zu entkräften, und es muss über das Zustandekommen der Feststellung des Urkundsnotars Beweis erhoben werden.[119] Bei ungewöhnlich rapidem Krankheitsverlauf kann es daher angezeigt sein, einen Sachverständigen zum Geschäftsabschluss hinzuzuziehen.

73 In neuerer Zeit wird diskutiert, ob der Notar ggf (nämlich bei älteren Personen) einen psychopathologischen **Kurztest** durchführen könne und solle. Die dagegen geäußerten Bedenken beziehen sich zum Ersten auf die fachliche Kompetenz des Notars, zum Zweiten auf die beschränkte Leistungsfähigkeit solcher Tests,[120] zum

111 OLG München NJW-RR 2009, 1599, 1602 (auch in FamRZ 2009, 2033 ff; MittBayNot 2009, 382–386).

112 *Wetterling/Neubauer/Neubauer*, ZEV 1995, 46, 50. Auch deswegen bedenklich OLG München NJW-RR 2009, 1599, 1601 f (mit unklarem Hinweis auf das „grundsätzliche Bewusstsein der Rechtsfolgen der rechtsgeschäftlichen Vertretungsmacht"; s. Fn 109).

113 BayObLG ZEV 2005, 348, 350.

114 Dass schwankende Zustände nicht genügen, meint wohl auch OLG Saarbrücken Beschl. v. 3.3.2004, 4 UH 754/03; 4 UH 754/03-139 (nur elektronisch veröffentlicht): Beweislast für den, der Geschäftsunfähigkeit behauptet, wenn zwar Geschäftsunfähigkeit vor und nach der Willenserklärung bestand, der ihr zugrunde liegende Zustand aber nicht geeignet war, Geschäftsunfähigkeit auch bei Abgabe der Willenserklärung herbeizuführen. So der Leitsatz; die Entscheidungsgründe wirken teilweise widersprüchlich, auch in der Bewertung des Sachverhalts: Die Erblasserin konnte sich zwar „einige Zeit nach dem Beurkundungstermin an diesen nicht mehr erinnern und mit dem Vertragstext nichts anfangen", über den Vertragsinhalt (Verlust ihres Miteigentumsanteils) sei sie sich aber im Klaren gewesen. „Aus diesem Grund ist es auch nicht erheblich, ob Frau B. komplexe Zusammenhänge im Bereich der Gesundheitsfürsorge, etwa bezüglich krankengymnastischer Übungen oder Waschen, verstanden hat bzw wen sie anlässlich ihres Geburtstages erkannt hat" (sic).

115 BayObLG ZEV 2005, 345, 348.

116 OLG Jena ZEV 2005, 343, 344 f. Die Kritik von *Scherer/Lehmann*, ZEV 2005, 453, 455 warnt vor Ausflügen auf psychiatrisches Terrain; die von den Autoren gegen das OLG zitierte psychiatrische Meinung ist jedoch ihrerseits umstritten, vgl Rn 16.

117 Zum Notar etwa OLG Frankfurt NJW-RR 1996, 1159. Vgl *Günther*, FamRZ 2000, 604 f mwN (auch zu § 11 BeurkG und unter Hinweis auf Haftungsrisiken für den Notar); zahlr. prakt. Hinw. bei *Th. Zimmermann*, BWNotZ 2000, 99 f mwN; *Kloster-Harz*, ZAP Fach 12, 171–176 (Nr. 16 v. 17.8.2005).

118 Näher *Cording*, Fortschr Neurol Psychiat 2004, 147, 155 f.

119 BayObLG FamRZ 2005, 658, 660.

120 Dazu auch *Cording*, Fortschr Neurol Psychiat 2004, 147, 154 mwN: Komplexe Symptome und leichte bis mittelschwere Hirnleistungsminderung werden nicht erfasst, schwerer Abbau kann nur nachgewiesen, nicht ausgeschlossen werden.

Dritten auf den Generalverdacht reduzierter geistiger Fähigkeiten bei Personen höheren Alters.[121] Beim derzeitigen Stand der Erkenntnis ist von einem solchen Test mithin abzuraten.

Als **Sachverständige** kommen im Regelfall (nach der klassischen Formel des BayObLG) **Ärzte für Neurologie und Psychiatrie** infrage,[122] **daneben** auch andere dem Gericht bekannte Ärzte, die aufgrund ihrer Ausbildung und praktischen Erfahrung geistige Erkrankungen zu beurteilen vermögen.[123] Einen Facharzt für Psychiatrie, Psychotherapie und forensische Psychiatrie hat das BayObLG jedenfalls genügen lassen.[124] 74

In der Literatur variieren die Ansprüche an die fachliche Qualifikation des Arztes, namentlich seit Einführung der Schwerpunktbezeichnung „Forensische Psychiatrie" im Jahr 2004. So wird bisweilen gesagt, er müsse „Facharzt für Psychiatrie und Psychotherapie oder Nervenarzt sein (nicht ausschließlich Neurologe oder Psychotherapeut)".[125] 75

Dass man – auch angesichts der Vielzahl der Schulen und Ansichten – nicht jeden Psychotherapeuten ohne medizinische Vorbildung als kundig ansehen kann, überzeugt. Realistisch ist hingegen weder der Ausschluss der Neurologen (als solcher?) noch derjenige der Allgemeinärzte: Es werden keineswegs alle Patienten regelmäßig von den Fachärzten betreut, von denen sie betreut werden sollten, und jedenfalls der Blick des Neurologen oder des geschulten Allgemeinmediziners kann für die juristische Beurteilung hilfreich sein. Dies gilt umso mehr, als in der ständigen Fortbildung der Allgemeinmediziner mit Recht ein gesundheitspolitisches Ziel gesehen und die geriatrische Erfahrung in der Ärzteschaft mit zunehmender Überalterung der Bevölkerung weiter zunehmen wird. 76

Vollends widersprüchlich ist es jedoch, dass die Stellungnahme anderer Ärzte als Nervenärzte oder Psychiater nach bisweilen anzutreffender Judikatur durchaus genügen soll, um die Notwendigkeit eines nervenärztlichen oder psychiatrischen Gutachtens auszuschließen: wenn nämlich das Gericht nach pflichtgemäßem Ermessen zu der Auffassung gekommen sei, dass „die durch Zeugen oder andere Beweismittel feststellbaren Tatsachen nicht ausreichen können, um den Ausnahmefall der Testierunfähigkeit mit Hilfe eines Sachverständigen zu begründen".[126] Die Meinung des Nichtpsychiaters soll im Ergebnis also nur die Wirksamkeit des Rechtsgeschäfts stützen können, nicht seine Unwirksamkeit. 77

Hier werden juristische und medizinische Logik vermengt: Regelfall und Ausnahmefall (testierfähig – nicht testierfähig) werden juristisch bestimmt. Warum aber soll jeder Arzt den Regelfall erkennen, nur ein Spezialist hingegen den Ausnahmefall? Dies gilt erst recht im Lichte der bei Nichtspezialisten anzutreffenden Tendenz dazu, wahnbedingte Verkennungen der Realität fälschlich für bloße „alterstypische Verbohrtheit" zu erklären.[127] Jedenfalls ist nach einem Beschluss des BGH die Revision eröffnet, wenn das Berufungsgericht den Bericht eines Internisten über die Testierunfähigkeit des Erblassers nicht berücksichtigt hat.[128] 78

Ist die Testierfähigkeit eines noch **Lebenden** zu beurteilen, so muss der Sachverständige den Probanden im Regelfall selbst untersuchen.[129] Oft ist die Geschäftsfähigkeit bzw Testierfähigkeit freilich **retrospektiv** zu beurteilen.[130] Das ist psychiatrisch nicht etwa unmöglich, wenngleich ein Mangel an empirischen Untersuchungen zur Verlässlichkeit solcher Beurteilungen beklagt wird.[131] 79

Nach allgemeiner Ansicht ist es materiell wie prozessual nicht möglich, eine **Untersuchung zu Lebzeiten** zu erzwingen,[132] anders als früher nach Entmündigungsrecht.[133] Das hat gute Gründe für sich (Persönlichkeitsrecht des potentiellen Erblassers), verschärft aber unter anderem[134] das Problem der retrospektiven Beurteilung. Offen ist die Frage, ob die Gründe auch dann gut sind, wenn der Proband aufgrund seines Zustandes (schwere Formen der Demenz, Koma) eine Untersuchung gar nicht mehr wahrnehmen kann. 80

121 Pro: *Stoppe/Lichtenwimmer*, DNotZ 2005, 806; contra die Erwiderungen v. *Müller*, DNotZ 2006, 325; *Cording/Foerster*, DNotZ 2006, 329.

122 BayObLG FamRZ 2002, 497, 498. Das KG (Rpfleger 2005, 669, 670) verlangt einen Nervenarzt oder Psychiater.

123 Vgl BayObLG FamRZ 1996, 566, 568; BayObLG Rpfleger 1987, 20, 21.

124 BayObLG FamRZ 2005, 555.

125 So *Kloster-Harz*, ZAP Fach 12, 171–176 (Nr. 16 v. 17.8.2005), 175.

126 So zu §§ 15 FGG aF, 404 ZPO KG Rpfleger 2005, 669, 670. Die Entscheidung ist auch insoweit dunkel, als das KG anscheinend neuen Tatsachenvortrag im Verfahren der weiteren Beschwerde für unzulässig hielt (S. 670 r. Sp. unten).

127 *Cording*, Fortschr Neurol Psychiat 2004, 147, 151; 153: „Nimmt man die Demenzkranken aus, zeigen sich auch bei Hochbetagten bemerkenswert wenig kognitive Veränderungen, die dem normalen Alterungsprozess zugeschrieben werden können.".

128 BGH, Beschl. v. 15.6.2010, IV ZR 21/09.

129 BayObLG FamRZ 1996, 566, 568 (auch zu Ausnahmen).

130 *Günther*, FamRZ 2000, 604.

131 *Cording*, Fortschr Neurol Psychiat 2004, 147, 148.

132 Dazu *Baldus/Stremnitzer*, DNotZ 2006, 598, 613.

133 Das wird aus psychiatrischer Sicht bedauert: Es sei eine Lücke entstanden. *Cording*, Fortschr Neurol Psychiat 2004, 147, 148.

134 Zu anderen Folgen *Baldus/Stremnitzer*, DNotZ 2006, 598.

81 Die Menschenwürde hängt selbstverständlich nicht davon ab, ob ihr Träger (dauerhaft oder punktuell, vollständig oder eingeschränkt) bei Bewusstsein ist.[135] Wenn aber aus der Nichtfeststellung der Geschäfts- oder Testierunfähigkeit am Ende Folgen resultieren, die nicht im Interesse des Subjekts liegen (etwa: Behandlung einer in Wahrheit nicht gewollten Verfügung als gültig), dann wird das Menschenwürdeargument im Ergebnis gegen den Träger des Persönlichkeitsrechts gekehrt. Diese Spannung ist bislang nicht bewältigt.

82 Bei retrospektiv festzustellender Geschäfts(un)fähigkeit stellt sich die Frage, ob die **ärztliche Schweigepflicht** (vgl § 203 Abs. 4 StGB) auch nach dem Tode des Patienten besteht. Das OLG Naumburg[136] stellt hier (ständiger Rspr folgend)[137] auf den **mutmaßlichen Willen** des Patienten ab; dieser wiederum sei zu beurteilen nach dem **wohlverstandenen Interesse** des Verstorbenen an der weiteren Geheimhaltung der dem Arzt anvertrauten Tatsachen. Insoweit bestehe ein nur beschränkt überprüfbarer **Beurteilungs-** und **Entscheidungsspielraum** des Arztes,[138] der seine Gründe freilich nachvollziehbar darzulegen habe, damit das Gericht prüfen könne, ob der Spielraum überschritten sei.[139] Der entschiedene Fall lag freilich schwierig (und wurde vom OLG auch zurückverwiesen; eine Folgeentscheidung des LG ist nicht veröffentlicht).

83 Ein Alkoholiker, der im Vorfeld überdies seine Frau misshandelt hatte, beging Selbstmord durch Herbeiführung einer Gasexplosion im Haus. Ihn als geschäftsfähig zu behandeln, hätte bedeutet, der Witwe die Versicherungsleistung zu nehmen (vorsätzliche Herbeiführung des Versicherungsfalls). Ob gerade in solchen Fällen die angegebenen Kriterien zur Entbindung des Arztes von der Schweigepflicht passen, fragt sich: Hätte man Kenntnis von einem positiven Willen des Verstorbenen gehabt, seiner Frau in jeder Weise zu schaden, müsste man dann gegen die Witwe entscheiden?[140]

84 Im Ergebnis spricht einiges dafür, jedenfalls solche Geheimnisse zur Disposition der Angehörigen zu stellen, die nicht allein das (postmortale) Persönlichkeitsrecht des Verstorbenen betreffen, sondern zumindest auch (substantielle) Vermögensinteressen der Angehörigen.[141] Wenn die Angehörigen nach Versicherungsrecht vor Leistungsausschlüssen nach § 61 VVG (vgl § 9 lit. a VGB 88)[142] geschützt werden, sofern der Versicherungsnehmer schuldunfähig war, dann kann hier nichts anderes gelten: Der Versicherungsnehmer konnte allenfalls insoweit noch einen („natürlichen"?) Willen bilden, als die Angehörigen von seinem Arzt nichts erfahren sollten. Das allein kann eine Wertung zulasten der Angehörigen nicht tragen. In die Richtung dieser Lösung weist, dass das OLG im Anschluss an den BGH[143] das **wohlverstandene** Interesse des Verstorbenen an der weiteren Geheimhaltung betont:[144] So kann der Richter genau diese Wertung durchsetzen.

85 Das Gutachten muss es dem Richter – nach allgemeinen Regeln – ermöglichen, sich ein **eigenes Bild** von der Richtigkeit der Schlüsse zu machen, die der Sachverständige gezogen hat. Die bloße Diagnose, gestützt lediglich auf die Aussage, eine Verständigung mit dem Probanden sei nicht möglich, genügt nicht;[145] ebenso wenig ein Gutachten, das die Diagnose offen lässt und nicht darlegt, wie sich die Erkrankung auf die Willensbildung des Betroffenen auswirkt,[146] oder die Aussage, es liege eine hochgradige Minderung der geistig-seelischen Leistungsfähigkeit des Betroffenen vor.[147]

86 Die Rechtsprechung zur Vermutung der Geschäfts- und Testierfähigkeit wird angesichts verschiedener Faktoren weiter zu **überprüfen** sein. Mag die jetzige Generation von Senioren mehrheitlich noch in intakten Familien gelebt haben und im Falle der Altersdemenz von Angehörigen gepflegt werden, wird der Anteil außerhäuslicher Pflege möglicherweise ebenso zunehmen wie die Rate familiärer Konfliktsituationen. Die Versuchung für Dritte, spezifische Belastungen am Ende des Lebens zur Bereicherung im Wege letztwilliger Verfügungen und – weniger auffällig – Zuwendungen unter Lebenden auszunutzen, nimmt statistisch zu.

87 In diesem Lichte wirkt eine Vermutung dafür, der Wille sei unbeeinflusst gebildet worden, jedenfalls in **Grenzfällen** kontraproduktiv. Sicher diesen Grenzfällen zuzuordnen sind die Paranoia-Fälle: Abstrakt mag die Unterscheidung zwischen auf den Erben bezogenen und sonstigen Wahnvorstellungen überzeugen. Sieht

135 *Zippelius* in: Dolzer/Waldhoff/Graßhof (Hrsg.), Bonner Kommentar zum Grundgesetz, Art. 1 Rn 49 f. Die Ausgestaltung des Würdeschutzes bemesse sich gleichwohl auch nach der persönlichen Situation, etwa nach dem Geisteszustand des Berechtigten: Rn 41, 50.

136 OLG Naumburg NJW 2005, 2017.

137 Zu dieser noch *Bartsch*, NJW 2001, 861, 862 f.

138 Kritisch zu diesem Gedanken (vor dem Urt.) *Lascher*, Die Auskunftspflicht des Arztes beim Erbprätendentenstreit über die Testierfähigkeit des Erblassers, 2004, S. 48.

139 OLG Naumburg NJW 2005, 2017, 2018 f.

140 Das Gericht konnte dieser Sachverhaltshypothese ausweichen, OLG Naumburg NJW 2005, 2017, 2018. So muss es aber nicht immer liegen.

141 Vgl BGH NJW 1983, 2627, 2628 f; krit., für strenge Orientierung am positiv bekannten oder mutmaßlichen Willen des Verstorbenen, *Lascher* passim; *Spickhoff*, NJW 2005, 1982, 1984.

142 Näher zu diesen Vorschriften und ihrem Verhältnis zu §§ 827 f *Spickhoff*, NJW 2005, 1982, 1982.

143 BGHZ 91, 392, 398 ff: Das Interesse an der Geheimhaltung einer kurzen Überlebensprognose erledigt sich mit dem Tod; das wohlverstandene Interesse ist nicht darauf gerichtet, Testierunfähigkeit zu verbergen, denn die Vorschriften über Testierunfähigkeit schützen den Testierunfähigen selbst.

144 OLG Naumburg NJW 2005, 2017, 2018 (im Original kursiv).

145 BayObLG Rpfleger 1987, 20, 21.

146 BayObLG NJW 1992, 2100, 2101.

147 BayObLG FamRZ 2001, 35.

man sich aber die konkret entschiedenen Fälle an, so fragt sich doch, ob man Erblassern prinzipiell Testierfähigkeit zusprechen will, die meinen, von im eigenen Haus lebenden imaginären Personen bestohlen zu werden und dergleichen mehr (Rn 66 f).

Im Zweifel ist daher zugunsten der Wirksamkeit einer **früheren**, vor Eintritt der Krankheit errichteten Verfügung zu entscheiden: Hat ein Erblasser letztwillig verfügt, lange bevor Zweifel an seiner Geschäfts- bzw Testierfähigkeit auftreten, so spiegelt diese Verfügung regelmäßig seine soziale und gesundheitliche **Normalsituation** wider. Ebenso kann die **gesetzliche** Erbfolge – vom Gesetzgeber als Regelfall konzipiert – vom potentiellen Erblasser als durchaus sinnvolle Nachfolgeregelung angesehen worden sein, gerade in ungestörten Familienverhältnissen. Überzogene Anforderungen an die Feststellung der Geschäfts- oder Testierunfähigkeit im hohen Alter gefährden den Fortbestand solcher Nachfolgeregelungen; sie stellen sich als Ausdruck einer übertrieben formell verstandenen Privatautonomie dar, sichern aber keine reale Freiheit des Verfügenden. 88

III. Rechtsfolgen

1. Nichtigkeit. Die Folgen der Geschäftsunfähigkeit regelt im Grundsatz **§ 105** (**Nichtigkeit**). Für sog. Geschäfte des täglichen Lebens fingiert § 105 a (s. dort) ausnahmsweise Gültigkeit. Daneben müssen nach **§ 131 Abs. 1** Willenserklärungen grundsätzlich dem gesetzlichen Vertreter zugehen. Zusätzliche Erfordernisse können hinzutreten; so ist bei der Anfechtung einer auf Abschluss eines Erbvertrages gerichteten Willenserklärung eine Ausfertigung (keine bloße Abschrift) an den gesetzlichen Vertreter zu richten.[148] Bei der Verjährung ist **§ 210 Abs. 1** zu beachten. Liegt ein Gesamtschuldverhältnis vor, kann die Geschäftsunfähigkeit eines Gesamtschuldners nach § 139 zur Gesamtnichtigkeit des Vertrages führen.[149] 89

2. Prozess- und Verfahrens(un)fähigkeit. Weitere Folge der Geschäftsunfähigkeit ist das Fehlen der **Prozessfähigkeit,** §§ 51, 52 ZPO (vgl auch Rn 27). Ein Sonderproblem stellt insoweit das Verhältnis der für Geschäfts- und Prozessfähigkeit geltenden **Vermutungen** dar: Üblicherweise wird im Falle eines non liquet einerseits, auf materiellrechtlicher Ebene, Geschäftsfähigkeit vermutet, andererseits auf prozessualer Prozessunfähigkeit.[150] Das ist widersprüchlich; in Abwesenheit einer besonderen Regelung durch die ZPO vermag eher die Ansicht zu überzeugen, auch die Prozessfähigkeit sei zu vermuten.[151] Das Rechtsmittel der Partei, die sich dagegen wendet, dass sie in der Vorinstanz zu Unrecht als prozessfähig oder prozessunfähig angesehen worden sei, ist ohne Rücksicht darauf zulässig, ob sie die sonst für die Prozessfähigkeit erforderlichen Voraussetzungen aufweist.[152] 90

Verfahrenshandlungen eines Geschäftsunfähigen in Verfahren der **Freiwilligen Gerichtsbarkeit** sind grundsätzlich unzulässig.[153] In Vormundschafts-, Familien-, Betreuungs- und Unterbringungssachen regelten früher die §§ 59, 66, 70 a FGG das Beschwerderecht und die Verfahrensfähigkeit der Beteiligten ohne Rücksicht auf deren Geschäftsfähigkeit. 91

Nunmehr ist für den Anwendungsbereich des FamFG dessen § 9 zu beachten: Geschäftsunfähige sind nicht verfahrensfähig, beschränkt Geschäftsfähige sind es nach den Ausnahmevorschriften des § 9 Abs. 1 Nr. 2, 3 FamFG.[154] Entgegen der Erklärung des historischen Gesetzgebers stellt § 9 Abs. 1 Nr. 3 FamFG keine Akzessorietät zwischen materiellem Recht und Verfahrensrecht her.[155] Für die meisten Fälle nach Minderjährigenrecht des BGB wirkt sich dies freilich deswegen nicht aus, weil die Sonderregel nur für Verfahren gilt, welche die Person und nicht (ganz oder überwiegend) das Vermögen des Minderjährigen betreffen. 92

Umstritten ist, ob für die Zustellung einer Genehmigungsentscheidung nach § 41 Abs. 3 FamFG ein Verfahrensbeistand[156] oder ein weiterer Ergänzungspfleger zu bestellen ist, und zwar wegen des denkbaren Interessenkonflikts zwischen dem Minderjährigen und demjenigen, der die Genehmigungsentscheidung beantragt hat.[157] 93

§ 51 Abs. 3 ZPO lässt die Vertretung eines nicht Prozessfähigen kraft Vollmachtserteilung zu, wenn dadurch eine Betreuung vermieden werden kann. Sondervorschriften für die **Insolvenz** bestehen nur insoweit, als der Minderjährige (insolvenzfähig nach allgemeinen Regeln: § 11 Abs. 1 S. 1 InsO) im Verfahren gesetzlich vertreten wird (§§ 4 InsO, 51 ZPO).[158] 94

148 *Helms*, DNotZ 2003, 104, 106.
149 OLG Karlsruhe NJW-RR 1991, 947, 948 (Darlehensvertrag).
150 Vgl etwa BGH NJW 2000, 289, 290.
151 *Musielak*, NJW 1997, 1739 ff.
152 BGH, 25.11.2010, III ZB 2010, Tz 15 mwN zur st. Rspr.
153 BayObLG DB 2003, 1565 mwN.
154 Vgl *Heiter*, FamRZ 2009, 85. *Hoffmann*, Personensorge (2009), § 2 Rn 44 qualifiziert § 9 Abs. 1 FamFG als Teilgeschäftsfähigkeit.
155 *Heiter*, FamRZ 2009, 85, 86.
156 Zu dieser Figur ausführlich *Röchling* (Hrsg.), Handbuch Anwalt des Kindes (2. Aufl. 2009).
157 Vgl *Heggen*, NotBZ 2010, 393, 394–397 (für weiteren Ergänzungspfleger, mwN).
158 Näher zur Insolvenz des nicht voll Geschäftsfähigen *Bork*, Das Kind als Schuldner, in: Bork/Repgen (Hrsg.), Das Kind im Recht, S. 85; *Piekenbrock*, KTS 2008, 307.

C. Weitere praktische Hinweise

95 Nach allgemeinen Grundsätzen hat derjenige, der sich auf die Geschäftsunfähigkeit beruft, entsprechende Tatsachen darzulegen und zu **beweisen**.[159] Umgekehrt muss der Gegner das Vorhandensein eines von ihm behaupteten „lichten Augenblicks" (Rn 60, § 105 Rn 2) beweisen, wenn ein Zustand nach Nr. 2 feststeht (vgl auch § 105 a Rn 56).[160]

96 Im Falle der von Amts wegen zu prüfenden Prozessfähigkeit gilt zunächst dasselbe Regel-Ausnahme-Prinzip wie bei der Geschäftsfähigkeit: Die Darlegungs- und Beweislast hinsichtlich der Voraussetzungen der Prozessunfähigkeit trifft diejenige Partei, die sich darauf beruft.[161] Im Gegensatz zur Geschäftsfähigkeit muss das Gericht allerdings von Prozessunfähigkeit ausgehen, wenn es nach Erschöpfung aller erschließbaren Erkenntnisquellen nicht zu seiner Überzeugung feststellt, dass Prozessfähigkeit vorliegt (vgl Rn 64 ff).

97 Wer sich erst in der Berufungsinstanz auf seine eigene Geschäftsunfähigkeit beruft, ist mit diesem Vorbringen jedenfalls dann nicht ausgeschlossen, wenn er in erster Instanz vorgetragen hatte, es liege ein wucherähnliches Geschäft vor, und er sei psychisch nicht in der Lage gewesen, sachgerechte Entscheidungen zu treffen.[162]

98 Am Problem der sog. **Eigensperre des Glücksspielers** ist die Frage aufgekommen, ob durch (wirksamen) Vertrag zwischen einem bisweilen Geschäftsunfähigen und einer anderen Person die **Beweislast verändert** werden kann: Ein krankhafter Spieler (Rn 31°ff) lässt sich in einer Phase der Geschäftsfähigkeit, die man in traditioneller Begrifflichkeit als lichten Augenblick bezeichnen mag, von der Spielbank sperren (Rn 31). Ein später dennoch geschlossener Spielvertrag ist dann im Zweifel unwirksam.[163] Die aA (es werde ohne Auswirkung auf die Vertragswirksamkeit nur das Hausrecht der Spielbank ausgeformt) vermag nicht zu überzeugen: Niemand braucht einen Vertrag zur Ausübung seines dinglich begründeten Hausrechts.[164]

99 Vielmehr disponieren die Parteien über die **rechtliche Verbindlichkeit künftiger Erklärungen**.[165] Die Sperre kann nur ausdrücklich, nicht konkludent aufgehoben werden; namentlich bestätigt gerade der Versuch des Spielers, sich einzuschleichen, dass er nicht Herr seiner Sinne ist.[166] Daraus folgt selbstverständlich auch, dass der Spieler im Falle von Gewinnen keinen Auszahlungsanspruch hat.[167] Nach in der Literatur vertretener Ansicht ist bei gleichwohl abgeschlossenen Spielverträgen jedenfalls die Anwendbarkeit des § 138 Abs. 1[168] zu vermuten, aber auch (widerleglich) die des § 105 Abs. 1.[169] Andere sehen einen klareren und sichereren Lösungsweg im privatautonomen Ausschluss einer Wirksamkeit künftiger Spielverträge durch die Parteien selbst,[170] wobei sich grundsätzliche Fragen der Privatautonomie stellen (Paternalismus, Freiheitsparadoxon).[171] Bezieht man solche Grundsatzfragen ein, muss aber auch die Frage erlaubt sein, inwieweit der Blick nur auf das Individuum zu richten ist, das sich möglicherweise doch in Freiheit ruinieren könnte: Die Folgen für **Dritte**, etwa unterhaltsberechtigte Angehörige, Staat und Sozialversicherung, lassen sich schwerlich aus einer solchen Freiheit legitimieren.

100 Wenn die Parteien selbst das Problem gesehen und klarer vertraglicher Regelung zugeführt haben, liegt es in der Tat nahe, den Spieler, wenn er später dennoch spielen will, für diesen Moment nicht als Herrn seiner Sinne zu betrachten; die Geschäftsfähigkeit mag beweisen, wer Rechte aus ihr herleiten will.[172] Eine solche Abrede kann aber nicht auf rechtsgeschäftlichem Wege (lediglich) die Beweislast verändern; vielmehr ist sie ein starkes tatsächliches Indiz gegen die Wirksamkeit des später abgeschlossenen Spielvertrages selbst.

101 Ein Sonderproblem liegt in der Frage, ob der Erblasser sein eigenes Testament oder seine Willenserklärung zu einem Erbvertrag **anfechten** kann. Eine solche Möglichkeit scheint auf den ersten Blick überflüssig, weil und soweit er ein neues Testament errichten könnte. Ist er jedoch testierunfähig geworden, fragt sich, ob eine Anfechtung durch den gesetzlichen Vertreter möglich ist. Hier plädieren neuerdings gewichtige Stimmen für eine solche Anfechtungsmöglichkeit.[173]

102 Der (seltene) Tatbestand des § 2282 Abs. 2 (beschränkt geschäftsfähiger Erblasser, vgl § 2275 Abs. 2, 3) ist durch die **FGG-Reform** zum 1.9.2009 neu gefasst worden.

159 BGH NJW 1972, 681, 683.
160 BGH NJW 1988, 3011.
161 Vgl jedoch zum Rechtsmittelrecht Rn 90.
162 BGH NJOZ 3894, 3895.
163 OLG Hamm NJW-RR 2003, 971, 973 f (abweichende Positionen nachgew. S. 973); auch andere Instanzgerichte gegen ein älteres Urt. d. BGH (BGHZ 131, 136; Nachw. bei *Wagner-von Papp*, AcP 205, 2005, 342, 371; 365 ff zur unklaren Begründung des BGH).
164 Zum Hausrecht vgl MüKo /*Baldus*, § 1004 Rn 6 mwN.
165 Vgl OLG Hamm NJW-RR 2003, 971, 973 f.
166 *Peters*, JR 2002, 177, 181; zu dogmatischen Problemen bei der Herleitung dieses Ergebnisses *Wagner-von Papp*, AcP 205 (2005), 342, 375 f; über die grundsätzliche Problematik der Unterscheidung konkludenter von ausdrücklichen Erklärungen *Kühle*, Der Dualismus von ausdrücklicher und stillschweigender Willenserklärung, 2009. Vgl jetzt *Peters*, NJW 2010, 2250.
167 KG NJW-RR 2003, 1359, 1359 f (zu verschiedenen Konstruktionen).
168 Vgl *Peters*, JR 2002, 177, 180 f, und d. krit. Anm. *Grunsky* zu BGHZ 131, 136 = EWir § 157 BGB 1/96, 11, 12.
169 *Peters*, JR 2002, 177, 180.
170 So *Wagner-von Papp*, AcP 205 (2005) 342, 373 ff.
171 *Wagner-von Papp*, AcP 205 (2005) 342, 350 ff, 383 f.
172 *Peters*, JR 2002, 177, 180.
173 *Helms*, DNotZ 2003, 104; *Harke*, JZ 2004, 180.

Kollisionsrechtlich ist das Staatsangehörigkeitsstatut (Art. 7 EGBGB) für die allgemeine Geschäftsfähigkeit maßgeblich, nach hM nicht nur für die Voraussetzungen, sondern auch für die Rechtsfolgen bei Fehlen der Geschäftsfähigkeit.[174] Besondere Geschäftsfähigkeiten hingegen sollen sich nach dem jeweiligen Geschäftsstatut richten.[175] 103

§ 105 Nichtigkeit der Willenserklärung

(1) Die Willenserklärung eines Geschäftsunfähigen ist nichtig.

(2) Nichtig ist auch eine Willenserklärung, die im Zustand der Bewusstlosigkeit oder vorübergehender Störung der Geistestätigkeit abgegeben wird.

Literatur: *Canaris,* Verstöße gegen das verfassungsrechtliche Übermaßverbot im Recht der Geschäftsfähigkeit und im Schadensersatzrecht, JZ 1987, 993; *ders.*, Zur Problematik von Privatrecht und verfassungsrechtlichem Übermaßverbot, JZ 1988, 494; *Habermeyer/Saß,* Voraussetzungen der Geschäfts(un-)fähigkeit – Anmerkungen aus psychopathologischer Sicht, MedR 2003, 543; *Kohler*, Geschäftsunfähigkeit und wechselseitiger Bereicherungsausgleich, NJW 1989, 1849; *Ramm,* Drittwirkung und Übermaßverbot, JZ 1988, 489; *K. Schmidt*, Ein Lehrstück zu § 15 Abs. 1 HGB, JuS 1991, 1002; *Wedemann*, Die Rechtsfolgen der Geschäftsunfähigkeit, AcP 209 (2009), 668; *Wieser,* Verstößt § 105 BGB gegen das verfassungsrechtliche Übermaßverbot?, JZ 1988, 493.

A. Regelungsgehalt

I. Geschäftsunfähigkeit (Abs. 1)

1 Nach Abs. 1 sind, soweit nicht § 105 a eingreift, alle Willenserklärungen eines Geschäftsunfähigen **nichtig** (näher Rn 8, vgl auch § 104 Rn 2, 89).[1] Mit dem Begriff der Geschäftsunfähigkeit nimmt Abs. 1 namentlich Bezug auf § 104.

2 Die Voraussetzungen des Abs. 1 liegen – über den Normtext hinaus – nach traditioneller Auffassung dann nicht vor, wenn der an sich Geschäftsunfähige in einem sog. **lichten Augenblick** (lucidum, richtig: dilucidum intervallum)[2] handelt; die dann abgegebene Willenserklärung soll wirksam sein.[3] Es handele sich hierbei um Phasen zeitweiligen Abklingens einer an sich dauerhaften psychischen Erkrankung.[4] Für ein solches lichtes Intervall trägt nach allgemeinen Regeln derjenige die Feststellungslast, der Rechte aus dem Geschäft herleitet.[5] Vgl bereits § 104 Rn 35, 59, 68, 94.

3 Vorzugswürdig ist jedoch die **Aufgabe** der Rechtsfigur. Sie findet sich seit dem späten 19. Jahrhundert nicht mehr in Gesetzestexten und war bereits um 1900 psychiatrisch umstritten. Medizingeschichtlich ist hierfür wesentlich, dass im 19. Jahrhundert der Begriff des lucidum intervallum sich geändert hatte: Ein älteres Konzept hatte sich auf monatelange symptomfreie Phasen bei **phasenhaft verlaufenden Psychosen** bezogen, so dass in solchen Intervallen in der Tat Geschäfts- bzw Testierfähigkeit bestehen konnte. Die neuere Begrifflichkeit meint kurzzeitige Besserungen während **chronischer Prozesse**.

4 Wann solche Besserungen zur Wiedergewinnung der Geschäfts- bzw, Testierfähigkeit führen können, ist aus heutiger psychiatrischer Sicht sehr differenziert zu beurteilen. Die Einsichts- und Urteilsfähigkeit ist danach überdies erst dann wiederhergestellt, wenn der Kranke sich mit den früheren Symptomen **auseinandersetzt**

174 Vgl *Baetge*, IPRax 1996, 185, 186 ff mwN (gegen OLG Düsseldorf IPRax 1996, 199 f = FamRZ 1995, 1066: Wirkungsstatut für die Folgen). Vgl noch *Kirchhoff*, Das Rechtsfolgenstatut der beschränkten Geschäftsfähigkeit und der Geschäftsunfähigkeit, 2005.

175 Vgl *Kurzynsky-Singer*, Anknüpfung und Reichweite des Vollmachtsstatuts, 2005.

1 Zu gelegentlich geäußerten Bedenken hinsichtlich der Verfassungsmäßigkeit vgl *Canaris*, JZ 1987, 996 ff, mit Reaktionen von *Ramm*, JZ 1988, 490 f, und *Wieser*, JZ 1988, 493 f, sowie Schlusswort von *Canaris*, JZ 1988, 496 ff.

2 Konstitution des Kaisers Justinian aus dem Jahre 530 n.Chr.

3 BGH WM 1956, 1184, 1186; MüKo/*Schmitt*, § 104 Rn 13.

4 Staudinger/*Knothe* (2004), § 104 Rn 13; krit. *Habermeyer/Saß*, MedR 2003, 545: bei chronischen Erkrankungen, deren Symptome durch langfristige medikamentöse Behandlung unterdrückt werden können, sei allein Abs. 2 anwendbar.

5 Für ein Testament BayObLG FamRZ 1990, 801, 803 m. krit. Anm. *Rüßmann*, aaO, S. 803 f. Die Entscheidung lässt jedoch einen entscheidenden Punkt nicht klar erkennen: ob die Feststellungslast das lichte Intervall (so der Leitsatz) oder nur dessen ernsthafte Möglichkeit betreffen soll.

und sich von ihnen **distanziert**.[6] Von psychiatrischer wie juristischer Seite wird daher eine ausführliche gutachtliche **Begründung** dazu verlangt, **wie** eine kurzzeitige Besserung habe eintreten können; die Bedeutung und Häufigkeit luzider Intervalle werde überschätzt.[7]

5 Eine solche Sicht des „luziden Intervalls" hat wenig mit dem juristisch üblichen Gebrauch des Terminus zu tun. Dieser dient vielmehr oft genug – in Verbindung mit der Vermutung für die Geschäfts- und Testierfähigkeit (§ 104 Rn 61, 64 f, 90) – dazu, den Fall ohne genaue Sachverhaltsaufklärung zu lösen, nämlich im Sinne einer vorschnellen Annahme der Geschäftsfähigkeit.

6 Rechtssystematisch und rechtstheoretisch handelt es sich um einen Ausschnitt aus der größeren Frage, inwieweit das Recht gut daran tut, Konzepte anderer Wissenschaften zu übernehmen, vor allem dann, wenn diese Konzepte – wie vor allem in den Naturwissenschaften – schnell veralten. Wo das Gesetz selbst solche Konzepte verwendet, muss der Rechtsanwender dies respektieren und sachgerechte Auslegungen suchen. Anders, wenn – wie hier – das Gesetz sich angesichts bereits zu seiner Entstehungszeit aufkommender Zweifel in der anderen Wissenschaft zurückhält[8] und die andere Wissenschaft sich weiter entwickelt: Dann sollte die Rechtsanwendung jedenfalls nicht anachronistischer sein als die Rechtssetzung. Der Verdacht, das luzide Intervall diene heute oftmals nur dazu, existierende Probleme zu „erschlagen", lässt sich jedenfalls nicht von der Hand weisen.

II. Bewusstlosigkeit und vorübergehende Störung der Geistestätigkeit (Abs. 2)

7 Gem. Abs. 2 ist eine Willenserklärung auch dann **nichtig**, wenn sie in einem **vorübergehenden Zustand psychischer Störung** abgegeben wurde. Im Falle völliger **Bewusstlosigkeit** (Alt. 1) ist schon die Abgabe einer Willenserklärung unmöglich, weil es am Handlungswillen fehlt. Das kann folglich aus systematischen Erwägungen kaum gemeint sein. Es wird vertreten, dass die erste Alternative des Abs. 2 Zustände unterhalb der Schwelle der völligen Bewusstlosigkeit erfasse, in denen die Erkenntnis über Inhalt und Wesen der vorgenommenen Handlung ausgeschlossen sei („**Bewusstseinstrübung**").[9] Entsprechende Anwendungsfälle sind selten, neuere Rechtsprechung dazu ebenso.[10] Der Begriff der Bewusstlosigkeit mag verdeutlichen, dass für die von Abs. 2 Alt. 2 erfassten psychischen Beeinträchtigungen eine besondere Schwere erforderlich ist, er könnte jedoch ohne Schaden auch gestrichen werden.

8 Die **vorübergehende Störung der Geistestätigkeit** iSd Abs. 2 Alt. 2 muss nach ganz hM wie bei § 104 Nr. 2 krankhafter Natur sein und den Ausschluss der freien Willensbestimmung beim Betroffenen zur Folge haben.[11] In Abgrenzung zu § 104 Nr. 2 darf es sich jedoch nur um vorübergehende Zustände handeln (§ 104 Rn 60). Eine vorübergehende Störung der Geistestätigkeit ist namentlich der **Alkoholrausch**, sofern der Zustand des Handelnden einer Bewusstlosigkeit gleichkommt (s. Rn 7).[12] Es genügt mithin nicht, dass der Erklärende hochgradig alkoholisiert ist. Vielmehr muss substantiiert werden, dass die freie Willensbestimmung vollständig **ausgeschlossen** war;[13] dies ist jedenfalls dann zu verneinen, wenn wenige Stunden nach Abgabe der Erklärung keine Ausfallerscheinungen erkennbar sind.[14]

9 **Alkoholismus** (dazu § 104 Rn 56) als solcher ist unerheblich; freilich kann die freie Willensbestimmung etwa dann fehlen, wenn starke Entzugserscheinungen vorliegen und der Kranke annehmen darf, er werde bei Abgabe der Erklärung vom Vertragspartner weiteren Alkohol erhalten.[15] In solchen Fällen ist jedoch auch an § 138 Abs. 2 zu denken. Zu anderen Süchten und Suchtmitteln vgl § 104 Rn 57 f: Im Grundsatz sind alle geeignet, bei hinreichendem Schweregrad Geschäftsunfähigkeit bzw eine Störung der Geistestätigkeit zu begründen.

6 Ausführlich zum Ganzen *Cording*, Fortschr Neurol Psychiat 2004, 147, 156 f.
7 *Wetterling/Neubauer/Neubauer*, ZEV 1995, 46, 49.
8 Zum geistigen Umfeld jetzt *Schmoeckel* (Hrsg.), Psychologie als Argument in der juristischen Literatur des Kaiserreichs, 2009.
9 BGH WM 1972, 972, der bei einem Alkoholrausch zwischen „Bewusstseinstrübung" und vorübergehender Störung der Geistestätigkeit unterscheidet; Staudinger/*Knothe* (2004), § 105 Rn 12.
10 Vgl Staudinger/*Knothe* (2004), § 105 Rn 12 mwN.
11 Staudinger/*Knothe* (2004), § 105 Rn 13 mwN.
12 Bewusstlosigkeit iSv Abs. 2 Alt. 1 ohne nähere Begründung bejaht bei einer BAK von 3,4‰ OLG Nürnberg NJW 1977, 1496; BGH VersR 1967, 341, 342 prüft nur eine vorübergehende Störung der Geistestätigkeit: die freie Willensbestimmung sei bei einer BAK von 2‰ regelmäßig noch nicht ausgeschlossen; vgl auch BGH WM 1972, 972.
13 BGH WM 1972, 972.
14 OLG Köln NJW-RR 2002, 620, 622. In casu ging es überdies um die Frage, ob der Inhaber einer Kreditkarte dem Kreditkartenunternehmen vorhalten kann, dieses habe im Valutaverhältnis gezahlt, obwohl die Geschäftsunfähigkeit rechtzeitig mitgeteilt worden sei; zu diesem Problem im Rahmen der AGB-Kontrolle BGH NJW 1990, 2880, 2881 (der Inhaber ist leistungspflichtig); dazu *Meder*, NJW 1994, 2597, 2598. Zu den AGB von Kreditinstituten vgl Rn 18.
15 BAG NJW 1996, 2593, 2594; BGH WM 1972, 972, 973.

III. Rechtsfolgen

Sowohl im Fall des Abs. 1 als auch im Fall des Abs. 2 ist eine abgegebene **Willenserklärung nichtig**, dh ab initio und nicht nur schwebend unwirksam. Eine Heilungsmöglichkeit sieht das Gesetz nicht vor; fallen die Voraussetzungen des § 105 später weg, so muss der Erklärende das Geschäft neu vornehmen (vgl § 141), dieses wird ex nunc wirksam. Wegen der Folge des Abs. 1 kann der **Geschäftsunfähige** nur durch seinen **gesetzlichen Vertreter** am Rechtsverkehr teilnehmen. Für die Entgegennahme von Willenserklärungen folgt das aus der Vorschrift des § 131. 10

Diese setzt Geschäftsunfähigkeit voraus, so dass **Zugang einer Erklärung** beim gem. Abs. 2 nur vorübergehend in seiner Geistestätigkeit Beeinträchtigten gem. § 130 möglich ist. Dies gilt jedoch nur für verkörperte, nicht auch für mündliche Willenserklärungen;[16] in letzterem Fall ist ein Zugang zumindest dann zu verneinen, wenn für den Erklärenden erkennbar war, dass der Adressat sich in einem Zustand des Abs. 2 befindet und ihm deshalb die Möglichkeit zur Kenntnisnahme fehlt.[17] 11

Die **gesetzliche Vertretung** eines gem. § 104 Nr. 1 geschäftsunfähigen Kindes steht gem. § 1629 Abs. 1 S. 1 grundsätzlich dessen **sorgeberechtigten Eltern** zu (vgl auch § 107 Rn 3). Für volljährige Geschäftsunfähige iSd § 104 Nr. 2 wird gem. § 1896 Abs. 1 S. 1 ein **Betreuer** bestellt. Dieser ist in seinem Aufgabenkreis gesetzlicher Vertreter des Betreuten, § 1902 (vgl dort). Die Geschäftsunfähigkeit des Betreuten erfordert die Bestellung eines Betreuers für alle Rechtsgeschäfte, damit die Teilnahme des Betreuten am Rechtsverkehr gewährleistet ist.[18] 12

Der Vertretung sind gesetzliche Grenzen gesetzt, vgl dazu § 104 Rn 11; für den Betreuer folgt dies aus § 1908 i Abs. 1. **Höchstpersönliche Rechtsgeschäfte**, bei denen Vertretung nicht möglich ist, bleiben dem Geschäftsunfähigen verwehrt (vgl jedoch zur Ehegeschäftsfähigkeit § 104 Rn 7 f, 36). 13

Der Geschäftsunfähige seinerseits kann nicht Vertreter sein, weil er keine eigene Willenserklärung abgeben kann. Zum beschränkt Geschäftsfähigen als Vertreter § 107 Rn 34. 14

Eine im Zustand des Abs. 2 geschlossene **Ehe** ist gem. § 1314 Abs. 2 Nr. 1 aufhebbar. 15

Einen **guten Glauben an die Geschäftsfähigkeit** kennt das BGB nicht (§ 104 Rn 39). 16

Auf den ersten Blick könnte man nach **§ 6 Abs. 2 S. 1 GmbHG, § 15 HGB** annehmen, dass der Rechtsverkehr geschützt werde, wenn ein **GmbH-Geschäftsführer** aufgrund **Geisteskrankheit** (ipso iure) die Vertretungsbefugnis verliert, die GmbH es aber versäumt, die Beendigung seines Amtes eintragen zu lassen (§ 39 Abs. 1 GmbHG). Der BGH hat jedoch klargestellt, dass Vertretungsmacht und Fähigkeit zu wirksamem rechtsgeschäftlichem Handeln auch insoweit zu **trennen** sind; der Rechtsverkehr kann sich nach § 15 Abs. 1 HGB daher nur auf den Fortbestand der Geschäftsführerstellung verlassen, nicht auch auf die Geschäftsfähigkeit des Geschäftsführers, mag diese auch ihrerseits Voraussetzung der Organstellung sein. Die Gesellschaft muss sich daher Erklärungen des Geschäftsführers allenfalls nach **allgemeinen Rechtsscheinsgrundsätzen** entgegenhalten lassen, wenn nämlich die Gesellschafter angesichts einer ihnen erkennbaren Geschäftsunfähigkeit gleichwohl untätig geblieben sind.[19] 17

Den Rechtsfolgen des § 105 kann sich ein Kreditinstitut nicht entziehen, indem es dem Kunden durch **AGB** das **Risiko seiner eigenen Geschäftsunfähigkeit aufbürdet**.[20] Hat die Bank eine wegen Geschäftsunfähigkeit **nichtige Anweisung** ausgeführt, erwächst ihr hieraus kein Bereicherungsanspruch gegen den Anweisenden.[21] 18

Aufgrund des Trennungs- und Abstraktionsprinzips ist die Nichtigkeit für Grundgeschäft und Erfüllungsgeschäft gesondert zu beurteilen. Die sog. **Fehleridentität**[22] ist keine Durchbrechung, sondern eine Bestätigung dieses Grundsatzes: Sind beide Geschäfte vom „selben" Mangel betroffen, etwa Geschäftsunfähigkeit bei Vornahme des Kausalgeschäfts wie beim dinglichen Vollzug, so tritt die Nichtigkeit dennoch jeweils deswegen ein, weil der Mangel gerade das zu prüfende Geschäft betrifft; es verhält sich nicht etwa so, dass das eine Geschäft das andere infizierte. Abzulehnen ist eine Aufweichung des Abstraktionsgrundsatzes über § 139; der Grundsatz verlangt es, Grundgeschäft und Erfüllung gerade nicht als einheitliches Rechtsgeschäft im Sinne dieser Norm zu betrachten. 19

Betrifft die Nichtigkeit nach § 105 nur das Grundgeschäft (Schulbeispiel: Alkoholrausch lediglich bei Abschluss des Kaufvertrages, Übereignung im nüchternen Zustand), so hat die **Rückabwicklung** nach allge- 20

16 HM, vgl Jauernig/*Jauernig*, § 130 Rn 12 mwN.
17 *Larenz/Wolf*, BGB AT, § 26 Rn 36.
18 Staudinger/*Knothe* (2004), Vor §§ 104–115 Rn 25; zum Verhältnis von Geschäftsunfähigkeit und Betreuung vgl Staudinger(2004)/*Knothe* (2004), § 105 Rn 10.
19 BGH NJW 1991, 2566, 2567, gegen die Vorinstanz OLG München JR 1991, 245 f: § 15 Abs. 1 HGB; zu Folgefragen *K. Schmidt*, JuS 1991, 1005.
20 Hier: Keine Haftung aus Überziehungskredit; zutr. BGH NJW 1991, 2414 ff, gegen die Vorinstanz (OLG Köln NJW 1991, 848, 849).
21 BGH JR 1991, 327, 328 m.Anm. *Schwark*, S. 328 f: keine Leistung des Anweisenden.
22 Vgl *Medicus*, Allgemeiner Teil des BGB, 10. Aufl. 2010, Rn 231 f.

meinen Regeln über die **Leistungskondiktion** zu erfolgen, § 812 Abs. 1 S. 1 Alt. 1. Vereinzelt wird in Zweifel gezogen, ob sich der geschäftsunfähige Bereicherungsschuldner auf den Entreicherungseinwand (§ 818 Abs. 3) berufen kann. Die Rechtsprechung wendet zutreffend § 818 Abs. 3 an; weder greife die sog. Saldotheorie ein,[23] noch komme eine verschärfte Haftung nach § 819 Abs. 1 in Betracht.[24] Dem ist schon deswegen zu folgen, weil sonst der Schutz des Geschäftsunfähigen vor sich selbst unterlaufen würde. Vgl auch § 107 Rn 116.

21 Die Vorschriften über **gesetzliche Ansprüche** sind einerseits so auszulegen, dass der **Schutz des Geschäftsunfähigen** nicht konterkariert wird; andererseits können Sinn und Zweck dieser Ansprüche auch Lösungen zu seinen Lasten erzwingen. Streitig ist namentlich, ob nach Weggabe einer Sache durch einen Geschäftsunfähigen **Ersitzung** eintreten kann oder ob eine **Leistungskondiktion**[25] auch nach Ablauf der Ersitzungsfrist in Betracht kommt. Die besseren Argumente sprechen hier für die Ersitzbarkeit: §§ 937 ff haben eine subsidiäre Befriedungsfunktion für den Rechtsverkehr dort, wo sofortiger gutgläubiger Erwerb nicht möglich ist. Diese Funktion besteht auch dort, wo der gesetzliche Vertreter des Geschäftsunfähigen es versäumt hat, dessen Ansprüche geltend zu machen; hier muss das Bestehen von Ersatzansprüchen im Innenverhältnis genügen.[26]

22 Der gesetzlich niedergelegte Schutz des nicht (voll) Geschäftsfähigen genießt Vorrang vor den Regeln über die **fehlerhafte Gesellschaft** (näher § 107 Rn 48).[27] Die §§ 104 ff finden demnach ebenso Anwendung wie §§ 107 ff, und zwar auch auf den Fall, dass die Erklärung auf das Ausscheiden aus der Gesellschaft gerichtet ist und ihre Nichtigkeit auf Abs. 2 beruht: Wer – nach Abs. 2 unwirksam – eine solche Erklärung abgibt, bleibt Gesellschafter.[28]

23 Bei **Arbeits- und sonstigen Dienstverhältnissen** müssen die Rechtsfolgen der §§ 104 ff unter Berücksichtigung eines wirksamen Schutzes des Geschäftsunfähigen eingeschränkt werden, insbesondere findet bei bereits erbrachter Leistung durch den Geschäftsunfähigen keine Rückabwicklung gem. §§ 812 ff statt.[29]

B. Weitere praktische Hinweise

24 Abs. 1 stellt eine Einwendung gegen die Wirksamkeit eines Rechtsgeschäfts dar. Folglich trägt derjenige, der sich auf die Geschäftsunfähigkeit des Erklärenden (vgl § 104 Rn 61, § 105 a Rn 55) oder darauf beruft, dass sich der Erklärende bei Abgabe der Erklärung in einem in Abs. 2 genannten Zustand befunden hat, dafür die **Beweislast**. Mit der schlichten Behauptung eines bestimmten Krankheitsbildes ohne Angabe konkreter Umstände ist der Beweislast nicht genügt.[30]

25 Zum **Kollisionsrecht** vgl § 104 Rn 103.

§ 105 a Geschäfte des täglichen Lebens

¹Tätigt ein volljähriger Geschäftsunfähiger ein Geschäft des täglichen Lebens, das mit geringwertigen Mitteln bewirkt werden kann, so gilt der von ihm geschlossene Vertrag in Ansehung von Leistung und, soweit vereinbart, Gegenleistung als wirksam, sobald Leistung und Gegenleistung bewirkt sind. ²Satz 1 gilt nicht bei einer erheblichen Gefahr für die Person oder das Vermögen des Geschäftsunfähigen.

Literatur: *Baldus/Böhr*, Alte Kameraden: Das außergewöhnliche Testament, Jura 2001, 34; *Casper*, Geschäfte des täglichen Lebens – kritische Anmerkung zum neuen § 105 a BGB, NJW 2002, 3425; *Heim*, Gesetzgeberische Modifizierung der Auswirkungen der Geschäftsunfähigkeit Volljähriger beim Vertragsschluss, JuS 2003, 141; *Joussen*, Die Rechtsgeschäfte des Geschäftsunfähigen – der neue § 105 a BGB, ZGS 2003, 101; *Lipp*, Die neue Geschäftsfähigkeit Erwachsener, FamRZ 2003, 721; *Löhnig/Schärtl*, Zur Dogmatik des § 105 a BGB, AcP 204 (2004), 25; *Pawlowski*, Willenserklärungen und Einwilligungen in personenbezogene Eingriffe, JZ 2003, 66; *M. Roth*, Die Rechtsgeschäftslehre im demographischen Wandel, AcP 208 (2008), 451; *Scherer*, Eine neue Norm im Recht der Geschäfts(un)fähigkeit – Auslegung und dogmatische Einordnung des § 105 a BGB, StudZR 2004, 85; *Wedemann*, Die Rechtsfolgen der Geschäftsunfähigkeit, AcP 209 (2009), 668.

23 BGH NJW 1994, 2021, 2022 mwN; zu der zumindest missverständlichen Entscheidung BGH NJW 1988, 3011, 3011 vgl *Kohler*, NJW 1989, 1849 ff.

24 KG NJW 1998, 2911, mit Ausführungen zur – geringen – Darlegungslast hinsichtlich der Entreicherung.

25 Unstreitig scheidet eine Nichtleistungskondiktion aus; sonst verbliebe der Ersitzung insoweit kaum noch ein Anwendungsbereich.

26 Näher (auch zum Menzelbilder-Fall) MüKo/*Baldus*, § 937 Rn 36 f.

27 MüKo/*Schmitt*, § 105 Rn 58 ff.

28 So BGH NJW 1992, 1503, 1504 für einen vorübergehend in seiner Geistestätigkeit gestörten Kommanditisten.

29 Näher MüKo/*Schmitt*, § 105 Rn 52 ff.

30 So LAG Rh.-Pfalz MDR 2004, 580, 580 zu § 105 Abs. 2 (in casu: Erschöpfungsdepression, nervöse Erschöpfungszustände, fiebrige Colitis).

A. Allgemeines

1 Die Einfügung des § 105 a im Jahre 2002 hat erhebliches dogmatisches Aufsehen erregt,[1] weil die Norm als prinzipieller **Systembruch** interpretiert werden könnte: Sie scheint das Prinzip zu durchbrechen, dem zufolge die Willenserklärung eines Geschäftsunfähigen rechtlich folgenlos ist. Der Gedanke der necessaries, über die auch der Geschäftsunfähige soll kontrahieren können, stammt aus dem angloamerikanischen Recht mit seinem andersartigen System des Minderjährigenschutzes.[2] Das trägt kaum zu seiner Passfähigkeit im deutschen Recht bei.

2 Die Problematik ist nicht ganz neu: Bereits vor Einführung des § 105 a sah § 1903 Abs. 3 S. 2 eine Privilegierung sog. geringfügiger Angelegenheiten des täglichen Lebens vor.[3] Mit Aufnahme in den Allgemeinen Teil und hier in das Recht der Geschäftsfähigkeit stellen sich jedoch grundsätzliche Fragen. Leitbild für deren Lösung muss sein, dass der Gesetzgeber die Prinzipien des bisherigen Rechts, namentlich die Orientierung am Schutz des Geschäftsunfähigen, nicht aufgeben wollte.

3 Für die Auslegung ist von den Fällen auszugehen, in denen ein Geschäftsunfähiger, praktisch betrachtet, überhaupt sinnvoll am Rechtsverkehr teilnehmen kann: Nicht derjenige taugt zum **interpretatorischen Leitbild**, der wegen der Schwere seiner Erkrankung in einer psychiatrischen Einrichtung leben muss, sondern beispielsweise der von Geburt an geistig Behinderte, der in einer beschützenden Werkstatt arbeitet, oder der altersverwirrte Mensch, der sein früher selbstbestimmtes Leben im vertrauten Umfeld fortsetzen möchte. Insoweit lässt § 105 a sich als Versuch einer Anpassung der Rechtsgeschäftslehre an veränderte psychosoziale Verhältnisse deuten.[4]

4 Die Grundfrage lautet, ob man diesen Versuch für so gelungen hält, dass die Norm weit ausgelegt, analog angewandt oder gar gesetzgeberisch noch erweitert werden sollte. Das wiederum führt auf die Frage zurück, wie viel Individualisierung die Schutzkonzeption des BGB verträgt. Diese Frage wird im Folgenden skeptisch behandelt. Sachgerechte Individualisierung lässt sich gerade in den Fällen der hochbetagten Menschen in ihrem vertrauten Umfeld dadurch erreichen, dass man an ihren bisherigen Lebenszuschnitt anknüpft, soweit dies keine übermäßigen Risiken mit sich bringt. Hingegen stellt § 105 a gerade keinen Hebel dazu dar, das gesamte System des BGB auf Einzelfallbetrachtungen umzustellen.

5 Danach lässt sich annehmen, dass § 105 a trotz diverser System- und Sinnwidrigkeiten im Einzelnen die Grundsätze der §§ 104 ff unangetastet lässt. Im Übrigen zeichnet sich ab, dass die Vorschrift aufgrund geringer praktischer Bedeutung bislang nicht zu weiterer Verwirrung der Dogmatik führt. Ob eine sinnvolle, die Rechtssicherheit nicht gefährdende Anwendung namentlich auf altersverwirrte Personen in Frage kommt, ist noch nicht abzusehen.

B. Regelungsgehalt

I. Volljähriger Geschäftsunfähiger

6 Im Rahmen der Voraussetzungen des § 105 a ist die **Geschäftsunfähigkeit** nach § 104 Nr. 2 zu bestimmen,[5] die **Volljährigkeit** nach § 2. Dass die Volljährigkeit überhaupt geeignet ist, die rechtsgeschäftliche Handlungssphäre eines Geschäftsunfähigen zu erweitern, folgt erst aus der positiven Anordnung in § 105 a; sachlogisch ergibt es sich nicht: Geistige Defekte der in §§ 104 Nr. 2, 105 geregelten Art haben im Ansatz nichts mit Altersgrenzen zu tun.

7 Der nach § 104 Nr. 1 **geschäftsunfähige Minderjährige** unter sieben Jahren ist **nicht** gemeint, weil der Reformgesetzgeber die soziale Emanzipation Behinderter fördern, nicht Kinder in den Geschäftsverkehr integrieren wollte.[6] Auch für eine analoge Anwendung besteht kein Raum; die Altersgrenze von sieben Jahren ist

1 Umfassend *Scherer*, StudZR 2004, 85–109.
2 Vgl statt aller *Roth*, AcP 208 (2008), 451, 464; im Folgenden auch vergleichend zur Lösung diverser Streitfragen um § 105 a nach englischem und französischem Recht; *Wedemann*, AcP 209 (2009), 668, 681–687.
3 Systematische Parallelen sind jedoch zweifelhaft, s. Rn 16 ff.
4 Vgl *Roth*, AcP 208 (2008), 451, 462.
5 Zur nach § 105 Abs. 2 unwirksamen Willenserklärung vgl Rn 58 (keine Analogie).
6 Anscheinend bereits für eine direkte Anwendung von § 105 a auf Minderjährige *Ludyga*, FPR 2007, 3 ff (methodologisch nicht immer abgesichert).

niedrig genug.[7] Auch de lege ferenda sollte es für Kinder unter sieben Jahren bei der gegenwärtigen Fassung des § 105 a bleiben.[8]

8 Gleiches (weder Analogie zu § 105 a noch Bedürfnis nach künftiger Änderung) gilt für den mindestens siebenjährigen, aber **noch nicht achtzehnjährigen** Geschäftsunfähigen, denn das Minderjährigenrecht kennt eine eigene Schutzkonzeption, die nicht gestört werden soll.[9] Das spezifische Regelungsziel des § 105 a, die Bewegungsfreiheit des Betroffenen in alltäglichen Angelegenheiten zu erweitern, passt nicht; im Gegenteil verlangt der Erziehungsauftrag der Eltern es, auch beispielsweise den Kauf von Süßigkeiten in kleinen Mengen ihrer Zustimmung im Einzelfall unterwerfen zu können. Entsprechend findet auch bei Geschäften zwischen einem volljährigen und einem minderjährigen Geschäftsunfähigen ausschließlich Minderjährigenrecht Anwendung, was die Erklärungen des Jüngeren angeht.[10]

9 Bei dieser Ausdehnungsdiskussion sollte bedacht werden, dass praktische Anwendungsfälle nicht nur im Kauf von Bonbons liegen könnten, sondern auch etwa im Herunterladen von Klingeltönen (dazu § 110 Rn 11, 21, 27) – mit allen Abgrenzungsproblemen: Fünfzig Klingeltöne können schwerer im Magen liegen als fünfzig Bonbons. Am selben Beispiel zeigt sich wieder der die Auslegung von § 105 a spezifisch prägende Aspekt, dass eine Fortführung des gewohnten Lebens möglich sein soll (Rn 3): Die derzeit lebende Generation von Hochbetagten wird im Zweifel wenig sog. Mehrwertdienstleistungen für ihre Mobiltelefone in Anspruch nehmen, also nicht die gleichen Probleme erzeugen wie die heute Zehnjährigen. Für künftige Generationen könnte es sich anders verhalten.

10 Bei den **weiteren Tatbestandsmerkmalen** fragt sich jeweils, ob sie **subjektiv** oder **objektiv** zu verstehen sind. „Subjektiv" meint im Folgenden nicht die konkreten Wünsche des Geschäftsunfähigen, auf die nur mit Vorsicht abgestellt werden kann, da er ja geschäftsunfähig ist, sondern seinen persönlichen Lebenszuschnitt; „objektiv" die Sicht Dritter.

11 Dabei ist weder ein Vertrauensschutz für den konkreten Dritten noch ein allgemeiner Verkehrsschutz zu konstruieren, der die Grundentscheidung des Gesetzes für den Minderjährigenschutz unterliefe.

12 Im Einzelnen verlangt § 105 a S. 1 außer Geschäftsunfähigkeit und Volljährigkeit das Vorliegen eines Geschäfts des täglichen Lebens (Rn 13–28), die Möglichkeit, dieses Geschäft mit geringwertigen Mitteln zu bewirken (Rn 30–39), und die Bewirkung von Leistung und Gegenleistung (Rn 40–43). Ergänzend ist S. 2 zu beachten (Rn 44 f).

II. Geschäft des täglichen Lebens

13 Wie das Geschäft des täglichen Lebens zu bestimmen ist, ist streitig. Der verbreitete Rekurs auf die Verkehrsauffassung[11] führt sachlich nicht weiter.[12] Legt man freilich das Gesetz nach den üblichen Methoden aus, so zeigen sich Widersprüchlichkeiten, die in der Norm selbst angelegt sind und ein sinnvolles Verständnis erschweren.

14 Nach dem Wortlaut („täglich") könnte man annehmen, dass **besonders häufig vorkommende Geschäfte**[13] gemeint seien (für jedermann oder doch für den konkreten Geschäftsunfähigen). Dann wären aber Anschaffungen wie die eines Putzeimers ausgeschlossen; solche Objekte kosten zwar wenig und werden ständig gebraucht, aber nur selten werden sie neu gekauft – ein merkwürdiges Ergebnis.[14]

15 „Täglich" könnte sich weiterhin auf den **„täglichen Bedarf"** beziehen. Dann wären auch Objekte wie der Putzeimer erfasst; man gerät aber in Abgrenzungsprobleme: Kann der Geschäftsunfähige selbst bestimmen, welche Güter er „täglich" benötigt, etwa an Lebensmitteln? Diese Frage wird man verneinen müssen, da er ja geschäftsunfähig ist und bleibt, so dass eine objektivierte, aber nicht statistisch-pauschalierende Sicht erforderlich ist, für die wiederum keine allgemeinen Kriterien existieren.[15] Das zeigt sich namentlich bei solchen

7 Vgl MüKo/*Schmitt*, § 105 a Rn 1 f, gegen *Pawlowski*, JZ 2003, 72.
8 So auch *Wedemann*, AcP 209 (2009), 668, 704; anders *Roth*, AcP 208 (2008), 451, 484 ff, 487.
9 Anders Autoren, die ein individualisiertes Schutzkonzept für sinnvoll halten: *Roth*, AcP 208 (2008), 451, 484 ff, 487 (s. schon Rn 4); *Wedemann*, AcP 209 (2009), 668, 704.
10 *Joussen*, ZGS 2003, 102.
11 Vgl nur die Materialien: BT-Drucks. 14/9266, S. 43 li. Sp. Weiterführend zu diesem Pseudobegriff jetzt *Schenk*, Die Verkehrsauffassung in BGB und UWG am Beispiel des Sachenrechts und der Irreführungsgefahr, 2010.
12 Teils kritisch auch *Scherer*, StudZR 2004, 91.
13 In diesem Sinne (Deutung als Alltagsgeschäft) *Casper*, NJW 2002, 3426.
14 Beispiel von *Scherer*, StudZR 2004, 94.
15 Lässt man sich hier einmal auf die Verkehrsauffassung ein (so etwa *Scherer*, StudZR 2004, 95 f), dann kommt man zu der Frage, ob vom Geschäftsunfähigen mehr Planung verlangt werden kann als von manchen Geschäftsfähigen (*Scherer*, aaO, mit dem plastischen Beispiel, dass jemand ein Brötchen mehr kauft, als er essen kann).

Gütern, derer man nicht physisch bedarf (Rn 27). Nicht ohne Grund ist nach alldem streitig, ob der Bedarf tatsächlich bestehen muss („wirklicher Bedarf")[16] oder nicht.[17]

In systematischer Hinsicht fällt auf, dass § 105 a im Weiteren gesondert von geringwertigen Mitteln spricht sowie (S. 2) eine Sonderregel für den Fall aufstellt, dass eine erhebliche Gefahr für das Vermögen bestehe. Ökonomische Kriterien füllen also das Tatbestandsmerkmal „Geschäft des täglichen Lebens" nicht aus. 16

Ebenfalls systematisch ließe sich nach Parallelbegriffen im BGB oder seiner Auslegung fragen. Nahe liegt der **Rekurs auf § 1903 Abs. 3 S. 2**; diese Norm aber meint den geschäftsfähigen Betreuten (die Anordnung der Betreuung tangiert die Anwendbarkeit des § 105 nicht),[18] setzt also einen höheren Grad an Fähigkeit zur Selbstbestimmung voraus und hat damit einen anderen Anwendungsbereich. Das spricht gegen eine Übertragung der zu § 1903 Abs. 3 S. 2 entwickelten Grundsätze.[19] 17

Untauglich ist auch eine Orientierung am „**Bargeschäft des täglichen Lebens**";[20] diese praeter legem entwickelte Kategorie schützt den Geschäftspartner, hilft also nicht bei der Bewältigung einer spezifisch im Interesse des Geschäftsunfähigen erlassenen Norm. 18

Vielmehr kommt es nach Ziel und Zweck des § 105 a darauf an, was erforderlich ist, um die rechtsgeschäftliche Handlungsfreiheit des Geschäftsunfähigen zu erweitern und solcherart seine Integration zu fördern, ohne dass er sich selbst oder schutzwürdigen Interessen Dritter schaden kann. 19

Bereits diese Formulierung zeigt freilich den nicht auflösbaren **Zielkonflikt** hinter § 105 a: Wenn man einmal das strenge System des Geschäftsunfähigenschutzes durchbricht, so muss differenzierend entschieden werden, wo die Folgen einer rechtsgeschäftlichen Entscheidung nunmehr den Geschäftsunfähigen selbst treffen sollen und wo man das Risiko dem Geschäftsgegner auferlegt; Letzteres ist nach wie vor die Regel, und entsprechend **eng** sind die problematisch formulierten Tatbestandsmerkmale der Ausnahmevorschrift auszulegen, als welche § 105 a verstanden werden muss. 20

Nahe liegt teleologisch eine Anknüpfung an die **Vermögensverhältnisse** und **Lebensgewohnheiten** des jeweiligen Geschäftsunfähigen: Er könnte so weiterleben, wie er beispielsweise vor Eintritt einer Altersdemenz gelebt hat. Damit würden privatautonom getroffene, wirtschaftlich im Zweifel vernünftige Entscheidungslinien verlängert (vgl Rn 2, 9, 25). Demnach wären solche Geschäfte gemeint, die zum üblichen Lebensstil des Betroffenen gehören und sein Vermögen nicht nennenswert mindern. 21

Einer uneingeschränkten Anwendung dieses Kriteriums steht jedoch entgegen, dass es Personen gibt, die bereits bei Erreichen der Volljährigkeit geschäftsunfähig sind und deren Lebensstil bereits zu diesem Zeitpunkt auch nicht durch sachgerechte familiäre Entscheidungen geprägt war; weiterhin, dass Vermögensverhältnisse sich verändern können, so dass neue Entscheidungen erforderlich sind. (Für beide Konstellationen bietet das Modell eines vollständigen Fehlens der Geschäftsfähigkeit, kombiniert mit einer Betreuerbestellung, deutlich bessere Lösungen.) Daher kann der übliche Lebensstil zu Zeiten der Geschäftsfähigkeit lediglich, aber immerhin im Einzelfall Indizien für das „tägliche Leben" geben (Rn 25). 22

Es geht auch nicht um besonders „**einfache**" Geschäfte, wenngleich dies – simplifiziert – ein Grundgedanke der Regelung ist: Der Geschäftsunfähige soll Geschäfte wirksam vornehmen können, die auch er versteht. Dieses Kriterium ist nämlich keiner präzisen Abgrenzung zugänglich. 23

Immerhin lässt es sich konkretisieren. So verdient aus teleologischer Sicht der in der Rechtsprechung[21] zur Frage der Geringwertigkeit (Rn 32) erwogene Maßstab des „**Nachdenkens und Abwägens**" Beachtung: § 105 a soll nur solche rechtsgeschäftlichen Entscheidungen erfassen, die eines intellektuellen Abwägungsprozesses (objektiv) nicht bedürfen (denn diesen Prozess kann der Geschäftsunfähige ja gerade nicht leisten). Demnach fielen unter „Geschäft des täglichen Lebens" solche Geschäfte, die weder wegen des absoluten Gewichts der vom Geschäftsunfähigen zu erbringenden Gegenleistung noch wegen des Preis-Leistungs-Verhältnisses (was Wertlosigkeit des Erworbenen einschließt) noch wegen etwaiger Folgeprobleme[22] besonderes Nachdenken erfordern. Dieses Kriterium hat den Vorteil, dass es an die spezifischen Erkenntnismöglichkeiten des Geschäftsunfähigen anknüpft und den in der Norm angelegten inneren Widerspruch zwischen prinzipieller Unfähigkeit, eine sachgerechte Entscheidung zu treffen, und Wirksamkeit des Rechtsgeschäfts mildert. 24

Damit ist ein für alle Fälle passendes Kriterium nicht ersichtlich. Aus teleologischer Sicht sollte der Richter aber dahin kommen, dass der Geschäftsunfähige nur solche Geschäfte nach § 105 a tätigen kann, bei denen er sich selbst nach der Natur der zu treffenden Entscheidung nicht schaden kann (was eine Unwirksamkeit nach S. 2 nicht ausschließt). Dies wird regelmäßig dann der Fall sein, wenn es lediglich darum geht, einen früher 25

16 So etwa *Scherer*, StudZR 2004, 95 f.
17 *Lipp*, FamRZ 2003, 726.
18 Zum Verhältnis von Geschäftsunfähigkeit und Betreuung vgl Staudinger/*Knothe* (2004), § 105 Rn 10.
19 Näher *Scherer*, StudZR 2004, 92 f.
20 Besonders weit geht *Lipp*, FamRZ 2003, 727 für § 1903 Abs. 3 S. 2 (regelmäßig seien alle Bargeschäfte des Betreuten genehmigungsfrei). Das lässt sich jedenfalls nicht auf § 105 a übertragen.
21 LG Gießen FamRZ 2003, 459 f.
22 Vgl *Scherer*, StudZR 2004, 97: Reparatur, Entsorgung usw.

privatautonom bestimmten Lebensstil ohne wesentliche Änderungen fortzuführen (der Altersdemente kauft gewohnheitsmäßig jeden Samstag die gleiche Art und Menge an Lebensmitteln, die er schon immer zu kaufen pflegte).

26 Im Zweifel wird der Richter den Einzelfall zu bewerten haben, und zwar im Lichte der **Grundentscheidung** der §§ 104 ff für den Schutz des Geschäftsunfähigen vor sich selbst. Kein Entscheidungskriterium ist hingegen der Verkehrsschutz, wie aus derselben systematischen Überlegung erhellt.

27 Die insoweit mithin erhebliche Gewöhnlichkeit des Geschäfts ist **subjektiv** zu bestimmen. Wer immer schon täglich Champagner trank, soll diesen Brauch nicht wegen § 105 S. 1 missen müssen (vorbehaltlich des Tatbestandsmerkmals der „geringwertigen Mittel" und des S. 2: Gesundheitsgefährdung); für andere mag es beim Bier bleiben. Ebenso ist nicht auf Konzerte der örtlichen Blaskapelle beschränkt, wer Zeit seines Lebens in die Philharmonie ging: Solange man noch weiß, ob man Mozart oder Mahler hören möchte (sicher ein Grenzfall unter dem Aspekt des „Nachdenkens und Abwägens"), braucht man sich nicht auf Marschmusik verweisen zu lassen. Das folgt aus dem Regelungszweck, dem Betroffenen ein gewisses Maß an Selbstgestaltung seiner Lebensverhältnisse zu ermöglichen. Dies erfordert ein Absehen von statistischen Üblichkeiten. Sonst könnte der altersdemente Rechtshistoriker nicht einmal wöchentlich ins Museum gehen, wenn der Durchschnittsbürger sich anders verhält.[23]

28 Es kommt auch nicht auf Entscheidungen des etwa bestellten Betreuers an.[24]

29 **Ungeklärt** ist damit nicht nur, ob man im Zustand der Geschäftsunfähigkeit den Zuschnitt seines täglichen Lebens ändern kann, sondern auch, wie Rechtssicherheit für den Geschäftsgegner hergestellt werden kann: Ein Wirt, der den Gast nicht kennt, weiß nicht, ob dieser üblicherweise Bier oder Champagner wünscht. Das aber ist hinzunehmen im Lichte des Prinzips, dass keinerlei vertragliche Ansprüche hat, wer mit Geschäftsunfähigen kontrahiert; der Nachrang des Verkehrsschutzes gilt sogar bei beschränkt Geschäftsfähigen und erst recht dort, wo die Fähigkeit zur Selbstbestimmung auf ein Minimum reduziert ist. Hingegen besteht keine solche Rechtsunsicherheit in dem – praktisch häufigen – Fall des Geschäftsunfähigen, der im vertrauten sozialen Umfeld (Laden in der Nachbarschaft, Stammkneipe usw) tätig wird: Ihn und seine üblichen Wünsche kennt man, und so lange deren Maß nicht überschritten ist, bewegen sich beide Parteien in derjenigen Sphäre, an die das Gesetz denkt.

III. Geringwertige Mittel; Bewirken von Leistung und Gegenleistung

30 Bei der **Geringwertigkeit der Mittel** spricht S. 2 (Rn 44 f) systematisch dafür, in S. 1 einen **objektiven Maßstab** anzulegen: Gefahren für das individuelle Vermögen sind ausdrücklich erst dort erfasst. Also droht das tägliche Glas Champagner am Erfordernis einer objektiv verstandenen Geringwertigkeit zu scheitern (und beim wenig Betuchten sicher an S. 2). Dagegen bestehen aber Bedenken: Kriterien für die Ausfüllung dieser Kategorie sind nicht ersichtlich. Stellt man auf **statistische Durchschnittswerte** ab, wie es die Gesetzesbegründung[25] will („das durchschnittliche Preis- und Einkommensniveau": gibt es das für die betreffenden Personen und Geschäfte?),[26] so könnte der finanziell gut ausgestattete Geschäftsunfähige seinen üblichen Lebenszuschnitt doch nicht selbständig fortführen. Dass das Gesetz ihm aber ebendies ermöglichen will (nicht hingegen „sozialen Ausgleich" anstrebt), ergibt sich teleologisch: Die Geringwertigkeit ist so lange subjektiv zu bestimmen, als die Grenze der Vermögensgefährdung nicht erreicht ist.

31 Für S. 1 kommt es also nicht auf eine objektive Betrachtung an, sondern darauf, was der konkrete Geschäftsunfähige sich ohne Gefährdung der **Substanz seines Vermögens** leisten kann.[27] Soweit der historische Gesetzgeber seine abweichende Vorstellung mit der „Sicherheit des Rechtsverkehrs" begründet, greift er systemwidrig auf Verkehrsschutzkriterien zurück, die in den §§ 104 ff keinen Platz finden;[28] hier setzen sich Systematik und Telos gegen die – nach allgemeinen Regeln nachrangige – subjektiv-historische Auslegung

23 Hier zeigt sich zugleich die Nutzlosigkeit der Konstruktion einer Verkehrsauffassung: Sachgerechte Ergebnisse erzielte man hier allenfalls, wenn man die Bevölkerung in Gruppen einteilte, welchen der „Verkehr" mehr oder weniger Freude an Museen zuwiese. Dies führte zu ähnlich ergebnisorientierter Kategorienbildung wie früher nach der „objektiven Theorie" zu § 459 aF.

24 Diese sind für den geschäftsfähigen Betreuten bereits über §§ 1903 Abs. 1 S. 2, 110 geregelt. Anders *Pawlowski*, JZ 2003, 68 ff: § 105 a sei in teleologischer Reduktion lediglich auf vom Betreuer überlassene Mittel zu beziehen. Dies nähme dem § 105 a sein systematisches Störpotenzial, bedeutete aber u.a., dass überhaupt nur betreute Geschäftsunfähige von der Norm profitieren könnten, wiewohl sie im Allgemeinen Teil steht. Vgl *Löhnig/Schärtl*, AcP 204 (2004), 30.

25 BT-Drucks. 14/9266, S. 43 re. Sp.

26 Skeptisch auch Jauernig/*Jauernig*, § 105 a Rn 5.

27 Wohl anders die hM, vgl MüKo/*Schmitt*, § 105 a Rn 8 mwN. Für § 1903 ist die Berücksichtigung der individuellen Verhältnisse des Betreuten bei der „Geringfügigkeit" hL; vgl *Lipp*, FamRZ 2003, 727 mwN. Fn 87; s. MüKo/*Schwab*, § 1903 Rn 46.

28 Zutr. *Scherer*, StudZR 2004, 98.

anhand der Materialien durch.[29] § 105 a stellt insgesamt keinen sinnvollen Beitrag zur Sicherheit des Rechtsverkehrs dar; eine isoliert objektive Auslegung des Tatbestandsmerkmals „mit geringwertigen Mitteln" rettet den Rechtsverkehr nicht.

In diesem subjektivierenden Sinn lässt sich auch das Kriterium des Nachdenkens und Abwägens verstehen (Rn 24): Man mag durchaus davon ausgehen, was üblicherweise einen Anlass zum Abwägen darstellt und was nicht.[30] Hat aber im konkreten Fall der nunmehr Geschäftsunfähige niemals abgewogen, ob er 5 EUR mehr oder weniger bezahlen solle, wenn in der Philharmonie Mozart gespielt wurde, so entspricht es gerade dem Ziel des Gesetzes, ihm auch weiterhin den von ihm bevorzugten Musikgenuss zu ermöglichen (zumal ihm im Wesentlichen die Möglichkeit fehlt, das gesparte Geld wirksam anderweitig einzusetzen). Man kann also von einer statistischen Üblichkeit des unbedachten oder reflektierten Ausgebens ausgehen, muss diesen gedanklichen Ausgangspunkt aber ggf anhand der persönlichen Umstände korrigieren. Erwägungen der Rechtssicherheit spielen wiederum keine Rolle. 32

Jedenfalls kommt es auf die **konkret geforderte Gegenleistung** an, nicht auf einen Durchschnittspreis, obwohl diese Gegenleistung mit der vom Geschäftsunfähigen erlangten Leistung nicht wirksam vertraglich verbunden ist (dazu Rn 40 f). Das Verb „können" meint also nicht die abstrakte Möglichkeit, eine Leistung für geringen Aufwand zu bekommen, sondern die konkrete. Sonst träten die Rechtsfolgen der Norm auch hinsichtlich überteuerter Leistungen ein, was gerade angesichts der Geschäftsunfähigkeit des Leistungsempfängers zu verhindern ist. 33

Eine Spezialfrage der Geringwertigkeit ist die, ob dem Geschäftsunfähigen eine gewisse **Vorratshaltung** erlaubt werden soll. Die Summe in sich sinnvoller Geschäfte kann sinnlos sein.[31] Hier mag die Üblichkeit eine Grenze indizieren;[32] im Zweifel ist von den teleologischen Kriterien wiederum am ehesten das des Nachdenkens und Abwägens hilfreich (legt man einen solchen Vorrat üblicherweise ohne solche Reflexion an?),[33] und ergänzend ist auf den gewohnten Lebenszuschnitt abzustellen: Wer sich mit 50 Konservendosen im Keller sicherer fühlt, muss durchaus nicht geschäftsunfähig sein, und wenn er geschäftsunfähig wird, so ist nicht einzusehen, warum er nicht weiterhin 50 Dosen vorrätig halten darf. Anders möglicherweise bei veränderten Wünschen, zumal diese auch auf eine weitere Einschränkung der Fähigkeit zur Selbstbestimmung hindeuten können. 34

Verallgemeinert: Kauft jemand **mehrere Objekte** auf einmal, so bestimmt sich die Geringwertigkeit zwar nach dem **Gesamtpreis**.[34] Auch der Erwerb mehrerer gleichartiger Objekte kann jedoch von § 105 a erfasst sein, wenn deren allmählicher Verbrauch den Tatbestandsmerkmalen im Übrigen entspricht; anders nach dem oben erörterten Kriterium des „täglichen Lebens" bei Mengen, die eine solche Nutzung zweifelhaft erscheinen lassen, und zwar unabhängig vom Preis: 20 Konservenbüchsen mögen den Haushalt des Geschäftsunfähigen bereichern, 20 Zahnbürsten nicht. 35

Sonderprobleme der Bestimmung des Wertverhältnisses stellen sich bei **Schenkungen**. Schenkt der Geschäftsunfähige, so wird er nicht zur Befriedigung eines ökonomisch verstandenen Bedarfs tätig; aus der Perspektive der vom Gesetzgeber ins Auge gefassten typischen Fälle könnte man also, wenn man aus diesen Fällen allein den Normzweck ableitete, eine teleologische Reduktion erwägen.[35] Die Folge wäre, dass nur bei Bestellung eines Betreuers Schenkungen möglich wären, nämlich durch diesen.[36] 36

Man wird jedoch differenzieren müssen: Hat der Großvater seinem Enkelkind schon immer Plätzchen angeboten, so gehört es in Zeiten der Altersdemenz gerade zu seiner weiteren Integration in sein soziales Umfeld, dass er dies auch weiterhin tun kann. Allgemeine Regeln erzwingen also kein generelles Schenkungsverbot; kleine Geschenke können durchaus zu dem Alltag gehören, der dem Geschäftsunfähigen ermöglicht werden soll. 37

Wird umgekehrt der Geschäftsunfähige **selbst beschenkt**, spricht einiges dafür, größere Summen zwar nicht deshalb vom Anwendungsbereich der Norm auszuschließen, weil die Mittel nicht geringwertig seien: Die Geringwertigkeit bezieht sich auf das „Tätigen" durch den Geschäftsunfähigen, und dieser gibt bei einer Schenkung nichts hin. Wohl aber gehören solche Geschäfte nicht zum täglichen Leben,[37] und zwar auch nach dem noch am ehesten tauglichen Kriterium des Nachdenkens und Abwägens: Bei größeren Zuwendungen muss man erwägen, ob man diese annehmen sollte, weil die Frage nahe liegt, welche Interessen der Schenkende verfolgt. 38

29 AA *Joussen*, ZGS 2003, 103 (der Sinn und Zweck anders bestimmt als hier vertreten).
30 Vgl nochmals LG Gießen FamRZ 2003, 459.
31 Vgl zu § 1903 Abs. 3 S. 2 bereits *Baldus/Böhr*, Jura 2001, 34 ff.
32 Vgl *Casper*, NJW 2002, 3426.
33 *Scherer*, StudZR 2004, 98.
34 So auch *Joussen*, ZGS 2003, 103; vgl für § 1903 Abs. 3 S. 2 bereits *Baldus/Böhr*, Jura 2001, 37.
35 So – ohne methodische Einordnung – wohl *Lipp*, FamRZ 2003, 727.
36 So in der Tat *Lipp*, FamRZ 2003, 727, ohne Erörterung des Falles, dass kein Betreuer bestellt ist.
37 Vgl das Beispiel bei *Scherer*, StudZR 2004, 103.

39 Das Nachdenken bezieht sich hier also auch auf den außerrechtlichen Sinn des Geschäfts; bedenkt man die grundsätzliche Skepsis des BGB gegenüber unentgeltlichen Zuwendungen, so unterliegt der Geschäftsunfähige als Beschenkter denselben Regeln wie als Schenkender. Namentlich lassen sich die minderjährigenrechtlichen Regeln über den rechtlichen Vorteil (§ 107) nicht auf den völlig anders gearteten Schutzmechanismus der §§ 104–105 a übertragen.

40 Das Gesetz sagt anders als in § 110 zunächst nicht „bewirkt", sondern „das mit geringwertigen Mitteln **bewirkt werden kann**". Es geht an dieser Stelle also nicht um ein Verbot von Kreditgeschäften (dem entspricht, dass § 105 a anders als § 110 nicht bei einem wirksamen Verfügungsgeschäft ansetzt, vgl § 110 Rn 3).[38] Vielmehr bezieht sich die Norm auf die quantitative Bestimmung der Gegenleistung beim Verpflichtungsgeschäft. Dennoch kann der Geschäftsunfähige das Bier in seiner Stammkneipe nicht anschreiben lassen, weil § 105 a **zusätzlich** verlangt, dass Leistung und Gegenleistung bewirkt sind; insoweit besteht eine Parallele zu § 110. Das Bewirken in diesem Sinne scheitert nicht an der Unfähigkeit, einen rechtsgeschäftlichen Willen zu bilden (sonst liefe die Norm leer).[39] Wie bei § 110 geht es darum, dass der Geschäftsunfähige den ihn treffenden Vermögensnachteil spürt, wohingegen er die aus einem Kreditgeschäft resultierenden Nachteile oftmals nicht realisieren würde.

41 Möglich ist es also, das Bier zu trinken, aber nicht zu bezahlen; dann ist der Leistende auf gesetzliche Ansprüche verwiesen. Insoweit steht im Falle des § 105 a der unvorsichtige Geschäftspartner, der keine Vorkasse verlangt, so, wie jeder, der mit einem nicht (voll) Geschäftsfähigen kontrahiert. Hingegen genießt den Schutz einer Wirksamkeitsfiktion, wer erst kassiert, sofern er dann auch selbst leistet; damit sind immerhin Bereicherungsansprüche und namentlich die Problematik der Saldotheorie ausgeschlossen.

42 Problematisch ist die Fallgestaltung, in welcher der **Geschäftspartner** auf Vorkasse **nicht leistet** (etwa übereignet): Da seine Leistung nicht bewirkt ist, greift allein § 105 Abs. 1 ein; er muss also auch nicht leisten. Dem Geschäftsunfähigen steht dann lediglich ein Bereicherungsanspruch zu.

43 Dessen typische Schwäche (§ 818 Abs. 3) könnte dazu verleiten, einen paravertraglichen Leistungsanspruch in der Person des Geschäftsunfähigen zu konstruieren, etwa über § 242. Dies wäre aber system- und zweckwidrig: Das Gesetz will das als wirksam behandeln, was bereits geschehen ist, nicht eine Parallelordnung zum Vertragsrecht schaffen (mit weiteren Pflichten zulasten des Geschäftsunfähigen, s. Rn 49 ff). Häufig wird der Geschäftsgegner auch um den Zustand des anderen wissen, so dass die §§ 819 Abs. 1, 818 Abs. 4 eingreifen.

IV. Keine Gefahr für Person oder Vermögen (S. 2)

44 S. 2 bezieht sich auf den Fall, dass ein Geschäft zwar den üblichen Lebensverhältnissen des Betroffenen entspricht und auch mit geringwertigen Mitteln bewirkt werden kann, die Fiktion seiner Wirksamkeit (Rn 46) im Ergebnis aber dennoch zu gefährlich wäre. Hier finden jedenfalls **subjektive Kriterien** Anwendung. Eine erhebliche Gefahr für die Person eines Alkoholikers liegt schon im Erwerb eines einzigen Glases Bier (freilich wäre die Gefahr unmittelbar nicht größer, tränke er das Bier cum causa). Eine erhebliche Gefahr für das Vermögen eines Armen kann auch im Erwerb objektiv geringwertiger Gegenstände liegen; freilich wird hier kaum ein Fall zu finden sein, in dem nicht schon S. 1 zu verneinen wäre.

45 Hinsichtlich der **Gesundheitsgefährdung** mag die gesetzliche Konstruktion insoweit schlüssig sein, als ein rechtskundiger Gastwirt das Bier nicht ausschenken wird, wenn er weiß, dass auch ein Bewirken der Gegenleistung keine Wirksamkeitsfiktion herbeiführte. Damit aber öffnet sich wiederum das Feld des Bereicherungsrechts. Weitere Wirksamkeitshindernisse sind denkbar (§ 138!). Im Übrigen dürfte der rechtskundige Gastwirt, der sich überdies tatsächlich von solchen Erwägungen leiten lässt, selten anzutreffen sein. Für die **Vermögensgefährdung** sieht es nicht viel besser aus. So mag S. 2 gut gemeint sein, kann aber auf wenig praktische Bedeutung hoffen.

V. Rechtsfolgen

46 Rechtsfolge des § 105 a ist, dass der Vertrag als wirksam „gilt". Dies ist technisch als **Fiktion** zu lesen; das Gesetz beseitigt nicht die Geschäftsunfähigkeit, sondern es sieht bewusst über sie hinweg. Die Ausdrücke „geschlossen" und „vereinbart" meinen den rechtlich an sich folgenlosen faktischen „Konsens", der allein innerhalb des § 105 a Bedeutung erlangt. Insoweit liegt eine gewisse Klarstellung in der Konstruktion als Fiktion. Das bedeutet insbesondere: Durch § 105 a tritt keine Wirksamkeit der Willenserklärung ein, sondern lediglich die Fiktion eines wirksamen **Vertragsschlusses**.[40] Die Konstruktion (Irrelevanz einer Prämisse auf-

38 So auch *Franzen*, JR 2004, 221, 223.
39 Vgl *Casper*, NJW 2002, 3426.
40 Vgl noch *Joussen*, ZGS 2003, 103 f („juristisches Neuland", „juristisches Vakuum").

grund Fiktion des Ergebnisses) ist bestenfalls atypisch (fingiert wird normalerweise kontrafaktisch, Rechtsfolgen hingegen kann das Gesetz anordnen), aber jedenfalls bleibt die Willenserklärung unwirksam.

Daraus folgt: § 105 a schafft keine **relative Geschäftsfähigkeit** (dazu § 104 Rn 24), ebenso wenig eine **partielle** (§ 104 Rn 25–29.). Selbst wenn man als Geschäfte des täglichen Lebens die „einfachen" (in welchem Sinne auch immer) qualifiziert, tritt doch auch durch § 105 a keine Wirksamkeit der Willenserklärung ein. Eine partielle Geschäftsfähigkeit scheitert an derselben Erwägung sowie daran, dass die infrage kommenden Geschäfte nicht gegenständlich abgrenzbar sind. **47**

In jedem Fall kann der Geschäftsunfähige unter § 105 a nicht mehr wirksam erklären als sonst auch. Vielmehr bezieht die Wirksamkeitsfiktion sich auf einen Kreis von Geschäften, der mit den allgemeinen Kategorien der Geschäftsfähigkeit weder erfasst werden kann noch muss. Allenfalls mag man eine (dogmatisch vorbildlose) „partielle Wirksamkeitsfiktion mit relativen Elementen" annehmen.[41] **48**

Ungeklärte Probleme bietet die Rechtsfolgenseite einerseits hinsichtlich der **Wirksamkeit des Verfügungsgeschäfts**, andererseits bezüglich etwaiger **Sekundäransprüche**. Anders als im Minderjährigenrecht hilft die Kategorie des rechtlichen Vorteils nicht weiter, wenn man dem Geschäftsunfähigen rechtsbeständigen Erwerb sichern will. Vielmehr ist zu fragen, ob die Begriffe „Geschäft" und „wirksam" auch das Erfüllungsgeschäft meinen. Der Wortlaut steht dem nicht entgegen,[42] System, Sinn und Zweck legen eine positive Antwort nahe:[43] Würde der Geschäftsunfähige nicht Eigentümer, so könnte der Geschäftsgegner vindizieren.[44] Soll aber das Geschäft auf Seiten des Geschäftsunfähigen Wirkungen entfalten, so muss dies auch für den Geschäftsgegner gelten, denn eine einseitige Möglichkeit der Rückabwicklung würde der Position des Geschäftsunfähigen im alltäglichen Rechtsverkehr gerade schaden. Es erwerben also beide wirksam (kraft Fiktion);[45] einer Herausgabeklage nach § 985 steht § 986 entgegen,[46] einem bereicherungsrechtlichen Herausgabeanspruch die Ableitung eines Rechtsgrundes aus § 105 a.[47] Dies entspricht der systematischen Einordnung der §§ 104 ff im Allgemeinen Teil: Die Regeln über Verpflichtungs- und Verfügungsgeschäfte werden im Regelfall gleichermaßen durch den Schutz der nicht voll Geschäftsfähigen beeinflusst, es gibt keine Bereichsausnahmen, aber auch keine Auflösung des Trennungs- und Abstraktionsprinzips. **49**

Verschiedentlich wird der Versuch unternommen, dem Geschäftsunfähigen **Sekundäransprüche** zukommen zu lassen. Solche Ansprüche setzen Wirksamkeit des Vertrages voraus; es fragt sich also wieder, wie weit die Wirksamkeitsfiktion reicht. Der Wortlaut ist wiederum indifferent; der historische Gesetzgeber wollte weiter gehende Ansprüche auch in der Person des Geschäftsunfähigen nicht entstehen lassen;[48] systematisch und teleologisch fragt sich, ob das Gesetz den Geschäftsunfähigen oder den Geschäftsgegner nur von Rückabwicklungsansprüchen freistellen oder umfassend Vertragswirkungen herbeiführen will. Stellt man in den Vordergrund, dass die Handlungsmöglichkeiten des Geschäftsunfähigen erhalten bzw erweitert werden sollen, so ist eine Grundentscheidung für Sekundäransprüche für (und gegen) ihn immerhin denkbar.[49] Es fragt sich jedoch, wie weit dieses Regelungsziel trägt und ob man zu einer konsequenten Lösung für Ansprüche des Geschäftsunfähigen und für solche gegen ihn gelangt. Konstruktiv ist zu fragen, ob bei mangelhafter Leistung einer Seite ein „Bewirken" im Sinne der Norm vorliegt. In Übereinstimmung mit allgemeinen Regeln des Schuldrechts ist dafür regelmäßig mangelfreie Leistung zu fordern;[50] und dann stellt sich auch die Frage der Sekundäransprüche nicht. Vgl weiterhin Rn 54. **50**

Regelungsziel ist, vorsichtig formuliert, die beschränkte (weitere) Teilnahme am Rechtsverkehr, soweit nicht mit übermäßigen Risiken verbunden. Die fiktive Behandlung der Abrede als wirksam ließe sich in dieser Perspektive wie folgt weiterdenken: Das durch § 105 a in Bezug genommene Modell ist ein symmetrisches, und das Gesetz weist dem Geschäftsunfähigen Risiken lediglich unter der Prämisse zu, dass die Voraussetzungen des § 105 a erfüllt sind, namentlich die Alltäglichkeit, welche die Situation für den Geschäftsunfähigen überschaubar macht, und die Geringwertigkeit, welche sein Risiko begrenzt. Zum anderen kennt dieses Risiko auch eine – praktisch entscheidende – rechtliche Grenze darin, dass vertraglich konstruierte Haftung ebenso **51**

41 So das Ergebnis der gründlichen Analyse von *Scherer*, StudZR 2004, 101–105.

42 Sofern man „bewirken" nicht auf das Erfüllungsgeschäft bezieht und daraus ableitet, die Norm meine allein das Verpflichtungsgeschäft. Dazu besteht jedoch schon deswegen kein Anlass, weil „bewirken" gar nicht technisch im Sinne eines nach allgemeinen Regeln wirksamen Aktes verstanden werden kann (Rn 21 ff). Unerheblich ist, dass das Gesetz von „einem" Vertrag spricht: *Casper*, NJW 2002, 3428; *Joussen*, ZGS 2003, 105.

43 So die hL; anders MüKo/*Schmitt*, § 105 a Rn 19.

44 Anders nur bei Annahme einer dauernden Vindikationssperre. Damit freilich legte man dem § 105 a ohne Not die Konsequenz bei, Eigentum und Besitz dauerhaft zu trennen; das aber ist dem BGB fremd, und zwar auch nach Einführung des § 241 a (vgl *Casper*, NJW 2002, 3427 f).

45 Zu Recht betont bei MüKo/*Schmitt*, § 105 a Rn 11. Dort Rn 12 auch zu Erfüllungssurrogaten.

46 Vgl MüKo/*Baldus*, § 986 Rn 14.

47 Vgl MüKo/*Schmitt*, § 105 a Rn 18.

48 BT-Drucks. 14/9266, S. 43 re. Sp.

49 So in der Tat MüKo/*Schmitt*, § 105 a Rn 20–26 (differenzierend zu einzelnen Positionen).

50 Vgl *Franzen*, JR 2004, 221, 225.

wie deliktische üblicherweise Verschulden voraussetzt, das in der Person des Geschäftsunfähigen nach allgemeinen Regeln nicht gefunden werden kann.

52 Ein solches Ergebnis wird jedoch bisweilen als unerwünscht angesehen, da es den Schutz des Geschäftsunfähigen nicht uneingeschränkt garantiert. Daher wird bisweilen halbseitige Wirksamkeit (Ansprüche nur zugunsten des Geschäftsunfähigen) konstruiert,[51] was jedoch systematischen Zweifeln begegnet: Das BGB kennt prinzipiell kein negotium claudicans, sondern lässt Geschäfte beidseitig wirksam oder unwirksam sein.[52] Praktisch fragt sich, wer diese Ansprüche geltend machen sollte.[53]

53 Insgesamt spricht mehr dafür, jeden vertraglichen Sekundäranspruch auszuschließen. Sonst käme man, über den Rückabwicklungsausschluss hinaus, zu einer insgesamt paravertraglichen Struktur, die vom Gesetzgeber jedenfalls subjektiv nicht gewollt war und die auch nicht erforderlich ist: Vor Einführung des § 105 a war der Geschäftsunfähige auch nur außervertraglich geschützt, und dieser Schutz wurde in der Vergangenheit als ausreichend angesehen.

54 Ein Ausweg liegt darin, in § 105 a zusätzlich hineinzulesen, Leistung und Gegenleistung müssten **ordnungsgemäß** bewirkt sein,[54] vgl Rn 50 aE. Das ist als **teleologische Reduktion** möglich und stimmt mit der systematischen Klarstellung überein, welche beispielsweise § 433 Abs. 1 S. 2 nF mit sich bringt: Mangelhafte Leistung und Nichtleistung sind lediglich zwei Varianten der Pflichtverletzung, die Grundunterscheidung des Gesetzes ist hingegen die zwischen ordnungsgemäßer Leistung und Pflichtverletzung. Das Ergebnis bei nicht ordnungsgemäß bewirkter Leistung ist nach diesem Ansatz wiederum Nichtigkeit des Geschäfts; die Rückabwicklung folgt dann allgemeinen Regeln.

55 Mit einer gewissen inneren Konsequenz wird – de lege ferenda – auch das radikale Lösungsmodell vertreten, die unter § 105 a Abs. 1 fallenden Geschäfte von vornherein für beidseitig wirksam zu erklären.[55] Das ist immerhin einfacher als die punktuelle oder einseitige Gewährung von Ansprüchen und Gestaltungsrechten.

C. Weitere praktische Hinweise und rechtspolitischer Ausblick

56 Die **Beweislast** für die Voraussetzungen des **S. 1** trifft nach allgemeinen Regeln den, der sich auf die Vorschrift beruft, so etwa den Geschäftsgegner, der das Entgelt nicht zurückzahlen will, aber auch den Geschäftsunfähigen, der die gekaufte Sache behalten möchte.

57 Die letztgenannte Konstellation deutet darauf hin, dass es jedenfalls eine praktische Anwendung der Vorschrift geben könnte: Ohne § 105 a müsste der Geschäftsunfähige beweisen, punktuell geschäftsfähig gewesen zu sein, nämlich in einem „lichten Augenblick" gehandelt zu haben. Selbst wenn es den lichten Augenblick geben sollte (zweifelhaft, § 105 Rn 2 ff), wäre dies ein Beweis, der sowohl schwierig als auch sozial **unerwünscht** sein kann (etwa wegen der Notwendigkeit, medizinische Details offen zu legen). Sollte es freilich lichte Augenblicke geben und sollte der Beweis im Einzelfall gelingen, dann braucht man § 105 a nicht.[56] Stehen aber die Voraussetzungen des § 105 a fest, so entfällt die Notwendigkeit (und die Möglichkeit),[57] mit dem „lichten Augenblick" zu argumentieren: Der Handelnde war geschäftsunfähig, auch im Zeitpunkt des streitgegenständlichen Geschäfts, das Gesetz legt seinem Handeln aber dennoch Wirksamkeit bei.

58 Das Vorliegen der Voraussetzungen des **S. 2** muss derjenige beweisen, der sich auf den Ausschluss der Wirkungen nach dieser Vorschrift beruft.

59 Wünschenswert ist eine baldige **Streichung** der Norm als bestenfalls überflüssig, jedenfalls systemwidrig und praxisfern. Solange sie existiert, bleibt sie so zu **interpretieren**, dass das gesetzliche Regelungssystem im Übrigen nicht beschädigt wird. **Analogiefähig** ist sie nicht, weil sie gesetzestechnisch und dem Regelungskonzept nach von allgemeinen Vorschriften abweicht und an deren Stelle eine bereits in sich schwerlich nachvollziehbare punktuelle Sonderregel setzt.

60 Eine entsprechende Anwendung des § 105 a (oder des § 1903 Abs. 3 S. 2) auf **beschränkt** Geschäftsfähige kommt nicht in Betracht (Rn 7 ff).

51 Vgl *Casper*, NJW 2002, 3427; *Ludyga*, FPR 2007, 3, 5.

52 Im Minderjährigenrecht wird dies möglich durch konsequente Durchführung des Abstraktionsprinzips: Weil die verschiedenen Erfüllungsakte rechtlich gegenüber dem Grundgeschäft, wie auch untereinander, selbständig sind, kann für jedes Geschäft gesondert entschieden werden, was der Minderjährigenschutz verlangt. Die abweichende römische Vorstellung vom „hinkenden Geschäft" beruht auch darauf, dass seinerzeit nicht so strikt getrennt wurde.

53 Vgl *Franzen*, JR 2004, 221, 225 f.

54 Näher *Joussen*, ZGS 2003, 104.

55 Dafür *Wedemann*, AcP 209 (2009), 668, 701.

56 Insoweit richtig Jauernig/*Jauernig*, § 105 a Rn 3.

57 Grundsätzlich anders verwertet Jauernig/*Jauernig*, § 105 a Rn 3, die Lehre vom „lichten Augenblick": Alle für § 105 a relevanten Fälle seien mit dieser Rechtsfigur erklärbar. Das ändert nichts am konstruktiven gegenseitigen Ausschluss der beiden Tatbestände: § 105 a für Geschäftsunfähige (Wortlaut), lichter Augenblick für punktuell Geschäftsfähige. Dennoch darf am Nutzen der neuen Vorschrift gezweifelt werden; eindrücklich dazu auch *Kohler*, JZ 2004, 348.

Ebenso ist eine direkte oder analoge Anwendung auf die nach **§ 105 Abs. 2** nichtige Willenserklärung abzulehnen.[58] Wer – etwa im Alkoholrausch – Geschäfte tätigt, die typologisch unter § 105 a fallen könnten,[59] ist rechtstechnisch nicht geschäftsunfähig iSd § 105 a. Die damit allenfalls denkbare Analogie scheitert bereits am Fehlen einer (planwidrigen) Lücke: Der Betrunkene oder anderweitig Berauschte soll keineswegs an den Geschäftsverkehr herangeführt werden. Seinem Bedürfnis nach sozialer Integration und Selbstbestimmung ist dadurch Rechnung zu tragen, dass seine Sucht bekämpft wird und (jedenfalls) der aktuelle Rauschzustand vergeht, nicht durch weitere Aufweichungen der Geschäftsfähigkeitsregeln. 61

§ 106 Beschränkte Geschäftsfähigkeit Minderjähriger

Ein Minderjähriger, der das siebente Lebensjahr vollendet hat, ist nach Maßgabe der §§ 107 bis 113 in der Geschäftsfähigkeit beschränkt.

A. Allgemeines

Die Norm erlangt Bedeutung primär als Voraussetzung der §§ 107–113.[1] Seit der Abschaffung der Vormundschaft über Volljährige durch das BtG gibt es keine volljährigen beschränkt Geschäftsfähigen mehr. Wohl aber ordnet § 1903 Abs. 1 S. 2 die entsprechende Anwendung der §§ 108–113 für den unter Einwilligungsvorbehalt stehenden Betreuten an.[2] 1

B. Regelungsgehalt

Die beschränkte Geschäftsfähigkeit **beginnt** mit der Vollendung des siebten Lebensjahres, also am siebten Geburtstag um 0 Uhr, § 187 Abs. 2 S. 2, und **endet** mit Ablauf des letzten Tages des siebzehnten Lebensjahres, §§ 2, 188 Abs. 2 Hs 2, 187 Abs. 2 S. 2. 2

Die beschränkte Geschäftsfähigkeit hat zur **Folge**, dass der Minderjährige selbst **Rechtsgeschäfte wirksam** vornehmen kann, sofern die **Einwilligung** (§ 183) seines gesetzlichen Vertreters vorliegt, § 107. Fehlt die Einwilligung, so hängt die Wirksamkeit eines vom Minderjährigen abgeschlossenen Vertrags von der Genehmigung des gesetzlichen Vertreters ab, vgl § 108; ein einseitiges Rechtsgeschäft des Minderjährigen ist grundsätzlich unwirksam, vgl § 111. Daneben hat der gesetzliche Vertreter weiterhin die Möglichkeit, in Ausübung seiner Vertretungsmacht gem. § 1629 Abs. 1 Rechtsgeschäfte mit Wirkung für und gegen den Minderjährigen abzuschließen.[3] 3

Ausnahmsweise ist der Minderjährige **unbeschränkt geschäftsfähig**, soweit ihm nämlich das konkrete Rechtsgeschäft **lediglich** einen **rechtlichen Vorteil** bringt (oder neutral ist, vgl § 107 Rn 32 ff), **§ 107**,[4] und unter den Voraussetzungen der **§§ 112, 113**.[5] Konsequenterweise ist in diesen Bereichen ein wirksames Handeln des gesetzlichen Vertreters für den Minderjährigen ausgeschlossen, da kein Schutzbedürfnis besteht[6] – bei § 107 von Anfang an nicht, bei §§ 112, 113 nicht mehr (vgl § 112 Rn 1).[7] 4

Ob eine dem Minderjährigen gegenüber abgegebene Willenserklärung wirksam wird, bestimmt sich gem. **§ 131 Abs. 2** spiegelbildlich zu § 107; es kommt mithin darauf an, ob die Erklärung dem Minderjährigen lediglich einen rechtlichen Vorteil bringt oder eine Einwilligung des Vertreters vorliegt (vgl § 131 Rn 10 ff). Bei der Verjährung einer Forderung gegen einen Minderjährigen ist **§ 210** zu beachten. 5

Eine beschränkte **Prozessfähigkeit** des Minderjährigen gibt es nicht; nur bei unbeschränkter (Teil-)Geschäftsfähigkeit in den Fällen der §§ 112, 113 besteht auch eine auf diese Bereiche beschränkte Prozessfähigkeit, § 52 ZPO. Aus der aus § 107 folgenden unbeschränkten Geschäftsfähigkeit des Minderjährigen für rechtlich 6

58 Dafür (mit der Begründung, in beiden Fällen sei die freie Willensbestimmung ausgeschlossen) *Lipp*, FamRZ 2003, 725.

59 *Lipp* erwähnt eine Taxifahrt oder den Kauf von Zigaretten. Gerade beim Taxifahren stellt sich jedoch die Frage, ob derart typischerweise teure Dienstleistungen von Volltrunkenen tatsächlich nach den zu § 105 a entwickelten Kriterien in Anspruch genommen werden – oder ob lediglich andere, hier nicht erhebliche Erwägungen für die Begünstigung des Taxifahrens sprechen (etwa die alkoholbedingte Fahruntüchtigkeit des Kunden).

1 Zu Sonderregelungen für Minderjährige im Familien- und Erbrecht vgl MüKo/*Schmitt*, § 106 Rn 5, 6.

2 Vgl dazu MüKo/*Schwab*, § 1903 Rn 3, 42 f.

3 *Medicus*, Rn 583; Staudinger/*Knothe* (2004), § 106 Rn 5.

4 Planck/*Flad*, § 107 I.; Jauernig/*Jauernig*, § 106 Rn 2.

5 *Larenz/Wolf*, BGB AT, § 25 Rn 62 f.

6 Jauernig/*Jauernig*, § 106 Rn 3; aA für § 107 *v. Tuhr*, BGB AT Bd. 2, § 59 V (S. 344); für §§ 112, 113 *Larenz/Wolf*, § 25 Rn 70 mwN.

7 Zu §§ 112, 113 vgl *Enneccerus/Nipperdey*, BGB AT Bd. 2, S. 935 f.

vorteilhafte Geschäfte folgt keine Prozessfähigkeit für das konkrete vorteilhafte Geschäft,[8] denn dies würde gem. § 52 ZPO voraussetzen, dass der Minderjährige sich selbständig durch Verträge verpflichten kann; gerade das kann er im Rahmen von § 107 aber nicht.

7 Die Zulässigkeit von **Verfahrenshandlungen** Minderjähriger im **Verfahren der Freiwilligen Gerichtsbarkeit** bestimmt sich nunmehr nach § 9 FamFG; vgl § 104 Rn 91.

C. Weitere praktische Hinweise

8 Wer sich auf die beschränkte Geschäftsfähigkeit des Erklärenden beruft, trägt hierfür die **Beweislast**. Angesichts der hierfür festgelegten Altersgrenzen wird dies höchstens bei Jugendlichen problematisch sein, die keine zuverlässigen Ausweispapiere besitzen. Ist der Zeitpunkt der Abgabe der Erklärung streitig, so ist derjenige beweispflichtig, der sich darauf beruft, dass die Abgabe noch während der Minderjährigkeit des Erklärenden erfolgt ist.[9]

9 Zum **Kollisionsrecht** vgl § 104 Rn 103.

§ 107 Einwilligung des gesetzlichen Vertreters

Der Minderjährige bedarf zu einer Willenserklärung, durch die er nicht lediglich einen rechtlichen Vorteil erlangt, der Einwilligung seines gesetzlichen Vertreters.

Literatur: *W. Bayer*, Lebensversicherung, Minderjährigenschutz und Bereicherungsausgleich, VersR 1991, 129; *Böttcher*, Abschied von der „Gesamtbetrachtung" – Sieg des Abstraktionsprinzips!, Rpfleger 2006, 293; *Braun*, Gutgläubiger Erwerb vom Minderjährigen gem. §§ 107, 932 BGB?, Jura 1993, 459; *Bürger*, Die Beteiligung Minderjähriger an Gesellschaften mit beschränkter Haftung, RNotZ 2006, 156; *Fembacher/Franzmann*, Rückforderungsklauseln und Pflichtteilsklauseln in Überlassungsverträgen mit Minderjährigen, MittBayNot 2002, 78; *Fielenbach*, Können Minderjährige aus zivilrechtlicher Sicht bedenkenlos schwarzfahren?, NZV 2000, 358; *Fomferek*, Der Schutz des Vermögens Minderjähriger, 2002; *Hagemeister*, Grundfälle zu Bankgeschäften mit Minderjährigen, JuS 1992, 839 und 924; *Harder*, Minderjährige Schwarzfahrer, NJW 1990, 857; *Harte*, Der Begriff des lediglich rechtlichen Vorteils i.S.d. § 107 BGB, 2005; *Heiter*, Verfahrensfähigkeit des Kindes in personenbezogenen Verfahren nach dem FamFG, FamRZ 2009, 85; *Hoffmann*, Personensorge, 2009; *Ivo*, Die Übertragung von Kommanditanteilen an minderjährige Kinder, ZEV 2005, 193; *Jauernig*, Noch einmal: Die geschenkte Eigentumswohnung – BGHZ 78, 28, JuS 1982, 576; *Keim*, Grenzen der Anrechenbarkeit lebzeitiger Zuwendungen auf den Pflichtteil, MittBayNot 2008, 8; *Klüsener*, Grundstücksschenkung durch die Eltern, Rpfleger 1981, 258; *Knauf*, Mutmaßliche Einwilligung und Stellvertretung bei ärztlichen Eingriffen an Einwilligungsunfähigen, 2005; *Köhler*, Grundstücksschenkung an Minderjährige – ein „lediglich rechtlicher Vorteil"?, JZ 1983, 225; *Kölmel*, Die familiengerichtliche Genehmigung in der notariellen Praxis nach der Reform durch das FamFG, NotBZ 2010, 2; *Lange*, Schenkungen an beschränkt Geschäftsfähige und § 107, NJW 1955, 1339; *Mahlmann*, Die Vertretung Minderjähriger in einer Erbengemeinschaft bei der Veräußerung von Nachlassgegenständen, ZEV 2009, 320; *Maultzsch*, Die „fehlerhafte Gesellschaft": Rechtsnatur und Minderjährigenschutz, JuS 2003, 544; *Mankowski*, „Hol es dir und zeig es deinen Freunden". Der Schutz von Kindern und Jugendlichen im Werberecht, in: Bork/Repgen, Das Kind im Recht (2009), 51; *Metz*, Bankgeschäfte mit Jugendlichen, VuR 1993, 69; *Nebendahl*, Selbstbestimmungsrecht und rechtfertigende Einwilligung des Minderjährigen bei medizinischen Eingriffen, MedR 2009, 197; *Rastätter*, Grundstücksschenkungen an Minderjährige, BWNotZ 2006, 1; *Reimann*, Der Minderjährige in der Gesellschaft – Kautelarjuristische Überlegungen aus Anlass des Minderjährigenhaftungsbeschränkungsgesetzes, DNotZ 1999, 179; *C. Schäfer*, Die Lehre vom fehlerhaften Verband, Tübingen 2002; *J. Schmitt*, Der Begriff der lediglich rechtlich vorteilhaften Willenserklärung i.S. des § 107 BGB, NJW 2005, 1090; *Schreiber*, Erfüllung durch Leistung an Minderjährige, Jura 1993, 666; *Stacke*, Der minderjährige Schwarzfahrer: Sind ihm wirklich Tür und Tor geöffnet?, NJW 1991, 875; *Stürner*, Der lediglich rechtliche Vorteil, AcP 173 (1973), 402; *Timme*, Die Schenkung eines Tieres an einen beschränkt Geschäftsfähigen, JA 2010, 174; *Ultsch*, Schenkung des gesetzlichen Vertreters an Minderjährige: Gesamtbetrachtung oder konsequente Einhaltung des Trennungsprinzips?, Jura 1998, 524; *Weigl*, Pflichtteilsanrechnung gegenüber Minderjährigen (…), MittBayNot 2008, 275; *Weth*, Zivilrechtliche Probleme des Schwarzfahrens in öffentlichen Verkehrsmitteln, JuS 1998, 795; *Wilhelm*, Das Merkmal „lediglich rechtlich vorteilhaft" bei Verfügungen über Grundstücksrechte, NJW 2006, 2353; *Winkler von Mohrenfels*, Der minderjährige Schwarzfahrer – AG Hamburg NJW 1987, 448, und AG Köln NJW 1987, 447, JuS 1987, 692.

8 Jauernig/*Jauernig*, § 106 Rn 3.
9 OLG Saarbrücken NJW 1973, 2065.

A. Allgemeines

§ 107 ist die **Zentralnorm** des Minderjährigenrechts. Die Vorschrift verlangt systematisch die Unterscheidung zweier Grundsituationen: Ist die Willenserklärung rechtlich lediglich vorteilhaft (dazu Rn 10 ff), so wird sie ohne Mitwirkung des gesetzlichen Vertreters wirksam. Ansonsten ist regelmäßig eine solche Mitwirkung erforderlich, als **Einwilligung** (vorherige Zustimmung, §§ 107, 183) oder **Genehmigung** (nachträgliche Zustimmung, §§ 108 f, 184), es sei denn, es liege ein Sonderfall vor (§§ 110, 112 f). Strengere Regeln gelten für einseitige Rechtsgeschäfte, § 111. 1

Das Gesetz geht pauschalierend davon aus, dass Personen im Alter von sieben bis siebzehn Jahren nicht mit hinreichender Sicherheit sinnvolle von ungünstigen Geschäften unterscheiden können; es bindet daher alle Erklärungen, die eine Abwägung von Nutzen und Nachteil verlangen, an eine **Mitwirkungshandlung** der gesetzlichen Vertreter, also derjenigen Personen, die auch sonst für das Wohl und die Erziehung des Minderjährigen verantwortlich sind (§ 1629; näher Rn 3). 2

Gesetzliche Vertreter sind nach § 1629 Abs. 1 regelmäßig die Eltern als Gesamtvertreter (S. 2), soweit sie sorgeberechtigt sind; vgl weiterhin namentlich §§ 1671 f für den Fall des Getrenntlebens und §§ 1626 a ff für den Fall, dass die Eltern nicht miteinander verheiratet sind. Konflikte zwischen den Gesamtvertretern löst äußerstenfalls das Familiengericht durch Übertragung der Sorge in der fraglichen Angelegenheit auf einen von ihnen, §§ 1628, 1629 Abs. 1 S. 3. Ungeklärt ist, in welchem Maße Vereinbarungen über das Sorgerecht oder dessen Ausübung zulässig sind.[1] § 1629 Abs. 2 (daneben § 181, vgl § 1795 Abs. 2)[2] begründet Grenzen der Vertretung, § 1643 Abs. 1 Genehmigungserfordernisse (§ 104 Rn 11). Weitere Schranken und Besonderheiten: §§ 1638 ff. Zur (analogen) Anwendung von § 166 vgl dort Rn 30 ff. 3

Wenn das Gesetz vom „gesetzlichen Vertreter" spricht, bedeutet dies nicht, dass in dessen Zustimmung die Abgabe einer Erklärung läge, die anschließend dem Minderjährigen nach § 1629 Abs. 1 zugerechnet würde, und der Minderjährige selbst keine rechtserhebliche Erklärung abgäbe. Vielmehr ist die Willenserklärung des Vertreters **Wirksamkeitsvoraussetzung** für die eigene Erklärung des Minderjährigen; wo der voll Geschäftsfähige lediglich den Tatbestand der Willenserklärung setzen (§§ 116 ff) und die allgemeinen Wirksamkeitsvoraussetzungen beachten muss (namentlich §§ 134, 138 und ggf § 125), bedarf der beschränkt Geschäftsfähige dieser zusätzlichen Erklärung, welche nur der gesetzliche Vertreter abgeben kann. 4

§ 107 meint unmittelbar nur rechtsgeschäftliches Handeln des Minderjährigen. Auf **geschäftsähnliche Handlungen** findet die Norm analoge Anwendung, da insoweit eine planwidrige Regelungslücke besteht und die ratio übertragbar ist (vgl auch § 104 Rn 22 f). Die Rechtsprechung wendet Minderjährigenrecht gleichfalls auf die Leistungszweckbestimmung im bereicherungsrechtlichen Sinne an, weil diese rechtsgeschäftsähnlichen Charakter aufweise;[3] ebenso auf die Genehmigung einer nichtigen bereicherungsrechtlichen Weisung, soweit durch eine solche Genehmigung Bereicherungsansprüche gegen andere Beteiligte untergehen würden.[4] Für **Realakte** hingegen wird darauf abgestellt, ob der Minderjährige über ausreichende natürliche Einsichts- und Urteilsfähigkeit verfügt. Das wird praktisch vor allem im Medizinrecht.[5] 5

Ärztliche Heileingriffe werden verbreitet als Realakte eingestuft.[6] Demnach muss der Minderjährige den Eingriff in seine körperliche Unversehrtheit erkennen und imstande sein, dessen Tragweite und die Auswirkungen seiner Entscheidung zu übersehen.[7] Konstruktion und Ergebnisse sind jedoch umstritten.[8] Soweit die Sorgeberechtigten entscheidungsbefugt sind, bleibt jedenfalls die Grenze des Kindeswohls zu beachten 6

1 Vgl *Reimann*, DNotZ 1999, 200 f; MüKo/*P. Huber*, § 1626 Rn 13 ff.

2 Zur Anwendung dieser Normen bei verschiedenen Konstellationen der Erbauseinandersetzung *Mahlmann*, ZEV 2009, 320.

3 Vgl BGH, 21.1.2010, IX ZR 226/08, Tz 13 (auch in ZIP 2010, 529). Der Fall weist freilich Besonderheiten auf (familiengesellschaftsrechtliche Konstellation; Reihenfolge der Überweisungen); s.u. Rn 118.

4 BGH, wie vor, Tz. 16.

5 Zahlreiche Problemkonstellationen, auch zu den folgenden Rn, mwN bei *Hoffmann*, Personensorge (2009), §§ 9, 10.

6 Streitig, vgl *Knauf*, Mutmaßliche Einwilligung (2005), S. 15–23.

7 BayObLG Rpfleger 1985, 192 f; BGH NJW 1972, 335, 337; 1959, 811; *Deutsch/Spickhoff*, Medizinrecht (6. Aufl. 2008) Rn 790 (angreifbar Fn 6, zum Schwangerschaftsabbruch).

8 Ausführlich *Knauf*, Mutmaßliche Einwilligung (2005), S. 30–49; mit Plädoyer für die Altersgrenze von 16 Jahren als (bloßer) Orientierungspunkt; aktuelle Diskussion auch der in den folgenden Rn besprochenen Probleme mN bei *Nebendahl* MedR 2009, 197–205.

(§ 1666), etwa bei Ablehnung medizinisch erforderlicher Maßnahmen aus Eigensinn oder sektiererischen Gründen.[9]

7 Die zugrunde liegenden **Behandlungsverträge** jedenfalls für privat Versicherte[10] sind selbstverständlich Rechtsgeschäfte, so dass der Minderjährige sie regelmäßig nicht ohne Zustimmung wirksam abschließen kann. Diese Zustimmung ist nicht mit der Einwilligung in konkrete Eingriffe oder Behandlungen zu verwechseln.[11]

8 Sonderprobleme werfen **Heilversuche** sowie wissenschaftliche Experimente an Kindern auf.[12]

9 Wieder andere Probleme stellen sich beim **Schwangerschaftsabbruch**.[13] Dort ist zu beachten, dass es nicht allein um das Wohl der Minderjährigen geht, sondern gleichermaßen um das des ungeborenen Kindes, für das mit dem Leben ein besonders hohes Rechtsgut auf dem Spiel steht. Daher kann das Familiengericht im Interesse des Ungeborenen eingreifen, auch wenn die Minderjährige nach ihrem individuellen Reifegrad einwilligungsfähig ist.[14] Die staatliche **Schutzpflicht** für das Leben des Ungeborenen ist nach allgemeinen Regeln auch bei der Auslegung minderjährigenrechtlicher Vorschriften zu berücksichtigen. So hat das OLG Naumburg entschieden, dass der Sorgeberechtigte dann seine Pflichten verletzt (mit der Folge des § 1666), wenn er die schwangere Minderjährige nicht unterstützt bzw keine Unterstützung für die Zukunft zusagt (Hilfe bei der Betreuung des Kindes, ggf Förderung der eigenen Berufsausbildung der Minderjährigen); hingegen stellt es keine Pflichtverletzung dar, wenn er sich einer Abtreibung entgegenstellt.[15] Kommt es nicht zur Abtreibung und macht die Minderjährige später Schadensersatzansprüche gegen den Arzt geltend, der ihre Eltern nicht über den Eintritt einer Schwangerschaft informiert hatte, so ist nach allgemeinen Regeln substantieller Vortrag zum Vorliegen einer Indikation nach § 218 a StGB erforderlich.[16]

10 Keine bloßen Realakte sind **datenschutzrechtlich** relevante Maßnahmen, weil diese jedenfalls das allgemeine Persönlichkeitsrecht berühren,[17] gesetzlich konkretisiert namentlich im BDSG. Zentral ist die **Einwilligung** iSd § 4 Abs. 1 aE BDSG. In der datenschutzrechtlichen Literatur wird einerseits Geschäftsfähigkeit nicht für maßgeblich gehalten, andererseits eine Einordnung als geschäftsähnliche Handlung befürwortet: Dies erlaube angemessene und den Minderjährigen schützende Lösungen.[18] So soll der getäuschte oder irrende Minderjährige anfechten, dh seine Einwilligung mit Wirkung ex tunc zurücknehmen können. Weiterhin wird insoweit an das BGB angeknüpft, als „Einwilligung" streng iSd § 183 gelesen wird (nur vorherige Zustimmung, keine Genehmigung möglich).[19]

B. Regelungsgehalt

I. Lediglich rechtlicher Vorteil

11 **1. Allgemeines.** Auslegungsschwierigkeiten bereitet die Wendung „durch die er nicht lediglich einen rechtlichen Vorteil erlangt", oftmals paraphrasiert als „lediglich rechtlicher Vorteil".[20] Diese Paraphrase ist insofern irreführend, als es nicht um die Abwesenheit sonstiger Vorteile geht, sondern darum, dass die Vorteilhaftigkeit des Geschäfts **allein** unter rechtlichen, nicht auch unter anderen, namentlich ökonomischen Aspekten zu beurteilen ist.

9 *Deutsch/Spickhoff*, Medizinrecht (6. Aufl. 2008) Rn 795.
10 Zur Behandlung des gesetzlich versicherten Minderjährigen vgl *Deutsch/Spickhoff*, Medizinrecht (6. Aufl. 2008) Rn 97.
11 *Deutsch/Spickhoff*, Medizinrecht (6. Aufl. 2008) Rn 97 f, 788 ff; vgl Rn 792 zu Aufklärungspflichten auch gegenüber noch nicht Zustimmungsfähigen.
12 Vgl *Deutsch/Spickhoff*, Medizinrecht (6. Aufl. 2008) Rn 799 ff.
13 Überzeugend OLG Hamm NJW 1998, 3424 f; vgl noch AG Schlüchtern NJW 1998, 832 f; AG Celle NJW 1987, 2307, 2308.
14 Vgl *Deutsch/Spickhoff*, Medizinrecht (6. Aufl. 2008) Rn 741 m. Fn 51.
15 OLG Naumburg, 19.11.2003, 8 WF 152/03, zit. nach juris; auch in FamRZ 2004, 1806 f.
16 OLG Köln, 5 U 179/08, zit. nach juris; auch in OLGR Köln 2009, 585–588; MedR 2010, 41–44. Die Frage, ob das Bedürfnis der Schwangeren an der Wahrung der ärztlichen Schweigepflicht auch gegenüber ihren Eltern hinter der elterlichen Sorge ihrer Eltern zurückstehen muss (mit der Folge, dass ein Arzt auch gegen den Willen einer minderjährigen Schwangeren deren Eltern über die Schwangerschaft informieren muss), hat das OLG als nicht entscheidungserheblich offengelassen.
17 Zum Problem *Körner*, VuR 2002, 380, 381 (Urteilsanm. zu OLG Bremen VuR 2002, 379).
18 Vgl *Kühling/Seidel/Sivridis*, Datenschutzrecht, 2008, S. 142 f mwN.
19 *Kühling/Seidel/Sivridis*, Datenschutzrecht, 2008, S. 142.
20 Ausführlich zu Grundsatzfragen und Anwendungsproblemen *Harte*, Der Begriff des lediglich rechtlichen Vorteils iSd § 107 BGB, 2005. Auf die Analysen und Positionen der Autorin zu den einzelnen im Folgenden behandelten Punkten wird verwiesen.

Folgt man dieser – herrschenden – Deutung (anders, für ökonomische Betrachtung, namentlich *Stürner*),[21] so ergibt sich der Grundsatz, dass alle Geschäfte rechtlich nicht lediglich vorteilhaft sind, aus denen (auch) der Minderjährige zu einer Leistung verpflichtet wird. Dies gilt unabhängig davon, ob diese Leistung wertvoller ist als die Leistungen, zu denen die andere Seite eventuell verpflichtet ist, oder nicht. Auch ökonomisch günstige Verträge, etwa der Kauf einer Sache zu niedrigem Preis, bringen einen rechtlichen Nachteil für den Minderjährigen mit sich und sind daher zustimmungspflichtig. **12**

Es besteht im Ergebnis Einigkeit über die ausschließliche rechtliche Vorteilhaftigkeit bestimmter Geschäfte, ebenso darüber, dass bestimmte andere Geschäfte zustimmungspflichtig sind (Rn 20 ff). Schwierigkeiten resultieren aber daraus, dass die Wendung „durch … erlangt" nicht eindeutig erkennen lässt, ob nur das Geschäft gemeint ist, auf das sich die Erklärung unmittelbar bezieht (beispielsweise eine Übereignung an den Minderjährigen), oder auch Veränderungen der Rechtslage, die lediglich **mittelbar** auf diesem Geschäft beruhen (beispielsweise Lasten, die mit dem Eigentum verbunden sind, vgl Rn 55 ff). Die Unterscheidung mittelbar/unmittelbar ist auch hier von begrenztem Wert; sie ermöglicht eine Trennung evidenter von zweifelhaften Fällen, nicht aber eine klare Kategorienbildung.[22] **13**

Insbesondere lässt sich nicht immer ohne Wertungswiderspruch zwischen Fällen unterscheiden, in denen das Gesetz selbst eine bestimmte Rechtsfolge an das Geschäft knüpft, und solchen, bei denen ein Zusammenhang zwischen mehreren Geschäften wirtschaftlich bzw durch den Parteiwillen hergestellt wird. Daher haben sich einige problematische **Fallgruppen** gebildet (Rn 55 ff). Eine Rückführung aller zu den verschiedenen Fallgruppen entwickelten Lösungen auf ein einheitlich angewandtes Kriterium ist nicht möglich;[23] das erweckt Bedenken zumindest de lege ferenda. **14**

Die Notwendigkeit entsprechender familiengerichtlicher **Genehmigungen** (Rn 90) wirkt faktisch auf das Minderjährigenrecht zurück: Es besteht eine gewisse Tendenz dazu, Geschäfte des Minderjährigen selbst für rechtlich nicht nachteilig iSd § 107 zu erklären, um ein Vertretungserfordernis und damit ggf den Mehraufwand für Pflegerbestellung bzw gerichtliche Genehmigung zu vermeiden. **15**

Diese Tendenz kommt bestimmten Bedürfnissen der Praxis entgegen, gefährdet aber den Minderjährigenschutz (vgl insb. Rn 19, 93 ff). Sie ist umso kritischer zu sehen, als die neuere Rechtsprechung des BGH den Anwendungsbereich der genannten Vorschriften bereits erheblich eingeschränkt hat: § 181 soll nicht gelten in bestimmten Fällen der Personenidentität ohne Interessenkollision, wenn nämlich in einem fest umrissenen Rechtsbereich eine Interessenkollision bereits abstrakt undenkbar ist.[24] Das soll u.a. bei Insichgeschäften der Fall sein, die dem Vertretenen lediglich einen rechtlichen Vorteil bringen.[25] **16**

An der Abgrenzbarkeit dieser Kategorie zweifelnde Stimmen[26] haben sich bislang nicht durchsetzen können. Vielmehr hat der BGH diese teleologische Reduktion auf das Vertretungsverbot nach §§ 1629 Abs. 2 S. 1, 1795 ausgedehnt.[27] Damit ist der „rechtliche Vorteil", von dem das Gesetz lediglich in § 107 für die vom Minderjährigen selbst vorgenommenen Geschäfte spricht, sowohl für §§ 1629 Abs. 2 S. 1, 1795 Abs. 1 als auch für § 181 iVm §§ 1629 Abs. 2 S. 1, 1795 Abs. 2 relevant geworden, also für die Vertretungsfälle. Sowie man den rechtlichen Vorteil bejaht, fallen die Beschränkungen der Vertretung weg: beim Handeln des Minderjährigen selbst, weil der gesetzliche Vertreter gar keine Zustimmung nach § 107 erklären muss, beim Handeln des Vertreters wegen der teleologischen Reduktion der soeben genannten Normen. **17**

Die rechtliche Vorteilhaftigkeit von **Grundgeschäft** und **Erfüllungsgeschäft** ist stets getrennt zu prüfen. Die Rechtsprechung verfuhr nicht immer so;[28] vor allem dort nicht, wo sonst die Gefahr bestünde, dass nach § 181[29] zur Erfüllung eines – isoliert betrachtet, unproblematischen – Schenkungsversprechens ohne Kontrolle **18**

21 Für diese Gegenposition mit zahlr. Nachw. *Stürner*, AcP 173 (1973), 402–449 (Thesen: 417). In Wahrheit stehe hinter einem Teil der probl. Differenzierungen in Rspr und Lit. eine wirtschaftliche Betrachtungsweise; besser sei es, das legitimerweise auf Rechtssicherheit angelegte Kriterium des rechtlichen Nachteils insoweit ökonomisch zu reduzieren, als (bei typisierender Betrachtung) generell ungefährliche Geschäfte zustimmungsfrei gestellt werden sollten. Zur teilweisen Übernahme dieser Lehre in der neueren Rspr des V. Zivilsenats Rn 71. Argumente gegen sie bei *Köhler*, JZ 1983, 227 f (namentlich zu Problemen der Typisierung und zur Bedeutung nichtvermögensrechtlicher Aspekte).

22 *Stürner*, AcP 173 (1973), 402–449 passim; *Köhler*, JZ 1983, 226 f.

23 Vgl nochmals *Stürner*, AcP 173 (1973), 402–449 passim.

24 Nachw. und Kritik zur Judikatur bei Jauernig/*Jauernig*, § 181 Rn 7; zu Details Staudinger/*Peschel-Gutzeit* (2007), § 1629 Rn 198 (Prinzip) und weiter.

25 BGHZ 59, 236, 240.

26 Jauernig/*Jauernig*, § 181 Rn 7 aE.

27 BGH NJW 1989, 2542, 2543 (zu §§ 1629 Abs. 2, 1795 Abs. 2, 181); BGHZ 94, 232, 235 = NJW 1985, 2407 = Rpfleger 1985, 293 (zu §§ 1629 Abs. 2, 1795 Abs. 2, 181); BGH NJW 1975, 1885, 1886 = JZ 1976, 66 (zu § 1795 Abs. 1 Nr. 1).

28 Für eine getrennte Betrachtung noch BGHZ 15, 168, 170; aufgegeben, vgl BGHZ 78, 28, 34 = NJW 1981, 109. Weiterhin BGH NJW 1985, 2407, 2408; BGHZ 78, 28, 34 = NJW 1981, 109; BGH NJW 1975, 1885, 1886; vgl noch (ohne neue Argumente) OLG Hamm NJW-RR 2001, 437.

29 Parallel: § 1795 Abs. 1 Nr. 1.

Dritter ein für den Minderjährigen ungünstiges Vollzugsgeschäft durchgeführt werden kann (Rn 55 ff, 65 ff). Durchbrechungen des Trennungsprinzips sind aber bereits im Ansatz abzulehnen. Eine „Gesamtbetrachtung" dient typischerweise dazu, Nachteile unter Berufung auf Vorteile aus dem jeweils anderen Geschäft für unerheblich zu erklären; genau dies will das Gesetz nicht.

19 Das Interesse an einem umfassenden Schutz des beschränkt Geschäftsfähigen ist durch **schutzzweckorientierte Auslegung** des Gesetzes hinsichtlich jedes einzelnen Geschäfts zu wahren, nicht durch eine „Gesamtbetrachtung".[30] Die neueste Judikatur wendet sich von einer „Gesamtbetrachtung" ab, wobei an den bisher vorliegenden zwei aktuellen Leitentscheidungen des BGH noch nicht eindeutig abzulesen ist, ob die „Gesamtbetrachtungslehre" aufgegeben oder nur eingeschränkt worden ist (Rn 66 ff).[31]

20 **2. Rechtlich ausschließlich vorteilhafte Geschäfte.** Rechtlich lediglich vorteilhaft sind auf der Ebene der Verpflichtungsgeschäfte Willenserklärungen, die auf den Abschluss eines **Schenkungsvertrages** an den Minderjährigen gerichtet sind.

21 Zweifelhaft ist die These, sog. **Nebenpflichten** aus Schenkungsvertrag seien stets unschädlich;[32] hinter dieser Aussage steht eine ökonomische Regelannahme, die sich aus dem Sinn des § 107 kaum begründen lässt und auch rechtstatsächlich nicht zu überzeugen vermag: Es kann wirtschaftlich sinnvoller sein, vor Ort günstig zu kaufen, als sich eine an entferntem Ort befindliche Ware schenken zu lassen; solche Abwägungen soll aber gerade nicht der Minderjährige selbst treffen.

22 Auch andere Belastungen können direkt oder indirekt durch Schenkungsverträge ausgelöst werden und unabhängig von der ökonomischen Seite zum Zustimmungserfordernis führen.[33]

23 Das Problem der Nebenpflichten lässt sich verallgemeinern: Jeder Vertrag[34] kann nach §§ 241, 242 Verpflichtungen erzeugen, die eine der beiden Parteien belasten,[35] auch solche, die bei Vertragsschluss noch nicht erkennbar sind. Diese abstrakte Möglichkeit genügt noch nicht, um jedes beliebige Geschäft einschließlich Schenkungen zustimmungspflichtig zu machen. Sind aber für den Zeitpunkt des Vertragsschlusses bereits konkrete Pflichten des Bedachten absehbar, so sind diese für die Frage relevant, ob das Geschäft rechtlich lediglich vorteilhaft ist. Der Zustimmungsberechtigte hat solche Pflichten in seine Abwägung einzubeziehen.

24 Nachteilig ist die sog. **gemischte Schenkung**, eben weil sie ein Gegenleistungselement enthält. Doch liegt eine reine, nicht gemischte Schenkung vor, wenn (lediglich) das Schenkungsobjekt **dinglich belastet** ist (vgl Rn 80–90). Mit dieser Formulierung kann man leben, wenn man die Wertungen hinter den Begriffen teilt. Die Kategorie der „gemischten Schenkung" dient seit alters – wenig systematisch – der Herbeiführung oder Vermeidung bestimmter Rechtsfolgen von Zuwendungen;[36] zu schuldrechtlicher Typenbildung taugt sie nur eingeschränkt, zumal sie keineswegs notwendig die Schenkung als Schuldvertrag voraussetzt (sondern oftmals die lediglich als Rechtsgrund verstandene Schenkung).[37]

25 Keine Gegenleistung soll weiterhin in sog. **Rückholklauseln** liegen, etwa beim vertraglich vorbehaltenen Rücktritt:[38] Hier gibt der Minderjährige nichts im Gegenzug für die Zuwendung, sondern es kann hinsichtlich der einseitig erfolgten Zuwendung lediglich ein Rückabwicklungsschuldverhältnis begründet werden, nicht anders als in den gesetzlich vorgesehenen Fällen (§§ 527–534). Nicht nachteilig sind solche Klauseln jedenfalls dann, wenn die Rückabwicklung den Minderjährigen höchstens im Umfang des Zugewendeten belasten kann. Die Rspr behandelt daher bedingte Rückforderungsrechte als unschädlich, sofern sie bereicherungsrechtlich

30 Vgl *Jauernig*, JuS 1982, 577 f.

31 BGH, 25.11.2004, V ZB 13/04, BGHZ 161, 170; BGH, 3.2.2005, V ZB 44/04, BGHZ 162, 137. Zur Tragweite der Urteile vorab *Böttcher*, Rpfleger 2006, 293, 296.

32 So *H. Lange*, NJW 1955, 1340 für Kosten des Transports, der Verpackung usw.

33 Das ist etwa der Fall bei Tieren (näher Rn 94 ff): Der Tierhalter muss nicht aus einem Vertrag mit dem Übereigner oder mit einem Dritten zur Fütterung und Pflege der Tiere verpflichtet sein, er unterliegt doch dem TierSchG.

34 Vgl grundsätzlich zu den von § 241 vorausgesetzten Tatbeständen Staudinger/*Olzen* (2009), § 241 Rn 36–45 (44); zur Systematik der Pflichten und zur Problematik des Begriffs „Nebenpflichten" aaO Rn 141–152 (147).

35 Vgl *Emmerich*, JuS 2005, 457, 458.

36 Ausführlich zur Dogmengeschichte *Scevola*, ‚Negotium mixtum cum donatione' (2008).

37 Zum Schenkungsrecht und seinen systematischen Problemen jetzt aus europäischer Perspektive *Antoni Vaquer Aloy*, La configuración de la donación en el proyecto de Marco Común de Referencia, in: ADC 2010, 1323–1328; vgl weiterhin *Andrés Santos/Baldus/Dedek*, Vertragstypen in Europa (2011, im Erscheinen).

38 Systematik der vertraglichen Rücktrittsrechte: Soergel/*Lobinger*, Vor § 346 Rn 63–76 (78 f zum Wert der Abgrenzung vertraglicher von gesetzlichen Rücktrittsrechten). Zu gesellschaftsrechtlich erheblichen Fällen vgl *Reimann*, DNotZ 1999, 192 f.

ausgestaltet sind;[39] anders jedenfalls dann, wenn dem Minderjährigen Wert- oder Schadensersatz drohen,[40] wenn er auf Aufwendungsersatz verzichtet oder sich zur selbstständigen Rückübertragung verpflichtet (wegen seiner Haftung nach § 280 Abs. 1).[41]

Die Unterscheidung nach bereicherungsrechtlichen und anderen Rechtsfolgen ist akzeptabel, sofern die §§ 812 ff ihrerseits im Lichte des Minderjährigenschutzes ausgelegt werden, also insbesondere keine verschärfte Haftung des Minderjährigen nach §§ 818 Abs. 4, 819 Abs. 1 eintreten kann. Es findet sich freilich auch eine neuere Entscheidung, die aus einer Rückübertragungsverpflichtung ohne weitere Differenzierungen ein Zustimmungserfordernis herleitet.[42] Das schafft größere Rechtsklarheit. Die Rückauflassungsvormerkung zur Sicherung des Rückforderungsrechts wird bisweilen als unschädliche dingliche Vorbelastung des Grundstücks(rechts) betrachtet.[43] **26**

Außer der Schenkung ist kaum ein Verpflichtungsgeschäft denkbar, das seiner Struktur nach allein den Vertragspartner belasten könnte. Dass unvollkommen zweiseitige Typenverträge im Einzelfall rein einseitig ausgestaltet wären, ist kaum je anzutreffen. **27**

Sicher rechtlich nachteilig ist das **Darlehen,**[44] und zwar auch für den Darlehensgeber.[45] Bei einer **Bürgschaft** zugunsten des Minderjährigen stünden Regressnormen (etwa § 774) der Qualifikation als unentgeltlich entgegen, und jedenfalls könnte der Minderjährige selbst die zu sichernde Forderung nicht ohne rechtlichen Nachteil begründet haben. **Dienstverträge** mit **Rechtsanwälten** kann der Minderjährige auch dann nicht selbständig abschließen, wenn er für das betreffende Verfahren prozessfähig ist.[46] **28**

Auf der Ebene der Erfüllung sind in sich nicht nachteilig die **Übereignung** und die **Forderungsabtretung** an den Minderjährigen;[47] zur Problematik des durch § 362 Abs. 1 eintretenden Anspruchsverlusts vgl Rn 52 f, zu derjenigen der Belastung von Grundstücken Rn 80–89. **29**

Bei den geschäftsähnlichen Handlungen ist zustimmungsfrei die **Mahnung,**[48] weil sie dem Gläubiger nur Vorteile bringt. **30**

Anders sind – erst recht nach neuem Schuldrecht – Erklärungen des Gläubigers zu beurteilen, die ihm zwar einen Rechtsbehelf eröffnen, dafür aber andere, bisher bestehende Positionen entfallen lassen, etwa den Anspruch auf die Primärleistung. Hier handelt es sich denn auch stets um Willenserklärungen. Das gilt namentlich für den Rücktritt (§§ 323, 326 Abs. 5) und für das Verlangen von Schadensersatz statt der Leistung (§ 281 Abs. 4). Im Einzelnen kann es darauf ankommen, ob noch ein ius variandi des von der Pflichtverletzung Betroffenen besteht.[49] Jedenfalls dann, wenn ein solches Recht nicht besteht, liegt ein rechtlicher Nachteil vor. Aber auch wenn es besteht, unterliegt es zumindest den Ausübungsschranken aus § 242. Das spricht dafür, im Zweifel einen rechtlichen Nachteil anzunehmen. **31**

3. Neutrale Geschäfte. § 107 erfasst nicht die sog. **neutralen Geschäfte**, bei denen die Rechtssphäre des Minderjährigen weder positiv noch negativ berührt wird; diese sind nach dem Schutzzweck der Norm zustimmungsfrei. Das soll beispielsweise für den Fall gelten, dass der Minderjährige eine **fremde Sache** an einen Gutgläubigen **veräußert**.[50] **32**

39 So für den Fall eines Rückübertragungsrechts, das überdies nur eingreifen sollte, wenn der Minderjährige vor dem Übertragenden verstürbe, OLG München ZEV 2008, 246, 246. Auf diese Rspr stützt sich die Kautelarpraxis, vgl *Basty* in: Kersten/Bühling (Hrsg.), Formularbuch und Praxis der freiwilligen Gerichtsbarkeit, § 39 Rn 127; auch *Fembacher/Franzmann*, MittBayNot 2002, 78, 82 f.

40 Dazu mN BGHZ 162, 137, 142; dort obiter, aber als Vergleichsargument für die Nachteiligkeit des Erwerbs verpachteter Grundstücke eingesetzt (krit. dazu die Anm. v. *Fembacher*, DNotZ 2005, 627, 629, und *Everts*, ZEV 2005, 211, 211).

41 OLG Dresden MittBayNot 1996, 288, 290 f.

42 OLG München ZEV 2007, 493, 494.

43 OLG Dresden MittBayNot 1996, 288, 291 (mit unklarem Verweis auf OLG Celle DNotZ 1974, 731); BGHZ 161, 171, 177; näher *Böttcher*, Rpfleger 2006, 293, 296 f: dann kein Genehmigungserfordernis, wenn Grundstückserwerb durch den Minderjährigen und Belastung gleichzeitig erfolgen.

44 OLG Düsseldorf FamRZ 1995, 1066, 1067, auch zu §§ 181, 1795, 1629 Abs. 2.

45 Vgl BGH, 21.1.2010, IX ZR 226/08 (auch in ZIP 2010, 529), Tz. 11: keine Vertretungsbefugnis der Eltern, §§ 1629 Abs. 2, 1795 Abs. 2, 181. Vgl weiter Tz. 13: Keine Leistungszweckbestimmung vom Empfängerhorizont, weil die Minderjährigen keine wirksame Zweckbestimmung treffen konnten und auch kein entsprechender Rechtsschein vorlag; Zweckbestimmung setzt Geschäftsfähigkeit oder wirksame Vertretung voraus. S. Rn 5, u. Rn 118.

46 Vgl AG Münster NVwZ 1994, 728 (für einen minderjährigen Asylbewerber); OLG Hamm FamRZ 2002, 1127 (zu § 59 FGG).

47 OLG Stuttgart FamRZ 1992, 1423.

48 OLG Köln FamRZ 1998, 1194, 1195.

49 Problematisch für bestimmte Rechtsbehelfe nach § 437 BGB, Art. 3 RL 99/44/EG; vgl vorerst *Baldus*, Binnenkonkurrenz kaufrechtlicher Sachmängelansprüche nach Europarecht, 1999, S. 109.

50 Solche Fälle werden selten entschieden; vgl etwa LG Köln NJW-RR 1991, 868 m. Bespr. *K. Schmidt*, JuS 1991, 855, und *Th. Paefgen*, JuS 1992, 192, 193 f (problematisch war der gute Glaube).

33 Gerade für diesen Anwendungsfall jedoch bestehen konstruktiv und auch dem Ergebnis nach **Bedenken**: Eine Wirksamkeit der Verfügung nach § 932 käme mangels Geschäftsfähigkeit nicht in Frage, wenn der Minderjährige Eigentümer wäre, denn einen guten Glauben an die (volle) Geschäftsfähigkeit kennt das BGB nicht. Anders soll es sich verhalten, wenn zusätzlich das Eigentum fehlt. Das ist nicht einzusehen. In dieser Lage setzt sich der Minderjährige überdies Ersatzansprüchen des bisherigen Eigentümers aus, wenn ein Dritter von ihm gutgläubig erwirbt. Sinnvoller ist es daher, in dieser Konstellation bereits die Gutglaubensvorschriften teleologisch zu reduzieren, jedenfalls aber das Geschäft als nachteilig zu qualifizieren.[51]

34 Damit bleibt für die Kategorie des „rechtlich neutralen Geschäfts" im Wesentlichen **§ 165** (vgl dazu § 179 Abs. 3 S. 2),[52] der auch in der Wertung einleuchtet: Niemand wird gezwungen, ausgerechnet einen beschränkt Geschäftsfähigen zum **Stellvertreter** zu bestellen.

35 Sonderregeln gelten für den **Testamentsvollstrecker**: Dieser verwaltet zwar fremdes Vermögen, aber ohne dass es auf einen Konsens der Erben als Subjekte des verwalteten Vermögens ankäme und unter dem Haftungsrisiko des § 2219; nach hM ist er Inhaber eines privaten Amtes, nicht Vertreter (des Nachlasses oder der Erben).[53] § 2201 regelt die Frage ausdrücklich, indem er beschränkt Geschäftsfähige vom Amt des Testamentsvollstreckers ausschließt. Auf andere private Ämter ist § 2201 analog anzuwenden.[54]

36 **4. Rechtlich nachteilige Geschäfte. a) Rechtliche Nachteile vermögensrechtlicher Art.** Rechtliche Nachteile vermögensrechtlicher Art können zunächst im unmittelbar geschlossenen Geschäft selbst liegen. Das betrifft, wie ausgeführt, **jede vertragliche Pflicht**, gleich ob Haupt- oder Nebenpflicht, Leistungs- oder Schutzpflicht (Rn 21 ff). Sie können aber auch aus weiteren Entwicklungen resultieren. Der Grundgedanke ist einfach: Entgeltlichkeit liegt dann vor, wenn die Haftung des Beschenkten nicht auf das unentgeltlich Zugewendete beschränkt bleibt.[55] Was das in den praktisch relevanten Fallgruppen, namentlich der Zuwendung von Immobiliareigentum, bedeutet, ist teilweise umstritten.

37 **aa) Gesellschaftsvertrag.** Ein Vertrag mit oft besonders komplexen Pflichten ist der Gesellschaftsvertrag.[56] Minderjährige, namentlich die eigenen Kinder, daran zu beteiligen, kann insbesondere aus steuerlichen[57] oder erbrechtlichen (§ 2325 Abs. 3) Gründen gewollt sein. Wegen der mannigfachen Risiken für den nicht voll Geschäftsfähigen haben die Genehmigungserfordernisse aber gerade hier ihren Sinn; umso schwieriger kann es sein, die Interessen aller Beteiligten zu einem sinnvollen Ausgleich zu bringen.[58] Zu § 1822 sind im Folgenden nur ausgewählte Fragen zu erwähnen (vgl im Übrigen, zu Nr. 3 dieser Norm, § 1822 Rn 9–22).

38 Bei der **Gründung** einer Gesellschaft mit den eigenen Kindern ist ebenso wie bei der **Aufnahme** Minderjähriger in eine Gesellschaft, an der auch die Vertretungsberechtigten beteiligt sind, die Mitwirkung eines **Ergänzungspflegers** (bei mehreren Minderjährigen: eines Pflegers für jeden Minderjährigen)[59] erforderlich, §§ 1629 Abs. 2, 1795 Abs. 2, 181.[60]

39 **Genehmigungserfordernisse** resultieren namentlich aus § 1822 Nr. 3, der auf unentgeltlichen Erwerb jedenfalls analog[61] angewandt wird.

40 In neuerer Zeit wird der Eintritt des Minderjährigen in eine vermögensverwaltende KG durch **unentgeltliche Übertragung eines Kommanditanteils** bis zur Ebene der Oberlandesgerichte kontrovers diskutiert,[62] ohne dass bereits eine Entscheidung des BGH vorläge. Vor einigen Jahren war noch zu lesen, die Genehmigung für den Erwerb eines Kommanditanteils sei erforderlich, könne aber erteilt werden, wenn das Verlustrisiko des Minderjährigen sich auf den Wert des Anteils beschränke, der ihm schenkweise zugewandt werde.[63] Nunmehr hatte das OLG Bremen sich mit der Frage auseinanderzusetzen: Sei die Haftung aus § 176 Abs. 2 HGB ausgeschlossen, so stehe kein rechtlicher Nachteil iSd § 107 im Raum. Das OLG betont insoweit den Unterschied zur GbR.[64] Im soeben genannten Fall hatten die Parteien den Vertrag freilich sorgfältig auf minderjährigen-

51 Näher *Braun*, Jura 1993, 459 f.
52 Vgl *Chiusi*, Geschäftsfähigkeit im Recht der Stellvertretung, Jura 2005, 532 ff.
53 Vgl umfassend *Jacoby*, Das private Amt (2007).
54 § 165 Rn 8.
55 Aus der Rspr etwa OLG Brandenburg MittBayNot 2009, 155, 155.
56 Vgl allgemein zu nicht voll geschäftsfähigen Gesellschaftern einer GmbH *Heckschen* in: Heckschen/Heidinger, Die GmbH in der Gestaltungs- und Beratungspraxis, § 14 Rn 8–55.
57 Vgl *Reimann*, DNotZ 1999, 189.
58 Vgl, namentlich zur kautelarjuristischen Seite, *Reimann*, DNotZ 1999, 179–208.
59 LAG Berlin GmbHR 1999, 181, 182 mwN.
60 MüKo/*Ulmer*, § 705 Rn 69 (auch zu Ausn.); *Reimann*, DNotZ 1999, 182 ff, 190, S. 183 zu der str. Frage, ob für mehrere minderjährige stille Gesellschafter die Bestellung eines Ergänzungspflegers genügt.
61 Vgl *Ivo*, ZEV 2005, 193, 195 f; § 1822 Rn 9.
62 Einführung und ältere Rspr bei *Ivo*, ZEV 2005, 193; seither OLG Bremen, ZEV 2008, 608; OLG Frankfurt, DNotZ 2009, 142; OLG München ZEV 2008, 609 m.Anm. *Grunsky* (zu allen drei Entscheidungen) S. 610 f = RNotZ 2009, 55 = Rpfleger 2009, 84 = WM 2009, 762.
63 OLG Bremen NJW-RR 1999, 876, 877 (eine Nachschusspflicht war ausgeschlossen).
64 OLG Bremen ZEV 2008, 608, 608 f. Ausf. und mit Gestaltungshinweisen zu verschiedenen Konstellationen bei der GbR *Bürger*, RNotZ 2006, 156: zwar genüge häufig die Bestellung eines Ergänzungspflegers, doch führe gerade dies dazu, dass Außenstehende möglicherweise unerwünschte Einblicke bekämen.

rechtliche Unbedenklichkeit hin zugeschnitten und auch ein Widerrufs- und Rücktrittsrecht (vgl Rn 25) unter den Vorbehalt gestellt, dass ein rechtlicher Nachteil nicht eintreten dürfe.[65] Die **allgemeinen gesellschaftsrechtlichen Treuepflichten** werden vom OLG Bremen als „nur mittelbar nachteilige Folgen"[66] für unerheblich erklärt. Hingegen hebt das OLG Frankfurt[67] eben auf diese Treuepflichten sowie auf die Möglichkeit eines Wiederauflebens der Haftung nach § 172 Abs. 4 HGB ab, so dass § 1822 Nr. 3 Var. 3 einschlägig und eine familiengerichtliche Genehmigung erforderlich sei. Das OLG München schließlich bezieht sich auf das Tatbestandsmerkmal „**Erwerbsgeschäft**" in § 1822 Nr. 3 Var. 3: Dieses sei bei Eintritt in eine Verwaltungsgesellschaft nicht erfüllt; obiter führt das OLG aus, dass es sich bei der „Aufnahme einer anders gelagerten, erheblich umfangreicheren Vermögensverwaltung" anders verhalte.[68] Auch die Literatur ist gespalten.[69]

Zwischenzeitlich ist freilich ein wichtiges Vergleichsargument gegen das Genehmigungserfordernis brüchig geworden: Bis vor kurzem konnte noch darauf verwiesen werden, dass die Rspr bei der Schenkung von Wohnungseigentum keinen erheblichen Nachteil aus den Pflichten nach der Gemeinschaftsordnung herleitete. Diese durchaus zweifelhafte Rspr ist mittlerweile aufgegeben (Rn 63). **41**

So gilt die allgemeine Auslegungsregel zugunsten des Genehmigungserfordernisses: Der Minderjährige kann Vorgänge der hier in Rede stehenden Art zumeist nicht angemessen beurteilen. Wenn das Geschäft günstig ist, dann wird das Familiengericht dies erkennen. Die beratende Praxis sollte vorsichtshalber eine Genehmigung einholen, soweit und solange eine Klärung der Streitfrage nicht eingetreten ist. **42**

Entsprechend kann auch der **Testamentsvollstrecker** nur insoweit für den minderjährigen Erben tätig werden, als gesellschaftsrechtliche Verpflichtungen sich auf den Nachlass beschränken und eine darüber hinausgehende persönliche Haftung nicht in Betracht kommt.[70] **43**

Ist der Minderjährige einmal wirksam Gesellschafter geworden und gehört auch der gesetzliche Vertreter der Gesellschaft an, so soll § 181 einer Vertretung des Minderjährigen bei **Gesellschafterbeschlüssen** regelmäßig nicht im Wege stehen. Das leitet der BGH daraus her, dass gewöhnliche Gesellschafterbeschlüsse nicht dem Austragen individueller Gegensätze dienen, sondern der verbandsinternen Willensbildung.[71] Der Rspr liegen letztlich also Erwägungen zur Struktur des Gesellschaftsvertrages zugrunde. Auch Genehmigungserfordernisse nach § 1822 Nr. 3 bestehen nicht; vielmehr erfasst die zum Beitritt erteilte Genehmigung anschließend im Grundsatz alle Folgebeschlüsse.[72] Besonderheiten können sich ergeben bei Vertragsänderungen[73] und Umwandlungsmaßnahmen.[74] **44**

Die Gesellschaft selbst unterliegt im Außenverhältnis **keinen** besonderen Beschränkungen dadurch, dass Minderjährige an ihr beteiligt sind. Das gilt weder für die Beteiligung an weiteren Gesellschaften[75] noch für die Bestellung von Sicherheiten.[76] Genehmigungen können, wie erörtert, allein im Vorfeld erforderlich sein. Das ist systemkonform und kommt – im Minderjährigenrecht nicht selbstverständlich – dem Rechtsverkehr entgegen (vgl auch § 112 Rn 6). **45**

Grenzen dieser Genehmigungsfreiheit folgen ebenfalls aus dem System des Minderjährigenschutzes: mangels Genehmigung (schwebend) unwirksame Gesellschaftsverträge genügen nicht, und für Geschäfte der Gesellschaft, die sich auf das persönliche Vermögen des Minderjährigen auswirken können, bedarf es jedenfalls gesonderter Genehmigung.[77] **46**

Das **Ausscheiden** des beschränkt Geschäftsfähigen **aus der Gesellschaft** verlangt nur in bestimmten Fällen eine Genehmigung nach **§ 1822 Nr. 3**: Veräußerung eines Erwerbsgeschäfts umfasst die vollständige Veräußerung aller Beteiligungen an einer Personengesellschaft, weiterhin die Veräußerung eines Anteils an einer Kapitalgesellschaft, die sich als Veräußerung des gesamten Unternehmens darstellt.[78] **Kündigung** und **Auf-** **47**

65 OLG Bremen ZEV 2008, 608, 609.
66 OLG Bremen ZEV 2008, 608, 609 im Anschluss an Staudinger/*Knothe*, § 107 Rn 29.
67 OLG Frankfurt DNotZ 2009, 142, 143.
68 OLG München ZEV 2008, 609, 610.
69 Für das Genehmigungserfordernis *Ivo* ZEV 2005, 193, 194, 195 f (effektiver Minderjährigenschutz).
70 *Reimann*, DNotZ 1999, 183 f. Vgl monographisch über „Rechtsmacht und Pflichtenbindung des Testamentsvollstreckers bei der Verwaltung eines OHG- bzw Komplementäranteils" die so betitelte Arbeit von *Valenthin* (2005).
71 BGHZ 65, 93, 95 ff.
72 Vgl *Reimann*, DNotZ 1999, 198; in ihrer Offenheit unklar die Formulierung des LG Wuppertal NJW-RR 1995, 152, 152 (zu einer Grundschuldbestellung), die Genehmigung zum Eintritt in die Gesellschaft umfasse „die Zustimmung des Vormundschaftsgerichts mindestens zu denjenigen Geschäften, die Zweck der Gesellschaft sind". Überschreitungen des Gesellschaftszwecks können als solche schwerlich von der Prüfung und Genehmigung gedeckt sein.
73 Für wesentliche Vertragsänderungen vgl § 1822 Rn 21.
74 Näher *Reimann*, DNotZ 1999, 198 f.
75 BGH NJW 1971, 375, 376 (Beteiligung einer KG, der minderjährige Kommanditisten angehörten, an einer stillen Gesellschaft).
76 OLG Schleswig NJW-RR 2002, 737, 738 = NotBZ 2002, 108 (Fortführung der vorgenannten Entscheidung für die Bestellung einer Grundschuld am Grundstück einer GbR; unter Bezug auf die neue Rspr zur Rechtsfähigkeit der GbR).
77 Vgl *St. Schreiber*, Anm. zu OLG Schleswig (NJW-RR 2002, 737, 738 = NotBZ 2002, 108), NotBZ 2002,109 f.
78 Vgl MüKo/*Wagenitz*, § 1822 Rn 18.

lösung der Gesellschaft sind hingegen genehmigungsfrei,[79] erforderlich ist jedoch die Mitwirkung des gesetzlichen Vertreters bzw Ergänzungspflegers, §§ 107, 1643, 1795, 181.

48 Ist an einer Gesellschaft ein nicht (voll) Geschäftsfähiger beteiligt, ohne dass die nach §§ 107, 1909, 1822 Nr. 3 usw erforderlichen Genehmigungen vorliegen, so setzt sich der Minderjährigenschutz gegen die Regeln über die **fehlerhafte Gesellschaft**,[80] also gegen das Kontinuitätsinteresse von Mitgesellschaftern und Gläubigern, durch.[81] Die Konstruktion im Einzelnen ist streitig. Einigkeit besteht darüber, dass einerseits die Gesellschaft jedenfalls unter den anderen Gesellschaftern nach allgemeinen Regeln wirksam entstanden ist, andererseits der nicht voll Geschäftsfähige keinen Pflichten aus dem Gesellschaftsverhältnis unterliegt[82] – sei es, weil er gar nicht Mitglied ist, sei es, weil er lediglich von den aus der Mitgliedschaft resultierenden Belastungen freigestellt wird.[83] Umstritten ist, ob ein fehlerhaftes Ausscheiden des Minderjährigen aus der Gesellschaft entgegen den allgemeinen Grundsätzen bis zur rückwirkenden Erteilung der erforderlichen Genehmigungen vorläufig als wirksam zu behandeln ist; begründet wird dies mit dem Schutzbedürfnis des Minderjährigen.[84]

49 **bb) Lebensversicherungsverträge.** Lebensversicherungsverträge fallen unter § 1822 Nr. 5, und zwar unabhängig von Kündigungsrechten[85] und ohne die Möglichkeit einer Teilwirksamkeit (§ 139) oder Umdeutung (§ 140);[86] zur Genehmigung nach § 108 Abs. 3; § 1829 Abs. 3 vgl § 182 Rn 3.

50 **cc) Familienrechtliche und erbrechtliche Abreden.** Rechtlich nachteilig sein können auch familienrechtliche[87] und erbrechtliche Abreden, für die teilweise besondere Genehmigungserfordernisse bestehen.[88]

51 Nachteile werden angenommen etwa bei der unentgeltlichen Übertragung eines **Erbanteils** (wegen der persönlichen Haftung für etwaige Nachlassverbindlichkeiten). Dies gilt auch dann, wenn der Minderjährige zu einer geringeren Quote bereits Erbe ist, weil die Haftungsquote im Innenverhältnis dann zunimmt.[89] Bei der Veräußerung von Nachlassgegenständen aus einer Erbengemeinschaft kann gleichfalls die Bestellung eines Ergänzungspflegers erforderlich sein.[90] Zur Pflichtteilsanrechnung s. Rn 77.

52 **dd) Erfüllungsannahme.** Zweifelhaft ist die Einordnung der Erfüllungsannahme durch den Minderjährigen: Wie auch immer man die Erfüllung konstruieren mag,[91] ist doch ihre Rechtsfolge nach § 362 Abs. 1 der Untergang des Leistungsanspruchs. Daher kann ein – an sich lediglich vorteilhafter – Erfüllungsakt, etwa die Übereignung der geschuldeten Sache an den Minderjährigen, zugleich rechtsbeeinträchtigend wirken.

53 Die hM arbeitet hier mit einer Trennung von Eigentumserwerb und Erfüllung: Der Minderjährige erwerbe jedenfalls Eigentum, Erfüllung hingegen trete – mangels **„Empfangszuständigkeit"** – nur dann ein, wenn die Leistung an den gesetzlichen Vertreter oder mit dessen Zustimmung an den Minderjährigen bewirkt werde.[92] Von der „Empfangszuständigkeit" weiß jedenfalls der Gesetzestext nichts. Praktische Konsequenz dieser Auffassung ist, dass der Schuldner erneut leisten muss, aber mit einem Bereicherungsanspruch auf das Geleistete gegen den Minderjährigen aufrechnen kann; er trägt damit das Risiko zwischenzeitlicher Entreicherung des beschränkt Geschäftsfähigen.

54 **ee) Eigentumserwerb.** Probleme stellen sich auch dann, wenn die Erfüllung den Minderjährigen in eine Rechtsposition bringt, die ihrerseits mit rechtlichen Nachteilen verbunden ist, namentlich in die des Eigentümers.

55 Hier **differenziert** die hM in mehrfacher Weise, zunächst zwischen Lasten, die rechtlich allein das **Objekt** treffen (etwa Grundpfandrechten), und solchen, die auch **persönliche Verpflichtungen** mit sich bringen. Persönlichen Charakters sind etwa die **Reallast** (§ 1108), die **Überbau-** (§ 913 Abs. 1) und die **Notwegrente** (§ 917 Abs. 2). Hingegen sind dingliche **Verwertungsrechte** im Grundsatz nicht geeignet, das Vermögen des Minderjährigen über den Bestand des erworbenen Objekts (typischerweise eines Grundstücks) hinaus zu gefährden; sie sollen daher keinen rechtlichen Nachteil begründen (Rn 80). Bei **Altenteilsvereinbarun-**

79 Näher *Reimann*, DNotZ 1999, 204 f.
80 Dazu *K. Schmidt*, Gesellschaftsrecht, 4. Aufl. 2002, § 6 I. 1 ff; *Maultzsch*, JuS 2003, 544–548.
81 Gegen die hM mit lesenswerter Begründung *C. Schäfer*, S. 269–278.
82 So die Rspr seit BGHZ 17, 160, 167, und die hL, vgl MüKo/*Ulmer*, § 705 Rn 338, 337; *Maultzsch*, JuS 2003, 549.
83 So etwa *K. Schmidt*, JuS 1990, 517, 520 ff; *ders.*, Gesellschaftsrecht, § 6 III 3 c cc.
84 So MüKo/*Ulmer*, § 705 Rn 370 mwN zum Meinungsstand.
85 AG Hamburg NJW-RR 1994, 721 mwN.
86 Vgl BGHZ 28, 78, 83 f; *W. Bayer*, VersR 1991, 131; AG Hamburg NJW-RR 1994, 721, 722: bei kürzerer Laufzeit wäre im Zweifel die Prämie höher gewesen.
87 Für den von einer Minderjährigen abgeschlossenen Gütertrennungsvertrag OLG Hamburg FamRZ 1988, 1167 ff.
88 Zu § 2347 Abs. 1 vgl BGH NJW 1978, 1159; auch zu § 1829 Abs. 3: Nach dem Tode des Erblassers könne der Verzichtende nicht mehr genehmigen, weil die mit dem Tod des Erblassers eintretende Erbfolgeregelung sonst nicht auf hinreichend fester Grundlage stehe. Vgl auch § 2347 Rn 5.
89 LG Deggendorf MittBayNot 1999, 285, 286. Zu den §§ 2078 ff vgl *Joussen*, ZEV 2003, 181 ff.
90 *Mahlmann*, ZEV 2009, 320.
91 Vgl dazu den Überblick in MüKo/*Wenzel*, § 362 Rn 5–10; *Harke*, Allgemeines Schuldrecht (2010), Rn 354 f.
92 Überblick bei *K. Schreiber*, Jura 1993, 666 f.

gen kommen dingliche und persönliche Lasten bisweilen zusammen (vgl auch § 1093 Rn 9; § 1105 Rn 73–76).[93] Eine praktisch wichtige Konstellation ist die Übertragung von Miteigentumsanteilen im Wege der vorweggenommenen Erbfolge, bei der der Minderjährige einer Anrechnung auf seinen Pflichtteil zustimmt (Rn 77).

Für **Grundpfandrechte** sagt die Judikatur bisweilen ausdrücklich, dass es auf das Verhältnis zwischen Grundstückswert und Belastung nicht ankomme: Auch bei Überlastung des Grundstücks mit solchen Rechten sei der Eigentumserwerb rechtlich lediglich vorteilhaft, da der Minderjährige nur die Zwangsvollstreckung in das Grundstück zu befürchten habe.[94] **56**

Weiterhin wurde differenziert zwischen Nachteilen aus dem **Erwerb** der Position und solchen aus deren **Innehabung**.[95] Letztere sei als „rechtsgeschäftsneutraler Tatbestand" für § 107 unerheblich. Daher sei unschädlich die Belastung des Eigentums mit einem **Nießbrauch**, wann und durch wen auch immer bestellt, denn die Pflichten gegenüber dem Nießbraucher träfen kraft Gesetzes den Eigentümer als solchen; ebenso umgekehrt der Erwerb von Nießbrauch, weil die Pflichten gegenüber dem Eigentümer nicht aus dem Erwerbstatbestand resultierten.[96] Diese auf das Reichsgericht[97] zurückgehende Argumentation ließe sich, wenn man ihr folgte, auf alle gesetzlichen Schuldverhältnisse im Sachenrecht übertragen,[98] was ihre Bedenklichkeit zeigt.[99] Hingegen sollen die Rechtsfolgen der **Vertragsübernahme** nach § 566 (ggf in Verbindung mit Verweisungsnormen) erwerbsbezogen sein und folglich einen Nachteil iSd § 107 darstellen.[100] Die Problematik dieser Differenzierung nach Erwerb und Innehabung zeigt sich namentlich im Wohnungseigentumsrecht (sogleich). **57**

(1) Wohnungseigentum. Eine Unterscheidung zwischen erwerbsbezogenen Nachteilen und solchen, die aus der Position als solcher resultieren, verleitet zu Differenzierungen beim unentgeltlichen Erwerb von **Wohnungseigentum**: Sofern den Erwerber lediglich die im WEG allgemein niedergelegten Pflichten treffen, sollte der Erwerb zustimmungsfrei sein; anders bei **rechtsgeschäftlichen Erweiterungen**, sofern sie „nicht unerheblich" seien.[101] **58**

„Unerhebliche" **Verschärfungen** der Pflichten eines Wohnungseigentümers sollten also außer Betracht bleiben. An „nicht unerheblichen" Verschärfungen nannte der BGH (über § 22 WEG hinausgehende) Wiederaufbaupflichten[102] und Einschränkungen der Aufrechnung, der Geltendmachung von Zurückbehaltungsrechten und der Abtretung.[103] **59**

Dieses Kriterium ist nicht nur **unscharf**; es provoziert außerdem die Frage, warum man nicht in gleicher Weise beim **Normalfall** des Grundeigentums differenziert. Nicht einsichtig ist auch, warum der Eintritt in die Pflichten aus der **Gemeinschaftsordnung** kein für § 107 erheblicher Nachteil sein soll, zumal eine Gemeinschaftsordnung nach § 10 Abs. 2, 3 WEG nicht existieren muss: Nach der Rechtsprechung handelte es sich um eine „bloße Ausgestaltung" des WEG, freilich unter Begründung zusätzlicher Pflichten.[104] **60**

Es wurde also ein **Geringfügigkeitskriterium** angewandt, nur nicht so genannt. Das bedeutet erstens einen Wertungswiderspruch dazu, dass bei jedem Kaufvertrag des Minderjährigen jegliche Leistungspflicht einen rechtlichen Nachteil erzeugt. Zweitens ermöglichen Geringfügigkeitsregeln keine klaren Abgrenzungen. Im praktischen Ergebnis lag zumeist auch aus der Sicht der Rspr doch ein rechtlicher Nachteil vor, weil dieselbe Judikatur schuldrechtliche Pflichten aus dem Verwaltervertrag durchaus als nachteilsbegründend ansah (und dies, obwohl die Verwalterbestellung als solche von §§ 20, 26 ff WEG vorgegeben ist).[105] **61**

Inwieweit insbesondere die **gesamtschuldnerische Haftung für künftige Verpflichtungen der Wohnungseigentümer** aus dem Verwaltervertrag einen rechtlichen Nachteil darstellt, ist höchstrichterlich erst in jüngster Zeit entschieden worden. Der BGH[106] hatte die Frage lange offen gelassen. Für die Annahme eines rechtlichen Nachteils hat sich in neuerer Zeit das OLG Hamm ausgesprochen.[107] Grundsätzliche Argumente gegen die **62**

93 Minderjährigenrechtlich ist die Unterscheidung auch insoweit relevant, als der BGH trotz der Übernahme persönlicher Verpflichtungen dazu tendiert, eine reine, nicht etwa eine gemischte Schenkung anzunehmen, BGHZ 107, 156, 160 (nicht zu § 107).
94 BayObLG Rpfleger 1979, 179.
95 Jauernig/*Jauernig*, § 107 Rn 5.
96 Jauernig/*Jauernig*, § 107 Rn 5 mwN (auch zur abweichenden finanzgerichtlichen Rspr; der zit. Entscheidung BFH NJW 1981, 141, 142 folgt FG Rh.-Pfalz, Urt. v. 21.7.2000, 3 K 2661/98, zitiert nach juris; aus der neueren Rspr vgl weiterhin OLG Celle MDR 2001, 931, 932.
97 RGZ 148, 321, 324.
98 Vgl krit. *H. Lange*, NJW 1955, 1340.
99 Hier nicht zu erörtern ist, inwieweit wirklich alle von der hM angenommenen gesetzlichen Schuldverhältnisse im Buch 3 sinnvoll sind.
100 Jauernig/*Jauernig*, § 107 Rn 4.
101 BGHZ 78, 28, 32 = NJW 1981, 109.
102 Fortgeführt in BayObLG DNotZ 1988, 505, 506 f.
103 BGHZ 78, 28, 32 = NJW 1981, 109.
104 OLG Celle NJW 1976, 2214, 2214 f.
105 OLG Celle NJW 1976, 2214, 2215. Vgl (von anderer Warte) die Kritik bei *Jahnke*, NJW 1977, 960, 961 (Anm. zu OLG Celle aaO).
106 BGHZ 78, 28, 32 f = NJW 1981, 109 mwN zur meist bejahenden älteren Rspr.
107 OLG Hamm Rpfleger 2000, 449 f.

Annahme eines rechtlich lediglich vorteilhaften Geschäfts hat dann das OLG München[108] vorgebracht; dem folgt nunmehr der BGH (nächste Rn). Es prüft (obiter) die Notwendigkeit, nach §§ 1795 Abs. 1 Nr. 1, 1629 Abs. 2 S. 1 einen Ergänzungspfleger zu bestellen; es bejaht diese Notwendigkeit unabhängig von Existenz, Nachweis und Ausgestaltung einer Gemeinschaftsordnung, und zwar wegen § 10 Abs. 8 und Abs. 4 WEG nF. Aus diesen Normen folge jedenfalls seit der WEG-Reform von 2007 die Notwendigkeit einer Einzelfallprüfung. Dem ist zu folgen, und zwar für alle Fälle der Übertragung von Wohnungseigentum an Minderjährige.[109] In dieselbe Richtung weist für eine andere Konstellation (Genehmigungserfordernis nach §§ 1821 Abs. 1 Nr. 5, 1643 Abs. 1) die Entscheidung des OLG Brandenburg;[110] dieser Fall lag freilich einfacher, weil die beschenkten Minderjährigen die persönliche Haftung für den Eingang der anteiligen Grundschuldsumme übernommen hatten, und gestritten wurde um die Genehmigungsfähigkeit (diese bejaht das Gericht im Ergebnis aufgrund einer wirtschaftlichen Gesamtbetrachtung; darüber kann man wiederum streiten).[111]

63 Nunmehr hat der BGH[112] in einer **Grundsatzentscheidung** klargestellt: „Der Erwerb einer Eigentumswohnung ist für einen Minderjährigen stets nicht lediglich rechtlich vorteilhaft. Es kommt weder auf die Ausgestaltung der Teilungserklärung noch darauf an, ob bei Vollzug des Erwerbs ein Verwaltervertrag besteht oder ob die Eigentumswohnung vermietet ist."[113] Die Gründe sieht der Senat im Anschluss an die soeben zitierte Entscheidung des OLG München[114] in §§ 16 Abs. 2, 10 Abs. 8 S. 1 WEG, und zwar unabhängig davon, ob der Zuwendende sich einen Nießbrauch vorbehält.[115] Er lässt offen, ob weitere Gründe für die Nachteiligkeit des Geschäfts in § 16 Abs. 3, 4 oder § 21 Abs. 7 WEG liegen können.[116] Im Ergebnis ist ein Ergänzungspfleger zu bestellen,[117] nicht jedoch eine familiengerichtliche Genehmigung einzuholen.[118]

64 **(2) Erwerb vom gesetzlichen Vertreter.** Eine weitere typische Konstellation ist die, dass ein Grundstück oder Grundstücksrecht dem Minderjährigen nicht von einem Dritten geschenkt wird, sondern vom gesetzlichen Vertreter selbst. Hier ist die Rechtsprechung in besonderem Maße darum bemüht, zur Wirksamkeit des Geschäfts zu gelangen, und zwar auch in problematischen Fällen. Dafür ist § 181 letzter Hs von Bedeutung: Das Verbot des Selbstkontrahierens gilt nicht, wenn eine Verbindlichkeit erfüllt werden soll. Wollen also die Eltern dem Kind ein Grundstück oder Wohnungseigentum zuwenden, das mit Grundpfandrechten überlastet ist oder persönliche Verpflichtungen mit sich bringt, so ermöglicht § 181 dies für den Fall, dass eine Schenkung zugrunde liegt: Die Schenkung als solche ist nicht nachteilig (Rn 20 ff), unterliegt also keinen Wirksamkeitsbedenken nach § 107. Selbst wenn nun die Übereignung als nachteilig anzusehen ist (so nach hM jedenfalls bei Begründung persönlicher Verpflichtungen), können die Eltern sie dennoch vollziehen, ohne dass das Familiengericht oder ein Ergänzungspfleger einzuschalten wären.

65 Der BGH[119] hielt deswegen eine **„Gesamtbetrachtung"** von Grund- und Erfüllungsgeschäft für geboten und prüfte mithin die rechtliche Nachteiligkeit auch der Schenkung selbst. Das hat eine Vielzahl von Fragen aufgeworfen.[120] Sinnvoller erscheint es, bei einer strikten **Trennung von Grund- und Erfüllungsgeschäft** zu bleiben und den Vorbehalt im letzten Hs des § 181 einengend auszulegen, das Verbot des Selbstkontrahierens also auszubauen: § 181 steht in systematischem Zusammenhang mit dem Minderjährigenrecht; die Anwendung dieser Norm darf dem in § 107 Angeordneten nicht zuwiderlaufen. Das wird durch eine teleologische Reduktion erreicht. Die Erfüllung einer Verbindlichkeit ist mithin dann als unzulässiges Insichgeschäft anzusehen, wenn durch die Erfüllung dem vertretenen Minderjährigen rechtliche Nachteile iSd § 107 drohen.[121]

66 In BGHZ 161,171[122] hat der V. Zivilsenat dann die Gesamtbetrachtungslehre **aufgegeben**, allerdings unter einem zumindest terminologischen Vorbehalt:[123] Der Senat habe in BGHZ 78,28 lediglich verhindern wollen, dass bei lukrativem Grundgeschäft ein rechtlich nachteiliges Übertragungsgeschäft über § 181 letzter Hs (Erfüllung einer Verbindlichkeit) genehmigungsfrei werden könne. Der Senat lässt dahinstehen, ob der Literaturmeinung, die eine telelologische Reduktion des § 181 vorzieht (vorige Rn), zu folgen sei, und bestätigt, dass auch für § 107 das Trennungsprinzip gelte.

108 OLG München ZEV 2008, 246, 246 f.
109 So auch die Anm. *Fembacher* (zu diesem und zu dem in der nächsten Fn genannten Urt.), MittBayNot 2009, 157, 158.
110 OLG Brandenburg MittBayNot 2009, 155, 155.
111 Differenzierend *Fembacher*, MittBayNot 2009, 157, 158.
112 BGH, 30.9.2010, V ZB 206/10, Tz. 11, 13 ff.
113 BGH, aaO, Tz. 11.
114 OLG München ZEV 2008, 246, 246 f.
115 BGH, aaO, Tz. 13 ff.
116 BGH, aaO, Tz. 12.
117 BGH, aaO, Tz. 16.
118 Ausführlich BGH, aaO, Tz. 17.
119 BGHZ 78, 28, 34 = NJW 1981, 109; Nw zu älteren Entscheidungen in ders. Richtung bei *Klüsener*, Rpfleger 1981, 259.
120 Vgl die Übersicht bei *Klüsener*, Rpfleger 1981, 261–264.
121 So auch schon *Jauernig*, JuS 1982, 578; *ders*., JuS 1994, 721, 723; zust. *Ultsch*, Jura 1998, 524, 528.
122 Auch abgedruckt in JZ 2006, 147 m.Anm. *Müßig, geb. Seif*, JZ 2006, 150; NJW 2005, 415; DNotZ 2005, 549; ZEV 2005, 66 m.Anm. *Everts*, ZEV 2005, 69; MittBayNot 2005, 408 m.Anm. *Feller*, MittBayNot 2005, 412; NotBZ 2005, 151 m.Anm. *Sonnenfeld*, NotBZ 2005, 154; RNotZ 2005, 228 m.Anm. *Reiß*, RNotZ 2005, 224; LMK 2005, 25 (LS m.Anm. *Lorenz*); WM 2005, 144.
123 BGHZ 161,171,173 ff.

Dahinstehen könne die Streitfrage, weil in casu bereits das Grundgeschäft rechtlich nicht lediglich vorteilhaft sei:[124] Dem Minderjährigen war ein Grundstück unter **Nießbrauchsvorbehalt und Rücktrittsvorbehalt** (dieser gesichert durch Rückauflassungsvormerkung) sowie belastet mit einer **Grundschuld** übertragen worden. Bei Nichtgenehmigung des Grundgeschäfts drohten, so der BGH, lediglich Bereicherungsansprüche in den Grenzen des § 818 Abs. 3. Der Nießbrauch schade nicht, weil der Nießbraucher die Kosten außergewöhnlicher Ausbesserungen und Erneuerungen sowie die außergewöhnlichen Grundstückslasten übernommen habe, so dass den Minderjährigen insoweit keine Ansprüche aus §§ 1049, 677 ff träfen.[125] Der Rücktrittsvorbehalt betreffe allein das Grundgeschäft; in der Rückauflassungsvormerkung liege kein gesonderter Nachteil. Die Grundschuld sei unschädlich, weil eine Unterwerfung unter die sofortige Zwangsvollstreckung vorliege, bei Vollstreckung also keine weiteren Kosten für den Titel entstünden. Zwar seien die öffentlichen Lasten nicht schon deswegen unbedenklich, weil sie auf Gesetz beruhten, und den Minderjährigen treffe auch eine persönliche Haftung. Bestimmte typisierbare Rechtsnachteile von ganz unerheblichem Gefährdungspotential seien aber nach dem Sinn des § 107 nicht erfasst, wenn unabhängig von den Umständen des Einzelfalls in jedem Fall mit einer Genehmigung zu rechnen sei; dies sei der Fall bei der Verpflichtung, die laufenden öffentlichen Grundstückslasten zu tragen.[126] 67

Die neue Rspr ist unter dogmatischen Aspekten weithin[127] begrüßt worden. In der Tat stellt sie einen Schritt in die richtige Richtung dar. Das Bekenntnis zum Trennungsprinzip im Rahmen des § 107 und die Aufgabe der Leerformel[128] von den „mittelbaren" und „unmittelbaren" Nachteilen[129] fördern die Rechtssicherheit. Kritisch ist jedoch gefragt worden, ob die Lehre von der Typisierbarkeit der Rechtsnachteile nach der Erheblichkeit des Gefährdungspotentials (vgl Rn 12 m. Fn 21) dem Ziel eines möglichst umfassenden Minderjährigenschutzes gerecht werde. Als Beispiel für einen problematischen Sonderfall wird die wirtschaftlich so gut wie wertlose, aber öffentliche Lasten erzeugende Immobilie genannt; weiterhin die baufällige und daher ordnungsrechtliche Lasten erzeugende.[130] 68

Diesem fortbestehenden Bedenken ist zu folgen:[131] Nimmt man das Kriterium eines lediglich rechtlich verstandenen Nachteils ernst, so werden die Parteien in der Tat mit Zeit und Kosten für die Genehmigung belastet. Das Geschäft wird dadurch aber nicht unmöglich, sondern es wird geprüft. Genau dies will das Gesetz. Die Parteien suchen eine Prüfung oft zu vermeiden; aber Minderjährigenschutz geht vor kurzfristigen ökonomischen und praktischen Erwägungen, die keineswegs die des Minderjährigen selbst sein müssen. Im Zweifel ist daher für die Zustimmungsbedürftigkeit zu entscheiden.[132] Überdies dürfte die Lehre von der Typisierbarkeit nicht mehr Rechtssicherheit mit sich bringen, sondern nur die Diskussionen aufnehmen, die früher unter der Frage nach der „Mittelbarkeit" von Rechtsnachteilen geführt wurden.[133] 69

Wenige Monate später hatte der V. Zivilsenat eine weitere Grundsatzfrage im Zusammenhang mit der „Gesamtbetrachtungslehre" zu entscheiden.[134] Nunmehr wollte ein Großvater seinen Enkeln einige **verpachtete Grundstücke** übertragen, wiederum unter Nießbrauchsvorbehalt und unter Ausschluss der Kosten außergewöhnlicher Ausbesserungen und Erneuerungen sowie der außergewöhnlichen Grundstückslasten. Der BGH betrachtete das Geschäft als rechtlich nicht lediglich vorteilhaft iSd § 107: Die Pflichten eines Verpächters, in welche die Enkel möglicherweise einzutreten hätten, seien nicht als typischerweise ungefährliche Rechtsnachteile anzusehen, denn ihr Umfang sei nicht begrenzt. Die Rechtsnachteile lagen diesmal also in der **Auflassung**.[135] 70

124 BGHZ 161, 171, 175–180.

125 Die Prämisse ist umstritten: In der Lit. werden GoA-Ansprüche teils für generell unschädlich gehalten, da ihr Umfang nicht über objektiv gebotene Verwendungen hinausgehen könne (s. *Böttcher*, Rpfleger 2006, 293, 296). Aber ist sicher, dass dies den Minderjährigen im Einzelfall hinreichend schützt? Schon diese Ansprüche könnten eine Verweigerung der Genehmigung nahelegen.

126 Die in Rn°63 besprochene Entscheidung vom 30.9.2010 (V ZB 206/10) nimmt BGHZ 161, 173 in Bezug; insoweit ist keine Aufgabe älterer Rspr erkennbar.

127 Bedenken hinsichtlich der Argumentation zum Nießbrauch bei *Feller*, MittBayNot 2005, 412, 412. Zu Nießbrauchsfällen näher Rn 80 ff.

128 Ihre nachvollziehbare Wurzel hatte diese Formel im Bemühen, dem Wortlaut der Norm („durch") gerecht zu werden, vgl *Berger*, LMK 2005, 89, 90; vgl auch die Kritik an BGHZ 162,137 bei *Fembacher*, DNotZ 2005, 627, 628 f. Daraus folgt aber noch keine verlässliche Bestimmung von Mittelbarkeit und Unmittelbarkeit.

129 Zur Einordnung in ältere Rechtsprechungslinien *Schmitt*, NJW 2005, 1090, 1091 f.

130 Vgl *Schmitt*, NJW 2005, 1090, 1092; *Müßig, geb. Seif*, JZ 2006, 150, 152.

131 Weitergehend hält *Wilhelm*, NJW 2006, 2353, 2354 f, nunmehr das ganze Konzept des § 107 für fragwürdig, künftige Entscheidungen für unvorhersehbar und ventiliert eine Behandlung sämtlicher Grundstückserwerbsgeschäfte als rechtlich nachteilig.

132 *Müßig, geb. Seif*, JZ 2006, 150, 152.

133 Überzeugend *Schmitt*, NJW 2005, 1090, 1092.

134 BGHZ 162, 137; auch abgedruckt in NJW 2005, 1430; DNotZ 2005, 625 m.Anm. *Fembacher*, DNotZ 2005, 627; MittBayNot 2005, 413 m.Anm. *Feller*, MittBayNot 2005, 415; NotBZ 2005, 156; ZEV 2005, 209 m.Anm. *Everts*, ZEV 2005, 211; LMK 2005, 89 (LS m.Anm. *Berger*); FGPrax 2005, 102 (nur LS); WM 2005, 942.

135 Zur Spiegelbildlichkeit der beiden Sachverhalte *Feller*, MittBayNot 2005, 415, 416.

71 Dabei nimmt der Senat wiederum ausdrücklich Bezug auf die Lehre von *Stürner*,[136] folgt ihr aber für das konkrete Anwendungsproblem nicht. Er verwirft bereits im Ansatz erneut die Lehre von den mittelbaren und unmittelbaren Rechtsnachteilen[137] und zieht einen Vergleich zwischen Schenkung eines verpachteten oder vermieteten Grundstücks und Schenkung unter Rücktrittsvorbehalt, deren Nachteiligkeit aus der potentiellen Pflicht zu Wert- oder Schadensersatz folge.[138]

72 Daher war im Ergebnis ein Ergänzungspfleger zu bestellen; der Senat sagt zu § 1795 Abs. 1 Nr. 1, es bestehe eine Interessenkollision zwischen Eltern und Kindern, so dass die Ausnahme vom Vertretungsverbot nicht gelte;[139] er folgt nun also der Linie, die zu § 181 als teleologische Reduktion diskutiert worden ist (Rn 65).[140]

73 Die zweite Leitentscheidung wird durchaus kontrovers diskutiert.[141] Auch sie ist im Ansatz zu begrüßen: Die Lehre von der „wirtschaftlichen Gesamtbetrachtung" war nicht nur dogmatisch angreifbar, sondern auch geeignet, den Minderjährigenschutz auszuhöhlen. Dass nach wie vor Unsicherheitsfaktoren bestehen, was die Prognose künftiger Gefahren für den Minderjährigen angeht, trifft zu; doch ist es besser, solche Prognosen dem Genehmigungsbefugten zu überlassen (und ggf gerichtlich zu kontrollieren), als denkbare Gefahren von vornherein außer Acht zu lassen. Offen ist, welche Bedeutung die Rspr künftig den (angeblich) typisierbaren Fallgruppen von ganz unerheblichem Gefährdungspotential beimessen wird. Diese Kategorie verspricht keine Sicherheit; näher Rn 59 f.

74 In praktischer Hinsicht ist für die erste der nunmehr vom BGH neu bewerteten Konstellationen vor allem auf folgenden Fall zu achten: Ein (nicht lediglich rechtlich vorteilhaftes) Grundgeschäft wird am Ende nicht genehmigt, so dass der Minderjährige später einer Leistungskondiktion ausgesetzt ist. Die Pflicht zur **Belehrung** (vgl §§ 14 BNotO, 17 ff BeurkG) über die Genehmigungserfordernisse und ggf über die Notwendigkeit der Pflegerbestellung erlangt hier besondere Bedeutung.[142] Geraten wird dazu, gem. § 53 BeurkG einen einvernehmlichen **Vollzugsaufschub** in die Urkunde aufzunehmen.[143] Weiterhin empfiehlt es sich, auch zur Information des Grundbuchamts Angaben über möglicherweise anfallende **außergewöhnliche öffentliche Lasten** in die Urkunde über das Verpflichtungsgeschäft aufzunehmen.[144]

75 Für die zweite Konstellation (Überlassung eines vermieteten oder verpachteten Grundstücks unter Nießbrauchsvorbehalt) könnte dann eine Zustimmung entbehrlich sein, wenn der Miet- oder Pachtvertrag zeitlich auf die Dauer des Nießbrauchs begrenzt ist.[145]

76 Soll das Geschäft als nicht genehmigungsbedürftig behandelt werden, empfiehlt sich eine umfassende **Dokumentation** aller das Risiko einer Behandlung als rechtlich nachteilig minimierenden Faktoren; denkbar ist auch, den beabsichtigten Inhalt des Vertrags mit dem Familiengericht abzustimmen.[146] Ist dies nicht möglich, stellt in allen Konstellationen die **Pflegerbestellung** bzw die **Einholung** der möglicherweise erforderlichen Genehmigung den sichersten Weg dar.[147]

77 Bisweilen mit dem Erwerb vom gesetzlichen Vertreter verbunden ist eine **Pflichtteilsanrechnung**: Der gesetzliche Vertreter als potentieller Erblasser überträgt an ein pflichtteilsberechtigtes Kind zwar unentgeltlich, aber gegen Pflichtteilsverzicht. Diese Konstruktion kann namentlich der Herstellung von Gerechtigkeit unter den Abkömmlingen dienen. Das hängt mit fortbestehendem Reformbedarf im Erbrecht zusammen: Die nachträgliche Anrechnung von Vorausempfängen ist durch die Erbrechtsreform am Ende doch nicht erleichtert worden, die geplante Erweiterung des § 2315 nicht erfolgt;[148] der Erblasser muss also weiterhin vorsorgen. Solche Vorsorge beschränkt aber die rechtlichen Möglichkeiten des Zuwendungsempfängers im Erbfall und könnte daher als rechtlicher Nachteil iSd § 107 anzusehen sein.

78 Das OLG München[149] hat zu den Kriterien einer vormundschaftsgerichtlichen Genehmigung in solchen Fällen entschieden, ein potentieller Pflichtteilsanspruch dürfe nur unter Einbeziehung der Gesamtsituation mit einer Beteiligung an einer Immobilie verglichen werden. Der Pflichtteilsanspruch möge zwar liquide sein, seine

136 AcP 173 (1973), 402, 431, 448; vgl Rn 12 m. Fn 294; s. BGHZ 162,137,140 und bereits BGHZ 161,171,176–179.
137 BGHZ 162, 137, 141.
138 BGHZ 162, 137, 142.
139 BGHZ 162, 137, 143.
140 *Feller*, MittBayNot 2005, 415, 415 f, weist auf die Beiläufigkeit hin, mit der hier eine seit langem hA aufgegeben wird, stimmt im Ergebnis aber zu; denselben Aspekt betonen (bei abweichendem Ergebnis) *Führ/Menzel*, FamRZ 2005, 1729, 1729.
141 Vgl die in Fn 134 und in den folgenden Nachweisen zit. Anmerkungen; einige dieser Reaktionen erschließt und bündelt *Böttcher*, Rpfleger 2006, 293.
142 So auch Beck'sches Notar-Handbuch/*Jerschke*, A. V. Rn 56.
143 Vgl *Everts*, ZEV 2005, 69, 70; *Sonnenfeld*, NotBZ 2005, 154, 156; *Reiß*, RNotZ 2005, 224, 226; *Rastätter*, BWNotZ 2006, 1, 6.; Beck'sches Notar-Handbuch/*Jerschke*, aaO.
144 *Sonnenfeld*, NotBZ 2005, 154, 155 f.
145 So *Berger*, LMK 2005, 89, 90.
146 *Basty* in: Kersten/Bühling, § 39 Rn 127.
147 So für die Pflegerbestellung Beck'sches Notar-Handbuch/*Jerschke*, A. V. Rn 56.
148 Anders viele Erwartungen, und weiterer Reformbedarf ist nicht von der Hand zu weisen; ausführlich zum Problem *Keim*, MittBayNot 2008, 8, 13 (noch in Erwartung der Reform); Staudinger/*Gursky*, Vor § 1922 Rn 129.
149 OLG München ZEV 2007, 493, 494 f.

Entstehung sei aber nach Zeitpunkt und Umfang ungewiss, eine Immobilie hingegen besonders wertbeständig. Das Risiko eines Wertverlustes der Immobilie könne durch entsprechende Gestaltung der Anrechnungsbestimmung aufgefangen werden (Wert im Zeitpunkt des Erbfalles als Maximalwert);[150] notwendig sei eine solche Bestimmung aber nur dann, wenn konkrete Anhaltspunkte für eine erhebliche Wertminderung im Raum stünden. Das Meinungsbild in der Lit. ist unübersichtlich.[151]

Dabei stand bis 2009 die Vorstellung im Raum, das Problem werde durch die Reform von der erbrechtlichen Seite her entschärft werden. Nachdem dies nicht erfolgt ist, bleibt das Minderjährigenrecht gefordert. Entscheidend ist nun, dass eine direkte Anrechnung auf den Pflichtteilsanspruch nach § 2315 den Pflichtteilsberechtigten stärker belastet als eine Ausgleichung nach § 2316.[152] Daher erleidet der Minderjährige einen fühlbaren Rechtsnachteil, mit dem er sich den Immobilienerwerb sozusagen erkauft. Die Beurteilung der Frage, ob dies im Einzelfall ein gutes Geschäft ist, sollte der Entscheidung des Pflegers und ggf des Gerichts überlassen bleiben; die generische Aussage, dass erbrechtliche Positionen naturgemäß unsicher sind, kann eine solche Entscheidung nicht ersetzen. Daher ist das Geschäft nicht zustimmungsfrei. 79

(3) Belastetes Eigentum. Nicht selten kommt es vor, dass geschenktes **Grund- oder Wohnungseigentum** mit einem beschränkten dinglichen Recht (typischerweise Nießbrauch) **belastet wird**, sei es, dass dieses vor[153] oder bei Übertragung durch den beschenkten Minderjährigen bestellt wird, dass sich der Zuwendende das Recht bei der Eigentumsübertragung vorbehält oder dass die Zuwendung mit einer Verpflichtung zur Bestellung des Rechts verknüpft ist. Die Rechtsprechung kommt in allen drei Konstellationen zu der Auffassung, es liege kein rechtlicher Nachteil vor, bisweilen unter ausdrücklichem Hinweis darauf, **Gleichbehandlung** sei geboten;[154] sie behandelt all diese Fälle im Ergebnis also ebenso wie die Konstellation, dass die Belastung bereits auf dem Grundeigentum ruhte, als dieses übertragen wurde. 80

Der **Vorbehalt** soll gem. § 107 zustimmungsfrei sein, weil der Minderjährige weder **vorhandenes Vermögen** aufgeben noch eine **neue Belastung** auf sich nehmen müsse, damit der Vertrag zustande komme;[155] ebenso die Bestellung einer Hypothek[156] oder Grundschuld[157] durch den Minderjährigen beim Eigentumswechsel. Unerheblich soll dabei sein, ob die Grundschuldbestellung der Sicherung einer gestundeten Restkaufpreisforderung des Verkäufers oder der Sicherung der Kaufpreisfinanzierung durch einen Dritten dient.[158] Wenn die Grundschuld den Erwerbspreis nicht übersteigt, soll sogar unerheblich sein, ob mit der Grundschuld überhaupt Mittel für die Kaufpreisfinanzierung oder für andere Zwecke beschafft werden sollen.[159] Das ist kaum nachvollziehbar. Die letztgenannte Entscheidung betont immerhin die Notwendigkeit eines – wenngleich offenbar nur zeitlich verstandenen – engen Zusammenhangs zwischen Eigentumserwerb und Belastung.[160] 81

Die Verpflichtung zu einer (späteren) Belastung des Eigentums mit einem dinglichen Recht ist auch nach der Rspr rechtlich nachteilig und daher zustimmungspflichtig gem. § 107. Sie soll aber nicht unter § 1821 Abs. 1 Nr. 1 und 4 fallen, weil diese Normen nur bereits vorhandenes Grundvermögen schützten, nicht auch erst zu erwerbendes.[161] Ebenso wenig sei bei der Verpflichtung zur Bestellung eines Nießbrauchsrechts § 1822 Nr. 5 (hier: Var. 3) einschlägig, da sich der Minderjährige nicht zur Entrichtung wiederkehrender Leistungen verpflichte.[162] Vgl außerdem Rn 85 ff. 82

Unabhängig von der Reihenfolge der Bestellungsakte wird also jeweils darauf abgehoben, dass dem Minderjährigen **vor allen** Transaktionen das dingliche Vollrecht nicht zustand, und mit dieser Begründung eine familiengerichtliche Genehmigung für nicht erforderlich erklärt. Diese Argumentation wirkt einigermaßen **begrifflich**; allein bereits das RG legte Wert darauf, dass die Begründung eine systematische und teleologische sei,[163] wenngleich ein gewisses Unbehagen aus dem weiteren Hinweis erhellt, nach der „Verkehrsauffassung" sei die Mehrung des Grundvermögens durch die Übereignung maßgeblich, und „nicht die Betrachtung, dass sich das Rechtsgeschäft aus dem Erwerb des Eigentums und der Begründung der Hypothek zusammen- 83

150 Dies in Anlehnung an *Fembacher*, MittBayNot 2004, 24, 26; vgl auch *Basty* in: Kersten/Bühling, § 39 Rn 127 (mit Vertragsmuster, aaO Rn 128 M).
151 Nach *Weigl*, MittBayNot 2008, 275, 275 f sieht die hL keinen rechtlichen Nachteil; andere Einschätzung bei *Keim*, MittBayNot 2008, 8, 11 f. Vgl sogleich den Sachtext.
152 Näher *Keim*, MittBayNot 2008, 8, 12.
153 Bewilligt der Beschenkte als Nichtberechtigter, so wird die Eintragungsbewilligung nach § 185 Abs. 2 S. 1 Alt. 2 mit seiner Eintragung als Eigentümer wirksam.
154 So BayObLG Rpfleger 1979, 179, für Nießbrauchsvorbehalt und vorherige Bestellung des Nießbrauchs durch den Beschenkten als Nichtberechtigten.
155 BayObLG NJW 1967, 1912, 1913.
156 RGZ 108, 356, 363 ff.
157 BayObLG NJW-RR 1992, 328, 329 (im Anschluss an RGZ 108, 356 und mwN zur ganz hM, die dieser Linie folgt).
158 BayObLG NJW-RR 1992, 328, 329.
159 BGH NJW 1998, 453, 453 (gegen die Vorinstanz).
160 BGH NJW 1998, 453, 453.
161 So BGHZ 24, 372, 374 f (unter Bezug auf die „hier notwendige[n] wirtschaftliche[n] Beurteilung" und obiter auch für Grundpfandrechte).
162 BGHZ 24, 372, 377.
163 RGZ 108, 356, 363.

setzt".[164] Es bleibt festzuhalten, dass die Rechtsprechung ausgerechnet bei Grundstücken besondere Großzügigkeit an den Tag legt,[165] also bei typischerweise besonders wertvollen Objekten.

84 Dogmatisch nicht mehr haltbar, wenngleich ausdrücklich aus der Rechtsprechung zum Vorbehaltsnießbrauch entwickelt, ist ein vereinzelt gegangener weiterer Schritt: Hat der Schenker sich vorbehalten, das Grundeigentum nach (!) der Umschreibung noch mit Grundpfandrechten zu belasten, so sei er allein, nicht der beschenkte Minderjährige, bewilligungsbefugt nach §§ 13, 19 GBO; auf einen unmittelbaren Zusammenhang mit dem Schenkungsvollzug komme es nicht an.[166]

85 Kontrovers behandelt wird in der neueren Judikatur das Zusammentreffen von **Nießbrauch** und **Vermietung** des Grundstücks, wenn beispielsweise einem Minderjährigen das an einen Dritten vermietete Grundstück unter Nießbrauchsvorbehalt übertragen wird. Das OLG Celle[167] hat im Jahre 2001 einen Vorstoß dahin gehend unternommen, eine persönliche Belastung des Minderjährigen aus Mietvertrag nach Ablauf des Nießbrauchs dem Anwendungsbereich des § 107 zu entziehen: Der Nachteil resultiere „aus der Eigentümerstellung, nicht aus einer persönlichen Verpflichtung als Erwerber"; außerdem sei er wegen des Kündigungsrechts aus § 1056 Abs. 2 „auf ein Minimum reduziert".

86 Es wird also ausdrücklich ein Geringfügigkeitskriterium mit einer Verschiebung in der Unterscheidung nach Positions- und Erwerbsbezug **kombiniert**; dieser Kunstgriff unterstreicht, dass die Verschiebung geeignet wäre, weitere Türen zu öffnen: Wenn der Eintritt in den Mietvertrag nach § 566 (§ 571 aF) nicht erwerbsbezogen ist, dann verbleibt kaum ein Tatbestand, von dem man noch sagen könnte, er knüpfe an den Erwerbsakt und nicht an die dadurch erreichte Stellung an. Die Unterscheidung würde mithin ad absurdum geführt.

87 Entsprechend hat für einen insoweit parallel gelagerten Fall das BayObLG[168] lapidar auf die persönliche Verpflichtung aus Mietvertrag verwiesen und einen rechtlichen Nachteil bejaht; § 1056 Abs. 2 vermöge hieran nichts zu ändern, da vor der Kündigung eben doch eine Bindung bestehe. Das ist, wenn man die Unterscheidung von positionsbezogener und erwerbsbezogener Belastung für grundsätzlich tragfähig hält, in der Tat erforderlich. Die weitere Konsequenz ist dann, dass das Bestehen des Mietvertrages einen rechtlichen Nachteil bereits zu dem Zeitpunkt begründet, in dem zwischen minderjährigem Eigentümer und Mieter noch ein Nießbraucher steht. Genau in diesem Sinne hat der BGH in seiner oben diskutierten Leitentscheidung zutreffend einen rechtlichen Nachteil angenommen.[169]

88 Der mögliche künftige Eintritt des Eigentümers in den Mietvertrag (§§ 1056 Abs. 1, 566) entfaltet mithin eine **Vorwirkung**; das ist mit Blick auf den Schutzzweck des § 107 konsequent. Eine dogmatische oder praktische Notwendigkeit, die Risikoabschätzung auf Nachteile zu beschränken, die bereits bei Übertragung des Eigentums hinreichend sicher sind, ist nicht zu erkennen.[170] Der Minderjährige bekommt die Immobilie so, wie sie ist, also auch mit dem Risikopotential aus laufenden Verträgen. Dieses Potential muss abgeschätzt werden. Inwieweit sonstige künftige Nachteile für § 107 erheblich sein können, ist damit nicht entschieden.

89 Im Ergebnis wird der Erwerb **schuldrechtlich** belasteter Positionen regelmäßig als rechtlich **nachteilig** qualifiziert, derjenige von **dinglich** belasteten regelmäßig **nicht**. Das wird heute ebenso selten ausdrücklich gesagt wie früher;[171] die Unterscheidung ist konstruktiv nachvollziehbar, wenngleich wirtschaftlich bisweilen kein Unterschied besteht: Dingliche Lasten sind nicht schlechthin stärker als obligatorische, sondern sie gewinnen ihren Nutzen für den Berechtigten aus dem Umstand, dass er auf die Sache selbst zugreifen kann – und nicht auf die Person des Vollrechtsinhabers. Konsequent durchhalten ließe sich dieser Ansatz der Rspr freilich nur, wenn man die im 3. Buch anzutreffenden gesetzlichen Schuldverhältnisse (etwa das zwischen Eigentümer und Nießbraucher oder Finder) nicht als obligatorisch, sondern als sachenrechtlich einordnete.[172]

90 Dogmatisch scheint es auf den ersten Blick einfacher, die umstrittenen Differenzierungen aufzugeben und auch diejenigen Nachteile einzubeziehen, die lediglich aus der Innehabung der einmal erworbenen Rechtsposition resultieren; auch diese lassen sich als „durch" die Willenserklärung erlangt begreifen. Damit stellen sich aber weitere Abgrenzungsprobleme, denn beispielsweise aus der Verletzung von Pflichten aus Nießbrauch können weitere Ansprüche folgen. Im Ergebnis ist kaum ein Erwerbsakt in den erörterten Konstellationen zustimmungsfrei; überdies bewirkt § 1643 iVm §§ 1821 f für die gesetzlichen Vertreter bisweilen ein Geneh-

164 RGZ 108, 356, 364.

165 Vgl *Stürner*, AcP 173 (1973), 408.

166 OLG Frankfurt Rpfleger 1981, 19, 20; dagegen zutr. *Just*, JZ 1998, 120, 124 f.

167 OLG Celle MDR 2001, 931, 932.

168 BayObLG NJW 2003, 1129, 1129; unter unnötigem Hinweis auf die Gesamtbetrachtungslehre des BGH (§ 566 knüpft an den dinglichen Rechtserwerb an) und ohne Erwähnung der abweichenden Entscheidung des OLG Celle.

169 BGHZ 162, 137; vgl Rn 70 ff.

170 Str.; für eine Orientierung am Zeitpunkt der Vornahme des Geschäfts *Fembacher*, DNotZ 2005, 627, 630; *Everts*, ZEV 2005, 211, 211.

171 Vgl freilich bereits *H. Lange*, NJW 1955, 1340 ff (mit durchgängiger Kritik am Dinglichkeitskriterium).

172 Im Kern handelt es sich um ein Problem des Auseinanderfallens von innerem und äußerem System. Das deutlichste Beispiel für diese Art von Problemen im 3. Buch ist das Eigentümer-Besitzer-Verhältnis, bei dem es sich anerkanntermaßen sachlich, dem inneren System nach, um Schuldrecht handelt.

migungserfordernis. Hier liegt ein wesentlicher Grund für die Versuche, innerhalb des § 107 zu differenzieren: Eine Zunahme der aufwendigen Genehmigungsverfahren lässt sich am einfachsten an der Wurzel verhindern (Rn 15). Fraglich ist nur, ob man damit den Grundentscheidungen des Gesetzes gerecht wird.

Im Kern fragt sich also, wie man die **Rolle der gesetzlichen Vertreter im System des Minderjährigenschutzes bewertet**. Ausgehend von § 1643 lässt sich vertreten, angesichts der Tragweite und Gefährlichkeit bestimmter Geschäfte – namentlich über Grundstücksrechte – seien Verzögerungen und Belastungen von Transaktionen mit Minderjährigen gesetzlich zumindest in Kauf genommen, weil die Integrität des Kindesvermögens über der rechtsgeschäftlichen Handlungsfreiheit des Minderjährigen selbst, seiner gesetzlichen Vertreter und Vertragspartner stehe. **91**

Dafür spricht, dass die gesetzlichen Vertreter auch von **Eigeninteressen** geleitet sein können, die keine Anerkennung in §§ 1627 Abs. 1 S. 1, 1629 Abs. 1 S. 1 finden; so dann, wenn die Übertragung von Vermögensgütern auf den Minderjährigen primär der Vermeidung steuer- oder haftungsrechtlicher Nachteile für die gesetzlichen Vertreter oder Dritte dient. § 1697 a[173] spricht von den berechtigten Interessen der Beteiligten, stellt aber das Wohl des **Kindes** in den Vordergrund; § 107 erklärt sich auch aus Recht und Pflicht der Eltern, ihr Sorgerecht auszuüben.[174] **92**

In diesem Lichte erfasst eine am Schutzzweck des § 107 orientierte weite Auslegung des „durch" die Willenserklärung eintretenden rechtlichen Nachteils[175] auch diejenigen Lasten, die den Inhaber einer Rechtsposition als solchen treffen; dann mag das Familiengericht beurteilen, ob im Einzelfall dem Kindeswohl[176] gedient ist. Im Ergebnis bedeutet dies, dass **im Zweifelsfall Zustimmungsbedürftigkeit anzunehmen** ist.[177] Die Belastung der Beteiligten durch das Genehmigungsverfahren wird regelmäßig nur bei **größeren Transaktionen** eintreten; alltägliche Zuwendungen vor allem beweglicher Sachen sind vom Katalog der §§ 1821 f nicht erfasst. **93**

(4) Tiere. Jüngst als Sonderproblem aufgekommen ist die Frage, ob die Übereignung von **Tieren** zustimmungsfrei sein könne. Das ist richtiger Ansicht nach zu verneinen. **94**

Umstritten ist, ob sich dies bereits aus der **Halterhaftung** (§ 833) ergibt. Diese für einen „bloß mittelbaren Nachteil" zu halten, entspricht der oben Rn 13, 68 abgelehnten Leerformel. Vielmehr fehlt es an der Relevanz des Eigentums als solchen für die Halterhaftung. Das Eigentum ist zwar ein Indiz für die Halterstellung.[178] Treffen auf den Minderjährigen die üblichen Kriterien für die Haltereigenschaft zu (Eigeninteresse und Entscheidungsgewalt), so kann er jedoch auch ohne Eigentum am Tier dessen Halter sein.[179] **95**

Entscheidend ist ein anderer Punkt, dem sich die eigentumsrechtliche Frage unterordnen muss: Die Entscheidung darüber, welche Tiere ein Minderjähriger soll halten dürfen, fällt in den Bereich der **Personensorge**.[180] Die Sorgeberechtigten tragen insoweit Verantwortung für den Minderjährigen – und weiterhin für die Familie insgesamt wie auch für das Tier. Insoweit entfaltet **Tierschutzrecht** zumindest Reflexwirkungen. Mit pauschalen Alters- und Reifevermutungen ist hier nicht zu arbeiten, ebenso wenig mit Kategorien problematischer oder unproblematischer Tiere. Wenn der Minderjährige zu seiner Erziehung lernen soll, ein Tier artgerecht zu halten, dann werden die Sorgeberechtigten dem Erwerb zustimmen, so dass auch eigentumsrechtlich keine Bedenken bestehen. Wenn ein solches Erziehungsziel nicht besteht, dann steht es den Sorgeberechtigten frei, einem Erwerb nicht zuzustimmen. Entschiede man anders, geriete man überdies bei familiärer Lebensgemeinschaft in einen Wertungswiderspruch zum Bestehen des Hausrechts gegenüber minderjährigen wie volljährigen Kindern. **96**

Im Ergebnis bedarf damit nicht nur der Erwerb gefährlicher oder besonders empfindlicher Tiere durch Siebenjährige, sondern auch derjenige gängiger Haustiere durch Siebzehnjährige der elterlichen Zustimmung. **97**

ff) Sonderproblem: Der minderjährige Schwarzfahrer. Der statistisch wohl wichtigste Problemfall ist der minderjährige Schwarzfahrer.[181] Die Rechtsprechung hatte sich wiederholt mit der Frage zu befassen, ob von Minderjährigen aufgrund der jeweiligen Beförderungsbedingungen ein sog. **erhöhtes Beförderungsentgelt** verlangt werden kann. Das ist im Ergebnis zu bejahen: Der Anspruch auf ein erhöhtes Beförderungsentgelt **98**

173 Die Vorschrift bringt einen Rechtsgedanken zum Ausdruck, der ebenso für die vormundschaftsgerichtliche Genehmigung gilt, vgl *Reimann*, DNotZ 1999, 187 f.

174 Vgl *Stürner*, AcP 173 (1973), 418; *Köhler*, JZ 1983, 226.

175 Das ist das Grundanliegen von *H. Lange*, NJW 1955, 1339; als „durchaus einleuchtend" anerkannt (und lediglich als inkonsequent durchgeführt bemängelt) auch in der Grundsatzkritik v. *Stürner*, AcP 173 (1973), 414 f.

176 Kritisch zur Leistungsfähigkeit dieser Kategorie für (medizinische Sachverhalte) *Knauf*, Mutmaßliche Einwilligung (2005), S. 108–114.

177 So auch (auf der Basis einer primär sorgerechtlichen Betrachtungsweise) *Köhler*, JZ 1983, 228; *Müßig, geb. Seif*, JZ 2006, 150, 152.

178 Staudinger/*Eberl-Borges* (2008), § 833 Rn 95 f.

179 Näher Staudinger/*Eberl-Borges* (2008), § 833 Rn 115.

180 Richtig *Timme*, JA 2010, 174, 175. Dort auch zum **Abgabe**verbot nach § 11 c TierSchG an Personen unter 16 Jahren.

181 Allg. zu Maßnahmen gegen das Schwarzfahren *Schauer/Wittig*, JuS 2004, 107 ff.

setzt nach wohl herrschender Meinung unabhängig davon, ob sich der Anspruch im Einzelfall aus Rechtsverordnung oder AGB-Vertragsstrafenregelung ergibt, einen Vertragsschluss nach allgemeinen Regeln voraus;[182] dieser bringt einen rechtlichen Nachteil mit sich, nämlich die Pflicht, überhaupt ein Entgelt zu entrichten. Damit ist die Einwilligung des gesetzlichen Vertreters erforderlich. Diese wird oftmals konkludent durch Hingabe eines Fahrscheins oder Überlassen von Fahrgeld an den Minderjährigen erteilt sein, womit ein Anspruch auf das erhöhte Beförderungsentgelt gegeben ist.[183]

99 Verbreitet ist freilich die Auffassung, die **Einwilligung** zur Benutzung öffentlicher Verkehrsmittel gelte im Zweifel **nicht für Schwarzfahrten**.[184] In der Tat wäre es missverständlich, eine rechtsgeschäftliche Einwilligung gerade in die regelwidrige Nutzung öffentlicher Verkehrsmittel anzunehmen. Bezugspunkt der Einwilligung ist ein Rechtsgeschäft, kein faktisches Tun (§ 182 Rn 1, 8), schon gar nicht ein solches, das sich lediglich als nachvertragliche Pflichtverletzung darstellt. Der Fall, dass jemand sein Kind zum Schwarzfahren anhält, gehört ins Strafrecht.

100 Vielmehr geht es zivilrechtlich um die Frage, ob sich die Einwilligung in den Abschluss eines Beförderungsvertrages so deuten lässt, dass der Einwilligende jedenfalls damit einverstanden ist, dass der Minderjährige einen Beförderungsvertrag schließt – und damit, für den Fall der Nichtentrichtung des geschuldeten Fahrpreises, ggf auch mit der Entrichtung eines erhöhten Beförderungsentgelts. Der schwarzfahrende Minderjährige kontrahiert nach allgemeinen Regeln, indem er einsteigt (protestatio facto contraria). Damit tut er das, was der Sorgeberechtigte ihm erlaubt hat: er kontrahiert. Die Einwilligung kann zwar nach allgemeinen Regeln unter eine Bedingung gestellt werden; diese ist wirksam, soweit sie vom objektiven Empfängerhorizont des Minderjährigen erkennbar ist (was regelmäßig unterstellt werden kann).

101 Eine solche Bedingung kann aber nicht die sein, den Vertrag auch innerlich zu wollen (weil es darauf rechtsgeschäftlich nicht ankommt) oder ihn ohne Pflichtverletzung durchzuführen (weil dies nach dem Zeitpunkt des Vertragsschlusses liegt). Wer seinem Kind das Busfahren im physischen Sinne erlaubt, der erlaubt ihm die Vornahme der Handlungen, welche als Vertragsschluss verstanden werden müssen; und die weiter gehende, ausdrückliche oder konkludente Aussage, die Fahrt müsse auch bezahlt werden, ist eine Ermahnung zu vertragstreuem Verhalten, keine Einschränkung der Einwilligung. Daher kann im Ergebnis der verbreiteten Meinung nicht gefolgt werden, die Einwilligung stehe unter der Bedingung, dass der Minderjährige unverzüglich einen Fahrschein erwerbe.[185]

102 Die Annahme einer bedingten Einwilligung verkennt im Ergebnis auch den vom Minderjährigenrecht bezweckten Schutzgedanken. Der Minderjährige soll nicht um jeden Preis vor rechtlichen Nachteilen geschützt werden. Durch die Einwilligung der Eltern zur Benutzung öffentlicher Verkehrsmittel haben die Eltern die Verantwortung für die negativen Rechtsfolgen des Rechtsgeschäfts übernommen. Dazu zählt die Pflicht, das vertraglich geschuldete Entgelt zu bezahlen und ggf Schadensersatzforderungen wegen Vertragsverletzung zu begleichen oder das erhöhte Beförderungsentgelt zu entrichten. Gerade bei Letzterem dürfte der Schutzgedanke nicht maßgebend sein, da das erhöhte Beförderungsentgelt auf einen überschaubaren Umfang (üblich: 40 EUR) begrenzt ist und in der Regel ohnehin von den Eltern gezahlt wird. Im Gegenteil: Allein die hier vertretene Auffassung wird dem im Minderjährigenrecht verwurzelten **Erziehungsgedanken** gerecht. Für den Minderjährigen ist es wenig einsichtig, wenn ihm seine Eltern aufgeben, nicht schwarzzufahren, im Falle tatsächlichen Schwarzfahrens aber gleichwohl keine Sanktion erfolgt.

103 Abgesehen davon würde der Minderjährige seinerseits unter Zugrundelegung der Gegenauffassung sämtliche vertraglichen Ansprüche gegen das Verkehrsunternehmen verlieren. Welche negativen Rechtsfolgen dies für den Minderjährigen mit sich bringt, wird besonders deutlich, wenn sich die Schwächen des Deliktsrechts verwirklichen: Rutscht der Minderjährige etwa aufgrund glatten Bodens in dem Verkehrsmittel aus und verletzt sich dabei schwer, kann sich das Verkehrsunternehmen aber hinsichtlich seiner Angestellten exkulpieren, so könnte der Minderjährige, jedenfalls nach BGB, keinerlei Schadensersatzansprüche gegenüber dem Verkehrsunternehmen geltend machen. Der Minderjährige wäre also bei schwerwiegenden Beeinträchtigungen

182 Vgl dazu *Stacke*, NJW 1991, 875; *Fielenbach*, NZV 2000, 359 (mwN), der generell einen Vertragsschluss als Voraussetzung annimmt, da eine Rechtsverordnung nicht das BGB außer Kraft setzen könne. Als Rechtsverordnungen kommen in Betracht die „Verordnung über Allgemeine Beförderungsbedingungen für den Straßen- und Busverkehr sowie für den Linienverkehr mit Kraftfahrzeugen" v. 27.2.1970 (VOAllgBefBed), dort § 9, oder die Eisenbahn-Verkehrsordnung (EVO) v. 8.9.1938, dort § 12. Daneben ist auch die Verwendung von AGB in Form besonderer Beförderungsbedingungen möglich; insoweit handelt es sich um eine vereinbarte Vertragsstrafe.

183 Zum selben Ergebnis kommt das AG Köln NJW 1987, 447, unter Berufung auf Treu und Glauben; *Stacke*, NJW 1991, 875 ff; *Weth*, JuS 1998, 795 ff.

184 So AG Jena NJW-RR 2001, 1469; AG Bergheim NJW-RR 2000, 202, 203; AG Wolfsburg NJW-RR 1990, 1142; AG Bonn NJW-RR 2010, 417; AG Bonn 4 C 486/08, n.v.; iE wie hier aA AG Köln NJW 1987, 447. Zum Problem sowie zu denkbaren Lösungswegen etwa über § 110 vgl *Winkler v. Mohrenfels*, JuS 1987, 693; *Harder*, NJW 1990, 858 ff; *Fielenbach*, NZV 2000, 358 ff.

185 So AG Hamburg NJW 1987, 448, 448.

(insbesondere) seiner Gesundheit schutzlos gestellt, wohingegen ein Schutz bezüglich geringwertiger Vermögensgüter gegeben wäre. Dass dies nicht im Sinne des Minderjährigenrechts ist, liegt auf der Hand.

gg) Bankgeschäfte. Bankgeschäfte von Jugendlichen bereiten Schwierigkeiten vor allem, seit spezielle Girokonten für sie angeboten werden. **Girokonten**, auch unentgeltlich geführte und solche, die nur auf Guthabenbasis bestehen, eine Überziehung also ausschließen, sind schon deswegen rechtlich nicht lediglich vorteilhaft für den Kunden, weil ihn zumindest Nebenleistungs- und Schutzpflichten treffen, beginnend bei der Einhaltung von Kündigungsfristen; darüber hinaus sprechen gute Gründe dafür, ein Entgelt für die Bank darin zu sehen, dass diese den sog. „Bodensatz" auf dem Konto für ihre Zwecke einsetzen kann.[186] Erst recht nachteilig sind alle **Verfügungen** über das Konto, Abhebungen – auch am Automaten – ebenso wie Überweisungen (auch als selbständige Überweisungsverträge nach §§ 675 f ff),[187] weil sie den Erfüllungsanspruch des Inhabers berühren (Rn 52 f), weiterhin alle Kreditgeschäfte im weitesten Sinne, namentlich unter Einschluss der Finanzierungshilfen iSd § 506 (§ 499 aF). Für **Sparkonten** gelten vor allem[188] insoweit Besonderheiten, als § 808 bei Vorlage der Urkunde **Liberationswirkung** zugunsten des auszahlenden Kreditinstituts entfaltet; nach richtiger Ansicht hilft diese Vorschrift über den Mangel der Geschäftsfähigkeit jedoch nicht hinweg.[189] Entsprechend restriktiv hat sich 1995 das Bundesaufsichtsamt für das Kreditwesen geäußert.[190] Vgl jeweils auch § 110 Rn 4 und § 113 Rn 21. 104

hh) Mobilfunkdienstleistungen. In der Praxis weitaus bedeutsamer als die zahllosen Fahrräder, die in universitären Übungsfällen gekauft werden, sind Mobilfunkdienstleistungen. Es finden selbstverständlich die allgemeinen Regeln der §§ 104–113 Anwendung. Besonders liegen diese Fälle aber in tatsächlicher Hinsicht: wegen der (durch Werbung, Gruppendruck und anderes induzierten oder geförderten) Neigung vieler Minderjähriger, für solche Dienstleistungen unverhältnismäßig große Anteile ihres Taschengeldes oder sonstiger Einnahmen auszugeben, und wegen des hieraus resultierenden spezifischen Verschuldungsrisikos. Mobilfunkverträge stellen bei Jugendlichen und jungen Erwachsenen nach den Erfahrungen der schuldnerberatenden Stellen einen statistisch weit überrepräsentierten Weg in dauerhafte finanzielle Abhängigkeit dar. Die elterliche Kontrolle ist nicht immer angemessen (möglich) und vermag das Phänomen offenbar nicht einzudämmen. 105

In diesem Feld erlangt § 110 besondere Bedeutung, einerseits wegen der Vielzahl von Teil- und Einzelleistungen, die aus bereits vorhandenen Mitteln erbracht werden, andererseits wegen der spezifischen Zielrichtung dieser Norm gegen Kreditgeschäfte. Außerdem ist § 110 nach hM ein Sonderfall des § 107. Spezialfragen der Mobilfunkverträge von Minderjährigen werden daher bei § 110 behandelt (dort Rn 9, 21, 27). 106

b) Rechtliche Nachteile nicht vermögensrechtlicher Art. Rechtliche Nachteile nicht vermögensrechtlicher Art liegen namentlich in der Einwilligung in die Speicherung und Verarbeitung von Daten.[191] 107

II. Einwilligung

Der **gesetzliche Vertreter** ist in seiner **Entscheidung** darüber, ob er die Einwilligung erteilt, **frei**; er hat sich primär am Wohl des Kindes zu orientieren, auch soweit er keinen Ausschluss- oder Genehmigungsregeln unterliegt (Maßstab des § 1697 a). Ansprüche des Minderjährigen oder gar des potenziellen Geschäftsgegners auf Einwilligung bestehen nicht. Maßstab: § 1666. 108

Liegt ein Nachteil vor, so kann die erforderliche Einwilligung **individuell** oder als **Generaleinwilligung** erteilt werden. 109

Die **Einwilligung** ist Willenserklärung und wird nach deren allgemeinen Regeln ausgelegt. Dies gilt namentlich für die Frage nach der Reichweite einer Einwilligung, die sich nicht ausdrücklich auf das fragliche Geschäft bezieht: Hier ist der objektive Empfängerhorizont maßgeblich, je nach der Person des Erklärungsgegners der des Minderjährigen oder der des Dritten. Daher ist es beispielsweise Fallfrage, ob die Erlaubnis 110

186 Vgl, auch zum Folgenden, *Hagemeister*, JuS 1992, 839 f. Auch zur rechtstatsächlichen Seite *Metz*, VuR 1993, 69.

187 Vgl *Fomferek*, S. 69–74. Die §§ 675 f ff ersetzen u.a. die §§ 675 a–c durch Art. 1 Nr. 47 VerbrKrRL-UG, s. Palandt/*Sprau*, Vor § 675 c Rn 10.

188 Ggf ist Landesrecht zu beachten, vgl Art. 31 BayAGBGB (BayRS IV, S. 571): Bei einer öffentlichen Sparkasse können Minderjährige und andere in der Geschäftsfähigkeit beschränkte Personen ohne Einwilligung des gesetzlichen Vertreters Spareinlagen machen.

189 Näher *Hagemeister*, JuS 1992, 927 f; nicht überzeugend die aA in OLG Düsseldorf WM 1971, 231, 232 f (entschieden für den Fall eines Geschäftsunfähigen).

190 Verlautbarung zum Thema Bankgeschäfte mit Minderjährigen v. 22.3.1995, abgedruckt in ZIP 1995, 691–695.

191 Vgl Rn 10; LG Bremen VuR 2002, 378, 379; OLG Bremen VuR 2002, 379, 380; beide m.Anm. *Körner*, S. 380 ff.

zum Erwerb der Fahrerlaubnis zugleich die Anmietung eines bestimmten Mietwagens zu bestimmten Konditionen deckt.[192]

111 Die Rechtsfigur der **Generaleinwilligung** begegnet keinen prinzipiellen konstruktiven Bedenken: Solange vom objektiven Empfängerhorizont aus der Umfang der Einwilligung erkennbar ist, sind die allgemeinen Regeln über Willenserklärungen beachtet. Wohl aber ergeben sich inhaltliche Grenzen aus systematischen und teleologischen Erwägungen. Systematisch ist der Unterschied zur „freien Verfügung" zu wahren, die das Gesetz nur unter den Voraussetzungen des § 110 zulässt. Teleologisch muss gesichert sein, dass der gesetzliche Vertreter und nicht der Minderjährige beurteilt, ob ein Geschäft abgeschlossen werden soll oder nicht, mag dieses Geschäft auch generisch und nicht individuell bezeichnet sein. Man spricht daher vom „beschränkten Generalkonsens".

112 Dieser trägt nur solche Geschäfte, die nach dem **objektiven Empfängerhorizont** von der Einwilligung des gesetzlichen Vertreters umfasst sind. Ob der gesetzliche Vertreter ein bestimmtes individuelles Geschäft gewollt hat oder nicht, ist nach allgemeinen Regeln nur insoweit erheblich, als dies in der Erklärung des beschränkten Generalkonsenses zum Ausdruck kommt; etwaige Divergenzen zwischen Wille und Erklärung sind auch hier nach den Anfechtungsregeln zu lösen.

113 Danach erfasst der Generalkonsens hinsichtlich der Benutzung öffentlicher Verkehrsmittel entgegen der wohl hM jegliche Benutzung öffentlicher Verkehrsmittel, unabhängig davon, ob der Minderjährige jeweils den erforderlichen Fahrausweis erwirbt (und entwertet) oder nicht. Relevant für die Frage, ob ein Generalkonsens vorliegt, ist allein der Zeitpunkt des Vertragsschlusses und damit das Einsteigen in das Verkehrsmittel. Für den Generalkonsens kann insoweit nichts anderes gelten als für eine individuell erteilte Einwilligung. Spätere Vertragsverletzungen des Minderjährigen durch Unterlassen des Fahrausweiserwerbs oder der Entwertung sind daher irrelevant. Die Wirksamkeit der konkludent erteilten Einwilligung durch Überlassung von Geldmitteln kann auch nicht von dem Erwerb eines Fahrausweises durch den Minderjährigen abhängig gemacht werden[193] oder unter Ausnahme des Schwarzfahrens erklärt werden (vgl Rn 98–103).

114 Die Einwilligung in die Anmietung einer **eigenen Wohnung** erfasst lediglich solche Geschäfte, die mit der Nutzung der Wohnung im Zusammenhang stehen, nicht hingegen beliebige andere Aktivitäten.[194]

III. Rückabwicklung bei fehlender Einwilligung

115 Fehlt es an einer erforderlichen Einwilligung (und auch an einer Genehmigung, § 108, oder einem sonstigen Wirksamkeitstatbestand), so richtet sich die **Rückabwicklung** erbrachter Leistungen nach allgemeinen Regeln des **Bereicherungsrechts**.

116 Eine Einschränkung gilt freilich für die sog. **Saldotheorie**: Die an den Minderjährigen erbrachten Leistungen werden nicht zu seinen Lasten mit dem von ihm Geleisteten saldiert. Wie auch immer diese Theorie generell zu beurteilen sei,[195] findet sie jedenfalls keine Anwendung auf Minderjährige.[196]

117 Nur soweit dennoch zu saldieren ist, also außerhalb der §§ 104 ff, geht bei **Versicherungsverträgen** der (faktisch) gewährte Versicherungsschutz als der Prämie gleichwertige Gegenleistung in den Saldo ein;[197] dies folgt aus dem Charakter des Versicherungsvertrags als Risikogeschäft.

118 Der BGH[198] leitet aus der Dogmatik zur Leistungszweckbestimmung im Dreiecksverhältnis her, dass der nicht wirksam vertretene Minderjährige zu behandeln sei wie in Anweisungsfällen jemand, der gar keine Anweisung erteilt habe: Es komme dann nicht auf den **Empfängerhorizont** an. Der Minderjährige habe jedenfalls nicht geleistet.

192 Vgl (konkret verneinend und mit der Senkung des Volljährigkeitsalters kaum noch praktisch) BGH NJW 1973, 1790 f (nur bestimmte Fahrzeuge, nur bei hinreichendem Versicherungsschutz). Dass nunmehr in einigen Bundesländern auch Siebzehnjährige die Fahrerlaubnis erwerben dürfen, wird kaum neue Fälle schaffen: Sie dürfen nur in Begleitung Erwachsener fahren.

193 So aber offensichtlich Palandt/*Ellenberger*, § 107 Rn 9.

194 Etwa die Nutzung eines Fitnessstudios: AG Siegen FamRZ 1990, 1046, 1047.

195 Vgl zur Diskussion MüKo/*Schwab*, § 818 Rn 209–275; *Martinek*, in: Staudinger/Eckpfeiler (2011) Rn 64; *Wieling*, Bereicherungsrecht (4. Aufl. 2006) S. 75–83; *Finkenauer*, Vindikation, Saldotheorie und Arglisteinwand, NJW 2004, 1704.

196 Vgl LG Waldshut-Tiengen VersR 1985, 937, 939 (unter Rekurs auf allg. Billigkeitserwägungen); LG Hamburg NJW 1988, 215, 216; AG Hamburg NJW-RR 1994, 721, 723.

197 Sehr str.; wie hier LG Waldshut-Tiengen VersR 1985, 937, 939; LG Hamburg, Urt. v. 1.10.1985-18 T 177/85 ; anders AG Waldshut-Tiengen VersR 1985, 937, 938 f; LG Hamburg, Urt. v. 11.6.1987, 2 S 199/86, NJW 1988, 215, 216; AG Hamburg NJW-RR 1994, 721, 723. Zur Problematik näher *W. Bayer*, VersR 1991, 131 f.

198 BGH, 21.1.2010, IX ZR 226/08, (auch in ZIP 2010, 529), Tz.13 ff; vgl bereits Rn 5, 28.

Der Fall: Minderjährige Kinder einer Gesellschafterin, deren Eltern wirtschaftlich[199] auf Kosten ihrer Kinder der Gesellschaft ein grundbuchlich gesichertes Darlehen hatten zukommen lassen (freilich durch Überweisung vom Konto der Mutter), sahen sich nach Insolvenz der Gesellschaft einem Löschungsanspruch des Insolvenzverwalters ausgesetzt: Dieser verlangte Löschung der Grundschuld. Im Darlehensvertrag waren die Kinder ausdrücklich als Darlehensgeber genannt; die nach §§ 1629 Abs. 2, 1795 Abs. 2, 181 erforderlichen Mitwirkungshandlungen waren nicht vorgenommen worden, so dass Darlehen und Sicherungsabrede (§ 139) nichtig waren. Diesem Anspruch konnten die Kinder nach Auffassung des BGH kein Zurückbehaltungsrecht aus §§ 273, 812 Abs. 1 S 1 Alt. 1 entgegenhalten, weil es an wirksamer Vertretung gefehlt hatte: Nicht sie hätten geleistet. Die Kinder wurden also auf eine Kondiktion gegen ihre Mutter verwiesen, der wiederum möglicherweise eine Insolvenzforderung gegen die Gesellschaft zustehen könne. 119

Ergänzend stellt der BGH fest, dass auch in der späteren Geltendmachung einer Einrede (oder eines Anspruches) gegen die Gesellschaft keine wirksame Genehmigung der Weisung liegen könne: wegen des rechtlichen Nachteils, der im Verlust eines Anspruchs aus § 812 Abs. 1 S 1 Fall 2 gegen die Mutter liege. 120

Das schließt in gewisser Weise konsequent an die sonstige Rspr an, wirft aber die Frage auf, ob Wertungen des Minderjährigenschutzes hinreichend beachtet wurden: Erst erlitten die Minderjährigen eine Vermögenseinbuße durch das Verhalten ihrer Mutter, das – wie auch der BGH sieht – durchaus den Tatbestand der Untreue (§ 266 StGB) erfüllen könnte. Immerhin waren sie aber dinglich gesichert, nämlich durch die Grundschuld, deren Löschung später der Insolvenzverwalter verlangte. Da aber die Sicherungsabrede ebenso nichtig ist wie der Darlehensvertrag und kein Zurückbehaltungsrecht zugelassen wird, haben sie am Ende nichts in der Hand außer dem Anspruch gegen ihre Mutter. Sie tragen also das **Insolvenzrisiko** der Mutter, ohne dass sie sich diese als potentielle Schuldnerin ausgesucht hätten. Das widerspricht dem Grundgedanken der Bereicherungsdogmatik, die Abwicklung möglichst in den gestörten Vertragsverhältnissen stattfinden zu lassen:[200] Dieser Gedanke setzt voraus, dass man sich den Vertragspartner aussuchen konnte. Wo der „Partner" sein gesetzliches Sorgerecht missbraucht und Sicherungsmechanismen missachtet, passt der Gedanke nicht. 121

Lässt man den Durchgriff zu, so tragen die Minderjährigen zwar grundsätzlich das Insolvenzrisiko der Gesellschaft, das sich überdies in casu bereits realisiert hat; doch erhält die Grundschuld den Minderjährigen auch in der Insolvenz eine Position, wie sie gegenüber der Mutter möglicherweise gar nicht erst zu schaffen wäre. 122

Die Vorinstanz[201] hatte das vom BGH gewünschte Ergebnis ausdrücklich mit der Begründung vermeiden wollen, der Minderjährigenschutz gebiete eine Betrachtung der Kinder als Leistende; § 273 stehe dem Löschungsanspruch entgegen.[202] Die abweichende Lösung des BGH führt dazu, dass beliebige Gläubiger der Gesellschaft besser gestellt werden als die Kinder der Gesellschafter bei offenkundigem Verstoß ihrer Eltern gegen Vertretungsrecht zu dem alleinigen Zweck, Risiken der Gesellschaft den Kindern aufzuerlegen. Das vermag nicht zu überzeugen.[203] 123

§ 108 Vertragsschluss ohne Einwilligung

(1) Schließt der Minderjährige einen Vertrag ohne die erforderliche Einwilligung des gesetzlichen Vertreters, so hängt die Wirksamkeit des Vertrags von der Genehmigung des Vertreters ab.

(2) [1]Fordert der andere Teil den Vertreter zur Erklärung über die Genehmigung auf, so kann die Erklärung nur ihm gegenüber erfolgen; eine vor der Aufforderung dem Minderjährigen gegenüber erklärte Genehmigung oder Verweigerung der Genehmigung wird unwirksam. [2]Die Genehmigung kann nur bis zum Ablauf von zwei Wochen nach dem Empfang der Aufforderung erklärt werden; wird sie nicht erklärt, so gilt sie als verweigert.

(3) Ist der Minderjährige unbeschränkt geschäftsfähig geworden, so tritt seine Genehmigung an die Stelle der Genehmigung des Vertreters.

Literatur: *Norpoth/Dittberner*, Die Genehmigung nach § 108 Abs. 3 BGB – immer eine empfangsbedürftige Willenserklärung?, JA 1996, 642; *Paal/Leyendecker*, Weiterführende Probleme aus dem Minderjährigenrecht, JuS 2006, 25.

199 Bei getrennten Überweisungsvorgängen.

200 Vgl dazu *Wieling*, Bereicherungsrecht (4. Aufl. 2006), S. 95.

201 OLG Celle, 19.3.2008, 7 U 123/07, n.v., sub II.2.a., b.

202 Vgl BGH, 21.1.2010, IX ZR 226/08, (auch in ZIP 2010, 529), Tz. 6.

203 Auch nicht im Lichte der par condicio creditorum, die der BGH ergänzend anspricht (Tz. 17): Es geht gerade um die Frage, ob den Minderjährigen, wenn man sie denn als Gläubiger der Insolvenzschuldnerin sein lassen will, die dingliche Sicherheit verbleibt. Die par condicio ist im Übrigen keine Norm, sondern durch Auslegung gewonnenes Prinzip; dazu *Guski*, Sittenwidrigkeit und Gläubigerbenachteiligung (2007), S. 117–136; demnächst monographisch *Klinck*, Die Grundlagen der besonderen Insolvenzanfechtung (2010).

A. Allgemeines

1 § 108 zieht die systematischen Konsequenzen aus dem Unterschied zwischen Einwilligung und Genehmigung (§§ 182 ff): Fehlt eine nach § 107 erforderliche Einwilligung, so bleibt die Erklärung des beschränkt Geschäftsfähigen unwirksam. Möglich ist aber, dass sie durch spätere Genehmigung rückwirkend (§ 184 Abs. 1) wirksam wird. Die §§ 108, 109 sehen einen Mechanismus vor, der die Interessen beider Parteien möglichst zügig zum Ausgleich bringen soll. Auf einseitige Rechtsgeschäfte des Minderjährigen findet nicht § 108, sondern § 111 Anwendung (zu Ausnahmen vgl dort Rn 3 f).

2 Diese **schwebende Unwirksamkeit** ist also kein Zustand zwischen Wirksamkeit und Unwirksamkeit, sondern eine **Unwirksamkeit**, deren Besonderheit lediglich darin liegt, dass sie später (ex tunc) beseitigt werden kann. Die Parteien sind an den Vertrag **nicht gebunden**.[1] Sie können sich von ihren Erklärungen jedoch nur im Rahmen der §§ 108 f lösen und müssen sich im Wirksamkeitsfall[2] als von Anfang an gebunden behandeln lassen. Daher kann bei im Grundbuch zu vollziehenden Geschäften auch bereits vor Genehmigung eine **Vormerkung** eingetragen werden.[3] Wie generell bei schwebender Unwirksamkeit können Probleme der Kollision mit Zwischenverfügungen auftreten (dazu § 184 Rn 13 ff).

3 Zwischen dem Minderjährigen und dem anderen Teil besteht also ein **atypisches Rechtsverhältnis**, welches für die Parteien zunächst keinerlei Pflichten begründet; für den Minderjährigen folgt das schon daraus, dass zur Begründung eines mit Pflichten verbundenen Sonderverhältnisses die Mitwirkung seines gesetzlichen Vertreters erforderlich ist. Die sich aus diesem Rechtsverhältnis ergebenden **Rechtspositionen** der Parteien sind **vererblich**.[4]

B. Regelungsgehalt

I. Genehmigung durch den gesetzlichen Vertreter (Abs. 1)

4 **1. Fehlen der Einwilligung.** § 108 bezieht sich nur auf Geschäfte, die **§ 107** unterfallen, also nicht bereits als rechtlich lediglich vorteilhaft wirksam sind („erforderliche"). Rechtsfolge eines **Fehlens der Einwilligung** ist gem. Abs. 1 zunächst eine im Grundsatz zeitlich unbegrenzte[5] (zum Rechtsmissbrauch vgl Rn 29) schwebende Unwirksamkeit (Rn 2); im Falle der Genehmigungserteilung tritt endgültige Wirksamkeit ein („hängt … ab"). Abs. 2 stellt jedoch sicher, dass der andere Teil den Schwebezustand beenden kann, nämlich durch Aufforderung zur Erklärung; diese setzt einen Fristenmechanismus in Gang (vgl Rn 12). Weiterhin ermöglicht Abs. 2 die Revision einer bereits im Innenverhältnis von Vertreter und Minderjährigem abgegebenen Erklärung.

5 **2. Genehmigung.** Die Genehmigung ist Gestaltungserklärung, nach hM also bedingungs- und befristungsfeindlich (vgl dazu ausführlich § 182 Rn 32 ff);[6] ebenso ihre Verweigerung. Der gesetzliche Vertreter muss mithin ohne entsprechende Einschränkungen genehmigen, sonst bleibt es bei der schwebenden Unwirksamkeit. Stirbt der Minderjährige, so geht die Genehmigungsbefugnis auf seinen (unbeschränkt geschäftsfähigen) Erben über (andernfalls auf dessen gesetzlichen Vertreter), arg. e. Abs. 3. Die Genehmigungsbefugnis des gesetzlichen Vertreters hingegen ist nicht vererblich, da das Gesetz nur bestimmten Personen die Vertretung des Mündels erlaubt (vgl § 182 Rn 14).

6 Die Genehmigung unterliegt, von ihrer streitigen Natur als Gestaltungsrecht abgesehen, in allen Punkten den allgemeinen Regeln über Willenserklärungen. Mithin ist Schweigen keine Genehmigung,[7] konkludente Erklärung hingegen möglich.

1 Missverständlich Jauernig/*Jauernig*, § 108 Rn 1; präzisierend Staudinger/*Knothe*, § 108 Rn 4, der die „Bindungswirkung" darauf bezieht, dass sich die Parteien nicht einseitig vom Vertrag lösen können.
2 Deshalb spricht auch § 109 nicht gegen die hier vertretene Konstruktion; s. dort Rn 1.
3 Vgl § 883 Rn 32 f. Zu Einzelfällen und Problemen neuestens *Heggen*, NotBZ 2010, 393, 397 ff.
4 Staudinger/*Knothe*, § 108 Rn 4; MüKo/*Schmitt*, § 108 Rn 27.
5 BGHZ 81, 90, 93.
6 Grundsätzlich zum Problem nun *Hattenhauer*, Einseitige private Rechtsgestaltung. Geschichte und Dogmatik (2011).
7 BGH JurBüro 1986, 545, 548.

Dogmatisch nicht haltbar und auch praktisch verfehlt ist die gelegentlich anzutreffende Meinung, derzufolge (nur) bei **konkludenter Genehmigung zusätzlich** erforderlich sein soll, dass der Genehmigende mit dem Bestehen einer schwebenden Unwirksamkeit (allgemeiner: mit der Genehmigungsbedürftigkeit) zumindest **rechnet**.[8] Eine solche Einschränkung widerspricht allgemeinen Regeln und stellt sich als Relikt der Willenstheorie dar; das Erklärungsbewusstsein ist kein notwendiger Bestandteil der Willenserklärung.[9] Maßgeblich ist allein, ob die Erklärung sich vom objektiven Empfängerhorizont aus als Genehmigung darstellte und der Erklärende dies hätte erkennen können.[10] War dies der Fall, vom Erklärenden aber nicht intendiert, so stehen wiederum nach allgemeinen Regeln die Anfechtungsregeln (§ 119 Abs. 1 Alt. 1) zur Verfügung. 7

Darüber hinaus findet auch dann keine Zurechnung auch eines objektiv als Erklärung zu verstehenden Verhaltens statt, wenn dem konkreten Erklärungsgegner das Fehlen des Erklärungsbewusstseins klar war.[11] Vgl § 182 Rn 22. Aus dem besonderen Schutzbedürfnis Minderjähriger folgt nichts Abweichendes, denn genehmigen kann immer nur ein Volljähriger (etwa nach Abs. 3 der ehemals Minderjährige selbst, u. Rn 21). 8

Die Genehmigung nach Abs. 1 kann sowohl im **Außenverhältnis**, gegenüber dem Dritten, als auch im **Innenverhältnis** zum Minderjährigen erklärt werden (arg. e Abs. 2 S. 1 Hs 1). Die zweite Möglichkeit wurde erst im Laufe des Gesetzgebungsverfahrens eingefügt, um den Vertragspartner zu schützen (noch der Zweite Entwurf enthielt die ausdrückliche Regelung, dass die Genehmigung nur dem anderen Vertragspartner gegenüber erklärt werden könne).[12] 9

II. Aufforderung zur Genehmigung (Abs. 2)

1. Aufforderung. Die Aufforderung ist **geschäftsähnliche Handlung**, weil ihre Rechtsfolgen kraft Gesetzes eintreten, auch wenn der Auffordernde keinen entsprechenden Willen gebildet haben sollte.[13] Sie unterliegt also den Regeln über Willenserklärungen in entsprechender Anwendung. Demnach ist sie empfangsbedürftig, muss also dem gesetzlichen Vertreter gegenüber erklärt werden; in den Fällen des Abs. 3 (Rn 21 ff) gegenüber dem volljährig Gewordenen.[14] Stirbt der Minderjährige, so ist sie seinem Erben gegenüber zu erklären (vgl Rn 5). 10

Die Aufforderung bedarf auch bei Formbedürftigkeit des Vertrages **keiner Form**.[15] Da sie die Rechtslage einseitig verändert (vgl Rn 12), finden auch auf die Aufforderung die Regeln über Gestaltungsrechte (entsprechende) Anwendung. Namentlich kann sie weder bedingt noch befristet abgegeben werden; allein der gesetzliche Fristenmechanismus des Abs. 2 bindet die Parteien. Das Aufforderungsrecht ist vererblich (vgl Rn 3); das folgt auch aus seiner Vergleichbarkeit mit anderen Gestaltungsrechten.[16] 11

2. Rechtsfolgen. Rechtsfolge der Aufforderung ist zunächst, dass der Minderjährige ab sofort nicht mehr tauglicher Adressat einer Genehmigung oder der Verweigerung einer solchen ist (Abs. 2 S. 1); weiterhin, dass eine zuvor im Innenverhältnis abgegebene Erklärung ihre Wirksamkeit verliert (Abs. 2 S. 2). Die **zeitliche Reihenfolge** bestimmt sich nach den allgemeinen Regeln über den Zugang von Willenserklärungen (vgl §§ 130 ff; direkt für die Genehmigung oder Verweigerung, entsprechend für die Aufforderung als geschäftsähnliche Handlung): Geht dem Geschäftsgegner (arg. aus der Unerheblichkeit einer Erklärung „dem Minderjährigen gegenüber") eine Genehmigung oder Verweigerung zu, so kann er nicht mehr auffordern. Hingegen ist unerheblich, wann dem gesetzlichen Vertreter eine Aufforderung zugeht, die vor Zugang einer Genehmigung oder Verweigerung beim Auffordernden abgegeben worden ist. Dies folgt aus dem Zweck der Aufforderung: Der Geschäftsgegner darf auffordern, solange er im Unklaren über die Haltung des gesetzlichen Vertreters ist; es liegt am gesetzlichen Vertreter, seine Entscheidung zu beschleunigen; überdies gewinnt er durch die Aufforderung neue Handlungsfreiheit, ist also nicht belastet (Rn 17; zu § 109 vgl dort Rn 1). 12

Der Wirksamkeitsverlust nach Abs. 2 S. 2 ist insoweit mit dem Gestaltungsdogma vereinbar, als in der Möglichkeit einer Aufforderung durch den Geschäftsgegner weder eine Befristung noch eine rechtsgeschäftliche Bedingung liegt. Vielmehr stellt das Gesetz selbst die Wirksamkeit der Gestaltungserklärung unter den Vorbehalt, dass rechtzeitig zur Erklärung aufgefordert wird. 13

8 So offensichtlich BGH NJW 2004, 59, 61; unklar BGH NJW 2002, 2863, 2864; zur Genehmigung durch den volljährig Gewordenen gem. Abs. 3 auch OLG Düsseldorf FamRZ 1995, 1066, 1068; LG Ravensburg VuR 1987, 99, 100.

9 BGHZ 91, 324, 329. Näher zum Problem jetzt *Kühle*, Der Dualismus von ausdrücklicher und stillschweigender Willenserklärung, 2009, S. 15 ff.

10 Zutr. BGH NJW 2002, 2325, 2327 (letzter Abs.).

11 Vgl für minderjährigenrechtliche Fälle etwa OLG Hamm NJW-RR 1992, 1186; AG und LG Waldshut-Tiengen VersR 1985, 937, 938 f.

12 Vgl *Jakobs/Schubert*, Die Beratung des BGB, Teil 1, 1985 S. 495 ff, 571, 574.

13 BGHZ 145, 343, 346 f; MüKo/*Schmitt*, § 108 Rn 26. Analyse bei *Paal/Leyendecker*, JuS 2006, 25, 26.

14 *Flume*, BGB AT Bd. 2, § 13, 7 c. cc.; *Norpoth/Dittberner*, JA 1996, 643.

15 Staudinger/*Knothe* (2004), § 108 Rn 13; MüKo/*Schmitt*, § 108 Rn 26.

16 Zur Vererblichkeit von Gestaltungsrechten s. *Kroiß*, § 1922 Rn 10, 13.

14 Bei einem Geschäft zwischen **zwei Minderjährigen** bedarf der Auffordernde, sofern seine ursprüngliche Willenserklärung wirksam war, seinerseits nicht etwa (gem. § 107 analog) einer Zustimmung seines gesetzlichen Vertreters für die Aufforderung: Das Geschäft ist bereits (schwebend) unwirksam, „verlieren" kann der Geschäftspartner nur die Chance zur Genehmigung. Sofern es nach § 108 zu endgültiger Unwirksamkeit kommt, stellt dies keinen zusätzlichen Rechtsnachteil dar.

15 Der gesetzliche Vertreter ist in seiner Entscheidung frei; weder dem Minderjährigen (Grenze: Kindeswohl) noch dem Geschäftsgegner steht ein Anspruch auf Genehmigung (oder auch Verweigerung der Genehmigung) zu.

16 Nach Abs. 2 S. 2 ist der **Schwebezustand** zwei Wochen nach Zugang (§§ 130 ff entsprechend) der Aufforderung jedenfalls **beendet**: Entweder es liegt eine (unbedingte, unbefristete, auch ansonsten uneingeschränkte, Rn 5) Genehmigung vor; dann ist das genehmigungsbedürftige Rechtsgeschäft wirksam (§ 184 Abs. 1). Oder es tritt endgültige Unwirksamkeit ein, sei es, weil der gesetzliche Vertreter tatsächlich die Genehmigung verweigert hat, sei es, weil dieses Faktum fingiert wird („gilt als verweigert").

17 Die **Frist des Abs. 2** ist nur in eingeschränktem Maße **dispositiv**: Der Vertragsgegner kann sie einseitig verlängern, weil die Verlängerung nur ihn belastet. Eine Verkürzung hingegen kann er weder einseitig noch lediglich im Konsens mit dem Minderjährigen erreichen, da die Mindestfrist dem gesetzlichen Vertreter Raum für Überlegungen gibt (und somit auch im wohlverstandenen Interesse des Minderjährigen besteht).[17] Anderweitige Abkürzungen des Schwebezustandes – etwa durch Fristsetzung – sind nicht möglich.[18]

18 In allen Fällen wird unerheblich, was vor der Aufforderung zwischen Minderjährigem und gesetzlichem Vertreter verhandelt worden ist, Abs. 2 S. 1. Diese Regelung gibt dem gesetzlichen Vertreter eine **weitere Überlegungsmöglichkeit**, obwohl er bereits eine Gestaltungserklärung abgegeben hatte. Das Risiko einer von der ersten Entscheidung abweichenden Erklärung des Vertreters muss der Auffordernde tragen, weil er selbst den Mechanismus des Abs. 2 in Gang gesetzt hat, weil ihm kein Anspruch auf eine bestimmte Entscheidung des gesetzlichen Vertreters zusteht und weil ihm jedenfalls Rechtssicherheit in kurzen Fristen verschafft wird. Einschränkungen dieser Risikoverteilung nach der Lehre, es gebe kein „Reurecht" (vgl § 119 Rn 22), sind für § 108 daher nicht angezeigt.

19 Streitig ist, ob Abs. 2 **analoge Anwendung** auf den Fall findet, dass die erforderliche **Einwilligung vorliegt**. Dafür wird angeführt, dass auch die Wirksamkeit des Vertrages ungewiss sein könne.[19] Richtigerweise ist eine analoge Anwendung abzulehnen, denn die dem § 108 immanente Schwebelage besteht nicht bei einem Vertrag, der gem. § 107 mit der erforderlichen Einwilligung geschlossen wurde.[20] Der Vertragspartner kann sich im Wege der Feststellungsklage Klarheit über die Wirksamkeit des Vertrages verschaffen.

20 Unterlässt es der gesetzliche Vertreter, dem Vertragspartner auf entsprechende Aufforderung hin Auskunft über das Vorliegen der Einwilligung zu erteilen, kommt ein Schadensersatzanspruch des Vertragspartners gegen den gesetzlichen Vertreter aus § 826 in Betracht;[21] eine Haftung des Minderjährigen gem. §§ 280 Abs. 1, 241 Abs. 2, 278 ist nur dann denkbar, wenn der Vertrag durch die zuvor erteilte Einwilligung wirksam ist.[22]

III. Erlangung unbeschränkter Geschäftsfähigkeit (Abs. 3)

21 Nach Abs. 3 kann der volljährig gewordene Minderjährige selbst genehmigen (Parallelvorschrift: **§ 1829 Abs. 3** bei Unwirksamkeit eines Vertrages mangels familiengerichtlicher Genehmigung gem. §§ 1643, 1821, 1822). Diese Rechtsfolge ergäbe sich sonst aus allgemeinen Regeln: Nach Erreichen der Volljährigkeit ist es nicht mehr Aufgabe der gesetzlichen Vertreter, über die Sinnhaftigkeit zuvor abgeschlossener Geschäfte zu befinden.

22 Ebenfalls aus allgemeinen Regeln ergibt sich die Behandlung einer konkludenten Genehmigung: Für diese bedarf es ebenso wenig eines Erklärungsbewusstseins wie in sonstigen Fällen; wohl aber kann eine konkludente Genehmigung nicht angenommen werden, wenn das Erklärungsbewusstsein fehlte und der Empfänger dies wusste (vgl Rn 8). Ausführlich zur konkludenten Genehmigung eines Versicherungsvertrags durch den

17 Ausnahmsweise kann die Ausschöpfung der zweiwöchigen Frist gegen Treu und Glauben verstoßen, vgl *v. Tuhr*, BGB AT Bd. 2, § 59 VI 2 a.

18 Anders *v. Tuhr*, § 59 VI 2 a: der andere Teil soll den Vertrag mit dem Minderjährigen unter der Bedingung schließen können, dass die Genehmigung des Vertreters innerhalb einer bestimmten Frist erfolgt – ein Vorgehen nach Abs. 2 wäre in diesem Fall nicht erforderlich; dagegen auch Staudinger/*Knothe*, § 108 Rn 17.

19 Jauernig/*Jauernig*, § 108 Rn 3.

20 Staudinger/*Knothe*, § 108 Rn 15; MüKo/*Schmitt*, § 108 Rn 24; auch zur Gesetzgebungsgeschichte *Paal*/*Leyendecker*, JuS 2006, 25, 26.

21 *V. Tuhr*, § 59 VI 2 a.

22 Vgl Staudinger/*Knothe*, § 108 Rn 15; MüKo/*Schmitt*, § 108 Rn 25.

volljährig Gewordenen s. § 182 Rn 20 ff; zu derjenigen einer Grundschuldbestellung soll die Abgabe einer Zweckerklärung genügen.[23]

Vereinzelt ist Abs. 3 in der Rechtsprechung auch auf einen nach § 181 genehmigungsbedürftigen Vertrag angewandt worden.[24] 23

Zweifelhaft ist, ob der nunmehr Volljährige die **Genehmigung** auch **sich selbst gegenüber** erteilen kann, ob sie also – in Abweichung von allgemeinen Regeln – nicht empfangsbedürftig ist.[25] Das erscheint bei konsequenter Anwendung der Parallele zu Abs. 1 denkbar (er steht nunmehr eben an Stelle seines früheren gesetzlichen Vertreters, und dieser kann nach Abs. 1 die Genehmigung im Innenverhältnis erklären, Rn 9). Andererseits würde damit die Natur der Genehmigung verändert, welche im Normalfall Empfangsbedürftigkeit verlangt, vgl § 130 Abs. 1 S. 1 („einem anderen gegenüber", § 184 Rn 2).[26] 24

Die Gerichte prüfen diese Möglichkeit der Eigengenehmigung nicht. Zuweilen erscheint zwar die Formel, der Volljährige müsse „zu erkennen geben", dass der Vertrag wirksam sein solle,[27] es folgt jedoch keine weitere Klarstellung, wem gegenüber (sich selbst?).

Maßgeblich ist bei Abs. 3 das Zusammenspiel von subjektiv-historischer und objektiv-teleologischer Auslegung:[28] Abs. 1 wurde um die Möglichkeit der Genehmigung im Innenverhältnis erweitert, um den Vertragspartner des Minderjährigen zu schützen, und dabei wurden die Konsequenzen für Abs. 3 anscheinend übersehen (vgl Rn 9). Würde aber eine sonstigen Dritten (oder niemandem) gegenüber kundbar gewordene Genehmigung genügen,[29] so träte in zahlreichen Fällen Vertragswirksamkeit mit dem 18. Geburtstag ein, etwa durch Weiterbenutzung einer Sache, ohne dass dies dem Minderjährigen auch nur bewusst wäre und ohne dass es einen Empfängerhorizont gäbe, von dem aus sich die Genehmigungswirkung bestimmen ließe. Daraus ist hergeleitet worden, **§ 144** (Bestätigung eines anfechtbaren Rechtsgeschäfts) sei **analog** anzuwenden, auf Erklärung wie Verweigerung der Genehmigung nach Abs. 3:[30] Beide Erklärungen seien nicht empfangsbedürftig. 25

Diese Lösung ordnet die Erklärung zwar in das System des Vertragsschlussrechts ein[31] und wahrt gleichzeitig den in den §§ 107 ff intendierten Minderjährigenschutz: Die Bestätigung ist nach hM eine nicht empfangsbedürftige Erklärung. Sie setzt aber voraus, dass § 144 von der hM insoweit richtig gedeutet wird. Daran bestehen jedoch erhebliche Zweifel (vgl § 144 Rn 7 f): Der Zweck des § 144 ist nur erreicht, wenn die Bestätigung dem Anfechtungsgegner zugeht. 26

Die übliche Formel, zum Schutz des Erklärenden seien an die Annahme einer Bestätigung durch konkludentes Verhalten strenge, auch nach objektiven Kriterien zu bestimmende Anforderungen zu stellen,[32] verweist genau auf dieses Problem. Sie nimmt überdies Bezug auf eine in der Rspr verbreitete, sachlich aber nicht zu begründende Unterscheidung konkludenter von ausdrücklichen Erklärungen hinsichtlich ihrer Deutlichkeit (Rn 7). Richtigerweise ist daher auch aus § 144 nicht zu schließen, nach § 108 Abs. 3 genüge die Eigengenehmigung. Das schützenswerte Interesse des Vertragspartners, zu wissen, woran er ist, gewinnt mit der Volljährigkeit des vormals Minderjährigen größeres Gewicht. Ihm gegenüber muss die Erklärung erfolgen. 27

Die praktische Bedeutung der Eigengenehmigung ist jedoch eher gering einzuschätzen, selbst wenn man der hier abgelehnten Auffassung folgt: In den denkbaren Fällen der (Eigen)Genehmigung durch konkludentes Verhalten werden die erwähnten strengen Voraussetzungen selten erfüllt sein. Denn auch bei Anwendung der rechtsverkehrsfreundlichen Regeln über die sog. Erklärungsfahrlässigkeit (vgl Rn 7) stellt sich in den von der Rechtsprechung entschiedenen Fällen zur empfangsbedürftigen Genehmigungserklärung bei weitem nicht jedes konkludente Verhalten als Genehmigung dar, vgl § 182 Rn 18 ff. Nach hier vertretener Auffassung folgt dies aus den allgemeinen Regeln für alle Arten von Willenserklärungen. 28

Fehlt eine Genehmigung, so soll es **rechtsmissbräuchlich** sein, „wenn jemand über einen langen Zeitraum (hier: zehn Jahre) an einem schwebend unwirksamen Vertrag festhält und sich erst dann darauf beruft, wenn 29

23 LG Wuppertal NJW-RR 1995, 152, 153, ebenfalls zu § 108 Abs. 3.

24 BGHZ 110, 363, 368 = NJW 1990, 1721 = FamRZ 1990, 860; ebenso MüKo/*Schramm*, § 181 Rn 42; Jauernig/*Jauernig*, § 181 Rn 14.

25 So *Norpoth/Dittberner*, JA 1996, 647; Staudinger/*Knothe*, § 108 Rn 21.

26 *Norpoth/Dittberner*, JA 1996, 644.

27 LG Mainz VersR 1967, 945, 946.

28 Vorrang hat nach allgemeinen Regeln die objektiv-teleologische Auslegung (hM). Das ist dann richtig, wenn man (wiederum mit der hM) unter „historischer Auslegung" vor allem den Blick in die Materialien versteht. Zum Problem *Baldus*, § 3 Rn 209 ff, 218–221, in: *Riesenhuber* (Hrsg.), Europäische Methodenlehre (2. Aufl. 2010).

29 Unklar insoweit *Diederichsen*, Die Anfängerübung im Bürgerlichen Recht, 3. Aufl. 1996, S. 41.

30 So *Norpoth/Dittberner*, JA 1996, 645 f.

31 Ausf., auch zur methodologischen Seite, *Norpoth/Dittberner*, JA 1996, 645–648, und *Paal/Leyendecker*, JuS 2006, 25, 27 ff.

32 BGHZ 110, 220, 222: nur wenn jede andere den Umständen nach einigermaßen verständliche Deutung des Verhaltens ausscheide, könne ein Verhalten als konkludent erklärte Bestätigung gewertet werden; MüKo/*Busche*, § 144 Rn 5; auch noch die Voraufl. Rn 16 (wird aufgegeben).

dieser für ihn Nachteile bringt"[33] (vgl auch § 182 Rn 23). Diese Formulierung ist zum einen – wie stets bei § 242 – nur auf Ausnahmefälle zu beziehen, weil sonst die Rechtssicherheit litte. Zum anderen wird ein in diesem Sinne rechtsmissbräuchliches Verhalten oft genug zugleich den Erklärungsinhalt einer konkludenten Genehmigung aufweisen (vgl Rn 4); dann steht die Tür zu einer Lösung nach allgemeinen Regeln offen.

C. Weitere praktische Hinweise

30 Die Darlegungs- und **Beweislast** für eine erfolgte Einwilligung oder Genehmigung, auch durch den Minderjährigen nach Abs. 3, trägt nach allgemeinen Regeln derjenige, der sich auf die Wirksamkeit des Vertrages beruft. Die Verweigerung der Genehmigung muss derjenige beweisen, der die **endgültige** Unwirksamkeit des Vertrages geltend macht. Daher trifft den ehemals Minderjährigen die Beweislast, wenn er behauptet, eine von ihm – unstreitig – nach Aufforderung erklärte Genehmigung (Abs. 3) sei ins Leere gegangen, weil sein gesetzlicher Vertreter dem Vertragspartner gegenüber bereits vor dessen Aufforderung die Verweigerung der Genehmigung erklärt habe (Abs. 2 S. 1 Hs 2).[34] Die Aufforderung hat derjenige zu beweisen, der sich auf ihre Wirkungen (andauernder oder wiederhergestellter Schwebezustand) beruft; wer sich auf die Wirksamkeit des Vertrages durch eine nach Aufforderung erteilte Genehmigung beruft, muss den Zeitpunkt der Aufforderung und die Einhaltung der daran anknüpfenden zweiwöchigen Erklärungsfrist beweisen.[35]

§ 109 Widerrufsrecht des anderen Teils

(1) [1]Bis zur Genehmigung des Vertrags ist der andere Teil zum Widerruf berechtigt. [2]Der Widerruf kann auch dem Minderjährigen gegenüber erklärt werden.

(2) Hat der andere Teil die Minderjährigkeit gekannt, so kann er nur widerrufen, wenn der Minderjährige der Wahrheit zuwider die Einwilligung des Vertreters behauptet hat; er kann auch in diesem Falle nicht widerrufen, wenn ihm das Fehlen der Einwilligung bei dem Abschluss des Vertrags bekannt war.

Literatur: *Wilhelm*, Aufforderung zur Erklärung über die Genehmigung eines schwebend unwirksamen Geschäfts und Widerruf des Geschäfts, NJW 1992, 1666.

A. Allgemeines

1 Die Vorschrift schützt den **Geschäftsgegner** des Minderjährigen in der Schwebezeit bis zur Erteilung oder Verweigerung der Genehmigung (§ 108): Der Entscheidungsfreiheit des Genehmigungsbefugten entspricht seine Freiheit, sich von der eigenen Erklärung wieder zu lösen (Abs. 1), abgestuft nach Schutzwürdigkeit (Abs. 2). § 109 durchbricht damit im Sinne der negativen Privatautonomie die potenzielle Bindung an den – schwebend unwirksamen – Konsens. Dogmatisch folgt hieraus nicht, dass es „schwebende Wirksamkeit" gäbe (vgl § 108 Rn 2): Der Vertrag ist und bleibt unwirksam, sofern er nicht genehmigt wird. Der Widerruf nach § 109 entzieht der Genehmigung ihr Substrat. Sie geht, wenn sie nach dem Widerruf erklärt wird, ins Leere. Beseitigt wird durch den Widerruf also nicht eine Art von Teilwirksamkeit, sondern lediglich die Möglichkeit, künftig Wirksamkeit herbeizuführen.

B. Regelungsgehalt

2 Der **Widerruf** nach Abs. 1 ist einseitige empfangsbedürftige Willenserklärung und unterliegt den für diese geltenden allgemeinen Regeln. Er ist – als actus contrarius zu Angebot und Annahme – dem Minderjährigen gegenüber zu erklären, und entgegen der allgemeinen Regel des § 131 Abs. 2 genügt für seine Wirksamkeit auch der **Zugang gegenüber dem Minderjährigen**, Abs. 1 S. 2.[1]

33 LG Wuppertal NJW-RR 1995, 152, red. LS, vgl S. 153 (obiter); im Anschluss an BGH LM § 1829 BGB Nr. 3 = FamRZ 1961, 216, 217.

34 BGH NJW 1989, 1728, 1729 = FamRZ 1989, 476; *Baumgärtel/Laumen/Prütting*, § 108 Rn 4.

35 Vgl MüKo/*Schmitt*, § 108 Rn 48: derjenige, der sich auf die Unwirksamkeit des Vertrages berufe, müsse den fruchtlosen Fristablauf beweisen; unklar Staudinger/*Knothe*, § 108 Rn 23. Diff. *Baumgärtel/Laumen/Prütting*, § 108 Rn 2: Derjenige, der die Wirksamkeit des Rechtsgeschäfts geltend macht, müsse die Rechtzeitigkeit der Genehmigung, sein Gegner aber den Ablauf der Zwei-Wochen-Frist beweisen, dh die Beweislast für den Zeitpunkt der Aufforderung trage derjenige, der sich auf die Unwirksamkeit beruft, die Beweislast für den Zeitpunkt der Genehmigung derjenige, der sich auf die Wirksamkeit beruft. Der aaO vermerkte Gegensatz zu der hier in der 1. Aufl. vertretenen Ansicht scheint mir nicht zu bestehen.

1 Staudinger/*Knothe*, § 109 Rn 5.

Aus dem unter Rn 1 Gesagten folgt, dass der gesetzliche Vertreter nur bis zum Zugang eines Widerrufs genehmigen kann. Umgekehrt besteht mit Zugang der Genehmigung beim Geschäftsgegner keine Unsicherheit und damit kein Widerrufsrecht mehr. Im immerhin denkbaren Fall gleichzeitigen Zugangs von Genehmigung und Widerruf bleibt es bei der Unwirksamkeit; dies ergibt sich jedenfalls aus dem Rechtsgedanken des § 108 Abs. 1. 3

Diskutiert wird, ob nach einer Aufforderung gem. § 108 Abs. 2 aus Treu und Glauben (§ 242) die Pflicht folgen kann, mit der Ausübung des Widerrufsrechts während einer Bedenkzeit für den gesetzlichen Vertreter zu warten. Das wird man allenfalls für extreme Fälle annehmen können.[2] 4

Ist hingegen die **Genehmigung** lediglich im **Innenverhältnis** dem Minderjährigen zugegangen (was der Dritte typischerweise nicht weiß), so kann nicht verlangt werden, dass der Dritte erst eine Aufforderung nach § 108 Abs. 2 erklärt und dadurch den Schwebezustand wiederherstellt, nur um anschließend nach § 109 widerrufen zu können;[3] vielmehr steht ihm die Widerrufsmöglichkeit sogleich offen.[4] Dies setzt allerdings im Hinblick auf § 108 Abs. 2 voraus, dass der Vertragspartner den Widerruf dem gesetzlichen Vertreter gegenüber erklärt und nicht, wie nach Abs. 1 S. 2 möglich, dem Minderjährigen gegenüber.[5] 5

Ein **Widerrufsrecht** des Vertragspartners besteht auch dann, wenn der Minderjährige den Vertrag mit Mitteln erfüllen könnte, die ihm vom gesetzlichen Vertreter gem. **§ 110** überlassen wurden. Zwar enthält § 110 bereits eine Einwilligung des gesetzlichen Vertreters (§ 110 Rn 1), so dass ein Genehmigungserfordernis wie bei §§ 108, 109 nicht besteht.[6] Es ist jedoch allein dem Minderjährigen überlassen, ob er durch das Bewirken der Leistung die Wirksamkeit des Vertrages herbeiführen will oder nicht; aus der Sicht des Vertragspartners ist die Situation somit vergleichbar mit der der §§ 108, 109.[7] 6

§ 109 nimmt dem Genehmigungsbefugten die Entscheidung nur insoweit aus der Hand, als der **Geschäftsgegner schutzwürdig** ist. Die Schutzwürdigkeit liegt regelmäßig in seiner Unkenntnis von der Minderjährigkeit begründet, arg. e Abs. 2. Volljährigkeit ist zwar kein tauglicher Gegenstand guten Glaubens (§ 104 Rn 25), wohl aber begründet Unkenntnis der realen Sachlage ein Widerrufsrecht. 7

Das Gesetz kommt dem Geschäftsgegner jedoch insoweit entgegen, als es das Widerrufsrecht bei Kenntnis von der Minderjährigkeit nicht generell entfallen lässt. Vielmehr darf auch widerrufen, wer vom Minderjährigen über das Vorliegen einer Einwilligung gem. § 107 getäuscht worden ist (Hs 1), und zwar erfolgreich (Hs 2). Insoweit wird also der Minderjährige mit den Folgen eigenen Handelns belastet, und zwar als Sanktion für Vorsatz. 8

Abs. 2 meint nur **positive Kenntnis**; fahrlässige Unkenntnis schließt das Widerrufsrecht nicht aus.[8] 9

C. Weitere praktische Hinweise

Wer sich auf die Unwirksamkeit des Vertrages aufgrund eines wirksam erklärten Widerrufs beruft, trägt dafür die **Beweislast**.[9] Ist der Zeitpunkt einer – unstreitig erfolgten – Genehmigung unklar, so hat der Widerrufende auch zu beweisen, dass die Genehmigung nach dem Widerruf erfolgt ist.[10] Die Kenntnis des Vertragspartners von der Minderjährigkeit (Abs. 2 Hs 1) und vom Fehlen der Einwilligung (Abs. 2 Hs 2) hat derjenige zu beweisen, der sich auf die Unwirksamkeit des Widerrufs beruft. Demgegenüber trägt der Widerrufende die Beweislast dafür, dass der Minderjährige wahrheitswidrig das Vorliegen einer Einwilligung behauptet hat.[11] 10

§ 110 Bewirken der Leistung mit eigenen Mitteln

Ein von dem Minderjährigen ohne Zustimmung des gesetzlichen Vertreters geschlossener Vertrag gilt als von Anfang an wirksam, wenn der Minderjährige die vertragsmäßige Leistung mit Mitteln bewirkt, die ihm zu diesem Zweck oder zu freier Verfügung von dem Vertreter oder mit dessen Zustimmung von einem Dritten überlassen worden sind.

2 Vgl *Paal/Leyendecker*, JuS 2006, 25, 27.
3 So aber MüKo/*Schmitt*, § 109 Rn 9, auch zu dem von manchen erhobenen Vorwurf des venire contra factum proprium.
4 Vgl *Wilhelm*, NJW 1992, 1667.
5 Näher – auch zur Gesetzgebungsgeschichte – *Wilhelm*, NJW 1992, 1666 f.
6 Deshalb gegen ein Widerrufsrecht Soergel/*Hefermehl*, § 110 Rn 7.
7 So auch MüKo/*Schmitt*, § 110 Rn 34.
8 Jauernig/*Jauernig*, § 109 Rn 2; Staudinger/*Knothe*, § 109 Rn 3.
9 HM, BGH NJW 1989, 1728, 1729; *Baumgärtel/Laumen/Prütting*, § 109 Rn 1 mwN.
10 BGH NJW 1989, 1728, 1729; *Baumgärtel/Laumen/Prütting*, § 109 Rn 1; Staudinger/*Knothe*, § 109 Rn 7; MüKo/*Schmitt*, § 109 Rn 18.
11 *Baumgärtel/Laumen/Prütting*, § 109 Rn 2 mwN.

Literatur: *Derleder/Thielbar*, Handys, Klingeltöne und Minderjährigenschutz, NJW 2006, 3233; *Hagemeister*, Grundfälle zu Bankgeschäften mit Minderjährigen, JuS 1992, 839, 924; *Hofmann*, Der Vereinsbeitritt Minderjähriger, Rpfleger 1986, 5; *Kunkel*, Das junge Konto – Minderjährigenschutz im Rahmen des Girovertrages, Rpfleger 1997, 1; *Leenen*, Die Heilung fehlender Zustimmung gemäß § 110 BGB, FamRZ 2000, 863; *Mankowski/Schreier*, Klingeltöne auf dem vertragsrechtlichen Prüfstand, VuR 2006, 209; *Nierwetberg*, Der „Taschengeldparagraph" (§ 110 BGB) im System des Minderjährigenrechts, Jura 1984, 127; *Schilken*, Die Bedeutung des „Taschengeldparagraphen" bei längerfristigen Leistungen, FamRZ 1978, 642; *Vortmann*, Bankgeschäfte mit Minderjährigen, WM 1994, 965.

A. Allgemeines

1 Die **systematische Einordnung** von § 110 ist streitig. Nach herrschender Meinung handelt es sich um einen **besonderen Anwendungsfall der Generaleinwilligung nach § 107**. Danach liegt die Einwilligung konkludent in der Überlassung oder Belassung der Mittel. „Ohne Zustimmung" heißt „ohne ausdrückliche" Zustimmung;[1] die Frage nach der Anwendung des § 110 ist dann im Wesentlichen die Frage nach der Auslegung des Vertreterhandelns. Was der genaue Gegenstand der konkludenten Einwilligung sei, wird unterschiedlich bestimmt.[2] Die Gegenmeinung betont, dass die Wirksamkeit des Vertrages nach § 110 von Gesetzes wegen eintrete.[3] § 110 regele allein die Wirksamkeit des Verpflichtungsgeschäfts; das der Erfüllung dienende Verfügungsgeschäft sei mit den Worten „die vertragsmäßige Leistung … bewirkt" in Bezug genommen. Eine Wirksamkeit des Verfügungsgeschäfts könne sich aus §§ 107 f ergeben, nicht aus § 110; vielmehr setze § 110 die Wirksamkeit der Erfüllung tatbestandlich voraus.[4]

2 § 110 umfasst nur Verträge eines Minderjährigen, die zu ihrer Wirksamkeit der Einwilligung oder Genehmigung des gesetzlichen Vertreters bedürfen, §§ 107, 108. Zur Anwendbarkeit des § 109 vgl dort Rn 6. Die Vorschriften über das Erfordernis einer familiengerichtlichen Genehmigung gem. §§ 1643 Abs. 1, 1821, 1822 finden auch im Fall des § 110 Anwendung, denn die Wirksamkeit des Vertrages – wie auch immer konstruiert – beruht letztendlich auf einer **Einwilligung des gesetzlichen Vertreters**[5] (vgl auch Rn 18 und 28).

B. Regelungsgehalt

3 Der Minderjährige muss die **vertragsmäßige Leistung bewirken**. Das Wort „bewirkt" wird im Sinne einer tatsächlich und vollständig erfolgten Leistung gedeutet; die Voraussetzungen sind dieselben wie bei § 362 Abs. 1, nur kann § 110 nicht von der „geschuldeten" Leistung sprechen (vielmehr von der „vertragsmäßigen"), weil der Vertrag bis zur Bewirkung der Leistung schwebend unwirksam ist.[6] Stehen also Leistungen (oder Teilleistungen bei bestimmten Dauerschuldverhältnissen, s. sogleich) des Minderjährigen noch aus, greift § 110 nicht ein.

4 Die Wirksamkeit des Vertrages tritt erst dann ein, wenn der Minderjährige die vereinbarte Leistung **vollständig erbringt**. **Teilleistungen** führen grundsätzlich nicht zu einer Teilwirksamkeit des Vertrages; dieser bleibt vielmehr schwebend unwirksam, § 108. § 110 stellt somit sicher, dass der Minderjährige **keine Kreditgeschäfte** tätigt. Damit dient die Norm in besonderer Weise dem Hereinwachsen in rationales rechtsgeschäftliches Handeln unter Kontrolle der Sorgeberechtigten.

5 Eine Ausnahme von der Unteilbarkeit des Vertrages macht die hM für **Dauerschuldverhältnisse**, sofern auch die vereinbarte **Gegenleistung** des Vertragspartners **teilbar** ist und § 139 nicht entgegensteht.[7]

6 Das ist bei einem **Mietvertrag** zu bejahen für die monatlich zu erbringende **Kaltmiete**;[8] die Vorauszahlung der Nebenkosten fällt hingegen nicht in den Anwendungsbereich des § 110, da – sofern nicht eine pauschale Warmmiete vereinbart ist – die monatlichen Abschlagszahlungen keine Leistung iSd § 110 darstellen, sondern lediglich eine Sicherheitsleistung, welche mit der Gesamtforderung am Ende des Abrechnungszeitraums ver-

1 Das RG (RGZ 74, 234, 235) formuliert: „im allgemeinen (...) erklärt" sowie „auch ohne besondere Zustimmung". Aus der neueren Rspr s. AG Waldshut-Tiengen VersR 1985, 937, 938; AG Hamburg NJW-RR 1994, 721, 722.

2 Zum Ganzen ausf. Staudinger/*Knothe* (2004), § 110 Rn 2, 3.

3 Krit. Diskussion der hM mwN bei *Nierwetberg*, Jura 1984, 127–133; *Leenen*, FamRZ 2000, 864 ff (S. 865 zum Einwilligungsgegenstand).

4 *Nierwetberg*, Jura 1984, 131; *Leenen*, FamRZ 2000, 863; Jauernig/*Jauernig*, § 110 Rn 2 (gegen RGZ 74, 234, 235).

5 Für den Versicherungsvertrag zB AG Hamburg NJW-RR 1994, 721, 722; AG Waldshut-Tiengen VersR 1985, 937, 938; MüKo/*Schmitt*, § 110 Rn 16; ausf. *Schilken*, FamRZ 1978, 645, der allerdings nach Sinn und Zweck des § 1822 Nr. 5 unterscheidet.

6 *Leenen*, FamRZ 2000, 864; Staudinger/*Knothe* (2004), § 110 Rn 9.

7 MüKo/*Schmitt*, § 110 Rn 13; Staudinger/*Knothe*, § 110 Rn 10 mwN.

8 Ohne Differenzierung MüKo/*Schmitt*, § 110 Rn 14; Staudinger/*Knothe*, § 110 Rn 10, der jedoch bei Mietverträgen eine Generaleinwilligung nach § 107 befürwortet, um das bei § 110 ungünstige Ergebnis zu vermeiden, dass der Minderjährige gegen den Vermieter keinen Anspruch auf (zukünftige) Überlassung der Wohnung hat.

rechnet wird. Die Wirksamkeit der Verpflichtung zur Zahlung der **Nebenkosten** richtet sich vielmehr nach § 107. Es kommt also darauf an, ob der Nebenkostenverbrauch des Minderjährigen von der Einwilligung des gesetzlichen Vertreters gedeckt war. Hierfür ist auf den objektiven Empfängerhorizont abzustellen (vgl § 107 Rn 110), wobei im konkreten Fall der allgemeine Lebensstandard des Minderjährigen ein Indiz sein kann.

Bei **Versicherungsverträgen** ist zwischen den einzelnen Versicherungsarten zu unterscheiden,[9] gegebenenfalls ist auch das Erfordernis einer familiengerichtlichen Genehmigung nach §§ 1643 Abs. 1, 1822 Nr. 5 zu beachten.[10] 7

Der **Vereinsbeitritt** eines Minderjährigen soll schon deshalb nicht durch die monatliche Beitragszahlung gem. § 110 teilwirksam werden, weil der Verein nicht aufgrund des Vertrages zur Leistung verpflichtet ist, sondern aufgrund der Satzung[11] (vgl auch Rn 16). Zum Fitnessstudio (bisweilen als „Club" organisiert) im Übrigen Rn 15. 8

Die weit verbreiteten „**Handy-Verträge**" fallen oft schon deshalb nicht in den Anwendungsbereich des § 110, weil die Mobilnetzbetreiber in der Praxis ungern Mobilfunkverträge mit Minderjährigen abschließen; Vertragspartner sind regelmäßig die Eltern.[12] Wird hingegen direkt mit dem Minderjährigen kontrahiert, gilt – sofern der Minderjährige keine „prepaid"-Karte erwirbt – das Gleiche wie bei den Nebenkosten: Die monatliche Vorauszahlung ist lediglich Abschlagszahlung, und im Rahmen des § 107 ist meist zweifelhaft, ob die Einwilligung der Eltern ein Geschäft abdeckt, dessen zukünftig entstehende Kosten nicht überschaubar sind. Regelmäßig auszuschließen ist dies für solche Verträge, bei denen das Gerät zu einem niedrigen, weil durch die später anfallenden Mobilfunkentgelte quersubventionierten Preis abgegeben wird.[13] Damit bleiben für eine Vertragswirksamkeit nach § 110 Prepaid-Verträge. Hier müssen die Sorgeberechtigten (ausdrücklich oder konkludent) Grenzen der Einwilligung ziehen, wenn sie eine Vertragswirksamkeit vermeiden wollen (s. Rn 21).[14] 9

Im Regelfall ist der Minderjährige auch nicht als **Stellvertreter** eines Elternteils (oder beider) anzusehen.[15] Selbst wenn der Minderjährige in fremdem Namen aufgetreten ist: Es kann nach allgemeinen Regeln zwar durchaus Konstellationen geben, in denen eine Vollmacht erteilt wurde. Diese Sonderfälle[16] hat aber zu beweisen, wer sich auf die ihm günstige Rechtsfolge beruft. Für die Annahme einer Anscheinsvollmacht ist im Regelfall gleichfalls kein Raum. Eine solche kann auch nicht aus der Begleichung einzelner Rechnungen resultieren.[17] Das Risiko, an „von Person und Alter her nicht bekannte Vertragspartner Leistungen zu erbringen, deren Bezahlung [man] sich nicht sicher sein kann",[18] trägt der Anbieter selbst. Er ist es, der um jugendliche Kunden wirbt. Deren minderjährigenrechtlicher Schutz ist nicht vertretungsrechtlich zu unterlaufen; ebenso wenig das Verbot eines Vertrages zulasten Dritter, wie bestimmte Anbieter ihn hier der Sache nach konstruieren wollen.[19] 10

Erst recht gibt es keine Grundlage dafür, den Vertragspartner (typischerweise den Sorgeberechtigten) dafür haften zu lassen, dass weitere Verträge (namentlich über Klingeltöne) von seinem Telefon aus geschlossen worden sind.[20] Es gelten insoweit keine anderen Regeln als beim Festnetzanschluss. 11

Weiterhin ist § 307 Abs. 1 zu beachten.[21] 12

Bei den Mobilfunkverträgen kommt in besonderem Maße die **Erziehungsfunktion** des Minderjährigenrechts zum Tragen. Die Kombination aus gezielt auf Minderjährige gerichteter Werbung[22] (vgl § 4 Nr. 2 UWG),[23] sozialem Druck in der Gruppe der Gleichaltrigen und dem Wunsch der Eltern, ihr Kind jederzeit erreichen zu können, führt zu einem Konsumverhalten, das bei vielen anderen Gütern kaum vorstellbar wäre. Wo Eltern sich hingegen um einen sinnvollen Umgang ihrer Kinder mit dem Medium bemühen, ist dies von besonderer Bedeutung für die Entwicklung realer Privatautonomie. 13

9 Ausf. MüKo/*Schmitt*, § 110 Rn 15 f; *Schilken*, FamRZ 1978, 643.
10 § 1822 Rn 24. Fehlt die familiengerichtliche Genehmigung, so kann ein Lebensversicherungsvertrag auf den Todes- oder Erlebensfall nicht über § 139 für die Zeit nach Eintritt der Volljährigkeit als wirksam angesehen werden, vgl BGHZ 28, 78, 83; AG Hamburg NJW-RR 1994, 721, 722.
11 Str., vgl *Hofmann*, Rpfleger 1986, 7; aA Staudinger/*Knothe* (2004), § 110 Rn 7.
12 Vgl auch *Mankowski*, Anm. zu AG Düsseldorf (MMR 2007, 404), MMR 2007, 405, 406.
13 Ausführlich *Derleder/Thielbar*, NJW 2006, 3233, 3234 f.
14 Vgl *Mankowski/Schreier*, VuR 2006, 209, 214 f.
15 AG Berlin-Mitte MMR 2008, 696, 696 f.
16 Vgl diff. *Mankowski*, MMR 2008, 697, 698.
17 *Mankowski*, MMR 2008, 697, 697.
18 AG Berlin-Mitte MMR 2008, 696, 697.
19 Richtig *Mankowski*, MMR 2008, 697, 699.
20 Vgl AG Düsseldorf MMR 2007, 404, 404 ff.
21 *Derleder/Thielbar*, NJW 2006, 3233, 3236.
22 Einführend *Mankowski/Schreier*, VuR 2006, 209, 209 ff.
23 Vgl BGH NJW 2006, 2479; *Mankowski*, „Hol es dir und zeig es deinen Freunden", in: Bork/Repgen (Hrsg.), Das Kind im Recht, 51.

14 Im Zweifel ist daher nach den gesetzlichen Wertungen des Minderjährigenrechts und nach dem Leitbild verantwortungsvoller Erziehung (vgl Art. 6 GG) eine Zustimmung der Sorgeberechtigten zu exzessivem oder anderweitig unsinnigem Gebrauch des Mobiltelefons nicht zu unterstellen.

15 Teilbarkeit der Leistung und damit Teilwirksamkeit mit Bezahlung des monatlichen Beitrags wurde zB bejaht bei dem **Fitnessstudiovertrag** einer Minderjährigen.[24] Ebenso ist für Mobilfunkverträge zu entscheiden, soweit sie überhaupt unter § 110 fallen können,[25] soweit also der konkrete Gebrauch des Telefons unter den konsentierten Zweck fällt (u. Rn 21).

16 Der Begriff der **Mittel** umfasst nicht nur Bargeld, sondern **jeden Vermögensgegenstand**; nicht jedoch die menschliche **Arbeitskraft**.[26] Aus diesem Grunde ist § 110 nicht anwendbar auf einen Vereinsbeitritt des Minderjährigen, der die Verpflichtung zur Erbringung immaterieller Leistungen mit sich bringt.[27] Auf das von einem Minderjährigen eröffnete **Girokonto** (vgl § 107 Rn 104) soll § 110 analog anwendbar sein, wenn die auf dem Girokonto eingezahlten Beträge dem Minderjährigen zu diesem oder zu dem mit der Abhebung verfolgten Zweck oder zur freien Verfügung überlassen wurden.[28]

17 Auch dem Minderjährigen bewilligte Sozialhilfeleistungen sind als Mittel iSd § 110 verstanden worden;[29] das lässt sich nach den Hartz-Reformen auch auf diejenigen staatlichen Transferleistungen beziehen, die nicht mehr Sozialhilfe heißen, aber deren Funktion erfüllen.

18 Bei Bewirkung der Leistung mit Mitteln, die der gesetzliche Vertreter dem Minderjährigen unter Verstoß gegen § 1644 überlassen hat, treten die Wirkungen des § 110 nicht ein (vgl auch Rn 14).[30]

19 **Überlassen** sein können Mittel vom gesetzlichen Vertreter selbst oder von Dritten (Geschenke, aber auch zB Arbeitslohn); im letzteren Fall greift § 110 nur ein, wenn eine Zustimmung des Vertreters vorlag (zu den erfassten Zwecken s. Rn 20). Der Begriff „Zustimmung" ist hier nicht im Sinne der §§ 182 ff zu lesen, da die Überlassung nicht Willenserklärung, sondern Realakt ist; wie bei der rechtsgeschäftlichen Zustimmung kommt es freilich auf die zeitliche Reihenfolge insoweit nicht an, als auch die faktisch bereits erfolgte Überlassung noch „genehmigt" werden kann.

20 Der „**Zweck**" iSd § 110 ist die – nach allgemeinen Auslegungsregeln – vom gesetzlichen Vertreter konkret gestattete Leistungsbewirkung. Die „**freie Verfügung**" ist nicht unbeschränkt zu verstehen, weil sonst die Grenze zwischen § 107 und § 110 nicht mehr gezogen werden könnte und das Gesetz es dem gesetzlichen Vertreter nicht gestattet, sich von der Ausübung seines Sorgerechts zu dispensieren. Überlässt also der Vertreter dem Minderjährigen Mittel ohne jegliche Zweckbestimmung, so ist nach allgemeinen Regeln vom **objektiven Empfängerhorizont des Minderjährigen** aus zu bestimmen, ob ein bestimmtes Geschäft noch erfasst ist; dies ist zutreffend verneint worden für den (heimlich erfolgten) Erwerb einer Spielzeugwaffe.[31]

21 Praktisch wichtiger ist heute das Herunterladen von **Klingeltönen** auf ein Mobiltelefon, dessen Gebrauch dem Minderjährigen gestattet worden war. Richtig wird in der Rspr betont, dass die Überlassung des Handys im Regelfall der **Erreichbarkeit** des Kindes für die Eltern und umgekehrt dient, zumeist auch der Kommunikation mit anderen Kindern.[32] Die Vielzahl sog. Mehrwertdienstleistungen hat aus der Sicht der Eltern normalerweise keinen Mehrwert, und allein darauf kommt es an. Zusätzliche Klingeltöne sind für die Kommunikation nicht nötig, also Spielzeug. Daher ist die Überlassung des Handys mit **Prepaid-Karte** im Regelfall keine Grundlage für eine nach § 110 wirksame Bestellung von Klingeltönen.[33] Wird hingegen **Geld** überlassen, müssen Eltern oft damit rechnen, dass der Minderjährige es in Klingeltöne investiert; dann liegt es an ihnen, eine entsprechende Einschränkung zu erklären. Deren Vorliegen wiederum, vom beklagten Minderjährigen substantiiert vorgetragen, muss der Klingeltonanbieter widerlegen: Ihn trifft die Darlegungs- und Beweislast für die Voraussetzungen des § 110.[34]

22 Der Empfängerhorizont entwickelt sich unter normalen Verhältnissen mit der **Reifung** des Minderjährigen weiter. Dem Siebzehnjährigen wird man weniger vorgeben als dem Siebenjährigen, und man kann die Vorgaben im Regelfall auch anders fassen. Bei Entwicklungsstörungen hat der Sorgeberechtigte es in der Hand, so deutlich zu kommunizieren, dass auch von einem vergleichsweise retardierten Empfängerhorizont aus die Zweckbestimmung und ihre Grenzen erkennbar sind. Dann aber ist der Minderjährige geschützt. Auf einen

24 AG Siegen FamRZ 1991, 1046, 1047.
25 *Derleder/Thielbar*, NJW 2006, 3233, 3235.
26 Vgl MüKo/*Schmitt*, § 110 Rn 19 f; Staudinger/*Knothe* (2004), § 110 Rn 12 auch mN zur Gegenmeinung; Jauernig/*Jauernig*, § 110 Rn 4.
27 *Hofmann*, Rpfleger 1986, 6. Vgl Staudinger/*Peschel-Gutzeit* (2007), § 1626 Rn 87.
28 *Hagemeister*, JuS 1992, 840; *Vortmann*, WM 1994, 966; *Kunkel*, Rpfleger 1997, 6.
29 AG Siegen FamRZ 1991, 1046, 1047.
30 Jauernig/*Jauernig*, § 1644 Rn 1; MüKo/*Schmitt*, § 110 Rn 21.
31 AG Freiburg NJW-RR 1999, 637, 637 f.
32 AG Düsseldorf MMR 2007, 404, 404 ff; Anm. *Mankowski* aaO, 406, 407.
33 Näher *Mankowski* MMR 2007, 406, 407.
34 *Mankowski* MMR 2007, 406, 407. Weitere Nachweise u. Rn 30.

guten oder bösen Glauben des Geschäftsgegners kommt es auch hier nicht an; ebenso wenig wird er über § 819 gegen eine Rückabwicklung geschützt.[35]

Zu beachten ist namentlich bei von dritter Seite stammenden Mitteln, dass der Sorgeberechtigte aus pädagogischen Gründen nicht genötigt sein soll, übermäßig zu intervenieren, um klarzustellen, was er konzediert und was nicht. Dem stünde es entgegen, Nichtintervention im Zweifel als konkludente Zustimmung zu deuten. Auch daher sind konkludente Zweckbestimmungen nicht weiter auszulegen als ausdrückliche.[36] 23

Ergibt sich im Einzelfall auch nach den Maßstäben des objektiven Empfängerhorizontes, dass der gesetzliche Vertreter keinerlei Grenzen ziehen wollte oder gar, dass er ein dem Minderjährigen schädliches Geschäft individuell akzeptierte, so ist das Geschäft bereits nach §§ 107 f wirksam. 24

Die dann oft vorliegende Verletzung der Aufsichtspflicht führt nicht zu einer Begrenzung der rechtsgeschäftlichen Handlungsfreiheit des Minderjährigen; dass Sanktionen gegen den gesetzlichen Vertreter indiziert sind, berührt nicht die Wirksamkeit des konkreten Geschäfts. Nach allgemeinen Regeln kann es in diesem Fall dem Geschäftsgegner auch nicht schaden, wenn er irrig vom Fehlen einer Zustimmung ausging;[37] freilich bleiben §§ 242, 826 zu beachten. 25

Ob sich das Einverständnis der gesetzlichen Vertreter auch auf **Surrogate** und **Folgegeschäfte** bezieht, ist Auslegungsfrage. Für den klassischen Fall eines Loskaufes hat das Reichsgericht zutreffend entschieden, dass die Einwilligung in das Lottospielen nicht auch jede Gewinnverwendung deckt:[38] Sofern der gesetzliche Vertreter die Möglichkeit eines Gewinnes überhaupt ernstlich bedacht hat, wird er sich im Zweifel die Entscheidung darüber reservieren wollen, was mit den ggf erheblichen Vermögenszuflüssen aus einem solchen Gewinn zu geschehen habe. Dies ergibt sich auch aus dem Sorgerechtsbezug des Minderjährigenrechts (§ 107 Rn 2, 92, 108). 26

Keine im Zweifel gedeckten Folgegeschäfte sind sog. Mehrwertdienstleistungen bei Mobilfunkverträgen (Klingeltöne, Spiele, Internetzugang vom Mobiltelefon aus, sog. Apps bei „Smart Phones" usw). Das elterliche Interesse am Bestehen einer Mobilfunkverbindung zum Kind erstreckt sich im Regelfall nicht auf derartige Zusatzangebote, bei denen das Preis-Leistungs-Verhältnis oft auffällig ungünstig ist – ungünstig aus derjenigen Bewertung der Leistung, die bei den gesetzlichen Vertretern liegt, und auf diese kommt es an. Vgl auch Rn 20. 27

Eine Einschränkung folgt aus § 1641: Da die Eltern in Vertretung des Minderjährigen keine Schenkungen machen dürfen, können sie ihm auch im Rahmen des § 110 nicht die Mittel für eine von diesem vorzunehmende Schenkung überlassen;[39] Ausnahme: § 1641 S. 2. 28

Aus der Überlassung der Mittel folgt **keine Teilgeschäftsfähigkeit** des Minderjährigen; gem. § 52 ZPO wird er somit auch nicht (teil-)prozessfähig, auch nicht für das konkrete Geschäft.[40] 29

C. Weitere praktische Hinweise

Die **Beweislast** für die Voraussetzungen des § 110 trägt nach allgemeinen Regeln derjenige, der sich auf die Wirksamkeit des Vertrages beruft.[41] 30

§ 111 Einseitige Rechtsgeschäfte

¹Ein einseitiges Rechtsgeschäft, das der Minderjährige ohne die erforderliche Einwilligung des gesetzlichen Vertreters vornimmt, ist unwirksam. ²Nimmt der Minderjährige mit dieser Einwilligung ein solches Rechtsgeschäft einem anderen gegenüber vor, so ist das Rechtsgeschäft unwirksam, wenn der Minderjährige die Einwilligung nicht in schriftlicher Form vorlegt und der andere das Rechtsgeschäft aus diesem Grunde unverzüglich zurückweist. ³Die Zurückweisung ist ausgeschlossen, wenn der Vertreter den anderen von der Einwilligung in Kenntnis gesetzt hatte.

35 AG Freiburg NJW-RR 1999, 637, 638.

36 Vgl für Mobilfunkverträge *Derleder/Thielbar*, NJW 2006, 3233, 3236 f. Grundsätzlich zur Gleichbehandlung *Kühle*, Der Dualismus von ausdrücklicher und stillschweigender Willenserklärung, 2009.

37 Plus est in re quam in existimatione (die Realität gilt mehr als die Vorstellung): vgl grundsätzlich *Wacke*, Tijdschrift voor Rechtsgeschiedenis 64, 1996, 309–357.

38 RGZ 74, 234, 236.

39 OLG Stuttgart FamRZ 1969, 39, 40.

40 Staudinger/*Knothe* (2004), § 110 Rn 16; MüKo/*Schmitt*, § 110 Rn 3.

41 MüKo/*Schmitt*, § 110 Rn 36; Staudinger/*Knothe*, § 110 Rn 17.

A. Allgemeines

1 Bei einseitigen Rechtsgeschäften ist die Interessenlage anders als bei Verträgen und Gesamtakten: Es gibt keinen Konsens mit dem Geschäftsgegner; dieser hat nicht zu erkennen gegeben, dass er das Geschäft will. Wohl aber kann das Geschäft Interessen des Geschäftsgegners einseitig berühren. Das gilt namentlich für Gestaltungserklärungen. Folglich sieht das Gesetz die grundsätzliche Unwirksamkeit einseitiger Rechtsgeschäfte vor (S. 1) und stellt für den Fall, dass eine Einwilligung vorliegt, Regeln auf, die einen Schwebezustand wie bei Verträgen ausschließen (S. 2 und 3).

B. Regelungsgehalt

I. Fehlen der Einwilligung des gesetzlichen Vertreters (S. 1)

2 **Einseitige Rechtsgeschäfte** sind alle, die nicht als Vertrag oder Gesamtakt qualifiziert werden können; nach richtiger Ansicht sind auch Vollmachtserteilungen durch den Minderjährigen erfasst (keine analoge Anwendung von § 108).[1] Auf geschäftsähnliche Handlungen findet die Norm entsprechende Anwendung. Erforderlich ist die **Einwilligung** wie bei § 107 dann, wenn aus der Erklärung nicht lediglich rechtliche Vorteile resultieren. Damit sind namentlich alle Rechtsgeschäfte erfasst, die ein bestehendes Vertragsverhältnis so umgestalten, dass der Minderjährige Rechte verliert, etwa den Anspruch auf die Primärleistung beim Rücktritt.[2] Ob er auf der anderen Seite seine Rechtssphäre erweitert (etwa indem die Erklärung weitere Rechtsbehelfe eröffnet), bleibt auch hier außer Betracht.

3 **Zweifelhaft** ist die **Anwendbarkeit** des § 111 auf empfangsbedürftige Willenserklärungen, wenn der **Geschäftsgegner** mit der Vornahme des Geschäfts ohne die erforderliche Einwilligung **einverstanden** ist. Nach hM sollen dann – anstelle des § 111 – §§ 108 f analog anwendbar sein.[3] Diese Analogie setzt zunächst eine planwidrige Lücke voraus.[4] Die Lücke entsteht dann, wenn man § 111 insoweit teleologisch reduziert: Wer sich auf ein Geschäft mit einem Minderjährigen einlässt, obwohl er weiß, dass die Einwilligung fehlt, begibt sich freiwillig des besonderen Schutzes aus § 111. Da das Gesetz sich zu dieser regelungsbedürftigen Konstellation nicht äußert, ist die Lücke auch planwidrig. Die ratio der §§ 108 f ist dann leicht übertragbar: Auf bewusst eingegangene Geschäfte mit beschränkt Geschäftsfähigen passen im Zweifel die Regeln über schwebende Unwirksamkeit.

4 Einseitige Willenserklärungen sollen **auch dann nicht** unter § 111 fallen, wenn sie nach dem Parteiwillen zu einer **Geschäftseinheit iSd § 139** verbunden sind; dies aus denselben Gründen, die für eine Anwendung des § 108 auf den Fall sprechen, dass der Geschäftsgegner sich bewusst auf ein ohne Einwilligung erklärtes einseitiges Rechtsgeschäft einlässt[5] (Rn 3).

5 Das **bloße Vorliegen der Einwilligung** genügt bei empfangsbedürftigen Willenserklärungen nur dann, wenn entweder der Geschäftsgegner im Innenverhältnis zum Minderjährigen das Fehlen einer schriftlichen Einwilligung nicht rügt (S. 2) oder die Einwilligung dem Geschäftsgegner im Außenverhältnis, direkt vom gesetzlichen Vertreter, bekannt gemacht worden war (S. 3).

II. Fehlen der Schriftform der Einwilligung und unverzügliche Zurückweisung (S. 2)

6 S. 2 gibt dem Geschäftsgegner die Möglichkeit, sich Klarheit über die Haltung des gesetzlichen Vertreters zu verschaffen. Im Zweifelsfall, wenn der Minderjährige **keine schriftliche Einwilligung** vorzulegen vermag, muss der Geschäftsgegner sich gegen das Geschäft entscheiden und es **zurückweisen**. Die Zurückweisung ist

1 Dazu § 167 Rn 10, 12; Staudinger/*Schilken* (2009), § 167 Rn 10 f; *Paal*/*Leyendecker*, JuS 2006, 25, 29.
2 Die Aufhebungswirkung ist im Gesetz nicht ausdrücklich angesprochen und dogmatisch keineswegs bewältigt; näher Soergel/*Lobinger*, Vor § 346 Rn 7, 11–33 (mit bereicherungsrechtlicher Konzeption, anders die hM).
3 BGHZ 110, 363, 370 = NJW 1990, 1721 = FamRZ 1990, 860; *Paal*/*Leyendecker*, JuS 2006, 25, 29; für eine direkte Anwendung der §§ 108 f Staudinger/*Knothe* (2004), § 111 Rn 4; MüKo/*Schmitt*, § 111 Rn 8 mwN.
4 Zu den Voraussetzungen der Analogie näher zuletzt *Börsch*, JA 2000, 117 ff.
5 BGHZ 110, 363, 370 = NJW 1990, 1721 = FamRZ 1990, 860: Vollmacht und nach § 181 schwebend unwirksamer Vertrag.

Willenserklärung, sie kann (entsprechend § 109 Abs. 1 S. 2, vgl dort Rn 2) sowohl dem Minderjährigen als auch dem gesetzlichen Vertreter gegenüber abgegeben werden.[6]

Das Gesetz arbeitet hier nicht mit einer schwebenden Unwirksamkeit, weil diese Rechtsunsicherheit schaffen würde; die Rechtsstellung des Geschäftsgegners ist gegenüber dem Normalfall dennoch erweitert, weil einseitige Erklärungen zu ihrer Wirksamkeit normalerweise keiner Zurückweisungsmöglichkeit in der Person des Erklärungsgegners unterliegen. Für Gestaltungserklärungen folgt dies nach hM[7] bereits aus ihrer Natur als Ausdruck einseitiger Gestaltungsmacht. 7

Die Zurückweisung muss **unverzüglich** erfolgen; vgl zu diesem Maßstab § 121 Rn 9 ff. 8

Die von S. 2 geforderte **schriftliche Form** der Einwilligung bestimmt sich nach § 126. Zweifelhaft ist, ob § 126 Abs. 3 (**elektronische Form**) eingreift. Ausdrücklich ist die elektronische Form nicht ausgeschlossen.[8] Nach Sinn und Zweck des § 111 kann dem Geschäftsgegner jedoch nicht zugemutet werden, beispielsweise eine Diskette mit nach Hause zu nehmen und dort zu lesen oder auch, sich auf eine unmittelbar an seine E-Mail-Adresse elektronisch übermittelte Nachricht des gesetzlichen Vertreters zu verlassen: Die technischen Unwägbarkeiten solcher Verfahren sind zwar durch das Signaturgesetz zumindest gemildert (vgl § 126 a). Doch verfolgt § 111 das Ziel, dem Geschäftsgegner eine unverzügliche (Rn 8) Entscheidung zu ermöglichen. Eine solche ist ihm nur möglich, wenn ihm die Einwilligung unmittelbar, ohne Vermittlung elektronischer Medien, zugänglich ist. Die elektronische Form mag im Massengeschäft Rationalisierungswirkungen haben; § 111 meint primär Situationen individuellen Zweifels. 9

Im Einzelfall kann sich freilich aus den Umständen etwas anderes ergeben. Kündigt der Minderjährige zB einen elektronisch geschlossenen Vertrag über eine elektronisch zu erbringende Dienstleistung und fügt die Einwilligung seines Vertreters in elektronischer Form bei, so setzt sich der Vertragspartner bei Zurückweisung der Kündigung wegen Nichteinhaltung der Form dem Vorwurf des Selbstwiderspruchs aus. 10

Weiterhin muss die Zurückweisung gerade auf dem Fehlen einer schriftlichen Einwilligung **beruhen** („aus diesem Grunde"); sonstige Gründe kann der Geschäftsgegner nicht anführen, denn es steht nicht ihm zu, sondern dem gesetzlichen Vertreter, die Zweckmäßigkeit des Geschäfts zu beurteilen, zumal das Geschäft seine Interessen auch negativ berühren kann. 11

Hat der Minderjährige (oder ein Dritter) die schriftliche Einwilligung **gefälscht**, so besteht keine Einwilligung iSd S. 2. Sie kann mithin auch nicht „vorgelegt" werden, und das Misstrauen hinsichtlich des vom Minderjährigen beabsichtigten Geschäfts ist berechtigt. Weist also der Geschäftsgegner die Erklärung des Minderjährigen mit der Begründung zurück, die Einwilligung sei nicht echt, so bewegt er sich nach Wortlaut und Sinn im Rahmen des S. 2; die Vorlage einer schriftlichen, aber nicht authentischen Erklärung genügt nicht. 12

III. Ausschluss der Zurückweisung (S. 3)

S. 3 bezeichnet eine Situation, in welcher der Geschäftsgegner nicht im Unklaren sein kann, weil er die Einwilligung bereits kennt. Zulässig ist die Erklärung einer Einwilligung unmittelbar gegenüber dem (künftigen) Geschäftsgegner nach § 182 Abs. 1. 13

Das Gesetz spricht nicht von einer Form; es genügt mithin, soweit nicht strengere Vorschriften eingreifen, die formfreie Erklärung, vgl § 125 S. 1. Dieser Unterschied zu S. 2 erklärt sich aus dem unterschiedlichen Grad an Vertrauen, der dem Minderjährigen und der dem gesetzlichen Vertreter entgegengebracht werden kann. 14

Für die Unwirksamkeit nach § 111 kennt das Gesetz keinen Heilungstatbestand. 15

C. Weitere praktische Hinweise

Die **Beweislast** für die Wirksamkeit des Rechtsgeschäfts trifft nach allgemeinen Regeln denjenigen, der Rechte aus ihm herleiten will. Ist also unklar, ob der Minderjährige beispielsweise wirksam gekündigt hat, so muss er dartun, dass die Einwilligung vorlag (S. 1), dass sie in schriftlicher Form vorgelegt wurde (S. 2) bzw dass der Dritte in Kenntnis gesetzt worden war (S. 3). Bestehen Zweifel an der Echtheit der in schriftlicher Form vorgelegten Einwilligung (vgl Rn 12), so muss der Minderjährige auch die Echtheit beweisen; diese fällt in seinen Risikobereich. 16

Hingegen obliegt dem Dritten der Beweis der unverzüglichen Zurückweisung aus dem in S. 2 genannten Grund. Bleibt nach diesen Grundsätzen die wirksame Vornahme des einseitigen Rechtsgeschäfts, namentlich einer Gestaltungserklärung, unbewiesen, so besteht der Rechtszustand, den der Minderjährige beeinflussen wollte (etwa: Vertragsbindung), unverändert fort. 17

6 Staudinger/*Knothe* (2004), § 111 Rn 11 mwN.
7 Zum Problem *Hattenhauer,* Einseitige private Rechtsgestaltung. Geschichte und Dogmatik (2011).
8 Anders anscheinend Jauernig/*Jauernig*, § 111 Rn 5 (Ausschluss), § 126 Rn 12.

§ 112 Selbständiger Betrieb eines Erwerbsgeschäfts

(1) [1]Ermächtigt der gesetzliche Vertreter mit Genehmigung des Familiengerichts den Minderjährigen zum selbständigen Betrieb eines Erwerbsgeschäfts, so ist der Minderjährige für solche Rechtsgeschäfte unbeschränkt geschäftsfähig, welche der Geschäftsbetrieb mit sich bringt. [2]Ausgenommen sind Rechtsgeschäfte, zu denen der Vertreter der Genehmigung des Familiengerichts bedarf.

(2) Die Ermächtigung kann von dem Vertreter nur mit Genehmigung des Familiengerichts zurückgenommen werden.

Literatur: *Brehm/Overdick,* Teilgeschäftsfähigkeit gem. §§ 112, 113 BGB, JuS 1992, Lernbogen S. 89; *Weimar,* Die partielle Geschäftsfähigkeit des Handelsmündigen, DB 1964, 1509.

A. Allgemeines

1 Das BGB kennt – anders als ausländische Rechtsordnungen und als das römische Recht – keine generelle Emanzipation oder venia aetatis (dazu Rn 4, 21). Die Altersgrenzen werden strikt durchgehalten. §§ 112, 113 betreffen lediglich Sonderbereiche, die teilweise risikobehaftet sein können, und sind schon deswegen eng auszulegen (vgl weiterhin Rn 3 f). In diesen Bereichen, also partiell, besteht **volle Geschäftsfähigkeit** (Wortlaut: „für solche Rechtsgeschäfte unbeschränkt geschäftsfähig"). Daraus folgt, dass insoweit keine gesetzliche Vertretung besteht[1] und § 1629 a den Minderjährigen nicht schützt (relevant für § 112). **§ 112** meint **selbständige** („Handelsmündigkeit"), **§ 113 unselbständige** Tätigkeiten (zum selbständigen Handelsvertreter vgl § 113 Rn 1). Selbständigkeit in diesem Sinn verlangt die nicht nur vorübergehende Leitung des Erwerbsgeschäfts durch den Minderjährigen in eigener Person.[2]

2 § 112 hat seit Erlass des BGB 1896 durch die **Herabsetzung des Volljährigkeitsalters** auf 18 Jahre, aber auch durch sonstige Veränderungen **an praktischer Bedeutung verloren**. Wo sich – namentlich in Familienbetrieben – die Notwendigkeit rechtlich selbständigen Handelns stellt, wird häufig die Volljährigkeit schon erreicht sein. Ein erheblicher Anteil der Minderjährigen besucht noch die Schule, ist damit vorrangig beschäftigt und erwirbt typischerweise dort einen Teil der Voraussetzungen für spätere Geschäftstätigkeit.

3 Soweit sich jedoch Anwendungsfragen stellen, sind diese nicht einfacher geworden. Die **Prognose hinreichender Reife** ist bei Personen unter 18 Jahren schwieriger als bei der früher dominierenden Gruppe der 18- bis 20-Jährigen. Die steigende **Komplexität des Wirtschaftslebens** tut ein Übriges: Der 20-Jährige im Kolonialwarenladen seines kriegsgefangenen Vaters konnte sich selbst ökonomisch weniger gefährden, als es heute der 16-jährige Betreiber eines Internet-Startup kann. Das durchschnittliche Bildungs- und Ausbildungsniveau hält mit den zunehmenden Anforderungen nicht immer Schritt. Hinzu kommt die Gefährdung Dritter, die hier – in **Abweichung** vom sonstigen System des Minderjährigenschutzes – rechtliche Bedeutung erlangt (Rn 10 f). Auch mit Blick auf diese ökonomisch-sozialen Veränderungen nimmt die neuere Rechtsprechung den gerade volljährig Gewordenen in stärkerem Maße als schutzbedürftig wahr.[3]

4 All dies relativiert die Tragweite des § 112, der sich historisch als Nachklang der römischen venia aetatis darstellt, also der vorzeitigen amtlichen Volljährigerklärung von Personen, die nach allgemeinen Regeln – in einer einfacher strukturierten Ökonomie – 25 Jahre hätten alt sein müssen, um ihr Vermögen selbständig zu verwalten.[4] Die Normen sind auch daher **restriktiv** auszulegen.

1 Vgl auch Staudinger/*Peschel-Gutzeit* (2007), § 1629 Rn 72.
2 Staudinger/*Knothe* (2004), § 112 Rn 5; MüKo/*Schmitt*, § 112 Rn 8.
3 Zusammenfassender Nachw. zu den Bürgschaftsfällen MüKo/*Habersack*, § 765 Rn 23.
4 Zum Schutz der Personen unter 25 Jahren in Rom vgl *Musumeci*, L'interpretazione dell'editto sui minori di 25 anni secondo Ofilio e Labeone, in: FS Gallo, 1997, II, 39; *ders.*, Protezione del minore e protezione edittale in età imperiale, in: FS Labruna, 2007, VI, 3715; *Baldus*, Die Bedeutung der Willensfreiheit im römischen Recht, in: *Roth/Lampe/Pauen* (Hrsg.), Willensfreiheit (2008), S. 167, 187 ff. Zu Altersgrenzen in der neueren Rechtsgeschichte *Repgen*, in: Bork/Repgen (Hrsg.), Das Kind im Recht, 9.

B. Regelungsgehalt

I. Erwerbsgeschäft

Erwerbsgeschäft kann nach allgemeinen Regeln jede berufsmäßig ausgeübte und auf Gewinnerzielung gerichtete selbständige Tätigkeit sein. Das im Handelsrecht umstrittene[5] Merkmal der Erlaubtheit der Tätigkeit ist jedenfalls kein spezifisches Erfordernis des Minderjährigenrechts: Ist die Tätigkeit gesetz- oder sittenwidrig, so scheitern die vom Minderjährigen abgeschlossenen Rechtsgeschäfte jedenfalls an §§ 134, 138. 5

Der Minderjährige kann ein Erwerbsgeschäft auch mit anderen zusammen in Form einer **Personengesellschaft** betreiben.[6] Das Gesetz geht davon aus, dass die Risiken hier nicht größer sein können als bei einzelkaufmännischer Tätigkeit.[7] In diesem Fall verliert er jedoch das ihm sonst bei Eintritt der Volljährigkeit zustehende Kündigungsrecht, § 723 Abs. 1 S. 5. Die **Geschäftsführung** einer **Kapitalgesellschaft** hingegen kann er auch bei Vorliegen einer entsprechenden Ermächtigung **nicht** übernehmen, weil die nach § 112 noch verbleibenden Grenzen seiner rechtsgeschäftlichen Befugnisse der Handlungsfähigkeit der juristischen Person schaden könnten. Daher schließt § 6 Abs. 2 S. 1 GmbHG (Parallelnorm: § 76 Abs. 3 S. 1 AktG) eine Bestellung zum GmbH-Geschäftsführer aus.[8] 6

II. Ermächtigung

Die Ermächtigung ist eine an den Minderjährigen gerichtete Willenserklärung. Eine Erklärung (auch) gegenüber Dritten ist unschädlich, entscheidend ist aber – in Abweichung von § 131 Abs. 2 – **Zugang beim Minderjährigen**, denn dieser muss sich auf die Rechtslage einstellen können, wohingegen ein guter Glaube des Dritten an die partielle Geschäftsfähigkeit des Minderjährigen nach allgemeinen Regeln nicht geschützt wird (s. aber Rn 18 ff). 7

Die Besonderheit der Ermächtigung liegt in dem **Erfordernis familiengerichtlicher Genehmigung**; mit dieser öffentlich-rechtlichen „Genehmigung" ist abweichend von § 184 Abs. 1 auch die vorherige Zustimmung des Gerichts gemeint. Hingegen entfaltet eine nach der Ermächtigung des gesetzlichen Vertreters erfolgte Genehmigung keine Rückwirkung; die Ermächtigung wird daher nur für die Zukunft wirksam.[9] 8

Ebenso besteht ein Genehmigungserfordernis für die **Rücknahme der Erlaubnis** (Abs. 2). 9

III. Familiengerichtliche Genehmigung

Die **Genehmigung ist** dann **zu erteilen**, **wenn** der Minderjährige **über seine Jahre hinaus gereift** ist, sich daher im Rechts- und Erwerbsleben schon im Wesentlichen wie ein Volljähriger benehmen kann und zu prognostizieren ist, dass er dies auch tun wird; es ist auf dieser Grundlage zu prüfen, ob er die zum selbständigen Betrieb des beabsichtigten Erwerbsgeschäfts erforderlichen **Eigenschaften, Kenntnisse und Fähigkeiten** hat, ob er gewillt und in der Lage ist, die mit dem Geschäft verbundenen **Verantwortungen und Verpflichtungen dritten Personen und der Allgemeinheit gegenüber zu erfüllen**, und ob ihn nicht etwa sonstige tatsächliche Gründe daran hindern, sich in der gebotenen Weise um das Geschäft zu kümmern.[10] 10

Es kommt also nicht allein auf die **Interessen** des Minderjährigen an, sondern auch auf diejenigen **Dritter**. Das ist, gemessen an den §§ 104–111, atypisch, im Sinne des Geschäftsverkehrs aber sinnvoll. Will man Konflikte mit dem Grundsatz vermeiden, dass ein guter Glaube an die volle Geschäftsfähigkeit nicht geschützt wird, so muss man die legitimen Interessen der potenziellen Geschäftspartner **bei Ermächtigung und Genehmigung** umfassend berücksichtigen: Wer zur Teilnahme am Geschäftsverkehr zugelassen wird, der muss in solcher Weise teilnehmen können, dass Zweifel an der Reichweite seiner Ermächtigung nicht den Geschäftspartner treffen (und damit einen vorsichtigen Kontrahenten vom Vertragsschluss abhalten; Rn 19 f). Dann aber ist der **Minderjährigenschutz** in die Zulassung **vorzuverlegen**. 11

Unschädlich ist es, wenn der Minderjährige zur Führung des Geschäfts **technischer Unterstützung Dritter** bedarf, sofern diese Abhängigkeit von Dritten in der Person eines Volljährigen ebenso bestehen könnte (etwa: Fehlen einer bestimmten Fahrerlaubnis; Unterstützung im kaufmännischen Bereich durch Wirtschaftsprüfer und Steuerberater).[11] 12

5 Nachw. zum Meinungsstand bei *Baumbach/Hopt*, HGB, § 1 Rn 21.
6 MüKo/*Schmitt*, § 112 Rn 6 mwN; zu Problemen bei der Vornahme von nach Abs. 1 S. 2 ausgenommenen Rechtsgeschäften in der Gesellschaft vgl Staudinger/*Knothe* (2004), § 112 Rn 11.
7 Staudinger/*Knothe* (2004), § 112 Rn 3.
8 Näher OLG Hamm FamRZ 1992, 1169, 1170.
9 Staudinger/*Knothe*(2004), 2004, § 112 Rn 8.
10 OLG Köln FamRZ 1995, 93, 94.
11 Vgl OLG Köln FamRZ 1995, 93, 94.

13 Eine **Doppelbelastung** durch **Schule und Geschäft** soll dann unbedenklich sein, wenn der Geschäftsbetrieb den persönlichen Einsatz des Minderjährigen nur in seiner Freizeit erfordert.[12] Eine solche Situation wird nur selten vorliegen, wenn man in Rechnung stellt, dass die Träger der elterlichen Sorge auf eine der Begabung des Minderjährigen entsprechende Schulbildung sowie darauf hinzuwirken haben, dass die Möglichkeiten der gewählten Schulbildung umfassend genutzt werden. Die Versuchung, sich dem Geschäft zu widmen und nicht der Vor- und Nachbereitung des Schulunterrichts, also die Ausdehnung der „Freizeit" zum Schaden der eigenen Bildung und Ausbildung, kann nur bei sehr überschaubaren Geschäften ausgeschlossen werden; ebenso die Versuchung, in Zeiten hoher schulischer Belastung das Geschäft nachlässig zu führen.

14 **Im Zweifel hat** – namentlich im Interesse des Minderjährigen selbst – **die Schule Vorrang**, so dass die Genehmigung zu verweigern ist. Das gilt in besonderem Maße für den noch schulpflichtigen Minderjährigen, sofern denn vor Abschluss des zehnten Schuljahres die sonstigen Voraussetzungen des § 112 vorliegen sollten. Für nicht mehr schulpflichtige Minderjährige, die das Abitur anstreben, ist angesichts der Bedeutung dieser Prüfung und der mittlerweile bundesweiten Tendenz zur Verkürzung der Schulzeit keine wesentlich andere Beurteilung angezeigt. Das junge Genie, das in seiner Freizeit selbstgeschriebene Computerprogramme verkauft und dies unter § 112 tun möchte, muss und wird imstande sein, die Zweifelsregel für seine Person zu widerlegen.

15 Zur Prüfung der erwähnten Punkte muss das **Familiengericht** den Minderjährigen selbst und seine Angehörigen ggf **persönlich anhören** sowie von seinen Lehrern bzw Ausbildern jedenfalls Stellungnahmen einholen.[13] Die Prüfung bezieht sich auch darauf, ob der Minderjährige möglicherweise als Strohmann vorgeschoben wird, so dass Risiken für ihn weniger aus eigener Überforderung durch das Geschäft denn vielmehr aus Entscheidungen der gesetzlichen Vertreter resultieren können.[14]

IV. Rechtsfolgen

16 Welche Rechtsgeschäfte der **Geschäftsbetrieb „mit sich bringt"**, soll nach der **Verkehrsauffassung** zu beurteilen sein.[15] Dieses Kriterium ist (auch hier) unscharf; auch eine aussagekräftige neuere Kasuistik existiert nicht.[16]

17 Verwandt ist die Formulierung, die Rechtsgeschäfte müssten **„mit dem erlaubten Geschäftskreis eng zusammenhängen"**.[17] Eine schärfere Abgrenzung ist schwierig, weil § 112 gerade auf die Einräumung unternehmerischer **Entscheidungsfreiheit** zielt. Wenn man dem Minderjährigen einmal erlaubt, selbständig tätig zu werden, dann muss im Zweifel auch er wissen, was dem Geschäft dienlich sein kann.

18 Die „Verkehrsauffassung", wenn man denn mit diesem Begriff argumentieren will, besagt dann negativ: Was evident nicht zum Geschäft gehört, sondern privaten Charakters ist, darüber soll der Minderjährige mit niemandem selbständig kontrahieren können. In der Sache wird also durch den Rekurs auf die Verkehrsauffassung dasselbe erreicht wie mit einer **Gutglaubensnorm**.

19 Da niemand glauben darf, der minderjährige Fahrradhändler brauche eine Kreuzfahrt in die Karibik zu geschäftlichen Zwecken, wird im Ergebnis das Reisebüro nicht geschützt, das ihm eine solche Kreuzfahrt vermittelt. Ist er aber im Radrennsport geschäftlich tätig, etwa aufgrund eigener sportlicher Kontakte, so kann nicht nur die Fahrt zu einer Fachmesse, sondern auch die zur Tour de France oder zu einem Mountainbikerennen in der Karibik erfasst sein.

20 Hinter der „Verkehrsauffassung" steht hier eine **Risikozuweisung** hinsichtlich des einzelnen Geschäfts. Für diese lassen sich allgemeine Kriterien schwerlich aufstellen, lediglich die genannte Zweifelsregel. Das hieraus resultierende Risiko für den Minderjährigen ist systembedingt und im **Vorfeld** aufzufangen, nämlich durch sorgfältige Prüfung der Genehmigungsvoraussetzungen (Rn 10–15). Dort sind auch die Interessen Dritter und der Allgemeinheit zu berücksichtigen, nach hier vertretener Auffassung eben deswegen, weil später ein Gutglaubensschutz hinsichtlich des Umfangs der Geschäftsfähigkeit aus Gründen des Minderjährigenschutzes nicht zugelassen werden kann.

21 In der **Wertung** schließt sich das geltende Minderjährigenrecht damit an seine **römischen Wurzeln** an: Die venia aetatis wurde einerseits nur zurückhaltend gewährt, andererseits war dem vorzeitig für volljährig Erklärten die Berufung auf minderjährigenrechtliche Rechtsbehelfe ganz abgeschnitten.[18] Wenn das BGB eine partielle venia ermöglicht, dann muss für Zweifel über deren Tragweite dasselbe Prinzip gelten; erst recht ange-

12 Vgl OLG Köln aaO.
13 Vgl OLG Köln aaO.
14 Vgl OLG Köln aaO: Abgabe der eidesstattlichen Versicherung nach § 294 ZPO durch die Eltern.
15 Maßgeblich soll die konkrete Gestalt des Geschäftsbetriebs sein, vgl Staudinger/*Knothe* (2004), § 112 Rn 10; MüKo/*Schmitt*, § 112 Rn 15.
16 Vgl BGHZ 83, 76, 80 zu § 1456. Zur Verkehrsauffassung als Leerformel in der gerichtlichen Praxis vgl *Schenk*, Die Verkehrsauffassung in BGB und UWG am Beispiel des Sachenrechts und der Irreführungsgefahr, 2010.
17 *Brehm/Overdick*, JuS 1992, L 89 (90) mwN.
18 Vgl die bei Fn 4 Zitierten.

sichts der geringen Zahl der Fälle, in denen für § 112 wirklich Bedarf besteht. Schutzwürdigkeitsüberlegungen, erst recht punktuelle, sollten hingegen nicht im – intransparenten – Gewand der Verkehrsauffassung erscheinen.

Eindeutig **nicht erfasst** ist dem Wortlaut nach nur die **Geschäftsaufgabe.**[19] Freilich wird man jedenfalls bei **dauerhaften Verlusten** dem Minderjährigen einen Anspruch auf Zustimmung zur Einstellung des Geschäftsbetriebes geben müssen: So weit die Ermächtigung nicht reicht, so weit bleibt der gesetzliche Vertreter verantwortlich und hat die Vermögenssorge zum Wohle des Kindes auszuüben (§ 1627 Abs. 1). 22

Dies gilt erst recht mit Blick darauf, dass die Haftungsbeschränkung des § 1629 a den von § 112 geregelten Bereich nicht erfasst (anders als den Anwendungsbereich von § 113),[20] dem Minderjährigen also dauerhafte Belastungen drohen. § 1629 a wird so ausgelegt, da eine Gleichstellung des Minderjährigen mit anderen Wirtschaftssubjekten in Chancen und Risiken erforderlich ist: Sonst würde er als Geschäftspartner nicht akzeptiert.[21] 23

Über seinen **Erwerb aus dem Geschäftsbetrieb** kann der Minderjährige verfügen, aber nur zu geschäftlichen Zwecken. Verfügungen zu anderen Zwecken sind nach allgemeinen Regeln zustimmungsbedürftig. 24

Im Übrigen schließt **Abs. 1 S. 2** durch Verweisung auf §§ 1643, 1821 f bestimmte Geschäfte aus, namentlich den Geldkredit (bei Bestehen einer Vormundschaft gelten §§ 1821 f unmittelbar, also nicht nur die in § 1643 genannten Fälle). Insoweit bleibt der Minderjährige beschränkt geschäftsfähig. 25

Hingegen sieht das Gesetz **keine Einschränkungen** der Ermächtigung **durch den gesetzlichen** Vertreter vor. Diese Typisierung liegt nicht nur im Interesse des Rechtsverkehrs, sondern auch des Minderjährigen selbst: Mit ihm kontrahieren wird nur, wer sich auf die Wirksamkeit der abzuschließenden Geschäfte verlassen kann. 26

Im Umfang der Geschäftsfähigkeit tritt auch **Prozessfähigkeit** ein (§ 52 ZPO), ebenso dem Grundsatz nach **Verfahrensfähigkeit** für Verfahren der Freiwilligen Gerichtsbarkeit (vgl dazu und zu den Neuerungen durch das FamFG § 106 Rn 7). 27

Auch nach dem Umfang der Geschäftsfähigkeit beurteilt sich die **Anwendbarkeit des HGB**. Unanwendbar sind dementsprechend die Regeln über den Scheinkaufmann, wenn es an einer wirksamen Ermächtigung fehlt, weil der Minderjährigenschutz Vorrang vor dem Verkehrsschutz genießt. 28

C. Weitere praktische Hinweise

Wer sich auf die Voraussetzungen des Abs. 1 beruft, hat diese **zu beweisen**; ebenso trifft denjenigen die Beweislast, der eine Rücknahme der Ermächtigung nach Abs. 2 behauptet. 29

§ 113 Dienst- oder Arbeitsverhältnis

(1) ¹Ermächtigt der gesetzliche Vertreter den Minderjährigen, in Dienst oder in Arbeit zu treten, so ist der Minderjährige für solche Rechtsgeschäfte unbeschränkt geschäftsfähig, welche die Eingehung oder Aufhebung eines Dienst- oder Arbeitsverhältnisses der gestatteten Art oder die Erfüllung der sich aus einem solchen Verhältnis ergebenden Verpflichtungen betreffen. ²Ausgenommen sind Verträge, zu denen der Vertreter der Genehmigung des Familiengerichts bedarf.

(2) Die Ermächtigung kann von dem Vertreter zurückgenommen oder eingeschränkt werden.

(3) ¹Ist der gesetzliche Vertreter ein Vormund, so kann die Ermächtigung, wenn sie von ihm verweigert wird, auf Antrag des Minderjährigen durch das Familiengericht ersetzt werden. ²Das Familiengericht hat die Ermächtigung zu ersetzen, wenn sie im Interesse des Mündels liegt.

(4) Die für einen einzelnen Fall erteilte Ermächtigung gilt im Zweifel als allgemeine Ermächtigung zur Eingehung von Verhältnissen derselben Art.

Literatur: *Feller*, Die Rücknahme oder Beschränkung der „Ermächtigung“ des gesetzlichen Vertreters eines Minderjährigen nach § 113 Abs. 2 BGB, FamRZ 1961, 420; *Hagemeister*, Grundfälle zu Bankgeschäften mit Minderjährigen, JuS 1992, 839, 924; *Lakies*, Minderjährige als Vertragspartner im Arbeitsrecht, AR-Blattei SD, 158. Akt. November 2006 (umfassend); *Veit*, Mündigkeit und Minderjährigenschutz im Arbeitsrecht, in: FS Birk, 2008, 877; *Vortmann*, Bankgeschäfte mit Minderjährigen, WM 1994, 965.

19 Dazu Staudinger/*Knothe* (2004), § 112 Rn 10.
20 Vgl Staudinger/*Coester* (2007), § 1629 a Rn 33.
21 Staudinger/*Coester* (2007), § 1629 a Rn 30.

A. Allgemeines

1 § 113 ergänzt § 112 für **unselbständige** Tätigkeiten.[1] Eine Sonderstellung nimmt der selbständige Handelsvertreter ein; auf ihn ist sowohl § 112 als auch § 113 anwendbar.[2] Anstelle des § 113 ist auch eine individuelle Zustimmung nach § 107 möglich,[3] nicht jedoch nach § 110 (die Arbeitskraft des Minderjährigen ist weder ein ihm überlassenes Mittel noch einem solchen Mittel gleichzustellen).

2 § 113 bereitet insoweit Probleme, als innerhalb des Arbeitsverhältnisses Minderjährigenschutz und, diesem dienend, Elterneinfluss nicht so gesichert werden können wie außerhalb. Das birgt Risiken für den Minderjährigen. Vermögensrechtlich drohen Bindungen an zur Zeit der Minderjährigkeit abgegebene Erklärungen,[4] im Bereich der Personensorge sind Fehlentwicklungen durch zweifelhafte Tendenzen des Umfeldes zu befürchten. Solche Fehlentwicklungen sind auf jeder Stufe sozialen Ansehens denkbar; „Jungstars" in Medien und Sport können ebenso gefährdet sein wie unqualifizierte Arbeitnehmer, die im Betrieb mit zweifelhaften Figuren in Kontakt kommen. Zivilrechtlich begründete Steuerungsmöglichkeiten sind hier eingeschränkt,[5] sollten aber genutzt werden.

B. Regelungsgehalt

3 Die **Ermächtigung** versteht sich ebenso wie in § 112 (vgl dort Rn 7); die Genehmigung des Familiengerichts ist jedoch nur für bestimmte Verträge erforderlich (**Abs. 1 S. 2**). Auch kann die Ermächtigung **eingeschränkt** werden (**Abs. 2**), denn dem Minderjährigen tritt nicht der Rechtsverkehr insgesamt gegenüber, sondern der Dienstberechtigte, der sich auf den Umfang der Ermächtigung einstellen kann.

4 Eine **Rücknahme** der Ermächtigung ist, anders als im Fall des § 112, ebenfalls ohne Genehmigung des Familiengerichts möglich (Abs. 2), da die Aufgabe einer abhängigen Beschäftigung besser überschaubare Risiken mit sich bringt als die Einstellung eines Geschäftsbetriebs. Einschränkung und Rücknahme der Ermächtigung unterliegen jedoch (so wie auch eine Verweigerung) der allgemeinen Schranke des § 1666. In einer Rücknahme oder Einschränkung als solcher liegt noch keine Kündigung des Arbeitsverhältnisses; durch sie versetzt sich aber der gesetzliche Vertreter in den Stand, selbst in dem Bereich tätig zu werden, den er bis dahin dem Minderjährigen überlassen hatte.[6]

5 Streitig ist, **wem gegenüber** Rücknahme und nachträgliche Einschränkung der Ermächtigung zu erklären sind. Das BAG[7] betrachtet allein den Minderjährigen als tauglichen Adressaten. Nach älterer aA kommt auch der Dienstberechtigte in Betracht,[8] was jedoch mit den weitreichenden Rechtsfolgen eines Wegfalls der aus § 113 resultierenden Lage kaum vereinbar ist.[9]

6 „**Dienst oder Arbeit**" meint heute im Wesentlichen Arbeitsverträge. Entscheidend ist der **Erwerbszweck**. Auch **öffentlich-rechtliche** Beschäftigungsverhältnisse kommen in Betracht.[10] Die historische, heute missverständliche Bezeichnung „Dienst" unterscheidet also nicht etwa öffentlich-rechtliche von privatrechtlichen Verhältnissen. Dabei wird man Angestellte des öffentlichen Dienstes so zu behandeln haben wie solche des privaten Sektors, § 113 also direkt anwenden. Das gilt namentlich im Lichte der Einführung privatrechtsähnlicher Strukturen in weiten Bereichen des öffentlichen Dienstes.

7 **Berufsbildungsverhältnisse** sind nicht erfasst, da bei diesen der pädagogische Zweck im Vordergrund steht;[11] ein auf ein solches Verhältnis gerichteter beschränkter Generalkonsens der gesetzlichen Vertreter muss sich also an § 107 und zusätzlich an den Grenzen des § 12 BBiG messen lassen.[12] § 12 BBiG schützt die Vertragsfreiheit der Auszubildenden für die Zeit nach ihrer Ausbildung.

8 Bei **Militärdienst** wurde von der verwaltungsrechtlichen Judikatur bislang zwischen dem obligatorische Wehrdienst (oder Zivildienst), der übergeordneten staatlichen und gesellschaftlichen Interessen diene, und freiwilligem Dienst als Zeitsoldat unterschieden: Letzterer unterliege § 113 in analoger Anwendung.[13]

1 AA MüKo/*Schmitt*, § 113 Rn 8; Palandt/*Ellenberger*, § 113 Rn 2, die das Merkmal der Unselbständigkeit für entbehrlich erachten; für das Erfordernis der Unselbständigkeit dagegen mit Begründung Staudinger/*Knothe* (2004), § 113 Rn 6.
2 BAG NJW 1964, 1641, 1642.
3 *Veit*, in: FS Birk, S. 877, 878, 882 ff.
4 *Veit*, in: FS Birk, S. 877, 878 f.
5 § 1822 Nr. 7 betrifft nur den Vormund, nicht auch die Eltern; anders § 1822 Nr. 5 (str.); umstritten ist auch eine analoge Anwendung des § 1629 a; vgl *Veit*, in: FS Birk, S. 877, 895–898.
6 *Lakies*, AR-Blattei SD, Rn 137.
7 BAG BB 2000, 567, 568.
8 *Feller*, FamRZ 1961, 421 ff.
9 *Veit*, in: FS Birk, S. 877, 887 f (auch zur Gesetzgebungsgeschichte).
10 Das wird auf die Rspr zum Wehrdienst gestützt, s. Rn 8.
11 Staudinger/*Knothe* (2004), § 113 Rn 7 mwN.
12 Vgl *Veit*, in: FS Birk, S. 877, 884 f.
13 OVG Münster NJW 1962, 758, 758 (nur LS): § 113 analog für Wehrdienst als Zeitsoldat.

Auch für den **Polizeidienst** wird die Analogie gezogen.[14] In den entschiedenen Fällen ging es jeweils um Nachteile aus Verpflichtungserklärungen von Minderjährigen (Rückzahlung von Sonderbezügen bei vorzeitigem Ausscheiden, Verwendung an bestimmten Standorten). Es stehen also die Probleme im Raum, die im privaten Sektor durch § 12 BBiG geregelt werden. Die Verwaltungsgerichte nehmen an, der Ausbildungscharakter des Vorbereitungsdienstes stehe wegen dessen besonderer öffentlich-rechtlicher Ausgestaltung einer Analogie zu § 113 nicht entgegen: Der Beamte im Vorbereitungsdienst sei durch besondere Normen geschützt. Erklärungen aber, die spezifische Nachteile begründeten und „wesentlich vom Üblichen" abwichen, seien von der allgemeinen Ermächtigung der Sorgeberechtigten zur Bewerbung nicht gedeckt.[15] Für die öffentlichrechtliche Praxis dürfte das Problem immerhin entschärft werden, wenn die Sorgeberechtigten Erklärungen hinsichtlich der spezifischen Nachteile gesondert unterzeichnen: Damit mögen die aus § 113 resultierenden Probleme beseitigt sein, nicht aber die Pflicht des Dienstherrn, Grundrechte des Beamten bzw Soldaten in seine Erwägungen einzustellen.[16] 9

Die anstehende **Suspendierung der Wehrpflicht** (zum 1.7.2011) wird dazu führen, dass jeder Militär- oder Ersatzdienst der Sache nach freiwillig sein wird. Geplant ist derzeit[17] eine Dienstzeit von 12 bis 23 Monaten. Ob auch Minderjährige betroffen sein können, lässt sich vor Kenntnis der Neuregelung noch nicht sagen. Konsequenterweise müsste man § 113 zumindest analog auf diese Verhältnisse anwenden. Dass sie weiterhin übergeordneten Interessen dienen, steht nicht entgegen, denn so verhält es sich bei Zeitsoldaten und Polizisten bereits heute. Welche Bezeichnung gewählt wird („Freiwilliger Wehrdienst", „Freiwilliger Militärischer Dienst" o.Ä.), ist unerheblich: Politische Semantik ändert die Rechtslage nicht. Die Dienstleistenden werden zu behandeln sein wie Zeitsoldaten. Es handelt sich bei dieser Anwendung von § 113 letztlich um eine Konsequenz daraus, dass die Bundeswehr zur Berufsarmee wird. Dass bei der Bundeswehr auch für spätere Zivilberufe ausgebildet wird (und zwar bereits heute vorwiegend die Längerdienenden), ändert am Gesagten nichts. 10

Wer sich also als noch Minderjähriger zu einem solchen Dienst meldet, unterliegt dem Schutz des § 113 BGB (analog). Für die Praxis empfiehlt es sich auch hier, spezifische Erklärungen der Sorgeberechtigten hinsichtlich solcher Verwendungen zu verlangen, die bisweilen als nachteilig empfunden werden (namentlich: Kampfeinsätze im Ausland). 11

Die Analogie bleibt wegen der Besonderheiten militärischer und polizeilicher Dienstverhältnisse weiter erforderlich, solange man § 113 dem Grundsatz nach auf private Arbeitsverhältnisse bezieht. Zu erwägen ist de lege ferenda, ob diese Grundunterscheidung heute noch trägt. Dann müsste man auch den Wert der Kategorie „übergeordnete Interessen" prüfen (Rn 6, 10): Heute wird man weniger als im Jahre 1900 sagen können, dass Gemeininteressen notwendig in den Formen des öffentlichen Rechts wahrgenommen werden. 12

Nach hM ist neben § 1619[18] (Pflicht des Kindes zur Erbringung von Dienstleistungen in Haus und Geschäft) auch ein Arbeitsvertrag zwischen Kind und Eltern möglich, auf den dann § 113 anwendbar sein soll.[19] § 181 soll dem gleichfalls nicht entgegenstehen. 13

Der Begriff der Ermächtigung ist nach den allgemeinen Regeln über Willenserklärungen zu fassen. Danach ist auch zu bestimmen, ob eine unter fortbestehender Ablehnung aus Resignation gegenüber dem Wunsch des Minderjährigen abgegebene Erklärung als Ermächtigung zu qualifizieren ist.[20] 14

Rechtsfolge ist wie bei § 112 eine partiell **unbeschränkte Geschäftsfähigkeit**. Deren Umfang ist präziser bestimmt, punktuell dabei weiter als bei selbständiger Tätigkeit. Im selben Umfang verliert der gesetzliche Vertreter seine Vertretungsbefugnis. Damit geht § 113 über einen beschränkten Generalkonsens nach allgemeinen Regeln hinaus.[21] 15

14 BVerwG DVBl 1996, 1143, 1144: § 113 analog für Eintritt in den Bundesgrenzschutz (heute: Bundespolizei); VG München 16.5.2006, M 5 K 05.5646, zit. nach juris, Tz. 20, für den Landespolizeidienst. Im zweiten Fall spielte Art. 6 GG eine wesentliche Rolle für die Entscheidung: Die klagende Beamtin hatte aus familiären Gründen eine heimatnahe Verwendung beantragt.

15 VG München 16.5.2006, M 5 K 05.5646, zit. nach juris, Tz. 21.

16 Vgl Fn 14 aE: Selbstverständlich beseitigt auch eine spezifische Erklärung zum Ort der Verwendung nicht die Pflicht des Dienstherrn, den Schutz von Ehe und Familie bei Ermessensentscheidungen zu beachten.

17 Stand 15.12.2010 (Internetseite des BMVg; Beschluss des Bundeskabinetts).

18 Dazu Staudinger/*Peschel-Gutzeit* (2007), § 1619 Rn 62.

19 Vgl die Nachweise bei *Veit*, in: FS Birk, S. 877, 880.

20 Vgl BAG DB 1974, 2062, 2063: Es liegt jedenfalls dann keine Ermächtigung vor, wenn die Eltern lediglich zu der Überzeugung gelangen, das Kind von der Tätigkeit nicht mehr abhalten zu können. S.a. MüKo/*Schmitt*, § 113 Rn 16.

21 *Veit*, in: FS Birk, S. 877, 887; Staudinger/*Peschel-Gutzeit* (2007) § 1629 Rn 72.

16 Gestattet wird ein Arbeitsverhältnis der „**Art**" nach. Damit sichert das Gesetz einerseits eine prinzipielle Entscheidungsbefugnis der Sorgeberechtigten, andererseits eine gewisse Flexibilität. Dieses Ziel hatte in der Frühzeit des Gesetzes[22] ebenso seine Berechtigung wie heute.

17 Typischerweise wird die Ermächtigung sich auf ein bestimmtes Verhältnis beziehen; auch wenn dies nicht der Fall ist, liegt jedoch Geschäftsfähigkeit bereits für den Abschluss des Vertrages vor, der dieses Verhältnis begründet. Damit trägt das Gesetz der Erwägung Rechnung, dass Eltern typischerweise eine bestimmte berufliche Orientierung des Kindes im Allgemeinen für richtig oder falsch halten werden, nicht primär abhängig etwa von der Person des Arbeitgebers (mögen solche Erwägungen auch einfließen).

18 Die Zweifelsregel in **Abs. 4** unterstreicht nochmals diese generelle Tragweite der Ermächtigung: Will der gesetzliche Vertreter seine Ermächtigung auf ein bestimmtes Verhältnis beschränken, so muss er sich so ausdrücken, dass daran keine Zweifel bestehen können.

19 Praktische Schwierigkeiten ergeben sich bei der Frage, welche Rechtsgeschäfte die Erfüllung der sich aus dem Arbeitsverhältnis ergebenden Verpflichtungen betreffen.[23] Das betrifft etwa den Gewerkschaftsbeitritt (nach allgM erfasst),[24] Ausgleichsquittungen (nach hM erfasst) und Vertragsstrafen (nach hM bei Branchenüblichkeit erfasst).[25]

20 Die verbreiteten Kriterien der Verkehrsüblichkeit bzw (umgekehrt formuliert) der Außergewöhnlichkeit[26] bieten kaum Sicherheit, solange sie nicht in angemessener Weise konkretisiert werden (etwa anhand von Tarifverträgen).[27] Grundsätzlich gilt: Da § 113 nicht auf die Einräumung unternehmerischer Freiheit zielt, gibt es hier **keine** Zweifelsregel zugunsten der Zustimmungsfreiheit (vgl § 112 Rn 21).

21 Die **Eröffnung eines Girokontos** durch den Minderjährigen ist nach § 113 wirksam, wenn sie zur Entgegennahme von Lohn- und Gehaltszahlungen erfolgt.[28] Damit sind jedoch nicht alle Verfügungen über das Konto von § 113 gedeckt; im Einzelfall ist darauf abzustellen, ob ein enger Sachzusammenhang mit dem Arbeitsverhältnis besteht.[29] Der Verdienst des Minderjährigen unterliegt jedoch stets der elterlichen Verwaltung.[30]

22 **Vormündern** räumt das Gesetz weniger Entscheidungsspielraum ein als anderen gesetzlichen Vertretern (typischerweise also den Eltern), **Abs. 3**.

23 Zur **Prozessfähigkeit** vgl § 112 Rn 27.

C. Weitere praktische Hinweise

24 Wer sich auf die Geschäftsfähigkeit nach § 113 beruft, hat dessen Voraussetzungen zu **beweisen**. Ebenso hat derjenige, der sich auf die Rücknahme oder Einschränkung der Ermächtigung nach Abs. 2 beruft, diese zu beweisen. Wer entgegen Abs. 4 behauptet, die Ermächtigung sei nur für einen einzelnen Vertrag erteilt worden, ist hierfür beweispflichtig.[31]

22 Vgl *Krückmann*, Institutionen des Bürgerlichen Gesetzbuches (5. Aufl. 1929), S. 53: „das Mädchen, das die Ermächtigung hat, sich eine Stelle als Dienstmädchen zu suchen, ist damit nicht ermächtigt, Fabrikarbeiterin oder Kellnerin zu werden".

23 Vgl zu Einzelfällen Staudinger/*Knothe* (2004), § 113 Rn 15. Zum ärztlichen Behandlungsvertrag zwecks Erhaltung der Arbeitskraft vgl Staudinger/*Peschel-Gutzeit* (2007), § 1629 Rn 125.

24 Vgl Staudinger/*Peschel-Gutzeit* (2007), § 1626 Rn 86.

25 Vgl *Veit*, in: FS Birk, S. 877, 888 f.

26 Vgl *Veit*, in: FS Birk, S. 877, 888. Aus der Judikatur etwa LAG Berlin, 28.3.1964, 4 Sa 51/62, AuR 63, 382 (LS): Wettbewerbsvereinbarung mit hoher Konventionalstrafe zulasten des Minderjährigen. Vgl funktionell ähnlich bei Ausbildungsverhältnissen § 12 Abs. 2 Nr. 2 BBiG.

27 Nachw. zur regelmäßigen Verkehrsüblichkeit tariflich vorgesehener Gestaltungsmöglichkeiten bei *Veit*, in: FS Birk, S. 877, 889. Vgl insbesondere BAG AP BGB § 113 Nr. 7 m. krit. Anm. *Gitter*: Wahl zwischen Zusatzversorgung über die VBL oder eine Ersatzkasse.

28 *Vortmann*, WM 1994, 966; *Hagemeister*, JuS 1992, 842 mwN.

29 *Vortmann*, WM 1994, 966, 967; *Hagemeister*, JuS 1992, 842.

30 Vgl Staudinger/*Peschel-Gutzeit* (2007), § 1626 Rn 66.

31 So iE auch *Baumgärtel/Laumen/Prütting*, § 113 Rn 3 (Abs. 4 als Auslegungsregel); Staudinger/*Knothe* (2004), § 113 Rn 31.

§§ 114 und 115 (weggefallen)

Titel 2 Willenserklärung

Vorbemerkungen zu §§ 116–144

Literatur: *Bartholomeyczik*, Die subjektiven Merkmale der Willenserklärung, in: FS Picker 1967, S. 51; *Basse*, Das Schweigen als rechtserhebliches Verhalten im Vertragsrecht, 1986; *Brehmer*, Willenserklärung und Erklärungsbewußtsein, JuS 1986, 440; *ders.*, Wille und Erklärung, 1992; *Brox*, Fragen der rechtsgeschäftlichen Privatautonomie, JZ 1966, 761; *Bydlinski*, Privatautonomie und objektive Grundlagen des verpflichtenden Rechtsgeschäftes, 1967; *ders.*, Erklärungsbewußtsein und Rechtsgeschäft, JZ 1975, 1; *Canaris*, Die Vertrauenshaftung im deutschen Privatrecht, 1971; *Ebert*, Schweigen im Vertrags- und Deliktsrecht, JuS 1999, 754; *Eisenhardt*, Zum subjektiven Tatbestand der Willenserklärung, JZ 1986, 875; *Fabricius*, Schweigen als Willenserklärung, JuS 1966, 1; *Flume*, Rechtsgeschäft und Privatautonomie, in: FS zum 43. Juristentag, Bd. I 1960, S. 135; *Gudian*, Fehlen des Erklärungsbewußtseins, AcP 169 (1969), 232; *Hanau*, Objektive Elemente im Tatbestand der Willenserklärung, AcP 165 (1965), 220; *Hepting*, Erklärungswille, Vertrauensschutz und rechtsgeschäftliche Bindung, in: FS der Rechtswissenschaftlichen Fakultät zur 600-Jahr-Feier der Universität zu Köln 1988, S. 209; *Hübner*, Zurechnung statt Fiktion einer Willenserklärung, in: FS Nipperdey, Bd. I 1965, S. 373; *Kellmann*, Grundprobleme der Willenserklärung, JuS 1971, 609; *Lobinger*, Rechtsgeschäftliche Verpflichtung und autonome Bindung, 1999; *Petersen*, Der Tatbestand der Willenserklärung, Jura 2006, 178; *Schermaier*, Die Bestimmung des wesentlichen Irrtums von den Glossatoren bis zum BGB, 2000; *Schmidt-Salzer*, Subjektiver Wille und Willenserklärung, JR 1969, 281; *Schwerdtner*, Schweigen im Rechtsverkehr, Jura 1988, 443; *Singer*, Geltungsgrund und Rechtsfolgen der fehlerhaften Willenserklärung, JZ 1989, 1030; *ders.*, Selbstbestimmung und Verkehrsschutz im Recht der Willenserklärungen, 1995; *Ulrici*, Geschäftsähnliche Handlungen, NJW 2003, 2053; *Werba*, Die Willenserklärung ohne Willen, 2005; *Wieser*, Zurechenbarkeit des Erklärungsinhalts, AcP 184 (1984), 40; *ders.*, Wille und Verständnis bei der Willenserklärung, AcP 189 (1989), 112.

A. Begriff der Willenserklärung

1 Die Willenserklärung ist notwendiger Bestandteil jedes Rechtsgeschäfts. Sie ist gleichsam der kleinste Baustein der Rechtsgeschäftslehre. Damit bildet sie einen zentralen Begriff oder einen **Schlüsselbegriff** des Allgemeinen Teils des Bürgerlichen Rechts.[1] Trotzdem fehlt eine Legaldefinition. Der Begriff der Willenserklärung wird vom Gesetz lediglich vorausgesetzt. Die §§ 116 ff regeln allerdings die Wirksamkeitsvoraussetzungen einer Willenserklärung in vielfältiger Weise. Aus diesen Vorschriften lässt sich mittelbar die Definition ableiten.

2 Danach ist die Willenserklärung eine **private Willensäußerung**, die auf die **Erzielung einer Rechtsfolge** gerichtet ist und die diese Rechtsfolge deshalb herbeiführt, weil sie gewollt und von der Rechtsordnung anerkannt wird.[2] Sie besteht, wie es schon der Begriff besagt, aus den beiden wesentlichen Bestandteilen der Erklärung (Willensäußerung) und des zugrunde liegenden Willens (Wille zur Herbeiführung eines rechtlichen Erfolges). Die private Willensäußerung wird dadurch zur Willenserklärung, dass der Äußernde seinen Willen mitteilt, seine rechtliche Lage zu ändern.[3] Dieses begriffsnotwendige Merkmal der Willenserklärung wird in der Literatur häufig als Rechtsfolgewille[4] oder als Geschäftswille[5] bezeichnet (vgl dazu noch Rn 8). Der Rechtsfolge- oder Geschäftswille ist allerdings nur ein Bestandteil des erforderlichen Willens, zu dem außerdem der Handlungswille und der Erklärungswille oder das Erklärungsbewusstsein gehören. Gerade im Hinblick auf das letztgenannte Merkmal des Erklärungsbewusstseins wird indessen diskutiert, ob es eine Wirksamkeitsvoraussetzung der Willenserklärung ist oder ob bereits der zurechenbare äußere Tatbestand einer Willenserklärung entsprechende Rechtsfolgen auslöst (vgl dazu Rn 7).[6]

3 Stimmt die Erklärung nicht mit dem zugrunde liegenden Willen überein, kommt es für die Rechtsfolgen eines solchen Willensmangels darauf an, ob dem äußeren Tatbestand der Erklärung oder dem inneren Tatbestand

1 Vgl HKK/*Schermaier*, §§ 116–124 Rn 1.

2 Vgl Motive I, S. 126 = *Mugdan* I, S. 421; Soergel/*Hefermehl*, Vor § 116 Rn 2; Jauernig/*Jauernig*, Vor § 116 Rn 2; HK-BGB/*Dörner*, Vor § 116 Rn 1; Erman/*Palm*, Vor § 116 Rn 1.

3 HKK/*Schermaier*, §§ 116–124 Rn 1.

4 So etwa *Larenz/Wolf*, BGB AT, § 22 Rn 3; Palandt/*Ellenberger*, Vor § 116 Rn 4; vgl auch HK-BGB/*Dörner*, Vor § 116 Rn 6.

5 So etwa Soergel/*Hefermehl*, Vor § 116 Rn 6; Erman/*Palm*, Vor § 116 Rn 4; *Brox/Walker*, BGB AT, Rn 86; vgl auch HK-BGB/*Dörner*, Vor § 116 Rn 6.

6 Vgl nur BGHZ 91, 324, 327 ff = BGH NJW 1984, 2279 f; BGHZ 109, 171, 177 = BGH NJW 1990, 454, 456; 1995, 953; Staudinger/*Singer*, Bearbeitung 2004, Vor §§ 116–144 Rn 21; Jauernig/*Jauernig*, Vor § 116 Rn 5; RGRK/*Krüger-Nieland*, Vor § 116 Rn 1, 5 ff, 29 ff.

des Willens der Vorrang einzuräumen ist. Vor dem Inkrafttreten des BGB gab es dazu zwei entgegengesetzte Theorien. Die sog. **Willenstheorie** sah den Geltungsgrund der Willenserklärung im Willenselement; danach sollte jede Willenserklärung unwirksam sein, die nicht durch einen entsprechenden Willen des Erklärenden gedeckt war.[7] Die sog. **Erklärungstheorie** sah demgegenüber den Geltungsgrund der Willenserklärung in dem Vertrauenstatbestand, den der Erklärende durch seine Erklärung geschaffen hatte; danach sollte er selbst dann an die Erklärung gebunden sein, wenn der entsprechende Wille in Wirklichkeit fehlte.[8] Der Gesetzgeber des BGB hat sich nicht für eine der beiden Theorien entschieden, sondern in den §§ 116 ff einen **Ausgleich der betroffenen Interessen** vorgenommen (näher dazu § 119 Rn 1 f). Auch die neuere sog. **Geltungstheorie** will einen Ausgleich herbeiführen, indem sie den Geltungsgrund für den Eintritt der gewollten Rechtsfolgen im Zusammenwirken von Wille und Erklärung sieht.[9]

B. Elemente der Willenserklärung

4 Die Willenserklärung besteht aus zwei Grundelementen. Das **innere Element** – der subjektive Tatbestand – ist der innere Wille des Erklärenden, einen rechtlichen Erfolg herbeizuführen. Das **äußere Element** – der objektive Tatbestand – ist die Kundgabe des Willens. Nicht der bloße Wille allein, sondern erst der geäußerte, kundgegebene Wille bewirkt den Rechtserfolg.[10]

I. Wille

5 Der Wille als inneres Element oder subjektiver Tatbestand der Willenserklärung wird herkömmlicherweise in **drei Unterelemente** aufgegliedert. Dabei handelt es sich um den Handlungswillen, den Erklärungswillen oder das Erklärungsbewusstsein und den Geschäftswillen oder Rechtsfolgewillen.[11] Diese Unterteilung entspricht den psychologischen Erkenntnissen zur Zeit der Redaktion des BGB.[12] Jedes Unterelement steht für ein Problem der Zurechnung und damit der Risikozuweisung.[13]

6 Der **Handlungswille** bezeichnet das Bewusstsein, überhaupt eine Handlung vorzunehmen. Daran fehlt es beispielsweise bei reinen Reflexbewegungen oder bei Handlungen unter Hypnose. Ein bewusster Willensakt liegt ebenfalls nicht vor, wenn die Handlung durch äußere, unwiderstehliche Gewalt – **vis absoluta** – unmittelbar erzwungen wird, indem dem „Erklärenden" zB bei der Unterschrift die Hand geführt wird. Ohne Handlungswillen fehlt es bereits am Tatbestand einer Willenserklärung.[14] Die unbewusste Handlung wird dem „Erklärenden" nicht zugerechnet. Geschützt wird sein Vertrauen, nicht dasjenige des Empfängers, es liege eine Willenserklärung vor. Eine vergleichbare Wertung enthält § 105 Abs. 2, dem zufolge eine im Zustand der Bewusstlosigkeit abgegebene Willenserklärung nichtig ist.[15] Handelt der Erklärende nicht unter unwiderstehlichem Zwang, sondern unter psychischem Druck – **vis compulsiva** –, fehlt der Handlungswille nicht. Die aufgrund des psychischen Drucks abgegebene Willenserklärung kann der Erklärende gem. § 123 Abs. 1, 2. Fall anfechten, wenn die Drohung widerrechtlich ist (vgl dazu § 123 Rn 74 ff).

7 Unter dem **Erklärungswillen** oder **Erklärungsbewusstsein** versteht man das Bewusstsein, rechtsgeschäftlich zu handeln. Der Erklärende muss sich bewusst sein, dass sein Handeln irgendeine rechtserhebliche, nämlich auf die Erzielung von Rechtsfolgen gerichtete Erklärung darstellt. Daran fehlt es im Schulfall der „**Trierer Weinversteigerung**". Dort hebt der Ortsunkundige die Hand, um einem Bekannten zuzuwinken; er weiß nicht, dass er damit ein höheres Gebot abgibt.[16] Andere Beispiele sind das Unterschreiben eines Kaufangebots in der irrigen Meinung, es handele sich um ein Dankschreiben,[17] oder die bloße Tatsachenmitteilung einer Spar-

7 Vgl *Brox/Walker*, BGB AT, Rn 379; Palandt/*Ellenberger*, Vor § 116 Rn 2; MüKo/*Kramer*, Vor § 116 Rn 4; Erman/*Palm*, Vor § 116 Rn 1; *Larenz/Wolf*, BGB AT, § 24 Rn 26, § 35 Rn 1; näher zu der im Wesentlichen auf Elementen der „Willenstheorie" basierenden, maßgeblich von *Savigny* entwickelten Irrtumslehre Staudinger/*Singer*, Bearbeitung 2004, § 119 Rn 1–5; MüKo/*Kramer*, § 119 Rn 2; HKK/*Schermaier*, §§ 116–124 Rn 53.

8 Vgl *Brox/Walker*, BGB AT, Rn 380; Palandt/*Ellenberger*, Vor § 116 Rn 2; MüKo/*Kramer*, Vor § 116 Rn 4, § 119 Rn 5; Erman/*Palm*, Vor § 116 Rn 1; *Larenz/Wolf*, BGB AT, § 24 Rn 27 f.

9 So etwa *Larenz/Wolf*, BGB AT, § 24 Rn 29 ff; vgl auch Soergel/*Hefermehl*, Vor § 116 Rn 7.

10 *Brox/Walker*, BGB AT, Rn 83.

11 HK-BGB/*Dörner*, Vor § 116 Rn 3; Soergel/*Hefermehl*, Vor § 116 Rn 6; Jauernig/*Jauernig*, Vor § 116 Rn 3; RGRK/*Krüger-Nieland*, Vor § 116 Rn 2; *Brox/Walker*, BGB AT, Rn 84; *Larenz/Wolf*, BGB AT, § 24 Rn 2 ff; Staudinger/*Singer*, Bearbeitung 2004., Vor §§ 116–144 Rn 26–29.

12 Erman/*Palm*, Vor § 116 Rn 2; *Brox/Walker*, BGB AT, Rn 84; *Larenz/Wolf*, BGB AT, § 24 Rn 2; näher dazu HKK/*Schermaier*, §§ 116–124 Rn 10.

13 HK-BGB/*Dörner*, Vor § 116 Rn 3.

14 HK-BGB/*Dörner*, Vor § 116 Rn 4; Erman/*Palm*, Vor § 116 Rn 2; Prütting/Wegen/Weinreich/*Ahrens*, Vor §§ 116 ff Rn 26; *Larenz/Wolf*, BGB AT, § 24 Rn 3 ff; *Petersen*, Jura 2006, 178, 180.

15 Erman/*Palm*, Vor § 116 Rn 2.

16 Vgl dazu *Gudian*, AcP 169 (1969), 232; Staudinger/*Singer*, Bearbeitung 2004, Vor §§ 116–144 Rn 28; MüKo/*Kramer*, § 119 Rn 95.

17 Erman/*Palm*, Vor § 116 Rn 3.

kasse, sie habe eine Bürgschaft übernommen, die als Angebot auf den Abschluss eines Bürgschaftsvertrages gem. §§ 765, 766 ausgelegt wird.[18] In der Lehre war umstritten, ob das Erklärungsbewusstsein zum Tatbestand der Willenserklärung gehört und sein Fehlen deshalb bereits das Vorliegen einer Willenserklärung ausschließt oder ob das fehlende Erklärungsbewusstsein zu einer fehlerhaften Willenserklärung führt, die in unmittelbarer oder analoger Anwendung des § 119 Abs. 1, 2. Fall (Erklärungsirrtum) angefochten werden kann.[19] Nach der Rechtsprechung und der heute herrschenden Literatur handelt es sich trotz fehlenden Erklärungsbewusstseins um eine – normativ zugerechnete – Willenserklärung, wenn der Erklärende bei Anwendung der im Verkehr erforderlichen Sorgfalt hätte erkennen und vermeiden können, dass seine ausdrückliche oder konkludente Äußerung nach Treu und Glauben und der Verkehrssitte (§§ 133, 157) als Willenserklärung aufgefasst werden durfte, und wenn der Empfänger sie auch tatsächlich so verstanden hat.[20] Man spricht insofern auch von sog. potentiellem Erklärungsbewusstsein oder Erklärungsfahrlässigkeit.[21] Muss sich der Handelnde sein Verhalten nach diesen Grundsätzen als Willenserklärung zurechnen lassen, kann er sie gem. § 119 Abs. 1, 2. Fall anfechten (vgl dazu § 119 Rn 33).

Bei dem **Geschäftswillen** oder **Rechtsfolgewillen** handelt es sich um den Willen, mit der Erklärung eine bestimmte Rechtsfolge herbeizuführen. Er unterscheidet sich vom Erklärungswillen oder Erklärungsbewusstsein dadurch, dass er auf die Herbeiführung nicht irgendeiner Rechtsfolge, sondern eines ganz bestimmten rechtsgeschäftlichen Erfolgs gerichtet sein muss.[22] Der Rechtsfolgewille setzt allerdings nicht voraus, dass der Erklärende eine detaillierte Vorstellung hat, wie der angestrebte wirtschaftliche Erfolg rechtstechnisch verwirklicht wird. Es genügt vielmehr, dass dieser Erfolg als rechtlich gesichert und anerkannt gewollt ist.[23] Damit reicht eine „Parallelwertung in der Laiensphäre".[24] Die notwendige Übereinstimmung zwischen Geschäftswille und Erklärung fehlt zB, wenn der Erklärende statt des Verkaufsangebots ein Schenkungsangebot oder ein Kaufangebot zu einem höheren als dem gewollten Preis abgibt. Dann kann er unter den weiteren Voraussetzungen des § 119 Abs. 1, 1. Fall anfechten (vgl dazu § 119 Rn 40 ff). 8

Ein Bestandteil des Rechtsfolgen- oder Geschäftswillens ist der **Rechtsbindungswille**.[25] Er fehlt bei reinen Gefälligkeitshandlungen im außerrechtlichen familiären, freundschaftlichen oder gesellschaftlichen Bereich. Keine Vertragsbeziehungen begründet etwa die Einladung zu einem Essen oder einer Party oder ein sog. „gentleman's agreement".[26] Ob im konkreten Einzelfall – zB bei einer Lotto-Tippgemeinschaft[27] – der Rechtsbindungswille vorliegt oder nicht, ist durch Auslegung entsprechend den §§ 133, 157 zu ermitteln.[28] 9

II. Erklärung

Der innere Wille führt erst dann zu dem erstrebten Erfolg, wenn er nach außen hin erklärt wird. Diese **Kundgabehandlung** ist das zweite, äußere Element des Begriffs der Willenserklärung, der objektive Tatbestand. Erforderlich ist ein äußerlich erkennbares Verhalten, welches den Willen zum Ausdruck bringt, dass der Handelnde eine bestimmte Rechtsfolge herbeiführen will.[29] 10

Eine **ausdrückliche Willenserklärung** (direkte, unmittelbare Willenserklärung) lässt den Geschäftswillen des Erklärenden unmittelbar erkennen, weil sie diesen Willen direkt in Wort und Schrift – auch auf elektronischem Wege – zum Ausdruck bringt. Einer Auslegung unter Heranziehung der Begleitumstände (vgl dazu § 133 Rn 31) bedarf es regelmäßig nicht.[30] 11

Häufig wird der Geschäftswille nicht ausdrücklich erklärt, sondern es ergibt sich erst aus den Begleitumständen, dass ein bestimmtes menschliches Verhalten auf die Herbeiführung einer bestimmten Rechtsfolge gerichtet ist. Eine solche **konkludente Willenserklärung** (schlüssige, stillschweigende, indirekte, mittelbare Wil- 12

18 BGHZ 91, 324, 327 ff = BGH NJW 1984, 2279 f; vgl ferner das Bsp einer konkludenten Erklärung ohne Erklärungsbewusstsein in BGHZ 109, 171, 177 f = BGH NJW 1990, 454, 456.

19 Vgl dazu nur die ausf. Darstellung und die Nachw. bei MüKo/*Kramer*, § 119 Rn 95 ff; vgl auch HKK/*Schermaier*, §§ 116–124 Rn 11; Erman/*Palm*, Vor § 116 Rn 3.

20 So etwa BGHZ 91, 324, 329 f = BGH NJW 1984, 2279, 2280; BGHZ 109, 171, 177 = BGH NJW 1990, 454, 456; 1995, 953; BGHZ 149, 129, 136 = NJW 2002, 362, 365; HK-BGB/*Dörner*, Vor § 116 Rn 5; Palandt/*Ellenberger*, Vor § 116 Rn 17; Prütting/Wegen/Weinreich/*Ahrens*, Vor §§ 116 ff Rn 27; Erman/*Palm*, Vor § 116 Rn 3; *Brox/Walker*, BGB AT, Rn 85, 137; *Larenz/Wolf*, BGB AT, § 24 Rn 8, jew. mwN.

21 Vgl etwa OLG Dresden, BB 1999, 497 Rn 13.

22 HK-BGB/*Dörner*, Vor § 116 Rn 6; Erman/*Palm*, Vor § 116 Rn 4; Prütting/Wegen/Weinreich/*Ahrens*, Vor §§ 116 ff Rn 28; *Larenz/Wolf*, BGB AT, § 24 Rn 9 ff.

23 BGH NJW 1993, 2100, Palandt/*Ellenberger*, Vor § 116 Rn 4; Erman/*Palm*, Vor § 116 Rn 4.

24 *Larenz/Wolf*, BGB AT, § 24 Rn 12.

25 Soergel/*Hefermehl*, Vor § 116 Rn 19; vgl zur Abgrenzung von Rechtsfolgewille und Rechtsbindungswille Staudinger/*Singer*, Bearbeitung 2004, Vor §§ 116–144 Rn 29.

26 Soergel/*Hefermehl*, Vor § 116 Rn 28; Palandt/*Ellenberger*, Vor § 116 Rn 4.

27 Vgl BGH NJW 1974, 1705.

28 Soergel/*Hefermehl*, Vor § 116 Rn 17.

29 Erman/*Palm*, Vor § 116 Rn 5; *Brox/Walker*, BGB AT, Rn 88; *Larenz/Wolf*, BGB AT, § 24 Rn 14.

30 Erman/*Palm*, Vor § 116 Rn 6; *Larenz/Wolf*, BGB AT, § 24 Rn 15.

lenserklärung) zeichnet sich dadurch aus, dass das Verhalten des Erklärenden – beispielsweise ein Kopfnicken – für sich allein betrachtet keinen eindeutig bestimmten Sinn hat. Im Zusammenhang mit anderen Umständen lässt sich aber auf einen derartigen Sinn schließen. So ist das Kopfnicken gegenüber dem Nachbarn beim Spazierengehen ein Gruß, während es als Reaktion auf ein Kaufangebot die Annahme dieses Angebots bedeutet.[31] Ein anderes Beispiel ist die vorbehaltlose Entgegennahme einer Leistung, die als Einverständnis mit den vorher übersandten Geschäftsbedingungen des Leistenden verstanden werden kann.[32] Entscheidend ist stets die **Auslegung des Verhaltens** unter Berücksichtigung der gesamten Begleitumstände und der Verkehrssitte (vgl dazu § 133 Rn 29 ff).[33]

13 Grundsätzlich keine (konkludente) Willenserklärung ist das bloße **Schweigen**.[34] Wer nichts tut, erklärt grundsätzlich auch nichts. Das bloße Schweigen hat im Rechtsverkehr nur ausnahmsweise Erklärungswert, und zwar dann, wenn gesetzliche Regelungen das vorsehen, wenn die Parteien eine solche Wirkung vereinbart haben oder wenn der Schweigende nach Treu und Glauben (§ 242) zur Erklärung verpflichtet war. Beispiele für die **gesetzliche Anordnung** eines Erklärungswerts finden sich einerseits in den §§ 108 Abs. 2 S. 2, 177 Abs. 2 S. 2 Hs 2, 415 Abs. 2 S. 2 und 451 Abs. 1 S. 2 (Schweigen bis zum Ablauf einer bestimmten Frist als Ablehnung) und andererseits in den §§ 416 Abs. 1 S. 2, 455 S. 2, 516 Abs. 2 S. 2 und 1943 Hs 2 sowie in den §§ 75 h, 91 a, 362 Abs. 1 HGB und in den §§ 99 Abs. 3 S. 2 und 102 Abs. 2 S. 2 BetrVG (Schweigen bis zum Ablauf einer bestimmten Frist als Zustimmung). In gleicher Weise können die **Parteien vereinbaren**, dass das Schweigen bis zum Ablauf einer bestimmten Frist eine Ablehnung oder Zustimmung bedeutet („beredtes Schweigen").[35] Bei der Zusendung unbestellter Waren ist die Sonderreglung des § 241 a zu beachten, der zufolge keine Ansprüche des Unternehmers gegen den Kunden begründet werden.[36] Schließlich kann das Schweigen aufgrund eines **Handelsbrauchs** (§ 346 HGB) oder nach **Treu und Glauben** unter Berücksichtigung der **Verkehrssitte** (§ 242) ausnahmsweise als Willenserklärung und zwar speziell als Annahmeerklärung zu werten sein, wenn den Schweigenden eine konkrete Rechtspflicht traf zu widersprechen.[37] So sieht die Rechtsprechung insbesondere in dem Schweigen auf ein endgültiges Angebot, das aufgrund einverständlicher und alle wichtigen Punkte betreffender Vorverhandlungen ergeht, in der Regel eine stillschweigende Annahme, sofern nicht nach den Umständen des Einzelfalls eine solche ausgeschlossen sein sollte.[38] Ein weiterer wichtiger Anwendungsfall dieser Grundsätze ist das **Schweigen auf ein kaufmännisches Bestätigungsschreiben** (vgl dazu § 147 Rn 9 f).

C. Abgrenzung der Willenserklärung von ähnlichen Handlungen

14 Die Willenserklärung als private, auf die Erzielung einer Rechtsfolge gerichtete Willensäußerung ist einerseits von den **Realakten** und andererseits von den **geschäftsähnlichen Handlungen** abzugrenzen. Diese Abgrenzung hat Bedeutung für die (analoge) Anwendbarkeit der Vorschriften über Rechtsgeschäfte und Willenserklärungen.

15 **Realakte** sind rein tatsächliche menschliche Handlungen, die ohne einen Mitteilungs- oder Kundgabezweck vorgenommen werden und an die das Gesetz ohne Rücksicht auf das Gewollte eine Rechtsfolge knüpft.[39] In dieser Unabhängigkeit der Rechtsfolge vom Gewollten und im fehlenden Mitteilungs- oder Kundgabezweck liegt der Unterschied zur Willenserklärung. Bemalt beispielsweise jemand eine fremde Leinwand, so wird er nicht nur ohne entsprechenden Willen, sondern sogar gegen seinen Willen gem. § 950 Eigentümer der Leinwand. Wegen dieses entscheidenden Unterschiedes sind die Vorschriften über Rechtsgeschäfte auf Realakte weder direkt noch analog anwendbar.[40]

16 **Geschäftsähnliche Handlungen** stehen den Willenserklärungen näher als Realakte. Es handelt sich um Willensäußerungen oder Mitteilungen, an die das Gesetz unmittelbar und stets Rechtsfolgen knüpft, ohne dass diese vom Äußernden gewollt sein müssen.[41] Hauptbeispiele sind die Mahnung gem. § 286 Abs. 1 und die

31 *Larenz/Wolf*, BGB AT, § 24 Rn 18.
32 BGH NJW 1963, 1248.
33 Vgl BGH NJW 1963, 1248; 1990, 1655, 1656; OLG Rostock NJW-RR 2006, 1162; MüKo/*Kramer*, Vor § 116 Rn 23; Erman/*Palm*, Vor § 116 Rn 7.
34 BGH NJW 1981, 43, 44; 2002, 3629, 3630; HK-BGB/*Dörner*, Vor § 116 Rn 2; Soergel/*Hefermehl*, Vor § 116 Rn 32; Palandt/*Ellenberger*, Vor § 116 Rn 7; Prütting/Wegen/Weinreich/*Ahrens*, Vor §§ 116 ff Rn 21; *Larenz/Wolf*, BGB AT, § 24 Rn 20; vgl BGH NJW 2000, 2667, 2668; Erman/*Palm*, Vor § 116 Rn 8.
35 HK-BGB/*Dörner*, Vor § 116 Rn 2; Erman/*Palm*, Vor § 116 Rn 8.
36 Vgl dazu AnwK-BGB/*Krebs*, § 241 a Rn 10 ff.
37 BGH NJW 1981, 43, 44; 1995, 1281; 1996, 919, 921; Palandt/*Ellenberger*, Vor § 116 Rn 10; Erman/*Palm*, Vor § 116 Rn 11.
38 So etwa BGH NJW 1995, 1281 mwN.
39 *Brox/Walker*, BGB AT, Rn 94; *Hübner*, BGB AT, Rn 697; *Larenz/Wolf*, BGB AT, § 22 Rn 20.
40 *Larenz/Wolf*, BGB AT, § 22 Rn 22; Soergel/*Hefermehl*, Vor § 116 Rn 23; MüKo/*Kramer*, Vor § 116 Rn 33; vgl BGHZ 4, 10, 34 f = NJW 1952, 738; 1953, 1506, 1507.
41 *Ulrici*, NJW 2003, 2053; *Brox/Walker*, BGB AT, Rn 95; *Larenz/Wolf*, BGB AT, § 22 Rn 14; MüKo/*Kramer*, Vor § 116 Rn 35.

Mängelrüge des Kaufmanns gem. § 377 Abs. 1 HGB.[42] Zwar tritt auch hier, wie bei den Realakten, die gesetzlich vorgesehene Rechtsfolge unabhängig vom Willen des Äußernden ein. Die stärkere Vergleichbarkeit mit Willenserklärungen folgt aber daraus, dass es sich um Willenskundgaben oder zumindest um Mitteilungen mit einem Kundgabezweck handelt. Deshalb werden in vielen Fällen die Vorschriften über Rechtsgeschäfte und Willenserklärungen, und zwar vor allem die §§ 104 ff (Geschäftsfähigkeit), 116 ff (Willensmängel) und 164 ff (Stellvertretung), wegen der Vergleichbarkeit der Interessenlagen für anwendbar gehalten.[43]

§ 116 Geheimer Vorbehalt

[1]Eine Willenserklärung ist nicht deshalb nichtig, weil sich der Erklärende insgeheim vorbehält, das Erklärte nicht zu wollen. [2]Die Erklärung ist nichtig, wenn sie einem anderen gegenüber abzugeben ist und dieser den Vorbehalt kennt.

Literatur: *Holzhauer*, Dogmatik und Rechtsgeschichte der Mentalreservation, in: FS Gmür 1983, S. 119; *Petersen*, Die Wirksamkeit der Willenserklärung, Jura 2006, 426; *Preuß*, Geheimer Vorbehalt, Scherzerklärung und Scheingeschäft, Jura 2002, 815; *Wacke*, Mentalreservation und Simulation als antizipierte Konträrakte bei formbedürftigen Geschäften, in: FS Medicus 1999, S. 651.

A. Allgemeines

§ 116 ist die erste der drei Vorschriften, welche die Rechtsfolgen eines **bewussten Abweichens von Wille und Erklärung** regeln. Im Unterschied zu § 117 kommt ihr aber, wie auch § 118, weder eine nennenswerte praktische Bedeutung zu noch kann sie als gelungen bezeichnet werden. 1

Die Vorschrift regelt den eher theoretischen Fall, dass jemand absichtlich etwas erklärt, was er insgeheim in Wirklichkeit gar nicht gelten lassen will.[1] Außerdem bestimmt S. 1 aus heutiger Sicht[2] nur eine Selbstverständlichkeit, nämlich die Bindung des Erklärenden an das bewusst Erklärte. Der geheime Vorbehalt – die **Mentalreservation** – ist unbeachtlich, weil es gegen Treu und Glauben verstieße und den Rechtsverkehr erheblich beeinträchtigen würde, wenn der Erklärende sich auf das berufen könnte, was er dem anderen gerade absichtlich verborgen hat.[3] Nichtig ist eine empfangsbedürftige Willenserklärung dagegen, wenn der Erklärungsempfänger den geheimen Vorbehalt des Erklärenden kennt und deshalb nicht schutzwürdig ist. Diese Regelung des S. 2 wird teilweise als rechtspolitisch fragwürdig oder verfehlt kritisiert.[4] Die Kritik ändert allerdings nichts an der Geltung des S. 2. Sie eignet sich daher nicht als Argument gegen eine analoge Anwendung des S. 2 auf nicht empfangsbedürftige Willenserklärungen. Vielmehr kommt es entscheidend auf die Vergleichbarkeit der Interessenlagen an (näher Rn 7). 2

B. Regelungsgehalt

I. Unbeachtlichkeit des geheimen Vorbehalts (S. 1)

Anwendbar ist S. 1 auf **Willenserklärungen jeder Art**. Die Vorschrift unterscheidet nicht danach, ob es sich um empfangsbedürftige oder nicht empfangsbedürftige, schriftliche oder mündliche, ausdrückliche oder konkludente[5] Willenserklärungen handelt. Neben Verträgen erfasst sie einseitige Rechtsgeschäfte wie die Auslobung, die Genehmigung, die Kündigung und testamentarische Verfügungen.[6] Analog anwendbar ist sie bei 3

42 Vgl die Überblicke zu weiteren geschäftsähnlichen Handlungen bei *Ulrici*, NJW 2003, 2053; MüKo/*Kramer*, Vor § 116 Rn 35.

43 Näher dazu *Ulrici*, NJW 2003, 2053, 2054 ff mwN; vgl auch MüKo/*Kramer*, Vor § 116 Rn 36 f; *Larenz/Wolf*, BGB AT, § 22 Rn 17 ff.

1 Vgl Soergel/*Hefermehl*, § 116 Rn 2; MüKo/*Kramer*, § 116 Rn 1.

2 Zur (Un-)Vereinbarkeit mit der Willenstheorie MüKo/*Kramer*, § 116 Rn 1 ff; HKK/*Schermaier*, §§ 116–124 Rn 34.

3 HKK/*Schermaier*, §§ 116–124 Rn 30; vgl *Larenz/Wolf*, BGB AT, § 35 Rn 6; Erman/*Palm*, § 116 Rn 2.

4 MüKo/*Kramer*, § 116 Rn 10; Soergel/*Hefermehl*, § 116 Rn 2.

5 Vgl OLG Hamburg NStZ 1991, 587, 588.

6 OLG Frankfurt OLGZ 1993, 461, 466 = FamRZ 1993, 858, 860.

geschäftsähnlichen Handlungen wie zB bei einer Verzeihung oder einer Mahnung.[7] Auf das **Motiv** des geheimen Vorbehalts kommt es nicht an; die Nichtigkeitsfolge des S. 1 greift selbst bei „Notlügen" ein, wenn der Erklärende zB einen Schwerkranken schonen oder beruhigen will.[8] Schließlich gilt die Vorschrift auch im **öffentlichen Recht**.[9]

4 **Geheim** ist der Vorbehalt, wenn der Erklärende dem Adressaten seiner Erklärung bewusst vorenthält, dass er den Rechtserfolg in Wirklichkeit gar nicht will, den er herbeizuführen erklärt hat.[10] Das Fehlen des Verpflichtungswillens (Geschäftswillens) darf in der Erklärung keinen Ausdruck gefunden haben und auch nicht aus den Begleitumständen im Wege der objektiven Auslegung nach dem Empfängerhorizont zu ermitteln sein; anderenfalls läge bereits keine Willenserklärung vor (vgl Vor § 116 Rn 8 f). Bei einer empfangsbedürftigen Willenserklärung kommt es auf den Erklärungsempfänger an, bei einer nicht empfangsbedürftigen Willenserklärung auf denjenigen, in dessen Person die Wirkungen der Erklärung eintreten sollen. Der Vorbehalt bleibt daher geheim, wenn ihn lediglich ein unbeteiligter Dritter kennt.[11]

5 Bei der **Stellvertretung** müssen verschiedene Konstellationen unterschieden werden. Gibt der Stellvertreter im Rahmen seiner Vertretungsmacht eine Willenserklärung ab, bei der er sich insgeheim vorbehält, das Erklärte nicht zu wollen, ist der Vorbehalt gem. §§ 166 Abs. 1, 116 S. 1 unbeachtlich. Will der Vertreter das im Namen des Vertretenen abgeschlossene Geschäft als eigenes Geschäft, ergibt sich die Unbeachtlichkeit dieses geheimen Vorbehalts unmittelbar aus S. 1. Im umgekehrten Fall, in dem der Vertreter das Geschäft im eigenen Namen abschließt und sich insgeheim vorbehält, für den Vertretenen handeln zu wollen, folgt die Unbeachtlichkeit des Vorbehalts aus § 164 Abs. 2.[12] Wird eine Innenvollmacht (§ 167 Abs. 1, 1. Fall) unter einem geheimen Vorbehalt erteilt, soll es nach einer älteren Entscheidung des BGH nicht auf die Kenntnis des Bevollmächtigten, sondern auf diejenige des Dritten ankommen mit der Folge, dass die Vollmacht gem. S. 1 wirksam ist, wenn dem Dritten der Vorbehalt verheimlicht wird.[13] Der Empfänger dieser Erklärung ist jedoch nicht der Dritte, sondern der Vertreter (vgl vorige Rn). Wenn er den Vorbehalt kennt, ist die Bevollmächtigung gem. S. 2 nichtig. Der Dritte wird nach den Grundsätzen der Anscheinsvollmacht (vgl dazu § 167 Rn 74 ff, 82 ff) geschützt.[14] Um einen Fall der Kollusion handelt es sich schließlich, wenn der Vertreter und der Dritte das Geschäft einverständlich nur zum Schein abschließen und diesen Vorbehalt vor dem Vertretenen geheim halten. Dann können sie sich dem gutgläubigen Vertretenen gegenüber später nicht auf die Nichtigkeit des Geschäfts berufen; S. 1 findet entsprechende Anwendung.[15] S. 2 gilt entsprechend für das Innenverhältnis der kollusiv Handelnden.

6 Diskutiert wird schließlich die Behandlung **bewusst mehrdeutiger Willenserklärungen**. Sie sollen vorliegen, wenn jemand eine Erklärung deshalb mehrdeutig formuliert, um später eine der möglichen Rechtsfolgen nicht gegen sich gelten zu lassen. Hier ist je nach dem Ergebnis der objektiven Auslegung zu differenzieren. Hat die Erklärung objektiv mehr als nur eine Bedeutung und geht der Empfänger von einer anderen als der vom Erklärenden insgeheim gewollten Bedeutung aus, liegt ein versteckter Dissens vor, so dass gem. § 155 kein Vertrag zustande kommt. Ist die Erklärung dagegen nach objektiven Maßstäben eindeutig, muss der Erklärende sich daran gem. S. 1 festhalten lassen.[16]

II. Beachtlichkeit des erkannten Vorbehalts (S. 2)

7 Nach seinem Wortlaut gilt S. 2 nur für **empfangsbedürftige** Willenserklärungen. Kennt der Erklärungsgegner den Vorbehalt, ist die Erklärung nichtig. Darüber hinaus kommt die analoge Anwendung der Vorschrift auf **nicht empfangsbedürftige** Willenserklärungen in Betracht, soweit eine planwidrige Regelungslücke besteht und die Interessenlage vergleichbar ist. Ein derartiger Regelungsbedarf liegt vor, wenn die nicht empfangsbedürftige Willenserklärung bei einem bestimmten Personenkreis ein rechtserhebliches Verhalten hervorrufen soll. Nimmt ein solcher Adressat die rechtserhebliche Handlung in Kenntnis des geheimen Vorbehalts vor, ist er nach der Wertung des S. 2 ebenso wenig schutzbedürftig wie der Adressat einer empfangsbedürftigen Wil-

7 Vgl MüKo/*Kramer*, § 116 Rn 4; HK-BGB/*Dörner*, § 116 Rn 2; Prütting/Wegen/Weinreich/*Ahrens*, § 116 Rn 2.
8 Vgl MüKo/*Kramer*, § 116 Rn 4; HKK/*Schermaier*, §§ 116–124 Rn 36 mwN.
9 So bereits RGZ 147, 36, 40; vgl für den öffentlich-rechtlichen Vertrag heute §§ 59 Abs. 1, 62 S. 2 VwVfG.
10 Soergel/*Hefermehl*, § 116 Rn 1.
11 Vgl BGH NJW 1966, 1915, 1916; BayObLG DtZ 1992, 284, 285; MüKo/*Kramer*, § 116 Rn 5; Erman/*Palm*, § 116 Rn 5.
12 MüKo/*Kramer*, § 116 Rn 6; Bamberger/Roth/*Wendtland*, § 116 Rn 4; Prütting/Wegen/Weinreich/*Ahrens*, § 116 Rn 3.
13 BGH NJW 1962, 1915, 1916; vgl Palandt/*Ellenberger*, § 116 Rn 2.
14 Vgl *Petersen*, Jura 2006, 426, 428 mwN.
15 Vgl RGZ 134, 33, 37; BGH NJW 1999, 2882 f; Soergel/*Hefermehl*, § 116 Rn 5; MüKo/*Kramer*, § 117 Rn 24; RGRK/*Krüger-Nieland*, § 116 Rn 3.
16 Staudinger/*Singer*, Bearbeitung 2004, § 116 Rn 4; Soergel/*Hefermehl*, § 116 Rn 6; MüKo/*Kramer*, § 116 Rn 7; Erman/*Palm*, § 116 Rn 8; Bamberger/Roth/*Wendtland*, § 116 Rn 5.

lenserklärung.[17] Danach ist eine **Auslobung** entsprechend S. 2 gegenüber einem Bösgläubigen nichtig.[18] Dagegen ist die Vorschrift auf ein **Testament** nicht anzuwenden, weil es die Rechtsfolgen nach dem Tod des Erblassers gegenüber jedermann regelt und deshalb als Ganzes verbindlich sein muss.[19] Auf die **Eheschließung** ist S. 2 wegen der Spezialregelung des § 1314 Abs. 2 Nr. 5 unanwendbar.[20] Bei **amtsempfangsbedürftigen** Willenserklärungen kommt es nicht auf die Kenntnis des Beamten an; auch hier findet die Vorschrift keine Anwendung.[21]

Die erforderliche **Kenntnis** liegt vor, wenn der Erklärungsempfänger den Vorbehalt gem. S. 1 bei Zugang der empfangsbedürftigen Willenserklärung positiv kennt. Das bloße Kennenmüssen iSd § 122 Abs. 2 genügt nicht. Entsprechendes gilt bei einer nicht empfangsbedürftigen Willenserklärung für die Personen, an die sie sich richtet.[22] **8**

Bezieht sich die Kenntnis des Erklärungsempfängers vom geheimen Vorbehalt nur auf einen Teil der Willenserklärung, beurteilt sich die Wirkung der **Teilnichtigkeit** nach § 139.[23] **9**

Bei der **Stellvertretung** kommt es gem. § 166 Abs. 1 darauf an, ob der Vertreter den geheimen Vorbehalt kennt. Die Kenntnis des Vertretenen ist hingegen grundsätzlich unbeachtlich. Wird die Willenserklärung mehreren Vertretern gegenüber abgegeben, genügt es gem. § 166 Abs. 1 für die Anwendung des S. 2, dass nur ein Vertreter den Vorbehalt kennt.[24] **10**

III. Abgrenzungen

Das **Scheingeschäft (§ 117 Abs. 1)** und der durchschaute geheime Vorbehalt stimmen in ihren Voraussetzungen insoweit überein, als beide Parteien wissen, dass die abgegebene Erklärung in Wirklichkeit nicht gewollt ist. Im Unterschied zu S. 2 setzt § 117 Abs. 1 aber nicht die bloße Kenntnis, sondern das Einverständnis – den Konsens – beider Parteien voraus.[25] **11**

Während der Erklärende bei der Mentalreservation seinen Vorbehalt geheim halten und den Adressaten täuschen will, geht er bei der **Scherzerklärung (§ 118)** davon aus, der Adressat werde den Mangel der Ernstlichkeit erkennen. Deshalb spricht man hier teilweise vom „guten Scherz" oder „gutwilligen Scherz" im Unterschied zum „bösen Scherz", der nach § 116 zu beurteilen ist. Im ersten Fall ist die Willenserklärung nichtig, allerdings verbunden mit der Verpflichtung zum Ersatz des negativen Interesses (§§ 118, 122 Abs. 1). Im zweiten Fall ist die Erklärung gem. S. 1 wirksam; misslingt der „böse Scherz" aber, ist die Erklärung nichtig, ohne dass der Erklärende zum Schadensersatz verpflichtet ist (S. 2).[26] **12**

Wird der Erklärende durch eine **Drohung (§ 123 Abs. 1)** zur Abgabe einer Willenserklärung bestimmt und weiß der Drohende, dass der Bedrohte sie insgeheim nicht abgeben will, ist diese Erklärung bereits gem. S. 2 nichtig. Eine solche erzwungene Erklärung muss nicht mehr gem. § 123 Abs. 1 angefochten werden.[27] Denn die Nichtigkeit schützt den Erklärenden grundsätzlich besser als die bloße Anfechtbarkeit.[28] **13**

C. Weitere praktische Hinweise

Wer sich darauf beruft, dass eine unter geheimem Vorbehalt abgegebene Willenserklärung gem. S. 2 nichtig ist, trägt die Darlegungs- und **Beweislast**. Er muss sowohl den geheimen Vorbehalt als auch die diesbezügliche Kenntnis des Erklärungsgegners darlegen und beweisen.[29] **14**

17 *Preuß*, Jura 2002, 815, 818; Bamberger/Roth/*Wendtland*, § 116 Rn 7; vgl zum Streitstand ferner *Petersen*, Jura 2006, 426, 427 f.

18 Staudinger/*Singer*, Bearbeitung 2004, § 116 Rn 9; Soergel/*Hefermehl*, § 116 Rn 7; Palandt/*Ellenberger*, § 116 Rn 5; Jauernig/*Jauernig*, § 116 Rn 4; Erman/*Palm*, § 116 Rn 3; Bamberger/Roth/*Wendtland*, § 116 Rn 7; Prütting/Wegen/Weinreich/*Ahrens*, § 116 Rn 4; aA MüKo/*Kramer*, § 116 Rn 12.

19 Vgl OLG Frankfurt OLGZ 1993, 461, 466 f = FamRZ 1993, 858, 860; LG Köln DtZ 1993, 215; Erman/*Palm*, § 116 Rn 3; *Preuß*, Jura 2002, 815, 818; aA Jauernig/*Jauernig*, § 116 Rn 4; *Wacke*, in: FS Medicus 1999, S. 651 ff.

20 Palandt/*Ellenberger*, § 116 Rn 5.

21 BayObLG DtZ 1992, 284, 285 f; Soergel/*Hefermehl*, § 116 Rn 7; Erman/*Palm*, § 116 Rn 6.

22 Staudinger/*Singer*, Bearbeitung 2004, § 116 Rn 8 f; Bamberger/Roth/*Wendtland*, § 116 Rn 6 f.

23 MüKo/*Kramer*, § 116 Rn 17; Soergel/*Hefermehl*, § 116 Rn 8.

24 MüKo/*Kramer*, § 116 Rn 16 f; Soergel/*Hefermehl*, § 116 Rn 8.

25 Palandt/*Ellenberger*, § 116 Rn 6; MüKo/*Kramer*, § 116 Rn 14; Soergel/*Hefermehl*, § 116 Rn 11; Prütting/Wegen/Weinreich/*Ahrens*, § 116 Rn 6.

26 Jauernig/*Jauernig*, § 116 Rn 3; MüKo/*Kramer*, § 116 Rn 8, § 118 Rn 8; Soergel/*Hefermehl*, § 116 Rn 11.

27 Jauernig/*Jauernig*, § 116 Rn 4; MüKo/*Kramer*, § 116 Rn 15; vgl Soergel/*Hefermehl*, § 116 Rn 11; aA RGRK/*Krüger-Nieland*, § 116 Rn 5: nur Anfechtbarkeit wegen des durch § 123 eröffneten Wahlrechts des Bedrohten.

28 AA Staudinger/*Singer*, Bearbeitung 2004, § 116 Rn 12, der § 123 als die speziellere Regelung ansieht.

29 BGH LM Nr. 5 zu § 117; MüKo/*Kramer*, § 116 Rn 18; Soergel/*Hefermehl*, § 116 Rn 9; Prütting/Wegen/Weinreich/*Ahrens*, § 116 Rn 7.

§ 117 Scheingeschäft

(1) Wird eine Willenserklärung, die einem anderen gegenüber abzugeben ist, mit dessen Einverständnis nur zum Schein abgegeben, so ist sie nichtig.

(2) Wird durch ein Scheingeschäft ein anderes Rechtsgeschäft verdeckt, so finden die für das verdeckte Rechtsgeschäft geltenden Vorschriften Anwendung.

Literatur: *v. Hein*, Der Abschluss eines Scheingeschäfts durch einen Gesamtvertreter: Zurechnungsprobleme zwischen Corporate Governance und allgemeiner Rechtsgeschäftslehre, ZIP 2005, 191; *Kallimopoulos*, Die Simulation im bürgerlichen Recht, 1966; *Kuhn*, Scheinvertrag und verdeckter Vertrag im Anwendungsbereich des § 405 BGB, AcP 208 (2008), 101; *Michaelis*, Scheingeschäft, verdecktes Geschäft und verkleidetes Geschäft im Gesetz und in der Rechtspraxis, in: FS Wieacker 1978, S. 444; *Petersen*, Die Wirksamkeit der Willenserklärung, Jura 2006, 426; *Preuß*, Geheimer Vorbehalt, Scherzerklärung und Scheingeschäft, Jura 2002, 815; *Wacke*, Mentalreservation und Simulation als antizipierte Konträrakte bei formbedürftigen Geschäften, in: FS Medicus 1999, S. 651; *Wurster*, Das Scheingeschäft bei Basissachverhalten, DB 1983, 2057.

A. Allgemeines

1 Unter den Vorschriften zum bewussten Abweichen von Wille und Erklärung hat § 117 die größte praktische Bedeutung. Danach ist eine empfangsbedürftige Willenserklärung nichtig, wenn sie mit dem Einverständnis des Empfängers nur zum Schein abgegeben wird (Abs. 1). Dieses **Einverständnis** der Beteiligten, nur nach außen hin den Eindruck eines wirksamen Geschäfts erwecken zu wollen, charakterisiert das **Scheingeschäft** – die **Simulation**. Es unterscheidet das Scheingeschäft zugleich vom geheimen Vorbehalt gem. § 116 (vgl § 116 Rn 11). Daraus ergibt sich die Definition des Scheingeschäfts gem. § 117: Die Parteien wollen ein bestimmtes Ziel durch den bloßen Schein eines wirksamen Rechtsgeschäfts erreichen, die mit dem betreffenden Rechtsgeschäft verbundenen Rechtswirkungen aber nicht eintreten lassen.[1] Verdeckt das Scheingeschäft ein anderes Rechtsgeschäft – das **dissimulierte Geschäft** –, gilt jenes, sofern seine Wirksamkeitsvoraussetzungen vorliegen (Abs. 2).

2 Die Funktion des § 117 besteht darin, den Tatbestand des Scheingeschäfts zu benennen und vor allem die Rechtsfolgen klarzustellen. Das gilt sowohl für die **Nichtigkeit des Scheingeschäfts** gem. Abs. 1 als auch für die **Geltung des verdeckten Geschäfts** gem. Abs. 2. Diese Rechtsfolgen ergeben sich bereits aus der Anwendung des allgemeinen Grundsatzes „falsa demonstratio non nocet", als dessen Ausprägung § 117 anzusehen ist.[2] Danach schadet die objektive Mehrdeutigkeit einer Bezeichnung oder eine Falschbezeichnung nicht, wenn der Empfänger die Erklärung so versteht und gelten lassen will, wie sie der Erklärende gemeint hat (näher zu diesem Grundsatz § 133 Rn 46). Im Fall des Scheingeschäfts versteht keine Partei die Erklärung der anderen Partei so, als sei sie auf die Erzielung einer bestimmten Rechtsfolge gerichtet, also mit Rechtsfolgewillen (Geschäftswillen, Rechtsbindungswillen; näher dazu Vor § 116 Rn 8 f) abgegeben.[3] Da demnach, entgegen dem Wortlaut des Abs. 1, keine Partei eine Willenserklärung abgibt, kann das Scheingeschäft kein wirksames Rechtsgeschäft sein. Schlagwortartig wird auch formuliert, die Nichtgeltung der Erklärung werde zum Geschäftsinhalt.[4] Dass die Falschbezeichnung nicht schadet, bestätigt Abs. 2: Statt des „falsch erklärten" Scheingeschäfts gilt das „wirklich gewollte" verdeckte Geschäft.[5]

1 BGHZ 36, 84, 87; BGH NJW 1980, 1572; 1982, 569; 1995, 727; 1999, 351; NJW-RR 2006, 1555, 1556; BAG NJW 1993, 2767; AP Nr. 134 zu § 1 KSchG 1969 – Betriebsbedingte Kündigung; LAG Hamm NZA-RR 2007, 64, 65.

2 HKK/*Schermaier*, §§ 116–124 Rn 44; Bamberger/Roth/*Wendtland*, § 117 Rn 1; HK-BGB/*Dörner*, § 117 Rn 1; *Larenz/Wolf*, BGB AT, § 35 Rn 21; *Preuß*, Jura 2002, 815, 819; vgl *Coester-Waltjen*, Jura 1990, 362, 364; vgl bereits Motive I, S. 192 = *Mugdan* I, S. 458: „Die Nichtigkeit ergibt sich schon aus dem Grundsatze, daß nur der wirkliche Wille rechtserzeugende Kraft hat".

3 Vgl Staudinger/*Singer*, Bearbeitung 2004, § 117 Rn 2, 7; MüKo/*Kramer*, § 117 Rn 1; Soergel/*Hefermehl*, § 117 Rn 1; Palandt/*Ellenberger*, § 117 Rn 1; vgl auch BGHZ 45, 376, 379.

4 *Medicus*, BGB AT, Rn 594.

5 *Larenz/Wolf*, BGB AT, § 35 Rn 34; Bamberger/Roth/*Wendtland*, § 117 Rn 2; *Preuß*, Jura 2002, 815, 820.

3 „Klassisches" Beispiel[6] des Scheingeschäfts ist der sog. **Schwarzkauf**: Die Parteien eines Grundstückskaufvertrages geben bei der notariellen Beurkundung einen niedrigeren als den vereinbarten Kaufpreis an, um Grunderwerbsteuern sowie Notariats- und Gerichtsgebühren zu sparen.[7] Ähnliche steuerliche Gründe hat es, wenn beim Verkauf eines GmbH-Anteils ein Teil des Kaufpreises als Beratungshonorar vereinbart wird.[8] Ein vergleichbares Scheingeschäft liegt vor, wenn der Verkäufer eines Grundstücks den notariellen Vertrag deshalb zu dem niedrigeren Kaufpreis abschließt, weil er von einem interessierten Dritten eine zusätzliche Schwarzgeldzahlung erhalten soll und der Käufer davon weiß.[9] Anders als in den „klassischen" Fällen des zu niedrig beurkundeten Grundstückspreises kommt es auch vor, dass die Parteien den Kaufpreis zu hoch angeben, um dem Käufer über eine Drittfinanzierung des Kaufpreises Barmittel zu verschaffen.[10]

4 Der **Zweck** des Scheingeschäfts muss allerdings nicht zwingend darin bestehen, gesetzliche Gebote, Verbote oder Beschränkungen zu umgehen oder Dritte zu schädigen.[11] Das Geschäft kann auch auf anderen, nicht per se zu missbilligenden wirtschaftlichen oder persönlichen Beweggründen beruhen. Unabhängig davon betrifft ein Scheingeschäft häufig die **Interessen Dritter**, weil sie im Vertrauen auf dessen Wirksamkeit bestimmte Dispositionen getroffen haben.[12] Den Schutz solcher gutgläubiger Dritter regelt § 117 nicht. Der Drittschutz gehört daher zu den diskutierten Folgeproblemen des Scheingeschäfts (näher dazu Rn 16 ff).

B. Regelungsgehalt

I. Anwendungsbereich

5 § 117 ist gem. Abs. 1 nur auf **empfangsbedürftige** Willenserklärungen (oder besser Schein-Willenserklärungen, vgl Rn 2) anwendbar. Eine analoge Anwendung auf nicht empfangsbedürftige Willenserklärungen scheidet aus, weil es keinen Erklärungsempfänger gibt, der mit dem Scheincharakter des Erklärten einverstanden sein könnte.[13] § 117 gilt daher zB nicht für Testamente.[14]

6 Bei **Erklärungen vor Behörden** ist zu unterscheiden. Keine Anwendung findet § 117 nach den obigen Grundsätzen auf amtsempfangsbedürftige Willenserklärungen, weil der jeweils handelnde Bedienstete nicht für die Behörde mit dem Scheincharakter der Erklärung einverstanden sein kann. Die Behörde ist lediglich formalrechtliche Adressatin der Erklärung.[15] Deshalb kann zB die Aufgabe des Grundstückseigentums gem. § 928 Abs. 1 oder der Verzicht des Finders auf den Eigentumserwerb gem. § 976 Abs. 1 nicht als Scheingeschäft nichtig sein.[16] Anwendbar ist § 117 dagegen bei zusammengesetzten Rechtsgeschäften, die aus (mindestens) einer empfangsbedürftigen Willenserklärung und einer staatlichen Mitwirkungshandlung bestehen. Wird die Willenserklärung nur zum Schein abgegeben, ist sie, anders als der staatliche Mitwirkungsakt, nichtig. Erklärt zB der Grundstückseigentümer die Auflassung (§ 925) bloß zum Schein, führt das gem. Abs. 1 (nur) zur Nichtigkeit der Auflassung. Die Eintragung des Schein-Erwerbers in das Grundbuch ist hingegen als behördlicher Mitwirkungsakt wirksam, so dass ein gutgläubiger Erwerb gem. §§ 891 ff stattfinden kann.

6 Vgl zu weiteren Anwendungsfällen LAG Hamm NZA-RR 2007, 64 (Erschleichung des Zugangs zu einem Ausbildungsverbund durch einen Schein-Berufsausbildungsvertrag); MüKo/*Kramer*, § 117 Rn 3; RGRK/*Krüger-Nieland*, § 117 Rn 6; Staudinger/*Singer*, Bearbeitung 2004, § 117 Rn 1.

7 Vgl etwa RGZ 78, 115; 104, 102; 119, 332, 334; 129, 150, 152; BGHZ 89, 41, 43; BGH NJW-RR 1991, 613, 615; OLG Hamm BB 1989, 651; Staudinger/*Singer*, Bearbeitung 2004, § 117 Rn 1; Jauernig/*Jauernig*, § 117 Rn 5; RGRK/*Krüger-Nieland*, § 117 Rn 22; Erman/*Palm*, § 117 Rn 18; *Brox/Walker*, BGB AT, Rn 403; *Larenz/Wolf*, BGB AT, § 35 Rn 20; *Medicus*, BGB AT, Rn 595; *Coester-Waltjen*, Jura 1990, 362, 364 f; *Preuß*, Jura 2002, 815, 819.

8 BGH NJW 1983, 1843, 1844; *Medicus*, BGB AT, Rn 595; vgl zum Scheingeschäft mit dem Ziel der Steuerhinterziehung BGH NJW-RR 2006, 283.

9 BGH NJW-RR 1998, 950.

10 OLG Koblenz NJW-RR 2002, 194.

11 Vgl etwa RGZ 90, 273, 277; 95, 160, 162; BGH DB 1962, 1689; *Larenz/Wolf*, BGB AT, § 35 Rn 19.

12 HKK/*Schermaier*, §§ 116–124 Rn 38.

13 Soergel/*Hefermehl*, § 117 Rn 2; Erman/*Palm*, § 117 Rn 2; Bamberger/Roth/*Wendtland*, § 117 Rn 3; Prütting/Wegen/Weinreich/*Ahrens*, § 117 Rn 2.

14 OLG Düsseldorf FamRZ 1969, 677; BayObLG FamRZ 1977, 347, 348; OLG Frankfurt OLGZ 1993, 461, 467 = FamRZ 1993, 858, 860; Staudinger/*Singer*, Bearbeitung 2004, § 117 Rn 3; Palandt/*Ellenberger*, § 117 Rn 2; RGRK/*Krüger-Nieland*, § 117 Rn 23; Erman/*Palm*, § 117 Rn 2; dagegen für die Anwendbarkeit des § 117 auf die Annahme der Erbschaft mit der Begründung, dass sie empfangsbedürftig ist, MüKo/*Kramer*, § 117 Rn 2.

15 Palandt/*Ellenberger*, § 117 Rn 2; MüKo/*Kramer*, § 117 Rn 7; Erman/*Palm*, § 117 Rn 2; Bamberger/Roth/*Wendtland*, § 117 Rn 4; Staudinger/*Singer*, Bearbeitung 2004, § 117 Rn 3; Prütting/Wegen/Weinreich/*Ahrens*, § 117 Rn 2; anders für den Fall, dass die Erklärung gegenüber der Behörde oder einem anderen abzugeben ist, Soergel/*Hefermehl*, § 117 Rn 2; Jauernig/*Jauernig*, § 117 Rn 1; aA *Pohl*, AcP 177 (1977), 63.

16 Erman/*Palm*, § 117 Rn 2; Bamberger/Roth/*Wendtland*, § 117 Rn 4.

Wegen der unwirksamen Auflassung macht die wirksame Eintragung das Grundbuch unrichtig.[17] Im Übrigen gilt § 117 auch für **öffentlich-rechtliche Verträge** (§§ 59 Abs. 1, 62 S. 2 VwVfG).[18]

7 Auf Schein-**Prozesshandlungen** ist § 117 nicht anwendbar, weil es im Prozessrecht einen derartigen Unwirksamkeitsgrund nicht gibt. Vereinbaren die Parteien, einen Rechtsstreit nur zum Schein auszutragen, fehlt das Rechtsschutzbedürfnis für die Klage, die deshalb unzulässig ist.[19] Das aufgrund eines solchen vorgetäuschten Streits ergangene Urteil ist trotzdem wirksam. Die Vereinbarung der Parteien erstreckt sich indessen regelmäßig auch darauf, dass aus einem solchen Urteil nicht vollstreckt werden soll. Diese Vereinbarung ist im Wege der Erinnerung (§ 766 ZPO)[20] oder der Vollstreckungsabwehrklage (§ 767 ZPO analog)[21] geltend zu machen.[22]

8 Der Anwendung des § 117 können vorrangige **Spezialregelungen** entgegenstehen. Das betrifft zB die Anerkennung der Vaterschaft (§ 1598) und die Eheschließung (§§ 1310 ff und 1313 ff).[23]

II. Scheingeschäft (Abs. 1)

9 **1. Voraussetzungen.** Das Charakteristikum des Scheingeschäfts ist das **Einverständnis** der Parteien, dass sie ein bestimmtes Ziel durch den bloßen Schein eines wirksamen Rechtsgeschäfts erreichen, die mit dem betreffenden Rechtsgeschäft verbundenen Rechtswirkungen aber nicht eintreten lassen wollen (s. Rn 1). Die Parteien müssen einverständlich einen bestimmten, in Wirklichkeit nicht vorhandenen **Rechtsfolgewillen** (Geschäftswillen, Rechtsbindungswillen; näher dazu Vor § 116 Rn 8 f) vortäuschen. Die einverständliche Falschbezeichnung von **Tatsachen** wie etwa eine Fehldatierung unterfällt daher nicht § 117, sofern das Geschäft im Übrigen ernsthaft gewollt war.[24]

10 Das Einverständnis über den Scheincharakter ist eine **subjektive Tatbestandsvoraussetzung** des Abs. 1. Deshalb bedarf es insoweit keiner rechtsgeschäftlichen Vereinbarung, sondern es genügt ein rein tatsächlicher Konsens.[25] Dieser muss allerdings bei **allen Beteiligten** vorliegen. Handelt es sich um eine Willenserklärung, die mehreren gegenüber abzugeben ist, und kennt nur einer der gemeinschaftlich handelnden Erklärungsempfänger (zB einer der BGB-Gesellschafter im Fall des § 709 Abs. 1) den Scheincharakter nicht, greift Abs. 1 nicht ein; die Erklärung ist wirksam.[26] Müssen die Erklärungsempfänger dagegen nicht gemeinschaftlich handeln, liegt ein Scheingeschäft nur im Verhältnis zu demjenigen Empfänger vor, der an der Scheinabrede beteiligt ist. Über die Nichtigkeit im Verhältnis zu den anderen Empfängern ist gem. § 139 zu entscheiden.[27]

11 Lässt sich eine Partei bei der Abgabe oder dem Empfang der Willenserklärung vertreten (§ 164 Abs. 1 oder 3), hängt die Nichtigkeitsfolge davon ab, ob der **Vertreter** mit dem Scheincharakter einverstanden ist. Denn es kommt gem. § 166 Abs. 1 auf seine Kenntnis der subjektiven Tatbestandsmerkmale an.[28] Im Fall eines **Zusammenwirkens von Vertreter und Vertragspartner** kann sich Letzterer allerdings nicht auf die Nichtigkeit gem. Abs. 1 berufen. Hatte er mit dem Vertreter vereinbart, die Scheinabrede vor dem Vertretenen geheim zu halten, handelt es sich wertungsmäßig um die gleiche Situation wie bei einem geheimen Vorbehalt des Vertragspartners, so dass die Simulationsabrede gegenüber dem Vertretenen entsprechend § 116 S. 1 unbeachtlich ist. Insoweit genügt ein bloßes einverständliches Zusammenwirken, ohne dass eine Schädigung des Vertretenen bezweckt sein muss (Kollusion; vgl dazu § 116 Rn 5 sowie noch Rn 20).[29] Bei einer **Gesamtvertretung** schadet bereits die Kenntnis nur eines Vertreters.[30] Setzt eine Partei keinen Abschlussvertreter, sondern lediglich einen **Verhandlungsbevollmächtigten** ein, so kann ihr sein Wissen vom Scheincharakter des Vertrages nicht gem. § 166 Abs. 1 analog zugerechnet werden. Die nach Abs. 1 erforderliche Willensübereinstimmung der Vertragschließenden ist eine Konkretisierung der negativen Kehrseite der Privatauto-

17 MüKo/*Kramer*, § 117 Rn 7 Fn 18; Erman/*Palm*, § 117 Rn 2; Bamberger/Roth/*Wendtland*, § 117 Rn 5; *Larenz/Wolf*, BGB AT, § 35 Rn 22; vgl Staudinger/*Singer*, Bearbeitung 2004, § 117 Rn 3; Soergel/*Hefermehl*, § 117 Rn 2.
18 Staudinger/*Singer*, Bearbeitung 2004, § 119 Rn 105.
19 Vgl dazu etwa Zöller/*Greger*, ZPO, Vor § 253 Rn 9, 18; Prütting/Wegen/Weinreich/*Ahrens*, § 117 Rn 2.
20 Vgl Musielak/*Lackmann*, ZPO, § 766 Rn 7.
21 Vgl Zöller/*Herget*, ZPO, § 767 Rn 12, Stichwort „Vereinbarungen".
22 Bamberger/Roth/*Wendtland*, § 117 Rn 6.
23 Erman/*Palm*, § 117 Rn 5; vgl dazu auch MüKo/*Kramer*, § 117 Rn 5.
24 Vgl BGH WM 1986, 1179, 1181; *Kallimopoulos*, S. 71 ff; MüKo/*Kramer*, § 117 Rn 4; RGRK/*Krüger-Nieland*, § 117 Rn 4; Bamberger/Roth/*Wendtland*, § 117 Rn 8; Prütting/Wegen/Weinreich/*Ahrens*, § 117 Rn 5.
25 RGZ 134, 33, 37; BGH NJW 1999, 2882; BGHZ 144, 331, 333 = NJW 2000, 3127, 3128.
26 Bamberger/Roth/*Wendtland*, § 117 Rn 9; Prütting/Wegen/Weinreich/*Ahrens*, § 117 Rn 6; vgl OLG Celle NJW 1965, 399, 400; Staudinger/*Singer*, Bearbeitung 2004, § 117 Rn 8; RGRK/*Krüger-Nieland*, § 117 Rn 2; Erman/*Palm*, § 117 Rn 4.
27 Bamberger/Roth/*Wendtland*, § 117 Rn 9; vgl Soergel/*Hefermehl*, § 117 Rn 3.
28 Vgl BGHZ 1, 181, 184; Erman/*Palm*, § 117 Rn 4; Prütting/Wegen/Weinreich/*Ahrens*, § 117 Rn 6.
29 BGH NJW 1999, 2882 f mwN; HKK/*Schermaier*, §§ 116–124 Rn 46.
30 BGH NJW 1996, 663, 664; 1999, 2882; Prütting/Wegen/Weinreich/*Ahrens*, § 117 Rn 6; aA *v. Hein*, ZIP 2005, 191, 192 ff.

nomie.[31] Deshalb fehlt es an der Vergleichbarkeit der Interessenlagen, die es erlauben würde, die erforderliche Willensübereinstimmung in analoger Anwendung des § 166 Abs. 1 durch eine bloße Wissenszurechnung zu ersetzen.[32]

Scheingeschäfte werden häufig abgeschlossen, um Dritte wie das Finanzamt, den Notar oder die Gläubiger eines Vertragspartners über den wahren Inhalt des Geschäfts zu täuschen. Eine solche **Täuschungsabsicht** gehört aber **nicht** zum Tatbestand des Abs. 1 (vgl oben Rn 4).[33] Ihr Vorliegen allein begründet auch noch keine Vermutung für ein Scheingeschäft.[34] 12

2. Nichtigkeitsfolge. Liegen die Voraussetzungen des Abs. 1 vor, ist das simulierte Rechtsgeschäft ohne weiteres **nichtig**. Die Nichtigkeit muss nicht etwa durch eine Anfechtung geltend gemacht werden. Bei einem entsprechenden Rechtsschutzinteresse kann der Betroffene eine Feststellungsklage (§ 256 ZPO) erheben.[35] Der Beteiligte des Scheingeschäfts kann eine bereits erbrachte Leistung grundsätzlich kondizieren.[36] Die Sperre des § 815, 2. Fall (treuwidrige Verhinderung des Erfolgseintritts) greift nur bei Vorliegen besonderer Umstände ein, wenn zB der Rückfordernde den wirtschaftlichen Erfolg des Vertrages durch ein eigenes, ihm zurechenbares Verhalten vereitelt hat und er sich deshalb auf die Nichtigkeit beruft.[37] Die Nichtigkeit des Scheingeschäfts wirkt aber nicht nur zwischen den Vertragspartnern, sondern gegenüber jedermann (**absolut**).[38] Etwas anderes kann bei Willenserklärungen gelten, die gegenüber mehreren Empfängern abzugeben sind (s. Rn 10). 13

Die Nichtigkeitsfolge des Abs. 1 gilt uneingeschränkt auch für das Innenverhältnis der Schein-Gesellschafter, die einen **Gesellschaftsvertrag** simuliert haben. Trotz Eintragung der Gesellschaft in das Handelsregister greifen die Grundsätze über die fehlerhafte Gesellschaft nicht ein, weil die Parteien ihre Rechtsbeziehungen übereinstimmend gerade nicht nach gesellschaftsrechtlichen Grundsätzen regeln wollten.[39] Im Außenverhältnis ist die Berufung auf Abs. 1 nach der Eintragung dagegen ausgeschlossen.[40] Bei Kapitalgesellschaften kann die Nichtigkeit simulierter **Beitritts- und Gründungserklärungen** nach deren Eintragung ebenfalls nicht mehr geltend gemacht werden. Die Eintragung solcher Erklärungen erzeugt einen Rechtsschein, auf den sich die Öffentlichkeit und vor allem künftige Gläubiger und Aktionäre unbedingt verlassen können müssen.[41] **Wertpapierrechtliche Erklärungen** können gem. Abs. 1 nichtig sein.[42] Gegenüber einem gutgläubigen Erwerber scheidet die Berufung auf die Nichtigkeit jedoch aus.[43] 14

Arbeitsverhältnisse können ebenfalls als Scheingeschäfte nichtig sein. So werden zB aus sozialversicherungsrechtlichen Gründen Arbeitsverhältnisse mit Ehegatten oder nahen Verwandten nur zum Schein abgeschlossen.[44] Die Parteien wandeln ein bisheriges freies Dienstverhältnis zum Schein in ein Arbeitsverhältnis um, damit es von dem in absehbarer Zeit erfolgenden Betriebsübergang gem. § 613 a erfasst wird.[45] Der wahre Inhaber eines Betriebes, dem die erforderliche gewerbe- oder handwerksrechtliche Genehmigung (Konzession) fehlt, stellt einen Konzessionsinhaber zum Schein als Arbeitnehmer ein, um den Anschein zu erwecken, als führe dieser die Geschäfte (dazu § 134 Rn 175 f). Die Grundsätze des fehlerhaften Arbeitsverhältnisses[46] finden hier keine Anwendung, weil die Parteien übereinstimmend keine arbeitsrechtlichen Beziehungen begründen wollten (vgl die vorige Rn zur fehlerhaften Gesellschaft). Die Simulation betrifft nur einen Teil des Arbeitsvertrages, wenn die Parteien im schriftlichen Vertrag eine tatsächlich nicht zu erbringende Arbeitszeit angeben, um eine übertarifliche Vergütung zu verschleiern. Hier führt Abs. 1 dazu, dass der Arbeitnehmer 15

31 BGH NJW 2000, 3127, 3128; vgl *Kallimopoulos*, S. 21; vgl auch MüKo/*Kramer*, § 117 Rn 1; Prütting/Wegen/Weinreich/*Ahrens*, § 117 Rn 1.

32 BGHZ 144, 331, 334 = NJW 2000, 3127, 3128; vgl *Preuß*, Jura 2002, 815, 819; vgl auch *Thiessen*, NJW 2001, 3025, 3026, der zusätzlich auf die Begrenzung durch den Formzwang (notarielle Beurkundung gem. § 311 b Abs. 1 S. 1) abstellt.

33 RGZ 90, 273, 277; 95, 160, 162; Soergel/*Hefermehl*, § 117 Rn 8; Erman/*Palm*, § 117 Rn 3.

34 BGH DB 1962, 1689; Erman/*Palm*, § 117 Rn 3.

35 RGRK/*Krüger-Nieland*, § 117 Rn 13; Erman/*Palm*, § 117 Rn 6.

36 Jauernig/*Jauernig*, § 117 Rn 4; vgl BGHZ 29, 6, 11; BGH NJW 1976, 237, 238; 1980, 451; 1999, 2892.

37 Näher dazu *Keim*, JuS 2001, 636 ff.

38 Staudinger/*Singer*, Bearbeitung 2004, § 117 Rn 21 Soergel/*Hefermehl*, § 117 Rn 15; Palandt/*Ellenberger*, § 117 Rn 7; Jauernig/*Jauernig*, § 117 Rn 4; Bamberger/Roth/*Wendtland*, § 117 Rn 17; Prütting/Wegen/Weinreich/*Ahrens*, § 117 Rn 11.

39 BGH NJW 1953, 1220; BGHZ 11, 190, 191; MüKo/*Kramer*, § 117 Rn 3; Prütting/Wegen/Weinreich/*Ahrens*, § 117 Rn 13.

40 Staudinger/*Singer*, Bearbeitung 2004, § 117 Rn 6; Palandt/*Ellenberger*, § 117 Rn 7; Erman/*Palm*, § 117 Rn 6; Prütting/Wegen/Weinreich/*Ahrens*, § 117 Rn 13.

41 Vgl BGHZ 21, 378, 382; Soergel/*Hefermehl*, Vor § 116 Rn 63; Staudinger/*Singer*, Bearbeitung 2004, § 117 Rn 6; MüKo/*Kramer*, § 117 Rn 3, § 119 Rn 21.

42 Vgl *Baumbach/Hefermehl/Casper*, Art. 17 WG Rn 45 (sog. Nichterklärung).

43 Staudinger/*Singer*, Bearbeitung 2004, § 117 Rn 21; Erman/*Palm*, § 117 Rn 6.

44 Vgl etwa BAG NZA 1996, 249; BSGE 74, 275, 276 ff; ErfK/*Rolfs*, § 7 SGB IV Rn 27.

45 Vgl BAG NJW 2003, 2930, 2931.

46 Dazu etwa BAG AP Nr. 20 zu § 812 BGB; AP Nr. 70 zu § 2 ArbGG 1979; ErfK/*Preis*, § 611 BGB Rn 145 ff; MünchArbR/*Richardi/Buchner*, § 34 Rn 37 ff.

seine Leistung nur während der wirklich gewollten, vereinbarten Arbeitszeit erbringen muss;[47] entgegen der Regel des § 139 ergreift die Nichtigkeit bloß diesen Teil des Arbeitsverhältnisses.

16 **3. Drittschutz.** Die Nichtigkeit des Scheingeschäfts kann durchaus im **Interesse eines Dritten** liegen. Das gilt etwa für einen Gläubiger, dem durch eine nur zum Schein erfolgte Veräußerung ein mögliches Pfändungsobjekt entzogen werden soll. Ein solcher Dritter kann sich schlicht auf die gegenüber jedermann wirkende Nichtigkeit des Scheingeschäfts gem. Abs. 1 berufen und gegebenenfalls eine Feststellungsklage gem. § 256 ZPO erheben (vgl gerade Rn 13).[48] Außerdem hat er Schadensersatzansprüche gegen die Erklärenden, wenn das Scheingeschäft die Voraussetzungen der §§ 823, 826 erfüllt. Für einen darüber hinausgehenden Schutz besteht kein Bedarf.[49]

17 Im umgekehrten Fall vertrauen Dritte auf die Wirksamkeit des nur zum Schein abgeschlossenen Rechtsgeschäfts und treffen entsprechende Dispositionen. Nicht selten bezwecken die Erklärenden gerade solche Täuschungen anderer (vgl bereits Rn 3). Den **Schutz gutgläubiger Dritter** hat der Gesetzgeber des BGB indessen bewusst nicht geregelt. Er war der Auffassung, dass die allgemeinen und besonderen Vorschriften zum Gutglaubensschutz ausreichten.[50] Dem sind die Praxis und die wohl herrschende Lehre gefolgt.[51] Danach gibt es, anders als etwa im österreichischen Recht gem. § 916 Abs. 2 ABGB, keinen allgemeinen Schutz gutgläubiger Dritter gegen die Benachteiligung durch Scheingeschäfte.[52]

18 Der notwendige Schutz wird jedoch weitgehend durch besondere Regelungen zum Gutglaubensschutz gewährleistet.[53] So finden die Schutzvorschriften des **gutgläubigen Erwerbs** Anwendung, wenn der Dritte eine Sache von einem Veräußerer erwirbt, der seinerseits die Sache nur zum Schein erworben hat und deshalb gar nicht Eigentümer geworden ist. Hier wird der gutgläubige Dritte durch die §§ 932 ff, 892 f geschützt.[54] Bei einer nur zum Schein erfolgten Verpfändung oder Nießbrauchsbestellung an einer beweglichen Sache schützt ihn § 1207 oder § 1032. Die Schutzbestimmungen der §§ 405, 413 greifen ein, wenn der Dritte eine scheinbare Forderung oder ein anderes scheinbares Recht unter Urkundenvorlage gutgläubig erwirbt. In entsprechender Anwendung dieser Vorschriften genießt der gutgläubige Erwerber einer Briefhypothek den gleichen Schutz.[55] Weitere Regelungen zum Schutz des Vertrauens gutgläubiger Dritter enthalten § 171 (Scheinvollmacht) und § 109.[56]

19 Dient das Scheingeschäft einverständlich der Schädigung des Dritten, so können ihm **Schadensersatzansprüche** vor allem aus § 823 Abs. 2 iVm § 263 StGB und aus § 826 zustehen.[57] Danach kann er verlangen, so gestellt zu werden, als sei er nicht getäuscht worden (vgl § 249 Abs. 1). Hatte das Scheingeschäft den Zweck, die Erfüllung einer Verbindlichkeit zu vereiteln, kann der Anspruch gegen den scheinbaren Erwerber auf Erfüllung gerichtet sein.[58]

20 Schließlich wird diskutiert, ob und wann der gutgläubige Dritte gegen die Berufung auf den Scheincharakter und damit auf die Nichtigkeit des Geschäfts die **Einrede der Arglist** (§ 242) erheben kann. Sie soll zB dem Vertretenen zustehen, wenn der Vertreter und der Geschäftsgegner kollusiv zusammengewirkt haben, um den Vertretenen zu schädigen.[59] Hier hat indessen die analoge Anwendung des § 116 Vorrang vor der allgemeinen Arglisteinrede. Die Vereinbarung, die Scheinabrede vor dem Vertretenen geheim zu halten, entspricht wertungsmäßig einem geheimen Vorbehalt des Vertragspartners (vgl dazu bereits oben Rn 11). Kommt die Absicht hinzu, den Vertretenen zu schädigen, ist das Geschäft wegen Missbrauchs der Vollmacht (**Kollusion**) gem. § 138 nichtig (vgl § 138 Rn 116, § 164 Rn 85).[60] Auch in anderen Fallgestaltungen kommt die allgemeine Arglisteinrede erst dann in Betracht, wenn der gutgläubige Dritte nicht durch die gerade angesprochenen anderen Vorschriften oder Schadensersatzansprüche geschützt wird.[61]

47 BAG AP Nr. 1 zu § 117 BGB; ErfK/*Preis*, § 611 BGB Rn 312.
48 Vgl dazu RGRK/*Krüger-Nieland*, § 117 Rn 20.
49 MüKo/*Kramer*, § 117 Rn 22; Erman/*Palm*, § 117 Rn 7; vgl *Larenz/Wolf*, BGB AT, § 35 Rn 32 f.
50 Vgl Motive I, S. 193 = *Mugdan* I, S. 459; Prot. I, S. 97 = *Mugdan* I, S. 711.
51 Näher dazu HKK/*Schermaier*, §§ 116–124 Rn 41, 46.
52 MüKo/*Kramer*, § 117 Rn 22; *Larenz/Wolf*, BGB AT, § 35 Rn 28; vgl Erman/*Palm*, § 117 Rn 8; Bamberger/Roth/*Wendtland*, § 117 Rn 17; aA *Flume*, BGB AT Bd. 2, § 20, 2 c; ihm im Ansatz zust. HKK/*Schermaier*, §§ 116–124 Rn 46.
53 Dazu und zum Folgenden MüKo/*Kramer*, § 117 Rn 23; *Larenz/Wolf*, BGB AT, § 35 Rn 32 f; Erman/*Palm*, § 117 Rn 9; Soergel/*Hefermehl*, § 117 Rn 16; RGRK/*Krüger-Nieland*, § 117 Rn 18; Jauernig/*Jauernig*, § 117 Rn 4; Prütting/Wegen/Weinreich/*Ahrens*, § 117 Rn 12.
54 Vgl etwa BayObLG NJW-RR 1998, 946.
55 RGZ 90, 273, 279; ausf. zur Rechtsscheinshaftung auf der Grundlage des § 405 *Canaris*, Die Vertrauenshaftung im deutschen Privatrecht, 1971, S. 85 ff.
56 Erman/*Palm*, § 117 Rn 9; vgl Palandt/*Ellenberger*, § 117 Rn 7.
57 *Larenz/Wolf*, BGB AT, § 35 Rn 33; RGRK/*Krüger-Nieland*, § 117 Rn 17; Erman/*Palm*, § 117 Rn 8; Prütting/Wegen/Weinreich/*Ahrens*, § 117 Rn 12; *Coester-Waltjen*, Jura 1990, 362, 365.
58 Vgl RGZ 95, 160, 162; RGRK/*Krüger-Nieland*, § 117 Rn 17.
59 Erman/*Palm*, § 117 Rn 10; vgl RGZ 134, 33, 37; Soergel/*Hefermehl*, § 117 Rn 15; vgl auch die weiteren Nachw. zur Rspr des RG bei RGRK/*Krüger-Nieland*, § 117 Rn 19.
60 Vgl BGH NJW 1999, 2882, 2883.
61 Ähnlich RGRK/*Krüger-Nieland*, § 117 Rn 19.

III. Verdecktes Geschäft (Abs. 2)

Abs. 2 stellt klar, dass ein Rechtsgeschäft nicht allein deshalb unwirksam ist, weil die Parteien es durch ein anderes Rechtsgeschäft verdeckt haben[62] oder weil sie damit einen Dritten täuschen und beispielsweise eine Steuerhinterziehung ermöglichen wollten.[63] Das dissimulierte Geschäft ist vielmehr **grundsätzlich wirksam**.[64] Im Einzelnen hängt die Wirksamkeit stets davon ab, ob das Verhalten der Parteien die dafür geltenden objektiven und subjektiven Voraussetzungen erfüllt. Daher ist Abs. 2 nicht nur eine Ausprägung des falsa-demonstratio-Grundsatzes (s. Rn 2),[65] sondern auch lex specialis im Verhältnis zu § 140.[66] 21

Subjektiv setzt Abs. 2 den **übereinstimmenden Willen** der Parteien voraus, anstelle des Scheingeschäfts ein anderes Rechtsgeschäft vorzunehmen. In Bezug auf das dissimulierte Geschäft muss der Rechtsfolgewille also, anders als beim simulierten Geschäft (vgl Rn 1, 9 f), tatsächlich vorliegen.[67] Das unterscheidet die Fälle des Abs. 2 vom reinen Scheingeschäft, bei dem die Parteien gar keine Rechtsveränderung wollen.[68] 22

Objektiv kommt es in den meisten Fällen auf die Einhaltung von **Formvorschriften** oder das Vorhandensein **behördlicher Genehmigungen** an. Zu prüfen ist, neben der Erfüllung anderer einschlägiger Voraussetzungen, ferner, ob das verdeckte Geschäft gegen ein gesetzliches Verbot (§ 134) oder gegen die guten Sitten (§ 138) verstößt.[69] Ein solcher Verstoß gegen § 134 liegt zB vor, wenn ein konzessionsloser Dritter mit einem Konzessionsinhaber einen Scheinarbeitsvertrag abschließt, um zu verdecken, dass er in Wirklichkeit gewerblich tätig wird (vgl Rn 15 und 28 sowie § 134 Rn 175 f). 23

Im „klassischen" Anwendungsfall des **Schwarzkaufs** ist der zu einem niedrigeren Preis beurkundete Grundstückskaufvertrag als Scheingeschäft gem. Abs. 1 nichtig (vgl Rn 3). Da der einverständlich gewollte, tatsächlich vereinbarte höhere Kaufpreis nicht beurkundet wird, ist der verdeckte Grundstückskaufvertrag gem. §§ 311 b Abs. 1 S. 1, 125 S. 1 nichtig.[70] Der Formmangel wird allerdings durch die Eintragung des Erwerbers in das Grundbuch gem. § 311 b Abs. 1 S. 2 geheilt.[71] Bis zu diesem Zeitpunkt kann der Veräußerer eine bereits erklärte Auflassung kondizieren.[72] Theoretisch kann der Schwarzkauf auch gem. § 134 iVm § 370 AO (Steuerhinterziehung) nichtig sein. Dieser Nichtigkeitsgrund wird in der Regel jedoch deshalb nicht eingreifen, weil nicht nur Steuern hinterzogen, sondern auch Notarkosten gespart werden sollen und die Steuerhinterziehung daher in der Praxis nie, wie von der Rechtsprechung gefordert,[73] alleiniges Motiv des Vertragsschlusses ist.[74] Das zum Schwarzkauf Gesagte gilt grundsätzlich für andere bereits erbrachte Leistungen.[75] Eine Auflassungsvormerkung sichert auch bei späterer Heilung des Formmangels gem. § 311 b Abs. 1 S. 2 grundsätzlich nicht den mündlich vereinbarten Auflassungsanspruch.[76] Im Unterschied dazu gilt der allgemeine Grundsatz der falsa demonstratio, wenn die Parteien den Kaufpreis **irrtümlich** beim Notar falsch angegeben haben. Da in diesem Fall die Funktionen des § 311 b Abs. 1 S. 1 nicht vereitelt werden, gilt der Vertrag als zum wirklichen Kaufpreis formwirksam abgeschlossen.[77] 24

IV. Abgrenzungen

Das wesentliche Merkmal eines Scheingeschäfts, das es von ähnlichen Gestaltungsformen unterscheidet (vgl zur Abgrenzung vom geheimen Vorbehalt bereits Rn 1 sowie § 116 Rn 11), ist das **Einverständnis** der Parteien, dass das zum Schein abgeschlossene Geschäft gerade **keine Rechtswirkungen** haben soll.[78] Sie täuschen einverständlich einen bestimmten, tatsächlich **nicht bestehenden Rechtsfolgewillen** vor (s. Rn 9). Demnach liegt kein Scheingeschäft vor, wenn die Beteiligten den Eintritt der Rechtsfolgen selbst wollen und nur der damit regelmäßig verbundene wirtschaftliche oder sonstige tatsächliche Erfolg nicht bei ihnen eintreten soll.[79] Ein Rechtsgeschäft ist daher nicht gem. Abs. 1 nichtig, wenn die Parteien nur die steuerrechtlichen, nicht aber die zivilrechtlichen Folgen eintreten lassen wollen. Eine vertragliche Regelung kann nicht gleich- 25

62 RG JW 1938, 2837; Staudinger/*Singer*, Bearbeitung 2004, § 117 Rn 25; Erman/*Palm*, § 117 Rn 17.
63 Vgl BGH NJW 1983, 1843, 1844; NJW-RR 2006, 283; Palandt/*Ellenberger*, § 117 Rn 8.
64 Bamberger/Roth/*Wendtland*, § 117 Rn 21.
65 Vgl MüKo/*Kramer*, § 117 Rn 26, der auf die Beachtlichkeit des „wirklichen Willens" gem. § 133 abstellt.
66 Bamberger/Roth/*Wendtland*, § 117 Rn 21.
67 Vgl BGH MDR 1958, 593; NJW 1983, 1843, 1844; Erman/*Palm*, § 117 Rn 16; Bamberger/Roth/*Wendtland*, § 117 Rn 20.
68 RGRK/*Krüger-Nieland*, § 117 Rn 21.
69 Vgl BGH MDR 1958, 593; NJW 1983, 1843, 1844; Staudinger/*Singer*, Bearbeitung 2004, § 117 Rn 25; Erman/*Palm*, § 117 Rn 16; Prütting/Wegen/Weinreich/*Ahrens*, § 117 Rn 15.
70 Vgl BGH NJW 1969, 1628, 1629; vgl zur Rückabwicklung auch BGH NJW 1980, 451 f.
71 Vgl RGZ 104, 102, 105; 129, 150, 152.
72 Vgl RGZ 108, 329, 333; 117, 287, 290; 119, 163, 167.
73 So etwa BGHZ 14, 25, 30.
74 *Petersen*, Jura 2006, 426, 428.
75 Vgl BGH NJW 1999, 2892 ff; *Keim*, JuS 2001, 636 ff.
76 BGHZ 54, 56, 62 ff; vgl auch *Wacke*, DNotZ 1995, 507.
77 MüKo/*Kramer*, § 117 Rn 28; Erman/*Palm*, § 117 Rn 11, 18.
78 Vgl zB BGHZ 21, 378, 382; BGH NJW 1984, 2350; WM 1984, 1249; BAG NJW 1993, 2767.
79 *Larenz/Wolf*, BGB AT, § 35 Rn 25.

zeitig steuerrechtlich als gewollt und zivilrechtlich als Scheingeschäft qualifiziert werden.[80] Diesen, heute im Wesentlichen allgemein anerkannten Grundsätzen zufolge fallen **Treuhand-, Strohmann- und Umgehungsgeschäfte nicht unter Abs. 1**, weil die Parteien die rechtlichen Konstruktionen ernsthaft wollen. Sie können ihre praktischen Ziele nur erreichen, wenn sie die mit der jeweiligen Erklärung verbundenen Rechtsfolgen anstreben.[81]

26 Ein **Treuhandgeschäft** (fiduziarisches Geschäft) liegt vor, wenn eine Person einer anderen Person Vermögensgegenstände „zu treuen Händen" übereignet, so dass die andere Person zwar im Außenverhältnis Eigentümerin der Vermögensgegenstände wird, im Innenverhältnis zwischen den Beteiligten aber verpflichtet ist, die Interessen der bisherigen Eigentümerin in Bezug auf die übereigneten Gegenstände wahrzunehmen und ihr die Gegenstände nach einer bestimmten Zeit oder unter bestimmten Voraussetzungen wieder zurückzuübereignen.[82] Solche Geschäfte können zB dazu dienen, die Gegenstände für den Treugeber zu verwalten (Verwaltungstreuhand) oder eine Forderung des Treunehmers zu sichern (Sicherungsübereignung). Da die Rechtsfolge der Eigentumsübertragung gewollt ist und der Treugeber bloß „wirtschaftlicher Eigentümer" bleiben soll, greift Abs. 1 nicht ein.[83] Um ein **Scheingeschäft** handelt es sich nur dann, wenn das Treuhandgeschäft vorgetäuscht wird. Das hängt zB davon ab, ob die Parteien davon ausgehen, dass bereits der bloße Schein einer Eigentumsübertragung den Gläubiger des scheinbaren Treugebers von Vollstreckungsmaßnahmen in die betreffenden Gegenstände abhält (Scheingeschäft) oder ob sie eine wirksame Übereignung für nötig halten (Treuhandgeschäft).[84] Im letztgenannten Fall ist noch ein Verstoß gegen § 134 oder § 138 zu prüfen.[85]

27 Ein Unterfall des fiduziarischen Geschäfts ist das „**Strohmanngeschäft**". Bei der Vornahme eines Rechtsgeschäfts tritt der Geschäftsherr (Hintermann) nicht persönlich auf, sondern schiebt einen „Strohmann" (oder eine „Strohfrau")[86] vor. Der „Strohmann" handelt zwar im eigenen Namen und damit rechtlich nicht als Stellvertreter, aber für Rechnung und im Interesse des Geschäftsherrn und damit wirtschaftlich für diesen. Im Innenverhältnis ist der „Strohmann" dem Hintermann – etwa aufgrund eines Auftrages oder Geschäftsbesorgungsvertrages – zur Übereignung der erworbenen Gegenstände verpflichtet. Beispiele sind der Erwerb von Geschäftsanteilen oder die Ersteigerung von Kunstwerken auf einer Auktion,[87] aber auch die „Strohmanngründung" einer GmbH nach altem Recht, als es noch nicht die Einmann-GmbH gab.[88] Auch in diesen Fällen greift Abs. 1 nicht ein, weil die Parteien anstreben, dass der „Strohmann" aus dem mit dem Dritten abgeschlossenen Geschäft unmittelbar berechtigt und verpflichtet wird. Das gilt sogar dann, wenn der Dritte weiß, wem das Geschäft zugute kommen soll.[89] Zu prüfen ist im Einzelfall aber ein Verstoß gegen § 134 oder § 138. Um ein gem. Abs. 1 nichtiges **Scheingeschäft** handelt es sich dagegen, wenn der Dritte sich unmittelbar an den Hintermann halten soll und das „Strohmanngeschäft" daher vorgetäuscht wird. An der unmittelbaren Berechtigung und Verpflichtung des „Strohmannes" soll es zB fehlen, wenn dieser bei einer Darlehensgewährung nur eingeschaltet wird, um die Bardepotpflicht zu umgehen.[90] Keine echte „Strohfrau" soll eine 20-jährige Schülerin sein, die eine Versicherungsgesellschaft anstelle ihres Vaters als Handelsvertreterin einstellt, wenn vereinbarungsgemäß allein der Vater für die Gesellschaft tätig wird.[91]

28 Um ein **Umgehungsgeschäft** handelt es sich, wenn die Parteien zur Verwirklichung des von einer zwingenden Rechtsnorm missbilligten Erfolgs eine andere rechtliche Gestaltung wählen, die von der Norm nicht erfasst zu sein scheint (s. § 134 Rn 81 ff).[92] Da die Parteien den (missbilligten) Rechtserfolg ernsthaft erreichen wollen, ist ein Umgehungsgeschäft kein Scheingeschäft iSd. Abs. 1.[93] Die Nichtigkeit kann sich aber aus einem Verstoß gegen § 134 oder § 138 ergeben (näher § 134 Rn 85 f). Stellt zB ein konzessionsloser Dritter einen

80 Vgl BGHZ 67, 334, 338; BGH NJW 1993, 2609, 2610; NJW-RR 1993, 367; NJW-RR 2006, 283; MüKo/*Kramer*, § 117 Rn 14; Prütting/Wegen/Weinreich/*Ahrens*, § 117 Rn 4.

81 Vgl etwa BGHZ 21, 378, 382; 36, 84, 88; BGH NJW 1993, 2609; NJW 1998, 597, 599; 2002, 2030, 2031; BAG NJW 1993, 2767; HK-BGB/*Dörner*, § 117 Rn 4; Soergel/*Hefermehl*, § 117 Rn 9; Palandt/*Ellenberger*, § 117 Rn 4 ff; Jauernig/*Jauernig*, § 117 Rn 3; MüKo/*Kramer*, § 117 Rn 14; RGRK/*Krüger-Nieland*, § 117 Rn 8, 9, 10; Erman/*Palm*, § 117 Rn 12 ff; *Coester-Waltjen*, Jura 1990, 362, 365; *Preuß*, Jura 2002, 815, 819; Bamberger/Roth/*Wendtland*, § 117 Rn 11; vgl auch Staudinger/*Singer*, Bearbeitung 2004, § 117 Rn 15, 17, 20; *Larenz/Wolf*, BGB AT, § 35 Rn 25, 26.

82 *Larenz/Wolf*, BGB AT, § 35 Rn 26; RGRK/*Krüger-Nieland*, § 117 Rn 9.

83 MüKo/*Kramer*, § 117 Rn 15; Erman/*Palm*, § 117 Rn 12; Bamberger/Roth/*Wendtland*, § 117 Rn 12.

84 MüKo/*Kramer*, § 117 Rn 15; Erman/*Palm*, § 117 Rn 12; Bamberger/Roth/*Wendtland*, § 117 Rn 13.

85 MüKo/*Kramer*, § 117 Rn 15; Erman/*Palm*, § 117 Rn 12.

86 So zB ausdrücklich in BGH NJW 2002, 2030, 2031.

87 *Larenz/Wolf*, BGB AT, § 35 Rn 27; RGRK/*Krüger-Nieland*, § 117 Rn 10.

88 BGHZ 21, 378 ff; OLG Karlsruhe NJW 1971, 619 f.

89 BGH NJW 1980, 1572, 1573; 1995, 727; OLG Köln NJW 1993, 2623; MüKo/*Kramer*, § 117 Rn 16; Erman/*Palm*, § 117 Rn 13; Bamberger/Roth/*Wendtland*, § 117 Rn 14; *Petersen*, Jura 2006, 426, 428.

90 BGH NJW 1980, 1573; vgl Erman/*Palm*, § 117 Rn 13.

91 BAG NJW 1993, 2767.

92 Vgl BGHZ 85, 39, 46; BAG NJW 1999, 2541.

93 MüKo/*Kramer*, § 117 Rn 19; Erman/*Palm*, § 117 Rn 14; Bamberger/Roth/*Wendtland*, § 117 Rn 16; Prütting/Wegen/Weinreich/*Ahrens*, § 117 Rn 9; vgl RGRK/*Krüger-Nieland*, § 117 Rn 8.

anderen als Arbeitnehmer ein, um den Anschein zu erwecken, der Konzessionsinhaber führe die Geschäfte, ist das damit verbundene, verdeckte Umgehungsgeschäft gem. Abs. 2 iVm § 134 nichtig (s. § 134 Rn 176).

In der Praxis werden nicht selten freie Dienstverträge, freie Mitarbeiterverträge oder Werkverträge abgeschlossen, obwohl die Parteien in Wirklichkeit ein Arbeitsverhältnis anstreben und das Vertragsverhältnis auch so durchführen. Diese **vorsätzlich falsche Rechtsformenwahl** hat den Zweck, die Anwendung der Kosten verursachenden arbeitsrechtlichen und vor allem der sozialversicherungsrechtlichen Vorschriften zu vermeiden.[94] Hier handelt es sich weder um ein Schein- noch um ein Umgehungsgeschäft. Ein Scheingeschäft scheidet aus, weil beide Parteien den Rechtsbindungswillen zur Begründung eines Vertragsverhältnisses mit den Hauptleistungspflichten „Tätigkeit gegen Entgelt" haben. Es gibt keine zwei Geschäfte, einen simulierten Dienst- und einen dissimulierten Arbeitsvertrag, sondern nur einen Arbeitsvertrag, den die Parteien als Dienstvertrag bezeichnet haben, um die Anknüpfung weiterer, insbesondere sozialversicherungsrechtlicher Rechtsfolgen zu vermeiden. Bei derartigen falschen juristischen Qualifikationen greift nicht § 117 ein, sondern die richtige Einordnung als Arbeitsverhältnis erfolgt durch Auslegung des Parteiwillens (§§ 133, 157) anhand der von der Rechtsprechung festgelegten Merkmale des Arbeitnehmer-Begriffs.[95] Ein Umgehungsgeschäft liegt ebenfalls nicht vor, weil die Parteien nicht den von einer zwingenden Rechtsnorm missbilligten Erfolg durch eine andere rechtliche Gestaltung erreichen wollen. Der gewollte rechtliche Erfolg, Arbeitsleistung gegen Entgelt, kann gerade durch den Abschluss eines Arbeitsvertrages herbeigeführt werden.[96] 29

C. Weitere praktische Hinweise

Die Darlegungs- und **Beweislast** für den **Scheincharakter** des Geschäfts trägt derjenige, der sich auf die Nichtigkeit nach Abs. 1 beruft.[97] Er muss Tatsachen darlegen und im Bestreitensfall beweisen, die darauf schließen lassen, dass die Parteien den nach außen bekundeten Rechtsfolgewillen nur vorgetäuscht haben. Diese Tatsachen müssen geeignet sein, den gesetzlichen Regelfall zu entkräften, dass abgeschlossene Verträge grundsätzlich auch ernst gemeint sind.[98] Insoweit genügt es beispielsweise nicht, dass ein Dienstvertrag relativ kurz vor einer drohenden Insolvenz in einen Arbeitsvertrag umgewandelt worden ist. Der „insolvenznahe" Zeitpunkt der Umwandlung kann lediglich Bestandteil einer Gesamtwürdigung sein, um den Scheincharakter des Arbeitsvertrages festzustellen.[99] Der Nachweis einer Täuschungsabsicht allein begründet ebenfalls noch keine Vermutung für ein Scheingeschäft.[100] 30

Geht es dagegen um die **Wirksamkeit des verdeckten Geschäfts**, trifft die Darlegungs- und Beweislast die Partei, die Rechte aus dem Geschäft herleiten will.[101] 31

§ 118 Mangel der Ernstlichkeit

Eine nicht ernstlich gemeinte Willenserklärung, die in der Erwartung abgegeben wird, der Mangel der Ernstlichkeit werde nicht verkannt werden, ist nichtig.

Literatur: *Petersen*, Die Wirksamkeit der Willenserklärung, Jura 2006, 426; *Preuß*, Geheimer Vorbehalt, Scherzerklärung und Scheingeschäft, Jura 2002, 815; *Tscherwinka*, Die Schmerzerklärung gem. § 118 BGB, NJW 1995, 308; *Weiler*, Wider die Schmerzerklärung, NJW 1995, 2608.

94 Vgl zur sog. Scheinselbständigkeit statt vieler nur ErfK/*Preis*, § 611 BGB Rn 98 f und Schaub/*Vogelsang*, Arbeitsrechts-Handbuch, § 8 Rn 6 ff, jew. mwN.

95 Näher dazu *Lampe*, RdA 2002, 18 ff, insb. 26 f; vgl auch *Hohmeister*, NZA 2000, 408 f; *Keller*, NZA 1999, 1311, 1312; ausf. zu den Rechtsfolgen *Kirsten*, Individualarbeitsrechtliche Behandlung des verdeckten Arbeitsverhältnisses, 1995.

96 *Hohmeister*, NZA 2000, 408, 409; aA *Keller*, NZA 1999, 1311, 1312 f.

97 Vgl BGH NJW 1988, 2597, 2599; 1991, 1617, 1618; 1999, 3481 f; BAG NZA 1996, 249; NJW 2003, 2930, 2931.

98 Vgl BGH NJW 1999, 3481.

99 BAG NJW 2003, 2930, 2931.

100 BGH DB 1962, 1689; Erman/*Palm*, § 117 Rn 3.

101 MüKo/*Kramer*, § 117 Rn 21; Erman/*Palm*, § 117 Rn 19; Bamberger/Roth/*Wendtland*, § 117 Rn 22; Prütting/Wegen/Weinreich/*Ahrens*, § 117 Rn 17; vgl BGH NJW 1991, 1617.

A. Allgemeines

1 § 118 regelt mit der sog. **Scherzerklärung** einen praktisch wenig bedeutsamen[1] Sonderfall des bewussten Abweichens von Wille und Erklärung. Der Erklärende verhält sich zwar so, dass objektiv der Tatbestand einer Willenserklärung vorliegt; in Wirklichkeit will er aber gar keine Willenserklärung abgeben und erwartet auch, dass dieser Mangel der Ernstlichkeit erkannt wird. Es handelt sich also um eine Erklärung, in welcher das Fehlen des Geschäftswillens nicht hinreichend zum Ausdruck gekommen ist, trotzdem aber erkannt werden soll.[2] Dagegen liegt schon gar keine Willenserklärung vor, wenn der Mangel der Ernstlichkeit für jedermann klar zu Tage tritt, weil der Erklärende nicht einmal den **Anschein einer Willenserklärung** setzen will. § 118 erfasst keine Erklärungen, die zB auf der Theaterbühne, zu Unterrichtszwecken oder im Rahmen eines Gesellschaftsspiels abgegeben werden und daher offenkundig nicht auf die Herbeiführung einer Rechtsfolge abzielen (vgl zu diesem Merkmal der Willenserklärung Vor § 116 Rn 9).[3]

2 Eine Scherzerklärung iSd § 118 ist nichtig. Diese **Rechtsfolgenanordnung** stellt eine gegen den Gedanken des Verkehrsschutzes verstoßende, systemwidrige **Ausnahme** dar.[4] Der Erklärende irrt darüber, dass der Erklärungsgegner den Mangel der Ernstlichkeit erkennt. Trotzdem verweist ihn das Gesetz, anders als bei anderen Irrtümern (§§ 119 f), nicht auf die unverzügliche (§ 121 Abs. 1 S. 1) Anfechtung seiner Erklärung, sondern bürdet stattdessen dem Erklärungsgegner ein erhöhtes „Verständnisrisiko“ auf.[5] Eine gewisse Rechtfertigung findet § 118 lediglich darin, dass der Erklärende, anders als in den Fällen der §§ 119 f, von vornherein keine Geltung des Geschäfts wollte und deshalb ein Wahlrecht zwischen der Anfechtung und der Aufrechterhaltung des Geschäfts nicht angemessen erscheint. Außerdem hat der Erklärungsgegner, der auf die Wirksamkeit der Erklärung vertraut hat und vertrauen durfte, gem. § 122 einen Anspruch auf Ersatz seines Vertrauensschadens (vgl dazu Rn 10 und § 122 Rn 3, 9 ff).[6]

B. Regelungsgehalt

I. Anwendungsbereich

3 § 118 ist auf **Willenserklärungen jeglicher Art** anwendbar. Die Vorschrift unterscheidet nicht nach empfangsbedürftigen und nicht empfangsbedürftigen oder schriftlichen und mündlichen Erklärungen. Sie gilt zB auch für ein Testament[7] und sogar für notariell beurkundete Willenserklärungen.[8] Im letztgenannten Fall kann die Berufung auf die Nichtigkeit aber im Einzelfall nach Treu und Glauben (§ 242) ausgeschlossen sein (dazu Rn 12). Auf **geschäftsähnliche Handlungen** ist § 118 entsprechend anwendbar.[9]

4 Einen besonderen Anwendungsfall bildet das sog. **misslungene Scheingeschäft**. Es liegt vor, wenn der Erklärende annimmt, der Erklärungsempfänger werde die mangelnde Ernstlichkeit seiner Erklärung erkennen und zum Schein darauf eingehen, der Empfänger die Erklärung in Wirklichkeit aber ernst nimmt. Dann findet nicht § 117, sondern § 118 Anwendung.[10]

5 Die Anwendung des § 118 kann durch vorrangige **Spezialregelungen** ausgeschlossen sein. Solche Spezialregelungen gelten beispielsweise für die Willenserklärungen bei der Anerkennung der Vaterschaft (§§ 1594 ff) und bei der Eheschließung (§§ 1310 ff und 1313 ff).[11]

II. Voraussetzungen

6 § 118 setzt zunächst voraus, dass objektiv der **Tatbestand einer Willenserklärung** vorliegt. Soll die Äußerung dagegen offenkundig nicht einmal einen Erklärungsschein setzen, greifen die §§ 118 und 122 nicht ein (s. Rn 1).

1 Vgl Jauernig/*Jauernig*, § 118 Rn 1; Erman/*Palm*, § 118 Rn 1; HKK/*Schermaier*, §§ 116–124 Rn 48; *Coester-Waltjen*, Jura 1990, 362, 364.
2 Bamberger/Roth/*Wendtland*, § 118 Rn 1; vgl Soergel/*Hefermehl*, § 118 Rn 1.
3 *Larenz/Wolf*, BGB AT, § 35 Rn 15; vgl Soergel/*Hefermehl*, § 118 Rn 1; Bamberger/Roth/*Wendtland*, § 118 Rn 1; *Preuß*, Jura 2002, 815, 818.
4 Palandt/*Ellenberger*, § 118 Rn 2; vgl *Petersen*, Jura 2006, 426, 427.
5 MüKo/*Kramer*, § 118 Rn 1; vgl HKK/*Schermaier*, §§ 116–124 Rn 48; HK-BGB/*Dörner*, § 118 Rn 1.
6 MüKo/*Kramer*, § 118 Rn 1.
7 Staudinger/*Singer*, Bearbeitung 2004, § 118 Rn 6; MüKo/*Kramer*, § 118 Rn 2; Erman/*Palm*, § 118 Rn 1; Bamberger/Roth/*Wendtland*, § 118 Rn 2; Prütting/Wegen/Weinreich/*Ahrens*, § 118 Rn 2; vgl zum Testament RGZ 104, 320, 322.
8 Vgl BGH NJW 2000, 3127, 3128.
9 Bamberger/Roth/*Wendtland*, § 118 Rn 3.
10 Vgl BGH NJW 2000, 3127, 3128; OLG München NJW-RR 1993, 1168, 1169; *Thiessen*, NJW 2001, 3025, 3026; Palandt/*Ellenberger*, § 118 Rn 2; MüKo/*Kramer*, § 118 Rn 9; Bamberger/Roth/*Wendtland*, § 118 Rn 3; HK-BGB/*Dörner*, § 118 Rn 3; Prütting/Wegen/Weinreich/*Ahrens*, § 118 Rn 1; vgl bereits Motive I, S. 193 f = *Mugdan* I, S. 459; Prot. I, S. 98 = *Mugdan* I, S. 712.
11 Erman/*Palm*, § 118 Rn 1; vgl MüKo/*Kramer*, § 118 Rn 3.

Der Erklärende darf die Willenserklärung **nicht ernst gemeint** haben. Ihm muss der Wille gefehlt haben, die erklärte Rechtsfolge herbeizuführen. Als **Motiv** der mangelnden Ernstlichkeit kommt entgegen der gängigen Bezeichnung nicht bloß ein Scherz („Jux und Tollerei") in Betracht, sondern auch Ironie, Prahlsucht, spöttische Übertreibungen, Höflichkeit oder reißerische Reklame.[12] Politische Erklärungen können ebenfalls von § 118 erfasst werden.[13] Streitig ist die Anwendung des § 118 auf solche Willenserklärungen, die – wie zB eine Kündigung – in einem Zustand der Provokation oder in einer Situation von Demütigung und subjektiv empfundenem Druck abgegeben werden („**Schmerzerklärungen**").[14] Hier kommt es darauf an, ob der Erklärende im konkreten Einzelfall tatsächlich davon ausgehen konnte, der Erklärungsgegner werde den Mangel der Ernstlichkeit erkennen. Daran wird es in solchen außergewöhnlichen, emotional „aufgeladenen" Situationen im Regelfall fehlen, oder der Erklärende wird zumindest erhebliche Beweisprobleme haben (vgl zur Beweislast Rn 16).[15] 7

§ 118 setzt allerdings nicht voraus, dass die mangelnde Ernstlichkeit objektiv erkennbar war.[16] Es genügt vielmehr, wenn der Erklärende **subjektiv** der Ansicht ist, der Erklärungsgegner werde die **fehlende Ernstlichkeit erkennen**. Zunächst wird bei objektiver Erkennbarkeit des „Scherzes" zumeist bereits gar keine Willenserklärung vorliegen (vgl Rn 1). Außerdem wäre die Regelung des § 122 Abs. 2 teilweise sinnlos, der zufolge der Erklärungsgegner keinen Schadensersatz gem. § 122 Abs. 1 verlangen kann, wenn er den Grund der Nichtigkeit gem. § 118, also den Mangel der Ernstlichkeit, kannte oder kennen musste.[17] 8

Die **Erwartung** des Erklärenden, dass die fehlende Ernstlichkeit erkannt werde, muss uneingeschränkt bestehen. Er darf nicht damit rechnen, dass seine Erklärung vielleicht doch ernst genommen werden könnte.[18] Will er dem Erklärungsgegner sogar die Wirksamkeit vorspiegeln, handelt es sich regelmäßig um einen geheimen Vorbehalt (sog. „böser Scherz"; vgl § 116 Rn 12), der nach § 116 zu beurteilen ist.[19] 9

III. Rechtsfolgen

Eine nicht ernstlich gemeinte Willenserklärung iSd § 118 ist von Anfang an **nichtig**, und zwar ohne weiteres und grundsätzlich gegenüber jedermann.[20] Der Erklärende ist dem Empfänger oder dem sonst durch die Scherzerklärung Betroffenen gem. § 122 Abs. 1 zum **Ersatz des Vertrauensschadens** (näher dazu § 122 Rn 9 ff) verpflichtet. Die Ersatzpflicht hängt nicht von einem Verschulden des Erklärenden ab. Sie tritt allerdings gem. § 122 Abs. 2 (näher dazu § 122 Rn 14 f) nicht ein, wenn der Empfänger oder Betroffene den Mangel der Ernstlichkeit kannte oder kennen musste. 10

Erkennt der Erklärende nach Abgabe der Scherzerklärung, dass der Empfänger sie wider Erwarten ernst nimmt, muss er diesen nach Treu und Glauben (§ 242) **unverzüglich aufklären**. Tut er das nicht, wird zwar aus dem „guten" nicht rückwirkend ein „böser", nach § 116 Abs. 1 unbeachtlicher Scherz (vgl dazu § 116 Rn 4, 12),[21] weil der geheime Vorbehalt bereits bei Abgabe der Erklärung vorliegen muss. Das Unterlassen der gebotenen Aufklärung ist aber eine (weitere) konkludente Willenserklärung mit dem Inhalt, dass die bisher scherzhaft gemeinte Willenserklärung nun doch gelten soll (vgl zur Wirkung des Schweigens als Willenserklärung Vor § 116 Rn 13). Der Erklärende kann sich daher nicht mehr auf die ursprünglich fehlende Ernstlichkeit der Erklärung berufen.[22] 11

Darüber hinaus wird vertreten, die **Einrede der Arglist** (§ 242) stehe einer Berufung auf die mangelnde Ernstlichkeit entgegen, wenn die Scherzerklärung notariell **beurkundet** worden ist (vgl zur Anwendbarkeit 12

12 Erman/*Palm*, § 118 Rn 2; Staudinger/*Singer*, Bearbeitung 2004, § 118 Rn 1; Bamberger/Roth/*Wendtland*, § 118 Rn 5.

13 Soergel/*Hefermehl*, § 118 Rn 5.

14 Für die Anwendung des § 118 *Tscherwinka*, NJW 1995, 309 f; Palandt/*Ellenberger*, § 118 Rn 2; für die Anwendung auf „wütende Erklärungen" auch Soergel/*Hefermehl*, § 118 Rn 5; gegen die Anwendung auf „Schmerzerklärungen" *Weiler*, NJW 1995, 2608 f; *Medicus*, BGB AT, Rn 596; HKK/*Schermaier*, §§ 116–124 Rn 50.

15 Diese Beweisprobleme räumt *Tscherwinka*, NJW 1995, 309, der die „Schmerzerklärung" in die Diskussion gebracht hat, selbst ein.

16 So aber *Bailas*, Das Problem der Vertragsschließung und der vertragsbegründende Akt, 1962, S. 60 f; *Pawlowski*, BGB AT, Rn 476, 476 a; vgl auch OLG München NJW-RR 1993, 1168, 1169.

17 MüKo/*Kramer*, § 118 Rn 4; Bamberger/Roth/*Wendtland*, § 118 Rn 2; vgl Soergel/*Hefermehl*, § 118 Rn 7; Palandt/*Ellenberger*, § 118 Rn 2; Erman/*Palm*, § 118 Rn 2; *Larenz/Wolf*, BGB AT, § 35 Rn 16; Staudinger/*Singer*, Bearbeitung 2004, § 118 Rn 3; *Coester-Waltjen*, Jura 1990, 362, 364.

18 Staudinger/*Singer*, Bearbeitung 2004, § 118 Rn 1.

19 Soergel/*Hefermehl*, § 118 Rn 6; Bamberger/Roth/*Wendtland*, § 118 Rn 5.

20 Staudinger/*Singer*, Bearbeitung 2004, § 118 Rn 1; Bamberger/Roth/*Wendtland*, § 118 Rn 6.

21 Für diese Begründung *Flume*, BGB AT Bd. 2, § 20, 3; *Medicus*, BGB AT, Rn 604; MüKo/*Kramer*, § 118 Rn 8.

22 *Larenz/Wolf*, BGB AT, § 35 Rn 17; Erman/*Palm*, § 118 Rn 2; Bamberger/Roth/*Wendtland*, § 118 Rn 7; Prütting/Wegen/Weinreich/*Ahrens*, § 118 Rn 4; *Coester-Waltjen*, Jura 1990, 362, 364; *Preuß*, Jura 2002, 815, 819; vgl auch Soergel/*Hefermehl*, § 118 Rn 6; Palandt/*Ellenberger*, § 118 Rn 2.

des § 118 oben Rn 3) und die Urkunde Täuschungszwecken dienen soll.[23] Entgegen dieser allgemeinen Formulierung erfordert der Gedanke von Treu und Glauben allerdings stets eine Einzelfallbetrachtung, so dass dem Erklärenden die Berufung auf die mangelnde Ernstlichkeit bei beurkundeten Verträgen nicht generell verwehrt ist.[24] Außerdem scheidet § 118 im Regelfall schon tatbestandlich aus, weil der Erklärende kaum in der Erwartung handeln kann, der Empfänger oder Betroffene werde den Mangel der Ernstlichkeit erkennen, wenn der Erklärende die beurkundete Erklärung gleichzeitig zu Täuschungszwecken einsetzen will.[25] Soll der Erklärungsgegner glauben, die Scherzerklärung sei ernst gemeint, handelt es sich um einen unbeachtlichen geheimen Vorbehalt gem. § 116 S. 1, und die Erklärung ist wirksam (vgl Rn 9).

13 Bei bestimmten Willenserklärungen wird die Nichtigkeitsfolge aus Gründen des besonderen **Verkehrsschutzes** eingeschränkt (vgl auch § 117 Rn 14 f). Danach ist die Berufung auf die von Anfang an bestehende Nichtigkeit ausgeschlossen für Beitritts- und Zeichnungserklärungen nach ihrer Eintragung sowie für gesellschaftsbegründende Erklärungen nach In-Vollzug-Setzung der Gesellschaft. Bei wertpapierrechtlichen Erklärungen scheidet sie gegenüber gutgläubigen Erwerbern aus.[26]

IV. Abgrenzungen

14 Die Scherzerklärung gem. § 118 unterscheidet sich vom **Scheingeschäft** gem. § 117 dadurch, dass der Erklärende zwar annimmt, der Empfänger werde die mangelnde Ernstlichkeit der Erklärung erkennen, diesbezüglich aber kein Einverständnis (Konsens) besteht. § 117 greift daher ein, wenn sich die Parteien über die mangelnde Ernstlichkeit einig sind (gelungenes Scheingeschäft).[27] Dagegen findet § 118 Anwendung, wenn der Erklärende erwartet, der Empfänger werde die Scherzerklärung als solche erkennen und zum Schein auf das Geschäft eingehen, dieser die Erklärung in Wirklichkeit aber ernst nimmt (misslungenes Scheingeschäft; s. Rn 4).

15 Erwartet der Erklärende nicht, dass die mangelnde Ernstlichkeit erkannt wird, oder soll der Empfänger oder Betroffene sogar glauben, die Erklärung sei ernst gemeint, handelt es sich nicht um eine Scherzerklärung gem. § 118, sondern um einen **geheimen Vorbehalt** gem. § 116 (vgl Rn 9, 12). Erkennt der Gegner wider Erwarten die mangelnde Ernstlichkeit, ist die Willenserklärung nach § 116 S. 2 nichtig.[28]

C. Weitere praktische Hinweise

16 Die Darlegungs- und **Beweislast** für das Vorliegen einer Scherzerklärung obliegt demjenigen, der sich auf die Nichtigkeit gem. § 118 beruft. Er muss alle Tatsachen und Umstände darlegen und im Bestreitensfall beweisen, aus denen sich nachvollziehbar schließen lässt, dass der Erklärende seine Erklärung nicht ernst gemeint hat und dass er erwartet hat, der Empfänger oder Betroffene werde den Mangel der Ernstlichkeit erkennen.[29] Nach der allgemeinen Lebenserfahrung sind zB „derbe Bekräftigungen im Wirtshaus" regelmäßig nicht ernst gemeint und werden auch nicht so verstanden.[30] Macht jemand einen übertrieben hohen Ersatzanspruch geltend und erwidert der in Anspruch Genommene, er werde ein noch weit höheres Abstandsgeld zahlen, liegt darin im Regelfall bloß eine spöttische Übertreibung.[31] Der Beweis fällt umso schwerer, je weniger sich die mangelnde Ernstlichkeit aus objektiven Umständen ergibt.[32] Sehr schwer dürfte er zu führen sein bei Willenserklärungen in emotional besonders „aufgeladenen" Situationen („Schmerzerklärungen"; dazu Rn 7).[33]

§ 119 Anfechtbarkeit wegen Irrtums

(1) Wer bei der Abgabe einer Willenserklärung über deren Inhalt im Irrtum war oder eine Erklärung dieses Inhalts überhaupt nicht abgeben wollte, kann die Erklärung anfechten, wenn anzunehmen ist,

23 Vgl RGZ 168, 204, 206; OLG München NJW-RR 1993, 1168, 1169; RGRK/*Krüger-Nieland*, § 118 Rn 2; vgl auch MüKo/*Kramer*, § 118 Rn 7; Erman/*Palm*, § 118 Rn 1; Soergel/*Hefermehl*, § 118 Rn 8.
24 BGH NJW 2000, 3127, 3128, *Thiessen*, NJW 2001, 3025, 3027.
25 Bamberger/Roth/*Wendtland*, § 118 Rn 8.
26 Staudinger/*Singer*, Bearbeitung 2004, § 118 Rn 6; MüKo/*Kramer*, § 118 Rn 3, § 119 Rn 20, 21, 26; Erman/*Palm*, § 118 Rn 1.
27 Vgl Staudinger/*Singer*, Bearbeitung 2004, § 118 Rn 7; Bamberger/Roth/*Wendtland*, § 118 Rn 4; Prütting/Wegen/Weinreich/*Ahrens*, § 118 Rn 1.
28 Vgl Soergel/*Hefermehl*, § 118 Rn 2, 6.
29 Bamberger/Roth/*Wendtland*, § 118 Rn 9; Prütting/Wegen/Weinreich/*Ahrens*, § 118 Rn 5; vgl MüKo/*Kramer*, § 118 Rn 11; RGRK/*Krüger-Nieland*, § 118 Rn 3; Erman/*Palm*, § 118 Rn 5.
30 Soergel/*Hefermehl*, § 118 Rn 9.
31 OLG Rostock OLGE 1940, 273; Soergel/*Hefermehl*, § 118 Rn 9.
32 Vgl MüKo/*Kramer*, § 118 Rn 6; *Coester-Waltjen*, Jura 1990, 362, 364; vgl auch OLG Celle WM 1988, 1436, 1437 (zum „praktisch blinden" Unterschreiben einer Bürgschaftserklärung).
33 Vgl *Tscherwinka*, NJW 1995, 309.

dass er sie bei Kenntnis der Sachlage und bei verständiger Würdigung des Falles nicht abgegeben haben würde.

(2) Als Irrtum über den Inhalt der Erklärung gilt auch der Irrtum über solche Eigenschaften der Person oder der Sache, die im Verkehr als wesentlich angesehen werden.

Literatur: *Adams*, Irrtümer und Offenbarungspflichten im Vertragsrecht, AcP 186 (1986), 453; *A. Birk*, § 119 BGB als Regelung für Kommunikationsirrtümer, JZ 2002, 446; *Borges*, Verträge im elektronischen Geschäftsverkehr. Vertragsabschluß, Beweis, Form, Lokalisierung, anwendbares Recht, 2003; *Brandhofer*, Nachträgliche Kaufpreisanpassung wegen gemeinschaftlichen Irrtums über den Ertragswert einer vom Bauträger erworbenen Immobilie in den neuen Bundesländern, NZBau 2002, 78; *Brauer*, Der Eigenschaftsirrtum, 1941; *Brehm*, Zur automatisierten Willenserklärung, in: FS Niederländer 1991, S. 233; *Brors*, Zu den Konkurrenzen im neuen Kaufgewährleistungsrecht, WM 2002, 1780; *Clemens*, Die elektronische Willenserklärung, NJW 1985, 1998; *Coester-Waltjen*, Die Anfechtung von Willenserklärungen, Jura 2006, 348; *Cziupka*, Die Irrtumsgründe des § 119 BGB, JuS 2009, 887; *Fischer*, Anfechtung von Willenserklärungen im Mietrecht, NZM 2005, 567; *Flesch*, Mängelhaftung und Beschaffenheitsirrtum beim Kauf, 1994; *Flume*, Eigenschaftsirrtum und Kauf, 1948, Neudruck 1975; *Fröhlich*, Die Anfechtung wegen Eigenschaftsirrtums beim Kauf, 1984; *Hausmann*, Die Reaktion auf Willensmängel beim Arbeitsvertragsschluss, 2008; *Heiermann*, Der Kalkulationsirrtum des Bieters beim Bauvertrag, BB 1984, 1836; *Heun*, Die elektronische Willenserklärung, CR 1994, 595; *Honsell*, Die Konkurrenz von Sachmängelhaftung und Irrtumsnafechtung – Irrungen und Wirrungen, SJZ 2007, 137; *Huber*, Eigenschaftsirrtum und Kauf, AcP 209 (2009), 143; *Jahr*, Geltung des Gewollten und Geltung des Nicht-Gewollten – Zu Grundfragen des Rechts empfangsbedürftiger Willenserklärungen, JuS 1989, 249; *Kimmelmann/Winter*, E-Commerce: Keine Herausforderung für das BGB! – AG Butzbach, NJW-RR 2003, 54; *Kindl*, Der Kalkulationsirrtum im Spannungsfeld von Auslegung, Irrtum und unzulässiger Rechtsausübung, WM 1999, 2198; *Kleinhenz/Junk*, Die Haftung des Verkäufers für Falschangaben beim Unternehmenskauf, JuS 2009, 787; *Kocher*, Anfechtung bei falscher Kaufpreisauszeichnung im Internet, JA 2006, 144; *Köhler*, Die Problematik automatisierter Rechtsvorgänge, insbesondere von Willenserklärungen, AcP 182 (1982), 126; *Köster*, Konkurrenzprobleme im neuen Kaufmängelrecht, Jura 2005, 145; *Kramer*, Bundesgerichtshof und Kalkulationsirrtum: Ein Plädoyer für eine rechtsvergleichende Öffnung im Irrtumsrecht, in: 50 Jahre Bundesgerichtshof, Festgabe aus der Wissenschaft, 2000, Bd. I, S. 57; *Loewenheim*, Irrtumsanfechtung bei Allgemeinen Geschäftsbedingungen, AcP 180 (1980), 433; *Mayer-Maly*, Rechtsirrtum und Rechtsunkenntnis als Probleme des Privatrechts, AcP 170 (1970), 133; *ders.*, Bemerkungen zum Irrtum über den Wert, in: FS Pedrazzini 1990, S. 343; *ders.*, Bemerkungen zum Kalkulationsirrtum, in: FS Ostheim 1990, S. 189; *G. Müller*, Zur Beachtlichkeit des einseitigen Eigenschaftsirrtums beim Spezieskauf, JZ 1988, 381; *ders.*, Zur Beachtlichkeit des Eigenschaftsirrtums des Käufers, in: FS Huber 2006, S. 449; *Pallasch*, Diskriminierungsverbot wegen Schwangerschaft bei der Einstellung, NZA 2007, 306; *Pawlowski*, Die Kalkulationsirrtümer: Fehler zwischen Motiv und Erklärung, JZ 1997, 741; *Petersen*, Der Irrtum im Bürgerlichen Recht, Jura 2006, 660; *Raape*, Sachmängelhaftung und Irrtum beim Kauf, AcP 150 (1950), 481; *Schermaier*, Europäische Geistesgeschichte am Beispiel des Irrtumsrechts, ZEuP 1998, 60; *Schlachter*, Irrtum, Dissens und kaufrechtliche Gewährleistungsansprüche, JA 1991, 105; *Schmid*, Anfechtung von Mietverträgen, WuM 2009, 155; *Schmidt-Rimpler*, Eigenschaftsirrtum und Erklärungsirrtum, in: FS Lehmann 1956, Bd. I, S. 211; *Schur*, Eigenschaftsirrtum und Neuregelung des Kaufrechts, AcP 204 (2004), 883; *Singer*, Geltungsgrund und Rechtsfolgen der fehlerhaften Willenserklärung, JZ 1989, 1030; *ders.*, Selbstbestimmung und Verkehrsschutz im Recht der Willenserklärungen, 1995; *ders.*, Der Kalkulationsirrtum – ein Fall für Treu und Glauben?, JZ 1999, 342; *Vehslage*, Elektronisch übermittelte Willenserklärungen, AnwBl 2002, 86; *Wasmuth*, Wider das Dogma vom Vorrang der Sachmängelhaftung gegenüber der Anfechtung wegen Eigenschaftsirrtums, in: FS Piper 1996, S. 1083; *H. Westermann*, Einheit und Vielfalt der Wertungen in der Irrtumslehre, JuS 1964, 169; *Wieling*, Der Motivirrtum ist unbeachtlich! Entwicklung und Dogmatik des Irrtums im Beweggrund, Jura 2001, 577; *Wieser*, Der Kalkulationsirrtum, NJW 1972, 708; *Wurm*, Blanketterklärung und Rechtscheinshaftung, JA 1986, 577.

A. Allgemeines

1 Während die §§ 116–118 verschiedene Fälle des bewussten Abweichens von Wille und Erklärung erfassen, ist § 119 die erste der Vorschriften, welche die Rechtsfolgen eines **Irrtums** im Sinne eines **unbewussten Abweichens von Wille und Erklärung** (§§ 119 Abs. 1, 120) und bestimmter **Fehler bei der Willensbildung** (§§ 119 Abs. 2, 123) regeln.[1] Da hier der Erklärende nicht bewusst, sondern irrtumsbedingt etwas anderes als das erklärt, was er in Wirklichkeit erklären will, ist er schutzwürdiger als in den Fällen der §§ 116, 117 und 118. Stellte man ausschließlich auf die **Interessen des Irrenden** und darauf ab, dass die Privatautonomie dem Einzelnen die Gestaltung seiner Rechtsverhältnisse grundsätzlich allein nach seinem Willen ermöglichen soll,[2] müsste jede Willenserklärung unwirksam sein, die nicht durch einen entsprechenden Willen des Erklärenden gedeckt wird.[3] Zu diesem Ergebnis kam auch die sog. **Willenstheorie**, die den Geltungsgrund für die Willenserklärung im Willenselement sah.[4] Den Interessen des Irrenden stehen indessen die Interessen des Rechtsverkehrs im Allgemeinen und die **Interessen des Erklärungsempfängers** im Besonderen gegenüber. Da der Empfänger am Irrtum des Erklärenden regelmäßig nicht beteiligt ist und ihn nicht erkennen kann, legt es das Verkehrsinteresse nahe, dass der Erklärende grundsätzlich das Risiko eines Irrtums zu tragen hat. Eine solche Risikoverteilung entspräche der Verantwortung, die der Einzelne für seine Handlungen im Rechtsverkehr tragen muss, gleichsam als Kehrseite der Freiheit zur Rechtsgestaltung, welche die Privatautonomie gewährt.[5] Nach der sog. **Erklärungstheorie**, die den Geltungsgrund für die Willenserklärung in dem Vertrauenstatbestand sah, den der Erklärende durch seine Erklärung geschaffen hatte, wurde er selbst dann an die Erklärung gebunden, wenn der entsprechende Wille in Wirklichkeit fehlte.[6]

2 § 119 schlägt einen **Mittelweg** zwischen diesen Positionen ein und berücksichtigt beide Interessen.[7] Danach sind ausnahmsweise nur die in Abs. 1 und 2 sowie die ergänzend in § 120 geregelten Arten von Irrtümern beachtlich (zu den in § 123 geregelten weiteren Fällen s. dort). Weitere Voraussetzung ist, dass der Irrende die Willenserklärung ohne den Irrtum und bei verständiger Würdigung des Falles nicht abgegeben haben würde. Ein solcher beachtlicher Irrtum führt nicht zur Nichtigkeit der Willenserklärung, sondern lediglich zu ihrer Anfechtbarkeit. Will der Erklärende nicht an die Erklärung gebunden sein, muss er sie unverzüglich (§ 121 Abs. 1 S. 1) durch eine Erklärung gem. § 143 anfechten, um sie rückwirkend zu vernichten (§ 142 Abs. 1). Hatte der Anfechtungsgegner oder Betroffene auf die Gültigkeit der Willenserklärung vertraut, muss der Anfechtende ihm gem. § 122 den daraus entstehenden Schaden ersetzen.

3 In § 119 hat der Gesetzgeber zwei völlig verschiedene Arten von Irrtümern für beachtlich erklärt. Nach **Abs. 1** sind **defekte Willenserklärungen** anfechtbar, deren objektiver Erklärungsgehalt aufgrund eines Fehlers bei der Willensäußerung vom zugrunde liegenden Willen des Erklärenden abweicht. Die Vorschrift sanktioniert das schutzwürdige Interesse des Erklärenden, nur dann an selbst gestaltete Rechtsfolgen gebunden zu werden, wenn sein entsprechender Wille unverfälscht in der Erklärung zum Ausdruck kommt.[8] Die Regelung wird unter Verkehrsschutzgesichtspunkten kritisiert.[9]

4 Darüber hinaus können nach **Abs. 2** ausnahmsweise solche Willenserklärungen angefochten werden, die auf einer bestimmten **Fehlvorstellung von der Wirklichkeit** beruhen, welche sich beim Erklärenden im Vorfeld der Willenserklärung gebildet hat. Derartige **Motivirrtümer** oder „Realitätsirrtümer"[10] sind grundsätzlich unbeachtlich, weil sie in der Risikosphäre des Erklärenden liegen.[11] Die Regelung des Abs. 2 wird sowohl

1 Vgl *Brox/Walker*, BGB AT, Rn 389; vgl auch *Larenz/Wolf*, BGB AT, § 35 Rn 1.
2 Vgl dazu etwa *Flume*, BGB AT Bd. 2, § 1, 1; *Medicus*, BGB AT, Rn 174 ff; Prütting/Wegen/Weinreich/*Ahrens*, § 119 Rn 1.
3 *Medicus*, BGB AT, Rn 737; vgl *Larenz/Wolf*, BGB AT, § 35 Rn 1.
4 Vgl *Brox/Walker*, BGB AT, Rn 379; MüKo/*Kramer*, Vor § 116 Rn 4; Erman/*Palm*, Vor § 116 Rn 1; *Larenz/Wolf*, BGB AT, § 24 Rn 26, § 35 Rn 1; näher zu der im Wesentlichen auf Elementen der „Willenstheorie" basierenden, maßgeblich von *Savigny* entwickelten Irrtumslehre Staudinger/*Singer*, Bearbeitung 2004, Vor §§ 116–144 Rn 15; MüKo/Kramer, § 119 Rn 2; HKK/*Schermaier*, §§ 116–124 Rn 53.
5 *Medicus*, BGB AT, Rn 737; vgl *Larenz/Wolf*, BGB AT, § 35 Rn 1.
6 Vgl *Brox/Walker*, BGB AT, Rn 380; MüKo/*Kramer*, Vor § 116 Rn 4, § 119 Rn 5; Erman/*Palm*, Vor § 116 Rn 1; *Larenz/Wolf*, BGB AT, § 24 Rn 27 f.
7 Näher zur Entstehungsgeschichte des § 119 und der darin enthaltenen vermittelnden Lösung HKK/*Schermaier*, §§ 116–124 Rn 55 ff; Staudinger/*Singer*, Bearbeitung 2004, Vor §§ 116–144 Rn 12 ff, § 119 Rn 2; MüKo/Kramer, § 119 Rn 6; vgl auch *Schermaier*, ZEuP 1998, 60 ff; *Singer*, JZ 1989, 1030 ff; *H. Westermann*, JuS 1964, 169, 170 ff.
8 Vgl HK-BGB/*Dörner*, § 119 Rn 1; MüKo/*Kramer*, § 119 Rn 7.
9 Soergel/*Hefermehl*, § 119 Rn 2; MüKo/*Kramer*, § 119 Rn 8 f.
10 So die Bezeichnung von HK-BGB/*Dörner*, § 119 Rn 1.
11 *Brox/Walker*, BGB AT, Rn 416; *Larenz/Wolf*, BGB AT, § 36 Rn 2 ff, 35 ff; Staudinger/*Singer*, Bearbeitung 2004, Vor §§ 116–144 Rn 32, § 119 Rn 2; HK-BGB/*Dörner*, § 119 Rn 1; HKK/*Schermaier*, §§ 116–124 Rn 60 ff.

wegen der Einordnung der danach beachtlichen Irrtümer und der Abgrenzungsprobleme als auch unter dem Gesichtspunkt der Risikotragung weitgehend als missglückt angesehen.[12]

B. Regelungsgehalt

Die Anfechtbarkeit nach § 119 setzt zunächst die **Anwendbarkeit** der Vorschrift voraus (dazu Rn 6 ff). Außerdem muss ein beachtlicher Irrtum iSd Abs. 1 oder 2 vorliegen, also ein Irrtum in der Erklärungshandlung („**Erklärungsirrtum**" gem. Abs. 1, 2. Fall; dazu Rn 30 ff), ein Irrtum über den Inhalt der Erklärung („**Inhaltsirrtum**" gem. Abs. 1, 1. Fall; dazu Rn 40 ff) oder ein Irrtum über eine verkehrswesentliche Eigenschaft der Person oder Sache („**Eigenschaftsirrtum**" gem. Abs. 2; dazu Rn 63 ff). Beachtlich ist ferner ein **Übermittlungsfehler**, den **§ 120** einem Erklärungsirrtum gem. Abs. 1, 2. Fall gleichstellt (vgl § 120 Rn 1). Schließlich muss der Irrtum für die Abgabe der Willenserklärung kausal geworden sein („**verständige Kausalität**" gem. Abs. 1 aE; dazu Rn 76 ff). Liegen die genannten Voraussetzungen vor, ist die Willenserklärung **anfechtbar** (dazu Rn 79). 5

I. Anwendungsbereich

1. Allgemeines. Nach dem Wortlaut ist § 119 zunächst auf alle (privatrechtlichen) **Willenserklärungen** anwendbar. Die Vorschrift unterscheidet nicht danach, ob es sich um empfangsbedürftige oder nicht empfangsbedürftige und um ausdrückliche oder konkludente Willenserklärungen handelt.[13] Anfechtbar ist auch eine einseitige Willenserklärung wie eine Tilgungsbestimmung,[14] eine Bürgschaftserklärung[15] oder die Zustimmung zur Vertragsübernahme bei einem Mieterwechsel.[16] 6

Da **Schweigen** grundsätzlich keine Willenserklärung ist (vgl Vor § 116 Rn 13), kommt eine Anfechtbarkeit nur dann in Betracht, wenn es aufgrund gesetzlicher Vorschriften oder gewohnheitsrechtlich ausnahmsweise als Willenserklärung gilt. Insoweit ist zu unterscheiden. Gilt das Schweigen innerhalb einer bestimmten Frist als **Ablehnung** einer Genehmigung (zB §§ 108 Abs. 2 S. 2, 177 Abs. 2 S. 2 Hs 2, 415 Abs. 2 S. 2, 451 Abs. 1 S. 2), finden die Anfechtungsregeln keine Anwendung. Die Anfechtung der (fingierten) Ablehnung würde nur zu ihrer Beseitigung, aber nicht zur Zustimmung führen, die infolge des Fristablaufs auch nicht mehr erklärt werden könnte.[17] Dagegen kommt die analoge Anwendung der Anfechtungsregeln in Betracht, wenn das Schweigen innerhalb einer bestimmten Frist als **Zustimmung oder Billigung** fingiert wird (zB §§ 416 Abs. 1 S. 2, 455 S. 2, 516 Abs. 2 S. 2, 1943 Hs 2). Könnte der Schweigende hier nicht anfechten, entstünde ein Wertungswiderspruch, weil er stärker gebunden würde als der Erklärende, dem die Anfechtung offen steht. Danach kann eine Anfechtung der durch das Schweigen fingierten Erklärung gem. § 119 analog allerdings lediglich auf einen Irrtum über Tatsachen und nicht über die Rechtsfolgen des Schweigens gestützt werden (vgl zum Rechtsfolgenirrtum noch Rn 49 ff).[18] Im **Handelsrecht** (zB §§ 75 h, 91 a, 362 Abs. 1 HGB; Schweigen auf ein kaufmännisches Bestätigungsschreiben) wird eine Anfechtungsmöglichkeit wegen der besonderen Sorgfaltspflicht des Kaufmanns (§ 347 HGB) und des bei Handelsgeschäften damit korrespondierenden erhöhten Vertrauens- und Verkehrsschutzinteresses regelmäßig ausscheiden.[19] Gleiches dürfte für die Zustimmungsfiktionen im **Betriebsverfassungsrecht** (§§ 99 Abs. 3 S. 2 und 102 Abs. 2 S. 2 BetrVG) gelten, weil die Betriebsräte bezüglich ihrer Mitwirkungsrechte geschult werden (vgl § 37 Abs. 6 BetrVG). Anfechtbar kann indessen zwar nicht der Beschluss des Betriebsrats (§ 33 BetrVG) selbst sein, welcher der Nichtäußerung des Betriebsrats zugrunde liegt, wohl aber die Stimmabgabe des einzelnen Betriebsratsmitglieds. Eine solche Anfechtung müsste allerdings aufgrund des Stimmenverhältnisses Einfluss auf den Betriebsratbeschluss haben, und innerhalb der Wochenfrist der §§ 99 Abs. 3 S. 2 und 102 Abs. 2 S. 2 BetrVG müsste aufgrund eines 7

12 Vgl zur Kritik etwa *Medicus*, BGB AT, Rn 767; Soergel/*Hefermehl*, § 119 Rn 2; MüKo/*Kramer*, § 119 Rn 10; HKK/*Schermaier*, §§ 116–124 Rn 62 ff und 73 ff.

13 RGZ 134, 195, 197; BGHZ 11, 1, 5; HK-BGB/*Dörner*, § 119 Rn 3; Soergel/*Hefermehl*, § 119 Rn 7; Palandt/*Ellenberger*, § 119 Rn 4; RGRK/*Krüger-Nieland*, § 119 Rn 13; Erman/*Palm*, § 119 Rn 22; Prütting/Wegen/Weinreich/*Ahrens*, § 119 Rn 20; vgl dazu auch OLG Oldenburg NJW-RR 2007, 268.

14 BGHZ 106, 163 = BGH NJW 1989, 1792.

15 BGH NJW 1995, 190.

16 BGH NJW 1998, 531, 532.

17 *Medicus/Petersen*, BR, Rn 53; HK-BGB/*Dörner*, § 119 Rn 3; vgl *Hanau*, AcP 165 (1965), 224; Palandt/*Ellenberger*, § 119 Rn 4.

18 *Medicus/Petersen*, BR, Rn 54; HK-BGB/*Dörner*, § 119 Rn 3; Palandt/*Ellenberger*, Vor § 116 Rn 12, § 119 Rn 4; vgl Erman/*Palm*, § 119 Rn 23; Staudinger/*Singer*, Bearbeitung 2004, Vor §§ 116–144 Rn 65 ff,; RGRK/*Krüger-Nieland*, § 119 Rn 13; Bamberger/Roth/*Wendtland*, § 119 Rn 3; vgl auch BGH NJW 1969, 1711; 1972, 45; 2006, 3353, 3356.

19 Vgl *Flume*, BGB AT Bd. 2, § 21, 9 c; *Kramer*, Jura 1984, 235, 249; MüKo/*Kramer*, § 119 Rn 74 f sowie Rn 67 ff speziell zur Anfechtung beim Schweigen auf ein kaufmännisches Bestätigungsschreiben; ähnlich wegen des Zwecks der genannten HGB-Vorschriften *Medicus/Petersen*, BR, Rn 58; ähnlich auch Erman/*Palm*, § 119 Rn 10; vgl ferner LG Tübingen JZ 1997, 312.

neuen Beschlusses die Zustimmung verweigert werden. Damit scheidet diese Anfechtung praktisch wohl aus. [20]

8 Wegen der Vergleichbarkeit der Interessenlagen findet § 119 auf **geschäftsähnliche Handlungen** wie zB Mahnungen oder Verzeihungen grundsätzlich entsprechende Anwendung.[21] Unanwendbar ist die Vorschrift dagegen bei **Realakten**.[22]

9 Die §§ 119 ff sind auf **Prozesshandlungen** mangels ihres rechtsgeschäftlichen Charakters ebenfalls grundsätzlich nicht anwendbar. Willensmängel müssen hier ausschließlich nach prozessualen Grundsätzen beurteilt werden.[23] Etwas anderes gilt, soweit die Prozesshandlung zugleich ein materiellrechtliches Rechtsgeschäft ist (sog. „Doppelnatur"). Danach kann zB die Erklärung zum Abschluss eines **Prozessvergleichs** wegen eines Willensmangels angefochten werden, weil er der hM zufolge gleichzeitig ein Vergleich iSd § 779 ist (näher zur Anfechtbarkeit des Vergleichs Rn 12; vgl ferner zur Anfechtbarkeit des Schiedsvertrags Rn 13). Die rückwirkende Vernichtung der Willenserklärung führt zur Nichtigkeit des materiellrechtlichen Vergleichs, die gem. § 139 analog auf den Prozessvergleich durchschlägt.[24]

10 Im **öffentlichen Recht** sind die §§ 119 ff auf Vertragserklärungen bei öffentlich-rechtlichen Verträgen gem. §§ 59 Abs. 1, 62 VwVfG entsprechend anzuwenden. Gleiches gilt für verwaltungsrechtliche Erklärungen von Bürgern gegenüber Behörden. Dagegen finden die §§ 119 ff keine Anwendung auf Verwaltungsakte.[25] Die gleichen Grundsätze gelten für die Anfechtbarkeit von Willenserklärungen im Sozialrecht.[26]

11 **2. Vorrangige Spezialregelungen.** Die Anwendbarkeit des § 119 auf die Anfechtung privatrechtlicher Willenserklärungen kann durch vorrangige Spezialregelungen ausgeschlossen oder modifiziert werden. Solche Regelungen finden sich zunächst im **Familien- und Erbrecht.**[27] Beispiele sind § 1314 Abs. 2 Nr. 2 (Eheschließung), § 1600 c Abs. 2 (Anerkennung der Vaterschaft), §§ 2078, 2080 ff, 2281, 2283 (letztwillige Verfügungen), §§ 1949, 1950 (Annahme der Erbschaft), § 1956 (Versäumung der Ausschlagungsfrist) und § 2308 (Ausschlagung der Erbschaft oder des Vermächtnisses). Einige familienrechtliche Erklärungen wie zB die Erklärung über die Wahl des Ehenamens (vgl § 1355) können nicht wegen Irrtums angefochten werden.[28]

12 Bei einem **Vergleich** ist die Anfechtung der Willenserklärungen ausgeschlossen, soweit beide Parteien über einen Umstand irren, den sie im Vergleichsvertrag als feststehend zugrunde gelegt haben. Für einen solchen Fall ordnet § 779 Abs. 1 die Unwirksamkeit des Vergleichs an. Ausgeschlossen ist die Anfechtung ferner, wenn sich eine Partei über einen umstrittenen oder ungewissen Umstand geirrt hat, zu dessen Erledigung der Vergleich gerade abgeschlossen wurde.[29] In den übrigen Fällen kann eine Partei ihre Willenserklärung zum Vergleichsabschluss gem. § 119 anfechten (vgl zur Anfechtung des Prozessvergleichs Rn 9).[30]

13 Die Willenserklärung zum Abschluss eines **Schiedsvertrags** kann nicht wegen eines Irrtums über wesentliche Eigenschaften in der Person des Schiedsrichters angefochten werden. Insoweit wird Abs. 2 durch die Regelungen der §§ 1036 f ZPO zur Ablehnung des Schiedsrichters verdrängt. In anderen Fällen ist die Anfechtung nach § 119 grundsätzlich eröffnet.[31]

20 Dazu etwa GK-BetrVG/*Kraft*/*Raab*, § 99 Rn 166; Richardi/*Thüsing*, BetrVG, § 99 Rn 250, jew. mwN.
21 *Ulrici*, NJW 2003, 2053, 2054 f; Palandt/*Ellenberger*, § 119 Rn 4; Bamberger/Roth/*Wendtland*, § 119 Rn 3; Staudinger/*Singer*, Bearbeitung 2004, § 119 Rn 103; vgl zu Ausnahmefällen OLG Bamberg WM 1997, 1283, 1287; *Stewing*/*Schütze*, BB 1989, 2130.
22 Palandt/*Ellenberger*, § 119 Rn 4; Bamberger/Roth/*Wendtland*, § 119 Rn 3; Prütting/Wegen/Weinreich/*Ahrens*, § 119 Rn 21.
23 BGHZ 12, 284, 285; 20, 198, 205 = BGH NJW 1956, 990; BGHZ 80, 389, 392; BVerwG NJW 1980, 135, 136; 1997, 2897; Palandt/*Ellenberger*, § 119 Rn 6; MüKo/*Kramer*, § 119 Rn 43; Erman/*Palm*, § 119 Rn 2; Prütting/Wegen/Weinreich/*Ahrens*, § 119 Rn 10.
24 Vgl BGHZ 28, 171, 174; BGH WM 1983, 825; NJW 1999, 2804; Hanseatisches OLG ZMR 1996, 266; BVerwG NJW 2010, 3048; Erman/*Palm*, § 119 Rn 2; Bamberger/Roth/*Wendtland*, § 119 Rn 4.
25 Palandt/*Ellenberger*, § 119 Rn 6; MüKo/*Kramer*, § 119 Rn 44, 46; Erman/*Palm*, § 119 Rn 3; Bamberger/Roth/*Wendtland*, § 119 Rn 5; Prütting/Wegen/Weinreich/*Ahrens*, § 119 Rn 11; vgl OVG Rheinland-Pfalz DVBl 1984, 281; VGH Baden-Württemberg NJW 1985, 1723.
26 Vgl MüKo/*Kramer*, § 119 Rn 45; Bamberger/Roth/*Wendtland*, § 119 Rn 5.
27 Vgl dazu *Petersen*, Jura 2006, 660, 663 f.
28 Vgl OLG Stuttgart NJW-RR 1987, 455; BayObLG NJW 1993, 337; NJW-RR 1998, 1015; Palandt/*Ellenberger*, § 119 Rn 5; Erman/*Palm*, § 119 Rn 13; MüKo/*Kramer*, § 119 Rn 13 f; dem gegenüber für die Anfechtbarkeit der Erklärung der Wahl des Ehenamens Bamberger/Roth/*Wendtland*, § 119 Rn 7.
29 Vgl BGH NJW 2000, 2497, 2498; 2007, 838; OLG Celle MDR 2010, 975.
30 Staudinger/*Singer*, Bearbeitung 2004, § 119 Rn 102; Erman/*Palm*, § 119 Rn 14; Bamberger/Roth/*Wendtland*, § 119 Rn 12.
31 Soergel/*Hefermehl*, § 119 Rn 75; Erman/*Palm*, § 119 Rn 16; Bamberger/Roth/*Wendtland*, § 119 Rn 13; vgl BGHZ 17, 7, 8; BGH BB 1967, 97; NJW-RR 1995, 725.

Die Erklärungen zum Abschluss von **Versicherungsverträgen** können nur insoweit nach § 119 angefochten werden, als nicht die spezielleren Vorschriften der §§ 19 ff VVG (§§ 16 ff VVG aF) eingreifen.[32] **14**

Die Anfechtung nach Abs. 2 wegen eines Irrtums über eine verkehrswesentliche Eigenschaft der Kaufsache ist, wie schon nach früherem Recht, ausgeschlossen, soweit es sich um einen **Sachmangel** handelt. Der zutreffenden hM zufolge verdrängen die §§ 437 ff als speziellere Regelungen diese Anfechtungsmöglichkeit, nicht aber diejenige nach Abs. 1 oder § 123.[33] Die Spezialität der §§ 437 ff gegenüber Abs. 2 folgt zum einen daraus, dass § 438 Abs. 1 Nr. 3 für Gewährleistungsansprüche bei beweglichen Sachen kürzere Verjährungsfristen vorsieht als § 121 Abs. 1 für den Ausschluss des Anfechtungsrechts (vgl dazu § 121 Rn 4 ff). Die Einräumung einer Anfechtungsmöglichkeit widerspräche dem Zweck des § 438 Abs. 1 Nr. 3, im Verkehrsinteresse eine schnelle Abwicklung der Ansprüche wegen Mängeln der Kaufsache zu garantieren.[34] Zum anderen würde die Zulassung der Anfechtung das Nacherfüllungsrecht des Verkäufers unterlaufen. Insoweit wird die bereits zu den §§ 459 ff aF vertretene Auffassung durch ein zusätzliches Argument verstärkt.[35] **15**

Dem zufolge gilt der Ausschluss des Abs. 2 zunächst für den **Käufer** nach Gefahrübergang, weil die §§ 437 ff gem. § 434 Abs. 1 S. 1 ab diesem Zeitpunkt eingreifen. Darüber hinaus muss die Anfechtungsmöglichkeit des Käufers konsequenterweise auch schon vor Gefahrübergang ausgeschlossen sein, um das sachwidrige Ergebnis zu vermeiden, dass dem Käufer wegen eines Sachmangels vor der Übergabe der mangelhaften Sache weiter gehende Rechte zustehen als danach.[36] Außerdem darf es dem Käufer, dessen Irrtum über die Mangelfreiheit auf grober Fahrlässigkeit beruht, nicht möglich sein, den Ausschluss der Sachmängelhaftung (§ 442 Abs. 1 S. 2) durch eine Anfechtung zu unterlaufen.[37] **16**

Schließlich darf der **Verkäufer** nicht die Möglichkeit erhalten, sich durch eine Anfechtung seiner Gewährleistungspflicht nach den §§ 437 ff zu entziehen. Deshalb kann er nicht gem. Abs. 2 anfechten, wenn er sich über eine Eigenschaft der Kaufsache geirrt hat, deren Fehlen oder Vorhandensein ein Mangel iSd § 434 ist. Führt das Fehlen oder Vorhandensein dieser Eigenschaft dagegen zu einer besseren als der vereinbarten Qualität der Sache und erhöht ihren Wert, ist die Anfechtung nach Abs. 2 nicht ausgeschlossen.[38] **17**

Wegen der Gleichstellung von Sach- und Rechtsmängeln gelten die Grundsätze über den Vorrang der §§ 437 ff gegenüber Abs. 2 ebenso in Bezug auf **Rechtsmängel**.[39] Außerdem sind sie gleichermaßen auf das Verhältnis des Abs. 2 zur Sach- und Rechtsmängelhaftung bei **Werk- und Mietverträgen** (§§ 633 ff, §§ 536 ff) anzuwenden.[40] Ferner besteht ein entsprechender Vorrang im **UN-Kaufrecht**.[41] Schließlich kann der Ersteher aufgrund des in § 56 S. 3 ZVG angeordneten Haftungsausschlusses bei einer **Zwangsversteigerung** nicht wegen eines Eigenschaftsirrtums nach § 119 Abs. 2 anfechten, sofern das Fehlen der Eigenschaft einen Sachmangel begründet.[42] Ebenso schließt § 283 AO bei einer (Internet-)**Auktion einer Finanzverwal-** **18**

32 Erman/*Palm*, § 119 Rn 17; Bamberger/Roth/*Wendtland*, § 119 Rn 6; Prütting/Wegen/Weinreich/*Ahrens*, § 119 Rn 9; vgl BGH VersR 1986, 1089, 1090; NJW-RR 1995, 725, 726; HK-BGB/*Dörner*, § 119 Rn 2; Palandt/*Ellenberger*, § 119 Rn 5; MüKo/*Kramer*, § 119 Rn 16.

33 Vgl etwa RGZ 61, 171, 175 f; BGHZ 34, 32, 34; 60, 319, 320 f; 63, 369, 376 = BGH NJW 1975, 970; 1988, 2597, 2598; JZ 1996, 102 f; OLG Oldenburg NJW 2005, 2556, 2557; NK-BGB/*Büdenbender*, § 437 Rn 107 ff; *Brox/Walker*, BGB AT, Rn 420, 462; *Medicus*, BGB AT, Rn 775; HK-BGB/*Dörner*, § 119 Rn 2; Palandt/*Ellenberger*, § 119 Rn 28; MüKo/*Kramer*, § 119 Rn 33; Erman/*Palm*, § 119 Rn 19; Bamberger/Roth/*Wendtland*, § 119 Rn 8; Prütting/Wegen/Weinreich/*Ahrens*, § 119 Rn 5; *Köster*, Jura 2005, 145, 146 f; *G. Müller*, in: FS Huber 2006, S. 449, 465 ff; *Schlachter*, JA 1991, 105, 109 f; aA etwa HKK/*Schermaier*, §§ 116–124 Rn 76 ff mwN; für die Anfechtbarkeit wegen eines Irrtums über die Beschaffenheitsvereinbarung beim Kauf via Internet *Heiderhoff*, BB 2005, 2533, 2537 f.

34 Insoweit aA unter Verweis auf die zweijährige Mindestverjährungsfrist des § 438 Abs. 1 Nr. 3 *Schur*, AcP 204 (2004), 883, 898 ff.

35 NK-BGB/*Büdenbender*, § 437 Rn 108.

36 Bamberger/Roth/*Wendtland*, § 119 Rn 8; *Köster*, Jura 2005, 145, 146 f; *G. Müller*, in: FS Huber 2006, S. 449, 465 ff; vgl NK-BGB/*Büdenbender*, § 437 Rn 108; Prütting/Wegen/Weinreich/*Ahrens*, § 119 Rn 5; *Schlachter*, JA 1991, 105, 109 f; nur einschr. für den Ausschluss bereits vor Gefahrübergang BGHZ 34, 32, 34 ff; Erman/*Palm*, § 119 Rn 19.

37 *Medicus*, BGB AT, Rn 775; MüKo/*Kramer*, § 119 Rn 35; Prütting/Wegen/Weinreich/*Ahrens*, § 119 Rn 5; *Köster*, Jura 2005, 145, 146 f.

38 BGH NJW 1988, 2597, 2598; MüKo/*Kramer*, § 119 Rn 34; Erman/*Palm*, § 119 Rn 19; Bamberger/Roth/*Wendtland*, § 119 Rn 9; *Coetser-Waltjen*, Jura 1990, 362, 367 f; *Schlachter*, JA 1991, 105, 110 f vgl AG Coburg NJW 1993, 938.

39 *Brors*, WM 2002, 1780, 1781; Palandt/*Ellenberger*, § 119 Rn 28; Bamberger/Roth/*Wendtland*, § 119 Rn 8 Fn 21.

40 *Medicus*, BGB AT, Rn 776; *Otto*, JuS 1985, 852; Palandt/*Ellenberger*, § 119 Rn 28; MüKo/*Kramer*, § 119 Rn 38, 39; Erman/*Palm*, § 119 Rn 19; Bamberger/Roth/*Wendtland*, § 119 Rn 10; aA etwa für den Mietvertrag LG Essen NZM 2006, 294; Palandt/*Weidenkaff*, § 536 Rn 12; *Emmerich*, NZM 1998, 692, 694 f; ausf. zur Problematik der Anfechtung von Willenserklärungen im Mietrecht *Fischer*, NZM 2005, 567 ff.

41 Palandt/*Ellenberger*, § 119 Rn 28; MüKo/*Kramer*, § 119 Rn 36; Erman/*Palm*, § 119 Rn 19; Bamberger/Roth/*Wendtland*, § 119 Rn 10.

42 BGH NJW-RR 2008, 222, 223; Palandt/*Ellenberger*, § 119 Rn 28.

tung die Anfechtung wegen eines Eigenschaftsirrtums aus, weil diese im Ergebnis zu der ausgeschlossenen Gewährleistung führen würde.[43]

19 Die Anfechtungsmöglichkeiten wegen Irrtums nach § 119 und wegen Täuschung oder Drohung nach **§ 123** schließen sich nicht gegenseitig aus, weil sie unterschiedliche Voraussetzungen und Rechtsfolgen haben.[44] Ob eine Anfechtung nach § 123 zugleich eine solche nach § 119 enthält, ist durch Auslegung zu ermitteln (vgl dazu § 143 Rn 8).

20 **3. Weitere Ausschlussgründe.** Da es sich bei den §§ 119 ff um dispositives Recht handelt, können die Parteien ihre Anwendung **vertraglich abbedingen**. Ein Ausschluss in AGB verstößt allerdings regelmäßig gegen § 307 Abs. 2 Nr. 1.[45]

21 Aus dem gleichen Grund kann der Berechtigte auf sein Anfechtungsrecht verzichten. Der **Verzicht** kann nicht erst ab Kenntnis des Irrtums, sondern schon vor dem Vorliegen eines Anfechtungsgrundes erklärt werden.[46] Ein Verzicht in AGB wird, wie der Ausschluss des Anfechtungsrechts, regelmäßig gegen § 307 Abs. 2 Nr. 1 verstoßen (vgl vorige Rn). Die wirksame Vereinbarung eines Gewährleistungsausschlusses ist in der Regel so auszulegen, dass sie zugleich einen Ausschluss der Anfechtung gem. Abs. 2 enthält, weil sonst die erstrebte Risikobeschränkung wirtschaftlich nicht erreicht würde (vgl zum Verhältnis der Sach- und Rechtsmängelhaftung zur Anfechtung gem. Abs. 2 bereits Rn 15 f).[47] Ein Sonderfall des Verzichts ist die **Bestätigung** des anfechtbaren Rechtsgeschäfts gem. § 144 (vgl § 144 Rn 2).

22 Nach allgemeinen Grundsätzen kann das Anfechtungsrecht gem. § 242 durch **Verwirkung**[48] erlöschen.[49] Ein Verstoß gegen Treu und Glauben in der Form des **widersprüchlichen Verhaltens** liegt vor, wenn der Anfechtende sich auf die Nichtigkeit gem. § 142 Abs. 1 berufen will, obwohl der Anfechtungsgegner diejenigen Vertragsbedingungen akzeptiert, die der Anfechtende ohne den Willensmangel vereinbart hätte. Die §§ 119, 120 räumen dem Anfechtungsberechtigten kein **„Reurecht"** ein (vgl § 142 Rn 11).

23 **4. Abweichende Sonderwertungen.** In bestimmten Rechtsgebieten gelten besondere Wertungen, welche die Möglichkeit der Irrtumsanfechtung ausschließen oder sie in ihren Wirkungen beschränken. So können im **Arbeitsrecht** zwar die zum Abschluss eines Arbeitsvertrages führenden Willenserklärungen gem. § 119 angefochten werden.[50] Hat der Arbeitnehmer aber bereits die ihm vom Arbeitgeber zugewiesene Arbeit aufgenommen und ist das Arbeitsverhältnis damit in Vollzug gesetzt worden, wirkt die Anfechtung wegen der Rückabwicklungsschwierigkeiten (§§ 812 ff) entgegen § 142 Abs. 1 grundsätzlich nicht zurück (keine ex tunc-Wirkung). Stattdessen hat sie die kündigungsähnliche Wirkung einer Auflösung des Arbeitsverhältnisses für die Zukunft (ex-nunc-Wirkung; näher dazu § 142 Rn 8). Dagegen scheidet die Irrtumsanfechtung von Willenserklärungen zu Tarifverträgen wegen der normativen Wirkung des Tarifvertrages von vornherein aus. Anfechtbar können lediglich die Willenserklärungen zum Abschluss eines Vorvertrages zu einem Tarifvertrag sein.[51]

24 Vergleichbare Sonderwertungen wie im Arbeitsrecht gelten im **Gesellschaftsrecht**. Da bereits in Vollzug gesetzte Gesellschaftsverträge und Beitrittserklärungen erhebliche Drittwirkungen haben, können die entsprechenden Willenserklärungen grundsätzlich ebenfalls nur mit ex-nunc-Wirkung angefochten werden (näher dazu § 142 Rn 9).

25 Im **Wertpapierrecht** kommt dem Gedanken des Verkehrsschutzes besondere Bedeutung zu. Die Umlauffähigkeit von Inhaber- und Orderpapieren muss gewährleistet werden. Deshalb kann der Irrende die Anfechtbarkeit seiner Erklärung auf einem derartigen umlauffähigen Papier – vor allem auf einem Wechsel – einem gutgläubigen Erwerber nur entgegenhalten, wenn sich die Anfechtbarkeit aus dem Papier selbst ergibt (vgl § 364 Abs. 2 HGB, Art. 16 Abs. 2, 17 WG, Art. 21, 22 ScheckG).[52]

II. Beachtlicher Irrtum

26 **1. Allgemeines.** Ein Irrtum iSd § 119 setzt zunächst eine **unbewusste Fehlvorstellung von der Wirklichkeit** voraus. Dabei kann es sich um eine unbewusst unrichtige oder um die fehlende Vorstellung von einem

43 OLG Brandenburg NJW-RR 2010, 1723, 1724.
44 Erman/*Palm*, § 119 Rn 18; Bamberger/Roth/*Wendtland*, § 119 Rn 14.
45 Palandt/*Ellenberger*, § 119 Rn 3; Bamberger/Roth/*Wendtland*, § 119 Rn 3; Prütting/Wegen/Weinreich/*Ahrens*, § 119 Rn 3; vgl BGH NJW 1983, 1671 f; OLG München BauR 1986, 579, 580; MüKo/*Kramer*, § 119 Rn 141.
46 Soergel/*Hefermehl*, § 119 Rn 73; MüKo/*Kramer*, § 119 Rn 141; Erman/*Palm*, § 119 Rn 6.
47 BGH BB 1967, 96; BGHZ 63, 369, 376 f = NJW 1975, 970; Soergel/*Hefermehl*, § 119 Rn 73; MüKo/*Kramer*, § 119 Rn 141; Erman/*Palm*, § 119 Rn 6; anders BGH NJW 1979, 160, 161; OLG Stuttgart NJW 1989, 2547.
48 Näher zur Verwirkung Anwk-BGB/*Krebs*, § 242 Rn 99 ff.
49 MüKo/*Kramer*, § 119 Rn 141; Erman/*Palm*, § 119 Rn 7.
50 BAG AP Nr. 3 zu § 119 BGB.
51 BAG NJW 1977, 318; MüKo/*Kramer*, § 119 Rn 25.
52 Palandt/*Ellenberger*, § 119 Rn 5; MüKo/*Kramer*, § 119 Rn 26 f; Bamberger/Roth/*Wendtland*, § 119 Rn 17.

Sachverhalt handeln.[53] Demnach scheidet eine Anfechtung gem. § 119 mangels Irrtums von vornherein aus, wenn der Erklärende bewusst die Möglichkeit in Kauf nimmt, dass seine Vorstellung unrichtig oder lückenhaft ist.[54] An einer unbewussten Fehlvorstellung und damit an einem zur Anfechtung berechtigenden Irrtum fehlt es grundsätzlich ferner dann, wenn der Erklärende den Inhalt der Erklärung gar nicht zur Kenntnis nimmt und zB eine Urkunde bewusst ungelesen unterzeichnet (näher dazu Rn 35).[55] Weiß der Erklärende sogar positiv, dass Wille und Erklärung nicht übereinstimmen, gelten anstelle des § 119 die §§ 116, 117.[56]

Die unbewusste Fehlvorstellung von der Wirklichkeit muss dazu führen, dass **Wille und Erklärung auseinander fallen**.[57] Deshalb muss zunächst der Inhalt der Willenserklärung ermittelt werden. Das geschieht durch ihre **Auslegung** gem. §§ 133, 157. Bei einer empfangsbedürftigen Willenserklärung wie einem Vertragsangebot kommt es darauf an, wie der Empfänger die Erklärung verstehen konnte (vgl dazu § 133 Rn 41 f). Kannte er den wahren Willen des Erklärenden oder musste er ihn bei zumutbarer Sorgfalt erkennen, gilt nicht das irrtümlich Erklärte, sondern das wirklich Gewollte. In diesem Fall scheidet eine Anfechtung des Erklärenden nach § 119 aus, weil Wille und Erklärung nicht auseinander fallen.[58] Gleiches gilt im Fall der falsa demonstratio, also der übereinstimmenden irrtümlichen Falschbezeichnung durch beide Parteien (vgl dazu § 133 Rn 46).[59] Die Auslegung der Willenserklärungen geht ihrer Anfechtung vor (**Vorrang der Auslegung vor der Anfechtung**).[60] **27**

Bei einem Vertrag kann die Auslegung zu dem Ergebnis führen, dass die entsprechenden beiderseitigen Willenserklärungen – Angebot und Annahme – inhaltlich objektiv gar nicht in allen Punkten übereinstimmen. Keine Abgrenzungsprobleme zur Anfechtung entstehen, wenn die Parteien von der Diskrepanz wussten und deshalb ein **offener Dissens** gem. § 154 vorliegt (vgl dazu § 154 Rn 1 f). Haben die Parteien dagegen geglaubt, sie hätten sich geeinigt, handelt es sich zwar um einen Irrtum. Dieser **versteckte Dissens** gibt aber keiner Partei ein Anfechtungsrecht nach § 119. Er ist vielmehr allein nach § 155 zu behandeln (vgl dazu § 155 Rn 1). Denn der Irrtum jeder Partei bezieht sich nicht auf den Inhalt der eigenen Willenserklärung, sondern auf denjenigen der Willenserklärung der anderen Partei. Im Gegensatz zu einem solchen versteckten Dissens setzt die Anfechtbarkeit einer Vertragserklärung voraus, dass die Auslegung nach dem objektiven Empfängerhorizont (vgl dazu § 133 Rn 41 f) einen anderen als den gewollten Erklärungsinhalt ergibt und dass aufgrund dieser Auslegung beide Erklärungen inhaltlich übereinstimmen.[61] Demnach kommt es für die Abgrenzung wiederum entscheidend auf die Auslegung an.[62] Auch hier gilt der **Vorrang der Auslegung vor der Anfechtung**.[63] **28**

Kein Irrtum iSd § 119 ist der sog. **Empfängerirrtum**. Obwohl der Erklärende seine Willenserklärung fehlerfrei abgibt, versteht sie der Empfänger falsch. Eine Anfechtung gem. § 119 kommt, vorbehaltlich eines Dissenses, erst in Betracht, wenn der Empfänger das Angebot in dem von ihm missverstandenen Sinn annimmt und damit seine Annahmeerklärung mit einem Irrtum behaftet ist.[64] **29**

2. Irrtum in der Erklärungshandlung – „Erklärungsirrtum" (Abs. 1, 2. Fall). a) Begriff. Nach Abs. 1, 2. Fall kann der Erklärende seine Willenserklärung anfechten, wenn er bei ihrer Abgabe eine Erklärung dieses Inhalts überhaupt nicht abgeben wollte. Der zur Anfechtung berechtigende Fehler passiert bei der **Kundgabe des Willens**, bei der Erklärungshandlung. Deshalb wird er als Irrtum in der Erklärungshandlung, Irrtum im Erklärungsakt, Erklärungsirrtum, Irrung oder Abirrung bezeichnet.[65] Dem Erklärenden misslingt die Äußerung seines Willens, indem er objektiv etwas anderes als dasjenige erklärt, was er subjektiv erklären wollte. **30**

53 Palandt/*Ellenberger*, § 119 Rn 9; Erman/*Palm*, § 119 Rn 31; Bamberger/Roth/*Wendtland*, § 119 Rn 21; vgl BAG NJW 1960, 2211; BGH WM 1983, 447; LG Frankfurt/M. NJW-RR 1997, 1273; HK-BGB/*Dörner*, § 119 Rn 4; RGRK/*Krüger-Nieland*, § 119 Rn 1.
54 BGH NJW 1951, 705; 1969, 184; Palandt/*Ellenberger*, § 119 Rn 9; Erman/*Palm*, § 119 Rn 31.
55 BGH NJW 1968, 2102; HK-BGB/*Dörner*, § 119 Rn 5; Palandt/*Ellenberger*, § 119 Rn 9; vgl OLG Köln VersR 2000, 243 f; LG Memmingen NJW 1975, 451; LG Köln WM 1986, 821; fErman/*Palm*, § 119 Rn 35.
56 HK-BGB/*Dörner*, § 119 Rn 5.
57 Vgl LG Frankfurt/M. NJW-RR 1997, 1273; HK-BGB/*Dörner*, § 119 Rn 4; Palandt/*Ellenberger*, § 119 Rn 7.
58 BGH NJW-RR 1995, 859; *Brox/Walker*, BGB AT, Rn 407 f; HK-BGB/*Dörner*, § 119 Rn 4; Palandt/*Ellenberger*, § 119 Rn 7; Jauernig/*Jauernig*, § 119 Rn 2; Erman/*Palm*, § 119 Rn 4; Bamberger/Roth/*Wendtland*, § 119 Rn 18; vgl Staudinger/*Singer*, Bearbeitung 2004, § 119 Rn 39; Soergel/*Hefermehl*, § 119 Rn 6, 17; RGRK/*Krüger-Nieland*, § 119 Rn 24.
59 Erman/*Palm*, § 119 Rn 5; Bamberger/Roth/*Wendtland*, § 119 Rn 18; Prütting/Wegen/Weinreich/*Ahrens*, § 119 Rn 13; vgl Soergel/*Hefermehl*, § 119 Rn 19; MüKo/*Kramer*, § 119 Rn 60; RGRK/*Krüger-Nieland*, § 119 Rn 20 ff.
60 *Brox/Walker*, BGB AT, Rn 410; Erman/*Palm*, § 119 Rn 4.
61 Vgl BGH BB 1967, 476; Palandt/*Ellenberger*, § 119 Rn 8: MüKo/*Kramer*, § 119 Rn 63; Bamberger/Roth/*Wendtland*, § 119 Rn 19.
62 Palandt/*Ellenberger*, § 119 Rn 8.
63 *Brox/Walker*, BGB AT, Rn 410; Erman/*Palm*, § 119 Rn 5.
64 *Medicus*, BGB AT, Rn 749; Palandt/*Ellenberger*, § 119 Rn 8 a; Bamberger/Roth/*Wendtland*, § 119 Rn 20; Prütting/Wegen/Weinreich/*Ahrens*, § 119 Rn 19.
65 Erman/*Palm*, § 119 Rn 33; MüKo/*Kramer*, § 119 Rn 47.

Äußerer Erklärungstatbestand und Erklärungswille stimmen nicht überein. Der Erklärende verschreibt, verspricht, vertippt, verklickt oder vergreift sich.[66] Der Irrtum passiert „durch die Hand", nicht „im Kopf". Der Erklärende benutzt ein Erklärungszeichen, das er gar nicht benutzen will.[67]

31 **b) Elektronische und automatisierte Willenserklärungen.** Für einen solchen Erklärungsirrtum macht es keinen Unterschied, ob sich der Erklärende auf einer Schreibmaschine vertippt und das fehlerhafte schriftliche Angebot mit der falschen Preisangabe in Papierform an seinen Vertragspartner schickt, ob er sich in gleicher Weise bei der Abfassung einer E-Mail oder einer SMS vertippt und sie auf elektronischem Wege an seinen Vertragspartner sendet, oder ob er sich beim Ausfüllen eines Online-Formulars im Rahmen einer Internet-Auktion vertippt oder verklickt. Derartige **Eingabefehler** bei **elektronischen Willenserklärungen** (vgl zur elektronischen Form § 126 Rn 46 ff) berechtigen zur Anfechtung nach Abs. 1, 2. Fall.[68]

32 Von den elektronischen werden die **automatisierten Willenserklärungen** unterschieden. Sie stammen in dieser Form nicht unmittelbar vom Erklärenden, sondern werden aufgrund eines Datenverarbeitungsprogramms (Computerprogramms) erstellt. Beispiele sind Kontoauszüge, Abrechnungen über den Verbrauch von Wasser, Strom oder Erdgas[69] oder Zinsberechnungen.[70] Beruht der Fehler einer solchen rechnergefertigten Erklärung auf einer **Fehleingabe** der Person, die den Rechner bedient, handelt es sich, wie bei anderen Formen des Vertippens oder Verschreibens, um einen Erklärungsirrtum gem. Abs. 1, 2. Fall. Beruht der Fehler in der Erklärung dagegen auf der Verwendung **fehlerhaften Datenmaterials** oder auf einem **fehlerhaften Programm**, ist er der Erklärung selbst vorgelagert und einem Motivirrtum vergleichbar, der nicht zur Anfechtung berechtigt.[71] Derartige Fehler in der Vorbereitungsphase der automatisierten Willenserklärung begründen nur ausnahmsweise einen gem. Abs. 1, 2. Fall beachtlichen Erklärungsirrtum, wenn sie unverändert in die Erklärung eingegangen sind.[72] Das hat der BGH in dem Fall angenommen, dass die im Internet angebotene Ware aufgrund eines **Fehlers im Datentransfer**, der durch die vom Anbieter verwendete Software verursacht wurde, im Internet mit einem zu niedrigen Kaufpreis ausgezeichnet wurde.[73] Da es indessen um einen Fehler bei der Datenübertragung geht, der zwar unmittelbar nur die invitatio ad offerendum im Internet betraf, sich aber ohne Änderung auf die Annahmeerklärung auswirkte, handelt es sich um eine Anfechtung wegen **falscher Übermittlung gem. § 120**[74] und damit um einen Sonderfall der Anfechtung wegen eines Erklärungsirrtums (vgl § 120 Rn 1, 2). Schließlich kann außerdem eine Anfechtung gem. § 123 in Betracht kommen, wenn das fehlerhafte Datenmaterial auf vorsätzlich falschen Angaben des Erklärungsempfängers – zB in einem Versicherungsantrag – beruht.[75]

33 **c) Handeln ohne Erklärungsbewusstsein.** Um einen besonderen Fall des Erklärungsirrtums handelt es sich, wenn der Erklärende **ohne Erklärungsbewusstsein** gehandelt hat. Im Schulfall der „Trierer Weinversteigerung" hebt der Ortsunkundige die Hand, um einem Bekannten zuzuwinken; er weiß nicht, dass er damit ein höheres Gebot abgibt.[76] Andere Beispiele sind das Unterschreiben eines Kaufangebots in der irrigen Meinung, es handele sich um ein Dankschreiben,[77] oder die bloße Tatsachenmitteilung einer Sparkasse, sie habe eine Bürgschaft übernommen, die als Angebot auf den Abschluss eines Bürgschaftsvertrages gem. §§ 765, 766 ausgelegt wird.[78] Ist dem Erklärenden die Äußerung objektiv zurechenbar (vgl dazu § 133 Rn 44), handelt es sich trotz des fehlenden Erklärungsbewusstseins um eine Willenserklärung (vgl dazu Vor § 116 Rn 7). Da

66 RGZ 66, 427, 429; Staudinger/*Singer*, Bearbeitung 2004, § 119 Rn 33 ff; HK-BGB/*Dörner*, § 119 Rn 6; Soergel/*Hefermehl*, § 119 Rn 11; Palandt/*Ellenberger*, § 119 Rn 10; Jauernig/*Jauernig*, § 119 Rn 6; RGRK/*Krüger-Nieland*, § 119 Rn 19; MüKo/*Kramer*, § 119 Rn 48; Erman/*Palm*, § 119 Rn 33; Bamberger/Roth/*Wendtland*, § 119 Rn 22; Prütting/Wegen/Weinreich/*Ahrens*, § 119 Rn 23; *Brox/Walker*, BGB AT, Rn 412; *Larenz/Wolf*, BGB AT, § 36 Rn 12; *Medicus*, BGB AT, Rn 746.

67 Vgl *Brox/Walker*, BGB AT, Rn 412; Prütting/Wegen/Weinreich/*Ahrens*, § 119 Rn 23.

68 Bamberger/Roth/*Wendtland*, § 119 Rn 28; vgl BGHZ 149, 129, 138 = NJW 2002, 363, 365; OLG Hamm NJW 1993, 2321; OLG München NJW 2003, 367; OLG Oldenburg, NJW-RR 2007, 268; AG Bad Homburg NJW-RR 2002, 1282; AG Lahr NJW 2005, 991; AG München MMR 2010, 687; Jauernig/*Jauernig*, § 119 Rn 6.

69 Bamberger/Roth/*Wendtland*, § 119 Rn 29.

70 Vgl LG Frankfurt/M. NJW-RR 1997, 1273.

71 LG Frankfurt/M. NJW-RR 1997, 1273; *Brehm*, in: FS Niederländer 1991, S. 233; *Medicus*, BGB AT, Rn 256; Palandt/*Ellenberger*, § 119 Rn 10; Erman/*Palm*, § 119 Rn 33; Bamberger/Roth/*Wendtland*, § 119 Rn 29; vgl LG Frankfurt/M. NJW-RR 1988, 1331; AG Frankfurt/M. NJW-RR 1990, 116; *Köhler*, AcP 182 (1982), 126, 134 ff.

72 *Medicus*, BGB AT, Rn 256; Palandt/*Ellenberger*, § 119 Rn 10; Erman/*Palm*, § 119 Rn 33; vgl OLG Hamm NJW 1993, 2321; AG Bad Homburg NJW-RR 2002, 1282; MüKo/*Kramer*, § 119 Rn 48.

73 BGH NJW 2005, 976 f.

74 So auch *Kocher*, JA 2006, 144, 146; ebenso in einem ähnlich gelagerten Fall OLG Hamm NJW 2004, 2610; zusätzlich auf § 120 abstellend BGH NJW 2005, 976, 977 sowie *Spindler* in seiner Anm. JZ 2005, 793, 794.

75 *Köhler*, AcP 182 (1982), 126, 135; Bamberger/Roth/*Wendtland*, § 119 Rn 29.

76 Vgl dazu *Gudian*, AcP 169 (1969), 232; Staudinger/*Singer*, Bearbeitung 2004, Vor §§ 116–144 Rn 28; MüKo/*Kramer*, § 119 Rn 95.

77 Erman/*Palm*, Vor § 116 Rn 3.

78 BGHZ 91, 324, 327 ff = BGH NJW 1984, 2279 f; vgl ferner das Bsp einer konkludenten Erklärung ohne Erklärungsbewusstsein in BGHZ 109, 171, 177 f = BGH NJW 1990, 454, 456.

der Erklärende eine Willenserklärung dieses Inhalts überhaupt nicht abgeben wollte, ist sie gem. Abs. 1, 2. Fall anfechtbar.[79]

34 **d) „Unterschriftsirrtum".** Bei der **Unterzeichnung ungelesener Urkunden** oder dem „Unterschriftsirrtum"[80] sind neben dem gerade erörterten Fall des fehlenden Erklärungsbewusstseins (der Unterzeichnende weiß nicht, dass er überhaupt eine Willenserklärung abgibt; vgl dazu die vorige Rn) weitere Fallgestaltungen zu unterscheiden. Sie können die Anfechtbarkeit wegen Erklärungsirrtums oder wegen Inhaltsirrtums begründen oder überhaupt nicht zur Anfechtbarkeit führen.[81] Soweit diese zum Teil recht feinen Differenzierungen entscheidend von subjektiven Merkmalen abhängen, stellen sich in der Praxis allerdings nicht unerhebliche Beweisprobleme.

35 Nimmt der Erklärende den Inhalt der Urkunde überhaupt nicht zur Kenntnis, obwohl er weiß, dass es sich um eine Urkunde handelt, und macht sich damit bewusst keine Vorstellung über den Inhalt der Urkunde, fehlt es von vornherein an einer unbewussten Fehlvorstellung und damit an einem beachtlichen Irrtum (vgl Rn 26). Unterzeichnet der Erklärende die Urkunde **bewusst ungelesen** – „blind" –, weil er zB Analphabet ist oder die Sprache nicht beherrscht, in der die Erklärung verfasst ist, kann er seine in der Urkunde verkörperte Erklärung mangels eines Irrtums iSd Abs. 1 nicht anfechten.[82] Eine Anfechtung wegen eines Erklärungsirrtums soll jedoch ausnahmsweise in Betracht kommen, wenn die Urkunde einen Inhalt hatte, mit dem der Unterzeichnende unter keinen Umständen rechnen konnte.[83]

36 Macht sich der Erklärende eine **falsche Vorstellung** vom Inhalt der Urkunde, die er ungelesen unterschreibt, kann er seine darin verkörperte Willenserklärung je nach der Ursache der Fehlvorstellung wegen Erklärungs- oder wegen Inhaltsirrtums anfechten. Ein Erklärungsirrtum gem. Abs. 1, 2. Fall liegt vor, wenn die Fehlvorstellung auf einem **Fehler bei der Erklärungshandlung** beruht.[84] Beispiele sind die Verwechslung zweier Urkunden und die Unterzeichnung einer vom Erklärenden selbst oder nach seinem Diktat fehlerhaft verfassten Urkunde ohne nochmalige Kontrolle des Inhalts.[85] Ein weiteres Beispiel ist die Unterzeichnung einer notariellen Urkunde, wenn der Erklärende eine vom Notar nachträglich eingefügte Klausel bei der Verlesung überhört hat.[86] Gleiches gilt für den Fall, dass der Erklärende ungelesen die Geltung der zwischenzeitlich geänderten AGB seines Vertragspartners akzeptiert, weil er glaubt, deren Inhalt von früheren Verträgen zu kennen.[87]

37 Ein Inhaltsirrtum gem. Abs. 1, 1. Fall (näher dazu Rn 40 ff) liegt vor, wenn die Fehlvorstellung über den Inhalt der Urkunde **andere Ursachen** hat. Ein solcher Irrtum kann etwa vorliegen, wenn der Erklärende irrtümlich davon ausgeht, dass die Urkunde lediglich vorausgegangene Verhandlungen bestätigt.[88] Er kommt ferner in Betracht, wenn der Erklärende einem Dritten – insbesondere seinem Vertragspartner – die Formulierung der

79 MüKo/*Kramer*, § 119 Rn 103; Bamberger/Roth/*Wendtland*, § 119 Rn 23; vgl BGHZ 91, 324, 329 f = BGH NJW 1984, 2279, 2280; BGHZ 109, 171, 177 = BGH NJW 1990, 454, 456; 1995, 953; BGHZ 149, 129, 136 = NJW 2002, 362, 365; BAG NJW 1987, 2101, 2102; OLG Nürnberg WM 1990, 928, 930; OLG Hamm BB 1992, 2177; OLG Dresden WM 1999, 949, 951; *Bydlinski*, JZ 1975, 1, 5; *Medicus*, BGB AT, Rn 607; *Larenz/Wolf*, BGB AT, § 36 Rn 83; Palandt/*Ellenberger*, § 119 Rn 22, Vor § 116 Rn 17; für einen Inhaltsirrtum gem. § 119 Abs. 1, 1. Fall HK-BGB/*Dörner*, § 119 Rn 13; Soergel/*Hefermehl*, Vor § 116 Rn 49; Prütting/Wegen/Weinreich/*Ahrens*, § 119 Rn 22; ohne die Einordnung als Erklärungs- oder Inhaltsirrtum allgemein für die Anfechtbarkeit gem. § 119 Abs. 1 *Brox/Walker*, BGB AT, Rn 137; Erman/*Palm*, Vor § 116 Rn 3, § 119 Rn 24; gegen eine Anfechtung analog § 119 Staudinger/*Singer*, Bearbeitung 2004, Vor §§ 116–144 Rn 33 ff, § 118 Rn 5; gegen die Annahme einer Willenserklärung und die Notwendigkeit einer Anfechtung *Canaris*, Anm. zu BGH v. 7.6.1984, NJW 1984, 2281 f; RGRK/*Krüger-Nieland*, § 119 Rn 10, unentschieden allerdings aaO, Vor § 116 Rn 34.

80 So etwa *Larenz/Wolf*, BGB AT, § 36 Rn 77; *Medicus*, BGB AT, Rn 752.

81 Vgl MüKo/*Kramer*, § 119 Rn 51 ff; Bamberger/Roth/*Wendtland*, § 119 Rn 24 ff.

82 HK-BGB/*Dörner*, § 119 Rn 5; Palandt/*Ellenberger*, § 119 Rn 9; MüKo/*Kramer*, § 119 Rn 52; Erman/*Palm*, § 119 Rn 35; Bamberger/Roth/*Wendtland*, § 119 Rn 24; Prütting/Wegen/Weinreich/*Ahrens*, § 119 Rn 16; vgl BGH NJW 1968, 2102, 2103, 1995, 190, 191; BAGE 22, 424; OLG Köln VersR 2000, 243, 244; LG Memmingen NJW 1975, 451, 452; LG Köln WM 1986, 821, 822.

83 AG Bremen v. 17.8.2010 – 4 C 0149/10; Soergel/*Hefermehl*, § 119 Rn 13; Erman/*Palm*, § 119 Rn 35; Bamberger/Roth/*Wendtland*, § 119 Rn 24; vgl RGZ 77, 309, 313

84 Vgl BGH NJW 1995, 190 f; LG Köln VersR 1989, 1265; LG Krefeld NJW-RR 1998, 1522; Palandt/*Ellenberger*, § 119 Rn 9; Prütting/Wegen/Weinreich/*Ahrens*, § 119 Rn 16.

85 *Flume*, BGB AT Bd. 2, § 23, 2 b; Erman/*Palm*, § 119 Rn 35; Bamberger/Roth/*Wendtland*, § 119 Rn 25; dagegen für einen Inhaltsirrtum MüKo/*Kramer*, § 119 Rn 54; *Cziupka*, JuS 2009, 887, 891.

86 BGHZ 71, 260, 262 f = BGH NJW 1978, 1480.

87 *Loewenheim*, AcP 180 (1980), 433, 445; vgl Soergel/*Hefermehl*, § 119 Rn 14; Palandt/*Ellenberger*, § 119 Rn 9; dagegen für einen Inhaltsirrtum Bamberger/Roth/*Wendtland*, § 119 Rn 26; MüKo/*Kramer*, § 119 Rn 54.

88 Vgl BGH BB 1956, 254; NJW 1995, 190 f; BAG NJW 1971, 639 (Ausgleichsquittung); Staudinger/*Singer*, Bearbeitung 2004, § 119 Rn 16; RGRK/*Krüger-Nieland*, § 119 Rn 6; Erman/*Palm*, § 119 Rn 35; Prütting/Wegen/Weinreich/*Ahrens*, § 119 Rn 16; dagegen für einen Erklärungsirrtum Soergel/*Hefermehl*, § 119 Rn 13.

Urkunde überlässt und sie im Vertrauen darauf, dass sie den Inhalt der vorherigen Verhandlungen korrekt wiedergibt, ohne nochmalige Kontrolle unterschreibt.[89] Betraut er allerdings eine auf seiner Seite stehende Person mit der Ausformulierung, kann ihm die Anfechtung wie bei einer Blankounterschrift aus Gründen des Verkehrsschutzes verwehrt sein (vgl dazu die folgende Rn 38).[90]

38 Leistet der Erklärende eine **Blankounterschrift** und füllt der Blankettnehmer anschließend das Blankett abredewidrig aus, liegen zwar grundsätzlich die Voraussetzungen eines Erklärungsirrtums gem. Abs. 1, 2. Fall vor. Da der Unterschreibende aber damit rechnen muss, dass das Blankett falsch ausgefüllt werden kann, wenn er es freiwillig aus der Hand gibt, trägt er dieses Missbrauchsrisiko. Deshalb ist ihm die Anfechtung gegenüber einem gutgläubigen Dritten nach dem Rechtsgedanken des § 172 Abs. 2 verwehrt.[91] Hat er das Blankett dagegen nicht freiwillig weitergegeben, sondern hat es sich ein Dritter widerrechtlich verschafft und ausgefüllt, gelten die Regelungen des Handelns ohne Vertretungsmacht (§§ 177 ff; vgl § 126 Rn 24).[92]

39 **e) Übermittlungsfehler.** Unterläuft der Fehler bei der Willensäußerung nicht dem Erklärenden selbst, sondern einer zur **Übermittlung** eingeschalteten Person oder Einrichtung, folgt die Anfechtbarkeit aus § 120. Dabei handelt es sich um einen Sonderfall des Erklärungsirrtums (vgl § 120 Rn 1).

40 **3. Irrtum über den Inhalt der Erklärung – „Inhaltsirrtum" (Abs. 1, 1. Fall). a) Begriff.** Nach Abs. 1, 1. Fall kann der Erklärende seine Willenserklärung anfechten, wenn er bei ihrer Abgabe über ihren Inhalt im Irrtum war. Anders als beim Erklärungsirrtum geschieht der Fehler nicht bei der Kundgabe des Willens selbst, sondern er folgt aus einem Umstand außerhalb des eigentlichen Erklärungsaktes.[93] Der Irrtum passiert „im Kopf", nicht „durch die Hand". Der Erklärende gebraucht zwar genau das Erklärungszeichen, das er auch gebrauchen will. Er irrt aber über die **Bedeutung des Erklärungszeichens**, über die Tragweite oder über den Sinn, den dieses Erklärungszeichen objektiv am Erklärungsort hat. Er weiß zwar, was er sagt, aber nicht, was er damit sagt.[94] Deshalb wird der Inhaltsirrtum auch als Bedeutungsirrtum oder als Geschäftsirrtum bezeichnet.[95] Der äußere Erklärungstatbestand und der Wille des Erklärenden stimmen überein, aber der Erklärung kommt objektiv, im Wege der Auslegung nach dem Empfängerhorizont (vgl dazu § 133 Rn 41), eine andere Bedeutung zu, als der Erklärende ihr subjektiv beimisst.[96] Hier wird der **Vorrang der Auslegung vor der Anfechtung** (dazu Rn 27) besonders deutlich.[97] Solche Inhaltsirrtümer treten vor allem bei der Benutzung von Fachausdrücken, Fremdwörtern oder Maßeinheiten auf (näher dazu Rn 43).[98]

41 Die **Abgrenzung zum Erklärungsirrtum** gem. Abs. 1, 2. Fall ist fließend. Nicht immer lässt sich genau bestimmen, ob der Erklärende ein falsches Erklärungszeichen benutzt oder sich über dessen Inhalt geirrt hat. Wegen der identischen Rechtsfolgen kommt der Abgrenzung aber keine große praktische Bedeutung zu.[99]

42 Der Inhaltsirrtum kann sich auf **verschiedene Bestandteile** der Willenserklärung oder des beabsichtigten Geschäfts beziehen. Als Gegenstände des Irrtums kommen in Betracht: der gewählte Ausdruck, die Person des Geschäftspartners, der Geschäftsgegenstand, der Geschäftstyp, die Rechtsfolgen der Willenserklärung, die Berechnungsgrundlage und die Sollbeschaffenheit. Nicht alle genannten Irrtümer berechtigen zur Anfechtung wegen Inhaltsirrtums gem. Abs. 1, 1. Fall.

43 **b) Verlautbarungsirrtum.** Bei einem Verlautbarungsirrtum irrt der Erklärende über die **objektive Bedeutung eines Begriffs**, den er in seiner Willenserklärung benutzt. Solche Irrtümer passieren meistens bei der Benutzung von Fachausdrücken, Fremdwörtern oder Mengen-, Maß-, Gewichts- oder Währungsbezeichnungen. Bestellt zB die Konrektorin einer Mädchenrealschule 25 Gros Rollen Toilettenpapier in der Meinung, bei dem Begriff „Gros" handele es sich um eine Verpackungsart, kann sie die Bestellung, die objektiv eine Menge von (144 x 25 =) 3.600 Rollen umfasst, gem. Abs. 1, 1. Fall anfechten.[100] Weitere Beispiele[101] sind die

89 Bamberger/Roth/*Wendtland*, § 119 Rn 25.
90 *Flume*, BGB AT Bd. 2, § 23, 2 b; MüKo/*Kramer*, § 119 Rn 55.
91 BGHZ 40, 65, 68; 132, 119, 127 = BGH NJW 1996, 1467, 1469; BGH NJW 2001, 2968, 2969; *Larenz/Wolf*, § 27 Rn 36; HK-BGB/*Dörner*, § 119 Rn 6; RGRK/*Krüger-Nieland*, § 126 Rn 10; Prütting/Wegen/Weinreich/*Ahrens*, § 119 Rn 18; *Cziupka*, JuS 2009, 887, 891.
92 *Flume*, BGB AT Bd. 2, § 15 II 1 d; HK-BGB/*Dörner*, § 126 Rn 9; MüKo/*Einsele*, § 126 Rn 11; Bamberger/Roth/*Wendtland*, § 119 Rn 27.
93 Bamberger/Roth/*Wendtland*, § 119 Rn 30.
94 *Lessmann*, JuS 1969, 478, 480.
95 Palandt/*Ellenberger*, § 119 Rn 11; Jauernig/*Jauernig*, § 119 Rn 7; Erman/*Palm*, § 119 Rn 34.
96 Staudinger/*Singer*, Bearbeitung 2004, § 119 Rn 38; Soergel/*Hefermehl*, § 119 Rn 17; MüKo/*Kramer*, § 119 Rn 57; RGRK/*Krüger-Nieland*, § 119 Rn 24; Bamberger/Roth/*Wendtland*, § 119 Rn 30; Prütting/Wegen/Weinreich/*Ahrens*, § 119 Rn 24; vgl BGH NJW 1999, 2664, 2665; *Brox/Walker*, BGB AT, Rn 411; HK-BGB/*Dörner*, § 119 Rn 7.
97 *Medicus*, BGB AT, Rn 745.
98 MüKo/*Kramer*, § 119 Rn 57.
99 Bamberger/Roth/*Wendtland*, § 119 Rn 30.
100 LG Hanau NJW 1979, 721; dazu *Kornblum*, JuS 1980, 258 ff; *Plander*, BB 1980, 133 ff; *Medicus*, BGB AT, Rn 745.
101 Vgl auch die Beispiele RGZ 97, 191 ff; BGH MDR 1960, 914 f; LAG Baden-Württemberg DB 1971, 245; Palandt/*Ellenberger*, § 119 Rn 11; MüKo/*Kramer*, § 119 Rn 76.

Verwendung der Gewichtsbezeichnung „pound" (= 453,6 g) in der Meinung, sie bedeute dasselbe wie „Pfund" (= 500 g),[102] oder des Begriffs „Leihe" für die entgeltliche Gebrauchsüberlassung, also die Miete.[103]

Wegen des **Vorrangs der Auslegung** ist in derartigen Fallgestaltungen zunächst zu prüfen, ob der Erklärungsempfänger den wirklich gewollten Inhalt der Willenserklärung erkennen konnte und deshalb das Gewollte gilt (vgl § 133 Rn 13). Irren sich die Parteien übereinstimmend über den Inhalt der von ihnen gewählten Bezeichnung und meinen etwa, das norwegische Wort „Haakjöringsköd" bedeute Walfischfleisch (statt Haifischfleisch), ist nach dem Grundsatz der falsa demonstratio (vgl dazu § 133 Rn 46) das gemeinsam Gemeinte maßgeblich.[104] In beiden Fällen scheidet eine Anfechtung aus.[105] 44

c) Identitätsirrtum. Unter dem Oberbegriff des Identitätsirrtums werden drei ähnliche Arten des Inhaltsirrtums zusammengefasst, die sich auf die **wesentlichen Bestandteile des Geschäfts** – die essentialia negotii – beziehen.[106] Es handelt sich um den Irrtum über die Identität des Geschäftspartners, den Gegenstand des Geschäfts und den Geschäftstyp. Diesbezüglich finden sich noch die Bezeichnungen des error in persona, in obiecto und in negotio.[107] 45

Ein gem. Abs. 1, 1. Fall beachtlicher Identitätsirrtum liegt zunächst vor, wenn der Erklärende eine konkrete Person als Vertragspartner bezeichnet, die Bezeichnung aufgrund der Umstände des Einzelfalles aber nicht auf die gemeinte, sondern auf eine andere Person zutrifft. Will der Erklärende zB den ihm bekannten Handwerker H 1 beauftragen, sendet das Auftragsschreiben aber irrtümlich an den gleichnamigen Handwerker H 2, kann er wegen eines Irrtums über die **Person des Geschäftspartners** anfechten. Die Grenze zum Eigenschaftsirrtum gem. Abs. 2 ist fließend, spielt wegen der Gleichartigkeit der Rechtsfolgen in der Praxis aber regelmäßig keine Rolle.[108] 46

Um einen Inhaltsirrtum gem. Abs. 1, 1. Fall handelt es sich ferner, wenn der Erklärende sich über die **Identität des Geschäftsgegenstandes** irrt. Ein solcher Irrtum liegt zB vor, wenn der Erklärende sein im Stall stehendes Pferd oder sein im Arbeitszimmer hängendes Bild verkauft, ohne zu wissen, dass zwischenzeitlich das Pferd oder das Bild ausgewechselt worden ist.[109] Ein weiteres Beispiel ist die irrtümliche Falschbezeichnung des verkauften Grundstücks.[110] Hier ist die Grenze zum Eigenschaftsirrtum gem. Abs. 2 ebenfalls fließend, in der Praxis aber kaum von Bedeutung.[111] 47

Schließlich berechtigt auch der Inhaltsirrtum über den gemeinten **Geschäftstyp** zur Anfechtung gem. Abs. 1, 1. Fall. Er ist zB gegeben, wenn der Erklärende ein Schenkungsangebot annehmen will, seine Erklärung nach dem objektiven Empfängerhorizont aber als Annahme eines Kaufangebots auszulegen ist.[112] Diesbezüglich können sich Abgrenzungsschwierigkeiten zum Rechtsfolgenirrtum ergeben, der allerdings ebenfalls zur Anfechtung berechtigt (vgl dazu Rn 49 ff).[113] 48

d) Rechtsfolgenirrtum. Führt die Willenserklärung nicht zu den vom Erklärenden gewollten, sondern zu anderen, davon wesentlich abweichenden Rechtsfolgen oder zieht die Erklärung Rechtsfolgen nach sich, an die der Erklärende überhaupt nicht gedacht hat, liegt ein **Rechtsfolgenirrtum** vor. Der Erklärende wusste zB nicht, dass er als Verkäufer gem. §§ 437 ff für Mängel der Kaufsache einstehen muss, oder er meint, der vereinbarte Haftungsausschluss für Rechtsmängel erfasse auch Sachmängel.[114] Solche Irrtümer können den Irrtumskategorien des § 119 nicht eindeutig zugeordnet werden. Im weiteren Sinne ist jeder Irrtum iSd Abs. 1 ein Rechtsfolgenirrtum, weil eine Willenserklärung per definitionem Rechtsfolgen auslöst, die durch ihren Inhalt bestimmt werden.[115] Der Rechtsfolgenirrtum im engeren, oben beschriebenen Sinne kann einerseits als beachtlicher **Inhaltsirrtum** iSd Abs. 1, 1. Fall eingeordnet werden, soweit man darauf abstellt, dass der Erklärende über die Bedeutung seiner Erklärung im Irrtum gewesen ist, weil er die Rechtsfolgen nicht gekannt hat. Andererseits kann es sich um einen unbeachtlichen **Motivirrtum** handeln, weil die falsche Beur- 49

102 Bamberger/Roth/*Wendtland*, § 119 Rn 31.
103 Soergel/*Hefermehl*, § 119 Rn 22.
104 Vgl RGZ 99, 147, 148.
105 Vgl *Medicus*, BGB AT, Rn 745; Bamberger/Roth/*Wendtland*, § 119 Rn 31.
106 Staudinger/*Singer*, Bearbeitung 2004, § 119 Rn 43 ff; HK-BGB/*Dörner*, § 119 Rn 8.
107 Staudinger/*Singer*, Bearbeitung 2004, § 119 Rn 45; HK-BGB/*Dörner*, § 119 Rn 8; Soergel/*Hefermehl*, § 119 Rn 23; vgl MüKo/*Kramer*, § 119 Rn 78; vgl auch HKK/*Schermaier*, §§ 116–124 Rn 53 ff.
108 Palandt/*Ellenberger*, § 119 Rn 13; Bamberger/Roth/*Wendtland*, § 119 Rn 35; anders Jauernig/*Jauernig*, § 119 Rn 9.
109 HK-BGB/*Dörner*, § 119 Rn 8; MüKo/*Kramer*, § 119 Rn 78.
110 Palandt/*Ellenberger*, § 119 Rn 14; MüKo/*Kramer*, § 119 Rn 78.
111 Bamberger/Roth/*Wendtland*, § 119 Rn 35; anders Jauernig/*Jauernig*, § 119 Rn 9; vgl näher zu der im Einzelnen kontroversen Abgrenzung etwa MüKo/*Kramer*, § 119 Rn 79.
112 HK-BGB/*Dörner*, § 119 Rn 8; vgl *Lessmann*, JuS 1969, 478, 481; Staudinger/*Singer*, Bearbeitung 2004, § 119 Rn 44.
113 Bamberger/Roth/*Wendtland*, § 119 Rn 35.
114 Vgl *Brox/Walker*, BGB AT, Rn 423.
115 *Flume*, BGB AT Bd. 2, § 23, 4 d; MüKo/*Kramer*, § 119 Rn 82.

teilung der Rechtslage der Erklärung vorgelagert und lediglich ein Motiv für ihre Abgabe gewesen ist.[116] Die Abgrenzung und Einordnung bereiten in der Praxis vielfach Probleme.[117]

50 Nach verbreiteter Auffassung kommt es für die Einordnung des Rechtsfolgenirrtums als beachtlicher Inhaltsirrtum iSd Abs. 1, 1. Fall oder als unbeachtlicher Motivirrtum entscheidend darauf an, ob die **Rechtsfolgen**, auf die sich der Irrtum bezieht, selbst **Inhalt der rechtsgeschäftlichen Erklärung** geworden sind. Danach liegt ein beachtlicher Inhaltsirrtum vor, wenn die Rechtsfolge, über die sich der Erklärende irrt, **unmittelbare Folge** der Willenserklärung ist.[118] Verkauft zB der Eigentümer eine Gastwirtschaft „nebst Zubehör" und nimmt dabei an, mitverkauft seien nur die fest eingebauten Einrichtungsgegenstände, während die §§ 97 f deutlich mehr erfassen, kann er gem. Abs. 1, 1. Fall anfechten.[119] Gleiches gilt, soweit der Verkäufer im Eingangsbeispiel (vorige Rn) irrtümlich meint, der vereinbarte Ausschluss der Rechtsmängelhaftung erfasse auch Sachmängel.[120] Dagegen handelt es sich dieser Abgrenzung zufolge lediglich um einen unbeachtlichen Motivirrtum, wenn der Erklärende über eine Rechtsfolge irrt, die **kraft Gesetzes** an die Willenserklärung geknüpft ist.[121] So wäre im obigen Beispielsfall der Gastwirtschaft etwa zu entscheiden, wenn der Verkäufer das Zubehör nicht ausdrücklich einbezogen hätte, sondern sich die Einbeziehung lediglich aus § 311 c ergäbe.[122] Auch im ersten Eingangsbeispiel (vorige Rn) kann der Verkäufer nicht mit der Begründung anfechten, er habe nicht gewusst, dass er gesetzlich (§§ 437 ff) für Mängel der Kaufsache einstehen muss.[123] Obwohl die Grenzlinien nicht immer zweifelsfrei zu ziehen sind und im Ergebnis derjenige durch eine Anfechtungsmöglichkeit „belohnt" werden kann, der möglichst viele Rechtsfolgen in seine Erklärung aufnimmt, entspricht diese Abgrenzung im Wesentlichen dem Zweck des § 119. Als Konsequenz der Privatautonomie muss der Erklärende die Rechtsgestaltung, die er durch seine Willenserklärung vorgenommen hat, rückwirkend vernichten können, wenn dieser Willenserklärung und den damit beabsichtigten Rechtsfolgen kein entsprechender Wille zugrunde lag (vgl dazu Rn 1 f).[124]

51 Die **Rechtsprechung** geht von einem weiteren Begriff des Inhaltsirrtums aus.[125] Sie nimmt einen zur Anfechtung berechtigenden Irrtum iSd Abs. 1, 1. Fall an, wenn das Rechtsgeschäft aufgrund der Verkennung oder der Unkenntnis seiner rechtlichen Bedeutung nicht die erstrebten, sondern davon **wesentlich verschiedene Rechtsfolgen** erzeugt. Um einen unbeachtlichen Motivirrtum handelt es sich dagegen, wenn das Rechtsgeschäft außer der erstrebten Wirkung nicht erkannte und nicht gewollte **Nebenwirkungen** hat.[126] Danach kann zB der Ausschlagende die Ausschlagung der Erbschaft anfechten, wenn er glaubte, er erhalte dadurch eine Befreiung von Auflagen[127] oder einen unbeschränkten Pflichtteilsanspruch.[128] Der unter Beschwerungen als Alleineerbe eingesetzte Pflichtteilsberechtigte kann die Annahme der Erbschaft anfechten, wenn er irrtümlich glaubte, nur so seinen Pflichtteilsanspruch nicht zu verlieren.[129] Dagegen kann der Bieter sein Gebot in der Zwangsversteigerung eines Grundstücks nicht wegen einer Fehlvorstellung über den Umfang der Rechte anfechten, die nach den Versteigerungsbedingungen bestehen bleiben.[130] Eine Schwangere kann ihre Erklärung zum Abschluss eines Aufhebungsvertrages nicht mit der Begründung anfechten, sie habe nicht gewusst, dass sie den Mutterschutz verliert.[131] Ein gerichtlicher Vergleich ist nicht wegen eines Inhaltsirrtums anfechtbar, wenn der Beteiligte bei seinem Abschluss einer Fehlvorstellung über den Umfang der zuvor bewilligten Prozesskostenhilfe unterlag.[132]

52 **e) Kalkulationsirrtum.** Beruht eine Willenserklärung auf einer fehlerhaften Preisberechnung, handelt es sich um einen **Kalkulationsirrtum**. Der Fehler kann darin bestehen, dass der Erklärende sich – etwa beim Mul-

116 *Medicus*, BGB AT, Rn 750; Prütting/Wegen/Weinreich/*Ahrens*, § 119 Rn 28.
117 Vgl zur Einordnung etwa Staudinger/*Singer*, Bearbeitung 2004, § 119 Rn 67 ff; MüKo/*Kramer*, § 119 Rn 82 ff; RGRK/*Krüger-Nieland*, § 119 Rn 27 ff; *Larenz/Wolf*, BGB AT, § 36 Rn 73 ff; *Medicus*, BGB AT, Rn 750 f; vgl speziell zur Einordnung durch die Rspr Palandt/*Ellenberger*, § 119 Rn 15 f; MüKo/*Kramer*, § 119 Rn 86.
118 *Flume*, BGB AT Bd. 2, § 23, 4 d; *Larenz/Wolf*, BGB AT, § 36 Rn 75 f; *Brox/Walker*, BGB AT, Rn 423; Erman/*Palm*, § 119 Rn 37; Bamberger/Roth/*Wendtland*, § 119 Rn 32; ähnlich MüKo/*Kramer*, § 119 Rn 83 ff; vgl auch *Medicus*, BGB AT, Rn 751.
119 *Larenz/Wolf*, BGB AT, § 36 Rn 76; ebenso etwa Bamberger/Roth/*Wendtland*, § 119 Rn 32.
120 *Brox/Walker*, BGB AT, Rn 423; Prütting/Wegen/Weinreich/*Ahrens*, § 119 Rn 29.
121 *Flume*, BGB AT Bd. 2, § 23, 4 d; *Larenz/Wolf*, BGB AT, § 36 Rn 75; *Brox/Walker*, BGB AT, Rn 423; MüKo/*Kramer*, § 119 Rn 84; Erman/*Palm*, § 119 Rn 37; Bamberger/Roth/*Wendtland*, § 119 Rn 32; vgl *Medicus*, BGB AT, Rn 751; vgl BGH NJW 2008, 2442, 2443 f.
122 Vgl *Medicus*, BGB AT, Rn 751.
123 *Brox/Walker*, BGB AT, Rn 423.
124 Vgl *Medicus*, BGB AT, Rn 751.
125 MüKo/*Kramer*, § 119 Rn 86; krit. *Cziupka*, JuS 2009, 887, 889 f.
126 Grundlegend RGZ 88, 278, 284; ebenso etwa BGHZ 70, 47, 48 f; BGH NJW 1995, 1484, 1485; BGHZ 134, 152, 156 = BGH NJW 1997, 653; 1999, 2664, 2665; 2002, 3100, 3102; 2006, 3353, 3355 f; 2008, 2442, 2443 f; BAG NJW 1983, 2958; NZA 1988, 734, 735; NJW 1996, 2593; vgl BVerwG NJW 2010, 3048, 3049.
127 OLG Düsseldorf DNotZ 1998, 839.
128 OLG Hamm OLGZ 1982, 41, 49.
129 BGH NJW 2006, 3353, 3355 f.
130 BGH NJW 2008, 2442, 2443 f.
131 BAG NJW 1983, 2958; DB 1992, 1529.
132 BVerwG NJW 2010, 3048, 3049.

tiplizieren oder Dividieren – schlicht **verrechnet** und dem Erklärungsempfänger deshalb einen falschen Kaufpreis oder eine falsche Miete angeboten hat. Oder der Erklärende hat seiner Kalkulation einen **unrichtigen Berechnungsfaktor** – zB den Börsen- oder Devisenkurs oder die Quadratmeterzahl der vermieteten Wohnung – zugrunde gelegt.[133] Die rechtliche Behandlung des Kalkulationsirrtums oder des Irrtums über die Berechnungsgrundlage ist im Einzelnen unklar und umstritten.[134] Verschiedene Fallkonstellationen sind zu unterscheiden.

Ein sog. verdeckter oder **interner Kalkulationsirrtum** liegt vor, wenn der Erklärende seine Berechnungs- 53
grundlage nicht offen legt, sondern dem Erklärungsempfänger lediglich das Ergebnis seiner Berechnung mitteilt. Die Willenserklärung nennt also zB nur den Kaufpreis oder die Miete. Hier handelt es sich nach ganz hM um einen Fehler in der Willensbildung und damit um einen bloßen Motivirrtum, der den Erklärenden nicht zur Anfechtung berechtigt. Er trägt das Risiko dafür, dass seine Kalkulation zutrifft.[135] Das gilt auch dann, wenn die falsche Berechnung durch einen Fehler der vom Erklärenden benutzten Software verursacht wird (vgl dazu auch bereits Rn 32).[136]

Im Unterschied dazu handelt es sich nach der Definition des Reichsgerichts um einen sog. offenen oder 54
externen Kalkulationsirrtum, wenn der Erklärende die fehlerhafte Berechnung ausdrücklich zum Gegenstand der Vertragsverhandlungen gemacht hat, und zwar vor allem dann, wenn dem Erklärungsgegner erkennbar wurde, dass der geforderte oder angebotene Preis auf einer bestimmten, näher dargelegten Berechnung beruhte.[137] Da die Preisberechnung auf diese Weise zum Gegenstand der Willenserklärung und zum Vertragsinhalt geworden sei, handele es sich um einen **„erweiterten Inhaltsirrtum"**,[138] der gem. Abs. 1, 1. Fall zur Anfechtung berechtige.[139] Diese Rechtsprechung wird indessen in der Literatur zu Recht fast einhellig **abgelehnt**.[140] Die Preisberechnung kann als bloßes Motiv für die Abgabe der Willenserklärung nicht allein dadurch zum Geschäftsinhalt gemacht werden, dass der Erklärende sie seinem Vertragspartner mitteilt. Die Grenze zwischen beachtlichen und unbeachtlichen Irrtümern kann nicht durch die „Hochstilisierung" des Motivirrtums zu einem Inhaltsirrtum verwischt werden.[141] Der Wille und die Erklärung stimmen überein. Der Fehler ist bereits im Vorfeld, bei der Willensbildung, nämlich bei der Kalkulation, als Rechenfehler passiert.[142]

Irrt sich der Erklärende bei der Berechnung eines Preises, eröffnet dieser Berechnungsfehler dem Erklärenden 55
demnach unabhängig davon, ob es sich um einen internen oder externen Kalkulationsirrtum handelt, als **unbeachtlicher Motivirrtum** keine Anfechtungsmöglichkeit. Zu beachten ist allerdings, dass auch hier wieder die **Auslegung** der Anfechtung vorgeht (vgl Rn 27, 40). Je nach Fallgestaltung kommen außerdem die Anwendung der Grundsätze über das **Fehlen der Geschäftsgrundlage** (§ 313), ein **treuwidriges Verhalten** des Erklärungsempfängers (§ 242) oder **Schadensersatzansprüche** wegen Verschuldens bei Vertragsverhandlungen (§§ 311 Abs. 2, 241 Abs. 2, 280 Abs. 1) in Betracht.

Die Auslegung der Willenserklärung nach dem objektiven Empfängerhorizont (§§ 133, 157) kann ergeben, 56
dass die Parteien ihrem Vertrag nicht den Endbetrag, sondern eine bestimmte Berechnungsmethode (zB einen bestimmten Betrag pro Stunde oder pro Quadratmeter) oder die richtig angegebenen Einzelpreise, die dann falsch addiert worden sind, zugrunde legen wollten. In diesen Fällen handelt es sich bei der Angabe des falsch

133 Bamberger/Roth/*Wendtland*, § 119 Rn 33; Prütting/Wegen/Weinreich/*Ahrens*, § 119 Rn 31.

134 Vgl dazu etwa *Kindl*, WM 1999, 2198 ff; *Kramer*, in: 50 Jahre Bundesgerichtshof, 2000, Bd. I, S. 57 ff; *Mayer-Maly*, in: FS Ostheim 1990, S. 189 ff; *Pawlowski*, JZ 1997, 741 ff; *Singer*, JZ 1999, 342 ff; *Wieser*, NJW 1972, 708 ff; Staudinger/*Singer*, Bearbeitung 2004, § 119 Rn 51 ff; HK-BGB/*Dörner*, § 119 Rn 14; Soergel/*Hefermehl*, § 119 Rn 28 ff; Palandt/*Ellenberger*, § 119 Rn 18 ff; MüKo/*Kramer*, § 119 Rn 87 ff; RGRK/*Krüger-Nieland*, § 119 Rn 70 f; Erman/*Palm*, § 119 Rn 38; Bamberger/Roth/*Wendtland*, § 119 Rn 33 f; *Larenz/Wolf*, BGB AT, § 36 Rn 58 ff; *Medicus*, BGB AT, Rn 757 ff.

135 Vgl nur BGH NJW-RR 1986, 569, 570; 1987, 1306, 1307; BGHZ 139, 177, 180 f = BGH NJW 1998, 3192, 3193; 2001, 2464, 2465; 2002, 2312 f; *Pawlowski*, JZ 1997, 741; *Larenz/Wolf*, BGB AT, § 36 Rn 71; Palandt/*Ellenberger*, § 119 Rn 18; Erman/*Palm*, § 119 Rn 38; Bamberger/Roth/*Wendtland*, § 119 Rn 33; Prütting/Wegen/Weinreich/*Ahrens*, § 119 Rn 32.

136 BGHZ 139, 177, 181 = BGH NJW 1998, 3192, 3193; vgl *Pawlowski*, JZ 1997, 741.

137 Grundlegend RGZ 64, 266, 268.

138 Vgl zu diesem Begriff zB OLG München NJW-RR 1990, 1406; MüKo/*Kramer*, § 119 Rn 90; *Kindl*, WM 1999, 2198, 2200.

139 RGZ 64, 266, 268; 90, 268, 272; 94, 65, 67; 97, 138, 140; 101, 51, 53 u. 107, 108; 105, 406, 407; 116, 15, 17; 149, 235, 238; 162, 198, 201; ebenso in neuerer Zeit zB OLG München NJW-RR 1990, 1406; vgl auch OLG Düsseldorf NJW-RR 1996, 1419, 1420.

140 Vgl nur *Brox/Walker*, BGB AT, Rn 424; *Flume*, BGB AT Bd. 2, § 23, 4 e; *Larenz/Wolf*, § 36 Rn 65; *Medicus*, BGB AT, Rn 758; *Kindl*, WM 1999, 2198, 2204 ff, 2208; Palandt/*Ellenberger*, § 119 Rn 19; Bamberger/Roth/*Wendtland*, § 119 Rn 33; Prütting/Wegen/Weinreich/*Ahrens*, § 119 Rn 33, jew. mwN; vgl auch BGHZ 139, 177, 182 ff = BGH NJW 1998, 3192, 3193 f; teilweise abw. etwa MüKo/*Kramer*, § 119 Rn 123; *Pawlowski*, JZ 1997, 741, 746 f; *Singer*, JZ 1999, 342, 344 ff.

141 *Brox/Walker*, BGB AT, Rn 424 f.

142 *Medicus*, BGB AT, Rn 758.

berechneten Endpreises lediglich um eine **unschädliche Falschbezeichnung** (falsa demonstratio). Stattdessen gilt der richtig kalkulierte Preis.[143]

57 Ergibt die Auslegung hingegen, dass sowohl die Berechnungsmethode als auch der Endpreis nach dem Parteiwillen gleichrangig sind, ist der Vertrag wegen der inneren Widersprüchlichkeit der Willenserklärungen – **Perplexität** – nichtig. Einer Anfechtung bedarf es nicht mehr.[144]

58 Haben sich beide Parteien über die Berechnungsgrundlage geirrt und zB übereinstimmend einen falschen Aktien- oder Devisenkurs zugrunde gelegt, finden die Grundsätze über das **Fehlen der (subjektiven) Geschäftsgrundlage** (§ 313) Anwendung.[145] Der Vertrag ist anzupassen; gegebenenfalls hat der benachteiligte Vertragspartner ein Rücktrittsrecht.[146]

59 Greift keine der bisher genannten Möglichkeiten, ist der Kalkulationsirrtum nach den oben (Rn 52 f) dargelegten Grundsätzen als bloßer Motivirrtum **regelmäßig unbeachtlich**. Das gilt grundsätzlich selbst dann, wenn der andere Teil den Berechnungsfehler erkannt hat oder hätte erkennen müssen. Die **Kenntnis** oder das **Kennenmüssen** dieses Fehlers begründet ohne das Hinzutreten weiterer Umstände weder eine Treuwidrigkeit des Vertragspartners noch eine Hinweispflicht, deren Verletzung ihn zum Schadensersatz verpflichtet. Den Vertragspartner trifft im Regelfall auch keine Erkundigungspflicht.[147] Ausnahmsweise kann es aber eine gegen § 242 verstoßende **unzulässige Rechtsausübung** darstellen, wenn der Erklärungsgegner sich auf die Wirksamkeit des Vertrages beruft, obwohl er den Berechnungsfehler positiv erkannt hat. Eine solche Ausnahme kann vor allem durch das besonders schwere Ausmaß des Kalkulationsirrtums und seiner Folgen begründet werden. Danach verstößt die Annahme eines fehlerhaft berechneten Vertragsangebots gegen Treu und Glauben, wenn die Durchführung des Vertrages für den Erklärenden schlechthin unzumutbar ist, weil sie ihn in erhebliche wirtschaftliche Schwierigkeiten bringt.[148] Gleiches gilt, wenn der Erklärungsgegner sich der Kenntnis eines sich aufdrängenden schweren Berechnungsfehlers verschlossen hat.[149]

60 Hat der **Erklärungsgegner** den Kalkulationsirrtum des Erklärenden selbst in zurechenbarer Weise **hervorgerufen**, kommt ein Anspruch des Irrenden wegen Verschuldens bei Vertragsverhandlungen (§§ 311 Abs. 2, 241 Abs. 2, 280 Abs. 1) in Betracht. Dieser Anspruch ist gem. § 249 Abs. 1 auf die Befreiung vom Vertrag gerichtet.[150]

61 **f) Irrtum über die Sollbeschaffenheit.** Irrt der Erklärende über eine bestimmte **Eigenschaft des Vertragsgegenstandes**, berechtigt dieser Eigenschaftsirrtum grundsätzlich nur in den Grenzen des Abs. 2 zur Anfechtung. Die Lehre vom Irrtum über die Sollbeschaffenheit geht indessen darüber hinaus und ordnet Eigenschaftsirrtümer unter bestimmten Voraussetzungen als beachtliche Inhaltsirrtümer ein. Danach liegt ein Irrtum iSd Abs. 1, 1. Fall auch dann vor, wenn die Eigenschaften, welche die Person oder die Sache nach dem Inhalt der Willenserklärung haben sollen, nicht mit denjenigen Eigenschaften übereinstimmen, die der Erklärende zum Inhalt seiner Willenserklärung machen wollte. Ein Beispiel ist der Kauf eines Buches, bei dem sich der Erklärende wegen des Buchtitels ein anderes Genre oder einen ganz anderen Inhalt vorstellt. Da der Käufer erkläre, das Buch unter seinem Titel zu kaufen, könne ein Irrtum über die Bedeutung der Willenserklärung im Hinblick auf die Titelangabe vorliegen.[151]

62 Indessen berechtigen derartige Eigenschaftsirrtümer den Erklärenden entgegen der Lehre vom Irrtum über die Sollbeschaffenheit nicht allgemein, sondern nur dann als Inhaltsirrtümer zur Anfechtung, wenn er den Vertragsgegenstand durch einen in seiner Willenserklärung verwendeten Begriff **individualisiert** hat. In diesem Fall handelt es sich um einen nach Abs. 1, 1. Fall beachtlichen Verlautbarungsirrtum (dazu Rn 43). Hauptbeispiele sind Irrtümer bei **Produktbezeichnungen**. Kauft der Erklärende zB „einen Ballen Kattun" in der

143 *Brox/Walker*, BGB AT, Rn 424; HK-BGB/*Dörner*, § 119 Rn 14; Palandt/*Ellenberger*, § 119 Rn 20; Bamberger/Roth/*Wendtland*, § 119 Rn 34; Prütting/Wegen/Weinreich/*Ahrens*, § 119 Rn 33; vgl OLG Frankfurt WM 2001, 565; LG Aachen NJW 1982, 1106; LG Kleve NJW 1991, 1066.

144 *Medicus*, BGB AT, Rn 759; HK-BGB/*Dörner*, § 119 Rn 14; Prütting/Wegen/Weinreich/*Ahrens*, § 119 Rn 33; vgl Palandt/*Ellenberger*, § 119 Rn 21; MüKo/*Kramer*, § 119 Rn 92.

145 *Brox/Walker*, BGB AT, Rn 424; *Medicus*, BGB AT, Rn 760; HK-BGB/*Dörner*, § 119 Rn 14; Bamberger/Roth/*Wendtland*, § 119 Rn 34; Prütting/Wegen/Weinreich/*Ahrens*, § 119 Rn 33; vgl OLG Frankfurt MDR 1971, 841.

146 Vgl dazu AnwK-BGB/*Krebs*, § 313 Rn 75 ff.

147 Vgl BGH NJW-RR 1986, 569 f; 1995, 1360; BGHZ 139, 177, 181 = BGH NJW 1998, 3192, 3193.

148 BGHZ 139, 177, 184 f = BGH NJW 1998, 3192, 3194; vgl BGH NJW 2001, 284, 285; OLG München NJW 2003, 367; Palandt/*Ellenberger*, § 119 Rn 18, 21 b; Erman/*Palm*, § 119 Rn 38; Bamberger/Roth/*Wendtland*, § 119 Rn 34.

149 BGHZ 139, 177, 184 f = BGH NJW 1998, 3192, 3194; vgl BGH NJW 2001, 284, 285; OLG Jena OLG-NL 2002, 73, 75; Palandt/*Ellenberger*, § 119 Rn 18, 21 b; Erman/*Palm*, § 119 Rn 38.

150 *Brox/Walker*, BGB AT, Rn 424; *Medicus*, BGB AT, Rn 761; vgl *Larenz/Wolf*, BGB AT, § 36 Rn 67.

151 Soergel/*Hefermehl*, § 119 Rn 25 f; vgl MüKo/*Kramer*, § 119 Rn 80 f, jew. mwN; bei Soergel/*Hefermehl*, § 119 Rn 26 findet sich das Bsp, dass ein Tertianer ein Buch mit dem Titel „Wie fessele ich Männer?" in der irrigen Annahme kauft, es handele sich um ein Indianerbuch.

irrigen Annahme, der Begriff „Kattun" bezeichne Leinwand (und nicht Baumwolle),[152] liegt ein Verlautbarungsirrtum vor. Kauft der Erklärende dagegen „diesen Ballen Stoff", enthält seine Willenserklärung objektiv keinen Begriff, der eine Fehlvorstellung über eine bestimmte Eigenschaft enthält und zum Ausdruck bringt. Er identifiziert die Kaufsache richtig, so dass seine Erklärung keinen Fehler aufweist. Dass er insgeheim von bestimmten Eigenschaften der Sache ausgeht, ist lediglich ein unbeachtlicher Realitäts- oder Motivirrtum.[153]

4. Irrtum über eine verkehrswesentliche Eigenschaft der Person oder Sache – „Eigenschaftsirrtum" (Abs. 2). a) Begriff. Nach Abs. 2 kann der Erklärende seine Willenserklärung anfechten, wenn er bei ihrer Abgabe über solche Eigenschaften der Person oder der Sache im Irrtum war, die im Verkehr als wesentlich angesehen werden. Anders als bei den Irrtümern iSd Abs. 1 stimmen hier Wille und Erklärung überein. Der Erklärende erklärt weder objektiv etwas anderes als dasjenige, was er subjektiv erklären wollte, noch irrt er über die Bedeutung des Erklärungszeichens, das er verwendet. Stattdessen irrt er über bestimmte Eigenschaften der Person oder der Sache, auf die sich seine Willenserklärung bezieht. Dieser Irrtum ist ihm bereits im Vorfeld der Willenserklärung, bei der **Willensbildung**, unterlaufen. Deshalb handelt es sich beim Eigenschaftsirrtum nach herrschender Lehre, die sich auch auf die Protokolle stützen kann,[154] um einen **Spezialfall des Motivirrtums**, der unter den engen Voraussetzungen des Abs. 2 ausnahmsweise zur Anfechtung berechtigt.[155] Die Rechtsprechung beschäftigt sich weniger mit der dogmatischen Einordnung der Vorschrift. Stattdessen konkretisiert sie ihren Anwendungsbereich durch die Definition des Tatbestandsmerkmals „Eigenschaft" und grenzt so die beachtlichen Eigenschaftsirrtümer von den unbeachtlichen Motivirrtümern ab.[156] 63

b) Eigenschaft. Der nach Abs. 2 beachtliche Irrtum muss sich auf eine Eigenschaft einer Person oder Sache beziehen. Das ist zunächst die **natürliche Beschaffenheit** der Person oder Sache, die durch ihre natürlichen Merkmale gebildet wird. Darüber hinaus versteht die wesentlich von der Rechtsprechung geprägte hM unter einer Eigenschaft alle **tatsächlichen oder rechtlichen Beziehungen** zur Umwelt, die infolge ihrer Beschaffenheit und Dauer nach der Verkehrsanschauung für die Wertschätzung oder Verwendbarkeit von Bedeutung sind.[157] Diese Umstände müssen zwar für die Person oder Sache nicht wesensbestimmend sein; sie müssen aber zumindest eine unmittelbare Beziehung zum Inhalt des Geschäfts aufweisen. Bloß vorübergehende Umstände kommen als Eigenschaften iSd Abs. 2 regelmäßig ebenso wenig in Betracht wie zukünftige Umstände.[158] 64

Als **Person**, über deren verkehrswesentliche Eigenschaft sich der Erklärende geirrt hat, kommt vor allem der Erklärungsempfänger oder Vertragspartner in Betracht.[159] Nach dem Sinn und Zweck des konkreten Geschäfts kann sich der Irrtum auch auf einen Dritten beziehen, wenn es zB bei einem Vertrag zugunsten Dritter um die Eigenschaften des begünstigten Dritten geht.[160] Ausnahmsweise kann es sogar um eine erkennbar der Erklärung zugrunde gelegte Eigenschaft des Erklärenden selbst gehen, wenn er beispielsweise bei einem Vertrag, der auf die Erbringung einer persönlichen Leistung gerichtet ist, irrtümlich annimmt, er besitze die dazu erforderlichen persönlichen Voraussetzungen.[161] 65

Unter den Begriff der **Sache**, über deren verkehrswesentliche Eigenschaft sich der Erklärende geirrt hat, fallen nicht nur körperliche Gegenstände iSd § 90. In Betracht kommen auch nichtkörperliche Gegenstände wie zB 66

152 Bsp sowohl nach MüKo/*Kramer*, § 119 Rn 81, der die Lehre vom Irrtum über die Sollbeschaffenheit befürwortet, als auch nach HK-BGB/*Dörner*, § 119 Rn 10, der diese Lehre ablehnt.

153 So etwa Staudinger/*Singer*, Bearbeitung 2004, § 119 Rn 47; HK-BGB/*Dörner*, § 119 Rn 10; Erman/*Palm*, § 119 Rn 39; vgl auch *Brox/Walker*, BGB AT, Rn 426 f; Palandt/*Ellenberger*, § 119 Rn 17; Bamberger/Roth/*Wendtland*, § 119 Rn 36.

154 Vgl Prot. I, S. 114 = *Mugdan* I, S. 720; ausf. zur Entstehungsgeschichte und den verschiedenen dogmatischen Ansätzen HKK/*Schermaier*, §§ 116–124 Rn 55, 60 ff.

155 Staudinger/*Singer*, Bearbeitung 2004, § 119 Rn 79; HK-BGB/*Dörner*, § 119 Rn 15; Palandt/*Ellenberger*, § 119 Rn 23; Erman/*Palm*, § 119 Rn 41; Bamberger/Roth/*Wendtland*, § 119 Rn 39; *Brox/Walker*, BGB AT, Rn 416; *Larenz/Wolf*, BGB AT, § 36 Rn 37; vgl Jauernig/*Jauernig*, § 119 Rn 11; RGRK/*Krüger-Nieland*, § 119 Rn 2; anders *Flume*, BGB AT Bd. 2, § 24, 2; ihm folgend *Medicus*, BGB AT, Rn 770: Abstellen auf den Inhalt des konkreten Rechtsgeschäfts; Soergel/*Hefermehl*, § 119 Rn 35: Erklärungsirrtum eigener Art; MüKo/*Kramer*, § 119 Rn 113 ff: rudimentäre Regelung eines „Sachverhaltsirrtums" als Ausgangspunkt für eine letztlich auf § 242 zurückzuführende Verteilung des Irrtumsrisikos, die ähnlich der Lehre von der Geschäftsgrundlage zu erfolgen hat; vgl auch die abweichende Konzeption der Irrtumslehre bei HKK/*Schermaier*, §§ 116–124 Rn 73 ff.

156 So die Bewertung von *Medicus*, BGB AT, Rn 769; vgl dazu etwa BGHZ 16, 54, 57; 34, 32, 41; 70, 47, 48; 88, 240, 245.

157 BGHZ 16, 54, 57; 34, 32, 41; 70, 47, 48; 88, 240, 245; HK-BGB/*Dörner*, § 119 Rn 16; Palandt/*Ellenberger*, § 119 Rn 24; Erman/*Palm*, § 119 Rn 42; Bamberger/Roth/*Wendtland*, § 119 Rn 40.

158 Soergel/*Hefermehl*, § 119 Rn 37; Palandt/*Ellenberger*, § 119 Rn 24; Erman/*Palm*, § 119 Rn 42; vgl OLG Stuttgart MDR 1983, 751.

159 Palandt/*Ellenberger*, § 119 Rn 26; Erman/*Palm*, § 119 Rn 44; Bamberger/Roth/*Wendtland*, § 119 Rn 41.

160 Vgl RGZ 98, 206, 207; 158, 166, 170.

161 Vgl BAG NJW 1992, 2173, 2174.

Forderungen, Rechte oder Sachgesamtheiten, sofern sie nach der Verkehrsanschauung anerkanntermaßen Objekte des Rechtsverkehrs sind und sich das konkrete Rechtsgeschäft auf sie bezieht.[162]

67 **c) Verkehrswesentlichkeit.** Weitere Anfechtungsvoraussetzung ist nach Abs. 2, dass die Eigenschaft der Person oder Sache, über die sich der Erklärende geirrt hat, im Verkehr als wesentlich angesehen wird. Das Merkmal der Verkehrswesentlichkeit hat den Sinn, die Anfechtung wegen solcher Eigenschaften auszuschließen, die allein aus der Sicht des Erklärenden und damit rein subjektiv erheblich sind. Deshalb kommt es vor allem auf den typischen wirtschaftlichen Zweck des Geschäfts an.[163] Sinn und Zweck des Abs. 2 gebieten es allerdings, den Geschäftszweck nicht ausschließlich nach dem objektiven Moment der Verkehrsanschauung und abstrakt, sondern stets mit Bezug auf das konkrete Rechtsgeschäft und dessen Zielrichtung zu bestimmen. Die Verkehrswesentlichkeit bestimmt sich der heute wohl hM zufolge sowohl **anhand des typischen als auch des konkreten Geschäftszwecks**.[164]

68 Die Verkehrswesentlichkeit kann sich dem zufolge bereits aus dem Inhalt und den **Umständen des konkreten Rechtsgeschäfts** ergeben. Für einen Irrtum über die Echtheit eines antiken Gegenstandes oder die Herkunft eines Porzellanservice aus einer Traditionsmanufaktur kann es zB einen maßgeblichen Unterschied machen, ob diese Sachen teuer bei einem renommierten Antiquitätenhändler oder billig bei einem Trödler gekauft worden sind.[165] Die Vertrauenswürdigkeit eines Arbeitnehmers begründet nur bei besonderen Vertrauenspositionen eine verkehrswesentliche Eigenschaft.[166] Eine Vorstrafe wegen Betrugs oder Untreue kann etwa bei einer Einstellung als Buchhalter, nicht aber als Lagerarbeiter verkehrswesentlich sein.[167]

69 Ergeben sich aus dem Inhalt und den Umständen des konkreten Rechtsgeschäfts keine hinreichenden Anhaltspunkte, wird die Verkehrswesentlichkeit der Eigenschaft, über die sich der Erklärende geirrt hat, anhand objektiver Kriterien nach Maßgabe der **allgemeinen Verkehrsanschauung** bestimmt. Danach darf bei einem bestimmten Geschäftstyp und Geschäftsgegenstand ohne weiteres davon ausgegangen werden, dass bestimmte Eigenschaften typischerweise vorliegen.[168]

70 **d) Verkehrswesentliche Eigenschaften einer Person.** Nach den obigen Grundsätzen (Rn 63 ff, 67 ff) kommen als verkehrswesentliche Eigenschaften einer Person zum einen alle **natürlichen Persönlichkeitsmerkmale** in Betracht, die der Person unmittelbar anhaften. Das sind vor allem ihr körperlicher und geistiger Zustand. Zum anderen können die **rechtlichen oder tatsächlichen Verhältnisse einer Person** verkehrswesentliche Eigenschaften sein, sofern sie nach ihrer Beschaffenheit und ihrer vorausgesetzten Dauer Einfluss auf die Wertschätzung dieser Person in allen oder zumindest in bestimmten, das konkrete Rechtsgeschäft betreffenden Bereichen auszuüben pflegen.[169]

71 Geht es um die Eigenschaften eines **Arbeitnehmers**, so sind sie nur dann verkehrswesentlich, wenn sie sich auf die Eignung zur Erbringung der konkreten vertraglich geschuldeten Arbeitsleistung auswirken.[170] Ist die Frage des Arbeitgebers nach der entsprechenden Eigenschaft im Einstellungsgespräch nicht zulässig (vgl dazu § 123 Rn 51 ff), berechtigt ein Irrtum über das Vorliegen oder Nichtvorliegen dieser Eigenschaft in der Regel auch nicht zur Anfechtung gem. Abs. 2. Sie ist dann nicht verkehrswesentlich.[171]

72 In der Rechtsprechung finden sich etwa die folgenden **Beispiele** dafür, welche Eigenschaften **je nach Inhalt und Zweck des konkreten Rechtsgeschäfts** verkehrswesentliche Eigenschaften einer Person sein können: die berufsrechtliche Qualifikation des Vertragspartners, wie sie für eine Eintragung in die Handwerksrolle erforderlich ist;[172] die Zugehörigkeit eines Personalberaters zu einer Sekte;[173] die Sachkunde, die Vertrauenswürdigkeit und die Zuverlässigkeit des Vertragspartners bei solchen Verträgen, die auf eine vertrauensvolle

162 Vgl RGZ 149, 235, 238; BGH WM 1963, 252, 253; OLG Frankfurt MDR 1980, 576, 577.

163 *Brox/Walker*, BGB AT, Rn 419; Erman/*Palm*, § 119 Rn 43; vgl Staudinger/*Singer*, Bearbeitung 2004, § 119 Rn 80 f.

164 Vgl BGHZ 88, 240, 246; BAG NJW 1992, 2173, 2174; *Flume*, BGB AT Bd. 2, § 24, 2 b und d; *Brox/Walker*, BGB AT, Rn 419; HK-BGB/*Dörner*, § 119 Rn 17; Palandt/*Ellenberger*, § 119 Rn 25; Erman/*Palm*, § 119 Rn 43; Bamberger/Roth/*Wendtland*, § 119 Rn 40; Prütting/Wegen/Weinreich/*Ahrens*, § 119 Rn 36; vgl dazu auch Staudinger/*Singer*, Bearbeitung 2004, § 119 Rn 80 f, der aus Gründen der Rechtssicherheit das Merkmal der Verkehrswesentlichkeit nicht allzu streng handhaben und nach anderen Kriterien bestimmen möchte.

165 HK-BGB/*Dörner*, § 119 Rn 17; Bamberger/Roth/*Wendtland*, § 119 Rn 40.

166 BAG AP Nr. 17 zu § 123 BGB; ArbG Frankfurt/Main v. 4.3.2003 – 5 Ca 8810/02; ErfK/*Preis*, § 611 BGB Rn 354; vgl auch OLG Düsseldorf BauR 1996, 574 ff.

167 ErfK/*Preis*, § 611 BGB Rn 354; vgl BAG NJW 1999, 3653, 3654.

168 HK-BGB/*Dörner*, § 119 Rn 17; Staudinger/*Singer*, Bearbeitung 2004, § 119 Rn 81; Erman/*Palm*, § 119 Rn 43; Bamberger/Roth/*Wendtland*, § 119 Rn 40; vgl Palandt/*Ellenberger*, § 119 Rn 25.

169 Erman/*Palm*, § 119 Rn 45; Prütting/Wegen/Weinreich/*Ahrens*, § 119 Rn 37; vgl BGHZ 16, 54, 57; 88, 240, 246; BAG NJW 1991, 2723, 2725.

170 BAG NJW 1991, 2723, 2725 f; ErfK/*Preis*, § 611 BGB Rn 350; MünchArbR/*Richardi/Buchner*, § 34 Rn 22.

171 Vgl ErfK/*Preis*, § 611 BGB Rn 350.

172 BGHZ 88, 240, 246 f; vgl auch OLG Hamm NJW-RR 1990, 523; LG Görlitz NJW-RR 1994, 117, 118.

173 LG Darmstadt NJW 1999, 365, 366.

Zusammenarbeit angelegt sind,[174] nicht jedoch bei Verträgen über den reinen Austausch von Gütern;[175] die Zahlungsfähigkeit, Kreditwürdigkeit und Vertrauenswürdigkeit eines Käufers, der ein zu privatisierendes Unternehmen in den neuen Bundesländern erwerben will;[176] bei **Arbeitnehmern** das Alter, sofern darauf ausnahmsweise gem. §§ 8 Abs. 1, 10 AGG abgestellt werden darf,[177] das Geschlecht, wenn es unverzichtbare Voraussetzung für die Ausübung der konkret geschuldeten Tätigkeit ist und es deshalb ausnahmsweise gem. § 8 Abs. 1 AGG darauf ankommen darf,[178] nicht dagegen die Schwangerschaft der Arbeitnehmerin, und zwar weniger wegen der vorübergehenden Natur der Schwangerschaft[179] als vielmehr wegen des Verbots der unmittelbaren Benachteiligung wegen des Geschlechts gem. § 7 Abs. 1 iVm §§ 1, 3 Abs. 1 S. 2 AGG;[180] die Krankheit des Arbeitnehmers,[181] sofern ihm aus diesem Grund nicht bloß vorübergehend die notwendige Fähigkeit fehlt oder erheblich beeinträchtigt ist, die vertraglich geschuldete Arbeitsleistung zu erbringen, wie etwa im Fall der epileptischen Erkrankung eines Berufskraftfahrers.[182]

e) Verkehrswesentliche Eigenschaften einer Sache. Als verkehrswesentliche Eigenschaften einer Sache **73**
kommen nach den obigen Grundsätzen (Rn 63 f, 66 ff) neben der **natürlichen Beschaffenheit** diejenigen **tatsächlichen und rechtlichen Verhältnisse** in Betracht, welche infolge ihrer Beschaffenheit und Dauer unmittelbaren Einfluss auf den Wert oder die Brauchbarkeit der Sache ausüben. Diese Beziehungen der Sache zur Umwelt müssen außerdem in der Sache selbst ihren Grund haben, von ihr ausgehen und die Sache kennzeichnen oder näher beschreiben.[183] Danach können nur **wertbildende Faktoren**, welche die Sache unmittelbar kennzeichnen, verkehrswesentliche Eigenschaften der Sache sein.[184] Soweit das Fehlen einer verkehrswesentlichen Eigenschaft gleichzeitig einen Sach- oder Rechtsmangel begründet, ist der Vorrang der Mängelgewährleistungsvorschriften (§§ 437 ff) zu beachten (vgl dazu Rn 15 ff).

Nach der Rechtsprechung können zB die folgenden Faktoren mangels hinreichend enger Beziehung zur Sache **74**
keine verkehrswesentlichen Eigenschaften sein: der Wert eines Gegenstandes als solcher;[185] die wirtschaftliche Verwertungsmöglichkeit der Sache;[186] die subjektive Verträglichkeit des Klimas bei einem Grundstückskauf;[187] das Eigentum an der Sache.[188]

Im Gegensatz dazu finden sich in der Rechtsprechung etwa die folgenden Beispiele dafür, welche Eigen- **75**
schaften **im Hinblick auf den Inhalt und Zweck des konkreten Rechtsgeschäfts** als verkehrswesentliche Eigenschaften einer Sache **anerkannt** worden sind: das Alter oder Baujahr eines gebrauchten Kraftfahrzeugs;[189] die Ausstattung des zu einem Liebhaberpreis gekauften Oldtimer-Motorrades mit einem Originalrahmen;[190] die Echtheit eines Kunstwerks[191] und die Urheberschaft eines bestimmten Künstlers an einem Gemälde;[192] die Überschuldung eines Nachlasses oder seine Belastung mit wesentlichen Verbindlichkeiten;[193] die Grenzen, der Umfang, die Lage und die Bebaubarkeit eines Grundstücks;[194] die belastenden Festsetzungen eines Bebauungsplans für das gekaufte Grundstück.[195]

III. Kausalität des Irrtums für die Abgabe der Willenserklärung

Die Anfechtbarkeit wegen eines Erklärungs-, Inhalts- oder Eigenschaftsirrtums setzt gem. § 119 Abs. 1 letzter **76**
Hs weiter voraus, dass der Erklärende die Willenserklärung bei Kenntnis der Sachlage und bei verständiger Würdigung des Falles nicht abgegeben haben würde. Diese Voraussetzung einer **„vernünftigen Kausali-**

174 BGH WM 1969, 292; 1970, 906; LG Darmstadt NJW 1999, 365, 366.
175 BGH BB 1960, 152; LG Darmstadt NJW 1999, 365, 366.
176 BezG Potsdam VIZ 1994, 249, 250 f.
177 MüKo/*Thüsing*, § 8 AGG Rn 28 ff, § 10 AGG Rn 6 ff; vgl auch *Körner*, NZA 2008, 497 ff.
178 Vgl dazu MüKo/*Thüsing*, § 8 AGG Rn 25 ff; *Rolfs/Wessel*, NJW 2009, 3329, 3330; die Entscheidung BAG NJW 1991, 2723, 2725 f, der zufolge die weibliche Identität einer (transsexuellen) Arzthelferin eine verkehrswesentliche Eigenschaft sein kann, dürfte nach Inkrafttreten des AGG kaum noch haltbar sein, vgl auch ErfK/*Preis*, § 611 BGB Rn 353.
179 So BAG NJW 1992, 2173, 2174 mwN.
180 Vgl dazu *Pallasch*, NZA 2007, 306 ff.
181 Vgl zum Krankheitsbegriff nach Inkrafttreten des AGG ausführlich unter § 123.
182 BAG AP Nr. 3 zu § 119 BGB.
183 RGZ 149, 235, 238; BGHZ 16, 54, 57; 34, 32, 41; 70, 47, 48.
184 Bamberger/Roth/*Wendtland*, § 119 Rn 44; vgl BGHZ 16, 54, 57.
185 RG JW 1912, 525; LZ 1926, 742; HRR 1932 Nr. 224; BGHZ 16, 54, 57; BGH LM § 123 Nr. 52; LM § 779 Nr. 2.
186 BGHZ 16, 54, 57.
187 BGH DB 1972, 479, 481.
188 RG Recht 1908 Nr. 686; BGHZ 34, 32, 41 f.
189 BGH NJW 1979, 160, 161.
190 Vgl OLG Karlsruhe NJW-RR 1993, 1138, 1139.
191 OLG Düsseldorf NJW 1992, 1326.
192 BGHZ 63, 369, 371 = BGH NJW 1975, 970; 1988, 2597, 2599.
193 BGHZ 106, 359, 363; OLG Düsseldorf NJW-RR 2009, 12, 13; vgl RGZ 158, 50; BGH NJW 1997, 392, 394; OLG Hamm NJW 1966, 1080; BayObLG NJW-RR 1999, 590, 591 f.
194 BGHZ 32, 34, 41; vgl bereits RG WarnRspr 1911 Nr. 172 und Nr. 368; 1912 Nr. 205; Recht 1912 Nr. 2797.
195 OLG Köln VersR 2000, 243, 244 f.

tät"[196] enthält ein subjektives und ein objektives Element, um diejenigen Fehlvorstellungen auszuschließen, die keinen Einfluss auf die Abgabe der Willenserklärung gehabt haben.[197]

77 Die **subjektive Erheblichkeit** des Irrtums fehlt, wenn sich feststellen lässt, dass der Erklärende die Willenserklärung auch bei Kenntnis der Sachlage, also ohne den Irrtum, abgegeben hätte.[198] Die Einschränkung dürfte kaum praktische Bedeutung haben, weil der Erklärende in diesem Fall regelmäßig schon nicht anfechten wird. Diese subjektive Voraussetzung bedeutet keine Einschränkung wegen eines Verschuldens. Auch ein grob fahrlässiger Irrtum berechtigt den Erklärenden zur Anfechtung.[199]

78 Die **objektive Erheblichkeit** fehlt, wenn der Erklärende bei verständiger Würdigung des Falles nicht angefochten hätte. Anzulegen ist der Maßstab eines verständigen Menschen, der die Lage ohne Launenhaftigkeit und Willkür bewertet. Es kommt zwar auf die persönlichen Verhältnisse und Umstände des Irrenden an, aber nicht auf eine etwaige Willkür, Eigensinn oder Unverstand.[200] Danach ist die Anfechtungsmöglichkeit in der Regel ausgeschlossen, wenn der Irrende durch die angefochtene Erklärung keinen wirtschaftlichen Nachteil erlitten hat oder ohne die Anfechtung sogar wirtschaftlich besser steht.[201] Das gilt jedoch zB nicht beim Verkauf von Kunstwerken, weil dort der wirtschaftliche Wert nicht allein den Ausschlag gibt.[202] An der objektiven Erheblichkeit des Irrtums kann es auch fehlen, wenn die Abgabe der Willenserklärung rechtlich geboten war[203] oder sich der Irrtum lediglich auf unwesentliche Nebenpunkte bezieht.[204]

IV. Rechtsfolgen

79 Liegen die Voraussetzungen des § 119 vor, kann der Erklärende die irrtumsbehaftete Willenserklärung **anfechten**, sofern die Anfechtung nicht ausnahmsweise ausgeschlossen ist (vgl dazu Rn 11 ff, 20 ff). Die unverzügliche Anfechtung (§ 121 Abs. 1 S. 1) führt grundsätzlich zur rückwirkenden Nichtigkeit der Erklärung (§ 142 Abs. 1; zu Ausnahmen von der Rückwirkung vgl Rn 23 sowie ausf. § 142 Rn 7 ff). Der Anfechtende muss dem Anfechtungsgegner gem. § 122 den Vertrauensschaden ersetzen (vgl zur Berechnung des ersatzfähigen Schadens § 122 Rn 9 f).

C. Weitere praktische Hinweise

80 Will der Erklärende die Nichtigkeit seiner Willenserklärung wegen einer Irrtumsanfechtung geltend machen, trägt er die Darlegungs- und **Beweislast** für alle Anfechtungsvoraussetzungen (zur Darlegungs- und Beweislast des Anfechtungsgegners für die Verspätung der Anfechtung vgl § 121 Rn 18). Dazu gehört neben dem Irrtum die „vernünftige Kausalität" gem. Abs. 1 letzter Hs[205] Zum Nachweis dieser Kausalität genügt es, wenn der Anfechtende die Tatsachen darlegt und beweist, welche die Schlussfolgerung zulassen, dass er die irrtumsbehaftete Willenserklärung bei Kenntnis der Sachlage und bei verständiger Würdigung des Falles nicht abgegeben hätte.[206]

§ 120 Anfechtbarkeit wegen falscher Übermittlung

Eine Willenserklärung, welche durch die zur Übermittlung verwendete Person oder Einrichtung unrichtig übermittelt worden ist, kann unter der gleichen Voraussetzung angefochten werden wie nach § 119 eine irrtümlich abgegebene Willenserklärung.

196 Vgl *Medicus*, BGB AT, Rn 773.
197 Erman/*Palm*, § 119 Rn 53; Staudinger/*Singer*, Bearbeitung 2004, § 119 Rn 98; *Brox/Walker*, BGB AT, Rn 431 f; vgl RGRK/*Krüger-Nieland*, § 119 Rn 67.
198 Erman/*Palm*, § 119 Rn 54; *Brox/Walker*, BGB AT, Rn 431.
199 Erman/*Palm*, § 119 Rn 53.
200 RGZ 62, 201, 206; BGH NJW 1988, 2597, 2599; BAG NJW 1991, 2723, 2726; Staudinger/*Singer*, Bearbeitung 2004, § 119 Rn 98; MüKo/*Kramer*, § 119 Rn 138; RGRK/*Krüger-Nieland*, § 119 Rn 67; Bamberger/Roth/*Wendtland*, § 119 Rn 45.
201 RGZ 128, 116, 121; BGH NJW 1988, 2597, 2599; Staudinger/*Singer*, Bearbeitung 2004, § 119 Rn 98; Soergel/*Hefermehl*, § 119 Rn 67; Palandt/*Ellenberger*, § 119 Rn 31; Erman/*Palm*, § 119 Rn 54.
202 BGH NJW 1988, 2597, 2599.
203 OLG München WRP 1985, 237, 238; Palandt/*Ellenberger*, § 119 Rn 31; Bamberger/Roth/*Wendtland*, § 119 Rn 45; Prütting/Wegen/Weinreich/*Ahrens*, § 119 Rn 43.
204 RG Recht 1915 Nr. 2214; Palandt/*Ellenberger*, § 119 Rn 31; einschr. Staudinger/*Singer*, 12. Aufl. Bearbeitung 2004, § 119 Rn 98; Prütting/Wegen/Weinreich/*Ahrens*, § 119 Rn 43.
205 Palandt/*Ellenberger*, § 119 Rn 32; Erman/*Palm*, § 119 Rn 56; Bamberger/Roth/*Wendtland*, § 119 Rn 47.
206 RG HRR 1935 Nr. 1372; Staudinger/*Singer*, Bearbeitung 2004, § 119 Rn 113; Erman/*Palm*, § 119 Rn 56; Prütting/Wegen/Weinreich/*Ahrens*, § 119 Rn 44; abw. RGRK/*Krüger-Nieland*, § 119 Rn 91: Unzulässigkeit eines Anscheinsbeweises.

Literatur: *Kiehnle*, Der Bereicherungsausgleich nach Zuvielüberweisung, VersR 2008, 1606; Kocher, Anfechtung bei falscher Kaufpreisauszeichnung im Internet, JA 2006, 144; *Marburger*, Absichtliche Falschübermittlung und Zurechnung von Willenserklärungen, AcP 173 (1973), 137; *Petersen*, Der Irrtum im Bürgerlichen Recht, Jura 2006, 660; *Schwung*, Die Verfälschung von Willenserklärungen durch Boten, JA 1983, 12; vgl. zu den Rechtsfragen elektronischer Willenserklärungen: *Borges*, Verträge im elektronischen Rechtsverkehr. Vertragsabschluß, Beweis, Form, Lokalisierung, anwendbares Recht, 2003; *Clemens*, Die elektronische Willenserklärung, NJW 1985, 1998; *Paal*, Internetrecht – Zivilrechtliche Grundlagen. JuS 2010, 953; *Taupitz/Kritter*, Electronic Commerce – Probleme bei Rechtsgeschäften im Internet, JuS 1999, 839; *Vehslage*, Elektronisch übermittelte Willenserklärungen, AnwBl. 2002, 86.

A. Allgemeines

1 Übermittelt der Erklärende seine Willenserklärung dem Empfänger nicht selbst, sondern bedient er sich einer Mittelsperson oder einer Einrichtung, trägt er gem. § 120 das damit verbundene **Risiko**. Trotz einer **unrichtigen Übermittlung** durch einen Boten oder eine technische Einrichtung wird die Erklärung mit dem Zugang beim Erklärungsempfänger zunächst wirksam (vgl § 130 Abs. 1 S. 1). Der Empfänger darf im Interesse des Verkehrsschutzes auf ihre Gültigkeit und Richtigkeit vertrauen. Der Erklärende kann die von seinem „Erklärungswerkzeug" verfälschte Willenserklärung aber so anfechten, als hätte er sich selbst bei der Erklärungshandlung geirrt. § 120 stellt die unrichtige Übermittlung einer Willenserklärung einem Erklärungsirrtum gem. § 119 Abs. 1, 2. Fall (vgl dazu § 119 Rn 30 ff) gleich.[1] Ficht der Erklärende wegen der Falschübermittlung an, muss er dem Empfänger, wie bei einer Anfechtung nach § 119, den Vertrauensschaden ersetzen (§ 122).

B. Regelungsgehalt

I. Voraussetzungen

2 § 120 setzt voraus, dass der Erklärende eine Person oder Einrichtung zur Übermittlung seiner Willenserklärung verwendet. **Übermittlungspersonen** können vor allem Boten und Dolmetscher[2] sein. Der Begriff der **Einrichtung** (bis 31.7.2001: Anstalt)[3] ist nach dem Gesetzeszweck weit auszulegen. Er erfasst, unabhängig von der jeweiligen Organisation und Übermittlungstechnik, alle öffentlichen und privaten Einrichtungen, die, auf welche Art auch immer, eine fremde Willenserklärung an den Adressaten übermitteln.[4] War der Anlass für die Regelung des § 120 noch ein Fehler auf dem Telegrafenamt (vgl dazu auch Rn 8), [5] so zählen zu den Einrichtungen iSd § 120 heute vor allem diejenigen der **modernen Telekommunikation** und des **elektronischen Rechtsverkehrs**. § 120 erfasst zB die Übermittlung von Willenserklärungen per Telegramm, Fernschreiben, Telefax, Teletext, SMS, E-Mail oder E-Postbrief über Einrichtungen der Deutschen Telekom AG, der Deutschen Post AG oder privater Anbieter oder Provider.[6] Für die Anwendbarkeit des § 120 genügt es, wenn die Einrichtung lediglich die Leitung zur Verfügung stellt.[7] Die schlichte Nutzung des Telefons erfüllt dagegen nicht den Tatbestand, weil eine eigene Willenserklärung abgegeben wird und keine Fremdübermittlung stattfindet (vgl auch § 147 Abs. 1 S. 2). Irrtümer am Telefon sind unmittelbar nach § 119 Abs. 1 zu beurteilen.[8] Ein Übermittlungsirrtum liegt jedoch vor, wenn der Erklärungsinhalt aufgrund eines technischen Defekts (Störung der Telefonleitung) verfälscht an den Empfänger weitergeleitet wird[9] oder die Post den Inhalt eines Telegramms fernmündlich falsch zuspricht.[10] § 120 findet auch Anwendung, wenn eine **automatisierte Willenserklärung aufgrund eines Softwarefehlers falsch übermittelt** wird (vgl § 119 Rn 32). Das gilt etwa, wenn eine vom Computer erstellte Auftragsbestätigung (vgl § 312 e Abs. 1 Nr. 3; demnächst möglicherweise

1 Soergel/*Hefermehl*, § 120 Rn 1; MüKo/*Kramer*, § 120 Rn 1; RGRK/*Krüger-Nieland*, § 120 Rn 1 f; Erman/*Palm*, § 120 Rn 1; Bamberger/Roth/*Wendtland*, § 120 Rn 1; Prütting/Wegen/Weinreich/*Ahrens*, § 120 Rn 1.
2 Vgl BGH WM 1963, 165, 166 = BB 1963, 204.
3 Den Begriff „Anstalt" hat Art. 1 Nr. 1 des Gesetzes zur Anpassung der Formvorschriften des Privatrechts und anderer Formvorschriften an den modernen Rechtsgeschäftsverkehr v. 13.7.2001 (BGBl. I S. 1542) zum 1.8.2001 durch den Begriff „Einrichtung" ersetzt.
4 Erman/*Palm*, § 120 Rn 2; *Fritzsche/Malzer*, DNotZ 1995, 3, 13 f (jew. noch zur „Anstalt").
5 Vgl zum „Telegraphen-Fall" als Anlass für die Regelung des § 120 und zur weiteren Entstehungsgeschichte HKK/*Schermaier*, §§ 116 –124 Rn 86 ff.
6 Vgl Jauernig/*Jauernig*, § 120 Rn 2; Erman/*Palm*, § 120 Rn 2; MüKo/*Kramer*, § 120 Rn 2; Bamberger/Roth/*Wendtland*, § 120 Rn 2; *Fritzsche/Malzer*, DNotZ 1995, 3, 13 f; speziell zu E-Mails *Ultsch*, NJW 1997, 3007, 3009.
7 Jauernig/*Jauernig*, § 120 Rn 2; *Fritzsche/Malzer*, DNotZ 1995, 3, 13 f.
8 HK-BGB/*Dörner*, § 120 Rn 2; Erman/*Palm*, § 120 Rn 2.
9 Bamberger/Roth/*Wendtland*, § 120 Rn 2.
10 Soergel/*Hefermehl*, § 120 Rn 2; Erman/*Palm*, § 120 Rn 2.

§ 312 g Abs. 1 Nr. 3)[11] mit nur einem Hundertstel des richtigen Preises an den Empfänger übermittelt wird, weil der Erklärende nicht erkennt, dass sein Provider die Software geändert hat, und deshalb bei den glatten Beträgen, die der Erklärende korrekt auf der zugrunde liegenden Website eingegeben hat, zwei Kommastellen gesetzt worden sind (aus 7.215 DM wurden 72,15 DM).[12]

3 Die Mittelsperson oder Einrichtung muss eine **fremde Willenserklärung** übermitteln; sie muss ein „Werkzeug" des Erklärenden sein.[13] Deshalb greift § 120 nur bei der Botenschaft, aber nicht bei der Stellvertretung ein. Da der Stellvertreter im Unterschied zum Boten eine eigene Willenserklärung abgibt (vgl § 164 Abs. 1; zur Definition der Botenschaft und zur Abgrenzung von der Stellvertretung s. § 164 Rn 47 ff), kommt es für das Vorliegen eines Willensmangels auf die Person des Vertreters und nicht auf die des Vertretenen an (§ 166 Abs. 1).[14]

4 Die Mittelsperson oder Einrichtung muss dem **Machtbereich des Erklärenden** zuzurechnen sein.[15] Nur dann ist es gerechtfertigt, dass er gem. § 120 das Übermittlungsrisiko trägt (vgl Rn 1). Die Vorschrift erfasst daher nur Erklärungsboten. Wird die Willenserklärung dagegen richtig an einen Empfangsboten (vgl zur Abgrenzung von Erklärungs- und Empfangsboten § 164 Rn 47 ff; 103) übermittelt und leitet dieser sie dann verfälscht an den Erklärungsempfänger weiter, ist § 120 auch nicht analog anwendbar. Mit der Einstellung der Erklärung in den Machtbereich des Empfängers geht das Verfälschungsrisiko auf ihn über (vgl § 130 Abs. 1 S. 1).[16] Dieselben Grundsätze gelten im elektronischen Rechtsverkehr bei der Übermittlung von Willenserklärungen per E-Mail oder SMS. Das Risiko für Verfälschungen auf dem Transportweg, zB aufgrund technischer Defekte, trägt der Erklärende. Die Anwendung des § 120 scheidet aus, sobald die elektronische Erklärung unverfälscht in den Machtbereich des Empfängers (Mailbox) gelangt ist.[17]

5 Nach der Rechtsprechung[18] und der herrschenden Lehre[19] erfasst § 120 nur die **unbewusste Falschübermittlung**. Verfälscht der Bote die Erklärung dagegen **bewusst** (vorsätzlich), soll es sich nicht mehr um eine Erklärung des Auftraggebers, sondern um eine eigene Erklärung des Boten handeln.[20] Da der Bote seine Befugnisse bewusst überschreitet, seien die Regelungen der §§ 177 ff analog anwendbar („Bote ohne Botenmacht"). Genehmigt der Auftraggeber nicht, haftet der Bote dem Erklärungsgegner danach entsprechend § 179 Abs. 1 wahlweise auf Erfüllung oder Schadensersatz. Der Auftraggeber selbst müsse die Erklärung weder anfechten, noch hafte er gem. § 122. Er soll dem Erklärungsgegner nur dann gem. §§ 311 Abs. 2, 241 Abs. 2, 280 Abs. 1 (Verschulden bei Vertragsverhandlungen) zum Ersatz des Vertrauensschadens verpflichtet sein, wenn er schuldhaft (§ 276 Abs. 1) eine unzuverlässige Mittelsperson oder Einrichtung ausgesucht hat.[21]

6 Gegen die herrschende Auffassung spricht vor allem, dass die Regelung des § 120 auf den Gedanken der **Risikoverteilung im Verkehrsschutzinteresse** beruht (vgl bereits Rn 1). Da der Erklärende durch die Einschaltung eines Boten überhaupt erst die Gefahr einer Verfälschung schafft, muss er auch das damit verbundene Risiko tragen. Außerdem wählt er den Boten aus und instruiert ihn. Er kann die Zuverlässigkeit des Boten einschätzen und ihn in gewissem Umfang überwachen. Deshalb kann er das Risiko einer bewussten Verfälschung viel eher beherrschen als der Empfänger, der den Boten weder einsetzt noch steuern kann. Schließlich macht es für den Empfänger keinen wesentlichen, die Anwendung oder Nichtanwendung des § 120 rechtfertigenden Unterschied, ob der Bote die Erklärung unbewusst oder bewusst verfälscht hat. Oft kann er diesen Unterschied nicht einmal erkennen, und in der Praxis dürfte das im Einzelfall auch schwer nachzuweisen sein (vgl zur Beweislast Rn 16). Nach dem Risikoprinzip (oder Veranlassungsprinzip), das § 120 zugrunde liegt,

11 Vgl Art. 1 des Entwurfs eines Gesetzes zur Anpassung der Vorschriften über den Wertersatz bei Widerruf von Fernabsatzverträgen und über verbundene Verträge, BR-Drucks. 855/10.

12 OLG Frankfurt MMR 2003, 405, 406 f = MDR 2003, 677 f; ähnlich OLG Hamm NJW 2004, 2601 sowie BGH NJW 2005, 976; vgl dazu *Kocher*, JA 2006, 144, 146; *Spindler*, JZ 2005, 793, 794.

13 MüKo/*Kramer*, § 120 Rn 2; vgl RGRK/*Krüger-Nieland*, § 120 Rn 1.

14 Staudinger/*Singer*, Bearbeitung 2004, § 120 Rn 6; HK-BGB/*Dörner*, § 120 Rn 2; Soergel/*Hefermehl*, § 120 Rn 2; Palandt/*Ellenberger*, § 120 Rn 2; Jauernig/*Jauernig*, § 120 Rn 2; MüKo/*Kramer*, § 120 Rn 2; Bamberger/Roth/*Wendtland*, § 120 Rn 3.

15 Vgl HKK/*Schermaier*, §§ 116–124 Rn 89.

16 Staudinger/*Singer*, Bearbeitung 2004, § 120 Rn 6; MüKo/*Kramer*, § 120 Rn 7; Erman/*Palm*, § 120 Rn 2; Prütting/Wegen/Weinreich/*Ahrens*, § 120 Rn 3; vgl Soergel/*Hefermehl*, § 120 Rn 3.

17 Bamberger/Roth/*Wendtland*, § 120 Rn 4; Prütting/Wegen/Weinreich/*Ahrens*, § 120 Rn 3; *Ultsch*, NJW 1997, 3007, 3009.

18 BGH WM 1963, 165, 166 = BB 1963, 204; NJW 2008, 2702, 2704 f; OLG Oldenburg NJW 1978, 951; OLG Hamm VersR 1984, 173; OLG Koblenz BB 1994, 819, 820; OLG Düsseldorf OLGR Düsseldorf 2009, 67.

19 § 120 Rn 9; HK-BGB/*Dörner*, § 120 Rn 4 f; Soergel/*Hefermehl*, § 120 Rn 4; Palandt/*Ellenberger*, § 120 Rn 4; Jauernig/*Jauernig*, § 120 Rn 3 f; RGRK/*Krüger-Nieland*, § 120 Rn 5, 11; Erman/*Palm*, § 120 Rn 3; Bamberger/Roth/*Wendtland*, § 120 Rn 5; Prütting/Wegen/Weinreich/*Ahrens*, § 120 Rn 4; *Flume*, BGB AT Bd. 2, § 23, 3; *Larenz/Wolf*, BGB AT, § 36 Rn 18; *Brox/Walker*, BGB AT, Rn 415.

20 Vgl ausf. zur Überschreitung der Botenmacht bei Zuvielüberweisung durch die Bank *Kiehnle*, VersR 2008, 1606, 1609 ff.

21 Stattdessen für eine analoge Anwendung des § 122 *Larenz/Wolf*, BGB AT, § 36 Rn 26.

erfasst die Vorschrift somit entgegen der hM auch die **bewusste Falschübermittlung**.[22] Dieses Ergebnis steht im Einklang mit den allgemeinen Grundsätzen der Zurechnung von Willenserklärungen: Wer einen Boten einsetzt, muss alle von ihm vorgenommenen Verfälschungen verantworten.[23]

Hat der Erklärende dagegen überhaupt keinen Boten eingeschaltet, sondern geriert sich ein Dritter als **vermeintlicher Bote** („Scheinbote", „Pseudo-Bote"), kann die von diesem frei erfundene Willenserklärung dem scheinbaren Erklärenden nicht zugerechnet werden. Hier hat der Erklärende kein Risiko gesetzt. Deshalb greift § 120 mit der herrschenden Auffassung nicht ein. Stattdessen kommt die analoge Anwendung der §§ 177 ff auf den vermeintlichen Boten in Betracht, und der angebliche Erklärende haftet dem Empfänger uU aus §§ 311 Abs. 2, 241 Abs. 2, 280 Abs. 1 (vgl Rn 12).[24] Die gleichen Grundsätze gelten, wenn ein **unbefugter Dritter** die Erklärung auf dem Transportweg verfälscht, indem zB ein Hacker unverschlüsselte und nicht elektronisch signierte E-Mails manipuliert.[25] 7

Der Bote übermittelt die Willenserklärung **unrichtig**, wenn er sie dem Empfänger mit einem anderen Inhalt oder einem anderen Sinn überbringt. Berühmtes Beispiel ist der „Telegraphen-Fall" (vgl Rn 2), der den Anlass für die Regelung des § 120 bildete: Das Telegramm enthielt statt des Worts „kaufen" das Wort „verkaufen".[26] Beispiele aus dem Bereich der modernen Telekommunikation (vgl auch Rn 2) sind Datentransportschäden bei der Versendung von E-Mails, die in der Sphäre des Providers entstanden sind.[27] Nicht mehr in den Anwendungsbereich des § 120 fallen Erklärungen, die **völlig unverständlich**, sinnlos oder verstümmelt weitergegeben werden. Hier fehlt es bereits am Tatbestand einer (anfechtbaren) Willenserklärung.[28] Dagegen ist § 120 grundsätzlich anwendbar, wenn die Erklärung einem **falschen Adressaten** übermittelt wird. Konnte der Empfänger allerdings aufgrund der Adressierung erkennen, dass die Erklärung nicht an ihn gerichtet war, bedarf es mangels Vertrauensschutzes keiner Anfechtung. Ist die Erklärung in Bezug auf den Empfänger mehrdeutig, weil zB zwei Parteien mit demselben Namen im Haus wohnen, kommt die Anwendung des § 155 (versteckter Dissens) in Betracht.[29] 8

Die Anfechtbarkeit gem. § 120 setzt die **Unkenntnis des Empfängers** vom wahren Inhalt der Erklärung voraus. Unerheblich ist, wie bei § 119, ob er den Übermittlungsfehler hätte erkennen können oder sogar müssen. Das Kennenmüssen erlangt erst im Rahmen des Schadensersatzanspruchs gem. § 122 Abs. 2 Bedeutung. Hat der Empfänger die Erklärung dagegen trotz des Fehlers richtig verstanden, muss er den wirklichen Willen des Erklärenden gegen sich gelten lassen. Dann handelt es sich um eine unschädliche Falschbezeichnung (falsa demonstratio non nocet; vgl dazu § 133 Rn 46).[30] 9

Da § 120 für die Anfechtbarkeit auf § 119 verweist, müssen die dort genannten zusätzlichen Voraussetzungen vorliegen. Der Erklärende dürfte die Willenserklärung bei **Kenntnis der Sachlage** und bei **verständiger Würdigung des Falles** (vgl zu diesen Voraussetzungen § 119 Rn 76 ff) nicht so abgegeben haben, wie sie dem Empfänger (unrichtig) übermittelt worden ist.[31] 10

II. Rechtsfolgen

Liegen die Voraussetzungen des § 120 (und die ergänzenden Voraussetzungen des § 119) vor, kann der Erklärende die unrichtig übermittelte Willenserklärung **anfechten**. Die unverzügliche Anfechtung (§ 121) führt grundsätzlich zur rückwirkenden Nichtigkeit der Erklärung (§ 142 Abs. 1; zu Ausnahmen von der Rückwirkung vgl § 142 Rn 7 ff). 11

Der **Anfechtungsgegner** hat gegen den **Anfechtenden** Anspruch auf Ersatz des Vertrauensschadens gem. § 122 (vgl zur Berechnung des ersatzfähigen Schadens § 122 Rn 9 f). Der Anspruch besteht unabhängig davon, ob den Boten ein Verschulden an der Falschübermittlung trifft.[32] Hat der Erklärende **schuldhaft** einen unzu- 12

22 *Marburger*, AcP 173 (1973), 137 ff; HKK/*Schermaier*, §§ 116–124 Rn 89; MüKo/*Kramer*, § 120 Rn 4; *Bork*, BGB AT, Rn 1361; *Medicus*, BGB AT, Rn 748; *Petersen*, Jura 2006, 660, 661.

23 HKK/*Schermaier*, §§ 116–124 Rn 89.

24 HKK/*Schermaier*, §§ 116–124 Rn 90; vgl auch BGH NJW 2008, 2702, 2704 f.

25 Bamberger/Roth/*Wendtland*, § 120 Rn 5; vgl *Hoffmann*, NJW 2001, Beilage zu Heft 14, S. 3, 9.

26 Staudinger/*Singer*, Bearbeitung 2004, § 120 Rn 4; vgl Soergel/*Hefermehl*, § 120 Rn 5; RGRK/*Krüger-Nieland*, § 120 Rn 4; Bamberger/Roth/*Wendtland*, § 120 Rn 6.

27 Bamberger/Roth/*Wendtland*, § 120 Rn 6; vgl *Fritzsche/Malzer*, DNotZ 1995, 3, 13 f; *Ultsch*, NJW 1997, 3007, 3009.

28 MüKo/*Kramer*, § 120 Rn 5; Erman/*Palm*, § 120 Rn 3.

29 MüKo/*Kramer*, § 120 Rn 6; Bamberger/Roth/*Wendtland*, § 120 Rn 6; aA bei Mehrdeutigkeit RGRK/*Krüger-Nieland*, § 120 Rn 4; vgl auch Soergel/*Hefermehl*, § 120 Rn 7 f.

30 RGRK/*Krüger-Nieland*, § 120 Rn 8; Erman/*Palm*, § 120 Rn 4; Bamberger/Roth/*Wendtland*, § 120 Rn 7; Prütting/Wegen/Weinreich/*Ahrens*, § 120 Rn 5.

31 HK-BGB/*Dörner*, § 120 Rn 5; Erman/*Palm*, § 120 Rn 5.

32 Staudinger/*Singer*, Bearbeitung 2004., § 120 Rn 3; Erman/*Palm*, § 120 Rn 7.

verlässigen Boten ausgewählt, kommt auch eine Haftung gem. §§ 311 Abs. 2, 241 Abs. 2, 280 Abs. 1 (Verschulden bei Vertragsverhandlungen) in Betracht.[33]

13 Bei einer **bewussten Falschübermittlung** sollen, anders als hier vertreten (vgl Rn 6), nicht § 120 und § 122 eingreifen. Stattdessen hat der **Empfänger** der verfälschten Erklärung nach hM die Wahl, ob er den **Boten** in entsprechender Anwendung des § 179 Abs. 1 auf Erfüllung oder Schadensersatz in Anspruch nehmen will, sofern der Geschäftsherr die Erklärung nicht genehmigt (s. Rn 5). Die bewusste Verfälschung durch den Boten oder einen **Dritten** (zB durch einen Hacker) kann ferner deliktische Ansprüche des Empfängers begründen.[34] Eine Haftung des **Erklärenden** gem. §§ 311 Abs. 2, 241 Abs. 2, 280 Abs. 1 (Verschulden bei Vertragsverhandlungen) gegenüber dem Empfänger kommt in Betracht, wenn er schuldhaft einen unzuverlässigen Boten ausgewählt hat.[35]

14 Die Haftung des **Boten** gegenüber dem **Geschäftsherrn** richtet sich nach dem Innenverhältnis (zB Auftrag, Geschäftsbesorgungsvertrag, Provider-Vertrag, Gefälligkeit).[36] Unter besonderen Umständen können auch deklikitsche Ansprüche, vor allem aus § 826, gegeben sein.[37]

15 Die Haftung der Anbieter von **Telekommunikationsdienstleistungen** ist in Sondervorschriften geregelt (§§ 44 TKG, § 7 TKV; vgl ferner §§ 8 ff TDG aF). Sie wird dort regelmäßig beschränkt.[38]

C. Weitere praktische Hinweise

16 Die Darlegungs- und **Beweislast** trägt auch im Rahmen des § 120 grundsätzlich der Anfechtende (vgl allgemein § 119 Rn 80). Er muss darlegen und im Bestreitensfall beweisen, dass die Anfechtungsvoraussetzungen vorlagen und dass er seine Willenserklärung fristgerecht angefochten hat. Beruft sich der Erklärende auf eine bewusste Verfälschung des Boten (vgl Rn 5 f) oder darauf, dass der Empfänger die Erklärung trotz des Übermittlungsfehlers richtig verstanden hat (vgl Rn 9), erstreckt sich die Darlegungs- und Beweislast auf diese für ihn günstigen Behauptungen. Macht er dagegen geltend, die Erklärung sei erst im Machtbereich des Empfängers verfälscht worden (zB durch die unrichtige Weitergabe des Empfangsboten), richtet sich die Darlegungs- und Beweislast nach der Risikoverteilung (vgl dazu Rn 4). Sie obliegt dem Erklärenden für die unverfälschte Übermittlung in den Einflussbereich des Empfängers und dem Empfänger (gegenbeweislich) dafür, dass die Erklärung bei ihm nicht verfälscht worden ist.[39]

17 Anwendbar ist § 120 auch auf Willenserklärungen, die auf den Abschluss von **Fernabsatzverträgen** gerichtet sind. Hier hat die Vorschrift allerdings auf Seiten der Verbraucher kaum Bedeutung, weil für sie die Ausübung des Widerrufsrechts gem. § 312 d iVm §§ 355, 356 günstiger ist. Der Widerruf muss, anders als die Anfechtung, nicht unverzüglich (§ 121 Abs. 1 S. 1) erklärt werden, sondern es gilt eine Frist von zwei Wochen (§ 355 Abs. 1). Außerdem löst er im Gegensatz zur Anfechtung keine Schadensersatzpflicht (§ 122) aus.[40] Bedeutung hat § 120 bei Fernabsatzverträgen eher für den Unternehmer.[41]

§ 121 Anfechtungsfrist

(1) [1]Die Anfechtung muss in den Fällen der §§ 119, 120 ohne schuldhaftes Zögern (unverzüglich) erfolgen, nachdem der Anfechtungsberechtigte von dem Anfechtungsgrund Kenntnis erlangt hat. [2]Die einem Abwesenden gegenüber erfolgte Anfechtung gilt als rechtzeitig erfolgt, wenn die Anfechtungserklärung unverzüglich abgesendet worden ist.

(2) Die Anfechtung ist ausgeschlossen, wenn seit der Abgabe der Willenserklärung zehn Jahre verstrichen sind.

33 Erman/*Palm*, § 120 Rn 7.
34 Bamberger/Roth/*Wendtland*, § 120 Rn 8; vgl RGRK/*Krüger-Nieland*, § 120 Rn 11.
35 Erman/*Palm*, § 120 Rn 7.
36 MüKo/*Kramer*, § 120 Rn 8; Bamberger/Roth/*Wendtland*, § 120 Rn 8; Prütting/Wegen/Weinreich/*Ahrens*, § 120 Rn 6.
37 Erman/*Palm*, § 120 Rn 7.
38 Vgl Palandt/*Ellenberger*, § 120 Rn 5; Erman/*Palm*, § 120 Rn 7.
39 Bamberger/Roth/*Wendtland*, § 120 Rn 9; Prütting/Wegen/Weinreich/*Ahrens*, § 120 Rn 7.
40 Bamberger/Roth/*Wendtland*, § 120 Rn 1; vgl *Hoffmann*, NJW 2001, Beilage zu Heft 14, S. 3, 8.
41 Vgl den Sachverhalt in OLG Frankfurt MMR 2003, 405 = MDR 2003, 677.

A. Allgemeines

Hat sich der Erklärende bei der Abgabe einer Willenserklärung gem. § 119 geirrt oder ist die Erklärung gem. § 120 unrichtig übermittelt worden, führt das nicht zu ihrer Nichtigkeit, sondern nur zur **Anfechtbarkeit**. Der Erklärende hat die freie Wahl, ob er die Willenserklärung durch eine Anfechtung rückwirkend vernichten will (§ 142 Abs. 1), verbunden mit einer möglichen Schadensersatzpflicht (§ 122), oder ob er sie trotz des Willensmangels gelten lassen möchte (vgl allgemein § 143 Rn 1). Diese Entscheidung kann der Erklärungsgegner rechtlich nicht beeinflussen. Er kann dem Erklärenden weder eine Frist setzen, anders als etwa in Bezug auf die Entscheidung des gesetzlichen Vertreters seines minderjährigen Vertragspartners, ob er dessen Erklärung genehmigen will (vgl § 108 Abs. 2; s. dazu § 108 Rn 10 ff), noch steht ihm ein Widerrufsrecht zu (vgl § 109 Abs. 1; s. dazu § 109 Rn 2 ff). Der **Schwebezustand** darf indessen vor allem in seinem Interesse, aber auch im Interesse des allgemeinen Verkehrsschutzes, nicht zu lange dauern.[1] Der Anfechtungsberechtigte soll nicht auf Kosten des Anfechtungsgegners spekulieren können, ob sich die Umstände zukünftig so zu seinen Gunsten ändern, dass er seine Erklärung besser gelten lässt.[2] Deshalb muss er die Erklärung, wenn er sie vernichten will, unverzüglich anfechten, nachdem er Kenntnis vom Anfechtungsgrund erlangt hat (Abs. 1 S. 1). Ohne Rücksicht auf seine Kenntnis ist die Anfechtung ausgeschlossen, wenn seit der Abgabe der Willenserklärung zehn Jahre verstrichen sind (Abs. 2). 1

Die subjektive Anfechtungsfrist des Abs. 1 („unverzüglich") und die objektive Ausschlussfrist[3] des Abs. 2 (zehn Jahre) sind von Amts wegen zu berücksichtigende **Ausschlussfristen**. Mit ihrem Ablauf erlischt das Anfechtungsrecht. Eine verspätet erklärte Anfechtung ist unwirksam.[4] 2

B. Regelungsgehalt

I. Anwendungsbereich

Die Ausschlussfristen des § 121 gelten nur für die **Anfechtung** wegen **Irrtums** (§ 119) und wegen **unrichtiger Übermittlung** (§ 120). Bei einer Anfechtung wegen Täuschung oder Drohung (§ 123) sind die Fristen des § 124 einschlägig.[5] **Spezialregelungen** wie zB § 1954 Abs. 1, 3 und 4 (Anfechtung der Annahme oder Ausschlagung einer Erbschaft) können abweichende Anfechtungsfristen vorsehen.[6] 3

II. Ausschlussfrist des Abs. 1

1. Kenntnis vom Anfechtungsgrund. Die Ausschlussfrist des Abs. 1 S. 1 beginnt zu laufen, wenn der Anfechtungsberechtigte Kenntnis vom Anfechtungsgrund – dem Irrtum gem. § 119 oder der Falschübermittlung gem. § 120 – erlangt hat. Außerdem setzt der **Fristbeginn** voraus, dass der Anfechtungsberechtigte die Person des Anfechtungsgegners (§ 143; s. dazu § 143 Rn 13 ff) kennt, damit er seine fehlerhafte Willenserklärung wirksam anfechten kann.[7] 4

Erforderlich ist die **positive Kenntnis** des Anfechtungsberechtigten von den **Tatsachen**, welche die Anfechtbarkeit nach § 119 oder § 120 begründen.[8] Bloße Vermutungen oder Zweifel, ob ein Anfechtungsgrund vorliegt, genügen nicht.[9] Ebenso wenig reicht die bloße Vorstellung vom Vorliegen eines Anfechtungsgrundes oder die fahrlässige Unkenntnis – das Kennenmüssen – aus.[10] Grundsätzlich trifft den Anfechtungsberechtigten auch keine Pflicht, sich erst durch besondere Nachforschungen Kenntnis über mögliche Anfechtungsgründe zu verschaffen.[11] Andererseits wird die Frist des Abs. 1 S. 1 nicht erst dann in Gang gesetzt, wenn alle Zweifelsfragen geklärt sind. Der Berechtigte muss nicht vollständig von der Wahrheit des ihm mitgeteilten 5

1 MüKo/*Kramer*, § 121 Rn 1 f; Erman/*Palm*, § 121 Rn 1; Bamberger/Roth/*Wendtland*, § 121 Rn 1; Palandt/*Ellenberger*, § 121 Rn 1.

2 Vgl Prot. I, S. 113 = *Mugdan* I, S. 718 f.

3 So die Terminologie bei HKK/*Schermaier*, §§ 116–124 Rn 91.

4 Palandt/*Ellenberger*, § 121 Rn 1; Erman/*Palm*, § 121 Rn 1; Bamberger/Roth/*Wendtland*, § 121 Rn 1, 11; *Larenz/Wolf*, BGB AT, § 36 Rn 86; vgl RGZ 110, 19, 20, 34.

5 HK-BGB/*Dörner*, § 121 Rn 1; Jauernig/*Jauernig*, § 121 Rn 1; Bamberger/Roth/*Wendtland*, § 121 Rn 1.

6 Näher dazu NK-BGB/*Ivo*, § 1954 Rn 19 ff.

7 RGZ 124, 115, 118; HK-BGB/*Dörner*, § 121 Rn 2; Jauernig/*Jauernig*, § 121 Rn 2.

8 Vgl RGZ 134, 25, 32; BayObLG NJW-RR 1997, 72, 74; Erman/*Palm*, § 121 Rn 2; Bamberger/Roth/*Wendtland*, § 121 Rn 2.

9 BGH DB 1961, 1021; WM 1973, 750, 751; BAG NJW 1984, 446, 447; OLG Bamberg WM 1994, 194, 196; BayObLG NJW-RR 1998, 797, 798; Palandt/*Ellenberger*, § 121 Rn 2; MüKo/*Kramer*, § 121 Rn 5; Erman/*Palm*, § 121 Rn 2; Bamberger/Roth/*Wendtland*, § 121 Rn 2; Prütting/Wegen/Weinreich/*Ahrens*, § 121 Rn 2.

10 Soergel/*Hefermehl*, § 121 Rn 3; MüKo/*Kramer*, § 121 Rn 5; Erman/*Palm*, § 121 Rn 2; Bamberger/Roth/*Wendtland*, § 121 Rn 2; Prütting/Wegen/Weinreich/*Ahrens*, § 121 Rn 2.

11 Staudinger/Singer, Bearbeitung 2004, § 121 Rn 4; Bamberger/Roth/*Wendtland*, § 121 Rn 2.

oder bekannt gewordenen Sachverhalts überzeugt sein, der die Anfechtung begründet.[12] Nach dem Sinn und Zweck des § 121 genügt es vielmehr, dass die Mitteilung zuverlässig ist und kein Anlass zu ernsthaften, vernünftigen Zweifeln daran besteht.[13] Eine bloße Behauptung des Erklärungsgegners erfüllt diese Voraussetzungen allerdings in der Regel nicht.[14] Enthält eine **zuverlässige Mitteilung** dagegen ernst zu nehmende Hinweise auf einen Anfechtungsgrund gem. § 119 oder § 120, muss der Berechtigte ihnen nachgehen, soweit ihm entsprechende Nachforschungen zumutbar sind; dann trifft ihn ausnahmsweise eine Nachforschungspflicht.[15] Gegebenenfalls muss er zunächst vorsorglich anfechten (**Eventualanfechtung**).[16] Der Berechtigte hat die erforderliche Tatsachenkenntnis auch, wenn er fälschlicherweise meint, er brauche nicht anzufechten, weil ein Dissens vorliege; in diesem Fall irrt er sich nur über die Anfechtungsbedürftigkeit (vgl zum Rechtsirrtum noch Rn 12).[17]

6 Die Kenntnis seines **Stellvertreters** muss der Vertretene gem. § 166 Abs. 1 grundsätzlich gegen sich gelten lassen. In Bezug auf den Beginn der Anfechtungsfrist des Abs. 1 S. 1 ist allerdings nach der Reichweite der Vertretungsmacht zu differenzieren. Erstreckt sie sich nicht auf die Ausübung des Anfechtungsrechts, beginnt die Anfechtungsfrist erst zu laufen, sobald der Vertretene Kenntnis vom Anfechtungsgrund erlangt hat. Ist der Vertreter dagegen auch zur Anfechtung berechtigt, wird seine Kenntnis dem Vertretenen zugerechnet. Die Frist läuft dann ab der Kenntniserlangung des Vertreters oder des Vertretenen.[18]

7 Gibt es **mehrere Anfechtungsberechtigte**, beginnt die Frist für jeden Anfechtungsberechtigten erst mit seiner Kenntniserlangung zu laufen. Die Kenntnis eines Berechtigten ist den anderen Berechtigten insoweit grundsätzlich nicht zuzurechnen (vgl auch § 143 Rn 10).[19]

8 Hat der Berechtigte **mehrere Anfechtungsgründe**, ist die Anfechtungsfrist für jeden einzelnen Grund eigenständig zu berechnen. Der Fristbeginn gem. Abs. 1 S. 1 richtet sich nach der Kenntnis des jeweiligen Grundes. Hat der Berechtigte seine Anfechtung auf eine bestimmte tatsächliche Begründung gestützt, kann er daher keine weiteren Anfechtungsgründe nachschieben, soweit für sie die Ausschlussfrist des Abs. 1 bereits abgelaufen ist (näher zum Nachschieben von Anfechtungsgründen § 143 Rn 9).[20]

9 **2. Unverzüglichkeit der Anfechtung (Abs. 1 S. 1).** Abs. 1 S. 1 sieht im Unterschied zu anderen Vorschriften (§§ 124 Abs. 1, 1954 Abs. 1 u. 3) keine starre, für alle Fälle gleichermaßen geltende Anfechtungsfrist vor. Stattdessen muss die Anfechtung unverzüglich, dh ohne schuldhaftes Zögern erklärt werden. „Unverzüglich“ bedeutet nicht „sofort“.[21] Der Anfechtungsberechtigte muss nicht etwa stets schon am Tag nach der Kenntniserlangung anfechten.[22] Er darf sich vielmehr vergewissern, ob wirklich ein Anfechtungsgrund vorliegt. Außerdem darf er das Für und Wider einer Anfechtung, vor allem die schadensersatzrechtlichen Folgen (§ 122), prüfen. Dazu darf er gegebenenfalls Rechtsrat einholen.[23] Die Länge der zulässigen Überlegungsfrist bestimmt sich daher nach den **Umständen des konkreten Einzelfalles**. Der Anfechtungsberechtigte zögert erst dann schuldhaft, wenn sein Zuwarten mit der Anfechtung nicht durch die Umstände des Falles geboten ist.[24]

10 Die Unverzüglichkeit der Anfechtung bestimmt sich demnach unter angemessener Berücksichtigung der berechtigten Belange beider Beteiligten.[25] Der wertausfüllungsbedürftige Rechtsbegriff „ohne schuldhaftes Zögern“ wird durch eine **Interessenabwägung** konkretisiert.[26] Dem Interesse des Anfechtungsberechtigten,

12 BayObLG NJW-RR 1998, 797, 798; Palandt/*Ellenberger*, § 121 Rn 2; MüKo/*Kramer*, § 121 Rn 6; Erman/*Palm*, § 121 Rn 2; Bamberger/Roth/*Wendtland*, § 121 Rn 2; Prütting/Wegen/Weinreich/*Ahrens*, § 121 Rn 2; vgl auch KG NJW-RR 2004, 941, 942.

13 BGH DB 1967, 1807; Erman/*Palm*, § 121 Rn 2; Bamberger/Roth/*Wendtland*, § 121 Rn 2.

14 Soergel/*Hefermehl*, § 121 Rn 3.

15 Ebenso RGRK/*Krüger-Nieland*, § 121 Rn 10; Erman/*Palm*, § 121 Rn 2; vgl auch Prütting/Wegen/Weinreich/*Ahrens*, § 121 Rn 2.

16 BGH NJW 1968, 2099; 1979, 765; Palandt/*Ellenberger*, § 121 Rn 2; RGRK/*Krüger-Nieland*, § 121 Rn 10; Erman/*Palm*, § 121 Rn 2.

17 Erman/*Palm*, § 121 Rn 2; vgl RGZ 134, 25, 32; MüKo/*Kramer*, § 121 Rn 6; Bamberger/Roth/*Wendtland*, § 121 Rn 2, 8.

18 BGH MDR 1965, 646; RGRK/*Krüger-Nieland*, § 121 Rn 13; Erman/*Palm*, § 121 Rn 2, 3.

19 Bamberger/Roth/*Wendtland*, § 121 Rn 3; Prütting/Wegen/Weinreich/*Ahrens*, § 121 Rn 2.

20 BGH NJW 1966, 39; MüKo/*Kramer*, § 121 Rn 3; Bamberger/Roth/*Wendtland*, § 121 Rn 4; vgl BAG AP Nr. 5 zu § 119 BGB; RGRK/*Krüger-Nieland*, § 121 Rn 2.

21 RGZ 124, 115, 118; OLG Oldenburg NJW 2004, 168.

22 Staudinger/*Singer*, Bearbeitung 2004, § 121 Rn 9; MüKo/*Kramer*, § 121 Rn 6; insoweit nicht verallgemeinerungsfähig RGZ 64, 159, 163; vgl auch Bamberger/Roth/*Wendtland*, § 121 Rn 7.

23 Vgl RGZ 124, 115, 117; 156, 334, 336; OLG Oldenburg NJW 2004, 168; Staudinger/*Singer*, Bearbeitung 2004, § 121 Rn 9; RGRK/*Krüger-Nieland*, § 121 Rn 6; Erman/*Palm*, § 121 Rn 3; Prütting/Wegen/Weinreich/*Ahrens*, § 121 Rn 4.

24 RGZ 124, 115, 118; vgl BGH DB 1962, 600 f.

25 Soergel/*Hefermehl*, § 121 Rn 7; Bamberger/Roth/*Wendtland*, § 121 Rn 7; vgl HK-BGB/*Dörner*, § 121 Rn 3; Palandt/*Ellenberger*, § 121 Rn 3.

26 Vgl BGH WM 1982, 511, 513; DB 1962, 600; RGRK/*Krüger-Nieland*, § 121 Rn 6; vgl allg. zur Konkretisierung wertausfüllungsbedürftiger Rechtsbegriffe (Generalklauseln, unbestimmte Rechtsbegriffe) durch eine normativ strukturierte Interessenabwägung *Feuerborn*, Sachliche Gründe im Arbeitsrecht, 2003, S. 103 ff mwN.

die vor allem hinsichtlich der möglichen Schadensersatzpflichten bedeutsame Entscheidung über die Anfechtung hinreichend zu überdenken, steht das Interesse des Anfechtungsgegners gegenüber, den Schwebezustand der bloß vorläufig wirksamen Willenserklärung (auch im Interesse des allgemeinen Verkehrsschutzes) möglichst rasch zu beenden.[27]

Allgemein lässt sich wegen der Einzelfallbezogenheit und der Notwendigkeit einer Interessenabwägung nur sagen, dass die zulässige Überlegungsfrist umso länger ausfällt, je komplexere rechtliche und wirtschaftliche Konsequenzen die Anfechtung hat. Daher ist die Frist etwa bei Dauerschuldverhältnissen tendenziell länger als bei Verträgen über einen einmaligen Leistungsaustausch.[28] Im Regelfall muss die Anfechtung innerhalb weniger Tage nach Erlangung der Kenntnis vom Anfechtungsgrund erklärt werden.[29] Da es stets auf den Einzelfall ankommt, lässt sich indessen **keine generelle Obergrenze** festlegen. [30] Eine Anfechtung mehr als drei Wochen nach Kenntnis des Anfechtungsgrundes ist allerdings regelmäßig nicht mehr unverzüglich.[31] Eine derartige Verzögerung mag im Einzelfall allenfalls dann nicht schuldhaft sein, wenn sie krankheitsbedingt ist.[32] Auch die Zwei-Wochen-Frist des § 626 Abs. 2 BGB, auf die vor allem bei der Anfechtung einer zum Abschluss eines Arbeitsvertrages führenden Willenserklärung abgestellt wird,[33] kann nur einen Anhaltspunkt abgeben. Sie darf aber keinesfalls in der Weise als generelle Anfechtungsfrist herangezogen werden, dass eine Anfechtung innerhalb von zwei Wochen stets unverzüglich erfolgt.[34] 11

Der Anfechtungsberechtigte darf zwar das Vorliegen eines Anfechtungsgrundes und das Für und Wider einer Anfechtung prüfen und gegebenenfalls in gebotener Eile Rechtsrat einholen, bevor er seine Willenserklärung anficht (s. Rn 9). Will er aber vor der Anfechtung die **gerichtliche Klärung** seiner Ansprüche abwarten, ist die damit verbundene Verzögerung in aller Regel schuldhaft.[35] Gleiches gilt, wenn er erst zwei Monate nach Kenntniserlangung anficht, weil er der Ansicht war, der Vertrag sei wegen Dissenses nichtig, so dass es keiner Anfechtung bedürfe. In solchen und anderen Fällen eines **Rechtsirrtums**[36] ist dem Anfechtungsberechtigten regelmäßig eine vorbeugende Anfechtung (Eventualanfechtung; vgl Rn 5) zumutbar.[37] Das Zögern ist nur dann nicht schuldhaft, wenn der Anfechtungsberechtigte dem Irrtum über die Anfechtungsbedürftigkeit nicht fahrlässig unterlegen ist.[38] Verspätet ist die Anfechtung auch, wenn die Verzögerung auf der Überlastung einer Behörde oder auf **Mängeln** der kaufmännischen **Organisation** beruht (vgl dazu § 347 HGB).[39] Dagegen darf der Berechtigte vor der Anfechtung noch ein vordringliches Geschäft abschließen oder seine Rechte durch eine einstweilige Verfügung sichern,[40] um **größere Schäden** zu vermeiden. 12

§ 121 verpflichtet den Anfechtungsberechtigten nicht, für die Anfechtungserklärung die schnellstmögliche **Übermittlungsart** (Telegramm,[41] Fax, E-Mail, SMS) zu wählen. Er verzögert die Anfechtung nicht schuldhaft, wenn er die Erklärung per Brief an den Anfechtungsgegner übermittelt. Nach Abs. 1 S. 2 reicht insoweit die rechtzeitige Absendung aus. Dagegen genügt die Erklärung der Anfechtung in einer Klageschrift diesen Anforderungen nicht (näher dazu Rn 15). 13

Auf die **Erkennbarkeit des Irrtums** für den Erklärungsgegner kommt es bei § 121 nicht an. Hat dieser den Irrtum bei Abgabe der Willenserklärung erkannt, handelt es sich nicht um einen Fall des Irrtums, sondern es gilt das wirklich Gewollte. („falsa-demonstratio"-Grundsatz; näher dazu § 133 Rn 46). Erkennt der Gegner den Irrtum nachträglich, schließt das weder das Erfordernis der Anfechtung selbst noch die Einhaltung der Anfechtungsfrist aus, wenn der Anfechtungsberechtigte nicht an die Erklärung gebunden sein will. In solchen Fällen handelt der Erklärungsgegner ohne das Hinzutreten weiterer Umstände nicht arglistig (§ 242), wenn er sich auf die Verspätung der Anfechtung beruft.[42] 14

27 Bamberger/Roth/*Wendtland*, § 121 Rn 7; vgl Staudinger/*Singer*, Bearbeitung 2004, § 121 Rn 9.
28 Vgl BAG NJW 1980, 1302, 1303; OLG Hamm NJW-RR 1990, 523; Bamberger/Roth/*Wendtland*, § 121 Rn 7.
29 *Larenz/Wolf*, BGB AT, § 36 Rn 88.
30 Dagegen für eine regelmäßige Obergrenze von etwa zwei Wochen für einen Erklärungsirrtum bei einer Internetauktion, die mit dem Ende der Bietzeit zu laufen beginnt, OLG Oldenburg NJW 2004, 168, 169.
31 Vgl OLG Hamm NJW-RR 1990, 523; vgl auch *Larenz/Wolf*, BGB AT, § 36 Rn 89; Prütting/Wegen/Weinreich/*Ahrens*, § 121 Rn 4; vgl auch BAG NZA 2007, 1227, 1228.
32 Vgl Bamberger/Roth/*Wendtland*, § 121 Rn 7.
33 Vgl BAG NJW 1980, 1302, 1303; 1991, 2723, 2726; OLG Hamm NJW-RR 1990, 523; OLG Jena OLG-NL 2000, 37; Palandt/*Ellenberger*, § 121 Rn 3; MüKo/*Kramer*, § 121 Rn 7; Bamberger/Roth/*Wendtland*, § 121 Rn 7.
34 Str.; ähnlich wie hier *Larenz/Wolf*, BGB AT, § 36 Rn 89; gegen jede Heranziehung des § 626 Abs. 2 Soergel/*Hefermehl*, § 121 Rn 7; *Picker*, ZfA 1981, 1, 15 ff, 103.
35 Erman/*Palm*, § 121 Rn 3.
36 Vgl dazu RGZ 134, 25, 32; LAG Düsseldorf DB 1964, 1032; BayObLG NJW-RR 1997, 72, 74; DNotZ 1999, 78; Soergel/*Hefermehl*, § 121 Rn 8.
37 MüKo/*Kramer*, § 121 Rn 6; Soergel/*Hefermehl*, § 121 Rn 8; Bamberger/Roth/*Wendtland*, § 121 Rn 8.
38 RGRK/*Krüger-Nieland*, § 121 Rn 8; vgl Staudinger/*Singer*, Bearbeitung 2004, § 121 Rn 7, 9.
39 MüKo/*Kramer*, § 121 Rn 6; Erman/*Palm*, § 121 Rn 3.
40 RGZ 124, 115, 117; Soergel/*Hefermehl*, § 121 Rn 7; Palandt/*Ellenberger*, § 121 Rn 3.
41 Vgl Soergel/*Hefermehl*, § 121 Rn 10.
42 Vgl RGRK/*Krüger-Nieland*, § 121 Rn 8; vgl auch MüKo/*Kramer*, § 121 Rn 4.

15 **3. Unverzügliche Absendung (Abs. 1 S. 2).** Da die Anfechtungserklärung eine einseitige empfangsbedürftige Willenserklärung ist (s. § 143 Rn 3), wird sie gem. § 130 Abs. 1 S. 1 erst mit dem Zugang beim Erklärungsgegner wirksam. Für die Anfechtung unter Abwesenden trifft Abs. 1 S. 2 insoweit eine abweichende Regelung, als es für die **Rechtzeitigkeit** – nicht für das Wirksamwerden – der Anfechtung nicht auf den Zeitpunkt des Zugangs, sondern der Absendung ankommt. Bei unverzüglicher Absendung erfolgt die Anfechtungserklärung rechtzeitig iSd Abs. 1 S. 1, auch wenn sie verspätet zugeht. Das setzt voraus, dass der Anfechtungsberechtigte nicht schuldhaft einen unzuverlässigen oder umständlichen Übermittlungsweg wählt. Er muss die Anfechtung zwar nicht per Telegramm, Fax, E-Mail oder SMS erklären (s. Rn 13). Die Einreichung einer Klageschrift, welche die Anfechtungserklärung enthält, ist regelmäßig aber keine unverzügliche Absendung, weil sie dem Gegner nicht unmittelbar zugeht, sondern erst vom Gericht zugestellt wird (§§ 253, 271 ZPO) und weil diese Übermittlungsart mit einem erkennbaren Verzögerungsrisiko behaftet ist.[43]

16 Abs. 1 S. 2 betrifft nur das Verzögerungs-, **nicht** das **Verlustrisiko**. Geht die rechtzeitig abgesandte Anfechtungserklärung auf dem Übermittlungsweg verloren, wird sie mangels Zugangs beim Gegner nicht wirksam.[44] Der Anfechtende kann die rückwirkende Nichtigkeit (§ 142 Abs. 1) aber durch eine erneute unverzügliche Anfechtung erreichen.[45]

III. Ausschlussfrist des Abs. 2

17 Das Anfechtungsrecht erlischt gem. Abs. 2 **unabhängig von der Kenntnis** des Berechtigten vom Anfechtungsgrund, wenn seit der Abgabe der irrtumsbehafteten Willenserklärung zehn Jahre[46] verstrichen sind. Diese objektive Ausschlussfrist kann weder unterbrochen noch gehemmt werden. Sie wird nur gewahrt, wenn der Berechtigte die irrtumsbehaftete Willenserklärung unverzüglich nach Entdeckung des Irrtums anficht (Abs. 1 S. 1) und wenn die Anfechtungserklärung dem Anfechtungsgegner vor dem Ablauf der Zehn-Jahres-Frist **zugeht.** Die Regelung des Abs. 1 S. 2 ist nicht analog anwendbar.[47]

C. Weitere praktische Hinweise

18 Die Darlegungs- und **Beweislast** für das Vorliegen eines Anfechtungsgrundes trägt nach den allgemeinen Regeln der Anfechtende.[48] In Bezug auf die Verspätung der Anfechtung, die gem. Abs. 1 oder 2 zur Unwirksamkeit der Anfechtung führt (vgl Rn 2), trifft sie dagegen den Anfechtungsgegner. Er muss darlegen und im Bestreitensfall beweisen, wann der Anfechtungsberechtigte Kenntnis vom Anfechtungsgrund erlangt und wann er angefochten hat,[49] im Fall des Abs. 1 S. 2 also den Zeitpunkt der Absendung und den des Zugangs.[50] Ist die Anfechtung danach verzögert erfolgt, muss wiederum der Anfechtungsberechtigte diejenigen Tatsachen darlegen und beweisen, aus denen sich ergibt, dass sein Zögern nicht schuldhaft war.[51] Ob ein bestimmtes Verhalten eine schuldhafte Verzögerung gem. Abs. 1 darstellt, ist dagegen eine revisible Rechtsfrage.[52]

19 Die **Legaldefinition der Unverzüglichkeit** in Abs. 1 S. 1 „ohne schuldhaftes Zögern" gilt nicht nur im BGB, sondern darüber hinaus in allen Rechtsbereichen.[53] Beispiele sind § 377 Abs. 1 und 3 HGB, § 92 Abs. 1 AktG, § 9 Abs. 1 S. 1 Hs 2 MuSchG,[54] § 107 Abs. 3 S. 1 Nr. 1 GWB,[55] § 216 Abs. 2 ZPO und § 23 Abs. 2 S. 1 und 3

43 BGH NJW 1975, 39 m. krit. Anm. *Schubert*, JR 1975, 152 f; BGH WM 1981, 1302; BAG NZA 2007, 1227, 1228; BVerwG NJW 2010, 3048, 3050; Soergel/*Hefermehl*, § 121 Rn 10.

44 Vgl BGHZ 101, 49, 52.

45 Vgl Soergel/*Hefermehl*, § 121 Rn 10; Erman/*Palm*, § 121 Rn 4.

46 Die frühere 30-jährige Frist wurde durch das SchuldRModG an das neue Verjährungsrecht angepasst; vgl zum Übergangsrecht Art. 229 § 6 EGBGB Rn 65 ff.

47 Vgl RGZ 110, 19, 34; Palandt/*Ellenberger*, § 121 Rn 5; Erman/*Palm*, § 121 Rn 6; Bamberger/Roth/*Wendtland*, § 121 Rn 10; Staudinger/*Singer*, Bearbeitung 2004, § 121 Rn 14; MüKo/*Kramer*, § 121 Rn 9, 10; Prütting/Wegen/Weinreich/*Ahrens*, § 121 Rn 6; *Larenz/Wolf*, BGB AT, § 36 Rn 91.

48 BGH WM 1959, 348 f; RGRK/*Krüger-Nieland*, § 121 Rn 17.

49 RGZ 57, 358, 362; BGH WM 1959, 348 f; 1983, 825, 826; BAG NJW 1980, 1302, 1303; Soergel/*Hefermehl*, § 121 Rn 12; Prütting/Wegen/Weinreich/*Ahrens*, § 121 Rn 7; kritisch zur Beweislast bei einem non liquet in Bezug auf das Verstreichenlassen der Anfechtungsfrist *Arnold*, AcP 209 (2009), 285 ff.

50 OLG München NJW-RR 1988, 497, 498; Bamberger/Roth/*Wendtland*, § 121 Rn 12.

51 Vgl OLG München NJW-RR 1988, 497, 498; OLG Brandenburg NJW-RR 2002, 578, 580; Soergel/*Hefermehl*, § 121 Rn 12.

52 Soergel/*Hefermehl*, § 121 Rn 9; MüKo/*Kramer*, § 121 Rn 8; RGRK/*Krüger-Nieland*, § 121 Rn 9; vgl RGZ 64, 159, 161; 124, 115, 118.

53 Palandt/*Ellenberger*, § 121 Rn 3; Staudinger/*Singer*, Bearbeitung 2004, § 121 Rn 8; Jauernig/*Jauernig*, § 121 Rn 1; Bamberger/Roth/*Wendtland*, § 121 Rn 6; Prütting/Wegen/Weinreich/*Ahrens*, § 121 Rn 3.

54 BAG DB 1988, 2107.

55 OLG Düsseldorf NJW 2000, 145, 147 (zu § 107 Abs. 3 S. 1 GWB aF).

VwVfG. Im Zweifel gilt sie auch dann, wenn die Parteien den Begriff „unverzüglich" in einem Tarifvertrag,[56] in AGB[57] oder in einem anderen Rechtsgeschäft verwenden.[58]

20 Kann sich der Anfechtungsberechtigte innerhalb der tendenziell kurzen Fristen des Abs. 1 S. 1 keine hinreichende Klarheit über das Vorliegen eines Anfechtungsgrundes verschaffen, sollte er im Zweifel zunächst vorsorglich anfechten, damit sein Anfechtungsrecht nicht erlischt. Auf eine solche **Eventualanfechtung** verweisen Rechtsprechung und Lehre auch in den Fällen des Rechtsirrtums (vgl Rn 5 und 12).

§ 122 Schadensersatzpflicht des Anfechtenden

(1) Ist eine Willenserklärung nach § 118 nichtig oder auf Grund der §§ 119, 120 angefochten, so hat der Erklärende, wenn die Erklärung einem anderen gegenüber abzugeben war, diesem, andernfalls jedem Dritten den Schaden zu ersetzen, den der andere oder der Dritte dadurch erleidet, dass er auf die Gültigkeit der Erklärung vertraut, jedoch nicht über den Betrag des Interesses hinaus, welches der andere oder der Dritte an der Gültigkeit der Erklärung hat.

(2) Die Schadensersatzpflicht tritt nicht ein, wenn der Beschädigte den Grund der Nichtigkeit oder der Anfechtbarkeit kannte oder infolge von Fahrlässigkeit nicht kannte (kennen musste).

Literatur: *Clasen*, Die Haftung für Vertrauensschaden, NJW 1952, 14; *Fleckner/Vollmuth*, Geschäfte zu nicht marktgerechten Preisen (Mistrades) im außerbörslichen Handel, WM 2004, 1263; *Leßmann*, Schadensersatzpflicht nach Irrtumsanfechtung des Meistbietenden – BGH, NJW 1984, 1950, JuS 1986, 112; *Mankowski*, Selbstanfechtungsrecht des Erblassers beim Erbvertrag und Schadensersatzpflicht nach § 122 BGB, ZEV 1998, 46.

A. Allgemeines

1 Die Schadensersatzpflicht des § 122 ist der Preis, den der Irrende dafür zahlen muss, dass seine Scherzerklärung entgegen dem Gedanken des Verkehrsschutzes gem. § 118 nichtig ist (vgl dazu § 118 Rn 2) oder dass er seine Willenserklärung unter den Voraussetzungen der §§ 119, 120 durch eine Anfechtung rückwirkend vernichten kann (§ 142 Abs. 1). Da er nicht an den objektiven Erklärungstatbestand gebunden wird, den er selbst gesetzt hat, muss er zum Ausgleich demjenigen Erklärungsempfänger oder Dritten, der auf die Wirksamkeit der Erklärung vertraut hat, den daraus resultierenden Schaden ersetzen.[1] Der Erklärende trägt das Risiko für Mängel seiner Willenserklärung.[2] Nach der Nichtigkeit gem. § 118 oder der Anfechtung besteht diese Verantwortlichkeit in der abgeschwächten Form der Schadensersatzpflicht fort.[3] Deshalb handelt es sich um eine **verschuldensunabhängige Haftung** nach dem **Veranlassungsprinzip**[4] und nicht um eine Haftung wegen Verschuldens bei Vertragsverhandlungen (culpa in contrahendo).[5]

2 § 122 ist insoweit eine **Vertrauenshaftung**, als sie an das enttäuschte, schutzwürdige Vertrauen des Rechtsverkehrs in den Bestand einer Willenserklärung anknüpft. Kannte der geschädigte Erklärungsempfänger oder Dritte den Mangel der Willenserklärung oder musste er ihn zumindest kennen, tritt die Schadensersatzpflicht nach Abs. 2 nicht ein. Zwischen der unwirksamen Willenserklärung und dem Schaden muss ein **Kausalzu-**

56 Vgl LAG Köln DB 1983, 1771 f.
57 Vgl BGH NJW-RR 1994, 1108, 1109; OLG Bamberg NJW 1993, 2813, 2815; OLG Hamm NJW-RR 2004, 58, 59.
58 Vgl RGZ 75, 354, 357.
1 Näher zur Entstehungsgeschichte des § 122 und zu anderen Regelungsmodellen HKK/*Schermaier*, §§ 116–124 Rn 92 ff.
2 Den Risiko- bzw Sphärengedanken betonen besonders *Canaris*, Die Vertrauenshaftung im deutschen Privatrecht, 1971, S, 479 ff, 532 ff; *Flume*, BGB AT Bd. 2, § 21, 7; MüKo/*Kramer*, § 122 Rn 3.
3 Vgl *Larenz/Wolf*, BGB AT, § 36 Rn 114.
4 BGH NJW 1969, 1380; HK-BGB/*Dörner*, § 122 Rn 1; Palandt/*Ellenberger*, § 122 Rn 1; Jauernig/*Jauernig*, § 122 Rn 2; Erman/*Palm*, § 122 Rn 1; Bamberger/Roth/*Wendtland*, § 122 Rn 1; Prütting/Wegen/Weinreich/*Ahrens*, § 122 Rn 1; *Brox/Walker*, BGB AT, Rn 444; vgl RGRK/*Krüger-Nieland*, § 122 Rn 1; *Medicus*, BGB AT, Rn 783; vgl auch bereits RGZ 81, 395, 399; 94, 195, 197; aA Staudinger/*Singer*, Bearbeitung 2004, § 122 Rn 2: Risikoprinzip.
5 Vgl Staudinger/*Singer*, Bearbeitung 2004, § 122 Rn 2, 19; Soergel/*Hefermehl*, § 122 Rn 1, 7; *Larenz/Wolf*, BGB AT, § 36 Rn 114 Fn 104; anders HKK/*Schermaier*, §§ 116–124 Rn 99: besonderer Tatbestand der c.i.c. im System der Erklärungshaftung.

sammenhang bestehen, demzufolge der Schaden nicht eingetreten wäre, wenn der Geschädigte nicht auf die Wirksamkeit der Erklärung vertraut hätte (vgl dazu noch Rn 8).[6]

B. Regelungsgehalt

I. Voraussetzungen der Schadensersatzpflicht (Abs. 1)

3 Der **unmittelbare Anwendungsbereich** des § 122 beschränkt sich nach dem klaren Wortlaut des Abs. 1 auf die Nichtigkeit einer Scherzerklärung gem. § 118 und die Anfechtung einer Willenserklärung aufgrund der §§ 119, 120. Dazu zählt auch die aufgrund eines Irrtums erfolgende Stornierung einer Gutschrift im Bankverkehr.[7] Andere Anfechtungen wie etwa nach § 123 oder andere Nichtigkeitsgründe wie etwa § 105 Abs. 1 erfasst § 122 nicht. Liegt neben §§ 118, 119 oder 120 noch ein anderer Nichtigkeits- oder Anfechtungsgrund vor, greift die Norm ebenfalls nicht ein. War zB die wegen eines Erklärungsirrtums angefochtene Willenserklärung schon formnichtig, muss der Anfechtende keinen Schadensersatz nach § 122 leisten.[8] Die Anwendung des § 122 kann durch **Spezialvorschriften** ausgeschlossen sein, wie zB gem. § 2078 Abs. 3 für die Testamentsanfechtung. Dieser Ausschluss gilt auch für die Anfechtung eines Erbvertrags durch den Erblasser.[9]

4 Darüber hinausgehend wird vertreten, § 122 enthalte – wie auch § 179 Abs. 2 – den allgemeinen Rechtsgrundsatz einer Vertrauenshaftung, die auf einem Mangel der eigenen Sphäre beruhe. Danach hat derjenige, der auf den Bestand einer Willenserklärung vertraut hat und darauf auch vertrauen durfte, einen Schadensersatzanspruch gegen den anderen Teil, wenn die Willenserklärung allein aus einem Grund unwirksam ist oder wird, der in der Sphäre des anderen Teils liegt.[10] Indessen lässt sich § 122 **kein** solcher **genereller Haftungstatbestand für „Mängel der eigenen Sphäre"** entnehmen,[11] und er wäre als eigenständige Anspruchsgrundlage auch nicht sehr scharf konturiert.

5 Stattdessen müssen im Einzelfall die Voraussetzungen einer **analogen Anwendung** des § 122 geprüft werden.[12] Sie liegen vor allem bei den sog. abhanden gekommenen Willenserklärungen vor, in denen mangels rechtsgeschäftlichen Handelns lediglich der **unrichtige Anschein einer Willenserklärung** gesetzt wird (vgl dazu § 130 Rn 9). Sendet zB ein Angehöriger oder Angestellter die vom „Erklärenden" lediglich vorbereitete, aber noch nicht gem. § 130 Abs. 2 abgegebene Erklärung (Bsp.: Angebotsentwurf auf dem Schreibtisch) irrtümlich ab und vertraut der Empfänger auf ihren Bestand, ist die Interessenlage die gleiche wie in den von § 122 geregelten Fällen. Der (vermeintliche) Erklärende wird mit der Schadensersatzpflicht zum Ausgleich dafür belastet, dass er, seinem subjektiven Willen entsprechend, nicht an den objektiven Erklärungsgehalt – den unrichtigen Schein einer Willenserklärung – gebunden ist.[13] Gleiches gilt für den versehentlich ausgeführten Sendebefehl im elektronischen Rechtsverkehr.[14] Fehlte dem Erklärenden das **Erklärungsbewusstsein** und hat er seine Willenserklärung analog § 119 Abs. 1 angefochten („Trierer Weinversteigerungsfall"; vgl dazu Vor § 116 Rn 7, § 119 Rn 33), findet § 122 ebenfalls analoge Anwendung.[15] Unanwendbar ist § 122 dagegen mangels vergleichbarer Interessenlage, wenn der Empfänger auf die Erklärung eines geschäftsunfähigen Vertreters vertraut hat.[16] Das **Risiko der Geschäftsfähigkeit** trägt grundsätzlich der Erklärungsgegner, so dass eine Haftung des Vertretenen nur wegen Verschuldens bei Vertragsverhandlungen in Betracht kommt.[17] Bei der bewussten Falschübermittlung eines Boten haftet der Erklärende nicht (nur) wegen Ver-

6 Vgl Bamberger/Roth/*Wendtland*, § 122 Rn 5; Staudinger/*Singer*, Bearbeitung 2004, § 122 Rn 2, 12.

7 Vgl *Otto/Stierle*, WM 1978, 538, 546 f; Palandt/*Ellenberger*, § 122 Rn 2; für eine analoge Anwendung des § 122 in diesem Fall etwa MüKo/*Kramer*, § 122 Rn 4 Fn 15 mwN; vgl zur Anwendbarkeit des § 122 BGB im Falle der Vereinbarung außerbörslicher Mistrade-Regeln BGH NJW-RR 2002, 1344, 1345; *Fleckner/Vollmuth*, WM 2004, 1263, 1268 ff.

8 Staudinger/*Singer*, Bearbeitung 2004, § 122 Rn 3; Erman/*Palm*, § 122 Rn 2, vgl Bamberger/Roth/*Wendtland*, § 122 Rn 2.

9 OLG München NJW 1997, 2331; Bamberger/Roth/*Wendtland*, § 122 Rn 2; Prütting/Wegen/Weinreich/*Ahrens*, § 122 Rn 2; vgl Erman/*Palm*, § 122 Rn 2; vgl allg. zum Anwendungsbereich der §§ 2078 ff NK-BGB/*Fleindl*, § 2078 Rn 9 f.

10 So etwa MüKo/*Kramer*, § 122 Rn 4; RGZ 170, 65, 69; vgl ferner BGH WM 1986, 608, 610; *Canaris*, Die Vertrauenshaftung im deutschen Privatrecht, 1971, S. 532 ff.

11 Ebenso Palandt/*Ellenberger*, § 122 Rn 2; Soergel/*Hefermehl*, § 122 Rn 2; Prütting/Wegen/Weinreich/*Ahrens*, § 122 Rn 2.

12 Vgl Palandt/*Ellenberger*, § 122 Rn 2; Erman/*Palm*, § 122 Rn 3; Bamberger/Roth/*Wendtland*, § 122 Rn 3; ähnlich im Erg. trotz der Annahme eines generellen Haftungstatbestandes MüKo/*Kramer*, § 122 Rn 5.

13 Palandt/*Ellenberger*, § 122 Rn 2; Erman/*Palm*, § 122 Rn 3; Bamberger/Roth/*Wendtland*, § 122 Rn 3; HK-BGB/*Dörner*, § 122 Rn 6; vgl auch *Larenz/Wolf*, BGB AT, § 26 Rn 7; für die unmittelbare Anwendung des § 122 MüKo/*Kramer*, § 122 Rn 5.

14 *Taupitz/Kritter*, JuS 1999, 839, 840.

15 Erman/*Palm*, § 122 Rn 3; vgl auch *Habersack*, JuS 1996, 585, 586; für die unmittelbare Anwendung des § 122 MüKo/*Kramer*, § 122 Rn 5; für die verschuldensabhängige Haftung aus c.i.c. *Medicus*, BGB AT, Rn 608.

16 Für die analoge Anwendung des § 122 aber MüKo/*Kramer*, § 122 Rn 5.

17 Erman/*Palm*, § 122 Rn 3; vgl HK-BGB/*Dörner*, § 122 Rn 6.

schuldens bei Vertragsverhandlungen, sondern verschuldensunabhängig unmittelbar aus § 122, weil § 120 nicht bloß die unbewusste Falschübermittlung erfasst (anders die hM; vgl dazu § 120 Rn 5 f).

Zum Schadensersatz **verpflichtet** § 122 denjenigen, dessen Willenserklärung nach § 118 nichtig oder aufgrund der §§ 119, 120 wirksam angefochten ist. Das ist der Erklärende oder der Vertretene im Falle der Stellvertretung. 6

Anspruchsberechtigter ist bei einer empfangsbedürftigen Willenserklärung gem. Abs. 1 S. 1, 1. Fall nur der Erklärungsempfänger. Das gilt auch bei einem Vertrag zugunsten Dritter.[18] Bei nicht empfangsbedürftigen Willenserklärungen wie zB einer Auslobung (§ 657) ist gem. Abs. 1 S. 1, 2. Fall jeder Dritte anspruchsberechtigt, der im Vertrauen auf den Bestand der Willenserklärung einen Schaden erlitten hat. Hierzu zählen auch amtsempfangsbedürftige Willenserklärungen.[19] Deshalb muss der Meistbietende bei der Zwangsversteigerung eines Grundstücks, der sein Gebot wegen Irrtums anficht, einem Gläubiger des Grundstückseigentümers gem. Abs. 1 den Vertrauensschaden ersetzen, wenn dieser auf die Wirksamkeit des Gebots vertraut und ihm daher nicht widersprochen hat.[20] 7

Die Unwirksamkeit der Willenserklärung verpflichtet den Erklärenden nur dann zum Schadensersatz, wenn der Geschädigte in schutzwürdiger Weise auf die Wirksamkeit der Erklärung vertraut hat. An diesem **Kausalzusammenhang**[21] fehlt es zunächst gem. Abs. 2, wenn der Geschädigte den Anfechtungs- oder Nichtigkeitsgrund kannte oder kennen musste (näher dazu Rn 14). Außerdem scheiden Ansprüche aus § 122 bei wechselseitigen Anfechtungen aus, weil keiner der beiden Vertragspartner geltend machen kann, er habe auf die Wirksamkeit des von ihm selbst angefochtenen Vertrages vertraut.[22] 8

II. Umfang der Schadensersatzpflicht

Der Anspruch geht auf den Ersatz desjenigen Schadens, den der Erklärungsempfänger oder Dritte dadurch erleidet, dass er auf die Wirksamkeit der Willenserklärung vertraut hat. Zu ersetzen ist also nur der **Vertrauensschaden**, das **negative Interesse**. Der Geschädigte muss wirtschaftlich so gestellt werden, wie er stünde, wenn die Willenserklärung nicht abgegeben worden wäre.[23] Er hat also Anspruch auf Ersatz der **Kosten des Vertragsabschlusses** (Porto, Telefon, Reise zum Ort des Vertragsschlusses, Beurkundungsgebühren), der (begonnenen) **Durchführung des Vertrages** und der **eigenen Schadensersatzleistungen**, die er Dritten gegenüber erbringen muss, weil er sie wegen der Unwirksamkeit der Willenserklärung nicht beliefern kann.[24] Es kommt immer darauf an, ob dem Geschädigten der Vermögensnachteil dadurch entstanden ist, dass er auf die Gültigkeit der Erklärung vertraut und sein Verhalten danach ausgerichtet hat. Daher umfasst der zu ersetzende Vertrauensschaden auch den **entgangenen Gewinn** aus einem Geschäft, dessen Abschluss der Geschädigte im Vertrauen auf die Wirksamkeit des nichtigen oder vernichteten Geschäfts unterlassen hat.[25] Nicht unter § 122 fällt dagegen der entgangene Gewinn, den der Geschädigte bei der Durchführung des nichtigen oder vernichteten Geschäfts gemacht hätte; dieser gehört zum Erfüllungsschaden oder positiven Interesse. 9

Entgegen einer älteren Entscheidung des BGH[26] erfasst § 122 den Ersatz der **Prozesskosten**, wenn der Beklagte seine Willenserklärung erst nach Erhebung der Erfüllungsklage anficht, ohne dass der Kläger das vorher erkennen konnte, und deshalb die Klage abgewiesen wird. Hier ist das Vertrauen auf die Gültigkeit der Erklärung kausal für die Klageerhebung, und der Schaden ist erst durch die Anfechtung im Prozess entstanden, so dass die §§ 91 ff ZPO nicht als vorrangige Regeln § 122 ausschließen.[27] 10

Schließlich kann der Ersatzberechtigte, der im Vertrauen auf die Wirksamkeit der Erklärung bereits Leistungen an den Erklärenden erbracht hat, das **Geleistete** nach Abs. 1 zurückfordern. Dieser **Rückforderungsanspruch** besteht neben dem Bereicherungsanspruch aus § 812. Er hat den Vorteil, dass sich der Erklärende insoweit nicht auf den Wegfall der Bereicherung (§ 818 Abs. 3) berufen kann. Der Ersatzberechtigte trägt also 11

18 Soergel/*Hefermehl*, § 122 Rn 3; Erman/*Palm*, § 122 Rn 4; MüKo/*Kramer*, § 122 Rn 7; Bamberger/Roth/*Wendtland*, § 122 Rn 4.
19 Palandt/*Ellenberger*, § 122 Rn 3; Erman/*Palm*, § 122 Rn 4; Bamberger/Roth/*Wendtland*, § 122 Rn 4; Prütting/Wegen/Weinreich/*Ahrens*, § 122 Rn 4.
20 BGH NJW 1984, 1950 f.
21 Vgl Bamberger/Roth/*Wendtland*, § 122 Rn 5.
22 Bamberger/Roth/*Wendtland*, § 122 Rn 5; vgl Soergel/*Hefermehl*, § 122 Rn 3.
23 RGZ 170, 281, 284; vgl BGH NJW 1984, 1950 f; 2004, 2601, 2601 f; *Brox/Walker*, BGB AT, Rn 446: Jauernig/*Jauernig*, § 122 Rn 3; RGRK/*Krüger-Nieland*, § 122 Rn 7; Erman/*Palm*, § 122 Rn 5; Prütting/Wegen/Weinreich/*Ahrens*, § 122 Rn 5.
24 Vgl Soergel/*Hefermehl*, § 122 Rn 4; MüKo/*Kramer*, § 122 Rn 8; Erman/*Palm*, § 122 Rn 5.
25 RGZ 170, 281, 284; BGH NJW 1984, 1950 f; 2004, 2601, 2601 f; Erman/*Palm*, § 122 Rn 5; Bamberger/Roth/*Wendtland*, § 122 Rn 7; Prütting/Wegen/Weinreich/*Ahrens*, § 122 Rn 5.
26 BGH NJW 1962, 1670, 1671; ebenso OLG Celle OLGZ 1972, 193, 194; Soergel/*Hefermehl*, § 122 Rn 4.
27 Staudinger/*Singer*, Bearbeitung 2004, § 122 Rn 13; Palandt/*Ellenberger*, § 122 Rn 4; Bamberger/Roth/*Wendtland*, § 122 Rn 8; Prütting/Wegen/Weinreich/*Ahrens*, § 122 Rn 5; ebenso wohl auch RGRK/*Krüger-Nieland*, § 122 Rn 8.

nicht das Risiko der zufälligen Verschlechterung oder des zufälligen Untergangs der von ihm erbrachten Leistung.[28]

12 Die **Berechnung** des zu ersetzenden Schadens richtet sich nach den allgemeinen Schadensersatzregeln der §§ 249 ff (zur Minderung oder zum Ausschluss des Anspruchs gem. § 254 analog s. Rn 15).[29] Danach kann der Schaden auch abstrakt berechnet werden.[30] Für die Bestimmung des zu ersetzenden Schadens kommt es auf den **Zeitpunkt** an, in dem der Berechtigte von der Nichtigkeit der Erklärung erfahren hat oder in dem er die Nichtigkeit bei Anwendung der erforderlichen Sorgfalt hätte erkennen können. Letzteres folgt aus Abs. 2 iVm § 142 Abs. 2.[31]

13 Der Anspruch wird gem. Abs. 1 aE in seiner Höhe auf das Erfüllungsinteresse **begrenzt**. Der Geschädigte soll durch die Unwirksamkeit der Willenserklärung nicht bessergestellt werden, als er bei ihrer Wirksamkeit stünde. Die Höchstgrenze des Anspruchs aus Abs. 1 ist demnach der Zustand, der bei Gültigkeit der Erklärung und ordnungsgemäßer Erfüllung der versprochenen Leistung eingetreten wäre.[32] Der Ersatzberechtigte kann daher, wenn er an dem unwirksamen Geschäft zB nur 100 EUR verdient hätte, nicht den höheren Betrag von 200 EUR mit der Begründung ersetzt verlangen, er hätte ohne das Vertrauen auf das unwirksame Geschäft ein anderes, günstigeres Geschäft abgeschlossen und damit den höheren Gewinn von 200 EUR erzielt.[33] Hätte das unwirksame Geschäft dem Erklärungsempfänger überhaupt keinen wirtschaftlichen Vorteil gebracht, steht ihm auch kein Schadensersatz aus Abs. 1 zu.[34]

III. Ausschluss und Minderung der Schadensersatzpflicht (Abs. 2)

14 Nach **Abs. 2** ist der Anspruch auf Schadensersatz ausgeschlossen, wenn der Geschädigte den Nichtigkeits- oder Anfechtungsgrund kannte oder kennen musste. Dann fehlt es am schutzwürdigen Vertrauen und an der Kausalität (vgl bereits Rn 2 und Rn 8). Eine **Kenntnis** in diesem Sinne liegt nur vor, wenn der Anfechtungsgegner zwar den Irrtum des Erklärenden, aber nicht auch seinen wahren Willen erkannt hat. Anderenfalls scheidet bereits eine Anfechtung aus, weil dann nach dem Vorrang der Auslegung anstelle des irrtümlich Erklärten das erkannte wirklich Gewollte gilt.[35] Das **Kennenmüssen** ist nach der für das gesamte Privatrecht geltenden Legaldefinition[36] des Abs. 2 aE gegeben, wenn der Geschädigte den Grund der Nichtigkeit – die Scherzerklärung gem. § 118 – oder den Grund der Anfechtbarkeit – den Irrtum gem. § 119 oder die Falschübermittlung gem. § 120 – infolge von **Fahrlässigkeit nicht kannte**. Der Anspruch wird nicht erst bei grober Fahrlässigkeit ausgeschlossen.[37] Es genügt bereits, dass tatsächliche Anhaltspunkte im konkreten Fall Zweifel daran wecken, ob die Willenserklärung irrtumsfrei zustande gekommen ist, und der Erklärungsempfänger diesen Zweifeln entgegen der im Verkehr erforderlichen Sorgfalt nicht durch eine Rückfrage beim Erklärenden nachgeht.[38]

15 Hat der **Geschädigte** den **Anfechtungsgrund** durch sein eigenes Verhalten **hervorgerufen,** ist umstritten, wie sich seine (Mit-)Verursachung auf den Anspruch aus Abs. 1 auswirkt. Kannte er den Anfechtungsgrund oder musste er ihn kennen, wird der Anspruch bereits gem. **Abs. 2** ausgeschlossen. Diese Norm ist lex specialis gegenüber § 254.[39] Außerdem kann der Anspruch aus Abs. 1 nach allgemeinen Grundsätzen wegen **Rechtsmissbrauchs gem. § 242** ausgeschlossen sein. Dazu genügt allerdings nicht die bloße (Mit-)Verursachung des Irrtums als solche,[40] sondern es müssen weitere Umstände hinzutreten, aufgrund derer die Geltendmachung des Anspruchs gegen Treu und Glauben verstößt. Rechtsmissbräuchlich handelt danach etwa, wer einen Flug im Internet mit einem offensichtlich viel zu niedrig angegebenen Preis nur deshalb bucht, um nach der online erfolgten Bestätigung eine „Vergleichssumme" für die Nichtinanspruchnahme des gebuchten Fluges zu kas-

28 Soergel/*Hefermehl*, § 122 Rn 4; MüKo/*Kramer*, § 122 Rn 8; Erman/*Palm*, § 122 Rn 5; Bamberger/Roth/*Wendtland*, § 122 Rn 7; Prütting/Wegen/Weinreich/*Ahrens*, § 122 Rn 5; *Larenz/Wolf*, BGB AT, § 36 Rn 118.
29 Erman/*Palm*, § 122 Rn 8; Bamberger/Roth/*Wendtland*, § 122 Rn 6; aA Staudinger/Singer, Bearbeitung 2004, § 122 Rn 18.
30 RGRK/*Krüger-Nieland*, § 122 Rn 8.
31 Staudinger/*Singer*, Bearbeitung 2004, § 122 Rn 15; RGRK/*Krüger-Nieland*, § 122 Rn 8; Erman/*Palm*, § 122 Rn 6.
32 RGZ 170, 281, 284.
33 Bsp. nach *Medicus*, BGB AT, Rn 784.
34 Erman/*Palm*, § 122 Rn 7; Bamberger/Roth/*Wendtland*, § 122 Rn 9.
35 Soergel/*Hefermehl*, § 122 Rn 5; MüKo/*Kramer*, § 122 Rn 10; Erman/*Palm*, § 122 Rn 9; Bamberger/Roth/*Wendtland*, § 122 Rn 10; *Larenz/Wolf*, BGB AT, § 36 Rn 115.
36 Vgl Palandt/*Ellenberger*, § 122 Rn 5; Bamberger/Roth/*Wendtland*, § 122 Rn 10.
37 So aber HKK/*Schermaier*, §§ 116–124 Rn 99.
38 Vgl RGZ 104, 191, 194; BGH NJW 1990, 387, 388; NJW-RR 1992, 1005, 1006; Soergel/*Hefermehl*, § 122 Rn 5; RGRK/*Krüger-Nieland*, § 122 Rn 4; Bamberger/Roth/*Wendtland*, § 122 Rn 10; vgl auch differenzierend MüKo/*Kramer*, § 122 Rn 11.
39 Soergel/*Hefermehl*, § 122 Rn 6; Palandt/*Ellenberger*, § 122 Rn 5; RGRK/*Krüger-Nieland*, § 122 Rn 6; Bamberger/Roth/*Wendtland*, § 122 Rn 10; vgl dagegen HKK/*Schermaier*, §§ 116–124 Rn 98 ff: Abwägung der Verschuldens- bzw Verursachungsbeiträge im Rahmen des § 122.
40 So noch RGZ 81, 395, 399.

sieren.[41] Greift weder Abs. 2 noch § 242 ein, ist umstritten, ob die (Mit-)Verursachung des Irrtums durch den Geschädigten wegen **Mitverschuldens gem. § 254 Abs. 1 analog** zur Minderung oder sogar zum Ausschluss des Anspruchs führen kann. Zwar scheidet die unmittelbare Anwendung des § 254 aus, weil der Anspruch aus Abs. 1 verschuldensunabhängig ist.[42] Wegen der vergleichbaren Interessenlage kann die Vorschrift aber analog angewendet werden, so dass der Anspruch je nach dem Grad der **Mitveranlassung** zu mindern ist oder ganz entfällt.[43] Hat der Geschädigte den Nichtigkeits- oder Anfechtungsgrund dagegen **schuldhaft herbeigeführt**, steht dem Erklärenden ein Schadensersatzanspruch wegen Verschuldens bei Vertragsverhandlungen (§§ 311 Abs. 2, 241 Abs. 2, 280 Abs. 1) zu. Dieser Gegenanspruch wird durch § 122 nicht berührt.[44]

Im Wesentlichen unstreitig ist demgegenüber die (analoge) Anwendbarkeit des **§ 254 Abs. 2**. Verletzt der Geschädigte seine **Schadensminderungspflicht**, wird der Anspruch aus Abs. 1 entsprechend gemindert.[45] 16

Der Anspruch aus Abs. 1 unterliegt wegen der Begrenzung auf das Erfüllungsinteresse keiner längeren **Verjährung** als der Anspruch, den der Ersatzberechtigte bei Wirksamkeit der Erklärung aus dem jetzt nichtigen Geschäft hätte.[46] Die Verjährungshöchstfrist bestimmt sich nach § 199 Abs. 3 (näher dazu § 199 Rn 87 ff).[47] 17

Neben dem Anspruch aus Abs. 1 können Ansprüche aus **Delikt** (§§ 823 ff) und vor allem wegen **Verschuldens bei Vertragsverhandlungen** (§§ 311 Abs. 2, 241 Abs. 2, 280 Abs. 1) bestehen.[48] Der letztgenannte Anspruch setzt, ebenso wie derjenige aus § 823 und anders als derjenige aus Abs. 1, ein Verschulden des Erklärenden voraus und ist in seiner Höhe nicht auf das Erfüllungsinteresse begrenzt.[49] 18

C. Weitere praktische Hinweise

Die Anordnung der Ersatzpflicht in § 122 ist **nicht zwingend**. Sie kann durch Parteivereinbarung abbedungen werden.[50] 19

Der **Geschädigte** trägt die Darlegungs- und **Beweislast** für alle Tatsachen, die seinen Anspruch aus Abs. 1 begründen. Daher muss er darlegen und im Bestreitensfall beweisen, dass die Erklärung gem. § 118 nichtig oder gem. §§ 119, 120 angefochten ist, dass er Erklärungsempfänger oder Dritter ist, dass ihm der geltend gemachte Schaden in der geltend gemachten Höhe entstanden ist und dass dieser Schaden auf seinem Vertrauen in die Wirksamkeit der nichtigen oder angefochtenen Willenserklärung beruht. Der **Erklärende** muss hingegen diejenigen Tatsachen darlegen und beweisen, die einen Ausschluss oder eine Minderung des Anspruchs begründen. Das können sein die Kenntnis oder das Kennenmüssen des Geschädigten in Bezug auf den Unwirksamkeitsgrund gem. Abs. 2, die niedrigere Höhe des Erfüllungsinteresses gem. Abs. 1 aE und die gem. § 254 analog zu berücksichtigende Mitverursachung des Irrtums oder Verletzung der Schadensminderungspflicht (vgl dazu Rn 14 ff).[51] 20

41 OLG München NJW 2003, 367.
42 Vgl *Flume*, BGB AT Bd. 2, § 21, 7.
43 BGH NJW 1969, 1380; HK-BGB/*Dörner*, § 122 Rn 4; Soergel/*Hefermehl*, § 122 Rn 6; Palandt/*Ellenberger*, § 122 Rn 5; Jauernig/*Jauernig*, § 122 Rn 4; RGRK/*Krüger-Nieland*, § 122 Rn 6; Bamberger/Roth/*Wendtland*, § 122 Rn 6; *Larenz/Wolf*, BGB AT, § 36 Rn 115; vgl Erman/*Palm*, § 122 Rn 9; für einen gänzlichen Ausschluss der Haftung des Irrenden nach § 122: Staudinger/*Singer*, Bearbeitung 2004, § 122 Rn 18; aA MüKo/*Kramer*, § 122 Rn 12; *Medicus*, BGB AT, Rn 786; anders auch HKK/*Schermaier*, §§ 116–124 Rn 98 ff: Abwägung der Verschuldens- bzw Verursachungsbeiträge im Rahmen des § 122.
44 Staudinger/*Singer*, Bearbeitung 2004, § 122 Rn 18; Soergel/*Hefermehl*, § 122 Rn 8; Bamberger/Roth/*Wendtland*, § 122 Rn 4; vgl Erman/*Palm*, § 122 Rn 10; vgl ferner BGH NJW 1969, 1380; RGRK/*Krüger-Nieland*, § 122 Rn 6: Wegfall des Anspruchs aus § 122 Abs. 1.
45 RGZ 116, 15, 19; Soergel/*Hefermehl*, § 122 Rn 6; Palandt/*Ellenberger*, § 122 Rn 5; RGRK/*Krüger-Nieland*, § 122 Rn 6; Bamberger/Roth/*Wendtland*, § 122 Rn 6; Prütting/Wegen/Weinreich/*Ahrens*, § 122 Rn 7.
46 BGHZ 49, 77, 83; 57, 191, 196; BGH NJW 1972, 630; Soergel/*Hefermehl*, § 122 Rn 6; RGRK/*Krüger-Nieland*, § 122 Rn 9; Bamberger/Roth/*Wendtland*, § 122 Rn 11.
47 Jauernig/*Jauernig*, § 122 Rn 2.
48 AA für den Anspruch wegen Verschuldens bei Vertragsverhandlungen *Früh*, JuS 1995, 125; abw. auch HKK/*Schermaier*, §§ 116–124 Rn 99: § 122 als besonderer Tatbestand der c.i.c.
49 HK-BGB/*Dörner*, § 122 Rn 5; Palandt/*Ellenberger*, § 122 Rn 6; MüKo/*Kramer*, § 122 Rn 6; Erman/*Palm*, § 122 Rn 10; Bamberger/Roth/*Wendtland*, § 122 Rn 12; Prütting/Wegen/Weinreich/*Ahrens*, § 122 Rn 8; für eine Begrenzung auf das Erfüllungsinteresse wegen § 122 Abs. 1 hingegen Soergel/*Hefermehl*, § 122 Rn 7; differenzierend Staudinger/*Singer*, Bearbeitung 2004, § 122 Rn 19 f.
50 Soergel/*Hefermehl*, § 122 Rn 2; RGRK/*Krüger-Nieland*, § 122 Rn 5.
51 Bamberger/Roth/*Wendtland*, § 122 Rn 13, vgl Palandt/*Ellenberger*, § 122 Rn 7; MüKo/*Kramer*, § 122 Rn 16; RGRK/*Krüger-Nieland*, § 122 Rn 10; Prütting/Wegen/Weinreich/*Ahrens*, § 122 Rn 9.

§ 123 Anfechtbarkeit wegen Täuschung oder Drohung

(1) Wer zur Abgabe einer Willenserklärung durch arglistige Täuschung oder widerrechtlich durch Drohung bestimmt worden ist, kann die Erklärung anfechten.

(2) [1]Hat ein Dritter die Täuschung verübt, so ist eine Erklärung, die einem anderen gegenüber abzugeben war, nur dann anfechtbar, wenn dieser die Täuschung kannte oder kennen musste. [2]Soweit ein anderer als derjenige, welchem gegenüber die Erklärung abzugeben war, aus der Erklärung unmittelbar ein Recht erworben hat, ist die Erklärung ihm gegenüber anfechtbar, wenn er die Täuschung kannte oder kennen musste.

Literatur: *Annuß*, Das Allgemeine Gleichbehandlungsgesetz im Arbeitsrecht, BB 2006, 1629; *Boemke*, Fragerecht des Arbeitnehmers nach Mitgliedschaft im Arbeitgeberverband?, NZA 2004, 142; *Boemke/Danko*, AGG im Arbeitsrecht, 2007; *Braun*, Fragerecht und Auskunftspflicht – Neue Entwicklungen in Gesetzgebung und Rechtsprechung, MDR 2004, 64; *Büchler*, Die Anfechtungsgründe des § 123 BGB, JuS 2009, 976; *Derleder*, Die Rechte des über Fehler der Kaufsache getäuschten Käufers, NJW 2001, 1161; *Ehrich*, Fragerecht des Arbeitgebers bei Einstellungen und Folgen der Falschbeantwortung, DB 2000, 421; *Eschenbacher*, Datenerhebung im arbeitsrechtlichen Vertragsanbahnungsverhältnis, 2008; *Fischer*, Anfechtung von Willenserklärungen im Mietrecht, NZM 2005, 567; *Fischinger*, Die arbeitsrechtlichen Regelungen des Gendiagnostikgesetzes, NZA 2010, 65; *Fleischer*, Konkurrenzprobleme um die culpa in contrahendo: Fahrlässige Irreführung versus arglistige Täuschung, AcP 200 (2000), 91; *Genenger*, Begrenzung genetischer Untersuchungen und Analysen im Arbeitsrecht, AuR 2009, 285; *Grigoleit*, Neuere Tendenzen zur schadensrechtlichen Vertragsaufhebung, NJW 1999, 900; *Hamann*, Bewerberauswahl und Arbeitgeberkündigung im Lichte des Allgemeinen Gleichbehandlungsgesetzes, Jura 2007, 641; *Hanau*, Das allgemeine Gleichbehandlungsgesetz (arbeitsrechtlicher Teil) zwischen Bagatellisierung und Dramatisierung, ZIP 2006, 2189; *Hausmann*, Die Reaktion auf Willensmängel beim Arbeitsvertragsschluss, 2008; *Hitzig*, Das Fragerecht des Arbeitgebers gegenüber Arbeitnehmern mit Sonderkündigungsschutz, 2008; *Hunold*, Die Frage des Arbeitgebers nach der Verfügbarkeit von Bewerbern, DB 2000, 573; *ders.*, Ausgewählte Rechtsprechung zur Gleichbehandlung im Betrieb – 1.Teil – Personalgewinnung, laufendes Arbeitsentgelt, Zulagen, NZA-RR 2006, 561; *Immenga*, Der Begriff des „Dritten" nach § 123 Abs. 2 BGB beim finanzierten Beitritt zu einer Abschreibungsgesellschaft, BB 1984, 5; *Iraschko-Luscher/Kiekenbeck*, Welche Krankheitsdaten darf der Arbeitgeber von seinem Mitarbeiter abfragen?, NZA 2009, 1239; *Joussen*, Si tacuisses – Der aktuelle Stand zum Fragerecht des Arbeitgebers nach einer Schwerbehinderung, NJW 2003, 2857; *ders.*, Schwerbehinderung, Fragerecht und positive Diskriminierung nach dem AGG, NZA 2007, 174; *ders.*, § 9 AGG und die europäischen Grenzen für das kirchliche Arbeitsrecht, NZA 2008, 675; *Kamanabrou*, Die arbeitsrechtlichen Vorschriften des Allgemeinen Gleichbehandlungsgesetzes, RdA 2006, 321; *Karakatsanes*, Die Widerrechtlichkeit in § 123 BGB, 1974; *Löhnig*, Vertragsaufhebung wegen „fahrlässiger Täuschung", JA 2003, 553; *v. Lübtow*, Zur Anfechtung von Willenserklärungen wegen arglistiger Täuschung, in: FS Bartholomeyczik 1973, S. 249; *Mankowski*, Arglistige Täuschung durch vorsätzlich falsche oder unvollständige Antworten auf konkrete Fragen, JZ 2004, 121; *Martens*, Wer ist „Dritter"? – Zur Abgrenzung der §§ 123 I und II 1 BGB, JuS 2005, 887; *ders.*, Das Anfechtungsrecht bei einer Drohung durch Dritte, AcP 207 (2007), 371; *Messingschlager*, „Sind Sie schwerbehindert?" – Das Ende einer (un)beliebten Frage, NZA 2003, 301; *Milthaler*, Das Fragerecht des Arbeitgebers nach den Vorstrafen des Bewerbers, 2005; *Müller*, Wer fragt, der führt oder Drum prüfe, wer sich ewig bindet – Das Fragerecht des Arbeitgebers, AiB 2007, 709; *Müller-Frank*, Täuschung durch Antragsteller und Wissen des vom Versicherer beauftragten Arztes, NVersZ 2001, 447; *Neuhaus*, Versicherungsvertrag – aktuelle Fragen der vorvertraglichen Anzeigepflichtverletzung, MDR 2010, 1360; *Ohlendorf/Schreier*, AGG-konformes Einstellungsverfahren – Handlungsanleitung und Praxistipps, BB 2008, 2458; *Pallasch*, Diskriminierungsverbot wegen Schwangerschaft bei der Einstellung, NZA 2007, 306; *Peters*, Die Rechtsfolgen der widerrechtlichen Drohung, JR 2006, 133; *Petersen*, Täuschung und Drohung im Bürgerlichen Recht, Jura 2006, 904; *Preis/Bender*, Recht und Zwang zur Lüge – Zwischen List, Tücke und Wohlwollen im Arbeitsleben, NZA 2005, 1321; *Schaub*, Ist die Frage nach der Schwerbehinderung zulässig?, NZA 2003, 299; *Schnabel*, Die Richtlinie 2000/78/EG und das kirchliche Arbeitsrecht in Deutschland, ZfA 2008, 413; *Schubert*, Unredliches Verhalten Dritter bei Vertragsschluß, AcP 168 (1968), 470; *Schulte Westenberg*, Die Frage nach der Schwangerschaft – Entwicklung der Rechtsprechung, NJW 1994, 1573; *Seel*, AGG – Schadensersatz für Diskriminierungen im Bewerbungsverfahren, MDR 2006, 1321; *Staudinger/Ewert*, Täuschung durch den Verkäufer, JA 2010, 241; *Stürmer*, Bewerbung und Schwangerschaft – Die Entscheidung des EuGH in der Rechtssache „Mahlburg", NZA 2001, 526; *Thüsing/Lambrich*, Das Fragerecht des Arbeitgebers – aktuelle Probleme zu einem klassischen Thema, BB 2002, 1146; *Trümmer*, Das Fragerecht des Arbeitgebers, FA 2003, 34; *Wälzholz*, Die fehlerhafte stille Gesellschaft und deren Rückabwicklung – Ein Schrecken ohne Ende oder ein Ende mit Schrecken, DStR 2003, 1533; *Wege*, Religion im Arbeitsverhältnis – Freiheitsgarantien und Diskriminierungsschutz in Kooperation, 2007; *Wiese*, Gendiagnostikgesetz und Arbeitsleben, BB 2009, 2198; *Windel*, Welche Willenserklärungen unterliegen der Einschränkung der Täuschungsanfechtung gem. § 123 Abs. 2 BGB?, AcP 199 (1999), 421; *Wisskirchen*, Der Umgang mit dem Allgemeinen Gleichbehandlungsgesetz – Ein „Kochrezept" für Arbeitgeber, DB 2006, 1491; *Wisskirchen/Bissels*, Das Fragerecht des Arbeitgebers bei Einstellung unter Berücksichtigung des AGG, NZA 2007, 169.

A. Allgemeines

§ 123 hat den Zweck, die **Freiheit der rechtsgeschäftlichen Willensentschließung** zu schützen.[1] Anders als bei § 119 Abs. 1 und § 120 beruht die Anfechtbarkeit der Willenserklärung nicht darauf, dass ihr Inhalt (unbewusst) vom zugrunde liegenden Willen des Erklärenden abweicht (vgl dazu § 119 Rn 1). In den Fällen des § 123 stimmen das Erklärte und das (manipulierte) Gewollte vielmehr überein.[2] Der Fehler ist bereits im Vorfeld der Willenserklärung entstanden. Solche Fehler im Bereich der Willensbildung sind grundsätzlich unbeachtlich und berechtigen bloß ausnahmsweise, unter den engen Voraussetzungen des § 119 Abs. 2, zur Anfechtung (vgl § 119 Rn 63). Prinzipiell muss der Erklärende das Risiko tragen, dass er seinen Willen korrekt bildet. Anders liegt das in den Fällen des § 123, weil der Erklärende in seiner freien, privatautonomen Willensbildung und Willensentschließung durch äußere **Einwirkungen Dritter** beeinträchtigt worden ist, die ihm nicht verantwortlich zugerechnet werden können.[3] Da § 123 ausschließlich die Entschließungsfreiheit und nicht (auch) das Vermögen schützt, muss – anders als bei den insoweit engeren Straftatbeständen des § 263 StGB (Betrug) und des § 253 StGB (Erpressung) – durch die Täuschung oder Drohung **kein Vermögensschaden** entstanden sein.[4] 1

Die Regelung des § 123 muss, ähnlich wie diejenige des § 119 (vgl dazu § 119 Rn 2), sowohl die Interessen des getäuschten oder bedrohten Erklärenden als auch die des Rechtsverkehrs im Allgemeinen und des Erklärungsempfängers im Besonderen berücksichtigen.[5] Die **Interessen des Getäuschten oder Bedrohten** schützt § 123 vor allem dadurch, dass dieser seine Willenserklärung anfechten kann, wenn sie auf einem fremdbeeinflussten Motivirrtum oder bestimmten Zwangseinwirkungen auf seine Willensbildung beruht. Wie bei einer irrtumsbehafteten Willenserklärung (§§ 119, 120) kann er frei entscheiden, ob er sie gem. § 142 Abs. 1 rückwirkend vernichten oder ob er sie gelten lassen möchte. Daran zeigt sich zugleich, dass ein Rechtsgeschäft, welches auf einer arglistigen Täuschung oder auf einer widerrechtlichen Drohung beruht, nicht ohne weiteres sittenwidrig und gem. § 138 Abs. 1 nichtig ist.[6] Anders als bei der Irrtumsanfechtung braucht der Getäuschte oder Bedrohte dem Erklärungsempfänger nicht gem. § 122 Abs. 1 den Vertrauensschaden zu ersetzen, weil er das Opfer unzulässiger Beeinflussungen seiner Entschließungsfreiheit geworden ist.[7] Außerdem gilt nicht die kurze Anfechtungsfrist des § 121 („unverzüglich"), sondern die Jahresfrist des § 124. 2

Die **Interessen des Erklärungsgegners oder Erklärungsempfängers** werden berücksichtigt, indem eine Täuschung oder Drohung erst dann gem. § 123 zur Anfechtung berechtigt, wenn sie auf einer besonders gearteten inneren Einstellung beruht, welche die zusätzlichen Voraussetzungen der Arglist oder Widerrechtlichkeit erfüllt.[8] Dieser Schutz genügt für den Regelfall, in dem der Erklärungsgegner oder Erklärungsempfänger der Täuschende oder Drohende ist. Hat dagegen ein Dritter die Drohung oder Täuschung verübt, differenziert § 123 bei empfangsbedürftigen Willenserklärungen, soweit es um den Vertrauensschutz des Empfängers geht. 3

1 BGHZ 51, 141, 147; vgl BGHZ 8, 348, 357; 25, 217, 223; vgl auch Motive I, S. 204 = *Mugdan* I, S. 465: „Die Rechtsordnung kann nicht gestatten, daß die freie Selbstbestimmung auf rechtsgeschäftlichem Gebiet in widerrechtlicher Weise beeinträchtigt wird."; krit. dazu HKK/*Schermaier*, §§ 116–124 Rn 104 ff.

2 Vgl Staudinger/*Singer*, Bearbeitung 2004, § 123 Rn 1.

3 *Larenz/Wolf*, BGB AT, § 37 Rn 1; vgl Soergel/*Hefermehl*, § 123 Rn 1; Palandt/*Ellenberger*, § 123 Rn 1; RGRK/*Krüger-Nieland*, § 123 Rn 1; Erman/*Palm*, § 123 Rn 1; Bamberger/Roth/*Wendtland*, § 123 Rn 1.

4 BGHZ 51, 141, 147; vgl BGH WM 1973, 560; NJW 1974, 1505, 1506; Soergel/*Hefermehl*, § 123 Rn 1; RGRK/*Krüger-Nieland*, § 123 Rn 1; Erman/*Palm*, § 123 Rn 1; *Medicus*, BGB AT, Rn 789.

5 Näher dazu sowie zur Entstehungsgeschichte und zu den Lösungen vor dem BGB HKK/*Schermaier*, §§ 116–124 Rn 108 ff.

6 BGHZ 60, 102, 104 f; BGH NJW 1988, 902, 903; 2002, 2774, 2775; Prütting/Wegen/Weinreich/*Ahrens*, § 123 Rn 1.

7 Vgl *Larenz/Wolf*, BGB AT, § 37 Rn 1.

8 Bamberger/Roth/*Wendtland*, § 123 Rn 2; vgl BGHZ 8, 348, 357; 25, 217, 223 f.

Keinen zusätzlichen Schutz gewährt die Vorschrift im Fall der **Drohung**. Eine Drohung bedeutet nach der Wertung des Gesetzgebers einen so schweren Eingriff in die Entschließungsfreiheit, dass sogar die Interessen eines unbeteiligten Geschäftsgegners zurücktreten müssen (vgl auch Rn 99).[9] Anders liegt es gem. Abs. 2 im Fall der **Täuschung** durch einen Dritten. Hier kann der Getäuschte nur anfechten, wenn der Geschäftsgegner oder der durch die Willenserklärung Begünstigte die Täuschung des Dritten kannte oder zumindest kennen musste (näher dazu Rn 68 ff).

B. Regelungsgehalt

4 Die Anfechtbarkeit nach § 123 setzt zunächst die **Anwendbarkeit** der Vorschrift voraus (dazu Rn 5 ff). Dann muss der Erklärende entweder durch **arglistige Täuschung** (dazu Rn 23 ff) oder **widerrechtlich durch Drohung** (dazu Rn 79 ff) zur Abgabe einer Willenserklärung bestimmt worden sein. Liegen diese Voraussetzungen vor, ist die Willenserklärung **anfechtbar** (dazu Rn 100). Daneben können dem Getäuschten oder Bedrohten **Schadensersatzansprüche** aus Delikt oder wegen Verschuldens bei Vertragsverhandlungen zustehen (dazu Rn 104).

I. Anwendungsbereich

5 **1. Allgemeines.** § 123 ist seinem Wortlaut nach zunächst auf alle Arten von (privatrechtlichen) **Willenserklärungen** anwendbar. Es kommt nicht darauf an, ob es sich um empfangsbedürftige oder nicht empfangsbedürftige, um ausdrückliche oder konkludente Willenserklärungen oder um einseitige Willenserklärungen handelt.[10] Bei **gesetzlich fingierten Willenserklärungen** kommt eine analoge Anwendung der Anfechtungsregeln und damit auch des § 123 bloß ausnahmsweise in Betracht (vgl ausf. § 119 Rn 7). Eine Anfechtung ist möglich, wenn das Schweigen innerhalb einer bestimmten Frist als Zustimmung oder Billigung fingiert wird und der Entschluss zum Schweigen durch eine Täuschung oder Drohung iSd § 123 hervorgerufen worden ist.[11] Auf **geschäftsähnliche Handlungen** wie zB Mahnungen ist § 123 wegen der Vergleichbarkeit der Interessenlage analog anwendbar.[12]

6 **Keine Anwendung** findet § 123, wenn das durch die Täuschung oder Drohung hervorgerufene Verhalten die Voraussetzungen einer Willenserklärung nicht erfüllt. Überschreitet die Beeinflussung die Grenzen des psychischen Zwangs – der vis compulsiva – und wird zu einem physischen unwiderstehlichen Zwang – zur **vis absoluta** –, liegt mangels Handlungswillens gar keine Willenserklärung vor (vgl dazu Vor § 116 Rn 6). Dann scheidet eine Anfechtung nach § 123 aus (vgl noch Rn 80).[13] Ebenso wenig ist § 123 auf bloße **Realakte** anwendbar.[14] Daher kann etwa der Widerruf einer ehrkränkenden Behauptung, der durch eine Täuschung oder Drohung herbeigeführt wurde, nicht angefochten werden. In einem solchen Fall kann allerdings ein Anspruch auf die Herausgabe des schriftlichen Widerrufs gem. § 1004 analog in Betracht kommen.[15]

7 Eine **Prozesshandlung** ist mangels ihres rechtsgeschäftlichen Charakters grundsätzlich nicht gem. § 123 anfechtbar. Etwas anderes gilt, wenn es sich, wie zB bei einem Prozessvergleich, gleichzeitig um ein materiellrechtliches Rechtsgeschäft handelt. Die erfolgreiche Anfechtung der materiellrechtlichen Willenserklärung (§§ 123, 142 Abs. 1) führt gem. § 139 analog auch zur Nichtigkeit der Prozesshandlung (näher dazu § 119 Rn 9; zur Anfechtbarkeit eines Vergleichs vgl Rn 11).[16]

8 Im **öffentlichen Recht** finden die §§ 123 f auf Vertragserklärungen bei öffentlich-rechtlichen Verträgen gem. §§ 59 Abs. 1, 62 VwVfG entsprechende Anwendung. Gleiches gilt für verwaltungsrechtliche Erklärungen von Bürgern gegenüber Behörden. Unanwendbar sind die §§ 123 f bei Verwaltungsakten (vgl dazu § 119 Rn 10).[17]

9 Die Anfechtbarkeit gem. § 123 setzt voraus, dass die unzulässige Beeinflussung der Entschließungsfreiheit den Erklärenden zur Bildung eines bestimmten Willens veranlasst hat, den er dann erklärt hat. Der „manipulierte" Wille und das Erklärte müssen **übereinstimmen** (vgl Rn 1). Daran fehlt es, wenn der Erklärende durch

9 *Larenz/Wolf*, BGB AT, § 37 Rn 2; Erman/*Palm*, § 123 Rn 72; abw. MüKo/*Kramer*, § 123 Rn 37, 48: Anspruch auf Ersatz des Vertrauensschadens gem. § 122 analog.
10 Palandt/*Ellenberger*, § 123 Rn 1; MüKo/*Kramer*, § 123 Rn 2; RGRK/*Krüger-Nieland*, § 123 Rn 4; Bamberger/Roth/*Wendtland*, § 123 Rn 3.
11 Bamberger/Roth/*Wendtland*, § 123 Rn 5; vgl MüKo/*Kramer*, § 123 Rn 5, Vor § 116 Rn 30 ff sowie zur Arglist beim Schweigen auf ein kaufmännisches Bestätigungsschreiben § 151 Rn 40, 41.
12 Vgl *Ulrici*, NJW 2003, 2053, 2054 f.
13 *Brox/Walker*, BGB AT, Rn 464; Staudinger/*Singer/von Finckenstein*, Bearbeitung 2004, § 123 Rn 61; Bamberger/Roth/*Wendtland*, § 123 Rn 3.
14 Palandt/*Ellenberger*, § 123 Rn 1; Bamberger/Roth/*Wendtland*, § 123 Rn 3.
15 BGH NJW 1952, 417; Staudinger/*Singer/von Finckenstein*, Bearbeitung 2004, § 123 Rn 2; RGRK/*Krüger-Nieland*, § 123 Rn 4.
16 Vgl BAG NZA 1998, 33, 34; 2010, 1250, 1253; MüKo/*Kramer*, § 123 Rn 6, § 119 Rn 43; Erman/*Palm*, § 123 Rn 2.
17 Vgl MüKo/*Kramer*, § 123 Rn 6, § 119 Rn 44 ff; Erman/*Palm*, § 123 Rn 2.

eine Drohung zur Abgabe einer Willenserklärung bestimmt werden soll, er diese Erklärung aber nur zum Schein abgibt, weil er glaubt, bereits dadurch das angedrohte Übel vermeiden zu können, ohne dass es noch auf den Eintritt der mit der Erklärung verbundenen Rechtsfolge ankommt. Bleibt der Vorbehalt unentdeckt, ist er nach § 116 S. 1 unbeachtlich, und der Bedrohte muss die Willenserklärung gem. Abs. 1 anfechten.[18] Bemerkt der Drohende dagegen in diesem – allerdings eher theoretischen – Fall, dass der Bedrohte die Erklärung insgeheim nicht abgeben will, ist die Erklärung **gem. § 116 S. 2 nichtig** (vgl § 116 Rn 2, 7 ff). Diese erzwungene Erklärung muss nicht mehr gem. Abs. 1 angefochten werden.[19] Die Nichtigkeit schützt den Erklärenden grundsätzlich besser als die bloße Anfechtbarkeit.[20]

2. Vorrangige Spezialregelungen. Vorrangige Spezialregelungen können die Anwendbarkeit der §§ 123 f auf die Anfechtung privatrechtlicher Willenserklärungen ausschließen oder modifizieren. Solche Regelungen finden sich vor allem im **Familien- und Erbrecht**. [21] Beispiele sind die §§ 1314 Abs. 2 Nr. 3 und 4, 1315 Abs. 1 Nr. 4, 1317 (Eheschließung), § 1760 Abs. 2 lit. c und d (Annahme als Kind) und die §§ 2078, 2080 ff, 2281, 2283 (letztwillige Verfügungen). Auf die Anfechtung der zu einem Ehevertrag führenden Willenserklärungen ist § 123 anwendbar.[22] **10**

Aufgrund der Spezialregelung des § 779 Abs. 1 ist die Irrtumsanfechtung bei einem **Vergleich** ausgeschlossen, soweit sich beide Parteien über einen Umstand irren, den sie im Vergleichsvertrag als feststehend zugrunde gelegt haben (vgl § 119 Rn 12). Dagegen kann ein arglistig Getäuschter seine zum Vergleichsabschluss führende Willenserklärung ohne eine derartige Einschränkung gem. § 123 anfechten. Es kommt ausschließlich darauf an, dass er den Vergleich ohne die arglistige Täuschung mit diesem Inhalt nicht abgeschlossen hätte.[23] Entsprechendes gilt für ein Schuldanerkenntnis.[24] **11**

Wegen einer widerrechtlichen Drohung können die zum Abschluss eines **Versicherungsvertrages** führenden Willenserklärungen nur insoweit gem. § 123 angefochten werden, als nicht die spezielleren Vorschriften der §§ 19 ff VVG (§§ 16 ff VVG aF) eingreifen (vgl auch § 119 Rn 14). Dagegen kann der Versicherer, der arglistig über Gefahrumstände getäuscht worden ist, seine Erklärung aufgrund der Anordnung in § 22 VVG uneingeschränkt gem. § 123 anfechten.[25] **12**

Im Anwendungsbereich des **Vermögensgesetzes** scheidet die Anfechtung gem. § 123 aus, weil dessen Restitutionsregelungen Vorrang zukommt. Das gilt auch dann, wenn die Anfechtung bereits vor dem Inkrafttreten des Vermögensgesetzes am 29.9.1990 erklärt worden ist.[26] **13**

Im Unterschied zur Irrtumsanfechtung gem. § 119 Abs. 2 (vgl dazu § 119 Rn 15 ff) wird die Täuschungsanfechtung der zum Abschluss eines Kaufvertrages führenden Willenserklärungen gem. § 123 nicht durch die **kaufrechtlichen Gewährleistungsvorschriften der §§ 437** ff ausgeschlossen.[27] Der Getäuschte kann wählen, ob er den Kaufvertrag rückwirkend vernichten oder Gewährleistungsansprüche geltend machen will. Im Vergleich zu einem Rücktritt gem. § 437 Nr. 2, 1. Fall ist die Anfechtung günstiger, wenn sich – wie im Regelfall – die Täuschung auch auf das Erfüllungsgeschäft bezieht. Die Anfechtung der Willenserklärungen zu beiden Verträgen führt dann zu einem dinglichen Herausgabeanspruch (§ 985), während der Rücktritt nur ein schuldrechtliches Rückgewährschuldverhältnis begründet.[28] Die Anfechtung kann auch noch nach der Geltendmachung von Gewährleistungsrechten, selbst nach dem Rücktritt, erklärt werden.[29] Ist die Anfechtung erfolgt, scheiden Gewährleistungsansprüche allerdings wegen der Vernichtung des Kaufvertrages (§ 142 **14**

18 MüKo/*Kramer*, § 123 Rn 51.
19 Bamberger/Roth/*Wendtland*, § 123 Rn 4; Jauernig/*Jauernig*, § 116 Rn 4; MüKo/*Kramer*, § 116 Rn 15; vgl Soergel/*Hefermehl*, § 116 Rn 11; aA RGRK/*Krüger-Nieland*, § 116 Rn 5: nur Anfechtbarkeit wegen des durch § 123 eröffneten Wahlrechts des Bedrohten.
20 AA Staudinger/*Singer/von Finckenstein*, Bearbeitung 2004, § 116 Rn 12.
21 Vgl dazu *Petersen*, Jura 2006, 904, 906 f.
22 BGH NJW-RR 1996, 1281; Erman/*Palm*, § 123 Rn 2 a; Prütting/Wegen/Weinreich/*Ahrens*, § 123 Rn 2.
23 BGH WM 1972, 1443, 1446; BAG NZA 1998, 33, 34; MüKo/*Kramer*, § 123 Rn 2.
24 BAG NJW 2011, 630, 632.
25 Vgl MüKo/*Kramer*, § 123 Rn 2; Erman/*Palm*, § 123 Rn 2 a; vgl auch OLG Koblenz VersR 1992, 229.
26 BGHZ 118, 34, 38 f mwN; Palandt/*Ellenberger*, § 123 Rn 29; Bamberger/Roth/*Wendtland*, § 123 Rn 40.
27 RGZ 96, 156, 157 f; BGH NJW 1958, 177; OLG Saarbrücken NJW-RR 1989, 1211; *Brox/Walker*, BGB AT, Rn 462; *Larenz/Wolf*, BGB AT, § 37 Rn 52; *Medicus*, BGB AT, Rn 809; Staudinger/*Singer/von Finckenstein*, Bearbeitung 2004, § 123 Rn 94; HK-BGB/*Dörner*, § 123 Rn 13; Soergel/*Hefermehl*, § 123 Rn 62; Palandt/*Ellenberger*, § 123 Rn 29; MüKo/*Kramer*, § 123 Rn 35; RGRK/*Krüger-Nieland*, § 123 Rn 86; Erman/*Palm*, § 123 Rn 6; Bamberger/Roth/*Wendtland*, § 123 Rn 40; Prütting/Wegen/Weinreich/*Ahrens*, § 123 Rn 43; vgl BGHZ 53, 144; 57, 137; 110, 220, 221 f.
28 *Brox/Walker*, BGB AT, Rn 462.
29 Staudinger/*Singer/von Finckenstein*, Bearbeitung 2004, § 123 Rn 94; MüKo/*Kramer*, § 123 Rn 35; RGRK/*Krüger-Nieland*, § 123 Rn 86; vgl BGHZ 110, 220, 221 f; OLG München NJW 1953, 424; OLG Hamburg MDR 1966, 49.

Abs. 1) aus.[30] Dieselben Grundsätze gelten für das Verhältnis der Anfechtung gem. § 123 zur Sach- und Rechtsmängelhaftung bei **Werk- und Mietverträgen** (§§ 633 ff, 536 ff).[31]

15 Die Anfechtungsmöglichkeiten wegen Täuschung oder Drohung nach § 123 und wegen Irrtums nach **§ 119** schließen sich nicht gegenseitig aus, weil sie unterschiedliche Voraussetzungen und Rechtsfolgen haben.[32] Eine Frage der Auslegung ist es, ob eine Anfechtung nach § 123 zugleich eine solche nach § 119 enthält (vgl dazu § 143 Rn 8).[33]

16 **3. Weitere Ausschlussgründe.** Das Recht zur Anfechtung gem. § 123 kann, ebenso wie dasjenige gem. §§ 119, 120, **vertraglich ausgeschlossen** werden.[34] Ein Ausschluss in AGB verstößt allerdings regelmäßig gegen § 307 Abs. 2 Nr. 1 (vgl § 119 Rn 20). Die Vereinbarung eines Haftungsausschlusses für Mängel der Kaufsache ist gem. § 444 unwirksam, wenn der Verkäufer den Mangel arglistig verschwiegen hat.

17 Aufgrund der Disponibilität der §§ 119 ff ist auch ein **Verzicht** auf das Anfechtungsrecht des § 123 möglich,[35] gem. § 307 Abs. 1 Nr. 2 allerdings regelmäßig nicht in AGB (vgl § 119 Rn 21). Ein Sonderfall des Verzichts ist die **Bestätigung** des anfechtbaren Rechtsgeschäfts gem. § 144 (vgl § 144 Rn 2).

18 Nach allgemeinen Grundsätzen kann das Anfechtungsrecht des § 123 gem. § 242 durch **Verwirkung**[36] erlöschen (vgl dazu § 124 Rn 13). Es kann ferner wegen eines sonstigen **Verstoßes gegen Treu und Glauben** im Einzelfall ausgeschlossen sein. Einen solchen Verstoß gegen § 242 nimmt die Rechtsprechung an, wenn die arglistige Täuschung die Rechtsposition des Getäuschten im Zeitpunkt der Anfechtungserklärung nicht oder nicht mehr beeinträchtigt.[37] Danach kann der Getäuschte zB nicht mehr anfechten, wenn die Baugenehmigung, deren Fehlen ihm der Vertragspartner arglistig verschwiegen hatte, zwischenzeitlich erteilt worden ist.[38] Gleiches soll erst recht gelten, wenn der Erklärende aufgrund der Täuschung sogar Vorteile erlangt hat.[39] Indessen ist zu beachten, dass das bloße Fehlen eines Vermögensschadens allein noch keinen Verstoß der Anfechtung gegen § 242 begründen kann, weil § 123 einen Vermögensschaden gerade nicht voraussetzt (vgl Rn 1). War der Anfechtungsgrund im Zeitpunkt der Anfechtungserklärung bloß vorübergehend weggefallen und liegt er später, bei der Entscheidung über die Wirksamkeit der Anfechtung, wieder vor, weil zB die zwischenzeitlich erteilte Zulassung wieder entzogen worden ist, steht § 242 der Anfechtung nicht entgegen.[40]

19 **4. Abweichende Sonderwertungen.** Wie bei der Irrtumsanfechtung, so gelten auch bei der Täuschungs- und Drohungsanfechtung in bestimmten Rechtsgebieten besondere Wertungen, welche die Anfechtung ausschließen oder in ihren Wirkungen beschränken (vgl dazu bereits § 119 Rn 23 ff). Im **Arbeitsrecht** können zwar die zum Abschluss eines Arbeitsvertrages führenden Willenserklärungen gem. § 123 angefochten werden;[41] hier kommen vor allem arglistige Täuschungen des Arbeitnehmers über solche Umstände in Betracht, die für die Durchführung des Arbeitsverhältnisses von Bedeutung sind (näher dazu und zum Fragerecht des Arbeitgebers Rn 45 f, 51 ff).[42] Die Anfechtung wirkt aber wegen der Rückabwicklungsschwierigkeiten (§§ 812 ff) entgegen § 142 Abs. 1 grundsätzlich nicht zurück (keine ex tunc-Wirkung), wenn das Arbeitsverhältnis bereits in Vollzug gesetzt worden ist. Erklärt der Arbeitgeber die Anfechtung, nachdem der Arbeitnehmer die ihm zugewiesene Arbeit aufgenommen hat, kommt der Anfechtung grundsätzlich nur noch die kündigungsähnliche Wirkung einer Auflösung des Arbeitsverhältnisses für die Zukunft zu (ex nunc-Wirkung). Diese Einschränkung des § 142 Abs. 1 ist nach – allerdings bestrittener – Meinung nicht nur bei der Irrtums-, sondern auch bei der Täuschungsanfechtung zu beachten (näher dazu § 142 Rn 8).

30 *Brox/Walker*, BGB AT, Rn 462; *Larenz/Wolf*, BGB AT, § 37 Rn 21; *Medicus*, BGB AT, Rn 809; Staudinger/*Singer/von Finckenstein*, Bearbeitung 2004, § 123 Rn 94; HK-BGB/*Dörner*, § 123 Rn 13; MüKo/*Kramer*, § 123 Rn 35; RGRK/*Krüger-Nieland*, § 123 Rn 86; Erman/*Palm*, § 123 Rn 6.

31 Vgl etwa *Larenz/Wolf*, BGB AT, § 37 Rn 21, 52; MüKo/*Kramer*, § 123 Rn 35; ausf. zur Anfechtung von Willenserklärungen im Mietrecht *Fischer*, NZM 2005, 567 ff.

32 BGHZ 34, 32, 38; 78, 216, 221; BGH NJW-RR 1996, 1281, 1282; Palandt/*Ellenberger*, § 123 Rn 28; Erman/*Palm*, § 123 Rn 3; Bamberger/Roth/*Wendtland*, § 119 Rn 14; Prütting/Wegen/Weinreich/*Ahrens*, § 123 Rn 40.

33 Erman/*Palm*, § 123 Rn 3; vgl BGH NJW 1979, 160, 161; 1981, 224, 225.

34 Erman/*Palm*, § 123 Rn 44; vgl MüKo/*Kramer*, § 123 Rn 28; vgl zur Unwirksamkeit eines im Voraus vertraglich vereinbarten Ausschlusses der Täuschungsanfechtung, wenn die Täuschung vom Geschäftspartner oder von einer Person verübt wird, die nicht Dritter iSd § 123 Abs. 2 ist, BGH NJW 2007, 1058 f.

35 Vgl Erman/*Palm*, § 123 Rn 45.

36 Näher zur Verwirkung AnwK-BGB/*Krebs*, § 242 Rn 99 ff.

37 Vgl BGH WM 1977, 343, 344; 1983, 1055, 1056; OLG Frankfurt NJW-RR 1986, 1205, 1206; BAG BB 1988, 632; ebenso Palandt/*Ellenberger*, § 123 Rn 25; MüKo/*Kramer*, § 123 Rn 29; Erman/*Palm*, § 123 Rn 45; Bamberger/Roth/*Wendtland*, § 123 Rn 39.

38 BGH WM 1983, 1055, 1056.

39 Erman/*Palm*, § 123 Rn 45.

40 BGH NJW 1992, 2346, 2348; Palandt/*Ellenberger*, § 123 Rn 25; MüKo/*Kramer*, § 123 Rn 29; Erman/*Palm*, § 123 Rn 45; Bamberger/Roth/*Wendtland*, § 123 Rn 39.

41 BAGE 5, 159 = BAG AP Nr. 2 zu § 123 BGB; AP Nr. 19 zu § 123 BGB = RdA 1976, 273; AP Nr. 40 zu § 123 BGB = NZA 1996, 371; AP Nr. 59 zu § 123 BGB; MünchArbR/*Richardi/Buchner*, § 34 Rn 18; Schaub/*Linck*, Arbeitsrechts-Handbuch, § 36 Rn 23.

42 ErfK/*Preis*, § 611 BGB Rn 359.

Im **Gesellschaftsrecht** gelten vergleichbare Wertungen. Sind Gesellschaftsverträge und Beitrittserklärungen in Vollzug gesetzt, entfalten sie erhebliche Drittwirkungen. Deshalb können die entsprechenden Willenserklärungen grundsätzlich ebenfalls nur mit ex nunc-Wirkung angefochten werden (näher dazu § 142 Rn 9). Das gilt zB auch für einen arglistig getäuschten stillen Gesellschafter, der sich als Massenanleger an einer AG beteiligt hat.[43] 20

Im **Wertpapierrecht** hat der Verkehrsschutz besondere Bedeutung, weil die Umlauffähigkeit von Inhaber- und Orderpapieren gewährleistet werden muss. Deshalb kann ein Getäuschter oder Bedrohter die Anfechtbarkeit seiner Erklärung auf solchen umlauffähigen Papieren – vor allem auf Wechseln – einem gutgläubigen Erwerber nur entgegenhalten, wenn sich die Anfechtbarkeit aus dem Papier selbst ergibt (vgl § 364 Abs. 2 HGB, Art. 16 Abs. 2, 17 WG, Art. 21, 22 ScheckG). 21

Im **Versicherungsrecht** hat das OLG Nürnberg früher vertreten, bei einer arglistigen Täuschung des Versicherungsnehmers über eine Vorerkrankung bleibe die Leistungspflicht des Versicherers für solche Versicherungsfälle bestehen, die mit der verschwiegenen Erkrankung nichts zu tun hätten.[44] Diese Auffassung hat das Gericht zwischenzeitlich aufgegeben.[45] 22

II. Arglistige Täuschung (Abs. 1, 1. Fall, Abs. 2)

Nach Abs. 1, 1. Fall kann der Erklärende seine Willenserklärung anfechten, wenn er durch arglistige Täuschung zu ihrer Abgabe bestimmt worden ist. Das setzt vor allem eine **Täuschungshandlung** voraus. Wie im Fall des strafrechtlichen Betrugs (§ 263 StGB) muss der Täuschende beim Getäuschten einen Irrtum hervorrufen, aufrechterhalten oder bestärken, indem er falsche Tatsachen vorspiegelt oder wahre Tatsachen entstellt oder unterdrückt.[46] Im Unterschied zu § 263 StGB setzt § 123 jedoch weder einen Vermögensschaden beim Getäuschten voraus (vgl Rn 1) noch die Absicht rechtswidriger Bereicherung.[47] Außerdem muss die Täuschung, über den Wortlaut des Abs. 1, 1. Fall hinaus, **rechtswidrig** bzw widerrechtlich sein (dazu Rn 44 ff). Schließlich muss der Täuschende **arglistig** handeln (dazu Rn 61 ff). Für die Täuschung durch **Dritte** finden sich Sonderregelungen in Abs. 2 (dazu Rn 65 ff). 23

1. Täuschungshandlung. Eine Täuschungshandlung iSd § 123 kann begrifflich nur vorliegen, wenn der Täuschende beim Erklärenden bewusst einen Irrtum hervorrufen oder aufrechterhalten will. Er muss die Irrtumserregung bezwecken, insoweit also vorsätzlich handeln. Dieser Täuschungsvorsatz ist begriffsnotwendiger Bestandteil der Täuschungshandlung.[48] Dessen ungeachtet verlangt § 123 ausdrücklich, dass die Täuschung arglistig sein muss. Der Täuschungsvorsatz und die weiteren subjektiven Anforderungen sind daher unter dem Tatbestandsmerkmal der Arglist zusammengefasst (vgl dazu Rn 61 ff).[49] 24

Im Übrigen stellt § 123 keine speziellen Anforderungen auf, was die Art der Täuschungshandlung betrifft. Die Täuschung kann durch **aktives Tun** (dazu Rn 26 ff) oder, falls eine entsprechende Aufklärungs- oder Offenbarungspflicht besteht, durch **Unterlassen** (dazu Rn 30 ff) begangen werden. 25

a) Vorspiegelung oder Entstellung von Tatsachen (Täuschung durch aktives Tun). Eine Täuschung durch aktives Tun liegt vor bei der **wahrheitswidrigen Behauptung bedeutsamer Umstände**.[50] In Betracht kommen vor allem die Vorspiegelung unwahrer und die Entstellung wahrer Tatsachen. Dabei kann es sich einerseits um äußere Tatsachen handeln.[51] Solche sinnlich wahrnehmbaren Umstände sind zB der Kilometerstand eines Pkw[52] und das Alter von Teppichen, Möbeln und Kunstgegenständen.[53] Andererseits kann der Erklärende über innere Tatsachen getäuscht werden.[54] Eine solche innere Einstellung eines Menschen ist zB die Absicht des Vertragspartners, den Vertrag nicht oder im Wesentlichen nicht ordnungsgemäß erfüllen zu 26

43 *Wälzholz*, DStR 2003, 1533 ff.

44 OLG Nürnberg VersR 1998, 217 = NJW RR 1998, 535; VersR 2000, 437; 2001, 1368; ähnlich KG Berlin VersR 1998, 1362.

45 OLG Nürnberg VersR 2006, 1627 f; ebenso OLG Saarbrücken VersR 2001, 751 f; ähnlich KG Berlin VersR 1998, 1362; vgl auch BGH VersR 2005, 1065 f m. krit. Anm. *Looschelders*, JR 2006, 423 f; Palandt/*Ellenberger*, § 123 Rn 25; Erman/*Palm*, § 123 Rn 48.

46 *Brox/Walker*, BGB AT, Rn 450; Erman/*Palm*, § 123 Rn 11; Staudinger/*Singer/von Finckenstein*, Bearbeitung 2004, § 123 Rn 6; vgl Palandt/*Ellenberger*, § 123 Rn 2; Bamberger/Roth/*Wendtland*, § 123 Rn 7; HK-BGB/*Dörner*, § 123 Rn 2; Soergel/*Hefermehl*, § 123 Rn 2; Jauernig/*Jauernig*, § 123 Rn 3; MüKo/*Kramer*, § 123 Rn 14; RGRK/*Krüger-Nieland*, § 123 Rn 6.

47 BGH NJW-RR 2008, 258, 259; Palandt/*Ellenberger*, § 123 Rn 2; MüKo/*Kramer*, § 123 Rn 11; Prütting/Wegen/Weinreich/*Ahrens*, § 123 Rn 4; vgl Bamberger/Roth/*Wendtland*, § 123 Rn 7.

48 Jauernig/*Jauernig*, § 123 Rn 3, 7; vgl HK-BGB/*Dörner*, § 123 Rn 2; MüKo/*Kramer*, § 123 Rn 8; *Medicus*, BGB AT, Rn 788.

49 Jauernig/*Jauernig*, § 123 Rn 7; vgl auch die Definition der Arglist in BGH NJW 2000, 2497, 2499 mwN.

50 Erman/*Palm*, § 123 Rn 12; *Brox/Walker*, BGB AT, Rn 450.

51 HK-BGB/*Dörner*, § 123 Rn 3.

52 BGH NJW 1960, 237 f; OLG Köln NJW-RR 1988, 1136.

53 BGH DB 1977, 671; OLG Düsseldorf NJW 2002, 612.

54 HK-BGB/*Dörner*, § 123 Rn 3; Palandt/*Ellenberger*, § 123 Rn 3; Bamberger/Roth/*Wendtland*, § 123 Rn 8.

wollen.[55] Zusammenfassend kommen als Gegenstand der Täuschung **alle objektiv nachprüfbaren tatsächlichen und rechtlichen Umstände** in Betracht, die Bedeutung für den Entschluss des Erklärenden haben, das Geschäft vorzunehmen.[56] Dagegen findet § 123 keine Anwendung bei bloß subjektiven Werturteilen oder marktschreierischen Anpreisungen ohne sachlichen Gehalt, die ein verständiger Mensch ohnehin nicht ernst nimmt.[57] Soweit es hier um Werbeaussagen geht, können die Vorschriften des UWG anwendbar sein.

27 Die Täuschung muss nicht ausdrücklich, sondern sie kann auch **konkludent** erfolgen.[58] Ob ein bestimmtes Verhalten die Behauptung unzutreffender Tatsachen enthält, ist gem. §§ 133, 157 nach den allgemeinen Auslegungsregeln zu ermitteln. Es kommt entscheidend darauf an, wie der sorgfältige Empfänger das Verhalten nach Treu und Glauben unter Berücksichtigung der Verkehrssitte verstehen durfte (vgl § 133 Rn 41). Danach erklärt zB derjenige, der Waren auf Kredit, auf Rechnung oder auf Ratenzahlung kauft, durch den Abschluss des Vertrages konkludent auch, dass er bei Fälligkeit des Kaufpreises bzw der jeweiligen Kaufpreisrate zahlungsfähig und zahlungswillig ist.[59] Offenbart der andere Teil einen Mangel der Sache, kann darin nach den Umständen des Einzelfalles zugleich die Erklärung liegen, dass die Sache keine weiteren Mängel aufweist.[60] Geht es um den Abschluss eines Automatenaufstellungsvertrages, kann die wahrheitsgemäße Angabe, welcher Gewinn bei diesen Automaten üblich oder jedenfalls möglich ist, eine konkludente Täuschung enthalten, wenn sie beim Erklärenden die Fehlvorstellung hervorrufen kann und soll, dass er ebenfalls einen entsprechenden Gewinn erzielen werde.[61] Das Zusenden rechnungsähnlich gestalteter Vertragsofferten, die auf den Abschluss eines Anzeigenvertrages gerichtet sind, kann den Kunden, der das Vertragsangebot nicht als solches erkannt hat, zur Anfechtung seiner Willenserklärung wegen arglistiger Täuschung berechtigen.[62]

28 Als für die Abgabe der Willenserklärung maßgebliche Umstände im oben (Rn 26) genannten Sinn und damit als Gegenstand der ausdrücklichen oder konkludenten Täuschung kommen vor allem **wertbildende Merkmale** in Betracht.[63] Bei **Kraftfahrzeugen** sind das, neben dem bereits erwähnten Kilometerstand und dem Alter (vgl Rn 26), zB die Unfallfreiheit,[64] soweit es sich nicht um Bagatellschäden handelt[65] und der Erklärende auch nicht ausdrücklich nach Vorschäden gefragt hat,[66] die mögliche Verkehrsunsicherheit bei einer nicht vollständig durchgeführten Reparatur,[67] der „graue" Import eines Pkw, der zum vollen für das Inland geltenden Richtpreis verkauft wird,[68] und der Import oder Re-Import eines gebrauchten Kraftfahrzeugs aus dem Ausland.[69] Bei **Grundstücken** können Gegenstände einer Täuschung zB sein der Befall mit Hausbockkäfern,[70] erhebliche Feuchtigkeitsschäden,[71] das Bestehen einer Einsturzgefahr,[72] die Kontamination mit Öl[73] und andere Altlasten,[74] das Fehlen einer Baugenehmigung[75] und andere öffentlich-rechtliche Nutzungsverbote oder -beschränkungen,[76] aber auch die fehlende erforderliche Zustimmung des Nachbarn zur Bebauung,[77] die Eigentumsverhältnisse an der Grundstückseinfahrt[78] und die jahrzehntelange schikanöse Belästigung durch Nachbarn oder Miteigentümer.[79] Bei **anderen Kaufobjekten** kommen beispielsweise der Mehrwertsteuer-Rückstand des verkauften Unternehmens,[80] erhebliche Zahlungsrückstände und Verbindlichkeiten beim Ver-

55 BGH LM § 123 Nr. 12; Staudinger/*Singer/von Finckenstein*, Bearbeitung 2004, § 123 Rn 8; vgl OLG Köln NJW 1967, 740.

56 Soergel/*Hefermehl*, § 123 Rn 3; Erman/*Palm*, § 123 Rn 12; *Brox/Walker*, BGB AT, Rn 450; Prütting/Wegen/Weinreich/*Ahrens*, § 123 Rn 5; vgl Staudinger/*Singer/von Finckenstein*, Bearbeitung 2004, § 123 Rn 7; MüKo/*Kramer*, § 123 Rn 15.

57 BGH NJW 2007, 357, 358 f; 2007, 3200, 3202; *Flume*, BGB AT Bd. 2, § 29, 1; Staudinger/*Singer/von Finckenstein*, Bearbeitung 2004, § 123 Rn 8; Soergel/*Hefermehl*, § 123 Rn 3; MüKo/*Kramer*, § 123 Rn 15; RGRK/*Krüger-Nieland*, § 123 Rn 9; Bamberger/Roth/*Wendtland*, § 123 Rn 8; Prütting/Wegen/Weinreich/*Ahrens*, § 123 Rn 5; vgl Palandt/*Ellenberger*, § 123 Rn 3.

58 AG Kaiserslautern NJW-RR 1997, 1073; Palandt/*Ellenberger*, § 123 Rn 4; Bamberger/Roth/*Wendtland*, § 123 Rn 10.

59 BGH NJW 1960, 237; OLG Köln NJW 1967, 740, 741.

60 OLG Köln OLGZ 1987, 228, 229.

61 OLG Braunschweig MDR 1971, 44.

62 Näher dazu *Alexander/Pützhoven*, DB 2001, 1133 ff.

63 Vgl dazu die ausf. Einzelfallübersicht bei Palandt/*Ellenberger*, § 123 Rn 7 ff; Prütting/Wegen/Weinreich/*Ahrens*, § 123 Rn 6.

64 BGHZ 29, 148, 150 f; 63, 382, 386 f = BGH NJW 1975, 642, 644; 1982, 1386; OLG Karlsruhe DAR 1992, 151; OLG Köln VersR 1994, 111; OLG Koblenz DAR 2002, 452 und 510.

65 BGH NJW 1982, 1386; vgl OLG München DAR 2002, 454.

66 BGHZ 74, 383, 394; BGH NJW 1977, 1914, 1915; WM 1987, 137, 138; KG VRS 87, 241.

67 OLG Hamm DAR 1996, 499.

68 LG Düsseldorf DAR 1987, 385.

69 OLG Saarbrücken NJW-RR 1999, 1063 f.

70 KG NJW-RR 1989, 972.

71 BGH NJW 1993, 1703.

72 BGH NJW 1990, 975.

73 BGH NJW 2002, 1867.

74 BGH NJW 2001, 64; vgl auch BGH NJW 1991, 2900; 1992, 1953; 1995, 1549; OLG Düsseldorf NJW 1996, 3284.

75 BGH NJW 1979, 2243; 2003, 2380, 2381.

76 Vgl etwa BGH NJW-RR 1988, 394 und 1290; OLG Schleswig SchlHA 1999, 118; OLG Frankfurt NJW-RR 2002, 523 f; OLG Düsseldorf NJW-RR 2003, 448, 449.

77 OLG Koblenz NJW-RR 2003, 119, 120.

78 OLG Saarbrücken MDR 2010, 801.

79 BGH NJW 1991, 1673, 1674; OLG Hamm NJW-RR 1997, 1168.

80 OLG Köln NJW-RR 1994, 1064.

kauf eines GmbH-Anteils,[81] die erhebliche Differenz zwischen der Mietpreisgarantie und der gezahlten Miete bei der Beteiligung an einem Bauherrenmodell[82] und erhebliche Mietrückstände im Hauptmietverhältnis bei einer Untervermietung[83] in Betracht.

Die arglistige Täuschung über **andere Umstände** berechtigt ebenfalls zur Anfechtung gem. § 123, soweit diese Umstände für das abgeschlossene Rechtsgeschäft von Bedeutung sind. Beispiele sind unrichtige Angaben zum Gesundheitszustand in einem Antrag auf Abschluss einer Berufsunfähigkeitsversicherung[84] oder einer Kranken- oder Unfallversicherung[85] sowie zu gefahrerheblichen Umständen bei einer Brandschutzversicherung[86] (vgl zur Anwendbarkeit des § 123 beim Abschluss von Versicherungsverträgen § 22 VVG sowie Rn 12; vgl auch Rn 22). Das Vortäuschen eines Selbstmordversuchs ist ein Anfechtungsgrund gem. Abs. 1, 1. Fall, wenn es den Ehepartner dazu bringen sollte und gebracht hat, einen Ehevertrag zu unterschreiben.[87] Im Arbeitsrecht berechtigen Täuschungen des Arbeitnehmers über solche Eigenschaften, welche die Durchführung des Arbeitsverhältnisses im Allgemeinen und die Erbringung der geschuldeten Arbeitsleistung im Besonderen beeinträchtigen, den Arbeitgeber zur Anfechtung, wenn er ein entsprechendes Fragerecht hatte oder eine Offenbarungspflicht des Arbeitnehmers bestand (näher dazu Rn 51 ff). 29

b) Verschweigen von Tatsachen (Täuschung durch Unterlassen). Um eine Täuschung durch Unterlassen handelt es sich beim **Verschweigen** oder bei der **Unterdrückung von Tatsachen** oder von objektiv nachprüfbaren bedeutsamen Umständen im oben (Rn 26) erläuterten Sinn. Ein Unterlassen steht dem aktiven Tun gleich, wenn eine Rechtspflicht zum Handeln besteht. Daher stellt das Verschweigen von Tatsachen nur dann eine Täuschungshandlung dar, wenn dem Schweigenden hinsichtlich der verschwiegenen Umstände eine **Aufklärungs- oder Offenbarungspflicht** obliegt.[88] Hierbei ist die **Eigenverantwortlichkeit jeder Partei** zu beachten, die ihre eigenen Interessen grundsätzlich selbst wahrnehmen muss. Deshalb gibt es keine allgemeine Pflicht zur Offenbarung aller Umstände, die für den Geschäftsgegner relevant sein könnten.[89] So ist zB der Verkäufer nicht verpflichtet, den Käufer ungefragt über alle für ihn erheblichen Umstände aufzuklären.[90] Das gilt auch in Bezug auf solche Mängel, die der Käufer bei einer im eigenen Interesse gebotenen Sorgfalt selbst wahrnehmen kann.[91] Ungünstige Eigenschaften der Person oder des Vertragsgegenstandes muss der Vertragspartner grundsätzlich nicht ungefragt offenbaren.[92] Das gilt auch für die schon bei Abschluss eines Geschäfts bestehende Absicht, den anderen Partner demnächst in sittenwidriger Weise zu schädigen.[93] 30

Wegen dieser Eigenverantwortlichkeit jeder Partei kann eine Aufklärungs- oder Offenbarungspflicht der anderen Partei nur unter der Voraussetzung angenommen werden, dass zulasten der anderen Partei ein **Informationsgefälle** besteht.[94] Die Rechtsgrundlage dieser Pflicht ist § 242.[95] Es kommt darauf an, ob der andere Teil im Einzelfall nach **Treu und Glauben** unter Berücksichtigung der Verkehrsanschauung eine Aufklärung über die verschwiegenen Umstände erwarten durfte.[96] Danach können Aufklärungs- und Offenbarungspflichten vor allem in den **folgenden Fallgruppen** bestehen. 31

Auf **gezielte Fragen** des anderen Teils muss der Gefragte grundsätzlich vollständig und richtig antworten.[97] Er muss dem Fragenden auch mitteilen, wenn er einen konkreten Verdacht in Bezug auf den Umstand hat, 32

81 BGH NJW-RR 1998, 1406 f.
82 OLG Düsseldorf DNotZ 1998, 901.
83 OLG Köln NJW-RR 1999, 882.
84 OLG Hamm NJW-RR 1995, 286 f; OLG Frankfurt/Main v. 23.6.2010, 7 U 90/09.
85 OLG Hamburg VersR 1971, 902 f; OLG Oldenburg v. 21.4.2010, 5 U 78/09.
86 Vgl OLG Hamm MDR 2011, 163 f.
87 BGH NJW-RR 1996, 1281, 1282.
88 BGH NJW 1989, 763, 764; NJW-RR 1991, 439, 440; 2005, 1082, 1083; NZG 2005, 809, 810; Staudinger/*Singer/von Finckenstein*, Bearbeitung 2004, § 123 Rn 10; Soergel/*Hefermehl*, § 123 Rn 6; MüKo/*Kramer*, § 123 Rn 16; RGRK/*Krüger-Nieland*, § 123 Rn 16; Bamberger/Roth/*Wendtland*, § 123 Rn 11; Prütting/Wegen/Weinreich/*Ahrens*, § 123 Rn 8.
89 BGH NJW 1971, 1795, 1799; 1983, 2493, 2494; 2003, 424, 425; HK-BGB/*Dörner*, § 123 Rn 2; Palandt/*Ellenberger*, § 123 Rn 5; Jauernig/*Jauernig*, § 123 Rn 5; Bamberger/Roth/*Wendtland*, § 123 Rn 11.
90 BGH NJW 1998, 1406.
91 BGH NJW-RR 1994, 907; BGHZ 132, 30, 34 = BGH NJW 1996, 1339, 1340; NJW 2001, 64.
92 OLG München NJW 1967, 158; LG Darmstadt NJW 1999, 365, 366; Palandt/*Ellenberger*, § 123 Rn 5.
93 OLG Hamm NZG 2005, 211, 212 f.
94 OLG Brandenburg NJW-RR 1996, 724; OLG Frankfurt NJW-RR 1999, 1064; Palandt/*Ellenberger*, § 123 Rn 5; Bamberger/Roth/*Wendtland*, § 123 Rn 11; Prütting/Wegen/Weinreich/*Ahrens*, § 123 Rn 8.
95 Palandt/*Ellenberger*, § 123 Rn 5; Jauernig/*Jauernig*, § 123 Rn 4; vgl Staudinger/*Singer/von Finckenstein*, Bearbeitung 2004, § 123 Rn 11 f.
96 BGH NJW 1970, 653, 655; 1983, 2493, 2494; 1989, 763, 764; 1998, 1315, 1316; NJW-RR 1998, 1406; ZIP 2001, 1678, 1680 f; NZG 2005, 809, 810; *Larenz/Wolf*, BGB AT, § 37 Rn 8; *Medicus*, BGB AT, Rn 795; Soergel/*Hefermehl*, § 123 Rn 6; Jauernig/*Jauernig*, § 123 Rn 5; RGRK/*Krüger-Nieland*, § 123 Rn 18; Erman/*Palm*, § 123 Rn 13; Bamberger/Roth/*Wendtland*, § 123 Rn 11; vgl bereits RGZ 111, 233, 234.
97 BGHZ 74, 383, 392; BGH NJW 1967, 1222; 1977, 1914, 1915; BAG MDR 1994, 1227; Palandt/*Ellenberger*, § 123 Rn 5 a; Erman/*Palm*, § 123 Rn 14; Bamberger/Roth/*Wendtland*, § 123 Rn 12; Prütting/Wegen/Weinreich/*Ahrens*, § 123 Rn 9.

nach dem er gefragt worden ist.[98] Einer konkreten Nachfrage wird es zT gleichgestellt, wenn der Erklärende etwa in einer Ausschreibung, in einer Leistungsbeschreibung oder in einem Inserat ganz bestimmte Anforderungsmerkmale bezeichnet und dem anderen Teil damit zu erkennen gegeben hat, dass diese Umstände seine Willenserklärung beeinflussen.[99] Der Erklärende kann also durch (zulässige) Fragen die Informationsverantwortung, die er grundsätzlich selbst tragen muss, auf den Erklärungsadressaten verlagern. Will der Adressat die Frage nicht beantworten und muss er das auch nicht, weil ihm nicht ausnahmsweise eine Pflicht zur Beantwortung der Frage obliegt, hat er nur die Möglichkeit, die Antwort offen zu verweigern. Antwortet er stattdessen falsch oder nicht erkennbar unvollständig, begründet das eine Täuschung iSd Abs. 1, 1. Fall.[100] So muss der Verkäufer zB die ihm bekannten Baupläne der Grundstücksnachbarn offenbaren, wenn der Käufer des Hausgrundstücks ausdrücklich nach sichtbehindernden Bauabsichten der Nachbarn fragt.[101] Wird der Verkäufer eines Gebrauchtwagens konkret gefragt, ob das Auto bereits einmal in einen Unfall verwickelt war, muss er jeden Unfall angeben, selbst wenn dieser nur Bagatellschäden verursacht hat und er ihn deshalb ungefragt nicht offenbaren müsste (vgl dazu Rn 28).[102] Die obigen Grundsätze gelten ausnahmsweise nicht, wenn die Fragen unzulässig sind und der Gefragte wegen besonderer gesetzlicher Wertungen, wie sie vor allem im Arbeitsrecht bestehen, falsch antworten darf (näher dazu und zum Fragerecht des Arbeitgebers Rn 45, 51 ff).

33 Eine weitere, große Fallgruppe betrifft solche Umstände, die für den Erklärenden **erkennbar von besonderer Wichtigkeit** sind. Hierüber muss der andere Teil ungefragt aufklären. Die erforderliche wesentliche Bedeutung haben vor allem solche Umstände, die den Vertragszweck vereiteln oder zumindest gefährden können. Kennt nur der andere Teil diese Umstände, und kennt er auch deren Bedeutung für den Erklärenden oder muss er diese Bedeutung zumindest erkennen, darf der Erklärende die Mitteilung der betreffenden Tatsache nach Treu und Glauben unter Berücksichtigung der Verkehrsauffassung erwarten.[103] Klärt der Verkäufer den Käufer über einen wesentlichen Umstand der Kaufsache nicht auf, obwohl er weiß oder zumindest damit rechnet, dass dem Käufer die wahre Sachlage unbekannt geblieben ist, und nimmt er in Kauf, dass die Unkenntnis des Käufers seinen Willensentschluss beeinflussen kann, bedeutet das Schweigen des Verkäufers eine Täuschung seines Vertragspartners.[104] Weiß etwa der Verkäufer eines Hausgrundstücks, dass die Gemeinde eine tief greifende Verkehrsumgestaltung plant, welche den Vertragszweck gefährdet, demzufolge die auf dem Grundstück stehenden Gebäude modernisiert und die zu bildenden Eigentumswohnungen verkauft werden sollen, und rechnet er auch damit, dass der Käufer diese Planung der Gemeinde nicht kennt, so muss er den Käufer ungefragt über die Planung informieren.[105] Gleiches gilt, wenn der Verkäufer weiß, dass die geplante Bebauung des angebotenen Grundstücks problematisch wird, weil zur Grenzbebauung das Einverständnis der betroffenen Nachbarn fehlt und eine Baulast erforderlich ist.[106] Der Verkäufer des Anteils an einer GmbH, die sich in finanziell angespannter Lage befindet, muss dem Käufer auch ungefragt sämtliche Verbindlichkeiten der GmbH offenbaren, und zwar vor allem dann, wenn diese erst in ihrer Gesamtheit die Insolvenzreife der GmbH begründen.[107] Werden gebrauchte Fahrzeuge, Maschinen oder ähnliche Gegenstände verkauft, besteht eine Offenbarungspflicht des Verkäufers vor allem in Bezug auf bekannte Unfallschäden, soweit es sich nicht lediglich um Bagatellschäden handelt.[108] Sie erstreckt sich sogar auf bloß vermutete Unfallschäden, wenn diese schwer sind, und zwar insbesondere dann, wenn die Verkehrssicherheit gefährdet ist (vgl auch Rn 28).[109] Verkauft ein gewerblicher Gebrauchtwagenhändler einen Pkw aus „erster Hand“, muss er den Käufer wegen der damit verbundenen Wertminderung darüber aufklären, dass das Fahrzeug beim Voreigentümer ausschließlich als Mietwagen benutzt wurde.[110] Kommt es bei der Übernahme einer Dienst- oder Werkleistung wie zB einer Architektenleistung oder bei einer Geschäftsbesorgung nach gesetzlichen Vorschriften oder nach der Verkehrsüblichkeit auf eine bestimmte Qualifikation an, muss der Übernehmende den Vertragspartner ungefragt informieren, wenn er diese Qualifikation nicht besitzt.[111]

98 OLG Bremen DAR 1980, 373; Palandt/*Ellenberger*, § 123 Rn 5 a; Bamberger/Roth/*Wendtland*, § 123 Rn 12.

99 Erman/*Palm*, § 123 Rn 14; vgl LG Stuttgart NJW-RR 1992, 1360.

100 OLG Nürnberg DAR 1978, 198 f; LG Köln VersR 1978, 957; Erman/*Palm*, § 123 Rn 14; ausf. *Mankowski*, JZ 2004, 121 ff.

101 BGH NJW 1993, 1323, 1324.

102 BGHZ 74, 383, 394; BGH NJW 1977, 1914, 1915; WM 1987, 137, 138; KG VRS 87, 241.

103 BGH NJW 1980, 2460, 2461; NJW-RR 1988, 2010; NJW 1989, 769; NJW-RR 1991, 439, 440; 1996, 429; NJW 1998, 1315, 1316; NJW-RR 1998, 1406; NJW 2001, 64; NJW-RR 2008, 258, 259; NZM 2010, 788; NJW 2010, 3362; OLG Koblenz NJW-RR 2003, 119, 120; OLG Brandenburg v. 4.5.2009 – 5 W 23/08; vgl OLG Saarbrücken MDR 2010, 801.

104 BGH NJW-RR 1998, 1406.

105 OLG Frankfurt NJW-RR 2002, 523 f.

106 OLG Koblenz NJW-RR 2003, 119, 120.

107 BGH NJW-RR 1998, 1406.

108 BGHZ 29, 148, 150 f; 63, 382, 386 f; OLG Köln VersR 1994, 1434, 1435.

109 Vgl OLG Frankfurt NJW-RR 1999, 1064; vgl auch OLG Koblenz DAR 2002, 510; NJW-RR 2002, 1578.

110 OLG Stuttgart NJW-RR 2009, 551.

111 Vgl OLG Düsseldorf NJW-RR 1993, 1173, 1175; OLG Nürnberg NJW-RR 1998, 1713, 1714; Erman/*Palm*, § 123 Rn 18.

Aufklärungs- und Offenbarungspflichten können sich ferner daraus ergeben, dass zwischen dem Erklärenden und dem Erklärungsempfänger ein so enges, **besonderes Vertrauensverhältnis** besteht, dass die Mitteilung der verschwiegenen Umstände nach der Verkehrsauffassung redlicherweise erwartet werden konnte.[112] Wegen der grundsätzlichen Eigenverantwortlichkeit der Parteien (vgl Rn 30) müssen Vertrauensverhältnisse mit solchen Aufklärungspflichten die Ausnahme bilden.[113] Sie können zB angenommen werden bei einer engen familiären oder persönlichen Verbundenheit der Vertragspartner[114] und bei Dauerschuldverhältnissen sowie insbesondere bei Gesellschaftsverhältnissen mit einer engen persönlichen Vertrauensbeziehung.[115] **34**

In ähnlicher Weise kann die Aufklärungs- oder Offenbarungspflicht aus einer **besonderen Stellung** des Erklärenden und des Erklärungsempfängers im Wirtschaftsverkehr folgen. Die besondere Vertrauensstellung und die Handlungspflicht des Erklärungsempfängers können zum einen darauf beruhen, dass Letzterer über eine **besondere Sach- und Fachkunde** verfügt, auf die sich der Erklärende verlassen darf, weil er selbst nicht sachkundig oder geschäftlich unerfahren ist.[116] In Betracht kommen solche Aufklärungspflichten etwa bei Bankiers,[117] Finanzdienstleistern und Anlageberatern,[118] Warenterminhändlern und ähnlichen Personen,[119] aber auch bei Architekten[120] und bei Gebrauchtwagenhändlern.[121] Zum anderen kann die Vertrauensstellung des Erklärungsempfängers auf der **besonderen Schutzbedürftigkeit** des Erklärenden beruhen. Danach kann vor allem ein erkennbarer Mangel an Lebens- und Geschäftserfahrung des Vertragsgegners, wie er etwa bei Jugendlichen infrage kommt, Aufklärungspflichten für den anderen Teil begründen.[122] **35**

Keine Aufklärungspflicht besteht dagegen grundsätzlich bei Geschäften mit **spekulativem Charakter**, soweit die maßgeblichen Umstände in den Risikobereich des eingegangenen Wagnisses fallen.[123] So kann beispielsweise ein Aktienverkäufer davon ausgehen, dass der Käufer hinreichend informiert ist, wenn es sich um einen Hauptaktionär und Brancheninsider handelt.[124] **36**

2. Irrtum. Die Anfechtungsmöglichkeit des Abs. 1, 1. Fall setzt weiter voraus, dass beim Erklärenden ein Irrtum erregt worden ist. Ein Irrtum ist eine **unbewusste Fehlvorstellung von der Wirklichkeit** (ausf. § 119 Rn 26 ff). Daran fehlt es, wenn der getäuschte Erklärende die Wahrheit kennt (vgl auch noch Rn 42, 43).[125] Aus dem gleichen Grund scheidet die Täuschungsanfechtung aus, wenn der Erklärende die Täuschung zwar nicht erkannt hat, mit einer Täuschung aber rechnet und ihr Vorliegen oder zumindest die Gefahr einer Täuschung bei der Abgabe seiner Willenserklärung bewusst in Kauf nimmt.[126] Selbst in einem solchen Fall steht dem Erklärenden – etwa beim Abschluss eines Vergleichsvertrags – ein Anfechtungsrecht allerdings dann zu, wenn die tatsächlich begangene Täuschung erheblich über dasjenige hinausgeht, was er erwartet oder in Kauf genommen hatte.[127] Ein Irrtum liegt ferner vor, wenn der Erklärende zwar zunächst an der Wahrheit der vom anderen Teil behaupteten Umstände zweifelt, nach einer Abwägung des Für und Wider letztlich aber an die Richtigkeit der behaupteten Umstände glaubt.[128] **37**

Auf ein **Verschulden des Getäuschten** und darauf, ob er die Unwahrheit erkennen konnte, kommt es nicht an.[129] Im Unterschied zu § 119 stellt § 123 nicht darauf ab, ob der Getäuschte seine Willenserklärung auch bei verständiger Würdigung des Falles abgegeben haben würde. Deshalb schließen weder Fahrlässigkeit noch grobe Fahrlässigkeit oder sogar Leichtfertigkeit des Getäuschten hinsichtlich des Irrtums seine Anfechtungs- **38**

112 BGH NJW 1970, 653, 655; Staudinger/*Singer/von Finckenstein*, Bearbeitung 2004, § 123 Rn 12, 15; Palandt/*Ellenberger*, § 123 Rn 5 c; RGRK/*Krüger-Nieland*, § 123 Rn 18; Erman/*Palm*, § 123 Rn 15; Prütting/Wegen/Weinreich/*Ahrens*, § 123 Rn 10.
113 Vgl Erman/*Palm*, § 123 Rn 15.
114 BGH NJW 1992, 300, 302.
115 BGH LM § 123 Nr. 8 und Nr. 52.
116 Erman/*Palm*, § 123 Rn 16; vgl Palandt/*Ellenberger*, § 123 Rn 5 c.
117 So bereits RGZ 111, 233, 234 f; zu den nur in besonderen Fallgruppen bestehenden Aufklärungspflichten finanzierender Banken vgl etwa BGH WM 2007, 115; 2007, 876, 877; OLG Karlsruhe WM 2010, 1408, 1409 ff.
118 BGH NJW 1998, 2675 f; vgl auch *v. Heymann*, NJW 1999, 1577, 1579; *Stüsser*, NJW 1999, 1586, 1588.
119 BGHZ 80, 80, 82; 124, 151, 154 = BGH NJW 1994, 512; NJW 1994, 997; NJW-RR 1996, 947; 1997, 176; 1998, 1271.
120 BGH MDR 1978, 1009.
121 Vgl etwa BGH NJW 1977, 1055; 2006, 2839, 2840; OLG Hamburg NJW-RR 1992, 1399; OLG Düsseldorf VersR 1993, 1027, 1028; OLG Köln NJW-RR 1997, 1214.
122 BGH NJW 1966, 1451 f; 1974, 849, 851; 1992, 300, 302.
123 Vgl OLG Bamberg MDR 1971, 44; OLG München NJW 1980, 786; Erman/*Palm*, § 123 Rn 12.
124 BGH LM § 123 Nr. 56; Palandt/*Ellenberger*, § 123 Rn 5 c.
125 BAG NJW 2001, 1885.
126 BGH LM § 123 Nr. 4; Erman/*Palm*, § 123 Rn 24; MüKo/*Kramer*, § 123 Rn 12; vgl BGH DB 1953, 272; WM 1972, 1443, 1446; DB 1976, 141; BAG NZA 1998, 33, 34; ebenso im Ergebnis Staudinger/*Singer/von Finckenstein*, Bearbeitung 2004, § 123 Rn 26 (zwar Irrtum, aber keine Kausalität).
127 BGH WM 1972, 1443, 1446; BAG NZA 1998, 33, 34; MüKo/*Kramer*, § 123 Rn 12; RGRK/*Krüger-Nieland*, § 123 Rn 67; Erman/*Palm*, § 123 Rn 24.
128 Erman/*Palm*, § 123 Rn 24.
129 BAG NJW 2001, 1885.

möglichkeit aus.[130] In der Praxis wird es dem Anfechtenden in solchen Fällen allerdings schwerer fallen, das Vorliegen eines Irrtums nachzuweisen (vgl zur Darlegungs- und Beweislast Rn 108 f).

39 Unerheblich ist ferner die **Art des Irrtums**, dem der Getäuschte unterliegt. Abs. 1, 1. Fall unterscheidet nicht danach, ob es sich um einen Erklärungs-, Inhalts- oder Eigenschaftsirrtum handelt.[131]

40 **3. Abgabe einer Willenserklärung.** Der Getäuschte muss eine **Willenserklärung** abgegeben haben (ausf. Rn 5 ff). Handelt es sich um eine geschäftsähnliche Handlung, beispielsweise eine Mahnung, findet § 123 analoge Anwendung (vgl Rn 5).

41 **4. Kausalität Täuschung – Irrtum – Abgabe der Willenserklärung.** Die Anfechtbarkeit gem. Abs. 1, 1. Fall setzt voraus, dass der Erklärende durch die Täuschung zur Abgabe der Willenserklärung **bestimmt worden** ist. Die Täuschung muss den Irrtum des Getäuschten verursacht haben, und der Irrtum muss für die Abgabe seiner Willenserklärung kausal geworden sein. Erforderlich ist also eine zweistufige oder **doppelte Kausalität**.

42 Die **Kausalität zwischen der Täuschung und dem Irrtum** liegt vor, wenn sich die unbewusste Fehlvorstellung des Erklärenden auf diejenigen Umstände bezieht, über die der andere Teil getäuscht hat. Der Irrtum muss der Täuschungshandlung entsprechen. Der Erklärende muss zB glauben, der angebotene Gebrauchtwagen sei unfallfrei, wie es der Verkäufer wahrheitswidrig behauptet hat. Gibt er dagegen seine Willenserklärung aufgrund einer anderen Fehlvorstellung ab, weil er zB zwar nicht glaubt, dass die angebotene Ikone echt ist, sie aber irrtümlich für vergoldet hält, fehlt es an einem kausal durch die Täuschung erregten Irrtum;[132] hier kommt (nur) eine Anfechtung gem. § 119 Abs. 2 in Betracht. Auch das bloße Ausnutzen eines bereits bestehenden Irrtums ist keine Irrtumserregung iSd Abs. 1, 1. Fall.[133] Davon zu unterscheiden ist das Unterhalten eines Irrtums. Beseitigt oder verschleiert etwa der andere Teil Umstände, die den Irrtum aufklären könnten, oder klärt er den Irrenden pflichtwidrig nicht auf (vgl dazu Rn 30 ff), liegt eine Täuschung vor, die den Irrtum des Getäuschten mit verursacht hat.[134] Die bloße **Mitursächlichkeit** reicht aus.[135] Dagegen **fehlt** es von vornherein an einem ursächlich durch die Täuschung hervorgerufenen **Irrtum**, wenn die Unrichtigkeit der vorgespiegelten Tatsache für den Erklärenden offenkundig ist und deshalb ein Irrtum gar nicht entstanden sein kann. Verneint zB ein offensichtlich schwerbehinderter Mensch im Einstellungsgespräch die Frage, ob er schwerbehindert sei, berechtigt diese Falschbeantwortung den Arbeitgeber unabhängig davon nicht zur Anfechtung, ob er den Bewerber überhaupt nach einer Schwerbehinderung fragen durfte (vgl zu diesem Fragerecht noch Rn ff57).[136]

43 Der **Irrtum** ist **kausal für die Abgabe der Willenserklärung**, wenn der Erklärende seine Willenserklärung ohne den Irrtum überhaupt nicht oder jedenfalls nicht in dieser Form, dh nicht mit diesem Inhalt[137] oder nicht zu diesem Zeitpunkt,[138] abgegeben hätte.[139] Auch hier genügt die bloße Mitursächlichkeit.[140] Es reicht regelmäßig aus, dass sich die Täuschung oder das pflichtwidrige Verschweigen auf einen bedeutsamen Umstand des Geschäfts bezieht, der nach der Lebenserfahrung bei der Art des konkreten Geschäfts die Entscheidung zu seinem Abschluss zumindest mit beeinflusst (vgl zur Darlegungs- und Beweislast noch Rn 108 f).[141] An dieser Kausalität fehlt es, wenn der Irrtum für die Abgabe der Willenserklärung ohne jede Bedeutung ist und sie gar nicht beeinflusst hat. Hat beispielsweise die getäuschte Partei den Vergleichsvertrag ohne Rücksicht auf die Behauptungen der anderen Partei abgeschlossen, scheidet eine Anfechtung gem. Abs. 1, 1. Fall mangels der erforderlichen Kausalität aus; hat sie dagegen die Täuschung erkannt und sich trotzdem – in zutreffender Kenntnis der tatsächlichen Umstände – zum Abschluss des Vergleichs entschlossen, liegt bereits **kein Irr-**

130 BGH NJW 1962, 1907; 1971, 1795, 1798; 1997, 1845; NJW-RR 2005, 1082, 1083; KG NJW 1998, 1082, 1083; MüKo/*Kramer*, § 123 Rn 12; Erman/*Palm*, § 123 Rn 24; vgl Soergel/*Hefermehl*, § 123 Rn 23; Staudinger/*Singer/von Finckenstein*, Bearbeitung 2004, § 123 Rn 26.

131 MüKo/*Kramer*, § 123 Rn 13; RGRK/*Krüger-Nieland*, § 123 Rn 7.

132 Erman/*Palm*, § 123 Rn 25.

133 OLG Düsseldorf NJW 1969, 623, 624; Erman/*Palm*, § 123 Rn 25.

134 Erman/*Palm*, § 123 Rn 25; vgl RGZ 134, 43, 51; BGH NJW 1964, 811.

135 Erman/*Palm*, § 123 Rn 25; vgl RGZ 77, 309, 314; OLG Stuttgart DB 1962, 94; KG JR/JZ 1964, 350; BGH NJW 1995, 2361, 2362; NJW-RR 1999, 1063, 1064; Staudinger/*Singer/von Finckenstein*, Bearbeitung 2004, § 123 Rn 26.

136 BAG NJW 2001, 1885 f; *Larenz/Wolf*, BGB AT, § 37 Rn 10.

137 BGH NJW 1964, 811.

138 BGHZ 2, 287, 299 = BGH NJW 1951, 643, 645.

139 Erman/*Palm*, § 123 Rn 26; vgl Soergel/*Hefermehl*, § 123 Rn 20; Palandt/*Ellenberger*, § 123 Rn 24; MüKo/*Kramer*, § 123 Rn 12; Bamberger/Roth/*Wendtland*, § 123 Rn 37; vgl auch Staudinger/*Singer/von Finckenstein*, Bearbeitung 2004, § 123 Rn 26.

140 Erman/*Palm*, § 123 Rn 26; vgl RGZ 77, 309, 314; OLG Stuttgart DB 1962, 94; KG JR 1964, 350; BGH NJW 1995, 2361, 2362; OLG Saarbrücken NJW-RR 1999, 1063, 1064; OLG Celle NJW-RR 2005, 545, 547; Staudinger/*Singer/von Finckenstein*, Bearbeitung 2004,, § 123 Rn 26; Soergel/*Hefermehl*, § 123 Rn 20; Palandt/*Ellenberger*, § 123 Rn 24; MüKo/*Kramer*, § 123 Rn 12; Bamberger/Roth/*Wendtland*, § 123 Rn 37.

141 Vgl BGH NJW 1995, 2361, 2362; OLG Saarbrücken NJW-RR 1999, 1063, 1064.

tum vor.[142] Schließlich kann eine Täuschung auch **nicht mehr kausal** werden, wenn sie nach der Abgabe der Willenserklärung erfolgt.[143]

5. Widerrechtlichkeit der Täuschung. a) Ungeschriebenes Tatbestandsmerkmal. Nach dem Wortlaut des Abs. 1 muss nur die Drohung widerrechtlich sein, nicht aber die Täuschung. Denn der Gesetzgeber ging davon aus, eine Täuschung sei selbstverständlich – ipso facto – rechtswidrig.[144] Indessen gibt es Fallgestaltungen, in denen der andere Teil den Erklärenden zwar bewusst täuscht, diese Täuschung aber nicht rechtswidrig erscheint, weil der Täuschende die Umstände, über die er getäuscht hat, aufgrund gesetzlicher Vorschriften nicht offenbaren musste. So erlaubt es § 53 Abs. 1 Nr. 2 BZRG einem Vorbestraften, sich trotzdem als unbestraft zu bezeichnen, wenn die Verurteilung nach Ablauf der in § 46 BZRG festgelegten Tilgungsfrist zu tilgen ist. Hier handelt es sich um eine **gesetzlich gestattete Täuschung** (vgl zu solchen ausdrücklichen gesetzlichen Regelungen in Bezug auf die Rechtswidrigkeit noch Rn 48 ff). **44**

Vergleichbare Fallgestaltungen finden sich vor allem im Arbeitsrecht. Stellt der **Arbeitgeber** Stellenbewerberinnen oder Stellenbewerbern im Einstellungsgespräch eine **unzulässige Frage** – zB nach nicht einschlägigen **Vorstrafen**[145] oder nach der **Schwangerschaft** (vgl dazu Rn 56) –, können sie eine bewusste Täuschung des Arbeitgebers nur dadurch vermeiden, dass sie entweder wahrheitsgemäß antworten oder die Antwort verweigern. In beiden Fällen wird der Arbeitgeber von einer Einstellung absehen. Den Arbeitnehmerinnen und Arbeitnehmern hilft es nicht, wenn der Arbeitgeber eine Frage wegen eines überwiegenden Arbeitnehmerinteresses zwar nicht stellen darf, die Unzulässigkeit der Frage ihnen aber bloß das Recht gibt, die Antwort zu verweigern. Zur Beantwortung einer Frage im Einstellungsgespräch könnten sie ohnehin nicht gezwungen werden, weil sie dem Arbeitgeber in diesem vorvertraglichen Verhandlungsstadium nicht zur Auskunft verpflichtet sind.[146] Ihr Schutzinteresse wird vielmehr erst dadurch gewahrt; dass sie unzulässige Fragen falsch beantworten dürfen. Diese Möglichkeit, zulässiger Weise die Unwahrheit zu sagen, wird auch als **„Recht zur Lüge“** bezeichnet. [147] Die Falschbeantwortung einer unzulässigen Arbeitgeber-Frage – in den obigen Beispielen die wahrheitswidrige Verneinung der nicht einschlägigen Vorstrafen und der Schwangerschaft – ist eine bewusste und damit arglistige,[148] zugleich aber **rechtmäßige Täuschung.**[149] **45**

Eine vergleichbare Einschränkung für das Fragerecht des Arbeitnehmers wird unter dem Gesichtspunkt des Art. 9 Abs. 3 GG diskutiert, soweit es um die Frage nach der **Verbandszugehörigkeit des Arbeitgebers** geht. Entgegen der Auffassung des BAG[150] soll es der grundrechtliche Schutz der Koalitionsfreiheit nicht nur verbieten, dass der Arbeitgeber den Arbeitnehmer im Einstellungsgespräch nach seiner **Gewerkschaftszugehörigkeit** fragt (vgl auch Rn 52).[151] Weil der Arbeitgeber ebenfalls den Schutz des in Art. 9 Abs. 3 S. 1 GG geregelten, gem. S. 2 unmittelbar anwendbaren Differenzierungsverbots genießt, sei es gleichermaßen unzulässig, dass der Stellenbewerber den potenziellen Arbeitgeber nach seiner Mitgliedschaft im Arbeitgeberverband fragt.[152] **46**

Da der Gesetzgeber die – seltenen – Fälle rechtmäßiger Täuschungen nicht gesehen hat, enthält Abs. 1, 1. Fall eine Lücke, die durch eine **teleologische Reduktion** zu schließen ist. Nicht nur die Drohung, auch die Täuschung muss widerrechtlich sein, um die Anfechtung zu begründen.[153] Der Schutzzweck des § 123, die Freiheit der rechtsgeschäftlichen Willensentschließung zu schützen (vgl Rn 1), wird nicht berührt, wenn der Anfech- **47**

142 Vgl zu beiden Fallgestaltungen BGH DB 1953, 272; WM 1972, 1443, 1446; DB 1976, 141; BAG NZA 1998, 33, 34 f.

143 Erman/*Palm*, § 123 Rn 26.

144 Bericht der XII. Kommission über den Allgemeinen Theil v. 12.6.1896, S. 39, abgedruckt bei *Mugdan* I, S. 965; vgl *v. Lübtow*, in: FS Bartholomeyczik 1973, S. 249, 273.

145 Vgl dazu BAG in st. Rspr seit BAGE 5, 159, 163 = BAG AP Nr. 2 zu § 123 BGB; aus neuerer Zeit etwa BAG NZA 1999, 975, 976 = AP Nr. 50 zu § 123 BGB; LAG Düsseldorf PersR 2008, 465; vgl auch BAG NJW 2006, 252, 254; *Milthaler*, S. 109 ff.

146 Vgl MünchArbR/*Buchner*, § 30 Rn 363.

147 So etwa *Preis*, Arbeitsrecht – Individualarbeitsrecht, 3. Aufl. 2009, § 20 III 4 a).

148 Anders zB BAGE 5, 159, 163; 11, 270, 273; BAG NJW 1993, 1154, 1156.

149 BAG NJW 1991, 2723, 2724; NZA 1998, 1052, 1053; NJW 1999, 3653; NZA 2003, 848; LAG Düsseldorf PersR 2008, 465; *Ehrich*, DB 2000, 421, 427; ErfK/*Preis*, § 611 BGB Rn 361; MüKo/*Kramer*, § 123 Rn 10; Erman/*Palm*, § 123 Rn 20; vgl auch MünchArbR/*Richardi/Buchner*, § 30 Rn 376, § 34 Rn 27.

150 BAG NZA 2003, 1207, 1208.

151 Zur von der hM anerkannten grundsätzlichen Unzulässigkeit dieser Frage vor der Einstellung zB BAG NZA 2000, 1294, 1296; *Boemke*, NZA 2004, 142, 143; *Braun*, MDR 2004, 64, 66; *Ehrich*, DB 2000, 421, 426; ErfK/*Preis*, § 611 BGB Rn 278; MünchArbR/*Buchner*, § 30 Rn 326 f.

152 *Boemke*, NZA 2004, 142 ff; vgl *Thüsing/Lambrich*, RdA 2002, 193, 199.

153 *v. Lübtow*, in: FS Bartholomeyczik 1973, S. 249, 273, 275; *Hofmann*, ZfA 1975, 1, 62; *Neumann-Duesberg*, JR 1967, 1 ff; MüKo/*Kramer*, § 123 Rn 10; Erman/*Palm*, § 123 Rn 20; vgl BAG NJW 1991, 2723, 2724; NZA 1998, 1052, 1053; 2003, 848; *Brox/Walker*, BGB AT, Rn 453; *Ehrich*, DB 2000, 421, 427; Palandt/*Ellenberger*, § 123 Rn 10; MünchArbR/*Richardi/Buchner*, § 34 Rn 27; Bamberger/Roth/*Wendtland*, § 123 Rn 15; vgl ferner *Medicus*, BGB AT, Rn 792 ff: unwahre Angaben ohne Täuschungscharakter, keine Täuschung im Rechtssinn.

tende die arglistige Täuschung selbst durch eine rechtswidrige Handlung, nämlich das Stellen einer unzulässigen Frage, hervorgerufen hat.[154]

48 **b) Ausdrückliche gesetzliche Regelungen in Bezug auf die Rechtswidrigkeit.** Das ausdrücklich in **§ 53 Abs. 1 BZRG** geregelte Recht, sich trotz einer **Vorstrafe** als unbestraft zu bezeichnen, wurde oben (Rn 44) bereits kurz angesprochen. Nach § 53 Abs. 1 Nr. 2 BZRG darf sich der Verurteilte als unbestraft bezeichnen und braucht auch den der Verurteilung zugrunde liegenden Sachverhalt nicht zu offenbaren, wenn die Verurteilung gem. § 45 BZRG nach Ablauf der in § 46 BZRG festgelegten Tilgungsfrist zu tilgen ist. Das gleiche Recht hat der Verurteilte nach § 53 Abs. 1 Nr. 1, wenn die Verurteilung gem. § 32 Abs. 2 BZRG nicht in das Führungszeugnis oder nur nach § 32 Abs. 3, 4 BZRG in ein Führungszeugnis für Behörden (§§ 30 Abs. 5, 31 BZRG) aufzunehmen ist.[155]

49 Eine weitere ausdrückliche gesetzliche Regelung findet sich in **Art. 136 Abs. 3 S. 1 WRV**, der sog. „Lohengrinklausel".[156] Nach dieser gem. Art. 140 GG fortgeltenden Vorschrift ist niemand verpflichtet, seine **religiöse Überzeugung** zu offenbaren. Jeder hat das Recht zu verschweigen, was er glaubt oder nicht glaubt.[157] Dabei handelt es sich um eine Ausprägung des Rechts auf informationelle Selbstbestimmung.[158] Art. 136 Abs. 3 S. 1 WRV enthält ein **Frageverbot**, soweit es um die Zugehörigkeit zu einer Religionsgemeinschaft geht.[159]

50 Schließlich stellt **§ 7 Abs. 2 BGleiG** zugunsten aller Beschäftigten in der unmittelbaren und mittelbaren Bundesverwaltung unabhängig von ihrer Rechtsform sowie in den Gerichten des Bundes, auf die das Bundesgleichberechtigungsgesetz[160] anwendbar ist (vgl §§ 3, 4 BGleiG), einen **Katalog unzulässiger Fragen** auf. Danach sind in Vorstellungs- oder Auswahlgesprächen Fragen nach dem Familienstand, einer bestehenden oder geplanten Schwangerschaft sowie der Sicherstellung der Betreuung von Kindern, behinderten oder pflegebedürftigen Angehörigen neben der Berufstätigkeit unzulässig.

51 **c) Keine Rechtswidrigkeit der Täuschung bei fehlendem Fragerecht des Arbeitgebers.** Am häufigsten kommen rechtmäßige Täuschungen bei der Begründung des Arbeitsverhältnisses vor (vgl Rn 45). Ob die arglistige Täuschung seitens des Arbeitnehmers oder der Arbeitnehmerin im Einstellungsgespräch rechtmäßig oder rechtswidrig ist, hängt davon ab, ob die falsch beantwortete Frage des Arbeitgebers zulässig oder unzulässig war. Es kommt darauf an, ob der Arbeitgeber diese Frage unter Abwägung der beiderseitigen Interessen stellen durfte. Bestand kein diesbezügliches **Fragerecht des Arbeitgebers**, kann er seine zum Abschluss des Arbeitsvertrages führende Willenserklärung mangels Rechtswidrigkeit nicht wegen arglistiger Täuschung anfechten.[161] Zur Anfechtung gem. Abs. 1, 1. Fall berechtigt nach ständiger Rechtsprechung nur die wahrheitswidrige Beantwortung einer in zulässiger Weise gestellten Frage.[162]

52 Der Umfang und die Grenzen des dem Arbeitgeber zustehenden Fragerechts werden durch eine **Abwägung der beiderseitigen berechtigten Interessen** bestimmt.[163] Der Arbeitgeber hat grundsätzlich das berechtigte, aus seiner Handlungs- und seiner Vertragsfreiheit folgende Interesse, sich vor dem Abschluss des Arbeitsvertrages möglichst umfassend über die für ihn maßgeblichen Verhältnisse des Arbeitnehmers zu informieren. Der Arbeitnehmer hat demgegenüber das aus seinem allgemeinen Persönlichkeitsrecht (Art. 2 Abs. 1, 1 Abs. 1 GG) resultierende berechtigte Interesse, möglichst wenige persönliche Dinge preiszugeben.[164] Die Rechtsprechung beschreibt dieses Abwägungsgebot mit der Formel, dass das Fragerecht des Arbeitgebers ein **berechtigtes, billigenswertes und schutzwürdiges Interesse** an der Beantwortung seiner Fragen im Hinblick auf das Arbeitsverhältnis voraussetzt.[165] Dieses Interesse muss so **gewichtig** sein, dass das Interesse des Arbeitnehmers, seine persönlichen Lebensumstände zum Schutz seines Persönlichkeitsrechts und zur Siche-

154 ErfK/*Preis*, § 611 BGB Rn 361.
155 Dazu etwa LAG Düsseldorf PersR 2008, 465; vgl bereits BAG NJW 1991, 2723, 2724.
156 Dreier/*Morlok*, Grundgesetz, Kommentar, 2. Aufl. 2008, Art. 140/Art. 136 WRV Rn 20, unter Verweis auf *Richard Wagner*, Lohengrin, 1. Akt, 3. Szene, Lohengrin zu Elsa von Brabant: „Nie sollst Du mich befragen..." in Fn 41.
157 BVerfGE 12, 1, 4.
158 BVerfGE 65, 1, 41 ff; Dreier/*Morlok*, Grundgesetz, Kommentar, 2. Aufl. 2008, Art. 140/Art. 136 WRV Rn 20.
159 *Medicus*, BGB AT, Rn 794.
160 Gesetz zur Gleichstellung von Frauen und Männern in der Bundesverwaltung und in den Gerichten des Bundes (Bundesgleichstellungsgesetz – BGleiG) v. 30.11.2001 (BGBl. I S. 3234).
161 *Ehrich*, DB 2000, 421, 427; ErfK/*Preis*, § 611 BGB Rn 361; MüKo/*Kramer*, § 123 Rn 10; Erman/*Palm*, § 123 Rn 20; MünchArbR/*Buchner*, § 30 Rn 376; vgl Schaub/*Linck*, Arbeitsrechts-Handbuch, § 26 Rn 16, § 36 Rn 40.
162 Vgl etwa BAG NJW 1991, 2723, 2724; NZA 1996, 371 f; 1998, 1052, 1053; NJW 1999, 3653; NZA 2003, 848, jew. mwN; LAG Düsseldorf PersR 2008, 465.
163 Ausf. dazu ErfK/*Preis*, § 611 BGB Rn 271 ff.
164 *Braun*, MDR 2004, 64 f; *Ehrich*, DB 2000, 421; *Thüsing/Lambrich*, BB 2002, 1146; ErfK/*Preis*, § 611 BGB Rn 271 ff; Schaub/*Linck*, Arbeitsrechts-Handbuch, § 26 Rn 16; ausf. zu den beiderseitigen berechtigten Interessen MünchArbR/*Buchner*, § 30 Rn 237 ff.
165 BAGE 75, 77, 81 = BAG NZA 1994, 407, 408 = NJW 1994, 1363, 1364; NZA 1996, 371 f; 1998, 1052, 1053; NJW 1999, 3653; NZA 2003, 848, jew. mwN; vgl BAG NZA 2005, 1243, 1245 f.

rung der Unverletzlichkeit seiner Intimsphäre geheim zu halten, dahinter zurückzutreten hat.[166] Wesentliche Konsequenz dieser Abwägung ist, dass sich das Fragerecht des Arbeitgebers auf **arbeitsplatzrelevante Umstände** beschränkt. Die Umstände, nach denen der Arbeitgeber fragt, müssen objektiv geeignet sein, die Durchführung des in Aussicht genommenen Arbeitsverhältnisses positiv oder negativ zu beeinflussen. Daher sind solche Fragen des Arbeitgebers, die für den konkreten Arbeitsplatz ohne Bedeutung sind, stets unzulässig.[167]

Eine gegenüber diesem Abwägungsgebot weitergehende Beschränkung des Fragerechts kann sich aus Spezialregelungen wie etwa Art. 9 Abs. 3 GG (vgl oben Rn 46), Art. 136 Abs. 3 S. 1 WRV iVm Art. 140 GG (vgl oben Rn 49) und den Diskriminierungsverboten des AGG (dazu die folgende Rn) ergeben. Soweit derartige **spezialgesetzliche Frageverbote** reichen, darf der Arbeitgeber selbst nach arbeitsplatzrelevanten Umständen nicht fragen.[168] Wegen dieser weitreichenden Wirkung werden sie auch als **abolute Frageverbote** bezeichnet. Dem gegenüber handelt es sich bei den oben (Rn 52) erläuterten Beschränkungen, die nur bei konkretem Bezug zum Arbeitsverhältnis eingreifen, um **relative Frageverbote**.[169] 53

Frageverbote im Bewerbungsgespräch können sich seit dem 18.8.2006 vor allem aus den **Diskriminierungsverboten des Allgemeinen Gleichbehandlungsgesetzes** (AGG)[170] ergeben, welche die bis dahin geltenden Diskriminierungsverbote ergänzt oder ersetzt haben. Das AGG dient der Umsetzung von vier Europäischen Richtlinien[171] und hat gem. § 1 AGG das Ziel, Benachteiligungen aus Gründen der Rasse oder wegen der ethnischen Herkunft, des Geschlechts, der Religion oder Weltanschauung, einer Behinderung, des Alters oder der sexuellen Identität zu verhindern oder zu beseitigen. Wegen dieser **verpönten Merkmale** dürfen Beschäftigte (§ 6 AGG) nicht benachteiligt werden (§ 7 Abs. 1 AGG). Da gem. § 6 Abs. 1 S. 2 AGG auch Bewerberinnen und Bewerber als Beschäftigte im Sinne des AGG gelten, führt das AGG zu einer **Beschränkung des Arbeitgeber-Fragerechts** im Einstellungsgespräch. Die überwiegende Auffassung in der Literatur geht zutreffend davon aus, dass solche Fragen, die an eines der verpönten Merkmale des § 1 AGG anknüpfen, grundsätzlich unzulässig sind. Nur wenn ausnahmsweise einer der im AGG normierten Rechtfertigungsgründe eingreift, darf die Frage gestellt werden.[172] Dabei handelt es sich um den allgemeinen Rechtfertigungsgrund des § 8 Abs. 1 AGG und um die besonderen Rechtfertigungsgründe für Ungleichbehandlungen wegen der Religion oder Weltanschauung (§ 9 AGG)[173] und wegen des Alters (§ 10 AGG). Unter den Voraussetzungen des § 5 AGG sind ferner sog. positive Diskriminierungen zulässig. 54

Nach welchen Umständen der Arbeitgeber im Einzelnen fragen darf und hinsichtlich welcher Umstände sein Fragerecht Einschränkungen unterliegt, ist Gegenstand einer **großen Zahl arbeitsgerichtlicher Entscheidungen und Stellungnahmen in der Literatur** (vgl zur Frage nach Vorstrafen bereits Rn 45).[174] In neuerer Zeit haben sich Änderungen vor allem aufgrund des AGG in Bezug auf die Frage nach der Schwangerschaft, der Schwerbehinderung, Krankheiten und dem Alter ergeben. 55

Die Frage nach der **Schwangerschaft** einer Bewerberin war bereits vor Inkrafttreten des AGG wegen des Verstoßes gegen das Diskriminierungsverbot des § 611 a BGB aF unzulässig. Das galt selbst dann, wenn für 56

166 BAG NZA 1996, 371, 372; vgl BAG NZA 1985, 57; vgl für die Einstellung in ein öffentliches Amt BAG NJW 2006, 252, 254.

167 BAG NJW 2000, 2444, 2445.

168 *Thüsing/Lambrich*, BB 2002, 1146; vgl *Boemke*, NZA 2004, 142, 143.

169 *Thüsing/Lambrich*, BB 2002, 1146.

170 Art. 1 des Gesetzes zur Umsetzung Europäischer Richtlinien zur Verwirklichung des Grundsatzes der Gleichbehandlung v. 14.8.2006 (BGBl. I S. 1897).

171 Richtlinie 2000/43/EG des Rates v. 29.6.2000 zur Anwendung des Gleichbehandlungsgrundsatzes ohne Unterschied der Rasse oder der ethnischen Herkunft (ABl. EG Nr. L 180 S. 22), sog. Antirassismus-Richtlinie; Richtlinie 2000/78/EG des Rates v. 27.11.2000 zur Festlegung eines allgemeinen Rahmens für die Verwirklichung der Gleichbehandlung in Beschäftigung und Beruf (ABl. EG Nr. L 303 S. 16), sog. Rahmenrichtlinie Beschäftigung; Richtlinie 2002/73/EG des Europäischen Parlaments und des Rates v. 23.9.2002 zur Änderung der Richtlinie 76/207/EWG des Rates zur Verwirklichung des Grundsatzes der Gleichbehandlung von Männern und Frauen hinsichtlich des Zugangs zur Beschäftigung, zur Berufsbildung und zum beruflichen Aufstieg sowie in Bezug auf die Arbeitsbedingungen (ABl. EG Nr. L 269 S. 15), sog. Gender-Richtlinie; Richtlinie 2004/113/EG des Rates v. 13.12.2004 zur Verwirklichung des Grundsatzes der Gleichbehandlung von Männern und Frauen beim Zugang zu und bei der Versorgung mit Gütern und Dienstleistungen (ABl. EG Nr. L 373 S. 37).

172 *Boemke/Danko*, § 10 Rn 24; ErfK/*Preis*, § 611 BGB Rn 272; *Hitzig*, S. 154 ff; Jauernig/*Mansel*, § 7 AGG Rn 5; *Nollert-Borasio/Perreng*, AGG, 2. Aufl. 2007, § 2 Rn 12; *Wege*, S. 294 ff; *Hamann*, Jura 2007, 641, 643; *Ohlendorf/Schreier*, BB 2008, 2458, 2460; *Seel*, MDR 2006, 1321, 1322; so bereits auch *Preis/Bender*, NZA 2005, 1321, 1322; aA *Bauer/Göpfert/Krieger*, AGG, 2. Aufl. 2008, § 2 Rn 23 a.

173 Vgl zum Streit um die Reichweite des § 9 AGG nur ArbG Hamburg AiB 2008, 296; *Deinert*, EuZA 2009, 332, 339 ff; *Joussen*, NZA 2008, 675 ff; *Schnabel*, ZfA 2008, 413 ff.

174 Vgl dazu etwa die Übersichten bei *Braun*, MDR 2004, 64, 65 ff; *Ehrich*, DB 2000, 421 ff; *Thüsing/Lambrich*, BB 2002, 1146 ff; MünchArbR/*Buchner*, § 30 Rn 261 ff; ErfK/*Preis*, § 611 BGB Rn 271 ff; Schaub/*Linck*, Arbeitsrechts-Handbuch, § 26 Rn 17 ff; vgl weiterhin *Eschenbacher*, S. 48 ff; *Hausmann*, S. 76 ff.

die vereinbarte Tätigkeit ein Beschäftigungsverbot nach dem Mutterschutzgesetz bestand und die Frau die Tätigkeit daher zunächst nicht aufnehmen konnte.[175] Damit hatte sich das BAG der Rechtsprechung des EuGH in Bezug auf die Richtlinie 76/207/EWG angeschlossen, deren Umsetzung § 611 a BGB aF diente.[176] Die Frage ist weiterhin **unzulässig**, obwohl § 1 AGG den Begriff der Schwangerschaft in seiner abschließenden Aufzählung der Diskriminierungsmerkmale[177] nicht ausdrücklich nennt. Dass die Frage nach der Schwangerschaft im Bewerbungsgespräch unzulässiger Weise an das Geschlecht anknüpft, folgert die ganz überwiegende Ansicht in der Lehre zutreffend aus § 7 Abs. 1 iVm §§ 1, 3 Abs. 1 S. 2 AGG.[178] Der Arbeitgeber darf die Frage trotz des Rechtfertigungsgrundes des § 8 Abs. 1 AGG nach wie vor selbst dann nicht stellen, wenn die Bewerberin nur befristet eingestellt werden soll und wegen der mutterschutzrechtlichen Beschäftigungsverbote während eines wesentlichen Teils oder sogar während der gesamten Vertragslaufzeit nicht arbeiten kann.[179] Zwar wird vertreten, die vollständige oder weitgehende Unmöglichkeit der Leistungserbringung und die damit verbundene erhebliche Störung des Synallagma sei ein Grund iSd § 8 Abs. 1 AGG, der wegen der Art der auszuübenden Tätigkeit oder der Bedingungen ihrer Ausübungen eine wesentliche und entscheidende berufliche Anforderung darstellt, sofern der Zweck rechtmäßig und die Anforderung angemessen ist.[180] Obwohl diese Überlegungen einiges für sich haben, lässt sich doch nicht verkennen, dass der EuGH – jedenfalls bisher – allein darauf abstellt, dass nur Frauen schwanger werden können und jedes Anknüpfen an die Schwangerschaft eine unzulässige Diskriminierung wegen des Geschlechts darstellt. [181] Bei Vorstellungs- und Auswahlgesprächen im Bereich der Bundesverwaltung und der Bundesgerichte verbietet § 7 Abs. 2 BGleiG ausdrücklich die Frage nach einer bestehenden oder geplanten Schwangerschaft (vgl oben Rn 50).

57 Die Frage nach der **Schwerbehinderteneigenschaft** wurde früher allgemein für zulässig gehalten, weil das Gesetz eine Reihe dauerhafter und kostenintensiver Pflichten des Arbeitgebers an die Schwerbehinderteneigenschaft eines Arbeitnehmers knüpft.[182] Mit dem Inkrafttreten des SGB IX[183] am 1.7.2001 wurde sie allerdings nach zutreffender Ansicht unzulässig. Sie verstieß gegen das neu eingeführte Diskriminierungsverbot des § 81 Abs. 2 S. 2 Nr. 1 SGB IX aF, das in seinem Wortlaut fast identisch dem Diskriminierungsverbot wegen des Geschlechts in § 611 a Abs. 1 aF nachgebildet war.[184] Der Gesetzgeber des AGG hat dieses spezielle Diskriminierungsverbot durch eine Generalklausel ersetzt, zu deren Ausfüllung § 81 Abs. 2 S. 2 SGB IX auf die Regelungen des AGG verweist. Deshalb bleibt die Frage nach der Schwerbehinderteneigenschaft gem. § 7 Abs. 1 iVm § 1 AGG **unzulässig.**[185] Von der Frage nach der Schwerbehinderteneigenschaft zu trennen ist allerdings diejenige nach einer **Behinderung.**[186] Diese Frage soll ausnahmsweise dann gestellt werden dürfen, wenn das Fehlen einer Behinderung eine wesentliche und entscheidende berufliche Anforderung für die Tätigkeit iSd **§ 8 Abs. 1 AGG** darstellt.[187] Darüber hinaus kann die Frage gem. **§ 5 AGG** gerechtfertigt sein, wenn der Arbeitgeber behinderte Arbeitnehmer besonders fördern will. Da § 5 AGG im Gegensatz zu Art. 7 Abs. 1 der Richtlinie 2000/78/EG nicht nur die Mitgliedstaaten, sondern auch Arbeitgeber, Tarifvertrags- und

175 BAG NZA 2003, 848, 849 = SAE 2004, 125, 126 m. krit. Anm. *Löwisch*, unter teilweiser Aufgabe der bisherigen Rechtsprechung in BAG NZA 1993, 257, 258; 933, 934 f.

176 EuGH NZA 2000, 255 = AP Nr. 18 zu § 611 a BGB *„Mahlburg"*; NZA 2001, 1241 = AP Nr. 27 zu EWG-Richtlinie Nr. 76/207 *„Brandt-Nielsen"*; vgl ferner EuGH NZA 2003, 3737 = AP Nr. 31 zu EWG-Richtlinie Nr. 76/207 *„Busch"*.

177 EuGH NZA 2006, 839, 840 *„Navas"*; MüKo/*Thüsing*, § 1 AGG Rn 93.

178 Vgl nur ErfK/*Preis*, § 611 BGB Rn 274; *Hamann*, Jura 2007, 641, 643; *Müller*, AiB 2007, 709, 711, jew. mwN.

179 Ebenso *Wege*, S. 298 f; Jauernig/*Mansel*, § 7 AGG Rn 5; vgl dazu auch m. krit. Würdigung Bamberger/Roth/*Fuchs*, § 7 AGG Rn 10.

180 *Adomeit/Mohr*, AGG, 2007, § 8 Rn 27; Däubler/Bertzbach/*Däubler*, AGG, 2. Aufl. 2008, § 7 Rn 28; *Eschenbacher*, S. 93 ff, 100 f; *Hausmann*, S. 88 ff; weiter gehend *Pallasch*, NZA 2007, 306, 307 ff.

181 EuGH NZA 2001, 1241 = AP Nr. 27 zu EWG-Richtlinie Nr. 76/207 *„Brandt-Nielsen"*; NZA 2003, 3737 = AP Nr. 31 zu EWG-Richtlinie Nr. 76/207 *„Busch"*.

182 BAG NZA 1985, 57, 58; 1994, 407 f; 1998, 371, 372; 2001, 315 f, jew. mwN.

183 Sozialgesetzbuch (SGB) Neuntes Buch (IX) – Rehabilitation und Teilhabe behinderter Menschen – v. 19.6.2001, BGBl. I S. 1046.

184 *Braun*, MDR 2004, 64, 69; *Joussen*, NJW 2003, 2857, 2860 f; *Löwisch*, Anm. zu BAG v. 6.2.2003, SAE 2004, 126, 129; *Messingschlager*, NZA 2003, 301, 303 f; vgl *Thüsing/Lambrich*, BB 2002, 1146, 1148 f; aA *Schaub*, NZA 2003, 299, 300 f.

185 *Hunold*, NZA-RR 2006, 561, 563; *Joussen*, NZA 2007, 174, 177; *Wisskirchen/Bissels*, NZA 2007, 169, 173; aA MünchArbR/*Buchner*, § 30 Rn 290 f.

186 Streitig ist, ob der Begriff der Behinderung in § 1 AGG nach den nationalen Vorschriften der § 2 Abs. 1 SGB IX und § 3 BGG ausgelegt werden muss – so BT-Drucks. 16/1780, 31; BR-Drucks. 329/06, 31; Däubler/Bertzbach/*Däubler*, AGG, 2. Aufl. 2008, § 1 Rn 75, oder ob er gemeinschaftsrechtlich auszulegen ist – so ArbG Berlin NZA-RR 2005, 608, 610; Bamberger/Roth/*Fuchs*, § 1 AGG Rn 13; *Hanau*, ZIP 2006, 2189, 2190.

187 *Adomeit/Mohr*, AGG, 2007, § 2 Rn 26; *Annuß/Rupp*, ArbRKomm, § 7 AGG Rn 3; *Hitzig*, S. 262 ff; *Hamann*, Jura 2007, 641, 643; *Wisskirchen*, DB 2006, 1491, 1494.

Betriebspartner in den personellen Anwendungsbereich der Vorschrift einbezieht,[188] werden in der Lehre Zweifel an der Europarechtskonformität der Vorschrift angemeldet.[189]

Das Diskriminierungsverbot der Behinderung in § 1 AGG ist darüber hinaus auch für die Zulässigkeit der Frage nach **Krankheiten** von Bedeutung. Zwar hat der EuGH bereits im Jahre 2006 entschieden, dass die Begriffe Behinderung und Krankheit nicht per se gleichgesetzt werden können.[190] Danach reicht bloß die Manifestation „irgendeiner Krankheit" nicht aus, um von einer Behinderung sprechen zu können. Wenn sich die Erkrankung über einen langen Zeitraum erstreckt, wie es insbesondere bei gravierenden chronischen Erkrankungen des Bewerbers der Fall sein kann, liegt es dagegen nahe, dass der EuGH eine Behinderung bejahen wird.[191] Diese bloß zeitliche Abgrenzung ist allerdings in der Sache und von der Handhabung her problematisch, so dass Teile der Lehre zutreffend zusätzlich das Kriterium der voraussichtlichen Heilbarkeit der gesundheitlichen Beeinträchtigung heranziehen.[192] Handelt es sich **nicht um eine Behinderung** und greift daher das AGG nicht ein, darf der Arbeitgeber trotzdem nur nach solchen Krankheiten fragen, welche die Eignung für die vorgesehene Tätigkeit auf Dauer oder in periodisch wiederkehrenden Abständen einschränken, sowie nach ansteckenden Krankheiten, welche die künftigen Kollegen oder andere Dritte gefährden können.[193] Ein weit darüber hinausgehendes Frageverbot ordnet § 19 GenDG seit dem 1.2.2010 bezüglich **genetischer Untersuchungen** oder Analysen an.[194] 58

Seit dem Inkrafttreten des AGG wird die Frage nach dem **Alter** des Bewerbers oder der Bewerberin überwiegend als grundsätzlich unzulässig abgelehnt.[195] Allerdings ergibt sich sein oder ihr Lebensalter regelmäßig bereits aus den Bewerbungsunterlagen wie den Zeugnissen und aus dem bisherigen beruflichen Werdegang.[196] Außerdem kann hier, neben § 8 Abs. 1 AGG, der spezielle Rechtfertigungsgrund des § 10 AGG[197] eingreifen. Schließlich kann die Frage nach dem Alter gem. § 5 AGG ausnahmsweise zulässig sein, wenn der Arbeitgeber Personen einer bestimmten Altersgruppe besonders fördern will, um bestehende Nachteile der aktuellen Beschäftigungspolitik auszugleichen.[198] 59

Vom Fragerecht des Arbeitgebers und der Pflicht zur Beantwortung zulässigerweise gestellter Fragen zu trennen ist eine entsprechende **Aufklärungs- oder Offenbarungspflicht** des Arbeitnehmers. Eine Verknüpfung besteht nur insoweit, als der Arbeitnehmer keine Umstände zu offenbaren braucht, nach denen der Arbeitgeber nicht fragen darf. Im umgekehrten Fall besteht dagegen nicht ohne weiteres eine Pflicht des Arbeitnehmers, den potenziellen Arbeitgeber ungefragt über solche Umstände aufzuklären, nach denen dieser ihn fragen dürfte. Eine solche Offenbarungspflicht, deren Verletzung den Arbeitgeber zur Anfechtung gem. Abs. 1, 1. Fall wegen pflichtwidrigen Verschweigens berechtigt, kann wegen der Eigenverantwortlichkeit der Parteien nur in Ausnahmefällen angenommen werden (vgl dazu Rn 30). Sie setzt voraus, dass die Tatsachen oder Umstände geeignet sind, den **Vertragszweck zu vereiteln**. Die verschwiegenen Umstände müssen so gravierend sein, dass sie dem Arbeitnehmer die Erbringung der geschuldeten Arbeitsleistung unmöglich machen, oder sie müssen sonst für die in Aussicht genommene Tätigkeit von ausschlaggebender Bedeutung sein.[199] Das wird zB angenommen, wenn der Arbeitnehmer aus gesundheitlichen Gründen oder wegen fehlender Qualifikationen außer Stande ist, die Tätigkeit aufzunehmen, oder wenn er unter einer ansteckenden Krankheit leidet, die Dritte und vor allem andere Arbeitnehmer des Betriebes gefährden würde.[200] 60

6. Arglist. Die Anfechtung gem. Abs. 1, 1. Fall setzt schließlich voraus, dass die Täuschung arglistig ist. Dabei bedeutet Arglist nur, dass der Täuschende **vorsätzlich** in Bezug auf die Täuschung, die Irrtumserregung und die Abgabe der Willenserklärung gehandelt hat.[201] Obwohl der Begriff der Arglist das nahe zu legen 61

188 Vgl dazu auch BT-Drucks. 16/1780, 33 f.

189 Vgl dazu ErfK/*Schlachter*, § 5 AGG Rn 2; *Annuß*, BB 2006, 1629, 1634; *Hamann*, Jura 2007, 641, 642 f; *Kamanabrou*, RdA 2006, 321, 333.

190 EuGH NZA 2006, 839, 840 „*Navas*".

191 Vgl dazu *Hausmann*, S. 81 f; Jauernig/*Jauernig*, § 1 AGG Rn 6; *Wisskirchen/Bissels*, NZA 2007, 169, 172.

192 Vgl dazu ErfK/*Preis*, § 611 BGB Rn 274; vgl zur Entschädigungspflicht gem. § 15 Abs. 2 AGG wegen einer nur angenommenen Behinderung BAG NZA 2010, 383.

193 BAG EzA § 123 BGB Nr. 24; *Iraschko-Luscher/Kiekenbeck*, NZA 2009, 1239, 1240.

194 Dazu *Fischinger*, NZA 2010, 65, 66 f; *Genenger*, AuR 2009, 285, 287.

195 *Annuß/Rupp*, ArbRKomm, § 7 AGG Rn 3; ErfK/*Preis*, § 611 BGB Rn 274; *Eschenbacher*, S. 140 ff; *Hausmann*, S. 92 f; *Wisskirchen*, DB 2006, 1491, 1494; aA *Hanau*, ZIP 2006, 2189, 2193.

196 *Wisskirchen/Bissels*, NZA 2007, 169, 172.

197 Vgl zu den mit dieser Vorschrift verbundenen vielfältigen Fragestellungen statt vieler nur ErfK/*Schlachter*, § 10 AGG Rn 1 ff mwN.

198 Vgl aber zur möglichen Europarechtswidrigkeit des § 5 AGG ErfK/*Schlachter*, § 5 AGG Rn 2; *Annuß*, BB 2006, 1629, 1634; *Hamann*, Jura 2007, 641, 642 f; *Kamanabrou*, RdA 2006, 321, 333.

199 BAG NJW 1991, 2723, 2724; vgl BAG AP Nr. 19 zu § 123 BGB; NZA 1986, 635; vgl ErfK/*Preis*, § 611 BGB Rn 288.

200 Vgl dazu näher MünchArbR/*Buchner*, § 30 Rn 356 ff; *Hausmann*, S. 54 f.

201 BGH NJW 2000, 2497, 2499; HK-BGB/*Dörner*, § 123 Rn 5; Soergel/*Hefermehl*, § 123 Rn 27; Jauernig/*Jauernig*, § 123 Rn 7; MüKo/*Kramer*, § 123 Rn 8 f; Erman/*Palm*, § 123 Rn 27; Bamberger/Roth/*Wendtland*, § 123 Rn 17; Prütting/Wegen/Weinreich/*Ahrens*, § 123 Rn 23; vgl Staudinger/*Singer/von Finckenstein*, Bearbeitung 2004, § 123 Rn 6 28.

scheint, sind dagegen **keine verwerfliche Gesinnung**[202] und auch **kein Schädigungsvorsatz**[203] erforderlich. Da § 123 ausschließlich die Freiheit der rechtsgeschäftlichen Willensentschließung schützt, setzt die arglistige Täuschung iSd Abs. 1, 1. Fall keinen Vermögensschaden voraus, so dass es, anders als etwa bei den §§ 263 und 253 StGB, auch keines darauf gerichteten Vorsatzes bedarf (vgl Rn 1). Wegen dieses Schutzzwecks, der nicht auf die Gesinnung des Täuschenden abstellt, täuscht selbst derjenige arglistig, der „nur das Beste" für den Getäuschten erreichen oder dessen Willensentschließung aus seiner Sicht bloß wohlmeinend beeinflussen will. Was „sein Bestes" ist, soll der Getäuschte selbst entscheiden können.[204]

62 Der danach (nur) erforderliche Vorsatz liegt vor, wenn der Täuschende bei einer **Täuschung durch aktives Tun** (vgl dazu Rn 26 ff) die Unrichtigkeit der für den Getäuschten bedeutsamen Umstände kennt, wenn er durch die Täuschung beim Getäuschten einen Irrtum über diese Umstände erregen oder aufrechterhalten will und wenn er schließlich erreichen will, dass der Getäuschte aufgrund des Irrtums eine Willenserklärung abgibt, die er anderenfalls so nicht abgegeben hätte.[205] Geht es um eine **Täuschung durch Unterlassen** (vgl dazu Rn 30 ff), muss der Täuschende die Tatsachen kennen, die seine Aufklärungs- oder Offenbarungspflicht begründen, und er muss wissen oder jedenfalls damit rechnen und es billigend in Kauf nehmen, dass der andere Teil die verschwiegenen Umstände nicht kennt.[206] Der Täuschende handelt selbst dann arglistig, wenn er zwar glaubt, der andere Teil könne die ungünstigen Eigenschaften der Kaufsache erkennen, bei seinem Schweigen aber zugleich bewusst in Kauf nimmt, dass der andere Teil eine Prüfung unterlässt und in Unkenntnis der ungünstigen Eigenschaften einen Vertrag schließt, den er bei deren Kenntnis nicht abgeschlossen hätte.[207] An der Arglist fehlt es dagegen, wenn der Täuschende gutgläubig unrichtige Angaben macht, und zwar selbst dann, wenn seine Gutgläubigkeit auf grober Fahrlässigkeit oder sogar auf Leichtfertigkeit beruht.[208] Versichert der Verkäufer im Kaufvertrag, dass ihm erhebliche Mängel nicht bekannt seien, handelt er trotz Vorliegens eines solchen Mangels nicht arglistig, wenn er im Zeitpunkt des Vertragsschlusses keine Erinnerung mehr an das Vorhandensein des Mangels hatte.[209]

63 Begriffsnotwendig zur Täuschungshandlung gehört der **Täuschungswille**. Der Täuschende muss die Täuschungshandlung zu dem Zweck begehen, beim Getäuschten einen Irrtum zu erregen oder aufrechtzuerhalten (vgl Rn 24). Außerdem muss sein Wille darauf gerichtet sein, den Getäuschten zur Abgabe der irrtumsbedingten Willenserklärung zu bewegen. Hieran fehlt es, wenn der Täuschende davon überzeugt ist, dass seine unrichtigen Angaben keine Bedeutung für die Entschließung des Getäuschten haben, eine Willenserklärung abzugeben.[210] Das kann etwa bei der unrichtigen Beantwortung von Fragen des Versicherten der Fall sein.[211] Mangels der erforderlichen Bedeutungskenntnis des eigenen Verhaltens liegt der Täuschungswille ferner dann nicht vor, wenn der andere Teil unbewusst lediglich ungeschickte oder missverständliche und damit irreführende Formulierungen gebraucht hat und zB als Laie die Begriffe Patent- und Gebrauchsmuster verwechselt hat.[212]

64 Für die erforderliche Arglist genügt bereits **bedingter Vorsatz** des Täuschenden.[213] Bedingter Vorsatz liegt vor allem in den Fällen vor, in denen der Täuschende tatsächliche Behauptungen ohne jede sachliche Grund-

202 Staudinger/*Singer/von Finckenstein*, Bearbeitung 2004, § 123 Rn 27; HK-BGB/*Dörner*, § 123 Rn 5; Soergel/*Hefermehl*, § 123 Rn 25; Jauernig/*Jauernig*, § 123 Rn 7; MüKo/*Kramer*, § 123 Rn 9; Erman/*Palm*, § 123 Rn 30; Bamberger/Roth/*Wendtland*, § 123 Rn 19; aA BGH BB 1954, 785; RGRK/*Krüger-Nieland*, § 123 Rn 14; vgl aber auch BGHZ 109, 327, 333, BGH NJW 2001, 2326, 2327 in Bezug auf die nach § 463 S. 2 aF erforderliche Arglist: nur bedingter Vorsatz, kein moralisch vorwerfbares Verhalten notwendig.

203 BGH NJW 1974, 1505, 1506; WM 1977, 343; NJW 2000, 2497, 2499; Palandt/*Ellenberger*, § 123 Rn 11; Staudinger/*Singer/von Finckenstein*, Bearbeitung 2004, § 123 Rn 28; HK-BGB/*Dörner*, § 123 Rn 5; Bamberger/Roth/*Wendtland*, § 123 Rn 19; Prütting/Wegen/Weinreich/*Ahrens*, § 123 Rn 23.

204 Staudinger/*Singer/von Finckenstein*, Bearbeitung 2004, § 123 Rn 27; Soergel/*Hefermehl*, § 123 Rn 25; Jauernig/*Jauernig*, § 123 Rn 7; MüKo/*Kramer*, § 123 Rn 9; Erman/*Palm*, § 123 Rn 30; Bamberger/Roth/*Wendtland*, § 123 Rn 19; Prütting/Wegen/Weinreich/*Ahrens*, § 123 Rn 23; aA BGH BB 1954, 785.

205 Vgl BGH NJW-RR 1991, 411, 412; 2005, 1082, 1083; OLG Hamm NJW-RR 1995, 286, 287; BAG NZA 1998, 33, 35; Erman/*Palm*, § 123 Rn 28; Bamberger/Roth/*Wendtland*, § 123 Rn 17.

206 Vgl BGH NJW-RR 1996, 690; NJW 1998, 1315, 1316; 2001, 2326, 2327; OLG Koblenz NJW-RR 2003, 119, 120; Erman/*Palm*, § 123 Rn 28; Bamberger/Roth/*Wendtland*, § 123 Rn 17.

207 BGH NJW 1990, 42 f; 1992, 1953, 1954; NJW-RR 1997, 270; Erman/*Palm*, § 123 Rn 28.

208 BGH NJW 1980, 2460, 2461; OLG Celle NJW-RR 1987, 744; BAG NZA 1998, 33, 35; Palandt/*Ellenberger*, § 123 Rn 11; Bamberger/Roth/*Wendtland*, § 123 Rn 17; Prütting/Wegen/Weinreich/*Ahrens*, § 123 Rn 23; vgl Soergel/*Hefermehl*, § 123 Rn 26.

209 BGH NJW 2001, 2326, 2327.

210 Soergel/*Hefermehl*, § 123 Rn 29; Bamberger/Roth/*Wendtland*, § 123 Rn 18.

211 Vgl BGH NJW 1957, 988; OLG Köln VersR 1973, 1161.

212 BGH NJW-RR 1998, 904, 905 f.

213 BGH NJW 1999, 2804, 2806; 2000, 2497, 2499; 2001, 2326, 2327; BAG NZA 1998, 33, 35; Soergel/*Hefermehl*, § 123 Rn 27; Palandt/*Ellenberger*, § 123 Rn 11; MüKo/*Kramer*, § 123 Rn 8; Bamberger/Roth/*Wendtland*, § 123 Rn 17.

lage „**ins Blaue hinein**" abgibt.[214] Die Arglist kann einerseits darin bestehen, dass der Täuschende die fehlende Grundlage seiner Behauptung verschweigt. So liegt es etwa, wenn der Gebrauchtwagenhändler ohne vorherige Prüfung des Autos angibt, es sei unfallfrei.[215] Die Arglist kann andererseits daraus folgen, dass dem Täuschenden, was ihm bewusst ist, jegliche zur sachgemäßen Beantwortung erforderliche Kenntnis fehlt und er dem Erklärenden das Fehlen der Sachkenntnis gleichwohl verschweigt. So liegt es etwa, wenn der Verkäufer eines Hauses dem Käufer den Wassereintritt im Keller verschweigt, weil er ihn, ohne über Fachkenntnisse zu verfügen, auf eine harmlose Ursache zurückführt.[216]

7. Person des Täuschenden und Täuschungen durch Dritte (Abs. 2). a) Allgemeines. Die Möglichkeit, eine Willenserklärung wegen der unzulässigen Beeinflussung der rechtsgeschäftlichen Entschließungsfreiheit anfechten zu können, schützt die Interessen des Getäuschten (vgl Rn 2). Diesen Interessen stehen diejenigen des Erklärungsgegners oder des Erklärungsempfängers an der Rechtsbeständigkeit der Willenserklärung gegenüber (vgl Rn 3). Die einseitige Berücksichtigung nur der Interessen des Getäuschten würde dort zu unbilligen Ergebnissen führen, wo der andere Teil nicht an der Täuschung, also an der unzulässigen Einflussnahme auf die Willensbildung des Erklärenden, beteiligt war.[217] Deshalb können die Grundsätze des **Verkehrsschutzes** dazu führen, dass die Anfechtungsmöglichkeit entfällt, wenn ein Dritter die Täuschung begangen hat. 65

Bei **nicht empfangsbedürftigen Willenserklärungen** bedarf es keines derartigen besonderen Verkehrsschutzes, weil sie keinen Adressaten voraussetzen. Solche Willenserklärungen können ohne Rücksicht darauf angefochten werden, wer getäuscht hat.[218] 66

Bedeutung gewinnt der Verkehrsschutz dagegen bei **empfangsbedürftigen Willenserklärungen**. Hier muss danach unterschieden werden, ob die Täuschung durch den Erklärungsempfänger oder eine Person begangen worden ist, deren Verhalten er sich zurechnen lassen muss, oder ob ein außenstehender Dritter den Erklärenden getäuscht hat. Im letztgenannten Fall setzt die Anfechtungsmöglichkeit gem. Abs. 2 zusätzlich voraus, dass der Erklärungsempfänger oder derjenige, der aus der Erklärung unmittelbar ein Recht erworben hat, die Täuschung kannte oder kennen musste.[219] 67

b) Täuschung durch einen Dritten (Abs. 2 S. 1). Nach Abs. 2 S. 1 ist eine empfangsbedürftige Willenserklärung, deren Abgabe auf einer Täuschung durch einen Dritten beruht, nur dann anfechtbar, wenn der Erklärungsempfänger die Täuschung des Dritten kannte oder kennen musste. Daraus ergibt sich, dass die Willenserklärung gegenüber einem **bösgläubigen Erklärungsempfänger** stets anfechtbar ist. Kannte dieser die Täuschung des anderen oder musste er sie kennen, kommt es nicht darauf an, ob der Täuschende im Verhältnis zum Erklärungsempfänger Dritter ist oder nicht.[220] Entscheidend ist hier das Merkmal der Bösgläubigkeit. Handelt es sich dagegen um einen **gutgläubigen Erklärungsempfänger,** hängen die Anfechtungsmöglichkeit und deren Beschränkung davon ab, wie der Begriff des Dritten zu definieren ist.[221] 68

Bösgläubig ist der Erklärungsempfänger gem. Abs. 2 S. 1, wenn er die Täuschung des anderen positiv kannte oder wenn er sie zumindest kennen musste. Für die Feststellung des Kennenmüssens kommt es entsprechend § 122 Abs. 2 darauf an, ob er die Täuschung infolge von Fahrlässigkeit nicht kannte. Insoweit genügt jede Fahrlässigkeit. Sie liegt etwa dann vor, wenn der Erklärungsempfänger Anhaltspunkten nicht nachgeht, denen zufolge die Willenserklärung nicht einwandfrei zustande gekommen ist, oder wenn er sich nicht nach dem Verhalten des Dritten erkundigt, obwohl dazu Anlass bestand.[222] 69

Nach dem Sinn und Zweck des Abs. 2, den angemessenen Verkehrsschutz zu gewährleisten (vgl Rn 60), kann **Dritter** iSd Abs. 1 S. 1 nur ein **Außenstehender** sein, der am Geschäft des Erklärungsempfängers unbeteiligt ist und dessen Verhalten sich der Erklärungsempfänger auch nicht zurechnen lassen muss.[223] Der Begriff des Dritten wird nach Billigkeitserwägungen eng ausgelegt, um die Anfechtungsmöglichkeit des Erklärenden nicht 70

214 BGH NJW 1980, 2460, 2461; 1981, 1441, 1442; 1998, 302, 303; 2001, 2326, 2327; 2006, 2839, 2840; 2008, 644, 648; OLG Karlsruhe WM 2010, 1408, 1410. Palandt/*Ellenberger*, § 123 Rn 11; MüKo/*Kramer*, § 123 Rn 8; Erman/*Palm*, § 123 Rn 29; Bamberger/Roth/*Wendtland*, § 123 Rn 17; Prütting/Wegen/Weinreich/*Ahrens*, § 123 Rn 23.

215 BGHZ 63, 382, 388 = BGH NJW 1975, 642, 644; OLG Düsseldorf NJW-RR 1998, 1751; OLG Koblenz NJW-RR 2002, 1578.

216 OLG Celle NJW-RR 1987, 744.

217 MüKo/*Kramer*, § 123 Rn 22; Erman/*Palm*, § 123 Rn 31; vgl Motive I, S. 206 = *Mugdan* I, S. 466.

218 HK-BGB/*Dörner*, § 123 Rn 6; Erman/*Palm*, § 123 Rn 31; Bamberger/Roth/*Wendtland*, § 123 Rn 20.

219 Vgl Erman/*Palm*, § 123 Rn 31; Bamberger/Roth/*Wendtland*, § 123 Rn 20; ausf. *Windel*, AcP 199 (1999), 421 ff; *Martens*, JuS 2005, 887 ff.

220 *Brox/Walker*, BGB AT, Rn 457; Erman/*Palm*, § 123 Rn 33.

221 Vgl MüKo/*Kramer*, § 123 Rn 23; *Martens*, JuS 2005, 887.

222 BGH NJW 1990, 387, 388; NJW-RR 1992, 1005, 1006; Palandt/*Ellenberger*, § 123 Rn 12; Erman/*Palm*, § 123 Rn 33; Bamberger/Roth/*Wendtland*, § 123 Rn 20; Prütting/Wegen/Weinreich/*Ahrens*, § 123 Rn 28.

223 BAG NZA 1998, 33, 35; Erman/*Palm*, § 123 Rn 34; Bamberger/Roth/*Wendtland*, § 123 Rn 21; Prütting/Wegen/Weinreich/*Ahrens*, § 123 Rn 26.

zu stark zu beschränken.[224] Ein solcher Dritter ist beispielsweise regelmäßig der **Makler**, weil er den Abschluss des Vertrages lediglich vermittelt.[225] Dritter ist er jedoch nicht mehr, wenn er zugleich die Verhandlungen für die ihn beauftragende Vertragspartei führt und damit – neben seinen eigenen Interessen – auch die Interessen dieser Partei wahrnimmt, wenn er aufgrund enger Beziehungen zu einer Partei als ihre Vertrauensperson anzusehen ist oder wenn er Aufgaben übernimmt, die typischerweise einer Partei obliegen (vgl auch die folgende Rn).[226] Dritter iSd Abs. 2 S. 1 ist ferner eine solche Person, die einen Vertragsschluss anderer Parteien aus eigenem Antrieb anbahnt und deren Verhalten nicht nachträglich durch eine Partei als Auftreten eines Verhandlungsgehilfens gebilligt wird.[227] Bringt ein Darlehensnehmer eine andere Person durch eine Täuschung dazu, die Mithaftung für seinen Kredit bei einer Bank zu übernehmen, ist dieser Darlehensnehmer Dritter im Verhältnis zur Bank, weil er **ausschließlich eigene Interessen** verfolgt. Der Getäuschte kann seine Erklärung, mit der er die Haftung gegenüber der Bank übernommen hat, also nur anfechten, wenn die Bank die Täuschung des Darlehensnehmers kannte oder kennen musste.[228] Eine engere Verknüpfung sieht § 358 vor, wenn es um den Widerruf bei einem **finanzierten Vertrag** geht, also um den Widerruf bei einem Verbrauchervertrag über die Lieferung einer Ware oder die Erbringung einer anderen Leistung, der mit einem Verbraucherdarlehensvertrag so verbunden ist, dass beide Verträge eine wirtschaftliche Einheit bilden.[229] Bei einer **externen Schuldübernahme** durch einen Vertrag zwischen Gläubiger und Übernehmer (§ 414) ist der Schuldner, der den Übernehmer getäuscht hat, Dritter iSd Abs. 2 S. 1, so dass die Anfechtbarkeit von der Bösgläubigkeit des Gläubigers abhängt (vgl noch hierzu und zur internen Schuldübernahme gem. § 415 Rn 77 sowie zur Vertragsübernahme Rn 78).[230]

71 **Kein Dritter** iSd Abs. 2 S. 1 ist ein am Zustandekommen eines Vertrages Beteiligter, dessen Verhalten demjenigen des Anfechtungsgegners gleichzusetzen ist.[231] Dabei handelt es sich zunächst um gesetzliche oder rechtsgeschäftliche Vertreter, deren Handeln dem Vertretenen gem. §§ 164 ff zuzurechnen ist.[232] Gleiches gilt für einen vollmachtlosen Vertreter nach der Genehmigung durch den Vertretenen.[233] Über den Bereich der Stellvertretung hinaus sind auch Verhandlungsführer oder Verhandlungsgehilfen, die der Erklärungsempfänger beauftragt hat, keine Dritten.[234] Deren Täuschung hat der Erklärungsempfänger bereits gem. **§ 278** zu vertreten, so dass die Anfechtung ohne Rückgriff auf Abs. 2 S. 1 uneingeschränkt gem. Abs. 1 möglich ist.[235] Gleiches gilt schließlich, wenn der Erklärungsempfänger sich das Verhalten des täuschenden Beteiligten wegen besonders enger Beziehungen zu diesem Beteiligten oder wegen sonstiger besonderer Umstände billigerweise zurechnen lassen muss (§ 242).[236] Die allgemeine Voraussetzung für eine derartige Zurechnung ist stets, dass der Täuschende interessenmäßig auf der Seite oder **„im Lager des Erklärungsempfängers“** steht.[237] Danach muss sich beispielsweise eine Bank beim finanzierten Kauf grundsätzlich die arglistige Täuschung des Verkäufers oder Vermittlers zurechnen lassen, die dieser gegenüber dem Käufer begeht.[238] Kann der Verbraucher seine auf den Abschluss des Kaufvertrages gerichtete Willenserklärung widerrufen, ist auch hier wieder die in § 358 geregelte Verknüpfung mit dem Verbraucherdarlehensvertrag zu beachten (vgl dazu die vorige Rn).[239]

72 **c) Anfechtung gegenüber dem Begünstigten (Abs. 2 S. 2).** Hat ein anderer als der Erklärungsempfänger aus der Willenserklärung, die aufgrund der Täuschung abgegeben worden ist, unmittelbar ein Recht erlangt, so kann die Erklärung gem. Abs. 2 S. 2 gegenüber dem Begünstigten angefochten werden, wenn dieser die Täuschung kannte oder kennen musste. Diese Fallkonstellation setzt regelmäßig vier Beteiligte voraus: den Erklärenden, den Erklärungsempfänger, den Begünstigten und den Täuschenden. Die Vorschrift regelt in erster Linie den Fall, in dem der **Täuschende** ein unbeteiligter **Außenstehender** ist. Hat zB eine Versicherung mit dem Versicherungsnehmer einen Lebensversicherungsvertrag zugunsten des Begünstigten abgeschlossen, weil sie von einem solchen außenstehenden „Vierten“ getäuscht worden ist, kann sie ihre auf den Vertrags-

224 Vgl *Medicus*, BGB AT, Rn 801.
225 BGH NJW 1978, 2144; 1996, 1051; OLG Hamm MDR 2011, 163, 164.
226 Vgl BGH NJW 1996, 451 f; 2001, 358; OLG Schleswig SchlHA 2008, 356; OLG Hamm MDR 2011, 163, 164; Bamberger/Roth/*Wendtland*, § 123 Rn 21; Staudinger/*Singer/von Finckenstein*, Bearbeitung 2004, § 123 Rn 47.
227 BGH NJW 1996, 1051.
228 LG Ulm WM 1984, 27, 28.
229 Näher dazu AnwK-BGB/*Ring*, § 358 Rn 5 ff.
230 Soergel/*Hefermehl*, § 123 Rn 38; MüKo/*Kramer*, § 123 Rn 26; Erman/*Palm*, § 123 Rn 38.
231 BGH NJW 1990, 1661, 1662; NJW-RR 1992, 1005, 1006; NJW 1996, 1051; Prütting/Wegen/Weinreich/*Ahrens*, § 123 Rn 27.
232 BGHZ 20, 36, 39; BGH NJW 1996, 1051.
233 BGH WM 1979, 235, 237.
234 BGH NJW 1962, 2195; BGHZ 47, 224, 230 = BGH NJW 1967, 1026; 1978, 2144; 1996, 1051; 2001, 358.
235 BAG NZA 1998, 33, 35.
236 BGHZ 20, 36, 41 = BGH NJW 1956, 705; BGHZ 33, 302, 310 = BGH NJW 1961, 164, 165 f; 1978, 2144, 2145; 1989, 2679, 2680; 1990, 1661, 1662; 1996, 1051.
237 Vgl *Medicus*, BGB AT, Rn 803.
238 Vgl etwa BGHZ 33, 302, 310 = BGH NJW 1961, 164, 165 f; 1978, 2144, 2145; 2006, 1955, 1957; 2008, 644, 648; OLG Karlsruhe v. 18.5.2010 – 17 U 60/09, Tz. 29; *Medicus*, BGB AT, Rn 802; Palandt/*Ellenberger*, § 123 Rn 14; MüKo/*Kramer*, § 123 Rn 24; Bamberger/Roth/*Wendtland*, § 123 Rn 22.
239 Vgl *Medicus*, BGB AT, Rn 802.

schluss gerichtete Willenserklärung nur anfechten, wenn der Begünstigte die Täuschung des „Vierten" kannte oder kennen musste.[240]

Kannte in diesem Fall allerdings (auch) der **Erklärungsempfänger** die Täuschung des Außenstehenden oder musste er sie kennen, kann der Erklärende ihm gegenüber gem. S. 1 des Abs. 2 anfechten. Für diese Anfechtungsmöglichkeit kommt es nicht darauf an, ob der Begünstigte die Täuschung gem. S. 2 kannte oder kennen musste; sie besteht auch, wenn der Begünstigte gutgläubig ist. Ist der Begünstigte ebenfalls bösgläubig, kann der Erklärende sowohl gem. Abs. 2 S. 1 gegenüber dem Erklärungsempfänger als auch gem. Abs. 2 S. 2 gegenüber dem Begünstigten anfechten.[241] 73

Handelt es sich nur um drei Personen, weil der **Begünstigte** selbst die arglistige Täuschung begangen hat, kann der Erklärende erst recht gem. Abs. 2 S. 2 anfechten. In diesem Fall sind Begünstigter und „anderer" Täuschender dieselbe Person, so dass die erforderliche Kenntnis des Begünstigten von der Täuschung zwingend vorliegt. Der Erklärende kann daher auch dann gegenüber dem Erklärungsempfänger anfechten, wenn dieser die Täuschung weder kannte noch kennen musste.[242] 74

Täuscht kein Dritter, sondern der **Erklärungsempfänger** selbst, richtet sich die Anfechtbarkeit allein nach Abs. 1. Das Gleiche gilt, wenn die arglistige Täuschung durch eine Person verübt worden ist, deren Verhalten sich der Erklärungsempfänger zurechnen lassen muss (vgl zu dieser Zurechnung Rn 71).[243] 75

Hauptanwendungsfall des Abs. 2 S. 2 ist der echte **Vertrag zugunsten Dritter** gem. § 328, also zB ein Lebensversicherungsvertrag.[244] War nur der Begünstigte bösgläubig, kann der Erklärende (der Versprechende, der Versicherer) seine Erklärung zum Abschluss des diesen begünstigenden Vertrages nur dem Begünstigten gegenüber und, wie sich aus dem „**soweit**" in Abs. 2 S. 2 ergibt, nur in Bezug auf seine Begünstigung anfechten. Gegenüber dem gutgläubigen Erklärungsempfänger (Versprechensempfänger) bleibt die Verpflichtung aus dem Vertrag dagegen bestehen. Da Letzterer regelmäßig ein Interesse am Fortbestehen der vertraglichen Verpflichtung haben dürfte, um einen neuen Begünstigten bestimmen zu können, lässt sich nicht über § 139 die Gesamtnichtigkeit des Vertrages begründen.[245] 76

Bei der **Schuldübernahme** wird danach differenziert, ob sie gem. § 414 durch einen Vertrag zwischen Gläubiger und Übernehmer erfolgt oder gem. § 415 durch einen Vertrag zwischen Schuldner und Übernehmer, welcher der Genehmigung durch den Gläubiger bedarf. Ist bei der externen Schuldübernahme gem. **§ 414** der Übernehmer vom Schuldner getäuscht worden, kann er seine Übernahmeerklärung unstreitig gem. Abs. 2 S. 1 nur dann anfechten, wenn der Gläubiger die Täuschung kannte oder kennen musste, weil der Schuldner Dritter im Sinne der Vorschrift ist.[246] Handelt es sich dagegen um eine interne Schuldübernahme gem. **§ 415**, soll der Übernehmer, den der Schuldner arglistig getäuscht hat, seine Willenserklärung, die zu dem vom Gläubiger genehmigten Übernahmevertrag mit dem Schuldner geführt hat, auch dann anfechten können, wenn der Gläubiger die Täuschung weder kannte noch kennen musste.[247] Daran ist zwar richtig, dass die Täuschung vom Erklärungsempfänger ausgeht und deshalb kein Fall des Abs. 2 S. 2 vorliegt. Dass der konstruktive Unterschied zwischen § 414 und § 415 diese Differenzierung hinsichtlich der Anfechtbarkeit im Ergebnis jedoch nicht tragen kann, folgt aus einer analogen Anwendung des § 417 Abs. 2.[248] 77

Im Fall einer **Vertragsübernahme** muss der im Vertrag verbleibende Teil sowohl dem Ausscheiden des alten als auch dem Eintritt des neuen Vertragspartners zustimmen. Wegen dieser Doppelwirkung der Zustimmungserklärung setzt deren Anfechtung voraus, dass der Zustimmende gegenüber beiden Adressaten anfechten kann. Der Zustimmende kann daher nur dann wegen einer arglistigen Täuschung anfechten, wenn entweder beide Partner getäuscht haben oder wenn der nicht täuschende Partner die Täuschung des anderen gem. Abs. 2 kannte oder zumindest kennen musste.[249] 78

240 *Brox/Walker*, BGB AT, Rn 458; Erman/*Palm*, § 123 Rn 40; vgl Soergel/*Hefermehl*, § 123 Rn 36.

241 Vgl *Brox/Walker*, BGB AT, Rn 458; Erman/*Palm*, § 123 Rn 40; Bamberger/Roth/*Wendtland*, § 123 Rn 24.

242 *Brox/Walker*, BGB AT, Rn 458; Erman/*Palm*, § 123 Rn 40; vgl *Flume*, BGB AT Bd. 2, § 29, 3; HK-BGB/*Dörner*, § 123 Rn 8; Palandt/*Ellenberger*, § 123 Rn 12; RGRK/*Krüger-Nieland*, § 123 Rn 63; Bamberger/Roth/*Wendtland*, § 123 Rn 24.

243 Erman/*Palm*, § 123 Rn 40; vgl Soergel/*Hefermehl*, § 123 Rn 36; vgl auch Bamberger/Roth/*Wendtland*, § 123 Rn 24.

244 *Brox/Walker*, BGB AT, Rn 457; MüKo/*Kramer*, § 123 Rn 26; Erman/*Palm*, § 123 Rn 41; Prütting/Wegen/Weinreich/*Ahrens*, § 123 Rn 29; vgl OLG Hamm VersR 1988, 458, 459; BGH NJW-RR 2006, 1210, 1212.

245 Erman/*Palm*, § 123 Rn 41; anders Soergel/*Hefermehl*, § 123 Rn 37, der im Fall der Gesamtnichtigkeit gem. § 139 eine analoge Anwendung des § 122 zugunsten des gutgläubigen Erklärungsempfängers befürwortet.

246 Soergel/*Hefermehl*, § 123 Rn 38; MüKo/*Kramer*, § 123 Rn 26; Erman/*Palm*, § 123 Rn 38.

247 So BGHZ 31, 321, 326; bestätigt durch BGH BB 1976, 1103; ebenso Palandt/*Ellenberger*, § 123 Rn 12.

248 *Flume*, BGB AT Bd. 2, § 29, 3; Soergel/*Hefermehl*, § 123 Rn 38; MüKo/*Kramer*, § 123 Rn 26; Erman/*Palm*, § 123 Rn 38.

249 BGHZ 137, 255, 262 = BGH NJW 1998, 531, 533; Palandt/*Ellenberger*, § 123 Rn 12; Erman/*Palm*, § 123 Rn 38; Bamberger/Roth/*Wendtland*, § 123 Rn 24.

III. Widerrechtliche Drohung (Abs. 1, 2. Fall)

79 Nach Abs. 1, 2. Fall kann der Erklärende eine Willenserklärung anfechten, zu deren Abgabe er widerrechtlich durch Drohung bestimmt worden ist. Das setzt vor allem eine offene oder versteckte **Drohung** voraus, durch die der Drohende die Willensentschließung des Bedrohten in die gewünschte Richtung lenken will. Ein Vermögensschaden muss, wie bei der Täuschung, weder eingetreten noch beabsichtigt sein, weil § 123 ausschließlich die Freiheit der rechtsgeschäftlichen Willensentschließung schützt (vgl Rn 1 sowie Rn 61).

80 **1. Drohung.** Unter einer Drohung versteht man das **In-Aussicht-Stellen eines Übels**, auf dessen Eintritt der Drohende **Einfluss** zu haben vorgibt.[250] Der Drohende muss beim Bedrohten den Eindruck erwecken, er werde das angedrohte Übel verwirklichen, falls der Bedrohte die ihm angesonnene Willenserklärung nicht abgibt.[251] Auf diese Weise muss er den Bedrohten in die **Zwangslage** bringen, die § 124 Abs. 2 S. 1, 2. Fall anspricht:[252] Der Bedrohte muss den Eindruck haben, er könne nur noch zwischen zwei Übeln wählen, von denen die Abgabe der verlangten Willenserklärung das geringere Übel ist.[253] Der Zwang darf daher nur so stark sein, dass er die Willensentschließung des Bedrohten in die vom Drohenden gewünschte Richtung lenkt (psychischer Zwang – vis compulsiva). Geht der Zwang darüber hinaus und wird der „Erklärende" körperlich überwältigt, indem der andere ihm beispielsweise bei der Unterschrift die Hand führt, fehlt es mangels eines zurechenbaren Handlungswillens bereits am Tatbestand einer Willenserklärung (unwiderstehlicher körperlicher Zwang – vis absoluta; vgl dazu Rn 6 sowie Vor § 116 Rn 6). In diesem Fall scheidet eine Anfechtung nach Abs. 1, 2. Fall aus.[254]

81 Als **Übel**, dessen Verwirklichung der Drohende in Aussicht stellt, genügt jeder Nachteil, der den Bedrohten in die gerade (vorige Rn) beschriebene Zwangslage versetzt. Anders als im Strafrecht bedarf es insoweit nicht der Unterscheidung zwischen einem gegenwärtigen und einem künftigen Übel – also zwischen gegenwärtiger Gewalt (vis compulsiva) und Drohung –, weil Gewalt im zivilrechtlichen Sinn zugleich eine Drohung mit der Fortsetzung des gegenwärtigen Übels bedeutet.[255] Das angedrohte Übel kann **materieller oder ideeller Art** sein.[256] Dabei kann es sich beispielsweise um die Drohung mit einer Strafanzeige[257] oder mit der Kündigung eines Kreditvertrages[258] oder eines Arbeitsvertrages[259] handeln. Wirkt der Kammervorsitzende eines Landesarbeitsgerichts mit wiederholten unsachlichen Äußerungen so massiv auf einen Vergleich hin, dass seine Verhandlungsführung den Eindruck erweckt, die Partei müsse sich zwingend der Autorität des Gerichts beugen, kann das angedrohte Übel darin liegen, dass der Partei bei endgültiger Ablehnung des Vergleichsabschlusses ein Fortgang des Prozesses in Aussicht gestellt wird, der nicht den Grundsätzen eines fairen Verfahrens entspricht (vgl auch noch Rn 89).[260] Kein Übel ist dagegen die Ankündigung eines Arbeitgebers, das Arbeitsverhältnis mit Ablauf der Befristung enden zu lassen, wenn der Arbeitnehmer sich nicht zu einer (objektiv unwirksam) befristeten Fortsetzung bereit erklärt, weil er dem Arbeitnehmer die Möglichkeit zu einer Fortsetzung der Erwerbstätigkeit anbietet, auf die dieser keinen Anspruch hatte. [261] Das Übel muss sich nicht auf den Bedrohten selbst, sondern es kann sich auch auf **andere Personen** wie etwa den Ehepartner des Bedrohten[262] oder sogar auf **Sachen**[263] beziehen. Eine besondere objektive **Schwere des Übels** setzt Abs. 1, 2. Fall nicht voraus. Ist der Erklärende allerdings bloß mit einem geringfügigen Nachteil bedroht worden, kann die Kausalität der Drohung für die Abgabe der Willenserklärung (vgl dazu Rn 85 ff) fraglich sein. In der Regel versetzt die Drohung mit einer Lappalie den Bedrohten nicht in eine Zwangslage und beeinflusst die Freiheit seiner Willensentschließung nicht maßgeblich.[264] Anders als die angedrohte Kündigung des Arbeitsverhältnisses ist jedenfalls der **bloße Zeitdruck** allein, unter den der Arbeitgeber einen Arbeitnehmer bei der Unter-

250 BGHZ 2, 287, 295 = BGH NJW 1951, 643, 644; BGHZ 6, 348, 351 = BGH NJW 1952, 1094, 1095; 1988, 2599, 2600 f; NJW-RR 1996, 1281, 1282; BAG NJW 1999, 2059, 2060 f; NZA 2002, 731, 732; 2010, 1250, 1253.

251 BGH NJW 1988, 2599, 2600 f; NJW-RR 1996, 1281, 1282; BAG NJW 1999, 2059, 2061.

252 Vgl Staudinger/*Singer/von Finckenstein*, Bearbeitung 2004, § 123 Rn 62; Palandt/*Ellenberger*, § 123 Rn 15, Erman/*Palm*, § 123 Rn 57.

253 BAG NZA 2010, 1250, 1253; *Larenz/Wolf*, BGB AT, § 37 Rn 26.

254 Vgl BGH NJW 1966, 2399, 2400; WM 1975, 1002; *Brox/Walker*, BGB AT, Rn 464; *Larenz/Wolf*, BGB AT, § 37 Rn 27; Staudinger/*Singer/von Finckenstein*, Bearbeitung 2004, § 123 Rn 61; Erman/*Palm*, § 123 Rn 55; Bamberger/Roth/*Wendtland*, § 123 Rn 3, 25.

255 Motive I, S. 207 = *Mugdan* I, S. 466; Erman/*Palm*, § 123 Rn 57.

256 Palandt/*Ellenberger*, § 123 Rn 15, RGRK/*Krüger-Nieland*, § 123 Rn 41; Erman/*Palm*, § 123 Rn 57; Bamberger/Roth/*Wendtland*, § 123 Rn 27; Prütting/Wegen/Weinreich/*Ahrens*, § 123 Rn 31.

257 BGHZ 25, 217, 218 = BGH NJW 1957, 1796, 1797; 1988, 2599, 2601.

258 BGH NJW 1997, 1980, 1981.

259 BAG NJW 1980, 2213; 1983, 2782; NZA 1996, 1030; 2000, 27; 2002, 731, 732 f; 2006, 841, 842.

260 BAG NZA 2010, 1250, 1254.

261 BAG NZA-RR 2008, 341, 342.

262 Vgl RGZ 60, 371, 373; BGHZ 25, 217, 218 f = BGH NJW 1957, 1796, 1797; vgl auch BGH NJW 1988, 2599, 2601; NJW-RR 1996, 1281, 1282.

263 Erman/*Palm*, § 123 Rn 57.

264 Bamberger/Roth/*Wendtland*, § 123 Rn 27; vgl Soergel/*Hefermehl*, § 123 Rn 41; Palandt/*Ellenberger*, § 123 Rn 15; MüKo/*Kramer*, § 123 Rn 41; Prütting/Wegen/Weinreich/*Ahrens*, § 123 Rn 31.

zeichnung eines Aufhebungsvertrages setzt, kein Übel iSv Abs. 1, 2. Fall.[265] Die Verweigerung einer Bedenkzeit rechtfertigt auch als „Überrumpelung" keine analoge Anwendung der Vorschrift,[266] weil das Fehlen einer Überlegungsfrist der gesetzlichen Wertung des § 147 Abs. 1 S. 1 entspricht, der zufolge ein Antrag unter Anwesenden grundsätzlich nur sofort angenommen werden kann.[267] In diesen Fällen kommt eine Drohungsanfechtung unter dem Gesichtspunkt des Zeitdrucks allenfalls dann in Betracht, wenn ein einschlägiger Tarifvertrag dem Arbeitnehmer eine Bedenkzeit einräumt.[268]

Da die Drohung eine Zwangslage beim Bedrohten erzeugen muss (vgl Rn 80), setzt die Anfechtbarkeit gem. Abs. 1, 2. Fall voraus, dass der Eintritt oder Nichteintritt des angedrohten Übels **vom Willen des Drohenden abhängt**. Entscheidend ist die **Sicht des Bedrohten**. Auch eine nicht ernst gemeinte Drohung berechtigt zur Anfechtung, wenn der Erklärende sie ernst genommen und deshalb die Willenserklärung abgegeben hat.[269] Dagegen liegt mangels der erforderlichen unzulässigen Willensbeeinflussung keine Drohung, sondern eine **Warnung** vor, wenn der andere lediglich auf ein bereits bestehendes oder ohnehin eintretendes Übel hinweist. Danach kann beispielsweise der Verkäufer eines Grundstücks seine Willenserklärung nicht gem. Abs. 1, 2. Fall anfechten, wenn der Käufer ihm vor Augen gehalten hat, ohne den Verkauf sei ein Insolvenzverfahren unvermeidlich.[270] Gleiches gilt, wenn der Warnende auf ein Übel hinweist, zu dessen Herbeiführung er gesetzlich verpflichtet ist.[271] Das bloße Vorliegen einer **seelischen Zwangslage** und selbst deren Ausnutzen können ebenfalls keine Drohungsanfechtung begründen.[272] Hat zB der Erklärende lediglich aufgrund der objektiven Sachlage damit gerechnet, der andere Teil werde eine Strafanzeige gegen einen nahen Angehörigen erstatten, ohne dass dieser die Anzeigenerstattung irgendwie in Aussicht gestellt hat, kann er nicht gem. Abs. 1, 2. Fall anfechten.[273] Gleiches gilt für den Ehemann, der einen Ehevertrag wegen der Suizidgefährdung seiner schwangeren Frau unterzeichnet hat, ohne dass diese für den Fall der Nichtunterzeichnung einen (weiteren) Selbstmordversuch in Aussicht gestellt hat.[274] Die Ausnutzung einer solchen seelischen Zwangslage kann aber nach den Umständen des Einzelfalles sittenwidrig sein und zur Nichtigkeit der Willenserklärung gem. § 138 führen.[275] **82**

Die Abgrenzung zwischen einer zur Anfechtung berechtigenden Drohung und einer bloßen Warnung kann im Einzelfall fließend sein. Denn die Drohung braucht nicht ausdrücklich zu erfolgen, sondern sie kann auch in einer „Warnung" oder in einem „Hinweis auf Schwierigkeiten" bestehen. Eine solche Warnung ist eine tatbestandsmäßige **konkludente** oder **„versteckte Drohung"**, wenn sie beim Erklärenden den Eindruck erweckt, der „Warnende" habe Einfluss auf das Übel und werde es verwirklichen, wenn die gewünschte Erklärung nicht abgegeben wird.[276] **83**

2. Abgabe einer Willenserklärung. Der Bedrohte muss eine **Willenserklärung** abgegeben haben (ausf. Rn 5 ff). Handelt es sich um eine geschäftsähnliche Handlung wie zB eine Mahnung, findet § 123 analoge Anwendung (vgl Rn 5). **84**

3. Kausalität Drohung – Abgabe der Willenserklärung. Die Anfechtbarkeit gem. Abs. 1, 2. Fall setzt ferner voraus, dass der Erklärende durch die Drohung zur Abgabe der Willenserklärung **bestimmt worden** ist. Die Drohung muss also eine Zwangslage beim Bedrohten hervorgerufen haben (vgl dazu Rn 80), aufgrund derer der Bedrohte dann die Willenserklärung abgegeben hat.[277] **85**

265 BAG AP Nr. 22 zu § 123 BGB = NJW 1983, 2958, 2959; LAG Düsseldorf NZA 1993, 702, 703; *Feuerborn*, Sachliche Gründe im Arbeitsrecht, 2003, S. 168; *Medicus*, BGB AT, Rn 814; Palandt/*Ellenberger*, § 123 Rn 15; *Zwanziger*, DB 1994, 982, 983.

266 Für eine solche analoge Anwendung wegen der Beeinträchtigung der Entschließungsfreiheit aber zB MüKo/*Kramer*, § 123 Rn 44, 53.

267 *Ernst*, Aufhebungsverträge zur Beendigung von Arbeitsverhältnissen, 1993, S. 240 f; *Feuerborn*, Sachliche Gründe im Arbeitsrecht, 2003, S. 168; ebenso im Erg. BAG AP Nr. 22 zu § 123 BGB = NJW 1983, 2958, 2959; 1994, 1021, 1022.

268 Vgl *Ernst*, Aufhebungsverträge zur Beendigung von Arbeitsverhältnissen, 1993, S. 240 f; *Feuerborn*, Sachliche Gründe im Arbeitsrecht, 2003, S. 168.

269 BGH NJW 1982, 2301, 2302; NJW-RR 1996, 1281, 1282; Staudinger/*Singer/von Finckenstein*, Bearbeitung 2004, § 123 Rn 62; Palandt/*Ellenberger*, § 123 Rn 16; Erman/*Palm*, § 123 Rn 58; Bamberger/Roth/*Wendtland*, § 123 Rn 26; Prütting/Wegen/Weinreich/*Ahrens*, § 123 Rn 32.

270 *Medicus*, BGB AT, Rn 814.

271 BGHZ 6, 348, 351 = BGH NJW 1952, 1094, 1095 (In-Aussicht-Stellen einer gebotenen Strafanzeige in der Nachkriegszeit); *Medicus*, BGB AT, Rn 814.

272 BGHZ 2, 287, 295 = BGH NJW 1951, 643, 644 f; 1988, 2599, 2601; Palandt/*Ellenberger*, § 123 Rn 17; RGRK/*Krüger-Nieland*, § 123 Rn 39; Bamberger/Roth/*Wendtland*, § 123 Rn 26; Prütting/Wegen/Weinreich/*Ahrens*, § 123 Rn 32.

273 BGH NJW 1988, 2599, 2601.

274 BGH NJW-RR 1996, 1281, 1282.

275 Vgl BGH NJW 1988, 2599, 2601 f; *Medicus*, BGB AT, Rn 814; RGRK/*Krüger-Nieland*, § 123 Rn 39.

276 Staudinger/*Singer/von Finckenstein*, Bearbeitung 2004, § 123 Rn 62 f; vgl BGH NJW 1988, 2599, 2601; NJW-RR 1996, 1281, 1282; BAG NZA 1994, 209, 210; 1996, 1030, 1031; 2002, 731, 733; 2010, 1250, 1254; Palandt/*Ellenberger*, § 123 Rn 17; Bamberger/Roth/*Wendtland*, § 123 Rn 26.

277 Erman/*Palm*, § 123 Rn 59.

86 Der erforderliche Kausalzusammenhang liegt vor, wenn der Bedrohte die Willenserklärung ohne die Drohung entweder überhaupt nicht oder zumindest nicht in dieser Form, also nicht mit diesem Inhalt oder nicht zu diesem Zeitpunkt,[278] abgegeben hätte.[279] Auch hier genügt, wie bei der arglistigen Täuschung (vgl dazu Rn 42), die bloße **Mitursächlichkeit**.[280] Dabei kann zwischen der Drohung und der Abgabe der Willenserklärung ein längerer Zeitraum liegen.[281] Am erforderlichen Kausalzusammenhang fehlt es indessen, wenn der Bedrohte die gewünschte Willenserklärung nicht wegen des angedrohten Übels und aus einer dadurch erzeugten Zwangslage heraus, sondern aufgrund eigener, selbständiger Überlegungen abgegeben hat. Auf derartigen eigenständigen Überlegungen kann etwa eine Willenserklärung beruhen, die erst nach einer ausführlichen Erörterung aller Konsequenzen der angedrohten Strafanzeige abgegeben wird.[282] Die bloß entfernte Möglichkeit, dass die Abgabe der Willenserklärung auf solchen eigenständigen inneren Vorgängen beruht, schließt die Kausalität jedoch noch nicht aus.[283] An der gem. Abs. 1, 2. Fall erforderlichen Kausalität fehlt es auch in dem Lehrbuchfall, dass der Vermieter sein Hausgrundstück veräußert, um den Auseinandersetzungen mit einem rabiaten Mieter aus dem Weg zu gehen, der ihm Gewalttätigkeiten angedroht hat, falls er nicht die Miete herabsetzt. Zwar hat die Drohung die Veräußerung mitverursacht; sie war aber nicht auf diesen Entschluss gerichtet, den der Vermieter freiwillig gefasst hat, um der vom Mieter verursachten Zwangslage – Herabsetzung der Miete oder Gewalttätigkeiten – zu entgehen.[284]

87 Die bestimmende Wirkung der Drohung ist nicht nach einem objektiven, sondern nach einem subjektiven Maßstab zu beurteilen. Es kommt nicht darauf an, wie die Drohung auf einen „besonnenen Menschen" gewirkt hätte.[285] Entscheidend ist vielmehr die **Sicht des Bedrohten** (vgl bereits Rn 82).[286] Eine Drohung ist auch dann kausal, wenn sie zwar objektiv nur ein geringfügiges Übel in Aussicht gestellt hat, aufgrund der besonderen psychischen Verfassung aber gerade auf den Bedrohten bestimmend eingewirkt hat.[287] Danach kann sogar die Drohung mit einem bloß imaginären Übel ausreichen.[288] In der Praxis wird es in solchen Fällen verstärkt auf eine entsprechende Darlegung und Beweisbarkeit ankommen (vgl zur Darlegungs- und Beweislast noch Rn 108 f).

88 **4. Widerrechtlichkeit der Drohung.** Die Anfechtbarkeit einer Willenserklärung gem. Abs. 1, 2. Fall setzt weiter voraus, dass der Erklärende widerrechtlich durch Drohung zur Abgabe der Willenserklärung bestimmt worden ist. Anders als bei der Täuschung (vgl dazu Rn 44) hat der Gesetzgeber des BGB hier gesehen, dass ein Recht bestehen kann, einen anderen zur Abgabe einer Willenserklärung zu nötigen, und dass in diesem Fall die abgenötigte Erklärung gültig ist.[289] Daher berechtigt die Drohung nach allgemeinen Grundsätzen schon dann nicht zur Anfechtung, wenn ein Rechtfertigungsgrund – zB einer der in den §§ 227 ff geregelten Tatbestände – eingreift.[290] Im Übrigen muss die Widerrechtlichkeit der Drohung positiv festgestellt werden. Sie kann sich aus der Widerrechtlichkeit des angedrohten Mittels, des erstrebten Zwecks oder der Mittel-Zweck-Relation ergeben.[291]

89 **a) Widerrechtlichkeit des Mittels.** Die Drohung ist zunächst immer dann widerrechtlich, wenn das Verhalten, das der andere Teil für den Fall der Nichtabgabe der gewünschten Willenserklärung androht, bereits für sich allein betrachtet gegen die Rechtsordnung verstößt. Die Drohung mit einer **strafbaren, rechtswidrigen oder sittenwidrigen Handlung** ist also stets widerrechtlich.[292] Da § 123 die Freiheit der rechtsge-

278 BGHZ 2, 287, 299 = BGH NJW 1951, 643, 645.
279 RGZ 134, 49, 51; BAG AP Nr. 23 zu § 123 BGB; NZA 2006, 841, 843; *Larenz/Wolf*, BGB AT, § 37 Rn 28; Staudinger/*Singer/von Finckenstein*, Bearbeitung 2004, § 123 Rn 66; MüKo/*Kramer*, § 123 Rn 47; Prütting/Wegen/Weinreich/*Ahrens*, § 123 Rn 33.
280 BGHZ 2, 287, 299 = BGH NJW 1951, 643, 645; BAG AP Nr. 23 zu § 123 BGB; NZA 2006, 841, 843; 2010, 1250, 1254; Staudinger/*Singer/von Finckenstein*, Bearbeitung 2004, § 123 Rn 66; MüKo/*Kramer*, § 123 Rn 47.
281 Staudinger/*Singer/von Finckenstein*, Bearbeitung 2004, § 123 Rn 66; Soergel/*Hefermehl*, § 123 Rn 43.
282 Vgl BGH WM 1957, 1361, 1363; 1974, 1023; Staudinger/*Singer/von Finckenstein*, Bearbeitung 2004, § 123 Rn 66; Soergel/*Hefermehl*, § 123 Rn 43; Erman/*Palm*, § 123 Rn 59.
283 BGH BB 1963, 452, 453.
284 *Larenz/Wolf*, BGB AT, § 37 Rn 29.
285 Vgl Motive I, S. 208 = *Mugdan* I, S. 467.
286 BGH NJW 1982, 2301, 2302; NJW-RR 1996, 1281, 1282.
287 Staudinger/*Singer/von Finckenstein*, Bearbeitung 2004, § 123 Rn 66; Soergel/*Hefermehl*, § 123 Rn 43; MüKo/*Kramer*, § 123 Rn 47; Erman/*Palm*, § 123 Rn 59.
288 Staudinger/*Singer/von Finckenstein*, Bearbeitung 2004, § 123 Rn 66.
289 Vgl Motive I, S. 207 = *Mugdan* I, S. 466.
290 Staudinger/*Singer/von Finckenstein*, Bearbeitung 2004, § 123 Rn 67; Erman/*Palm*, § 123 Rn 60.
291 BGHZ 25, 217, 220 = BGH NJW 1957, 1796, 1797; NJW 2005, 2766, 2767 f; BAG NJW 1999, 2059, 2061; Staudinger/*Singer/von Finckenstein*, Bearbeitung 2004, § 123 Rn 67, 70 ff; HK-BGB/*Dörner*, § 123 Rn 10; Jauernig/*Jauernig*, § 123 Rn 13 ff; Soergel/*Hefermehl*, § 123 Rn 44 ff; Palandt/*Ellenberger*, § 123 Rn 19; MüKo/*Kramer*, § 123 Rn 42 ff; RGRK/*Krüger-Nieland*, § 123 Rn 42; Erman/*Palm*, § 123 Rn 60; Prütting/Wegen/Weinreich/*Ahrens*, § 123 Rn 34; *Brox/Walker*, BGB AT, Rn 467; *Larenz/Wolf*, BGB AT, § 37 Rn 34; *Medicus*, BGB AT, Rn 815.
292 Soergel/*Hefermehl*, § 123 Rn 45; Palandt/*Ellenberger*, § 123 Rn 19; Erman/*Palm*, § 123 Rn 61; Bamberger/Roth/*Wendtland*, § 123 Rn 29; Prütting/Wegen/Weinreich/*Ahrens*, § 123 Rn 35.

schäftlichen Willensentschließung schützt (vgl Rn 1), gilt das selbst für den Fall, dass der Drohende mit der erzwungenen Willenserklärung einen erlaubten Zweck erreichen will. Mit widerrechtlichen Mitteln darf man einem anderen auch keinen erlaubten Erfolg abverlangen[293] und beispielsweise eine bestehende Forderung durchsetzen.[294] Droht etwa ein Gläubiger seinem Schuldner mit Gewalttätigkeiten oder einer Sachbeschädigung, falls dieser nicht leistet, und zahlt der Schuldner daraufhin die ausstehende Summe, kann er seine Erklärung zur Übereignung der Geldscheine (§ 929 S. 1) gem. Abs. 1, 2. Fall anfechten.[295] Widerrechtlich sind demnach zB Drohungen, die den Straftatbestand der Nötigung (§ 240 StGB) oder der Erpressung (§ 253 StGB) erfüllen,[296] die Androhung einer Körperverletzung (§§ 223 ff StGB) oder einer Sachbeschädigung (§ 303 StGB),[297] die Drohung mit einem Vertragsbruch[298] und die Drohung gegenüber einem akut behandlungsbedürftigen Patienten, man werde ihm die Notaufnahme in das Krankenhaus verweigern, wenn nicht er oder ein naher Angehöriger die Formulare zur Kostenübernahme bei bestimmten Wahlleistungen unterzeichne.[299] Widerrechtlich handelt ferner, wer einen Selbstmord androht, weil er dadurch gegen die guten Sitten verstößt.[300] Der BGH hat sogar die Ankündigung des Kammervorsitzenden eines Landgerichts, dass ohne erneute Beratung eine für die Partei ungünstige Entscheidung ergehen werde, falls diese nicht in einen Vergleich einwillige, wegen des Verstoßes gegen § 156 ZPO als widerrechtliche Drohung iSd Abs. 1, 2. Fall angesehen.[301] Eine solche widerrechtliche Drohung liegt jedenfalls dann vor, wenn der Kammervorsitzende eines Landesarbeitsgerichts nicht lediglich gem. §§ 64 Abs. 2, 57 Abs. 2 ArbGG auf eine gütliche Beilegung des Rechtsstreits hinwirkt, indem er sachlich die Prozessrisiken verdeutlicht, sondern stattdessen durch wiederholte unsachliche und unangemessene Äußerungen den Eindruck erweckt, die Partei müsse sich zwingend der Autorität des Gerichts beugen und habe bei einer endgültigen Ablehnung des Vergleichsabschlusses kein unbefangenes, abgewogenes Urteil mehr zu erwarten.[302]

Rechtmäßig ist die Androhung solcher Verhaltensweisen, welche die Rechts- und Sittenordnung ausdrücklich vorsieht oder die sie jedenfalls nicht verbietet.[303] Dazu gehören beispielsweise die Drohungen mit der Erhebung einer Klage,[304] selbst wenn der geltend gemachte Anspruch nicht besteht,[305] mit der Geltendmachung eines Zurückbehaltungsrechts,[306] mit dem Betreiben der Zwangsvollstreckung,[307] mit der Erstattung einer Strafanzeige, wenn ein entsprechender Verdacht besteht,[308] mit einer Information der Presse, wenn die angedrohte Presseveröffentlichung ihrerseits nicht rechtswidrig wäre,[309] und mit einer vertraglich zulässigen Kündigung.[310] Die Widerrechtlichkeit der Drohung mit einer solchen Kündigung kann regelmäßig nur aus der Inadäquanz von Mittel und Zweck folgen. Das betrifft vor allem die Drohung des Arbeitgebers, das Arbeitsverhältnis durch eine außerordentliche Kündigung zu beenden, falls der Arbeitnehmer nicht den angebotenen Aufhebungsvertrag unterzeichnet (näher dazu Rn 96).[311] **90**

b) Widerrechtlichkeit des Zwecks. Die Drohung ist ferner dann widerrechtlich, wenn zwar nicht das angedrohte Verhalten, wohl aber die abgenötigte Willenserklärung selbst oder der damit erstrebte **Zweck strafbar, rechtswidrig oder sittenwidrig** ist.[312] Insoweit genügt es nicht, dass der Drohende bloß keinen Rechtsanspruch auf die Abgabe der erwünschten Willenserklärung hat.[313] Vielmehr muss darüber hinaus der mit der erzwungenen Erklärung angestrebte Erfolg verboten oder sittenwidrig sein.[314] Als Beispiele werden genannt die Androhung einer ordentlichen Kündigung zu dem Zweck, die Mitwirkung an einer Steuerhinterziehung **91**

293 *Larenz/Wolf*, BGB AT, § 37 Rn 35.
294 BGH LM § 123 Nr. 32.
295 Vgl Soergel/*Hefermehl*, § 123 Rn 45; MüKo/*Kramer*, § 123 Rn 42; *Larenz/Wolf*, BGB AT, § 37 Rn 36.
296 *Medicus*, BGB AT, Rn 815.
297 Bamberger/Roth/*Wendtland*, § 123 Rn 29.
298 BGH NJW 1995, 3052, 3053; Palandt/*Ellenberger*, § 123 Rn 19; Erman/*Palm*, § 123 Rn 61; Bamberger/Roth/*Wendtland*, § 123 Rn 29.
299 OLG Köln VersR 1982, 677; Palandt/*Ellenberger*, § 123 Rn 19; Bamberger/Roth/*Wendtland*, § 123 Rn 29.
300 Erman/*Palm*, § 123 Rn 61; Bamberger/Roth/*Wendtland*, § 123 Rn 29; vgl auch BGH NJW-RR 1996, 1281, 1282.
301 BGH NJW 1966, 2399; zust. etwa *Ostler*, NJW 1966, 2401; krit. etwa *Arndt*, NJW 1967, 1585; *Kubisch*, NJW 1967, 1605; *Schneider*, NJW 1966, 2401; *Wenzel*, NJW 1967, 1587; Staudinger/*Singer/von Finckenstein*, Bearbeitung 2004, § 123 Rn 63; Palandt/*Ellenberger*, § 123 Rn 19.
302 BAG NZA 2010, 1250, 1254.
303 Erman/*Palm*, § 123 Rn 61.
304 BGHZ 79, 131, 143.
305 BGH WM 1972, 946; vgl aber auch OLG Karlsruhe OLGZ 1986, 90.
306 OLG Düsseldorf WM 1970, 998.
307 BGH WM 1984, 1249.
308 BGHZ 25, 217, 219 f = BGH NJW 1957, 1796, 1797; BAG NJW 1999, 2059, 2061, 2011, 630, 633 f.
309 BGH NJW 2005, 2766, 2768.
310 BGH DB 1978, 1174.
311 Vgl nur BAG NJW 1997, 676, 677 mwN.
312 Palandt/*Ellenberger*, § 123 Rn 20; MüKo/*Kramer*, § 123 Rn 42; Bamberger/Roth/*Wendtland*, § 123 Rn 30; Prütting/Wegen/Weinreich/*Ahrens*, § 123 Rn 36.
313 BGHZ 2, 287, 296 = BGH NJW 1951, 643; BGHZ 25, 217, 219 = BGH NJW 1957, 1796, 1797; NJW 1996, 1274, 1275; 1997, 1980, 1981; NJW 2005, 2766, 2768, 2771.
314 Soergel/*Hefermehl*, § 123 Rn 46; Palandt/*Ellenberger*, § 123 Rn 20; Bamberger/Roth/*Wendtland*, § 123 Rn 30; Prütting/Wegen/Weinreich/*Ahrens*, § 123 Rn 36.

zu erzwingen,[315] und die Drohung der sofortigen Einziehung einer fälligen Forderung, falls der Bedrohte dem Drohenden keine verbotenen Betäubungsmittel veräußert.[316] Dieser Fallgruppe kommt allerdings **kaum praktische Bedeutung** zu, weil die abgenötigte Willenserklärung regelmäßig ohnehin wegen Gesetzes- oder Sittenwidrigkeit gem. § 134 oder § 138 nichtig ist.[317]

92 **c) Widerrechtlichkeit der Mittel-Zweck-Relation.** Die Beurteilung der Widerrechtlichkeit bereitet Schwierigkeiten in solchen Fällen, in denen jemand ein Übel androht, dessen Verwirklichung an sich weder rechts- noch sittenwidrig ist, und in denen die dadurch erzwungene Willenserklärung des Bedrohten oder der damit verfolgte Zweck ebenfalls weder rechts- noch sittenwidrig ist. Diese Fallkonstellationen der **Erlaubtheit des Mittels und des Zwecks**[318] kommen am weitaus häufigsten vor und können nur ausnahmsweise eine Drohungsanfechtung gem. Abs. 1, 2. Fall begründen. Droht etwa der Gläubiger einer bereits seit längerem fälligen Forderung seinem Schuldner mit der Erhebung einer Zahlungsklage, falls dieser nicht umgehend die Forderung begleicht, ist diese Drohung zulässig und rechtlich nicht zu beanstanden.[319] Benutzt der Drohende einen der Rechtsbehelfe, die ihm die Rechtsordnung für seine Interessendurchsetzung zur Verfügung stellt, und nötigt er dem Bedrohten nur ab, was seiner bereits bestehenden, ursprünglichen Verpflichtung entspricht, ist die Drohung nicht widerrechtlich.[320] Unter diesen Voraussetzungen darf der Gläubiger nicht bloß mit einer Klage, sondern auch mit der Ausübung eines Zurückbehaltungsrechts, der Einleitung von Zwangsvollstreckungsmaßnahmen, der Stellung eines Insolvenzantrages oder sogar mit Maßnahmen berechtigter Selbsthilfe gem. § 229 drohen (vgl bereits Rn 90).[321] Die Drohung mit einer Klage wird auch nicht etwa dadurch widerrechtlich, dass die Klageforderung tatsächlich nicht besteht[322] oder dass der Drohende die Zweifelhaftigkeit oder sogar die Unbegründetheit der Klage kennt.[323] Grundsätzlich muss jeder die Drohung mit einer Klage ertragen, und zwar selbst dann, wenn die Klage unberechtigt ist.[324]

93 In solchen Fallkonstellationen kann die Widerrechtlichkeit der Drohung aber ausnahmsweise aus der Verknüpfung von Mittel und Zweck folgen, wenn nämlich der Einsatz gerade des vom Drohenden verwendeten Mittels zur Erreichung des konkreten Zwecks unangemessen und daher zu missbilligen ist. Die Widerrechtlichkeit resultiert hier aus der **Inadäquanz des Mittels im Verhältnis zum damit verfolgten Zweck**.[325] Diese Unangemessenheit lässt sich nicht unmittelbar dem Gesetz entnehmen. Sie muss vielmehr nach den Maßstäben von Treu und Glauben (§ 242) unter Berücksichtigung der zur Zeit der Drohung herrschenden Anschauungen – der Auffassung aller billig und gerecht Denkenden – bestimmt werden. Dabei kommt es auf alle Umstände des konkreten Einzelfalles und besonders auf die konkreten Belange der Beteiligten an. Hierzu ist in erster Linie zu prüfen, ob der Drohende ein berechtigtes Interesse an der Erreichung des von ihm erstrebten Erfolges hat.[326] Die Bestimmung der Widerrechtlichkeit erfolgt also durch eine einzelfallbezogene **Abwägung der Interessen des Drohenden und des Bedrohten**.[327] Wie bei anderen Interessenabwägungen auch, kommt es hier darauf an, die Abwägung nachvollziehbar zu strukturieren und vor allem die Wertungen aus der Verfassung und aus einfachgesetzlichen Vorschriften abzuleiten, wobei ergänzend auf die Verkehrsanschauung und auf sittliche Maßstäbe abgestellt werden kann.[328]

94 Die **Inadäquanz** von Mittel und Zweck und damit die Widerrechtlichkeit ist beispielsweise bejaht worden für die Drohung, das Haus werde nur übergeben, wenn der Bedrohte zuvor die über den vereinbarten Kaufpreis

315 *Scheuerle*, BB 1962, 884; Staudinger/*Singer/von Finckenstein*, Bearbeitung 2004, § 123 Rn 69; Erman/*Palm*, § 123 Rn 62; Bamberger/Roth/*Wendtland*, § 123 Rn 30.
316 Bamberger/Roth/*Wendtland*, § 123 Rn 30; *Larenz/Wolf*, BGB AT, § 37 Rn 37.
317 Palandt/*Ellenberger*, § 123 Rn 20; Bamberger/Roth/*Wendtland*, § 123 Rn 30; *Larenz/Wolf*, BGB AT, § 37 Rn 37.
318 Vgl MüKo/*Kramer*, § 123 Rn 42.
319 BGH NJW 2005, 2766, 2768; Bamberger/Roth/*Wendtland*, § 123 Rn 31.
320 MüKo/*Kramer*, § 123 Rn 42; vgl auch Bamberger/Roth/*Wendtland*, § 123 Rn 31.
321 BGH WM 1972, 946; MüKo/*Kramer*, § 123 Rn 42; vgl *Medicus*, BGB AT, Rn 818.
322 BGH WM 1972, 946; NJW 2005, 2766, 2768; vgl aber auch OLG Karlsruhe OLGZ 1986, 90.
323 Bamberger/Roth/*Wendtland*, § 123 Rn 31; aA MüKo/*Kramer*, § 123 Rn 42 mwN.
324 *Flume*, BGB AT Bd. 2, § 28, 2 b; MüKo/*Kramer*, § 123 Rn 42; Bamberger/Roth/*Wendtland*, § 123 Rn 31.
325 Grundlegend BGHZ 25, 217, 220 = BGH NJW 1957, 1796, 1797.
326 BGHZ 25, 217, 220 = BGH NJW 1957, 1796, 1797; 1982, 2301, 2302; 1983, 384 f; 2002, 2774, 2775; 2005, 2766, 2771; Staudinger/*Singer/von Finckenstein*, Bearbeitung 2004, § 123 Rn 70; Soergel/*Hefermehl*, § 123 Rn 47; Palandt/*Ellenberger*, § 123 Rn 21; MüKo/*Kramer*, § 123 Rn 43; RGRK/*Krüger-Nieland*, § 123 Rn 46; Erman/*Palm*, § 123 Rn 63 ff; Bamberger/Roth/*Wendtland*, § 123 Rn 32; *Larenz/Wolf*, BGB AT, § 37 Rn 39.
327 Soergel/*Hefermehl*. § 123 Rn 47; Erman/*Palm*, § 123 Rn 65; zur Konkretisierung dieser Interessenabwägung durch die Bildung von Fallgruppen *Karakatsanes*, S. 84 ff.
328 Vgl *Larenz/Wolf*, BGB AT, § 37 Rn 39; vgl allg. zur erforderlichen Strukturierung einer solchen Interessenabwägung *Feuerborn*, Sachliche Gründe im Arbeitsrecht, 2003, S. 103 ff mwN; *Hubmann*, AcP 155 (1956), 85, 86 ff; *Alexy*, Theorie der Grundrechte, 1994, S. 143 ff.

hinausgehenden Forderungen anerkenne und auf jegliche Vorbehalte verzichte.[329] Gleiches gilt für die Drohung, eine unstreitige, geschuldete Leistung erst zu erbringen, nachdem der Bedrohte eine bestrittene Gegenforderung anerkannt hat.[330] **Keine Inadäquanz** und damit keine Widerrechtlichkeit liegt hingegen zB dann vor, wenn der Gläubiger androht, dass er den Kredit des Schuldners nicht aufstockt, falls nicht dessen Ehepartner eine Bürgschaft für die daraus resultierende Gesamtverbindlichkeit übernimmt,[331] oder wenn der Gläubiger droht, er werde den notleidenden Kredit der GmbH kündigen, falls der Gesellschafter nicht die Bürgschaft für die bestehende Verbindlichkeit übernimmt.[332] Ein Rechtsanwalt darf gegenüber dem Mandanten drohen, er werde das Mandat kündigen, falls ihm keine höhere als die gesetzliche Gebühr bewilligt wird, sofern der erforderliche Arbeitsaufwand tatsächlich erheblich höher ist als der den gesetzlichen Gebühren zugrunde gelegte, durchschnittliche Aufwand.[333]

Bei der **Drohung mit einer Strafanzeige** hängt die Widerrechtlichkeit davon ab, ob zwischen der anzuzeigenden Straftat und dem Anspruch, den der Drohende durchsetzen will, ein innerer Zusammenhang besteht. Will der Drohende nur den Ersatz desjenigen Schadens erlangen, den ihm der Bedrohte durch die Straftat zugefügt hat, wird die Drohung mit der Strafanzeige überwiegend für angemessen und damit für rechtmäßig erachtet.[334] Das gilt, wie zB bei der Drohung mit einer Anzeige wegen Betrugs, sogar dann, wenn der Drohende die Abgabe eines Schuldanerkenntnisses gem. § 781 verlangt, auf das er keinen Anspruch hat.[335] Inadäquat und rechtswidrig ist die Drohung dagegen zB, wenn der Drohende eine zufällig beobachtete Straftat ausnutzen will, um anderweitige zivilrechtliche Ansprüche durchzusetzen,[336] oder wenn er den Bedrohten in dem Fall zu einer überstürzten Entscheidung zwingen will, in dem die Höhe des zu ersetzenden Schadens erst in einem Vergleich festgelegt werden soll (vgl aber zur Ungeeignetheit des bloßen Zeitdrucks als Drohung Rn 81).[337] Diese zur Drohung mit einer Strafanzeige entwickelten Grundsätze kommen auch im Falle der Drohung mit einer Presseveröffentlichung zur Anwendung. Danach ist der Geschädigte berechtigt, die Presse zu informieren und das dem Schädiger gegenüber anzukündigen, wenn eine Presseveröffentlichung dem legitimen Interesse der Öffentlichkeit entspricht.[338] **95**

Droht der Arbeitgeber dem Arbeitnehmer mit einer **außerordentlichen Kündigung des Arbeitsverhältnisses**, um ihn zur Unterzeichnung des angebotenen **Aufhebungsvertrages** zu bewegen, ist diese Drohung nach der Rechtsprechung dann inadäquat und widerrechtlich, wenn ein verständiger Arbeitgeber eine solche Kündigung nicht ernsthaft in Erwägung gezogen hätte. Dabei kommt es nicht darauf an, ob sich die Kündigung, wenn sie ausgesprochen worden wäre, in einem Kündigungsschutzprozess als rechtsbeständig erwiesen hätte.[339] Die Drohung ist vielmehr nur dann widerrechtlich, wenn der Arbeitgeber unter Abwägung aller Umstände des Einzelfalles davon ausgehen muss, die angedrohte Kündigung werde im Falle ihres Ausspruchs einer arbeitsgerichtlichen Überprüfung mit hoher Wahrscheinlichkeit nicht standhalten.[340] Diese Rechtsprechung ist auf den Fall zu übertragen, dass der Arbeitgeber mit einer **ordentlichen Kündigung** droht, um den Abschluss des Aufhebungsvertrages zu erreichen.[341] Demgegenüber stellt die Ankündigung des Arbeitgebers, er lasse das Arbeitsverhältnis mit Ablauf der Befristung enden, wenn der Arbeitnehmer sich nicht mit einer (objektiv unwirksam) befristeten Fortsetzung des Arbeitsverhältnisses zu den vom Arbeitgeber vorgegebenen Bedingungen einverstanden erkläre, keine rechtswidrige Drohung dar, die gem. § 123 Abs. 1, 2. Fall zur Anfechtung berechtigt. Das Angebot zur befristeten Fortsetzung des Arbeitsverhältnisses ist kein Übel, sondern ermöglicht dem Arbeitnehmer gerade die Fortsetzung seiner Erwerbstätigkeit, ohne dass er darauf einen Anspruch gegen den Arbeitgeber hatte.[342] **96**

5. Subjektiver Tatbestand. Eine Drohung berechtigt den Bedrohten nur dann gem. Abs. 1, 2. Fall zur Anfechtung, wenn sie den Zweck gehabt hat, ihn in eine solche Zwangslage zu versetzen, dass er die gewünschte Willenserklärung abgibt. Diese zweckgerichtete Beeinträchtigung der rechtsgeschäftlichen Entschließungsfreiheit setzt notwendig einen entsprechenden **Vorsatz** des Drohenden voraus. Der Drohende muss **97**

329 BGH NJW 1982, 2301, 2302; vgl aber auch BGH NJW 1983, 384 f.
330 OLG Saarbrücken MDR 1999, 1313.
331 BGH NJW 1996, 1274, 1275.
332 BGH NJW 1997, 1980, 1981.
333 BGH NJW 2002, 2774, 2775; 2003, 2386, 2387.
334 BGHZ 25, 217, 220 f = BGH NJW 1957, 1796, 1797; WM 1964, 1296, 1297; BAG NJW 1999, 2059, 2061; 2011, 630, 633 f; Palandt/*Ellenberger*, § 123 Rn 21; MüKo/*Kramer*, § 123 Rn 43; Erman/*Palm*, § 123 Rn 66.
335 MüKo/*Kramer*, § 123 Rn 43; vgl OLG Hamm FamRZ 1986, 269; BAG NJW 1999, 2059, 2061; 2011, 630, 633 f.
336 *Larenz/Wolf*, BGB AT, § 37 Rn 40; MüKo/*Kramer*, § 123 Rn 43; Erman/*Palm*, § 123 Rn 66; BAG NJW 1999, 2059, 2061.
337 *Flume*, BGB AT Bd. 2, § 28, 2 c; MüKo/*Kramer*, § 123 Rn 43; BAG NJW 1999, 2059, 2061.
338 BGH NJW 2005, 2766, 2771.
339 BAGE 41, 229, 239 f = BAG NJW 1983, 2782; BAGE 74, 281, 285; BAG NJW 1997, 676, 677; NZA 2002, 731, 733; NZA 2006, 841, 843 f; 2008, 348, 353; vgl auch BGH NJW 2005, 2766, 2768 f.
340 BAG NZA 1996, 875, 877; NJW 1997, 676, 677; NZA 2000, 27 f; 2002, 731, 733; NZA 2006, 841, 844; 2008, 348, 353; LAG Hessen NZA-RR 2010, 341, 342; vgl dazu auch LAG Rheinland-Pfalz ZTR 2009, 662; NK-BGB/*Franzen*, § 620 Rn 53.
341 ErfK/*Müller-Glöge*, § 620 BGB Rn 11.
342 BAG NZA-RR 2008, 341 ff.

es zumindest für möglich halten, dass sein Verhalten die Willensbetätigung des Bedrohten beeinflusst, und er muss mit dem Willen handeln, den Bedrohten zur Abgabe der gewünschten Willenserklärung zu veranlassen.[343] Da § 123 ausschließlich die Freiheit der Willensentschließung schützt, bedarf es weder einer Schädigungsabsicht noch der Absicht, die Drohung tatsächlich zu verwirklichen.[344] Wegen dieser objektiven Schutzrichtung braucht der Drohende auch nicht schuld- bzw deliktsfähig (§§ 827 f) zu sein.[345]

98 Bei einem **Irrtum** des Drohenden über die **Widerrechtlichkeit** der Drohung muss danach unterschieden werden, ob sich der Drohende über tatsächliche Umstände geirrt hat, welche die Widerrechtlichkeit begründen (Sachverhaltsirrtum), oder ob er aus den richtig erkannten tatsächlichen Umständen den falschen Schluss gezogen hat, die Drohung sei nicht widerrechtlich (Wertungsirrtum).[346] Der letztgenannte **Wertungsirrtum** ist nach allgemeiner Auffassung unbeachtlich, weil Abs. 1, 2. Fall allein dem Schutz des Bedrohten dient und daher beim Drohenden kein Bewusstsein der Rechtswidrigkeit voraussetzt.[347] Gleiches gilt für einen **verschuldeten Sachverhaltsirrtum.**[348] Dagegen soll nach der Rechtsprechung bei einem **unverschuldeten Sachverhaltsirrtum** die Anfechtungsmöglichkeit gem. Abs. 1, 2. Fall entfallen, weil ein derartiger Irrtum nicht so schwer wiege, dass dem Drohenden deswegen der „Makel" einer rechtswidrigen Drohung und die sich daraus ergebenden wirtschaftlichen Nachteile zugemutet werden müssten. Danach soll der Bedrohte nicht anfechten können, wenn der Drohende das angedrohte, objektiv vertragswidrige Verhalten subjektiv für rechtmäßig hält und wenn diese Würdigung vertretbar ist.[349] Hiergegen wird zu Recht eingewandt, dass eine schuldlose Unkenntnis nichts an der Rechtswidrigkeit ändert (vgl auch § 231). Abs. 1, 2. Fall will nicht den Drohenden vor der unberechtigten Zuweisung eines „Makels", sondern den Bedrohten vor der objektiv rechtswidrigen Beeinflussung seiner Entscheidungsfreiheit schützen.[350] Allenfalls in Ausnahmefällen erscheint es denkbar, dass eine Drohung bei einem unverschuldeten Irrtum unter Abwägung der beiderseitigen Interessen noch als adäquates Mittel zur Erreichung des erstrebten Zwecks gewertet werden kann.[351]

99 **6. Person des Drohenden.** Drohender kann nicht nur der **Erklärungsempfänger, sondern auch jeder Dritte** sein;[352] dabei kann es sich sogar um ein Gericht oder eines seiner Mitglieder handeln.[353] Die Einschränkung des Abs. 2 bezieht sich lediglich auf die arglistige Täuschung und nicht auf die widerrechtliche Drohung.[354] War der Erklärungsempfänger in Bezug auf die Täuschung des Dritten gutgläubig, ist ihm sein Vertrauensschaden nicht gem. § 122 analog zu ersetzen.[355] Da der Bedrohte besonders schutzwürdig ist, hat der Gesetzgeber auf jeden Gutglaubensschutz des Erklärungsempfängers verzichtet (vgl auch Rn 2, 3).[356]

IV. Rechtsfolgen

100 Liegen die Voraussetzungen des § 123 vor, kann der Erklärende die auf der Täuschung oder Drohung beruhende Willenserklärung **anfechten**, sofern die Anfechtung nicht ausnahmsweise ausgeschlossen ist (vgl dazu Rn 16 ff). Die Anfechtung muss innerhalb eines Jahres ab Entdeckung der Täuschung oder Beendigung der durch die Drohung geschaffenen Zwangslage (§ 124) gegenüber dem richtigen Anfechtungsgegner (§ 143) erklärt werden. Sie führt grundsätzlich zur rückwirkenden Nichtigkeit der angefochtenen Erklärung (§ 142 Abs. 1; zu Ausnahmen von der Rückwirkung vgl Rn 19 ff sowie ausf. § 142 Rn 7 ff). Der Anfechtende muss

343 Vgl BGH LM § 123 Nr. 28 = WM 1962, 843; NJW-RR 1996, 1281, 1282; BAG NZA 2006, 841, 843; MüKo/*Kramer*, § 123 Rn 40; Bamberger/Roth/*Wendtland*, § 123 Rn 35; Prütting/Wegen/Weinreich/*Ahrens*, § 123 Rn 38.

344 BAG NZA 2006, 841, 843; Soergel/*Hefermehl*, § 123 Rn 51; Erman/*Palm*, § 123 Rn 69; Bamberger/Roth/*Wendtland*, § 123 Rn 35; Prütting/Wegen/Weinreich/*Ahrens*, § 123 Rn 38.

345 Soergel/*Hefermehl*, § 123 Rn 51; Palandt/*Ellenberger*, § 123 Rn 23; Jauernig/*Jauernig*, § 123 Rn 17; Bamberger/Roth/*Wendtland*, § 123 Rn 35; vgl *Larenz/Wolf*, BGB AT, § 37 Rn 43.

346 Erman/*Palm*, § 123 Rn 70.

347 *Larenz/Wolf*, BGB AT, § 37 Rn 43; Erman/*Palm*, § 123 Rn 71; Bamberger/Roth/*Wendtland*, § 123 Rn 35; vgl RGZ 104, 79; 108, 102, 104; BGHZ 25, 217, 225 = NJW 1957, 1796, 1798; 1982, 2301, 2302; Soergel/*Hefermehl*, § 123 Rn 51; Jauernig/*Jauernig*, § 123 Rn 16.

348 Erman/*Palm*, § 123 Rn 70.

349 BGHZ 25, 217, 224 f = NJW 1957, 1796, 1798; vgl auch BGH LM § 123 Nr. 28 = WM 1962, 843.

350 Soergel/*Hefermehl*, § 123 Rn 51; Jauernig/*Jauernig*, § 123 Rn 16; MüKo/*Kramer*, § 123 Rn 46; Erman/*Palm*, § 123 Rn 70; *Flume*, BGB AT Bd. 2, § 28, 3; *Medicus*, BGB AT, Rn 820; *Larenz/Wolf*, BGB AT, § 37 Rn 44.

351 Soergel/*Hefermehl*, § 123 Rn 51; Erman/*Palm*, § 123 Rn 70.

352 BGH NJW 1966, 2399, 2401; vgl ausführlich zum Anfechtungsrecht bei Drohung durch Dritte *Martens*, AcP 207 (2007), 371 ff.

353 BGH NJW 1966, 2399; BAG NZA 2010, 1250, 1253.

354 Palandt/*Ellenberger*, § 123 Rn 18; MüKo/*Kramer*, § 123 Rn 37, 48; Erman/*Palm*, § 123 Rn 72; Bamberger/Roth/*Wendtland*, § 123 Rn 36; *Büchler*, JuS 2009, 976, 978; vgl für den Fall der Drohung mit der Kündigung eines Arbeitsvertrages durch einen Vorgesetzten, der ersichtlich nicht selbst kündigungsberechtigt war, BAG NZA 2006, 841 ff.

355 Erman/*Palm*, § 123 Rn 72; *Larenz/Wolf*, BGB AT, § 37 Rn 31; aA MüKo/*Kramer*, § 123 Rn 48.

356 Vgl Prot. I, S. 120 = *Mugdan* I, S. 722.

dem Anfechtungsgegner, anders als bei der Irrtumsanfechtung (§§ 119 f), nicht gem. § 122 den Vertrauensschaden ersetzen (vgl Rn 2).

V. Konkurrenzen

Die **Täuschungsanfechtung** gem. Abs. 1, 1. Fall und die **Drohungsanfechtung** gem. Abs. 1, 2. Fall schließen sich nicht gegenseitig aus. Beide Anfechtungsrechte können vielmehr nebeneinander bestehen.[357] Das kommt zB in Betracht, wenn eine schwangere Ehefrau einen Selbstmordversuch vortäuscht, um ihren Ehemann zur Unterzeichnung eines für ihn nachteiligen Ehevertrages zu veranlassen.[358] Auch die Anfechtungsmöglichkeiten wegen Täuschung oder Drohung nach § 123 und wegen **Irrtums** nach § 119 können wegen ihrer unterschiedlichen Voraussetzungen und Rechtsfolgen nebeneinander bestehen (vgl Rn 15). 101

Eine arglistige Täuschung oder eine widerrechtliche Drohung allein führt regelmäßig noch nicht zur **Sittenwidrigkeit** des Geschäftes (vgl jedoch zur Drohung, mit der ein sittenwidriges Geschäft erzwungen wird, Rn 91). Zur Täuschung oder Drohung können allerdings weitere Umstände hinzutreten, aufgrund derer das Rechtsgeschäft wegen des zusätzlichen auffälligen Missverhältnisses von Leistung und Gegenleistung gem. § 138 Abs. 2 oder sonst wegen seines Inhalts, seines Beweggrundes oder seines Zwecks gem. § 138 Abs. 1 nichtig wird (vgl dazu § 138 Rn 34 ff, 141 ff).[359] Dann erübrigt sich regelmäßig eine Anfechtung, sofern nicht ein Fall vorliegt, in dem auch ein Interesse an der Anfechtung einer nichtigen Willenserklärung besteht (vgl dazu § 142 Rn 5).[360] 102

Die Anfechtung gem. § 123 wird, anders als diejenige gem. § 119 Abs. 2, nicht durch das Eingreifen der **kaufrechtlichen Gewährleistungsvorschriften** der §§ 437 ff ausgeschlossen. Gleiches gilt für das Verhältnis zur **werk- und mietvertraglichen Sach- und Rechtsmängelhaftung** der §§ 633 ff und 536 ff (s. Rn 14). 103

In Rechtsprechung und Literatur umstritten ist die Frage, inwieweit eine arglistige Täuschung oder eine widerrechtliche Drohung neben dem Anfechtungsrecht nach § 123 **Schadensersatzansprüche wegen Verschuldens bei Vertragsverhandlungen** (§§ 280 Abs. 1, 241 Abs. 2, 311 Abs. 2) begründen können. Nach **ständiger Rechtsprechung** kommt den Anfechtungsvorschriften hier, ebenso wie gegenüber der deliktischen Schadensersatzhaftung (vgl dazu die folgende Rn), kein Vorrang zu. Neben der Anfechtungsmöglichkeit kann der Getäuschte oder Bedrohte daher über den Schadensersatzanspruch wegen Verschuldens bei Vertragsverhandlungen im Wege der Naturalrestitution (§ 249 Abs. 1) die **Befreiung von der eingegangenen Verbindlichkeit** verlangen.[361] Das gilt im Einzelfall selbst dann, wenn eine Anfechtung ausscheidet, weil die Anfechtungsfrist des § 124 bereits abgelaufen ist oder der Täuschende nicht arglistig, sondern nur fahrlässig gehandelt hat.[362] Die neuere Rechtsprechung verlangt, über die Irreführung des künftigen Vertragspartners oder die rechtswidrige Ausübung von Zwang im Rahmen des vorvertraglichen Schuldverhältnisses iSd § 311 Abs. 2 hinaus, nunmehr ausdrücklich, dass durch diese Pflichtverletzung beim getäuschten oder bedrohten Vertragspartner ein **Vermögensschaden** entstanden ist.[363] Nach der Differenzhypothese liegt ein solcher Schaden vor, wenn der Vergleich der Gesamtvermögenslage nach Abschluss des Vertrages mit der hypothetischen Vermögenslage ohne den Vertrag ein rechnerisches Minus ergibt. Selbst bei objektiver Werthaltigkeit von Leistung und Gegenleistung kann der getäuschte oder bedrohte Vertragspartner dadurch einen Vermögensschaden erleiden, dass die Leistung für seine Zwecke nicht voll brauchbar ist.[364] 104

Diese Möglichkeit der schadensrechtlichen Vertragsaufhebung neben § 123 wird in der **Literatur** teilweise abgelehnt. Die wesentlichen **Gegenargumente** liefern die Beschränkung der Anfechtungsmöglichkeit auf arglistiges Verhalten und die Jahresfrist des § 124. Diese Beschränkungen werden ausgehöhlt, wenn praktisch das gleiche Ergebnis, nämlich die Lösung vom Vertrag, als Schadensersatz für eine fahrlässige Verletzung vorvertraglicher Pflichten über den gem. § 195 regelmäßig erst in drei Jahren verjährenden Anspruch aus 105

357 BGH NJW-RR 1996, 1281; Erman/*Palm*, § 123 Rn 3; Prütting/Wegen/Weinreich/*Ahrens*, § 123 Rn 40.

358 Vgl BGH NJW-RR 1996, 1281, 1282.

359 *Larenz/Wolf*, BGB AT, § 37 Rn 3; HK-BGB/*Dörner*, § 123 Rn 1; MüKo/*Kramer*, § 123 Rn 34; RGRK/*Krüger-Nieland*, § 123 Rn 84; Erman/*Palm*, § 123 Rn 4; Prütting/Wegen/Weinreich/*Ahrens*, § 123 Rn 41; vgl etwa BGHZ 60, 102, 104 f; BGH NJW 1988, 902, 903; 2002, 2774, 2775; BAG NJW 1999, 2059, 2061.

360 MüKo/*Kramer*, § 123 Rn 34.

361 BGH NJW 1962, 1196, 1198; 1968, 986, 987; 1969, 1625, 1626; 1974, 1505; 1979, 1983 f; 1998, 302, 303; NJW-RR 1998, 1406; 1407; 2002, 308, 309 f; NJW 2002, 2774, 2775; OLG Frankfurt NJW-RR 2002, 523, 524; OLG Saarbrücken MDR 2010, 801; wie die Rspr etwa *Larenz/Wolf*, BGB AT, § 37 Rn 19 f; HK-BGB/*Dörner*, § 123 Rn 13; Soergel/*Hefermehl*, § 123 Rn 63; Palandt/*Ellenberger*, § 123 Rn 27; Jauernig/*Jauernig*, § 123 Rn 19; RGRK/*Krüger-Nieland*, § 123 Rn 88.

362 Vgl nur BGH NJW 1998, 302, 303; NJW-RR 2002, 308, 309 f, jew. mwN.

363 So ausdr. BGH NJW 1998, 302, 304 unter ausf. Würdigung der bisherigen Rspr; ebenso etwa BGH NJW 1998, 898; NJW-RR 2002, 308, 310; OLG Frankfurt NJW-RR 2002, 523, 524; vgl BGH NJW-RR 1998, 904, 906; vgl zu dieser Rspr etwa *Grigoleit*, NJW 1999, 900 ff.

364 BGH NJW 1998, 302, 304 mwN.

§§ 280 Abs. 1, 241 Abs. 2, 311 Abs. 2 erreicht werden kann.[365] Der von der neueren Rechtsprechung verlangte Vermögensschaden wird als Abgrenzungskriterium abgelehnt, weil die Naturalrestitution gem. § 249 Abs. 1, anders als die Geldentschädigung gem. § 253, gerade keinen Vermögensschaden voraussetzt.[366] Nach dieser Auffassung kommt ein Schadensersatzanspruch nur insoweit in Betracht, als ein anderer, nicht in dem aufgrund der Täuschung oder Drohung abgeschlossenen Vertrag liegender Schaden in Geld ersetzt werden soll.[367]

106 In der **Praxis** wird man sich an die Vorgaben der Rechtsprechung zu halten haben. Bei der Geltendmachung des vertragsrechtlichen Aufhebungsanspruchs kommt es danach, anders als bei der Anfechtungsmöglichkeit, auch auf die Darlegung und den Beweis des **Vermögensschadens** an, der dem Getäuschten oder Bedrohten durch den Vertragsabschluss entstanden ist. Im Gegenzug kann der Täuschende oder Drohende gegenüber diesem verschuldensabhängigen Anspruch gegebenenfalls ein **Mitverschulden** des Getäuschten oder Bedrohten gem. § 254 geltend machen.[368]

107 Führt eine arglistige Täuschung oder eine widerrechtliche Drohung iSd § 123 zu einem Vermögensschaden des Getäuschten oder Bedrohten, begründet dieses Verhalten regelmäßig zugleich einen **deliktischen Schadensersatzanspruch** gem. § 823 Abs. 2 iVm § 263 oder § 240 StGB oder gem. § 826. Dieser Anspruch kommt neben der Anfechtung nach § 123 in Betracht, wobei beide Möglichkeiten nach fast einhelliger Auffassung gleichwertig nebeneinander stehen.[369] Eine „Aushöhlung" der Anfechtungsvorschriften steht hier, anders als beim Anspruch wegen Verschuldens bei Vertragsverhandlungen (vgl dazu Rn 104), nicht in Rede, weil die genannten Schadensersatzansprüche jeweils Vorsatz voraussetzen und eine fahrlässige Täuschung nicht ausreicht. Der Schadensersatzanspruch geht regelmäßig nur auf das negative Interesse. Danach ist dem Getäuschten oder Bedrohten die Differenz zu ersetzen, die sich bei einem Vergleich seiner hypothetischen Vermögenslage ohne die Täuschung oder Drohung mit derjenigen Vermögenslage ergibt, die durch die Täuschung oder Drohung im Zeitpunkt des Vertragsschlusses herbeigeführt worden ist. Das kann beispielsweise die angefallene Steuer sein, wenn davon auszugehen ist, dass der Getäuschte bei einem pflichtgemäßen Hinweis des Täuschenden den Vertrag nicht ohne Anrechnung der Steuerforderung auf den Kaufpreis abgeschlossen hätte.[370] Im Wege der Naturalrestitution gem. § 249 Abs. 1 kann der Anspruch auch auf die Aufhebung des Vertrages gerichtet sein, ohne dass die Frist des § 124 gewahrt werden muss.[371] Den Ersatz des Erfüllungsinteresses kann der Getäuschte oder Bedrohte ausnahmsweise verlangen, wenn er nachweislich den Vertrag ohne die Täuschung oder Drohung ebenfalls, dann aber zu besseren Bedingungen abgeschlossen hätte.[372] Die Einrede aus § 853 kann er dem Vertragsgegner noch nach Ablauf der Jahresfrist des § 124 entgegenhalten.[373]

C. Weitere praktische Hinweise

108 Die Darlegungs- und **Beweislast** für alle Voraussetzungen des § 123 trägt der Anfechtende.[374] Das gilt auch dann, wenn die **Täuschungshandlung** in einem arglistigen Verschweigen besteht.[375] Hier muss der Anfechtende nachweisen, dass dem Gegner die zu offenbarende Tatsache bei Vertragsschluss bewusst war.[376] Im Gegenzug obliegt es dem Anfechtungsgegner, die Aufklärung darzulegen und zu behaupten, wann, wo und wie er die Tatsache offenbart hat.[377] Dann muss der Anfechtende diese Aufklärung widerlegen.[378] Hat der Anfechtungsgegner durch positives Tun getäuscht, muss er eine ihn entlastende nachträgliche Aufklärung des

365 *Brox/Walker*, BGB AT, Rn 463; Erman/*Palm*, § 123 Rn 8; vgl MüKo/*Kramer*, § 123 Rn 35 a; *Grigoleit*, NJW 1999, 900, 902 f; speziell in Bezug auf die Änderungen durch die Schuldrechtsreform *Löhnig*, JA 2003, 553 ff; vgl zur älteren Lit. die Nachw. in BGH NJW 1998, 302, 304.
366 *Medicus*, BGB AT, Rn 450; *Grigoleit*, NJW 1999, 900, 901 f.
367 Vgl *Brox/Walker*, BGB AT, Rn 463; Erman/*Palm*, § 123 Rn 8; *Grigoleit*, NJW 1999, 900, 903; vgl auch HKK/*Schermaier*, §§ 116–124 Rn 119 f.
368 Vgl BGH NJW 1998, 302, 305; dazu *Grigoleit*, NJW 1999, 900, 904.
369 BGH NJW 1998, 302, 304; NJW-RR 1998, 904, 906; Palandt/*Ellenberger*, § 123 Rn 26; MüKo/*Kramer*, § 123 Rn 35 a; Erman/*Palm*, § 123 Rn 7; Bamberger/Roth/*Wendtland*, § 123 Rn 40; *Larenz/Wolf*, BGB AT, § 37 Rn 19.
370 OLG Köln NJW-RR 1994, 1064, 1066; vgl zu dieser Schadensberechnung auch BGH NJW 1960, 237 f.
371 BGH NJW 1998, 302, 303 f; Erman/*Palm*, § 123 Rn 7; vgl BGH NJW 1962, 1196, 1198; 1979, 1983, 1984; aA MüKo/*Kramer*, § 123 Rn 35 a.
372 RGZ 103, 49, 154, 160; BGH DB 1969, 877, 878, Palandt/*Ellenberger*, § 123 Rn 26.
373 BGH NJW 1969, 604, 605; 1980, 782, 784; Staudinger/*Singer/von Finckenstein*, Bearbeitung 2004, § 123 Rn 96; HK-BGB/*Dörner*, § 124 Rn 4; Palandt/*Ellenberger*, § 123 Rn 26, § 124 Rn 1; Jauernig/*Jauernig*, § 124 Rn 2; MüKo/*Kramer*, § 124 Rn 7; Bamberger/Roth/*Wendtland*, § 124 Rn 6; vgl Soergel/*Hefermehl*, § 124 Rn 8.
374 BGH NJW 1957, 988; 2001, 64, 65; BAG NZA 1998, 33, 35; 2008, 348, 354; OLG Köln NJW-RR 1992, 908, 910.
375 BAG NZA 1998, 33, 35; vgl BGH NJW 2001, 64, 65; 2003, 754, 755.
376 Vgl BGH NJW 2001, 2326, 2327; Palandt/*Ellenberger*, § 123 Rn 30.
377 BGH NJW 2001, 64, 65.
378 Palandt/*Ellenberger*, § 123 Rn 30; vgl BGH NJW 2001, 64, 65; OLG Köln NJW-RR 1992, 908, 910.

Anfechtenden darlegen und beweisen.[379] Die gleiche Darlegungs- und Beweislast trifft den Anfechtungsgegner, wenn er zunächst eine nachweislich falsche oder bagatellisierte schriftliche Information gegeben hat.[380] Zu den Tatbestandsvoraussetzungen der Anfechtung gem. § 123, die der Anfechtende darlegen und beweisen muss, gehören neben der Täuschung oder Drohung auch die **Widerrechtlichkeit** und die **Arglist**.[381]

Schließlich muss der Anfechtende die **Kausalität** der Täuschung oder Drohung für die Abgabe der angefochtenen Willenserklärung darlegen und beweisen. Insoweit kommt ihm nach der Rechtsprechung grundsätzlich kein Anscheinsbeweis zugute, weil dieser einen typischen Geschehensablauf voraussetzt, wohingegen die Entscheidung zu einem Vertragsschluss von den individuellen Umständen des Einzelfalles abhängt.[382] Lediglich ausnahmsweise soll bei bestimmten Rechtsgeschäften und unter besonderen Umständen aufgrund der allgemeinen Lebenserfahrung eine ausreichende Typizität bejaht werden können.[383] Danach spricht zB der Wunsch des Käufers, ihm eine bestimmte Eigenschaft zuzusichern, dafür, dass die Täuschung über das Vorliegen dieser Eigenschaft für seinen Vertragsschluss zumindest mitursächlich war.[384] Außerdem kann das Verhalten des Getäuschten nach Entdeckung der Täuschung einen Rückschluss auf die Kausalität zulassen. Hält der Getäuschte zunächst am Vertrag fest, nachdem er den wahren Sachverhalt erfahren hat, kann das Zweifel daran wecken, ob er den Vertrag nicht auch in Kenntnis des wahren Sachverhalts geschlossen hätte.[385] 109

§ 124 Anfechtungsfrist

(1) Die Anfechtung einer nach § 123 anfechtbaren Willenserklärung kann nur binnen Jahresfrist erfolgen.

(2) ¹Die Frist beginnt im Falle der arglistigen Täuschung mit dem Zeitpunkt, in welchem der Anfechtungsberechtigte die Täuschung entdeckt, im Falle der Drohung mit dem Zeitpunkt, in welchem die Zwangslage aufhört. ²Auf den Lauf der Frist finden die für die Verjährung geltenden Vorschriften der §§ 206, 210 und 211 entsprechende Anwendung.

(3) Die Anfechtung ist ausgeschlossen, wenn seit der Abgabe der Willenserklärung zehn Jahre verstrichen sind.

A. Allgemeines

1 Wer gem. § 123 anficht, weil er durch arglistige Täuschung oder widerrechtliche Drohung zur Abgabe einer Willenserklärung bestimmt worden ist, steht in Bezug auf die Anfechtungsfrist besser als derjenige, der seine Willenserklärung wegen Irrtums gem. § 119 oder wegen Falschübermittlung gem. § 120 anfechten kann. Er muss die Anfechtung nicht unverzüglich erklären (vgl § 121 Abs. 1 S. 1), sondern nur die **Jahresfrist** des Abs. 1 wahren. Denn der Getäuschte oder Bedrohte ist schutzwürdiger als der Irrende, und der Täuschende oder Drohende verdient keinen Schutz. Trotzdem darf der Schwebezustand im Interesse des allgemeinen Verkehrsschutzes nicht zu lange dauern. Deshalb muss binnen Jahresfrist ab Entdeckung der Täuschung oder Beendigung der Zwangslage angefochten werden. Unabhängig davon ist die Anfechtung gem. Abs. 3, ebenso wie gem. § 121 Abs. 2 diejenige aufgrund der §§ 119, 120, **spätestens nach zehn Jahren** ausgeschlossen.[1]

2 Die Fristen des Abs. 1 und 3 sind von Amts wegen zu beachtende **Ausschlussfristen**. Mit ihrem Ablauf erlischt das Anfechtungsrecht aus § 123.[2]

379 OLG Köln VersR 1996, 831.
380 OLG Schleswig MDR 2002, 758.
381 BGH NJW 1957, 988; WM 1983, 1019; OLG Stuttgart NJW 1983, 1200.
382 BGH WM 1958, 991, 992; NJW 1968, 2139; 1996, 1051.
383 BGH WM 1976, 111, 113; NJW 1995, 2361, 2362; weiter gehend Palandt/*Ellenberger*, § 123 Rn 24; OLG Saarbrücken MDR 2010, 801; näher dazu auch RGRK/*Krüger-Nieland*, § 123 Rn 58.
384 BGH NJW 1995, 2361, 2362.
385 OLG Köln NJW-RR 1992, 908, 910.
1 Vgl Staudinger/*Singer/von Finckenstein*, Bearbeitung 2004, § 124 Rn 8; Soergel/*Hefermehl*, § 124 Rn 1; Bamberger/Roth/*Wendtland*, § 124 Rn 1; vgl auch Motive I, S. 209 = *Mugdan* I, S. 468.
2 Palandt/*Ellenberger*, § 124 Rn 1; Erman/*Palm*, § 124 Rn 1; Bamberger/Roth/*Wendtland*, § 124 Rn 6, 7.

B. Regelungsgehalt

I. Anwendungsbereich

3 Die Ausschlussfristen des Abs. 1 und 3 gelten nur für die Anfechtung wegen arglistiger **Täuschung** oder widerrechtlicher **Drohung** gem. § 123. Eine Anfechtung wegen Irrtums (§ 119) oder unrichtiger Übermittlung (§ 120) unterliegt der kürzeren subjektiven Anfechtungsfrist des § 121 Abs. 1 und der objektiven Ausschlussfrist des § 121 Abs. 3 (vgl § 121 Rn 3). Die jeweilige Anfechtungsfrist ist für jeden Anfechtungsgrund eigenständig zu berechnen. Schiebt der Anfechtende nach Fristablauf einen anderen Anfechtungsgrund nach, beurteilt sich die Rechtzeitigkeit der Anfechtung nach der für diesen Grund geltenden Anfechtungsfrist. Das **Nachschieben** eines neuen Anfechtungsgrundes führt nicht zu einer Ausdehnung der Frist des Abs. 1 (vgl zum Nachschieben von Anfechtungsgründen allgemein § 143 Rn 9 und zur Geltung der Anfechtungsfrist des § 121 besonders § 121 Rn 8).[3] **Spezialregelungen** wie § 318 Abs. 2 S. 2 und 3 (Anfechtung der Leistungsbestimmung) oder § 2082 iVm § 2078 (Anfechtung einer letztwilligen Verfügung wegen Irrtums oder Drohung) können abweichende Anfechtungsfristen vorsehen.

4 Die Anfechtungsfrist des Abs. 1 gilt auch im **Arbeitsrecht**. Hier zieht die Rechtsprechung, anders als im Rahmen des § 121 (vgl dazu § 121 Rn 11), die Zwei-Wochen-Frist des § 626 Abs. 2 nicht als Anhaltspunkt heran.[4] Zutreffend lehnt sie auch eine teleologische Reduktion des § 124 Abs. 1 in den Fällen ab, in denen der Arbeitgeber widerrechtlich mit dem Ausspruch einer außerordentlichen Kündigung gedroht und dadurch den Arbeitnehmer zum Abschluss eines Aufhebungsvertrages bestimmt hat. Entgegen einer in der Lehre vertretenen Auffassung[5] lassen die klare Regelung des § 124 Abs. 1 und die zugrunde liegende gesetzgeberische Wertung (dazu oben Rn 1) keinen Raum für eine analoge Anwendung der Drei-Wochen-Frist, die § 2 S. 2 KSchG für die Annahme eines Änderungsangebotes unter Vorbehalt vorschreibt. [6] Im **Versicherungsrecht** kommt ein von den Fristen des § 124 unberührtes Leistungsverweigerungsrecht des Versicherers nur dort in Betracht, wo die Regelung der §§ 19 ff VVG (§§ 16 ff aF) nicht eingreift oder wo sie andere geschützte Interessen des Versicherers nicht abschließend behandelt. Ersteres ist zB bei Täuschungen über andere als gefahrerhebliche Umstände gegeben, Letzteres bei Ansprüchen aus unerlaubten Handlungen.[7]

II. Ausschlussfrist des Abs. 1

5 **1. Beginn der Jahresfrist (Abs. 2 S. 1).** Im Fall der **arglistigen Täuschung** beginnt die Jahresfrist des Abs. 1 mit dem Zeitpunkt zu laufen, in dem der Anfechtungsberechtigte die Täuschung entdeckt (Abs. 2 S. 1, 1. Fall). Der Getäuschte muss **positive Kenntnis** sowohl vom Irrtum als auch von seiner arglistigen Herbeiführung erlangen. Der bloße Verdacht, vom Erklärungsempfänger getäuscht worden zu sein, ist ebenso wenig eine Entdeckung der Täuschung wie die fahrlässige Unkenntnis, also das bloße Kennenmüssen.[8] Den Getäuschten trifft auch keine Nachforschungspflicht; er muss Verdachtsmomenten nicht nachgehen.[9] Werden die Daten, aus denen sich die arglistige Täuschung ergibt, elektronisch gespeichert (zB bei einem Antrag auf Abschluss einer Krankenversicherung), steht die Datenspeicherung der Kenntnis nicht gleich, wenn die Daten wegen Besonderheiten der Speicherung (zB unübliche Abspeicherung der Daten unter dem Vornamen) nicht nutzbar sind.[10] Andererseits braucht der Getäuschte nicht jede einzelne falsche Angabe erkannt zu haben (vgl auch § 121 Rn 5). Er entdeckt die Täuschung, sobald er nach seinem Gesamteindruck erkennt, dass er überhaupt arglistig getäuscht worden ist und dass diese Täuschung ihn zur Abgabe seiner Willenserklärung veranlasst hat.[11] Mit dieser Kenntnis, nicht erst mit der Beschaffung der notwendigen Beweismittel, beginnt die Frist.[12]

6 Im Fall der **widerrechtlichen Drohung** beginnt die Jahresfrist mit dem Zeitpunkt zu laufen, in dem die Zwangslage aufhört (Abs. 2 S. 1, 2. Fall). Da die Zwangslage darin besteht, dass der Bedrohte den Eintritt des angedrohten Übels vermeiden will (zur Definition der Drohung § 123 Rn 80), hört sie auf, wenn sich der

3 Vgl BGH NJW 1966, 39; VersR 1989, 465, 466; NJW-RR 1993, 948; RGRK/*Krüger-Nieland*, § 124 Rn 9; Staudinger/*Singer/von Finckenstein*, Bearbeitung 2004, § 124 Rn 9.

4 Vgl etwa BAG DB 1984, 298; NZA 1998, 374; ErfK/*Preis*, § 611 BGB Rn 363; Schaub/*Linck*, § 36 Rn 27; aA *Picker*, ZfA 1981, 1, 149 f Fn 298, der die starre Jahresfrist des § 124 Abs. 1 BGB in der Mehrheit der Anfechtungsfälle durch den unbestimmten Rechtsbegriff der „Unverzüglichkeit" (§ 121 Abs. 1 S. 1 BGB) ersetzen will.

5 *Hromadka*, FS Zöllner, 1998, S. 785, 790 ff.

6 BAG NZA 2008, 348, 352.

7 BGH NJW 1984, 2814, 2815.

8 BGH WM 1973, 750, 751; KG NJW 1998, 1082, 1083 f; Palandt/*Ellenberger*, § 124 Rn 2; Prütting/Wegen/Weinreich/*Ahrens*, § 124 Rn 4; vgl BGH NJW 1971, 1798.

9 RG JW 1936, 1950; Bamberger/Roth/*Wendtland*, § 124 Rn 2; vgl KG NJW 1998, 1082, 1083 f.

10 OLG Hamm NJW-RR 1996, 406, 407.

11 RG JW 1938, 2202; Soergel/*Hefermehl*, § 124 Rn 2; Bamberger/Roth/*Wendtland*, § 124 Rn 2.

12 RGRK/*Krüger-Nieland*, § 124 Rn 4; Erman/*Palm*, § 124 Rn 2.

Bedrohte vor diesem Übel nicht mehr fürchtet.[13] Danach endet die Zwangslage mit dem **Eintritt des Übels**, wenn zB die angedrohte Strafanzeige erstattet wird und der Bedrohte davon erfährt.[14] Sie endet auch, wenn der Bedrohte glaubt, dass er mit dem Eintritt des Übels **nicht mehr ernsthaft zu rechnen braucht**. Diesbezüglich kommt es auf den subjektiven Standpunkt des Bedrohten an, unter Berücksichtigung seiner Eigenart, seiner Persönlichkeit und seines Verhaltens.[15]

Für die – praktisch ohnehin kaum bedeutsamen – Fälle **nicht empfangsbedürftiger Willenserklärungen** (zB Auslobung, § 657) hat der Gesetzgeber den Beginn der Anfechtungsfrist bewusst nicht ausdrücklich geregelt.[16] Nach allgemeiner Meinung[17] setzt der Fristbeginn hier neben der Entdeckung der Täuschung oder dem Ende der Zwangslage weiter voraus, dass ein **Anfechtungsgegner** gem. § 143 Abs. 4 S. 1 (dazu § 143 Rn 13 ff) vorhanden ist. Denn erst mit diesem Zeitpunkt entsteht eine konkrete Anfechtungsmöglichkeit.[18] 7

2. Berechnung und Hemmung der Jahresfrist (Abs. 2 S. 2). Für die Berechnung der Jahresfrist gelten die §§ 186 ff Daher zählt für den **Fristbeginn** der Tag, an dem der Anfechtungsberechtigte die Täuschung entdeckt oder an dem die Zwangslage für ihn endet, gem. § 187 Abs. 1 nicht mit.[19] 8

Auf die **Hemmung** der Ausschlussfrist finden gem. Abs. 2 S. 2 die für die Verjährung geltenden Vorschriften der §§ 206, 210 und 211 entsprechende Anwendung. Andere als diese ausdrücklich genannten Vorschriften können nicht analog angewendet werden.[20] Die Ausschlussfrist ist also nur gehemmt bei höherer Gewalt, bei nicht voll Geschäftsfähigen ohne gesetzlichen Vertreter und in Fällen, in denen das Anfechtungsrecht zu einem Nachlass gehört oder sich gegen einen Nachlass richtet. 9

Das **Ende** der Jahresfrist ist gem. § 188 Abs. 2 der Ablauf desjenigen Tages der letzten Woche oder des letzten Monats, der durch seine Benennung oder seine Zahl dem Tag entspricht, an dem der Anfechtungsberechtigte die Täuschung entdeckt oder an dem die Zwangslage für ihn aufgehört hat (vgl allgemein § 188 Rn 2 f). Bis zum Ablauf dieses Tages muss die Anfechtungserklärung dem Anfechtungsgegner **zugegangen** sein (vgl § 130 Abs. 1 S. 1). Die rechtzeitige Absendung genügt nicht; § 121 Abs. 1 S. 2 (dazu § 121 Rn 15 f) ist wegen der Länge der Frist des Abs. 1 nicht entsprechend anzuwenden.[21] Auch eine rechtzeitige Einreichung des Schriftsatzes bei Gericht reicht nicht aus, wenn der Schriftsatz dem Anfechtungsgegner erst nach Fristablauf zugestellt wird.[22] 10

3. Rechtsfolgen des Ablaufs der Jahresfrist. Da es sich bei der einjährigen Anfechtungsfrist des Abs. 1 um eine Ausschlussfrist handelt, **erlischt** mit ihrem Ablauf das **Anfechtungsrecht** aus § 123 (vgl bereits Rn 2).[23] Abs. 1 erfasst nicht die Geltendmachung anderer Ansprüche, die sich statt dessen nach den einschlägigen Verjährungsfristen richtet. Stehen dem Getäuschten oder Bedrohten aufgrund der Täuschung oder Bedrohung **Schadensersatzansprüche** aus Delikt (§§ 823 Abs. 2, 826) zu (vgl dazu § 123 Rn 107), kann er diese auch nach Ablauf der Jahresfrist noch geltend machen bzw dem Vertragsgegner die Einrede aus § 853 entgegen halten.[24] Begründet die Täuschung oder Drohung Schadensersatzansprüche wegen Verschuldens bei Vertragsverhandlungen (vgl dazu § 123 Rn 104), gilt auch für diese eigenständigen Ansprüche nach ständiger BGH-Rechtsprechung nicht die Jahresfrist des Abs. 1.[25] Allerdings kann der Getäuschte oder Bedrohte, der nicht binnen Jahresfrist angefochten hat, die Inanspruchnahme aus dem Vertrag nicht ohne weiteres mit der 11

13 Vgl BGH NJW-RR 2002, 308, 309; HK-BGB/*Dörner*, § 124 Rn 2; Jauernig/*Jauernig*, § 124 Rn 2.
14 RGZ 60, 371, 374; Erman/*Palm*, § 124 Rn 3.
15 RG JW 1929, 242; RGZ 90, 411; RGRK/*Krüger-Nieland*, § 124 Rn 5.
16 Motive I, S. 209 = *Mugdan* I, S. 468; vgl Staudinger/*Singer/von Finckenstein*, Bearbeitung 2004, § 124 Rn 6; MüKo/*Kramer*, § 124 Rn 3; Erman/*Palm*, § 124 Rn 4.
17 So Palandt/*Ellenberger*, § 124 Rn 3.
18 MüKo/*Kramer*, § 124 Rn 3; Erman/*Palm*, § 124 Rn 4; Bamberger/Roth/*Wendtland*, § 124 Rn 4; Prütting/Wegen/Weinreich/*Ahrens*, § 124 Rn 5; vgl Staudinger/*Singer/von Finckenstein*, Bearbeitung 2004, § 124 Rn 6.
19 Vgl MüKo/*Kramer*, § 124 Rn 4; Erman/*Palm*, § 124 Rn 2.
20 Vgl Soergel/*Hefermehl*, § 124 Rn 4; Jauernig/*Jauernig*, § 124 Rn 2; MüKo/*Kramer*, § 124 Rn 6; Erman/*Palm*, § 124 Rn 6; Bamberger/Roth/*Wendtland*, § 124 Rn 5.
21 Vgl Staudinger/*Singer/von Finckenstein*, Bearbeitung 2004, § 124 Rn 7; HK-BGB/*Dörner*, § 124 Rn 3; Soergel/*Hefermehl*, § 124 Rn 6; Palandt/*Ellenberger*, § 124 Rn 4; MüKo/*Kramer*, § 124 Rn 4; Erman/*Palm*, § 124 Rn 5; Bamberger/Roth/*Wendtland*, § 124 Rn 6.
22 LG Nürnberg-Fürth MDR 2006, 413 f.
23 Palandt/*Ellenberger*, § 124 Rn 1; MüKo/*Kramer*, § 124 Rn 7; Erman/*Palm*, § 124 Rn 1, 9; Bamberger/Roth/*Wendtland*, § 124 Rn 6.
24 BGH NJW 1969, 604, 605; 1980, 782, 784; Staudinger/*Singer/von Finckenstein*, Bearbeitung 2004, § 124 Rn 10 f; HK-BGB/*Dörner*, § 124 Rn 4; Palandt/*Ellenberger*, § 124 Rn 1; Jauernig/*Jauernig*, § 124 Rn 2; MüKo/*Kramer*, § 124 Rn 7; Bamberger/Roth/*Wendtland*, § 124 Rn 6; Prütting/Wegen/Weinreich/*Ahrens*, § 124 Rn 8; vgl Soergel/*Hefermehl*, § 124 Rn 8.
25 BGH NJW 1979, 1983; 1998, 302, 303; NJW-RR 2002, 308, 310; NJW 2006, 1955, 1957; vgl auch Soergel/*Hefermehl*, § 124 Rn 9; Palandt/*Ellenberger*, § 124 Rn 1; Jauernig/*Jauernig*, § 124 Rn 2; Bamberger/Roth/*Wendtland*, § 124 Rn 6; Prütting/Wegen/Weinreich/*Ahrens*, § 124 Rn 8; anders Staudinger/*Singer/von Finckenstein*, Bearbeitung 2004, § 124 Rn 10: analoge Anwendung des § 121 im Fall einer fahrlässigen Täuschung und des § 124 im Fall einer vorsätzlichen Täuschung bei gleichzeitigem Verzicht auf die Voraussetzung eines Vermögensschadens.

Arglisteinrede aus § 242 abwehren. Ließe man, wie die Rechtsprechung es im Ergebnis über den Weg der Haftung wegen Verschuldens bei Vertragsverhandlungen tut,[26] allein den Tatbestand des § 123 zur Begründung ausreichen, würde Abs. 1 umgangen und praktisch wertlos gemacht. Die Einrede aus § 242 steht dem Getäuschten oder Bedrohten deshalb nur zu, wenn zur Täuschung oder Drohung weitere Umstände hinzutreten, welche die Berufung auf den Fristablauf als Verstoß gegen Treu und Glauben erscheinen lassen.[27]

12 **4. Ausschluss des Anfechtungsrechts vor Ablauf der Jahresfrist.** Der Anfechtungsberechtigte kann die Jahresfrist des Abs. 1 **grundsätzlich voll ausnutzen**. Die Anfechtung ist auch dann wirksam, wenn sie dem Gegner erst am letzten Tag der Frist zugeht (vgl Rn 10). Nur in Ausnahmefällen kann das Anfechtungsrecht schon früher ausgeschlossen sein.

13 Liegen besondere Umstände vor, aufgrund derer die Anfechtung bereits vor Fristablauf als Verstoß gegen Treu und Glauben erscheint, ist das Anfechtungsrecht gem. § 242 verwirkt. Eine **Verwirkung** ist zunächst dann anzunehmen, wenn der Anfechtungsberechtigte sich über einen längeren Zeitraum (Zeitmoment)[28] so verhält, dass der Anfechtungsgegner schon vor Ablauf eines Jahres nicht mehr mit einer Anfechtung rechnen muss (Umstandsmoment).[29] Lässt er sich zB im Prozess trotz Kenntnis des Anfechtungsgrundes verurteilen, ohne das Anfechtungsrecht geltend zu machen, kann er nach Treu und Glauben später nicht mehr anfechten. Gem. § 767 Abs. 2 ZPO könnte er auch keine Vollstreckungsgegenklage mehr auf die Anfechtung stützen.[30] Verwirkung liegt ferner dann vor, wenn die Täuschung oder Drohung für die weitere Durchführung des Vertrages keine Bedeutung mehr hat; das kommt vor allem bei Dauerschuldverhältnissen in Betracht. So scheidet die Anfechtung der Einigungserklärung zum **Arbeitsvertrag** aus, wenn der Arbeitgeber die arglistige Täuschung des Arbeitnehmers erst nach mehrjähriger beanstandungsfreier Durchführung des Arbeitsverhältnisses entdeckt.[31]

14 Gem. § 144 erlischt das Anfechtungsrecht durch eine **Bestätigung** des anfechtbaren Rechtsgeschäfts. Eine konkludente Bestätigung ist allerdings nicht bereits dann anzunehmen, wenn der Käufer in Kenntnis des Anfechtungsgrundes Gewährleistungsansprüche geltend macht.[32] Weist der Arbeitgeber dem Arbeitnehmer nach dem Abschluss eines Aufhebungsvertrages, den der Arbeitnehmer für anfechtbar hält, weniger Arbeit zu, kann ebenfalls keine Bestätigung darin gesehen werden, dass dieser es unterlässt, mehr Arbeit anzufordern. [33]

III. Ausschlussfrist des Abs. 3

15 Gem. Abs. 3 erlischt das Anfechtungsrecht **unabhängig von der Entdeckung der Täuschung oder dem Ende der Zwangslage**, wenn seit der Abgabe der Willenserklärung zehn Jahre[34] verstrichen sind. Diese Ausschlussfrist kann, anders als diejenige des Abs. 1, weder unterbrochen noch gehemmt werden.[35]

C. Weitere praktische Hinweise

16 Die Darlegungs- und **Beweislast** für das Erlöschen des Anfechtungsrechts trägt der Anfechtungsgegner.[36] Er muss daher darlegen und im Bestreitensfall beweisen, wann der Anfechtungsberechtigte Kenntnis von der arglistigen Täuschung erlangt hat[37] oder wann die Zwangslage geendet hat.[38]

26 Vgl zB BGH NJW 1979, 1983 f; 1998, 302, 303 f; NJW-RR 2002, 308, 309, jew. mwN; ebenso etwa HK-BGB/*Dörner*, § 124 Rn 4; vgl auch Soergel/*Hefermehl*, § 124 Rn 9.
27 MüKo/*Kramer*, § 124 Rn 7; RGRK/*Krüger-Nieland*, § 124 Rn 10; Erman/*Palm*, § 124 Rn 9; Prütting/Wegen/Weinreich/*Ahrens*, § 124 Rn 8; vgl BGH NJW 1969, 604 f; Jauernig/*Jauernig*, § 124 Rn 2; vgl auch Staudinger/*Singer/von Finckenstein*, Bearbeitung 2004, § 124 Rn 11; Soergel/*Hefermehl*, § 124 Rn 9, 10.
28 Vgl dazu AnwK-BGB/*Krebs*, § 242 Rn 106 ff.
29 Vgl dazu BAG NZA 2008, 348, 352; AnwK-BGB/*Krebs*, § 242 Rn 109 f.
30 Vgl BGHZ 42, 37, 40; RGRK/*Krüger-Nieland*, § 124 Rn 7; Erman/*Palm*, § 124 Rn 8.
31 Vgl BAG NJW 1970, 1565; DB 1984, 298; NZA 1988, 731; NJW 1994, 1363, 1365; NZA 1998, 1052, 1055; ErfK/*Preis*, § 611 BGB Rn 347; vgl für einen Pachtvertrag ferner BGH WM 1977, 343.
32 BGH ZIP 1990, 314, 315; MüKo/*Kramer*, § 124 Rn 9.
33 BAG NZA 2008, 348, 352.
34 Die frühere dreißigjährige Frist wurde durch das SchuldRModG an das neue Verjährungsrecht angepasst; vgl zum Übergangsrecht Art. 229 § 6 EGBGB Rn 65 ff.
35 Bamberger/Roth/*Wendtland*, § 124 Rn 7; Prütting/Wegen/Weinreich/*Ahrens*, § 124 Rn 7; vgl Palandt/*Ellenberger*, § 124 Rn 1, 4, § 121 Rn 5; MüKo/*Kramer*, § 124 Rn 8.
36 OLG Nürnberg VersR 2001, 1368, 1369.
37 BGH NJW 1992, 2346, 2347 f.
38 Staudinger/*Singer/von Finckenstein*, Bearbeitung 2004, § 124 Rn 12; Erman/*Palm*, § 124 Rn 10; Bamberger/Roth/*Wendtland*, § 124 Rn 8.

§ 125 Nichtigkeit wegen Formmangels

[1]Ein Rechtsgeschäft, welches der durch Gesetz vorgeschriebenen Form ermangelt, ist nichtig. [2]Der Mangel der durch Rechtsgeschäft bestimmten Form hat im Zweifel gleichfalls Nichtigkeit zur Folge.

Literatur: *Armbrüster*, Treuwidrigkeit der Berufung auf Formmängel, NJW 2007, 3317; *Bernard*, Formbedürftige Rechtsgeschäfte, 1979; *Binder*, Gesetzliche Form, Formnichtigkeit und Blankett im bürgerlichen Recht, AcP 2007, 155; *Böhm*, Das Abgehen von rechtsgeschäftlichen Formgeboten, AcP 179 (1979), 425; *Bydlinski, P.*, Formgebote für Rechtsgeschäfte und die Folgen ihrer Verletzung, in: Bydlinski/Ebers/Grigoleit (Hrsg.), Informationspflichten und Vertragsschluss im Acquis communautaire, 2003, S. 141; *Cahn*, Zum Begriff der Nichtigkeit im Bürgerlichen Recht, JZ 1997, 8; *Freitag*, „Specific performance" und „causa-Lehre" über alles im Recht des Vorvertrags?, AcP 207 (2007), 287; *Gernhuber*, Formnichtigkeit und Treu und Glauben, in: FS Schmidt-Rimpler 1957, S. 151; *Häsemeyer*, Die Bedeutung der Form im Privatrecht, JuS 1980, 1; *ders.*, Die gesetzliche Form der Rechtsgeschäfte, 1971; *Hagen*, Formzwang, Formzweck und Rechtssicherheit, in: FS Schippel 1996, S. 173; *ders.*, Formnichtigkeit und Treu und Glauben – Abschied von der Legende relevanter Existenzgefährdungen, in: FS Kanzleiter 2010, S. 185; *Harke*, Formzweck und Heilungsziel. Funktion und Voraussetzungen der Konvaleszenz formnichtiger Verpflichtungsgeschäfte im Grundstücks- und Geschäftsanteilsverkehr, WM 2004, 357; *Heiss*, Formmängel und ihre Sanktionen, 1999; *Hromadka*, Schriftformklauseln in Arbeitsverträgen, DB 2004, 1261; *Jud*, Formfragen bei Abschluss befristeter Mietverträge, NZM 2006, 913; *Mertens*, Die Reichweite gesetzlicher Formvorschriften im BGB, JZ 2004, 431; *Pawlowski*, Rechtsgeschäftliche Folgen nichtiger Willenserklärungen, 1966; *Pohlmann*, Die Heilung formnichtiger Verpflichtungsgeschäfte durch Erfüllung, 1992; *Reinhart*, Das Verhältnis von Formnichtigkeit und Heilung des Formmangels im bürgerlichen Recht, 1969; *Roloff*, Vertragsänderungen und Schriftformklausel, NZA 2004, 1191; *Schmidt*, Gesetzliche Formenstrenge bei GmbH-Beschlüssen?, NJW 2006, 2599; *Schmucker*, Das verbundene Geschäft und seine Auswirkungen auf den Umfang der Beurkundungspflicht, DNotZ 2002, 900; *Timme/Hülk*, Schriftform bei langfristigen Mietverträgen – ein Dauerproblem, NJW 2007, 3313; *Wesser/Saalfrank*, Formfreier Grundstückserwerb durch Miterben, NJW 2003, 2937; *Westerhoff*, Wie begründen wir Formnichtigkeit?, AcP 184 (1984), 341; *Wolfsteiner*, Wird ein formnichtiger Gesellschaftsvertrag durch Auflassung und Eintragung geheilt?, DNotZ 2003, 626.

A. Allgemeines

Privatrechtliche Geschäfte sind in der Regel formfrei wirksam. Sie können auf jede beliebige Art (mündlich, elektronisch, schriftlich, konkludent) abgeschlossen werden.[1] Der **Grundsatz der Formfreiheit** dient der **Leichtigkeit und Schnelligkeit des Rechtsverkehrs**. Nur in wenigen Ausnahmefällen verlangt das Gesetz eine besondere Form, deren Verletzung aber nach S. 1 grundsätzlich die Unwirksamkeit des gesamten Rechtsgeschäfts nach sich zieht. Weiterhin können die Parteien sich dafür entscheiden, ihre künftigen Rechtsgeschäfte und deren Änderungen einem Formgebot zu unterstellen (**gewillkürte Form**, dazu § 127 und Rn 54 ff zu S. 2). 1

Gesetzliche Formarten sind: Schriftform (§ 126 Abs. 1, Abs. 2); elektronische Form (§§ 126 Abs. 3, 126 a); 2
Textform (§ 126 b); öffentliche Beglaubigung (§ 129 iVm §§ 36 ff BeurkG); notarielle Beurkundung (§ 128

1 Zur historischen Entwicklung *Larenz/Wolf*, BGB AT, § 27 Rn 1.

iVm §§ 6 ff BeurkG); gerichtlicher Vergleich (§ 127 a). Die gesetzlichen Formen werden teilweise modifiziert: Bei der Auflassung (§ 925), dem Ehevertrag (§ 1410) und dem Erbvertrag (§ 2276) ist die gleichzeitige Anwesenheit beider Teile erforderlich. Bei der Eheschließung (§ 1310) muss ein Standesbeamter mitwirken. Wird ein Testament eigenhändig errichtet (§ 2231 Nr. 2), muss nicht nur die Unterschrift, sondern auch die Erklärung eigenhändig abgefasst werden (§ 2247 Abs. 1), allerdings nicht zwingend mit dem Namen unterschrieben werden (§ 2247 Abs. 3 S. 2). Für die Unterschrift des Ausstellers einer Inhaberschuldverschreibung genügt sogar „eine im Wege der mechanischen Vervielfältigung hergestellte Namensunterschrift" (§ 793 Abs. 2 S. 2).[2]

3 Die strengere Form ersetzt stets die schwächere; die notarielle Beurkundung ersetzt also sowohl die Schriftform (§ 126 Abs. 4) als auch die öffentliche Beglaubigung (§ 129 Abs. 2), die elektronische Form als Substitut der Schriftform (§§ 126 Abs. 3, 126 a Abs. 1) und – erst recht – die Textform als schwächste Form.

4 Nach den Regeln des internationalen Privatrechts ist ein Rechtsgeschäft formgültig, wenn es die Formerfordernisse des Geschäftsrechts oder diejenigen des Ortsrechts erfüllt (Art. 11 Abs. 1 EGBGB; zur Auslandsbeurkundung § 128 Rn 7).

B. Regelungsgehalt

I. Gesetzliche Formerfordernisse (S. 1)

5 **1. Gesetzliche Formvorschriften.** Es muss sich nicht um ein **Gesetz** im formellen Sinne handeln, vielmehr ist **jede Rechtsnorm** als Gesetz anzusehen (Art. 2 EGBGB), also auch Rechtsverordnungen[3] und Satzungen. Freilich sind derzeit keine Verordnungs- oder Satzungsnormen ersichtlich, die Formerfordernisse iSd S. 1 aufstellen. Weder nach dem Wortlaut noch aus Sinn und Zweck des § 1 S. 1 VerstV, wonach der Versteigerer nur aufgrund eines schriftlichen Vertrags tätig werden darf, ergibt sich ein für die zivilrechtliche Wirksamkeit des Versteigerungsauftrags maßgebliches Formerfordernis, vielmehr handelt es sich um eine bloße Ordnungsvorschrift, die der Behörde die Prüfung der Zulässigkeit der Versteigerung anhand eines schriftlichen Auftrags ermöglichen soll.[4] Die in der BGB-InfoV und Art. 238 ff EGBGB enthaltenen Belehrungs- und Hinweispflichten beim Abschluss von Verbraucher-, Reise- und Bankverträgen begründen gleichfalls keinen Formzwang, soweit dort nicht ausdrücklich wie in Art. 246 § 2 Abs. 1 S. 1 EGBGB die Textform des § 126 b vorgeschrieben wird.

6 **Landesrechtliche Vorschriften** können für den Bereich des Bürgerlichen Rechts keine Formerfordernisse aufstellen, weil der Bundesgesetzgeber von seiner konkurrierenden Befugnis (Art. 74 Nr. 1 GG) insoweit abschließend Gebrauch gemacht hat (Art. 72 GG; Art. 3, 55 EGBGB). Eine Bestimmung des Landes-Nachbarrechts, die einen Formzwang für Vereinbarungen über den Grenzabstand einführt, ist daher verfassungswidrig.[5] Formerfordernisse des Landesrechts, die nicht zivilrechtliche Rechtsverhältnisse betreffen, sind selbstverständlich möglich und bei Verstoß ggf entsprechend § 125 sanktioniert.[6]

7 Normen in **Tarifverträgen**, mit denen die Tarifvertragsparteien Schriftformerfordernisse begründen, sind nicht als rechtsgeschäftliche, sondern wegen der **Rechtsnormwirkung** aus § 1 Abs. 1 TVG iVm § 2 EGBGB als gesetzliche Formvorschriften einzuordnen.[7] Allerdings hängt die Wirksamkeit des Arbeitsverhältnisses nur bei echten tariflichen **Abschlussnormen** von der Beachtung der Form ab.[8] Meistens wird zum Schutz des Arbeitnehmers davon auszugehen sein, dass diese Schriftformerfordernisse vorrangig Dokumentations- und Informationszwecken dienen; dann handelt es sich etwa um – nach Inkrafttreten des NachwG (1995) an sich überflüssige – Inhaltsnormen, die einen Anspruch auf schriftliche Niederlegung des Arbeitsvertrages in Textform (§ 126 b) begründen.[9] Auch bei tarifvertraglichen Ausschlussfristen wird der „schriftlichen" Geltendmachung von Ansprüchen bereits durch Wahrung der Textform (§ 126 b) genügt.[10] Bei Formvorschriften für Nebenabreden (vgl § 2 Abs. 3 S. 1 TVöD-AT) ist hingegen von Abschlussnormen auszugehen, deren Nichteinhaltung in der Regel zur Nichtigkeit führt.[11]

8 In etlichen Vorschriften (§ 2 Abs. 1 S. 1 NachwG; § 11 Abs. S. 1 BBiG) wird bestimmt, dass nach Abschluss des Vertrags dessen wesentlicher **Inhalt schriftlich niederzulegen** ist. Dieses Erfordernis ist keine Wirk-

2 Ebenso § 13 S. 1 AktG; „vervielfältigte Unterschrift".
3 AG Frankfurt, Urt. v. 16.6.1995 – 32 C 533/95 = NJW-RR 1996, 1268 (GOZ).
4 BGH, Urt. v. 1.7.1999 – I ZR 181/96 = NJW 2001, 600, 601; Landmann/Rohmer/*Schönleiter*, § 1 Rn 3 VerstV.
5 OLG Hamm, Urt. v. 14.3.1985 – 5 U 204/84 = NJW-RR 1986, 239, 240.
6 AG Köln, Urt. v. 10.6.1993 – 136 C 165/92 = NJW-RR 1993, 471 (Baulastbestellung).
7 BAG, Urt. v. 11.10.2000 – 5 AZR 313/99 = NJW 2001, 989, 990; ErfK/*Preis*, § 127 Rn 6; *Gotthardt/Beck*, NZA 2002, 876, 882; *Gragert/Wiehe*, NZA 2001, 311, 312; zweifelnd *Hromadka*, DB 2004, 1261, 1266.
8 *Zöllner/Loritz/Hergenröder*, Arbeitsrecht, 6. Aufl. 2008, S. 365 (§ 36 I b aa); BAG BB 1955, 669.
9 *Gotthardt/Beck*, NZA 2002, 876, 882 f.
10 *Gotthard/Beck*, NZA 2002, 876, 883; *Röger*, NJW 2004, 1764, 1767; aA für § 59 Abs. 3 BAT BAG, Urt. v. 1.12.2004 – 7 AZR 135/04 = NZA 2006, 211, 213 f.
11 BAG AP Nr. 1, 4, 5, 8 zu § 4 BAT; BAG AP Nr. 9 zu § 17 BAT; BAG AP Nr. 1 zu § 3 TV Arb Bundespost.

samkeitsvoraussetzung des Vertrags,[12] sondern eine zusätzliche Pflicht, deren Verfehlung nicht die Rechtsfolge der Nichtigkeit nach sich zieht.

2. Zwecke der Formvorschriften. Die wenigen gesetzlichen Formgebote regulieren wichtige und/oder besonders gefährliche Rechtsgeschäfte. Freilich gibt es **keinen einheitlichen Formzweck**, sondern man hat danach zu unterscheiden, ob die Form den Parteien des Rechtsgeschäfts, einzelnen Dritten oder öffentlichen Interessen dient.[13] Der Zweck einer Formvorschrift ist von Bedeutung für die Ermittlung der Reichweite eines Formerfordernisses, für die Möglichkeit der Auslegung über das unmittelbar in der Erklärung Enthaltene hinaus sowie für die Möglichkeit, ein Rechtsgeschäft trotz Formverstoßes ausnahmsweise als gültig zu behandeln (dazu Rn 52). 9

Der Zweck der gesetzlichen Form ist durch Auslegung der sie begründenden Norm zu ermitteln. Mit Blick auf die Parteien des Rechtsgeschäfts beabsichtigt die Form einen **Übereilungsschutz** bei riskanten oder besonders bedeutsamen Geschäften (**Warnfunktion**,[14] so etwa bei §§ 518 Abs. 1 S. 1, 766 S. 1) oder sie soll die Dokumentation erleichtern (**Beweisfunktion/Informationsfunktion**,[15] so etwa bei § 550 S. 1). Bei hervorgehobenen Geschäften ist der Form wegen der Einschaltung eines Notars auch noch eine **Beratungsfunktion** eigen (Grundstücksgeschäfte, § 311 b Abs. 1, Schenkungen, § 518 Abs. 1 S. 1). Alle drei Funktionen können kumuliert auftreten, wie zum Beispiel bei einem Grundstückskauf (§ 311 b Abs. 1).[16] Teilweise liegt die Funktion einer Formvorschrift auch allein in der **Erschwerung** ungewollter Rechtsgeschäfte, so dient § 15 Abs. 4 S. 1 GmbHG der Verhinderung des spekulativen Handels mit GmbH-Anteilen durch Verringerung der Umlauffähigkeit.[17] Ausnahmsweise können Formvorschriften auch der Erleichterung der **behördlichen Kontrolle** dienen, zB § 34 GWB aF (bis 1999), § 30 Abs. 2 GWB im Hinblick auf die Preisbindung von Zeitschriften. 10

3. Umfang des Formerfordernisses. Grundsätzlich erstreckt sich das Formerfordernis auf den **gesamten Inhalt**[18] und auf **alle Parteien**[19] des Rechtsgeschäfts (§ 126 Rn 12). **Verweisungen auf mündliche Abreden** sind im Fall eines gesetzlichen Formerfordernisses nur ausreichend, soweit sich der gesamte Bedeutungsgehalt der vertraglichen Vereinbarungen bereits aus der Urkunde ergibt.[20] 11

Das Gesetz ordnet vereinzelt an, dass sich das Formgebot nur auf die Willenserklärung **einer** Partei bezieht (§§ 518 Abs. 1 S. 1, 761 S. 1, 766 S. 1, 780 S. 1, 781 S 1, 1154 Abs. 1 S. 1). Im Übrigen ist nach den verschiedenen Modalitäten der **Zusammengehörigkeit rechtsgeschäftlicher Abreden** zu unterscheiden: 12

a) Änderung eines formbedürftigen Rechtsgeschäfts. Die Änderung eines formbedürftigen Rechtsgeschäfts erfordert die Einhaltung einer bestimmten Form ebenso wie deren erstmalige Vornahme, wenn die **Beweisfunktion** im Vordergrund steht und die ursprünglich vereinbarten Pflichten betroffen sind.[21] Die von der Rechtsprechung[22] verwendete Formel, wonach bei für das Vertragsverhältnis „wesentlichen" Änderungen die Änderungsvereinbarung formbedürftig sein soll, hilft hingegen wegen ihrer Unbestimmtheit nicht weiter.[23] So sind etwa nachträgliche, formlose Änderungen des Mietgegenstands und Mietanpassungen um bis zu 10% bei einem nach § 550 S. 1 (Rn 16, 34) formbedürftigen Mietvertrag als „unwesentlich",[24] umgekehrt aber die Vereinbarung eines verlorenen Baukostenzuschusses als „wesentlich" gewertet worden,[25] obwohl dies im Ergebnis für die Parteien vergleichbare wirtschaftliche Auswirkungen haben kann. 13

12 BAG, Urt. v. 21.8.1997 – 5 AZR 713/96 = NJW 1998, 922, 923 (zu § 4 BBiG aF).
13 *Medicus*, BGB AT, Rn 614; Staudinger/*Hertel*, § 125 Rn 35.
14 PWW/*Ahrens*, § 125 Rn 3.
15 HK-BGB/*Dörner*, § 125 Rn 2; *Larenz/Wolf*, § 27 Rn 4 ff; Staudinger/*Hertel*, § 125 Rn 43 ff.
16 BGH, Urt. v. 26.5.2000 – V ZR 399/99 = BGHZ 144, 334.
17 BGH, Urt. v. 25.9.1996 – VIII ZR 172/95 = NJW 1996, 3338, 3339; Scholz/*Winter/Seibt*, § 15 Rn 1, 47 GmbHG; Baumbach/Hueck/*Fastrich*, § 15 Rn 30 GmbHG.
18 BGH, Urt. v. 13.4.1978 – III ZR 89/76 = WM 1978, 846, 847; Beschl. v. 24.3.1994 – III ZR 65/93 = NJW-RR 1994, 778.
19 BGH, Urt. v. 11.9.2002 – XII ZR 187/00 = NJW 2002, 3389, 3391.
20 BGH, Urt. v. 12.7.1996 – V ZR 202/95 = NJW 1996, 2792, 2793; Urt. v. 6.4.1979 – V ZR 72/74 = BGHZ 74, 346, 349 ff.
21 BGH, Urt. v. 26.10.1973 – V ZR 194/72 = NJW 1974, 271; *Mertens*, JZ 2004, 631, 633.
22 BGH, Urt. v. 11.12.1998 – V ZR 377/97 = BGHZ 140, 218, 221; Urt. v. 27.10.1972 – V ZR 37/71 = NJW 1973, 37; Urt. v. 29.9.1999 – XII ZR 313/98 = NJW 2000, 354, 358.
23 Strittig ist etwa die Form der Verlängerung der Widerrufsfrist bei einem gerichtlichen Vergleich; s. dazu (für Formpflicht) LG Bonn, Urt. v. 30.12.1996 – 9 O 173/96 = NJW-RR 1998, 427; VG Hamburg, Urt. v. 17.12.1981 – 1 VG 198/81 = MDR 1982, 962; wohl auch OLG Hamm, Urt. v. 9.7.1987 – 1 UF 67/87 = FamRZ 1988, 535, 536; aA *Schneider*, MDR 1997, 904.
24 Thüringer OLG, Urt. v. 13.3.2008 – 1 U 130/07 = NZM 2008, 572.
25 OLG Düsseldorf, Urt. v. 19.4.2007 – 10 U 122/06 = NZM 2007, 643 f.

14 Keine Formpflicht ist für eine begünstigende Änderung anzunehmen, soweit der Hauptzweck der Formvorschrift in der **Warnfunktion** nur für einen der Beteiligten liegt. Daher kann etwa eine formwirksame Bürgenverpflichtung formlos beschränkt oder erleichtert werden.[26]

15 Eine Besonderheit gilt bei **Grundstücksgeschäften**. Nach der Rechtsprechung sind wegen § 311 b Abs. 1 S. 2 bereits ab den Auflassungserklärungen Änderungen formlos wirksam, da dann die Erwerbs- und Veräußerungspflichten durch Erfüllung erloschen seien.[27] Nach einer starken Ansicht in der Literatur[28] soll hingegen die Änderung erst mit Vollendung des Erwerbstatbestandes, mithin durch die Eintragung im Grundbuch, formlos möglich sein. Sehr restriktiv wird die Änderung schließlich von einer dritten Literaturmeinung gesehen, die alle Änderungsverträge grundsätzlich der Form des § 311 b Abs. 1 S. 1 unterwirft.[29]

16 **b) Vorvertrag.** Ein Vorvertrag ist formbedürftig, wenn sich der Zweck des Formerfordernisses für den Hauptvertrag nicht in Klarstellungs- und Beweisfunktion erschöpft, sondern zumindest auch eine **Warnfunktion** daneben tritt, wie dies bei Grundstücksgeschäften, der Bürgschaft, dem Ehevertrag oder arbeitsrechtlichen Aufhebungsverträgen der Fall ist.[30] Im Fall des § 550 S. 1 ist hingegen der Vorvertrag formlos möglich, da die Formvorschrift dort gerade keine Warnfunktion hat und deshalb auch kein Wirksamkeitserfordernis des Hauptvertrages ist (Rn 34).[31] Allerdings kann ein solcher formfreier Vorvertrag die Parteien zum Abschluss des schriftlichen Mietvertrags verpflichten.[32] Keiner Form bedürfen unverbindliche Vereinbarungen im Vorfeld, etwa beim „Letter of Intent“ (Absichtserklärung).[33]

17 **c) Verbindung selbständiger Rechtsgeschäfte.** Werden mehrere Rechtsgeschäfte zu einem einheitlichen Geschäft verbunden, sind grundsätzlich **alle Rechtsgeschäfte formbedürftig**, wenn auch nur eines dem Formzwang unterliegt.[34] Ob eine solche rechtliche Verbindung vorliegt, richtet sich danach, ob die Vereinbarungen nach dem Willen der Parteien miteinander „**stehen und fallen**“ sollen.[35] Dies ist beispielsweise zu bejahen für verbundene Geschäfte iSd § 358 Abs. 1, etwa bei der Verknüpfung eines nach § 492 Abs. 1 schriftlich abzuschließenden Verbraucherkreditvertrags mit einem Kaufvertrag.[36] Ausreichend ist es, wenn die eine Partei den erkennbaren Verbundwillen der anderen Partei hinnimmt.[37] Von einer Geschäftseinheit ist hingegen nicht zu sprechen, wenn die Parteien die formpflichtige Erstvereinbarung auch ohne die mangels Formwahrung nichtige Zweitvereinbarung getroffen hätten (§ 139 entsprechend).[38] Die Frage, ob die Geschäfte miteinander „stehen und fallen“, ist also aus dem Blickwinkel des formauslösenden Rechtsgeschäfts zu betrachten. Die Niederlegung mehrerer selbständiger Verträge in verschiedenen Urkunden begründet allerdings eine Vermutung dafür, dass die Verträge nicht in rechtlichem Zusammenhang stehen sollen, zumal wenn die Verträge keine mittelbare oder unmittelbare Bezugnahme aufeinander enthalten.[39]

18 Gerade andersherum ist zuweilen den Parteien eine gewollte Aufspaltung verwehrt. Das ist der Fall, wenn der **Formzweck** eine **behördliche Überprüfung** erleichtern soll. Dann können sich die Parteien einer Beurteilung des wirtschaftlichen Vorgangs durch Aufspaltung in rechtlich getrennte Verträge nicht entziehen.[40]

26 BGH, Urt. v. 29.11.1967 – VIII ZR 101/65 = NJW 1968, 393; Urt. v. 17.3.1994 – IX ZR 102/93 = NJW 1994, 1656; *Mertens*, JZ 2004, 431, 433; *Häsemeyer*, Die gesetzliche Form der Rechtsgeschäfte, S. 191, 238.

27 BGH, Urt. v. 6.5.1988 – V ZR 50/87 = BGHZ 104, 276, 277; s. dazu auch *Hagen*, Formzwang, Formzweck und Rechtssicherheit, in: FS Schippel 1996, S. 173, 177.

28 *Mertens*, JZ 2004, 431, 433; Staudinger/*Wufka*, § 313 Rn 207.

29 MüKo/*Einsele*, § 125 Rn 18.

30 BGH, Urt. v. 12.5.2006 – V ZR 97/05 = NJW 2006, 2843, 2844; Urt. v. 7.2.1986 – V ZR 176/84 = BGHZ 97, 147, 152; Urt. v. 18.12.1981 – V ZR 233/80 = BGHZ 82, 398, 403 (für Vorvertrag zur Grundstücksveräußerung); Urt. v. 7.6.1973 – III ZR 71/71 = BGHZ 61, 48 (Jagdpachtvertrag); BGH LM § 766 Nr. 8 I (Bürgschaftsvorvertrag); BAG, Urt. v. 17.12.2009 – 6 AZR 242/09 = NJW 2010, 1100, 1102 (arbeitsrechtlicher Aufhebungsvertrag); für Übernahmeverpflichtungsvertrag zwischen GmbH und Übernehmer Scholz/*Priester*, § 55 Rn 117 GmbHG; aA *Freitag*, AcP 207 (2007), 287.

31 BGH LM § 566 Nr. 1.

32 BGH, Urt. v. 7.3.2007 – XII ZR 40/05 = NJW 2007, 1817, 1818; Urt. v. 6.4.2005 – XII ZR 132/03 = NJW 2005, 2225, 2227.

33 *Lutter*, Der Letter of Intent, 3. Aufl. 1998.

34 BGH, Urt. v. 24.9.1987 – VII ZR 306/86 = BGHZ 101, 393, 396; zu verbundenen Verträgen bei Grundstücksgeschäften *Wedemann*, WM 2010, 395.

35 St. Rspr, vgl BGH, Urt. v. 12.2.2009 – VII ZR 230/07 = NJW-RR 2009, 953; Urt. v. 24.9.1987 – VII ZR 306/85 = BGHZ 101, 393, 396; Urt. v. 6.11.1980 – VII ZR 12/80 = BGHZ 78, 346, 349; Urt. v. 6.12.1979 – VII ZR 313/78 = BGHZ 76, 43, 48 f; BGH, Urt. v. 26.11.1999 – V ZR 251/98 = NJW 2000, 951; OLG München, Urt. v. 25.11.2010 – 1 U 3490/09; *Schmucker*, DNotZ 2002, 900, 904.

36 BGH, Urt. v. 18.12.2007 – XI ZR 325/06 = WM 2008, 967, 968 ff.

37 BGH, Urt. v. 22.3.1991 – V ZR 318/89 = NJW-RR 1991, 1032.

38 BGH, Urt. v. 20.6.1980 – V ZR 84/79 = NJW 1981, 222.

39 OLG München, Urt. v. 25.11.2010 – 1 U 3490/09.

40 BGH, Urt. v. 29.6.1982 – KZR 19/81 = BGHZ 84, 322 (zum früheren Schriftformerfordernis nach dem GWB).

d) Unselbständige Nebenabreden. Das Rechtsgeschäft ist grundsätzlich vollumfänglich zu beurkunden (**Grundsatz der Gesamtbeurkundung**).[41] Maßgebend ist aber immer der Zweck der Formvorschrift.[42] Für Grundstücksgeschäfte ist daher aufgrund der hier u.a. betroffenen Beweis- und Informationsfunktion ein strenger Formzwang anzunehmen, während Nebenabreden anlässlich einer Übernahmeerklärung bei der GmbH-Stammkapitalerhöhung (§ 55 Abs. 1 GmbHG) formlos wirksam sind.[43] 19

Nebenpflichten, die sich bereits aus Sinn und Zweck des Vertrags, der Verkehrssitte und Treu und Glauben gem. § 157 ergeben, bedürfen nicht der Einhaltung der Form, soweit der vereinbarte Vertragsinhalt in allgemeiner Fassung zum Ausdruck kommt.[44] 20

Die Nichtigkeit wegen eines Formverstoßes spielt im Übrigen dann keine Rolle, wenn sich die gewollten Rechtsfolgen bereits aus dem Gesetz oder aus einer anderen wirksamen rechtlichen Grundlage[45] ergeben. So ist zB **Zubehör** bei einem formgültigen Grundstückskaufvertrag auch dann mitverkauft, wenn darüber ein eigener, allerdings formunwirksamer Kaufvertrag geschlossen wurde (§ 311 c). 21

e) Aufhebung. Die formlose Aufhebung eines Rechtsgeschäfts, das unter Wahrung der vorgeschriebenen Form abgeschlossen wurde, ist in der Regel möglich.[46] Im Erbrecht ordnet das Gesetz in zwei Fällen allerdings gerade hierfür einen Formzwang an (Erbvertrag: §§ 2290 Abs. 4, 2276 Abs. 1; Erbverzicht: §§ 2351, 2348). Verallgemeinerbar sind diese Sondervorschriften indes nicht. Für den **Grundstückskauf** ist ein Beurkundungszwang für den Aufhebungsvertrag nicht nur anzunehmen, wenn der Eigentumswechsel vollzogen wurde,[47] sondern grundsätzlich schon dann, wenn der Auflassungsempfänger ein Anwartschaftsrecht erlangt hat oder eine Vormerkung eingetragen ist.[48] Wenn der BGH jedoch abweichend hiervon zugleich die Möglichkeit zur formlosen Aufhebung des Auflassungsvertrags durch einen Anwartschaftsberechtigten bejaht, bedeutet das praktisch, dass der die Auflassung mitumfassende Aufhebungsvertrag über das gesamte Grundstücksgeschäft formfrei ist, weil damit auch das Anwartschaftsrecht des Käufers entfällt.[49] 22

f) Gestaltungserklärungen, Leistungsbestimmungsrechte, Vorkaufs- und Wiederkaufsrecht. Die **Anfechtungserklärung** (§ 143 Abs. 1) bedarf ebenso wenig wie die **Rücktrittserklärung** (§ 349) der Form des zugrunde liegenden Rechtsgeschäfts, Formerfordernisse kennen insoweit allerdings das Familien- und Erbrecht, vgl §§ 1597 Abs. 1, 2282 Abs. 3, 2271 Abs. 1 S. 1, 2296 Abs. 2 S. 2. 23

Leistungsbestimmungsrechte (§§ 315, 317) müssen in der für das betreffende Rechtsgeschäft erforderlichen Form eingeräumt werden, die Ausübung ist hingegen formlos möglich.[50] 24

Die **Ausübung eines Vorkaufsrechts** bzw einer **Option** bedarf nicht der Form des Kaufvertrages (§ 464 Abs. 1 S. 2). Eine entsprechende Regelung findet sich in § 456 Abs. 1 S. 2 für den Wiederkauf. Nach der zutreffenden hM ist daher bei der **Einräumung** eines Vor- oder Wiederkaufsrechts über ein Grundstück die Form des § 311 b Abs. 1 zu wahren.[51] Nach anderer Ansicht bedarf nur die spätere Ausübungserklärung der Form, während die Einräumung formfrei möglich sein soll.[52] Spätestens mit dem Inkrafttreten von § 577 Abs. 3 (dazu § 577 Rn 29 ff) ist dieser Ansicht, die sich auf ein Versehen des Gesetzgebers beruft, die Grundlage entzogen, denn dort ist Formpflicht nur für diesen speziellen Sachverhalt angeordnet. 25

g) Vollmacht, Zustimmung. Die Bevollmächtigung für die Vornahme eines formpflichtigen Rechtsgeschäfts (§ 167 Abs. 2) bedarf grundsätzlich **nicht der für das Rechtsgeschäft bestimmten Form**. Eine gesetzliche **Ausnahme** hiervon statuiert § 492 Abs. 4 für Verbraucherdarlehensverträge; vgl auch § 12 Abs. 1 S. 2 HGB für Vollmachten wegen Anmeldungen zum Handelsregister. Darüber hinaus besteht die Rechtsprechung in einigen Fallgruppen auf der Formbedürftigkeit einer Vollmachtserteilung, wenn sonst die Warnfunktion einer Formvorschrift nicht gewahrt werden kann. Denn die Warnfunktion soll gerade denjenigen vor Übereilung schützen, der einen Rechtsverlust erleidet bzw sich hierzu verpflichtet, was aber auf den Ver- 26

41 *Larenz/Wolf*, § 27 Rn 23; Staudinger/*Hertel*, § 125 BGB Rn 58.
42 BGH, Urt. v. 2.2.1989 – IX ZR 99/88 = NJW 1989, 1484.
43 BGH, Urt. v. 20.1.1977 – II ZR 222/75 = NJW 1977, 1151; Scholz/*Priester*, § 55 Rn 89 GmbHG.
44 BGH, Urt. v. 12.7.1996 – V ZR 202/95 = NJW 1996, 2792; *Larenz/Wolf*, § 27 Rn 24.
45 BGH, Urt. v. 18.5.1982 – KZR 15/81 = BGHZ 84, 125 (zulässige Wettbewerbsabrede aufgrund Vertragszweck).
46 OLG Karlsruhe, Beschl. v. 1.3.2004 – 16 UF 180/03 = NJW-RR 2004, 1305.
47 BGH, Urt. v. 30.4.1982 – V ZR 104/81 = BGHZ 83, 395, 397; anders aber nach BGH, Urt. v. 7.10.1994 – V ZR 102/93 = BGHZ 127, 168, 174, wenn die Rückabwicklung bewusst dem Bereicherungsrecht überlassen bleibt (ein ganz unwahrscheinlicher Fall).
48 BGH, Urt. v. 30.4.1982 – V ZR 104/81 = BGHZ 83, 395, 399 ff; MüKo/*Einsele*, § 125 Rn 15.
49 BGH, Urt. v. 30.9.1993 – IX ZR 211/92 = NJW 1993, 3323, 3326; abl. *Eckardt*, JZ 1996, 934; MüKo/*Einsele*, § 125 Rn 16.
50 BGH, Urt. v. 7.2.1986 – V ZR 176/84 = BGHZ 97, 147, 154; BGH, Urt. v. 8.11.1968 – V ZR 58/65 = NJW 1969, 131, 132; RG, Urt. v. 8.11.1940 – VII 40/40 = RGZ 165, 161, 163 f.
51 BGH, Urt. v. 12.5.2006 – V ZR 97/05 = NJW 2006, 2843, 2844; Urt. v. 28.6.1996 – V ZR 136/95 = NJW-RR 1996, 1167; *Wolf*, DNotZ 1995, 179, 184 ff; *Mertens*, JZ 2004, 431, 436 f.
52 MüKo/*Einsele*, § 125 Rn 27; *Einsele*, DNotZ 1990, 325 f; vgl auch Staudinger/*Mader*, § 497 Rn 18; Staudinger/*Mader*, § 505 Rn 4.

treter nicht zutrifft. Dementsprechend wurde insb. bei unwiderruflicher Vollmacht,[53] bei Vertragsstrafeversprechen und bei Blankobürgschaften[54] die Formbedürftigkeit auch der Vollmachtserklärung verlangt. Die bessere Lösung liegt aber nicht in der kasuistischen Durchbrechung des § 167 Abs. 2, sondern im Abstellen darauf, ob nach dem Parteiwillen ausnahmsweise eine rechtliche Einheit zwischen dem Kausalgeschäft und der Vollmachterteilung besteht.[55]

27 Die **Zustimmung** zu einem Rechtsgeschäft bedarf nach § 182 Abs. 2 nicht der für das Rechtgeschäft erforderlichen Form. Die Rechtsprechung schränkt die Regelung für die unwiderrufliche (vorherige) **Einwilligung** jedoch entsprechend der Vollmachtserteilung ein.[56] Für die (nachträgliche) **Genehmigung** wird eine solche teleologische Restriktion hingegen abgelehnt.[57]

28 **4. Auslegung.** Fraglich ist, ob eine ergänzende Vertragsauslegung auch aufgrund von Umständen erfolgen darf, die in der Urkunde keinen Niederschlag gefunden haben. Nach überwiegender Ansicht gilt insoweit die „**Andeutungstheorie**", wonach außerhalb der Urkunde liegende Umstände nur mit berücksichtigt werden dürfen, soweit sie in der förmlichen Erklärung zumindest andeutungsweise zum Ausdruck gekommen sind.[58]

29 Die **unwissentliche Falschbeurkundung** ist bei Grundstückskaufverträgen in der Regel unbeachtlich. Es gilt der Grundsatz „falsa demonstratio non nocet", so dass bei irrtümlicher Falschbezeichnung das übereinstimmend Gewollte wirksam vereinbart ist, selbst wenn sich hierfür in der notariellen Urkunde keine Andeutung findet.[59] Die insoweit im Vordergrund stehende Warn- und Schutzfunktion des § 311 b Abs. 1 ist durch die tatsächlich durchgeführte Beurkundung gewahrt, die Beweisfunktion hat hingegen bei § 311 b Abs. 1 eine nur untergeordnete Bedeutung. Bei wissentlicher Falschbeurkundung ist das verdeckte Rechtsgeschäft (§ 117 Abs. 2) hingegen stets formunwirksam.

30 **5. Rechtsfolge. a) Nichtigkeit.** Die Nichtigkeitsrechtsfolge des S. 1 lässt nicht die tatbestandlichen Voraussetzungen, sondern etwaige Erfüllungsansprüche aus dem formwidrigen Rechtsgeschäft entfallen. Ein besonderer **Akt der Geltendmachung** ist **nicht vonnöten**. Auch **Dritte** können die Nichtigkeit des Rechtsgeschäfts geltend machen, ohne hieran ein rechtliches Interesse nachweisen zu müssen.[60]

31 Von der Nichtigkeit unberührt bleiben **vertragsähnliche Schadensersatzansprüche**, etwa aus §§ 311 Abs. 2, 280 Abs. 1 (culpa in contrahendo), sowie gesetzliche Ansprüche aus Delikt (§ 823 Abs. 2 iVm § 263 StGB), Bereicherungsrecht oder Vindikation. Der Schadensersatzanspruch erstreckt sich auf das (nicht durch den Wert der Erfüllung begrenzte) negative Interesse, geht also auf Ersatz des Schadens, der dem Anspruchsberechtigten durch das Vertrauen auf die Gültigkeit des Vertrags entstanden ist.

32 Wenn sich der Formmangel nur auf einen Teil des Rechtsgeschäfts bezieht, ist nach § 139 zu beantworten, ob der formgerechte Teil aufrechterhalten werden kann. Im Zweifel führt demnach **Teilnichtigkeit** zur Unwirksamkeit des ganzen Rechtsgeschäfts.[61] Waren sich die Parteien jedoch der Formunwirksamkeit eines Teils ihrer Vereinbarungen (Nebenabreden) bewusst, so wird ihr Wille grundsätzlich auf Erhaltung der wirksamen Bestimmungen gerichtet sein. Durch eine sog. **salvatorische Vertragsklausel**, wonach der Vertrag gültig bleibt, wenn einzelne Bestimmungen nicht wirksam geworden sind, kann § 139 grundsätzlich wirksam abbedungen werden,[62] wegen §§ 306 Abs. 3, 307 Abs. 2 Nr. 1 allerdings nicht in Allgemeinen Geschäftsbedingungen.

33 **b) Sonderregelungen.** Sonderregeln über die Konsequenzen eines Formverstoßes gehen der Bestimmung der Rechtsfolge nach S. 1 vor.[63] In Betracht kommen **gesetzliche Spezialvorschriften über die Rechtsfolgen**, insbesondere die Bestimmungen über die Heilung formnichtiger Geschäfte, sowie die anerkannten **Grundsätze** über fehlerhafte Gesellschafts- und Arbeitsverträge. Meistens knüpfen diese Regelungen an eine

53 BGH, Urt. v. 23.2.1979 – V ZR 171/77 = NJW 1979, 2306.

54 BGH, Urt. v. 29.2.1996 – IX ZR 153/95 = BGHZ 132, 119; so iE auch *Binder,* AcP 2007, 155, 197, der für Blankette eine analoge Anwendung des § 167 Abs. 2 ablehnt, damit eine grundsätzliche Formbedürftigkeit für solche statuiert und nur von der Wahrung der gesetzlichen Form ausgeht, wenn das einschlägige Formerfordernis nicht dem Schutz vor Übereilung dient.

55 So *Mertens*, JZ 2004, 431, 435.

56 BGH, Urt. v. 23.1.1998 – V ZR 272/96 = NJW 1998, 1482, 1484 zu Grundstückskaufverträgen (obiter dictum).

57 BGH, Urt. v. 25.2.1994 – V ZR 63/93 = BGHZ 125, 218, 220 ff zu Grundstückskaufverträgen/Time-Sharing; BGH, Urt. v. 25.9.1996 – VIII ZR 172/95 = NJW 1996, 3338, 3339 zu § 15 Abs. 4 S. 1 GmbHG.

58 BGH, Urt. v. 30.6.1999 – XII ZR 55/97 = NJW 1999, 2591, 2592 f; Urt. v. 12.7.1996 – V ZR 202/95 = NJW 1996, 2792, 2793; Urt. v. 14.2.1997 – V ZR 114/95 = WM 1997, 1024, 1025; Urt. v. 25.3.1983 – V ZR 268/81 = BGHZ 87, 150, 154.

59 BGH, Urt. v. 25.3.1983 – V ZR 268/81 = BGHZ 87, 150, 152 f.

60 RG, Urt. v. 3.6.1918 – IV 11/18 = RGZ 93, 74, 76.

61 Zur Widerlegung der Vermutung etwa BGH, Urt v. 17.3.2000 – V ZR 363/98 = NJW 2000, 2100.

62 BGH, Beschl. v. 15.3.2010 – II ZR 84/09 = NJW 2010, 1660, 1661; Urt. v. 30.1.1997 – IX ZR 133/96 = NJW-RR 1997, 684, 865; einschr. BGH, Urt. v. 7.4.2000 – V ZR 83/99 = NJW 2000, 2017.

63 *Medicus*, Rn 626; Staudinger/*Hertel*, § 125 Rn 98.

von den Parteien, manchmal auch an eine von staatlicher Seite bewirkte Handlung, insbesondere eine Registereintragung, an.

aa) Mietverträge über Wohnraum. Ein Mietvertrag über Wohnraum, der für **längere Zeit als ein Jahr** nicht in schriftlicher Form geschlossen wurde, ist nicht etwa im Ganzen nichtig, sondern gilt im Gegenteil für unbestimmte Zeit (§ 550 S. 1).[64] Zur Wahrung der Schriftform ist eine formwirksame Abrede über Mietgegenstand, Mietzins, Mietdauer und die Parteien des Mietvertrags sowie etwaige weitere Essentialia ausreichend.[65] Unbeachtlich für die Formwahrung sind demgegenüber falsche oder nur durch Auslegung bestimmbare Angaben zum Mietbeginn im Mietvertrag (dazu auch § 126 Rn 13).[66] Nichtig ist nur die **Laufzeitvereinbarung**.[67] Diese wird jedoch wirksam, wenn die Parteien nachträglich einen schriftlichen Vertrag abschließen, der die nicht formgerechte Vereinbarung bestätigt;[68] entsprechendes gilt, wenn der Vertrag zunächst nur der äußeren Form nach die Schriftform gewahrt hat, insbesondere weil die Annahmeerklärung einer Partei erst nach Ablauf einer hierfür gesetzten Frist erfolgt ist, die Parteien sodann aber den Vertrag durch ihr Handeln inhaltsgleich bestätigt haben.[69] Der Vertrag kann frühestens zum Ablauf des ersten Jahres gekündigt werden. Findet sich im (nicht schriftlich abgeschlossenen) Mietvertrag eine sog. salvatorische Erhaltungs- und Ersetzungsklausel, kann hieraus kein Anspruch auf Nachholung der Schriftform abgeleitet werden mit der Folge, dass die Befristung des Mietvertrags nachträglich herbeigeführt wird.[70] Wurde die Schriftform rechtsgeschäftlich vereinbart, findet § 550 keine Anwendung; vielmehr ist im Zweifel anzunehmen, dass dann vor Beachtung dieser Form der Vertrag noch nicht zustande gekommen ist (vgl § 154 Abs. 2). Haben sich aber die Parteien bereits über die Essentialia des Vertrags geeinigt und über Monate dem zu beurkundenden Vertrag entsprechend verhalten, findet § 154 Abs. 2 keine Anwendung.[71] 34

bb) Befristete Arbeitsverträge. Ein Arbeitsvertrag, der eine Befristung enthält, bedarf der Schriftform (§ 14 Abs. 4 TzBfG). Ein Verstoß führt nicht zur Nichtigkeit des Vertrages, sondern nur zur **Nichtigkeit der Befristungsabrede**, die auch durch eine nachträgliche Ausfertigung eines schriftlichen Vertrags nicht wiederhergestellt werden kann.[72] Vereinbaren die Parteien jedoch später schriftlich eine selbständige und neue, von früheren Absprachen der Parteien unabhängige Befristungsabrede, genügt diese der Form des § 14 Abs. 4 TzBfG.[73] Das mangels wirksamer Befristungsabrede unbefristete Arbeitsverhältnis kann allerdings auch vor dem Zeitpunkt der eigentlich geplanten Befristung ordentlich gekündigt werden (§ 16 S. 2 TzBfG). 35

cc) Verbraucherdarlehensverträge und ähnliche Geschäfte. Ein Verbraucherdarlehensvertrag kommt ungeachtet der Nichteinhaltung der Schriftform (§ 492 Abs. 1 S. 1) zustande, soweit der Darlehensnehmer das Darlehen empfängt, freilich **ändert sich der Inhalt** ex lege (§ 494 Abs. 2). Entsprechendes gilt für Teilzahlungsgeschäfte (§ 507 Abs. 2). 36

dd) Fehlerhafte Gründung einer Kapitalgesellschaft. Kapitalgesellschaften (AG, KGaA, GmbH), deren Satzung nicht oder nicht korrekt notariell beurkundet wurde (§ 23 Abs. 1 S. 1 AktG; § 2 Abs. 1 S. 1 GmbHG), sind ab ihrer Eintragung in das Handelsregister (§ 41 AktG; § 11 Abs. 1 GmbHG) in keiner Weise der Nichtigkeitsfolge unterworfen (arg. §§ 275 ff AktG; §§ 75 ff GmbHG). Bereits vor der Eintragung gelten für in Vollzug gesetzte Vorgesellschaften die Sonderregeln über die fehlerhafte Gesellschaft (Rn 43). 37

ee) Fehlerhafte Beschlüsse einer Kapitalgesellschaft. Die Formwidrigkeit von **Hauptversammlungsbeschlüssen** einer Aktiengesellschaft, denen es an der erforderlichen notariellen Beurkundung (§ 130 Abs. 1 AktG) mangelt, wird durch die **Eintragung im Handelsregister geheilt** (§§ 241 Nr. 2, 242 Abs. 1 AktG); dasselbe gilt nach allgemeiner Meinung für Gesellschafterbeschlüsse einer GmbH. Bei unter Missachtung von § 48 Abs. 2 GmbHG getroffenen Beschlüssen der GmbH ist der betroffene Beschluss nichtig.[74] 38

c) Heilungsvorschriften. Die **Erfüllung** formungültiger Verträge führt in einigen gesetzlich bestimmten Fällen zur Gültigkeit des Vertrags. Der Erfüllungsakt, der nach Maßgabe der an sich nichtigen Vereinbarung 39

64 Zum Schutzzweck des § 550 s. BGH, Urt. v. 7.5.2008 – XII ZR 69/06 = NJW 2008, 2178; LG Frankfurt/Main, Urt. v. 22.9.2006 – 19 O 48/05 = NJW-RR 2007, 589, 590; *Jacoby*, NZM 2011, 1, 6 ff.

65 OLG Bamberg, Urt. v. 2.3.2011 – 3 U 182/10.

66 BGH, Urt. v. 2.5.2007 – XII ZR 178/04 = NJW 2007, 3273; Urt. v. 2.11.2005 – XII ZR 212/03 = NJW 2006, 139, 140; OLG Rostock, Urt. v. 18.4.2005 – 3 U 90/04 = MDR 2006, 145; allgemein zur Schriftform bei § 550 *Leo*, NZM 2005, 688; *Jud*, NZM 2006, 913; *Timme/Hülk*, NJW 2007, 3313.

67 Zur Nichtigkeit des Verzichts auf die Eigenbedarfskündigung BGH, Urt. v. 4.4.2007 – VIII ZR 223/06 = NJW 2007, 1742.

68 BGH, Urt. v. 29.4.2009 – XII ZR 142/07 = NJW 2009, 2195, 2196.

69 BGH, Urt. v. 24.2.2010 – XII ZR 120/06 = NJW 2010, 1518 ff.

70 BGH, Urt. v. 25.7.2007 – XII ZR 143/05 = NJW 2007, 3202, 3203 f; OLG Hamm, Urt. v. 16.2.2011 – I-30 U 53/10 = IBR 2011, 229; Thüringisches OLG, Urt. v. 13.3.2008 – 1 U 130/07 = NZM 2008, 572, 573; *Timme/Hülk*, NJW 2007, 3313, 3316 f.

71 KG, Urt. v. 10.3.2005 – 8 U 217/04 = MDR 2005, 1276, 1277.

72 BAG, Urt. v. 16.3.2005 – 7 AZR 289/04 = BAGE 114, 146; Urt. v. 1.12.2004 – 7 AZR 198/04 = BAGE 113, 75.

73 BAG, Urt. v. 13.6.2007 – 7 AZR 700/06 = BAGE 123, 109.

74 BGH, Urt. v. 16.1.2006 – II ZR 135/04 = NJW 2006, 2044; dazu *Schmidt*, NJW 2006, 2599.

vollzogen wird, wird als „Heilung“ der Formnichtigkeit bezeichnet. Heilung kann erst eintreten, **wenn erfüllt wurde**, eine Leistung erfüllungshalber iSd § 364 genügt nicht. Sind mehrere Verträge als einheitliches Geschäft abgeschlossen, müssen sämtliche zum Gesamtgeschäft gehörenden Pflichten erfüllt werden.[75] Heilungsregeln idS enthalten im BGB die §§ 311 b Abs. 1 S. 2, 494 Abs. 2, 507 Abs. 2, 518 Abs. 2, 766 S. 3, 2301 Abs. 2; s. ferner § 15 Abs. 4 S. 2 GmbHG für den Anteilserwerb.[76] Eine Heilung einer fehlerhaften Eheschließung tritt nach § 1310 Abs. 3 nur ein, soweit die Ehegatten mindestens zehn Jahre als Ehegatten zusammengelebt haben und die dort genannten weiteren Voraussetzungen erfüllt sind. Bei § 1031 Abs. 6 ZPO ist Heilungsgrund eine **Verfahrenshandlung**. Durch die Heilungsvorschriften wird aber nur der Formfehler geheilt, andere Unwirksamkeitsgründe werden von der Heilung nicht erfasst.

40 Eine Heilung kann daneben auch durch die Eintragung in Register, die dem Vorgang **Publizität verschafft**, eintreten. Neben den oben bereits erwähnten Registereintragungen bei Gründung und Beschlussfassung (Rn 37 f) ist noch zu nennen die Handelsregistereintragung in den Fällen der §§ 20 Abs. 1 Nr. 4 (Verschmelzung), 131 Abs. 1 Nr. 4 (Spaltung) und § 202 Abs. 1 Nr. 3 UmwG (Formwechsel), die das Fehlen der notariellen Beurkundung überwinden.

41 Aus den verschiedenen Bestimmungen kann **kein allgemeiner Rechtsgrundsatz** gewonnen werden, dass die Ausführung des formnichtigen Geschäfts stets eine Heilung der Nichtigkeit zur Folge hat.[77] Die Zwecksetzungen sind zu unterschiedlich; man muss je nach den besonderen Zwecken der einzelnen Formvorschriften bestimmen, ob die freiwillige Erfüllung der nicht formgerechten Vereinbarung zur Heilung führen kann.[78]

42 Die Heilung betrifft den **gesamten Inhalt** des Rechtsgeschäfts. Sie wirkt ex nunc, doch gilt nach der Rechtsprechung eine tatsächliche Vermutung, dass die Parteien einander dasjenige gewähren wollten, was sie haben würden, wenn der Vertrag von Anfang an gültig gewesen wäre (§ 141 Abs. 2 entsprechend).[79]

43 **d) Vollzogene Gesellschafts- und Arbeitsverträge.** Die im Kern gewohnheitsrechtlichen **Regeln über fehlerhafte Personengesellschaften** besagen: Ist durch Vollzug eines mangelhaften Vertrages ein Gesellschaftsverhältnis begründet worden, so kann dieses nicht mehr rückwirkend beseitigt, sondern nur noch für die Zukunft aufgelöst werden. Formwidrigkeit gibt einen Grund für die Auflösungsklage entsprechend § 133 Abs. 1 HGB.[80] Für das Stadium zwischen formnichtigem Abschluss und Ausführung des Gesellschaftsvertrags[81] bleibt es hingegen bei den allgemeinen Vorschriften und damit auch bei der von selbst eintretenden Nichtigkeitsfolge.

44 Da für das Arbeitsverhältnis ein Formerfordernis idR nur aufgrund von Tarifverträgen besteht (dazu Rn 7), spielt die Lehre vom **fehlerhaften Arbeitsverhältnis** insoweit kaum eine Rolle. Sie besagt, dass die Nichtigkeit nur mit Wirkung für die Zukunft geltend gemacht werden kann.[82]

45 **6. Treu und Glauben.** Die wenigen Vorschriften über einen Formzwang für Rechtsgeschäfte sind als gesetzliche Ausnahme vom Grundsatz der Formfreiheit sehr **ernst zu nehmen**. Das Beharren auf der gesetzlich vorgeschriebenen Form entspricht der **Ordnungsaufgabe der zwingenden Formbestimmungen**.[83] Eine allgemeine Berufung auf den Grundsatz von Treu und Glauben (§ 242) zur Vermeidung der scharfen Nichtigkeitsfolge ist nicht gestattet.[84]

46 Die Rechtsprechung hat gleichwohl eine **Korrektur mittels § 242** zugelassen, wobei allerdings hohe Anforderungen gestellt werden. Vorab ist klarzustellen, dass der **Anwendungsbereich** des Einwands aus § 242 auf **Verpflichtungsgeschäfte** beschränkt ist. Bei Verfügungsgeschäften ist nicht nur das Verhältnis der Vertragsparteien betroffen, sondern auch das Schutzinteresse Dritter an eindeutigen rechtlichen Verhältnissen. Dies gilt grundsätzlich auch für die Verträge des Familien- und Erbrechts. Insoweit sind allein auf dem Gebiet des Höferechts (Hoferbenbestimmung) Ausnahmen gemacht worden, die allerdings ganz auf den Besonderheiten

75 BGH, Urt. v. 7.4.2000 – V ZR 83/99 = NJW 2000, 2017.
76 Hierzu *Harke*, WM 2004, 357; MüKo-GmbHG/*Reichert/Weller*, § 15 GmbHG Rn 120 ff.
77 BGH, Urt. v. 2.2.1967 – III ZR 193/64 = NJW 1967, 1128; aA (Heilung stets bei vollständiger beidseitiger Erfüllung) *Heiss*, S. 277 ff.
78 *Larenz/Wolf*, § 27 Rn 19; *Pawlowski*, BGB AT, § 4 Rn 414.
79 BGH, Urt. v. 25.3.1998 – VIII ZR 185/96 = BGHZ 138, 195; BGH, Urt. v. 10.11.1978 – V ZR 181/76 = MDR 1979, 298; Jauernig/*Jauernig*, § 125 Rn 12; PWW/*Ahrens*, § 125 Rn 21; *Pohlmann*, Die Heilung formnichtiger Verpflichtungsgeschäfte durch Erfüllung, 1992, S. 167–178.
80 *Windbichler*, GesR, 22. Aufl. 2009, § 13 Rn 13 u. 15.
81 Zum Streitstand über das Ausführungskriterium MüKo/*Ulmer*, § 705 Rn 342.
82 BAG, Urt. v. 15.11.1957 – 1 AZR 189/57 = AP § 125 Nr. 2; *Zöllner/Loritz/Hergenröder*, Arbeitsrecht, § 11 II 1 b.
83 BAG, Urt. v. 16.9.2004 – 2 AZR 659/03 = NJW 2005, 844; *Köhler*, BGB AT, § 12 Rn 16; MüKo/*Einsele*, § 125 Rn 56.
84 BGH, Urt. v. 28.1.1993 – IX ZR 259/91 = BGHZ 121, 224, 233; Urt. v. 20.9.1984 – III ZR 47/83 = BGHZ 92, 164, 172; Urt. v. 25.2.1966 – V ZR 126/64 = BGHZ 45, 179, 182; *Larenz/Wolf*, § 27 Rn 67.

dieses Gebiets beruhen.[85] § 242 findet grundsätzlich keine Anwendung, wenn beide Parteien die Formbedürftigkeit des Rechtsgeschäfts kennen,[86] selbst wenn eine Partei die Erfüllung des formfehlerhaften Vertrages in Aussicht stellt.[87]

Eine Abweichung von der Rechtsfolge der Nichtigkeit unter Berufung auf Treu und Glauben ist allenfalls dann möglich, wenn nicht etwa nur ein hartes, sondern ein **schlechthin untragbares Ergebnis** droht.[88] Das ist nach der Rechtsprechung anzunehmen bei **Existenzgefährdung**[89] oder besonders **schwerer Treupflichtverletzung**.[90] Nicht erforderlich ist jedoch, dass Schadensersatzansprüche (insb. aus §§ 311 Abs. 2 Nr. 1, 280 Abs. 1) oder Bereicherungsansprüche unzureichend zur Korrektur des Missverhältnisses im Sinne einer Subsidiarität des Einwandes unzulässiger Rechtsausübung sind.[91] Im Einzelnen lassen sich vor diesem Hintergrund einige Fallgruppen unterscheiden: 47

a) Arglistige Täuschung über das Formerfordernis. Der arglistig Getäuschte kann seine Willenserklärung grundsätzlich anfechten (§ 123 Abs. 1). Dies bringt ihm allerdings keinen Vorteil, da das Rechtsgeschäft schon wegen des Formmangels nichtig ist. Außerdem hat er idR Schadensersatzansprüche aus §§ 280 Abs. 1, 311 Abs. 2 Nr. 1, 241 Abs. 2, die aber nur auf das negative Interesse gehen und nicht auf Erfüllung. Der Täuschende würde demnach sein Ziel erreichen, ein verbindliches Rechtsgeschäft zu vermeiden. 48

Daher gibt man dem Getäuschten die **Wahl**, ob er sich selbst auf die Nichtigkeit des Rechtsgeschäfts berufen will oder ob er dem Nichtigkeitseinwand der Gegenseite mit § 242 begegnet.[92] Im Ergebnis bedeutet Letzteres, dass das Rechtsgeschäft trotz des Formmangels als gültig anzusehen und zu erfüllen ist. Es muss sich allerdings stets um eine **vorsätzliche Irreführung** durch eine Partei zu deren Gunsten handeln.[93] 49

b) Unachtsamkeit führt zu Formmangel. Soweit nur Unachtsamkeit zum Formmangel geführt hat, ist eine Berufung auf die Grundsätze von Treu und Glauben grundsätzlich ausgeschlossen. Ein schuldlos erzeugter Irrtum[94] oder eine fahrlässig schuldhafte Verursachung des Formmangels[95] reichen nicht zur Begründung einer besonders schwerwiegenden Pflichtverletzung. Vielmehr muss jede Partei selbst dafür Sorge tragen, dass die Form gewahrt wird. Hieran ändern auch eine langjährige Durchführung des Vertrags[96] oder eine besonders komplizierte[97] oder nachteilige[98] Rückabwicklung nichts. 50

Die Berufung auf die Formnichtigkeit ist einer Partei insoweit allenfalls untersagt, wenn sie eine **Betreuungspflicht** für den anderen Teil übernommen hat. Dies wurde zuweilen bei Wohnungsbauunternehmen angenommen,[99] im Arbeitsverhältnis aber selbst für öffentliche Arbeitgeber mit Blick auf deren Fürsorgepflichten zu Recht verneint.[100] Im Höferecht genügte früher die Existenzgefährdung der Beteiligten bei Scheitern des Geschäfts, um den Formmangel zu überwinden, vgl aber nunmehr § 7 Abs. 2 HöfeO.[101] 51

85 BGH, Urt. v. 16.10.1992 – V ZR 125/91 = BGHZ 119, 387; Beschl. v. 5.5.1983 – V BLw 12/82 = BGHZ 87, 237; Beschl. v. 15.2.1979 – V BLw 12/78 = BGHZ 73, 324; Urt. v. 15.3.1967 – V ZR 127/65 = BGHZ 47, 184; Urt. v. 5.2.1957 – V BLw 37/56 = BGHZ 23, 249; Beschl. v. 16.2.1954 – V BLw 60/53 = BGHZ 12, 286.

86 BGH LM § 313 Nr. 23.

87 RG, Urt. v. 21.5.1927 – V 476/26 = RGZ 117, 121, 124 f (Edelmannsfall); s. aber auch BGH, Urt. v. 6.4.2005 – XII ZR 132/03 = NJW 2005, 2225, 2226 f; Urt. v. 27.10.1967 – V ZR 153/64 = BGHZ 48, 396, 399 (Berufung auf die Formnichtigkeit als unzulässige Rechtsausübung); aA *Hagen*, Formnichtigkeit und Treu und Glauben – Abschied von der Legende relevanter Existenzgefährdungen, in: FS Kanzleiter (2010), 185, 187 ff.

88 BGH, Urt. v. 24.4.1998 – V ZR 197/97 = BGHZ 138, 339, 348; Urt. v. 20.9.1984 – III ZR 47/83 = BGHZ 92, 164, 171; Urt. v. 19.11.1982 – V ZR 161/81 = BGHZ 85, 315, 318; BGH, Urt. v. 27.10.1967 – V ZR 153/64 = BGHZ 48, 396, 398; zusammenfassend *Armbrüster*, NJW 2007, 3317.

89 BGH, Urt. v. 19.11.1982 – V ZR 161/81 = BGHZ 85, 315; BGH, Urt. v. 21.4.1972 – V ZR 42/70 = NJW 1972, 1189; BGH, Urt. v. 25.9.1957 – V ZR 188/55 = WM 1957, 1440.

90 BAG, Urt. v. 16.9.2004 – 2 AZR 659/03 = NJW 2005, 844 (Verbot des widersprüchlichen Verhaltens); LG Frankfurt/Main, Urt. v. 22.9.2006 – 2 O 48/05 = NJW-RR 2007, 589, 590 (zu § 550 S. 1).

91 MüKo/*Einsele*, § 125 Rn 68; aA *Larenz/Wolf*, § 27 Rn 68; BGH, Beschl. v. 16.2.1954 – V BLw 60/53 = BGHZ 12, 286, 304.

92 BGH, Urt. v. 21.3.1969 – V ZR 87/67 = NJW 1969, 1167; Urt. v. 18.2.1955 – V ZR 108/53 = BGHZ 16, 334, 338; RG, Urt. v. 10.10.1919 – III 73/19 = RGZ 96, 313, 315; *Medicus*, Rn 631; *Bork*, BGB AT, Rn 1081; *Larenz/Wolf*, § 27 Rn 71.

93 OLG Hamm, Urt. v. 20.9.2005 – 28 U 39/05 = NJOW 2005, 428, 434 f.

94 BGH, Urt. v. 10.6.1977 – V ZR 99/75 = NJW 1977, 2072; abw. allerdings BGH, Urt. v. 10.2.1971 – VIII ZR 208/69 = WM 1971, 383, 384.

95 BGH, Urt. v. 29.1.1965 – V ZR 53/64 = NJW 1965, 812; Urt. v. 21.3.1969 – V ZR 87/67 = NJW 1969, 1167.

96 BGH, Urt. v. 22.6.1973 – V ZR 146/71 = NJW 1973, 1455, 1456; Urt. v. 9.3.1965 – V ZR 97/72 = WM 1965, 480, 482.

97 BGH, Urt. v. 8.4.1964 – V ZR 94/63 = WM 1964, 828, 830 f.

98 BGH, Urt. v. 21.4.1972 – V ZR 42/70 = NJW 1972, 1189.

99 BGH, Urt. v. 21.4.1972 – V ZR 42/70 = NJW 1972, 1189; *Medicus*, Rn 633 f; anders aber BGH, Urt. v. 29.1.1965 – V ZR 53/64 = NJW 1965, 812; Urt. v. 21.3.1969 – V ZR 87/67 = NJW 1969, 1167.

100 BAG, Urt. v. 1.12.2004 – 7 AZR 135/04 = NZRA 2006, 211, 215.

101 Zu § 7 HöfeO vgl OLG Köln, Beschl. v. 27.10.2005 – 23 WLw 6/05 = NJW-RR 2006, 225.

52 **c) Schutzzweck der Formvorschrift.** Soweit eine Norm ausschließlich dem Schutz einer Partei dient, kann sich die andere nicht auf die Formnichtigkeit berufen, sofern dies den **Schutzzweck vereiteln** würde. So liegt es etwa, wenn der Beauftragte die Herausgabe des von ihm erworbenen Grundstücks unter Hinweis auf die nicht gewahrte Form des § 311 b Abs. 1 verweigert.[102] Mit dieser Heranziehung des Schutzzwecks der jeweils betroffenen Formvorschrift kann der „Treu und Glauben"-Rechtsprechung ein überzeugender Maßstab zur Seite gestellt oder sie gar dadurch ersetzt werden. Soweit die hinter einer Formvorschrift stehenden Zwecke (Beweis, Dokumentation, Warnung, oben Rn 9 ff) auf anderem Wege erreicht wurden, ist die Berufung auf die Formnichtigkeit regelmäßig als treuwidrig anzusehen. Auf subjektive Gesichtspunkte kommt es hiernach grundsätzlich nicht mehr an.

53 Am ehesten relevant wird dies bei der **Textform** (§ 126 b), die **ausschließlich Dokumentations- und Informationszwecken** dient (§ 126 b Rn 3). Dieser Zweck ist uU gewahrt auch bei fehlender **Kenntlichmachung des Erklärungsabschlusses** (§ 126 b Rn 21 f), sofern für den Empfänger feststeht, dass Ergänzungen ausgeschlossen sind (etwa beim Widerruf eines Kaufvertrages über einen Einzelgegenstand nach § 355 Abs. 1). Eine Berufung auf die Nichtigkeit einer Erklärung wegen Fehlens eines Merkmals der Textform wird vielfach treuwidrig sein; der Formverstoß kann allerdings zu Beweisnachteilen in einem späteren Prozess führen.

II. Vereinbarte Formerfordernisse (S. 2)

54 **1. Mangel der gewillkürten Form.** Zur Vertragsfreiheit gehört, dass die Parteien bei gesetzlich nicht formpflichtigen Rechtsgeschäften vereinbaren können, es solle eine bestimmte Form gelten. Die Wahrung dieser vereinbarten Form kann als Gültigkeitsvoraussetzung gewollt sein („konstitutiv") **oder nur** der **Dokumentation** dienen („deklaratorisch").

55 Bei **deklaratorischer Form** kommt es den Parteien auf Klarstellung[103] und Beweissicherung an. So verhält es sich idR bei der im Handelsverkehr zu findenden Abrede, der Vertrag solle schriftlich bestätigt werden.[104] Nach einer älteren Entscheidung des BGH soll auch bei Personenhandelsgesellschaften der Schriftformklausel lediglich Klarstellungsfunktion zukommen.[105] Der Verstoß gegen ein rein deklaratorisches Formerfordernis führt nicht zur Nichtigkeit der Erklärung, sondern zu einem Anspruch auf Nachholung der Form zu Dokumentationszwecken.[106]

56 Wenn die Auslegung kein überzeugendes Ergebnis in die eine oder andere Richtung bringt, ist bei Nichteinhaltung der Form von der Nichtigkeit des Rechtsgeschäfts auszugehen. „**Im Zweifel**" soll die vereinbarte Form also **konstitutiv** wirken. Zur **Beweislast** im Rechtsstreit s. § 127 Rn 26.

57 Die Verabredung deklaratorischer und konstitutiver Formerfordernisse für einen einheitlichen rechtsgeschäftlichen Vorgang ist denkbar, etwa dann, wenn nur für einen bestimmten Bereich ein konstitutives Erfordernis vereinbart wird, während im Übrigen die Form nur der Dokumentation dienen soll. **Kein** Praxisbeispiel einer solchen Vermengung ist hingegen die Vereinbarung zur Übermittlung einer Erklärung durch Einschreibebrief. Hierin kann die konstitutive Festlegung der Schriftform liegen, während es schief ist, hinsichtlich der Übermittlungsart von deklaratorischer Form zu sprechen.[107] Die Übermittlungsart (**Einschreiben**) **ist gerade keine Form**, sondern betrifft allein den Zugang der Erklärung, der auch durch eine andere als die vereinbarte Übermittlungsart (Fax statt Einschreiben) herbeigeführt werden kann.[108]

58 **2. Verhältnis zu § 154 Abs. 2.** Entspricht ein Vertrag (noch) nicht der **rechtsgeschäftlich vereinbarten Form**, so gilt er nach der für Verträge vorrangigen Regelung des § 154 Abs. 2 im Zweifel als noch nicht geschlossen; Beurkundung meint insoweit jede Form und nicht nur die notarielle Beurkundung nach § 128.[109] Während S. 2 alle Willenserklärungen betrifft, erfasst § 154 Abs. 2 nur solche Erklärungen, die auf den Abschluss von Verträgen gerichtet sind. Deshalb kommt S. 2 erst zur Anwendung, wenn geklärt ist, dass der Vertrag unbeschadet der gegenteiligen Auslegungsregel des § 154 Abs. 2 geschlossen wurde. Dann kommt

102 BGH, Urt. v. 5.11.1982 – V ZR 228/80 = BGHZ 85, 245, 251; *Larenz/Wolf*, § 27 Rn 76.

103 BGH, Urt. v. 21.2.1996 – IV ZR 297/94 = NJW-RR 1996, 641, 642; BAG, Urt. v. 19.12.2007 – 5 AZR 1008/06 = NZA 2008, 464, 465.

104 BGH, Urt. v. 18.3.1964 – VIII ZR 281/62 = NJW 1964, 1269; für Werkvertrag über Hausbau OLG Brandenburg, Urt. v. 13.1.2011 – 12 U 129/09.

105 BGH, Urt. v. 5.2.1968 – II ZR 85/67 = BGHZ 49, 365; zurückhaltend *Baumbach/Hopt*, § 105 HGB Rn 63.

106 HK-BGB/*Dörner*, § 125 Rn 18; MüKo/*Einsele*, § 125 Rn 69.

107 BGH, Urt. v. 3.11.1999 – I ZR 145/97 = NJW-RR 2000, 1560, 1561; OLG Düsseldorf, Beschl. v. 27.10.2009 – 24 U 38/09 = MDR 2010, 616; OLG Hamm, Urt. v. 4.11.1994 – 30 U 185/94 = NJW-RR 1995, 750, 751.

108 BGH, Urt. v. 21.1.2004 – XII ZR 214/00 = NJW 2004, 1320 (Kündigung Mietvertrag); OLG Düsseldorf, Beschl. v. 27.10.2009 – 24 U 38/09 (Kündigung Dienstvertrag); PWW/*Ahrens*, § 125 Rn 23.

109 Bamberger/Roth/*Eckert*, § 154 Rn 13; Staudinger/*Hertel*, § 125 BGB Rn 125.

es darauf an, ob das Beurkundungserfordernis als konstitutives Merkmal gewollt war (Folge: Nichtigkeit) oder lediglich der Beweissicherung dienen sollte (Folge: Anspruch auf Nachholung der Form).[110]

3. Vereinbarung in AGB. In AGB kann ein Formerfordernis grundsätzlich zulässig vereinbart werden.[111] Die Wirksamkeit einer **Schriftformklausel** hängt von ihrer Ausgestaltung und ihrem Anwendungsbereich ab.[112] Die Verschärfung eines gesetzlichen Schriftformerfordernisses in Allgemeinen Geschäftsbedingungen ist jedoch wegen § 307 Abs. 2 Nr. 1 unwirksam.[113] Unwirksam ist auch eine Schriftformklausel, wenn sie dazu dient, insbesondere nach Vertragsschluss getroffene Individualvereinbarungen zu unterlaufen, indem sie beim anderen Vertragsteil den Eindruck erweckt, eine lediglich mündliche Abrede sei entgegen allgemeinen Rechtsgrundsätzen unwirksam.[114] Im Arbeitsverhältnis sind sog. **doppelte oder qualifizierte Schriftformklauseln**, welche auch die Aufhebung des Formerfordernisses der Schriftform unterwerfen, nach § 307 Abs. 1 S. 1 in AGB unwirksam.[115] 59

Nicht formwahrende individuelle Abreden bei oder nach Vertragsschluss gehen vor (§ 305 b).[116] Die abweichende Vereinbarung mit einem Vertreter setzt eine entsprechende Vertretungsmacht voraus (auch: § 54 HGB, Anscheinsvollmacht).[117] 60

In **AGB** kann für Erklärungen des anderen Teils keine strengere Form als die Schriftform verlangt werden (§ 309 Nr. 13); davon an sich nicht erfasst ist das Erfordernis, bestimmte Formulare zu benutzen, doch verwirft die AGB-rechtliche Literatur diese Formularanforderungen als unzulässig.[118] **Fraglich** ist, ob angesichts des geringen Verbreitungsgrades die **Ersetzung durch die elektronische Form** festgelegt werden kann. Trotz der rechtlichen Gleichstellung (§ 126 Abs. 3) ist dies weiterhin zu verneinen, da die durch § 309 ausschließlich geschützten Nicht-Unternehmer über die erforderlichen qualifizierten elektronischen Signaturen (vgl § 126 a Rn 19 ff) üblicherweise nicht verfügen. Andererseits ist grundsätzlich weder eine Unvereinbarkeit mit wesentlichen gesetzlichen Grundgedanken noch eine Vertragszweckgefährdung im Sinne von § 307 Abs. 2 anzunehmen, so dass im unternehmerischen Verkehr die Vereinbarung ausschließlich der elektronischen Form zulässig sein kann. 61

4. Reichweite der Formvereinbarung. Das hauptsächliche Anwendungsfeld für gewillkürte Formerfordernisse sind **Änderungen** des Vertrages. Das Rechtsgeschäft wird insgesamt von der Formvereinbarung erfasst, sofern die Parteien nichts Abweichendes vereinbart haben.[119] Diese Vereinbarung ist ggf durch **Auslegung** festzustellen (§§ 133, 157). 62

Das Formerfordernis gilt im Zweifel auch für einen **Vorvertrag**, wenn der Hauptvertrag gewillkürt formbedürftig ist.[120] Es greift hingegen **nicht** ein bei **Aufhebung** des Vertrages. Die Aufhebung ist (ebenso wie beim gesetzlichen Formzwang, Rn 22) formfrei möglich, sofern nicht ausnahmsweise *dafür* ein Formzwang vereinbart wurde. Dies ist ebenfalls im Wege der Auslegung zu klären, wobei hier die Beweislast bei demjenigen liegt, der eine Formbedürftigkeit behauptet. In einem **arbeitsrechtlichen Sonderfall** ist für die Aufhebung (Kündigung) die Schriftform gesetzlich angeordnet (vgl § 623);[121] dies gilt auch für den auf Aufhebung des Arbeitsverhältnisses gerichteten Vorvertrag.[122] 63

5. Aufhebung der Formvereinbarung. Die Parteien können die von ihnen getroffene Formvereinbarung einverständlich jederzeit wieder aufheben.[123] Umstritten ist allerdings, inwiefern diese **Aufhebungsabrede** ihrerseits der vereinbarten Form unterliegt. Eine eindeutige Regelung trifft insofern Art. 29 Abs. 2 CISG für den internationalen Handelskauf, wonach eine einmal vereinbarte Schriftform auch für Vertragsänderungen beachtet werden muss. Im Übrigen soll aber die Aufhebungsvereinbarung auch formlos getroffen werden 64

110 BGH, Urt. v. 8.10.2008 – XII ZR 66/06 = NJW 2009, 433, 434; *Bork*, Rn 1086.

111 Zu spezifischen arbeitsvertraglichen Problemen *Hromadka*, DB 2004, 1261, 1264.

112 BGH, Urt. v. 15.2.1995 – VIII ZR 93/94 = NJW 1995, 1488.

113 OLG Köln, Urt. v. 27.4.2010 – 3 U 160/09 = MMR 2010, 619 (zu § 438 Abs. 4 S. 1 HGB).

114 BGH, Urt. v. 10.5.2007 – VII ZR 288/05 = NJW 2007, 3712; Urt. v. 27.9.2000 – VIII ZR 155/99 = BGHZ 145, 203; Urt. v. 15.2.1995 – VIII ZR 93/94 = NJW 1995, 1488.

115 BAG, Urt. v. 20.5.2008 – 9 AZR 382/07 = BAGE 126, 364.

116 BAG, Urt. v. 20.5.2008 – 9 AZR 382/07 = BAGE 126, 364; BGH, Urt. v. 15.6.1988 – VIII ZR 316/87 = BGHZ 104, 396.

117 BGH, Urt. v. 26.3.1986 – VIII ZR 85/85 = NJW 1986, 1809, 1810.

118 MüKo/*Kienninger*, § 309 Nr. 13 Rn 4; Bamberger/Roth/*Becker*, § 309 Nr. 13 Rn 3.

119 Zur Erstreckung der Formvereinbarung auf zusätzliche Vergütungsabreden BGH, Urt. v. 10.5.2007 – VII ZR 288/05 = NJW 2007, 3712.

120 BGH, Urt. v. 3.6.1958 – I ZR 83/57 = NJW 1958, 1281.

121 Anders für die Beendigung des Arbeitsvertrags vor Inkrafttreten des § 623: BAG, Urt. v. 16.5.2000 – 9 AZR 245/99 = BAGE 94, 325; *Richardi/Annuß*, NJW 2000, 1231.

122 BAG, Urt. v. 17.12.2009 – 6 AZR 242/09 = NJW 2010, 1100, 1102.

123 BGH, Urt. v. 2.6.1976 – VIII ZR 97/74 = BGHZ 66, 378, 380.

können,[124] dies nach verbreiteter Auffassung selbst dann, wenn der Vertrag für die Aufhebung über eine **qualifizierte (doppelte) Schriftformklausel** ausdrücklich Formzwang vorsieht.[125] Im Prozess ist aufgrund dieser Auffassung der Formmangel nur auf Rüge zu beachten.[126]

65 Indessen ist dieser Ansicht nicht zu folgen.[127] Vielmehr muss man die **Parteivereinbarung** ernst nehmen – das ist dann genau die Achtung der durch § 125 S. 2 für diesen Fall geschützten Vertragsfreiheit, welche die Gegenmeinung für sich reklamiert.[128] Nur so kann ein wirksamer Übereilungsschutz bei konstitutiven Formerfordernissen erreicht werden. Sollte eine an sich formbedürftige Vertragsänderung unter den Parteien praktiziert worden sein, so ist es ihnen aber unter Umständen verwehrt, einen Nichtigkeit begründenden Formmangel geltend zu machen (Rn 45 ff, 69).[129] Dieser Weg führt im Ergebnis vielfach zu denselben Resultaten wie die in Rn 64 genannte Auffassung, die von einer formlosen Aufhebung ausgeht. Aber er respektiert im Grundansatz sowohl die ursprüngliche Parteiabrede als auch im Einzelfall die konträr dazu sich entwickelnde Lebenswirklichkeit.

66 Ein Teil der Rechtsprechung und der Literatur geht sogar noch einen Schritt weiter als die bei Rn 64 dargestellte Ansicht: Hiernach soll eine Aufhebungsvereinbarung sogar durch **schlüssiges Verhalten** begründet werden können.[130] Auch wenn sich die Parteien über die Formabrede keine Vorstellung gemacht haben, weil sie nicht mehr daran dachten,[131] soll in ihrem Verhalten eine stillschweigende Aufhebung oder Einschränkung der Formvereinbarung zu finden sein.[132] Damit verlässt man aber endgültig die Grundsätze privatautonomer Vertragsbindung. Diese Kritik ist nicht nur dogmatisches Beharren, sondern findet ihre sachliche Rechtfertigung in den Interessen der Parteien. Diese Interessen haben ihren Ausdruck in der Formabrede gefunden, mit der regelmäßig ein Dokumentationszweck verfolgt wird und die Parteien sich vor übereilten Erklärungen schützen wollen. Darüber darf nicht mit Willensfiktionen leichtfertig hinweggegangen werden. Auch hier handelt es sich also in Wahrheit um einen Fall der Treuwidrigkeit (Rn 45 ff, 69), wenn eine Partei nach längerer Praxis einer abweichenden Rechtslage auf der Formnotwendigkeit und der an sich gegebenen Nichtigkeitsfolge beharrt.

67 Eine Ausnahme von dem Grundsatz formloser Formaufhebung wird für qualifizierte Schriftformklauseln gemacht, durch die **Kaufleute** in einem **Individualvertrag** vereinbaren, auf die zwischen ihnen vereinbarte Schriftform könne unter Einhaltung der Schriftform verzichtet werden.[133] Dasselbe sollte allerdings auch für Nicht-Kaufleute gelten, wenn nur die Abrede Entsprechendes vorsieht.[134]

68 Eine von den Parteien erstellte Vertragsurkunde hat weiterhin stets die **Vermutung der Vollständigkeit und Richtigkeit** für sich, so dass derjenige, der sich auf eine **formlose Vertragsänderung** oder -aufhebung beruft, diese beweisen muss (Rn 77).

69 **6. Treuwidrige Berufung auf die Formvereinbarung.** Ebenso wie bei der gesetzlich angeordneten Form ist es möglich, dass sich die Berufung auf die Rechtsfolge der Nichtigkeit als treuwidrig erweist. Die Berufung auf Treu und Glauben folgt grundsätzlich denselben **engen Kriterien**, die unter Rn 45 ff für die gesetzlichen Formgebote dargelegt wurden. Freilich wird man bei rechtsgeschäftlich vereinbarter Form eher noch auf die besonderen Verhältnisse der Parteien untereinander Rücksicht nehmen können.

124 BAG, Urt. v. 25.4.2007 – 5 AZR 504/06 = NZA 2007, 801, 802; BGH, Urt. v. 21.9.2005 – XII ZR 312/02 = BGHZ 164, 133; Urt. v. 15.5.1991 – VIII ZR 38/90 = NJW 1990, 1750, 1751.

125 Erman/*Palm*, § 125 Rn 9; *Häsemeyer,* JuS 1980, 1, 8; Staudinger/*Hertel*, § 125 Rn 126; ebenso für Nebenabreden im Arbeitsverhältnis BAG, Urt. v. 20.5.2008 – 9 AZR 382/07 = BAGE 126, 364.

126 *Schneider*, MDR 2000, 354, 357.

127 BAG, Urt. v. 24.6.2003 – 9 AZR 302/02 = NJW 2003, 3725, 3727; LG Köln, Urt. v. 7.1.2010 – 8 O 120/09 = BeckRS 2010, 00846; Palandt/*Ellenberger*, § 125 Rn 19; krit. auch OLG Koblenz, Urt. v. 8.11.2004 – 12 U 244/03 = NJOZ 2005, 2919, 2923.

128 KG, Urt. v. 18.8.2005 – 8 U 106/04 = NZM 2005, 908. Repräsentativ *Bork*, Rn 1066 aE.

129 Zur Berufung auf die Formnichtigkeit als unzulässige Rechtsausübung bei einem anderen Sachverhalt BGH, Urt. v. 27.10.1967 – V ZR 153/64 = BGHZ 48, 396, 399.

130 BGH, Urt. v. 20.6.1962 – V ZR 157/60 = NJW 1962, 1908; BAG, Urt. v. 10.1.1989 – 3 AZR 460/87 = NJW 1989, 2149; Brandenburgisches OLG, Urt. v. 18.7.2001 – 4 U 184/00 = NJW-RR 2001, 1673.

131 BGH, Urt. v. 19.9.1966 – VIII ZR 106/64 = WM 1966, 1200; Urt. v. 26.11.1964 – VII ZR 111/63 = NJW 1965, 293.

132 BGH, Urt. v. 30.9.1992 – VIII ZR 196/91 = BGHZ 119, 283, 291; Urt. v. 15.5.1991 – VIII ZR 38/90 = NJW 1991, 1750, 1751; Urt. v. 2.7.1975 – VIII ZR 223/73 = NJW 1975, 1653, 1654; Urt. v. 26.11.1964 – VII ZR 111/63 = NJW 1965, 293; OLG Düsseldorf, Urt. v. 1.6.2006 – 10 U 1/06 = ZMR 2007, 35; Palandt/*Ellenberger*, § 125 Rn 19.

133 BGH, Urt. v. 2.6.1976 – VIII ZR 97/74 = BGHZ 66, 378.

134 Zutr. BAG, Urt. v. 24.6.2003 – 9 AZR 302/02 = NJW 2003, 3725, 3727 (zum Verhältnis von doppelter Schriftformklausel zur abweichenden betrieblichen Übung); BFH, Beschl. v. 31.7.1991 – I S 1/91 = DB 1991, 2521 (zum Vertrag eines GmbH-Geschäftsführers); MüKo/*Einsele*, § 125 Rn 71; *Medicus,* Rn 641; *Larenz/Wolf*, § 27 Rn 62.

III. Öffentlich-rechtliche Formvorschriften

Die **Gemeindeordnungen** der Länder sehen zumeist vor, dass privatrechtliche Verpflichtungsgeschäfte der Gemeinde der Schriftform sowie ggf weiterer Förmlichkeiten, wie zB der eigenhändigen Unterzeichnung bestimmter Vertretungsorgane oder der Verwendung von Dienstsiegeln, bedürfen.[135] Ausgenommen sind im Regelfall Geschäfte der laufenden Verwaltung.[136] 70

Bei den jeweiligen landesrechtlichen Vorschriften handelt es sich entgegen ihrem irreführenden Wortlaut nach ganz hM im Bereich des Privatrechts nicht um Formvorschriften, sondern um **Vertretungsregeln**.[137] Für die Aufstellung von Formvorschriften fehlt den Ländern aufgrund von Art. 55 EGBGB die Gesetzgebungskompetenz. Als wirksame Formvorschriften können diese Regelungen daher nur bei öffentlich-rechtlichen Erklärungen angesehen werden, im Privatrechtsverkehr wären sie hingegen ohne Wirkung.[138] 71

Ein Verstoß gegen diese landesrechtlichen Vorschriften im Bereich des Privatrechts führt wegen ihrer Natur als Vertretungsregelungen zur Anwendung der §§ 177 ff. Die Wirksamkeit des Geschäfts hängt dann von der **Genehmigung** des zuständigen Aufsichtsorgans ab. 72

Die Regeln der **Anscheins- und Duldungsvollmacht** sind nicht anzuwenden, da diese Grundsätze nicht dazu dienen, den im öffentlichen Interesse bestehenden Vertretungsregeln im Einzelfall jegliche Wirkung zu nehmen. Wenn die Vertretungsmacht an die Beachtung gewisser Förmlichkeiten gebunden ist, so können nicht die Regeln der Anscheins- oder Duldungsvollmacht einer Verpflichtungserklärung, bei der diese Förmlichkeiten erkennbar missachtet worden sind, trotzdem bindende Wirkung zulegen.[139] 73

Im Einzelfall kann allerdings dennoch das Vereinbarte auch ohne Genehmigung gelten, wenn der Grundsatz von Treu und Glauben (§ 242) dies aufgrund eines ansonsten bestehenden, schlechthin untragbaren Ergebnisses gebietet (Rn 45 ff).[140] Vorschriften über die Vertretungsmacht der zur Vertretung berufenen Organe können (anders als Bestimmungen über reine Förmlichkeiten wie Schriftform, Angabe der Dienstbezeichnung, Beifügung des Amtssiegels) freilich nicht durch den Einwand des Verstoßes gegen Treu und Glauben außer Kraft gesetzt werden.[141] In Betracht kommt weiterhin ein auf das negative Interesse, also nicht auf Erfüllung, gerichteter Schadensersatzanspruch gem. §§ 280 Abs. 1, 311 Abs. 2, 241 Abs. 2.[142] 74

Das Vorstehende gilt auch bei vergleichbaren landesrechtlichen Vorschriften für öffentlich-rechtliche Körperschaften wie zB **Kirchengemeinden**,[143] nicht hingegen bei Formvorschriften für **Sparkassen**, da aufgrund der Regelung des Art. 99 EGBGB den Ländern hierfür die Gesetzgebungskompetenz zusteht.[144] 75

C. Prozesssituation

Die Nichtbeachtung von Formerfordernissen ist eine **von Amts wegen zu beachtende** (rechtshindernde) **Einwendung**; daher ist weder von Bedeutung, ob sich eine Partei auf die Formunwirksamkeit berufen hat, noch, ob beide Vertragsparteien den Vertrag als wirksam behandeln wollen. 76

Wer aus einem Rechtsgeschäft Rechte herleitet, muss die Einhaltung der Formerfordernisse **beweisen**, es handelt sich hierbei also um ein Merkmal des anspruchsbegründenden Tatbestands. Für das förmlich Vereinbarte gilt dann aber die **Vermutung der Richtigkeit und Vollständigkeit**.[145] Eine Partei, die – entgegen der vereinbarten Formpflicht – die formlose Abänderung oder Ergänzung des Rechtsgeschäfts behauptet (s. aber 77

135 Bad.-Württ. § 54 Abs. 1 GO; Bay. Art. 38 Abs. 2 S. 1 GO; Brandenburg § 57 Abs. 2 KVerf; NRW § 64 Abs. 1 GO; Sachsen § 60 Abs. 1 GO; Sachsen-Anhalt § 70 Abs. 1 GO; Thüringen § 31 Abs. 2 KommunalO; Berlin § 23 S. 1 Gesetz über die Zuständigkeiten in der allgemeinen Berliner Verwaltung; Hessen § 71 Abs. 2 GO; Mecklenburg-Vorpommern §§ 38 Abs. 6, 143 Abs. 2 Kommunalverfassung; Rheinland-Pfalz § 49 Abs. 1 GO; Saarland § 62 Abs. 1 Kommunalselbstverwaltungsg; Schleswig-Holstein §§ 51 Abs. 2, 56 Abs. 2, 64 Abs. 2 GO; Niedersachsen § 63 Abs. 2 GO.

136 Vgl zur Auslegung des Begriffs: BGH, Urt. v. 20.9.1984 – III ZR 47/83, BGHZ 92, 164, 173 = NJW 1985, 1778, 1780.

137 BGH, Urt. v. 4.12.1981 – V ZR 241/08 = NJW 1982, 1036, 1037, st. Rspr; Palandt/*Ellenberger*, § 125 Rn 15; Bamberger/Roth/*Wendtland*, § 125 Rn 5; aA MüKo/*Einsele*, § 125 Rn 31.

138 BGH, Urt. v. 4.12.1981 – V ZR 241/08 = NJW 1982, 1036, 1037; MüKo/*Einsele*, § 125 Rn 30.

139 BGH, Urt. v. 13.10.1983 – III ZR 158/82 = NJW 1984, 606, 607; Urt. v. 6.7.1995 – III ZR 176/94 = NJW 1995, 3389, 3390; OLG Köln, Urt. v. 29.1.2004 – 7 U 109/03 (juris).

140 BGH, Urt. v. 16.11.1978 – III ZR 81/77 = NJW 1980, 117 f; Urt. v. 15.4.1998 – VIII ZR 129/97 = NJW 1998, 3058, 3060.

141 BGH, Urt. v. 20.9.1984 – III ZR 47/83 = BGHZ 92, 164, 174.

142 BGH, Urt. v. 20.9.1984 – III ZR 47/83 = BGHZ 92, 164; Urt. v. 11.6.1992 – VII ZR 110/91 = NJW-RR 1992, 1435, 1436.

143 OLG Hamm, Urt. v. 17.9.1991 – 7 U 74/91 = NJW-RR 1992, 1402; Urt. v. 7.10.1993 – 2 U 82/93 = NVwZ 1994, 205; OLG Köln, Urt. v. 21.4.1993 – 13 U 240/92 = NJW-RR 1994, 211.

144 BGH, Urt. v. 10.5.1978 – IV ZR 51/77 = WM 1978, 895.

145 BGH, Urt. v. 19.3.1980 – VIII ZR 183/79 = NJW 1980, 1680; Urt. v. 5.2.1999 – V ZR 353/97 = NJW 1999, 1702.

zum Streit über die Zulässigkeit einer solchen Abänderung Rn 64 ff), muss diesen Umstand beweisen.[146] Bei Verträgen, die über einen **längeren Zeitraum** zu den behaupteten abgeänderten Konditionen praktiziert wurden, ist eine tatsächliche Vermutung für die streitige formlose Vertragsrevision anzunehmen.[147]

§ 126 Schriftform

(1) Ist durch Gesetz schriftliche Form vorgeschrieben, so muss die Urkunde von dem Aussteller eigenhändig durch Namensunterschrift oder mittels notariell beglaubigten Handzeichens unterzeichnet werden.

(2) [1]Bei einem Vertrag muss die Unterzeichnung der Parteien auf derselben Urkunde erfolgen. [2]Werden über den Vertrag mehrere gleichlautende Urkunden aufgenommen, so genügt es, wenn jede Partei die für die andere Partei bestimmte Urkunde unterzeichnet.

(3) Die schriftliche Form kann durch die elektronische Form ersetzt werden, wenn sich nicht aus dem Gesetz ein anderes ergibt.

(4) Die schriftliche Form wird durch die notarielle Beurkundung ersetzt.

Literatur (vgl auch bei § 125; zur elektronischen Form auch bei § 126 a): *Abramm*, Schriftformprobleme im Internet – Eine Bestandsaufnahme, NVersZ 2002, 202; *Ackermann*, Vertretung bei formgebundenen Willenserklärungen, NZM 2005, 491; *Borges*, Verträge im elektronischen Geschäftsverkehr. Vertragsabschluß, Beweis, Form, Lokalisierung, anwendbares Recht, 2003; *Eberle*, Geltendmachung der Unwirksamkeit der mündlichen Kündigung, NZA 2003, 1122; *Gragert/Wiehe*, Das BAG im Strudel neuer Medien, NZA 2001, 311; *Häsemeyer*, Die Bedeutung der Form im Privatrecht, JuS 1980, 1; *Hagen*, Formzwang, Formzweck und Rechtssicherheit, in: FS Schippel 1996, S. 173; *Heinemann*, Nochmals: Zu den Anforderungen an die Unterschrift der Beteiligten in der notariellen Niederschrift, DNotZ 2003, 243; *Holzhauer*, Die eigenhändige Unterschrift, 1973; *Jacoby*, Die gesetzliche Schriftform bei Abschluss und Änderung von Gewerberaummietverträgen, NZM 2011, 1; *Jakob*, Schriftlichkeitserfordernisse im Mitbestimmungsrecht, NZA 2006, 345; *Köhler*, Die Unterschrift als Rechtsproblem, in: FS Schippel 1996, S. 209; *Kuckein*, Einhaltung der gesetzlichen Schriftform bei Unterzeichnung eines Mietvertrags für eine Kapitalgesellschaft, NZM 2010, 148; *Lindner-Figura*, Die gesetzliche Schriftform von Geschäftsraummietverträgen, in: FS Blank 2006, 301; *Leonhard*, Schriftformrisiken bei formlosen Änderungsvereinbarungen, NZM 2008, 353; *Mertens, B.*, Die Reichweite gesetzlicher Formvorschriften im BGB, JZ 2004, 431; *Michalski*, Schriftformklauseln in Individual- und Formularverträgen, DStR 1998, 771; *Röger*, Gesetzliche Schriftform und Textform bei arbeitsrechtlichen Erklärungen, NJW 2004, 1764; *Rösler*, Formbedürftigkeit der Vollmacht, NJW 1999, 1150; *Schippers*, Form und Erklärung – Verkörperungsform, Abgabeform, Zugangsform, DNotZ 2006, 726; *Schneider*, Über gekrümmte Linien, Bogen, Striche, Haken und Unterschriften, NJW 1998, 1844; *Timme/Hülk*, Schriftform bei langfristigen Mietverträgen – ein Dauerproblem, NJW 2007, 3313; *Tschentscher*, Beweis und Schriftform bei Telefaxdokumenten, CR 1991, 141; *Weitemeyer*, Die Schriftform bei Vertretung einer GbR, NZG 2006, 10.

146 *Medicus*, Rn 643.

147 BGH LM § 305 aF Nr. 17; LM § 105 HGB Nr. 22; OLG Frankfurt, Urt. v. 4.2.1981 – 17 U 24/77 = MDR 1981, 498.

A. Allgemeines

I. Normzweck

§ 126 regelt die Anforderungen, die zur Einhaltung der gesetzlich vorgeschriebenen Schriftform zu erfüllen sind. Die Vorschrift dient dem **Schutz vor Übereilung** und hat vor allem **Klarheits- und Beweissicherungsfunktion**.[1] Um Letzteres zu gewährleisten, soll durch das Erfordernis der Schriftform (Abs. 1) der Aussteller der Urkunde erkennbar (Identitätsfunktion) und die Urheberschaft des Ausstellers überprüfbar sein (Echtheitsfunktion). Dasselbe gilt bei elektronischen Dokumenten für die qualifizierte elektronische Signatur, welche die Schriftform grundsätzlich ersetzen kann (Abs. 3). 1

II. Anwendungsbereich

Die Vorschrift findet Anwendung, wenn das Gesetz die Einhaltung der Schriftform vorschreibt.[2] **Schriftform wird verlangt im BGB** u.a. in §§ 32 Abs. 2, 33 Abs. 1 S. 2, 37 Abs. 1, 81 Abs. 1, 111 S. 2, 368 S. 1, 409 Abs. 1 S. 2, 410 Abs. 1 S. 1, Abs. 2, 416 Abs. 2 S. 2, 484 Abs. 2 S. 1, 492 Abs. 1, 510 Abs. 2 S. 1,[3] 550 S. 1,[4] 557 a Abs. 1, 557 b Abs. 1, 568 Abs. 1, 574 b Abs. 1 S. 1, 575 Abs. 1 S. 1, 577 Abs. 3, 585 a, 594 f, 623,[5] 630 S. 1 (bei Arbeitnehmern iVm § 109 Abs. 1 S. 1 GewO), 655 b Abs. 1 S. 1, 702 a Abs. 2, 761 S. 1, 766 S. 1, 780 S. 1, 781 S. 1, 784 Abs. 2, 792 Abs. 1 S. 2, 793 Abs. 1 S. 1, 1128 Abs. 2, 1154 Abs. 1 S. 1, 1906 Abs. 5 S. 1. Die gesetzlichen Formulierungen sind uneinheitlich. Das BGB spricht nicht immer von Schriftform bzw schriftlicher Form, sondern belässt es vielerorts bei dem bloßen, die Schriftform kennzeichnenden Zusatz „schriftlich“: schriftliches Verlangen (§ 37 Abs. 1), schriftliche Anzeige (§ 410 Abs. 2), schriftliche Mitteilung (§§ 416 Abs. 2 S. 2, 575 Abs. 1 S. 1, 626 Abs. 2 S. 3), schriftliche Vereinbarung (§§ 557 a Abs. 1, 557 b Abs. 1), schriftliche Erteilung einer Erklärung (§§ 574 b Abs. 1 S. 1, 577 Abs. 3, 702 a Abs. 2, 766 S. 1, 761 S. 1, 780 S. 1, 781 S. 1, 1906 Abs. 5 S. 1; ferner § 439 Abs. 3 S. 1 HGB), schriftliche Erteilung einer Zustimmung (§§ 32 Abs. 2, 33 Abs. 1 S. 2, 1128 Abs. 2); schriftliche Geltendmachung (§ 15 Abs. 4 S. 1 AGG); schriftlichen Vermerk (§ 784 Abs. 2); auch von der Ausstellung einer Urkunde (§§ 409 Abs. 1 S. 2, 410 Abs. 1 S. 1, 793 Abs. 1 S. 1) und eines schriftlichen Empfangsbekenntnisses ist die Rede (§ 368 S. 1). 2

Gesetz ist jede Rechtsnorm (Art. 2 EGBGB, s. § 125 Rn 5 ff). Daher gilt § 126 für alle (privatrechtlichen) Normen, die Schriftform anordnen. **Außerhalb des BGB** ist die Schriftform zB vorgeschrieben in § 15 Abs. 4 S. 1 **AGG**; §§ 20 Abs. 1 S. 1, 32 Abs. 1, 108 Abs. 3 S. 1, 122 Abs. 1 **AktG**; § 12 Abs. 1 **AÜG**; § 22 Abs. 3 **BBiG**; §§ 76 Abs. 3 S. 4,[6] 77 Abs. 2, 112 Abs. 1 S. 1 **BetrVG**;[7] § 11 **BJagdG**; § 7 **BKleinG**; § 9 Abs. 2 **BPersVG**;[8] § 5 Abs. 1 S. 2, 10 Abs. 1, Abs. 2, 12 Abs. 1 S. 2, 13 Abs. 1 S. 2, 15 Abs. 2, 20 Abs. 2, Abs. 3 S. 2, 24 Abs. 1 **DepotG**; § 3 Abs. 1 **FernUSG**; § 30 Abs. 2 **GWB**; § 7 Abs. 1 **HOAI**; § 17 Abs. 2 S. 1 **KHEntG**;[9] § 10 Abs. 1 S. 1 **RVG**; § 4 Abs. 1 **StBGebV** (Rn 13); §§ 5, 11 Abs. 2 S. 1 **GenG**; §§ 74 Abs. 1, 90 a Abs. 1 S. 1, 363 **HGB**; § 1 Abs. 2 **TVG**; § 14 Abs. 4 **TzBfG**; §§ 31 a Abs. 1 S. 1, S. 2; 40 Abs. 1 S. 1 **UrhG**. Auch die durch Tarifvertrag bestimmte Schriftform fällt unter § 126 (§ 125 Rn 7). 3

Die Formvorschriften gelten nicht nur für **Rechtsgeschäfte** bzw **Willenserklärungen**, sondern auch für **geschäftsähnliche Handlungen**.[10] Aus dem Wortlaut des § 126 Abs. 1 und der Terminologie der durch das FormVAnpG mit Wirkung zum 1.8.2001 in das BGB eingefügten elektronischen Form und Textform (§§ 126 a, 126 b), die ebenso wie § 371 a Abs. 1 S. 2 ZPO schlicht an eine „Erklärung“ anknüpfen (s. § 126 a 4

1 *Larenz/Wolf*, BGB AT, § 27 Rn 27; MüKo/*Einsele*, § 126 Rn 1.

2 Palandt/*Ellenberger*, § 126 Rn 1; MüKo/*Einsele*, § 126 Rn 3.

3 Zur Ausnahme bei geringwertigen Verträgen BGH, Urt. v. 5.2.2004 – I ZR 90/01 = NJW-RR 2004, 841, 842.

4 Für § 127: *Ormanschick/Rieke*, MDR 2002, 247; dagegen zutreffend *Timme/Hülk*, NJW 2007, 3313, 3315.

5 Zur Entbehrlichkeit der Gegenzeichnung einer schriftlich erteilten Klageverzichtserklärung nach Kündigung vgl OLG Hamm, Urt. v. 9.10.2003 – 11 Sa 515/03 = ZIP 2004, 476; *Pomberg*, EWiR 2004, 795 f; zur fehlenden Anwendbarkeit von § 623 auf Umschulungsverträge BAG, Urt. v. 19.1.2006 – 6 AZR 638/04 = NJW 2006, 2796 f.

6 BAG, Beschl. v. 5.10.2010 – 1 ABR 31/09, Rn 19 = NZA 2011, 420, 422, aber keine Ersetzung durch elektronische Form oder Textform; insg. krit. *Tschöpe/Geißler*, NZA 2011, 545, 546 f.

7 Zu § 112 Abs. 1 S. 1 BetrVG BAG, Urt. v. 6.7.2006 – 2 AZR 520/05 = NZA 2007, 266, 268.

8 OVG Hamburg, Beschl. v. 15.1.2010 – 8 Bf 272/09 = NZA-RR 2010, 332, 333.

9 BGH, Urt. v. 20.12.2007 – III ZR 144/07 = NJW 2008, 987, 989.

10 ErfK/*Preis*, §§ 125–127 Rn 13; *Röger*, NJW 2004, 1764, 1765; *Ulrici*, NJW 2003, 2053, 255; ArbG Bielefeld, Urt. v. 15.1.2003 – 3 BV 78/02 = NZA-RR 2004, 88, 89; aA BAG, Urt. v. 7.7.2010 – 4 AZR 549/08, NZA 2010, 1068 (1074 f) (zu § 70 S. 1 BAT); BAG, Urt. v. 11.10.2000 – 5 AZR 313/99 = NJW 2001, 989, 990; Beschl. v. 11.6.2002 – 1 ABR 43/01 = NJW 2003, 843, 844; *Anschütz/Kothe*, JR 2001, 263, 264; *Gragert/Wiehe*, NZA 2001, 311, 312; *Köhler*, AcP 182 (1982), 126, 151; für analoge Anwendung BGH, Urt. v. 14.3.2006 – VI ZR 335/04 = NJW 2006, 2482, 2483 (zu § 12 Abs. 3 VVG aF); Palandt/*Ellenberger*, § 126 Rn 1; zum Begriff der geschäftsähnlichen Handlung *Larenz/Wolf*, § 22 Rn 14.

Rn 45), lässt sich eine Beschränkung der Formvorschriften auf Rechtsgeschäfte bzw Willenserklärungen nicht ableiten. Angesichts des gesetzlichen Anwendungsbereichs des § 126 b, der sich im Wesentlichen auf geschäftsähnliche Handlungen erstreckt[11] (Aufzählung bei § 126 b Rn 4 f), und der Vorgehensweise des jüngeren Gesetzgebers, der vielfach die Schriftform durch die Textform ersetzt hat bzw anlässlich weiterer Gesetzgebungsvorhaben ersetzen wird (§ 126 b Rn 5), lässt sich die Stellung der Formvorschriften im Abschnitt 3 des Allgemeinen Teils unter dem Titel 2 „Willenserklärungen" nicht für ein anderes Ergebnis heranziehen. Dies wird durch § 630 S. 1 und § 109 Abs. 1 S. 1 GewO bestätigt, wonach für die Zeugniserteilung die elektronische Form gem. § 630 S. 3, § 109 Abs. 3 GewO ausdrücklich ausgeschlossen ist. Fänden §§ 126 Abs. 3, 126 a auf geschäftsähnliche Handlungen keine Anwendung, wäre der gesetzlich angeordnete Ausschluss der elektronischen Form entbehrlich.[12]

5 Soweit das BGB von „schriftlich" in den §§ 675 a, 1712 Abs. 1, 1715 Abs. 1 S. 1, 1901 a Abs. 1 S. 1, Abs. 2 S. 3 spricht oder wie in § 260 Abs. 1 eine schriftliche Erklärung verlangt,[13] sind keine rechtsgeschäftlichen Vorgänge betroffen, weshalb für § 126 kein unmittelbarer Anwendungsbereich eröffnet ist.

6 Über §§ 62 S. 2, 57 VwVfG gilt § 126 grds. auch für **öffentlich-rechtliche Verträge**,[14] nicht aber ohne weiteres im sonstigen öffentlichen Recht (zu landesrechtlichen Verwaltungsvorschriften s. § 125 Rn 70 ff).[15] Die Vorschrift gilt mit Ausnahme von § 38 Abs. 2 S. 2, Abs. 3, 1031 Abs. 1 ZPO auch nicht für schriftlich vorzunehmende Prozesshandlungen im **Zivilprozess**.[16] Für Prozesshandlungen maßgebend sind vielmehr die verfahrensrechtlichen Vorschriften, die als Sondervorschriften geeigneter sind, den Grad des Formerfordernisses zu bestimmen.[17] Obwohl jedenfalls im Zivilprozess die eigenhändige Unterzeichnung **bestimmender Schriftsätze** grundsätzlich verlangt wird,[18] hat die Rechtsprechung[19] zahlreiche **Erleichterungen** zugelassen, so für deren Einlegung per **Fernschreiben**,[20] durch **Telefax**[21] oder durch Aufgabe eines **Telegramms**.[22] Zur elektronischen Einreichung von Schriftsätzen vgl § 126 a Rn 86 ff.

7 § 126 ist bei einem Schriftformerfordernis, das sich aus einer **EU-Verordnung** ergibt, durch die dort getroffene besondere Regelung verdrängt.[23]

8 Für die von den Parteien **rechtsgeschäftlich vereinbarte Schriftform** gilt § 127, der wiederum – aber nur „im Zweifel" – auf die Anforderungen des § 126 verweist.

B. Regelungsgehalt

I. Gesetzliche Schriftform (Abs. 1)

9 **1. Urkunde. a) Allgemeines.** Die rechtsgeschäftliche Erklärung muss **in einer Urkunde ausgedrückt** sein. Unter einer Urkunde im Sinne von § 126 ist jede verkörperte, schriftliche Erklärung zu verstehen, die zum Beweis im Rechtsverkehr geeignet und bestimmt ist und die ihren Aussteller erkennen lässt.[24] Dass die Erklärung nur in Schriftzeichen ausgedrückt wird, entspricht den gängigen Anforderungen, ist aber zweifelhaft. Es kommt vielmehr auf den Erklärungsinhalt an, der für die Parteien und die übrigen durch den jeweiligen Formzweck (§ 125 Rn 9 f) Begünstigten eindeutig zu sein hat. Dies könnten auch Bilder- und Zeichenfolgen sein.[25]

11 *Röger*, NJW 2004, 1764, 1766.
12 MüKo/*Einsele*, § 126 Rn 4.
13 BGH, Beschl. v. 28.11.2007 – XII ZB 225/05 = NJW 2008, 917 f.
14 OVG Lüneburg, Urt. v. 13.8.1991 – 9 L 362/89 = NJW 1992, 1404, 1405; Urt. v. 25.7.1997 – 1 L 5856/95 = NJW 1998, 2921; wobei jedoch nach hM die von Abs. 2 geforderte Urkundeneinheit für das öffentliche Recht nicht stets gilt, vgl BVerwG, Urt. v. 24.8.1994 – 11 C 14/93 = BVerwGE 96, 326, 332 ff; Stelkens/Bonk/Sachs/*Bonk*, § 57 VwVfG Rn 19 ff.
15 Palandt/*Ellenberger*, § 126 Rn 1; MüKo/*Einsele*, § 126 Rn 3; RGRK/*Krüger-Nieland*, § 126 Rn 3; aA Soergel/*Hefermehl*, § 126 Rn 2.
16 GmS-OGB, Beschl. v. 5.4.2000 – GmS-OGB 1/98 = BGHZ 144, 164 ff; BGH, Beschl. v. 28.7.2005 – III ZR 416/04 = WM 2005, 2056 f; MüKo/*Einsele*, § 126 Rn 5; HK-BGB/*Dörner*, § 126 Rn 2; RGRK/*Krüger-Nieland*, § 126 Rn 3; Jauernig/*Jauernig*, § 126 Rn 1.
17 BVerfG, Beschl. v. 19.2.1963 – 1 BvR 610/62 = BVerfGE 15, 288; BGH, Urt. v. 27.5.1957 – VII ZR 223/56 = BGHZ 24, 297, 300; MüKo/*Einsele*, § 126 Rn 5; Erman/*Palm*, § 126 Rn 2; HK-BGB/*Dörner*, § 126 Rn 2.
18 BGH, Urt. v. 31.3.2003 – II ZR 192/02 = NJW 2003, 2028; Musielak/*Stadler*, § 129 ZPO Rn 8.
19 GmS-OGB, Beschl. v. 5.4.2000 – GmS-OGB 1/98 = BGHZ 144, 164 ff; dazu *Düwell*, NJW 2000, 3334.
20 BGH, Beschl. v. 25.3.1986 – IX ZB 15/86 = BGHZ 97, 283, 284 ff.
21 Vgl (seit 1.8.2001) § 130 Nr. 6 ZPO; früher dazu BVerfG, Beschl. v. 1.8.1996 – 1 BvR 121/95 = NJW 1996, 2857; FG Hamburg, Urt. v. 21.11.2000 – II 137/00 = NJW 2001, 992 (Computerfax).
22 BGH, Urt. v. 27.5.1957 – VII ZR 223/56 = BGHZ 24, 297, 299 f.
23 BGH, Urt. v. 22.9.1982 – VIII ZR 215/79 = NJW 1983, 519, 521; Urt. v. 6.12.2005 – XI ZR 139/05, Rn 30 = NJW 2006, 681, 683; EuGH Slg 1982, 1363, 1378; MüKo/*Einsele*, § 126 Rn 5; Bamberger/Roth/*Wendtland*, § 126 Rn 1.
24 Erman/*Palm*, § 126 Rn 3.
25 Ebenso *Borges*, Verträge im elektronischen Geschäftsverkehr. Vertragsabschluß, Beweis, Form, Lokalisierung, anwendbares Recht, 2003, S. 426 f.

Die **Art der Abfassung** ist gleichgültig, so dass die Parteien sie mit der Hand oder einem technischen Hilfsmittel (Computer, Schreibmaschine, Kopiergerät) schreiben, drucken oder vervielfältigen können.[26] Die Urkunde kann in jeder lebenden oder toten Sprache errichtet werden. Die Abfassung in deutscher Sprache ist nicht erforderlich. Mit der Einhaltung der Schriftform hat die Frage nichts zu tun, ob der Inhalt der Urkunde im Wege der Übersetzung allgemein verständlich gemacht werden kann.[27] 10

Für die **Herstellung der Urkunde** kann jeder Stoff verwendet werden, der geeignet ist, die schriftliche Erklärung dauerhaft festzuhalten.[28] Zur Wirksamkeit einer Erklärung in elektronischer Form s. Rn 48 ff, § 126 a. 11

b) Inhalt. Grundsätzlich muss die Urkunde das **gesamte formbedürftige Rechtsgeschäft** vollständig enthalten. Es sind alle Einzelheiten, die nach dem Willen der Parteien das Rechtsgeschäft kennzeichnen, schriftlich niederzulegen.[29] Der Inhalt der Urkunde kann sich auch aus dem Gesetz ergeben, wenn nur eine Willenserklärung dem Schriftformerfordernis unterliegt (vgl § 781 S. 1). 12

Der notwendige **Mindestinhalt** der Urkunde richtet sich, soweit das Gesetz keine entsprechenden ausdrücklichen Festlegungen enthält (vgl insoweit § 492 Abs. 2 iVm Art. 247 §§ 6 ff EGBGB), maßgeblich nach dem jeweiligen Zweck der im Einzelfall einzuhaltenden Formvorschrift.[30] So verlangt der Warnzweck des § 766 S. 1 für die schriftliche Bürgschaftserklärung neben dem Willen, für eine fremde Schuld einzustehen, die Bezeichnung des Gläubigers, des Hauptschuldners und der verbürgten Forderung.[31] Auch verlangt die Klarheits- und Beweisfunktion des § 4 Abs. 1 S. 1 StBGebV[32] die Kennzeichnung der Abrede als Vergütungsvereinbarung, während bei § 550 S. 1 BGB (dazu § 125 Rn 34) nicht mehr verlangt wird als Bestimmbarkeit der Mietvertragsparteien, der vermieteten Räumlichkeiten[33] und des Mietbeginns im Zeitpunkt des Vertragsschlusses.[34] 13

Die Angabe von **Ort und Datum** der Abfassung der Urkunde ist grundsätzlich kein Wirksamkeitserfordernis.[35] Ist das Datum der Herstellung ausnahmsweise entscheidend, etwa für die Frage der Geschäftsfähigkeit, trägt der Erklärende die Beweislast für die Behauptung, er sei bei Unterzeichnung geschäftsunfähig gewesen.[36] 14

c) Einheitlichkeit. Grundsätzlich muss das gesamte formbedürftige Rechtsgeschäft äußerlich erkennbar in **einer Urkunde** enthalten sein.[37] **Mehrere Blätter** gelten nur bei eindeutiger Zusammenfassung als „eine" Urkunde.[38] Dafür ist eine **körperliche Verbindung** der einzelnen Blätter der Urkunde aber nicht zwingend erforderlich.[39] Es ist ausreichend, wenn sich die Einheit der Urkunde aus fortlaufender Paginierung, fortlaufender Nummerierung der einzelnen Vertragsbestimmungen, einheitlicher grafischer Gestaltung der äußeren Erscheinung der Urkunde, dem nach Sachlage eindeutigen inhaltlichen Zusammenhang des Textes oder ähnlichen verlässlichen Merkmalen ergibt, aus denen die Zusammengehörigkeit einer mehrseitigen Urkunde zweifelsfrei erkennbar ist.[40] 15

26 Palandt/*Ellenberger,* § 126 Rn 2; MüKo/*Einsele,* § 126 Rn 6; Soergel/*Hefermehl,* § 126 Rn 3.

27 So aber Brandenburgisches OLG, Urt. v. 29.7.1998 – 7 U 29/98 = NJW-RR 1999, 543, 545 f; Bamberger/Roth/*Wendtland,* § 126 Rn 3; Erman/*Palm,* § 126 Rn 4; MüKo/*Einsele,* § 126 Rn 6.

28 Bamberger/Roth/*Wendtland,* § 126 Rn 3; Erman/*Palm,* § 126 Rn 4; MüKo/*Einsele,* § 126 Rn 6; *Larenz/Wolf,* § 27 Rn 32.

29 BGH, Beschl. v. 23.6.1999 – XII ZR 163/97 = NZM 1999, 763; BGH, Urt. v. 26.5.1999 – VIII ZR 141/98 = NJW 1999, 2664, 2667; *Mertens,* JZ 2004, 431 f; Bamberger/Roth/*Wendtland,* § 126 Rn 4; Erman/*Palm,* § 126 Rn 4; MüKo/*Einsele,* § 126 Rn 7; RGRK/*Krüger-Nieland,* § 126 Rn 6.

30 BGHZ 136, 357, 362; 57, 53, 57 ff; Bamberger/Roth/*Wendtland,* § 126 Rn 4; MüKo/*Einsele,* § 126 Rn 7; RGRK/*Krüger-Nieland,* § 126 Rn 5.

31 BGHZ 132, 119, 123; MüKo/*Einsele,* § 126 Rn 6; RGRK/*Krüger-Nieland,* § 126 Rn 5.

32 Dazu *Kilian,* NJW 2005, 3104. Der gleichlautende frühere § 4 Abs. 1 S. 1 RVG ist zum 31.9.2009 aufgehoben worden; seitdem bedürfen Vergütungsvereinbarungen nach § 3 a Abs. 1 S. 1 RVG lediglich der Textform (§ 126 b).

33 BGH, Urt. v. 15.11.2006 – XII ZR 92/04 = NJW 2007, 288, 290 (fehlender Lageplan).

34 BGH Urt. v. 2.11.2005 – XII ZR 212/03 = NJW 2006, 139, 140; Urt. v. 2.11.2005 – XII ZR 233/03 = NJW 2006, 140, 141 (zur Vermietung „vom Reißbrett"); Urt. v. 2.5.2007 – XII ZR 178/04 = NJW 2007, 3273, 3275 (Heilung durch das Mietobjekt konkretisierenden Nachtrag); Thüringisches OLG, Urt. v. 13.3.2008 – 1 U 130/07 = NZM 2008, 572, 573 f; MüKo/*Einsele,* § 126 Rn 7; iIm Einzelnen *Lindner-Figura,* Die gesetzliche Schriftform von Geschäftsraummietverträgen, in: FS Blank, S. 301 ff; *Achsnik/Habich,* NZI 2008, 671 ff.

35 LG Frankfurt/Main, Urt. v. 7.4.2009 – 19 O 211/08 = WM 2009, 947, 948; Bamberger/Roth/*Wendtland,* § 126 Rn 4; Erman/*Palm,* § 126 Rn 4; MüKo/*Einsele,* § 126 Rn 6.

36 BGH, Urt. v. 9.2.1972 – IV ZR 122/71 = NJW 1972, 681, 683; MüKo/*Einsele,* § 126 Rn 6.

37 *Larenz/Wolf,* § 27 Rn 33.

38 BGH, Urt. v. 30.6.1999 – XII ZR 55/97 = BGHZ 142, 160 f; MüKo/*Einsele,* § 126 Rn 8; Bamberger/Roth/*Wendtland,,* § 126 Rn 5.

39 *Häsemeyer,* JuS 1980, 1, 4; MüKo/*Einsele,* § 126 Rn 8; Bamberger/Roth/*Wendtland,* § 126 Rn 5; Erman/*Palm,* § 126 Rn 6.

40 BGH, Urt. v. 24.9.1997 – XII ZR 234/95 = BGHZ 136, 357, 369 f; BGH, Urt. v. 21.1.1999 – VII ZR 93/97 = NJW 1999, 1104, 1105; MüKo/*Einsele,* § 126 Rn 7; Bamberger/Roth/*Wendtland,* § 126 Rn 5; Erman/*Palm,* § 126 Rn 6. Dazu im Hinblick auf Mietverträge *Lindner-Figura,* NJW 1998, 731; *Schlemminger,* NJW 1992, 2249.

16 Es besteht die Möglichkeit, hinsichtlich eines wesentlichen Vertragsbestandteils auf weitere, von den Parteien nicht unterzeichnete Urkunden Bezug zu nehmen. In diesem Fall müssen diese – sofern sich die Zusammengehörigkeit nicht aus der einheitlichen Gestaltung bzw dem inhaltlichen Zusammenhang des Textes ergibt – für die Erfüllung der Schriftform darüber hinaus körperlich fest mit der Haupturkunde so verbunden sein, dass die Auflösung entweder nur mit zeitweiser Substanzverletzung möglich ist (Fadenheftung, Leimung) oder Gewaltanwendung erfordert (Drahtheftung).[41]

17 Sind die Urkunden bereits jeweils unterschrieben worden, gelten weniger strenge Anforderungen.[42] Das Schriftformerfordernis ist auch dann erfüllt, wenn in einem **Nachtrags- oder Änderungsvertrag** hinsichtlich weiterer Einzelpunkte auf den Ursprungsvertrag ohne dessen körperliche Beifügung verwiesen wird, jedoch nur unter der Voraussetzung, dass die formgerechten Nachtrags- bzw Änderungsverträge bereits die essentialia negotii enthalten.[43] Praktische Bedeutung erlangt dies vor allem bei der Verlängerung langfristiger **Miet- und Pachtverträge**.

18 **d) Beweiskraft.** Die in der vorgeschriebenen Form errichtete Urkunde stellt eine **Privaturkunde** iSv § 416 ZPO dar. Eine Privaturkunde beweist, dass die in ihr enthaltene Erklärung von dem Aussteller abgegeben wurde. Der Echtheitsbeweis für eine solche Privaturkunde ist nach §§ 439 ff ZPO zu führen und lediglich entbehrlich, wenn die Echtheit vom Prozessgegner nicht bestritten wird. Durch eine Privaturkunde wird nicht bewiesen, dass auch der Inhalt der Urkunde richtig ist.[44] So beweist zB ein in der Urkunde enthaltenes Datum nur, dass es angegeben, nicht, dass es richtig angegeben ist.[45] Zur Vermutung der Richtigkeit und Vollständigkeit bei formgerechten Erklärungen § 125 Rn 77.

19 **2. Eigenhändige Unterzeichnung durch Namensunterschrift. a) Funktionen der Unterschrift.** Die Unterschrift hat vor allem **Identitätsfunktion**, indem sie die Person des Ausstellers erkennbar macht.[46] Zu den dafür geltenden Anforderungen einer Namensunterschrift vgl Rn 27 ff. Des Weiteren macht die Unterschrift deutlich, dass die vorstehende Erklärung von dem Unterzeichner herrührt (**Echtheitsfunktion**). Ferner kommt der Unterschrift eine **Warnfunktion** zu, da der Betroffene durch das Erfordernis einer eigenhändigen Unterzeichnung in gewisser Weise vor unbedachten Erklärungen geschützt wird.

20 Schließlich hat die Unterschrift die Funktion eines räumlichen[47] Textabschlusses.[48] Sie muss den Urkundeninhalt vollständig decken, sich dementsprechend am Ende der Urkunde befinden (**Abschlussfunktion**). Erstreckt sich die Urkunde über mehrere Seiten, so genügt zur Wahrung des Schriftformerfordernisses die Unterschrift am Ende der letzten Seite.[49]

21 Eine „Überschrift" bzw „Oberschrift" ist grundsätzlich nicht ausreichend.[50] Ebenso wenig genügt eine „Nebenschrift" am Rand[51] des Urkundentextes oder die Unterschrift auf einem Briefumschlag.[52] Ausnahmen hiervon haben Rechtsprechung und Literatur bei **Testamenten** gemacht, so dass dort unter Umständen bei einem Testament, welches aus Vorder- und Rückseite besteht, eine Unterschrift auf der Vorderseite ausreichen kann, wenn die Rückseite inhaltlich nur Ergänzungen der Vorderseite enthält.[53] Auch eine Unterschrift auf

41 BGH, Urt. v. 13.11.1963 – V ZR 8/62 = BGHZ 40, 255, 263; BAG, Urt. v. 6.7.2006 – 2 AZR 520/05 = NZA 2007, 266, 269; Bamberger/Roth/*Wendtland,* § 126 Rn 5; MüKo/*Einsele,* § 126 Rn 9.

42 BGH, Urt. v. 21.1.1999 – VII ZR 93/97 = NJW 1999, 1104; KG, Urt. v. 5.3.1998 – 8 U 7326/96 = NJW-RR 1998, 943 f; *Schultz,* NZM 1999, 298; *Lenz-Schlößer,* MDR 1998, 1.

43 BGH, Urt. v. 2.12.2004 – IX ZR 200/03 = NJW 2005, 884, 885; Urt. v. 30.6.1954 – V ZR 7/63 = BGHZ 42, 333, 338; im Einzelnen *Lindner-Figura,* NJW 2009, 1861 ff.

44 BGH, Urt. v. 17.4.1986 – III ZR 215/84 = NJW 1986, 3086; Musielak/*Huber,* § 416 ZPO Rn 4.

45 BGH, Urt. v. 29.11.1989 – VIII ZR 228/88 = BGHZ 109, 244.

46 BGH, Urt. v. 25.10.2002 – V ZR 279/01 = NJW 2003, 1120; abw. (enger) *Larenz/Wolf,* § 27 Rn 28.

47 Zuweilen wird auch von einer **zeitlichen** Abgrenzung durch die Unterschrift gesprochen, wonach sie das Entwurfsstadium beende (so wohl Jauernig/*Jauernig,* § 126 Rn 2). Aber damit wird dieser Vorgang mit der Abgabe der Willenserklärung vermengt (zutr. *Bork,* BGB AT, Rn 1056 Fn 13).

48 BGH, Urt. v. 20.11.1990 – XI ZR 107/89 = BGHZ 113, 48 ff; *Köhler,* AcP 182 (1982), 126, 147 ff; MüKo/*Einsele,* § 126 Rn 10; Palandt/*Ellenberger,* § 126 Rn 6; Bamberger/Roth/*Wendtland,* § 126 Rn 6; Erman/*Palm,* § 126 Rn 7; RGRK/*Krüger-Nieland,* § 126 Rn 9.

49 Erman/*Palm,* § 126 Rn 7.

50 BGH, Urt. v. 20.11.1990 – XI ZR 107/89 = BGHZ 113, 48, 51 (zu §§ 416, 440 Abs. 2 ZPO); RG, Urt. v. 13.10.1902 – IV 174/02 = RGZ 52, 277, 280; OLG Düsseldorf, Urt. v. 2.3.2011 – I-18 U 30/10 (für Frachtbrief); LG Essen, Urt. v. 13.11.2007 – 1 O 270/06 = NJOZ 2008, 591, 592 (für ausgefülltes Namensfeld im Kopf eines Formulars); Jauernig/*Jauernig,* § 126 Rn 2; *Weber,* JuS 1991, 543; zweifelnd *Köhler,* Die Unterschrift als Rechtsproblem, in: FS Schippel 1996, S. 209, 220; *ders.,* JZ 1991, 408, 409.

51 BGH, Urt. v. 21.1.1992 – XI ZR 71/91 = NJW 1992, 829, 830 (zu §§ 416, 440 Abs. 2 ZPO); 1991, 829.

52 RG, Urt. v. 7.2.1925 – IV 485/24 = RGZ 110, 166, 168.

53 Bamberger/Roth/*Litzenburger,* § 2247 Rn 16; MüKo/*Burkart,* § 2247 Rn 26.

dem verschlossenen Umschlag statt auf dem Testament oder eine Oberschrift kann ausnahmsweise ausreichen.[54]

Nachträge zu einer der Schriftform unterworfenen Erklärung müssen erneut unterschrieben werden, wenn es sich um Änderungen der übernommenen Pflichten handelt.[55] Wird lediglich der über der Unterschrift befindliche Text so ergänzt, dass er sich als Konkretisierung der bereits ursprünglich enthaltenen – durch Auslegung feststellbaren – Verpflichtungen erweist, ist eine erneute Unterschrift entbehrlich.[56] Dies gilt zB für eine hiernach unwesentliche Änderung eines bereits unterschriebenen Vertrages (dazu auch § 125 Rn 13 ff), die dann nicht erneut unterschrieben werden muss, wenn die Beteiligten über die Änderung einig sind und es deren Willen entspricht, dass die Unterschrift für den veränderten Vertragsinhalt Gültigkeit behalten soll.[57] Aus den Gesamtumständen kann sich ergeben, dass die inhaltliche Abschlussfunktion der Unterschrift sich auch auf die Nachträge erstreckt, was für die „Nebenschrift" dann der Fall sein kann, wenn unter der Urkunde kein Platz für die Unterschrift mehr ist.[58] Besonderheiten gelten bei Grundstücksverträgen, die nach erklärter Auflassung formlos geändert werden können, dazu § 125 Rn 15. 22

b) Blankounterschrift. Für die Einhaltung der Schriftform ist es nicht erforderlich, dass die Unterschrift zeitlich nach Fertigstellung des Textes erfolgt.[59] Der Begriff des Unterschreibens ist im Rahmen des § 126 **nicht zeitlich** zu verstehen. Es ist vielmehr zulässig, dass die Urkunde zunächst blanko unterschrieben und der Text später durch den Aussteller oder einen Dritten oberhalb der Unterschrift eingefügt wird.[60] Anders soll dies bei Verbraucherkreditverträgen sein, weil die Schriftform hier sichere, dass dem Verbraucher vor Unterzeichnung des Vertrags bestimmte Mindestinformationen erteilt werden, § 492 Abs. 1 S. 1, Abs. 2.[61] Mit Blick auf den am 30.7.2010 in Kraft getretenen § 492 Abs. 6, der die nachträgliche Übermittlung der fraglichen Informationen in Textform (§ 126 b) gestattet, kann dies nicht länger gelten, so dass eine Blankounterschrift der Schriftform genügt, wenn den Vorgaben aus § 492 Abs. 6 entsprochen wird. Zum Bürgschaftsrecht s. Rn 26. Die gewohnheitsrechtliche Anerkennung der Blankounterschrift, die vor dem Hintergrund der Abschluss- und Identitätsfunktion der Unterschrift problematisch erscheint, lässt sich dadurch rechtfertigen, dass der Rechtsverkehr auch die Blankounterschrift als Zeichen einer inhaltlichen Bestätigung des in der Urkunde Erklärten ansieht und die Erklärung dem Unterzeichnenden zurechnet.[62] 23

Wird ein freiwillig aus der Hand gegebenes, blanko unterschriebenes Blankett **abredewidrig ausgefüllt**, haftet der Blankettgeber gutgläubigen Dritten gegenüber gem. § 172 Abs. 2 analog aufgrund Rechtsscheins.[63] Eine Verpflichtung des Blankettgebers scheidet jedoch aus, wenn sich der Unbefugte das Blankett widerrechtlich verschafft und ausgefüllt hat. In diesem Fall handelt der Unbefugte vollmachtlos unter fremdem Namen und haftet dem Erklärungsempfänger nach § 179.[64] Beim Blankowechsel kann sich der bösgläubige oder grob fahrlässig handelnde Erwerber auf die abredewidrigen Vereinbarungen nicht berufen, Art. 10 WG. 24

Zulässig ist auch eine **Blankozession**, zB die Abtretung einer hypothekarisch gesicherten Forderung, bei welcher der Name des Erwerbers erst nachträglich eingesetzt werden soll. Falls der Erwerber nicht der Kontrahent des Unterzeichnenden ist, erlangt die Verfügung mit der Namenseinsetzung Wirksamkeit.[65] 25

Eine formbedürftige **Bürgschaft** kann allerdings nicht in der Weise wirksam erteilt werden, dass der Bürge eine Blankounterschrift leistet und einen anderen mündlich ermächtigt, die Urkunde zu ergänzen. Sie erfordert vielmehr eine schriftliche Erteilung der Vollmacht zur Ausfüllung des Blanketts. Dies folgert der BGH in scharfer Abkehr von früherer Rechtsprechung aus dem Sinn und Zweck der Formenstrenge im Bürgschafts- 26

54 BayObLG, Beschl. v. 2.3.1982 – BReg. 1Z 129/81 = MDR 1982, 581; Beschl. v. 1.7.1988 – BReg. 1 a Z 1/88 = FamRZ 1988, 1211, 1212; OLG Hamm, Beschl. v. 14.3.1986 – 15 W 423/85 = NJW-RR 1986, 386 f; OLG Celle, Beschl. v. 24.6.1996 – 22 W 18/98 = NJW-RR 1996, 1938; Palandt/*Edenhofer,* § 2247 Rn 12.

55 *Mertens,* JZ 2004, 431, 433; *Bork,* Rn 1056; ähnlich die Rspr, die auf die „Wesentlichkeit" abstellen will: BGH, Urt. v. 11.12.1998 – V ZR 377/97 = BGHZ 140, 218, 221; Urt. v. 27.10.1972 – V ZR 37/71 = NJW 1973, 37; Urt. v. 29.9.1999 – XII ZR 313/98 = NJW 2000, 354, 358.

56 BGH, Beschl. v. 27.6.1994 – III ZR 117/93 = NJW 1994, 2300, 2301; Urt. v. 7.2.1973 – VIII ZR 205/71 = WM 1973, 386, 387.

57 BGH, Urt. v. 27.10.1972 – V ZR 37/71 = NJW 1973, 37.

58 MüKo/*Einsele,* § 126 Rn 10.

59 *Köhler,* BGB AT, § 12 Rn 9; *Bork,* Rn 1648; MüKo/*Einsele,* § 126 Rn 11; RGRK/*Krüger-Nieland,* § 126 Rn 10.

60 BGH, Urt. v. 12.1.1984 – IX ZR 83/82 = NJW 1984, 798; Beschl. v. 27.6.1994 – III ZR 117/93 = 1994, 2300, 2301; Urt. v. 31.10.1956 – V ZR 177/55 = BGHZ 22, 128, 132; RG, Urt. v. 2.12.1911 – V 266/11 = RGZ 78, 26, 30.

61 BGH, Urt. v. 19.5.2005 – III ZR 240/04 = NJW-RR 2005, 1141.

62 RG, Urt. v. 1.4.1891 – V 324/90 = RGZ 27, 269, 272 f; MüKo/*Einsele,* § 126 Rn 11.

63 BGH, Urt. v. 29.2.1996 – IX ZR 153/95 = BGHZ 132, 119, 127; BGH, Urt. v. 17.7.2001 – XI ZR 325/00 = NJW 2001, 2968, 2969; *Larenz/Wolf,* § 27 Rn 36; RGRK/*Krüger-Nieland,* § 126 Rn 10.

64 *Flume,* BGB AT, Bd. 2, § 15 II 1 d; HK-BGB/*Dörner,* § 126 Rn 9; MüKo/*Einsele,* § 126 Rn 11; Jauernig/*Jauernig,* § 126 Rn 6.

65 RG, Urt. v. 25.4.1906 – V 447/05 = RGZ 63, 230, 234; BGH, Urt. v. 31.10.1956 – V ZR 177/55 = BGHZ 22, 128, 132; RGRK/*Krüger-Nieland,* § 126 Rn 11.

recht.[66] Eine Blankobürgschaft kann nicht den Zweck erfüllen, das von dem Bürgen übernommene Risiko einzugrenzen.[67] Gleichwohl greift die Rechtsscheinhaftung gem. § 172 Abs. 2 analog (Rn 24).[68]

27 **c) Namensunterschrift.** Die vom Gesetz ausdrücklich geforderte Namensunterschrift[69] soll den Aussteller erkennbar machen (Identitätsfunktion, Rn 19). Aussteller ist, wer die Erklärung in eigener Verantwortung abgibt, sei es in eigenem Namen oder als Vertreter eines Dritten.[70] Der bloße **Schreibgehilfe**, der die Erklärung lediglich mechanisch herstellt, ist nicht als Aussteller anzusehen (Rn 33).[71] Erforderlich ist, dass man die Person des Unterzeichnenden durch den angegebenen Namen nach den Umständen ohne weiteres feststellen kann. Diese Voraussetzung ist idR erfüllt bei Unterzeichnung mit dem **Familiennamen**, auch ohne Hinzufügung des Vornamens[72] oder bei Unterzeichnung nur mit einem Teil eines Doppelnamens.[73] In Ausnahmefällen kann auch die versehentliche Unterzeichnung mit einem falschen Nachnamen ausreichend sein, zB bei der Verwendung des vor der Hochzeit geführten Familiennamens.[74]

28 **Kaufleute** können auch mit ihrer Firma unterzeichnen (§§ 17 Abs. 1, 30 HGB). Ausreichend ist grundsätzlich auch die Unterschrift mit einem tatsächlich geführten Namen (**Künstlername, Pseudonym**), sofern die Person des Ausstellers dadurch zweifelsfrei festgestellt werden kann;[75] einer Eintragung des Pseudonyms im Melderegister und damit (bei deutschen Staatsbürgern) auch im Personalausweis bedarf es hierfür nicht.[76]

29 Eine wirksame Namensunterschrift liegt nicht vor bei Unterzeichnung mit einer **Verwandtschaftsbezeichnung** (Eure Mutter, Euer Vater).[77] Durch die Unterzeichnung nur mit dem **Vornamen** wird die Schriftform grundsätzlich nicht gewahrt.[78] Die Angabe lediglich des Vornamens ist ausreichend, wenn es sich um die Rechtsgeschäfte naher Angehöriger handelt[79] oder eine Zuordnung nach den Umständen zweifelsfrei möglich ist, etwa weil der Unterzeichnende unter diesem Vornamen in der Öffentlichkeit allgemein bekannt ist.[80] Die früher vertretene Auffassung,[81] dass Fürsten und kirchliche Würdenträger nur mit dem Vornamen zu unterschreiben bräuchten, ist heute bedeutungslos.[82] Abweichendes gilt für das Testament (§ 2247 Abs. 3 S. 2). Hier kann die Unterzeichnung „in anderer Weise“, etwa mit der Angabe einer Verwandtschaftsbezeichnung, des Vornamens oder eines Kosenamens genügen, sofern der Unterzeichner festgestellt werden kann.[83]

30 Strengere Anforderungen gelten bei notarieller Beurkundung gem. § 13 BeurkG. Erforderlich ist die Unterzeichnung wenigstens mit dem Familiennamen. Die Unterschrift nur mit dem Vornamen hat die Unwirksamkeit der von dem Beteiligten abgegebenen Erklärung zur Folge.[84]

31 Der Name muss ausgeschrieben sein; die Verwendung von Initialen, Anfangsbuchstaben, einer Paraphe oder einem sonstigen Handzeichen, das erkennbar als bewusste und gewollte **Namensabkürzung** erscheint, reicht nicht aus.[85] Auf die **Leserlichkeit** der Unterschrift kommt es nicht an,[86] eine unleserliche Unterschrift kann

66 BGH, Urt. v. 29.2.1996 – IX ZR 153/95 = BGHZ 132, 119, 122; BGH, Urt. v. 16.12.1999 – IX ZR 36/98 = NJW 2000, 1179, 1180; abl. *Benedict,* Jura 1999, 78.

67 *Rösler*, NJW 1999, 1150, 1151.

68 BGH, Urt. v. 29.2.1996 – IX ZR 153/95 = BGHZ 132, 119, 127.

69 *Köhler*, in: FS Schippel 1996, S. 209 ff; *MüKo/Einsele*, § 126 Rn 16.

70 RG, Urt. v. 6.11.1911 – I 85/11 = RGZ 77, 191, 192; Urt. v. 4.5.1911 – VI 143/10 = RGZ 76, 191, 193 f; MüKo/*Einsele,* § 126 Rn 12.

71 MüKo/*Einsele,* § 126 Rn 14.

72 Palandt/*Ellenberger,* § 126 Rn 10; Bamberger/Roth/*Wendtland*, Beck'scher Online-Kommentar, Ed 18 (2010), § 126 Rn 7; ebenso OLG Köln, Beschl. v. 7.12.2009 – 2 Wx 83/09 und 2 Wx 84/09 = FamRZ 2010, 679, 680, dazu *Baumann*, RNotZ 2010, 310 ff.

73 BGH, Urt. v. 18.1.1996 – III ZR 73/95 = NJW 1996, 997.

74 BayObLG, Beschl. v. 2.9.1955 – BReg. 1 Z 82-84/55 = NJW 1956, 24, 25 f.

75 BGH, Urt. v. 18.1.1996 – III ZR 73/95 = NJW 1996, 997; RGRK/*Krüger-Nieland,* § 126 Rn 24; MüKo/*Einsele,* § 126 Rn 16; Palandt/*Ellenberger,* § 126 Rn 10.

76 Wohl ebenso Bamberger/Roth/*Wendtland*, Beck'scher Online-Kommentar, Ed 18 (2010), § 126 Rn 7; aA *Köhler,* Die Unterschrift als Rechtsproblem, in: FS Schippel 1996, S. 209, 211.

77 RG, Beschl. v. 2.11.1931 – IV B 30/31 = RGZ 134, 308, 310.

78 BGH, Urt. v. 25.10.2002 – V ZR 279/01 = BGHZ 156, 256.

79 RG, Urt. v. 11.7.1932 – IV 80/32 = RGZ 137, 214; aA Bamberger/Roth/*Wendtland,* § 126 Rn 7.

80 BGH, Urt. v. 25.10.2002 – V ZR 279/01 = BGHZ 156, 256.

81 Immer noch Staudinger/*Hertel*, § 126 Rn 141; Bamberger/Roth/*Wendtland,* § 126 Rn 7.

82 *Köhler,* Die Unterschrift als Rechtsproblem, in: FS Schippel 1996, S. 209, 211.

83 BGH, Urt. v. 19.5.1958 – III ZR 21/57 = BGHZ 27, 274, 276; KG, Beschl. v. 30.1.1996 – 1 W 7243/94 = NJW-RR 1996, 1414; MüKo/*Einsele,* § 126 Rn 16; Erman/*Palm,* § 126 Rn 9; *Baumann*, RNotZ 2010, 310, 314.

84 BGH, Urt. v. 25.10.2002 – V ZR 279/01 = NJW 2003, 1120 f.

85 BGH, Urt. v. 15.11.2006 – IV ZR 122/05 = NJW-RR 2007, 351; Urt. v. 22.10.1993 – V ZR 112/92 = NJW 1994, 55; Urt. v. 8.12.1977 – II ZR 153/76 = NJW 1978, 1255; Beschl. v. 13.7.1967 – Ia ZB 1/67 = NJW 1967, 2310 f; OVG Münster, Urt. v. 24.10.1996 – 20 A 3106/96 = NVwZ-RR 1997, 760 (zu § 84 Abs. 1 S. 2 VwGO); *Köhler,* § 12 Rn 8.

86 BGH, Urt. v. 15.11.2006 – IV ZR 122/05 = NJW-RR 2007, 351; LG Frankfurt/Main, Urt. v. 7.4.2009 – 19 O 211/08 = WM 2009, 947, 948.

sogar ein stärkeres Indiz für die Echtheit der Erklärung sein als eine leserliche.[87] Es muss sich jedoch um einen Schriftzug handeln, der die Identität des Unterzeichners ausreichend kennzeichnet und dem Erklärungsempfänger die Feststellung der Identität des Erklärenden sowie die Echtheit der Unterschrift ermöglicht.[88] Dieses Erfordernis ist erfüllt, wenn er einmalig ist, entsprechende charakteristische Merkmale des Unterzeichners aufweist, die Zusammensetzung aus Buchstaben erkennen lässt, sich insgesamt als Wiedergabe eines Namens darstellt und die Absicht einer vollen Unterschriftsleistung erkennen lässt.[89] Es unterliegt der freien richterlichen Würdigung, ob ein Schriftzug eine Unterschrift darstellt,[90] wobei ein großzügiger Maßstab anzulegen ist, sofern die Autorenschaft des Erklärenden gesichert ist.[91] Sofern der Aussteller aus einem Kulturkreis kommt, in dem lateinische Schriftzeichen nicht gebräuchlich sind, kann er mit der Schrift seines Kulturkreises (zB kyrillisch, arabisch, japanisch) unterzeichnen.[92]

d) Eigenhändigkeit. Der Aussteller der Urkunde muss diese eigenhändig unterzeichnen.[93] Eigenhändigkeit wird allerdings nur **für die Unterschrift**, nicht für den gesamten Urkundentext verlangt. Der Text kann also gedruckt oder maschinenschriftlich gefertigt vorliegen, vgl Rn 10. Eine Ausnahme macht § 2247 Abs. 1 für das Testament. Erforderlich ist hier eine Gesamtschriftform, die nur dann gewahrt ist, wenn der Erblasser seine Erklärung eigenhändig geschrieben und unterschrieben hat.[94] Diese weitergehende Voraussetzung findet ihre Berechtigung darin, dass das Testament in besonderem Maße die Echtheits-, Abschluss- und Identitätsfunktionen erfüllen muss, da der Erblasser im Nachhinein nicht mehr zu seinem Testament befragt werden kann. Durch die eigenhändige Abfassung des gesamten Testaments wird sichergestellt, dass der Erblasser diese Erklärung tatsächlich zur Kenntnis genommen hat. Eine eigenhändige Unterschrift gewährleistet dies nicht, da auch ein fremder Text, der möglicherweise nicht gelesen wurde, unterschrieben werden kann.[95] 32

Eine **Schreibhilfe** ist zulässig, sofern sie lediglich unterstützend wirkt und der Wille des Ausstellers den Schriftzug bestimmt.[96] Unschädlich ist in diesem Zusammenhang, wenn das Schriftbild mehr dem des Schreibhelfers als dem des Ausstellers entspricht.[97] Allerdings sollte aus Gründen der besseren Beweisbarkeit der Urheberschaft in den Fällen, in denen der Unterzeichner nicht mehr selbständig ein Schreibgerät führen kann, die Unterschrift besser durch öffentlich beglaubigtes Handzeichen (§ 129 Abs. 1 S. 2) ersetzt werden. Im Fall der vis absoluta liegt keine wirksame Unterschrift vor. 33

Die Verwendung einer Nachbildung der Unterschrift[98] (**Faksimile**) oder eines Stempels reicht zur Wahrung der Schriftform nicht aus. Die mechanisch hergestellte Unterschrift in Telegrammen erfüllt nicht das Erfordernis der eigenhändigen Unterschrift;[99] dies gilt selbst dann, wenn das Aufgabeformular des Telegramms handschriftlich unterzeichnet war.[100] 34

Um den Bedürfnissen des **Massenverkehrs** Rechnung zu tragen, erklärt das Gesetz in Ausnahmefällen eine vervielfältigte (also nicht eigenhändig geleistete) Unterschrift für ausreichend. Dies gilt gem. § 492 Abs. 1 S. 3 für die Erklärung des Darlehensgebers, gem. § 793 Abs. 2 S. 2 für Inhaberschuldverschreibungen und gem. § 13 S. 1 AktG für die Unterzeichnung von Aktien und Zwischenscheinen. Weitere Schriftformerfordernisse, bei denen auf eine eigenhändige Unterschrift verzichtet worden ist (etwa §§ 3 Abs. 1, 39 Abs. 1 VVG aF), hat der Gesetzgeber bereits durch die hierfür geschaffene Textform ersetzt (§ 126 b, Rn 1). 35

e) Handzeichen. Die eigenhändige Unterschrift kann nach Abs. 1 grundsätzlich durch nach §§ 39 f BeurkG **notariell beglaubigte** Handzeichen ersetzt werden. Unter einem Handzeichen versteht man jedes eigenhändig gesetzte Zeichen, das keine Schriftzeichen verwendet, zB ein Kreuz, ein Fingerabdruck oder Initialen. Dem Unterzeichner steht es frei, welches Handzeichen er verwendet[101] und ob er sich eines Handzeichens oder einer eigenhändigen Unterschrift bedient. Die Möglichkeit der Unterschriftsleistung durch Handzeichen gilt 36

87 Soergel/*Hefermehl,* § 126 Rn 17; zur (strengeren) Rechtslage bei bestimmenden Schriftsätzen BVerfG, Beschl. v. 24.11.1997 – 1 BvR 1023/96 = NJW 1998, 1853 m. krit. Anm. *E. Schneider,* NJW 1998, 1844 f.
88 BAG, Urt. v. 24.1.2008 – 6 AZR 519/07 = NJW 2008, 2521.
89 BGH, Urt. v. 15.11.2006 – IV ZR 122/05 = NJW-RR 2007, 351; Urt. v. 18.1.1996 – III ZR 73/95 = NJW 1996, 997; OLG Köln, Urt. v. 28.6.2005 – 22 U 34/01 = NJW-RR 2005, 1252 (Unterschrift nach Art einer „Wellenlinie"); Palandt/*Heinrichs,* § 126 Rn 9; RGRK/*Krüger-Nieland,* § 126 Rn 25.
90 BGH, Urt. v. 8.12.1977 – II ZR 153/76 = NJW 1978, 1255.
91 BGH, Beschl. v. 27.9.2005 – VIII ZB 105/04 = NJW 2005, 3775.
92 *Köhler,* Die Unterschrift als Rechtsproblem, in: FS Schippel 1996, S. 209, 215 f; MüKo/*Einsele,* § 126 Rn 17; Staudinger/*Hertel,* § 126 Rn 136.
93 Palandt/*Ellenberger,* § 126 Rn 8; Bamberger/Roth/*Wendtland,* § 126 Rn 8.
94 BGH, Beschl. v. 3.2.1967 – III ZB 14/66 = BGHZ 47, 68, 71; MüKo/*Hagena,* § 2247 Rn 14.
95 *Rüthers/Stadler,* BGB AT, § 24 Rn 14.
96 BGH, Urt. v. 12.3.1981 – IVa ZR 111/80 = NJW 1981, 1900, 1901; Palandt/*Ellenberger,* § 126 Rn 8; MüKo/*Einsele,* § 126 Rn 14.
97 BGH, Urt. v. 12.3.1981 – IVa ZR 111/80 = NJW 1981, 1900, 1901; MüKo/*Einsele,* § 126 Rn 14; Erman/*Palm,* § 126 Rn 11.
98 BGH, Urt. v. 25.3.1970 – VIII ZR 134/68 = NJW 1970, 1078, 1080; RG, Urt. v. 8.11.1910 – VII 216/10 = RGZ 74, 399; RGRK/*Krüger-Nieland,* § 126 Rn 22.
99 Staudinger/*Hertel,* § 126 Rn 133.
100 BGH, Urt. v. 27.5.1957 – VII ZR 223/56 = BGHZ 24, 297, 298.
101 Staudinger/*Hertel,* § 126 Rn 151.

nach allgemeiner Meinung auch dann, wenn der Aussteller schreiben und lesen kann.[102] Für die Verwendung eines Handzeichens müssen keine Gründe angegeben werden.

37 **f) Unterschrift durch Vertreter.** Ein Vertreter darf aufgrund der ihm zustehenden Vertretungsmacht die Urkunde nach ganz hM mit dem Namen des Vertretenen unterzeichnen,[103] obwohl es bei diesem Handeln **unter** fremdem Namen gerade um kein Handeln **im** fremden Namen iSd §§ 164 ff geht. Bedenken gegen diese Praxis folgen auch aus dem Umstand, dass die Identitätsfunktion der Unterschrift (Rn 19) nicht erfüllt wird, wenn die Unterschrift nicht von der Person herrührt, deren Name auf dem Papier steht.[104]

38 Der Vertreter kann die Urkunde mit seinem eigenem Namen unterschreiben. In diesem Fall ist die Schriftform gewiss gewahrt, wenn sich das Vertretungsverhältnis aus der Urkunde selbst bzw aus einem Vermerk bei der Unterschrift ergibt.[105] Der Zusatz „i.V.", aber auch der Zusatz „i.A.",[106] bei Unterschrift durch einen Vertreter macht deutlich, dass dieser für einen anderen handelt. Nach zu § 550 ergangener neuer Rechtsprechung des BGH ist kein Vertretungszusatz erforderlich, wenn die vertretene Vertragspartei durch die den Vertrag unterzeichnende Person „auf andere Weise" hinreichend bestimmbar ist, insbesondere wenn nur **eine** natürliche Person als Mieter oder Vermieter auftritt.[107] Dann könne die Unterschrift nur bedeuten, dass der Unterzeichnende diese eine Vertragspartei vertreten wolle. Dem entspricht die alte Rechtsprechung zur Bürgschaft, wonach es ausreicht, wenn sie von einem Dritten mit eigenem Namen in Vertretung des Bürgen unterzeichnet wird.[108] Mit Blick auf § 164 Abs. 1 S. 2, wonach es keinen Unterschied bedeutet, ob die Erklärung ausdrücklich im Namen des Vertretenen erfolgt oder ob dies die Umstände ergeben, ist dieser Judikatur zuzustimmen.[109] Es genügt demnach, wenn sich das Vertretungsverhältnis aus objektiven, auch außerhalb der Urkunde liegenden Umständen ergibt.[110] Bei der **Gesamtvertretung** muss nach der Rechtsprechung des BGH zu § 550 freilich ein expliziter „Hinweis" erfolgen, dass der Handelnde die übrigen Vertretungspersonen vertritt, die nicht unterzeichnet haben. Dieser Hinweis kann bei dem Vorstandsmitglied einer AG der Vermerk „i.V." sein.[111] Dieser Grundsatz, dass das Vertretungsverhältnis bei der Gesamtvertretung durch einen Hinweis erkenntlich sein muss,[112] gilt auch bei einer GbR[113] und für die in einer Erbengemeinschaft verbundenen Erben.[114]

39 Ob der (Gesamt-)Vertreter bei Unterzeichnung der formbedürftigen Erklärung tatsächlich im Rahmen der ihm eingeräumten Vertretungsmacht gehandelt hat oder als Vertreter ohne Vertretungsmacht (§ 177 Abs. 1) selbst dem Erklärungsempfänger auf Erfüllung oder Schadensersatz haftet (§ 179 Abs. 1), ist für die Wahrung der Schriftform ohne Bedeutung.[115] Ebenso wenig ist die Vorlage einer Vollmacht Wirksamkeitsvoraussetzung für die Unterzeichnung durch den Vertreter.[116]

40 **g) Ersetzung der Unterschrift durch gerichtlichen Vergleich.** Eine eigenhändige Unterschrift des Erklärenden ist entbehrlich, wenn die Erklärung in einem gerichtlichen Vergleich protokolliert wird; § 127 a findet insoweit entsprechende Anwendung. Wenn § 127 a die Ersetzung der notariellen Beurkundung (§ 128) durch einen gerichtlichen Vergleich gestattet, muss dies ebenso für die Ersetzung der Schriftform gelten, die gegen-

102 Palandt/*Ellenberger,* § 126 Rn 11.
103 BGH, Urt. v. 3.3.1966 – II ZR 18/64 = BGHZ 45, 193; st. Rspr seit RG, Urt. v. 27.6.1910 – VI 297/08 = RGZ 74, 69; kritisch MüKo/*Einsele*, § 126 Rn 12 und § 129 Rn 5.
104 *Köhler,* Die Unterschrift als Rechtsproblem, in: FS Schippel 1996, S. 209, 212; *Holzhauer*, Die eigenhändige Unterschrift, 1973, S. 115 ff; der Rspr zust. von seinem Ansatz her, wonach es nicht um eine Identitätsfunktion geht, *Larenz/Wolf,* § 27 Rn 28.
105 BGH, Urt. v. 16.7.2003 – XII ZR 65/02 = NJW 2003, 3053, 3054; LAG Hamm, Urt. v. 10.1.2005 – 7 Sa 1480/04 = NZA-RR 2005, 428 (Zeichnung mit „ppa" durch Prokuristen); OLG Hamm, Urt. v. 11.3.1998 – 33 U 89/97 = NJW-RR 1999, 232. Weitherziger offenbar *Larenz/Wolf,* § 27 Rn 39, die dies als Frage der Zweckmäßigkeit einstufen.
106 Zu „iA" BAG, Urt. v. 13.12.2007 – 6 AZR 145/07 = NZA 2008, 403, 404.
107 BGH, Urt. v. 7.5.2008 – XII ZR 69/06 = NJW 2008, 2178, 2180; *Jacoby*, NZM 2011, 1, 2 ff.
108 RG JW 1927, 1361; Soergel/*Hefermehl,* § 126 Rn 18; Staudinger/*Horn,* § 766 Rn 40.
109 Ebenso *Stapenhorst*, NJW 2008, 2181.
110 BGH, Urt. v. 6.4.2005 – XII ZR 132/03 = NJW 2005, 2225, 2226 f; Urt. v. 16.7.2003 – XII ZR 65/02 = NJW 2003, 3053, 3054; BAG, Urt. v. 28.11.2007 – 6 AZR 1108/06 = NZA 2008, 348, 350 f; Urt. v. 21.4.2005 – 2 AZR 162/04 = NJW 2005, 2572, 2573; RG, Urt. v. 30.9.1919 – II 105/19 = RGZ 96, 286, 289; *Timme/Hülk*, NJW 2007, 3313, 3314; *Ackermann*, NZM 2005, 491, 492 f.
111 BGH, Urt. v. 4.11.2009 – XII ZR 86/07 = NZM 2010,105.; *Kuckein*, NZM 2010, 148 ff; krit. wegen der Entkoppelung von den materiellen Anforderungen des § 78 AktG *Timme/Hülk*, NZG 2010, 177 („klassische Beraterfalle").
112 AA *Stapenhorst*, NJW 2008, 2181.
113 BGH Urt. v. 11. 2003 – XII ZR 134/02 = NJW 2004, 1103; BGH, Urt. v. 6. 4. 2005 – XII ZR 132/03 = NJW 2005, 2225 2226; dazu *Weitemeyer*, NZG 2006, 10; OLG Hamm, Urt. v. 16.2.2011 – I-30 U 53/10 = IBR 2011, 229.
114 BGH, Urt. v. 11.9.2002 – XII ZR 187/00 = NJW 2002, 3389, 3391.
115 Jeweils zu § 550 S. 1: BGH, Urt. v. 19.9.2007 – XII ZR 121/05 = NJW 2007, 3346; Thüringisches OLG, Urt. v. 13.3.2008 – 1 U 130/07 = NZM 2008, 572, 573.
116 OLG Köln, Urt. v. 28.6.2005 – 22 U 34/01 = NJW-RR 2005, 1252, 1253.

über der notariellen Beurkundung ein Weniger ist (§ 125 Rn 3). Als gerichtlicher Vergleich gilt auch der Beschluss nach § 278 Abs. 6 S. 2 ZPO (§ 127 a Rn 8).

3. Empfangsbedürftige Willenserklärung. Empfangsbedürftige Willenserklärungen werden nur wirksam, wenn die formgerecht errichtete Willenserklärung dem Erklärungsempfänger zugeht.[117] Dies bedeutet insbesondere, dass eine Urkunde nicht im Moment der Unterzeichnung zugeht, es sei denn, der Empfänger hat gem. § 151 S. 1 auf den **Zugang** verzichtet.[118] Der Akt der Unterzeichnung stellt lediglich eine vorbereitende Handlung dar:[119] im Grunde handelt es sich nach wie vor um einen Entwurf. Ob ein **Verzicht auf den Zugang** im Einzelfall möglich ist, hängt von der jeweiligen Formvorschrift ab. Nicht möglich ist ein Verzicht, wenn eine schriftliche Erklärung „erteilt" werden muss (§§ 766 Abs. 1, 780 S. 1, 781 S. 1, 1154 Abs. 1).[120] Insbesondere gilt § 151 S. 1 auch für formgebundene Erklärungen.[121] 41

Der **Zugang** erfolgt nach den allgemeinen Grundsätzen für das Wirksamwerden von Willenserklärungen (vgl § 130 Rn 17, 37 ff). Hierfür genügt ein Telegramm trotz eigenhändiger Unterzeichnung des Aufgabe(!)telegramms (Rn 34) ebenso wenig wie die Übermittlung ausschließlich einer Telefaxkopie der im Original unterschriebenen Urkunde.[122] Durch die Übermittlung eines Telefax werden keine Fristen gewahrt, selbst dann nicht, wenn ihr eine formgültige Erklärung nachfolgt (zum Zivilprozessrecht Rn 6).[123] Erfolgt die formbedürftige Kündigung im Schriftsatz eines Rechtsanwalts, ist es ausreichend, wenn auf dem zugestellten Exemplar der Beglaubigungsvermerk unterschrieben ist.[124] 42

II. Schriftform bei Verträgen (Abs. 2)

Der **Grundsatz der Urkundeneinheit** gilt auch und vor allem für den Vertrag.[125] Daher ist für die Einhaltung der Schriftform bei einem Vertrag erforderlich, dass dieser alle vertragsbegründenden Erklärungen enthält und dass alle Vertragsparteien die Urkunde unterzeichnen.[126] Unerheblich ist hierbei, ob die einzelnen Vertragserklärungen getrennt aufgeführt werden oder ausschließlich das Ergebnis der Einigung in dem Urkundentext niedergelegt wird. Der **gesamte Vertragsinhalt** muss von der Unterschrift der Parteien gedeckt sein, so dass es für § 126 nicht ausreicht, dass jeder Vertragspartner nur die von ihm abgegebene Erklärung unterzeichnet.[127] Entgegen der früheren Rechtsprechung genügt es jedoch, wenn der Annehmende sein Einverständnis auf der schriftlichen Erklärung des Antragenden mit eigenhändiger Unterschrift bestätigt.[128] Wird der Vertrag auf verschiedenen zusammengehörigen Blättern abgefasst,[129] ist es erforderlich, dass die Unterschrift den Gesamtinhalt deckt.[130] 43

Die Ausstellung **mehrerer gleich lautender Urkunden** wird für die Parteien nach Abs. 2 S. 2 erleichtert: Es genügt, wenn jede Partei die für die andere Partei bestimmte Urkunde unterzeichnet; die gleichzeitige Unterzeichnung in Gegenwart des Vertragspartners ist nicht erforderlich.[131] Die jeweiligen Urkunden müssen allerdings den gesamten Vertragsinhalt enthalten.[132] Auch hier ist es nicht ausreichend, wenn jede Partei nur die 44

117 BGH, Urt. v. 28.1.1993 – IX ZR 259/91 = BGHZ 121, 224, 228 ff; Palandt/*Ellenberger,* § 126 Rn 12; MüKo/*Einsele,* § 126 Rn 20; HK-BGB/*Dörner,* § 126 Rn 14; aA *Schippers,* DNotZ 2006, 726, 734.

118 Staudinger/*Hertel,* § 126 Rn 159 (zu § 492 Abs. 1 BGB); *Köhler,* Die eigenhändige Unterschrift, 1973, in: FS Schippel 1996, S. 209, 218.

119 Soergel/*Hefermehl,* § 126 Rn 14.

120 BGH, Urt. v. 28.1.1993 – IX ZR 259/91 = NJW 1993, 1126 f; *Köhler,* Die eigenhändige Unterschrift, 1973, in: FS Schippel 1996, S. 209, 218; Palandt/*Sprau,* § 766 Rn 4.

121 BGH, Urt. v. 27.4.2004 – XI ZR 49/03 = NJW-RR 2004, 1683 f; BGH, Urt. v. 27.5.1986 – KZR 38/85 = NJW-RR 1986, 1300, 1301 (zu § 34 GWB aF).

122 BGH, Urt. v. 14.3.2006 – VI ZR 335/04 = NJW 2006, 2482, 2483 f; Urt. v. 28.1.1993 – IX ZR 259/91 = BGHZ 121, 224, 228 ff; OLG Hamm, Urt. v. 20.9.2005 – 28 U 39/05 = NJOZ 2005, 428, 431 f; Palandt/*Ellenberger,* § 126 Rn 8.

123 Palandt/*Ellenberger,* § 126 Rn 12; anders im Prozessrecht, vgl GmS-OGB, Beschl. v. 5.4.2000 – GmS-OGB 1/98 = BGHZ 144, 164 ff; OLG Hamm, Urt. v. 10.3.1992 – 7 U 136/91 = NJW 1992, 1705, 1706.

124 BGH, Beschl. v. 4.7.1986 – V ZR 41/86 = NJW-RR 1987, 395; Palandt/*Ellenberger,* § 126 Rn 12.

125 Soergel/*Hefermehl,* § 126 Rn 7.

126 BGH, Urt. v. 16.7.2003 – XII ZR 65/02 = NJW 2003, 3053, 3054; für den Auflösungsvertrag im Arbeitsrecht LAG Schleswig-Holstein, Urt. v. 5.10.2010 – 3 Sa 110/10 (juris); MüKo/*Einsele,* § 126 Rn 19.

127 OLG Hamm, Urt. v. 16.1.1998 – 12 U 74/97 = NJW-RR 1998, 811, 812; Erman/*Palm,* § 126 Rn 13; MüKo/*Einsele,* § 126 Rn 20; HK-BGB/*Dörner,* § 126 Rn 11.

128 BGH, Urt. v. 14.7.2004 – XII ZR 68/02 = NJW 2004, 2962, 2963 f (unter Aufgabe von RG, Urt. v. 19.6.1922 – III 657/21 = RGZ 105, 60, 62); BAG, Urt. v. 27.6.2006 – 7 AZR 514/05 = NJW 2007, 315, 316 f (zu § 14 Abs. 4 TzBfG); OLG Koblenz, Urt. v. 8.11.2004 – 12 U 244/03 = NJOZ 2005, 2919, 2923; kritisch MüKo/*Einsele,* § 126 Rn 19.

129 Zur Einheitlichkeit der Urkunde s. BGH, Urt. v. 30.6.1999 – XII ZR 55/97 = BGHZ 142, 160 und Rn 15 ff.

130 RG JW 1924, 796.

131 RG, Urt. v. 26.6.1915 – VII 99/15 = RGZ 87, 196, 197 f; RG, Urt. v. 19.6.1922 – III 657/22 = RGZ 105, 60, 62.

132 Erman/*Palm,* § 126 Rn 13; RGRK/*Krüger-Nieland,* § 126 Rn 13.

eigene Erklärung, zB das Angebot, unterzeichnet.[133] Ebenso wenig genügt in diesem Fall ein Briefwechsel;[134] anders liegt es bei einer Schiedsvereinbarung nach § 1031 ZPO ohne Beteiligung von Verbrauchern[135] und der gewillkürten Schriftform, vgl § 127 Abs. 2 (§ 127 Rn 16 ff). Neuere verbraucherrechtliche Vorschriften verzichten in Abweichung von Abs. 2 S. 2 auf den einheitlichen Text beider Urkunden, indem sie es genügen lassen, wenn Antrag und Annahme jeweils getrennt schriftlich erklärt werden (zB § 492 Abs. 1 S. 2).

45 Die **Aushändigung** der für die andere Partei bestimmten Urkunde ist nicht mehr Teil des Formerfordernisses.[136] Allerdings wird es bei noch nicht erfolgter Aushändigung bereits an der Abgabe der Erklärung fehlen, bei Erklärungen unter Abwesenden ist gem. § 130 der Zugang der Schriftstücke erforderlich (oben Rn 41).

46 Unterliegt bei einem Vertrag nur die **Erklärung einer Partei** dem Schriftformerfordernis (vgl § 766 S. 1), genügt es, wenn nur diese die Vertragsurkunde unterzeichnet.[137]

47 Wird der **Vertragstext** nach der Unterzeichnung **geändert**, so bedarf es nicht einer erneuten Unterschrift, wenn die Änderung einvernehmlich vorgenommen wurde und die Unterschriften für den veränderten Vertragsinhalt nach dem Parteiwillen ihre Gültigkeit behalten sollen.[138] Darin liegt eine – bislang wenig praktisch gewordene – Abkehr von einem streng verstandenen Schriftformerfordernis (vgl auch Rn 22). Ebenso wenig sind solche **Zusatzabreden** formbedürftig, die für den Inhalt des Vertrags nur von nebensächlicher Bedeutung sind; dies gilt insbesondere für solche Bestimmungen, die über den formwahrenden Vertrag nicht hinausgehen oder dessen Inhalt lediglich erläutern oder veranschaulichen.[139]

III. Elektronische Form (Abs. 3)

48 **1. Ersetzung durch die elektronische Form. a) Bedeutung der Ersetzung.** Abs. 3 gestattet die Ersetzung der gesetzlichen Schriftform des Abs. 1 durch die elektronische Form des § 126 a als **gleichwertige Alternative** (§ 126 a Rn 3). Die Vorschrift trägt der Tatsache Rechnung, dass im modernen Rechtsverkehr zunehmend moderne Kommunikationstechnologien genutzt und elektronische Willenserklärungen abgegeben werden.[140] Durch die Verwendung der elektronischen Form wird es dem Rechtsverkehr nicht nur ermöglicht, formbedürftige Vorgänge ausschließlich elektronisch zu bearbeiten und aufzubewahren, ohne den Umweg über eine eigenhändig unterzeichnete Urkunde zur Wahrung der gesetzlichen Schriftform gehen zu müssen (sog. Medienbruch),[141] sondern auch, das Risiko einer Fälschung oder Veränderung elektronischer Dokumente zu minimieren.[142] Aus der Regelung der elektronischen Form darf aber keinesfalls der Schluss gezogen werden, dass die Abgabe von Erklärungen auf elektronischem Wege nun grundsätzlich der Einhaltung bestimmter Formvorschriften bedarf. Für das Zustandekommen der meisten privatrechtlichen Verträge ist die Schriftform bzw die sie ersetzende elektronische Form ohne Bedeutung.[143]

49 **b) Umfang der Ersetzung.** Eine **Ersetzung** durch die elektronische Form ist grundsätzlich (Ausnahmen Rn 52 ff) in den folgenden Fällen eines gesetzlichen Schriftformerfordernisses **im BGB** möglich: §§ 32 Abs. 2, 33 Abs. 1 S. 2, 37 Abs. 1, 81 Abs. 1 S. 1, 111 S. 2, 368 S. 1, 410 Abs. 2, 416 Abs. 2 S. 2, 485 Abs. 4, 550 S. 1 (ggf iVm 581 Abs. 2),[144] 557 a Abs. 1, 557 b Abs. 1, 568 Abs. 1, 574 b Abs. 1 S. 1, 575 Abs. 1 S. 1, 577 Abs. 3, 585 a, 594 S. 3, 594 a Abs. 1 S. 3, 594 d Abs. 2 S. 3, 594 f, 595 Abs. 4 S. 1, 626 Abs. 2 S. 3 (Textform ausreichend, § 126 b Rn 6), 702 a Abs. 2, 1128 Abs. 2, 1154 Abs. 1 S. 1, 1901 a Abs. 1 S. 1, 1906 Abs. 5 S. 1. Soweit in den §§ 675 a, 1712 Abs. 1, 1715 Abs. 1 S. 1, 1901 a Abs. 1 S. 1, Abs. 2 S. 3 von „schriftlich" die Rede ist, sind keine rechtsgeschäftlichen oder geschäftsähnlichen Vorgänge betroffen, so dass sich für Abs. 3 kein Anwendungsbereich ergibt (Rn 5).

50 Die durch **Tarifvertrag** begründeten gesetzlichen Schriftformerfordernisse (§ 125 Rn 7) sind grundsätzlich der Ersetzung durch die elektronische Form zugänglich; bei Inhaltsnormen ist aber bereits die Einhaltung der Textform ausreichend (§ 125 Rn 7). Im Übrigen bleibt es den Tarifvertragsparteien überlassen, ob sie (ebenfalls durch Tarifvertrag) die Ersetzungsbefugnis des Abs. 3 ausschließen wollen.[145]

133 MüKo/*Einsele*, § 126 Rn 19; RGRK/*Krüger-Nieland,* § 126 Rn 12.
134 Soergel/*Hefermehl,* § 126 Rn 20; aA für Verwaltungsvereinbarungen der Länder nach § 57 VwVfG BVerwG, Urt. v. 19.5.2005 – 3 A 3/04 = NVwZ 2005, 1083, 1084.
135 Musielak/*Voit*, § 1031 ZPO Rn 4.
136 Staudinger/*Hertel*, § 126 Rn 159.
137 Bamberger/Roth/*Wendtland,* § 126 Rn 15; Erman/*Palm,* § 126 Rn 13; MüKo/*Einsele,* § 126 Rn 19.
138 BGH, Urt. v. 7.2.1973 – VIII ZR 205/71 = MDR 1973, 404; *Leonhard,* NZM 2008, 353 ff.
139 BGH, Urt. v. 7.5.2008 – XII ZR 69/06 = NJW 2008, 2178, 2179; Urt. v. 12.3.2008 – VIII ZR 71/07 = NJW 2008, 1661 f (Bestimmung des vermieteten Kellers durch mündliche Vereinbarung); Urt. v. 2.12.2004 – IX ZR 200/03 = NJW 2005, 844, 845.
140 BT-Drucks. 14/4987, 10; MüKo/*Einsele*, § 126 Rn 2; Palandt/*Ellenberger*, § 126 Rn 14.
141 BT-Drucks. 14/4987, 15; MüKo/*Einsele*, § 126 Rn 2; Soergel/*Marly*, § 126 a Rn 1.
142 HK-BGB/*Dörner*, § 126 a Rn 1; *Borges*, S. 46 ff.
143 *Oertel*, MMR 2001, 419.
144 Textform nicht ausreichend, *Mankowski*, ZMR 2002, 481, 484.
145 BT-Drucks. 14/4987, 15; MüKo/*Einsele*, § 126 Rn 22.

Soweit das Gesetz anstelle der gesetzlichen Schriftform die **eigenhändige Unterzeichnung** einer Erklärung vorsieht, ist in entsprechender Anwendung des Abs. 3 ebenfalls die Ersetzung durch die elektronische Form zulässig, vgl § 10 Abs. 1 S. 1 RVG, § 408 Abs. 2 S. 1 HGB.[146] 51

2. Ausschluss der Ersetzung. a) Ausschluss durch gesetzliche Anordnung. Die Ersetzung greift grundsätzlich, „soweit sich nicht aus dem Gesetz ein anderes ergibt". In der jeweiligen Formvorschrift kann die Ersetzungsbefugnis ausdrücklich ausgeschlossen werden. Ist das nicht geschehen, kann sich dennoch ein Ausschluss aus dem Zweck- und Sachzusammenhang der Norm ergeben. 52

aa) Ausdrücklicher Ausschluss. Der Gesetzgeber hat die Ersetzung durch die elektronische Form ausdrücklich in den §§ 484 Abs. 1 S. 2, 623,[147] 630 S. 3 (ggf iVm § 109 Abs. 3 GewO),[148] 761 S. 2, 766 S. 2, 780 S. 2, 781 S. 2 **BGB** sowie § 2 Abs. 1 S. 3 **NachwG** ausgeschlossen.[149] In diesen Fällen sind Erklärungen in elektronischer Form gem. § 125 S. 1 wegen Formwidrigkeit nichtig,[150] ggf kann die Formnichtigkeit aber durch § 242 nach den dafür geltenden allgemeinen Grundsätzen überwunden werden (§ 125 Rn 45 ff) oder aber eine Umdeutung gem. § 140 oder ein Schadensersatzanspruch des Gläubigers aus §§ 280 Abs. 1, 311 Abs. 2, 241 Abs. 2 wegen unzureichender Information über die Formbedürftigkeit der Erklärung in Betracht kommen.[151] 53

Diese **Einschränkungen** im Arbeits-,[152] Verbraucher-, Familien- und Erbrecht sollten der Vorstellung Rechnung tragen, dass die **Warnfunktion** einer qualifizierten elektronischen Signatur (§ 126 a Rn 12) bei einem privaten Rechtsanwender mangels Erfahrung und Verständnis noch hinter der einer eigenhändigen Unterzeichnung eines abgeschlossenen Dokuments zurückbleibt.[153] Diesen Überlegungen kann – zumal die beabsichtigte Gleichstellung von elektronischer Form und gesetzlicher Schriftform hierdurch seit beinahe einem Jahrzehnt erheblich relativiert wird[154] – nicht mehr zugestimmt werden. Spätestens mit der Einführung des **elektronischen Personalausweises** im November 2010, der von jedermann optional mit einer qualifizierten elektronischen Signatur (§ 126 a Rn 8) ausgestattet werden kann, dürfte der Rechtsanwender mit den Vor- und Nachteilen sowie den rechtlichen Konsequenzen der Nutzung qualifizierter elektronischer Signaturen soweit vertraut sein, dass die Warnfunktion bei der Verwendung einer qualifizierten elektronischen Signatur vergleichbar zu der bei der Leistung einer eigenhändigen Unterschrift ist. Meint es der Gesetzgeber mit der elektronischen Form ernst, sind deshalb die bisherigen Einschränkungen der Ersetzungsbefugnis zu überprüfen und ggf zu beseitigen, wie es im Verbraucherkreditrecht durch Aufhebung des § 492 Abs. 1 S. 2 aF bereits geschehen ist. 54

bb) Ausschluss kraft Natur der Sache. Auch durch die Verwendung bestimmter Begriffe in einer Formvorschrift kann die Verwendung der elektronischen Form ausgeschlossen sein. Dies gilt für den in §§ 409 Abs. 1 S. 2, 410 Abs. 1, 783, 793 Abs. 1 S. 1 **BGB**; § 74 Abs. 1 **HGB**; Art. 1 Nr. 1 **ScheckG**; Art. 1 Nr. 1 **WG** verwendeten Begriff der „Urkunde" (Rn 9 ff), unter den im Zivilrecht nur verkörperte, ohne weitere technische Hilfsmittel lesbare Gedankenerklärungen fallen,[155] sowie für den in § 3 Abs. 4 **FernUSG**; § 74 Abs. 1 **HGB**; § 3 Abs. 1 **VVG**[156] verwendeten Begriff der „Aushändigung", der die Übergabe einer verkörperten Erklärung voraussetzt.[157] Ebenso soll dies für den „niederzulegenden" Einigungsstellenspruch nach § 76 Abs. 3 S. 4 **BetrVG** sein.[158] 55

b) Ausschluss wegen fehlendem Einverständnis. Mit der Formulierung „kann" in Abs. 3 macht der Gesetzgeber deutlich, dass die Ersetzung der gesetzlichen Schriftform durch die elektronische Form nur möglich ist, wenn die beteiligten **Parteien** in ihrer konkreten Rechtsbeziehung den **Gebrauch der elektronischen Form wünschen**.[159] Ein Aufdrängen der elektronischen Form soll es nicht geben, der Empfänger der Erklä- 56

146 BT-Drucks. 14/4987, 14; MüKo/*Einsele*, § 126 Rn 21; Palandt/*Ellenberger*, § 126 Rn 14.

147 Der Ausschluss in § 623 erfasst auch spezialgesetzliche Kündigungstatbestände, selbst wenn diese wie § 22 Abs. 3 BBiG die elektronische Form nicht ausdrücklich ausschließen; nicht erfasst ist jedoch die Befristungsabrede des § 14 Abs. 4 TzBfG, s. *Gotthardt/Beck*, NZA 2002, 876, 877.

148 Zu § 630 S. 3 *Larenz/Wolf*, § 27 Rn 43 f.

149 Zur Vereinbarkeit mit den europarechtlichen Vorgaben *Borges*, S. 640 ff.

150 *Noack*, DStR 2001, 1893, 1895.

151 *Dörner*, AcP 202 (2002), 363, 386.

152 *Gotthardt/Beck*, NZA 2002, 876.

153 BT-Drucks. 14/4987, 22; MüKo/*Einsele*, § 126 Rn 23; Ausschluss in § 484 Abs. 1 S. 2, § 2 Abs. 1 S. 3 NachwG beruht auf europarechtlichen Vorgaben, in § 630 S. 3, § 2 Abs. 1 S. 3 NachwG auch auf Praktikabilitätserwägungen, vgl MüKo/*Einsele*, § 126 Rn 24.

154 *Blaurock/Adam*, ZEuP 2001, 93, 110; *Hähnchen*, NJW 2001, 2831, 2832.

155 *Czeguhn*, JuS 2004, 124; *Steinbeck*, DStR 2003, 644. Durch § 371 Abs. 1 S. 2 ZPO hat auch der Gesetzgeber zum Ausdruck gebracht, dass elektronische Dokumente keine Urkunden sind, dazu *Fischer-Dieskau/Gitter/Paul/Steidle*, MMR 2002, 709, 710; gegen Wertpapiere in elektronischer Form *Oberndörfer*, CR 2002, 358, 361 f; gegen Konnossemente in elektronischer Form *Ramming*, VersR 2002, 539 ff.

156 *Abraham*, NVersZ 2002, 202.

157 MüKo/*Einsele*, § 126 Rn 25.

158 Das BAG, Beschl. v. 5.10.2010 – 1 ABR 31/09 = NZA 2011, 420, 422, spricht von einer „auf dem Normcharakter beruhenden Sonderregelung".

159 *Noack*, DStR 2001, 1893, 1895.

rung oder bei Verträgen der Vertragspartner muss mit der Ersetzung einverstanden sein.[160] Dies wird auch durch den Vergleich mit den §§ 126 Abs. 4, 127 a, 129 Abs. 2 bestätigt, wonach die notarielle Beurkundung die anderen Formen ersetzt und nicht lediglich ersetzen kann.[161]

57 Die Frage des Einverständnisses der Parteien mit der Ersetzung der gesetzlichen Schriftform durch die elektronische Form darf nicht mit der Problematik des Zugangs der formbedürftigen Erklärung nach § 130 Abs. 1 vermengt werden.[162] Verweigert sich eine der Parteien der Ersetzung, liegt hierin keine Disposition über ein gesetzliches Formerfordernis,[163] weil lediglich die Ersetzungs**befugnis** des Abs. 3 nicht zur Anwendung kommt, es im Übrigen aber bei der gesetzlichen Schriftform nach Abs. 1 bleibt. Auch prozessuale Erwägungen[164] sprechen nicht gegen die hier vertretene Auffassung: Verlangt man für die Ersetzung ein Einverständnis des Erklärungsempfängers, ist hierüber ggf Beweis zu erheben, während bei der Verlagerung auf die Ebene des Zugangs Beweis über die beim Empfänger vorhandenen (oder eben nicht vorhandenen) Zugangsvorkehrungen für Erklärungen in elektronischer Form erhoben werden müsste; der damit verbundene Aufwand bleibt gleich, ebenso die Zuordnung der Darlegungs- und Beweislast zum Erklärenden. Und ob man schließlich zur Wirksamkeit der in elektronischer Form abgegebenen Erklärung gelangt, weil entsprechend § 151 S. 1 auf den Zugang der Erklärung verzichtet wird oder aber ein konkludentes Einverständnis des Erklärungsempfängers in die Ersetzung bejaht wird, ist vom Ergebnis her bedeutungslos.

58 Das **Einverständnis des Erklärungsempfängers** darf nicht mit einer rechtsgeschäftlichen Vereinbarung der beteiligten Parteien verwechselt werden.[165] Es bedarf nicht der gesetzlichen Schriftform, sondern kann **formlos** ausdrücklich oder durch schlüssiges Verhalten nach Maßgabe der bisherigen Geschäftsgepflogenheiten durch den Erklärungsempfänger zum Ausdruck gebracht werden.[166] Hiervon kann ausgegangen werden, wenn die Parteien ihren Geschäftsverkehr untereinander elektronisch abwickeln, der Empfänger die Erklärung als wirksam behandelt[167] oder der Empfänger seine E-Mail-Adresse als Korrespondenzmöglichkeit ausdrücklich oder in geschäftlichen Unterlagen angegeben hat.[168] Denn wer einen elektronischen Kommunikationsweg in einer Geschäftsbeziehung eröffnet, muss auch mit dem Zugang rechtserheblicher Erklärungen auf diesem Weg rechnen.[169] Im Zweifelsfall können auch die zur Problematik bei der Bezahlung mit Buchgeld anstelle von Bargeld entwickelten Grundsätze herangezogen werden.[170]

59 Von einem Einverständnis mit der Ersetzung der gesetzlichen Schriftform kann nicht ausgegangen werden, wenn der Erklärende eine elektronische Kommunikationsmöglichkeit nur bei Gelegenheit erfahren oder selbst im Internet recherchiert hat. Insbesondere bei **Verbrauchern** (§ 13) als Empfängern ist bei der Annahme eines schlüssigen Einverständnisses Zurückhaltung geboten.[171] Aus einer fehlenden unverzüglichen Zurückweisung einer in elektronischer Form abgegebenen Willenserklärung darf nicht auf ein Einverständnis mit der Ersetzung geschlossen werden; anderenfalls würde dem Schweigen des Erklärungsempfängers entgegen der allg. Meinung ein besonderer Erklärungsgehalt zukommen.[172] Diese zurückhaltende Handhabung ergibt sich aus der Eigenart der in elektronischer Form abgegebenen Erklärung. Gegenüber dem Erhalt einer eigenhändig unterschriebenen Urkunde, bei der sich die Prüfung regelmäßig auf das Anschauen von Text und Unterschrift beschränkt, ist die Kontrolle einer in elektronischer Form vorliegenden Erklärung mit mehr Mühe verbunden. Der Empfänger muss zumindest das qualifizierte Zertifikat des Erklärenden bei einem Dritten abfragen, was nicht nur ein gewisses technisches Grundverständnis voraussetzt, sondern häufig auch eine Internet-Verbindung auf Seiten des Empfängers verlangt (im Einzelnen § 126 a Rn 19, 33 ff). Zumindest bei Verbrauchern

160 BT-Drucks. 14/4987, 41; Palandt/*Ellenberger*, § 126 a Rn 6; Soergel/*Marly*, § 126 a Rn 23; *Larenz/Wolf*, § 27 Rn 42; aA *Heinemann*, ZNotP 2002, 414, 418; MüKo/*Einsele*, § 126 Rn 9 ff, die das Einverständnis des Erklärungsempfängers lediglich unter dem Gesichtspunkt des Zugangs betrachtet und zur Begründung unzutreffend auf das Gesetzgebungsverfahren sowie Erwägungen praktischer Art abstellt; ebenso *Borges*, S. 655, der für § 127 Abs. 2 S. 2 analog eintritt; krit. auch *Steinbeck*, DStR 2003, 644, 645 f.

161 Jauernig/*Jauernig*, § 126 a Rn 3.

162 AA *Heinemann*, ZNotP 2002, 414, 418; MüKo/*Einsele*, § 126 Rn 27 ff; *Borges*, S. 655, der für § 127 Abs. 2 S. 2 analog eintritt; krit. auch *Steinbeck*, DStR 2003, 644, 645 f.

163 So aber MüKo/*Einsele*, § 126 Rn 31.

164 S. MüKo/*Einsele*, § 126 Rn 30.

165 Dies war der Vorschlag des Bundesrats, BT-Drucks. 14/4987, 34 f; dazu *Boente/Riehm*, Jura 2001, 793, 795.

166 Palandt/*Ellenberger*, § 126 a Rn 6; Soergel/*Marly*, § 126 a Rn 23; *Steinbeck*, DStR 2003, 644, 645.

167 Palandt/*Ellenberger*, § 126 a Rn 6.

168 Jauernig/*Jauernig*, § 126 a Rn 3; *Noack*, DStR 2001, 1893, 1895.

169 AA *Steinbeck*, DStR 2003, 644, 645 unter Hinweis auf die mit der Bereithaltung von Entschlüsselungsvorrichtungen verbundenen Kosten (?) und der geringfügigen Verbreitung der elektronischen Form.

170 Jauernig/*Jauernig*, § 126 a Rn 3.

171 Zustimmend hinsichtlich der restriktiven Herangehensweise bei Verbrauchern *Steinbeck*, DStR 2003, 644, 645; ebenso für den Bereich des Verwaltungsrechts *Roßnagel*, NJW 2003, 469, 473.

172 AA *Larenz/Wolf*, § 27 Rn 42: Einverständnis des Empfängers beim Ausbleiben eines unverzüglichen Widerspruchs wird unterstellt; zum fehlenden Erklärungsgehalt des bloßen Schweigens BGH, Urt. v. 4.4.1951 – II ZR 52/50 = BGHZ 1, 356; im Einzelnen MüKo/*Kramer*, § 151 Rn 4 ff.

kann nicht zwingend vom Vorhandensein der erforderlichen technischen Voraussetzungen bzw Software zur (automatischen) Überprüfung einer qualifizierten elektronischen Signatur ausgegangen werden.[173]

c) Ausschluss im Vereins- und Gesellschaftsrecht. Im Vereins- und Gesellschaftsrecht muss zwischen Erklärungen gegenüber der juristischen Person und Erklärungen unter Mitgliedern mit Rechtswirkungen für die juristische Person unterschieden werden. Ist Erklärungsempfänger die juristische Person (vgl § 32 Abs. 2), kann die Satzung der juristischen Person die Ersetzungsbefugnis des Abs. 3 ausschließen. Anderenfalls ist die Ersetzung zulässig; insbesondere fehlt dem Vorstand die Befugnis zur Verwerfung der gesetzlich als gleichrangig gewerteten elektronischen Form. Für Erklärungen unter Mitgliedern oder zwischen ihnen und Dritten, die Rechtswirkungen für die juristische Person entfalten, kann auch durch die Satzung die Ersetzungsbefugnis nicht generell ausgeschlossen werden. Formgerecht abgegebene Erklärungen müssen die Vertretungsorgane der juristischen Person akzeptieren. Davon strikt zu trennen ist die Frage, ob eine Erklärung in elektronischer Form den Vertretungsorganen der juristischen Person wirksam zugegangen ist (zum Zugang § 126 a Rn 57 ff). 60

IV. Notarielle Beurkundung (Abs. 4)

Nach § 126 Abs. 4 wird die schriftliche Form durch die notarielle Beurkundung ersetzt. Dies gilt für **jede Art** 61
von notarieller Beurkundung.[174] Die Schriftform wird also auch durch eine solche notarielle Beurkundung ersetzt, bei der das Protokoll nicht unterschrieben bzw nicht vorgelesen zu werden braucht.[175] Ausreichend ist bei einem **gerichtlichen Vergleich** auch die Aufnahme der Erklärungen in ein nach den Vorschriften der ZPO errichtetes Protokoll, da dieses wiederum die notarielle Beurkundung ersetzt (§ 127 a). Darüber hinaus können auch bei **fehlerhafter notarieller Beurkundung** die Voraussetzungen der Schriftform erfüllt sein.[176] Zur notariellen Beurkundung im Einzelnen s. § 128.

§ 126 a Elektronische Form

(1) Soll die gesetzlich vorgeschriebene schriftliche Form durch die elektronische Form ersetzt werden, so muss der Aussteller der Erklärung dieser seinen Namen hinzufügen und das elektronische Dokument mit einer qualifizierten elektronischen Signatur nach dem Signaturgesetz versehen.

(2) Bei einem Vertrag müssen die Parteien jeweils ein gleichlautendes Dokument in der in Absatz 1 bezeichneten Weise elektronisch signieren.

Literatur

(vgl auch bei § 126): *Altenhain/Heitkamp*, Altersverifikation mittels des elektronischen Personalausweises, K&R 2009, 619; *Armgardt/Spalka*, Der Anscheinsbeweis gemäß § 371 a Abs. 1 S. 2 ZPO vor dem Hintergrund der bestehenden Sicherheitslücken bei digitalen Signaturen, K&R 2007, 26; *Bacher*, XJustiz – Elektronischer Datenaustausch zwischen Gerichten und Verfahrensbeteiligten, JurPC Web-Dok. 160/2003 (http://www.jurpc.de); *ders.*, Eingang von e-Mail-Sendungen bei Gericht, MDR 2002, 669; *ders.*, Elektronisch eingereichte Schriftsätze im Zivilprozess, NJW 2009, 1548; *Baum*, Elektronische Signaturen. Risiken und deren Versicherbarkeit in Deutschland nach Umsetzung der Richtlinie des Europäischen Parlaments und des Rates über gemeinsame Rahmenbedingungen für elektronische Signaturen, 2001; *Berger*, Beweisführung mit elektronischen Dokumenten, NJW 2005, 1016; *Bergfelder*, Was ändert das 1. Signaturänderungsgesetz? Die qualifizierte elektronische Signatur zwischen Anspruch und Wirklichkeit, CR 2005, 148; *ders.*, Der Beweis im elektronischen Rechtsverkehr, 2006; *Bettendorf*, Elektronische Dokumente und Formqualität, RNotZ 2005, 277; *Bieser*, Das neue Signaturgesetz – Die digitale Signatur im europäischen und internationalen Kontext, DStR 2001, 27; *Bitzer/Brisch*, Digitale Signatur. Grundlagen, Funktion und Einsatz, 1999; *Blaurock/Adam*, Elektronische Signatur und europäisches Privatrecht, ZEuP 2001, 93; *Boente/Riehm*, Das BGB im Zeitalter digitaler Kommunikation – Neue Formvorschriften, Jura 2001, 793; *Borges*, Verträge im elektronischen Geschäftsverkehr. Vertragsabschluss, Beweis, Form, Lokalisierung, anwendbares Recht, 2003; *ders.*, Der neue Personalausweis und der elektronische Identitätsnachweis, NJW 2010, 3334; *Borghoff/Rödig/Scheffcyzk/Schmitz*, Langzeitarchivierung. Methoden zur Erhaltung digitaler Dokumente, 2003; *Bröhl/Tettenborn*, Das neue Recht der elektronischen Signaturen, 2001; *Catrein*, Moderne elektronische Kommunikation und Verwaltungsverfahrensrecht. Welche Anforderungen hat das Verwaltungsverfahrensgesetz zu erfüllen?, NWVBl 2001, 50; *Czeguhn*, Beweiswert und Beweiskraft digitaler Dokumente im Zivilprozess, JuS 2004, 124; *Dästner*, Neue Formvorschriften im Prozessrecht, NJW 2001, 3469; *Degen*, Mahnen und Klagen per E-Mail – Rechtlicher Rahmen und digitale Kluft bei Justiz und Anwaltschaft?, NJW 2008, 1473; *Dörner*, Rechtsgeschäfte im Internet, AcP 202 (2002), 363; *Dreßel/Viefhues*, Gesetzgeberischer Handlungsbedarf für den elektronischen Rechtsverkehr – werden die wahren Probleme gelöst?, K&R 2003, 434; *Ebbing*, Schriftform und E-Mail, CR 1996, 271: *Ernestus*, JobCard – Schlüssel zur elektronischen Kommunikation? Ein Fachverfahren könnte den Weg für den Durchbruch der elektronischen Signatur ebnen!, DuD 2004, 404; *Ernst*, Beweisprobleme bei E-Mail und anderen Online-Willenserklärungen, MDR 2003, 1091; *Fischer-Dieskau*, Der Referentenentwurf zum Justizkommunikationsgesetz aus Sicht des Signaturrechts, MMR 2003, 701; *dies.*, Das elektronisch signierte Dokument als Mittel zur Beweissicherung – Anfor-

173 *Noack*, DStR 2001, 1893, 1895.
174 Soergel/*Hefermehl*, § 126 Rn 21.
175 RG, Urt. v. 4.5.1911 – VI 143/10 = RGZ 76, 191.
176 RG, Urt. v. 27.11.1933 – VI 241/33 = RGZ 142, 303, 307.

derungen an seine langfristige Aufbewahrung, 2006; *Fischer-Dieskau/Gitter/Hornung*, Die Beschränkung des qualifizierten Zertifikats. § 7 Abs. 1 Nr. 7 SigG als wichtiges Mittel der Risikokalkulation, MMR 2003, 384; *Fischer-Dieskau/Gitter/Paul/Steidle*, Elektronisch signierte Dokumente als Beweismittel im Zivilprozess, MMR 2002, 709; *Fischer-Dieskau/Roßnagel/Steidle*, Beweisführung am seidenen Bit-String? – Die Langzeitaufbewahrung elektronischer Signaturen auf dem Prüfstand, MMR 2004, 451; *Gassen*, Digitale Signaturen in der Praxis, 2003; *Gassen/Mödl*, Der elektronische Rechtsverkehr in Grundbuchsachen, ZRP 2009, 77; *Geis*, Die neue Signaturverordnung: Das Sicherheitssystem für die elektronische Kommunikation, K&R 2002, 59; *ders.*, Die elektronische Signatur: eine internationale Architektur der Identifizierung im E-Commerce, MMR 2000, 667; *Göttlinger*, Notariat und Grundbuchamt im elektronischen Zeitalter, DNotZ 2002, 743; *Gotthardt/Beck*, Elektronische Form und Textform im Arbeitsrecht, NZA 2002, 876; *Hähnchen*, Das Gesetz zur Anpassung der Formvorschriften des Privatrechts und anderer Vorschriften an den modernen Rechtsgeschäftsverkehr, NJW 2001, 2831; *dies.*, Elektronische Akten bei Gericht – Chancen und Hindernisse, NJW 2005, 2257; *Häublein*, Zustellungsrecht – Zustellung von „Anwalt zu Anwalt" nach der Reform, MDR 2002, 563; *Heinemann*, Neue Formvorschriften im Privatrecht: Ein Jahr „Gesetz zur Anpassung der Formvorschriften des Privatrechts und anderer Vorschriften an den modernen Rechtsverkehr, ZNotP 2002, 414; *Herwig*, Zugang und Zustellung in elektronischen Medien, MMR 2001, 145; *Hoeren* (Hrsg.), Rechtsfragen der digitalen Signatur, 1999; *Hoeren/Sieber* (Hrsg.), Handbuch Multimedia Recht. Rechtsfragen des elektronischen Geschäftsverkehrs, 7. EL 2004; *Horn*, Verbraucherschutz bei Internetgeschäften, MMR 2002, 209; *Hornung/Roßnagel*, Die JobCard – „Killer-Applikation" für die elektronische Signatur?, K&R 2004, 263; *Jungermann*, Der Beweiswert elektronischer Signaturen, 2002; *Krüger*, Das Justizkommunikationsgesetz – weitere Schritte zum „elektronischen Rechtsverkehr", ZVI 2004, 162; *Krüger/Bütter*, „Justitia goes online!" – Elektronischer Rechtsverkehr im Zivilprozess, MDR 2003, 181; *Kunz/Schmidt/Viebeg*, Konzepte für rechtssichere Transformationen signierter Dokumente, DuD 2005, 279; *Jandt*, Die Mitwirkung Dritter bei der Signaturerzeugung – Das Tatbestandsmerkmal der „alleinigen Kontrolle" und seine Auswirkungen auf die Rechtsfolgenvorschriften, K&R 2009, 548; *Leue*, Die neuen Formvorschriften des Privatrechts, 2002; *Lückmann/Aclams*, Die elektronische Signatur in der Rechtspraxis, K&R 2002, 8; *Mankowski*, Zum Nachweis des Zugangs bei elektronischen Erklärungen, NJW 2004, 1901; *Mayer/Miedbrodt*, E-Commerce – Digitale Signaturen in der Praxis, MDR 2001, 432; *Meyer/Mödl*, Die Einführung des elektronischen Rechtsverkehrs im Grundbuchverfahren, DNotZ 2009, 743; *Michel*, Elektronischer Vertrag und Formvorschriften in Deutschland, England und den Vereinigten Staaten von Amerika, Dissertation Düsseldorf 2009; *Noack*, Digitaler Rechtsverkehr: Elektronische Signatur, elektronische Form und Textform, DStR 2001, 1893; *Noack/Kremer*, Die qualifizierte elektronische Signatur: Bleibt sie ein Expertenwerkzeug im elektronischen Justizrechtsverkehr?, FS Spiegelberger 2009, 14737; *Nowak*, Der elektronische Vertrag – Zustandekommen und Wirksamkeit unter Berücksichtigung des neuen „Formvorschriftenanpassungsgesetzes", MDR 2001, 841; *Oberndörfer*, Digitale Wertpapiere im Licht der neuen Formvorschriften des BGB, CR 2002, 358; *Oertel*, Elektronische Form und notarielle Aufgaben im elektronischen Rechtsverkehr, MMR 2001, 419; *Pordesch*, Die elektronische Form und das Präsentationsproblem, 2003; *Püls*, Signatur statt Siegel? – Notarielle Leistungen im elektronischen Rechtsverkehr, DNotZ Sonderheft 2002, 168; *ders.*, Notarielle Tätigkeit im Lichte des Justizkommunikationsgesetzes, NotBZ 2005, 305; *Ramming*, Ermöglichen die neuen §§ 126 III, 126 a BGB die Ausstellung elektronischer Konnossemente?, VersR 2002, 539; *Rapp*, Rechtliche Rahmenbedingungen und Formqualität elektronischer Signaturen, 2002; *Reithmann*, Urkunden und elektronische Dokumente, ZNotP 2007, 370; *Rosenbach*, Erläuterungen und Anmerkungen zum Entwurf eines Gesetzes zur Änderung des Verwaltungsverfahrensgesetzes, DVBl 2001, 332; *Roßnagel*, Qualifizierte elektronische Signatur mit Einschränkungen für das Besteuerungsverfahren, K&R 2003, 379; *ders.*, Die fortgeschrittene elektronische Signatur, MMR 2003, 164; *ders.*, Das neue Recht elektronischer Signaturen, NJW 2001, 1817; *ders.*, Elektronische Signaturen mit der Bankkarte? Das Erste Gesetz zur Änderung des Signaturgesetzes, NJW 2005, 385; *ders.*, Fremderzeugung von qualifizierten Signaturen? Ein neues Geschäftsmodell und seine Rechtsfolgen, MMR 2008, 22; *Roßnagel* (Hrsg.), Die elektronische Signatur in der öffentlichen Verwaltung, 2002; *Roßnagel/Fischer-Dieskau*, Automatisiert erzeugte elektronische Signaturen, MMR 2004, 133; *dies.*, Elektronische Dokumente als Beweismittel – Neufassung der Beweisregelungen durch das Justizkommunikationsgesetz, NJW 2006, 806; *Roßnagel/Fischer-Dieskau/Pordesch/Brandner*, Erneuerung elektronischer Signaturen. Grundfragen der Archivierung elektronischer Dokumente, CR 2003, 301; *Roßnagel/Hornung*, Ein Ausweis für das Internet, DÖV 2009, 301; *Roßnagel/Schmücker*, Beweiskräftige elektronische Archivierung – Bieten elektronische Signaturen Rechtssicherheit?, 2006; *Roßnagel/Wilke*, Die rechtliche Bedeutung gescannter Dokumente, NJW 2006, 2145; *Scheffler/Dressel*, Vorschläge zur Änderung zivilrechtlicher Formvorschriften und ihre Bedeutung für den Wirtschaftszweig E-Commerce, CR 2000, 378; *Scherf/Schmieszek/Viefhues*, Elektronischer Rechtsverkehr, 2006; *Schliesky*, Auswirkungen des E-Government auf Verfahrensrecht und kommunale Verwaltungsstrukturen, NVwZ 2003, 1322; *Schmidl*, Die elektronische Signatur. Funktionsweise, rechtliche Implikationen, Auswirkungen der EG-Richtlinie, CR 2002, 508; *Schmidt/Pruß/Kast*, Technische und juristische Aspekte zur Authentizität elektronischer Kommunikation, CR 2008, 267; *Schnell*, Signaturmissbrauch und Rechtsscheinhaftung, 2007; *Schoenfeld*, Klageeinreichung in elektronischer Form, DB 2002, 1629; *Schulz*, Der neue „E-Personalausweis" – elektronische Identitätsnachweise als Motor des E-Government, E-Commerce und des technikgestützten Identitätsmanagement?, CR 2009, 267; *Skrobotz*, „Lex Deutsche Bank": Das 1. SigÄndG. Anmerkungen zum Entwurf eines Ersten Gesetzes zur Änderung des Signaturgesetzes, DuD 2004, 410; *ders.*, Probleme des elektronischen Verwaltungsakts. Anmerkungen zum Entwurf des 3. VwVfG-Änderungsgesetzes, JurPC Web-Dok. 86/2002 (http://www.jurpc.de); *Splittgerber*, Die elektronische Form von bestimmenden Schriftsätzen, CR 2003, 23; *Steinbeck*, Neue Formvorschriften im BGB, DStR 2003, 644; *Stellmann/Süss*, Abschluss von Mietverträgen via Internet?, NZM 2001, 969; *Taupitz/Kritter*, Electronic Commerce – Probleme bei Rechtsfragen im Internet, JuS 1999, 839; *Thomale*, Die Haftungsregelung nach § 11 SigG, MMR 2004, 80; *Viefhues*, Das Gesetz über die Verwendung elektronischer Kommunikationsformen in der Justiz, NJW 2005, 1009; *Viefhues/Hoffmann*, ERVG: Gesetz zur Verhinderung des elektronischen Rechtsverkehrs?, MMR 2003, 71; *Viefhues/Volesky*, Elektronischer Rechtsverkehr – wird die Chance genutzt?, K&R 2003, 59; *Warnecke*, Das Bürgerportalgesetz – Vertrauliche Kommunikation im E-Government und E-Commerce?, MMR 2010, 227; *Werner/Wegener*, Bürgerportale – Technische und rechtliche Hintergründe von DE-Mail und Co., CR 2009, 310; *Wiebe*, Die elektronische Willenserklärung. Rechtsgeschäftliche Grundlagen des elektronischen Geschäftsverkehrs, 2002; *Wilke/Jandt/Löwe/Roßnagel*, Eine Beweisführung von Format – Die Transformation signierter Dokumente auf dem Prüfstand, CR 2008, 607; *Wohlatz*, Rechtsgeschäftlicher Schutz durch neue Formvorschriften, 2007.

A. Allgemeines

I. Entstehungsgeschichte

1 Die Vorschrift wurde gemeinsam mit §§ 126 Abs. 3, 126 a und 127 Abs. 3 durch das **Gesetz zur Anpassung der Formvorschriften des Privatrechts** und anderer Vorschriften an den modernen Rechtsverkehr vom 13.7.2001[1] eingefügt und ist zum **1.8.2001** in Kraft getreten. Gemeinsam mit dem die technischen Voraussetzungen regelnden SigG vom 16.5.2001 (Rn 13), das zugleich den Rechtsrahmen für die Verwendung elektronischer Signaturen vorgibt, bilden diese Vorschriften die Grundlage für den elektronischen Rechtsverkehr.

2 Die Vorschrift dient der **Umsetzung der EU-Richtlinie 99/93/EG** über gemeinschaftliche Rahmenbedingungen für elektronische Signaturen vom 13.12.1999,[2] nicht aber der Umsetzung des Art. 9 der EU-Richtlinie über bestimmte Aspekte der Dienste der Informationsgesellschaft, insbesondere des elektronischen Geschäftsverkehrs, im Binnenmarkt vom 8.6.2000.[3] Letztere verpflichtet die Mitgliedstaaten dazu, Möglichkeiten des wirksamen Vertragsschlusses auf elektronischem Weg sicherzustellen. Da aber auch für die durch elektronische Übermittlung von Willenserklärungen geschlossenen Rechtsgeschäfte der Grundsatz der Formfreiheit gilt (§ 125 Rn 1), konnten die im E-Commerce besonders bedeutsamen Kauf- und Dienstverträge schon vor Einführung der elektronischen Form wirksam durch den Austausch elektronisch übermittelter Willenserklärungen abgeschlossen werden. Bei der Regelung der „elektronischen Form" im Allgemeinen Teil des BGB handelt es sich deshalb nicht um einen Akt zur Umsetzung der E-Commerce-Richtlinie, sondern vielmehr um (jedenfalls unter dem Gesichtspunkt des E-Commerce) symbolische Gesetzgebung.[4]

1 FormVAnpG (BGBl. I 2001 S. 1542), dazu insgesamt *Roßnagel*, NJW 2001, 1817, 1818.

2 Sog. Signaturrichtlinie, Umsetzungsfrist 21.7.2001 (ABl. EG 2000 L 13 S. 12), abgedruckt in NJW 2000, Beilage zu Heft 36; dazu *Borges*, Verträge im elektronischen Geschäftsverkehr. Vertragsabschluss, Beweis, Form, Lokalisierung, anwendbares Recht, 2003, S. 99 ff; *Bieser*, DStR 2001, 27; *Lüdemann/Aclams*, K&R 2002, 8 f.

3 Sog. E-Commerce-Richtlinie, Umsetzungsfrist 16.1.2002 (ABl. EG 2000 L 178 S. 1).

4 *Heinemann*, ZNotP 2002, 414, 416; aA Staudinger/*Hertel*, § 126 a Rn 16 ff; Soergel/*Marly*, § 126 a Rn 2; *Krüger/Bütter*, MDR 2003, 181; *Roßnagel*, NJW 2001, 1817, 1818; *Bettendorf*, RNotZ 2005, 277, 283 f; umfassend *Borges*, S. 635 ff.

II. Bedeutung

3 Die elektronische Form ist ein **Sonderfall der gesetzlichen Schriftform** und kein eigenständiger Formtyp.[5] Ihr Anwendungsbereich entspricht grundsätzlich dem der gesetzlichen Schriftform (zu den Einschränkungen § 126 Rn 52 ff). Kern der elektronischen Form ist die **qualifizierte elektronische Signatur** iSd § 2 Nr. 3 SigG.[6] Während die Anbringung einer elektronischen Signatur im Allgemeinen lediglich der Sicherung der Unverfälschtheit eines elektronischen Dokuments bezogen auf Erklärenden und Inhalt dient, kommt ihr in § 126 a darüber hinaus die Funktion eines gleichwertigen Ersatzes für die eigenhändige Unterzeichnung bei der gesetzlichen Schriftform zu.

4 Die **technischen Voraussetzungen** der qualifizierten elektronischen Signatur werden durch eine dynamische Verweisung in das SigG in Abs. 1 eingebunden.[7] Im Unterschied zur gesetzlichen Schriftform ist es aber bei der elektronischen Form mit der Anbringung einer qualifizierten elektronischen Signatur nicht getan, vielmehr bedarf es zur Authentifizierung des Erklärenden und Sicherung der Integrität des Erklärten einer komplexen technischen Infrastruktur (Rn 33 ff).[8]

5 In der **Praxis** ist die elektronische Form bislang **weitgehend bedeutungslos** geblieben,[9] obwohl mit der Regelung einer digitalen Signatur im SigG 1997 (vgl Rn 13) Deutschland als erster Mitgliedstaat der EU die Grundlagen für den Einsatz elektronischer Signaturen geschaffen hatte.[10] Im deutschen Prozessrecht ist die qualifizierte elektronische Signatur durch wortgleiche Regelungen etwa in den § 46 b **ArbGG**, § 77 a Abs. 1 **FGO**, § 108 a Abs. 1 **SGG**, § 86 a **VwGO** und § 130 a **ZPO** seit einigen Jahren fest verankert (zum Zivilprozessrecht näher Rn 86 ff). Ausgenommen sind lediglich der Strafprozess und das (gerichtliche) Ordnungswidrigkeitenverfahren. Außerhalb des gerichtlichen Mahnverfahrens[11] wird die qualifizierte elektronische Signatur von wenigen Ausnahmen abgesehen kaum genutzt, weil es immer noch an der flächendeckenden Unterstützung durch die Untergerichte fehlt[12] und das Zwangsvollstreckungsrecht von sämtlichen Reformbestrebungen ausgeklammert wird,[13] obwohl gerade hier die Masse der rechtsförmlichen Verfahren abgewickelt wird.

6 Das hauptsächliche Einsatzgebiet von elektronischer Form und qualifizierter elektronischer Signatur liegt heute im Handels- und Registerrecht (§ 129 Rn 17), wo die qualifizierte elektronische Signatur nach EHUG[14] und ERVGBG[15] einen ersten Durchbruch feiern konnte. Denkbar ist, dass sich in den kommenden Jahren neben dem Prozessrecht auch im **öffentlichen Recht**[16] und ggf im **Steuerrecht** (beispielsweise bei der Abgabe und Bearbeitung von Steuererklärungen)[17] die qualifizierte elektronische Signatur noch durchsetzen wird. Bereits zum 1.2.2003 wurden mit § 3 a Abs. 2 VwVfG sowie den korrespondierenden Änderungen im VwVfG und besonderen Verwaltungsrecht (unter Berücksichtigung der Sonderregelung des § 1 Abs. 3 SigG) die Voraussetzungen für die vollständige elektronische Durchführung von Verwaltungsverfahren (**E-Government**) einschließlich dem elektronischen Verwaltungsakt geschaffen.[18]

7 Dies ändert aber nichts daran, dass die qualifizierte elektronische Signatur als **Basistechnologie des elektronischen Rechtsverkehrs**[19] für den Verbraucher zu kompliziert und unübersichtlich ist, was die bisher nur spärliche Verbreitung der qualifizierten elektronischen Signatur bestätigt.[20] Hieraus muss man heute den Schluss ziehen, dass qualifizierte elektronische Signaturen und die korrespondierenden Formvorschriften

5 BT-Drucks. 14/4987, 12.
6 Der Begriff der qualifizierten elektronischen Signatur wird zudem in § 309 Nr. 12 aufgegriffen.
7 Zur Zulässigkeit dieses Vorgehens vgl MüKo/*Einsele*, § 126 a Rn 7.
8 Jauernig/*Jauernig*, § 126 a Rn 1; *Noack*, DStR 2001, 1983.
9 Ähnlich krit. Bamberger/Roth/*Wendtland*, § 126 a Rn 1; Soergel/*Marly*, § 126 a Rn 1.
10 *Blaurock/Adam*, ZEuP 2001, 93, 107 f; zum SigG 1997 *Borges*, S. 120 ff.
11 Zu § 690 Abs. 3 ZPO: *Bacher*, NJW 2009, 1548.
12 S. die Aufstellung der das Elektronische Gerichts- und Verwaltungspostfach (EGVP) unterstützenden Gerichte und Justizbehörden unter http://www.egvp.de/gerichte/ [29.12.2010].
13 Zu Recht krit. *Krüger*, ZVI 2004, 162, 167.
14 Gesetz über elektronische Handelsregister und Genossenschaftsregister sowie das Unternehmensregister (EHUG) v. 10.11.2006, BGBl. I S. 2553; dazu *Noack* (Hrsg.), Das neue Gesetz über elektronische Handels- und Unternehmensregister, 2007.
15 Gesetz zur Einführung des elektronischen Rechtsverkehrs und der elektronischen Akte sowie zur Änderung weiterer grundbuch-, register- und kostenrechtlicher Vorschriften (ERVGBG) v. 11.8.2009, BGBl. I S. 2713; dazu *Gassen/Mödl*, ZRP 2009, 77.
16 Die Verdingungsordnungen sehen im Anschluss an den früheren § 15 VgV seit 2006 die elektronische Informationsübermittlung im Vergabeverfahren als gleichwertige Alternative vor und gestatten sogar den Verzicht auf die qualifizierte elektronische Signatur zugunsten der fortgeschrittenen elektronischen Signatur nach § 2 Nr. 2 SigG (Rn 16 f); zur eVergabe *Müller*, NJW 2004, 1768 (zu § 15 VgV); *Graef*, NZBau 2008, 34 (zu den aktuellen Verdingungsordnungen).
17 Bis zum 31.12.2005 als „qualifizierte elektronische Signatur mit Einschränkungen", dazu *Roßnagel*, K&R 2003, 379.
18 Dazu ausf. *Roßnagel*, NJW 2003, 469; *Schliesky*, NVwZ 2003, 1322; *Skrobotz*, JurPC Web-Dok. 86/2002; *Storr*, MMR 2002, 579.
19 *Roßnagel*, NJW 2001, 1817.
20 *Lüdemann/Aclams*, K&R 2002, 8, 11 f.

dauerhaft ein Expertenwerkzeug bleiben werden, dem die Eroberung von Massenmärkten außerhalb der Justiz und der Einsatz in der alltäglichen Kommunikation verwehrt bleibt.[21] Auch die Selbstverständlichkeit, mit der neue Kommunikationstechnologien von Verbrauchern genutzt werden, die noch vor wenigen Jahren undenkbar waren (zu Beginn des Jahrtausends Mobiltelefone, E-Mail und Internet,[22] heute Blogs, Twitter und soziale Netzwerke wie Facebook und studiVZ), hat nichts daran zu ändern vermocht, dass die qualifizierte elektronische Signatur nebst den korrespondierenden Formvorschriften für Verbraucher schwerfällig, unhandlich und deshalb entbehrlich ist.[23] Dies gilt in Teilbereichen auch für die Justizverwaltung selbst, die zwischenzeitlich etwa in § 2 Abs. 4 ERVDPMAV als Alternative zur qualifizierten elektronischen Signatur eine fortgeschrittene elektronische Signatur (Rn 17) gestattet, weil die frühere Regelung als inpraktikabel galt.

Sämtliche Versuche des Gesetzgebers, durch das Vorantreiben zahlreicher Signaturverfahren mittels dem von Staat und Wirtschaft gegründeten „Bündnis für elektronische Signaturen" sowie der ursprünglich bereits für 2006 angekündigten „Gesundheitskarte" und „JobCard"[24] für nahezu alle Bürger in Deutschland, die beide mit qualifizierten elektronischen Signaturen versehen sein sollten, die Startschwierigkeiten von qualifizierter elektronischer Signatur und elektronischer Form zu überwinden und deren Nutzung annähernd so selbstverständlich zu machen wie die Schriftform auch für nicht kraft Gesetzes formbedürftige Rechtsgeschäfte, sind damit gescheitert. Dies wird durch die jüngsten Schritte des Gesetzgebers bestätigt, der zwar für den zum 1.11.2011 gestarteten elektronischen Personalausweis[25] eine qualifizierte elektronische Signatur als optionales Ausstattungsmerkmal (Rn 32) vorsieht, zugleich aber mit dem elektronischen Identitätsnachweis nach § 18 PAuswG (Rn 30 f) auf eben jenem elektronischen Personalausweis eine auf die Authentifizierungsfunktion beschränkte Alternative anbietet.[26] 8

Der **Dienst De-Mail**, zunächst als sicheres Kommunikationsmedium für „Bürgerportale" erdacht,[27] zeigt, dass die qualifizierte elektronische Signatur anders als zu Beginn des Jahrtausends nicht mehr im Zentrum der gesetzgeberischen Überlegungen steht.[28] Mit De-Mail wurde nicht nur im E-Government,[29] sondern insbesondere auch im E-Commerce zwischen und mit Unternehmern und Verbrauchern eine Alternative zur gewöhnlichen E-Mail installiert, die auf der Grundlage des am 3.5.2011 in Kraft getretenen „Gesetzes zur Regelung von De-Mail-Diensten"[30] den gerichtsfesten Nachweis von Versand und Empfang der De-Mail sowie der Identität der beteiligten Kommunikationspartner sicherstellt. Zu diesem Zweck wird dem De-Mail-Nutzer, der anders als bei der qualifizierten elektronischen Signatur auch ein Unternehmen sein kann (§ 3 Abs. 1–3 De-Mail-Gesetz), vom privaten Diensteanbieter ein individuelles De-Mail-Konto eingerichtet, dass nach einer (dispositiven) sicheren Anmeldung (§ 4 Abs. 1, Abs. 2 De-Mail-Gesetz) einen „Postfach- und Versanddienst" (§ 5 De-Mail-Gesetz)[31] bereitstellt, der „die Vertraulichkeit, die Integrität und die Authentizität der Nachrichten [gewährleistet]" (§ 5 Abs. 3 S. 1 De-Mail-Gesetz). Dabei genügt als sichere Anmeldung nach § 4 Abs. 2 S. 2 De-Mail-Gesetz in jedem Fall der elektronische Identitätsnachweis auf dem Personalausweis (Rn 30 ff). Besondere Sicherheitsanforderungen an die Form der Erklärung (hier: regelmäßig, aber nicht zwingend Textform, § 126 b) oder deren Unveränderbarkeit (keine Ende-zu-Ende-Verschlüsselung, § 5 Abs. 3 S. 2 De-Mail-Gesetz) werden demgegenüber nicht gestellt. Für De-Mail-Nutzer wird damit die quali- 9

21 *Noack/Kremer*, Die qualifizierte elektronische Signatur: Bleibt sie ein Expertenwerkzeug im elektronischen Justizrechtsverkehr?, in: FS Spiegelberger, 1437, 1451; ähnlich krit. Jauernig/*Jauernig*, § 126 a Rn 2 (unter Bezugnahme auf die gegenteilige, „zukunftsfrohe" Darstellung in der Voraufl.); *Heinemann*, ZNotP 2002, 414, 426.

22 Vgl für die Entwicklung 1998–2001 *Nowak*, MDR 2001, 841.

23 Zum Funktionsverlust der Formvorschriften insb. in der privaten Massenkommunikation *Noack/Kremer*, Die qualifizierte elektronische Signatur: Bleibt sie ein Expertenwerkzeug im elektronischen Justizrechtsverkehr?, in: FS Spiegelberger, 1437, 1447 f.

24 Dazu *Ernestus*, DuD 2004, 404; *Hornung/Roßnagel*, K&R 2004, 263; in der Voraufl. und bei *Roßnagel*, NJW 2005, 385, 388, wurde die JobCard noch als Erfolg versprechende Initiative zur Durchsetzung qualifizierter elektronischer Signaturen gewertet.

25 Dazu *Borges*, NJW 2010, 3334.

26 Krit. zum Verhältnis zur qualifizierten elektronischen Signatur *Noack/Kremer*, Die qualifizierte elektronische Signatur: Bleibt sie ein Expertenwerkzeug im elektronischen Justizrechtsverkehr?, in: FS Spiegelberger, 1437, 1445 f.

27 *Warnecke*, MMR 2010, 227; *Schulz*, CR 2009, 267, 268.Von De-Mail unabhängig ist der „E-Postbrief" (http://www.epost.de, 30.12.2010), bei dem es sich um ein Angebot der Privatwirtschaft handelt. Hier soll allein über die vertragsrechtliche Ausgestaltung zwischen der Deutschen Post AG als Anbieter und den Nutzern eine der De-Mail vergleichbare rechtliche Bindungswirkung der Kommunikation erzielt werden. Die Deutsche Post AG hat angekündigt, sich mit dem E-Postbrief als De-Mail-Anbieter akkreditieren zu lassen [http://service.epost.de/faq/wie-steht-die-deutsche-post-zum-geplanten-de-mail-gesetz, 12.1.2011].

28 Was im Regierungsentwurf für ein De-Mail-Gesetz v. 8.11.2010, BT-Drucks. 17/3630, dort S. 2 unter C., geleugnet wird.

29 Zum Begriff *Schulz*, CR 2009, 267, 268.

30 De-Mail-Gesetz, BGBl. I 2011 S. 666; Gesamtüberblick bei *Werner/Wegener*, CR 2009, 310; *Roßnagel*, NJW 2011, 1473; *Spindler*, CR 2011, 309.

31 Weitere optionale De-Mail-Dienste sind der Identitätsbestätigungsdienst (§ 6 De-Mail-Gesetz), der Verzeichnisdienst (§ 7 De-Mail-Gesetz) und die Dokumentenablage (§ 8 De-Mail-Gesetz), dazu *Werner/Wegener*, CR 2009, 310, 312.

fizierte elektronische Signatur im Internet überflüssig, sofern nur der Nachweis von Abgabe, Zugang und Identität der Beteiligten und nicht ausnahmsweise die (gesetzliche oder vertragliche) Schriftform gewahrt werden muss.[32]

10 Ungeachtet des auf einige wenige Anwendungsgebiete beschränkten Nutzens von qualifizierter elektronischer Signatur und elektronischer Form werden die Formvorschriften selbst, ebenso aber die begleitenden Regelungen in den Verfahrensordnungen weiter in den Mittelpunkt juristischer Fragestellungen rücken. Hierfür sorgen nicht nur die Anwender, die weiterhin Grenzen und Möglichkeiten ausloten (müssen), sondern auch der nationale Gesetzgeber mit seinen weiterhin an die qualifizierte elektronische Signatur anknüpfenden Vorhaben (zum elektronischen Personalausweis Rn 8, zu De-Mail Rn 9), sondern auch die EU, die für 2011 eine Überarbeitung der Signaturrichtlinie (Rn 2) auf der Agenda hat mit dem Ziel, einen grenzüberschreitenden, interoperablen Rahmen für sichere elektronische Authentifizierungsverfahren zu schaffen.[33]

III. Formfunktionen

11 Durch ihre technische Ausgestaltung gewährleistet die der elektronischen Form zugrunde liegende qualifizierte elektronische Signatur (Rn 19 ff) einen **Sicherheitsstandard**, der nicht hinter dem der gesetzlichen Schriftform zurückbleibt und ihren Funktionen (vgl § 125 Rn 9 f) im Wesentlichen genügt, sog. **Funktionenäquivalenz**.[34] Mittels der qualifizierten elektronischen Signatur wird eine eindeutige Verbindung zwischen dem Aussteller und seiner Erklärung hergestellt; in Verbindung mit dem ihr zugrunde liegenden qualifizierten Zertifikat (Rn 21) ermöglicht sie die Identifikation des Ausstellers (Identitätsfunktion, § 126 Rn 19)[35] und sichert damit die **Authentizität** der Erklärung. Da die Anbringung der qualifizierten elektronischen Signatur erst nach Fertigstellung der Erklärung erfolgt, gewährleistet sie zugleich die Vollständigkeit und Abgeschlossenheit und damit die **Integrität** der Erklärung (Abschlussfunktion, § 126 Rn 20 f).[36] Das Risiko einer **Fälschung oder missbräuchlichen Verwendung** der qualifizierten elektronischen Signatur ist deshalb nicht größer als bei der gesetzlichen Schriftform.[37] Mittels des öffentlichen Signaturprüfschlüssels (Rn 34 f) wird dem Empfänger der Erklärung die Überprüfung von Authentizität der Erklärung und Identität des Erklärenden ermöglicht, womit die Beweisfunktion (§ 126 Rn 1) ebenfalls gewahrt ist;[38] der **Beweiswert** der elektronischen Form liegt angesichts der in § 371 a Abs. 1 ZPO gesetzlich normierten Beweiskraft elektronischer Dokumente sogar über dem einer eigenhändig unterzeichneten Urkunde (vgl Rn 80 ff).[39]

12 Die **Warnfunktion** (§ 126 Rn 19) wird zunächst durch die Belehrung des Zertifizierungsdiensteanbieters über die Wirkung einer qualifizierten elektronischen Signatur gem. § 6 Abs. 2 SigG (Rn 20), dann durch die Prozedur der Installation der Hard- und Software zur Verwendung der qualifizierten elektronischen Signatur, später auch je nach verwendeter Hard- und Software durch entsprechende Hinweise vor der Signierung eines elektronischen Dokuments (Rn 36) gewährleistet. Angesichts der Möglichkeit zur weitgehenden Automatisierung der Verwendung qualifizierter elektronischer Signaturen bleibt allerdings die Frage offen, ob die elektronische Form stets den mit der Warnfunktion verbundenen Schutz des Ausstellers vor Übereilung (§ 125 Rn 10) in vollem Umfang gewährleisten kann,[40] zumal der Benutzer nach einiger Zeit regelmäßiger Nutzung der Signatur auch für nicht formbedürftige Erklärungen kaum mehr daran denken wird, dass er mit der elektronischen Signierung eine der eigenhändigen, handschriftlichen Unterzeichnung gleichwertige Handlung vornimmt. Allerdings kann auch die eigenhändige Unterschrift zu einem weitgehend „automatischen" Vorgang im Rechtsverkehr werden, so dass die Erfüllung der Warnfunktion durch eigenhändige Unterschrift

32 Zur Kritik am De-Mail-Gesetz RegE vgl BR-Drucks. 645/1/10; Stellungnahme des DAV Nr. 39/2010: http://www.anwaltverein.de/downloads/stellungnahmen/SN-10/SN-39.pdf [30.12.2010]; insgesamt kritisch *Lapp*, DuD 2009, 651; *Warnecke*, MMR 2010, 227, 228; zu De-Mail als Alternative zur qualifizierten elektronischen Signatur *Noack/Kremer*, Die qualifizierte elektronische Signatur: Bleibt sie ein Expertenwerkzeug im elektronischen Justizrechtsverkehr?, in: FS Spiegelberger, 1437, 1450.

33 Mitteilung der Kommission KOM(2010) 245: Eine Digitale Agenda für Europa (http://ec.europa.eu/information_society/digital-agenda/documents/digital-agenda-communication-de.pdf) [29.12.2010].

34 Eingehend *Borges*, S. 578 ff, 612 ff; ferner Palandt/*Ellenberger*, § 126 a Rn 5; Soergel/*Marly*, § 126 a Rn 21.

35 BGH, Urt. v. 25.10.2002 – V ZR 279/01 = NJW 2003, 1120; MüKo/*Einsele*, § 126 a Rn 22; *Steinbeck*, DStR 2003, 644, 648; zweifelnd *Boente/Riehm*, Jura 2001, 793, 797; *Hähnchen*, NJW 2001, 2831.

36 Bamberger/Roth/*Wendtland*, § 126 a Rn 6; MüKo/*Einsele*, § 126 a Rn 22.

37 Palandt/*Ellenberger*, § 126 a Rn 5; zweifelnd *Heinemann*, ZNotP 2002, 414, 419; *Skrobotz*, JurPC Web-Dok. 86/2002 Abs. 30; kritisch wegen der zur Nutzung erforderlichen Software und der möglichen Angriffe auf die Einsatzumgebung *Armgardt/Spalka*, K&R 2007, 26, 27 ff.

38 Bamberger/Roth/*Wendtland*, § 126 a Rn 6; Palandt/*Ellenberger*, § 126 a Rn 5.

39 MüKo/*Einsele*, § 126 a Rn 23; *Steinbeck*, DStR 2003, 644, 648.

40 Zweifelnd MüKo/*Einsele*, § 126 a Rn 25; Erman/*Palm*, § 126 a Rn 5; *Heinemann*, ZNotP 2002, 414, 417; *Oertel*, MMR 2001, 419, 421; *Skrobotz*, JurPC Web-Dok. 86/2002 Abs. 31.

oder Verwendung einer qualifizierten elektronischen Signatur maßgeblich von subjektiven Wertungen des Erklärenden abhängt.[41]

B. Elektronische Signatur

I. Signaturgesetz

Das **Gesetz über Rahmenbedingungen für elektronische Signaturen und zur Änderung weiterer Vorschriften** (SigG)[42] vom 16.5.2001 ist am 22.5.2001 in Kraft getreten und hat das frühere SigG vom 22.7.1997[43] abgelöst.[44] Es wird ergänzt durch die im Rahmen des § 24 SigG erlassene SigV[45] vom 16.11.2001, die am 22.11.2001 in Kraft getreten ist.[46] Erste Korrekturen, die im Wesentlichen auf eine Vereinfachung der Erteilung qualifizierter elektronischer Signaturen abzielten, sind mit dem **Ersten Gesetz zur Änderung des Signaturgesetzes** (1. SigÄndG)[47] vom 4.1.2005 zum 11.1.2005 vorgenommen worden.[48] **13**

Mit dem SigG und der SigV wurde die Signaturrichtlinie der EU (Rn 2) umgesetzt. Das technik- und gewerberechtliche SigG iVm der SigV regelt die **Sicherungsinfrastruktur** für die Verwendung elektronischer Signaturen und gibt in § 2 SigG die Begrifflichkeiten des Signaturrechts vor.[49] Der Begriff der digitalen Signatur, der noch im SigG 1997 Verwendung fand, erfasst lediglich die auf der sog. Public-Key-Infrastruktur (PKI, dazu Rn 34) beruhenden Signaturverfahren und sollte angesichts der dem SigG grundsätzlich immanenten Neutralität gegenüber einer bestimmten technischen Ausgestaltung des Signaturverfahrens nicht mehr verwendet werden.[50] **14**

II. Formen der elektronischen Signatur

§ 2 Nr. 1 SigG beschreibt die sog. einfache elektronische Signatur, von der sich die in § 2 Nr. 2 SigG beschriebene fortgeschrittene und die in § 2 Nr. 3 SigG beschriebene qualifizierte elektronische Signatur durch das Hinzufügen weiterer Anforderungen unterscheiden. Dabei besteht hinsichtlich der Sicherheit sowie der Anforderungen an die Wirksamkeit zwischen einfacher, fortgeschrittener und qualifizierter elektronischer Signatur ein **Stufenverhältnis**. Die qualifizierte elektronische Signatur, auf die Abs. 1 verweist, umfasst zugleich sämtliche Merkmale der fortgeschrittenen und der einfachen elektronischen Signatur. Auch wenn das SigG Legaldefinitionen von einfacher und fortgeschrittener elektronischer Signatur enthält, beschränkt sich sein materieller Anwendungsbereich mit Ausnahme der §§ 1 Abs. 2, 14 Abs. 3 SigG (Datenschutz) auf qualifizierte elektronische Signaturen.[51] **15**

1. Einfache elektronische Signatur. Nach der Legaldefinition in § 2 Nr. 1 SigG sind einfache elektronische Signaturen Daten in elektronischer Form, die anderen elektronischen Daten beigefügt oder logisch mit ihnen verknüpft sind und die zur Authentifizierung dienen (etwa in einem elektronischen Dokument die Beifügung einer eingescannten Unterschrift oder das „Eintippen" des Namens). Da die einfache elektronische Signatur weder Authentizität noch Integrität eines elektronischen Dokuments sicherstellen kann (schließlich kann jeder einem elektronischen Dokument einen fremden Namen hinzufügen) kommt ihr **keinerlei Sicherheits- und Beweiswert** im elektronischen Rechtsverkehr zu.[52] **16**

2. Fortgeschrittene elektronische Signatur. Die fortgeschrittene elektronische Signatur iSd § 2 Nr. 2 SigG muss ausgehend von der einfachen elektronischen Signatur zusätzlich den folgenden Anforderungen genügen: (a) ausschließliche Zuordnung der Signatur zum Signaturschlüssel-Inhaber (§ 2 Nr. 9 SigG), (b) Ermöglichung der Identifizierung des Signaturschlüssel-Inhabers, (c) Erzeugung der Signatur mit Mitteln, die der Signaturschlüssel-Inhaber unter seiner alleinigen Kontrolle halten kann und (d) Verknüpfung der Signatur mit den Daten, auf die sich die Signatur bezieht, in der Weise, dass eine nachträgliche Veränderung der Daten erkannt werden kann.[53] **17**

41 Zur Warnfunktion *Steinbeck*, DStR 2003, 644, 648 f.
42 BGBl I S. 876.
43 BGBl I S. 1870.
44 Zur Entstehungsgeschichte: Hoeren/Sieber/*Brisch/Brisch*, 13.3 Rn 11 ff; *Lückmann/Aclams*, K&R 2002, 8, 9; *Noack/Kremer*, FS Spiegelberger, 1437, 1438 f.
45 BGBl I S. 3074.
46 Zur SigV *Geis*, K&R 2002, 59; vorher galt die SigV v. 22.10.1997 (BGBl. I S. 2498).
47 BGBl. I S. 2; dazu *Skrobotz*, DuD 2004, 410; zum Gesetzgebungsverfahren *Roßnagel*, NJW 2005, 385, 386; *Bergfelder*, CR 2005, 148, 149.
48 Zu den wirtschaftlichen Beweggründen für das 1. SigÄndG *Noack/Kremer*, Die qualifizierte elektronische Signatur: Bleibt sie ein Expertenwerkzeug im elektronischen Justizrechtsverkehr?, in: FS Spiegelberger, 1437, 1442.
49 Eingehend *Roßnagel*, NJW 2001, 1817.
50 *Borges*, S. 52; Hoeren/Sieber/*Brisch/Brisch*, 13.3 Rn 16; *Schmidl*, CR 2002, 508, 509; krit. zur Technikneutralität des SigG *Hansen*, DuD 2004, 233, 237.
51 Hoeren/Sieber/*Brisch/Brisch*, 13.3 Rn 26, 65; *Roßnagel*, MMR 2002, 164, 166.
52 Soergel/*Marly*, § 126 a Rn 11; Hoeren/Sieber/*Brisch/Brisch*, 13.3 Rn 30.
53 Dazu *Roßnagel*, MMR 2003, 164; *Borges*, S. 104 ff.

18 Die Verwendung einer fortgeschrittenen elektronischen Signatur erfordert auf Seiten des Verwenders die Nutzung eines privaten, ausschließlich dem Inhaber zugeordneten geheimen Signaturschlüssels, mit dem die zu signierende Erklärung verknüpft wird. Auf Seiten des Empfängers muss als Gegenstück ein öffentlicher Signaturschlüssel bereitstehen, mit dem dieser die Authentizität und Integrität der signierten Erklärung überprüfen kann (ausführlich Rn 34 f). Allerdings stellt die fortgeschrittene elektronische Signatur keine besonderen Sicherheitsanforderungen an Vergabe, Verwaltung und Anwendung der Schlüssel,[54] so dass ihr angesichts der mangelnden Fälschungssicherheit und vielfältigen Manipulationsmöglichkeiten allenfalls ein **eingeschränkter Sicherheitswert** im elektronischen Rechtsverkehr zukommt, ohne dass an die Verwendung spezifische Rechtsfolgen angeknüpft werden.[55] Ein Beispiel für eine solche fortgeschrittene elektronische Signatur ist die Software PGP,[56] die den Voraussetzungen einer qualifizierten elektronischen Signatur und damit des Abs. 1 nicht genügt. Zur Nutzung zugelassen wird die fortgeschrittene elektronische Signatur unter besonderen Bedingungen beim Deutschen Patent- und Markenamt nach § 2 Abs. 4 ERVDPMAV.

19 **3. Qualifizierte elektronische Signatur.** Die qualifizierte elektronische Signatur[57] muss neben sämtlichen Merkmalen der einfachen und der fortgeschrittenen elektronischen Signatur zusätzlich den folgenden Anforderungen genügen: (a) Beruhen der Signatur auf einem zum Zeitpunkt der Erzeugung der Signatur gültigen qualifizierten Zertifikat (§ 2 Nr. 7 SigG, Rn 21) und (b) Erzeugung der Signatur mit einer sicheren Signaturerstellungseinheit (§ 2 Nr. 10 SigG, Rn 24). Nur durch die Einhaltung dieser gesteigerten Anforderungen bietet sie den **höchsten Sicherheitsstandard** bezogen auf **Authentizität und Integrität** eines elektronischen Dokuments.[58] Dies gilt auch vor dem Hintergrund der mit dem 1. SigÄndG (Rn 13) realisierten Vereinfachungen bei der Erteilung einer qualifizierten elektronischen Signatur, die lediglich beim formalen Verfahrensablauf zur Erlangung der Signatur einen Konzeptwechsel herbeigeführt haben,[59] nicht aber die Sicherungsinfrastruktur als solche betreffen.[60]

20 Erforderlich für die Erteilung einer qualifizierten elektronischen Signatur ist eine Identifizierung des Antragstellers (§ 5 Abs. 1 S. 1 SigG iVm § 3 Abs. 1 S. 1, S. 4 SigV), für die der Zertifizierungsdiensteanbieter (Rn 22) nunmehr auf früher erhobene Daten zurückgreifen darf (§ 5 Abs. 1 S. 2 SigG, etwa solche nach § 154 Abs. 2 AO, §§ 3 ff GwG)[61] und die nach § 3 Abs. 1 S. 2, S. 3 SigV auch über den elektronischen Identitätsnachweis (Rn 30) oder eine bereits vorhandene qualifizierte elektronische Signatur ohne persönlichen Kontakt zwischen Antragsteller und Zertifizierungsdiensteanbieter, also rein elektronisch erfolgen kann. Die vor der erstmaligen Erteilung (§ 6 Abs. 3 S. 2 SigG) erforderliche Belehrung des Antragstellers über die Gleichsetzung von eigenhändiger Unterschrift und qualifizierter elektronischer Signatur (§ 6 Abs. 2 SigG) und die für qualifizierte elektronische Signaturen zu beachtenden Sicherungsanforderungen (§ 6 Abs. 1 SigG) ist nicht mehr „schriftlich… auszuhändigen" (zur „Aushändigung" § 126 Rn 55) und durch „gesonderte Unterschrift" zu bestätigen (§ 6 Abs. 3 S. 1 SigG aF), vielmehr genügen jetzt nach § 6 Abs. 3 S. 1 SigG jeweils Erklärungen in Textform (§ 126 b), insbesondere auch solche per E-Mail (§ 126 b Rn 15). Schließlich muss die Übergabe der sicheren Signaturerstellungseinheit (Rn 24) vom Antragsteller nach § 5 Abs. 2 S. 1 SigV bestätigt werden, allerdings kann für diese Bestätigung – etwa in den AGB des Zertifizierungsdiensteanbieters – jede Form vereinbart werden, wiederum insbesondere die Textform, so dass eine medienbruchfreie Erteilung der qualifizierten elektronischen Signatur möglich ist.[62] Die Formfunktionen (Rn 11 f) werden durch dieses Erteilungsverfahren nicht beeinträchtigt und das Risiko eines Missbrauchs auf dem Weg der qualifizierten elektronischen Signatur zu ihrem Inhaber nicht erhöht.

21 **a) Qualifizierungskriterien. aa) Beruhen der Signatur auf einem gültigen qualifizierten Zertifikat.** Qualifizierte Zertifikate (§§ 2 Nr. 7; 7 SigG) sind durch Zertifizierungsdiensteanbieter (§§ 2 Nr. 8; 4–14;

54 MüKo/*Einsele*, § 126 a Rn 10; Soergel/*Marly*, § 126 a Rn 12.

55 *Roßnagel*, MMR 2002, 215; *ders.*, MMR 2003, 164, 166; wesentlich großzügiger in der Bewertung *Schmidl*, CR 2002, 508, 510, wohl auch Hoeren/Sieber/*Geis*, 13.2 Rn 23, und *Bettendorf*, RNotZ 2005, 277, 283; vom „mittleren Sicherheitsniveau" sprechen Hoeren/Sieber/*Brisch/Brisch*, 13.3 Rn 35 ff; für die Möglichkeit einer Beweisvermutung zugunsten von elektronischen Signaturen bestimmter Güte *Ernst*, MDR 2003, 1091, 1092.

56 http://www.pgp.com; zust. Hoeren/Sieber/*Brisch/Brisch*, 13.3 Rn 36; ablehnend gegenüber reinen Softwarelösungen *Roßnagel*, MMR 2003, 164, 165.

57 Die Signaturrichtlinie kennt den Begriff der qualifizierten elektronischen Signatur nicht, sondern spricht in Art. 5 Abs. 1 von „fortgeschrittene[n] elektronische[n] Signaturen, die auf einem qualifizierten Zertifikat beruhen und die von einer sicheren Signaturerstellungseinheit erstellt wurden"; der deutsche Gesetzgeber hat diese Legaldefinition übernommen und hierfür den Begriff der qualifizierten elektronischen Signatur erdacht.

58 Hoeren/Sieber/*Brisch/Brisch*, 13.3 Rn 39 ff.

59 *Noack/Kremer*, Die qualifizierte elektronische Signatur: Bleibt sie ein Expertenwerkzeug im elektronischen Justizrechtsverkehr?, in: FS Spiegelberger, 1437, 1443.

60 Kritisch *Roßnagel*, NJW 2005, 385, 388; *Bettendorf*, RNotZ 2005, 277, 288; aA Staudinger/*Hertel*, § 126 a Rn 25.

61 Hoeren/Sieber/*Brisch/Brisch*, Rn 176 f; *Roßnagel*, NJW 2005, 385, 386; *Bergfelder*, CR 2005, 148, 149.

62 *Schulz*, CR 2009, 267, 269.

23 SigG, dazu Rn 22) ausgegebene, zeitlich limitierte **elektronische Bescheinigungen**, welche die Einmaligkeit der auf ihnen beruhenden qualifizierten elektronischen Signaturen gewährleisten. Sie enthalten unter anderem Informationen über den Signaturschlüssel-Inhaber, den Zertifizierungsdiensteanbieter sowie Gültigkeit und Reichweite des Zertifikats. Um äquivalente Voraussetzungen zur gesetzlichen Schriftform zu schaffen,[63] wird ein qualifiziertes Zertifikat gem. § 2 Nr. 7 SigG **nur natürlichen Personen** erteilt (anders ist dies bei De-Mail, Rn 9).[64] Es kann auf Verlangen des Antragstellers gem. §§ 5 Abs. 2; 7 Abs. 1 Nr. 9 SigG auch Angaben über seine Vertretungsmacht für eine dritte Person (§ 5 Abs. 2 S. 2, S. 3, Abs. 3 S. 2 SigG, zur Stellvertretung Rn 61 ff) sowie berufsbezogene oder sonstige Angaben zum Antragsteller (sog. Attribute) enthalten.[65] Anstelle des Namens des Antragstellers kann dieser gem. § 5 Abs. 3 S. 1 SigG auch ein Pseudonym aufführen lassen (Rn 49).

Aufgabe der **Zertifizierungsdiensteanbieter** ist neben der Gewährleistung der technischen Sicherheit quali- **22**
fizierter elektronischer Signaturen auch die Identifikation der natürlichen Personen, denen ein qualifiziertes Zertifikat zugeordnet wird (Rn 20). Die Aufnahme einer Tätigkeit als Zertifizierungsdiensteanbieter (gelegentlich als „Trust-Center" bezeichnet) **bedarf** gem. § 4 Abs. 1 SigG **keiner Genehmigung**, sondern lediglich nach § 4 Abs. 2 SigG des Nachweises der erforderlichen Zuverlässigkeit, Fachkunde und einer Deckungsvorsorge iSd § 12 SigG sowie nach § 4 Abs. 3 SigG der Anzeige der Tätigkeit bei der Bundesnetzagentur als der nach § 3 SigG zuständigen Behörde. Qualifizierte elektronische Signaturen verfügen damit nur über eine behauptete, nicht aber über eine nachgewiesene organisatorische Sicherheit.[66] Es besteht allerdings die **Möglichkeit einer staatlichen Akkreditierung** des Zertifizierungsdiensteanbieters, der dann eine „akkreditierte" elektronische Signatur anbieten kann (Rn 28 f). Stellt ein Zertifizierungsdiensteanbieter seine Tätigkeit ein, was insolvenzbedingt in der Vergangenheit wiederholt vorgekommen ist, hat er nach § 13 Abs. 1 S. 1 SigG die zu diesem Zeitpunkt noch gültigen qualifizierten Zertifikate an einen anderen Zertifizierungsdiensteanbieter zu übergeben oder zu sperren. Nur bei akkreditierten Zertifizierungsdiensteanbietern ist durch § 15 Abs. 6 SigG sichergestellt, dass die Bundesnetzagentur die Übertragung oder Sperrung der betroffenen qualifizierten Zertifikate gewährleistet. Dies hat unmittelbare Auswirkungen auf die Archivierbarkeit qualifiziert elektronisch signierter Dokumente und deren Beweiswert (Rn 42 ff).

Die elektronische Form kann auch mit einer qualifizierten elektronischen Signatur gewahrt werden, wenn der **23**
Vertrag zwischen Signaturschlüssel-Inhaber und Zertifizierungsdiensteanbieter über die Erteilung der qualifizierten elektronischen Signatur unwirksam ist. Es kommt lediglich auf die Einhaltung der Voraussetzungen des § 2 Nr. 3 SigG an.[67] So kann ggf auch ein beschränkt Geschäftsfähiger oder ein Geschäftsunfähiger qualifiziert elektronisch signieren, ohne dass freilich hierdurch der aus der beschränkten oder mangelnden Geschäftsfähigkeit ggf resultierende Wirksamkeitsmangel des Rechtsgeschäfts (§§ 105, 107 ff) überwunden wird.

bb) Erzeugung der Signatur mit einer sicheren Signaturerstellungseinheit. Sichere Signaturerstel- **24**
lungseinheiten (§§ 2 Nr. 10, 17 SigG, § 15 SigV) dienen der **Speicherung und Anwendung des privaten Signaturschlüssels** (Rn 34 f) und gewährleisten dessen Geheimhaltung, indem sie Fälschungen der Signaturen und Verfälschungen signierter Daten erkennbar machen und den Signaturschlüssel-Inhaber vor unberechtigter Nutzung seines Signaturschlüssels schützen.[68] Gemeint ist damit nichts anderes als die zur Nutzung der qualifizierten elektronischen Signatur erforderliche **Hard- und Software**, durch die Authentizität und Integrität der signierten Daten sowie der Signatur selbst sichergestellt werden sollen. Da biometrische Merkmale (§ 15 Abs. 1 S. 1, S. 3 SigV) bislang keine den wissensbasierten Verfahren gleichwertige Identifikation des Signaturschlüssel-Inhabers erlauben, erfolgt der Schutz des Signaturschlüssel-Inhabers vor unberechtigter Nutzung derzeit in aller Regel durch **Besitz und Wissen**,[69] also der Speicherung des privaten Schlüssels auf einer Signatur-Speicherkarte und der Vergabe einer PIN,[70] die jeweils allein dem Signaturschlüssel-Inhaber zugänglich sind (zur Funktionsweise Rn 33 ff).

b) Beschränkung der Signatur auf bestimmte Anwendungen. § 7 Abs. 1 Nr. 7 SigG sieht die Möglich- **25**
keit vor, die Nutzung des Signaturschlüssels nach Art und Umfang auf bestimmte Anwendungen durch eine Eintragung im qualifizierten Zertifikat zu beschränken, um damit eine **Risikobegrenzung** bei der Nutzung qualifizierter elektronischer Signaturen zu erzielen.[71] In Betracht kommt neben einer Verwendungsbeschrän-

63 BT-Drucks. 14/4662, 19.

64 Krit. zur Beschränkung auf natürliche Personen *Skrobotz*, DuD 2004, 410, 411.

65 Dies ermöglicht etwa die Herausgabe sog. „Kammerkarten" mit dem Berufsattribut „Rechtsanwalt" oder „Notar".

66 *Roßnagel*, MMR 2002, 215, 216.

67 *Dörner*, AcP 202 (2002), 363, 385.

68 *Borges*, S. 107 f.

69 Ebenso bei der Scheckkarte die Kombination Karte & PIN, beim Online-Banking die Kombination PIN & TAN oder mTAN (Transaktionsnummer, dazu http://de.wikipedia.org/wiki/Transaktionsnummer [29.12.2010]); zu „Besitz und Wissen" und biometrischen Merkmalen *Borges*, S. 63 ff.

70 Zur PIN http://de.wikipedia.org/wiki/Persönliche_Identifikationsnummer [29.12.2010].

71 *Fischer-Dieskau/Gitter/Hornung*, MMR 2003, 384 f.

kung hinsichtlich bestimmter Verfügungs- oder Verpflichtungsgeschäfte auch eine Transaktionswertbegrenzung für Rechtsgeschäfte bis zu einem im Zertifikat bezeichneten Einzel- oder Gesamtvolumen (monetäre Beschränkung).[72] Wird die qualifizierte elektronische Signatur bei einer eingetragenen Beschränkung dennoch für ein Rechtsgeschäft verwendet, das außerhalb des eingeschränkten Anwendungsbereichs des qualifizierten Zertifikats liegt, sind die Voraussetzungen für eine Ersetzung der gesetzlichen Schriftform durch die elektronische Form nicht gewahrt; das Rechtsgeschäft ist gem. § 125 S. 1 formnichtig.[73]

26 Dies gilt auch, wenn die am Rechtsgeschäft beteiligten Parteien in voller Kenntnis des Sachverhalts dennoch die gesetzliche Schriftform durch die elektronische Form ersetzen wollen. Die vorherige Beschränkung bei der Beantragung des qualifizierten Zertifikats kann nicht durch die Privatautonomie der Parteien, sondern allein durch eine Änderung der Eintragungen im Zertifikat überwunden werden; anderenfalls würde der durch das qualifizierte Zertifikat **gegenüber jedermann gewährleistete Schutz** qualifizierter elektronischer Signaturen unterlaufen.[74] Die Parteien haben aber wegen § 127 Abs. 3 die Möglichkeit, mit einem in der Anwendung beschränkten qualifizierten Zertifikat die gewillkürte elektronische Form auch außerhalb der eingetragenen Beschränkung zu wahren (§ 127 Rn 22).[75]

27 Eine monetäre Beschränkung im qualifizierten Zertifikat gilt nur für Verpflichtungsgeschäfte des Signaturschlüssel-Inhabers, die eine unmittelbare vermögenswerte Einstandspflicht begründen.[76] Wird deshalb die qualifizierte elektronische Signatur eines Rechtsanwalts mit einer monetären Beschränkung zur Einreichung eines Schriftsatzes als elektronisches Dokument bei Gericht (Rn 86 ff) genutzt, bei dem die Kosten des Rechtsstreits die monetäre Beschränkung übersteigen, führt dies nicht zur Formnichtigkeit des Schriftsatzes.[77]

28 **c) „Akkreditierte" elektronische Signatur.** Für Zertifizierungsdiensteanbieter (Rn 22) besteht gem. § 15 SigG die Möglichkeit zur **freiwilligen Akkreditierung** durch die Bundesnetzagentur (Rn 22). Bei der Akkreditierung wird der Dienstleister einer umfassenden technischen und administrativen Sicherheitsprüfung unterzogen und erhält gem. § 15 Abs. 1 S. 3 SigG ein Gütezeichen, das zur Vergabe qualifizierter elektronischer Signaturen mit Anbieter-Akkreditierung nach § 15 Abs. 1 S. 4 SigG berechtigt. Diese „akkreditierte" elektronische Signatur[78] ist eine im SigG nicht ausdrücklich definierte **Premium-Variante** der qualifizierten elektronischen Signatur, die **vorab überprüfte behördliche Sicherheit**[79] bietet.[80]

29 Während dieser „akkreditierten" elektronischen Signatur **keinerlei Bedeutung für die gesetzliche elektronische Form** zukommt, wird sie etwa in § 14 Abs. 3 Nr. 1 UStG[81] ausdrücklich erwähnt und bietet derzeit als einziges Signaturverfahren die Gewähr für eine Anwendung im elektronischen Zivilprozess nach dem JkomG (Rn 92 ff) und für die Beweisregel des § 371 a Abs. 1 ZPO (Rn 80 ff). Anbieter solcher akkreditierter elektronischer Signaturen sind beispielsweise die Unternehmen DATEV eG, Deutsche Telekom AG, Deutsche Post Com GmbH, D-Trust GmbH und TC TrustCenter GmbH, aber auch die Bundesnotarkammer erteilt derartige Signaturen.[82] Angesichts der enormen Vorteile hat sich in der Praxis im gewerblichen Bereich die „akkreditierte" elektronische Signatur durchgesetzt.

30 **4. Abgrenzung zum elektronischen Identitätsnachweis.** Mit Antragstellung, aber auch nach Erteilung kann gem. § 10 Abs. 1–3 PAuswG seit dem 1.11.2010 beim elektronischen Personalausweis (*ein* sog.

72 *Thomale*, MMR 2004, 80, 85 f.
73 HK-BGB/*Dörner*, § 126 a Rn 7; für Nichtigkeit der gesamten Erklärung wegen Perplexität *Fischer-Dieskau/Gitter/Hornung*, MMR 2003, 384, 387 f.
74 *Dörner*, AcP 202 (2002), 363, 386 f; aA *Fischer-Dieskau/Gitter/Hornung*, MMR 2003, 384, 388 (Überwindung der Beschränkung durch Rahmenverträge).
75 HK-BGB/*Dörner*, § 126 a Rn 7; aA *Fischer-Dieskau/Gitter/Hornung*, MMR 2003, 384, 388.
76 *Fischer-Dieskau/Hornung*, NJW 2007, 2898.
77 BFH, Urt. v. 18.10.2006 – XI R 22/06 = MMR 2007, 234, 235 f; zust. *Fischer-Dieskau/Hornung*, NJW 2007, 2897, 2898; aA Vorinstanz FG Münster, Gerichtsbescheid v. 23.3.2006 – 11 K 990/05 F = MMR 2006, 636, 638 f.
78 Zum Begriff *Roßnagel*, NJW 2001, 1817, 1822.
79 Begriff stammt von Soergel/*Marly*, § 126 a Rn 16.
80 *Roßnagel*, MMR 2002, 215, 216; ob es sich dabei um eine eigene Signaturform oder mit der hM richtigerweise um eine Zusatzoption zur qualifizierten elektronischen Signatur handelt, ist eine praktisch bedeutungslose Frage, im Einzelnen Hoeren/Sieber/*Brisch/Brisch*, 13.3 Rn 66 ff.
81 Zum 1.1.2013 sind nach der EU-Richtlinie 2010/45/EU zum sog. „E-Invoicing" Papierrechnungen und elektronische Rechnungen gleichzustellen, so dass das in § 14 Abs. 3 Nr. 1 UStG aufgestellte Erfordernis einer qualifizierten elektronischen Signatur mit Umsetzung der Richtlinie in nationales Recht entfallen wird. Art. 233 stellt insoweit ausdrücklich klar, dass neben dem elektronischen Datenaustausch (EDI, derzeit § 14 Abs. 3 Nr. 2 UStG) und der qualifizierten elektronischen Signatur insbesondere auch jedes „innerbetriebliche Steuerungsverfahren" ausreichend ist, das verlässlich „Herkunft der Rechnung" (Authentizität) und „Unversehrtheit des Inhalts" (Integrität) gewährleistet; dazu *Suden*, BC 2010, 244, 245.
82 Übersicht akkreditierter Zertifizierungsdiensteanbieter im Verzeichnisdienst der Bundesnetzagentur: http://www.nrca-ds.de/ [29.12.2010].

„ePass“)[83] die Nutzung des standardmäßig auf jedem Ausweis enthaltenen[84] elektronischen Identitätsnachweises freigeschaltet werden, wenn der Ausweisinhaber mindestens 16 Jahre[85] alt ist. Beim **elektronischen Identitätsnachweis** (oder eID) handelt es sich nach § 18 Abs. 1 S. 1, Abs. 2 S. 1 PAuswG um einen elektronischen **Nachweis der Identität des Ausweisinhabers** gegenüber nationalen[86] öffentlichen und nichtöffentlichen Stellen „durch Übermittlung von Daten aus dem elektronischen Speicher- und Verarbeitungsmedium des Personalausweises“.[87] Welche Daten hierbei übermittelt werden entscheidet in jedem Einzelfall nach § 18 Abs. 4 S. 1, Abs. 5 S. 2 PAuswG der Ausweisinhaber nach Eingabe seiner PIN (Rn 24) auf dem zur Nutzung erforderlichen Kartenlesegerät,[88] darunter nach § 18 Abs. 3 S. 2 PAuswG u.a. sein Name, Geburtsdatum und Geburtsort, Anschrift und eine Alterseinstufung.

Der elektronische Identitätsnachweis ist **keine (qualifizierte) elektronische Signatur**, sondern dient ausschließlich dem Identitätsnachweis und damit der Authentifizierung des Ausweisinhabers bei der Inanspruchnahme von Leistungen gegenüber einem Diensteanbieter (§ 2 Abs. 3 PAuswG), aber gerade nicht der Sicherung der Integrität etwaiger Erklärungen des Ausweisinhabers.[89] Der Identitätsnachweis kann etwa gegenüber Behörden eingesetzt werden, die über das Internet Verwaltungsaufgaben erfüllen, aber auch gegenüber privaten Unternehmen, die hierüber beispielsweise eine **Altersverifikation** (zB nach § 4 Abs. 2 S. 2 JMStV) ihrer Nutzer ohne die Preisgabe der Identität des Nutzers[90] durchführen können; insoweit ersetzt der elektronische Identitätsnachweis Verfahren wie POSTIDENT[91] und vermeidet den für eine sichere Identifikation im Internet bislang notwendigen Medienbruch.[92] Voraussetzung für den Zugriff auf den elektronischen Identitätsnachweis ist gem. § 18 Abs. 4 S. 1 PAuswG das Vorhandensein eines gültigen Berechtigungszertifikats (§§ 2 Abs. 4; 21 PAuswG) beim Diensteanbieter, dessen wesentliche Angaben dem Ausweisinhaber vor dem Zugriff nach § 18 Abs. 4 S. 2 PAuswG anzuzeigen sind.[93] 31

Vom elektronischen Identitätsnachweis abzugrenzen ist die durch § 22 PAuswG eröffnete Möglichkeit zur **Nutzung des elektronischen Personalausweises zur Erzeugung einer qualifizierten elektronischen Signatur**. Der elektronische Personalausweis ist zu diesem Zweck als sichere Signaturerstellungseinheit (Rn 24) ausgestaltet, sodass der Inhaber seinen Personalausweis durch einen Zertifizierungsdiensteanbieter zur Signaturkarte „aufrüsten“ lassen kann.[94] Ausweisfunktion, elektronischer Identitätsnachweis und qualifizierte elektronische Signatur bleiben aber – trotz der äußeren Vereinigung im Personalausweis – selbständige und getrennte Funktionalitäten; dies stellt § 22 S. 2 PAuswG durch die Bezugnahme auf das SigG klar. 32

III. Funktionsweise qualifizierter elektronischer Signaturen

Wer mit einer qualifizierten elektronischen Signatur am Rechtsverkehr teilnehmen will, muss (gem. § 5 Abs. 6 SigG) im Besitz einer sicheren Signaturerstellungseinheit sein (Rn 24) und von einem Zertifizierungsdiensteanbieter (Rn 22) ein qualifiziertes Zertifikat (Rn 21) ausgestellt bekommen haben. 33

Durch das qualifizierte Zertifikat werden dem Signaturschlüsselinhaber zwei auf der Technologie der **asymmetrischen Kryptographie** beruhende Schlüssel zugeordnet: ein privater, nur dem Inhaber der Signatur zugänglicher geheimer Schlüssel, der zur Erstellung der Signatur verwendet wird (sog. Signaturschlüssel, § 2 Nr. 4 SigG) sowie ein öffentlicher Schlüssel („Public Key“, daher **Public-Key-Infrastruktur** = PKI), der zur Überprüfung einer Signatur verwendet wird (sog. Signaturprüfschlüssel, § 2 Nr. 5 SigG). Der öffentliche Schlüssel ist das Gegenstück zum privaten Schlüssel, ohne dass sich jedoch aus dem öffentlichen Schlüssel der private Schlüssel rekonstruieren lässt (daher asymmetrische Kryptographie).[95] 34

83 Der Begriff ePass wird oftmals nur für den im November 2005 eingeführten elektronischen Reisepass verwendet (s. etwa http://www.epass.de, 29.12.2010), bezeichnet aber richtigerweise alle maschinenlesbaren Ausweisdokumente, also auch den elektronischen Personalausweis.

84 *Roßnagel/Hornung*, DÖV 2009, 301, 302; *Altenhain/Heitkamp*, K&R 2009, 619, 622; missverständlich *Schulz*, CR 2009, 267, 269; zur Sicherheit des elektronischen Identitätsnachweises *Borges*, NJW 2010, 3334, 3336.

85 Zu Recht kritisch zur Altersgrenze *Scholz*, CR 2009, 267, 271.

86 Im EU-Projekt STORK (Secure idenTity acrOss boRders linKed) soll eine gemeinsame Architektur für eine interoperable, europaweit gültige eID entwickelt werden; dazu http://www.eid-stork.eu [24.6.2011].

87 Zu den Anwendungsmöglichkeiten *Roßnagel/Hornung*, DÖV 2009, 301, 305 f; *Borges*, NJW 2010, 3334, 3337; zu datenschutzrechtlichen Aspekten *Roßnagel/Hornung/Schnabel*, DuD 2008, 168; zur Bedeutung für das Identitätsmanagement *Schulz*, CR 2009, 267.

88 Zur praktischen Nutzung *Borges*, NJW 2010, 3334, 3336 f; *Schulz*, CR 2009, 267, 269.

89 Dazu *Roßnagel/Hornung*, DÖV 2009, 301, 305.

90 *Roßnagel/Hornung*, DÖV 2009, 301, 303 f.

91 Zu POSTIDENT *Möller*, NJW 2005, 1605.

92 *Borges*, NJW 2010, 3334, 3336; *Altenhain/Heitkamp*, K&R 2009, 619.

93 Dazu *Borges*, NJW 2010, 3334, 3336; *Schulz*, CR 2009, 267, 269.

94 Im Einzelnen *Borges*, NJW 2010, 3334, 3335; *Schulz*, CR 2009, 267, 269.

95 Vgl *Borges*, S. 54 ff; *Blaurock/Adam*, ZEuP 2001, 93, 94.

35 Der private Schlüssel wird vom Zertifizierungsdiensteanbieter auf einer Signatur-Speicherkarte (sog. **Smartcard**) gespeichert, die dem Signaturschlüssel-Inhaber als sichere Signaturerstellungseinheit zur Verfügung gestellt wird. Demgegenüber ist der öffentliche Schlüssel frei zugänglich und kann etwa über das Internet durch den Empfänger einer qualifiziert elektronisch signierten Erklärung beim Zertifizierungsdiensteanbieter abgefragt werden. Zudem besteht die Möglichkeit, dass der Erklärende dem Empfänger den öffentlichen Schlüssel zur Verfügung stellt, beispielsweise per E-Mail oder CD-ROM. Beim Zertifizierungsdiensteanbieter kann zudem der Inhalt des der elektronischen Signatur zugrunde liegenden qualifizierten Zertifikats abgefragt und so die Zuordnung des qualifizierten Zertifikats zum Erklärenden sowie dessen Gültigkeitsdauer überprüft werden.

36 Um eine Erklärung mit einer qualifizierten elektronischen Signatur zu versehen, liest der Aussteller der Erklärung zunächst den auf der Smartcard gespeicherten privaten Schlüssel unter Eingabe einer zusätzlichen **Geheimnummer** (PIN, Rn 24) über ein **Kartenlesegerät** (sog. Smartcard-Reader) ein und versieht anschließend unter Verwendung einer speziellen Software oder eines Zusatzprogramms (sog. Plug-In oder Add-On) für die vorhandene Software (etwa ein E-Mail-Programm wie Microsoft Outlook) die Erklärung mit der so verfügbar gemachten qualifizierten elektronischen Signatur. Dieser **Vorgang** lässt sich je nach verwendeter Hard- und Software **weitgehend automatisieren**, so dass Einschränkungen oder Behinderungen im gewöhnlichen Arbeitsablauf durch die Verwendung einer qualifizierten elektronischen Signatur vermieden werden können. In der Praxis genügt zumeist ein Klick auf Schaltflächen wie „Signieren“ oder „Prüfen“ in der verwendeten Software, um die geschilderten Vorgänge in Gang zu setzen. Dabei sind auch sog. **Container-Signaturen** möglich, bei denen sich eine qualifizierte elektronische Signatur über mehrere elektronische Dokumente erstreckt.[96]

37 Nach Auslösen des Signier-Vorgangs wird aus dem zu signierenden elektronischen Dokument zunächst eine Prüfsumme (sog. **Hash-Wert**)[97] errechnet, die eine mathematische Quersumme des Dokuments darstellt, aus der die ursprüngliche Nachricht nicht zurückberechnet werden kann („Einwegfunktion“) und die nur zu diesem einen zu signierenden Dokument passt („Kollisionsresistenz“).[98] Dieser Hash-Wert wird anschließend mit dem privaten Signaturschlüssel verknüpft und das Ergebnis dieser Verknüpfung (dies ist die eigentliche elektronische Signatur, die wiederum keine Rückschlüsse auf den privaten Schlüssel zulässt) dem ursprünglichen elektronischen Dokument beigefügt. Nun wird das unverschlüsselte elektronische Dokument mit der beigefügten Verknüpfung aus Hash-Wert und privatem Schlüssel vom Erklärenden dem Empfänger übermittelt. Dies kann auf jede erdenkliche Art der elektronischen Kommunikation (etwa per E-Mail, CD-ROM oder mittels des Austauschs von Dateien im Netzwerk) geschehen.

38 Wenn die mit einer qualifizierten elektronischen Signatur versehene Erklärung den Empfänger erreicht, kann dieser unter Zuhilfenahme geeigneter Software aus dem ursprünglichen elektronischen Dokument erneut einen Hash-Wert errechnen, der anschließend **mit dem öffentlichen Signaturprüfschlüssel verknüpft** wird. Nur wenn das dem elektronischen Dokument beigefügte Ergebnis der Verknüpfung von Hash-Wert und privatem Schlüssel mit der vom Empfänger hergestellten Verknüpfung des Hash-Werts des übermittelten elektronischen Dokuments mit dem öffentlichen Schlüssel übereinstimmt, steht fest, dass die Erklärung nach Anbringung der qualifizierten elektronischen Signatur nicht mehr verändert worden ist und vom Erklärenden herrührt (zum Missbrauch Rn 71 ff). Durch die qualifizierte elektronische Signatur werden damit Fälschungen nicht verhindert, sondern nur Veränderungen am signierten Dokument offenbart.[99]

IV. Möglichkeit der Verschlüsselung elektronischer Dokumente

39 Das Anbringen der qualifizierten elektronischen Signatur schützt nicht die Vertraulichkeit des elektronischen Dokuments, vielmehr wird das **signierte Dokument unverschlüsselt im Klartext übermittelt**. Allerdings erlaubt die der qualifizierten elektronischen Signatur zugrunde liegende „Public Key“-Infrastruktur (Rn 34) neben der Signierung elektronischer Dokumente auch deren Verschlüsselung.[100] Zur Verschlüsselung eines elektronischen Dokuments verknüpft der Erklärende das Dokument mit dem öffentlichen Schlüssel des Empfängers, der nach Erhalt des verschlüsselten Dokuments dies mit seinem privaten Schlüssel wieder entschlüsseln kann. **Signierung und Verschlüsselung** können dabei ohne weiteres miteinander **kombiniert** werden. Signiert der Erklärende das elektronische Dokument zunächst mit seinem privaten Schlüssel und verschlüsselt es anschließend mit dem öffentlichen Schlüssel des Empfängers, kann der Empfänger zunächst mit seinem privaten Schlüssel das Dokument wieder entschlüsseln und anschließend mit dem öffentlichen Schlüssel des

96 BFH, Urt. v. 18.10.2006 – XI R 22/06 = MMR 2007, 234, 236; *Bacher*, NJW 2009, 1548.
97 Dazu *Borges*, S. 56 f; Hoeren/Sieber/*Brisch/Brisch*, 13.3 Rn 2 f.
98 S.a. Soergel/*Marly*, § 126 a Rn 9.
99 *Bettendorf*, RNotZ 2005, 277, 280.
100 Staudinger/*Hertel*, § 126 a Rn 4, 6; Die Verschlüsselung elektronisch übermittelter Dokumente kann für bestimmte Berufsgruppen verpflichtend sein, vgl § 43 a Abs. 2 BRAO, § 18 Abs. 1 BNotO, § 57 Abs. 1 StBerG, § 43 Abs. 1 WPO.

Erklärenden die Authentizität und Integrität des elektronischen Dokuments überprüfen. Für De-Mail (Rn 9) soll die Verschlüsselung der Nachrichten auf dem Weg vom Erklärenden zum Empfänger eine Standardfunktionalität sein, vgl §§ 4 Abs. 3, 5 Abs. 3 S. 2, S. 3 De-Mail-Gesetz..

V. Internationale Anerkennung elektronischer Signaturen

§ 23 SigG enthält eine umfassende Regelung zur Anerkennung ausländischer Signaturen.[101] Ungeachtet der Übereinstimmung der ausländischen elektronischen Signaturen mit dem deutschen SigG werden diese gem. § 23 Abs. 1 S. 1 SigG qualifizierten elektronischen Signaturen iSd § 2 Nr. 3 SigG **gleichgestellt**, wenn für sie ein **ausländisches qualifiziertes Zertifikat** aus einem anderen Mitgliedstaat der Europäischen Union oder aus einem anderen Vertragsstaat des Abkommens über den Europäischen Wirtschaftsraum vorliegt und sie Art. 5 Abs. 1 der Signaturrichtlinie (Rn 2) entsprechen. Dies gelt selbst dann, wenn der ausländische Zertifizierungsdiensteanbieter keiner dem § 19 SigG entsprechenden behördlichen Aufsicht untersteht.[102] Unter den Voraussetzungen des § 23 Abs. 1 S. 2, Abs. 2 SigG werden auch elektronische Signaturen aus Drittstaaten der qualifizierten elektronischen Signatur bzw „akkreditierten" elektronischen Signatur (Rn 28 f) gleichgestellt; für ausländische „akkreditierte" elektronische Signaturen erfordert dies nach § 18 Abs. 2 SigV die Feststellung der gleichwertigen Sicherheit durch die Bundesnetzagentur (Rn 22). § 23 Abs. 3 SigG iVm § 18 Abs. 3 SigV sieht letztlich eine ähnliche Regelung für Produkte für qualifizierte elektronische Signaturen (§ 2 Nr. 13 SigG) vor, darunter die sicheren Signaturerstellungseinheiten (Rn 24). 40

Die europaweite Vereinheitlichung der Grundlagen elektronischer Signaturen kann jedoch nicht darüber hinwegtäuschen, dass eine **weltweite Nutzung** elektronischer Signaturen mangels entsprechender Regelungen **derzeit nicht** in Betracht kommt. Bereits 2001 wurde vom United Nations Council of International Trade Law (UNCITRAL) ein Model Law on Electronic Signatures[103] vorgestellt. Es soll die Grundlagen für den weltweiten Umgang mit elektronischen Signaturen als Ersatz für eigenhändige Unterschriften im geschäftlichen Verkehr schaffen, ohne dabei einem bestimmten technologischen Ansatz zu folgen. Bislang hat dies aber nicht zur **Vereinheitlichung signaturrechtlicher Vorschriften** beigetragen. 41

VI. Archivierung elektronisch signierter Dokumente

Die der **qualifizierten elektronischen Signatur** zugrunde liegenden qualifizierten Zertifikate (Rn 21) müssen gem. § 4 Abs. 1 SigV nur für die Dauer ihrer Gültigkeit plus **fünf Jahre** ab Jahresende aufbewahrt werden und sind anschließend zu löschen. Anders als die der **akkreditierten elektronischen Signatur** zugrunde liegenden Zertifikate, die gem. § 4 Abs. 2 SigV mindestens **dreißig Jahre** ab dem Schluss des Jahres, in dem die Gültigkeit des Zertifikats endet, verfügbar zu halten sind, gewährleisten qualifizierte elektronische Signaturen – auch mit Blick auf die Möglichkeit zur Einstellung der Geschäftstätigkeit des jeweiligen Zertifizierungsdiensteanbieters von heute auf morgen (Rn 22) – damit keine **dauerhafte Prüfbarkeit** und können ggf auch nicht mehr zur Begründung der Beweiskraft des § 371 a ZPO herangezogen werden (Rn 80 ff).[104] 42

Zudem weisen elektronische Signaturen nur eine **eingeschränkte Haltbarkeit** auf, da die für ihre Erzeugung und Prüfung eingesetzten Algorithmen angesichts der fortschreitenden technischen Entwicklung nur einen **zeitlich begrenzten Sicherheitswert** besitzen.[105] Dieses grundsätzlich bereits von der Schriftform her bekannte Problem (zerfallendes Papier, verblassende Tinte) hat der Gesetzgeber zwar erkannt und die Zertifizierungsdiensteanbieter in § 6 Abs. 1 S. 2 SigG zu entsprechenden Hinweisen an die Signaturschlüssel-Inhaber verpflichtet, gleichwohl aber nur versteckt in § 17 SigV[106] eine unvollständige Regelung zur Verfahrensweise bei der Erneuerung qualifizierter elektronischer Signaturen getroffen. Daneben finden sich vereinzelte Regelungen in anderen Gesetzen, etwa in § 110 d SGB IV.[107] Eine umfassende Lösung zur Archivierung und damit einhergehenden Transformierung elektronisch signierter Dokumente ist in den Forschungsprojekten 43

101 Ausf. *Borges*, S. 127 ff.
102 MüKo/*Einsele*, § 126 a Rn 20.
103 http://www.uncitral.org/pdf/english/texts/electcom/ml-elecsig-e.pdf [30.12.2010]; in den USA ist am 1.10.2000 der „Electronic Signatures in Global and National Commerce Act" (E-Sign-Act) in Kraft getreten, der elektronische und handschriftliche Signaturen gleichsetzt; zu beidem *Borges*, 110 ff, 155 ff; *Michel*, 182 ff, 201 ff.
104 *Roßnagel*, MMR 2002, 215, 218; MüKo/*Einsele*, § 126 a Rn 4.
105 *Roßnagel/Fischer-Dieskau/Pordesch/Brandner*, CR 2003, 301, 302.
106 Dazu *Roßnagel/Fischer-Dieskau/Pordesch/Brandner*, CR 2003, 301, 303 ff.
107 *Roßnagel*, NJW 2003, 469, 475; zu §§ 110 a ff SGB IV *Dortants/Dortants*, NZS 2007, 527.

ArchiSig,[108] ArchiSafe[109] und TransiDoc[110] erarbeitet worden. Es bleibt abzuwarten, ob die zu entwickelnden Lösungen dem Aufbewahrungsinteresse von Verbrauchern, Unternehmern und Behörden gleichermaßen gerecht werden können.

44 Droht der Verlust der Sicherheit einer in elektronischer Form abgegebenen Erklärung, haben die Parteien eines formbedürftigen Vertrags gegenseitig einen vertraglichen bzw nachvertraglichen **Anspruch auf Erneuerung der Signatur** (culpa post contractum finitum).[111]

C. Regelungsgehalt

I. Erklärung

45 Bezugsobjekt der elektronischen Form ist in Abweichung vom üblichen Sprachgebrauch im zweiten Titel, dritter Abschnitt des Allgemeinen Teils des BGB nicht eine „Willenserklärung", sondern schlicht eine „Erklärung"; entsprechend ist die Beweisregel in § 371 a Abs. 1 S. 2 ZPO formuliert (Rn 80 ff). Mit dieser Terminologie wird deutlich, dass der Anwendungsbereich der Formvorschriften neben der **Willenserklärung** grundsätzlich auch **geschäftsähnliche Handlungen** und Wissenserklärungen[112] erfasst (§ 126 Rn 4).

46 Auch für Erklärungen in elektronischer Form gilt der Grundsatz der **Einheitlichkeit der Urkunde** (§ 126 Rn 15 ff), so dass das elektronische Dokument (Rn 50 f) das gesamte formbedürftige Rechtsgeschäft einschließlich etwaiger Nebenabreden erfassen muss.[113] Liegt bei einem Vertrag nur dieser als elektronisches Dokument vor, während die zum Vertrag gehörenden Anlagen nur in Papierform existieren,[114] ist die elektronische Form nur gewahrt, wenn entweder die Anlagen in ein elektronisches Dokument überführt und diese gemeinsam mit dem Vertrag mit einer qualifizierten elektronischen Signatur versehen werden oder aber im in elektronischer Form geschlossenen Vertrag auf die Anlagen Bezug genommen wird und diese von den beteiligten Parteien zusätzlich mit einer eigenhändigen Unterschrift versehen werden.

II. Aussteller

47 Aussteller der Erklärung ist derjenige, von dem die Erklärung geistig herrührt.[115] Bei mit Hilfe entsprechender Software automatisiert gefertigten Erklärungen ist Aussteller derjenige, der sich des Programms bedient hat.[116] Anders als bei der gesetzlichen Schriftform ist eine **formgerechte Massenfertigung** von Erklärungen in elektronischer Form ohne weiteres möglich, auch wenn die Massenfertigung tatsächlich der gesetzlichen Schriftform bedürftiger Rechtsgeschäfte die Ausnahme bleiben sollte.[117]

III. Hinzufügung des Namens des Ausstellers

48 Der Aussteller muss der in digitaler Gestalt vorliegenden Erklärung zwingend seinen Namen hinzufügen, damit diese ebenso wie die in einer Urkunde verkörperte Erklärung aus sich heraus einer natürlichen Person als Aussteller zugeordnet werden kann und der Aussteller im Rechtsverkehr einwandfrei gekennzeichnet ist (Identitätsfunktion, Rn 11).[118] Die Hinzufügung des Ausstellernamens hat bei § 126 a keine Abschlussfunktion (§ 126 Rn 20), so dass eine **Unterzeichnung** der Erklärung **nicht erforderlich** ist. Genügend ist auch eine Oberschrift[119] oder die Möglichkeit zum eindeutigen Rückschluss auf den Aussteller aus dem übrigen Inhalt der Erklärung.

49 Bei den zulässigen Namensnennungen gelten die allgemeinen Grundsätze (§ 126 Rn 27 ff). Die Hinzufügung eines **Pseudonyms** ist möglich, wenn auch im qualifizierten Zertifikat gem. § 5 Abs. 3 S. 1 SigG ein Pseudonym anstelle des Namens aufgeführt ist; dann ist der Aussteller über das pseudonyme Zertifikat eindeutig

108 http://www.archisig.de [30.12.2010]; dazu *Fischer-Dieskau/Roßnagel/Steidle*, MMR 2004, 451.

109 http://www.archisafe.de [30.12.2010]; dazu *Hackel/Schäfer/Hage*, StAZ 2008, 209.

110 http://www.transidoc.de [30.12.2010]; dazu *Wilke/Jandt/Löwe/Roßnagel*, CR 2008, 607, 609 ff; *Kunz/Schmidt/Viebeg*, DuD 2005, 279; *Roßnagel/Wilke*, NJW 2006, 2145; *Roßnagel/Fischer-Dieskau/Wilke*, CR 205, 903.

111 MüKo/*Einsele*, § 126 a Rn 4.

112 *Roßnagel/Fischer-Dieskau*, NJW 2006, 806, 807 (zu § 371 Abs. 1 S. 2 ZPO).

113 MüKo/*Einsele*, § 126 Rn 33; Palandt/*Ellenberger*, § 126 a Rn 7.

114 Auf diese Konstellation machen *Stellmann/Süss*, NZM 2001, 969, 971 aufmerksam.

115 MüKo/*Einsele*, § 126 a Rn 5; *Steinbeck*, DStR 2003, 644, 647.

116 *Fritsche/Malzer*, DNotZ 1995, 3, 7.

117 Zu solchen „Massenerklärungen" *Roßnagel/Fischer-Dieskau*, MMR 2004, 133; zur Fremderzeugung qualifizierter elektronischer Signaturen als Geschäftsmodell *Roßnagel*, MMR 2008, 22, 23 ff; *Jandt*, K&R 2009, 548.

118 Bamberger/Roth/*Wendtland*, § 126 a Rn 4; Soergel/*Marly*, § 126 a Rn 23.

119 Palandt/*Ellenberger*, § 126 a Rn 8.

identifizierbar.[120] Handelt auf Seiten des Erklärenden ein **Stellvertreter**, fügt dieser der Erklärung seinen Namen und das Vertretungsverhältnis hinzu, falls sich Letzteres nicht aus dem qualifizierten Zertifikat (§ 5 Abs. 2 S. 1 SigG, Rn 21) oder den Umständen ergibt. Fraglich ist, ob der Stellvertreter der Erklärung auch den Namen des Vertretenen hinzufügen kann. Dies dürfte angesichts des eindeutigen Wortlauts des § 126 a (Hinzufügung des – „seines" – Namens des Ausstellers) zu verneinen sein.[121] Zur Stellvertretung Rn 61 ff.

IV. Elektronisches Dokument

1. Träger digitaler Daten. Die elektronische Form setzt stets das Vorliegen eines elektronischen Dokuments voraus, so dass die in der Erklärung enthaltenen Buchstaben, Ziffern und Zeichen in digitaler Gestalt vorliegen müssen, gleichgültig ob verschlüsselt oder unverschlüsselt.[122] Dies ist nicht nur bei **Textdokumenten** oder **E-Mails**[123] der Fall, sondern auch bei **multimedial strukturierten Dokumenten**, bei denen Audio- und Videodaten in beliebiger Form mit Grafiken und Texten kombiniert werden können. Daher kann auch mittels einer als Video aufgezeichneten und in digitaler Gestalt vorliegenden mündlichen Erklärung das gesetzliche Schriftformerfordernis gewahrt werden.[124] Eine Möglichkeit zur Wiedergabe der Erklärung in Schriftzeichen verlangt § 126 a anders als die Textform (§ 126 b Rn 11 f) gerade nicht.[125] Bei der Nutzung eines multimedial gestalteten elektronischen Dokuments ist allerdings stets auf den Zugang der Erklärung beim Empfänger zu achten (Rn 57 f). 50

2. Speicherung auf Datenträger zur dauerhaften Wiedergabe. Das elektronische Dokument bedarf einer Speicherung auf einem **nicht flüchtigen Datenträger** (etwa CD-ROM, DVD oder Festplatte, aber auch alle Arten digitaler Speicherkarten). Der Datenträger muss – auch wenn sich dies anders als bei § 126 b nicht unmittelbar aus dem Wortlaut ergibt – eine **dauerhafte Wiedergabe** der Erklärung ermöglichen (etwa am Bildschirm oder über einen Ausdruck), da anderenfalls die Beweisfunktion der zu ersetzenden gesetzlichen Schriftform mangels Perpetuierung der Erklärung nicht gewahrt würde.[126] 51

V. Hinzufügung einer qualifizierten elektronischen Signatur

Das gesamte elektronische Dokument (Rn 50 f) muss mit einer qualifizierten elektronischen Signatur iSd § 2 Nr. 3 SigG (Rn 19 ff) versehen werden, die bei der elektronischen Form die **Abschlussfunktion** der eigenhändigen Unterschrift der gesetzlichen Schriftform übernimmt (§ 126 Rn 20)[127] und damit die formwirksame Erklärung vom unverbindlichen Entwurf abgrenzt.[128] Ausreichend ist es, wenn das elektronische Dokument von einem Dritten mit Zustimmung des Ausstellers mit der qualifizierten elektronischen Signatur des Ausstellers versehen wird.[129] Zu Zurechnung und Stellvertretung s. Rn 59 ff, zur Haftung bei Missbrauch Rn 71 ff. 52

Das der qualifizierten elektronischen Signatur zugrunde liegende qualifizierte Zertifikat (Rn 21) ist kein zwingender Bestandteil der qualifizierten elektronischen Signatur, mit der das elektronische Dokument versehen wird. Um einen nachträglichen Austausch des Zertifikats zu verhindern, ist daher ggf neben dem gesamten elektronischen Dokument auch das der qualifizierten elektronischen Signatur zugrunde liegende qualifizierte Zertifikat mit zu signieren, soweit es nicht bereits Bestandteil der qualifizierten elektronischen Signatur ist.[130] 53

120 Zu Bedenken gegen das Namenserfordernis aus Datenschutzgesichtspunkten vgl die Stellungnahme der Gesellschaft für Informatik, DuD 2001, 38; wie hier *Roßnagel*, NJW 2001, 1817, 1825.

121 So auch MüKo/*Einsele*, § 126 a, Rn 5, 14.

122 MüKo/*Einsele*, § 126 a Rn 3; *Boente/Riehm*, Jura 2001, 793, 796.

123 So ausdrücklich der BGH, Beschl. v. 4.12.2008 – IX ZB 41/08 = MMR 2009, 99.

124 Ebenso *Steinbeck*, DStR 2003, 644, 646; *Berger*, NJW 2005, 1016, 1017; wohl auch *Bettendorf*, RNotZ 2005, 277, 278; zu eng die Beschränkung auf eine dauerhaft lesbare Erklärung als Textdatei bei Bamberger/Roth/*Wendtland*, § 126 a Rn 3, oder „Daten in Schriftzeichen lesbar" bei MüKo/*Einsele*, § 126 a Rn 3 und Staudinger/*Hertel*, § 126 a Rn 41, die sich zu stark an die Textform des § 126 b anlehnen; aA *Borges*, S. 611, der für die elektronische Form alle Elemente der Textform verlangt.

125 *Noack*, DStR 2001, 1893, 1896.

126 MüKo/*Einsele*, § 126 a Rn 3; Soergel/*Marly*, § 126 a Rn 22; *Steinbeck*, DStR 2003, 644, 646; dies entspricht dem gesetzgeberischen Willen (BT-Drucks. 14/4987, 42).

127 Bamberger/Roth/*Wendtland*, § 126 a Rn 6.

128 MüKo/*Einsele*, § 126 a Rn 6.

129 MüKo/*Einsele*, § 126 a Rn 21; Palandt/*Ellenberger*, § 126 a Rn 9; Soergel/*Marly*, § 126 a Rn 23; so auch BGH, Beschl. v. 21.12.2010, VI ZB 28/10, Rn 8 = NJW 2011, 1294 zu § 130 a Abs. 1 S. 2 ZPO für den Fall, dass der Erklärende den Inhalt der Erklärung geprüft und sich zu Eigen gemacht hat.

130 MüKo/*Einsele*, § 126 a Rn 19; Soergel/*Marly*, § 126 a Rn 23; *Roßnagel*, NJW 2001, 1817, 1825.

VI. Vertragsschluss unter Verwendung der elektronischen Form (Abs. 2)

54 Abs. 2 wurde § 126 Abs. 2 (§ 126 Rn 43 ff) nachgebildet. Die Norm hat im BGB allenfalls für Darlehensvermittlungsverträge, bestimmte befristete Miet- und Pachtverträge[131] gem. § 550 S. 1 (ggf iVm § 581 Abs. 2) sowie die Abtretung hypothekarisch (bzw durch eine Grundschuld) gesicherter Forderungen nach § 1154 Abs. 1 S. 1 (ggf iVm § 1192 Abs. 1) einen **Anwendungsbereich**, denn ansonsten ist der Vertragsschluss grundsätzlich formfrei möglich, in elektronischer Form nicht zugelassen (§ 126 Rn 52 ff) oder aber notariell beurkundungsbedürftig (etwa § 311 b Abs. 1 S. 1).

55 Zur Wahrung der elektronischen Form beim Vertragsschluss müssen **gleichlautende elektronische Dokumente** hergestellt werden, die das gesamte formbedürftige Rechtsgeschäft erfassen (Rn 46). Nicht zu folgen ist der Regierungsbegründung in der Aussage, bereits die Angebots- bzw Annahmeerklärung müsse in elektronischer Form zugehen.[132] Vielmehr ist die anschließende formgerechte Erstellung gleichlautender Dokumente ausreichend. Das – obwohl dies aus Abs. 2 anders als bei § 126 Abs. 2 nicht ausdrücklich hervorgeht – jeweils für die andere Partei bestimmte elektronische Dokument ist aus Gründen des Zugangs und der Beweissicherung elektronisch zu signieren,[133] anschließend sind die Dokumente auszutauschen.[134]

56 Aus dem im Vergleich zu § 127 Abs. 3 eindeutigen Wortlaut ergibt sich, dass es zur Ersetzung der gesetzlichen Schriftform nicht genügt, wenn jede Partei nur ihre eigene Angebots- oder Annahmeerklärung elektronisch signiert (anders bei der vereinbarten elektronischen Form, § 127 Rn 23). Die elektronische Form wird beim Vertragsschluss auch dann gewahrt, wenn beide Parteien nur **ein das gesamte formbedürftige Rechtsgeschäft umfassendes elektronisches Dokument** signieren[135] oder eine Partei das Dokument in der gesetzlichen Schriftform, die andere Partei das Dokument in der elektronischen Form errichtet.[136]

D. Weitere praktische Hinweise

I. Zugang von Erklärungen in elektronischer Form

57 Grundsätzlich richtet sich der Zugang einer in elektronischer Form abgegebenen Erklärung nach den **allgemeinen Regeln** (§ 130 Rn 13). Der Gesetzgeber hat die Anwendung der für den elektronischen Rechtsverkehr durch Rechtsprechung und Lehre weiterentwickelten allgemeinen Regeln gewollt und eine ausdrückliche Regelung entgegen mancher Anregungen[137] unterlassen.[138] Für den Austausch elektronischer Dokumente über Internet und E-Mail finden die Grundsätze der Abgabe von Willenserklärungen unter Abwesenden Anwendung.[139]

58 Wenn der Empfänger sein Einverständnis mit der Verwendung der elektronischen Form zum Ausdruck gebracht hat (§ 126 Rn 56 ff), stellt sich die Frage, wann die **tatsächliche Möglichkeit zur Kenntnisnahme** einer Erklärung in elektronischer Form besteht. Elektronische Dokumente können nicht nur eine nahezu unbegrenzte inhaltliche Vielfalt aufweisen und etwa aus der Kombination mehrerer Multimediaelemente bestehen (Rn 50), sondern zudem in **unterschiedlichen Dateiformaten** vorliegen, die unter Umständen mit gebräuchlicher Hard- und Software nicht wiedergegeben werden können. Soweit dem Empfänger mit gebräuchlicher Hard- und Software eine hinreichende Darstellung des elektronischen Dokuments tatsächlich nicht möglich sein sollte und der Empfänger nicht etwa zuvor eine Wiedergabemöglichkeit der entsprechenden Datei gegenüber dem Erklärenden vorgegeben hat, scheitert der Zugang der Erklärung in elektronischer Form in diesen Fällen an der fehlenden Möglichkeit zur Kenntnisnahme.[140] Zu weiteren Fragen des Zugangs elektronisch abgegebener Willenserklärungen s. § 130 Rn 17, 41 f, 57 f.

II. Zurechnung, Stellvertretung, Haftung

59 Auch Zurechnung, Stellvertretung und Haftung bei Erklärungen in elektronischer Form richten sich, von wenigen Ausnahmen und Besonderheiten abgesehen, nach den allgemeinen Regeln.[141] Ein **Kardinalproblem** ist die Zurechnung der Verwendung einer qualifizierten elektronischen Signatur zu einer bestimmten

131 Dazu *Stellmann/Süss*, NZM 2001, 969.
132 BT-Drucks. 14/4987, 18.
133 MüKo/*Einsele*, § 126 a Rn 26; *Heinemann*, ZNotP 2002, 414, 419.
134 Soergel/*Marly*, § 126 a Rn 24.
135 Palandt/*Ellenberger*, § 126 a Rn 10; Erman/*Palm*, § 126 a Rn 7; aA *Heinemann*, ZNotP 2002, 414, 419.
136 Palandt/*Ellenberger*, § 126 a Rn 10; Soergel/*Marly*, § 126 a Rn 24.
137 Prüfbitte des Bundesrats, BT-Drucks. 14/4987, 35; *Vehslage*, DB 2000, 1801, 1803 f.
138 BT-Drucks. 14/4987, 11.
139 Ebenso *Heinemann*, ZNotP 2002, 414, 420; *Herwig*, MMR 2001, 145; *Nowak*, MDR 2001, 841, 842.
140 Ebenso für alle elektronisch abgegebenen Willenserklärungen *Mankowski*, NJW 2004, 1901, 1902; enger *Heinemann*, ZNotP 2002, 414, 421: Zugang erst nach tatsächlichem Öffnen und Entschlüsseln des elektronischen Dokuments.
141 BT-Drucks. 14/4987, 11; Soergel/*Marly*, § 126 a Rn 25.

Person, denn im Gegensatz zur eigenhändigen Unterschrift kann die qualifizierte elektronische Signatur auch von jedem Dritten eingesetzt werden, solange die Zuordnung zum Inhaber allein über technische Legitimationsverfahren und nicht über biometrische Merkmale erfolgt (Rn 24). Dabei dürfte den schwierigen und weithin ungeklärten Fragen der Zurechnung und Haftung für eine missbräuchliche Verwendung der qualifizierten elektronischen Signatur angesichts der durch § 371 a Abs. 1 ZPO (Rn 80 ff) normierten Beweisregel für den Anschein der Echtheit einer in elektronischer Form vorliegenden Erklärung **nur selten praktische Relevanz** zukommen.

1. Als nicht abgegeben geltende Erklärungen. Wird eine vom Signaturschlüssel-Inhaber zunächst gewollte und in elektronischer Form vorliegende Erklärung ohne dessen Einverständnis in den Rechtsverkehr gebracht, gilt diese nach den **allgemeinen Grundsätzen** (§ 130 Rn 6 ff) als nicht abgegeben.[142] Ebenfalls als nicht abgegeben gilt die Erklärung, wenn der Inhaber des Signaturschlüssels diese zwar erstellt und signiert, dann aber unbeabsichtigt (sogar fahrlässig) in den Rechtsverkehr bringt, etwa durch das versehentliche Absenden einer E-Mail.[143] Allerdings streitet auch in diesen Fällen die Beweisregel des § 371 a Abs. 1 ZPO zulasten des Signaturschlüssel-Inhabers (Rn 80 ff). 60

2. Stellvertretung bei Erklärungen in elektronischer Form. Ebenso wie bei einer Erklärung in Schriftform ist auch bei einer in elektronischer Form abgegebenen Erklärung eine Stellvertretung sowohl auf Seiten des Erklärenden als auch des Erklärungsempfängers **im Grundsatz möglich**. 61

a) Verwendung eines eigenen Zertifikats durch den Vertreter. Versieht der Stellvertreter die von ihm elektronisch abgegebene Erklärung mit seiner eigenen qualifizierten elektronischen Signatur, ist die (zumindest entsprechende) **Anwendung der §§ 164 ff** sowie der Grundsätze der **Duldungs- und Anscheinsvollmacht** (§ 167 Rn 74 ff) und der für **Blankett-Urkunden** entwickelten Grundsätze (§ 126 Rn 23 f) ohne weiteres möglich.[144] Denn hier besteht zwischen der Person des Erklärenden und dem verwendeten qualifizierten Zertifikat Übereinstimmung. Soweit der Stellvertreter ohne oder außerhalb seiner Vertretungsmacht handelt, haftet er als **falsus procurator** nach § 179.[145] Auf § 371 a Abs. 1 ZPO kommt es in dieser Konstellation nur an, wenn der Stellvertreter oder der Vertretene die missbräuchliche Verwendung der qualifizierten elektronischen Signatur des Stellvertreters geltend machen wollen. 62

Das der qualifizierten elektronischen Signatur des Stellvertreters zugrunde liegende qualifizierte Zertifikat (Rn 21) kann gem. § 5 Abs. 2 S. 1–3 SigG mit Einwilligung des Vertretenen **Angaben zur Vertretungsmacht** des Stellvertreters enthalten. Spätestens in dieser – gegenüber dem Zertifizierungsdiensteanbieter (Rn 22) nachzuweisenden – Einwilligung des Vertretenen ist zugleich die Erteilung der Vollmacht gem. § 167 Abs. 1 zu sehen. Die Eintragung zur Vertretungsmacht im qualifizierten Zertifikat steht wertungsmäßig einer Vollmachtsurkunde iSd § 172 Abs. 1 gleich, so dass die **Vorschriften über Vollmachtsurkunden** entsprechende Anwendung finden. Die Vollmacht kann daher nicht durch eine Erklärung nach §§ 168 S. 3, 167 Abs. 1 widerrufen werden, sondern erlischt entsprechend § 172 Abs. 2 erst mit der Änderung der Angabe im qualifizierten Zertifikat.[146] 63

b) Verwendung des Zertifikats des Vertretenen durch einen Dritten. Versieht ein Dritter eine als elektronisches Dokument vorliegende Erklärung nicht mit seiner eigenen, sondern mit der qualifizierten elektronischen Signatur eines anderen (entweder unter Hinzufügung des Namens des Dritten oder aber des Namens des Signaturschlüssel-Inhabers),[147] stellt sich die Frage nach einer vertraglichen Einstandspflicht des Signaturschlüssel-Inhabers unter dem Gesichtspunkt einer Stellvertretung durch den handelnden Dritten. 64

Festzuhalten ist, dass Abs. 1 seinem Wortlaut nach nur verlangt, dass der Aussteller (hier: der Dritte) der Erklärung seinen Namen hinzufügt und die Erklärung mit **einer** qualifizierten elektronischen Signatur versieht. Die Möglichkeit, eine mit seinem eigenen Namen versehene Erklärung mit einer **fremden qualifizierten elektronischen Signatur** zu versehen, ist also ausdrücklich gewollt; anderenfalls hätte der Gesetzgeber längst in § 126 a klarstellen können, dass der Aussteller die Erklärung mit **seiner** qualifizierten elektronischen Signatur zu versehen hat.[148] Dies steht auch nicht im Widerspruch zu § 5 Abs. 2 S. 1–3 SigG, wonach ein qualifiziertes Zertifikat auch Angaben über die Vertretungsmacht einer dritten Person enthalten kann. Denn hier handelt es sich nicht um den Fall, dass der Zertifikatsinhaber für einen Dritten eine Erklärung abgibt, sondern 65

142 Palandt/*Ellenberger*, § 126 a Rn 12; Staudinger/*Hertel*, § 126 a Rn 48.

143 Palandt/*Ellenberger*, § 130 Rn 4; aA *Heinemann*, ZNotP 2002, 414, 420.

144 Ohne jede Differenzierung Palandt/*Ellenberger*, § 126 a Rn 12; *Schmidl*, CR 2002, 508, 516.

145 *Bettendorf*, RNotZ 2005, 277, 286.

146 AnwK-SchuldR/*Noack*, § 126 a Rn 24.

147 Zu verschiedenen denkbaren Konstellationen *Jandt*, K&R 2009, 548, 549.

148 Krit. zu dieser Fremdsignierung wegen des damit einhergehenden Verlusts der Formfunktionen *Roßnagel*, MMR 2008, 22, 25 ff, sowie *Jandt*, K&R 2009, 548, 551 ff; iE soll wegen eines Verstoßes gegen § 2 Nr. 2 lit. c SigG jedenfalls bei der geschäftsmäßigen Fremdsignierung schon keine qualifizierte elektronische Signatur vorliegen.

um den Fall, dass der Dritte als Erklärender das qualifizierte Zertifikat der von ihm vertretenen Person verwendet.

66 Allein das Auseinanderfallen der Person des Erklärenden (des Ausstellers, Rn 47) und der verwendeten qualifizierten elektronischen Signatur kann für sich noch keine ernstlichen Zweifel iSd § 371 a Abs. 1 S. 2 ZPO (Rn 82) begründen und damit die gesetzliche Beweisregel entkräftigen.[149] Denn dann würde für eine durch Abs. 1 eröffnete Anwendungsmöglichkeit der elektronischen Form der durch § 371 a Abs. 1 S. 2 ZPO bezweckte Schutz des Rechtsverkehrs leer laufen. Sofern also im Übrigen die Wirksamkeitsvoraussetzungen der elektronischen Form gewahrt sind, greift auch hier der Schutz des § 371 a Abs. 1 ZPO, so dass zunächst von einer **wirksamen eigenen Willenserklärung** des Dritten für den Signaturschlüssel-Inhaber in elektronischer Form ausgegangen werden kann.

67 Hieraus lässt sich aber hinsichtlich der **Vertretungsmacht des Dritten** nichts ableiten. Ist eine solche gegeben, greifen ohne weiteres die §§ 164 ff (zumindest in entsprechender Anwendung). Versieht der Dritte seine Erklärung mit dem Namen sowie der qualifizierten elektronischen Signatur des Signaturschlüssel-Inhabers und handelt er dabei in Übereinstimmung mit dessen Willen, liegt ein **Handeln unter fremdem Namen** vor, das für und gegen den Signaturschlüssel-Inhaber als Geschäftsherrn nach den allgemeinen Regeln (§ 164 Rn 70 ff) wirkt.[150]

68 Fehlt es beim Dritten an der Vertretungsmacht bzw einem entsprechenden Einverständnis des Signaturschlüssel-Inhabers (und konnte der Signaturschlüssel-Inhaber die Beweisregel des § 371 a Abs. 1 ZPO erschüttern), kann das Handeln des Dritten unter **Verwendung eines fremden privaten Signaturschlüssels** (Rn 64) aber im Rechtsverkehr den Anschein erwecken, dass die Verwendung des privaten Signaturschlüssels durch den Dritten vom Signaturschlüssel-Inhaber mitgetragen wird. Soweit der Signaturschlüssel-Inhaber die Verwendung seiner Signatur nicht nach § 177 Abs. 1 (analog) genehmigt, kann sich eine **vertragliche Einstandspflicht** aus den Grundsätzen der Duldungs- oder Anscheinsvollmacht (§ 167 Rn 74 ff) bzw nach den für Blankett-Urkunden (§ 126 Rn 23 f) entwickelten Grundsätzen ergeben.[151]

69 Dem Signaturschlüssel-Inhaber werden zwar durch SigG und SigV unmittelbar keine Verpflichtungen auferlegt. Allerdings impliziert das bei der qualifizierten elektronischen Signatur anzuwendende Verfahren eine Reihe von Anforderungen an die **korrekte Handhabung der zur Verfügung stehenden Technik**.[152] So ergibt sich aus dem Zusammenspiel von § 2 Nr. 2 lit. c SigG und § 6 Nr. 1, Nr. 2 SigV die auf die Dauer der Nutzung der Signatur[153] angelegte Pflicht des Signaturschlüssel-Inhabers, die sichere Signaturerstellungseinheit (Rn 24) in persönlichem Gewahrsam und die persönlichen Identifikationsdaten geheim zu halten.[154] Dem **sorgsamen persönlichen Umgang** mit der sicheren Signaturerstellungseinheit und der Geheimhaltung der zur Anwendung des privaten Signaturschlüssels erforderlichen persönlichen Daten kommt elementare Bedeutung für die vertrauenswürdige Anwendung qualifizierter elektronischer Signaturen zu.[155] Der Erklärungsempfänger darf demnach – ungeachtet der Häufigkeit oder der Dauer des Handelns des Dritten für den Signaturschlüssel-Inhaber – berechtigterweise erwarten und darauf vertrauen, dass der Signaturschlüssel-Inhaber seinen **privaten Signaturschlüssel nur persönlich gebraucht** und Dritten nicht überlässt bzw diesen so sorgfältig aufbewahrt, dass eine **unwissentliche Nutzung durch Dritte ausgeschlossen** ist.[156]

70 Daneben kommt eine Haftung des Signaturschlüssel-Inhabers aus § 280 Abs. 1 (ggf iVm §§ 241 Abs. 2, 311 Abs. 2) in Betracht (Rn 76).

71 **3. Haftung bei Missbrauch der elektronischen Form. a) Haftung des Zertifizierungsdiensteanbieters.** Zentrale Haftungsnorm für den Zertifizierungsdiensteanbieter (Rn 22) im **Verhältnis zum Signaturempfänger** ist der über den Mindesttatbestand von Art. 6 der Signaturrichtlinie (Rn 2) hinausgehende **§ 11 SigG.**[157] Dieser wird durch § 12 SigG (iVm § 9 SigV) ergänzt, der mit der Regelung einer **Deckungsvorsorge** sicherstellt, dass Zertifizierungsdiensteanbieter ihren Haftungsverpflichtungen auch nachkommen kön-

149 AA *Jandt*, K&R 2009, 548, 554 f.
150 AnwK-SchuldR/*Noack*, § 126 Rn 26; *Larenz/Wolf*, BGB AT, § 27 Rn 49; *Dörner*, AcP 202 (2002), 363, 388; offen gelassen v. MüKo/*Einsele*, 5. Aufl. 2007, § 126 a Rn 5, 21.
151 Palandt/*Ellenberger*, 69. Aufl. 2010, § 126 a Rn 12; *Larenz/Wolf*, BGB AT, § 27 Rn 49; für einen Rechtsscheintatbestand eigener Art *Dörner*, AcP 202 (2002), 363, 388 f; ohne jede Differenzierung *Nowak*, MDR 2001, 841, 843.
152 Hoeren/Sieber/*Brisch/Brisch*, 13.3 Rn 163.
153 *Roßnagel*, MMR 2008, 22, 27 f.
154 MüKo/*Einsele*, § 126 a Rn 21; *Bettendorf*, RNotZ 2005, 277, 287.
155 Hoeren/Sieber/*Brisch/Brisch*, 13.3 Rn 164, 167.
156 Dazu *Dörner*, AcP 202 (2002), 363, 390 f; auch wenn zu erwarten ist, dass der Rechtsverkehr ähnlich wie bei der Handhabung von Scheckkarte und PIN sehr großzügig mit den ihm aufgegebenen Sorgfaltsanforderungen umgehen wird, darf dies die grundsätzliche rechtliche Bewertung nicht beeinflussen.
157 Ausf. *Thomale*, MMR 2004, 80; das SigG 1997 vertraute auf die Haftung nach allgemeinem Recht, was insbesondere Dritte, die durch den Signaturinhaber oder den Zertifizierungsdiensteanbieter außerhalb einer Vertragsbeziehung einen Vermögenschäden erlitten, benachteiligt hat, vgl Hoeren/Sieber/*Brisch/Brisch*, 13.3 Rn 129.

nen. Die **nur bei qualifizierten elektronischen Signaturen** (Rn 19 ff) Anwendung findenden §§ 11, 12 SigG privilegieren den Signaturempfänger gegenüber dem Signaturschlüssel-Inhaber, der sich gegenüber dem Zertifizierungsdiensteanbieter lediglich auf die allgemeine vertragliche und deliktische Haftung berufen kann.[158]

§ 11 Abs. 1 S. 1 SigG begründet eine neben anderen Haftungsnormen stehende **verschuldensabhängige deliktische Haftung** des Zertifizierungsdiensteanbieters für die Verletzung einer sich aus dem SigG oder der SigV ergebenden Verhaltensnorm (regelmäßig Organisationsverschulden), etwa bei der Registrierung eines Signaturschlüssel-Inhabers, der Ausgabe eines qualifizierten Zertifikats (Rn 21) oder der Dokumentation der von ihm ausgestellten qualifizierten Zertifikate nach § 10 Abs. 1 SigG. Dem Dritten (regelmäßig dem Signaturempfänger) muss im Vertrauen auf die Angaben des Zertifizierungsdiensteanbieters ein Schaden entstanden sein. 72

Die **Ersatzpflicht** ist **ausgeschlossen**, wenn der Dritte die Fehlerhaftigkeit der Angaben kannte oder kennen musste[159] (§ 11 Abs. 1 S. 2 SigG) oder der Zertifizierungsdiensteanbieter nicht schuldhaft, also weder vorsätzlich noch fahrlässig gehandelt hat (§ 11 Abs. 2 SigG). Nach dem Wortlaut ist hierfür jeweils der **Zertifizierungsdiensteanbieter beweispflichtig** (gesetzlich angeordnete Beweislastumkehr). Eine **Haftungsbeschränkung** zugunsten des Zertifizierungsdiensteanbieters sieht § 11 Abs. 3 vor für nach Art und Umfang beschränkte qualifizierte Zertifikate (Rn 25 ff). Bei **Mitverschulden** findet § 254 Anwendung.[160] 73

Für das ihm **zurechenbare Handeln von Dritten** haftet der Zertifizierungsdiensteanbieter gem. § 11 Abs. 4 S. 1 SigG wie für eigenes Handeln, wobei ihm die Exkulpationsmöglichkeit des § 831 Abs. 1 S. 2 gem. § 11 Abs. 4 S. 2 SigG ausdrücklich genommen ist. Dabei greift der Ausschluss des § 831 Abs. 1 S. 2 entgegen dem gesetzgeberischen Willen[161] für alle eingesetzten Dritten, gleich, ob diese Verrichtungsgehilfen im eigenen Unternehmen des Zertifizierungsdiensteanbieters, weisungsgebundene oder selbständige beauftragte Dritte sind; nur eine derart **umfassende Haftung ohne Exkulpationsmöglichkeit** vermag das Vertrauen in die Unverfälschtheit qualifizierter elektronischer Signaturen zu gewährleisten.[162] 74

Die große Schwäche der Haftung bei missbräuchlicher Verwendung einer qualifizierten elektronischen Signatur ist **das Fehlen eines Auskunfts- oder Einsichtsrechts** gegenüber dem Zertifizierungsdiensteanbieter zugunsten des Signaturempfängers, vergleichbar dem des § 10 Abs. 2 SigG zugunsten des Signaturschlüssel-Inhabers.[163] Ohne Einsichtnahme in die Geschehensabläufe beim Zertifizierungsdiensteanbieter wird es einem geschädigten Signaturempfänger kaum möglich sein, den ihm obliegenden Nachweis einer objektiven Pflichtverletzung auf Seiten des Zertifizierungsdiensteanbieters zu führen oder etwa die ladungsfähige Anschrift des Signaturschlüssel-Inhabers zu erfahren, um diesen als Zeugen im Rechtsstreit mit dem Zertifizierungsdiensteanbieter zu benennen.[164] 75

b) Haftung des Inhabers der elektronischen Signatur. Neben einer vertraglichen Einstandspflicht (Rn 59 ff) kommt bei einer missbräuchlichen Verwendung der qualifizierten elektronischen Signatur durch einen Dritten eine Haftung des Signaturschlüssel-Inhabers gem. **§§ 280 Abs. 1 (ggf iVm §§ 241 Abs. 2, 311 Abs. 2**) in Betracht.[165] Die Pflichtverletzung liegt in der schuldhaften Ermöglichung des Zugriffs eines unbefugten Dritten auf den privaten Signaturschlüssel sowie die zur Verwendung erforderliche PIN (Rn 24). Der Erklärungsempfänger darf sich darauf verlassen, dass der Signaturschlüssel-Inhaber entsprechend seinen Verpflichtungen im Umgang mit der qualifizierten elektronischen Signatur (vgl Rn 69) die Erzeugung formgerechter elektronischer Dokumente unter seiner Kontrolle hält. Dies gilt mit Blick auf § 27 Abs. 2, Abs. 3 PAuswG für den elektronischen Identitätsnachweis (Rn 30 ff) entsprechend.[166] 76

c) Haftung des missbräuchlichen Verwenders der elektronischen Signatur. Wird eine qualifizierte elektronische Signatur durch einen Dritten missbräuchlich verwendet, kommt mangels vertraglicher Beziehungen zwischen dem Dritten und dem Signaturempfänger allenfalls eine **deliktische Haftung** in Betracht. Da zumeist die Schädigung eines der durch § 823 Abs. 1 geschützten absoluten Rechtsgüter ausscheiden wird, bleibt lediglich der Rückgriff auf § 823 Abs. 2 (iVm § 263 a StGB) und die §§ 824, 826. 77

158 *Schmidl*, CR 2002, 508, 516; *Thomale*, MMR 2004, 80, 81.
159 Die Legaldefinition des § 122 Abs. 2 findet Anwendung.
160 Soergel/*Marly*, § 126 a Rn 18; *Roßnagel*, NJW 2001, 1817, 1823.
161 BT-Drucks. 14/4662, 25, 40.
162 Ebenso *Thomale*, MMR 2004, 80, 85.
163 *Hähnchen*, NJW 2001, 2831, 2832; *Thomale*, MMR 2004, 80, 83.
164 *Skrobotz*, DuD 2004, 410, 412 f.
165 Palandt/*Ellenberger*, § 126 a Rn 12; *Larenz/Wolf*, § 27 Rn 49.
166 Ebenso *Borges*, NJW 2010, 3334, 3338 f; *Scholz*, CR 2009, 267, 270 f.

III. Rechtsfolgen und Prozessuales

78 **1. Rechtsfolgen.** Sind die Voraussetzungen der elektronischen Form erfüllt und ist das signierte elektronische Dokument dem Empfänger zugegangen, wurde die gesetzliche Schriftform wirksam durch die elektronische Form des § 126 a ersetzt und damit das Schriftformerfordernis gewahrt.

79 **2. Beweislast und Beweisführung. a) Allgemeines.** Zur grundsätzlichen Beweislastverteilung vgl § 125 Rn 77. Soweit die Voraussetzungen des § 371 a Abs. 1 ZPO nicht gegeben sind, unterfallen signierte elektronische Dokumente gem. § 286 Abs. 1 ZPO der freien richterlichen Beweiswürdigung (ebenso § 126 b Rn 25).[167] Dies gilt auch bei der Verwendung des elektronischen Identitätsnachweises (Rn 30 f), der insbesondere keinen Anscheinsbeweis dafür vermittelt, dass der Ausweisinhaber für die im Anschluss an seine Identifizierung über den elektronischen Identitätsnachweis vorgenommenen Handlungen verantwortlich zeichnet.[168] Auch bei einer in ein elektronisches Dokument transformierten Urkunde (zum Begriff § 126 Rn 9 ff) oder einem von einem Dateiformat in ein anderes Dateiformat transformierten elektronischen Dokument (Rn 43) gilt die freie richterliche Beweiswürdigung, selbst wenn die bei Gericht vorgelegten elektronischen Dokumente mit einer qualifizierten elektronischen Signatur versehen sein sollten. In beiden Fällen handelt es sich nicht um das originäre, die zu beweisende Erklärung verkörpernde Beweismittel.[169]

80 **b) Beweisregel des § 371 a Abs. 1 ZPO.** Nach Art. 5 Abs. 1 lit. b der Signaturrichtlinie (Rn 2) müssen qualifizierte elektronische Signaturen als Beweismittel im Gerichtsverfahren zugelassen sein. Zur Umsetzung hätte es nicht mehr als der in § 371 Abs. 1 S. 2 ZPO getroffenen Ergänzung bedurft, wonach elektronische Dokumente dem Beweis durch Inaugenscheinnahme unterfallen (Rn 84 f). Gleichwohl hat sich der deutsche Gesetzgeber dazu entschieden, zunächst in § 292 a ZPO aF einen Anscheinsbeweis zugunsten der Echtheit einer in elektronischer Form vorliegenden Erklärung zu statuieren, der sodann nach zT heftiger Kritik[170] mit dem JKomG (Rn 92) durch die Beweisregel[171] in § 371 a Abs. 1 ZPO abgelöst worden ist.

81 Die Beweisregel in § 371 a Abs. 1 ZPO geht über die Beweiswirkung der gesetzlichen Schriftform hinaus. Bei einer Urkunde muss der Beweisführer nach § 440 Abs. 1 ZPO zunächst den Beweis der Echtheit der eigenhändigen Unterschrift auf der Privaturkunde erbringen, bevor der Beweisführer von der Beweiskraft der Privaturkunde nach § 416 ZPO profitiert.[172] Demgegenüber genügt bei einem elektronischen Dokument wegen § 371 a Abs. 1 S. 2 ZPO schon der Anschein der Echtheit einer nach den Vorgaben des SigG erzeugten qualifizierten elektronischen Signatur, um über § 371 a Abs. 1 S. 1 ZPO den Vollbeweis über die Vollständigkeit und Richtigkeit der im elektronischen Dokument verkörperten Erklärung (Rn 45)[173] führen zu können. Durch § 371 a Abs. 1 S. 2 ZPO soll der Empfänger der signierten Erklärung vor unbegründeten Einwänden des Signaturschlüssel-Inhabers geschützt werden, wonach die Erklärung nicht von ihm abgegeben worden sei, da der Empfänger keine praktische Möglichkeit hätte, diese zu widerlegen.[174] Dabei erstreckt sich die Beweisregel auf **Integrität, Authentizität und Autorisierung einer Erklärung**,[175] nicht jedoch auf deren Zugang beim Empfänger. Dies gilt über § 371 a Abs. 2 ZPO nunmehr ausdrücklich auch für öffentliche elektronische Dokumente im Zivilprozess.[176]

82 Auf § 371 a Abs. 1 S. 2 ZPO kann sich neben dem Erklärungsempfänger auch der Erklärende und jeder Dritte berufen. Voraussetzung des § 371 a Abs. 1 S. 2 ZPO ist, dass sich aufgrund einer Prüfung der mit dem elektronischen Dokument verbundenen qualifizierten elektronischen Signatur nach dem SigG (Rn 13) der **Anschein der Echtheit einer in elektronischer Form vorliegenden Erklärung** ergibt; allein die Verwendung einer qualifizierten elektronischen Signatur begründet also nicht automatisch die Anwendbarkeit des § 371 a Abs. 1 ZPO.[177] Diese Prüfung wird **für akkreditierte elektronische Signaturen im Regelfall ohne**

167 Zum Beweiswert von Digitalfotos *Knopp*, ZRP 2008, 156, 158 f.

168 *Borges*, NJW 2010, 3334, 3338.

169 Im Einzelnen sowie zum Beweiswert von nach Maßgabe der bei TransiDoc entwickelten Grundsätze (Rn 43) transformierten Dokumente *Wilke/Jandt/Löwe/Roßnagel*, CR 2008, 607, 609 ff; *Roßnagel/Wilke*, NJW 2006, 2145, 2147 ff; zu den Anforderungen an das ersetzende Scannen von Papierdokumenten *Jandt/Wilke*, K&R 2009, 96, 97 ff.

170 Etwa Stellungnahme des Bundesrats, BT-Drucks. 14/4987, 37; *Roßnagel*, NJW 2001, 1817, 1826; ausführliche Darstellung bei *Borges*, S. 505 ff und *Fischer-Dieskau/Gitter/Paul/Steidle*, MMR 2002, 709 ff.

171 Entgegen der Bezeichnung von § 292 a ZPO aF als Anscheinsbeweis handelt es sich nicht um einen solchen, weil es mangels praktischer Erfahrung an der für einen Anscheinsbeweis erforderlichen Typizität der Geschehensabläufe fehlt, vgl dazu Musielak/*Foerste*, § 286 ZPO Rn 23 f; kritisch auch Staudinger/*Hertel*, § 126 a Rn 64; aA *Armgardt/Spalka*, K&R 2007, 26, 30.

172 MüKo/*Einsele*, § 126 Rn 16; *Blaurock/Adam*, ZEuP 2001, 93, 110 f; *Heinemann*, ZNotP 2002, 414, 422.

173 Zu eng die Beschränkung auf Willenserklärungen bei *Bettendorf*, RNotZ 2005, 277, 286.

174 BT-Drucks. 14/4987, 25; Soergel/*Marly*, § 126 a Rn 28; *Roßnagel*, NJW 2001, 1817, 1826; Staudinger/*Hertel*, § 126 a Rn 62.

175 *Fischer-Dieskau/Gitter/Paul/Steidle*, MMR 2002, 709, 710; *Oertel*, MMR 2001, 419, 420.

176 Dazu *Roßnagel/Fischer-Dieskau*, NJW 2006, 806, 807 f; *Püls*, NotBZ 2005, 305, 306.

177 *Fischer-Dieskau/Roßnagel/Steidle*, MMR 2004, 451, 452.

weiteres möglich sein,[178] denn zugunsten des Beweisführers streitet bei akkreditierten elektronischen Signaturen (Rn 28 f) die Sicherheitsvermutung des § 15 Abs. 1 S. 4 SigG, mit deren Hilfe die Einhaltung der Voraussetzungen einer qualifizierten elektronischen Signatur nachgewiesen ist.[179] Demgegenüber führen die bei der qualifizierten elektronischen Signatur verringerten Anforderungen an die technische Ausgestaltung des Signaturverfahrens und die Zertifizierungsstruktur des Zertifizierungsdiensteanbieters (Rn 22)[180] dazu, dass der **Nachweis der Einhaltung der Voraussetzungen einer qualifizierten elektronischen Signatur im Einzelfall schwierig**, wenn nicht gar unmöglich wird;[181] für andere als qualifizierte bzw akkreditierte elektronische Signaturen iSd SigG findet § 371 a Abs. 1 ZPO ohnehin keine Anwendung. Zur dauerhaften Erhaltung des Beweiswerts ist ggf eine Erneuerung der akkreditierten bzw qualifizierten elektronischen Signatur erforderlich (Rn 42 ff).[182]

Der Beweisgegner kann die Beweisregel nur durch Tatsachen erschüttern, die ernstliche Zweifel daran begründen, dass die Erklärung mit dem Willen des Signaturschlüssel-Inhabers abgegeben worden ist (zur Haftung Rn 71 ff). Er muss also **die ernsthafte Möglichkeit eines anderen Geschehensablaufs** darlegen und die tatsächliche Grundlage dieser Annahme beweisen.[183] Dies kann ihm gelingen, wenn ein Dritter (beispielsweise ein Arbeitskollege oder Familienangehöriger) an den privaten Signaturschlüssel des Erklärenden gelangt ist und Kenntnis von der zugehörigen PIN hat[184] oder die zur Erzeugung der qualifizierten elektronischen Signatur verwendete Hard- oder Software (Rn 24) manipuliert worden ist;[185] zu weit geht es, ernstliche Zweifel schon dann zu bejahen, wenn der für den Signiervorgang verwendete Rechner an ein Netzwerk angeschlossen gewesen ist.[186] Die beweisbelastete Partei muss dann anderweitig den Beweis der Echtheit der in elektronischer Form vorliegenden Erklärung erbringen.[187] **83**

c) Beweisführung. Die Beweisführung mit elektronischen Dokumenten unterliegt nicht den Vorschriften über den Beweis mit Urkunden, sondern gem. § 371 Abs. 1 S. 2 ZPO den Vorschriften über den **Beweis durch Augenschein**.[188] § 371 Abs. 1 S. 2 ZPO erfasst alle elektronischen Dokumente (Rn 50) unabhängig davon, ob sie der elektronischen Form des § 126 a oder einer gewillkürten elektronischen Form (§ 127 Rn 22 f) genügen.[189] § 371 a Abs. 1 S. 1 ZPO ordnet lediglich die entsprechende Anwendung der Vorschriften über die Beweiskraft privater Urkunden an, nicht jedoch der §§ 420 ff ZPO über die Beweisführung mit Urkunden. Das elektronische Dokument ist gespeichert auf einem Datenträger vorzulegen oder als Datei etwa über das Internet oder per E-Mail zu übermitteln und anschließend über Bildschirm oder Drucker visuell wahrnehmbar zu machen,[190] dies bereits mit Beweisantritt im Schriftsatz und nicht erst im Zeitpunkt der Beweisaufnahme. Der Beweisantritt erfordert ggf auch die Preisgabe von Passwörtern, die für den Zugriff auf das elektronische Dokument erforderlich sind, sofern dies nicht im Einzelfall dem Betroffenen unzumutbar ist, etwa weil das Passwort den gesamten Datenbestand schützt.[191] Befindet sich das Dokument beim Beweisgegner, bei einem Dritten oder einer Behörde, wird der Beweis nach § 371 Abs. 2 S. 1 ZPO durch den Antrag angetreten, zur Herbeischaffung eine Frist zu setzen oder eine Anordnung des Gerichts nach § 144 ZPO zu erlassen; die §§ 422–432 ZPO finden entsprechende Anwendung.[192] **84**

Die Vorlage eines Ausdrucks des elektronischen Dokuments genügt nicht für den Beweisantritt.[193] Im Übrigen ist die **beweisrechtliche Bedeutung von Ausdrucken elektronischer Dokumente** gänzlich ungeklärt und in der Literatur **umstritten**.[194] Da ein solcher Ausdruck weder eine eigenhändige Unterschrift des Erklärenden trägt noch als Urkunde (§ 126 Rn 9 ff) vom Erklärenden gefertigt worden ist,[195] wird es bei der freien richterlichen Beweiswürdigung nach § 286 Abs. 1 ZPO und einem Beweiswert bleiben, der vergleichbar dem der Textform gering ist (§ 126 b Rn 25). Auch das JKomG (Rn 92) hat hieran nichts geändert. **85**

178 *Oertel*, MMR 2001, 419, 420; *Rossnagel*, NJW 2001, 1817, 1826; *Bettendorf*, RNotZ 2005, 277, 286.
179 *Roßnagel*, NJW 2001, 1817, 1822; *ders.*, MMR 2002, 215, 218.
180 Dazu *Fischer-Dieskau/Gitter/Paul/Steidle*, MMR 2002, 709, 710 ff; *Roßnagel*, MMR 2002, 215, 216 f.
181 *Roßnagel/Fischer-Dieskau*, NJW 2006, 806, 807; AA *Heinemann*, ZNotP 2002, 414, 422.
182 *Fischer-Dieskau/Roßnagel/Steidle*, MMR 2004, 451, 452 f.
183 *Borges*, S. 508; ein niedriger Maßstab würde den sorglos Handelnden begünstigen, *Heinemann*, ZNotP 2002, 414, 422.
184 *Dästner*, NJW 2001, 3469; *Fischer-Dieskau/Gitter/Paul/Steidle*, MMR 2002, 709, 713.
185 *Fischer-Dieskau/Gitter/Paul/Steidle*, MMR 2002, 709, 713; *Oertel*, MMR 2001, 419, 420.
186 So aber ausdr. unter Hinweis auf einen für den Signierenden nicht erkennbaren, intelligenten Angriff mittels eines Trojaners *Armgardt/Spalka*, K&R 2007, 26, 32.
187 Palandt/*Ellenberger*, § 126 a Rn 11.
188 Dazu *Borges*, S. 453 ff; zum Gesetzgebungsverfahren *Berger*, NJW 2005, 1016 f.
189 *Dästner*, NJW 2001, 3469; *Schmidt/Pruß/Kast*, CR 2008, 267, 271.
190 *Oertel*, MMR 2001, 419; *Berger*, NJW 2005, 1016, 1020.
191 *Berger*, NJW 2005, 1016, 1020.
192 Dazu *Berger*, NJW 2005, 1016, 1017 ff.
193 *Borges*, S. 466; *Heinemann*, ZNotP 2002, 414, 425; *Schmidt/Pruß/Kast*, CR 2008, 267, 269.
194 Darstellung des Streitstandes bei *Borges*, S. 413 ff, 433 ff.
195 *Bettendorf*, RNotZ 2005, 277, 279.

IV. Elektronische Form und elektronische Signatur im Zivilprozess

86 **1. Einreichung elektronischer Schriftsätze.** Der ebenfalls durch das FormVAnpG (Rn 1) eingeführte § 130 a Abs. 1 ZPO[196] lässt als Ersatz für die in der ZPO vorgesehene Schriftform von Schriftsätzen und Erklärungen die **Aufzeichnung als elektronisches Dokument** zu, wenn dieses für die Bearbeitung durch das Gericht geeignet ist. Nicht erfasst als elektronisches Dokument werden per (Papier- oder Computer-)Telefax übermittelte Dokumente (sog. Telekopie), die unter § 130 Abs. 6 ZPO fallen.[197] Ebenso wenig soll unter § 130 a Abs. 1 ZPO ein als Anhang zu einer E-Mail dem Gericht übermittelter Scan eines eigenhändig vom Rechtsanwalt unterzeichneten Schriftsatzes fallen, wenn dieser beim Gericht ausgedruckt und damit in einer der Telekopie nach § 130 Nr. 6 ZPO vergleichbaren Form perpetuiert wird.[198]

87 Die Nutzung des elektronischen Rechtsverkehrs setzt allerdings die Schaffung einer entsprechenden organisatorisch-technischen **Infrastruktur** bei den Gerichten voraus, weshalb § 130 a Abs. 2 ZPO eine Verordnungsermächtigung zugunsten des Bundes und der Länder vorsieht, die eigenständig den Beginn des elektronischen Rechtsverkehrs an den Gerichten bestimmen können.[199] Auf Bundesebene liegen entsprechende Verordnungen zwischenzeitlich für BGH, BAG, BPatG, BSG, BVerwG und BFH vor, ebenso sind auf Landesebene verschiedene Verordnungen in Kraft getreten.[200] Dies vermag jedoch nichts an der weiterhin fehlenden Freigabe des elektronischen Rechtsverkehrs für die Masse der Untergerichte zu ändern (Rn 5).

88 Angesichts des Verzichts auf eine Verweisung auf die §§ 126 Abs. 3, 126 a geht das **Prozessrecht** ersichtlich **eigene Wege**. Das einzureichende elektronische Dokument soll gem. § 130 a Abs. 1 S. 2 ZPO durch die verantwortliche Person mit einer qualifizierten elektronischen Signatur iSd § 2 Nr. 3 SigG (vgl Rn 19 ff) versehen werden. Diesem Erfordernis kommt ebenso wie dem Erfordernis einer eigenhändigen Unterschrift in § 130 Nr. 1 ZPO lediglich eine Ordnungsfunktion zu, so dass zur Einreichung eines elektronischen Dokuments bei Gericht auch eine unsignierte E-Mail oder ein mit einer einfachen oder fortgeschrittenen elektronischen Signatur (Rn 17 f) versehenes Dokument genügen würde.[201] Gleichwohl hat der BGH zwischenzeitlich in Übereinstimmung mit den durch das JKomG (Rn 92) neugefassten § 65 a Abs. 1 S. 3 SGG, § 55 a Abs. 1 S. 3 VwGO und § 52 a Abs. 1 S. 3 FGO („ist eine qualifizierte elektronische Signatur … vorzuschreiben“) die Anbringung einer qualifizierten elektronischen Signatur zur zwingenden Wirksamkeitsvoraussetzung für die elektronische Dokumentenübermittlung nach § 130 a Abs. 1 S. 1 ZPO erklärt, weil anderenfalls der Gleichklang mit § 130 Abs. 6 ZPO nicht gegeben sei.[202] Verantwortliche Person iSd § 130 a Abs. 2 S. 1 ZPO ist dabei der Rechtsanwalt, so dass dieser die qualifizierte elektronische Signatur selbst anzubringen hat[203], es sei denn, dass ausnahmsweise die Grundsätze einer wirksamen Blanko-Unterschrift durch den Rechtsanwalt Anwendung finden.[204]

89 **Eingereicht** iSd § 130 a Abs. 3 ZPO ist ein elektronisches Dokument entsprechend der Rechtsprechung zur Einreichung papiergebundener Dokumente, wenn das Gericht die tatsächliche Verfügungsgewalt über das elektronische Dokument erlangt hat, ohne dass eine Kenntnisnahme, eine ausdrückliche Entgegennahme oder

196 Im Wesentlichen inhaltsgleiche Regelungen finden sich in § 46 c ArbGG, § 52 a FGO, § 65 a Abs. 1 SGG und § 55 a VwGO.

197 BGH, Beschl. v. 4.12.2008 – IX ZB 41/08 = MMR 2009, 99, 100; Beschl. v. 15.7.2008 – X ZB 8/08 = NJW 2008, 2649, 2650; BGH, Urt. v. 10.5.2005 – XI ZR 128/04 = NJW 2005, 2086, 2087 (Computerfax); zu den mit dieser Rechtsprechung einhergehenden Wertungswidersprüchen *Bacher*, NJW 2009, 1548, 1549 f.

198 BGH, Beschl. v. 15.7.2008 – X ZB 8/08 = NJW 2008, 2649, 2650; dazu *Köbler*, MDR 2009, 357; ähnlich BFH, Urt. v. 22.6.2010 – VIII R 38/08 = MMR 2010, 866 f, für einen eingescannten Schriftsatz mit eigenhändiger Unterschrift, der an einen Dritten per E-Mail übersandt worden ist mit der Bitte, diesen auszudrucken und an das Gericht zu faxen.

199 Durch die „Organisatorisch-technischen Leitlinien für den elektronischen Rechtsverkehr mit den Gerichten und Staatsanwaltschaften“ (OT-Leit) nebst Anlagen sollen weitgehend einheitliche Standards in den Bundesländern gewährleistet werden, dazu http://www.xjustiz.de [30.12.2010] und *Bacher*, JurPC Web-Dok. 160/2003.

200 Überblick bei Musielak/*Stadler*, § 130 a ZPO Rn 4.

201 BT-Drucks. 14/4987, S. 24; BFH, Urt. v. 26.10.2006 – V R 40/05 = MMR 2007, 233, 234 (zu § 77 a Abs. 1 S. 2 FGO aF); OVG Koblenz, Beschl. v. 21.4.2006 – 10 A 11741/05 = NVwZ-RR 2006, 519, 520; Zöller/*Greger*, ZPO, § 130 a Rn 4; *Dästner*, NJW 2001, 3469, 3470; *Schoenfeld*, DB 2002, 1629, 1631; *Splittgerber*, CR 2003, 23, 27.

202 BGH, Beschl. v. 14.1.2010 – VII ZB 112/08, Rn 15 = NJW 2010, 2134; wohl auch BGH, Beschl. v. 4.12.2008 – IX ZB 41/08 = MMR 2009, 99, 100; ebenso VG Minden, Beschl. v. 17.6.2010 – 12 L 212/00 (zu §§ 55 a Abs. 1 S. 3 VwGO); FG Hamburg, Urt. v. 30.3.2010 – 6 K 93/08 = DStRE 2011, 452, 453 (zu § 52 a FGO); LSG Rheinland-Pfalz, Beschl. v. 10.9.2007 – L 4 R 447/06; *Viefhues*, NJW 2005, 1009, 1010; *Krüger/Bütter*, MDR 2003, 181, 182 Fn 12; *Köbler*, MDR 2009, 357, 358 f; *Bacher*, NJW 2009, 1548, 1549; wohl auch *Münch*, DStR 2002, 85, 89.

203 BGH, Beschl. v. 21.12.2010 – VI ZB 28/10, Rn 8 = NJW 2011, 1294; ähnlich FG Neustadt, Urt. v. 27.10.2010 – K2298/10 .

204 Dazu BGH, Beschl. v. 23.6.2005 – V ZB 45/04 = NJW 2005, 2709.

gar ein Ausdruck erforderlich ist.[205] Bei einer Zustellung per E-Mail ist dies mit **Eingang der E-Mail beim Mailserver des Gerichts**, in der Regel dem Elektronischen Gerichts- und Verwaltungspostfach (EGVP)[206] der Fall, ohne dass es auf einen Abruf der E-Mail (etwa durch die Geschäftsstelle) ankommt. Bei einem „Hochladen" (Upload) des elektronischen Dokuments auf einen Server des Gerichts (mittels HTTP oder FTP) besteht die Verfügungsgewalt unmittelbar nach erfolgreicher **Beendigung des Uploads**.[207] Sollte das Gericht im Anschluss an die Einreichung des elektronischen Dokuments feststellen, das dieses zur Bearbeitung nicht geeignet ist, hat das Gericht dies dem Absender unter Angabe der geltenden technischen Rahmenbedingungen (Rn 86 f) gem. § 130 a Abs. 1 S. 3 ZPO mitzuteilen; damit wird dem Absender die Möglichkeit gegeben, ggf noch fristgerecht einen weiteren Übermittlungsversuch zu unternehmen.[208]

2. Zustellung elektronischer Dokumente. Dem **in § 174 Abs. 1 ZPO benannten Personenkreis** – insbesondere Anwälte, Notare, Gerichtsvollzieher, Steuerberater und Behörden – sowie mit deren Zustimmung gem. § 174 Abs. 3 S. 2 ZPO auch anderen Verfahrensbeteiligten können Schriftstücke gem. § 174 Abs. 3 S. 1 ZPO als elektronisches Dokument (nicht Telekopie, Rn 86) zugestellt werden, auch das Empfangsbekenntnis kann gem. § 174 Abs. 4 S. 2 ZPO als elektronisches Dokument erteilt werden.[209] **90**

Während § 174 Abs. 4 S. 3 ZPO den Wortlaut des § 130 a Abs. 1 S. 2 ZPO wiederholt und damit das Empfangsbekenntnis mit einer qualifizierten elektronischen Signatur zu versehen ist (auf die nach dem BGH nicht verzichtet werden kann, Rn 88), spricht § 174 Abs. 3 S. 3 ZPO hinsichtlich des zuzustellenden elektronischen Dokuments davon, dass „das Dokument mit einer elektronischen Signatur zu versehen und gegen unbefugte Kenntnisnahme Dritter zu schützen" ist. Der Schutz gegen die unbefugte Kenntnisnahme kann entweder durch **Verschlüsselung** (etwa durch Verwendung von De-Mail, Rn 9, einer qualifizierten elektronischen Signatur, Rn 39, oder einer verschlüsselten Verbindung zum Gericht)[210] oder aber durch physische **Sicherung des Datenträgers** selbst erfolgen. Völlig unklar bleibt aber, was mit einer „elektronischen Signatur" gemeint sein soll. Angesichts des Sachzusammenhangs, der von § 174 Abs. 4 S. 2, S. 3 ZPO bewusst abweichenden Formulierung und im Hinblick auf die Erfordernisse des § 174 Abs. 2 S. 2 ZPO für die Übermittlung durch Telefax muss dies **nicht zwingend eine qualifizierte elektronische Signatur** iSd SigG sein.[211] Ausreichend ist jede andere elektronische Signatur (Rn 15 ff), solange sich aus dem elektronischen Dokument iVm der Signatur die absendende Stelle, der Name und die Anschrift des Zustellungsadressaten sowie der Name des Justizbediensteten erkennen lassen, der das Schriftstück zur Übermittlung aufgegeben hat. **91**

3. Elektronischer Rechtsverkehr und Justizkommunikation. Weitreichende Änderungen für den elektronischen Rechtsverkehr haben sich durch das (soweit hier relevant) zum 1.4.2005 in Kraft getretene „Gesetz über die Verwendung elektronischer Kommunikationsformen in der Justiz" (Justizkommunikationsgesetz – JKomG)[212] ergeben, das den Zivilprozess und die Fachgerichtsbarkeiten für eine elektronische Aktenbearbeitung (**E-Justice**)[213] geöffnet hat. Im Mittelpunkt der neuen Regelungen stehen die §§ 130 b, 298, 298 a, 299 Abs. 3 und 299 a ZPO.[214] **92**

§ 130 b ZPO[215] ergänzt § 130 a ZPO (Rn 86 ff) und ermöglicht die Erstellung gerichtlicher elektronischer Dokumente, deren Wirksamkeit voraussetzt, dass die das Dokument verantwortenden Personen (insb. Richter, Rechtspfleger, Urkundsbeamte der Geschäftsstelle) diesem ihren Namen und jeweils ihre qualifizierte elektronische Signatur (Rn 19 ff) hinzufügen. Weichen Name und Signaturschlüssel-Inhaber voneinander ab, ist das gerichtliche elektronische Dokument anders als bei der elektronischen Form (Rn 64 ff) unwirksam.[216] § 298 Abs. 1, Abs. 2 ZPO erlauben die Fertigung von Ausdrucken elektronischer Dokumente nach §§ 130 a, **93**

205 *Bacher*, NJW 2009, 1548, 1550; Die Übersendung eines elektronischen Dokuments auf einem Datenträger fällt nicht unter § 130 a Abs. 3 ZPO, sondern ist nach den allgemeinen Zugangsregeln (Rn 51) zu beurteilen, OLG Karlsruhe, Urt. v. 22.2.2007 – 9 U 122/06 = NJW-RR 2007, 1222.

206 Im Einzelnen s. http://www.egvp.de [30.12.2010]; dazu *Noack/Kremer*, Die qualifizierte elektronische Signatur: Bleibt sie ein Expertenwerkzeug im elektronischen Justizrechtsverkehr?, in: FS Spiegelberger, 1437, 1443.

207 Ebenso *Bacher*, MDR 2002, 669, 670 f.

208 *Viefhues*, NJW 2005, 1009, 1011; *Degen*, NJW 2008, 1473, 1474.

209 Insgesamt krit. zu § 174 Abs. 3, 4 ZPO *Dreßel/Viefhues*, K&R 2003, 434, 437; zum Verweis auf § 174 ZPO in § 195 ZPO *Häublein*, MDR 2002, 563.

210 *Viefhues*, NJW 2005, 1009, 1010.

211 Ebenso *Göttlinger*, DNotZ 2002, 743, 748; *Krüger/Bütter*, MDR 2003, 181, 182 Fn 15.

212 BGBl I 2005 S. 837.

213 Dazu *Dreßel/Viefhues*, K&R 2003, 434; *Fischer-Dieskau*, MMR 2003, 701; *Krüger*, ZVI 2004, 162; *Krüger/Bütter*, MDR 2003, 181; *Viefhues/Hoffmann*, MMR 2003, 71; *Viefhues/Volesky*, K&R 2003, 59; ein Anspruch des Richters auf die Papierakte besteht nicht, vgl BGH, Urt. v. 21.10.2010 – RiZ(R) 5/09, Rn 22, n.v.

214 Gesamtüberblick bei *Viefhues*, NJW 2005, 1009; *Fischer*, DRiZ 2005, 90; zu Chancen und Risiken *Hähnchen*, NJW 2005, 2257, 2258 ff; zu ersten Praxiserfahrungen *Degen*, NJW 2008, 1473, 1477 f; zur Tätigkeit des Notars nach dem JKomG *Püls*, NotBZ 2005, 305, 306.

215 Inhaltsgleiche Regelung in § 46 d ArbGG.

216 *Viefhues*, NJW 2005, 1009, 1012; *Degen*, NJW 2008, 1473, 1474.

130 b ZPO nicht nur für die Akten, wenn diese noch auf Papier geführt werden sollten, sondern auch aus den Akten für solche Verfahrensbeteiligten, die den elektronischen Rechtsverkehr nicht nutzen (wollen).[217]

94 § 298 a Abs. 1 S. 1 ZPO[218] gestattet den Gerichten nach Maßgabe einer zuvor nach § 298 a Abs. 1 S. 2, S. 3 ZPO zu erlassenden Rechtsverordnung die elektronische Führung der Prozessakten. Da es nach dem Willen des Gesetzgebers keine Hybridakten, sondern entweder Papierakten oder elektronische Akten geben soll,[219] sind umgekehrt zu § 298 ZPO auf Papier eingegangene Dokumente nach § 298 a Abs. 2 ZPO in elektronische Dokumente zu übertragen; entgegen seinem Wortlaut begründet § 298 a Abs. 2 ZPO eine Übertragungs- und Aufbewahrungspflicht.[220] Dabei genügt es für die Übertragung, wenn dem elektronischen Dokument ein (elektronischer) Vermerk beigefügt wird, wann und durch wen die Übertragung erfolgt ist; erforderlich ist demnach weder ein Sichtvergleich von Papier und elektronischem Dokument noch die Absicherung der Übertragung durch eine qualifizierte elektronische Signatur.[221] Mit der elektronischen Prozessakte korrespondiert die Erweiterung des § 299 Abs. 3 ZPO, wonach die Akteneinsicht nicht mehr nur durch Ausdrucke (so § 299 Abs. 3 aF), sondern insbesondere auch durch die Wiedergabe auf einem Bildschirm (im Gericht), die Übermittlung elektronischer Dokumente (die nach § 299 Abs. 3 S. 4 ZPO mit einer qualifizierten elektronischen Signatur versehen sein müssen) und für Rechtsanwälte nach § 299 Abs. 3 S. 2 ZPO auch durch den unmittelbaren (lesenden) Zugriff auf die elektronische Prozessakte möglich ist, dies allerdings nur nach dem Ermessen des Vorsitzenden Richters.[222] Ausgenommen sind nach § 299 Abs. 4 ZPO lediglich Entwürfe und sonstige vorbereitende Arbeiten.

95 Nach dem rechtskräftigen Abschluss eines Verfahrens tritt an die Stelle der §§ 298 a, 299 Abs. 3 ZPO nun § 299 a ZPO, der die Überführung der Prozessakten in ein Datenträgerarchiv gestattet, gleich ob es sich um eine Mikroverfilmung oder elektronische Speichermedien handelt.[223] Etwaige Papierurkunden sind an die Verfahrensbeteiligten herauszugeben, im Übrigen können die Prozessakten nach der Überführung in das Datenträgerarchiv vernichtet werden. Ausfertigungen, Auszüge und Abschriften von den Prozessakten bzw dort enthaltenen gerichtlichen Entscheidungen sind ab diesem Zeitpunkt für die in § 299 Abs. 1, Abs. 2 ZPO genannten Personen[224] aus dem Datenträgerarchiv zu fertigen.

§ 126 b Textform

Ist durch Gesetz Textform vorgeschrieben, so muss die Erklärung in einer Urkunde oder auf andere zur dauerhaften Wiedergabe in Schriftzeichen geeignete Weise abgegeben, die Person des Erklärenden genannt und der Abschluss der Erklärung durch Nachbildung der Namensunterschrift oder anders erkennbar gemacht werden.

Literatur (s.a. bei §§ 126, 126 a): *Bonke/Gellmann*, Die Widerrufsfrist bei eBay-Auktionen – Ein Beitrag zur Problematik der rechtzeitigen Belehrung des Verbrauchers in Textform, NJW 2006, 3169; *Borges*, Verträge im elektronischen Geschäftsverkehr. Vertragsabschluss, Beweis, Form, Lokalisierung, anwendbares Recht, 2003; *Donnerbauer*, Das „Formanpassungsgesetz" – was von der Textform übrig blieb, MDR 2001, R1; *Janal*, Die Errichtung und der Zugang einer Erklärung in Textform gem. § 126 b BGB, MDR 2006, 368; *Lammel*, Zur Textform im (Wohnraum-)Mietrecht, ZMR 2002, 333; *Ludwig*, Anforderungen an die Widerrufsbelehrung beim Internetkauf – Einhaltung des Textformerfordernisses, ZGS 2011, 58; *Mankowski*, Textform und Formerfordernisse im Miet- und Wohnungseigentumsrecht, ZMR 2002, 481; *Nies*, Schrift- oder Textform im Mietrecht, NZM 2001, 1071; *Noack*, Digitaler Rechtsverkehr: Elektronische Signatur, elektronische Form und Textform, DStR 2001, 1893; *Röger*, Gesetzliche Schriftform und Textform bei arbeitsrechtlichen Erklärungen, NJW 2004, 1764; *Thalmair*, Kunden-Online-Postfächer: Zugang von Willenserklärungen und Textform, NJW 2011, 14; *Zenker*, Wolfgang, Textform im WWW, insbesondere bei eBay, JZ 2007, 816.

217 Musielak/*Huber*, § 298 ZPO Rn 2; *Viefhues*, NJW 2005, 1009, 1012.
218 Inhaltsgleiche Regelungen in § 46 e ArbGG, § 55 b VwGO, § 52 b FGO und § 65 b SGG.
219 *Viefhues*, NJW 2005, 1009, 1010.
220 MüKo-ZPO/*Prütting*, § 298 a ZPO Rn 5 f; zu den praktischen Schwierigkeiten bei der Umsetzung durch die Gerichte *Viefhues*, NJW 2005, 1009, 1013 f.
221 MüKo-ZPO/*Prütting*, § 298 a ZPO Rn 10 f.
222 Für die Einsicht in Gerichtsvollzieherakten sieht § 760 ZPO den unmittelbar lesenden Zugriff gerade nicht vor; dazu *Degen*, NJW 2008, 1473, 1475.
223 Musielak/*Huber*, § 299 a ZPO Rn 1; zu den Anforderungen an die Überführung von Papierdokumenten in elektronische Dokumente *Jandt/Wilke*, K&R 2009, 96, 97 ff.
224 MüKo-ZPO/*Prütting*, § 299 a ZPO Rn 10.

A. Allgemeines

I. Bedeutung

Die Textform[1] ist ein durch das FormVAnpG (§ 126 a Rn 1) in das BGB aufgenommener **neuer Formtyp der lesbaren, aber unterschriftslosen Erklärung**. Mit der Textform sollten die bislang im BGB und den Nebengesetzen verstreuten zahlreichen Formvorschriften, die zwar eine schriftliche Erklärung verlangten, aber auf eine eigenhändige Unterschrift verzichteten, in einem Formtyp zusammengeführt werden.[2] Dies betraf etwa die „einfache Schriftlichkeit“ in § 361 a Abs. 1 S. 2 aF und die „Erklärung auf einem dauerhaften Datenträger“ in § 361 a Abs. 1 S. 2, 3 aF (jeweils idF bis 31.12.2001) sowie die „mit Hilfe automatischer Einrichtungen erstellte Erklärung“ in den früheren § 8 MHG, § 4 Abs. 1 S. 3 VerbKrG. Freilich wurden nicht alle vergleichbaren Formgebote auf die Textform umgestellt (§ 126 Rn 35). 1

Mit der Einführung einer solchen erleichterten Form ist der Gesetzgeber einerseits der Rechtswirklichkeit gefolgt, die insbesondere bei **Massenerklärungen** zum Verzicht auf die eigenhändige Unterzeichnung zwecks Vereinfachung des Rechtsverkehrs gedrängt hat;[3] andererseits hat er der **Erosion der Schriftform** durch Etablierung eines neuen Formerfordernisses mit erheblich reduzierten Anforderungen im Allgemeinen Teil des BGB entgegengewirkt.[4] Dabei tritt die Textform neben Normen, die unterhalb der strengen Schriftform anstelle einer eigenhändigen Unterzeichnung eine vervielfältigte Unterschrift zur Formwahrung genügen lassen, so § 793 Abs. 2 S. 2; § 13 S. 1 AktG. 2

Die Textform erfüllt keine der klassischen Formfunktionen (§ 125 Rn 9 f, 126 a Rn 11 f), sondern erschöpft sich in einer spezifischen **Informationsfunktion**.[5] Sie ist für Erklärungen vorgesehen, bei denen eine mündliche Äußerung zur Dokumentation und Information des Empfängers als nicht ausreichend erscheint, gleichzeitig aber den Erklärungen ihrem Zweck nach nur eine **geringe Warn- und Beweisfunktion** zukommt und deshalb eine eigenhändige Unterzeichnung entbehrlich ist, weil sie für den Erklärungsempfänger keinen funktionellen Mehrwert besitzt.[6] Sie findet Verwendung, wenn die mit der Erklärung in Textform verbundenen Rechtsfolgen nicht erheblich oder leicht rückgängig zu machen sind und bei denen kein Beteiligter oder Dritter ein ernsthaftes Interesse an einer Fälschung der Erklärung haben kann.[7] Die Textform steht als **einfachste gesetzliche Form** unterhalb der gesetzlichen Schriftform des § 126 und der elektronischen Form des § 126 a (§ 125 Rn 3). 3

II. Anwendungsbereich

1. Gesetzliche Bestimmung der Textform. Im **BGB** hat die Textform mittlerweile ein breites Anwendungsfeld erhalten. Sie wird in den §§ 312 f, 355 Abs. 1 S. 2, Abs. 2 S. 1, S. 2, Abs. 3 S. 1, 357 Abs. 3 S. 1, 360 Abs. 3 S. 1, S. 2, 477 Abs. 2, 492 Abs. 6 S. 1, 504 Abs. 2 S. 2, 505 Abs. 1 S. 1, Abs. 2, 507 Abs. 1, 510 Abs. 2 S. 3, 554 Abs. 3 S. 1, 556 a Abs. 2 S. 1, 556 b Abs. 2 S. 1, 557 b Abs. 3 S. 1, 558 a Abs. 1[8], 559 b Abs. 1 S. 1,[9] 560 Abs. 1 S. 1, Abs. 4, 613 a Abs. 5, 655 b Abs. 1 S. 3 zugelassen. 4

Außerhalb des BGB findet die Textform insb. in den §§ 90 Abs. 4 S. 2, Abs. 5 S. 2, 109 Abs. 3, 134 Abs. 3 S. 3 **AktG**; Art. 240 Nr. 2, 3, 246 § 2 Abs. 1 S. 1, Abs. 3 S. 1 **EGBGB**; 9 Abs. 6 **BGB-InfoV**; §§ 5 Abs. 3 S. 1, 8 Nr. 1, 9 Abs. 1 Nr. 1, 12 Abs. 2 S. 2 **BKleingG**; § 5 Abs. 1 S. 1 **GBBerG**; § 108 Abs. 1 S. 1 **GewO**; §§ 47 Abs. 3, 48 Abs. 2 **GmbHG**; § 101 a Abs. 1 S. 1 **GWB**; §§ 410 Abs. 1, 438 Abs. 4 S. 1, 455 Abs. 1 S. 2, 5

1 Den neu eingeführten Begriff hält *Medicus*, BGB AT, Rn 623 a für „unsinnig“.
2 BT-Drucks. 14/4987, 18; Übersicht bei *Dörner*, AcP 202 (2002), 363, 394 f.
3 Vom „praktischen Bedürfnis für die Textform“ spricht *Heinemann*, ZNotP 2002, 414, 415.
4 *Noack*, DStR 2001, 1893, 1896; *Lückmann/Adams*, K&R 2002, 8, 11; *Steinbeck*, DStR 2003, 644, 649.
5 Zum Übereilungsschutz durch § 126 b *Mankowski*, ZMR 2002, 481, 483; zur Information als Formzweck Palandt/*Ellenberger*, § 125 Rn 4.
6 BT-Drucks. 14/4987, 19; MüKo/*Einsele*, § 126 b Rn 1.
7 BT-Drucks. 14/4987, 18; Soergel/*Marly*, § 126 b Rn 2.
8 Schriftformklauseln im Mietvertrag für Vertragsänderungen gelten nicht für ein Mieterhöhungsverlangen nach § 558 a Abs. 1 in Textform, BGH, Urt. v. 10.11.2010 – VIII ZR 300/09 = NJW 2011, 295, 296.
9 Stellt ein Mieterhöhungsverlangen nach den §§ 557 b Abs. 3 S. 1, 558 a Abs. 1, 559 b Abs. 1 S. 1 eine wesentliche Änderung eines Zeitmietvertrags dar, bedarf es wegen § 550 S. 1 ausnahmsweise der Schriftform, vgl *Mankowski*, ZMR 2002, 481, 486; *Nies*, NZM 2001, 1071, 1072.

468 Abs. 1 S. 1 **HGB**; § 124 Abs. 1 **InvG**; § 23 a Abs. 1 S. 2, Abs. 2 **KWG**; § 6 Abs. 1 S. 1 **NutzEV**; § 3 a Abs. 1 S. 1 **RVG**; § 296 Abs. 1 S. 4 **SGB III**; § 36 Abs. 3 **SEAG**; §§ 89 Abs. 2, 182 S. 1, 216, 230 Abs. 1, 256 Abs. 3, 260 Abs. 1 S. 1, 267 Abs. 1 S. 1 **UmwG**; § 53 c Abs. 3 a S. 1 Nr. 5, Abs. 3 b S. 4 **VAG**; §§ 3 Abs. 1, 5 Abs. 1, Abs. 2 S. 1, 7 Abs. 1 S. 1, 8 Abs. 1 S. 2, Abs. 2 S. 1, Abs. 5 S. 1, 37 Abs. 2 S. 2, 38 Abs. 1 S. 1, 120 **VVG** und § 24 Abs. 4 S. 1 **WEG** Verwendung. Weitere Anwendungsfälle kommen bei Gesetzesnovellen laufend hinzu. Der 2007 neugefasste § 121 Abs. 1 S. 5 InvG, der Kapitalanlagegesellschaften zur Bereitstellung der Verkaufsunterlagen „auf einem dauerhaften Datenträger“ verpflichtet, ist ein Beispiel dafür, dass sich die Gesetzessprache langsam wandelt.

6 **2. Bestimmung der Textform durch Auslegung.** Die vorstehende Übersicht zeigt, dass die Textform in vielen Rechtsbereichen heimisch geworden ist. Doch auch dann, wenn der Gesetzgeber es bislang unterlassen hat, auf die Textform „umzustellen“, ist stets zu prüfen, ob der **Normzweck** der jeweiligen Formvorschrift eine **Erleichterung** gegenüber der gesetzlichen Schriftform **durch** die **Verwendung der Textform gebietet**.[10] Das ist regelmäßig der Fall, wenn die Gesetzesauslegung ergibt, dass die strenge Schriftform bzw die elektronische Form wegen einer untergeordneten Bedeutung der Warn- und Beweisfunktion nicht erforderlich sind, wie bei den schriftlichen Erklärungen nach § 626 Abs. 2 S. 3;[11] § 15 Abs. 4 S. 1 **AGG**[12]; § 99 Abs. 3 S. 1 **BetrVG**[13] und § 20 Abs. 1 S. 1 **AktG**,[14] nicht jedoch für die Verjährungshemmung gegenüber einem Frachtführer nach § 439 Abs. 3 S. 1 HGB.[15] Auch bei der Einreichung vorbereitender oder bestimmender Schriftsätze im Zivilprozess[16] sowie bei den meisten der durch Tarifvertrag begründeten Schriftformerfordernisse (§ 125 Rn 7), bei denen in der Praxis bereits auf das Erfordernis einer eigenhändigen Unterzeichnung verzichtet wird, ist die Verwendung der Textform ausreichend. Hier kommt der Schriftform im Wesentlichen eine **Ordnungsfunktion** zu, so dass zwar die Einhaltung der Textform notwendig, aber auch ausreichend ist; schließlich kam es aus diesem Grund zur Einführung der Textform (Rn 3).

7 **3. Rechtsgeschäftliche Vereinbarung der Textform.** Gem. § 127 Abs. 1 gilt § 126 b im Zweifel entsprechend bei der rechtsgeschäftlichen Vereinbarung der Textform. Es besteht allerdings kein Anspruch auf eine dem § 126 entsprechende nachträgliche Beurkundung;[17] die vereinbarte Textform würde dann höheren Anforderungen genügen als die gesetzliche Textform.

B. Regelungsgehalt

8 Die Textform erfordert weder eine Verkörperung der Erklärung noch eine eigenhändige Unterzeichnung (§ 126 Rn 19 ff) oder eine qualifizierte elektronische Signatur iSd § 2 Nr. 3 SigG (§ 126 a Rn 19 ff). Sie ist nicht mehr als die **Fixierung einer Erklärung in lesbar zu machenden Zeichen**[18] und kann damit **durch jede strengere Form ersetzt** werden (§ 125 Rn 3);[19] ob sich dies für die Ersetzung durch die notarielle Beurkundung erst durch eine analoge Anwendung des § 126 Abs. 4 ergibt, ist angesichts des unstrittigen Ergebnisses bedeutungslos.[20]

10 Zust. *Röger*, NJW 2004, 1764, 1766; *Gotthardt/Beck*, NZA 2002, 876, 878; aA Erman/*Palm*, § 126 b Rn 2; *Heinemann*, ZNotP 2002, 414, 423; *Steinbeck*, DStR 2003, 644, 649; iE wie hier MüKo/*Einsele*, § 126 b Rn 3 durch allgemeine Erwägungen zur Formwirksamkeit des Rechtsgeschäfts trotz Nichteinhaltung der gesetzlichen Form.

11 *Gotthardt/Beck*, NZA 2002, 876, 880; *Röger*, NJW 2004, 1764, 1767.

12 BAG, Urt. v. 27.1.2011 – 8 AZR 580/09, Rn 24 (juris).

13 *Röger*, NJW 2004, 1764, 1767; das BAG, Beschl. v. 11.6.2002 – 1 ABR 43/01 = NJW 2003, 843, 844, kommt wegen der Nichtanwendung von § 126 Abs. 1 auf rechtsgeschäftsähnliche Handlungen zum selben Ergebnis (dazu § 126 Rn 4); aA ArbG Bielefeld, Urt. v. 15.1.2003 – 3 BV 78/02 = NZA-RR 2004, 88, 89 f.

14 Insoweit genügt nach hM ein Telefax; MüKo-AktG/*Bayer*, § 20 AktG Rn 35; *Hüffer*, AktG, § 20 AktG Rn 8; s.a. § 3 Abs. 1 WpAIV für kapitalmarktrechtliche Anzeigen.

15 OLG München, Urt. v. 23.7.2008 – 7 U 2446/08 = MDR 2008, 1169 unter Berufung auf die Gesetzesmaterialien und den Zweck der Norm; ebenso Ebenroth/Boujong/Joost/Strohn/*Schaffert*, § 439 HGB Rn 21; aA *Koller*, Transportrecht, § 439 HGB Rn 33.

16 Dies hat der Gesetzgeber durch die ebenfalls mit dem FormVAnpG (§ 126 a Rn 1) vorgenommene Neufassung des § 130 Nr. 6 ZPO für vorbereitende Schriftsätze bereits zum Ausdruck gebracht; s.a. BGH, Beschl. v. 20.9.1993 – II ZB 10/93 = NJW 1993, 3141; BAG, Urt. v. 27.3.1996 – 5 AZR 576/94 = NJW 1996, 3164; einschränkend zum Computerfax BGH, Urt. v. 10.5.2005 – XI ZR 128/04 = NJW 2005, 2086, 2087 ff im Anschluss an OLG Braunschweig, Urt. v. 26.2.2004 – 1 U 42/03 = NJW 2004, 2024, 2025 ff; MüKo-ZPO/*Wagner*, § 130 ZPO Rn 10 zum vorbereitenden Schriftsatz; Musielak/*Stadler*, § 130 ZPO Rn 8 zum bestimmenden Schriftsatz.

17 *Heinemann*, ZNotP 2002, 414, 426.

18 *Noack*, DStR 2001, 1893, 1896.

19 BT-Drucks. 14/4987, 20.

20 Dafür Palandt/*Ellenberger*, § 126 b Rn 2; dagegen MüKo/*Einsele*, § 126 b Rn 8.

I. Erklärung

9 Der notwendige Mindestinhalt der Erklärung bestimmt sich nach der im Einzelfall einzuhaltenden Formvorschrift. Die Angabe von Ort und Datum ist in der Regel nicht erforderlich.[21] Neben **Willenserklärungen** können auch **geschäftsähnliche Handlungen** in Textform vorgenommen werden (§ 126 Rn 4).

II. Abgabe der Erklärung in Urkunde oder anderer zur dauerhaften Wiedergabe in Schriftzeichen geeigneter Weise

10 **1. Urkunde.** Der Begriff der Urkunde als Träger der Erklärung greift auf § 126 Abs. 1 zurück (§ 126 Rn 9 ff). Hierunter fallen alle **schriftlich abgefassten Erklärungen** auf Papier oder einem anderen Trägermedium (beispielsweise einem T-Shirt)[22] zur körperlich-visuellen Aufbewahrung, ungeachtet der Herstellungsart (Handschrift, Vordruck, Fotokopie), in beliebiger Sprache, also auch das (Papier-)Telefax, Telegramm oder Fernschreiben[23], ebenso das gerichtliche Sitzungsprotokoll über eine in der mündlichen Verhandlung abgegebene Erklärung.[24]

11 **2. Geeignet zur dauerhaften Wiedergabe „in Schriftzeichen". a) Schriftzeichen.** Wenn die Erklärung auf andere zur dauerhaften Wiedergabe geeignete Weise abgegeben werden soll, setzt dies zunächst voraus, dass die Erklärung irgendwie in Schriftzeichen lesbar gemacht werden kann (weiter gehend § 239 Abs. 4 S. 2 HGB).[25] Es ist **weder** eine **Speicherung** der Erklärung in Schriftzeichen[26] **noch** eine **unmittelbare Lesbarkeit** der Erklärung **erforderlich**, ausreichend ist, wenn der Empfänger die Erklärung mittels eines Hilfsgerätes (beispielsweise Drucker oder Bildschirm) wiedergeben[27] und damit den der Erklärung innewohnenden, durch Schriftzeichen dargestellten Sinn optisch wahrnehmen kann.[28] Sollte dies nicht mittels handelsüblicher Software möglich sein, fehlt es regelmäßig am Zugang der Erklärung (Rn 23). Der Begriff des Schriftzeichens ist weit zu verstehen (§ 126 Rn 9)[29] und erfasst neben Buchstaben und Ziffern auch visuelle Zeichen (Graphiken, Zeichnungen, Icons), die für die Parteien des Rechtsverhältnisses eine Bedeutung besitzen.

12 Wegen des eindeutigen, auf „Schriftzeichen" abstellenden Wortlauts genügt anders als bei der elektronischen Form (§ 126 a Rn 50) die Nutzung **gesprochener und digitalisierter Mitteilungen** (Hinterlassen einer Erklärung auf einem Anrufbeantworter) nicht der Textform, auch wenn der Empfänger diese Erklärung möglicherweise durch geeignete Software in Schriftzeichen umwandeln könnte. Anders wiederum, wenn eine Erklärung zwar in Schriftzeichen dem Empfänger zugegangen ist, dieser die Erklärung aber nicht optisch wahrnimmt, sondern sich durch Nutzung entsprechender Software oder diesbezüglicher Dienstleistungen vorlesen lässt.[30]

13 **b) Dauerhafte Wiedergabe.** § 126 b gibt seinem Wortlaut nach keinen Aufschluss über die Partei des Rechtsverhältnisses, der die dauerhafte Wiedergabe möglich sein muss. Aus dem Normzweck der Textform (Rn 3) ergibt sich aber, dass dem **Erklärungsempfänger** zur Dokumentation und Information die Erklärung zu übermitteln ist; damit muss auch nur dem Erklärungsempfänger die dauerhafte Wiedergabe möglich sein. Ausreichend ist, wenn die Erklärung für eine den **konkreten Umständen nach angemessene Zeit** durch den Empfänger zur Kenntnis genommen werden kann, in der Regel also bis zur vollständigen Abwicklung des betroffenen Rechtsgeschäfts.[31]

14 **aa) Reproduzierbarkeit beim Empfänger.** Der Erklärungsempfänger muss die Möglichkeit haben, die Erklärung mit verkehrsüblichen technischen Mitteln inhaltlich unverändert (s. § 361 a Abs. 3 S. 1 idF bis 31.12.2001) zu reproduzieren und ggf zu speichern. Ob der Empfänger von dieser Möglichkeit Gebrauch macht, ist ohne Bedeutung.[32] Ein **bloßes Zugänglichmachen** der Erklärung in einem vom Erklärenden exklusiv beherrschten Medium, das unter regulären Umständen keine Speicherung erlaubt (etwa im Videotext eines Fernsehsenders bei Kauf-Angeboten) ist zur dauerhaften Wiedergabe beim Empfänger ebenso **ungeeignet** wie die **Ablage in einem flüchtigen Speicher** (beispielsweise im Arbeitsspeicher eines Computers). Dann gelangt nur eine nicht den gesetzlichen Anforderungen der Textform entsprechende Erklärung in den Machtbereich des Empfängers, die wegen eines Formmangels gem. § 125 S. 1 nichtig ist.[33] Ausreichend sind dem-

21 Bamberger/Roth/*Wendtland*, § 126 b Rn 4.
22 Zu eng HK-BGB/*Dörner*, § 126 b Rn 4 („Papierdokument").
23 Soergel/*Marly*, § 126 b Rn 4.
24 LG Krefeld, Urt. v. 14.10.2010 – 3 O 49/10 = VuR 2011, 20.
25 Soergel/*Marly*, § 126 b Rn 4; *Lückmann/Adams*, K&R 2002, 8, 9; ungenau Jauernig/*Jauernig*, § 126 b Rn 2; MüKo/*Einsele*, § 126 b Rn 4.
26 Bamberger/Roth/*Wendtland*, § 126 b Rn 3; *Boente/Riehm*, Jura 2001, 793, 795.
27 BT-Drucks. 14/4987, 19.
28 Bamberger/Roth/*Wendtland*, § 126 b Rn 2.
29 BT-Drucks. 14/4987, 20.
30 BT-Drucks. 14/4987, 20.
31 *Boente/Riehm*, Jura 2001, 793, 794; kritisch zu SMS *Janal*, MDR 2006, 368, 372; noch weitreichender EFTA-Gerichtshof, Urt. v. 27.1.2010 – E-4/09, Rn 44 = CR 2010, 262, 264.
32 BT-Drucks. 14/4987, 19; MüKo/*Einsele*, § 126 b Rn 4; Palandt/*Ellenberger*, § 126 b Rn 3.
33 Ungenau MüKo/*Einsele*, § 126 b Rn 9, die den Zugang verneint, dabei aber nicht weiter auf das Erfordernis der Reproduzierbarkeit der Erklärung eingeht.

gegenüber „Nur-Lese-Dateien", solange diese in den Machtbereich des Erklärungsempfängers gelangt sind und dieser jederzeit die Möglichkeit hat, die Erklärung in Schriftzeichen (Rn 11 f) sichtbar zu machen,[34] etwa bei lediglich zur Anzeige am Bildschirm geeigneten (nicht druckbaren) Dokumenten im PDF-Format.

15 **bb) Erklärungsträger.** Als Träger der Erklärung kommen nach einer Speicherung der Erklärung in digitalen Binärdaten **alle elektronischen Speichermedien** (etwa Diskette, Bandmedien, CD-ROM, Festplatte, Telefax, Computerfax,[35] E-Mail oder SMS)[36] in Betracht.[37] Ungeeignet ist die Einbindung der Erklärung (im konkreten Fall die Kündigung eines Abonnements) in das Feld „Verwendungszweck" bei einer Online-Überweisung.[38] Ungeachtet der Frage, ob die Bank, welche die Erklärung über den Kontoauszug an den Empfänger übermittelt, zugleich Empfangs- und Erklärungsbote wäre, fehlt es dem Erklärungsträger „Online-Überweisung" bereits an einer unmittelbaren Möglichkeit zur dauerhaften Wiedergabe (Rn 13), weil dem Empfänger der Zugang hierzu nicht möglich ist, sondern er sich auf die Angaben in dem aus der „Online-Überweisung" durch die Bank generierten Kontoauszug verlassen muss. Zudem fehlt es der Erklärung im Feld „Verwendungszweck" an einem hierauf gerichteten und dem Empfänger ersichtlichen Abschluss der Erklärung (Rn 21).

16 Auch **Internetseiten** sind grundsätzlich ein **geeigneter Erklärungsträger**.[39] Diese sind stets so gestaltet, dass sie dem Aufrufenden die einfache Möglichkeit der dauerhaften Wiedergabe bieten.[40] Nach der herrschenden, zwischenzeitlich vom BGH[41] bekräftigten Auffassung soll allerdings ein vom Erklärenden in das Internet eingestellter Text, der nicht zusätzlich in einer anderen der Textform entsprechenden Weise dem Empfänger übermittelt wurde (etwa als E-Mail oder Fax), nur dann der Textform genügen, wenn es tatsächlich zu einem Download oder Ausdruck des in das Internet eingestellten Textes durch den Empfänger gekommen ist, also eine „Verkörperung" der Erklärung beim Erklärungsempfänger stattgefunden hat.[42] Diese Auffassung ist mit dem Wortlaut des § 126 b nicht in Einklang zu bringen. Denn **dauerhafte Wiedergabe meint nicht Unveränderbarkeit** der bereit gehaltenen Erklärung.[43] Daher muss es ausreichen, wenn der Erklärende seine Erklärung so in das Internet eingestellt hat, dass der Empfänger ohne weiteres die **Möglichkeit zur Speicherung** dieser Erklärung hat, etwa durch die im Browser integrierte Funktion zur Speicherung einer Internetseite auf dem Computer des Empfängers oder aber durch die Bereitstellung einer ausdrücklich zur Speicherung vorgesehenen Form der Erklärung auf der Internetseite (beispielsweise Angebot zum Download der Erklärung als Datei im PDF-Format). Wenn dies unter Hinweis auf den Wortlaut von Art. 5 Abs. 1 der Fernabsatzrichtlinie[44] und den dort verwendeten Begriff des „dauerhaften Datenträgers" bei Fernabsatzgeschäften als nicht ausreichend erachtet wird,[45] wird verkannt, dass die Textform ihrem Anwendungsbereich nach nicht auf Fernabsatzgeschäfte im Sinne von § 312 b Abs. 1 beschränkt ist, im Übrigen aber auch die Internetseite geeignet ist, eine Erklärung auf einem dem „Verbraucher [...] für ihn verfügbaren dauerhaften Datenträger [zu erteilen]".[46] Denn mit der Bereitstellung der geschuldeten Informationen auf der Internetseite hat der Erklä-

34 AA Staudinger/*Hertel*, § 126 b Rn 28.
35 Soergel/*Marly*, § 126 b Rn 4.
36 Bamberger/Roth/*Wendtland*, § 126 b Rn 5; *Funk/Zeifang*, ITRB 2005, 121, 123; gegen E-Mail und SMS als Textform im Wohnraummietrecht *Lammel*, ZMR 2002, 333, 335 f.
37 MüKo/*Einsele*, § 126 b Rn 4; Palandt/*Ellenberger*, § 126 b Rn 3.
38 AA AG München, Urt. v. 3.8.2006 – 122 C 18573/06 = NJW-RR 2007, 60.
39 LG Flensburg, Urt. v. 23.8.2006 – 6 O 107/06 = MMR 2006, 686, 687; LG Paderborn, Urt. v. 28.11.2006 – 6 O 70/06 = MMR 2007, 191; MüKo/*Einsele*, § 126 b Rn 9; Soergel/*Marly*, § 126 b Rn 4; *Heinemann*, ZNotP 2002, 414, 423; *Steinbeck*, DStR 2003, 644, 649; OLG München, CR 2001, 401 zu § 361 a Abs. 3 aF; aA KG, Beschl. v. 17.7.2006 – 5 W 156/06 = NJW 2006, 3215, 3216; Hanseatisches OLG, Urt. v. 24.8.2006 – 3 U 103/06 = NJW-RR 2007, 839, 840; dazu *Dietrich*, CR 2007, 660; Palandt/*Ellenberger*, § 126 a Rn 3; *Bonke/Gellmann*, NJW 2006, 3169, 3170; *Lückmann/Adams*, K&R 2002, 8, 10; *Zenker*, JZ 2007, 816 ff; zu § 361 a Abs. 3 aF LG Kleve, Urt. v. 22.11.2002 – 5 S 90/02 = NJW-RR 2003, 196.
40 BT-Drucks. 14/4987, 20.
41 BGH, Urt. v. 29.4.2010 – I ZR 66/08, Rn 19 = Holzhocker = NJW 2010, 3566, 3567 f.
42 BGH, Urt. v. 29.4.2010 – I ZR 66/08, Rn 19 = Holzhocker = NJW 2010, 3566, 3567 f; KG, Beschl. v. 17.7.2006 – 5 W 156/06 = NJW 2006, 3215, 3216; Hanseatisches OLG, Urt. v. 24.8.2006 – 3 U 103/06 = NJW-RR 2007, 839, 840; *Wäßle*, K&R 2010, 815, 816; *Hoffmann*, NJW 2007, 2594 f; *Bonke/Gellmann*, NJW 2006, 3169, 3170; *Lammel*, ZMR 2002, 333, 335 mwN aus der Zeit vor Inkrafttreten des § 126 b; nicht eindeutig, aber idS wohl *Horn*, MMR 2002, 209, 212.
43 *Borges*, Verträge im elektronischen Geschäftsverkehr. Vertragsabschluss, Beweis, Form, Lokalisierung, anwendbares Recht, 2003, S. 605.
44 Richtlinie 97/7/EG des Europäischen Parlaments und des Rates v. 20.5.1997 über den Verbraucherschutz bei Vertragsabschlüssen im Fernabsatz, ABl. Nr. L 144 S. 19.
45 OLG Naumburg, Urt. v. 13.7.2007 – U 14/07 = NJW-RR 2008, 776.
46 Grundsätzlich zustimmend EFTA-Gerichtshof, Urt. v. 27.1.2010 – E-4/09, Rn 31, 62 ff = CR 2010, 262, 264 f; unter Bedingungen auch *Thalmair*, NJW 2011, 14, 18 f.

rende das ihm Zumutbare und Gebotene zur Erteilung der Erklärung unternommen.[47] Die mit dem VerbrKredRLUG[48] zum 11.6.2010 vorgenommenen Änderungen in §§ 355 Abs. 2 S. 2, 357 Abs. 3 S. 2 sind deshalb nichts anderes als die gesetzgeberische Korrektur der praktischen Folgen, die sich aus dem sachlich nicht gerechtfertigten Ausschluss der Internetseite aus dem Anwendungsbereich des § 126 b durch die Rechtsprechung ergeben haben.

Ob der Empfänger die Erklärung dann tatsächlich herunterlädt, hat für die Einhaltung der Textform keine Bedeutung. Soweit ausnahmsweise durch technische Maßnahmen seitens des Erklärenden diese Möglichkeiten ausgeschlossen sein sollten, wurde die Erklärung nicht in Textform abgegeben und ist damit wegen eines Formmangels gem. § 125 S. 1 nichtig (Rn 14). Dass der Erklärende die Internetseite nach Belieben gestalten und die Erklärung nachträglich verändern kann, spielt für die **Formwirksamkeit** der Erklärung keine Rolle.[49] Die Neuformulierung kann allenfalls Bedeutung gewinnen, wenn Streit um die zum **Zugangszeitpunkt** maßgebliche Fassung besteht. Dann muss derjenige, der sich auf die ihm günstige Formulierung der Erklärung beruft, beweisen, dass eine solche Erklärung bestand. Entsprechendes gilt für die Frage, ob überhaupt eine Erklärung in Textform vorgelegen hat: Hierfür ist im Zweifel der vom Erklärungsinhalt profitierende Erklärende darlegungs- und beweisbelastet (Rn 24). Verlässt sich dieser auf die Übermittlung der in Textform geschuldeten Pflichtinformationen bei Fernabsatzgeschäften (§ 312 c Abs. 1 iVm Art. 246 §§ 1, 2 EGBGB) über seine Internetseite, wird er den Zugang der Erklärung beim Empfänger ggf nicht beweisen können mit der Folge, dass die geschuldeten Informationen als durch den Erklärenden nicht erteilt gelten und der Empfänger, so er denn Verbraucher (§ 13) ist, von einem zeitlich unbefristeten Widerrufsrecht (§ 355 Abs. 4 S. 3) profitiert. Sinn und Zweck des § 126 b, nämlich die Informationsfunktion (Rn 3), wird also auch bei Erstreckung der Textform auf Internetseiten (Rn 16) erreicht. **17**

Aus den zuvor genannten Gründen ergibt sich zugleich, dass die Textform auch bei einer Übermittlung von Erklärungen gewahrt ist, die über ein Bildschirmformular oder einen **Internetdialog** eingegeben werden.[50] Hier werden die in das Formular oder auf der Internetseite eingegebenen Daten in einer Datenbank gespeichert, aus der die Erklärung (etwa die Stimmrechtsvollmacht nach § 134 Abs. 3 S. 3 AktG oder ein Verbraucherwiderruf nach § 355 Abs. 1 S. 2) beim Erklärungsempfänger jederzeit abgerufen und dauerhaft in Schriftzeichen wiedergegeben werden kann. Der Abschluss der Erklärung (Rn 21) kann dabei nach dem Wortlaut von § 126 b „anders erkennbar" gemacht werden, etwa durch eine am Ende des Formulars befindliche Schaltfläche „Erklärung abgeben". Deren Betätigung durch den Erklärenden wird ebenfalls in der Datenbank vermerkt und bestätigt, dass von der Erklärung allein die vor der Schaltfläche vorgenommenen Einträge im Bildschirmformular oder dem Internetdialog erfasst sind. **18**

III. Person des Erklärenden

Der Begriff des Erklärenden entspricht dem des Ausstellers (§ 126 a Rn 47).[51] Damit die Erklärung dem Erklärenden zugeordnet werden kann, muss dieser an **beliebiger Stelle** der Erklärung **namentlich genannt** werden, einer Unterschrift (§ 126 Rn 19 ff) bedarf es nicht.[52] Die Nennung des bürgerlichen Namens des Erklärenden ist nicht zwingend erforderlich, ausreichend ist es, wenn aus der Erklärung im konkreten Fall aufgrund der zwischen den Parteien bestehenden Beziehungen die zweifelsfreie Identifikation des Erklärenden möglich ist (durch Vorname, Pseudonym, Spitzname).[53] Da die Vorschrift (entgegen dem Regierungsentwurf) **19**

47 Ähnlich *Janal*, MDR 2006, 368, 369, im Übrigen aber ablehnend auf S. 371; aA BGH, Urt. v. 29.4.2010 – I ZR 66/08, Rn 19 = Holzhocker = NJW 2010, 3566, 3567 f; zustimmend, falls sichergestellt ist, dass der Verbraucher die Internetseite „mit an Sicherheit grenzender Wahrscheinlichkeit … speichern" wird, EFTA-Gerichtshof, Urt. v. 27.1.2010 – E-4/09, Rn 65 = CR 2010, 262, 265; ähnlich für einen „persönlichen Bereich" auf der Internetseite, der dem rechtlichen und tatsächlichen Zugriff des Unternehmers entzogen ist, *Schirmbacher*, BB 2010, 3111, 3114.

48 Gesetz zur Umsetzung der Verbraucherkreditrichtlinie, des zivilrechtlichen Teils der Zahlungsdiensterichtlinie sowie zur Neuordnung der Vorschriften über das Widerrufs- und Rückgaberecht v. 29.7.2009, BGBl. I S. 2355, dazu *Schröder*, NJW 2010, 1933; *Voigt/Heilmann*, ITRB 2010, 107.

49 AA EFTA-Gerichtshof, Urt. v. 27.1.2010 – E-4/09, Rn 62 = CR 2010, 262, 265; *Thalmair*, NJW 2011, 14, 18 f.

50 So die Gesetzesbegründung (BR-Drucks. 847/08, 48 f) zur Umstellung der Schriftform auf die Textform für die Stimmrechtsvollmacht in § 134 Abs. 3 S. 2 AktG zum 1.9.2009 durch das Gesetz zur Umsetzung der Aktionärsrechterichtlinie (ARUG) v. 30.7.2009, BGBl. I S. 2479; dazu *Götze*, NZG 2010, 93, 94; *Noack*, WM 2009, 2289.

51 MüKo/*Einsele*, § 126 b Rn 5; bei Erklärungen von Personenmehrheiten ist die Textform bereits bei Benennung eines Erklärenden gewahrt, während die Wirksamkeit der Erklärung von der Benennung aller Beteiligten abhängt, vgl im Mietrecht *Lammel*, ZMR 2002, 333, 334.

52 OLG Hamm, Urt. v. 8.8.2006 – 19 U 2/06 = NJW-RR 2007, 852; LG Berlin, Urt. v. 11.8.2003 – 62 S 126/03 = WuM 2003, 568: Nicht ausreichend ist unleserlicher Schriftzug des Erklärenden.

53 MüKo/*Einsele*, § 126 b Rn 5; Soergel/*Marly*, § 126 b Rn 5.

nicht die „Angabe", sondern die „Benennung" der Person des Erklärenden verlangt, ist es nicht ausreichend, wenn sich lediglich aus den Umständen (etwa der Verwendung eines Firmenlogos) eine Zuordnung ergibt.[54]

20 Ebenso wie bei der gesetzlichen Schriftform (§ 126 Rn 37) kann bei der durch einen Vertreter erteilten Erklärung statt des Vertreters auch der Vertretene benannt werden. Wird die Erklärung für eine juristische Person oder rechtsfähige Personenvereinigung abgegeben, ist die Benennung auch der handelnden natürlichen Person neben der juristischen Person oder rechtsfähigen Personenvereinigung nicht erforderlich. Auch wenn der Wortlaut des § 126 b („die Person des Erklärenden") ebenso wie bei den anderen gesetzlichen Formvorschriften an die natürliche Person des Erklärenden anknüpfen dürfte, ist es für die mit der Textform bezweckte Information und Klarstellung (Rn 3) ausreichend, wenn in der Erklärung benannt ist, wer für den Inhalt letztlich rechtlich einzustehen hat.[55]

IV. Kenntlichmachung des Abschlusses der Erklärung

21 Bei § 126 b dient die Kenntlichmachung des Abschlusses der Erklärung nicht der Identifikation des Erklärenden, weshalb § 126 b anders als die gesetzliche Schriftform (§ 126 Rn 20 f) die Kenntlichmachung des Abschlusses der Erklärung durch **jede Markierung** erlaubt, die deutlich macht, dass das Stadium des Entwurfs verlassen und eine rechtliche Bindung angestrebt wird.[56] Mit der Kenntlichmachung des Abschlusses der Erklärung ist für den Erklärenden zumindest noch eine minimale Warnfunktion (§ 126 Rn 19, § 126 a Rn 12) verbunden, die jeder Formvorschrift auch dann zu Eigen ist, wenn sie wie bei der Textform nicht im Vordergrund steht.[57]

22 Die Nachbildung der Namensunterschrift als Abschlussmarkierung kann bei Urkunden durch Faksimilestempel oder sonstige mechanische Vervielfältigungen der Unterschrift erfolgen und bei Erklärungen auf elektronischen Speichermedien durch Anbringung einer eingescannten Namensunterschrift als Bilddatei kenntlich gemacht werden; im letzteren Fall ist die Erklärung zugleich mit einer einfachen elektronischen Signatur iSd § 2 Nr. 1 SigG versehen, ohne dass dies jedoch zu einem erhöhten Beweiswert dieser Erklärung führen würde (§ 126 a Rn 16). Als andere Art der Kenntlichmachung kommt jedes Zeichen bzw jede Zeichenfolge in Betracht, die dem Empfänger der Erklärung den **Abschluss** derselben **signalisiert**.[58] Dies können etwa eine Datierung, eine Grußformel[59] oder eine sonstige längere unmissverständliche Zeichenfolge (beispielsweise „————" oder das Wort „Ende") sein, auch Hinweise wie „keine Unterschrift – Computerfax", „Diese Erklärung ist nicht unterschrieben"[60] und „Dieses Schreiben wurde maschinell erstellt und trägt deshalb keine Unterschrift" kommen in Betracht.[61]

V. Zugang der Erklärung in Textform

23 Eine Erklärung in Textform ist durch elektronische Übermittlung nur zugegangen, wenn der Empfänger durch Mitteilung einer elektronischen Empfangsvorrichtung an den Absender (etwa Bekanntgabe der Fax-Nummer oder E-Mail-Adresse) oder in sonstiger Weise zu erkennen gegeben hat, dass er mit einer elektronischen Übermittlung einer rechtserheblichen Erklärung einverstanden ist.[62] Am Zugang fehlt es, wenn die elektronisch übermittelte Erklärung nicht mit üblichen und zumutbaren Mitteln (**handelsübliche Software**) in Schriftzeichen lesbar gemacht werden kann (beispielsweise in den **Standardformaten** „HTML", Adobes „PDF" oder Microsofts „DOC/DOCX"); dann fehlt es dem Empfänger an der zumutbaren Möglichkeit zur Kenntnisnahme der in seinen Machtbereich gelangten Erklärung,[63] s. § 126 a Rn 57 f. Vgl zum Zugang einer elektronisch abgegebenen Willenserklärung § 130 Rn 13, 33, 42, 57 f.

54 *Steinbeck*, DStR 2003, 644, 650; wohl auch *Brox*, BGB AT, Rn 300; aA *Dörner*, AcP 202 (2002), 363, 394; *Heinemann*, ZNotP 2002, 414, 423; ungenau *Mankowski*, ZMR 2002, 481, 482.
55 *Janal*, MDR 2006, 368, 369 f; aA LG Berlin, Urt. v. 11.8.2003 – 62 S 126/03 = WuM 2003, 568, 569; LG Hamburg, Urt. v. 15.1.2004 – 333 S 82/03 = NZM 2005, 255 f.
56 BT-Drucks. 14/4987, 20; MüKo/*Einsele*, § 126 b Rn 6; *Nies*, NZM 2001, 1071.
57 Krit. diesbezüglich *Borges*, S. 607 f.
58 Auf jede Abschlussmarkierung verzichtend *Dörner*, AcP 202 (2002), 363, 394.
59 OLG Hamm, Urt. v. 8.8.2006 – 19 U 2/06 = NJW-RR 2007, 852 („Freundliche Grüße"); MüKo/*Einsele*, § 126 b Rn 6; Palandt/*Ellenberger*, § 126 b Rn 5.
60 BT-Drucks. 14/4987, 20.
61 Bamberger/Roth/*Wendtland*, § 126 b Rn 7; Soergel/*Marly*, § 126 b Rn 6.
62 MüKo/*Einsele*, § 126 b Rn 10; Palandt/*Ellenberger*, § 126 b Rn 3; Staudinger/*Hertel*, § 126 b Rn 33.
63 *Noack/Beurskens*, Abgabe und Zugang der Willenserklärung im Wandel der Zeit, in: GS M. Wolf, 2011, S. 687, 711; *Mankowski*, NJW 2004, 1901, 1902; Bamberger/Roth/*Wendtland*, § 126 b Rn 2; *Noack*, DStR 2001, 1893, 1897; *Janal*, MDR 2006, 368, 370 ff.

C. Rechtsfolgen

Wenn die vorgenannten Voraussetzungen gewahrt wurden, ist die der Textform unterliegende Erklärung formwirksam abgegeben worden; anderenfalls ist das Rechtsgeschäft gem. § 125 S. 1 formnichtig.[64] Zur Überwindung der Formnichtigkeit durch § 242 s. § 125 Rn 53. Sieht das Gesetz wie in § 477 Abs. 2 die Textform nur fakultativ vor, berührt die Nichteinhaltung der Textform die Wirksamkeit ausnahmsweise nicht, vgl § 477 Abs. 3. 24

D. Prozessuales

Bereits aus dem Normzweck der Textform (Rn 3) ergibt sich der **geringe Beweiswert** einer Erklärung in Textform.[65] Eine dem § 371 a Abs. 1 ZPO (vgl § 126 a Rn 80 ff) entsprechende Vorschrift fehlt, so dass die Erklärungen der **freien richterlichen Beweiswürdigung** gem. § 286 Abs. 1 ZPO unterliegen.[66] Dies gilt sowohl für die formgerechte Erteilung, den Inhalt als auch für den Zugang der Erklärung in Textform. 25

Beweisbelastet ist die Partei, die aus der Einhaltung der Textform Rechte ableiten will,[67] in der Regel der Erklärende. Die beweisbelastete Partei muss nicht nur die Abgabe der Erklärung, sondern auch deren Zugang in Textform (Rn 23) beweisen.[68] Dies dürfte auf einer Internetseite (Rn 16 ff) allenfalls durch Bestätigungsanforderungen oder Registrierungsmechanismen möglich sein. Andernfalls wird ebenso wie bei E-Mails der Zugang bei einem Bestreiten durch den Empfänger kaum nachweisbar sein.[69] 26

Als (Papier-)Urkunde vorliegende Erklärungen in Textform unterfallen auch ohne eigenhändige Unterzeichnung den Regelungen über den Urkundsbeweis,[70] ohne allerdings von der Beweiskraft einer Privaturkunde nach § 416 ZPO oder der Echtheitsvermutung aus § 440 Abs. 2 ZPO zu profitieren. Für die übrigen Erklärungen gelten die Regeln über den Beweis durch Augenschein.[71] Bei einem elektronischen Dokument (zB E-Mail) wird der Beweis durch Vorlegung oder Übermittlung der Datei angetreten (§ 371 Abs. 1 S. 2 ZPO), dazu § 126 a Rn 84 f. 27

§ 127 Vereinbarte Form

(1) Die Vorschriften des § 126, des § 126 a oder des § 126 b gelten im Zweifel auch für die durch Rechtsgeschäft bestimmte Form.

(2) [1]Zur Wahrung der durch Rechtsgeschäft bestimmten schriftlichen Form genügt, soweit nicht ein anderer Wille anzunehmen ist, die telekommunikative Übermittlung und bei einem Vertrag der Briefwechsel. [2]Wird eine solche Form gewählt, so kann nachträglich eine dem § 126 entsprechende Beurkundung verlangt werden.

(3) [1]Zur Wahrung der durch Rechtsgeschäft bestimmten elektronischen Form genügt, soweit nicht ein anderer Wille anzunehmen ist, auch eine andere als in § 126 a bestimmte elektronische Signatur und bei einem Vertrag der Austausch von Angebots- und Annahmeerklärung, die jeweils mit einer elektronischen Signatur versehen sind. [2]Wird eine solche Form gewählt, so kann nachträglich eine dem § 126 a entsprechende elektronische Signierung oder, wenn diese einer der Parteien nicht möglich ist, eine dem § 126 entsprechende Beurkundung verlangt werden.

Literatur (s.a. bei §§ 125, 126, 126 a): *Borges*, Verträge im elektronischen Geschäftsverkehr. Vertragsabschluß, Beweis, Form, Lokalisierung, anwendbares Recht, 2003; *Böhm*, Das Abgehen von rechtsgeschäftlichen Formgeboten, AcP 1979, 425.

64 AA für geschäftsähnliche Handlungen *Janal*, MDR 2006, 368, 373.
65 Bamberger/Roth/*Wendtland*, § 126 b Rn 9; MüKo/*Einsele*, § 126 b Rn 7; *Larenz/Wolf*, BGB AT, § 27 Rn 4.
66 Soergel/*Marly*, § 126 b Rn 7; *Boente/Riehm*, Jura 2001, 793, 795; für den Zugang einer E-Mail in Textform fordert *Mankowski* (NJW 2004, 1901, 1903, 1906) bei der Verwendung von Eingangs- und Lesebestätigungen die Anerkennung eines Anscheinsbeweises.
67 Palandt/*Ellenberger*, § 126 b Rn 6; Staudinger/*Hertel*, § 126 b Rn 39.
68 MüKo/*Einsele*, § 126 b Rn 11.
69 OLG Nürnberg, Beschl. v. 20.4.2006 – 5 U 456/06 („verlorene E-Mail").
70 Zöller/*Geimer*, ZPO, Vor § 415 Rn 2.
71 Soergel/*Marly*, § 126 b Rn 7.

A. Allgemeines

1 Die Bestimmung wurde zum 1.8.2001 durch das Gesetz zur Anpassung der Formvorschriften des Privatrechts und anderer Vorschriften an den modernen Rechtsgeschäftsverkehr vom 13.7.2001[1] **neu gefasst**. Gegenüber dem früheren § 127 ist die Vorschrift in drei Absätze unterteilt worden.

2 Die Beteiligten eines Rechtsgeschäfts können für ihre Beziehung vereinbaren (Rn 5), dass bestimmte, von ihnen näher umrissene Formen einzuhalten sind. Die Parteien sind hierbei **nicht** auf den gesetzlichen **Formenkanon** festgelegt, sondern können auch andere, von der Rechtsordnung nicht geregelte Förmlichkeiten verabreden. Es liegt ganz in der Hand der Parteien, welche Formen sie untereinander zur Geltung bringen und mit welchen Rechtsfolgen diese Formerfordernisse ausgestattet sein sollen (dazu § 125 Rn 54 ff).

3 Die Norm gibt eine **Auslegungsregel** für die rechtsgeschäftlich vereinbarte Schrift-, Text- oder elektronische Form. Nur „im Zweifel“ sollen die Vorgaben der gesetzlichen Formvorschriften gelten (Abs. 1). Vorbehaltlich eines anderen Willens der Parteien sind bei vereinbarter Schriftform (Abs. 2) und vereinbarter elektronischer Form (Abs. 3) einige Erleichterungen anzunehmen.

4 Die **Bedeutung** des Formzwangs ergibt sich aus der – ggf auszulegenden – Vereinbarung. Die Form kann nur **deklaratorische Funktion** im Sinne einer Beweissicherung haben; dann ist die formwidrige Erklärung gültig (§ 125 Rn 55). Ist die Form hingegen als Gültigkeitsvoraussetzung gewollt (**konstitutive Bedeutung**), so ist die formwidrige Erklärung im Zweifel nichtig, § 125 S. 2 (§ 125 Rn 56). Zur Verbindung konstitutiver und deklaratorischer Elemente s. § 125 Rn 57; zur (formlosen; str.) Aufhebung des Formzwangs s. § 125 Rn 22, 54 ff.

B. Regelungsgehalt

I. Durch Rechtsgeschäft bestimmte Form (Abs. 1)

5 **1. Bestimmung.** Das Gesetz spricht von einer „durch Rechtsgeschäft bestimmten Form“. Das ist im Normalfall die (grundsätzlich formlos mögliche) **Übereinkunft der Parteien**, ihre künftigen Rechtsbeziehungen auf dem entsprechenden Gebiet einem Formerfordernis zu unterstellen. Ein entsprechender Wille der Parteien kann sich auch aus schlüssigem Verhalten ergeben, etwa wenn die Parteien gemeinsam einen umfangreichen Vertragsentwurf fertigen, über den von einer Partei gestellten mehrseitigen Vertragsentwurf verhandeln.[2] Ebenso kann in Allgemeinen Geschäftsbedingungen für vertragsbezogene Erklärungen und Vertragsänderungen eine Schriftformklausel enthalten sein (§ 125 Rn 59).

6 Besteht ein **Handelsbrauch** (§ 346 HGB), wonach ein Vertrag erst mit Austausch übereinstimmender Bestätigungsschreiben zustande kommt, ist zwar von einem gewillkürten Formerfordernis auszugehen. Freilich können die Parteien (auch stillschweigend) übereinkommen, dass bereits eine formlose Vereinbarung wirksam sei.[3]

7 Das Formerfordernis braucht nicht stets vereinbart zu sein, sondern kann in Ausnahmefällen auch **einseitig** aufgestellt („bestimmt“) werden. So liegt es etwa, wenn der Antragende erklärt, dass er nur durch eine schriftliche oder elektronische Annahme gebunden sein wolle. Dasselbe gilt, wenn der Vollmachtgeber die Vollmacht auf einen schriftlichen Geschäftsabschluss beschränkt.[4]

8 **2. Ausgestaltung.** Wenn Schriftform, elektronische Form oder Textform vereinbart wurde, dann ist es den Parteien überlassen, ob sie statt der gesetzlichen Voraussetzungen **strengere oder schwächere Kriterien** für die Wahrung der verabredeten Grundform vorsehen. Haben die Parteien die Anforderungen an die Form eines an sich formlos gültigen Rechtsgeschäfts nicht selbst bestimmt und verläuft die Auslegung auch unter Berück-

1 FormVAnpG (BGBl. I 2001 S. 1542), dazu insgesamt *Roßnagel*, NJW 2001, 1817, 1818.
2 OLG Düsseldorf, Beschl. v. 15.6.2009 – 24 U 210/08 = BeckRS 2009, 27563; OLG Koblenz, Urt. v. 4.11.1993 – 5 U 651/93 = MDR 1994, 1110.
3 BGH, Urt. v. 24.10.2006 – X ZR 124/03 = WM 2007, 303, 305; Urt. v. 18.3.1964 – VIII ZR 281/62 = NJW 1964, 1269, 1270.
4 *Flume*, BGB AT, Bd. 2, § 15 II 2 a; aA offenbar MüKo/*Einsele*, § 127 Rn 3.

sichtigung der Verkehrssitte ergebnislos, greift die Regelung des Abs. 1 ein, wonach die gesetzlichen Vorgaben der §§ 126, 126 a, 126 b gelten.

Auch wenn keine Erleichterung der Schriftform ausdrücklich vereinbart wurde, hat die Rechtsprechung solches vor dem Hintergrund der damit verfolgten Zwecke angenommen. Sofern das Schriftformerfordernis lediglich einem **Dokumentations- und Klarstellungsinteresse** dient, kann zugunsten von automatisch eingefügten Unterschriften, Faksimilestempeln usw auf die eigenhändige Unterschrift verzichtet werden.[5] Selbst die bloße Namensnennung des Erklärenden ohne jede Unterschrift hat der Rechtsprechung genügt.[6] Diese Linie wird sich nach Einführung der Textform (§ 126 b), die derlei Erleichterungen als Wesensmerkmal in sich birgt, nicht unbegrenzt lange aufrechterhalten lassen. Wenn die Textform in den Verkehrskreisen hinreichend bekannt geworden ist, muss die Wahl zwischen Schrift- und Textform wieder ernst genommen werden.[7] 9

Ob die gewillkürte Form als Gültigkeitserfordernis ausgestaltet ist oder ihr lediglich deklaratorische Bedeutung zukommt, ist per Auslegung festzustellen.[8] Ausgehend von **Sinn und Zweck** der in dem Gesellschaftsvertrag einer Personengesellschaft enthaltenen Schriftformklausel hat der BGH bereits die Protokollierung des Änderungsbeschlusses statt der Unterzeichnung durch sämtliche Gesellschafter genügen lassen.[9] Gleichwohl findet auch eine solche erleichternde Auslegung eines vereinbarten Formerfordernisses ihre **Grenze im Willen der Vertragsparteien**.[10] So reicht die Protokollierung eines Gesellschafterbeschlusses bei bestehender Schriftformklausel nicht aus, soweit es um die Erhöhung der gesellschaftsvertraglichen Verpflichtungen eines Gesellschafters geht.[11] Dies gilt ebenso, wenn für die Beschlussfassung im Gesellschaftsvertrag notarielle Beurkundung (§ 128) vorgesehen ist, da dies in der Regel als Gültigkeitserfordernis gewollt ist.[12] 10

Bei einem **Prozessvergleich**, der unter dem Vorbehalt des Widerrufs steht, welcher durch Schriftsatz an das Gericht zu erfolgen hat, gilt hinsichtlich der Form der Widerrufserklärung die Anforderung an bestimmende Schriftsätze (§ 129 ZPO, vgl § 126 Rn 6).[13] 11

3. Formarten. a) Vereinbarte Schriftform. Die rechtsgeschäftlich vereinbarte schriftliche Form kann grds. auch durch die **elektronische Form** (§§ 126 Abs. 3, 126 a) **ersetzt** werden. Die Auslegungsregel des Abs. 1 verweist einschränkungslos auf § 126 (und damit auch auf dessen Abs. 3).[14] Da Voraussetzung für die Ersetzung das Einverständnis der Parteien mit der Nutzung der elektronischen Form ist (vgl § 126 Rn 56 ff), kann die elektronische Form keiner Partei aufgedrängt werden. 12

Eine Erklärung mittels Textform (§ 126 b), die bei gesetzlicher Anordnung der Schriftform grundsätzlich nicht möglich ist, kann bei der vereinbarten Schriftform im Konsens der Parteien ebenfalls wirksam erfolgen. 13

b) Vereinbarte elektronische Form. Die vereinbarte elektronische Form kann **nicht** durch die Schriftform ersetzt werden.[15] Diese Ersetzung wird in der Regel dem Parteiwillen widersprechen, Zeit und Kosten durch eine elektronische Dokumentenbearbeitung zu sparen. Die mit einem Schriftstück verbundene Zusatzarbeit bedeutet einen Medienbruch, dessen Vermeidung die Verabredung elektronischer Kommunikation gerade zum Ziel hat. Zur **nachträglichen** Beurkundung in Schriftform s. Rn 24. 14

c) Vereinbarte Textform. Von der vereinbarten Textform kann grundsätzlich auf die Schriftform übergegangen werden, denn die Vermeidung eines Medienbruchs steht hier nicht im Vordergrund. Die Textform ist vorbehaltlich anderer Abreden der Parteien nicht auf ein Trägermedium festgelegt (§ 126 b Rn 10). Bei einem „Upgrade“ auf die vereinbarte elektronische Form (Rn 22 ff) wird man ein Einverständnis unterstellen dürfen, da mit Vereinbarung der Textform der Weg für eine elektronische Kommunikation frei ist; anders aber, wenn die Parteien sich auf eine „urkundliche“ Textform verständigt haben.[16] 15

II. Erleichterungen bei gewillkürter Schriftform (Abs. 2)

1. Telekommunikative Übermittlung (Abs. 2 S. 1). Die im früheren S. 2 enthaltenen Worte „telegraphische Übermittlung“ wurden 2001 durch „**telekommunikative Übermittlung**“ ersetzt. Diese Formulierung 16

5 RG, Urt. v. 27.2.1923 – VII 124/22 = RGZ 106, 330, 331 f; Urt. v. 25.6.1929 – VII 653/28 = RGZ 125, 68, 72 f; Staudinger/*Hertel*, § 127 Rn 42 f.
6 BGH, Urt. v. 21.2.1996 – IV ZR 297/94 = NJW-RR 1996, 641, 642.
7 Ähnlich Staudinger/*Hertel*, § 127 Rn 44.
8 Zur Schriftformvereinbarung in einem Gesellschaftsvertrag: *Baumbach/Hopt*, § 119 HGB Rn 28; Ebenroth/Boujong/Joost/Strohn/*Goette*, § 119 HGB Rn 32.
9 BGH, Urt. v. 24.11.1975 – II ZR 89/74 = BGHZ 66, 82; vgl auch *Baumbach/Hopt*, § 119 HGB Rn 28.
10 *Baumbach/Hopt*, § 119 HGB Rn 28.
11 BGH, Urt. v. 24.11.1975 – II ZR 89/74 = BGHZ 66, 82.
12 *Baumbach/Hopt*, § 119 HGB Rn 28; Ebenroth/Boujong/Joost/Strohn/*Goette*, § 119 HGB Rn 32.
13 BAG, Urt. v. 31.5.1989 – 2 AZR 548/88 = NJW 1989, 3035, 3036; LAG Düsseldorf, Urt. v. 17.1.1990 – 4 Sa 1227/89 = BB 1990, 562 (LS).
14 Im Zweifel für einen Ausschluss der Ersetzungsbefugnis *Steinbeck*, DStR 2003, 644, 647; für einen grundsätzlichen Ausschluss der Ersetzungsbefugnis Bamberger/Roth/*Wendtland*, § 127 Rn 8.
15 *Steinbeck*, DStR 2003, 644, 647 f; aA *Borges*, S. 657; *Heinemann*, ZNotP 2002, 414, 426.
16 AA *Steinbeck*, DStR 2003, 644, 650.

öffnet den Anwendungsbereich für alle Übermittlungskanäle der Telekommunikation; zum Begriff der Telekommunikation mittels einer Telekommunikationsanlage vgl § 3 Nr. 22 und 23 TKG. Als Übermittlungsarten kommen in erster Linie E-Mail[17] und Fax[18] in Betracht, ferner Telegramm und Fernschreiben. Zu weitreichend ist es demgegenüber, in einer im „Verwendungszweck" einer Online-Überweisung erklärten Kündigung eine Übermittlung in Textform zu sehen, die der gewillkürten Schriftform des § 127 Abs. 2 S. 1 entspricht (§ 126 b Rn 15).

17 Die **Norm ist unklar** gefasst und darum ist der Anwendungsbereich umstritten. Wörtlich genommen modifiziert S. 1 aE für den wichtigen Bereich des Vertrages nur den § 126 Abs. 2, indem – vorbehaltlich der Feststellung eines anderen Willens – auf das Erfordernis einer gemeinsamen Urkunde verzichtet wird und insoweit der „Briefwechsel"[19] genügt. Unverändert bliebe hiernach allerdings das Erfordernis eigenhändiger Namensunterschrift nach § 126 Abs. 1. Damit könnte bei rechtsgeschäftlich vereinbarter Schriftform für Vertragsschlüsse und Vertragsänderungen kein telekommunikativer Akt eingesetzt werden, denn ein auf diese Weise übermitteltes Dokument kann nicht eigenhändig unterschrieben sein. Instanzgerichtliche Entscheidungen gehen in die Richtung. Nur die Übermittlung dürfe auf telekommunikativem Wege erfolgen, die Erklärung selbst sei aber weiter der Schriftform bedürftig. Demzufolge könnte per E-Mail nur eine eingescannte eigenhändig unterschriebene Erklärung übermittelt werden, die E-Mail selbst würde nicht der Form genügen.[20]

18 Eine solche **Marginalisierung des Anwendungsbereichs** ist allerdings nicht veranlasst. Nach Sinn und Zweck der Vorschrift ist die telekommunikative Übermittlung auch bei einem Vertrag – vorbehaltlich eines anderen Willens – als formgenügend anzusehen. Der letzte Hs ist nach diesem Verständnis eine zu den telekommunikativen Übermittlungen hinzutretende **Erweiterung**, nicht aber eine exklusive Festlegung auf den dort genannten Modus des klassischen Briefwechsels. Der Austausch von E-Mails, Faxen und Telegrammen[21] reicht also aus. Möglich ist auch eine Kombination von Briefen und den übrigen Übermittlungsgestaltungen.

19 Damit ergibt sich, dass **im Zweifel die eigenhändige Unterschrift entbehrlich** ist; vielmehr genügt es, wenn der Name des Erklärenden aus dem Dokument mit hinreichender Deutlichkeit hervorgeht.[22] Briefe müssen nur dann unterschrieben sein, wenn nach den Umständen zweifelhaft ist, ob es sich bei der brieflichen Erklärung lediglich um einen Entwurf oder bereits um eine Willenserklärung handelt.[23]

20 Nach Sinn und Zweck der Vorschrift wird auf die Unterschrift, nicht aber auf das Vorliegen einer **textlich verkörperbaren Erklärung** verzichtet. Gegenstand des Transports mittels Telekommunikation sind alphanumerische Zeichen. Die Übermittlung im Wege der Sprache ist ausgeschlossen.[24] Telefonische Erklärungen und Voice-Mail genügen nicht zur Erfüllung der vereinbarten Schriftform. Im Ergebnis ist kein Unterschied zur Textform gegeben.[25]

21 **2. Nachträgliches Verlangen der Formvollendung (Abs. 2 S. 2).** Wird dies von einer Partei verlangt, so ist die in der gewillkürten Schriftform abgegebene Erklärung nachträglich in der gesetzlichen Schriftform nach § 126 Abs. 1 zu errichten. Das nachträgliche Verlangen nach Formvollendung hat keine Auswirkungen auf die Wirksamkeit des Rechtsgeschäfts, die sich allein nach den Erfordernissen der gewillkürten Schriftform richtet.[26] Die nachträgliche Formvollendung dient lediglich Beweiszwecken.[27] Der durch Abs. 2 S. 2 gewährte Anspruch auf nachträgliche Formvollendung verjährt in der regelmäßigen Verjährungsfrist (§§ 195, 199 Abs. 1).

17 BAG, Urt. v. 16.12.2009 – 5 AZR 888/08 = NZA 2010, 401, 404.

18 BGH, Urt. v. 22.4.1996 – II ZR 65/95 = NJW-RR 1996, 866, 867; OLG Düsseldorf, Beschl. v. 27.10.2009 – 24 U 38/09 = MDR 2010, 616; OLG Frankfurt, Urt. v. 21.1.1999 – 4 U 61/98 = NJW-RR 1999, 955.

19 Das ist auch der Austausch von Bestätigungsschreiben, BGH, Urt. v. 20.9.1961 – VIII ZR 99/60 = WM 1961, 1359, 1361.

20 LG Köln, Urt. v. 7.1.2010 – 8 O 120/09 (BeckRS 2010, 00846), im Anschluss an AG Wedding, Urt. v. 26.2.2009 – 21 a C 221/08 = MMR 2009, 436 (LS); idS auch Staudinger/*Hertel*, § 127 Rn 44; unklar Spindler/Schuster/*Spindler/Weber*, § 127 Rn 3.

21 Für Telegramme und Fernschreiben ganz hM RGRK/*Krüger-Nieland,* § 127 Rn 7; Staudinger/*Hertel,* § 127 Rn 28; Soergel/*Hefermehl,* § 127 Rn 6; *Medicus,* BGB AT, Rn 638.

22 BGH, Urt. v. 21.2.1996 – IV ZR 297/94 = NJW-RR 1996, 641, 642; Urt. v. 24.11.1998 – XI ZR 327/97 = NJW-RR 1999, 697; anders für eine an die gesetzliche Schriftform aus § 550 S. 1 anknüpfende Schriftformklausel in einem Mietvertrag OLG Koblenz, Urt. v. 8.11.2004 – 12 U 244/03 = NJOW 2005, 2919, 2923.

23 MüKo/*Einsele,* § 127 Rn 11; strenger noch RG, Urt. v. 5.2.1923 – VI 310/22 = RGZ 106, 268, 269; aA LG Essen, Urt. v. 13.11.2007 – 1 O 270/06 = NJOZ 2008, 591, 592; Staudinger/*Hertel*, § 127 Rn 45.

24 BT-Drucks. 14/4987, 21; der vom Bundesrat geforderten Klarstellung (BT-Drucks. 14/4987, 35 f) bedarf es nicht.

25 BAG, Urt. v. 16.12.2009 – 5 AZR 888/08 = NZA 2010, 401, 404.

26 MüKo/*Einsele*, § 127 Rn 15.

27 Bamberger/Roth/*Wendtland*, § 127 Rn 8; Palandt/*Ellenberger*, § 127 Rn 4.

III. Erleichterung bei gewillkürter elektronischer Form (Abs. 3)

1. Signatur. Wenn die Parteien nichts anderes vereinbart haben, ist es zur Wahrung der gewillkürten elektronischen Form ausreichend, wenn das **elektronische Dokument** mit einer einfachen elektronischen Signatur iSd § 2 Nr. 1 SigG oder einer fortgeschrittenen elektronischen Signatur iSd § 2 Nr. 2 SigG versehen wird (zu den Begriffen § 126 a Rn 16 ff). Ggf ist sogar der **völlige Verzicht auf eine Signatur** iSd SigG zur Wahrung der gewillkürten elektronischen Form ausreichend. Denn diese darf keinen höheren Anforderungen als die gewillkürte Schriftform nach Abs. 2 unterliegen,[28] dort ist der Verzicht auf eine eigenhändige Unterschrift im Zweifel zulässig (Rn 19). Äquivalent der eigenhändigen Unterschrift ist bei der elektronischen Form aber die Signatur (§ 126 a Rn 11 f), auf die demnach im Zweifel ebenfalls verzichtet werden kann, solange der Name des Ausstellers aus der Erklärung anderweitig hervorgeht.[29] Die Einhaltung der gesetzlichen Textform des § 126 b mittels einer elektronischen Erklärung genügt unter diesen Voraussetzungen zur Wahrung der gewillkürten elektronischen Form.[30] 22

2. Modus. Abweichend von § 126 a Abs. 2 (§ 126 a Rn 56) ist bei der gewillkürten elektronischen Form die Formwahrung auch durch den **Austausch** elektronisch signierter Angebots- und Annahmeerklärungen zwischen den Parteien (mittels Telekommunikation oder Datenträgern)[31] möglich. Damit können auch mittels einer E-Mail-Korrespondenz Verträge geschlossen werden. 23

3. Nachträgliches Verlangen der Formvollendung (Abs. 3 S. 2). Wird dies von einer Partei verlangt, so ist die in der vereinbarten elektronischen Form abgegebene Erklärung nachträglich mit einer qualifizierten elektronischen Signatur zu versehen oder, sofern dies der erklärenden Partei nicht ohne unzumutbaren Aufwand möglich sein sollte, eine **Urkunde** iSd § 126 Abs. 1 zu errichten. Das nachträgliche Verlangen nach Formvollendung hat keine Auswirkungen auf die Wirksamkeit des Rechtsgeschäfts, die sich allein nach den Erfordernissen der vereinbarten elektronischen Form richtet.[32] Die nachträgliche Formvollendung dient lediglich Beweiszwecken.[33] Zur Verjährung des Anspruchs s. Rn 21. 24

IV. Vereinbarung der Textform

Zur rechtsgeschäftlichen Vereinbarung der Textform s. § 126 b Rn 7. Erleichterungen für die rechtsgeschäftliche Vereinbarung der Textform sieht § 127 nicht vor, da es sich bei der Textform ohnehin um die einfachste Form handelt. Würde man hier eine weitere Vereinfachung zulassen, wäre die **Grenze zur Formfreiheit** überschritten.[34] 25

C. Prozessuales

Behauptet eine Partei die Vereinbarung einer bestimmten Form für ein Rechtsgeschäft, das auch formlos geschlossen werden kann, ist diese Partei für das Formerfordernis als für sie günstige Tatsache **beweispflichtig**.[35] Soweit die Parteien unstreitig Schrift-, Text- oder elektronische Form durch Rechtsgeschäft bestimmt haben, eine Partei aber die Vereinbarung eines von den Regeln des § 127 abweichenden Inhalts der Formabrede behauptet, ist diese Partei dafür darlegungs- und beweispflichtig.[36] Wenn eine andere als eine der typischen Formen vereinbart wurde (Rn 2), liegt die Beweislast für die Ausgestaltung bei demjenigen, der sich darauf beruft.[37] Zur Beweislast ergänzend § 125 Rn 77. 26

§ 127 a Gerichtlicher Vergleich

Die notarielle Beurkundung wird bei einem gerichtlichen Vergleich durch die Aufnahme der Erklärungen in ein nach den Vorschriften der Zivilprozessordnung errichtetes Protokoll ersetzt.

28 BT-Drucks. 14/4987, 21; Bamberger/Roth/*Wendtland*, § 127 Rn 5.
29 MüKo/*Einsele*, § 127 Rn 13; Palandt/*Ellenberger*, § 127 Rn 5; Soergel/*Marly*, § 127 Rn 12.
30 AA *Heinemann*, ZNotP 2002, 414, 425; Staudinger/*Hertel*, § 127 Rn 78, der mindestens eine einfache elektronische Signatur mit einer der eigenhändigen Unterschrift gleichwertigen Abschluss- und Deckungsfunktion fordert.
31 Soergel/*Marly*, § 127 Rn 13.
32 MüKo/*Einsele*, § 127 Rn 15; Soergel/*Marly*, § 127 Rn 14.
33 Bamberger/Roth/*Wendtland*, § 127 Rn 9; Palandt/*Ellenberger*, § 127 Rn 6.
34 BT-Drucks. 14/4987, 21; Bamberger/Roth/*Wendtland*, § 127 Rn 7.
35 Palandt/*Ellenberger*, § 127 Rn 7; MüKo/*Einsele*, § 127 Rn 16; Soergel/*Marly*, § 127 Rn 15; aA Soergel/*Hefermehl*, § 127 Rn 10.
36 MüKo/*Einsele*, § 127 Rn 16; Palandt/*Ellenberger*, § 127 Rn 7.
37 ErfK/*Preis*, § 127 Rn 48; Soergel/*Marly*, § 127 Rn 15.

Literatur: *Deckenbrock/Dötsch*, Gerichtlicher Vergleich – Unanwendbarkeit des § 127 a BGB im Verfahren nach § 278 Abs. 6 ZPO?, MDR 2006, 1325; *Knauer/Wolf*, Zivilprozessuale und strafprozessuale Änderungen durch das Erste Justizmodernisierungsgesetz – Teil 1: Änderungen der ZPO, NJW 2004, 2857.

A. Allgemeines

I. Normzweck und Inhalt

1 Für **Beurkundungen** sind in Deutschland grundsätzlich nur die **Notare** zuständig (§§ 1 Abs. 1, 56 Abs. 3, Abs. 4 BeurkG, für das Ausland beachte §§ 10 ff KonsularG). § 127 a trägt dem früher bereits gewohnheitsrechtlich anerkannten Grundsatz Rechnung, nach dem die Protokollierung in einem **Prozessvergleich** die Beurkundung des entsprechenden Geschäfts ersetzt.[1] Die Norm erkennt die Gleichwertigkeit des ordnungsgemäßen gerichtlichen Vergleichs mit der notariellen Beurkundung an.[2]

II. Anwendungsbereich

2 Der Anwendungsbereich des § 127 a erstreckt sich auf alle Erklärungen, für die kraft Gesetzes oder kraft rechtsgeschäftlicher Vereinbarung die **notarielle Beurkundung** (§ 128) vorgesehen ist. Da die notarielle Beurkundung die **Schriftform** (§ 126 Abs. 4) oder die **öffentliche Beglaubigung** (§ 129 Abs. 2) ersetzt, sind auch diese Formen durch den gerichtlichen Vergleich gewahrt.[3] Auch **Auflassungserklärungen** können nach § 925 Abs. 1 S. 3 in einen gerichtlichen Vergleich aufgenommen werden. Sind für den Erklärungsempfang bestimmte Stellen ausschließlich zuständig – insbesondere der Standesbeamte für die Eheschließung nach § 1310 Abs. 1 – kann das entsprechende Rechtsgeschäft allerdings schon deshalb nicht Gegenstand eines Prozessvergleichs sein.[4]

3 Eine Sonderregelung gilt für formpflichtige Willenserklärungen, die in einem **Insolvenzplan** getroffen werden. Der Insolvenzplan bedarf der Bestätigung durch das Insolvenzgericht (§ 248 Abs. 1 InsO). Nach § 254 Abs. 1 S. 2 InsO gelten die in den Plan aufgenommenen Willenserklärungen der Beteiligten, die sich auf Rechtsänderungen an Gegenständen (§ 228 InsO) oder GmbH-Geschäftsanteilen beziehen, als in der vorgeschriebenen Form abgegeben.

4 Für die vergleichsweise Beendigung eines schiedsgerichtlichen Verfahrens gilt eine § 127 a entsprechende Regelung, soweit die an sich notariell zu beurkundenden Parteierklärungen durch die Aufnahme in einen **Schiedsspruch mit vereinbartem Wortlaut** ersetzt werden (§ 1053 Abs. 3 ZPO).

5 Auch die Errichtung bzw der Widerruf eines **Testaments** können in einen gerichtlichen Vergleich aufgenommen werden,[5] was zuweilen bezweifelt wird.[6] Anerkannt ist, dass ein Testament durch einen **Erbvertrag**, der als Prozessvergleich geschlossen wurde, widerrufen werden kann.[7] Bedenkt man, dass sowohl das Testament (§ 2064) als auch der Erbvertrag (§ 2274) eine persönliche Errichtung bzw einen persönlichen Abschluss voraussetzen, ist eine solche Unterscheidung zwischen Erbvertrag und Testament nicht tragfähig.[8] Nicht überzeugend ist der dogmatische Einwand, ein Vergleich erfordere ein gegenseitiges Nehmen und Geben, weshalb ein Testament als einseitiges Rechtsgeschäft nicht vergleichsfähig sei.[9] Es kommt auf den Inhalt der Erklärung und die Zielsetzung der Verfahrensbeendigung an.

1 BGH, Beschl. v. 5.10.1954 – V BLw 25/54 = BGHZ 14, 381, 386 f; Urt. v. 28.6.1961 – V ZR 29/60 = BGHZ 35, 309, 310; BayObLG, Beschl. v. 5.6.1997 – 2Z BR 19/97 = NJW-RR 1997, 1511, 1512; MüKo/*Einsele*, § 127 a Rn 1; Palandt/*Ellenberger*, § 127 a Rn 1; Bamberger/Roth/*Wendtland*, § 127 a Rn 1; RGRK/*Krüger-Nieland*, § 127 a Rn 1; Staudinger/*Hertel*, § 127 a Rn 1.

2 Erman/*Palm*, § 127 a Rn 1; MüKo/*Einsele*, § 127 a Rn 1.

3 MüKo/*Einsele*, § 127 a Rn 1; Palandt/*Ellenberger*, § 127 a Rn 1; Bamberger/Roth/*Wendtland*, § 127 a Rn 2.

4 MüKo/*Einsele*, § 127 a Rn 2; Soergel/*Hefermehl*, § 127 a Rn 1.

5 Palandt/*Ellenberger*, § 127 a Rn 3.

6 BGH FamRZ 1960, 28, 30; Erman/*Palm*, § 127 a Rn 4; Staudinger/*Hertel*, § 127 a Rn 31.

7 OLG Köln OLGZ 70, 115, 116; RGRK/*Krüger-Nieland*, § 127 a Rn 4. Zur Eingehung eines Erbvertrags durch Prozessvergleich OLG Düsseldorf, Beschl. v. 24.10.2006 – 3 Wx 185/06 = NJW 2007, 1290, 1291.

8 MüKo/*Einsele*, § 127 a Rn 2; für eine Gleichstellung von Testament und Erbverzichtsvertrag bereits BayObLG, Beschl. v. 18.3.1965 – BReg. 1 b Z 4/65 = NJW 1965, 1276.

9 Vgl MüKo/*Habersack*, § 779 Rn 44.

Auf Vereinbarungen über den **Versorgungsausgleich**, die notariell beurkundet werden müssen, ist § 127 a gem. § 1587 o Abs. 2 S. 2 entsprechend anzuwenden. 6

B. Regelungsgehalt

I. Prozessvergleich

1. Allgemeines. Dem Prozessvergleich kommt eine **Doppelnatur** zu:[10] Einerseits ist er ein privatrechtlicher Vertrag, der nach § 779 zu beurteilen ist und durch den die Parteien das bestehende Rechtsverhältnis regeln; andererseits ist er eine Prozesshandlung, die sich nach den Vorschriften der ZPO richtet und einen vollstreckbaren Titel darstellt.[11] Erforderlich sind daher ein gegenseitiges Nachgeben der Parteien (§ 779 Abs. 1) und ihre Verfügungsbefugnis über den Streitgegenstand (§ 1030 Abs. 1 S. 2 ZPO).[12] Es genügt ein geringfügiges gegenseitiges Nachgeben, etwa die Übernahme eines Teils der Kosten, der Verzicht auf Zinsforderungen, die Bewilligung von Ratenzahlungen oder eine Stundung (im Einzelnen § 779 Rn 18 ff). 7

2. Gericht. Der Vergleich muss vor einem Gericht geschlossen werden; ob in mündlicher Verhandlung oder nicht, spielt nach der Neufassung von § 159 Abs. 1 ZPO keine Rolle mehr. Auch ein nach § 278 Abs. 6 ZPO vor Gericht schriftlich abgeschlossener Vergleich fällt unter § 127 a, weil die Feststellung durch Beschluss nach § 278 Abs. 6 S. 2 ZPO einer gerichtlichen Protokollierung in der mündlichen Verhandlung gleichwertig ist. Einem schriftlichen Vergleich ohne mündliche Verhandlung gehen regelmäßig entsprechende Erörterungen mit dem Gericht oder zwischen den Parteien voraus, sodass der Übereilungsschutz ebenso gegeben ist wie bei einem ansonsten zur bloßen Förmelei verkommenden Termin zur Protokollierung eines zwischen den Parteien zuvor ohne Mitwirkung des Gerichts abgestimmten Vergleichs.[13] Die Zugehörigkeit zu einer bestimmten Gerichtsbarkeit ist nicht erforderlich, es kommen Gerichte aller Gerichtszweige in Betracht, deren Verfahrensordnungen den Abschluss von Vergleichen kennen.[14] Mit Blick auf § 794 Abs. 1 Nr. 1 ZPO wurde bislang einheitlich davon ausgegangen, dass es sich um ein deutsches Gericht handeln müsse, doch sollte es im Grunde genügen, wenn der Vergleichsprotokollierungsvorgang gleichwertig ist.[15] 8

3. Verfahren. § 127 a gilt für **Verfahren jeder Art**, auch für das Prozesskostenhilfe-Verfahren,[16] für das FamFG-Verfahren (vormals FGG)[17] sowie für das Arrest-, Einstweilige Verfügungs- und Vollstreckungsverfahren.[18] Ein Prozessvergleich kann ferner geschlossen werden im selbständigen Beweissicherungsverfahren sowie im Privatklage- und Adhäsionsverfahren.[19] Schließlich kann ein Vergleich auch in Verfahren vor dem Rechtspfleger getroffen werden.[20] 9

Notwendige Voraussetzung ist die gerichtliche **Rechtshängigkeit** des Verfahrens. Daher gilt die Vorschrift weder im Rahmen eines Anwaltsvergleichs nach § 796 a Abs. 1 ZPO noch im Rahmen eines vor einer Gütestelle abgeschlossenen Sühnevergleichs im Sinne von § 794 Abs. 1 Nr. 1 ZPO. Der Vergleich wird „zur Beilegung eines Rechtsstreits" geschlossen, so dass für ihn nach vollständigem rechtskräftigem Abschluss des Verfahrens kein Raum mehr bleibt.[21] 10

10 BGH, Urt. v. 22.12.1982 – V ZR 89/80 = BGHZ 86, 184, 186; Erman/*Palm*, § 127 a Rn 4; MüKo/*Einsele*, § 127 a Rn 3; Musielak/*Lackmann*, § 794 ZPO Rn 3 mwN zu den in der Lit. vertretenen abweichenden Ansichten.

11 BGH, Urt. v. 10.3.1955 – II ZR 201/53 = BGHZ 16, 388, 390; *Rosenberg/Schwab/Gottwald*, § 131 ZPO III 1 c; Stein/Jonas/*Münzberg*, § 794 ZPO Rn 8, 16.

12 Erman/*Palm*, § 127 a Rn 4; MüKo/*Einsele*, § 127 a Rn 3.

13 Erman/*Palm*, § 127 a Rn 3; *Deckenbrock/Dötsch*, MDR 2006, 1325, 1328; für analoge Anwendung BAG, Urt. v. 23.11.2006 – 6 AZR 394/06 = NJW 2007, 1831; krit. Musielak/*Foerste*, § 278 ZPO Rn 18; aA Brandenburgisches OLG, Beschl. v. 9.10.2007 – 10 UF 123/07 = FamRZ 2008, 1192, 1993; OLG Düsseldorf, Beschl. v. 28.8.2006 – 3 Wx 137/06 = NJW-RR 2006, 1609, 1610 (zu § 925 Abs. 1); LAG Köln, Urt. v. 21.4.2005 – 6 Sa 87/05, Rn 13 (juris); MüKo-ZPO/*Prütting*, § 278 ZPO Rn 39.

14 BVerwG, Beschl. v. 13.3.1995 – 4 A 1/92 = NJW 1995, 2179 (Verwaltungsgerichtsbarkeit); Bamberger/Roth/*Wendtland*, § 127 a Rn 4; Erman/*Palm*, § 127 a Rn 2; MüKo/*Einsele*, § 127 a Rn 4.

15 So OLG Bamberg, Beschl. 21.11.2001 – 2 UF 200/01 = NJW-RR 2002, 1153, 1154.

16 Palandt/*Ellenberger*, § 127 a Rn 2; MüKo/*Einsele*, § 127 a Rn 4.

17 BGH, Beschl. v. 5.10.1954 – V BLw 25/54 = BGHZ 14, 381.

18 OLG München DNotZ 1971, 344.

19 OLG Stuttgart, Beschl. v. 30.7.1963 – 8 W 111/63 = NJW 1964, 110 f.

20 OLG Nürnberg, RPfleger 1972, 305; PWW/*Ahrens*, § 127 a Rn 2.

21 BGH, Urt. v. 18.11.1954 – IV ZR 96/54 = BGHZ 15, 190, 195; MüKo/*Einsele*, § 127 a Rn 4; Palandt/*Ellenberger*, § 127 a Rn 2; Erman/*Palm*, § 127 a Rn 2; Bamberger/Roth/*Wendtland*, § 127 a Rn 5; aA OLG München, Urt. v. 20.12.1996 – 23 U 3933/96 = NJW 1997, 2331, 2332.

11 Da keine Sachentscheidung ergeht, scheitert die Wirksamkeit eines gerichtlichen Vergleichs nicht daran, dass die **Prozessvoraussetzungen** für ein Sachurteil nicht gegeben sind,[22] das Gericht fehlerhaft besetzt[23] oder für das Verfahren nicht zuständig ist.[24]

12 § 127 a erfordert einen formell und materiell **wirksamen Prozessvergleich**.[25] In einem Anwaltsprozess müssen sich die Parteien daher durch einen vor dem jeweiligen Gericht postulationsfähigen Rechtsanwalt vertreten lassen.[26] Ein Dritter kann dem Vergleich beitreten, ohne dass für ihn Anwaltszwang besteht; dieser wird durch § 78 Abs. 1 ZPO auf die Parteien des Rechtsstreits beschränkt.[27] Ist in einem Anwaltsprozess die persönliche Abgabe einer Erklärung durch eine Partei erforderlich, so muss sie von dem Anwalt und der Partei gemeinsam abgegeben werden;[28] dies gilt ebenso, wenn sich die Partei außerhalb eines Anwaltsprozesses anwaltlich im Rechtsstreit vertreten lässt.[29] Dabei muss die Zustimmung der Partei ausdrücklich im Protokoll (Rn 14) festgestellt oder sonst durch die Partei nachgewiesen werden können, etwa durch Vernehmung der im Termin anwesenden Personen.[30]

13 **4. Gegenstand.** Der Vergleich kann inhaltlich **über den eigentlichen Streitgegenstand hinausgehen**.[31] Er braucht sich nicht auf das zu beschränken, was schon von vornherein objektiv einen Zusammenhang mit dem Prozessgegenstand hat, sondern kann auch und gerade dasjenige umfassen, was die Parteien beim Vergleichsabschluss in einen solchen Zusammenhang bringen, indem sie die Regelung des Prozessgegenstandes von der Regelung jenes anderen Punktes abhängig machen und umgekehrt;[32] ein weiteres gegenseitiges Nachgeben der Parteien ist wegen dieser über den Streitgegenstand hinausgehenden – Regelungen nicht mehr erforderlich. Der Vergleich muss aber in einem inneren Zusammenhang mit dem Rechtsstreit stehen, um eine missbräuchliche Umgehung der nach dem BeurkG grundsätzlichen Zuständigkeit der Notare zu verhindern.[33] Wird ein Vergleich nach Rücknahme der Berufung protokolliert, so handelt es sich um einen gerichtlichen Vergleich iSd § 127 a, wenn die Parteien schon vor der Rücknahme der Berufung ihren Willen zum Abschluss eines Vergleichs haben erkennen lassen.[34]

14 **5. Protokollierung.** Der Prozessvergleich muss gem. §§ 159 ff ZPO **ordnungsgemäß protokolliert** werden. Im Protokoll ist der Vergleich „festzustellen" (§ 160 Abs. 3 Nr. 1 ZPO). Die Parteien müssen von dem Vergleichstext Kenntnis nehmen können, indem ihnen entweder der Text vorgelesen oder zur Durchsicht vorgelegt wird; wurde der Vergleich vorläufig auf einem Tonträger aufgezeichnet (§ 160 a ZPO), ist den Beteiligten wegen § 162 Abs. 1 S. 2 ZPO der Vergleichstext vorzuspielen. Dadurch sollen Missverständnisse und Protokollierungsfehler vermieden werden.[35] Die Kenntnisnahme und die Genehmigung durch die Parteien sollen ebenfalls im Protokoll vermerkt werden (§ 162 Abs. 1 S. 3 ZPO). Ein solcher Vermerk ist aber nicht Wirksamkeitsvoraussetzung,[36] denn die Beurkundung selbst bedarf zu ihrer Wirksamkeit eines entsprechenden Vermerks des Notars nicht. § 162 Abs. 1 S. 3 ZPO stellt an die Wirksamkeit eines vor Gericht abgeschlossenen Vergleichs keine höheren Anforderungen als das BeurkG an den Vergleich zur Niederschrift des Notars.[37] Die Genehmigung durch die Parteien kann abgekürzt in das Protokoll aufgenommen werden (zB: anstelle von „vorgelesen und genehmigt" „v. u. g.").[38] Eine Unterschrift der Parteien und der am Vergleich beteiligten Dritten ist nicht erforderlich, selbst dann nicht, wenn dies nach materiellrechtlichen Formvorschriften ansons-

22 *Rosenberg/Schwab/Gottwald*, Zivilprozessrecht, 17. Aufl. 2010, § 130 I 2; Palandt/*Ellenberger*, § 127 a Rn 3.
23 BGH, Urt. v. 28.6.1961 – V ZR 29/60 = BGHZ 35, 309.
24 Palandt/*Ellenberger*, § 127 a Rn 3.
25 BGH, Urt. v. 31.1.1963 – III ZR 117/62 = BGHZ 39, 60, 63 ff; Erman/*Palm*, § 127 a Rn 2; MüKo/*Einsele*, § 127 a Rn 3.
26 BGH, Beschl. v. 20.2.1991 – XII ZB 125/88 = NJW 1991, 1743, 1744; OLG Köln, Beschl. v. 28.2.1997 – 25 UF 248/96 = NJW-RR 1997, 965, 966; Bamberger/Roth/*Wendtland*, § 127 a Rn 8; MüKo/*Einsele*, § 127 a Rn 7; Staudinger/*Hertel*, § 127 a Rn 18.
27 BGH, Urt. v. 16.12.1982 – VII ZR 55/82 = BGHZ 86, 160, 163; aA MüKo-ZPO/*Wolfsteiner*, § 794 ZPO Rn 31; MüKo/*Einsele*, § 127 a Rn 7.
28 BayObLG, Beschl. v. 18.3.1965 – BReg. 1 b Z 4/65 = NJW 1965, 1276, 1277; Palandt/*Ellenberger*, § 127 a Rn 3.
29 OLG Düsseldorf, Beschl. v. 24.10.2006 – 3 Wx 185/06 = NJW 2007, 1290, 1291 f.
30 OLG Düsseldorf, Beschl. v. 24.10.2006 – 3 Wx 185/06 = NJW 2007, 1290, 1292.
31 BGH, Beschl. v. 5.10.1954 – V BLw 25/54 = BGHZ 14, 381, 387; Urt. v. 28.6.1961 – V ZR 29/60 = BGHZ 35, 309, 316.
32 BGH, Urt. v. 28.6.1961 – V ZR 29/60 BGHZ 35, 309, 317; OLG München, Urt. v. 20.12.1996 – 23 U 3933/96 = NJW 1997, 2331, 2332.
33 BGH, Urt. v. 18.6.1999 – V ZR 40/98 = BGHZ 142, 84; Urt. v. 1.7.1982 – IX ZR 32/81 = BGHZ 84, 333, 335; Erman/*Palm*, § 127 a Rn 2; MüKo/*Einsele*, § 127 a Rn 6; Palandt/*Ellenberger*, § 127 a Rn 2; RGRK/*Krüger-Nieland*, § 127 a Rn 2; Bamberger/Roth/*Wendtland*, § 127 a Rn 7.
34 OLG München, Urt. v. 20.12.1996 – 23 U 3933/96 = NJW 1997, 2331, 2332.
35 BGH, Beschl. v. 18.1.1984 – IVb ZB 53/83 = NJW 1984, 1465, 1466; Musielak/*Stadler*, § 162 ZPO Rn 1.
36 AA LAG Berlin-Brandenburg, Urt. v. 22.10.2010 – 6 Sa 1580/10 (juris).
37 BGH, Urt. v. 18.6.1999 – V ZR 40/98 = BGHZ 142, 84.
38 RG, Urt. v. 6.12.1902 – V 297/02 = RGZ 53, 150, 152.

ten geboten wäre.[39] Schließlich ist nach § 163 Abs. 1 S. 1 ZPO eine Unterschrift des Vorsitzenden und des Urkundsbeamten der Geschäftsstelle erforderlich.

II. Rechtsfolgen

Eine nach dieser Vorschrift ordnungsgemäß zustande gekommene Niederschrift des Prozessvergleichs ersetzt sowohl die notarielle Beurkundung nach § 128 als auch die öffentliche Beglaubigung nach § 129 Abs. 2 und das gesetzliche Schriftformerfordernis (Rn 2). Im Zeitpunkt des wirksamen Vergleichsschlusses ist auch das protokollierte Rechtsgeschäft zustande gekommen.[40] **15**

§ 128 Notarielle Beurkundung

Ist durch Gesetz notarielle Beurkundung eines Vertrags vorgeschrieben, so genügt es, wenn zunächst der Antrag und sodann die Annahme des Antrags von einem Notar beurkundet wird.

Literatur: *Baumann*, Anforderungen an Namensunterschriften unter beurkundeten Verfügungen von Todes wegen, RNotZ 2010, 310; *Bindseil*, Konsularisches Beurkundungswesen, DNotZ 1993, 5; *Goette*, Auslandsbeurkundungen im Kapitalgesellschaftsrecht, in: FS Boujong, 1996, S. 131; *Haerendel*, Die Beurkundung gesellschaftsrechtlicher Akte im Ausland, DStR 2001, 1802; *Heckschen*, Die Formbedürftigkeit der Veräußerung des gesamten Vermögens im Wege des ‚asset deal', NZG 2006, 772; *Keim*, Das notarielle Beurkundungsverfahren, 1990; *Kröll*, Beurkundung gesellschaftsrechtlicher Vorgänge durch einen ausländischen Notar, ZGR 2000, 111; *Loritz*, Rechtsfragen der notariellen Beurkundung bei Verkauf und Abtretung von GmbH-Geschäftsanteilen, DNotZ 2000, 90; *Reithmann*, Warnpflicht des Notars bei der Beurkundung, NJW 1995, 3370; *Schmucker*, Das verbundene Geschäft und seine Auswirkungen auf den Umfang der Beurkundungspflicht, DNotZ 2002, 900.

A. Allgemeines

I. Normzweck

Für Beurkundungen sind grundsätzlich nur die **Notare** zuständig (vgl aber die Substitution durch § 127 a). **1**
Durch § 128 soll sichergestellt werden, dass die Beteiligten bei der Abgabe von Willenserklärungen von besonderer Tragweite durch einen Notar **sachkundig über die rechtlichen Folgen beraten und belehrt** werden.[1] Darüber hinaus soll durch die Mitwirkung eines Notars erreicht werden, dass die abgegebenen Erklärungen mit dem tatsächlichen Willen der Parteien übereinstimmen und im Vertragstext eindeutig und klar formuliert werden (§ 17 BeurkG). Der Notar soll schließlich auch auf erforderliche behördliche Genehmigungen und Unbedenklichkeitsbescheinigungen, gesetzliche Vorkaufsrechte und die Möglichkeit zur Registrierung von Vorsorgevollmachten[2] beim Zentralen Vorsorgeregister nach § 78 a Abs. 1 BNotO hinweisen (§§ 18–20 a BeurkG). Die notarielle Beurkundung dient damit insbesondere den klassischen Formzwecken des **Übereilungsschutzes**, der **Klarstellung** und der **Beweissicherung** (§ 125 Rn 9 f).[3] Dabei erleichtert § 128 durch die Möglichkeit zur sukzessiven Beurkundung (Rn 12 ff) den Abschlusses beurkundungspflichtiger Verträge.[4]

39 BGH, Urt. v. 18.6.1999 – V ZR 40/98 = BGHZ 142, 84; Musielak/*Stadler*, § 162 ZPO Rn 2; MüKo/*Einsele*, § 127 a Rn 8; RGRK/*Krüger-Nieland*, § 127 a Rn 2.
40 Bamberger/Roth/*Wendtland*, § 127 a Rn 10.
1 Zu den konsultativen Pflichten des Notars *Reithmann*, NJW 1995, 3370 f, im Anschluss an BGH, Urt. v. 22.6.1995 – IX ZR 122/94 = NJW 1995, 2713 und Urt. v. 13.6.1995 – IX ZR 203/04 = NJW 1995, 2794.
2 Zur notariellen Beurkundung von Vorsorgevollmachten *Spanl*, Rpfleger 2006, 455.
3 MüKo/*Einsele*, § 128 Rn 1; *Larenz/Wolf*, BGB AT, § 27 Rn 9, 56; *Bork*, BGB AT, Rn 1069.
4 MüKo/*Einsele*, § 128 Rn 2; Soergel/*Hefermehl*, § 128 Rn 5.

II. Anwendungsbereich

2 § 128 findet auf **Verträge** Anwendung, die kraft Gesetzes einer **notariellen Beurkundung** bedürfen, wie beispielsweise in den Fällen der §§ 311 b Abs. 1, Abs. 3,[5] Abs. 5 S. 2, 873 Abs. 2, 877, 1491 Abs. 2, 1501 Abs. 2 S. 2, 2033 Abs. 1 S. 2, 2348, 2351, 2385 Abs. 1; §§ 2 Abs. 1 S. 1, 15 Abs. 3 u. 4 **GmbHG**; § 23 Abs. 1 S. 1 **AktG**.

3 § 128 findet dagegen **keine Anwendung**, wenn die **Willenserklärung nur einer Partei** der notariellen Beurkundung bedarf, wie bei §§ 518 Abs. 1, 1516 Abs. 2 S. 3, 1597 Abs. 1, 1626 d Abs. 1, 2282 Abs. 3, 2296 Abs. 2 S. 2, 2301; ferner nicht, falls die gleichzeitige Anwesenheit der Parteien bei dem Vorgang vorgeschrieben ist, wie bei §§ 925 Abs. 1, 1410, 2276 Abs. 1 S. 1, 2290 Abs. 4 und § 7 **LPartG**.[6] Hieraus lässt sich allerdings nicht der Schluss ziehen, dass die notarielle Beurkundung in diesen Fällen insgesamt entbehrlich ist oder durch eine öffentliche Beglaubigung (§ 129) ersetzt werden könnte.[7]

4 Ferner bedarf ein Vertrag, der als solcher nicht dem Formerfordernis des § 311 b Abs. 1 unterliegt, dann der notariellen Beurkundung, wenn er mit einem Grundstücksgeschäft im Sinne dieser Vorschrift eine **rechtliche Einheit** bildet.[8] Das ist nach dem BGH der Fall, wenn die Verträge nach dem Willen der Parteien derart voneinander abhängen, dass sie miteinander stehen und fallen sollen (§ 125 Rn 17 f).

III. Ersetzungswirkung

5 Die nach dieser Vorschrift ordnungsgemäß erstellte notarielle Urkunde ersetzt die öffentliche Beglaubigung (§ 129 Abs. 2) und die Schriftform (§ 126 Abs. 4). Die notarielle Beurkundung kann ihrerseits durch einen wirksamen Prozessvergleich ersetzt werden (§ 127 a).

B. Regelungsgehalt

I. Beurkundung

6 **1. Zuständigkeit.** Das Beurkundungsverfahren ist im BeurkG geregelt. Es bestimmt die **grundsätzliche Zuständigkeit der Notare** (§§ 1 Abs. 1, 56 Abs. 3, Abs. 4 BeurkG). Nur in Ausnahmefällen sind Gerichte (§ 62 BeurkG) oder Behörden (§§ 41 ff PStG) zur Beurkundung ermächtigt; zur Ersetzung der Beurkundung durch den Notar nach § 127 a s. Rn 15.

7 Eine **örtliche Zuständigkeit** für die Beurkundung ist nicht vorgesehen, doch darf ein Notar eine Beurkundung außerhalb seines Amtsbezirks nur bei Gefahr in Verzug oder mit Genehmigung der Aufsichtsbehörde vornehmen, § 11 Abs. 2 BNotO. Ein Verstoß gegen diese Bestimmung berührt jedoch die Wirksamkeit der Beurkundung im Inland nicht (§ 11 Abs. 3 BNotO, § 2 BeurkG), so dass die Beteiligten sich an jeden beliebigen Notar wenden können.[9] Eine Beurkundung im Ausland ist dem deutschen Notar nicht möglich, sie wäre unwirksam.

8 **2. Insbesondere: Beurkundung im Ausland.** Art. 11 Abs. 1 EGBGB lässt bei Rechtsgeschäften grundsätzlich die Form ausreichen, die am Ort der Vornahme des Geschäfts vorgeschrieben ist. Grundstücksverträge (Art. 4 Abs. 1 lit. c EG-VO 593/2008),[10] sachenrechtliche Rechtsgeschäfte (Art. 11 Abs. 4 EGBGB) und statusrechtliche Geschäfte, wie die Gründung oder Satzungsänderung bei Kapitalgesellschaften, werden jedoch von diesem **Ortstatut** nicht erfasst. Sie bedürfen notarieller Beurkundung, auch wenn sie im Ausland vorgenommen werden. Falls diese Rechtsgeschäfte vor einem Notar im Ausland abgeschlossen werden, liegt darin eine wirksame Beurkundung nur dann, wenn dessen Tätigkeit derjenigen eines inländischen Notars gleichwertig ist.[11] Der BGH hat dies einmal in einem GmbH-rechtlichen Fall angenommen, „wenn die ausländische Urkundsperson nach Vorbildung und Stellung im Rechtsleben eine der Tätigkeit des deutschen Notars entsprechende Funktion ausübt und für die Errichtung der Urkunde ein Verfahrensrecht zu beachten hat, das den tragenden Grundsätzen des deutschen Beurkundungsrechts entspricht".[12] Dies wurde für die Schweiz (Züri-

5 Zu § 311 Abs. 3 bei der Veräußerung eines Unternehmens als ‚asset deal' *Heckschen*, NZG 2006, 772.
6 Erman/*Palm*, § 128 Rn 2; MüKo/*Einsele*, § 128 Rn 2; Bamberger/Roth/*Wendtland*, § 128 Rn 3; Palandt/*Ellenberger*, § 128 Rn 2; Staudinger/*Hertel*, § 128 Rn 2.
7 OLG München, Beschl. v. 26.11.2008 – 34 Wx 88/08 = NJW-RR 2009, 738, 739.
8 BGH, Urt. v. 13.6.2002 – VII ZR 321/00 = DNotZ 2002, 944 f; *Schmucker*, DNotZ 2002, 900, 904.
9 Erman/*Palm*, § 128 Rn 3; MüKo/*Einsele*, § 128 Rn 3.
10 Verordnung (EG) Nr. 593/2008 v. 17.6.2008 über das auf vertragliche Schuldverhältnisse anzuwendende Recht (Rom I), Abl. L 177/6, vormals § 11 Abs. 4 EGBGB aF.
11 BGH, Beschl. v. 16.2.1981 – II ZB 8/80 = BGHZ 80, 76 ff. Näher Art. 11 EGBGB Rn 20 ff.
12 BGH, Beschl. v. 16.2.1981 – II ZB 8/80 = BGHZ 80, 76, 78; abl. OLG Stuttgart, Urt. v. 17.5.2000 – 20 U 68/99 = NZG 2001, 40 ff für den kalifornischen „notary public".

cher Notariat) bejaht.[13] Allerdings haben sich (seinerzeitige) Mitglieder des 2. Zivilsenats des BGH von dieser früheren Entscheidung distanziert und es abgelehnt, dass bei Statusakten (Satzungsänderungen) eine Gleichwertigkeitsprüfung eröffnet sei, weshalb insoweit nur ein deutscher Notar in Betracht komme.[14] Die instanzgerichtliche Rechtsprechung verfolgt ebenfalls überwiegend diese einschränkende Linie.[15] Daher ist der Praxis von einer Auslandsbeurkundung jedenfalls bei Gründung oder **Satzungsänderung von Kapitalgesellschaften** abzuraten, während dies grundsätzlich bei der Abtretung von Geschäftsanteilen möglich ist[16] (s.a. zu Art. 11 EGBGB Rn 27).

II. Verfahren

9 **1. Beurkundungsgesetz.** Das Verfahren der Beurkundung ist in den §§ 6 ff BeurkG geregelt: Über die Verhandlung beim Notar wird eine **Niederschrift** aufgenommen, die die Bezeichnung des Notars und der Beteiligten sowie deren Erklärungen zu enthalten hat (§§ 8, 9 Abs. 1 BeurkG). Zur Niederschrift gehören alle Dokumente, die den rechtsgeschäftlichen Inhalt der Beurkundung zum Gegenstand haben, sei es, dass sie das zu beurkundende Rechtsgeschäft selbst enthalten, sei es, dass sie seinen Inhalt ergänzen.[17]

10 Die Niederschrift muss vorgelesen, genehmigt und von den Beteiligten und dem Notar eigenhändig unterschrieben werden (§ 13 BeurkG). Anders als im Falle der Aufnahme rechtsgeschäftlicher Erklärungen in ein gerichtliches Protokoll (§§ 160 Abs. 3 Nr. 1, 162 Abs. 1 S. 3 ZPO; vgl § 127 a Rn 14), genügt bei der notariellen Beurkundung das Zeugnis des Notars darüber, dass die Beteiligten die über ihre Erklärungen aufgenommene Niederschrift genehmigt haben, nicht.[18] Die Genehmigung muss vielmehr in der **eigenhändigen Unterschrift der Beteiligten** ihren Ausdruck finden, § 13 Abs. 1 S. 1 BeurkG. Die Unterzeichnung der Urkunde muss mit dem **Familiennamen** erfolgen;[19] zur Unterschrift allgemein § 125 Rn 19 ff.

11 Liegt eine Unterschrift der Parteien vor, so wird vermutet, dass ihnen die Niederschrift in Gegenwart des Notars vorgelesen bzw vorgelegt wurde und sie ihre Genehmigung erteilt haben, § 13 Abs. 1 S. 3 BeurkG. Diese Vermutung wird nicht allein durch die abschließende Unterschrift des Notars unter die Urkunde begründet, sondern der Unterschrift der Beteiligten kommt neben der Notarunterschrift eine selbständige und gleichrangige Bedeutung zu. Nach dem BeurkG führt nur noch die Verletzung dieser zwingenden und wesentlichen Formvorschriften zur Unwirksamkeit der Beurkundung und damit zur Nichtigkeit des Vertrages; eine fehlende oder falsche Datierung ist ebenso unschädlich wie die Nichtangabe des Ortes der Verhandlung (§ 9 Abs. 2 BeurkG).[20]

12 **2. Besonderheiten bei Verträgen.** Bei der Beurkundung eines Vertrages müssen sowohl die **Angebotserklärung** als auch die **Annahmeerklärung** notariell beurkundet werden.[21] Der Vertrag kommt auch ohne Zugang der Annahmeerklärung bereits mit Beurkundung der Annahme zustande, sofern nicht ein anderes bestimmt ist (§ 152). Ist im Antrag eine Annahmefrist genannt, so kann darin eine solche andere Bestimmung liegen, mit der Folge, dass der Vertrag erst mit Zugang der Annahmeerklärung innerhalb der Frist oder zumindest mit Kenntnis des Antragenden von der Annahme zustande kommt.[22]

13 Soweit gesetzlich nicht die gleichzeitige Anwesenheit der Parteien vorgeschrieben ist (dann ist § 128 nicht anwendbar, Rn 3), ermöglicht § 128 die **sukzessive Beurkundung** von Angebot und Annahme, und zwar auch an verschiedenen Orten und durch verschiedene Notare.[23] Hierbei muss jedoch stets zuerst das Angebot und erst danach die Annahmeerklärung beurkundet werden; eine Beurkundung in umgekehrter Reihenfolge ist unzulässig.[24]

13 BGH, Urt. v. 22.5.1989 – II ZR 211/88 = NJW-RR 1989, 1259, 1261; OLG München, Urt. v. 19.11.1997 – 7 U 2511/97 = NJW-RR 1998, 758.

14 *Goette*, Auslandsbeurkundungen im Kapitalgesellschaftsrecht, in: FS Boujong 1996, S. 131, 140 (auch DStR 1996, 709 ff) und Großkomm-AktG/*Röhricht*, § 23 AktG Rn 56; dazu ferner *Haerendel*, DStR 2001, 1802; abl. *Reuter*, BB 1998, 116, 118 f; *Kröll*, ZGR 2000, 111 ff.

15 LG Augsburg, Beschl. v. 4.6.1996 – 2 HK T 2093/96 = BB 1998, 120 (Verschmelzungsvertrag); LG Köln, Beschl. v. 13.10.1989 – 87 T 20/89 = DB 1989, 2214; LG Nürnberg-Fürth, Beschl. v. 20.8.1991 – 4 HK T 489/91 = DB 1991, 2029; abw. LG Kiel, Beschl. v. 25.4.1997 – 3 T 143/97 = BB 1998, 120; aA nunmehr (wieder) OLG Düsseldorf, Beschl. v. 2.3.2011 – I-3 Wx 236/10 = BB 2011, 785.

16 Baumbach/Hueck/*Fastrich*, § 15 GmbHG Rn 22.

17 Zur Abgrenzung von bloßen „Beilagen" KG, Urt. v. 22.11.1996 – 5 U 1304/96 = NJW-RR 1997, 1259, 1260 (Handelsregisterauszug nicht verlesungspflichtig).

18 BGH, Urt. v. 25.10.2002 – V ZR 279/01 = DNotZ 2003, 269, 271.

19 BGH, Urt. v. 25.10.2002 – V ZR 279/01 = DNotZ 2003, 269, 271.

20 Erman/*Palm*, § 128 Rn 3; Palandt/*Ellenberger*, § 128 Rn 1; MüKo/*Einsele*, § 128 Rn 5.

21 MüKo/*Einsele*, § 128 Rn 6.

22 RG, Urt. v. 17.9.1919 – V 131/19 = RGZ 96, 273, 275; Urt. v. 26.10.1901 – V 223/01 = RGZ 49, 127, 132; MüKo/*Einsele*, § 128 Rn 7; Erman/*Palm*, § 128 Rn 4.

23 MüKo/*Einsele*, § 128 Rn 6; *Larenz/Wolf*, § 27 Rn 59; Palandt/*Ellenberger*, § 128 Rn 3; Jauernig/*Jauernig*, § 128 Rn 2.

24 Soergel/*Hefermehl*, § 128 Rn 5; Bamberger/Roth/*Wendtland*, § 128 Rn 4.

14 Ist die **notarielle Beurkundung vertraglich vereinbart**, entscheidet der Parteiwille, ob eine sukzessive Beurkundung zulässig sein soll.[25] Im Zweifel wird dies anzunehmen sein,[26] auch im Hinblick auf die §§ 126, 127, aus denen sich für Schriftform und elektronische Form ergibt, dass an die rechtsgeschäftlich vereinbarte Form nicht strengere Anforderungen zu stellen sind als an die gesetzlich vorgeschriebenen Formen (§ 127 Rn 2).[27]

15 Dem Erfordernis des § 128 ist auch Genüge getan, wenn der Notar die Erklärungen der Parteien nacheinander protokolliert und die **Niederschrift nur einmal unterschreibt**.[28]

C. Beweiskraft

16 Die Beweiskraft einer ordnungsgemäß erstellten notariellen Urkunde ergibt sich aus § 415 Abs. 1 ZPO und erstreckt sich – wegen § 286 Abs. 2 ZPO unter Ausschluss freier richterlicher Beweiswürdigung – darauf, dass die in ihr bezeichneten Erklärungen **vollständig und richtig wiedergegeben** und von den in ihr bezeichneten Personen vor dem beurkundenden Notar abgegeben worden sind.[29] Nach § 415 Abs. 2 ZPO ist der Beweis zulässig, dass der Vorgang unrichtig beurkundet ist.[30] Der Beweis kann sich jedoch ausschließlich auf die Beurkundung der abgegebenen Erklärung beziehen, nicht auf ihre inhaltliche Richtigkeit oder auf Willensmängel.[31] Zu weitgehend ist es deshalb, die Beweiskraft eines notariell beurkundeten Vertrags selbst auf solche Vertragsbestandteile zu erstrecken, die in der notariellen Urkunde bezeichnet, tatsächlich aber der notariellen Urkunde nicht beigefügt waren.[32]

Anhang zu § 128: Die Amtshaftung des Notars

Literatur: *Ganter*, Die Rechtsprechung des BGH zu den Belehrungs-, Hinweis- und Warnpflichten des Notars, WM 1996, 701; *Ganter*, Zweifelsfragen im Notarhaftungsrecht, DNotZ 1998, 851; *Ganter*, Die Beweislast im Notarhaftpflichtprozess, ZNotP 2000, 176; *Ganter*, Die jüngste Rechtsprechung des Bundesgerichtshofs zum Notarhaftungsrecht, ZNotP 2003, 442; ZNotP 2004, 458 und ZNotP 2006, 42; *Ganter* Aktuelle Rechtsprechung zum Notarhaftungsrecht, DNotZ 2007, 246 und DNotZ 2009, 173; *Jungk*, Bedarf der Begriff des Rechtsmittels i.S.v. § 839 Abs. 3 BGB im Notarhaftungsrecht einer restriktiven Auslegung?, DNotZ 2001, 99; *Kapsa*, Aktuelle Probleme des Notarhaftungsrechts, ZNotP 2007, 2 und 402 sowie ZNotP 2008, 468; *Plaß*, Der Mitverschuldenseinwand des Notars, DNotZ 2002, 23; *Rossak*, Darf der Notar seine Haftung ausschließen oder beschränken?, VersR 1985, 1121; *Schmitz*, Haftungsfreistellung des Notars bei konkurrierender Staatshaftung, VersR 2008, 1049; *Zugehör*, Aktuelle Fragen der Notarhaftung, ZNotP 2000, 250.

25 Erman/*Palm*, § 218 Rn 2; MüKo/*Einsele*, § 128 Rn 2.
26 MüKo/*Einsele*, § 128 Rn 2; Soergel/*Hefermehl*, § 128 Rn 7; Bamberger/Roth/*Wendtland*, § 128 Rn 3.
27 So auch MüKo/*Einsele*, § 128 Rn 2.
28 RG, Urt. v. 2.7.1908 – IV 583/07 = RGZ 69, 130, 132 ff; MüKo/*Einsele*, § 128 Rn 6; Soergel/*Hefermehl*, § 128 Rn 5; Staudinger/*Dilcher*, § 128 Rn 4; Palandt/*Ellenberger*, § 128 Rn 3.
29 Musielak/*Huber*, § 415 ZPO Rn 10; Zöller/*Geimer*, § 415 ZPO Rn 5; MüKo/*Einsele*, § 128 Rn 8; Bamberger/Roth/*Wendtland*, § 128 Rn 6; HK-BGB-*Dörner*, § 128 Rn 4.
30 Dazu BGH, Urt. v. 22.6.1965 – V ZR 55/64 = NJW 1965, 1714 (kein Gegenbeweis durch Parteivernehmung).
31 MüKo/*Einsele*, § 128 Rn 8; Bamberger/Roth/*Wendtland*, § 128 Rn 6.
32 *Altmeppen*, NJW 2006, 3761 f, gegen KG, NJW 2006, 3786, 3787 ff.

A. Vorbemerkung

Obwohl der Notar – anders als der Rechtsanwalt – Träger eines öffentlichen Amtes (§ 1 BNotO) ist, findet im Falle von Amtspflichtverletzungen nicht das allgemeine Staatshaftungsrecht (§ 839 iVm Art. 34 GG) Anwendung. Auch die allgemeine Vertragshaftung gem. § 280, die bei der Dienstleistung von Anwälten einen Schadensersatzanspruch begründet, ist bei einer Notartätigkeit nicht anwendbar. Der Gesetzgeber hat in der BNotO vielmehr eine **eigenständige Regelung der Haftung für Amtspflichtverletzungen der Notare** gefunden (§ 19 BNotO). Diese Vorschrift regelt die Haftung des Notars umfassend und gilt nicht nur bei Amtshandlungen im engeren Sinne, etwa Beurkundungen, sondern auch bei beratender Tätigkeit im Rahmen des § 24 BNotO.[1] 1

Aus Sicht der Versicherungswirtschaft ist ein Trend hinsichtlich einer Zunahme von Haftpflichtfällen bei Notaren zu erkennen. In den Jahren 1990–2000 sind Leistungen in einer Größenordnung von 100 Mio. EUR erbracht worden, der durchschnittliche Aufwand je Versicherungsfall hat sich auf 10.000 EUR annähernd verdoppelt.[2] Folge sind starke Prämienerhöhungen bei den Versicherern.[3] 2

B. Anspruchsgrundlagen

I. § 19 BNotO

Zentrale Anspruchsgrundlage für Amtspflichtverletzungen der Notare ist **§ 19 BNotO**. Ergänzt wird die Vorschrift durch § 46 BNotO, der die Haftung des Vertreters des Notars festschreibt und durch § 61 BNotO, der die Haftung des Notariatsverwalters regelt. 3

Die **Haftung** des Notars gem. § 19 BNotO ist **abschließend**. Eine Haftung des Staates anstelle des Notars ist ausgeschlossen; § 19 Abs. 1 S. 4 BNotO. Dieser einfach gesetzliche Ausschluss der Staatshaftung ist verfassungsrechtlich zulässig, da Art. 34 GG keine voll umfängliche Staatshaftung erfordert.[4] Der Ausschluss der Staatshaftung wird dadurch kompensiert, dass Notare gem. § 19 a BNotO verpflichtet sind, eine Berufshaftpflichtversicherung mit einer Mindestversicherungssumme von 500.000 EUR zu unterhalten. Das Fehlen einer Haftpflichtversicherung führt zur Amtsenthebung (§ 50 Abs. 1 Nr. 10 BNotO). 4

Die **Struktur** der Amtshaftung der Notare ist vergleichbar mit der allgemeinen Amtshaftung gem. § 839. Diese Regelungen sind gem. § 19 Abs. 1 S. 3 BNotO auch ergänzend heranzuziehen, soweit Sonderregelungen in der BNotO fehlen. 5

II. Ausnahme: Staatliches Notariat in Baden-Württemberg

Neben dem hauptberuflichen Notariat und dem Anwaltsnotariat (§ 116 Abs. 1 BNotO) findet sich in Baden-Württemberg noch bis zum 31.12.2017 eine Sonderform des Notariats, die sog. **„Notare im Landesdienst"** 6

1 Vgl nur BGH VersR 1972,1049; BGH DNotZ 1990, 661; BGH ZNotP 1999, 247; *Haug*, Rn 1, 2; *Arndt/Lerch/Sandkühler*, § 19 Rn 3.
2 Vgl BNotK-Intern, 2002, 1, S. 4 (s. bei www.bnotk.de).
3 BNotK-Intern 2003, 1, S. 1–2.
4 BGHZ 135, 356 = NJW 1998, 142; *Arndt/Lerch/Sandkühler*, § 19 Rn 4; *Schlüter/Knippenkötter*, Rn 7.

(§ 114 Abs. 1 BNotO). Für diese staatlichen Notare, die Beamtenstatus haben, gilt die BNotO nicht, mit der Folge, dass für Amtspflichtverletzungen die allgemeine Haftung gem. § 839 iVm Art. 34 GG Anwendung findet.[5] Ab dem 1.1.2018 werden nach der Neufassung des § 114 Abs. 1 BNotO nur noch hauptberufliche Notare iSv § 3 Abs. 1 BNotO bestellt, für die § 19 BNotO Anwendung findet.

C. Anspruchsvoraussetzungen des § 19 BNotO

7 Der Amtshaftungsanspruch ist strukturell dem Amtshaftungsanspruch gem. § 839 vergleichbar; von seiner Rechtsnatur handelt es sich um einen Deliktsanspruch des Zivilrechts.[6] Es müssen die nachfolgend dargestellten Tatbestandsmerkmale erfüllt sein, damit eine Schadensersatzpflicht des Notars begründet ist.

I. Notartätigkeit

8 **1. Allgemeines.** Voraussetzung einer Haftung gem. § 19 BNotO ist zunächst, dass die schadensverursachende Handlung bei einer „Notartätigkeit" erfolgt ist. Da der Notar gem. § 1 BNotO Träger eines öffentlichen Amtes ist, erfordert eine Notartätigkeit, dass der Notar **in** diesem Amt tätig wird.[7] Eine Anwendung des § 19 BNotO scheidet daher aus, wenn der Notar außerhalb der Amtstätigkeit, etwa bei einer genehmigten Nebentätigkeit Pflichten verletzt.[8] Eine privatrechtliche Tätigkeit, die keine Amtstätigkeit darstellt, ist etwa die Kündigung von Kanzleiräumen durch den Notar.[9]

9 **2. Problembereich: Anwaltsnotar.** Während sich beim hauptberuflichen Notar die Abgrenzung zwischen der Ausübung von Amtstätigkeit und den außerhalb der Amtstätigkeit wahrgenommenen Rechtsgeschäften in der Regel problemlos treffen lässt, ergeben sich im Bereich des Anwaltsnotariats erhebliche Probleme. Gem. § 3 Abs. 2 BNotO werden in den Gerichtsbezirken, in denen am 1.4.1961 das Amt des Notars nur im Nebenberuf ausgeübt worden ist, weiterhin ausschließlich Rechtsanwälte als **Notare** zur **gleichzeitigen Amtsausübung neben dem Beruf des Rechtsanwalts** bestellt (Anwaltsnotare). Da der Anwaltsnotar zwei Berufe ausübt, die unterschiedlichen Haftungskreisen zugeordnet sind, ist in jedem Einzelfall eine Abgrenzung der verschiedenen Tätigkeitsbereiche als Rechtsanwalt und als Notar vorzunehmen.

10 Der Anwaltsnotar **haftet** gem. § 19 BNotO, wenn er eine Notartätigkeit entfaltet. Demgegenüber haftet er gem. § 280 iVm §§ 241 Abs. 2, 675, soweit er als Rechtsanwalt tätig geworden ist. Eine sorgfältige Abgrenzung ist auch deshalb erforderlich, weil sich in der Sache erhebliche Unterschiede zwischen der Anwalts- und Notarhaftung ergeben. Zu den maßgeblichen Abgrenzungskriterien ist Folgendes anzumerken.

11 **a) § 14 Abs. 1 S. 2 BNotO.** Im Hinblick darauf, dass ein Notar nicht Vertreter einer Partei sondern unabhängiger und unparteiischer Betreuer aller Beteiligten sein muss, ist für die Abgrenzung zunächst folgendes **Kriterium** relevant: Agiert ein Anwaltsnotar als einseitiger Interessenvertreter seines Auftraggebers, ist er im Zweifel als Rechtsanwalt tätig geworden. Entspricht die Rolle jedoch der eines unparteiischen Betreuers aller Beteiligten, wird seine Tätigkeit als notarielle Tätigkeit aufzufassen sein.[10]

12 **b) § 24 Abs. 2 BNotO.** Eine **gesetzliche Abgrenzungsregelung** findet sich in § 24 Abs. 2 BNotO für die Fälle der Betreuung und Vertretung der Beteiligten iSv. § 24 Abs. 1 BNotO. Danach ist immer dann von einer Notartätigkeit auszugehen, wenn der Anwaltsnotar eine Tätigkeit iSd §§ 20 bis 23 BNotO vorbereitet oder ausführt (§ 24 Abs. 2 S. 1 BNotO). In den übrigen Fällen ist im Zweifel anzunehmen, dass er als Rechtsanwalt tätig geworden ist (§ 24 Abs. 2 S. 2 BNotO). Hierbei kann es zu schwierigen Abgrenzungsfällen kommen. Der Erklärungsinhalt aus der Sicht des Empfängers kann im Einzelfall maßgeblich sein.[11] Für den in der Praxis relevanten Fall, dass der **Anwaltsnotar einen Vertrag entwerfen** soll, gilt folgende Abgrenzung: Entscheidend ist, ob der Auftrag von **einem** Auftraggeber erteilt wird und die Interessen dieses Auftragsgebers wahrgenommen werden sollen; in einem solchen Fall liegt eine Tätigkeit als Rechtsanwalt vor.[12] Erfolgt die Erstellung des Vertragsentwurfs einvernehmlich aufgrund eines Auftrags beider oder mehrerer Vertragsparteien, handelt es sich um eine notarielle Tätigkeit, auch wenn eine spätere Beurkundung nicht vorgesehen ist.[13]

13 Für den Fall, dass ein **Anwaltsnotar die Beteiligten über ein Rechtsgeschäft berät**, das er anschließend beurkundet, treffen ihn regelmäßig die Pflichten eines Notars.[14] War die vorausgegangene Beratung dazu bestimmt, die Beurkundung vorzubereiten, bestand auch insoweit eine Notartätigkeit (§ 24 Abs. 2 S. 1 BNotO).

5 Einzelheiten bei *Haug*, Rn 374 ff.
6 Eylmann/Vaasen/*Frenz*, § 19 Rn 3; Schippel/Bracker/*Schramm*, § 19 Rn 2 mwN.
7 *Tremml/Karger/Luber*, Rn 1449; näher zur Amtstätigkeit *v. Stein* in: Kilian/Sandkühler/v. Stein, Praxishandbuch Notarrecht, 2. Aufl. 2011, § 16 Rn 7 f.
8 *Haug*, Rn 4; *Tremml/Karger/Luber*, Rn 1450; Eylmann/Vaasen/*Frenz*, § 19 Rn 6.
9 BGH DNotZ 1992, 453; *Haug*, Rn 4.
10 Zur Abgrenzung vgl BGH NJW 2009, 71; BGH WM 2001, 1204 f; BGH WM 1996, 518.
11 BGHZ 134, 100 ff = WM 1997, 78.
12 Dazu Eylmann/Vaasen/*Hertel*, § 24 BNotO Rn 63, 64.
13 BGH VersR 1972, 1049; *Zugehör/Sieg*, Anwaltshaftung, Rn 123.
14 BGH NJW 1993, 2747 f.

Eine Tätigkeit als Rechtsanwalt liegt in solchen Fällen jedoch dann vor, wenn die Beratung einseitig auf die Interessen des Auftraggebers gerichtet ist.[15]

14 **c) Gesetzliche Mitwirkungsverbote.** Die Abgrenzungsregelung des § 24 Abs. 2 BNotO wird ergänzt durch gesetzliche Mitwirkungsverbote, die die **Unabhängigkeit des Notars wahren** sollen. Die Mitwirkung als Notars wird gem. § 3 Abs. 1 BeurkG iVm § 16 BNotO beschränkt. Für Anwaltsnotare ist in diesem Zusammenhang insbesondere auch § 3 Abs. 1 Nr. 7 BeurkG (Vorbefassung) von besonderer Bedeutung. Immer dann wenn der Anwaltsnotar bereits als Rechtsanwalt tätig war, ist in der gleichen Angelegenheit eine Notartätigkeit ausgeschlossen. Dies gilt auch umgekehrt. In § 45 Abs. 1 Nr. 1 und 2 BRAO ist bestimmt, dass auch eine Rechtsanwaltstätigkeit unzulässig ist, wenn in derselben Angelegenheit bereits eine Vortätigkeit als Notar vorlag.

II. Amtspflichtverletzung

15 **1. Allgemeines.** Der Schadensersatzanspruch gem. § 19 BNotO setzt voraus, dass der Notar eine **Amtspflichtverletzung** begeht. Wann eine Amtspflichtverletzung vorliegt, ist nicht im Einzelnen geregelt. Die den Notar treffenden Pflichten ergeben sich aus den allgemeinen Vorschriften, insbesondere aus der BNotO, dem BeurkG und der Dienstordnung für Notare (DONot).[16]

16 Daraus folgt, dass bei den unterschiedlichen Tätigkeitsbereichen eines Notars eine unübersehbar große Anzahl von einzelnen Amtspflichten besteht, die in diesem Kontext nicht dargestellt werden können. Es sollen daher nachfolgend nur die **Kernpflichten eines Notars** behandelt werden.

17 **2. Wichtige Amtspflichten des Notars. a) Prüfungs- und Belehrungspflichten.** Die Verletzung von Belehrungspflichten bildet in der Praxis einen großen Anteil der Haftpflichtfälle bei Notaren.[17] Dieser Bereich der Amtspflichten wird in Rechtsprechung und Literatur traditionell in folgende Kernbereiche untergliedert:

18 **aa) Allgemeine Belehrungspflichten bei Urkundstätigkeit.** Bei der Beurkundung ergeben sich die Amtspflichten eines Notars insbesondere aus §§ 17 ff BeurkG. Danach hat der Notar folgende Pflichten zu beachten:

- Pflicht zur Erforschung des Willens der Beteiligten (§ 17 Abs. 1 S. 1 BeurkG);
- Pflicht zur Sachverhaltsaufklärung (§ 17 Abs. 1 S. 1 BeurkG);
- Pflicht zur Belehrung über die rechtliche Tragweite des Geschäfts (§ 17 Abs. 1 S. 1 BeurkG);
- Pflicht zur klaren und unzweideutigen Wiedergabe der Erklärungen in der Niederschrift (§ 17 Abs. 1 S. 1 BeurkG);
- Vermeidung von Irrtümern und Benachteiligungen (§ 17 Abs. 1 S. 2 BeurkG);
- Erörterungspflicht bei Zweifel an der Wirksamkeit des Geschäfts (§ 17 Abs. 2 S. 1 BeurkG);
- Pflicht bei Verbraucherverträgen, die rechtsgeschäftlichen Erklärungen des Verbrauchers persönlich oder durch eine Vertrauensperson einzuholen (§ 17 Abs. 2 a S. 2 Nr. 1 BeurkG);
- Pflicht zur Vorabinformation der Verbraucher (§ 17 Abs. 2 a S. 2 Nr. 2 BeurkG);
- Pflicht zum Hinweis auf ausländisches Recht (§ 17 Abs. 3 S. 1 BeurkG);
- Pflicht zum Hinweis auf Genehmigungserfordernisse (§ 18 BeurkG);
- Pflicht zum Hinweis auf Unbedenklichkeitsbescheinigungen (§ 19 BeurkG);
- Pflicht zum Hinweis auf ein ggf bestehendes Vorkaufrecht (§ 20 BeurkG).

19 Die Einzelheiten zu diesen Pflichten sind von der Rechtsprechung näher konkretisiert worden, insoweit wird auf das Spezialschrifttum zum BeurkG Bezug genommen.[18] Lediglich folgende **wesentliche Grundsätze** seien hervorgehoben:

20 § 17 BeurkG soll gewährleisten, dass der Notar eine rechtswirksame Urkunde über den **wahren Willen** der Beteiligten errichtet. Diese Belehrungspflicht geht daher nur soweit, wie eine Belehrung für das Zustandekommen einer formgültigen Urkunde erforderlich ist, die den wahren Willen der Beteiligten vollständig und unzweideutig in der für das beabsichtigte Rechtsgeschäft richtigen Form und rechtswirksam wiedergibt.[19]

21 Dabei hat der Notar in der Urkunde den **Willen der Beteiligten so eindeutig wie möglich** zu fassen. Für Schäden aus unklaren Formulierungen haftet der Notar.[20] Gleiches gilt, wenn das beurkundete Geschäft nicht der richtigen Form entspricht.[21] Daher ist es von der Rechtsprechung als Pflichtverletzung gewertet worden,

15 BGH NJW 1998, 1864; NJW 1993, 2747.
16 Vgl auch *Tremml/Karger/Luber*, Rn 1457; *Haug*, Rn 400 ff; Eylmann/Vaasen/*Frenz*, § 19 Rn 8; speziell zur DONot vgl auch BGH DNotZ 1986, 418.
17 *Haug*, Rn 401.
18 Vgl zu den einzelnen Pflichten auch *Haug*, Rn 465 ff und 488 ff.
19 BGHZ 125, 218, 225 = NJW 1994, 1344; BGH NJW 1993, 2741, 2742; BGH WM 1988, 722 f; für umfassendere Aufklärung *Ganter*, in: Ganter/Hertel/Wöstmann, Rn 837 ff.
20 BGH NJW 2004, 69, 70; *Ganter,* ZNotP 2004, 458.
21 BGH DNotZ 2006, 918.

dass der Notar bei der Beurkundung eines Grundstückkaufvertrages eine im Vertrag angeführte Baubeschreibung nicht mitbeurkundet hatte.[22]

22 Bei der **Klärung des Willens** der Beteiligten und des Sachverhaltes muss der Notar darauf hinwirken, dass sich die Beteiligten vollständig und eindeutig über ihre Vorstellungen äußern[23] und muss mit den Beteiligten erörtern, ob die zu beurkundende Fassung des Geschäfts ihrem wahren Willen entspricht.[24]Dabei muss der Notar bedenken, dass die Beteiligten möglicherweise entscheidende Gesichtspunkte übersehen haben, so dass er ggf nachzufragen hat, wenn er hierfür Anhaltspunkte sieht.[25]Solche Anhaltspunkte können bestehen, wenn das beabsichtigte Rechtsgeschäft einen Aspekt aufwirft, der üblicherweise zum Gegenstand vertraglicher Abreden gemacht wird.[26]

23 Ein Unterfall der Sachverhaltsaufklärung ist die in § 21 Abs. 1 BeurkG geregelte **Unterrichtung über den Grundbuchinhalt**. Diese Unterrichtung dient dazu, zu klären, ob dem zu beurkundenden Recht rechtliche Hindernisse entgegenstehen oder ob Eintragungen – etwa Belastungen – für das Rechtsgeschäft von Bedeutung sind.[27] Bei der Unterrichtung über den Grundbuchinhalt darf sich der Notar auch Hilfspersonen bedienen, für deren Fehler er dann nach Auffassung des BGH – systemwidrig – analog § 278 einzustehen hat (vgl dazu Rn 110 ff).[28] Allerdings folgt weder aus § 21 Abs. 1 BeurkG noch aus § 17 Abs. 1 S. 1 BeurkG eine weiter gehende Pflicht zur Einsicht auch in die **Grundakten**. Eine solche Pflicht besteht nur bei besonderen Umständen, etwa bei Unklarheiten oder einer erkennbaren Gefahrenlage für einen Urkundsbeteiligten.[29]

24 Der Notar unterliegt **keiner Pflicht zur Amtsermittlung**, dh er darf sich in der Regel auf die Angaben der Beteiligten verlassen.[30]

25 Die erforderliche **rechtliche Belehrung** soll gewährleisten, dass eine rechtswirksame Urkunde über den wahren Willen der Beteiligten errichtet wird.[31] Dies gilt besonders bei der Übernahme von **Risiken** durch eine Partei, etwa bei dem Fall, dass eine **ungesicherte Vorleistung** von einer Partei erbracht werden soll.[32] In diesen Fällen trifft den Notar eine doppelte Belehrungspflicht: er ist gehalten, die mit einer ungesicherten Vorleistung verbundenen Gefahren aufzuzeigen und muss darüber aufklären, wie diese Risiken möglichst zu vermeiden sind.[33] Diese Grundsätze hat der BGH nunmehr auch auf den Fall eines Darlehensvertrages mit Sicherungsgrundschuld angewandt.[34]

26 Besondere **Haftungsrisiken** für eine Partei, etwa bei einer Kapitalerhöhung einer Gesellschaft, führen ebenfalls zu einer besonderen Belehrungspflicht des Notars.[35] Ebenso gilt eine Hinweispflicht bei anderen möglichen **Rechtsnachteilen**, etwa zu der Gefahr eines unwirksamen Rangrücktritts bei Nichtvorlage eines Grundschuldbriefes.[36]

27 Die rechtliche Belehrung muss sich allerdings im Regelfall **nicht** auf **steuerrechtliche** Aspekte erstrecken.[37] **Ausnahmen** gelten nur für den Fall einer **Schenkung**[38] **oder einer Zweckzuwendung** (§ 8 Abs. 1 S. 6 und Abs. 4 ErbStDV), im Falle der besonderen Übernahme einer steuerrechtlichen Beratung durch den Notar und für den Fall, dass besondere Umstände die Annahme rechtfertigen, dass allen Beteiligten konkrete Nachteile drohen, denen sie sich nicht bewusst sind.[39] Gleiches kann gelten, wenn der Notar einen von einem Steuerberater entworfenen Vertrag ändern soll und der Notar die steuerrechtlichen Konsequenzen nicht überblickt; dann muss er steuerrechtlichen Rat empfehlen.[40]

28 Auch über die **Kosten** – Notarkosten und Gerichtskosten – muss der Notar grundsätzlich **nicht** belehren.[41] Aufgrund besonderer Umstände können sich insoweit Ausnahmen ergeben. Etwa dann, wenn der Notar

22 BGH WM 2008, 1697.
23 BGH NJW 1987, 1266.
24 BGH WM 1996, 30 f; BGH WM 1991, 1046, 1048.
25 BGH MDR 2011, 266 = ZNotP 2011, 75.
26 BGH MDR 2011, 266, Rn 17.
27 BGH WM 1995, 1502 f; *Ganter*, WM 2000, 641, 643.
28 BGHZ 131, 200 ff = NJW 1996, 464; vgl dazu auch *Haug*, Rn 127; ausführlich *Ganter*, in: Ganter/Hertel/Wöstmann, Rn 904 ff mwN auch zu aM in der Lit.
29 BGH NJW 2009, 279; dazu *Ganter*, DNotZ 2009, 173, 174.
30 BGH VersR 1996, 336.
31 BGH NJW 2007, 3566, 3567; BGH NJW 2005, 3495; BGH WM 1995, 118 ff.
32 BGH WM 1995, 118 f; BGH WM 2000, 1355; BGH NJW 2008, 1319; BGH NJW 2008, 1321; vgl dazu näher *Ganter*, in: Ganter/Hertel/Wöstmann, Rn 1033 ff.
33 BGH NJW 1999, 2188; BGH ZNotP 2004, 290; BGH NJW-RR 2005, 284; BGH NJW 2008, 1321; *Ganter*, WM 2000, 641, 644 f; *ders.*, DNotZ 2009, 173, 175.
34 BGH NJW 2006, 3065, 3066; näher dazu *Ganter*, DNotZ 2007, 246, 251 f.
35 BGH NJW 2007, 3566; BGH WM 2008, 1318; OLG Oldenburg DB 2006, 777; dazu *Ganter*, DNotZ 2009, 173, 177 f; *Kapsa*, ZNotP 2008, 468, 471 f; *Matz*, VersR 2008, 1365.
36 BGH WM 2010, 91.
37 BGH WM 1995, 1502 f; BGH WM 1992, 1533, 1535; BGH NJW 2008, 1085; krit. zu der Rechtsprechung *Ganter*, in: Ganter/Hertel/Wöstmann, Rn 1107; vgl zur Rechtsprechung auch *Moes*, DNotZ 2008, 373 ff.
38 Vgl zur Haftung wegen fehlender Aufklärung über die Schenkungssteuer OLG Oldenburg MDR 2010, 55 f.
39 BGH WM 1995, 1502 f; BGH DNotZ 1992, 813.
40 BGH VersR 2004, 479.
41 OLG Zweibrücken DNotZ 1988, 391; BayObLG DNotZ 1989, 707 f; *Arndt/Lerch/Sandkühler*, § 14 Rn 169; *Haug*, Rn 570.

Anhaltspunkte für eine schlechte finanzielle Situation eines Beteiligten hat.[42] In diesem Fall ist der Notar gem. § 17 Abs. 2 BNotO außerdem verpflichtet, wenn die Voraussetzungen für die Gewährung von Prozesskostenhilfe erfüllt wären, die Urkundstätigkeit vorläufig gebührenfrei oder gegen Ratenzahlung zu gewähren.

bb) Die erweiterte Belehrungspflicht, § 14 Abs. 1 S. 2 BNotO. Nach ständiger Rechtsprechung des BGH folgt aus der Verpflichtung zur Unabhängigkeit und Unparteilichkeit iSv § 14 Abs. 1 S. 2 BNotO eine **besondere (erweiterte) Belehrungspflicht**. Diese Belehrungspflicht besteht, wenn der Notar aufgrund besonderer Umstände des Falles Anlass zur Besorgnis haben muss, einem Beteiligten drohe ein Schaden, weil er sich wegen mangelnder Kenntnis der Rechtslage oder von vermögensrelevanten Sachumständen der Gefährdung seiner Interessen nicht bewusst ist.[43] Die Belehrungspflicht tritt allerdings nicht ein hinsichtlich solcher Schäden, die aufgrund wirtschaftlicher Überlegung eines Beteiligten drohen und in keinem Zusammenhang mit der rechtlichen Konstruktion des Vertrages oder der Art seiner Durchführung stehen.[44] Nur in Ausnahmefällen kann sie sich auf die wirtschaftlichen Folgen erstrecken, wenn der Notar Anlass zu der Vermutung hat, einem Beteiligten drohe wegen mangelnder Kenntnis der Rechtslage die Gefahr wirtschaftlicher Nachteile.[45] Eine Aufklärung zur **Angemessenheit des Kaufpreises** schuldet der Notar allerdings nicht.[46] 29

cc) Außerordentliche Belehrungspflicht. Diese zusätzliche besondere Belehrungspflicht gilt ausnahmsweise dann, wenn die Vertrauensstellung des Notars zur Schädigung von Urkundsbeteiligten und anderen Personen missbraucht wird.[47] 30

dd) Grenzen der Belehrungspflicht. Die Belehrungspflichten des Notars bestehen allerdings grundsätzlich nur dann, wenn die Beteiligten **belehrungsbedürftig** sind, was bei rechtskundigen Personen entfallen kann, jedoch nicht entfallen muss. Entscheidend ist hier der Einzelfall.[48] 31

Die Belehrungspflicht kann auch durch die **Pflicht zur Unparteilichkeit** (§ 14 Abs. 1 S. 2 BNotO) eingeschränkt sein.[49] 32

b) Pflichten bei der Urkundsgestaltung. Bei der Beurkundung von Rechtsgeschäften ist zwischen Amtspflichten des Notars in verfahrensmäßiger Hinsicht und solchen bei der inhaltlichen Gestaltung zu unterscheiden: 33

aa) Verfahren. In **formeller Hinsicht** muss der Notar gem. § 17 Abs. 1 BeurkG insbesondere den Willen der Beteiligten in konkreter Form formulieren. Dies erfordert etwa bei Kaufverträgen die genaue Bezeichnung des Kaufgegenstandes.[50] Ebenso kann eine unklare Fälligkeitsregelung zu einer Haftung führen.[51] Die Beurkundung muss wahrheitsgemäß erfolgen.[52] Die notarielle Niederschrift muss vollständig sein,[53] und es sind die Verfahrensregeln des § 13 BeurkG zu beachten. Bei Verbraucherverträgen muss der Notar hinsichtlich der Verfahrensgestaltung die besonderen Regelungen des § 17 Abs. 2 a BeurkG beachten. 34

bb) Inhalt. Bei der **inhaltlichen Gestaltung** von Urkunden besteht eine Pflicht des Notars zur konkreten Vertragsgestaltung, dh, zur umfassenden, ausgewogenen und interessengerechten Vertragsgestaltung.[54] Gem. § 14 Abs. 2 BNotO darf der Notar nicht an unredlichen oder unerlaubten Zweckverfolgungen teilnehmen. Daher sind insbesondere Vorschriften, die eine Vertragspartei schützen sollen (etwa die Vorschriften der Makler- und Bauträgerverordnung) streng zu beachten, so dass abweichende, eine Vertragspartei gefährdende, vertragliche Regelungen nicht beurkundet werden dürfen.[55] 35

Darüber hinaus unterliegen die notariellen Vertragsregelungen der **richterlichen Inhaltskontrolle** gem. §§ 305 ff oder gem. § 242.[56] Gem. § 310 Abs. 3 Nr. 1 findet die Inhaltskontrolle auch bei Drittbedingungen, die auf Vorschlag eines Notars Vertragsinhalt geworden sind, Anwendung.[57] Dies bedeutet, dass der Notar die einzelnen Klauseln streng prüfen muss (Klauselkontrolle) und bei unwirksamen Klauseln, die zu Nachteilen bei einer Partei führen, ggf haftet.[58] 36

c) Pflichten bei Einreichungs- und Vollzugstätigkeit. Gem. § 53 BeurkG ist der Notar verpflichtet, die Einreichung der von ihm beurkundeten, beim **Grundbuchamt oder Registergericht** einzutragenden Wil- 37

42 Dazu auch *Ganter*, in: Ganter/Hertel/Wöstmann, Rn 1122.
43 BGH NJW-RR 2005, 1003; BGH ZNotP 2004, 243; BGH DNotZ 2003, 426; BGH NJW 1993, 2744, 2749 f; *Ganter*, WM 2000, 641, 645 f, *ders.*, ZNotP 2003, 442, 444 und ZNotP 2004, 458, 459 ff.
44 BGH DNotZ 1991, 759; *Haug*, Rn 547.
45 BGH MittBayNot 2009, 394.
46 BGH aaO.
47 BGH NJW 1990, 3219 f; *Ganter*, WM 2000, 641, 646; *Haug*, Rn 580 ff.
48 BGH DNotZ 1982, 505; BGH WM 1984, 700; vgl auch *Tremml/Karger/Luber*, Rn 1488.
49 OLG Düsseldorf, DNotZ 1985, 767.
50 BGH NJW 2004, 69 f; *Ganter*, ZNotP 2004, 458.
51 BGH DNotZ 2004, 849, 850; kritisch dazu *Kesseler*, DNotZ 2004, 852.
52 BGH WM 1992, 1497, 1500; BGH NJW 1997, 661 f.
53 BGH DNotZ 2001, 194; *Arndt/Lerch/Sandkühler*, § 14 Rn 175.
54 BGH DNotZ 2002, 768, 769; BGH VersR 1994, 1310 f; *Arndt/Lerch/Sandkühler*, § 14 Rn 131.
55 BGH NJW 2007, 1360; näher zu den Einzelheiten vgl *Arndt/Lerch/Sandkühler*, § 14 Rn 68 ff.
56 BGH NJW 1988, 135; BGH NJW 1989, 2748.
57 Vgl auch *Heinrichs*, NJW 1995, 153 ff.
58 BGH NJW 2007, 1360; dazu *Vogel*, NJW 2007, 1361; *Ganter*, DNotZ 2009, 173, 184.

lenserklärung zu veranlassen. Diese Regelung erfasst allerdings nicht die **Beseitigung** der sonstigen **Vollzugshindernisse**, wie die Einholung von Löschungsbewilligungen, Genehmigungen oder Vorkaufsverzichtserklärungen der Kommunen. **Derartige Maßnahmen** stellen jedoch den „**sichersten**" **Weg** dar und müssen **vom Notar angeregt** werden.[59] Außerdem muss der Notar auch beim Urkundenvollzug darauf achten, dass keiner der Beteiligten Schäden oder Nachteile erleidet.[60]

38 Bei diesen Amtspflichten ergeben sich in der Praxis aufgrund von **vermeidbaren Verzögerungen** häufig **Amtshaftungsprozesse**. § 53 BeurkG bestimmt hierzu, dass der Notar das Notwendige zu veranlassen hat, „sobald die Urkunde eingereicht werden kann". Dies verlangt eine Handlungsweise des Notars und seiner Mitarbeiter **ohne schuldhaftes Zögern (§ 121)**.[61] In der älteren Rechtsprechung ist für den Regelfall ein Zeitraum von drei bis vier Arbeitstagen noch nicht als Amtspflichtverletzung angesehen worden.[62] Ob dies allerdings aufgrund der heutigen Kommunikationsmöglichkeiten noch in gleicher Weise Geltung hat, ist zweifelhaft. Jedenfalls kann sich aus dem Gegenstand des Rechtsgeschäfts auch ergeben, dass ein schnelleres Tätigwerden erforderlich ist (ein Tag), so bei Kreditsicherungsmitteln wie etwa einer Sicherungshypothek, bei Vormerkungen oder bei anderen Eintragungen, sofern mit der Gefahr von Zwischeneintragungen gerechnet werden muss.[63]

39 Darüber hinaus hat der Notar die allgemeine **Amtspflicht,** sein **Büro** so zu **organisieren**, dass für einen reibungslosen Geschäftsgang Sorge getragen wird und alle wesentlichen Maßnahmen vom Notar selbst getroffen werden können.[64]

40 **d) Pflichten bei Betreuung und Vertretung.** Die **Betreuungstätigkeit** des Notars für die Beteiligten ist in **§ 24 Abs. 1 BNotO** geregelt. Diese kann etwa in der Weise ausgestaltet sein, dass der Notar eine besondere Beratungstätigkeit übernimmt, zB über seine allgemeinen Pflichten hinaus die Beratung über steuerrechtliche Konsequenzen des Rechtsgeschäfts durchführt.[65] Verletzt der Notar seine Pflichten im Rahmen solcher Beratungstätigkeit, liegt eine Amtspflichtverletzung vor, die zu einem Anspruch gem. § 19 BNotO führen kann.[66]

41 Zur **Abgrenzung** der notariellen Beratungstätigkeit von derjenigen des Anwalts bei Anwaltsnotaren findet sich eine gesetzliche Abgrenzung in § 24 Abs. 2 BNotO (vgl dazu Rn 12 f).

42 Ein Betreuungsverhältnis iSv § 24 Abs. 1 BNotO kann jedoch auch einen anderen Inhalt als lediglich die Übernahme von besonderen Beratungspflichten haben. Typischer Fall ist etwa der **Treuhandauftrag** eines finanzierenden Kreditinstituts. Im Falle eines Grundstückskaufvertrages kann die Bank den Darlehensbetrages auf ein Notaranderkonto zahlen und den Notar anweisen, über diesen Betrag (zugunsten des Verkäufers) erst dann zu verfügen, wenn die Eintragung einer Grundschuld zugunsten der Bank hinreichend gesichert ist.[67] Bei dieser Fallgestaltung geht die Rechtsprechung von der Kombination eines Treuhandgeschäftes iSv § 24 BNotO iVm einem Verwahrungsgeschäft iSv § 23 BNotO aus.[68] Risiken für den Notar ergeben sich aus der Verpflichtung zur **Absicherung** des Auftraggebers. Eine erforderliche Grundbucheintragung des Auftraggebers ist erst dann „sichergestellt", wenn sie nur noch vom Handeln des Notars und des Grundbuchamtes abhängt.[69]

43 Die Einzelheiten der **Verwahrungstätigkeit** regeln nunmehr die Sondervorschriften in §§ 54 a–54 e BeurkG. Beim Verwahrungsvertrag treffen den Notar dieselben Prüfungs- und Belehrungspflichten wie bei der Beurkundung.[70]

44 Ein weiterer Fall notarieller Treuhandtätigkeit ist die Ausstellung sogenannter „**Notarbestätigungen**". Diese liegt vor, wenn der Notar eine Erklärung abgibt, die die Feststellung von Tatsachen sowie das Ergebnis einer rechtlichen Prüfung enthält und Grundlage einer Vermögensdisposition eines Dritten ist,[71] etwa Fälligkeitsmitteilungen oder Rangbestätigungen.[72]

59 BGH NJW 2009, 71; dazu *Tremml/Karger/Luber*, Rn 1499 mwN.
60 Vgl BGH WM 2004, 1290.
61 Mit gleicher Tendenz BGH NJW 2002, 3391, 3392 (zumutbare Beschleunigung) wie hier *Ganter*, in: Ganter/Hertel/Wöstmann, Rn 1458.
62 Vgl etwa OLG Zweibrücken DNotZ 1973, 442; in diese Richtung auch *Tremml/Karger/Luber*, Rn 1500; *Ganter*, in: Ganter/Hertel/Wöstmann, Rn 1458 hält acht Tage im Regelfall für zulässig.
63 BGH DNotZ 1979, 311 (Sicherungshypothek); *Tremml/Karger/Luber*, Rn 1500; *Ganter*, in: Ganter/Hertel/Wöstmann, Rn 1459.
64 BGH DNotZ 1989, 452 f; Schippel/Bracker/*Kanzleiter*, § 14 Rn 51 mwN.
65 BGH VersR 1983, 181; Eylmann/Vaasen/*Frenz*, § 24 Rn 13 mwN; Schippel/Bracker/*Reithmann*, § 24 Rn 20.
66 *Arndt/Lerch/Sandkühler*, § 24 Rn 3.
67 BGH DNotZ 2004, 218 für einen vergleichbaren Fall; ausführlich zu Treuhandtätigkeiten Schippel/Bracker/*Reithmann*, § 24 Rn 40 ff.
68 BGH DNotZ 1990, 661 f.
69 Dazu BGH WM 2008, 1662.
70 BGH DNotZ 2009, 45; OLG Frankfurt, OLGR 2008, 618.
71 BGH WM 1997, 325 f; BGH DNotZ 1986, 406, 407 m.Anm. *Hanau*; *Haug*, Rn 665 ff; *Arndt/Lerch/Sandkühler*, § 24 Rn 26.
72 Ausf. dazu *Ganter*, in: Ganter/Hertel/Wöstmann, Rn 2039 ff und 2057 ff.

Der Notar hat den Treuhandauftrag in peinlicher Genauigkeit durchzuführen.[73] Eine Verletzung von Pflichten aus dem Treuhandverhältnis führt zu einer Amtshaftung gem. § 19 BNotO.[74] 45

e) Sonstige Pflichten. Aus der großen Anzahl der den Notar treffenden Amtspflichten sind folgende **Einzelpflichten** in der Amtshaftungspraxis von besonderer Relevanz: 46

aa) Unparteilichkeit. § 14 Abs. 1 S. 2 BNotO schreibt vor, dass der Notar nicht Vertreter einer Partei, sondern **unparteiischer Betreuer** der Beteiligten sein muss. Diese wesentliche Kernpflicht wird durch weitere Regelungen in der BNotO konkretisiert. Die Verpflichtung geht dabei so weit, dass auch jeder Anschein der Parteilichkeit vermieden werden muss, § 14 Abs. 3 S. 2 BNotO. 47

Soweit in § 14 Abs. 1 S. 2 BNotO auch die Unabhängigkeit angesprochen ist, handelt es sich um eine Statusbeschreibung, die unmittelbar keine Amtspflichten gegenüber Dritten begründet[75] und erst in der Ausprägung in konkreten Vorschriften (zB §§ 8 Abs. 3 S. 2; 9 Abs. 3; 14 Abs. 4 und 5 BNotO) haftungsrelevant wird. 48

bb) Redlichkeit. Der Notar hat die Pflicht, sich **redlich zu verhalten**.[76] Als Rechtsgrundlage für diese Verpflichtung wird teilweise § 14 Abs. 2 BNotO, teilweise § 14 Abs. 3 S. 1 BNotO, teilweise auch der Amtscharakter der Tätigkeit herangezogen.[77] Ausprägungen des Redlichkeitsgebots sind insbesondere die Pflicht zu rechtmäßigem Handeln, das Verbot des Amtsmissbrauchs, die Pflicht, wahr zu bezeugen sowie das Verbot unwirksamer Beurkundung.[78] 49

cc) Verschwiegenheitspflicht. Gem. § 18 BNotO ist der Notar **grundsätzlich zur Verschwiegenheit verpflichtet**. Diese Pflicht bezieht sich auf alles, was ihm bei Ausübung seines Amtes bekannt geworden ist. Sie bleibt auch nach Erlöschung des Amtes bestehen (§ 18 Abs. 4 BNotO). Bei Zweifeln über die Verpflichtung kann der Notar um die Entscheidung der Aufsichtsbehörde nachsuchen (§ 18 Abs. 3 S. 1 BNotO). Diese Vorgehensweise hat für den Notar den Vorteil, dass im Falle der Verneinung einer Verschwiegenheitspflicht durch die Aufsichtsbehörde, Ansprüche von Urkundsbeteiligten gegen den Notar nicht hergeleitet werden können (§ 18 Abs. 3 S. 2 BNotO). 50

dd) Ausführungspflicht, § 15 BNotO. Der Notar darf seine Urkundstätigkeit **nicht ohne ausreichenden Grund verweigern** (§ 15 Abs. 1 BNotO). Eine Ablehnung, der kein hinreichender Sachgrund zugrunde liegt, kann zu einer Schadensersatzverpflichtung des Notars führen.[79] 51

ee) Weisungsgebundenheit. Obwohl der Notar unabhängiger Träger eines öffentlichen Amtes ist (§ 1 BNotO), bejaht die Rechtsprechung ein **generelles Weisungsrecht** der Urkundsbeteiligten.[80] Allerdings ist die Weisungsgebundenheit des Notars eingeschränkt, etwa im Falle des § 14 Abs. 2 BNotO oder etwa dann, wenn feststeht, dass das zu beurkundende Rechtsgeschäft unwirksam wäre.[81] 52

ff) Wahl des sichersten Weges. Auch der Notar ist – ebenso wie ein Anwalt – verpflichtet, zugunsten der Beteiligten den **sichersten Weg mit den geringsten Risiken** zu wählen und drohende Nachteile zu vermeiden.[82] 53

III. Drittbezogenheit der Amtspflicht

Weitere Anspruchsvoraussetzung eines Schadensersatzanspruchs gem. § 19 BNotO ist, dass die **Amtspflicht einem „anderen" gegenüber verletzt** worden ist. Dieses Merkmal der Drittbezogenheit ist vergleichbar dem Merkmal „Dritten" in § 839.[83] 54

Für die Abgrenzung, unter welchen Voraussetzungen eine „drittgerichtete" Amtspflicht vorliegt, sind verschiedene Theorien entwickelt worden.[84] Nach der herrschenden **„Zwecktheorie"** ist von Relevanz, ob die Amtspflicht den Schutz des Dritten bezweckt oder jedenfalls mitbezweckt.[85] 55

Die Rechtsprechung fasst den **Begriff des „Anderen"** auf der Grundlage der Zwecktheorie recht weit. Darunter fallen nicht nur die an dem Amtsgeschäft unmittelbar Beteiligten und etwaige weitere gem. § 17 BeurkG zu belehrende Personen, sondern auch alle diejenigen, deren Interesse durch das Amtsgeschäft berührt wird und in deren Rechtskreis eingegriffen werden kann; dies gilt sogar dann, wenn sie durch die Amtsausübung nur 56

73 BGH DNotZ 1987, 556 f.
74 Vgl etwa BGH WM 2008, 1662; BGH DNotZ 2004, 218.
75 *Schlüter/Knippenkötter*, Rn 89 mwN.
76 *Arndt/Lerch/Sandkühler*, § 14 Rn 61.
77 Vgl zu den unterschiedlichen Begründungen *Schlüter/Knippenkötter*, Rn 98 mwN.
78 Näher dazu *Arndt/Lerch/Sandkühler*, BNotO, § 14 Rn 62 ff; *Schlüter/Knippenkötter*, Rn 99 ff.
79 Schippel/Bracker/*Reithmann*, § 15 Rn 15.
80 BGH DNotZ 1997, 70, 72; DNotZ 1990, 441 f.
81 BGH NJW 1992, 3237 f.
82 BGH NJW-RR 2005, 1148; BGH WM 1992, 1662, 1665 = NJW 1992, 3237, 3239; *Ganter*, in: Ganter/Hertel/Wöstmann, Rn 2127 mwN.
83 Vgl dazu AnwK-BGB/*vom Stein*, § 839 Rn 130 ff.
84 Überblick bei Schippel/Bracker/*Schramm*, § 19 Rn 15 ff.
85 BGH DNotZ 1960, 157; Eylmann/Vaasen/*Frenz*, § 19 Rn 10; Schippel/Bracker/*Schramm*, § 19 Rn 18 f; *Arndt/Lerch/Sandkühler*, § 19 Rn 95.

mittelbar betroffen sind und bei der Beurkundung nicht zugegen waren.[86] Danach ist wie folgt zu differenzieren:

57 **1. Beteiligte.** Unproblematisch gehören in den geschützten Personenkreis die **unmittelbaren Urkundsbeteiligten** iSv § 6 Abs. 2 BeurkG. Dabei ist auch unbeachtlich, ob sie persönlich erscheinen oder durch Dritte vertreten werden. So besteht etwa die Amtspflicht des Notars, die Vertretungsmacht eines als Vertreter auftretenden Beteiligten zu prüfen, auch gegenüber dem nicht erschienenen Vertretenen.[87]

58 Belehrungen haben dem Vertreter gegenüber zu erfolgen, jedoch ausgerichtet an den Interessen des Vertretenen.[88] Amtspflichten gegenüber dem Vertreter selbst bestehen nur dann, wenn er mit eigenen Interessen an dem Rechtsgeschäft beteiligt ist.[89]

59 Neben den Urkundsbeteiligten sind grundsätzlich auch solche Personen geschützt, denen gegenüber der Notar eine Betreuungs- oder Verwahrungstätigkeit wahrnimmt.[90]

60 **2. Mittelbar Beteiligte.** Der Kreis der geschützten Personen erstreckt sich auch auf die **mittelbaren Beteiligten**. Dazu zählen nach der Rechtsprechung diejenigen Personen, die nicht in einem besonderen Rechtsverhältnis zum Notar stehen, aber am Amtsgeschäft eines anderen ein schutzwürdiges Interesse haben und deswegen mit dem Notar in Kontakt treten.[91]

61 Zu diesen mittelbar Beteiligten zählen insbesondere Personen, **zu deren Gunsten Sicherheiten bestellt werden**[92] oder **Vorkaufsberechtigte**.[93] Darüber hinaus zählen zum geschützten Personenkreis Vertreter, soweit sie an dem vorzunehmenden Geschäft ein besonderes Eigeninteresse haben.[94] Schließlich kommen weitere Personen in Betracht, die erkennbar Gefahr laufen, durch ein Amtsgeschäft eines Anderen beeinträchtigt zu werden.[95]

62 **3. Sonstige „Andere".** Neben den unmittelbar und mittelbar Beteiligten gibt es nach der Rechtsprechung noch eine weitere Gruppe, die zum geschützten Personenkreis gehört. Dies sind all diejenigen Personen, die von dem **Schutzzweck der Amtspflicht** erfasst werden, weil ihre rechtlichen oder wirtschaftlichen Interessen von dem Amtsgeschäft berührt werden.[96] Dies wird angenommen, wenn der Notar für einen Beteiligten ein Testament zugunsten eines Dritten beurkundet. Wenn das Testament infolge eines Beurkundungsfehlers nichtig ist, unterfällt der Dritte dem Schutzbereich der Norm, mit der Folge, dass sich insoweit Ansprüche aus § 19 BNotO ergeben können.[97]

63 Ein weiterer Beispielsfall ist eine Vollmachtsbeurkundung, deren Zweck in der Bezeugung der Vertretungsmacht nach außen besteht. Sofern die Vollmachtsbeurkundung unwirksam ist, haftet der Notar jedem gegenüber, der wegen der fehlerhaften Beurkundung Schaden erleidet.[98]

64 Bei Beurkundungen im Bereich des **Gesellschaftsrechts** erstreckt sich die Amtspflicht auch auf die Gründer und die Gründungsgesellschaft, sowie – im Falle einer Satzungsänderung – auf die an dem Urkundsgeschäft nicht beteiligte Gesellschaft.[99]

65 Die Amtspflicht erstreckt sich bei der Beurkundung eines Grundstückskaufvertrages grundsätzlich nicht auf den beteiligten **Makler**, auch wenn er als Bevollmächtigter einer Partei auftritt.[100] Etwas anderes gilt nur für den Fall, dass in den Hauptvertrag ein Maklervertrag aufgenommen worden ist.[101]

IV. Rechtswidrigkeit und Verschulden

66 Ein Schadensersatzanspruch gem. § 19 BNotO setzt voraus, dass die Pflichtverletzung rechtswidrig und schuldhaft erfolgt ist.

67 **1. Rechtswidrigkeit.** Als allgemeiner Deliktsanspruch setzt die Haftung voraus, dass die **Pflichtverletzung rechtswidrig** erfolgt ist. Anders als im Anwaltshaftungsrecht wird hier die Streitfrage, ob dies handlungs-

86 BGH WM 1988, 545, 547; BGH NJW 1988, 63 f.
87 BGH WM 1988, 545, 547.
88 Schippel/Bracker/*Schramm*, § 19 Rn 21.
89 Eylmann/Vaasen/*Frenz*, § 19 Rn 13; Schippel/Bracker/*Schramm*, § 19 Rn 23.
90 *Tremml/Karger/Luber*, Rn 1518; Schippel/Bracker/*Schramm*, § 19 Rn 25; dazu näher *Zugehör*, ZNotP 2000, 250.
91 BGH NJW 2004, 1865; BGH NJW 2003, 1940; BGH WM 1993, 1963; BGH DNotZ 1992, 813; Eylmann/Vaasen/*Frenz*, § 19 Rn 22; einschränkend zu den Ausweitungstendenzen der Rechtsprechung *Ganter*, in: Ganter/Hertel/Wöstmann, Rn 1137.
92 BGH DNotZ 1969, 507.
93 BGH DNotZ 2003, 426.
94 BGH NJW-RR 1992, 393; BGH DNotZ 1964, 178; *Ganter*, in: Ganter/Hertel/Wöstmann, Rn 1132; *Tremml/Karger/Luber*, Rn 1522.
95 BGH DNotZ 2003, 426; BGH DNotZ 1989, 43 f.
96 BGH WM 2010, 91; OLG Celle RnotZ 2006, 190; *Ganter*, in: Ganter/Hertel/Wöstmann, Rn 1151.
97 BGH WM 1982, 615; BGH NJW 1988, 63, 64; BGH DNotZ 1997, 45 ff; Schippel/Bracker/*Schramm*, § 19 Rn 37 f.
98 BGH NJW 1985, 730; Eylmann/Vaasen/*Frenz*, § 19 BNotO Rn 16.
99 BGH NJW-RR 1990, 462; BGH NJW 2000, 664, 666.
100 *Ganter*, in: Ganter/Hertel/Wöstmann, Rn 1158, 1159.
101 BGH NJW-RR 1991, 820, 821; *Ganter*, in: Ganter/Hertel/Wöstmann, Rn 1160.

oder erfolgsbezogen zu beurteilen ist, nicht relevant, da für die Haftung nicht die Verletzung eines bestimmten Rechtsgutes Voraussetzung ist.[102] Die Rechtswidrigkeit wird indiziert und entfällt nur bei Vorliegen besonderer Rechtfertigungsgründe (zB Wahrnehmung berechtigter Interessen).[103]

Sofern sich der in Anspruch genommene Notar ausnahmsweise auf einen Rechtfertigungsgrund stützen will, trägt er insoweit die Beweislast.[104] 68

2. Verschulden. Ein Verschulden des Notars iSv § 19 BNotO kommt sowohl als vorsätzliches als auch als fahrlässiges Verhalten in Betracht, wobei für den Fahrlässigkeitsbegriff die allgemeine Vorschrift des § 276 Abs. 2 gilt. Für die Notarhaftung ist grundsätzlich jeder Grad der Fahrlässigkeit ausreichend. 69

Nach der Rechtsprechung handelt ein Notar **fahrlässig**, wenn er bei Beobachtung der erforderlichen Sorgfalt die Pflichtwidrigkeit seines Verhaltens erkennt und den sich daraus ergebenden Nachteil für den Geschädigten hätte vermeiden können und müssen.[105] Soweit es um den Bereich der erforderlichen Rechtskenntnisse geht, stellt die Rechtsprechung auf einen **erfahrenen, pflichtbewussten und gewissenhaften Durchschnittsnotar** ab.[106] Konkret ist der Notar verpflichtet, unter Anstellung einer Rechtsprechungsprognose eine wirksame Urkunde zu erstellen.[107] Darüber hinaus kann ein Notar verpflichtet sein, die Billigkeit gesetzlicher Norm zu überprüfen, um den Beteiligten eine andere als die (dispositive) gesetzliche Regelung vorzuschlagen.[108] Zusammenfassend lässt sich sagen, dass die Rechtsprechung vergleichbar strenge Maßstäbe wie im Bereich des Anwaltshaftungsrechts entwickelt hat.[109] 70

Ebenso wie im Bereich des Amtshaftungsrechts kann nach hM bei der Notarhaftung ein Verschulden des Notars ausgeschlossen sein im Hinblick auf eine gleichlautende **Kollegialgerichtsentscheidung**.[110] Allerdings ist dieser Grundsatz von der Rechtsprechung inzwischen stark eingeschränkt worden. Nach der neueren Rechtsprechung handelt es sich lediglich um eine allgemeine, dh im Einzelfall unverbindliche Richtlinie, die bereits dann unanwendbar ist, wenn das Kollegialgericht im entscheidenden Punkt von einem unrichtigen Sachverhalt ausgegangen ist oder diesen nicht erschöpfend gewürdigt hat.[111] Eine Anwendung scheidet ferner aus, wenn das Kollegialgericht einen handgreiflichen Rechtsfehler begangen hat.[112] Außerdem muss eine wirklich zweifelhafte und nicht einfach zu lösende Rechtsfrage falsch beantwortet worden sein.[113] 71

Nunmehr hat der III. Zivilsenat den Anwendungsbereich weiter abgeschwächt. Danach ist der Grundsatz nicht anwendbar, wenn das Kollegialgericht die für die Beurteilung des Falles maßgebliche höchstrichterliche Rechtsprechung zwar angeführt hat, und – ohne sich hinreichend damit auseinander zu setzen – ihr gleichwohl nicht gefolgt ist.[114] 72

Im Ergebnis ist der Anwendungsbereich soweit abgeschwächt, dass eine **Kollegialgerichtsentscheidung** nur ein „**Indiz**" für **fehlendes Verschulden** darstellen kann, somit das Vorliegen einer schuldhaften Handlung in Einzelfall besonders sorgfältig zu prüfen ist. Hinzu kommt, dass der BGH in dem Fall einer von einem Kollegialgericht bestätigten, aber gleichwohl unklaren Rechtslage dem Notar die Nichteinhaltung des „sichersten Weges" zum Vorwurf gemacht hat.[115] Durch diesen Aspekt wird die Kollegialgerichtsrichtlinie noch weiter zurückgedrängt.[116] 73

V. Schaden, Kausalität

Ein Schadensersatzanspruch setzt darüber hinaus voraus, dass kausale Folge der Amtspflichtverletzung ein Schaden ist. Für die Tatbestandsmerkmale „Schaden" und „Kausalität" gelten im Prinzip die allgemeinen Grundsätze des Schadensersatzrechts. Folgende ergänzende Bemerkungen erscheinen erforderlich: 74

1. Schaden. Der Schaden beurteilt sich auch im Bereich des § 19 BNotO nach der **Differenzhypothese**. Mit Rücksicht auf die besondere Struktur der Haftung wird teilweise – ebenso wie bei § 839 – die Auffassung vertreten, dass aufgrund der öffentlich-rechtlichen Besonderheit des Schadensersatzanspruchs eine Beschrän- 75

102 *Schlüter/Knippenkötter*, Rn 47.
103 *Arndt/Lerch/Sandkühler*, § 19 Rn 26.
104 BGH NJW 1985, 2028.
105 BGH DNotZ 1997, 70, 72.
106 BGH NJW 2009, 45; BGH NJW 2008, 1321; BGH WM 1983, 343, 345.
107 BGH NJW 1993, 3323.
108 BGH NJW 1994, 2283 f; kritisch *Grziwotz*, NJW 1995, 641; *Dänekamp*, NJW 1994, 2271.
109 Vgl allg. zur Anwaltshaftung *v. Stein*, in: Praxishandbuch Anwaltsrecht, § 20 Rn 24 ff. Krit. zu den Anforderungen der Rechtsprechung im Bereich der Notarhaftung *Kesseler*, DNotZ 2004, 853; aM *Ganter*, ZNotP 2006, 42, 48.
110 BGH DNotZ 1992, 457 ff und 813; BGH WM 2003, 1116; BGH NJW-RR 2005, 1148; Eylmann/Vaasen/*Frenz*, § 19 BNotO Rn 28; Schippel/Bracker/*Schramm*, § 19 Rn 65 ff; aM: *Ganter*, DNotZ 1998, 851 ff, der eine Übertragung auf den Notar ablehnt; ebenso *Ganter*, in: Ganter/Hertel/Wöstmann, Rn 2134.
111 BGH MDR 2011, 266 Rn 21; BGH NJW 1996, 520; BGH NJW 1994, 2283 f; BGH WM 1992, 1533, 1536.
112 BGH NJW 2009, 71; BGH NJW 2008, 841; BGH NJW 2005, 2495; dazu *Ganter*, ZNotP 2006, 42, 46.
113 BGH WM 1992, 527, 530.
114 BGH WM 2003, 1116.
115 BGH NJW-RR 2005, 1148.
116 Ebenso *Ganter*, ZNotP 2006, 42, 46.

kung auf „**Geldersatz**" eingreift.[117] Demgegenüber wird zunehmend betont, dass gem. § 249 Abs. 1 nF grundsätzlich – soweit möglich – Naturalrestitution geschuldet wird, allerdings regelmäßig aus Sachgründen Geldersatz zu leisten sei.[118]

76 Besteht der Schaden – wie häufig – in einer Zahlungsverpflichtung gegenüber einem Dritten, so ist der Notar zur Freistellung von dieser Verpflichtung verpflichtet.[119]

77 Entstanden ist der **Schaden** bereits dann, wenn sich die **Vermögenslage** des Betroffenen **verschlechtert** hat, auch wenn der Umfang und die Höhe sowie die Endgültigkeit der Beeinträchtigung noch ungewiss sind.[120] Vor diesem Hintergrund hat der BGH bereits dann einen Schaden bejaht, wenn eine Bank im Zusammenhang mit einer Darlehensauszahlung aufgrund eines Fehlers des Notars keine Sicherung durch eine Grundschuld erlangt. Allein die ungesicherte und in ihrem Wert verringerte Darlehensforderung stelle keinen Ausgleich dar, zumal die Frage, ob tatsächlich Rückzahlungen erfolgen werden, ungewiss sei.[121]

78 **2. Mitverschulden.** Auf den Schadensersatzanspruch aus § 19 BNotO findet grundsätzlich § 254 Anwendung, mit der Folge, dass es zu einer **Schadensquotelung** kommen kann.[122] Etwaiges Mitverschulden hat der Notar zu beweisen.[123]

79 In diesem Kontext kann der Notar jedoch nicht geltend machen, den Geschädigten treffe ein Mitverschulden, weil dieser der notariellen Auskunft vertraut habe, denn auf notarielle Auskünfte soll sich der Bürger regelmäßig verlassen können.[124] Dies gilt in der Regel auch dann, wenn der Beteiligte selbst rechtskundig ist.[125]

80 Soweit in § 254 Abs. 2 S. 2 auf § 278 verwiesen wird, findet diese Vorschrift auch **zulasten des Geschädigten** Anwendung. Zwar ist für eine Anwendung immer Voraussetzung, dass zwischen Schädiger und Geschädigtem eine rechtliche Sonderverbindung besteht, in deren Rahmen der Dritte tätig geworden ist. Diese Voraussetzung kann nach Auffassung der Rechtsprechung erfüllt sein, da sie bei **Betreuungs- und Vertretungsgeschäften** im Verhältnis zwischen Notar und Geschädigtem von einer **vertragsähnlichen, öffentlichrechtlichen Beziehung ausgeht.**[126] Problematisch ist die Anwendung des § 278 wenn der Notar als Urkundsnotar tätig geworden ist, denn in diesem Fall ist der Notar gerade nicht Vertreter eines der Urkundsbeteiligten.[127]

81 **3. Kausalität.** Ebenso wie im allgemeinen Schadensersatzrecht muss auch bei der Notarhaftung die Amtspflichtverletzung den geltend gemachten Schaden verursacht haben (haftungsausfüllende Kausalität).[128] Insoweit kommt dem Geschädigten die Beweiserleichterung des § 287 ZPO zugute.[129]

82 Bei der Frage der Kausalität gilt auch im Bereich des Notarhaftungsrechts die **Adäquanztheorie**. Danach kann die notarielle Haftung entfallen, wenn der Betroffene in völlig ungewöhnlicher und unsachgemäßer Weise in den Schadensverlauf eingegriffen hat und eine weitere Ursache für den Schaden setzt.[130] Demgegenüber entfällt ein adäquater Zurechnungszusammenhang nicht bereits dadurch, dass der durch den Notarfehler Begünstigte in Kenntnis des Fehlers, entgegen der wahren Sach- und Rechtslage, bewusst von der vorteilhaften Lage Gebrauch macht und sie zu der gerichtlichen Durchsetzung materiell unberechtigter Ansprüche nutzt.[131] Auch das **Hinzutreten einer Amtspflichtverletzung des Grundbuchamtes oder der Fehler einer Bank führt** in der Regel **nicht** dazu, dass der **Kausalzusammenhang unterbrochen wird**.[132] Schließlich entfällt die Kausalität auch dann nicht, wenn für die Zweithandlung des Geschädigten ein rechtfertigender Anlass bestand oder diese herausgefordert wurde und sie eine nicht ungewöhnliche Reaktion auf die Herausforderung darstellt.[133]

83 Ein adäquater Zurechnungszusammenhang besteht auch im Falle eines – durch die Amtspflichtverletzung veranlassten – verloren gegangenen Vorprozesses, sofern das Vorgehen durch die Amtspflichtverletzung „**herausgefordert**" worden ist. Diese Voraussetzung ist erfüllt, wenn sich das Klageverfahren aus damaliger Sicht als vertretbare Maßnahme mit gewisser Erfolgsaussicht dargestellt hat.[134]

117 BGHZ 34, 99 = NJW 1961, 658 (zu § 839); *Arndt/Lerch/Sandkühler*, § 19 Rn 163.
118 BGH NJW 2002, 2787, 2790; *Wöstmann*, in: Ganter/Hertel/Wöstmann, Rn 2184 f.
119 BGH VersR 1991, 1028 f.
120 BGH WM 1992, 1742 f; WM 2000, 1345, 1347; *Wöstmann*, in: Ganter/Hertel/Wöstmann, Rn 2240 mwN.
121 BGH NJW 1987, 3201 f.
122 BGH NJW 1999, 2038; BGH NJW 2004, 1290; näher dazu *Plaß*, DNotZ 2002, 23 ff; *Schlüter/Knippenkötter*, Rn 601 ff.
123 BGH DNotZ 2009, 45.
124 BGH NJW 1997, 661, 664; OLG Celle MDR 2004, 1328.
125 BGH NJW 2005, 2495.
126 BGH WM 1981, 942 f; Schippel/Bracker/*Schramm*, § 19 Rn 105.
127 Dazu OLG Frankfurt OLGR 2008, 368.
128 Allg. zur Kausalität BGH DNotZ 2009, 45; Eylmann/Vaasen/*Frenz*, § 19 Rn 30.
129 BGH DNotZ 2009, 45.
130 BGH MDR 2011, 266 Rn 24; BGH VersR 1998, 115, 117.
131 BGH WM 2003, 1131.
132 BGH NJW 2009, 71; BGH NJW-RR 2008, 1377.
133 BGH MDR 2011,266 Rn 24.
134 BGH VersR 1993, 890, 892; BGH NJW 2004, 69 f.

Darüber hinaus ist für die Kausalität erforderlich, dass der Schaden nicht außerhalb des „**Schutzbereichs der Haftungsnorm**" eingetreten ist.[135] 84

Schließlich ist auch im Notarhaftungsrecht relevant, dass die Rechtsprechung die Berufung des Notars auf „**rechtmäßiges Alternativverhalten**" für zulässig ansieht.[136] Daher kann der Notar zur Abwendung eines Anspruchs geltend machen, der Schaden wäre auch eingetreten, wenn er die Amtspflicht korrekt erfüllt hätte. 85

VI. Einschränkungen der Notarhaftung

Ebenso wie im Bereich des allgemeinen Amtshaftungsanspruchs (§ 839) hat der Gesetzgeber auch die Notarhaftung nur mit erheblichen Einschränkungen gewährleistet, die in der Praxis bei der Geltendmachung eines Haftungsanspruchs gegenüber einem Notar besonders beachtet werden müssen. 86

1. Subsidiarität, § 19 Abs. 1 S. 2 BNotO. Der Notarhaftungsanspruch wird vom Gesetz grundsätzlich als **Subsidiäranspruch** ausgestaltet. Dies bedeutet, ein Anspruch gegenüber einem Notar wegen einer fahrlässigen Amtspflichtverletzung kann nur dann durchgesetzt werden, wenn nicht anderweitiger Ersatz in zumutbarer Weise zu erlangen ist (§ 19 Abs. 1 S. 2 BNotO). Das Subsidiärmerkmal ist als negative Tatsache ausgestaltet, mit der Folge, dass der Ausschluss der anderweitigen Ersatzmöglichkeit zur **Schlüssigkeit des Klagevortrags** in einem Notarhaftungsprozess gehört.[137] Die Subsidiarität gilt nur hinsichtlich solcher Ersatzmöglichkeiten, die aus demselben Sachverhalt resultieren, aus dem sich die Schadenshaftung des Notars ergibt.[138] 87

Strittig ist, zu welchem Zeitpunkt die anderweitige Ersatzmöglichkeit bestehen muss, um den Einwand des § 19 Abs. 1 S. 2 BNotO erheben zu können. Die Rechtsprechung des nunmehr zuständigen III. Zivilsenats geht im Grundsatz davon aus, dass es auf den **Zeitpunkt der Erhebung der Klage** gegen den Notar ankommt.[139] Der früher zuständige Senat ging – jedenfalls für den Fall, dass die Ersatzmöglichkeit nachträglich ohne Verschulden des Geschädigten wegfällt – davon aus, dass es auf den Zeitpunkt der letzten mündlichen Verhandlung ankommt.[140] Weitergehend vertritt die hM in der Literatur die Auffassung, dass es in **allen** Fällen auf den **Zeitpunkt der letzten mündlichen Verhandlung ankommt**, so dass auch anderweitige Ersatzmöglichkeiten, die sich erst während des Prozessverlaufs ergeben, zu berücksichtigen sind, sofern dies im Einzelfall zumutbar ist.[141] 88

Der **Einwand einer subsidiären Haftung** durch den Notar kann nur unter folgenden Voraussetzungen geltend gemacht werden: 89

a) Kein Vorsatz. Die Subsidiarität gem. § 19 Abs. 1 S. 2 BNotO gilt nur für den Fall einer **fahrlässigen** Amtspflichtverletzung. Anwendbar ist insoweit die allgemeine Definition in § 276 Abs. 2. Handelt der Notar vorsätzlich, kann jeder Schadensersatzanspruch direkt geltend gemacht werden. 90

b) Keine Tätigkeit gem. §§ 23, 24 BNotO. Gem. § 19 Abs. 1 S. 2 Hs 2 BNotO ist von der Subsidiärhaftung ausdrücklich die Verwahrungstätigkeit gem. § 23 BNotO sowie die selbstständige Betreuungstätigkeit iSv § 24 BNotO im Verhältnis zum Auftraggeber ausgenommen. In diesem Kontext sind jedoch nur die **selbstständigen Betreuungstätigkeiten** relevant. Unselbstständige Betreuungstätigkeiten, die unmittelbar im Zusammenhang mit der Beurkundung des Geschäfts stehen und mit diesem gleichsam eine Einheit bilden,[142] fallen nicht darunter. Insoweit bleibt es bei der Subsidiärklausel. Derartige unselbstständige Betreuungstätigkeiten hat die Rechtsprechung etwa angenommen für die Einreichung von Anträgen zum Grundbuchamt im Zusammenhang mit Beurkundungen oder Beglaubigungen.[143] Demgegenüber ist die Verwendung von treuhänderisch überlassenen Löschungsunterlagen bei der Abwicklung eines Kaufvertrages als selbstständige Betreuungstätigkeit angesehen worden.[144] Gleiches gilt, wenn im Zusammenhang mit der Einreichung von Anträgen besondere Überwachungspflichten vereinbart werden, die als selbstständige Betreuungstätigkeit des Notars zu qualifizieren ist.[145] 91

135 Vgl nur BGH WM 2008, 1662; BGH WM 2001, 1246 f; BGH DNotZ 1997, 70, 74.
136 BGH WM 1997, 325 f; BGH DNotZ 1989, 48.
137 BGH VersR 1996, 336 f; BGH WM 1993, 1896; OLG Köln VersR 1991, 890, 892; Schippel/Bracker/*Schramm*, § 19 Rn 124 mwN; vgl auch AnwK-BGB/*vom Stein*, § 839 Rn 197 ff zur gleichgelagerten Problematik im Amtshaftungsbereich.
138 BGH VersR 2004, 476, 478; BGH NJW 2003, 202, 204; BGH NJW 1993, 2744, 2747; vgl auch OLG Oldenburg DB 2006, 777.
139 BGHZ 120, 124, 131 = NJW 1993, 1647; dazu *Wöstmann*, in: Ganter/Hertel/Wöstmann, Rn 2199.
140 BGH WM 1999, 976 (978) = NJW 1999, 2038 ff.
141 *Arndt/Lerch/Sandkühler*, § 19 Rn 196; Schippel/Bracker/*Schramm*, § 19 Rn 124; *Haug*, Rn 212; *Tremml/Karger/Luber*, Rn 1550; *Ganter*, WM 1996, 701, 708; *ders.*, DNotZ 1998, 851, 863; *Schlüter/Knippenkötter*, Rn 646 f.
142 BGH NJR-RR 2003, 563 f.
143 BGH WM 1977, 1259; Schippel/Bracker/*Schramm*, § 19 Rn 110.
144 BGH ZNotP 1999, 247.
145 BGH DNotZ 2006, 857; dazu *Kapsa*, ZNotP 2007, 2, 3 f.

92 Die Subsidiärhaftung entfällt für alle selbstständigen in § 24 BNotO geregelten Tätigkeiten des Notars, so dass etwa im Falle einer übernommenen Beratung die Subsidiärklausel nicht greift. Dieser Grundsatz findet in erster Linie im Verhältnis zum Auftraggeber Anwendung. Ein Ausschluss der Subsidiärhaftung kann sich aber auch im Verhältnis zu einem Dritten ergeben, wenn ein anderer Rechtsberater, der ein Geschäft gem. §§ 23, 24 BNotO übernommen hätte, nach den Grundsätzen eines Vertrages mit Schutzwirkung zugunsten Dritter gehaftet hätte.[146]

93 **c) Keine Anspruchskonkurrenz mit Ansprüchen gegen den Staat oder anderen Notar.** Die **Subsidiärklausel** findet auch dann **keine Anwendung**, wenn die anderweitige Ersatzmöglichkeit gegenüber einem Haftpflichtigen geltend zu machen wäre, dem ebenfalls ein Subsidiäreinwand zusteht. Dies gilt insbesondere im Verhältnis zu einem anderen Notar oder bei Beteiligung des Staates.[147] Derartige Konstellationen können sich auch ergeben, wenn mehrere Notare nacheinander mit einer Sache befasst sind, im Verhältnis zwischen Notar und Gerichtsvollzieher bzw zwischen Notar und Grundbuchbeamter; in dieser Konstellation haften die Amtsträger als Gesamtschuldner.[148]

Der Schadensausgleich im Innenverhältnis richtet sich gem. §§ 426 Abs. 1 S. 1, 254 nach dem Maß der jeweiligen Verursachungsbeiträge, so dass die Haftung des Notars – sofern der Verursachungsbeitrag ganz untergeordnete ist – auch vollständig entfallen kann.[149]

94 Der **Subsidiäreinwand** entfällt auch in dem Sonderfall, dass ein **Anwaltsnotar** nicht nur seine Amtspflichten als Notar sondern **zusätzlich noch anwaltliche Pflichten** gegenüber dem Geschädigten verletzt hat.[150]

95 **d) Bestehen, Durchsetzbarkeit und Zumutbarkeit der Ersatzmöglichkeit.** Weitere Voraussetzung der Subsidiärklausel ist, dass im Zusammenhang mit einer Amtspflichtverletzung die **tatsächliche Möglichkeit** für den Geschädigten besteht, von einem Dritten **Schadensersatz zu verlangen**. In der Praxis ergibt sich eine solche Schadensersatzmöglichkeit häufig gegenüber den vom Geschädigten eingeschalteten Rechtsanwälten, Maklern oder Steuerberatern.[151]

96 Keine andere Ersatzmöglichkeit ist eine Schadloshaltung des Geschädigten bei der Haftpflichtversicherung des Notars (§ 19 a BNotO), da diese nicht als Direktversicherung ausgestaltet und dem Geschädigten nicht unmittelbar verpflichtet ist.[152] Anders ist dies allerdings bei den von den Notarkammern abgeschlossenen Vertrauensschadenversicherungen. Diese gewähren dem Geschädigten einen Direktanspruch und bilden somit eine anderweitige Ersatzmöglichkeit iSd § 19 Abs. 1 S. 2 BNotO.[153]

97 Darüber hinaus muss die andere Ersatzmöglichkeit nicht nur rechtlich begründet, sondern auch **tatsächlich durchsetzbar** sein.[154] Daher kommt etwa ein bestehender, aber wegen Vermögenslosigkeit des Schuldners wertloser Anspruch nicht in Betracht.[155]

98 Außerdem muss die Durchsetzung des Anspruchs „**zumutbar**" sein.[156] Dies wird etwa verneint, wenn gegen einen Ersatzpflichtigen im Ausland vollstreckt werden müsste.[157] Auch dann, wenn der Geschädigte zur Realisierung der Ersatzmöglichkeit längere und schwierigere Prozesse zu führen hätte, um einen rechtlich zweifelhaften Anspruch durchzusetzen, braucht er sich nicht auf die unsichere Ersatzmöglichkeit verweisen zu lassen.[158]

99 Ein weiterer Fall, in dem die Rechtsprechung den Subsidiaritätsgrundsatz **mangels Zumutbarkeit** nicht durchgreifen lässt, ist der Fall, dass ein **Dritter** in Anspruch genommen werden müsste, der seinerseits in den **Schutzbereich der verletzten Amtspflicht** gehört.[159]

100 **e) Rechtsfolge.** Besteht nach den vorgenannten Grundsätzen eine **andere Ersatzmöglichkeit**, die den Schaden des Geschädigten vollständig abdeckt, entfällt eine Haftung des Notars. Eine dennoch eingereichte Klage ist „**als zur Zeit unbegründet**" abzuweisen.[160]

146 BGH ZNotP 1999, 247; Eylmann/Vaasen/*Frenz*, § 19 Rn 37; Schippel/Bracker/*Schramm*, § 19 Rn 120 ff, 123.
147 BGH NJW 1998, 142; BGH WM 1996, 336 f; *Arndt/Lerch/Sandkühler*, § 19 Rn 192; dazu *Schmitz*, VersR 2008, 1049.
148 Vgl dazu *Tremml/Karger/Luber*, Rn 1557 mwN; Schippel/Bracker/*Schramm*, § 19 Rn 119.
149 Vgl dazu *Schmitz*, VersR 2008, 1049, 1050.
150 BGH WM 1993, 1889 ff; *Ganter*, WM 1996, 701, 709.
151 Vgl etwa BGH NJW 2005, 2495; BGH DNotZ 2004, 362; BGH WM 1992, 1533, 1537 (Rechtsanwälte); BGH WM 2000, 35, 37 (Steuerberater); BGH WM 1993, 1896, 1898 (Makler); OLG München DNotZ 1987, 694 (Bank); vgl dazu *Schlüter/Knippenkötter*, Rn 632 ff.
152 OLG Hamm VersR 1981, 1037 f.
153 BGHZ 135, 354 = NJW 1998, 142.
154 BGH NJW-RR 2005, 284; BGH WM 1996, 2071, 2073.
155 BGH WM 1996, 2071, 2073; BGH NJW 1999, 2038, 2039 (eidesstattliche Versicherung); Schippel/Bracker/*Schramm*, § 19 Rn 118; *Tremml/Karger/Luber*, Rn 1560.
156 BGH NJW 1995, 2713 f.
157 BGH NJW 1988, 1143, 1145.
158 BGH WM 1995, 64, 68; vgl auch BGH DNotZ 2006, 918, 919; *Ganter*, WM 1996, 701, 708.
159 BGH NJW 2003, 202; WM 2000, 1808 f; *Ganter*, ZNotP 2003, 442 ff.
160 BGH NJW 1995, 2713, 2715; BGH NJW 2000, 664, 666; Schippel/Bracker/*Schramm*, § 19 Rn 124 mwN.

Der Kläger muss es **schuldhaft unterlassen** haben, eine andere Ersatzmöglichkeit wahrzunehmen.[161] Schuldhaft ist der Verlust einer Ersatzmöglichkeit, wenn der Geschädigte in Kenntnis der Entstehung des Schadens die ihm mögliche und zumutbare anderweitige Deckung seines Schadens unterlassen hat.[162] 101

2. Unterlassenes Rechtsmittel § 19 Abs. 1 S. 3 BNotO, § 839 Abs. 3 BGB. Eine weitere Einschränkung der Möglichkeit zur Inanspruchnahme eines Notars ergibt sich daraus, dass § 19 Abs. 1 S. 3 BNotO das **Haftungsprivileg des § 839 Abs. 3** bei Amtshaftungsansprüchen für entsprechend anwendbar erklärt. Damit entfällt die Notarhaftung, wenn der Geschädigte es schuldhaft unterlassen hat, durch Einlegung eines Rechtsmittels den Schaden abzuwenden. Die Haftungseinschränkung hat folgende Voraussetzungen: 102

a) Rechtsmittel. Unter Rechtsmittel iSd § 19 Abs. 1 S. 3 BNotO iVm § 839 Abs. 3 sind nach hM nicht nur die förmlichen Rechtsmittel zu verstehen, sondern alle Rechtsbehelfe im weitesten Sinne, die sich unmittelbar gegen die **schädigende Amtshandlung** des Notars richten und geeignet sind, diese zu beseitigen oder zu berichtigen, um dadurch die Schadensabwehr zu ermöglichen.[163] Dabei muss die Amtspflichtverletzung schon begangen sein. Das Unterlassen von Hinweisen zur Verhinderung einer möglichen – zukünftigen – Amtspflichtverletzung fällt nicht unter § 19 Abs. 1 S. 3 BNotO.[164] 103

In Betracht kommen in diesem Zusammenhang nur **Rechtsmittel gegen die fehlerhafte Amtshandlung des Notars**. Soweit neben einem Fehler des Notars auch ein Fehler einer anderen Stelle in Betracht kommt (zB des Grundbuchamtes) führt das Unterlassen eines Rechtsmittels gegenüber dem Grundbuchamt nicht zu einem Haftungsausschluss.[165] Bei den Rechtsmitteln gegenüber dem Notar kommt insbesondere eine **Beschwerde gem. § 15 Abs. 2 BNotO** in Betracht, die über den Wortlaut der Vorschrift hinaus auch auf notarielle Verwahrungs- und Betreuungstätigkeit (§§ 23, 24 BNotO) Anwendung findet.[166] 104

Neben § 15 BNotO kommen alle weiteren Rechtsbehelfe in Betracht, die die Folgen einer Amtspflichtverletzung beseitigen oder vermindern können, etwa Erinnerungen, Gegenvorstellungen, Mahnungen und Dienstaufsichtsbeschwerden.[167] Demgegenüber plädiert *Ganter*[168] für eine restriktive Interpretation des Begriffs „Rechtsmittel". 105

b) Kausalität. Ein Haftungsausschluss kommt nur in Betracht, wenn die Einlegung des Rechtsmittels den Schaden auch verhindert hätte.[169] Die **Unterlassung muss kausal für den Schadenseintritt** geworden sein.[170] Wenn etwa das unterlassene Rechtsmittel den Schaden nur teilweise hätte abwenden können, so entfällt die Ersatzpflicht auch nur in diesem Umfang.[171] Ist im Prozess zu entscheiden, ob etwa das Rechtsmittel der Beschwerde nach § 15 Abs. 2 BNotO Erfolg gehabt hätte, so ist im Grundsatz darauf abzustellen, wie das Beschwerdegericht richtigerweise hätte entscheiden müssen.[172] Lässt sich jedoch ermitteln, wie das Gericht entschieden hätte, so ist auf die absehbare Entscheidung abzustellen.[173] 106

c) Verschulden. Die Versäumung des Rechtsmittels muss schuldhaft erfolgt sein. Für das Verschulden des Geschädigten gilt in diesem Kontext ein **subjektiver Maßstab**.[174] Ein fahrlässiger und damit schuldhafter Nichtgebrauch eines Rechtsmittels liegt regelmäßig vor, wenn die Annahme einer Amtspflichtverletzung dringlich nahe gelegen hat und sich eine Erinnerung gegenüber dem Notar hätte aufdrängen müssen.[175] 107

d) Rechtsfolge. Das schuldhafte Unterlassen eines Rechtsmittels führt, da § 839 Abs. 3 lex specialis zu § 254 ist, zu einem völligen **Haftungsausschluss**. Dies gilt auch dann, wenn der Geschädigte nur leicht fahrlässig, der Notar jedoch grob fahrlässig gehandelt hat.[176] 108

3. Entscheidung der Aufsichtsbehörde, § 18 Abs. 3 S. 2 BNotO. Eine Haftungseinschränkung kann sich auch daraus ergeben, dass der Notar in dem Fall, dass Zweifel über die Verschwiegenheit bestehen, gem. § 18 Abs. 3 S. 1 BNotO um eine Entscheidung der Aufsichtsbehörde nachsucht. Wird eine Verschwiegenheits- 109

161 BGH NJW 1995, 2713 f; BGH NJW 2000, 664, 666; *Haug*, Rn 207.
162 BGH NJW 1995, 2713 f.
163 BGH NJW 2009, 71; BGH MDR 2004, 446 f; BGH NJW 1991, 1172, 1174; Eylmann/Vaasen/*Frenz*, § 19 Rn 42.
164 BGH MDR 2004, 446.
165 BGH NJW 2009, 71 für den Fall einer Grundbuchbeschwerde gem. § 71 GBO.
166 BGH NJW 1980, 1106; OLG Düsseldorf DNotZ 1994, 125.
167 BGH MDR 2004, 446; BGH WM 1997, 1398, 1400; NJW 1991, 1172, 1174; *Jungk*, DNotZ 2001, 99 ff; *Arndt/Lerch/Sandkühler*, § 19 Rn 225; *Schlüter/Knippenkötter*, Rn 685 ff; *Wöstmann*, in: Ganter/Hertel/Wöstmann Rn 2245.
168 DNotZ 1998, 851 ff; ebenso *Zugehör*, ZNotP 2000, 250 ff.
169 BGH WM 2002, 1068, 1072.
170 BGH WM 1997, 1398, 1401.
171 BGH NJW 1986, 1924.
172 BGH NJW, 1986, 1925.
173 BGH NJW 1986, 1924 f; für § 839 auch BGH NJW 2003, 1308 (abl. *Wißmann*, NJW 2003, 3455); idS auch die hM in der Lit. vgl *Ganter*, DNotZ 1998, 851 ff; Eylmann/Vaasen/*Frenz*, § 19 Rn 44; *Arndt/Lerch/Sandkühler*, § 19 Rn 233; *Schlüter/Knippenkötter*, Rn 701 ff.
174 BGH WM 2004, 1290; BGH WM 2002, 1068, 1070; BGH WM 1997, 1398, 1400; Eylmann/Vaasen/*Frenz*, § 19 BNotO Rn 43.
175 BGH NJW 1974, 639 f; OLG Bremen DNotZ 1989, 59.
176 BGH NJW 1974, 639; Schippel/Bracker/*Schramm*, § 19 Rn 133.

pflicht von der Aufsichtsbehörde verneint, können im Falle einer Äußerung des Notars Notarhaftungsansprüche nicht mehr geltend gemacht werden, § 18 Abs. 3 S. 2 BNotO.

D. Beteiligung Dritter

I. Haftung des Notars für Hilfspersonen

110 Bei der Ausübung seines Berufs ist der Notar in vielfältiger Weise auf die Unterstützung von Mitarbeitern und Hilfspersonen angewiesen. Soweit diesen Personen Pflichtverletzungen unterlaufen, ergibt sich das Problem, ob und ggf inwieweit aufgrund der Pflichtverletzungen Ansprüche gegenüber dem Notar geltend gemacht werden können. Es ist wie folgt zu differenzieren:

111 **1. Notarassessor.** Wird im Büro des Notars ein Notarassessor tätig, **haftet** der **Notar grundsätzlich nicht**. Eine **Ausnahme** gilt nur in folgenden Fällen:

112 Gem. § 19 Abs. 2 S. 2 Hs 1 BNotO haftet der Ausbildungsnotar für Pflichtverletzungen, die der Notarassessor bei der selbstständigen Erledigung eines Betreuungsgeschäfts gem. §§ 23, 24 BNotO begeht, sofern der Notar das **Geschäft** dem Notarassessor **zur selbstständigen Erledigung** überlassen hatte. Sind diese Voraussetzungen erfüllt, haften Notar und Notarassessor grundsätzlich als Gesamtschuldner.

113 Ist der Notarassessor zum **Vertreter** des Notars bestellt, haftet der Notar neben dem Notarassessor ebenfalls als Gesamtschuldner (§ 46 S. 1 BNotO iVm § 19 Abs. 2 S. 4 BNotO).

114 Für den Fall, dass der Assessor bei der Erledigung von **Urkundsgeschäften mitwirkt**, ohne selbstständig tätig zu werden, haftet der Notar für etwaige Pflichtverletzungen des Assessors unter denselben Voraussetzungen wie bei der Einschaltung anderer Hilfspersonen (s. Rn 117). Außerdem kann sich eine Haftung des Notars wegen **ungenügender Überwachung** des Assessors ergeben.[177]

115 **2. Notarvertreter.** Bei Pflichtverletzung des amtlich bestellten Vertreters haftet der Notar neben dem Vertreter als Gesamtschuldner, §§ 46, 39 Abs. 4, 19 BNotO. Voraussetzung dieser Haftung ist, dass der Vertreter ordnungsgemäß von der zuständigen Stelle der Landesjustizverwaltung (zumeist Landgerichtspräsident) bestellt worden ist, § 40 BNotO.[178]

116 **3. Personal.** Nach früherer hM wurde eine **Haftung für Hilfspersonen** mangels Rechtsgrundlage einhellig abgelehnt.[179] In seiner Entscheidung vom 23.11.1995 hat der BGH seine Rechtsprechung geändert.[180] Danach hält der BGH eine Haftung des Notars analog § 278 für möglich, wenn der Notar Hilfspersonen mit „**selbstständigen**", nicht in vollem Umfang nachprüfbaren Vorarbeiten für die Beurkundung betraut, insbesondere mit der Einsicht ins Grundbuch. Begründet wird diese Änderung der Rechtsauffassung damit, dass der Grundgedanke des § 278 analog auch im öffentlichen Recht gelte und auch auf nichtvertragliche öffentlich-rechtliche Sonderverbindungen anzuwenden sei.[181] Nunmehr hat das OLG Frankfurt diese Rechtsprechung auf den Fall eines Treuhandauftrages übertragen.[182]

117 Soweit die Hilfskräfte „**unselbstständige**" Hilfstätigkeiten wahrnehmen, kommt eine Haftung nach der bisherigen Rechtsprechung nicht in Betracht.[183] Die sich möglicherweise ergebenden **Haftungslücken** hat die Rechtsprechung dadurch geschlossen, dass dem Notar weitgehende Überwachungs- und Kontrollpflichten gegenüber seinem Mitarbeiter auferlegt werden.[184] Außerdem wird dem Notar als eigenes Verschulden eine unzureichende Büroorganisation angelastet, so dass sich auch insoweit eine Haftung des Notars ergeben kann (vgl dazu Rn 39).

118 Darüber hinaus darf der Notar die von ihm persönlich wahrzunehmenden Aufgaben nicht seinem Personal überlassen. Insbesondere ist der **Notar** für **jegliche Belehrung** und die **Erteilung von Rechtsauskünften persönlich zuständig.**[185]

II. Persönliche Haftung von Hilfspersonen

119 **1. Haftung des Notarassessors.** Der Notarassessor haftet nach der ausdrücklichen gesetzlichen Bestimmung in **§ 19 Abs. 2 S. 1 BNotO direkt den Geschädigten**, sofern er bei der selbstständigen Abwicklung von

177 *Haug*, Rn 123.
178 *Haug*, Rn 112.
179 BGH DNotZ 1976, 506, 508; vgl die Nachw. bei Schippel/Bracker/*Schramm*, § 19 Rn 160.
180 BGH NJW 1996, 464.
181 Vgl BGH NJW 1996, 464 f; dazu *Haug*, Rn 127; ausf. dazu und zur Gegenmeinung *Ganter*, in: Ganter/Hertel/Wöstmann, Rn 905 ff.
182 OLGR Frankfurt 2008, 368; offen gelassen v. BGH NJW-RR 2008, 1377; dazu *Kapsa*, ZNotP 2008, 468, 473.
183 BGH NJW 1996, 464 f; für eine weiter gehende Haftung des Notars *Schlüter/Knippenkötter*, Rn 31; *Arndt/Lerch/Sandkühler*, § 19 Rn 22.
184 Vgl BGH DNotZ 1989, 452 f; Schippel/Bracker/*Schramm*, § 19 Rn 161.
185 Näher dazu *Haug*, Rn 129 ff.

Betreuungsgeschäften iSv §§ 23, 24 BNotO tätig geworden ist. Gleiches gilt, wenn eine Beurkundung (§§ 20–22 BNotO) – rechtswidrig – eigenmächtig vom Notarassessor vorgenommen worden ist. In anderen Fällen kann der Geschädigte den Notarassessor nicht direkt in Anspruch nehmen. § 19 Abs. 2 S. 3 BNotO schließt auch Ansprüche gegen den Staat im Zusammenhang mit der Tätigkeit des Notarassessors aus.

Außerhalb des vorgenannten Falles kann sich allerdings eine **direkte Haftung** des Notarassessors ergeben, falls er gem. § 39 Abs. 3 S. 2 BNotO zum Vertreter des Notars bestellt worden ist (§§ 46, 19 Abs. 2 S. 4 BNotO). Außerdem kommt eine Haftung in Betracht, wenn der Notarassessor als Notariatsverwalter bestellt ist gem. § 61 BNotO. **120**

Im **Innenverhältnis** haftet der Notarassessor grundsätzlich von Gesetzes wegen alleine (§ 19 Abs. 2 S. 2 Hs 2 BNotO). Diese Rechtsfolge wird nicht zuletzt mit Rücksicht auf den Ausbildungszweck der Tätigkeit für unbillig gehalten. In der Literatur wird daher für eine einschränkende Interpretation des Gesetzes plädiert, mit der Folge, dass bei bloß fahrlässigen Pflichtverletzungen eine quotenmäßige Aufteilung angenommen wird.[186] Unabhängig von dieser restriktiven Gesetzesinterpretation machen die Notarkammern die Zuweisung eines Assessors zu einem Notar regelmäßig von einer vertraglichen Rückgriffsbeschränkung abhängig, die der Notar mit dem Assessor vereinbaren muss.[187] **121**

2. Notarvertreter. Der Notarvertreter haftet dem Geschädigten persönlich neben dem vertretenden Notar als **Gesamtschuldner** (§ 46 S. 1 BNotO). **122**

Im **Innenverhältnis** haftet der Notarvertreter nach dem Wortlaut des Gesetzes (§ 46 S. 2 BNotO) allein. Diese Regel ist jedoch zu modifizieren, wenn der vertretene Notar durch eine eigene Pflichtverletzung den Schaden mit zu verantworten hat, etwa weil der Schaden durch ungeschultes Personal oder durch mangelhafte Büroorganisation begünstigt wurde. In diesem Fall ist eine Haftungsquote zu bilden.[188] Außerdem wird auch hier in der Praxis häufig eine vertragliche Regelung des Innenverhältnisses vereinbart.[189] **123**

§ 46 BNotO findet keine Anwendung, wenn der Vertreter nicht ordnungsgemäß iSv §§ 39, 40 BNotO bestellt worden ist. Insoweit können dem Geschädigten ggf Ansprüche gem. § 823 Abs. 2 iVm einem besonderen Schutzgesetz oder aus § 826 zustehen.[190] **124**

3. Haftung des Notariatsverwalters. Der Notariatsverwalter untersteht in der Regel der für Notare geltenden Vorschriften (§ 57 Abs. 1 BNotO) und haftet deshalb **persönlich im Außenverhältnis** gem. § 19 Abs. 1 BNotO. Gem. § 61 Abs. 1 BNotO haftet für eine Amtspflichtverletzung des Notariatsverwalters dem Geschädigten die **Notarkammer** neben dem Notariatsverwalter als Gesamtschuldner. Eine Haftung des Staates für Amtspflichtverletzungen des Notariatsverwalters ist ausdrücklich ausgeschlossen (§ 61 Abs. 3 BNotO). **125**

4. Haftung des Personals. Das Personal des Notars haftet bei eigenen Fehlleistungen grundsätzlich **nicht** im Außenverhältnis **gegenüber dem Geschädigten**. Eine Ausnahme ist nach den allgemeinen **deliktsrechtlichen Vorschriften** möglich. **126**

Darüber hinaus kommt eine **Haftung im Außenverhältnis** dann in Betracht, wenn Notariatsangestellte als Auflassungs- oder Vollzugsbevollmächtigte auftreten. Nach Auffassung des BGH[191] haften Notariatsangestellte aus positiver Vertragsverletzung (nunmehr §§ 280, 241 Abs. 2), wenn diese bei der Durchführung des Auftrages nicht mehr vom Willen der Auftraggeber gedeckte Rechtshandlungen vornehmen. Regelmäßig wird in diesen Fällen auch eine Haftung des Notars vorliegen, wenn dieser in die Durchführung des Auftrages neben seinem Personal involviert war. In diesem Fall kann der Notar allerdings nicht auf seine Angestellte als anderweitige Ersatzmöglichkeit verweisen, da er diese nach arbeitsrechtlichen Grundsätzen im Innenverhältnis freistellen muss.[192] **127**

III. Sozietät

Anders als im Bereich von Rechtsanwaltssozietäten ergibt sich im Falle der Sozietätsbindung von Notaren (§ 9 BNotO) **keine gesamtschuldnerische Haftung** der Sozietät. Die hoheitliche Funktion des Notars als unabhängiger Amtsträger und die besondere öffentlich-rechtliche Beziehung zwischen dem Notar und den beteiligten Personen lässt eine derartige gesamtschuldnerische Haftung nicht zu.[193] **128**

186 Vgl etwa Eylmann/Vaasen/*Frenz*, § 19 BNotO Rn 59; Schippel/Bracker/*Schramm*, § 19 Rn 157 mwN.
187 Vgl näher dazu Schippel/Bracker/*Schramm*, § 19 Rn 158.
188 Vgl dazu OLG Celle DNotZ 1985, 246; *Haug*, Rn 148; Eylmann/Vaasen/*Frenz*, § 46 BNotO Rn 8 mwN.
189 Vgl Eylmann/Vaasen/*Frenz*, § 46 BNotO Rn 7.
190 BGH NJW 1998, 2830 f.
191 NJW 2003, 578; näher dazu *Peters*, DNotZ 2003, 840 ff.
192 BGH NJW 1998, 2830 f; vgl dazu auch *Ganter*, ZNotP 2003, 442, 448; *Schlüter/Knippenkötter*, Rn 34.
193 BayObLG DNotZ 1981, 317; *Haug*, Rn 108 ff; *Ganter*, in: Ganter/Hertel/Wöstmann, Rn 2322.

129 Von diesem Grundsatz abweichend, ist **ausnahmsweise** dann eine **gesamtschuldnerische Haftung** von Notaren möglich, wenn zwei Notare (außerhalb oder innerhalb einer Sozietät) jeweils selbstständig tätig werden und jeder durch eine Amtspflichtverletzung denselben Schaden (mit-)verursacht hat.[194]

E. Prozessuale Besonderheiten

130 Bei einer **Notarhaftungsklage** gelten die allgemeinen prozessualen Grundsätze. Folgende Besonderheiten sind zu beachten:

I. Zulässigkeit

131 Bei den Zulässigkeitsvoraussetzungen einer Notarhaftungsklage bestehen grundsätzlich keine Sonderregelungen. Eine Ausnahme gilt für die Frage der Zuständigkeit. Gem. § 19 Abs. 3 BNotO sind für die Klagen die **Landgerichte** ohne Rücksicht auf den Streitwert zuständig. Dies gilt ebenso für Klagen gegen den Notarvertreter, den Notariatsverwalter oder den Notarassessor.[195]

132 Hinsichtlich des Klageantrags ist zu beachten, dass in der Regel nur Schadensersatz in Geld verlangt werden kann (vgl dazu Rn 75).

133 Nach den allgemeinen prozessrechtlichen Vorschriften ist auch eine **Feststellungsklage** gegen den Notar auf Schadensersatz zulässig, wobei jedoch als zusätzliche Voraussetzung zu beachten ist, dass der **Einwand der subsidiären Haftung ausgeschlossen sein muss**, sonst ist die Klage **unschlüssig**.[196]

II. Passivlegitimation

134 Die Klage ist gegen den Notar selbst zu richten. Eine Haftungsüberleitung auf den Staat ist ausdrücklich ausgeschlossen, § 19 Abs. 2 S. 4, § 61 Abs. 3 BNotO. Eine Ausnahme gilt nur bei den Staatsnotaren in Baden-Württemberg, bei denen eine Amtshaftungsklage gegen das Land zu richten ist (vgl dazu Rn 6). Ein Anspruch kann regelmäßig auch nicht direkt gegen die Berufshaftpflichtversicherung des Notars geltend gemacht werden, es sei denn der Notar ist insolvent oder unbekannten Aufenthalts (§ 115 Abs. 1 Nr. 2 u. 3 VVG).

III. Darlegungs- und Beweislast

135 Für eine Amtshaftungsklage gegen einen Notar gelten grundsätzlich die **allgemeinen Beweislastregeln**, wonach der Kläger die anspruchsbegründenden Tatsachen zu beweisen hat.[197]

136 Danach muss der **Kläger** für eine schlüssige Klage vortragen und im Streit beweisen:

- Das Vorliegen einer Amtspflichtverletzung.[198]
- Der Beweis von **negativen Tatbestandsmerkmalen**, etwa dann, wenn die Amtspflichtverletzung einer unterlassenen Belehrung vorliegen soll.[199] Der beklagte **Notar** darf in einem solchen Fall nicht bloß bestreiten, sondern muss **substantiiert darlegen,** in welcher Weise eine Belehrung erfolgt sein soll.[200] Soweit gesetzlich vorgeschrieben ist (zB § 17 Abs. 2 S. 2 BeurkG), dass ein Belehrungsvermerk in der Urkunde aufzunehmen ist, tritt eine **Umkehr der Beweislast** ein. Der Notar muss den Gegenbeweis erbringen, dh, er muss das Vorliegen einer Belehrung ungeachtet des fehlenden Vermerks beweisen.[201] Außerhalb derartiger Vorschriften besteht keine allgemeine Verpflichtung, Belehrungen schriftlich zu dokumentieren.[202]
- Nach hM findet § 282 aF, **§ 280 Abs. 1, S. 2 nF** mit Rücksicht auf das öffentlich-rechtliche Rechtsverhältnis zwischen Notar und Beteiligten Anwendung, mit der Folge, dass der beklagte **Notar** im Falle einer bestehenden Pflichtverletzung sein **fehlendes Verschulden nachweisen muss**.[203]

194 BGH NJW-RR 1998, 133, 135; *Haug*, Rn 110; *Ganter*, in: Ganter/Hertel/Wöstmann, Rn 2332.
195 *Tremml/Karger/Luber*, Rn 1589.
196 *Haug*, Rn 811.
197 BGH WM 1984, 700, 701; *Tremml/Karger/Luber*, Rn 1594.
198 BGH DNotZ 1989, 48; *Ganter*, ZNotP 2000, 176.
199 BGH NJW 2006, 3065; BGH NJW 1987, 1322; OLG Saarbrücken MDR 2002, 1399; *Tremml/Karger/Luber*, Rn 1595, *Ganter*, ZNotP 2000, 176.
200 BGH WM 1996, 84 f; *Tremml/Karger/Luber*, Rn 1596.
201 BGH DNotZ 1974, 296; Eylmann/Vaasen/*Frenz*, § 19 Rn 64.
202 BGH NJW 2006,3065; *Ganter*, ZNotP 2000, 176 f.
203 BGH MDR 2011, 266 Rn 21; BGHZ 145, 265, 275 = NJW 2001, 70; BGH NJW-RR 1989, 153; *Baumgärtel*, § 675 Rn 57; *Ganter*, ZNotP 2000, 176, 178; *ders.*, in: Ganter/Hertel/Wöstmann, Rn 2138 aM: *Tremml/Karger/Luber*, Rn 1604; *Haug*, Rn 840.

- Der Kläger hat darüber hinaus die haftungsausfüllende Kausalität darzulegen und zu beweisen. Hierfür und für den Eintritt und die Höhe des Schadens ergeben sich gegenüber dem allgemeinen Deliktsrecht keine Besonderheiten.[204] Daher kommt dem Kläger die Beweiserleichterung des § 287 ZPO zugute.[205]
- Das **Fehlen** einer **anderweitigen Ersatzmöglichkeit** als negative Anspruchsvoraussetzung muss der **Kläger** ebenfalls darlegen und ggf beweisen.[206] Ist eine andere Ersatzmöglichkeit nicht ohne weiteres erkennbar, so muss der beklagte Notar eine solche Möglichkeit schlüssig darlegen und ggf beweisen.[207] Sofern dies dem Notar gelingt, muss der Kläger seinerseits Umstände darlegen und beweisen, dass diese Möglichkeit nicht realisiert werden kann.[208]

Für die Darlegungs- und Beweislast des **Notars** ergeben sich folgende Gesichtspunkte: 137

- Nach hM indiziert eine Amtspflichtverletzung des Notars die Rechtswidrigkeit; für Rechtfertigungsgründe, die die Rechtswidrigkeit entfallen lassen können, trägt der Notar daher die Darlegungs- und Beweislast.[209]
- Der **Notar** muss darüber hinaus darlegen und beweisen, dass es der Kläger ggf **schuldhaft unterlassen hat, ein Rechtsmittel einzulegen**. Dies ergibt sich aus § 19 Abs. 1 S. 3 BNotO iVm § 839 Abs. 3. Die Vorschrift des § 839 Abs. 3 ist als Ausnahmetatbestand formuliert, mit der Folge, dass derjenige, der sich auf diesen Tatbestand beruft, auch die Darlegungs- und Beweislast trägt.[210]
- Im Falle von Mitverschulden nach allgemeinen Grundsätzen trägt der Notar für die Tatsachen, die ein Mitverschulden des Geschädigten gem. § 254 begründen sollen, die Darlegungs- und Beweislast.[211]

F. Verjährung

Die Verjährung des Amtshaftungsanspruchs richtet sich nach Inkrafttreten der Schuldrechtsreform nunmehr nach § 19 Abs. 1 S. 3 BNotO iVm §§ 195, 199. Danach gilt eine regelmäßige **dreijährige Verjährungsfrist**, die für alle Ansprüche aus unerlaubter Handlung und damit auch für Amtshaftungsansprüche Anwendung findet.[212] Die Frist beginnt mit dem Schluss des Jahres, in dem der Anspruch entstanden ist und der Gläubiger von den, den Anspruch begründenden Umständen und der Person des Schuldners Kenntnis erlangt hat oder ohne grobe Fahrlässigkeit erlangen musste (§ 199 Abs. 1). Hängt die **Inanspruchnahme vom Fehlen einer anderweitigen Ersatzmöglichkeit ab**, so beginnt die Verjährung erst, wenn der Geschädigte **erfährt** (etwa nach Durchführung eines Prozesses), dass er **nicht in anderer Weise Ersatz verlangen kann**, was ggf zu langen Verjährungsfristen führt.[213] Allerdings muss die anderweitige Ersatzmöglichkeit begründete Aussicht auf Erfolg bieten; **bei zweifelhafter Erfolgsaussicht wird die Verjährung des Amtshaftungsanspruchs nicht hinausgeschoben**.[214] 138

Als Haftungshöchstfrist gilt nunmehr für eine große Anzahl von Fällen eine 10-jährige Verjährungsfrist (§ 199 Abs. 3 Nr. 1). Lediglich in Fällen, in denen der Schaden noch nicht entstanden ist, gilt gem. § 199 Abs. 3 Nr. 2 noch die 30-jährige Verjährungsfrist. Entstanden ist der Schaden erst dann, wenn sich die Vermögenslage des Geschädigten konkret verschlechtert hat und der Geschädigte zumutbar eine Schadensersatzklage erheben könnte.[215] 139

Anders als nach früherer Rechtsprechung bei Rechtsanwälten, muss ein Notar nicht auf eine eigene Pflichtverletzung hinweisen; es existiert daher im Notarhaftungsrecht keine Sekundärverjährung.[216] 140

G. Vertragliche Haftungsbeschränkungen

Im Gegensatz zum Anwaltshaftungsrechts besteht für den Notar nicht die Möglichkeit, die Haftung gem. § 19 BNotO vertraglich zu beschränken.[217] Dies gilt auch für die Tätigkeiten im Rahmen der §§ 23, 24 BNotO, da 141

204 BGH NJW 1992, 3237, 3241; *Ganter*, ZNotP 2000, 176, 180.
205 Vgl nur *Haug*, Rn 870.
206 BGH WM 1993, 1896, 1898; *Arndt/Lerch/Sandkühler*, § 19 Rn 200.
207 BGH NJW 2003, 202, 204; *Ganter*, ZNotP 2000, 176, 181.
208 *Tremml/Karger/Luber*, Rn 1612; *Ganter*, ZNotP 2000, 176, 181.
209 *Tremml/Karger/Luber*, Rn 1615; *Ganter*, ZNotP 2000, 178.
210 *Arndt/Lerch/Sandkühler*, § 19 Rn 235 *Ganter*, ZNotP 2000, 176 ff.
211 BGH WM 2000, 35, 38; *Ganter*, ZNotP 2000, 181.
212 *Mansel/Budzikiewicz*, § 3 Rn 11.
213 BGHZ 102, 246 ff = NJW 1988, 1146; BGH WM 1999, 974 f; BGH ZNotP 2000, 201; zum Problemkreis *Zugehör*, ZNotP 2000, 250 ff.
214 BGH DNotZ 2006, 918; ebenso *Ganter*, DNotZ 2007, 246, 262; großzügiger aber noch BGH NJW-RR 2005, 1148, 1149.
215 BGH NJW-RR 2005, 69.
216 OLG Hamm DNotZ 1995, 416; *Schlüter/Knippenkötter*, Rn 746; *Arndt/Lerch/Sandkühler*, § 19 Rn 269.
217 *Arndt/Lerch/Sandkühler*, § 19 Rn 270; Schippel/Bracker/*Schramm*, § 19 Rn 100.

bei einer Übernahme der Tätigkeit in vollem Umfang Amtspflichten entstehen, für die der Notar unbeschränkt haftet.[218]

H. Berufshaftpflichtversicherung

142 Gem. § 19 a BNotO ist jeder Notar verpflichtet, eine Berufshaftpflichtversicherung zu unterhalten, zur Deckung der Haftpflichtgefahren von Vermögensschäden, die sich aus seiner Berufstätigkeit und der Tätigkeit von Personen ergeben, für die er haftet. Ein **Verstoß gegen diese Verpflichtung** kann zur **Amtsenthebung** führen, § 50 Abs. 1 Nr. 10 BNotO. Die Versicherungssumme beträgt 500.000 EUR für jeden Versicherungsfall, § 19 a Abs. 3 S. 1 BNotO.

Zur Geltendmachung von Schadensersatzansprüchen erteilt die Landesjustizverwaltung oder die Notarkammer, der der Notar angehört, auf Antrag Auskunft über den Namen und die Adresse der Berufshaftpflichtversicherung des Notars sowie über die Versicherungsnummer, soweit der Notar kein überwiegendes schutzwürdiges Interesse an der Nichterteilung der Auskunft hat (§ 19 a Abs. 6 BNotO).

143 Darüber hinaus sind gem. § 67 Abs. 3 Nr. 3 BNotO die von der vom Notar abzuschließenden Versicherung nicht gedeckten Schäden zu versichern. Dieser Pflichtversicherungsbereich wird von den Notarkammern durch Abschluss der so genannten „**Vertrauensschadenversicherung**" abgedeckt.[219]

144 Schließlich haben die Notarkammern im Bundesgebiet auf freiwilliger Basis einen Vertrauensschadenfonds gebildet, der die Aufgabe hat, bei Schäden aus **vorsätzlicher Handlung** von Notaren (ohne rechtliche Verpflichtung) Leistungen zu ermöglichen.[220]

§ 129 Öffentliche Beglaubigung

(1) ¹Ist durch Gesetz für eine Erklärung öffentliche Beglaubigung vorgeschrieben, so muss die Erklärung schriftlich abgefasst und die Unterschrift des Erklärenden von einem Notar beglaubigt werden. ²Wird die Erklärung von dem Aussteller mittels Handzeichens unterzeichnet, so ist die im § 126 Abs. 1 vorgeschriebene Beglaubigung des Handzeichens erforderlich und genügend.

(2) Die öffentliche Beglaubigung wird durch die notarielle Beurkundung der Erklärung ersetzt.

Literatur: *Bettendorf/ Apfelbaum*, Die persönliche Erzeugung der Signatur bei der Erstellung elektronischer notarieller Urkunden, DNotZ 2008, 85; *Bohrer,* Notarielle Form, Beurkundung und elektronischer Rechtsverkehr, DNotZ 2008, 39; *Jeep/Wiedemann*, Die Praxis der elektronischen Registeranmeldung – Die Umsetzung des EHUG aus notarieller und richterlicher Sicht, NJW 2007, 2439; *Gassen/Wegerhoff*, Elektronische Beglaubigung und elektronische Handelsregisteranmeldung in der Praxis, 2. Aufl. 2009; *Malzer*, Die öffentliche Beglaubigung – Wesen, Funktion, Bedeutung und Perspektive einer zivilrechtlichen Formvorschrift, DNotZ 2000, 169; *ders.*, Elektronische Beglaubigung und Medientransfer durch den Notar nach dem Justizkommunikationsgesetz, DNotZ 2006, 9.

A. Allgemeines

I. Normzweck

1 Die öffentliche Beglaubigung ist vorgesehen in Fällen einer besonderen **Nachweis- und Zuordnungsbedürftigkeit** hinsichtlich Erklärung und erklärender Person, um bei der Abgabe einer Willenserklärung diese Person zuverlässig feststellen zu können.[1] Durch die öffentliche Beglaubigung wird bezeugt, dass die Unter-

218 HM vgl nur Schippel/Bracker/*Schramm*, § 19 Rn 101 mwN; aM *Rossak,* VersR 1985, 1121.

219 Vgl zu den Einzelheiten der verschiedenen Versicherungen *Haug*, Rn 317 ff und *Bresgen*, SchlHA 2007, 233 ff.

220 Vgl dazu *Haug*, Rn 321.

1 *Malzer*, DNotZ 2000, 169; *Larenz/Wolf*, BGB AT, § 27 Rn 54; Bamberger/Roth/*Wendtland*, § 129 Rn 1; HK-BGB/*Dörner,* § 129 Rn 1.

schrift in Gegenwart einer Urkundsperson zu dem angegebenen Zeitpunkt von dem Erklärenden vollzogen oder anerkannt worden ist (vgl §§ 39, 40 Abs. 1 BeurkG) und dass die im Beglaubigungsvermerk namentlich genannte Person mit dem Erklärenden identisch ist (§ 39 Abs. 3 S. 1, Abs. 4 BeurkG).[2] Dasselbe gilt für das Handzeichen (§ 126 Abs. 1 S. 2, § 40 Abs. 6 BeurkG; s.a. Rn 16). Diesem Zweck entsprechend ist die öffentliche Beglaubigung gesetzlich vor allem für Erklärungen gegenüber einem Gericht oder einer Behörde vorgeschrieben.[3]

Die öffentliche Beglaubigung bezieht sich nur auf die **Echtheit der Unterschrift** bzw des Handzeichens, **nicht** dagegen auf den **Inhalt** der Erklärung.[4] Der Notar braucht die Urkunde nur daraufhin zu prüfen, ob Gründe bestehen, seine Amtstätigkeit zu versagen (§ 40 Abs. 2 BeurkG), etwa wenn er erkennbar unerlaubte oder unredliche Zwecke fördern würde. 2

Neben dieser **Authentifizierungsfunktion** sind weitere Zwecke der Beglaubigung die Gewährleistung der Handlungsfähigkeit des Unterzeichners frei von physischem Zwang und die Prüfung der Geschäftsfähigkeit dem äußeren Anschein nach. Darüber hinaus erfüllt die öffentliche Beglaubigung im täglichen Rechtsverkehr gewichtige Funktionen zugunsten der **Rechtssicherheit** und der **unparteiischen Rechtsbetreuung**, da dem Notar von der rechtsuchenden Bevölkerung in besonderem Maße Vertrauen entgegen gebracht wird. Dies hat zur Folge, dass von dem als neutral und rechtskundig bekannten Notar nicht nur die reine Unterschriftsbeglaubigung, sondern auch eine begleitende Prüfung des unterzeichneten Textes erwartet wird.[5] Dadurch wird gleichzeitig eine persönliche und unmittelbare Sachverhaltsaufklärung gewährleistet. Der allgemein anerkannten Stellung des Notars entsprechend ist die Hemmschwelle sehr hoch, Erklärungen öffentlich beglaubigen zu lassen, die zB gegen die guten Sitten verstoßen.[6] 3

Bei **empfangsbedürftigen Erklärungen** ist zur Wirksamkeit erforderlich, dass die Erklärung in der Form des § 129 zugeht.[7] Die Übermittlung einer Abschrift oder einer Kopie der Erklärung reicht nicht aus.[8] 4

II. Anwendungsbereich

1. Gesetzliche Fälle. Die öffentliche Beglaubigung ist vorgesehen im **BGB** in den §§ 77 S. 1, 371 S. 2, 403 S. 1, 411 S. 1, 1035 S. 2, 1154 Abs. 1 S. 2, 1155 S. 1, 1355 Abs. 3 S. 2 und Abs. 4 S. 5, 1491 Abs. 1 S. 2, 1560 S. 2, 1617 Abs. 1 S. 2, 1617 a Abs. 2 S. 3, 1617 b Abs. 2 S. 2, 1617 c Abs. 1 S. 3, 1618 S. 5, 1945 Abs. 1, Abs. 3 S. 1, 1955, 2120 S. 2, 2121 Abs. 1 S. 2, 2198 Abs. 1 S. 2, 2215 Abs. 2; ferner in § 12 Abs. 1 **HGB**; §§ 726 Abs. 1, 727 Abs. 1, 750 Abs. 2, 751 Abs. 2, 756 Abs. 1, **ZPO**; §§ 71 Abs. 2, 81 Abs. 2, Abs. 3, 84 Abs. 2, 91 Abs. 2, 143, 144 Abs. 1 S. 1 **ZVG**; §§ 29 Abs. 1 S. 1, 30, 32 Abs. 1 S. 3 **GBO**; § 17 Abs. 1 **UmwG**; § 26 Abs. 3 **WEG**; § 3 Abs. 1 S. 4, Abs. 2 S. 5 **LPartG**. Der praktisch häufigste Anwendungsfall der öffentlichen Beglaubigung resultiert aus den Anforderungen des § 29 Abs. 1 GBO, wonach Eintragungen in das **Grundbuch** nur vorgenommen werden sollen, wenn die Eintragungsbewilligung oder die sonstigen zu der Eintragung erforderlichen Erklärungen durch öffentliche oder öffentlich beglaubigte Urkunden nachgewiesen werden. Nicht genügend ist deshalb für § 29 Abs. 1 GBO die Beglaubigung einer Abschrift nach § 42 BeurkG, weil diese lediglich die Übereinstimmung einer Kopie mit einem Original bestätigt, jedoch keinerlei Aussage über die Echtheit der Unterschrift auf dem Original erlaubt.[9] 5

Erklärungen im Sinne des § 129 sind neben Willenserklärungen auch verfahrensrechtliche Erklärungen.[10] § 129 gilt entsprechend für diejenigen Fälle, bei denen die öffentliche Beglaubigung als **Formerfordernis rechtsgeschäftlich vereinbart** ist.[11] 6

Die notarielle Beurkundung (Abs. 2) und der ihr gleichstehende Prozessvergleich (§ 127 a) ersetzen die öffentliche Beglaubigung (§ 127 a Rn 15). 7

2. Amtliche Beglaubigung. Keine öffentliche Beglaubigung im Sinne des § 129 stellt die **amtliche Beglaubigung** einer Verwaltungsbehörde dar (§ 34 Abs. 1 S. 2 Nr. 2 VwVfG) oder die Beglaubigung einer Abschrift aus dem Handelsregister (§ 9 Abs. 4 S. 3 HGB iVm § 30 Abs. 2–5 HRV). Für solche amtlichen Beglaubigungen gelten die Vorschriften des BeurkG nicht (§ 65 S. 1 BeurkG).[12] Die amtliche Beglaubigung kann deshalb die 8

2 Palandt/*Ellenberger*, § 129 Rn 1; *Larenz/Wolf*, § 27 Rn 54; Erman/*Palm*, § 129 Rn 2.
3 MüKo/*Einsele*, § 129 Rn 1; *Larenz/Wolf*, § 27 Rn 55.
4 BGH, Urt. v. 4.6.1962 – V ZR 110/60 = BGHZ 37, 79, 86; Palandt/*Ellenberger*, § 129 Rn 1; MüKo/*Einsele*, § 129 Rn 1; Jauernig/*Jauernig*, § 129 Rn 1.
5 *Malzer*, DNotZ 2000, 169, 178.
6 *Malzer*, DNotZ 2000, 169, 178.
7 Palandt/*Ellenberger*, § 129 Rn 1; Erman/*Palm*, § 129 Rn 2.
8 BayObLG, Beschl. v. 19.3.1992 – 1 Z 56/91 = DtZ 1992, 284, 285; Palandt/*Ellenberger*, § 129 Rn 1; Bamberger/Roth/*Wendtland*, § 129 Rn 7.
9 OLG Köln, Beschl. v. 24.11.2008 – 2 Wx 41/08 = FGPrax 2009, 6, 8.
10 OLG Düsseldorf, Beschl. v. 28.3.1984 – 3 W 395/83 = OLGZ 1984, 259, 261 f; MüKo/*Einsele*, § 129 Rn 2; Palandt/*Ellenberger*, § 129 Rn 1; Preuß/Renner/Huhn/*v. Schuckmann*, § 40 BeurkG Rn 1.
11 Bamberger/Roth/*Wendtland*, § 129 Rn 3; Erman/*Palm*, § 129 Rn 2.
12 Palandt/*Ellenberger*, § 129 Rn 2; MüKo/*Einsele*, § 129 Rn 4; Staudinger/*Hertel*, § 129 Rn 47.

öffentliche Beglaubigung nicht ersetzen.[13] Öffentliche Urkunden (§ 415 Abs. 1 ZPO) stehen der öffentlichen Beglaubigung nur dann gleich, wenn dies gesetzlich angeordnet ist (Hauptbeispiel: § 29 Abs. 1 S. 1 GBO).

B. Regelungsgehalt

I. Beglaubigung

9 **1. Zuständigkeit.** § 20 Abs. 1 S. 1 BNotO statuiert die grundsätzliche Zuständigkeit der **Notare** für die öffentliche Beglaubigung. Nur in Ausnahmefällen kann sich die Befugnis anderer Stellen oder Behörden aufgrund von Regelungen der Länder ergeben, vgl § 63 BeurkG. Soweit eine Zuständigkeit sonstiger Urkundspersonen nach § 1 Abs. 2 BeurkG besteht, sollen diese – mit Ausnahme der Konsule (§ 10 Abs. 1 Nr. 2 KonsG) sowie der Betreuungsbehörden bei Vorsorgevollmachten und Betreuungsverfügungen (§ 6 Abs. 2 S. 1 BtBG) – nicht zur Beglaubigung von Handzeichen berechtigt sein.[14]

10 **2. Verfahren.** Die Einzelheiten des Verfahrens der Beglaubigung sind in den §§ 39 ff BeurkG geregelt. Gem. § 40 Abs. 1 BeurkG soll die Unterschrift nur beglaubigt werden, wenn sie in Gegenwart eines Notars vollzogen oder anerkannt wird. Der Erklärende muss sie also **vor dem Notar eigenhändig handschriftlich** herstellen oder, falls dies nicht geschieht, die bereits auf der Urkunde angebrachte Unterschrift vor dem Notar als eigene anerkennen. **Widerruft** die Unterschriftsperson ihr Anerkenntnis, bevor der Notar die Urkunde aus seinem Amtsbereich herausgegeben hat, so bleibt die vollzogene Beglaubigung wirksam, da es sich um eine **Tatsachenmitteilung** handelt und keine empfangsbedürftige Willenserklärung darstellt.[15]

11 Eine so genannte **Fernbeglaubigung** (etwa per Telefon oder Videoschaltung) ist **unwirksam**, da der Gesetzeswortlaut von der Anerkennung in (gemeint: physisch-präsenter) Gegenwart eines Notars spricht.[16] Bestätigt der Notar in einem solchen Fall im Beglaubigungsvermerk dennoch, dass die Unterschrift vor ihm vollzogen bzw anerkannt worden ist, so begeht er einen Verstoß gegen seine Dienstpflichten[17] und eine Falschbeurkundung im Amt gem. § 348 Abs. 1 StGB.[18]

12 Es ist ein **Beglaubigungsvermerk** (§ 39 BeurkG) zu erstellen. Dieser muss zwingend die Echtheit der Unterschrift bezeugen, die Bezeichnung der Person, die die Unterschrift vollzogen oder anerkannt hat (§ 40 Abs. 3 S. 1 BeurkG) sowie die Unterschrift und das Siegel des Notars enthalten. Bei Fehlen eines dieser notwendigen Erfordernisse ist der Vermerk als öffentliche Urkunde (§ 415 Abs. 1 ZPO) wirkungslos.[19]

13 Zu beglaubigen ist **nur die Unterschrift**, denn es ist nicht die Aufgabe des Beglaubigungsvermerks, zu bescheinigen, welche Erklärungen der Unterzeichnende abgeben wollte.[20] Der Notar darf seine Unterschrift erst nach Vollzug oder Anerkennung leisten, da eine Blankounterschrift des Notars unzulässig ist.[21] Der Beglaubigungsvermerk ist räumlich auf die Urkunde zu setzen, auf der die Unterschrift steht. Zwischen Unterschrift und Vermerk kann weiterer Text stehen.[22] Lässt es sich wegen Platzmangels nicht vermeiden, dass der Beglaubigungsvermerk nicht auf dem gleichen Blatt wie die Unterschrift gesetzt werden kann, so sind beide Blätter fest miteinander zu verbinden.[23]

14 **3. Unterschrift.** Beglaubigt werden kann nur eine handschriftlich, unter Verwendung von haltbarer Tinte oder Kugelschreiber geleistete Unterschrift.[24] Diese muss nicht lesbar,[25] jedoch vollständig sein, wobei Abkürzungen in der Unterschrift nicht schaden, soweit der Namenszug erkennbar bleibt;[26] zur Unterschrift allgemein § 126 Rn 19 ff. Auch die Unterschrift bzw das Handzeichen eines Vertreters, der mit dem Namen des Vertretenen unterzeichnet hat, kann Gegenstand einer Beglaubigung sein.[27] Der Beglaubigungsvermerk muss dann auch die Person des die Unterschrift leistenden Vertreters bezeichnen (§ 40 Abs. 3 S. 1 BeurkG).[28]

15 Die Beglaubigung einer **Blankounterschrift** ist gem. § 40 Abs. 5 BeurkG zulässig. Dies soll jedoch nur erfolgen, wenn dargelegt wird, dass die Beglaubigung vor der Festlegung des Urkundeninhalts benötigt wird. In

13 AA BGH, Beschl. v. 7.4.2011 – V ZB 207/10, Rn 13 f (juris); Beschl. v. 20.6.1966 – IV ZB 60/66 = BGHZ 45, 362, 365 f.
14 *Winkler*, § 40 BeurkG Rn 11.
15 OLG Köln, Beschl. v. 10.5.1993 – 2 Wx 15/93 = NJW-RR 1994, 756 f; *Winkler*, § 40 BeurkG Rn 33.
16 *Malzer,* DNotZ 2000, 169, 174.
17 BGH, Beschl. v. 10.8.1987 – NotZ 6/87 = DNotZ 1988, 259 f.
18 OLG Köln, Urt. v. 24.3.1976 – 2 X (Not) 1/75 = DNotZ 1977, 763; OLG Frankfurt, Urt. v. 19.4.1985 – 5 Ss 608/84 = DNotZ 1986, 421; aA BGH, Urt. v. 5.1.1968 – 4 StR 432/67 = BGHSt 22, 32 ff, sofern die Unterschrift echt ist.
19 *Winkler*, § 40 BeurkG Rn 54.
20 *Winkler*, § 40 BeurkG Rn 51.
21 RG, Urt. v. 8.1.1915 – III 297/14 = RGZ 86, 102, 104.
22 KG, Beschl. v. 7.3.1980 – 1 W 4820/79 = DNotZ 1980, 487.
23 *Winkler*, § 40 BeurkG Rn 61.
24 *Winkler*, § 40 BeurkG Rn 26.
25 BGH, Urt. v. 14.5.1964 – VII ZR 57/63 = BB 1964, 699; *Malzer*, DNotZ 2000, 169, 176; *Winkler*, § 40 BeurkG Rn 27.
26 *Winkler*, § 40 BeurkG Rn 27.
27 *Flume*, BGB AT Bd. 2, § 15 II 4; Erman/*Palm*, § 129 Rn 3; Palandt/*Ellenberger,* § 129 Rn 2; Soergel/*Hefermehl,* § 126 Rn 6; zweifelnd MüKo/*Einsele,* § 126 Rn 12 und § 129 Rn 5.
28 *Winkler*, § 40 BeurkG Rn 31.

diesem Fall soll der Beglaubigungsvermerk beinhalten, dass im Zeitpunkt der Beglaubigung ein durch die Unterschrift gedeckter Text nicht vorhanden war. Das Merkmal „dargelegt" ist erfüllt, wenn kein Anlass besteht, den Behauptungen der Beteiligten zu misstrauen.[29]

4. Handzeichen. Über die öffentliche Beglaubigung des Handzeichens (§ 40 Abs. 6 BeurkG) können auch Personen, die nicht in der Lage sind, ihren Namen zu schreiben, die Schriftform erfüllen (§ 126 Abs. 1, Var. 2). Unter einem Handzeichen versteht man jedes **eigenhändig gesetzte Zeichen**, das keine Schriftzeichen verwendet, zB ein Kreuz oder einen Fingerabdruck. Auf die Beglaubigung von Handzeichen finden die Vorschriften über die Unterschriftsbeglaubigung entsprechende Anwendung, so dass auch Handzeichen in Gegenwart des Notars vollzogen oder anerkannt werden müssen.[30] 16

5. Elektronische Beglaubigung. Nach § 39 a BeurkG, der mit dem JkomG[31] (dazu § 126 a Rn 92 ff) zum 1.4.2005 in Kraft getreten ist, können Beglaubigungen und sonstige Zeugnisse iSd § 39 BeurkG auch elektronisch errichtet werden.[32] Dies war erforderlich geworden, nachdem der Gesetzgeber zum 1.1.2007 mit dem EHUG[33] in § 12 Abs. 1 S. 1, Abs. 2 S. 2 HGB die Verpflichtung normiert hat, Anmeldungen zur Eintragung und Einreichungen zum Handelsregister elektronisch vorzunehmen. An die Stelle von Unterschrift und Siegel des Notars treten bei der „elektronischen Beglaubigung" nach § 39 a S. 2 BeurkG dessen qualifizierte elektronische Signatur (§ 126 a Rn 19 ff), die nach § 39 a S. 3 BeurkG auf einem dauerhaft prüfbaren Zertifikat (§ 126 a Rn 22 ff) beruhen soll. 17

II. Nachträgliche Änderungen

Nachträgliche Änderungen der Erklärung unter Zustimmung des Erklärenden sind zulässig und **beeinträchtigen die Formgültigkeit nicht**,[34] denn die Unterschriftsbeglaubigung bescheinigt ausschließlich die Echtheit der Unterschrift, nicht die Echtheit des darüber stehenden Textes. Dies gilt selbst dann, wenn die nachträgliche Textänderung über die bloße Berichtigung eines offensichtlichen Schreibversehens hinausgeht.[35] Allerdings können erkennbare textliche Änderungen die Beweiskraft der beglaubigten Urkunde dahingehend beeinträchtigen, dass die Vermutung der Echtheit nach § 440 Abs. 2 ZPO (Rn 20) der durch die Privaturkunde verkörperten Erklärung widerlegt werden kann.[36] Als Folge kann die Erklärung bei Zweifeln darüber, ob der Erklärende die Änderung gebilligt hat, zurückgewiesen werden. 18

III. Verhältnis Beglaubigung/Beurkundung (Abs. 2)

Gem. Abs. 2 wird die öffentliche Beglaubigung durch die notarielle Beurkundung ersetzt. Der Beurkundung kommt mithin eine **stärkere Wirkung** zu, sie stellt gegenüber der Beglaubigung ein Mehr dar (§ 125 Rn 3).[37] Der maßgebende Unterschied zwischen beiden Formen ist darin zu sehen, dass bei der notariellen Beurkundung die Willenserklärung vom Erklärenden mündlich abgegeben und von der Urkundsperson **inhaltlich wahrgenommen** wird, während sich bei der öffentlichen Beglaubigung die Tätigkeit der Urkundsperson auf die Bezeugung der Richtigkeit (Echtheit) der Unterschrift beschränkt.[38] Im Gegensatz zur Beglaubigung erstreckt sich demnach die Beurkundung auch auf den Inhalt der Niederschrift, wohingegen bei der Beglaubigung nur die Echtheit der Unterschrift oder des Handzeichens bezeugt wird (Rn 2). Eine mangelhafte Beurkundung kann deshalb gegebenenfalls die Form der öffentlichen Beglaubigung wahren. 19

29 *Winkler,* § 40 BeurkG Rn 65.
30 *Winkler*, § 40 BeurkG Rn 75; Staudinger/*Hertel,* § 129 Rn 61.
31 Gesetz über die Verwendung elektronischer Kommunikationsformen in der Justiz (Justizkommunikationsgesetz – JKomG) v. 22.3.2005, BGBl. I S. 837.
32 Zu § 39 a BeurkG *Jeep/Wiedemann*, NJW 2007, 2439; *Malzer*, DNotZ 2006, 9.
33 Gesetz über elektronische Handelsregister und Genossenschaftsregister sowie das Unternehmensregister (EHUG) v. 10.11.2006, BGBl. I S. 2553; dazu *Noack* (Hrsg.), Das neue Gesetz über elektronische Handels- und Unternehmensregister, 2007.
34 OLG Brandenburg, Beschl. v. 17.2.2010 – 7 Wx 15/09 = MDR 2010, 713; OLG Frankfurt, Beschl. v. 8.3.2006 – 20 W 21/05 = DNotZ 2006, 767; LG Düsseldorf, Beschl. v. 12.1.1984 – 19 T 6/84 = MittBayNot 1984, 207; LG Kassel, Beschl. v. 11.1.2002 – 13 T 9/01 = MittBayNot 2002, 526; *Winkler*, DNotZ 1985, 224 f; MüKo/*Einsele*, § 129 Rn 5; Palandt/*Ellenberger*, § 129 Rn 2; Bamberger/Roth/*Wendtland*, § 129 Rn 6; Erman/*Palm*, § 129 Rn 3; Staudinger/*Hertel*, § 129 Rn 128.
35 LG Kassel, Beschl. v. 11.1.2002 – 13 T 9/01 = RNotZ 2003, 147.
36 OLG Frankfurt, Beschl. v. 8.3.2006 – 20 W 21/05 = DNotZ 2006, 767, 768; BayObLG, Beschl. v. 23.11.1984 – BReg 2 Z 77/84 = DNotZ 1985, 220, 222; LG Itzehoe, Beschl. v. 18.10.1988 – 4 T 278/88 = DNotZ 1990, 519, 520 f; Erman/*Palm*, § 129 Rn 3; Palandt/*Ellenberger*, § 129 Rn 2; PWW/*Ahrens* § 129 Rn 3.
37 *Malzer*, DNotZ 2000, 169, 171; Palandt/*Ellenberger*, § 129 Rn 3.
38 BGH, Urt. v. 4.4.1962 – V ZR 110/60 = BGHZ 37, 79, 86.

IV. Rechtsfolgen

20 Durch die Beglaubigung wird lediglich bezeugt, dass die Unterschrift von demjenigen herrührt, der im Vermerk als Unterzeichner der Urkunde genannt ist (Rn 2, 19). Die unterzeichnete Erklärung bleibt daher Privaturkunde.[39] Den Charakter einer **öffentlichen Urkunde** im Sinne der §§ 415 Abs. 1, 418 Abs. 1 ZPO besitzt nur der **Beglaubigungsvermerk**.[40] Er begründet vollen Beweis dafür, dass die Unterschrift oder das Handzeichen von dem Aussteller stammt. Daran knüpft allerdings § 440 Abs. 2 ZPO die Vermutung, dass die über der Unterschrift stehende Schrift echt ist. Über den Einfluss von Durchstreichungen, Radierungen oder anderen Mängeln auf die Beweiskraft der Urkunde entscheidet das Gericht nach freier Überzeugung (§ 419 ZPO).[41]

V. Ausländische Urkunden

21 Zum Nachweis der Echtheit ausländischer Urkunden (Legalisation und Apostille) vgl Art. 11 EGBGB Rn 58 f.

§ 130 Wirksamwerden der Willenserklärung gegenüber Abwesenden

(1) [1]Eine Willenserklärung, die einem anderen gegenüber abzugeben ist, wird, wenn sie in dessen Abwesenheit abgegeben wird, in dem Zeitpunkt wirksam, in welchem sie ihm zugeht. [2]Sie wird nicht wirksam, wenn dem anderen vorher oder gleichzeitig ein Widerruf zugeht.

(2) Auf die Wirksamkeit der Willenserklärung ist es ohne Einfluss, wenn der Erklärende nach der Abgabe stirbt oder geschäftsunfähig wird.

(3) Diese Vorschriften finden auch dann Anwendung, wenn die Willenserklärung einer Behörde gegenüber abzugeben ist.

Literatur: *Behn*, Das Wirksamwerden von schriftlichen Willenserklärungen mittels Einschreiben: Zur Bedeutung der Zurücklassung des Benachrichtigungszettels, AcP 178 (1978), 505; *Burgard*, Das Wirksamwerden empfangsbedürftiger Willenserklärungen im Zeitalter moderner Telekommunikation, AcP 195 (1995), 74; *Dörner*, Rechtsgeschäfte im Internet, AcP 202 (2002), 363; *Faulhaber/Riesenkampff*, Die Beweiskraft des OK-Vermerks des Telefax-Sendeberichts, DB 2006, 376; *Gregor*, Der OK-Vermerk des Telefaxsendeprotokolls als Zugangsnachweis, NJW 2005, 2885; *John*, Grundsätzliches zum Wirksamwerden empfangsbedürftiger Willenserklärungen, AcP 184 (1984), 385; *J. Kaiser*, Beweis von Zugang und Inhalt vorprozessualer Schreiben, NJW 2009, 2187; *Mankowski*, Zum Nachweis des Zugangs bei elektronischen Erklärungen, NJW 2004, 1901; *Putz*, Beweisfragen bei Einschreibesendungen, NJW 2007, 2450; *Riesenkampff*, Beweisbarkeit der form- und fristgerechten Übermittlung durch Telefaxgeräte, NJW 2004, 3296; *A. Roth*, Probleme des postmortalen Zugangs von Willenserklärungen – Ein Beitrag zum Anwendungsbereich des § 130 II BGB, NJW 1992, 791; *Schlechtriem*, Das „Sprachrisiko“ – ein neues Problem?, in: FS Weitnauer 1980, S. 129; *Ultsch*, Zugangsprobleme bei elektronischen Willenserklärungen – Dargestellt am Beispiel der Electronic Mail, NJW 1997, 3007; *Weiler*, Der Zugang von Willenserklärungen, JuS 2005, 788; *Wietzorek*, Der Beweis des Zugangs von Anhängen in E-Mails, MMR 2007, 156.

39 *Malzer*, DNotZ 2000, 169, 177.

40 *Winkler*, § 40 BeurkG Rn 17; Palandt/*Ellenberger*, § 129 Rn 1; MüKo/*Einsele*, § 129 Rn 5; Erman/*Palm*, § 129 Rn 1.

41 Dazu BayObLG, Urt. v. 23.11.1984 – BReg 2 Z 77/84 = DNotZ 1985, 220, 222; LG Itzehoe, Beschl. v. 18.10.1988 – 4 T 278/88 = DNotZ 1990, 519, 521.

A. Allgemeines

I. Bedeutung der Regelung

§ 130 regelt einen Teilbereich – und zwar den praktisch wichtigsten – des Wirksamwerdens von Willenserklärungen, nämlich das **Wirksamwerden empfangsbedürftiger Willenserklärungen unter Abwesenden**. Keine gesetzlichen Regeln finden sich über das Wirksamwerden empfangsbedürftiger Erklärungen unter Anwesenden (s. dazu Rn 73 ff) und nicht empfangsbedürftiger Erklärungen (s. dazu Rn 77). Nicht gesetzlich geregelt ist auch die Frage, wann eine Willenserklärung abgegeben ist (s. dazu Rn 5 ff). 1

Durch die Festlegung des Zeitpunkts, zu dem eine Willenserklärung wirksam wird, wird das **Übermittlungsrisiko** zwischen Erklärendem und Erklärungsempfänger aufgeteilt: Bis zum Wirksamwerden eintretende Störungen fallen in den Risikobereich des Erklärenden, später eintretende Störungen in den Risikobereich des Empfängers. Indem das BGB auf den Zugang abstellt, hat es sich für einen mittleren Zeitpunkt entschieden: Einerseits gehört die Übermittlungsphase noch zum Risikobereich des Erklärenden, andererseits ist aber das Wirksamwerden nicht davon abhängig, dass der Empfänger die Erklärung zur Kenntnis genommen hat.[1] Allerdings sind der Zeitpunkt des „Risikoübergangs" und derjenige des Zugangs nicht notwendig identisch (s. Rn 23 f). 2

II. Parteivereinbarungen

§ 130 ist **dispositiv**; die Parteien können also für das Wirksamwerden von Willenserklärungen einen anderen Zeitpunkt als denjenigen des Zugangs vereinbaren oder die Voraussetzungen des Zugangs anders festlegen, als dies die hM tut. Bei **formbedürftigen Erklärungen** gilt dies freilich nur, soweit dadurch der Formzweck nicht vereitelt wird. So kann vereinbart werden, dass bei einer Erklärung, die notarieller Beurkundung bedarf, keine Ausfertigung (§ 47 BeurkG) zugehen muss (s. Rn 17); die Formzwecke werden hier schon durch die notarielle Beurkundung gewahrt.[2] Eine entsprechende Vereinbarung kann schon dadurch zustande kommen, dass der Erklärende durch die Übermittlung einer bloßen Abschrift dem Empfänger konkludent einen Verzicht auf das Zugangserfordernis anträgt und der Empfänger diesen konkludent dadurch annimmt, dass er dem Erklärenden eine formgerechte Annahme des angetragenen beurkundungsbedürftigen Vertrags übermittelt.[3] Anders verhält es sich dagegen bei Erklärungen, die der einfachen Schriftform bedürfen. Der Zweck der Formvorschrift verlangt hier, dass der Erklärende die Originalurkunde aus der Hand gibt (s. Rn 17), und deshalb kann nicht vereinbart werden, dass etwa eine Übermittlung per Fax genügt.[4] 3

Sofern die Parteien die **Zugangsvoraussetzungen vertraglich anheben**, ist § 309 Nr. 13 zu beachten. Zugangsfiktionen müssen sich im Anwendungsbereich des AGB-Rechts an § 308 Nr. 6 messen lassen. Wenn vertraglich vereinbart wird, dass eine **Erklärung durch Einschreiben** erfolgen soll, ist dies nicht als Vereinbarung einer Form iSv § 127 anzusehen, deren Nichtbeachtung gem. § 125 S. 2 zur Nichtigkeit führt. Vielmehr sollen lediglich Beweisprobleme vermieden werden, so dass jede andere Form des Zugangs genügt, wenn feststeht, dass der Empfänger von der Erklärung Kenntnis genommen hat.[5] 4

III. Die Abgabe von Willenserklärungen

Zeitlich vor dem Zugang der Erklärung liegt deren Abgabe. Auf den Zeitpunkt der Abgabe kommt es an für die **in der Person des Erklärenden liegenden Wirksamkeitsvoraussetzungen**, namentlich die Rechts- und Geschäftsfähigkeit (Abs. 2, s. Rn 79 f), das Vorliegen von Willensmängeln, die Kenntnis oder fahrlässige Unkenntnis bestimmter Umstände und die subjektiven Umstände der Sittenwidrigkeit.[6] Die **Verfügungsbefugnis** muss dagegen prinzipiell im Zeitpunkt der Vollendung des Rechtserwerbs vorliegen (s. § 185 Rn 4). Während es grundsätzlich für die **Rechtzeitigkeit** einer Erklärung auf deren Zugang ankommt, erklärt das Gesetz zB in Bezug auf die Anfechtungserklärung (§ 121 Abs. 1 S. 2), die Ausübung eines verbraucherschüt- 5

1 S. zu den verschiedenen Theorien zum Zeitpunkt des Wirksamwerdens Motive I, S. 156; *Flume*, BGB AT Bd. 2, § 14 1, S. 223 ff.
2 BGH NJW 1995, 2217 f.
3 *Armbrüster*, NJW 1996, 438, 439 f.
4 *Armbrüster*, NJW 1996, 438, 439.
5 RGZ 77, 70 f; BGH NJW 2004, 1320; OLG Frankfurt NJW-RR 1999, 955.
6 *Flume*, BGB AT Bd. 2, § 14 2, S. 226; Soergel/*Hefermehl*, § 130 Rn 7.

zenden Widerrufsrechts (§ 355 Abs. 1 S. 2 Hs 2) und die Rüge beim Handelskauf (§ 377 Abs. 4 HGB) die Absendung für relevant. Dadurch wird nach hM jedoch nur das Verzögerungsrisiko, nicht aber das Verlustrisiko auf den Empfänger verlagert; es ändert sich also nichts an der Zugangsbedürftigkeit der Erklärung. Falls die rechtzeitig abgesandte Erklärung verloren geht, kann der Erklärende die Erklärung aber unverzüglich nachholen.[7]

6 Eine Willenserklärung ist abgegeben, wenn der Erklärende alles getan hat, was er selbst tun muss, damit die Erklärung wirksam wird. Bei **nicht empfangsbedürftigen Willenserklärungen** genügt es, dass er den Erklärungsvorgang abgeschlossen hat, **empfangsbedürftige Willenserklärungen** muss er auf den Weg zum Empfänger gebracht haben. Letzteres liegt auch vor, wenn er erstens die Erklärung einem Erklärungsboten ausgehändigt oder mitgeteilt hat, zweitens diesen beauftragt hat, die Erklärung an den Empfänger zu übermitteln, und drittens ihm alle hierfür erforderlichen Informationen (insbesondere die Anschrift des Empfängers) mitgeteilt hat. Dass er den Erklärungsboten eventuell nachträglich noch stoppen oder die Erklärung zurückholen kann, steht der Abgabe nicht entgegen, sofern er nur einen unbedingten Auftrag zur Übermittlung erteilt hat. Eine elektronische Erklärung ist abgegeben, wenn der Sendebefehl erteilt ist.[8]

7 **Verkörperte Erklärungen unter Anwesenden** sind erst abgegeben, wenn der Erklärende dem Empfänger die Erklärung ausgehändigt oder den Zugriff darauf gestattet hat.[9] Ist in einem **Testament** eine empfangsbedürftige Willenserklärung (etwa ein Schenkungswiderruf) enthalten, so liegt eine Abgabe zu Lebzeiten des Erblassers vor, wenn dieser damit gerechnet hat, die Erklärung werde (gegebenenfalls nach dem Tod des Erblassers durch Eröffnung des Testaments, Abs. 2) dem Empfänger zugehen; wirksam wird die Erklärung nur, wenn dieser Zugang tatsächlich erfolgt.[10]

8 **Mängel der Abgabe** sind – sofern überhaupt eine Abgabe erfolgt ist – unschädlich, wenn die Erklärung dem Empfänger trotzdem zugeht. Ist etwa eine falsche Anschrift angegeben, wird die Erklärung dennoch wirksam, wenn sie zugeht (zur Adressierung an eine falsche Person s. Rn 38). Falls allerdings das Gesetz die Rechtzeitigkeit der Erklärung von der Abgabe abhängig macht (s. Rn 5), kommt es bei Abgabemängeln auf den Zugang an.

9 Wenn die Erklärung **ohne oder gegen den Willen des Erklärenden** in den Verkehr kommt und dem Empfänger zugeht, handelt es sich um einen Fall fehlenden Erklärungsbewusstseins.[11] Es kommt also darauf an, ob nach dem objektiven Empfängerhorizont von einer Abgabe auszugehen ist und ob dem Erklärenden zuzurechnen ist, dass die Erklärung in den Verkehr gelangte.[12] Zurechenbarkeit liegt dabei vor, wenn der Erklärende bei Anwendung der verkehrserforderlichen Sorgfalt hätte erkennen und vermeiden können, dass seine Erklärung in den Verkehr gelangte; hierfür genügt auch, dass er schuldhaft eine Möglichkeit zur Rückholung der Erklärung nicht genutzt hat. Liegen diese Voraussetzungen vor, wird die Erklärung trotz der fehlenden Abgabe mit Zugang wirksam, der Erklärende kann sie jedoch anfechten. Sonst wird die Erklärung nicht wirksam, und der Empfänger kann auch nicht analog § 122 Ersatz seines Vertrauensschadens verlangen (str.).

B. Regelungsgehalt

I. Das Wirksamwerden empfangsbedürftiger gespeicherter Willenserklärungen durch Zugang

10 **1. Anwendungsbereich des § 130. a) Empfangsbedürftige Willenserklärungen.** Die Empfangsbedürftigkeit von Willenserklärungen ist der Regelfall, da es normalerweise der Sinn einer Willenserklärung ist, Rechtsfolgen gegenüber einer bestimmten Person auszulösen, und diese Person daher über die Erklärung informiert werden muss. Teilweise folgt die Empfangsbedürftigkeit aus dem Gesetzeswortlaut (zB §§ 143 Abs. 1, 146, 167 Abs. 1, 182 Abs. 1, 349, 388 S. 1), zum Teil aus dem Sinn der betreffenden Willenserklärung. Nicht empfangsbedürftig sind etwa die Auslobung (§ 657), die Aufgabe des Eigentums (§ 959) und das Testament (§ 2231). Die Annahme eines Antrags zum Vertragsschluss kann gemäß § 151 nicht empfangsbedürftig sein.

7 *Larenz/Wolf*, BGB AT, § 26 Rn 14; Palandt/*Ellenberger*, § 130 Rn 20. S. etwa zu § 377 HGB BGHZ 101, 49, 55 f = NJW 1987, 2235, 2237; *Mössle*, NJW 1988, 1190 f; *Reinicke*, JZ 1987, 1030, 1033.

8 Erman/*Palm*, § 130 Rn 4; *Fritzsche/Malzer*, DNotZ 1995, 3, 11; *Ultsch*, NJW 1997, 3007; MüKo/*Einsele*, § 130 Rn 13.

9 Vgl RGZ 61, 414 ff; BGH NJW 1998, 3344.

10 RGZ 170, 380, 382 ff; OLG Köln NJW 1950, 702 f; *Flume*, BGB AT Bd. 2, § 14 2, S. 226; Soergel/*Hefermehl*, § 130 Rn 6.

11 Bamberger/Roth/*Wendtland*, § 130 Rn 6; *Medicus*, BGB AT, Rn 266 (Gleichstellung); Palandt/*Ellenberger*, § 130 Rn 4; Soergel/*Hefermehl*, § 130 Rn 5; Staudinger/*Singer*, vor §§ 116-144 Rn 49. AA *Bork*, BGB AT, Rn 615, weil kein willentliches Verhalten des Absenders gegenüber der Außenwelt vorliege.

12 BGHZ 91, 324, 327 ff = NJW 1984, 2279, 2280; *Larenz/Wolf*, BGB AT, § 26 Rn 7; MüKo/*Einsele*, § 130 Rn 14. AA *Canaris*, NJW 1984, 2281 f.

Auf **geschäftsähnliche Handlungen** ist § 130 entsprechend anwendbar.[13] 11

b) Willenserklärungen unter Abwesenden. § 130 bezieht sich seinem Wortlaut nach nur auf Willenserklärungen unter Abwesenden. Über die An- oder Abwesenheit entscheidet dabei nicht die räumliche Entfernung; so stellt § 147 Abs. 1 S. 2 telefonische Willenserklärungen solchen unter Anwesenden gleich. Maßgeblich für den Anwendungsbereich des § 130 muss vielmehr seine Funktion sein, das Übermittlungsrisiko sachgerecht zwischen Erklärendem und Empfänger zu verteilen. Der relevante Unterschied liegt hier nicht in der überbrückten Distanz, sondern in der **Speicherung** der Erklärung:[14] Eine gespeicherte Erklärung kann der Empfänger wiederholt zur Kenntnis nehmen und dadurch das Risiko eines Fehlverständnisses minimieren. Bei nicht gespeicherten Erklärungen hat er dagegen nur „eine Chance"; er kann zwar gegebenenfalls rückfragen, wird jedoch häufig den Bedarf für eine solche Rückfrage nicht erkennen. Für nicht gespeicherte Erklärungen muss daher eine andere Risikoverteilung gefunden werden als diejenige, die § 130 für Erklärungen unter Abwesenden – die typischerweise gespeicherte Erklärungen sind – vorsieht. 12

§ 130 gilt damit für **schriftliche Erklärungen**, unabhängig davon, ob sie durch Boten übermittelt oder unmittelbar dem anwesenden Empfänger ausgehändigt werden, für Erklärungen, die auf einen **Anrufbeantworter** aufgesprochen werden,[15] für Erklärungen per **Telefax** und per **SMS** und für **E-Mails**. Auch für Erklärungen, die online beim **Chatten** gemacht werden, gilt § 130, da der Empfänger sie mehrfach lesen und auch abspeichern kann.[16] 13

Nicht gilt § 130 dagegen für **mündliche Erklärungen** gegenüber dem anwesenden Empfänger, für Erklärungen durch **Gesten**, für Erklärungen während eines Telefongesprächs und für Erklärungen, die dadurch übermittelt werden, dass sie dem Empfänger schriftlich gezeigt werden, ohne dass er die Dauer der Einsichtnahme selbst bestimmen und sie speichern kann. Ebenso wenig gilt § 130 für Erklärungen per **Boten**, wenn die Erklärung beim Wechsel aus der Absender- in die Empfängersphäre nicht verkörpert übermittelt wird. Hieran ändert es nichts, wenn die Erklärung in der Absendersphäre gespeichert war, diese Speicherung aber dem Empfänger nicht zugänglich gemacht wird, oder wenn sie in der Empfängersphäre sofort gespeichert wird, etwa der Empfangsbote sie sich aufschreibt. 14

c) Willenserklärungen gegenüber Behörden (Abs. 3). Gemäß Abs. 3 gelten die Vorschriften des § 130 auch für Willenserklärungen, die **gegenüber Behörden** abzugeben sind. Das sind etwa Erklärungen nach §§ 376 Abs. 2 Nr. 1 und 2, 928 Abs. 1, 1945 Abs. 1 und § 2081 Abs. 1, aber auch Erklärungen, die nach Wahl des Erklärenden entweder gegenüber einer Behörde oder gegenüber einer Privatperson abgegeben werden können (zB §§ 875 Abs. 1 S. 2, 876 S. 3, 1168 Abs. 2 S. 1, 1180 Abs. 2 S. 1). Bei Erklärungen, die **vor einer Behörde** abzugeben sind (zB §§ 925 Abs. 1, 2231 Nr. 1, 2249 Abs. 1, 2276 Abs. 1), ist dagegen nicht die Behörde Erklärungsempfänger. 15

Nicht gilt § 130 dagegen in Bezug auf die **Übermittlung fristwahrender Schriftsätze** an eine Behörde oder ein Gericht. Insofern kommt es nicht darauf an, ob unter normalen Umständen innerhalb der Frist mit der Kenntnisnahme der Erklärung zu rechnen ist, es genügt der rechtzeitige Eingang bei Gericht.[17] Bei der Übermittlung per Telefax kommt es insofern auf den Ausdruck an, weil erst dieser die Kenntnisnahme ermöglicht.[18] Scheitert allerdings der korrekte Ausdruck an Gründen aus der Sphäre der Behörde oder des Gerichts, darf dies nicht zulasten des Absenders gehen.[19] 16

d) Formbedürftige Willenserklärungen. Eine Willenserklärung muss in derjenigen Form zugehen, die für ihre Abgabe vorgeschrieben ist.[20] Ist **Schriftform** vorgeschrieben, muss daher dem Empfänger das unterschriebene Original zugehen; eine Übermittlung per Fax oder einer Kopie genügt nicht (s. § 126 Rn 41 f). Nach der arbeitsgerichtlichen Rechtsprechung ist allerdings nicht erforderlich, dass der Empfänger die Verfügungsgewalt über das Schriftstück dauerhaft erlangt; es genügt vielmehr, dass dem Empfänger das Schriftstück zum Durchlesen überlassen und ihm die für ein Verständnis nötige Zeit eingeräumt wird.[21] Bedarf eine 17

13 MüKo/*Einsele*, § 130 Rn 4; Staudinger/*Singer/Benedict*, § 130 Rn 14.

14 *Dörner*, AcP 202 (2002), 363, 366; *John*, AcP 184 (1984), 385, 390 ff; *Medicus*, BGB AT, Rn 291; MüKo/*Einsele*, § 130 Rn 2; Soergel/*Hefermehl*, § 130 Rn 3. Vgl auch BAG NJW 1985, 823, 824. AA *Bork*, BGB AT, Rn 605 f; *Burgard*, AcP 195 (1995), 74, 91 f; *Larenz/Wolf*, BGB AT, § 26 Rn 31 (unter Anwesenden bei Möglichkeit zeitgleicher Kommunikation); Staudinger/*Singer/Benedict*, § 130 Rn 15 ff (unter Anwesenden bei unmittelbarer sinnlicher Wahrnehmung).

15 *Fritzsche/Malzer*, DNotZ 1995, 3, 10 f; MüKo/*Einsele*, § 130 Rn 1.

16 AA Bamberger/Roth/*Wendtland*, § 130 Rn 29; MüKo/*Einsele*, § 130 Rn 18.

17 BVerfG NJW 1996, 2857 f; BGHZ 101, 276, 280 = NJW 1987, 2586, 2587.

18 BGH NJW 1994, 2097.

19 Vgl BGHZ 105, 40, 44 f (Fernschreiben) = NJW 1988, 2788, 2789; BVerfG NJW 1996, 2857 (Fingierung des Zugangs eines Telefax, wenn Anhaltspunkte dafür vorliegen, dass die abgesandten Signale eingegangen sind, das Empfangsgerät daraus aber keinen vollständigen Ausdruck gefertigt hat).

20 Erman/*Palm*, § 130 Rn 14; MüKo/*Einsele*, § 130 Rn 33; Palandt/*Ellenberger*, § 130 Rn 10

21 BAG NJW 2005, 1533 f; LAG München NZA-RR 2009, 527, 528.

Erklärung der **notariellen Beurkundung**, muss dem Empfänger eine Ausfertigung (§ 47 BeurkG) der Erklärung zugehen; eine beglaubigte Abschrift reicht nicht aus.[22] Abweichende Vereinbarungen sind teilweise möglich (s. Rn 3 f).

18 **e) Verurteilung zur Abgabe einer Willenserklärung.** Wenn jemand zur Abgabe einer Willenserklärung verurteilt wird, gilt die Erklärung mit **Rechtskraft des Urteils** als abgegeben (§ 894 S. 1 ZPO). Der **Zugang** muss allerdings nach den Regeln des BGB erfolgen.[23] Problematisch hieran ist, dass die Zustellung des Urteils häufig schon vor seiner Rechtskraft erfolgen wird, also zu einem Zeitpunkt, in dem die Erklärung noch gar nicht als abgegeben gilt. Berücksichtigt man jedoch, dass ein Widerruf gemäß Abs. 1 S. 2 in diesen Fällen ohnehin nicht in Betracht kommt und es deshalb allein um den Schutz des Empfängers geht, kann man eine Zustellung oder eine Kenntnisnahme auf andere Weise (etwa durch Anwesenheit bei der Urteilsverkündung) auch schon vor Rechtskraft ausreichen lassen. Die Erklärung geht dann mit Rechtskraft des Urteils und damit gleichzeitig mit ihrer „Abgabe" zu.[24]

19 **f) Benachrichtigungen gemäß § 666.** Auf Auskunfts- und Rechenschaftspflichten gemäß § 666 ist § 130 nicht – auch nicht analog – anzuwenden. Denn hier geht es um die Erfüllung von Leistungspflichten, für die die allgemeinen Regeln gelten (§ 269), nicht darum, dass durch eine Willenserklärung oder geschäftsähnliche Handlung Rechtsfolgen ausgelöst werden.[25]

20 **2. Bedeutung des Zugangs.** Bei empfangsbedürftigen Willenserklärungen führt der Zugang gemäß Abs. 1 S. 1 zum Wirksamwerden der Willenserklärung. Soll durch die Willenserklärung eine Frist gewahrt werden, kommt es also – vorbehaltlich anderer gesetzlicher Regelung (s. Rn 5) – darauf an, ob die Erklärung innerhalb der Frist zugegangen ist (zur Gegenansicht s. Rn 26). Ab Zugang kann der Erklärende die Erklärung nicht mehr widerrufen (Abs. 1 S. 2, s. Rn 78). Für die Bestimmung des Inhalts der Willenserklärung kommt es dagegen nicht auf den Zeitpunkt des Zugangs an, sondern auf denjenigen Zeitpunkt, zu dem die Erklärung so in den Machtbereich des Empfängers gelangt, dass alsbald mit ihrer Kenntnisnahme gerechnet werden kann (s. Rn 23 f).[26]

21 **3. Abgabe gegenüber dem Empfänger.** Empfänger der Willenserklärung ist bei der Verwendung von **Erklärungs- oder Empfangsboten** der Geschäftsherr, dem der Bote die Willenserklärung übermitteln soll; entscheidend ist der Zugang an ihn. Im Fall der **passiven Stellvertretung** (§ 164 Abs. 1 und 3) ist dagegen der passive Stellvertreter Erklärungsempfänger, dem die Willenserklärung zugehen muss; auf den Zugang beim Geschäftsherrn kommt es nicht an.[27] Bei **Gesamtvertretung** genügt es, wenn die Willenserklärung einem der Gesamtvertreter zugeht (allgemeines Prinzip,[28] gesetzlich geregelt zB in §§ 26 Abs. 2 S. 2, 1450 Abs. 2, 1629 Abs. 1 S. 2 Hs 2 BGB, §§ 125 Abs. 2 S. 3, 150 Abs. 2 S. 2 HGB, § 35 Abs. 2 S. 2 GmbHG, § 78 Abs. 2 S. 2 AktG, § 170 Abs. 3 ZPO).

22 Der Zugang beim Empfänger darf **nicht zufällig** erfolgen, sondern muss auf dem Willen des Erklärenden beruhen, dh dieser muss die Erklärung **gerade gegenüber dem Empfänger** (und nicht gegenüber einem Dritten) abgegeben haben; einen Heilungstatbestand nach Art des § 189 ZPO gibt es im BGB nicht. So genügt es nicht, wenn ein Grundstückskäufer sein vertragliches Rücktrittsrecht durch Erklärung gegenüber dem beurkundenden Notar ausübt und dieser die Erklärung an den Verkäufer weiterleitet, sofern der Käufer ihn zu dieser Weiterleitung nicht aufgefordert hat.[29] Allerdings ist zu beachten, dass der Erklärende seine Erklärung nicht nur an eine bestimmte Person richten kann, sondern auch **alternativ an mehrere Personen**; geht sie dann einer von diesen zu, wird sie ihr gegenüber wirksam.[30] So ist mangels anderer Anzeichen (etwa der Adressierung „persönlich") anzunehmen, dass eine Erklärung nicht nur gegenüber dem genannten Empfänger, sondern stets gleichzeitig gegenüber dessen Empfangsvertretern abgegeben wird, wäre es doch gänzlich lebensfremd, etwa einer an den Firmeninhaber gerichteten Erklärung nur deshalb die Wirksamkeit zu versagen, weil sie wegen der unternehmensinternen Aufgabenverteilung nicht dem Inhaber selbst, sondern einem Prokuristen vorgelegt wird. Umgekehrt ist anzunehmen, dass normalerweise eine an einen Empfangsvertreter gerichtete Willenserklärung stets auch gegenüber dem Vertretenen selbst abgegeben wird.

23 **4. Der Begriff des Zugangs. a) Die grundlegende Definition.** Der Begriff des Zugangs ist immer noch umstritten. Die Rechtsprechung und die hL nehmen einen Zugang an, sobald erstens die Erklärung in den

22 BGHZ 48, 374, 377 f; BGH NJW 1995, 2217.
23 Erman/*Palm*, § 130 Rn 14; MüKo/*Einsele*, § 130 Rn 23.
24 Vgl RGZ 160, 321, 325; *Flume*, BGB AT Bd. 2, § 14 3 i, S. 243; MüKo/*Einsele*, § 130 Rn 23.
25 BGH NJW 2002, 2703, 2704 in Abgrenzung von BGH NJW 1989, 1671. AA *Larenz/Wolf*, BGB AT, § 26 Rn 15; Staudinger/*Singer/Benedict*, § 130 Rn 14.
26 AA MüKo/*Einsele*, § 130 Rn 3.
27 BGH NJW-RR 1989, 757, 758; Palandt/*Ellenberger*, § 130 Rn 8; Staudinger/*Singer/Benedict*, § 130 Rn 54 ff stellen aufgrund der von ihnen vertretenen Definition des Zugangs (s. Rn 26) Empfangsboten und passive Stellvertreter gleich.
28 RGZ 53, 227, 230 f; BGHZ 62, 166, 173 = NJW 1974, 1194.
29 BGH NJW 1979, 2032 f; 1989, 1671 f; *Bork*, BGB AT, Rn 614; MüKo/*Einsele*, § 130 Rn 13; Palandt/*Ellenberger*, § 130 Rn 4. AA BGH NJW 1980, 990 f; Staudinger/*Singer/Benedict*, § 130 Rn 33.
30 Vgl BGH WM 1989, 650, 652.

Machtbereich des Empfängers gelangt ist und zweitens unter gewöhnlichen Verhältnissen mit ihrer **Kenntnisnahme** durch den Empfänger zu rechnen ist.[31] Die Erklärung muss also physisch den Machtbereich des Empfängers erreichen; ab dem Zeitpunkt, in dem dies geschehen ist, ist ein Zugang möglich. Von da an kommt es prinzipiell nicht mehr auf den tatsächlichen, sondern nur noch auf den **(hypothetischen) „normalen" Geschehensablauf** an: Entscheidend ist nicht, ob der Empfänger die Erklärung tatsächlich zur Kenntnis nimmt, sondern ob und wann er sie unter gewöhnlichen Verhältnissen zur Kenntnis nehmen würde. Entscheidend ist auch nicht, mit welchem Inhalt er sie tatsächlich zur Kenntnis nimmt, sondern mit welchem Inhalt er sie unter gewöhnlichen Verhältnissen zur Kenntnis nehmen würde. Das Risiko, dass in Abweichung von den gewöhnlichen Verhältnissen die Erklärung verloren geht, nicht oder verzögert zur Kenntnis genommen wird oder inhaltlich verfälscht wird, trifft also ab dem Erreichen seines Machtbereichs den Empfänger.[32] Das ist deshalb gerechtfertigt, weil der Absender zwar beeinflussen kann, wann und auf welche Weise die Erklärung in den Machtbereich des Empfängers gelangt, dieser Machtbereich selbst jedoch dem Einfluss des Absenders entzogen ist und nur vom Empfänger abstrakt beherrscht werden kann.

Die Zugangsdefinition der hL verteilt das Risiko also nach Sphären, wobei der Sphärenwechsel und damit die Risikoverlagerung (aber nicht der Zugang!) dann stattfindet, wenn die Erklärung den Machtbereich des Empfängers erreicht. Der Absender wird dadurch geschützt, dass außerhalb der von ihm beherrschbaren Sphäre – nämlich in der Empfängersphäre – zu seinen Gunsten der gewöhnliche Geschehensablauf unterstellt wird. Und der Empfänger wird dadurch geschützt, dass eine Willenserklärung nur dann wirksam wird, ohne dass er von ihr Kenntnis genommen hat, wenn die fehlende Kenntnisnahme auf Umständen in seiner Sphäre beruht, die vom gewöhnlichen Geschehensablauf abweichen. 24

Auf den tatsächlichen Geschehensablauf in der Empfängersphäre kommt es nur dann an, wenn der Empfänger von der Erklärung tatsächlich Kenntnis nimmt, ohne dass dies nach dem gewöhnlichen Geschehensablauf (schon) zu erwarten war. Denn sobald der Empfänger tatsächlich Kenntnis genommen hat, braucht er nicht geschützt zu werden; mit **tatsächlicher Kenntnisnahme** geht die Erklärung auf jeden Fall zu.[33] Der tatsächlichen Kenntnisnahme ist es gleichzustellen, wenn der Empfänger für den Erklärenden erkennbar auf eine **Kenntnisnahme verzichtet**. In diesem Fall geht die Erklärung schon zu, wenn sie in der vorgesehenen Weise den Machtbereich des Empfängers erreicht; auf die zu erwartende Kenntnisnahme kommt es nicht an. Das gilt etwa für elektronische Erklärungen, die automatisch weiterverarbeitet werden, und für Erklärungen, die bei der Bedienung eines **Automaten** abgegeben werden.[34] 25

Eine von *Singer/Benedict* vertretene **Mindermeinung** nimmt den Zugang einer Erklärung schon an, wenn diese zur sinnlichen Wahrnehmung des Empfängers oder in eine zum Zweck der späteren Kenntnisnahme gewidmete Empfangseinrichtung gelangt ist; darauf, wann mit der Kenntnisnahme zu rechnen ist, soll es nicht ankommen.[35] Dies ist indes mit den Interessen des Empfängers nicht vereinbar, da Erklärungen, von denen er nichts weiß und nichts wissen muss, ihm gegenüber Wirkung entfalten können; die von *Singer/Benedict* zum Ausgleich vorgeschlagene Möglichkeit, die Widmung von Empfangseinrichtungen durch entsprechende Erklärung auf bestimmte Zeiten zu beschränken, ist wenig praktikabel. Weniger weitgehend trennen *Flume* und *Hefermehl* zwischen dem Zugang und der Rechtzeitigkeit der Erklärung. Während es für den Zugang nur darauf ankomme, wann die Erklärung in den Machtbereich des Empfängers gelangt sei, sei für die Frage der Rechtzeitigkeit außerdem zu berücksichtigen, wann die Kenntnisnahme zu erwarten sei.[36] Von der hL unterscheidet sich diese Mindermeinung in Bezug auf die Widerrufsmöglichkeit gemäß Abs. 1 S. 2: Während nach der hL ein Widerruf auch nach Erreichen des Machtbereichs des Empfängers noch so lange möglich ist, bis der Empfänger unter gewöhnlichen Verhältnissen die Erklärung zur Kenntnis nehmen würde, scheidet nach der Mindermeinung ein Widerruf schon aus, sobald die Erklärung den Machtbereich des Empfängers erreicht. Dies überzeugt nicht. Abs. 1 S. 1 koppelt das Wirksamwerden einer Willenserklärung an den Zugang; für eine Differenzierung zwischen Zugang und Rechtzeitigkeit der Erklärung lässt das Gesetz keinen Raum. Überdies benachteiligt diese Ansicht den Erklärenden, weil sie ihn schon zu einem Zeitpunkt endgültig an die Erklärung bindet, zu dem sie zu seinen Gunsten noch nicht wirkt. Zum Schutz des Empfängers ist dies nicht erforderlich, 26

31 BGHZ 67, 271, 275 = NJW 1977, 194; BGHZ 137, 205, 208 = NJW 1998, 976, 977; BGH NJW 2004, 1320; BAG AP Nr. 4 zu § 130 BGB; BAG NJW 1989, 606; Bamberger/Roth/*Wendtland*, § 130 Rn 9; *Bork*, BGB AT, Rn 622 f; Erman/*Palm*, § 130 Rn 6 f; *Franzen*, JuS 1999, 429, 431; *Medicus*, BGB AT, Rn 274 f, 278 f; MüKo/*Einsele*, § 130 Rn 16, 21; Palandt/*Ellenberger*, § 130 Rn 5.

32 *Dörner*, AcP 202 (2002), 363, 371 f. AA *Burgard*, AcP 195 (1995), 74, 108; *John*, AcP 184 (1984), 385, 408 und offenbar Bamberger/Roth/*Wendtland*, § 130 Rn 35.

33 *John*, AcP 184 (1984), 385, 409 f; *Medicus*, BGB AT, Rn 276; MüKo/*Einsele*, § 130 Rn 16; Palandt/*Ellenberger*, § 130 Rn 5; Soergel/*Hefermehl*, § 130 Rn 8.

34 *Fritzsche/Malzer*, DNotZ 1995, 3, 13; *Larenz/Wolf*, BGB AT, § 26 Rn 28, 32.

35 Staudinger/*Singer/Benedict*, § 130 Rn 45, 59, 73 ff. Ähnlich *Burgard*, AcP 195 (1995), 74, 109 ff (außer wenn die Frist primär den Schutz des Empfängers bezweckt oder einen Schwebezustand beenden soll).

36 *Flume*, BGB AT Bd. 2, § 14 3 b, S. 231 ff; Soergel/*Hefermehl*, § 130 Rn 8, 11. Wohl auch BAG NJW 1997, 146, 147.

betrifft es doch nur Fälle, in denen er die Erklärung noch gar nicht zur Kenntnis genommen hat. Denn nimmt er von einer in seinen Machtbereich gelangten Erklärung Kenntnis, obwohl dies unter normalen Umständen noch nicht zu erwarten war, geht die Erklärung auch nach hL in diesem Zeitpunkt zu (s. Rn 25), so dass ein Widerruf ausgeschlossen ist.

27 Eine **weitere** – erheblich stärkere – **Mindermeinung** sieht es nicht als eigenständiges Erfordernis an, dass die Erklärung in den Machtbereich des Empfängers gelangt, und nimmt Zugang an, wenn mit der Kenntnisnahme durch den Empfänger zu rechnen ist.[37] Praktische Unterschiede zur hL ergeben sich in den Fällen der **Zugangsverhinderung**, wenn also etwa der Empfänger ein an ihn gerichtetes Übergabe-Einschreiben nicht abholt. Während die hL hier mit § 242 operieren muss (s. Rn 64 ff), kann die Mindermeinung einen Zugang annehmen, weil der Empfänger bei normalem Geschehensablauf das Einschreiben abgeholt hätte. Trotz dieses scheinbaren Vorteils ist die Mindermeinung abzulehnen. Denn zum einen ist sie schwerlich mit dem Begriff „Zugang" vereinbar, der zumindest ein wie auch immer geartetes „Erreichen" des Empfängers impliziert. Zum anderen führt die Mindermeinung bei konsequenter Durchführung dazu, dass sämtliche vom normalen Geschehensablauf abweichende Störungen nach Abgabe der Erklärung den Empfänger treffen, auch zB der Verlust der Erklärung auf dem Postweg. Der Empfänger hätte also auch das Risiko von Störungen in der allein vom Absender beherrschbaren Sphäre zu tragen. Dies wäre unbillig, würde dem ausdrücklichen Willen des Gesetzgebers widersprechen[38] und würde in dieser Konsequenz wohl auch von den Vertretern der Mindermeinung nicht angenommen. Es ist also zwangsläufig eine Abgrenzung der Risikosphären erforderlich, wie sie die hL vornimmt.

28 **b) Der Machtbereich des Empfängers.** Der Machtbereich des Empfängers umfasst seinen **räumlichen Herrschaftsbereich** sowie den Bereich seiner **Empfangsboten**. Auf den Besitz des Empfängers kommt es nicht an.[39]

29 Eine **schriftliche Erklärung** erreicht den Machtbereich des Empfängers, wenn sie in seinen **Hausbriefkasten** geworfen oder in sein **Postfach** gelegt wird; denn auch das Postfach zählt als räumlich abgetrennter, der Nutzung durch den Empfänger vorbehaltener Bereich zu dessen Machtbereich. Nicht dagegen genügt es, wenn das Schreiben für den Empfänger bei der **Postfiliale verwahrt** wird (etwa bei postlagernden Sendungen), und zwar auch dann nicht, wenn der Empfänger durch eine Benachrichtigungskarte (zB bei Übergabe-Einschreiben) zur Abholung aufgefordert wurde. Denn die Aufbewahrung in der Postfiliale liegt nicht im Machtbereich des Empfängers, und die Benachrichtigungskarte kann nicht der Erklärung selbst gleichgesetzt werden, ermöglicht sie allein doch gerade nicht die Kenntnisnahme.[40] Eine Sendung, die nach einem vergeblichen Zustellversuch für den Empfänger bei der Postfiliale hinterlegt wird, geht daher erst zu, wenn der Empfänger sie tatsächlich abholt (s. aber Rn 67).[41] Ist ein Brief nicht ausreichend frankiert und wird er dem Empfänger deshalb nur gegen Zahlung von Nachporto ausgehändigt, erreicht er den Machtbereich des Empfängers nur, wenn dieser das Nachporto tatsächlich zahlt.

30 Eine schriftliche Erklärung erreicht den Machtbereich des Empfängers auch, wenn sie nicht in einer Empfangsvorrichtung, sondern an **anderer Stelle** beim Empfänger deponiert wird, etwa auf den Schreibtisch des Empfängers gelegt,[42] in seine Tasche gesteckt oder sogar in seinem Haus verborgen wird. Denn auf all diese Orte hat der Absender später nicht mehr ohne weiteres Zugriff, während sie zur generellen Herrschaftssphäre des Empfängers gehören. Der notwendige Schutz des Empfängers wird dadurch erreicht, dass ein Zugang nur und erst dann stattfindet, wenn der Empfänger unter gewöhnlichen Umständen von der Erklärung Kenntnis genommen hätte (s. Rn 37).

31 Ein **Telefax** erreicht den Machtbereich des Empfängers, sobald es die Schnittstelle zwischen dem allgemeinen Telefonnetz und der Hausleitung des Empfängers passiert, da Letztere schon zum Risikobereich des Emp-

37 *Behn*, AcP 178 (1978), 505, 524 ff; *Richardi*, Anm. zu BAG AP Nr. 4 zu § 130 BGB; *Singer*, Anm. zu BGH LM Nr. 27 zu § 130 BGB (anders aber Staudinger/*Singer/Benedict*, § 130 Rn 48). Im Erg. auch *Larenz/Wolf*, BGB AT, § 26 Rn 25, 28, der zwar am Erfordernis des Machtbereichs festhält, aber annimmt, ein Schreiben sei schon dann in den Machtbereich des Empfängers gelangt, wenn zu erwarten sei, dass er es anderswo abhole (anders aber aaO, § 26 Rn 44: Zugangsvereitelung).

38 Motive I, S. 156 f.

39 MüKo/*Einsele*, § 130 Rn 16.

40 AA *Flume*, BGB AT Bd. 2, § 14 3 c, S. 235 mit der Begründung, durch die Benachrichtigung sei der Brief bereits in den Bereich des Empfängers gelangt, sowie Erman/*Palm*, § 130 Rn 8 und *Larenz/Wolf*, BGB AT, § 26 Rn 25, die postlagernde und in ein Postfach eingelegte Sendungen gleichsetzen.

41 BGHZ 67, 271, 275 = NJW 1977, 194; BGH NJW 1996, 1967, 1968; BGHZ 137, 205, 208 = NJW 1998, 976, 977; BAG NJW 1997, 146, 147; OLG Brandenburg NJW 2005, 1585, 1586; MüKo/*Einsele*, § 130 Rn 21, anders aber Rn 19 für postlagernde Sendungen.

42 BGH NJW-RR 1996, 641, 642 (Niederlegen auf dem gemeinsamen Wohnzimmertisch).

fängers zählt. Ob das Fax beim Empfänger gespeichert oder ausgedruckt wird, ist hinsichtlich des Gelangens in den Machtbereich unerheblich.[43]

Erklärungen, die auf einen **Anrufbeantworter** des Empfängers aufgesprochen werden, gelangen in den Machtbereich des Empfängers, sobald sie die Schnittstelle zwischen dem allgemeinen Telefonnetz und der Hausleitung des Empfängers passieren; ob tatsächlich eine Aufzeichnung erfolgt, ist unerheblich, weil der Aufzeichnungsvorgang in die Risikosphäre des Empfängers fällt. Wenn die Aufzeichnung nicht auf einem Gerät in den Räumen des Empfängers erfolgen soll, sondern auf Geräten der Telefongesellschaft (**Voicemail**), gelangt die Erklärung in den Machtbereich des Empfängers, wenn sie dort aufgezeichnet wird. Denn die Voice-Mailbox des Empfängers ist – ähnlich wie ein Postfach – seinem Machtbereich zugeordnet. Wird die Erklärung allerdings auf der externen Voice-Mailbox nicht gespeichert (etwa weil der dem Empfänger zustehende Speicherplatz voll ist), gelangt sie nicht in den Machtbereich des Empfängers, da der der Box vorgelagerte Bereich, in dem die Erklärung „zurückgewiesen" wird, anders als die „Hausleitung" zu einem eigenen Aufzeichnungsgerät des Empfängers nicht dessen Machtbereich zuzuordnen ist – die Situation ist die gleiche, wie wenn eine Sendung etwa wegen Übergröße nicht in das Postfach des Empfängers eingelegt wird. In Betracht kommt nur eine Zugangsvereitelung (s. dazu Rn 67). 32

Elektronische Erklärungen (E-Mail, Internet) gelangen in den Machtbereich des Empfängers, sobald sie die Schnittstelle vom allgemeinen Netz zur Leitung oder zum Gerät des Empfängers passieren. Ob sie in der Mailbox des Empfängers gespeichert werden oder nicht (etwa weil kein Speicherplatz zur Verfügung steht), spielt – ebenso wie bei Erklärungen, die auf den Anrufbeantworter gesprochen werden (Rn 32) – keine Rolle.[44] Ist die Mailbox des Empfängers – wie in der Regel – nicht auf dessen eigenem Rechner, sondern auf dem Server seines Providers angelegt, gelangt die Erklärung nur dann in den Machtbereich des Empfängers, wenn sie dort gespeichert wird; es gelten insofern die gleichen Erwägungen wie bei Voicemail (s. Rn 32). 33

Empfangsboten (zum Begriff und zur Abgrenzung von Empfangsvertretern s. § 164 Rn 103) gehören zum Machtbereich des Empfängers. Es genügt daher, wenn die Erklärung nach den dargelegten Grundsätzen in den Machtbereich eines Empfangsboten des Empfängers gelangt, also etwa in den Briefkasten des Empfangsboten geworfen wird. Zu beachten ist allerdings, dass jemand nicht schlechthin Empfangsbote ist, sondern nur innerhalb eines bestimmten zeitlichen, räumlichen und/oder situativen Kontexts. Arbeitnehmer sind zB nur während ihrer Arbeitszeit Empfangsboten. Bittet etwa der Erklärende einen Arbeitnehmer während dessen Freizeit, eine Erklärung an den Arbeitgeber zu übermitteln, fungiert der Arbeitnehmer nicht als Empfangsbote des Arbeitgebers, sondern als Erklärungsbote. Die Erklärung erreicht daher erst dann den Machtbereich des Arbeitgebers, wenn der Bote sie diesem oder einem Empfangsvertreter mitteilt. 34

Eine empfangsbedürftige Erklärung, die am **Schwarzen Brett** (etwa eines Betriebs, eines Sportvereins oder eines Fitnessstudios) ausgehängt wird, gelangt erst dann in den Machtbereich des Empfängers, wenn dieser sie tatsächlich zur Kenntnis nimmt. 35

c) Erwartbarkeit der Kenntnisnahme. Wenn die Willenserklärung in den Machtbereich des Empfängers gelangt ist, kommt es darauf an, ob nach den gewöhnlichen Umständen die Kenntnisnahme zu erwarten ist. Die Bestimmung dieser „gewöhnlichen Umstände" bereitet erhebliche Schwierigkeiten. 36

aa) Zulässige Kommunikationsmittel. Maßgeblich ist zunächst, ob die Erklärung auf eine Weise in den Machtbereich des Empfängers gelangt, mit der dieser **rechnen musste**. Ist dies nicht der Fall, gibt es keinen gewöhnlichen Verlauf der Dinge, und die Erklärung geht erst zu, wenn der Empfänger sie tatsächlich zur Kenntnis nimmt. Legt etwa der Erklärende einen Brief auf den Schreibtisch des Empfängers, ohne dass dies vereinbart war oder der Empfänger damit rechnen musste,[45] kommt es erst ab demjenigen Zeitpunkt auf den gewöhnlichen Verlauf der Dinge an, zu dem der Empfänger den Brief tatsächlich bemerkt und als an ihn gerichtete Erklärung wahrnimmt. Der Brief geht alsbald nach diesem Zeitpunkt zu, weil es dem gewöhnlichen Verlauf der Dinge entspricht, dass jemand einen an ihn gerichteten Brief alsbald liest. Dagegen kann sich der Erklärende nicht darauf berufen, es entspreche dem gewöhnlichen Lauf der Dinge, mindestens einmal pro Woche seinen Schreibtisch aufzuräumen, und bei diesem Aufräumen hätte der Empfänger den Brief bemerkt. Denn es kann dem Empfänger nicht die Obliegenheit aufgebürdet werden, im Hinblick auf den etwaigen Zugang von Willenserklärungen sein ganzes Leben „gewöhnlich" einzurichten; dies kann von ihm nur erwartet werden, soweit er mit dem Eingang von Willenserklärungen auf einem bestimmten Weg rechnen muss.[46] 37

43 *Burgard*, AcP 195 (1995), 74, 101, 104 und 122 f; Erman/*Palm*, § 130 Rn 9. Eine Zugangsvereitelung nehmen dagegen an LAG Hamm ZIP 1993, 1109, 1110; Bamberger/Roth/*Wendtland*, § 130 Rn 15, 25; *Bork*, BGB AT, Rn 628, 640; *Dörner*, AcP 202 (2002), 363, 366 f und 370 f; MüKo/*Einsele*, § 130 Rn 36; Palandt/*Ellenberger*, § 130 Rn 7, 17.

44 Erman/*Palm*, § 130 Rn 9. *Ultsch*, NJW 1997, 3007, 3008 lehnt bei fehlender Speicherung einen Zugang ab und wendet die Grundsätze über die Zugangsvereitelung an.

45 Vgl BGH NJW-RR 1996, 641, 642.

46 Vgl Soergel/*Hefermehl*, § 130 Rn 8.

38 Das Gleiche gilt, wenn eine Erklärung mit einem an sich zulässigen Kommunikationsmittel den Machtbereich des Empfängers auf eine Weise erreicht, die **keinen typischen Geschehensablauf** bis zur Kenntnisnahme in Gang setzt. Ist etwa ein Brief **falsch adressiert** und wird er dem Empfänger trotzdem ausgehändigt, geht er erst zu, wenn der Empfänger tatsächlich von ihm Kenntnis nimmt.[47] Denn normalerweise wird ein Empfänger nicht an ihn adressierte Sendungen nicht öffnen. Wird deshalb eine Erklärung statt an den **gesetzlichen Vertreter** an den nicht voll Geschäftsfähigen selbst gerichtet (s. Rn 22), geht sie dem gesetzlichen Vertreter erst zu, wenn er tatsächlich von ihr Kenntnis nimmt (unmittelbar oder nach Weiterleitung durch den nicht voll Geschäftsfähigen), und zwar auch dann, wenn er mit dem nicht voll Geschäftsfähigen im gleichen Haushalt lebt und selbst den Briefkasten leert. Ist bei einer **E-Mail** ein **Betreff** angegeben, der auf eine Spam Mail hindeutet, geht die Nachricht erst zu, wenn der Empfänger sie tatsächlich liest, da Spam Mail häufig ungelesen gelöscht wird.

39 Liegt der **Fehler** jedoch **im Verantwortungsbereich des Empfängers**, wird der gewöhnliche Geschehensablauf in Gang gesetzt. Eine auf den Anrufbeantworter aufgesprochene Nachricht geht daher auch dann nach den normalen Regeln zu, wenn die Signallampe für neue Nachrichten defekt ist und der Anrufbeantworter daher nicht abgehört wird. Der Zugang einer E-Mail wird nicht dadurch gehindert, dass sie wegen eines Defekts beim Empfänger nicht abgespeichert oder nicht aufgerufen werden kann, der Zugang eines Fax nicht dadurch, dass es beim Empfänger nicht in lesbarer Form ausgedruckt wird. Führt der Fehler allerdings dazu, dass die Erklärung schon nicht den Machtbereich des Empfängers erreicht, scheidet ein Zugang aus, und es kommt nur die Anwendung der Regeln über die Zugangsverhinderung in Betracht (s. Rn 64 ff).

40 Falls nicht eine **bestimmte Art der Übermittlung vereinbart** ist, muss der Empfänger auf jeden Fall mit der Zustellung eines Briefs durch die Post rechnen. Ist er unter **mehreren Adressen** postalisch erreichbar, gilt dies aber nicht auch in Bezug auf jede dieser Adressen. Maßgeblich ist insofern primär, unter welcher Anschrift er selbst bislang mit dem Erklärenden korrespondiert hat. Ein Geschäftsmann muss normalerweise nicht damit rechnen, dass Geschäftsbriefe an seine Privatanschrift gesandt werden und umgekehrt. Von den Umständen des Einzelfalls hängt ab, ob damit zu rechnen ist, dass Erklärungen an die Zweigstelle eines Unternehmens gesandt werden. Dies ist jedenfalls dann der Fall, wenn diese Zweigstelle die betreffende Angelegenheit bearbeitet oder in der Vergangenheit bearbeitet hat.[48] Mit der Einlegung eines Briefs in sein **Postfach** muss der Empfänger nur dann rechnen, wenn er die Postfachanschrift entweder dem Erklärenden mitgeteilt hat oder sie auf seinen Briefen, in seinem Werbematerial, auf seiner Homepage etc. angibt.

41 Mit Erklärungen durch Aufsprechen auf einen **Anrufbeantworter** oder per **Fax** muss der Empfänger rechnen, wenn er die betreffende Telefon- oder Faxnummer dem Erklärenden angegeben hat, wenn sie auf seinem Briefpapier, in seinem Werbematerial oder auf seiner Homepage angegeben ist oder in öffentliche Verzeichnisse aufgenommen wurde.

42 Das Gleiche gilt für Erklärungen per **E-Mail**.[49] Aus der bloßen Verwendung einer E-Mail-Adresse für private Zwecke oder auch unverbindliche Anfragen wie zB Kataloganforderungen kann bei Privatleuten nicht geschlossen werden, dass sie auch damit einverstanden sind, dass geschäftliche Erklärungen per E-Mail an diese Adresse gesandt werden.[50] Wenn der Empfänger mit einer Übermittlung per E-Mail rechnen muss, gilt das mangels besonderer Anhaltspunkte nur für Erklärungen, die in der E-Mail selbst enthalten sind, nicht dagegen für in Anhängen enthaltene Erklärungen. Denn erstens kann zumindest von Privatleuten nicht erwartet werden, dass sie über die nötige Software verfügen, um den Anhang zu öffnen. Das gilt selbst dann, wenn diese Software kostenlos erhältlich ist wie der Adobe Reader; denn von einem Privatmann kann nicht verlangt werden, die Mühe des Herunterladens mit den evtl damit verbundenen technischen Problemen nur deshalb in Kauf zu nehmen, um eine Willenserklärung zur Kenntnis nehmen zu können. Zweitens kann durch das Öffnen eines Anhangs ein Virus aktiviert und dadurch der Empfänger geschädigt werden. Als **pdf-Dokumente** versandte Erklärungen werden deshalb gegenüber Privatleuten normalerweise erst wirksam, wenn sie das Dokument öffnen und es korrekt auf ihrem Bildschirm angezeigt oder ausgedruckt wird. Eine Ausnahme gilt, wenn der Erklärende aufgrund der vorherigen Kommunikation der Parteien schließen kann, dass der Empfänger über die erforderliche Software verfügt, und wenn der Empfänger nicht berechtigterweise befürchten kann, dass der Anhang virenverseucht ist.[51] Bei Unternehmen sind strengere Maßstäbe anzulegen. Wenn ein Unternehmen zur Kommunikation eine E-Mail-Adresse angibt, kann von ihm erwartet werden, zumindest über die gängigsten Programme zum Öffnen von Anhängen zu verfügen, wenn auch nicht stets in der neuesten Version.[52]

47 Vgl RGZ 125, 68, 75.
48 BGH NJW 1965, 965, 966; Bamberger/Roth/*Wendtland*, § 130 Rn 14.
49 *Mankowski*, NJW 2004, 1901, 1902 ist der Auffassung, Erklärungen per E-Mail seien stets zulässig.
50 MüKo/*Einsele*, § 130 Rn 18; *Ultsch*, NJW 1997, 3007. Weitergehend *Dörner*, AcP 202 (2002), 363, 367 f.
51 Vgl *Wietzorek*, MMR 2007, 156, 158.
52 *Dörner*, AcP 202 (2002), 363, 374.

bb) Sprache. Mit der verwendeten Sprache verhält es sich ebenso wie mit dem verwendeten Kommunikationsmittel:[53] Es kommt darauf an, ob der Empfänger mit einer Erklärung in der betreffenden Sprache **rechnen musste**.[54] Maßgeblich ist prinzipiell diejenige Sprache, in der die **Vertragsverhandlungen** geführt wurden; diese muss nicht notwendig mit der Sprache übereinstimmen, in der die Vertragsurkunde abgefasst ist. Führt etwa ein deutsches Unternehmen mit einem türkischen Arbeitnehmer die Vertragsverhandlungen auf Türkisch und unterzeichnen dann beide einen in deutscher Sprache gehaltenen Arbeitsvertrag (oder kommt es zum Nachweis nach § 2 NachwG in deutscher Sprache), muss der Arbeitnehmer nicht damit rechnen, dass ihm gegenüber später Erklärungen in deutscher Sprache abgegeben werden; der schriftliche Arbeitsvertrag, der von dem Arbeitnehmer wohl eher als „Formalie" angesehen wird, fällt gegenüber den mündlichen Verhandlungen nicht ins Gewicht. Eine in deutscher Sprache gehaltene Kündigung geht dem Arbeitnehmer daher erst zu, wenn er sie entweder liest und sprachlich versteht oder sich übersetzen lässt; das Risiko einer Falschübersetzung trägt dabei der Arbeitgeber, der die Erklärung abgegeben hat. Den Arbeitnehmer trifft auch nicht etwa die Obliegenheit oder gar Pflicht, sich die Erklärung **übersetzen** zu lassen; wer ein nicht vertragsgemäßes Kommunikationsmittel einsetzt oder eine andere als die Vertragssprache verwendet, handelt auf eigenes Risiko.[55] 43

Macht die **Bestimmung der Vertragssprache** Schwierigkeiten (etwa wenn ein Tourist in seinem Ferienort einkauft, wobei sich sowohl er als auch der Verkäufer mit Gesten behelfen), kann der Rechtsgedanke der Art. 4 ff VO (EG) Nr. 593/2008 (Rom I) herangezogen werden.[56] 44

Eine **andere als die Vertragssprache** kann der Erklärende nur auf eigenes Risiko verwenden (s. Rn 43). Das gilt selbst dann, wenn er weiß, dass der Empfänger die betreffende Sprache beherrscht.[57] Denn zum einen gewährleistet die Beherrschung der Alltagssprache nicht, dass der Empfänger auch rechtlich relevante Erklärungen richtig versteht. Und zum anderen kann der Empfänger Empfangsvertreter einsetzen, die die betreffende Sprache nicht beherrschen; von ihm kann nicht erwartet werden, nur wegen der theoretischen Möglichkeit des Eingangs einer fremdsprachigen Willenserklärung nur Vertreter einzusetzen, die sprachlich genauso bewandert sind wie er selbst. Anders verhält es sich bei Unternehmen. Wenn ein Unternehmen etwa eine mehrsprachige Homepage unterhält, Werbematerial auch in Fremdsprachen abfasst oder ein Schild „English spoken. On parle français." ins Schaufenster hängt, gibt es dadurch zu erkennen, auch Erklärungen in diesen Sprachen entgegenzunehmen, und diese gehen daher unter den gleichen Voraussetzungen zu wie deutschsprachige Erklärungen. 45

Erklärungen in der Vertragssprache gehen nach den allgemeinen Grundsätzen zu. Wenn der Empfänger die Vertragssprache nicht beherrscht, wird der Zugang nicht etwa um eine Frist zur Übersetzung hinausgeschoben, da es sich bei der Sprachunkenntnis um ein Spezifikum aus der Empfängersphäre handelt (s. Rn 48).[58] 46

cc) Die „gewöhnlichen Umstände". (1) Grundsätze. Das Hauptproblem bei der Bestimmung der „gewöhnlichen" Umstände ist, inwieweit vom Einzelfall abstrahiert wird. Es widerstreiten hier das Interesse des Empfängers daran, eine Erklärung nicht gegen sich gelten lassen zu müssen, solange er sie nicht mit vertretbarem Aufwand zur Kenntnis nehmen kann, und das Interesse des Erklärenden daran, den Zeitpunkt des Wirksamwerdens der Erklärung abschätzen zu können. So hat etwa eine Privatperson ein durchaus legitimes Interesse daran, während ihres **Urlaubs** keine Vorkehrungen für die Weiterleitung von Post treffen und keinen Empfangsvertreter einsetzen zu müssen, nur um eventuelle Erklärungen ihres Arbeitgebers, ihrer Bank oder ihres Vermieters zur Kenntnis nehmen zu können. Umgekehrt sind Arbeitgeber, Bank oder Vermieter berechtigterweise daran interessiert, dass ihre Willenserklärungen dem Arbeitnehmer, Kunden oder Mieter auch während dessen Urlaubs zugehen, da sich sonst für sie eine erhebliche Planungsunsicherheit ergeben würde und sie etwa Kündigungen vorsorglich jeweils lange vor Ablauf der Kündigungsfrist erklären müssten. 47

Zu beachten ist, dass es ausschließlich um Vorgänge innerhalb des Machtbereichs des Empfängers geht, da der Zugang keinesfalls erfolgen kann, bevor die Willenserklärung den Machtbereich des Empfängers erreicht hat (s. Rn 27). Dieser Machtbereich ist ausschließlich vom Empfänger beherrschbar; nur er kann Vorkehrungen dafür treffen, dass er von eingegangenen Erklärungen Kenntnis nehmen kann. Diese Vorkehrungen mögen in manchen Fällen unsinnig sein und deshalb vom Empfänger unterlassen werden. Das ändert aber nichts daran, dass allein der Empfänger in der Lage ist, darüber zu entscheiden, ob er durch geeignete Maßnahmen eine 48

53 Vgl BAG NJW 1985, 823, 824. MüKo/*Einsele*, § 130 Rn 32 und *Neuner*, NJW 2000, 1822, 1825 verstehen die Sprachenfrage dagegen nicht als Zugangs-, sondern als Auslegungsproblem. Dagegen *John*, AcP 184 (1984), 385, 397 ff. Der praktische Unterschied dürfte gering sein.

54 Nicht erörtert von LAG Köln NJW 1988, 1870, 1871.

55 *Bork*, BGB AT, Rn 629. AA Bamberger/Roth/*Wendtland*, § 130 Rn 27; Erman/*Palm*, § 130 Rn 7; *Schlechtriem*, in: FS Weitnauer 1980, S. 129, 137; wohl auch Palandt/*Ellenberger*, § 130 Rn 5 und Soergel/*Hefermehl*, § 130 Rn 8, ohne auf die Frage der Vertragssprache einzugehen.

56 Zurückhaltend *Schlechtriem*, in: FS Weitnauer 1980, S. 129, 134.

57 AA *Schlechtriem*, in: FS Weitnauer 1980, S. 129, 137.

58 AA möglicherweise LAG Hamm NJW 1979, 2488, wo jedoch auf die Vertragssprache nicht eingegangen wird.

umgehende Kenntnisnahme gewährleistet oder wegen des damit verbundenen Aufwands lieber das Risiko in Kauf nimmt, von eingegangenen Erklärungen erst nach ihrem Wirksamwerden zu erfahren. Jegliche **Spezifika aus der Empfängersphäre** müssen deshalb im Rahmen der „gewöhnlichen Umstände" außer Betracht bleiben. Die Tatsache, dass der Empfänger sich im Urlaub, auf Reisen, im Krankenhaus oder in Haft befindet, beeinflusst den Zugang an ihn gerichteter Willenserklärungen daher grundsätzlich nicht.[59]

49 Dies gilt auch, wenn der Erklärende diese Spezifika **kennt**.[60] Denn die Kenntnis des Erklärenden ändert nichts am Beherrschbarkeitsvorsprung des Empfängers. Der Empfänger darf den fristgerechten Zugang an ihn gerichteter Erklärungen nicht ganz einfach dadurch verhindern können, dass er den Erklärenden darüber informiert, vor Fristablauf nicht zur Kenntnisnahme in der Lage zu sein. Sorgt der Erklärende, um sich Vorteile zu verschaffen, allerdings bewusst ohne sachlichen Grund dafür, dass seine Erklärung den Empfänger zu einem Zeitpunkt erreicht, in dem dieser zur Kenntnisnahme nicht in der Lage ist, handelt er **rechtsmissbräuchlich** (§ 242), wenn er sich auf den Zugang beruft. So kann sich etwa ein Arbeitgeber nicht auf den Zugang der Kündigung berufen, wenn er die schon beschlossene Kündigung einzig zu dem Zweck hinausgezögert hat, dass sie dem Arbeitnehmer während dessen urlaubsbedingter Abwesenheit zugestellt wird und dieser deshalb die Klagefrist des § 4 S. 1 KSchG versäumt.[61] Die Beweislast für die den Rechtsmissbrauchseinwand tragenden Tatsachen trifft allerdings den Empfänger.[62]

50 Diese Grundsätze schließen freilich eine **Typisierung** nicht aus. Dabei sollte jedoch nur an Umstände angeknüpft werden, die für den Erklärenden erkennbar sind, da er die Möglichkeit haben muss, abzuschätzen, wann die von ihm abgegebene Erklärung zugeht. Möglich ist damit etwa eine Unterscheidung zwischen Privatleuten und Unternehmern, nicht dagegen eine solche nach den Zustellzeiten in unterschiedlichen Gemeinden oder Ortsteilen. Nach einer BGH-Entscheidung ist es zu berücksichtigen, wenn in einer bestimmten Branche üblicherweise an Silvester nachmittags nicht gearbeitet wird.[63]

51 **(2) In den Briefkasten des Empfängers eingeworfene Erklärungen.** **Privatleute** leeren ihren Hausbriefkasten unter gewöhnlichen Umständen an jedem Tag mit Postzustellung und nehmen dann von den eingeworfenen Schriftstücken Kenntnis. Der genaue Zeitpunkt ist schwer festzulegen, da es hierfür keinerlei überindividuelle Gewohnheiten gibt: Frühestens wird der Briefkasten wohl zur normalen Zeit der Postzustellung geleert, spätestens wenn der Empfänger abends nach Hause kommt. Zum Schutz des Empfängers sollte der Zugangszeitpunkt eher spät angesetzt werden – nimmt der Empfänger die Erklärung tatsächlich früher zur Kenntnis, geht sie ohnehin zu diesem früheren Zeitpunkt zu (s. Rn 25).[64] Es ist daher zu differenzieren: Wird die Erklärung mit der normalen Post zugestellt, sollte ein spätes Briefkastenleeren angenommen werden; da viele Privatleute den ganzen Tag über außer Haus sind und auch nach ihrer Arbeit nicht unbedingt sofort nach Hause gehen, wird hier ein – zugegeben willkürlich gewählter – Zugangszeitpunkt von 23 Uhr vorgeschlagen. Wird die Erklärung dagegen nicht mit der normalen Post zugestellt, sondern vom Erklärenden selbst oder einem anderen Zustelldienst als der Post transportiert, sollte ein Briefkastenleeren bald nach der normalen Postzustellung, etwa um 14 Uhr, angenommen werden.[65] Denn sonst gingen Erklärungen, die nach der normalen Post in den Briefkasten eingeworfen werden, auch dann noch am gleichen Tag zu, wenn der Empfänger seinen Briefkasten unmittelbar nach der Postzustellung leert. Das wäre nicht damit vereinbar, dass sich die Mehrheit der Privatleute trotz der wachsenden Bedeutung anderer Zustelldienste im Hinblick auf die Leerung ihrer Briefkästen (noch?) an den Zustellzeiten der Post orientiert, sofern sie tagsüber zu Hause sind.[66]

52 Bei **Unternehmen** verhält es sich anders. Eine Leerung des Geschäftsbriefkastens ist alsbald nach Zustellung anzunehmen, eine Kenntnisnahme von eingeworfenen Schreiben bis ca. 14 Uhr. Dies gilt allerdings nur von Montag bis Freitag. An Samstagen kann mit einer Kenntnisnahme von eingeworfenen Schriftstücken generell nicht gerechnet werden, und zwar mE auch dann nicht, wenn der Briefkasten zu einem am Samstag geöffneten Geschäftslokal gehört, da die Erledigung von Büroarbeiten am Samstag nicht erwartet werden kann. Dass der Briefkasten mehrmals täglich geleert wird, kann mE auch bei Unternehmen (noch) nicht erwartet werden;[67] eine Differenzierung danach, wie häufig das betreffende Unternehmen Sendungen von anderen Zustelldiensten als der Post erhält, widerspräche der von Abs. 1 S. 1 intendierten Typisierung, die nur die Berücksichtigung

59 BGH NJW 2004, 1320 f; BAG NJW 1989, 606; 1989, 2213 f; 1993, 1093, 1094; Bamberger/Roth/*Wendtland*, § 130 Rn 9; Erman/*Palm*, § 130 Rn 7; MüKo/*Einsele*, § 130 Rn 19; Palandt/*Ellenberger*, § 130 Rn 5; Soergel/*Hefermehl*, § 130 Rn 8.

60 BAG NJW 1989, 606 f; 1989, 2213, 2214; MüKo/*Einsele*, § 130 Rn 19; Palandt/*Ellenberger*, § 130 Rn 5; Staudinger/*Singer/Benedict*, § 130 Rn 71. AA BAG NJW 1981, 1470; Bamberger/Roth/*Wendtland*, § 130 Rn 9; *Burgard*, AcP 195 (1995), 74, 105 f; *Flume*, BGB AT Bd. 2, § 14 3 e, S. 239; *Medicus*, BGB AT, Rn 283. Widersprüchlich Soergel/*Hefermehl*, § 130 Rn 26.

61 *Larenz/Wolf*, BGB AT, § 26 Rn 23.

62 MüKo/*Roth*, § 242 Rn 69.

63 BGH NJW 2008, 843 Rn 9.

64 Unzutreffend RGZ 60, 334, 335 f, das bei Briefen Zugang schon mit Einwurf in den Hausbriefkasten annimmt.

65 BAG NJW 1984, 1651 f; 1989, 606, 607; LAG Berlin BeckRS 1999, 30454705; LAG München BeckRS 2008, 51133.

66 AA Palandt/*Ellenberger*, § 130 Rn 6 (Briefkastenleerung um 18 Uhr).

67 Offengelassen von BGH NJW 2008, 843 Rn 9.

von Faktoren erlaubt, die der Erklärende zumindest allgemein abschätzen kann. Falls allerdings ein Unternehmen allgemein dazu auffordert, ohne Zwischenschaltung der Post Erklärungen in seinen Briefkasten zu werfen (zB eine Bank in Bezug auf Überweisungsaufträge), muss es diesen Briefkasten zu Ende der Geschäftszeit nochmals leeren.

(3) Ins Postfach des Empfängers eingelegte Erklärungen. Es ist anzunehmen, dass Postfächer spätestens um die Mittagszeit geleert werden, allerdings nur von Montag bis Freitag.[68] **53**

(4) Auf dem Anrufbeantworter des Empfängers hinterlassene Erklärungen. Bei Willenserklärungen, die auf den Anrufbeantworter von **Privatleuten** aufgesprochen werden, ist – ähnlich wie bei von der Post zugestellten Briefen – eine Kenntnisnahme um 23 Uhr anzunehmen, da unter gewöhnlichen Umständen der Anrufbeantworter jedenfalls abgehört wird, wenn man abends nach Hause kommt. Allerdings sollte hier mE der Empfänger die Möglichkeit haben, im Ansagetext auf ein **späteres Abhören** (etwa nach Rückkehr aus dem Urlaub) **hinzuweisen**, und wenn er dies tut, sollte Zugang erst zu dem genannten Zeitpunkt angenommen werden. Denn normalerweise ist der Empfänger überhaupt nicht gehalten, das Aufsprechen auf einen Anrufbeantworter zu ermöglichen. Tut er das nicht, kann eine telefonische Erklärung überhaupt nicht in seinen Machtbereich gelangen und ein Zugang scheidet damit aus. Es wäre daher nicht angemessen, einem Empfänger, der überobligationsmäßig einen Anrufbeantworter bereithält, die Möglichkeit zu nehmen, den Zeitpunkt des Abhörens nach seinem Belieben festzusetzen.[69] Nur wenn der Nicht-Einsatz des Anrufbeantworters einen Fall der Zugangsvereitelung (s. dazu Rn 64 ff) darstellen würde – etwa weil überhaupt nur eine telefonische Übermittlung von Erklärungen in Betracht kommt –, ist dem Empfänger diese Freiheit zu versagen. **54**

Wird eine Erklärung auf den Anrufbeantworter eines **Unternehmens** aufgesprochen, so ist innerhalb der normalen Geschäftszeiten (auch am Samstag) eine zeitnahe Kenntnisnahme (maximal zwei Stunden nach dem Aufsprechen) zu erwarten, da normalerweise das Telefon nur dann auf Anrufbeantworter gestellt wird, wenn Anrufe vorübergehend etwa wegen hohen Kundenandrangs nicht entgegengenommen werden können und der Anrufbeantworter nach Wegfall des Hindernisses alsbald abgehört wird. Allerdings gilt auch für Unternehmen, dass sie prinzipiell im Ansagetext auf einen späteren Abhörzeitpunkt (etwa bei Geschäftsschluss) verweisen können (s. Rn 54). **55**

(5) Erklärungen per Telefax. Erklärungen per Telefax, die an einen **Privatmann** gerichtet sind, gehen spätestens am Eingangstag um 23 Uhr zu (bzw bei Eingang nach 23 Uhr am Morgen des nächsten Tages), da ein Privatmann unter gewöhnlichen Umständen von per Fax eingegangenen Erklärungen Kenntnis nimmt, wenn er abends nach Hause kommt (bei Eingang während der Nacht am folgenden Morgen).[70] Bei **Unternehmen** ist bei Eingang am Montag bis Freitag während der üblichen Bürozeiten eine Kenntnisnahme kurz nach Eingang zu erwarten, bei Eingang außerhalb dieser Zeiten eine Kenntnisnahme am nächsten Morgen bzw am Montagmorgen der nächsten Woche.[71] **56**

(6) Elektronische Erklärungen. Bei Erklärungen per E-Mail kommt es auf die gewöhnlichen Umstände ohnehin nur an, wenn eine Übermittlung per E-Mail zulässig war (s. Rn 42). Falls der Empfänger deshalb mit dem Eingang solcher Erklärungen rechnen muss, ist er gehalten, die empfangenen Nachrichten wenigstens **einmal täglich** abzufragen. Dafür, wann er das normalerweise tut, gibt es aber keinerlei Regeln. Zum Schutz des Empfängers ist daher anzunehmen, dass mit einer Kenntnisnahme erst 24 Stunden nach Eingang der Erklärung zu rechnen ist.[72] **57**

Für **Unternehmen** gilt prinzipiell das Gleiche wie für Privatleute: Es kann normalerweise nur erwartet werden, dass eingegangene Nachrichten einmal täglich abgefragt werden, so dass sie – mangels früherer Kenntnisnahme – 24 Stunden nach Eingang zugehen; falls dieser Zeitpunkt auf einen Samstag oder Sonntag fällt, am folgenden Montag. Verfügt allerdings ein Unternehmen über einen Online-Shop mit Bestellmöglichkeit, hält es im Internet ein „Kontaktformular“ für elektronische Kommunikation bereit oder geht aus anderen Umstän- **58**

68 AA Bamberger/Roth/*Wendtland*, § 130 Rn 13 (Öffnung des Postgebäudes); *Behn*, AcP 178 (1978), 505, 529 (Leerung zweimal täglich); *Larenz/Wolf*, BGB AT, § 26 Rn 28 (Beginn der üblichen Geschäftszeit des nächsten Tages).

69 Ebenso *Bork*, BGB AT, Rn 625.

70 Vgl BGH NJW 2004, 1320 f; MüKo/*Einsele*, § 130 Rn 20. AA Bamberger/Roth/*Wendtland*, § 130 Rn 15 (am nächsten Morgen). Unzutreffend *Ebnet*, NJW 1992, 2985, 2990 (Zugang mit Abschluss des Druckvorgangs).

71 Bamberger/Roth/*Wendtland*, § 130 Rn 15; *Riesenkampff*, NJW 2004, 3296, 3297. Vgl OLG Rostock NJW-RR 1998, 526, 527. Von einem sofortigen Zugang bei Erreichen des Machtbereichs geht dagegen wohl OLG Karlsruhe DB 2008, 2479, 2480 aus.

72 Ähnlich *Bork*, BGB AT, Rn 628; *Mankowski*, NJW 2004, 1901, 1902. AA Bamberger/Roth/*Wendtland*, § 130 Rn 15 (wie Telefax); *Dörner*, AcP 202 (2002), 363, 369 (Abfrage abends); *Janal*, MDR 2006, 368, 372 (erst nach einigen Tagen); *Ultsch*, NJW 1997, 3007, 3008 (am Tag des Eintreffens).

den hervor, dass es vorrangig zu elektronischer Kommunikation ermuntern will, ist ein Abruf eingegangener Nachrichten mindestens am Beginn und am Ende jedes Geschäftstags zu erwarten.[73]

59 **(7) Empfangsboten.** Beim Einsatz von Empfangsboten ist alsbald nach der Weiterleitung der Erklärung durch den Empfangsboten mit deren Kenntnisnahme zu rechnen; entscheidend ist also der **voraussichtliche Zeitpunkt der Weiterleitung**. Nicht überzeugt die Ansicht des BGH, der danach differenziert, ob der Empfangsbote die Erklärung innerhalb oder außerhalb der Räume des Adressaten entgegennimmt, und im ersten Fall annimmt, die Zeit für die Weiterleitung reduziere sich auf Null.[74] Denn es entspricht nicht den gewöhnlichen Umständen, dass der Adressat ständig in seinen Räumen anwesend ist.

60 Maßgeblich sind daher ähnliche Grundsätze wie beim Einsatz eines Anrufbeantworters: Da ein **privater Empfänger** normalerweise nicht gehalten ist, Empfangsboten vorzuhalten, ist dann, wenn der Empfangsbote dem Erklärenden den voraussichtlichen Zeitpunkt der Weiterleitung mitteilt, dieser Zeitpunkt maßgeblich. Erfolgt keine derartige Mitteilung, ist der gleiche Zeitpunkt wie bei Briefen maßgeblich, nämlich 23 Uhr desselben Tages.

61 Setzt ein **Unternehmen** Empfangsboten ein, ist mit der Weiterleitung der Erklärung an den Empfänger oder einen passiven Stellvertreter bis zum Geschäftsschluss desselben Tages zu rechnen. Ob der Empfangsbote einen späteren Weiterleitungszeitpunkt angeben kann, hängt davon ab, wie die Erklärung dem Empfangsboten mitgeteilt wird: Geschieht dies telefonisch, ist eine solche Angabe prinzipiell möglich, da es keinen Unterschied machen kann, ob der Erklärende sich gegenüber einem Empfangsboten äußert oder die Erklärung auf einen Anrufbeantworter aufspricht (s. Rn 54 f und 60). Geschieht es dagegen in einem Büro oder Ladenlokal innerhalb der allgemeinen Geschäftsstunden, ist die Angabe eines späteren Zeitpunkts durch den Empfangsboten irrelevant. Denn wenn der Empfänger ein Büro oder Ladenlokal mit festgelegten Geschäftsstunden unterhält, kann der Erklärende darauf vertrauen, eine Erklärung dadurch übermitteln zu können, dass er sie während der Geschäftsstunden jederzeit einer dort anwesenden Person mitteilt. Der Gedanke, dass das überobligationsmäßige Bereithalten von Empfangseinrichtungen sich nicht zulasten des Empfängers auswirken darf (s. Rn 54), kommt hier also nicht zum Tragen.

62 Leitet der Empfangsbote die Erklärung **nicht oder unrichtig** weiter, ist dies unerheblich, da es ab dem Zeitpunkt, in dem die Erklärung den Machtbereich des Empfängers (also hier den Empfangsboten) erreicht, auf den realen Geschehensablauf nicht ankommt (s. Rn 23).[75]

63 **(8) Aushang von Erklärungen am Schwarzen Brett.** Bei Erklärungen, die durch Aushang am Schwarzen Brett erfolgen, stellt sich die Frage nach den „gewöhnlichen Umständen" nicht, da diese Erklärungen erst mit Kenntnisnahme in den Machtbereich des Empfängers gelangen (s. Rn 35). Kommt es nicht zu dieser Kenntnisnahme, handelt es sich daher um ein Problem der Zugangsvereitelung (s. Rn 71).

64 **5. Zugangsvereitelung.** Auf den normalen Geschehensablauf kommt es erst ab demjenigen Zeitpunkt an, zu dem die Erklärung den Machtbereich des Empfängers erreicht (s. Rn 23). Tut sie dies nicht, kommt ein Zugang nicht in Betracht; tut sie es nur entstellt, kann sie nur in der entstellten Form zugehen. **Geschehnisse vor Erreichen des Machtbereichs** fallen also in die Risikosphäre des Erklärenden. Dies ist prinzipiell auch angemessen und entspricht der vom Gesetz gewollten Risikoverteilung. Probleme treten jedoch auf, wenn diese Geschehnisse aus der Empfängersphäre herrühren, insbesondere wenn es am Empfänger liegt, dass die Erklärung den Machtbereich des Empfängers gar nicht oder nur mit Verzögerung erreicht, etwa weil der Empfänger eine für ihn bei der Post hinterlegte Erklärung nicht abholt, das Telefon nicht abnimmt oder mit (Verzögerung!) oder ohne Stellung eines Nachsendeantrags umzieht.

65 Entscheidend ist zunächst, ob der Empfänger überhaupt gehalten war, entsprechende **Empfangseinrichtungen** zu unterhalten. Eine allgemeine Pflicht, Empfangseinrichtungen vorzuhalten, besteht zwar nicht.[76] Nach ständiger Rechtsprechung muss derjenige, der aufgrund bestehender oder angebahnter vertraglicher Beziehungen mit dem Zugang rechtserheblicher Erklärungen zu rechnen hat, aber geeignete Vorkehrungen treffen, dass ihn derartige Erklärungen auch erreichen.[77] Dies gilt allerdings nur für Erklärungen, die mit Hilfe eines zulässigen Kommunikationsmittels erfolgen (s. Rn 37 ff).

66 Kommt der Empfänger seinen Obliegenheiten nicht nach, führt dies **nicht** zu einer **Fiktion des Zugangs**. Denn durch sie würde dem Erklärenden der Widerruf abgeschnitten (§ 130 Abs. 1 S. 2), obwohl die Erklärung noch nicht einmal in den Machtbereich des Empfängers gelangt ist; zum Schutz des Empfängers ist dies nicht

73 So generell *Dörner*, AcP 202 (2002), 363, 369. AA Bamberger/Roth/*Wendtland*, § 130 Rn 15 (Abfrage während der Geschäftszeit unmittelbar nach Eingang zu erwarten).

74 BGH NJW-RR 1989, 757, 758 f. Ebenso wohl RGZ 60, 334, 336; RGZ 91, 60, 62 f; *Schwarz*, NJW 1994, 891; Soergel/*Hefermehl*, § 130 Rn 8.

75 S. zB OLG Saarbrücken WM 1988, 1227, 1228.

76 BGHZ 67, 271, 278 = NJW 1977, 194; BGH NJW 1996, 1967, 1968; OLG Brandenburg NJW 2005, 1585, 1586.

77 RGZ 110, 34, 36; BGH NJW 1996, 1967, 1968; BGHZ 137, 205, 208 = NJW 1998, 976, 977; BAG NZA 2006, 204 Rn 15. AA Staudinger/*Singer/Benedict*, § 130 Rn 88 (wegen der Möglichkeit des § 132).

geboten.[78] Es kann dem Empfänger jedoch nach **§ 242** verwehrt sein, sich auf den fehlenden oder verspäteten Zugang zu berufen.[79] Eine Sonderregelung trifft **§ 13 VVG** für Erklärungen gegenüber Versicherungsnehmern.

Auf Empfängerseite genügt das Vorliegen eines **objektiven Zugangshindernisses im Bereich des Empfängers**;[80] auf Verschulden kommt es nicht an. Eine Zugangsvereitelung kann etwa vorliegen, wenn der Empfänger mit dem Eingang rechtserheblicher Erklärungen rechnen muss und mit unbekannter Anschrift verzieht,[81] wenn er eine für ihn bei der Post hinterlegte Sendung (insbesondere ein Übergabe-Einschreiben) nicht spätestens am ersten Tag nach der Benachrichtigung, an dem dies möglich ist, abholt,[82] wenn er die Annahme grundlos verweigert[83] oder den Zugang arglistig vereitelt.[84] Liegt dagegen ein berechtigter Grund für die Annahmeverweigerung vor (etwa Unterfrankierung oder unklare Adressierung, s. auch Rn 29), kommt eine Zugangsvereitelung nicht in Betracht.[85] Muss der Empfänger zu einem bestimmten Zeitpunkt mit dem Eingang telefonischer Erklärungen rechnen, kann eine Zugangsvereitelung vorliegen, wenn er das Telefon nicht abnimmt und auch nicht durch einen Anrufbeantworter dafür sorgt, dass ihn die Erklärung erreicht.[86] Das Gleiche gilt, wenn eine Erklärung per Voicemail oder E-Mail zulässig ist und auf der externen Mailbox des Empfängers nicht aufgezeichnet wird, etwa weil diese voll ist. Scheitert dagegen die Aufzeichnung auf einer internen Mailbox des Empfängers, hindert das den Zugang nicht, da die Erklärung dann schon den Machtbereich des Empfängers erreicht hat (s. Rn 32 f). 67

Die **Annahmeverweigerung durch einen Empfangsboten** soll sich der Empfänger nach Ansicht des BAG nur dann zurechnen lassen müssen, wenn der Empfangsbote im Einvernehmen mit dem Empfänger gehandelt hat.[87] Dies ist abzulehnen. Denn das Risiko des Einsatzes von Empfangsboten trägt der Empfänger. Es ist nicht einzusehen, warum es zwar zu seinen Lasten gehen soll, wenn der Empfangsbote die Erklärung vergisst oder verliert, aber nicht, wenn er die Annahme verweigert. Eine sachgerechte Risikoverteilung kann hier nicht im Rahmen von § 130 vorgenommen werden, sondern nur durch angemessene Bestimmung des Kreises der Empfangsboten. 68

Gelangt die Erklärung mit **Verzögerung** in den Machtbereich des Empfängers, weil dieser umgezogen oder vorübergehend abwesend ist und einen Nachsendeauftrag gestellt hat, muss er sich so behandeln lassen, als wäre keine Nachsendung erforderlich gewesen; mit der Nachsendung verbundene Verzögerungen und Verlustrisiken gehen also zu seinen Lasten.[88] 69

Ob die Berufung auf den unterbliebenen oder verspäteten Zugang rechtsmissbräuchlich ist, kann nicht aufgrund des Verhaltens des Empfängers allein beurteilt werden. Vielmehr kann der Erklärende nach den Grundsätzen von Treu und Glauben aus seiner (noch) nicht zugegangenen Willenserklärung ihm günstige Rechtsfolgen nur dann ableiten, wenn er **alles Erforderliche und ihm Zumutbare getan** hat, damit seine Erklärung den Adressaten erreichen konnte. Dazu gehört in der Regel, dass er nach Kenntnis von dem nicht erfolgten Zugang unverzüglich einen **erneuten Versuch** unternimmt, seine Erklärung derart in den Machtbereich des Empfängers zu bringen, dass diesem ohne weiteres eine Kenntnisnahme ihres Inhalts möglich ist.[89] Bei offenkundiger Sinnlosigkeit bedarf es freilich keines erneuten Zustellversuchs. Dies ist etwa der Fall, wenn der Empfänger die Annahme grundlos verweigert oder den Zugang arglistig vereitelt.[90] 70

Bei empfangsbedürftigen Erklärungen, die durch **Aushang am Schwarzen Brett** (zB eines Betriebs, eines Sportvereins oder eines Fitnessstudios) erfolgen sollen, kann eine Zugangsvereitelung nur angenommen werden, wenn diese Übermittlungsweise vertraglich erlaubt ist, bei Arbeitsverhältnissen etwa durch Tarifvertrag, Betriebsvereinbarung oder eine betriebliche Übung.[91] Ist das der Fall, kommt es darauf an, wann die Mittei- 71

78 Vgl BAG NJW 1997, 146, 147; *Medicus*, BGB AT, Rn 278 f; Soergel/*Hefermehl*, § 130 Rn 27 f. AA *Burgard*, AcP 195 (1995), 74, 114 ff; *Larenz/Wolf*, BGB AT, § 26 Rn 46. Unklar MüKo/*Einsele*, § 130 Rn 36 ff.

79 BAG NJW 1997, 146, 147; BAG NZA 2006, 204 Rn 15.

80 *Flume*, BGB AT Bd. 2, § 14 3 e, S. 238 f; Soergel/*Hefermehl*, § 130 Rn 28; wohl auch *Medicus*, BGB AT, Rn 281. AA BGH NJW 1996, 1967, 1968; Palandt/*Ellenberger*, § 130 Rn 18. Unklar Erman/*Palm*, § 130 Rn 24.

81 MüKo/*Einsele*, § 130 Rn 36.

82 Vgl BGHZ 137, 205 ff = NJW 1998, 976 f.

83 BGH NJW 1983, 929, 930 f; BGHZ 137, 205, 209 f = NJW 1998, 976, 977; MüKo/*Einsele*, § 130 Rn 36.

84 BGHZ 137, 205, 209 f = NJW 1998, 976, 977; MüKo/*Einsele*, § 130 Rn 36.

85 Erman/*Palm*, § 130 Rn 23; Palandt/*Ellenberger*, § 130 Rn 16.

86 MüKo/*Einsele*, § 130 Rn 36.

87 BAG NJW 1993, 1093, 1094. Ebenso Bamberger/Roth/*Wendtland*, § 130 Rn 24; Palandt/*Ellenberger*, § 130 Rn 16; Soergel/*Hefermehl*, § 130 Rn 8 f. AA *Schwarz*, NJW 1994, 891, 892.

88 Bamberger/Roth/*Wendtland*, § 130 Rn 13; MüKo/*Einsele*, § 130 Rn 37. AA BGH NJW 1996, 1967, 1968; Erman/*Palm*, § 130 Rn 7.

89 BGHZ 137, 205, 209 = NJW 1998, 976, 977; BAG NZA 2006, 204 Rn 15. Möglicherweise aA BGHZ 67, 271, 275 = NJW 1977, 194. S. auch RGZ 110, 34, 36 f. *Burgard*, AcP 195 (1995), 74, 117 f hält das Verhalten des Erklärenden nicht im Hinblick auf den Zugang, sondern nur im Hinblick auf eine Schadensersatzpflicht für relevant.

90 BGH NJW 1983, 929, 930 f; BGHZ 137, 205, 209 f = NJW 1998, 976, 977.

91 Vgl MüKo/*Einsele*, § 130 Rn 22.

lungen am Schwarzen Brett normalerweise gelesen werden. Bei Arbeitnehmern ist anzunehmen, dass sie an jedem Arbeitstag einmal das Schwarze Brett überprüfen. Sonst lassen sich keine allgemeinen Regeln aufstellen. Allerdings führt die Vereinbarung eines Schwarzen Bretts als zulässiges Kommunikationsmittel dazu, dass es regelmäßig überprüft werden muss. Bei den Kunden eines Fitnessstudios oder den Mitgliedern eines Sportvereins scheint ein Rhythmus von etwa 14 Tagen angemessen, so dass ausgehängte Erklärungen zwei Wochen nach dem Aushang zugehen, falls sie nicht früher zur Kenntnis genommen werden.

72 Stellt sich die Frage des **Zugangs einer Kündigung** im Hinblick darauf, ob ein Arbeitnehmer die Klagefrist des § 4 KSchG gewahrt hat, stellt das BAG nicht auf die genannten Grundsätze ab, sondern auf die Grundsätze über die Verwirkung.[92]

II. Das Wirksamwerden empfangsbedürftiger nicht gespeicherter Willenserklärungen

73 Das Wirksamwerden empfangsbedürftiger nicht gespeicherter Willenserklärungen, die das Gesetz mit Willenserklärungen unter Anwesenden gleichsetzt (s. Rn 12), ist im Gesetz nicht geregelt. Da der Empfänger mangels Speicherung nicht die Möglichkeit hat, solche Erklärungen wiederholt zur Kenntnis zu nehmen und sich so über ihren Inhalt Gewissheit zu verschaffen, kann – anders als bei gespeicherten Erklärungen – das Risiko eines fehlenden oder falschen Verständnisses nicht einseitig ihm aufgebürdet werden.[93] Deshalb nimmt eine Ansicht an, derartige Erklärungen würden nur wirksam, wenn der Empfänger sie akustisch richtig verstanden habe (**reine Vernehmungstheorie**).[94] Für visuell (durch Gesten oder – nicht übergebene – Schriftzeichen) übermittelte Erklärungen muss es danach darauf ankommen, ob der Empfänger die Erklärung visuell richtig wahrgenommen hat,[95] für haptisch übermittelte Erklärungen darauf, ob er die Berührung richtig wahrgenommen hat. Ob der Empfänger dagegen den akustischen, visuellen oder haptischen Reiz richtig interpretiert, ist keine Frage des Wirksamwerdens der Erklärung, sondern eine solche der Auslegung.

74 Diese reine Vernehmungs- oder besser Wahrnehmungstheorie[96] würde freilich für den Erklärenden wie den Rechtsverkehr ein hohes Maß an Unsicherheit mit sich bringen. Denn da sich die Wahrnehmung durch den Empfänger weitgehend dem Einfluss- und auch Wahrnehmungsbereich des Erklärenden entzieht, könnte er kaum je sicher sein, dass seine Erklärung wirksam wurde. Die hM lässt es daher zu Recht genügen, dass für den Erklärenden bei Anwendung verkehrserforderlicher Sorgfalt keinerlei Anhaltspunkte für ein Fehlverständnis des Empfängers bestanden (**eingeschränkte Vernehmungs- oder Wahrnehmungstheorie**).[97] Bestehen derartige Anhaltspunkte (etwa eine bekannte Schwerhörigkeit), muss er rückfragen, bis die Bedenken ausgeräumt sind; sonst trägt er das Risiko, dass die Erklärung nur wirksam wurde, wenn der Empfänger sie tatsächlich richtig wahrgenommen hat.

75 Wird eine nicht gespeicherte Erklärung durch **Boten** übermittelt (s. schon Rn 14), kommt die eingeschränkte Wahrnehmungstheorie beim „Sphärenwechsel" zum Tragen; beim Einsatz eines Empfangsboten ist also entscheidend, ob für den Erklärenden (oder gegebenenfalls dessen Erklärungsboten) Anhaltspunkte dafür bestanden, dass der Empfangsbote die Erklärung nicht richtig wahrgenommen hat.[98] *Einsele* will demgegenüber auf die Wahrnehmung durch den Empfänger selbst abstellen, also bei nicht verkörperten Erklärungen nur Erklärungs-, aber keine Empfangsboten anerkennen.[99] Dazu besteht jedoch kein Anlass. Der Empfänger wird ausreichend dadurch geschützt, dass sich die Empfangsbotenstellung speziell auch auf nicht verkörperte Erklärungen beziehen muss (s. schon Rn 34).[100]

76 Sofern eine nicht gespeicherte Willenserklärung nach den dargelegten Kriterien nicht wirksam geworden ist, kann sich weder der Erklärende noch der Empfänger auf sie berufen.[101]

III. Das Wirksamwerden nicht empfangsbedürftiger Willenserklärungen

77 Wann nicht empfangsbedürftige Willenserklärungen (s. Rn 10) wirksam werden, ist im Gesetz nicht geregelt. Da es hier nicht darum geht, irgendjemanden vom Inhalt der Willenserklärung in Kenntnis zu setzen, werden

92 BAG NJW 1997, 146, 147.
93 Für eine Anwendung von Abs. 1 S. 1 dagegen *Burgard*, AcP 195 (1995), 74, 92 ff und 105.
94 *Flume*, BGB AT Bd. 2, § 14 3 f, S. 241; *Neuner*, NJW 2000, 1822, 1825 f. Vgl auch BGH WM 1989, 650, 652 f; BAG NJW 1983, 2835; BayObLG NJW-RR 1996, 524, 525.
95 MüKo/*Einsele*, § 130 Rn 28.
96 MüKo/*Einsele*, § 130 Rn 28.
97 Bamberger/Roth/*Wendtland*, § 130 Rn 28; *Bork*, BGB AT, Rn 631; Erman/*Palm*, § 130 Rn 18; *John*, AcP 184 (1984), 385, 392 ff; *Larenz/Wolf*, BGB AT, § 26 Rn 35 f; MüKo/*Einsele*, § 130 Rn 28; Palandt/*Ellenberger*, § 130 Rn 14; Soergel/*Hefermehl*, § 130 Rn 21.
98 Vgl *Weiler*, JuS 2005, 788, 790.
99 MüKo/*Einsele*, § 130 Rn 30.
100 Vgl RGZ 60, 334, 336 f; Soergel/*Hefermehl*, § 130 Rn 16 b.
101 *John*, AcP 184 (1984), 385, 400 ff.

nicht empfangsbedürftige Willenserklärungen mit dem Abschluss des Erklärungsvorgangs wirksam. Abgabe (Rn 5 ff) und Wirksamwerden fallen also zusammen.[102]

IV. Widerruf (Abs. 1 S. 2)

Abs. 1 S. 2 ermöglicht dem Erklärenden, seine Erklärung bis zu ihrem Zugang zu widerrufen. Der Widerruf – auch von formbedürftigen Erklärungen[103] – kann dabei **formlos** mit jedem beliebigen Medium erfolgen, insbesondere auch mit einem anderen als die widerrufene Erklärung. Für die Rechtzeitigkeit des Widerrufs kommt es auf den **Zeitpunkt des Zugangs** von Erklärung und Widerruf an. Falls der Empfänger von der Erklärung schon Kenntnis nimmt, bevor dies nach den normalen Umständen zu erwarten ist, wird er dadurch geschützt, dass mit tatsächlicher Kenntnisnahme auf jeden Fall Zugang eintritt und ein Widerruf somit nicht mehr möglich ist (s. Rn 25). Nimmt der Empfänger erst nach dem Zugang Kenntnis, wird vereinzelt ein Widerruf bis zur Kenntnisnahme für möglich gehalten, da der Empfänger zuvor nicht auf den Bestand der Erklärung vertraue.[104] Dem ist jedoch nicht zu folgen. Wenn das Gesetz sowohl hinsichtlich des Wirksamwerdens als auch hinsichtlich des Widerrufs auf den Zugang abstellt, erstrebt es damit eine ausgewogene Risikoverteilung: Die Wirkungen der Willenserklärung sollen für beide Parteien zum selben Zeitpunkt bindend eintreten. Das darf nicht dadurch konterkariert werden, dass man dem Erklärenden – etwa über § 242 – einen Widerruf auch noch nach Zugang – also nach dem Zeitpunkt, zu dem die Willenserklärung wirksam wurde – gestattet.[105] 78

V. Tod oder Geschäftsunfähigkeit des Erklärenden (Abs. 2)

Abs. 2 ist eine Ausprägung des Grundsatzes, dass es für die in der Person des Erklärenden liegenden Wirksamkeitsvoraussetzungen auf den Zeitpunkt der Abgabe der Erklärung ankommt (s. Rn 5). Der Tod, der Eintritt eines Zustands iSv § 104 Nr. 2 oder die Anordnung eines **Einwilligungsvorbehalts** (§ 1903) nach Abgabe der Erklärung ist daher ohne Einfluss auf deren Wirksamwerden. Der Erbe oder der Betreuer, der das Wirksamwerden der Erklärung verhindern will, muss sie also vor ihrem Zugang widerrufen (Abs. 1 S. 2). Nicht entsprechend anwendbar ist Abs. 2 auf den Verlust der **Verfügungsbefugnis** (s. Rn 5). Auch Abs. 2 ist dispositiv und wird zB durch § 13 ALB abbedungen.[106] 79

Nach Ansicht des BGH gilt der Grundsatz, dass der **zeitliche Abstand** zwischen Abgabe und Zugang einer Willenserklärung regelmäßig bedeutungslos ist, für den Fall des zwischenzeitlichen Todes des Erklärenden nicht einschränkungslos. Denn Abs. 2 solle den Empfänger schützen, der meist nicht sofort vom Tod des Erklärenden oder dem Verlust der Geschäftsfähigkeit erfahre. Dieser Gedanke des Vertrauensschutzes könne entfallen, wenn die Erklärung nach einem vergeblichen Übermittlungsversuch erst nach dem Tod (wieder) auf den Weg gebracht werde und erst zu einem Zeitpunkt zugehe, zu dem der Empfänger längst Bescheid wisse. Zumindest der Widerruf eines gemeinschaftlichen Testaments müsse unter diesen Umständen scheitern.[107] 80

VI. Beweislast

Der Zugang einer Willenserklärung ist von derjenigen Partei zu beweisen, die sich auf die Erklärung beruft; das gilt auch hinsichtlich des Zugangszeitpunkts.[108] Bei **brieflichen Erklärungen** – auch bei solchen per Einschreiben – begründet die Absendung keinen Beweis des ersten Anscheins für den Zugang, da nach allgemeiner Lebenserfahrung abgeschickte Postsendungen den Empfänger nicht stets erreichen.[109] Bei Erklärungen per **Fax** kann der Erklärende den Beweis nicht einfach durch Vorlage des Sendeprotokolls seines Faxgeräts führen, denn dadurch wird allenfalls die Absendung irgendeiner Erklärung an den Empfänger bewiesen; so kann etwa die Übermittlung an einer Netzstörung gescheitert sein oder der Erklärende kann die Vorlage falsch ins Fax eingelegt haben, so dass beim Empfänger nur leere Blätter ankamen. Das Sendeprotokoll kann daher nicht einmal Anknüpfungspunkt für einen Anscheinsbeweis sein, sondern allenfalls Indiz 81

102 Erman/*Palm*, § 130 Rn 2; Palandt/*Ellenberger*, § 130 Rn 1; Soergel/*Hefermehl*, § 130 Rn 1.

103 Bamberger/Roth/*Wendtland*, § 130 Rn 30; MüKo/*Einsele*, § 130 Rn 40.

104 *Hübner*, BGB AT, Rn 737; wohl auch Erman/*Palm*, § 130 Rn 15.

105 RGZ 60, 334, 337 f; RGZ 91, 60, 62 f; BGH NJW 1975, 382, 384; Bamberger/Roth/*Wendtland*, § 130 Rn 30; *Bork*, BGB AT, Rn 649; *Larenz/Wolf*, BGB AT, § 26 Rn 49 f; MüKo/*Einsele*, § 130 Rn 40; Palandt/*Ellenberger*, § 130 Rn 11; Soergel/*Hefermehl*, § 130 Rn 29; Staudinger/*Singer/Benedict*, § 130 Rn 100.

106 OLG Zweibrücken VersR 2007, 195, 196.

107 BGHZ 48, 374, 377 ff; *A. Roth*, NJW 1992, 791 f; Soergel/*Hefermehl*, § 130 Rn 30.

108 Bamberger/Roth/*Wendtland*, § 130 Rn 35; Erman/*Palm*, § 130 Rn 27; Palandt/*Ellenberger*, § 130 Rn 21; Soergel/*Hefermehl*, § 130 Rn 23. Vgl BGHZ 70, 233, 234 = NJW 1978, 886; BGHZ 101, 49, 54 f = NJW 1987, 2235, 2236.

109 BGHZ 24, 308, 312 f = NJW 1957, 1230, 1231; BGH NJW 1964, 1176 f; BAG NJW 1961, 2132; LG Potsdam NJW 2000, 3722; *Burgard*, AcP 195 (1995), 74, 127 f; Erman/*Palm*, § 130 Rn 27; Palandt/*Ellenberger*, § 130 Rn 21; Soergel/*Hefermehl*, § 130 Rn 23. AA AG Erfurt MDR 2007, 1338, 1339.

(sehr str.).[110] Eingangs- und Lesebestätigungen für E-Mails begründen dagegen einen Anscheinsbeweis für den Zugang.[111]

82 Fordert der Erklärende den Empfänger auf, sich darüber zu äußern, ob er den Zugang einer Erklärung in Abrede stellt, und verneint der Empfänger dies, ist ein späteres Bestreiten in der Regel rechtsmissbräuchlich (§ 242).[112]

83 Die Beweislast in Bezug auf diejenigen Umstände, die eine Zugangsvereitelung begründen, trägt der Erklärende.[113]

C. Weitere praktische Hinweise

I. Einschreiben der Deutschen Post AG

84 Die Deutsche Post AG bietet zwei verschiedene Formen des Einschreibens an: das „Einschreiben" und das „Einschreiben Einwurf". Beide Formen bringen unterschiedliche Vorteile und Gefahren.

85 Das „Einschreiben" (auch **„Übergabe-Einschreiben"** genannt, allerdings nicht von der Post) entspricht der herkömmlichen Einschreibsendung. Der Empfänger erhält bei der Einlieferung einen Einlieferungsbeleg, der jedoch zum Beweis des Zugangs untauglich ist (s. Rn 81). Das Einschreiben wird dem Empfänger oder einem sonstigen Empfangsberechtigten gegen schriftliche Empfangsbestätigung und Nachweis der Empfangsberechtigung ausgeliefert (Nr. 4 Abs. 3 S. 2 AGB Brief National, Stand: 1.1.2004). Der Lauf der Sendung kann im Internet unter www.deutschepost.de/briefstatus verfolgt oder unter Tel. 01805/29 06 90 erfragt werden. Wird die Zusatzleistung **„Rückschein"** gewählt, wird dem Absender eine unterschriebene Empfangsbestätigung des Empfängers oder sonstigen Empfangsberechtigten zugesandt, die nach der Wertung von § 175 ZPO zum Beweis des Zugangs genügt. Es empfiehlt sich unbedingt, diese Möglichkeit zu nutzen. Falls das im Einzelfall versäumt wurde, kann gegen Gebühr von der Post eine Reproduktion des Auslieferungsdokuments angefordert werden.

86 Das „Einschreiben mit Rückschein" bietet dem Erklärenden also gute Möglichkeiten der **Beweissicherung**. Allerdings bestehen auch insofern Gefahren: Denn das Einschreiben darf **nicht nur dem Empfänger selbst** oder einem durch schriftliche Vollmacht ausgewiesenen Empfangsberechtigten ausgeliefert werden, sondern auch dem Ehegatten des Empfängers, einer von der Leitung einer Gemeinschaftseinrichtung (zB Haftanstalt, Gemeinschaftsunterkunft, Krankenhaus) mit dem Empfang von Postsendungen beauftragten Person (Nr. 4 Abs. 2 S. 2 AGB Brief National, Stand: 1.1.2004), Angehörigen des Empfängers oder seines Ehegatten (Nr. 4 Abs. 4 S. 3 Nr. 1 AGB Brief National, Stand: 1.1.2004) oder anderen, in den Räumen des Empfängers anwesenden Personen (Nr. 4 Abs. 4 S. 3 Nr. 2 AGB Brief National, Stand: 1.1.2004). Bei all diesen Personen ist keineswegs gesichert, dass es sich um Empfangsboten des Empfängers handelt, so dass der Erklärende eventuell das Weiterleitungsrisiko zu tragen hat; selbst wenn die Weiterleitung erfolgt ist, stellen sich für den Erklärenden erhebliche Beweisprobleme, da das Auslieferungsdokument der Post und der Rückschein über die Weiterleitung nichts besagen.

87 Dieses Risiko kann dadurch vermieden werden, dass die Zusatzleistung **„Eigenhändig"** gewählt wird; das Einschreiben wird dann nur dem Empfänger selbst oder einem zum Empfang besonders Bevollmächtigten ausgehändigt (Nr. 4 Abs. 3 S. 3 AGB Brief National, Stand: 1.1.2004). Erheblich vergrößert wird dadurch allerdings das Risiko, dass die Zustellung scheitert:

88 Wenn bei einem Übergabe-Einschreiben der Zusteller den Empfänger **nicht antrifft**, hinterlässt er eine Benachrichtigung und hinterlegt die Sendung bei der Post zur Abholung durch den Empfänger; Zugang erfolgt erst dann, wenn der Empfänger die Sendung tatsächlich abholt. Der Absender wird zwar durch die Grundsätze über die Zugangsvereitelung (s. Rn 64 ff) geschützt. Dieser Schutz versagt jedoch insbesondere dann, wenn der vergebliche Zustellversuch kurz vor Ablauf der Frist erfolgt, die das Schreiben wahren soll, da der Empfänger dann nicht treuwidrig handelt, wenn er das Schreiben erst nach Fristablauf abholt und sich auf die Fristversäumung beruft.

89 Das **„Einschreiben Einwurf"** unterscheidet sich vom Übergabe-Einschreiben dadurch, dass es dem Empfänger nicht ausgehändigt, sondern wie normale Briefe in seinen Briefkasten oder sein Postfach eingelegt wird

110 BGH NJW 1995, 665, 666 f; OLG München NJW 1993, 2447 f; KG NJW 1994, 3172 f; OLG Brandenburg BeckRS 2008, 06149; OLG Schleswig GRUR-RR 2008, 138, 139; LG Darmstadt NJW 1993, 2448; *Fritzsche/Malzer*, DNotZ 1995, 3, 14 f; MüKo/*Einsele*, § 130 Rn 46; Soergel/*Hefermehl*, § 130 Rn 13 c. AA (Anscheinsbeweis) OLG München NJW 1994, 527; OLG München MDR 1999, 286; OLG Karlsruhe DB 2008, 2479, 2480; AG Rudolstadt NJW-RR 2004, 1151 f; *Bork*, BGB AT, Rn 641; *Faulhaber/Riesenkampff*, DB 2006, 376 ff. Differenzierend *Burgard*, AcP 195 (1995), 74, 129 ff; *Gregor*, NJW 2005, 2885 ff.

111 *Bork*, BGB AT, Rn 641; *Mankowski*, NJW 2004, 1901 ff; MüKo/*Einsele*, § 130 Rn 46; Palandt/*Ellenberger*, § 130 Rn 21.

112 BGHZ 24, 308, 313 f = NJW 1957, 1230.

113 MüKo/*Roth*, § 242 Rn 69.

und der Zusteller diesen Vorgang mit seiner Unterschrift bestätigt. Hierdurch wird das Risiko minimiert, dass gar keine Zustellung erfolgt oder die Sendung einer Person ausgehändigt wird, die nicht Empfangsbote ist. Als **Beweis des Zugangs** steht allerdings nur die Unterschrift des Zustellers zur Verfügung, die dokumentiert, dass die Erklärung den Machtbereich des Empfängers erreicht hat. Die Option „Rückschein" bietet die Post bei Einwurf-Einschreiben nicht an, so dass das Originaldokument mit der Unterschrift des Zustellers bei der Post verbleibt. Es empfiehlt sich daher, von der Post gegen Gebühr eine Reproduktion dieses Dokuments anzufordern. Allerdings stellt diese keine öffentliche Urkunde iSv § 418 ZPO dar, da die Post keine Behörde und insofern nicht beliehen ist, sondern allenfalls[114] eine Privaturkunde iSv § 416 ZPO, deren Beweiswert beschränkt ist.[115] Ob die Rechtsprechung diese Urkunde wenigstens zur Grundlage eines **Anscheinsbeweises** machen wird, ist zweifelhaft.[116] Eine Entscheidung des LG Potsdam[117] deutet darauf hin, dass der Auslieferungsbeleg in der Praxis vorschriftwidrig nicht stets unmittelbar beim Einwurf der Sendung in den Empfängerbriefkasten erstellt wird, sondern auch schon vorher in der Postfiliale. Falls dies in einer nicht unerheblichen Zahl von Fällen geschieht, ist der Beleg für einen Anscheinsbeweis untauglich, da nicht ausgeschlossen ist, dass das Einschreiben nach der Belegerstellung nicht ordnungsgemäß zugestellt wird.[118]

Beide Formen von Einschreiben bergen damit **erhebliche Probleme**: Das **Übergabe-Einschreiben mit Rückschein** bietet, insbesondere wenn es mit der Zusatzleistung „eigenhändig" versandt wird, eine gute Möglichkeit, den Zugang zu beweisen. Dafür besteht bei fristgebundenen Erklärungen das beträchtliche Risiko, dass es nicht rechtzeitig zum Zugang kommt, weil der Zusteller den Empfänger nicht antrifft. Ein Übergabe-Einschreiben sollte daher immer so rechtzeitig versandt werden, dass es bei durchschnittlichem Postlauf mehrere Tage vor Fristablauf beim Empfänger zugestellt wird. Scheitert der Zugang dann daran, dass das Schreiben zunächst bei der Post hinterlegt und vom Empfänger nicht abgeholt wird, wird der Absender durch die Grundsätze über die Zugangsverhinderung geschützt. Allerdings sollte der Absender, wenn er mehrere Tage vor Fristablauf den Rückschein noch nicht erhalten hat, unbedingt im Internet oder durch Anruf (s. Rn 85) überprüfen, dass zumindest schon ein Zustellversuch unternommen wurde, und den Empfänger, wenn er das Schreiben noch nicht abgeholt hat, nochmals separat und beweisbar zur Abholung auffordern oder die Erklärung nochmals auf anderem (beweisbaren!) Weg übermitteln. Denn sonst besteht die Gefahr, dass sich der Empfänger darauf beruft, nicht benachrichtigt worden zu sein, der Absender das Gegenteil nicht beweisen kann und deshalb die Grundsätze über die Zugangsverhinderung nicht eingreifen. Beim **Einwurf-Einschreiben** besteht dagegen eine hohe Wahrscheinlichkeit, dass es tatsächlich fristgerecht zugeht, dagegen ist dieser Zugang nur sehr eingeschränkt beweisbar. 90

II. Beweissichere Übermittlung durch Boten

Ein grundlegendes Problem bei jeder Form von Einschreibsendung ist, dass nur der Zugang einer Einschreibsendung dokumentiert wird, aber nichts über deren **Inhalt**. Wenn der Empfänger vorbringt, es habe sich nur um ein leeres oder mit einem anderen Schriftstück gefülltes Kuvert gehandelt, ist die Beweissituation des Absenders nicht besser als bei einem einfachen Brief.[119] In wirklich wichtigen Fällen, bei denen die Bedeutung der Erklärung den Aufwand rechtfertigt, sollte daher der Zugang einer Erklärung auf einem sichereren Weg als durch Einschreiben erfolgen. In Betracht kommt eine Zustellung durch einen **Boten**, der das Schriftstück in den Briefkasten des Empfängers wirft oder diesem persönlich überreicht und hierüber später als Zeuge aussagen kann. Dabei sollte dem Boten das Schriftstück offen übergeben werden, damit er später auch bezeugen kann, dass es sich tatsächlich um die betreffende Erklärung gehandelt hat. Einen sicheren Weg bietet auch **§ 132**. 91

§ 131 Wirksamwerden gegenüber nicht voll Geschäftsfähigen

(1) Wird die Willenserklärung einem Geschäftsunfähigen gegenüber abgegeben, so wird sie nicht wirksam, bevor sie dem gesetzlichen Vertreter zugeht.

114 Möglicherweise handelt es sich bei dem Datenauszug, den das Lesezentrum nach dem Einscannen des Originalbelegs erstellt, nur um eine technische Aufzeichnung; s. AG Paderborn NJW 2000, 3722, 3723; *Bauer/Diller*, NJW 1998, 2795 f; *Reichert*, NJW 2001, 2523, 2524; *Saenger/Gregoritza*, JuS 2001, 899, 901.

115 *Bauer/Diller*, NJW 1998, 2795, 2796; *Saenger/Gregoritza*, JuS 2001, 899, 901 f. Unrichtig *Dübbers*, NJW 1997, 2503, 2504; *Putz*, NJW 2007, 2450, 2451.

116 Dafür AG Paderborn NJW 2000, 3722, 3723; AG Erfurt MDR 2007, 1338, 1339 f; Palandt/*Ellenberger*, § 130 Rn 21; *Putz*, NJW 2007, 2450, 2452. Dagegen AG Kempen NJW 2007, 1215.

117 LG Potsdam NJW 2000, 3722.

118 *Saenger/Gregoritza*, JuS 2001, 899, 902 f.

119 *Hohmeister*, BB 1998, 1477.

(2) ¹Das Gleiche gilt, wenn die Willenserklärung einer in der Geschäftsfähigkeit beschränkten Person gegenüber abgegeben wird. ²Bringt die Erklärung jedoch der in der Geschäftsfähigkeit beschränkten Person lediglich einen rechtlichen Vorteil oder hat der gesetzliche Vertreter seine Einwilligung erteilt, so wird die Erklärung in dem Zeitpunkte wirksam, in welchem sie ihr zugeht.

A. Allgemeines

1 § 131 regelt das Wirksamwerden von Willenserklärungen gegenüber nicht voll Geschäftsfähigen. Es kann hier nicht genügen, dass der nicht voll Geschäftsfähige die Möglichkeit erlangt, von der Erklärung Kenntnis zu nehmen, denn die Kenntnisnahme ist nicht Selbstzweck, sondern soll dem Empfänger ermöglichen, sich auf die rechtlichen Folgen der Erklärung einzustellen und dementsprechend zu handeln. Dies ist nur bei voller Geschäftsfähigkeit gewährleistet. § 131 trifft daher für das Wirksamwerden von Willenserklärungen gegenüber nicht voll Geschäftsfähigen eine Regelung, die derjenigen für die **Abgabe von Willenserklärungen** durch nicht voll Geschäftsfähige ähnelt: Für Geschäftsunfähige kann nur der gesetzliche Vertreter Willenserklärungen abgeben (§ 105 Abs. 1), und Willenserklärungen, die ein Dritter einem Geschäftsunfähigen gegenüber abgibt, werden nur wirksam, wenn sie dem gesetzlichen Vertreter zugehen (Abs. 1). Beschränkt Geschäftsfähige können nur dann selbständig eine Willenserklärung abgeben, wenn diese ihnen entweder lediglich einen rechtlichen Vorteil bringt oder wenn der gesetzliche Vertreter eingewilligt hat (§ 107); die gleichen Voraussetzungen gelten nach Abs. 2 für das Wirksamwerden von Willenserklärungen gegenüber beschränkt Geschäftsfähigen.

2 **Keine Sonderregeln** finden sich in § 131 in Bezug auf das Wirksamwerden von Willenserklärungen gegenüber volljährigen Geschäftsunfähigen bei Geschäften des täglichen Lebens (vgl § 105 a) sowie gegenüber beschränkt Geschäftsfähigen bei Geschäften iSv § 110 und im Fall der Genehmigung eines Vertrags durch den gesetzlichen Vertreter (vgl § 108). Dies liegt daran, dass die Rechtsfolgen von §§ 105 a, 108 und 110[1] sich jeweils nicht nur auf die vom nicht voll Geschäftsfähigen abgegebene Willenserklärung beziehen, sondern auf den von ihm geschlossenen Vertrag (insbesondere zu § 108 s. Rn 15). Sofern diese Normen den Vertrag für wirksam erklären, stellt sich das Problem, ob die vom Vertragspartner gegenüber dem nicht voll Geschäftsfähigen abgegebene Willenserklärung wirksam wurde, nicht mehr, da deren Bedeutung allein in der Herbeiführung des Vertragsschlusses liegt.

B. Regelungsgehalt

I. Anwendungsbereich

3 § 131 gilt nur für **empfangsbedürftige Willenserklärungen**. Nicht empfangsbedürftige Willenserklärungen werden auch insofern mit ihrer Abgabe wirksam, als sie die Rechtsstellung nicht voll Geschäftsfähiger tangieren (wie zB eine Erbeinsetzung durch Testament).[2] Keine Rolle spielt, ob die Willenserklärung **gespeichert** ist oder nicht,[3] denn in Bezug auf nicht gespeicherte Willenserklärungen müssen nicht voll Geschäftsfähige eher in noch höherem Maß geschützt werden als in Bezug auf gespeicherte Willenserklärungen, weil bei ersteren eine nachträgliche „authentische" Kenntnisnahme durch den gesetzlichen Vertreter nicht möglich ist. Entsprechend anwendbar ist § 131 auf **geschäftsähnliche Handlungen**.[4]

1 § 110 stellt im Übrigen einen Unterfall von Abs. 2 S. 2 Alt. 2 dar, da in der Überlassung eine spezielle Form der konkludenten Einwilligung liegt, die auch den Zugang der Vertragserklärung an den beschränkt Geschäftsfähigen umfasst; s. Erman/*Palm*, § 131 Rn 5.

2 Motive I, S. 139; MüKo/*Einsele*, § 131 Rn 1; Soergel/*Hefermehl*, § 131 Rn 1.

3 MüKo/*Einsele*, § 131 Rn 1; Soergel/*Hefermehl*, § 131 Rn 1.

4 BGHZ 47, 352, 357; MüKo/*Einsele*, § 131 Rn 1.

II. Geschäftsunfähige (Abs. 1)

1. Anwendungsbereich. **Geschäftsunfähig** sind Personen, die nicht das siebte Lebensjahr vollendet haben oder sich in einem nicht nur vorübergehenden, die freie Willensbestimmung ausschließenden Zustand krankhafter Störung der Geistestätigkeit befinden (§ 104). Nicht dagegen gilt Abs. 1 für Personen, die sich im Zustand der Bewusstlosigkeit oder **vorübergehenden Störung der Geistestätigkeit** befinden (§ 105 Abs. 2).[5] Denn sonst könnte ein derartiger Zustand bewusst herbeigeführt werden, um den (fristgerechten) Zugang einer Willenserklärung zu vereiteln. Eine Kündigung, die von der Post am letzten Tag der Kündigungsfrist in den Briefkasten des Arbeitnehmers oder Mieters geworfen wird, geht also auch dann zu, wenn sich dieser in einem Vollrausch befindet, der bis Fristablauf anhält. Das Wirksamwerden nicht gespeicherter Erklärungen wird allerdings im Fall des § 105 Abs. 2 regelmäßig daran scheitern, dass die Voraussetzungen hierfür nicht erfüllt sind (s. § 130 Rn 73 ff). 4

Abs. 1 bezieht sich nicht auf den Fall, dass eine Willenserklärung, die dem Geschäftsunfähigen gegenüber wirken soll, unmittelbar **gegenüber dem gesetzlichen Vertreter abgegeben** wird, denn dann stellt sich das Problem des Wirksamwerdens durch Zugang an den Geschäftsunfähigen gar nicht; es handelt sich um einen einfachen Fall der passiven Stellvertretung (§ 164 Abs. 1 und 3).[6] Es geht vielmehr um Erklärungen, die gegenüber dem Geschäftsunfähigen abgegeben werden, also an ihn selbst und nicht an den gesetzlichen Vertreter gerichtet sind. 5

2. Rechtsfolgen. Nach Abs. 1 wird eine Willenserklärung, die gegenüber einem Geschäftsunfähigen abgegeben wird, erst wirksam, wenn sie dem gesetzlichen Vertreter zugeht. Abs. 1 ist insofern von doppelter Bedeutung: Erstens ordnet er an, dass die Erklärung durch Zugang an den Geschäftsunfähigen nicht wirksam wird. Und zweitens stellt er klar, dass sie durch Zugang an den gesetzlichen Vertreter wirksam wird, obwohl sie ihm gegenüber nicht abgegeben wurde;[7] es handelt sich dabei um einen Anwendungsfall des allgemeinen Satzes, dass eine Erklärung stets auch gegenüber den Passivvertretern des Adressaten abgegeben wird (s. § 130 Rn 22). Entgegen der hM wird also eine Erklärung, die gegenüber dem Geschäftsunfähigen abgegeben und von diesem (ohne Auftrag des Erklärenden) an seinen gesetzlichen Vertreter übermittelt wird, mit Zugang beim gesetzlichen Vertreter wirksam. Dabei ist der Geschäftsunfähige – entgegen der hM – keinesfalls **Empfangsbote** des gesetzlichen Vertreters, denn sonst würde er (in seiner Rolle als Vertretener) das Risiko tragen, dass er die Erklärung gar nicht oder entstellt an den gesetzlichen Vertreter übermittelt, und das würde der Wertung des Abs. 1 widersprechen, der eine Einwilligung des gesetzlichen Vertreters gerade nicht zulässt.[8] 6

Im Falle der **Gesamtvertretung** genügt es, wenn die Erklärung einem der Gesamtvertreter zugeht (allgemeiner Rechtsgrundsatz[9]). § 1629 Abs. 1 S. 2 Hs 2 ordnet dies in Bezug auf die Eltern ausdrücklich an, formuliert dabei allerdings nicht exakt, da das Entscheidende nicht die Abgabe gegenüber nur einem Elternteil, sondern der Zugang an nur einen Elternteil ist. 7

III. Beschränkt Geschäftsfähige (Abs. 2)

1. Anwendungsbereich. **Beschränkt geschäftsfähig** ist, wer das siebte, nicht aber das achtzehnte Lebensjahr vollendet hat (§§ 2, 106). Gleichgestellt sind (geschäftsfähige[10]) **Betreute**, soweit ein **Einwilligungsvorbehalt** angeordnet ist (§ 1903 Abs. 1 S. 2); auf sie wird im Folgenden nur dann eigens verwiesen, wenn Besonderheiten gelten. Soweit der beschränkt Geschäftsfähige gemäß **§§ 112, 113** voll geschäftsfähig ist, gilt Abs. 2 nicht.[11] Nicht einschlägig ist Abs. 2 auch, wenn die Erklärung, die gegenüber dem beschränkt Geschäftsfähigen abgegeben wird, nicht gegenüber ihm selbst wirken soll, sondern an ihn als **Passivvertreter** eines Dritten gerichtet wird (§ 165). **Ausnahmen** von Abs. 2 enthalten §§ 109 Abs. 1 S. 2 und § 111 S. 2. 8

2. Grundsatz. Nach Abs. 2 S. 1 gilt für beschränkt Geschäftsfähige prinzipiell das Gleiche wie für Geschäftsunfähige: Die Willenserklärung eines Dritten entfaltet ihnen gegenüber nur Wirkung, wenn sie dem gesetzlichen Vertreter (bei Gesamtvertretung einem der Gesamtvertreter) zugeht, unabhängig davon, ob sie unmit- 9

5 Prot. I, S. 72 f; MüKo/*Einsele*, § 131 Rn 2; Soergel/*Hefermehl*, § 131 Rn 2.

6 Soergel/*Hefermehl*, § 131 Rn 3; Staudinger/*Singer/Benedict*, § 131 Rn 3.

7 LAG Hamm DB 1975, 407; Staudinger/*Singer/Benedict*, § 131 Rn 3. AA OLG Düsseldorf VersR 1961, 878; LG Berlin MDR 1982, 321; AG Meldorf NJW 1989, 2548; Bamberger/Roth/*Wendtland*, § 131 Rn 4; Erman/*Palm*, § 131 Rn 2; MüKo/*Einsele*, § 131 Rn 3; Palandt/*Ellenberger*, § 131 Rn 2; Soergel/*Hefermehl*, § 131 Rn 3.

8 Staudinger/*Singer/Benedict*, § 131 Rn 4. AA Bamberger/Roth/*Wendtland*, § 131 Rn 4; Erman/*Palm*, § 131 Rn 2; *Flume*, BGB AT Bd. 2, § 14 3 g, S. 242; MüKo/*Einsele*, § 131 Rn 3; Palandt/*Ellenberger*, § 131 Rn 2; Soergel/*Hefermehl*, § 131 Rn 3.

9 RGZ 53, 227, 230 f; BGHZ 62, 166, 172 f = NJW 1974, 1194; Palandt/*Diederichsen*, § 1797 Rn 3 (für mehrere Vormünder).

10 Bamberger/Roth/*Müller*, § 1903 Rn 26; MüKo/*Schwab*, § 1903 Rn 54; Palandt/*Diederichsen*, § 1903 Rn 12; Soergel/*Zimmermann*, § 1903 Rn 13; Staudinger/*Bienwald*, § 1903 Rn 76.

11 MüKo/*Einsele*, § 131 Rn 7; Soergel/*Hefermehl*, § 131 Rn 7.

telbar gegenüber dem gesetzlichen Vertreter abgegeben wurde oder ob sie gegenüber dem beschränkt Geschäftsfähigen abgegeben wurde und dann dem gesetzlichen Vertreter zugeht. Anders als ein Geschäftsunfähiger (s. Rn 6) kann jedoch ein beschränkt Geschäftsfähiger in Bezug auf ihn betreffende Willenserklärungen vom gesetzlichen Vertreter zum **Empfangsboten** bestellt werden; denn Abs. 2 S. 2 lässt sogar zu, dass der gesetzliche Vertreter in den Zugang nur an den beschränkt Geschäftsfähigen einwilligt.

10 **3. Ausnahmen. a) Rechtlich lediglich vorteilhafte Erklärungen (Abs. 2 S. 2 Alt. 1).** Erklärungen, die dem beschränkt Geschäftsfähigen lediglich einen rechtlichen Vorteil bringen, werden durch Zugang an ihn selbst wirksam. Diese Regelung entspricht spiegelbildlich § 107, nach dem der beschränkt Geschäftsfähige Erklärungen, durch die er lediglich einen rechtlichen Vorteil erlangt, selbständig abgeben kann. Wie § 107 ist auch Abs. 2 S. 2 Alt. 1 auf **rechtlich neutrale Erklärungen** zu erstrecken, also auf solche, die dem beschränkt Geschäftsfähigen weder einen rechtlichen Vorteil noch einen rechtlichen Nachteil bringen.[12]

11 Nur einen rechtlichen Vorteil bringt dem beschränkt Geschäftsfähigen namentlich das Wirksamwerden eines ihm gegenüber abgegebenen **Vertragsantrags**, und zwar unabhängig vom Inhalt dieses Vertragsantrags.[13] Denn durch dieses Wirksamwerden erweitert sich lediglich der Handlungsspielraum des beschränkt Geschäftsfähigen; gebunden wird er in keiner Weise: Wenn er will, kann er (unter Mitwirkung des gesetzlichen Vertreters) den Antrag annehmen, er muss es aber nicht. Will er nicht, kann er einfach untätig bleiben (vgl § 146 Alt. 2).

12 Anders verhält es sich dagegen mit dem Zugang einer **Annahmeerklärung**, nachdem der beschränkt Geschäftsfähige oder sein gesetzlicher Vertreter einen wirksamen Antrag gemacht hat. Denn in diesem Fall führt der Zugang und damit das Wirksamwerden (§ 130 Abs. 1 S. 1) der Annahme unmittelbar zum Entstehen der vertraglichen Bindung. Ob diese vertragliche Bindung dem beschränkt Geschäftsfähigen einen rechtlichen Nachteil bringt, hängt vom Vertragsinhalt ab; s. insofern die Kommentierung zu § 107.

13 **b) Einwilligung (Abs. 2 S. 2 Alt. 2).** Durch Zugang an einen beschränkt Geschäftsfähigen wird eine ihm gegenüber abgegebene, für ihn rechtlich nachteilige (denn sonst greift schon Abs. 2 S. 2 Alt. 1 ein) Willenserklärung wirksam, wenn der gesetzliche Vertreter eingewilligt hat. Die **Einwilligung** – also die vorherige Zustimmung (§ 183 S. 1) – muss sich auf den Zugang der Erklärung an den beschränkt Geschäftsfähigen beziehen. Falls nicht besondere Anhaltspunkte vorliegen, ist anzunehmen, dass eine Einwilligung des gesetzlichen Vertreters zum Abschluss eines Vertrags sich nicht nur auf die Abgabe der Willenserklärung des beschränkt Geschäftsfähigen bezieht, sondern auch auf den Zugang der Annahme des Vertragspartners (zum Antrag s. Rn 11) an den beschränkt Geschäftsfähigen; nicht dagegen umfasst sie normalerweise Erklärungen im Rahmen der Abwicklung des Vertrags (etwa eine Mahnung gegenüber dem beschränkt Geschäftsfähigen).[14] Im Falle der **Gesamtvertretung**, namentlich durch die Eltern (§ 1629 Abs. 1 S. 2 Hs 1), muss die Einwilligung durch sämtliche Gesamtvertreter erteilt werden. Dass der Zugang einer für den beschränkt Geschäftsfähigen bestimmten Willenserklärung an einen der Gesamtvertreter genügt (s. Rn 7, 9), ändert hieran nichts, denn in diesem Fall ist die Information immerhin eines der Gesamtvertreter gewährleistet, während es bei der Einwilligung um eine Erweiterung der Rechtsmacht des beschränkt Geschäftsfähigen geht.

14 Die Möglichkeit, den Zugang einer Willenserklärung an den beschränkt Geschäftsfähigen zu **genehmigen**, ihm also nachträglich zuzustimmen (§ 184 Abs. 1), sieht das Gesetz nicht vor. Eine Analogie etwa zu §§ 108, 177, 1366, 1829 scheidet aus, da der Gesetzgeber Abs. 2 S. 2 aus Gründen der Rechtssicherheit bewusst anders ausgestaltet hat und deshalb keine Regelungslücke vorliegt.[15] **Einseitige Rechtsgeschäfte** (wie eine Kündigung, ein Rücktritt, eine Anfechtung, eine Aufrechnung), die gegenüber einem beschränkt Geschäftsfähigen vorgenommen werden, werden – soweit Abs. 2 S. 2 nicht eingreift – daher erst wirksam, sobald die entsprechende Erklärung dem gesetzlichen Vertreter zugeht, etwa weil der beschränkt Geschäftsfähige sie an ihn weiterleitet. Die Möglichkeit, den Zeitpunkt des Wirksamwerdens durch Genehmigung auf den Zeitpunkt des Zugangs an den beschränkt Geschäftsfähigen zurückzuverlagern, besteht nicht.

15 Für den **Abschluss von Verträgen** gilt dies allerdings nicht.[16] Denn § 108 deckt den Fall der fehlenden Einwilligung iSv Abs. 2 S. 2 sowohl von seinem Tatbestand als auch von seiner Rechtsfolge her ab. Für den Abschluss eines Vertrags durch einen beschränkt Geschäftsfähigen ist die Einwilligung eben nicht nur hinsichtlich der vom beschränkt Geschäftsfähigen abgegebenen Willenserklärung erforderlich (§ 107), sondern auch hinsichtlich des Zugangs der Willenserklärung des Vertragspartners (Abs. 2 S. 2). Und §§ 108 Abs. 1, 184 Abs. 1 ordnen für den Fall der Genehmigung nicht nur die rückwirkende Wirksamkeit der vom beschränkt

12 Erman/*Palm*, § 131 Rn 4; MüKo/*Einsele*, § 131 Rn 5; Soergel/*Hefermehl*, § 131 Rn 5.

13 Erman/*Palm*, § 131 Rn 4; MüKo/*Einsele*, § 131 Rn 5; Soergel/*Hefermehl*, § 131 Rn 5.

14 BGHZ 47, 352, 359 f; MüKo/*Einsele*, § 131 Rn 6; Soergel/*Hefermehl*, § 131 Rn 6; Staudinger/*Singer/Benedict*, § 130 Rn 5.

15 Motive I, S. 140; BGHZ 47, 352, 358; MüKo/*Einsele*, § 131 Rn 6; Soergel/*Hefermehl*, § 131 Rn 6; Staudinger/*Singer/Benedict*, § 130 Rn 6.

16 Motive I, S. 140; BGHZ 47, 352, 358; MüKo/*Einsele*, § 131 Rn 6; Staudinger/*Singer/Benedict*, § 130 Rn 6. Für nur analoge Anwendung von § 108 Soergel/*Hefermehl*, § 131 Rn 6.

Geschäftsfähigen abgegebenen Willenserklärung an, sondern diejenige des Vertrags. Die isolierte Frage der Wirksamkeit der Annahmeerklärung des Dritten stellt sich damit gar nicht mehr (s. schon Rn 2).

c) Bei geschäftsfähigen Betreuten: Geringfügige Angelegenheiten des täglichen Lebens (§ 1903 Abs. 3 S. 2). Nach § 1903 Abs. 3 S. 2 bedarf ein Betreuter, für den ein Einwilligungsvorbehalt angeordnet ist, in Ermangelung einer anderweitigen Anordnung für solche Willenserklärungen keiner Einwilligung, die eine geringfügige Angelegenheit des täglichen Lebens betreffen. Dies gilt nicht nur für die Abgabe, sondern auch für den Empfang von Willenserklärungen.[17] Zum Begriff der geringfügigen Angelegenheiten des täglichen Lebens s. die Kommentierung zu § 1903. 16

C. Weitere praktische Hinweise

Wenn eine Willenserklärung abgegeben werden soll, die gegenüber einem nicht voll Geschäftsfähigen wirken soll, empfiehlt es sich, sie **unmittelbar an den gesetzlichen Vertreter**, bei Gesamtvertretung an einen der gesetzlichen Vertreter zu richten. Denn wird sie an den nicht voll Geschäftsfähigen selbst gerichtet, führt nach hM auch der spätere Zugang an den gesetzlichen Vertreter nicht zum Wirksamwerden; nach der hier vertretenen Ansicht trägt der Erklärende das Risiko, dass der nicht voll Geschäftsfähige die Erklärung nicht oder inhaltlich unrichtig an den gesetzlichen Vertreter weiterleitet (s. Rn 6, 9). Ist unklar, ob der Empfänger der Erklärung schon volljährig ist, sollte vorsichtshalber die Erklärung sowohl ihm gegenüber als auch dem eventuellen gesetzlichen Vertreter gegenüber abgegeben werden, und zwar mittels getrennter Briefe. 17

§ 132 Ersatz des Zugehens durch Zustellung

(1) ¹Eine Willenserklärung gilt auch dann als zugegangen, wenn sie durch Vermittelung eines Gerichtsvollziehers zugestellt worden ist. ²Die Zustellung erfolgt nach den Vorschriften der Zivilprozessordnung.

(2) ¹Befindet sich der Erklärende über die Person desjenigen, welchem gegenüber die Erklärung abzugeben ist, in einer nicht auf Fahrlässigkeit beruhenden Unkenntnis oder ist der Aufenthalt dieser Person unbekannt, so kann die Zustellung nach den für die öffentliche Zustellung einer Ladung geltenden Vorschriften der Zivilprozessordnung erfolgen. ²Zuständig für die Bewilligung ist im ersteren Falle das Amtsgericht, in dessen Bezirk der Erklärende seinen Wohnsitz oder in Ermangelung eines inländischen Wohnsitzes seinen Aufenthalt hat, im letzteren Falle das Amtsgericht, in dessen Bezirke die Person, welcher zuzustellen ist, den letzten Wohnsitz oder in Ermangelung eines inländischen Wohnsitzes den letzten Aufenthalt hatte.

A. Allgemeines

1 § 132 bietet zwei Möglichkeiten, den Zugang einer Willenserklärung zu ersetzen: Abs. 1 erlaubt eine Ersetzung durch **förmliche Zustellung** nach den Regeln der ZPO, Abs. 2 eine **öffentliche Zustellung**, wenn der Erklärende die Person des Empfängers unverschuldet nicht kennt oder der Aufenthalt des Empfängers unbekannt ist. Auf die Zugangsvoraussetzungen kommt es in diesen Fällen nicht an. Die Norm hilft deshalb weiter, wenn es nicht möglich ist, die Erklärung in den Machtbereich des Empfängers zu bringen, und auch die Voraussetzungen einer Zugangsvereitelung (§ 130 Rn 64 ff) nicht vorliegen; sie macht das Wirksamwerden der Erklärung **vom Verhalten des Empfängers unabhängig**. Selbst wenn ein Zugang herbeigeführt werden kann, bietet eine förmliche Zustellung Vorteile, da sie einen sicheren **Beweis** sowohl des Wirksamwerdens als auch der Art des zugestellten Schriftstücks[1] vermittelt (vgl § 130 Rn 84 ff).

2 Die Norm hilft allerdings nichts, wenn das Gesetz Rechtsfolgen nicht an die Wirksamkeit einer Erklärung, sondern an die **Kenntnis** des Inhalts der Erklärung knüpft. Denn da der Zugang nur die zu erwartende – nicht die tatsächliche – Kenntnisnahme erfordert (s. § 130 Rn 23), führen die Zugangssurrogate des § 132 nicht zu einer Fiktion der Kenntnis.[2]

17 MüKo/*Schwab*, § 1903 Rn 45.

1 BGHZ 36, 201, 206 = NJW 1962, 736.

2 RGZ 87, 412, 417 f; Bamberger/Roth/*Wendtland*, § 132 Rn 1; Erman/*Palm*, § 132 Rn 1; MüKo/*Einsele*, § 132 Rn 1.

B. Regelungsgehalt

I. Förmliche Zustellung (Abs. 1)

3 Nach Abs. 1 kann der Zugang einer Erklärung dadurch ersetzt werden, dass sie durch Vermittlung eines Gerichtsvollziehers nach den Vorschriften der ZPO zugestellt wird; **„Zustellung"** ist in § 166 Abs. 1 ZPO legaldefiniert als „die Bekanntgabe eines Dokuments an eine Person in der in diesem Titel [der ZPO] bestimmten Form".

4 Der **Adressat** und die **Form** der zuzustellenden Erklärung (s. § 130 Rn 17) richten sich nach materiellem Recht;[3] §§ 170–172 ZPO gelten nicht.[4]

5 Die Zustellung muss durch Vermittlung eines **Gerichtsvollziehers** (§ 154 GVG) erfolgen. Es handelt sich dabei um eine Zustellung auf Betreiben der Parteien iSv §§ 191 ff ZPO. Da die Mitwirkung eines Gerichtsvollziehers unabdingbare Voraussetzung des Abs. 1 ist,[5] führt eine Zustellung von Anwalt zu Anwalt (§ 195 ZPO) nicht zur Fiktion des Zugangs nach Abs. 1.[6] Bei **Prozessbürgschaften** wird allerdings verbreitet eine Zustellung von Anwalt zu Anwalt als ausreichend angesehen.[7] Nach hM kann der Gerichtsvollzieher nicht gemäß §§ 183 Abs. 1 S. 2, 191 ZPO durch Einschreiben mit Rückschein im **Ausland** zustellen.[8]

6 Der Gerichtsvollzieher kann die Zustellung **selbst ausführen** (§ 193 ZPO) oder die **Post** beauftragen (§§ 193 Abs. 1 S. 2, 194 ZPO). Die Zustellung erfolgt nach §§ 177, 191 ZPO; auch eine Ersatzzustellung nach §§ 178–181, 191 ZPO ist möglich, nicht dagegen eine Zustellung gegen Empfangsbekenntnis (§ 174 ZPO) oder durch Einschreiben mit Rückschein (§ 175 ZPO),[9] die der Geschäftsstelle vorbehalten sind (vgl § 168 Abs. 1 S. 1 ZPO).

7 Nach hM findet § 189 ZPO Anwendung, nach dem Zustellungsmängel durch tatsächlichen Zugang **geheilt** werden.[10] Da § 189 ZPO jedoch tatsächlichen Zugang an den Empfänger verlangt, ist nicht ersichtlich, was die Norm im Rahmen von Abs. 1 bringen soll. Denn in den Fällen des Abs. 1 liegt der Sinn der Zustellung ja gerade darin, ein Wirksamwerden der Erklärung zu bewirken, wenn sich der Zugang nicht bewerkstelligen lässt.

8 Soll durch die Erklärung eine Frist gewahrt werden oder die Verjährung neu beginnen oder nach § 204 gehemmt werden, so ist umstritten, ob die Zustellung nach § 167 ZPO **Rückwirkung** entfaltet, obwohl der Erklärende hier nicht zwingend auf die Mitwirkung der Justiz angewiesen ist.[11]

II. Öffentliche Zustellung (Abs. 2)

9 Eine öffentliche Zustellung kann erfolgen bei **unverschuldeter Unkenntnis über die Person des Erklärungsgegners** (zB wenn der ursprüngliche Erklärungsgegner verstorben ist und die Erben unbekannt sind) oder wenn der **Aufenthalt des Erklärungsgegners unbekannt** ist (vgl § 185 Nr. 1 ZPO). Damit Letzteres der Fall ist, muss der Aufenthalt allgemein, nicht nur dem Erklärenden, unbekannt sein. Normalerweise ist eine ergebnislose Auskunft beim zuständigen Einwohnermeldeamt oder der Gemeindeverwaltung und der zuletzt zuständigen Postfiliale zu verlangen.[12]

10 Umstritten ist, ob die öffentliche Zustellung wirksam ist, wenn sie **mit unzutreffenden Angaben erschlichen** wurde. Die Rechtsprechung hat das ursprünglich bejaht,[13] die Berufung auf die öffentlich zugestellte Erklärung aber für rechtsmissbräuchlich (§ 242) gehalten, wenn der Erklärende wusste, dass die Vorausset-

3 BGHZ 36, 201, 206 f; BGH NJW 1981, 2299, 2300; Bamberger/Roth/*Wendtland*, § 132 Rn 5; MüKo/*Einsele*, § 132 Rn 4; Soergel/*Hefermehl*, § 132 Rn 2.

4 Vgl MüKo/*Einsele*, § 132 Rn 4; Soergel/*Hefermehl*, § 132 Rn 2. AA Palandt/*Ellenberger*, § 132 Rn 1.

5 BGHZ 67, 271, 277 = NJW 1977, 194, 195.

6 Bamberger/Roth/*Wendtland*, § 132 Rn 4; Soergel/*Hefermehl*, § 132 Rn 2.

7 LG Augsburg NJW-RR 1998, 1368, 1369; LG Mannheim WM 2009, 1976; Thomas/Putzo/*Hüßtege*, ZPO, § 108 Rn 11; Zöller/*Herget*, ZPO, § 108 Rn 11. AA LG Lübeck IBRRS 64771; Stein/Jonas/*Bork*, ZPO, § 108 Rn 32.

8 Bamberger/Roth/*Wendtland*, § 132 Rn 4; *Hornung*, Rpfleger 2002, 493, 502; Soergel/*Hefermehl*, § 132 Rn 4; Zöller/*Stöber*, ZPO, § 192 Rn 1. AA *Möller*, NJW 2003, 1571 ff.

9 Erman/*Palm*, § 132 Rn 2; *Wunsch*, JuS 2003, 276, 280; Zöller/*Stöber*, ZPO, § 192 Rn 1. AA *Möller*, NJW 2003, 1571 ff.

10 BGH NJW 1967, 823, 824; Bamberger/Roth/*Wendtland*, § 132 Rn 8; Erman/*Palm*, § 132 Rn 2; MüKo/*Einsele*, § 132 Rn 5; Palandt/*Ellenberger*, § 132 Rn 2; Soergel/*Hefermehl*, § 132 Rn 2. AA BGHZ 36, 201, 207 = NJW 1962, 736.

11 Dafür BGHZ 177, 319 Rn 20 ff = NJW 2009, 765; Zöller/*Greger*, ZPO, § 167 Rn 3; Bamberger/Roth/*Wendtland*, § 132 Rn 9 (für Abs. 2). Dagegen LG Nürnberg-Fürth MDR 2006, 413 f; Stein/Jonas/*Roth*, ZPO § 167 Rn 3; Thomas/Putzo/*Hüßtege*, ZPO, § 167 Rn 3. Differenzierend MüKo-ZPO/*Häublein*, § 167 Rn 5.

12 Vgl OLG Köln NJW-RR 1998, 1683, 1684; LG Berlin NJW-RR 1991, 1152; Staudinger/*Singer/Benedict*, § 132 Rn 6 (als Minimum).

13 Dafür BGHZ 57, 108, 110 f = NJW 1971, 2226; BGHZ 64, 5, 8 = NJW 1975, 827. Ebenso Bamberger/Roth/*Wendtland*, § 132 Rn 9; MüKo/*Einsele*, § 132 Rn 7; Soergel/*Hefermehl*, § 132 Rn 5.

zungen für eine öffentliche Zustellung nicht vorlagen.[14] Neuerdings hält der BGH in Anlehnung an das BVerfG die öffentliche Zustellung zumindest dann für unwirksam, wenn das Fehlen der Zustellungsvoraussetzungen für das Gericht ersichtlich war. Begründet wird das mit dem Anspruch auf rechtliches Gehör (Art. 103 Abs. 1 GG).[15] Bei Zustellungen nach Abs. 2, die ja außerhalb eines gerichtlichen Verfahrens erfolgen, ist dieser Gesichtspunkt jedoch nicht einschlägig. Aus Gründen der Rechtssicherheit sollte man deshalb die Wirksamkeit der Zustellung annehmen[16] und nur im Einzelfall den Rechtsmissbrauchseinwand zulassen.

Die öffentliche Zustellung muss **vom Gericht bewilligt** werden. **Zuständig** ist nach Abs. 2 S. 2 bei Zustellung infolge Unbekanntheit der Person das Amtsgericht, in dessen Bezirk der Erklärende seinen Wohnsitz oder hilfsweise seinen Aufenthalt hat, bei Zustellung infolge Unbekanntheit des Aufenthalts das Amtsgericht, in dessen Bezirk der Empfänger seinen letzten Wohnsitz oder hilfsweise Aufenthalt hatte. Gegen die **Ablehnung der öffentlichen Zustellung** ist sofortige Beschwerde nach § 567 Abs. 1 Nr. 2 ZPO zulässig. **11**

Die Zustellung erfolgt nach § 186 Abs. 2 S. 1 ZPO durch **Aushang einer Benachrichtigung** an der Gerichtstafel oder durch Einstellung in ein elektronisches Informationssystem, das im Gericht öffentlich zugänglich ist; zusätzlich kann die Veröffentlichung der Benachrichtigung nach § 186 Abs. 2 S. 2 ZPO oder nach § 187 ZPO angeordnet werden. Die Zustellung gilt mangels anderer Festlegung durch das Gericht als erfolgt, wenn seit dem Aushang oder der Einstellung der Benachrichtigung **ein Monat** vergangen ist (§ 188 ZPO). Zur Frage der **Rückwirkung der Zustellung** nach § 167 ZPO s. Rn 8. **12**

C. Weitere praktische Hinweise

Die Zustellung nach Abs. 1 ist das **sicherste Mittel**, das Wirksamwerden einer Willenserklärung sowohl zu erreichen als auch beweisen zu können. Großer Vorteil ist, dass der Erklärende eine **öffentliche Urkunde** (§ 418 ZPO) über die Zustellung erlangt (§§ 182 Abs. 1 S. 2, 191, 193 Abs. 3 ZPO), die nicht nur vollen Beweis hinsichtlich der Zustellung (irgend-)eines Schriftstücks erbringt, sondern hinsichtlich der **Zustellung der konkreten Erklärung**, da der Gerichtsvollzieher die Zustellung entweder auf der Urschrift des zuzustellenden Schriftstücks oder auf einem mit dieser zu verbindenden Vordruck beurkundet (§ 193 Abs. 1 S. 1 ZPO) und die Urschrift (ggf mit dem ausgefüllten Vordruck) dem Auftraggeber zuleitet (§ 193 Abs. 3 ZPO); bei Ausführung der Zustellung durch die Post wird die Urschrift mit dem Postübergabezeugnis verbunden (§ 194 Abs. 1 S. 2 ZPO) und dadurch der Beweis ermöglicht, welches Schriftstück zugestellt wurde. **13**

Nachteil der Zustellung gemäß Abs. 1 ist erstens, dass sie **nicht so schnell** erfolgen kann wie die Zusendung eines Einschreibbriefs; insofern bieten dem Erklärenden §§ 167, 191 ZPO Schutz, deren Anwendbarkeit allerdings umstritten ist (Rn 8). **14**

Nachteil sind ferner die relativ hohen **Kosten**. Gemäß GV-KV 100–101 kostet eine Zustellung durch den Gerichtsvollzieher persönlich 7,50 EUR, eine sonstige Zustellung 2,50 EUR. Die Beglaubigung oder Herstellung der zuzustellenden Abschrift (§ 192 Abs. 2 S. 2 ZPO) kostet je 0,50 EUR für die ersten 50 Seiten und 0,15 EUR für jede weitere Seite (GV-KV 102, 700). Hinzu kommen die Auslagen insbesondere nach GV-KV 701 (Entgelte für Zustellungen mit Zustellungsurkunde), 702 (Kosten, die durch öffentliche Bekanntmachung entstehen), 710 (Pauschale für die Benutzung von eigenen Beförderungsmitteln), 711 (Wegegeld; nicht bei sonstiger Zustellung), 713 (Pauschale für sonstige bare Auslagen, 3 EUR bis 10 EUR). Die Post verlangt für die Ausführung eines Postzustellungsauftrags (§ 194 ZPO) zur Zeit 3,45 EUR, die dem Gerichtsvollzieher nach GV-KV 701 zu ersetzen sind. Angesichts dieser Kosten ist zu überlegen, ob eine Zustellung durch Boten (§ 130 Rn 91) billiger kommt. Keinesfalls sollte ohne sorgfältige Abwägung zur Kostenersparnis statt einer Zustellung nach Abs. 1 eine Übermittlung per Einschreiben gewählt werden (s. zu den Risiken § 130 Rn 84 ff). **15**

Ein **Rechtsanwalt** hat durch Auswahl der Versendungsart dafür zu sorgen, dass der Zugang einer empfangsbedürftigen Erklärung nachgewiesen werden kann. Von mehreren in Betracht kommenden Möglichkeiten hat er regelmäßig diejenige zu wählen, welche Nachteile am wahrscheinlichsten vermeidet.[17] Verletzt er diese Pflicht, haftet er gemäß § 280 Abs. 1. **16**

14 BGHZ 64, 5, 8 ff = NJW 1975, 827; BGHZ 118, 45, 48 = NJW 1992, 2280, 2281; Bamberger/Roth/*Wendtland*, § 132 Rn 9; MüKo/*Einsele*, § 132 Rn 7; Soergel/*Hefermehl*, § 132 Rn 5.

15 BVerfG NJW 1988, 2361; BGHZ 149, 311 ff = NJW 2002, 827 ff. Zweifelnd schon BGHZ 118, 45, 47 f = NJW 1992, 2280 f.

16 Staudinger/*Singer/Benedict*, § 132 Rn 8. AA KG NJW-RR 2006, 1380, 1381; Erman/*Palm*, § 132 Rn 4.

17 OLG Nürnberg NJW-RR 1991, 414 f.

§ 133 Auslegung einer Willenserklärung

Bei der Auslegung einer Willenserklärung ist der wirkliche Wille zu erforschen und nicht an dem buchstäblichen Sinne des Ausdrucks zu haften.

Literatur: *Betti*, Allgemeine Auslegungslehre als Methode der Geisteswissenschaft, 1967; *Biehl*, Grundsätze der Vertragsauslegung, JuS 2010, 195; *Brox*, Der Bundesgerichtshof und die Andeutungstheorie, JA 1984, 761; *Flume*, Testamentsauslegung bei Falschbezeichnung, NJW 1983, 2007; *Grunewald*, Die Auslegung von Gesellschaftsverträgen und Satzungen, ZGR 1995, 68; *Hager*, Gesetzes- und sittenkonforme Auslegung und Aufrechterhaltung von Rechtsgeschäften, 1983; *Kötz*, Vertragsauslegung – eine rechtsvergleichende Skizze, in: FS Zeuner 1994, S. 219; *Larenz*, Die Methode der Auslegung des Rechtsgeschäfts, 1930, Nachdruck 1966; *Looschelders/Roth*, Juristische Methodik im Prozess der Rechtsanwendung, 1996; *Lüderitz*, Auslegung von Rechtsgeschäften, 1966; *May*, Auslegung individueller Willenserklärungen durch das Revisionsgericht?, NJW 1983, 980; *Medicus*, Vertragsauslegung und Geschäftsgrundlage, in: FS Flume Bd. I 1978, S. 629; *Neuner*, Vertragsauslegung – Vertragsergänzung – Vertragskorrektur, in: FS Canaris Bd. I 2007, S. 901; *Petersen*, Die Auslegung von Rechtsgeschäften, Jura 2004, 536; *Schäfer*, Die Revisibilität der Vertragsauslegung nach der ZPO-Reform, NJW 2007, 3463; *Schimmel*, Zur Auslegung von Willenserklärungen, JA 1998, 979; *ders.*, Zur ergänzenden Auslegung von Verträgen, JA 2001, 339; *Smid*, Probleme bei der Auslegung letztwilliger Verfügungen, JuS 1987, 283; *Stöhr*, Der objektive Empfängerhorizont und sein Anwendungsbereich im Zivilrecht, JuS 2010, 292; *Trupp*, Die Bedeutung des § 133 BGB für die Auslegung von Willenserklärungen, NJW 1990, 1346; *Wagner*, Interpretationen in Literatur- und Rechtswissenschaft, AcP 165 (1965), 520; *Wank*, Die Auslegung von Tarifverträgen, RdA 1998, 71; *Wieacker*, Die Methode der Auslegung des Rechtsgeschäfts, JZ 1967, 385; *Wieling*, Die Bedeutung der Regel „falsa demonstratio non nocet“ im Vertragsrecht, AcP 172 (1972), 297; *ders.*, Falsa demonstratio non nocet, Jura 1979, 524; *Wieser*, Zurechenbarkeit des Erklärungsinhalts, AcP 184 (1984), 40; *ders.*, Empirische und normative Auslegung, JZ 1985, 407.

A. Allgemeines

I. Auslegung

1 Willenserklärungen sind nicht in jedem Fall klar und eindeutig. Sie können der Auslegung bedürfen. Die Auslegung hat das Ziel, den Sinn einer Gedankenäußerung zu ermitteln.[1] Die Auslegung von Willenserklärungen betrifft insofern einen Ausschnitt aus dem allgemeinen Problem der **Hermeneutik** als methodisch geleitetem Bemühen, schriftlich oder auf andere Weise fixierte Geisteswerke und sonstige Gedankenäußerungen richtig zu verstehen.[2] Hermeneutische Probleme treten nicht nur bei juristischen Texten und Gedankenäußerungen, sondern auch bei Geisteswerken aus anderen Bereichen (zB Religion, Philosophie, Literatur) auf. In der Literatur gibt es Ansätze, **allgemeine hermeneutische Gesichtspunkte** herauszuarbeiten, die für die Interpretation aller Texte und Gedankenäußerungen gültig sind.[3] Solche Ansätze sind jedoch zurückhaltend zu beurteilen, weil der unterschiedliche Gegenstand der Auslegung maßgeblichen Einfluss auf die konkrete Gestaltung der Interpretationsregeln hat.[4] Dies zeigt sich schon in Bezug auf juristische Texte und Gedankenäußerungen. So lassen sich die Regeln über die Auslegung von Willenserklärungen und Verträgen (§§ 133, 157) nicht unbesehen auf die Auslegung von Gesetzen übertragen.[5]

II. Das Zusammenspiel von § 133 und § 157

2 § 133 regelt die Auslegung von **Willenserklärungen**. Die Vorschrift wird ergänzt durch § 157, der auf die Auslegung von **Verträgen** bezogen ist. Nach der Konzeption des historischen Gesetzgebers waren die Anwendungsbereiche beider Vorschriften strikt voneinander getrennt.[6] Nach Inkrafttreten des BGB hat sich jedoch gezeigt, dass eine solche Trennung nicht aufrechterhalten werden kann. Einerseits besteht jeder Vertrag aus zwei miteinander korrespondierenden Willenserklärungen; die Wertungen des § 133 müssen daher auch bei Verträgen berücksichtigt werden.[7] Andererseits enthält § 157 mit dem Grundsatz von Treu und Glauben und der Verkehrssitte Kriterien, die für die Auslegung jeder Willenserklärung relevant sind.[8] Rechtsprechung und Literatur stimmen daher überein, dass die §§ 133, 157 bei der Auslegung von Willenserklärungen und Verträgen **nebeneinander** anzuwenden sind.[9]

3 Bei der praktischen Rechtsanwendung ist zu beachten, dass § 133 und § 157 teilweise in unterschiedliche Richtungen weisen. Während § 133 den wirklichen Willen des Erklärenden als **subjektives Kriterium** betont, stellt § 157 mit dem Grundsatz von Treu und Glauben und der Verkehrssitte **objektive Kriterien** in den Vordergrund.[10] Diese unterschiedlichen Akzentsetzungen dürfen nicht dadurch überspielt werden, dass man der einen oder der anderen Vorschrift einen generellen Vorrang einräumt. Nach der Systematik des Gesetzes sind beide Vorschriften prinzipiell **gleichrangig**.[11] Rechtsprechung und Literatur haben damit die Aufgabe, aus den nach diesen Vorschriften maßgeblichen Kriterien mit Hilfe allgemeiner methodischer Grundsätze eine in sich stimmige Auslegungslehre zu entwickeln, mit der sich im Einzelfall ein sach- und interessengerechtes Ergebnis erzielen lässt.[12]

1 Vgl Soergel/*Wolf*, § 157 Rn 1; *Larenz/Wolf*, BGB AT, § 28 Rn 1.

2 Zum Begriff der Hermeneutik vgl *Gadamer*, Die Universalität des hermeneutischen Problems, 1966, in: Gesammelte Werke, Bd. 2, S. 219 ff; MüKo/*Busche*, § 133 Rn 3; *Engisch*, Einführung in das juristische Denken, 10. Auflage 2005, S. 91 ff; *Mayer-Maly*, Rechtswissenschaft, 5. Aufl. 1991, S. 58.

3 Grundlegend *Betti*, Auslegungslehre; vgl auch *Coing*, Grundzüge der Rechtsphilosophie, 5. Aufl. 1993, S. 261 ff.

4 Vgl *Betti*, Auslegungslehre, S. 613 ff; *Looschelders/Roth*, Methodik, S. 72 f; *Wagner*, AcP 165 (1965), 520 ff; zu den Besonderheiten der juristischen Auslegung s. auch *Gadamer*, Klassische und philosophische Hermeneutik, 1968, in: Gesammelte Werke, Bd. 2, S. 92, 106 ff.

5 Vgl AK-BGB/*Hart*, §§ 133, 157 Rn 24 ff; HKK/*Vogenauer*, §§ 133, 157 Rn 33; *Flume*, BGB AT, Bd. 2, § 16, 1 c; *Medicus*, BGB AT, Rn 307 ff.

6 Vgl HKK/*Vogenauer*, §§ 133, 157 Rn 17 ff; MüKo/*Busche*, § 133 Rn 9.

7 HKK/*Vogenauer*, §§ 133, 157 Rn 31; MüKo/*Busche*, § 133 Rn 17; Soergel/*Hefermehl*, § 133 Rn 16; *Medicus*, BGB AT, Rn 319 ff.

8 Vgl BGHZ 21, 319, 328; Erman/*Armbrüster*, § 157 Rn 2; Soergel/*Hefermehl*, § 133 Rn 2; Staudinger/*Singer*, § 133 Rn 6; *Bork*, BGB AT, Rn 501; *Flume*, BGB AT, Bd. 2, § 16, 3 a.

9 Vgl etwa BGHZ 47, 75, 78; 105, 24, 27; BGH NJW-RR 2002, 1096; 2003, 926; Jauernig/*Jauernig*, § 133 Rn 7; Palandt/*Ellenberger*, § 133 Rn 2; PWW/*Ahrens*, § 133 Rn 2; RGRK/*Piper*, § 157 Rn 1.

10 Vgl Bamberger/Roth/*Wendtland*, § 133 Rn 19; Soergel/*Hefermehl*, § 133 Rn 2; Soergel/*Wolf*, § 157 Rn 10; Staudinger/*Singer*, §§ 133 Rn 4 ff.

11 So auch MüKo/*Busche*, § 133 Rn 18; Soergel/*Wolf*, § 157 Rn 14.

12 Vgl Palandt/*Ellenberger*, § 133 Rn 1.

III. Einfache (erläuternde) und ergänzende Auslegung

4 In methodischer Hinsicht lassen sich zwei Arten der Auslegung unterscheiden: die einfache (erläuternde) und die ergänzende Auslegung.[13] Ziel der **einfachen (erläuternden) Auslegung** ist es, den Inhalt einer Willenserklärung oder eines Vertrages zu ermitteln (s. Rn 24 ff). Dabei kommt dem **wirklichen Willen** der Parteien maßgebliche Bedeutung zu. Die **ergänzende Auslegung** hat dagegen den Zweck, Lücken in der rechtsgeschäftlichen Regelung zu schließen (s. § 157 Rn 2). Da der wirkliche Wille der Parteien in dieser Hinsicht keinen unmittelbaren Aufschluss geben kann, stehen hier **objektive Kriterien** im Vordergrund.

5 Bei der Kommentierung der **Regelungsgehalte** werden die für die einfache (erläuternde) Auslegung von Willenserklärungen und Verträgen maßgeblichen Grundsätze gemeinsam bei **§ 133** erörtert (Rn 24 ff). Die ergänzende Vertragsauslegung soll demgegenüber einheitlich bei **§ 157** (dort Rn 17 ff) behandelt werden. Diese Aufteilung wahrt den inneren Zusammenhang von § 133 und § 157 und trägt gleichzeitig dem unterschiedlichen Gewicht Rechnung, das subjektiven und objektiven Kriterien im Rahmen der verschiedenen Auslegungsarten zukommt.

IV. Anwendungsbereich der §§ 133, 157

6 **1. Privatrechtliche Willenserklärungen und Verträge.** Die §§ 133, 157 gelten für die Auslegung sämtlicher **privatrechtlicher** Willenserklärungen und Verträge. Ob die infrage stehende Willenserklärung **empfangsbedürftig** ist oder nicht, ist für die Anwendbarkeit der §§ 133, 157 irrelevant, kann aber bei der Gewichtung der einzelnen Auslegungskriterien Bedeutung gewinnen (vgl Rn 41 ff).[14] Ebenso wenig kommt es prinzipiell darauf an, ob die Willenserklärung **formbedürftig** ist (vgl aber Rn 74 ff).[15] Da der **Insolvenzplan** einen privatrechtlichen Vertrag sui generis darstellt, sind die §§ 133, 157 auf die darin enthaltenen Regelungen zumindest entsprechend anwendbar.[16]

7 Die §§ 133, 157 betreffen an sich nur die Frage, welchen **Inhalt** eine Willenserklärung hat. **Ob** überhaupt eine Willenserklärung vorliegt, beurteilt sich aber nach den gleichen Grundsätzen.[17]

8 Auf **geschäftsähnliche Handlungen** (zB Mahnung) sind die §§ 133, 157 entsprechend anwendbar.[18]

9 **2. Prozesshandlungen.** Die Auslegung von Prozesshandlungen richtet sich nach den gleichen Grundsätzen wie die Auslegung von Willenserklärungen. Die §§ 133, 157 sind also auch hier zumindest entsprechend anwendbar.[19] Der Rechtsanwender darf somit auch bei Prozesshandlungen nicht am buchstäblichen Sinn des Ausdrucks haften, sondern muss sich darum bemühen, den **wirklichen Willen** der betreffenden Partei zu erforschen.[20] Ist eine Prozesshandlung widersprüchlich oder missverständlich, so ist der Richter nach § 139 ZPO primär gehalten, die Partei durch einen Hinweis zur **Klarstellung** zu veranlassen.[21]

10 **3. Öffentliches Recht.** Die §§ 133, 157 gelten für die Auslegung von **Willenserklärungen** im öffentlichen Recht entsprechend.[22] Für öffentlich-rechtliche Verträge stellt § 62 S. 2 VwVfG dies ausdrücklich klar.[23] Bei der Auslegung von **Verwaltungsakten** können die §§ 133, 157 ebenfalls herangezogen werden.[24] Der Adressat des Verwaltungsakts hat also nach Möglichkeit den wirklichen Willen der Behörde zu erforschen und darf nicht am buchstäblichen Sinn des Ausdrucks haften.[25] Im Zweifelsfall ist aber nicht der innere Wille der Behörde maßgeblich. Entscheidend ist vielmehr, wie der Bürger die Erklärung unter Berücksichtigung der ihm bekannten Umstände verstehen musste. Unklarheiten gehen also zulasten der Behörde.[26]

11 **4. Gesetze.** Auf die Auslegung von Gesetzen sind die §§ 133, 157 nicht unmittelbar anwendbar. Inwieweit eine entsprechende Anwendung in Betracht kommt, ist streitig.[27] Letztlich ist eine differenzierte Betrachtung notwendig. Einerseits enthalten die §§ 133, 157 **allgemeine Interpretationsregeln**, die auch für die Auslegung von Gesetzen relevant sind. Dies gilt insbesondere für den Grundsatz, dass nicht am buchstäblichen Sinne des

13 Zur Unterscheidung zwischen einfacher (erläuternder) und ergänzender Auslegung vgl Erman/*Palm*, § 133 Rn 13 ff; Soergel/*Wolf*, § 157 Rn 3; Staudinger/*Roth*, § 157 Rn 3 f.
14 Vgl Soergel/*Wolf*, § 157 Rn 15; Staudinger/*Singer*, § 133 Rn 6.
15 MüKo/*Busche*, § 133 Rn 29 f.
16 BGH NJW-RR 2006, 491.
17 Erman/*Palm*, § 133 Rn 10; Jauernig/*Jauernig*, § 133 Rn 1; PWW/*Ahrens*, § 133 Rn 1.
18 BGHZ 47, 352, 357; BGH NJW 1995, 45, 46; Palandt/*Ellenberger*, § 133 Rn 3; RGRK/*Krüger-Nieland/Zöller*, § 133 Rn 1.
19 Vgl BGHZ 22, 267, 269; BGH NJW-RR 1994, 568; BayObLG NJW-RR 1996, 650, 651; Palandt/*Ellenberger*, § 133 Rn 4; PWW/*Ahrens*, § 133 Rn 12; Soergel/*Hefermehl*, § 133 Rn 6; Thomas/Putzo/*Reichold*, Einl. III Rn 16.
20 Vgl BGH NJW-RR 1994, 568.
21 Bamberger/Roth/*Wendtland*, § 133 Rn 33; *Schilken*, Zivilprozessrecht, 5. Aufl. 2006, Rn 157.
22 BGHZ 86, 104, 110; BGH NJW 1998, 2138, 2140; Soergel/*Hefermehl*, § 133 Rn 7.
23 Vgl BVerwG NJW 1990, 1926, 1928.
24 Soergel/*Hefermehl*, § 133 Rn 7; *Peine*, Allgemeines Verwaltungsrecht, 9. Aufl. 2008, Rn 394.
25 BVerwG NVwZ 1984, 518.
26 BVerwG NVwZ 1984, 36, 37.
27 Vgl HKK/*Vogenauer*, §§ 133, 157 mwN.

Ausdrucks zu haften ist.[28] Andererseits bestehen zwischen der Auslegung von Willenserklärungen und Gesetzen jedoch auch deutliche **Unterschiede**, die durch den unterschiedlichen Gegenstand der Auslegung bedingt sind (vgl Rn 24). Die Grundsätze der Gesetzesauslegung werden daher im Anhang zu § 133 gesondert dargestellt.

5. Fälle mit Auslandsberührung. Die Anwendung der §§ 133, 157 setzt voraus, dass das Rechtsgeschäft nach den Regeln des Internationalen Privatrechts dem deutschen Recht unterliegt. Das deutsche Internationale Privatrecht ist im Wesentlichen in den Art. 3 ff EGBGB geregelt. Für vertragliche Schuldverhältnisse ist aber seit 17.12.2009 die Rom I-VO maßgeblich (vgl Art. 3 Nr. 1 lit. b EGBGB). Ist das Rechtsgeschäft nach dem **Recht eines ausländischen Staates** zu beurteilen, so ist dieses Recht auch für die Auslegung maßgeblich.[29] Dies ergibt sich für Schuldverträge aus Art. 12 lit. a Rom I-VO (Art. 32 Abs. 1 Nr. 1 EGBGB aF).[30] Im Anwendungsbereich des **UN-Kaufrechts** richtet sich die Auslegung der Erklärungen und des Verhaltens der Parteien nach Art. 8 CISG (s. dazu Anh. zu §§ 433–480: UN-Kaufrecht/CISG Rn 19 f). 12

V. Abgrenzungen

1. Anfechtung wegen Irrtums, §§ 119 ff. Die Auslegung steht in einem engen Zusammenhang mit der Anfechtung von Willenserklärungen wegen Irrtums nach §§ 119 ff. Bevor eine Anfechtung in Betracht gezogen wird, muss aber der Inhalt der infrage stehenden Willenserklärungen ermittelt werden. Denn sonst lässt sich nicht beurteilen, ob überhaupt eine Diskrepanz zwischen Willen und Erklärtem vorliegt und welche Partei gegebenenfalls die Anfechtungslast trägt. Die **Auslegung geht** daher nach allgemeiner Ansicht **der Anfechtung vor**.[31] 13

2. Treu und Glauben und Verkehrssitte, § 242. § 157 nennt als wesentliche Auslegungskriterien den Grundsatz von Treu und Glauben sowie die Verkehrssitte. Die gleichen Kriterien finden sich auch in § 242. Nach der ursprünglichen Konzeption des Gesetzes waren beide Vorschriften klar voneinander getrennt, weil der Regelungsgehalt des § 242 auf die Konkretisierung der **Modalitäten der Leistung** beschränkt war.[32] Nachdem Rechtsprechung und Lehre die Vorschrift des § 242 zu einer **umfassenden Generalklausel** ausgeweitet haben, kann es aber zu Überschneidungen kommen. Dies gilt insbesondere für den Bereich der ergänzenden Vertragsauslegung. 14

Auch wenn der Anwendungsbereich des § 242 erheblich ausgeweitet worden ist, hat § 157 daneben doch nach wie vor eigenständige Bedeutung.[33] Zu beachten ist nämlich, dass Treu und Glauben und die Verkehrssitte bei der Auslegung nach §§ 133, 157 nicht die gleiche Bedeutung haben wie im Rahmen des § 242. Der Unterschied ergibt sich aus dem großen Gewicht des **Parteiwillens** für die Auslegung.[34] Die objektiven Maßstäbe von **Treu und Glauben** und Verkehrssitte können sich hier nur **mittelbar** durchsetzen – nämlich über die Annahme, dass der Wille einer redlichen Partei auf eine Lösung gerichtet ist, die Treu und Glauben mit Rücksicht auf die Verkehrssitte entspricht.[35] Demgegenüber stellt § 242 unmittelbar auf Treu und Glauben und die Verkehrssitte ab. Dies ändert freilich nichts daran, dass der Parteiwille auch nicht durch Rückgriff auf § 242 überspielt werden darf.[36] 15

In Rechtsprechung und Literatur ist allgemein anerkannt, dass die Auslegung nach §§ 133, 157 gegenüber der (rein) objektiven Beurteilung des Sachverhalts nach § 242 vorrangig ist. Zur Begründung wird darauf hingewiesen, dass sich die Frage nach dem **rechtlichen Sollen** (§ 242) erst stellt, wenn aus dem **rechtlichen Wollen** der Parteien (s. §§ 133, 157) keine ausreichenden Anhaltspunkte für eine Entscheidung abgeleitet werden können.[37] Nach dem Grundsatz der Privatautonomie geht der Wille der Parteien also grundsätzlich vor.[38] 16

Bei der praktischen Rechtsanwendung können beide Bereiche ineinander übergehen.[39] Je weniger Anhaltspunkte sich dem Parteiwillen entnehmen lassen, desto größeres Gewicht gewinnen nämlich die objektiven Kriterien von Treu und Glauben und der Verkehrssitte. Dies gilt namentlich für die **ergänzende Vertragsauslegung** (s. § 157 Rn 22). So spricht die Rechtsprechung teilweise von einer ergänzenden Vertragsauslegung 17

28 BGHZ 2, 176, 184; 13, 28, 30; RGRK/*Krüger-Nieland/Zöller*, § 133 Rn 1, 50; Palandt/*Sprau*, Einl. Rn 40; *Looschelders/Roth*, Methodik, S. 58 ff; *Rüthers*, Rechtstheorie, 5. Aufl. 2010, Rn 717.
29 Vgl BGH NJW-RR 1990, 248, 249; Soergel/*Hefermehl*, § 133 Rn 8.
30 Vgl Palandt/*Thorn*, Art. 12 Rom I-VOL Rn 4; *Looschelders*, IPR, Art. 32 EGBGB Rn 6 ff.
31 Vgl MüKo/*Busche*, § 133 Rn 21; *Brox/Walker*, BGB AT, Rn 407 ff; *Larenz/Wolf*, BGB AT, § 36 Rn 30 f.
32 Vgl Prot. I S. 624 = *Mugdan* II, S. 522; MüKo/*Roth*, § 242 Rn 18; *Flume*, BGB AT, Bd. 2, § 16, 3 a; *Looschelders*, Schuldrecht AT, 8. Aufl. 2010, Rn 59 f.
33 Vgl Soergel/*Wolf*, § 157 Rn 28.
34 Vgl BGHZ 9, 273, 278; 19, 269, 273; BGH NZM 2009, 741, 742.
35 Vgl Soergel/*Wolf*, § 157 Rn 26; Staudinger/*Looschelders/Olzen*, § 242 Rn 358.
36 BGHZ 9, 273, 277; Erman/*Armbrüster*, § 157 Rn 3.
37 Vgl BGHZ 16, 4, 8; MüKo/*Busche*, § 133 Rn 19; RGRK/*Piper*, § 157 Rn 3.
38 Staudinger/*Looschelders/Olzen*, § 242 Rn 361 f.
39 Vgl Staudinger/*Looschelders/Olzen*, § 242 Rn 358; Bamberger/Roth/*Grüneberg/Sutschet*, § 242 Rn 34; *Flume*, BGB AT, Bd. 2, § 16, 3 a; *Looschelders*, Schuldrecht AT, 8. Aufl. 2010, Rn 70.

auf der Grundlage des § 242.[40] Dies schafft jedoch die Gefahr, dass unter dem Deckmantel der Auslegung reine Billigkeitslösungen entwickelt werden. Die Rückbindung an den (mutmaßlichen) Willen der Parteien darf daher auch bei der ergänzenden Auslegung nicht aufgegeben werden.[41]

18 **3. Störung der Geschäftsgrundlage, § 313.** Die **Auslegung** ist auch gegenüber den Regeln über die Störung der Geschäftsgrundlage (§ 313) **vorrangig**. Eine Anpassung des Vertrages nach § 313 kommt also nur in Betracht, wenn sich durch Auslegung keine Abhilfe schaffen lässt.[42] Dies gilt auch für die **ergänzende Auslegung**.[43] Die Regeln über die Störung der Geschäftsgrundlage sind hier schon deshalb nachrangig, weil sie nur bei einer **schwerwiegenden** Störung der Geschäftsgrundlage angewendet werden können.[44] Außerdem steht die ergänzende Vertragsauslegung dem Gedanken der Privatautonomie insofern näher, als sie im Unterschied zur Vertragsanpassung nach § 313 **notwendig** am hypothetischen Parteiwillen orientiert ist (s. § 157 Rn 22).

19 **4. Umdeutung, § 140.** Die Umdeutung nach § 140 weist ebenfalls deutliche Berührungspunkte mit der Auslegung auf. Zu beachten ist zunächst, dass eine Umdeutung erst in Betracht kommt, wenn die Gültigkeit des Geschäfts nicht schon im Wege der gesetzes- und sittenkonformen Auslegung begründet werden kann. Die **Auslegung geht** insofern also der **Umdeutung vor**.[45]

20 Aus dem Wortlaut des § 140 folgt, dass man sich bei der Umdeutung am **mutmaßlichen Willen** der Parteien zu orientieren hat. Die Umdeutung folgt damit den gleichen Grundsätzen wie die **ergänzende Vertragsauslegung** (s. § 157 Rn 21).[46] Die mit der Umdeutung verbundenen Gestaltungsmöglichkeiten gehen aber über die ergänzende Vertragsauslegung hinaus.[47]

VI. Sonderregelungen

21 **1. Teilnichtigkeit, § 139.** Für den Fall der Teilnichtigkeit enthält § 139 eine besondere Auslegungsregel.[48] Soweit sich nach den allgemeinen Regeln der Auslegung (s. §§ 133, 157) nichts anderes ergibt, ist hiernach davon auszugehen, dass die Nichtigkeit eines Teils des Rechtsgeschäfts nach dem **mutmaßlichen Parteiwillen** zur Nichtigkeit des ganzen Rechtsgeschäfts führen soll.[49]

22 **2. Grundsatz der wohlwollenden Auslegung, § 2084.** Die Auslegung von letztwilligen Verfügungen richtet sich primär nach § 133 (s. Rn 39, 74 ff). Ergänzend hierzu stellt § 2084 klar, dass bei mehreren möglichen Auslegungsergebnissen dasjenige zu bevorzugen ist, bei dem die Verfügung Erfolg haben würde (Grundsatz der wohlwollenden Auslegung). Diese Auslegungsregel beruht auf dem Gedanken, dass dem **Willen des Erblassers** nach Möglichkeit Rechnung zu tragen ist.[50] Sie gilt über § 2279 Abs. 1 auch für Erbverträge. Im Übrigen entspricht die Aufrechterhaltung des Geschäfts regelmäßig dem mutmaßlichen Parteiwillen (vgl Rn 57).

23 **3. Mehrdeutige Klauseln in AGB, § 305 c Abs. 2.** Für mehrdeutige Klauseln in AGB sieht § 305 c eine spezielle Auslegungsregel vor. Lässt sich der Inhalt einer Klausel durch Auslegung nicht klären, so ist diejenige Auslegungsmöglichkeit maßgeblich, die für den Verwender **ungünstiger** ist. Da § 305 c auf der besonderen Schutzbedürftigkeit der anderen Partei gegenüber formularmäßigen Vertragsklauseln beruht, lässt sich die Unklarheitenregel auf **Individualvereinbarungen** nicht übertragen.[51] Eine Ausnahme kommt nur in Betracht, wenn eine Partei aufgrund wirtschaftlicher Überlegenheit oder besonderer Sachkunde die Formulierung der Vereinbarungen übernommen hat.[52] Für **automatisierte Willenserklärungen** gilt § 305 c Abs. 2 analog (vgl Rn 89). Im Übrigen geht die Mehrdeutigkeit einer Erklärung aber nicht notwendig zulasten des Erklärenden.[53]

40 Vgl BGH NJW 1993, 3067, 3068; 2009, 1482, 1483.
41 So zutr. MüKo/*Busche*, § 133 Rn 21.
42 Vgl MüKo/*Busche*, § 133 Rn 22; zur Abgrenzung zwischen Auslegung und Geschäftsgrundlage eines Vergleichs BGH LM 779 Nr. 31 = MDR 1968, 225.
43 BGHZ 81, 135, 143; 90, 69, 74; *Larenz/Wolf*, BGB AT, § 38 Rn 52; Erman/*Armbrüster*, § 157 Rn 15; Soergel/*Wolf*, § 157 Rn 108; differenzierend MüKo/*Busche*, § 157 Rn 35.
44 Staudinger/*Roth*, § 157 Rn 10.
45 BAG NJW 2006, 2284, 2286; Erman/*Palm*, § 140 Rn 5; Jauernig/*Jauernig*, § 140 Rn 3.
46 BGHZ 19, 269, 272 f; Bamberger/Roth/*Wendtland*, § 133 Rn 18; Erman/*Palm*, § 140 Rn 7.
47 MüKo/*Busche*, § 140 Rn 2; Staudinger/*Roth*, § 157 Rn 6; aA Erman/*Palm*, § 140 Rn 7: § 140 als Spezialfall der ergänzenden Vertragsauslegung.
48 Zu § 139 als Auslegungsregel vgl BGHZ 85, 315, 318; Erman/*Palm*, § 139 Rn 1.
49 Zur Maßgeblichkeit des mutmaßlichen Parteiwillens im Rahmen des § 139 vgl HK-BGB/*Dörner*, § 139 Rn 1; MüKo/*Busche*, § 139 Rn 1.
50 Vgl MüKo/*Leipold*, § 2084 Rn 7.
51 MüKo/*Busche*, § 157 Rn 8; Staudinger/*Singer*, § 133 Rn 62; aA *Larenz/Wolf*, BGB AT, § 28 Rn 56.
52 Vgl OLG Frankfurt OLGZ 1973, 230, 232; Soergel/*Wolf*, § 157 Rn 59.
53 So schon Motive I, S. 155 = *Mugdan* I, S. 437; vgl auch Jauernig/*Jauernig*, § 133 Rn 11.

B. Erläuternde Auslegung

I. Gegenstand, Ziel und Grenzen der Auslegung

Gegenstand der Auslegung ist die infrage stehende **Willenserklärung**. Die Auslegung hat das Ziel, den rechtlich maßgeblichen Inhalt dieser Erklärung zu ermitteln.[54] Dabei muss im Konfliktfall ein angemessener Ausgleich zwischen den Interessen des Erklärenden und des Erklärungsempfängers hergestellt werden (s. Rn 41 ff).[55] Bestehen Zweifel, ob überhaupt eine Willenserklärung vorliegt, so ist auch diese Frage durch Auslegung zu klären. 24

Der **wirkliche (innere) Wille** des Erklärenden ist als solcher kein Gegenstand der Auslegung.[56] Er kann aber ein wichtiges Mittel sein, um den rechtlich maßgeblichen Inhalt der Erklärung zu bestimmen. 25

Bei der Auslegung müssen auch die **Begleitumstände** (zB sonstiges Verhalten der Parteien, Inhalt der Vorverhandlungen) berücksichtigt werden, unter denen die Erklärung abgegeben worden ist (vgl Rn 31). Die Begleitumstände sind zwar ebenfalls kein Gegenstand der Auslegung, können aber einen Schluss auf den Inhalt der Erklärung zulassen.[57] 26

Nach einer in Rechtsprechung und Literatur verbreiteten Auffassung besteht für die Auslegung kein Raum, wenn die Willenserklärung **eindeutig** ist.[58] Hier fehle es an der **Auslegungsbedürftigkeit**. Dies ist indes missverständlich. Ob der Sinn einer Willenserklärung eindeutig ist, kann nur durch Auslegung festgestellt werden.[59] Nach der Wertung des § 133 darf dabei nicht allein auf den klaren Wortlaut der Erklärung verwiesen werden.[60] Vielmehr sind auch außerhalb der Erklärung liegende Umstände zu beachten.[61] 27

In Rechtsprechung und Literatur ist anerkannt, dass die Auslegung in Ausnahmefällen an dem absolut widerspruchsvollen oder widersinnigen Inhalt der Willenserklärung oder des Vertrags scheitern kann.[62] Dabei wird teilweise davon gesprochen, dass solchen Willenserklärungen oder Verträgen die **Auslegungsfähigkeit** fehlt.[63] Dies darf jedoch nicht zu der Annahme verleiten, bei widerspruchsvollen oder widersinnigen Erklärungen müsse auf jede Auslegung verzichtet werden. Der Rechtsanwender hat sich vielmehr primär darum zu bemühen, die Erklärung so auszulegen, dass die Widersprüche entfallen und das Geschäft einen Sinngehalt erhält, der den Interessen aller Beteiligten gerecht wird.[64] Dabei darf er sich wiederum nicht allein am Wortlaut der Erklärung orientieren, sondern muss auch den Willen der Beteiligten und die weiteren Begleitumstände berücksichtigen.[65] Lässt sich der Inhalt der Erklärung trotz aller Bemühungen nicht feststellen, kann die Erklärung keine Rechtsfolgen nach sich ziehen.[66] 28

II. Die gesetzlichen Auslegungskriterien

Die §§ 133, 157 nennen **vier Kriterien**, die bei der Auslegung von Willenserklärungen und Verträgen zu beachten sind: den Wortlaut der Erklärung, den Willen des Erklärenden, den Grundsatz von Treu und Glauben sowie die Verkehrssitte. Die Aufzählung ist **nicht abschließend**.[67] Denn schon der historische Gesetzgeber war sich bewusst, dass eine Aufzählung aller möglicherweise relevanten Aspekte im Gesetz ausgeschlossen ist.[68] 29

1. Der Wortlaut der Erklärung. Ausgangspunkt der Auslegung ist bei sprachlich verlautbarten Erklärungen der Wortlaut (näher dazu Rn 68 ff).[69] § 133 stellt jedoch klar, dass man nicht am **buchstäblichen Sinn des** 30

54 RGRK/*Krüger-Nieland/Zöller*, § 133 Rn 2.
55 Zur Problemstellung Staudinger/*Singer*, § 133 Rn 2.
56 Soergel/*Hefermehl*, § 133 Rn 1; *Larenz/Wolf*, BGB AT, § 28 Rn 21.
57 BGH NJW-RR 2000, 1002, 1003; NJW 2002, 1260, 1261; NJW 2002, 2872, 2873; Jauernig/*Jauernig*, § 133 Rn 3; RGRK/*Krüger-Nieland/Zöller*, § 133 Rn 17; aA MüKo/*Busche*, § 133 Rn 48; Soergel/*Hefermehl*, § 133 Rn 9: Gesamtverhalten und Umstände als Teil des Auslegungsgegenstands.
58 Vgl RGZ 158, 119, 124; BGHZ 25, 318, 319; 32, 60, 63; BGH NJW 1996, 2648, 2650; 2007, 1460; Palandt/*Ellenberger*, § 133 Rn 6; *Hübner*, BGB AT, Rn 744; krit. zu dieser aus dem gemeinen Recht übernommenen Regel schon Motive I, S. 155 = *Mugdan* I, S. 438.
59 Bamberger/Roth/*Wendtland*, § 133 Rn 22; MüKo/*Busche*, § 133 Rn 50; PWW/*Ahrens*, § 133 Rn 14.
60 Missverständlich daher BGH NJW 1996, 2648, 2650: „Auslegung setzt erst ein, wenn der Wortlaut einer Erklärung zu Zweifeln überhaupt Anlass gibt".
61 So zutr. BGH NJW 2002, 1260, 1261; Soergel/*Hefermehl*, § 133 Rn 27.
62 BGHZ 20, 109, 110 f; MüKo/*Busche*, § 133 Rn 49.
63 Palandt/*Ellenberger*, § 133 Rn 6 a; RGRK/*Krüger-Nieland/Zöller*, § 133 Rn 5; vgl dazu HKK/*Vogenauer*, §§ 133, 157 Rn 119.
64 Zum Grundsatz der interessengerechten Auslegung s. unten Rn 55 ff.
65 BGHZ 20, 109, 110 f; MüKo/*Busche*, § 133 Rn 49.
66 Bamberger/Roth/*Wendtland*, § 157 Rn 25; Erman/*Palm*, § 133 Rn 12.
67 HKK/*Vogenauer*, §§ 133, 157 Rn 45.
68 Motive I, S. 155 = *Mugdan* I, S. 437.
69 BGHZ 124, 39, 45 = NJW 1994, 188; BGH NJW 1998, 2966; NJW-RR 2000, 1002, 1003; NJW-RR 2006, 1139, 1141; MüKo/*Busche*, § 133 Rn 56; PWW/*Ahrens*, § 133 Rn 31.

Ausdrucks haften darf, sondern den **wirklichen Willen** des Erklärenden zu erforschen hat. Bei Willenserklärungen bildet somit selbst ein klarer und eindeutiger Wortlaut somit keine Grenze der Auslegung.[70]

31 **a) Berücksichtigung der Begleitumstände.** Der Wortlaut ist nicht das einzige Mittel der Auslegung. Vielmehr sind auch die außerhalb der Erklärung liegenden **Begleitumstände** zu berücksichtigen, soweit sie einen Rückschluss auf den Inhalt der Erklärung ermöglichen.[71] Maßgeblich sind die Umstände bei **Abgabe der Willenserklärung**. Spätere Entwicklungen sind nur zu berücksichtigen, soweit sie einen Rückschluss auf den wirklichen oder mutmaßlichen Willen des Erklärenden (Rn 34 ff) oder die Verständnismöglichkeiten des Empfängers (Rn 41 ff) in diesem Zeitpunkt zulassen.[72]

32 **b) Konkludentes Verhalten und Schweigen.** Willenserklärungen müssen nicht notwendig sprachlich verlautbart werden. Sie können sich vielmehr auch aus **konkludentem Verhalten** oder – in Ausnahmefällen – aus bloßem **Schweigen**[73] ergeben. In diesen Fällen hilft die Anknüpfung an den **Wortlaut** naturgemäß nicht weiter. Man muss daher aus den **Begleitumständen** ermitteln, ob dem Verhalten bzw dem Schweigen überhaupt ein rechtsgeschäftlicher Erklärungswert zukommt und welchen Inhalt eine solche Erklärung gegebenenfalls hat (s. dazu § 116 Rn 12 f). Dabei haben der Grundsatz von **Treu und Glauben** und die **Verkehrssitte** große Bedeutung.

33 **c) Widerspruch von tatsächlichem Verhalten und verbaler Verlautbarung.** Hat das tatsächliche Verhalten einen eindeutigen Erklärungswert, so ist dieser auch dann maßgeblich, wenn der Erklärende sich verbal ausdrücklich gegen eine entsprechende Deutung seines Verhaltens verwahrt hat. Nach dem Grundsatz von Treu und Glauben ist die verbale Verwahrung in einem solchen Fall unbeachtlich (**protestatio facto contraria non valet**).[74] Eindeutig ist dies in dem Fall, dass der verbale Protest dem tatsächlichen Verhalten zeitlich nachfolgt. Ist die konkludente Erklärung einmal wirksam geworden, so kann sie durch einen **nachträglichen** Verbalprotest nicht mehr infrage gestellt werden (vgl § 130 Abs. 1 S. 2).[75] Nach hM ist auch eine **vorausgehende** oder **gleichzeitige protestatio** irrelevant. Dies lässt sich in vielen Fällen schon damit rechtfertigen, dass das tatsächliche Verhalten einen stärkeren Erklärungswert als ein bloßer Verbalprotest hat.[76] Zumindest ist der Betreffende wegen des Verbots widersprüchlichen Verhaltens gehindert, sich auf die verbale Verwahrung zu berufen.[77] Da das tatsächliche Verhalten im Allgemeinen vom Willen des Erklärenden getragen wird, verstößt die Außerachtlassung des verbalen Protests auch nicht gegen den Grundsatz der Privatautonomie.[78] Fehlt es bei dem tatsächlichen Verhalten an einem Erklärungsbewusstsein, kommt aber eine Anfechtung nach § 119 Abs. 1 Alt. 1 in Betracht.[79]

34 **2. Der wirkliche Wille des Erklärenden. a) Der wirkliche Wille als innere Tatsache.** Als zentrales Auslegungskriterium nennt § 133 den **wirklichen Willen** des Erklärenden. Dies entspricht der Funktion der Willenserklärung, dem Erklärenden eine eigenverantwortliche (privatautonome) Gestaltung seiner rechtlichen Verhältnisse zu ermöglichen.[80]

35 Mit dem wirklichen Willen bezieht § 133 sich nicht auf eine normative Gegebenheit, sondern auf eine **psychische Tatsache**. Als innere Tatsache ist der wirkliche Wille keiner unmittelbaren Feststellung zugänglich.[81] Er muss daher anhand des Wortlauts und der Umstände der Erklärung ermittelt werden. In der Literatur wird dies teilweise als **natürliche** oder **empirische Auslegung** bezeichnet.[82]

36 Soweit der wirkliche Wille des Erklärenden nach den gegebenen Indizien nicht feststellbar ist, muss auf den **mutmaßlichen Willen** abgestellt werden.[83] Auslegungsmittel sind auch hier der Wortlaut der Erklärung und

70 BGHZ 86, 41, 47 = NJW 1983, 672; BGH NJW 2002, 1260, 1261; Soergel/*Hefermehl*, § 133 Rn 27; PWW/*Ahrens*, § 133 Rn 34; einschr. RGRK/*Krüger-Nieland/Zöller*, § 133 Rn 19.

71 BGH NJW-RR 2000, 1002, 1003; NJW 2002, 2872, 2873; *Larenz/Wolf*, BGB AT, § 28 Rn 39 ff.

72 Vgl BGH NJW-RR 1998, 259; NJW-RR 2007, 529 f; VersR 2009, 1098, 1099; Bamberger/Roth/*Wendtland*, § 133 Rn 25; Palandt/*Ellenberger*, § 133 Rn 17; HKK/*Vogenauer*, §§ 133, 157 Rn 53; PWW/*Ahrens*, § 133 Rn 36.

73 Zum Schweigen als Willenserklärung *Brox/Walker*, BGB AT, Rn 195 ff.

74 Vgl BGHZ 95, 395, 399; BGH NJW 1965, 387, 388; NJW 2000, 3429, 3431; MüKo/*Busche*, § 133 Rn 53; Soergel/*Wolf*, § 157 Rn 51; krit. Staudinger/*Singer*, § 133 Rn 59.

75 MüKo/*Kramer*, vor § 116 Rn 40; *Hübner*, BGB AT, Rn 1015.

76 Vgl MüKo/*Busche*, § 133 Rn 53.

77 So Staudinger/*Olzen*, § 241 Rn 102 f; *Larenz/Wolf*, BGB AT, § 30 Rn 26; ähnlich *Medicus/Petersen*, Bürgerliches Recht, Rn 191.

78 Vgl Soergel/*Wolf*, § 157 Rn 51; nach *Medicus/Petersen*, Bürgerliches Recht, Rn 191 handelt es sich um eine zulässige Einschränkung der Privatautonomie.

79 Vgl BGHZ 91, 324, 327; *Larenz/Wolf*, BGB AT, § 36 Rn 25.

80 Vgl BGH NJW 1984, 721; Erman/*Palm*, § 133 Rn 1; *Flume*, BGB AT, Bd. 2, § 16, 3 b; *Brox/Walker*, BGB AT, Rn 126, 130 ff, 135; *Looschelders/Roth*, Methodik, S. 60.

81 Vgl MüKo/*Busche*, § 133 Rn 9.

82 So Erman/*Palm*, § 133 Rn 14; PWW/*Ahrens*, § 133 Rn 16; Staudinger/*Singer*, § 133 Rn 12; *Brox/Walker*, BGB AT, Rn 130.

83 BGHZ 86, 41, 45; HK-BGB/*Dörner*, § 133 Rn 7.

die Begleitumstände. Dabei kommen dem Grundsatz von **Treu und Glauben** (Rn 52 ff) und der **Verkehrssitte** (Rn 59 ff) große Bedeutung zu.

Bei der Ermittlung des **Inhalts von Verträgen** kann nicht allein auf den Willen einer Partei abgestellt werden. Nach dem Grundgedanken der Vertragsfreiheit sollen die Parteien die Möglichkeit haben, ihre rechtlichen Verhältnisse gemeinschaftlich (einvernehmlich) nach ihrem Willen zu gestalten. Bei der Auslegung muss daher auf den **übereinstimmenden Willen** der Parteien abgestellt werden.[84] Lässt sich ein übereinstimmender Wille feststellen, so geht dieser allen anderen Auslegungsmöglichkeiten vor (vgl Rn 46). 37

b) Nicht empfangsbedürftige Willenserklärungen. Die Anknüpfung an den wirklichen oder mutmaßlichen Willen trägt allein den Interessen des Erklärenden Rechnung. Bei nicht empfangsbedürftigen Erklärungen ist dies sachgemäß, weil hier die **Interessen anderer nicht betroffen** oder zumindest **nicht schutzwürdig** sind. 38

Praktisch wichtigstes Beispiel für eine nicht empfangsbedürftige Willenserklärung ist das **Testament**. Hier ist zu Recht anerkannt, dass man sich bei der Auslegung allein am wirklichen oder mutmaßlichen Willen des Erblassers zu orientieren hat.[85] Zur Ermittlung des Erblasserwillens können alle Begleitumstände der Erklärung herangezogen werden, auch wenn sie für andere nicht erkennbar waren.[86] Ob der Wille des Erblassers durch den Wortlaut des Testaments gestützt wird, ist für die Auslegung unerheblich.[87] Eine andere Frage ist, ob das Testament mit dem durch Auslegung ermittelten Inhalt formgültig ist (vgl Rn 75). 39

Besonderheiten gelten bei der **Auslobung**. Diese besteht zwar aus einer einseitigen, nicht empfangsbedürftigen Willenserklärung.[88] Da die Auslobung andere Personen zur Vornahme einer Handlung veranlassen soll, kann hier jedoch nicht allein auf die Interessen des Erklärenden abgestellt werden. Aus Gründen des Vertrauensschutzes muss vielmehr von den Verständnismöglichkeiten eines durchschnittlichen Angehörigen des durch die Auslobung angesprochenen Adressatenkreises ausgegangen werden (vgl Rn 51).[89] 40

c) Empfangsbedürftige Willenserklärungen. aa) Maßgeblichkeit des Empfängerhorizonts. Bei empfangsbedürftigen Willenserklärungen widerspräche es dem Grundsatz von Treu und Glauben, die Auslegung allein auf den wirklichen Willen des Erklärenden auszurichten. Das Ziel eines gerechten **Interessenausgleichs** und der Grundsatz des **Vertrauensschutzes** (s. Rn 53 ff) gebieten vielmehr, die Interessen des Erklärungsempfängers in angemessener Weise zu berücksichtigen. Soweit dieser den wirklichen Willen des Erklärenden weder kennt noch erkennen kann, muss er sich auf den **objektiven Gehalt der Erklärung** verlassen können.[90] Der objektive Erklärungsgehalt bestimmt sich nach dem **Empfängerhorizont**. Entscheidend ist, wie der Empfänger die Erklärung nach Treu und Glauben mit Rücksicht auf die Verkehrssitte (s. § 157) verstehen durfte.[91] Die Auslegung folgt damit keinem tatsächlichen, sondern einem rechtlichen Maßstab.[92] Man spricht deshalb von **normativer Auslegung**.[93] 41

Dass der wirkliche (innere) Wille des Erklärenden bei empfangsbedürftigen Willenserklärungen nicht allein maßgeblich sein kann, wird durch die Regelungen über die **Irrtumsanfechtung** (s. §§ 119 ff) bestätigt. Käme es nur auf den wirklichen Willen an, so wäre ein Irrtum als Abweichung von Wille und Erklärung von vornherein ausgeschlossen.[94] Einen weiteren wichtigen Anknüpfungspunkt für die Maßgeblichkeit des Empfängerhorizonts enthält § 116. Bei empfangsbedürftigen Willenserklärungen ist der innere Wille im Fall eines **geheimen Vorbehalts** hiernach nur dann relevant, wenn der Empfänger den Vorbehalt kennt. 42

Gegenüber dem Erklärenden wird die Abweichung vom wirklichen Willen dadurch legitimiert, dass er für die objektive Bedeutung seiner Erklärung **verantwortlich** ist.[95] Problematisch ist daher der Fall, dass die Dis- 43

84 Vgl BGHZ 20, 109, 110; 71, 75, 77 f; BGH NJW 1996, 1678, 1679; WM 2009, 1755, 1757; MüKo/*Busche*, § 133 Rn 14; Soergel/*Wolf*, § 157 Rn 29; Palandt/*Ellenberger*, § 133 Rn 8.

85 BGHZ 80, 242, 249; 86, 41, 45; BGH ZEV 2009, 459, 461; Palandt/*Ellenberger*, § 133 Rn 13; Soergel/*Hefermehl*, § 133 Rn 11; *Wieacker*, JZ 1967, 385, 389; *Pawlowski*, BGB AT, Rn 432, 440.

86 BGH ZEV 2009, 459, 461; Bamberger/Roth/*Wendtland*, § 133 Rn 31.

87 Vgl Erman/*Palm*, § 133 Rn 15; PWW/*Ahrens*, § 133 Rn 18; *Brox/Walker*, BGB AT, Rn 131.

88 Bamberger/Roth/*Kotzian-Marggraf*, § 657 Rn 7; *Looschelders*, Schuldrecht BT, 5. Aufl. 2010, Rn 782.

89 Bamberger/Roth/*Wendtland*, § 133 Rn 31; Palandt/*Ellenberger*, § 133 Rn 12; PWW/*Ahrens*, § 133 Rn 19; Staudinger/*Singer*, § 133 Rn 17; *Köhler*, BGB AT, § 9 Rn 6.

90 Zur Maßgeblichkeit des objektiven Erklärungsgehalts (-werts) bei empfangsbedürftigen Willenserklärungen Erman/*Palm*, § 133 Rn 19; MüKo/*Busche*, § 133 Rn 28.

91 BGHZ 47, 75, 78; 103, 275, 280; NJW 2006, 3777, 3778; NJW-RR 2007, 976; NJW 2009, 2443; Erman/*Palm*, § 133 Rn 19; Palandt/*Ellenberger*, § 133 Rn 9; Soergel/*Hefermehl*, § 133 Rn 14; *Larenz/Wolf*, BGB AT, § 28 Rn 6, 10, 45; aA noch Motive I, S. 155 = *Mugdan* I, S. 437 f.

92 *Larenz/Wolf*, BGB AT, § 28 Rn 16.

93 Erman/*Palm*, § 133 Rn 19; PWW/*Ahrens*, § 133 Rn 22; *Brox/Walker*, BGB AT, Rn 135.

94 Grundlegend *Larenz*, Auslegung, S. 6; vgl auch *Brox/Walker*, BGB AT, Rn 136; *Trupp*, NJW 1990, 1346 ff; einschr. gegenüber dem Irrtumsargument MüKo/*Busche*, § 133 Rn 13.

95 Vgl *Larenz*, Auslegung, S. 76; MüKo/*Busche*, § 133 Rn 13; *Brox/Walker*, BGB AT, Rn 136; *Larenz/Wolf*, BGB AT, § 28 Rn 14.

krepanz von wirklichem Willen und objektivem Erklärungsgehalt auf Gründen beruht, die der Erklärende nicht in Betracht ziehen konnte. Dieses Problem kann auftreten, wenn der Erklärungsempfänger bei der Auslegung Umstände berücksichtigt hat und berücksichtigen durfte, die für den Erklärenden **nicht erkennbar** waren.[96]

44 In solchen Fällen ist zunächst zu prüfen, ob die objektive Bedeutung dem Erklärenden ohne Rücksicht auf die Erkennbarkeit **zurechenbar** ist, weil die infrage stehenden Umstände in seinem Risikobereich liegen.[97] Diese Voraussetzung trifft auf das viel diskutierte Schulbeispiel zu, dass ein Gast seine Bestellung aufgrund einer veralteten Speisekarte abgibt, die ein Dritter in der Gastwirtschaft zurückgelassen hat. Der Vertrag kommt auch dann zu den in der Speisekarte ausgewiesenen (niedrigeren) Preisen zustande, wenn der Austausch der Speisekarte für den Wirt nicht erkennbar war. Entscheidend ist, dass der Wirt das Risiko für die ausliegenden Speisekarten trägt.[98] Ist die Zurechenbarkeit **zu verneinen**, kann die Willenserklärung **keine Rechtswirkungen** entfalten, weil sie für den Erklärenden einen anderen Inhalt als für den Empfänger hat.[99] In der Praxis kommt dieser Konstellation freilich keine große Bedeutung zu.[100] Denn die für das Auseinanderfallen der Verständnishorizonte maßgeblichen Gründe werden meistens in den Risikobereich eines Beteiligten fallen.

45 **bb) Bedeutung des wirklichen Willens des Erklärenden.** Auch bei empfangsbedürftigen Willenserklärungen ist § 133 keineswegs obsolet.[101] Aus Gründen der Verhältnismäßigkeit geht der Verständnishorizont des Empfängers dem wirklichen Willen des Erklärenden vielmehr nur insoweit vor, wie dies zum Schutz des Empfängers **erforderlich** und **angemessen** ist. Folgende Fälle sind zu unterscheiden.

46 Haben beide Beteiligten der Erklärung den gleichen Inhalt beigemessen, so gilt die Erklärung mit diesem Inhalt, auch wenn sie aus Sicht eines objektiven Dritten einen anderen Inhalt hätte. Denn es gibt keinen sachlichen Grund, den **übereinstimmenden Willen** beider Parteien gegenüber den Verständnismöglichkeiten eines unbeteiligten Dritten zurücktreten zu lassen. Der übereinstimmende Wille der Beteiligten setzt sich deshalb auch dann durch, wenn der **Wortlaut** der Erklärung aufgrund einer bewussten oder unbewussten Falschbezeichnung eindeutig in eine andere Richtung weist (**falsa demonstratio non nocet**).[102]

47 Hat der Empfänger den **wirklichen Willen** des Erklärenden **gekannt**, so kann er sich nicht darauf berufen, dass die Erklärung bei objektiver Betrachtung einen anderen Inhalt hat.[103] Dies gilt auch dann, wenn der Empfänger den wirklichen Willen des Erklärenden nicht geteilt hat.[104] Denn der Empfänger ist auch in diesem Fall **nicht schutzwürdig**.

48 In den übrigen Fällen hat sich der Empfänger nach Treu und Glauben im Rahmen seiner Erkenntnismöglichkeiten darum zu **bemühen**, den **wirklichen Willen** des Erklärenden **zu ermitteln**.[105] Welche **Sorgfaltsanforderungen** an den Empfänger zu stellen sind, lässt sich nicht abstrakt-generell umschreiben, sondern hängt von einer Interessenabwägung im Einzelfall ab. Dabei ist in einem ersten Schritt festzustellen, welche Umstände dem Empfänger bekannt waren und welche Maßnahmen **erforderlich** gewesen wären, um die ihm unbekannten (relevanten) Umstände zu ermitteln. In einem zweiten Schritt muss geprüft werden, ob die erforderlichen Kenntnisverschaffungsmaßnahmen dem Empfänger **zumutbar** waren. Ist der Wortlaut der Erklärung eindeutig, so darf der Empfänger sich damit grundsätzlich zufrieden geben, sofern er keine Anhaltspunkte für einen abweichenden Willen des Erklärenden hat. Ansonsten muss der Empfänger uU weitere Nachforschungen anstellen. Dabei kann auch eine Nachfrage beim Erklärenden zumutbar sein.[106]

49 Die Einhaltung der für das richtige Verständnis erforderlichen und zumutbaren Sorgfalt ist keine echte Rechtspflicht, sondern eine bloße **Obliegenheit**. Die Verletzung dieser Sorgfalt löst also grundsätzlich keine Schadensersatzpflicht aus. Der Empfänger muss die Erklärung aber so gegen sich gelten lassen, wie sie dem wirklichen Willen des Erklärenden entspricht.

50 **cc) Konkretisierung des Empfängerhorizonts.** Ist die Erklärung an einen bestimmten Empfänger gerichtet, so sind dessen individuelle Verständnismöglichkeiten bei Wirksamwerden der Erklärung zugrunde zu

96 Zur Problemstellung *Larenz*, Methode, S. 70 ff; ferner *Flume*, BGB AT, Bd. 2, § 16, 3 c; *Larenz/Wolf*, BGB AT, § 28 Rn 17 f; *Medicus*, BGB AT, Rn 324 ff; gegen eine Berücksichtigung des Verständnishorizonts des Erklärenden *Wieser*, AcP 184 (1984), 40 ff.
97 Vgl *Medicus*, BGB AT, Rn 325 f.
98 Zu diesem Beispiel Staudinger/*Singer*, § 133 Rn 20 ff; *Larenz/Wolf*, BGB AT, § 28 Rn 58.
99 Für Unwirksamkeit der Erklärung *Lüderitz*, Auslegung, S. 305; *Stathopoulos*, in: FS Larenz 1973, S. 366, 369; für Dissens *Larenz*, BGB AT, 7. Aufl. 1989, § 19 IIa aE.
100 Vgl *Flume*, BGB AT, Bd. 2, § 16, 3 c; *Medicus*, BGB AT, Rn 326.
101 So auch MüKo/*Busche*, § 133 Rn 12 ff; HKK/*Vogenauer*, §§ 133, 157 Rn 57.
102 Vgl BGHZ 20, 109, 110; 71, 75, 77; BGH NJW-RR 1996, 1458; BGH NJW 2008, 1658; Bamberger/Roth/*Wendtland*, § 133 Rn 27; Palandt/*Ellenberger*, § 133 Rn 8.
103 BGH NJW 1984, 721; Palandt/*Ellenberger*, § 133 Rn 8; Soergel/*Hefermehl*, § 133 Rn 13.
104 BGH NJW 2002, 1038, 1039; Staudinger/*Singer*, § 133 Rn 12; aA *Larenz/Wolf*, BGB AT, § 28 Rn 31.
105 BAG NJW 2006, 2284, 2286; Bamberger/Roth/*Wendtland*, § 133 Rn 27; PWW/*Ahrens*, § 133 Rn 23; MüKo/*Busche*, § 133 Rn 28; *Larenz/Wolf*, BGB AT, § 28 Rn 6, 16.
106 Vgl Erman/*Palm*, § 133 Rn 18.

legen.[107] Etwaiges **Sonderwissen** ist zu berücksichtigen. Aus Gründen des Vertrauensschutzes müssen **individuelle Defizite** des Empfängers dagegen außer Betracht bleiben, sofern sie dem Erklärenden bei Wirksamwerden der Erklärung weder bekannt noch erkennbar waren.[108]

Ist die Erklärung an eine **unbestimmte Vielzahl** von Personen gerichtet, so sind die Verständnismöglichkeiten eines durchschnittlichen Angehörigen des Adressatenkreises maßgeblich. Das Gleiche gilt für **AGB**, Formularverträge und typische Klauseln (dazu Rn 87 f) Bei **Wechselerklärungen** und **Inhaberschuldverschreibungen** sind außerhalb der Urkunde liegende Umstände nur dann erheblich, wenn sie allgemeinkundig oder für außenstehende Dritte erkennbar sind.[109] Die Erkennbarkeit für außenstehende Dritte ist auch für die Auslegung des körperschaftlichen Teils von **Gesellschaftsverträgen** und **Satzungen der Kapitalgesellschaften** oder **Vereine** maßgeblich. Dies gilt jedenfalls dann, wenn seit dem Abschluss des Gesellschaftsvertrages oder der Errichtung der Satzung neue Mitglieder hinzugekommen sind oder ein Mitgliederwechsel stattgefunden hat (Rn 97 f). 51

3. Treu und Glauben. Als weiteres Auslegungskriterium nennt § 157 Treu und Glauben. Es handelt sich um eine sog. **Paarformel**, bei der beide Begriffe weitgehend synonym sind.[110] Im Verhältnis zur **Verkehrssitte** handelt es sich um das vorrangige Kriterium.[111] Dies ergibt sich aus der Formulierung „mit Rücksicht auf die Verkehrssitte".[112] Eine im Widerspruch zu Treu und Glauben stehende Verkehrssitte kann daher bei der Auslegung nicht herangezogen werden (s. Rn 57). Auf der anderen Seite hat die Verkehrssitte Einfluss auf den Inhalt von Treu und Glauben. In welchem Sinne der Empfänger den Erklärenden nach Treu und Glauben verstehen darf, kann oft nur „mit Rücksicht auf die Verkehrssitte" festgestellt werden. 52

a) Das Ziel eines gerechten Interessenausgleichs. Ebenso wie bei § 242 hat der Grundsatz von Treu und Glauben auch bei § 157 keinen fest umrissenen Inhalt, sondern gibt nur eine allgemeine Zielrichtung vor: nämlich die Gewährleistung eines gerechten Interessenausgleichs im Einzelfall.[113] Der Sache nach geht es insbesondere um die **Rücksichtnahme** auf die Interessen anderer, den **Schutz berechtigten Vertrauens** und die Wahrung der **Redlichkeit im Geschäftsverkehr**.[114] Diese Zielvorgaben haben für die Auslegung von Willenserklärungen und Verträgen nach §§ 133, 157 aber nicht die gleichen Konsequenzen wie für die Konkretisierung und Ergänzung des Pflichtenprogramms der Parteien und die Begrenzung der Rechtsausübung nach § 242.[115] Denn aufgrund des Zusammenspiels mit § 133 kommt dem **Parteiwillen** im Rahmen des § 157 eine wesentlich größere Bedeutung als bei § 242 zu (vgl Rn 34 ff). 53

Der Gedanke eines **gerechten Interessenausgleichs** erfordert, dass man bei der Definition des Auslegungsmaßstabs nicht einseitig auf die Sichtweise einer Partei – etwa des Erklärenden – abstellt, sondern die Interessen beider Parteien berücksichtigt.[116] Diese Vorgabe wird durch die **Lehre vom Empfängerhorizont** (Rn 41 ff) verwirklicht.[117] Denn sie schützt das Interesse des Erklärenden an der Verwirklichung seines wirklichen Willens nur insoweit, wie es mit dem berechtigten Vertrauen des Erklärungsempfängers auf die Geltung des objektiven Erklärungsgehalts vereinbar ist. Sie verpflichtet darüber hinaus aber auch den Empfänger, durch sorgfältige Erforschung des wirklichen Willens des Erklärenden auf dessen Interessen Rücksicht zu nehmen. Letztlich ist auch das **Verbot der buchstabenverhafteten Interpretation** in § 133 (Rn 30) ein Ausfluss von Treu und Glauben. Denn der Empfänger verhielte sich treuwidrig, wenn er an der wörtlichen Bedeutung der Erklärung festhalten wollte, obwohl er den wirklichen Willen des Erklärenden erkannt hat oder erkennen konnte. 54

b) Grundsatz der beiderseits interessengerechten Auslegung. Der Grundsatz von Treu und Glauben gebietet weiter, Verträge möglichst so auszulegen, dass sie einen widerspruchsfreien und vernünftigen Inhalt haben, der den **berechtigten Interessen beider Parteien** gerecht wird.[118] Der Richter darf diese Auslegungsmaxime allerdings nicht heranziehen, um dem Vertrag einen Inhalt beizulegen, den er selbst für interessen- 55

107 MüKo/*Busche*, § 133 Rn 12; Soergel/*Hefermehl*, § 133 Rn 26.
108 Vgl Staudinger/*Dilcher*, 12. Aufl., §§ 133, 157 Rn 30.
109 BGHZ 64, 11, 14; vgl auch BGHZ 28, 259, 263 ff; Bamberger/Roth/*Wendtland*, § 133 Rn 28; MüKo/*Busche*, § 133 Rn 34; *Larenz/Wolf*, BGB AT, § 28 Rn 81 ff.
110 Vgl HKK/*Vogenauer*, §§ 133, 157 Rn 70; Staudinger/*Looschelders/Olzen*, § 242 Rn 141.
111 MüKo/*Busche*, § 157 Rn 17; Soergel/*Wolf*, § 157 Rn 54.
112 Vgl Staudinger/*Looschelders/Olzen*, § 242 Rn 168 (zur parallelen Problematik bei § 242).
113 Vgl MüKo/*Busche*, § 157 Rn 7.
114 Vgl *Looschelders*, Schuldrecht AT, 8. Aufl. 2010, Rn 66.
115 Vgl MüKo/*Busche*, § 157 Rn 4 ff; Soergel/*Wolf*, § 157 Rn 26.
116 Soergel/*Wolf*, § 157 Rn 56.
117 So auch MüKo/*Busche*, § 157 Rn 9; Soergel/*Wolf*, § 157 Rn 56; Staudinger/*Singer*, § 133 Rn 18 f.
118 Vgl BGHZ 115, 1, 5 = NJW 1991, 2488; 131, 136, 138 = NJW 1996, 248; 143, 146, 148; 146, 280, 284 = NJW 2001, 1928; BGHZ 152, 153, 156 = NJW 2003, 819; BGH NJW-RR 2002, 852; 2003, 227, 228; 2003, 1136; 2007, 1309, 1310; NJW 2009, 1810, 1812; 2009, 2443, 2446; NZM 2009, 741, 743; Palandt/*Ellenberger*, § 133 Rn 18, 26; Soergel/*Wolf*, § 157 Rn 35, 60; krit. MüKo/*Busche*, § 133 Rn 60; HKK/*Vogenauer*, §§ 133, 157 Rn 73.

gerecht hält.[119] Ausgangspunkt müssen vielmehr die Interessen- und Risikowertungen der Parteien sein. Haben die Parteien ein bestimmtes Kriterium in den Vordergrund gestellt, so darf die ungleiche Gewichtung nicht durch interessengerechte Auslegung überspielt werden. Davon abgesehen ist die interessengerechte Auslegung für sich genommen im Allgemeinen auch nicht geeignet, eine Auslegung gegen den Wortlaut der Vereinbarung zu rechtfertigen.[120]

56 Welche Auslegung interessengerecht ist, hängt von einer umfassenden Abwägung der Parteiinteressen ab.[121] Den Maßstab der Abwägung bilden in erster Linie die **Wertungen der Parteien**, soweit sie in der Vereinbarung zum Ausdruck gekommen sind. Führt dies zu keinem eindeutigen Ergebnis, ist auf die **Wertungen** abzustellen, die in der **gesamten Rechtsordnung** verankert sind.[122] Dabei kommt den **Grundrechten** besonders große Bedeutung zu.[123] Im Unterschied zum Gesetzgeber (Art. 1 Abs. 3 GG) sind die Parteien zwar nicht an die Grundrechte gebunden. Mangels gegenteiliger Anhaltspunkte kann aber davon ausgegangen werden, dass sie dem Vertrag einen Inhalt geben wollten, der mit der Wertordnung des Grundgesetzes in Einklang steht. So wird man einem Arbeitgeber im Zweifel nicht unterstellen dürfen, er wolle seine weiblichen Arbeitnehmer diskriminieren.

57 Sind mehrere Auslegungsmöglichkeiten gleichwertig, so ist die Alternative maßgeblich, nach welcher der Inhalt des Vertrages mit dem **Gesetz** und den **guten Sitten** vereinbar ist (rechts- und sittenkonforme Auslegung).[124] Denn die Nichtigkeit des Geschäfts nach §§ 134, 138 widerspricht jedenfalls den Interessen vernünftiger Parteien.[125] Für letztwillige Verfügungen und Erbverträge ist diese Auslegungsmaxime in §§ 2084, 2279 (Rn 22) ausdrücklich geregelt.

58 **c) Grundsatz der engen Auslegung einseitig belastender Vereinbarungen.** Dem Gedanken eines gerechten Interessenausgleichs entspricht es, Vereinbarungen, welche **wesentliche Rechte einer Partei einschränken** (zB Haftungsbeschränkungen, Gewährleistungsausschlüsse, Verzichtserklärungen), im Zweifel **eng auszulegen**.[126] Wichtigster Anwendungsbereich dieser Regel waren früher **formularmäßige** Haftungsbeschränkungen.[127] Hier greifen heute jedoch die Unklarheitenregel des § 305 c Abs. 2 sowie die Inhaltskontrolle nach §§ 307 ff ein. Vor diesem Hintergrund wird die Auffassung vertreten, die Rechtsprechung zur engen Auslegung von Haftungsbeschränkungen sei obsolet.[128] Die hM hält aber auch bei **individualvertraglichen** Haftungsbeschränkungen am Grundsatz der engen Auslegung fest.[129] Da § 305 c Abs. 2 bei Individualverträgen nicht angewendet werden kann (s. Rn 23), muss dies jedoch unter dem Vorbehalt stehen, dass sich aus dem sonstigen Auslegungsmaterial keine gegenteiligen Anhaltspunkte ergeben.

59 **4. Die Verkehrssitte. a) Begriff der Verkehrssitte.** § 157 hebt die Verkehrssitte als Auslegungskriterium hervor. Im Unterschied zum Grundsatz von Treu und Glauben handelt es sich hier um **kein normatives Kriterium**. Der Begriff bezeichnet vielmehr eine **tatsächliche Übung**, die in den einschlägigen Verkehrskreisen anerkannt und über längere Zeit beachtet worden ist.[130] Im Verkehr unter Kaufleuten gelten die **Handelsbräuche** (§ 346 HGB) als besondere Ausprägung der Verkehrssitte.[131]

60 Die Verkehrssitte ist als solche **kein Gewohnheitsrecht**.[132] Eine auf langer Übung beruhende Verkehrssitte kann jedoch bei entsprechender Anerkennung zu Gewohnheitsrecht erstarken. Ein Beispiel hierfür ist die Lehre vom **kaufmännischen Bestätigungsschreiben**.[133]

61 Auch wenn die Verkehrssitte kein normatives Kriterium ist, muss sie sich doch an **normativen Kriterien** messen lassen. Verstößt eine Verkehrssitte gegen das Gesetz, die guten Sitten oder Treu und Glauben, so muss sie bei der Auslegung außer Acht bleiben.[134]

119 BGHZ 146, 280, 284; BGH NJW 1998, 3268, 3269.
120 BGH NJW-RR 2002, 646; Jauernig/*Jauernig*, § 133 Rn 10.
121 Soergel/*Wolf*, § 157 Rn 62.
122 MüKo/*Busche*, § 157 Rn 12.
123 MüKo/*Busche*, § 157 Rn 13; Soergel/*Wolf*, § 157 Rn 33.
124 Vgl BGH NJW 1971, 1034, 1035; NJW-RR 1990, 817, 818; Palandt/*Ellenberger*, § 133 Rn 25; ausführlich dazu *Hager*, Gesetzes- und sittenkonforme Auslegung.
125 Vgl Erman/*Palm*, § 133 Rn 30.
126 Palandt/*Ellenberger*, § 133 Rn 24; Soergel/*Wolf*, § 157 Rn 97. Zu den historischen Grundlagen dieser Auslegungsregel vgl HKK/*Vogenauer*, §§ 133, 157 Rn 108 ff. Speziell zur Auslegung von Verzichtserklärungen RGRK/*Krüger-Nieland/Zöller*, § 133 Rn 35.
127 Vgl BGHZ 22, 90, 96; 24, 39, 45.
128 So Soergel/*Hefermehl*, § 133 Rn 34.
129 Vgl BGH NJW 1978, 261; Bamberger/Roth/*Grüneberg*, § 276 Rn 47; Bamberger/Roth/*Faust*, § 444 Rn 4; Jauernig/*Stadler*, § 276 Rn 56; Palandt/*Grüneberg*, § 276 Rn 36.
130 BGH NJW 1990, 1723, 1724; Palandt/*Ellenberger*, § 133 Rn 21; Staudinger/*Singer*, § 133 Rn 65; Staudinger/*Looschelders/Olzen*, § 242 Rn 160 ff; *Flume*, BGB AT, Bd. 2, § 16, 3 d.
131 Vgl BGH NJW 1993, 1798; MüKo/*Busche*, § 157 Rn 16.
132 BGH LM § 157 (B) BGB Nr. 1; PWW/*Brinkmann*, § 157 Rn 10; Soergel/*Wolf*, § 157 Rn 70 f; zur Abgrenzung vgl auch Staudinger/*Looschelders/Olzen*, § 242 Rn 167.
133 Vgl *Canaris*, Handelsrecht, 24. Aufl. 2007, § 23 Rn 8 ff.
134 Vgl BGHZ 16, 4, 12; RGRK/*Piper*, § 157 Rn 14; *Flume*, BGB AT, Bd. 2, § 16, 3 d; einschr. *Canaris*, Handelsrecht, 24. Aufl. 2007, § 22 Rn 34 ff.

Die Verkehrssitte kann **örtlich verschieden** sein. Nach hM ist in diesem Fall grundsätzlich der Ort maßgeblich, an dem die Erklärung abgeben worden ist.[135] Bei empfangsbedürftigen Willenserklärungen muss aber zum Schutz des Empfängers auf den Ort des Zugangs (§ 130) abgestellt werden.[136] Im Verhältnis zur allgemeinen Verkehrssitte geht ein etwa abweichender lokaler oder regionaler Gebrauch aus Gründen der Spezialität grundsätzlich vor.[137] 62

b) Voraussetzungen. Bei der Auslegung von empfangsbedürftigen Willenserklärungen und Verträgen kann die Verkehrssitte grundsätzlich nur dann zugrunde gelegt werden, wenn **beide Beteiligte** einem Verkehrskreis angehören, für welchen die Verkehrssitte gilt.[138] Gehört nur der Erklärende einem solchen Verkehrskreis an, so muss der Erklärungsempfänger sich die Verkehrssitte nur dann entgegenhalten lassen, wenn er sie **kannte** oder doch wenigstens **kennen musste**.[139] Hat ein Nichtkaufmann wie ein Kaufmann am Handelsverkehr teilgenommen, so können die Handelsbräuche bei der Auslegung daher auch zu seinen Lasten berücksichtigt werden.[140] 63

Gilt die Verkehrssitte für den Verkehrskreis des Erklärenden, so muss sie aus Gründen der Rechtssicherheit auch dann beachtet werden, wenn sie dem Erklärenden **nicht bekannt** gewesen ist.[141] Eine Ausnahme kann nur anerkannt werden, wenn der in der Erklärung zum Ausdruck gekommene Wille des Erklärenden der Verkehrssitte eindeutig widerspricht.[142] 64

c) Relevanz der Verkehrssitte für die Auslegung. Die Verkehrssitte kann bei der **einfachen** (erläuternden) **Auslegung** Hinweise auf den wirklichen oder mutmaßlichen **Willen des Erklärenden** geben.[143] Denn im Zweifel kann davon ausgegangen werden, dass der Erklärende sich an der Verkehrssitte orientiert hat.[144] Bei empfangsbedürftigen Willenserklärungen ist der **Erklärungsempfänger** deshalb grundsätzlich berechtigt, der Erklärung die Bedeutung beizumessen, die der Verkehrssitte entspricht.[145] Hat der Erklärende sich im konkreten Fall nicht an die Verkehrssitte gehalten, ohne dass dies für den Empfänger erkennbar war, bleibt sein wirklicher Wille damit außer Betracht. 65

Zur Bedeutung der Verkehrssitte für die **ergänzende Auslegung** s. § 157 Rn 21 f. 66

III. Methoden der Auslegung

In methodischer Hinsicht gelten für die Auslegung von Willenserklärungen dem Grundsatz nach die gleichen Regeln wie für die **Auslegung von Gesetzen** (dazu Anh. zu § 133). Im Detail sind jedoch einige Besonderheiten zu beachten. 67

1. Grammatische und systematische Auslegung. Bei sprachlich verlautbarten Willenserklärungen beginnt die Auslegung mit der grammatischen Interpretation. Ausgangspunkt ist das **einzelne Wort**. Bei der Ermittlung des Wortsinns ist grundsätzlich vom allgemeinen Sprachgebrauch auszugehen.[146] Dabei kann die Heranziehung von Wörterbüchern sinnvoll sein.[147] Gehören beide Parteien einem Verkehrskreis mit fachspezifischem Sprachgebrauch an, so ist dies zu berücksichtigen.[148] Ob **juristische Termini** fachspezifisch zu verstehen sind, hängt von den Kenntnissen der im Einzelfall beteiligten Personen ab. So wird sich ein Volljurist in der Regel nicht auf das falsche Verständnis von juristischen Fachbegriffen berufen können.[149] Lassen die sonstigen Umstände darauf schließen, dass der Erklärende sich eines **besonderen Sprachgebrauchs** bedient hat, so ist die Erklärung in diesem Sinne zu verstehen. Bedeutung hat dies vor allem für die Auslegung von nicht empfangsbedürftigen Willenserklärungen, namentlich Testamenten. Bei empfangsbedürftigen Erklärungen kann ein besonderer Sprachgebrauch nur dann berücksichtigt werden, wenn der Empfänger ihn gekannt hat oder kennen musste.[150] 68

Mit der Untersuchung des einzelnen Wortes darf man es indes nicht bewenden lassen. Das Wort muss im Kontext des jeweiligen **Satzes** sowie im Zusammenhang mit der **gesamten Erklärung** verstanden wer- 69

135 Vgl BGHZ 6, 127, 134; MüKo/*Busche*, § 157 Rn 24; aA PWW/*Brinkmann*, § 157 Rn 12: Ort, zu dem das Geschäft den engsten Bezug hat.
136 BGHZ 6, 127, 134; *Larenz/Wolf*, BGB AT, § 28 Rn 74; aA MüKo/*Busche*, § 157 Rn 24.
137 BGH LM § 157 (B) BGB Nr. 1.
138 PWW/*Brinkmann*, § 157 Rn § 157 Rn 12; RGRK/*Piper*, § 157 Rn 8.
139 MüKo/*Busche*, § 157 Rn 24; *Larenz/Wolf*, BGB AT, § 28 Rn 51.
140 Vgl BGHZ 11, 1, 3; RGRK/*Piper*, § 157 Rn 13; Soergel/*Wolf*, § 157 Rn 65; *Canaris*, Handelsrecht, 24. Aufl. 2007, § 22 Rn 46 ff.
141 OLG Frankfurt aM NJW-RR 1986, 911, 912; MüKo/*Busche*, § 157 Rn 18; PWW/*Brinkmann*, § 157 Rn 13.
142 RGZ 114, 9, 12; BGH LM § 157 (B) BGB Nr. 1; Staudinger/*Singer*, § 133 Rn 67.
143 Zur Erläuterungsfunktion der Verkehrssitte vgl Soergel/*Wolf*, § 157 Rn 68.
144 *Köhler*, BGB AT, § 9 Rn 12.
145 Vgl BGH NJW 1966, 502, 503.
146 Vgl OLG München NJW-RR 1996, 239; MüKo/*Busche*, § 133 Rn 54; PWW/*Ahrens*, § 133 Rn 31.
147 Vgl BGH LM § 133 (C) Nr. 17.
148 BGH NJW-RR 2007, 1470, 1471: „Sprachgebrauch im Rechtsverkehr zwischen Versicherern".
149 LG Berlin NJW 2005, 993, 994; Palandt/*Ellenberger*, § 133 Rn 14; PWW/*Ahrens*, § 133 Rn 32.
150 Bamberger/Roth/*Wendtland*, § 133 Rn 23; Soergel/*Hefermehl*, § 133 Rn 25.

den.[151] Eine solche **systematische Auslegung** kann insbesondere bei umfangreichen und detaillierten Vertragswerken wichtige Erkenntnisse liefern.[152]

70 In einem weiteren Sinne gehören zur systematischen Auslegung auch die **Bezüge** der Willenserklärung oder des Vertrages **zur gesamten Rechtsordnung** (s. Rn 56). Da der wirkliche oder mutmaßliche Wille der Parteien nicht mit den Wertungen der Rechtsordnung übereinstimmen muss, hat dieser Aspekt bei der Auslegung von Willenserklärungen aber eine wesentlich geringere Bedeutung als bei der Auslegung von Gesetzen.[153]

71 **2. Historische Auslegung.** Nach der grammatischen Auslegung des Wortlauts muss man in einem zweiten Schritt die **außerhalb der Erklärung liegenden Umstände** berücksichtigen, weil diese wichtige Indizien für den wirklichen bzw mutmaßlichen Willen des Erklärenden sowie (bei empfangsbedürftigen Willenserklärungen) die Verständnismöglichkeiten des Empfängers geben können. Dabei kann die historische Auslegung relevant werden. Sie beruht auf dem Gedanken, dass die **Entstehungsgeschichte der Erklärung** häufig Rückschlüsse auf deren Inhalt zulässt. Dies gilt insbesondere für die zeitlichen und örtlichen Verhältnisse bei Abgabe der Erklärung, den Gang der Vorverhandlungen und den Zusammenhang mit vorherigen Verträgen.[154] Zu berücksichtigen sind außerdem die **persönlichen Verhältnisse**, Eigenarten und Zielsetzungen **des Erklärenden**.[155] Bei empfangsbedürftigen Willenserklärungen muss aber geprüft werden, ob die betreffenden Gegebenheiten dem Empfänger bekannt waren oder sein mussten.

72 **3. Teleologische Auslegung.** Neben der historischen kommt der teleologischen Auslegung auch bei Willenserklärungen große Bedeutung zu. Die teleologische Auslegung setzt beim **Zweck des Rechtsgeschäfts** an und versucht hieraus Rückschlüsse auf den Inhalt der Willenserklärung abzuleiten.[156]

73 Wegen des grundsätzlichen Vorrangs des Parteiwillens muss bei der teleologischen Auslegung von Verträgen grundsätzlich auf den Zweck abgestellt werden, den die Parteien mit der fraglichen Vereinbarung verfolgt haben (**subjektiv-teleologische Auslegung**). Eine **objektiv-teleologische Auslegung** nach dem „vernünftigen" Zweck des Vertrages kommt nur insoweit in Betracht, wie die subjektive Zwecksetzung der Parteien nicht feststellbar ist.[157] In diesem Fall muss der mutmaßliche Zweck des Vertrages auf der Grundlage einer Analyse und Abwägung der **Interessen** beider Parteien ermittelt werden.[158] Dahinter steht der Gedanke, dass redliche Parteien im Allgemeinen eine vernünftige Regelung treffen wollen, die den beiderseitigen Interessen gerecht wird.[159] Das Gebot einer beiderseits interessengerechten Auslegung (s. Rn 55 ff) ist somit eine wichtige Ausprägung des teleologischen Ansatzes.

IV. Sonderfälle der Auslegung

74 **1. Formbedürftige Willenserklärungen. a) Die Bedeutung der Andeutungstheorie.** Die Auslegung formbedürftiger Willenserklärungen (zB Grundstücksverträge, Testamente) richtet sich nach den allgemeinen Regeln. Auch hier ist also nicht allein der Wortlaut maßgeblich; es können (und müssen) vielmehr auch außerhalb der Erklärung liegende Umstände berücksichtigt werden.[160] Nach der Rechtsprechung gilt allerdings die Einschränkung, dass der Wille der Parteien in der formgerechten Urkunde wenigstens andeutungsweise zum Ausdruck gekommen sein muss (sog. **Andeutungstheorie**).[161] Dieser Auffassung ist jedoch entgegenzuhalten, dass die Frage nach dem Inhalt der Erklärung nicht mit der Frage der Formgültigkeit vermengt werden darf.[162] Welchen Inhalt die Erklärung hat, bestimmt sich gemäß §§ 133, 157 nach dem **Willen des Erklärenden** bzw (bei empfangsbedürftigen Erklärungen) den **Verständnismöglichkeiten des Empfängers**. In welcher Weise der Inhalt der Erklärung in der Urkunde zum Ausdruck gekommen sein muss, hängt dagegen vom **Zweck der jeweiligen Formvorschrift** ab. Berücksichtigt man bei der Auslegung nicht alle Umstände, so besteht die Gefahr, dass der Inhalt der Erklärung verfälscht wird. Ob der Wille des Erklärenden

151 Vgl BGHZ 101, 271, 273; BGH NJW-RR 2007, 1470, 1471; PWW/*Ahrens*, § 133 Rn 33; Soergel/*Wolf*, § 157 Rn 32; Staudinger/*Singer*, § 133 Rn 47; *Köhler*, BGB AT, § 9 Rn 11.

152 Vgl BGH NJW 2006, 3413; AK-BGB/*Hart*, §§ 133/157 Rn 31.

153 Vgl *Flume*, BGB AT, Bd. 2 § 16, 3 b.

154 Vgl Motive I, S. 155 = Mugdan I, S. 437; BGH NJW-RR 1998, 259; Bamberger/Roth/*Wendtland*, § 133 Rn 25; HKK/*Vogenauer*, §§ 133, 157 Rn 52.

155 Staudinger/*Singer*, § 133 Rn 48.

156 Zur Relevanz des Zwecks des Rechtsgeschäfts für die Auslegung vgl Motive I, S. 155 = *Mugdan* I, S. 437; BGHZ 2, 379, 385; BGH LM § 133 (C) BGB Nr. 81 = NJW-RR 1993, 464, 465; BGH NJW-RR 1998, 259; Soergel/*Hefermehl*, § 133 Rn 25.

157 AK-BGB/*Hart*, §§ 133/157 Rn 32 ff; vgl auch HKK/*Vogenauer*, §§ 133, 157 Rn 66.

158 Zur Bedeutung der Interessenlage für die Auslegung vgl Erman/*Palm*, § 133 Rn 33; Palandt/*Ellenberger*, § 133 Rn 18; Soergel/*Wolf*, § 157 Rn 60.

159 Staudinger/*Singer*, § 133 Rn 52.

160 Vgl BGHZ 86, 41, 45; 87, 150, 154; BAG NZA 2005, 635, 636; MüKo/*Busche*, § 133 Rn 30; Palandt/*Ellenberger*, § 133 Rn 19; PWW/*Ahrens*, § 133 Rn 9; *Larenz/Wolf*, BGB AT, § 28 Rn 86.

161 Vgl RGZ 59, 217, 219; 160, 109, 111; BGHZ 32, 60, 63; 80, 246, 249; BGH ZEV 1997, 376; NJW-RR 2010, 821.

162 Vgl Bamberger/Roth/*Wendtland*, § 133 Rn 26; Soergel/*Hefermehl*, § 133 Rn 28; *Medicus*, BGB AT, Rn 330; *Smid*, JuS 1987, 283, 286; krit. *Olzen*, Erbrecht, 3. Aufl. 2009, Rn 575.

in der Urkunde zum Ausdruck gekommen ist, lässt sich im Übrigen erst dann beurteilen, wenn feststeht, welchen Inhalt dieser Wille überhaupt hat.

Die Notwendigkeit einer solchen Trennung wird in neuerer Zeit auch von BGH und BAG anerkannt.[163] Bei formbedürftigen Willenserklärungen ist hiernach ein **zweistufiges Prüfungsverfahren** geboten. Zunächst muss durch **Auslegung** ermittelt werden, welchen Inhalt die Erklärung hat. Dabei können die außerhalb der Urkunde liegenden Umstände uneingeschränkt berücksichtigt werden. In einem zweiten Schritt ist dann die **Formgültigkeit** der Erklärung zu untersuchen.[164] In diesem Zusammenhang hält die hM bei **Testamenten** an der Andeutungstheorie fest (vgl § 2084 Rn 15 ff).[165] Das Testament ist hiernach nur dann formwirksam, wenn der Wille des Erklärenden im Text der Urkunde eine **hinreichende Stütze** gefunden hat.[166] Dies gilt nicht nur für die erläuternde, sondern auch für die ergänzende Auslegung (dazu § 157 Rn 33).[167] **75**

Die Andeutungstheorie gilt auch bei **Bürgschaftserklärungen**. Im Rahmen der **Auslegung** kann zwar auch hier auf außerhalb der Urkunde liegende Umstände zurückgegriffen werden. Die Bürgschaft ist aber nach §§ 766, 125 formnichtig, wenn der durch Auslegung festgestellte Inhalt der Erklärung nicht irgendwie in der Urkunde zum Ausdruck gekommen ist.[168] **76**

b) Die falsa-demonstratio-Regel bei formbedürftigen Willenserklärungen. Inwieweit die falsa-demonstratio-Regel (Rn 46) bei formbedürftigen Willenserklärungen Anwendung finden kann, ist umstritten. Da die Entscheidung vom **Zweck der jeweiligen Formvorschriften** abhängt, scheidet eine allgemeine Lösung aus. Vielmehr ist zwischen den verschiedenen Formvorschriften zu unterscheiden. **77**

aa) Grundstücksverträge. Bei Grundstücksverträgen dient das Erfordernis der notariellen Beurkundung (§ 311 b Abs. 1) in erster Linie dem Schutz vor Übereilung (Warnfunktion). Außerdem soll die Belehrung und Beratung durch den Notar gewährleistet (Belehrungsfunktion) und der Inhalt des Vertrages klargestellt werden (Beweisfunktion).[169] Die ersten beiden Funktionen werden durch eine Falschbezeichnung nicht gefährdet. Die mögliche Beeinträchtigung der Beweisfunktion hat bei **irrtümlicher Falschbezeichnung** kein so großes Gewicht, dass sie die Außerachtlassung des übereinstimmenden Willens beider Parteien rechtfertigen könnte.[170] Das Gleiche gilt im Rahmen des § 925 bei irrtümlicher Falschbezeichnung des Auflassungsgegenstands (vgl § 925 Rn 9).[171] Auf die Grundbucheintragung als solche kann die falsa-demonstratio-Regel dagegen aus Gründen des Verkehrsschutzes nicht angewendet werden (s. Rn 85).[172] **78**

Haben die Parteien **bewusst etwas Falsches beurkunden lassen**, so sind sie nicht schutzwürdig. Auch wenn die Warn- und Belehrungsfunktion gewahrt sein mag, erscheint es daher nicht gerechtfertigt, den wirklichen Willen der Parteien mit Hilfe der falsa-demonstratio-Regel zum Tragen zu bringen.[173] Der Grundstücksvertrag ist daher mit dem gewollten Inhalt nach §§ 117 Abs. 2, 311 b Abs. 2 S. 1, 125 nichtig. Mit dem beurkundeten Inhalt ist der Vertrag als Scheingeschäft nach § 117 Abs. 1 unwirksam (vgl § 117 Rn 9 ff). **79**

bb) Bürgschaftserklärungen. Bei Bürgschaftserklärungen dient das Schriftformerfordernis (§ 766) ebenfalls in erster Linie dem **Schutz vor Übereilung**. Die hM geht daher zu Recht davon aus, dass eine **irrtümliche** Falschbezeichnung durch beide Parteien auch hier grundsätzlich unschädlich ist.[174] **80**

cc) Testamente. Bei Testamenten haben **Beweiszwecke** große Bedeutung.[175] Da diese bei einer Falschbezeichnung gefährdet sind, muss die falsa-demonstratio-Regel wesentlich zurückhaltender als bei Grund- **81**

163 BGHZ 86, 41, 46 f; BGH ZEV 1997, 376 (Testament); BGH NJW 1996, 2792, 2793 (Grundstückskauf); 2000, 1569, 1570 (Bürgschaft); BAG NJW 2007, 250, 252; 2007, 3228, 3230.

164 Zu dieser zweistufigen Prüfung vgl BGH NJW 1995, 1886, 1887; 2000, 1569, 1570; ZEV 1997, 376; Palandt/*Ellenberger*, § 133 Rn 19; *Medicus*, BGB AT, Rn 330; einschränkend BayObLG ZEV 2004, 200, 201; MüKo/*Leipold*, § 2084 Rn 13.

165 Vgl BGHZ 80, 242, 245 f; 86, 41, 47; BGH ZEV 1997, 376; BayObLG ZEV 2004, 200; MüKo/*Leipold*, § 2084 Rn 14; *Lange/Kuchinke*, Erbrecht, 5. Aufl. 2001, § 34 III 3; *Schlüter*, Erbrecht, 16. Aufl. 2007, Rn 192; krit. *Brox/Walker*, Erbrecht, 24. Aufl. 2010, Rn 200.

166 BGH FamRZ 2002, 26.

167 Vgl BGH FamRZ 1983, 380, 382; BayObLG FamRZ 2000, 119; BayObLG ZEV 2004, 200; MüKo/*Leipold*, § 2084 Rn 87 ff; *Olzen*, Erbrecht, 3. Aufl. 2009, Rn 585 f; aA Palandt/*Ellenberger*, § 133 Rn 19; *Lange/Kuchinke*, Erbrecht, 5. Aufl. 2001, § 34 III 5; *Flume*, NJW 1983, 2007 ff.

168 Vgl BGH NJW 1995, 1886, 1887; ZIP 2000, 740, 741; MüKo/*Busche*, § 133 Rn 36; MüKo/*Habersack*, § 766 Rn 6. Zur Bedeutung der Andeutungstheorie für das Schriftformerfordernis nach § 57 Abs. 2 HOAI vgl BGH NJW-RR 2010, 821.

169 Zu den Zwecken des § 311 b Abs. 1 vgl Palandt/*Grüneberg*, § 311 b Rn 2.

170 BGHZ 87, 150, 153; MüKo/*Kanzleiter*, § 311 b Rn 67; Palandt/*Grüneberg*, § 311 b Rn 37; Staudinger/*Wufka*, § 311 b Abs. 1 Rn 243 ff; *Looschelders*, Schuldrecht AT, 8. Aufl. 2010, Rn 135.

171 Vgl BGH NJW 2002, 1038; FGPrax 2008, 6, 7; MüKo/*Kanzleiter*, § 925 Rn 24.

172 *Köhler*, BGB AT, § 9 Rn 16.

173 So auch BGHZ 54, 56, 62 f; 89, 41, 43; Palandt/*Grüneberg*, § 311 b Rn 36; Staudinger/*Wufka*, § 311 b Abs. 1 Rn 239 ff; *Larenz/Wolf*, BGB AT, § 28 Rn 91; *Looschelders*, Schuldrecht AT, 8. Aufl. 2010, Rn 136.

174 BGH NJW 1995, 1886, 1887; MüKo/*Habersack*, § 766 Rn 7.

175 Vgl BGHZ 80, 242, 251; *Olzen*, Erbrecht, 3. Aufl. 2009, Rn 267.

stücksverträgen angewendet werden. Dies gilt umso mehr, als das Vorliegen einer Falschbezeichnung aufgrund des Todes des Erklärenden und des Fehlens sonstiger Zeugen (Vertragspartner, Urkundsperson) oft nur schwer nachweisbar ist.[176]

82 Hat der Erblasser einen **besonderen Sprachgebrauch** (s. Rn 68) gepflegt, so ist die Falschbezeichnung leicht feststellbar. In diesem Fall widerspricht es daher nicht dem Zweck des Formzwangs, dem wirklichen Willen des Erblassers Rechnung zu tragen.[177] Hat der Erblasser dagegen **im Einzelfall** (zB aufgrund eines Irrtums) einen unzutreffenden Ausdruck verwendet, so kann seinem wirklichen Willen nur Rechnung getragen werden, wenn die vom Wortsinn abweichende Auslegung im sonstigen Text der Urkunde eine gewisse Stütze findet.[178]

83 **c) Vermutung der Vollständigkeit und Richtigkeit der Urkunde.** Aus prozessualer Sicht ist bei der Auslegung formbedürftiger Willenserklärungen zu beachten, dass nach hM eine Vermutung für die Richtigkeit und Vollständigkeit der Urkunde besteht. Wer aus den Begleitumständen einen abweichenden Inhalt des Geschäfts ableiten will, muss dies also **beweisen.**[179] Das Gleiche gilt für den Fall, dass die Parteien zu Beweiszwecken eine Urkunde über das Geschäft errichtet haben.[180] Der **übereinstimmende Wille der Parteien** hat aber auch bei formbedürftigen Geschäften Vorrang und darf daher nicht mit Rücksicht auf die Vermutung der Vollständigkeit und Richtigkeit der Urkunde außer Acht gelassen werden.[181]

84 Die Vermutung der Vollständigkeit und Richtigkeit soll schon dann gelten, wenn der Text der Urkunde nach Wortlaut und innerem Zusammenhang unter Berücksichtigung der Verkehrssitte einen bestimmten, **nicht notwendig eindeutigen** Inhalt zum Ausdruck bringt. Die außerhalb der Urkunde liegenden Umstände bleiben dabei außer Betracht. Sie werden erst in einem zweiten Schritt herangezogen, wenn es um die **Widerlegung der Vermutung** geht.[182] Diese Auffassung kann indes nicht überzeugen. Lässt sich durch die Auslegung der Urkunde kein eindeutiger Inhalt des Geschäfts ermitteln, so kann dessen Inhalt nur unter **Heranziehung der Begleitumstände** geklärt werden. Es ist daher nicht gerechtfertigt, dem Wortlaut eine größere Bedeutung beizumessen als den außerhalb der Urkunde liegenden Umständen.

85 **2. Grundbucheintragungen und dingliche Grundstücksgeschäfte.** Bei der Auslegung von Grundbucheintragungen kommt dem Gedanken des Verkehrsschutzes wegen des öffentlichen Glaubens des Grundbuchs (§ 891) große Bedeutung zu. Daher ist in erster Linie auf den **Wortlaut der Eintragung** abzustellen. Daneben kann auch die in Bezug genommene **Eintragungsbewilligung** herangezogen werden.[183] Maßgeblich ist die nächstliegende Bedeutung, welche der Eintragung aufgrund dieser Urkunden aus Sicht eines unbefangenen Dritten zukommt.[184] **Sonstige Umstände** dürfen nur dann berücksichtigt werden, wenn sie nach den Umständen des Einzelfalls für jedermann ohne weiteres erkennbar sind.[185] So können etwa die Verhältnisse der betroffenen Grundstücke Hinweise auf den Inhalt einer Grunddienstbarkeit geben. Ist der eingetragene Inhalt eindeutig, so darf er jedoch nicht mit Rücksicht auf außerhalb des Grundbuchs liegende Umstände verändert werden.[186]

86 Bei der Auslegung von **dinglichen Geschäften über Grundstücke oder Rechte an Grundstücken** müssen außerhalb der Urkunde liegende Umstände aus Gründen der Rechtssicherheit und des Verkehrsschutzes grundsätzlich ebenfalls außer Betracht bleiben. Dies gilt jedenfalls dann, wenn das betreffende Geschäft **formbedürftig** ist (zB Auflassung nach §§ 873, 925, Abtretung einer Hypothek oder Grundschuld nach §§ 1154, 1192 Abs. 1).[187]

87 **3. Allgemeine Geschäftsbedingungen.** Bei Allgemeinen Geschäftsbedingungen handelt es sich nicht um Rechtsnormen, sondern um Vertragsvereinbarungen. Entgegen einer in Rechtsprechung und Literatur verbreiteten Ansicht[188] hat die Auslegung von AGB daher im Ausgangspunkt nach den allgemeinen Regeln der §§ 133, 157 zu erfolgen.[189] Zu beachten ist aber, dass AGB an eine Vielzahl von Adressaten gerichtet sind.

176 *Schlüter*, Erbrecht, 16. Aufl. 2007, Rn 192.
177 Vgl MüKo/*Leipold*, § 2084 Rn 18.
178 BGHZ 80, 242, 251 f; MüKo/*Leipold*, § 2084 Rn 19; *Larenz/Wolf*, BGB AT, § 28 Rn 88, 97; krit. *Brox/Walker*, Erbrecht, 24. Aufl. 2010, Rn 200; *Flume*, BGB AT, Bd. 2, § 16, 5.
179 Vgl BGH NJW 1995, 3258; ZIP 2002, 1809, 1810; HKK/*Vogenauer*, §§ 133, 157 Rn 83; Palandt/*Ellenberger*, § 125 Rn 21; krit. MüKo/*Busche*, § 133 Rn 63.
180 MüKo/*Einsele*, § 125 Rn 36.
181 BGH NJW 1995, 1494, 1496.
182 Vgl BGH NJW 2002, 3164.
183 BGH NJW 1965, 2398, 2399; RGRK/*Krüger-Nieland/Zöller*, § 133 Rn 38.
184 BGHZ 145, 16, 20; BGH NJW 1965, 2398, 2399; Jauernig/*Jauernig*, § 873 Rn 35.
185 BGHZ 57, 205, 209; 92, 351, 355; 145, 16, 20; BGH NJW 1992, 2885, 2886; 2002, 1797, 1798; BayObLG DNotZ 2003, 541; OLG Hamm FGPrax 2005, 240, 241; Palandt/*Ellenberger*, § 133 Rn 27.
186 BGH NJW 2002, 1797, 1798.
187 Vgl BGHZ 60, 226, 231; BGH NJW-RR 1992, 178, 179; Staudinger/*Roth*, § 157 Rn 45.
188 Sehr deutlich Palandt/*Grüneberg*, § 305 c Rn 16; Erman/*Roloff*, § 305 c Rn 20; für objektive Auslegung auch BGHZ 79, 117, 118 f; BGH, NJW-RR 2007, 1697, 1700; NJW 2008, 3772.
189 Bamberger/Roth/*Schmidt*, § 305 c Rn 38; Staudinger/*Schlosser*, § 305 c Rn 126 ff; *Lindacher*, in: Wolf/Lindacher/Pfeiffer, AGB-Recht, 5. Aufl. 2009, § 305 c Rn 106; Looschelders/*Pohlmann*, VVG, 2010, Vorbem. B Rn 24.

Soweit es auf den Empfängerhorizont ankommt, muss daher auf die Verständnismöglichkeiten eines rechtlich nicht vorgebildeten **Durchschnittskunden** bzw eines **durchschnittlichen Vertragspartners** des Verwenders abgestellt werden.[190] Dabei geht es nicht darum, die **tatsächlichen** Verständnismöglichkeiten eines solchen durchschnittlichen Vertragspartners zu ermitteln. Der Inhalt der AGB muss vielmehr auf der Grundlage einer **rechtlichen Interessenabwägung** festgestellt werden. Die Figur des Durchschnittskunden oder durchschnittlichen Vertragspartners umschreibt den Abwägungsmaßstab: Entscheidend sind der **objektive Inhalt** und der **typische Sinn** der jeweiligen Klauseln, so wie sie von verständigen und redlichen Vertragspartnern unter Abwägung der Interessen der normalerweise beteiligten Kreise verstanden werden (**objektive** und **einheitliche Auslegung**).[191] Die individuellen Vorstellungen und Absichten der Parteien bleiben grundsätzlich außer Betracht.[192] Haben die Parteien einer Klausel übereinstimmend einen abweichenden Inhalt beigemessen, so ist dieser **im Individualverfahren** aber maßgeblich (vgl § 305 b).[193] Zusammenfassend ist festzustellen, dass die sachgemäße Anwendung der §§ 133, 157 im Allgemeinen zu den gleichen Ergebnissen wie die objektive Methode der hM führt; der Vorrang des gemeinsamen Parteiwillens wird auch von dieser anerkannt. Der Meinungsstreit betrifft damit vor allem die dogmatische Einordnung der Lösung.[194]

Bleibt eine Klausel nach Ausschöpfung aller Auslegungsmöglichkeiten **mehrdeutig**, so ist nach § 305 c Abs. 2 der für den Verwender ungünstigere Inhalt zugrunde zu legen (vgl Rn 23).[195] In Individualverfahren greift die Unklarheitenregel aber nicht ein, wenn die Parteien die Klausel **übereinstimmend** in einem bestimmten Sinne verstanden haben.[196] **88**

4. Automatisierte Willenserklärungen. Die §§ 133, 157 gelten auch für die Auslegung von automatisierten Willenserklärungen. Werden automatisierte Willenserklärungen im geschäftlichen Verkehr eingesetzt, so sind sie zumeist an einen unbestimmten Kreis von potenziellen Kunden gerichtet. Bei der Auslegung solcher Erklärungen muss man sich daher an den Verständnismöglichkeiten eines **durchschnittlichen Angehörigen des betreffenden Kundenkreises** orientieren.[197] Maßgeblich ist auch hier eine Interessenabwägung. Da der Erklärende die Automatisierung im eigenen Interesse nutzt, muss er sich einerseits um verständliche Formulierungen bemühen.[198] Auf der anderen Seite darf er aber darauf vertrauen, dass der Vertragspartner mit den Besonderheiten des eingesetzten Mediums vertraut ist. Bleiben nach Ausschöpfung aller dem Empfänger zumutbaren Erkenntnismöglichkeiten Zweifel, so ist **§ 305 c Abs. 2 analog** anzuwenden.[199] Die Erklärung gilt also mit dem Inhalt, der für den Erklärenden am ungünstigsten ist. **89**

5. Tarifverträge. a) Objektive und subjektive Theorie. Welche Auslegungsgrundsätze für den **normativen Teil von Tarifverträgen** gelten, ist streitig. Die hM stellt auf die Regeln für die **Auslegung von Gesetzen** ab (objektive Theorie).[200] Nach der Gegenauffassung sind die Regeln für die **Auslegung von Verträgen** maßgeblich (subjektive Theorie).[201] Beide Auffassungen erkennen an, dass die von ihnen herangezogenen Regeln auf Tarifverträge nicht uneingeschränkt passen und daher zu modifizieren sind. Für die praktische Rechtsanwendung ist der Theorienstreit somit weitgehend unergiebig.[202] **90**

b) Der Maßstab der Auslegung. Für die Auslegung von Tarifverträgen ist – ebenso wie für die Auslegung von Verträgen – primär der **wirkliche Wille der Tarifvertragsparteien** maßgeblich.[203] Da der normative Teil des Tarifvertrags gemäß § 4 Abs. 1 TVG auch für die nicht an den Tarifvertragsverhandlungen beteiligten (tarifgebundenen) Arbeitgeber und Arbeitnehmer gilt, muss bei der Auslegung und Anwendung tarifvertraglicher Normen aber auch auf deren Interessen Rücksicht genommen werden. Außerdem hat der Gedanke der Rechtssicherheit und Rechtsklarheit große Bedeutung.[204] Die hM stellt deshalb auf die **Verständnismöglich-** **91**

190 Vgl BGHZ 108, 52, 60; 123, 83, 85; BGH NJW 2006, 1056; VersR 2008, 1056, 1057; NJW 2009, 3716; BAG NZA 2008, 219, 221; MüKo/*Busche*, § 133 Rn 24; Palandt/*Grüneberg*, § 305 c Rn 16; Looschelders/*Pohlmann*, VVG, 2010, Vor B Rn 24.

191 Vgl BGHZ 77, 116, 118; 96, 182, 191; 102, 384, 389; 108, 52, 60; BGH NJW 1999, 1105, 1106; 2001, 2165, 2166; 2007, 2912; NJW-RR 2007, 1697, 1700; NJW 2009, 3716; BAG NZA 2008, 219.

192 Vgl BGH VersR 2009, 341, 342; Soergel/*Hefermehl*, § 133 Rn 31.

193 BGHZ 113, 251, 259; BGH NJW 1995, 1494, 1496; NJW 2002, 2102, 2103; WM 2008, 1350, 1352; 2009, 1643, 1644; BAG NZA 2009, 896, 898; Staudinger/*Singer*, § 133 Rn 71; Palandt/*Grüneberg*, § 305 c Rn 16; Looschelders/*Pohlmann*, VVG, 2010, Vor B Rn 25.

194 So auch Bamberger/Roth/*Schmidt*, § 305 c Rn 40; *Lindacher*, in: Wolf/Lindacher/Pfeiffer, AGB-Recht, 5. Aufl. 2009, § 305 c Rn 106.

195 BGH WM 2009, 1180, 1182; NJW 2009, 3716; Palandt/*Grüneberg*, § 305 c Rn 19 ff.

196 BGH NJW 2002, 2102, 2103; Staudinger/*Singer*, § 133 Rn 14.

197 Vgl Palandt/*Ellenberger*, § 133 Rn 26; MüKo/*Busche*, § 133 Rn 24.

198 Dies betont zu Recht *Medicus*, BGB AT, Rn 332.

199 Palandt/*Ellenberger*, § 133 Rn 23; *Paeffgen*, JuS 1988, 592, 595.

200 BAG NJW 1961, 1837; BB 1989, 986, 987; MüKo/*Busche*, § 133 Rn 38; Erman/*Armbrüster*, § 157 Rn 5; Soergel/*Hefermehl*, § 133 Rn 15.

201 Vgl *Wank*, RdA 1998, 71, 78 ff; *Zöllner*, RdA 1964, 443, 448 f.

202 Vgl Staudinger/*Singer*, § 133 Rn 74. *Rüthers/Heilmann*, JZ 1991, 422 sprechen zu Recht von einer „(überflüssigen) Konstruktionskontroverse".

203 BAGE 46, 308, 313; BAG JZ 1991, 419, 420.

204 Vgl BAG JZ 1991, 419, 420.

keiten eines unbeteiligten Dritten ab.[205] Der Wille der Tarifvertragsparteien ist hiernach nur insoweit maßgeblich, wie er im Wortlaut der tariflichen Norm einen für Dritte erkennbaren Niederschlag gefunden hat.[206] Die falsa-demonstratio-Regel soll dementsprechend bei Tarifverträgen nicht anwendbar sein.[207]

92 Der hM ist entgegenzuhalten, dass die **Auslegung** von Normen auch sonst nicht von den Verständnismöglichkeiten des Normunterworfenen abhängt (vgl Anh. zu § 133 Rn 1).[208] Soweit der Normunterworfene auf einen bestimmten Inhalt der Norm vertrauen durfte, muss dies zwar bei der **Anwendung** der Norm zu seinen Gunsten berücksichtigt werden. Der Inhalt der Norm als solcher wird hierdurch aber nicht berührt. Im Übrigen ist es für die Schutzwürdigkeit Dritter nicht entscheidend, ob der Norminhalt im Wortlaut einen Niederschlag gefunden hat. Eine solche **Andeutungstheorie** mag geeignet sein, die Einhaltung von **Formzwecken** zu gewährleisten (Rn 74). Die Schutzwürdigkeit der Dritten ist jedoch eine **materielle Frage**, die hierdurch nicht beantwortet werden kann.[209] Eine falsa demonstratio ist daher auch bei der Ermittlung des Inhalts von Tarifverträgen unschädlich.

93 **c) Durchführung der Auslegung.** Ausgangspunkt der Auslegung ist der **Wortlaut** der tarifvertraglichen Regelung. Dieser darf jedoch nicht isoliert betrachtet werden; vielmehr ist die **systematische Stellung** der Norm im tarifvertraglichen Gefüge zu berücksichtigen (sog. tarifrechtlicher Gesamtzusammenhang).[210] Da dieser Gesamtzusammenhang für einen unbeteiligten Dritten erkennbar ist, kann er auch nach hM eine Auslegung gegen den Wortlaut rechtfertigen.[211] Wenn Wortlaut und tarifrechtlicher Gesamtzusammenhang zu keinem eindeutigen Ergebnis führen, greift die Rechtsprechung auf weitere Kriterien zurück. Besondere Bedeutung haben die **Tarifgeschichte**, die **praktische Tarifübung** und die **Entstehungsgeschichte** des jeweiligen Tarifvertrages (historische und genetische Auslegung).[212] Die Bindung an eine bestimmte Prüfungsreihenfolge wird abgelehnt.[213] Die „Auffassung der beteiligten Berufskreise" wird nicht mehr als eigenständiges Kriterium betrachtet; sie kann jedoch ergänzend herangezogen werden.[214]

94 Ein weiteres wichtiges Auslegungskriterium ist der **Zweck** der Tarifnorm (teleologische Auslegung).[215] Im Zweifel ist davon auszugehen, dass die Tarifvertragsparteien eine vernünftige, sachgerechte, zweckorientierte und praktisch brauchbare Regelung schaffen wollten,[216] die mit den **Gesetzen** und der **Verfassung** (gesetzes- und verfassungskonforme Auslegung)[217] sowie dem **Europäischen Gemeinschaftsrecht** (europarechtskonforme Auslegung)[218] vereinbar ist.

95 Zur Möglichkeit einer **ergänzenden Auslegung** von Tarifverträgen s. § 157 Rn 41.

96 **6. Auslegung von Betriebsvereinbarungen.** Die Auslegung von Betriebsvereinbarungen richtet sich nach den gleichen Grundsätzen wie bei Tarifverträgen.[219] Die hM geht also auch hier von einer gesetzesähnlichen Auslegung aus.[220] Der wirkliche Wille der Betriebspartner und der von ihnen verfolgte Regelungszweck haben dabei zwar maßgebliche Bedeutung. Nach hM ist aber erforderlich, dass Wille und Zwecksetzung im **Wortlaut** einen erkennbaren Niederschlag gefunden haben.[221]

97 **7. Gesellschaftsverträge und Satzungen.** Besondere Grundsätze gelten schließlich für die Auslegung der Satzungen von **Vereinen** und **Kapitalgesellschaften**. Die Rechtsprechung unterscheidet hier danach, ob die infrage stehende Regelung dem individualrechtlichen oder dem körperschaftsrechtlichen Bereich zuzuordnen ist.[222] Zum **individualrechtlichen Bereich** gehören alle Regelungen, die nur die Verhältnisse der bei Vertragsschluss vorhandenen Gesellschafter untereinander betreffen. Da die Satzung ein von den Gründern geschlossener Vertrag ist, können die §§ 133, 157 hier uneingeschränkt angewendet werden.[223] Wichtigstes

205 BAG JZ 1991, 419, 420; Erman/*Palm*, § 133 Rn 36; MüKo/*Busche*, § 133 Rn 38.
206 BAGE 46, 308, 313; BAG NJW 1961, 1837; JZ 1991, 419, 420; Soergel/*Hefermehl*, § 133 Rn 15; Staudinger/*Singer*, § 133 Rn 74; krit. *Rüthers/Heilmann*, JZ 1991, 422, 423; *Wank*, NZA 1998, 71, 80.
207 BAG NJW 1961, 1837; Soergel/*Hefermehl*, § 133 Rn 15; einschränkend Erman/*Palm*, § 133 Rn 36; aA Staudinger/*Singer*, § 133 Rn 75; *Wank*, NZA 1998, 71, 80.
208 *Wank*, NZA 1998, 71, 80.
209 Ähnlich *Rüthers/Heilmann*, JZ 1991, 422, 423.
210 Zur Bedeutung des tarifrechtlichen Gesamtzusammenhangs vgl BAGE 46, 308, 313; 56, 113, 126; BAG JZ 1991, 419, 420; MüKo/*Busche*, § 133 Rn 38; *Däubler*, Kommentar zum TVG, 2. Aufl. 2006, Einl. Rn 510.
211 BAG JZ 1991, 419, 420.
212 Vgl BAGE 46, 308, 314; 56, 113, 126; *Däubler*, Kommentar zum TVG, 2. Aufl. 2006, Einl. Rn 494.
213 BAGE 46, 308, 314.
214 BAGE 46, 308, 314; *Däubler*, Kommentar zum TVG, 2. Aufl. 2006, Einl. Rn 494.
215 Vgl BAG 1991, 419, 420; *Rüthers/Heilmann*, JZ 1991, 422, 423.
216 BAGE 54, 113, 127; *Däubler*, Kommentar zum TVG, 2. Aufl. 2006, Einl. Rn 495.
217 BAGE 54, 113, 127; BAG DB 1994, 1294; 2000, 2613, 2614.
218 BAG DB 1993, 737.
219 MüKo/*Busche*, § 133 Rn 38; Palandt/*Ellenberger*, § 133 Rn 28.
220 BAGE 27, 187, 191; 60, 94, 98; Richardi/*Richardi*, BetrVG, 11. Aufl. 2008, § 77 Rn 115.
221 BAGE 60, 94, 98; *Kraft*, in: GK-BetrVG, 7. Aufl. 2002, § 77 Rn 65.
222 Vgl BGHZ 14, 25, 36 f; 48, 141, 144; 116, 359, 364; 123, 347, 350; BGH NJW 1997, 1510, 1511; speziell zur AG *Hüffer*, Aktiengesetz, 8. Aufl. 2008, § 23 Rn 39 f.
223 Soergel/*Hefermehl*, § 133 Rn 15.

Auslegungskriterium ist damit der **Wille der Gesellschafter**. Regelungen aus dem **körperschaftsrechtlichen Bereich** haben dagegen auch für künftige Gesellschafter und die Gläubiger der Gesellschaft Bedeutung. Sie müssen daher aus Gründen der Rechtssicherheit und Rechtsklarheit nach objektiven Kriterien aus sich heraus einheitlich ausgelegt werden.[224] Maßgeblich ist in erster Linie der **Wortlaut** der Satzung. Außerhalb der Satzung liegende Umstände müssen grundsätzlich außer Betracht bleiben. Dies gilt für die Absichten und Interessen der Gründer ebenso wie für die Entstehungsgeschichte der Satzung.[225] Eine Ausnahme wird nur für Umstände anerkannt, deren Kenntnis bei den infrage stehenden Personen allgemein erwartet werden kann.[226]

Die Objektivierung der Auslegung von Satzungen wird traditionell damit begründet, dass eine **juristische Person** mit ihrer Eintragung ein von den Gründern unabhängiges rechtliches Eigenleben erlangt.[227] Die gleichen Probleme können jedoch auch bei einer **Personengesellschaft** auftreten. Denn auch hier kann der Gesellschaftsvertrag Regelungen enthalten, welche die Rechtsstellung von künftigen Gesellschaftern oder Gesellschaftsgläubigern beeinflussen. Nach der Rechtsprechung sind die persönlichen Vorstellungen der Gründungsgesellschafter bei der Auslegung des Gesellschaftsvertrages einer **Publikumsgesellschaft** deshalb nur insoweit zu berücksichtigen, wie sie in dem Gesellschaftsvertrag zum Ausdruck gekommen sind.[228] Denn die nach Abschluss des Gesellschaftsvertrages beitretenden Gesellschafter müssen sich darauf verlassen können, dass ihnen nur die im Vertragstext enthaltenen Belastungen auferlegt werden können. Vor diesem Hintergrund wird in der Literatur zu Recht gefordert, den Grundsatz der objektiven Auslegung bei Personengesellschaften auf alle Klauseln des Gesellschaftsvertrages zu erstrecken, welche nicht nur die internen Verhältnisse der aktuellen Gesellschafter regeln.[229] Wenn seit der Gründung noch kein Mitgliederwechsel stattgefunden hat, besteht auf der anderen Seite aber wiederum kein Anlass, das übereinstimmende individuelle Verständnis der Gründer gegenüber einem „objektiven" Verständnis zurücktreten zu lassen.[230] 98

Bei **reinen Innengesellschaften** stellen sich keine vergleichbaren Probleme. Hier sind daher in jedem Fall die allgemeinen Grundsätze über die Auslegung von Verträgen maßgeblich.[231]

C. Weitere praktische Hinweise

I. Abgrenzung von Tat- und Rechtsfrage

Welchen Inhalt eine Willenserklärung oder ein Vertrag hat, muss im Prozess aufgrund einer **rechtlichen Würdigung** des Auslegungsmaterials festgestellt werden. Die Auslegung als solche betrifft also eine **Rechtsfrage** und ist daher **von Amts wegen** vorzunehmen. Fragen der Darlegungs- und Beweislast sind insoweit irrelevant.[232] 99

Von der eigentlichen Auslegung zu unterscheiden ist die Feststellung der Tatsachen, die für die rechtliche Würdigung Bedeutung haben können. Es handelt sich hier um eine **Tatfrage**, die nach den allgemeinen Regeln der Darlegungs- und Beweislast zu behandeln ist. Der Richter ist daher nicht gehalten, alle in Betracht kommenden Tatsachen von Amts wegen aufzuklären.[233] Macht eine Partei geltend, dass der übereinstimmende Wille der Parteien eine **vom eindeutigen Wortlaut des Vertrages abweichende Auslegung** rechtfertigt, so muss sie die Umstände darlegen und beweisen, aus denen sich ergibt, dass die Parteien dem Vertrag einen vom Wortlaut nicht gedeckten Inhalt beimessen wollten (vgl auch Rn 37).[234] 100

Zu den bei der Auslegung (möglicherweise) relevanten Tatsachen gehören zum einen die objektiven Gegebenheiten wie insbesondere der **Wortlaut** und die **Begleitumstände** der Erklärung sowie die Frage nach der 101

224 BGHZ 46, 172, 180; 123, 347, 350; BGH NJW-RR 2007, 832, 833; Soergel/*Hefermehl*, § 133 Rn 15; *K. Schmidt*, GesR, 4. Aufl. 2002, § 5 I 4; einschränkend *Grunewald*, ZGS 1995, 68, 84; *Passarge* BB 2006, 2796, 2770.

225 BGHZ 96, 245, 250; MüKo/*Busche*, § 133 Rn 37; Palandt/*Ellenberger*, § 133 Rn 12; Soergel/*Hefermehl*, § 133 Rn 15.

226 BGHZ 63, 282, 290; 123, 347, 350; Bamberger/Roth/*Schwarz*, § 25 Rn 14; Erman/*Westermann*, § 25 Rn 12.

227 Vgl BGHZ 46, 172, 179 f; MüKo/*Busche*, § 133 Rn 37.

228 BGH NJW 1979, 419, 420; DB 1982, 218; OLG Hamburg NJW-RR 1996, 1436; vgl auch Palandt/*Ellenberger*, § 133 Rn 12; MüKo/*Busche*, § 133 Rn 37; Staudinger/*Singer*, § 133 Rn 72 f.

229 So *Kraft/Kreutz*, GesR, 11. Aufl. 2000, BI 1 e; *K. Schmidt*, GesR, 4. Aufl. 2002, § 5 I 4; aA *Grunewald*, GesR, 7. Aufl. 2008, Rn 1.A.28.

230 So MüKo/*Busche*, § 133 Rn 37; Staudinger/*Singer*, § 133 Rn 73.

231 RGZ 156, 129, 133; *K. Schmidt*, GesR, 4. Aufl. 2002, § 5 I 4.

232 Zur prozessualen Einordnung der Auslegung vgl BGHZ 20, 109; 111; Bamberger/Roth/*Wendtland*, § 133 Rn 32; MüKo/*Busche*, § 133 Rn 63 ff; Soergel/*Hefermehl*, § 133 Rn 35; *Larenz/Wolf*, BGB AT, § 28 Rn 124 ff.

233 BGHZ 20, 109, 111; Bamberger/Roth/*Wendtland*, § 133 Rn 32.; RGRK/*Krüger-Nieland/Zöller*, § 133 Rn 57; Soergel/*Hefermehl*, § 133 Rn 35.

234 BGH NJW 2001, 144, 145; Palandt/*Ellenberger*, § 133 Rn 29.

Existenz einer bestimmten **Verkehrssitte**.[235] Darüber hinaus werden aber auch subjektive (innere) Tatsachen wie der **wirkliche Wille des Erklärenden** erfasst.[236] Ob dem Empfänger der wirkliche Wille des Erklärenden **bekannt** war, ist ebenfalls eine Tatfrage.[237] Das Gleiche gilt für die Feststellung der sonstigen Umstände, die dem Empfänger bei Wirksamwerden der Erklärung bekannt waren. In welchem Sinne der Empfänger die Erklärung nach diesen Umständen verstehen **musste**, ist dagegen eine Rechtsfrage.[238]

102 Bei Verträgen gehört die Feststellung des **übereinstimmenden Willens beider Parteien** zur Tatfrage.[239] Ist das Vorliegen eines übereinstimmenden Willens unstreitig oder bewiesen, so ist dieses Ergebnis auch dann maßgeblich, wenn sich bei objektiver (normativer) Auslegung ein hiervon abweichendes Verständnis eröffnen würde (vgl Rn 46).[240] Das Gleiche gilt, wenn die Parteien sich **im Nachhinein** darauf verständigt haben, dass der von ihnen geschlossene Vertrag in einem bestimmten Sinne zu verstehen sein soll.[241]

II. Revisibilität

103 **1. Grundsatz.** Soweit es im Rahmen der Auslegung um die Klärung von **Tatfragen** (Rn 100 ff) geht, ist eine inhaltliche Nachprüfung durch das Revisionsgericht von vornherein ausgeschlossen.[242] In diesem Bereich ist daher nur eine **Verfahrensrüge** möglich (vgl § 559 Abs. 2 ZPO).[243]

104 Die eigentliche Auslegung als normative Würdigung der relevanten Tatsachen ist **Rechtsfrage**. Hier kommt eine revisionsgerichtliche Kontrolle nach §§ 545, 546 ZPO daher in Betracht. Soweit es um die Revisibilität der Auslegung von Individualvereinbarungen geht, hat die Reform des Revisionsrechts zu keinen Änderungen geführt.[244] Bei AGB und Formularverträgen lassen sich dagegen neuere Entwicklungen verzeichnen (s. Rn 110).

105 **2. Individualvereinbarungen.** Im Hinblick auf den **Umfang der revisionsgerichtlichen Kontrolle** ist die Rechtsprechung bei Individualvereinbarungen **sehr zurückhaltend**. Die Auslegung ist hiernach grundsätzlich Sache des Tatrichters, wobei das **Berufungsgericht** die erstinstanzliche Auslegung einer Individualvereinbarung aber auch nach der Reform des Rechtsmittelgerichts in vollem Umfang darauf zu überprüfen hat, ob die Auslegung überzeugt.[245] Das Revisionsgericht überprüft die Auslegung durch den Tatrichter dagegen nur daraufhin, ob gesetzliche oder allgemein anerkannte Auslegungsregeln, Denkgesetze oder Erfahrungssätze verletzt worden sind.[246] Eine konkrete Revisionsrüge ist dabei nicht erforderlich (§ 557 Abs. 3 ZPO).[247]

106 **Gesetzliche Auslegungsregeln** sind insbesondere das Verbot der Buchstabenauslegung (§ 133) und das Gebot der Berücksichtigung von Treu und Glauben und der Verkehrssitte (§ 157).[248] Die Rechtsprechung zählt hierzu außerdem den Grundsatz, dass der Tatrichter alle für die Auslegung relevanten Umstände umfassend zu würdigen und seine Erwägungen in den Entscheidungsgründen nachvollziehbar darzulegen hat.[249] Die Revision kann daher auch darauf gestützt werden, dass der Tatrichter eine für die Auslegung relevante Tatsache bei der Entscheidung nicht berücksichtigt oder in ihrer rechtlichen Bedeutung verkannt hat.[250]

107 Zu den **allgemein anerkannten Auslegungsregeln** gehört etwa, dass bei der Auslegung von dem Wortlaut der Willenserklärung auszugehen ist (Rn 68)[251] und dass die Auslegung nach beiden Seiten hin interessengerecht zu erfolgen hat (vgl Rn 55 ff).[252] Ein Verstoß gegen **Denkgesetze** liegt vor, wenn der Tatrichter allgemeine Regeln der Logik außer Acht gelassen hat und deshalb zB zu einem in sich widersprüchlichen Ausle-

235 Vgl BGHZ 40, 332, 333 f; BGH NJW 1990, 1723, 1724; MüKo/*Busche*, § 133 Rn 64; PWW/*Ahrens*, § 133 Rn 50; Soergel/*Hefermehl*, § 133 Rn 35.
236 BGH NJW 2001, 144, 145; Palandt/*Ellenberger*, § 133 Rn 29; Staudinger/*Singer*, § 133 Rn 77; *Larenz/Wolf*, BGB AT, § 28 Rn 127.
237 MüKo/*Busche*, § 133 Rn 64.
238 MüKo/*Busche*, § 133 Rn 65; Soergel/*Hefermehl*, § 133 Rn 35.
239 Soergel/*Hefermehl*, § 133 Rn 35.
240 BGH LM § 157 (Gf) BGB Nr. 2; Soergel/*Hefermehl*, § 133 Rn 18; *Wieser*, JZ 1985, 405, 409.
241 MüKo/*Busche*, § 133 Rn 63.
242 Palandt/*Ellenberger*, § 133 Rn 30; Soergel/*Hefermehl*, § 133 Rn 36.
243 BGH NJW-RR 1990, 455; Soergel/*Hefermehl*, § 133 Rn 36.
244 Vgl *Schäfer*, NJW 2007, 3463 ff.
245 BGHZ 160, 83, 87; MüKo/*Busche*, § 133 Rn 66.
246 BGHZ 131, 136, 138; 137, 69, 72; BGH NJW-RR 1990, 455; NJW 1999, 1022; 2003, 819; 2008, 2702, 2704; NJW-RR 2008, 683, 684; WM 2009, 2321; BAG NJW 2007, 250, 252; NJW 2011, 1469, 1470; vgl auch Palandt/*Ellenberger*, § 133 Rn 30; Soergel/*Hefermehl*, § 133 Rn 36; Staudinger/*Singer*, § 133 Rn 79; Thomas/Putzo/*Reichold*, § 546 Rn 6; *Schäfer*, NJW 2007, 3463, 3465.
247 BGH NJW-RR 1990, 455; NJW 1998, 3268, 3270.
248 Vgl BGH NJW 2005, 2618, 2619; 2006, 2773, 2774; 2008, 2702, 2704.
249 Vgl BGH NJW 1999, 1022, 1023.
250 BGH NJW 1995, 45, 46; 1998, 3268, 2369; 2000, 2099; Bamberger/Roth/*Wendtland*, § 133 Rn 32; Palandt/*Ellenberger*, § 133 Rn 30.
251 BGH NJW-RR 2006, 976, 977; 2006, 1139, 1141; WM 2009, 2321.
252 BGHZ 131, 136, 138; 137, 69, 72; BGH NJW 2003, 819; BB 2005, 2097 f; NJW 2009, 2449; WM 2009, 2321.

gungsergebnis gekommen ist.[253] Ein Verstoß gegen **allgemeine Erfahrungssätze** wird angenommen, wenn der Tatrichter die Bedeutung des allgemeinen Sprachgebrauchs verkannt hat.[254]

Ist dem Tatrichter ein revisibler Auslegungsfehler unterlaufen, so kann das **Revisionsgericht** die **Auslegung selbst vornehmen**, wenn die Sache zu einer abschließenden Entscheidung reif ist, weil keine weiteren tatsächlichen Feststellungen erforderlich sind (vgl § 563 Abs. 3 ZPO).[255] Dies gilt auch für die **ergänzende Auslegung** (dazu § 157 Rn 69).[256] **108**

Die eingeschränkte revisionsgerichtliche Kontrolle der Auslegung ist in der Literatur auf beachtliche **Kritik** gestoßen.[257] Sie lässt sich jedoch damit rechtfertigen, dass die tatsächlichen und normativen Elemente bei der Auslegung von Individualvereinbarungen besonders eng miteinander verknüpft sind. Der für die Feststellung der Tatsachen zuständige Tatrichter ist daher im Allgemeinen **„näher dran"** als das Revisionsgericht, die mit der Auslegung verbundenen Rechtsfragen zu beurteilen.[258] Außerdem kommt den Revisionszwecken **„Wahrung der Rechtseinheit"** und **„Rechtsfortbildung"** bei der Auslegung von Individualvereinbarungen keine Bedeutung zu, weil die hier maßgeblichen Erwägungen am Einzelfall orientiert sind und daher kaum auf andere Streitigkeiten übertragen werden können.[259] Dass das Revisionsgericht die Auslegung bei ausreichenden Tatsachenfeststellungen selbst vornehmen kann, steht hierzu in keinem Widerspruch, weil eine Zurückverweisung in solchen Fällen mit dem Gedanken der **Prozessökonomie** unvereinbar wäre.[260] **109**

3. AGB, Formularverträge und typische Klauseln. Inländische Allgemeine Geschäftsbedingungen, Formularverträge und typische Klauseln, die im Geschäftsverkehr für bestimmte Geschäfte häufig verwendet werden, unterliegen nach ständiger Rechtsprechung einer **uneingeschränkten Kontrolle** durch das Revisionsgericht.[261] Die Sonderbehandlung solcher Klauseln erklärt sich daraus, dass die Besonderheiten des Einzelfalles hier wegen der Objektivierung der Auslegung (Rn 87) keine Rolle spielen und eine einheitliche Handhabung aus Gründen der Rechtssicherheit geboten erscheint.[262] Rechtsprechung und Literatur haben die Zulässigkeit der Auslegung durch das Revisionsgericht allerdings bis in die neuere Zeit hinein davon abhängig gemacht, dass die AGB über den **Bezirk eines Oberlandesgerichts** hinaus gelten.[263] Dahinter stand die Erwägung, AGB seien wie revisible Rechtsnormen zu behandeln. Bei Rechtnormen konnte die Revision aber nur darauf gestützt werden, dass die Entscheidung auf der Verletzung des Bundesrechts oder einer Vorschrift beruht, deren Geltungsbereich sich über den Bezirk eines Oberlandesgerichts hinaus erstreckt (vgl § 545 Abs. 1 bzw § 549 Abs. 1 ZPO aF).[264] Der BGH hat jedoch in einer grundlegenden Entscheidung vom 5.7.2005 klargestellt, dass die Reform des Rechtsmittelrechts durch das Reformgesetz vom 27.7.2001[265] bei AGB zu einer Ausweitung der Revisibilität geführt hat. Nachdem die Revision nunmehr auch gegen Urteile der Landgerichte eröffnet sei, könne das Revisionsgericht AGB schon dann selbst auslegen, wenn eine unterschiedliche Auslegung durch verschiedene Berufungsgerichte – also auch durch verschiedene **Landgerichte** – denkbar sei. Dass die Klausel nur im Bezirk eines Oberlandesgerichts anwendbar sei, stehe der Auslegung durch das Revisionsgericht also nicht mehr entgegen.[266] Diese Rechtsprechung wurde dadurch bestätigt, dass der Gesetzgeber – unter ausdrücklicher Anknüpfung an die fraglichen Entscheidungen[267] – sich dafür entschieden hat, die einschränkenden räumlichen Voraussetzungen für die Revisibilität von Rechtsnormen mit Wirkung vom 1.9.2009 entfallen zu lassen (vgl § 545 Abs. 1 ZPO nF). **110**

Die Auslegung **ausländischer AGB** ist der revisionsgerichtlichen Nachprüfung dagegen nach wie vor grundsätzlich entzogen.[268] Das Revisionsgericht kann allerdings nachprüfen, ob es sich überhaupt um ausländische AGB handelt[269] und ob die Anwendung der AGB im Einzelfall zu einem Ergebnis führt, das mit wesentlichen Grundsätzen des deutschen Rechts offensichtlich unvereinbar ist (vgl Art. 6 EGBGB, Art. 21 Rom I-VO).[270] **111**

253 Vgl BGH FamRZ 1980, 1104.
254 BGH LM § 133 (C) BGB Nr. 17; LM § 133 (Fb) BGB Nr. 4; Soergel/*Hefermehl*, § 133 Rn 36.
255 BGHZ 65, 107, 112; 121, 284, 289; BGH NJW 1991, 1180, 1181; 2000, 2099, 2100; 2007, 912; NJW-RR 2007, 1309, 1310; 2008, 683, 684.
256 BGH NJW 1998, 1219; Thomas/Putzo/*Reichold*, § 546 Rn 6.
257 Vgl etwa MüKo/*Busche*, § 133 Rn 68 ff; Stein/Jonas/*Grunsky*, ZPO, 21. Aufl. 1994, §§ 549, 550 IV Rn 38; *May*, NJW 1983, 980.
258 Vgl BGHZ 96, 245, 250; *Larenz/Wolf*, BGB AT, § 28 Rn 130 mit Fn 154.
259 *Larenz/Wolf*, BGB AT, § 28 Rn 131.
260 Vgl BGH NJW 2000, 2099, 2100.
261 BGHZ 1, 83, 86; 22, 109, 113; 62, 251, 252 f; 67, 101, 103; 98, 256, 258; 112, 204, 210; 122, 256, 260; 144, 245, 248; BGH NJW 2001, 1270, 1271; 2005, 2919, 2921; MüKo/*Busche*, § 133 Rn 67; Palandt/*Ellenberger*, § 133 Rn 31; Staudinger/*Singer*, § 133 Rn 79.
262 Vgl Staudinger/*Roth*, § 157 Rn 55.
263 Vgl etwa BGHZ 112, 204, 210; 144, 245, 248; NJW 2005, 1426, 1427; RGRK/*Krüger-Nieland/Zöller*, § 133 Rn 61, 67; Soergel/*Hefermehl*, § 133 Rn 37.
264 Vgl Bamberger/Roth/*Schmidt*, § 305 c Rn 48.
265 BGBl. I, 1887.
266 BGHZ 163, 321, 323 f = NJW 2005, 2919, 2921; ebenso BGH, NJW-RR 2008, 251, 252; Urt. v. 1.10.2009 – VII ZR 183/08 Tz 48; vgl auch Thomas/Putzo/*Reichold*, § 546 Rn 7; krit. Bamberger/Roth/*Schmidt*, § 305 c Rn 48.
267 Vgl Begr. BT-Drucks. 16/9733 S. 301 f.
268 BGHZ 49, 356, 362; 112, 204, 210; Palandt/*Ellenberger*, § 133 Rn 31; PG/*Ackermann*, § 546 Rn 5.
269 BGHZ 112, 204, 210.
270 Thomas/Putzo/*Reichold*, § 545 Rn 10.

Der Sache nach gelten also die gleichen Grundsätze wie für die Auslegung **ausländischer Rechtsnormen**, die nach §§ 545 Abs. 1, 560 ZPO grundsätzlich ebenfalls nach wie vor nicht revisibel ist.[271]

112 **4. Prozesshandlungen und Prozessvergleiche.** Die Auslegung von **Prozesshandlungen** (Rn 9) ist nach ständiger Rechtsprechung auch dann **in vollem Umfang revisibel**, wenn es sich um Individualerklärungen handelt.[272] Dieser Auffassung ist jedoch entgegenzuhalten, dass die Gründe, die für eine Einschränkung der revisionsgerichtlichen Kontrolle bei Individualvereinbarungen sprechen (Rn 105 ff), grundsätzlich auch auf Prozesshandlungen zutreffen, sofern nicht ausnahmsweise eine Vertypung (zB Formular für Erteilung der Prozessvollmacht) vorliegt, so dass eine unterschiedliche Auslegung durch verschiedene Berufungsgerichte denkbar ist (oben Rn 110). Eine Ausweitung des Prüfungsumfangs ist nur gerechtfertigt, wenn sich die Prozesshandlung auf eine Prozessvoraussetzung bezieht, die von Amts wegen zu prüfen ist.[273]

113 Ob der Grundsatz der uneingeschränkten Revisibilität auch für die Auslegung von **Prozessvergleichen** gilt, wird von der hM wegen der Doppelnatur dieses Rechtsinstituts als Prozesshandlung und Rechtsgeschäft im materiellrechtlichen Sinne uneinheitlich beurteilt. Der überwiegende Teil von Rechtsprechung und Literatur spricht sich für eine Gleichbehandlung mit Individualvereinbarungen aus. Die Auslegung des materiellrechtlichen Inhalts eines Prozessvergleichs kann somit vom Revisionsgericht nur daraufhin überprüft werden, ob der Tatrichter gesetzliche oder allgemein anerkannte Auslegungsregeln, Denkgesetze, Erfahrungssätze oder Verfahrensvorschriften verletzt hat.[274]

114 **5. Gesellschaftsverträge und Satzungen.** Soweit bei der Auslegung der Satzungen von **Kapitalgesellschaften** aus Gründen der Rechtssicherheit eine **objektivierte Betrachtung** geboten ist (s. dazu Rn 97 f), treffen die für die Einschränkung der revisionsgerichtlichen Kontrolle maßgeblichen Gründe nicht zu. Die hM geht daher zu Recht davon aus, dass die Auslegung der körperschaftlichen Regelungen solcher Satzungen in vollem Umfang durch das Revisionsgericht überprüft werden kann.[275] Das Gleiche muss dann aber auch für die Auslegung der körperschaftlichen Regelungen der Gesellschaftsverträge von **Personengesellschaften** (Rn 98) gelten.[276]

115 Die Auslegung der **individualrechtlichen Bestimmungen** von Satzungen oder Gesellschaftsverträgen ist primär Sache des Tatrichters. Die revisionsgerichtliche Kontrolle ist hier ebenso eingeschränkt wie bei der Auslegung sonstiger Individualvereinbarungen.[277]

116 Bei rechtsfähigen und nicht rechtsfähigen **Vereinen** wird traditionell davon ausgegangen, dass die Auslegung der Satzung nur dann der uneingeschränkten Kontrolle durch das Revisionsgericht unterliegt, wenn der Wohnsitz der Mitglieder in mehr als einem OLG-Bezirk liegt.[278] Diese Auffassung kann jedoch nicht überzeugen. Der oft eher zufällige, schwer feststellbare und vielleicht sogar wechselnde Wohnsitz einzelner Vereinsmitglieder ist kein geeignetes Kriterium für die Frage, in welchem Umfang die Auslegung einer Vereinssatzung der revisionsgerichtlichen Kontrolle unterliegen soll.[279] Es ist daher zu begrüßen, dass der BGH in neuerer Zeit nicht mehr auf dieses Kriterium zurückgegriffen hat.[280] Dies gilt umso mehr, seit die räumliche Einschränkung der Revisibilität von Rechtsnormen in § 545 Abs. 1 ZPO entfallen ist. Die revisionsgerichtliche Kontrolle der Auslegung von Vereinssatzungen unterliegt damit den gleichen Grundsätzen wie die Kontrolle der Auslegung sonstiger Satzungen. Nach dem Zweck der Revision kann es auch hier nur darauf ankommen, ob eine unterschiedliche Auslegung durch verschiedene Berufungsgerichte denkbar ist.

271 Vgl BGHZ 27, 45, 50 f; BGH NJW 1992, 2027, 2029; Thomas/Putzo/*Reichold*, § 545 Rn 8 ff; PG/*Ackermann*, § 546 Rn 5; *Looschelders*, IPR, Vorbem. zu Art. 3–6 EGBGB Rn 57 ff; aA wegen der Neufassung des § 545 Abs. 2 ZPO jetzt *Hess/Hübner*, NJW 2009, 3132 ff.

272 BGHZ 4, 328, 334; 115, 286, 290 = NJW 1992, 566; BGH NJW-RR 1996, 1210, 1211; NJW 2000, 3216, 3217 m. Anm. *Olzen*, EWiR 2000, 195; NJW-RR 2006, 862, 863; Thomas/Putzo/*Reichold*, § 546 Rn 4.

273 So auch MüKo-ZPO/*Wenzel*, § 546 Rn 11; Stein/Jonas/*Grunsky*, ZPO, §§ 549, 550 IV Rn 45.

274 So RGZ 154, 319, 320; BGH MDR 1968, 576; NJW-RR 1996, 932; BAG NJW 2005, 524; Palandt/*Ellenberger*, § 133 Rn 30; MüKo/*Habersack*, § 779 Rn 45; MüKo-ZPO/*Wenzel*, § 546 Rn 12; Staudinger/*Marburger*, § 779 Rn 92; Thomas/Putzo/*Reichold*, § 546 Rn 6; aA (für uneingeschränkte Nachprüfung) BAG MDR 1983, 1053; Baumbach/Lauterbach/*Hartmann*, ZPO, § 546 Rn 9. Der BGH hat die Frage in neuerer Zeit wiederholt offen gelassen, vgl BGH NJW 1995, 652, 654; 1997, 250, 252; 1997, 731, 732; 2000, 1942, 1943; NJW-RR 1995, 1201, 1202.

275 Vgl BGHZ 14, 25, 36; 68, 142, 146; 116, 359, 364; 123, 347, 350; BGH NJW 1994, 184, 185; Soergel/*Hefermehl*, § 133 Rn 38; Thomas/Putzo/*Reichold*, § 545 Rn 10.

276 BGH DB 1982, 218; Palandt/*Ellenberger*, § 133 Rn 31.

277 Baumbach/Lauterbach/*Hartmann*, ZPO, § 546 Rn 7.

278 So BGHZ 21, 370, 374; 27, 297, 300; BGH NJW 1967, 1657, 1658; Thomas/Putzo/*Reichold*, § 546 Rn 9; Soergel/*Hefermehl*, § 133 Rn 38.

279 So auch Soergel/*Hadding*, § 25 Rn 36; Staudinger/*Weick*, § 25 Rn 17.

280 BGHZ 96, 245, 250; BGH WM 1997, 1701, 1702; vgl auch Bamberger/Roth/*Schwarz*, § 25 Rn 14, wonach die einschränkende Rechtsprechung des BGH nicht mehr aktuell ist.

Anhang zu § 133: Auslegung von Gesetzen und Rechtsfortbildung

Literatur: *Bärenz*, Die Auslegung der überschießenden Umsetzung von Richtlinien am Beispiel des Gesetzes zur Modernisierung des Schuldrechts, DB 2003, 375; *Betti*, Allgemeine Auslegungslehre als Methode der Geisteswissenschaft, 1967; *Bydlinski*, Juristische Methodenlehre und Rechtsbegriff, 2. Auflage 1991; *Canaris*, Die Feststellung von Lücken im Gesetz, 2. Auflage 1983; *ders.*, Das Rangverhältnis der „klassischen" Auslegungskriterien, demonstriert an Standardproblemen aus dem Zivilrecht, in: FS Medicus 2001, S. 25; *ders.*, Die richtlinienkonforme Auslegung und Rechtsfortbildung im System der juristischen Methodenlehre, in: FS Bydlinski 2002, 47; *ders.*, Die verfassungskonforme Auslegung und Rechtsfortbildung im System der juristischen Methodenlehre, in: FS Kramer 2004, 141; *ders.*, Gemeinsamkeiten zwischen verfassungs- und richtlinienkonformer Auslegung, FS Reiner Schmidt 2006, 41; *Deckert*, Die Methodik der Gesetzesauslegung, JA 1994, 412; *Durner*, Verfassungsrechtliche Grundlagen und Grenzen des Richterrechts, JA 2008, 7; *Ehricke*, Die richtlinienkonforme und die gemeinschaftsrechtskonforme Auslegung nationalen Rechts, RabelsZ 59 (1995), 598; *Engisch*, Einführung in das juristische Denken, 10. Auflage 2005; *Enneccerus/Nipperdey*, Allgemeiner Teil des Bürgerlichen Rechts, 1. Halbband, 15. Auflage 1959; *Everling*, Zur Auslegung des durch EG-Recht angeglichenen nationalen Rechts, ZGR 1992, 376; *Gebauer*, Der Durchbruch zur richtlinienkonformen Rechtsfortbildung, GPR 2009, 82; *Gebauer/Wiedmann* (Hrsg.), Zivilrecht unter europäischem Einfluss, 2. Auflage 2010; *Grundmann*, Richtlinienkonforme Auslegung im Bereich des Privatrechts – insbesondere: der Kanon der nationalen Auslegungsmethoden als Grenze?, ZEuP 1996, 399; *Hassold*, Wille des Gesetzgebers oder objektiver Sinn des Gesetzes – subjektive oder objektive Theorie der Gesetzesauslegung, ZZP 94 (1981), 192; *ders.*, Strukturen der Gesetzesauslegung, in: FS Larenz 1983, S. 211; *Heiderhoff*, Gemeinschaftsprivatrecht, 2. Aufl. 2007; *Herresthal*, Die Grenzen der richtlinienkonformen Rechtsfortbildung im Kaufrecht, WM 2007, 1354; *ders.*, Die Richtlinienwidrigkeit des Nutzungsersatzes bei Nachlieferung im Verbrauchsgüterkauf, NJW 2008, 2475; *Höpfner*, Die systemkonforme Auslegung, 2008; *Höpfner/Rüthers*, Grundlagen einer europäischen Methodenlehre, AcP 209 (2009), 1; *Horn*, Einführung in die Rechtswissenschaft und Rechtsphilosophie, 4. Auflage 2007; *U. Huber*, Savignys Lehre von der Auslegung der Gesetze in heutiger Sicht, JZ 2003, 1; *Koch/Rüßmann*, Juristische Begründungslehre, 1982; *Kramer*, Juristische Methodenlehre, 2. Auflage 2005; *Langenbucher*, Die Entwicklung und Auslegung von Richterrecht, 1996; *Larenz*, Methodenlehre der Rechtswissenschaft, 6. Auflage 1991; *Larenz/Canaris*, Methodenlehre der Rechtswissenschaft (Studienausgabe), 3. Auflage 1995; *Looschelders*, Schuldrecht Allgemeiner Teil, 8. Auflage 2010; *Looschelders/Roth*, Juristische Methodik im Prozess der Rechtsanwendung, 1996; *Lüdemann*, Die verfassungskonforme Auslegung von Gesetzen, JuS 2004, 27; *Lüderitz*, Die Auslegung von Rechtsgeschäften, 1966; *Mayer/Schürnbrand*, Einheitlich oder gespalten? – Zur Auslegung nationalen Rechts bei überschießender Umsetzung von Richtlinien, JZ 2004, 545; *F. Müller/Christensen*, Juristische Methodik, Bd. 1, Grundlegung für die Arbeitsmethoden der Rechtspraxis, 10. Auflage 2009; Bd. 2, Europarecht, 2. Aufl. 2007; *Neuner*, Die Rechtsfindung contra legem, 1992; *Pawlowski*, Methodenlehre für Juristen, 3. Auflage 1999; *Pfeiffer*, Richtlinienkonforme Auslegung gegen den Wortlaut des nationalen Gesetzes – Die Quelle-Folgeentscheidung des BGH, NJW 2009, 412; *Regenfus*, Die „doppelte Analogie" – Erscheinungsformen und Voraussetzungen, JA 2009, 579; *Riesenhuber* (Hrsg.), Europäische Methodenlehre, 2. Auflage 2010; *Rüthers*, Methodenrealismus in Jurisprudenz und Justiz, JZ 2006, 53; *ders.*, Rechtstheorie, 5. Aufl. 2010; *Schroeder*, Die Auslegung des EU-Rechts, JuS 2004, 180; *Wank*, Die Auslegung von Gesetzen, 4. Auflage 2008; *Würdinger*, Die Analogiefähigkeit von Normen, AcP 206 (2006), 946; *Würdinger/Bergmeister*, Analogie und Umkehrschluss, Jura 2007, 15; *Zippelius*, Juristische Methodenlehre, 10. Auflage 2006.

A. Allgemeines

I. Bedeutung der §§ 133, 157

Im Unterschied zu anderen kontinentaleuropäischen Zivilrechtskodifikationen (zB §§ 6–8 österr. ABGB, Art. 1 schweiz. ZGB) ist die Auslegung von Gesetzen im BGB nicht einmal ansatzweise geregelt. Für die Auslegung von Rechtsgeschäften enthalten die §§ 133, 157 zwar einige allgemeine Regeln, die auch für die 1

Gesetzesauslegung relevant sind, wie etwa das Verbot der Buchstabeninterpretation in § 133.[1] Insoweit handelt es sich jedoch um hermeneutische Selbstverständlichkeiten.[2] Bei konkreten Problemen lässt sich dagegen oft feststellen, dass die für die Auslegung von Rechtsgeschäften entwickelten Grundsätze auf die Auslegung von Gesetzen **nicht passen**. So kann man sich bei der Auslegung von Gesetzen nicht entsprechend der Lehre vom Empfängerhorizont an den Verständnismöglichkeiten der Normadressaten orientieren, weil dies die notwendige Einheitlichkeit des Gesetzesinhalts infrage stellen würde (vgl Rn 10). In anderen Fällen mag man **aus unterschiedlichen Gründen** zu gleichen Ergebnissen kommen. So hat der Wille des Gesetzgebers bei der Auslegung von Gesetzen aus verfassungsrechtlichen Gründen eine ähnlich große Bedeutung wie der Wille des Erklärenden bei der Auslegung von Willenserklärungen (vgl Rn 3 ff). Bei allen methodischen Parallelen folgt die Auslegung von Gesetzen also letztlich **eigenständigen Regeln**. Die §§ 133, 157 haben damit in diesem Bereich keine praktische Bedeutung.

II. Ziel, Gegenstand und Mittel der Gesetzesauslegung

2 Die Gesetzesauslegung hat das Ziel, den für die Entscheidung maßgebenden **Inhalt des Gesetzes** mit Blick auf einen konkreten Lebenssachverhalt zu ermitteln.[3] Gegenstand und primäres Mittel der Auslegung ist der **Gesetzestext**.[4] Denn dieser stellt aus verfassungsrechtlichen Gründen die allein verbindliche Verkörperung („Objektivierung") des gesetzgeberischen Willens dar.[5] Bei Auftreten von Unklarheiten ist der Rechtsanwender aber nicht darauf beschränkt, den Inhalt der Norm aus deren Wortlaut und systematischer Stellung heraus zu ermitteln (**textinterne Auslegung**); er kann (und muss) vielmehr auch außerhalb des Gesetzestextes liegende Kriterien berücksichtigen (**textexterne Auslegung**).[6]

III. Der Maßstab der Gesetzesauslegung

3 **1. Subjektive und objektive Theorie.** An welchem Maßstab der Rechtsanwender sich bei der Auslegung von Gesetzen zu orientieren hat, ist umstritten.[7] Die **subjektive Theorie** stellt auf den wirklichen (subjektiven) Willen des historischen Gesetzgebers ab.[8] Nach der **objektiven Theorie** ist dagegen der vom subjektiven Willen des historischen Gesetzgebers losgelöste objektivierte Wille des Gesetzes maßgeblich.[9] In der neueren Literatur werden zunehmend **vermittelnde Auffassungen** vertreten, wonach subjektive und objektive Kriterien bei der Auslegung nebeneinander relevant sind.[10] Der Sache nach entspricht dies auch der Ansicht des BVerfG und der neueren Rechtsprechung des BGH, die auf den „objektivierten Willen" des Gesetzgebers abstellen.[11]

4 Bei der **Würdigung des Meinungsstreits** ist davon auszugehen, dass die verschiedenen Theorien unterschiedliche Erkenntnisinteressen befriedigen und daher aus **allgemeiner hermeneutischer Sicht** prinzipiell gleichwertig sind.[12] Die Entscheidung muss daher auf spezifisch rechtliche Erwägungen gestützt werden. Zentrale Bedeutung kommt dabei der **verfassungsrechtlichen Verteilung der Kompetenzen** zu. Wenn der Richter nach Art. 20 Abs. 3 und Art. 97 Abs. 1 GG an das Gesetz gebunden ist, so beschränkt sich dies nicht auf eine formale Bindung an den Wortlaut des Gesetzes; bei materieller Betrachtung kann es vielmehr nur um eine Bindung an die im Gesetz zum Ausdruck gekommenen Entscheidungen des Gesetzgebers gehen.[13] Art. 20 Abs. 3 GG steht dabei in einem unmittelbaren Zusammenhang mit Art. 20 Abs. 2 S. 2 GG. Während dort das Gewaltenteilungsprinzip statuiert ist, regelt Art. 20 Abs. 3 GG das Verhältnis zwischen den Gewalten

1 Vgl BGHZ 2, 176, 184; 13, 28, 30; Palandt/*Sprau*, Einl. Rn 40; RGRK/*Krüger-Nieland/Zöller*, § 133 Rn 50; krit. Soergel/*Hefermehl*, Anh. § 133 Rn 1.
2 So MüKo/*Busche*, § 133 Rn 46.
3 Soergel/*Hefermehl*, Anh. § 133 Rn 1; PWW/*Prütting*, Einl. Rn 40; *Larenz/Wolf*, BGB AT, § 4 Rn 31; *Flume*, BGB AT, § 16, 1 b; *Looschelders/Roth*, Methodik, S. 21; aA *Rüthers*, Rechtstheorie, Rn 725: Normzweck als Ziel der Auslegung.
4 *Larenz*, Methodenlehre, S. 313.
5 Vgl *Looschelders/Roth*, Methodik, S. 21 ff.
6 Zu dieser Unterscheidung vgl *Looschelders/Roth*, Methodik, S. 28 f.
7 Ausf. zum Streitstand Staudinger/*Coing/Honsell*, Einl. zum BGB Rn 132 ff.
8 Vgl BGHZ 13, 28, 30; BGH NJW 1997, 1695, 1696 f = ZIP 1997, 1507 m. krit. Anm. *Canaris*; MüKo/*Säcker*, Einl. Rn 71, 115 ff; *Engisch*, Einführung, S. 123 Anm. 47; *Enneccerus/Nipperdey*, BGB AT-1, S. 324 ff; *Heck*, Gesetzesauslegung und Interessenjurisprudenz, 1914, S. 64 ff; *Looschelders/Roth*, Methodik, S. 28 ff; *Hassold*, ZZP 94 (1981), 192 ff, 210; *Rüthers*, JZ 2006, 53; *ders.*, Rechtstheorie, Rn 717 ff.
9 So etwa BGHZ 2, 176, 184; BGHSt 1, 74, 76; *Scherner*, BGB AT, 1995, S. 10.
10 Vgl etwa Soergel/*Hefermehl*, Anh. § 133 Rn 2; Staudinger/*Coing/Honsell*, Einl. zum BGB Rn 137; PWW/*Prütting*, Einl. Rn 40; *Kramer*, Methodenlehre, S. 119 ff; *Larenz*, Methodenlehre, S. 316 ff; *Rüthers*, Rechtstheorie, Rn 705 ff; *Hübner*, BGB AT, Rn 103.
11 Vgl BVerfGE 1, 299, 312; 11, 126, 129 ff; 71, 81, 106; 79, 106, 121; BGHZ 46, 74, 76; 49, 221, 223; ferner Palandt/*Sprau*, Einl. Rn 40; RGRK/*Krüger-Nieland/Zöller*, § 133 Rn 50.
12 So auch *Zippelius*, Methodenlehre, § 4 IIa.
13 Vgl BVerfGE 35, 263, 278 f; *Larenz*, Methodenlehre, S. 316; *Looschelders/Roth*, Methodik, S. 51; *Rüthers*, Rechtstheorie, Rn 722.

im Sinne eines **grundsätzlichen Primats des Gesetzgebers**.[14] Im Ergebnis ergibt sich damit eine deutliche Parallele zu § 133. Dies darf jedoch nicht darüber hinwegtäuschen, dass die Maßgeblichkeit des Willens des „Erklärenden" bei Willenserklärungen und Gesetzen auf unterschiedlichen Erwägungen beruht.

2. Der Wille des Gesetzgebers. Da das Gesetz seine Legitimation von dem Gesetzgeber ableitet, der es erlassen hat, muss der Rechtsanwender sich bei der Auslegung im Ausgangspunkt am Willen des **historischen Gesetzgebers** orientieren.[15] Dass eine Rückbindung an den Willen des aktuellen Gesetzgebers nicht legitimierbar ist, zeigt auch die Rechtsprechung des BVerfG zu Art. 100 GG, wonach vorkonstitutionelle Gesetze nicht automatisch dem aktuellen Gesetzgeber zuzurechnen sind.[16] 5

Jeder Gesetzgeber ist sich indessen bewusst, dass sich die tatsächlichen und rechtlichen Verhältnisse im Laufe der Zeit ändern können. Bei **älteren Gesetzen** ist es daher zulässig und geboten, den Willen des Gesetzgebers mit Blick auf die aktuellen tatsächlichen und rechtlichen Verhältnisse „fortzuschreiben".[17] Dabei gewinnen objektiv-teleologische Kriterien große Bedeutung.[18] Ausgangspunkt bleiben aber die Wertungen des historischen Gesetzgebers. 6

Auch bei **neueren Gesetzen** lässt sich die Bindung an den tatsächlichen Willen des historischen Gesetzgebers bei der praktischen Rechtsanwendung nicht uneingeschränkt verwirklichen. Dies beruht häufig darauf, dass der Gesetzgeber die infrage stehende Problematik nicht bedacht und deshalb insoweit überhaupt keine Wertentscheidung getroffen hat. In anderen Fällen mag sich die gesetzgeberische Wertentscheidung nicht sicher feststellen lassen. Auf der Grundlage einer subjektiven Auslegungstheorie muss in solchen Fällen hilfsweise auf den **mutmaßlichen Willen des Gesetzgebers** abgestellt werden.[19] Da der Wille des Gesetzgebers im Zweifel auf eine vernünftige und interessengerechte Lösung gerichtet sein wird, haben objektiv-teleologische Erwägungen auch hier große Bedeutung.[20] 7

3. Praktische Bedeutung des Meinungsstreits. Da auch nach einer richtig verstandenen subjektiven Theorie objektiv-teleologische Erwägungen in den meisten Zweifelsfällen den Ausschlag geben, kommt es bei der praktischen Rechtsanwendung regelmäßig nicht auf den Streit über den Auslegungsmaßstab an. Dies gilt insbesondere für **ältere Gesetze** wie das BGB, bei denen die notwendige „Aktualisierung" [21] der gesetzgeberischen Wertentscheidung dem Rechtsanwender genügend Spielraum gibt, um eine interessengerechte Lösung für neue tatsächliche und rechtliche Probleme zu entwickeln. 8

Mit dem Schuldrechtsmodernisierungsgesetz ist indes eine Vielzahl von Vorschriften in das BGB aufgenommen worden, die auf einer **aktuellen gesetzgeberischen Wertentscheidung** beruhen; infolge der Fülle der zugänglichen Materialien kann diese Wertentscheidung auch oft mit der notwendigen Sicherheit festgestellt werden. Die Rechtsprechung argumentiert in diesem Bereich daher nicht selten sehr dezidiert mit dem **„gesetzgeberischen Anliegen"** bzw dem **„Normkonzept des Gesetzgebers"**.[22] Teleologische Erwägungen können auch hier zwar ergänzend herangezogen werden. Dies gilt insbesondere dann, wenn die gesetzgeberische Wertentscheidung im Einzelfall doch nicht sicher feststellbar ist oder für das konkrete Auslegungsproblem keine eindeutigen Vorgaben enthält. Liegt eine klare und irrtumsfreie gesetzgeberische Entscheidung vor, die nicht aufgrund eines Wandels der tatsächlichen oder rechtlichen Verhältnisse „aktualisiert" werden muss, so ist der Richter dagegen nach Art. 20 Abs. 3 GG gehindert, sich hierüber unter Berufung auf objektiv-teleologische Kriterien hinwegzusetzen.[23] Die Rechtsprechung geht deshalb zu Recht davon aus, dass die Möglichkeit der Auslegung dort endet, wo sie mit dem **Wortlaut** und dem **klar erkennbaren Willen des Gesetzgebers** in Widerspruch treten würde.[24] Dem Richter ist es in diesem Fall verwehrt, seine eigenen Vorstellungen an die Stelle des verbindlichen Gesetzesrechts zu setzen.[25] Dies schließt auch eine Rechtsfortbildung gegen die eindeutige Regelungsabsicht des Gesetzgebers aus. Auch in der neueren Rechtsprechung gibt es zwar Beispiele dafür, dass eine vom Gesetzeswortlaut abweichende Gesetzesanwendung mit objektiv teleologischen Argumenten gerechtfertigt wird. Der BGH weist dabei jedoch ausdrücklich darauf hin, dass 9

14 Vgl *Looschelders/Roth*, Methodik, S. 54.

15 MüKo/*Säcker*, Einl. Rn 118; *Looschelders/Roth*, Methodik, S. 62; auf den aktuellen Gesetzgeber abstellend *Pawlowski*, Methodenlehre, Rn 3 c, 486; *Wank*, Auslegung, S. 32 ff. Eine Ausnahme gilt für Gesetze aus der NS-Zeit, vgl *Looschelders/Roth*, Methodik, S. 212.

16 Vgl etwa BVerfGE 63, 181, 188; 70, 126, 129 ff; BVerfG NJW 1998, 3557.

17 *Betti*, Auslegungslehre, S. 632; *Larenz*, Methodenlehre, S. 319 Fn 16; *Looschelders/Roth*, Methodik, S. 64; MüKo/*Säcker*, Einl. Rn 119. Zu einem praktischen Beispiel BGHZ 124, 128, 144: Anpassung des Haftungsrechts an die Fortschritte der Medizin.

18 Vgl BGHZ 47, 324, 326, wonach der Wille des historischen Gesetzgebers in solchen Fällen gegenüber objektiven Auslegungskriterien zurücktritt.

19 *Looschelders/Roth*, Methodik, S. 65 f, 160 ff.

20 Vgl RGZ 74, 69, 72; *Engisch*, Einführung, S. 123 f. Anm. 47.

21 *Zimmermann*, NJW 1956, 1262, 1263 f.

22 Vgl etwa BGH NJW 2009, 2674, 2676.

23 Vgl BVerfGE 8, 28, 33 ff; 18, 97, 111; BGHZ 46, 74, 85; BGH NJW 1997, 1695, 1697; RGRK/*Krüger-Nieland/Zöller*, § 133 Rn 52; *Looschelders/Roth*, Methodik, S. 195 ff.

24 Vgl BVerfGE 98, 17, 45; 101, 312, 319; BGH NJW 2006, 3200, 3201.

25 Sehr deutlich dazu BGH NJW 2009, 2523, 2526.

die Gesetzesmaterialien keine Hinweise für die Annahme enthalten, der Gesetzgeber habe ein abweichendes Regelungsziel verfolgt.[26] Wenn in der Literatur davon gesprochen wird, dass im Konfliktfall die objektive Normauslegung vorgehe,[27] ist dies zumindest missverständlich.

10 **4. Vertrauensschutz des Normadressaten.** Anders als bei der Auslegung von Willenserklärungen (dazu § 133 Rn 24 ff) sind die **Verständnismöglichkeiten der** (potenziellen) **Adressaten** bei der Auslegung von Gesetzen grundsätzlich **irrelevant**.[28] Die Lehre vom Empfängerhorizont kann hier schon deshalb nicht herangezogen werden, weil der Sinn des Gesetzes für alle Adressaten gleich sein muss. Der Normadressat hat daher im Zweifel rechtlichen Rat einzuholen. Im Übrigen enthalten das materielle Recht und das Prozessrecht aber zahlreiche Möglichkeiten, um den verfassungsrechtlich gebotenen Vertrauensschutz (Art. 20 Abs. 3 GG) zu verwirklichen.

11 In materiellrechtlicher Hinsicht kommt dabei dem **Verschuldensprinzip** große Bedeutung zu. Verschärft die Rechtsprechung in einem bestimmten Bereich die Anforderungen an die im Verkehr erforderliche Sorgfalt (§ 276 Abs. 2), so kann das Verhalten des Schädigers als nicht schuldhaft zu qualifizieren sein, wenn er sich an der bisherigen Rechtsprechung orientiert hat.[29] Bei einem Rechtsanwalt oder Notar ist die objektiv unrichtige Anwendung einer Vorschrift im Allgemeinen nicht schuldhaft, wenn er sich an der seinerzeit maßgeblichen Rechtsprechung orientiert hat.[30] Darüber hinaus kann der Umstand, dass der Normadressat sich an der bisherigen Rechtsprechung orientiert hat, bei der Entscheidung über die Missbräuchlichkeit eines Verhaltens im Rahmen von **Treu und Glauben** (§ 242 BGB) berücksichtigt werden.[31] Greift kein materiellrechtliches Korrektiv ein, so haben die Gerichte die Möglichkeit, die mit einer **Änderung der Rechtsprechung** verbundenen Folgen aus Gründen des Vertrauensschutzes ausnahmsweise **auf künftige Fälle** zu **beschränken**.[32]

IV. Der Wortlaut als Grenze der Auslegung

12 Auch wenn dem Willen des Gesetzgebers bei der Auslegung von Gesetzen zentrale Bedeutung zukommt, so ist der Text des Gesetzes aus verfassungsrechtlichen Gründen doch die allein verbindliche „Objektivierung" dieses Willens (vgl Rn 4). Die Auslegung hat die Aufgabe, den Inhalt des Gesetzes zu ermitteln. Was mit dem möglichen Wortsinn nicht vereinbar ist, kann aber nicht Inhalt des Gesetzes sein. Die hM geht daher zu Recht davon aus, dass die Auslegung durch den Wortlaut des Gesetzes begrenzt wird.[33] Dies bedeutet zwar nicht, dass der Wille des Gesetzgebers nicht auch über die Wortlautgrenze hinaus berücksichtigt werden darf. Man befindet sich dann jedoch im Bereich der **richterlichen Rechtsfortbildung**, die einer besonderen Legitimation bedarf. In der Rechtsprechung wird dieser Unterschied freilich nicht immer hinreichend deutlich. So wird etwa davon gesprochen, dass eine „vom Gesetzeswortlaut abweichende Anwendung des Gesetzes … durch Sinn und Zweck der Vorschrift gerechtfertigt sein" kann.[34] Der Terminus „Anwendung des Gesetzes" zeigt aber, dass es sich hier nicht mehr um die bloße Auslegung des Gesetzes handelt.

13 In der älteren Rechtsprechung und Literatur ist teilweise die Auffassung vertreten worden, der Wille des Gesetzgebers könne im Rahmen der Auslegung nur insoweit berücksichtigt werden, wie er im Text des Gesetzes zumindest „wenn auch noch so unvollkommenen Ausdruck" gefunden habe.[35] Wenn damit gesagt werden soll, der Wille des Gesetzgebers müsse irgendwie aus dem Gesetzestext herzuleiten sein, so kann dem nicht gefolgt werden.[36] Die **Andeutungstheorie** mag bei der Auslegung formbedürftiger Willenserklärungen einen legitimen Sinn haben (vgl § 133 Rn 74 ff). Bei der Auslegung von Gesetzen genügt es aber den verfassungsrechtlichen Anforderungen an die „Verkörperung" des gesetzgeberischen Willens, dass das Ergebnis der Auslegung mit dem möglichen Wortsinn vereinbar ist.[37]

26 So etwa BGH NJW 2003, 290, 291.
27 So PWW/*Prütting*, Einl. Rn 40.
28 MüKo/*Säcker*, Einl. Rn 125; *Flume*, BGB AT II, § 16, 1 c; *Larenz*, Methodenlehre, S. 347; *Looschelders/Roth*, Methodik, S. 14; *Rüthers*, Rechtstheorie, Rn 715.
29 Vgl BGH NJW 1985, 620; 1995, 2631.
30 BGH NJW 2000, 70, 73.
31 BGH VersR 2010, 97, 99.
32 Vgl BGH NJW 1996, 924, 925; 2003, 1803, 1805; BAGE 24, 177, 194; 26, 333, 336 ff. Ausf. zum Problem der Rückwirkung von Rspr *Medicus*, NJW 1995, 2577 ff.
33 Vgl BVerfGE 71, 81, 115; 83, 130, 144; 92, 1, 12; BGHZ 46, 74, 76; 179, 27, 34; Soergel/*Hefermehl*, Anh. § 133 Rn 5; *Bydlinski*, Methodenlehre, S. 441, 467 f; *Larenz*, Methodenlehre, S. 322, 343; *Looschelders/Roth*, Methodik, S. 66 ff; aA *Höpfner*, EuZW 2009, 159, wonach die Auslegung allein durch den Normzweck begrenzt wird.
34 So BGH NJW 2003, 290, 291 im Anschluss an BGHZ 26, 78, 79.
35 So etwa RGZ 52, 334, 342; *Enneccerus/Nipperdey*, BGB AT-1, S. 325; *Hassold*, in: FS Larenz, S. 211, 218 f. Ausf. dazu *Lüderitz*, Auslegung, S. 31 ff.
36 Abl. auch MüKo/*Säcker*, Einl. Rn 108 ff; *Rüthers*, Rechtstheorie, Rn 734 ff.
37 *Looschelders/Roth*, Methodik, S. 69 f.

B. Die Auslegung von Gesetzen

Bei der Gesetzesauslegung kann man auf einen weitgehend anerkannten **„Kanon"** von Methoden zurückgreifen, der sich im Wesentlichen auf die von *Friedrich Carl v. Savigny*[38] entwickelte Lehre zurückführen lässt.[39] Im Einzelnen handelt es sich um die grammatische, die systematische, die historische und genetische sowie die teleologische Auslegung. 14

I. Grammatische Auslegung

Die Auslegung von geschriebenen Gesetzen[40] beginnt mit der grammatischen Interpretation des Gesetzestextes.[41] Ausgangspunkt ist wie bei der Auslegung von Willenserklärungen (§ 133 Rn 24 ff) das **einzelne Wort**. Aufgabe des Rechtsanwenders ist es, den Sinn zu ermitteln, den der Gesetzgeber damit verbunden hat. Dabei ist das **Wortverständnis des historischen Gesetzgebers** zugrunde zu legen.[42] Ändert sich der Sprachgebrauch, so führt dies grundsätzlich nicht zu einer Änderung des Norminhalts. Etwas anderes kann aber gelten, wenn die Änderung des Sprachgebrauchs mit einer Änderung der tatsächlichen oder rechtlichen Verhältnisse einhergeht; in diesem Fall kommt eine Fortschreibung der gesetzgeberischen Wertentscheidung (dazu Rn 6) in Betracht, um eine Anpassung des Norminhalts an die veränderten Verhältnisse zu ermöglichen.[43] Im Übrigen ist grundsätzlich der **allgemeine Sprachgebrauch** maßgeblich.[44] Hat ein Wort eine **technisch-juristische Bedeutung**, so geht diese aber im Allgemeinen der umgangssprachlichen Bedeutung vor.[45] 15

Bei der grammatischen Auslegung von Gesetzen darf der Rechtsanwender nicht beim einzelnen Wort stehen bleiben, sondern muss dieses im Kontext des infrage stehenden Satzes und der gesamten Rechtsnorm sehen.[46] Eine solche **kontextuale Auslegung** ist häufig geeignet, den Kreis der möglichen Wortbedeutungen einzuschränken, weil das Wort mit einer bestimmten Bedeutung nicht sinnvoll in das Gefüge des Satzes eingepasst werden kann.[47] Darüber hinaus muss auch die **Struktur des jeweiligen Satzes** (Satzstellung, Formulierung als Ausnahme etc.) berücksichtigt werden.[48] So deutet eine **doppelte Negation** auf eine Beweislastumkehr hin (vgl etwa §§ 280 Abs. 1 S. 2, 311 a Abs. 2 S. 2). Verwendet der Gesetzgeber die **Regel-/Ausnahmetechnik**, so heißt dies zwar nicht, dass die betreffende Ausnahmevorschrift generell eng auszulegen und nicht analogiefähig ist.[49] Die Ausnahmevorschrift darf jedoch nicht so erweitert werden, dass die Regel obsolet wird.[50] Enthält eine Vorschrift eine **abschließende Auflistung** einzelner Tatbestände (zB § 312 Abs. 1 S. 1 Nr. 1–3), so scheidet eine generelle Ausweitung auf vergleichbare Fälle im Wege einer Gesamtanalogie im Allgemeinen aus. Eine extensive Auslegung der einzelnen Tatbestände kann aber in Betracht kommen.[51] In vielen Fällen wird das Problem freilich dadurch gelöst, dass das Gesetz einen Auffangtatbestand vorsieht (zB § 323 Abs. 2 Nr. 3). 16

Entgegen einer in der älteren Rechtsprechung verbreiteten Auffassung[52] schließt der (scheinbar) **eindeutige Wortlaut** des Gesetzes die Auslegung nicht von vornherein aus. Denn ob der Wortlaut eindeutig ist, muss erst durch Auslegung geklärt werden.[53] Davon abgesehen können die Aspekte, die bei der weiteren (textexternen) Auslegung ermittelt werden, bei eindeutigem Wortlaut immer noch für die Notwendigkeit einer Rechtsfortbildung sprechen. 17

38 *v. Savigny*, System des heutigen Römischen Rechts, Bd. 1, 1840, S. 213 ff. Zur Bedeutung *v. Savignys* für die aktuelle Methodik der Auslegung vgl *U. Huber*, JZ 2003, 1 ff.
39 Vgl Staudinger/*Coing/Honsell*, Einl. zum BGB, Rn 138 ff; PWW/*Prütting*, Einl. Rn 40.
40 Zum Gewohnheitsrecht Staudinger/*Coing/Honsell*, Einl. zum BGB Rn 238 ff; *Larenz*, Methodenlehre, S. 356 ff.
41 Vgl BGHZ 46, 74, 76; BGH NJW 2003, 290, 291; 2009, 2674, 2675; Palandt/*Sprau*, Einl. Rn 41; Staudinger/*Coing/Honsell*, Einl. zum BGB Rn 139 ff; Soergel/*Hefermehl*, Anh. § 133 Rn 5: *Larenz/Wolf*, BGB AT, § 4 Rn 35.
42 BGHZ 3, 162, 166 f; *Larenz/Canaris*, Methodenlehre, S. 144; Staudinger/*Coing/Honsell*, Einl. zum BGB Rn 140; iE auch Soergel/*Hefermehl*, Anh. § 133 Rn 5.
43 Vgl BGHZ 3, 162, 168; Staudinger/*Coing/Honsell*, Einl. zum BGB Rn 142.
44 Vgl *Horn*, Einführung, Rn 178; *Looschelders/Roth*, Methodik, S. 140.
45 Vgl Palandt/*Sprau*, Einl. Rn 41; *Engisch*, Einführung, S. 92 ff.
46 Vgl *Betti*, Auslegungslehre, S. 220; *Larenz*, Methodenlehre, S. 324 ff.
47 Vgl *Looschelders/Roth*, Methodik, S. 141.
48 Vgl *Larenz/Wolf*, BGB AT, § 3 Rn 91.
49 So aber BGHZ 11, 135, 143; BGH NJW 1989, 460, 461; zutr. dagegen BVerfGE 37, 363, 404; *Bydlinski*, Methodenlehre, S. 440; Palandt/*Sprau*, Einl. Rn 53.
50 *Canaris*, Lücken, S. 181; *Looschelders/Roth*, Methodik, S. 145.
51 Vgl Hk-BGB/*Schulte-Nölke*, § 312 Rn 6; *Looschelders*, Schuldrecht AT, Rn 163 (jeweils zu § 312 Abs. 1 S. 1 Nr. 1-3).
52 BVerfGE 1, 63, 264; BGHZ 4, 369, 375; BGH NJW 1951, 369.
53 Vgl BGHZ 2, 176, 184 f; MüKo/*Säcker*, Einl. Rn 107; Palandt/*Sprau*, Einl. Rn 41; Soergel/*Hefermehl*, Anh. § 133 Rn 5; *Larenz*, Methodenlehre, S. 343.

II. Systematische Auslegung

18 Die systematische Auslegung geht (anders als die kontextuale Auslegung) über die einzelne Norm hinaus und versucht, deren Inhalt aus der **Stellung im Gefüge des betreffenden Gesetzes** oder dem **Inhalt von anderen Normen** zu bestimmen.[54] Ein solches Vorgehen rechtfertigt sich aus dem Gedanken, dass die Rechtsordnung ein geschlossenes Ganzes darstellt, dessen einzelne Teile weitgehend aufeinander abgestimmt sind und einander in vielen Bereichen inhaltlich bedingen (**Einheit der Rechtsordnung**).[55] Besondere Ausprägungen sind der lex-specialis- und der lex-posterior-Satz, wonach die speziellere Vorschrift der allgemeineren und die spätere Vorschrift der früheren vorgeht.[56]

19 Bei einem weiteren Verständnis gehört hierhin auch die **verfassungskonforme Auslegung** (dazu Rn 28 f).[57] Da es bei dieser Methode nicht mehr darum geht, die Systematik des Gesetzes nachzuvollziehen, überwiegen aber die teleologischen Elemente.[58] Der Übergang zwischen systematischer und teleologischer Auslegung ist insoweit freilich fließend.[59]

III. Historische und genetische Auslegung

20 **1. Historische Auslegung.** Die historische Auslegung setzt bei den **Vorläufern einer Norm** an und versucht, aus dem Verständnis, das diesen Vorschriften beigelegt wurde, auf den Inhalt der in Frage stehenden Norm zu schließen.[60] Sie stützt sich dabei auf die Erwägung, dass der spätere Gesetzgeber – soweit keine gegenteiligen Anhaltspunkte ersichtlich sind – die aus der Vorläufernorm entnommenen Begriffe nicht in einem abweichenden Sinne verwenden wollte.[61]

21 Bei der Auslegung des BGB hat die historische Auslegung nach Inkrafttreten des **Schuldrechtsmodernisierungsgesetzes** an Bedeutung gewonnen.[62] Denn die Verfasser des Gesetzes haben in vielen Fällen nicht die Absicht gehabt, die geltende Rechtslage inhaltlich zu verändern. Bei der Auslegung der neuen Vorschriften wird die Rechtsprechung und Literatur zu den Vorläufernormen daher noch lange Zeit zu beachten sein.

22 **2. Genetische Auslegung.** Im Unterschied zur historischen Auslegung knüpft die genetische Auslegung an die **Entstehungsgeschichte der Norm** selbst an.[63] Wichtigste Hilfsmittel sind die **Gesetzesmaterialien** (Entwürfe, Begründungen, Parlamentsdebatten, Verhandlungen in Ausschüssen etc.).[64] Bei der Auslegung des BGB kommt traditionell den Motiven zum Entwurf der ersten Kommission (1888) und den Protokollen zum Entwurf der zweiten Kommission (1897/99) große Bedeutung zu.[65] In neuerer Zeit hat das Schuldrechtsmodernisierungsgesetz der genetischen Auslegung mit einer Vielzahl von Materialien zahlreiche neue Anwendungsmöglichkeiten verschafft.[66]

23 Gegen die Heranziehung der Gesetzesmaterialien wird teilweise eingewandt, dass die Äußerungen von einzelnen an der Entstehung des Gesetzes beteiligten Personen nicht mit dem „Willen des Gesetzgebers" gleichgesetzt werden können.[67] Dieser Einwand ist insofern berechtigt, als man die **privaten Äußerungen** der an der Vorbereitung des Gesetzes beteiligten Personen in der Tat nicht überbewerten darf. Große Bedeutung haben jedoch die Stellungnahmen der am Gesetzgebungsverfahren **verfassungs- und geschäftsordnungs-**

54 Soergel/*Hefermehl*, Anh. § 133 Rn 6; Staudinger/*Coing/Honsell*, Einl. zum BGB Rn 143 ff.

55 Grundlegend *Engisch*, Die Einheit der Rechtsordnung, 1935, S. 26 ff; vgl auch BVerfGE 51, 304, 323; *Larenz*, Methodenlehre, S. 264 ff, 437 ff; *Rüthers*, Rechtstheorie, Rn 744 ff.

56 Vgl Staudinger/*Coing/Honsell*, Einl. zum BGB Rn 148; *Rüthers*, Rechtstheorie, Rn 770 ff.

57 Vgl MüKo/*Säcker*, Einl. Rn 132; Palandt/*Sprau*, Einl. Rn 42; *Engisch*, Einführung, S. 103 mit Anm. 50; *Rüthers*, Rechtstheorie, Rn 763 ff.

58 *Looschelders/Roth*, Methodik, S. 150; vgl auch *Stern*, Das Staatsrecht der Bundesrepublik Deutschland, 2. Aufl. 1984, S. 136, wonach es bei der verfassungskonformen Auslegung weniger um die „Einheit der Rechtsordnung" als um die „Beachtung der grundgesetzlichen Wertordnung" geht; aA *Hesse*, Grundzüge des Verfassungsrechts der Bundesrepublik Deutschland, 20. Aufl. 1995, Rn 81.

59 Vgl *Engisch*, Einführung, S. 96.

60 *Looschelders/Roth*, Methodik, S. 155 ff; *F. Müller*, Methodik, Rn 360 ff.

61 Repräsentativ BGHZ 121, 116, 120 f; zur Argumentation mit einer gegenteiligen Regelungsabsicht des späteren Gesetzgebers BGH NJW 2003, 290, 292.

62 Vgl etwa BGH NJW 2009, 1660, 1662 f (mit Bezug auf den „Dachziegelfall"); 2009, 2674, 2676 (mit Verweis auf die Rechtsprechung zum früheren Werkvertragsrecht).

63 Zur Unterscheidung von historischer und genetischer Auslegung vgl *F. Müller*, Methodik, Rn 360 ff; *Engisch*, Einführung, S. 99 mit Anm. 40; *Deckert*, JA 1994, 412, 415.

64 Zur Bedeutung der Gesetzesmaterialien vgl BVerfGE 1, 117, 127; 63, 266, 289 ff; 92, 365, 409 f; BGHZ 46, 74, 79 ff; 62, 340, 350; 179, 27, 35 ff; BGH NJW 1997, 1695, 1697; 2003, 290, 291 ff; 2006, 3200, 3201; 2009, 2674, 2675 f; Palandt/*Sprau*, Einl. Rn 45; RGRK/*Krüger-Nieland/Zöller*, § 133 Rn 51; Soergel/*Hefermehl*, Anh. § 133 Rn 8.

65 Vgl *Larenz/Wolf*, BGB AT, § 3 Rn 42 mit Fn 41.

66 Vgl etwa BGHZ 179, 27, 35 ff; BGH NJW 2006, 3200, 3201; 2009, 2674, 2675 f.

67 Vgl *Larenz*, Methodenlehre, S. 329; ebenso zum Schuldrechtsmodernisierungsgesetz *U. Huber*, AcP 202 (2002), 179, 239 f Fn 205.

mäßig beteiligten Organe und Ausschüsse (Bundesregierung, Bundesrat, Rechtsausschuss etc.). Auch diese Stellungnahmen können zwar nicht ohne weiteres mit dem „Willen des Gesetzgebers" gleichgesetzt werden. Mangels gegenteiliger Anhaltspunkte ist jedoch davon auszugehen, dass die Mitglieder des Gesetzgebungsorgans diese Stellungnahmen zur Kenntnis genommen und sich zu Eigen gemacht haben.[68]

Welche Bedeutung den Gesetzesmaterialien bei der praktischen Rechtsanwendung zukommt, kann nur aufgrund einer **Gesamtwürdigung im Einzelfall** festgestellt werden.[69] Lässt sich den Gesetzesmaterialien eine klare Wertentscheidung zugunsten einer bestimmten sachlichen Lösung entnehmen, so haben sie einen hohen Stellenwert.[70] Sind die Materialien unklar oder in sich widersprüchlich, so kann ihnen dagegen keine große Bedeutung beigemessen werden. **24**

IV. Teleologische Auslegung

1. Sinn und Zweck des Ergebnisses. Bei der praktischen Rechtsanwendung steht die teleologische Auslegung häufig im Vordergrund. Entscheidendes Auslegungskriterium ist hiernach der **Sinn und Zweck des Gesetzes**.[71] Ausgangspunkt sind die **konkreten Zwecke**, die der Gesetzgeber nach dem Ergebnis der historischen und genetischen Auslegung mit der infrage stehenden Vorschrift verfolgt.[72] Soweit sich keine konkreten Zwecksetzungen feststellen lassen, kann auf eine Vielzahl von **allgemeinen Zwecken** zurückgegriffen werden, die der Gesetzgeber **typischerweise** verfolgt. Zu nennen sind etwa die Einzelfallgerechtigkeit und der Wert des Ergebnisses, aber auch die Rechtssicherheit sowie die Praktikabilität und Effektivität der Regelung.[73] **25**

Die Schwierigkeit der teleologischen Auslegung liegt darin, dass der Gesetzgeber mit einem Gesetz nicht selten verschiedene Zwecke verfolgt, die nicht in die gleiche Richtung weisen. So mag der Gesetzgeber die Einzelfallgerechtigkeit verwirklichen wollen, ohne dass die Rechtssicherheit und Praktikabilität infrage gestellt werden sollen. Die Entscheidung kann hier nur aufgrund einer **Interessenabwägung im Einzelfall** getroffen werden. Dabei hat der Richter sich an den Wertungen des Gesetzgebers zu orientieren, so wie sie in dem auslegungsbedürftigen Gesetz und in der gesamten Rechtsordnung zum Ausdruck gekommen sind. Soweit sich hieraus keine stringente Lösung ableiten lässt, muss er den Konflikt aber aufgrund einer **eigenen wertenden Entscheidung** auflösen.[74] **26**

2. Vereinbarkeit mit höherrangigem Recht. Zu den **allgemeinen teleologischen Kriterien** gehört auch die Erwägung, dass der Gesetzgeber im Regelfall darauf bedacht sein wird, der Norm einen Inhalt zu geben, der mit der Verfassung und anderem höherrangigen Recht vereinbar ist.[75] Dies ist der methodische Hintergrund für die verfassungskonforme und die europarechtskonforme Auslegung. **27**

a) Verfassungskonforme Auslegung. Die verfassungskonforme Auslegung hat im Privatrecht große Bedeutung, weil auch der Privatrechtsgesetzgeber – ebenso wie die Zivilgerichte[76] – nach Art. 1 Abs. 3 GG in vollem Umfang an die Grundrechte gebunden ist.[77] Da der Privatrechtsgesetzgeber die grundrechtlichen Interessen mehrerer Privatrechtssubjekte zum Ausgleich bringen muss, steht ihm zwar im Allgemeinen ein beträchtlicher Gestaltungsspielraum zu.[78] Gleichwohl gibt es auch im Privatrecht mitunter (mindestens) **zwei Auslegungsmöglichkeiten**, von denen die eine zu einem verfassungskonformen, die andere aber zu einem verfassungswidrigen Norminhalt führt. In dieser Situation muss der Richter alle Auslegungsmöglichkeiten ausscheiden, die der Norm einen Inhalt beimessen, der mit den Grundrechten oder anderen verfassungsrecht- **28**

68 Sog. Paktentheorie; vgl MüKo/*Säcker*, Einl. Rn 120; *Engisch*, Einführung, S. 122; *Looschelders/Roth*, Methodik, S. 158; einschr. *Larenz*, Methodenlehre, S. 329.

69 *Looschelders/Roth*, Methodik, S. 159. Zum Streit über den Stellenwert der Gesetzesmaterialien vgl auch Soergel/*Hefermehl*, Anh. § 133 Rn 8.

70 Vgl BGH NJW 1997, 1695, 1696 f; 2009, 2674, 2675 f; Palandt/*Sprau*, Einl. Rn 45.

71 Vgl BGHZ 18, 44, 49; 54, 264, 268; 78, 263, 265; 87, 381, 383; Palandt/*Sprau*, Einl. Rn 46; Soergel/*Hefermehl*, Anh. § 133 Rn 7; Staudinger/*Coing/Honsell*, Einl. zum BGB Rn 149.

72 Vgl *Zippelius*, Methodenlehre, § 10 II.

73 Vgl *Larenz*, Methodenlehre, S. 333 ff; *Looschelders/Roth*, Methodik, S. 182 f; *Wank*, Auslegung, S. 67 ff; krit. *Rüthers*, Rechtstheorie, Rn 801 ff. Zur Bedeutung der Einzelfallgerechtigkeit und des Wertes des Ergebnisses vgl auch BGHZ 51, 125, 130; 57, 245, 248; Staudinger/*Coing/Honsell*, Einl. zum BGB Rn 149; zur Effektivität und Praktikabilität BVerfGE 73, 118, 177; *Enneccerus/Nipperdey*, BGB AT-1, S. 335.

74 Vgl Palandt/*Sprau*, Einl. Rn 46; *Bydlinski*, Methodenlehre, S. 416 f; *Larenz*, Methodenlehre, S. 293 ff; *Looschelders/Roth*, Methodik, S. 186.

75 Vgl *Looschelders/Roth*, Methodik, S. 177.

76 Dazu *Koch/Rüßmann*, Begründungslehre, S. 262 ff.

77 Zur Grundrechtsbindung des Privatrechtsgesetzgebers vgl BVerfGE 84, 168, 178 ff; 87, 114, 135 ff; *Larenz/Wolf*, BGB AT, § 4 Rn 51 ff; *Wank*, Auslegung, S. 59 f; *Looschelders/Roth*, JZ 1995, 1034, 1038.

78 Zu diesem Gestaltungsspielraum *Böckenförde*, NJW 1976, 2089 ff; *Looschelders*, Schuldrecht AT, Rn 39.

lichen Bestimmungen unvereinbar ist.[79] Die verfassungskonforme Auslegung weist damit deutliche Parallelen zur Berücksichtigung der grundgesetzlichen Wertordnung im Rahmen der zivilrechtlichen Generalklauseln (§§ 138 Abs. 1, 242, 826) auf.[80] Beide Methoden sind Ausfluss des Grundsatzes der „verfassungsorientierten" Auslegung.[81]

29 Die verfassungskonforme Auslegung darf nicht dem eindeutig feststellbaren **Willen des Gesetzgebers** widersprechen oder diesen sogar verfälschen.[82] Im Übrigen wird die verfassungskonforme Auslegung wie jede Auslegung (Rn 12 f) durch den **möglichen Wortsinn** begrenzt.[83] Jenseits der Wortlautgrenze kommt aber eine verfassungskonforme Rechtsfortbildung in Betracht (dazu Rn 47).[84] Kann das Verdikt der **Verfassungswidrigkeit** durch verfassungskonforme Auslegung oder Rechtsfortbildung nicht vermieden werden, so ist die Norm **nichtig**. Bei formellen nachkonstitutionellen Gesetzen muss der Richter aber nach Art. 100 Abs. 1 GG die Entscheidung des BVerfG einholen.[85]

30 **b) Unionsrechts- und richtlinienkonforme Auslegung. aa) Grundsatz.** Eng mit der verfassungskonformen Auslegung verwandt ist die unionsrechtskonforme Auslegung, nach der Normen möglichst im Einklang mit dem EU-Recht auszulegen sind.[86] Verstößt eine deutsche Norm gegen **unmittelbar anwendbares** EU-Recht, so führt dies nach hM zwar nicht zur Nichtigkeit; aufgrund des **Anwendungsvorrangs des EU-Rechts** darf der Richter die unionsrechtswidrige innerstaatliche Norm aber nicht anwenden.[87]

31 Der Grundsatz der unionsrechtskonformen Auslegung gilt auch mit Blick auf **EU-Richtlinien**. Da die Richtlinien in den Mitgliedstaaten **nicht unmittelbar** gelten, haben sie zwar nicht am Anwendungsvorrang des Unionsrechts teil.[88] Gleichwohl ist der Richter im Anwendungsbereich einer Richtlinie gehalten, alle innerstaatlichen Vorschriften möglichst im Einklang mit der Richtlinie auszulegen.[89] Dies gilt auch dann, wenn der innerstaatliche Gesetzgeber eine Richtlinie nicht fristgerecht umgesetzt hat.[90] In diesem Fall muss die richtlinienkonforme Anwendung des deutschen Rechts insbesondere im Rahmen der zivilrechtlichen Generalklauseln verwirklicht werden.[91] Nach hM können die nationalen Vorschriften darüber hinaus auch schon vor Ablauf der Umsetzungsfrist richtlinienkonform ausgelegt werden, ohne dass dafür allerdings eine europarechtliche Verpflichtung besteht.[92] Da ein wachsender Teil des deutschen Schuldrechts auf Richtlinien der EG bzw der EU beruht, gewinnt die **richtlinienkonformen Auslegung** immer größere Bedeutung.

32 **bb) Voraussetzungen und Grenzen der richtlinienkonformen Auslegung.** Da der Anwendungsvorrang des Unionsrechts für EU-Richtlinien nicht gilt, ist eine richtlinienkonforme Auslegung nur insoweit möglich, wie das innerstaatliche Recht einen entsprechenden **Auslegungsspielraum** gibt.[93] Die richtlinien-

79 Vgl BVerfGE 40, 88, 94; 48, 40, 45; 88, 145, 166; BGH NJW 2009, 2744, 2746; RGRK/*Krüger-Nieland/Zöller*, § 133 Rn 52; Soergel/*Hefermehl* Anh. § 133 Rn 9; *Larenz*, Methodenlehre, S. 339 ff; *Looschelders/Roth*, Methodik, S. 177 f; *Lüdemann*, JuS 2004, 27 ff.

80 Vgl Soergel/*Hefermehl*, Anh. § 133 Rn 9; *Looschelders*, Schuldrecht AT, Rn 39; *Wank*, Auslegung, S. 68 ff sieht in der Einwirkung der Grundrechte über die Generalklauseln des BGB sogar einen Anwendungsfall der verfassungskonformen Auslegung.

81 Vgl *Stern*, Das Staatsrecht der Bundesrepublik Deutschland, Bd. I, 2. Aufl. 1984, S. 136; *Lüdemann*, JuS 2004, 27, 28.

82 Vgl BVerfGE 18, 97, 111; 52, 357, 368 f; 90, 263, 275; BVerfG NJW 2007, 2977, 2980; BGH NJW 2009, 2744, 2746; *Larenz/Wolf*, BGB AT, § 4 Rn 61.

83 BVerfGE 18, 97, 111; 52, 357, 368 f; 90, 263, 275; BVerfG NJW 2007, 2977, 2980; BGH NJW 2009, 2744, 2746; Soergel/*Hefermehl*, Anh. § 133 Rn 10.

84 Zur Unterscheidung zwischen verfassungskonformer Auslegung und verfassungskonformer Rechtsfortbildung vgl *Koch/Rüßmann*, Begründungslehre, S. 266 ff; *Larenz*, Methodenlehre, S. 340 f; *Looschelders/Roth*, Methodik, S. 242 f; *dies.*, JZ 1995, 1038, 1044.

85 Vgl BGH NJW 2009, 2744, 2746; Palandt/*Sprau*, Einl. Rn 42.

86 Vgl EuGH NJW 1994, 921, 922; BVerfGE 75, 223, 237; BGHZ 63, 261, 264 f; 87, 59, 61; BGH NJW 2002, 1881; PWW/*Prütting*, Einl. Rn 35; *Looschelders/Roth*, Methodik, S. 178; *Pawlowski*, Methodenlehre, Rn 363, 1067 ff.

87 Vgl BVerfGE 75, 223, 244; 85, 191, 203; BAG DB 2003, 1387, 1391; Gebauer/Wiedmann/*Gebauer*, Kap. 4 Rn 15; *Oppermann/Classen/Nettesheim*, Europarecht, 4. Aufl. 2009, § 11 Rn 27 ff; *Ehricke*, RabelsZ 59 (1995), 569, 624 ff.

88 Vgl BVerfG NJW 2009, 2267, 2286 Tz 342 (betr. Vertrag von Lissabon).

89 Zur richtlinienkonformen Auslegung vgl EuGH, Slg 1984, 1891, 1909 = NJW 1984, 2021; Slg 1990, I-4135, 4159; EuGH NJW 1994, 921, 922; 2004, 3547; 2006, 2465; 2008, 1433; BGHZ 63, 261, 264 f; 87, 59, 61; 179, 27, 33 ff; BGH NJW 1993, 1594, 1595; 2002, 1881; BAG DB 2003, 1392; MüKo/*Säcker*, Einl. Rn 137 ff; Palandt/*Sprau*, Einl. Rn 43; PWW/*Prütting*, Einl. Rn 35; Gebauer/Wiedmann/*Gebauer*, Kap. 4 Rn 17 ff; *Heiderhoff*, Gemeinschaftsprivatrecht, S. 52 ff; *Ehricke*, RabelsZ 59 (1995), 598 ff; *Everling*, ZGR 1992, 376 ff; *Herresthal*, WM 2007, 1354 ff.

90 EuGH NJW 2000, 2571, 2572; 2004, 3547.

91 Palandt/*Sprau*, Einl. Rn 43; *Looschelders*, Schuldrecht AT, Rn 40.

92 Vgl BGH, NJW 1998, 2208, 2210 f; *Heiderhoff*, Gemeinschaftsprivatrecht, S. 57; zum Fehlen einer entsprechenden europarechtlichen Verpflichtung EuGH NJW 2006, 2465, 2468.

93 Zur Notwendigkeit eines solchen Auslegungsspielraums EuGH, Slg 1984, 1891, 1909; Slg 1990, I-4135, 4159; BGH NJW 2002, 1881, 1882; BAG DB 1387, 1389; *Ehricke*, RabelsZ 59 (1995), 598, 617; *Everling*, ZGR 1992, 367, 381.

konforme Auslegung wird daher durch den Wortlaut der Norm und den klaren Willen des Gesetzgebers begrenzt.[94]

Nach der Rechtsprechung des EuGH sind die nationalen Gerichte allerdings gehalten, den ihnen nach innerstaatlichem Recht bei der Rechtsanwendung zustehenden „Beurteilungsspielraum" voll auszuschöpfen, um die Richtlinienkonformität zu gewährleisten.[95] Nach methodischen Grundsätzen des deutschen Rechts kommt daher auch eine **richtlinienkonforme Rechtsfortbildung**, etwa in Gestalt einer richtlinienkonformen Reduktion, in Betracht.[96] Die Wortlautgrenze steht der richtlinienkonformen Rechtsanwendung also letztlich nicht entgegen; diese kann nur am entgegenstehenden Willen des Gesetzgebers scheitern. Nach Ansicht des BGH lässt sich der entgegenstehende Wille dabei nicht allein mit dem Argument verneinen, der Gesetzgeber wolle eine Richtlinie im Zweifel korrekt umsetzen und keinen Richtlinienverstoß in Kauf nehmen.[97] Die für eine richtlinienkonforme Rechtsfortbildung erforderliche **Regelungslücke** soll nur vorliegen, wenn der Gesetzgeber seine Absicht zur Schaffung einer richtlinienkonformen Regelung hinsichtlich der konkreten Frage in der Gesetzesbegründung explizit zum Ausdruck gebracht hat.[98] Dies widerspricht zwar dem allgemeinen methodischen Grundsatz, dass eine verdeckte Regelungslücke auch dann denkbar ist, wenn der Gesetzgeber das Problem überhaupt nicht erkannt hat. Die strengere Auffassung des BGH lässt sich jedoch damit rechtfertigen, dass der Richtlinie sonst faktisch eine unmittelbare Drittwirkung beigemessen würde.[99] 33

Kann eine richtlinienkonforme Rechtsanwendung mit allen nach inländischem Recht zulässigen methodischen Mitteln nicht verwirklicht werden, so ist die Norm im Verhältnis zwischen den beteiligten Privatrechtssubjekten mit ihrem richtlinienwidrigen Inhalt anzuwenden. Der Anwendungsvorrang des EU-Rechts (Rn 30) greift nicht ein, weil Richtlinien im Verhältnis zwischen den Bürgern keine unmittelbare Wirkung entfalten.[100] Der benachteiligte Bürger ist damit auf **Schadenersatzansprüche** gegen den betreffenden Mitgliedstaat wegen fehlerhafter Umsetzung der Richtlinie verwiesen.[101] 34

cc) Keine „gespaltene" Auslegung. Der deutsche Gesetzgeber hat den Anwendungsbereich der zur Umsetzung einer Richtlinie erlassenen Vorschriften in einigen Fällen auf Sachverhalte erweitert, die von der Richtlinie selbst nicht erfasst werden. So gilt der auf Art. 2 Kauf-RL beruhende Sachmangelbegriff des § 434 nicht nur für den Verbrauchsgüterkauf, sondern für sämtliche Kaufverträge.[102] In solchen Fällen ist der nationale Richter aus europarechtlicher Sicht nicht verpflichtet, die Umsetzungsvorschriften im **„überschießenden" Bereich** richtlinienkonform auszulegen.[103] Erstreckt der nationale Gesetzgeber den Anwendungsbereich einer Umsetzungsvorschrift auf weitere Sachverhalte, so bringt er damit jedoch zum Ausdruck, dass eine **Gleichbehandlung** sachgemäß ist.[104] Eine „gespaltene" Auslegung würde dieser Wertung zuwiderlaufen. Davon abgesehen wäre es aus Gründen der Rechtssicherheit und der Rechtsklarheit problematisch, einem Begriff in derselben Vorschrift unterschiedliche Bedeutungen beizumessen.[105] Im Allgemeinen wird daher eine **einheitliche** (richtlinienkonforme) Auslegung geboten sein.[106] Besonderheiten gelten aber für die **richtlinienkonforme Rechtsfortbildung**. Wird etwa eine teleologische Reduktion notwendig, um die Vereinbarkeit einer nationalen Vorschrift mit einer EU-Richtlinie zu gewährleisten (dazu Rn 47), so bleibt die Vorschrift außerhalb des Anwendungsbereichs der Richtlinie uneingeschränkt anwendbar. Denn die fehlende Richtlinienkonformität kann insoweit keine planwidrige Regelungslücke begründen.[107] 35

dd) Vorabentscheidung durch den EuGH. Kommt es für die Auslegung einer inländischen Norm auf den Inhalt einer unionsrechtlichen Vorschrift an, so kann der inländische Richter die Frage nach dem Inhalt der 36

94 BGH NJW 2006, 3200, 3201; BAG DB 2003, 1387, 1389; *Everling*, ZGR 1992, 367, 388.
95 EuGH, Slg 1984, 1891, 1909; Slg 1990, I-4135, 4149; NJW 2006, 2465; 2008, 1433.
96 So BGHZ 179, 27, 34 ff (Quelle-Herd) m.Anm. *S. Lorenz*, LMK 2009, 273611, *Höpfner*, EuZW 2009, 159 und *Looschelders*, JA 2009, 462; der Sache nach auch schon BGH NJW 2002, 1881, 1882 (Heininger). Aus der Lit. vgl auch Gebauer/Wiedmann/*Gebauer*, Kap. 4 Rn 37 ff; *Herresthal*, WM 2007, 1354 ff; *ders.*, NJW 2008, 2475, 2477; *Staudinger*, NJW 1999, 3664, 3668; *ders.*, NJW 2002, 653, 655.
97 So aber etwa *Herresthal*, NJW 2008, 2475, 2477; vgl auch *Looschelders*, JA 2006, 893 ff.
98 So BGHZ 179, 27, 36; ablehnend *Höpfner*, EuZW 2009, 159, 160. Krit. gegenüber dem subjektiven Ansatz des BGH Gebauer/Wiedmann/*Gebauer*, Kap. 4 Rn 42.
99 Vgl *S. Lorenz*, LMK 2009, 273611; *Looschelders*, JA 2009, 462, 463.
100 BAG DB 2003, 1387, 1391; Gebauer/Wiedmann/*Gebauer*, Kap. 4 Rn 17 f, 31.
101 Vgl EuGH Slg 1991, I-5357 = NJW 1992, 165, 166 (Francovich); *Looschelders*, Schuldrecht AT, Rn 40; *Pfeiffer*, NJW 2009, 412, 413; *Staudinger*, NJW 2002, 653, 655; *Koenigs*, DB 2003, 1392.
102 Vgl Hk-BGB/*Saenger*, § 434 Rn 1; *Bärenz*, DB 2003, 375; zu weiteren Beispielen BGH NJW 2002, 1881, 1884; *Habersack/Mayer*, JZ 1999, 913 ff.
103 EuGH Slg 1998, I-4695, 4725 = EuZW 1999, 20, 23; *Heiderhoff*, Gemeinschaftsprivatrecht, S. 56 f; *Bärenz*, DB 2003, 375.
104 Vgl BGH NJW 2002, 1882, 1884; *Heiderhoff*, Gemeinschaftsprivatrecht, S. 57.
105 Vgl *Bärenz*, DB 2003, 375, 376.
106 So auch BGH NJW 2002, 1882, 1884; MüKo/*Lorenz*, Vor § 474 Rn 4; Gebauer/Wiedmann/*Gebauer*, Kap. 4 Rn 23; *Bärenz*, DB 2003, 375; *Canaris*, FS Bydlinski, 47, 74; *Heiderhoff*, Gemeinschaftsprivatrecht, S. 56; *Staudinger*, NJW 2002, 653, 655; einschr. Palandt/*Sprau*, Einl. Rn 44; *S. Lorenz*, NJW 2009, 1633, 1636.
107 BGHZ 179, 27, 38.

unionsrechtlichen Vorschrift dem EuGH zur Vorabentscheidung vorlegen. Vorlageberechtigt sind alle Gerichte (Art. 267 Abs. 2 AEUV = Art. 234 Abs. 2 EG). Für letztinstanzliche Gerichte besteht eine Vorlage**pflicht** (Art. 267 Abs. 3 AEUV = Art. 234 Abs. 3 EG).[108] Die Vorlagepflicht erstreckt sich zwar nicht auf den „überschießenden" Bereich der Richtlinienumsetzung (Rn 35). Eine Vorlage ist aber auch hier zulässig.[109]

V. Verhältnis zwischen den Auslegungsmethoden

37 Das Verhältnis zwischen den einzelnen Auslegungsmethoden ist umstritten.[110] In der Literatur ist zu Recht die Auffassung im Vordringen, dass zwischen den verschiedenen Methoden **keine feste Rangordnung** aufgestellt werden kann.[111] Nach der hier vertretenen Auffassung stehen zwar die verschiedenen **Auslegungskriterien** in einer Rangordnung. Ausgangspunkt und wichtigstes Mittel der Auslegung ist hiernach der **Wortlaut**. Soweit der Wortlaut mehrere Auslegungsmöglichkeiten zulässt, kommt es primär auf den **tatsächlichen Willen** des Gesetzgebers an. Hilfsweise ist auf **objektiv-teleologische Kriterien** zurückzugreifen, weil diese einen Schluss auf den **mutmaßlichen Willen** des Gesetzgebers zulassen. Das Verhältnis zwischen den einzelnen **Auslegungsmethoden** hängt demgegenüber davon ab, welche Methode im Einzelfall zu den verlässlichsten Erkenntnissen über die maßgebenden Auslegungskriterien führt.[112] In den problematischen Fällen darf der Rechtsanwender sich nicht auf eine einzige Auslegungsmethode stützen, sondern muss die verschiedenen Methoden nebeneinander heranziehen und die dabei gewonnenen Erkenntnisse gegeneinander abwägen, um zu einer möglichst überzeugungskräftigen Lösung zu gelangen.[113]

C. Richterliche Rechtsfortbildung

38 Die Befugnis des Richters zur Rechtsfortbildung ist in Deutschland seit langem anerkannt.[114] Unter der Geltung des Grundgesetzes kann man diese Befugnis auf die Erwägung stützen, dass der Richter nach Art. 20 Abs. 3 GG nicht allein an das Gesetz, sondern an Gesetz **und Recht** gebunden ist.[115] Die Rechtsfortbildung wird naturgemäß nicht durch den **Wortlaut** der Norm begrenzt. Nach Art. 20 Abs. 3 und Art. 97 Abs. 1 GG bleibt der Richter aber auch hier an die **Wertentscheidungen des Gesetzgebers** gebunden.[116] In diesem Sinne ist eine Rechtsfortbildung **contra legem** also unzulässig.[117] Dies gilt auch für die verfassungskonforme[118] sowie die richtlinienkonforme Rechtsfortbildung.[119] Bei der richterlichen Rechtsfortbildung lassen sich zwei **Fallgruppen** unterscheiden: die ergänzende und die abändernde (berichtigende) Rechtsfortbildung.[120]

I. Ergänzende Rechtsfortbildung

39 **1. Planwidrige Regelungslücke.** Die ergänzende Rechtsfortbildung setzt voraus, dass das infrage stehende Gesetz **bei wertender Betrachtung** eine ausfüllungsbedürftige Regelungslücke aufweist. Aufgrund der Notwendigkeit einer wertenden Betrachtung liegt eine solche Regelungslücke nicht schon dann vor, wenn es keine Rechtsnorm gibt, die für den Sachverhalt eine bestimmte (von mindestens einem Beteiligten begehrte) Rechtsfolge anordnet. Erforderlich ist vielmehr, dass die Regelung nach den in dem betreffenden Gesetz oder in der

108 Zu den Konsequenzen für die Auslegungskompetenz der nationalen Gerichte vgl *Schroeder*, JuS 2004, 180, 181.

109 Vgl EuGH EuZW 1991, 319, 320; EuZW 1997, 658, 660; Palandt/*Sprau*, Einl. Rn 44.

110 Vgl dazu Soergel/*Hefermehl*, Anh. § 133 Rn 4; *Engisch*, Einführung, S. 105 Anm. 51, S. 123 Anm. 47; *Larenz*, Methodenlehre, S. 343 ff; *Canaris*, in: FS Medicus 2001, S. 25 ff.

111 Vgl Soergel/*Hefermehl*, Anh. § 133 Rn 4; RGRK/*Krüger-Nieland/Zöller*, § 133 Rn 50; *Bydlinski*, Methodenlehre, S. 553 ff; *Larenz*, Methodenlehre, S. 345; *Larenz/Wolf*, BGB AT, § 4 Rn 50; *Looschelders/Roth*, Methodik, S. 194.

112 So auch *Larenz*, Methodenlehre, S. 345; *Looschelders/Roth*, Methodik, S. 194.

113 Vgl BGHZ 46, 74, 76; 49, 221, 223; *Enneccerus/Nipperdey*, BGB AT-1, S. 335; *Larenz*, Methodenlehre, S. 343 ff; *Looschelders/Roth*, Methodik, S. 196.

114 Vgl BVerfGE 34, 269, 286 ff; 49, 304, 318; 82, 6, 11 f; 111, 54, 82; BGHZ 4, 153, 158; 17, 266, 276; 179, 27, 38; Palandt/*Sprau*, Einl. Rn 54; RGRK/*Krüger-Nieland/Zöller*, § 133 Rn 53; Soergel/*Hefermehl*, Anh. § 133 Rn 12 ff; *Larenz*, Methodenlehre, S. 366 ff.

115 Vgl BVerfGE 34, 269; 287; 88, 145, 166 f = NJW 1993, 2861, 2863; BVerfG NJW 1997, 2230; MüKo/*Säcker*, Einl. Rn 144; Soergel/*Hefermehl*, Anh. § 133 Rn 15.

116 *Looschelders/Roth*, Methodik, S. 258, 288 ff.

117 Zur Rechtsfortbildung contra legem *Neuner*, Rechtsfindung; ferner *Engisch*, Einführung, S. 225 ff; *Koch/Rüßmann*, Begründungslehre, S. 255; *Larenz*, Methodenlehre, S. 428.

118 Zu den Grenzen der verfassungskonformen Rechtsfortbildung BVerfGE 69, 315, 372; 82, 6, 12; *Looschelders/Roth*, JZ 1995, 1038, 1044 f.

119 Speziell dazu BGHZ 179, 27, 34.

120 Zu dieser Unterscheidung vgl *Enneccerus/Nipperdey*, BGB AT-1, S. 315, 344 f; *Looschelders/Roth*, Methodik, S. 220 ff; *Zippelius*, Methodenlehre, § 11.

Gesamtrechtsordnung zum Ausdruck gekommenen Wertungen lückenhaft ist. Ebenso wie bei der ergänzenden Vertragsauslegung (dazu § 157 Rn 18 f) ist also eine **planwidrige Regelungslücke** erforderlich.[121]

Eine planwidrige Regelungslücke liegt nicht nur dann vor, wenn der Gesetzgeber das zu regelnde Problem übersehen hat (**unbewusste** Regelungslücke). Eine ergänzende Rechtsfortbildung kommt vielmehr auch dann in Betracht, wenn der Gesetzgeber **bewusst** von einer Regelung des Problems abgesehen hat, weil er sich über die sinnvollste Lösung im Unklaren war und die Entscheidung Rechtsprechung und Wissenschaft überlassen wollte.[122] Aufschluss hierüber geben vor allem die Gesetzesmaterialien. Die genetische Auslegung hat daher für die Zulässigkeit der Rechtsfortbildung eine große praktische Bedeutung.[123] 40

2. Methoden der ergänzenden Rechtsfortbildung. Wichtigste Methode der ergänzenden Rechtsfortbildung ist die **Einzelanalogie** (Gesetzesanalogie). Hier wird die Rechtsfolgenanordnung einer Norm auf Sachverhalte erstreckt, die zwar nicht unmittelbar von der Norm erfasst werden, den erfassten Sachverhalten aber so **ähnlich** sind, dass es gerechtfertigt ist, für sie dieselbe Rechtsfolge eintreten zu lassen.[124] 41

Die Bildung einer Analogie kann durch den allgemeinen Gleichheitssatz (Art. 3 Abs. 1 GG) geboten sein. Da die Analogie **keine wesensmäßige Gleichheit**, sondern eine bloße **Ähnlichkeit** der Sachverhalte voraussetzt,[125] können jedoch auch andere Gründe für die analoge Anwendung einer Norm sprechen. Der Rechtsanwender kann dabei insbesondere an die Kriterien anknüpfen, die bei der teleologischen Auslegung (Rn 25) herausgearbeitet worden sind. Im Vordergrund steht deshalb auch hier der **Zweck** der Norm. Darüber hinaus können aber auch verfassungs- und europarechtliche Erwägungen eine Analogie rechtfertigen. Die Einzelanalogie weist damit eine enge Verwandtschaft mit der teleologischen Auslegung auf.[126] Anders als diese ist sie aber nicht an den möglichen Wortsinn gebunden. 42

Von der Einzelanalogie zu unterscheiden ist die **Gesamtanalogie** (Rechtsanalogie), bei der mehreren Einzelvorschriften ein gemeinsamer Grundgedanken entnommen wird; trifft dieser Grundgedanke auf den zu regelnden Sachverhalt zu, so kann die übereinstimmende Rechtsfolgenanordnung der betreffenden Vorschriften hierauf übertragen werden.[127] 43

Jenseits der in konkreten Rechtsnormen verankerten Wertungen kann die ergänzende Rechtsfortbildung schließlich auch auf **allgemeine Prinzipien der Rechtsordnung** (zB Treu und Glauben, Vertrauensgrundsatz, Grundsatz der Verhältnismäßigkeit) gestützt werden.[128] Eine solche **gesetzesübersteigende Rechtsfortbildung** setzt aber voraus, dass sich den einschlägigen Prinzipien hinreichend klare Leitlinien für die Lösung der Problematik entnehmen lassen.[129] Dies ist bei der **„Natur der Sache"** grundsätzlich zu verneinen.[130] 44

II. Abändernde Rechtsfortbildung

1. Teleologische Reduktion. Im Rahmen der richterlichen Rechtsfortbildung kann auch die Abänderung (Korrektur) einer bestehenden Norm zulässig und geboten sein. Wichtigste Methode der abändernden Rechtsfortbildung ist die **teleologische Reduktion**, bei welcher der Anwendungsbereich einer Norm entgegen dem möglichen Wortsinn eingeschränkt wird.[131] 45

Die teleologische Reduktion setzt ebenso wie die ergänzende Rechtsfortbildung (Rn 39 ff) eine **planwidrige Regelungslücke** voraus.[132] Diese besteht darin, dass eine einschränkende Regelung entgegen den in dem betreffenden Gesetz oder in der Gesamtrechtsordnung verankerten Wertungen fehlt. Da der infrage stehende Sachverhalt vom Wortlaut der Norm scheinbar erfasst wird, spricht man auch von einer **verdeckten** Regelungslücke.[133] 46

121 Vgl nur BGHZ 65, 300, 302; 149, 165, 174; NJW 2007, 3124, 3125; 2008, 1446, 1447; Palandt/*Sprau*, Einl. Rn 48, 55; Soergel/*Hefermehl*, Anh. § 133 Rn 12; *Canaris*, Lücken, S. 31 ff; *Larenz*, Methodenlehre, S. 374; *Looschelders/Roth*, Methodik, S. 280 ff.

122 *Looschelders/Roth*, Methodik, S. 289.

123 Vgl etwa BGH NJW 2007, 3124, 3125.

124 Vgl BVerfGE 82, 6, 12; Soergel/*Hefermehl*, Anh. § 133 Rn 13; Palandt/*Sprau*, Einl. Rn 48; *Larenz*, Methodenlehre, S. 304; *Looschelders/Roth*, Methodik, S. 304.

125 Vgl *Engisch*, Einführung, S. 189; *Looschelders/Roth*, Methodik, S. 305 ff.

126 Vgl Soergel/*Hefermehl*, Anh. § 133 Rn 13: „nicht wesensverschieden".

127 Zur Gesamtanalogie vgl Palandt/*Sprau*, Einl. Rn 48; Soergel/*Hefermehl*, Anh. § 133 Rn 13; *Larenz*, Methodenlehre, S. 383 ff; *Looschelders/Roth*, Methodik, S. 310 ff.

128 Vgl Palandt/*Sprau*, Einl. Rn 57; RGRK/*Krüger-Nieland/Zöller*, § 133 Rn 53; Soergel/*Hefermehl*, Anh. § 133 Rn 15; *Larenz/Wolf*, BGB AT, § 4 Rn 83.

129 Vgl BGHZ 108, 305, 309; BGH NJW 1994, 852, 855; Palandt/*Sprau*, Einl. Rn 57; Soergel/*Hefermehl*, Anh. § 133 Rn 15.

130 Vgl *Larenz*, Methodenlehre, S. 418; *Looschelders/Roth*, Methodik, S. 315.

131 Zur teleologischen Reduktion vgl BVerfGE 88, 145, 166 ff = NJW 1993, 2861; BVerfG NJW 1997, 2230; MüKo/*Säcker*, Einl. Rn 135; Soergel/*Hefermehl*, Anh. § 133 Rn 14; *Larenz*, Methodenlehre, S. 391 ff; *Looschelders/Roth*, Methodik, S. 261 ff.

132 Vgl BGHZ 179, 27, 35; Palandt/*Sprau*, Einl. Rn 49.

133 BGHZ 179, 27, 35; Soergel/*Hefermehl*, Anh. § 133 Rn 12, 14; *Larenz/Canaris*, Methodenlehre, S. 198.

47 Die teleologische Reduktion kann unmittelbar durch den **Zweck** der infrage stehenden Norm geboten sein. Dies ist der Fall, wenn die Norm dem Wortlaut nach auch für Sachverhalte gilt, die nach dem Zweck der Norm nicht erfasst werden dürfen.[134] In anderen Fällen lässt sich die teleologische Reduktion auf die **negative Komponente des Gleichheitssatzes** (Art. 3 Abs. 1 GG) stützen, wonach wesentlich ungleiche Sachverhalte ungleich zu behandeln sind. Darüber hinaus kann es eine Vielzahl **anderer Gründe** geben, die für die Einschränkung einer zu weit gefasst Norm sprechen. So muss eine **verfassungskonforme Reduktion** vorgenommen werden, wenn der Wortlaut der Norm Sachverhalte erfasst, die aus verfassungsrechtlichen Gründen nicht erfasst werden dürfen.[135] Parallel hierzu kann die **richtlinienkonforme Reduktion** eingesetzt werden, um den Anwendungsbereich einer zu weit gefassten Vorschrift nach den Vorgaben der zugrunde liegenden EG-Richtlinie einzuschränken (vgl Rn 33).[136]

48 **2. Teleologische Extension und teleologische Modifikation.** Weitere Methoden der abändernden Rechtsfortbildung sind die teleologische Extension und die teleologische Modifikation. Die **teleologische Extension** greift ein, wenn das Gesetz nicht sämtliche Fälle erfasst, die zur **Verwirklichung des Normzwecks** erfasst werden müssen.[137] Der **Unterschied zur Analogie** liegt darin, dass die Ausdehnung der Vorschrift nicht auf den allgemeinen Gleichheitssatz oder auf andere außerhalb der Norm liegende Erwägungen gestützt werden muss, sondern unmittelbar durch den Zweck der Norm selbst geboten wird.

49 Der Zweck der Norm kann nicht nur die Einschränkung oder Ausweitung des Anwendungsbereichs einer Norm rechtfertigen oder gebieten, sondern auch **sonstige Modifikationen**. In Betracht kommt insbesondere eine Korrektur auf der **Rechtsfolgenseite**.[138] So ist es nach dem Schutzzweck des § 844 Abs. 2 geboten, den Schadenersatzanspruch der Angehörigen unter Korrektur des zu engen Gesetzeswortlauts auf die Nachteile zu erstrecken, die dadurch entstehen, dass der Getötete durch sein vorzeitiges Ableben daran gehindert worden ist, für den Unterhalt der Angehörigen **nach** seinem Tod Vorsorge zu treffen.[139]

§ 134 Gesetzliches Verbot

Ein Rechtsgeschäft, das gegen ein gesetzliches Verbot verstößt, ist nichtig, wenn sich nicht aus dem Gesetz ein anderes ergibt.

Literatur: *Beater*, Der Gesetzesbegriff von § 134 BGB, AcP 197 (1997), 505; *Benecke*, Gesetzesumgehung im Zivilrecht, 2004; *Canaris*, Gesetzliches Verbot und Rechtsgeschäft, 1983; *Damm*, Kontrolle von Vertragsgerechtigkeit durch Rechtsfolgenbestimmung, JZ 1986, 913; *Hager*, Gesetzes- und sittenkonforme Auslegung und Aufrechterhaltung von Rechtsgeschäften, 1983; *ders.*, Die gesetzeskonforme Aufrechterhaltung übermäßiger Vertragspflichten – BGHZ 89, 316 und 90, 69, JuS 1985, 264; *Kötz*, Die Ungültigkeit von Verträgen wegen Gesetz- und Sittenwidrigkeit, RabelsZ 58 (1994), 209; *Krampe*, Aufrechterhaltung von Verträgen und Vertragsklauseln, AcP 194 (1994), 1; *Petersen*, Gesetzliches Verbot und Rechtsgeschäft, Jura 2003, 532; *Schick*, Die Gesetzesumgehung im Licht der nationalen und gemeinschaftsrechtlichen Rechtsprechung, 2008; *K. Schmidt*, Vertragsnichtigkeit nach § 134 durch nicht-regelnde Behördenmitteilung, NJW 1995, 2255; *Schurig*, Die Gesetzesumgehung im Privatrecht, FS Ferid, 1988, 375; *Seiler*, Über verbotswidrige Rechtsgeschäfte (§ 134 BGB), in: GS Martens 1987, S. 719; *Sieker*, Umgehungsgeschäfte, 2001; *Taupitz*, Berufsständische Satzungen als Verbotsgesetze im Sinne des § 134 BGB, JZ 1994, 221; *Teichmann*, Die Gesetzesumgehung, 1962; *ders.*, Die „Gesetzesumgehung" im Spiegel der Rechtsprechung, JZ 2003, 761; *Ulrici*, Verbotsgesetz und zwingendes Gesetz, JuS 2005, 1073; *Weyer*, Leistungskondiktion und Normzweck des Verbotsgesetzes, WM 2002, 627; *ders.*, Privatautonomie und gesetzliches Verbot, 2008.

134 *Looschelders/Roth*, Methodik, S. 261 f.
135 Zur verfassungskonformen Reduktion vgl BVerfGE 88, 145, 166 ff = NJW 1993, 2861; BVerfG NJW 1997, 2230; *Looschelders/Roth*, JZ 1995, 1038, 1044 f.
136 BGHZ 179, 27, 35 ff.
137 Zur teleologischen Extension vgl *Canaris*, Lücken, S. 267 ff; *Larenz*, Methodenlehre, S. 397 ff; *Looschelders/Roth*, Methodik, S. 267 ff; *Pawlowski*, Methodenlehre, Rn 497 ff.
138 Vgl *Looschelders/Roth*, Methodik, S. 272 f; *Zippelius*, Methodenlehre, § 11 IIc.
139 BGHZ 32, 246, 249; Palandt/*Sprau*, § 844 Rn 16; *Larenz/Canaris*, Schuldrecht II/2, § 83 II 1 a (betr. Witwenrente); einschr. Staudinger/*Röthel*, § 844 Rn 199. Vgl dazu aus methodischer Sicht *Canaris*, Lücken, S. 90 f; *Larenz*, Methodenlehre, S. 397 f.

A. Allgemeines

I. Normzweck

1 Der Grundsatz der **Privatautonomie** findet seine Grenze in den geltenden Gesetzen. Besondere Bedeutung haben in diesem Zusammenhang Vorschriften, welche ein Rechtsgeschäft ausdrücklich oder konkludent verbieten. Solche Vorschriften finden sich weniger im BGB als vielmehr im öffentlichen Recht und im Strafrecht.[1] Entsprechend ihrer systematischen Stellung beschäftigen sich die meisten der einschlägigen Vorschriften nicht damit, welche Auswirkungen der Gesetzesverstoß auf die Wirksamkeit des infrage stehenden Rechtsgeschäfts hat. Der Grundsatz der **Einheit und Widerspruchsfreiheit der Rechtsordnung** verbietet es jedoch, den Gesetzesverstoß im Zivilrecht außer Betracht zu lassen.[2] Insbesondere kann es nicht angehen, dass jemand sich wirksam zu einer Leistung verpflichtet, deren Erbringung gesetzlich verboten ist.[3] Der Gesetzgeber hat gleichwohl davon abgesehen, verbotswidrige Rechtsgeschäfte generell für nichtig zu erklären. Nach § 134 greift diese Rechtsfolge vielmehr nur ein, wenn sich nicht aus dem Gesetz, insbesondere aus dessen **Zweck**, etwas anderes ergibt.

2 Nach hM dient § 134 in erster Linie dem **Schutz der Allgemeinheit**.[4] Dies heißt jedoch nicht, dass die Vorschrift nicht auch die individuellen Interessen des Vertragspartners oder Dritter schützen kann.[5] Letztlich kommt es auch hier auf den Zweck des zugrunde liegenden Verbotsgesetzes an. § 134 hat damit die Aufgabe, die Wertungen der (meist) öffentlich-rechtlichen oder strafrechtlichen Verbotsgesetze in das Zivilrecht hinein zu „verlängern“.[6]

3 Auch wenn § 134 die Wertungen des jeweiligen Verbotsgesetzes in Bezug nimmt, hat die Vorschrift doch einen **eigenständigen Regelungsgehalt**.[7] Zu beachten ist zunächst, dass die Nichtigkeit des Rechtsgeschäfts nicht allein aus dem Zweck der Verbotsnorm abgeleitet werden kann. Bei der Entscheidung über die Nichtigkeit muss zwar auf die Wertungen des jeweiligen Verbotsgesetzes abgestellt werden; die Rechtsfolgenanordnung ergibt sich aber aus § 134.[8]

4 § 134 stellt außerdem klar, dass ein Rechtsgeschäft **nicht bei jedem Gesetzesverstoß nichtig** ist. Ob die Vorschrift darüber hinaus eine Vermutung für die Nichtigkeit eines verbotswidrigen Rechtsgeschäfts begründet, ist dagegen zweifelhaft (dazu Rn 56).

1 Vgl Motive I, S. 210 = *Mugdan*, S. 469 mit dem Hinweis, dass die Vorschrift „namentlich die gegen Rechtsgeschäfte gerichteten Verbotsgesetze des öffentlichen Rechtes, insb. des Strafrechtes, im Auge“ habe.
2 Vgl *Medicus*, BGB AT, Rn 647; *Rüthers/Stadler*, BGB AT, § 26 Rn 2.
3 Vgl *Pawlowski*, BGB AT, Rn 489.
4 BGHZ 13, 179, 182; Bamberger/Roth/*Wendtland*, § 134 Rn 2; Erman/*Palm*, § 134 Rn 1; PWW/*Ahrens*, § 134 Rn 2.
5 AK-BGB/*Damm*, § 138 Rn 15; PWW/*Ahrens*, § 134 Rn 2.
6 *Medicus*, BGB AT, Rn 646.
7 MüKo/*Armbrüster*, § 138 Rn 2; aA *Flume*, BGB AT Bd. 2, § 17, 1: „Die Vorschrift des § 134 besagt in Wirklichkeit nichts“.
8 *Bork*, BGB AT, Rn 1089 f; *Larenz/Wolf*, BGB AT, § 40 Rn 2; *Rüthers/Stadler*, BGB AT, § 26 Rn 2; aA *Flume*, BGB AT Bd. 2, § 17, 1; *Medicus*, BGB AT, Rn 646.

In der Literatur wird teilweise die Auffassung vertreten, § 134 enthalte eine „Grundentscheidung zugunsten des grundsätzlichen Vorrangs staatlicher Wirtschaftsordnung und -lenkung gegenüber der Privatautonomie“.[9] Dies ist jedoch missverständlich.[10] § 134 regelt lediglich den (selbstverständlichen) **Vorrang der staatlichen Gesetze** gegenüber der privatautonomen Gestaltungsmacht der Parteien. In welchem Umfang die **Wirtschaft** auf Kosten der Privatautonomie gesetzlich **geordnet und gelenkt** werden soll, ist eine politische Frage, die durch § 134 nicht präjudiziert wird. Richtig ist aber, dass § 134 zu diesen Zwecken nutzbar gemacht werden kann. 5

II. Entstehungsgeschichte

Dass der Verstoß gegen ein Verbotsgesetz nicht in jedem Fall zur Nichtigkeit des Rechtsgeschäfts führt, war schon im **römischen Recht** anerkannt.[11] Auch im **gemeinen Recht** wurde dieser Grundsatz nicht infrage gestellt. Streitig war lediglich, ob ein verbotswidriges Rechtsgeschäft wenigstens im Regelfall für nichtig zu erachten ist. Die **Verfasser des BGB** haben diese Frage im Einklang mit der damals hM bejaht. Um der „gegenteiligen Absicht des Gesetzes“ Rechnung tragen zu können, haben sie jedoch nicht die generelle Nichtigkeit verbotswidriger Rechtsgeschäfte angeordnet, sondern die Nichtigkeit unter den Vorbehalt gestellt, dass „sich nicht aus dem Gesetz etwas anderes ergibt“.[12] Eine Sonderstellung hatten aus Sicht der Gesetzesverfasser die Fälle, in denen das Verbot nur gegen eine Partei gerichtet war; hier sollte das Rechtsgeschäft der Regel nach als wirksam anzusehen sein. Letztlich sollte es aber in beiden Fällen auf die „Absicht des Gesetzes im Einzelfalle“ ankommen.[13] Der Entstehungsgeschichte des § 134 ist damit zu entnehmen, dass die Verfasser des Gesetzes eine möglichst flexible Regelung schaffen wollten, die es dem Richter erlaubt, den Zweck des jeweiligen Verbotsgesetzes in angemessener Weise zu berücksichtigen.[14] 6

III. Anwendungsbereich

1. Privatrechtliche Rechtsgeschäfte. § 134 gilt für alle **Rechtsgeschäfte** auf dem Gebiet des Privatrechts. Der Begriff des Rechtsgeschäfts beurteilt sich nach allgemeinen Grundsätzen. Erfasst werden sowohl einseitige Rechtsgeschäfte (zB Kündigung) als auch Verträge und Beschlüsse.[15] Die Vorschrift ist auch auf **Normenverträge** (Tarifverträge, Betriebsvereinbarungen) anwendbar.[16] Die **Aussperrung** wird ebenfalls als Rechtsgeschäft iSd § 134 angesehen.[17] Die auf den Abschluss eines Vertrages gerichteten Willenserklärungen (**Angebot** und **Annahme**) sind dagegen keine Rechtsgeschäfte.[18] Teilweise wird zwar die entsprechende Anwendung des § 134 auf Angebote befürwortet.[19] Ob hierfür ein Bedürfnis besteht, ist jedoch zweifelhaft, weil der gesetzwidrige Inhalt einer solchen Erklärung bei der Würdigung des Vertrages im Ganzen berücksichtigt werden kann. 7

2. Öffentliches Recht. § 59 Abs. 1 VwVfG verweist für die Nichtigkeit von **öffentlich-rechtlichen Verträgen** auf die Vorschriften des BGB. § 134 ist damit auch hier grundsätzlich anwendbar.[20] Da die differenzierte Regelung des § 59 Abs. 2 VwVfG nicht unterlaufen werden darf, wendet die hM die Vorschrift aber zurückhaltend an. Ein öffentlich-rechtlicher Vertrag ist damit nur dann nach § 134 nichtig, wenn eine **zwingende Rechtsnorm** besteht, die den **Inhalt** des Vertrages sowie seinen **Erfolg** verbietet, und zugleich der **Normzweck** die Nichtigkeit im öffentlichen Interesse verlangt.[21] 8

§ 134 gilt auch für die Vergabe öffentlicher Aufträge nach **Vergaberecht**.[22] 9

9 So *Canaris*, Gesetzliches Verbot, S. 19; dem folgend AK-BGB/*Damm*, § 134 Rn 14.
10 Krit. auch MüKo/*Armbrüster*, § 134 Rn 2.
11 Vgl Staudinger/*Dilcher*, 12. Aufl., § 138 Rn 1; *Flume*, BGB AT Bd. 2, § 17, 1; *Seiler*, in: GS Martens 1987, S. 719, 720 ff; ausführlich zur historischen Entwicklung HKK/*Dorn*, §§ 134–137 Rn 4 ff.
12 Motive I, S. 210 = *Mugdan* I, S. 468.
13 Motive I, S. 210 = *Mugdan* I, S. 468.
14 Vgl *Beater*, AcP 197 (1997), 505, 510.
15 Vgl HK-BGB/*Dörner*, § 134 Rn 2.
16 BAGE 1, 258, 269; Bamberger/Roth/*Wendtland*, § 134 Rn 3; MüKo/*Armbrüster*, § 138 Rn 9; Palandt/*Ellenberger*, § 134 Rn 12; Staudinger/*Sack*, § 134 Rn 12 f.
17 ArbG Paderborn DB 1975, 1655, 1656; Staudinger/*Sack*, § 134 Rn 15.
18 MüKo/*Kramer*, § 145 Rn 3; Soergel/*Wolf*, § 145 Rn 3.
19 So etwa Palandt/*Ellenberger*, § 134 Rn 12; aA Bamberger/Roth/*Wendtland*, § 134 Rn 4; MüKo/*Armbrüster*, § 134 Rn 25; Staudinger/*Sack*, § 134 Rn 15.
20 Vgl BVerwG DVBl. 1960, 106, 107; NJW 1976, 686 (aber ohne direkte Bezugnahme auf § 134); Erman/*Palm*, § 134 Rn 6; MüKo/*Armbrüster*, § 134 Rn 27; Staudinger/*Sack*, § 134 Rn 14; ausf. dazu *Bleckmann*, NVwZ 1990, 601 ff; *Erichsen*, Jura 1994, 47 ff.
21 BVerwGE 89, 7, 10; BVerwG DVBl. 1990, 438; OVG Nordrhein-Westfalen NVwZ 1992, 988 f; *Erichsen*, Jura 1994, 47, 50.
22 Vgl BGH NJW 1997, 61; MüKo/*Armbrüster*, § 134 Rn 28.

IV. Verhältnis zu anderen Vorschriften

10 **1. Verbotsgesetze mit eigener Regelung der zivilrechtlichen Rechtsfolgen.** Verbotsgesetze mit eigener Nichtigkeitsanordnung gehen § 134 als leges speciales vor.[23] Spricht das Verbotsgesetz die **Nichtigkeit** selbst aus (zB §§ 248 Abs. 1, 311 b Abs. 2 und 4, 723 Abs. 3, 1136, 1229), so ist § 134 daher nicht anwendbar. Das Gleiche gilt für den Fall, dass das Verbotsgesetz eine **abweichende zivilrechtliche Rechtsfolge** vorsieht.[24] Bei der Eheschließung sind die Folgen eines Verstoßes gegen die §§ 1303 ff in den §§ 1313 ff geregelt.[25]

11 **2. Sittenwidriges Rechtsgeschäft und Wucher, § 138.** § 134 ist im **Verhältnis zu § 138 Abs. 1** vorrangig anzuwenden (vgl § 138 Rn 14). Ist das Rechtsgeschäft bereits nach § 134 nichtig, so muss nicht zusätzlich auf § 138 Abs. 1 abgestellt werden.[26] Ergibt sich die Nichtigkeit nicht schon aus dem Verstoß gegen ein Verbotsgesetz, so kann § 138 Abs. 1 aber ergänzend angewendet werden.[27]

12 In den Fällen des **Wuchers** geht die hM davon aus, dass § 134 iVm § 291 StGB und § 138 Abs. 2 nebeneinander anwendbar sind (vgl § 138 Rn 356 f). Im Fall einer **Mietpreisüberhöhung** hat § 134 iVm § 5 WiStG aber Vorrang gegenüber § 138 Abs. 2 (s. § 138 Rn 358).

13 **3. Gesetzliche oder behördliche Verfügungsverbote.** Der Verstoß gegen ein **gesetzliches Verfügungsverbot** ist ein Sonderfall des Gesetzesverstoßes.[28] Bezweckt das Verfügungsverbot nur den Schutz bestimmter Personen (sog. **relatives** Verfügungsverbot), so wird § 134 durch die Sonderregelung des § 135 verdrängt (vgl § 135 Rn 1).[29] Für **absolute** gesetzliche Verfügungsverbote gilt aber § 134.[30]

14 Eine entsprechende Differenzierung ist bei **gerichtlichen** oder **behördlichen Verfügungsverboten** geboten. Für **relative** Verfügungsverbote verweist § 136 auf § 135.[31] Nach welchen Regeln **absolute** gerichtliche oder behördliche Verfügungsverbote zu behandeln sind, ist im Gesetz nicht geregelt. Zur Lückenfüllung kann § 134 analog angewendet werden.[32]

15 **4. Anfechtung wegen arglistiger Täuschung oder Drohung, § 123.** Ist eine Partei durch **Betrug** oder **Erpressung** zur Abgabe einer Willenserklärung veranlasst worden, so ist das Rechtsgeschäft nicht nach § 134 iVm § 253 StGB bzw § 263 StGB nichtig. Die Willenserklärung ist aber wegen arglistiger Täuschung oder Drohung nach § 123 anfechtbar. § 123 ist insofern also **lex specialis** zu § 134.[33]

16 **5. Inhaltskontrolle von AGB, §§ 307 ff.** Bei AGB sind die §§ 307 ff neben § 134 anwendbar. Verstößt eine Klausel sowohl gegen ein gesetzliches Verbot als auch gegen die §§ 307 ff, so kann die Unwirksamkeit nebeneinander auf beide Rechtsgrundlagen gestützt werden.[34] Die Anwendbarkeit der §§ 307 ff bei gesetzwidrigen Klauseln hat im Übrigen den Vorteil, dass die Unwirksamkeit auch im Verbandsklageverfahren nach § 1 UKlaG geltend gemacht werden kann.[35]

17 **6. Rechtliche Unmöglichkeit, §§ 275 Abs. 1, 311 a.** Verbietet das Gesetz die **Erfüllung** eines Rechtsgeschäfts, so liegt ein Fall der rechtlichen Unmöglichkeit vor. Soweit das rechtliche Leistungshindernis bereits bei Vertragsschluss vorlag, wurde die Unwirksamkeit des **Verpflichtungsgeschäfts** vor Inkrafttreten des SchuldRModG meist sowohl auf § 134 als auch auf § 306 aF gestützt.[36] Diese Praxis war insofern gerechtfertigt, als der Verstoß gegen ein gesetzliches Verbot nach § 309 aF die gleichen Rechtsfolgen wie die anfängliche objektive Unmöglichkeit hatte. Nach geltendem Recht führt die anfängliche Unmöglichkeit **nicht mehr** zur **Nichtigkeit des Vertrages** (§ 311 a Abs. 1). Der Schadensersatzanspruch ist nach § 311 a Abs. 2 auf das **positive Interesse** gerichtet.[37] Ist das Geschäft nach § 134 nichtig, so kommt dagegen nur ein Anspruch aus **culpa in contrahendo** (§§ 280 Abs. 1, 311 Abs. 2, 241 Abs. 2) auf Ersatz des **negativen Interesses** in Betracht (s. Rn 76 f). Daher ist eine genaue Abgrenzung erforderlich.[38]

23 Vgl MüKo/*Armbrüster*, § 134 Rn 3; Erman/*Palm*, § 134 Rn 2; *Medicus*, BGB AT, Rn 644; der Sache nach auch BGHZ 143, 283, 286.

24 Vgl MüKo/*Armbrüster*, § 134 Rn 3; Soergel/*Hefermehl*, § 134 Rn 3; Staudinger/*Sack*, § 134 Rn 67.

25 Vgl Soergel/*Hefermehl*, § 134 Rn 3; Staudinger/*Sack*, § 134 Rn 67.

26 Erman/*Palm*, § 138 Rn 10; MüKo/*Armbrüster*, § 134 Rn 4; Soergel/*Hefermehl*, § 138 Rn 63; aA BGHZ 53, 152, 160; *Hübner*, BGB AT, Rn 923.

27 MüKo/*Armbrüster*, § 134 Rn 3; Soergel/*Hefermehl*, § 138 Rn 63.

28 Staudinger/*Kohler*, § 135 Rn 1.

29 MüKo/*Armbrüster*, § 135 Rn 1.

30 Vgl BGHZ 19, 355, 359; MüKo/*Armbrüster*, § 135 Rn 6; Soergel/*Hefermehl*, §§ 135, 136 Rn 2; Staudinger/*Kohler*, § 135 Rn 4; *Brox/Walker*, BGB AT, Rn 347.

31 RGZ 105, 71, 75 f.

32 Soergel/*Hefermehl*, §§ 135, 136 Rn 5; Staudinger/*Kohler*, § 136 Rn 2.

33 Vgl Bamberger/Roth/*Wendtland*, § 134 Rn 4; Soergel/*Hefermehl*, § 134 Rn 24; Staudinger/*Sack*, § 134 Rn 15.

34 Vgl *Wolf*/Lindacher/Pfeiffer, § 307 Rn 12; MüKo/*Kieninger*, Vor § 307 Rn 9.

35 *Wolf*/Lindacher/Pfeiffer, § 307 Rn 12; vgl zB BGH NJW 2003, 1241, 1243 zu § 89 b HGB.

36 BGHZ 143, 283, 286; BGH NJW 1995, 2026, 2027; vgl auch BGH NJW-RR 2005, 1619, 1620.

37 Palandt/*Grüneberg* § 311 a Rn 7; *Looschelders*, Schuldrecht AT, 8. Aufl. 2010, Rn 656, 663.

38 So auch MüKo/*Ernst*, § 311 a Rn 25; *Windel*, ZGS 2003, 466, 471.

Ausgangspunkt der Überlegungen muss die **Funktion des § 311 a Abs. 1** sein. Die Vorschrift stellt lediglich klar, dass die anfängliche Unmöglichkeit als solche nicht zur Nichtigkeit des Vertrages führt. Sie schließt aber nicht aus, dass der Vertrag aus anderen Gründen nichtig ist.[39] Dies gilt insbesondere mit Blick auf § 134. Verstößt die **Erfüllung des Vertrages** gegen ein gesetzliches Verbot, so ist das **Verpflichtungsgeschäft** grundsätzlich **nach § 134 nichtig** (s. Rn 72 ff). Ein Anspruch auf Ersatz des Erfüllungsinteresses aus § 311 a Abs. 2 kommt damit nicht in Betracht. Denn ein solcher Anspruch setzt einen wirksamen Vertrag voraus.[40] Der Geschädigte ist daher auf einen Schadensersatzanspruch aus § 280 Abs. 1, 311 Abs. 2, 241 Abs. 2 verwiesen. Ist der Vertrag nicht nach § 134 unwirksam, so ist die Leistungspflicht des Schuldners bei rechtlicher Unmöglichkeit nach § 275 Abs. 1 ausgeschlossen. Dem Gläubiger kann aber ein Schadensersatzanspruch aus § 311 a Abs. 2 zustehen. Welche Ansprüche der Gläubiger geltend machen kann, hängt somit davon ab, ob das Verpflichtungsgeschäft nach **§ 134** nichtig ist. Dies muss daher **vorrangig** geprüft werden.[41] 18

B. Regelungsgehalt

I. Gesetzliches Verbot

Die Anwendung des § 134 setzt voraus, dass das Rechtsgeschäft gegen ein **Verbot** verstößt, welches in einem **Gesetz** enthalten ist. 19

1. Gesetz. a) Überblick. Der Begriff des Gesetzes bestimmt sich nach Art. 2 EGBGB. Erfasst wird grundsätzlich jede Rechtsnorm. Das Verbot muss damit nicht in einem **formellen Gesetz** enthalten sein. Es kann sich vielmehr auch aus einer **Rechtsverordnung** oder einer **öffentlich-rechtlichen Satzung** ergeben,[42] nicht aber aus einem **Verwaltungsakt**.[43] Ob es sich um Bundes- oder Landesrecht handelt, ist grundsätzlich unerheblich.[44] Darüber hinaus kommen auch **gewohnheitsrechtliche** Rechtsnormen als Verbotsgesetze in Betracht.[45] Solange ein richterrechtlich entwickelter Rechtssatz noch nicht zu Gewohnheitsrecht erstarkt ist, handelt es sich dagegen um keine Rechtsnorm.[46] **Richterrecht** fällt daher als solches nicht in den Anwendungsbereich des § 134; es kann aber im Rahmen des § 138 Abs. 1 als Erkenntnisquelle für die guten Sitten herangezogen werden (s. § 138 Rn 78 f). **Privatrechtliche Vereins- oder Verbandssatzungen** können ebenfalls keine gesetzlichen Verbote iSd § 134 begründen;[47] auch hier bleibt jedoch der Rückgriff auf § 138 Abs. 1 (dort Rn 304 ff) möglich. 20

b) Allgemeine Rechtsgrundsätze. Nach hM können gesetzliche Verbote iSd § 134 auch aus allgemeinen Rechtsgrundsätzen abgeleitet werden.[48] So hat der BGH vor der Reform des Schiedsverfahrensrechts die Auffassung vertreten, dass Rechtsgeschäfte, die gegen das auch für Schiedsgerichte geltende und im Gesetz (§§ 1025 Abs. 2, 1032 ZPO aF) zum Ausdruck gekommene **Gebot überparteilicher Rechtspflege** verstoßen, nach § 134 nichtig sind (vgl zur aktuellen Rechtslage Rn 278).[49] Weiterhin spricht aus Sicht des BGH vieles dafür, den „Grundsatz, dass der Staat (die staatliche Verwaltung) kein Recht zu ‚Geschenken' hat", unter bestimmten Voraussetzungen als Verbotsgesetz iSd § 134 anzusehen.[50] Aus systematischen Gründen erscheint es jedoch vorzugswürdig, den Anwendungsbereich des § 134 auf Fälle zu beschränken, in denen das Rechtsgeschäft gegen ein **konkretes** gesetzliches Verbot verstößt. Allgemeine Rechtsgrundsätze sind regelmäßig so abstrakt, dass sie nicht als Verbotsgesetze verstanden werden können.[51] Hier ist deshalb allein § 138 Abs. 1 anwendbar.[52] 21

c) Berufsordnungen und Standesrecht. Verbotsgesetze können auch in öffentlich-rechtlichen Satzungen enthalten sein (Rn 20). § 134 erfasst damit auch den Verstoß gegen die Satzungen autonomer Berufsverbände 22

39 Vgl BT-Drucks. 14/6040, S. 165; Palandt/*Grüneberg*, § 311 a Rn 5.
40 Vgl Jauernig/*Stadler*, § 311 a Rn 6; *Looschelders*, Schuldrecht AT, 8. Aufl. 2010, Rn 650 f.
41 So auch *Windel*, ZGS 2003, 466, 472.
42 Vgl Palandt/*Thorn*, Art. 2 EGBGB Rn 2; Erman/*Palm*, § 134 Rn 8; Staudinger/*Sack*, § 134 Rn 16; *Beater*, AcP 197 (1997), 505, 514; *Armbrüster*, VersR 2011, 1, 8.
43 Erman/*Palm*, § 134 Rn 8; Soergel/*Hefermehl*, § 134 Rn 5.
44 BGH NJW 1986, 2360, 2361; Palandt/*Ellenberger*, § 134 Rn 2.
45 BGH NJW 2007, 2106, 2108; MüKo/*Armbrüster*, § 134 Rn 32; Palandt/*Ellenberger*, § 134 Rn 2; Staudinger/*Sack*, § 134 Rn 17; *Beater*, AcP 197 (1997), 505, 526 f.
46 Palandt/*Sprau*, Einl. Rn 22; *Larenz/Wolf*, BGB AT, § 3 Rn 39; *Pawlowski*, BGB AT, Rn 61.
47 BGH NJW 2000, 1028; Bamberger/Roth/*Wendtland*, § 134 Rn 8; Staudinger/*Sack*, § 134 Rn 28.
48 MüKo/*Armbrüster*, § 134 Rn 32; Palandt/*Ellenberger*, § 134 Rn 2; *Bork*, BGB AT, Rn 1091.
49 BGHZ 51, 255, 262; 54, 392, 400; vgl auch Palandt/*Ellenberger*, § 134 Rn 2.
50 BGHZ 47, 30, 40.
51 Vgl zu dieser Abgrenzung *Beater*, AcP 197 (1997), 504, 524.
52 So auch Staudinger/*Sack*, § 134 Rn 22; *Beater*, AcP 197 (1997), 504, 528.

(Kammern), die auf der Grundlage einer **gesetzlichen Ermächtigung** erlassen worden sind.[53] Zu nennen sind hier in erster Linie die **ärztlichen Berufsordnungen**.[54]

23 In der Literatur wird die Anwendbarkeit des § 134 teilweise dahin gehend eingeschränkt, dass der betreffende Verband die **Kompetenz** haben müsse, die **Nichtigkeit des Rechtsgeschäfts selbst anzuordnen**, was für die derzeit bestehenden Kammern nicht zutreffe.[55] Diese Auffassung beruht auf der Prämisse, dass die Nichtigkeit des Rechtsgeschäfts nicht aus § 134, sondern aus dem Verbotsgesetz selbst folgt.[56] Geht man dagegen wie hier (Rn 3) davon aus, dass die Nichtigkeit auf der Rechtsfolgenanordnung des § 134 beruht, so besteht für eine solche Einschränkung kein Anlass. § 134 hat dann auch die Funktion, über kompetenzrechtliche Probleme hinwegzuhelfen. Dies enthebt freilich nicht von der Feststellung, dass die Anordnung der Nichtigkeit dem Zweck der infrage stehenden Regelung entspricht.[57]

24 Von den öffentlich-rechtlichen Satzungen der Berufsverbände zu unterscheiden sind bloße **Standesrichtlinien**, die von den Kammern der freien Berufe (zB Rechtsanwaltskammern) erlassen werden. Das BVerfG hat klargestellt, dass es sich bei den Standesrichtlinien – im Gegensatz zum gesetzlich ausgestalteten Berufsrecht – trotz ihrer Normähnlichkeit nicht um verbindliche Rechtssätze handelt.[58] Standesrichtlinien bringen lediglich die vorhandenen Standesauffassungen, teilweise sogar nur die Meinung angesehener und erfahrener Standesgenossen, zum Ausdruck.[59] Sie können daher nicht herangezogen werden, um Beschränkungen des Grundrechts auf Berufsausübung (Art. 12 GG) zu rechtfertigen. Der Verstoß gegen Standesrichtlinien führt daher nicht zur Nichtigkeit eines Rechtsgeschäfts nach § 134. Demgegenüber können die Wertungen der Standesrichtlinien zwar grundsätzlich bei der Konkretisierung der Sittenwidrigkeit im Rahmen des § 138 (dort Rn 87) berücksichtigt werden. Auch dort können die Richtlinien jedoch für sich genommen keine berufsbeschränkende Wirkung entfalten.[60]

25 **d) Tarifverträge und Betriebsvereinbarungen.** Tarifvertragliche Regelungen sind in ihrem normativen Teil als **Rechtsnormen** iSd Art. 2 EGBGB anzusehen.[61] Dem Grundsatz nach können Verbotsgesetze daher durchaus in Tarifverträgen enthalten sein.[62] § 4 Abs. 3 TVG lässt jedoch zu, dass von den Regelungen eines Tarifvertrages zugunsten des Arbeitnehmers abgewichen wird. Da der Verstoß gegen **dispositive** Vorschriften regelmäßig keine Nichtigkeit nach sich zieht (s. Rn 48), haben tarifvertragliche Normen im Rahmen des § 134 letztlich keine praktische Bedeutung.[63]

26 In Rechtsprechung und Literatur wird überwiegend angenommen, dass **Betriebsvereinbarungen** ebenfalls die Qualität von Verbotsgesetzen haben können.[64] Die Frage kann jedoch dahinstehen. Da Betriebsvereinbarungen nach § 77 Abs. 4 BetrVG ebenso wie Tarifverträge zugunsten des Arbeitnehmers **dispositiv** sind,[65] führt der Verstoß gegen Betriebsvereinbarungen jedenfalls nicht zur Nichtigkeit des Rechtsgeschäfts nach § 134.[66]

27 **e) Verfassungsrecht. aa) Die mittelbare Drittwirkung der Grundrechte.** Verbotsgesetze können auch in verfassungsrechtlichen Normen enthalten sein. Erforderlich ist aber, dass diese Normen **konkrete Verbote** enthalten und im Privatrechtsverkehr **unmittelbar anwendbar** sind. Die zweite Voraussetzung trifft auf die **Grundrechte** im Allgemeinen nicht zu. Nach der ganz hM können die Grundrechte im Privatrechtsverkehr regelmäßig nur eine **mittelbare Drittwirkung** entfalten, weil eine unmittelbare Bindung an die Grundrechte

53 BGH NJW 1986, 2360, 2361; BayObLGZ 2000, 301, 308; Bamberger/Roth/*Wendtland*, § 134 Rn 7; MüKo/*Armbrüster*, § 134 Rn 30; Palandt/*Ellenberger*, § 134 Rn 2; *Beater*, AcP 197 (1997), 505, 526; aA Staudinger/*Dilcher*, 12. Aufl., § 134 Rn 2.

54 Zur Rechtsnormqualität der ärztlichen Berufsordnungen vgl BVerfGE 76, 171, 186.

55 So *Taupitz*, Die Standesordnungen der freien Berufe, 1991, S. 1073 ff; *ders.*, JZ 1994, 221, 224 ff; dem folgend Staudinger/*Sack*, § 134 Rn 27; ähnlich Erman/*Palm*, § 134 Rn 8, 50.

56 Besonders deutlich *Taupitz*, Standesordnungen, S. 1081 ff; *ders.*, JZ 1994, 221, 225.

57 Vgl *Beater*, AcP 197 (1997), 505, 526.

58 BVerfGE 76, 171 = NJW 1988, 191; BVerfGE 76, 196 = NJW 1988, 194.

59 BVerfGE 76, 171, 189.

60 BVerfGE 76, 171 = NJW 1988, 191; BVerfGE 76, 196 = NJW 1988, 194; MüKo/*Armbrüster*, § 138 Rn 47; Staudinger/*Sack*, § 138 Rn 416.

61 BAGE 1, 258, 262; 46, 206, 210; Soergel/*Hefermehl*, § 134 Rn 7; *Beckmann*, JZ 2001, 150.

62 Vgl BGHZ 143, 283, 286 = NJW 2000, 1186, 1187; BAG NJW 1999, 2541; Bamberger/Roth/*Wendtland*, § 134 Rn 7; Erman/*Palm*, § 134 Rn 8; Palandt/*Ellenberger*, § 134 Rn 2; *Bork*, BGB AT, Rn 1091; einschr. Staudinger/*Sack*, § 134 Rn 24; *Beckmann*, JZ 2001, 150, 151; aA MüKo/*Armbrüster*, § 134 Rn 31.

63 Vgl BGHZ 143, 283, 288 = NJW 2000, 1186, 1188 (zu § 10 Abs. 1 BAT); *Beckmann*, JZ 2001, 150, 151; iE auch Staudinger/*Sack*, § 134 Rn 24, die § 4 Abs. 3 TVG als vorrangige Sonderregelung zu § 134 qualifizieren.

64 So LAG Saarbrücken NJW 1966, 2136, 2137; Bamberger/Roth/*Wendtland*, § 134 Rn 6; Erman/*Palm*, § 134 Rn 8; Palandt/*Ellenberger*, § 134 Rn 2; aA MüKo/*Armbrüster*, § 134 Rn 31; Staudinger/*Sack*, § 134 Rn 25. Zum normativen Charakter von Betriebsvereinbarungen s.a. BAGE 3, 1, 4 f; GK-BetrVG/*Kreutz*, 9. Aufl. 2010, § 77 Rn 214.

65 GK-BetrVG/*Kreutz*, 9. Aufl. 2010, § 77 Rn 234 ff.

66 Vgl Staudinger/*Sack*, § 134 Rn 25.

die Privatautonomie des Einzelnen übermäßig einschränken würde.[67] Da die Grundrechte eine objektive Wertordnung konstituieren, kommt ihnen aber bei der Auslegung und Anwendung der privatrechtlichen Normen große Bedeutung zu (vgl Anh. § 133 Rn 28). „Einbruchstelle" der Grundrechte sind vor allem die **Generalklauseln** (§§ 138, 157, 242, 315, 826).[68] Die grundrechtlichen Wertungen können daher insbesondere herangezogen werden, um die **guten Sitten** im Rahmen des § 138 Abs. 1 zu konkretisieren (s. § 138 Rn 40). Dogmatisch lässt sich dies damit rechtfertigen, dass der Richter nach Art. 1 Abs. 3 GG auch im Privatrecht an die Grundrechte gebunden ist und daher keine Geschäfte für wirksam erklären darf, die in unzulässiger Weise die Grundrechte einer Partei beeinträchtigen.[69]

bb) Bedeutung der Grundrechte im Arbeitsrecht. Der Grundsatz der **mittelbaren Drittwirkung** der Grundrechte gilt auch im Arbeitsrecht.[70] Zwar hat das BAG früher die Auffassung vertreten, dass die Grundrechte im Verhältnis von Arbeitgeber und Arbeitnehmer unmittelbare Geltung beanspruchen und etwaige Grundrechtsverstöße deshalb nach § 134 zur Nichtigkeit des Rechtsgeschäfts führen.[71] In neuerer Zeit ist auch das BAG jedoch dazu übergegangen, die grundrechtlichen Wertungen im Rahmen der zivilrechtlichen Generalklauseln (§§ 138, 315, 242) zu berücksichtigen.[72] Da zwischen Arbeitgeber und Arbeitnehmer ein **strukturelles Ungleichgewicht der Verhandlungsstärke** besteht, sind dabei strenge Maßstäbe anzulegen (vgl § 138 Rn 141 ff). 28

In Bezug auf die **Tarifvertragsparteien** geht das BAG weiter von der unmittelbaren Wirkung der Grundrechte aus, weil es sich hier um Gesetzgebung iSd Art. 1 Abs. 3 GG handeln soll.[73] Das BVerfG hat die unmittelbare Grundrechtsbindung der Tarifvertragsparteien bislang offen gelassen.[74] Im Hinblick auf die – ebenfalls normativ wirkenden – **Betriebsvereinbarungen** hat es eine unmittelbare Grundrechtswirkung dagegen verneint.[75] Da die Tarifvertragsparteien selbst Grundrechtsträger sind (vgl Art. 9 Abs. 3 GG), spricht vieles für die Annahme, dass sie ebenso wie die Betriebspartner nur mittelbar an die Grundrechte gebunden sind.[76] 29

cc) Unmittelbare Drittwirkung verfassungsrechtlicher Normen. Es gibt jedoch einige verfassungsrechtliche Normen, deren unmittelbare Wirkung im Privatrechtsverkehr allgemein anerkannt ist. So richtet sich der Schutz der **Koalitionsfreiheit** durch Art. 9 Abs. 3 S. 2 GG nach dem klaren Wortlaut der Vorschrift auch gegen Vereinbarungen oder Handlungen von Privatrechtssubjekten zur Einschränkung oder Behinderung der Koalitionsfreiheit.[77] Eine Gewerkschaft kann daher ihre Mitglieder durch Satzung nicht wirksam verpflichten, im Fall des Austritts eine erhaltene Streikunterstützung zurückzuzahlen.[78] Da die Nichtigkeit hier von Art. 9 Abs. 3 S. 2 GG selbst angeordnet wird, ist ein Rückgriff auf § 134 aber entbehrlich.[79] 30

Unmittelbare Wirkung im Privatrechtsverkehr hat auch der **Grundsatz des freien Mandats** (Art. 38 Abs. 1 S. 2 GG). Nach § 134 sind daher rechtsgeschäftliche Vereinbarungen über die **Niederlegung des Mandats**[80] ebenso nichtig wie etwa **Stimmenkaufverträge**.[81] 31

Art. 48 Abs. 2 S. 1 GG verbietet den Abschluss von Rechtsgeschäften, die den Abgeordneten **an der Übernahme oder Ausübung seines Mandats hindern**. Gesellschaftsverträge, die den Abgeordneten dazu ver- 32

67 BVerfGE 7, 198, 204 ff; 66, 116, 135; 73, 261, 269; 81, 242, 256; 84, 192, 194; 89, 214, 229 ff; BGHZ 97, 304, 306; BGH NJW 1999, 1326; Erman/*Palm*, § 134 Rn 62 und § 138 Rn 113; MüKo/*Armbrüster*, § 134 Rn 34; Palandt/*Grüneberg*, § 242 Rn 7; Soergel/*Hefermehl*, § 134 Rn 7; Staudinger/*Coing/Honsell*, Einl. Rn 193 ff; Staudinger/*Sack*, § 134 Rn 41; Staudinger/*Olzen*, Einleitung zu §§ 241 ff Rn 265; *Canaris*, AcP 184 (1984), 201 ff; *Dürig*, in: FS Nawiasky (1956), S. 157 ff; *Looschelders/Roth*, JZ 1995, 1034, 1037 ff; *Medicus*, AcP 192 (1992), 35, 43; *Zöllner*, AcP 196 (1996), 1 ff; aA (unmittelbare Drittwirkung) *Enneccerus/Nipperdey*, BGB AT-1, § 15 II 4 c.

68 Vgl BVerfGE 7, 198, 206; MüKo/*Armbrüster*, § 134 Rn 34; Soergel/*Hefermehl*, § 134 Rn 7; Staudinger/*Sack*, § 134 Rn 41; für Berücksichtigung der Grundrechte „über das Medium des § 134" aber *Hübner*, BGB AT, Rn 882.

69 Vgl BVerfGE 81, 242, 255 f; MüKo/*Armbrüster*, § 134 Rn 34; *Canaris*, AcP 184 (1984), 201, 225 ff; *ders.*, JuS 1989, 161 ff; *Looschelders/Roth*, JZ 1995, 1034, 1040 ff.

70 Vgl MünchArbR/*Richardi*, 3. Aufl. 2009, § 12 Rn 10 f. Ausführlich zur Bedeutung der Grundrechte im Arbeitsrecht *Zachert*, BB 1998, 1310 ff.

71 Vgl BAGE 1, 185, 191 ff; 4, 275, 285; 13, 168, 176 ff = NJW 1962, 1981 ff.

72 Grundlegend BAG GrS, AP Nr. 14 zu § 611 BGB – Beschäftigungspflicht; vgl auch BAG BB 1990, 212; NJW 1995, 275, 276; LAG Niedersachsen NZA-RR 2009, 249, 252; Staudinger/*Sack*, § 134 Rn 40.

73 Grundlegend BAG, AP Nr. 4 zu Art. 3 GG; ebenso BAGE 69, 257, 264; vgl auch Erman/*Palm*, § 134 Rn 62; Soergel/*Hefermehl*, § 134 Rn 7; Staudinger/*Sack*, § 134 Rn 38.

74 BVerfGE 90, 46, 58.

75 BVerfGE 73, 261, 269; ausf. dazu MünchArbR/*Richardi*, 3. Aufl. 2009, § 12 Rn 32 ff; Staudinger/*Richardi/Fischinger*, Vor §§ 611 ff Rn 630 ff.

76 Vgl MünchArbR/*Richardi*, 3. Aufl. 2009, § 12 Rn 23.

77 Zur unmittelbaren Geltung des Art. 9 Abs. 3 S. 2 GG im Privatrechtsverkehr MüKo/*Armbrüster*, § 134 Rn 33; Palandt/*Ellenberger*, § 134 Rn 4; Staudinger/*Sack*, § 134 Rn 39.

78 AG Ahrensburg NJW 1996, 2516, 2517.

79 MüKo/*Armbrüster*, § 134 Rn 33.

80 LG Braunschweig DVBl. 1970, 591, 592; MüKo/*Armbrüster*, § 134 Rn 35.

81 Zu Art. 38 Abs. 1 S. 2 GG als Verbotsgesetz Palandt/*Ellenberger*, § 134 Rn 4; zur Nichtigkeit von Stimmenkaufverträgen Sachs/*Magiera*, Grundgesetz, 5. Aufl. 2009, Art. 38 Rn 48.

pflichten, seine gesamte Arbeitskraft der Gesellschaft zu widmen, sind daher insoweit nach § 134 unwirksam.[82] Nach der Rechtsprechung schützt Art. 48 Abs. 2 S. 1 GG aber nicht vor sämtlichen Nachteilen, die für die Übernahme oder Ausübung des Mandats „hinderlich" sind; verboten ist vielmehr nur das **zielgerichtete** Verhindern oder Erschweren dieser Tätigkeiten.[83] Art. 48 Abs. 2 S. 2 GG stellt klar, dass eine Kündigung oder Entlassung wegen der Übernahme oder Ausübung des Mandats unzulässig ist. Die Vorschrift bezieht sich indes nur auf die Kündigung des Dienst- oder Arbeitsverhältnisses von **unselbständig** Beschäftigten; bei der Kündigung von Gesellschaftsverträgen muss daher auf Art. 48 Abs. 2 S. 1 GG zurückgegriffen werden. In einer Rechtsanwalts-Sozietät ist die Kündigung eines Sozius in solchen Fällen daher nicht per se unzulässig.[84]

33 **dd) Rechtsgeschäftliches Handeln der öffentlichen Hand.** Soweit staatliche Institutionen mit den Mitteln des Privatrechts **öffentlich-rechtliche Aufgaben** wahrnehmen (zB Daseinsvorsorge durch Versorgungs- und Verkehrsbetriebe der Gemeinden), bleiben sie uneingeschränkt an die Grundrechte gebunden.[85] Ein Grundrechtsverstoß kann daher über § 134 zur Nichtigkeit des Rechtsgeschäfts führen.[86] Erforderlich ist aber, dass sich aus den verletzten Grundrechten ein **hinreichend konkretes Verbot** ableiten lässt (s. Rn 27), was jedenfalls für die Gleichheitssätze des Art. 3 GG anzunehmen ist.

34 Bei **rein fiskalischem Handeln** (Bedarfsdeckung, Teilnahme am allgemeinen Wirtschaftsverkehr) geht die Rechtsprechung dagegen traditionell davon aus, dass die Träger der öffentlichen Verwaltung nicht unmittelbar an die Grundrechte gebunden sind.[87] Die Grundrechte können also auch hier nur über die zivilrechtlichen Generalklauseln herangezogen werden. Berücksichtigt man bei der Interessenabwägung im Rahmen der Generalklauseln, dass es sich um einen Träger der öffentlichen Verwaltung handelt,[88] so gelangt man im Allgemeinen aber zu den gleichen Ergebnissen wie die Lehre von der Fiskalgeltung der Grundrechte.

35 **f) Recht der Europäischen Union.** Die Nichtigkeit eines Rechtsgeschäfts kann sich auch aus einem Verbot ergeben, das in einer Vorschrift des Unionsrechts enthalten ist.[89] Voraussetzung ist jedoch auch hier, dass die infrage stehenden Normen **konkrete Verbote** enthalten und im Verhältnis zwischen den beteiligten Privatrechtssubjekten **unmittelbar** anwendbar sind. Diese Voraussetzungen treffen auf **EU-Verordnungen** grundsätzlich zu.[90] Dagegen entfalten **EU-Richtlinien** im Verhältnis zwischen den Bürgern keine unmittelbare Wirkung[91] und können daher auch nicht als Verbotsgesetze iSd § 134 angesehen werden. In der Literatur wird zwar teilweise dafür plädiert, EU-Richtlinien nach Ablauf der Umsetzungsfrist als Verbotsgesetze zu behandeln, sofern sie hinreichend bestimmte Vorgaben enthalten.[92] Begründet wird dies mit der Pflicht der Gerichte, das nationale Recht nach Ablauf der Umsetzungsfrist möglichst so auszulegen, dass die Ziele der Richtlinie verwirklicht werden.[93] Ob diese Verpflichtung über die fehlende horizontale Drittwirkung der Richtlinie hinweghelfen kann, ist jedoch zweifelhaft. Aus systematischen Gründen erscheint es daher vorzugswürdig, die Ziele der Richtlinie durch eine richtlinienkonforme Anwendung des § 138 Abs. 1 zu verwirklichen (vgl dazu § 138 Rn 68 ff).

36 Verbotsgesetze können sich auch aus dem **AEUV** selbst ergeben. Voraussetzung ist aber auch hier die unmittelbare Wirkung der Bestimmung gegenüber Privatrechtssubjekten. Dies trifft auf das **Verbot von wettbewerbsbeschränkenden Vereinbarungen und Verhaltensweisen** nach Art. 101 AEUV (vormals Art. 81 EGV) zu. Da die Nichtigkeit verbotswidriger Vereinbarungen oder Beschlüsse von Art. 101 Abs. 2 AEUV (vormals Art. 81 Abs. 2 EGV) selbst angeordnet wird, ist § 134 jedoch nicht anwendbar.[94] Demgegenüber begründen Verstöße gegen das **Verbot wettbewerbsverfälschender Beihilfen** (Art. 107 Abs. 1, 108 Abs. 3

82 BGHZ 43, 384, 387; RGRK/*Krüger-Nieland/Zöller*, § 134 Rn 27.

83 BVerfGE 42, 312, 329; BGHZ 94, 248, 251; vgl dazu Dreier/*Schulze-Fielitz*, Grundgesetz, Band 2, 2. Aufl. 2006, Art. 48 Rn 14; Sachs/*Magiera*, Grundgesetz, 5. Aufl. 2009, Art. 48 Rn 6 ff.

84 BGHZ 94, 248, 252 ff; Dreier/*Schulze-Fielitz*, Grundgesetz, Band 2, 2. Aufl. 2006, Art. 48 Rn 15; Sachs/*Magiera*, Grundgesetz, 5. Aufl. 2009, Art. 48 Rn 12.

85 BGHZ 29, 76, 80; 37, 1, 27; 52, 325, 327; 91, 84, 96 f; *v. Münch*, in: v. Münch/Kunig, Grundgesetz, Bd. I, 5. Aufl. 1999, Vorb. Art. 1–19 Rn 35; Soergel/*Hefermehl*, § 134 Rn 7.

86 Erman/*Palm*, § 134 Rn 62; Staudinger/*Sack*, § 134 Rn 37.

87 Vgl BGHZ 36, 91, 95 ff; BGH NJW 1977, 628, 629; aA etwa MüKo/*Armbrüster*, § 134 Rn 33; Sachs/*Höfling*, Grundgesetz, 5. Aufl. 2009, Art. 1 Rn 103 ff; differenzierend Maunz/Dürig/*Kirchhof*, Grundgesetz, (Stand: 55. EL 2009), Art. 83, Rn 105 f.

88 IdS etwa BGH NJW 1977, 628, 629.

89 Bamberger/Roth/*Wendtland*, § 134 Rn 6; Erman/*Palm*, § 134 Rn 56; MüKo/*Armbrüster*, § 134 Rn 37; Palandt/*Ellenberger*, § 134 Rn 3; Staudinger/*Sack*, § 134 Rn 43 ff.

90 Vgl BGH NJW 1994, 858.

91 Zur fehlenden horizontalen Drittwirkung von Richtlinien vgl EuGH NJW 1994, 2473, 2474; EuZW 2007, 545, 546; NZA 2010, 85, 88.

92 In diesem Sinne Bamberger/Roth/*Wendtland*, § 134 Rn 6; Erman/*Palm*, § 134 Rn 56; Staudinger/*Sack*, § 134 Rn 45; vgl auch *Sack*, VersR 1994, 1383, 1386 f (zu § 1 UWG aF).

93 Grabitz/Hilf/*Marly*, Das Recht der Europäischen Union (Stand: 38. EL 2009), RL (EWG) 2000/31 Art. 22 Rn 9 f; *Sack*, VersR 1994, 1383, 1387. Allg. zu dieser Pflicht EuGH NJW 1994, 2473, 2474.

94 Erman/*Palm*, § 134 Rn 56; MüKo/*Armbrüster*, § 134 Rn 36; Staudinger/*Sack*, § 134 Rn 43.

S. 3 AEUV, vormals Art. 87 Abs. 1, 88 Abs. 3 S. 3 EGV) über § 134 die Nichtigkeit des betreffenden Rechtsgeschäfts.[95]

g) Völkerrecht. Verbotsnormen iSd § 134 können schließlich auch in **völkerrechtlichen Verträgen** enthalten sein. Erforderlich ist aber, dass diese Verträge nach Art. 59 Abs. 2 GG in innerstaatliches Recht umgesetzt worden sind und nicht ausschließlich die Rechtsbeziehungen zwischen den beteiligten Staaten regeln, sondern auch Rechte und Pflichten von Privatrechtssubjekten begründen.[96] Diese Voraussetzungen treffen nach einer verbreiteten Auffassung auf die **Europäische Menschenrechtskonvention** (EMRK) und die **Europäische Sozialcharta** zu.[97] Zu beachten ist jedoch, dass sich die Gewährleistungen beider Konventionen in erster Linie gegen den Staat richten und im Verhältnis zwischen Privatrechtssubjekten nur mittelbare Wirkungen entfalten. Ebenso wie bei den Grundrechten ist es daher vorzugswürdig, den Wertungen der Konventionen im Rahmen des § 138 Abs. 1 Rechnung zu tragen. 37

Die **allgemeinen Regeln des Völkerrechts** bedürfen keiner Transformation in innerstaatliches Recht, sondern sind nach Art. 25 GG unmittelbare Bestandteile des Bundesrechts. Von daher ist es normtheoretisch nicht ausgeschlossen, den allgemeinen Regeln des Völkerrechts Verbotsnormen iSd § 134 zu entnehmen.[98] Da das Völkerrecht nur wenige allgemeine Regeln enthält, welche für den Einzelnen konkrete Verbote aussprechen,[99] ist die praktische Bedeutung dieser Möglichkeit aber gering. Dies gilt umso mehr, als die infrage stehenden Verbote (zB Piraterie, Blockadebruch, Angriff auf ausländische Staatsoberhäupter und Diplomaten)[100] im Allgemeinen durch das innerstaatliche Strafrecht konkretisiert werden, so dass die entsprechenden Strafvorschriften als Verbotsnormen herangezogen werden können. 38

h) Fälle mit Auslandsberührung. In Fällen mit Auslandsberührung setzt die Anwendung des § 134 voraus, dass das Rechtsgeschäft nach den Vorschriften des Internationalen Privatrechts dem deutschen Recht unterliegt. Bei Anwendbarkeit ausländischen Rechts können die deutschen Verbotsgesetze daher nicht über § 134 zur Geltung gebracht werden.[101] Die zwingenden Vorschriften des **deutschen Rechts**, die für die Wahrung öffentlicher Interessen so entscheidend sind, dass sie ohne Rücksicht auf das kollisionsrechtlich an sich zur Anwendung berufene Recht angewendet werden sollen (sog. **Eingriffsnormen**, vgl Art. 9 Abs. 1 Rom I-VO), bleiben jedoch in jedem Fall nach Art. 9 Abs. 2 Rom I-VO (Art. 34 EGBGB aF) maßgeblich. 39

§ 134 bezieht sich nach der bislang hM allein auf deutsche Rechtsnormen. **Ausländische Verbotsgesetze** können daher bei deutschem Vertragsstatut nicht über § 134 zur Nichtigkeit eines Rechtsgeschäfts führen.[102] Ihre Wertungen können jedoch im Rahmen des § 138 Abs. 1 berücksichtigt werden und so die Nichtigkeit des Geschäfts begründen (§ 138 Rn 80). Seit dem 17. 12. 2009 lässt **Art. 9 Abs. 3 Rom I-VO** in weiterem Umfang die Heranziehung ausländischer Eingriffsnormen zu. Soweit ausländische Verbotsnormen künftig neben dem deutschen Recht unmittelbar anwendbar sein sollten, kommt auch ein Rückgriff auf § 134 in Betracht.[103] 40

2. Verbot. a) Grundsatz. Die Anwendung des § 134 setzt voraus, dass das Rechtsgeschäft durch die infrage stehende Rechtsnorm **verboten** wird. Das Verbot muss nicht **ausdrücklich** erfolgen; ausreichend ist, dass es der Norm durch **Auslegung** entnommen werden kann.[104] Sinn und Zweck der Norm entscheiden damit häufig bereits über das Vorliegen eines gesetzlichen Verbots. Hiervon zu unterscheiden ist die Frage, ob der Verstoß gegen ein gesetzliches Verbot nach Sinn und Zweck der Norm die Nichtigkeit des Rechtsgeschäfts begründet (dazu Rn 56).[105] Da beide Fragen nach den gleichen Kriterien zu beurteilen sind, gehen sie bei der praktischen Rechtsanwendung nicht selten ineinander über.[106] So kann man den Verbotscharakter einer Norm offen lassen, wenn feststeht, dass der Verstoß jedenfalls keine Nichtigkeit auslöst. 41

b) Abgrenzungen. aa) Beschränkungen der Gestaltungs- und Verfügungsmacht. § 134 betrifft nur Gesetze, nach denen das Rechtsgeschäft nicht vorgenommen werden **darf**. Nicht erfasst werden Vorschriften, 42

95 Vgl MüKo/*Armbrüster*, § 134 Rn 37; Palandt/*Ellenberger*, § 134 Rn 3. Ausf. zum Ganzen *Steindorff*, EuZW 1997, 7 ff.
96 Vgl BGHZ 69, 295, 297; MüKo/*Armbrüster*, § 134 Rn 39; Palandt/*Ellenberger*, § 134 Rn 3.
97 Vgl MüKo/*Armbrüster*, § 134 Rn 39.
98 Vgl MüKo/*Armbrüster*, § 134 Rn 39; Palandt/*Ellenberger*, § 134 Rn 3; Soergel/*Hefermehl*, § 134 Rn 8; Staudinger/*Sack*, § 134 Rn 46.
99 Vgl dazu Sachs/*Streinz*, Grundgesetz, 5. Aufl. 2009, Art. 25 Rn 74.
100 Vgl Sachs/*Streinz*, Grundgesetz, 5. Aufl. 2009, Art. 25 Rn 74.
101 BGHZ 55, 334, 339; 59, 82, 85; Staudinger/*Sack*, § 134 Rn 47.
102 Vgl BGHZ 55, 334, 339; 59, 82, 85; *Looschelders*, IPR, Art. 34 EGBGB Rn 31 ff; MüKo/*Armbrüster*, § 134 Rn 40; Staudinger/*Sack*, § 134 Rn 48; MüKo/*Martiny*, Art. 9 Rom I-VO Rn 47; krit. MüKo/*Spellenberg*, Art. 10 Rom I-VO Rn 142.
103 Vgl MüKo/*Sonnenberger*, Einl. IPR Rn 55.
104 BGHZ 85, 39, 43; MüKo/*Armbrüster*, § 134 Rn 41; Palandt/*Ellenberger*, § 134 Rn 2; Soergel/*Hefermehl*, § 134 Rn 14; Staudinger/*Sack*, § 134 Rn 31.
105 Zur Notwendigkeit einer solchen Unterscheidung vgl Erman/*Palm*, § 134 Rn 9; MüKo/*Armbrüster*, § 134 Rn 41; Staudinger/*Sack*, § 134 Rn 34.
106 Vgl MüKo/*Armbrüster*, § 134 Rn 42; Staudinger/*Sack*, § 134 Rn 34.

nach denen das Geschäft überhaupt nicht vorgenommen werden **kann.**[107] Beschränkt eine Rechtsnorm die rechtsgeschäftliche Gestaltungs- und Verfügungsmacht der Parteien, so handelt es sich daher nicht um ein Verbotsgesetz iSd § 134. Überschreitet das Rechtsgeschäft die Gestaltungs- oder Verfügungsmacht der Parteien, so ist es in jedem Fall nichtig; für eine Differenzierung nach dem Zweck des jeweiligen Gesetzes besteht hier von vornherein kein Raum.[108] Keine Verbotsgesetze sind deshalb das „Verbot“ des Selbstkontrahierens nach § 181[109] sowie das „Abtretungsverbot“ für unpfändbare Forderungen nach § 400.[110] Das Gleiche gilt für den sachenrechtlichen Typenzwang.[111]

43 Nicht zu den Verbotsgesetzen zählen auch Vorschriften, die es einer Partei **verwehren, sich auf eine Vereinbarung zu berufen**, durch die zum Nachteil einer anderen (meist besonders schutzwürdigen) Partei von der gesetzlichen Regelung abgewichen wird. Solche Vorschriften finden sich sowohl im BGB (vgl §§ 312 g, 475 Abs. 1 S. 1, 536 d) als auch in anderen zivilrechtlichen Gesetzen, insbesondere im VVG (vgl §§ 18, 32, 42 VVG). Der Gesetzgeber hat hier bewusst auf die Nichtigkeitsanordnung verzichtet, weil er klarstellen wollte, dass die Unwirksamkeit der Vereinbarung nicht über § 139 zur Nichtigkeit des ganzen Vertrages führt.[112]

44 **bb) Zustimmungs- oder genehmigungsbedürftige Rechtsgeschäfte.** Wird die Wirksamkeit eines Rechtsgeschäfts von der **Zustimmung eines Privatrechtssubjekts** abhängig gemacht (zB §§ 107, 108, 177, 1365, 1369), so handelt es sich ebenfalls nicht um gesetzliche Verbote, sondern um Beschränkungen des rechtsgeschäftlichen **Könnens.**[113] Bei Fehlen einer Einwilligung ist das Geschäft nicht nach § 134 nichtig, sondern nach den einschlägigen Sonderregeln (§§ 108 f, 177 f, 182 ff, 1366 Abs. 4) bis zur Erteilung oder Verweigerung der Genehmigung **schwebend unwirksam.**[114]

45 Nach verschiedenen privatrechtlichen und öffentlich-rechtlichen Vorschriften hängt die Wirksamkeit eines Rechtsgeschäfts von der Erteilung einer **gerichtlichen oder behördlichen Genehmigung** ab. Ob die betreffenden Vorschriften als Verbotsgesetze iSd § 134 anzusehen sind, ist umstritten.[115] Die Frage kann jedoch dahinstehen. Denn im Ergebnis besteht Einigkeit, dass ein **zweiseitiges Rechtsgeschäft** bei Fehlen der Genehmigung zunächst nur schwebend unwirksam ist.[116] Mit der Genehmigung oder dem Wegfall der Genehmigungspflicht wird das Geschäft wirksam.[117] Wird die Genehmigung bestandskräftig versagt, so ist das Geschäft endgültig unwirksam.[118] Das Gleiche gilt nach Ansicht des BGH, wenn die Erteilung der Genehmigung offensichtlich ausgeschlossen ist, weil die oberste Genehmigungsbehörde generell bekannt gemacht hat, dass solche Genehmigungen versagt werden, und an der Rechtmäßigkeit der Versagung kein Zweifel besteht.[119]

46 **Einseitige Rechtsgeschäfte** (zB Aufrechnung, Kündigung) sind bei Fehlen der erforderlichen Genehmigung grundsätzlich unheilbar nichtig.[120] Eine Ausnahme ist für genehmigungsbedürftige Vermächtnisse anerkannt. Diese sind bei Fehlen der Genehmigung ebenso wie zweiseitige Rechtsgeschäfte schwebend unwirksam, weil die Rechtssicherheit bei Vermächtnissen durch den Schwebezustand nicht unerträglich beeinträchtigt wird.[121]

47 **c) Auslegungskriterien. aa) Wortlaut.** Ob ein Verbotsgesetz vorliegt, muss im Zweifel durch Auslegung bestimmt werden (Rn 41). Ausgangspunkt ist nach allgemeinen Grundsätzen (Anh. § 133 Rn 14 ff) der Wortlaut der infrage stehenden Norm. Die Formulierungen **„soll nicht“** oder **„darf nicht“** legen die Annahme eines Verbotsgesetzes nahe. **„Kann nicht“** deutet dagegen auf eine Beschränkung der rechtsgeschäftlichen Gestaltungs- oder Verfügungsmacht (Rn 42) hin. Das Gleiche gilt für Vorschriften, die ein bestimmtes Recht für

107 Zu dieser Unterscheidung Palandt/*Ellenberger*, § 134 Rn 5; Staudinger/*Sack*, § 134 Rn 33.

108 Jauernig/*Jauernig*, § 134 Rn 2; MüKo/*Armbrüster*, § 134 Rn 5; Palandt/*Ellenberger*, § 134 Rn 5; Soergel/*Hefermehl*, § 134 Rn 2; Staudinger/*Sack*, § 134 Rn 33; *Flume*, BGB AT Bd. 2, § 17, 2; *Larenz/Wolf*, BGB AT, § 40 Rn 3.

109 Soergel/*Hefermehl*, § 134 Rn 2; Staudinger/*Sack*, § 134 Rn 33.

110 Jauernig/*Jauernig*, § 134 Rn 5; MüKo/*Armbrüster*, § 134 Rn 6; auf § 134 abstellend dagegen BGH NJW 1997, 2823.

111 Vgl BGHZ 23, 293, 298 ff; MüKo/*Armbrüster*, § 134 Rn 5; Palandt/*Ellenberger*, § 134 Rn 5; RGRK/*Krüger-Nieland/Zöller*, § 134 Rn 3.

112 Vgl BT-Drucks. 14/6040, S. 240; Bamberger/Roth/*Faust*, § 444 Rn 12 und § 475 Rn 16; Bamberger/Roth/*Ehlert*, § 536 d Rn 1.

113 Vgl Staudinger/*Sack*, § 134 Rn 165; aA in Bezug auf §§ 1365, 1369 RGRK/*Krüger-Nieland/Zöller*, § 134 Rn 34.

114 MüKo/*Armbrüster*, § 134 Rn 7.

115 Auf § 134 abstellend BGHZ 37, 233, 235; 127, 368, 375 = NJW 1995, 318; Palandt/*Ellenberger*, § 134 Rn 11 a; Soergel/*Hefermehl*, § 134 Rn 42 ff; *K. Schmidt*, NJW 1995, 2255, 2256; aA Erman/*Palm*, § 134 Rn 5; Jauernig/*Jauernig*, § 134 Rn 7; MüKo/*Armbrüster*, § 134 Rn 7; Staudinger/*Sack*, § 134 Rn 167 ff.

116 BGHZ 127, 368, 375; Erman/*Palm*, § 134 Rn 5; MüKo/*Armbrüster*, § 134 Rn 7; Soergel/*Hefermehl*, § 134 Rn 44; Staudinger/*Sack*, § 134 Rn 168.

117 Speziell zum Wegfall der Genehmigungspflicht BGHZ 37, 233, 236; 127, 368, 375.

118 BGH NJW 1993, 648, 650; RGRK/*Krüger-Nieland/Zöller*, § 134 Rn 29.

119 BGHZ 127, 368, 377; vgl dazu *K. Schmidt*, NJW 1995, 2255, 2257 f.

120 BGHZ 11, 27, 37; OLG Braunschweig NJW-RR 1992, 440; MüKo/*Armbrüster*, § 134 Rn 7; RGRK/*Krüger-Nieland/Zöller*, § 134 Rn 32.

121 BGHZ 37, 233, 235 f; Soergel/*Hefermehl*, § 134 Rn 43; Staudinger/*Sack*, § 134 Rn 167.

nicht übertragbar erklären.[122] Da die Gesetzesformulierungen nicht auf die Abgrenzung von Verbotsnormen und sonstigen Vorschriften zugeschnitten sind, ist ihre Indizwirkung jedoch im Allgemeinen nur schwach.[123]

48 **bb) Teleologische Erwägungen.** In den meisten Fällen kann der Gesetzeswortlaut allenfalls einen ersten Anhaltspunkt liefern. Die Entscheidung über das Vorliegen einer Verbotsnorm richtet sich daher im Allgemeinen nach teleologischen Erwägungen. Ein Verbotsgesetz ist hiernach anzunehmen, wenn die infrage stehende Rechtsnorm die **Vornahme** des Rechtsgeschäfts oder den Eintritt des mit dem Geschäft verbundenen **rechtlichen oder wirtschaftlichen Erfolgs verhindern** soll.[124] Dieser Zweck kann durch **dispositive Vorschriften** nicht erreicht werden. Sie sind daher grundsätzlich nicht als Verbotsgesetze iSd § 134 anzusehen.[125] Jedenfalls führt ein Verstoß gegen dispositive Rechtsnormen nicht zur Nichtigkeit des Rechtsgeschäfts.[126]

49 Umgekehrt kann nicht jede **zwingende Rechtsnorm** ohne weiteres als Verbotsgesetz qualifiziert werden.[127] Keine Verbotsnormen sind insbesondere die zwingenden Vorschriften, welche die rechtsgeschäftliche Gestaltungs- und Verfügungsmacht der Parteien beschränken (vgl Rn 42).[128] Knüpft das Gesetz an die Vornahme einer bestimmten Handlung eine **strafrechtliche Sanktion**, so liegt dem dagegen notwendig eine (meist ungeschriebene) Verbotsnorm zugrunde.[129] Die Vorschriften des StGB bilden daher traditionell einen wichtigen Anwendungsbereich des § 134 (vgl Rn 2).[130] Das heißt freilich nicht, dass jeder Verstoß gegen eine strafrechtliche Vorschrift zur Nichtigkeit des Rechtsgeschäfts führt.[131]

50 Bei zwei- oder mehrseitigen Rechtsgeschäften (insbesondere Verträgen) kommt es für die Annahme eines Verbotsgesetzes nicht darauf an, ob das Verbot nur an **einen** oder an **alle Beteiligte** gerichtet ist. Diese Unterscheidung kann lediglich für die Frage relevant werden, ob der Verstoß gegen das Gesetz zur Nichtigkeit des Geschäfts führt (dazu Rn 56).[132]

II. Verstoß gegen das gesetzliche Verbot

51 Unter welchen Voraussetzungen ein Geschäft gegen das gesetzliche Verbot **verstößt**, hängt von der jeweiligen Verbotsnorm ab. Im Allgemeinen liegt ein Verstoß gegen das gesetzliche Verbot schon dann vor, wenn die **objektiven Merkmale** der Norm verwirklicht sind.[133] Dass die Parteien das Verbot gekannt oder infolge von Fahrlässigkeit nicht gekannt haben, ist grundsätzlich nicht erforderlich. Die **subjektiven Merkmale** können jedoch bei der Frage berücksichtigt werden, ob der Gesetzesverstoß zur Nichtigkeit des Geschäfts führt.[134]

52 Bei **Strafgesetzen** geht die hM davon aus, dass grundsätzlich auch der **subjektive Tatbestand** erfüllt sein muss.[135] Der Schutzzweck der einschlägigen Strafnorm könne es jedoch gebieten, dem Rechtsgeschäft allein wegen des objektiven Verstoßes die Anerkennung zu verweigern.[136] Gegen diese Sonderbehandlung von Strafgesetzen spricht, dass es bei § 134 allein um die Verbotswidrigkeit des Geschäfts geht. Ob die Beteiligten bestraft werden können, ist unerheblich.[137] Der **Gesetzesverstoß** lässt sich daher auch bei Strafgesetzen rein objektiv beurteilen. Hiervon zu unterscheiden ist dann die Frage, ob die **Nichtigkeit** des Geschäfts nach Sinn und Zweck der Norm nur bei Verwirklichung des subjektiven Tatbestands eintreten soll. Dies mag bei Strafgesetzen regelmäßig der Fall sein; es gibt jedoch Ausnahmen.

122 Vgl *Larenz/Wolf*, BGB AT, § 40 Rn 3; Soergel/*Hefermehl*, § 134 Rn 12 f.
123 Vgl BGH NJW 1992, 2021, 2022 („darf nicht"); MüKo/*Armbrüster*, § 134 Rn 43 ff; Staudinger/*Sack*, § 134 Rn 31.
124 Bamberger/Roth/*Wendtland*, § 134 Rn 10 f; Soergel/*Hefermehl*, § 134 Rn 14; Staudinger/*Sack*, § 134 Rn 30.
125 Erman/*Palm*, § 134 Rn 9; MüKo/*Armbrüster*, § 134 Rn 46; Staudinger/*Sack*, § 134 Rn 32.
126 BGHZ 143, 283, 288.
127 Erman/*Palm*, § 134 Rn 9; MüKo/*Armbrüster*, § 134 Rn 46.
128 *Larenz/Wolf*, BGB AT, § 40 Rn 3.
129 *Larenz/Wolf*, BGB AT, § 40 Rn 7. Vgl dazu aus normtheoretischer Sicht *Looschelders*, Die Mitverantwortlichkeit des Geschädigten im Privatrecht, 1999, S. 201 ff.
130 Vgl schon Motive I, S. 210 = *Mugdan* I, S. 469.
131 Einschr. insoweit BGHZ 53, 152, 157; Erman/*Palm*, § 134 Rn 94; Soergel/*Hefermehl*, § 134 Rn 23; Staudinger/*Sack*, § 134 Rn 290.
132 Vgl BGHZ 78, 263, 264 ff; 143, 283, 286 ff; MüKo/*Armbrüster*, § 134 Rn 48; Soergel/*Hefermehl*, § 134 Rn 15; Staudinger/*Sack*, § 134 Rn 35; aA noch RGZ 60, 273, 277.
133 BGHZ 37, 363, 366; Bamberger/Roth/*Wendtland*, § 134 Rn 18; Erman/*Palm*, § 134 Rn 10; HK-BGB/*Dörner*, § 134 Rn 6; Jauernig/*Jauernig*, § 134 Rn 8; MüKo/*Armbrüster*, § 134 Rn 110; Palandt/*Ellenberger*, § 134 Rn 12 a; PWW/*Ahrens*, § 134 Rn 14; Staudinger/*Sack*, § 134 Rn 84.
134 Vgl BGHZ 89, 369, 372; Staudinger/*Sack*, § 134 Rn 85.
135 BGHZ 132, 314, 318 = NJW 1996, 1812; MüKo/*Armbrüster*, § 134 Rn 110.
136 So BGHZ 115, 123, 130; 116, 268, 276; 122, 115, 122, jeweils zur Verletzung von Privatgeheimnissen nach § 203 StGB; Bamberger/Roth/*Wendtland*, § 134 Rn 18; Palandt/*Ellenberger*, § 134 Rn 24; Staudinger/*Sack*, § 134 Rn 84.
137 Staudinger/*Sack*, § 134 Rn 84.

III. Maßgeblicher Zeitpunkt

53 **1. Nachträgliche Verbotswidrigkeit.** Die Anwendung des § 134 setzt voraus, dass das Verbotsgesetz im Zeitpunkt der **Vornahme des Rechtsgeschäfts** in Kraft war. Durch den späteren Erlass eines Verbotsgesetzes wird das Rechtsgeschäft als solches grundsätzlich nicht unwirksam.[138] Eine andere Beurteilung kommt aber bei **Dauerschuldverhältnissen** in Betracht, wenn das Verbotsgesetz nach **Sinn und Zweck** die Nichtigkeit des Vertrages fordert. Die Nichtigkeit tritt aber auch hier nur **für die Zukunft** ein.[139] Ist das Geschäft noch nicht abgewickelt, so kann der Erfüllungsanspruch in den übrigen Fällen unter dem Aspekt der (nachträglichen) rechtlichen Unmöglichkeit (§ 275 Abs. 1) ausgeschlossen sein.[140] Denkbar ist außerdem, dass sich die Geltendmachung des Erfüllungsanspruchs im Einzelfall als rechtsmissbräuchliches Verhalten (§ 242) darstellt.

54 Rückwirkungsprobleme können auch auftreten, wenn der Anwendungsbereich eines Verbotsgesetzes von der **Rechtsprechung** im Nachhinein durch Auslegung oder Rechtsfortbildung auf das Rechtsgeschäft erstreckt wird. Wenn die Parteien mit einer Änderung der Rechtsprechung nicht rechnen mussten, kann es in besonderen Härtefällen mit Rücksicht auf den Grundsatz des **Vertrauensschutzes** (Art. 20 Abs. 1 GG) geboten sein, das Rechtsgeschäft ganz oder partiell als wirksam zu behandeln (vgl auch Anh. § 133 Rn 10 f).[141] Wird das Rechtsgeschäft aufgrund einer nachträglichen **Änderung der tatsächlichen Verhältnisse** von einem gesetzlichen Verbot erfasst, so bleibt es grundsätzlich wirksam.[142]

55 **2. Nachträglicher Wegfall des gesetzlichen Verbots.** War das Rechtsgeschäft im Zeitpunkt der Vornahme nach § 134 nichtig, so führt der Wegfall der Verbotsnorm nicht zu einer automatischen „Heilung". Erforderlich ist vielmehr, dass die Parteien das Geschäft zumindest konkludent durch Neuvornahme nach § 141 **bestätigen**.[143] Das Geschäft wird auch dann wirksam, wenn die Parteien es gerade **für den Fall geschlossen** haben, dass das Verbotsgesetz **aufgehoben** wird.[144] Dies folgte früher aus §§ 309, 308 aF. Die Streichung der Vorschriften durch das SchuldRModG hat hieran nichts geändert.[145]

IV. Rechtsfolgen

56 **1. Bedeutung der Normzweckklausel.** Ob ein Rechtsgeschäft wegen Verstoßes gegen ein gesetzliches Verbot nichtig ist, beurteilt sich gem. § 134 Hs 2 nach dem **Sinn und Zweck** der jeweils verletzten Norm. Der Rechtsanwender hat daher durch **Auslegung** zu ermitteln, ob die Nichtigkeitsfolge nach dem Zweck der Norm eintreten soll oder nicht. Was gilt, wenn die Auslegung zu keinem eindeutigen Ergebnis führt, ist streitig. Die hM geht davon aus, dass das Geschäft immer dann nichtig ist, wenn sich dem Gesetz keine abweichende Rechtsfolge entnehmen lässt. § 134 Hs 2 begründet bei dieser Betrachtung eine **Vermutung** für die Nichtigkeit des Geschäfts.[146] Ein Teil der Literatur will die Nichtigkeitsfolge dagegen nur dann eintreten lassen, wenn dies **nach dem Zweck der Verbotsnorm erforderlich** ist.[147] Die Rechtsprechung unterscheidet. Richtet sich das Verbot gegen **beide Seiten**, so führt der Verstoß in der Regel zur Nichtigkeit des Rechtsgeschäfts. Der Verstoß gegen ein **einseitiges Verbot** macht das Geschäft dagegen nur in Ausnahmefällen nichtig. Hier muss positiv feststehen, dass es mit dem Zweck des Verbotsgesetzes unvereinbar wäre, die rechtsgeschäftliche Regelung bestehen zu lassen.[148]

57 Für die Auffassung der hM spricht die **negative Formulierung** der Normzweckklausel. Die Nichtigkeit des Rechtsgeschäfts erscheint danach als Regelfall. Dass eine abweichende Rechtsfolge angemessen ist, muss mit dem Zweck des Gesetzes begründet werden. Diese Auffassung wird durch den **Bericht der Reichstagskom-**

138 OLG Düsseldorf NJW-RR 1993, 249, 250; Erman/*Palm*, § 134 Rn 15; MüKo/*Armbrüster*, § 134 Rn 20; Palandt/*Ellenberger*, § 134 Rn 12 a; Staudinger/*Sack*, § 134 Rn 55; *Larenz/Wolf*, BGB AT, § 40 Rn 25; *Canaris*, DB 2002, 930; *Medicus*, NJW 1995, 2577, 2578; aA OLG Düsseldorf DB 2002, 943; von BGHZ 45, 322, 326 offen gelassen.

139 Vgl BGHZ 154, 21, 26 f; LG Hannover ZfWG 2009, 75.

140 Staudinger/*Sack*, § 134 Rn 55; *Canaris*, DB 2002, 930, 931.

141 BGHZ 114, 127, 137; Palandt/*Ellenberger*, § 134 Rn 12 a; *Medicus*, NJW 1995, 2577, 2581 ff.

142 BayObLG BB 2002, 907, 908.

143 RGZ 138, 52, 55; BGHZ 11, 59, 60; OLG Brandenburg MDR 1995, 30; Erman/*Palm*, § 134 Rn 15; MüKo/*Armbrüster*, § 134 Rn 21 f; Soergel/*Hefermehl*, § 134 Rn 49; Staudinger/*Sack*, § 134 Rn 56; *Larenz/Wolf*, BGB AT, § 40 Rn 25.

144 RGZ 138, 52, 55; OLG Brandenburg MDR 1995, 30; Palandt/*Ellenberger*, § 134 Rn 12 a.

145 Vgl Jauernig/*Jauernig*, § 134 Rn 17 m. Hinw. auf § 158 Abs. 1.

146 So Erman/*Palm*, § 134 Rn 12; MüKo/*Armbrüster*, § 134 Rn 1; Palandt/*Ellenberger*, § 134 Rn 7; Soergel/*Hefermehl*, § 134 Rn 1; Staudinger/*Sack*, § 134 Rn 58; *Bork*, BGB AT, Rn 1111; *Canaris*, Gesetzliches Verbot, S. 14 ff; *Larenz/Wolf*, BGB AT, § 40 Rn 10; *Medicus*, BGB AT, Rn 646.

147 So etwa Jauernig/*Jauernig*, § 134 Rn 8; Staudinger/*Dilcher*, 12. Aufl., § 134 Rn 3; *Flume*, BGB AT Bd. 2, § 17, 1; *Schapp/Schur*, Einführung in das Bürgerliche Recht, 4. Aufl. 2007, Rn 469; *Schwab/Löhnig*, Einführung in das Zivilrecht, 17. Aufl. 2007, Rn 663.

148 Vgl RGZ 60, 273, 276 f; BGHZ 89, 369, 372 f; 132, 313, 318; 143, 283, 287; 159, 334, 341 f; Bamberger/Roth/*Wendtland*, § 134 Rn 18; MüKo/*Armbrüster*, § 134 Rn 48.

mission gestützt, in dem § 134 als Interpretationsregel in dem Sinne angesehen wird, dass „wenn sich aus dem Gesetz kein anderer Sinn ergebe, Nichtigkeit als die gewollte Folge betrachtet werden müsse."[149] Ein Blick in die **Motive** zum Ersten Entwurf zeigt demgegenüber eine differenziertere Betrachtungsweise. Die Verfasser des Ersten Entwurfs sind zwar davon ausgegangen, dass der Verstoß gegen ein gesetzliches Verbot zur Nichtigkeit des Rechtsgeschäfts führt. Eine andere Beurteilung wurde jedoch bei einseitigen Verboten für richtig gehalten. Hier sollte „der Regel nach… anzunehmen sein, dass der Vertrag als solcher nicht ungültig ist".[150] Die genetische Auslegung führt damit zu dem Ergebnis, dass die Verfasser des BGB **keine generelle Auslegungsregel** aufstellen, sondern die Entscheidung in jedem Fall dem Zweck des jeweiligen Verbotsgesetzes überlassen wollten. Im Ausgangspunkt ist damit dem differenzierenden Ansatz der Rechtsprechung zu folgen. Die herkömmliche Unterscheidung zwischen einseitigen und zweiseitigen Verboten erscheint aber zu unflexibel, um der Vielzahl der möglichen Fallgestaltungen Rechnung zu tragen.[151] Es sind daher **weitere Auslegungskriterien** heranzuziehen, die eine sachgemäße Entscheidung im Einzelfall ermöglichen (dazu Rn 58). Das Geschäft ist hiernach zwar letztlich nur dann nichtig, wenn der Zweck des Gesetzes die Nichtigkeit **fordert**. In einigen Fallgruppen besteht aber eine gewisse **Vermutung** dafür, dass eine solche Zwecksetzung vorliegt.

2. Auslegungskriterien. a) Überblick. In Rechtsprechung und Literatur ist eine Vielzahl von Kriterien herausgearbeitet worden, die bei der Anwendung des Normzweckvorbehalts zu beachten sind. Neben der bereits angesprochenen Unterscheidung zwischen **einseitigen und zweiseitigen Verboten** (Rn 56) soll es insbesondere darauf ankommen, ob das Verbotsgesetz den **Inhalt** des Geschäfts als solchen oder nur die **Modalitäten des Abschlusses** missbilligt; im letzteren Fall soll das Geschäft regelmäßig wirksam sein.[152] Ergänzend wird teilweise damit argumentiert, dass gesetzliche Verbote, die gegen die äußeren Umstände des Geschäftsabschlusses gerichtet sind, im Allgemeinen als bloße **Ordnungsvorschriften** anzusehen sind.[153] Andere unterscheiden primär danach, ob das **Geschäft** bereits ganz oder teilweise **durchgeführt** worden ist oder nicht.[154] Hat die Verbotsnorm den Zweck, einen **Vertragspartner zu schützen**, dann darf sich die Nichtigkeit nicht zu dessen Nachteil auswirken. Soll das Verbotsgesetz **Dritte** oder die **Allgemeinheit** schützen, so führt der Verstoß im Regelfall zur vollständigen Nichtigkeit des Geschäfts.[155] Schließlich ist anerkannt, dass die Nichtigkeit nicht auf den Verstoß gegen **dispositive Vorschriften** gestützt werden kann (vgl Rn 48).[156] Andererseits führt aber nicht jeder Verstoß gegen **zwingende Vorschriften** zur Nichtigkeit des Geschäfts.[157] Dies gilt selbst dann, wenn die Vornahme des Geschäfts mit einer **Strafe** oder **Buße** bedroht ist.[158] 58

b) Interessenabwägung im Einzelfall. Da die oben genannten Kriterien auf **typischen** Interessenwertungen beruhen, haben sie bei der praktischen Rechtsanwendung lediglich indizielle Bedeutung.[159] Zwischen den einzelnen Kriterien lässt sich **keine feste Rangordnung** aufstellen. Weisen mehrere Kriterien in dieselbe Richtung, so verstärkt sich die Indizwirkung. Umgekehrt kann die Indizwirkung eines Kriteriums durch die gegenläufige Tendenz eines anderen Kriteriums abgeschwächt werden. Ob der Verstoß gegen ein Verbotsgesetz in concreto die Nichtigkeit des Geschäfts begründet, muss deshalb aufgrund einer **Interessenabwägung im Einzelfall** festgestellt werden.[160] 59

Zur Vorbereitung der Interessenabwägung muss in einem ersten Schritt festgestellt werden, welche Interessen durch die Verbotsnorm geschützt werden. Hier kann man danach unterscheiden, ob es sich um die Interessen des **anderen Geschäftspartners**, die Interessen eines **Dritten** oder die Interessen der **Allgemeinheit** handelt. In einem zweiten Schritt ist dann festzustellen, welches Gewicht die geschützten Interessen im Einzelfall 60

149 Vgl *Mugdan* I, S. 969.
150 Motive I, S. 210 = *Mugdan* I, S. 468.
151 Krit. auch MüKo/*Armbrüster*, § 134 Rn 48; Soergel/*Hefermehl*, § 134 Rn 15; *Pawlowski*, BGB AT, Rn 483; zu weitgehend aber Staudinger/*Sack*, § 134 Rn 75, der der Unterscheidung jeden indiziellen Charakter abspricht.
152 Vgl BGHZ 71, 358, 361; BGH WM 1966, 1101, 1102; NJW 1974, 1374, 1377; AK-BGB/*Damm*, § 134 Rn 36; Bamberger/Roth/*Wendtland*, § 134 Rn 11; Soergel/*Hefermehl*, § 134 Rn 14, 16 ff; *Canaris*, Gesetzliches Verbot, S. 34 ff; *Larenz/Wolf*, BGB AT, § 40 Rn 12, 14, 17.
153 BGHZ 118, 142, 145; Soergel/*Hefermehl*, § 134 Rn 20; *Brox/Walker*, BGB AT, Rn 323; *Larenz/Wolf*, BGB AT, § 40 Rn 17. Dass die Verletzung von Ordnungsvorschriften grundsätzlich nicht zur Nichtigkeit des Geschäfts führt, entspricht st. Rspr, vgl etwa BGHZ 37, 363, 365; 93, 264, 267; 108, 364, 368; 131, 385, 389; Palandt/*Ellenberger*, § 134 Rn 8; aA AK-BGB/*Damm*, § 134 Rn 36; Staudinger/*Sack*, § 134 Rn 77; *Flume*, BGB AT Bd. 2, § 17, 4.
154 So *Pawlowski*, BGB AT, Rn 489 ff; vgl auch *Medicus*, BGB AT, Rn 648 ff.
155 AK-BGB/*Damm*, § 134 Rn 37 ff; *Pawlowski*, BGB AT, Rn 491, 494 ff.
156 BGHZ 143, 283, 288; MüKo/*Armbrüster*, § 134 Rn 46.
157 MüKo/*Armbrüster*, § 134 Rn 46.
158 BGHZ 53, 152, 157; 118, 142, 145; Staudinger/*Sack*, § 134 Rn 78.
159 AA PWW/*Ahrens*, § 134 Rn 19: auch keine indizielle Bedeutung.
160 MüKo/*Armbrüster*, § 134 Rn 49; vgl auch RGRK/*Krüger-Nieland/Zöller*, § 134 Rn 16; *Medicus*, BGB AT, Rn 657; *Seiler*, in: GS Martens 1987, S. 719, 726.

haben.[161] Schützt das Verbotsgesetz bloße **Ordnungsinteressen**, so ist das Gewicht typischerweise gering. Wird der Verstoß gegen die Verbotsnorm durch **strafrechtliche Sanktionen** oder **Bußgeld** bewehrt, so deutet dies dagegen auf ein hohes Gewicht der geschützten Interessen hin.

61 Bei der Abwägung selbst kommt es auf der einen Seite darauf an, wie schwer die geschützten Interessen durch die Wirksamkeit des Rechtsgeschäfts beeinträchtigt würden. Missbilligt die Verbotsnorm nur die **äußeren Umstände des Vertragsschlusses**, so werden die geschützten Interessen durch die Aufrechterhaltung des Geschäfts weniger beeinträchtigt, als wenn sich das Verbot gegen den **Inhalt des Geschäfts** richtet und den Eintritt des damit angestrebten wirtschaftlichen Erfolgs verhindern soll. Ist die **Leistung bereits erbracht** worden, so kann die Wirksamkeit des Geschäftes eher hingenommen werden als bei einer noch nicht erbrachten Leistung. Im letzteren Fall ist nämlich zu beachten, dass man den Schuldner nicht von Rechts wegen zur Erbringung einer verbotswidrigen Leistung anhalten kann.[162] Dies gilt auch dann, wenn die Verbotsnorm bloße Ordnungsinteressen schützt.[163] Das Gewicht der Beeinträchtigung kann durch **präventive Erwägungen** verstärkt werden.[164] Andererseits nimmt das Gewicht ab, soweit die geschützten Interessen durch **anderweitige Rechtsbehelfe** (zB Widerrufsrecht) oder **Sanktionen** (Strafrecht, Verwaltungsrecht, Standesrecht) hinreichend gewahrt werden können.[165]

62 Auf der anderen Seite ist zu berücksichtigen, welche Interessen durch die Nichtigkeitsfolge beeinträchtigt würden. Hier gewinnt die Unterscheidung zwischen **einseitigen** und **zweiseitigen Verboten** zentrale Bedeutung. Richtet sich das Verbot nur gegen eine Partei, so ist der mit der Nichtigkeitsfolge verbundene Eingriff in die **Privatautonomie** gegenüber der anderen Partei schwer legitimierbar.[166] Dies gilt insbesondere, wenn das einseitige Verbot an die **internen Verhältnisse** der betreffenden Partei anknüpft und die andere Partei das Verbot **nicht kennt**. Das besondere Gewicht der durch die Aufrechterhaltung des Geschäfts beeinträchtigten Interessen kann aber auch hier die Nichtigkeitsfolge rechtfertigen.[167]

63 Schützt das gesetzliche Verbot die **Interessen der anderen Partei**, so kann die Nichtigkeit dem Schutzzweck der Norm nachgerade zuwiderlaufen. In diesem Fall muss das Geschäft insoweit aufrechterhalten werden, wie die berechtigten Interessen des geschützten Geschäftspartners die für die Nichtigkeit streitenden Erwägungen überwiegen.

64 **3. Umfang der Nichtigkeit. a) Grundsatz.** Entspricht die Nichtigkeitsfolge dem Zweck der verletzten Verbotsnorm, so ist grundsätzlich das **gesamte** Rechtsgeschäft **von Anfang an** unwirksam.[168] In Rechtsprechung und Literatur ist jedoch anerkannt, dass der Zweck der Verbotsnorm eine **Einschränkung der Nichtigkeitsfolge** fordern kann.[169] Dies gilt insbesondere dann, wenn die (partielle) Aufrechterhaltung des Geschäfts im Interesse der durch das Verbot geschützten Partei erforderlich ist. Die Einschränkung der Nichtigkeitsfolge kann auf den **Normzweckvorbehalt** des § 134 Hs 2 gestützt werden.[170] Historisch betrachtet liegt zwar die Annahme nahe, dass die Verfasser des BGB mit der Klausel lediglich die Frage nach dem „Ob" der Nichtigkeit regeln wollten.[171] Da dem historischen Gesetzgeber die Notwendigkeit einer Einschränkung der Nichtigkeitsfolge nicht bewusst war, ist es aber zulässig, den Anwendungsbereich des § 134 Hs 2 auf diese Problematik zu erstrecken. Soweit der Zweck der Verbotsnorm die Aufrechterhaltung des Geschäfts gebietet, kann die vollständige Nichtigkeit auch nicht aus § 139 abgeleitet werden. Denn § 134 Hs 2 geht insofern als speziellere Regelung dem § 139 vor.[172]

65 **b) Durchbrechungen des Grundsatzes der Totalnichtigkeit. aa) Ex-nunc-Nichtigkeit von Gesellschafts- und Arbeitsverträgen.** Ist ein Gesellschafts- oder Arbeitsvertrag bereits **in Vollzug gesetzt** worden, so führt die anfängliche Nichtigkeit des Rechtsgeschäfts zu schwer lösbaren Rückabwicklungsproblemen. Im Arbeitsrecht kommt hinzu, dass die ex-tunc-Wirkung der Nichtigkeit den Arbeitnehmer unangemessen benachteiligen kann. Insbesondere erscheint es im Regelfall nicht gerechtfertigt, dem Arbeitnehmer einen Anspruch auf Lohn für die geleistete Tätigkeit zu versagen. In Rechtsprechung und Literatur ist daher aner-

161 Vgl RGRK/*Krüger-Nieland/Zöller*, § 134 Rn 16.
162 Vgl BGHZ 37, 258, 262; *Pawlowski*, BGB AT, Rn 489.
163 Vgl *Flume*, BGB AT Bd. 2, § 17, 4; einschr. *Canaris*, Gesetzliches Verbot, S. 35, der den Erfüllungsanspruch mit der Einrede der Unzumutbarkeit (§ 242) abwehren will.
164 Zur Bedeutung präventiver Erwägungen vgl *Medicus*, BGB AT, Rn 648 ff.
165 Vgl BGHZ 71, 358, 362; 131, 385, 389 f; Staudinger/*Sack*, § 134 Rn 79.
166 *Scherner*, BGB AT, S. 221.
167 Vgl BGHZ 37, 258, 261 ff; *Canaris*, Gesetzliches Verbot, S. 41 ff.
168 Bamberger/Roth/*Wendtland*, § 134 Rn 21; MüKo/*Armbrüster*, § 134 Rn 106; Palandt/*Ellenberger*, § 134 Rn 13; Soergel/*Hefermehl*, § 134 Rn 30.
169 Vgl BGHZ 89, 316, 319 ff; Jauernig/*Jauernig*, § 134 Rn 15; MüKo/*Armbrüster*, § 134 Rn 105; Palandt/*Ellenberger*, § 134 Rn 13; Soergel/*Hefermehl*, § 134 Rn 29; Staudinger/*Sack*, § 134 Rn 86 ff; *Bork*, BGB AT, Rn 1112; *Larenz/Wolf*, BGB AT, § 40 Rn 29; *Hager*, JuS 1985, 264; *Kohte*, NJW 1982, 2803, 2804; *Krampe*, AcP 194 (1994), 1, 28 ff.
170 BGHZ 89, 316, 319; Staudinger/*Sack*, § 134 Rn 86 ff; *Krampe*, AcP 194 (1994), 1, 29.
171 In diesem Sinne insbesondere *Zimmermann*, Richterliches Moderationsrecht oder Totalnichtigkeit?, 1979, S. 113 ff; *Hager*, JuS 1985, 264.
172 BGHZ 49, 172, 179; Jauernig/*Jauernig*, § 134 Rn 15; MüKo/*Armbrüster*, § 134 Rn 109.

kannt, dass die Nichtigkeit bei vollzogenen Gesellschafts- und Arbeitsverträgen grundsätzlich nur ex nunc geltend gemacht werden kann (Lehre von der **fehlerhaften Gesellschaft** bzw vom **fehlerhaften Arbeitsverhältnis**).[173]

Bei **Arbeitsverträgen** erscheint die ex-tunc-Nichtigkeit wegen Gesetzesverstoßes insbesondere dann unangemessen, wenn das Verbotsgesetz die **Interessen des Arbeitnehmers** schützen soll.[174] Die Rechtsprechung wendet die Regeln über fehlerhafte Arbeitsverhältnisse aber auch auf Verbotsgesetze zum **Schutz der Allgemeinheit** an. Dies gilt selbst für Gesetze, die die vereinbarte Tätigkeit für strafbar erklären. Die Aufrechterhaltung des Vertrages für die Vergangenheit setzt hier aber voraus, dass der Arbeitnehmer sich der Verbotenheit bzw Strafbarkeit seiner Tätigkeit nicht bewusst war. Anderenfalls kann die Nichtigkeit ex tunc geltend gemacht werden, weil der Arbeitnehmer nicht schutzwürdig ist.[175] **66**

Bei **Gesellschaftsverträgen** steht die ex-nunc-Wirkung der Nichtigkeit unter dem Vorbehalt, dass „die rechtliche Anerkennung des tatsächlich vorhandenen Zustandes [nicht] mit gewichtigen Interessen der Allgemeinheit oder einzelner schutzwürdiger Personen in Widerspruch treten" darf.[176] Ein Gesellschaftsvertrag soll daher im Regelfall von Anfang an nichtig sein, wenn der Zweck der Gesellschaft auf eine verbotene Tätigkeit gerichtet ist.[177] Die damit verbundene Einschränkung der Grundsätze über die fehlerhafte Gesellschaft ist jedoch zu weitgehend.[178] Verfolgt die Gesellschaft einen verbotswidrigen Zweck, so muss eine Aufrechterhaltung für die Zukunft zwar ausscheiden. Für die Vergangenheit spricht das Interesse an der Vermeidung von Rückabwicklungsproblemen aber dafür, die Nichtigkeit nur eintreten zu lassen, wenn sonst **konkrete** Interessen der Allgemeinheit oder Dritter verletzt würden. **67**

bb) Verbotswidrigkeit von einzelnen Bestimmungen des Rechtsgeschäfts. Sind einzelne Bestimmungen eines Rechtsgeschäfts wegen Verstoßes gegen ein gesetzliches Verbot nach § 134 nichtig, so muss geprüft werden, ob dies zur Nichtigkeit des ganzen Rechtsgeschäfts führt. Welche Auswirkungen die Nichtigkeit von einzelnen Bestimmungen auf das gesamte Rechtsgeschäft hat, ist allgemein in § 139 geregelt.[179] Maßgeblich ist danach in erster Linie der hypothetische Parteiwille.[180] Soweit sich aus dem **Zweck der Verbotsnorm** eine Entscheidung ableiten lässt, tritt § 139 jedoch zurück (s. Rn 64). Im Zweifel kann hiernach angenommen werden, dass die Verbotswidrigkeit einer einzelnen Bestimmung den Bestand des Rechtsgeschäfts im Ganzen nicht infrage stellt.[181] So ist ein Vertrag nicht schon deshalb nach §§ 134, 139 im Ganzen nichtig, weil die Parteien zur Ermöglichung einer Steuerhinterziehung auf eine Rechnung verzichtet haben (sog. **„Ohne-Rechnung"-Abrede**), es sei denn, die Steuerhinterziehung ist Hauptzweck des Vertrages (vgl Rn 241).[182] Hieran anknüpfend hat das BAG klargestellt, dass eine Vereinbarung zwischen Arbeitnehmer und Arbeitgeber über die Zahlung von Arbeitsvergütung ohne Abführung von Steuern und Sozialabgaben (sog. **Schwarzgeldabrede**) nur dann die Nichtigkeit des Arbeitsvertrages im Ganzen begründet, wenn die Hinterziehung der Steuern und Sozialabgaben den Hauptzweck des Vertrages darstellt (vgl Rn 123).[183] **68**

cc) Insbesondere: Verstöße gegen Preisvorschriften. Nach dem Grundsatz der Vertragsfreiheit liegt die Festlegung des Preises prinzipiell in der alleinigen Verantwortung der Parteien. Das deutsche Recht kennt jedoch einige Vorschriften, welche die zulässige Höhe des Preises aus ordnungs- oder sozialpolitischen Erwägungen begrenzen.[184] Solche Preisvorschriften sind zwar als Verbotsgesetze iSd § 134 anzusehen. Da sie sich nicht gegen das Geschäft als solches wenden, sondern nur einen angemessenen Preis gewährleisten sollen, führen Verstöße aber **nicht** zur **Nichtigkeit des gesamten Rechtsgeschäfts**.[185] Dies gilt entgegen der älteren Rechtsprechung[186] nicht nur für Verträge über lebenswichtige Gegenstände (zB Wohnungsmiete) und Umsatzgeschäfte des täglichen Lebens, sondern für alle Rechtsgeschäfte, die von einer Preisvorschrift erfasst werden.[187] **69**

173 Zur Einschränkung der Nichtigkeit bei fehlerhaften Gesellschaften und Arbeitsverhältnissen vgl allgemein MüKo/*Kramer*, Einl. zu §§ 241 ff Rn 69 ff; Staudinger/*Olzen*, Einl. zu §§ 241 ff Rn 227.

174 Vgl BAGE 8, 47, 50 = NJW 1959, 2036 (Überschreitung der zulässigen Höchstarbeitszeit); BAG NZA 2005, 1409, 1410; *Joussen*, NZA 2006, 963, 965.

175 BGHZ 53, 152, 158 ff; Staudinger/*Sack*, § 134 Rn 123.

176 BGHZ 3, 285, 288; 55, 5, 9; 75, 214, 217 f; 97, 243, 250; BGH WM 2003, 247, 249; OLG Hamm NJW-RR 2000, 1566; MüKo/*Kramer*, Einl. zu §§ 241 ff Rn 71.

177 Vgl BGHZ 62, 234, 241; 75, 214, 217; 97, 243, 250; Soergel/*Hefermehl*, § 134 Rn 31.

178 IdS auch MüKo/*Armbrüster*, § 134 Rn 104; Staudinger/*Sack*, § 134 Rn 133; *Pawlowski*, BGB AT, Rn 496.

179 Vgl Staudinger/*Sack*, § 139 Rn 63 ff.

180 Vgl Soergel/*Hefermehl*, § 139 Rn 34.

181 Vgl Staudinger/*Sack*, § 134 Rn 88.

182 Vgl BGHZ 176, 198, 201 f; BGH NJW 2003, 2742; BGH NJW-RR 2008, 1051, 1052.

183 BAG AP Nr. 24 zu § 134 BGB.

184 Vgl Palandt/*Ellenberger*, § 134 Rn 26 mwN.

185 Vgl BGHZ 51, 174, 181; 81, 308, 319; 89, 316, 319; 145, 66, 76; 108, 147, 150; BGH NJW 2008, 55, 56; Palandt/*Ellenberger*, § 134 Rn 27; Soergel/*Hefermehl*, § 134 Rn 62; Staudinger/*Sack*, § 134 Rn 269; *Larenz/Wolf*, BGB AT, § 40 Rn 23 f, 29; aA *Zimmermann*, Richterliches Moderationsrecht, 1979, S. 110 ff; *ders.*, JR 1982, 96 f.

186 RGZ 166, 89, 96; 168, 91. 96 ff; 168, 307, 313; BGH LM Nr. 8 zu § 134 BGB.

187 BGH NJW 2008, 55, 56; Soergel/*Hefermehl*, § 134 Rn 62; Staudinger/*Sack*, § 134 Rn 270.

70 Ob der Vertrag mit dem angemessenen (marktüblichen) oder dem höchstzulässigen Preis aufrechterhalten werden soll, ist streitig. Die hM stellt auf den **höchstzulässigen Preis** ab.[188] Dies wird damit begründet, dass die Teilnichtigkeit nur so weit wie das Verbotsgesetz reichen könne. Dies hat der BGH in neuerer Zeit in Bezug auf die zulässige Höchstvergütung für Architektenleistungen nach der **HOAI** noch einmal bestätigt.[189] Entsprechende Grundsätze gelten im **Mietrecht**. Verstößt der vereinbarte Mietzins gegen § 5 WiStG, so ist der Mietzins also auf das höchstzulässige Maß von 20% über der ortsüblichen Vergleichsmiete zu kürzen (vgl unten Rn 195 f).[190] Nach der Gegenauffassung ist bei Verstößen gegen § 5 WiStG die **ortsübliche Vergleichsmiete** (ohne Zuschlag) maßgeblich, weil der Vermieter sonst ohne Risiko in den Genuss des höchstzulässigen Mietzinses kommen würde.[191]

71 Für die Auffassung der hM spricht, dass die Herabsetzung des Preises bzw Mietzinses einen gravierenden **Eingriff in die Privatautonomie** der Parteien darstellt. Dieser Eingriff muss aus Gründen der Verhältnismäßigkeit auf das Maß beschränkt bleiben, welches zur Verwirklichung des Zwecks der Verbotsnorm erforderlich ist. Die notwendige Prävention kann jedenfalls im Rahmen des § 5 WiStG durch strafrechtliche Sanktionen bzw Geldbußen gewährleistet werden.

72 **c) Verpflichtungs- und Verfügungsgeschäft.** Ob das Rechtsgeschäft nach dem Zweck der Verbotsnorm für nichtig zu erachten ist, muss für das Verpflichtungs- und das Verfügungsgeschäft gesondert geprüft werden.[192] Dies ergibt sich aus dem **Trennungs- und Abstraktionsprinzip**. Ist das Verpflichtungsgeschäft wegen Verstoßes gegen ein Verbotsgesetz nichtig, so schlägt dies nach allgemeinen Grundsätzen nicht auf das Verfügungsgeschäft durch. Etwas anderes gilt aber, wenn die Aufrechterhaltung des Verfügungsgeschäfts ebenfalls mit dem Zweck der Verbotsnorm unvereinbar ist.[193] Eine solche **„Fehleridentität“**[194] findet sich bei verbotswidrigen Rechtsgeschäften relativ häufig.

73 Nach § 134 ist ein Rechtsgeschäft insbesondere dann nichtig, wenn das Gesetz den **Eintritt des angestrebten wirtschaftlichen Erfolgs** (also die Vermögensverschiebung) verhindern soll (vgl Rn 48). In diesem Fall entspricht es dem Zweck der Verbotsnorm, nicht nur das Verpflichtungs-, sondern auch das Verfügungsgeschäft für nichtig zu erachten.[195] So folgt aus dem Verbot des Handeltreibens mit Betäubungsmitteln nicht nur die Nichtigkeit des Verpflichtungsgeschäfts und des Verfügungsgeschäfts über das Betäubungsmittel, sondern auch die Nichtigkeit des Verfügungsgeschäfts über das als Kaufpreis gezahlte Geld.[196]

74 Richtet sich das gesetzliche Verbot gegen das **Erfüllungsgeschäft**, so ist das zugrunde liegende **Verpflichtungsgeschäft** im Allgemeinen ebenfalls nach § 134 nichtig.[197] Die Rechtsprechung hat die Nichtigkeit des Erfüllungsgeschäfts in solchen Fällen teilweise auch auf § 306 aF gestützt.[198] Dies ist jedoch nach geltendem Recht obsolet (s. Rn 17 f).[199]

75 **4. Sonstige Rechtsfolgen. a) Rückabwicklung nach Bereicherungsrecht.** Sind Verpflichtungs- und Verfügungsgeschäft nichtig, so kommt ein Anspruch auf Herausgabe der jeweiligen Leistungsgegenstände aus § 985 in Betracht. Beschränkt sich die Nichtigkeit nach § 134 auf das Verpflichtungsgeschäft, so erfolgt die Rückabwicklung dagegen allein nach Bereicherungsrecht.[200] Dabei ist besonders § 817 S. 2 zu beachten. Nach dieser Vorschrift ist die Rückforderung ausgeschlossen, wenn dem Leistenden (auch oder allein) ein Gesetzes- oder Sittenverstoß zur Last fällt. Diese **Kondiktionssperre** greift aber nur dann ein, wenn der Leistende sich der Gesetzwidrigkeit bewusst war.[201] Im Übrigen kann auch der Zweck des Verbotsgesetzes eine Einschränkung des § 817 S. 2 gebieten.[202] Umgekehrt trifft den Empfänger nach § 819 Abs. 2 eine **verschärfte Haftung**, wenn er durch die Annahme der Leistung bewusst gegen ein gesetzliches Verbot oder die guten Sitten verstoßen hat.[203]

188 BGHZ 89, 316, 321; 145, 66, 77; BGH NJW 2008, 55, 56; Erman/*Palm*, § 134 Rn 81; Jauernig/*Jauernig*, § 134 Rn 15; Soergel/*Hefermehl*, § 134 Rn 63; Staudinger/*Sack*, § 134 Rn 269. BVerfG NJW 1994, 993 hat diese Rechtsprechung gebilligt.
189 BGH NJW 2008, 55, 56 m. krit. Anm. *Scholtissek*.
190 Vgl Jauernig/*Jauernig*, § 139 Rn 9.
191 So MüKo/*Armbrüster*, § 134 Rn 107; Palandt/*Ellenberger*, § 134 Rn 27; *Hager*, JuS 1985, 264, 270; *Kohte*, NJW 1982, 2803; iE auch *Canaris*, Gesetzliches Verbot, S. 29 ff; aus der Rspr vgl BGH NZM 2006, 291, 292; OLG Stuttgart NJW 1981, 2365.
192 Vgl BGHZ 122, 115, 122; Jauernig/*Jauernig*, § 134 Rn 16.
193 Vgl BGHZ 115, 123, 130; 122, 115, 122; BGH NJW 1983, 636.
194 Zum Begriff der Fehleridentität *Bork*, BGB AT, Rn 482; *Medicus*, BGB AT, Rn 231 ff.
195 Vgl MüKo/*Armbrüster*, § 134 Rn 10.
196 BGH NJW 1983, 636.
197 BGHZ 116, 268, 276 f (Übergabe einer Patientenkartei); BGH NJW 1995, 2026, 2027 (Verkauf von Honorarforderungen einer Anwaltskanzlei).
198 Vgl BGHZ 143, 283, 286; BGH NJW-RR 2005, 1619, 1620.
199 Jauernig/*Jauernig*, § 134 Rn 16.
200 Ausf. dazu *Weyer*, WM 2002, 627.
201 MüKo/*Armbrüster*, § 134 Rn 113; Soergel/*Hefermehl*, § 134 Rn 36.
202 Vgl *Looschelders*, Schuldrecht BT, 5. Aufl. 2010, Rn 1050; *Armgardt*, NJW 2006, 2070, 2071; *Weyer*, WM 2002, 627, 630.
203 Vgl BGH NJW 1958, 1725; Staudinger/*Sack*, § 134 Rn 141.

b) Schadensersatz. Bis 2002 war die Schadensersatzpflicht bei gesetzwidrigen Verträgen in **§ 309** aF durch **Verweis auf § 307** aF geregelt. Hatte eine Partei gewusst oder infolge von Fahrlässigkeit nicht gewusst, dass der Vertrag gegen ein gesetzliches Verbot verstößt, so war sie der anderen Partei zum Ersatz des Vertrauensschadens verpflichtet. Die Haftung war auf das Erfüllungsinteresse begrenzt. Der Anspruch war ausgeschlossen, wenn der andere Teil die Gesetzwidrigkeit ebenfalls kannte oder kennen musste. 76

Die §§ 307, 309 aF sind durch das SchuldRModG aufgehoben worden. Der Anspruch ist damit aber nicht entfallen. Es ist vielmehr danach zu unterscheiden, ob der Gesetzesverstoß zur **Nichtigkeit des Vertrages** führt oder nicht (oben Rn 17 f). Bei Nichtigkeit des Vertrages ist § 311 a Abs. 2 nicht anwendbar, maßgeblich sind vielmehr die Vorschriften über die culpa in contrahendo (§§ 280 Abs. 1, 311 Abs. 2, 241 Abs. 2).[204] Der Anspruch ist damit auf das **Vertrauensinteresse** gerichtet, wird aber nicht mehr durch das Erfüllungsinteresse begrenzt.[205] Hat der Anspruchsteller die Gesetzwidrigkeit ebenfalls gekannt oder kennen müssen, wird der Schaden nach allgemeinen Regeln (§ 254) zwischen den Parteien verteilt.[206] 77

c) Vergütungsansprüche bei Nichtigkeit des Vertrages. Ist ein Dienst- oder Werkvertrag wegen Verstoßes gegen ein gesetzliches Verbot (zB SchwarzArbG, RBerG) nichtig, so steht dem Leistenden kein Anspruch auf das vereinbarte Entgelt zu. Ansprüche aus **Geschäftsführung ohne Auftrag** werden im Allgemeinen daran scheitern, dass die Aufwendungen in einer gesetzlich verbotenen Tätigkeit bestehen; die Ausführung einer solchen Tätigkeit darf der Leistende aber nicht „den Umständen nach für erforderlich halten" (§§ 683, 670).[207] Sofern der Leistende nicht bewusst gegen das gesetzliche Verbot verstoßen hat, kommt aber ein **bereicherungsrechtlicher Vergütungsanspruch** aus §§ 812, 818 Abs. 2 in Betracht.[208] War sich der Leistende der Gesetzwidrigkeit bewusst, so ist der Anspruch grundsätzlich nach § 817 S. 2 ausgeschlossen. Im Einzelfall kann es nach Treu und Glauben (§ 242) aber geboten sein, die Vorschrift des § 817 S. 2 außer Betracht zu lassen. Dies gilt insbesondere, wenn der Zweck des Verbotsgesetzes bereits durch den Ausschluss von vertraglichen Ansprüchen gewahrt wird (vgl dazu auch Rn 118).[209] 78

d) Ansprüche des Vertragspartners bei Schlechtleistung. Auf der anderen Seite stellt sich die Frage, welche Ansprüche der Vertragspartner des Leistenden im Fall der Schlechtleistung geltend machen kann. Bei der **Schwarzarbeit** wird überwiegend davon ausgegangen, dass dem Vertragspartner grundsätzlich keine Gewährleistungsansprüche zustehen (vgl aber noch Rn 80).[210] Da sich die Höhe des bereicherungsrechtlichen Vergütungsanspruchs nach dem Wert der Leistung richtet, kann die Mangelhaftigkeit aber bei der Berechnung dieses Anspruchs berücksichtigt werden.[211] Verletzt der Leistende die Rechtsgüter oder Interessen des Vertragspartners, so kann diesem außerdem ein Schadensersatzanspruch aus culpa in contrahendo (§§ 280 Abs. 1, 311 Abs. 2, 241 Abs. 2) zustehen.[212] Desgleichen haftet ein **Steuerberater** gegenüber seinem Klienten auch dann nach vertraglichen Grundsätzen, wenn der Vertrag wegen **Verstoßes gegen das RBerG** nach § 134 nichtig ist.[213] 79

5. Treuwidrige Geltendmachung der Nichtigkeit. In Rechtsprechung und Literatur ist anerkannt, dass die Beteiligten in Ausnahmefällen nach Treu und Glauben (§ 242) gehindert sein können, sich auf die Nichtigkeit eines Rechtsgeschäfts zu berufen. Rechtsprechung und hM wenden diesen Grundsatz auch im Rahmen des § 134 an.[214] So soll der Werkunternehmer bei einer **„Ohne-Rechnung-Abrede"** gegen Treu und Glauben verstoßen, wenn er die Unwirksamkeit des gesamten Vertrages (dazu Rn 243) geltend macht, um sich seiner **Mängelhaftung** zu entziehen.[215] Der Rückgriff auf § 242 erscheint in diesen Fällen jedoch problematisch.[216] Hat man einmal festgestellt, dass der **Zweck des Verbotsgesetzes** die Nichtigkeit des Rechtsgeschäfts gebietet, so darf dies grundsätzlich nicht unter Berufung auf Treu und Glauben sogleich wieder infrage gestellt werden.[217] Die Treuwidrigkeit kann sich deshalb allenfalls aus besonderen Umständen ergeben, die vom 80

204 Vgl BT-Drucks. 14/6040, S. 165; MüKo/*Ernst*, § 311 a Rn 25; Staudinger/*Löwisch*, § 311 a Rn 67; Staudinger/*Sack*, § 134 Rn 143.

205 Vgl allg. Bamberger/Roth/*Unberath*, § 280 Rn 50 ff.

206 BT-Drucks. 14/6040, S. 165; Staudinger/*Löwisch*, § 311 a Rn 74.

207 BGHZ 37, 258, 263 f; BGH NJW 2000, 1560, 1562 (unzulässige Rechtsberatung); BGHZ 111, 308, 311 (Schwarzarbeit).

208 BGH NJW 2000, 1560, 1562.

209 So bei Verstoß gegen das SchwarzArbG BGHZ 111, 308, 312 f; Soergel/*Hefermehl*, § 134 Rn 55; aA Staudinger/*Sack*, § 134 Rn 278; vgl auch BGHZ 118, 182, 193 (zu § 120 Abs. 1 Nr. 2 OWiG).

210 So BGHZ 111, 308, 314; BGH NJW-RR 2008, 1051, 1052; Palandt/*Ellenberger*, § 134 Rn 22; Staudinger/*Sack*, § 134 Rn 276; aA Soergel/*Hefermehl*, § 134 Rn 55.

211 BGHZ 111, 308, 314; *Köhler*, JZ 1990, 466, 469.

212 Palandt/*Ellenberger*, § 134 Rn 22; *Köhler*, JZ 1990, 466, 470 ff.

213 BGH NJW 2000, 69, 70.

214 Vgl BGHZ 85, 39, 47 ff; 118, 182, 191; BGH NJW 2007, 1130, 1131; NJW-RR 2008, 1050; NJW-RR 2008, 1051, 1052; Palandt/*Ellenberger*, § 134 Rn 13; Soergel/*Hefermehl*, § 134 Rn 30; Staudinger/*Sack*, § 134 Rn 188; Staudinger/*Looschelders/Olzen*, § 242 Rn 487.

215 BGHZ 176, 178, 180 ff; BGH NJW-RR 2008, 1051, 1052; krit. *Ahrens*, LMK 2008, 266104; *Popescu/Majer*, NZBau 2008, 424, 425.

216 Krit. auch Jauernig/*Jauernig*, § 134 Rn 17; MüKo/*Armbrüster*, § 134 Rn 112.

217 So zutr. BGH NJW 1986, 2360, 2361 f; Staudinger/*Sack*, § 134 Rn 187.

Zweck der Verbotsnorm nicht erfasst werden.[218] In seinen Entscheidungen zur „Ohne-Rechnung"-Abrede hat der BGH die Anwendung des § 242 dementsprechend mit der **spezifischen Interessenlage bei Bauverträgen** gerechtfertigt. Das Problem besteht vor allem darin, dass die mangelhaften Bauleistungen nach § 946 in das Eigentum des Bestellers übergehen, was die Rückabwicklung erheblich erschwert.[219] Die einschlägigen Entscheidungen lassen sich daher nicht auf andere Bereiche übertragen.[220]

V. Gesetzesumgehung

81 **1. Problemstellung.** Besondere Probleme bereitet bei § 134 die Beurteilung von Umgehungsgeschäften. Gesetzesumgehungen sind dadurch gekennzeichnet, dass die Parteien den Zweck einer zwingenden Rechtsnorm zu vereiteln suchen, indem sie zur Verwirklichung des von der Norm missbilligten Erfolgs eine Gestaltung wählen, die von der Norm nicht erfasst zu sein scheint.[221] Der Begriff der Gesetzesumgehung umschreibt damit zunächst einmal ein **tatsächliches Problem**. Ob es darüber hinaus auch ein **eigenständiges Rechtsinstitut** der Gesetzesumgehung gibt, ist umstritten.[222] Die hM verneint diese Frage; das Problem der Gesetzesumgehung soll vielmehr durch teleologische Auslegung oder analoge Anwendung der infrage stehenden Norm gelöst werden.[223] Nach einer in der Literatur vertretenen Gegenauffassung lässt sich das Problem nicht allein mit den Mitteln der Auslegung und Analogie lösen. Die Gesetzesumgehung sei vielmehr ein eigenständiges Rechtsinstitut.[224]

82 Der Meinungsstreit hat entgegen einer verbreiteten Auffassung[225] nicht nur theoretische Bedeutung. Praktisch geht es darum, ob es für die Gesetzesumgehung **zusätzliche Kriterien** gibt, welche es erlauben, über die methodischen Grenzen der Auslegung und Analogie hinaus die Nichtigkeit eines Rechtsgeschäfts zu begründen. Als ein solches zusätzliches Kriterium kommt die **Umgehungsabsicht** in Betracht, welche von den Vertretern der „Eigenständigkeitstheorie" für die Nichtigkeitsfolge grundsätzlich verlangt wird.[226]

83 **2. Würdigung.** Bei der Würdigung ist zu beachten, dass der **historische Gesetzgeber** bewusst darauf verzichtet hat, die Gesetzesumgehung als eigenständigen Nichtigkeitsgrund zu regeln. Maßgeblich war die Erwägung, dass das Problem „durch Auslegung des rechtsgeschäftlichen Tatbestandes und der diesen Tatbestand erfassenden Norm" angemessen gelöst werden könne; eine Sonderregelung der Gesetzesumgehung würde dagegen die Gefahr begründen, dass „eine Reihe erlaubter Rechtsgeschäfte für nichtig erklärt werde".[227] Diese Einschätzung ist auch heute noch aktuell.[228] Inwieweit ein Verbotsgesetz die **Privatautonomie** einschränkt, muss durch Auslegung der jeweiligen Norm entschieden werden. Wählen die Parteien eine Gestaltung, die auch bei sachgemäßer Anwendung der Norm nicht erfasst wird, so ist dies grundsätzlich legitim. Dass die Parteien die betreffende Gestaltung gerade deshalb gewählt haben, damit das Geschäft nicht erfasst wird, ist nicht zu missbilligen. Die Umgehungsabsicht kann daher allein nicht ausreichen, um die Nichtigkeit des Geschäfts zu begründen.[229] Umgekehrt ist sie aber auch nicht erforderlich, wenn sich die Unwirksamkeit des Rechtsgeschäfts durch sachgemäße Anwendung der Verbotsnorm begründen lässt.[230]

84 Ein abweichendes Verständnis wird auch nicht durch die **gesetzlichen Umgehungsverbote** nahe gelegt, die in den **neueren Verbraucherschutzregelungen** (§§ 306 a, 312 g S. 2, 475 Abs. 1 S. 2, 487 S. 2, 506 Abs. 1 S. 2 [ab 11.6.2010: § 511 Abs. 1 S. 2], 655 e Abs. 1 S. 2) zu finden sind.[231] Diese Vorschriften stellen den Richter nicht von den allgemeinen methodischen Grundsätzen frei. Sie machen ihm lediglich deutlich, dass

218 Staudinger/*Sack*, § 134 Rn 188; Staudinger/*Looschelders/Olzen*, § 242 Rn 487 ff.
219 So BGHZ 176, 198, 203; NJW-RR 2008, 1051, 1052.
220 Staudinger/*Looschelders/Olzen*, § 242 Rn 845.
221 Vgl BGHZ 85, 39, 46; BAG NJW 1999, 2541; Bamberger/Roth/*Wendtland*, § 134 Rn 19; Erman/*Palm*, § 134 Rn 18; MüKo/*Armbrüster*, § 134 Rn 11; Palandt/*Ellenberger*, § 134 Rn 28; Soegel/*Hefermehl*, § 134 Rn 37; Staudinger/*Looschelders/Olzen*, § 242 Rn 398.
222 Zu dieser Unterscheidung vgl *Sieker*, S. 8 ff; *Benecke*, S. 208 ff; *Schick*, S. 57 ff.
223 Grundlegend *Teichmann*, Gesetzesumgehung, S. 67 ff, 105; ebenso BGHZ 110, 47, 64; HKK/*Dorn*, § 134 Rn 25; Jauernig/*Jauernig*, § 134 Rn 18; MüKo/*Armbrüster*, § 134 Rn 15; Soergel/*Hefermehl*, § 134 Rn 37; *Benecke*, S. 209; *Flume*, BGB AT, § 17, 5; *Larenz/Wolf*, BGB AT, § 40 Rn 31; *Medicus*, BGB AT, Rn 660; *Sieker*, S. 9; *Teichmann*, JZ 2003, 761, 765 ff.
224 So noch MüKo/*Mayer-Maly/Armbrüster* (4. Aufl. 2001), § 134 Rn 14.
225 Bamberger/Roth/*Wendtland*, § 134 Rn 20; Palandt/*Ellenberger*, § 134 Rn 28.
226 RGRK/*Krüger-Nieland/Zöller*, § 134 Rn 139; *Schick*, S. 114 ff.
227 Prot. I, S. 257 = *Mugdan* I, S. 725.
228 *Flume*, BGB AT Bd. 2, § 17, 5; aA Staudinger/*Sack*, § 134 Rn 151.
229 So auch BGH NJW 1997, 2599, 2600; *Bork*, BGB AT, Rn 1121.
230 BGHZ 56, 285, 287; 110, 230, 234; BAG NJW 1999, 2541; Erman/*Palm*, § 134 Rn 18; MüKo/*Armbrüster*, § 134 Rn 16; Staudinger/*Sack*, § 134 Rn 145; *Teichmann*, JZ 2003, 761, 764.
231 Hierauf abstellend aber MüKo/*Mayer-Maly/Armbrüster* (4. Aufl. 2001), § 134 Rn 14; Staudinger/*Sack*, § 134 Rn 151; *Benecke*, S. 170; *Schick*, S. 62; dagegen Jauernig/*Jauernig*, § 134 Rn 18; MüKo/*Armbrüster*, § 134 Rn 15; *Medicus*, BGB AT, Rn 661.

eine am Schutzzweck der jeweiligen Vorschrift orientierte (weite) Auslegung geboten ist.[232] Maßgeblich sind die objektiven Verhältnisse; eine Umgehungsabsicht ist auch hier nicht erforderlich.[233] Da die einschlägigen Regelungen auf EU-Richtlinien beruhen, sind allerdings die besonderen Auslegungsgrundsätze für europäisches Recht zu berücksichtigen. Dies gilt insbesondere mit Blick auf den **Effektivitätsgrundsatz** (effet utile), wonach Normen so auszulegen sind, dass sie das vom Gesetzgeber angestrebte Ziel möglichst vollständig verwirklichen.[234]

3. Konsequenzen. Da es auf den Zweck der jeweiligen Rechtsnorm ankommt, lassen sich generelle Regeln für die Auslegung von Verbotsnormen in Umgehungsfällen schwer entwickeln. Allgemein kann aber festgestellt werden, dass eine Ausweitung der Verbotsnorm auf das Umgehungsgeschäft immer dann nahe liegt, wenn die Norm nicht nur einen bestimmten **Weg** zur Verwirklichung des infrage stehenden Erfolgs missbilligt, sondern den **Erfolg als solchen** verhindern soll.[235] **85**

Auch wenn die teleologische Rechtsanwendung in den meisten Fällen eine befriedigende Reaktion auf Gesetzesumgehungen ermöglicht, so mögen doch Fälle übrig bleiben, in denen das Umgehungsgeschäft nicht auf methodisch einwandfreie Weise unter den Tatbestand der Verbotsnorm subsumiert werden kann. Enge Grenzen bestehen vor allem bei strafrechtlichen Verbotsnormen, weil eine Überschreitung der Wortlautgrenze hier nach Art. 103 Abs. 2 GG prinzipiell ausgeschlossen ist.[236] In solchen Fällen können die Wertungen der infrage stehenden Normen jedoch im Rahmen des § 138 Abs. 1 herangezogen werden, um die **Sittenwidrigkeit** des Rechtsgeschäfts zu begründen.[237] Dabei ist allerdings zu beachten, dass nicht jeder Verstoß gegen die Wertungen eines Verbotsgesetzes die Annahme der Sittenwidrigkeit rechtfertigt.[238] Die Missbilligung muss vielmehr durch weitere Umstände verstärkt werden. Erforderlich ist eine Interessenabwägung im Einzelfall (vgl § 138 Rn 77). Dabei können auch subjektive Elemente wie die Umgehungsabsicht berücksichtigt werden. **86**

VI. Besonders wichtige Bereiche

1. Arbeitsrecht

Literatur: *Ascheid/Preis/Schmidt,* Großkommentar zum Kündigungsrecht, 3. Auflage 2007; *Buchner/Becker*, MuSchG und BEEG, 8. Aufl. 2008; *Dahl*, Die Arbeitsvermittlungsprovision nach vorangegangener Arbeitnehmerüberlassung, DB 2002, 1374; *Erfurter Kommentar zum Arbeitsrecht*, 11. Auflage 2011; *Köhler*, Schwarzarbeitsverträge: Wirksamkeit, Vergütung, Schadensersatz, JZ 1990, 466; *Münchener Handbuch zum Arbeitsrecht*, 3. Auflage 2009; *Rambach/Begerau*, „Unechte" Vermittlungsprovisionen aus dem Arbeitnehmerüberlassungsvertrag?, BB 2002, 937; *Sandmann/Marschall*, AÜG, Stand: November 2010; *Schüren/Hamann*, Arbeitnehmerüberlassungsgesetz, 4. Aufl. 2010; *Ulber*, AÜG, 3. Aufl. 2006.

a) Arbeitnehmerüberlassung. § 9 AÜG enthält verschiedene Unwirksamkeitsgründe für Vereinbarungen, die mit der Arbeitnehmerüberlassung im Zusammenhang stehen. **87**

aa) Arbeitnehmerüberlassung ohne Erlaubnis. Ein Vertrag zwischen Verleiher und Entleiher sowie zwischen Verleiher und Leiharbeitnehmer ist nach § 9 Nr. 1 AÜG unwirksam, wenn der Verleiher die nach § 1 Abs. 1 S. 1 AÜG erforderliche Erlaubnis für die Arbeitnehmerüberlassung nicht hat. Gem. § 10 Abs. 1 S. 1 AÜG wird dann ein Arbeitsverhältnis zwischen Entleiher und Leiharbeitnehmer fingiert. **88**

Im Rahmen der bereicherungsrechtlichen Rückabwicklung kann sich der Verleiher nicht an den Arbeitnehmer halten und den bereits gezahlten Lohn zurückverlangen.[239] Dies würde nämlich dem in § 10 AÜG enthaltenen Sicherungszweck zugunsten des Arbeitnehmers zuwiderlaufen.[240] Vielmehr hat der Verleiher nach Ansicht des BGH gegen den Entleiher gem. §§ 267, 812 Abs. 1 einen Anspruch auf Herausgabe dessen, was der Entleiher dadurch gespart hat, dass der Verleiher für ihn die Lohnzahlung aus dem fingierten Arbeitsverhältnis mit dem Leiharbeitnehmer bewirkt hat.[241] Dass es hier ausnahmsweise nicht darauf ankommen soll, ob der Verleiher bei der Lohnzahlung auch den Willen hatte, die für ihn fremde Schuld zu begleichen,[242] ist im **89**

232 Vgl BGHZ 113, 287, 289; MüKo/*Lorenz*, § 475 Rn 28 (zu § 475 Abs. 1 S. 2); *Müller*, NJW 2003, 1975; *Teichmann*, JZ 2003, 761, 767.
233 Vgl BGH NJW 1997, 1069, 1070; MüKo/*Lorenz*, § 475 Rn 28.
234 Vgl hierzu *Looschelders/Roth*, Juristische Methodik im Prozess der Rechtsanwendung, 1996, S. 217 f; *Oppermann/Classen/Nettesheim*, Europarecht, 4. Aufl. 2009, § 14 Rn 81.
235 Vgl Bamberger/Roth/*Wendtland*, § 134 Rn 20; Palandt/*Ellenberger*, § 134 Rn 28.
236 Zur Problemstellung *Medicus*, BGB AT, Rn 660.
237 Vgl BGH NJW 1983, 2873; Erman/*Palm*, § 138 Rn 183; Staudinger/*Sack*, § 134 Rn 152; abl. MüKo/*Armbrüster*, § 134 Rn 17.
238 Vgl MüKo/*Armbrüster*, § 134 Rn 54.
239 ErfK/*Wank*, § 9 AÜG Rn 5; Sandmann/*Marschall*, Art. 1 § 10 Rn 9; *Ulber*, § 9 Rn 17.
240 BGHZ 75, 299, 303 = NJW 1980, 452; Sandmann/*Marschall*, Art. 1 § 10 Rn 9.
241 BGHZ 75, 299, 302 ff; BGH NJW 2002, 3317; Schüren/Hamann/*Schüren*, § 9 AÜG Rn 50; Staudinger/*Sack*, § 134 Rn 204.
242 So BGHZ 75, 299, 303.

Ergebnis sachgemäß.[243] Durch die Leistung des Dritten (also des Verleihers) tritt hier nämlich jedenfalls eine erfüllungsähnliche Wirkung ein: Der Arbeitnehmer muss den erhaltenen Lohn nicht zurückgeben; er darf ihn aber nach dem Schutzzweck des § 10 Abs. 1 AÜG auch nicht noch einmal aufgrund des fiktiven Arbeitsverhältnisses vom Entleiher fordern.[244] Ein Ausschluss des Anspruchs nach § 817 S. 2 kommt nicht in Betracht, weil der Verleiher durch die Lohnzahlung einer gesetzlichen Pflicht des Entleihers nachkommt, was rechtlich nicht zu missbilligen ist.[245]

90 **bb) Einstellungsverbot und Abreden mit gleicher Wirkung.** Vereinbarungen, die dem Entleiher die Einstellung des Leiharbeitnehmers nach beendeter Arbeitnehmerüberlassung untersagen, sind nach **§ 9 Nr. 3 AÜG** unwirksam.[246] Die Vorschrift regelt zwar unmittelbar nur den Fall des **Einstellungsverbotes**, ist aber auch auf Abreden **mit gleicher Wirkung** wie die Vereinbarung einer **Vertragsstrafe**[247] bei Übernahme des Leiharbeitnehmers anwendbar. Solche Vereinbarungen berühren den Schutzzweck der Vorschrift, die freie Arbeitsplatzwahl des Arbeitnehmers zu gewährleisten.[248] Die Nichtigkeitsfolge erstreckt sich lediglich auf die **konkrete Abrede**, nicht auf den gesamten Vertrag. Die vorgenannten Grundsätze galten nach der Rechtsprechung auch für die Vereinbarung einer **Vermittlungsprovision** zwischen Verleiher und Entleiher.[249] Mit der Neufassung des § 9 Nr. 3 AÜG zum 1.1.2004[250] ist die Zulässigkeit einer angemessenen Vermittlungsprovision nunmehr aber ausdrücklich festgeschrieben worden.

91 **b) Arbeitsvermittlung.** Die Nichtigkeit bestimmter Vereinbarungen im Rahmen von **Arbeitsvermittlungsverträgen** folgt unmittelbar aus **§ 297 SGB III**.[251] Unwirksam sind insbesondere Vereinbarungen zwischen Vermittler und Arbeitssuchenden, die eine unzulässige oder überhöhte Vergütung vorsehen. Ein durch die Vermittlung zustande gekommener **Arbeitsvertrag** wird hiervon nicht berührt.[252]

92 **c) Arbeitszeitvereinbarungen.** Nach hM ist eine einzelvertragliche oder kollektivrechtliche Arbeitszeitregelung, die gegen die in § 3 ArbZG festgelegten Grenzen für **werktägliche Arbeitszeiten** oder die in § 9 ArbZG normierte **Sonn- und Feiertagsruhe** verstößt, nach § 134 ex nunc **nichtig**.[253] Da das ArbZG im Wesentlichen dem Schutz des Arbeitnehmers dient und sich nicht gegen die Arbeitsleistung als solche, sondern nur gegen bestimmte zeitliche Modalitäten richtet, bleibt der **Arbeitsvertrag** im Übrigen **wirksam**.[254] Bei einem Verstoß gegen § 3 ArbZG gilt dann die **höchstzulässige Arbeitszeit** als vereinbart (zur parallelen Problematik bei Verstößen gegen Preisvorschriften vgl Rn 69). Soll die Arbeit ausschließlich oder zu einem erheblichen Teil zu unzulässigen Zeiten geleistet werden, ist der Vertrag **insgesamt nichtig**.[255]

93 Werden die Grenzen des ArbZG wegen eines **Doppelarbeitsverhältnisses** nicht nur vorübergehend überschritten, so ist der **später abgeschlossene** Arbeitsvertrag nichtig.[256] Bei nur **vorübergehender Überschreitung** ist der Vertrag **wirksam**; es besteht aber ein Beschäftigungsverbot, das zu einem Leistungsverweigerungsrecht führt.[257]

94 Zu Arbeitszeitregelungen in Verträgen mit **Jugendlichen** s. Rn 105.

243 Anders *Ulber*, § 9 Rn 17 f, der §§ 267, 812 nur für anwendbar hält, wenn der Verleiher bei der Lohnzahlung weiß, dass lediglich ein Arbeitsverhältnis zwischen Entleiher und Arbeitnehmer besteht; im Übrigen sollen die Grundsätze des Gesamtschuldnerausgleichs (§ 426) anwendbar sein. Gegen Annahme eines Gesamtschuldverhältnisses zwischen Verleiher und Entleiher aber ausdrücklich BGH NJW 2000, 3492, 3494 f.

244 BGHZ 75, 299, 303 f; Sandmann/*Marschall*, Art. 1 § 10 Rn 10.

245 BGHZ 75, 299, 305 f.

246 Vgl *Ulber*, § 9 Rn 340.

247 *Dahl*, DB 2002, 1374, 1376; *Rambach/Begerau*, BB 2002, 937, 943.

248 BGH NJW 2003, 2906; LG Mannheim NJW-RR 2003, 561; LG München I BB 2002, 1595, 1596; aA für den Fall der Vermittlungsprovision *Dahl*, DB 2002, 1374, 1377.

249 Vgl BGH NJW 2003, 2906; LG Mannheim NJW-RR 2003, 561; LG München I BB 2002, 1595, 1596 m. zust. Anm. *Mechlem/Lipinski*; *Ulber*, § 9 Rn 340 ff; bereits damals abl. *Dahl*, DB 2002, 1374, 1376 f; ErfK/*Wank* (4. Aufl. 2004), § 9 AÜG Rn 15 (für eine „Vermittlungsgebühr im Rahmen des Üblichen"); *Rambach/Begerau*, BB 2002, 937, 941.

250 BGBl I 2003 S. 2848 (Hartz III).

251 MüKo/*Armbrüster*, § 134 Rn 78; Staudinger/*Sack*, § 134 Rn 284.

252 BAG NJW 1972, 973, 975; Palandt/*Ellenberger*, § 134 Rn 14; Staudinger/*Sack*, § 134 Rn 284.

253 BGH NJW 1986, 1486, 1487; BAGE 8, 47, 49 f = NJW 1959, 2036; ErfK/*Wank*, § 3 ArbZG Rn 4 u. § 9 ArbZG Rn 1; Palandt/*Ellenberger*, § 134 Rn 15; Staudinger/*Sack*, § 134 Rn 200; aA *v. Stebut*, NZA 1987, 257, 260, wonach ein Beschäftigungsverbot vorliege, das lediglich zu einem Leistungsverweigerungsrecht des Arbeitnehmers führe; ebenso in Bezug auf die Grenzen der werktäglichen Arbeitszeiten MünchArbR/*Reichold*, § 36 Rn 96.

254 BAG NZA 2004, 656, 660; Bamberger/Roth/*Wendtland*, § 134 Rn 24; Palandt/*Ellenberger*, § 134 Rn 15; Staudinger/*Sack*, § 134 Rn 200; offen gelassen von BGH NJW 1986, 1486, 1487; aA LAG Nürnberg, AP Nr. 9 zu § 134; in Bezug auf Verstöße gegen die Sonn- und Feiertagsruhe auch MünchArbR/*Reichold*, § 36 Rn 96.

255 BAGE 8, 47, 49 f; Staudinger/*Sack*, § 134 Rn 201.

256 BAGE 8, 47, 49 f; MüKo/*Armbrüster*, § 134 Rn 81; Staudinger/*Sack*, § 134 Rn 201.

257 BAG AP § 1 AZO Nr. 2.

d) Ausländische Arbeitnehmer. Nach § 4 Abs. 3 AufenthG dürfen Ausländer, die weder einem EU-Staat noch einem Mitgliedstaat des Abkommens über den Europäischen Wirtschaftsraum angehören, eine Beschäftigung nur mit einem Aufenthaltstitel ausüben, der zur Ausübung einer Erwerbstätigkeit berechtigt. Dies setzt gem. §§ 4 Abs. 2, 39 AufenthG regelmäßig eine **Genehmigung der Bundesagentur für Arbeit** voraus. Gem. § 4 Abs. 3 AufenthG dürfen Ausländer von Arbeitgebern nur beschäftigt werden, wenn sie eine solche Genehmigung besitzen. Welche Auswirkungen das Fehlen der Genehmigung auf die Wirksamkeit des Arbeitsvertrages hat, war schon auf der Grundlage der Vorgängervorschriften (§§ 43 AVAVG, 19 AFG, 284 SGB III aF) umstritten. Das BAG befürwortet eine differenzierte Betrachtung. Hiernach ist der Arbeitsvertrag nach § 134 nichtig, wenn die Parteien ihn **trotz Kenntnis der Genehmigungspflicht** ohne die erforderliche Erlaubnis durchführen wollten.[258] Nach dem Schutzzweck des § 4 Abs. 3 AufenthG tritt die Nichtigkeit in diesem Fall – anders als sonst bei Arbeitsverträgen – sogar mit **ex tunc-Wirkung** ein.[259] Andererseits wird ein unbefristetes Arbeitsverhältnis **nicht** dadurch nach § 134 **unwirksam**, dass eine abgelaufene Arbeitserlaubnis **nicht wieder erteilt** wird.[260] Maßgeblich ist die Erwägung, dass § 4 Abs. 3 AufenthG nicht den Vertragsabschluss an sich, sondern die **tatsächliche Beschäftigung** verhindern soll.[261] Ist die Versagung der Arbeitserlaubnis rechtskräftig, so ist der Arbeitnehmer aber auf Dauer gehindert, die geschuldeten Leistungen zu erbringen. Eine **ordentliche Kündigung** wird daher regelmäßig nach § 1 KSchG sozial gerechtfertigt sein. Vor der rechtskräftigen Entscheidung über die Arbeitserlaubnis ist die soziale Rechtfertigung zu bejahen, wenn für den Arbeitgeber bei objektiver Beurteilung mit der Erteilung der Erlaubnis in absehbarer Zeit nicht zu rechnen war und der Arbeitsplatz für den Arbeitnehmer ohne erhebliche betriebliche Beeinträchtigungen nicht freigehalten werden konnte.[262] Hat der Arbeitnehmer dem Arbeitgeber bewusst verschwiegen, dass seine Arbeitserlaubnis abgelaufen ist, so kommt auch eine **Kündigung aus wichtigem Grund** nach § 626 in Betracht.[263] 95

Problematisch ist der Fall, dass die **Arbeitserlaubnis bei Vertragsschluss** fehlt, von dem betreffenden Arbeitnehmer aber beantragt ist oder noch beantragt werden soll. Nach der älteren Rechtsprechung ist der Vertrag in einem solchen Fall **schwebend unwirksam**, wenn und solange mit der Erteilung der Arbeitserlaubnis vor Arbeitsbeginn noch gerechnet werden kann; werde die Genehmigung nicht erteilt, so sei der Vertrag endgültig unwirksam.[264] Hiervon ist das BAG bislang noch nicht ausdrücklich abgerückt. Geht man mit der neueren Rechtsprechung des BAG davon aus, dass die einschlägigen Vorschriften nicht den Vertragsschluss als solchen, sondern nur die tatsächliche Beschäftigung von Ausländern bei Fehlen der erforderlichen Genehmigung verhindern sollen, so erscheint es jedoch auch in diesem Fall vorzugswürdig, den **Vertrag als solchen** für **wirksam** zu erachten und dem Arbeitgeber wegen des Leistungshindernisses ein **Kündigungsrecht** zuzubilligen.[265] 96

e) Berufsausbildung. In § 12 BBiG finden sich **spezielle Nichtigkeitsgründe**. Nach **§ 12 Abs. 1 S. 1 BBiG** sind Vereinbarungen, die den Auszubildenden für die Zeit nach Beendigung des Ausbildungsverhältnisses in der Ausübung seiner beruflichen Tätigkeit beschränken, nichtig. Hierunter fällt auch eine sog. **Weiterarbeitsklausel**, nach der der Auszubildende drei Monate vor Beendigung des Ausbildungsverhältnisses anzeigen muss, dass er nach der Ausbildung kein anschließendes Arbeitsverhältnis eingehen möchte.[266] Das in **§ 12 Abs. 2 Nr. 1 BBiG** enthaltene Verbot, eine **Entschädigung** für die Ausbildung zu zahlen, erfasst auch **Zahlungen durch Dritte** (zB die Eltern).[267] Eine solche weite Auslegung gebietet der Schutzzweck der Vorschrift, die Kosten der Ausbildung möglichst dem Ausbilder aufzuerlegen.[268] Wird der Abschluss eines Ausbildungsvertrages **von einem Kaufvertrag abhängig** gemacht, so verstößt dies gegen das in § 12 Abs. 2 Nr. 1 BBiG enthaltene Entschädigungsverbot.[269] Des Weiteren ist ein Anlernvertrag, in dessen Rahmen der Vertragspartner die nach der einschlägigen Ausbildungsordnung in den ersten zwei Jahren der Berufsausbildung zu vermittelnden Grundkenntnisse und Fertigkeiten für den Beruf des Maler und Lackierers erwerben 97

258 So bereits BAGE 22, 22, 28 = AP Nr. 4 zu § 43 AVAVG; vgl auch BAG DB 2003, 1581; Erman/*Palm*, § 134 Rn 31; Soergel/*Hefermehl*, § 134 Rn 54; Staudinger/*Sack*, § 134 Rn 284.

259 BAG AP Nr. 4 zu § 35 AVAVG; Erman/*Palm*, § 134 Rn 31; Staudinger/*Sack*, § 134 Rn 284.

260 BAG AP Nr. 2 zu § 19 AFG; AP Nr. 3 zu § 19 AFG m.Anm. *Engels*; BAG NZA 1991, 341, 342; MüKo/*Armbrüster*, § 134 Rn 79; MüKo/*Henssler*, § 626 Rn 198; Soergel/*Hefermehl*, § 134 Rn 54; für schwebende Unwirksamkeit Staudinger/*Sack*, § 134 Rn 284.

261 BAG AP Nr. 2 zu § 19 AFG.

262 BAG NZA 1991, 341, 343 ff; LAG Hamm NZA-RR 1999, 240.

263 MüKo/*Henssler*, § 626 Rn 198; Palandt/*Weidenkaff*, § 626 Rn 47.

264 BAGE 22, 22, 28 = AP Nr. 4 zu § 35 AVAVG; LAG Baden-Württemberg AP Nr. 1 zu § 19 AFG.

265 Vgl Erman/*Palm*, § 134 Rn 31; MüKo/*Armbrüster*, § 134 Rn 79; MünchArbR/*Buchner*, § 29 Rn 35; aA (schwebende Unwirksamkeit) Staudinger/*Sack*, § 134 Rn 284.

266 BAG AP Nr. 2 zu § 5 BBiG m. zust. Anm. *Natzel*; ErfK/*Schlachter*, § 12 BBiG Rn 2; MüKo/*Armbrüster*, § 134 Rn 79; Soergel/*Hefermehl*, § 134 Rn 52; Staudinger/*Sack*, § 134 Rn 212.

267 Soergel/*Hefermehl*, § 134 Rn 52.

268 MünchArbR/*Natzel*, § 322 Rn 8; Staudinger/*Sack*, § 134 Rn 212 hält entsprechende Vereinbarungen für Umgehungsgeschäfte und kommt damit zum gleichen Ergebnis.

269 OLG Hamm NJW 1983, 2708; MüKo/*Armbrüster*, § 134 Rn 80.

soll, wegen Verstoßes gegen §§ 25 Abs. 2 HandwO, 4 Abs. 2 BBiG gem. § 134 nichtig, da eine Ausbildung in einem anerkannten Ausbildungsberuf nicht außerhalb eines ordentlichen Berufsausbildungsverhältnisses erfolgen darf.[270]

98 **f) Betriebsrentenrecht.** Nach § 17 Abs. 3 S. 3 BetrAVG sind einzelvertragliche Abweichungen vom BetrAVG **zuungunsten des Arbeitnehmers** verboten; entgegenstehende Vereinbarungen sind **nichtig**.

99 So führt ein Verstoß gegen das in **§ 3 Abs. 1 BetrAVG** normierte grundsätzliche Verbot der Abfindung einer unverfallbaren Anwartschaft nach Beendigung des Arbeitsverhältnisses zur Nichtigkeit entgegenstehender Abreden.[271] Das Gleiche gilt, wenn eine ausnahmsweise zulässige Abfindung nicht nach den in **§ 3 Abs. 2 BetrAVG** aufgestellten Maßstäben berechnet wird.[272] Der **Verzicht** des Arbeitnehmers auf die Versorgungsanwartschaft verstößt dagegen nicht gegen § 17 Abs. 3 S. 3 BetrAVG iVm § 3 BetrAVG, wenn er im **laufenden Arbeitsverhältnis** erklärt wird.[273] Denn zum einen bezieht sich § 3 BetrAVG nur auf Vereinbarungen, die im Zusammenhang mit der Beendigung des Arbeitsverhältnisses stehen; zum anderen enthält § 17 Abs. 3 S. 3 BetrAVG kein allgemeines Verschlechterungsverbot, das unabhängig von den übrigen Vorschriften des BetrAVG gilt. Das Abfindungsverbot ist auch dann nicht berührt, wenn dem Versorgungsberechtigten in der Pensionszusage das Recht eingeräumt wurde, anstelle der versprochenen Rente eine Kapitalleistung zu verlangen (Kapitaloptionsrecht), und dieses Wahlrecht nach Beendigung des Dienstverhältnisses, aber vor Eintritt des Versorgungsfalles ausgeübt wird.[274]

100 **g) Betriebsübergang.** Eine **Kündigung** aufgrund eines Betriebsübergangs ist nach **§ 613 a Abs. 4 S. 1** unwirksam.[275] Vereinbarungen, durch die § 613 a Abs. 1 **umgangen** werden soll, sind nach § 134 nichtig.[276] So ist ein **Aufhebungsvertrag** oder eine **Eigenkündigung** anlässlich eines Betriebsübergangs **nichtig**, wenn lediglich die Beseitigung der Kontinuität des Arbeitsverhältnisses bezweckt wird, der Arbeitnehmer aber beim neuen Arbeitgeber weiter beschäftigt werden soll.[277] Scheidet der Arbeitnehmer **endgültig** aus dem Arbeitsverhältnis aus, ist die einvernehmliche Beendigung des Arbeitsverhältnisses jedoch möglich.[278] Auch der **Verzicht** des Arbeitnehmers **auf die betriebliche Altersversorgung** ist wegen Umgehung des § 613 a Abs. 1 S. 1 nichtig.[279] Ebenso ist der Verzicht auf rückständige Vergütung für den Fall des Betriebsübergangs gem. § 613 a nichtig.[280]

101 **h) Betriebsverfassungsrecht.** Bestimmungen des kollektiven Arbeitsrechts sind regelmäßig **keine Verbotsgesetze** iSd § 134.[281] Ein Arbeitsvertrag ist daher auch dann wirksam, wenn er ohne die nach **§ 99 Abs. 1 BetrVG** erforderliche Unterrichtung des Betriebsrats abgeschlossen wurde.[282] Es gibt aber auch Ausnahmen. So ist ein Betriebsratsbeschluss, der gegen das Arbeitskampfverbot zwischen Arbeitgeber und Betriebsrat (**§ 74 Abs. 2 S. 1 BetrVG**) verstößt, nach § 134 nichtig.[283] Werden Außendienstmitarbeiter bei der betrieblichen Altersversorgung entgegen **§ 75 Abs. 1 BetrVG** benachteiligt, so ist die Betriebsvereinbarung insoweit unwirksam.[284] Aus **§ 102 Abs. 1 S. 3 BetrVG** folgt unmittelbar die Unwirksamkeit einer Kündigung, die ohne Anhörung des Betriebsrats erfolgt ist.[285]

102 **i) Entgeltfortzahlung.** Für den Arbeitnehmer ungünstige Abweichungen von den gesetzlichen Bestimmungen zur Entgeltfortzahlung sind nach **§ 12 EFZG** unzulässig; entsprechende **Abreden** sind daher **nichtig.**[286] Ob Abreden, die im Krankheitsfall die Kürzung von freiwilligen Sonderzahlungen in Form von **Anwesenheitsprämien** vorsehen, eine **Umgehung** des EFZG darstellen und somit nichtig sind, war lange Zeit umstrit-

270 LAG Niedersachsen EzB BBiG § 17 Abs. 1 Nr. 65 a.

271 BAG AP Nr. 1 zu § 3 BetrAVG; AP Nr. 14 zu § 1 BetrAVG Betriebsübergang; AP Nr. 12 zu § 3 BetrAVG; *Ahrend/Förster/Rühmann*, BetrAVG, 11. Aufl. 2007, § 3 Rn 2; *Höfer*, BetrAVG (Stand: Mai 2008), Rn 3629; Staudinger/*Sack*, § 134 Rn 214; zur Verrechnungsabrede über einen Teilbetrag der Abfindung BAG AP Nr. 10 zu § 3 BetrAVG m.Anm. *Höfer/Stryzek*.

272 BGH NJW 2002, 3632, 3633.

273 BAG NZA 2004, 331 = AP Nr. 13 zu § 3 BetrAVG = EWiR § 3 BetrAVG 1/03, 1003 (*Schnitker/Grau*).

274 BGH VersR 2010, 276, 277.

275 BAG AP Nr. 147 zu § 613 a BGB; AP Nr. 40 zu § 613 a BGB; MüKo/*Müller-Glöge*, § 613 a BGB Rn 187.

276 Ascheid/Preis/Schmidt/*Steffan*, § 613 a BGB Rn 195.

277 BAGE 55, 228, 233 = NZA 1988, 198; 90, 260, 270 = NZA 1999, 422; Ascheid/Preis/Schmidt/*Steffan*, § 613 a BGB Rn 197; Staudinger/*Sack*, § 134 Rn 217.

278 BAG AP Nr. 2 zu § 613 a BGB; BAGE 90, 260, 269 f; Ascheid/Preis/Schmidt/*Steffan*, § 613 a BGB Rn 196; ErfK/*Preis*, § 613 a BGB Rn 83.

279 BAG AP Nr. 4 zu § 1 BetrAVG Betriebsveräußerung; AP Nr. 14 zu § 1 BetrAVG Betriebsübergang; ErfK/*Preis*, § 613 a BGB Rn 82.

280 BAG NJW 2009, 3260, 3261; ErfK/*Preis*, § 613 a BGB Rn 82.

281 MüKo/*Armbrüster*, § 134 Rn 82.

282 MüKo/*Armbrüster*, § 134 Rn 82; Staudinger/*Sack*, § 134 Rn 215.

283 MüKo/*Armbrüster*, § 134 Rn 82; Staudinger/*Sack*, § 134 Rn 215.

284 LAG Düsseldorf NZA-RR 2002, 38, 39 ff.

285 Vgl dazu BAGE 26, 219, 222; MüKo/*Armbrüster*, § 134 Rn 82; Staudinger/*Sack*, § 134 Rn 215.

286 BAG AP Nr. 55 zu § 4 EFZG; ErfK/*Dörner*, § 12 EFZG Rn 9; MüKo/*Armbrüster*, § 134 Rn 80; Staudinger/*Sack*, § 134 Rn 227. Zur Wirksamkeit einer Vereinbarung, die die Pflicht zur Vorlage einer ärztlichen Arbeitsunfähigkeitsbescheinigung bereits am ersten Tag der Arbeitsunfähigkeit enthält, vgl BAG DB 2003, 1395 (demnächst AP Nr. 8 zu § 5 EFZG).

ten.[287] In einer Entscheidung aus dem Jahre 1990 hat das BAG entsprechende Abreden als **wirksam** betrachtet.[288] Da der Gesetzgeber die Zulässigkeit entsprechender Vereinbarungen in **§ 4 a EFZG** nunmehr ausdrücklich klargestellt hat, kann die entgegenstehende Ansicht de lege lata nicht aufrechterhalten werden.[289]

Nach zutreffender Ansicht ist der **Verzicht** auf den Entgeltfortzahlungsanspruch mit § 12 EFZG vereinbar, wenn er **bei oder nach Beendigung des Arbeitsverhältnisses** erklärt wird und sich auf Ansprüche nach deren Entstehung und Fälligkeit bezieht; im Übrigen ist er unwirksam.[290] Diese Differenzierung ist sachgerecht, da für den Arbeitnehmer nach Beendigung des Arbeitsverhältnisses erkennbar ist, ob er den Lohn für seinen Lebensunterhalt benötigt.[291] **103**

j) Geschlechtsbezogene Benachteiligung. Verstöße gegen das in § 7 AGG normierte Verbot, einen Arbeitnehmer aufgrund seines Geschlechts zu benachteiligen, führen zur **Nichtigkeit** des Rechtsgeschäfts.[292] § 7 Abs. 2 AGG ordnet an, dass Bestimmungen in Vereinbarungen, die eine Benachteiligung enthalten, unwirksam sind. Dies gilt für arbeitsrechtliche Vereinbarungen aller Art, also Arbeitsverträge, Tarifverträge und Betriebsvereinbarungen.[293] § 7 Abs. 2 AGG ist ein Verbotsgesetz im Sinne des § 134.[294] Bei einseitigen Rechtsgeschäften ergibt sich die Nichtigkeitsfolge aus § 2 Abs. 1 AGG iVm § 134.[295] **104**

k) Jugendliche und Kinder als Arbeitnehmer. Arbeitsverträge mit **Kindern**, die gegen die Beschäftigungsverbote der **§§ 5, 7 JArbSchG** verstoßen, sind gem. § 134 ex nunc **nichtig.**[296] Die Arbeitszeitregelungen für **Jugendliche** in **§§ 8 ff JArbSchG** (zB Verbot der Samstagsarbeit, § 16 JArbSchG) sind Verbotsgesetze. Ein Verstoß führt jedoch wie auch sonst bei Verstößen gegen Arbeitszeitregelungen (dazu Rn 92) nur zur **Nichtigkeit der Arbeitszeitabrede**, nicht des gesamten Arbeitsvertrages.[297] Hat der Arbeitsvertrag ausschließlich unzulässige Arbeitszeitregelungen zum Inhalt, so ist er aber ausnahmsweise im Ganzen nichtig.[298] Die gleichen Grundsätze gelten bei Verstößen gegen die Beschäftigungsbeschränkungen und -verbote für Jugendliche nach **§§ 22 ff JArbSchG**, wie zB das Verbot gefährlicher Arbeiten und das Akkordarbeitsverbot.[299] **105**

l) Kündigungsschutz. Die Unwirksamkeit von Kündigungen ergibt sich häufig aus **Spezialvorschriften**. So sind **sozial ungerechtfertigte** Kündigungen nach § 1 Abs. 1 KSchG unwirksam. Unwirksamkeitsgründe für eine Kündigung bei **Teilzeitarbeit** sind in § 11 TzBfG geregelt (Einzelheiten zum TzBfG Rn 125). Kündigungsverbote gelten unter bestimmten Voraussetzungen auch bei einem **Betriebsübergang** (Rn 100) oder bei einer **Schwangerschaft** (Rn 110). **106**

Bei Vereinbarungen, die auf die Beendigung eines Arbeitsverhältnisses gerichtet sind, hat § 134 unter dem Gesichtspunkt der **Umgehung der Kündigungsschutzvorschriften** (insb. §§ 620 ff, §§ 1 ff KSchG) besondere Bedeutung. Die Rechtsprechung des BAG, wonach **auflösende Bedingungen**[300] oder **Befristungen**[301] unwirksam sind, wenn dafür kein sachlicher Grund gegeben ist, ist seit 2001 allerdings im Wesentlichen im **Teilzeit- und Befristungsgesetz** gesetzlich fixiert (dazu Rn 125). Bei **Aufhebungsverträgen** ist die Umgehung des Kündigungsschutzes nach wie vor bedeutsam. So ist ein Aufhebungsvertrag nach § 134 **nichtig**, der die Beendigung des Arbeitsverhältnisses für den Fall vorsieht, dass der Arbeitnehmer nicht rechtzeitig aus dem Urlaub zurückkehrt.[302] Eine das Arbeitsverhältnis auflösende Vereinbarung kann auch unwirksam sein, wenn dem Arbeitnehmer unter bestimmten Bedingungen die **Wiedereinstellung** versprochen wird.[303] Ein **107**

287 Für Nichtigkeit zB Soergel/*Hefermehl*, § 134 Rn 53; Staudinger/*Sack*, § 134 Rn 227; vgl zum Meinungsstreit auch BAG AP Nr. 12 zu § 611 BGB Anwesenheitsprämie.

288 BAG AP Nr. 15 zu § 611 BGB Anwesenheitsprämie m. krit. Anm. *Mayer-Maly*; AP Nr. 18 zu § 611 BGB Anwesenheitsprämie.

289 Für Wirksamkeit entsprechender Abreden daher auch ErfK/*Dörner*, § 4 a EFZG Rn 1, 3; MüKo/*Müller-Glöge*, § 611 BGB Rn 786; zu § 4 a EFZG s.a. BAG AP Nr. 2 zu § 4 a EFZG.

290 BAG AP Nr. 11 zu § 6 LFZG; AP Nr. 18 zu § 6 LFZG; Staudinger/*Sack*, § 134 Rn 227; für generelle Unwirksamkeit MünchArbR/*Schlachter*, § 75 Rn 33; ErfK/*Dörner*, § 12 EFZG Rn 5.

291 BAG AP Nr. 11 zu § 6 LFZG.

292 ErfK/*Schlachter*, § 7 AGG Rn 3; MüKo/*Thüsing*, § 7 AGG Rn 10; Staudinger/*Sack*, § 134 Rn 217.

293 ErfK/*Schlachter*, § 7 AGG Rn 3.

294 ErfK/*Schlachter*, § 7 AGG Rn 3; MüKo/*Thüsing*, § 7 AGG Rn 10; ebenso zu § 612 Abs. 3 BGB aF BAG v. 15.2.2011 – 9 AZR 585/09, BeckRS 2011, 74474.

295 ErfK/*Schlachter*, § 7 AGG Rn 3.

296 BAG AP Nr. 3 zu § 7 JArbSchG; MünchArbR/*Buchner*, § 30 Rn 60; ErfK/*Schlachter*, § 5 JArbSchG Rn 12; MüKo/*Armbrüster*, § 134 Rn 79; Staudinger/*Sack*, § 134 Rn 256.

297 MünchArbR/*Buchner*, § 30 Rn 64; ErfK/*Schlachter*, § 8 JArbSchG Rn 1; Staudinger/*Sack*, § 134 Rn 256.

298 MünchArbR/*Buchner*, § 30 Rn 64; Staudinger/*Sack*, § 134 Rn 256.

299 Vgl MünchArbR/*Buchner*, § 30 Rn 65; Staudinger/*Sack*, § 134 Rn 256.

300 BAG AP Nr. 2 zu § 620 BGB Bedingung; AP Nr. 4 zu § 620 BGB Bedingung; s.a. Kittner/Däubler/Zwanziger/*Däubler*, KSchR, 7. Aufl. 2008, Einl. Rn 259; Staudinger/*Sack*, § 134 Rn 217.

301 BAG AP Nr. 16 zu § 620 BGB Befristeter Arbeitsvertrag; AP Nr. 47 zu § 620 BGB Befristeter Arbeitsvertrag; AP Nr. 64 zu § 620 BGB Befristeter Arbeitsvertrag; ErfK/*Müller-Glöge*, § 14 TzBfG Rn 2; Kittner/Däubler/Zwanziger/*Däubler*, KSchR, 7. Aufl. 2008, Einl. Rn 259 a.

302 BAG AP Nr. 3 zu § 620 BGB Bedingung.

303 BAG AP Nr. 8 zu § 620 BGB Bedingung; BAG AP Nr. 22 zu § 620 BGB Aufhebungsvertrag.

Aufhebungsvertrag, der lediglich eine nicht nach § 1 KSchG auf Sozialwidrigkeit zu überprüfende Kündigung ersetzt, ist allerdings nicht wegen Umgehung der Kündigungsvorschriften unwirksam.[304]

108 Wegen Umgehung der Kündigungsvorschriften **nichtig** ist eine Vereinbarung, nach der der Arbeitgeber die vertraglich festgelegte Arbeitszeit bei arbeitszeitabhängiger Vergütung nach Bedarf einseitig kürzen kann.[305] Nichtig ist außerdem ein **Verzicht** auf den Kündigungsschutz seitens des Arbeitnehmers **vor der Kündigung** durch den Arbeitgeber.[306]

109 **m) Maßregelungsverbot.** Der Verstoß gegen das Maßregelungsverbot (§ 612 a) führt nach § 134 zur **Nichtigkeit** des benachteiligenden Rechtsgeschäfts (zB Kündigung).[307]

110 **n) Mutterschutz.** Verstöße gegen die in §§ 3–8 MuSchG oder in der Mutterschutzverordnung vom 25.4.1997[308] festgelegten **Beschäftigungsverbote** führen **nicht zur Nichtigkeit** des Arbeitsvertrages nach § 134. Dies war für den Fall, dass die **Schwangerschaft nach Abschluss des Arbeitsvertrages** eintritt, schon früher anerkannt.[309] Mit Rücksicht auf die Rechtsprechung des EuGH[310] muss das Gleiche aber auch dann gelten, wenn das Arbeitsverhältnis erst **nach Eintritt der Schwangerschaft** begründet worden ist.[311] Denn zum Schutz der Arbeitnehmerin genügt es, dass die tatsächliche Beschäftigung aufgrund vorübergehender Unmöglichkeit zeitweise unterlassen wird.[312]

111 Aus § 9 Abs. 1 S. 1 MuSchG iVm § 134 ergibt sich, dass die **Kündigung** einer Frau während der Schwangerschaft und bis zum Ablauf von vier Monaten nach der Entbindung **unwirksam** ist, wenn dem Arbeitgeber zur Zeit der Kündigung die Schwangerschaft oder Entbindung bekannt war oder innerhalb von zwei Wochen nach Zugang der Kündigung mitgeteilt wird.[313]

112 **o) Schwarzarbeit.** Bei der Schwarzarbeit ist zwischen einem Verstoß gegen das **SchwarzArbG** und einer Verletzung steuer- und strafrechtlicher Vorschriften durch sog. **Schwarzgeldabreden** zu unterscheiden.

113 **aa) Verstoß gegen das SchwarzArbG.** Unter **Schwarzarbeit** versteht man die Erbringung von Dienst- und Werkleistungen ohne Beachtung der in § 1 Abs. 1 Nr. 1–5 SchwarzArbG normierten Mitteilungs-, Melde-, Anzeige- und Zulassungspflichten. Nicht nur die **Erbringung** von Schwarzarbeit ist nach § 1 Abs. 1 SchwarzArbG verboten; ordnungswidrig handelt auch derjenige, der Schwarzarbeit **ausführen lässt** (§ 8 Abs. 1 Nr. 2 SchwarzArbG). Das Verbot richtet sich also an beide Parteien.[314]

114 **(1) Zweck des SchwarzArbG.** Das Verbot der Schwarzarbeit hat verschiedene **ordnungspolitische Zwecke**, die nur durch die Nichtigkeit des Vertrages erreicht werden können.[315] Zum einen soll die **Konkurrenzfähigkeit** der ordnungsgemäß geführten Betriebe sichergestellt werden. Zum anderen dient das Verbot dazu, die Verringerung von **Steuereinnahmen** und von Abgaben zur **Sozial- und Arbeitslosenversicherung** zulasten der Allgemeinheit zu vermeiden.[316] Außerdem soll der Auftraggeber vor **mangelhafter Ausführung** der Arbeit geschützt werden.[317]

115 **(2) Beiderseitiger Gesetzesverstoß.** Nach einhelliger Auffassung ist ein Vertrag, durch den **beide Vertragsparteien** gegen das SchwarzArbG verstoßen, nach § 134 **nichtig**.[318] Bei einem **einseitigen Verstoß** des Auftragnehmers ist der Vertrag dagegen nur dann nichtig, wenn der Auftraggeber **Kenntnis** von dem Verstoß hat und diesen bewusst zu seinem Vorteil **ausnutzt**.[319] Aus der Nichtigkeit des Vertrages folgt, dass dem **Auftraggeber** grundsätzlich weder vertragliche Erfüllungs- noch Schadensersatz- oder Mängelgewährleis-

304 BAG AP Nr. 22 zu § 620 BGB Aufhebungsvertrag m.Anm. *Bauer*.

305 BAG AP Nr. 6 zu § 2 KSchG 1969; MüKo/*Armbrüster*, § 134 Rn 81; Staudinger/*Sack*, § 134 Rn 217.

306 ErfK/*Oetker*, § 1 KSchG Rn 13; *v. Hoyningen-Huene/Linck*, KSchG, 14. Aufl. 2007, § 1 Rn 12.

307 Ascheid/Preis/Schmidt/*Linck*, § 612 a BGB Rn 24; ErfK/*Preis*, § 612 a Rn 24; MüKo/*Armbrüster*, § 134 Rn 81; PWW/*Lingemann*, § 612 a Rn 5; Staudinger/*Sack*, § 134 Rn 217.

308 BGBl I S. 986.

309 Vgl nur BAG AP Nr. 1 zu § 8 MuSchG 1968; *Buchner/Becker*, Vor §§ 3–8 MuSchG Rn 23 ff; MünchArbR/*Buchner*, § 30 Rn 72.

310 EuGH NJW 1994, 2077, wonach ein Arbeitsvertrag, der gegen das Nachtarbeitsverbot für Schwangere nach § 8 Abs. 1 MuSchG verstößt, nicht nichtig sein darf, weil anderenfalls das Diskriminierungsverbot der Richtlinie 76/207/EWG verletzt ist.

311 LAG Hamm DB 1999, 2114 f; MünchArbR/*Buchner*, § 30 Rn 73; *Buchner/Becker*, Vor §§ 3–8 MuSchG Rn 24; MüKo/*Armbrüster*, § 134 Rn 79.

312 *Buchner/Becker*, § 8 MuSchG Rn 10; Staudinger/*Sack*, § 134 Rn 265.

313 *Buchner/Becker*, § 9 MuSchG Rn 165; ErfK/*Schlachter*, § 9 MuSchG Rn 8, 10; Staudinger/*Sack*, § 134 Rn 265.

314 Vgl nur BGHZ 85, 39, 43 f; 111, 308, 311; Staudinger/*Sack*, § 134 Rn 275.

315 Vgl zum Ganzen BGHZ 85, 39, 43 = NJW 1983, 109; BGHZ 89, 369, 373 f = NJW 1984, 1175; *Köhler*, JZ 1990, 466; Staudinger/*Sack*, § 134 Rn 275; *Tiedtke*, NJW 1983, 713, 716.

316 Fehn/*Fehn*, Schwarzarbeitsbekämpfungsgesetz, 2006, § 1 Rn 7.

317 BGHZ 89, 369, 374 = NJW 1984, 1175; Staudinger/*Sack*, § 134 Rn 275; *Tiedtke*, NJW 1983, 713, 716.

318 BGHZ 85, 39, 44; 111, 308, 311; Palandt/*Ellenberger*, § 134 Rn 22; Soergel/*Hefermehl*, § 134 Rn 55; Staudinger/*Sack*, § 134 Rn 276.

319 BGH NJW 1985, 2403, 2404 m.Anm. *Canaris*; Palandt/*Ellenberger*, § 134 Rn 22; Staudinger/*Sack*, § 134 Rn 276; *Köhler*, JZ 1990, 466, 467.

tungsansprüche zustehen.[320] In Ausnahmefällen kann der Schuldner aber nach Treu und Glauben gehindert sein, sich zur Abwehr von Gewährleistungsansprüchen darauf zu berufen, dass die Gesetzeswidrigkeit der Abrede zur Nichtigkeit des ganzen Vertrages führt (vgl Rn 80.)[321] Eine vertragliche Vergütung des **Auftragnehmers** kommt ebenfalls nicht in Betracht (ausführlich dazu Rn 78).

Im Einzelnen umstritten ist allerdings, ob die **Arbeitsleistung des Auftragnehmers** durch gesetzliche Ansprüche gegen den Auftraggeber ausgeglichen wird (s. bereits Rn 75). **116**

Ein Anspruch aus **§§ 683, 670** scheidet aus, da der Auftragnehmer seine Leistungen wegen ihrer Gesetzeswidrigkeit nicht „nach den Umständen für erforderlich" halten durfte.[322] **117**

Ob und inwieweit der Auftragnehmer nach **§§ 812 Abs. 1, 818 Abs. 2** für seine Arbeitsleistung Wertersatz erhält, wird unterschiedlich beurteilt. Ein Teil der **Literatur** lehnt die Leistung von Wertersatz mit Hinweis auf **§ 817 S. 2** ab. Dies wird damit begründet, dass Schwarzarbeit nur wirksam vermieden werden könne, wenn für den Auftragnehmer die Gefahr bestehe, keinen Lohn zu erhalten.[323] Nach der **Rechtsprechung** und einem anderen Teil der Literatur verstößt es gegen Treu und Glauben, wenn der Auftraggeber sich unter Berufung auf § 817 S. 2 von der Wertersatzpflicht befreien kann.[324] Dies ist zutreffend, denn der Schutzzweck des Gesetzes gebietet nicht, dass der Auftraggeber die Arbeitsleistung des Auftragnehmers unentgeltlich behalten darf.[325] Der Ausschluss vertraglicher Ansprüche reicht für die durch das SchwarzArbG intendierte Generalprävention aus (vgl auch Rn 71). **118**

Bei der **Bemessung des Anspruchs** ist zu berücksichtigen, dass der **Wertersatz** das zwischen Auftragnehmer und Auftraggeber vereinbarte Entgelt nicht überschreiten darf.[326] Hinzu kommt, dass der Wert der Arbeitsleistung in der Regel durch den Ausschluss vertraglicher Gewährleistungsansprüche erheblich gemindert ist.[327] Etwaige bereits eingetretene Mängel sind ebenfalls in Abzug zu bringen.[328] Da der Auftraggeber bösgläubig ist, kann er sich auf einen etwaigen Wegfall der Bereicherung nicht berufen (§§ 819 Abs. 1, 818 Abs. 4). **119**

(3) Einseitiger Gesetzesverstoß. Verstößt der Auftragnehmer einseitig **ohne Kenntnis des Auftraggebers** gegen das SchwarzArbG, so ist der Vertrag nach der Rechtsprechung des BGH **nicht** gem. § 134 **nichtig**.[329] Hier ist der **Auftraggeber** nämlich schutzwürdig; ihm sollen vertragliche Erfüllungs- und Gewährleistungsansprüche zustehen. Da der **Auftragnehmer** bei der Geltendmachung des Erfüllungsanspruches durch den Auftraggeber eine gesetzwidrige Leistung erbringen müsste, hat er sich zur legalen Erfüllung seines Vertrages eines anderen Unternehmers zu bedienen. Im Regelfall ist dies mit erheblichen Kosten für den Auftragnehmer verbunden, so dass die **generalpräventiven Zwecke** des SchwarzArbG erreicht werden.[330] Daher bedarf es hier keiner **„halbseitigen Teilnichtigkeit"**, wonach zwar dem Auftraggeber vertragliche Rechte zustehen, der Auftragnehmer jedoch auf bereicherungsrechtliche Ansprüche verwiesen ist.[331] **120**

Eine andere Beurteilung ergibt sich freilich, wenn der Auftrag **bereits ausgeführt** wurde. Hier kann der Zweck des SchwarzArbG nur dadurch erreicht werden, dass der **Auftragnehmer** durch die illegale Tätigkeit dem Risiko ausgesetzt wird, trotz erbrachter Arbeitsleistung keine vertragliche Vergütung zu erhalten. Der **Auftraggeber** behält hingegen seine vertraglichen Rechte; er ist nach wie vor schutzwürdig.[332] Insoweit ist einer in der Literatur entwickelten teleologischen Reduktion des SchwarzArbG durch Aufspaltung der Nichtigkeitsfolgen im Sinne einer **„halbseitigen Teilnichtigkeit"** zuzustimmen.[333] Wegen der analogen Anwendbarkeit des **§ 817 S. 2** stehen dem Auftraggeber auch keine Bereicherungsansprüche zu;[334] eine Einschränkung des § 817 S. 2 aus Billigkeitsgründen kommt bei einseitigem Verstoß gegen das SchwarzArbG – anders als bei beiderseitigem Verstoß – nicht in Betracht.[335] **121**

(4) Umgehungsgeschäfte. Wird durch eine **besondere Gestaltung** das SchwarzArbG **umgangen**, so ist der Vertrag nach § 134 **nichtig**. So ist ein Vertrag zwischen einem Baubetreuer und Auftraggeber mit dem **122**

320 Vgl nur OLG Saarbrücken OLGR 2000, 303, 304; Staudinger/*Sack*, § 134 Rn 276; *Tiedtke*, NJW 1983, 713, 715 f; aA Soergel/*Hefermehl*, § 134 Rn 55.
321 BGH NJW-RR 2008, 1051, 1052; *Looschelders*, Schuldrecht BT, 5. Aufl. 2010, Rn 633.
322 BGHZ 111, 308, 311; Staudinger/*Sack*, § 134 Rn 277; *Köhler*, JZ 1990, 466, 469.
323 Staudinger/*Sack*, § 134 Rn 278; *Tiedtke*, NJW 1983, 713, 715.
324 BGHZ 111, 308, 312 f; Soergel/*Hefermehl*, § 134 Rn 55; Staudinger/*Looschelders/Olzen*, § 242 Rn 489; *Köhler*, JZ 1990, 466, 467.
325 Vgl *Köhler*, JZ 1990, 466, 469.
326 *Köhler*, JZ 1990, 466, 469.
327 BGHZ 111, 308, 314. Vgl auch OLG Düsseldorf NJW-RR 1993, 884, 885, wonach die Höhe des Abschlags mindestens 15% beträgt.
328 BGHZ 111, 308, 314.
329 BGHZ 89, 369, 373; BGH NJW-RR 2002, 557; OLG Düsseldorf, NJW-RR 1998, 1710.
330 BGHZ 89, 369, 374 f.
331 Dazu *Canaris*, NJW 1985, 2403, 2404; dem folgend LG Bonn NJW-RR 1991, 180 f; MüKo/*Armbrüster*, § 134 Rn 77; Staudinger/*Sack*, § 134 Rn 279.
332 Zum Ganzen *Canaris*, NJW 1985, 2404 f.
333 So *Canaris*, NJW 1985, 2404, 2405; dem folgend Staudinger/*Sack*, § 134 Rn 279.
334 LG Bonn NJW-RR 1991, 180, 181; Staudinger/*Sack*, § 134 Rn 279, 281; *Canaris*, NJW 1985, 2404.
335 LG Bonn NJW-RR 1991, 180, 181; Staudinger/*Sack*, § 134 Rn 279, 281.

Inhalt, ein Wohnhaus „so weit wie möglich in Nachbarschaftshilfe" – und damit unter Einsatz von Schwarzarbeitern – zu errichten, als Umgehungsgeschäft unwirksam.[336]

123 **bb) Schwarzgeldabreden.** Eine zwischen Arbeitnehmer und Arbeitgeber getroffene Vereinbarung, dass die Beschäftigung – zumindest teilweise – ohne Entrichtung von Lohnsteuern und Sozialversicherungsbeiträgen erfolgt (**sog. Schwarzgeldabrede**), verstößt gegen §§ 263, 266 a StGB und § 370 AO sowie gegen steuer- und sozialversicherungsrechtliche Meldepflichten (zB §§ 41 a Abs. 1, 41 b Abs. 1 EStG, § 28 a SGB IV).[337] Nach der aktuellen Rechtsprechung des BAG ist aber **nicht der gesamte Arbeitsvertrag nichtig**; vielmehr erstreckt sich die Nichtigkeitsfolge nur auf die Schwarzgeldabrede.[338] Denn die verletzten Normen enthalten – anders als das SchwarzArbG – kein Verbot der Arbeitsleistung an sich. Bildet die Hinterziehung von Steuern und Sozialversicherungsbeiträgen den **Hauptzweck** der Vereinbarung, so muss allerdings der **gesamte Arbeitsvertrag** für nichtig erachtet werden. Wird nur ein Teil der Vergütung ohne Entrichtung von Steuern und Sozialversicherungsabgaben bezahlt, so ist in der Regel aber nicht davon auszugehen, dass die Hinterziehung der Hauptzweck ist.[339] Im Übrigen lässt sich § 14 Abs. 2 SGB IV entnehmen, dass auch der Gesetzgeber von der Wirksamkeit des Arbeitsvertrages ausgeht.[340] Danach gilt ein **Nettoarbeitsentgelt** als vereinbart, wenn Steuern und Sozialabgaben bei illegaler Beschäftigung nicht entrichtet werden.

124 **p) Schwerbehinderte.** Die Kündigung eines Schwerbehinderten durch den Arbeitgeber ohne die nach § 85 SGB IX erforderliche **vorherige Zustimmung des Integrationsamtes** ist nach § 134 unwirksam.[341] Dies gilt auch, wenn die Zustimmung zwar zunächst erteilt, in der Rechtsmittelinstanz aber **aufgehoben** wird.[342] Da § 85 SGB IX ausdrücklich eine **vorherige** Zustimmung verlangt, kann der Fehler durch nachträgliche Einholung der Zustimmung nicht „geheilt" werden.[343] Eine Vereinbarung oder Maßnahme, die gegen das **Benachteiligungsverbot** des § 81 Abs. 2 SGB IX iVm § 7 AGG verstößt, ist nach § 134 nichtig.[344] Dagegen ist die Kündigung eines Schwerbehinderten durch den Arbeitgeber nicht allein deshalb unwirksam, weil die **Schwerbehindertenvertretung** entgegen § 95 Abs. 2 SGB IX nicht angehört wurde.[345]

125 **q) Teilzeit- und Befristungsgesetz.** Das am 1.1.2001 in Kraft getretene Teilzeit- und Befristungsgesetz (**TzBfG**)[346] bestimmt in § 11, dass die **Kündigung** eines Arbeitnehmers wegen der Weigerung, von einem Vollzeit- in ein Teilzeitbeschäftigungsverhältnis oder umgekehrt zu wechseln, **unwirksam** ist. Von dem in **§ 4 TzBfG** enthaltenen Verbot, teilzeitbeschäftigte oder befristet beschäftigte Arbeitnehmer ohne sachlichen Grund zu **diskriminieren**, kann nicht zum Nachteil des Arbeitnehmers abgewichen werden. Das Gleiche gilt für das **Benachteiligungsverbot** des **§ 5 TzBfG** (vgl § 22 TzBfG).[347]

126 In Bezug auf **Befristungen und auflösende Bedingungen** gibt das TzBfG im Wesentlichen die bis dahin geltende Rechtsprechung des BAG zur Umgehung des Kündigungsschutzes wieder (dazu Rn 106).[348] Eine **Befristung** des Arbeitsverhältnisses ist nur unter den Voraussetzungen des § 14 TzBfG zulässig. Ein Verstoß gegen § 14 TzBfG führt nach § 16 S. 1 TzBfG dazu, dass der Arbeitsvertrag als **auf unbestimmte Zeit** geschlossen gilt. Für **auflösende Bedingungen** gilt nach § 21 TzBfG grundsätzlich das Gleiche.

127 **r) Urlaub.** Soweit von den Vorschriften des Bundesurlaubsgesetzes (BUrlG) nicht zum Nachteil des Arbeitnehmers abgewichen werden darf (§ 13 Abs. 1 S. 3 BUrlG), begründet ein entsprechender Verstoß die **Nichtigkeit** der einzel- oder tarifvertraglichen oder betrieblichen Abrede.[349] So sind Vereinbarungen, die gegen das grundsätzliche **Abgeltungsverbot von Urlaubsansprüchen** nach § 7 Abs. 4 BUrlG verstoßen, unwirksam.[350] Ist ein Anspruch auf Abgeltung des Urlaubs ausnahmsweise wegen Beendigung des Arbeitsverhältnisses entstanden, so kann der Arbeitnehmer weder vor noch nach der Beendigung des Arbeitsverhältnisses wirksam darauf **verzichten**.[351] Denn die Abgeltung des Urlaubs steht in so engem Zusammenhang mit dessen

336 BGHZ 85, 39, 46 f.
337 BAG AP Nr. 24 zu § 134 BGB = DB 2003, 1581.
338 Dazu BAG AP § 134 Nr. 24; LAG Mecklenburg-Vorpommern Urt. v. 25.11.2008- 5 Sa 174/08.
339 *Marschall*, Anm. zu BAG AP § 134 Nr. 24.
340 Vgl Art. 3 und 17 des Gesetzes zur Erleichterung der Bekämpfung von illegaler Beschäftigung und Schwarzarbeit v. 23.7.2002 (BGBl. I S. 2787).
341 BAG AP Nr. 21 zu Einigungsvertrag Anlage I Kap. XIX (zu §§ 15, 21 Abs. 1 SchwbG aF); ErfK/*Rolfs*, § 85 SGB IX Rn 13; Staudinger/*Sack*, § 134 Rn 284.
342 LAG Köln ArbR 2003, 196.
343 *v. Hoyningen-Huene*, KSchG, 14. Aufl. 2007, § 4 Rn 65.
344 ErfK/*Schlachter*, § 7 AGG Rn 3.
345 AP Nr. 1 zu § 22 SchwbG; Palandt/*Ellenberger*, § 134 Rn 15; Staudinger/*Sack*, § 134 Rn 284.
346 BGBl I 2000 S. 1966.
347 ErfK/*Preis*, § 4 TzBfG Rn 5; Meinel/Heyn/*Herms*, TzBfG, 3. Aufl. 2009, § 4 Rn 47, 110, § 5 Rn 12; *Ring*, TzBfG, 2001, § 4 Rn 41, § 5 Rn 8 (jeweils mit Bezug auf § 134).
348 *Rolfs*, TzBfG, 2002, Einf. Rn 3 f, 8; Meinel/Heyn/*Herms*, TzBfG, 3. Aufl. 2009, § 21 Rn 1; Einzelheiten zur Rspr bei ErfK/*Müller-Glöge*, § 1 TzBfG Rn 3, § 14 TzBfG Rn 2; § 16 TzBfG Rn 1; § 21 TzBfG Rn 1.
349 *Neumann/Fenski*, BUrlG, 9. Aufl. 2003, § 13 Rn 51 f; nach zutr. Ansicht des BAG (NJW 2001, 460, 461) ergibt sich die Nichtigkeit aus § 13 Abs. 1 BUrlG selbst, so dass ein Rückgriff auf § 134 nicht erforderlich ist.
350 *Neumann/Fenski*, BUrlG, 9. Aufl. 2003, § 7 Rn 104; Soergel/*Hefermehl*, § 134 Rn 51; Staudinger/*Sack*, § 134 Rn 224.
351 BAGE 20, 24, 26 ff; Staudinger/*Sack*, § 134 Rn 224; Palandt/*Ellenberger*, § 134 Rn 15.

Gewährung, dass auch dieser Fall vom Schutzzweck der Mindesturlaubsregelung erfasst wird.[352] Entsteht durch die Nichtigkeit einer Abrede im Arbeitsvertrag eine **Lücke,** wird diese durch die Bestimmungen des BUrlG **ausgefüllt**.[353]

Der Verstoß gegen **§ 8 BUrlG** führt nicht dazu, dass der **Vertrag** über die Ausübung einer **urlaubszweckwidrigen Tätigkeit gegen Entgelt** nach § 134 unwirksam ist.[354] Dies folgt insbesondere daraus, dass der Vertragspartner des Arbeitnehmers im Regelfall von der verbotenen Tätigkeit nichts weiß und insofern schutzwürdig ist. Auch der **Anspruch** des Arbeitnehmers auf Fortzahlung des Entgelts während des Urlaubs nach §§ 1, 3 BUrlG wird von dem Verstoß gegen das Erwerbstätigkeitsverbot nicht berührt.[355] **128**

2. Ärzte und Heilpraktiker

Literatur: *Gramberg-Danielsen/Kern*, Die Schweigepflicht des Arztes gegenüber privaten Verrechnungsstellen, NJW 1998, 2708; *Spickhoff*, Die Entwicklung des Arztrechts 2002/2003, NJW 2003, 1701.

Die Vertragsfreiheit von **Ärzten** wird insbesondere durch die Vorschriften der **ärztlichen Berufsordnung** eingeschränkt, die Gesetze im Sinne des Art. 2 EGBGB sind (vgl Rn 20). § 134 ist dabei im Verhältnis zu § 138 vorrangig zu prüfen.[356] Zwar richten sich die Regeln der ärztlichen Berufsordnung als Disziplinarvorschriften einseitig gegen den Arzt, gleichwohl kann ein Verstoß zur Nichtigkeit eines Rechtsgeschäfts zwischen Arzt und Nichtarzt führen, wenn das Verbot besonders wichtige Gemeinschaftsbelange oder die Interessen Dritter schützt.[357] Dies ist bei der grundlegenden Berufsregel, wonach eine ärztliche Praxis **nicht in gewerblicher Weise**, also nicht mit der primären Absicht möglichst hoher Gewinnerzielung, betrieben werden darf, der Fall. Wird eine Arztpraxis dergestalt in ein gewerbliches Hotel-Sanatorium einbezogen, dass es offenbar nur noch um die Verschreibung möglichst vieler Heilleistungen des Sanatoriums geht, so liegt eine solche gewerbsmäßige Ausübung des Arztberufs vor.[358] **129**

Auch ein Verstoß gegen die berufsordnungsrechtliche Regelung, wonach sich der Arzt bei der **Überweisung an andere Ärzte** nicht durch sachfremde Kriterien, namentlich das Versprechen eines Entgeltes durch andere Ärzte, binden darf, begründet gem. § 134 die Nichtigkeit entsprechender Vereinbarungen.[359] Ein Entgelt in diesem Sinne ist jedoch nicht schon darin zu sehen, dass bei ambulanten Operationen der Anästhesist dem Operateur einen Kostenanteil für die Bereitstellung des Operationssaals und des Personals zu zahlen hat.[360] **130**

Nach § 134 nichtig ist auch ein Vertrag, nach dem ein Arzt unter Verstoß gegen die einschlägigen Vorschriften der Ärzteordnung **ohne Approbation** und **ohne die Erlaubnis zur vorübergehenden Ausübung des ärztlichen Berufs** einen anderen Arzt vertreten soll.[361] Desgleichen begründet der Verstoß gegen die Regelungen der Zulassungsverordnung für Ärzte, wonach ein Kassenarzt seine Tätigkeit persönlich **in freier Praxis** auszuüben hat und **nicht in einem Beschäftigungsverhältnis stehen** darf, die Nichtigkeit eines Praxisübernahmevertrages, der auf eine abhängige Beschäftigung hinausläuft.[362] **131**

Nichtig sind auch die **Überlassung der Patientenkartei**, die oftmals aus Anlass eines **Praxisverkaufs** bzw **-tauschs** erfolgt, sowie – wegen der damit verbundenen Weiterleitung von Patientendaten[363] – die **Abtretung ärztlicher Honorarforderungen**, insbesondere an gewerbliche oder privatärztliche Verrechnungsstellen ohne Einverständnis des Patienten.[364] Denn diese Rechtsgeschäfte stellen sich bei fehlendem Einverständnis des Patienten als unbefugtes Offenbaren eines unter die ärztliche Schweigepflicht fallenden Geheimnisses dar und laufen damit dem gesetzlichen Verbot aus § 203 Abs. 1 Nr. 1 StGB zuwider.[365] Ein **stillschweigend** **132**

352 BAGE 20, 24, 26 f.
353 *Neumann/Fenski*, BUrlG, 9. Aufl. 2003, § 13 Rn 51 f.
354 BAG AP Nr. 3 zu § 8 BUrlG m. krit. Anm. *Clemens*; ErfK/*Dörner/Gallner*, § 8 BUrlG Rn 3; *Leinemann/Linck*, Urlaubsrecht, 2. Aufl. 2001, § 8 BUrlG Rn 11; MüKo/*Armbrüster*, § 134 Rn 81; Soergel/*Hefermehl*, § 134 Rn 51; aA *Neumann/Fenski*, BUrlG, 9. Aufl. 2003, § 8 Rn 7; Palandt/*Ellenberger*, § 134 Rn 15; Staudinger/*Sack*, § 134 Rn 224.
355 BAG AP Nr. 3 zu § 8 BUrlG = NJW 1988, 2757; *Leinemann/Linck*, Urlaubsrecht, 2. Aufl. 2001, § 8 Rn 15; aA *Neumann/Fenski*, BUrlG, 9. Aufl. 2003, § 8 Rn 9.
356 Vgl BayObLG NJOZ 2001, 902, 906, 908.
357 BayObLG NJOZ 2001, 902, 907.
358 BayObLG NJOZ 2001, 902.
359 BGH NJW 1986, 2360, 2361; Erman/*Palm*, § 134 Rn 43; Soergel/*Hefermehl*, § 134 Rn 16; aA *Taupitz*, JZ 1994, 221, 227.
360 BGH NJW-RR 2003, 1175.
361 OLG Düsseldorf NJW 1988, 2308; Erman/*Palm*, § 134 Rn 43.
362 OLG München NJW-RR 1998, 1441; Erman/*Palm*, § 134 Rn 43.
363 MüKo/*Armbrüster* § 134 Rn 54.
364 BGHZ 115, 123, 125 ff = NJW 1991, 2955; BGHZ 116, 268 = NJW 1992, 737; BGH NJW 1992, 2348, 2349; 2005, 1505, 1506; OLG Köln NJW 1993, 793; OLG Karlsruhe NJW 1998, 831; Erman/*Palm*, § 134 Rn 43; Palandt/*Ellenberger*, § 134 Rn 22 a; Staudinger/*Sack*, § 134 Rn 292; zur Abtretung an private Verrechnungsstellen *Gramberg-Danielsen/Kern*, NJW 1998, 2708 ff; zur abweichenden älteren Rspr vgl BGH NJW 1974, 602.
365 BGHZ 115, 123, 125 ff; 116, 268; OLG Köln NZG 1999, 607, 608; OLG Karlsruhe GesR 2002, 101, 102; ausf. dazu Laufs/*Katzenmeier*/Lipp, Arztrecht, 6. Aufl. 2009, Rn 32 ff.

erklärtes Einverständnis des Patienten scheidet im Regelfall aus, es sei denn, der Patient hat sich auch dem neuen, die Praxis übernehmenden Arzt zur ärztlichen Behandlung anvertraut.[366]

133 Die Nichtigkeit tritt nicht ein, wenn die Patientendaten an keinen außenstehenden Dritten, sondern nur **innerhalb der Arztpraxis** bzw **des Krankenhauses** weitergeleitet werden, zB wenn der Chefarzt seine Honorarforderung zwecks Geltendmachung an den Krankenhausträger abtritt.[367] Hier fehlt es schon an dem Merkmal der „Offenbarung“ aus § 203 Abs. 1 Nr. 1 StGB. Davon abgesehen ist in solchen Fällen regelmäßig von einer konkludenten Einwilligung des Patienten in die Weiterleitung seiner Daten auszugehen.

134 Die Unwirksamkeit der Abtretung von Honorarforderungen gilt für **Ärzte** und **Zahnärzte,** aber auch für **Alten- und Krankenpfleger**.[368] Ob es sich um eine **generelle** Abtretung handelt oder ob die Abtretung **im Einzelfall** zur Beitreibung der Forderung erfolgt, nachdem der Patient seine Zahlungsunwilligkeit gegenüber dem Arzt zum Ausdruck gebracht hat, ist unerheblich.[369] Die Abtretung ist auch dann nichtig, wenn sie keine Honorarforderung, sondern eine **Schadensersatzforderung** des Arztes gegenüber dem Patienten wegen entgangenen Gewinns betrifft.[370] **Tierärzte** werden von § 203 Abs. 1 Nr. 1 StGB gleichfalls erfasst. Gleichwohl können Tierärzte ihre Honorarforderungen wirksam abtreten, weil die bloße Weitergabe veterinärmedizinischer Behandlungsunterlagen im Allgemeinen nicht gegen den Schutzzweck der Strafnorm verstößt.[371]

135 Der BGH hat mit Blick auf den Verkauf von Anwaltskanzleien entschieden, dass eine Nichtigkeit wegen Verstoßes gegen § 203 Abs. 1 StGB entfällt, wenn der **Veräußerer als freier Mitarbeiter** für eine Übergangszeit in der Kanzlei verbleibt[372] (vgl Rn 208). Diese Überlegung lässt sich auf den Verkauf von Arztpraxen übertragen.[373] Die Ausweitung der **Abtretbarkeit von Honorarforderungen** durch **§ 49 Abs. 4 BRAO** (Rn 209) ist dagegen nach der klaren gesetzgeberischen Entscheidung auf Rechtsanwälte beschränkt. Das Geheimhaltungsinteresse des Patienten gegenüber dem Arzt wird damit zwar stärker geschützt als das Geheimhaltungsinteresse des Mandanten gegenüber dem Rechtsanwalt. Die Differenzierung ist aber nicht willkürlich und verstößt daher nicht gegen Art. 3 Abs. 1 GG.[374]

136 Zu Verstößen gegen das **Embryonenschutzgesetz** vgl Rn 153; zur Beurteilung von Verträgen über den **Schwangerschaftsabbruch** s. Rn 257.

137 Ein Behandlungsvertrag mit einem **Heilpraktiker**, der nicht die erforderliche Zulassung nach § 1 Abs. 1 Heilpraktikergesetz hat, ist nach § 134 nichtig.[375]

3. Arzneimittel und Apotheker

138 **Literatur:** *Rehmann*, Arzneimittelgesetz, 3. Auflage 2008.

Der BGH hat in einer älteren Entscheidung die Auffassung vertreten, dass Kaufverträge über **Arzneimittel**, die gegen die **Apotheken-** und **Rezeptpflicht** nach dem AMG verstoßen, nicht nach § 134 unwirksam sind.[376] In der neueren Rechtsprechung zeichnet sich eine Wende ab. So sind Verträge über die **Lieferung im Inland nicht zugelassener Medikamente** nach Ansicht des OLG Karlsruhe wegen Verstoßes gegen § 73 Abs. 1, 2 AMG nichtig.[377] Zur Begründung wird darauf hingewiesen, dass das Arzneimittelrecht nicht mehr nur Verwaltungsfunktion hat, sondern auch den Schutz des Verbrauchers bezweckt. Mit ähnlicher Begründung hat das LG Düsseldorf aus § 51 AMG (Verbot des Verkaufs von Arzneimitteln im Reisegewerbe) die Nichtigkeit eines entsprechenden Vertrages abgeleitet.[378]

139 Nach der Rechtsprechung des BGH war die **stille Beteiligung** an einer Apotheke durch nicht approbierte Gesellschafter zulässig, wenn der Apotheker weisungsfrei handeln konnte und nicht in persönlicher oder wirtschaftlicher Abhängigkeit stand.[379] Dies begründete die Gefahr, dass die Approbationspflicht für Apo-

366 BGHZ 116, 268, 275 = NJW 1992, 737, 740.
367 LG Bonn NJW 1995, 2419.
368 OLG Hamm NJW 2007, 849, 850.
369 BGH NJW 1993, 2371.
370 BGH NJW 1996, 775; NJW 2010, 2509, 2510; Erman/*Palm*, § 134 Rn 43.
371 OLG Celle NJW 1995, 786; MüKo/*Armbrüster*, § 134 Rn 54; Palandt/*Ellenberger*, § 134 Rn 22 a; *Wilhelms*, NJW 1993, 1537; aA LG Bochum NJW 1993, 1535, 1536; Staudinger/*Sack*, § 134 Rn 292.
372 BGH NJW 2001, 2462.
373 Palandt/*Ellenberger*, § 134 Rn 22 a.
374 BGHZ 171, 252, 259.
375 OLG München NJW 1984, 1826; Erman/*Palm*, § 134 Rn 66; zur Verfassungsmäßigkeit von § 1 Abs. 1 Heilpraktikergesetz BVerfG NJW 1988, 2290.
376 BGH NJW 1968, 2286, 2287; dem folgend Erman/*Palm*, § 134 Rn 42; PWW/*Ahrens*, § 134 Rn 35; aA MüKo/*Armbrüster*, § 134 Rn 90; Palandt/*Ellenberger*, § 134 Rn 16; vermittelnd (Heilung durch Erfüllung) Staudinger/*Sack*, § 134 Rn 203.
377 OLG Karlsruhe NJW-RR 2002, 1206; Palandt/*Ellenberger*, § 134 Rn 16.
378 LG Düsseldorf NJW 1980, 647; vgl auch Palandt/*Ellenberger*, § 134 Rn 10; Erman/*Palm*, § 134 Rn 42; *Rehmann*, § 51 Rn 3.
379 Vgl zur alten Rechtslage BGHZ 75, 214 = NJW 1980, 638; hierzu auch noch Erman/*Palm*, § 134 Rn 24; MüKo/*Armbrüster*, § 134 Rn 89; PWW/*Ahrens*, § 134 Rn 35; Staudinger/*Sack*, § 134 Rn 198; Soergel/*Hefermehl*, § 134 Rn 72.

theker durch stille Beteiligungen umgangen wird. Seit der Novellierung des ApoG von 1980[380] sind Beteiligungen in Form der stillen Gesellschaft und andere **Beteiligungen am Umsatz der Apotheke** als Gegenleistung für überlassene Vermögenswerte außerhalb des Pachtverhältnisses gem. § 8 S. 2, 3 ApoG nichtig. Das in Deutschland gem. § 2 Abs. 1 Nr. 3 iVm §§ 7, 8 ApoG geltende „**Fremdbesitzverbot**", wonach ausschließlich Apotheker Eigentümer und Betreiber einer Apotheke sein dürfen, verstößt nicht gegen Art. 49 und 54 AEUV (vormals Art. 43, 48 EGV).[381]

4. Bankrecht. Verbotsnormen iSd § 134 finden sich für das Bankrecht im **Kreditwesengesetz** (KWG). Auch wenn es sich zumeist um **einseitige Verbote** handelt, kann es zum Schutz des anderen Vertragspartners oder gewichtiger Interessen Dritter doch geboten sein, die Nichtigkeit eines verbotswidrigen Rechtsgeschäfts zu bejahen. Jede einzelne Vorschrift ist daher gesondert im Hinblick auf ihren Zweck und die Auswirkungen eines Verstoßes zu untersuchen. **140**

a) Betreiben von Bankgeschäften ohne Erlaubnis. Nach **§ 54 Abs. 2 KWG** ist das gewerbsmäßige Betreiben von Bankgeschäften oder das gewerbsmäßige Erbringen von Finanzdienstleistungen ohne die nach **§ 32 Abs. 1 KWG** erforderliche Erlaubnis mit Strafe bedroht. Ein Verstoß gegen die Genehmigungspflicht führt nach ständiger Rechtsprechung nicht zur Nichtigkeit der geschlossenen **Darlehensverträge**, da sich die Vorschrift einseitig an den Kreditgeber und nicht auch gegen die privatrechtlichen Wirkungen der Kreditverträge richtet.[382] Etwas anderes gilt aber für **Einlagegeschäfte** und **Sparkaufverträge**; hier muss der Vertragspartner wegen der Gefahr des Verlustes der geleisteten Einlage das Recht haben, diese zurückzufordern.[383] **141**

b) Verstoß gegen sonstige Bestimmungen. **§ 3 Nr. 3 KWG** enthält das Verbot, Kredit- und Einlagegeschäfte zu betreiben, wenn die Möglichkeit ausgeschlossen oder erheblich erschwert ist, durch Barabhebung zu verfügen. Ein Verstoß gegen diese Vorschrift führt nach hM zur **Nichtigkeit einer entsprechenden Beschränkung.**[384] Dies erscheint sachgerecht, da der Vertragspartner schutzwürdig ist. Die **Abtretung** von Darlehensforderungen durch eine Bank verstößt weder gegen die Bestimmungen des Datenschutzgesetzes noch gegen § 203 StGB und ist daher auch nicht nach § 134 unwirksam. Etwas anderes ergibt sich auch nicht aus dem sog. **Bankgeheimnis**, weil dieses kein gewohnheitsrechtlich anerkanntes Verbotsgesetz darstellt.[385] **142**

Die **Nichtigkeit** von Großkrediten bzw Krediten über 250.000 EUR kann **nicht** aus einem Verstoß gegen die in **§§ 13, 13 a KWG** bzw **§ 18 KWG** normierten Anforderungen hergeleitet werden.[386] Für §§ 13, 13 a KWG ergibt sich dies bereits aus dem Gesetzestext („unbeschadet der Wirksamkeit der Rechtsgeschäfte"). Im Übrigen dienen die Vorschriften als einseitige Verbote der Risikobegrenzung für Kreditinstitute;[387] dem Vertragspartner soll hierdurch kein Nachteil entstehen. Nach der Rechtsprechung sind auch Kreditverträge, die entgegen einem Kreditgewährungsverbot der Bundesanstalt für Finanzdienstleistungsaufsicht nach **§ 46 Abs. 1 S. 2 Nr. 2 KWG** geschlossen wurden, **nicht** nach § 134 **nichtig.**[388] Dies folgt insbesondere daraus, dass der Schutz der Bankgläubiger den Nachteil für den Kreditvertragspartner nicht rechtfertigt.[389] **143**

5. Baurecht

Literatur: *Drasdo*, Rechtsfolgen des Verstoßes gegen MaBV-Normen, NJW 2007, 2741.

a) Verstoß gegen Genehmigungspflichten. Das Fehlen einer **Baugenehmigung** hat nicht ohne weiteres zur Folge, dass Verträge in Bezug auf das Bauobjekt unwirksam sind (zu Mietverträgen Rn 200).[390] Jedoch ist der Anspruch auf Bauleistungen noch nicht fällig, so dass ein Bauunternehmer nicht wegen Verzugs scha- **144**

380 Vgl Art. 2 Abs. 3 des Gesetzes zur Änderung des Gesetzes über das Apothekenwesen vom 4.8.1980 (BGBl. I S. 1142).

381 EuGH NJW 2009, 2112, 2114 f.

382 BGH WM 1966, 1101, 1102; 1978, 1268, 1269; 1980, 374, 377; 2011, 1168; BGHZ 76, 119, 126 f; OLG Hamm VersR 2010, 609, 610; Palandt/*Ellenberger*, § 134 Rn 20; Soergel/*Hefermehl*, § 134 Rn 80; Staudinger/*Sack*, § 134 Rn 258.

383 MüKo/*Armbrüster*, § 134 Rn 69; Staudinger/*Sack*, § 134 Rn 258; *Canaris*, Gesetzliches Verbot, S. 42 f; zum Sparkaufvertrag OLG Stuttgart NJW 1980, 1798, 1800; Soergel/*Hefermehl*, § 134 Rn 80.

384 OLG Stuttgart NJW 1980, 1798, 1800; MüKo/*Armbrüster*, § 134 Rn 69; Palandt/*Ellenberger*, § 134 Rn 20; Staudinger/*Sack*, § 134 Rn 257; offen gelassen von BGHZ 129, 90, 92 = NJW 1995, 1494.

385 BGH NJW 2007, 2106, 2107 f; Palandt/*Ellenberger*, § 134 Rn 22 a.

386 Palandt/*Ellenberger*, § 134 Rn 20; zu § 13 KWG BGH WM 1978, 785, 787; OLG München WM 1984, 469, 470; Staudinger/*Sack*, § 134 Rn 257; zu § 18 KWG OLG München WM 1984, 469, 470; LG Essen WM 1997, 814, 816.

387 Vgl OLG München WM 1984, 469, 470.

388 BGH NJW 1990, 1356 f; vgl auch Palandt/*Ellenberger*, § 134 Rn 20; Soergel/*Hefermehl*, § 134 Rn 80; Staudinger/*Sack*, § 134 Rn 259. In Betracht kommt aber die Anwendung des § 138, wenn der Vertragspartner die Zuwiderhandlung der Bank kannte und die Voraussetzungen der Anfechtbarkeit nach der InsO vorliegen, vgl BGH NJW 1990, 1356, 1357 zur KO.

389 Vgl BGH NJW 1990, 1356, 1357.

390 MüKo/*Armbrüster*, § 134 Rn 86.

densersatzpflichtig ist.[391] Nichtig sind allerdings solche Verträge, die die Vertragsparteien bewusst zur **Umgehung des Genehmigungserfordernisses** eingehen.[392]

145 Verträge mit Bauträgern und Baubetreuern, die keine gem. **§ 34 c Abs. 1 Nr. 2 GewO** erforderliche Erlaubnis für die Ausübung ihrer Tätigkeit haben, sind ebenfalls wirksam, soweit sie nicht die Umgehung der Vorschrift bezwecken.[393]

146 **b) Verstoß gegen bauplanungsrechtliche Vorschriften.** Verträge, die entgegen § 1 Abs. 3 S. 2 BauGB die **Verpflichtung zum Erlass eines Bebauungsplans** beinhalten, sind gem. § 134 unwirksam.[394] Soweit sich nicht aus § 139 etwas anderes ergibt, bezieht sich die Unwirksamkeit auf den gesamten Vertrag.

147 Verträge, durch die das gesetzliche **Vorkaufsrecht einer Gemeinde** (§§ 24 ff BauGB) vereitelt werden soll, sind als Umgehungsgeschäfte (dazu Rn 81) unwirksam.[395]

148 § 129 Abs. 1 S. 3 BauGB regelt die gesetzliche Verpflichtung der Gemeinde, mindestens 10% des beitragsfähigen **Erschließungsaufwands** zu tragen. Nach dem Schutzzweck der Vorschrift sind Verträge, die die Kosten für die Erschließung entgegen dieser Vorschrift zulasten des Grundstückerwerbers regeln, **nicht insgesamt unwirksam**.[396] Vielmehr beschränkt sich die Nichtigkeitsanordnung auf den Ausschluss der Selbstbeteiligung der Gemeinde.

149 **c) Verstoß gegen bauordnungsrechtliche Vorschriften.** Der Verstoß gegen bauordnungsrechtliche Vorschriften führt allein regelmäßig nicht zur Unwirksamkeit des Vertrages.[397] So ist ein **Mietvertrag**, der nicht im Einklang mit den Vorschriften über die **Mindesthöhe von Wohnräumen** steht, wirksam.[398]

150 **d) Bauträgerverträge und Koppelungsverbote. Vollstreckungsunterwerfungsklauseln** in **notariellen Bauträgerverträgen**, die auf den Nachweis der Kaufpreisfälligkeit verzichten, verstoßen gegen §§ 3, 12 Makler- und Bauträgerverordnung (MaBV).[399] Durch solche Vereinbarungen könnte der Bauträger nämlich entgegen § 3 Abs. 2 MaBV ohne Rücksicht auf den Bauverlauf Vermögenswerte des Käufers einfordern. Entsprechende Klauseln müssen daher zum Schutz des Käufers nach § 134 unwirksam sein.[400] Die Wirksamkeit des Vertrages bleibt im Übrigen unberührt.

151 Die Rechtsprechung hat auch in anderen Fällen entschieden, dass eine Vereinbarung, die zum Nachteil des Käufers von den **§§ 3, 12 MaBV** abweicht, nach § 134 nichtig ist.[401] Dies gilt etwa für einen **Zahlungsplan**, wonach die erste Zahlung schon vor Beginn der Erdarbeiten zu erfolgen hat.[402] Der Vertrag bleibt auch hier wirksam. Zur Lückenfüllung wird nicht auf den Zahlungsplan des § 3 Abs. 2 MABV oder § 632 a zurückgegriffen, sondern auf § 641 Abs. 1.

152 Zivilrechtliche Verträge mit baurechtlichem Bezug können wegen Verstoßes gegen **Kopplungsverbote** unzulässig sein. So regelt **Art. 10 § 3 MRVerbG** die Nichtigkeit einer Vereinbarung, durch die sich der Erwerber eines Grundstücks im Zusammenhang mit dem Erwerb verpflichtet, bei der Planung und Ausführung eines Bauwerks auf dem Grundstück die Leistungen eines bestimmten **Architekten oder Ingenieurs** in Anspruch zu nehmen (vgl § 138 Rn 317). Verstöße gegen dieses Verbot begründen nach § 134 neben der Nichtigkeit der Vereinbarung auch die Nichtigkeit des Architektenvertrags.[403] Der Kaufvertrag über das Grundstück bleibt dagegen grundsätzlich wirksam (Art. 10 § 3 MRVerbG).[404]

6. Ehe und Familie

Literatur: *Dethloff*, Familienrecht, 29. Auflage 2009; *Weyrauch*, Zulässigkeitsfragen und abstammungsrechtliche Folgeprobleme bei künstlicher Fortpflanzung im deutschen und US-amerikanischen Recht, 2003.

391 BGH NJW 1974, 1080.
392 Staudinger/*Sack*, § 134 Rn 175, 210.
393 Vgl nur MüKo/*Armbrüster*, § 134 Rn 89; Staudinger/*Sack*, § 134 Rn 232.
394 BGHZ 76, 16, 22; BVerwG NJW 1980, 2538, 2539; DNotZ 2006, 905, 906; MüKo/*Armbrüster*, § 134 Rn 86; *Vierling*, DNotZ 2006, 891, 892.
395 BGHZ 34, 200, 205 (zu § 14 Aufbaugesetz Rheinland-Pfalz v. 1.8.1949); Palandt/*Ellenberger*, § 134 Rn 29; Staudinger/*Sack*, § 134 Rn 208.
396 BGHZ 65, 368, 370 f; aA MüKo/*Armbrüster*, § 134 Rn 86.
397 Bamberger/Roth/*Wendtland*, § 134 Rn 26; Palandt/*Ellenberger*, § 134 Rn 16.
398 BGHZ 75, 366, 368; MüKo/*Armbrüster*, § 134 Rn 86.
399 BGHZ 139, 387, 390 ff; so auch OLG Köln NJW-RR 1999, 22, 23 f, 74; zust. *Blomeyer*, NJW 1999, 472, 474; MüKo/*Armbrüster*, § 134 Rn 87; Staudinger/*Sack*, § 134 Rn 232; krit. dazu *Pause*, NJW 2000, 769, 770.
400 BGHZ 139, 387, 392.
401 BGHZ 146, 250, 257 ff = NJW 2001, 818; 171, 364, 370 f = NJW 2007, 1947; BGH NJW 2007, 1360, 1361 m. abl. Anm. *Vogel*; OLG München NJW-RR 2001, 13; zusammenfassend *Drasdo*, NJW 2007, 2741.
402 BGHZ 171, 364, 370 f.
403 Vgl BGH NJW 2000, 2354, 2355; NJW-RR 1998, 952; NJW 1982, 2189 f; NJW 1978, 1434; KG NJW-RR 1992, 916; MüKo/*Armbrüster*, § 134 Rn 87; Staudinger/*Sack*, § 138 Rn 420; Palandt/*Sprau*, § 631 Rn 18.
404 Zu möglichen Ausnahmen BGHZ 71, 33, 39 f.

Im Familienrecht stellen die §§ 13 c, 13 d AdVermG Verbotsgesetze iSd § 134 dar.[405] Nichtig sind damit insbesondere Verträge, die auf die **Vermittlung und den Nachweis einer Ersatzmutter** iSd §§ 13 a, 13 b AdVermG gerichtet sind. Desgleichen löst ein Verstoß gegen die Tatbestände des **ESchG** die Nichtigkeitsfolge des § 134 aus.[406] Hiernach ist zB ein Vertrag nichtig, der entgegen § 6 ESchG das **Klonen eines Menschen** zum Gegenstand hat.[407] Das Gleiche gilt für einen Vertrag über die künstliche Befruchtung einer Frau (**Ersatzmutterschaft**) oder die Übertragung eines menschlichen Embryos auf eine Frau (**Leihmutterschaft**),[408] die bereit ist, das Kind nach der Geburt Dritten auf Dauer zu überlassen (§ 1 Nr. 7 ESchG).[409] 153

Ob für Verträge, mit denen sich eine Frau **gegenüber einem Dritten** zum **Austragen und zur späteren Übergabe des Kindes** verpflichtet, ein gesetzliches Verbot besteht, ist streitig. AdVermG und ESchG enthalten insoweit kein ausdrückliches Verbot.[410] Sinn und Zweck des § 1 Nr. 7 ESchG sprechen jedoch dafür, das gesetzliche Verbot auf entsprechende Abreden mit Dritten zu erstrecken.[411] Folgt man dieser Auffassung nicht, so sind solche Abreden jedenfalls sittenwidrig und daher nach § 138 Abs. 1 unwirksam (vgl § 138 Rn 175). 154

7. Erbrecht

Literatur: *Brox/Walker*, Erbrecht, 24. Auflage 2010; *Olzen*, Erbrecht, 3. Auflage 2009.

§ 134 ist auch im Erbrecht anwendbar. Praktische Bedeutung hat insoweit vor allem die Regelung des **§ 14 Abs. 1 und Abs. 5 HeimG**.[412] Hiernach ist es dem Heimträger und seinen Mitarbeitern verboten, sich von den Heimbewohnern Geld oder geldwerte Leistungen über das vereinbarte Entgelt hinaus versprechen oder gewähren zu lassen. Das Verbot richtet sich zwar nur gegen den Träger des Heims und dessen Mitarbeiter. Der Schutzzweck des § 14 HeimG gebietet es aber, verbotswidrige Rechtsgeschäfte nach § 134 für unwirksam zu erachten.[413] Nichtig sind hiernach insbesondere **Erbverträge**, in denen ein Heimbewohner den Heimträger oder einen Mitarbeiter des Heims als Erben oder Vermächtnisnehmer einsetzt.[414] Die hM wendet § 14 Abs. 1, 5 HeimG auch auf **testamentarische Einsetzungen** an.[415] Um eine übermäßige Beschränkung der Testierfreiheit zu vermeiden, tritt die Unwirksamkeit in diesem Fall jedoch nur ein, wenn der Begünstigte zu Lebzeiten des Erblassers gewusst hat, dass er von diesem als Erbe oder Vermächtnisnehmer eingesetzt worden ist.[416] Der Heimträger muss sich dabei nach allgemeinen Regeln das Wissen des Heimpersonals zurechnen lassen.[417] 155

Hat der Heimbewohner einen **nahen Angehörigen** (Ehefrau, Kind) des Heimleiters oder eines anderen Verbotsadressaten als Erben oder Vermächtnisnehmer eingesetzt, so ist § 14 Abs. 1, 5 HeimG analog anwendbar.[418] Die Einsetzung ist auch in diesem Fall nach § 134 nichtig. Der Schutzzweck des § 14 HeimG passt dagegen nicht auf letztwillige Verfügungen zugunsten der Angehörigen eines **Pflegedienstes**, die den Erblasser in dessen eigenem Haus gepflegt haben.[419] Eine analoge Anwendung des § 14 HeimG muss hier daher ausscheiden. Im Verhältnis zwischen **Betreuer und Betreutem** ist § 14 HeimG ebenfalls nicht anwendbar.[420] 156

8. Gesellschafts- und Vereinsrecht

Literatur: *Baumbach/Hueck*, GmbHG, 19. Aufl. 2010; *Canaris*, Die Rückgewähr von Gesellschaftereinlagen durch Zuwendung an Dritte, in: FS Fischer, 1979, S. 31; *Flume*, Der Gesellschafter und das Vermögen der Kapitalgesellschaft und die

405 Erman/*Palm*, § 134 Rn 23; *Dethloff*, Familienrecht, § 15 Rn 6.
406 Staudinger/*Sack*, § 138 Rn 451; *Deutsch*, NJW 1991, 721, 723.
407 Erman/*Palm*, § 134 Rn 53; Staudinger/*Sack*, § 134 Rn 225.
408 Zur Unterscheidung von Leih- und Ersatzmutterschaft *Dethloff*, Familienrecht, § 10 Rn 74.
409 Zur Unzulässigkeit der Ersatz- und Leihmutterschaft vgl ausführlich *Weyrauch*, S. 129 ff.
410 Hierauf abstellend *Coester-Waltjen*, FamRZ 1992, 369, 371.
411 So auch Palandt/*Brudermüller*, Vor § 1591 Rn 20; Staudinger/*Sack*, § 134 Rn 226; *Ebeling/Zimmermann*, DEuFamR 1999, 24, 37; *Looschelders*, IPRax 1999, 420, 422; aA *Coester-Waltjen*, FamRZ 1992, 369, 371, die im Einzelfall § 138 Abs. 1 prüfen will.
412 Das HeimG wurde nach Inkrafttreten der Föderalismusreform in den meisten Bundesländern durch Landesgesetze ersetzt. In anderen Ländern gilt es aber gem. Art. 125 a Abs. 1 GG als Bundesrecht fort. Zu den Einzelheiten vgl *Karl*, ZEV 2009, 544 ff.
413 BGHZ 110, 235, 240 = NJW 1990, 1603; Palandt/*Ellenberger*, § 134 Rn 19. Zur Verfassungsmäßigkeit des damit verbundenen Testierverbots vgl BVerfG NJW 1998, 2964.
414 *Brox/Walker*, Erbrecht, Rn 261; *Olzen*, Erbrecht, Rn 249.
415 Vgl BGH ZEV 1996, 145; BayObLG NJW 1992, 55, 56 f; Palandt/*Ellenberger*, § 134 Rn 19; *Olzen*, Erbrecht, Rn 250 f; aA *Brox/Walker*, Erbrecht, Rn 261.
416 BayObLG NJW 1992, 55, 56 f; NJW-RR 1999, 1454, 1455; OLG Karlsruhe ZEV 1996, 146; ZEV 2011, 424, 426; *Rossak* ZEV 1996, 146.
417 Vgl OLG Karlsruhe ZEV 1996, 146; Palandt/*Ellenberger*, § 134 Rn 19.
418 BGH NJW 2000, 1875, 1876; OLG Düsseldorf FamRZ 1998, 192, 193; OLG Frankfurt NJW 2001, 1504.
419 OLG Düsseldorf FG-Prax 2001, 122.
420 BayObLG NJW 1998, 2369, 2370.

Problematik der verdeckten Gewinnausschüttung, ZHR 144 (1980), 18; *Hachenburg*, GmbHG, 8. Aufl. 1992; *Hüffer*, Aktiengesetz, 9. Auflage 2010; *Kraft*, Gesellschaftsrechtliche Probleme der Vorratsgründung einer Aktiengesellschaft und einer Gesellschaft mit beschränkter Haftung, DStR 1993, 101; *Lutter/Hommelhoff*, GmbHG, GmbHG, 17. Aufl. 2009; Münchener Kommentar zum Aktiengesetz, Bd. 1, 3. Aufl. 2008; *K. Schmidt*, Gesellschaftsrecht, 4. Auflage 2002; *Wicke*, Risiko Mantelverwendung – Die wirtschaftliche Neugründung vor der Reform des GmbH-Rechts, NZG 2005, 409.

157 **a) Nichtigkeit des Gesellschaftsvertrages. aa) Grundlagen.** Der Gesellschaftsvertrag ist nach der ständigen Rechtsprechung des BGH als **von Anfang an nichtig** anzusehen, wenn der **Gesellschaftszweck** ein Verbotsgesetz verletzt[421] oder gegen die guten Sitten verstößt (vgl § 138 Rn 201). Maßgeblich ist die Erwägung, dass eine rechtliche Anerkennung des tatsächlich vorhandenen Zustandes in diesen Fällen mit **gewichtigen Interessen der Allgemeinheit oder einzelner schutzwürdiger Personen** in Widerspruch treten würde. Eine einzelne verbotswidrige Klausel führt hingegen nicht zur Nichtigkeit des Gesellschaftsvertrages, sofern der Gesellschaftszweck nicht missbilligt wird.[422]

158 Verstößt der Gesellschaftszweck gegen eine Verbotsnorm, so tritt die Nichtigkeit nach der Rechtsprechung mit **ex-tunc-Wirkung** ein. Die Rückabwicklung findet demgemäß nicht nach den Grundsätzen über die fehlerhafte Gesellschaft, sondern nach **Bereicherungsrecht** statt.[423] Eine Ausnahme soll allenfalls bei Vorliegen besonderer Umstände in Betracht kommen.[424]

159 **bb) Vorratsgründung.** Sehr umstritten ist die Frage, ob die sog. **Vorratsgründung einer Aktiengesellschaft** zulässig ist.[425] Die hM unterscheidet zwischen der offenen und der verdeckten Vorratsgründung. Eine **offene Vorratsgründung** liegt vor, wenn die Gesellschaft als „Mantel für die spätere Aufnahme eines Geschäftsbetriebes“[426] dienen soll und dieser Unternehmensgegenstand offenkundig gemacht wird. Hier wird ein Verstoß gegen **§ 23 Abs. 3 Nr. 2 AktG** verneint.[427] Anders beurteilt der BGH die **verdeckte Vorratsgründung**,[428] bei der der in der Satzung genannte Unternehmensgegenstand nicht verwirklicht werden soll.[429] Da es in diesem Fall an der ernsthaften Absicht zur Verwirklichung des Unternehmensgegenstands fehlt, ist die entsprechende Satzungsbestimmung nach § 117 oder § 134 nichtig.[430]

160 Ob die **Vorratsgründung einer GmbH** gegen § 3 Abs. 1 Nr. 2 GmbHG verstößt, ist ebenfalls streitig.[431] Konsequenterweise muss auch hier zwischen der offenen und der verdeckten Vorratsgründung differenziert werden. Nur die verdeckte Vorratsgründung ist nach § 134 nichtig.

161 **cc) Berufsrecht, Gewerbe und Handwerk.** Nach Ansicht des BGH ist ein Gesellschaftsvertrag nichtig, dessen Zweck darin liegt, dass ein nicht öffentlich bestellter Vermessungstechniker mit einem öffentlich bestellten Vermessungstechniker gemeinsam und gleichberechtigt den Beruf ausübt. Hierin sei ein Verstoß gegen die Berufsordnung für die öffentlich bestellten Vermessungsingenieure in Nordrhein-Westfalen zu sehen, die im Interesse einer **geordneten Vermessungspflege** die Unabhängigkeit und Unparteilichkeit der öffentlich bestellten Vermessungsingenieure schützen solle.[432] Zur Unzulässigkeit von **stillen Beteiligungen an Apotheken** s. Rn 139.

162 Nach **§ 3 GüKG** ist es nicht erlaubt, den **gewerblichen Güterkraftverkehr** ohne die erforderliche Genehmigung zu betreiben (vgl Rn 45), soweit sich nicht unmittelbar aus dem europäischen Gemeinschaftsrecht etwas anderes ergibt. Die Vorschrift soll eine besondere **Kompetenz und Zuverlässigkeit** bei der Geschäftsführung sicherstellen. Dieser Schutzzweck würde verfehlt, wenn durch einen Gesellschaftsvertrag einem Mitgesellschafter, der keine Güterfernverkehrsgenehmigung besitzt, die Möglichkeit eröffnet wird, die dem anderen Mitgesellschafter erteilte Genehmigung wie ein Inhaber oder Pächter zu nutzen. Aus diesem Grund erkennt der BGH einen derartigen Gesellschaftsvertrag nicht als wirksam an.[433]

163 Ein Verstoß gegen **§ 1 Abs. 1 HandwO** liegt vor, wenn ein zulassungspflichtiges Handwerk als stehendes Gewerbe selbständig betrieben wird, ohne dass der Gewerbetreibende **in der Handwerksrolle eingetragen** ist (vgl Rn 175). Nach hM ist ein Gesellschaftsvertrag nach § 134 nichtig, wenn er im Wesentlichen darauf

421 BGHZ 3, 285, 288; 55, 5, 9; 62, 234, 241; 75, 214, 217 f; 97, 243, 250; BGH WM 2003, 247, 249; OLG Hamm NRW-RR 2000, 1566; MüKo/*Ulmer*, § 705 Rn 334.
422 RGRK/*Krüger-Nieland/Zöller*, § 138 Rn 79.
423 Vgl Staudinger/*Sack*, § 134 Rn 131.
424 BGHZ 62, 234, 241.
425 Vgl die Nachw. bei MüKo-AktG/*Pentz*, § 23 Rn 89 ff; *Kraft*, DStR 1993, 101 f.
426 BGHZ 117, 323 = NJW 1992, 1824, 1827.
427 Vgl PWW/*Ahrens*, § 134 Rn 43; *Hüffer*, § 23 Rn 26; MüKo-AktG/*Pentz*, § 23 Rn 91 ff.
428 BGHZ 117, 323 = NJW 1992, 1824, 1827.
429 *Hüffer*, § 23 Rn 26; *Kraft*, DStR 1993, 101.
430 Die Rechtsgrundlage ist umstritten; vgl dazu *Hüffer*, § 23 Rn 26; *K. Schmidt*, GesR, § 4 III 2 b aa.; BGHZ 117, 323 hat die Frage offen gelassen.
431 Vgl Baumbach/*Hueck/Fastrich*, § 3 Rn 11 ff; *Kraft*, DStR 1993, 101, 103 f.
432 BGHZ 97, 243, 250; vgl Soergel/*Hefermehl*, § 134 Rn 78.
433 BGH WM 1967, 229, 231; vgl Staudinger/*Sack*, § 134 Rn 247.

abzielt, dass ein Gesellschafter „nach außen hin" seinen Meistertitel zur Verfügung stellt, obwohl Arbeit und Betriebsführung bei einem nicht in die Handwerksrolle eingetragenen Gesellschafter liegen.[434]

dd) Unzulässige Rechtsberatung als Zweck der Gesellschaft. Besteht der Zweck einer Gesellschaft darin, dass ein nicht zugelassener Rechtsberater mit Rechtsuchenden Geschäftsbesorgungsverträge abschließt, so ist der Gesellschaftsvertrag nach § 134 iVm § 3 RDG **von Anfang an** nichtig (vgl Rn 217). Die Grundsätze über die fehlerhafte Gesellschaft sind hier nicht anwendbar, weil der Vertrag das Interesse der Allgemeinheit an einer **zuverlässigen Rechtspflege** verletzt.[435] Allgemein zur Rechtsberatung Rn 215 ff. 164

ee) Weitere Verbotsnormen. Das öffentliche Recht enthält zahlreiche weitere Verbotsnormen zum Schutz der Allgemeinheit, die zur Nichtigkeit eines Gesellschaftsvertrages führen können. Zu denken ist zB an den Fall, dass der Gesellschaftszweck in dem Betreiben von Geschäften liegt, die gegen die Verschreibungs- und Apothekenpflicht von Arzneimitteln nach **§§ 43 ff AMG** verstoßen.[436] Die betreffenden Vorschriften dienen dem Erhalt der Volksgesundheit durch Vorbeugung von Gefahren, die aus dem übermäßigen und unkontrollierten Konsum von Medikamenten folgen. Dieser Zweck ist so wichtig, dass solche Gesellschaften auch nicht für die Vergangenheit aufrechterhalten werden können. Von Anfang an nichtig sind auch Gesellschaften, deren Zweck gegen das **EmbryonenschutzG** oder das **TransplantationsG** verstößt. 165

Wird der Beitritt eines Gesellschafters zu einer KG rückdatiert, um diesen in den Genuss eines ungerechtfertigten Steuervorteils zu bringen, so ist der Beitrittsvertrag jedenfalls dann **ex tunc** nichtig, wenn die **Steuerhinterziehung** der **Hauptzweck** des Beitritts ist (vgl Rn 245).[437] 166

b) Nichtigkeit einzelner Abreden. aa) Vereinbarungen über das Stimmrecht. Abreden, die unter Verstoß gegen die in §§ 34 BGB, 136 Abs. 1 AktG, 47 Abs. 4 GmbHG, 43 Abs. 6 GenG normierten **Stimmverbote** bei Entscheidungen in eigener Sache Stimmrechte gewähren, sind nach § 134 nichtig.[438] Die Rechtsprechung hat diesen Vorschriften einen **allgemeinen Rechtsgrundsatz** entnommen, wonach die Stimmabgabe in eigener Sache im Gesellschaftsrecht generell – also zB auch bei Personengesellschaften – unzulässig ist.[439] Der BGH wendet bei einem Verstoß gegen diesen Grundsatz jedoch § 138 Abs. 1 an.[440] Nach der hier vertretenen Auffassung ist dem schon deshalb zuzustimmen, weil allgemeine Rechtsgrundsätze nicht als Verbotsgesetze iSd § 134 anzusehen sind (vgl Rn 21).[441] 167

§ 134 führt auch zur Nichtigkeit von Vereinbarungen, in denen ein Gesellschafter sein **Stimmrecht** in der Weise auf einen Dritten **überträgt**, dass er selbst auf dessen Ausübung vollständig verzichtet.[442] Wäre eine solche „**verdrängende Bevollmächtigung**" zulässig, so könnte das Stimmrecht des Gesellschafters von dem Gesellschaftsanteil abgespalten und damit gesondert übertragen werden.[443] Demgegenüber sind **schuldrechtliche Stimmbindungsverträge** nach hM grundsätzlich wirksam.[444] 168

Im **Vereinsrecht** kann das **Stimmrecht einzelner Mitglieder** durch die Satzung **beschränkt** oder **ausgeschlossen** werden.[445] Eine Ausnahme gilt aber, wenn die Beschränkung bzw der Ausschluss des Stimmrechts durch keine sachlichen Gründe gerechtfertigt wird und damit gegen den vereinsrechtlichen Grundsatz der Gleichbehandlung aller Mitglieder und das Willkürverbot verstößt. Nach der hier vertretenen Auffassung folgt die Unwirksamkeit der Satzung aber auch in diesem Fall nicht aus § 134,[446] sondern aus § 138 Abs. 1. 169

bb) Kapitalaufbringung und Kapitalerhaltung. Im GmbH-Recht sind Vereinbarungen zwischen der Gesellschaft und einem Gesellschafter über die Erbringung **verdeckter Sacheinlagen** nach § 134 iVm den Vorschriften über die **Sachgründung** (§§ 5 Abs. 4, 19 Abs. 5, 55 Abs. 4 GmbHG) unwirksam.[447] Die Nichtigkeit erstreckt sich auch auf den schuldrechtlichen Teil des zur Verschleierung der Sacheinlage vereinbarten 170

434 BAG NJW 2009, 2554, 2556; OLG Koblenz NJW-RR, 1994, 493; OLG Hamm NJW-RR 2000, 1565; vgl aber BAG NJW 1994, 2973, 2974, wonach die Übernahme der Konzessionsträgerschaft nach der HandwO einen „gesellschaftsrechtlich erlaubten Zweck" bildet.

435 BGHZ 62, 234, 240, 242; BGH WM 2003, 247, 249; vgl Staudinger/*Sack*, § 134 Rn 130.

436 Zum Verbot des Versandhandels mit verschreibungspflichtigen Medikamenten vgl EuGH, MMR 2004, 149, 154.

437 Vgl OLG Koblenz WM 1979, 1435, 1436; Soergel/*Hefermehl*, § 134 Rn 65; Staudinger/*Sack*, § 134 Rn 130, 287.

438 Staudinger/*Sack*, § 134 Rn 21; RGRK/*Krüger-Nieland/Zöller*, § 134 Rn 82.

439 RGZ 136, 236, 245; BGHZ 108, 21, 27; ausf. *K. Schmidt*, GesR, § 21 II 2.

440 BGHZ 108, 21, 27; anders noch BGHZ 51, 255, 262. Für Anwendung des § 134 auch Palandt/*Ellenberger*, § 134 Rn 23.

441 So auch Staudinger/*Sack*, § 134 Rn 22.

442 BGHZ 3, 354, 359; BGH NJW 1987, 780, 781; RGRK/*Krüger-Nieland/Zöller*, § 134 Rn 83.

443 BGHZ 3, 354, 357; ausf. zum Abspaltungsverbot MüKo-AktG/*Heider*, § 8 Rn 89 ff; *K. Schmidt*, GesR, § 19 III 4.

444 Vgl BGHZ 48, 163; *Hüffer*, § 133 Rn 26; *K. Schmidt*, GesR, § 21 II 4.

445 MüKo/*Reuter*, § 32 Rn 28 ff.

446 So aber KG NJW 1962, 1917; Palandt/*Ellenberger*, § 134 Rn 23.

447 Lutter/Hommelhoff/*Bayer*, § 5 Rn 43; Staudinger/*Sack*, § 134 Rn 245.

Rechtsgeschäfts (zB Kaufvertrag).[448] Das dingliche Erfüllungsgeschäft ist dagegen nicht unwirksam, weil die Verneinung des Rechtserwerbs mit dem Schutzzweck der Vorschriften über die Sachgründung nicht vereinbar wäre.[449] Die Rückabwicklung des „Verschleierungsgeschäfts" muss also über das Bereicherungsrecht erfolgen.

171 Hat eine **Genossenschaft** einem Genossen entgegen § 22 Abs. 4 S. 2 GenG einen Kredit nur zum Zweck der Leistung von Einzahlungen auf den Geschäftsanteil gewährt, so ist der Darlehensvertrag nach § 134 unwirksam. Nach dem Schutzzweck des § 22 Abs. 4 S. 2 GenG erfasst die Nichtigkeit in diesem Fall auch das Erfüllungsgeschäft.[450]

172 Nach der Rechtsprechung des BGH sind Vereinbarungen zwischen Gesellschafter und GmbH, die gegen das Verbot der **Rückgewähr des zur Erhaltung des Stammkapitals erforderlichen Gesellschaftsvermögens** verstoßen (§ 30 GmbHG), nicht nach § 134 nichtig. Dies gilt auch bei einem bewussten Verstoß gegen § 30 GmbHG.[451] Denn § 31 GmbHG trifft für den Fall der verbotenen Rückzahlung eine Sonderregelung, die § 134 verdrängt.[452] Bei Hinzutreten weiterer Umstände kommt aber ein Rückgriff auf § 138 Abs. 1 in Betracht.[453] Im **Aktienrecht** geht die hM dagegen seit langem davon aus, dass der Verstoß gegen das **Verbot der Rückgewähr von Einlagen** (§§ 57, 62 AktG) nach § 134 zur Unwirksamkeit des Verpflichtungs- und des Erfüllungsgeschäfts führt.[454] Die Ungleichbehandlung von Aktiengesellschaft und GmbH kann jedoch nicht überzeugen. Ebenso wie § 31 GmbHG enthält auch § 62 AktG eine **spezielle Erstattungsvorschrift**, die § 134 vorgeht.[455]

173 **cc) Beratungsverträge mit Aufsichtsratsmitgliedern.** Beratungsverträge zwischen einer Aktiengesellschaft und einem Aufsichtsratsmitglied müssen den Anforderungen der §§ 113, 114 AktG entsprechen. Ist die Höhe der Vergütung nicht schon in der Satzung festgelegt, so muss die Hauptversammlung darüber entscheiden. Wird ein Beratungsvertrag ohne ausdrückliche Zustimmung der Hauptversammlung über eine **Tätigkeit** geschlossen, die dem Aufsichtsrat schon **aufgrund seiner Organstellung** obliegt, so ist der Vertrag nicht nach § 114 AktG genehmigungsfähig, sondern nach § 134 nichtig.[456]

174 **9. Gewerbe und Handwerk.** Gewerbe- und Handwerksrecht enthalten häufig Vorschriften, die als **Verbotsgesetze** iSd des § 134 einzuordnen sind. Bei einem Verstoß ist durch **Auslegung** zu ermitteln, ob der Zweck der einzelnen Vorschriften die Nichtigkeit des Vertrages gebietet (s. Rn 58). In Betracht kommen vor allen Dingen Verstöße gegen die Gewerbeordnung (**GewO**), das Gaststättengesetz (**GastG**), die Handwerksordnung (**HandwO**), das Ladenschlussgesetz (**LSchlG**) sowie das Güterkraftverkehrsgesetz (**GüKG**) und das Personenbeförderungsgesetz (**PBefG**); zu gewerbsmäßigen **Maklerverträgen** nach § 34 c GewO s. Rn 192. In sachlicher Hinsicht kann zwischen gewerbe- und handwerksrechtlichen **Genehmigungserfordernissen** und **sonstigen ordnungspolitischen Vorschriften** unterschieden werden.

175 **a) Genehmigungserfordernisse.** Gewerbetreibende bedürfen zur Ausübung ihres Gewerbes häufig einer behördlichen **Genehmigung** (vgl §§ 30 ff, 55 Abs. 2 GewO, §§ 2, 3 GastG, § 3 GüKG, § 2 PBefG); für Handwerker gilt das Erfordernis der **Eintragung in die Handwerksrolle** (§§ 1, 7 HandwO). Schließt der Gewerbetreibende oder Handwerker im Rahmen seiner nicht genehmigten Tätigkeit (Kauf- oder Werk-) Verträge mit Kunden oder Warenlieferanten, so sind diese **nicht** nach § 134 **nichtig**.[457] Denn das Genehmigungserfordernis dient dazu, die Geeignetheit des Gewerbetreibenden oder Handwerkers zur Führung seines Betriebs zu gewährleisten;[458] es wendet sich also **nicht gegen den Inhalt** der abgeschlossenen Verträge. Hinzu kommt, dass das **Verbot einseitig** ist, sich also nur an den Gewerbetreibenden oder Handwerker richtet.

448 Vgl BGH NJW 1998, 1951, 1952; Hachenburg/*Ulmer*, § 19 Rn 113; aA Lutter/Hommelhoff/*Bayer*, § 19 Rn 69; Scholz/*Winter/Westermann*, GmbHG, 10. Aufl. 2009, § 5 Rn 80 d; *K. Schmidt*, GesR, § 37 II 4 b.

449 Vgl OLG Köln BB 1995, 426, 427; Hachenburg/*Ulmer*, § 19 Rn 114. Der BGH (NJW 1998, 1951, 1952) hat die Frage offen gelassen.

450 BGH NJW 1983, 1420; Soergel/*Hefermehl*, § 134 Rn 79; Staudinger/*Sack*, § 134 Rn 230.

451 BGHZ 136, 125, 129 ff = NJW 1997, 2599; BGHZ 138, 291, 298 = NJW 1998, 2592; Staudinger/*Sack*, § 134 Rn 245; PWW/*Ahrens*, § 134 Rn 43; aA Soergel/*Hefermehl*, § 134 Rn 79; *Canaris*, Gesetzliches Verbot, S. 21 f, *ders.*, in: FS Fischer 1979, S. 33 f; *Geßler*, in: FS Fischer 1979, S. 131, 144.

452 BGHZ 136, 125, 129; anders noch BGHZ 69, 274, 280.

453 BGHZ 138, 291, 298; Staudinger/*Sack*, § 134 Rn 245.

454 RGZ 107, 161, 166; 121, 99, 106; *Hüffer*, § 57 Rn 23; Soergel/*Hefermehl*, § 134 Rn 79; aA MüKo-AktG/*Bayer*, § 57 Rn 1; Staudinger/*Sack*, § 134 Rn 245.

455 So überzeugend MüKo-AktG/*Bayer*, § 57 Rn 1.

456 BGHZ 114, 127, 129; 126, 340, 344; BGH NZG 2007, 103, 104; NZG 2007, 516, 518; PWW/*Ahrens*, § 134 Rn 35; MüKo-AktG/*Habersack*, § 114 Rn 22.

457 Vgl BGHZ 88, 240, 242 ff; BGH NJW 1985, 2403, 2404; NJW-RR 2002, 557; PWW/*Ahrens*, § 134 Rn 44; MüKo/*Armbrüster*, § 134 Rn 89; Palandt/*Ellenberger*, § 134 Rn 29; Staudinger/*Sack*, § 134 Rn 229, 251.

458 BGHZ 88, 240, 244; RGRK/*Krüger-Nieland/Zöller*, § 134 Rn 75.

Bezweckt ein Vertrag die **Umgehung** eines gewerbe- oder handwerksrechtlichen Genehmigungserfordernisses, so ist er nach § 134 **nichtig**.[459] Dies gilt insbesondere für **Vereinbarungen**, wonach der Inhaber einer Konzession **nach außen hin als Inhaber des Betriebs auftreten** soll, weil der wirkliche Inhaber nicht über die erforderliche Konzession verfügt.[460] Denn eine solche Vereinbarung verstößt gegen den Zweck des Gesetzes, die Ausübung des Gewerbes ohne die erforderliche Konzession zu verhindern. 176

Täuschen die Parteien in diesem Zusammenhang ein **Arbeits- oder Pachtverhältnis** vor, so kann dieses im Einzelfall bereits nach **§ 117 Abs. 1** unwirksam sein.[461] Ein Scheingeschäft liegt insbesondere vor, wenn der Inhaber einer Konzession die Geschäftsräume von einem konzessionslosen Dritten pachtet bzw einen konzessionslosen Dritten als Arbeitnehmer einstellt, obwohl die Parteien sich darüber einig sind, dass die damit verbundenen Rechtsfolgen nicht eintreten sollen. Hier dient die Vereinbarung also lediglich dazu, den Anschein zu erwecken, als führe der Genehmigungsinhaber die Geschäfte, während tatsächlich der konzessionslose Dritte gewerblich tätig wird. Das damit verbundene verdeckte Umgehungsgeschäft ist gem. **§ 117 Abs. 2** iVm § 134 unwirksam. 177

Ein Vertrag über die Durchführung einer **Versteigerung** ohne die nach **§ 34 b Abs. 1 GewO** erforderliche Genehmigung ist nach § 134 nichtig.[462] Die auf der Versteigerung geschlossenen Kaufverträge bleiben jedoch unberührt.[463] Wird eine **Taxikonzession** entgegen **§ 2 Abs. 3 PBefG** übertragen, ohne dass das ganze Unternehmen oder wesentliche selbständige Teile des Unternehmens mit übertragen werden, so folgt aus dem Zweck der Vorschrift, die Chancengleichheit der Konzessionsbewerber zu fördern, dass der Übertragungsvertrag nach § 134 nichtig ist.[464] Die einzelnen Beförderungsverträge sind jedoch wirksam.[465] 178

b) Andere Ordnungsvorschriften. Neben den Genehmigungserfordernissen dienen zahlreiche weitere Vorschriften in den gewerbe- und handwerksrechtlichen Gesetzen ordnungspolitischen Zwecken. So rechtfertigen Ordnungsinteressen die Festlegung von allgemeinen Ladenschlusszeiten[466] (**§ 3 LSchlG**)[467] sowie von Sperrzeiten für Gastwirte (**§ 18 GastG iVm Landesrecht**).[468] Darüber hinaus sind hier auch die für das Reisegewerbe geltenden Verbote für bestimmte Tätigkeiten (**§ 56 Abs. 1 GewO**) einzuordnen.[469] Werden Verträge ohne Rücksicht auf solche Vorschriften abgeschlossen, kann zwar **keine Erfüllung** verlangt werden (Rn 58).[470] Ein durchgeführter Vertrag ist aber **nicht** nach § 134 **nichtig**, da das Verbot sich nicht gegen den Erfolg des Rechtsgeschäfts an sich, sondern nur gegen die Modalitäten der Erfüllung richtet.[471] 179

Nach traditioneller Auffassung führte der Verstoß gegen das Verbot des Abschlusses und der Vermittlung von **Darlehensverträgen im Reisegewerbe** (§ 56 Abs. 1 Nr. 6 GewO aF) zur Nichtigkeit der entsprechenden Verträge.[472] Nach Inkrafttreten der Vorschriften über den Widerruf von Haustürgeschäften (HWiG, jetzt §§ 312 f BGB) stellte sich die Frage, ob der **Darlehensvertrag** bei einem Verstoß gegen § 56 Abs. 1 Nr. 6 GewO aF weiterhin nach § 134 nichtig ist oder ob der Verbraucher durch das Widerrufsrecht ausreichend geschützt wird.[473] Der BGH hat die Frage dahingehend entschieden, dass der Verstoß gegen § 56 Abs. 1 Nr. 6 GewO aF **nicht** nach § 134 zur **Nichtigkeit des Darlehensvertrages** führt, wenn dem Darlehensnehmer ein Widerrufsrecht nach § 1 HWiG zusteht.[474] Die Problematik hat heute keine praktische Bedeutung mehr, weil § 56 Abs. 1 Nr. 6 GewO in der seit 1.1.1991 geltenden Fassung nur noch die entgeltliche **Vermittlung** von Darlehen im Reisegewerbe verbietet.[475] 180

Für die entgeltliche Vermittlung von Darlehensverträgen ist der BGH davon ausgegangen, dass der Verstoß gegen § 56 Abs. 1 Nr. 6 GewO trotz Geltung des HWiG zur **Nichtigkeit des Darlehensvermittlungsvertra-** 181

459 BAG NJW 2009, 2554, 2555 (HandwO); OLG Hamm NJW 1986, 2440, 2441 (GastG); OLG Hamm BB 1988, 236 (GüKG); OLG Koblenz NJW-RR 1994, 493 (HandwO); Soergel/*Hefermehl*, § 134 Rn 69; Staudinger/*Sack*, § 134 Rn 158, 229; vgl aber auch BAG NJW 1994, 2973, 2974.
460 OLG Düsseldorf NJW-RR 1987, 687; OLG Hamm NJW 1986, 2440, 2441; Bamberger/Roth/*Wendtland*, § 134 Rn 19; Palandt/*Ellenberger*, § 134 Rn 29.
461 Die hM stellt auf § 134 ab; vgl etwa MüKo/*Armbrüster*, § 134 Rn 18; Staudinger/*Sack*, § 134 Rn 229.
462 OLG Hamm NJW-RR 1994, 546, 547; Staudinger/*Sack*, § 134 Rn 232.
463 BGHZ 149, 129, 139; Staudinger/*Sack*, § 134 Rn 232.
464 BGHZ 108, 364, 368 ff; MüKo/*Armbrüster*, § 134 Rn 89; Staudinger/*Sack*, § 134 Rn 267.
465 Staudinger/*Sack*, § 134 Rn 267.
466 Vgl Staudinger/*Sack*, § 134 Rn 260.
467 § 3 LSchlG gilt nur bis zur Regelung der Ladenöffnung durch die Länder: § 3 LadÖG BW; § 3 BerlLadÖffG; § 3 BbgLÖG; § 3 Bremisches LadSchlG; § 3 HmbLadÖffG; § 3 HLÖG; § 3 LÖffG M-V; § 3 NLÖffVZG; § 4 LÖG NRW; § 3 LadÖffnG R-P; § 3 LÖG Saarland; § 3 SächsLadÖffG; § 3 LÖffZeitG LSA; § 3 LÖffZG S-H; § 3 ThürLadÖffG.
468 Palandt/*Ellenberger*, § 134 Rn 17; Staudinger/*Sack*, § 134 Rn 229.
469 Zu § 56 Abs. 1 Nr. 2 GewO (Verkauf von Edelmetallen usw) RGRK/*Krüger-Nieland/Zöller*, § 134 Rn 120.
470 Staudinger/*Sack*, § 134 Rn 104; *Flume*, BGB AT Bd. 2, § 17, 4.
471 Staudinger/*Sack*, § 134 Rn 104, 229 spricht von Heilung des Vertrags durch Vornahme der Erfüllungshandlung.
472 Vgl BGHZ 71, 358, 361 f; RGRK/*Krüger-Nieland/Zöller*, § 134 Rn 122.
473 Ausf. hierzu MüKo/*Masuch*, § 312 Rn 78; Staudinger/*Sack*, § 134 Rn 233 ff.
474 BGHZ 131, 385, 388 ff.
475 Vgl MüKo/*Masuch*, § 312 Rn 78.

ges (jetzt § 655 a) führt, weil der Vertragspartner vor den Gefahren des Haustürgeschäfts sowie unnötigen Vermittlungskosten geschützt werden müsse.[476] Das Widerrufsrecht nach § 1 HWiG könne den Vertragspartner nicht effektiv schützen, weil es bei unterbliebener Belehrung gem. § 2 Abs. 1 S. 4 HWiG schon einen Monat nach Zahlung der Provision erlösche. Diese Argumentation ist heute jedoch obsolet. Denn der durch das OLG-VertrÄndG vom 23.7.2002[477] eingefügte § 355 Abs. 3 S. 3 sieht vor, dass das Widerrufsrecht nicht erlischt, wenn der Verbraucher nicht ordnungsgemäß über sein Widerrufsrecht belehrt worden ist. Darüber hinaus wird der Verbraucher bei Darlehensvermittlungsverträgen durch die §§ 655 a ff geschützt.[478] Nach der geltenden Rechtslage ist die Nichtigkeitsfolge also nicht mehr erforderlich, um dem Verbraucher bei Darlehensvermittlung im Reisegewerbe einen angemessenen Schutz zu verschaffen.[479]

182 **10. Gewerblicher Rechtsschutz.** Im Bereich des Gewerblichen Rechtsschutzes enthalten einige Gesetze, wie das Markengesetz oder das Patentgesetz, spezielle Verbotsnormen (vgl etwa §§ 14, 15 MarkenG). Diese Vorschriften behandeln jedoch keine **rechtsgeschäftlichen Verstöße** gegen ein Markenrecht, sondern nur die markenrechtswidrige Verwendung, also ein rein tatsächliches Verhalten. Der **wirtschaftliche Erfolg** einer Vereinbarung, die das Markenrecht eines Dritten verletzt, soll hierdurch nicht verhindert werden. Vielmehr schützt das MarkenG das Vermögen des Markeninhabers.[480] Diesem steht gegebenenfalls ein Schadensersatzanspruch aus § 14 Abs. 6 MarkenG zu. § 14 MarkenG ist somit **keine Verbotsnorm** im Sinne des § 134.[481] Ein Kaufvertrag über eine Sache, deren Marke gegen das Recht eines anderen aus § 14 MarkenG verstößt, ist daher nicht nach § 134 nichtig.[482] Insgesamt ist damit festzustellen, dass § 134 im Bereich des Gewerblichen Rechtsschutzes keine große Rolle spielt.

11. Glücksspiel

Literatur: *Peters*, Die Sperre des Glücksspielers nach dem Glücksspielstaatsvertrag der Länder, NJOZ 2010, 1197; *Schmidt/Wittig*, Poker: Alles nur Glück?, JR 2009, 45.

183 **a) Vermittlungsverträge.** Ein Geschäftsbesorgungsvertrag über die **Vermittlung von Spielaufträgen per Internet** ist gem. § 134 nichtig.[483] Das gesetzliche Verbot ergibt sich dabei aus § 4 Abs. 4 GlüStV, der das Veranstalten und Vermitteln öffentlicher Glücksspiele im Internet verbietet.[484] Die Nichtigkeitsfolge gilt auch für **Dauerschuldverhältnisse**, die vor Inkrafttreten des Glücksspielstaatsvertrags geschlossen worden sind. Dahinter steht die Erwägung, dass die in § 1 GlüStV geregelten Ziele des Glücksspielstaatsvertrags nicht verwirklicht werden könnten, wenn das Verbot nur auf Neuverträge anwendbar wäre.[485] Altverträge sind allerdings erst ab dem Inkrafttreten des Glückspielvertrags am 1.1.2009 nichtig (vgl allg. Rn 53).[486]

184 **b) Spielverträge.** Der Verstoß gegen §§ 284, 285 StGB führt grundsätzlich zur Nichtigkeit des Spielvertrags nach § 134.[487] Spielverträge, die unter Missachtung einer auf Wunsch des Spielers ausgesprochenen Spielsperre geschlossen wurden, sind nicht nach § 134 nichtig.[488] Dem Spieler kann aber ein Schadensersatzanspruch gegen die Spielbank aus § 280 Abs. 1 zustehen. Ein Verstoß gegen **Auflagen** der behördlichen Genehmigung stellt die Wirksamkeit des Spielvertrages ebenfalls nicht in Frage.[489] Dagegen sind Spielverträge, bei denen von staatlich genehmigten **Spielbedingungen** abgewichen wird, gem. § 134 nichtig.[490] Die Unwirksamkeit des Spielvertrags führt dazu, dass § 762 nicht anwendbar ist, da diese Vorschrift einen wirksamen Spielvertrag voraussetzt.[491] Die erbrachten Leistungen können daher grundsätzlich nach § 812 Abs. 1 S. 1 Alt. 1 zurückverlangt werden; die Rückforderung kann aber über § 817 S. 2 ausgeschlossen sein.[492]

476 BGH NJW 1999, 1636, 1637 = ZIP 1999, 653; Palandt/*Ellenberger*, § 134 Rn 10; Staudinger/*Sack*, § 134 Rn 237.
477 BGBl I S. 2850.
478 Dazu *Habersack/Schürnbrand*, WM 2003, 261 ff.
479 Vgl MüKo/*Masuch* § 312 Rn 78; MüKo/*Habersack*, § 655 a Rn 14; *Habersack/Schürnbrand*, WM 2003, 261, 264.
480 *Fezer*, Markenrecht, 4. Aufl. 2009, Einl. zum MarkenG Rn 10; *Ingerl/Rohnke*, Einl. zum MarkenG, 2. Aufl. 2003, Rn 1, 6.
481 BGH NJW 1996, 1812, 1813 = WRP 1996, 744, 745 (zu § 25 d WZG), zum Urheberrecht *Lührs*, GRUR 1994, 264, 266.
482 BGH NJW 1996, 1812, 1813; Staudinger/*Sack*, § 134 Rn 264.
483 OLG Schleswig ZfWG 2009, 312; OLG Celle BeckRs 2009, 18409.
484 Vgl. LG Hannover ZfWG 2009, 75. Zur grundsätzlichen Zulässigkeit dieses Verbots aus Sicht des Unionsrechts EuGH NVwZ 2010. 1422, 1427 f – Carmen Media Group; OLG Köln MMR 2010, 856; OLG Celle BeckRs 2009, 18409.
485 LG Hannover ZfWG 2009, 75; aA OLG Koblenz ZfWG 2009, 346, 347.
486 LG Hannover ZfWG 2009, 75; OLG Celle BeckRs 2009, 18409; vgl auch BGHZ 154, 21, 27.
487 MüKo/*Habersack*, § 762 Rn 14; *Schmidt/Wittig*, JR 2009, 45, 46.
488 BGHZ 165, 276, 281; für Nichtigkeit *Peters*, NJOZ 2010, 1197, 1200 f.
489 BGH NJW 2008, 2026, 2027; PWW/*Ahrens*, § 134 Rn 45.
490 MüKo/*Habersack*, § 762 Rn 15.
491 BGH NJW 2006, 45, 46; Erman/*Brödermann*, § 762 Rn 7; *Schmidt/Wittig*, JR 2009, 45, 46.
492 Jauernig/*Stadler*, § 762 Rn 10; *Schmidt/Wittig*, JR 2009, 45, 49.

12. Handelsrecht

Literatur: *Baumbach/Hopt*, Handelsgesetzbuch, 34. Auflage 2010; *Koller/Roth/Morck*, Handelsgesetzbuch, 7. Aufl. 2010; *Mayer-Maly*, Handelsrechtliche Verbotsgesetze, in: FS Hefermehl 1976, S. 103; Münchener Kommentar zum Handelsgesetzbuch, 2. Aufl. 2005.

a) Firmenrecht. Nach **§ 23 HGB** kann eine Firma nicht ohne das Handelsgeschäft, für das sie geführt wird, veräußert werden. Die hM zieht hieraus den Schluss, § 23 HGB enthalte ein gesetzliches Verbot iSd § 134 und das **Erfüllungsgeschäft** sei aus diesem Grund nichtig.[493] Die Formulierung des § 23 HGB („kann nicht") zeigt jedoch, dass die Vorschrift dem Firmeninhaber von vornherein die Möglichkeit nimmt, über seine Firma ohne das Handelsgeschäft zu verfügen.[494] Es handelt sich somit um eine Beschränkung der rechtsgeschäftlichen Verfügungsmacht, die nicht von § 134 erfasst wird (vgl Rn 42). Das **Verpflichtungsgeschäft** ist in jedem Fall auf eine von Anfang an unmögliche Leistung gerichtet, so dass ein Schadensersatzanspruch aus § 311 a Abs. 2 in Betracht kommen kann.[495] 185

b) Handelsvertreter und Handlungsgehilfen. Nach § 89 b Abs. 4 HGB kann der **Ausgleichsanspruch eines Handelsvertreters** gegen den Unternehmer im Voraus nicht ausgeschlossen werden. Nach Sinn und Zweck der Regelung soll der Handelsvertreter davor geschützt werden, sich aufgrund seiner **wirtschaftlichen Abhängigkeit** auf wirtschaftlich nachteilige Vereinbarungen mit dem Unternehmer einzulassen.[496] Dieser Schutzzweck gebietet es, entsprechende Vereinbarungen nach § 134 als nichtig anzusehen.[497] Nichtig sind sämtliche Abreden, die den Ausgleichsanspruch in irgendeiner Weise im Voraus beschränken, ohne eine **adäquate Gegenleistung** zu bieten.[498] Erfasst werden auch Vereinbarungen, wonach ein Teil der dem Handelsvertreter laufend zu zahlenden Vergütung auf den künftigen Ausgleichsanspruch angerechnet wird.[499] Bei formularmäßigen Ausschlüssen des Anspruchs folgt die Unwirksamkeit auch aus § 307.[500] 186

§ 89 b Abs. 4 HGB gilt nicht für Abfindungsvereinbarungen im Rahmen von **Aufhebungsverträgen**, die gleichzeitig den Handelsvertretervertrag beenden.[501] Die Vorschrift greift aber ein, wenn die vereinbarte Vertragsauflösung erst in einem späteren Zeitpunkt wirksam werden soll.[502] Denn auch in diesem Fall besteht das von § 89 b Abs. 4 HGB vorausgesetzte **Abhängigkeitsverhältnis** nach Abschluss der Vereinbarung fort. 187

Der ausscheidende Handelsvertreter wird durch § 89 b HGB nicht daran gehindert, seinen **Nachfolger** zu verpflichten, ihn an den künftig anfallenden Provisionen zu beteiligen. Hat der Ausscheidende den Abschluss des Handelsvertretervertrages mit dem Nachfolger vermittelt und ihn bei der Kundschaft eingeführt, so ist eine entsprechende Vereinbarung auch dann nicht nach § 134 oder § 138 nichtig, wenn dem Unternehmer davon keine Mitteilung gemacht wird.[503] 188

Auch **§ 90 a Abs. 4 HGB** stellt nach hM eine Verbotsnorm dar. Wettbewerbsklauseln, die zum Nachteil des Handelsvertreters von § 90 a HGB abweichen, sind somit nach § 134 nichtig.[504] 189

Gem. § 60 Abs. 1 HGB darf ein **Handlungsgehilfe** ohne Einwilligung des Prinzipals weder ein Handelsgewerbe betreiben noch in dem Handelszweig des Prinzipals für eigene oder für fremde Rechnung Geschäfte machen. Eine Verletzung dieser Norm führt jedoch weder zur Nichtigkeit des Zweitarbeitsverhältnisses[505] noch zur Nichtigkeit von Rechtsgeschäften, die der Handlungsgehilfe im Rahmen des Zweitarbeitsverhältnisses mit Dritten abgeschlossen hat.[506] Maßgeblich hierfür ist die Erwägung, dass **§ 61 HGB** die Wirksamkeit dieser Rechtsgeschäfte voraussetzt. Denn bei Unwirksamkeit könnte der Prinzipal nicht verlangen, dass der Handlungsgehilfe die für eigene Rechnung gemachten Rechtsgeschäfte als für Rechnung des Prinzipals eingegangen gelten lässt und die aus Geschäften für fremde Rechnung bezogene Vergütung herausgibt oder seinen Anspruch auf die Vergütung abtritt. 190

c) Auswahl der Abschlussprüfer. Wird einem nach § 319 Abs. 2 oder 3 HGB wegen der Gefahr der Befangenheit ausgeschlossenen Wirtschaftsprüfer oder Wirtschaftsprüfungsunternehmen ein **Prüfungsauf-** 191

493 So RGZ 63, 226, 228 f; MüKo-HGB/*Heidinger*, § 23 Rn 17; Baumbach/*Hopt*, § 23 Rn 3; Koller/*Roth*/Morck, § 23 Rn 3.
494 Vgl Soergel/*Hefermehl*, § 134 Rn 13.
495 MüKo-HGB/*Heidinger*, § 23 Rn 17.
496 BGH NJW 1990, 2889; 1996, 2867, 2868; Baumbach/*Hopt*, § 89 b Rn 70.
497 BGH NJW-RR 2002, 1548, 1551; Staudinger/*Sack*, § 134 Rn 250; PWW/*Ahrens*, § 134 Rn 46.
498 Vgl MüKo-HGB/*von Hoyningen-Huene*, § 89 b Rn 191; Soergel/*Hefermehl*, § 134 Rn 78; *Mayer-Maly*, in: FS Hefermehl 1976, S. 103, 108.
499 BGHZ 58, 61, 70; MüKo-HGB/*von Hoyningen-Huene*, § 89 b Rn 193; RGRK/*Krüger-Nieland/Zöller*, § 134 Rn 87.
500 Vgl BGH NJW 2003, 290, 293; NJW 2003, 1241, 1243.
501 BGHZ 51, 184, 188 f.
502 BGH NJW 1990, 2889.
503 BGH NJW 1975, 1926; RGRK/*Krüger-Nieland/Zöller*, § 134 Rn 87; vgl auch MüKo/*Armbrüster*, § 134 Rn 71.
504 BVerfG NJW 1990, 1469, 1471; Staudinger/*Sack*, § 134 Rn 250; PWW/*Ahrens*, § 134 Rn 46.
505 MüKo-HGB/*von Hoyningen-Huene*, § 60 Rn 56; MünchArbR/*Buchner*, § 30 Rn 230.
506 MüKo-HGB/*von Hoyningen-Huene*, § 60 Rn 56; Staudinger/*Sack*, § 134 Rn 250.

trag erteilt, so ist dieser nach § 134 nichtig.[507] Denn die Mitwirkungsverbote des § 319 Abs. 2 und 3 HGB richten sich nicht nur gegen die äußeren Umstände der Beauftragung des Abschlussprüfers, sondern gerade auch gegen die Tätigkeit der Prüfer als wirtschaftlichem Erfolg. Der **Jahresabschluss** als solcher bleibt zwar wirksam.[508] Ein bereicherungsrechtlicher Wertersatzanspruch des Prüfers ist jedoch nach § 817 S. 2 ausgeschlossen.[509]

192 **13. Maklerrecht.** Wer gewerbsmäßig den Abschluss von Verträgen über bestimmte Gegenstände vermitteln oder die Gelegenheit zum Abschluss solcher Verträge nachweisen will, bedarf nach § 34 c Abs. 1 S. 1 Nr. 1 GewO einer **behördlichen Erlaubnis.** Verfügt ein Makler über keine solche Erlaubnis, so sind die von ihm geschlossenen Maklerverträge **nicht** nach § 134 **nichtig.**[510] Denn das Erfordernis der Erlaubnis bezieht sich allein auf den Zugang zu dem Gewerbe und soll nicht den wirtschaftlichen Erfolg einer nicht zugelassenen Maklertätigkeit verhindern. Im Übrigen handelt es sich um ein einseitiges Verbot, das nicht gegen die Kunden des Maklers gerichtet ist.

193 Besonderheiten gelten für die Vermittlung von **Mietverträgen über Wohnräume**. Nach § 6 Abs. 1 WoVermittG darf ein Wohnungsvermittler Wohnräume nur anbieten, wenn er vom Vermieter oder von einem anderen Berechtigten beauftragt worden ist. Die Vorschrift soll unlautere Geschäftsmethoden verhindern und die Wohnungssuchenden vor ungerechtfertigten Belastungen schützen. Vermittelt ein Makler einem Kunden ohne Auftrag eines Berechtigten eine Wohnung, so ist dieser Zweck nur zu verwirklichen, wenn man den Maklervertrag nach § 134 für nichtig erklärt und den Provisionsanspruch des Maklers verneint.[511]

194 Zur Maklertätigkeit von **Rechtsanwälten** und **Steuerberatern** s. Rn 214 und 239.

14. Mietrecht

Literatur: *Hannemann/Wiegner,* Münchener Anwaltshandbuch Mietrecht, 3. Auflage 2009; *Lammel,* Theorie und Praxis der Mietpreisüberhöhung nach § 5 WiStrG, NZM 1999, 989; *Langenberg,* Zur neuen Rechtsprechung des BGH zu § 5 WiStG, FS Blank, 2006, 291; *Schmidt-Futterer,* Mietrecht, 10.. Auflage 2011; *Sternel,* Mietrecht, 4. Auflage 2009.

195 Nach **§ 5 Abs. 1 WiStG** ist die Annahme oder das Sich-Versprechen-Lassen einer unangemessen hohen Miete eine Ordnungswidrigkeit. Nach allgemeiner Ansicht handelt es sich um ein Verbotsgesetz iSd § 134. Bei einem Verstoß erfasst die Nichtigkeit jedoch nicht den gesamten Mietvertrag. Der Schutzzweck des § 5 WiStG gebietet vielmehr, die Nichtigkeit auf die **Mietzinsvereinbarung** zu beschränken.[512] Auch diese ist aber nach hM nur insoweit **unwirksam,** wie sie die in § 5 Abs. 2 WiStG konkretisierte Angemessenheits- oder Wesentlichkeitsgrenze übersteigt (vgl Rn 70). Nichtig ist mithin lediglich der Teil der Mietzinsvereinbarung, der die **Vergleichsmiete um mehr als 20% überschreitet**.[513] Ändert sich die Höhe der Vergleichsmiete, so ist auch der zulässige Mietzins neu festzustellen.[514]

196 In der Literatur ist die Ansicht verbreitet, die geschuldete Miete sei bei einem Verstoß gegen § 5 WiStG auf die **Höhe der Vergleichsmiete** zu reduzieren.[515] Zur Begründung wird darauf hingewiesen, dass die Lösung der hM – Zurückführung der Miete auf das gerade noch zulässige Maß – dem Vermieter das Risiko seines Rechtsbruchs abnimmt und einen Anreiz für die Vereinbarung überhöhter Mieten gibt.[516] Dem ist jedoch entgegenzuhalten, dass sich die Nichtigkeitsfolge nur insoweit rechtfertigen lässt, wie das Rechtsgeschäft – konkretisiert durch die tatbestandlichen Voraussetzungen des jeweiligen Verbotsgesetzes – gegen das Gesetz

507 BGHZ 118, 142, 147 ff; WM 2010, 410 (im konkreten Fall verneinend); Baumbach/*Hopt/Merkt*, HGB, § 319 Rn 2; Palandt/*Ellenberger*, § 134 Rn 18; PWW/*Ahrens*, § 134 Rn 46; Staudinger/*Sack*, § 134 Rn 250.

508 BGHZ 118, 142, 149. Bei Verstoß gegen die allg. Voraussetzungen des § 319 Abs. 1 HGB ist dagegen auch der Jahresabschluss nichtig (Baumbach/*Hopt/Merkt*, HGB, § 319 Rn 3).

509 BGHZ 118, 142, 150; Staudinger/*Sack*, § 134 Rn 250.

510 BGHZ 78, 263, 267; 78, 269, 271 ff; MüKo/*Armbrüster*, § 134 Rn 85; PWW/*Ahrens*, § 134 Rn 49; Soergel/*Hefermehl*, § 134 Rn 74; Staudinger/*Sack*, § 134 Rn 232.

511 LG Hannover NJW-RR 1991, 1295, 1296; MüKo/*Armbrüster*, § 134 Rn 85; aA OLG Karlsruhe NJW 1976, 1408.

512 BGH NJW 1984, 722, 723; Staudinger/*Sack*, § 134 Rn 92; Soergel/*Hefermehl*, § 134 Rn 63; *Kothe*, NJW 1982, 2803, 2804; aA *Zimmermann*, JR 1982, 96 f.

513 BGHZ 89, 316, 319 ff = NJW 1984, 722, 723; BGH NJW 2004, 1740; NZM 2006, 291; LG Berlin ZMR 1994, 19 (LS); Schmidt-Futterer/*Blank*, Anh. zu § 535 Rn 35; Soergel/*Hefermehl*, § 134 Rn 63; Staudinger/*Emmerich*, Vor § 535 Rn 117; AnwHb/*Flintrop*, § 21 Rn 53; *Larenz/Wolf*, BGB AT, § 40 Rn 24; *Sternel*, ZMR 1983, 73, 79.

514 OLG Hamm NJW 1983, 1622, 1623; OLG Frankfurt ZMR 1985, 200, 201; OLG Hamburg WuM 2000, 111; *Lammel*, NZM 1999, 989, 990 f; *Sternel*, III Rn 33; aA LG Hamburg NJW-RR 1999, 1170.

515 So MüKo/*Armbrüster*, § 134 Rn 107; Palandt/*Ellenberger*, § 134 Rn 27; PWW/*Ahrens*, § 134 Rn 49; *Kothe*, NJW 1982, 2803, 2806 f; ebenso in der älteren Rspr OLG Karlsruhe NJW 1982, 1161 f; OLG Hamburg NJW 1983, 1004; OLG Stuttgart NJW 1981, 2365.

516 OLG Karlsruhe NJW 1982, 1161; OLG Stuttgart NJW 1981, 2365; *Finger*, ZMR 1983, 37, 39 f; *Hager*, JuS 1985, 264, 270.

verstößt.[517] Die erforderliche Abschreckungswirkung für den Vermieter wird im Übrigen schon durch die Bußgelddrohung des § 5 Abs. 3 WiStG gewährleistet.

In neuerer Zeit hat die praktische Bedeutung des § 5 WiStG deutlich abgenommen. Zu beachten ist nämlich, dass die vereinbarte Miete die ortsüblichen Entgelte infolge der **Ausnutzung eines geringen Angebots an vergleichbaren Wohnungen** um mehr als 20 % übersteigen muss (§ 5 Abs. 2 WiStG). Diese Voraussetzung wurde in neueren Entscheidungen meistens verneint. Zum einen hat sich das Angebot an vergleichbaren Wohnungen in den meisten Gemeinden deutlich verbessert.[518] Zum anderen liegt das Merkmal des „**Ausnutzens**" nach der Rechtsprechung des BGH nur vor, wenn die vereinbarte Miethöhe gerade auf dem geringen Angebot beruht; die Beweislast für diesen Zusammenhang trägt der Mieter, ohne dass ihm insoweit Beweiserleichterungen zugutekommen.[519] Darüber hinaus fordert der BGH noch, dass der Vermieter erkennt oder in Kauf nimmt, dass der Mieter sich in einer Zwangslage befindet.[520] Sofern diese subjektive Komponente vorliegt, handelt es sich aber meist schon um einen Fall des Mietwuchers nach § 138 Abs. 2 (dazu § 138 Rn 376).[521] **197**

Bei **öffentlich geförderten Wohnungen** sind die Vereinbarung eines die Kostenmiete übersteigenden Mietzinses (**§ 8 Abs. 1, 2 WoBindG**) und die Vereinbarung einer einmaligen Leistung für die Überlassung der Wohnung (**§ 9 Abs. 1 WoBindG**) verboten.[522] Da § 8 Abs. 2 WoBindG und § 9 Abs. 1 WoBindG die Unwirksamkeit entgegenstehender Abreden selbst anordnen, muss in beiden Fällen aber nicht auf § 134 zurückgegriffen werden.[523] **198**

§ 134 steht nicht der Wirksamkeit eines Mietvertrages über **öffentlich geförderten Wohnraum** entgegen, wenn der Mieter nicht über die nach § 4 Abs. 2, 3 und § 7 WoBindG erforderliche Berechtigung verfügt.[524] Zwar ahndet § 26 Abs. 1 Nr. 2 WoBindG solche Fälle als Ordnungswidrigkeit. Dies gilt jedoch nur **einseitig** in Bezug auf den Vermieter. Im Übrigen soll das Berechtigungserfordernis lediglich die **tatsächliche** Zweckentfremdung verhindern, eine Beschränkung der Vertragsfreiheit ist dagegen nicht intendiert.[525] Aus gleichen Erwägungen sind Verträge, in denen Wohnraum entgegen den Bestimmungen zur **Wohnraumbewirtschaftung** (zB Art. 6 § 1 MRVerbG) ohne die erforderliche behördliche Genehmigung zweckentfremdet vermietet wird, **nicht** nach § 134 **nichtig**.[526] **199**

Der Verstoß gegen **baurechtliche Bestimmungen** führt nicht nach § 134 zur Nichtigkeit des Mietvertrages.[527] Denn solche Bestimmungen sollen keine vertraglichen Vereinbarungen, sondern allein die tatsächliche Schaffung baurechtswidriger Zustände verhindern (vgl auch Rn 144). Mietverträge, die eine baurechtswidrige Nutzung zum Gegenstand haben, sind damit rechtswirksam. Dies gilt unabhängig davon, ob der Mietvertrag von vornherein auf eine baurechtswidrige Nutzung gerichtet ist oder der Mieter nach Abschluss des Mietvertrages eigenmächtig eine baurechtswidrige Nutzung des Mietobjekts aufnimmt.[528] **200**

15. Rechtsanwälte und Notare

Literatur: *Henssler*, Das Verbot der Vertretung widerstreitender Interessen, NJW 2001, 1521; *ders.*, Mandatsschutzklauseln in Sozietätsverträgen, in: FS Geiss (2000), 71; *Kilian*, Das Gesetz zur Neuregelung des Verbots der Vereinbarung von Erfolgshonoraren, NJW 2008, 1905; *ders.*, Das Verbot der Finanzierung fremder Rechtsverfolgungskosten, NJW 2010, 1845; *Kleine-Cosack*, Vom regulierten zum frei vereinbarten (Erfolgs-) Honorar, NJW 2007, 1405; *Taupitz*, Berufsständische Satzungen als Verbotsgesetze im Sinne des § 134 BGB, JZ 1994, 221; *Wasmuth*, Honoraranspruch des Verteidigers im Fall der Mehrfachverteidigung?, NStZ 1989, 348.

Bei der Beurteilung von Rechtsgeschäften mit Rechtsanwälten ist zu beachten, dass Standesrichtlinien keine Rechtsnormen iSd Art. 2 EGBGB darstellen und daher auch keine Verbotsgesetze iSd § 134 enthalten können (Rn 20). Der Verstoß gegen **anwaltliche Standesrichtlinien** kann daher grundsätzlich nur im Rahmen des **201**

517 BGH NJW 1984, 722, 724; Staudinger/*Sack*, § 134 Rn 93 f; *Sternel*, ZMR 1983, 73, 80; zur verfassungsrechtlichen Rechtfertigung BVerfG NJW 1994, 993, 994.
518 Staudinger/*Emmerich*, Vor § 535 Rn 117.
519 BGH NJW 2004, 1740; NZM 2006, 291, 292; krit. *Langenberg*, FS Blank, S. 291, 294 f; vgl zum Merkmal des „Ausnutzens" auch *Lammel*, NZM 1999, 989, 991 ff.
520 BGH NZM 2005, 534.
521 Krit. *Langenberg*, FS Blank, S. 291, 295 f.
522 *Sternel*, III Rn 29.
523 Vgl MüKo/*Armbrüster*, § 134 Rn 83.
524 LG Aachen ZMR 1973, 379, 380; Staudinger/*Sack*, § 134 Rn 307; Erman/*Palm*, § 134 Rn 77; MüKo/*Armbrüster*, § 134 Rn 84; aA *Weimar*, MDR 1967, 806 f
525 LG Aachen ZMR 1973, 379, 380; AG Eschweiler WuM 1974, 123, 124.
526 BGH NJW 1994, 320; OLG Köln VersR 1992, 361, 362; VGH München NJW-RR 1993, 1422; LG Dortmund ZMR 1967, 79, 80 (zu § 21 Wohnraumbewirtschaftungsgesetz); AG Berlin-Tiergarten ZMR 1967, 180; MüKo/*Armbrüster*, § 134 Rn 84; Schmidt-Futterer/*Eisenschmid*, § 536 Rn 80; Staudinger/*Sack*, § 134 Rn 307; AnwHb-MietR/*Bellinghausen*, § 8 Rn 15; *Sternel*, VIII Rn 45 a.
527 BGHZ 75, 366, 368 = NJW 1980, 366, 368; VGH Kassel NJW 1964, 2444; LG Frankfurt NJW 1977, 1885; Staudinger/*Sack*, § 134 Rn 216; *Sternel*, I Rn 46; *Schwemer*, ZMR 1999, 463 ff; aA AG Celle ZMR 1999, 488; AG Hamburg NZM 1999, 460.
528 Mit dieser Differenzierung aber AG Celle ZMR 1999, 488.

§ 138 Abs. 1 berücksichtigt werden (vgl § 138 Rn 87). Gesetzliche Verbote, die zu einem großen Teil als kodifiziertes Standesrecht verstanden werden können, finden sich aber in der BRAO.

202 **a) Mandantenschutzklauseln.** Nach Auffassung des LAG Baden-Württemberg verstößt eine **Mandantenschutzklausel,** durch die sich ein Rechtsanwalt zur Ablehnung von Mandanten verpflichtet, gegen das Recht auf freie Wahl des Rechtsanwalts aus **§ 3 Abs. 3 BRAO** und ist daher gem. § 134 nichtig.[529] Gegen diese Auffassung spricht jedoch, dass § 3 Abs. 3 BRAO ein Abwehrrecht des Mandanten gegen den Staat begründet und daher nicht unmittelbar auf das Verhältnis von Mandant und Rechtsanwalt angewendet werden kann. Die Wirksamkeit von Mandantenschutzklauseln ist daher im Rahmen des § 138 Abs. 1 zu prüfen (vgl § 138 Rn 351).[530] Im Vordergrund steht dabei die Berufsfreiheit des betroffenen Rechtsanwalts (Art. 12 Abs. 1 GG). Daneben sind aber auch die Wertungen des § 3 Abs. 3 BRAO zu berücksichtigen.[531]

203 **b) Tätigkeitsverbote.** Wird ein abhängig beschäftigter Rechtsanwalt für seinen Arbeitgeber in einer Angelegenheit, mit der er bereits zuvor aufgrund seines Beschäftigungsverhältnisses befasst war, selbständig rechtsbesorgend tätig, so liegt darin ein Verstoß gegen **§ 46 Abs. 2 Nr. 1 BRAO**.[532] Der Verstoß führt nach § 134 zur Nichtigkeit des Anwaltsvertrages; ein Anspruch des Anwalts auf Zahlung des Honorars ist gem. § 817 S. 2 ausgeschlossen.[533] Gleiches gilt, wenn der Anwalt entgegen **§ 45 Abs. 1 Nr. 1 BRAO** in einer Rechtssache tätig wird, mit der er bereits in einer anderen Funktion (zB als Richter, Staatsanwalt, Notar) beschäftigt war.[534] Obwohl sich die Tätigkeitsverbote nur an den Rechtsanwalt richten, ist von der **Nichtigkeit des Gesamtvertrages** auszugehen. Die Tätigkeitsverbote würden nämlich ihren Zweck verfehlen, wenn der Anwalt gleichwohl einen Honoraranspruch geltend machen könnte.[535] Die Nichtigkeit des Anwaltsvertrags wegen Vorbefassung kann im **Kostenfestsetzungsverfahren** nicht festgestellt werden, weil dieses Verfahren auf die formale Prüfung der Kostentatbestände und die Prüfung einfacher Fragen des Kostenrechts beschränkt ist.[536]

204 **c) Gebühren.** Die Vereinbarung **geringerer** als der gesetzlich vorgesehenen **Gebühren und Auslagen** ist nach dem RVG grundsätzlich unzulässig. Solche Vereinbarungen verstoßen gegen § 49 b Abs. 1 S. 1 BRAO und sind daher gem. § 134 nichtig.[537] Es gibt aber Ausnahmen.[538] So lässt § 49 b Abs. 1 BRAO iVm § 4 Abs. 1 RVG für den Bereich der außergerichtlichen Vertretung die Vereinbarung einer niedrigeren Vergütung zu. Im Bereich der gerichtlichen Vertretung kann der Ausnahmetatbestand des § 49 b Abs. 1 S. 2 BRAO eingreifen. Der Rechtsanwalt kann danach im Einzelfall besonderen Umständen in der Person des Auftraggebers, insbesondere dessen Bedürftigkeit, Rechnung tragen, indem er nach Erledigung des Auftrags Gebühren oder Auslagen ermäßigt oder erlässt.

205 Nach der ursprünglichen Fassung des § 49 b Abs. 2 BRAO war die Vereinbarung eines **Erfolgshonorars** generell unzulässig. Entsprechende Vereinbarungen wurden daher in jedem Fall nach § 134 als nichtig angesehen.[539] Diese Rechtslage war indes verfassungswidrig.[540] Nach dem neugefassten § 49 b Abs. 2 S. 1 BRAO iVm § 4 a Abs. 1 RVG ist die Vereinbarung eines Erfolgshonorars zulässig, wenn der Auftraggeber aufgrund seiner finanziellen Verhältnisse anderenfalls von der Rechtsverfolgung abgehalten würde. Da es sich um eine Ausnahmeregelung handelt,[541] ist die Vereinbarung eines Erfolgshonorars in den von § 4 a RVG nicht erfassten Fällen weiter gem. § 134 nichtig.[542] Der Vertrag bleibt im Übrigen wirksam, wobei der Höhe des Honorars nach den Sätzen des RVG zu bestimmen ist.[543] Nach § 49 b Abs. 2 S. 3 BRAO liegt kein Erfolgshonorar im Sinne dieser Bestimmungen vor, wenn lediglich vereinbart wird, dass sich die gesetzlichen Gebühren ohne weitere Bedingungen erhöhen.

206 § 49 b Abs. 2 S. 2 BRAO verbietet dem Rechtsanwalt Vereinbarungen, in denen er sich zur **Finanzierung von Gerichtskosten, Verwaltungskosten oder Kosten anderer Beteiligter** verpflichtet. Die Gesetzesbegründung spricht davon, dass solche Verpflichtungen nicht im Rahmen der Vereinbarung über ein Erfolgshonorar

529 LAG Baden-Württemberg AnwBl. 1987, 142 = EWiR BGB § 611 7/85 (*Kraft*); ebenso *Schaub*, Arbeitsrechtshandbuch, 13. Aufl. 2009, § 58 I Rn 13; vgl auch Staudinger/*Sack*, § 134 Rn 220.
530 So auch BGH NJW 1986, 2944, 2945; 2000, 2584, 2585.
531 Ausführlich dazu *Henssler*, in: FS Geiß 2000, S. 271, 276 ff.
532 BGHZ 141, 69, 79 = NJW 1999, 1715; NJW 2001, 1569; PWW/*Ahrens*, § 134 Rn 58.
533 BGH NJW 1999, 1715, 1717.
534 BGH NJW 2011, 373; AG Emmerich NJW 1999, 1875.
535 BGH NJW 1999, 1715, 1717; Staudinger/*Sack*, § 134 Rn 220; Zum Verbot der Vertretung widerstreitender Interessen vgl noch *Henssler*, NJW 2001, 1521.
536 BGH NJW-RR 2007, 422.
537 Erman/*Palm*, § 134 Rn 84.
538 Zu den Einzelheiten BeckOK RVG/*von Seltmann*, § 3 a Rn 3 ff.
539 Vgl BGH NJW 2009, 3297, 3298 mwN. Vor Einführung des § 49 b BRAO wurde in st. Rspr Sittenwidrigkeit gem. § 138 angenommen, so etwa BGHZ 22, 162, 165; 51, 290, 293; BGH NJW 1981, 998; 1987, 3203, 3204; 1992, 681, 682; 1996, 2499, 2500.
540 BVerfG NJW 2007, 979, 985.
541 Mayer/Kroiß/*Teubel*, Rechtsanwaltsvergütungsgesetz, 4. Aufl. 2009, § 4 a Rn 23.
542 BGH NJW 2009, 3297, 3299; PWW/*Ahrens*, § 134 Rn 58; *Kilian*, NJW 2008, 1905, 1906.
543 BGHZ 18, 340, 348; BGH NJW 2009, 3297, 3298; zusammenfassend Staudinger/*Looschelders/Olzen*, § 242 Rn 511.

übernommen werden dürfen.[544] Nach dem Gesetzeswortlaut sowie dem Sinn und Zweck des § 49 Abs. 2 S. 2 BRAO setzt das Verbot jedoch keinen solchen Zusammenhang voraus.[545] Der Verstoß gegen § 49 b Abs. 2 S. 2 BRAO führt nach § 134 zur Nichtigkeit der Vereinbarung über die Finanzierung der Kosten; im Übrigen bleibt der Vertrag wirksam.[546] Entsprechende Verbote gelten für Steuerberater, Wirtschaftsprüfer und Patentanwälte (§§ 9 a Abs. 1 S. 2 StBerG, 55 a Abs. 1 S. 2 WPO, 43 b Abs. 1 S. 2 PatO).[547] Die gewerbliche Prozessfinanzierung ist dagegen grundsätzlich zulässig (vgl § 138 Rn 320).

Die vorstehenden Verbote gelten nur in Bezug auf die Stellung des Anwalts als Organ der deutschen Rechtspflege. Vereinbarungen mit einem **ausländischen Rechtsanwalt**, nach dessen Heimatrecht Erfolgshonorare zulässig sind, sind daher wirksam.[548] 207

d) Schweigepflicht. Ein Verstoß gegen die **anwaltliche Schweigepflicht** führt gem. **§ 203 Abs. 1 Nr. 3 StGB** iVm § 134 zur Nichtigkeit des Rechtsgeschäfts.[549] Ein solcher Verstoß kommt in Betracht, wenn der Rechtsanwalt seine Honorarforderung an einen Dritten abtritt. Denn mit einer Abtretung geht gem. § 402 eine umfassende Informationspflicht gegenüber dem neuen Gläubiger einher, die regelmäßig die Offenlegung von Mandantengeheimnissen umfasst.[550] Entsprechende Probleme können sich auch bei Vereinbarungen über die Abtretung von Honorarforderungen im Rahmen eines **Praxisverkaufs** stellen.[551] Bis zur Einführung des § 49 b Abs. 4 BRAO durch das Gesetz vom 2.9.1994[552] war es nach der Rechtsprechung irrelevant, ob es sich bei dem Abtretungsempfänger um einen anderen Rechtsanwalt oder einen Berufsfremden handelte.[553] Hatte der Zessionar die Angelegenheiten des Mandanten bereits als Mitarbeiter oder Sozius des Zedenten rechtmäßig kennen gelernt, so war die Abtretung aber nicht nach § 203 Abs. 1 Nr. 3 StGB iVm § 134 unwirksam.[554] Das Gleiche galt für den Fall, dass der Erwerber in die bisher bestehende (Außen-) Sozietät eintrat und der Veräußerer darin für eine Übergangszeit als freier Mitarbeiter weiter tätig blieb.[555] 208

Diese Rechtsprechung kann auf der Grundlage des § 49 b Abs. 4 BRAO nicht aufrechterhalten werden.[556] Die Vorschrift sah schon in ihrer ursprünglichen Fassung vor, dass die **Abtretung** von Vergütungsansprüchen **an einen anderen Rechtsanwalt** ohne Zustimmung des Mandanten zulässig ist.[557] Der Verzicht auf die Zustimmung des Mandanten verstößt nicht gegen die Verfassung.[558] Die Regelung greift insofern zwar in das Grundrecht des Mandanten auf informationelle Selbstbestimmung (Art. 1, 2 Abs. 1 GG) ein.[559] Bei der Ausgestaltung privatrechtlicher Beziehungen hat der Gesetzgeber aber einen weiten Gestaltungsspielraum.[560] Wenn er zu dem Ergebnis gelangt, dass der Mandant durch die Schweigepflicht des Zessionars hinreichend geschützt wird, ist dies von Verfassungs wegen nicht zu beanstanden. Dies gilt umso mehr, als sich die Zulässigkeit nur auf die Abtretung von Honorarforderungen bezieht und nicht auch auf die Übergabe von Handakten im Rahmen eines Praxisverkaufs.[561] 209

Die Abtretung von Gebührenforderungen oder die Übertragung ihrer Einziehung an einen **nicht als Rechtsanwalt zugelassenen Dritten** war dagegen nach § 49 b Abs. 4 S. 2 BRAO aF grundsätzlich unzulässig.[562] Eine Ausnahme galt nur, wenn die Forderung rechtskräftig festgestellt und ein erster Vollstreckungsversuch erfolglos geblieben war; auch hier musste der Rechtsanwalt aber noch die ausdrückliche, schriftliche Einwilligung des Mandanten einholen. Diese Regelung war **aus verfassungsrechtlicher Sicht bedenklich**, weil sie die Freiheits- und Eigentumsrechte des Rechtsanwalts übermäßig einschränkte. Zum Schutz des Mandanten ist es nämlich ausreichend, die Zulässigkeit der Abtretung von der Einwilligung des Mandanten abhängig zu machen; die weitergehenden Einschränkungen der Abtretbarkeit verstoßen somit gegen den Grundsatz der Verhältnismäßigkeit.[563] Der Gesetzgeber hat § 49 b Abs. 4 S. 2 BRAO deshalb durch Gesetz vom 12.12.2007[564] dahingehend gefasst, dass die Abtretung oder Übertragung von Honorarforderungen an Dritte zulässig ist, wenn eine ausdrückliche, schriftliche Einwilligung des Mandanten vorliegt *oder* die Forderung rechtskräftig festgestellt ist; der neue Gläubiger oder Einziehungsberechtigte ist dann nach Abs. 4 S. 4 ebenso 210

544 BT-Drucks. 16/8384 S. 11.
545 *Kilian*, NJW 2010, 1845, 1848.
546 *Kilian*, NJW 2010, 1845, 1848.
547 Ausführlich *Kilian*, NJW 2010, 1845 ff.
548 BGHZ 22, 162, 163.
549 BGHZ 122, 115, 117 (betr. Rechtslage vor Inkrafttreten des § 49 Abs. 4 BRAO).
550 BGHZ 122, 115, 117 f; zur entspr. Problematik bei Ärzten vgl BGH NJW 1991, 2955; NJW 1992, 2348.
551 Vgl BGH NJW 1995, 2026; Erman/*Palm*, § 134 Rn 84.
552 BGBl. I S. 2278.
553 Vgl BGH NJW 1993, 1912.
554 BGH NJW 1995, 2915.
555 Vgl BGHZ 124, 47, 51; 148, 97, 101 ff.
556 BGHZ 171, 252, 258; NJW 2005, 505, 508.
557 BGHZ 171, 252, 258; OLG München NJW 2000, 2592, 2594; LG Baden-Baden NJW-RR 1998, 202; Jauernig/*Jauernig*, § 134 Rn 12; MüKo/*Armbrüster*, § 134 Rn 55; Palandt/*Ellenberger*, § 134 Rn 22 a; *Larenz/Wolf*, BGB AT, § 40 Rn 22; aA OLG Koblenz DStRE 2000, 555, 556; LG München I NJW 2004, 451, 453.
558 So auch BGHZ 171, 252, 259; aA LG Karlsruhe NJW-RR 2002, 706, 707 ff; *Prechtel*, NJW 1997, 1813, 1814 f.
559 Vgl MüKo/*Armbrüster*, § 134 Rn 55.
560 Vgl *Looschelders*, Schuldrecht AT, 8. Aufl. 2010, Rn 39; *ders.*, AcP 204 (2004), 136, 140.
561 OLG München NJW 2000, 2592, 2594.
562 Zur Unwirksamkeit der Abtretung in solchen Fällen BGH NJW 1997, 188.
563 BGH NJW-RR 2008, 1647, 1648.
564 BGBl. I S. 2840.

zur Verschwiegenheit verpflichtet wie der beauftragte Rechtsanwalt. Die Neuregelung ist zwar erst am 18.12.2007 in Kraft getreten; da der vorherige Zustand verfassungswidrig war, ist sie aber auch schon auf „Altfälle" anzuwenden.[565]

211 **e) Mehrfachvertretung und Vertretung widerstreitender Interessen.** Lässt sich ein Anwalt in einem Strafverfahren von mehreren Beschuldigten gleichzeitig beauftragen, so ist der Vertrag wegen Verstoßes gegen das **Verbot der Mehrfachvertretung** (§ 146 StPO) nach § 134 nichtig.[566] Eine Honorarforderung ist daher ausgeschlossen. Dabei kommt es nicht darauf an, ob und zu welchem Zeitpunkt der Anwalt vom Gericht nach § 146 a StPO als Verteidiger zurückgewiesen worden ist.[567]

212 Ob der Verstoß gegen das in § 43 a Abs. 4 BRAO geregelte Verbot, **widerstreitende Interessen** zu vertreten, nach § 134 zur Nichtigkeit des Vertrages führt, wurde vom BGH bislang offen gelassen.[568] Die hM geht von der Nichtigkeit beider Verträge aus.[569] Für diese Auffassung spricht der Zweck der Verbotsnorm, das Vertrauen der Mandanten und der Allgemeinheit in die Zuverlässigkeit und Integrität der Anwaltstätigkeit zu schützen.[570]

213 **f) Maklertätigkeit.** Nach § 14 Abs. 4 S. 1 BNotO dürfen **Notare** weder Grundstücksgeschäfte vermitteln noch sich in irgendeiner Weise an der Vermittlung von Urkundsgeschäften beteiligen. Wird ein Notar als Makler tätig, so entspricht es dem Zweck des § 14 Abs. 4 S. 1 BNotO, die unparteiische Amtsführung zu sichern, dass der Maklervertrag nach § 134 nichtig ist.[571]

214 Für **Rechtsanwälte** besteht dagegen kein allgemeines Verbot der Maklertätigkeit.[572] Das Verbot des § 14 Abs. 4 S. 1 BNotG gilt allerdings auch für Anwaltsnotare. Es erfasst darüber hinaus Rechtsanwälte, die mit einem Anwaltsnotar in einer **Sozietät** verbunden sind.[573]

16. Rechtsdienstleistungen

Literatur: *Eversloh*, Das neue Rechtsdienstleistungsgesetz, 2008; *Grunewald/Römermann*, Rechtsdienstleistungsgesetz, 2008; *Jagenburg*, Die Entwicklung des Baubetreuungs-, Bauträger- und Wohnungseigentumsrechts seit 1999, NJW 2001, 3453; *Kleine-Cosack*, Restriktive Auslegung des Rechtsberatungsgesetzes – Abwägungsgebot als oberstes Auslegungsprinzip, NJW 2003, 3009; *ders.*, Öffnung des Rechtsberatungsmarkts – Rechtsdienstleistungsgesetz verabschiedet, BB 2007, 2637; *ders.*, Rechtsdienstleistungsgesetz, 2. Auflage 2008; *Krenzler*, Rechtsdienstleistungsgesetz, 2010; *Langen*, Rechtsberatung als Annextätigkeit von Architekten und Bausachverständigen, AnwBl 2009, 436; *Römermann*, RDG – zwei Schritte vor, einen zurück, NJW 2008, 1249; *Sauer/Wittemann*, Das Rechtsberatungsgesetz und die Wirksamkeit von Geschäftsbesorgungsverträgen – Vorgaben des Verfassungsrechts, BKR 2003, 656.

215 **a) Allgemeines.** Die Zulässigkeit der Rechtsberatung war bis zum 30.6.2008 im Rechtsberatungsgesetz (RBerG) geregelt. Seit 1.7.2008 ist das Rechtsdienstleistungsgesetz (RDG) maßgeblich. Der Gesetzgeber hat mit der Neuregelung den Zweck verfolgt, den Verbotsbereich des Gesetzes auf Fälle echter Rechtsanwendung zu beschränken.[574] Die Notwendigkeit für eine solche Beschränkung ergab sich zum einen aus der Rechtsprechung des BVerfG zur **allgemeinen Handlungsfreiheit** (Art. 2 Abs. 1 GG) [575] und zur **Berufsfreiheit** (Art. 12 GG);[576] zum anderen musste der wachsenden Bedeutung der **Grundfreiheiten auf der europäischen Ebene** Rechnung getragen werden.[577] Die damit verbundenen Einschränkungen des Verbotsbereichs führen dazu, dass die Rechtsprechung zur Nichtigkeit von Verträgen wegen Verstoßes gegen das RBerG nicht unbesehen auf das RDG übertragbar ist. Zu beachten ist allerdings, dass das RBerG in neuerer Zeit wegen der verfassungs- und europarechtlichen Vorgaben von der Rechtsprechung bereits sehr restriktiv ausgelegt worden ist.[578]

216 Der Begriff der Rechtsdienstleistung ist in § 2 RDG geregelt. Abs. 1 erfasst jede Tätigkeit in **konkreten fremden Angelegenheiten**, sobald sie eine **rechtliche Prüfung des Einzelfalles** erfordert. Die Gesetzesbegründung weist darauf hin, dass diese Definition den von der Rechtsprechung zum RBerG entwickelten Begriff

565 BGH NJW-RR 2008, 1647, 1648; Jauernig/*Jauernig*, § 134 Rn 12.
566 OLG München NJW 1983, 1688; LG Koblenz NStZ-RR 1998, 96; LG Freiburg NStZ 1985, 330; AG Arnsberg NJW-RR 1999, 63; PWW/*Ahrens*, § 134 Rn 58; ausf. *Wasmuth*, NStZ 1989, 348.
567 LG Koblenz NStZ-RR 1998, 96; LG Freiburg NStZ 1985, 330; AG Arnsberg NJW-RR 1999, 63; *Pfeiffer*, StPO, 5. Aufl. 2005, § 146 Rn 4; aA LG Bamberg NStZ 1989, 387; von BGH NJW 1991, 3095, 3097 und BGH WM 2010, 673 Tz 45 offen gelassen.
568 BGH NJW 2004, 1169, 1171; 2009, 3297, 3299.
569 LAG Köln NZA-RR 2001, 253; *Kleine-Cosack*, BRAO, 5. Aufl. 2008, § 43 a Rn 131; *Feuerich*/Weyland, BRAO, 7. Aufl. 2008, § 43 a Rn 66.
570 Vgl LAG Köln NZA-RR 2008, 253, 254.
571 BGHZ 147, 39, 44; HK-BGB/*Dörner*, § 134 Rn 8; PWW/*Ahrens*, § 134 Rn 50.
572 BGH NJW 2000, 3067, 3068; PWW/*Ahrens*, § 134 Rn 58.
573 BGHZ 147, 39, 42 ff.
574 Vgl Begr. RegE, BT-Drucks. 16/3655 S. 35; Palandt/*Ellenberger*, § 134 Rn 21.
575 BVerfG NJW 2004, 2662; FamRZ 2006, 539.
576 BVerfGE 97, 12 = NJW 1998, 3481; BVerfG NJW 2002, 3531.
577 Zu den verfassungs- und europarechtlichen Vorgaben Begr. RegE, BT-Drucks. 16/3655 S. 35.
578 Ausf. *Kleine-Cosack*, NJW 2003, 3009 ff.

der „Rechtsbesorgung“ [579] einschränkt, weil nunmehr eine individuelle Prüfung der Rechtslage im Sinne einer Subsumtion vorausgesetzt wird.[580] Unabhängig von den Voraussetzungen des Abs. 1 sind **Inkassodienstleistungen** nach Abs. 2 in jedem Fall als Rechtsdienstleistung anzusehen, sofern die Forderungseinziehung als eigenständiges Geschäft betrieben wird.[581] Abs. 3 nennt einige Tätigkeiten, die keine Rechtsdienstleistung darstellen (zB Erstattung wissenschaftlicher Gutachten). § 5 Abs. 1 RDG erlaubt Rechtsdienstleistungen im Zusammenhang mit einer anderen Tätigkeit, wenn sie als **Nebenleistung** zum Berufs- oder Tätigkeitsbild gehören.[582] Rechtsdienstleistungen im Zusammenhang mit der Testamentsvollstreckung,[583] der Haus- und Wohnungsverwaltung sowie der Fördermittelberatung gelten nach § 5 Abs. 2 RDG kraft Gesetzes stets als erlaubte Nebenleistungen. Nach § 6 RDG sind **unentgeltliche** Rechtsdienstleistungen – den Vorgaben des BVerfG folgend[584] – grundsätzlich erlaubt. Das Merkmal der Unentgeltlichkeit liegt allerdings auch dann nicht vor, wenn eine als solche kostenlose Rechtsberatung im Zusammenhang mit einer entgeltlichen Tätigkeit erfolgt.[585]

Ebenso wie schon das RBerG hat auch das RDG den **Zweck**, die Rechtsuchenden, den Rechtsverkehr und die Rechtsordnung vor unqualifizierten Rechtsdienstleistungen zu schützen (§ 1 Abs. 1 S. 2 RDG).[586] Bei den Vorschriften des RBerG und des RDG handelt es sich somit nicht um bloße Ordnungsvorschriften, die nur dem Allgemeininteresse dienen; vielmehr enthält § 3 RDG (Art. 1 § 1 RBerG) ein **gesetzliches Verbot** iSd § 134.[587] **217**

Verstöße gegen das RBerG bzw das RDG führen gem. § 134 zur **Nichtigkeit des gesamten Vertrages**.[588] Zwar richtet sich das Gesetz nur gegen den Rechtsberater und nicht gegen den Auftraggeber. Der intendierte Schutz vor sachgemäßer Beratung und Vertretung erfordert aber die Nichtigkeit des verbotswidrigen Geschäftsbesorgungsvertrages im Ganzen.[589] Der Verstoß gegen das RBerG bzw das RDG wird nicht dadurch ausgeschlossen, dass der Vertragspartner des Rechtsuchenden sich zur Erfüllung seiner Beratungspflichten eines zugelassenen Rechtsberaters als **Erfüllungsgehilfen** bedient.[590] Der Regierungsentwurf zum RDG hatte in § 5 Abs. 3 RDG-E zwar eine entsprechende Ausnahme vorgesehen. Diese Ausnahmeregelung ist jedoch auf Empfehlung des Rechtsausschusses entfallen.[591] **218**

Ob eine angebotene Dienstleistung als **Besorgung fremder Rechtsangelegenheiten** oder nur als **wirtschaftliche Hilfeleistung** einzuordnen war, konnte auf der Grundlage des Art. 1 § 1 RBerG im Einzelfall fraglich sein. Bei der Abgrenzung wurde auf den Kern und Schwerpunkt der Tätigkeit abgestellt. Entscheidend war, ob die Tätigkeit überwiegend auf wirtschaftlichem Gebiet lag oder ob die rechtliche Seite der Angelegenheit im Vordergrund stand.[592] § 2 Abs. 1 RDG präzisiert diese Unterscheidung dahingehend, dass es auf die Notwendigkeit einer **rechtlichen Prüfung des Einzelfalles** ankommt (vgl Rn 216). Allgemeine Hilfestellungen, etwa durch Kfz-Werkstätten oder Mietwagenunternehmen bei der **Abwicklung von Verkehrsunfällen**, werden damit nicht erfasst.[593] Eine stringente Abgrenzung ist aber auch auf der Grundlage des § 2 Abs. 1 RDG nicht möglich. Ob eine bestimmte Betätigung zum Schutz der Rechtsuchenden und der Rechtspflege verboten werden muss, hängt damit in den Grenzfällen weiterhin von einer Abwägung mit der verfassungsrechtlich geschützten Berufsfreiheit des Auftragnehmers (Art. 12 GG) ab.[594] **219**

579 Vgl zB BGH NJW 2005, 969.

580 BT-Drucks. 16/3655 S. 35; vgl dazu *Römermann*, NJW 2008, 1249, 1250 f.

581 Zu den Einzelheiten Grunewald/*Römermann*, § 2 RDG Rn 92 ff.

582 Vgl *Römermann*, NJW 2008, 1249, 1251 f; speziell zur „Annextätigkeit“ von Architekten und Bausachverständigen *Langen*, AnwBl 2009, 436 ff.

583 Zur Beurteilung der Testamentsvollstreckung nach dem RBerG BGH NJW 2005, 969 (Bank); NJW 2005, 968 (Steuerberater): keine Besorgung fremder Rechtsangelegenheiten.

584 BVerfG NJW 2004, 2662; FamRZ 2006, 539.

585 *Römermann*, NJW 2008, 1249, 1252.

586 Zum RDG BGH NJW 2009, 3242, 3244; Grunewald/*Römermann*, § 1 RDG Rn 3; *Langen*, AnwBl 2009, 436; zum RBerG BGHZ 37, 258, 261; BGH NJW 2007, 3570, 3572; Staudinger/*Sack*, § 134 Rn 272.

587 Zu § 3 RDG Grunewald/*Römermann*, § 3 RDG Rn 1; *Kleine-Cosack*, § 3 Rn 1; *Eversloh*, S. 39; zu Art. 1 § 1 RBerG BGHZ 37, 258, 261.

588 Vgl zu Art. 1 § 1 RBerG BGHZ 37, 258; 50, 90; 70, 12, 16 f; 145, 265; BGH NJW 1995, 516; 1995, 3122, 3124; 1996, 1954, 1955; 1999, 1717; 2000, 1560, 1562; 2001, 3774, 3775; 2002, 2325, 2326; 2004, 847; NJW 2008, 3069, 3070; WM 2011, 1076; OLG Schleswig NJW 2004, 868; Staudinger/*Sack*, § 134 Rn 272; MüKo/*Armbrüster*, § 134 Rn 92 ff; PWW/*Ahrens*, § 134 Rn 52; zu § 3 RDG Grunewald/*Römermann*, § 3 RDG Rn 6; *Langen*, AnwBl 2009, 436.

589 BGHZ 37, 258, 262; BGH NJW 2000, 1560, 1562; Soergel/*Hefermehl*, § 134 Rn 57; Staudinger/*Sack*, § 134 Rn 272.

590 BGH NJW 2008, 3069; NJW 2009, 3242.

591 Vgl BGH NJW 2008, 3069, 3070; NJW 2009, 3242, 3244.

592 Vgl BGHZ 36, 321, 322 = NJW 1962, 807; BGHZ 102, 128, 130 = NJW 1988, 561; BGH NJW 1987, 3005; NJW 2006, 1952; offen gelassen in BGHZ 70, 12, 13 = NJW 1978, 322.

593 Grunewald/*Römermann*, § 2 RDG Rn 51 ff.

594 *Römermann*, NJW 2008, 1249, 1251; zum RBerG BVerfG NJW 1998, 3481, 3482 f; BGH NJW 2001, 3774; Erman/*Palm*, § 134 Rn 85.

220 **b) Fallgruppen. aa) Bauträger- und Bauerherrenmodelle.** Mit Urteil vom 28.9.2000[595] hat der BGH entschieden, dass derjenige, der die rechtliche Abwicklung eines Grundstückserwerbs im Rahmen eines **steuersparenden Bauträger-** bzw **Bauherrenmodells** für den Erwerber besorgt, der Genehmigung nach Art. 1 § 1 RBerG bedarf. Liegt eine solche Genehmigung nicht vor, ist der Geschäftsbesorgungsvertrag nichtig. Das Gleiche gilt für den Beitritt zu einem **steuersparenden Immobilienfonds**.[596] Auf der Grundlage des RDG dürften die in Frage stehenden Geschäfte weiter als Rechtsdienstleistung anzusehen sein.[597] Im Einzelfall muss aber genau geprüft werden, ob es bei der Tätigkeit der Bauträgergesellschaft um eine **erlaubte Nebenleistung** iSd § 5 Abs. 1 RDG handelt.[598]

221 Abzugrenzen ist das steuersparende Bauträgermodell von der **gewerblichen Baubetreuung** im engeren Sinne, die nach der Rechtsprechung mit Rücksicht auf den Ausnahmetatbestand des Art. 1 § 5 RBerG (jetzt § 5 Abs. 1 RDG) schon bislang erlaubnisfrei war.[599]

222 Die Nichtigkeit des Geschäftsbesorgungsvertrages erfasst grundsätzlich nicht den **Darlehensvertrag,** den der Geschäftsbesorger bzw Treuhänder im Zusammenhang mit dem Bauträger- oder Bauherrenmodell mit einem Dritten abschließt.[600] Ein solcher Vertrag ist – jedenfalls wenn der Dritte nicht an dem Geschäftsbesorgungsvertrag beteiligt ist – nicht auf eine geschäftsmäßige Besorgung fremder Rechtsangelegenheiten gerichtet. Allerdings ist zu beachten, dass sich die Unwirksamkeit des Darlehensvertrages aus dem **Fehlen einer wirksamen Vollmacht** des Geschäftsbesorgers ergeben kann (s. dazu sogleich Rn 223).

223 **bb) Vollmacht.** Nach der Zielsetzung des RBerG und des RDG erstreckt sich die Nichtigkeit des Geschäftsbesorgungsvertrages auch auf die dem Geschäftsbesorger zur Ausführung des nichtigen Geschäftsbesorgungsvertrags erteilte **Vollmacht**.[601] Es widerspräche dem Schutzzweck der Erlaubnispflicht, wenn der unbefugte Rechtsberater rechtlich bindende Geschäfte zulasten des Rechtsuchenden abschließen könnte.[602] Dies zeigt sich besonders deutlich bei der Problematik der **Schrottimmobilien**.[603] Da die Nichtigkeit der Vollmacht unmittelbar aus dem Zweck des RBerG bzw des RDG folgt, kommt es auch nach der neueren Rechtsprechung des XI. Zivilsenats des BGH nicht auf die Voraussetzungen des § 139 an.[604] Die Unwirksamkeit der Vollmacht hat im Allgemeinen zur Folge, dass der Geschäftsbesorger als **Vertreter ohne Vertretungsmacht** (§§ 177 ff) handelt. Im Einzelfall kann die Vertretung aber auch unter Rechtsscheinaspekten nach **§§ 171, 172** wirksam sein.[605]

224 **cc) Abtretungen.** Nach § 2 Abs. 2 RDG sind auch die **Abtretung** und die **Einziehung von Forderungen** Rechtsdienstleistungen. Lässt sich eine **Schutzgemeinschaft von Kleinaktionären** als eingetragener Verein Schadensersatzansprüche von Mitgliedern abtreten, um diese im eigenen Namen gerichtlich geltend machen zu können, so betreibt sie daher unerlaubte Rechtsbesorgung. Hieran hat auch § 7 RDG nichts geändert.[606] Die Abtretung ist somit wegen Verstoßes gegen das RDG nach § 134 nichtig.[607] Im Prozess führt dies dazu, dass der Vereinigung die Aktivlegitimation fehlt.[608] § 2 Abs. 2 RDG greift allerdings nur ein, wenn die Forderungseinziehung als **eigenständiger Inkassobetrieb** erfolgt; sonst muss geprüft werden, ob die allgemeinen Voraussetzungen des § 2 Abs. 1 RDG vorliegen.[609]

225 Vereinbarungen, in denen sich Banken, Sachverständige, Kfz-Werkstätten, Mietwagenunternehmen etc. Schadensersatzansprüche aus Kfz-Unfällen abtreten lassen, sind nach der Rechtsprechung zum **RBerG** gem. § 134 nichtig, wenn die Abtretung die geschäftsmäßige Durchsetzung der Ansprüche ermöglichen soll

595 BGHZ 145, 265 = NJW 2001, 70; seitdem st. Rspr.

596 Vgl auch BGH NJW 2001, 3774; 2002, 66; 2002, 2325; NJOZ 2004, 1498, 1500; NJW 2006, 654, 655; 2006, 1952; Palandt/*Ellenberger*, § 134 Rn 21 a; einschränkend OLG München ZIP 2006, 1667.

597 So auch *Krenzler*, § 2 RDG Rn 34 ff; Grunewald/*Römermann*, § 2 RDG Rn 48 ff.

598 Grunewald/Römermann/*Hirtz*, § 5 RDG Rn 97 f; *Kleine-Cosack*, Anh. zu §§ 1-5 RDG Rn 190.

599 Zum RBerG BGHZ 145, 265, 272 f = NJW 2001, 70; BGH NJW 2002, 66, 67; NJOZ 2004, 1498, 1500; *Jagenburg*, NJW 2001, 3453 ff; *Sauer/Wittemann*, BKR 2003, 656, 659 ff; zum RDG Grunewald/Römermann/*Hirtz*, § 5 RDG Rn 90 ff; *Kleine-Cosack*, Anh. zu §§ 1–5 RDG Rn 183 ff.

600 BGH NJW 2001, 3774, 3775; NJW-RR 2004, 1275, 1276; NJW 2004, 2378, 2379; von BGH NJW 2004, 2736, 2737 offen gelassen.

601 Zum RBerG BGH NJW 2002, 60; 2002, 2325, 2326; 2003, 1594; 2004, 847; NJOZ 2004, 1498, 1500; NJW 2005, 264, 266; NJW-RR 2007, 1199, 1200 f; OLG Schleswig NJW 2004, 868; Palandt/*Ellenberger*, § 134 Rn 21 a; Erman/*Palm*, § 134 Rn 85; zur entspr. Rechtslage bei der Prozessvollmacht vgl BGH NJW 2003, 1594; 2004, 59, 60; 2004, 62, 63.

602 BGH NJW 2002, 66, 67; NJW 2005, 264, 265; Staudinger/*Sack*, § 134 Rn 272; aA zum RDG *Kleine-Cosack*, Anh. zu §§ 1-5 RDG Rn 18.

603 Vgl Palandt/*Ellenberger*, § 134 Rn 21 a.

604 Vgl BGH NJW 2006, 664, 665; NJW 2004, 2378, 2379; NJW 2003, 2088 im Anschluss an BGH NJW 2002, 66 (III. Senat); von BGH NJW 2001, 3774, 3775 noch offen gelassen.

605 BGH NJW-RR 2004, 1275, 1276; NJW-RR 2007, 1199, 1201; PWW/*Ahrens*, § 134 Rn 54.

606 *Römermann*, NJW 2008, 1249, 1252.

607 BGH NJW 1995, 516; PWW/*Ahrens*, § 134 Rn 56; Grunewald/*Römermann*, § 2 Rn 99; vgl auch BVerfG NJW 2000, 1251.

608 BGH NJW 1995, 516; Staudinger/*Sack*, § 134 Rn 273.

609 Grunewald/*Römermann*, § 2 RDG Rn 100.

(„**Unfallhelferringe**").[610] Von der Nichtigkeit werden auch andere Verträge erfasst, die im Zusammenhang mit der Abtretung stehen. So ist ein „Unfallhelfer-Kreditvertrag" auf der Grundlage des RBerG ebenso nichtig wie die Bestellung einer entsprechenden Bürgschaft.[611] Auf der Grundlage des **RDG** stellt sich die Rechtslage differenzierter dar. Ist die Abtretung nicht im Rahmen eines eigenständigen Inkassobetriebs erfolgt, ergibt sich das Vorliegen einer Rechtsdienstleistung nicht schon aus § 2 Abs. 2 RDG. Zu prüfen ist dann, ob die Voraussetzungen des § 2 Abs. 1 RDG erfüllt sind, also eine **rechtliche Prüfung** des Einzelfalls erforderlich ist, und ob es sich ggf um eine zulässige **Nebenleistung** nach § 5 Abs. 1 RDG handelt,[612] wobei Letzteres im Regelfall zu verneinen sein wird, weil die Regulierung von Unfällen nicht dem Berufs- oder Tätigkeitsfeld von Sachverständigen oder Kfz-Werkstätten etc. zuzuordnen ist.[613]

Nicht gegen das Rechtsdienstleistungsgesetz verstoßen das **echte** und das **unechte Factoring**; denn der Factor besorgt keine fremden, sondern eigene Rechtsangelegenheiten.[614] **226**

dd) Weitere Einzelfälle. Wegen Verstoßes gegen § 3 RDG (Art. 1 § 1 RBerG) nichtig ist ein Vertrag zwischen einem Bauunternehmer und einem **Architekten**, in dem Letzterer sich verpflichtet, neben der Erbringung der Architektenleistungen die Kaufverträge für die Immobilie und eine Teilungserklärung zu entwerfen.[615] Etwas anderes ergibt sich auch nicht aus § 5 Abs. 1 RDG, weil es an dem erforderlichen inneren Zusammenhang zwischen den Rechtsdienstleistungen und der Tätigkeit als Architekt fehlt.[616] Die Genehmigungsfähigkeit des geplanten Objekts gehört dagegen zum geschuldeten Werkerfolg.[617] Die Prüfung der baurechtlichen Zulässigkeit stellt daher eine erlaubte Nebenleistung nach § 5 Abs. 1 RDG dar.[618] Die fachtechnische Überprüfung von Architektenleistungen ist ebenfalls keine unerlaubte Rechtsdienstleistung.[619] **227**

Eine unzulässige Rechtsdienstleistung wird auch dann angenommen, wenn eine Gemeinde einen als **Energieberater** tätigen Diplomingenieur damit beauftragt, die von der Gemeinde mit einem Energieversorgungsunternehmen langfristig abgeschlossenen Konzessionsverträge zwecks Erlangung einer höheren Konzessionsabgabe zu überprüfen.[620] Wird der Energieberater mit der Kündigung des bestehenden und dem Abschluss eines neuen **Standardvertrages** über die Energieversorgung betraut, greift dagegen § 5 Abs. 1 RDG ein.[621] Die Tätigkeit eines **Erbenermittlers** verstößt als solche nicht gegen Art. 1 § 1 ReBerG.[622] Etwas anderes gilt aber, wenn damit die Vertretung des Erben bei der Abwicklung des Nachlasses verbunden ist.[623] Hieran ist auf der Grundlage des RDG festzuhalten, weil die Abwicklung des Nachlasses keine bloße Nebenleistung nach § 5 Abs. 1 RDG darstellt.[624] **228**

Übernimmt ein **Steuerberater** die geschäftsmäßige Besorgung fremder Rechtsangelegenheiten, so ist der Vertrag nach Art. 1 § 1 RBerG iVm § 134 nichtig.[625] Ein Steuerberater kann sich daher nicht wirksam verpflichten, Rückübertragungsansprüche nach dem VermG geltend zu machen und die so erworbenen Grundstücke zu veräußern.[626] Auf der Grundlage des RDG stehen dem Steuerberater weitergehende Befugnisse zu. Insbesondere muss geprüft werden, ob der Steuerberater nicht bloß eine **zulässige Nebenleistung** iSd § 5 Abs. 1 RDG erbringt. Dies setzt allerdings einen sachlichen Zusammenhang mit der Steuerberatung als Haupttätigkeit voraus,[627] der bei der Geltendmachung von Ansprüchen nach dem VermG und der Veräußerung von Grundstücken zu verneinen wäre.[628] **229**

§ 7 RDG erlaubt Rechtsdienstleistungen, die von **Berufs- und Interessenvereinigungen** sowie Genossenschaften erbracht werden. Erforderlich ist aber, dass die Rechtsdienstleistungen gegenüber der übrigen satzungsgemäßen Aufgabe nicht von übergeordneter Bedeutung sind. Die Vorschrift gilt insbesondere für Arbeitgeberverbände und Gewerkschaften, Mieter- sowie Haus- und Grundbesitzervereine, aber auch für **Auto-** **230**

610 BGHZ 47, 364, 366; 61, 317; BGH NJW 1977, 38, 40; OLG Frankfurt aM OLGZ 1979, 56; vgl auch Palandt/*Ellenberger*, § 134 Rn 21 a; Staudinger/*Sack*, § 134 Rn 272.
611 BGH NJW 1977, 38, 40 (Kredit); OLG Frankfurt OLGZ 1979, 56 (Bürgschaft); vgl dazu auch Erman/*Palm*, § 134 Rn 85; Staudinger/*Sack*, § 134 Rn 272.
612 Vgl Grunewald/*Römermann*, § 2 RDG Rn 51 ff und Rn 101.
613 Ausf. Grunewald/Römermann/*Hirtz*, § 5 RDG Rn 168 ff; *Krenzler*, § 5 RDG Rn 69 ff.
614 Vgl Grunewald/*Römermann*, § 2 RDG Rn 103; zum RBerG BGHZ 58, 364; 76, 119; Staudinger/*Sack*, § 134 Rn 273; Palandt/*Ellenberger*, § 134 Rn 21 c.
615 PWW/*Ahrens*, § 134 Rn 53; zum RBerG BGHZ 70, 12; Staudinger/*Sack*, § 134 Rn 273.
616 *Krenzler*, § 5 RDG Rn 47; vgl auch Grunewald/Römermann/*Hirtz*, § 5 RDG Rn 80.
617 BGH NJW-RR 1999, 1105; NJW 2003, 287.
618 *Langen*, AnwBl 2009, 436, 437.
619 Vgl zum RBerG BGH NJW 2007, 842.
620 Zum RBerG BGH NJW 1995, 3122.
621 Grunewald/Römermann/*Hirtz*, § 5 RDG Rn 108; *Krenzler*, § 2 RDG Rn 40; ähnlich zu Art. 1 § 5 RBerG bereits OLG Düsseldorf NJW-RR 2004, 489, 490.
622 BVerfG NJW 2002, 3531.
623 BGH NJW 2003, 3046, 3047 ff = ZEV 2003, 467 m.Anm. *Grunewald*.
624 Grunewald/Römermann/*Hirtz*, § 5 RDG Rn 112.
625 BGH NJW-RR 2008, 1594, 1595.
626 BGH NJW 2000, 1560, 1561 f.
627 Grunewald/Römermann/*Hirtz*, § 5 RDG Rn 162.
628 *Kleine-Cosack*, Anh. zu §§ 1-5 RDG Rn 203.

mobilclubs (zB ADAC).[629] Beauftragt ein Strafgefangener einen eingetragenen Verein, der sich die **rechtliche Unterstützung Gefangener** durch „unbegrenzte Hilfe zur Zahlung von Schmerzensgeld" zum Ziel gesetzt hat, mit der Wahrung seiner Interessen, so verstieß die Vereinbarung gegen Art. 1 § 1 RBerG und war damit gem. § 134 nichtig.[630] Nach geltendem Recht müsste geprüft werden, ob die Voraussetzungen des § 7 RDG vorliegen, was in dem betreffenden Fall aber abzulehnen wäre, weil die rechtliche Unterstützung und Vertretung von Gefangenen den hauptsächlichen Zweck des Vereins bildete. Zu Verstößen gegen das RDG durch **Spielervermittler** im Rahmen von Sportmanagementverträgen vgl Rn 234; zur Nichtigkeit von **Gesellschaftsverträgen** wegen Verstoßes gegen das RDG Rn 164.

17. Schenkungen

Literatur: *Dubischar*, Die untersagte Vorteilsannahme nach § 14 Heimgesetz, DNotZ 1993, 419.

231 Das an den Träger eines Heims und die dort beschäftigten Mitarbeiter gerichtete Verbot, sich Geld oder geldwerte Leistungen über das vereinbarte Entgelt hinaus versprechen oder gewähren zu lassen (§ 14 Abs. 1 und Abs. 5 HeimG), hat nicht nur für Verfügungen von Todes wegen (dazu Rn 155), sondern auch für unentgeltliche Zuwendungen unter Lebenden Bedeutung. Der Gesetzgeber will mit dem Verbot verhindern, dass alte und pflegebedürftige Menschen, die in einem Heim untergebracht sind, in ihrer Hilflosigkeit und Arglosigkeit ausgenutzt werden.[631] Dieser Schutzzweck kann nur verwirklicht werden, wenn Schenkungen, die gegen das Verbot verstoßen, nach § 134 für **unwirksam** erachtet werden.[632]

18. Sport

Literatur: *Kelber*, Die Transferpraxis beim Vereinswechsel im Profifußball auf dem Prüfstand, NZA 2001, 11; *Reuter*, Probleme der Transferentschädigung im Fußballsport, NJW 1983, 649; *Schloßer*, Führen Vertragsverhandlungen durch Spielervermittler zur Unwirksamkeit der Vermittlungsverträge?, NZA 2001, 16; *Wertenbruch*, Die „Gewährleistungsansprüche" des übernehmenden Bundesligavereins bei Transfer eines nicht einsetzbaren DFB-Lizenzspielers, NJW 1993, 179; *ders.*, Die Vereinbarkeit der Beratungs- und Vermittlungstätigkeit für Berufssportler/Lizenzspieler mit dem Rechtsberatungsgesetz und dem neuen Arbeitsförderungsgesetz, NJW 1995, 223.

232 Wegen Verstoßes gegen Art. 45 AEUV (vormals Art. 39 EGV) sind Satzungen und Ordnungen von Sportverbänden nichtig, wenn sie das Recht eines Sportlers aus einem EU-Mitgliedstaat auf Freizügigkeit und freie Wahl des Arbeitsplatzes einschränken, zB durch das Erfordernis von **Transferentschädigungszahlungen** oder durch **Ausländerbeschränkungen**.[633]

233 Aufgrund eines Verstoßes gegen Art. 12 GG nichtig ist eine Regelung, wonach der abgebende Verein die nach den Statuten für den Einsatz des Spielers notwendige **Freigabeerklärung** nur Zug um Zug gegen die Zahlung der Ablösesumme abgeben muss.[634] Denn dies führt dazu, dass dem Spieler ein Vereinswechsel – und damit ein durch Art. 12 GG geschützter Arbeitsplatzwechsel – so lange unmöglich ist, bis sich die Vereine über eine Ablösesumme geeinigt haben. Ebenfalls wegen einer Einschränkung des Grundrechts des Spielers aus Art. 12 GG nichtig ist eine verbandsrechtliche Regelung, die den neuen Verein zur Zahlung einer Transferentschädigung an den alten Verein auch dann verpflichtet, wenn der Spieler arbeitsrechtlich nicht mehr an seinen alten Verein gebunden ist.[635] Die Nichtigkeit wird hier aus § 138 abgeleitet, jedoch kommt auch eine Anknüpfung an § 134 in Betracht.[636]

234 Die Verpflichtung eines Fußballvereins zur Zahlung eines Honorars an einen nicht lizenzierten **Spielervermittler** für die Vermittlung eines Fußballspielers wurde unter Geltung des Arbeitsförderungsgesetzes wegen Verstoßes gegen dessen § 4 als nichtig angesehen.[637] Gleiches wurde für die Nachfolgeregelung des § 291 SGB III (Arbeitsförderung) angenommen.[638] Nach der ersatzlosen Aufhebung der Erlaubnispflicht für Ausbildungs- und Arbeitsvermittlung durch Art. 3 des „Gesetzes zur Vereinfachung der Wahl der Arbeitnehmer-

629 Vgl *Kleine-Cosack*, § 7 RDG Rn 23 ff; Krenzler/*Schmidt*, § 7 RDG Rn 27; *Römermann*, NJW 2008, 1249, 1252. Zur Unzulässigkeit der Rechtsberatung durch Automobilclubs nach dem RBerG BGH NJW 2004, 847.

630 OLG Schleswig NJW 2004, 868.

631 Vgl BGHZ 110, 235, 239; vgl auch *Dubischar*, DNotZ 1993, 419 ff.

632 Vgl BGH NJW-RR 1995, 1272; Palandt/*Ellenberger*, § 134 Rn 19.

633 EuGH NJW 1996, 505 – Bosman.

634 LAG Berlin NJW 1979, 2582 – Fall Baake; dazu *Reuter*, NJW 1983, 649; vgl zur Problematik insgesamt auch *Wertenbruch*, NJW 1993, 179.

635 BAG NZA 1997, 647 – Fall Kienass; vgl auch EuGH NJW 1996, 505.

636 *Arens*, SpuRt 1997, 126, 127.

637 LG Gera NJW-RR 1996, 1335 (zu § 4 AFG).

638 *Schloßer*, NZA 2001, 16; *Werthenbruch*, NJW 1995, 223.

vertreter in den Aufsichtsrat"[639] ist diese Auffassung allerdings überholt.[640] Hier kommt nunmehr allenfalls eine Überprüfung am Maßstab der Gewerbeordnung in Betracht.[641]

Unter welchen Voraussetzungen **Sportmanagement- oder Spielervermittlungsverträge** zwischen Sportlern und Spielerberatern/-vermittlern gegen Art. 1 § 1 RBerG (§ 3 RDG) verstoßen und damit nach § 134 nichtig sind, ist umstritten. Das Problem beruht darauf, dass die Spielerberater regelmäßig im Auftrag des Sportlers für die selbständige Durchführung der **Vertragsverhandlungen** mit aktuellen oder möglichen zukünftigen Arbeitgebern des Sportlers zuständig sind. Da die Beratungstätigkeit sich auf die konkrete Gestaltung von Arbeitsverhältnissen bezieht, liegt eine **Rechtsdienstleistung** iSd § 2 Abs. 1 RDG vor.[642] Fraglich ist allerdings, ob es sich dabei um eine nach § 5 RDG **erlaubnisfreie Nebenleistung** handelt. Die hM verneint dies mit der zutreffenden Erwägung, die Durchführung der Vertragsverhandlungen mit den Arbeitgebern des Sportlers stelle kein bloßes „Hilfsgeschäft", sondern eine **charakteristische Hauptleistung** des Spielerberaters dar.[643] Der Schutzzweck des RDG steht damit der Annahme einer erlaubnisfreien Nebenleistung entgegen. 235

Nicht zu beanstanden ist die Zusage eines sog. **Handgeldes** für einen Berufsfußballspieler im Zusammenhang mit einem Vereinswechsel.[644] Ein entsprechendes Verbot im Lizenzspielerstatut kann nicht nach § 134 zur Nichtigkeit der Vereinbarung führen, weil solche Statute nicht als Gesetze iSd Art. 2 EGBGB anzusehen sind (s. Rn 20). 236

Vereinbarungen zwischen Sportlern und Ärzten über die Einnahme verbotener leistungssteigernder Mittel (**Doping**) sind nicht nur sittenwidrig und damit nach § 138 (dort Rn 310) nichtig, sondern können auch gem. § 6 a AMG iVm § 134 unwirksam sein.[645] 237

19. Steuerberater und Wirtschaftsprüfer. Ein Vertrag über die Steuerberatung mit einer nicht als Steuerberater zugelassenen Person ist nach § 5 Abs. 1 S. 2 StBerG iVm § 134 **nichtig**. Parallel zum RBerG bzw RDG richtet sich das Verbot der unbefugten Steuerberatung allein gegen den Beratenden; der Gesetzeszweck, eine unsachgemäße Beratung und Vertretung des Steuerpflichtigen zu vermeiden, kann jedoch nur erreicht werden, wenn die Erfüllungsansprüche beider Parteien ausgeschlossen sind.[646] Der Vertrag mit dem Steuerpflichtigen ist auch dann nichtig, wenn der nicht zugelassene Beratende sich eines zugelassenen Steuerberaters als **Erfüllungsgehilfen** bedient.[647] Der Vertrag zwischen Beratendem und Steuerberater ist hier aber grundsätzlich wirksam.[648] Zur Nichtigkeit von Steuerberaterverträgen wegen **Verstoßes gegen das RDG** s. Rn 229. 238

§ 57 Abs. 4 StBerG verbietet einem Steuerberater jede **gewerbliche Tätigkeit**. Nach der Rechtsprechung des BGH soll die **gewerbliche Maklertätigkeit** eines Steuerberaters gleichwohl nicht zur Nichtigkeit des Vertrages führen, weil dem Sinn und Zweck der Verbotsnorm mit berufsrechtlichen Maßnahmen hinreichend Rechnung getragen werden könne.[649] Die berufsrechtlichen Maßnahmen der berufsständischen Organisationen reichen indes allein nicht aus, um die durch ein Maklergeschäft auftretenden Interessenkollisionen zu verhindern, da solche Maßnahmen nicht vorbeugend eingreifen können. Die Wirksamkeit des Vertrages führt überdies dazu, dass der Steuerberater seine unerlaubte Tätigkeit fortsetzen muss und seinen Vergütungsanspruch behält. Dies wiederum widerspricht dem Berufsbild des Steuerberaters, dessen freiberufliche Tätigkeit gerade nicht dem für eine gewerbliche Tätigkeit kennzeichnenden Gewinnstreben unterliegen soll.[650] Aus §§ 72 Abs. 1, 57 Abs. 2, Abs. 4 Nr. 1 StBerG iVm § 134 kann sich auch die Nichtigkeit der **Verschmelzung** einer Steuerberater-GmbH mit einer GmbH, die ein Handelsgewerbe betreibt, ergeben.[651] 239

Ein Verstoß gegen die berufsrechtliche **Schweigepflicht** des Steuerberaters führt gem. **§ 203 StGB** iVm § 134 zur Nichtigkeit des Rechtsgeschäfts.[652] Daran ist zu denken, wenn der Steuerberater seine Honorarforderung an einen Dritten abtritt; denn mit einer Abtretung geht gem. § 402 eine umfassende Informationspflicht gegenüber dem neuen Gläubiger einher.[653] Nach § 64 Abs. 2 StBerG sind Abtretungen an Angehörige des gleichen Berufs aber zulässig (zur parallelen Problematik bei Rechtsanwälten s. Rn 209).[654] Entsprechendes gilt nach § 55 Abs. 3 WPO für die Abtretung durch **Wirtschaftsprüfer**. Zum Verbot der Finanzierung fremder Rechts- 240

639 BGBl 2002 I S. 1130.
640 *Lampe/Müller*, SpuRt 2003, 133, 135.
641 Allg. zum Sozialrecht der Arbeitsvermittlung *Rixen*, NZS 2002, 466, 467 f.
642 Grunewald/Römermann/*Hirtz*, § 5 RDG Rn 157; zum RBerG *Schloßer*, NZA 2001, 16; *Werthenbruch*, NJW 1995, 223.
643 Grunewald/Römermann/*Hirtz*, § 5 RDG Rn 159; *Werthenbruch*, NJW 1995, 223, 226; differenzierend *Krenzler*, § 5 RDG Rn 91, wonach das Führen von Vertragsverhandlungen eine erlaubte Nebenleistung darstellt, nicht aber die Ausformulierung des Spielervertrages.
644 LAG Hamm NZA-RR 2000, 11.
645 Vgl Erman/*Palm*, § 134 Rn 91.
646 BGH NJW 1996, 1954, 1955.
647 BGHZ 132, 229, 232 = NJW 1996, 1954, 1955; Palandt/*Ellenberger*, § 134 Rn 23.
648 BGHZ 132, 229, 232 ff.
649 BGHZ 78, 263, 265 ff = NJW 1981, 399; BGH WM 2011, 1524; aA Staudinger/*Sack*, § 134 Rn 286; *Stober*, GewArch 1981, 313, 318, 322.
650 *Stober*, GewArch 1981, 313, 322; Staudinger/*Sack*, § 134 Rn 286.
651 OLG Hamm NJW 1997, 666; Erman/*Palm*, § 134 Rn 92; Staudinger/*Sack*, § 134 Rn 286.
652 BGHZ 122, 115, 117.
653 BGH NJW 1996, 2087, 2088; 1999, 1544, 1546.
654 Vgl Palandt/*Ellenberger*, § 134 Rn 22 a.

verfolgungskosten durch Steuerberater (§ 9 a Abs. 1 S. 2 StBerG) und Wirtschaftsprüfer (§ 55 a Abs. 1 S. 2 WPO) s. Rn 206.

20. Steuerrecht

Literatur: *Peters*, Die Leistung ohne Rechnung, NJW 2008, 2478; *Stamm*, Zur Rechtsvereinheitlichung der Schwarzarbeitsproblematik- Ein Lösungsmodell unter besonderer Berücksichtigung der neuesten Rechtsprechung zur so genannten Ohne-Rechnung-Abrede, NZBau 2009, 78.

241 **a) Steuerhinterziehung.** Nach der Rechtsprechung des BGH ist der mit einer Steuerhinterziehung (§ 370 AO) verbundene Vertrag im Ganzen nur dann nichtig, wenn die Hinterziehung den **Hauptzweck** des Geschäfts bildet; im Übrigen beschränkt sich die Nichtigkeit auf die konkrete Abrede.[655]

242 **aa) Ohne-Rechnung-Abreden.** Die entscheidende Frage ist damit, unter welchen Voraussetzungen die Steuerhinterziehung als Hauptzweck des Geschäfts anzusehen ist. Die Rechtsprechung ist hier im Allgemeinen recht streng. So werden **Kaufverträge**, bei denen zum Zweck der Steuerhinterziehung keine Rechnung ausgestellt wird, schon dann nach § 139 für insgesamt unwirksam angesehen, wenn die **„Ohne Rechnung"-Abrede** Einfluss auf den vereinbarten Preis hatte.[656] Ebenso hat der BGH in einer Entscheidung zum **Mietrecht** ausdrücklich auf die Rechtsprechung zu „Ohne Rechnung"-Abreden im Kaufrecht Bezug genommen. Ist die in dem schriftlichen Vertrag ausgewiesene Miete wesentlich geringer als die tatsächlich vereinbarte Miete, so kann die Vermietung des Grundstücks hiernach nur dann als Hauptzweck des Geschäfts angesehen werden, wenn der Mietvertrag ohne die nichtigen steuerlichen Abreden zu **denselben Bedingungen**, insbesondere mit derselben Miete, abgeschlossen worden wäre.[657]

243 Demgegenüber hat der BGH die Wirksamkeit eines **Architekten- und Bauvertrags** bejaht, bei dem zwecks Steuerhinterziehung auf eine Rechnung verzichtet worden war.[658] Entgegen einer in der Literatur geäußerten Einschätzung[659] hat diese Entscheidung jedoch keine generelle Änderung der Rechtsprechung zu „Ohne-Rechnung"-Abreden eingeleitet. Der BGH hat vielmehr in späteren Entscheidungen ausdrücklich klargestellt, dass man keineswegs im Regelfall davon ausgehen könne, die Nichtigkeit der „Ohne-Rechnung"-Abrede habe auf die Höhe der Vergütung keinen Einfluss gehabt.[660] Auch bei **Werkverträgen** bleibt die Gesamtnichtigkeit demnach nur dann aus, wenn im Einzelfall davon ausgegangen werden kann, dass der Vertrag ohne die „Ohne-Rechnung"-Abrede zu denselben Konditionen, insbesondere mit derselben Vergütungsregelung geschlossen wäre.[661] Zu den Gewährleistungsansprüchen des Bestellers in diesen Fällen oben Rn 80.

244 **bb) Weitere Einzelfälle.** Wird bei einem **Grundstückskauf** der Kaufpreis zum Zweck der Steuerhinterziehung falsch zusammengesetzt oder zu niedrig angegeben, so führt dies ohne Hinzutreten weiterer Umstände nicht zur Nichtigkeit des gesamten Vertrages nach § 134 iVm § 370 AO, § 139.[662] Erforderlich ist auch hier, dass die Steuerhinterziehung Hauptzweck des Vertrages ist. Im Allgemeinen wird der Vertrag aber zu den notariell beurkundeten Konditionen nach § 117 Abs. 1 und zu den tatsächlich vereinbarten Konditionen nach §§ 311 b Abs. 1, 125 unwirksam sein.[663]

245 Ein **Gesellschafterbeschluss über Gewinnausschüttungen** bei einer GmbH ist nicht nach § 134 unwirksam, wenn die Gesellschafter ihn zum Zweck der Steuerhinterziehung durch die Abrede ergänzt haben, dass die Ausschüttung nicht offen erfolgen soll. Hauptzweck des Beschlusses bleibt nämlich die Gewinnausschüttung.[664] Wird der Beitritt zu einer KG zum Zweck der Steuerhinterziehung rückdatiert, so ist der Beitrittsvertrag nichtig (s. Rn 166).[665]

246 **b) Vertragliche Erweiterung der Steuerpflicht.** Verträge über die **Erweiterung der Steuerpflicht** sind nach § 134 iVm § 59 VwVfG nichtig.[666] Dies gilt auch für eine Klausel, durch die sich eine Gesellschaft in einem Pachtvertrag über gemeindeeigene Grundstücke gegenüber der Gemeinde verpflichtet, die Betriebs-

655 So zB BGHZ 14, 25, 30; 136, 125, 132; BGH NJW 1983, 1843, 1844; ZIP 2001, 202, 204; NJW-RR 2002 1527; NJW 2003, 2472; NJW-RR 20008, 1051, 1052; st. Rspr; vgl auch Erman/*Palm*, § 134 Rn 93; Soergel/*Hefermehl*, § 134 Rn 65; Staudinger/*Sack*, § 134 Rn 287.
656 BGH MDR 1968, 834; Soergel/*Hefermehl*, § 134 Rn 65; *Stamm*, NZBau 2009, 78, 81.
657 BGH NJW 2003, 2742.
658 BGH ZIP 2001, 202, 204 = NJW-RR 2001, 380.
659 Staudinger/Sack, § 134 Rn 287.
660 BGHZ 176, 198, 201 f; NJW-RR 2008 1051, 1052; krit.Staudinger/*Looschelders/Olzen*, § 242 Rn 844.
661 BGHZ 176, 198, 201 f; NJW-RR 2008 1051, 1052; *Looschelders*, Schuldrecht BT, 5. Aufl. 2010, Rn 633; gegen Anwendung des § 134 BGB in solchen Fällen *Peters*, NJW 2008, 2478 ff.
662 BGH NJW-RR 2002, 1527; Soergel/*Hefermehl*, § 134 Rn 65; Staudinger/*Sack*, § 134 Rn 287.
663 BGH DNotZ 2003, 123, 124; MüKo/*Kramer*, § 117 Rn 27.
664 BGHZ 136, 125, 132; Staudinger/*Sack*, § 134 Rn 287.
665 OLG Koblenz WM 1979, 1435, 1436 f; Soergel/*Hefermehl*, § 134 Rn 65.
666 Vgl Staudinger/*Sack*, § 134 Rn 289.

und Gesellschaftsverhältnisse so zu gestalten, dass die im Unternehmen anfallenden Gewerbesteuern ausschließlich der betreffenden Gemeinde zufließen.[667]

21. Strafrecht und Recht der Ordnungswidrigkeiten. a) Allgemeines. In Rechtsprechung und Literatur ist allgemein anerkannt, dass der Verstoß gegen Strafvorschriften nicht in jedem Fall nach § 134 zur Nichtigkeit des betreffenden Rechtsgeschäfts führt.[668] Entscheidend ist vielmehr, ob der **Zweck der verletzten Strafnorm** die Nichtigkeit des zugrunde liegenden Rechtsgeschäft erfordert (vgl Rn 49).[669] 247

Nach Ansicht der Rechtsprechung führt der Verstoß gegen Strafvorschriften in der Regel dann zur Nichtigkeit des Geschäfts, wenn sich das Verbot **gegen beide Vertragsparteien richtet**.[670] Dies ist jedenfalls dann zu bejahen, wenn der Straftatbestand von beiden Seiten objektiv und subjektiv verwirklicht worden ist.[671] Das Rechtsgeschäft kann aber auch bei Verstoß gegen ein einseitiges Verbot nach § 134 nichtig sein, wenn der **Zweck** des Verbotsgesetzes **nicht anders zu erreichen** ist und die rechtsgeschäftliche Regelung **nicht hingenommen** werden darf.[672] So verstoßen die Überlassung von Patientendaten (etwa im Zuge eines Praxisverkaufs) und die Abtretung von Arztforderungen ohne Einwilligung des Patienten gegen § 203 Abs. 1 Nr. 1 StGB. Die hierauf bezogenen Rechtsgeschäfte sind nach § 134 nichtig, obwohl sich die Strafnorm nur gegen den Praxisinhaber (Zessionar) richtet (vgl Rn 132). Entsprechendes galt bis zum Inkrafttreten des § 49 b Abs. 4 BRAO für die Abtretung von anwaltlichen Gebührenforderungen und die damit verbundene Überlassung von Mandantendaten (vgl Rn 208). 248

b) Einzelfälle. Die Differenzierung zwischen einseitigen und zweiseitigen Verboten bzw einseitigen und zweiseitigen Verstößen ist besonders bei Vermögensstraftaten relevant. So ist ein durch **Betrug** gem. **§ 263 StGB** zustande gekommenes Rechtsgeschäft nicht nach § 134 nichtig, sondern lediglich nach § 123 anfechtbar,[673] da nur der Betrüger strafbar ist.[674] Davon abgesehen kann § 123 insoweit als lex specialis zu § 134 angesehen werden (vgl Rn 15). Anders verhält es sich, wenn die Parteien einen Vertrag schließen, um einen Dritten (zB den Versicherer) zu täuschen.[675] Hier richtet sich die Strafdrohung gegen beide Parteien. Außerdem ist es zum Schutz des Dritten erforderlich, den Vertrag nach § 134 iVm § 263 StGB für unwirksam zu erachten. Auch beim **Submissionsbetrug** bejaht die Rechtsprechung die Nichtigkeit. Diese beschränkt sich jedoch auf die Preisvereinbarung, weil dem betrogenen Auftraggeber der Anspruch auf vertragsgemäße Erfüllung erhalten bleiben soll.[676] 249

Verträge, durch die eine Partei sich der **Untreue** (§ 266 StGB) schuldig macht, sind nach § 134 wirksam, wenn der anderen Partei der Verstoß nicht bekannt ist. Denn in diesem Fall ist die gutgläubige Partei schutzwürdig. Wirkt die andere Partei mit dem Täter kollusiv zum Nachteil eines Dritten zusammen, so ist es nach dem Schutzzweck des § 266 StGB geboten, die verbotswidrigen Verpflichtungs- und Verfügungsgeschäfte für unwirksam zu erachten.[677] Das Gleiche dürfte – zumindest nach § 138 – gelten, wenn sich der anderen Partei das treuwidrige Verhalten ihres Vertragspartners nachgerade aufdrängen musste. 250

Nach verbreiteter Auffassung sind Rechtsgeschäfte, die den Tatbestand der **Hehlerei** (§ 259 StGB) erfüllen, nach § 134 nichtig.[678] Dem ist für das Verpflichtungsgeschäft zuzustimmen.[679] Für das Erfüllungsgeschäft enthalten die §§ 935, 185 dagegen vorrangige Sonderregelungen. Die Übereignung gestohlener Sachen ist hiernach zwar unwirksam (§ 935 Abs. 1); der Eigentümer kann jedoch die Verfügung genehmigen (§ 185 Abs. 1). Diese Möglichkeit darf dem Eigentümer nicht durch Rückgriff auf § 134 genommen werden.[680] 251

Entsprechendes gilt für die Veräußerung **unterschlagener** oder **veruntreuter** Sachen (§ 246 StGB). Die Wirksamkeit des Erfüllungsgeschäfts richtet sich hier allein nach §§ 932 ff.[681] Das Verpflichtungsgeschäft ist dagegen jedenfalls dann nach § 134 iVm § 246 StGB unwirksam, wenn der andere Teil kollusiv mit dem Täter zusammengewirkt hat. 252

667 BGHZ 66, 199, 202; Palandt/*Ellenberger* § 134 Rn 23; Soergel/*Hefermehl*, § 134 Rn 67.
668 BGHZ 53, 152, 157 = NJW 1970, 609.
669 Vgl BGHZ 53, 152, 156 f; 115, 123, 125 = NJW 1991, 2955.
670 BGHZ 115, 123, 125 = NJW 1991, 2955, 2956; BGHZ 132, 313, 318 = NJW 1996, 1812, 1813; BGHZ 46, 24, 26 = NJW 1966, 1507, 1508.
671 BGHZ 132, 313, 318 = NJW 1996, 1812, 1813; vgl auch MüKo/*Armbrüster*, § 134 Rn 48, 52 und Staudinger/*Sack*, § 134 Rn 74 mit dem zutreffenden Hinweis, dass die Strafbarkeit beider Parteien nicht mit der Frage des Adressatenkreises identisch ist.
672 BGHZ 123, 313, 318 = NJW 1996, 1812, 1813.
673 Vgl Staudinger/*Sack*, § 134 Rn 294.
674 Soergel/*Hefermehl*, § 134 Rn 24.
675 OLG Karlsruhe DAR 1990, 183; Staudinger/*Sack*, § 134 Rn 294.
676 OLG München NJW-RR 2002, 886, 887.
677 RGZ 78, 347, 352; Staudinger/*Sack*, § 134 Rn 294.
678 So etwa MüKo/*Armbrüster* § 134 Rn 53; Staudinger/*Sack*, § 134 Rn 20; *Larenz/Wolf*, BGB AT, § 40 Rn 15.
679 Für Nichtigkeit des Verpflichtungsgeschäfts auch Soergel/*Hefermehl*, § 134 Rn 24; *Scherner*, BGB AT, S. 225; aA Staudinger/*Sack*, § 134 Rn 293 (schwebende Unwirksamkeit).
680 Erman/*Palm*, § 134 Rn 94; Staudinger/*Sack*, § 134 Rn 293; *Scherner*, BGB AT, S. 224 f.
681 Vgl Soergel/*Hefermehl*, § 134 Rn 24; Staudinger/*Sack*, § 134 Rn 293.

253 Verträge, die eine **Begünstigung oder Strafvereitelung** (§§ 257, 258 StGB) zum Inhalt haben, sind nach § 134 nichtig.[682] Zu beachten ist jedoch, dass die Zahlung einer Geldstrafe durch einen anderen nach neuerer Rechtsprechung den Tatbestand der Strafvereitelung (§ 258 StGB) nicht erfüllt.[683] Verspricht eine Partei der anderen die Übernahme der Geldstrafe für eine künftige Straftat, so ist die Vereinbarung aber zumindest nach § 138 Abs. 1 unwirksam.[684]

254 Eine Vereinbarung, die das Verbot der **Bestechung** und der **Vorteilsnahme** (§§ 299 ff, 331 ff StGB) verletzt, ist gem. § 134 nichtig.[685] Demgegenüber ist ein Vertrag, der aufgrund einer Bestechung abgeschlossen worden ist, nicht automatisch nichtig. Vielmehr muss der **Folgevertrag** seinerseits von der Rechtsordnung derart missbilligt sein, dass auch ihm die Wirksamkeit zu versagen ist (vgl hierzu auch § 138 Rn 301). Denn die Strafnormen beziehen sich auf die Bestechung selbst und nicht auf die Folgeverträge.[686]

255 Rechtsgeschäfte, die auf die strafbare **Verbreitung pornografischer Schriften** (§ 184 StGB) abzielen, sind nach § 134 nichtig.[687] Das Gleiche gilt für Verträge, die die **Beteiligung und Veranstaltung unerlaubten Glücksspiels** (§§ 284 ff StGB) zum Inhalt haben.[688]

256 Erfüllt ein Rechtsgeschäft den Tatbestand des **§ 283 c StGB** oder des **§ 288 StGB**, so gehen die Anfechtungsregeln der Insolvenzordnung und des Anfechtungsgesetzes der Nichtigkeit aus § 134 grundsätzlich vor. Sofern besondere, über die Gläubigerbenachteiligung hinausgehende Umstände hinzukommen, kann das Geschäft aber nach § 134 oder § 138 Abs. 1 nichtig sein.[689]

257 Verträge, die auf die Vornahme eines **strafbaren Schwangerschaftsabbruchs** gerichtet sind, sind nach § 134 iVm § 218 StGB nichtig.[690] Der Vertrag über einen nach dem Beratungskonzept **rechtswidrigen, aber straflosen Schwangerschaftsabbruch** (§§ 218, 218 a StGB) ist dagegen weder nach § 134 noch nach § 138 unwirksam.[691]

258 **c) Ordnungswidrigkeiten.** Die Nichtigkeit von Rechtsgeschäften kann auch aus einem Verstoß gegen das **OWiG** resultieren, wobei im Grundsatz darauf abzustellen ist, ob sich die Verbotsnorm an alle Vertragsparteien richtet oder nur eine Partei betrifft. Besonders relevant ist das Verbot der **Werbung für Prostitution** (§ 120 Abs. 1 Nr. 2 OWiG). Der Verstoß gegen dieses Verbot führt zur Nichtigkeit des Vertrags.[692] Dies hat sich auch nach Erlass des ProstG nicht geändert,[693] da der Zweck des § 120 Abs. 1 Nr. 2 OWiG, der Jugendschutz, durch das Prostitutionsgesetz nicht infrage gestellt worden ist (vgl Anh. zu § 138 Rn 26).[694] Auch ein Verstoß gegen § 120 Abs. 1 Nr. 1 OWiG führt zur Nichtigkeit des Rechtsgeschäfts.[695]

22. Versicherungsrecht

Literatur: *Armbrüster*, Neue Vorgaben zur Managervergütung im Versicherungssektor, VersR 2011, 1; *Ayasse*, Die Grenzen des Datenschutzes im Bereich der privaten Versicherungswirtschaft, VersR 1987, 536; *Dauner-Lieb/Tettinger*, Vorstandshaftung, D&O-Versicherung, Selbstbehalt, ZIP 2009, 1555; *Evers/Eikelmann*, Abrechnung als Straftat?, VW 2009, 529; *Fahr/Kaulbach/Bähr*, Versicherungsaufsichtsgesetz, 4. Auflage 2007; *Gädtke*, Implizites Verbot der D&O-Selbstbehaltsversicherung, VersR 2009, 1565; *Koch*, Einführung eines obligatorischen Selbstbehalt in der D&O Versicherung durch das VorstAG, AG 2009, 637; *Lange*, Die Selbstbehaltsvereinbarungspflicht gem. § 93 Abs. 2 S. 3 AktG n. F., VersR 2009, 1011; *Langheid/Wandt* (Hrsg.), Münchener Kommentar zum VVG, Bd. 1, 2010; *Pammler*, Die gesellschaftsfinanzierte D&O-Versicherung im Spannungsfeld des Aktienrechts, 2006; *Prölss*, Versicherungsaufsichtsgesetz, 12. Auflage 2005; *Prölss/Martin*, Versicherungsvertragsgesetz, 28. Aufl. 2010; *Winter*, Das Provisionsabgabeverbot in der Lebensversicherung – Grenzen und zivilrechtliche Auswirkungen, VersR 2002, 1055.

259 **a) Verstoß gegen aufsichtsrechtliche Vorschriften.** Im Versicherungsrecht führt ein Verstoß gegen **aufsichtsrechtliche Vorschriften** regelmäßig nicht zur Nichtigkeit des Versicherungsvertrags. So ist ein Versicherungsvertrag, der ohne die zum Geschäftsbetrieb erforderliche Erlaubnis (**§ 5 VAG**) oder auf der Grundlage

682 Vgl BGHZ 41, 223 ff; Staudinger/*Sack*, § 134 Rn 293; aA Erman/*Palm*, § 134 Rn 94.
683 BGHSt 37, 226, 229 = NJW 1991, 990.
684 Vgl Erman/*Palm*, § 134 Rn 94 (auf § 134 abstellend).
685 BGHZ 141, 357, 359 = NJW 1999, 2266; OLG Karlsruhe BB 2000, 635; Erman/*Palm*, § 134 Rn 94; Soergel/*Hefermehl*, § 134 Rn 25.
686 BGHZ 141, 357, 360 = NJW 1999, 2266, 2267.
687 Zu § 184 Abs. 3 StGB vgl OLG Hamburg MDR 1975, 226; zu § 184 Abs. 1 StGB BGH NJW 1981, 1439 (dort iE wegen fehlender Verwirklichung des Straftatbestandes verneint); OLG Hamburg GRUR 1980, 998, 999.
688 OLG Köln OLGZ 71, 392, 394 (nicht genehmigte öffentliche Lotterie); OLG Nürnberg MDR 1978, 669 (verbotenes Glücksspiel).
689 BGH DB 1993, 1353, 1354; NJW 1973, 513; BB 1968, 1057; MüKo/*Armbrüster*, § 134 Rn 58; aA zu § 288 StGB Palandt/*Ellenberger*, § 134 Rn 25.
690 Vgl AG Oeynhausen NJW 1998, 1799; Palandt/*Ellenberger*, § 134 Rn 14.
691 BVerfG 88, 203, 295 = NJW 1993, 1751, 1763; Erman/*Palm*, § 134 Rn 21; MüKo/*Armbrüster*, § 134 Rn 53; Staudinger/*Sack*, § 134 Rn 292; *Deutsch*, NJW 1993, 2361 ff.
692 BGHZ 118, 182 = NJW 1992, 2557; aA AG Berlin-Köpenick NJW 2002, 1885.
693 MüKo/*Armbrüster* § 1 ProstG Rn 17; aA Palandt/*Ellenberger* § 138 Rn 52.
694 Ebenso *Armbrüster*, NJW 2002, 2763, 2765.
695 MüKo/*Armbrüster*, § 134 Rn 60.

einer nicht genehmigten Geschäftsplanänderung (**§ 13 VAG**) geschlossen wird, **nicht** nach § 134 **nichtig**.[696] Die Verbote richten sich nur einseitig an das Versicherungsunternehmen und zielen nicht darauf ab, dem Versicherungsnehmer den Versicherungsschutz zu nehmen. Vergütungsvereinbarungen zwischen den Versicherungsunternehmen und ihren Geschäftsleitern, Mitarbeitern oder Aufsichtsratmitgliedern, die gegen die am 13.10.2010 in Kraft getretene **Versicherungs-Vergütungsverordnung** verstoßen, sind dagegen nach § 134 im Umfang des Verstoßes nichtig.[697] Bestehende Vereinbarungen werden hierdurch jedoch nicht in Frage gestellt.[698]

Ob der Verstoß gegen das in **§ 7 Abs. 2 VAG** geregelte Verbot, versicherungsfremde Geschäfte zu betreiben, die Nichtigkeit von entsprechenden Geschäften nach sich zieht, ist **umstritten**. Nach zutreffender hM sind Verträge über versicherungsfremde Leistungen **nicht** nach § 134 **nichtig**.[699] Das Verbot richtet sich wieder nur einseitig an das Versicherungsunternehmen. Auch der Schutz des Vertragspartners bzw der Gedanke des Verbraucherschutzes gebietet keine andere Betrachtungsweise.[700] Vielmehr würde die Nichtigkeit des Vertrages gerade zum Nachteil des Vertragspartners wirken, da dieser nicht mehr die Erfüllung des Vertrages verlangen könnte und auf etwaige Bereicherungsansprüche verwiesen wäre.[701] **260**

Ein weiteres sehr umstrittenes Problem ist, ob ein Verstoß gegen die durch eine Verordnung nach **§ 81 Abs. 2 S. 4 VAG**[702] erlassenen Verbote zur Nichtigkeit des Geschäfts führt. Der Sache nach geht es insbesondere um **Provisionsabgabeverbote**, die Vereinbarungen zwischen Versicherungsvermittler und Versicherungsnehmer über die Teilung der Provision untersagen.[703] Das Provisionsabgabeverbot dient nach verbreiteter Ansicht zumindest auch dem **Schutz der Versichertengemeinschaft.** Man sieht die Gefahr, dass der Versicherungsvermittler sich von dem Versicherungsunternehmen höhere Provisionen gewähren lässt, um seine Zahlungen an die Versicherungsnehmer auszugleichen; die höheren Provisionen würden dann vom Versicherungsunternehmen auf die Versichertengemeinschaft umgelegt.[704] Zudem hätte die Abschaffung des Provisionsabgabeverbots eine Verringerung der Markttransparenz zur Folge.[705] Mit diesen Argumenten wird **teilweise** die Nichtigkeit entsprechender Abreden begründet.[706] Die hM geht hingegen von der Wirksamkeit der Provisionsabreden aus.[707] Dabei wird darauf verwiesen, dass sich das Verbot nur einseitig gegen den Versicherungsvermittler richte.[708] Dem lässt sich freilich entgegenhalten, dass der Verstoß gegen ein einseitiges Verbot durchaus zur Nichtigkeit des Rechtsgeschäfts führen kann, wenn gewichtige Interessen Dritter, hier der Versichertengemeinschaft, berührt werden. Für die hM spricht indes, dass eine Provisionsabrede nicht notwendig zulasten der anderen Versicherungsnehmer geht, weil es von der internen Vorgehensweise des einzelnen Versicherungsunternehmens abhängt, ob höhere Provisionen gezahlt und auf die Versichertengemeinschaft umgelegt werden.[709] Auch wenn man der Gegenauffassung folgt, bleiben die **Versicherungsverträge** selbst aber von der Nichtigkeit der Abreden unberührt.[710] **261**

b) Abtretung von Ansprüchen. Tritt ein Angehöriger eines Unternehmens der privaten Kranken-, Unfall- oder Lebensversicherung seine **Honarar- oder Provisionsansprüche** aus der Vermittlung eines Versiche- **262**

696 Prölss/*Präve*, § 13 Rn 10; *Koch*, VersR 2009, 141, 144; *Winter*, VersR 2002, 1055, 1062.
697 *Armbrüster*, VersR 2011, 1, 8.
698 *Armbrüster*, VersR 2011, 1, 9; *Dreher*, VW 2010, 1508, 1510.
699 LG Dortmund/OLG Hamm VersR 2010, 609 m.Anm. *Michael/Kaulbach* VersR 2010, 1161 ff; Fahr/Kaulbach/*Bähr*, § 7 VAG Rn 30; Prölss/*Präve*, § 7 Rn 15; aA LG Hamburg NVersZ 1999, 32, 35; OLG Hamburg VerBAV 2000, 163, 164; *Schwintowski*, VuR 2000, 200.
700 Fahr/Kaulbach/*Bähr*, § 7 VAG Rn 30; aA OLG Hamburg, VerBAV 2000, 163, 164.
701 So auch OLG Hamm VersR 2010, 609, 610; Fahr/Kaulbach/*Bähr*, § 7 VAG Rn 30; Prölss/*Präve*, § 7 Rn 15.
702 Ausführlich dazuPrölss//*Kollhosser*, § 81 VAG Rn 69 ff .
703 Langheid/Wandt/*Gause*, AufsichtsR Rn 302. Eine andere Frage ist, ob Sondervergütungen durch den Versicherer selbst nach § 134 nichtig sind (dazu LG Hamburg NVersZ 1999, 32, 33).
704 BGHZ 93, 177, 182 = NJW 1985, 3018; OLG Hamburg VerBAV 2000, 163, 165; OLG Hamburg VersR 1995, 817; OLG Celle VersR 1994, 856; OLG Köln VersR 1991, 1373, 1374; AG Hamburg NJW-RR 1993, 1372; Staudinger/*Sack*, § 134 Rn 306; *Schwarz*, NJW 1995, 491, 492 ff; aA *Dreher*, VersR 1995, 1, 2; MüKo/*Armbrüster*, § 134 Rn 68; krit. auch *Winter*, VersR 2002, 1055, 1057 f.
705 Langheid/Wandt/*Gause*, 2010, AufsichtsR Rn 302.
706 OLG Hamburg VerBAV 2000, 163, 165; *Schwintowski*, VuR 2000, 200; OLG Köln VersR 1991, 1373, 1374; *Schwarz*, NJW 1995, 491, 492 ff; Staudinger/*Sack*, § 134 Rn 306.
707 BGH VersR 2004, 1029, 1030; OLG Frankfurt VersR 1995, 92, 94; OLG Celle VersR 1994, 856; Fahr/Kaulbach/*Bähr*, § 81 VAG Rn 35 f; MüKo/*Armbrüster*, § 134 Rn 68; Palandt/*Ellenberger*, § 134 Rn 24; Prölss/*Kollhosser*, § 81 VAG Rn 98; Prölss/Martin/*Dörner*, § 59 VVG Rn 94; *Winter*, VersR 2002, 1955, 1064.
708 BGH VersR 2004, 1029, 1030; OLG Hamburg VersR 1995, 817; OLG Frankfurt VersR 1995, 92, 94; Berliner Kommentar/*Gruber*, VVG, 1999, Anh. § 48 VVG Rn 21; Palandt/*Ellenberger*, § 134 Rn 24; *Dreher*, VersR 1995, 1, 2; *Winter*, VersR 2002, 1055, 1063; krit. zu dieser Begründung aber MüKo/*Armbrüster*, § 134 Rn 68.
709 Vgl OLG Celle VersR 1994, 856; *Winter*, VersR 2002, 1055, 1058.
710 Staudinger/*Sack*, § 134 Rn 306; *Winter*, VersR 2002, 1055, 1064 f; aA *Schwintowski*, VuR 2000, 200, 201.

rungsvertrages an einen Dritten ab, so verstößt er damit gegen das Verbot der Verletzung von Privatgeheimnissen aus § 203 Abs. 1 Nr. 6 StGB; die Abtretung ist daher nach § 134 nichtig.[711] Dies entspricht der Rechtslage bei der Abtretung von Arzthonoraren (oben Rn 132). § 203 Abs. 1 Nr. 6 StGB schützt dabei nicht nur die Gesundheitsdaten, die der Betroffene dem Versicherungsunternehmen bekannt machen muss; die Pflicht zur Geheimhaltung gilt auch für den Umstand, dass der Betroffene überhaupt eine private Personenversicherung abgeschlossen hat.[712] Der Begriff des **Angehörigen eines Versicherungsunternehmens** wird nach dem Schutzzweck des § 203 Abs. 1 Nr. 6 StGB weit verstanden und erfasst nicht nur die Organe, Organmitglieder und Arbeitnehmer des Unternehmens, sondern jede Person, die aufgrund ihrer Funktion mit Geheimnissen des Unternehmens in Berührung kommen kann. Dazu gehört auch ein **selbständiger Versicherungsvertreter**.[713] Der **Versicherungsmakler** ist dagegen Sachwalter des Versicherungsnehmers und wird daher von § 203 Abs. 1 Nr. 6 StGB nicht erfasst.[714]

263 **c) Obligatorischer Selbstbehalt bei der D&O-Versicherung.** Seit der Einführung des Gesetzes zur Angemessenheit der Vorstandsvergütung (VorstAG) vom 31.7.2009[715] ist in § 93 Abs. 2 S. 3 AktG vorgesehen, dass jede D&O-Versicherung, die eine Aktiengesellschaft zur Absicherung ihrer Organe gegen Risiken aus der Organtätigkeit abschließt, einen **Selbstbehalt** vorzusehen hat. Zweck dieser Vorschrift ist eine Verhaltenssteuerung des handelnden Organs.[716] Gem. § 23 Abs. 2 EGAktG gilt diese Vorgabe ab dem 1.7.2010 auch für Versicherungsverträge, die vor dem Inkraftreten des Gesetzes am 5.8.2009 geschlossen wurden. Die dogmatische Einordnung des § 93 Abs. 2 S. 3 AktG ist umstritten. In der Literatur wird teilweise die Auffassung vertreten, die Vorschrift regele nur das gesellschaftsrechtliche Innenverhältnis; der Verstoß gegen die Vorschrift führe daher nicht nach § 134 zur Unwirksamkeit des Versicherungsvertrages, sondern könne lediglich eine Schadensersatzpflicht des bei Abschluss des Versicherungsvertrages gesetzwidrig handelnden Organs begründen.[717] Wortlaut sowie Sinn und Zweck der Vorschrift sprechen indes für die Gegenauffassung, wonach es sich um ein **Verbotsgesetz** iSd § 134 handelt.[718]

264 Als Rechtsfolge eines Verstoßes gegen § 93 Abs. 2 S. 3 AktG kommt allerdings nur **Teilnichtigkeit** in Betracht. Das Verbot richtet sich nämlich nicht gegen den Abschluss einer D&O-Versicherung als solcher, sondern allein dagegen, dass die Gesellschaft eine D&O-Versicherung für ihre Organe **ohne Selbstbehalt** abschließt.[719] Soweit ein Selbstbehalt nicht vereinbart ist oder nicht den gesetzlichen Vorgaben entspricht, wird die Vereinbarung durch den gem. § 93 Abs. 2 S. 3 AktG vorgesehenen Mindestselbstbehalt ersetzt.[720]

265 Der Abschluss einer **Eigenversicherung des Selbstbehalts** durch das Organ verstößt dagegen nicht gegen ein gesetzliches Verbot.[721] In der Literatur wird zwar die Auffassung vertreten, der Abschluss einer solchen Eigenversicherung stelle eine Umgehung des gesetzlichen Verbots aus § 93 Abs. 2 S. 3 AktG dar, weil die Versicherung des Selbstbehalts den Zweck der Verhaltenssteuerung unterlaufe.[722] Dem ist jedoch entgegenzuhalten, dass das Organ bei einer Eigenversicherung die Prämien aus dem eigenen Vermögen aufbringen muss.[723] Davon abgesehen wäre das Verbot einer Eigenversicherung des Selbstbehalts auch nicht mit den Grundrechten des Organs (Art. 2 Abs. 1, Art. 12 GG) vereinbar.[724]

266 **23. Wertpapierrecht. Art. 4 S. 1 ScheckG** sieht vor, dass ein Scheck nicht angenommen werden kann. Bereits der Wortlaut der Vorschrift macht deutlich, dass es hier nicht um ein rechtliches Dürfen geht, sondern um eine Beschränkung der rechtlichen Gestaltungsmöglichkeit. Einem Rechtsgeschäft, bei dem sich jemand verpflichtet, den Scheck einzulösen, steht die Vorschrift nicht entgegen.[725]

267 Einlösungszusagen werden auch durch das **Scheckrückgabeabkommen** vom 1.11.1960 verboten.[726] Rechtsgeschäfte, die hiergegen verstoßen, sind jedoch schon deshalb **nicht** nach § 134 **unwirksam**, weil das Abkom-

711 BGH v. 10. 2. 2010 – VIII ZR 53/09, BeckRS 2010, 04932 Rn 11.
712 So BGH BeckRS 2010, 04932 Rn 17 ff; MüKo-StGB/*Cierniak*, § 203 Rn 24; *Ayasse*, VersR 1987, 536, 537; aA *Evers/Eikelmann*, VW 2009, 529.
713 BGH NJW 2010, 2509, 2510; MüKo-StGB/*Cierniak*, § 203 Rn 37; Lackner/*Kühl*, StGB, 26. Aufl. 2007, § 203 Rn 6.
714 *Evers/Eikelmann*, VW 2009, 529.
715 BGBl. I, S. 2509 ff.
716 Beschlussempfehlung des Rechtsausschusses, BT-Drucks. 16/13433, S. 11; *Ulmer*, in: FS Canaris, Bd. 2, 2007, 453, 464; *Gädtke*, VersR 2009, 1565, 1567; *Koch*, AG 2009, 637.
717 *Dauner-Lieb/Tettinger*, ZIP 2009, 1555, 1556 f.
718 *Gädtke*, VersR 2009, 1565, 1567; *Koch*, AG 2009, 637, 639; *Lange*, VersR 2009, 1011, 1016; ebenso schon zu § 93 Abs. 2 AktG aF *Pammler*, S. 96; *Ulmer*, in: FS Canaris, Bd. 2, 2007, 451, 468 ff.
719 *Gädtke*, VersR 2009, 1565, 1572; *Koch*, AG 2009, 637, 639.
720 *Gädtke*, VersR 2009, 1565, 1572; *Koch*, AG 2009, 637, 639; *Lange*, VersR 2009, 1011, 1023.
721 *Dauner-Lieb/Tettinger*, ZIP 2009, 1555, 1557; *Lange*, VersR 2009, 1011, 1022; *Gädtke*, VersR 2009, 1565, 1569; aA *Koch*, AG 2009, 637, 646.
722 *Koch*, AG 2009, 637, 645.
723 Vgl *Dauner-Lieb/Tettinger*, ZIP 2009, 1555, 1557.
724 *Gädtke*, VersR 2009, 1565, 1569.
725 BGH WM 1956, 1293; WM 1975, 466; OLG Karlsruhe WM 1971, 877; RGRK/*Krüger-Nieland/Zöller*, § 134 Rn 123; Soergel/*Hefermehl*, § 134 Rn 84; Staudinger/*Sack*, § 134 Rn 274.
726 Abgedruckt bei Baumbach/*Hefermehl*, Wechsel- und Scheckgesetz, 20. Aufl. 1997, Anh. 11.

men lediglich zwischen den Spitzenverbänden des Kreditgewerbes getroffen wurde und damit keine Rechtsnormen iSd Art. 2 EGBGB enthält.[727]

Der **Widerruf eines Schecks** ist gem. Art. 32 Abs. 1 ScheckG erst nach Ablauf der Vorlegungsfrist wirksam. Auch dies ist indes keine Verbotsnorm iSd § 134.[728] Bezogener und Aussteller können daher wirksam vereinbaren, den Widerruf vorher zu beachten. 268

24. Wettbewerbsrecht

Literatur: *Antweiler*, Vergaberechtsverstöße und Vertragsnichtigkeit, DB 2001, 1975; *Köhler/Bornkamm*, Gesetz gegen den unlauteren Wettbewerb, 28. Auflage 2010; *Boesen*, Das Vergaberechtsänderungsgesetz im Lichte der europarechtlichen Vorgaben, EuZW 1998, 551; *Canaris*, Nachträgliche Gesetzeswidrigkeit von Verträgen, geltungserhaltende Reduktion und salvatorische Klauseln im deutschen und europäischen Kartellrecht, DB 2002, 930; *Fikentscher*, Horizontale Wettbewerbsbeschränkungen und Verträge mit Dritten, BB 1956, 793; *Harte-Bavendamm/Henning-Bodewig*, Gesetz gegen den unlauteren Wettbewerb (UWG), 2. Auflage 2009; *Immenga/Mestmäcker*, Wettbewerbsrecht Band 2: GWB, 4. Auflage 2007; *Köhler*, Das neue UWG, NJW 2004, 2121; *Kühne*, Billigkeitskontrolle und Verbotsgesetz, NJW 2006, 2520; *Loewenheim/Meessen/Riesenkampff*, Kartellrecht, 2. Auflage 2009; *Piper/Ohly/Sosnitza*, Gesetz gegen den unlauteren Wettbewerb, 5. Auflage 2010; *Reichelsdorfer*, § 1 UWG – ein Verbotsgesetz im Sinne von § 134 BGB?, WRP 1998, 142; *Sack*, Unlauterer Wettbewerb und Folgevertrag, WRP 1974, 445; *ders.*, Die Durchsetzung unlauter zustande gebrachter Verträge als unlauterer Wettbewerb?, WRP 2002, 396; *ders.*, Folgeverträge unlauteren Wettbewerbs, GRUR 2004, 625.

a) Kartellrecht. Wichtigste Norm des Kartellrechts ist **§ 1 GWB**. Die Vorschrift soll die Handlungsfreiheit des einzelnen Marktteilnehmers schützen und so den Wettbewerb fördern.[729] § 1 GWB dient also sowohl dem **Individualschutz** als auch dem **Schutz der Institution Wettbewerb**.[730] Um diesen doppelten Schutzzweck zu verwirklichen, muss der Verstoß gegen § 1 GWB gem. § 134 die Nichtigkeit entsprechender Vereinbarungen nach sich ziehen.[731] Hiermit ist aber noch nicht geklärt, ob sich die Nichtigkeit auch auf Ausführungs- oder Folgeverträge erstreckt.[732] 269

Für den Begriff des **„Ausführungsvertrags"** existiert zwar keine eindeutige Definition, doch wird hierunter meist ein Vertrag verstanden, der mit der Kartellvereinbarung in unmittelbarem Zusammenhang steht, zB dessen Durchführung unterstützen soll.[733] Wird eine derartige Abrede zwischen den **Parteien** des nichtigen Kartellvertrags getroffen, so ist sie ebenfalls nach § 134 nichtig.[734] **Verträge mit Nichtwettbewerbern** können hingegen an sich nicht gegen § 1 GWB verstoßen, da es an einem Wettbewerbsverhältnis fehlt.[735] Allerdings erstreckt sich die Nichtigkeit des Kartellvertrages auf die Vereinbarung mit dem Dritten, wenn allein diese Vertikalvereinbarung der Kartellvereinbarung zur **Durchsetzung** verhelfen soll. 270

Folgeverträge sind Verträge mit Dritten, die auf einen Leistungsaustausch gerichtet sind und nicht der Durchführung der Kartellvereinbarung dienen.[736] Solche Verträge sind aus Gründen der **Rechtssicherheit** wirksam.[737] Denn eine generelle Erstreckung des Kartellverbotes auf alle Einzelverträge würde unabsehbare Störungen des Wirtschaftslebens nach sich ziehen.[738] Den Kunden wird jedoch ein Schadensersatzanspruch nach § 33 GWB gewährt.[739] 271

Ob der Verstoß gegen das Diskriminierungsverbot des **§ 20 GWB** nach § 134 zur Nichtigkeit eines Vertrages führt, ist umstritten. In der Literatur wird teilweise die Auffassung vertreten, die Nichtigkeit diskriminierender Verträge und deren Rückabwicklung nach Bereicherungsrecht entsprächen nicht den Interessen der Parteien.[740] Für eine Qualifikation als Verbotsnorm spricht jedoch der Wortlaut des § 20 GWB. Außerdem bietet die Annahme der Nichtigkeit den wirkungsvollsten Schutz gegen Diskriminierungen.[741] Eine Ausnahme von der Nichtigkeitsfolge muss aber gelten, wenn die Diskriminierung durch Bevorzugung anderer Marktteilneh- 272

727 OLG Karlsruhe WM 1971, 877, 878; Soergel/*Hefermehl*, § 134 Rn 84; Staudinger/*Sack*, § 134 Rn 274; *Mayer-Maly*, in: FS Hefermehl 1976, S. 103, 110.
728 BGHZ 35, 217, 220; RGRK/*Krüger-Nieland/Zöller*, § 134 Rn 123; Staudinger/*Sack*, § 134 Rn 274; MüKo/*Armbrüster*, § 134 Rn 74, *Mayer-Maly*, in: FS Hefermehl 1976, S. 103, 110.
729 Vgl Immenga/Mestmäcker/*Zimmer*, § 1 GWB Rn 15.
730 Immenga/Mestmäcker/*Zimmer*, § 1 GWB Rn 14.
731 Immenga/Mestmäcker/*Zimmer*, § 1 GWB Rn 9; MüKo/*Armbrüster*, § 134 Rn 64; RGRK/*Krüger-Nieland/Zöller*, § 134 Rn 135.
732 MüKo/*Armbrüster*, § 134 Rn 65.
733 Vgl Immenga/Mestmäcker/*Zimmer*, § 1 GWB Rn 211.
734 OLG Frankfurt OLGZ 1968, 279, 283 f; Immenga/Mestmäcker/*Zimmer*, § 1 GWB Rn 211; RGRK/*Krüger-Nieland/Zöller*, § 134 Rn 136.
735 Vgl auch OLG Frankfurt OLGZ 1968, 279, 281.
736 Vgl die Fallkonstellation bei BGH NJW 1956, 1201.
737 *Fikentscher*, BB 1956, 793, 794; krit. MüKo/*Armbrüster*, § 134 Rn 65.
738 Vgl BGH NJW 1956, 1201; Immenga/Mestmäcker/*Zimmer*, § 1 GWB Rn 215; RGRK/*Krüger-Nieland/Zöller*, § 134 Rn 135; Staudinger/*Sack*, § 134 Rn 249.
739 Vgl BGHZ 64, 232, 237 f; 86, 324, 330.
740 Staudinger/*Sack*, § 134 Rn 249.
741 So *van Venrooy*, BB 1979, 555, 556; MüKo/*Mayer-Maly*, 3. Aufl., § 134 Rn 56, jeweils zu § 26 GWB aF; vgl auch Immenga/Mestmäcker/*Markert*, § 20 GWB Rn 229; Loewenheim/Meesen/Riesenkampff/*Loewenheim*, § 20 GWB Rn 110.

mer erfolgt, die an dem Gesetzesverstoß nicht beteiligt sind.[742] Hier gebieten die Interessen der anderen Marktteilnehmer die Aufrechterhaltung der mit ihnen geschlossenen Verträge.[743]

273 Auch **§ 19 GWB**[744] sowie die **§§ 115 Abs. 1**[745] **und 118 Abs. 1, 3 GWB**[746] sind Verbotsgesetze iSd § 134.[747] Hiergegen verstoßende Abreden sind aus Gründen des Wettbewerbsschutzes nichtig.[748] Der Verstoß gegen die **§§ 97** ff **GWB** führt demgegenüber nicht nach § 134 zur Nichtigkeit der Abrede. Dies lässt sich aus § 114 GWB ableiten.[749]

274 Auf **europäischer Ebene** sind die Art. 28, 30, 101 und 102 AEUV (vormals Art. 23, 25, 81 und 82 EGV) von kartellrechtlichem Interesse. **Art. 28 und 30 AEUV (vormals Art. 23 und 25 EGV)** verbieten Ein- und Ausfuhrzölle oder Abgaben gleicher Wirkung zwischen den Mitgliedstaaten. Vereinbarungen, die gegen Art. 28 und 30 AEUV (vormals Art. 23 und 25 EGV) verstoßen, sind nach § 134 nichtig.[750] Nach **Art. 101 Abs. 1 AEUV (vormals Art. 81 Abs. 1 EGV)** sind wettbewerbsbeschränkende Vereinbarungen verboten. Da Art. 101 Abs. 2 AEUV (vormals 81 Abs. 2 EGV) die Nichtigkeit selbst anordnet, ist ein Rückgriff auf § 134 aber nicht erforderlich. Der **Missbrauch einer marktbeherrschenden Stellung** auf dem Gemeinsamen Markt wird durch Art. 102 AEUV (vormals Art. 82 EGV) verboten. Die Vorschrift enthält keine eigene Nichtigkeitsanordnung. Hier muss daher auf § 134 zurückgegriffen werden.[751]

275 **b) Lauterkeitsrecht.** Verträge zwischen einem Unternehmer und seinen Kunden, die aufgrund eines Verstoßes gegen die wettbewerbsrechtliche **Generalklausel des § 3 UWG** zustande kommen (sog. **Folgeverträge**), sind nach allgemeiner Ansicht nicht nach § 134 nichtig, weil das UWG nicht den **Inhalt** derartiger Rechtsgeschäfte verbieten will.[752] Die Interessen des Kunden werden in solchen Fällen durch die Anfechtungsmöglichkeit nach §§ 119, 123 sowie die sonstigen zivilrechtlichen Ansprüche und Rechte gewahrt.[753] Ist ein Vertrag **unmittelbar** auf die Begehung unlauteren Wettbewerbs gerichtet, so ist § 134 dagegen anwendbar.[754] Nach der Rechtsprechung ist hierfür erforderlich, dass „der rechtsgeschäftlichen Verpflichtung selbst die Wettbewerbswidrigkeit des Verhaltens innewohnt".[755] So wurde ein Vertrag, der eine Verpflichtung zu getarnter Werbung in einem Kinofilm (sog. Product-Placement) zum Gegenstand hatte, wegen Verstoßes gegen § 1 UWG aF für nichtig angesehen.[756]

276 Für die Beispielstatbestände der **§§ 4–7 UWG** gilt schon aus systematischen Gründen das Gleiche wie für § 3 UWG. Der Verstoß gegen diese Tatbestände führt also grundsätzlich nicht nach § 134 zur Unwirksamkeit von Folgeverträgen. Eine Ausnahme gilt wiederum, wenn der Vertrag gerade auf Begehung unlauteren Wettbewerbs gerichtet ist. Der Basisvertrag, mit den sich der Betreiber eines Call-Centers entgegen § 7 Abs. 2 Nr. 2 UWG verpflichtet, bei Dritten ohne deren Einwilligung **Telefonwerbung** zu betreiben, ist daher nach § 134 nichtig.[757]

277 Da das Verbot irreführender Werbung nach **§ 16 Abs. 1 UWG** sich nicht gegen den Inhalt der aufgrund der Werbung geschlossenen Folgeverträge richtet, ist § 134 bei Verstößen nicht anwendbar.[758] Den Kunden können aber Gewährleistungsansprüche nach §§ 434 Abs. 1 S. 3, 437 zustehen.[759] Im Übrigen kommt eine Anfechtung des Vertrages nach § 123 in Betracht.[760] Demgegenüber stellt das Verbot der progressiven Kundenwerbung in **§ 16 Abs. 2 UWG** ein Verbotsgesetz iSd § 134 dar (vgl § 138 Rn 342).[761] Desgleichen sind

742 Loewenheim/Meessen/Riesenkampff/*Loewenheim*, § 20 GWB Rn 110.

743 Immenga/Mestmäcker/*Markert*, § 20 GWB Rn 229.

744 Immenga/Mestmäcker/*Möschel*, § 19 GWB Rn 248; Loewenheim/Meessen/Riesenkampff/*Götting*, § 19 GWB Rn 101.

745 Immenga/Mestmäcker/*Dreher*, § 115 GWB Rn 10; Loewenheim/Meessen/Riesenkampff/*Storr*, § 115 GWB Rn 9.

746 Immenga/Mestmäcker/*Stockmann*, § 118 GWB Rn 20; Loewenheim/Meessen/Riesen-kampff/*Storr*, § 118 GWB Rn 21.

747 Vgl *Antweiler*, DB 2001, 1975, 1979; *Boesen*, EuZW 1998, 551, 558.

748 OLG Düsseldorf NJW 2009, 1087, 1089; Staudinger/*Sack*, § 134 Rn 248; *Kühne*, NJW 2006, 2520, 2521.

749 S.a. Staudinger/*Sack*, § 134 Rn 249.

750 BVerwGE 70, 41, 44 f.

751 Staudinger/*Sack*, § 134 Rn 313; *Emmerich*, AG 2001, 520, 523 ff.

752 So zu § 3 UWG *Köhler*/Bornkamm, § 3 UWG Rn 156; *Köhler*, NJW 2004, 2121, 2123; *Sack*, GRUR 2004, 625, 626; zu § 1 UWG aF BGHZ 110, 156, 174 f; BGH NJW 1998, 2531, 2533; 1999, 2266, 2267; Piper/*Ohly*/Sosnitza, Einl. D. Rn 67; MüKo/*Armbrüster*, § 134 Rn 67; Staudinger/*Sack*, § 134 Rn 304.

753 Ausf. zu den Rechten des Kunden bei unlauterem Wettbewerb *Sack*, GRUR 2004, 625 ff.

754 Vgl Harte-Bavendamm/Henning-Bodewig/*Ahrens*, Einl. F Rn 145; *Sack*, GRUR 2004, 625, 626; zu § 1 UWG aF BGHZ 110, 156, 175; BGH NJW 1998, 2531, 2533; 1999, 2266, 2267; MüKo/*Armbrüster*, § 134 Rn 67; Staudinger/*Sack*, § 134 Rn 300; *Reichelsdorfer*, WRP 1998, 142, 144.

755 BGH NJW 1998, 2531, 2533; 1999, 2266, 2267 (zu § 1 UWG aF).

756 Vgl OLG München NJW-RR 2006, 768, 769; PWW/*Ahrens*, § 134 Rn 63.

757 OLG Stuttgart NJW 2008, 3071, 3072.

758 Köhler/*Bornkamm*, § 16 UWG Rn 29, 51; *Alexander*, WRP 2004, 407, 421.

759 Begr. BT-Drucks. 15/1487, S. 14 f; *Sack*, GRUR 2004, 625, 627 f.

760 Köhler/*Bornkamm*, § 16 UWG Rn 29.

761 Köhler/*Bornkamm*, § 16 UWG Rn 51; Piper/Ohly/*Sosnitza*, § 16 UWG Rn 55; *Alexander*, WRP 2004, 407, 421.

Vereinbarungen über den Verrat von Geschäfts- und Betriebsgeheimnissen nach § 134 iVm **§ 17 UWG** nichtig.[762]

25. Zivilprozessrecht

Literatur: *Lachmann*, Schiedsvereinbarungen im Praxistest, BB 2000, 1633.

Bis zur Reform des Schiedsverfahrensrechts durch das SchiedsVfG v. 22.12.1997 war eine vertragliche Vereinbarung, die gegen das **Gebot der überparteilichen Besetzung des Schiedsgerichts** verstieß, nach § 134 nichtig (vgl Rn 21).[763] Seit Inkrafttreten der Reform am 1.1.1998 trifft § 1034 Abs. 2 ZPO für diese Problematik eine spezielle Regelung, die die Nichtigkeitsfolge aus § 134 verdrängt.[764] Dies gilt auch dann, wenn eine Partei es unterlassen hat, einen Schiedsrichter zu benennen, und folglich gem. der vertraglichen Absprache allein der Schiedsrichter der anderen Vertragspartei den Schiedsspruch fällt.[765] **278**

C. Weitere praktische Hinweise

Die Nichtigkeit nach § 134 ist eine **Einwendung**, die von Amts wegen zu beachten ist. Die tatsächlichen Voraussetzungen für die Annahme eines Gesetzesverstoßes müssen aber von der Partei **dargelegt** und **bewiesen** werden, die sich auf die Nichtigkeit des Geschäfts beruft.[766] **279**

Verstößt eine einzelne Vertragsklausel (möglicherweise) gegen eine Verbotsnorm, so können die Parteien die Aufrechterhaltung des Vertrages im Ganzen nicht dadurch sicherstellen, dass sie in den Vertrag eine Klausel aufnehmen, wonach die Nichtigkeit einzelner Vereinbarungen die Gültigkeit des Vertrages im Ganzen unberührt lässt (sog. **salvatorische Klausel**).[767] Ob der Gesetzesverstoß zur Nichtigkeit des gesamten Vertrages führt, hängt nämlich im Rahmen des § 134 allein vom Zweck des Gesetzes ab; der Parteiwille ist insoweit irrelevant. **280**

§ 135 Gesetzliches Veräußerungsverbot

(1) [1]Verstößt die Verfügung über einen Gegenstand gegen ein gesetzliches Veräußerungsverbot, das nur den Schutz bestimmter Personen bezweckt, so ist sie nur diesen Personen gegenüber unwirksam. [2]Der rechtsgeschäftlichen Verfügung steht eine Verfügung gleich, die im Wege der Zwangsvollstreckung oder der Arrestvollziehung erfolgt.

(2) Die Vorschriften zugunsten derjenigen, welche Rechte von einem Nichtberechtigten herleiten, finden entsprechende Anwendung.

Literatur: *Beckmann*, Nichtigkeit und Personenschutz, 1998; *Beer*, Die Relative Unwirksamkeit, 1975; *Berger*, Rechtsgeschäftliche Verfügungsbeschränkungen, 1998; *Bülow*, Grundfragen der Verfügungsverbote, JuS 1994, 1; *Denck*, Die Relativität im Privatrecht, JuS 1981, 9; *Foerste*, Grenzen der Durchsetzung von Verfügungsbeschränkung und Erwerbsverbot im Grundstücksrecht, 1986; *Kohler*, Das Verfügungsverbot gemäß § 938 Abs. 2 ZPO im Liegenschaftsrecht, 1983; *ders.*, Das Verfügungsverbot lebt, JZ 1983, 586; *ders.*, Eigentumserwerb des durch Verfügungsverbot Geschützten an verbotswidrig veräußerten Mobilien, Jura 1991, 349; *Ruhwedel*, Grundlagen und Rechtswirkungen sogenannter relativer Veräußerungsverbote, JuS 1980, 161; *Wieling*, Jus ad rem durch einstweilige Verfügung, JZ 1982, 839.

762 Vgl zu § 17 UWG aF Staudinger/*Sack*, § 134 Rn 299. Zu den zivilrechtlichen Ansprüchen des Geschädigten in solchen Fällen vgl *Köhler*/Bornkamm, § 17 UWG Rn 51 ff.

763 BGHZ 51, 255, 262 = NJW 1969, 750, 751; Staudinger/*Sack*, § 134 Rn 308.

764 So auch Thomas/Putzo/*Reichold*, § 1034 Rn 4; *Lachmann*, BB 2000, 1633, 1638.

765 Vgl Thomas/Putzo/*Reichold*, § 1034 Rn 3 mit Hinweis auf BGHZ 54, 392, 396 f.

766 Vgl BGH NJW 1983, 2018, 2019; Bamberger/Roth/*Wendtland*, § 134 Rn 30; Palandt/*Ellenberger*, § 134 Rn 12 a.

767 MüKo/*Armbrüster*, § 134 Rn 109.

A. Allgemeines

I. Normzweck

1 § 135 regelt die Wirkungen gesetzlicher Veräußerungsverbote. Wenn ein Rechtsgeschäft gegen ein solches Verbot verstößt, ist dies an sich ein Fall des § 134.[1] Soll das Veräußerungsverbot die **Interessen Einzelner** schützen, so würde die regelmäßige Rechtsfolge des § 134 (Totalnichtigkeit) jedoch über den Schutzzweck hinausgehen. Es genügt, dass das Rechtgeschäft im Verhältnis zu dem Geschützten unwirksam ist. Der Gesetzgeber hat sich deshalb dafür entschieden, das verbotswidrige Geschäft in diesen Fällen für **relativ unwirksam** zu erklären (Abs. 1).[2] Die Vorschrift begründet dabei selbst kein relatives Veräußerungsverbot; sie hat lediglich die Funktion, die Rechtsfolgen eines solchen Verbotes für den Fall zu regeln, dass diese in der betreffenden Verbotsvorschrift nicht eigenständig geregelt sind.[3] Man spricht daher auch von einer „Blankettnorm".[4] Im Verhältnis zu § 134 handelt es sich um eine vorrangige Sonderregelung.[5] Für die praktisch wesentlich wichtigeren **absoluten Veräußerungsverbote**, die dem Schutz von Interessen der Allgemeinheit dienen, bleibt aber § 134 maßgeblich (vgl § 134 Rn 2).

II. Abgrenzungen

2 **1. Relative und absolute Veräußerungsverbote.** Die Abgrenzung zwischen relativen und absoluten Veräußerungsverboten richtet sich nach dem **Schutzzweck** der jeweiligen Verbotsnorm. Soll die Norm lediglich einzelne Personen schützen, so handelt es sich um ein relatives Veräußerungsverbot. Dient die Norm dem Schutz von Allgemeininteressen, so ist von einem absoluten Veräußerungsverbot auszugehen.[6] Nicht von § 135 erfasst werden auch Veräußerungsverbote zum Schutz des Verfügenden. Die Vorschrift hat nämlich nicht den Zweck, den Verfügenden vor sich selbst zu schützen.[7]

3 **Absolute Veräußerungsverbote** finden sich lediglich außerhalb des BGB. Zu nennen sind etwa die Verbote in Bezug auf den Verkehr mit Lebensmitteln nach der Verordnung (EG) Nr. 178/2002 (sog. BasisVO) und den §§ 5 ff LMFG (bis 6.9.2005 §§ 8 f LMBG), das Verbot des Handeltreibens mit Betäubungsmitteln nach § 29 BtMG sowie die Regelungen über den Handel mit Arzneimitteln nach §§ 43, 50 und 52 ArzneimittelG.[8] Auch die Vorschrift des § 55 Abs. 2 S. 3 BNotO, wonach ein Notar während der Dauer einer vorläufigen Amtsenthebung keine Amtsgeschäfte führen kann, enthält kein relatives Veräußerungsverbot iSd § 135, sondern eine absolut wirkende gesetzliche Verfügungsbeschränkung.[9] Verstößt eine Verfügung gegen ein absolutes Veräußerungsverbot, so ist sie im Allgemeinen nach § 134 **im Verhältnis zu jedermann** (absolut) **nichtig**.[10] Anders als bei relativen Veräußerungsverboten (Abs. 2) kommt ein **gutgläubiger Erwerb** nicht in Betracht.[11] Eine Eintragung ins Grundbuch ist daher grundsätzlich weder erforderlich noch zulässig.[12]

4 **2. Gesetzliche Verfügungsbeschränkungen.** Ebenso wie § 134 (dort Rn 13 f) bezieht § 135 sich allein auf das rechtliche **Dürfen**. Die Vorschrift setzt damit voraus, dass der Adressat die Verfügung an sich vornehmen kann. Sie gilt also nicht für Verfügungsbeschränkungen, die schon das rechtliche **Können** betref-

1 PWW/*Ahrens*, § 136 Rn 1; *Staudinger/Kohler*, § 135 Rn 1.
2 Vgl Motive I, S. 212 = *Mugdan* I, S. 469 f.
3 MüKo/*Armbrüster*, § 135 Rn 1; *Beckmann*, S. 173.
4 So etwa MüKo/*Armbrüster*, § 135 Rn 1; *Beer*, S. 179; *Bülow*, JuS 1994, 1, 2.
5 PWW/*Ahrens*, § 136 Rn 1; HKK/*Dorn*, §§ 134–137 Rn 28; *Beckmann*, S. 172.
6 Motive I, S. 212 = *Mugdan* I, S. 469 f; Staudinger/*Kohler*, § 135 Rn 42 ff.
7 Vgl MüKo/*Armbrüster*, § 135 Rn 7; *Medicus*, BGB AT, Rn 667.
8 Vgl BGH NJW 1983, 636 (zu § 29 BtMG); MüKo/*Armbrüster*, § 135 Rn 9.
9 BGH NJW 2006, 294, 295; PWW/*Ahrens*, § 136 Rn 3.
10 BGHZ 19, 355, 359; BGH NJW 2006, 294, 295; Bamberger/Roth/*Wendtland*, § 135 Rn 6; Palandt/*Ellenberger*, §§ 135, 136 Rn 2.
11 PWW/*Ahrens*, § 136 Rn 3.
12 Soergel/*Hefermehl*, § 135 Rn 7.

fen,[13] wie zB der vertragliche Ausschluss der Abtretung nach § 399 Alt. 2[14] und das „Verbot" von Verfügungen des Gesellschafters über seinen Anteil am Gesellschaftsvermögen in § 719 Abs. 1.[15]

3. Güterrechtliche Verfügungsbeschränkungen, §§ 1365, 1369. Keine Anwendungsfälle des § 135 sind auch die güterrechtlichen Verfügungsbeschränkungen nach §§ 1365, 1369. Die hM begründet dies damit, dass die §§ 1365, 1369 **absolute Veräußerungsverbote** statuieren.[16] Die Gegenauffassung stellt darauf ab, dass es sich um **gesetzliche Verfügungsbeschränkungen** handelt.[17] Einigkeit besteht jedenfalls darüber, dass das Rechtsgeschäft bei einem Verstoß gegen die §§ 1365, 1369 absolut unwirksam ist und dass ein gutgläubiger Erwerb nach Abs. 2 nicht in Betracht kommt.[18] Bei der Veräußerung einzelner Gegenstände ist § 1365 nach hM allerdings nur dann anwendbar, wenn der Vertragspartner positiv weiß, dass es sich um nahezu das ganze Vermögen des Ehegatten handelt, oder wenn er zumindest die Umstände kennt, aus denen sich dies ergibt.[19] 5

4. Verlust der Verfügungsbefugnis nach § 81 InsO. Kein relatives Veräußerungsverbot ist schließlich der Verlust der Verfügungsbefugnis nach § 81 Abs. 1 S. 1 InsO. Verfügt der Schuldner nach Eröffnung des Insolvenzverfahrens über einen Gegenstand der Insolvenzmasse, so ist die Verfügung gegenüber jedermann **(absolut) unwirksam.**[20] Zur Einordnung des Verfügungsverbots durch das Insolvenzgericht nach § 21 Abs. 2 Nr. 2 InsO vgl § 136 Rn 4. 6

B. Regelungsgehalt

I. Gesetzliches Veräußerungsverbot zum Schutz bestimmter Personen

1. Begriff des gesetzlichen Veräußerungsverbots. § 135 setzt zunächst ein gesetzliches Veräußerungsverbot voraus. Der Begriff der Veräußerung ist in einem weiten Sinne zu verstehen. Erfasst wird nicht nur die **Übertragung** eines Rechts, sondern auch dessen **Aufhebung, Änderung** oder **Belastung.**[21] Die Vorschrift gilt somit für sämtliche Verfügungen. Ob § 135 auf **gesetzliche Erwerbsverbote** entsprechend anwendbar ist, kann dahinstehen, weil das deutsche Recht keine solchen Verbote mehr kennt.[22] Insbesondere sind gesetzliche Erwerbsbeschränkungen für Ausländer und ausländische juristische Personen gem. Art. 86 S. 1 EGBGB seit dem 30.7.1998 nicht mehr anwendbar. Zur Anwendbarkeit der §§ 135, 136 auf gerichtliche Erwerbsverbote s. § 136 Rn 17. 7

Das Verbot muss sich gegen das **Verfügungsgeschäft** richten. § 311 b Abs. 2 und 4 beziehen sich auf das **Verpflichtungsgeschäft** und werden daher von § 135 nicht erfasst.[23] 8

Das Veräußerungsverbot darf nur den Schutz von **bestimmten Personen** bezwecken. Soll das Verbot die Interessen der **Allgemeinheit** oder eines **unbestimmten Personenkreises** schützen, so ist § 135 nicht anwendbar.[24] Maßgeblich ist vielmehr § 134 (s. Rn 1). 9

2. Beispiele. Welche Bestimmungen ein gesetzliches Veräußerungsverbot zum Schutz von bestimmten Personen enthalten, ist umstritten. Einigkeit besteht aber darüber, dass der **unmittelbare Anwendungsbereich** des § 135 **gering** ist.[25] Die praktische Bedeutung der Vorschrift ergibt sich vor allem daraus, dass § 136 für behördliche Veräußerungsverbote auf sie verweist.[26] 10

Ob § 135 **im Rahmen des BGB** überhaupt einen **Anwendungsbereich** hat, ist zweifelhaft. Die Rechtsprechung geht davon aus, dass die Unübertragbarkeit des Vorkaufsrechts nach § 473 (§ 514 aF) ein gesetzliches Veräußerungsverbot iSd § 135 darstellt.[27] Vorzugswürdig ist jedoch die Annahme, dass § 473 (ebenso wie etwa § 719) nicht das rechtliche **Dürfen**, sondern das rechtliche **Können** beschränkt (s. allgemein Rn 4). Der Verstoß gegen § 473 führt daher zu absoluter Unwirksamkeit. § 135 ist nicht anwendbar.[28] 11

13 BGHZ 13, 179, 184; Jauernig/*Jauernig*, §§ 135, 136 Rn 3.
14 Vgl BGHZ 40, 156, 160; 56, 228, 231; *Bülow*, JuS 1994, 1, 8; aA *Denck*, JuS 1981, 9, 12.
15 BGHZ 13, 179, 184; *Medicus*, BGB AT, Rn 669.
16 BGHZ 40, 218, 219 ff; Jauernig/*Berger*, Vor §§ 1365–1369 Rn 11.
17 PWW/*Ahrens*, § 136 Rn 4; Soergel/*Hefermehl*, §§ 135, 136 Rn 11; *Medicus*, BGB AT, Rn 670.
18 Vgl Palandt/*Ellenberger*, §§ 135, 136 Rn 2 a; Staudinger/*Kohler*, § 135 Rn 54.
19 Sog. subjektive Theorie, vgl BGHZ 43, 174, 177; 64, 246, 247; 132, 218, 220; MüKo/*Koch*, § 1365 Rn 26 ff; Jauernig/*Berger*, § 1365 Rn 3.
20 Vgl MüKo/*Armbrüster*, § 135 Rn 28; Staudinger/*Kohler*, § 135 Rn 45.
21 Motive I, S. 212 = *Mugdan* I, S. 470; Soergel/*Hefermehl*, §§ 135, 136 Rn 1.
22 Staudinger/*Kohler*, § 135 Rn 34.
23 Vgl Soergel/*Hefermehl*, §§ 135, 136 Rn 4; Staudinger/*Kohler*, § 135 Rn 15.
24 MüKo/*Armbrüster*, § 135 Rn 7; Staudinger/*Kohler*, § 135 Rn 43.
25 Vgl BGHZ 13, 179, 184; Palandt/*Ellenberger*, §§ 135, 136 Rn 3; *Bork*, BGB AT, Rn 1137.
26 HKK/*Dorn*, §§ 134-137 Rn 35.
27 RGZ 148, 105, 111 ff; 163, 142, 155; BGH WM 1963, 617, 619; dem folgend HK-BGB/*Saenger*, § 473 Rn 1; Palandt/*Weidenkaff*, § 473 Rn 2; RGRK/*Mezger*, § 514 Rn 1.
28 So MüKo/*Armbrüster*, § 135 Rn 17; Staudinger/*Kohler*, § 135 Rn 29; *Bülow*, JuS 1994, 1, 3.

12 Relative Veräußerungsverbote enthalten die **§§ 1124, 1126, 1128**. Da die Folgen eines Verstoßes hier abschließend geregelt werden, bleibt für § 135 jedoch kein Raum.[29]

13 Auch **außerhalb des BGB** finden sich nur vereinzelt relative Veräußerungsverbote. Die einschlägigen Bestimmungen enthalten überdies meist eigenständige Rechtsfolgeregelungen, so dass auf § 135 nicht zurückgegriffen werden muss.[30] Wichtigstes Beispiel ist **§ 108 Abs. 1 VVG** (§ 156 Abs. 1 VVG aF),[31] wonach Verfügungen des Versicherungsnehmers über den Freistellungsanspruch gegen den Versicherer in der Haftpflichtversicherung dem geschädigten Dritten gegenüber unwirksam sind. Die hM sah auch den Abtretungsausschluss bei der Feuerversicherung nach **§ 98 VVG aF** als relatives Veräußerungsverbot an.[32] Nach richtiger Auffassung handelte es sich aber um eine Verfügungsbeschränkung. Der Verstoß gegen § 98 VVG aF führte daher zur absoluten Unwirksamkeit der Abtretung.[33] Das Problem hat sich allerdings dadurch erledigt, dass die Vorschrift bei der VVG-Reform von 2008 ersatzlos gestrichen wurde.[34] Im neuen VVG wird noch das Abtretungsverbot bei unpfändbaren Sachen nach **§ 17 VVG** (§ 15 VVG aF) als relatives Verfügungsverbot betrachtet.[35] Auch hierbei handelt es sich jedoch um eine Verfügungsbeschränkung; der Verstoß gegen § 17 VVG führt daher zur absoluten Unwirksamkeit der Abtretung.[36]

14 **3. Fazit.** Der geringe unmittelbare Anwendungsbereich des § 135 beruht auf einem **Wandel des Rechtsverständnisses**. Der historische Gesetzgeber hat sich bei der Kodifizierung des § 135 noch davon leiten lassen, dass das relative gesetzliche Veräußerungsverbot im römischen und im gemeinen Recht ein anerkanntes Rechtsinstitut war.[37] Das moderne Recht hat dagegen zahlreiche andere Mittel entwickelt, um die Interessen Einzelner wirksam zu schützen. Im Vordergrund stehen nicht mehr Veräußerungsverbote, sondern Beschränkungen der Verfügungsmacht.[38] Schon bei Inkrafttreten des BGB gab es deshalb für § 135 nur wenige Anwendungsfälle. Seitdem ist die Bedeutung des § 135 weiter zurückgegangen, weil sich das dogmatische Verständnis bei einigen einschlägigen Vorschriften (zB §§ 399, 473, 719) gewandelt hat. Soweit relative Veräußerungsverbote heute im Gesetz überhaupt noch vorkommen, werden die Rechtsfolgen in den jeweiligen Vorschriften meist eigenständig geregelt.[39] § 135 hat daher auch in dieser Hinsicht keine praktische Bedeutung.

II. Geschützte Personen

15 Welche Personen geschützt sind, ist nicht dem § 135 selbst zu entnehmen, sondern ergibt sich aus dem jeweiligen **Verbotsgesetz**.[40] Sieht man § 473 als relatives gesetzliches Veräußerungsverbot an (Rn 11), so ist die Übertragung des Vorkaufsrechts nur dem Verkaufsverpflichteten gegenüber unwirksam.[41] Für die Haftpflichtversicherung ordnet § 108 Abs. 1 VVG ausdrücklich an, dass Verfügungen über den Freistellungsanspruch gegen den Versicherer (nur) dem geschädigten Dritten gegenüber unwirksam sind.[42]

III. Reichweite des Schutzes

16 **1. Verfügung.** § 135 gilt für alle **rechtsgeschäftlichen Verfügungen** (Rn 8). Die zugrunde liegenden Verpflichtungsgeschäfte werden dagegen nicht erfasst.[43]

17 Nach Abs. 1 S. 2 stehen Verfügungen im Wege der **Zwangsvollstreckung** oder der **Arrestvollziehung** den rechtsgeschäftlichen Verfügungen gleich. Die geschützten Personen können gegen entsprechende Maßnahmen nach §§ 772 S. 2, 771 ZPO Drittwiderspruchsklage erheben.[44] Daneben kommt eine Erinnerung nach

29 So auch *Bülow*, JuS 1994, 1, 2.
30 Vgl *Bülow*, JuS 1994, 1, 2; MüKo/*Armbrüster*, § 135 Rn 29.
31 Zur Einordnung der Vorschrift als relatives Verfügungsverbot vgl Begr. RegE, BT-Drucks. 16/3945 S. 86; Looschelders/Pohlmann/*Schulze Schwienhorst*, VVG, 2010, § 108 Rn 1 ff; *Lücke*, in: Prölss/Martin, VVG, 28. Aufl. 2010, § 108 Rn 15; MüKo/*Armbrüster*, § 135 Rn 29; aA Staudinger/*Kohler*, § 135 Rn 27.
32 BGH VersR 1994, 172; *Kollhosser*, in: Prölss/Martin, VVG, 27. Aufl. 2004, § 98 Rn 3; PWW/*Ahrens*, § 136 Rn 5.
33 *Dörner/Staudinger*, in: Berliner Kommentar zum VVG, 1999, § 98 Rn 7.
34 Vgl Begr. RegE, BT-Drucks. 16/3945 S. 83.
35 So PWW/*Ahrens*, § 136 Rn 5.
36 Looschelders/Pohlmann/*Klenk*, § 17 VVG Rn 9; MüKo-VVG/*Fausten*, 2010, § 17 VVG Rn 40; *Prölss*/Martin, 27. Aufl. 2004, § 15 VVG aF Rn 9; Berliner Kommentar/*Gruber*, § 15 VVG aF Rn 9.
37 *Ruhwedel*, JuS 1980, 161, 165; allgemein zur Entwicklung HKK/*Dorn*, §§ 134–137 Rn 31 ff. Ein historisch wichtiges Beispiel sind die Verfügungsbeschränkungen bei Fideikommissen.
38 Vgl *Berger*, S. 23.
39 *Berger*, S. 23.
40 Jauernig/*Jauernig*, §§ 135, 136 Rn 5; Palandt/*Ellenberger*, §§ 135, 136 Rn 4.
41 Vgl RGZ 148, 105, 111 ff; RGRK/*Mezger*, § 514 Rn 1.
42 Zu den Folgen einer verbotswidrigen Verfügung bei § 108 Abs. 1 VVG vgl Looschelders/Pohlmann/*Schulze Schwienhorst*, § 108 VVG Rn 8.
43 Bamberger/Roth/*Wendtland*, § 135 Rn 2; Soergel/*Hefermehl*, §§ 135, 136 Rn 24.
44 Vgl Palandt/*Ellenberger*, §§ 135, 136 Rn 6; Staudinger/*Kohler*, § 135 Rn 17.

§ 766 ZPO in Betracht.[45] Eine entsprechende Ausweitung auf Verfügungen im Wege der Zwangsvollstreckung oder Arrestvollziehung findet sich für die Haftpflichtversicherung in § 108 Abs. 1 S. 2 VVG.[46]

Auf Verfügungen durch den **Insolvenzverwalter** ist § 135 nicht anwendbar.[47] Ein gegen den Schuldner bestehendes relatives Veräußerungsverbot nach §§ 135, 136 ist im Insolvenzverfahren grundsätzlich unbeachtlich (§ 80 Abs. 2 S. 1 InsO). Die Vorschriften über die Wirkungen einer Pfändung oder einer Beschlagnahme im Wege der Zwangsvollstreckung bleiben aber unberührt (§ 80 Abs. 2 S. 2 InsO). 18

Für **Verwaltungsakte** ist die Kategorie der relativen Unwirksamkeit nicht sachgemäß. § 135 kann daher weder direkt noch entsprechend angewendet werden. Das Verbot von Beitragserstattungen nach § 10 d VAHRG ist damit kein Anwendungsfall des § 135.[48] 19

2. Gegenstand. Die Verfügung muss sich auf einen Gegenstand beziehen. Der Begriff des Gegenstands ist weit zu verstehen. Nach allgemeiner Ansicht umfasst er alles, was **Objekt von Rechten** sein kann.[49] Dazu gehören neben den beweglichen und unbeweglichen Sachen auch unkörperliche Objekte wie Elektrizität, Forderungen, Immaterialgüterrechte und sonstige Vermögensrechte.[50] 20

Nach dem Schutzzweck des § 135 muss der betreffende Gegenstand als **Objekt einer Verfügung** in Betracht kommen.[51] Da Unternehmen oder Praxen als solche keine tauglichen Verfügungsobjekte sind, werden sie nicht vom Begriff des Gegenstands in § 135 erfasst.[52] 21

Keine tauglichen Verfügungsobjekte sind Gegenstände, die aufgrund ihrer Natur generell **unveräußerlich** sind.[53] **Forderungen**, die gem. §§ 399 Alt. 1, 400 **nicht abtretbar** sind, werden daher nicht von § 135 erfasst. Das Gleiche gilt für den **Nießbrauch** (§ 1059 S. 1). 22

IV. Rechtsfolgen

1. Relative Unwirksamkeit der Verfügung. Verstößt eine Verfügung gegen ein Veräußerungsverbot iSd § 135, so ist sie lediglich im Verhältnis zu der geschützten Person (Rn 1) unwirksam, im Übrigen aber wirksam. Welche genauen Auswirkungen die relative Unwirksamkeit im Fall einer verbotswidrigen Verfügung hat, ist umstritten.[54] Ein Teil der Literatur[55] geht im Anschluss an *Planck*[56] und *v. Tuhr*[57] von einer „**Duplizität des Rechtssubjekts**" aus. Danach bleibt der Veräußerer im Verhältnis zu den geschützten Personen Eigentümer der Sache oder Inhaber des Rechts; im Verhältnis zu allen anderen Personen (einschließlich des Veräußerers) wird hingegen der Erwerber zum neuen Eigentümer bzw Rechtsinhaber. Eine solche Aufspaltung der Eigentümerstellung oder Rechtsinhaberschaft ist dem deutschen Recht jedoch fremd. Vorzugswürdig ist deshalb die Auffassung, dass der Erwerber im Verhältnis zu jedermann Eigentümer der Sache oder Inhaber des Rechts wird; im Verhältnis zu dem Geschützten behält der Veräußerer jedoch die Rechtsmacht, weiter über die Sache oder das Recht zu verfügen.[58] 23

2. Verwirklichung des Veräußerungsverbots. Die Durchsetzung eines relativen Veräußerungsverbots kann erhebliche Schwierigkeiten bereiten. Besonders problematisch ist dabei die Verwirklichung obligatorischer **Erwerbsansprüche** (zB aus § 433 Abs. 1). Hier lässt sich dem Abs. 1 allgemein entnehmen, dass der Erwerbsanspruch trotz der Veräußerung nicht nach § 275 Abs. 1 ausgeschlossen ist, weil der Veräußerer seine Verfügungsmacht im Verhältnis zu dem Geschützten nicht verloren hat. Auf welche Weise der Geschützte seinen Anspruch konkret durchsetzen kann, hängt von der **Art des Gegenstands** ab, auf den sich der geschützte Erwerbsanspruch bezieht.[59] 24

a) Verbotswidrige Veräußerung beweglicher Sachen. Ist eine bewegliche Sache unter Verstoß gegen ein Veräußerungsverbot an einen Dritten veräußert worden, so stellt sich die Frage, ob der Geschützte **den** 25

45 Vgl *Ruhwedel*, JuS 1980, 161, 166.
46 Dazu Looschelders/Pohlmann/*Schulze Schwienhorst*, § 108 VVG Rn 4.
47 MüKo/*Armbrüster*, § 135 Rn 42; Staudinger/*Kohler*, § 135 Rn 18.
48 BGH NJW 1995, 135; Staudinger/*Kohler*, § 135 Rn 14.
49 Bamberger/Roth/*Wendtland*, § 135 Rn 3; Palandt/*Ellenberger*, Vor § 90 Rn 2.
50 Staudinger/*Kohler*, § 135 Rn 20.
51 MüKo/*Holch*, § 90 Rn 1.
52 AA Bamberger/Roth/*Wendtland*, § 135 Rn 3.
53 Vgl Bamberger/Roth/*Wendtland*, § 135 Rn 3; Staudinger/*Kohler*, § 135 Rn 20 ff.
54 Zum Meinungsstand vgl HKK/*Dorn*, §§ 134–137 Rn 36; *Foerste*, S. 22 ff.
55 Jauernig/*Jauernig*, Vor § 104 Rn 19 und §§ 135, 136 Rn 6; RGRK/*Krüger-Nieland/Zöller*, § 135 Rn 15; *Brox/Walker*, BGB AT, Rn 350; *Larenz/Wolf*, BGB AT, § 44 Rn 61.
56 *Planck*, Kommentar zum BGB, 2. Aufl. 1898, § 135 Anm. 2.
57 *V. Tuhr*, BGB AT, Bd. 2/1, 1914, S. 327 ff.
58 So BGHZ 111, 364, 368 = NJW 1990, 2459 = JZ 1991, 40 m. Anm. *Mayer-Maly*; Palandt/*Ellenberger*, §§ 135, 136 Rn 6; PWW/*Ahrens*, § 136 Rn 7; MüKo/*Armbrüster*, § 135 Rn 36; Bamberger/Roth/*Wendtland*, § 135 Rn 8; Soergel/*Hefermehl*, §§ 135, 136 Rn 18; Staudinger/*Kohler*, § 135 Rn 91; *Flume*, BGB AT Bd. 2, § 17, 6 d; *Larenz*, BGB AT, 7. Aufl. 1989, § 23 IV; *Medicus*, BGB AT, Rn 493; *Gursky*, JR 1984, 3, 4.
59 Vgl MüKo/*Armbrüster*, § 135 Rn 38; Staudinger/*Kohler*, § 135 Rn 107.

Erwerber unmittelbar auf Herausgabe der Sache in Anspruch nehmen kann. Dies wird von einem Teil der Literatur bejaht.[60] Nach hM muss der Geschützte sich dagegen **zunächst an den Veräußerer halten**. Rechtsgrundlage ist das zwischen dem Geschützten und dem Veräußerer bestehende Rechtsverhältnis (zB Anspruch auf Übereignung aus § 433 Abs. 1). Erst wenn der Veräußerer das Eigentum aufgrund der ihm verbliebenen Rechtsmacht auf den Geschützten übertragen hat, kann dieser vom Erwerber nach § 985 Herausgabe der Sache verlangen.[61]

26 Der hM ist zuzustimmen. Ein unmittelbarer Herausgabeanspruch gegen den Erwerber scheitert daran, dass die relative Unwirksamkeit sich zunächst nur im Verhältnis zwischen dem Geschützten und dem Veräußerer auswirkt. Solange der Veräußerer dem Geschützten nicht das Eigentum an der Sache übertragen hat, besteht für einen **Herausgabeanspruch gegen den Erwerber** (vorbehaltlich des § 826)[62] **keine Grundlage**. Die Konstruktion eines unmittelbaren Herausgabeanspruchs gegen den Erwerber ist auch nicht deshalb erforderlich, weil der Anspruch gegen den Veräußerer aus rechtlichen oder tatsächlichen Gründen (Insolvenz oder unbekannter Aufenthalt des Veräußerers) schwer oder gar nicht zu verwirklichen sein mag.[63] Denn diese Risiken werden vom Schutzzweck des § 135 nicht erfasst.

27 Fraglich ist allerdings, auf welche Weise der Veräußerer das Eigentum an der Sache auf den Geschützten übertragen kann. Ein Teil der Literatur wendet die §§ 929, 931 an. Die Übertragung erfolgt danach durch **Einigung** und **Abtretung des Herausgabeanspruchs** gegen den Erwerber.[64] Dieser Absatz steht jedoch vor dem Problem, dass sich ein Herausgabeanspruch des Veräußerers gegen den Erwerber schwer begründen lässt.[65] Es ist daher vorzugswürdig, die dingliche Einigung zwischen Veräußerer und Geschütztem ausreichen zu lassen.[66]

28 **b) Verbotswidrige Veräußerung unbeweglicher Sachen.** Bei verbotswidriger Verfügung über eine unbewegliche Sache muss der Geschützte sich ebenfalls primär an den Veräußerer halten. Dieser ist nach Abs. 1 S. 1 weiter in der Lage, die **Auflassung** (§§ 873, 925) wirksam zu erklären.[67] Ist der Dritterwerber schon als Eigentümer in das Grundbuch eingetragen worden – was mangels Grundbuchsperre (Rn 33) möglich ist –, so kann der Geschützte von ihm nach § 888 Abs. 2 die Abgabe der grundbuchrechtlich erforderlichen **Eintragungsbewilligung** verlangen (vgl auch § 888 Rn 39).[68]

29 **c) Verbotswidrige Veräußerung von Forderungen und Rechten.** Im Fall der verbotswidrigen Veräußerung einer Forderung oder eines sonstigen Rechts kann der Geschützte aus dem zugrunde liegenden Rechtsverhältnis (zB Forderungskauf) von dem Veräußerer weiter Abtretung der Forderung oder des Rechts verlangen.[69] Tritt der Veräußerer die Forderung oder das Recht an den Geschützten ab, so verliert der Dritterwerber automatisch ex nunc seine Rechtsinhaberschaft.[70] Hat der Schuldner zwischenzeitig an den Dritterwerber geleistet, so muss der Geschützte dies aber **analog §§ 407, 408** gegen sich gelten lassen, wenn der Schuldner das Veräußerungsverbot im Zeitpunkt der Leistung nicht gekannt hat (vgl Rn 33). Dem Geschützten steht in diesem Fall ein Schadenersatzanspruch gegen den Veräußerer aus §§ 280, 283 zu. Darüber hinaus kommt auch ein Anspruch gegen den Dritterwerber auf Herausgabe des Erlangten aus **§ 816 Abs. 2 analog** in Betracht.[71] Die analoge Anwendung des § 816 Abs. 2 ist zwar aus dogmatischer Sicht nicht unproblematisch.[72] Schwächt man die Position des Geschützten entgegen den Vorstellungen des historischen Gesetzgebers[73] durch analoge Anwendung der §§ 407, 408, so muss man ihm zum Ausgleich aber einen Anspruch aus § 816 Abs. 2 gegen den Dritterwerber zubilligen.

30 **3. Gutgläubiger Erwerb (Abs. 2).** Ist der Erwerber gutgläubig, so kann er den von dem Veräußerungsverbot betroffenen Gegenstand nach Abs. 2 mit Wirkung gegenüber jedermann (einschließlich des Geschützten) erwerben. Die Voraussetzungen des gutgläubigen Erwerbs richten sich nach den Vorschriften über den **Erwerb vom Nichtberechtigten**. Da der Veräußerer kein Nichtberechtigter ist, müssen diese Vorschriften allerdings entsprechend angewendet werden.[74] Zu beachten ist insbesondere, dass der **gute Glaube** des

60 So *Mayer-Maly*, JZ 1991, 40, 41.

61 So BGHZ 111, 364, 368 f; Palandt/*Ellenberger*, §§ 135, 136 Rn 7; Soergel/*Hefermehl*, §§ 135, 136 Rn 26; Staudinger/*Kohler*, § 135 Rn 117 ff; *Flume*, BGB AT Bd. 2, § 17, 6 d.

62 Dazu *Hübner*, BGB AT, Rn 969.

63 Hierauf abstellend *Mayer-Maly*, JZ 1991, 40, 41.

64 So Soergel/*Hefermehl*, §§ 135, 136 Rn 26; HK-BGB/*Dörner*, § 136 Rn 7; Staudinger/*Kohler*, § 135 Rn 117 ff; MüKo/*Armbrüster*, § 135 Rn 39.

65 So zutr. BGHZ 111, 364, 369; für Annahme eines obligatorischen Herausgabeanspruchs aus §§ 326 Abs. 4, 283 S. 2, 281 Abs. 5 aber MüKo/*Armbrüster*, § 135 Rn 39.

66 So auch BGHZ 111, 364, 369; Jauernig/*Jauernig*, §§ 135, 136 Rn 6.

67 Vgl Soergel/*Hefermehl*, § 135 Rn 27; Staudinger/*Kohler*, § 135 Rn 115.

68 MüKo/*Armbrüster*, § 135 Rn 38; Staudinger/*Kohler*, § 135 Rn 116.

69 Erman/*Palm*, §§ 135, 136 Rn 10; Soergel/*Hefermehl*, §§ 135, 136 Rn 28.

70 Staudinger/*Kohler*, § 135 Rn 109.

71 Für Direktanspruch gegen den Dritterwerber auch MüKo/*Armbrüster*, § 135 Rn 40.

72 Vgl Staudinger/*Kohler*, § 135 Rn 114.

73 Motive I, S. 214 = *Mugdan* I, S. 470.

74 Vgl Jauernig/*Jauernig*, §§ 135, 136 Rn 7; *Hübner*, BGB AT, Rn 971.

Erwerbers sich nicht auf das Eigentum bzw die Rechtsinhaberschaft des Veräußerers, sondern auf das **Nichtbestehen eines Veräußerungsverbots** zu beziehen hat.[75]

a) Gutgläubiger Erwerb im Vollstreckungsverfahren. Die hM geht davon aus, dass der gute Glaube nur bei **rechtsgeschäftlichem Erwerb** über das relative Veräußerungsverbot hinweghelfen kann, weil die von Abs. 2 in Bezug genommenen Gutglaubensvorschriften einen rechtsgeschäftlichen Erwerb voraussetzen.[76] Da Abs. 2 die entsprechende Anwendung der betreffenden Vorschriften anordnet, ist dieses Argument jedoch nicht zwingend. Die Gegenauffassung verweist darauf, dass Abs. 2 sich systematisch auch auf Abs. 1 S. 2 bezieht. Ein gutgläubiger Erwerb sei daher auch bei Verfügungen im Wege der **Zwangsvollstreckung** und der **Arrestvollziehung** möglich.[77] 31

Bei der **Würdigung** des Meinungsstreits ist zu beachten, dass der Gesetzgeber mit Abs. 2 das Ziel verfolgt hat, den gutgläubigen Erwerb bei Bestehen eines relativen Veräußerungsverbots **in gleichem Maße** zuzulassen wie bei fehlender Rechtsinhaberschaft des Veräußerers.[78] Bei Verfügungen im Wege der Zwangsvollstreckung und der Arrestvollziehung kann die Gutgläubigkeit des Erwerbers daher nur dann über das Veräußerungsverbot hinweghelfen, wenn der gute Glaube auch im Hinblick auf die fehlende Rechtsinhaberschaft relevant wäre. Gem. § 898 ZPO sind die Vorschriften über den gutgläubigen Erwerb vom Nichtberechtigten auch auf die **Vollstreckung von Individualansprüchen** nach **§§ 894, 897 ZPO** anwendbar, weil es sich hier um einen Vorgang handelt, der dem rechtsgeschäftlichen Erwerb funktionell entspricht.[79] Insoweit ist ein gutgläubiger vollwirksamer Erwerb daher auch bei relativen Veräußerungsverboten möglich.[80] Dient die Zwangsvollstreckung der **Durchsetzung einer Geldforderung**, so können die §§ 892, 932 ff die fehlende Rechtsinhaberschaft nicht „heilen".[81] Ein gutgläubiger Erwerb muss daher auch bei Abs. 2 ausscheiden.[82] Bei der **Zwangsversteigerung** führt der Zuschlag nach hM selbst dann zum vollwirksamen Eigentumserwerb, wenn der Ersteher bösgläubig war.[83] Dem Geschützten bleibt damit nur, die Verwertung nach §§ 772, 771 ZPO zu verhindern.[84] 32

b) Die einzelnen Möglichkeiten des gutgläubigen Erwerbs. Für den gutgläubigen Erwerb von **beweglichen Sachen** verweist Abs. 2 auf die §§ 932 ff, 1032, 1207, 1244 sowie auf § 366 HGB. Analog § 932 Abs. 2 scheidet ein gutgläubiger Erwerb damit schon dann aus, wenn der Erwerber das Veräußerungsverbot infolge grober Fahrlässigkeit nicht gekannt hat.[85] Bei **unbeweglichen Sachen** muss der Erwerber sich ein relatives Veräußerungsverbot gem. § 892 Abs. 1 S. 2 nur entgegenhalten lassen, wenn die Beschränkung aus dem Grundbuch ersichtlich war oder der Erwerber sie gekannt hat. Diese Regelung lässt den Schluss zu, dass relative Veräußerungsverbote **eintragungsfähig** sind.[86] Die Eintragung bewirkt zwar **keine Grundbuchsperre**; sie hindert aber den gutgläubigen Erwerb.[87] Dem Geschützten ist daher dringend anzuraten, die Eintragung des Veräußerungsverbots zu bewirken. Ist das Veräußerungsverbot noch nicht eingetragen, so darf das Grundbuchamt den Dritterwerber nicht eintragen, wenn es von dem Veräußerungsverbot Kenntnis erlangt hat (vgl dazu § 888 Rn 36).[88] Bei **Forderungen** kommt ein gutgläubiger Erwerb auch im Rahmen der §§ 135, 136 grundsätzlich nicht in Betracht.[89] Die hM wendet die §§ 407, 408 aber analog an, wenn der Schuldner in Unkenntnis des Veräußerungsverbots an den Gläubiger geleistet hat.[90] Der Geschützte hat in diesem Fall einen Anspruch gegen den Dritterwerber auf Herausgabe des Erlangten aus § 816 Abs. 2 analog (s. Rn 29). 33

c) Sonstige Ansprüche des Geschützten. aa) Ansprüche gegen den Veräußerer. Hat der Geschützte seine Rechtsposition durch gutgläubigen Erwerb verloren, so kann er den **Veräußerer** aus dem zugrunde liegenden Rechtsverhältnis (zB Kaufvertrag) auf Schadenersatz in Anspruch nehmen. In Betracht kommen Schadenersatzansprüche wegen nachträglicher Unmöglichkeit aus **§§ 280 Abs. 1, 3, 283** sowie Ansprüche auf Herausgabe des Verkaufserlöses aus **§ 285**. Ein Schadenersatzanspruch aus **§ 823 Abs. 1** scheidet dagegen 34

75 RGZ 90, 335, 338; Soergel/*Hefermehl*, §§ 135, 136 Rn 22; Staudinger/*Kohler*, § 135 Rn 66.
76 RGZ 90, 335, 338; Bamberger/Roth/*Wendtland*, § 135 Rn 11; Erman/*Palm*, §§ 135, 136 Rn 13; Palandt/*Ellenberger*, §§ 135, 136 Rn 9; PWW/*Ahrens*, § 136 Rn 10; Soergel/*Hefermehl*, §§ 135, 136 Rn 22; differenzierend Staudinger/*Kohler*, § 135 Rn 68 ff.
77 So MüKo/*Armbrüster*, § 135 Rn 49; *Larenz/Wolf*, BGB AT, § 44 Rn 68; *Bülow*, JuS 1994, 1, 6; *Ruhwedel*, JuS 1980, 161, 167 Fn 44.
78 Vgl Motive I, S. 213 = *Mugdan* I, S. 470.
79 Soergel/*Stürner*, § 892 Rn 18; Thomas/Putzo/*Hüßtege*, § 898 ZPO Rn 1.
80 So auch Staudinger/*Kohler*, § 135 Rn 69.
81 Vgl MüKo/*Kohler*, § 892 Rn 29.
82 Staudinger/*Kohler*, § 135 Rn 71.
83 Vgl BGHZ 55, 20, 25; BGHZ 119, 75, 76; Staudinger/*Kohler*, § 135 Rn 83 ff; aA MüKo/*Armbrüster*, § 135 Rn 44; *Larenz/Wolf*, BGB AT, § 44 Rn 67.
84 Vgl dazu Staudinger/*Kohler*, § 135 Rn 85, 103.
85 PWW/*Ahrens*, § 136 Rn 10; Soergel/*Hefermehl*, §§ 135, 136 Rn 22. Zur groben Fahrlässigkeit bei gerichtlichen Verfügungsverboten BGH NJW-RR 2000, 576.
86 Vgl Soergel/*Hefermehl*, §§ 135, 136 Rn 23; Staudinger/*Kohler*, § 135 Rn 67.
87 RGZ 71, 38, 40; BGH NJW 1997, 1581, 1582; Soergel/*Hefermehl*, §§ 135, 136 Rn 18.
88 Vgl Palandt/*Bassenge*, § 888 Rn 10.
89 LG Gera NJW-RR 2000, 937, 938.
90 BGHZ 86, 337, 338; LG Stralsund ZIP 1995, 578, 579; Jauernig/*Jauernig*, §§ 135, 136 Rn 7; MüKo/*Armbrüster*, § 135 Rn 47; Soergel/*Hefermehl*, §§ 135, 136 Rn 22; Staudinger/*Kohler*, § 135 Rn 65; aA noch Motive I, S. 214 = *Mugdan* I, S. 470.

aus, weil die gesicherte Forderung durch das Veräußerungsverbot nicht zu einem sonstigen (absoluten) Recht erstarkt.[91] Ein Schadenersatzanspruch aus **§ 823 Abs. 2** scheitert daran, dass § 135 aus systematischen Gründen nicht als Schutzgesetz angesehen werden kann.[92] Da § 135 obligatorische Ansprüche absichert, muss der Geschützte sich auf die Ansprüche verweisen lassen, die sich aus seinem Verhältnis zum Veräußerer ergeben.[93]

35 **bb) Ansprüche gegen den Erwerber.** Hat der Dritte die infrage stehende Sache gutgläubig erworben, so versteht sich von selbst, dass er keinen Ansprüchen des Geschützten ausgesetzt ist. Welche Ansprüche dem Geschützten gegen einen bösgläubigen Erwerber zustehen, ist dagegen umstritten. Fest steht, dass der Geschützte nach § 985 Herausgabe der Sache verlangen kann, sobald der Veräußerer ihm das Eigentum daran übertragen hat (Rn 25). Probleme entstehen jedoch, wenn der Erwerber die Sache zwischenzeitig **beschädigt** oder an einen gutgläubigen Vierten **weiterveräußert** hat. In der Literatur wird teilweise davon ausgegangen, dass dem Geschützten in solchen Fällen ein Schadenersatzanspruch aus **§ 823 Abs. 1** bzw ein Anspruch auf Herausgabe des Erlöses aus **§ 816 Abs. 1 S. 1** analog gegen den (Erst-) Erwerber zusteht.[94] Da das Veräußerungsverbot kein absolutes Recht begründet (Rn 34), kommt ein Schadenersatzanspruch aus § 823 Abs. 1 indes nur in Betracht, wenn der Geschützte im Zeitpunkt der schädigenden Handlung bereits Eigentümer der Sache war.[95] Gegen die entsprechende Anwendung des § 816 Abs. 1 S. 1 auf zwischenzeitige Verfügungen spricht, dass die Unwirksamkeit des ersten Veräußerungsgeschäfts auf das Verhältnis zwischen Geschütztem und Veräußerer beschränkt ist. Da die Veräußerung im Übrigen vollwirksam ist, hat der (Erst-)Erwerber über die Sache als Berechtigter verfügt.[96]

36 **4. „Heilung" der relativen Unwirksamkeit.** Da das Veräußerungsverbot allein den Interessen des Geschützten dient, kann dieser eine verbotswidrige Verfügung nach § 185 Abs. 2 analog **genehmigen**. Die Verfügung wird dann rückwirkend vollwirksam.[97] Darüber hinaus wird die Verfügung auch dann vollwirksam, wenn das **Veräußerungsverbot aufgehoben** wird oder das durch das Verbot **geschützte Recht entfällt**.[98] Hat das geschützte Recht schon bei Erlass des Veräußerungsverbots nicht bestanden, so ist die Verfügung von vornherein vollwirksam.[99] Analog zu §§ 937, 945 kommt schließlich auch ein vollwirksamer Eigentumserwerb durch **Ersitzung** in Betracht.[100] Die Ersitzung ist aber nach § 937 Abs. 2 analog ausgeschlossen, wenn der Dritte beim Erwerb der Sache in Bezug auf das Verfügungsverbot bösgläubig war oder später von dem Verbot erfahren hat.

C. Weitere praktische Hinweise

37 Die relative Unwirksamkeit der Verfügung wird im Prozess **nicht von Amts wegen** berücksichtigt. Erforderlich ist vielmehr, dass der Geschützte sich darauf beruft.[101]

38 Der Geschützte muss alle Tatsachen **darlegen** und **beweisen**, aus denen sich die relative Unwirksamkeit der Verfügung ergibt.[102] In Bezug auf einen möglichen **gutgläubigen Erwerb** richtet sich die Beweislast nach den für die jeweilige Gutglaubensvorschrift maßgeblichen Regeln.[103] Der Geschützte muss also darlegen und beweisen, dass der Erwerber die Unrichtigkeit des Grundbuchs kannte (§ 892) bzw bösgläubig (§ 932 Abs. 2) war.

91 Staudinger/*Kohler*, § 135 Rn 126, 130.
92 Staudinger/*Kohler*, § 135 Rn 128; aA Staudinger/*Dilcher*, 12. Aufl., § 135 Rn 17.
93 So auch Staudinger/*Kohler*, § 135 Rn 130; *Berger*, S. 36.
94 In diesem Sinne Bamberger/Roth/*Wendtland*, § 135 Rn 8; Soergel/*Hefermehl*, §§ 136, 136 Rn 26; Staudinger/*Dilcher*, 12. Aufl., § 135 Rn 17; *Flume*, BGB AT Bd. 2, § 17, 6 d.
95 Gegen Anwendung des § 823 Abs. 1 in solchen Fällen auch Staudinger/*Kohler*, § 135 Rn 136.
96 In diesem Sinne auch Staudinger/*Kohler*, § 135 Rn 136; *Berger*, S. 36.
97 BGH NJW 1997, 1581, 1582; NJW 2007, 81; MüKo/*Armbrüster*, § 135 Rn 50.
98 BVerfG NJW-RR 1992, 898; BGH NJW 1997, 1581, 1582; 2007, 81; Bamberger/Roth/*Wendtland*, § 135 Rn 10.
99 Staudinger/*Kohler*, § 135 Rn 64.
100 Vgl Motive I, 214 = *Mugdan* I, S. 470; Staudinger/*Kohler*, § 135 Rn 76.
101 Bamberger/Roth/*Wendtland*, § 135 Rn 12; MüKo/*Armbrüster*, § 135 Rn 37; RGRK/*Krüger-Nieland/Zöller*, §§ 135, 136 Rn 13; aA Erman/*Palm*, §§ 135, 136 Rn 10.
102 Bamberger/Roth/*Wendtland*, §§ 135, Rn 12.
103 Staudinger/*Kohler*, § 135 Rn 124.

§ 136 Behördliches Veräußerungsverbot

Ein Veräußerungsverbot, das von einem Gericht oder von einer anderen Behörde innerhalb ihrer Zuständigkeit erlassen wird, steht einem gesetzlichen Veräußerungsverbot der im § 135 bezeichneten Art gleich.

Literatur: Vgl die Literaturangaben zu § 135.

A. Allgemeines

I. Normzweck

1 § 136 verweist für **behördliche Veräußerungsverbote** auf § 135. Da behördliche Veräußerungsverbote in der Praxis wesentlich häufiger vorkommen als gesetzliche, liegt hier der **wichtigste Anwendungsbereich des § 135** (s. § 135 Rn 10).

2 § 136 stellt sicher, dass behördliche Veräußerungsverbote die **gleichen Rechtsfolgen** wie gesetzliche Veräußerungsverbote (dazu § 135 Rn 23 ff) haben.[1] Dies gilt nicht nur für die **relative Unwirksamkeit** der Verfügung nach § 135 Abs. 1, sondern auch für die Möglichkeit eines **gutgläubigen vollwirksamen Erwerbs** nach § 135 Abs. 2.[2] Hiervon geht auch § 23 Abs. 2 ZVG aus, der die Kenntnis des Versteigerungsantrags im Zusammenhang mit dem gutgläubigen Erwerb nach § 135 Abs. 2 der Kenntnis der Beschlagnahme gleichstellt.[3]

II. Relative und absolute Veräußerungsverbote

3 Aus dem systematischen Zusammenhang mit § 135 ergibt sich, dass § 136 nur für behördliche Veräußerungsverbote gilt, die lediglich den Schutz von bestimmten Personen bezwecken (sog. **relative Veräußerungsverbote**). Dient ein behördliches Veräußerungsverbot dem Schutz der Allgemeinheit, so ist § 136 nicht anwendbar. Hier gilt vielmehr § 134 entsprechend (s. § 134 Rn 14).[4] Verstößt eine Verfügung gegen ein **absolutes** behördliches Veräußerungsverbot, so ist sie daher gegenüber jedermann **unwirksam**, sofern sich aus dem Zweck des Veräußerungsverbots nichts Anderes ergibt. Ein gutgläubiger Erwerb kommt nicht in Betracht.[5]

4 Ob ein behördliches Veräußerungsverbot relative oder absolute Wirkung entfaltet, hängt vom Schutzzweck des jeweiligen Verbots ab. Absolute Wirkung hat insbesondere das durch das Insolvenzgericht angeordnete allgemeine Verfügungsverbot nach **§ 21 Abs. 2 Nr. 2 InsO**.[6] Dies ergibt sich schon daraus, dass § 24 Abs. 1 InsO auf den Verlust der Verfügungsbefugnis durch Eröffnung des Insolvenzverfahrens nach § 81 InsO verweist,[7] dem unstreitig absolute Wirkung zukommt (s. § 135 Rn 6). Demgegenüber war die Vorgängernorm des § 106 Abs. 1 S. 3 KO überwiegend als relatives behördliches Verfügungsverbot iSd § 136 angesehen worden.[8]

1 Vgl Staudinger/*Kohler*, § 136 Rn 27.
2 Zur Möglichkeit eines gutgläubigen Erwerbs LG Gera NJW-RR 2000, 937, 938; MüKo/*Armbrüster*, § 136 Rn 7; *Zeiss/Holthaus*, Jura 1996, 281, 284.
3 Vgl Staudinger/*Kohler*, § 136 Rn 28.
4 RGZ 105, 71, 75; MüKo/*Armbrüster*, § 136 Rn 2; RGRK/*Krüger-Nieland/Zöller*, § 136 Rn 1.
5 Soergel/*Hefermehl*, §§ 135, 136 Rn 7; Staudinger/*Kohler*, § 136 Rn 2.
6 PWW/*Ahrens*, § 136 Rn 4.
7 MüKo/*Armbrüster*, § 136 Rn 2; Smid/*Smid*, InsO, 2. Aufl. 2001, § 21 Rn 13.
8 BGHZ 135, 140, 143 = NJW 1997, 1857; OLG Düsseldorf ZIP 1995, 1100, 1101; Kilger/*K. Schmidt*, Insolvenzgesetze, 17. Aufl. 1997, § 106 KO Anm. 3.

B. Regelungsgehalt

I. Veräußerungsverbot

5 **1. Überblick.** § 136 gilt für alle (relativen) Veräußerungsverbote, die von einer **zuständigen Behörde** erlassen worden sind. Der Begriff des Veräußerungsverbots hat die gleiche Bedeutung wie bei § 135. Erfasst werden also alle Entscheidungen, die dem Betroffenen die **Verfügung** über einen Gegenstand verbieten (s. § 135 Rn 7).

6 Praktische Bedeutung haben vor allem **gerichtliche** Veräußerungsverbote. **Behördliche** Veräußerungsverbote dienen meistens dem Schutz der Allgemeinheit und werden dann von § 136 nicht erfasst. Eine Ausnahme ist insoweit der Enteignungsbeschluss nach § 113 BauGB.[9]

7 **2. Gerichtliche Veräußerungsverbote. a) Einstweilige Verfügung.** Ein gerichtliches Veräußerungsverbot kann insbesondere im Wege der einstweiligen Verfügung (§§ 935, 938 ZPO) zur **Sicherung eines Individualanspruchs** erlassen werden.[10] § 938 Abs. 2 ZPO stellt ausdrücklich klar, dass das Gericht dem Gegner die **Veräußerung**, **Belastung** oder **Verpfändung eines Grundstücks** verbieten kann. Das Veräußerungsverbot konkurriert in diesem Bereich häufig mit der **Vormerkung** (§§ 883 ff). Es kann aber auch zur Sicherung von Ansprüchen an Grundstücken eingesetzt werden, bei denen eine Vormerkung nicht in Betracht kommt (s. § 888 Rn 34).[11] Zu nennen ist insbesondere der Restitutionsanspruch aus § 3 Abs. 3 S. 1 VermG.[12] Zur Vermeidung eines gutgläubigen Erwerbs (§ 135 Abs. 2) ist darauf zu achten, dass das Veräußerungsverbot im Grundbuch eingetragen wird (s. § 135 Rn 33). Zur Durchsetzung des gesicherten Anspruchs s. § 135 Rn 28.

8 Die einstweilige Verfügung kann auch zur Sicherung von Ansprüchen auf Übereignung **beweglicher Sachen** oder **Abtretung von Forderungen und sonstigen Rechten** eingesetzt werden.[13] Dies gilt insbesondere im Fall des **Doppelverkaufs** einer Sache oder eines Rechts.[14] Zur Verwirklichung des gesicherten Anspruchs in diesen Fällen s. § 135 Rn 25 ff, 29. Auf den Fall der **Doppelvermietung** sind die §§ 135, 136 weder direkt noch analog anwendbar.[15]

9 Die einstweilige Verfügung kann schließlich auch erwirkt werden, um eine nach § 137 S. 2 wirksame **Verpflichtung zur Unterlassung einer Verfügung** abzusichern.[16] Eine Vormerkung kommt in solchen Fällen dagegen grundsätzlich nicht in Betracht (s. § 137 Rn 21).

10 Die Voraussetzungen der einstweiligen Verfügung richten sich nach allgemeinen Grundsätzen. Erforderlich ist also, dass der Antragsteller einen **Verfügungsanspruch** und einen **Verfügungsgrund** glaubhaft macht. Bezieht sich das Veräußerungsverbot auf ein Grundstück, so muss der Antragsteller die Gefährdung seines Anspruchs aber nicht glaubhaft machen (§§ 885 Abs. 1 S. 2, 899 Abs. 2 S. 2 analog; s.a. § 888 Rn 35).[17]

11 **b) Maßnahmen der Zwangsvollstreckung.** Ein weiterer wichtiger Anwendungsbereich des § 136 ergibt sich aus Veräußerungsverboten, die vom Gericht im Zusammenhang mit einer Vollstreckungsmaßnahme angeordnet werden.[18] So hat das Gericht dem Schuldner bei der **Pfändung von Geldforderungen** zu gebieten, sich jeder Verfügung über die Forderung, insbesondere ihrer Einziehung, zu enthalten (§ 829 Abs. 1 S. 2 ZPO). Verfügt der Schuldner gleichwohl über die gepfändete Forderung, so ist dies dem Pfändungsgläubiger gegenüber nach §§ 135, 136 unwirksam.[19] Ein gutgläubiger vollwirksamer Erwerb der Forderung scheidet nach allgemeinen Grundsätzen aus. Zugunsten des Drittschuldners können die §§ 407, 408 jedoch entsprechend angewendet werden, wenn dieser in Unkenntnis der Pfändung an den Schuldner gezahlt hat (s. § 135 Rn 29, 33). Bei **Pfändung sonstiger Vermögensrechte** gilt § 829 Abs. 1 S. 2 ZPO entsprechend (§ 857 Abs. 1 ZPO).

12 Für die Vollstreckung in **unbewegliche Sachen** stellt § 23 Abs. 1 ZVG klar, dass die Beschlagnahme (durch Anordnung der Zwangsversteigerung nach § 20 ZVG oder Anordnung der Zwangsverwaltung nach § 146 ZVG) die Wirkung eines Veräußerungsverbots iSd § 136 hat.[20] Ein gutgläubiger vollwirksamer Erwerb ist

9 Vgl RGZ 62, 215, 218; HK-BGB/*Dörner*, §§ 135, 136 Rn 6; MüKo/*Armbrüster*, § 136 Rn 6; Staudinger/*Kohler*, § 136 Rn 26.
10 Vgl RGZ 135, 378, 384; BGH NZI 2007, 39; MüKo/*Armbrüster*, § 136 Rn 4; Palandt/*Ellenberger*, §§ 135, 136 Rn 4; PWW/*Ahrens*, § 136 Rn 6.
11 Vgl MüKo/*Kohler*, § 883 Rn 9.
12 BGHZ 124, 147, 148 = NJW 1994, 457; BezG Erfurt DtZ 1991, 252, 253; Palandt/*Ellenberger*, §§ 135, 136 Rn 4; Staudinger/*Kohler*, § 136 Rn 7.
13 Staudinger/*Kohler*, § 136 Rn 8.
14 Vgl Zöller/*Vollkommer*, ZPO, § 938 Rn 12.
15 OLG Hamm NJW-RR 2004, 521; OLG Frankfurt NJW-RR 1997, 77; aA OLG Düsseldorf NJW 1991, 137; krit. Staudinger/*Emmerich*, § 536 Rn 48.
16 BGHZ 134, 182, 187; Jauernig/*Jauernig*, § 137 Rn 3; Zöller/*Vollkommer*, ZPO, § 938 Rn 12; aA Staudinger/*Kohler*, § 136 Rn 14.
17 OLG Köln NJW 1955, 717 f; OLG Frankfurt NJW 1978, 2100; MüKo/*Kohler*, § 888 Rn 27.
18 MüKo/*Armbrüster*, § 136 Rn 5; Staudinger/*Kohler*, § 136 Rn 15 ff.
19 BGHZ 58, 25, 26 f; 100, 36, 45; BGH NJW 1998, 746; NJW 2007, 81; PWW/*Ahrens*, § 136 Rn 6; Palandt/*Ellenberger*, §§ 135, 136 Rn 4.
20 Vgl BGH NJW 1997, 1581, 1582; MüKo/*Armbrüster*, § 136 Rn 5.

gem. § 135 Abs. 2 iVm § 892 möglich. Nach § 23 Abs. 2 ZVG steht die Kenntnis des Versteigerungsantrags dabei aber der Kenntnis der Beschlagnahme gleich (s. § 135 Rn 33).

Ob die **Pfändung beweglicher Sachen** nach §§ 803 ff ZPO mit einem Veräußerungsverbot verbunden ist, ist umstritten. Eine ausdrückliche gesetzliche Regelung fehlt. Die hM geht davon aus, dass die Beschlagnahme (Verstrickung) der Sache auch hier zu einem Veräußerungsverbot iSd § 136 führt.[21] Gem. § 135 Abs. 2 iVm § 932 ff ist aber ein gutgläubiger vollwirksamer Erwerb möglich (s. § 135 Rn 33). **13**

c) Sonstige gerichtliche Veräußerungsverbote. Ein relatives gerichtliches Veräußerungsverbot wird auch durch die **Zahlungssperre** im Aufgebotsverfahren zur Kraftloserklärung eines Inhaberpapiers nach § 1019 ZPO begründet.[22] Weitere Beispiele sind die Anordnung des Verfalls nach §§ 73 ff StGB (vgl § 73 e Abs. 2 StGB) und die Anordnung der Einziehung nach §§ 74 ff StGB (vgl § 74 e Abs. 3 StGB) sowie die Beschlagnahme zur Sicherstellung von Gegenständen nach §§ 111 b Abs. 1, 111 c StPO (vgl § 111 c Abs. 5 StPO).[23] **14**

II. Konkurrenz von Veräußerungsverboten

Im Fall des **Doppelverkaufs einer Sache** kann jeder Käufer durch einstweilige Verfügung ein Veräußerungsverbot erwirken, um seinen Erwerbsanspruch zu sichern. In einem solchen Fall heben sich die gegenläufigen Veräußerungsverbote nicht wechselseitig auf.[24] Es gilt vielmehr das **Prioritätsprinzip**. Das zweite Veräußerungsverbot ist gegenüber dem durch das erste Veräußerungsverbot Geschützten nach § 135 Abs. 1 S. 2 (relativ) unwirksam.[25] **15**

III. Gerichtliche Erwerbsverbote

Nach Rechtsprechung und hL können die Gerichte durch einstweilige Verfügung nach §§ 935, 938 Abs. 2 ZPO auch Erwerbsverbote verhängen.[26] In der Praxis werden solche Verbote insbesondere eingesetzt, wenn der Verkäufer **verhindern** will, dass ein **formnichtiger Grundstückskaufvertrag** durch Eintragung des Käufers nach § 311 b Abs. 1 S. 2 **geheilt** wird. Dem Käufer kann dann durch einstweilige Verfügung aufgegeben werden, keinen Eintragungsantrag zu stellen oder einen bereits gestellten Antrag wieder zurückzunehmen.[27] Die Unwirksamkeit des Kaufvertrags beruht dabei meist darauf, dass der Kaufpreis in dem notariell beurkundeten Vertrag aus Gründen der Steuerersparnis zu niedrig angegeben worden ist. In diesem Fall ist das Geschäft mit dem beurkundeten Inhalt nach § 117 Abs. 1 nichtig; das Geschäft mit dem gewollten Inhalt ist nach §§ 311 b Abs. 1 S. 1, 125 formnichtig. **16**

Ein durch einstweilige Verfügung ausgesprochenes Erwerbsverbot kann nicht in das Grundbuch eingetragen werden, weil es sich nicht gegen eine im Grundbuch eingetragene Person richtet. Es stellt aber ein **Eintragungshindernis** iSd § 18 Abs. 1 GBO dar.[28] Ist der Käufer gleichwohl als Eigentümer im Grundbuch eingetragen worden, so ist der Erwerb gegenüber dem Geschützten nach §§ 135, 136 analog **relativ unwirksam**.[29] Der Käufer kann sich auch nicht auf § 878 berufen, weil diese Vorschrift auf Erwerbsverbote weder direkt noch entsprechend angewendet werden kann (s.a. § 878 Rn 30).[30] Da das Erwerbsverbot dem Käufer zugestellt werden muss, kommt ein gutgläubiger Erwerb im Allgemeinen nicht in Betracht.[31] **17**

21 MüKo/*Armbrüster*, § 136 Rn 5; Zöller/*Stöber*, ZPO, § 804 Rn 1; Thomas/Putzo/*Hüßtege*, § 803 Rn 7; zweifelnd Staudinger/*Kohler*, § 136 Rn 17.

22 MüKo/*Armbrüster*, § 136 Rn 6; Palandt/*Ellenberger*, §§ 135, 136 Rn 4.

23 Jauernig/*Jauernig*, §§ 135, 136 Rn 4; Palandt/*Ellenberger*, §§ 135, 136 Rn 4.

24 So aber OLG Frankfurt NJW-RR 1997, 77 (betr. Doppelvermietung); *Wieling*, JZ 1982, 839, 842 („Pattsituation").

25 BGH NJW 2008, 376; Soergel/*Hefermehl*, §§ 135, 136 Rn 26; Staudinger/*Kohler*, § 136 Rn 9 ff; MüKo/*Kohler*, § 883 Rn 9.

26 Vgl RGZ 117, 287, 290 f; 120, 118, 119 f; BayObLG NJW-RR 1997, 913; OLG Hamm NJW-RR 2001, 1086; Bamberger/Roth/*Wendtland*, § 136 Rn 7; Palandt/*Ellenberger*, §§ 135, 136 Rn 5; Soergel/*Hefermehl*, §§ 135, 136 Rn 31; MüKo/*Armbrüster*, § 136 Rn 8 f; MüKo/*Kohler*, § 888 Rn 24; *Larenz/Wolf*, BGB AT, § 44 Rn 69.

27 Zur Problemstellung vgl *Larenz/Wolf*, BGB AT, § 44 Rn 70.

28 Vgl BayObLG NJW-RR 1997, 913, 914; MüKo/*Armbrüster*, § 136 Rn 8; RGRK/*Krüger-Nieland/Zöller*, § 136 Rn 10; aA Staudinger/*Kohler*, § 136 Rn 34.

29 Palandt/*Ellenberger*, §§ 135, 136 Rn 5; Soergel/*Hefermehl*, §§ 135, 136 Rn 31.

30 RGZ 120, 118, 120; BayObLG NJW-RR 1997, 913, 914; krit. MüKo/*Kohler*, § 878 Rn 37.

31 Vgl Staudinger/*Kohler*, § 136 Rn 30.

§ 137 Rechtsgeschäftliches Verfügungsverbot

[1]Die Befugnis zur Verfügung über ein veräußerliches Recht kann nicht durch Rechtsgeschäft ausgeschlossen oder beschränkt werden. [2]Die Wirksamkeit einer Verpflichtung, über ein solches Recht nicht zu verfügen, wird durch diese Vorschrift nicht berührt.

Literatur: *Berger*, Rechtsgeschäftliche Verfügungsbeschränkungen, 1998; *Bitter*, Rechtsträgerschaft für fremde Rechnung, 2006; *Canaris*, Die Verdinglichung obligatorischer Rechte, in: FS Flume Bd. I 1978, S. 371; *Gruber*, Der Treuhandmissbrauch, AcP 202 (2002), 435; *Kohler*, Das Verfügungsverbot gemäß § 938 Abs. 2 ZPO im Liegenschaftsrecht, 1984; *ders.*, Vormerkbarkeit eines durch abredewidrige Veräußerung bedingten Rückerwerbsanspruchs, DNotZ 1989, 339; *Liebs*, Die unbeschränkbare Verfügungsbefugnis, AcP 175 (1975), 1; *Löhnig*, Treuhand, 2006; *Merrem*, Sicherung vertraglicher Verfügungsverbote, JR 1993, 53; *Timm*, Auswirkungen vertraglicher Verfügungsverbote?, JZ 1989, 13; *E. Wagner*, Rechtsgeschäftliche Unübertragbarkeit und § 137 BGB, AcP 194 (1994), 451; *Wiesmann*, Zur Tragweite des § 137 BGB, 1991. Vgl. auch die Literaturangaben zu § 135.

A. Allgemeines

I. Normzweck

1 § 137 regelt im Anschluss an die §§ 135, 136 die Wirkung von **rechtsgeschäftlichen** Veräußerungsverboten.[1] S. 1 stellt klar, dass solche Verbote **keine dingliche Wirkung** haben. Eine solche Klarstellung war schon deshalb erforderlich, weil das ALR und einige andere Partikularrechte vertragliche Veräußerungsverbote mit dinglicher Wirkung anerkannt hatten.[2] Die Verfasser des BGB sind demgegenüber davon ausgegangen, dass der Grundsatz der Vertragsfreiheit auf das Schuldrecht beschränkt ist. Die Parteien sollten deshalb nicht die Möglichkeit haben, die Wirkungen dinglicher Rechte durch Vertrag abzuändern oder auszuschließen.[3] Da diese Überlegung auf die **schuldrechtlichen Wirkungen** einer entsprechenden Vereinbarung nicht zutrifft, bleiben diese nach S. 2 unberührt.

2 Der genaue Zweck des § 137 ist umstritten. Der Meinungsstreit hat praktische Bedeutung, weil die Lösung einiger konkreter Auslegungsfragen durch den Zweck der Norm präjudiziert wird.[4] Indem S. 1 die Wirkungen dinglicher Rechte der privatautonomen Gestaltungsfreiheit entzieht (Rn 9 ff), schützt die Vorschrift den **numerus clausus der Sachenrechte**.[5] Gleichzeitig wird verhindert, dass dingliche Rechte durch rechtsgeschäftliche Vereinbarung dem Rechtsverkehr entzogen (und damit „extra commercium" gestellt) werden können.[6] Primärer Schutzzweck ist damit die **Klarheit**, **Sicherheit** und **Funktionsfähigkeit des Rechtsverkehrs**. Dritte sollen sich darauf verlassen können, dass die Verfügungsmacht des Berechtigten nicht durch rechtsgeschäftliche Vereinbarungen beschränkt oder ausgeschlossen ist.[7]

3 Der Vorschrift des S. 1 kommt darüber hinaus im **Vollstreckungsrecht** eine wichtige Funktion zu.[8] Diese Funktion ergibt sich daraus, dass nicht übertragbare Forderungen und Rechte nach §§ 851 Abs. 1, 857 ZPO grundsätzlich nicht der Pfändung unterworfen sind. Eine solche Verknüpfung von Pfändbarkeit und Übertragbarkeit ist nur durchführbar, soweit die Übertragbarkeit von Forderungen und sonstigen Rechten nicht durch rechtsgeschäftliche Vereinbarung ausgeschlossen werden kann. Denn sonst hätten die Parteien die Möglichkeit, Forderungen und Rechte der Zwangsvollstreckung zu entziehen.[9] Da die Verknüpfung von

1 Zum systematischen Zusammenhang der §§ 135–137 vgl HKK/*Dorn*, §§ 134–137 Rn 41.
2 Vgl Motive III, S. 77 = *Mugdan* III, S. 43; HKK/*Dorn*, §§ 134–137 Rn 45.
3 Motive III, S. 77 = *Mugdan* III, S. 43.
4 Vgl HKK/*Dorn*, §§ 134–137 Rn 48; *Berger*, S. 60.
5 Vgl BGHZ 134, 182, 186 = NJW 1997, 861; MüKo/*Armbrüster*, § 137 Rn 5; PWW/*Ahrens*, § 137 Rn 1; Staudinger/*Kohler*, § 137 Rn 7 ff; *Canaris*, in: FS Flume I 1978, S. 371, 420; *Berger*, S. 78 ff; *Löhnig*, S. 715.
6 Motive III, S. 77 = *Mugdan* III, S. 42; BGHZ 56, 275, 278 f; Bamberger/Roth/*Wendtland*, § 137 Rn 2; Staudinger/*Kohler*, § 137 Rn 6.
7 Vgl *Berger*, S. 79; vgl auch *Kohler*, DNotZ 1989, 339, 347.
8 Vgl BGHZ 134, 182, 186; Erman/*Palm*, § 137 Rn 1; MüKo/*Armbrüster*, § 137 Rn 6.
9 Vgl BGHZ 32, 151, 157 f; HKK/*Dorn*, §§ 134–137 Rn 46.

Pfändbarkeit und Übertragbarkeit nicht denknotwendig ist, könnte der Gesetzgeber zwar auch Sondervorschriften vorsehen, die einen wirksamen Ausschluss der Übertragbarkeit aus vollstreckungsrechtlicher Sicht für unbeachtlich erklären (vgl § 851 Abs. 2 ZPO).[10] Solange die Verknüpfung besteht, muss S. 1 jedoch so ausgelegt werden, dass die Funktionsfähigkeit der Zwangsvollstreckung in Forderungen und sonstige Rechte nicht beeinträchtigt wird.

Nach einer in Rechtsprechung und Literatur verbreiteten Auffassung hat § 137 schließlich den Zweck, die **individuelle Verfügungsfreiheit des Rechtsinhabers** zu schützen.[11] Dem wird zu Recht entgegengehalten, dass die freiheitssichernde Funktion des § 137 begrenzt ist, weil die schuldrechtliche Verpflichtung zur Unterlassung einer Verfügung nach S. 2 wirksam ist.[12] Der Schutz der Freiheit des Rechtsinhabers ist damit jedenfalls nicht das primäre Ziel des § 137. Die Vorschrift kann deshalb nicht als Ausfluss der Menschenwürde angesehen werden.[13] 4

II. Abgrenzungen

§ 137 setzt voraus, dass das infrage stehende Recht prinzipiell **veräußerlich** ist.[14] Die Vorschrift kann daher nicht auf Rechte angewendet werden, die schon kraft Gesetzes nicht veräußerlich sind. Beispiele sind die Mitgliedschaft in einem Verein (§ 38), das Vorkaufsrecht (§ 473), der Nießbrauch (§ 1059), die beschränkte persönliche Dienstbarkeit (§ 1092 Abs. 1) und die subjektiv-persönliche Reallast bei Nichtübertragbarkeit des Anspruchs auf die einzelne Leistung (§ 1111 Abs. 2).[15] Forderungen sind gem. § 399 Alt. 1 nicht übertragbar, wenn die Leistung an einen anderen Gläubiger nicht ohne Veränderung ihres Inhalts erfolgen kann. 5

Ob der **vertragliche Ausschluss der Abtretung** nach § 399 Alt. 2 zur prinzipiellen Unveräußerlichkeit des Rechts führt oder eine Durchbrechung des S. 1 darstellt, ist umstritten. Die hM geht davon aus, dass der vertragliche Ausschluss der Abtretung die Forderung von vornherein als ein unveräußerliches Recht entstehen lässt oder sie (bei nachträglicher Vereinbarung) in ein solches umwandelt.[16] Bei dieser Betrachtung liegt im Fall des § 399 Alt. 2 also schon gar kein veräußerliches Recht vor. Der Meinungsstreit hat indes keine praktische Bedeutung.[17] Zu beachten ist insbesondere, dass ein vertragliches Abtretungsverbot der Pfändung der Forderung nach § 851 Abs. 2 ZPO nicht entgegensteht. 6

§ 399 Alt. 2 gilt nur für Vereinbarungen zwischen **Gläubiger und Schuldner**. Vereinbarungen zwischen dem Gläubiger und einem Dritten beurteilen sich dagegen nach § 137.[18] 7

III. Fälle mit Auslandsberührung

Da § 137 im deutschen Recht wesentliche Funktionen wahrnimmt (Rn 3), handelt es sich nach hM um eine Ausprägung des inländischen **ordre public**. Lässt das nach den Regeln des deutschen IPR maßgebliche ausländische Recht rechtsgeschäftliche Veräußerungsverbote mit dinglicher Wirkung zu (zB dingliche Veräußerungsverbote nach ausländischem Güterrecht), so sollen die einschlägigen Bestimmungen daher nach Art. 6 EGBGB unanwendbar sein.[19] Dieser Auffassung ist grundsätzlich zuzustimmen. Nach allgemeinen Regeln kann Art. 6 EGBGB allerdings nur dann eingreifen, wenn der Sachverhalt einen hinreichenden **Inlandsbezug** aufweist.[20] Das Gleiche gilt für den Vorbehalt des ordre public in Art. 21 Rom I-VO, der dem Art. 6 EGBGB für Verträge, die seit dem 17.12.2009 geschlossen worden sind, vorgeht.[21] Die dingliche Wirkung von rechtsgeschäftlichen Veräußerungsverboten verstößt daher nicht gegen den ordre public, wenn der inländische Rechtsverkehr und die inländische Sachenrechtsordnung hierdurch nicht tangiert werden. Ausländische Sachenrechte, die mit dinglichen Verfügungsbeschränkungen verbunden sind (zB trust), lassen sich dagegen im Inland als solche nicht verwirklichen.[22] Dies ergibt sich schon aus Art. 43 Abs. 2 EGBGB, so dass auf Art. 6 EGBGB nicht zurückgegriffen werden muss. 8

10 Vgl MüKo/*Armbrüster*, § 137 Rn 6; Staudinger/*Kohler*, § 137 Rn 11.
11 Vgl BayObLG NJW 1978, 700, 701; OLG Düsseldorf OLGZ 1984, 90, 91; Jauernig/*Jauernig*, § 137 Rn 2; Palandt/*Ellenberger*, § 137 Rn 1; *F. Baur*, JZ 1961, 334, 335; *Bülow*, JuS 1994, 1, 4.
12 BGHZ 134, 182, 186; MüKo/*Armbrüster*, § 137 Rn 3; Soergel/*Hefermehl*, § 137 Rn 1; Staudinger/*Kohler*, § 137 Rn 5; *Medicus*, BGB AT, Rn 678; *Berger*, S. 66 ff.
13 Soergel/*Hefermehl*, § 137 Rn 1; *Berger*, S. 67 ff; aA *F. Baur*, JZ 1961, 334, 335.
14 MüKo/*Armbrüster*, § 137 Rn 9.
15 Vgl Staudinger/*Kohler*, § 137 Rn 13.
16 So BGHZ 40, 156, 160; BGHZ 112, 387, 389; MüKo/*Armbrüster*, § 137 Rn 11; Soergel/*Hefermehl*, § 137 Rn 6; iE auch *Berger*, S. 249; aA *E. Wagner*, AcP 194 (1994), 451.
17 Soergel/*Hefermehl*, § 137 Rn 6; vgl auch BGHZ 56, 275, 279.
18 Staudinger/*Kohler*, § 137 Rn 19; *Berger*, S. 91.
19 Vgl KG OLGZ 1973, 163, 167 = NJW 1973, 428; MüKo/*Armbrüster*, § 137 Rn 7; Bamberger/Roth/*Wendtland*, § 137 Rn 2.
20 Vgl Palandt/*Thorn*, Art. 6 EGBGB Rn 6; *Looschelders*, IPR, Art. 6 Rn 18.
21 Zur Notwendigkeit eines Inlandsbezugs PWW/*Mörsdorf-Schulte*, § 21 Rom I-VO Rn 2.
22 MüKo/*Wendehorst*, Art. 43 EGBGB Rn 54.

B. Regelungsgehalt

I. Unwirksamkeit rechtsgeschäftlicher Verfügungsbeschränkungen

9 Nach S. 1 sind Rechtsgeschäfte, welche darauf abzielen, die Befugnis zur Verfügung über ein veräußerliches Recht (Rn 1) mit **Wirkung gegenüber Dritten** zu beschränken oder ganz auszuschließen, unwirksam. Haben die Parteien die Verfügungsbeschränkung mit der Übertragung eines Rechts (zB Sicherungsabtretung) verknüpft, so ist auch dieses Geschäft nach § 139 unwirksam, sofern nicht davon auszugehen ist, dass die Parteien das Recht auch ohne die Verfügungsbeschränkung übertragen hätten.[23]

10 Wird entgegen einem rechtsgeschäftlichen Verfügungsverbot über ein Recht verfügt, so ist die **Verfügung** gleichwohl gegenüber jedermann wirksam. Dies gilt auch dann, wenn der Dritterwerber das Verbot gekannt hat oder kennen musste (vgl auch Rn 1).[24]

11 § 137 bezieht sich allein auf **rechtsgeschäftliche** Verfügungsbeschränkungen. Auf gesetzliche oder behördliche Verfügungsbeschränkungen ist die Vorschrift nicht anwendbar. Hier richten sich die Rechtsfolgen nach §§ 135, 136 (vgl § 135 Rn 7).

II. Einzelfälle

12 **1. Erbrechtliche Verfügungsbeschränkungen.** S. 1 erfasst nicht nur Verträge und sonstige Rechtsgeschäfte unter Lebenden, sondern auch **Verfügungen von Todes wegen.**[25] Verfügungsbeschränkungen können vom Erblasser also nur in Form der Nacherbfolge (§§ 2113 ff) oder der Testamentsvollstreckung (§ 2211) angeordnet werden.[26] Bei Testamentsvollstreckung können der Testamentsvollstecker und die Erben **gemeinsam** auch dann über einen Nachlassgegenstand verfügen, wenn der Erblasser dies durch Verfügung von Todes wegen verboten hat.[27] Denn sonst wäre entgegen dem Schutzzweck des § 137 überhaupt keine Verfügung über die Nachlassgegenstände möglich.

13 **2. Treuhandverhältnisse.** S. 1 gilt auch im Rahmen von Treuhandverhältnissen.[28] Der Treugeber kann die Verfügungsmacht des fiduziarischen Rechtsinhabers daher nicht durch Vereinbarung in der Weise beschränken, dass dieser nur mit Zustimmung des Treugebers über das Recht verfügen kann. Die Regeln über die Unwirksamkeit des Vertretergeschäfts bei **erkennbarem Missbrauch der Vollmacht** sind nicht entsprechend anwendbar. Der Dritte erwirbt daher auch dann das Recht, wenn die Verletzung der treuhänderischen Bindung für den Dritten erkennbar war.[29] Haben der Dritte und der Treunehmer **kollusiv** zusammengewirkt, so wird das Verfügungsgeschäft aber im Allgemeinen nach § 138 Abs. 1 nichtig sein. Außerdem kommt ein Schadenersatzanspruch des Treugebers gegen den Dritten aus § 823 Abs. 2 iVm § 266 StGB und § 826 in Betracht.[30] Im Übrigen hat der Treugeber andere Möglichkeiten, sich vor vertragswidrigen Verfügungen des Treunehmers wirksam zu schützen (vgl Rn 20 ff).

14 **3. Verdrängende unwiderrufliche Vollmacht und Verfügungsermächtigung.** Ob eine **unwiderrufliche Vollmacht** zur Vornahme von Verfügungen mit dem Inhalt erteilt werden kann, dass der Rechtsinhaber (Vollmachtgeber) selbst nicht mehr über das fragliche Recht verfügen kann, ist streitig. Die hM lehnt dies mit Rücksicht auf S. 1 zu Recht ab.[31] Maßgeblich ist die Erwägung, dass die Verfügungsbefugnis über ein Recht aus Gründen des **Verkehrsschutzes** nicht vollständig von der Rechtsinhaberschaft getrennt werden kann. Die gleichen Erwägungen gelten für eine **verdrängende Verfügungsermächtigung** nach § 185 Abs. 1. Entsprechende Vereinbarungen sind daher ebenfalls nach S. 1 unwirksam.[32]

15 **4. Auflösende Bedingung und bedingter Rückübereignungsanspruch.** Nach hM kann eine Verfügung unter der **auflösenden Bedingung** (§ 158 Abs. 2) getroffen werden, dass der Erwerber über die Sache oder

23 BGH NJW 1993, 1640, 1641; PWW/*Ahrens*, § 137 Rn 4.
24 Palandt/*Ellenberger*, § 137 Rn 4; *Henssler*, JuS 2000, 156, 158.
25 Erman/*Palm*, § 137 Rn 2.
26 Soergel/*Hefermehl*, § 137 Rn 8.
27 Vgl BGHZ 40, 115, 117 ff; 56, 275, 278 ff.
28 BGHZ 11, 37, 43; BGH NJW 1968, 1471; BB 1982, 890, 891; MüKo/*Armbrüster*, § 137 Rn 18; Bamberger/Roth/*Wendtland*, § 137 Rn 10; Soergel/*Hefermehl*, § 137 Rn 9; *Löhnig*, S. 715 ff; für teleologische Reduktion des § 137 bei der Treuhand *Bitter*, S. 514.
29 BGH NJW 1968, 1471; WM 1977, 525, 527; NJW-RR 1998, 1057, 1058 f; Staudinger/*Kohler*, § 137 Rn 38; aA *Gruber*, AcP 202 (2002), 435, 444 ff; *Wiegand*, AcP 190 (1990), 112, 136 f.
30 Vgl BGH NJW 1968, 1471; NJW-RR 1999, 1057, 1059; *Henssler*, JuS 2000, 156, 158.
31 Erman/*Palm*, § 137 Rn 5; MüKo/*Armbrüster*, § 137 Rn 17; Soergel/*Hefermehl*, § 137 Rn 10; aA *Müller-Freienfels*, Die Vertretung beim Rechtsgeschäft, 1955, S. 124 ff.
32 Bamberger/Roth/*Wendtland*, § 137 Rn 11.

das Recht vereinbarungswidrig weiter verfügt.[33] Die Anerkennung einer solchen Gestaltung widerspricht nicht dem Zweck des S. 1, weil der numerus clausus der Sachenrechte unberührt bleibt und der Rechtsverkehr durch die Möglichkeit eines gutgläubigen Erwerbs nach § 161 Abs. 3 hinreichend geschützt wird.

Bei der Übereignung von Grundstücken kommt eine auflösende Bedingung wegen § 925 Abs. 2 nicht in Betracht. Die Parteien können jedoch vereinbaren, dass dem Veräußerer ein durch die vertragswidrige Weiterveräußerung des Grundstücks **bedingter Rückübereignungsanspruch** zustehen soll, der durch Eintragung einer **Vormerkung** im Grundbuch gesichert werden kann.[34] 16

III. Wirksamkeit der schuldrechtlichen Verpflichtung

S. 2 stellt klar, dass die Wirksamkeit einer **schuldrechtlichen Verpflichtung** zur Nichtvornahme einer Verfügung durch S. 1 nicht infrage gestellt wird. Ob eine solche Verpflichtung wirksam begründet worden ist, richtet sich damit nach allgemeinen Regeln. Die Verpflichtung kann auch dann formfrei übernommen werden, wenn sie sich auf ein Grundstück bezieht. § 311 b Abs. 1 ist hier weder direkt noch entsprechend anwendbar.[35] 17

Der Grundsatz des S. 2 wird von § 1136 durchbrochen. Hiernach kann sich der Eigentümer eines Grundstücks gegenüber dem **Gläubiger einer Hypothek** nicht wirksam verpflichten, das Grundstück nicht zu veräußern oder nicht weiter zu belasten (vgl § 1136 Rn 1). 18

Eine weitere Ausnahmevorschrift zu S. 2 findet sich in § 2302, wonach schuldrechtliche Beschränkungen der **Testierfreiheit** unwirksam sind. Nach der Grundregel des S. 2 kann der Erblasser sich aber wirksam verpflichten, eine Verfügung unter Lebenden zu unterlassen.[36] 19

IV. Verstärkung und Sicherung des Unterlassungsanspruchs

Die Verpflichtung des Schuldners zur Unterlassung der Verfügung korrespondiert mit einem **Unterlassungsanspruch** des Gläubigers. Zur Verstärkung des Anspruchs ist es zulässig, dass der Gläubiger sich für den Fall der Zuwiderhandlung eine **Vertragsstrafe** (§§ 339 ff) versprechen lässt. Der Anspruch auf Zahlung der Vertragsstrafe kann dann seinerseits wieder nach allgemeinen Grundsätzen gesichert werden. Dabei kommt insbesondere die Bestellung einer Sicherungshypothek oder eines anderen Grundpfandrechts in Betracht.[37] 20

Betrifft der Unterlassungsanspruch die Verfügung über ein Grundstück, so stellt sich die Frage, ob er durch Eintragung einer **Vormerkung** gesichert werden kann. Die hM lehnt dies zu Recht ab.[38] Die Vormerkung hat die Funktion, dem Gläubiger bis zur Eintragung der Rechtsänderung einen vorläufigen Schutz zu gewähren. Sie kann daher nicht zur Sicherung von Ansprüchen eingesetzt werden, die nicht auf Eintragung einer Rechtsänderung gerichtet sind.[39] Hat der Gläubiger sich einen durch die vertragswidrige Veräußerung des Grundstücks bedingten Rückauflassungsanspruch einräumen lassen, so kann dieser Anspruch aber durch Vormerkung gesichert werden (vgl Rn 16). 21

Nach überwiegender Ansicht kann der Unterlassungsanspruch des Gläubigers schließlich auch durch ein **gerichtliches Veräußerungsverbot** gesichert werden, das im Wege der einstweiligen Verfügung (§§ 935, 938 Abs. 2 ZPO) erlassen wird.[40] Die Rechtswirkungen ergeben sich dann aus §§ 135, 136. Zu beachten ist insbesondere, dass ein solches Veräußerungsverbot im Grundbuch eingetragen werden kann (vgl § 136 Rn 7).[41] 22

33 BGHZ 134, 182, 187 = NJW 1997, 861; BayObLG NJW 1978, 700, 701 = DNotZ 1978, 159; Bamberger/Roth/*Wendtland*, § 137 Rn 8; MüKo/*Armbrüster*, § 137 Rn 15; Palandt/*Ellenberger*, § 137 Rn 4; Staudinger/*Kohler*, § 137 Rn 31; aA Erman/*Palm*, § 137 Rn 5; Jauernig/*Jauernig*, § 137 Rn 2; *Flume*, BGB AT Bd. 2, § 17, 7.

34 BGHZ 134, 182, 186; BayObLG NJW 1978, 700; MüKo/*Armbrüster*, § 137 Rn 35; Staudinger/*Kohler*, § 137 Rn 54 ff; *Kohler*, DNotZ 1989, 339 ff; *Merrem*, JR 1993, 53 ff; aA Erman/*Palm*, § 137 Rn 9; Jauernig/*Jauernig*, § 137 Rn 2.

35 BGHZ 103, 235, 238 f; Bamberger/Roth/*Wendtland*, § 137 Rn 12; Jauernig/*Jauernig*, § 137 Rn 3; PWW/*Ahrens*, § 137 Rn 5.

36 BGHZ 31, 13, 18 f; Bamberger/Roth/*Wendtland*, § 137 Rn 17; MüKo/*Armbrüster*, § 137 Rn 26.

37 Vgl RGZ 73, 16, 18; Erman/*Palm*, § 137 Rn 9.

38 Bamberger/Roth/*Wendtland*, § 137 Rn 15; Erman/*Palm*, § 137 Rn 9; Palandt/*Ellenberger*, § 137 Rn 6; Soergel/*Hefermehl*, § 137 Rn 13.

39 MüKo/*Kohler*, § 883 Rn 16 f.

40 BGHZ 134, 182, 187; PWW/*Ahrens*, § 137 Rn 6; Soergel/*Hefermehl*, § 137 Rn 13; Zöller/*Vollkommer*, ZPO, § 938 Rn 12; aA MüKo/*Armbrüster*, § 137 Rn 31; Staudinger/*Kohler*, § 136 Rn 14; *Kohler*, S. 293 ff.

41 Bamberger/Roth/*Wendtland*, § 137 Rn 15; Erman/*Palm*, § 137 Rn 9.

V. Schadenersatzansprüche des Gläubigers

23 Verfügt der Schuldner entgegen einer wirksamen Verpflichtung über ein Recht, so wird ihm die Erfüllung der Unterlassungspflicht **unmöglich**.[42] Dem Gläubiger steht daher ein Schadenersatzanspruch aus §§ 280 Abs. 1, 3, 283 zu.[43] Hatte der Schuldner die Verfügung schon vor Eingehung der Verpflichtung vorgenommen, handelt es sich um einen Fall der anfänglichen Unmöglichkeit. Der Schadenersatzanspruch ergibt sich damit aus § 311 a Abs. 2. Hat der Dritterwerber sich selbst gegenüber dem Gläubiger verpflichtet, den infrage stehenden Gegenstand nicht vom Schuldner zu erwerben, so haftet er nach den gleichen Grundsätzen.[44]

24 **Deliktrechtlich** kommen Schadenersatzansprüche **gegen den Schuldner** aus § 823 Abs. 2 iVm § 266 StGB und § 826 in Betracht.[45] Bei kollusivem Zusammenwirken zwischen Schuldner und Dritterwerber kann dem Gläubiger nach überwiegender Auffassung auch ein Schadenersatzanspruch **gegen den Dritterwerber** aus § 826 zustehen.[46] Der Gläubiger kann hiernach gem. § 249 Abs. 1 die Rückübertragung des Rechts auf den Schuldner verlangen.

§ 138 Sittenwidriges Rechtsgeschäft; Wucher

(1) Ein Rechtsgeschäft, das gegen die guten Sitten verstößt, ist nichtig.

(2) Nichtig ist insbesondere ein Rechtsgeschäft, durch das jemand unter Ausbeutung der Zwangslage, der Unerfahrenheit, des Mangels an Urteilsvermögen oder der erheblichen Willensschwäche eines anderen sich oder einem Dritten für eine Leistung Vermögensvorteile versprechen oder gewähren lässt, die in einem auffälligen Missverhältnis zu der Leistung stehen.

Literatur: *Andelewski,* Staatliche Mindestentgeltregelungen, DStR 2008, 2114; *Armbrüster*, Anfechtbarkeit oder Nichtigkeit von Rechtshandlungen, FS Canaris, Bd. 1, 2007, 23; *Bayreuther,* Gesetzlicher Mindestlohn und sittenwidrige Arbeitsbedingungen, NJW 2007, *Bezzenberger*, Ethnische Diskriminierung, Gleichheit und Sittenordnung im bürgerlichen Recht, AcP 196 (1996), 395; *Boemke*, Kontenkündigung als Sittenverstoß, JuS 2001, 444; *Canaris*, Grundrechte und Privatrecht, AcP 184 (1984), 201; *ders.*, Wandlungen des Schuldvertragsrechts – Tendenzen zu seiner „Materialisierung", AcP 200 (2000), 273; *Damm*, Kontrolle von Vertragsgerechtigkeit durch Rechtsfolgenbestimmung, JZ 1986, 913; *Drexl*, Verbraucherrecht – Allgemeines Privatrecht – Handelsrecht, in: Schlechtriem, Wandlungen des Schuldrechts, 2002, S. 97; *Eckert*, Sittenwidrigkeit und Wertungswandel, AcP 199 (1999), 337; *Hager*, Gesetzes- und sittenkonforme Auslegung und Aufrechterhaltung von Rechtsgeschäften, 1983; *ders.*, Die gesetzeskonforme Aufrechterhaltung übermäßiger Vertragspflichten – BGHZ 89, 316 und 90, 69, JuS 1985, 264; *Henssler/Sittard*, Flexibler Mindestlohn durch Konkretisierung des Sittenwidrigkeitsurteils, RdA 2007, 159; *Honsell*, Die zivilrechtliche Sanktion der Sittenwidrigkeit, JA 1986, 573; *Jung*, Wucherähnliches Rechtsgeschäft – Tatbestand und Beweis, ZGS 2005, 95; *Kamanabrou*, Die Interpretation zivilrechtlicher Generalklauseln, AcP 202 (2002), 662; *Kapellmann*, Sittenwidrige Höhe einer einzelnen Nachtragsposition?, NJW 2009, 1380; *Lindacher*, Grundsätzliches zu § 138 BGB, AcP 173 (1973), 124; *Looschelders*, Schuldrecht Allgemeiner Teil, 7. Aufl. 2009; *ders.*, Schuldrecht Besonderer Teil, 4. Aufl. 2010; *Looschelders/Roth*, Juristische Methodik im Prozeß der Rechtsanwendung, 1996; *S. Lorenz*, Sittenwidrigkeit und Vertragsanbahnung – „procedural unconscionability" im deutschen Recht?, FS Canaris, Bd. 1, 2007, 777; *Mayer-Maly*, Das Bewusstsein der Sittenwidrigkeit, 1971; *ders.*, Wertungswandel und Privatrecht, JZ 1981, 801; *ders.*, Die guten Sitten als Maßstab des Rechts, JuS 1986, 596; *ders.*, Was leisten die guten Sitten?, AcP 194 (1994), 105; *Naumann*, Sittenverstoß und Privatautonomie, 2003; *Ohly*, Generalklausel und Richterrecht, AcP 201 (2001), 1; *Otte*, Die Nichtigkeit letztwilliger Verfügungen wegen Gesetzes- oder Sittenwidrigkeit, JA 1985, 192; *Paulus/Zenker*, Grenzen der Privatautonomie, JuS 2001, 1; *Picker*, Antidiskriminierung als Zivilrechtsprogramm?, JZ 2003, 540; *Petersen*, Der Verstoß gegen die guten Sitten, Jura 2006, 387; *Rühle*, Das Wucherverbot – effektiver Schutz des Verbrauchers vor überhöhten Preisen?, 1978; *Sack*, Das Anstandsgefühl aller billig und gerecht Denkenden und die Moral als Bestimmungsfaktoren der guten Sitten, NJW 1985, 761; *Schapp/Schur*, Einführung in das Bürgerliche Recht, 4. Aufl. 2007; *Schmoeckel*, Der maßgebliche Zeitpunkt zur Bestimmung der Sittenwidrigkeit nach § 138 I BGB, AcP 197 (1997), 1; *Thüsing*, Religion und Kirche in einem neuen Anti-Diskriminierungsrecht, JZ 2004, 172; *Wagner*, Die Sittenwidrigkeit von Angehörigenbürgschaften nach Einführung der Restschuldbefreiung und Kodifizierung der cic, NJW 2005, 2956.

42 Vgl BGHZ 37, 137, 151; Staudinger/*Olzen*, § 241 Rn 140; *Berger*, S. 119 ff.

43 Vgl Staudinger/*Kohler*, § 137 Rn 48.

44 Vgl OLG Köln NJW-RR 1996, 327; MüKo/*Armbrüster*, § 137 Rn 32.

45 Staudinger/*Kohler*, § 137 Rn 48; MüKo/*Armbrüster*, § 137 Rn 32.

46 BGH NJW 1968, 1471; Bamberger/Roth/*Wendtland*, § 137 Rn 16; MüKo/*Armbrüster*, § 137 Rn 32; Soergel/*Hefermehl*, § 137 Rn 11; aA Staudinger/*Kohler*, § 137 Rn 49.

A. Allgemeines

I. Normzweck

1. Sittenwidriges Rechtsgeschäft (Abs. 1). Die privatautonome **Gestaltungsfreiheit** wird nicht nur durch gesetzliche Verbote (§ 134), sondern auch durch die guten Sitten (Abs. 1) begrenzt. Beide Vorschriften stehen in einem engen funktionalen Zusammenhang. Mit dem Verweis auf die guten Sitten erkennt der Gesetzgeber an, dass er etwaigen Missbräuchen der Vertragsfreiheit nicht umfassend durch gesetzliche Verbote begegnen kann. Zusätzlich muss vielmehr eine **Generalklausel** bereitgestellt werden, die dem Richter den notwendigen Freiraum gibt, um der Vielgestaltigkeit der möglichen Lebenssachverhalte Rechnung zu tragen und neuere Entwicklungen zu berücksichtigen, ohne das Eingreifen des Gesetzgebers abwarten zu müssen.[1] Die Vorschrift hat demnach (ebenso wie im Deliktsrecht § 826) eine gewisse Auffangfunktion.[2] 1

Mit dem Merkmal der „guten Sitten" enthält Abs. 1 einen **ausfüllungsbedürftigen Wertbegriff**, der außerrechtliche Maßstäbe in Bezug nimmt.[3] Dies beruht auf der Einsicht, dass die Achtung der für die Gesellschaft **grundlegenden Wertvorstellungen** für ein gedeihliches Zusammenleben unerlässlich ist.[4] Der Verweis auf außerrechtliche Maßstäbe ist notwendig, weil der Gesetzgeber diese Wertvorstellungen nicht für alle denkbaren Interessenkonflikte in konkreten Normen positivieren kann.[5] Abs. 1 löst das Problem, indem er die in Bezug genommenen außerrechtlichen Maßstäbe in **rechtliche** transformiert.[6] 2

Die Bezugnahme auf die „guten Sitten" bedeutet nicht, dass der Richter die in der Gesellschaft **tatsächlich** herrschenden Wertanschauungen ermitteln und der Entscheidung zugrunde legen soll.[7] Welche außerrechtlichen Wertungen über den Begriff der guten Sitten in rechtliche transformiert werden, ist vielmehr eine **normative** Wertungsfrage, die im Einklang mit den in der Rechtsordnung verankerten Wertungen beantwortet werden muss.[8] Dabei kommt der Wertordnung des Grundgesetzes eine herausragende Bedeutung zu (näher dazu Rn 40 ff).[9] 3

Die Nichtigkeitsfolge des Abs. 1 beruht in erster Linie auf der Erwägung, dass die Rechtsordnung sittenwidrigen Geschäften die Anerkennung verweigern muss, wenn sie die für die Gesellschaft **grundlegenden Wertvorstellungen** nicht destabilisieren will.[10] Die Vorschrift soll damit verhindern, „dass Rechtsgeschäfte in den Dienst des Unsittlichen gestellt werden".[11] Nachdem die meisten grundlegenden Wertvorstellungen heute einen **rechtlichen** Niederschlag gefunden haben, werden damit auch die **wesentlichen Grundsätze der Rechtsordnung** aufrechterhalten.[12] Gleichzeitig geht es um den Schutz der **individuellen** oder **öffentlichen Interessen**, die durch das sittenwidrige Geschäft beeinträchtigt werden.[13] Soweit andere Privatrechtssubjekte betroffen sind, kann dieser Schutz in krassen Fällen sogar verfassungsrechtlich geboten sein.[14] Dies gilt ins- 4

1 Vgl AK-BGB/*Damm*, § 138 Rn 3; MüKo/*Armbrüster*, § 138 Rn 3; *Larenz/Wolf*, BGB AT, § 41 Rn 1. Allg. zur Funktion von Generalklauseln *Looschelders/Roth*, Methodik, S. 198 ff; *Mayer-Maly*, AcP 194 (1994), 105, 131 f; *Ohly*, AcP 201 (2001), 1, 7.
2 Staudinger/*Sack*, § 138 Rn 24.
3 Zu dieser „Verweisungsfunktion" vgl *Ohly*, AcP 201 (2001), 1, 7.
4 Vgl MüKo/*Armbrüster*, § 138 Rn 11.
5 Vgl Erman/*Palm*, § 138 Rn 1; *Looschelders/Roth*, Methodik, S. 199.
6 Vgl PWW/Ahrens, § 138 Rn 1.
7 So auch MüKo/*Armbrüster*, § 138 Rn 14; Staudinger/*Sack*, § 138 Rn 15; ferner *Larenz/Canaris*, Schuldrecht II/2, 13. Aufl. 1994, § 78 II 1 a (zu § 826): kein empirisch feststellbares Kriterium.
8 Vgl Staudinger/*Dilcher*, 12. Aufl., § 138 Rn 5; *Looschelders/Roth*, Methodik, S. 202.
9 Vgl BVerfGE 89, 214, 229; BGHZ 106, 336, 338; 140, 118, 128; 142, 304, 307; BGH NJW 1986, 2944; Palandt/*Ellenberger*, § 138 Rn 4; PWW/*Ahrens*, § 138 Rn 17; MüKo/*Armbrüster*, § 138 Rn 20 ff; Jauernig/*Jauernig*, § 138 Rn 6; *Bork*, BGB AT, Rn 1182.
10 Treffend *Leonhard*, in: FS Bekker 1907, S. 89, 106: „Der Verstoß gegen die guten Sitten liegt in der Gefährdung ihrer Fortdauer"; vgl auch *Lindacher*, AcP 173 (1973), 124, 125.
11 *Medicus*, BGB AT, Rn 680; vgl auch Erman/*Palm*, § 138 Rn 1.
12 BGHZ 106, 336, 338; Palandt/*Ellenberger*, § 138 Rn 3.
13 *Eckert*, AcP 199 (1999), 337, 351; ferner AK-BGB/*Damm*, § 138 Rn 96 ff.
14 Vgl BVerfGE 89, 214, 229 ff.

besondere für Rechtsgeschäfte, die die Menschenwürde oder das Selbstbestimmungsrecht des anderen Vertragspartners verletzen.[15]

5 Als weiterer Zweck des Abs. 1 wird teilweise die **Abschreckung** von der Vornahme sittenwidriger Geschäfte genannt.[16] Richtig ist hieran, dass die Parteien nicht durch rechtliche Anerkennung zum Abschluss sittenwidriger Geschäfte ermuntert werden dürfen.[17] Ob die Nichtigkeitsfolge darüber hinaus abschreckend wirkt, erscheint zweifelhaft. Die Abschreckungsfunktion wird insoweit eher durch die Schadensersatzpflicht nach § 826 wahrgenommen.

6 Dass Abs. 1 nicht den Zweck hat, die Beteiligten wegen der Vornahme des Rechtsgeschäfts oder gar wegen der dabei zu Tage getretenen verwerflichen Gesinnung zu **bestrafen**, ist heute allgemein anerkannt.[18] Die Irrelevanz poenaler Zwecke zeigt sich schon daran, dass Abs. 1 sich nicht auf das Verhalten der Beteiligten, sondern auf das von ihnen vorgenommene Rechtsgeschäft bezieht (s. Rn 91).

7 **2. Wucher (Abs. 2).** Die Generalklausel des Abs. 1 wird durch den Wuchertatbestand des Abs. 2 konkretisiert. Da Abs. 2 einen **Sonderfall der Sittenwidrigkeit** regelt, muss die Vorschrift gegenüber Abs. 1 vorrangig geprüft werden. Liegen die Voraussetzungen des Wuchers nicht vor, so kann auf die Generalklausel des Abs. 1 zurückgegriffen werden.[19] Dabei muss die fehlende Voraussetzung für die Nichtigkeit des Rechtsgeschäfts nach Abs. 2 aber durch das besondere Gewicht der übrigen Merkmale des Abs. 2 oder das Vorliegen sonstiger sittenwidrigkeitsrelevanter Umstände kompensiert werden.[20] Praktische Bedeutung hat dies vor allem für die Beurteilung von **wucherähnlichen Geschäften** (dazu Rn 222 ff). Auch sonst können die einzelnen Merkmale des Abs. 2 aber herangezogen werden, um im Zusammenspiel mit anderen sittenwidrigkeitsrelevanten Umständen die Nichtigkeit des Rechtsgeschäfts nach Abs. 1 zu begründen (vgl Rn 105 ff).

II. Entstehungsgeschichte

8 Dass Verträge, die gegen die **guten Sitten** verstoßen, unwirksam bzw rechtlich nicht durchsetzbar sind, war schon im römischen Recht anerkannt.[21] Die Verfasser des Ersten Entwurfs hatten die guten Sitten noch um die **öffentliche Ordnung** ergänzt. Maßgeblich war die Erwägung, dass der Inhalt eines Rechtsgeschäfts nicht nur „gegen die moralischen, sondern auch gegen die allgemeinen Interessen des Staates verstoßen kann und ein Verstoß gegen die letzteren nicht immer einen Verstoß gegen die ersteren enthält".[22] Die zweite Kommission hat den Verweis auf die öffentliche Ordnung gestrichen, weil ein Verstoß gegen die öffentliche Ordnung zumeist auch als Verstoß gegen die Rechts- und Sittlichkeitsordnung anzusehen sei.[23] Ein Antrag, die Wendung „gegen die guten Sitten" durch die Ausdrücke „gegen die Sittlichkeit" zu ersetzen, wurde mit der Begründung abgelehnt, dass die Bezugnahme auf die guten Sitten der Vorschrift einen umfassenderen Geltungsbereich sichere und den richtigen **objektiven Maßstab** enthalte.[24] Diese Erwägungen zeigen, dass es bei Abs. 1 nicht auf die Gebote der **Sittlichkeit** als Ausfluss innerer (individueller) Überzeugungen ankommt; vielmehr ist ein äußerer (gemeinschaftsbezogener) Maßstab zugrunde zu legen.[25] Deutlich wird außerdem, dass der Begriff der guten Sitten auch rechtlich verankerte Wertmaßstäbe als **Teil der öffentlichen Ordnung** umfasst. Da die öffentliche Ordnung einen weiter gehenden Inhalt aufweist, wurde sie aber zu Recht nicht neben die guten Sitten gestellt.[26]

9 Der **Wuchertatbestand** wurde erst von der Reichstagskommission in den § 138 eingefügt. Die Kommission hat sich dabei von der Erwägung leiten lassen, dass die Nichtigkeit wucherischer Geschäfte im BGB ausdrücklich ausgesprochen werden soll, weil „eine so wichtige, ins Civilrecht tief eingreifende Vorschrift ... im BGB nicht unerwähnt bleiben" dürfe.[27] Praktische Bedeutung hatte die Einfügung des Abs. 2 für Fälle des Sachwuchers, der nur bei gewohnheitsmäßiger Begehung strafbar war. Da die Strafbarkeit wegen Wuchers nach § 291 StGB (§ 302 a StGB aF) und das zivilrechtliche Wucherverbot des Abs. 2 inzwischen durch das

15 Vgl *Esser/Schmidt*, Schuldrecht AT I, 8. Aufl. 1995, § 10 II 2 a: Schutz der Menschenwürde und des Selbstbestimmungsrechts als zentrale Funktion des § 138 Abs. 1.
16 So MüKo/*Armbrüster*, § 138 Rn 2; RGRK/*Krüger-Nieland/Zöller*, § 138 Rn 2; *Lindacher*, AcP 173 (1973), 124, 125.
17 Vgl BGHZ 60, 102, 105 f; *Lindacher*, AcP 173 (1973), 124, 129.
18 Dies betont zutr. *Eckert*, AcP 199 (1999), 337, 351.
19 BGH NJW 2007, 2841; PWW/*Ahrens*, § 138 Rn 50; Soergel/*Hefermehl*, § 138 Rn 73; Staudinger/*Sack*, § 138 Rn 172.
20 Vgl BGHZ 146, 298, 301; BGH NJW 2002, 3165, 3166; MüKo/*Armbrüster*, § 138 Rn 142.
21 Vgl Staudinger/*Sack*, § 138 Rn 1; *Flume*, BGB AT Bd. 2, § 18, 1.
22 *Mugdan* I, S. 469.
23 *Mugdan* I, S. 725.
24 *Mugdan* I, S. 725.
25 Zur Abgrenzung von guten Sitten und Sittlichkeit s. *Schapp/Schur*, Rn 474.
26 So auch *Flume*, BGB AT Bd. 2, § 18, 1; *Larenz/Wolf*, BGB AT, § 41 Rn 9; zu weit gehend Bamberger/Roth/*Wendtland*, § 138 Rn 17 und Palandt/*Ellenberger*, § 138 Rn 3, die die öffentliche Ordnung ohne Einschränkung als Bestandteil der guten Sitten ansehen.
27 *Mugdan* I, S. 970; vgl dazu auch *Rühle*, Wucherverbot, S. 28.

1. WiKG vom 29.7.1976[28] aufeinander abgestimmt worden sind, ist die letztere Überlegung obsolet. Es stellt sich daher die Frage, welche Bedeutung Abs. 2 neben § 134 iVm § 291 StGB heute noch zukommt (dazu Rn 357).

III. Anwendungsbereich

10 **1. Privatrechtliche Rechtsgeschäfte.** Soweit keine Sonderregelungen eingreifen, ist § 138 für **alle Rechtsgeschäfte** auf dem Gebiet des **Privatrechts** maßgeblich. Die Vorschrift ermöglicht (neben § 242) auch eine gerichtliche Inhaltskontrolle der internen Normen eines **Vereins oder Verbandes**, welche die Rechtsstellung der Mitglieder regeln. Dies gilt jedenfalls für den Fall, dass die Vereinigung im wirtschaftlichen oder sozialen Bereich eine überragende Machtstellung hat.[29] Im **Zivilprozessrecht** hat § 138 keine große Bedeutung, weil Prozesshandlungen grundsätzlich allein durch das Prozessrecht geregelt werden.[30] Eine Ausnahme besteht für den **Prozessvergleich**. Dieser ist nicht nur Prozesshandlung, sondern auch materiellrechtlicher Vertrag, der nach den Regeln der allgemeinen Rechtsgeschäftslehre zu beurteilen ist.[31]

11 Der Begriff des **Rechtsgeschäfts** hat die gleiche Bedeutung wie in § 134 (dort Rn 7). Die Vorschrift gilt daher ebenfalls nicht nur für Verpflichtungs-, sondern auch für Verfügungsgeschäfte.[32] Nach dem Trennungs- und Abstraktionsprinzip schlägt die Sittenwidrigkeit des Verpflichtungsgeschäfts jedoch grundsätzlich nicht auf das Verfügungsgeschäft durch (s. Rn 137).

12 In **Fällen mit Auslandsberührung** ist § 138 nur anwendbar, wenn das Rechtsgeschäft nach den Regeln des deutschen Internationalen Privatrechts (insbesondere Art. 3 ff EGBGB und Art. 1 ff Rom I-VO) dem deutschen Recht unterliegt. § 138 ist **keine** international zwingende **Eingriffsnorm** iSd Art. 9 Rom I-VO (Art. 34 EGBGB aF).[33] Im Einzelfall kann den Wertungen des § 138 aber über die Vorbehaltsklausel des Art. 21 Rom I-VO bzw des Art. 6 EGBGB Geltung verschafft werden (vgl Rn 33). Zur Berücksichtigung **ausländischer Eingriffsnormen** im Rahmen des § 138 Abs. 1 s. Rn 80.

13 **2. Öffentliches Recht.** Aufgrund der Verweisung des § 59 Abs. 1 VwVfG ist § 138 auf **öffentlich-rechtliche Verträge** anwendbar.[34] Für die Nichtigkeit von **Verwaltungsakten** wegen Sittenwidrigkeit gilt dagegen die Sonderregelung des § 44 Abs. 2 Nr. 6 VwVfG.[35] Im Übrigen kann sich die Sittenwidrigkeit privatrechtlicher Rechtsgeschäfte aus einer unzulässigen Verknüpfung mit der Vornahme von Verwaltungsakten oder sonstigen öffentlich-rechtlichen Handlungen ergeben (s. Rn 331 ff).

IV. Verhältnis zu anderen Vorschriften

14 **1. Gesetzliches Verbot, § 134.** Da Abs. 1 Fälle erfassen soll, in denen ein gesetzliches Verbot fehlt (Rn 21), ist **§ 134 vorrangig** anzuwenden.[36] Ist das Rechtsgeschäft hiernach unwirksam, so besteht für die zusätzliche Anwendung des Abs. 1 kein Anlass.[37] Führt der Gesetzesverstoß für sich genommen nach dem Zweck des Gesetzes nicht zur Unwirksamkeit des Rechtsgeschäfts, so kann aber auf Abs. 1 abgestellt werden.[38] Zu beachten ist dabei jedoch, dass die Sittenwidrigkeit nicht allein mit dem Verstoß gegen die gesetzliche Norm begründet werden kann.[39] Da ein sittenwidriges Rechtsgeschäft nach Abs. 1 (nahezu) immer nichtig ist (dazu Rn 129 ff), verstieße ein solches Verständnis nämlich gegen die Wertung des § 134, wonach die Gesetzwidrigkeit gerade nicht in jedem Fall zur Nichtigkeit führen soll.[40] Die tatbestandlichen Voraussetzungen des Abs. 1 können jedoch vorliegen, wenn der Gesetzesverstoß durch weitere sittenwidrigkeitsrelevante Umstände verstärkt wird.

15 Zum Verhältnis von **Abs. 2** zu § 134 iVm § 291 StGB und § 5 WiStG s. Rn 356 ff.

16 **2. Ergänzende Vertragsauslegung, § 157.** Die Feststellung der Sittenwidrigkeit setzt voraus, dass der Inhalt des Rechtsgeschäfts durch Auslegung geklärt worden ist. Besondere Bedeutung kommt dabei der ergänzenden Vertragsauslegung (§ 157) zu. Bei der ergänzenden Auslegung von Verträgen hat man sich daran

28 BGBl I S. 2034.
29 Vgl BGHZ 105, 306, 316 ff; 128, 93, 101 ff; 142, 304, 306.
30 RGZ 162, 65, 67 f; Rosenberg/Schwab/*Gottwald*, Zivilprozessrecht, 16. Aufl. 2004, § 65 Rn 47 ff.
31 BGHZ 28, 171, 172; PWW/*Ahrens*, § 138 Rn 14.
32 Soergel/*Hefermehl*, § 138 Rn 12; PWW/*Ahrens*, § 138 Rn 13.
33 BGHZ 135, 124, 139; MüKo/*Martiny*, Art. 9 Rom I-VO Rn 60; *Looschelders*, IPR, Art. 34 EGBGB Rn 24.
34 Vgl BGH NJW 1972, 1657; PWW/*Ahrens*, § 138 Rn 14.
35 Vgl PWW/*Ahrens*, § 138 Rn 14; RGRK/*Krüger-Nieland/Zöller*, § 138 Rn 8.
36 BGH NJW 1983, 868, 869 f; BAG NJW 1993, 2701, 2703; Staudinger/*Sack*, § 138 Rn 96.
37 Erman/*Palm*, § 138 Rn 10; Soergel/*Hefermehl*, § 138 Rn 63; aA BGHZ 53, 152, 160.
38 BGHZ 67, 119, 122 ff; MüKo/*Armbrüster*, § 134 Rn 4; PWW/*Ahrens*, § 138 Rn 5; Soergel/*Hefermehl*, § 138 Rn 63.
39 BGHZ 138, 291, 299; BAG NJW 1993, 2701, 2703; MüKo/*Armbrüster*, § 138 Rn 4; Soergel/*Hefermehl*, § 138 Rn 194.
40 BAG NJW 1993, 2701, 2703; Staudinger/*Sack*, § 138 Rn 97; *Bork*, BGB AT, Rn 1154.

zu orientieren, was **redliche Vertragsparteien** nach Treu und Glauben vereinbart hätten, wenn sie den zu regelnden Fall bedacht hätten (vgl § 157 Rn 21 ff). Redliche Vertragsparteien hätten aber keine Vereinbarungen getroffen, die mit den guten Sitten unvereinbar sind. Gelangt man mit dieser Überlegung zu dem Ergebnis, dass der Inhalt des Vertrages nicht zu missbilligen ist, so scheidet ein Rückgriff auf Abs. 1 naturgemäß aus.[41]

17 **3. Treu und Glauben, § 242. a) Die unterschiedlichen Standards.** Neben Abs. 1 enthält § 242 die zweite zentrale Generalklausel des BGB. Während der Standard der guten Sitten nur die Einhaltung eines „**sozialethischen Minimums**" (Rn 89) gebietet, umschreiben die Gebote von Treu und Glauben aber **gesteigerte sozialethische Anforderungen.**[42] Die unterschiedlichen Maßstäbe erklären sich daraus, dass beide Vorschriften im Ausgangspunkt unterschiedliche Problemkreise regeln. Im Vordergrund des § 242 steht die Frage, wie man sich bei der Erfüllung seiner Pflichten und der Ausübung seiner Rechte im Rahmen eines **Schuldverhältnisses** bzw einer rechtlichen **Sonderverbindung** zu verhalten hat. Hier ist ein strengerer Maßstab gerechtfertigt als im Verkehr zwischen „Jedermann", bei dem nur die niedrigeren Standards der guten Sitten (§ 826) einzuhalten sind.[43] Abs. 1 regelt die Frage, wann ein Rechtsgeschäft wegen Missbrauchs der Privatautonomie nichtig sein soll. Da die Nichtigkeitsanordnung einen schweren Eingriff in die Privatautonomie darstellt, hat der Gesetzgeber hier einen weniger strengen Maßstab zugrunde gelegt. Ein Rechtsgeschäft ist danach nur nichtig, wenn es gegen die Mindeststandards verstößt, die im Verkehr zwischen „**Jedermann**" einzuhalten sind.[44] Dem lässt sich nicht entgegenhalten, dass § 138 von „Rechtsgeschäften" ausgeht und damit ebenfalls an eine Sonderverbindung anknüpft.[45] Entscheidend ist, dass im Rahmen des § 138 der gleiche Maßstab wie im Verkehr zwischen „Jedermann" gilt. Die unterschiedliche Strenge der Anforderungen spiegelt sich auch in den Formulierungen wider. Während Abs. 1 **negativ** vorschreibt, dass ein Rechtsgeschäft nicht gegen die guten Sitten verstoßen darf,[46] verlangt § 242 **positiv**, dass der Schuldner die Gebote von Treu und Glauben einzuhalten hat.

18 **b) Wirksamkeits- und Ausübungskontrolle.** Bei der praktischen Rechtsanwendung ist der Anwendungsbereich des § 242 stetig ausgeweitet worden.[47] Überschneidungen mit Abs. 1 ergeben sich insbesondere aus dem Gedanken der **unzulässigen Rechtsausübung,**[48] der die Privatautonomie im Vorfeld der Sittenwidrigkeit beschränkt.[49] Im Ausgangspunkt bleiben beide Vorschriften aber auch in diesem Bereich klar voneinander getrennt. Ist ein Rechtsgeschäft sittenwidrig, so ist es nach Abs. 1 nichtig. Verstößt die Ausübung eines Rechtes „lediglich" gegen den Grundsatz von Treu und Glauben, so greifen die flexibleren Rechtsfolgen des § 242 ein. Die Rechtsprechung hat hierzu im Hinblick auf die Inhaltskontrolle von Eheverträgen ein **zweistufiges Prüfungsverfahren** entwickelt. In einem ersten Schritt wird geprüft, ob das Rechtsgeschäft wegen Verstoßes gegen die guten Sitten nach Abs. 1 nichtig ist (Wirksamkeitskontrolle). Wird diese Frage verneint, so muss in einem zweiten Schritt der Frage nachgegangen werden, ob der Begünstigte im Einzelfall nach Treu und Glauben (§ 242) gehindert ist, die Rechte aus dem Geschäft geltend zu machen (Ausübungskontrolle).[50]

19 **c) Geltendmachung der Sittenwidrigkeit als unzulässige Rechtsausübung.** Eine andere Frage ist, ob der benachteiligte Vertragspartner unter dem Aspekt der unzulässigen Rechtsausübung (§ 242) **gehindert** sein kann, **sich auf die Sittenwidrigkeit des Rechtsgeschäfts** zu berufen. Diese Frage wird von der hM grundsätzlich bejaht.[51] Da sittenwidrige Rechtsgeschäfte nicht über den Grundsatz von Treu und Glauben Wirksamkeit erlangen dürften, müsse die Anwendung des § 242 jedoch auf besonders gelagerte Ausnahmefälle beschränkt bleiben. Dieser Auffassung ist grundsätzlich zuzustimmen. Da die Sittenwidrigkeit nach Abs. 1 als Einwendung **von Amts wegen** beachtet werden muss, kann die Geltendmachung der Sittenwidrigkeit als

41 Vgl Palandt/*Ellenberger*, § 138 Rn 14; RGRK/*Krüger-Nieland/Zöller*, § 138 Rn 11.

42 Vgl Staudinger/*Looschelders/Olzen*, § 242 Rn 367; *Schapp/Schur*, Rn 487; *Looschelders*, Schuldrecht AT, Rn 63, 72; aA Staudinger/*Sack*, § 138 Rn 154 f.

43 *Fikentscher/Heinemann*, Schuldrecht, Rn 199; *Looschelders*, Schuldrecht AT, Rn 63 f. Dass § 242 im Ausgangspunkt ein Schuldverhältnis oder zumindest eine rechtliche Sonderverbindung voraussetzt, ist weitgehend anerkannt (vgl Soergel/*Teichmann*, § 242 Rn 30 ff). Nach verbreiteter Ansicht enthält § 242 zwar einen allg. Rechtsgedanken, der auch außerhalb von rechtlichen Sonderverbindungen gilt (vgl *Medicus/Lorenz*, Schuldrecht I, Rn 139). Dies ändert jedoch nichts daran, dass die sozialethischen Anforderungen im Rahmen von Sonderverbindungen höher sind (vgl Staudinger/*Looschelders/Olzen*, § 242 Rn 129).

44 Ähnlich *Schapp/Schur*, Rn 487; *Bähr*, DB 1981, 1759, 1767.

45 So aber Staudinger/*Schmidt* (1995), § 242 Rn 270.

46 Vgl *Flume*, BGB AT Bd. 2, § 18, 1; *Schapp/Schur*, Rn 475.

47 Ausf. zu dieser Entwicklung Staudinger/*Looschelders/Olzen*, § 242 Rn 50 ff.

48 Vgl Staudinger/*Looschelders/Olzen*, § 242 Rn 214 ff.

49 Bamberger/Roth/*Wendtland*, § 138 Rn 8.

50 Vgl BGH NJW 2004, 930, 935; NJW 2005, 2386, 2388; NJW 2007, 2848, 2849; NJW 2008, 3426, 3427; zusammenfassend Staudinger/*Looschelders/Olzen*, § 242 Rn 368 ff.

51 BGH NJW 1981, 1439, 1440; 1986, 2944, 2945; Palandt/*Ellenberger*, § 138 Rn 21; Soergel/*Hefermehl*, § 138 Rn 61; Staudinger/*Sack*, § 138 Rn 156 ff; Staudinger/*Looschelders/Olzen*, § 242 Rn 492 ff; aA RGZ 150, 181, 186; 160, 52, 56; BAG NJW 1976, 1958, 1959; Jauernig/*Jauernig*, § 138 Rn 27; MüKo/*Armbrüster*, § 138 Rn 155.

solche zwar nicht treuwidrig sein.[52] Denkbar ist jedoch, dass der Einwand der unzulässigen Rechtsausübung durch besondere Umstände gerechtfertigt wird. Drei Fallgruppen lassen sich hier unterscheiden.

aa) Einseitiger Sittenverstoß. Nach hM kommt die Anwendung des § 242 gegenüber der Geltendmachung der Sittenwidrigkeit vor allem in Fällen des **einseitigen Sittenverstoßes** in Betracht. Grundsätzlich kann sich zwar selbst die Vertragspartei auf die Nichtigkeit nach § 138 berufen, die bewusst gegen die guten Sitten verstoßen hat.[53] Etwas anderes soll jedoch gelten, wenn der sittenwidrig Handelnde dadurch einen unangemessenen Vorteil zulasten der redlichen Partei erlangen würde.[54] Hier stellt sich jedoch die Frage, ob das Problem nicht besser durch eine teleologische Reduktion der Nichtigkeitsfolge gelöst wird.[55] Bei einseitigen Sittenverstößen soll Abs. 1 die redliche Partei schützen. Dieser Schutzzweck würde in sein Gegenteil verkehrt, wenn der sittenwidrig Handelnde durch die Nichtigkeit unangemessen begünstigt würde. 20

bb) Beiderseitiger Sittenverstoß. In Ausnahmefällen soll die Anwendung des § 242 auch bei einem **beiderseitigen Sittenverstoß** gerechtfertigt sein.[56] Der BGH hat dies für einen Fall bejaht, in dem die Beklagte einen pornographischen Spielfilm über einen längeren Zeitraum verwertet und sich dann auf die Sittenwidrigkeit des Verleihvertrages über den Film berufen hatte.[57] Maßgeblich war die Erwägung, dass es widersprüchlich sei, zunächst für einen längeren Zeitraum die Vorteile des Vertrages für sich in Anspruch zu nehmen und dann die Sittenwidrigkeit geltend zu machen, um sich der Gegenleistungspflicht zu entziehen. Problematisch erscheint hier vor allem, dass der treuwidrig Handelnde die Vorteile des Rechtsgeschäfts behalten darf, weil bereicherungsrechtliche Ansprüche an § 817 S. 2 scheitern. Um dieses unangemessene Ergebnis zu vermeiden, muss man jedoch nicht die Nichtigkeitsfolge des Abs. 1 einschränken. Es genügt vielmehr, die Sperre des § 817 S. 2 außer Kraft zu setzen.[58] 21

cc) Wandel der Verhältnisse oder Wertvorstellungen. § 242 soll die Geltendmachung der Sittenwidrigkeit auch dann hindern, wenn das in Frage stehende Rechtsgeschäft im Zeitpunkt seiner Vornahme sittenwidrig war, im Zeitpunkt der Entscheidung aber aufgrund einer Änderung der tatsächlichen Verhältnisse oder der Wertanschauungen unbedenklich ist.[59] Diese Fallgruppe betrifft eine Problematik, die in erster Linie durch die **angemessene Bestimmung des Bewertungszeitpunkts** gelöst werden muss (dazu Rn 122 ff). Soweit hierdurch keine Abhilfe geschaffen werden kann, ist der Rückgriff auf § 242 aber gerechtfertigt. Sind die für die Missbilligung des Rechtsgeschäfts maßgeblichen Gründe entfallen, kann die Geltendmachung der Sittenwidrigkeit treuwidrig sein. 22

d) Geltendmachung der Wirksamkeit als unzulässige Rechtsausübung. Umgekehrt kann sich auch das Problem stellen, dass ein im Zeitpunkt der Vornahme wirksames Rechtsgeschäft im Zeitpunkt der Entscheidung aufgrund eines Wandels der tatsächlichen Verhältnisse oder der Wertvorstellungen für sittenwidrig zu erachten ist. Die hM greift auch hier auf § 242 zurück. Die Geltendmachung des Anspruchs kann demnach rechtsmissbräuchlich sein, wenn das zugrunde liegende Rechtsgeschäft **nach den gegenwärtigen Verhältnissen und Wertvorstellungen sittenwidrig** ist (ausführlich dazu Rn 125, 127).[60] 23

4. Fehlen der Geschäftsgrundlage, § 313. Der unangemessene Inhalt des Rechtsgeschäfts kann darauf beruhen, dass die Parteien sich bei Abschluss des Vertrages über wesentliche Umstände geirrt haben. In diesem Fall kommt eine **Anpassung des Vertrages** nach § 313 Abs. 2 in Betracht. Lässt sich die Sittenwidrigkeit hierdurch vermeiden, so scheidet die Anwendung des Abs. 1 aus.[61] 24

5. Anfechtung wegen arglistiger Täuschung oder Drohung, § 123. In welchem Verhältnis § 138 zu § 123 steht, ist umstritten. Teilweise wird angenommen, § 123 statuiere eine gegenüber § 138 vorrangige Sonderregelung für den Fall, dass die Sittenwidrigkeit allein in der unzulässigen Einflussnahme auf den Willen des anderen Vertragspartners durch arglistige Täuschung oder Drohung liegt.[62] Dies ist jedoch insofern missverständlich, als die unzulässige Einflussnahme auf den Willen des Vertragspartners für sich genommen schon gar nicht den Tatbestand des Abs. 1 verwirklicht.[63] Denn Abs. 1 setzt voraus, dass das **Rechtsgeschäft** als 25

52 BAG NJW 1976, 1758, 1759; MüKo/*Armbrüster*, § 138 Rn 155.
53 BGHZ 27, 172, 180; 60, 103, 105; BAG NJW 1976, 1959; Soergel/*Hefermehl*, § 138 Rn 61.
54 BGH WM 1972, 486, 488; RGRK/*Krüger-Nieland/Zöller*, § 138 Rn 40.
55 So auch Staudinger/*Looschelders/Olzen*, § 242 Rn 497.
56 Vgl BGH NJW 1981, 1439, 1440; NJW 1986, 2944, 2945; Palandt/*Ellenberger*, § 138 Rn 21; PWW/*Ahrens*, § 138 Rn 7; Staudinger/*Sack*, § 138 Rn 157.
57 BGH NJW 1981, 1439, 1440.
58 Zur Einschränkung des § 817 S. 2 aus Schutzzweckgründen MüKo/*Schwab*, § 817 Rn 20.
59 Vgl Staudinger/*Sack*, § 138 Rn 85; PWW/*Ahrens*, § 138 Rn 7; *Schmoeckel*, AcP 197 (1997), 1, 23.
60 Palandt/*Ellenberger*, § 138 Rn 10; MüKo/*Armbrüster*, § 138 Rn 138; Staudinger/*Sack*, § 138 Rn 159; *Medicus*, NJW 1995, 2577, 2578.
61 Vgl BGHZ 126, 226, 241.
62 So etwa RGZ 114, 338, 342; 115, 378, 383; BGHZ 60, 102, 104; BGH NJW 1997, 254; BAG NJW 1997, 1940, 1942; AK-BGB/*Damm*, § 138 Rn 102; Bamberger/Roth/*Wendtland*, § 138 Rn 5; Erman/*Palm*, § 138 Rn 6; RGRK/*Krüger-Nieland/Zöller*, § 138 Rn 10; Soergel/*Hefermehl*, § 123 Rn 64; krit. Staudinger/*Sack*, § 138 Rn 151.
63 Zutr. RGZ 72, 216, 217 f; MüKo/*Kramer*, § 123 Rn 34; Staudinger/*Sack*, § 138 Rn 151.

solches sittenwidrig ist. Die Vorschrift ist daher nur einschlägig, wenn die arglistige Täuschung oder Drohung durch weitere Umstände flankiert wird, die das Geschäft nach seinem **Gesamtcharakter** als sittenwidrig erscheinen lassen.[64] Für diesen Fall ist aber anerkannt, dass § 123 keine Vorrangstellung zukommt. Das Rechtsgeschäft ist vielmehr nach Abs. 1 nichtig.[65] Nach der Lehre von den **Doppelwirkungen im Recht** kann es darüber hinaus nach § 123 angefochten werden.[66] Für den Getäuschten oder Bedrohten ist dies sinnvoll, wenn Zweifel daran bestehen, ob das Rechtsgeschäft nach seinem Gesamtcharakter als sittenwidrig anzusehen ist.

26 **6. Sittenwidrige Schädigung, § 826.** Abs. 1 weist eine deutliche Parallele zu § 826 auf. In beiden Fällen handelt es sich um **Generalklauseln mit Auffangfunktion**. Indem beide Vorschriften das Merkmal der „Sittenwidrigkeit" verwenden, nehmen sie auf die gleichen außerrechtlichen Standards Bezug. Bei der Konkretisierung der Sittenwidrigkeit in Abs. 1 hat die Rechtsprechung daher ohne Bedenken auf die Gesetzesmaterialien zu § 826 zurückgegriffen (s. Rn 35). Gleich ist jedoch nur der Bewertungsmaßstab. Erhebliche Unterschiede bestehen dagegen im Hinblick auf den Gegenstand der Bewertung sowie die Rechtsfolgen. Abs. 1 regelt die Frage, wann ein **Rechtsgeschäft** wegen Sittenwidrigkeit **unwirksam** ist. In § 826 geht es dagegen darum, wann ein **Verhalten** wegen Sittenwidrigkeit zum **Schadensersatz** verpflichtet.[67]

27 Aufgrund dieser Unterschiede laufen beide Vorschriften keineswegs notwendig parallel.[68] So lässt die Sittenwidrigkeit des Rechtsgeschäfts keinen sicheren Schluss auf die Sittenwidrigkeit des Handelns eines (oder beider) Beteiligten zu.[69] Die Sittenwidrigkeit nach Abs. 1 löst daher nicht immer Schadensersatzansprüche nach § 826 aus, sondern führt regelmäßig nur zu bereicherungsrechtlichen Ansprüchen. Beruht die Nichtigkeit des Rechtsgeschäfts nach Abs. 1 auf einem **einseitigen Sittenverstoß** zulasten des anderen Teils, so werden im Allgemeinen aber auch die Voraussetzungen des § 826 erfüllt sein.[70] Darüber hinaus kommt ein Anspruch aus **culpa in contrahendo** (§§ 280 Abs. 1, 311 Abs. 2, 241 Abs. 2) in Betracht.[71]

28 **7. Inhaltskontrolle von AGB, §§ 307 ff; Widerrufsrechte §§ 312 ff.** Die Inhaltskontrolle von AGB nach §§ 307 ff richtet sich gegen **einzelne** unzulässige Klauseln. Sie folgt einem **wesentlich strengeren Maßstab** als Abs. 1.[72] So sind nach § 307 Abs. 1 alle Bestimmungen in AGB unwirksam, die den Vertragspartner entgegen den Geboten von **Treu und Glauben** unangemessen benachteiligen. Die Unwirksamkeit einer Klausel berührt die Wirksamkeit des Vertrages im Ganzen grundsätzlich nicht (§ 306 Abs. 1).

Abs. 1 regelt die Frage, ob das **Rechtsgeschäft im Ganzen** wegen Verstoßes gegen die guten Sitten als unwirksam anzusehen ist. Sind einzelne AGB-Klauseln nach §§ 307 ff unangemessen, so begründet dies im Allgemeinen noch nicht die Sittenwidrigkeit des ganzen Vertrages. Etwas anderes muss aber gelten, wenn der Vertrag insgesamt aus sittlich verwerflicher Gesinnung so einseitig gefasst wurde, dass nur der eine Teil seine Rechte auf Kosten des anderen durchsetzt.[73] Insofern müssen bei der Prüfung der Sittenwidrigkeit auch solche Klauseln berücksichtigt werden, die nach §§ 307 ff unwirksam sind.[74] Bei der Überprüfung formularmäßiger Verträge steht die Inhaltskontrolle nach §§ 307 ff zwar im Vordergrund. Dies schließt den Rückgriff auf Abs. 1 aber in Extremfällen nicht aus.[75]

29 In einer aktuellen Entscheidung hat der BGH klargestellt, dass der Verbraucher ein Fernabsatzgeschäft auch dann **widerrufen** kann, wenn es den Kauf eines Radarwarngeräts zum Gegenstand hat und damit nach Abs. 1 nichtig ist (vgl Rn 220, 326).[76] Dies entspricht der hM, nach der das Widerrufsrecht nach § 355 generell unabhängig von der Wirksamkeit des Vertrages gewährt wird.[77] Nach dem Schutzzweck des Widerrufsrechts soll der Verbraucher sich durch ein einfach auszuübendes Recht einseitig vom Vertrag lösen können. Zudem erweisen sich die Rechtsfolgen nach § 357 iVm §§ 346 ff gegenüber einer Rückabwicklung nach §§ 812 ff oftmals als günstiger. Dies gilt insbesondere im Hinblick auf die Kondiktionssperre des § 817 S. 2, welche auf

64 Vgl BGH NJW 1995, 1425, 1428; 1995, 3315; 2005, 2991, 2992; 2008, 982, 983 (arglistige Täuschung); 2002, 2274, 2275 (Drohung); Soergel/*Hefermehl*, § 138 Rn 64; *S. Lorenz*, FS Canaris, Bd. 1, 2007, 777, 779.

65 Bamberger/Roth/*Wendtland*, § 138 Rn 5; Erman/*Palm*, § 138 Rn 6; MüKo/*Kramer*, § 123 Rn 34; MüKo/*Armbrüster*, § 138 Rn 6; Staudinger/*Sack*, § 138 Rn 152.

66 MüKo/*Kramer*, § 123 Rn 34; Jauernig/*Jauernig*, Vor § 104 Rn 22; Staudinger/*Dilcher*, 12. Aufl., § 138 Rn 120; zur parallelen Problematik beim Widerruf BGH NJW 2010, 610, 611.

67 Zu diesem Unterschied Bamberger/Roth/*Wendtland*, § 138 Rn 9; Palandt/*Ellenberger*, § 138 Rn 17; Soergel/*Hefermehl*, § 138 Rn 65; Staudinger/*Sack*, § 138 Rn 160.

68 Zur Notwendigkeit einer getrennten Betrachtung BGHZ 10, 228, 232.

69 Palandt/*Ellenberger*, § 138 Rn 17; Staudinger/*Sack*, § 138 Rn 160.

70 Bamberger/Roth/*Wendtland*, § 138 Rn 9.

71 Vgl BGHZ 99, 101, 106 f; PWW/*Ahrens*, § 138 Rn 10.

72 Vgl BGHZ 94, 105, 112; 147, 279, 287; PWW/*Ahrens*, § 138 Rn 8.

73 BGH NJW 2001, 2466, 2468.

74 BGHZ 136, 347, 355.

75 So auch BGHZ 136, 347, 355 f; Staudinger/*Sack*, § 138 Rn 161; aA Bamberger/Roth/*Wendtland*, § 138 Rn 10; MüKo/*Armbrüster*, § 138 Rn 5.

76 BGH NJW 2010, 610 m.Anm. *Möller*.

77 MüKo/*Mausch*, § 355 Rn 26 ff; Erman/*Saenger*, § 355 Rn 20; krit. *Möller*, NJW 2010, 610, 612.

den Anspruch aus § 346 keine Anwendung findet.[78] Wegen der besonderen Schutzbedürftigkeit des Verbrauchers hat der BGH es auch zu Recht abgelehnt, das Widerrufsrecht auszuschließen, wenn der Verbraucher den die Vertragsnichtigkeit begründenden Umstand zumindest teilweise zu vertreten hat.[79] Ein solcher Ausschluss des Widerrufsrechts nach § 242 komme nur bei besonderer Schutzbedürftigkeit des Unternehmers (zB bei arglistigem Handeln des Verbrauchers gegenüber dem Unternehmer) in Betracht, welche aber im Falle eines beiderseitigen Verstoßes gegen die guten Sitten von vornherein ausscheide.[80]

8. Gläubiger- bzw Insolvenzanfechtung, § 3 AnfG, §§ 129 ff InsO. Die Vorschriften über die Gläubiger- bzw Insolvenzanfechtung gehen dem Abs. 1 vor.[81] Anders als im Verhältnis zu § 123 gilt hier der Grundsatz der **Spezialität**, weil Fälle der Gläubigerbenachteiligung regelmäßig sittenwidrig sind.[82] Für die praktische Rechtsanwendung bedeutet dies, dass das Rechtsgeschäft grundsätzlich nicht schon kraft Gesetzes nach Abs. 1 nichtig ist, sondern angefochten werden muss. Eine Ausnahme wird für den Fall anerkannt, dass die Sittenwidrigkeit des Rechtsgeschäfts auf **besonderen Umständen** beruht, die über die Gläubigerbenachteiligung hinausgehen.[83] Hier folgt die Nichtigkeit des Rechtsgeschäfts unmittelbar aus Abs. 1. Eine Anfechtung ist also entbehrlich. 30

9. Gesellschaftsrecht. Abs. 1 ist grundsätzlich auch im Gesellschaftsrecht anwendbar. Für die Sittenwidrigkeit von **Hauptversammlungsbeschlüssen einer AG** enthält § 241 Abs. 1 Nr. 4 AktG jedoch eine vorrangige Sonderregelung. Die Vorschrift ist insofern enger als Abs. 1, als sich die Sittenwidrigkeit gerade aus dem **Inhalt** des Beschlusses ergeben muss.[84] Folgt die Sittenwidrigkeit aus den sonstigen Umständen, so führt dies nicht kraft Gesetzes zur Nichtigkeit des Beschlusses; dieser kann aber nach § 243 Abs. 2 AktG anfechtbar sein.[85] Bei der **GmbH** bestehen für **Beschlüsse der Gesellschafterversammlung** keine Sonderregelungen; die Rechtsprechung wendet die Vorschriften des AktG aber entsprechend an.[86] 31

Die **Nichtigkeit der AG** selbst ist in § 275 AktG geregelt. Für die GmbH findet sich eine entsprechende Vorschrift in § 75 GmbHG. Erforderlich ist jeweils eine Klage auf Nichtigerklärung der Gesellschaft. Ein Rückgriff auf Abs. 1 kommt damit nicht in Betracht.[87] Aus Gründen des Verkehrsschutzes ist Abs. 1 darüber hinaus auch nicht auf die Beitrittserklärung zu einer Kapitalgesellschaft anwendbar.[88] 32

10. Ordre public, Art. 6 EGBGB. Für Fälle mit Auslandsberührung hatte Art. 30 EGBGB aF vorgeschrieben, dass ausländische Gesetze nicht anzuwenden sind, „wenn die Anwendung gegen die **guten Sitten** oder gegen den **Zweck eines deutschen Gesetzes**“ verstoßen würde. Bei der Reform des Internationalen Privatrechts von 1986 ist die Bezugnahme auf die guten Sitten entfallen. Nach der geltenden Fassung der Vorbehaltsklausel (Art. 6 EGBGB) sind ausländische Vorschriften nicht anzuwenden, wenn ihre Anwendung zu einem Ergebnis führt, das mit **wesentlichen Grundsätzen des deutschen Rechts**, namentlich den **Grundrechten** unvereinbar ist. Da die Bedeutung außerrechtlicher Maßstäbe in Abs. 1 einen gesetzlichen Ausdruck gefunden hat, können diese indessen auch auf der Grundlage des Art. 6 EGBGB zur Geltung gebracht werden.[89] Dabei ist jedoch zu beachten, dass der Vorbehalt des **ordre public** im Internationalen Privatrecht nur sehr zurückhaltend eingesetzt werden darf, weil sonst die grundsätzliche Gleichwertigkeit von inländischem und ausländischem Recht in Frage gestellt wäre.[90] Im Anwendungsbereich der **Rom I-VO** wird Art. 6 EGBGB durch Art. 21 Rom I-VO verdrängt. Hier gelten jedoch die gleichen Grundsätze wie nach Art. 6 EGBGB. 33

B. Regelungsgehalt

I. Der Begriff der guten Sitten

1. Grenzen der Auslegung. Zentrales Merkmal des Abs. 1 sind die „guten Sitten“. In Rechtsprechung und Literatur ist anerkannt, dass der Inhalt eines solchen ausfüllungsbedürftigen Wertbegriffs durch Auslegung nur schwer zu konkretisieren ist.[91] Gewisse Anhaltspunkte lassen sich jedoch aufzeigen. So ist dem Wort 34

78 Vgl *Möller*, NJW 2010, 612.
79 So aber MüKo/*Mausch*, § 355 Rn 28.
80 BGH NJW 2010, 610, 611.
81 BGHZ 53, 174, 180; 130, 314, 331; 138, 291, 299; BGH BB 2002, 1227, 1229; Bamberger/Roth/*Wendtland*, § 138 Rn 12; Jauernig/*Jauernig*, § 138 Rn 5; PWW/*Ahrens*, § 138 Rn 11; MüKo/*Armbrüster*, § 138 Rn 6; Staudinger/*Sack*, § 138 Rn 166.
82 Vgl BGH BB 2002, 1227, 1229; ausf. *Armbrüster*, FS Canaris, Bd. 1, 23 ff.
83 BGHZ 53, 174, 180; 138, 291, 299; BGH BB 2002, 1227, 1229; Erman/*Palm*, § 138 Rn 7; Palandt/*Ellenberger*, § 138 Rn 16; Staudinger/*Sack*, § 138 Rn 166; *Armbrüster*, FS Canaris, Bd. 1, 23, 32 ff.
84 Vgl BGHZ 15, 382, 384 ff.
85 MüKo/*Armbrüster*, § 138 Rn 7; MüKo-AktG/*Hüffer*, § 241 Rn 24.
86 Vgl BGHZ 11, 231, 235; 51, 209, 210 f; 134, 364, 365 f.
87 Vgl Bamberger/Roth/*Wendtland*, § 138 Rn 14.
88 Vgl RGZ 123, 102, 108 (GmbH); 124, 279, 287 (AG); 147, 257, 270 (Genossenschaft); Erman/*Palm*, § 138 Rn 4; Palandt/*Ellenberger*, § 138 Rn 11; Soergel/*Hefermehl*, § 138 Rn 13.
89 Vgl *Looschelders*, IPR, Art. 6 Rn 3; MüKo/*Sonnenberger*, Art. 6 EGBGB Rn 46, 61 ff.
90 *Looschelders*, IPR, Art. 6 Rn 10; Palandt/*Thorn*, Art. 6 EGBGB Rn 4.
91 Allg. zu dieser Problematik *Looschelders/Roth*, Methodik, S. 198 ff.

„Sitten" zu entnehmen, dass die Vorschrift auf **außerrechtliche Maßstäbe** verweist. Die negative Formulierung des Abs. 1 (Rn 17) macht darüber hinaus deutlich, dass die guten Sitten nur eine **äußerste Grenze** der privatautonomen Gestaltungsfreiheit sind.

35 **2. Die Anstandsformel.** Bei der weiteren Konkretisierung des Begriffs hat die Rechtsprechung sich an den Motiven zu § 826 orientiert, die das „**Anstandsgefühl aller billig und gerecht Denkenden**"[92] in Bezug nehmen.[93] Der Aussagewert dieser Formel ist allerdings umstritten.[94] Das entscheidende Problem besteht darin, dass sich nicht rational bestimmen lässt, welche Personen zum Kreis der „billig und gerecht Denkenden" zu zählen sind.[95] Die Anstandsformel begründet damit die Gefahr eines Zirkelschlusses. Denn wer zu den „billig und gerecht Denkenden" gehört, lässt sich nur sagen, wenn man weiß, was im Einzelfall „billig und gerecht" ist. Dies soll durch die Anknüpfung an das „Anstandsgefühl aller billig und gerecht Denkenden" aber gerade festgestellt werden.[96] Der Rückgriff auf das Anstandsgefühl einer nicht klar umrissenen Personengruppe eröffnet darüber hinaus erheblichen Raum für **Manipulationen**, der in der Zeit des Dritten Reiches unter Berufung auf das „gesunde Volksempfinden" genutzt worden ist, um der „nationalsozialistischen Weltanschauung" Geltung zu verschaffen.[97] Schließlich wird zu Recht darauf hingewiesen, dass die Wendung „Anstandsgefühl" nach dem heutigen Sprachempfinden unglücklich ist.[98] Man sollte daher besser von Wertvorstellungen sprechen.

36 Bei allen berechtigten Einwänden hat die Anstandsformel aber doch eine gewisse Aussagekraft.[99] Die Bezugnahme auf das „Anstandsgefühl aller billig und gerecht Denkenden" verdeutlicht nämlich, dass der Richter sich **nicht** an seinen **eigenen persönlichen Wertvorstellungen** orientieren darf.[100] Davon abgesehen kann es auch weder auf die individuellen Anschauungen der Beteiligten noch auf die besonderen Vorstellungen einzelner Bevölkerungskreise oder Glaubensgemeinschaften ankommen.[101] Maßgeblich sind vielmehr die in der **Gesellschaft im Ganzen** anerkannten Wertvorstellungen.[102] Dabei können im Einzelfall aber auch die Anschauungen der beteiligten Kreise berücksichtigt werden.[103]

37 Entscheidend ist weiter, dass die in der Gesellschaft herrschenden Wertvorstellungen nicht „ungefiltert" übernommen werden dürfen, sondern am Maßstab von **Billigkeit und Gerechtigkeit** zu messen sind.[104] „Unsitten" müssen daher auch dann außer Betracht bleiben, wenn sie in der Gesellschaft weithin verbreitet und akzeptiert sind.[105] Der Maßstab von Billigkeit und Gerechtigkeit ist zwar ebenfalls sehr unbestimmt. Man kann sich hier jedoch an den Grundwertungen der Rechtsordnung orientieren (ausführlich dazu Rn 39 ff).

38 In Rechtsprechung und Literatur wird häufig betont, dass es nach der Anstandsformel auf einen **durchschnittlichen Standard** ankommt.[106] Dies heißt jedoch nichts anderes, als dass die besonders hoch stehenden Anschauungen einzelner Bevölkerungsgruppen bei der Konkretisierung der guten Sitten ebenso außer Betracht bleiben müssen wie etwaige Missbräuche und Unsitten.[107] Eine positive Definition des durchschnittlichen Standards erscheint dagegen schwer möglich. Die Anstandsformel liefert damit lediglich einen groben **Rahmen**, in dem der Begriff der guten Sitten weiter konkretisiert werden muss.[108]

II. Rechtliche Maßstäbe

39 Auf der Grundlage des geltenden Rechts wird die Konkretisierung der „guten Sitten" dadurch erleichtert, dass die meisten der für unsere Gesellschaft fundamentalen sozialethischen Wertungen ihren Niederschlag in der Rechtsordnung gefunden haben.[109] Bei der praktischen Rechtsanwendung empfiehlt es sich daher im Allgemeinen nicht, unmittelbar auf die guten Sitten abzustellen. Denn dieser Begriff ist zu abstrakt, um eine strin-

92 Motive II, 727 = *Mugdan* II, 406.
93 Das RG hat die „Anstandsformel" zunächst zur Konkretisierung des § 826 aufgegriffen (RGZ 48, 114, 124) und später in st. Rspr auch bei § 138 Abs. 1 verwendet (so erstmals RGZ 80, 219, 221). Dem ist der BGH gefolgt (vgl BGHZ 10, 228, 232; 69, 295, 297; 141, 357, 361; BGH NJW 1994, 187, 188). Ausf. zu dieser Entwicklung Staudinger/*Sack*, § 138 Rn 13.
94 Eingehend dazu *Sack*, NJW 1985, 761 ff.
95 Zur Kritik vgl nur *Larenz/Wolf*, BGB AT, § 41 Rn 7; *Medicus*, BGB AT, Rn 682.
96 *Looschelders/Roth*, Methodik, S. 201.
97 Vgl RGZ 150, 1, 2, 4; krit. PWW/*Ahrens*, § 138 Rn 15; *Schiemann*, in: Staudinger/Eckpfeiler, S. 100. Ausf. dazu HKK/*Haferkamp*, § 138 Rn 17, 23 ff.
98 *Flume*, BGB AT Bd. 2, § 18, 1.
99 So auch MüKo/*Armbrüster*, § 138 Rn 14; Staudinger/*Sack*, § 138 Rn 17; *Flume*, BGB AT Bd. 2, § 18, 1.
100 Vgl Erman/*Palm*, § 138 Rn 33; Soergel/*Hefermehl*, § 138 Rn 8; *Larenz/Wolf*, BGB AT § 41 Rn 7; *Looschelders/Roth*, Methodik, S. 201; *Kamanabrou*, AcP 202 (2002), 662, 676.
101 BGHZ 21, 340, 350.
102 RGRK/*Krüger-Nieland/Zöller*, § 138 Rn 19.
103 BGHZ 10, 228, 232; MüKo/*Armbrüster*, § 138 Rn 14; PWW/*Ahrens*, § 138 Rn 16.
104 MüKo/*Armbrüster*, § 138 Rn 14.
105 Vgl RGZ 120, 144, 148; BGHZ 10, 228, 232; MüKo/*Armbrüster*, § 138 Rn 14.
106 BGHZ 10, 228, 232; Staudinger/*Sack*, § 138 Rn 56; Jauernig/*Jauernig*, § 138 Rn 6; *Brox/Walker*, BGB AT, Rn 329.
107 Vgl HK-BGB/*Dörner*, § 138 Rn 3; *Bork*, BGB AT, Rn 1181; *Looschelders/Roth*, Methodik, S. 200 f.
108 Ähnlich Staudinger/*Sack*, § 138 Rn 17.
109 Jauernig/*Jauernig*, § 138 Rn 6; PWW/*Ahrens*, § 138 Rn 17.

gente Argumentation zu ermöglichen. Das Gleiche gilt für die „Anstandsformel", die letztlich nur eine etwas ausführlichere Umschreibung der guten Sitten liefert. Es ist daher primär mit den jeweiligen **Rechtsprinzipien** zu arbeiten, die im konkreten Fall betroffen sind. Soweit diese Prinzipien in unterschiedliche Richtungen weisen, muss die Entscheidung auf der Grundlage einer **Interessenabwägung** getroffen werden.[110] Der Richter kann dabei gezwungen sein, eine eigene Wertentscheidung zu treffen.[111] Er darf sich jedoch auch hier nicht an seinen persönlichen Gerechtigkeitsvorstellungen orientieren.[112]

1. Die Bedeutung der Grundrechte. a) Mittelbare Drittwirkung der Grundrechte. Bei der Konkretisierung der guten Sitten kommt den **Grundrechten** zentrale Bedeutung zu.[113] Es ist heute zwar anerkannt, dass die Grundrechte im Verhältnis zwischen den Bürgern im Allgemeinen keine unmittelbare Wirkung entfalten. Sie konstituieren aber eine objektive Wertordnung, die insbesondere bei der Auslegung der zivilrechtlichen Generalklauseln zu berücksichtigen ist (sog. **mittelbare Drittwirkung**, ausführlich dazu § 134 Rn 27 ff).[114] **40**

In der Literatur wird teilweise die Gefahr gesehen, dass der Rückgriff auf die Grundrechte die spezifischen Interessenwertungen des Privatrechts untergraben könnte.[115] Dem ist jedoch entgegenzuhalten, dass die Grundrechte lediglich eine **„Rahmenordnung"** konstituieren, die bei dem Erlass und der Auslegung privatrechtlicher Normen zu beachten ist.[116] Den Grundrechten lassen sich deshalb im Allgemeinen keine positiven Aussagen darüber entnehmen, wie ein privatrechtlicher Interessenkonflikt konkret aufzulösen ist. Sie können aber negativ aufzeigen, in welcher Weise der Interessenkonflikt nicht aufgelöst werden darf. Diese Grenzen stehen zwar in einem gewissen Spannungsverhältnis zum Grundsatz der **Privatautonomie**. Bei einem materiellen Verständnis der Privatautonomie lassen sich privatrechtliche und verfassungsrechtliche Wertungen jedoch miteinander versöhnen (vgl unten 104 ff).[117] **41**

b) Grundrechtsverstoß und Sittenwidrigkeit. In Rechtsprechung und Literatur ist die Auffassung verbreitet, dass das Urteil der **Sittenwidrigkeit nicht bei jedem Grundrechtsverstoß** begründet sei.[118] Die Kriterien werden dabei unterschiedlich beschrieben. So hat der BGH in einer Entscheidung vom 9.2.1978 die Auffassung vertreten, dass Verstöße gegen Art. 3 GG im Erbrecht nur dann zur Nichtigkeit des Geschäfts führen, wenn sie „aus besonderen Gründen als anstößig empfunden werden".[119] In einer neueren Entscheidung hat der BGH dagegen auf die objektive Schwere und den subjektiven Zweck des Grundrechtseingriffs abgestellt.[120] *Canaris* hat aus der restriktiven Haltung des BGH den Schluss gezogen, dass „der auf Extremfälle beschränkte Minimalschutz des § 138 BGB" nicht ausreicht, um den Grundrechten im Privatrecht Geltung zu verschaffen. **42**

Bei genauerer Betrachtung zeigt sich, dass das Problem weniger bei Abs. 1 als bei der Auslegung der Grundrechte liegt. Richtig ist zwar, dass Abs. 1 nur einen **Mindeststandard** sichern soll; dieser wird aber gerade eben durch die Grundrechte konstituiert. Für das Internationale Privatrecht stellt Art. 6 S. 2 EGBGB klar, dass jede Grundrechtsverletzung einen Verstoß gegen den ordre public darstellt.[121] Eine Differenzierung zwischen tragbaren und untragbaren Grundrechtsverletzungen kommt hier also nicht in Betracht.[122] Diese Wertung lässt sich auf Abs. 1 übertragen. Verstößt ein Rechtsgeschäft gegen die Grundrechte, so muss es als sittenwidrig qualifiziert werden.[123] Eine Unterscheidung zwischen mehr oder weniger anstößigen oder schweren Grundrechtsverstößen ist unzulässig. **43**

Die entscheidende Frage ist damit, wann ein **Grundrechtsverstoß** vorliegt. Bei der Beantwortung dieser Frage ist zu beachten, dass das Privatrecht einen Interessenkonflikt zwischen zwei (oder mehreren) Rechtssubjekten **44**

110 Soergel/*Hefermehl*, § 138 Rn 10.
111 Vgl Staudinger/*Sack*, § 138 Rn 51; *Bydlinski*, Juristische Methodenlehre, 2. Aufl. 1991, S. 416 f; *Looschelders/Roth,* Methodik, S. 186.
112 BGHZ 140, 118, 129; MüKo/*Armbrüster*, § 138 Rn 14.
113 Vgl BVerfGE 7, 198, 206; 89, 214, 229; BVerfG NJW 2004, 2008, 2009; BGHZ 70, 313, 324; 140, 118, 128; BGH NJW 1986, 2944; MüKo/*Armbrüster*, § 138 Rn 20; PWW/*Ahrens*, § 138 Rn 17; Soergel/*Hefermehl*, § 138 Rn 10; Staudinger/*Sack*, § 138 Rn 40 ff.
114 BVerfGE 7, 198, 205 f; 84, 192, 194 f; 89, 214, 229; BGHZ 70, 313, 324; 140, 118, 128; BAG NJW 1995, 210, 212; Jauernig/*Jauernig*, § 138 Rn 6; *Guckelberger*, JuS 2003, 1151 ff.
115 Krit. insb. *Diederichsen*, AcP 198 (1998), 171 ff.
116 Vgl Staudinger/*Sack*, § 138 Rn 40. Zum Rahmencharakter der Verfassung *Böckenförde*, NJW 1976, 2089 ff; *Wahl*, Der Staat 20 (1981), 485, 502 ff; *ders.*, NVwZ 1984, 401 ff.
117 Vgl *Canaris*, AcP 200 (2000), 273, 295 ff; *Drexl*, in: Schlechtriem, S. 97, 114 ff; krit. Jauernig/*Jauernig*, § 138 Rn 12.
118 Vgl BGHZ 70, 313, 325; BGHZ 140, 118, 128 ff; HK-BGB/*Dörner*, § 138 Rn 3; Staudinger/*Sack*, § 138 Rn 11; *Canaris*, AcP 1984 (1984), 201, 232 ff; HK-BGB/*Dörner*, § 138 Rn 3; *Staudinger*, Jura 2000, 467 ff; einschr. auch MüKo/*Armbrüster*, § 138 Rn 20.
119 BGHZ 70, 313, 325; zust. *Schlüter*, Erbrecht, 14. Aufl. 2000, Rn 217.
120 BGHZ 140, 118, 128 ff; zustimmend HK-BGB/*Dörner*, § 138 Rn 3; krit. in Bezug auf den konkreten Fall *Staudinger*, Jura 2000, 467 ff; vgl auch BVerfG NJW 2004, 2008.
121 Vgl BT-Drucks. 10/504, S. 44.
122 Vgl BT-Drucks. 10/504, S. 44; BGHZ 120, 29, 34; MüKo/*Sonnenberger*, Art. 6 EGBGB Rn 49; *Looschelders*, IPR, Art. 6 EGBGB Rn 23; *ders.*, RabelsZ 65 (2001), 463, 479.
123 Zutr. AK-BGB/*Damm*, § 138 Rn 55.

regelt, von denen sich jedes auf Grundrechte berufen kann.[124] Bei der Anwendung der privatrechtlichen Generalklauseln ist der Richter deshalb gehalten, die grundrechtlich geschützten Interessen der Parteien nach dem Grundsatz der **praktischen Konkordanz** zu einem Ausgleich zu bringen. Beeinträchtigt das Rechtsgeschäft die grundrechtlich geschützten Interessen eines Beteiligten, so liegt darin keineswegs notwendig eine Grundrechtsverletzung; der Eingriff kann nämlich durch die grundrechtlich geschützten Interessen des anderen Beteiligten gerechtfertigt sein.[125] Besondere Bedeutung haben dabei die **Vertragsfreiheit** (Art. 2 Abs. 1 GG)[126] und die **Testierfreiheit** (Art. 14 Abs. 1 GG).[127] Ob ein Rechtsgeschäft wegen Beeinträchtigung der grundrechtlich geschützten Interessen einer Partei sittenwidrig ist, muss daher durch eine sorgfältige **Interessenabwägung** ermittelt werden. Wird die Beeinträchtigung der grundrechtlich geschützten Interessen einer Partei nicht durch die Grundrechte der anderen Partei gerechtfertigt, so ist das Rechtsgeschäft nach Abs. 1 nichtig. Eine „besondere Anstößigkeit" muss dann nicht zusätzlich festgestellt werden.

45 **2. Die einzelnen Grundrechte. a) Menschenwürde, Art. 1 Abs. 1 GG.** Besonders große Bedeutung hat im Rahmen des Abs. 1 die Menschenwürde (Art. 1 Abs. 1 GG). Der Inhalt der Menschenwürde lässt sich positiv schwer umschreiben. Negativ kann aber festgestellt werden, dass die Menschenwürde tangiert ist, „wenn der konkrete Mensch zum **Objekt**, zu einem bloßen Mittel, zur vertretbaren Größe herabgewürdigt wird".[128]

46 Bei der praktischen Rechtsanwendung wird die Menschenwürde insbesondere herangezogen, um die Sittenwidrigkeit von Rechtsgeschäften zu begründen, welche die **Sexualsphäre** berühren. So hat das BVerwG in einer umstrittenen Entscheidung die Auffassung vertreten, eine **Peep-Show** könne nicht nach § 33 a GewO genehmigt werden, weil die zur Schau gestellten Frauen dadurch in ihrer Menschenwürde verletzt würden. Problematisch ist in solchen Fällen, dass die Betroffenen die Beeinträchtigung regelmäßig freiwillig auf sich nehmen. Die Versagung der Genehmigung oder die Nichtigerklärung des zugrunde liegenden Rechtsgeschäfts scheint damit dem Grundsatz zu widersprechen, dass es nicht Sache des Staates ist, den Einzelnen vor sich selbst zu schützen.[129] Bei genauerer Betrachtung zeigt sich jedoch, dass diese Bedenken unberechtigt sind. Zu beachten ist zunächst, dass die „Freiwilligkeit" der Entscheidung zur Aufsichnahme einer Beeinträchtigung nicht selten zweifelhaft ist, weil der Betroffene sich in einer gewissen Zwangslage befinden mag.[130] Zum anderen gehört die Beachtung der Menschenwürde zu den Grundbedingungen des Zusammenlebens in der Gesellschaft, die nach der Wertordnung des Grundgesetzes auch bei einem freiwilligen Verzicht aufrechterhalten werden müssen.[131] Diese Wertungen werden durch das **ProstG** nicht grundsätzlich in Frage gestellt. Mit Rücksicht auf die Menschenwürde des Betroffenen kann eine rechtliche Verpflichtung zur Vornahme sexueller Handlungen auch nach Inkrafttreten dieses Gesetzes nicht anerkannt werden (vgl Anh. zu § 138 Rn 10). Die Bundesagentur für Arbeit ist dementsprechend auch nicht verpflichtet, Prostituierte an Bordellbetreiber zu vermitteln.[132] Nach den heutigen Wertanschauungen scheitert die Genehmigung von Peep-Shows gem. § 33 a GewO dagegen nicht mehr am Verdikt der Sittenwidrigkeit.[133] Zur zivilrechtlichen Bewertung von Verträgen über die Mitwirkung an Peep-Shows s. Anh. § 138 Rn 19.

47 Die Bedeutung des Art. 1 Abs. 1 GG beschränkt sich freilich nicht auf Verträge mit Bezug zur Sexualsphäre. So werden zB auch **Leihmutter-Verträge** sowie Verträge über die **heterologe Insemination** unter dem Aspekt der Menschenwürde erörtert (s. Rn 175 ff).

48 **b) Freie Entfaltung der Persönlichkeit, Art. 2 Abs. 1 GG.** Der Schutz der Menschenwürde wird in vielen Bereichen durch das Recht auf freie Entfaltung der Persönlichkeit (Art. 2 Abs. 1 GG) flankiert. Beide Grundrechte schützen zunächst einen Kern **höchstpersönlicher Entscheidungen**, die nicht Gegenstand einer rechtsgeschäftlichen Bindung sein können. Dazu gehören zB Entscheidungen über die geschlechtliche Hingabe,[134] die Ausübung des Rechts auf Scheidung,[135] die Zahl der Kinder[136] oder die Einnahme empfängnis-

124 Zur Kollision von Grundrechten im Privatrecht *Looschelders/Roth*, JZ 1995, 1034, 1040 ff.
125 Zutr. MüKo/*Armbrüster*, § 138 Rn 20; *Medicus*, BGB AT, Rn 694.
126 Vgl BVerfGE 8, 274, 328; 12, 341, 347; 89, 214, 231; 98, 218, 259; BGHZ 142, 304, 314; *Larenz/Wolf*, BGB AT, § 34 Rn 22; *Looschelders*, Schuldrecht AT, Rn 49.
127 Zum Schutz der Testierfreiheit durch Art. 14 Abs. 1 GG BVerfGE 91, 346, 358; BVerfG NJW 2000, 2495; NJW 2004, 2008, 2010; BGHZ 111, 36, 39; 123, 368, 371; 140, 118, 128.
128 Grundlegend *Dürig*, AöR 81 (1956), 117, 127; hieran anknüpfend BVerwGE 64, 274, 278.
129 Zur grundsätzlichen Unzulässigkeit eines staatlichen Schutzes des Menschen vor sich selbst vgl ausf. *Hillgruber*, Der Schutz des Menschen vor sich selbst, 1992, S. 111 ff.
130 Vgl dazu *Singer*, JZ 1995, 1133 ff.
131 Zutr. insoweit BVerwGE 64, 274, 279; ebenso jetzt BSG NJW 2010, 1627, 1630; vgl auch *Looschelders*, Die Mitverantwortlichkeit des Geschädigten im Privatrecht, 1999, S. 182; krit. Staudinger/*Richardi/Fischinger*, § 611 Rn 266.
132 BSG NJW 2010, 1627.
133 Vgl BeckOK GewO/Franz, § 33 a Rn 49.
134 Vgl *Pawlowski*, Methodenlehre, 3. Aufl. 1999, Rn 109.
135 BGHZ 97, 304, 307 mit Bezugnahme auf Art. 6 GG; *Medicus*, BGB AT, Rn 645.
136 RG JW 1908, 28; Soergel/*Hefermehl*, § 138 Rn 216.

verhütender Mittel.[137] In diesem Bereich kann man sich freilich fragen, ob wirklich auf Abs. 1 zurückgegriffen werden muss oder ob es sich nicht um Fragen handelt, die der privatautonomen Gestaltungsmacht von vornherein entzogen sind.[138]

In einem weiteren Sinne kann Art. 2 Abs. 1 GG auch herangezogen werden, um den Einzelnen davor zu schützen, dass er durch den Inhalt eines Rechtsgeschäfts **übermäßig belastet** wird. Dies gilt insbesondere, wenn eine Vertragspartei im konkreten Fall ein so großes Übergewicht hat, dass sie den Vertragsinhalt faktisch einseitig bestimmen kann.[139] Die Fälle möglicher Sittenwidrigkeit gehen allerdings weit über den (verfassungsrechtlich gebotenen) Schutz der schwächeren Vertragspartei bei **Störung der Verhandlungsparität** hinaus. So wird in der Literatur zu Recht hervorgehoben, dass die Wahrung der **wirtschaftlichen Entscheidungsfreiheit** ganz allgemein ein zentrales Ziel des Abs. 1 darstellt.[140] Normativer Hintergrund ist auch hier Art. 2 Abs. 1 GG. Anders als bei höchstpersönlichen Entscheidungen kann die Sittenwidrigkeit in diesem Bereich aber nur aufgrund einer sorgfältigen Abwägung mit den grundrechtlich geschützten Interessen des anderen Vertragspartners festgestellt werden. 49

Das Recht auf freie Entfaltung der Persönlichkeit umfasst auch die Freiheit, die Privatsphäre im Bereich des Geschlechtslebens nach eigener Entscheidung zu gestalten. Der Arbeitgeber wird deshalb durch Art. 2 Abs. 1 GG daran gehindert, seinem Arbeitnehmer allein wegen dessen **sexueller Orientierung** (Homosexualität) zu kündigen.[141] Dieses Ergebnis wird durch die Wertungen der §§ 1, 7 AGG gestützt, die eine Benachteiligung von Beschäftigten wegen der sexuellen Identität verbieten. Da die Vorschriften des AGG auf Kündigungen nicht anwendbar sind (§ 2 Abs. 4 AGG), muss die Unwirksamkeit einer solchen Kündigung aber auch nach Inkrafttreten des AGG auf § 138 Abs. 1 oder § 242 gestützt werden.[142] 50

c) Gleichheitssätze, Art. 3 GG. Die Bedeutung der Gleichheitsgrundrechte des Art. 3 GG im Rahmen des § 138 Abs. 1 wird unterschiedlich beurteilt. Die hM folgt auch hier der Lehre von der **mittelbaren Drittwirkung** der Grundrechte. Dabei wird aber betont, dass man die Gleichheitsgrundrechte im Privatrecht besonders zurückhaltend anwenden müsse, weil sonst die Vertrags- und Testierfreiheit obsolet wären.[143] Auf der anderen Seite wird aber zu Recht darauf hingewiesen, dass Verstöße gegen Art. 3 Abs. 3 GG im Privatrecht „nicht unbegrenzt hingenommen" werden könnten, weil die Diskriminierungsverbote einen engen Bezug zur Menschenwürde (Art. 1 Abs. 1 GG) und zum allgemeinen Persönlichkeitsrecht (Art. 2 Abs. 1 GG) des Benachteiligten aufweisen.[144] Welche Bedeutung die Diskriminierungsverbote des Art. 3 Abs. 3 GG im Verhältnis zur Vertrags- und Testierfreiheit haben, kann damit wieder nur aufgrund einer umfassenden **Interessenabwägung im Einzelfall** entschieden werden. 51

Eine gewisse Leitlinie für die Abwägung lässt sich gewinnen, wenn man darauf abstellt, ob das Rechtsgeschäft den Kernbereich der persönlichen Lebensführung betrifft oder nach den sonstigen Wertungen unserer Rechtsordnung legitimerweise durch individuelle Vorstellungen beeinflusst wird.[145] Eine striktere Kontrolle ist hiernach bei Rechtsgeschäften geboten, die einen Bezug zur **Öffentlichkeit** haben. In diese Richtung geht auch § 19 AGG, der den Anwendungsbereich des zivilrechtlichen Benachteiligungsverbotes grundsätzlich auf **Massengeschäfte** und ähnliche Geschäfte beschränkt und Schuldverhältnisse mit engem Bezug zur Privatsphäre sowie die Bereiche des Familien- und Erbrechts davon ausnimmt. Erfasst werden damit vor allem Verträge, die von einem **Unternehmer** (§ 14) abgeschlossen werden. Der Gesetzgeber weist in der amtlichen Begründung ausdrücklich darauf hin, dass der mit dem Benachteiligungsverbot verbundene Eingriff in die Vertragsfreiheit bei Unternehmern eher zu rechtfertigen ist, weil sie sich mit ihrem Leistungsangebot in die **öffentliche Sphäre** begeben und es damit grundsätzlich an die **Allgemeinheit** richten.[146] 52

137 BGHZ 97, 372, 378; LAG Hamm, DB 1969, 2353; Soergel/*Hefermehl*, § 138 Rn 21; MüKo/*Armbrüster*, § 138 Rn 69; *Medicus*, BGB AT, Rn 193 a; *Looschelders*, Jura 2000, 169, 171.

138 Vgl Soergel/*Hefermehl*, § 138 Rn 21; *Medicus*, BGB AT, Rn 645; *Looschelders*, Jura 2000, 169, 170.

139 Vgl zu dieser Problematik BVerfGE 81, 242, 255; 89, 214, 233; *Looschelders*, Schuldrecht AT, Rn 52; *Canaris*, AcP 200 (2000), 273, 277 ff.

140 Vgl MüKo/*Armbrüster*, § 138 Rn 71; Soergel/*Hefermehl*, § 138 Rn 116 ff.

141 BAG NJW 1995, 275, 277; Staudinger/*Looschelders/Olzen*, § 242 Rn 802; *Preis*, NZA 1997, 1256, 1266. Eine Ausnahme mag für kirchliche Arbeitgeber gelten, vgl *Thüsing*, JZ 2004, 172, 179.

142 MüKo/*Hergenröder*, § 13 KSchG Rn 37; Palandt/*Ellenberger*, § 2 AGG Rn 17; Staudinger/*Looschelders/Olzen*, § 242 Rn 802.

143 Vgl BGHZ 140, 118, 132; Staudinger/*Otte*, Einl. zum ErbR, Rn 89; *Pawlowski*, BGB AT, Rn 147 a; *Lange/Kuchinke*, Erbrecht, 5. Aufl. 2001, § 35 III 2; *Bezzenberger*, AcP 196 (1996), 395, 408 ff; aA *Canaris*, AcP 184 (1984), 201, 235 ff, der die besonderen Gleichheitssätze des Art. 3 Abs. 2 und 3 über § 134 uneingeschränkt zur Geltung bringen will.

144 Erman/*Palm*, § 138 Rn 99; vgl auch *Rädler*, NJW 1998, 1621, 1622.

145 Vgl Erman/*Palm*, § 138 Rn 99; *Bezzenberger*, AcP 196 (1996), 395, 415 ff.

146 Begr. RegE, BT-Drucks. 16/1780 S. 41 im Anschluss an *Bydlinski*, AcP 180 (1980), 1, 39; vgl auch MüKo/*Thüsing*, § 19 AGG Rn 38.

53 Mit Rücksicht auf das Grundrecht der Testierfreiheit (Art. 14 Abs. 1 S. 1 GG) wird dem Erblasser bei der **Errichtung letztwilliger Verfügungen** ein besonders großer Spielraum zugebilligt.[147] Nach der Rechtsprechung des BVerfG umfasst die Testierfreiheit auch die Freiheit, die Vermögensnachfolge nicht an den allgemeinen gesellschaftlichen Überzeugungen oder den Anschauungen der Mehrheit ausrichten zu müssen.[148] So soll es dem Erblasser grundsätzlich freistehen, mögliche Erben aus Gründen des Geschlechts,[149] der Rasse, der Religion oder der Weltanschauung zu benachteiligen.[150] Dies heißt aber nur, dass das Vorliegen einer Grundrechtsverletzung auch in diesen Fällen nicht ohne weiteres feststeht, sondern aufgrund einer Abwägung mit den grundrechtlich geschützten Interessen des Erblassers festgestellt werden muss.[151] Entscheidend ist der **Gesamtcharakter** des Rechtsgeschäfts. Dabei ist auch die Motivation des Erblassers zu berücksichtigen.[152] So ist eine letztwillige Verfügung nach Abs. 1 grundsätzlich nichtig, wenn der Erblasser damit in erster Linie das Ziel verfolgt, höchstpersönliche Entscheidungen der Erben (zB Wahl des Ehegatten,[153] Scheidung,[154] Wechsel der Religionszugehörigkeit[155]) zu beeinflussen.[156] Die Sittenwidrigkeit folgt hier jedoch nicht aus Art. 3 Abs. 3 GG. Vielmehr lässt sich den jeweils einschlägigen Grundrechten (Art. 1, 2 Abs. 1, Art. 4, 6 GG) entnehmen, dass **höchstpersönliche Entscheidungen** in freier Selbstverantwortung zu treffen sind und nicht durch In-Aussicht-Stellen finanzieller Vorteile beeinflusst werden dürfen.[157] Beruht die letztwillige Verfügung auf Erwägungen, die nach den Wertungen unserer Rechtsordnung achtenswert sind, kann eine damit verbundene Einflussnahme auf höchstpersönliche Entscheidungen des Erben aber gerechtfertigt sein.[158] Diese Voraussetzung trifft auf die Wahrung des Ebenbürtigkeitsprinzips allerdings nicht mehr zu (näher dazu Rn 200).[159]

54 **d) Religions-, Weltanschauungs- und Gewissensfreiheit, Art. 4 GG.** Im Einzelfall kann auch die Religions-, Weltanschauungs- und Gewissensfreiheit nach Art. 4 GG im Rahmen des Abs. 1 Bedeutung erlangen. So ist in Rechtsprechung und Literatur anerkannt, dass die **Wahl der Religionszugehörigkeit** eine höchstpersönliche Entscheidung ist, die nicht zum Gegenstand einer vertraglichen Bindung gemacht werden kann.[160] Ebenso ist es grundsätzlich unzulässig, durch die Ausgestaltung einer letztwilligen Verfügung Einfluss auf die Wahl der Religionszugehörigkeit zu nehmen (Rn 53). Es sind jedoch auch Ausnahmen denkbar. So hat es das OLG Düsseldorf für zulässig erachtet, dass der Erblasser eine Erbin für die Dauer ihrer Zugehörigkeit zu einer Sekte durch Anordnung der Testamentsvollstreckung belastet, um den Fortbestand der zum Nachlass gehörenden Firma zu gewährleisten.[161] Das Interesse des Erblassers am Fortbestand der Firma ist hiernach ein billigenswerter Beweggrund, der den Eingriff in die Religionsfreiheit der Erbin rechtfertigt.

55 Noch schwierigere Abwägungsprobleme ergeben sich im Hinblick auf die Freiheit, seine religiösen und weltanschaulichen Überzeugungen kundzutun (sog. **Bekenntnisfreiheit**). Zur Bekenntnisfreiheit gehört das Recht, eine Kleidung (zB **Kopftuch**) zu tragen, die den Geboten der eigenen Religion entspricht. Wird einer Arbeitnehmerin gekündigt, weil sie aufgrund ihrer religiösen Überzeugungen bei der Arbeit ein Kopftuch trägt, so kann die Kündigung nach § 138 unwirksam sein.[162] Voraussetzung ist aber, dass der Eingriff in die Bekenntnisfreiheit nicht durch die Berufsfreiheit des Arbeitgebers (Art. 12 GG) gerechtfertigt wird. Eine solche

147 Vgl BGHZ 70, 313, 325; 140, 118, 132; Erman/*Palm*, § 138 Rn 105; MüKo/*Armbrüster*, § 138 Rn 21; Staudinger/*Otte*, Einl. zum ErbR, Rn 76 und 89; *Brox/Walker*, Erbrecht, 24. Aufl. 2010, Rn 263; *Lange/Kuchinke*, Erbrecht, 5. Aufl. 2001, § 35 III 2; *Bezzenberger*, AcP 196 (1996), 395, 416 ff.
148 BVerfG NJW 2000, 2495; NJW 2004, 2008, 2010.
149 Dazu BGHZ 70, 313, 324 ff; Staudinger/*Otte*, Einl. zum ErbR, Rn 89.
150 So *Brox/Walker*, Erbrecht, 24. Aufl. 2010, Rn 263; *Bezzenberger*, AcP 196 (1996), 395, 418; grundsätzlich auch Staudinger/*Otte*, Vor §§ 2064–2086 Rn 145 ff; für strikte Anwendung des Art. 3 Abs. 3 GG im Erbrecht aber *Canaris*, AcP 184 (1984), 201, 236.
151 Vgl BVerfG NJW 2000, 2495; NJW 2004, 2008, 2010; *Staudinger*, Jura 2000, 467, 470.
152 Vgl BGHZ 140, 118, 132; krit. *Smid*, NJW 1990, 409 ff.
153 Vgl BVerfG NJW 2004, 2008, 2010; BGHZ 140, 118, 130; *Brox/Walker*, Erbrecht, 24. Aufl. 2010, Rn 263; *Lange/Kuchinke*, Erbrecht, 5. Aufl. 2001, § 35 IV 3 a; *Staudinger*, Jura 2000, 467, 471.
154 Vgl Staudinger/*Sack*, § 138 Rn 466; *Brox/Walker*, Erbrecht, 24. Aufl. 2010, Rn 263; *Flume*, BGB AT Bd. 2, § 18, 2 b cc; *Smid*, NJW 1990, 409, 415; zweifelhaft daher BGH FamRZ 1956, 130; dem BGH zust. *Lange/Kuchinke*, Erbrecht, 5. Aufl. 2003, § 35 IV 3 a.
155 RG SeuffArch. Band 69 Nr. 48; Soergel/*Hefermehl*, § 138 Rn 22; vgl auch BVerfGE 12, 1; *Thüsing*, JZ 2004, 172, 174.
156 Staudinger/*Otte*, Einl. zum ErbR Rn 76 f; *Bezzenberger*, AcP 196 (1996), 395, 418.
157 Vgl *Brox/Walker*, Erbrecht, 24. Aufl. 2010, Rn 263; *Kipp/Coing*, Erbrecht, 14. Bearb. 1990, § 16 III; *Bezzenberger*, AcP 196 (1996), 395, 418.
158 BGHZ 140, 118, 132; OLG Düsseldorf NJW 1988, 1615; Staudinger/*Otte*, Einl. zum ErbR Rn 76; *Lange/Kuchinke*, Erbrecht, 5. Aufl. 2003, § 35 IV 3.
159 BVerfG NJW 2004, 2008, 2010 f; Staudinger/*Looschelders/Olzen*, § 242 Rn 943.
160 RGZ 57, 250, 256; Soergel/*Hefermehl*, § 138 Rn 21; *Looschelders*, Jura 2000, 169, 171; *Smid*, NJW 1990, 409, 415.
161 OLG Düsseldorf NJW 1988, 2615; iE zust. *Smid*, NJW 1990, 409 ff.
162 Zur Anwendbarkeit des § 138 Abs. 1 auf die Kündigung von Arbeitsverträgen vgl BAG NZA 2001, 834, 835; Erman/*Palm*, § 138 Rn 76; Staudinger/*Sack*, § 138 Rn 407 ff; zum Verhältnis zu § 242 Staudinger/*Looschelders/Olzen*, § 242 Rn 798.

Rechtfertigung kommt in Betracht, wenn der Arbeitgeber nachweist, dass das Tragen des Kopftuches zu betrieblichen Störungen oder wirtschaftlichen Nachteilen führt (vgl Rn 152).[163]

e) Meinungsfreiheit, Art. 5 GG. Neben der Religions-, Weltanschauungs- und Gewissensfreiheit kommt der Meinungsfreiheit (Art. 5 GG) im Rahmen von Abs. 1 eine gewisse Bedeutung zu. Dies gilt insbesondere für das **Arbeitsrecht**.[164] So kann die Kündigung eines Arbeitsvertrages sittenwidrig sein, wenn sie sich als Reaktion auf eine durch Art. 5 GG geschützte Meinungsäußerung des Arbeitnehmers darstellt.[165] Zu beachten ist aber, dass das Recht der freien Meinungsäußerung nach der Rechtsprechung des BAG durch die Grundregeln über das Arbeitsverhältnis beschränkt wird.[166] Die Kündigung ist daher nicht sittenwidrig, wenn die Äußerungen des Arbeitnehmers die Interessen des Arbeitgebers in unzulässiger Weise beeinträchtigen (vgl dazu Rn 153). **56**

f) Ehe und Familie, Art. 6 GG. Eine wichtige Rolle spielt im Rahmen des Abs. 1 der Schutz von Ehe und Familie (Art. 6 GG). Hier geht es zunächst darum, dass Entscheidungen über die Eingehung oder Scheidung einer Ehe wegen ihres **höchstpersönlichen Charakters** weder Gegenstand einer vertraglichen Vereinbarung sein können noch mittelbar durch In-Aussicht-Stellen finanzieller Vorteile beeinflusst werden dürfen (s. Rn 48). Aus den gleichen Gründen ist die Kündigung eines Arbeitsvertrages wegen Verletzung einer **Zölibatsklausel** sittenwidrig.[167] **57**

In neuerer Zeit hat Art. 6 GG für die **inhaltliche Kontrolle von Eheverträgen** große Bedeutung gewonnen. Ausgangspunkt ist die Überlegung, dass Art. 6 GG von einem Leitbild der Ehe ausgeht, welches unter dem Einfluss des Art. 3 Abs. 2 GG durch eine gleichberechtigte Partnerschaft von Mann und Frau geprägt wird. Das BVerfG hat deshalb klargestellt, dass die Freiheit der Ehegatten zur Gestaltung von Eheverträgen rechtlich begrenzt werden muss, wenn der Vertrag nicht auf einer gleichberechtigten Partnerschaft beruht, sondern „eine auf **ungleichen Verhandlungspositionen** basierende **einseitige Dominanz eines Ehegatten** widerspiegelt" (zu den Konsequenzen s. Rn 188 ff).[168] **58**

Weitere Wertungen des Art. 6 GG, die bei der Konkretisierung der Sittenwidrigkeit im Rahmen des Abs. 1 fruchtbar gemacht werden können, sind der **Vorrang des Kindeswohls** gegenüber den Interessen der Eltern (Art. 6 Abs. 2 GG), der **Anspruch von Müttern auf Schutz und Fürsorge** der Gemeinschaft (Art. 6 Abs. 4 GG)[169] sowie die **Gleichstellung von nichtehelichen Kindern** (Art. 6 Abs. 5 GG). Im Erbrecht kann die Sittenwidrigkeit einer letztwilligen Verfügung aber grundsätzlich nicht damit begründet werden, der Erblasser habe seine nichtehelichen Kinder gegenüber den ehelichen diskriminiert. Denn eine solche letztwillige Verfügung wird durch die Testierfreiheit (Art. 14 Abs. 1 GG) gedeckt. **59**

g) Vereinigungs-, Koalitionsfreiheit und Parteienfreiheit, Art. 9, 21 GG. Die Sittenwidrigkeit eines Rechtsgeschäfts kann sich auch daraus ergeben, dass es in unzulässiger Weise die **Vereinigungs- oder Parteienfreiheit** eines Beteiligten (Art. 9 Abs. 1 GG) beeinträchtigt. Zu denken ist etwa an den Fall, dass der Arbeitgeber seinem Arbeitnehmer wegen der Mitgliedschaft zu einer bestimmten Vereinigung oder politischen Partei kündigt.[170] Dies gilt nach hM selbst dann, wenn es sich um eine extremistische Partei handelt, sofern diese (noch) nicht gem. Art. 21 Abs. 2 GG durch das BVerfG verboten worden ist.[171] Eine Ausnahme muss aber anerkannt werden, wenn der Arbeitnehmer durch seine Betätigung die Interessen des Arbeitgebers in unzulässiger Weise beeinträchtigt.[172] **60**

Verstößt das Rechtsgeschäft gegen das Grundrecht der **Koalitionsfreiheit** (Art. 9 Abs. 3 GG), so folgt die Nichtigkeit schon aus § 134 (dort Rn 29). Denn nach Art. 9 Abs. 3 S. 2 GG kommt der Koalitionsfreiheit im Privatrecht eine unmittelbare Drittwirkung zu.[173] **61**

h) Freizügigkeit, Art. 11 GG. Die Sittenwidrigkeit eines Rechtsgeschäfts kann auch aus den Wertungen des Art. 11 GG folgen. So ist eine Vereinbarung zwischen geschiedenen Ehegatten, in welcher ein Ehegatte sich zur Verlegung seines **Wohnsitzes** verpflichtet, nach Abs. 1 unwirksam.[174] **62**

163 Vgl BAG NJW 2003, 1685 = NZA 2003, 483; BVerfG NJW 2003, 2815 (betr. Unwirksamkeit der Kündigung nach § 1 KSchG).
164 Vgl Erman/*Palm*, § 138 Rn 76.
165 Vgl *Boemke*, JuS 2001, 444, 445.
166 Vgl BAGE 24, 438, 444 = NJW 1973, 77.
167 BAGE 4, 274, 279 f, 285; Staudinger/*Sack*, § 138 Rn 412.
168 BVerfG NJW 2001, 957, 958; 2001, 2248; hieran anknüpfend BGHZ 158, 81 = NJW 2004, 930; BGH NJW 2005, 137, 138; 2007, 904, 905; 2008, 1080, 1081; 2009, 842, 844. Ausf. zum Ganzen *Bergschneider*, FamRZ 2001, 1337, 1339; *Dauner-Lieb*, AcP 201 (2001), 295 ff.
169 BVerfG NJW 2001, 957, 958.
170 *Boemke*, JuS 2001, 444, 447.
171 *Boemke*, JuS 2001, 444, 445; *Polzer/Powietzka*, NZA 2000, 970, 976.
172 BAGE 24, 438 = NJW 1973, 77; Staudinger/*Sack*, § 138 Rn 413.
173 Vgl *Boemke*, JuS 2001, 444, 447.
174 BGH NJW 1972, 1414; Erman/*Palm*, § 138 Rn 100; Staudinger/*Sack*, § 138 Rn 435, 467; einschr. Soergel/*Hefermehl*, § 138 Rn 167; für entspr. Anwendung des § 888 Abs. 2 ZPO in solchen Fällen *Canaris*, AcP 184 (1984), 201, 232.

63 **i) Berufsfreiheit, Art. 12 GG.** Die Sittenwidrigkeit kann ferner darauf gestützt werden, dass das Rechtsgeschäft die von Art. 12 Abs. 1 GG geschützte Berufsfreiheit verletzt. Problematisch sind unter diesem Aspekt insbesondere **Wettbewerbsverbote** (dazu Rn 343 ff).[175] Darüber hinaus hat der BGH aber auch etwa die in den Statuten des Niedersächsischen Fußballverbandes vorgesehene Verpflichtung zur Zahlung einer Ausbildungs- und Förderungsentschädigung bei der Verpflichtung eines Amateurspielers durch einen Verein der Regionalliga wegen Verstoßes gegen Abs. 1 iVm Art. 12 Abs. 1 GG für nichtig erklärt (s.a. Rn 305).[176]

64 **j) Eigentumsordnung und Erbrecht, Art. 14 GG.** Die Sittenwidrigkeit kann schließlich daraus folgen, dass das Rechtsgeschäft wesentliche Grundsätze der Eigentumsordnung oder das Erbrecht (Art. 14 GG) verletzt. In Bezug auf das Eigentum ist zu beachten, dass Art. 14 GG nicht nur die Freiheit des Eigentümers schützt, sondern auch dessen **Sozialbindung** betont.[177] Vor diesem Hintergrund können Rechtsgeschäfte, welche die Freiheit des Eigentümers übermäßig beschränken, ebenso sittenwidrig sein wie solche, in denen der Eigentümer seine Eigentumsrechte entgegen der Sozialbindung ausübt. Im Bereich des Erbrechts liegt Sittenwidrigkeit nahe, wenn das Rechtsgeschäft die **Testierfreiheit** des Erblassers in unzulässiger Weise beeinträchtigt.[178] Die meisten Fälle sind allerdings in § 2339 Abs. 1 Nr. 3 gesondert geregelt. Die Enterbung naher Angehöriger ist als solche nicht sittenwidrig, weil die Angehörigen durch das Pflichtteilsrecht (§§ 2303 ff BGB) ausreichend geschützt werden (s. Rn 195).[179]

65 **3. Die sonstigen Verfassungsprinzipien.** Die sonstigen Prinzipien der Verfassung können das Urteil der Sittenwidrigkeit ebenfalls beeinflussen. Besondere Bedeutung hat in diesem Zusammenhang das **Sozialstaatsprinzip** (Art. 20 Abs. 1, 28 Abs. 1 GG).[180] Das BVerfG zieht dieses Prinzip ergänzend heran, wenn es um den Schutz des schwächeren Vertragspartners geht.[181] Im Vordergrund der Argumentation stehen aber die Grundrechte der benachteiligten Partei.[182] Größere Bedeutung hat das Sozialstaatsprinzip für die Frage, ob Rechtsgeschäfte nach Abs. 1 unwirksam sind, wenn sie sich zulasten des Sozialhilfeträgers auswirken. Auch hier ist im Einzelfall eine sorgfältige Abwägung mit der Vertrags- und Testierfreiheit erforderlich (vgl dazu Rn 199).[183]

66 Neben dem Sozialstaatsprinzip kann das **Rechtsstaatsprinzip** (Art. 20 Abs. 3, 28 Abs. 1 GG) bei der Konkretisierung der guten Sitten Bedeutung erlangen. Das Rechtsstaatsprinzip enthält für den Bereich des Zivilrechts die Gewährleistung eines effektiven Rechtsschutzes.[184] Schiedsverträge, die den Rechtsschutz einer Partei in unangemessener Weise einschränken, sind daher nach Abs. 1 nichtig (vgl aber auch § 134 Rn 278).[185]

67 Nachdem der **Schutz der natürlichen Lebensgrundlagen** in Art. 20 a GG zum Staatsziel erklärt worden ist, können auch ökologische Erwägungen im Rahmen des Abs. 1 berücksichtigt werden.[186] Bei der praktischen Rechtsanwendung hat dieser Aspekt aber noch keine Bedeutung erlangt. Dies dürfte darauf beruhen, dass die Missachtung von Vorschriften über den Umweltschutz im Allgemeinen schon über § 134 zur Nichtigkeit des Vertrages führt. Zu denken ist etwa an Verträge über die umweltgefährdende Abfallentsorgung.

68 **4. Gemeinschaftsrecht.** Auch die Wertungen des Gemeinschaftsrechts können bei der Konkretisierung der guten Sitten zu berücksichtigen sein.[187] Zu nennen sind insbesondere die **Grundfreiheiten des AEUV** (vormals EGV) sowie die **Menschenrechte der EMRK**.[188] Bei der praktischen Rechtsanwendung muss hierauf jedoch im Allgemeinen nicht zurückgegriffen werden, weil die Grundrechte des GG bereits parallele Vorgaben enthalten.

69 Bei der Konkretisierung des § 138 Abs. 1 können auch die Wertungen Bedeutung erlangen, die sich in den **Europäischen Richtlinien** zum Privatrecht niedergeschlagen haben.[189] Zu beachten ist nämlich, dass die

175 Vgl BVerfG NJW 1990, 1469; BGH NJW 1986, 2944, 2945; 1997, 3089; 2000, 2584, 2585; 2010, 1206, 1207; MüKo/*Armbrüster*, § 138 Rn 21; Staudinger/*Sack*, § 138 Rn 297 ff.

176 BGH NJW 1999, 3552; ebenso BGH NJW 2000, 1028 (betr. Eishockey).

177 Vgl *Baur/Stürner*, Sachenrecht, 18. Aufl. 2009, § 1 Rn 1.

178 BGHZ 50, 63, 70 ff (betr. Erbvertrag); vgl auch *Röthel*, AcP 210 (2010), 32 ff.

179 Vgl BGHZ 111, 36, 40; BayObLG NJW 1990, 2055, 2056 f; *Olzen*, Erbrecht, 3. Aufl. 2009, Rn 260.

180 Vgl BGHZ 80, 153, 157; Bamberger/Roth/*Wendtland*, § 138 Rn 17; MüKo/*Armbrüster*, § 138 Rn 22; Palandt/*Ellenberger*, § 138 Rn 5.

181 Vgl BVerfGE 89, 214, 232; *Canaris*, AcP 200 (2000), 273, 297; zur Bedeutung des Sozialstaatsprinzips vgl auch *Limbach*, in: Festgabe Zivilrechtslehrer 1934/35 (1999), 390 ff.

182 Dies betont zu Recht *Drexl*, in: Schlechtriem, S. 97, 115.

183 Vgl BVerfG NJW 2001, 957, 959; BGH NJW 1992, 3164; OLG Hamm ZEV 2009, 471; *Bruns*, Haftungsbeschränkung und Mindesthaftung, 2003, S. 171 f.

184 Vgl BVerfGE 54, 277, 291; Sachs/*Krüger*, GG, 2. Aufl. 1999, Art. 19 GG Rn 110.

185 BGHZ 106, 336, 338.

186 Vgl OLG Oldenburg NdsRpfl 1996, 120; Palandt/*Ellenberger*, § 138 Rn 45; *Esser/Schmidt*, Schuldrecht AT I, 8. Aufl. 1995, § 10 II 2 a.

187 Bamberger/Roth/*Wendtland*, § 138 Rn 17; Staudinger/*Sack*, § 138 Rn 44.

188 BGHZ 142, 304, 314; Erman/*Palm*, § 138 Rn 106; PWW/*Ahrens*, § 138 Rn 18. Inwieweit die Grundfreiheiten Drittwirkungen entfalten, ist allerdings umstritten, dazu *Looschelders*, Schuldrecht AT, Rn 41; *Martiny*, ZEuP 2001, 663, 572; *Streinz/Leible*, EuZW 2000, 459 ff.

189 PWW/*Ahrens*, § 138 Rn 18.

innerstaatlichen Vorschriften im Einklang mit der jeweiligen Richtlinie auszulegen sind (sog. **richtlinienkonforme Auslegung**).[190] Nach der Rechtsprechung des EuGH hat der nationale Richter den ihm nach seinem innerstaatlichen Recht zustehenden „Beurteilungsspielraum" voll auszuschöpfen, um die Richtlinienkonformität zu gewährleisten (vgl Anh. zu § 133 Rn 33). Dabei kann im Einzelfall auch der Rückgriff auf Generalklauseln wie § 138 Abs. 1 erforderlich sein.

Die Pflicht zur richtlinienkonformen Auslegung besteht auch dann, wenn der deutsche Gesetzgeber die Richtlinie nicht **fristgerecht umgesetzt** hat.[191] In diesem Fall muss insbesondere geprüft werden, ob den Wertungen der Richtlinie mit Hilfe der zivilrechtlichen Generalklauseln wie § 138 Abs. 1 Rechnung getragen werden kann (Anh. zu § 133 Rn 31).[192] 70

5. Einfachgesetzliche Wertentscheidungen. Bei der Bestimmung der guten Sitten sind auch die in den einfachen deutschen Gesetzen verankerten Wertungen zu berücksichtigen.[193] Diese Wertungen haben zum Teil einen verfassungs- oder gemeinschaftsrechtlichen Hintergrund. Auch in diesem Fall haben sie aber **eigenständige Bedeutung**, weil sie die Vorgaben des höherrangigen Rechts konkretisieren. Welche einfachgesetzlichen Wertungen im Rahmen des Abs. 1 relevant werden können, lässt sich schwer systematisieren. Einige wichtige Aspekte sollen aber hervorgehoben werden. 71

a) Schutz von bestimmten Personengruppen. Eine wichtige Gruppe einfachgesetzlicher Wertungen trifft den Schutz von bestimmten Personengruppen. Zu nennen sind insbesondere **Kinder** und andere nicht voll geschäftsfähige Personen (zB §§ 104 ff), **Behinderte** (zB SGB IX) und **Mütter** (zB MuSchG). 72

b) Schutz des typischerweise schwächeren Vertragspartners. In einer zweiten Gruppe geht es um den Schutz des typischerweise schwächeren Vertragspartners. Zu nennen sind insbesondere Vorschriften zum Schutz von **Arbeitnehmern, Mietern, Verbrauchern** und **Versicherungsnehmern**. Das besondere Schutzbedürfnis ergibt sich häufig daraus, dass der Vertragspartner den Vertragsgegenstand zur Befriedigung seiner existenziellen Bedürfnisse benötigt (Mieter, Arbeitnehmer); in anderen Fällen gibt die besondere Situation des Vertragsschlusses oder die besondere Komplexität des Vertragsgegenstands den Ausschlag (Verbraucher, Versicherungsnehmer).[194] 73

c) Störung der Verhandlungsparität im Einzelfall. Besondere Bedeutung für die Konkretisierung des Abs. 1 haben die Wertungen des Abs. 2 (vgl Rn 105 ff). Die Vorschrift verdeutlicht, dass die Störung der Verhandlungsparität im Einzelfall die Sittenwidrigkeit des Rechtsgeschäfts begründen kann, wenn sie sich in einem **inhaltlich unausgewogenen Vertragsinhalt** niederschlägt.[195] Es handelt sich dabei um den gleichen Gedanken, den das BVerfG in seiner Rechtsprechung zur Inhaltskontrolle von Bürgschaften naher Familienangehöriger aus dem Selbstbestimmungsrecht des beeinträchtigten Familienangehörigen (Art. 2 Abs. 1 GG) abgeleitet hat.[196] 74

d) Unzulässige Einflussnahme auf die Willensbildung. Das deutsche Recht enthält zahlreiche Vorschriften, welche die unzulässige Einflussnahme auf die Willensbildung (arglistige Täuschung, Drohung) missbilligen (vgl §§ 123, 318 Abs. 2, 438 Abs. 3, 444, 634 a Abs. 3, 1314 Abs. 1 Nr. 3 und 4, 2339 Nr. 3). Die einschlägigen Vorschriften sprechen dem Getäuschten oder Bedrohten zwar ein Anfechtungsrecht zu oder sehen sonstige Rechtsnachteile für den Täuschenden bzw Drohenden vor. Im Zusammenspiel mit anderen sittenwidrigkeitsrelevanten Kriterien kann die **Täuschung** oder **Drohung** aber auch nach Abs. 1 zur Nichtigkeit des Rechtsgeschäfts führen. 75

e) Schutz vor unzulässiger Diskriminierung. Ein weiteres zentrales Wertungskriterium ist seit Inkrafttreten des AGG der Schutz vor Diskriminierungen. Die Diskriminierungsverbote des AGG setzen die europäischen **Antidiskriminierungs-Richtlinien** um.[197] Darüber hinaus können sie in weiten Bereichen als Konkretisierung des **Art. 3 Abs. 3 GG** sowie des **Art. 14 EMRK** verstanden werden.[198] Das AGG enthält zwar eigenständige Rechtsfolgeregelungen. Die allgemeinen Vorschriften der §§ 134, 138 werden hierdurch aber nicht verdrängt.[199] Auf Kündigungen ist das AGG nach seinem § 2 Abs. 4 nicht anwendbar. Auch hier müssen die Wertungen des AGG aber im Rahmen des § 138 Abs. 1 bzw des § 242 berücksichtigt werden (vgl unten Rn 150). 76

f) Vorbereitung, Förderung oder Ausnutzung strafbarer Handlungen. Aus den Wertungen der einzelnen **Strafvorschriften** folgt die Sittenwidrigkeit von Rechtsgeschäften, die auf die Vorbereitung, Förderung 77

190 Vgl dazu Anh. § 133 Rn 30 ff mwN.
191 EuGH NJW 2000, 2571, 2572; 2006, 2465, 2468; *Steinz*, Europarecht, 8. Aufl. 2008, Rn 457.
192 Palandt/*Sprau*, Einl. Rn 43; einschränkend mit Rücksicht auf das Lissabon-Urteil des BVerfG (NJW 2009, 2267) Palandt/*Ellenberger*, Vor § 1 AGG Rn 6.
193 Vgl Staudinger/*Sack*, § 138 Rn 41.
194 *Drexl*, in: Schlechtriem, S. 97, 121 ff; *Looschelders*, Schuldrecht AT, Rn 56.
195 Vgl *Canaris*, AcP 200 (2000), 273, 280 ff; *Drexl*, in: Schlechtriem, S. 97, 114.
196 *Canaris*, AcP 200 (2000), 273, 296 ff.
197 Palandt/*Ellenberger*, Vor § 1 AGG Rn 1.
198 Palandt/*Ellenberger*, Vor § 1 AGG Rn 7.
199 Palandt/*Grüneberg*, § 21 AGG Rn 2.

oder Ausnutzung einer strafbaren Handlung gerichtet sind.[200] Nach allgemeinen Grundsätzen ist § 134 bei der Verletzung von Strafvorschriften zwar vorrangig anwendbar (§ 134 Rn 253 ff). Abs. 1 hat jedoch zumindest dann eigenständige Bedeutung, wenn die subjektiven Voraussetzungen des Straftatbestands nicht bei beiden Parteien vorliegen. Während die meisten Straftatbestände Vorsatz voraussetzen, ist es für die Sittenwidrigkeit nämlich ausreichend, dass sich die Parteien der Kenntnis der relevanten Umstände grob fahrlässig verschlossen haben (s. Rn 93).

78 **6. Umgehungsgeschäfte.** Ob die Nichtigkeit von Umgehungsgeschäften nach § 134 oder nach § 138 zu beurteilen ist, ist umstritten. Nach der hier vertretenen Auffassung (§ 134 Rn 81 ff) ist zunächst zu prüfen, ob die Verbotsnorm durch **Auslegung** oder **Analogie** auf den gegebenen Fall erstreckt werden kann. Soweit dies möglich ist, muss § 134 vorrangig angewendet werden. In den übrigen Fällen stellt sich die Frage, ob die Voraussetzungen des Abs. 1 vorliegen.[201] Die Entscheidung ist auf der Grundlage einer umfassenden Interessenabwägung zu treffen. Dabei kommt den **Wertungen der umgangenen Vorschriften** besondere Bedeutung zu. Allgemein lässt sich feststellen, dass nicht jede Gesetzesumgehung das Geschäft sittenwidrig macht.[202] Die Annahme der Sittenwidrigkeit liegt aber umso näher, je gewichtiger die Rechtsgüter und Interessen sind, die durch das Verbotsgesetz geschützt werden. So ist die Umgehung von Vorschriften zum Schutz von Arbeitnehmern,[203] Mietern[204] und Verbrauchern[205] oder lebenswichtigen Belangen der Allgemeinheit[206] regelmäßig als sittenwidrig anzusehen.[207]

79 **7. Gewohnheits- und Richterrecht.** Die Sittenwidrigkeit eines Rechtsgeschäfts kann sich auch aus Wertungen ergeben, die in **gewohnheitsrechtlich** anerkannten Rechtssätzen verankert sind. Da solche Rechtssätze als Rechtsnormen iSd Art. 2 EGBGB anzusehen sind, gelten die gleichen Grundsätze wie bei der Berücksichtigung einfachgesetzlicher Wertungen.[208] Wegen der schwindenden Bedeutung des Gewohnheitsrechts ist diese Möglichkeit heute aber in der Praxis kaum noch relevant.

Wesentlich größere Bedeutung hat demgegenüber das **Richterrecht**. Nach hM kann Richterrecht zwar nicht als eigenständige Rechtsquelle angesehen werden.[209] Es handelt sich jedoch um eine wichtige **„Rechtserkenntnisquelle“**, die eine gleichmäßige Behandlung gleich gelagerter Fälle ermöglicht.[210] Bei der Anwendung von Generalklauseln hat das Richterrecht damit eine unentbehrliche Hilfsfunktion.

80 **8. Ausländisches Recht.** Besondere Probleme stellen sich in Fällen mit Auslandsberührung. Hier muss zunächst geklärt werden, ob deutsches Recht (und damit auch die §§ 134, 138) nach den Regeln des deutschen Internationalen Privatrechts (Art. 3 ff EGBGB) überhaupt anwendbar ist. Wird diese Frage bejaht, so richtet sich zwar auch die Konkretisierung der guten Sitten im Rahmen des Abs. 1 grundsätzlich nach den Wertungen des inländischen Rechts.[211] Dies heißt jedoch nicht, dass die **Wertungen einer verdrängten ausländischen Rechtsordnung** in jedem Fall irrelevant sind. Diese Wertungen können vielmehr bei der Anwendung des Abs. 1 berücksichtigt werden.[212] So verstößt die Umgehung international zwingender ausländischer Verbotsgesetze (sog. **Eingriffsnormen**) nach der Rechtsprechung gegen die guten Sitten, wenn die verletzten Bestimmungen einem auch national anerkannten Interesse (zB Tierschutz, Schutz von Kulturgütern, Kriegswaffenembargo) dienen.[213] Darüber hinaus kann der Verstoß gegen ausländische Bestimmungen über die Strafbarkeit der Bestechung und Bestechlichkeit von Amtsträgern die Nichtigkeit eines Rechtsgeschäfts nach Abs. 1 begründen.[214] Umgekehrt können es die Wertungen einer ausländischen Rechtsordnung aber auch rechtfertigen, die nach deutschem Recht an sich gegebene **Sittenwidrigkeit zu verneinen**. Dies kommt insbesondere in Betracht, wenn das Rechtsgeschäft wesentliche Berührungen zu einer anderen Rechtsordnung aufweist, nach der es nicht sittenwidrig ist.[215]

200 Vgl BGH DB 1971, 39 (zu § 263 StGB); NJW-RR 1990, 750 (zu § 180 a StGB); NJW 1992, 310 (zu § 259 StGB); NJW 1995, 2026, 2027 (zu § 203 StGB); Palandt/*Ellenberger*, § 138 Rn 42.

201 So auch Erman/*Palm*, § 138 Rn 183; Staudinger/*Sack*, § 138 Rn 42.

202 So auch MüKo/*Armbrüster*, § 138 Rn 54.

203 Vgl BAGE 10, 67, 70; 26, 417, 419; BAG AP Nr. 15 zu § 611 BGB Anwesenheitsprämie; Staudinger/*Sack*, § 134 Rn 157; krit. *Bickel*, JuS 1987, 861 ff.

204 Vgl BGHZ 56, 285, 289 (zu § 134); LG Hamburg NJW 1971, 1084, 1086 (zu § 138).

205 Im Verbraucherschutzrecht hat das allgemeine Institut der Gesetzesumgehung freilich keine große Bedeutung mehr, weil in den meisten Fällen gesetzliche Umgehungsverbote eingreifen. Vgl dazu §§ 312 g S. 2, 475 Abs. 1 S. 2; 487 S. 2, 506 S. 2.

206 BGHZ 39, 169, 177: Umgehung amerikanischer Embargo-Bestimmungen.

207 MüKo/*Armbrüster*, § 138 Rn 53.

208 Vgl Staudinger/*Sack*, § 138 Rn 46.

209 Vgl *Larenz*, Methodenlehre, 6. Aufl. 1991, S. 429 ff; *Larenz/Wolf*, BGB AT, § 3 Rn 39; *Looschelders/Roth*, Methodik, S. 321 ff; *Pawlowski*, BGB AT, Rn 61.

210 *Larenz*, Methodenlehre, S. 432; *Larenz/Wolf*, BGB AT, § 3 Rn 39; Staudinger/*Sack*, § 138 Rn 49.

211 MüKo/*Armbrüster*, § 138 Rn 16.

212 MüKo/*Sonnenberger*, Einl. IPR Rn 63 ff; MüKo/*Martiny*, Art. 9 Rom I-VO Rn 47; *Looschelders*, IPR, Vor Art. 3 Rn 54.

213 Vgl BGHZ 34, 169, 177; 59, 82, 85 f.

214 BGHZ 94, 268, 271; MüKo/*Armbrüster*, § 138 Rn 18.

215 Vgl BGHZ 40, 391 (zu § 1 UWG aF).

Die am 17.12.2009 in Kraft getretene **Rom I-VO** lässt in Art. 9 Abs. 3 eine weitergehende Heranziehung ausländischer Eingriffsnormen zu, soweit diese die Erfüllung des Vertrags unrechtmäßig werden lassen. Die Vorschrift kann eine **Sonderanknüpfung** ausländischer Eingriffsnormen rechtfertigen. Die ausländischen Eingriffsnormen wären danach **unmittelbar** (ggf iVm § 134) anwendbar, so dass der Rückgriff auf § 138 entbehrlich würde.[216]

III. Außerrechtliche Maßstäbe

1. Mittelbarer Einfluss außerrechtlicher Maßstäbe. Durch die Anknüpfung an die Grundrechte und andere zentrale normative Prinzipien wird die prinzipielle Bedeutung außerrechtlicher Maßstäbe nicht in Frage gestellt. Zu beachten ist nämlich, dass die Grundrechte selbst an zahlreichen Stellen mehr oder weniger offen an außerrechtliche Normen und Wertmaßstäbe anknüpfen. So lässt sich die Frage, was unter der „Würde des Menschen" (Art. 1 Abs. 1 GG) zu verstehen ist, nur vor dem Hintergrund eines bestimmten Menschenbildes beantworten.[217] Rechtliche und außerrechtliche Wertungen stehen dabei in einer **Wechselwirkung**.[218] Auf der einen Seite haben außerrechtliche Wertvorstellungen einen erheblichen Einfluss auf die Herausbildung und Auslegung von Rechtsprinzipien. Auf der anderen Seite werden die außerrechtlichen Wertvorstellungen aber auch ihrerseits maßgeblich durch den Inhalt der geltenden Rechtsprinzipien geprägt. 81

2. Unmittelbarer Einfluss außerrechtlicher Maßstäbe. Ob außerrechtliche Maßstäbe bei der Konkretisierung des Abs. 1 auch dann zu berücksichtigen sind, wenn sie in der Rechtsordnung (noch) keinen Ausdruck gefunden haben, ist umstritten. In der Literatur wird teilweise die Auffassung vertreten, dass Abs. 1 nur Verstöße gegen die der Rechtsordnung selbst **immanenten** Prinzipien und Wertmaßstäbe erfasst; der Rückgriff auf außerrechtliche (sozialethische) Maßstäbe sei dagegen abzulehnen.[219] Die hM hält dagegen daran fest, dass außerrechtliche Maßstäbe im Rahmen des Abs. 1 eine **eigenständige Bedeutung** haben können.[220] Dabei wird aber anerkannt, dass die in der Rechtsordnung verankerten Wertungen im Konfliktsfall vorgehen.[221] 82

Bei der Würdigung des Meinungsstreits ist zu beachten, dass der Rückgriff auf nicht positivierte sozialethische Wertungen mit zahlreichen Unsicherheiten belastet ist (s. dazu Rn 34 ff). Diese Unsicherheiten wachsen in einer pluralistischen Gesellschaft, weil der Grundkonsens über die Beurteilung sozialethischer Fragen schwindet.[222] Gleichzeitig verschärft sich das Problem der Legitimation einer Entscheidung, die nicht von den Wertvorstellungen **aller** gerecht und billig Denkenden gedeckt ist. Dies gilt umso mehr, als die Nichtanerkennung eines Rechtsgeschäftes wegen Sittenwidrigkeit einen erheblichen Eingriff in die verfassungsrechtlich geschützte Privatautonomie der Parteien darstellt. Letztlich stellen sich hier die gleichen Legitimationsprobleme wie bei der Schranke des Sittengesetzes in Art. 2 Abs. 1 GG.[223] Grundsätzlich ist es zwar auch in einer pluralistischen Gesellschaft legitim, Wertvorstellungen zu schützen, deren Beachtung für ein gedeihliches Zusammenleben unerlässlich ist.[224] Soweit solche Wertentscheidungen weder in der Verfassung noch in anderen Teilen der Rechtsordnung einen Niederschlag gefunden haben, muss man sich jedoch fragen, ob sie für das Zusammenleben wirklich eine so fundamentale Bedeutung haben. Dem Grundgedanken nach haben außerrechtliche Maßstäbe damit zwar nach wie vor eine eigenständige Bedeutung; bei der praktischen Rechtsanwendung **treten** sie jedoch **immer stärker zurück**.[225] 83

3. Bedeutung der Sexualmoral. Besonders große Bedeutung hat der Rückgriff auf außerrechtliche Maßstäbe traditionell bei der **Sexualmoral**.[226] Es handelt sich dabei um einen Bereich, in dem sich die Auffassungen über den Inhalt der guten Sitten seit Inkrafttreten des BGB in besonders gravierender Weise gewandelt haben.[227] Tangiert ein Rechtsgeschäft die Sexualsphäre, so liegt ein **moralisches Unwerturteil** zwar auch heute noch nahe.[228] Maßgeblich ist aber allein, ob das Geschäft **von Rechts wegen** zu missbilligen ist. Bei 84

216 Zu den Einzelheiten MüKo/*Sonnenberger*, Einl. IPR Rn 53 ff.

217 Vgl *Looschelders/Roth*, Methodik, S. 202 f m. Fn 23.

218 MüKo/*Armbrüster*, § 138 Rn 13; Soergel/*Hefermehl*, § 138 Rn 11.

219 So *Pawlowski*, BGB AT, Rn 498 b ff; ähnlich AK-BGB/*Damm*, § 138 Rn 26.

220 Vgl Bamberger/Roth/*Wendtland*, § 138 Rn 16; Jauernig/*Jauernig*, § 138 Rn 6; Palandt/*Ellenberger*, § 138 Rn 2; Soergel/*Hefermehl*, § 138 Rn 9; Staudinger/*Sack*, § 138 Rn 45 ff; *Larenz/Wolf*, BGB AT, § 41 Rn 12 ff.

221 Vgl Bamberger/Roth/*Wendtland*, § 138 Rn 18; Palandt/*Ellenberger*, § 138 Rn 6; Soergel/*Hefermehl*, § 138 Rn 11; *Larenz/Wolf*, BGB AT, § 41 Rn 15.

222 Vgl zu dieser Problematik Soergel/*Hefermehl*, § 138 Rn 9.

223 Vgl dazu etwa Hömig/*Antoni*, Grundgesetz, 8. Aufl. 2007, Art. 2 Rn 7; *Sachs*, Verfassungsrecht II, Grundrechte, 2. Aufl. 2003, B 2 Rn 32 ff.

224 Zutreffend MüKo/*Armbrüster*, § 138 Rn 11, wonach keine Rechtsgemeinschaft ohne „ein Minimum gemeinsamer Wertung" bestehen kann.

225 So auch AK-BGB/*Damm*, § 138 Rn 60; Bamberger/Roth/*Wendtland*, § 138 Rn 18; Palandt/*Ellenberger*, § 138 Rn 3; *Eckert*, AcP 199 (1999), 337, 348 ff.

226 Vgl MüKo/*Armbrüster*, § 138 Rn 55; RGRK/*Krüger-Nieland/Zöller*, § 138 Rn 191.

227 Vgl Soergel/*Hefermehl*, § 138 Rn 206; Staudinger/*Sack*, § 138 Rn 452. Eingehend zu diesem Wandel *Rother*, AcP 172 (1972), 498 ff.

228 So auch PWW/*Ahrens*, § 138 Rn 22.

der Beantwortung dieser Frage muss man strikt darauf achten, dass moralische Wertungen nicht ohne weiteres auf die normative Beurteilung eines Rechtsgeschäfts durchschlagen dürfen. Die Argumentation muss deshalb in erster Linie an rechtlichen Kriterien ausgerichtet sein. Besondere Bedeutung haben in diesem Zusammenhang die **Menschenwürde** (Art. 1 Abs. 1 GG) und die **Entscheidungsfreiheit in höchstpersönlichen Angelegenheiten** (Art. 2 Abs. 1 GG).[229] In neuerer Zeit sind außerdem die Wertungen des **ProstG** zu beachten (s. Anh. zu § 138). Außerrechtliche Maßstäbe treten damit zurück. Dies ist jedoch allenfalls eine mittelbare Folge der „sexuellen Liberalisierung".[230] Entscheidend ist die Erkenntnis, dass es nicht Sache der staatlichen Rechtsordnung sein kann, den Bürgern eine bestimmte Sexualmoral vorzugeben.[231]

85 **4. Schutz der Ehe- und Familienordnung.** Ein weiterer Bereich, in dem außerrechtlichen Maßstäben traditionell große Bedeutung beigemessen wird, ist die Ehe- und Familienordnung. So soll es dem „**Wesen der Ehe**" widersprechen, wenn ein Ehegatte sich seine Rechte aus der Ehe abkaufen lässt, insbesondere aus dem ehewidrigen Verhalten des anderen Ehegatten einen materiellen Nutzen zu ziehen sucht.[232] Das Gleiche soll für eine Vereinbarung gelten, in welcher sich ein Ehegatte gegen Vertragsstrafe dazu verpflichtet, aus Gründen der Überwachung keine Geschäftsreisen ohne Begleitperson vorzunehmen.[233] Nach geltendem Recht ist der **unmittelbare Rückgriff** auf das „Wesen der Ehe" jedoch **nicht unproblematisch**. Denn letztlich geht es auch im Zusammenhang mit der Ehe- und Familienordnung um Fragen, die in den Schutzbereich verschiedener Grundrechte fallen. Zu nennen sind neben dem Schutz von Ehe und Familie (Art. 6 Abs. 1 GG) vor allem die höchstpersönlichen Rechte jedes einzelnen Ehegatten (Art. 1, 2 Abs. 1, 4 GG)[234] sowie der Grundsatz der Gleichberechtigung von Mann und Frau (Art. 3 Abs. 2 GG).[235] Ein Rückgriff auf außerrechtliche Maßstäbe kommt daher nur in Betracht, soweit diese Grundrechte selbst ausfüllungsbedürftig sind. Die Argumentation mit dem „Wesen der Ehe" bleibt aber auch in diesem Restbereich problematisch, weil es weder in der Rechtswissenschaft noch in der Gesellschaft ein einheitliches Eheverständnis gibt.[236]

86 **5. Bedeutung der Geschäftsmoral.** Bei der Konkretisierung der guten Sitten sind auch die Vorstellungen zu berücksichtigen, die in den jeweils **einschlägigen Verkehrskreisen** über die „Anständigkeit" und „Lauterkeit" eines bestimmten geschäftlichen Verhaltens herrschen.[237] Auch in diesem Bereich ist jedoch zu beachten, dass die Sittenwidrigkeit nicht allein damit begründet werden kann, dass die Angehörigen des betreffenden Verkehrskreises ein solches Rechtsgeschäft mehrheitlich missbilligen. Denn der Abschluss des Rechtsgeschäfts kann gleichwohl durch die verfassungsrechtlich geschützte **Privatautonomie** der Parteien (Art. 2 Abs. 1 GG) gedeckt sein. Man muss daher in jedem Fall die konkreten Gründe herausarbeiten, auf denen die Missbilligung beruht. Diese Gründe sind dann mit den Interessen der Parteien an der Wirksamkeit des Rechtsgeschäfts abzuwägen. Die außerrechtliche Missbilligung ist also auch hier ein bloßes **Indiz** für die Sittenwidrigkeit des Rechtsgeschäfts.

87 **6. Verletzung von Standesregeln.** Soweit Standesregeln in Gesetzen einen Niederschlag gefunden haben, muss ein Verstoß gegen Standesrecht bereits unter dem Aspekt des § 134 geprüft werden (s. § 134 Rn 22 ff). Im Übrigen kann auf § 138 zurückgegriffen werden. Nach der Rechtsprechung des BVerfG begründet ein Verstoß gegen nicht kodifizierte Standesregeln aber nicht automatisch die Sittenwidrigkeit des Rechtsgeschäfts.[238] Da Standesregeln als solche keine verbindlichen Rechtssätze darstellen, können sie auch nicht über § 138 herangezogen werden, um einen Eingriff in die **Berufsfreiheit** (Art. 12 GG) zu rechtfertigen. Erforderlich ist vielmehr, dass die verletzte Standespflicht Ausdruck der anerkannten Rechts- und Sittenordnung iSd § 138 Abs. 1 ist.[239] Besondere Bedeutung hat in diesem Zusammenhang die Frage, welche Bedeutung die ordnungsgemäße Ausübung des Berufs für die Allgemeinheit hat.[240] Hat ein bestimmter Beruf **wichtige Gemeinschaftsaufgaben** zu erfüllen, so besteht ein besonderes Interesse der Allgemeinheit an dessen ordnungsgemäßer Ausübung. Wenn die verletzte Standespflicht hierfür wesentlich ist, führt der Verstoß regelmäßig zur Sittenwidrigkeit des Geschäfts.[241] Dies gilt insbesondere für Standespflichten, die Ausdruck einer **besonderen Berufsverantwortlichkeit** sind, weil deren Verletzung in hohem Maße geeignet ist, das Vertrauen in den jeweiligen Berufsstand zu untergraben (näher dazu Rn 312 ff).[242]

229 Vgl PWW/*Ahrens*, § 138 Rn 22; *Pawlowski*, BGB AT, Rn 498 b, 499 a.
230 MüKo/*Armbrüster*, § 138 Rn 55.
231 Soergel/*Hefermehl*, § 138 Rn 206.
232 Soergel/*Hefermehl*, § 138 Rn 216; ähnlich RGRK/*Krüger-Nieland/Zöller*, § 138 Rn 226.
233 RGZ 158, 294, 298; Soergel/*Hefermehl*, § 138 Rn 216.
234 Vgl *Looschelders*, Jura 2000, 169, 171.
235 Vgl dazu BVerfG NJW 2001, 957; NJW 2001, 2248; *Bergschneider*, FamRZ 2001, 1337.
236 Zu den verschiedenen Ehelehren *Gernhuber/Coester-Waltjen*, Familienrecht, 4. Aufl. 2006, § 17 Rn 1 ff; *Dethloff*, Familienrecht, 29. Aufl. 2009, § 1 Rn 71 ff.
237 Vgl *Larenz/Wolf*, BGB AT, 8. Aufl. 1997, § 41 Rn 11.
238 BVerfGE 76, 171; vgl auch BGHZ 132, 229, 236; BGH NJW 1999, 2360; MüKo/*Armbrüster*, § 138 Rn 47; Staudinger/*Sack*, § 138 Rn 416; PWW/*Ahrens*, § 138 Rn 76.
239 Erman/*Palm*, § 138 Rn 86.
240 Vgl BGHZ 132, 229, 236; Palandt/*Ellenberger*, § 138 Rn 57; differenzierend *Taupitz*, S. 1244.
241 Vgl *Taupitz*, S. 1244.
242 Erman/*Palm*, § 138 Rn 86.

IV. Sittenwidrigkeit und Rechtswidrigkeit

In welchem Verhältnis die Sittenwidrigkeit nach Abs. 1 zur Rechtswidrigkeit steht, ist umstritten. In der Literatur wird teilweise die Auffassung vertreten, dass jedes rechtswidrige Verhalten das Urteil der Sittenwidrigkeit rechtfertige.[243] Die hM geht demgegenüber davon aus, dass die Feststellung der Sittenwidrigkeit ein **„gesteigertes Unwerturteil“** beinhaltet.[244] **88**

Bei der Würdigung des Meinungsstreits ist zu beachten, dass die **Funktion des § 138 Abs. 1** sich auf den Schutz solcher Wertvorstellungen beschränkt, die für das Zusammenleben in unserer Gesellschaft von fundamentaler Bedeutung sind. Die Vorschrift gewährleistet deshalb (ebenso wie § 826) nur das **„sozialethische Minimum“**.[245] Die Gesetze beschränken sich dagegen nicht auf den Schutz des sozialethischen Minimums. Soweit sie darüber hinausgehen, begründet der Gesetzesverstoß keine Sittenwidrigkeit. Im Ergebnis ist damit festzuhalten, dass nicht jedes rechtswidrige Verhalten die Anwendung des § 138 Abs. 1 rechtfertigt. **89**

Dass § 138 im Vergleich mit § 134 ein gesteigertes Unwerturteil voraussetzt, wird durch die unterschiedlichen **Rechtsfolgenanordnungen** bestätigt. Nach Abs. 1 sind sittenwidrige Rechtsgeschäfte generell nichtig. Bei § 134 hängt die Nichtigkeit dagegen vom Zweck der jeweiligen Verbotsnorm ab. Nach Einschätzung des Gesetzgebers wiegt die Sittenwidrigkeit demnach – anders als die Gesetzeswidrigkeit – in jedem Fall so schwer, dass das Geschäft vor der Rechtsordnung keinen Bestand haben kann (s. dazu Rn 129 ff).[246] **90**

V. Der Gegenstand der Bewertung

Gegenstand des Sittenwidrigkeitsurteils ist das Rechtsgeschäft.[247] Das heißt jedoch nicht, dass außerhalb des Rechtsgeschäfts liegende Umstände außer Betracht bleiben müssen. Zwei Fallgruppen sind vielmehr zu unterscheiden. Die Sittenwidrigkeit kann sich zum einen unmittelbar aus dem Inhalt des Rechtsgeschäfts ergeben (sog. **Inhaltssittenwidrigkeit**). Hier kommt es auf weitere Umstände nicht an. Ein Rechtsgeschäft kann zum anderen nach seinem aus der Zusammenfassung von Inhalt, Beweggrund und Zweck zu entnehmenden Gesamtcharakter gegen die guten Sitten verstoßen (sog. **Umstandssittenwidrigkeit**). Dabei sind neben dem Inhalt des Rechtsgeschäfts auch die Umstände seines Zustandekommens sowie die Absichten und Beweggründe der Beteiligten zu berücksichtigen.[248] Anders als bei § 826 (Rn 27) ist das **Verhalten** der Parteien **als solches** damit bei Abs. 1 zwar kein Gegenstand der Bewertung. Es handelt sich jedoch um einen Umstand, der bei der Würdigung des Gesamtcharakters des Rechtsgeschäfts von Bedeutung sein kann.[249] **91**

Bei der praktischen Rechtsanwendung können beide Fallgruppen ineinander übergehen.[250] Ob ein Rechtsgeschäft allein aufgrund seines **Inhalts** sittenwidrig ist, kann nämlich offen bleiben, wenn **zusätzliche Umstände** vorliegen, die für das Urteil der Sittenwidrigkeit relevant sind. **92**

VI. Subjektive Merkmale

1. Meinungsstand. Welche Bedeutung subjektiven Merkmalen im Rahmen des Abs. 1 zukommt, ist umstritten. In früherer Zeit war die Auffassung verbreitet, dass Abs. 1 in jedem Fall subjektive Elemente voraussetze.[251] Die heute hM orientiert sich an der Unterscheidung zwischen Inhalts- und Umstandssittenwidrigkeit.[252] Verstößt schon der **Inhalt** des Rechtsgeschäfts gegen die guten Sitten, so sollen subjektive Merkmale entbehrlich sein.[253] Dabei wird teilweise allerdings darauf hingewiesen, die Beteiligten würden in diesen Fällen ohnehin stets die Umstände kennen, durch welche die Sittenwidrigkeit begründet wird.[254] Ergebe sich die **93**

243 So AK-BGB/*Damm*, § 138 Rn 82, 92; Staudinger/*Sack*, § 138 Rn 26.

244 So MüKo/*Armbrüster*, § 138 Rn 2 („schwerer Vorwurf“); *Larenz/Wolf*, BGB AT, § 41 Rn 3; *Canaris*, AcP 184 (1984), 201, 234 ff; *Dauner-Lieb*, AcP 201 (2001), 295, 325.

245 HK-BGB/*Dörner*, § 138 Rn 3; Jauernig/*Jauernig*, § 138 Rn 6; *Larenz/Wolf*, BGB AT, § 41 Rn 3; *Looschelders/Roth*, Methodik, S. 203; *Bezzenberger*, AcP 196 (1996), 196, 198.

246 Zu diesem Zusammenhang Staudinger/*Sack*, § 138 Rn 34, der die Rechtsfolgenanordnung des § 138 aber im Wege der Rechtsfortbildung um einen Normzweckvorbehalt ergänzen will.

247 BGHZ 53, 369, 375; *Flume*, BGB AT Bd. 2, § 18, 2 a; *Medicus*, BGB AT, Rn 685 ff.

248 Zur Unterscheidung von Inhalts- und Umstandssittenwidrigkeit vgl Palandt/*Ellenberger*, § 138 Rn 7 ff; MüKo/*Armbrüster*, § 138 Rn 9; *Larenz/Wolf*, BGB AT, § 41 Rn 18 ff; *S. Lorenz*, FS Canaris, Bd. 1, 2007, 777. Zu den Kriterien der Umstandssittenwidrigkeit BGHZ 86, 82, 88; 107, 92, 97; BGH NJW-RR 1998, 590, 591; BAG NJW 2005, 3164, 3167.

249 BGHZ 53, 369, 375; Staudinger/*Sack*, § 138 Rn 4; *Larenz/Wolf*, BGB AT, § 41 Rn 22.

250 Vgl AK-BGB/*Damm*, § 138 Rn 85.

251 Vgl RGZ 150, 1, 3 ff; BGHZ 10, 228, 232; RGRK/*Krüger-Nieland/Zöller*, § 138 Rn 30.

252 Vgl Bamberger/Roth/*Wendtland*, § 138 Rn 22 ff; Jauernig/*Jauernig*, § 138 Rn 10 f; Palandt/*Ellenberger*, § 138 Rn 7 f; *Lindacher*, AcP 173 (1973), 124 ff.

253 BGHZ 94, 268, 272; Erman/*Palm*, § 138 Rn 40; Jauernig/*Jauernig*, § 138 Rn 10; Palandt/*Ellenberger*, § 138 Rn 7; *Larenz/Wolf*, BGB AT, § 41 Rn 18.

254 So BGHZ 94, 268, 273; Erman/*Palm*, § 138 Rn 40; Jauernig/*Jauernig*, § 138 Rn 10.

Sittenwidrigkeit – wie etwa bei den wucherähnlichen Geschäften (dazu unten Rn 222 ff) – erst aus den **Umständen**, so sei Abs. 1 nur anwendbar, wenn die Beteiligten die Tatsachen kennen, aus denen sich die Sittenwidrigkeit ergibt.[255] Dem wird der Fall gleichgestellt, dass die Beteiligten sich der Kenntnis dieser Tatsachen bewusst oder grob fahrlässig verschließen.[256] Das Vorliegen einer Schädigungsabsicht und das Bewusstsein der Sittenwidrigkeit werden heute allgemein für entbehrlich erachtet.[257] Demgegenüber verlangt die Rechtsprechung aber noch, dass der Begünstigte mit „**verwerflicher Gesinnung**" gehandelt hat.[258] Erforderlich sei, dass ihm seine „persönliche Einstellung zum sittlichen Vorwurf gemacht werden" könne.[259] Diese Voraussetzung wird meist ohne weiteres aus den objektiven Umständen – etwa dem groben Missverhältnis von Leistung und Gegenleistung beim wucherähnlichen Geschäft (unten Rn 222 ff) – abgeleitet.[260] Insoweit besteht eine **tatsächliche** Vermutung, die im Einzelfall aber aufgrund besonderer Umstände erschüttert sein kann.[261] Im Übrigen ist die durch das Geschäft nachteilig betroffene Partei auch bei Eingreifen der Vermutung nicht von der **Behauptungslast** hinsichtlich der subjektiven Voraussetzungen des § 138 Abs. 1 befreit.[262]

94 In der neueren Literatur ist die Auffassung im Vordringen, dass das Vorliegen von subjektiven Merkmalen in beiden Fallgruppen **keine notwendige Voraussetzung** für die Annahme der Sittenwidrigkeit ist. Dabei wird aber nicht in Frage gestellt, dass subjektive Elemente im Einzelfall bei der Begründung der Sittenwidrigkeit relevant werden können.[263]

95 **2. Würdigung.** Die Lehre von der Notwendigkeit eines subjektiven Elements beruht auf der Prämisse, dass die Beteiligung an einem sittenwidrigen Rechtsgeschäft den Begünstigten mit einem persönlichen „Makel" behaftet und ihn einem sittlichen Vorwurf aussetzt.[264] Dieser Vorwurf sei nur gerechtfertigt, wenn der Begünstigte in verwerflicher Gesinnung gehandelt oder wenigstens die maßgeblichen Tatsachen gekannt habe. Dem ist jedoch entgegenzuhalten, dass es im Fall des Abs. 1 allein um die Bewertung des **Rechtsgeschäfts** geht. Wird das Rechtsgeschäft als sittenwidrig qualifiziert, so heißt dies nicht notwendig, dass sich die Parteien oder der Begünstigte sittenwidrig **verhalten** haben.[265] Von daher ist auch die persönliche (subjektive) Vorwerfbarkeit kein notwendiges Element der Sittenwidrigkeit. Besonders deutlich ist dies in Fällen, in denen der **Inhalt** des Rechtsgeschäfts gegen fundamentale Rechtsprinzipien (Menschenwürde, Selbstbestimmungsrecht, Religionsfreiheit etc.) verstößt. Ein solches Rechtsgeschäft kann von der Rechtsordnung auch dann nicht anerkannt werden, wenn die Beteiligten nicht alle maßgeblichen Umstände gekannt haben.[266]

96 Offen ist damit noch, ob die **Umstandssittenwidrigkeit** ein subjektives Element zwingend voraussetzt. Gegen eine solche Differenzierung spricht, dass sich beide Fallgruppen nicht immer klar abgrenzen lassen.[267] Davon abgesehen fehlt jede Begründung, warum subjektive Elemente gerade bei der Umstandssittenwidrigkeit unentbehrlich sein sollen.[268] Richtig ist zwar, dass die Sittenwidrigkeit hier nicht allein aus dem Inhalt des Rechtsgeschäfts folgt, sondern mit weiteren Kriterien begründet werden muss, wobei es sich sowohl um objektive als auch um subjektive Gegebenheiten handeln kann. Im Einzelfall können die objektiven Kriterien aber ein solches Gewicht haben, dass subjektive Merkmale entbehrlich sind.[269]

97 Aus den vorstehenden Überlegungen folgt, dass subjektive Elemente bei der Begründung der Sittenwidrigkeit durchaus eine Rolle spielen können. Dies gilt sowohl für die **Kenntnis** der maßgeblichen Umstände als auch für das Merkmal der **verwerflichen Gesinnung**. Eigenständigen Begründungswert haben subjektive Merkmale aber nur, wenn ihr Vorliegen nicht fingiert, sondern aufgrund **konkreter Anhaltspunkte** festgestellt wird.[270]

98 **3. Personale Zuordnung subjektiver Merkmale. a) Allgemeines.** Soweit subjektive Merkmale für die Begründung der Sittenwidrigkeit relevant sind, stellt sich die Frage, ob sie bei allen oder nur bei einzelnen

255 BGHZ 146, 298, 301; 160, 8, 14; BGH NJW-RR 1998, 590, 591; NJW 2002, 3165, 3166; NJW 2010, 363, 364; Bamberger/Roth/*Wendtland*, § 138 Rn 23; Palandt/*Ellenberger*, § 138 Rn 8; *Flume*, BGB AT Bd. 2, § 18, 3.

256 BGHZ 10, 228, 233; 20, 43, 52; BGH NJW 2001, 1127; NJW-RR 1998, 590, 591; Palandt/*Ellenberger*, § 138 Rn 8; RGRK/*Krüger-Nieland/Zöller*, § 138 Rn 31.

257 BGHZ 146, 298, 301; BGH NJW 1988, 1373, 1374; 1993, 1587, 1588; HK-BGB/*Dörner*, § 138 Rn 4; *Flume*, BGB AT Bd. 2, § 18, 3; *Köhler*, BGB AT, § 13 Rn 23.

258 Vgl RGZ 150, 1, 5; BGHZ 33, 361, 366; 125, 218, 227; 160, 8, 14; NJW 2002, 3165, 3166; 2010, 363; krit. MüKo/*Armbrüster*, § 138 Rn 124, 129; *Lindacher*, AcP 173 (1973), 124, 126.

259 BGHZ 32, 361, 366.

260 So etwa BGHZ 125, 218, 227; 160, 8, 14; BGH NJW 1992, 899, 900; 1995, 2635, 2636 (in BGHZ 130, 101 insoweit nicht abgedruckt); DtZ 1997, 229, 230.

261 BGHZ 98, 174, 178; 128, 255, 267; 146, 298, 305; BGH DtZ 1997, 229, 230; NJW 2010, 363, 364; Erman/*Palm*, § 138 Rn 199.

262 BGH NJW 2010, 363, 364 f.

263 So AK-BGB/*Damm*, § 138 Rn 86; MüKo/*Armbrüster*, § 138 Rn 125, 130; Soergel/*Hefermehl*, § 138 Rn 37; Staudinger/*Sack*, § 138 Rn 62 ff; PWW/*Ahrens*, § 138 Rn 33 ff; *Medicus*, BGB AT, Rn 690.

264 Sehr deutlich idS RGZ 150, 1, 5; ebenso *Enneccerus/Nipperdey*, BGB AT-2, § 191 II 2 b.

265 So auch Soergel/*Hefermehl*, § 138 Rn 19, 37; Staudinger/*Sack*, § 138 Rn 64 ff.

266 MüKo/*Armbrüster*, § 138 Rn 129.

267 So auch AK-BGB/*Damm*, § 138 Rn 85 f.

268 IdS auch Soergel/*Hefermehl*, § 138 Rn 37.

269 Soergel/*Hefermehl*, § 138 Rn 19.

270 Zutr. MüKo/*Armbrüster*, § 138 Rn 124.

Beteiligten vorliegen müssen. Hierbei ist danach zu unterscheiden, welche Interessen durch das sittenwidrige Rechtsgeschäft verletzt werden. Verletzt das Rechtsgeschäft die Interessen des **anderen Vertragspartners**, so kommt es allein darauf an, ob die subjektiven Merkmale bei der Partei vorliegen, die aus dem Geschäft einen Vorteil ziehen will.[271] Richtet sich das Rechtsgeschäft gegen die Interessen der **Allgemeinheit** oder **Dritter**, so müssen die subjektiven Merkmale dagegen grundsätzlich bei beiden Parteien vorhanden sein.[272] Denn sonst wäre der Eingriff in die Privatautonomie der gutgläubigen Partei nicht zu rechtfertigen. Hat nur eine Partei sittenwidrig gehandelt, so kann es ihr aber verwehrt sein, sich zum Nachteil der anderen Partei auf deren Gutgläubigkeit zu berufen. Dies gilt jedenfalls dann, wenn die sittenwidrig handelnde Partei davon ausgegangen ist, dass auch die andere Partei bösgläubig sei (vgl Rn 20).[273] Bei **einseitigen Rechtsgeschäften** (zB Kündigung, Testament) bereitet die personale Zuordnung keine Probleme. Hier kann es naturgemäß nur auf die Absicht und die Gesinnung des Erklärenden ankommen.[274] Das Wissen von **Vertretern** und **Erfüllungsgehilfen** ist den Beteiligten nach allgemeinen Grundsätzen (§ 166 bzw § 278 analog) zuzurechnen.[275]

b) Besondere subjektive Voraussetzungen. Bei der Verletzung von Interessen der Allgemeinheit oder Dritter wird die Auffassung vertreten, die bloße Kenntnis der sittenwidrigen Beweggründe des Vertragspartners sei im Allgemeinen nicht ausreichend, um die Sittenwidrigkeit des Rechtsgeschäfts zu begründen; vielmehr sei darüber hinaus erforderlich, dass der andere Teil die sittenwidrigen Beweggründe des Vertragspartners **billigt**, **fördert** oder zu seinem eigenen Vorteil **ausnutzt**.[276] Betrachtet man die zugrunde liegenden Entscheidungen genauer, so zeigt sich, dass es in beiden Fällen um die mögliche Förderung oder Ausnutzung einer strafbaren Handlung ging.[277] In diesen Fällen stellt sich die Frage, unter welchen Voraussetzungen ein objektiv neutrales Rechtsgeschäft mit einem Vertragspartner, der eine strafbare Handlung begeht oder plant, als sittenwidrig anzusehen ist. Ein Beispiel hierfür ist der Abschluss eines Werkvertrages über Bauleistungen an einem Gebäude, welches zur Ausbeutung von Prostituierten (§ 180 a StGB) genutzt wird. Hat der Vertrag den gleichen Inhalt wie in den Fällen, in denen das Gebäude zu einem erlaubten Zweck genutzt wird, so kann die Kenntnis der rechtswidrigen Nutzung durch den Bauunternehmer nicht ausreichen, um die Sittenwidrigkeit des Vertrages zu begründen.[278] Da der Gegenstand des Vertrages **keinen unmittelbaren Bezug** zu dem sittenwidrigen Zweck hat, wird das Verhalten des Unternehmers nur missbilligt, wenn weitere subjektive Elemente hinzutreten. Hieraus lässt sich der Schluss ziehen, dass die Kenntnis der sittenwidrigen Beweggründe des anderen Teils genügt, wenn der Gegenstand des Vertrages objektiv einen engeren Bezug zu dem rechtswidrigen Zweck hat. So ist der Verkauf eines Brotmessers als Mordwaffe schon dann sittenwidrig, wenn der Verkäufer die Absicht des Käufers kennt.[279] 99

VII. Allgemeine Wertungskriterien

1. Überblick. Die vorstehenden Überlegungen ermöglichen die Formulierung allgemeiner Kriterien für die Bewertung eines Rechtsgeschäfts als sittenwidrig. Solche Kriterien können wegen der Komplexität des Sittenwidrigkeitsurteils nicht abschließend sein. Sie kennzeichnen aber **typische Situationen**, in denen die Annahme der Sittenwidrigkeit nahe liegt. Die Sittenwidrigkeit lässt sich dabei meist nicht auf ein einzelnes Merkmal stützen, sondern muss aus dem Zusammenspiel mehrerer Kriterien heraus begründet werden.[280] Im Einzelfall kann ein einzelnes Merkmal aber auch ein so großes Gewicht haben, dass daraus allein die Sittenwidrigkeit folgt.[281] Bei Abs. 1 gilt also das „**Sandhaufentheorem**": Entscheidend ist die Summenwirkung der 100

271 BGHZ 50, 63, 70; Bamberger/Roth/*Wendtland*, § 138 Rn 24; Erman/*Palm*, § 138 Rn 48; MüKo/*Armbrüster*, § 138 Rn 132; *Larenz/Wolf*, BGB AT, § 41 Rn 25.

272 BGH WM 1966, 495, 496; NJW 1990, 567, 568; 1992, 310; 1995, 2284; 2005, 1490, 1491; Jauernig/*Jauernig*, § 138 Rn 11; PWW/*Ahrens*, § 138 Rn 35; MüKo/*Armbrüster*, § 138 Rn 132; Palandt/*Ellenberger*, § 138 Rn 8; Soergel/*Hefermehl*, § 138 Rn 35.

273 BGH NJW-RR 1990, 750, 751; Bamberger/Roth/*Wendtland*, § 138 Rn 25; Palandt/*Ellenberger*, § 138 Rn 40; *Larenz/Wolf*, BGB AT, § 41 Rn 23.

274 Bamberger/Roth/*Wendtland*, § 138 Rn 23; *Larenz/Wolf*, BGB AT, § 41 Rn 26.

275 BGH NJW-RR 1990, 750, 751; NJW 1992, 899; Bamberger/Roth/*Wendtland*, § 138 Rn 23; *Larenz/Wolf*, BGB AT, § 41 Rn 23.

276 BGH DB 1971, 39; Bamberger/Roth/*Wendtland*, § 138 Rn 25; Palandt/*Ellenberger*, § 138 Rn 40. Dass die bloße Kenntnis nicht ausreicht, betont auch RGZ 71, 192, 194.

277 RGZ 71, 192 (strafbarer Betrieb eines Bordells); BGH DB 1971, 39 (Betrug).

278 So iE. RGZ 71, 192.

279 Vgl Jauernig/*Jauernig*, § 138 Rn 11; *Rüthers/Stadler*, BGB AT, § 26 Rn 32, 34.

280 MüKo/*Armbrüster*, § 138 Rn 27; Soergel/*Hefermehl*, § 138 Rn 19.

281 MüKo/*Armbrüster*, § 138 Rn 28; Soergel/*Hefermehl*, § 138 Rn 8.

im Einzelfall verwirklichten Kriterien.[282] Aus rechtstheoretischer Sicht handelt es sich damit um ein **bewegliches System** im Sinne von *Wilburg*.[283]

101 Bei der Systematisierung der allgemeinen Wertungskriterien kann man sich daran orientieren, welche **Interessen** durch das Geschäft verletzt werden. Hiernach lassen sich drei **Fallgruppen** unterscheiden, je nachdem ob die Interessen des anderen Geschäftspartners, eines Dritten oder der Allgemeinheit tangiert werden.[284] Diese Fallgruppenbildung ist zwar nicht frei von Überschneidungen. Denkbar ist insbesondere, dass ein Rechtsgeschäft zulasten des Geschäftspartners oder eines Dritten gleichzeitig Interessen der Allgemeinheit beeinträchtigt. Dies aber entspricht dem allgemeinen Gedanken, dass die Sittenwidrigkeit sich aus dem Zusammenspiel mehrerer Kriterien ergeben kann.

102 **2. Schutz des Geschäftspartners.** Beim Schutz des Geschäftspartners gibt es verschiedene Wertungskriterien, mit denen die Sittenwidrigkeit typischerweise begründet werden kann.

103 **a) Selbstbestimmungsrecht in höchstpersönlichen Angelegenheiten.** Aus den Wertungen der einschlägigen Grundrechte ergibt sich zunächst einmal, dass Entscheidungen in **höchstpersönlichen Angelegenheiten** nicht zum Gegenstand einer rechtsgeschäftlichen Bindung gemacht werden können (s. Rn 48); bei schwerwiegenden Eingriffen kann selbst eine mittelbare Einflussnahme (zB durch Erbeinsetzung) unzulässig sein (Rn 200). Problematisch sind unter diesem Aspekt insbesondere Verträge oder auch Testamente, die einen Bezug zu höchstpersönlichen Entscheidungen im Bereich der Religion, der Eheschließung und Ehescheidung, der Zeugung von Kindern oder der Ausübung des Geschlechtsverkehrs haben. Besonders missbilligt wird die **Kommerzialisierung** solcher Entscheidungen.[285] Dies ist der innere Grund für die traditionelle Auffassung, dass Verträge über sexuelle Leistungen (insbesondere Prostitution) sittenwidrig sind. In diesem Bereich hat das Inkrafttreten des ProstG (dazu Anh. zu § 138) zwar zu einer partiellen Änderung der Wertanschauungen geführt.[286] Es bleibt aber dabei, dass die **Erbringung von sexuellen Leistungen** nicht zum Gegenstand einer rechtlichen Verpflichtung gemacht werden kann.

104 **b) Materiale Privatautonomie.** Eine weitere wichtige Funktion des Abs. 1 ist der Schutz der **Selbstbestimmung** des Einzelnen im Privatrechtsverkehr. Die Tragweite dieser Funktion ist erst in neuerer Zeit in der Auseinandersetzung mit der Rechtsprechung des BVerfG zur Nichtigkeit der Bürgschaften von nahen Familienangehörigen (dazu Rn 241 ff)[287] vollständig erkannt worden. Ausgangspunkt ist die Überlegung, dass die durch den Grundsatz der Privatautonomie gewährleistete Selbstbestimmung des Einzelnen im Privatrechtsverkehr nicht in eine **Fremdbestimmung** des Stärkeren über den Schwächeren umschlagen darf.[288] Es ist daher ein materiales Verständnis der Privatautonomie geboten. Maßgeblich ist hiernach, „ob und inwieweit beide Vertragspartner über den Abschluss und den Inhalt des Vertrages **tatsächlich** frei entscheiden konnten".[289]

105 **aa) Die einzelnen Kriterien.** Wann die materiale Privatautonomie die Anwendung des Abs. 1 gebietet, hängt von verschiedenen Faktoren ab. Wie *Canaris* überzeugend herausgearbeitet hat, kann man sich bei der Kategorisierung dieser Faktoren an den **Wertungen des Abs. 2** orientieren.[290]

106 **(1) Inhaltliche Unausgewogenheit des Rechtsgeschäfts.** Erforderlich ist zunächst, dass der Vertrag einen unangemessenen Inhalt aufweist, durch den ein Vertragspartner ungewöhnlich stark belastet wird. Repräsentativ für die inhaltliche Unausgewogenheit eines Rechtsgeschäfts ist das „auffällige Missverhältnis" von Leistung und Gegenleistung (Abs. 2), das bei der Beurteilung der **wucherähnlichen Geschäfte** im Rahmen des Abs. 1 relevant wird (dazu Rn 222 ff). Weitere wichtige Fallgruppen der inhaltlichen Unausgewogenheit sind die „**Knebelung**" des Sicherungsgebers (Rn 263), die krasse Überforderung des **Bürgen** (Rn 243 ff) sowie die einseitige Lastenverteilung in **Eheverträgen** (Rn 188 ff). Problematisch ist schließlich auch die **übermäßige Dauer der Bindung** bei Dauerschuldverhältnissen (Rn 167 ff). In all diesen Fällen liegt der innere Grund für das Unwerturteil darin, dass das Rechtsgeschäft die persönliche und wirtschaftliche

282 Staudinger/*Sack*, § 138 Rn 59.

283 So auch MüKo/*Armbrüster*, § 138 Rn 29; Soergel/*Hefermehl*, § 138 Rn 8; Staudinger/*Sack*, § 138 Rn 60; krit. *Larenz/Wolf*, BGB AT, § 41 Rn 31. Zum Modell eines beweglichen Systems grundlegend *Wilburg*, Die Elemente des Schadensrechts, 1941; *ders.*, Entwicklung eines beweglichen Systems im Recht, 1950; *ders.*, AcP 163 (1963), 346 ff.

284 Zu ähnlichen Unterscheidungen vgl Palandt/*Ellenberger*, § 138 Rn 24 ff; RGRK/*Krüger-Nieland/Zöller*, § 138 Rn 43 ff; Soergel/*Hefermehl*, § 138 Rn 70 ff.

285 Zur Missbilligung der Kommerzialisierung höchstpersönlicher Entscheidungen Erman/*Palm*, § 138 Rn 50; HK-BGB/*Dörner*, § 138 Rn 8; MüKo/*Armbrüster*, § 138 Rn 127 f.

286 *Bergmann*, JR 2003, 270, 272; zum Telefonsex BGH NJW 2002, 361 f; NJW 2008, 140.

287 BVerfGE 89, 214, 229 ff; BVerfG NJW 1994, 2749, 2750; 1996, 2021.

288 Zu dieser Problematik vgl BVerfGE 81, 242, 255; BVerfG NJW 1996, 2021; *Flume*, BGB AT Bd. 2, § 1, 7; *Looschelders*, Schuldrecht AT, Rn 52.

289 BVerfGE 89, 214, 231; hieran anknüpfend *Canaris*, AcP 200 (2000), 273, 296 ff; *Drexl*, in: Schlechtriem, S. 97, 115 ff; krit. Jauernig/*Jauernig*, § 138 Rn 12.

290 *Canaris*, AcP 200 (2000), 273, 280 ff, 296 ff; für einzelne Fallgruppen (Bürgschaft naher Angehöriger und Globalzession) auch *Naumann*, Sittenverstoß, S. 25 ff, 99 ff, 122 f.

Entfaltungsfreiheit des benachteiligten Vertragspartners allzu stark beschränkt. Die Unverhältnismäßigkeit der Belastung wird verschärft, wenn der stärkere Vertragspartner **kein anerkennenswertes wirtschaftliches Interesse** an der Höhe oder Dauer der Belastung hat.[291]

(2) Beeinträchtigung der freien Selbstbestimmung. Ein zweites wichtiges Kriterium für die Begründung der Sittenwidrigkeit ist das Vorliegen von Umständen, welche es fraglich erscheinen lassen, ob die benachteiligte Partei die in Frage stehenden Belastungen wirklich in freier Selbstbestimmung auf sich genommen hat.[292] Der Rechtsanwender muss dieser Frage insbesondere bei einer **strukturellen Ungleichheit der Verhandlungsstärke** nachgehen.[293] Eine solche Ungleichheit kann sich daraus ergeben, dass der Benachteiligte eine besonders schwache oder der Begünstigte eine besonders starke Stellung hat. Repräsentativ für die **besondere Schwäche des Benachteiligten** ist wieder Abs. 2, der auf die Zwangslage, die Unerfahrenheit, den Mangel an Urteilsvermögen und die erhebliche Willensschwäche des Benachteiligten abstellt. Hieran anknüpfend hat der BGH festgestellt, dass Abs. 1 auch vor einer „Ausnutzung der emotionalen Zwangslage und der persönlichen Verstrickung" schützt.[294] In diesem Zusammenhang stellt sich auch die Frage der Sittenwidrigkeit von **Spielverträgen**. So kann Abs. 1 einschlägig sein, wenn der Spielvertrag unter Ausnutzung der Unerfahrenheit, des Leichtsinns oder einer Zwangslage eines Beteiligten zustande kommt oder darauf angelegt ist, eine Spielsucht zu fördern.[295] Auf der anderen Seite kann die **besondere Stärke des Begünstigten** zB auf einer Monopolstellung[296] oder einer Vertrauensstellung gegenüber dem Benachteiligten[297] beruhen. Nicht selten werden beide Elemente zusammentreffen oder sogar einander bedingen. So ergibt sich die besondere Stärke der Verhandlungsposition des Arbeitgebers daraus, dass der Arbeitnehmer auf den Arbeitsplatz existenziell angewiesen ist.[298] Vergleichbare Ungleichgewichte bestehen im Verhältnis zwischen Vermieter und Mieter. 107

Praktische Beispiele für eine strukturelle Ungleichheit der Verhandlungsstärke sind die **Bürgschaften** für Ehegatten und nahe Angehörige (Rn 241 ff) sowie die einseitige Ausgestaltung von **Eheverträgen** zulasten der schwangeren Frau (Rn 188 ff). Im Einzelfall treten nicht selten weitere Faktoren hinzu, welche das Unwerturteil verstärken. Dies gilt insbesondere, wenn der stärkere Vertragspartner die mit dem Rechtsgeschäft verbundenen Risiken verharmlost oder den schwächeren Partner unter Druck gesetzt hat.[299] Nach der Rechtsprechung des BGH muss die Störung der Vertragsparität nicht in jedem Fall positiv festgestellt werden; es besteht vielmehr die Möglichkeit, aus der Unausgewogenheit des Vertragsinhalts auf die Ungleichheit der Verhandlungsstärke zu schließen.[300] 108

(3) Subjektive Elemente. Die Unangemessenheit des Vertragsinhalts und die Ungleichheit der Verhandlungsstärke müssen grundsätzlich durch ein subjektives Element flankiert werden. Mindesterfordernis ist, dass der Begünstigte die maßgeblichen Umstände **kennt**. Die Rechtsprechung fordert darüber hinaus im Allgemeinen, dass der Begünstige mit **verwerflicher Gesinnung** gehandelt hat. Dies entspricht dem Merkmal des „Ausbeutens" in Abs. 2. Zu beachten ist aber, dass die verwerfliche Gesinnung im Rahmen des Abs. 1 in der Regel ohne weiteres aus dem auffälligen Missverhältnis von Leistung und Gegenleistung abgeleitet wird (s. Rn 229). 109

bb) Das Verhältnis zwischen den Kriterien. Die Sittenwidrigkeit wegen Verletzung der materialen Privatautonomie ergibt sich in den meisten Fällen aus einem **Zusammenspiel aller Kriterien**. Liegt nur ein einzelnes Kriterium vor, so soll dies im Allgemeinen nicht ausreichen. Weitgehend anerkannt ist insbesondere, dass die Sittenwidrigkeit nicht allein aus dem objektiven Missverhältnis von Leistung und Gegenleistung abgeleitet werden kann.[301] Diese Auffassung beruht auf der zutreffenden Erwägung, dass es nach dem Grundsatz der Vertragsfreiheit in erster Linie Sache der Parteien ist, den Inhalt des Vertrages in eigener Verantwortung festzulegen.[302] Nach dem Gedanken des **beweglichen Systems** muss man sich aber fragen, ob nicht ein besonders krasses Missverhältnis von Leistung und Gegenleistung in Ausnahmefällen doch ausreichen kann, um die Anwendung des Abs. 1 zu rechtfertigen. Bei der praktischen Rechtsanwendung hätte diese Sichtweise den Vorteil, dass man nicht mehr in jedem Fall gezwungen wäre, aus dem objektiven Missverhältnis auf die Ungleichheit der Verhandlungsstärke und die verwerfliche Gesinnung des Begünstigten zu schließen. Umge- 110

291 Vgl MüKo/*Armbrüster*, § 138 Rn 92; *Canaris*, AcP 200 (2000), 273, 298.
292 Vgl BGH NJW 1991, 1046, 1047: „ohne hinreichende Entschließungsfreiheit".
293 Vgl BVerfGE 89, 214, 233; *Looschelders*, Schuldrecht AT, Rn 52; *Limbach*, JuS 1985, 10, 12; krit. ggü. diesem Kriterium *Canaris*, AcP 200 (2000), 273, 296.
294 BGH NJW 1991, 1046, 1047.
295 BGH NJW 2008, 2026, 2027; MüKo/*Habersack*, § 762 Rn 17.
296 Zur Ausnutzung einer Monopolstellung BGHZ 19, 85, 94; Jauernig/*Jauernig*, § 138 Rn 13; MüKo/*Armbrüster*, § 138 Rn 87; *Flume*, BGB AT Bd. 2, § 18, 2.
297 Zum Missbrauch einer Vertrauensstellung zum Nachteil des Vertragspartners vgl MüKo/*Armbrüster*, § 138 Rn 95; *Flume*, BGB AT Bd. 2, § 18, 2.
298 MüKo/*Armbrüster*, § 138 Rn 90.
299 Vgl BGHZ 120, 272, 277; BGH NJW 1999, 135, 136; Palandt/*Ellenberger*, § 138 Rn 38 f.
300 Vgl BGHZ 136, 347, 351 (betr. Ehegattenbürgschaft).
301 Vgl BGH NJW 2002, 55; MüKo/*Armbrüster*, § 138 Rn 37.
302 *Canaris*, in: FS Lerche 1993, S. 873, 884.

kehrt ist die strukturell ungleiche Verhandlungsstärke kein Kriterium, das für sich genommen die Sittenwidrigkeit begründen kann. Hier muss vielmehr immer die inhaltliche Unangemessenheit des Geschäfts hinzutreten.

111 **3. Schutz Dritter.** Die zweite Fallgruppe des Abs. 1 ist dadurch gekennzeichnet, dass das Rechtsgeschäft die Rechte und Interessen eines **Dritten** in sittenwidriger Weise beeinträchtigt. Maßgeblich ist die Erwägung, dass die Privatautonomie den Parteien einen großen Freiraum gibt; dieser darf nicht dazu missbraucht werden, die eigenen Interessen auf Kosten Dritter zu verwirklichen.

112 **a) Vereitelung von Ansprüchen Dritter.** Die Sittenwidrigkeit kann sich daraus ergeben, dass das Rechtsgeschäft einen Eingriff in die Ansprüche Dritter beinhaltet. Wichtige Beispiele sind das **Verleiten zum Vertragsbruch** und das **Abwerben von Arbeitnehmern**. Bei der Würdigung dieser Fallgruppe ist zu beachten, dass schuldrechtliche Ansprüche grundsätzlich nur im Verhältnis zwischen den jeweiligen Vertragspartnern geschützt sind.[303] Greift das Rechtsgeschäft in die schuldrechtlichen Ansprüche eines Dritten gegenüber einem Vertragspartner ein, so wird es daher im Allgemeinen nur mit Blick auf den gebundenen Vertragspartner missbilligt. Dies kann aber grundsätzlich nicht ausreichen, um die Nichtigkeit des Rechtsgeschäfts zu begründen.[304] Es müssen vielmehr **besondere Umstände** hinzutreten, welche das Geschäft auch mit Blick auf den nicht gebundenen Vertragspartner sittenwidrig erscheinen lassen. In Betracht kommt etwa die **Freistellung des gebundenen Vertragspartners** von den Ersatzansprüchen des Dritten.[305] Sittenwidrig ist auch das **kollusive Zusammenwirken** der Parteien, wenn es gerade den Zweck hat, die Ansprüche des Dritten zu vereiteln oder ihn sonst zu schädigen.[306]

113 **b) Gefährdung des Vermögens Dritter (Gläubigergefährdung).** Auch wenn das Rechtsgeschäft nicht in konkrete Ansprüche Dritter eingreift, so kann es doch deren Vermögensinteressen beeinträchtigen. Die Parteien sind zwar grundsätzlich nicht verpflichtet, beim Abschluss von Rechtsgeschäften auf die Vermögensinteressen Dritter Rücksicht zu nehmen. Im Bereich des Kreditsicherungsrechts gibt es jedoch zahlreiche Gestaltungen, in denen die Gefährdung des Vermögens Dritter für sittenwidrig erachtet wird. Abs. 1 erfasst insbesondere Rechtsgeschäfte, durch die Dritte **über die Kreditfähigkeit** eines Geschäftspartners **getäuscht** werden.[307] Praktische Bedeutung hat diese Form der Gläubigergefährdung vor allem für Kredit- und Sicherungsverträge, die im Zusammenhang mit einer drohenden Insolvenz des Kreditnehmers abgeschlossen werden (dazu Rn 273 ff).

114 Missbilligt wird auch die **Übersicherung** (dazu Rn 255 ff). Hier geht es einerseits darum zu verhindern, dass der Sicherungsgeber jede wirtschaftliche Bewegungsfreiheit verliert (sog. **Knebelung**, dazu Rn 263). Andererseits ist die Übersicherung auch im Hinblick auf die Interessen der anderen Sicherungsgläubiger bedenklich, weil diese Gefahr laufen, bei einer Insolvenz des Sicherungsgebers leer auszugehen (Problem der „**Aussaugung**", s. Rn 263).[308] Schließlich birgt die Einräumung allzu weit reichender Sicherungsrechte gegenüber einem Geldkreditgeber die Gefahr, dass der Sicherungsgeber seine Warenkreditgeber **täuschen** muss, um weitere Lieferungen zu erhalten (dazu Rn 264).[309]

115 Die Rechtsprechung fordert in all diesen Fällen, dass die objektive Unangemessenheit durch eine **verwerfliche Gesinnung** des Begünstigten flankiert wird.[310] Dem ist jedoch entgegenzuhalten, dass es in den Fällen der Gläubigergefährdung in erster Linie um eine sachgemäße Risikoverteilung zwischen Geld- und Warenkreditgeber geht.[311] Bei dieser Betrachtung muss es für die Bejahung der Sittenwidrigkeit grundsätzlich genügen, dass die Gestaltung **objektiv** in einem besonders hohen Maße unangemessen erscheint. Subjektive Elemente sollten daneben nur berücksichtigt werden, wenn sie einen eigenständigen Begründungswert haben, also nicht lediglich aus den objektiven Elementen abgeleitet werden.

116 **c) Verletzung einer Vertrauensstellung gegenüber dem Dritten.** Beeinträchtigt das Rechtsgeschäft die Rechte oder Interessen eines Dritten, so liegt die Annahme von Sittenwidrigkeit auch dann nahe, wenn ein Geschäftspartner eine besondere Vertrauensstellung gegenüber dem Dritten hat, die durch das Geschäft ver-

303 BGHZ 12, 308, 317; BGH NJW 1981, 2184, 2185; Palandt/*Ellenberger*, § 138 Rn 61.
304 RGZ 114, 338, 341; BGH NJW 1964, 540, 541; BGHZ 60, 98, 102 ff; Erman/*Palm*, § 138 Rn 85; zur parallelen Problematik bei § 826 BGH NJW 1981, 2184, 2185 (Mitwirkung am Vertragsbruch); BGH NJW 1992, 2152, 2153 (Vereitelung eines Vermächtnisses).
305 BGH NJW 1981, 2184, 2185; vgl auch BGHZ 60, 98, 102 ff.
306 Vgl BGH NJW 1964, 540, 541; NJW-RR 2005, 1534, 1535 (Vereitelung des Vorkaufsrechts eines Dritten); BGH NJW-RR 1996, 869 (Bauherrengemeinschaft); Palandt/*Ellenberger*, § 138 Rn 61.
307 Vgl BGHZ 10, 228, 233; 20, 43, 49 f; BGH NJW 1998, 2592, 2594 f; Erman/*Palm*, § 138 Rn 160 ff; Palandt/*Ellenberger*, § 138 Rn 86; MüKo/*Armbrüster*, § 138 Rn 96.
308 MüKo/*Armbrüster*, § 138 Rn 101.
309 Vgl BGHZ 30, 149, 151 ff; 69, 254, 257 ff; 72, 308, 310; BGH NJW 1999, 940; MüKo/*Armbrüster*, § 138 Rn 102.
310 Vgl statt vieler BGHZ 32, 362, 366; 72, 308, 310; BGH NJW 1999, 940; aus der Lit. MüKo/*Armbrüster*, § 138 Rn 97, 124; MüKo/*Roth*, § 398 Rn 130.
311 MüKo/*Mayer-Maly/Armbrüster*, 4. Aufl., § 138 Rn 97.

letzt wird (sog. **Treubruch**).[312] Voraussetzung ist allerdings, dass der andere Geschäftspartner die Umstände kennt, aus denen sich der Missbrauch der Vertrauensstellung ergibt, oder dass er sich dieser Kenntnis grob fahrlässig verschließt. Repräsentativ ist der Fall, dass der **Vertreter** oder **Sachwalter** des Dritten zu dessen Nachteil kollusiv mit einem Geschäftspartner zusammenwirkt.[313] Die Sittenwidrigkeit der Absprachen zwischen dem Vertreter bzw Sachwalter und dem Geschäftspartner schlägt dabei grundsätzlich auf den Hauptvertrag zwischen dem Dritten und dem Geschäftspartner durch.[314] Das Geschäft ist damit nach Abs. 1 nichtig. Eine „Heilungsmöglichkeit" besteht an sich nicht. In der Literatur wird jedoch mit beachtlichen Gründen die Auffassung vertreten, dass dem Vertretenen das Recht zustehen solle, das Geschäft nach § 177 Abs. 1 analog zu genehmigen.[315]

Wegen der Verletzung eines Vertrauensverhältnisses werden auch Vereinbarungen über die Zahlung von **Schmiergeldern** an den Vertreter oder Sachwalter eines Dritten missbilligt (näher dazu Rn 300 ff).[316] Die Missbilligung wird hier jedoch nicht selten dadurch verstärkt, dass auch die individuellen **Interessen der Mitbewerber** sowie das öffentliche Interesse an einem **lauteren Wettbewerb** (und damit Interessen der Allgemeinheit) verletzt werden.[317] 117

4. Schutz von Interessen der Allgemeinheit. Die Sittenwidrigkeit kann sich schließlich daraus ergeben, dass das Rechtsgeschäft Interessen der Allgemeinheit verletzt. In dieser Fallgruppe kann eine Vielzahl von Aspekten relevant werden. Generell lässt sich feststellen, dass die Allgemeinheit ein berechtigtes Interesse daran hat, dass die für das Zusammenleben in der Gesellschaft unerlässlichen rechtsethischen Grundanforderungen eingehalten werden. Hierzu gehört insbesondere die **Wertordnung des Grundgesetzes** (Rn 3). Die Grundrechte schützen damit nicht nur die Interessen der einzelnen Privatrechtssubjekte; sie geben vielmehr auch objektive Maßstäbe vor, die unabhängig von einer individuellen Betroffenheit relevant sind. 118

Ein weiteres wichtiges Schutzgut ist die **Funktionsfähigkeit des Staates und seiner Einrichtungen.**[318] Sittenwidrig sind danach Rechtsgeschäfte, welche die Arbeit der verfassungsmäßigen Organe oder der Gerichte und Behörden in unangemessener Weise beeinträchtigen. Sehr problematisch ist dagegen die Beurteilung von Rechtsgeschäften, mit denen die Parteien das Ziel verfolgen, sich oder einem Dritten auf unangemessene Weise einen Anspruch auf **öffentliche Leistungen** (Sozialhilfe, Wohngeld etc.) zu verschaffen.[319] Beispiele sind der Unterhaltsverzicht (dazu Rn 194), die erbrechtliche Zurücksetzung eines behinderten Angehörigen (dazu Rn 199) oder die Ausschlagung einer Erbschaft (dazu Rn 199) zulasten der Sozialhilfe.[320] 119

Des Weiteren schützt Abs. 1 das Vertrauen der Öffentlichkeit in die **Sinnhaftigkeit von öffentlichen Ämtern und Titeln**. Das Ansehen von öffentlichen Ämtern und Titeln beruht maßgeblich darauf, dass der Einzelne sie durch besondere Leistungen oder Verdienste erwerben muss. Erweisen sich öffentliche Ämter und Titel als käuflich, so geht dieses Ansehen verloren. Es ist daher zu Recht allgemein anerkannt, dass **entgeltliche Geschäfte** über die Verschaffung von öffentlichen Ämtern und Titeln nach Abs. 1 nichtig sind.[321] 120

Die Allgemeinheit hat auch ein berechtigtes Interesse an der Funktionsfähigkeit von Berufen, die für das Gemeinwohl wichtige Aufgaben erfüllen (zB Rechtsanwälte, Ärzte, Zahnärzte und Apotheker). Soweit die Funktionsfähigkeit dieser Berufe durch **Standesregeln** gesichert wird, kann deren Verletzung die Sittenwidrigkeit des Rechtsgeschäfts begründen (s. Rn 199). 121

VIII. Zeitpunkt der Bewertung

1. Meinungsstand. Welcher Zeitpunkt für die Bewertung des Rechtsgeschäfts maßgeblich sein soll, ist streitig. Die hM stellt auf die **Vornahme des Rechtsgeschäfts** ab.[322] Nicht vorhergesehene Änderungen der tatsächlichen Verhältnisse müssen damit grundsätzlich ebenso außer Betracht bleiben wie ein zwischenzeitiger 122

312 Zum Treubruch vgl Palandt/*Ellenberger*, § 138 Rn 62.
313 Vgl BGH NJW 1989, 26, 27; NJW-RR 1989, 642; NJW 2008, 1225, 1227; OLG Düsseldorf NJW-RR 1997, 737, 738; Erman/*Palm*, § 138 Rn 85; MüKo/*Schramm*, § 164 Rn 107; *Bork*, BGB AT, Rn 1575.
314 BGH NJW 1989, 26, 27; MüKo/*Schramm*, § 164 Rn 107.
315 Vgl *Bork*, BGB AT, Rn 1575.
316 BGHZ 141, 357, 359; BGH NJW 1962, 1099; 1973, 363; 1989, 26; 2000, 511, 512; 2001, 1065, 1067; Erman/*Palm*, § 138 Rn 85; Palandt/*Ellenberger*, § 138 Rn 63; RGRK/*Krüger-Nieland/Zöller*, § 138 Rn 177; Staudinger/*Sack*, § 138 Rn 469.
317 Vgl BGHZ 141, 357, 360.
318 Vgl Erman/*Palm*, § 138 Rn 120.
319 Erman/*Palm*, § 138 Rn 84.
320 Zum Unterhaltsverzicht zulasten der Sozialhilfe vgl BGHZ 86, 82, 86; BGH NJW 1991, 913, 914 f; 1992, 3164, 3165; zum sog. Behindertentestament BGHZ 111, 36, 40 ff; VGH Mannheim NJW 1993, 2953, 2954; Erman/*Palm*, § 138 Rn 105.
321 BGH NJW 1994, 187; Palandt/*Ellenberger*, § 138 Rn 56; Soergel/*Hefermehl*, § 138 Rn 25.
322 BGHZ 7, 111, 114; 20, 71, 73; 100, 353, 359; 107, 92, 96; BGH NJW 1983, 2692; 2002, 429, 431; Bamberger/Roth/*Wendtland*, § 138 Rn 26; Palandt/*Ellenberger*, § 138 Rn 9; Soergel/*Hefermehl*, § 138 Rn 40; Staudinger/*Sack*, § 138 Rn 79; *Flume*, BGB AT Bd. 2, § 18, 6; *Larenz/Wolf*, BGB AT, § 41 Rn 28; differenzierend Erman/*Palm*, § 138 Rn 58 ff; MüKo/*Armbrüster*, § 138 Rn 133 ff; *Schmoeckel*, AcP 197 (1997), 1 ff.

Wandel der Wertvorstellungen. Eine Ausnahme wird überwiegend für die **Sittenwidrigkeit von Testamenten** anerkannt. Hier soll es auf den Zeitpunkt des Erbfalls oder den Zeitpunkt der Entscheidung ankommen.[323] Im Vordergrund stehen dabei die Fälle, in denen der Wertewandel zugunsten der Wirksamkeit des Testaments wirkt. Hier ist die Anknüpfung an den Vornahmezeitpunkt besonders misslich, weil eine Heilung durch Bestätigung (§ 141) im Regelfall an der Verletzung der Formvorschriften scheitert und nach Eintritt des Erbfalls naturgemäß ohnehin nicht mehr in Betracht kommt.[324]

123 Eine in der Literatur vertretene Mindermeinung will immer an den Zeitpunkt anknüpfen, zu dem die **Wirkungen** des Rechtsgeschäfts **eintreten**.[325] Da die Wirkungen eines Vertrages grundsätzlich mit dessen Abschluss, die Wirkungen eines Testaments dagegen erst mit dem Erbfall eintreten, führt dies im Allgemeinen aber zu den gleichen Ergebnissen wie die hM.

124 **2. Wandel der Wertvorstellungen.** Für die Anknüpfung des Sittenwidrigkeitsurteils an die Vornahme des Rechtsgeschäfts spricht, dass sich die Parteien nur auf die zu diesem Zeitpunkt bestehenden tatsächlichen und rechtlichen Verhältnisse einstellen können. Auf der anderen Seite streiten bei Abs. 1 jedoch gewichtige Gründe dafür, einen **Wandel der Wertvorstellungen** zu berücksichtigen. Denn eine rückwärts gerichtete Betrachtung lässt sich kaum mit dem Ziel vereinbaren, die für ein gedeihliches Zusammenleben unverzichtbaren Wertvorstellungen zu schützen. Außerdem ist es den Parteien gegenüber schwer legitimierbar, einem Rechtsgeschäft unter Berufung auf veraltete Wertvorstellungen die Wirksamkeit zu versagen. Bei der Beurteilung der Sittenwidrigkeit ist ein Wandel der Wertvorstellungen daher insoweit zu beachten, wie dies mit den Gedanken der **Rechtssicherheit** und des **Vertrauensschutzes** vereinbar ist.[326] Im Übrigen bleibt nur die Möglichkeit, im Einzelfall auf der Grundlage des § 242 Abhilfe zu schaffen. Im Ergebnis sind hiernach **zwei Fallgruppen** zu unterscheiden.

125 War das Rechtsgeschäft nach den **bei seiner Vornahme** gültigen Wertvorstellungen **wirksam**, so darf dies aus Gründen der Rechtssicherheit und des Vertrauensschutzes nicht nachträglich wieder in Frage gestellt werden.[327] Soweit die Ausübung der aus dem Geschäft folgenden Rechte den aktuell gültigen Wertvorstellungen widerspricht, kann sie aber nach § 242 unzulässig sein (Rn 22). Im Einzelfall kommt auch eine Anpassung des Geschäfts nach den Regeln der ergänzenden Vertragsauslegung (§ 157) oder des Wegfalls der Geschäftsgrundlage (§ 313) in Betracht. Diese Überlegungen gelten grundsätzlich auch im Erbrecht. Eine Sonderanknüpfung an den Zeitpunkt des Erbfalls ist hier nicht gerechtfertigt, weil das Vertrauen des Erblassers in die Wirksamkeit des Testaments geschützt werden muss.

126 War das Rechtsgeschäft nach den **bei seiner Vornahme** maßgeblichen Wertvorstellungen **sittenwidrig**, während es nach den aktuell gültigen Maßstäben unbedenklich erscheint, so gibt es an sich keine berechtigten **Parteiinteressen**, die der Berücksichtigung des Wertewandels entgegenstehen könnten.[328] Die hM macht die Wirksamkeit des Geschäfts dennoch von einer **Bestätigung** (§ 141) abhängig.[329] Dies entspricht dem Grundsatz, dass ein nichtiges Rechtsgeschäft nicht allein wegen des Wegfalls des Nichtigkeitsgrundes wirksam wird.[330] Das Argument ist zwar insofern nicht zwingend, als die Prämisse – ursprüngliche Nichtigkeit des Rechtsgeschäfts – durch die Verlagerung des Beurteilungszeitraums gerade in Frage gestellt wird. Letztlich erscheint es aus Gründen der **Rechtssicherheit** aber geboten, auf einen klar fixierten Zeitpunkt – nämlich den Abschluss des Rechtsgeschäfts – abzustellen. Bei Fehlen einer Bestätigung kann die durch die Nichtigkeit begünstigte Partei aber nach Treu und Glauben (§ 242) gehindert sein, sich auf die Sittenwidrigkeit zu berufen.[331] Im Einzelfall kann damit auch den berechtigten Parteiinteressen an einer Berücksichtigung des Wertewandels Rechnung getragen werden. Bei **letztwilligen Verfügungen** hilft das Institut der Bestätigung im Regelfall nicht weiter (s. Rn 122). Außerdem tritt das Interesse der Rechtssicherheit gegenüber dem Ziel einer möglichst weitgehenden Verwirklichung des Erblasserwillens zurück. Es erscheint daher sachgemäß, den Wandel der Wertvorstellungen schon im Rahmen des § 138 zu berücksichtigen. Da das **Testament** nicht als

323 Vgl EGMR, NJW 2005, 875, 878 (Tz. 62); OLG Hamm OLGZ 1979, 425, 427 f; Bamberger/Roth/*Wendtland*, § 138 Rn 28; Erman/*Palm*, § 138 Rn 60; Soergel/*Hefermehl*, § 138 Rn 44; Staudinger/*Sack*, § 138 Rn 87; PWW/*Ahrens*, § 138 Rn 39; *Flume*, BGB AT Bd. 2, 18, 6; *Larenz/Wolf*, BGB AT, § 41 Rn 30; von BGHZ 140, 118, 128 offen gelassen; gegen Sonderbehandlung von Testamenten BGHZ 20, 71, 73 ff; BayObLGZ 1996, 225; OLG Stuttgart ZEV 1998, 185, 186; RGRK/*Krüger-Nieland/Zöller*, § 138 Rn 24.

324 Vgl BGHZ 20, 71, 74; Staudinger/*Sack*, § 138 Rn 87.

325 *Brox/Walker*, BGB AT, Rn 332; *Pawlowski*, BGB AT, Rn 499 b; *Eckert*, AcP 199 (1999), 337, 355 ff.

326 IdS auch *Mayer-Maly*, JZ 1981, 801, 804.

327 BGH NJW 1983, 2692; Erman/*Palm*, § 138 Rn 59; MüKo/*Armbrüster*, § 138 Rn 138; Staudinger/*Sack*, § 138 Rn 82; PWW/*Ahrens*, § 138 Rn 37; *Mayer-Maly*, JZ 1981, 801, 804; *Schmoeckel*, AcP 197 (1997), 1, 41 ff; aA *Pawlowski*, BGB AT, Rn 499 b.

328 Erman/*Palm*, § 138 Rn 60; MüKo/*Armbrüster*, § 138 Rn 137; *Pawlowski*, BGB AT, Rn 499 b; einschr. *Schmoeckel*, AcP 197 (1997), 1, 54 ff.

329 Vgl Bamberger/Roth/*Wendtland*, § 138 Rn 27; Palandt/*Ellenberger*, § 138 Rn 10; PWW/*Ahrens*, § 138 Rn 38; dagegen noch Voraufl.

330 Vgl Jauernig/*Jauernig*, § 141 Rn 1.

331 Staudinger/*Sack*, § 138 Rn 85; vgl auch Staudinger/*Looschelders/Olzen*, § 242 Rn 499.

sittenwidrig anzusehen ist, muss die Wirksamkeit der Verfügung nicht auf die Annahme gestützt werden, dass sie unter der aufschiebenden Bedingung ihrer Gültigkeit im Zeitpunkt des Erbfalls getroffen worden sei.[332]

3. Änderung der tatsächlichen Verhältnisse. Bei einer Änderung der tatsächlichen Verhältnisse sind ebenfalls zwei Fallgruppen zu unterscheiden. Denkbar ist zunächst, dass ein Rechtsgeschäft, das bei seiner Vornahme unter dem Aspekt des Abs. 1 unbedenklich war, aufgrund der neuen Gegebenheiten als sittenwidrig anzusehen wäre. So können sich der Wert von Leistung und Gegenleistung nach Abschluss eines Vertrages so auseinander entwickeln, dass es zu einem auffälligen Missverhältnis kommt. Für solche Fälle ist anerkannt, dass die veränderten Verhältnisse bei der sozialethischen Bewertung des Rechtsgeschäfts nur dann zu berücksichtigen sind, wenn die betreffende Entwicklung bei Abschluss des Vertrages **vorhersehbar** war. Ansonsten kann die Veränderung **nicht im Nachhinein** die **Sittenwidrigkeit** des Geschäfts begründen.[333] Im Einzelfall mag es aber geboten sein, den veränderten tatsächlichen Gegebenheiten durch ergänzende Vertragsauslegung (§ 157) oder Anpassung des Vertrages nach den Grundsätzen über die Störung der Geschäftsgrundlage (§ 313) Rechnung zu tragen.[334] Lässt sich auf diese Weise keine wirksame Abhilfe schaffen, so kann es dem Begünstigten nach § 242 verwehrt sein, die aus dem Geschäft folgenden Rechte geltend zu machen (s. Rn 23). 127

Fraglich ist dagegen, ob eine von den Parteien nicht vorhergesehene Änderung der tatsächlichen Verhältnisse die Unwirksamkeit des Rechtsgeschäfts „**heilen**" kann. In der Literatur wird teilweise dafür plädiert, Änderungen der tatsächlichen Verhältnisse bei der Feststellung der Sittenwidrigkeit nach den gleichen Grundsätzen wie Änderungen der Wertanschauungen zu behandeln.[335] Dem ist jedoch entgegenzuhalten, dass die für eine Berücksichtigung des Wertewandels maßgeblichen Erwägungen (Rn 124) auf die Änderung der tatsächlichen Umstände nicht zutreffen. Im Ergebnis bleibt ein Rechtsgeschäft damit zB auch dann sittenwidrig, wenn das Missverhältnis von Leistung und Gegenleistung nachträglich durch nicht vorhergesehene wirtschaftliche Entwicklungen aufgehoben wird.[336] Da der Grund für die Missbilligung entfallen ist, kann es dem Benachteiligten im Einzelfall aber nach § 242 verwehrt sein, sich auf die Sittenwidrigkeit zu berufen (s. Rn 22). 128

IX. Rechtsfolgen

1. Der Grundsatz der Totalnichtigkeit. Als Rechtsfolge ordnet Abs. 1 die Nichtigkeit des Rechtsgeschäfts an. Nach dem Gesetzeswortlaut gilt dies uneingeschränkt. Die Vorschrift enthält – anders als § 134 – **keinen Vorbehalt,** der eine vollständige oder partielle Aufrechterhaltung des Geschäfts nach Sinn und Zweck der verletzten (Sitten-) Norm ermöglichen würde.[337] Die Nichtigkeit umfasst damit grundsätzlich das **ganze Rechtsgeschäft**, und zwar mit Wirkung **ex tunc**.[338] 129

Rechtsprechung und hM haben verschiedene Konstellationen herausgearbeitet, in denen die Nichtigkeitsfolge nach dem Zweck der verletzten (Sitten-)Norm oder aus anderen (übergeordneten) Erwägungen **im Einzelfall eingeschränkt** werden muss (vgl Rn 133 ff). In der Literatur wird teilweise darüber hinaus gefordert, die Nichtigkeitsanordnung in Anlehnung an § 134 durch teleologische Reduktion unter einen **generellen Normzweckvorbehalt** zu stellen.[339] Ein sittenwidriges Rechtsgeschäft soll hiernach nur dann und nur insoweit sittenwidrig sein, wenn und wie dies dem Zweck der verletzten Sittennorm entspricht.[340] Ob eine vollständige Parallelisierung der Rechtsfolgenanordnungen von § 138 und § 134 angebracht ist, erscheint indes fraglich. Zwei Problemkreise sind zu unterscheiden. 130

Ob das Rechtsgeschäft überhaupt nichtig ist, wird von § 134 durch Verweis auf den Zweck der jeweiligen Verbotsnorm beantwortet. Bei Abs. 1 hat der Gesetzgeber von einem solchen Verweis abgesehen. Dahinter steht die Erwägung, dass die Sittenwidrigkeit in jedem Fall zur Nichtigkeit führen soll. Diese Entscheidung ist auch heute noch aktuell. Bei Abs. 1 muss das „Ob" der Nichtigkeit also nicht in jedem Einzelfall eingehend geprüft werden.[341] 131

Eine andere Ausgangslage besteht in Bezug auf die **Reichweite** der Nichtigkeit. Diese Problematik ist vom Gesetzgeber weder bei § 134 noch bei § 138 bedacht worden. Dass der Normzweckvorbehalt des § 134 hierauf 132

332 So aber Staudinger/*Sack*, § 138 Rn 87; Bamberger/Roth/*Wendtland*, § 138 Rn 28.
333 Vgl BGHZ 7, 111, 114; 123, 281, 284; 126, 226, 242; Palandt/*Ellenberger*, § 138 Rn 9; Staudinger/*Sack*, § 138 Rn 80, 82.
334 Vgl BGHZ 123, 281, 284; 126, 226, 242; *Schmoeckel*, AcP 197 (1997), 1, 24.
335 So Erman/*Palm*, § 138 Rn 59; Soergel/*Hefermehl*, § 138 Rn 44; *Brox/Walker*, BGB AT, Rn 332; für letztwillige Verfügungen auch Staudinger/*Sack*, § 138 Rn 87; *Medicus*, BGB AT, Rn 692.
336 BGH NJW 2002, 429, 431.
337 MüKo/*Armbrüster*, § 138 Rn 157.
338 Bamberger/Roth/*Wendtland*, § 138 Rn 29, 32; Erman/*Palm*, § 138 Rn 51, 55; Palandt/*Ellenberger*, § 138 Rn 19; *Bork*, BGB AT, Rn 1201.
339 So Staudinger/*Sack*, § 138 Rn 92 ff; für generelle Einschränkung der Nichtigkeitsfolge bei § 138 Abs. 1 auch AK-BGB/*Damm*, § 138 Rn 87 ff; *Pawlowski*, BGB AT, Rn 499; *Hager*, S. 87 ff, 145 ff; *Damm*, JZ 1986, 913, 919 ff; *Lindacher*, AcP 173 (1973), 124, 131 ff.
340 So Staudinger/*Sack*, § 138 Rn 95.
341 IdS MüKo/*Armbrüster*, § 138 Rn 157.

nicht abzielt, ergibt sich schon aus dem Gesetzeswortlaut („wenn" statt „soweit").[342] Methodisch bestehen zwar keine Hindernisse, das Wort „wenn" im Sinne von „soweit" zu deuten. Diese Möglichkeit ist jedoch auch bei Abs. 1 gegeben.[343] Die Gesetzesmaterialien deuten ebenfalls darauf hin, dass der Gesetzgeber mit dem Normzweckvorbehalt des § 134 vor allem (wenn nicht sogar ausschließlich) die Frage regeln wollte, „**ob** ... das dem Verbote zuwider vorgenommene Rechtsgeschäft der Regel nach nichtig sei".[344] Inwieweit die Nichtigkeitsfolge **eingeschränkt** werden kann, ist damit für beide Vorschriften offen. Insofern erscheint es gerechtfertigt, die Problematik in § 134 und in Abs. 1 nach den gleichen Grundsätzen zu beurteilen. Die Nichtigkeitsfolge ist damit einzuschränken, soweit dies nach dem Zweck der verletzten Norm geboten ist. Eine Einschränkung kommt hiernach insbesondere dann in Betracht, wenn die verletzte Norm den **Vertragspartner** schützen soll und die vollständige Nichtigkeit des Rechtsgeschäfts diesem Schutzzweck zuwiderliefe. Geht es um den Schutz der Interessen von **Dritten** oder der **Allgemeinheit**, so ist dagegen grundsätzlich an der Totalnichtigkeit festzuhalten.[345]

133 **2. Durchbrechungen der Totalnichtigkeit. a) Ex-nunc-Nichtigkeit von Gesellschafts- und Arbeitsverträgen.** Nach der Lehre von der **fehlerhaften Gesellschaft** bzw vom **fehlerhaften Arbeitsverhältnis** kann die Nichtigkeit eines in Vollzug gesetzten Gesellschafts- oder Arbeitsvertrages grundsätzlich nur **ex nunc** geltend gemacht werden. Dies gilt auch im Rahmen des Abs. 1.[346] Ausnahmen werden nur anerkannt, wenn es wegen der Schwere des Mangels zum Schutz von überwiegenden Interessen der Allgemeinheit oder einzelner Privatrechtssubjekte geboten ist, das Rechtsgeschäft als von Anfang an nichtig zu behandeln.[347] Im Arbeitsrecht liegt diese Voraussetzung vor, wenn die vereinbarte Tätigkeit als solche sittenwidrig ist.[348] Das Gleiche wird im Gesellschaftsrecht angenommen, wenn der Zweck der Gesellschaft sittenwidrig ist.[349]

134 **b) Teilnichtigkeit und geltungserhaltende Reduktion; Umdeutung.** Besteht das Rechtsgeschäft aus **mehreren Teilen**, die klar und eindeutig voneinander abgegrenzt werden können, so erfasst die Nichtigkeit nach Abs. 1 nur den sittenwidrigen Teil. Ob das gesamte Rechtsgeschäft nichtig ist, beurteilt sich nach § 139.[350] Zu prüfen ist also, ob die Aufrechterhaltung des nicht sittenwidrigen Teils dem mutmaßlichen Parteiwillen entspricht. Handelt es sich um eine **einheitliche Regelung**, so ist der ganze Vertrag nichtig.[351] Die **geltungserhaltende Reduktion** einer allzu weit reichenden Verpflichtung auf das gerade noch erträgliche Maß kommt grundsätzlich nicht in Betracht, weil man dem Begünstigten keinen Anreiz zu einer sittenwidrigen Gestaltung verschaffen darf.[352] Aus dem gleichen Grunde darf die Leistungspflicht des Benachteiligten auch nicht durch **Umdeutung** (§ 140) auf ein erträgliches Maß zurückgeführt werden.[353] Eine Ausnahme kommt auch hier in Betracht, soweit die geltungserhaltende Reduktion oder Umdeutung notwendig ist, um die berechtigten Interessen des benachteiligten Vertragspartners zu schützen.

135 Bei der praktischen Umsetzung neigt die **Rechtsprechung** dazu, das Merkmal der Teilbarkeit weit auszulegen. Nach allgemeinen Grundsätzen setzt die Teilbarkeit voraus, dass nach dem „Herausstreichen" des nichtigen Teils ein Vertragsinhalt übrig bleibt, der für sich genommen einen Sinn behält. Die Rechtsprechung wendet § 139 jedoch auch dann an, wenn die Parteien bei Kenntnis der Nichtigkeit eine andere, auf das zulässige Maß beschränkte Regelung vereinbart hätten und sich der nichtige und der von der Nichtigkeit nicht betroffene Teil eindeutig voneinander abgrenzen lassen.[354] In diesem Fall muss sich allerdings feststellen lassen, was die Parteien anstelle der nichtigen Regelung vereinbart hätten.[355] So hat der BGH eine gesellschaftsvertragliche Bestimmung, welche dem begünstigten Gesellschafter das Recht einräumt, **andere Gesellschafter** nach freiem Ermessen aus der Gesellschaft **auszuschließen**, insoweit aufrechterhalten, als sie die Ausschließung aus wichtigem Grund zulässt.[356] Mit der gleichen Argumentation hat der BGH eine **Mithaftungsvereinbarung** für sittenwidrig erklärt, soweit sie nicht den für die Ablösung der gemeinsamen Altschulden der Beklagten und ihres Ehemannes erforderlichen Teil des von dem Ehemann aufgenommenen Darlehens betraf.[357] Ist ein Dauerschuldverhältnis (zB Bierlieferungs-, Tankstellenvertrag; Wettbewerbsverbot) wegen der **übermä-**

342 *Hager*, JuS 1985, 264; iE auch *Zimmermann*, Richterliches Moderationsrecht oder Totalnichtigkeit?, 1979, S. 113 ff.
343 Vgl Staudinger/*Sack*, § 138 Rn 93; *Lindacher*, AcP 173 (1973), 124, 131.
344 Motive I, S. 210 = *Mugdan* I, S. 468.
345 Vgl zu dieser Unterscheidung AK-BGB/*Damm*, § 138 Rn 96 ff.
346 Vgl BAG AP § 611 BGB Nr. 18 Faktisches Arbeitsverhältnis; BGH NJW-RR 1988, 1379 (betr. fehlerhafte Gesellschaft); Bamberger/Roth/*Wendtland*, § 138 Rn 29; Palandt/*Ellenberger*, § 138 Rn 21; Staudinger/*Sack*, § 138 Rn 106 ff.
347 Vgl BGHZ 3, 285, 288; 26, 330, 335; 55, 5, 9; BAG AP § 611 Nr. 18 Faktisches Arbeitsverhältnis; RGRK/*Krüger-Nieland/Zöller*, § 138 Rn 39.
348 BGH NJW 1976, 1958, 1959 (öffentliche Vorführung des Geschlechtsverkehrs).
349 BGH NJW-RR 1988, 1379 (Betrieb eines Bordells).
350 BGHZ 44, 158, 162; Palandt/*Ellenberger*, § 138 Rn 19; Soergel/*Hefermehl*, § 138 Rn 35.
351 BGHZ 44, 158, 162; Bamberger/Roth/*Wendtland*, § 138 Rn 32.
352 BGHZ 107, 351, 357; BGH NJW 2001, 815, 817; Soergel/*Hefermehl*, § 138 Rn 46.
353 BGHZ 68, 204, 207; BGH NJW 1986, 2944, 2945; Bamberger/Roth/*Wendtland*, § 138 Rn 34.
354 BGHZ 107, 351, 355; BGH NJW 2001, 815, 817.
355 BGH NJW 2009, 1135, 1137.
356 BGHZ 107, 351.
357 BGH NJW 2001, 815, 817.

ßigen Laufzeit der Bindung sittenwidrig, so soll das Geschäft analog § 139 mit der zulässigen Höchstlaufzeit aufrechterhalten werden können.[358]

136 Ergibt sich die Sittenwidrigkeit aus der **übermäßigen Höhe des vereinbarten Entgelts**, so lehnt es die Rechtsprechung dagegen ab, den Preis analog § 139 auf eine angemessene Höhe zurückzuführen.[359] Zur Begründung wird auf den Präventionsgedanken (Rn 5) verwiesen. Dies kann jedoch schon deshalb nicht überzeugen, weil der Präventionsgedanke auch in den meisten anderen Fällen gegen die teilweise Aufrechterhaltung des Rechtsgeschäfts streitet. Tragfähiger ist die Überlegung, dass es nicht Sache des Richters sein kann, die Höhe des Entgelts anstelle der Parteien festzulegen.[360] Denn zum einen fällt diese Entscheidung in den Kernbereich der Privatautonomie. Zum anderen fehlt es meist an normativen Maßstäben, nach denen der Richter die Höhe der Gegenleistung bestimmen könnte. Eine Ausnahme vom Verbot der geltungserhaltenden Reduktion kommt daher in Betracht, wenn der angemessene Preis gesetzlich festgelegt oder nach rechtlichen Kriterien zu ermitteln ist (vgl Rn 376).[361]

137 **3. Nichtigkeit des Verfügungsgeschäfts.** Nach dem **Trennungs- und Abstraktionsprinzip** schlägt die Sittenwidrigkeit des Verpflichtungsgeschäfts grundsätzlich nicht auf das Verfügungsgeschäft durch. Beide Geschäfte sind vielmehr getrennt zu beurteilen. In den meisten Fällen ist nur das Verpflichtungsgeschäft unwirksam; das Verfügungsgeschäft ist dagegen im Allgemeinen „sittlich neutral".[362] Zu den Besonderheiten beim **Wucher** s. Rn 374. Eine Ausnahme ist für den Fall anerkannt, dass der **Vollzug der Leistung** als solcher **sittenwidrig** ist.[363] Praktische Bedeutung hat dies für den Vollzug sittenwidriger Sicherungsgeschäfte (Rn 254).

138 **4. Schadensersatz.** Ist das Geschäft sittenwidrig, so kann dem Benachteiligten ein Anspruch auf Schadensersatz aus **§ 826** zustehen. Außerdem kommt ein Schadensersatzanspruch aus **culpa in contrahendo** (§§ 241 Abs. 2, 311 Abs. 2, 280 Abs. 1) in Betracht, der auch auf Rückgängigmachung des Geschäfts gerichtet werden kann.[364]

139 **5. Rückabwicklung nach Bereicherungsrecht.** Ist das Verpflichtungsgeschäft nach Abs. 1 nichtig, so richtet sich die Rückabwicklung grundsätzlich nach **Bereicherungsrecht**. Ansprüche aus § 985 kommen nur in Betracht, wenn ausnahmsweise auch das Verfügungsgeschäft nach Abs. 1 nichtig ist.

140 Bei der bereicherungsrechtlichen Rückabwicklung ist der **Ausschlusstatbestand** des § 817 S. 2 zu beachten. Nach hM ist § 817 S. 2 auch dann anwendbar, wenn nur dem Leistenden ein Verstoß gegen die guten Sitten zur Last fällt.[365] Der Ausschluss bezieht sich aber nur auf die konkrete Leistung. Bei Kreditverträgen ist der Kreditgeber also nicht gehindert, die Darlehenssumme als solche zurückzuverlangen. Er kann diesen Anspruch aber erst nach Ablauf der vereinbarten Zeit geltend machen. Ob der Kreditgeber für den Zeitraum der Überlassung den angemessenen Zinssatz geltend machen kann, ist streitig (s. dazu Rn 232).

X. Besonders wichtige Bereiche

1. Arbeitsrecht

Literatur: *Berkowsky*, Kündigungsschutz außerhalb des KSchG – Eine Herausforderung für die Praxis, NJW 2009, 113; Erfurter Kommentar zum Arbeitsrecht, 11. Auflage 2011; *Hamacher/Ulrich*, Die Kündigung von Arbeitsverhältnissen nach Inkrafttreten und Änderung des AGG, NZA 2007, 657; *Hein*, AGG x KSchG = Europa^2? – Die Kündigung zwischen allgemeinem und besonderem Kündigungsschutz, Allgemeinem Gleichbehandlungsgesetz und Europarecht, NZA 2008, 1033; *Lettl*, Der arbeitsrechtliche Kündigungsschutz nach den zivilrechtlichen Generalklauseln, NZA-RR 2004, 57; Münchener Handbuch zum Arbeitsrecht, 3. Auflage 2009; *Oetker*, Die Ausprägung der Grundrechte des Arbeitnehmers in der Arbeitsordnung der Bundesrepublik Deutschland, RdA 2004, 8.

141 Da das Arbeitsrecht aufgrund des hohen Schutzbedürfnisses von Arbeitnehmern weitgehend gesetzlich normiert und zwingend ausgestaltet ist, bleibt für Abs. 1 im Allgemeinen kein großer Anwendungsbereich.[366] Die

358 Vgl BGHZ 68, 204, 207; 143, 103, 115 = NJW 2000, 1110; BGH NJW 1991, 699, 700; Bamberger/Roth/*Wendtland*, § 138 Rn 33; Soergel/*Hefermehl*, § 138 Rn 49.

359 BGHZ 44, 158, 162; 68, 204, 207; BGH NJW 1983, 1420, 1421, Bamberger/Roth/*Wendtland*, § 138 Rn 32; Soergel/*Hefermehl*, § 138 Rn 48.

360 Zur grundsätzlichen Unzulässigkeit des Eingriffs in das Äquivalenzverhältnis vgl MüKo/*Armbrüster*, § 138 Rn 161; Soergel/*Hefermehl*, § 138 Rn 47.

361 Jauernig/*Jauernig*, § 139 Rn 9; Palandt/*Ellenberger*, § 139 Rn 10.

362 BGH NJW 1990, 384, 385; DtZ 1997, 229; NJW 2002, 429, 432; Bamberger/Roth/*Wendtland*, § 138 Rn 36; MüKo/*Armbrüster*, § 138 Rn 165; Palandt/*Ellenberger*, § 138 Rn 20; Soergel/*Hefermehl*, § 138 Rn 50.

363 BGH NJW 1973, 613, 615; 1985, 3006, 3007; 1997, 860; DtZ 1997, 229; Bamberger/Roth/*Wendtland*, § 138 Rn 36; Jauernig/*Jauernig*, § 138 Rn 25; Palandt/*Ellenberger*, § 138 Rn 20; Soergel/*Hefermehl*, § 138 Rn 52.

364 BGHZ 99, 101, 106; NJW 2001, 1127, 1129; Bamberger/Roth/*Wendtland*, § 138 Rn 38.

365 BGHZ 50, 90, 92; MüKo/*Armbrüster*, § 138 Rn 166; Palandt/*Sprau*, § 817 Rn 1.

366 Erman/*Palm*, § 138 Rn 76.

Frage der Sittenwidrigkeit erlangt jedoch Relevanz bei der Durchsetzung **verfassungsrechtlich geschützter Werte**.[367] Inhaltlich ist zwischen der Sittenwidrigkeit des **Arbeitsvertrages** und der sittenwidrigen **Beendigung des Arbeitsverhältnisses** (insbesondere Kündigung) zu unterscheiden.

142 **a) Sittenwidrigkeit des Arbeitsvertrages.** Unter welchen Voraussetzungen ein Arbeitsvertrag sittenwidrig ist, kann nicht schematisch festgelegt werden. Wie auch bei anderen Verträgen kommt es auf den **Gesamtcharakter des Rechtsgeschäfts** und die konkreten Umstände des Einzelfalls an.[368] Von besonderer Bedeutung waren bisher die Fälle der sittenwidrigen Arbeitsleistung mit **sexuellem Bezug.**[369] Wirksamkeit und Rechtsfolgen solcher Verträge bestimmen sich nunmehr aber nach dem **Prostitutionsgesetz** (vgl Anh. zu § 138). Bei Arbeitsverträgen beschränkt sich der praktische Anwendungsbereich des § 138 damit im Wesentlichen auf **grundrechtsbeschränkende Abreden** und die sittenwidrige **Verlagerung des Arbeitgeberrisikos** auf den Arbeitnehmer. Hinzu kommt die **Inhaltskontrolle** des Arbeitsvertrages vor dem Hintergrund des strukturellen Ungleichgewichts der Vertragspartner. Spezielle Fragen ergeben sich im Zusammenhang mit der Übernahme von **Bürgschaften** durch Arbeitnehmer (Rn 249), der Vereinbarung von **Wettbewerbsverboten** (Rn 344 ff) sowie dem **Lohnwucher** (Rn 377).

143 **aa) Grundrechtswidrige Abreden.** Eine Abrede, die in sittenwidriger Weise in grundrechtlich geschützte Bereiche des Arbeitnehmers eingreift, ist nach Abs. 1 nichtig. Vor dem Hintergrund des Art. 6 Abs. 1 GG ist etwa eine sog. **Zölibatsklausel** unwirksam, die eine Arbeitnehmerin zur Einnahme empfängnisverhütender Mittel verpflichtet[370] oder eine Heirat als auflösende Bedingung des Arbeitsvertrags bestimmt.[371] Zu grundrechtswidrigen **Kündigungen** s. Rn 152.

144 **bb) Sittenwidrige Verlagerung von Arbeitgeberrisiken.** Eine Vereinbarung, durch die dem Arbeitnehmer das **Betriebs- und Wirtschaftsrisiko** des Arbeitgebers **ohne angemessene Gegenleistung** auferlegt wird, ist sittenwidrig.[372] Dies gilt beispielsweise für eine Vergütungsabrede, die eine **Verlustbeteiligung** des Arbeitnehmers ohne entsprechenden Ausgleich vorsieht.[373]

145 In der Rechtsprechung finden sich zahlreiche weitere Beispiele: So ist die Vereinbarung einer verschuldensunabhängigen Haftung für Fehlbeträge **(sog. Mankoabrede)** sittenwidrig, wenn der Arbeitnehmer keine angemessenen Einfluss- bzw Kontrollmöglichkeiten hinsichtlich des Mankos hat.[374] Desgleichen ist die Verpflichtung eines Kraftfahrers, seinem Arbeitgeber **alle Unfallschäden zu ersetzen**, sittenwidrig, sofern keine adäquate Gegenleistung erfolgt.[375]

146 Die Vereinbarung einer **Provision** ohne Fixum oder garantierte Mindestprovision ist nicht ohne weiteres sittenwidrig; hier kommt es entscheidend auf die Gepflogenheiten der jeweiligen Branche an.[376] Eine Provisionsabrede kann aber sittenwidrig sein, wenn der Arbeitnehmer keine realistische Möglichkeit hat, eine angemessene Entlohnung für seine Tätigkeit zu erhalten.[377]

147 **cc) Inhaltskontrolle.** Die Rechtsprechung hat vor Inkrafttreten des Schuldrechtsmodernisierungsgesetzes **formularmäßige Arbeitsverträge** einer Inhaltskontrolle nach §§ 242, 138, 315 Abs. 3 unterzogen.[378] Seitdem unterliegen formularmäßige Arbeitsverträge nach § 310 Abs. 4 S. 2 der Inhaltskontrolle nach §§ 307 ff.[379] Der Rückgriff auf § 138 oder § 242 kann damit nur noch bei Individualvereinbarungen oder in den von der Anwendbarkeit des AGB-Rechts ausgenommenen Bereichen (Tarifverträge, Betriebs- und Dienstvereinbarungen) notwendig werden. Mit Blick auf **Individualvereinbarungen** hat das BAG allerdings klargestellt, dass der Grundsatz der Vertragsfreiheit auch im Arbeitsrecht gilt. Bei Individualvereinbarungen finde daher keine Billigkeitskontrolle nach § 242 im Sinne einer allgemeinen, nicht auf die Besonderheiten des Falles bezogenen Angemessenheitsprüfung statt. Eine Ausnahme soll nur dann gelten, wenn der Arbeitgeber seine wirtschaftliche Überlegenheit gegenüber dem Arbeitgeber ausnutzt, um ein für diesen ungünstiges Verhandlungsergebnis herbeizuführen. Im Übrigen werde die Gestaltungsfreiheit der Parteien bei Individualvereinbarungen lediglich durch die **Sittenwidrigkeit** nach § 138 begrenzt.[380] So verstößt eine – grundsätzlich zuläs-

367 Erman/*Palm*, § 138 Rn 76.
368 ErfK/*Preis*, § 611 BGB, Rn 337.
369 Vgl etwa BAG AP Nr. 34 zu § 138 BGB = NJW 1976, 1958: Vorführung des Geschlechtsverkehrs auf einer Bühne.
370 MüKo/*Armbrüster*, § 138 Rn 69; Staudinger/*Sack*, § 138 Rn 401.
371 BAG AP Nr. 1 zu Art. 6 Abs. 1 GG Ehe und Familie.
372 BAG NJW 1991, 860, 861; Erman/*Palm*, § 138 Rn 76; ErfK/*Preis*, § 611 Rn 340; MünchArbR/*Richardi/Buchner*, § 34 Rn 13; Staudinger/*Sack*, § 138 Rn 390.
373 BAG NJW 1991, 860, 861 m.Anm. *Wank*, EWiR § 138 BGB 5/91, 341; Erman/*Palm*, § 138 Rn 76.
374 BAG AP Nr. 67 zu § 626 BGB = NJW 1974, 1155; MüKo/*Armbrüster*, § 138 Rn 90.
375 ArbG Marburg BB 1969, 1479; Erman/*Palm*, § 138 Rn 76; MüKo/*Armbrüster*, § 138 Rn 90.
376 LAG Berlin AP Nr. 14 zu § 65 HGB.
377 LAG Berlin AP Nr. 14 zu § 65 HGB; Staudinger/*Sack*, § 138 Rn 392.
378 Vgl BAG NZA 2005, 1111, 1114; Staudinger/*Looschelders/Olzen*, § 242 Rn 470; ausf. *Hunold*, NZA-RR 2002, 225 f mit vielen Bsp aus der Rspr.
379 Vgl Staudinger/*Coester*, § 306 Rn 84 ff; *Thüsing*, BB 2002, 2666 ff.
380 BAG NZA 2005, 1111, 1116; Wolf/L/P/*Stoffels*, ArbR Rn 42.

sige[381] – individuelle Abrede über die **Rückzahlung von Ausbildungskosten** bei Kündigung gegen § 138 Abs. 1, wenn sie auch für den Fall eine Erstattung vorsieht, dass der Kündigungsgrund aus der Sphäre des Arbeitgebers stammt.[382] **Vertragsstrafen** für Vertragsbruch sind ebenfalls grundsätzlich zulässig.[383] Unwirksam ist eine Vertragsstrafe aber, wenn neben der unverhältnismäßigen Höhe weitere den Arbeitnehmer übermäßig belastende Umstände hinzukommen.[384] **Verfallklauseln** für Ansprüche aus einem Arbeitsvertrag sind einzelvertraglich grundsätzlich zulässig, sofern sie nicht eine Seite ungewöhnlich belasten und für einen Interessenausgleich offensichtlich ungeeignet sind.[385]

Die Sittenwidrigkeit kann sich auch aus der **geringen Höhe des Entgelts** ergeben.[386] Die hM verlangt dafür ein **auffälliges Missverhältnis** von Leistung und Gegenleistung, wobei auf das allgemeine Lohnniveau für ähnliche Arbeiten abgestellt wird.[387] Letztlich ist aber nicht allein die Höhe der Vergütung maßgeblich; es kommt vielmehr stets auf den Gesamtcharakter des Rechtsgeschäfts an. So hat das BAG bei **Lehrkräften an Privatschulen** in Brandenburg an die im Schulrecht des Landes verankerte Mindestvergütung von 75% der Vergütung für vergleichbare Lehrkräfte im öffentlichen Dienst angeknüpft.[388] Bei einem sog. **Praktikantenverhältnis** ist eine Vergütung von 375 EUR im Monat sittenwidrig, wenn der Ausbildungszweck die für den Betrieb erbrachten Leistungen nicht deutlich überwiegt.[389] Zur Problematik des **Lohnwuchers** vgl unten Rn 377.

dd) Besonderheiten bei den Rechtsfolgen. Ein bereits vollzogener sittenwidriger Arbeitsvertrag ist grundsätzlich nur mit ex-nunc-Wirkung nichtig (vgl Rn 133).[390] Da **§ 139** im Arbeitsvertragsrecht zum Schutz des Arbeitnehmers überdies meist außer Betracht bleibt, erstreckt sich die Nichtigkeit im Regelfall nur auf die **konkrete sittenwidrige Abrede**; der Arbeitsvertrag selbst bleibt bestehen.[391] Etwaige Lücken sind – soweit möglich – durch **dispositives Gesetzesrecht** auszufüllen.[392] Im Übrigen ist eine angemessene Lösung durch **ergänzende Vertragsauslegung** herbeizuführen.[393] **148**

b) Sittenwidrige Beendigung des Arbeitsvertrags. aa) Verhältnis zum KSchG und zum AGG. Bei der Frage der sittenwidrigen Beendigung des Arbeitsvertrages steht die Beurteilung einer **Kündigung durch den Arbeitgeber** wegen des besonderen Schutzbedürfnisses des Arbeitnehmers praktisch im Vordergrund.[394] Die Bedeutung des Abs. 1 hängt daher von dessen Verhältnis zum KSchG ab. Zusammenfassend gilt Folgendes. Soweit eine Kündigung nach § 1 KSchG gerechtfertigt ist, kann sie nicht wegen Sittenwidrigkeit nach Abs. 1 unwirksam sein.[395] Andererseits belegt § 13 Abs. 2 KSchG, dass über § 1 KSchG hinausgehende **besondere Umstände** die Sittenwidrigkeit einer Kündigung begründen können.[396] Seit der Änderung des KSchG durch Gesetz vom 24.12.2003[397] zwar nicht nur die sozial ungerechtfertigte Kündigung, sondern auch die **Rechtsunwirksamkeit aus anderen Gründen** innerhalb von **drei Wochen nach Zugang der Kündigung** geltend gemacht werden (§ 4 S. 1 KSchG). Wegen der unterschiedlichen Darlegungs- und Beweislast (Rn 156) bleibt die Unterscheidung zwischen sozial ungerechtfertigter und sittenwidriger Kündigung aber auch im Anwendungsbereich des KSchG relevant. Praktische Bedeutung hat § 138 Abs. 1 im Übrigen vor allem **außerhalb des Anwendungsbereichs des KSchG.**[398] **149**

Das **AGG** ist nach seinem Wortlaut **nicht auf Kündigungen anwendbar** (§ 2 Abs. 4 AGG). Da die einschlägigen EG-Richtlinien eine solche Bereichsausnahme nicht vorsehen, bestehen aber erhebliche Zweifel an der **150**

381 BAG NJW 1999, 443; BAG NJW 1996, 1916, 1917.
382 BAG NJW 1999, 443, 444 (betriebsbedingte Kündigung); Staudinger/*Sack*, § 138 Rn 404.
383 BAG AP Nr. 9 zu § 339 BGB; *Hunold*, NZA-RR 2002, 225, 230 f.
384 LAG Köln NZA-RR 1999, 350, 352; MüKo/*Gottwald*, § 339 Rn 10; *Hunold*, NZA-RR 2002, 225, 231 f.
385 So jetzt BAG NZA 2005, 1111, 1116; vgl auch BAG NZA 2004, 852, 855; NZA 2001, 723 = RdA 2002, 38 m.Anm. *Preis*; BB 1989, 223, 224; Staudinger/*Sack*, § 138 Rn 403.
386 Vgl Palandt/*Ellenberger*, § 138 Rn 79; *Bayreuther*, NJW 2007, 2022 ff; *Andelewski*, DStR 2008, 2114 ff; *Schmidt*, NJW Spezial 2006, 561 f; *Henssler/Sittard*, RdA 2007, 159 ff.
387 BAG AP Nr. 30 zu § 138 BGB; BAG NZA 2006, 1354, 1355.
388 BAG NZA 2006, 1354, 1355.
389 Vgl LAG Baden-Württemberg NZA 2008, 768, 769: Lohnwucher.
390 Staudinger/*Sack*, § 138 Rn 107 f; Soergel/*Hefermehl*, § 138 Rn 14 f.
391 ErfK/*Preis*, § 611 Rn 342; *Sandrock*, AcP 159 (1960), 481 (519); Beispiele: BAG AP Nr. 11 zu § 611 BGB Anwesenheitsprämie; BAGE 4, 272, 285 f.
392 ErfK/*Preis*, § 611 Rn 344. So kann bei Nichtigkeit der Lohnabrede die übliche Vergütung (§ 612 Abs. 2) als Maßstab herangezogen werden, vgl nur Staudinger/*Sack*, § 138 Rn 394.
393 BAG AP Nr. 176 zu § 611 BGB Gratifikation; ErfK/*Preis*, § 611 Rn 344.
394 Zur möglichen Sittenwidrigkeit eines Kündigungsausschlusses zum Nachteil des Arbeitgebers BAG AP Nr. 60 zu § 138 BGB m. Bespr. *Bengelsdorf*, RdA 2005, 306.
395 Erman/*Palm*, § 138 Rn 5; Staudinger/*Sack*, § 138 Rn 407; *Lettl*, NZA-RR 2004, 57, 58; *Preis*, NZA 1997, 1256, 1264.
396 BAG NZA 2001, 833, 834 f; Erman/*Palm*, § 138 Rn 5; Staudinger/*Sack*, § 138 Rn 407; *Berkowsky*, NJW 2009, 113.
397 BGBl. I S. 3002.
398 Erman/*Palm*, § 138 Rn 5; 1; Staudinger/*Sack*, § 138 Rn 410.

Europarechtskonformität dieses Ausschlusses.[399] Nach hM muss den Wertungen des EG-Rechts jedenfalls durch § 1 KSchG und die Generalklauseln des BGB (§ 138 Abs. 1, § 242) Geltung verschafft werden (vgl unten Rn 152).[400] Liegt kein Rechtfertigungsgrund vor, so ist eine auf ein Merkmal des § 1 AGG gestützte Kündigung daher – sofern nicht § 1 KSchG eingreift – nach § 242 oder § 138 Abs. 1 unwirksam.[401]

151 **bb) Maßstab der Sittenwidrigkeit.** Bei der Prüfung der Sittenwidrigkeit ist Abs. 1 im Lichte der nach Art. 12 GG gewährleisteten Berufsfreiheit des Arbeitnehmers auszulegen.[402] Auf der anderen Seite ist zu berücksichtigen, dass die Kündigung Ausdruck des **privatautonomen Selbstbestimmungsrechts** des Arbeitgebers ist. Das BVerfG hat im Einklang mit der ständigen Rechtsprechung des BAG betont, dass die Generalklauseln vor allem Schutz vor willkürlichen oder auf sachfremden Motiven beruhenden Kündigungen vermitteln soll.[403] Der Schutz dürfe indes nicht dazu führen, dass dem Arbeitgeber auch außerhalb des Anwendungsbereichs des KSchG de facto die Maßstäbe der Sozialwidrigkeit auferlegt werden.[404] Die Sittenwidrigkeit muss daher anhand strenger Maßstäbe beurteilt werden.[405]

152 Besondere Bedeutung gewinnen in diesem Zusammenhang Verstöße gegen **grundgesetzlich verankerte Werte.**[406] Eine Kündigung etwa allein wegen der **sexuellen Ausrichtung** des Arbeitnehmers ist sittenwidrig, da sie gegen das in Art. 2 Abs. 1 GG enthaltene Recht verstößt, das private Leben – einschließlich des sexuellen Bereichs – frei zu gestalten (vgl dazu auch Rn 50).[407] Eine Anknüpfung an die sexuelle Identität ist auch nach § 1 AGG verpönt. Die Sittenwidrigkeit einer solchen Kündigung lässt sich daher auch auf diese Norm bzw die dahinter stehenden europarechtlichen Wertungen stützen. Nach Art. 3 Abs. 3 GG ist auch die Kündigung aufgrund der **Staatsangehörigkeit** diskriminierend.[408] Das Gleiche gilt gem. Art. 3 Abs. 2, 3 GG, § 1 AGG für eine **geschlechtsbezogene Benachteiligung**. Die Zugehörigkeit zu einer bestimmten **Religion** darf wegen Art. 4 Abs. 1 GG, § 1 AGG nicht als Kündigungsgrund herangezogen werden. Das Gleiche gilt grundsätzlich auch für das Tragen einer bestimmten Kleidung (islamisches Kopftuch) als Ausdruck der Glaubens- und Bekenntnisfreiheit (vgl aber auch Rn 55).[409] Mit Art. 1, 2, 6 Abs. 1 GG nicht vereinbar ist eine Lösung vom Arbeitsverhältnis, wenn die Arbeitnehmerin entgegen der vertraglichen Abrede **heiratet.**[410] Eine Kündigung wegen der durch Art. 21 GG geschützten **Mitgliedschaft oder Betätigung in einer politischen Partei** oder wegen einer als **Meinungsäußerung** nach Art. 5 Abs. 1 GG geschützten Äußerung ist grundsätzlich sittenwidrig bzw sozial nicht gerechtfertigt (§ 1 Abs. 2 KSchG).[411] Dies gilt auch, wenn der Arbeitnehmer in einer rechtsextremistischen Partei aktiv ist, soweit sie nicht verfassungsgerichtlich verboten ist.[412] An Mitarbeiter des **öffentlichen Dienstes** werden wegen § 8 Abs. 1 BAT erhöhte Anforderungen gestellt, so dass diesen die politische Betätigung **während der Dienstzeit** auch ohne berechtigte Interessen des Arbeitgebers untersagt ist.[413]

153 Eine Kündigung ist trotz der genannten Grundrechtsbeeinträchtigungen nicht sittenwidrig, wenn sie durch **berechtigte Interessen** des Arbeitgebers gerechtfertigt wird. Hieran ist insbesondere zu denken, wenn der **Betriebsablauf** durch das Verhalten des Arbeitnehmers **nachweislich gestört** wird.[414] So wurde ein konkret **ausländerfeindliches Verhalten** gegenüber einem Kollegen während der Arbeitszeit als Störung des

399 Ausf. hierzu HK-AGG/*Däubler*, § 2 Rn 260 f; MüKo-AGG/*Thüsing*, § 2 Rn 17 ff *Hamacher/Ulrich*, NZA 2007, 657 ff jew. mwN.
400 BAG NZA 2009, 361, 364; MüKo-AGG/*Thüsing*, § 2 Rn 25; *Adomeit/Mohr*, NJW 2009, 2255, 2256; *Hein*, NZA 2008, 1033 ff.
401 Palandt/*Ellenberger*, § 2 AGG Rn 17; MüKo-KSchG/*Hergenröder*, § 13 Rn 37; Staudinger/*Looschelders/Olzen*, § 242 Rn 802; HK-AGG/*Däubler*, § 2 Rn 263 a; *Hein*, NZA 2008, 1033, 1035 f; ähnlich *Berkowsky*, NJW 2009, 113, 115.
402 Vgl BAG NZA 2008, 404, 406 betreffend § 242.
403 BVerfG NJW 1998, 1475, 1476; BAG NZA-RR 2008, 404, 406.
404 BVerfG NJW 1998, 1475, 1476; BAG NJW 1977, 1311; 1995, 275.
405 BAG NZA 2001, 833, 834; *v. Hoyningen-Huene/Linck*, KSchG, § 13 Rn 61; *Lettl*, NZA-RR 2004, 57, 59 f; *Preis*, NZA 1997, 1256, 1265; vgl auch BVerfGE 97, 169, 179 = NJW 1998, 1475; Staudinger/*Looschelders/Olzen*, § 242 Rn 797.
406 BAG NZA 1985, 702; BVerfG 7, 198 ff; *Boemke*, NZA 1993, 532, 533; vgl auch MüKo/*Armbrüster*, § 138 Rn 21.
407 BAG NJW 1995, 275, 277 (Homosexualität); *v. Hoyningen-Huene/Linck*, KSchG, § 13 Rn 61. Eine Ausnahme mag für kirchliche Arbeitgeber gelten, *Thüsing*, JZ 2004, 172, 179.
408 *Preis*, NZA 1997, 1256, 1266.
409 Vgl BAG AP Nr. 44 zu § 1 KSchG 1969 Verhaltensbedingte Kündigung m.Anm. *Adam*; BVerfG NJW 2003, 1908 ff (jeweils zu § 1 Abs. 2 KSchG); MüKo/*Thüsing*, § 2 AGG Rn 19; Staudinger/*Looschelders/Olzen*, § 242 Rn 803.
410 BAGE 4, 274, 276 ff.
411 Vgl nur BAG AP Nr. 2 zu § 1 KSchG 1969 Sicherheitsbedenken; AP Nr. 24 zu § 1 KSchG 1969 Verhaltensbedingte Kündigung; *Polzer/Powietzka*, NZA 2000, 970, 975.
412 *Polzer/Powietzka*, NZA 2000, 970, 975.
413 BAG Nr. 8 zu Art. 5 Abs. 1 GG Meinungsfreiheit; *Polzer/Powietzka*, NZA 2000, 970, 972 (Tragen einer „Anti-Atomkraft-Plakette").
414 BAG AP Nr. 24 zu § 1 KSchG Verhaltensbedingte Kündigung; *Polzer/Powietzka*, NZA 2000, 970, 971 f, 974 ff (politische Betätigung); BAG AP Nr. 44 zu § 1 KSchG Verhaltensbedingte Kündigung (Tragen eines Kopftuches).

Betriebsfriedens angesehen, die nicht von Art. 5 Abs. 1 GG gedeckt ist.[415] Im Übrigen ist eine umfassende Abwägung zwischen den grundrechtlich geschützten Interessen des Arbeitnehmers und der **Unternehmerfreiheit des Arbeitgebers** (Art. 12 Abs. 1 GG) erforderlich.[416] Dabei ist insbesondere die **Bedeutung** der Meinungsäußerung **für das Arbeitsverhältnis** zu berücksichtigen. Die Kündigung ist hiernach gerechtfertigt, wenn die in Frage stehende Äußerung des Arbeitnehmers den Berufsstand seines Arbeitgebers im Allgemeinen und den Arbeitgeber selbst in der öffentlichen Meinung herabsetzt.[417] Handelt es sich bei dem Arbeitgeber um einen sog. **Tendenzbetrieb** (zB Kirche, Gewerkschaft), so ist ihm ein besonders großer Entscheidungsspielraum zuzubilligen.[418] Bei einem Verstoß gegen die Diskriminierungsverbote des § 1 AGG richtet sich die Rechtfertigung nach § 8 AGG. Eine unterschiedliche Behandlung ist danach nur zulässig, wenn das diskriminierende Merkmal wegen der Art der auszuübenden Tätigkeit oder der Bedingungen ihrer Ausübung eine **wesentliche und entscheidende berufliche Anforderung** darstellt.[419]

An die **subjektive Komponente** des Abs. 1 sind im Bereich des Grundrechtsschutzes keine überhöhten Anforderungen zu stellen. In der Literatur wird teilweise vorgeschlagen, die subjektiven Voraussetzungen nach den Regeln des **Anscheinsbeweises** zu bejahen, wenn die objektiven Voraussetzungen vorliegen.[420] Nach der hier vertretenen Ansicht (Rn 95 ff) kann bei Grundrechtsverletzungen sogar ganz auf die subjektive Komponente verzichtet werden. **154**

Außerhalb des grundrechtlich geschützten Bereichs ist Abs. 1 bei Kündigungen meist abzulehnen. So ist eine Kündigung nach **Infektion** des Arbeitnehmers **mit einem HI-Virus** jedenfalls dann nicht sittenwidrig, wenn eine längere Zeit der Arbeitsunfähigkeit vorausgegangen war.[421] Auch eine **Kündigung zur Unzeit** ist nicht per se sittenwidrig.[422] Im Einzelfall kann sich die Sittenwidrigkeit aber aus der **Verwerflichkeit des Motivs** ergeben. So ist eine Kündigung aus **Rache oder Vergeltung** wegen Sittenwidrigkeit nichtig.[423] **155**

cc) Darlegungs- und Beweislast. Für die Sittenwidrigkeit von Kündigungen gelten die **allgemeinen Darlegungs- und Beweislastregeln**.[424] Der Arbeitnehmer hat somit die Tatsachen darzulegen und zu beweisen, die für die Sittenwidrigkeit maßgeblich sind. § 1 Abs. 2 S. 4 KSchG, der dem Arbeitgeber die Beweislast für die Tatsachen auferlegt, welche die Kündigung rechtfertigen, ist außerhalb des KSchG nicht anwendbar.[425] Da der Arbeitnehmer die Kündigungsgründe meist nicht im Einzelnen kennt, wird er aber durch eine **abgestufte Darlegungs- und Beweislast** geschützt.[426] Der Arbeitnehmer hat hiernach zunächst nur die ihm bekannten Umstände **darzulegen**, die auf die Sittenwidrigkeit der Kündigung hindeuten. Der Arbeitgeber muss dann den Vortrag des Arbeitnehmers **qualifiziert bestreiten** (§ 138 Abs. 2 ZPO). Trägt der Arbeitgeber ausreichende Gründe vor, die die Sittenwidrigkeit der Kündigung entkräften, so obliegt es dem Arbeitnehmer, die sittenwidrigkeitsbegründenden Tatsachen zu **beweisen**. **156**

dd) Auflösende Bedingungen und Aufhebungsverträge. Für die Sittenwidrigkeit von **auflösenden Bedingungen** des Arbeitsvertrags gelten die gleichen Grundsätze wie für die Sittenwidrigkeit von Kündigungen (Rn 149 ff).[427] **157**

Aufhebungsverträge sind nicht per se wegen struktureller Unterlegenheit des Arbeitnehmers nach Abs. 1 bedenklich, da der Arbeitnehmer an einem solchen Vertrag durchaus gleichberechtigt mitwirken kann.[428] Von Bedeutung ist in diesem Zusammenhang aber die **Umgehung** von zwingenden Kündigungsschutzbestimmungen (dazu § 134 Rn 107 f).[429] **158**

2. Arztverträge. Arztverträge über eine **freiwillige Sterilisation** sind nicht sittenwidrig.[430] Dies gilt auch dann, wenn sich der Arzt nicht der Einwilligung des anderen Ehegatten versichert hat, da die Entscheidung **159**

415 BAG AP Nr. 11 zu § 15 BBiG; *Polzer/Powietzka*, NZA 2000, 970, 972.
416 BAG AP Nr. 44 zu § 1 KSchG Verhaltensbedingte Kündigung; *Oetker*, RdA 2004, 8, 14; *Preis*, NZA 1997, 1256, 1266.
417 BAGE 24, 438, 444 ff; Soergel/*Hefermehl*, § 138 Rn 154; *Boemke*, JuS 2001, 443, 447 f.
418 Zu den Tendenzbetrieben vgl *Oetker*, RdA 2004, 8, 15; *Thüsing*, JZ 2004, 172, 179.
419 Vgl mit Blick auf die Kopftuch-Problematik MüKo/*Thüsing*, § 2 AGG Rn 19.
420 *Lettl*, NZA-RR 2004, 57, 59; *Preis*, NZA 1997, 1256, 1266.
421 BAG AP Nr. 46 zu § 138 BGB.
422 BAG AP Nr. 88 zu § 626 BGB (Kündigung am 24.12.); AP Nr. 13 zu § 242 Kündigung (Kündigung in unmittelbarem zeitlichen Zusammenhang mit dem Tod des Lebensgefährten); Staudinger/*Sack*, § 138 Rn 413; *Boemke*, JuS 2001, 444, 447; *Lettl*, NZA-RR 2004, 57, 64.
423 BAG AP Nr. 22 zu § 138 BGB; Palandt/*Ellenberger*, § 138 Rn 91; Staudinger/*Sack*, § 138 Rn 411.
424 ErfK/*Kiel*, § 13 KSchG Rn 17.
425 BAG NJW 2002, 532, 534; NZA 2001, 833, 836 (zu § 242); *Lettl*, NZA-RR 2004, 57, 64.
426 Dazu BAG NZA 2001, 833, 836 (zu § 242); *v. Hoyningen-Huene/Linck*, KSchG, 13. Aufl., § 13 Rn 62; *Lettl*, NZA-RR 2004, 57, 64 f; *Preis*, NZA 1997, 1256, 1270.
427 BAGE 4, 272 ff; Staudinger/*Sack*, § 138 Rn 414.
428 BAG NJW 1996, 2593; Erman/*Palm*, § 138 Rn 76.
429 Staudinger/*Sack*, § 138 Rn 415.
430 BGHZ 67, 48, 51 = NJW 1976, 1790; Erman/*Palm*, § 138 Rn 169; Soergel/*Hefermehl*, § 138 Rn 215; PWW/*Ahrens*, § 138 Rn 71.

über die Vornahme der Sterilisation eine höchstpersönliche Angelegenheit betrifft, die in den alleinigen Verantwortungsbereich des betroffenen Ehegatten fällt.[431]

160 Auch Arzt- und Krankenhausverträge über die Vornahme eines nicht mit Strafe bedrohten **Schwangerschaftsabbruchs** sind nicht nach Abs. 1 nichtig. Das BVerfG betont vielmehr, dass zwischen Arzt und Frau ein wirksames Rechtsverhältnis besteht.[432]

161 Ein auf Veranlassung des Arztes vereinbarter **Haftungsausschluss** ist regelmäßig sittenwidrig. Dies gilt jedenfalls für den Fall, dass sich der Patient in einer Notlage befunden hat.[433] Eine andere Beurteilung kommt in Betracht, wenn die Haftung auf Initiative des Patienten ausgeschlossen wird, weil dieser eine vom Arzt zunächst verweigerte Behandlungsmethode wünscht.[434] Auch eine Individualvereinbarung, in der der Patient **nach einer fehlgeschlagenen Schönheitsoperation** auf weiter gehende Ansprüche verzichtet, wenn der Arzt ihm die Behandlungskosten erstattet und die Nachbehandlungskosten übernimmt, ist nicht gem. § 138 unwirksam.[435]

162 Die **Vergütung von Heilbehandlungen** kann aufgrund ihrer Höhe nach Abs. 1 sittenwidrig sein.[436] Auch hier kommt es auf die Umstände des Einzelfalles an. So darf der Arzt ein besonderes Vertrauensverhältnis nicht ausnutzen, um sich eine Leistung versprechen zu lassen, die in einem unerträglichen Missverhältnis zur Gegenleistung steht.[437] Bei Behandlungsverträgen mit **Privatkliniken** ist ein Marktvergleich vorzunehmen. Dabei dürfen jedoch nicht die Sätze der Bundespflegesatzverordnung herangezogen werden; vielmehr ist ein Vergleich mit den Behandlungskosten anderer privater Krankenhäuser vorzunehmen.[438] Sittenwidrig sind auch Krankenhausverträge, bei denen der Krankenhausträger einem Patienten gegenüber **unnötige Behandlungsleistungen erbringt**, obwohl er weiß, dass der Kostenträger die Bezahlung der Behandlung verweigert hat.[439] Zum Verstoß gegen ärztliches **Standesrecht** vgl Rn 315; zur Sittenwidrigkeit von **Wettbewerbsverboten** Rn 350 ff.

3. Bierlieferungs- und Tankstellenverträge

Literatur: *Götz*, Der Anschluß-Bierlieferungsvertrag, BB 1990, 1217; *Jehle*, Bierbezugsverträge und Gemeinschaftsrecht, EuZW 1991, 372; *Paulusch*, Höchstrichterliche Rechtsprechung zum Brauerei- und Gaststättenrecht, 9. Auflage 1996; *Wahl*, Der Bierlieferungsvertrag, 3. Auflage 1992; *Graf v. Westphalen*, Bierlieferungsvertrag, in: *ders.*, Vertragsrecht und AGB-Klauselwerke, Stand Oktober 2008.

163 **a) Grundlagen.** Ein praktisch wichtiger Anwendungsbereich des Abs. 1 ist die Sittenwidrigkeit von Bierlieferungsverträgen. In diesen Verträgen verpflichtet sich der Gastwirt gegenüber der Brauerei, über einen längeren Zeitraum hinweg eine bestimmte Mindestmenge Bier abzunehmen; im Gegenzug erhält der Gastwirt von der Brauerei neben der Bierlieferung Unterstützung bei der Eröffnung, dem Betrieb, der Modernisierung oder der Erweiterung der Gaststätte.[440] Die Brauerei versucht dabei, ihre Unterstützung mit einer möglichst langfristigen und umfangreichen **Bezugsbindung** des Gastwirts zu verknüpfen, um einen dauerhaften Absatz der eigenen Produkte und eine Refinanzierung der zusätzlichen Leistungen sicherzustellen. Dies führt aber naturgemäß zu einer **Einengung der wirtschaftlichen Dispositionsfreiheit und Selbständigkeit** des Gastwirts.

164 Die Einschränkung der wirtschaftlichen Entscheidungsfreiheit des Gastwirts führt nicht dazu, dass ein langfristiger Bierbezugsvertrag von vornherein gegen die guten Sitten verstößt.[441] Vielmehr wird das **legitime Interesse der Brauerei** an einer langfristigen Sicherstellung des eigenen Absatzes von der Rechtsprechung grundsätzlich anerkannt.[442] Ein Bierbezugsvertrag ist daher nur dann sittenwidrig, wenn der Gastwirt hierdurch seine Selbständigkeit, Unabhängigkeit und wirtschaftliche Dispositionsfreiheit verliert.[443] Wann eine solche **Knebelung** vorliegt, ist unter Würdigung der schutzwürdigen Interessen beider Vertragspartner nach dem Gesamtcharakter des Vertrages zu beurteilen.[444]

431 BGHZ 67, 48, 54 f.
432 BVerfGE 88, 203, 295 = NJW 1993, 1751, 1763 f.
433 OLG Saarbrücken NJW 1999, 871, 872; Staudinger/*Hager*, § 823 Rn I 6.
434 OLG Saarbrücken NJW 1999, 871, 872; Palandt/*Grüneberg*, § 276 Rn 35.
435 OLG Düsseldorf NJW-RR 2003, 123.
436 OLG Stuttgart NVersZ 2001, 221; vgl auch Erman/*Palm*, § 138 Rn 77.
437 LG Karlsruhe NJW 2001, 2804.
438 BGH NJW 2003, 1596, 1597; s.a. LG Wiesbaden NJW-RR 2003, 1336.
439 BGH NJW 1988, 759, 760.
440 Vgl *Paulusch*, S. 1; BGH NJW 1970, 2243.
441 AllgM; vgl BGH NJW 1970, 2243; NJW 1972, 1459; OLG Düsseldorf MDR 1973, 222, 223; Erman/*Palm*, § 138 Rn 88; Soergel/*Hefermehl*, § 138 Rn 126.
442 So ausdr. OLG Köln NJW-RR 1995, 1516; NJW-RR 2007, 488, 489; vgl auch BGHZ 147, 279, 283 (zu § 307).
443 St. Rspr; vgl RGZ 63, 390; 152, 251; BGH NJW 1970, 2157; 1970, 2243; 1972, 1459; 1979, 2149; OLG Düsseldorf MDR 1973, 222, 223; OLG Köln NJW-RR 1995, 1516.
444 So bereits RG JW 1935, 2553; BGH NJW 1979, 2149.

Ist die Laufzeit der Bierbezugsverpflichtung in **AGB** festgelegt worden, so muss die Wirksamkeit der Bindung auch unter dem Aspekt des **§ 307** (§ 9 AGBG) geprüft werden.[445] Die hM berücksichtigt dabei die Wertungen des Art. 5 Buchst. a Verordnung (EG) Nr. 2790/1999. Erbringt die Brauerei keine erheblichen Gegenleistungen (zB in Form eines Darlehens oder der Überlassung von Inventar), so ist eine Bindung von mehr als **fünf Jahren** danach grundsätzlich unangemessen.[446] Bei entsprechenden Gegenleistungen soll dagegen auch eine 10-jährige Dauer zulässig sein.[447] Liegt keine unangemessene Benachteilung iSd § 307 vor, so scheidet eine Nichtigkeit des Vertrages nach § 138 Abs. 1 erst recht aus.[448] 165

Die gleichen Probleme wie bei Bierlieferungsverträgen stellen sich bei langfristigen Bindungen an Alleinbezugsverpflichtungen in **Tankstellenverträgen**.[449] Die Rechtsprechung greift hier daher auf die zu den Bierlieferungsverträgen entwickelten Kriterien zurück.[450] 166

b) Vertragsdauer. Bei der Beurteilung der Sittenwidrigkeit eines Bierlieferungsvertrages steht die **Dauer der Bezugsbindung** im Vordergrund. Je länger der Zeitraum ist, für den sich der Gastwirt zum Bezug der Brauereiprodukte verpflichtet, desto näher liegt der Schluss, dass der Gastwirt dadurch in sittenwidriger Weise in seiner wirtschaftlichen Freiheit eingeschränkt wird.[451] 167

Eine sittenwidrige Benachteiligung des Gastwirts ist jedenfalls dann gegeben, wenn der Bierlieferungsvertrag eine **unkündbare und zeitlich unbefristete Bezugsbindung** vorsieht.[452] Ein derartiger Vertrag ist nichtig und kann auch nicht unter Berücksichtigung des Rechtsgedankens des § 139 mit einer begrenzten Laufzeit aufrechterhalten werden. 168

Die Vereinbarung **befristeter Bierlieferungsverträge** ist grundsätzlich nicht zu beanstanden. Die **Dauer der Bindung** vermag für sich allein noch keine Sittenwidrigkeit zu begründen.[453] Maßgeblich ist vielmehr die Gesamtheit der Umstände. Dabei kommt der **Gegenleistung der Brauerei** besondere Bedeutung zu. Je größer und wertvoller die Leistungen der Brauerei sind, umso einschneidender können die Bindungen für den Gastwirt sein.[454] Die Rechtsprechung setzt aber auch hier Schranken. So wurde eine Höchstlaufzeit von 20 Jahren als „äußerste Grenze der in einem Ausnahmefall gerade noch zulässigen Bindungsdauer" bezeichnet.[455] Unter Berücksichtigung der Gegenleistung der Brauerei können indes auch Laufzeiten von mehr als 20 Jahren zulässig sein.[456] Dabei kann für die Beurteilung der Sittenwidrigkeit die Länge mehrerer aufeinander folgender Verträge zusammenzurechnen sein.[457] Umgekehrt lässt sich eine sittenwidrige Gesamtlaufzeit nicht durch die Vertragsübernahme eines Nachfolgers in zwei für sich betrachtet zulässige Laufzeiten aufteilen.[458] 169

In einer Reihe weiterer Entscheidungen geht der BGH von einer im „Normalfall" zulässigen Bezugsdauer von rund **15 Jahren** aus.[459] Dabei gibt es aber **keine Automatik** in dem Sinne, dass bei Überschreiten dieser Fristen die Nichtigkeit zwingend anzunehmen wäre bzw aus dem Vorliegen einer kürzeren Laufzeit auf die Zulässigkeit der Bezugsbindung geschlossen werden könnte.[460] Es kommt vielmehr darauf an, ob der Gastwirt in nicht mehr hinnehmbarer Weise in seiner wirtschaftlichen Bewegungsfreiheit und Selbständigkeit eingeschränkt wird. In diesem Zusammenhang ist insbesondere zu beachten, dass dem Gastwirt angesichts eines sich immer rascher ändernden Konsumverhaltens der Verbraucher nicht die Möglichkeit genommen werden darf, das Angebot an der Nachfrage der Gäste zu orientieren.[461] Unter Berücksichtigung dieses Aspekts erscheint der von der Rechtsprechung aufgezeigte Rahmen der zulässigen Dauer von Bezugsbindungen heute eher als zu großzügig gesteckt. 170

Die Vereinbarung unbefristeter **dinglicher** Rechte zur Sicherung einer Bierbezugsverpflichtung begründet aufgrund der Abstraktheit des dinglichen Geschäfts regelmäßig keine Sittenwidrigkeit. Wird zugunsten der Brauerei eine **unbefristete beschränkte persönliche Dienstbarkeit** bestellt, so ist diese Vereinbarung daher 171

445 Zum Nebeneinander von § 138 und § 307 in solchen Fällen *Graf v. Westphalen*, Rn 2.
446 OLG München OLGReport München 2008, 585; Staudinger/*Coester*, § 307 Rn 539; Palandt/*Grüneberg*, § 307 Rn 91; *Graf v. Westphalen*, Rn 11. Gegen die Berücksichtigung der Verordnung im Rahmen des § 307 Staudinger/*Sack*, § 138 Rn 282; von BGHZ 143, 103, 115 und BGHZ 147, 279, 285 f offen gelassen.
447 BGHZ 147, 279, 285 f; Staudinger/*Coester*, § 307 Rn 539.
448 BGHZ 147, 279, 287; vgl auch OLG Karlsruhe MDR 2002, 445.
449 Vgl BGHZ 52, 171, 176; Staudinger/*Sack*, § 138 Rn 283.
450 Vgl BGHZ 143, 103, 115; BGH NJW 1998, 156, 159; Erman/*Palm*, § 138 Rn 175.
451 BGH NJW 1970, 279; Staudinger/*Sack*, § 138 Rn 274.
452 RGZ 152, 251; Soergel/*Hefermehl*, § 138 Rn 127.
453 BGH NJW 1970, 2243; ein strengerer Maßstab gilt bei Verwendung von AGB. Hier ist die Zulässigkeit der jeweiligen Klausel an den §§ 307 ff zu messen.
454 BGH NJW 1974, 2089; BGHZ 147, 279, 283; Staudinger/*Sack*, § 138 Rn 274; zur parallelen Problematik bei Tankstellenverträgen BGHZ 143, 103, 115; BGH NJW 1998, 156, 159.
455 BGH ZIP 1984, 335.
456 BGH WM 1973, 824; NJW 1979, 865; Erman/*Palm*, § 138 Rn 88.
457 BGH NJW-RR 1990, 816; dazu *Götz*, BB 1990, 1217.
458 BGH NJW 1985, 2528; 1988, 2362.
459 BGH NJW 1974, 2089 (16 Jahre); WM 1975, 850, 852 (15 Jahre); MDR 1976, 834 (14 Jahre); NJW 1979, 2149, 2150 (15 Jahre); vgl auch *Graf v. Westphalen*, Rn 3; *Hiddemann*, WM 1975, 942, 945.
460 BGH WM 1984, 88, 89; vgl auch *Wahl*, S. 19.
461 BGH NJW 1970, 2243; Erman/*Palm* § 138 Rn 88.

auch dann nicht sittenwidrig, wenn sie eine Getränkebezugsverpflichtung erreichen oder absichern soll.[462] Etwas anderes gilt nur, wenn die Bezugsvereinbarung als Bedingung Inhalt des dinglichen Geschäfts selbst geworden ist oder eine Geschäftseinheit zwischen schuldrechtlichem und dinglichem Geschäft besteht.[463]

172 **c) Weitere Vertragsbedingungen.** Ein weiterer zentraler Aspekt bei der Beurteilung der Sittenwidrigkeit von Bierlieferungsverträgen ist die **Ausschließlichkeit der Bezugsbindung**. Regelmäßig wird dem Gastwirt untersagt, weitere Biere anzubieten oder sich anderweitig mit Getränken einzudecken. Vielfach wird diese Verpflichtung auf andere – auch nicht-alkoholische – Getränke erstreckt. Dies führt ebenfalls zu einer Einengung der wirtschaftlichen Bewegungsfreiheit und Selbständigkeit des Gastwirts. Die Wirksamkeit derartiger Vereinbarungen ist daher eng mit der Bezugsdauer verknüpft: Je strikter der ausschließliche Bierbezug im Vertrag verankert ist, umso kritischer wird die Vertragsdauer beurteilt.[464] Teilweise wird für notwendig erachtet, dem Gastwirt einen **Fremdbezug** von Bier um 15% einzuräumen, um die Sittenwidrigkeit zu vermeiden.[465]

173 Auch Vereinbarungen von **Mindestabnahmemengen**, **Rechtsnachfolge-** oder **Vertragsstrafeklauseln** in einem Bierlieferungsvertrag sind für sich betrachtet nicht zu beanstanden. Allerdings dürfen auch derartige Vereinbarungen nicht zu gravierenden Beschränkungen der wirtschaftlichen Bewegungsfreiheit und Selbständigkeit des Gastwirts führen. So kann die Vereinbarung einer im Hinblick auf die Absatzmöglichkeiten der Gaststätte unrealistischen Mindestabnahmemenge in Verbindung mit einer empfindlichen Vertragsstrafe bei Nichtabnahme ebenso sittenwidrig sein wie die Kombination einer Vertragsstrafenklausel mit einer Nachfolgeklausel, durch die dem Gastwirt praktisch die Aufgabe, die Veräußerung oder die Weiterverpachtung der Gaststätte verwehrt wird.[466]

174 **d) Rechtsfolgen.** Ist ein Bierlieferungsvertrag allein wegen überlanger Bindung des Gastwirts sittenwidrig, so führt dies nicht zwingend zur Nichtigkeit des Gesamtvertrages; vielmehr kann der Vertrag unter **Anwendung von § 139** mit einer **zulässigen Laufzeit** aufrechterhalten werden, sofern dies dem Willen beider Parteien entspricht.[467] Dabei werden die Leistungspflichten der Brauerei aber nicht reduziert.[468] Beruht die Sittenwidrigkeit (auch) auf anderen Gründen, so kommt eine Aufrechterhaltung des Vertrages über § 139 nicht in Betracht.[469] Die Rückführung auf eine zulässige Gesamtdauer scheidet auch dann aus, wenn der Vertrag bei Klageerhebung schon länger als zulässig abgewickelt worden ist.[470] Wurde der Vertrag unter Verwendung von **AGB** abgeschlossen, so ist die durch den Wegfall der Klausel entstandene Lücke gem. § 306 Abs. 2 im Wege ergänzender Vertragsauslegung zu schließen.[471]

4. Ehe und Familie

Literatur: *Dauner-Lieb*, Reichweite und Grenzen der Privatautonomie im Ehevertragsrecht, AcP 201 (2001), 295; *dies.*, Richterliche Überprüfung von Eheverträgen nach dem Urteil des BGH v. 11.2.2004 – XII ZR 265/02, FF 2004, 65; *Hoffmann*, Außergerichtliche Unterhaltsvereinbarungen, FF 2004, 1; *Dethloff*, Familienrecht, 29. Auflage 2009; *Weyrauch*, Zulässigkeitsfragen und abstammungsrechtliche Folgeprobleme bei künstlicher Fortpflanzung im deutschen und US-amerikanischen Recht, 2003.

175 **a) Ersatz- und Leihmutterschaft.** Verpflichtet sich eine Frau gegenüber einem Dritten, als Ersatz- oder Leihmutter gegen Entgelt ein Kind zur Welt zu bringen, um dieses nach der Geburt an den Vertragspartner herauszugeben, so ist der Vertrag bei Einsatz von **künstlichen Fortpflanzungsmethoden** im Allgemeinen schon nach § 134 iVm § 1 Nr. 7 ESchG nichtig (vgl dazu § 134 Rn 154). Soweit kein gesetzliches Verbot eingreift (zB bei natürlicher Zeugung[472]), sind entsprechende Verträge nach Abs. 1 nichtig.[473] Bei der Beurteilung der Sittenwidrigkeit steht die Sorge um das **Wohl und die Würde des Kindes** im Vordergrund. Daneben darf auch die **Würde der gebärenden Frau** nicht vernachlässigt werden. Eine Gefährdung dieser Schutzgüter liegt insbesondere in der **Kommerzialisierung menschlicher Fortpflanzung**.[474] Hinzu kommt die Gefahr psychischer Beeinträchtigungen.[475] Schließlich wäre die Herausgabe des Kindes an den Vertragspart-

462 St.Rspr seit BGH NJW 1988, 2364; 1988, 2362; NJW-RR 1989, 519 unter Aufgabe von BGH NJW 1979, 2149; vgl auch BGH NJW-RR 1992, 593, 594; OLG München OLG-Report 2004, 76; Soergel/*Hefermehl*, § 138 Rn 127.
463 BGH NJW-RR 1989, 519; 1992, 593, 594.
464 *Wahl*, S. 19.
465 *Wahl*, S. 20; vgl auch RGZ 152, 251.
466 OLG Köln NJW-RR 1995, 1516.
467 BGH NJW 1972, 1459; 1992, 2145; Erman/*Palm*, § 138 Rn 88.
468 BGH NJW 1985, 2693, 2695; 1992, 2145.
469 *Paulusch*, S. 62.
470 BGH NJW-RR 1990, 816, 817.
471 *Graf v. Westphalen*, Rn 17; aA Staudinger/Coester, § 307 Rn 539: Vertrag ohne Laufzeitregelung mit Kündigungsrecht der Brauerei entsprechend § 580 a Abs. 1 Nr. 3.
472 Dazu LG Freiburg NJW 1987, 1486, 1488.
473 Vgl OLG Hamm NJW 1986, 781; Palandt/*Ellenberger*, § 138 Rn 48; Soergel/*Hefermehl*, § 138 Rn 214; Staudinger/*Sack* § 138 Rn 450; *Dethloff*, Familienrecht, Rn 76; *Larenz/Wolf*, BGB AT, § 41 Rn 50; vgl auch *Kollhosser*, JZ 1986, 446. Ausf. dazu *Weyrauch*, S. 129 ff.
474 MüKo/*Armbrüster*, § 138 Rn 66.
475 Hierzu OLG Hamm NJW 1986, 781, 783.

ner häufig mit tatsächlichen und rechtlichen Schwierigkeiten verbunden, die dem Wohl des Kindes abträglich sind.[476] Dieses Problem wird durch § 1591 eher verstärkt, weil die Wunschmutter keine Anfechtungsmöglichkeit hat.[477] Umgekehrt kann es aber auch zu „negativen Konflikten“ kommen, wenn sowohl die gebärende Frau als auch die Wunschmutter nach der Geburt kein Interesse an dem Kind hat.[478]

Die **Vermittlung von Leihmüttern** ist nach § 13 a–d AdVermG verboten. Die Nichtigkeit eines solchen Vermittlungsvertrages ergibt sich daher aus § 134 (vgl § 134 Rn 153).[479] **176**

b) Heterologe Insemination. Inwiefern Verträge, die die Vornahme einer heterologen Insemination zum Inhalt haben, als sittenwidrig anzusehen sind, ist umstritten.[480] Im Ausgangspunkt ist zu beachten, dass einige Modalitäten der heterologen Insemination nach dem **Embryonenschutzgesetz** verboten sind; die Nichtigkeit einer hierauf gerichteten Vereinbarung folgt dann schon aus § 134 (vgl § 134 Rn 153). Der Regelfall einer heterologen Insemination zur Erfüllung des gemeinsamen Kinderwunsches der Frau und ihres zeugungsunfähigen Ehemanns oder Lebensgefährten ist im Embryonenschutzgesetz indes nicht geregelt. Ein großer Teil der Literatur geht traditionell von der grundsätzlichen **Sittenwidrigkeit** aus.[481] Eine Ausnahme wird teilweise anerkannt, sofern das **Recht des Kindes auf Kenntnis der eigenen Abstammung** gewährleistet ist[482] und das durch das Auseinanderfallen von genetischer und sozialer Vaterschaft hervorgerufene Konfliktpotential beseitigt wird.[483] **177**

Das Konfliktpotenzial ergab sich in den Fällen der heterologen Insemination insbesondere daraus, dass der Ehemann nach der Rechtsprechung des BGH durch die Zustimmung zur heterologen Insemination nicht gehindert war, die Vaterschaft **anzufechten**.[484] Der BGH hat die Konsequenzen zwar durch die Annahme gemildert, aufgrund der Vereinbarung zwischen den Eheleuten über die Vornahme der heterologen Insemination komme ein berechtigender Vertrag zugunsten des Kindes zustande, aus dem der Ehemann auch nach der Anfechtung zur **Unterhaltsleistung** verpflichtet sei.[485] Die Rechtslage war aber gleichwohl unbefriedigend. **178**

Bei der Würdigung des Meinungsstreits über die rechtsethische Bewertung der heterologen Insemination ist zu beachten, dass der Gesetzgeber das eben geschilderte Konfliktpotenzial durch das KindRVerbG vom 9.4.2002[486] deutlich entschärft hat. Denn der durch dieses Gesetz eingefügte § 1600 Abs. 5 (damals Abs. 2) sieht vor, dass die **Anfechtung der Vaterschaft** durch den Mann oder die Mutter **ausgeschlossen** ist, wenn das Kind mit Einwilligung des Mannes und der Mutter durch künstliche Befruchtung mittels Samenspende eines Dritten gezeugt worden ist. Der Gesetzgeber hat sich in diesem Zusammenhang zwar einer Stellungnahme bezüglich der Zulässigkeit der heterologen Insemination enthalten.[487] Die Vorschrift des § 1600 Abs. 5 lässt jedoch den Schluss zu, dass er von der **grundsätzlichen Zulässigkeit** dieser Fortpflanzungsmethode ausgegangen ist.[488] Soweit die statusrechtlichen Fragen durch § 1600 Abs. 5 geklärt sind, kann die heterologe Insemination somit nicht mehr als sittenwidrig angesehen werden, es sei denn, das Recht des Kindes auf Kenntnis der eigenen Abstammung ist nicht gewahrt. Das Verdikt der Sittenwidrigkeit ist auch dann nicht mehr gerechtfertigt, wenn der Wunschvater und die Mutter **nicht miteinander verheiratet** sind.[489] Denn § 1600 Abs. 5 erfasst auch den Fall, dass der Mann die Vaterschaft nach § 1592 Nr. 2 anerkannt hat.[490] Um statusrechtliche Probleme im Interesse des Kindes zu vermeiden, muss der nichteheliche Wunschvater die Vaterschaft aber **vor** Durchführung der künstlichen Befruchtung anerkennen. **179**

c) Vereinbarungen über Kinderlosigkeit und Empfängnisverhütung. Vereinbarungen über die Kinderlosigkeit der Ehe betreffen den **höchstpersönlichen Bereich** der Ehegatten und sind deshalb (und nicht wegen Unvereinbarkeit mit dem „Wesen der Ehe“) nach Abs. 1 nichtig.[491] Das Gleiche gilt für Vereinbarungen zwischen Ehegatten oder Partnern nichtehelicher Lebensgemeinschaften über die **Einnahme empfängnis-** **180**

476 Staudinger/*Sack*, § 138 Rn 450. Zur Auflösung solcher Konflikte in Fällen mit Auslandsberührung vgl *Looschelders*, IPRax 1999, 420, 422 f.
477 Krit. etwa MüKo/*Seidel*, § 1591 Rn 16 ff.
478 Vgl *Dethloff*, Familienrecht, § 10 Rn 97; *Weyrauch*, S. 130.
479 Erman/*Palm*, § 134 Rn 23; *Coester-Waltjen*, FamRZ 1992, 369, 371.
480 Staudinger/*Sack* § 138 Rn 451; MüKo/*Armbrüster*, § 138 Rn 66. Ausf. dazu *Weyrauch*, S. 94 ff.
481 So etwa MüKo/*Armbrüster*, § 138 Rn 66; Palandt/*Ellenberger*, § 138 Rn 48; vgl auch Maunz/Dürig/*Dürig*, GG, Art. 1 I Rn 39; dagegen PWW/*Ahrens*, § 138 Rn 102.
482 Dazu BVerfG NJW 1988, 3010.
483 IdS etwa Palandt/*Ellenberger*, § 138 Rn 48; Staudinger/*Sack*, § 138 Rn 451; *Larenz/Wolf*, BGB AT, § 41 Rn 50.
484 BGHZ 87, 169; BGH NJW 1995, 2921, 2922 f.
485 Vgl BGHZ 129, 297, 302 = NJW 1995, 2028; BGH NJW 1995, 2031, 2032. MüKo/*Wellenhofer*, § 1600 Rn 25 ff.
486 BGBl I S. 239.
487 Vgl BT-Drucks. 14/2096, S. 7.
488 So auch MüKo/*Wellenhofer*, § 1600 Rn 26; *Dethloff*, Familienrecht, § 10 Rn 77; *A. Roth*, JZ 2002, 651, 653.
489 Anders die bislang hM; vgl hierzu *Kirchmeier*, FamRZ 1998, 1281, 1282 f.
490 Vgl Palandt/*Diederichsen*, § 1600 Rn 13.
491 Ähnlich MüKo/*Roth*, § 1353 Rn 10, 42; auf das individuelle Selbstbestimmungsrecht jedes Ehegatten und das Wesen der Ehe abstellend BGHZ 146, 391, 396.

verhütender Mittel.[492] Verletzt die Frau eine solche Vereinbarung (zB durch heimliches Absetzen der Pille), kommen auch keine Schadensersatzansprüche des Mannes aus § 826 in Betracht.[493]

181 **d) Nichteheliche Kinder.** Nachdem der Gesetzgeber die **Unterscheidung** zwischen ehelichen und nichtehelichen **Kindern** durch das Gesetz zur Reform des Kindschaftsrechts vom 16.12.1997[494] **aufgegeben** hat, können ältere Entscheidungen zur Sittenwidrigkeit von Rechtsgeschäften, die auf die besondere Stellung nichtehelicher Kinder bezogen sind, nur noch mit Vorsicht herangezogen werden. Wegen Sittenwidrigkeit nichtig ist aber weiter die **entgeltliche Vereinbarung** zwischen dem Vater und der Mutter eines nichtehelichen Kindes, den **Namen des Vaters** zu **verheimlichen** und **keine Unterhaltsansprüche des Kindes** gegen den Vater geltend zu machen.[495] Anknüpfungspunkt ist nicht die besondere Stellung des nichtehelichen Kindes als solche, sondern dessen Recht auf Kenntnis der eigenen Abstammung sowie dessen Wohl.

182 Der leibliche Vater eines Kindes kann gegenüber dem Ehemann der Mutter eine **wirksame Verpflichtung zu Unterhaltszahlungen** eingehen, ohne dass die nach § 1592 Nr. 1 bestehende Vaterschaft des Ehemannes durch Anfechtung beseitigt sein muss.[496] Die Sperrwirkung des § 1594 Abs. 2 steht dem nicht entgegen, weil durch eine solche Verpflichtung weder die Klarheit der statusrechtlichen Zuordnung noch der Familienfrieden beeinträchtigt wird. Der Ehemann kann sich seinerseits aber im Gegenzug nicht wirksam verpflichten, die Vaterschaft nicht anzufechten. Da die Vaterschaftsanfechtung ein höchstpersönliches Recht ist, wäre ein Verzicht nach § 138 Abs. 1 unwirksam.[497]

183 **e) Adoption.** Die Adoption zur Erreichung eines **gesetzesfremden Zweckes** ist sittenwidrig. Eine rechtsgeschäftliche Abmachung, welche die entgeltliche **Erlangung eines Adelstitels** durch Adoption zum Gegenstand hat, verstößt daher gegen § 138 Abs. 1.[498] Dagegen ist der entsprechende Adoptionsbeschluss, der vor dem Vormundschaftsgericht unter Vorspiegelung eines Eltern-Kind-Verhältnisses erwirkt worden ist, wirksam und kann auch nicht mit Rücksicht auf den gesetzesfremden Zweck aufgehoben werden (vgl §§ 1759, 1760, 1763, 1771).[499] Nichtig ist auch ein Geschäftsbesorgungsvertrag, der darauf gerichtet ist, den Titel-Interessenten gegen Entgelt mit einem adoptionswilligen Adeligen zusammenzubringen.[500]

184 **f) Verlöbnis.** Die Eingehung eines Verlöbnisses **bei noch bestehender Ehe** eines der Partner ist sittenwidrig, da ein solches Vorgehen mit dem Wesen der Ehe unvereinbar ist.[501] Dies gilt auch dann, wenn sich die Ehepartner im Scheidungsverfahren befinden.[502] Hierbei trägt nicht so sehr das Argument, die Anerkennung des Verlöbnisses stünde einer Wiederherstellung des ehelichen Lebens entgegen.[503] Vielmehr schützt Art. 6 GG die Ehe, solange sie besteht, also bis zum Abschluss des gerichtlichen Scheidungsverfahrens. Durch die rechtliche Anerkennung eines neuen Verlöbnisses oder Eheversprechens würde der Ehescheidung im Wege des gerichtlichen Verfahrens faktisch vorgegriffen.[504] Nach Scheidung der Ehe kommt aber die Annahme einer konkludenten Bestätigung des Verlöbnisses nach § 141 in Betracht.[505] Davon abgesehen schließt die Sittenwidrigkeit des Verlöbnisses nicht notwendig die Annahme eines **Angehörigenverhältnisses im strafrechtlichen Sinne** (§ 11 Abs. 1 Nr. 1 a StGB) aus.[506] Das Eheversprechen eines bereits Verlobten verstößt gegen das Wesen des Verlöbnisses und ist daher ebenfalls sittenwidrig.[507] Das zweite Verlöbnisversprechen könnte allerdings einen konkludenten Rücktritt vom ersten Verlöbnis darstellen.[508]

185 **g) Schutz der Ehe.** Nach Abs. 1 sind Vereinbarungen sittenwidrig, die den grundlegenden Entscheidungen der Verfassung über das **Institut der Ehe** (Art. 6 GG) zuwiderlaufen (vgl Rn 57 ff). Dies gilt etwa für die Vereinbarung eines Entgeltes oder einer anderen Vermögenszuwendung, um eine Person zur Eingehung einer **Scheinehe** zu veranlassen.[509] Sittenwidrig ist auch das Versprechen einer **Vertragsstrafe** für den Fall, dass ein Ehepartner seine familienrechtlichen Pflichten verletzt.[510] Eine Vereinbarung, die das Recht zum **dauernden Getrenntleben** zum Gegenstand hat, ohne dass die Voraussetzungen des § 1353 Abs. 2 erfüllt sind,

492 BGHZ 97, 372, 379; 146, 391, 396; Soergel/*Hefermehl*, § 138 Rn 21; MüKo/*Roth*, § 1353 Rn 10, 42; *Medicus*, BGB AT, Rn 193 a.
493 BGHZ 97, 372, 379; 146, 391, 396; MüKo/*Roth*, § 1353 Rn 13; aA *Ramm*, JZ 1986, 1011 ff. Ausf. zum Ganzen *Looschelders*, Jura 2000, 169 ff.
494 BGBl I S. 2942.
495 Erman/*Palm*, § 138 Rn 100; Staudinger/*Sack*, § 138 Rn 448.
496 BGHZ 46, 56, 59 f; Erman/*Palm*, § 138 Rn 100; Staudinger/*Sack*, § 138 Rn 449.
497 So iE auch BGHZ 87, 169, 172 ff; 129, 297, 301; MüKo/*Wellenhofer*, § 1600 Rn 23.
498 BGH NJW 1997, 47, 48; MüKo/*Armbrüster*, § 138 Rn 67.
499 KG FamRZ 1987, 635, 637; OLG Schleswig FamRZ 1995, 1016; Palandt/*Diederichsen*, § 1771 Rn 2; aA OLG Köln NJW 1980, 63.
500 BGH NJW 1997, 47, 48.
501 RGZ 170, 72, 76; OLG Karlsruhe NJW 1988, 3023, 3024; BGH VRS 36 [1969] 20, 22; Staudinger/*Sack*, § 138 Rn 429; Palandt/*Ellenberger*, § 138 Rn 46.
502 BayObLG NJW 1983, 831, 832; Staudinger/*Sack*, § 138 Rn 429; aA MüKo/*Roth*, § 1297 Rn 14; *Dethloff*, Familienrecht, § 2 Rn 10; von BGH VRS 36 (1969), 20, 22 offen gelassen.
503 So aber BayObLG NJW 1983, 831, 832.
504 Vgl Staudinger/*Sack*, § 138 Rn 429.
505 Vgl MüKo/*Roth*, § 1297 Rn 14.
506 MüKo/*Roth*, § 1297 Rn 14, 20.
507 RGZ 105, 245; Soergel/*Hefermehl*, § 138 Rn 221.
508 Vgl MüKo/*Roth*, § 1297 Rn 14.
509 OLG Düsseldorf FamRZ 1983, 1023; Palandt/*Ellenberger*, § 138 Rn 46.
510 RGZ 158, 294, 300; Palandt/*Ellenberger*, § 138 Rn 46.

verstößt entgegen der hM[511] nicht gegen die guten Sitten. Denn es ist nicht Sache der staatlichen Rechtsordnung, dem Ehegatten eine bestimmte Lebensgestaltung vorzugeben.

h) Ehescheidung. Die gesetzliche Möglichkeit der Ehescheidung kann **nicht** durch Vereinbarung **abbedungen** oder **wesentlich erschwert** werden. Eine entsprechende Vereinbarung verstößt gegen die Wertungen des Art. 6 GG und der §§ 1564 ff und ist daher sittenwidrig.[512] Die Ehegatten können daher nicht für den Fall der Scheidung die **Geltung des Verschuldensprinzips** vereinbaren.[513] Eine Scheidungsvereinbarung ist sittenwidrig, wenn sie ein **Wohnsitzverbot** für einen Ehepartner vorsieht und damit dessen Freizügigkeit (Art. 11 GG) beschränkt (vgl Rn 62).[514] Gültig ist dagegen der Verzicht auf ein schon entstandenes Scheidungsrecht;[515] allerdings lebt das Scheidungsrecht wieder auf, sobald neue Tatsachen die gesetzlichen Scheidungstatbestände erfüllen.[516] Sittenwidrig ist schließlich ein Rechtsgeschäft, das eine gesetzlich noch nicht zulässige Scheidung ermöglichen soll (zB durch falsche Angaben über die Dauer des Getrenntlebens gegenüber dem Familiengericht).[517] **186**

Auch **vermögensrechtliche Vereinbarungen** können wegen unangemessener Erschwerung der Scheidung sittenwidrig sein. Dies gilt insbesondere, wenn die für den Fall der Scheidung vereinbarte Leistung gerade darauf abzielt, den Versprechenden von der künftigen Erhebung eines Scheidungsantrags abzuhalten, etwa durch eine Abfindung in existenzvernichtender Höhe oder ein entsprechendes Vertragsstrafeversprechen.[518] Eine Vereinbarung, die einen Ehegatten im Falle der Auflösung der Ehe verpflichtet, seinen durch die Eheschließung erworbenen **Ehenamen wieder aufzugeben**, ist grundsätzlich wirksam. Im Einzelfall können aber besondere Umstände vorliegen, welche die Vereinbarung als sittenwidrig erscheinen lassen (zB wenn der Verzicht auf die Fortführung des Ehenamens entgeltlich erfolgt).[519] **187**

i) Unangemessene Benachteiligungen in Eheverträgen. Die Ehegatten haben grundsätzlich das Recht, ihre finanziellen Angelegenheiten für den Fall der Scheidung durch Ehevertrag **frei zu gestalten**. Sie können dabei grundsätzlich auch die gesetzlichen Ansprüche auf Unterhalt, Zugewinnausgleich und Versorgungsausgleich durch andere Regelungen ersetzen oder ganz ausschließen. Die Gestaltungsfreiheit wird jedoch durch die **Gleichberechtigung der Ehepartner** (Art. 3 Abs. 2 GG) begrenzt. Ein Verstoß gegen Art. 3 Abs 2 GG liegt vor, wenn der Vertrag die Lasten einem Ehegatten einseitig aufbürdet und dies auf einer erheblichen Ungleichheit der Verhandlungsstärke beruht, so dass von einer überwiegenden **Fremdbestimmung** des unterlegenen Ehepartners auszugehen ist.[520] Nach der Rechtsprechung des BVerfG (Rn 58) hat der schwächere Ehepartner in solchen Fällen aus Art. 2 Abs. 1 iVm Art. 6 GG ein Recht auf Schutz vor unangemessenen Benachteiligungen durch den Ehevertrag.[521] Dies gilt insbesondere dann, wenn der Vertrag für den Scheidungsfall eine **einseitige Lastenverteilung** zum Nachteil der Frau vorsieht und vor der Ehe im Zusammenhang mit einer Schwangerschaft geschlossen worden ist.[522] **188**

Aus diesen verfassungsrechtlichen Vorgaben hat der BGH in seinem grundlegenden Urteil vom 11.2.2004[523] Konsequenzen gezogen. Dabei hat er zunächst klargestellt, dass es auf die Frage, wann ein Ehevertrag nach Abs. 1 sittenwidrig oder nach § 242 treuwidrig ist, keine allgemein gültige Antwort gibt. Erforderlich sei vielmehr eine **umfassende Würdigung aller Vereinbarungen im Einzelfall**. Die richterliche Kontrolle müsse umso strenger sein, je stärker der Ehevertrag in den **Kernbereich** der gesetzlich vorgesehenen Scheidungsfolgen (insbesondere den Anspruch auf Betreuungsunterhalt nach § 1570) eingreife.[524] Dass der benachteiligte Ehegatte von einem Notar über den Inhalt des Vertrages belehrt worden sei, stehe der Notwendigkeit einer gerichtlichen Inhaltskontrolle nicht entgegen.[525] **189**

Ob die Kontrolle von Eheverträgen auf der Grundlage von Abs. 1 oder § 242 zu erfolgen hat, war zunächst umstritten.[526] Der BGH befürwortet in ständiger Rechtsprechung ein **zweistufiges Vorgehen**. In einem ersten **190**

511 OLG Düsseldorf FamRZ 1981, 545 mit abl. Anm. *Knütel*; Palandt/*Ellenberger*, § 138 Rn 46; RGRK/*Krüger-Nieland/Zöller*, § 138 Rn 228; wie hier MüKo/*Roth*, § 1353 Rn 34.
512 BGHZ 97, 304, 307 f; BGH NJW 1990, 703, 704; OLG Hamm FamRZ 1991, 443, 444; MüKo/*Armbrüster*, § 138 Rn 65; Staudinger/*Sack* § 138 Rn 431.
513 Palandt/*Ellenberger*, § 138 Rn 46.
514 BGH NJW 1972, 1414 f; Erman/*Palm*, § 138 Rn 100; Staudinger/*Sack*, § 138 Rn 435, 467.
515 *Knütel*, FamRZ 1985, 1089 ff.
516 BGHZ 97, 304, 308 f.
517 BGH NJW 2003, 1860, 1862; Palandt/*Ellenberger*, § 138 Rn 46.
518 BGHZ 97, 304, 307; BGH NJW 1990, 703, 704; 1997, 192; OLG Hamm FamRZ 1991, 443; *Hoffmann*, FF 2004, 1, 7.
519 BGH NJW 2008, 1528, 1529 mwN; Palandt/*Brudermüller*, § 1355 Rn 14.
520 Vgl BVerfG FamRZ 1994, 151 und BVerfGE 103, 89 ff = NJW 2001, 957 = FamRZ 2001, 343 m.Anm. *Schwab*; vgl dazu auch *Hoffmann*, FF 2004, 1, 7; *Papier*, FF 2003, 4, 7.
521 BVerfGE 103, 89 ff = NJW 2001, 957, 958; BVerfG NJW 2001, 2248.
522 BVerfGE 103, 89 ff = NJW 2001, 957, 958; BVerfG NJW 2001, 2248; BGH NJW 2009, 2124; *Papier*, FF 2003, 4, 7.
523 BGHZ 158, 81 = NJW 2004, 930; dazu *Dauner-Lieb*, FF 2004, 65 ff.
524 BGHZ 158, 81, 97 = NJW 2004, 930, 933.
525 BGHZ 158, 81, 99 = NJW 2004, 930, 934; aA *Langenfeld*, DNotZ 2001, 272.
526 Ausf. dazu *Dauner-Lieb*, AcP 201 (2001), 295, 324 ff.

Schritt wird auf der Grundlage des Abs. 1 geprüft, ob die Vereinbarung eine so einseitige Lastenverteilung für den Scheidungsfall vorsieht, dass sie unabhängig von allen künftigen Entwicklungen sittenwidrig ist (**Wirksamkeitskontrolle**). Soweit dies verneint wird, geht das Gericht in einem zweiten Schritt der Frage nach, ob sich der begünstigte Ehegatte nach den Verhältnissen bei Scheitern der Ehe rechtsmissbräuchlich (§ 242) verhält, wenn er sich auf die Vereinbarung beruft (**Ausübungskontrolle**).[527]

191 **j) Insbesondere: Vereinbarungen über nachehelichen Unterhalt und Versorgungsausgleich.** Die nach § 1585 c eröffnete Möglichkeit der Ehepartner, für den Fall der Scheidung Vereinbarungen über den nachehelichen Unterhalt zu treffen, schließt grundsätzlich auch einen vollständigen Unterhaltsverzicht ein. Dies gilt auch für den **Betreuungsunterhalt** (§ 1570).[528] Allerdings gehört es gem. Art. 6 Abs. 2 GG zur Verantwortung der Eltern, für einen angemessenen Unterhalt des Kindes zu sorgen und seine Betreuung sicherzustellen.[529] Die Rechtsprechung hat daher an die Wirksamkeit des Verzichts auf Betreuungsunterhalt bislang besonders strenge Anforderungen gestellt. Ob hieran nach der Einschränkung des Anspruchs durch das **UntÄndG** vom 21.12.2007[530] festzuhalten ist, erscheint allerdings fraglich.[531] Zu beachten ist jedenfalls, dass eine den geringeren Standards des neuen Rechts entsprechende Vereinbarung nicht als sittenwidrig oder treuwidrig qualifiziert werden kann.[532] Im Übrigen hat der BGH schon vor der Reform des Unterhaltsrechts die Auffassung vertreten, die Begrenzung des Betreuungsunterhalts auf die Zeit bis zum sechsten Geburtstag des jüngsten Kindes sei keineswegs schlechthin sittenwidrig.[533] Der Verzicht auf Betreuungsunterhalt ist aber sittenwidrig, wenn hierdurch das Kindeswohl gefährdet wird.[534] Stellt sich die Berufung auf einen entsprechenden Verzicht erst aufgrund einer späteren Entwicklung als rechtsmissbräuchlich dar, kommt eine Korrektur nach § 242 in Betracht.[535]

192 Der Unterhaltsverzicht kann nach § 1585 c bereits **vor der Eheschließung** erklärt werden.[536] Nach den von der Rechtsprechung entwickelten Grundsätzen (Rn 188 ff) muss in diesem Fall aber besonders genau geprüft werden, ob der Verzicht nicht als Ausdruck **gestörter Verhandlungsparität** sittenwidrig ist oder ob der andere Teil nicht zumindest rechtsmissbräuchlich handelt, wenn er sich auf den Verzicht beruft. Bei dem weitgehend parallelen Anspruch eines **nicht verheirateten Elternteils** auf Betreuungsunterhalt nach § 1615 l Abs. 2 ist ein Verzicht auf Unterhalt für die Zukunft gem. § 1615 l Abs. 3 S. 1 iVm § 1614 kraft Gesetzes von vornherein ausgeschlossen. Diese Wertung muss auch bei der Beurteilung der Sittenwidrigkeit des Verzichts auf Betreuungsunterhalt nach § 1570 in den ersten drei Jahren nach der Geburt des Kindes (sog. Basisunterhalt) berücksichtigt werden.[537]

193 Die Freistellung eines Ehegatten von seiner Unterhaltsverpflichtung als Gegenleistung für die **Nichtausübung des Umgangsrechts** ist jedenfalls dann sittenwidrig, wenn das Kindeswohl entgegensteht.[538] Möglich ist jedoch eine Vereinbarung, in der ein Elternteil die elterliche Sorge für das gemeinsame Kind übernimmt und den anderen Elternteil von seiner Unterhaltspflicht dem Kind gegenüber befreit, wenn dies dem Wohl des Kindes entspricht.[539]

194 Ein Unterhaltsverzicht kann im Übrigen auch dann sittenwidrig sein, wenn er objektiv zwangsläufig die **Sozialhilfebedürftigkeit** eines Ehegatten nach sich zieht und die Ehegatten sich dessen bewusst sind.[540] Unerheblich ist, ob eine Schädigung des Trägers der Sozialhilfe beabsichtigt ist.[541] Der Anspruch auf Sozialhilfe soll nur subsidiär eingreifen, wenn keine Privatperson in die Verantwortung genommen werden kann. Der Unterhaltsverzicht darf deshalb nicht dazu eingesetzt werden, um den Unterhalt auf den Sozialhilfeträger abzuwälzen und damit die Verzichtsvereinbarung auf Kosten der Allgemeinheit zu treffen.[542] Umgekehrt kann aber auch die Vereinbarung eines **über den gesetzlichen Unterhalt hinaus** gehenden Ausgleichs sittenwidrig

527 BGHZ 158, 81, 93 ff = NJW 2004, 930, 935; BGH NJW 2005, 137, 138; 2005, 139, 140; 2005, 2386, 2387; 2007, 904, 905; 2007, 907, 2008, 1080, 1081; 2009, 842, 844; 2009, 2124; ausf. dazu Staudinger/*Looschelders/Olzen*, § 242 Rn 936.
528 BGHZ 158, 81, 97 = NJW 2004, 930, 934; NJW 2007, 2851, 2853; Palandt/*Brudermüller*, § 1585 c Rn 16; Erman/*Graba*, § 1570 Rn 19.
529 BVerfGE 60, 79, 91, 93.
530 BGBl. I S. 3189.
531 Vgl einerseits *Eickelberg* RNotZ 2009, 1, 22; andererseits *Berringer/Menzel*, MittBayNot 2008, 165, 174.
532 Staudinger/*Looschelders/Olzen*, § 242 Rn 937.
533 BGH NJW 2007, 2851, 2853; vgl auch Palandt/*Brudermüller*, § 1587 c Rn 16.
534 BVerfG FamRZ 2001, 343, 347 f.
535 Vgl BGHZ 158, 81, 100; Staudinger/*Looschelders/Olzen*, § 242 Rn 936.
536 BGH NJW 1992, 3164; Palandt/*Brudermüller*, § 1585 c Rn 3.
537 Näher dazu Staudinger/*Looschelders/Olzen*, § 242 Rn 937.
538 BGH FamRZ 1984, 778; vgl auch *Hoffmann*, FF 2004, 1, 7.
539 BGH NJW 1986, 1168.
540 BGHZ 86, 82, 86 ff = NJW 1983, 1851; BGH NJW 1991, 913, 914; 1992, 3164, 3165; OLG Hamm FamRZ 1989, 398; OLG Köln FamRZ 1990, 634; OLG Hamm FamRZ 2000, 31; vgl auch Erman/*Wellenhofer*, § 1587 c Rn 19; Staudinger/*Sack*, § 138 Rn 359 ff.
541 BGH NJW 2007, 904, 905.
542 BGHZ 86, 82, 88; BGH NJW 1991, 913, 914; 1992, 3164, 3165.

sein, wenn dies bewirkt, dass der zahlungspflichtige Ehegatte finanziell überfordert wird und deshalb ergänzender Sozialleistungen bedarf.[543]

Vereinbarungen über den **Versorgungsausgleich** sind nach **denselben Kriterien** zu prüfen wie ein Unterhaltsverzicht.[544] So ist ein kompensationslos vereinbarter Ausschluss des Versorgungsausgleichs sittenwidrig, wenn die Ehefrau bei Abschluss des Vertrags schwanger ist und die Ehegatten bewusst in Kauf nehmen, dass sie wegen der Kinderbetreuung künftig keiner Arbeit mehr nachgehen und keine Versorgungsanrechte erwerben wird.[545]

5. Erbrecht

Literatur: *Brox/Walker*, Erbrecht, 24. Auflage 2010; *Gaier*, Die Bedeutung der Grundrechte für das Erbrecht, ZEV 2006, 2; *Gutmann*, Der Erbe und seine Freiheit, NJW 2004, 2347; *Joussen*, Das Testament zugunsten behinderter Kinder, NJW 2003, 1851; *Lange/Kuchinke*, Erbrecht, 5. Auflage 2001; *Litzenburger*, Das Bedürftigentestament – Erbfolgegestaltung zu Gunsten von Langzeitarbeitslosen (Hartz IV – Empfängern), ZEV 2009, 278; *Olzen*, Erbrecht, 3. Aufl. 2009; *Otte*, Die Bedeutung der „Hohenzollern"-Entscheidung des Bundesverfassungsgerichts für die Testierfreiheit, ZEV 2004, 393; *Röthel*, Testierfreiheit und Testiermacht, AcP 210 (2010), 32; *Scheuren-Brandes*, Wiederverheiratungsklauseln nach der Hohenzollern-Entscheidung – Handlungsbedarf für die Gerichtspraxis, ZEV 2005, 185; *Schnabl/Hamelmann*, Das Ende der Sittenwidrigkeit sog. Geliebtentestamente, Jura 2009, 161; *Smid*, Rechtliche Schranken der Testierfreiheit aus § 138 I BGB, NJW 1990, 409; *A. Staudinger*, Die Nichtigkeit der Verfügungen von Todes wegen und der Erbstreit im Adelshause Hohenzollern, Jura 2000, 467.

a) Allgemeines. Bei der Beurteilung der Sittenwidrigkeit letztwilliger Verfügungen hat die **Testierfreiheit** des Erblassers (Art. 14 Abs. 1 GG) zentrale Bedeutung (vgl Rn 53).[546] Ein Testament ist nur dann nach § 138 nichtig, wenn **besonders schwerwiegende Gründe** im Einzelfall eine Einschränkung der Testierfreiheit gebieten.[547] Der Erblasser ist daher zB nicht zur Gleichbehandlung seiner Abkömmlinge verpflichtet.[548] Desgleichen ist die Enterbung von Abkömmlingen oder anderen nahen Angehörigen grundsätzlich nicht sittenwidrig, weil diese durch das **Pflichtteilsrecht** hinreichend geschützt sind.[549] Auf der anderen Seite ist der Erbe berechtigt, auf die Erbschaft einschließlich des gesetzlichen Pflichtteils zu **verzichten**. Dies gilt auch bei Überschuldung des Verzichtenden.[550] **195**

Bei der Beurteilung der Sittenwidrigkeit von **letztwilligen Verfügungen** ist grundsätzlich auf den **Zeitpunkt der Vornahme** abzustellen.[551] Eine letztwillige Verfügung bleibt damit auch bei einem Wandel der Wertvorstellungen wirksam. War die letztwillige Verfügung im Zeitpunkt der Errichtung sittenwidrig, so ist es aber gerechtfertigt, einen zum Ausschluss der Sittenwidrigkeit führenden Wandel der Wertvorstellungen zu berücksichtigen (vgl Rn 126). **196**

b) Das Geliebtentestament. Die Rechtsprechung zum sog. Geliebten- oder Mätressentestament kann auf eine wechselvolle Geschichte zurückblicken. Nach der neueren Rechtsprechung ist das Testament nur noch dann nach Abs. 1 nichtig, wenn damit ausschließlich der **Zweck** verfolgt wird, die Geliebte für die geschlechtliche Hingabe zu entlohnen oder die Fortsetzung der sexuellen Beziehung zu fördern.[552] Die Verfolgung dieses Zweckes wird jedoch **nicht vermutet**, sondern bedarf des Beweises durch den, der sich auf die Sittenwidrigkeit beruft.[553] Die Ehefrau kann das Testament folglich nicht allein deshalb wegen Sittenwidrigkeit angreifen, weil der in Scheidung lebende Mann seine neue Lebensgefährtin als Alleinerbin eingesetzt hat.[554] **197**

Das am 1.1.2002 in Kraft getretene **Prostitutionsgesetz** (dazu Anh. zu § 138) erfordert eine weitere Einschränkung der Sittenwidrigkeit von Geliebtentestamenten. Nach § 1 S. 1 ProstG begründet die Vornahme sexueller Handlungen gegen ein vorher vereinbartes Entgelt eine rechtswirksame Forderung. Vor diesem Hintergrund kann die Sittenwidrigkeit von Geliebtentestamenten nicht mehr mit der Entlohnung für geschlechtliche Hingabe begründet werden. Dies hätte nämlich zur Folge, dass Geliebtentestamente stärker missbilligt würden als die Prostitution. Geliebtentestamente sind daher grundsätzlich **nicht mehr nach § 138 nichtig**.[555] Sittenwidrigkeit kommt aber nach wie vor in Betracht, wenn eine **Gesamtwürdigung** der **198**

543 BGH NJW 2009, 842, 845.
544 BGHZ 158, 81, 98; BGH FamRZ 2008, 582, 584.
545 BGH NJW 2009, 2124.
546 BGHZ 111, 36, 39; 123, 368, 371; 140, 118; BVerfGE 91, 346, 358; BVerfG NJW 2000, 2495; 2004, 2008, 2010; *Brox/Walker*, Erbrecht, Rn 263; ausf. *Röthel*, AcP 210 (2010), 32 ff.
547 BGHZ 111, 36, 40; 140, 118, 129; OLG Düsseldorf FamRZ 1998, 583 f.
548 BVerfG NJW 2000, 2495; NJW 2004, 2008, 2010; Staudinger/*Otte*, Einl. zum ErbR, Rn 88.
549 Vgl BGHZ 111, 36, 40; BayObLG NJW 1990, 2055, 2056 f; *Brox/Walker*, Erbrecht, Rn 263; *Olzen*, Erbrecht, Rn 260.
550 BGH NJW 1997, 2384.
551 So auch BGHZ 20, 71, 73 ff; BayObLG ZEV 1997, 119, 120; OLG Stuttgart ZEV 1998, 185, 186; in BGHZ 140, 118, 128 offen gelassen; aA OLG Hamm OLGZ 1979, 425, 427 f.
552 BGHZ 112, 259, 262.
553 BGHZ 53, 369, 379; BGH FamRZ 1971, 638, 639; Staudinger/*Sack*, § 138 Rn 441.
554 OLG Düsseldorf FamRZ 1998, 583.
555 PWW/*Ahrens*, § 138 Rn 104; MüKo/*Armbrüster*, § 1 ProstG Rn 26; Staudinger/*Sack*, § 138 Rn 445.

Umstände ergibt, dass die letztwillige Verfügung für die erbberechtigten Kinder oder den Ehegatten unzumutbar ist,[556] zB weil sie diese dazu zwingt, mit der Geliebten des verstorbenen Ehegatten in einem Haus zusammenzuleben.[557]

199 **c) Behinderten- und Bedürftigentestament.** Rechtsgeschäfte **zulasten der Allgemeinheit** (insbesondere der Sozialhilfe) sind grundsätzlich sittenwidrig (vgl Rn 119). Dies gilt jedoch nach der Rechtsprechung des BGH nicht für das sog. **Behindertentestament**.[558] Hier geht es dem Erblasser darum, sein Vermögen vor dem Zugriff des Sozialhilfeträgers zu schützen. Zu diesem Zweck setzt der Erblasser sein behindertes Kind lediglich zum Vorerben ein. Der Erbteil wird dabei so bemessen, dass er knapp über dem Pflichtteil liegt. Nacherbe wird ein anderes Familienmitglied, das bis zum Tod des Kindes dessen Dauertestamentsvollstrecker und gleichzeitig Vollerbe des übrigen Nachlasses ist. Da der auf das behinderte Kind entfallende Erbteil über dem Pflichtteil liegt, ist die Beschwerung durch Einsetzung eines Nacherben und Anordnung der Testamentsvollstreckung nicht nach § 2306 Abs. 1 S. 1 unwirksam. Wegen der Dauervollstreckung (§ 2209) ist der Sozialhilfeträger zu Lebzeiten des Kindes gehindert, auf die Vorerbschaft Zugriff zu nehmen. Nach dem Tod des Kindes scheitern Ansprüche des Sozialhilfeträgers daran, dass das Kind als Vorerbe kein eigenes Vermögen hinterlässt. Der Nachlass ist damit für den Sozialhilfeträger gesperrt.[559] Die Rechtsprechung ist in der Literatur teilweise auf starke Kritik gestoßen.[560] Dabei wird darauf hingewiesen, dass die Erbmasse dem Sozialhilfeträger nach dem **Subsidiaritätsprinzip** jedenfalls nach dem Tod des Kindes zur Verfügung stehen müsse, da die Gestaltung dann nicht mehr dem Schutz des Behinderten, sondern nur noch der Vermögensmehrung des Nacherben diene.[561] Dem ist jedoch entgegenzuhalten, dass das Subsidiaritätsprinzip grundsätzlich nur für das Vermögen des Hilfeempfängers selbst gilt, nicht aber für das Vermögen seiner Verwandten.[562] Die Frage der Sittenwidrigkeit stellt sich auch beim sog. **Bedürftigentestament**. Hier setzt der Erblasser einen Sozialhilfeempfänger zum nichtbefreiten Vorerben ein, damit dieser trotz der Erbschaft weiterhin Sozialleistungen empfangen kann.[563] Konstruktiv bestehen deutliche Parallelen zum Behindertentestament. Gleichwohl hat das SG Dortmund – entgegen der Rechtsprechung des BGH zum Behindertentestament – jüngst zur Sittenwidrigkeit eines solchen Testaments tendiert.[564] Im gleichen Sinne hat das OLG Hamm entschieden, dass die **Ausschlagung einer werthaltigen Erbschaft** durch einen Sozialhilfeempfänger bzw dessen Betreuer sittenwidrig ist, wenn deshalb die Bedürftigkeit des vorläufigen Erben fortbesteht.[565]

200 **d) Ebenbürtigkeitsklauseln.** Der BGH hat eine sog. Ebenbürtigkeitsklausel, nach der von den Abkömmlingen des Erblassers nur erben kann, wer aus einer **ebenbürtigen Ehe** stammt oder in einer ebenbürtigen Ehe lebt, noch in neuerer Zeit für **wirksam** erachtet, wenn der Erblasser bei der Vererbung des Nachlasses entsprechend der Familientradition auf den Rang seiner Familie Wert legt. Der Eingriff in die **Eheschließungsfreiheit** der Abkömmlinge und die **Diskriminierung nach Abstammung und Herkunft** (Art. 3 Abs. 3 GG) sei mit Rücksicht auf die Testierfreiheit des Erblassers hinzunehmen, wenn die letztwillige Verfügung nicht auf die Beeinträchtigung dieser Grundrechte, sondern auf die Durchsetzung der beschriebenen legitimen Ziele gerichtet sei.[566] Das BVerfG hat die Entscheidung wegen Verletzung des Art. 6 Abs. 1 GG aufgehoben. Dabei hat es zu Recht darauf hingewiesen, dass es in der heutigen Zeit zweifelhaft sei, ob die vom Erblasser intendierte Wahrung des Ebenbürtigkeitsprinzips einen Eingriff in die Eheschließungsfreiheit rechtfertigen könne.[567] Eine verbindliche Entscheidung über den für die Sittenwidrigkeit letztwilliger Verfügungen maßgeblichen **Beurteilungszeitpunkt** ist damit allerdings nicht verbunden.[568] Nach der hier vertretenen Auffassung (Rn 196) kann der Wandel der Wertvorstellungen nicht im Nachhinein noch zur Sittenwidrigkeit einer letztwilligen Verfügung führen. Das Problem muss daher über den Grundsatz von **Treu und Glauben** (§ 242) gelöst werden.[569]

556 BGH NJW 1983, 674, 675 f.
557 Staudinger/*Sack*, § 138 Rn 443.
558 BGHZ 111, 36 = NJW 1990, 2055; BGHZ 123, 368 = NJW 1994, 248; NJW 2011, 1586, 1587; ebenso OLG Köln ZEV 2010, 85, 87 m.Anm. *Armbrüster*; Palandt/*Ellenberger*, § 138 Rn 50 a; PWW/*Ahrens*, § 138 Rn 105; *Lange/Kuchinke*, Erbrecht, § 35 IV 6 d.
559 Zu den Einzelheiten vgl *Olzen*, Erbrecht, Rn 264; *Joussen*, NJW 2003, 1851. Zur Wirksamkeit des Pflichtteilsverzichts eines behinderten Sozialleistungsbeziehers BGH NJW 2011, 1586.
560 Vgl etwa MüKo/*Armbrüster*, § 138 Rn 45; *Eichenhofer*, JZ 1999, 226, 232 f; Staudinger/*Sack*, § 138 Rn 365.
561 Staudinger/*Sack*, § 138 Rn 365.
562 So zutr. BGHZ 111, 36, 42; 123, 368, 374; *Lange/Kuchinke*, § 35 IV 6 d.
563 Ausf. dazu *Litzenburger*, ZEV 2009, 278.
564 SG Dortmund ZEV 2010, 54, 55 m. abl. Anm. *Keim*. .
565 OLG Hamm ZEV 2009, 471 m. zust. Anm. *Leipold*.
566 BGHZ 140, 118, 132 ff = NJW 1999, 566, 568 ff; im gleichen Sinne BayObLG FamRZ 2000, 380; BVerfG NJW 2000, 2495; krit. hingegen *A. Staudinger*, Jura 2000, 467 ff.
567 BVerfG NJW 2004, 2008, 2010 = FamRZ 2004, 765 m.Anm. *Staudinger*; zu den Auswirkungen der Entscheidung auf die Beurteilung von Wiederverheiratungsklauseln *Scheuren-Brandes*, ZEV 2005, 185 ff.
568 Vgl Staudinger/*Otte*, Einl. zum ErbR, Rn 77.
569 So im Hohenzollern-Fall auch LG Hechingen FamRZ 2006, 1410; ebenso schon OLG Stuttgart ZEV 1998, 185; ferner MüKo/*Armbrüster*, § 138 Rn 138; Bamberger/Roth/*Wendtland*, § 138 Rn 28, 75; krit. Staudinger/*Otte*, Einl. zum IPR Rn 77.

6. Gesellschaftsrecht

Literatur: *Drinkuth*, Hinauskündigungsregeln unter dem Damoklesschwert der Rechtsprechung, NJW 2006, 410; *Gehrlein*, Neue Tendenzen zum Verbot der freien Hinauskündigung eines Gesellschafters, NJW 2005, 1969; *Grunewald*, Gesellschaftsrecht, 7. Auflage 2008; *Kilian*, Die Trennung vom „missliebigen" Personengesellschafter – Neue Ansätze in Sachen Ausschluss, Hinauskündigung und Kollektivaustritt?, WM 2006, 1567; *Mecklenbrauck*, Abfindungsbeschränkungen in Gesellschaftsverträgen, BB 2000, 2001; *K. Schmidt*, Gesellschaftsrecht, 4. Auflage 2002; *Weber/Hikel*, Die Wirksamkeit von „Hinauskündigungsklauseln" im Recht der Personenhandelsgesellschaften, NJW 1986, 2752; *H. P. Westermann*, Konzernverrechnungsklauseln, WM-Beil. 2/1986, 2, 9.

a) Allgemeines. Sofern nicht speziellere Vorschriften (dazu Rn 31 f) eingreifen, beurteilt sich die Sittenwidrigkeit von Rechtsgeschäften auch im Gesellschaftsrecht nach Abs. 1. Das Problem stellt sich dabei auf **verschiedenen Ebenen**: Zum einen begründet der Gesellschaftsvertrag zwischen der Gesellschaft und den Gesellschaftern Rechtsbeziehungen, zum anderen stehen die Gesellschafter untereinander in einer rechtlichen Verbindung. Schließlich geht die Gesellschaft im Außenverhältnis mit Dritten Rechtsgeschäfte ein. 201

In seiner Gesamtheit ist der Gesellschaftsvertrag und mit ihm die Gesellschaft als solche **von Anfang an nichtig**, wenn er seinem Inhalt nach auf die Verwirklichung eines sittenwidrigen Tatbestandes gerichtet ist, der **Zweck der Gesellschaft** also für sittenwidrig zu erachten ist (vgl Rn 133).[570] Ist der Gesellschaftsvertrag aus anderen Gründen sittenwidrig, so wird er nach den Grundsätzen über die fehlerhafte Gesellschaft im Allgemeinen nur mit **Wirkung für die Zukunft** als nichtig angesehen.[571] Hier überwiegt nämlich das Interesse an der Vermeidung einer komplizierten Rückabwicklung. Ausnahmsweise wird der Gesellschaftsvertrag jedoch als von Anfang an nichtig betrachtet, wenn er gewichtige Interessen der Allgemeinheit oder einzelner schutzwürdiger Personen verletzt.[572] 202

b) Das Verhältnis von Gesellschaft und Gesellschaftern. aa) Ausschlussklauseln. Gesellschaftsvertragliche Klauseln, nach denen ein Gesellschafter **ohne Vorliegen eines wichtigen Grundes** (zB nach freiem Ermessen) von den übrigen Gesellschaftern aus der Gesellschaft **ausgeschlossen** bzw „**hinausgekündigt**" werden kann, sind grundsätzlich nach Abs. 1 nichtig.[573] Das Gleiche gilt für – neben dem Gesellschaftsvertrag getroffene – schuldrechtliche Vereinbarungen, die dieselbe Wirkung haben sollen.[574] Solche Klauseln begründen die Gefahr, dass der betroffene Gesellschafter sich bei den Entscheidungen, die er im Rahmen des Gesellschaftsvertrages zu treffen hat, von der Erwägung leiten lässt, einen Ausschluss möglichst zu vermeiden. Es wird damit also ein **unzulässiger Druck** auf die Entscheidungsfreiheit des Betreffenden ausgeübt.[575] In Ausnahmefällen kann eine entsprechende Klausel jedoch aufgrund **besonderer Umstände** gerechtfertigt sein.[576] Die genauen Voraussetzungen sind noch nicht abschließend geklärt. Der BGH hat in einer älteren Entscheidung darauf abgestellt, dass der ausgeschlossene Gesellschafter seinen Gesellschaftsanteil **unentgeltlich** erhalten habe.[577] Dem wird jedoch zu Recht entgegengehalten, dass die unentgeltliche Zuwendung eines Gesellschaftsanteils den Beschenkten nicht zum Gesellschafter „zweiter Klasse" machen dürfe.[578] In neuerer Zeit zeichnet sich aber eine zunehmende Großzügigkeit der Rechtsprechung bei der Annahme besonderer Umstände ab.[579] Zulässig ist danach etwa die Vereinbarung eines Ausschließungsrechts zur **Erprobung der Zusammenarbeit**.[580] Wirksam ist auch die Hinauskündigungsklausel in einem sog. **Managermodell**[581]: Dem Geschäftsführer wird hier gegen Zahlung eines Entgelts in Höhe des Nennwerts eine Minderheitsbeteiligung eingeräumt, welche er nach Beendigung seines Geschäftsführeramts gegen eine der Höhe nach begrenzte Abfindung zurück übertragen muss. Gleiches gilt für die – konstruktiv ähnlichen – **Mitarbeitermodelle**.[582] Knüpft das Ausschluss- oder Kündigungsrecht an einen **festen Tatbestand** (zB Tod eines Mitgesellschafters) an, so soll die Sittenwidrigkeit regelmäßig entfallen, weil für willkürliche Entscheidungen der 203

570 BGH WM 1966, 736; NJW 1967, 36, 39; 1970, 1540, 1541; 1973, 900; NJW-RR 2003, 1116; Erman/*Palm*, § 138 Rn 115.

571 RGZ 123, 102, 107 f; 124, 279, 287 f; 142, 98, 102 f; BGH WM 1973, 900, 901; PWW/*Ahrens*, § 138 Rn 108.

572 BGHZ 3, 285, 288; 26, 330, 335; Staudinger/*Sack*, § 138 Rn 108.

573 BGHZ 105, 213, 217; BGHZ 164, 107, 111 = NJW 2005, 3644; MüKo/*Ulmer/Schäfer*, § 737 Rn 17; zur Entwicklung der Rechtsprechung *Gehrlein*, NJW 2005, 1969 ff.

574 BGHZ 164, 98, 101 = NJW 2005, 3641, 3642.

575 Vgl BGHZ 81, 263, 267; BGHZ 105, 213, 217; Soergel/*Hefermehl*, § 138 Rn 140; krit. *Drinkuth*, NJW 2006, 410, 411; ausf. dazu *K. Schmidt*, GesR, § 50 III 3.

576 BGHZ 68, 212, 215; 81, 263, 269; 105, 213, 217; 164, 98, 102 ff; 164, 107, 111 ff; WM 1996, 133, 135; MüKo/*Armbrüster*, § 138 Rn 83; Staudinger/*Sack*, § 138 Rn 379.

577 BGHZ 34, 80, 83 = NJW 1961, 504, 505; Soergel/*Hefermehl*, § 138 Rn 140; Staudinger/*Sack*, § 138 Rn 379.

578 So *K. Schmidt*, GesR, § 50 III 3 a; dem folgend MüKo/*Armbrüster*, § 138 Rn 83; vgl auch BGHZ 112, 40, 48 = NJW 1990, 2616; BGH NJW 1989, 2685, 2686.

579 Vgl dazu (krit.) MüKo/*Ulmer/Schäfer*, § 737 Rn 19.

580 Vgl BGH NJW 2004, 2013; WM 2007, 2170; MüKo/*Armbrüster*, § 138 Rn 83.

581 BGHZ 164, 98.

582 Vgl hierzu BGHZ 164, 107; MüKo/*Armbrüster*, § 138 Rn 83.

berechtigten Gesellschafter weniger Raum sei.[583] Ein **zeitlich unbefristetes** Kündigungsrecht gegenüber den Erben des verstorbenen Mitgesellschafters wird dagegen regelmäßig nach Abs. 1 nichtig sein.[584]

204 **bb) Abfindungsklauseln.** Zahlreiche Bestimmungen sehen beim Ausscheiden eines Gesellschafters vor, dass dieser eine **Abfindung** erhält (vgl § 738 Abs. 1 S. 2 iVm §§ 105 Abs. 3, 161 Abs. 2 HGB). Solche Abfindungen stellen jedoch häufig eine erhebliche Belastung für die Gesellschaft dar, so dass sich in Gesellschaftsverträgen häufig abweichende Vereinbarungen finden.[585] Dies ist im Grundsatz zulässig.[586] Um eine **übermäßige zeitliche Bindung** an die Gesellschaft und eine unzulässige **Beschränkung des Kündigungsrechtes** zu verhindern, ist der vollständige Ausschluss des Abfindungsanspruchs eines ausscheidenden Gesellschafters aber regelmäßig als sittenwidrig zu qualifizieren.[587] Das Gleiche gilt bei einem erheblichen Missverhältnis zwischen Abfindungsanspruch und tatsächlichem Verkehrswert des Gesellschaftsanteils.[588] Ansonsten sind in die Bewertung die Umstände des Einzelfalls einzubeziehen. Zu diesen Umständen gehören beispielsweise die Dauer der Mitgliedschaft des ausgeschiedenen Gesellschafters und sein Anteil am Aufbau und Erfolg des Unternehmens.[589]

205 Etwas anderes ergibt sich jedoch, falls die Gesellschaft eine **ideelle Zielsetzung** hat. Da die Gesellschafter hier nicht das Ziel haben, ihre persönliche wirtschaftliche Situation zu verbessern, kann der Ausschluss des Abfindungsanspruchs nicht unter dem Aspekt der Einschränkung der wirtschaftlichen Freiheit missbilligt werden.[590]

206 Ein **nachträglich** auftretendes Missverhältnis zwischen der Abfindung und dem tatsächlichen Wert des Gesellschaftsanteils führt nicht zur Unwirksamkeit der Vereinbarung.[591] In krassen Fällen kommt aber eine **Anpassung der Vereinbarung** durch ergänzende Vertragsauslegung, Ausübungskontrolle gem. § 242 oder Anwendung der Grundsätze über die Störung der Geschäftsgrundlage (§ 313) in Betracht (vgl Rn 127).[592]

207 Grundsätzlich zulässig sind sog. **Buchwertklauseln.**[593] Die Rechtsprechung greift aber auf Abs. 1 zurück, wenn die Abfindung erheblich unter dem tatsächlichen Anteilswert liegt.[594] Soweit die Diskrepanz zwischen Buchwert und tatsächlichem Wert auf **nachträglichen** Veränderungen beruht, ist eine **Vertragsanpassung** indes auch hier vorzugswürdig.[595]

208 Unter dem Aspekt der **Gläubigergefährdung** sind Abfindungsbeschränkungen sittenwidrig, wenn sie nur für den Fall gelten, dass der ausscheidende Gesellschafter Insolvenz anmeldet oder dass dessen persönliche Gläubiger auf das Gesellschaftsvermögen zugreifen wollen.[596]

209 Wird die Unwirksamkeit einer Abfindungsklausel festgestellt, so tritt an deren Stelle nicht die gesetzliche Regelung des § 738; vielmehr muss man sich bei der **Lückenfüllung** möglichst weit am Willen der Gesellschafter orientieren.[597] Der BGH spricht dabei von **ergänzender Vertragsauslegung**.[598] Aus methodischer Sicht dürfte es sich aber eher um eine geltungserhaltende Reduktion handeln (vgl § 157 Rn 50).[599]

210 **cc) Stimmenthaltungsgebot.** Sittenwidrig sind Klauseln, die das Stimmenthaltungsgebot (zB bei Entlastungsbeschlüssen) verletzt (vgl auch § 134 Rn 167).[600] Denn anderenfalls müssten sich die **übrigen Gesellschafter** in die Hand dessen begeben, der sie möglicherweise geschädigt hat.[601]

211 **c) Das Verhältnis der Gesellschafter untereinander.** Bei einem **Stimmenpool** handelt es sich um die Vereinbarung zwischen den Gesellschaftern, ihre Stimmen einheitlich abzugeben. Solche Vereinbarungen sind grundsätzlich zulässig, da jedem Gesellschafter die **Freiheit** bleibt, die Stimmrechtsausübung nach seinen

583 BGHZ 105, 213, 217 ff.
584 BGHZ 105, 213, 218 f; weiter gehend noch BGH LM 24 Bb zu § 138 = MDR 1968, 565.
585 *Mecklenbrauck*, BB 2000, 2001; *Piltz*, BB 1994, 1021.
586 BGH NJW 1993, 2101, 2102; BGHZ 135, 387, 389 f; Palandt/*Ellenberger*, § 138 Rn 85; Staudinger/*Sack*, § 138 Rn 367; *K. Schmidt*, GesR, § 50 IV 2 c.
587 MüKo/*Armbrüster*, § 138 Rn 81; MüKo/*Ulmer/Schäfer*, § 738 Rn 45; Soergel/*Hefermehl*, § 138 Rn 140; Staudinger/*Sack*, § 138 Rn 367.
588 BGHZ 116, 359, 369 = NJW 1992, 892; BGH NJW 1993, 2101, 2102.
589 BGH NJW 1993, 2101, 2102 mwN.
590 BGHZ 135, 387, 390 f.
591 BGH NJW 1993, 2101, 2102; BGHZ 123, 281 = NJW 1993, 3193; MüKo/*Ulmer/Schäfer*, § 738 Rn 46; *K. Schmidt*, GesR, § 50 IV 2 c dd; *Mecklenbrauck*, BB 2000, 2001, 2003.
592 BGH NJW 1993, 2101, 2102; NJW 1993, 3193; zu einer ähnlichen Argumentation bei der Problematik der entgeltlichen Anteilsübernahme vgl BGH NJW 1994, 2536, 2539.
593 BGH NJW 1989, 2685, 2686; 1989, 3272; 1992, 892, 894; MüKo/*Armbrüster*, § 138 Rn 81; MüKo/*Ulmer/Schäfer*, § 738 Rn 46; vgl auch *Ebenroth/Müller*, BB 1993, 1153, 1154 f.
594 BGH NJW 1979, 104; 1985, 192, 193.
595 So auch MüKo/*Armbrüster*, § 138 Rn 81; Staudinger/*Sack*, § 138 Rn 371; *K. Schmidt*, GesR, § 50 IV 2 c ee.
596 Staudinger/*Sack*, § 138 Rn 377.
597 BGH NJW 1985, 192, 193; anders noch BGH NJW 1979, 104.
598 BGH NJW 1985, 192, 193; vgl auch BGHZ 123, 281, 284 ff.
599 So auch Staudinger/*Sack*, § 138 Rn 373; vgl aber auch *K. Schmidt*, GesR, § 50 IV 2 c dd, der von einer „am Maßstab von Treu und Glauben und § 157 orientierten geltungserhaltenden Reduktion der Abfindungsklausel" spricht.
600 BGH WM 1980, 649, 650; BGHZ 108, 21, 27; Staudinger/*Sack*, § 138 Rn 385.
601 BGHZ 108, 21, 27 f.

Vorstellungen zu beeinflussen.[602] Der Gesellschafter einer Kapitalgesellschaft kann sich auch wirksam verpflichten, nach Weisung eines Mitgesellschafters oder eines nur geringfügig an der Gesellschaft beteiligten Konsortialführers abzustimmen.[603] Die Verpflichtung zur Abstimmung nach Weisung der Gesellschaft bzw ihrer Organe ist aber unwirksam.[604]

Sittenwidrig sind Vereinbarungen zwischen den Gesellschaftern einer OHG, die einen Gesellschafter verpflichten, seine Anteile auf Lebenszeit mit allen Gesellschafterrechten einem **Treuhänder** zu übertragen, wenn der betroffene Gesellschafter den Treuhänder weder abberufen noch durch Weisungen lenken kann.[605] Die Sittenwidrigkeit ergibt sich daraus, dass der Gesellschafter seine **wirtschaftliche Bewegungsfreiheit verliert** und gleichwohl nach § 128 HGB weiter **persönlich** für die Verbindlichkeiten der Gesellschaft einstehen muss.[606] **212**

d) Das Verhältnis von Gesellschaft und Gesellschaftern zu Dritten. aa) Stimmbindungsverträge. Nach hM sind **Stimmbindungsverträge**, bei denen sich ein Gesellschafter verpflichtet, nach der **Weisung eines Dritten** abzustimmen, im Allgemeinen ebenfalls unbedenklich.[607] Dies gilt jedenfalls dann, wenn sie sich nur auf einen einzelnen Beschlussgegenstand beziehen.[608] Grundsätzlich unzulässig sind jedoch thematisch umfassende Stimmbindungsverträge, die nicht widerruflich sind.[609] Die Missbilligung beruht auf der Erwägung, dass die Mitverwaltungsrechte eines Gesellschafters mit Rücksicht auf das **Abspaltungsverbot und den Grundsatz der Verbandssouveränität** nicht von der Gesellschafterstellung getrennt werden dürfen. Umfassende Stimmbindungsverträge sind allerdings wirksam, wenn den Gesellschaftern die Möglichkeit bleibt, jederzeit nach ihren eigenen Interessen abzustimmen, und die Mitgesellschafter der Abrede zugestimmt haben.[610] **213**

Sittenwidrig ist auch die Verpflichtung gegenüber einem Dritten, nach dessen **Weisung** abzustimmen, sofern sich diese Verpflichtung auch auf den Fall erstreckt, dass die Stimmausübung die gesellschaftsrechtliche Treuepflicht verletzt.[611] **214**

bb) Konzernverrechnungsklausel. Eine **Konzernverrechnungsklausel** soll dem Begünstigten ermöglichen, mit Forderungen anderer zum Konzern gehörender Gesellschaften aufzurechnen.[612] Zwei Modelle sind hier zu unterscheiden. Zum einen kann vereinbart werden, dass ein Konzernunternehmen gegen die Forderung seines Vertragspartners (zB Lieferanten) mit der Forderung eines anderen Konzernunternehmens aufrechnen kann. Zum anderen kann sich der Begünstigte das Recht einräumen lassen, mit seinen Forderungen gegen den Vertragspartner gegen dessen Forderungen gegenüber anderen Konzernunternehmen aufzurechnen.[613] Der Vorwurf der Sittenwidrigkeit könnte sich für das erste Modell aus einer **Knebelung** des Vertragspartners ergeben. Da die wirtschaftliche Freiheit des Lieferanten nicht so weit eingeschränkt wird, dass er seine **geschäftliche Selbständigkeit** verliert, liegen die Voraussetzungen der Knebelung indes nicht vor.[614] Der Gedanke der **Gläubigergefährdung** kann bei keinem Modell die Sittenwidrigkeit der Klausel begründen. Durch die Aufrechnung wird den anderen Gläubigern zwar die Forderung des Lieferanten entzogen, dies muss jedoch grundsätzlich als Teil der wirtschaftlichen Dispositionsfreiheit des Lieferanten akzeptiert werden.[615] Die hM geht daher zu Recht davon aus, dass Konzernverrechnungsklauseln in **Individualverträgen** grundsätzlich zulässig sind.[616] Bei **formularmäßiger Vereinbarung** können Konzernverrechnungsklauseln im Einzelfall aber mit § 307 unvereinbar sein.[617] **215**

7. Gewerblicher Rechtsschutz. Im Gewerblichen Rechtsschutz wird das Problem der Sittenwidrigkeit in Sondervorschriften behandelt (vgl § 8 Abs. 2 Nr. 5 MarkenG). Daneben bleiben jedoch andere Vorschriften anwendbar, § 2 MarkenG, also auch § 138. Eine eigenständige Bedeutung hat die allgemeine Regelung über die Sittenwidrigkeit allerdings nur in wenigen Bereichen. So ist es nach Abs. 1 sittenwidrig, eine **Internet-Domain** in der Hoffnung zu **erwerben**, der wahre Namensträger würde die Domain später nutzen wollen und **216**

602 BGH NJW 2009, 669, 670; MüKo/*Ulmer/Schäfer*, § 717 Rn 23; *Grunewald*, GesR, 1 A Rn 76.
603 BGHZ 153, 285, 292 = NJW 2003, 2314; BGH NJW 2009, 669, 670.
604 BGH NJW 2009, 669, 670.
605 BGHZ 44, 158, 160 f; Palandt/*Ellenberger*, § 138 Rn 85.
606 BGHZ 44, 158, 161.
607 Vgl BGHZ 48, 163, 166 ff; MüKo/*Ulmer/Schäfer*, § 717 Rn 25.
608 RGZ 161, 296, 300; BGH NJW 1951, 268; Palandt/*Ellenberger*, § 138 Rn 99; Staudinger/*Sack*, § 138 Rn 385; *Grunewald*, GesR, 1 A Rn 74 für die GbR.
609 MüKo/*Ulmer/Schäfer*, § 717 Rn 25; *Grunewald*, GesR, 1 A Rn 72, 75.
610 *Grunewald*, GesR, 1 A Rn 75.
611 MüKo/*Armbrüster*, § 138 Rn 83; nach *K. Schmidt*, GesR, § 21 II 4 a steht dem gebundenen Gesellschafter in diesem Fall ein Leistungsverweigerungsrecht zu.
612 Palandt/*Grüneberg*, § 387 Rn 22.
613 *H. P. Westermann*, WM-Beil. 2/1986, 2, 3.
614 Vgl *H. P. Westermann*, WM-Beil. 2/1986, 2, 9.
615 Vgl *H. P. Westermann*, WM Beil. 2/1986, 2, 10 im Anschluss an BGHZ 19, 12, 18.
616 Vgl BGHZ 88, 15, 17; MüKo/*Armbrüster*, § 138 Rn 84.
617 Vgl BGH GRUR 2005, 62, 69 (im konkreten Fall verneint); Staudinger/*Gursky*, Vor §§ 387 ff Rn 94; Palandt/*Grüneberg*, § 387 Rn 22.

ihm die Rechte dann abkaufen.[618] Dieser Fall des **Domain-Grabbing** stellt eine missbilligte Kommerzialisierung von Immaterialgütern dar.[619] Vereinbarungen zwischen dem Lizenznehmer und dem Inhaber eines gewerblichen Schutzrechtes, das lizenzierte Recht nicht im Wege der Nichtigkeitsklage anzugreifen (sog. **Nichtangriffsabreden**), sind in der Regel nicht nach Abs. 1 sittenwidrig.[620]

217 **8. Handelsrecht.** Im Bereich des Handelsrechts wird die Frage der Sittenwidrigkeit vor allem bei **Wettbewerbsverboten** gegenüber Handlungsgehilfen, Handelsvertretern, Auszubildenden und anderen gewerblichen Arbeitnehmern relevant. Vgl dazu Rn 345 ff.

218 **9. Kaufverträge. a) Auffälliges Missverhältnis von Leistung und Gegenleistung.** Im Kaufrecht kommt die Annahme der Sittenwidrigkeit insbesondere bei wucherischen und wucherähnlichen Geschäften (s. Rn 223) in Betracht. Im Vordergrund steht damit die Frage, wann ein **auffälliges Missverhältnis** (dazu Rn 361 ff) zwischen dem Wert der Kaufsache und dem vereinbarten Kaufpreis vorliegt. Nach der Rechtsprechung des BGH ist ein besonders auffälliges, grobes Missverhältnis regelmäßig anzunehmen, wenn der Wert der Leistung knapp doppelt so hoch ist wie derjenige der Gegenleistung.[621] Ein solches **Missverhältnis von ca. 100%** kann schon für sich genommen den Schluss auf eine verwerfliche Gesinnung des Begünstigten rechtfertigen.[622] Hierbei handelt es sich aber um keine starre Grenze,[623] sondern um einen für die Bedürfnisse der Praxis geschaffenen Richtwert.[624] So kann insbesondere bei hohen absoluten Kaufpreisen auch eine geringere Überteuerung die Sittenwidrigkeit indizieren.[625]

219 **b) Haustürgeschäfte.** Unabhängig vom Wertverhältnis kommt eine Sittenwidrigkeit von Kaufverträgen auch dort in Betracht, wo der Verkäufer den Käufer im Rahmen von Warenpräsentationen, Kaffeefahrten oder ähnlichen Verkaufsveranstaltungen durch **Anwendung psychologischen** Drucks zum Kauf von Ware bewegt wird, die für den Käufer wertlos ist bzw deren Bezahlung den Käufer finanziell überfordert.[626] Dies ist zB dann der Fall, wenn der Verkäufer in einer allein an Spätaussiedler gerichteten, in russischer Sprache durchgeführten Verkaufsveranstaltung eine kaum der deutschen Sprache mächtige Rentnerin mit einem Monatsnettoeinkommen von 1.400 DM einen in deutscher Sprache aufgesetzten Kaufvertrag über den Erwerb von mehreren Bettdecken zum Preis von 3.500 DM unterschreiben lässt.[627] Das Gleiche gilt für den Fall, dass der Kunde an der Haustür überredet wird, für 20.000 DM Möbel zu kaufen.[628] Angesichts der Sittenwidrigkeit des Vertrages ist ein Rückgriff auf § 312 entbehrlich.[629] Allerdings schließt die Nichtigkeit des Vertrages den **Widerruf** nicht aus (vgl Rn 29).[630]

220 **c) Sonstige Fälle.** Als sittenwidrig sind des Weiteren Kaufverträge einzustufen, die der **Vorbereitung oder Förderung strafbarer Handlungen** dienen. So sind Kaufverträge über die Lieferung eines Kfz-Radarwarngerätes sittenwidrig, da hierdurch die Begehung von Ordnungswidrigkeiten und Straftaten im Straßenverkehr geradezu herausgefordert wird.[631] Der Abschluss eines Kaufvertrages über ein **Telefonsexvermittlungsunternehmen** soll jedenfalls dann sittenwidrig sein, wenn der vereinbarte Kaufpreis in einem Missverhältnis zur Leistung steht.[632] Dagegen sind Kaufverträge über **pornographische Publikationen** nicht ohne weiteres sittenwidrig, jedenfalls soweit sie die strafrechtliche Grenze des § 184 StGB nicht überschreiten.[633] Sittenwidrig

618 LG Frankfurt NJW-RR 1998, 999, 1000 f; Jauernig/*Jauernig*, § 138 Rn 18; MüKo/*Armbrüster*, § 138 Rn 127.
619 Vgl BGH NJW-RR 1998, 694, 696; NJW 2008, 3716, 3718.
620 Soergel/*Hefermehl*, § 138 Rn 204.
621 BGHZ 146, 298, 302; 168, 1, 21; BGH WM 1980, 597; NJW-RR 1991, 589; 1998, 1065; NJW 2000, 1254, 1255; WM 2004, 521, 524; WM 2004, 1221, 1225; NJW-RR 2008, 1436, 1438; BGH NJW-RR 2011, 880, 881; vgl auch Erman/*Palm*, § 138 Rn 127; PWW/*Ahrens*, § 138 Rn 119.
622 BGH NJW-RR 1998, 1065, 1067; 2008, 1436, 1438; vgl auch BGH ZNotP 2010, 303.
623 BGH NJW 1979, 758: Überschreitung um das 2,5-fache nicht sittenwidrig.
624 BGH NJW-RR 1998, 1065.
625 OLG Nürnberg BB 1996, 659.
626 LG Bremen NJW-RR 1998, 570; OLG Hamm JMBl NRW 1974, 32; AG Siegen NJW-RR 2000, 1653; vgl auch OLG Frankfurt NJW-RR 1988, 501; KG MDR 1984, 405.
627 AG Siegen NJW-RR 2000, 1653.
628 BGH NJW 1988, 1373; vgl auch OLG Frankfurt NJW-RR 1988, 501: Haustürgeschäft mit 81-jährigem, erkennbar krankem Hauseigentümer über Fassadenanstrich für 14.000 DM.
629 Staudinger/*Sack*, § 138 Rn 168. Haustürgeschäfte sind indes keineswegs von vornherein sittenwidrig. Im Übrigen sorgt aber § 312 für einen angemessenen Schutz des Verbrauchers (vgl BGH ZIP 1988, 582; OLG Frankfurt NJW-RR 1988, 501; Erman/*Palm*, § 138 Rn 9).
630 Vgl BGH NJW 2010, 610 (zum Widerruf nach § 312 d).
631 BGH NJW 2010, 610; NJW 2005, 1490; AG Berlin-Neukölln NJW 1995, 2173; LG Bonn NJW 1998, 2681; aA LG München I NJW 1999, 2600.
632 OLG Düsseldorf NJW-RR 1991, 246.
633 OLG Hamburg GRUR 1980, 998; MDR 1975, 226, 227; Soergel/*Hefermehl*, § 138 Rn 213; Staudinger/*Sack* § 138 Rn 94 vgl auch BGH NJW 1981, 1439 zur Sittenwidrigkeit eines pornografischen Spielfilmverleihs (offen gelassen).

ist schließlich der „Kauf" von **öffentlichen Ämtern** sowie **Titeln und Orden** (vgl auch oben Rn 120 und 183).[634]

Vertragliche **Beschränkungen im Hinblick auf die Verwendung des Kaufgegenstandes** durch den Käufer sind zulässig, sofern sich nicht ausnahmsweise Anhaltspunkte für eine sittenwidrige Knebelung des Käufers ergeben. So ist es nicht zu beanstanden, wenn sich eine Gemeinde in einem Grundstückskaufvertrag ein Rücktrittsrecht für den Fall vorbehält, dass der Käufer auf dem Grundstück keine Kurpension betreibt.[635] Die Vereinbarung eines „Zuchtmietvertrages" über einen Hund, auf den der Verkäufer zu Zuchtzwecken weiter zugreifen will, ist nicht sittenwidrig, selbst wenn sie gegen die Statuten des Züchterverbandes verstößt.[636] 221

10. Kreditgeschäfte

Literatur: *Bodenbenner*, Rechtsfolgen sittenwidriger Ratenkreditverträge, JuS 2001, 1172; *Reifner*, Neue Sittenwidrigkeit von Ratenkrediten, BKR 2009, 51; *Schäfer*, Prüfungskriterien zur Sittenwidrigkeit eines Ratenkredits, BB 1990, 1139; *Steinmetz*, Sittenwidrige Ratenkreditverträge in der Rechtspraxis auf der Grundlage der BGH-Rechtsprechung, NJW 1991, 881.

a) Kreditverträge. aa) Darlehensverträge. (1) Das wucherähnliche Geschäft. Darlehensverträge können insbesondere als wucherähnliche Rechtsgeschäfte wegen **überhöhter Zinsen** nach Abs. 1 sittenwidrig sein. Zwar enthält Abs. 2 eine spezielle Regelung für Wuchergeschäfte (dazu Rn 355 ff). Soweit dessen Voraussetzungen nicht erfüllt sind, hat Abs. 1 aber **eigenständige Bedeutung**. Die Sittenwidrigkeit beruht regelmäßig auf der Ausnutzung der **Machtposition des Kreditgebers** bzw der korrespondierenden **Zwangslage des Kreditnehmers**.[637] Als objektives Element kommt die **fehlende Äquivalenz** von Leistung und Gegenleistung hinzu.[638] Bei einem Verbraucherkreditvertrag liegt zudem eine **strukturell ungleiche Verhandlungsstärke** vor.[639] 222

Nach gefestigter Rechtsprechung ist ein Vertrag **wucherähnlich**, wenn objektiv ein **auffälliges Missverhältnis** zwischen Leistung und Gegenleistung vorliegt und subjektiv eine **verwerfliche Gesinnung** des Begünstigten hervorgetreten ist, insbesondere wenn dieser die wirtschaftlich schwächere Lage des anderen Teils bei der Festlegung der Vertragsbedingungen bewusst zu seinem Vorteil ausgenutzt oder sich zumindest leichtfertig der Einsicht verschlossen hat, dass sich der andere Teil nur aufgrund seiner wirtschaftlich schwächeren Lage auf die nachteiligen Bedingungen eingelassen hat.[640] Für **Ratenkreditverträge mit Kreditinstituten** hat die Rechtsprechung diese Voraussetzungen näher **konkretisiert** (dazu Rn 224 ff). Entscheidend ist aber immer eine **umfassende Würdigung** von Inhalt und Zweck des Darlehensvertrages sowie der Geschäftsumstände.[641] Nicht anwendbar sind die von der Rechtsprechung entwickelten Grundsätze auf **Gelegenheitskredite** von nicht gewerbsmäßigen Kreditgebern.[642] Zu den Auswirkungen der Sittenwidrigkeit des Darlehensvertrags auf eine **Grundschuldbestellung** s. Rn 281; zur **bereicherungsrechtlichen Abwicklung** sittenwidriger Ratenkreditverträge Rn 230 ff. 223

(2) Objektive Sittenwidrigkeit. Ob bei einem Ratenkreditvertrag ein auffälliges Missverhältnis zwischen Leistung und Gegenleistung vorliegt, ist in erster Linie durch einen **Vergleich zwischen vertraglich festgelegtem effektivem Jahreszins und marktüblichem Effektivzins** zu ermitteln.[643] 224

(a)Ermittlung der Markt- und Vertragszinsen. Für die Ermittlung des Marktzinses konnte die Rechtsprechung bis 2003 auf den in den Monatsberichten der Deutschen Bundesbank ausgewiesenen **Schwerpunktzins**, also den durchschnittlichen Zinssatz für Ratenkredite, zum Zeitpunkt des Vertragsschlusses zurückgreifen.[644] Die seitdem von der Bundesbank veröffentlichte **EWU-Zinsstatistik** beruht auf anderen Berechnungsgrundlagen und -methoden und kann daher nicht ohne gewisse Korrekturen anstelle des Schwerpunktzinses verwendet werden.[645] Die Rechtsprechung zieht die EWU-Zinsstatistik teilweise gleichwohl als Ausgangspunkt für die Ermittlung des Marktzinses heran.[646] Vorzugswürdig erscheint es jedoch, den Marktzins durch Einholung einer Auskunft der Deutschen Bundesbank oder eines Sachverständigengutachtens 225

634 Vgl BGH NJW 1994, 187; OLG Stuttgart NJW 1996, 665; Erman/*Palm*, § 138 Rn 70; MüKo/*Armbrüster*, § 138 Rn 127.
635 BGH WM 1984, 1252.
636 LG Fulda NJW-RR 1993, 886, 887.
637 Vgl MüKo/*Armbrüster*, § 138 Rn 35.
638 MüKo/*Armbrüster*, § 138 Rn 112; Soergel/*Hefermehl*, § 138 Rn 99.
639 Vgl Staudinger/*Blaschczok*, § 246 Rn 105.
640 Vgl nur BGHZ 80, 153, 160; 128, 256, 257; 146, 298, 302; BGH NJW 2010, 363, 364; NJW-RR 2011, 880, 881.
641 Vgl *Schäfer*, BB 1990, 1139, 1140.
642 BGH NJW-RR 1990, 1199, 1200; NJW 1994, 1056, 1057; Erman/*Palm*, § 138 Rn 96; Staudinger/*Sack*, § 138 Rn 187.
643 Vgl nur BGHZ 104, 102, 104; 110, 336, 338.
644 BGHZ 80, 153, 162; BGH NJW-RR 2000, 1431, 1432; Erman/*Palm*, § 138 Rn 96; Palandt/*Ellenberger*, § 138 Rn 26; PWW/*Ahrens*, § 138 Rn 125; Soergel/*Hefermehl*, § 138 Rn 94; zur Kritik vgl nur Staudinger/*Blaschczok*, § 246 Rn 125.
645 Vgl Staudinger/*Freitag*, § 488 Rn. 136; PWW/*Ahrens*, § 138 Rn 126.
646 Vgl OLG Schleswig WM 2010, 1074, 1076; LG Bonn BKR 2008, 78, 81.

über das bei Vertragsschluss im Inland herrschende Zinsniveau für Konsumentenratenkredite zu ermitteln.[647] Der Zinsvergleich richtet sich auch bei **Kontokorrentkrediten** mit variablem Zinssatz und festen Rückzahlungs(mindest)raten (oft mit der Bezeichnung „Idealkredit") nach den allgemeinen Grundsätzen. Der Vertragszins ist dabei auf der Grundlage des anfänglichen Nominalzinses zu berechnen und dem marktüblichen Zinssatz eines Ratenkredits gegenüberzustellen.[648] Bei Gewährung eines **Zusatzkredits** wird der Zinsvergleich in der Weise durchgeführt, dass die Gesamtkosten der Nachfinanzierung denjenigen Kosten gegenübergestellt werden, die für den Kreditnehmer bei Beendigung des bisherigen Kreditvertrags und anschließender Eingehung eines neuen Kreditverhältnisses zu marktüblichen Bedingungen zwecks Ablösung des alten Kredits und Deckung des Neubedarfs entstanden wären.[649] Bei **grundpfandrechtlich abgesicherten Darlehen** darf der marktübliche Zins für Hypothekenkredite auf Wohngrundstücke nur dann herangezogen werden, wenn die Kreditvaluta nicht mehr als 80% des Verkehrswertes des belasteten Grundstücks ausmacht.[650]

226 Durch Kosten, die im Zusammenhang mit der Kreditvergabe entstehen, können sich die zu vergleichenden Zinswerte erhöhen. So sind **Bearbeitungsgebühren und ähnliche Gebühren** bei der Berechnung des **Marktzinses** zu berücksichtigen.[651] **Kreditvermittlungskosten** werden bei Verbraucherkrediten im Rahmen des **Vertragszinses**, nicht jedoch des Marktzinses, in die Berechnung einbezogen, soweit die Vermittlungstätigkeit im Interesse des Kreditgebers erfolgt.[652] In der Regel stellt der Einsatz von Vermittlern für den Kreditgeber einen Vorteil dar, insbesondere wenn sie als Ersatz für ein nicht flächendeckendes Filialnetz dienen.[653] Ausnahmsweise erfolgt die Vermittlungstätigkeit jedoch im Interesse des Darlehensnehmers, zB bei erbetenen Hausbesuchen oder der Kreditvermittlung für kreditunwürdige Kunden.[654] Nicht einzubeziehen sind Vermittlungskosten außerdem, wenn die Bank von der Einschaltung des Vermittlers nichts weiß.[655] Die Kosten einer **Restschuldversicherung** sind nach der Rechtsprechung weder für die Berechnung des Vertragszinses noch des Marktzinses relevant, weil der Abschluss einer solchen Versicherung den Interessen beider Parteien dient.[656]

227 Die **Berechnung** des Markt- sowie des Vertragszinses unter Berücksichtigung der einzubeziehenden Kosten erfolgt bei Krediten mit einer Laufzeit bis 48 Monate nach der zu Annäherungswerten führenden sog. **Uniformmethode** anhand der Formel 2400 x Gesamtkosten = Nettokredit x (Laufzeit in Monaten + 1).[657] Im Übrigen wird oft die zu finanzmathematisch präziseren Ergebnissen führende Tabelle von *Sièvi/Gillardon/Sièvi*[658] herangezogen.[659] Da die Sittenwidrigkeitsprüfung in erster Linie eine wertende Betrachtung erfordert, ist die Verwendung von Annäherungswerten jedoch ausreichend.[660]

228 **(b)Vergleich.** Auf der Grundlage der ermittelten Markt- und Vertragszinsen ist in einem zweiten Schritt der Vergleich durchzuführen. Bezugspunkte sind entweder der **relative Zinsunterschied** oder die **absoluten Prozentpunkte**. Ein auffälliges Missverhältnis liegt nach ständiger Rechtsprechung vor, wenn der Vertragszins den Marktzins **relativ** um **rund 100%**[661] oder **absolut** um **12 Prozentpunkte**[662] übersteigt. Dabei handelt es sich jeweils um **Richtwerte**.[663] Entscheidend ist letztlich wieder die **Gesamtwürdigung** der Geschäftsumstände und Vertragsbedingungen.[664] Die Sittenwidrigkeit kann deshalb auch bei einem relativen Zinsunterschied von **90–100%** und einer absoluten Zinsdifferenz von unter 12 Prozentpunkten bejaht werden, wenn die **sonstigen Kreditbedingungen** für den Kreditnehmer **untragbar** sind.[665] Solche besonders belastenden Kreditbedingungen finden sich häufig in den AGB, die dann Indizwirkung für die Sittenwidrigkeit nach

647 So auch MüKo/*Berger*, § 488 Rn 108; Staudinger/*Freitag*, § 488 Rn 136.
648 BGH NJW 1991, 832, 833.
649 BGH NJW 1990, 1599, 1600.
650 BGH NJW-RR 2000, 1431, 1432; Palandt/*Ellenberger*, § 138 Rn 26.
651 BGHZ 128, 255, 264 f (durchschnittlich 2,5 %); Palandt/*Ellenberger*, § 138 Rn 26; Soergel/*Hefermehl*, § 138 Rn 91; Staudinger/*Blaschczok*, § 246 Rn 111 f.
652 Erstmals BGH NJW 1987, 181; außerdem BGHZ 104, 102, 104 = NJW 1988, 1659.
653 BGH NJW 1987, 181; Soergel/*Hefermehl*, § 138 Rn 89; Staudinger/*Sack*, § 138 Rn 183.
654 BGH ZIP 2002, 563, 565 (Risikofinanzierung); Soergel/*Hefermehl*, § 138 Rn 89.
655 BGH NJW-RR 1988, 236.
656 BGHZ 99, 333, 336; BGH NJW 1988, 1661, 1662; MüKo/*Armbrüster*, § 138 Rn 119; Staudinger/*Sack*, § 138 Rn 183; differenzierend Staudinger/*Blaschczok*, § 246 Rn 117, Staudinger/*Freitag*, § 488 Rn 134; aA PWW/Ahrens, § 138 Rn 124; *Reifner*, BKR 2009, 51, 57 ff.
657 Vgl nur BGHZ 128, 255, 265; Erman/*Palm*, § 138 Rn 96; Soergel/*Hefermehl*, § 138 Rn 92; MüKo/*Berger*, § 488 Rn 109; Staudinger/*Blaschczok*, § 246 Rn 268; *Schäfer*, BB 1990, 1139, 1142.
658 Effektivzinssätze für Ratenkredite mit monatlichen Raten, 4. Aufl. 1988.
659 BGHZ 104, 102, 104; 128, 255, 266; OLG Köln NJW-RR 1997, 1549, 1550; Bamberger/Roth/*Grothe*, § 246 Rn 7; Palandt/*Ellenberger*, § 138 Rn 26 und § 246 Rn 7 f; *Steinmetz*, NJW 1991, 881, 882.
660 So auch Staudinger/*Blaschczok*, § 246 Rn 309.
661 BGHZ 104, 105; BGHZ 110, 336, 338.
662 BGHZ 104, 102, 106; 110, 336, 340; PWW/*Ahrens*, § 138 Rn 127.
663 Vgl nur BGH NJW-RR 2000, 1431, 1432; Staudinger/*Blaschczok*, § 246 Rn 122.
664 BGHZ 80, 153, 161; BGH NJW 1987, 184, 185; WM 1989, 1718, 1719.
665 BGH NJW 1987, 696; BGHZ 104, 102, 105; *Schäfer*, BB 1990, 1139, 1143.

Abs. 1 entfalten.[666] So können Klauseln, die für den Verzugsfall übermäßige Belastungen des Kreditnehmers vorsehen,[667] in die Gesamtwürdigung einbezogen werden, sofern der Verzugsfall zu erwarten war.[668] Überhöhte Restschuldversicherungsprämien sind ebenso zu berücksichtigen wie unzulässig gestaffelte Mahngebühren.[669] Besonders belastend sind auch überhöhte Ablösegebühren für den Fall, dass ein Kredit vorzeitig getilgt wird.[670] Regelmäßig abzulehnen ist die Sittenwidrigkeit, wenn die Differenz **unter 90%** liegt.[671] Umgekehrt wird eine relative Zinsdifferenz von **mehr als 110%** bei Ratenkrediten verlangt, die in einer Niedrigzinsphase langfristig ohne Zinsanpassungsklausel gewährt wurden.[672]

(3) Subjektive Sittenwidrigkeit. Während es für die Prüfung der objektiven Sittenwidrigkeit unerheblich ist, ob der Kredit privater oder gewerblicher Art ist,[673] muss bei der subjektiven Komponente differenziert werden. Bei einem **Verbraucherkreditvertrag** werden die subjektiven Voraussetzungen der Sittenwidrigkeit vermutet, wenn objektiv ein auffälliges Missverhältnis zwischen Leistung und Gegenleistung besteht.[674] Diese Vermutung kann in der Praxis selten **widerlegt** werden.[675] Lässt der Vortrag des Kreditnehmers erkennen, dass er sich auf die durch das objektive Missverhältnis begründete Vermutung der verwerflichen Gesinnung beruft,[676] so muss der Kreditgeber nachweisen, dass sich der Kreditnehmer nicht nur wegen seiner wirtschaftlich schwächeren Lage oder seiner mangelnden Rechtskunde bzw Geschäftserfahrenheit auf die Kreditbedingungen eingelassen hat oder dass er – der Kreditgeber – dies ohne Leichtfertigkeit nicht erkannt hat.[677] Die Rechtsprechung stellt hieran hohe Anforderungen. So kann sich der Kreditgeber zwar darauf berufen, der Kreditnehmer sei nach Art seiner Berufsbildung hinreichend rechts- und geschäftserfahren. Hierfür ist aber nicht ausreichend, dass der Kreditnehmer bereits mehrmals Kredite aufgenommen hat und die Abwicklung ordnungsgemäß erfolgte.[678] Bei **Betriebskrediten an gewerbliche oder freiberufliche Kreditnehmer** greift die Vermutung im Allgemeinen nicht ein.[679] So begründet die Eigenschaft als Vollkaufmann in aller Regel die Vermutung, dass der Begünstigte nicht in verwerflicher Weise die Unerfahrenheit der anderen Partei ausgenutzt hat.[680] Die verwerfliche Gesinnung muss daher im Einzelfall dargelegt und bewiesen werden. 229

(4) Rechtsfolgen. Für sittenwidrige Kreditverträge bleibt es beim grundsätzlichen **Verbot der geltungserhaltenden Reduktion** (s. Rn 134).[681] Dies rechtfertigt sich daraus, dass der Schutz des Kreditnehmers keine (partielle) Aufrechterhaltung des Kreditvertrages erfordert. 230

Ist der Kreditvertrag nichtig, so steht dem **Kreditgeber** ein Anspruch auf **Rückzahlung des Darlehens** aus § 812 Abs. 1 S. 1 Alt. 1 zu. Aus § 817 S. 2 folgt aber, dass die Rückzahlung nur zu dem vertraglich vereinbarten Termin bzw in der vertraglich vereinbarten Zeitfolge verlangt werden kann.[682] Auf § 818 Abs. 3 kann sich der Kreditnehmer bei ersatzlosem Wegfall der Darlehensvaluta nicht berufen; die Rechtsprechung wendet § 819 Abs. 1 analog an, da dem Kreditnehmer die Rückzahlungspflicht aus dem Darlehensvertrag bekannt war.[683] Neben der Rückzahlung des Darlehens kann der Kreditgeber die Herausgabe der hälftigen angemessenen (also nicht einer überhöhten) **Restschuldversicherungsprämie** fordern.[684] 231

Nach der **Rechtsprechung** hat der Kreditgeber für den Zeitraum der Überlassung des Darlehens keinen Anspruch auf Zahlung eines angemessenen Zinses.[685] Dem ist jedoch entgegenzuhalten, dass eine solche „Bestrafung" des Kreditgebers über das Ziel eines effektiven Schutzes des Kreditnehmers hinausgeht. Eine **andere Ansicht** billigt dem Kreditgeber deshalb einen Anspruch auf den **angemessenen (marktüblichen)** 232

666 BGHZ 80, 153, 171; BGH NJW 1987, 184, 185; Erman/*Palm*, § 138 Rn 96; krit. MüKo/*Berger*, § 488 Rn 114. Vgl auch die Übersichten bei Staudinger/*Blaschczok*, § 246 Rn 136 und *Steinmetz*, NJW 1991, 881, 883.
667 ZB BGH NJW 1982, 2436, 2437; 1983, 1420, 1421; 1988, 1967, 1968; vgl auch Staudinger/*Blaschczok*, § 246 Rn 134.
668 BGH NJW-RR 1989, 1320, 1321.
669 BGH NJW 1983, 1420, 1421.
670 BGH NJW 1988, 696, 697 (3% vom Restsaldo).
671 BGH NJW 1982, 2436; BGHZ 104, 102, 105.
672 BGH NJW 1991, 834, 835.
673 BGH NJW 1991, 1810.
674 BGHZ 98, 174, 178; 104, 102, 107, 1659; 128, 255, 267; *Looschelders*, Schuldrecht BT, Rn 348; krit. MüKo/*Armbrüster*, § 138 Rn 120, 124 ff; Staudinger/*Blaschczok*, § 246 Rn 107 f.
675 MüKo/*Berger*, § 488 Rn 115; *Steinmetz*, NJW 1991, 881, 884.
676 Zur Notwendigkeit eines solchen Vortrags BGH NJW 2010, 363, 364 f.
677 Vgl BGHZ 128, 255, 267 f.
678 BGH NJW 1987, 183.
679 Vgl BGHZ 128, 255, 268; BGH NJW 1991, 1810, 1811; 1994, 1056, 1057; 2003, 2230, 2231; Palandt/*Ellenberger*, § 138 Rn 34 c.
680 BGH NJW 2003, 2230, 2231.
681 BGH NJW 1958, 1772; 1994, 1275; Soergel/*Hefermehl*, § 138 Rn 101; *Köhler*, BGB AT, § 13 Rn 38; krit. Jauernig/*Jauernig*, § 138 Rn 10; Staudinger/*Sack*, § 138 Rn 122 ff; *Steinmetz*, NJW 1991, 881, 884 f.
682 BGH NJW 1983, 1420, 1422 f; 1989, 3217; 1993, 2108; Palandt/*Ellenberger*, § 138 Rn 75; Staudinger/*S. Lorenz*, § 817 Rn 12; *Flume*, BGB AT Bd. 2, § 18, 10 f.
683 BGHZ 83, 293, 295; 115, 268, 270; *Steinmetz*, NJW 1991, 881, 885; iE auch *Bodenbenner*, JuS 2001, 1172, 1173.
684 Vgl nur BGH NJW 1983, 1420, 1422; *Steinmetz*, NJW 1991, 881, 884.
685 BGHZ 99, 333, 338 f; BGH NJW 1983, 1420, 1422 f; 1989, 3217; 1993, 2108; 1995, 1152, 1153; zust. Bamberger/Roth/*Wendtland*, § 138 Rn 60; MüKo/*Schwab*, § 817 Rn 37; MüKo/*Armbrüster*, § 138 Rn 166; Palandt/*Ellenberger*, § 138 Rn 75; *Larenz/Canaris*, Schuldrecht II/2, § 68 III 2 c.

Zins zu.[686] Da der Anspruch aus § 818 Abs. 2 folgt, ist eine Durchbrechung des Grundsatzes der Totalnichtigkeit dafür nicht erforderlich.[687] Weiter gehende Vorschläge, dem Kreditgeber den **höchstzulässigen Zins** zuzubilligen,[688] sind abzulehnen. Denn unabhängig von allen dogmatischen Erwägungen ist es nicht Aufgabe des Richters, den gerade noch zulässigen Zinssatz festzulegen. Dieser Einwand greift beim Mietwucher nicht durch, da der Gesetzgeber den höchstzulässigen Mietzins in § 5 Abs. 2 WiStG selbst festgelegt hat (dazu Rn 376).

233 Der **Kreditnehmer** kann nach Bereicherungsrecht verlangen, was er über die Rückzahlung des Darlehens hinaus an den Kreditgeber geleistet hat. Dazu gehören die Bearbeitungsgebühren, die hälftige Restschuldversicherungsprämie sowie die nicht geschuldeten Zinsen.[689]

234 **bb) Besondere Kreditverträge und Einzelprobleme. (1) Kettenkreditverträge.** Die Sittenwidrigkeit eines Kreditvertrags (Erstvertrags) führt sowohl bei interner Umschuldung als auch bei Umschuldung zwischen denselben Vertragspartnern grundsätzlich nicht zur Nichtigkeit des ablösenden Folgevertrags; beide Verträge sind vielmehr **getrennt** zu beurteilen.[690] Hat der Kreditgeber **positive Kenntnis** von der Sittenwidrigkeit des Erstvertrags und beabsichtigt er mit dem Folgevertrag, den unberechtigten Gewinn aus dem Erstvertrag zu sichern, so ist aber auch der Folgevertrag sittenwidrig.[691] Dass ein Kreditvertrag der Ablösung des Erstvertrags dient, kann im Übrigen im Rahmen der **Gesamtbetrachtung** berücksichtigt werden und hier den Ausschlag für die Sittenwidrigkeit geben.[692] Ist die Ablösung **wirtschaftlich unvertretbar**, weil die Bedingungen im Folgevertrag erheblich ungünstiger als im Erstvertrag sind, so ist dies ein weiteres Indiz für die Sittenwidrigkeit.[693]

235 Soweit die im Folgevertrag festgelegten Bedingungen auf dem **beiderseitigen Irrtum** der Parteien über die Wirksamkeit des Erstvertrags beruhen, kommt bei interner Umschuldung lediglich eine **Vertragsanpassung** nach § 313 Abs. 2 in Betracht.[694] Ansprüche aus dem Folgevertrag erhält der Kreditgeber nur dann, wenn sie ihm billigerweise auch bei Kenntnis und Berücksichtigung der Nichtigkeit des Erstvertrags eingeräumt worden wären.[695]

236 **(2) Finanzierungsleasingverträge über bewegliche Sachen.** Finanzierungsleasingverträge über bewegliche Sachen sind **objektiv** sittenwidrig, wenn ein Vergleich der konkret vereinbarten Leasingrate mit der üblichen Leasingrate ein auffälliges Missverhältnis ergibt.[696] Maßstab ist wie bei Darlehensverträgen (Rn 228) der doppelte Wert.[697] Soweit eine übliche Vergleichsrate nicht existiert oder nicht ermittelbar ist, sind die von der Rechtsprechung entwickelten **Grundsätze zur Sittenwidrigkeit von Darlehensverträgen** (vgl Rn 224 ff) entsprechend anzuwenden.[698] In Vergleich gesetzt wird der vertraglich vereinbarte effektive Jahreszins zu dem marktüblichen effektiven Jahreszins eines entsprechenden Kredits.[699] Besonderheiten gelten für **Teilamortisationsverträge**, bei denen ein Teil des vom Leasinggeber gewährten Kapitals erst am Ende der Laufzeit zurückzuerstatten ist.[700] Soll mit dem Leasingvertrag die **Ablösesumme** eines früheren Leasingvertrages finanziert werden, so darf die **Berechnungsgrundlage** der Leasingraten nicht dadurch **verschleiert** werden, dass die Ablösesumme nicht in den Vertrag aufgenommen wird.[701] Die **subjektiven Voraussetzungen** des Abs. 1 entsprechen bei Leasingverträgen denen des wucherähnlichen Rechtsgeschäfts (vgl Rn 229).[702]

237 **(3) Kreditverträge mit Kapitallebensversicherung.** Festkreditverträge, die in Verbindung mit einer Kapitallebensversicherung abgeschlossen werden, wirken wie ein Ratenkredit mit Monatsraten in Höhe von Zinsen und Prämien.[703] Dies rechtfertigt die Beurteilung der Sittenwidrigkeit nach den **Grundsätzen für Darlehensverträge** anhand eines Vergleichs der Zinssätze (s. Rn 224 ff). Voraussetzung ist, dass es sich um einen Verbraucherkredit handelt. Kreditvertrag und Lebensversicherung müssen gleichzeitig abgeschlossen worden

686 So etwa Soergel/*Hefermehl*, § 138 Rn 85; Staudinger/*Sack*, § 138 Rn 123; *Looschelders*, Schuldrecht BT, Rn 351; *Medicus*, BR, Rn 700; *Bunte*, NJW 1983, 2674, 2676 ff.

687 Auf § 818 abstellend Soergel/*Mühl*, § 817 Rn 38; Staudinger/*S. Lorenz*, § 817 Rn 12; *Flume*, BGB AT, § 18, 10 f; für geltungserhaltende Reduktion der Entgeltvereinbarung Staudinger/*Sack*, § 138 Rn 125 ff, 134; Jauernig/*Jauernig*, § 139 Rn 10.

688 So Staudinger/*Sack*, § 138 Rn 134.

689 Vgl BGH NJW 1987, 830, 831; *Bodenbenner*, JuS 2001, 1172, 1175; *Steinmetz*, NJW 1991, 881, 884 f.

690 BGH NJW-RR 1987, 679, 681; BGHZ 99, 333, 336; BGH ZIP 2002, 701, 702; NJW 1990, 1597, 1598 (externe Umschuldung); MüKo/*Berger*, § 488 Rn 119.

691 BGHZ 99, 333, 336 = NJW 1987, 944.

692 BGHZ 99, 333, 337; Staudinger/*Sack*, § 138 Rn 247.

693 BGHZ 104, 102, 106.

694 BGHZ 99, 333, 337; BGH NJW 1990, 1597, 1599; Staudinger/*Sack*, § 138 Rn 245.

695 BGHZ 99, 333, 338; BGH ZIP 2002, 701, 702.

696 BGHZ 128, 255, 260; MüKo/*Armbrüster*, § 138 Rn 121; Soergel/*Hefermehl*, § 138 Rn 105.

697 BGHZ 128, 255, 261.

698 BGHZ 128, 255, 261; BGH NJW 1995, 1146, 1147; Palandt/*Ellenberger*, § 138 Rn 33; PWW/*Ahrens*, § 138 Rn 129; Staudinger/*Sack*, § 138 Rn 189; krit. *Krebs*, NJW 1996, 1177, 1178.

699 BGHZ 128, 255, 263.

700 Dazu BGHZ 128, 255, 267 = NJW 1995, 1019 m. Hinw. auf *Schmidt/Schumm*, DB 1989, 2109, 2112.

701 OLG Koblenz OLG-Report 2001, 441; *Weber*, NJW 2003, 2348, 2351.

702 Vgl nur Palandt/*Ellenberger*, § 138 Rn 33.

703 BGH NJW 1988, 1318, 1320; BGHZ 111, 117, 121.

sein sowie etwa die gleiche Laufzeit haben.[704] Erlangt der Kreditnehmer durch die Kombination Vorteile (Risikoanteile, hypothetische Gewinnbeteiligung, Steuervergünstigungen etc.), so sind diese in **Abzug** zu bringen.[705]

b) Personalsicherheiten, insbesondere Bürgschaften

Literatur: *Ahrens*, Sittenwidrigkeit oder Restschuldbefreiung, NZI 2009, 597; *Braun*, Von den Nahbereichspersonen bis zu den Arbeitnehmern als Bürgen: ein Überblick über die Rechtsprechung des BGH zur Sittenwidrigkeit von Bürgschaften, Jura 2004, 474; *Fischer*, Aktuelle höchstrichterliche Rechtsprechung zur Bürgschaft und zum Schuldbeitritt, WM 2001, 1049; *Krüger*, Sittenwidrige Mithaftung: Der Schlussstein in der Rechtsprechung des BGH, NJW 2009, 3408; *Nobbe/Kirchhof*, Bürgschaften und Mithaftungsübernahmen finanziell überforderter Personen, BKR 2001, 5; *Schimansky*, Aktuelle Rechtsprechung des BGH zur krassen finanziellen Überforderung von Mithaftenden bei der Kreditgewährung, WM 2002, 2437; *Tiedtke*, Die Rechtsprechung des BGH auf dem Gebiet des Bürgschaftsrechts, NJW 2003, 1359 und NJW 2005, 2498; *Wagner*, Die Sittenwidrigkeit von Angehörigenbürgschaften nach Einführung der Restschuldbefreiung und Kodifizierung der c.i.c., NJW 2005, 2956.

aa) Allgemeines. Die Sittenwidrigkeit von Personalsicherheiten bestimmt sich allein nach **Abs. 1**. Die Anwendung des **Abs. 2** scheidet mangels Leistungsaustauschverhältnisses aus.[706] 238

Der in der Praxis häufigste Fall der Personalsicherheit ist die **Bürgschaft**. Bei der Würdigung von Bürgschaftsverträgen ist zu beachten, dass der nicht geschäftsmäßig handelnde **Bürge** besonders **schutzwürdig** ist. Er läuft nämlich Gefahr, aus persönlicher Verbundenheit mit dem Schuldner oder aus anderen altruistischen Gründen eine Verpflichtung einzugehen, die ihn im Falle der Inanspruchnahme wirtschaftlich überfordert. Auf der anderen Seite verfolgt der **Kreditgeber** mit dem Sicherungsverlangen in der Regel berechtigte wirtschaftliche Interessen. Zum einen darf er damit rechnen, dass der Schuldner sich besonders gewissenhaft um die Erfüllung seiner Schuld bemühen wird, um die Inanspruchnahme des Bürgen zu verhindern.[707] Zum anderen kann der Kreditgeber auf die Einbeziehung derjenigen Dritten angewiesen sein, an die zu seinen Lasten Vermögensverlagerungen zu befürchten sind.[708] 239

Der im Grundgesetz (Art. 2 Abs. 1 GG) verankerte **Grundsatz der Privatautonomie** deckt auch den Abschluss risikoreicher Geschäfte.[709] Wie das BVerfG zutreffend dargelegt hat, ändert dies aber nichts an der Verpflichtung der Rechtsprechung, bei Vorliegen **struktureller Ungleichgewichtslagen** die besonders belastenden Folgen von Bürgschaften über die Generalklauseln des BGB zu korrigieren (vgl Rn 108).[710] Hierauf beruht die neuere Rechtsprechung zur **Sittenwidrigkeit von Bürgschaften naher Familienangehöriger** gegenüber Kreditinstituten und anderen **gewerblichen und beruflichen Kreditgebern.** Im Kern sind danach Bürgschaften sittenwidrig, die den Bürgen finanziell überfordern und weitere sittenwidrigkeitsrelevante Umstände aufweisen.[711] Die früheren Divergenzen[712] zwischen der Rechtsprechung des für Bürgschaften zuständigen IX. und des für Darlehen zuständigen XI. Zivilsenats des BGH sind mit der **Verlagerung der Zuständigkeit für Bürgschaften an den XI. Zivilsenat** seit dem 1.1.2001 obsolet. 240

bb) Sittenwidrigkeit von Bürgschaften bei besonderem Näheverhältnis. Wenn zwischen Schuldner und Bürge ein **besonderes persönliches Näheverhältnis** vorliegt und die Bürgschaft den Bürgen **finanziell krass überfordert**, dann spricht eine widerlegliche **Vermutung** dafür, dass der Gläubiger die psychische bzw emotionale Zwangslage des Bürgen in sittenwidriger Weise ausgenutzt hat.[713] Entscheidend ist allerdings immer eine Gesamtwürdigung aller Umstände bei Vertragsschluss.[714] 241

(1) Besonderes Näheverhältnis. Ein besonderes Näheverhältnis besteht zwischen **Ehegatten**[715] sowie zwischen **Eltern und Kindern**[716], was durch § 1353 Abs. 1 S. 2 bzw § 1618 a dokumentiert wird. Gleiches gilt für **Lebenspartner**, **Verlobte** und Partner einer **eheähnlichen Lebensgemeinschaft**.[717] Zwischen **Geschwistern** wird ein besonderes Näheverhältnis nicht ohne weiteres angenommen; hier kommt es vielmehr 242

704 BGHZ 111, 117, 120.
705 BGH NJW 1988, 1318, 1320; BGHZ 111, 117, 122.
706 BGH NJW 2001, 2466, 2467; Palandt/*Ellenberger*, § 138 Rn 66; *Nobbe/Kirchhoff*, BKR 2001, 5, 7.
707 *Nobbe/Kirchhoff*, BKR 2001, 5, 11 f.
708 Vgl bereits BGHZ 125, 206, 211 f; 128, 230, 234 f.
709 Vgl nur BGHZ 120, 272, 274; 125, 206, 209 f; BGH NJW 1997, 1980, 1981.
710 BVerfGE 89, 214; vgl auch MüKo/*Armbrüster*, § 138 Rn 92.
711 BGHZ 137, 329, 332 f; Bamberger/Roth/*Wendtland*, § 138 Rn 69.
712 Dazu Staudinger/*Sack*, § 138 Rn 315; *Fischer*, WM 2001, 1049, 1056 ff; *Nobbe/Kirchhoff*, BKR 2001, 5; *Schimansky*, WM 2002, 2437.
713 BGHZ 136, 347, 351; 146, 37, 42; 151, 34, 37; BGH NJW 2002, 744, 745; NJW-RR 2004, 338, 339; NJW 2005, 971, 973; NJW 2009, 2671, 2672; BKR 2010, 63; Jauernig/*Jauernig*, § 138 Rn 12.
714 BGHZ 136, 347, 355; Staudinger/*Sack*, § 138 Rn 316.
715 BGH NJW 2005, 973, 975; Palandt/*Ellenberger*, § 138 Rn 38.
716 BGHZ 125, 206, 213 f; BGH NJW 1997, 52, 53.
717 BGH NJW 1997, 1005; 2000, 1182, 1184; 2002, 744, 745 (eheähnliche Lebensgemeinschaft); BGHZ 136, 347, 350 (Verlobte).

im Einzelfall darauf an, ob zwischen den Betroffenen im Zeitpunkt der Verpflichtung eine enge persönliche Beziehung bestanden hat.[718]

243 **(2) Krasse finanzielle Überforderung.** Ob eine **krasse finanzielle Überforderung** vorliegt, hängt nach ständiger Rechtsprechung vom Grad des Missverhältnisses zwischen Verpflichtungsumfang und finanzieller Leistungsfähigkeit des Bürgen ab.[719] Die Voraussetzung ist erfüllt, wenn der Bürge voraussichtlich nicht einmal in der Lage wäre, die **laufenden Zinsen** aus seinem pfändbaren Vermögen oder Einkommen auf Dauer zu bezahlen.[720] Maßgeblich ist eine vom Zeitpunkt des Bürgschaftsversprechens ausgehende **Prognose**, die alle erwerbsrelevanten Umstände und Verhältnisse berücksichtigt.[721] Die Beurteilung erfolgt anhand der Vermögensverhältnisse des Bürgen, nicht auch des Hauptschuldners.[722] Andere Sicherheiten des Gläubigers sind nur zu berücksichtigen, wenn sie das Haftungsrisiko des Bürgen auf ein vertretbares Maß beschränken.[723] **Dinglich belastete Grundstücke** bleiben bei der Beurteilung der Vermögensverhältnisse außer Betracht, weil sie die wirtschaftliche Leistungsfähigkeit nicht steigern.[724] Die **Verwertung des Eigenheims** ist dem Bürgen aber zumutbar.[725]

244 Wird ein Bürgschaftsversprechen im Hinblick auf die **zukünftige Leistungsfähigkeit** des Bürgen abgegeben, so kann die Sittenwidrigkeit im Einzelfall zu verneinen sein.[726] Allerdings muss der Haftungszweck **Bestandteil der vertraglichen Vereinbarung** sein.[727] Die **vage Aussicht** auf eine Erbschaft oder auf einen sonstigen Vermögenszuwachs schließt die Sittenwidrigkeit nicht aus.[728] Tritt beim Bürgen im Nachhinein doch ein entsprechender Vermögenszuwachs ein, so kann er aber nach Treu und Glauben (§ 242) gehindert sein, sich gegenüber dem Kreditgeber auf die Sittenwidrigkeit der Bürgschaft zu berufen.[729]

245 Ob die Einführung der **Restschuldbefreiung** nach §§ 286 ff InsO Einfluss auf die Grundsätze zur finanziellen Überforderung des Bürgen hat, war lange Zeit sehr umstritten.[730] In einer aktuellen Entscheidung hat der BGH überzeugend dargelegt, dass dieses Institut der Sittenwidrigkeit von Bürgschaften zugunsten naher Angehöriger nicht entgegensteht.[731] Zwar haben die §§ 286 ff InsO das Risiko lebenslanger finanzieller Überschuldung vermindert. Es widerspricht aber dem Normzweck, an sich sittenwidrige Bürgschaftsverträge deshalb für wirksam zu erachten.[732] Die Restschuldbefreiung setzt einen bestehenden Anspruch des Gläubigers voraus und kann nicht dazu herangezogen werden, die Entstehung des Anspruchs erst zu begründen.

246 **(3) Widerlegung der Sittenwidrigkeitsvermutung.** Die Vermutung der Sittenwidrigkeit wegen Ausnutzung einer psychischen Zwangslage ist **widerlegt**, wenn der Bürge ein **eigenes Interesse an der Kreditgewährung** hat oder einen **unmittelbaren wirtschaftlichen Vorteil** aus der Verwendung des Darlehens erlangt.[733] Hier ist der Bürge wirtschaftlich wie ein Mitdarlehensnehmer zu behandeln.[734] Ein geldwerter Vorteil liegt beispielsweise vor, wenn der Erwerb von Miteigentum an den mit den Krediten finanzierten Gegenständen in Aussicht steht.[735] Durch das Auftreten als Verhandlungsführer bei Kreditverhandlungen oder die Einbindung in die Finanzierung durch einen eigenen Lebensversicherungsvertrag bekundet der Bürge kein eigenes Interesse an dem zu finanzierenden Bauvorhaben.[736] Nicht ausreichend sind auch **mittelbare Vorteile** wie die Verbesserung des allgemeinen Lebensstandards, die Möglichkeit, in dem durch den Kredit finanzierten Haus zu leben, die Aussicht auf einen Arbeitsplatz oder auf einen höheren Zugewinnausgleich.[737] Die mögliche **Geschäftserfahrenheit** des nahe stehenden Bürgen steht der Sittenwidrigkeit wegen Ausnutzung einer emotionalen Zwangslage nicht entgegen.[738]

718 BGHZ 137, 329, 334 f; 140, 395, 399; Soergel/*Hefermehl*, § 138 Rn 230.
719 Vgl nur BGHZ 151, 34, 36 f; BGH NJW 2002, 744, 745; NJOZ 2003, 1044, 1045; BGH NJW 2005, 973, 975; NJW 2005, 971, 972.
720 BGHZ 146, 37, 42; BGH NJW 2000, 1182, 1183; 2002, 744, 745; 2002, 2705, 2706; NJOZ 2003, 1044, 1045.
721 BGHZ 120, 272, 276; BGH NJW-RR 2002, 1130, 1132; NJOZ 2003, 1044, 1046; *Schimansky*, WM 2002, 2437, 2440.
722 So st. Rspr, vgl BGHZ 146, 37, 43; BGH NJW 2000, 1182, 1183; 2002, 2705, 2706.
723 BGHZ 146, 37, 44; BGH NJW 2002, 2705, 2707; 2009, 2671, 2672 f; *Nobbe/Kirchhoff*, BKR 2001, 5, 10.
724 BGHZ 151, 34, 38 f; BGH NJW 2002, 2634, 2635; BKR 2010, 63, 64; *Nobbe/Kirchhoff*, BKR 2001, 5, 9 f.
725 BGH NJW 2001, 2466, 2467; 2002, 2633; zust. PWW/*Ahrens*, § 138 Rn 85; *Nobbe/Kirchhoff*, BKR 2001, 5, 9; *Tiedtke*, NJW 2003, 1359, 1360.
726 BGH NJW 1999, 58, 59; *Nobbe/Kirchhoff*, BKR 2002, 5, 10; *Tiedtke*, NJW 1999, 1209, 1212 f.
727 BGH NJW 1999, 58, 60; dazu *Nobbe/Kirchhoff*, BKR 2001, 5, 10; *Schanbacher*, WM 2001, 74 ff.
728 BGHZ 120, 272, 276; 125, 206, 211; Staudinger/*Sack*, § 138 Rn 317.
729 Staudinger/*Sack*, § 138 Rn 317.
730 Bejahend Staudinger/*Sack*, § 138 Rn 328; verneinend Jauernig/*Jauernig*, § 138 Rn 12; MüKo/*Armbrüster*, § 138 Rn 92; *Ahrens*, NZI 2009, 597, 598; *Krüger*, MDR 2002, 855, 856 ff; *Wagner*, NJW 2005, 2956, 2957 f.
731 BGH NJW 2009, 2671, 2673 f mwN; dazu *Krüger*, NJW 2009, 3408 ff.
732 BGH NJW 2009, 2671, 2674.
733 BGHZ 146, 37, 45; *Schimansky*, WM 2002, 2437, 2438.
734 Staudinger/*Sack*, § 138 Rn 323.
735 BGHZ 120, 272, 278; BGH WM 2003, 1563, 1565.
736 BGH NJW 2000, 1182, 1184.
737 BGH NJW 2000, 1182, 1184; BKR 2003, 157, 158; NJOZ 2003, 1044, 1046 f; NJW 2005, 971, 973; vgl *Nobbe/Kirchhoff*, BKR 2001, 5, 12 f.
738 BGH NJW 2000, 1182, 1184; BKR 2003, 157, 158; *Tonner*, JuS 2003, 325, 327.

Die Sittenwidrigkeit wird auch nicht allein dadurch ausgeschlossen, dass einziger Zweck der Bürgschaft die Vermeidung von **Vermögensverschiebungen** ist.[739] Etwas anderes kommt allenfalls bei einer **ausdrücklichen Haftungsbeschränkung** in der Bürgschaftsurkunde in Betracht.[740] Die Anforderungen an eine solche Haftungsbeschränkung sind bislang unklar.[741] Bedenklich erscheint, dass der Bürge im Fall der Vermögensverlagerung uneingeschränkt mit seinem gesamten Vermögen haften soll.[742] Um eine übermäßige Belastung des Bürgen zu vermeiden, ist die Haftung auf das tatsächlich verlagerte Vermögen zu begrenzen.[743] 247

Kennt der Kreditgeber die für die Sittenwidrigkeit maßgeblichen Umstände nicht, so liegen die Voraussetzungen des Abs. 1 nicht vor. Der Kreditgeber ist aber gehalten, sich über die Umstände der Abgabe des Bürgschaftsversprechens zu erkundigen.[744] Wird diese Verpflichtung verletzt, kann davon ausgegangen werden, dass der Kreditgeber die relevanten Umstände bei Vertragsschluss kannte oder sich dieser Kenntnis bewusst verschlossen hat.[745] 248

cc) Arbeits- und Gesellschaftsverhältnisse. Auf **Arbeitsverhältnisse** ist die Rechtsprechung zur Sittenwidrigkeit von Bürgschaften für nahe stehende Personen nicht übertragbar, weil es insoweit an einem emotional geprägten persönlichen Näheverhältnis fehlt.[746] Die Sittenwidrigkeit kann sich hier aber aus einer **Gesamtbetrachtung** der Umstände ergeben. So ist eine Bürgschaft sittenwidrig, die ein Arbeitnehmer **aus Sorge um seinen Arbeitsplatz** für seinen in wirtschaftlichen Schwierigkeiten befindlichen Arbeitgeber übernimmt, wenn die Bürgschaft den Arbeitnehmer finanziell überfordert und der Kreditgeber die Umstände erkennt.[747] 249

Die Vermutungsregeln für sittenwidrige Bürgschaften bei Näheverhältnissen gelten auch nicht für den Fall, dass ein **Gesellschafter** für seine Gesellschaft ein Bürgschaftsversprechen abgibt.[748] Der Kreditgeber darf in diesen Fällen davon ausgehen, dass der Gesellschafter sich aus **eigenen finanziellen Interessen** an der Gesellschaft beteiligt hat und daher mit dem Bürgschaftsversprechen kein unzumutbares Risiko eingeht.[749] Dies gilt jedenfalls für den Fall, dass der Gesellschafter mit **mindestens 10%** an der Gesellschaft beteiligt ist und nicht lediglich unbedeutende Bagatell- oder Splitterbeteiligungen innehat.[750] Anders zu beurteilen ist jedoch der Fall, dass der Gesellschafter-Bürge als bloßer **Strohmann** tätig wird und die ihn überfordernde Verpflichtung – für den Kreditgeber erkennbar – aus **emotionaler Verbundenheit** zu seinem „Hintermann" ohne eigenes wirtschaftliches Interesse eingeht.[751] Hier richtet sich die Sittenwidrigkeit nach den gleichen Grundsätzen wie bei Bürgschaften für nahe stehende Personen. Es besteht damit die widerlegbare Vermutung, dass der Kreditgeber die emotionale Verbundenheit des Bürgen in verwerflicher Weise ausgenutzt hat.[752] 250

dd) Sonstige Fälle sittenwidriger Bürgschaften. Auch wenn krasse finanzielle Überforderung und enges Näheverhältnis zwischen Bürgen und Hauptschuldner nicht zusammentreffen, kommt die Sittenwidrigkeit einer Bürgschaft in Betracht. Hier bedarf es jedoch **weiterer erschwerender, dem Kreditgeber zurechenbarer Umstände**, die die Verpflichtung des Bürgen als **nicht hinnehmbar** erscheinen lassen.[753] 251

Ein wichtiger Fall der Sittenwidrigkeit von Bürgschaftsversprechen aus sonstigen Gründen ist die **unzulässige Einwirkung auf die Entscheidungsfreiheit** des Bürgen.[754] Eine unzulässige Einwirkung liegt vor, wenn der Kreditgeber das Risiko der Haftungsübernahme **verharmlost**, zB durch Erteilung einer fehlerhaften Auskunft über das Haftungsrisiko,[755] Bagatellisierung der Bürgenhaftung[756] oder Verschweigen des Haftungsrisikos.[757] Das Gleiche gilt für den Fall, dass der Bürge (zB durch **Überrumpelung**) in eine Lage versetzt wird, 252

739 Vgl nur BGHZ 151, 34, 39 ff.
740 BGH NJW 1999, 58, 60; NJW 2002, 2230, 2231 f; NJOZ 2003, 1044, 1047; krit. *Tiedtke*, NJW 2003, 1359, 1361. Zur möglichen Wirksamkeit eines Bürgschaftsvertrags ohne ausdr. Begrenzung des Haftungszwecks *Oberhammer*, DZWir 2000, 45, 47 ff.
741 *Tonner*, JuS 2003, 325, 330.
742 Krit. auch *Tiedtke*, NJW 2001, 1015, 1023 f; *ders.*, NJW 2003, 1359, 1361 f.
743 IdS *Nobbe/Kirchhoff*, BKR 2001, 5, 11.
744 *Nobbe/Kirchhoff*, BKR 2001, 5, 10.
745 BGHZ 125, 206, 212 f; 128, 230, 232 f; 146, 37, 44 f; BGH NJW 1994, 1341, 1343; 1997, 52, 54; 1999, 58, 60; 2000, 1183, 1184.
746 BGHZ 156, 302, 307 = WM 2003, 2379, 2381; aA Erman/*Palm*, § 138 Rn 94.
747 BGHZ 156, 302, 308 ff = WM 2003, 2379, 2381; Jauernig/*Jauernig*, § 138 Rn 12; vgl auch OLG Zweibrücken NJW-RR 1652, 1654 (zur Unwirksamkeit nach § 307).
748 GmbH: BGHZ 137, 329, 336 f; BGH NJW 2002, 956; 2002, 1337, 1139; 2003, 967, 968; KG: BGH NJW 2002, 2634, 2635; vgl Erman/*Palm*, § 138 Rn 94; Staudinger/*Sack*, § 138 Rn 320; *Nobbe/Kirchhoff*, BKR 2001, 5, 14 f; *Schimansky*, WM 2002, 2437, 2441.
749 BGHZ 137, 329, 336; BGH NJW 2002, 1337, 1338; 2002, 956; 2002, 1337, 1338; 2003, 967, 968; krit. *Tiedtke*, NJW 2003, 1359, 1361.
750 BGH NJW 2002, 956 (25%); 2003, 967, 968 (10%).
751 BGHZ 137, 329, 337; BGH NJW 2002, 956; 2002, 1137, 1139; 2002, 2634, 2635.
752 BGH NJW 2002, 1137, 1139.
753 BGHZ 120, 272, 276; 137, 329, 332 f; BGH NJW 2001, 2466, 2467; 2002, 2634, 2635; zum Ganzen Erman/*Palm*, § 138 Rn 91; *Nobbe/Kirchhoff*, BKR 2001, 5, 13 ff.
754 BGH NJW 1997, 1980, 1981.
755 BGHZ 120, 272, 277; BGH NJW-RR 2002, 2230, 2231.
756 BGH NJW 1994, 1341, 1343; NJW-RR 2004, 338, 339.
757 BGHZ 125, 206, 217.

die ihm eine eigenverantwortliche Entscheidung unmöglich macht.[758] Schließlich kann auch die **geschäftliche Unerfahrenheit** des Bürgen die Sittenwidrigkeit des Bürgschaftsvertrags begründen, wenn diese Unerfahrenheit dem Kreditgeber bekannt ist.[759]

253 **ee) Schuldbeitritt und Mithaftungsübernahme.** Die für die Bürgschaft entwickelten Grundsätze lassen sich auf den Schuldbeitritt und die Mithaftungsübernahme übertragen, soweit die Einstandspflicht auch hier aus **uneigennützigen Motiven** übernommen wird.[760] Die Bezeichnung als **Mitdarlehensnehmer** im Darlehensvertrag steht der Qualifikation als bloßer Mithaftender nicht notwendig entgegen.[761] Entscheidend ist die materielle Rechtsposition.[762] Hat der Verpflichtete ein eigenes Interesse an der Kreditaufnahme und kann er als im Wesentlichen gleichberechtigter Partner über die Verwendung des Kredits entscheiden, so ist er echter Mitdarlehensnehmer und kann sich grundsätzlich nicht auf eine krasse finanzielle Überforderung berufen.[763]

c) Mobiliarsicherheiten und Sicherungszession

Literatur: *Baur/Stürner*, Sachenrecht, 18. Auflage 2009; *Bülow*, Kreditsicherheiten, 7. Auflage 2007; *Tetzlaff*, Die anfängliche Übersicherung, ZIP 2003, 1826; *Tiedtke*, Aktuelle Tendenzen in der Rechtsprechung des Bundesgerichtshofs zum Realkredit seit dem 1.1.1997, DStR 2001, 257; *Wolf/Wellenhofer*, Sachenrecht, 24. Auflage 2009.

254 Der einer Mobiliarsicherheit wie Sicherungsübereignung und Eigentumsvorbehalt oder einer Sicherungszession zugrunde liegende Sicherungsvertrag kann wegen **Übersicherung** oder **Knebelung** sittenwidrig sein. Da die Sittenwidrigkeit hier gerade im Vollzug der Leistung liegt, erfasst sie auch das **Verfügungsgeschäft**.[764] Außerdem stellt sich das Problem, wie eine **Kollision** zwischen Globalzession und verlängertem Eigentumsvorbehalt (Rn 264 ff) bzw Factoring (Rn 268 ff) aufzulösen ist. Daneben ist zu prüfen, inwiefern **Kredittäuschung** und **Insolvenzverschleppung** zur Sittenwidrigkeit eines Sicherungsgeschäfts führen können.

255 **aa) Übersicherung.** **Übersicherung** bedeutet, dass der Waren- oder Geldkreditgeber mehr an Sicherheiten erhält, als zur Sicherung seines Kredits notwendig wäre.[765] Sicherungsvereinbarung und dingliches Geschäft sind hier sittenwidrig, wenn der Sicherungsgeber in seiner wirtschaftlichen Betätigungsfreiheit unangemessen eingeschränkt wird.[766] Maßgebliches Kriterium ist damit die Wahrung der **wirtschaftlichen Entscheidungsfreiheit** des Kreditnehmers. Ein weiterer Grund für die Sittenwidrigkeit ist die **Schädigung oder Benachteiligung möglicher sonstiger Gläubiger**.[767] Zu unterscheiden ist zwischen anfänglicher und nachträglicher Übersicherung.

256 **(1) Anfängliche Übersicherung.** Die Übersicherung ist **anfänglich**, wenn sie bereits bei Vertragsschluss feststeht.[768] Der Sicherungsvertrag und die entsprechende Verfügung sind hier nach Abs. 1 nichtig, wenn das Geschäft nach seinem **Gesamtcharakter** mit den guten Sitten unvereinbar ist.[769]

257 Die Annahme von Sittenwidrigkeit liegt nahe, wenn bei Vertragsschluss gewiss ist, dass auf Dauer ein **auffälliges Missverhältnis** zwischen dem realisierbaren Wert der Sicherheiten und der gesicherten Forderung besteht oder eintreten wird.[770] Anders als bei Darlehensverträgen hat die Rechtsprechung darüber hinaus keine anerkannte Bewertungsgrundlage entwickelt, sondern stellt jeweils auf die **Besonderheiten im Einzelfall** ab.[771] Will man dennoch eine pauschale Bewertung vornehmen, so ist zu beachten, dass die anfängliche Übersicherung für den Kreditgeber nachteiligere Rechtsfolgen als die nachträgliche Übersicherung hat. Anders als bei nachträglicher Übersicherung hat der Kreditnehmer nämlich keinen bloßen Anspruch auf Freigabe; vielmehr sind die Sicherheitsbestellungen von Anfang an nichtig.[772] Aus diesem Grund wird angenommen, dass die Anforderungen an die Sittenwidrigkeit bei anfänglicher Übersicherung wesentlich höher liegen müs-

758 BGHZ 120, 272, 276 f; BGH NJW 1997, 1980, 1982; NJW-RR 2002, 1130, 1132 f.
759 BGHZ 125, 206, 210 ff; BGH NJW 1997, 1980, 1981; 2002, 956, 957; 2002, 2634.
760 Vgl BGHZ 120, 272; BGH NJW 1994, 1726, 1727 f; 1999, 135 (Schuldbeitritt); BGH NJW 2002, 744 (Mithaftung); Erman/*Palm*, § 138 Rn 155.
761 BGH NJW 2002, 744; 2002, 2705 f; *Schimansky*, WM 2002, 1437, 1438.
762 Zur Abgrenzung auch vgl Palandt/*Ellenberger*, § 138 Rn 38 a; *Nobbe/Kirchhoff*, BKR 2001, 5, 6 ff; *Schimansky*, WM 2002, 2437 2438 f; *Tiedtke*, NJW 2003, 1359, 1362.
763 BGHZ 146, 37, 41.
764 BGHZ 30, 149, 153; Bamberger/Roth/*Wendtland*, § 138 Rn 36; Palandt/*Ellenberger*, § 138 Rn 20.
765 *Bülow*, Kreditsicherheiten, Rn 1106.
766 Vgl nur BGHZ 94, 105, 112; 98, 303, 310; 125, 83, 85.
767 BGH NJW-RR 1991, 625; BGHZ 120, 300, 302; *Baur/Stürner*, Sachenrecht, § 57 IV 5; MüKo/*Armbrüster*, § 138 Rn 99.
768 BGH NJW 1998, 2047.
769 BGH NJW 1998, 2047; NJW-RR 2008, 1490, 1492; allg. BGHZ 86, 82, 88; 120, 272, 275; 125, 206, 209.
770 BGH NJW 1998, 2047; NJW-RR 2003, 1490, 1492; *Ganter*, WM 2001, 1; *Tiedtke*, DStR 2001, 257.
771 BGH NJW 1998, 2047.
772 OLG Hamm NJOZ 2002, 1389, 1400; BGH NJW 1998, 2047; BGHZ 137, 212, 218; *Baur/Stürner*, Sachenrecht, § 57 Rn 29 e; *Leible/Sosnitza*, JuS 2001, 449, 451.

sen.[773] Ein **Indiz** für die Sittenwidrigkeit ist die **Überschreitung der Deckungsgrenze** (Rn 260) **um 200%**.[774] Unabhängig davon müssen aber auch die **sonstigen Bedingungen** des Kreditvertrages gewürdigt werden.[775]

Neben dem objektiven Kriterium des auffälligen Missverhältnisses ist subjektiv die **verwerfliche Gesinnung** des Sicherungsnehmers erforderlich. Diese ist insbesondere gegeben, wenn sich der Sicherungsnehmer aus eigensüchtigen Gründen rücksichtslos gegenüber den berechtigten Belangen des Sicherungsgebers zeigt.[776] Da der Kreditgeber den Wert der zur Verfügung gestellten Sicherheiten in aller Regel kennt, setzt er sich mit der Forderung oder Annahme übermäßiger Sicherheiten immer auch über die Interessen des Kreditnehmers hinweg.[777] Die subjektiven Voraussetzungen liegen daher regelmäßig vor. **258**

(2) Nachträgliche Übersicherung. Die Gefahr einer nachträglichen Übersicherung besteht bei **revolvierenden Sicherheiten** wie Sicherungsübereignungen von Warenlagern mit wechselndem Bestand und Globalzessionen.[778] Hier ist der Vertrag nicht wegen Sittenwidrigkeit nichtig. Vielmehr hat der Sicherungsgeber einen ermessensunabhängigen vertraglichen Anspruch gegen den Sicherungsnehmer auf **Freigabe** der endgültig nicht mehr benötigten Sicherheiten.[779] Der Anspruch auf Rückübertragung der Sicherheiten folgt aus der Treuhandnatur des Sicherungsvertrages.[780] Daher besteht er auch dann zwingend und vom Ermessen des Sicherungsnehmers unabhängig, wenn der Sicherungsvertrag **keine** oder eine **vom Ermessen des Sicherungsnehmers abhängige Freigabeklausel** enthält.[781] Entgegen der älteren Rechtsprechung bleibt der Sicherungsvertrag im Übrigen wirksam. **259**

Enthält der Sicherungsvertrag **keine** oder eine **unangemessene Deckungsgrenze**, so führt dies ebenfalls nicht zur Unwirksamkeit des Sicherungsvertrages, sondern zur Festlegung einer vertragsimmanenten Deckungsgrenze.[782] Die **Deckungsgrenze** beläuft sich, bezogen auf den **realisierbaren Wert der Sicherung** unter Einbeziehung eines pauschalen Zuschlags von 10% für die Verwertungskosten, auf **110%** der gesicherten Forderung.[783] Beträgt der **Schätzwert** der bestellten Sicherheiten **150%** der gesicherten Forderungen, so wird in Anlehnung an § 237 S. 1 **vermutet**, dass die Deckungsgrenze erreicht ist und der Freigabeanspruch besteht.[784] Unter dem Schätzwert versteht man den geschätzten aktuellen Verkehrswert im Zeitpunkt des Freigabeverlangens. Bei Sachen ist das der Marktpreis bzw – wenn ein solcher nicht ermittelbar ist – der Einkaufs- oder Herstellungspreis. Bei Sicherungszessionen kommt es auf den Nennwert der Forderungen an.[785] **260**

Der Sicherungsnehmer hat nach § 262 ein Wahlrecht, welche von **mehreren Sicherheiten** er freigibt.[786] Die Ausübung des Wahlrechts unterliegt dem Gebot von Treu und Glauben (§ 242). Eine Pflicht zur Freigabe einer **nachrangigen** Sicherheit besteht aber nicht.[787] **261**

(3) Kumulation von Sicherheiten. Übersicherung kann im Einzelfall auch durch die **Kumulation** verschiedener Sicherheiten wie Sicherungsübereignung, Bürgschaft und Grundpfandrecht eintreten.[788] Hier besteht kein Anspruch des Sicherungsgebers auf Freigabe der nicht benötigten Sicherheiten, sondern die Sicherungsverträge und Verfügungen (Rn 254) sind **nichtig**.[789] **262**

bb) Knebelung. Knebelung bedeutet, dass der Sicherungsnehmer den Sicherungsgeber in seiner **wirtschaftlichen Bewegungsfreiheit** auf andere Weise als durch Übersicherung in sittenwidriger Weise beeinträchtigt.[790] Kennzeichen für knebelnde **Sicherungsübereignungen** und **Globalzessionen** („Aussaugung") ist, dass der Sicherungsgeber durch die Stellung von Sicherheiten die Freiheit verliert, autonome wirtschaftliche **263**

773 BGH NJW 1998, 2047; *Ganter*, WM 2001, 1, 5; Staudinger/*Sack*, § 138 Rn 264.
774 Vgl Staudinger/*Sack*, § 138 Rn 264; *Wolf/Wellenhofer*, Sachenrecht, § 15 Rn 31; *Ahcin/Armbrüster*, JuS 2000, 965, 967; differenzierend Palandt/*Bassenge*, § 930 Rn 24; *Tetzlaff*, ZIP 2003, 1826, 1831; gegen Pauschalierung *Ganter*, WM 2001, 1, 3.
775 *Tetzlaff*, ZIP 2003, 1826, 1836.
776 BGH NJW 1998, 2047.
777 *Tetzlaff*, ZIP 2003, 1826, 1836.
778 Zum einfachen Eigentumsvorbehalt an Sachgesamtheiten vgl *Schwab*, ZIP 2000, 609.
779 BGHZ 137, 212, 218 = NJW 1998, 671; BGH NJW-RR 2003, 1490, 1492.
780 BGHZ 124, 371, 375; BGHZ 133, 25, 30; Bamberger/Roth/*Rohe*, Vor § 398 Rn 19; *Kindl*, Jura 2001, 92, 96; aA *Serick*, ZIP 1995, 789 (aus Gewohnheitsrecht).
781 BGHZ 137, 212, 218; ausf. dazu Staudinger/*Sack*, § 138 Rn 266 ff; *Baur/Stürner*, Sachenrecht, § 57 Rn 18 ff; *Kindl*, Jura 2001, 92 ff; krit. *Tiedtke*, DStR 2001, 257.
782 BGHZ 137, 212, 224 ff; *Bülow*, Kreditsicherheiten, Rn 1122 mwN.
783 BGHZ 137, 212, 224.
784 BGHZ 137, 212, 224, 232; Jauernig/*Jauernig*, § 930 Rn 58; *Baur/Stürner*, Sachenrecht, § 57 Rn 28; *Bülow*, Kreditsicherheiten, Rn 1124 ff.
785 BGHZ 137, 224, 234.
786 BGHZ 137, 212, 219; BGH NJW-RR 2003, 45, 46 m.Anm. *Weber*, EWiR 2002, 849; *Wolf/Wellenhofer*, Sachenrecht, § 15 Rn 32.
787 BGH NJW-RR 2003, 45, 46.
788 BGH NJW 1994, 1796, 1798.
789 BGHZ 137, 212, 223.
790 MüKo/*Oechsler*, Anh. §§ 929–936 Rn 34; *Bülow*, Kreditsicherheiten, Rn 1130.

und kaufmännische Entscheidungen zu treffen.[791] Die **schlichte Überforderung** des Sicherungsgebers genügt jedoch nicht. Vielmehr müssen **besondere Umstände** hinzukommen, die die Übertragung der Sicherheit als sittenwidrig erscheinen lassen.[792] So kann die **Ausnutzung der Machtstellung** des Sicherungsnehmers wie auch die Tatsache, dass **andere Gläubiger** nicht mehr befriedigt werden können,[793] die Sittenwidrigkeit begründen.

264 **cc) Kollision von Sicherungsrechten. (1) Sicherungszession und verlängerter Eigentumsvorbehalt.** Von besonderer Relevanz für die Praxis ist der Fall, dass eine zwischen Geldkreditgeber und Sicherungsgeber vereinbarte Globalzession mit einem verlängerten Eigentumsvorbehalt zwischen Sicherungsgeber und Lieferanten (Warenkreditgeber) zusammentrifft. Ausgangspunkt ist hier der **Prioritätsgrundsatz.** Vorrang hat also die zeitlich frühere Verfügung.[794] Dies ist regelmäßig die **Globalzession**, da sie nicht wie ein verlängerter Eigentumsvorbehalt immer neu vereinbart wird.[795] Nach ständiger Rechtsprechung ist die Globalzession aber sittenwidrig, soweit sie auch solche Forderungen erfassen soll, die der Sicherungsgeber seinen Lieferanten künftig abtreten muss und abtritt.[796] Das Verdikt der Sittenwidrigkeit beruht auf der **Zwangslage** des Sicherungsgebers. Dieser steht vor der Alternative, auf die für ihn notwendigen Warenkredite zu verzichten oder **Vertragsbruch** gegenüber seinen Warenlieferanten zu begehen, indem er die Globalzession verschweigt.[797]

265 **Fehlt** es an der **verwerflichen Gesinnung** des Geldkreditgebers, ist die Globalzession nicht wegen Sittenwidrigkeit nichtig.[798] Dies gilt insbesondere, wenn der Geldkreditgeber nach den Umständen des Einzelfalles davon ausgehen durfte, dass ein Zusammentreffen der Sicherungsrechte ausgeschlossen ist, zB weil die Vereinbarung eines verlängerten Eigentumsvorbehalts in dem entsprechenden Wirtschaftszweig unüblich ist.[799]

266 Die Globalzession ist auch dann nicht sittenwidrig, wenn eine **dingliche Teilverzichtsklausel** vereinbart wurde, in der die Vertragsparteien mit dinglicher Wirkung den generellen Vorrang des verlängerten Eigentumsvorbehalts festlegen.[800] Dabei genügt es, wenn sich durch **Auslegung** ergibt, dass die Globalzession hinter Ansprüchen aus einem verlängerten Eigentumsvorbehalt zurücktreten soll.[801] Der Vorrang kann auch auf **branchenübliche** verlängerte Eigentumsvorbehalte beschränkt werden, denn nur mit diesen muss der Geldkreditgeber rechnen.[802] Eine nur **schuldrechtlich** wirkende Teilverzichtsklausel ist dagegen nicht ausreichend, da sie dem Vorbehaltsverkäufer das Risiko der Insolvenz des Geldkreditgebers auferlegt und ihm die Durchsetzung seiner Rechte unangemessen erschwert.[803] Für die Wirksamkeit der Globalzession genügt auch nicht, dass der Geldkreditgeber den Schuldner verpflichtet, zunächst seine Vorbehaltsverkäufer aus dem Kredit zu bedienen (sog. **Verpflichtungsklausel**).[804] Der **nachträgliche Verzicht** des Zedenten[805] verhindert die Sittenwidrigkeit der Globalzession ebenso wenig wie der Umstand, dass die Forderung nur mit **Zustimmung des Drittschuldners** abgetreten werden kann.[806] Das Gleiche gilt für sog. **Zahlstellenklauseln**, nach denen der Geldkreditgeber Zahlungen der Drittschuldner lediglich als Zahlstelle für den Sicherungsgeber entgegennimmt.[807]

267 Die Nichtigkeit einer Globalzession wirkt nicht nur gegenüber den Vorbehaltslieferanten, sondern **absolut**, also für und gegen jedermann.[808] Die dargestellten Grundsätze gelten nicht nur für Globalzessionen von

791 Vgl statt vieler RGZ 136, 247, 253; BGHZ 19, 12, 18; BGH NJW 1993, 1587, 1588; 2009, 1135, 1136; Staudinger/*Sack*, § 138 Rn 262; *Larenz/Wolf*, BGB AT, § 41 Rn 32.

792 Soergel/*Hefermehl*, § 138 Rn 120.

793 BGHZ 19, 12, 16 f; MüKo/*Armbrüster*, § 138 Rn 73.

794 BGHZ 30, 149, 151; Bamberger/Roth/*Rohe*, Vor § 398 Rn 6; Palandt/*Grüneberg*, § 398 Rn 27; Staudinger/*Sack*, § 138 Rn 340; *Baur/Stürner*, Sachenrecht, § 59 Rn 51.

795 *Leible/Sosnitza*, JuS 2001, 449, 452.

796 BGHZ 30, 149, 152; 72, 308, 310; 98, 303, 314; BGH NJW 1999, 940; vgl Staudinger/*Busche*, Einl. §§ 398 ff Rn 97 ff; krit. *Baur/Stürner*, Sachenrecht, § 59 Rn 52 ff.

797 BGHZ 30, 149, 153; BGH NJW 1999, 940; MüKo/*Armbrüster*, § 138 Rn 102; Soergel/*Hefermehl*, § 138 Rn 175; *Looschelders*, Schuldrecht BT, Rn 215.

798 BGHZ 72, 308, 310; BGH NJW 1999, 940; MüKo/*Armbrüster*, § 138 Rn 97; aA Soergel/*Hefermehl*, § 138 Rn 175; Staudinger/*Sack*, § 138 Rn 342.

799 BGH NJW 1999, 940; Bamberger/Roth/*Rohe*, Vor § 398 Rn 7.

800 BGHZ 72, 308, 310; BGH NJW 1999, 940; 1999, 2588, 2589; MüKo/*Armbrüster*, § 138 Rn 103; Palandt/*Grüneberg*, § 398 Rn 28; Soergel/*Hefermehl*, § 138 Rn 175; Staudinger/*Sack*, § 138 Rn 342; krit. *Glöckner*, DZWiR 2000, 70, 71.

801 BGHZ 30, 149, 153; 72, 308, 316; MüKo/*Armbrüster*, § 138 Rn 104.

802 BGHZ 98, 303, 314.

803 BGHZ 72, 308, 311; BGH NJW 1999, 940, 940; 1999, 2588, 2589; Palandt/*Grüneberg*, § 398 Rn 28; Soergel/*Hefermehl*, § 138 Rn 175; Staudinger/*Sack*, § 138 Rn 342.

804 BGH NJW 1974, 942; Palandt/*Grüneberg*, § 398 Rn 28.

805 BGH NJW 1974, 942, 943; Staudinger/*Sack*, § 138 Rn 342.

806 BGHZ 55, 34, 36; MüKo/*Armbrüster*, § 138 Rn 103.

807 BGHZ 72, 316, 320; Palandt/*Grüneberg*, § 398 Rn 28.

808 BGH NJW 1999, 2588, 2589 m.Anm. *Medicus*, EWiR 1999, 299; Staudinger/*Sack*, § 138 Rn 342.

Geldkreditgebern, sondern auch für solche von **Warenlieferanten**, da sich der Sicherungsgeber hier in der gleichen Zwangslage befindet.[809]

(2) Sonderfall: Factoring. Beim **Factoring** tritt der Unternehmer die gegen seine Abnehmer entstehenden Forderungen an einen Factor – regelmäßig in Form einer Globalzession – ab. Der Factor zahlt den Wert der Forderungen abzüglich der vereinbarten Factoringgebühr an den Unternehmer und zieht sie als eigene ein.[810] Ein **Interessenkonflikt** entsteht, wenn der Unternehmer die Forderungen im Rahmen eines verlängerten Eigentumsvorbehalts an einen Vorbehaltsverkäufer abgetreten hat. Bei der Auflösung dieses Konflikts wird zwischen echtem und unechtem Factoring unterschieden, wobei im Einzelfall aber jeweils die **konkrete Ausgestaltung** des Factoringvertrags berücksichtigt werden muss.[811] **268**

Das **unechte Factoring** stellt ein Kreditgeschäft dar, wenn die Globalzession auch der Sicherung des Factors im Hinblick auf seine Ansprüche gegen den Unternehmer dient.[812] Lassen sich die abgetretenen Forderungen bei den Abnehmern nicht realisieren, so kann der Factor weiter gegen den Unternehmer vorgehen. Er trägt also nicht das Risiko, dass die Forderungen nicht eingebracht werden.[813] Diese Tatsache rechtfertigt es, die Frage der Sittenwidrigkeit bei Zusammentreffen von verlängertem Eigentumsvorbehalt und unechtem Factoring nach den **gleichen Grundsätzen** zu beurteilen wie bei der Kollision von verlängertem Eigentumsvorbehalt und Globalzession (vgl Rn 264 ff).[814] **269**

Das echte Factoring wird als Forderungskauf zwischen Factor und Unternehmer angesehen.[815] Hier kann der Unternehmer den Kaufpreis für die Forderung endgültig behalten; der Factor trägt also das Risiko des Zahlungseingangs.[816] Die Vorbehaltsverkäufer stehen damit nicht wirtschaftlich schlechter, als wenn der Unternehmer die Forderungen selbst eingezogen hätte. Die Globalzession ist daher nicht wegen Verleitens zum Vertragsbruch sittenwidrig.[817] Allerdings handelt der Factor **rechtsmissbräuchlich** (§ 242), wenn er sich im Konfliktsfall auf die Priorität der Globalzession beruft und Grund zu der Annahme hatte, dass der Unternehmer seinen Verpflichtungen gegenüber den Vorbehaltsverkäufern nicht sachgerecht nachkommt.[818] Hier muss der Factor **zumutbare Schutzmaßnahmen** (zB Einrichtung eines Sperrkontos) ergreifen.[819] Der Factor handelt erst recht missbräuchlich, wenn er **aktiv** zur zweckwidrigen Verwendung des Factoring-Erlöses beiträgt.[820] **270**

dd) Verarbeitungsklauseln. Verarbeitungsklauseln, durch die der Vorbehaltsverkäufer entgegen § 950 Eigentümer der neuen Sache wird, können zu einer sittenwidrigen **Übersicherung** führen, wenn der Wert der Verarbeitung erheblich höher als der Wert der unter Eigentumsvorbehalt gelieferten Sache ist.[821] Besteht die Verarbeitung aus mehreren Einzelteilen, die von verschiedenen Lieferanten unter Eigentumsvorbehalt und Vereinbarung einer Verarbeitungsklausel verkauft wurden, so stellt die **Kollision** dieser Sicherungsrechte ein weiteres Problem dar.[822] **271**

Die Gefahr der Übersicherung und die Möglichkeit einer Kollision mit anderen Sicherungsrechten können durch eine Klausel **vermieden** werden, wonach der Vorbehaltsverkäufer nur zu einem Bruchteil Miteigentümer der hergestellten Sache werden soll.[823] Bei der Ausarbeitung der Klausel ist aber der sachenrechtliche **Bestimmtheitsgrundsatz** zu beachten. Wirksam ist zB die Vereinbarung, dass der Miteigentumsbruchteil dem Verhältnis des Wertes des gelieferten Rohstoffes zum Wert der hergestellten Sache entspricht.[824] **272**

ee) Kredittäuschung und Insolvenzverschleppung. Die Übertragung von Mobiliarsicherheiten oder Forderungen als Sicherungszession kann auch unter dem Gesichtspunkt der **Kredittäuschung** nach Abs. 1 sittenwidrig sein. Kennzeichnend dafür ist, dass der Sicherungsnehmer im Zusammenwirken mit dem Sicherungsgeber einen **anderen Gläubiger** gefährdet oder schädigt, indem dieser durch die Kreditgewährung über die Kreditwürdigkeit des Sicherungsgebers getäuscht und zu einer eigenen Kreditgewährung veranlasst **273**

809 BGH NJW 1999, 2588, 2589; Soergel/*Hefermehl*, § 138 Rn 175; Staudinger/*Sack*, § 138 Rn 343; *Wolf/Wellenhofer*, Sachenrecht, § 14 Rn 72.
810 Vgl *Bülow*, Kreditsicherheiten, Rn 1677.
811 Soergel/*Hefermehl*, § 138 Rn 176.
812 Vgl nur BGHZ 82, 50, 61; *Looschelders*, Schuldrecht BT, Rn 229.
813 Bamberger/Roth/*Rohe*, § 398 Rn 101.
814 BGHZ 82, 50, 64; 100, 353, 358; Bamberger/Roth/*Rohe*, Vor § 398 Rn 10; Soergel/*Hefermehl*, § 138 Rn 179; *Looschelders*, Schuldrecht BT, Rn 233; *Serick*, NJW 1981, 794; *ders.*, NJW 1981, 1715; krit. MüKo/*Armbrüster*, § 138 Rn 105; für Gleichbehandlung mit echtem Factoring *Canaris*, NJW 1981, 249; *ders.*, NJW 1981, 1347; *Leible/Sosnitza*, JuS 2001, 449, 453.
815 BGHZ 69, 254, 257; Bamberger/Roth/*Rohe*, § 398 Rn 100; *Looschelders*, Schuldrecht BT, Rn 227.
816 BGHZ 69, 254, 257; BGHZ 100, 353, 358; *Bülow*, Kreditsicherheiten, Rn 1677.
817 BGHZ 100, 353, 358; MüKo/*Armbrüster*, § 138 Rn 105.
818 BGHZ 69, 254, 259.
819 BGHZ 69, 254, 259.
820 BGHZ 100, 353, 360.
821 *Leible/Sosnitza*, JuS 2001, 449, 456.
822 MüKo/*Westermann*, § 449 Rn 92.
823 BGHZ 46, 117, 119; Bamberger/Roth/*Kindl*, § 950 Rn 13; *Leible/Sosnitza*, JuS 2001, 449, 456; MüKo/*Westermann*, § 449 Rn 92.
824 Vgl BGHZ 46, 117.

wird.[825] In subjektiver Hinsicht genügt dabei, dass die Vertragspartner die Schädigung anderer Gläubiger für **möglich** erachten.[826] Der Sicherungsnehmer handelt im Übrigen sittenwidrig, wenn er sich zumindest **grob fahrlässig** über Umstände hinwegsetzt, die den Schluss auf den bevorstehenden Zusammenbruch des Sicherungsgebers nahe legen.[827] Er muss die Auswirkungen der Kreditgewährung auf die wirtschaftlichen Verhältnisse des Sicherungsgebers prüfen, und zwar umso sorgfältiger, je größer und konkreter die Gefahr des Zusammenbruchs ist. Wird diese Prüfung **unterlassen**, so ist das Verhalten des Sicherungsnehmers als **leichtfertig** anzusehen.[828]

274 Steht der wirtschaftliche Zusammenbruch des Sicherungsgebers schon vor der Gewährung des gesicherten Kredits in Frage, so kommt auch Sittenwidrigkeit wegen **Insolvenzverschleppung** in Betracht. Hier ist das Sicherungsgeschäft nichtig, wenn der Sicherungsnehmer den Kredit lediglich zum eigenen Vorteil vergibt und den Zusammenbruch des Sicherungsgebers nicht verhindern, sondern nur **herauszögern** will.[829] Weitere Voraussetzung ist, dass andere Gläubiger über die Kreditfähigkeit des Sicherungsgebers getäuscht und hierdurch geschädigt werden und dass der Sicherungsnehmer sich dem zumindest leichtfertig verschließt.[830]

275 Sowohl bei der Kredittäuschung als auch bei der Insolvenzverschleppung sind häufig Schadensersatzansprüche aus **§ 826** (dazu Rn 26 f) gegeben.

d) Immobiliarsicherheiten

Literatur: *Clemente*, Neuere Entwicklungen im Recht der Grundschulden, BKR 2002, 975; *Hoepner*, Die Zweckerklärung bei der Sicherungsgrundschuld in der neueren Rechtsprechung des Bundesgerichtshofs, BKR 2002, 1025.

276 Immobiliarsicherheiten können ebenfalls wegen **Übersicherung** sittenwidrig sein. Darüber hinaus stellt sich die Frage, ob wie bei Bürgschaften die krasse **finanzielle Überforderung** des Sicherungsgebers die Sittenwidrigkeit begründen kann. Schließlich ist zu überlegen, welche Auswirkungen die Vereinbarung einer **überhöhten Verzinsung** im Darlehensvertrag oder bei der Grundschuldbestellung hat.

277 **aa) Übersicherung.** Da sich die **Hypothek** nach dem Bestand der Hauptforderung richtet (§ 1163 Abs. 1), kann hier keine Übersicherung eintreten.

278 Eine **Grundschuld** ist wegen **anfänglicher** Übersicherung sittenwidrig, wenn bereits bei Vertragsschluss zu erwarten ist, dass dauerhaft ein auffälliges Missverhältnis zwischen dem realisierbaren Sicherungswert und der gesicherten Forderung besteht.[831] Insoweit gelten die **gleichen Grundsätze** wie bei Mobiliarsicherheiten und Globalzessionen (vgl Rn 255 ff).[832]

279 Fällt nach Vertragsschluss ein Teil der gesicherten Forderung endgültig weg, so kann eine **nachträgliche** Übersicherung eintreten, wenn die Grundschuld nicht durch teilweise Rückübertragung, Teilverzicht oder Teilaufhebung zurückgewährt wird.[833] Die Bestellung der Grundschuld ist hier aber nicht nichtig; vielmehr besteht ein Anspruch auf **Freigabe** der nicht benötigten Sicherheiten bei Überschreitung der Deckungsgrenze von 110% (Rn 259 ff).[834]

280 Die Pflicht zur Rückgewähr der Grundschuld greift nur bei **endgültiger** Übersicherung ein. Handelt es sich nach der Sicherungsabrede um eine **vorläufige** Übersicherung, zB weil in absehbarer Zeit weitere Kredite zu erwarten sind, so ist eine Rückgewähr nicht erforderlich.[835]

281 **bb) Krasse finanzielle Überforderung des Sicherungsgebers.** Die von der Rechtsprechung entwickelten Grundsätze zur Sittenwidrigkeit von Bürgschaften wegen krasser finanzieller Überforderung des Sicherungsgebers (dazu Rn 224 ff) sind auf Grundschulden **nicht übertragbar.**[836] Hier haftet der Sicherungsgeber nämlich nicht persönlich, sondern riskiert allenfalls den Verlust des gegenwärtigen Vermögens, was für sich gesehen nicht als verwerflich im Sinne des Abs. 1 anzusehen ist.[837]

825 BGH NJW 1995, 1668; Bamberger/Roth/*Spindler*, § 826 Rn 41; Soergel/*Hefermehl*, § 138 Rn 171; Staudinger/*Sack*, § 138 Rn 335; *Larenz/Wolf*, BGB AT, § 41 Rn 24.
826 BGH NJW 1995, 1668; *Bülow*, Kreditsicherheiten, Rn 1132.
827 BGHZ 10, 228, 233; BGH NJW 1995, 1668.
828 BGH NJW 1995, 1668.
829 BGH NJW 1995, 1668, 1669; Bamberger/Roth/*Spindler*, § 826 Rn 43; Erman/*Palm*, § 138 Rn 125; Soergel/*Hefermehl*, § 138 Rn 169.
830 BGH NJW 1995, 1668, 1669.
831 BGH NJW 1998, 2047; NJW-RR 2010, 1529.
832 Bamberger/Roth/*Rohe*, § 1192 Rn 132; Palandt/*Bassenge*, § 1191 Rn 21; Staudinger/*Wolfsteiner*, Vor §§ 1191 ff Rn 76 ff.
833 BGH NJW-RR 1990, 455; 1996, 234, 235; *Hoepner*, BKR 2002, 1025, 1031.
834 BGHZ 137, 212, 218; Bamberger/Roth/*Rohe*, § 1192 Rn 133; Staudinger/*Wolfsteiner*, Vor §§ 1191 ff Rn 98.
835 BGH NJW-RR 1990, 455; *Hoepner*, BKR 2002, 1025, 1031.
836 BGH NJW 2002, 2633.
837 BGH NJW 2002, 2633; Staudinger/*Wolfsteiner*, Vor §§ 1191 ff Rn 75; *Clemente*, BKR 2002, 975; *Hoepner*, BKR 2002, 1025, 1031; ebenso ist eine Bürgschaft, die durch Verwertung des Eigenheims getilgt werden kann, wirksam (BGH NJW 2001, 2466, 2467).

cc) Sittenwidrige Grundschuldbestellung wegen überhöhter Zinsen? Ist ein **Darlehensvertrag** wegen überhöhter Verzinsung nichtig (dazu Rn 222 ff), so berührt dies – anders als beim Wuchertatbestand des Abs. 2 – die Wirksamkeit der Grundschuldbestellung nicht.[838] Vielmehr **sichert** die Grundschuld in diesem Fall den bereicherungsrechtlichen **Rückgewähranspruch.**[839] 282

Ob die **Grundschuldbestellung** selbst gegen Abs. 1 verstößt, wenn die von der Grundschuldsumme zu entrichtenden Zinsen (§ 1191 Abs. 2) übermäßig hoch sind, ist noch nicht höchstrichterlich geklärt. Problematisch ist, dass die Grundschuldzinsen vom Sicherungsgeber oft für unwichtig erachtet werden,[840] mit dem üblichen Zinssatz von 15%[841] aber auf einen erheblichen Betrag anwachsen und so zu einer **Übersicherung** (Rn 255 ff) führen können. Die für den Sicherungsgeber nachteilige Folge ist, dass nachrangige Grundpfandrechte an Wert verlieren und neue Sicherheiten nicht gestellt werden können.[842] Die **Rechtsprechung** hat Unbilligkeiten bei der Sicherungsgrundschuld über eine **Verjährung** der Zinsen nach § 197 aF gelöst, ohne dass eine Hemmung bis zum Eintritt des Sicherungsfalls analog § 202 aF angenommen wurde.[843] Hieran ist auf der Grundlage des § 205 festzuhalten, wobei sich die **Verjährungsfrist** nunmehr gem. §§ 902 Abs. 1 S. 2, 195, 197 Abs. 2 auf drei Jahre beläuft.[844] In der Literatur wird teilweise ein zusätzlicher materieller Schutz über die **Sittenwidrigkeitskontrolle** gefordert.[845] Nach Ansicht von *Eickmann* sind die Sicherungsabrede sowie die Grundschuldbestellung bei Vereinbarung des üblichen Zinssatzes von 15% wegen **anfänglicher Übersicherung** objektiv sittenwidrig; die subjektive Komponente soll aber angesichts der Üblichkeit regelmäßig fehlen.[846] Die Bejahung objektiver Sittenwidrigkeit dürfte indes zu weit gehen. Bei formularmäßigen Vereinbarungen kommt allerdings ein Verstoß gegen § 307 in Betracht.[847] 283

11. Maklerverträge

Literatur: *Schwerdtner*, Maklerrecht, 5. Auflage 2008.

Maklerverträge sind nach Abs. 1 nichtig, wenn sie auf die Vermittlung einer **sittenwidrigen Leistung** gerichtet sind. Dies ist zB anzunehmen, wenn es um die Vermittlung von Geschäften im **Mädchen- und Rauschgifthandel**[848] oder die Vermittlung von **Schmiergeldvereinbarungen** mit ausländischen Amtsträgern[849] geht. Sittenwidrig sind außerdem Maklerverträge, mit denen **Leistungen** in anstößiger Weise **kommerzialisiert** werden. Dies wird – unter Hinweis auf das typischerweise zwischen den Betroffenen bestehende Vertrauensverhältnis – bei der entgeltlichen Vermittlung von Patienten an einen Arzt[850] und von Mandanten an einen Rechtsanwalt[851] angenommenen (vgl Rn 315, 321). Dagegen kann die **Vermittlung von Aufträgen an einen Architekten** zulässigerweise zum Gegenstand eines Maklerauftrages gemacht werden (vgl Rn 322).[852] 284

Das Sittenwidrigkeitsurteil kann daneben an die Verletzung von besonders gesteigerten **Vertragspflichten** bzw **Loyalitätspflichten gegenüber Dritten** anknüpfen. So ist ein Maklervertrag nichtig, mit dem sich ein Rechtsanwalt, der für einen Mandanten die Hausverwaltung führt, einem Handwerker gegenüber zur Vermittlung von Reparaturaufträgen für das betroffene Gebäude verpflichtet,[853] ebenso ein Maklervertrag, mit dem ein Steuerberater gegen Provision die Vermittlung von Anlagegeschäften an seine Mandanten zusagt.[854] Die Nichtigkeitsfolge lässt sich in solchen Fällen nur dadurch abwenden, dass dem Dritten spätestens bei der Empfehlung die eigene Provisionserwartung offen gelegt wird.[855] In den vorstehenden Zusammenhang gehört auch der Fall, dass der Makler dienstlich erlangtes Wissen treuwidrig zu Vermittlungszwecken nutzt. Ein Vertrag, bei dem der Makler sein als Kreditsachbearbeiter erlangtes Wissen zur Vermittlung einsetzt, verstößt also gegen § 138.[856] 285

Maklerverträge können schließlich wegen **Wuchers** nach Abs. 2 nichtig sein. Dabei ist zwischen der Vereinbarung einer erfolgsunabhängigen Provision und der dem gesetzlichen Leitbild des § 652 entsprechenden erfolgsabhängigen Provision zu differenzieren. Bei **erfolgsabhängigen Provisionen** ist die vereinbarte Pro- 286

838 BGH NJW-RR 2000, 1431, 1433; Staudinger/*Wolfsteiner*, Vor §§ 1191 ff Rn 21.
839 Vgl nur BGH NJW-RR 2000, 1431, 1433.
840 BGH ZIP 1999, 705, 706; *Clemente*, BKR 2002, 975, 977.
841 So BGH NJW 1999, 3705, 3706.
842 Vgl MüKo/*Eickmann*, § 1191 Rn 47; *Peters*, JZ 2001, 1017.
843 BGH NJW 1999, 3705, 3706.
844 *Clemente*, BKR 2002, 975, 976.
845 *Peters*, JZ 2001, 1017, 1022; aA Staudinger/*Wolfsteiner*, Einl. zu §§ 1113 ff Rn 71 und Vor §§ 1191 ff Rn 21.
846 MüKo/*Eickmann*, § 1191 Rn 49.
847 Vgl MüKo/*Eickmann*, § 1191 Rn 48.
848 Erman/*Werner*, Vor § 652 Rn 33.
849 BGHZ 94, 268, 271; BGH WM 1986, 209, 211.
850 OLG Hamm NJW 1985, 679, 680; PWW/*Ahrens*, § 138 Rn 131.
851 KG NJW 1989, 2893, 2894; *Taupitz*, NJW 1989, 2871, 2872.
852 BGH NJW 1999, 2360, 2360 f; aA *Dehner*, NJW 2000, 1986, 1989 f.
853 OLG Frankfurt NJW 1990, 2131, 2131 f.
854 BGH NJW 1985, 2523; NJW-RR 1987, 1108; MüKo/*Armbrüster*, § 138 Rn 50; MüKo/*Roth*, § 652 Rn 72; Staudinger/*Sack*, § 138 Rn 426.
855 BGH NJW 1981, 399, 400; 1985, 2523; NJW-RR 1987, 1108.
856 BGH MDR 1977, 209; MüKo/*Roth*, § 652 Rn 72; aA Staudinger/*Reuter*, § 652 Rn 51.

vision in Relation zur ortsüblichen Provision für vergleichbare Tätigkeiten zu setzen.[857] Bei **erfolgsunabhängigen Provisionen** wird das den Wucher charakterisierende Missverhältnis durch Vergleich zwischen der Höhe des geforderten Entgelts und den tatsächlich erbrachten Leistungen des Maklers ermittelt.[858] Die Rechtsprechung hat in Einzelfällen die Vereinbarung eines den üblichen Provisionssatz um das **Drei- bis Achtfache überschreitenden Satzes** für sittenwidrig erachtet.[859]

287 Eine **Ausnahme** von diesen Grundsätzen gilt bei Vereinbarung einer sog. **Übererlösklausel**, wonach der einen vorher bestimmten Kaufpreis übersteigende Verkaufserlös dem Makler als Provision zustehen soll. Steht der erzielbare Endpreis bei Abschluss des Maklervertrages noch nicht fest, so ist auch die Vereinbarung eines die übliche Provision um ein Vielfaches überschreitenden Maklerentgeltes möglich.[860] So hat die Rechtsprechung eine Provision in Höhe von umgerechnet 29% des erzielten Kaufpreises unbeanstandet gelassen.[861]

288 Die vorstehenden Grundsätze zur Nichtigkeit wegen Wuchers gelten auch für die **Partnerschaftsvermittlung**.[862] Diese unterscheidet sich von der Heiratsvermittlung (§ 656) dadurch, dass der Vertrag auf die Anbahnung einer nichtehelichen Lebensgemeinschaft gerichtet ist.[863] Ein solcher Vertrag ist nicht generell sittenwidrig. Auch wenn der Vertrag unlauterer Weise (vgl Rn 340 ff) aufgrund eines Inserats des Vermittlungsinstituts mit einer nicht vermittlungsbereiten Person (Lockvogelangebot) zustande gekommen ist, führt dies nicht automatisch zur Bejahung von Abs. 1.[864] Die Rechtsprechung wendet allerdings § 656 analog an und gelangt damit zur Unklagbarkeit der Ansprüche des Partnervermittlers.[865]

289 Die Erteilung eines **Alleinauftrags** beinhaltet grundsätzlich keine sittenwidrige Einschränkung der Entscheidungsfreiheit des Auftraggebers.[866] Die Unwiderruflichkeit des Alleinauftrags führt aber unter dem Aspekt der **Knebelung** zur Sittenwidrigkeit.[867]

290 **12. Miet- und Pachtverträge.** Miet- und Pachtverträge sind nach Abs. 1 nichtig, wenn die vermieteten oder verpachteten Gegenstände nach den Vorstellungen der Parteien zur Begehung strafbarer Handlungen verwendet werden sollen.[868] Mietverträge mit **Prostituierten** und Pachtverträge über **Bordelle** sind aber grundsätzlich nicht mehr als sittenwidrig anzusehen (Anh. § 138 Rn 27).[869]

291 **Zölibatsklauseln** in Mietverträgen verstoßen gegen die Entscheidungsfreiheit in höchstpersönlichen Angelegenheiten (Rn 48) und sind daher nach Abs. 1 nichtig. Das Gleiche gilt für Klauseln, die den Mieter zur **Kinderlosigkeit** verpflichten oder dem **Lebensgefährten** der Mieterin **den Zugang** zur Wohnung **verbieten**.[870] Beim **betreuten Wohnen** ist die Bindung des Servicevertrages an den Mietvertrag grundsätzlich nicht sittenwidrig.[871]

292 Miet- und Pachtverträge können als **wucherähnliche Geschäfte** (Rn 223) nach Abs. 1 sittenwidrig sein, wenn Leistung und Gegenleistung in einem auffälligen Missverhältnis zueinander stehen und weitere sittenwidrige Umstände (zB verwerfliche Gesinnung des Vermieters, Unerfahrenheit des Mieters) hinzukommen.[872] Bei der **Wohnungsmiete** werden die relevanten Fälle allerdings von § 5 WiStG erfasst. Verstößt die Vereinbarung über die Miethöhe gegen § 5 WiStG, so ist die Klausel nach § 134 nichtig; der Vertrag wird im Übrigen aber mit der angemessenen Miete aufrechterhalten (vgl § 134 Rn 70 f, 195 f).

293 Bei **gewerblichen** Räumen und Immobilien wird ein auffälliges Missverhältnis zwischen Leistung und Gegenleistung angenommen, wenn das vertraglich vereinbarte Entgelt die ortsübliche Vergleichsmiete bzw -pacht um knapp 100% übersteigt.[873] Bei der Bestimmung der angemessenen Miete oder Pacht darf die sog. **EOP-Methode** nicht herangezogen werden. Denn diese Methode stellt auf die Gebrauchsvorteile für den

857 BGH JZ 1994, 1075; WM 1976, 189, 290; LG Aachen NJW 1987, 741; aA Staudinger/*Reuter*, § 652 Rn 53 (Nutzen des Auftraggebers als Maßstab).
858 Staudinger/*Reuter*, § 652 Rn 55.
859 OLG Köln MDR 1962, 52 (dreifacher Satz); BGH WM 1976, 289, 290; NJW 2000, 2669 (fünffacher Betrag); OLG Oldenburg NJW-RR 1986, 857, 857 f (Überschreitung um das Sechsfache); LG Aachen NJW 1987, 741 (siebenfacher Betrag).
860 BGH NJW 1969, 1628; NJW-RR 1994, 559; Soergel/*Hefermehl*, § 138 Rn 104; Staudinger/*Sack*, § 138 Rn 193; krit. *Schwerdtner*, Maklerrecht, Rn 769 ff.
861 BGH DB 1969, 1335.
862 LG Köln NJW-RR 2003, 1426; AG Eltville FamRZ 1989, 1299; LG Krefeld MDR 1984, 491, 492 (Verneinung eines groben Missverhältnisses).
863 Zur Partnerschaftsvermittlung vgl Erman/*Palm*, § 656 Rn 12.
864 BGH NJW 2008, 982.
865 BGHZ 112, 122, 124 ff; BGH NJW 1990, 2550, 2551; OLG Frankfurt NJW 1983, 397 f; Erman/*Werner*, § 656 Rn 12; aA OLG Bamberg NJW 1984, 1466, 1467; LG Hannover NJW 1981, 1678; *Peters*, NJW 1990, 2552 f.
866 Erman/*Werner*, § 652 Rn 26.
867 OLG Hamm NJW 1966, 887.
868 Erman/*Palm*, § 138 Rn 139.
869 BGHZ 63, 365, 367; BGH NJW 1970, 1179; Soergel/*Hefermehl*, § 138 Rn 211 f; Staudinger/*Emmerich*, Vor § 535 Rn 114; aA noch BGHZ 41, 341, 342.
870 Vgl Staudinger/*Emmerich*, Vor § 535 Rn 115; LG Gießen NJW-RR 2001, 8.
871 BGH NJW 2006, 1276, 1277.
872 BGHZ 141, 257, 263; BGH NJW 2002, 55, 56 f; NJW-RR 2002, 1521; Erman/*Palm*, § 138 Rn 139; Staudinger/*Emmerich*, Vor § 535 Rn 119.
873 Vgl BGHZ 128, 255, 261; BGH NJW 2002, 55, 57; NJW-RR 2002, 1521, 1522; Erman/*Palm*, § 138 Rn 139; Staudinger/*Emmerich*, Vor § 535 Rn 119.

Mieter oder Pächter ab und kann daher keine sichere Auskunft über den tatsächlich zu erzielenden Marktpreis geben.[874] Die marktübliche Miete oder Pacht muss daher im Zweifel für jedes einzelne Objekt durch einen mit der konkreten Situation vertrauten Sachverständigen gesondert ermittelt werden.[875] Bei der Anmietung von **Unfallersatzfahrzeugen** ist zu beachten, dass sich in diesem Bereich ein besonderer Markt gebildet hat; die Besonderheiten dieses Marktes können nach der Rechtsprechung mit Rücksicht auf die Unfallsituation (Vorfinanzierung der Miete, Ausfallrisiko wegen unzutreffender Bewertung der Verursachungsanteile) einen deutlich über dem „Normaltarif" liegenden Preis rechtfertigen, ohne dass dies im Verhältnis zum Mieter oder zum Haftpflichtversicherer des Schädigers als sittenwidrig anzusehen wäre.[876] Der Vermieter kann jedoch ggf verpflichtet sein, den Mieter klar und unmissverständlich darauf hinzuweisen, dass die Haftpflichtversicherung des Schädigers den von ihm angebotenen Tarif möglicherweise nicht vollständig ersetzt. Verletzt der Vermieter schuldhaft diese Pflicht, steht dem Mieter ein **Schadensersatzanspruch** aus §§ 280 Abs. 1, 311 Abs. 2, 241 Abs. 2 zu.[877]

Steht das auffällige Missverhältnis fest, so wird die **verwerfliche Gesinnung** des Begünstigten im Allgemeinen **vermutet** (vgl Rn 229) Bei Miet- und Pachtverträgen gilt dies wegen der erheblichen Berechnungsunsicherheiten jedoch nur, wenn die ungefähre Höhe des marktüblichen Miet- oder Pachtzinses für den Vermieter ohne weiteres **erkennbar** war.[878] **294**

Zum **Mietwucher** s. Rn 376. **295**

13. Rechtsanwälte. Verträge mit Rechtsanwälten können insbesondere wegen Verstoßes gegen **Standesrecht** sittenwidrig sein. Zu den diesbezüglichen Fragen s. Rn 313 ff. **296**

14. Schenkung. Schenkungen können wegen unangemessener **Verlagerung von Lasten auf die Allgemeinheit** sittenwidrig sein. So ist ein aus Anlass der Scheidung vereinbarter Unterhaltsverzicht nach Abs. 1 nichtig, wenn dadurch bewusst die Bedürftigkeit eines Ehegatten zulasten der Sozialhilfe herbeigeführt wird (vgl Rn 194). Im Übrigen kann eine Schenkung sittenwidrig sein, wenn sie bewusst **zum Nachteil von Gläubigern** vorgenommen wird. Aus Gründen der Spezialität gehen die Vorschriften über die Gläubiger- bzw Insolvenzanfechtung (§ 3 AnfG, § 129 ff InsO) dem Abs. 1 aber vor (vgl Rn 30). Verfolgt der Schenker den Zweck, einen **Pflichtteilsberechtigten** zu **benachteiligen**, so ist die Sittenwidrigkeit dagegen im Allgemeinen zu verneinen.[879] **297**

Nach der bisherigen Rechtsprechung sind **unentgeltliche Zuwendungen an außereheliche Geliebte** sittenwidrig, wenn sie allein die Belohnung für geschlechtlichen Umgang darstellen.[880] Da eine solche reine Entgeltfunktion kaum einmal vorkommt oder zumindest nicht nachweisbar ist,[881] hat diese Fallgruppe indes keine praktische Bedeutung.[882] Im Übrigen ist ebenso wie bei der parallelen Problematik des Geliebtentestaments (Rn 198) davon auszugehen, dass die Gewährung finanzieller Vorteile für sexuelle Leistungen nach Inkrafttreten des **ProstG** (dazu Anh. § 138) nicht mehr für sittenwidrig erachtet werden kann. **298**

Zur Unwirksamkeit von Schenkungen wegen Verstoßes gegen **§ 14 HeimG** s. § 134 Rn 231. **299**

15. Schmiergeldvereinbarungen. In Rechtsprechung und Literatur ist anerkannt, dass eine **Schmiergeldvereinbarung als solche** in jedem Fall nichtig ist. Soweit die Vereinbarung gegen § 299 StGB (§ 12 UWG aF) verstößt, folgt dies bereits aus § 134.[883] In den übrigen Fällen führt Abs. 1 zur Nichtigkeit der Vereinbarung.[884] Dabei kommt es nicht darauf an, ob der Geschäftsherr einen wirtschaftlichen Nachteil erlitten hat oder erleiden sollte. Die Sittenwidrigkeit ergibt sich nämlich bereits aus der Verletzung des Vertrauensverhältnisses gegenüber dem Geschäftsherrn[885] und der Beeinträchtigung des Interesses an einem lauteren Wettbewerb (vgl Rn 117). **300**

Ob die Unwirksamkeit der Schmiergeldvereinbarung auf den **Hauptvertrag** (Folgevertrag) durchschlägt, ist umstritten. Fest steht, dass die Unwirksamkeit des Hauptvertrages jedenfalls nicht auf § 299 StGB iVm § 134 gestützt werden kann, weil die Strafvorschrift des § 299 StGB sich nicht auf den Abschluss des Hauptvertrages bezieht (vgl § 134 Rn 254).[886] Nach der **Rechtsprechung** ist der Hauptvertrag bei Vorliegen einer Schmiergeldvereinbarung jedoch im Allgemeinen nach **Abs. 1** sittenwidrig. Etwas anderes soll nur dann gelten, wenn die Schmiergeldvereinbarung im Einzelfall **keinen** für den Geschäftsherrn **nachteiligen Einfluss** auf den **301**

874 BGHZ 141, 257, 264 ff; zur Unzulässigkeit der von der EOP-Methode abgeleiteten Vergleichswertmethode BGH NJW 2002, 55, 56; NJW 2003, 152, 1522.
875 BGH NJW-RR 2002, 1521, 1522; Staudinger/*Emmerich*, Vor § 535 Rn 119.
876 BGH NJW 2007, 1447, 1448; 2007, 2181; krit. *Wagner*, NJW 2007, 2149, 2150 f.
877 BGH NJW 2007, 2181.
878 BGH NJW 2002, 55, 57.
879 BGHZ 59, 132, 134 f.
880 BGHZ 53, 369, 375; 112, 259, 262; Palandt/*Ellenberger* § 138 Rn 50.
881 BGH FamRZ 1971, 638, 639.
882 So auch Palandt/*Ellenberger* § 138 Rn 50. Vgl zB BGH NJW 1984, 2150, 2151.
883 BGHZ 141, 357, 359; Staudinger/*Sack*, § 138 Rn 469; *Sethe*, WM 1998, 2309, 2310.
884 Vgl *Sethe*, WM 1998, 2309, 2312.
885 Vgl BGH NJW 1962, 1099; Erman/*Palm*, § 138 Rn 85; Palandt/*Ellenberger*, § 138 Rn 63; Soergel/*Hefermehl*, § 138 Rn 180.
886 BGHZ 141, 357, 360 = NJW 1999, 2266, 2267.

Inhalt des Hauptvertrages gehabt haben kann. In diesem Fall soll der Hauptvertrag jedoch regelmäßig nach § 177 Abs. 1 schwebend unwirksam sein, weil der Vertreter im Zweifel ohne vorherige Information seines Geschäftsherrn nicht befugt sei, für diesen einen Vertrag mit dem Verhandlungspartner zu schließen, der ihn gerade bestochen habe.[887] Hat der Geschäftsherr den von seinem bestochenen Sachwalter ausgehandelten Vertrag selbst abgeschlossen, so hilft der Rückgriff auf § 177 nicht weiter. Die Rechtsprechung billigt dem Geschäftsherrn deshalb einen Schadensersatzanspruch aus **culpa in contrahendo** (§§ 280 Abs. 1, 311 Abs. 2, 241 Abs. 2) gegen seinen Vertragspartner zu.[888]

302 In der **Literatur** wird teilweise dafür plädiert, sämtliche Fälle der Schmiergeldvereinbarung über die Regeln der **Vertretung ohne Vertretungsmacht** bzw der **culpa in contrahendo** zu lösen.[889] Diese Lösung hat den Vorteil, dass die Entscheidung über die Wirksamkeit des Geschäfts generell in den Händen des Geschäftsherrn liegt. In krassen Fällen kann es aber mit Rücksicht auf die Interessen anderer Beteiligter (Sicherungsgeber des Geschäftsherrn, Mitbewerber des Vertragspartners) nach § 242 geboten sein, dem Geschäftsherrn die Möglichkeit einer Genehmigung zu verwehren.[890]

303 **16. Sexualbezogene Leistungen.** Einen wichtigen Anwendungsbereich des Abs. 1 bilden traditionell Verträge über sexuelle Leistungen. Da die diesbezüglichen Grundsätze durch das **ProstG** einen grundlegenden Wandel erfahren haben, werden sie im Zusammenhang mit diesem Gesetz (Anh. zu § 138) erörtert.

17. Sport und Verbandsrecht

Literatur: *Derleder/Deppe*, Die Verantwortung des Sportarztes gegenüber Doping, JZ 1992, 116; *Karakaya/Buch*, Sittenwidrigkeit von Sportmanagementverträgen – Exklusivverträge und die Vermarktung der Persönlichkeitsrechte, ZRP 2002, 193; *Kelber*, Die Transferpraxis beim Vereinswechsel im Profifußball auf dem Prüfstand, NZA 2001, 11; *Kreis/Schmid*, Bosman und kein Ende? – Zur Vereinbarkeit von Ausländerklauseln mit dem AKP-EG-Partnerschaftsabkommen, NZW 2003, 1013; *Nolte/Polzin*, Grundrechtskollisionen im Sport – zur Grundrechtskonformität sportverbandlicher Satzungsbestimmungen, NZG 2001, 838.

304 **a) Allgemeines.** Die Statuten, Satzungen und Ordnungen von Sportvereinen und -verbänden wurden lange Zeit mit Rücksicht auf die **Verbandsautonomie** (Art. 9 Abs. 1 GG) nur zurückhaltend der Sittenwidrigkeitskontrolle nach § 138 unterworfen. Das **Bosman-Urteil** des EuGH[891] hat jedoch einen Bewusstseinswandel eingeleitet.[892] Die Entscheidung verdeutlicht, dass der Sport Bestandteil des Wirtschaftslebens ist, für den die allgemeinen nationalen und europarechtlichen Gesetze nicht nur subsidiär gelten.[893] Dazu gehört auch die Überprüfung verbandsrechtlicher Regelungen am Maßstab der Sittenwidrigkeit. Eine solche Überprüfung erscheint umso notwendiger, als die Verbandssatzungen nicht mehr allein der **Organisation des eigenen Sports** dienen, sondern immer stärker auch **wirtschaftliche Zusammenhänge** regeln und damit die Grundfreiheiten und Grundrechte der Sportler tangieren.

305 **b) Sittenwidrige Statuten.** Im Bereich des Berufsrechts der Sportler wird die Frage der Sittenwidrigkeit von Statuten insbesondere bei der Problematik von **Transferentschädigungen** relevant. Die Transferentschädigungen dienten ursprünglich dem – für sich selbst betrachtet nicht sittenwidrigen – Zweck, dem abgebenden Verein einen Ausgleich für den sportlichen und wirtschaftlichen Verlust des Spielers zu verschaffen. Eine Regelung, wonach der abgebende Verein die nach den Statuten für den Einsatz des Spielers notwendige **Freigabeerklärung** nur Zug um Zug gegen Zahlung der Ablösesumme abgeben muss, ist jedoch wegen Verstoßes gegen Art. 12 GG sittenwidrig.[894] Denn dem Spieler wird dadurch ein Vereinswechsel so lange unmöglich gemacht, bis sich die Vereine über eine Ablösesumme geeinigt haben. Als sittenwidrige Einschränkung der Berufsfreiheit des Spielers sind auch verbandsrechtliche Regelungen anzusehen, die den neuen Verein selbst dann zur Zahlung einer Transferentschädigung an den alten Verein verpflichten, wenn der Spieler arbeitsrechtlich nicht mehr an den alten Verein gebunden ist.[895] Denn hierdurch wird dem Sportler die weitere Berufsausübung unmöglich, wenn kein Verein zur Zahlung der Ablösesumme bereit ist.

306 Aus den gleichen Gründen ist auch die in Statuten festgelegte Verpflichtung zur Zahlung einer sog. **Ausbildungsentschädigung** für Aufwendungen des Vereins zur Sichtung, Ausbildung und Förderung des Spielers sittenwidrig.[896] Dies gilt jedenfalls dann, wenn der Entschädigungsbetrag in einer pauschalen Summe besteht,

887 BGH NJW 1989, 26; 2000, 511, 512; 2001, 1065, 1067.
888 BGH NJW 2001, 1065, 1067.
889 So AK-BGB/*Damm*, § 138 Rn 176; Staudinger/*Sack*, § 138 Rn 472 f; grds. auch Erman/*Palm*, § 138 Rn 85.
890 Dies entkräftet den Einwand von *Sethe*, WM 1998, 2309, 2313 ff, die Anwendung des § 177 werde den Interessen der Sicherungsgeber des Geschäftsherrn nicht gerecht.
891 EuGH NJW 1996, 505 – Bosman; dazu *Arens*, SpuRt 1996, 39 ff.
892 So auch Erman/*Palm*, § 138 Rn 167; vgl auch *Fritzweiler*, NJW 2002, 1014.
893 Anders noch die Stellungnahme der Bundesregierung im Fall Bosman, wiedergegeben in EuGH NJW 1996, 505, 508 Rn 72.
894 LAG Berlin NJW 1979, 2582 – Fall Baake; dazu *Reuter*, NJW 1983, 649.
895 BAG NZA 1997, 647 – Fall Kienass; vgl auch EuGH NJW 1996, 505.
896 BGH NJW 1999, 3552; ArbG Hanau NZA-RR 1998, 108; aA noch OLG Düsseldorf NJW-RR 1996, 558.

die unabhängig von den tatsächlichen Aufwendungen ist.[897] Diese Grundsätze gelten nicht nur für Spieler der Profiligen, sondern für alle Sportler, die mit dem Sport ihren Lebensunterhalt bestreiten.[898]

In der Praxis ist auf diese Entscheidungen – neben der Abschaffung verbindlicher Transferregelungen in den Statuten – mit einer **Verlängerung der Vertragslaufzeiten** der Sportler reagiert worden, wobei das Recht zur ordentlichen Kündigung regelmäßig ausgeschlossen ist.[899] Will ein anderer Verein den Sportler vor Ablauf des Vertrages verpflichten, bedarf es eines Aufhebungsvertrages, der in Form eines dreiseitigen Vertrages unter Beteiligung des Sportlers geschlossen wird.[900] Die Zustimmung des abgebenden Vereins wird dabei regelmäßig durch **Ablösezahlungen** des neuen Vereins erkauft, so dass von einem „Herauskaufen" des Spielers aus einem laufenden Vertrag bzw – bei anderer Gestaltung – von einem „Ausleihen" des Spielers gesprochen wird.[901] Auch wenn diese Bezeichnungen eine sittenwidrige Beeinträchtigung des Persönlichkeitsrechts des Spielers vermuten lassen, sind solche Vereinbarungen doch im Hinblick auf § 138 nicht zu beanstanden.[902] Denn hierbei handelt es sich nicht mehr um abstrakte Verbandsregeln, sondern um **individualvertragliche Vereinbarungen** zwischen altem und neuem Arbeitgeber unter Mitwirkung des Sportlers.[903] 307

Verbandsregeln, welche die Anzahl der in einem Spiel einsetzbaren **Sportler aus anderen EU-Ländern** beschränken, sind nach § 138 Abs. 1 nichtig. Solche Beschränkungen verstoßen gegen das Recht der Arbeitnehmer auf Freizügigkeit aus Art. 45 AEUV (39 EGV).[904] Beschränkungen für **Nicht-EU-Ausländer** sind dagegen grundsätzlich zulässig.[905] Etwas anderes gilt aber, wenn die EU mit dem betreffenden Drittstatt ein Partnerschaftsabkommen geschlossen hat, das eine Gleichbehandlung mit Inländern gebietet.[906] Da solche Abkommen verbreitet sind,[907] haben Ausländerbeschränkungen im Sport ihre Bedeutung verloren. 308

Eine sittenwidrige Einschränkung der Rechte von Sportlern kann auch darin liegen, dass die Verbandsregeln eine **übermäßige Verbandsstrafe** für unsportliches Verhalten festlegen. Eine Sperre für die Dauer von vier Jahren oder gar eine lebenslange Sperre (zB bei Doping) stellen unverhältnismäßige Eingriffe in die Berufsausübungsfreiheit von Sportlern dar.[908] 309

c) Verstoß gegen Verbandsstatut. Ein Verstoß gegen ein Verbandsstatut führt grundsätzlich nicht zur Sittenwidrigkeit des Geschäfts. Etwas anderes gilt nur, wenn die Verbandsregelung selbst Ausdruck der von § 138 geschützten Wertordnung ist. Nicht sittenwidrig sind die regelmäßig gegen die Statuten verstoßenden Zahlungen von **Handgeldern** oder **Wechselprämien** an Sportler und Dritte. Insoweit fehlt es an einer hinreichenden Beeinträchtigung von Belangen der Allgemeinheit;[909] die verbandsrechtliche Qualifikation als „unsportliches Verhalten" kann nur verbandsintern zu Sanktionen führen.[910] Der Verstoß gegen Verbandsstatuten kann aber die Sittenwidrigkeit eines Vertrages begründen, der auf die Verwirklichung eines unsportlichen Verhaltens gerichtet ist; so etwa die Gewährung von Zuwendungen für eine **absichtliche Nicht- oder Schlechtleistung** im Wettkampf[911] oder **verbotene Leistungssteigerungen** durch Doping.[912] 310

d) Weitere Einzelfälle. Die **Verträge zwischen Verein und Sportler** sind Arbeitsverträge;[913] die Sittenwidrigkeit beurteilt sich daher nach den allgemeinen Regelungen über Arbeitsverhältnisse (Rn 141 ff) unter Berücksichtigung der besonderen Gegebenheiten des Berufssports.[914] Sittenwidrig ist eine Vereinbarung, wonach der Sportler im Falle des Vertragsbruchs als Vertragsstrafe die bis dahin erhaltenen Bezüge vollständig zurückzahlen muss.[915] 311

Die allgemeinen Grundsätze über Dienst- und Arbeitsverträge gelten auch für **Verträge zwischen dem Sportler und Dritten**, zB einem Manager oder Spielerberater. Macht ein **Beratervertrag** jede berufliche Veränderung des Sportlers von der Zustimmung des Beraters abhängig, so ist er wegen unverhältnismäßiger Beschränkung des Sportlers sittenwidrig.[916] 312

897 OLG Oldenburg NJW-RR 1999, 422; BGH NJW 1999, 3552.
898 BGH NJW 1999, 3552.
899 Vgl *Kelber*, NZA 2001, 11, 12.
900 *Kelber*, NZA 2001, 11, 12.
901 *Kelber*, NZA 2001, 11, 12.
902 Vgl dazu treffend *Karakaya/Buch*, ZRP 2002, 193, 196: „weniger Ausdruck eines sittenwidrigen Vermarktungsvorgangs, sondern eines sportspezifischen Sprachgebrauchs".
903 LAG Köln SpuRt 1999, 77; OLG Düsseldorf NJW-RR 2001,1633; *Arens*, SpuRt 1996, 39, 41; *Kelber*, NZA 2001, 11, 12; zur Diskussion, inwieweit die neue Praxis eine Umgehung der Grundsätze des Bosman-Urteils darstellt, vgl *Kelber*, NZA 2001, 11, 12 ff.
904 EuGH NJW 1996, 505 Rn 119; Palandt/*Ellenberger*, § 25 Rn 10.
905 Vgl *Kreis/Schmid*, NZA 2003, 1013.
906 Vgl EuGH NZA 2003, 845 (Slowakei); EuZW 2005, 337 (Russland).
907 Vgl die Nachweise bei *Fischer/Groß*, EuZW 2005, 340 f.
908 LG München SpuRt 1995, 161, 166; *Nolte/Polzin*, NZG 2001, 838, 840.
909 BAG AP BGB § 138 Nr. 29 Berufssport; LAG Hamm NZA-RR 2000, 411.
910 LAG Hamm NZA-RR 2000, 411.
911 RGZ 138, 137, 141; Erman/*Palm*, § 138 Rn 167.
912 *Derleder/Deppe*, JZ 1992, 116, 117.
913 AllgM, vgl nur BAG NJW 1997, 276; Erman/*Palm*, § 138 Rn 167.
914 Erman/*Palm*, § 138 Rn 167.
915 LAG Köln NZA-RR 1999, 350.
916 OLG Frankfurt NJW-RR 1996, 1333; ausf. *Karakaya/Buch*, ZRP 2002, 193 ff.

18. Standesrecht

Literatur: *Bruns*, Das Verbot der quota litis und die erfolgshonorierte Prozessfinanzierung, JZ 2000, 232; *Conrad*, Erfolgshonorare – Zulässigkeit von Verträgen für rechtsanwaltliche Prozessfinanzierung und Inkassozession, MDR 2006, 848; *Dethloff*, Verträge zur Prozessfinanzierung gegen Erfolgsbeteiligung, NJW 2000, 2225; *Frechen/Kochheim*, Fremdfinanzierung von Prozessen gegen Erfolgsbeteiligung, NJW 2004, 1213; *Fritzsche/Schmidt*, Eine neue Form der Versicherung?, NJW 1999, 2998; *Taupitz*, Das Standesrecht der freien Berufe, 1991.

313 Die Verletzung von Standesrecht begründet nicht notwendig die Sittenwidrigkeit des Rechtsgeschäfts (vgl Rn 87). Etwas anderes gilt aber, wenn ein Berufsstand **wichtige Gemeinschaftsaufgaben** erfüllt und der Verstoß gegen das Standesrecht geeignet ist, das **Vertrauen der Allgemeinheit** in die ordnungsgemäße Wahrnehmung dieser Aufgaben zu untergraben.

314 **a) Gefährdung der ordnungsgemäßen Berufsausübung.** Zu den grundlegenden Standespflichten des Freiberuflers gehören die **persönliche und sachliche Unabhängigkeit** und die Verpflichtung zur sachbezogenen Wahrnehmung seiner Aufgaben.[917] Rechtsgeschäfte, welche die Unabhängigkeit oder den Bezug zur eigentlichen Tätigkeit in Frage stellen, begründen Zweifel an der ordnungsgemäßen Berufsausübung und können deshalb sittenwidrig sein. So widerspricht es dem **Ansehen der Rechtsanwaltschaft**, wenn Rechtsanwälte sich erwerbswirtschaftlich mit Tätigkeiten befassen, die nicht zu den für einen Rechtsanwalt typischen Geschäften gehören.[918] Dies gilt insbesondere für die **ständige Ausübung des Maklerberufs** durch einen Rechtsanwalt.[919] Beschränkt sich die Tätigkeit als Makler auf Einzelfälle, so kann darin aber – auch bei Verstoß gegen Standesrecht – keine Sittenwidrigkeit gesehen werden.[920] Entsprechende Geschäfte sind daher nicht nach Abs. 1 nichtig. Dies gilt auch dann, wenn der Rechtsanwalt als Gesellschafter einer GmbH gegenüber dem Geschäftspartner nur in seiner Eigenschaft als Makler aufgetreten ist.[921] Dagegen ist es sittenwidrig, wenn der Rechtsanwalt bei der Vergabe oder Verschaffung von Aufträgen gegen Provision aus Gewinnstreben zulasten der eigenen Mandantin tätig wird.[922]

315 Das **Berufsbild des Arztes** wird durch das ärztliche Gelöbnis geprägt, wonach die Erhaltung und Wiederherstellung der Gesundheit der Patienten oberstes Gebot ist; der Arzt hat seine Aufgaben nach seinem Gewissen und den Geboten der ärztlichen Ethik zu erfüllen und muss sich dabei der Achtung und des Vertrauens würdig zeigen, die der ärztliche Beruf erfordert (vgl § 2 BOÄ). Als sittenwidrig ist es daher anzusehen, wenn sich ein Arzt verpflichtet, einer Apotheke als Gegenleistung für eine finanzielle Unterstützung bei der Errichtung seiner Praxis durch Verschreibungen einen bestimmten (hohen) Kassenrezeptumsatz zu sichern.[923] Gleiches gilt, wenn sich ein Zahnarzt verpflichtet, bestimmte zahntechnische Leistungen ausschließlich an ein bestimmtes Labor zu vergeben.[924] Ebenfalls sittenwidrig ist ein **Patientenvermittlungsvertrag** zwischen einem Arzt und einem nichtärztlichen Institut. Denn nichtärztliche Vermittler können das Vertrauensverhältnis zwischen Arzt und Patienten stören und letzteren durch unsachgemäße Informationen zur Aufnahme einer ungeeigneten Behandlung veranlassen.[925] Hat der Arzt dem Institut für die Vermittlung der Patienten eine Provision zu gewähren, besteht außerdem die Gefahr, dass er sein Honorar zu hoch ansetzt, um dem Vermittler die Vergütung zahlen zu können, ohne selbst auf ein angemessenes Honorar verzichten zu müssen.[926]

316 Die berufliche Verantwortlichkeit und Entscheidungsfreiheit von **Apothekern** wird durch das ApothekenG geschützt. Verstöße gegen das ApothekenG (zB stille Beteiligung eines Nichtapothekers) führen nach § 134 (dort Rn 138) zur Nichtigkeit des Rechtsgeschäfts.

317 Sog. **Architekten-Bindungsklauseln**, mit denen der Verkäufer den Erwerber eines Grundstücks verpflichtet, die Planung und Ausführung eines Bauwerks von einem bestimmten Architekten durchführen zu lassen, wurden früher grundsätzlich für **standeswidrig** gehalten. Nach der Rechtsprechung waren solche Klauseln aber nicht generell sittenwidrig, weil das notwendige Vertrauensverhältnis zwischen Bauherr und Architekt nicht schon dadurch ausgeschlossen wird, dass der Bauwillige in der Wahl des Architekten nicht völlig frei ist.[927] Seit 1971 werden derartige Architektenbindungsklauseln durch Art. 10 § 3 des Gesetzes zur Verbesserung des Mietrechts und zur Begrenzung des Mietanstiegs sowie zur Regelung von Ingenieur- und Architektenleistungen (MRVerbG)[928] untersagt. Die Rechtsfolgen eines Verstoßes richten sich daher nach **§ 134** (s. § 134 Rn 152).

917 BGHZ 78, 263, 267; Palandt/*Ellenberger*, § 138 Rn 59.
918 BGH NJW 1995, 1425; 1996, 2499; KG NJW 1989, 2893, 2894.
919 BGH NJW 1992, 681, 682; 2000, 3067, 3068; Staudinger/*Sack*, § 138 Rn 425.
920 BGH NJW 1992, 681, 682; 1996, 2499.
921 BGH NJW-RR 2000, 1502.
922 OLG Frankfurt NJW 1990, 2131.
923 OLG Frankfurt NJW 2000, 1797.
924 OLG Nürnberg MDR 1988, 861; Palandt/*Ellenberger*, § 138 Rn 59.
925 OLG Hamm NJW 1985, 679, 680; Erman/*Palm*, § 138 Rn 86; Staudinger/*Sack*, § 138 Rn 427; vgl auch BGH NJW 1986, 2360; 1999, 2360. Zur Zulässigkeit einer Internetplattform mit Gegenangeboten von Zahnärzten in Kosten- und Heilplänen ihrer Kollegen BGH NJW 2011, 2209.
926 OLG Hamm NJW 1985, 679, 680.
927 BGHZ 60, 28, 33.
928 BGBl I 1971 S. 1745.

b) Vergütungsvereinbarungen. aa) Allgemeines. Die Zulässigkeit der Vereinbarung von Vergütungen für Freiberufler richtet sich im Wesentlichen nach den einschlägigen **Gebührenordnungen** (zB HOAI, GOÄ, GOZ, RVG, StBGebV). Verstöße gegen diese Gebührenordnungen sind daher vorrangig nach § 134 zu beurteilen (s. zum RVG § 134 Rn 204 ff).[929] Soweit die Gebührenordnungen für bestimmte Fälle keine Regelung treffen, gilt der Grundsatz der Vertragsfreiheit. So führt eine Gebührenunterschreitung bei der **HOAI** nicht zur Sittenwidrigkeit der Vereinbarung.[930] Vereinbart ein **Steuerberater** mit einem Mandanten ein pauschales Stundenhonorar, das die Sätze der StBGebV um ca. 30% unterschreitet, so ist dies ebenfalls nicht sittenwidrig.[931] Zur Zulässigkeit einer **Gebührenunterschreitung** nach dem **RVG** s. § 134 Rn 204. Soweit das RVG **höhere Honorare** zulässt, kann die Vereinbarung gem. § 138 Abs. 1 oder Abs. 2 unwirksam sein, wenn zwischen der Leistung des Rechtsanwalts und der Höhe des Honorars ein auffälliges Missverhältnis besteht und weitere Umstände (zB Ausnutzung einer Zwangslage des Mandanten) hinzutreten, die für die Sittenwidrigkeit relevant sind.[932] Dass das vereinbarte Honorar deutlich über den gesetzlichen Sätzen liegt, lässt für sich genommen noch aber nicht auf ein auffälliges Missverhältnis zwischen Leistung und Gegenleistung schließen. Entscheidend ist, ob das Honorar in einem angemessenen Verhältnis zu dem mit der anwaltlichen Tätigkeit verbundenen Aufwand steht.[933] Im Übrigen besteht die Möglichkeit, überhöhte Honorare wegen Verstoßes gegen das **Mäßigungsgebot** des § 3 a Abs. 2 RVG (früher § 3 Abs. 3 BRAGO) auf einen angemessenen Betrag herabzusetzen.[934] Überschreitet die bei einer Strafverteidigung vereinbarte Vergütung den fünffachen Satz der gesetzlichen Gebühren, so spricht eine tatsächliche Vermutung für die Unangemessenheit und die Verletzung des Mäßigungsverbots. Dem Anwalt steht aber der Nachweis offen, dass die vereinbarte Vergütung im konkreten Fall unter Berücksichtigung aller Umstände angemessen ist.[935] 318

bb) Erfolgshonorare und Prozessfinanzierungsverträge. Der BGH hat anwaltliche **Erfolgshonorare** (quota litis) in ständiger Rechtsprechung für standes- und sittenwidrig angesehen, da das finanzielle Interesse des Rechtsanwalts am Prozessausgang dessen Unabhängigkeit und Stellung als Organ der Rechtspflege gefährde.[936] Seit 1994 ist die Problematik der Erfolgshonorare gesetzlich geregelt. Die ursprüngliche, sehr restriktive Regelung war jedoch verfassungswidrig.[937] Nach dem neu gefassten § 49 b Abs. 2 BRAO iVm § 4 a Abs. 1 RVG ist die Vereinbarung eines Erfolgshonorars unter bestimmten Voraussetzungen zulässig. Sofern die Voraussetzungen des § 4 a RVG nicht vorliegen, ist die Vereinbarung nach § 134 unwirksam (zu den Einzelheiten s. § 134 Rn 205). 319

Vereinbarungen über die **Finanzierung fremder Rechtsverfolgungskosten** sind den **Rechtsanwälten** nach **§ 49 b Abs. 2 S. 2 BRAO verboten** (vgl § 134 Rn 206). **Prozessfinanzierungsverträge**, bei denen der Rechtssuchende gegen Zahlung eines Erfolgshonorars **mit einem Dritten** (idR einer Finanzierungsgesellschaft) die Finanzierung der Prozesskosten vereinbart,[938] verstoßen dagegen nicht gegen § 49 b BRAO, weil diese Norm nur an Rechtsanwälte gerichtet ist.[939] In der Literatur wird allerdings die Auffassung vertreten, dass solche Verträge im Regelfall wegen Umgehung des Verbots von Erfolgshonoraren sittenwidrig sind.[940] Dieses Argument hat indes mit der Entscheidung des BVerfG zur eingeschränkten Zulässigkeit von Erfolgshonoraren und der dadurch veranlassten Neufassung des § 49 b Abs. 2 BRAO iVm § 4 a RVG seine Überzeugungskraft verloren.[941] Davon abgesehen erhält der Anwalt im Allgemeinen nur die ihm gesetzlich zustehenden Gebühren; das Erfolgshonorar kommt dem Prozessfinanzierer zugute. Der überwiegende Teil der neueren Literatur geht daher im Einklang mit der Gesetzesbegründung zu § 49 b Abs. 2 S. 2 BRAO nF[942] von der grundsätzlichen Zulässigkeit des Geschäftsmodells aus;[943] gestritten wird nur noch über die dogmatische Einordnung.[944] Im Einzelfall kann sich die Sittenwidrigkeit allerdings auch hier aus dem Vorliegen eines groben Missverhältnisses zwischen Leistung und Gegenleistung ergeben.[945] Hat der Prozessfinanzierungsvertrag die Beitreibung 320

929 Erman/*Palm*, § 138 Rn 86.
930 OLG Stuttgart NJW 1980, 1584.
931 BGH NJW 1996, 1954, 1956.
932 BGHZ 162, 98, 101 = NJW 2005, 2142; BGH NJW 2010, 1364, 1367; BeckOK RVG/*von Seltmann*, § 3 a Rn 14 ff.
933 BGHNJW 2010, 1364, 1367.
934 Dazu BVerfG NJW-RR 2010, 259; BGHZ 162, 98, 103 ff; BGH NJW 2010, 1364, 1368.
935 BGH NJW 2010, 1364, 1368 unter Modifikation der strengeren Maßstäbe von BGHZ 162, 98.
936 BGHZ 22, 162, 165; 51, 290, 293; BGH NJW 1981, 998; 1987, 3203, 3204; 1992, 681, 682; 1996, 2499, 2500.
937 BVerfG NJW 2007, 979, 985.
938 Zum Inhalt von Prozessfinanzierungsverträgen *Dethloff*, NJW 2000, 2225, 2228.
939 Staudinger/*Sack*, § 138 Rn 479; *Dethloff*, NJW 2000, 2225.
940 Vgl *Bruns*, JZ 2000, 232, 236 ff; ebenso noch Voraufl.
941 Zur Bedeutung dieser Entwicklung für das Geschäftsmodell der Prozesskostenfinanzierung Bruck/Möller/*Baumann*, VVG, 8. Aufl. 2008, § 1 Rn 299.
942 BT-Drucks. 16/8384 S. 9.
943 So Palandt/*Ellenberger*, § 138 Rn 58; PWW/*Ahrens*, § 138 Rn 136; Staudinger/*Sack*, § 138 Rn 479; *Conrad*, MDR 2006, 848 ff; *Dethloff*, NJW 2000, 2225, 2229; *Frechen*/*Kochheim*, NJW 2004, 1213, 1216; *Grunewald*, BB 2000, 729 ff; differenzierend *Fritzsche*/*Schmidt*, NJW 1999, 2998, 3002.
944 Dazu MüKo-VVG/*Looschelders*, 2010, § 1 Rn 107 ff.
945 PWW/*Ahrens*, § 138 Rn 136; Palandt/*Ellenberger*, § 138 Rn 58.

einer anwaltlichen Honorarforderung zum Gegenstand, so ist er bei Fehlen einer entsprechenden Einwilligung des Mandanten nach § 134 iVm § 203 StGB nichtig.[946]

321 **cc) Provisionsvereinbarungen.** Nach der Rechtsprechung zählt das Verbot jedweder **Provisionsvereinbarungen zwischen Anwälten und Nichtanwälten** zu den unverzichtbaren Grundsätzen für die anwaltliche Tätigkeit.[947] Die Abgabe oder Entgegennahme eines Teils der Gebühren oder sonstiger Vorteile für die Vermittlung von Aufträgen ist demnach ebenso sittenwidrig[948] wie eine Vereinbarung über die Zahlung von Provisionen für vermittelte Mandate.[949] Zur Unzulässigkeit von **Patientenvermittlungsverträgen** mit **Ärzten** s. Rn 315.

322 Für Angehörige sonstiger freier Berufe besteht kein allgemeines Verbot, zur Erlangung von Aufträgen die entgeltlichen Dienste eines Maklers in Anspruch zu nehmen. Verspricht ein **Architekt** einem Makler eine Provision für die Vermittlung von Aufträgen, so ist dies daher nur bei Hinzutreten besonderer Umstände sittenwidrig.[950]

323 **c) Praxisverkauf.** Die Vereinbarung eines Praxisverkaufs von **Rechtsanwälten** und **Ärzten** wurde vom RG als standes- und sittenwidrig angesehen.[951] Der BGH ist dem zu Recht nicht gefolgt.[952] Die Veräußerung einer Anwalts-, Arzt- oder Steuerberaterpraxis ist daher grundsätzlich nicht (mehr) sittenwidrig.[953] Etwas anderes kann jedoch gelten, wenn der Erwerber durch den Vertrag übermäßig in seiner wirtschaftlichen Freiheit oder in seiner persönlichen Unabhängigkeit beschränkt wird und dies befürchten lässt, dass die Praxis nicht in einer den Allgemeininteressen entsprechenden Weise fortgeführt wird.[954] Gleichfalls nicht sittenwidrig ist die Übergabe einer **Patientenkartei** ohne die Zustimmung der Patienten.[955] Der Vertrag ist in diesen Fällen aber nach § 203 StGB iVm § 134 nichtig (s. dazu § 134 Rn 132).

324 **19. Straf- und Strafprozessrecht. a) Allgemeines.** Ob Verträge, die straf- oder strafverfahrensrechtlichen Vorschriften zuwiderlaufen, nach § 134 oder § 138 nichtig sind, ist umstritten.[956] Auch die Rechtsprechung ist uneinheitlich.[957] Der BGH stützt die Nichtigkeit jedenfalls dann auf § 138, wenn das Rechtsgeschäft eine Straftat lediglich **fördern oder ausnutzen** soll.[958] Die Parteien eines Vertrages, der eine Straftat fördert oder ausnutzt, müssen auch **subjektiv sittenwidrig** handeln.[959] Dabei müssen sich grundsätzlich **alle Vertragsparteien**[960] der strafrechtlich relevanten Tatsachen bewusst sein[961] bzw sich deren **Kenntnis** zumindest **grob fahrlässig verschließen** (vgl Rn 93).[962]

325 Das Rechtsgeschäft kann auch dann nach Abs. 1 sittenwidrig sein, wenn es die Verletzung **ausländischer Strafnormen** fördert. Voraussetzung ist aber, dass die ausländischen Normen nach den in Deutschland herrschenden Wertvorstellungen anzuerkennen sind (vgl Rn 80).[963]

326 **b) Einzelfälle.** Der BGH hat einen Darlehensvertrag, der den Erwerb eines Schiffes und dessen Umbau in ein „schwimmendes Bordell" ermöglicht hat, wegen der Strafbarkeit des **Bordellbetriebs** als sittenwidrig angesehen.[964] Ebenso ist ein **Kaufvertrag** gem. § 138 nichtig, wenn er die Grundlage für einen betrügerischen Weiterverkauf darstellt.[965] Eine Haftungsfreistellung zwischen zwei Parteien, die mit Hilfe eines Scheinvertrags einen Betrug gegenüber einem Dritten begehen, ist ebenfalls gem. § 138 nichtig.[966] Sittenwidrig ist auch der **Kauf eines Radarwarngerätes**, weil der Kaufvertrag ein späteres ordnungswidriges und gar strafbares Verhalten des Käufers fördert (vgl Rn 220). Demgegenüber führt der Verstoß gegen den Straftatbestand der irreführenden unwahren Werbung (§ 16 Abs. 1 UWG) weder nach § 134 (dort Rn 258) noch nach § 138 zur Nichtigkeit des entsprechenden Folgevertrages.[967]

327 Freilich kann nicht jedes noch so **untergeordnete Hilfsgeschäft** unter dem Aspekt der **Förderung einer Straftat** nach Abs. 1 nichtig sein (vgl Rn 77). Der BGH hat dies für Getränkelieferungen an einen strafbaren

946 LG Bonn NJW-RR 2007, 132.
947 KG NJW 1989, 2893, 2894.
948 BGH NJW 1980, 2407.
949 KG NJW 1989, 2893; vgl auch BGH NJW 1999, 2360. Die Nichtigkeit derartiger Provisionsabreden folgt auch aus § 203 StGB und § 49 b Abs. 3 BRAO iVm § 134.
950 BGH NJW 1999, 2360; Staudinger/*Sack*, § 138 Rn 427; allerdings kann bei solchen Abreden Landesrecht zu beachten sein, so etwa in BGH NJW 1999, 2360: NWBauKaG iVm § 134.
951 RGZ 66, 143; 90, 35; einschr. aber RGZ 153, 280.
952 Vgl nur BGHZ 16, 71, 74; 43, 46.
953 Erman/*Palm*, § 138 Rn 86; Staudinger/*Sack*, § 138 Rn 418.
954 BGHZ 43, 46, 49; BGH NJW 1989, 763; Palandt/*Ellenberger*, § 138 Rn 60.
955 BGH NJW 1974, 602; vgl auch OLG Düsseldorf NJW 1973, 558.
956 Hierzu Staudinger/*Sack*, § 138 Rn 146 f.
957 Vgl einerseits BGH NJW 1983, 868, 869; andererseits BGH NJW 1995, 2026, 2027.
958 Vgl BGH DB 1971, 39; NJW-RR 1990, 750; Staudinger/*Sack*, § 138 Rn 495.
959 BGHZ NJW-RR 1990, 750, 751.
960 BGHZ 53, 152, 159 f.
961 RGZ 100, 39, 41 f.
962 BGH NJW 1992, 310.
963 BGHZ 94, 268, 271.
964 BGH NJW-RR 1990, 750.
965 BGH DB 1971, 39.
966 BGH NJW-RR 1990, 1521, 1522.
967 Vgl Köhler/Bornkamm/*Bornkamm*, § 16 UWG Rn 29; aA zu § 4 UWG aF OLG Stuttgart NJW-RR 1997, 236, 237.

Bordellbetrieb anerkannt.[968] Im Hinblick auf das **Ausnutzen** eines strafrechtlich relevanten Rechtsgeschäfts ist ebenfalls zu bedenken, dass nicht jeder **Folgevertrag** automatisch nichtig ist, wie der BGH für den aus einer Schmiergeldzahlung resultierenden Architektenvertrag festgestellt hat. Entscheidend ist, ob es im Einzelfall zu einer für den Vertragspartner nachteiligen Vertragsgestaltung kommt.[969]

Im Zusammenhang mit dem Strafprozessrecht können vertragliche Vereinbarungen über die **Rücknahme eines Strafantrages** oder einer **Strafanzeige** sittenwidrig sein. Dies gilt insbesondere, wenn die psychische Zwangslage und die persönliche Verstrickung des Täters ausgenutzt werden, um eine übermäßig hohe Entschädigung zu erlangen.[970] 328

20. Versicherungsrecht. Bei der **Inhaltskontrolle** von Versicherungsverträgen steht die Überprüfung der AVB nach §§ 307 ff im Vordergrund. Ein Rückgriff auf § 138 ist daneben meist nicht erforderlich. Ein Verstoß gegen die guten Sitten liegt aber vor, wenn der Versicherungsnehmer mit einem Sachwalter des Versicherers (Versicherungsvertreter, Sachbearbeiter etc.) beim **Abschluss des Versicherungsvertrages** zum Nachteil des Versicherers **kollusiv** zusammengewirkt hat.[971] So ist die Vereinbarung einer Rückwärtsversicherung (§ 2 VVG) nach Abs. 1 unter dem Aspekt der Kollusion nichtig, wenn der Eintritt des Versicherungsfalls bei Vertragsschluss sowohl dem Versicherungsnehmer als auch dem Sachwalter des Versicherers bekannt war.[972] Eine Rückwärtsversicherung unter Abbedingung des § 2 Abs. 2 S. 2 VVG kann auch deshalb sittenwidrig sein, weil sie ein **willkürliches persönliches Geschenk** an den einzelnen Versicherungsnehmer zulasten der Versichertengemeinschaft darstellt.[973] 329

Wird ein **Kreditvertrag** mit einer **Kapitallebensversicherung** kombiniert, so beurteilt sich die Sittenwidrigkeit nach den gleichen Grundsätzen wie bei Ratenkrediten (s. Rn 237). 330

21. Verwaltungsrecht. Privatrechtliche Verträge zwischen Verwaltung und Bürger sind nach § 138 nichtig, wenn die Verwaltung ohne gesetzliche Ermächtigung hoheitliche Maßnahmen von Gegenleistungen abhängig macht, die nicht in sachlichem Zusammenhang mit den Maßnahmen selbst stehen (sog. **Kopplungsverbot**).[974] Dies ist Ausdruck des Grundsatzes der Gesetzmäßigkeit der öffentlichen Verwaltung.[975] Für **öffentlich-rechtliche Austauschverträge** ist das Kopplungsverbot in § 56 VwVfG niedergelegt. Wird diese Vorschrift verletzt, so ist der Vertrag nach § 59 Abs. 2 Nr. 4 nichtig. Der Rückgriff auf § 138 ist daher nicht erforderlich. 331

Bei **privatrechtlichen Verträgen im Rahmen bauplanungsrechtlichen Handelns** ist der erforderliche sachliche Zusammenhang gegeben, wenn der an der Baugenehmigung interessierte Bürger sich zu bestimmten Zahlungen verpflichtet, welche die der Genehmigung entgegenstehenden Gründe entkräften.[976] So hat die Rechtsprechung die Zulässigkeit sog. **Folgekostenverträge** bejaht, mit denen die Gemeinde die nach der Aufstellung eines Bebauungsplans entstehenden Kosten zu kompensieren sucht.[977] Ein sachlicher Zusammenhang ist auch dann gegeben, wenn die Gemeinde einen Teil eines im Außenbereich liegenden Grundstücks kauft und dem Verkäufer im Gegenzug in Aussicht stellt, das ganze Grundstück in den Bebauungsplan aufzunehmen.[978] Dagegen besteht zwischen einer Baugenehmigung und einer vom Antragsteller zu erbringenden Geldzahlung zur Schaffung öffentlicher Parkplätze kein sachlicher Zusammenhang. Etwas anderes gilt nur, wenn die Parkplätze eine von dem konkreten baulichen Vorhaben des Klägers ausgehende Gefährdung des Verkehrs ausräumen sollen.[979] Steht die von der Behörde versprochene Gegenleistung im Widerspruch zum Bauplanungsrecht, so ist bereits deshalb eine Kopplung unzulässig.[980] 332

Das Finanzamt darf die Ausstellung einer **steuerlichen Unbedenklichkeitsbescheinigung** nicht davon abhängig machen, dass der Steuerschuldner ihm für **künftige** Steuerforderungen Sicherheiten bestellt.[981] Denn die Sicherung künftiger Steuerforderungen steht in keinem sachlichen Zusammenhang mit dem Zweck der Unbedenklichkeitsbescheinigung, Auskunft über das Verhalten des Bewerbers **in der Vergangenheit** zu geben. 333

Nicht ohne weiteres sittenwidrig sind Verträge, durch die sich der Widerspruchsführer gegen Entgelt verpflichtet, den **Widerspruch gegen eine behördliche Genehmigung** zurückzunehmen. So hat der BGH bei 334

968 BGH NJW-RR 1987, 999, 1000.
969 BGHZ 141, 357, 361.
970 BGH NJW 1991, 1046, 1047.
971 Vgl BGH NJW 1989, 26; NJW 2002, 1497, 1498; Erman/*Palm*, § 138 Rn 192.
972 BGHZ 111, 29, 35 = NJW 1990, 1851, 1852 f; OLG Düsseldorf NJW-RR 1997, 158, 159; Bruck/Möller/*Johannsen*, VVG, 8. Aufl. 2008, § 2 Rn 18.
973 BGHZ 111, 29, 35; LG Stuttgart VersR 1973, 455, 456; Berliner Kommentar/*Baumann*, VVG, 1999, § 2 Rn 53; Looschelders/Pohlmann/*Schneider*, VVG, 2010, § 2 Rn 47.
974 BGHZ 79, 131, 141; BGH NJW 1999, 208, 209; Erman/*Palm*, § 138 Rn 133, 143.
975 VG München NJW 1998, 2070, 2971 f.
976 BGHZ 26, 84; BGH WM 1966, 1039, 1041.
977 BVerwG NJW 1973, 1895, 1897; DNotZ 2006, 905; BGH WM 1966, 1039, 1041; ausführlich dazu *Vierling*, DNotZ 2006, 891 ff.
978 BGH NJW 1999, 208, 209.
979 BGH WM 1979, 336, 337.
980 VG München NJW 1998, 2070, 2971 f.
981 BGHZ 94, 125, 129; Erman/*Palm*, § 138 Rn 133, 143.

einem „Abfindungsvertrag“ mit einer Bürgerinitiative die sittenwidrige Ausnutzung einer Zwangslage des Antragstellers verneint.[982]

22. Wertpapierrecht

Literatur: *Meyer-Cording/Drygala*, Wertpapierrecht, 3. Auflage 1995.

335 **a) Wechselreiterei.** Ein klassischer Fall der Sittenwidrigkeit ist die **Wechselreiterei**, bei der die Beteiligten Finanzwechsel zum Zweck der Kreditbeschaffung vereinbarungsgemäß so untereinander austauschen, dass es sich dem **äußeren Anschein** nach um Handels- oder Warenwechsel handelt.[983] Da Handels- oder Warenwechsel im Verkehr deutlich höher bewertet werden, besteht die **Gefahr**, dass künftige Kreditgeber **getäuscht und geschädigt** werden.[984] Diese Gefahr – und damit der Vorwurf der Sittenwidrigkeit – wird nicht durch die ausdrückliche Bezeichnung als „Finanzwechsel“ ausgeschlossen.[985] Die Sittenwidrigkeit ist auch dann zu bejahen, wenn die Beteiligten ohne Täuschungsabsicht gehandelt haben.[986] Ob die „Reiterei“ gewerbsmäßig oder als Einzelaktion betrieben wird, ist ebenfalls unerheblich.[987]

336 In den Fällen des Akzeptaustausches sind nicht nur die **kausalen Grundgeschäfte**, sondern auch die **abstrakten Wechselbegebungsverträge**[988] nach Abs. 1 nichtig.

337 **b) Scheckreiterei.** Anders als der Wechsel ist der Scheck kein Kreditpapier, sondern ein Zahlungsmittel.[989] Die Begebung eines Schecks zur verdeckten Kreditbeschaffung ist daher nach Abs. 1 nichtig (sog. „**Scheckreiterei**“).[990] Sittenwidrig ist insbesondere die Ausstellung eines Schecks, um dem Nehmer kurzfristig zu Liquidität zu verhelfen, wenn dem keine Warenumsätze oder Zahlungsverpflichtungen zugrunde liegen und die Schecksumme nach erfolgter Gutschrift per Scheck wieder an den Aussteller zurückgezahlt werden soll.[991] Die Nichtigkeit erfasst sowohl die entsprechenden Vereinbarungen als auch die abstrakten Begebungsverträge.[992]

338 Die **Begebung eines Wechsels** gegen einen gedeckten und sofort fälligen Scheck wird nicht als sittenwidrige Wechsel- oder Scheckreiterei qualifiziert.[993] Dies gilt auch für die Begebung von Finanzwechseln, die nicht im Zusammenhang mit einem Warengeschäft stehen.[994]

339 **c) Diskontierung.** Die Frage nach der Sittenwidrigkeit eines **Diskontgeschäftes** stellt sich allenfalls bei sog. „**umgedrehten**“ Wechseln, die nicht der Aussteller oder ein Nehmer, sondern der Akzeptant selbst seiner Hausbank zum Diskont anbietet.[995] Auch hier ist das Diskontgeschäft nach hM aber selbst dann nicht sittenwidrig, wenn der Bank die Zahlungsschwierigkeiten ihres Kunden bekannt sind.[996] Begründet wird dies damit, dass das Risiko des Ausstellers, aus dem Wechsel in Anspruch genommen zu werden, bei dem **Akzeptantenwechsel** nicht größer sei, als wenn er selbst den Wechsel diskontieren lasse. In beiden Fällen hänge das Risiko von der Zahlungsfähigkeit des Akzeptanten ab, die der Aussteller im eigenen Interesse stets selbst zu prüfen habe. Diese Prüfung nehme die Diskontbank dem Aussteller nicht ab, da sie die Bonität des Akzeptanten ausschließlich im eigenen Interesse untersuche.[997]

23. Wettbewerbsrecht

Literatur: *Köhler/Bornkamm*, Gesetz gegen den unlauteren Wettbewerb, 28. Auflage 2010; *Harte-Bavendamm/Henning-Bodewig*, Gesetz gegen den unlauteren Wettbewerb (UWG), 2. Auflage 2009; *Köhler*, Das neue UWG, NJW 2004, 2121; *Omsels*, Zur Unlauterkeit der gezielten Behinderung von Mitbewerbern (§ 4 Nr. 10 UWG), WRP 2004, 136; *Piper/Ohly/Sosnitza*, Gesetz gegen den unlauteren Wettbewerb, 5. Auflage 2010; *Sack*, Folgeverträge unlauteren Wettbewerbs, GRUR 2004, 625; *Willingmann*, Sittenwidrigkeit von Schneeballsystem-Gewinnspielen und Kondiktionsausschluss, NJW 1997, 2932.

982 BGHZ 79, 131, 137; krit. MüKo/*Armbrüster*, § 138 Rn 88.
983 Vgl BGHZ 27, 172; Erman/*Palm*, § 138 Rn 195; MüKo/*Armbrüster*, § 138 Rn 110; Staudinger/*Sack*, § 138 Rn 344; *Meyer-Cording/Drygala*, Wertpapierrecht, S. 38 ff.
984 Vgl BGHZ 27, 172, 179; MüKo/*Armbrüster*, § 138 Rn 110.
985 BGHZ 27, 172, 179.
986 BGHZ 27, 172, 176, 179.
987 MüKo/*Armbrüster*, § 138 Rn 110; Palandt/*Ellenberger*, § 138 Rn 103; Soergel/*Hefermehl*, § 138 Rn 201.
988 *Meyer-Cording/Drygala*, Wertpapierrecht, S. 40.
989 *Meyer-Cording/Drygala*, Wertpapierrecht, S. 80.
990 BGHZ 121, 279, 280 = NJW 1993, 1068; Erman/*Palm*, § 138 Rn 149; MüKo/*Armbrüster*, § 138 Rn 110; Staudinger/*Sack*, § 138 Rn 344.
991 Vgl BGHZ 121, 279, 280.
992 Erman/*Palm*, § 138 Rn 149.
993 BGH NJW 1980, 931 f; OLG München BB 1988, 95 f; MüKo/*Armbrüster*, § 138 Rn 110.
994 BGH NJW 1980, 931, 932.
995 *Meyer-Cording/Drygala*, Wertpapierrecht, S. 39.
996 BGHZ 56, 264, 265; BGH NJW 1984, 728; JR 1972, 62, 63; OLG Hamm NJW-RR 1995, 617, 618; MüKo/*Armbrüster*, § 138 Rn 110; Palandt/*Ellenberger*, § 138 Rn 103.
997 Vgl BGHZ 56, 264, 268; BGH NJW 1984, 728; OLG Hamm NJW-RR 1995, 617, 618.

a) Unlauterer Wettbewerb. aa) Allgemeines. Das UWG dient dem Schutz von Mitbewerbern, Verbrauchern und sonstigen Marktteilnehmern vor **unlauteren geschäftlichen Handlungen** (§ 1 UWG). Nach § 3 UWG sind derartige Handlungen **unzulässig**, wenn sie geeignet sind die Interessen der geschützten Gruppen spürbar zu beeinträchtigen. Der Begriff der „Unlauterkeit" ist keineswegs gleichzustellen mit dem der „guten Sitten" iSd Abs. 1.[998] Dies war sogar schon unter Geltung des alten Rechts anerkannt, als die Generalklausel des § 1 UWG aF noch auf die „guten Sitten" verwies.[999] Durch den Wechsel in der Terminologie hat der Gesetzgeber die Bedeutungsverschiedenheit von Unlauterkeit und Sittenwidrigkeit klargestellt. Abs. 1 will Missbräuchen der Vertragsfreiheit entgegenwirken (vgl Rn 1) und richtet sich daher primär gegen den **Inhalt des Rechtsgeschäfts** und nicht gegen die Art seines Zustandekommens. Derweil zielt das UWG gerade auch auf **Verhinderung einer unlauteren Vertragsanbahnung** ab.[1000] Unlauteres Handeln iSd UWG führt daher nicht automatisch zur Sittenwidrigkeit und damit Nichtigkeit des Folgevertrags nach Abs. 1.[1001] Es müssen vielmehr weitere Umstände hinzukommen, welche die Anwendung des Abs. 1 rechtfertigen.[1002] 340

bb) Abwerbung von Arbeitskräften. Die Abwerbung von Arbeitnehmern verstößt nicht generell gegen die §§ 3, 4 Nr. 10 UWG. Sie ist jedoch **wettbewerbswidrig**, wenn unlautere Mittel eingesetzt oder unlautere Zwecke verfolgt werden oder wenn sonstige unlautere Umstände hinzutreten.[1003] Missbilligt wird insbesondere das Verleiten zum Vertragsbruch.[1004] Die wettbewerbsrechtliche Missbilligung führt aber nicht notwendig dazu, dass der **Arbeitsvertrag** zwischen dem „Abgeworbenen" und dem neuen Arbeitgeber nach Abs. 1 nichtig ist. Das BAG legt hier strengere Maßstäbe als im Wettbewerbsrecht an, da auch die Berufsfreiheit des abgeworbenen Arbeitnehmers (Art. 12 GG) schutzwürdig ist.[1005] Hat der Arbeitnehmer sich an dem Wettbewerbsverstoß beteiligt, soll der neue Arbeitsvertrag aber nach Abs. 1 nichtig sein.[1006] 341

cc) Schneeballsystem. Progressive Kundenwerbung nach dem Schneeballsystem ist nicht nur nach §§ 3, 4 Nr. 11 wettbewerbswidrig, sondern auch nach Abs. 1 sittenwidrig.[1007] Das Gleiche gilt für die Verwendung des Schneeballprinzips bei **Gewinnspielen.**[1008] Auch sog. **„Schenkkreise"**, die ebenfalls nach dem Schneeballprinzip organisiert sind, sind sittenwidrig.[1009] Die hohe Gewinnerwartung der Teilnehmer beruht in diesen Fällen nämlich darauf, dass eine immer stärker ansteigende Zahl von Mitgliedern den Einsatz zahlt, was zwangsläufig dazu führt, dass Spieler, die später dem Spiel beitreten, ohne Gewinn bleiben, weil aufgrund des **Vervielfältigungsfaktors** ab einem bestimmten Zeitpunkt keine neuen Mitglieder mehr geworben werden können. Solche Gewinnspiele zielen also darauf ab, die **Leichtgläubigkeit, Spielleidenschaft und Unerfahrenheit der Teilnehmer** auszunutzen.[1010] Die Voraussetzungen des Abs. 1 liegen damit vor. Den getäuschten „Spielern" steht ein Rückzahlungsanspruch aus § 812 Abs. 1 S. 1 Alt. 1 zu, wobei die Kondiktionssperre des § 817 S. 2 nach dem Schutzzweck des § 138 außer Betracht bleibt.[1011] Bei einem Verstoß gegen den Straftatbestand § 16 Abs. 2 UWG ist § 134 vorrangig anzuwenden (vgl § 134 Rn 277).[1012] Nach der Rechtsprechung schließt § 661 a im Übrigen nicht die Anwendung des § 138 Abs. 1 auf die mit Hilfe eines Gewinnversprechens herbeigeführten Rechtsgeschäfte aus.[1013] 342

b) Kartellrecht. Bei kartellrechtlich relevanten Sachverhalten sind Abs. 1 und § 1 GWB nebeneinander anwendbar.[1014] Bei der Anwendung beider Vorschriften ist zu beachten, dass § 1 GWB vornehmlich **Interessen der Allgemeinheit** schützt. Bei Abs. 1 geht es dagegen in erster Linie um einen Interessenausgleich 343

998 Köhler/Bornkamm/*Köhler*, Einl. UWG Rn 7.8.
999 Vgl BGHZ 110, 156, 174; BGH NJW 1998, 2531, 2532; 2004, 2080, 2081; Staudinger/*Sack*, § 138 Rn 7.
1000 Köhler/Bornkamm/*Köhler*, § 3 UWG Rn 157; Staudinger/*Sack*, § 138 Rn 7.
1001 BGH NJW 2008, 982, 983; MüKo/*Armbrüster*, § 138 Rn 8; Piper/*Ohly*/Sosnitza, Einl. D. Rn 67 a.
1002 Vgl Köhler/Bornkamm/*Köhler*, § 3 UWG Rn 157; Bamberger/Roth/*Wendtland*, § 138 Rn 13; Jauernig/*Jauernig*, § 138 Rn 5; Staudinger/*Sack*, § 138 Rn 7; *Sack*, GRUR 2004, 625, 626 f; zu § 1 UWG aF BGHZ 110, 156, 174; 280, 286; BGH NJW 1998, 2531, 2532.
1003 Vgl Köhler/Bornkamm/*Köhler*, § 4 UWG Rn 10.104; Harte-Bavendamm/Henning-Bodewig/*Omsels*, § 4 Nr. 10 UWG Rn 23 ff; *Omsels*, WRP 2004, 136, 142; zu § 1 UWG aF BGH NJW 2004, 2080; MüKo/*Armbrüster*, § 138 Rn 107.
1004 BGH GRUR 2007, 800 f; krit. Köhler/Bornkamm/*Köhler*, § 4 UWG Rn 10.108 ff.
1005 BAG NJW 1963, 124.
1006 So BGH GRUR 1971, 358, 359; Harte-Bavendamm/Henning-Bodewig/*Omsels*, § 4 Nr. 10 UWG Rn 46; einschr. Köhler/Bornkamm/*Köhler*, § 4 UWG Rn 10.115.
1007 Vgl BGHZ 15, 356; BGH NJW 1979, 868; Köhler/Bornkamm/*Köhler*, § 4 UWG Rn 1.187; MüKo/*Armbrüster*, § 138 Rn 111.
1008 Vgl BGH NJW 1997, 2314, 2315; OLG Celle NJW 1996, 2660; OLG München NJW 1986, 1880, 1881; PWW/*Ahrens*, § 138 Rn 138; *Soergel/Hefermehl*, § 138 Rn 161; Staudinger/*Sack*, § 138 Rn 331; *Kissler*, WRP 1997, 625 ff; *Willingmann*, NJW 1997, 2932.
1009 BGH NJW 2006, 45; NJW 2008, 1942; NJW 2009, 984; NJW-RR 2009, 345; vgl auch LG Bielefeld, Urt. v. 17.12.2009, Az 9 O 31/07 = BeckRS 2010, 07221.
1010 BGH NJW 1997, 2314, 2315; NJW 2006, 45, 46; LG Bielefeld, Urt. v. 17.12.2009, Az 9 O 31/07 = BeckRS 2010, 07221; Erman/*Palm*, § 138 Rn 153.
1011 BGH NJW 2006, 45, 46; NJW 2008, 1942; NJW 2009, 984; NJW-RR 2009, 345.
1012 Vgl Hefermehl/Köhler/Bornkamm/*Bornkamm*, § 16 UWG Rn 51; Staudinger/*Sack*, § 134 Rn 298; *Alexander*, WRP 2004, 407, 421.
1013 BGH NJW 2005, 2991, 2993.
1014 BGH NJW 1994, 384, 386; Staudinger/*Sack*, § 138 Rn 169; Erman/*Palm*, § 138 Rn 126.

zwischen den beteiligten **Privatrechtssubjekten**. Für die praktische Rechtsanwendung bedeutet dies, dass der Sachverhalt nach beiden Vorschriften unterschiedlich zu bewerten sein kann. Eine Wettbewerbsbeschränkung kann daher auch dann nach Abs. 1 sittenwidrig sein, wenn sie unter dem Aspekt des § 1 GWB unbedenklich ist.[1015] Der Missbrauch einer marktbeherrschenden Stellung ist dagegen nicht nur nach §§ 19, 20 GWB verboten, sondern kann auch nach Abs. 1 sittenwidrig sein.[1016] Dies gilt insbesondere, wenn das marktbeherrschende Unternehmen sich einen überhöhten Preis für ein Produkt versprechen lässt, auf das der Abnehmer angewiesen ist.[1017] Eine gegen Art. 101 Abs. 1 AEUV (Art. 81 Abs. 1 EGV) verstoßende **wettbewerbsbeschränkende Vereinbarung** ist schon nach Art. 101 Abs. 2 AEUV (Art. 81 Abs. 2 EGV) nichtig. Auf § 138 Abs. 1 ist daher nicht mehr zurückzugreifen.[1018] Die Nichtigkeit von Vereinbarungen, die unter **Missbrauch einer marktbeherrschenden Stellung** zustande gekommen sind, ergibt sich aus § 134 iVm Art. 102 AEUV (Art. 82 EGV).[1019] Ein Rückgriff auf § 138 Abs. 1 scheidet daneben aus.[1020]

24. Wettbewerbsverbote

Literatur: *Baumbach/Hopt*, Handelsgesetzbuch, 34. Aufl. 2010; *Hirte*, Zivil- und kartellrechtliche Schranken für Wettbewerbsverbote im Zusammenhang mit Unternehmensveräußerungen, ZHR 154 (1990), 443; *Traub*, „Geltungserhaltende Reduktion" bei nichtigen vertraglichen Wettbewerbsverboten?, WRP 1994, 714 und 802; *Wertenbruch*, Die vertragliche Bindung der Kassenarztzulassung eines Gesellschafters an die Ärzte-Personengesellschaft, NJW 2003, 1904.

344 Wettbewerbsverbote sind unter dem Aspekt der **Berufsfreiheit** (Art. 12 Abs. 1 GG) problematisch (vgl Rn 63).[1021] Dies gilt insbesondere im Hinblick auf **nachvertragliche** Wettbewerbsverbote, weil diese die **wirtschaftliche Bewegungsfreiheit** des Betroffenen nicht selten allzu stark einengen. Drei Schwerpunkte lassen sich unterscheiden: das Handelsrecht, das Gesellschaftsrecht sowie das Recht der freien Berufe.

345 **a) Handelsrecht.** Im Handelsrecht finden sich für einzelne Berufsgruppen **Sonderregeln** über die Zulässigkeit nachvertraglicher Wettbewerbsverbote. Für **Handlungsgehilfen** sind die §§ 74 ff HGB maßgeblich. § 74 a Abs. 1 HGB bestimmt, dass das Wettbewerbsverbot unverbindlich ist, soweit es nicht zum Schutze eines berechtigten geschäftlichen Interesses des Prinzipals dient. Auch eine unbillige Erschwerung des Fortkommens des Handlungsgehilfen sowie ein mehr als zweijähriges Wettbewerbsverbot sind unzulässig (§ 74 a Abs. 1 S. 2, 3 HGB). § 74 a HGB greift damit einige wichtige Fälle heraus, in denen die **wirtschaftliche Bewegungsfreiheit** zu stark eingeengt wird. Nach § 74 a Abs. 3 HGB bleibt § 138 subsidiär anwendbar und kann zB zur Nichtigkeit eines unbestimmten und weitreichenden Wettbewerbsverbot führen.[1022]

346 Vergleichbare Regelungen enthalten für **gewerbliche Angestellte** der § 110 GewO und für Auszubildende der § 5 BBiG. Auf **andere gewerbliche Arbeitnehmer** und **wirtschaftlich abhängige freie Mitarbeiter** sind die §§ 74 ff HGB analog anwendbar.[1023]

347 Für **Handelsvertreter** finden sich in § 90 a Abs. 1 S. 2 und 3 HGB Regelungen, welche die Zulässigkeit nachvertraglicher Wettbewerbsverbote beschränken. Auch hier spiegelt sich der Gedanke wider, keine **übermäßige wirtschaftliche und berufliche Einengung** zu dulden.

348 **b) Gesellschaftsrecht.** Im Gesellschaftsrecht sind **Wettbewerbsverbote** – sofern sie nicht gesetzlich normiert sind (vgl etwa §§ 112, 113, 161 Abs. 2 HGB, §§ 88, 284 AktG) – nach Abs. 1 sittenwidrig, wenn sie die **wirtschaftliche Betätigungsfreiheit** des betroffenen Gesellschafters nach Art, Dauer und räumlicher Reichweite übermäßig beschränken.[1024] Die **analoge Anwendung der §§ 74 ff HGB** auf nachvertragliche Wettbewerbsverbote gegenüber **Organmitgliedern** einer Kapitalgesellschaft wird überwiegend abgelehnt.[1025] Dies gilt jedenfalls insoweit, wie die §§ 74 ff HGB auf die soziale Schutzbedürftigkeit von Arbeitnehmern zugeschnitten sind.[1026] Hier bietet Abs. 1 die flexibleren Lösungsmöglichkeiten. Die §§ 74 ff HGB sind auch nicht auf den **Geschäftsführer einer GmbH** anwendbar. Da der Geschäftsführer wesentlich stärker als die übrigen Mitarbeiter in die geschäftlichen Beziehungen der Gesellschaft involviert ist und dieser größeren

1015 BGH NJW 1994, 384, 386; RGRK/*Krüger-Nieland/Zöller*, § 138 Rn 15.
1016 Vgl BGH BB 1971, 1177; NJW 1976, 710, 711; MüKo/*Armbrüster*, § 138 Rn 8; RGRK/*Krüger-Nieland/Zöller*, § 138 Rn 16; Staudinger/*Sack*, § 138 Rn 169.
1017 RGRK/*Krüger-Nieland/Zöller*, § 138 Rn 67.
1018 Staudinger/*Sack*, § 138 Rn 170; zum Verhältnis zu § 134 vgl dort Rn 256.
1019 S. § 134 Rn 256.
1020 Staudinger/*Sack*, § 138 Rn 170.
1021 Vgl BVerfG NJW 1990, 1469; BGHZ 91, 1, 5; BGH NJW 1997, 3089; 2010, 1206, 1207; Palandt/*Ellenberger*, § 138 Abs. 104; *Canaris*, JuS 1989, 161, 164.
1022 LAG Düsseldorf BB 1997, 319.
1023 Vgl BAGE 22, 125 = NJW 1970, 626; BAG NJW 1998, 99, 100; Baumbach/*Hopt*, § 74 Rn 3; Erman/*Palm*, § 138 Rn 196.
1024 BGH NZG 2002, 475, 476; Erman/*Palm*, § 138 Rn 196; Staudinger/*Sack*, § 138 Rn 297.
1025 BGHZ 91, 1, 3 ff; BGH NJW 1968, 1717; NZG 2002, 475, 476; MüKo-AktG/*Spindler*, § 88 Rn 55; Staudinger/*Sack*, § 138 Rn 302.
1026 Vgl BGH NJW 1992, 1892.

Schaden zufügen kann, erscheint auch hier eine flexiblere Beurteilung von nachvertraglichen Wettbewerbsverboten im Rahmen des Abs. 1 geboten.[1027]

Nachvertragliche Wettbewerbsverbote sind nach Abs. 1 nur dann wirksam, wenn sie durch ein **schutzwürdiges Interesse** der Gesellschaft gedeckt sind[1028] und die Beschränkung den Gesellschafter nicht unangemessen **knebelt**.[1029] Die Beschränkung darf zeitlich nur so bemessen sein, wie es zur Wahrung der berechtigten Interessen der Gesellschaft erforderlich ist. Einen gewissen Anhaltspunkt gibt die **Zweijahresgrenze** des § 74 a Abs. 1 S. 3 HGB.[1030] Die Beschränkung muss jedoch deutlich kürzer ausfallen, wenn das Gesellschafterverhältnis nur wenige Monate gedauert hat.[1031] Eine unangemessene Beschränkung kann nach § 139 zur Nichtigkeit – *ex nunc* – des gesamten Vertrages führen,[1032] doch können Klauseln, die allein aufgrund überlanger Fristen sittenwidrig sind, **geltungserhaltend reduziert** werden.[1033] Eine solche Reduktion ist zulässig, weil die Regelung des § 74 a Abs. 1 S. 3 HGB dem Richter hierfür einen klaren Rahmen vorgibt.[1034] Beruht die Nichtigkeit des Wettbewerbsverbotes auf **anderen Gründen** als auf überlangen Fristen, so sind entsprechende gesetzliche Vorgaben nicht ersichtlich. In solchen Fällen scheidet eine geltungserhaltende Reduktion daher aus.[1035] 349

c) Freiberufler. Bei Freiberuflern werden nachvertragliche Wettbewerbsverbote ebenfalls nicht nach §§ 74 ff HGB analog, sondern nach Abs. 1 beurteilt.[1036] Das RG hat Wettbewerbsverbote in Verträgen mit Rechtsanwälten oder Ärzten generell für sittenwidrig erachtet, weil diese Berufe wichtige öffentliche Zwecke zu erfüllen hätten und daher von Beschränkungen zugunsten privater Interessen frei bleiben müssten.[1037] Diese Rechtsprechung ist durch den BGH mit der Begründung gelockert worden, dass es sich bei der Berufsausübung von Freiberuflern – auch wenn kein Gewerbe vorliegt – doch um eine auf Erwerb gerichtete Tätigkeit handelt und die Beteiligten durchaus im Wettbewerb stehen.[1038] Auch hiernach sind Wettbewerbsverbote unter Freiberuflern aber nur zulässig, wenn aufgrund besonderer Umstände ein **anerkennenswertes Bedürfnis** besteht, den Vertragspartner vor illoyaler Verwertung des Erfolgs seiner Arbeit zu schützen.[1039] Überschreitet das Verbot das hierfür erforderliche Maß in räumlicher, gegenständlicher oder zeitlicher Hinsicht, ist Abs. 1 einschlägig.[1040] 350

Eine ähnliche Wirkung wie Wettbewerbsverbote haben **Mandantenschutzklauseln,** mit denen die Parteien verhindern wollen, dass der aus einer Praxis ausscheidende Freiberufler Mandanten, Klienten bzw Patienten „mitnimmt", die er nur aufgrund seiner Tätigkeit in der Praxis gewinnen konnte. Nach der Rechtsprechung sind solche Klauseln nur dann zulässig, wenn sie räumlich, zeitlich und gegenständlich das notwendige Maß nicht überschreiten.[1041] Die neuere Rechtsprechung zieht dabei eine zeitliche Grenze von 2 Jahren.[1042] Sind auf Seiten des Berechtigten – über die Ausschaltung des Konkurrenten hinaus – keine schutzwürdigen Interessen zu erkennen, kann die zulässige Dauer des Wettbewerbsverbots im Einzelfall auch kürzer ausfallen. Überschreitet eine Mandantenschutzklausel das zeitlich zulässige Maß, so kommt ebenso wie im Gesellschaftsrecht (Rn 349) eine **geltungserhaltende Reduktion** in Betracht.[1043] Werden die gegenständlichen und räumlichen Grenzen missachtet, ist die Vereinbarung nach Abs. 1 nichtig, ohne das eine Reduktion auf das zulässige Maß erfolgt.[1044] 351

Unangemessen und damit sittenwidrig ist ein nachvertragliches Wettbewerbsverbot, in dem einem aus einer Gesellschaft ausscheidenden **Tierarzt** ohne zeitliche Begrenzung im Umkreis von 30 km jedwede tierärztliche 352

1027 BGHZ 91, 1, 4; Soergel/*Hefermehl*, § 138 Rn 163.
1028 BGH NJW 2000, 2584, 2585; 2002, 3536, 3537; 2002, 3538; MüKo-AktG/*Spindler*, § 88 Rn 46. Zur Sittenwidrigkeit eines Wettbewerbsverbots bei Beibehaltung der Gesellschafterstellung bis zur Umsetzung der Austrittsentscheidung vgl BGH NJW 2010, 1206, 1207.
1029 BGHZ 91, 1, 6 f; BGH NJW 1986, 2944 f; NJW-RR 1996, 741, 742; BB 2005, 2098, 2099; Palandt/*Ellenberger*, § 138 Rn 104; Staudinger/*Sack*, § 138 Rn 304.
1030 Vgl BGH NJW 1994, 384, 385 f; NJW-RR 1990, 226, 227; 1996, 741, 742; OLG Weimar DB 2001, 1477; Palandt/*Ellenberger*, § 138 Rn 104; Staudinger/*Sack*, § 138 Rn 309.
1031 Vgl OLG Stuttgart NZG 1999, 252, 254 (fünfmonatige Tätigkeit).
1032 Dazu *Melullis*, WRP 1994, 686, 693; vgl auch BGH NJW-RR 1989, 800, 801.
1033 BGH NJW-RR 1996, 741, 742; NJW 1997, 3089, 3090; Palandt/*Ellenberger*, § 138 Rn 104; Staudinger/*Sack*, § 138 Rn 312; MüKo-AktG/*Spindler*, § 88 Rn 47; *Hirte*, ZHR 154 (1990), 443, 459 f; *Melullis*, WRP 1994, 686, 691 f; *Traub*, WRP 1994, 802, 806.
1034 *Hirte*, ZHR 154 (1990), 443, 460.
1035 MüKo-AktG/*Spindler*, § 88 Rn 47; *Hirte*, ZHR 154 (1990), 443, 460; iE auch Soergel/*Hefermehl*, § 138 Rn 164.
1036 HM, vgl etwa BGH NJW 1997, 3089; 2000, 2584; BGHZ 151, 389 = NJW 2002, 3536, 3537; Staudinger/*Sack*, § 138 Rn 303; aA *Canaris*, JuS 1989, 161, 164.
1037 RGZ 66, 143, 146; 90, 35, 37.
1038 BGH NJW 1986, 2944, 2945; 1997, 3089; 2000, 2584.
1039 BGHZ 91, 1, 6; BGH NJW 1986, 2944, 2945; 1997, 3089; 2000, 2584; 2004, 66; 2005, 3061, 3062.
1040 BGH NJW 2005, 3061, 3062.
1041 BGH NJW 1968, 1717; 1986, 2944, 2945; 1997, 3089; 2000, 2584, 2585; 2004, 66.
1042 BAG NJW 1966, 1677; BGH NJW 2000, 2584, 2585; 2004, 66; etwas großzügiger noch BGHZ 16, 71, 81 (2–3 Jahre); BGH NJW 1964, 2203 (3 Jahre).
1043 BGH NJW 1997, 3089; 2000, 2584, 2585; Soergel/*Hefermehl*, § 138 Rn 165.
1044 BGH NJW 2000, 2584; 2005, 3061, 3062.

Tätigkeit untersagt wird.[1045] In einem solchen Fall kann das Wettbewerbsverbot auch nicht durch geltungserhaltende Reduktion aufrechterhalten werden. Eine gesellschaftsvertragliche Regelung, die einem neu eingetretenen **Vertragsarzt** für den Fall seines freiwilligen Ausscheidens aus der Gemeinschaftspraxis die Pflicht auferlegt, auf seine Zulassung zum Kassenarzt in dem betreffenden Bezirk zu verzichten, verstößt dagegen nach Auffassung des BGH jedenfalls dann nicht gegen § 138 iVm Art. 12 Abs. 1 GG, wenn der Ausscheidende wegen der relativ kurzen Zeit seiner Mitarbeit die Gemeinschaftspraxis noch nicht entscheidend mitprägen konnte.[1046] Die für den ausscheidenden Arzt erhebliche Beschränkung seiner Berufsausübungsfreiheit rechtfertigt sich in diesem Fall daraus, dass er seine Zulassung als Vertragsarzt als Mitglied der Gemeinschaftspraxis erhalten hat. Scheidet der Arzt aber nach kurzer Zeit wieder aus der Praxis aus, so wäre es unangemessen, die gewährte Zulassung auf Kosten der Gemeinschaftspraxis, die ihrerseits aufgrund von Zulassungsbeschränkungen keinen Nachfolger einsetzen könnte, aufrechtzuerhalten.[1047]

353 **25. Zivilprozessrecht. a) Zwangsvollstreckung.** Im Zivilprozessrecht hat Abs. 1 keine große praktische Bedeutung (s. Rn 10). Dies gilt grundsätzlich auch im Bereich der **Zwangsvollstreckung**.[1048] Ausnahmsweise kommt ein Verstoß gegen die guten Sitten aber in Betracht, wenn das Rechtsgeschäft darauf abzielt, die **ordnungsgemäße Durchführung von Vollstreckungsmaßnahmen** mit anstößigen Mitteln **zu erschweren** oder zu **verhindern**.[1049] Werden in einem **Zwangsversteigerungsverfahren** Rechte nicht eingeweihter vorrangiger Grundpfandrechtsgläubiger aufgrund eines **negativen Bietabkommens** verkürzt oder geschmälert, so kann das Abkommen nach Abs. 1 nichtig sein.[1050] Ein solches Abkommen gefährdet nämlich den Zweck der Zwangsversteigerung, das Grundstück des Schuldners zu einem angemessenen Preis zu verwerten.[1051]

354 **b) Prozessvergleich.** Für die Beurteilung der Sittenwidrigkeit eines **Prozessvergleichs** gem. Abs. 1 kommt es grundsätzlich nicht auf das objektive Missverhältnis zwischen der wahren Ausgangslage und den Leistungen an, die eine Partei in dem Vergleich übernommen hat; vielmehr ist das **beiderseitige Nachgeben** gegeneinander abzuwägen.[1052] Ein Verstoß gegen die guten Sitten ist zu bejahen, wenn sich die begünstigte Partei des **Missverhältnisses der Leistungen bewusst war** und **weitere Umstände** hinzutreten, aus denen sich eine anstößige Übervorteilung des Vertragspartners ergibt.[1053] Dagegen wird man grundsätzlich **keine Sittenwidrigkeit** annehmen können, wenn den Parteien der Vergleich als **sachgerechte Bereinigung ihrer Streitigkeiten** erscheint, selbst wenn der Abschluss durch die begünstigte Partei mit anstößigen Mitteln herbeigeführt worden ist.[1054]

XI. Wucher (Abs. 2)

355 **1. Allgemeines.** Abs. 2 stellt einen **Sonderfall der Sittenwidrigkeit** dar und ist daher im Verhältnis zur Generalklausel des Abs. 1 vorrangig zu prüfen (vgl Rn 7). Da die einzelnen Voraussetzungen des Abs. 2 als Tatbestandsmerkmale ausgestaltet sind, ist das „**Sandhaufentheorem**" (Rn 100) hier **nicht anwendbar**.[1055] Das Fehlen einzelner Tatbestandsmerkmale kann also nicht aufgrund einer Gesamtbetrachtung durch das größere Gewicht anderer Tatbestandsmerkmale ausgeglichen werden. In solchen Fällen kommt aber ein **wucherähnliches Geschäft** in Betracht, das nach **Abs. 1** nichtig ist. Hierbei geht es vor allem um **Kreditgeschäfte** (Rn 222 ff). In der aktuellen Diskussion stehen auch wucherähnliche Geschäfte im Rahmen von **Vergabeverfahren für Bauverträge**. In einer neueren Entscheidung hat der BGH spekulativ überhöhte Einheitspreise in Leistungsverzeichnissen für sittenwidrig erklärt, wenn diese in einem auffälligen Missverhältnis zur Bauleistung stehen und das Bauunternehmen dem Auftraggeber nicht mitteilt, dass die im Leistungsverzeichnis vorgesehene Menge voraussichtlich nicht ausreichen wird.[1056]

356 **2. Verhältnis zu anderen Vorschriften.** Besondere Ausprägungen des Wucherverbots finden sich in § 291 StGB und § 5 WiStG. Da beide Vorschriften als Verbotsgesetze iSd § 134 zu qualifizieren sind, stellt sich die Frage, in welchem Verhältnis Abs. 2 zu § 134 steht. Dabei ist wie folgt zu unterscheiden.

357 Das Verhältnis zwischen Abs. 2 und **§ 134** iVm **§ 291 StGB** ist umstritten. Das Problem wird dadurch verschärft, dass Abs. 2 und § 291 StGB die gleichen Voraussetzungen haben (Rn 9). Teilweise wird die Auffas-

1045 BGH NJW 1997, 3089; Soergel/*Hefermehl*, § 138 Rn 164.
1046 BGHZ 151, 389 = NJW 2002, 3536; NJW 2002, 3538; Palandt/*Ellenberger*, § 138 Rn 104.
1047 BGH NJW 2002, 3536, 3537; 2002, 3538; *Wertenbruch*, NJW 2003, 1905 ff.
1048 Soergel/*Hefermehl*, § 138 Rn 191.
1049 Vgl Erman/*Palm*, § 138 Rn 202.
1050 BGH NJW-RR 2002, 1504; NJW 1961, 1012, 1012 f; OLG Köln NJW 1978, 47; Erman/*Palm*, § 138 Rn 89.
1051 BGH NJW 1979, 162, 163.
1052 BGHZ 51, 141, 143; BGH NJW 1964, 1787, 1788; 1969, 925, 926; 1999, 3113; Erman/*Palm* § 138 Rn 189; RGRK/*Krüger-Nieland/Zöller* § 138 Rn 53.
1053 BGHZ 51, 141, 144; BGH NJW 1969, 925, 926.
1054 BGHZ 51, 141, 143; 79, 131, 139; BGH NJW 1969, 925, 926; 1999, 3113.
1055 BGHZ 80, 153, 159 = NJW 1981, 1206; Bamberger/Roth/*Wendtland*, § 138 Rn 56; Soergel/*Hefermehl*, § 138 Rn 72; einschr. Staudinger/*Sack*, § 138 Rn 217.
1056 BGH NJW 2009, 835; krit. *Kapellmann*, NJW 2009, 1380.

sung vertreten, dass **§ 134 vorrangig** sei, womit Abs. 2 praktisch gegenstandslos wäre.[1057] Dem ist aber entgegenzuhalten, dass Abs. 2 (anders als Abs. 1) keine Generalklausel darstellt.[1058] Nach anderer Ansicht sind beide Vorschriften nebeneinander anwendbar.[1059] Die hM räumt indes Abs. 2 Vorrang ein.[1060] Hierfür spricht die Absicht des Gesetzgebers, die Rechtsfolgen des Wuchers im BGB ausdrücklich zu regeln (vgl Rn 9). Der Rechtsanwender sollte also gerade nicht auf das StGB zurückgreifen müssen.

Im Mietrecht weitet der Tatbestand der **Mietpreisüberhöhung (§ 5 WiStG)** den Schutz der schwächeren Partei gegenüber Abs. 2 und § 291 StGB aus. Diese Vorschriften müssen im Anwendungsbereich des § 5 WiStG **zurücktreten.**[1061] In der Literatur wird teilweise dafür plädiert, § 134 iVm § 5 WiStG und Abs. 2 nebeneinander anzuwenden.[1062] Da Abs. 2 die Wirksamkeit des Vertrages beim Mietwucher ebenfalls unberührt lässt (s. Rn 376), führt diese Ansicht jedoch zu keinen anderen Ergebnissen.[1063] **358**

3. Voraussetzungen. a) Allgemeines. Abs. 2 setzt ein **entgeltliches Austauschverhältnis** voraus. Die Vorschrift ist daher weder auf Bürgschaften[1064] (vgl Rn 238) oder Erlassverträge[1065] noch auf familienrechtliche Verträge[1066] anwendbar. Im Übrigen enthält Abs. 2 drei Tatbestandsmerkmale, die als Konkretisierungen allgemeiner Sittenwidrigkeitskriterien verstanden werden können (vgl Rn 74, 105 ff):[1067] das **auffällige Missverhältnis** von Leistung und Gegenleistung, die **Unterlegenheit** des Vertragspartners sowie deren **Ausbeutung** durch den Wucherer. **359**

Die Rechtsprechung legt die einzelnen Merkmale des Abs. 2 eng aus. Maßgeblich ist die Erwägung, dass ein Verstoß gegen Abs. 2 auch die Nichtigkeit des Erfüllungsgeschäfts nach sich zieht (vgl Rn 374) und damit erheblich weiter reichende Rechtsfolgen hat als ein Verstoß gegen Abs. 1.[1068] Die enge Handhabung des Abs. 2 hat zur Folge, dass die Voraussetzungen der Vorschrift in der Praxis nur selten vorliegen bzw nachweisbar sind. Die hM greift dann unter dem Aspekt des **wucherähnlichen Geschäfts** (Rn 222 f) auf die wesentlich weiteren und flexibleren Kriterien der Sittenwidrigkeit nach Abs. 1 zurück.[1069] Die praktische Bedeutung des Abs. 2 ist hierdurch stark zurückgedrängt worden.[1070] **360**

b) Auffälliges Missverhältnis zwischen Leistung und Gegenleistung. Ein auffälliges Missverhältnis liegt in der Regel vor, wenn der Wert der vertraglich vereinbarten Leistung zum Zeitpunkt des Vertragsschlusses[1071] **annähernd doppelt so hoch** ist wie der Wert der marktüblichen Gegenleistung.[1072] Bei Kaufverträgen über Grundstücke und ähnlich wertvolle Sachen geht die Rechtsprechung davon aus, dass in solchen Fällen sogar schon ein **besonders grobes** Missverhältnis gegeben ist (zu den Konsequenzen s. Rn 373).[1073] Bei der 100%-Grenze handelt es sich allerdings um einen bloßen **Richtwert**, der der Rechtsprechung zum wucherähnlichen Rechtsgeschäft (Rn 223) entspricht.[1074] Entscheidend ist daher eine **Gesamtbetrachtung** des konkreten Falles.[1075] Bei **verbundenen Geschäften** sind alle Leistungen und Gegenleistungen in die Betrachtung einzubeziehen.[1076] **361**

Bei der Feststellung des auffälligen Missverhältnisses ist auf den **objektiven Wert** der Leistung abzustellen.[1077] Etwaige subjektive Interessen eines Vertragspartners bleiben außer Betracht.[1078] Berücksichtigt wird aber, welche **Risiken** die Parteien übernommen haben.[1079] **362**

1057 So Jauernig/*Jauernig*, § 138 Rn 19.
1058 MüKo/*Armbrüster*, § 138 Rn 4.
1059 Erman/*Palm*, § 138 Rn 10; Soergel/*Hefermehl*, § 138 Rn 70.
1060 MüKo/*Armbrüster*, § 138 Rn 140; Staudinger/*Sack*, § 138 Rn 174; Palandt/*Ellenberger*, § 138 Rn 65.
1061 *Bork*, BGB AT, Rn 1158.
1062 So etwa Staudinger/*Sack*, § 138 Rn 174.
1063 Palandt/*Ellenberger*, § 138 Rn 76; Staudinger/*Sack*, § 138 Rn 218.
1064 BGHZ 106, 269, 271 f = NJW 1989, 830; BGH NJW 2001, 2466, 2467; Bamberger/Roth/*Wendtland*, § 138 Rn 43; MüKo/*Armbrüster*, § 138 Rn 143.
1065 BGH NJW-RR 1998, 590, 591 = WM 1998, 513; PWW/*Ahrens*, § 138 Rn 52.
1066 BGH NJW 1985, 1833; 1992, 3164, 3165.
1067 Vgl *Canaris*, AcP 200 (2000), 273, 280 f.
1068 BGH NJW 1994, 1275; WM 2000, 1580, 1581; s.a. Staudinger/*Sack*, § 138 Rn 194, 228.
1069 Bamberger/Roth/*Wendtland*, § 138 Rn 61; Palandt/*Ellenberger*, § 138 Rn 69 ff.
1070 Vgl MüKo/*Armbrüster*, § 138 Rn 142.
1071 BGHZ 107, 92, 96 f = NJW 1989, 1276; BGH NJW 2000, 1254, 1255; 2002, 429, 431; Bamberger/Roth/*Wendtland*, § 138 Rn 44, 47; MüKo/*Armbrüster*, § 138 Rn 145; Soergel/*Hefermehl*, § 138 Rn 75.
1072 BGH NJW 2002, 55, 56; NJW-RR 2005, 1418, 1420; MüKo/*Armbrüster*, § 138 Rn 144, 113 ff; Palandt/*Ellenberger*, § 138 Rn 67; *Larenz/Wolf*, BGB AT, § 41 Rn 57 f.
1073 BGHZ 146, 298, 302 = NJW 2001, 1127; BGH NJW 2000, 1254, 1255; 2002, 55, 57.
1074 MüKo/*Armbrüster*, § 138 Rn 144; Palandt/*Ellenberger*, § 138 Rn 67.
1075 Bamberger/Roth/*Wendtland*, § 138 Rn 49; Soergel/*Hefermehl*, § 138 Rn 74; Staudinger/*Sack*, § 138 Rn 177, 179.
1076 BGH NJW 1980, 1155, 1156 (finanzierter Abzahlungskauf); Palandt/*Ellenberger*, § 138 Rn 66; Staudinger/*Sack*, § 138 Rn 178.
1077 BGHZ 141, 257, 263 = NJW 1999, 3187; BGHZ 146, 298, 303 = NJW 2001, 1127; BGH NJW 2000, 1254, 1255; 2002, 429, 431; Soergel/*Hefermehl*, § 138 Rn 74.
1078 Bamberger/Roth/*Wendtland*, § 138 Rn 44.
1079 BGHZ 69, 295, 300 f = NJW 1977, 2356 (Fluchthelfervertrag); BGH NJW 1982, 2767; MüKo/*Armbrüster*, § 138 Rn 146; Staudinger/*Sack*, § 138 Rn 177.

363 Bei **Mietverträgen über Wohnraum** wird ein auffälliges Missverhältnis schon dann angenommen, wenn die übliche Miete um mehr als 50% überschritten wird.[1080] Bei **Arbeitsverträgen** kann ein auffälliges Missverhältnis schon bei einer Unterschreitung des üblichen Lohns um mehr als 1/3 vorliegen.[1081] Maßstab ist die übliche Vergütung, die sich mangels näherer Anhaltspunkte nach § 612 Abs. 2 richtet.[1082] Dabei ist das allgemeine Lohnniveau des jeweiligen Wirtschaftszweigs zu berücksichtigen. Besteht ein Tarifvertrag, so bilden die Tariflöhne einen wichtigen Anhaltspunkt für die übliche Vergütung (vgl Rn 377).[1083]

364 Bei **Kreditverträgen** hat sich zum auffälligen Missverhältnis von Leistung und Gegenleistung eine differenzierte Rechtsprechung gebildet, die bei Abs. 1 im Zusammenhang dargestellt ist (dazu Rn 222 ff). Ist eine relative Marktzinsüberschreitung von 200% gegeben, so liegt ein **besonders auffälliges Missverhältnis** vor.[1084] Hier wird vermutet, dass die subjektiven Voraussetzungen des Abs. 2 erfüllt sind (vgl allgemein Rn 373).

365 **c) Unterlegenheit des Vertragspartners.** Für die Annahme eines wucherischen Rechtsgeschäfts ist erforderlich, dass der Bewucherte sich bei Vertragsschluss in einer unterlegenen Stellung befunden hat. Diese Unterlegenheit wird durch vier **Schwächesituationen** (Zwangslage, Unerfahrenheit, Mangel an Urteilsvermögen, erhebliche Willensschwäche) konkretisiert,[1085] in denen die **tatsächliche Entscheidungsfreiheit** typischerweise beeinträchtigt ist. Die tatbestandliche Umschreibung dieser Situationen ist abschließend. Abs. 2 kann daher nicht analog auf andere Schwächesituationen angewendet werden, welche die tatsächliche Entscheidungsfreiheit des Vertragspartners in Frage stellen.[1086] Hier kommt aber ein Rückgriff auf Abs. 1 in Betracht.

366 **aa) Zwangslage.** Eine Zwangslage liegt vor, wenn für den Betroffenen ein **dringendes Bedürfnis nach einer Geld- oder Sachleistung** besteht.[1087] Dieses Bedürfnis kann darauf beruhen, dass schwere **wirtschaftliche Nachteile** drohen.[1088] In Betracht kommen aber auch sonstige erhebliche Nachteile, zB gesundheitliche Beeinträchtigungen,[1089] politische Verfolgung[1090], psychische Bedrängnis[1091] oder die Beschädigung immaterieller Güter.[1092] Eine **vorübergehende** Zwangslage kann ausreichen.[1093] Erforderlich ist, dass **Bestehendes** bedroht wird. Das Scheitern von Zukunftsplänen genügt nicht.[1094] Der Wunsch nach höherem Lebensstandard begründet daher keine Zwangslage.[1095] Auch die **Zwangslage eines Dritten**, etwa eines Angehörigen oder engen Freundes, kann eine Zwangslage des Bewucherten begründen.[1096]

367 Ob eine vom Bewucherten bloß **subjektiv empfundene Zwangslage** genügt, ist umstritten. Die hM verneint in diesem Fall das Bestehen einer Zwangslage.[1097] Hiergegen wird eingewendet, dass Abs. 2 gerade den Schutz des Benachteiligten bezwecke.[1098] Der Benachteiligte wird jedoch durch den allgemeinen Tatbestand des Abs. 1 hinreichend geschützt. Eine weite Auslegung des Abs. 2 ist also nicht erforderlich.

368 **bb) Unerfahrenheit.** Unerfahrenheit bedeutet einen **Mangel an Lebens- oder Geschäftserfahrung**.[1099] Dieser Mangel kann auf geistiger Eingeschränktheit[1100] oder jugendlichem bzw fortgeschrittenem Alter[1101] beruhen. Die Unerfahrenheit kann sich auch daraus ergeben, dass der Geschäftspartner aus einem anderen

1080 BGHZ 135, 269, 277 = NJW 1997, 1845; NJW 2000, 3589, 3590; Palandt/*Ellenberger*, § 138 Rn 67; Staudinger/*Sack*, § 138 Rn 179. Zur Unanwendbarkeit dieses Grenzwerts auf die Geschäftsraummiete (dort 100 %) KG NJW-RR 2001, 1092.
1081 So jedenfalls LAG Berlin AuR 1998, 468; BGHSt 43, 53 ff = NJW 1997, 2689; Staudinger/*Sack*, § 138 Rn 179.
1082 BAG AP BGB § 138 Nr. 2; NJW 2000, 3589, 3590; AuR 2001, 509, 510; Bamberger/Roth/*Wendtland*, § 138 Rn 58; Jauernig/*Jauernig*, § 139 Rn 9; Palandt/*Ellenberger*, § 138 Rn 75; Staudinger/*Sack*, § 138 Rn 121.
1083 LAG Düsseldorf DB 1978, 165, 166; BGHSt 43, 53, 60 = NJW 1997, 2689; MüKo/*Armbrüster*, § 138 Rn 113; vgl aber auch BAG AuR 2001, 509, 510 m.Anm. *Peter*.
1084 BGH NJW-RR 1990, 1199.
1085 Soergel/*Hefermehl*, § 138 Rn 77.
1086 Staudinger/*Sack*, § 138 Rn 228; aA MüKo/*Armbrüster*, § 138 Rn 153.
1087 BT-Drucks. 7/3441; Palandt/*Ellenberger*, § 138 Rn 70.
1088 BGH NJW 1994, 1275, 1276; Soergel/*Hefermehl*, § 138 Rn 78.
1089 BGH WM 1981, 1050, 1051 (Pflegebedürftigkeit).
1090 Vgl BGHZ 69, 295, 299 ff = NJW 1977, 2356; BGH NJW 1980, 1574, 1575 (betr. Fluchthelferverträge).
1091 BGH NJW 2003, 1860, 1861.
1092 Bamberger/Roth/*Wendtland*, § 138 Rn 51; MüKo/*Armbrüster*, § 138 Rn 149; Staudinger/*Sack*, § 138 Rn 197.
1093 BGH NJW 1982, 2767, 2768; MüKo/*Armbrüster*, § 138 Rn 149.
1094 BGH NJW 1994, 1275, 1276; NJW 2003, 1860, 1861; Bamberger/Roth/*Wendtland*, § 138 Rn 51; Palandt/*Ellenberger*, § 138 Rn 70.
1095 BGH NJW 1980, 1574, 1575 f; Staudinger/*Sack*, § 138 Rn 198.
1096 BGH NJW 1980, 1574, 1575; 2003, 1860, 1861; MüKo/*Armbrüster*, § 138 Rn 149; Palandt/*Ellenberger*, § 138 Rn 70.
1097 Erman/*Palm*, § 138 Rn 21; MüKo/*Armbrüster*, § 138 Rn 149; Soergel/*Hefermehl*, § 138 Rn 78; aA Bamberger/Roth/*Wendtland*, § 138 Rn 51; Palandt/*Ellenberger*, § 138 Rn 70; Staudinger/*Sack*, § 138 Rn 204.
1098 So Bamberger/Roth/*Wendtland*, § 138 Rn 51.
1099 Vgl nur Palandt/*Ellenberger*, § 138 Rn 71.
1100 RGZ 67, 393, 394; 72, 61, 68 f.
1101 BGH NJW 1966, 1451 (Jugendliche); Erman/*Palm* § 138 Rn 22 (Alte).

Rechts- oder Kulturkreis stammt. So kann das Merkmal bei Ausländern und Aussiedlern erfüllt sein.[1102] Eine entsprechende Unerfahrenheit konnte kurz nach der Wiedervereinigung auch bei Bürgern der ehemaligen DDR gegeben sein.[1103]

Unklar ist das erforderliche **Ausmaß** der Unerfahrenheit. Die hM verlangt einen **allgemeinen** Mangel an Lebens- und Geschäftserfahrenheit; mangelnde Rechtskenntnisse oder Unerfahrenheit auf einem bestimmten Wirtschafts- oder Lebensgebiet seien nicht ausreichend.[1104] Nach anderer Ansicht genügt es, wenn sich die Unerfahrenheit auf das **konkrete** Geschäft bezieht.[1105] Hierfür kann zwar die Schutzbedürftigkeit des Bewucherten angeführt werden. Der erforderliche Schutz lässt sich indes über Abs. 1 verwirklichen. 369

cc) Mangelndes Urteilsvermögen. Mangelndes Urteilsvermögen ist die Unfähigkeit, die für und gegen ein Geschäft sprechenden Gründe **abzuwägen** und die beiderseitigen Leistungen vor diesem Hintergrund zu **bewerten**, um nach dieser Erkenntnis zu handeln.[1106] Der Mangel an Urteilsvermögen muss nicht notwendig auf Verstandesschwäche beruhen, sondern kann auch bei Menschen eines höheren Bildungsgrades auftreten, zB bei jungen oder sehr alten Personen[1107] oder bei besonders schwierigen und unklar formulierten Geschäften.[1108] Maßgeblich ist das Urteilsvermögen im Hinblick auf das **konkrete** Rechtsgeschäft.[1109] 370

dd) Erhebliche Willensschwäche. Geht der Bewucherte aus **Mangel an psychischer Widerstandsfähigkeit** auf das Rechtsgeschäft ein, obwohl er dessen Vor- und Nachteile an sich zutreffend beurteilt, so ist das Merkmal der erheblichen Willensschwäche erfüllt. Es kommt insbesondere bei Jugendlichen,[1110] Drogen- oder Alkoholkranken[1111] und Spielsüchtigen[1112] vor. Hier dürfte auch der Fall einzuordnen sein, dass jemand aus **Dankbarkeit** dem Geschäft nicht widerstehen kann.[1113] 371

d) Ausbeutung der Unterlegenheit. Der Wucherer beutet die Unterlegenheit des Vertragspartners aus, wenn er sie sich bei Abschluss des Geschäfts **bewusst zunutze macht** und von dem auffälligen Missverhältnis **Kenntnis** hat.[1114] Eine besondere Ausbeutungsabsicht ist nicht erforderlich;[1115] fahrlässige Unkenntnis genügt aber nicht.[1116] Die Zurechnung von **Vertreterwissen** erfolgt nach § 166.[1117] 372

4. Vermutung für das Vorliegen der subjektiven Tatbestandsmerkmale. Besteht ein **besonders grobes Missverhältnis** zwischen Leistung und Gegenleistung, so wird das Vorliegen des subjektiven Tatbestandes vermutet.[1118] Zum subjektiven Tatbestand wird dabei nicht nur das Merkmal der **Ausbeutung** gerechnet, sondern auch das Erfordernis einer **Schwächesituation** des Vertragspartners.[1119] Die Vermutung kann aufgrund besonderer Umstände widerlegt werden. Hat etwa bei einer schwierigen Bewertungssituation ein nicht offensichtlich grob unrichtiges Verkehrsgutachten den Preis bestimmt, so lässt das besonders grobe Missverhältnis der Leistungen nicht ohne weiteres einen Schluss auf das Vorliegen des subjektiven Tatbestands zu.[1120] 373

5. Rechtsfolgen. Wichtigste Rechtsfolge des Abs. 2 ist die **Nichtigkeit** des Rechtsgeschäfts. Anders als bei 138 Abs. 1 (Rn 137) erstreckt sich die Nichtigkeit regelmäßig auch auf das **Verfügungsgeschäft des Bewucherten**.[1121] Dies ergibt sich aus der Formulierung „gewähren lässt". Das **Verfügungsgeschäft des Wucherers** ist dagegen im Allgemeinen wirksam.[1122] 374

a) Umfang der Nichtigkeit. Ebenso wie bei Abs. 1 erfasst die Nichtigkeit regelmäßig das ganze Geschäft. Eine **geltungserhaltende Reduktion** von überhöhten Entgeltvereinbarungen ist auch hier grundsätzlich unzu- 375

1102 Palandt/*Ellenberger*, § 138 Rn 71.
1103 BGHZ 125, 135, 140 = NJW 1994, 1475, 1476.
1104 BGH BB 1966, 226; WM 1982, 849; Bamberger/Roth/*Wendtland*, § 138 Rn 52; Erman/*Palm*, § 138 Rn 22; Jauernig/*Jauernig*, § 138 Rn 22; Soergel/*Hefermehl*, § 138 Rn 79; *Larenz/Wolf*, BGB AT, § 41 Rn 62; einschr. MüKo/*Armbrüster*, § 138 Rn 150.
1105 Palandt/*Ellenberger*, § 138 Rn 71; Staudinger/*Sack*, § 138 Rn 208.
1106 Vgl dazu BGH NJW 2002, 3165, 3167; Palandt/*Ellenberger*, § 138 Rn 72.
1107 Soergel/*Hefermehl*, § 138 Rn 80.
1108 OLG Stuttgart, FamRZ 1983, 498, 499; Bamberger/Roth/*Wendtland*, § 138 Rn 53; Staudinger/*Sack*, § 138 Rn 209.
1109 Palandt/*Ellenberger*, § 138 Rn 72; Staudinger/*Sack*, § 138 Rn 209; *Larenz/Wolf*, BGB AT, § 41 Rn 62.
1110 Palandt/*Ellenberger*, § 138 Rn 73.
1111 Palandt/*Ellenberger*, § 138 Rn 73; Staudinger/*Sack*, § 138 Rn 210.
1112 Staudinger/*Sack*, § 138 Rn 210.
1113 Dazu Palandt/*Ellenberger*, § 138 Rn 74; Soergel/*Hefermehl*, § 138 Rn 82; eine Analogie zu 138 Abs. 2 bildet MüKo/*Armbrüster*, § 138 Rn 153.
1114 BGH NJW 1985, 3006, 3007; 1994, 1275, 1276; Bamberger/Roth/*Wendtland*, § 138 Rn 55.
1115 BGH NJW 1982, 1767, 2768; 1985, 3006, 3007; MüKo/*Armbrüster*, § 138 Rn 154.
1116 BGH NJW 1985, 3006, 3007; Bamberger/Roth/*Wendtland*, § 138 Rn 55; Soergel/*Hefermehl*, § 138 Rn 82.
1117 Vgl nur Bamberger/Roth/*Wendtland*, § 138 Rn 55; Staudinger/*Sack*, § 138 Rn 213.
1118 BGH NJW-RR 1990, 1199; 1991, 589; NJW 1994, 1275.
1119 Vgl BGH NJW 1995, 1019, 1020; Staudinger/*Sack*, § 138 Rn 215.
1120 BGH ZIP 1997, 931, 932.
1121 BGH NJW 1982, 2767, 2768; Jauernig/*Jauernig*, § 138 Rn 25; MüKo/*Armbrüster*, § 138 Rn 164; Soergel/*Hefermehl*, § 138 Rn 55 f; Staudinger/*Sack*, § 138 Rn 224; krit. *Zimmermann*, JR 1985, 48, 49.
1122 MüKo/*Armbrüster*, § 138 Rn 164; Palandt/*Ellenberger*, § 138 Rn 75.

lässig.[1123] Das Geschäft kann daher im Allgemeinen nicht durch Herabsetzung des Preises aufrechterhalten werden. Ausnahmen sind nur insoweit zulässig, wie dies zum Schutz des Bewucherten erforderlich ist. Nach der Rechtsprechung ist dabei zwischen dem Mietwucher, dem Lohnwucher und dem Kreditwucher zu unterscheiden.

376 **aa) Mietwucher.** Für den Mietwucher ist in Bezug auf die **Wohnraummiete**[1124] anerkannt, dass die Sittenwidrigkeit der Vereinbarung über die Miethöhe **nicht zur Unwirksamkeit** des Mietvertrages führt, weil der Mieter sonst Gefahr liefe, die Wohnung an den Vermieter herausgeben zu müssen.[1125] In welcher **Höhe** dem Vermieter ein Mietzinsanspruch zusteht, ist umstritten. Die hM geht mit Billigung durch das BVerfG[1126] davon aus, dass die Höhe des Mietzinses auf das **gerade noch zulässige Maß** zu reduzieren ist.[1127] Nach § 5 Abs. 2 WiStG ist der Mietzins danach auf 20 % über der ortsüblichen Vergleichsmiete festzusetzen.[1128] Da § 134 iVm § 5 WiStG dem Abs. 2 vorgeht (Rn 358), kann für die Einzelheiten auf die Ausführungen zu § 134 (dort Rn 69 f) verwiesen werden.

377 **bb) Lohnwucher.** Eine parallele Problematik stellt sich beim Lohnwucher. Ist der vereinbarte Lohn aufgrund von Wucher unangemessen niedrig, so bleibt der Arbeitsvertrag jedenfalls für die Vergangenheit **wirksam** (s. Rn 133). Nichtig ist allein die Vereinbarung des „Hungerlohns“. Zur Ausfüllung der Lücke kann § 612 Abs. 2 angewendet werden.[1129] Der Arbeitnehmer hat damit einen Anspruch auf die **übliche Vergütung**.[1130] Besteht ein **Tarifvertrag**, so kann man sich bei der Bestimmung der üblichen Vergütung hieran orientieren.[1131] In einer neueren Entscheidung hat das BAG als Richtwert eine Grenze von **zwei Dritteln** des üblichen Tariflohns festgesetzt, bei deren Unterschreitung in der Regel Lohnwucher vorliegt.[1132] Die Üblichkeit der Tarifvergütung ist grundsätzlich anzunehmen, wenn mehr als die Hälfte der Arbeitgeber eines Wirtschaftsraums tarifgebunden sind oder die organisierten Arbeitgeber mehr als die Hälfte der Arbeitnehmer eines Wirtschaftsraums beschäftigen.[1133] Im Übrigen ist zu beachten, dass es für die Feststellung des Lohnwuchers – entgegen der allgemeinen Regel (vgl Rn 122) – nicht auf den Zeitpunkt des Vertragsschlusses, sondern auf den jeweils **streitgegenständlichen Zeitraum** ankommt.[1134]

378 **cc) Kreditwucher.** In den Fällen des Kreditwuchers hält die hM am **Verbot der geltungserhaltenden Reduktion** fest.[1135] Der Kreditgeber hat daher gegen den Kreditnehmer einen Anspruch auf Rückzahlung des Darlehens aus § 812 Abs. 1 S. 1 Alt. 1. Aus § 817 S. 2 folgt aber, dass die Rückzahlung nur zu dem vertraglich vereinbarten Termin bzw in der vertraglich vereinbarten Zeitfolge verlangt werden kann.[1136] Nach hier vertretener Ansicht steht dem Kreditgeber entgegen der Rechtsprechung der **angemessene (marktübliche) Zins** zu (s. dazu Rn 232).

379 **b) Schadensersatz.** Ebenso wie bei Abs. 1 (Rn 138) kann dem Benachteiligten auch bei Abs. 2 ein Schadensersatzanspruch aus §§ 241 Abs. 2, 311 Abs. 2, 280 Abs. 1 und § 826 zustehen. Darüber hinaus kommt ein Anspruch aus § 823 Abs. 2 iVm § 291 StGB in Betracht.

1123 BGHZ 44, 158, 162; 68, 204, 207 f; NJW-RR 2006, 16, 18; Bamberger/Roth/*Wendtland*, § 138 Rn 58; Erman/*Palm*, § 138 Rn 25; aA Staudinger/*Sack*, § 138 Rn 218.
1124 Zur abweichenden Rechtslage bei der Geschäftsraummiete BGH NJW-RR 2006, 16, 18.
1125 Palandt/*Ellenberger*, § 138 Rn 76; Staudinger/*Sack*, § 138 Rn 120.
1126 BVerfGE 90, 22, 26 f = NJW 1994, 993.
1127 BGHZ 89, 316, 321 ff = NJW 1984, 722; Bamberger/Roth/*Wendtland*, § 138 Rn 58; Erman/*Palm*, § 134 Rn 81; Staudinger/*Sack*, § 138 Rn 120; aA OLG Stuttgart NJW 1981, 2365; MüKo/*Armbrüster*, § 134 Rn 107; Palandt/*Ellenberger*, § 134 Rn 27, § 138 Rn 76; *Hager*, JuS 1985, 264, 270: die ortsübliche Vergleichsmiete ohne Zuschlag.
1128 Die Überlegungen in BGHZ 89, 316, 321 ff = NJW 1984, 722 zur sog. Wesentlichkeitsgrenze sind damit überholt, vgl Jauernig/*Jauernig*, § 139 Rn 9.
1129 BAG NZA 2006, 1354, 1357; 2009, 837.
1130 BAG AP BGB § 138 Nr. 2; NJW 2000, 3589, 3590; Bamberger/Roth/*Wendtland*, § 138 Rn 58; Palandt/*Ellenberger*, § 138 Rn 75; Staudinger/*Sack*, § 138 Rn 121.
1131 LAG Düsseldorf DB 1978, 165, 166; BGHSt 43, 53, 60 = NJW 1997, 2689; MüKo/*Armbrüster*, § 138 Rn 113; vgl aber auch BAG AuR 2001, 509, 510 m.Anm. *Peter*.; *Andelewski*, DStR 2008, 2114, 2117; ausf. zur Sittenwidrigkeit von Arbeitslöhnen *Bayreuther*, NJW 2007, 2022 ff.
1132 BAG NZA 2009, 837, 838.
1133 BAG NZA 2009, 837, 839.
1134 BAG NZA 2006, 1354, 1356; 2009, 837 f.
1135 BGHZ 99, 333, 338 f; BGH NJW 1958, 1772; BGH NJW 1983, 1420, 1422 f; 1994, 1275; 1995, 1152, 1153; Soergel/*Hefermehl*, § 138 Rn 101; krit. Jauernig/*Jauernig*, § 138 Rn 10; Staudinger/*Sack*, § 138 Rn 122 ff.
1136 BGH NJW 1983, 1420, 1422 f; 1989, 3217; 1993, 2108; Palandt/*Ellenberger*, § 138 Rn 75; Staudinger/*S. Lorenz*, § 817 Rn 12; *Flume*, BGB AT Bd. 2, § 18, 10 f.

C. Weitere praktische Hinweise

I. Prozessuales

1. Sittenwidrigkeit als Einwendung. Die Sittenwidrigkeit des Rechtsgeschäfts ist eine Einwendung, die von Amts wegen zu berücksichtigen ist.[1137] In Ausnahmefällen kann der durch die Nichtigkeit Begünstigte aber nach **Treu und Glauben** (§ 242) gehindert sein, sich auf die Sittenwidrigkeit zu berufen (Rn 19 ff). Maßgeblich ist dabei insbesondere die Erwägung, dass man aus seinem eigenen sittenwidrigen Verhalten keine unangemessenen Vorteile erlangen darf. 380

2. Beweislast. Die **tatsächlichen** Voraussetzungen für die Sittenwidrigkeit des Rechtsgeschäfts sind von der Partei darzulegen und zu beweisen, die sich auf die Sittenwidrigkeit beruft.[1138] Dies gilt sowohl für die **objektiven** als auch für die **subjektiven Merkmale**. In der Praxis ist zu beachten, dass die Rechtsprechung in vielen Fällen aus den objektiven Gegebenheiten auf die subjektiven Merkmale schließt (Rn 229, 373). Es handelt sich dabei um keine Fiktion, sondern um eine widerlegliche **tatsächliche Vermutung**. Da § 292 ZPO nur auf gesetzliche Vermutungen anwendbar ist, muss die durch das Geschäft benachteiligte Partei das Vorliegen der subjektiven Merkmale zunächst einmal **behaupten**. Hierfür reicht aber, dass sich aus dem Kontext des Vortrags zu den objektiven Merkmalen ergibt, dass die benachteiligte Partei sich auf die Vermutung beruft.[1139] Die andere Partei muss dann besondere Umstände darlegen und **beweisen**, nach denen die subjektiven Voraussetzungen im Einzelfall nicht gegeben sind.[1140] 381

3. Revisibilität. Ob ein Rechtsgeschäft als sittenwidrig zu bewerten ist, ist eine **Rechtsfrage**, die in vollem Umfang der Nachprüfung durch das Revisionsgericht unterliegt.[1141] Hat das Berufungsgericht die rechtlich erheblichen Umstände vollständig festgestellt, so kann das Revisionsgericht selbst über die Frage der Sittenwidrigkeit entscheiden. 382

II. Rückwirkungsprobleme bei Wandel der Wertanschauungen

Bei der anwaltlichen Beratung bereitet der Zeitpunkt der sozialethischen Bewertung große Probleme. Grundsätzlich ist davon auszugehen, dass es für die Sittenwidrigkeit auf die Wertanschauungen bei **Abschluss des Rechtsgeschäftes** ankommt. Erscheint das Geschäft zu diesem Zeitpunkt unbedenklich, so kann es im Nachhinein nicht mehr als sittenwidrig qualifiziert werden. Dem Begünstigten kann jedoch nach Treu und Glauben (§ 242) verwehrt sein, die aus dem Geschäft folgenden Rechte geltend zu machen (s. Rn 125, 127). 383

Die mit dem Wandel der sozialethischen Wertanschauungen verbundenen Unsicherheiten werden dadurch verschärft, dass nicht immer sicher festgestellt werden kann, zu welchem Zeitpunkt der Wandel eingetreten ist. Ändert die Rechtsprechung ihre Auffassung, so argumentiert sie teilweise damit, dass sie einen bereits **vollzogenen Wandel** der Wertanschauungen nur **festgestellt** habe.[1142] Damit können auch Sachverhalte, die nach der bisherigen Rechtsprechung unbedenklich waren, als sittenwidrig qualifiziert werden. Dies führt im Ergebnis doch zu einer gewissen „Rückwirkung" der Sittenwidrigkeit.[1143] Die Folgen sind wesentlich gravierender als bei einer bloßen Heranziehung des § 242. Ist das Geschäft nach § 138 nichtig, so kommt es nämlich zu einer Rückabwicklung nach §§ 812 ff.[1144] 384

1137 BGH NJW 1981, 1439; MüKo/*Armbrüster*, § 138 Rn 155; Palandt/*Ellenberger*, § 138 Rn 21; einschr. Staudinger/*Sack*, § 138 Rn 76.
1138 BGHZ 53, 369, 379; BGH NJW 1995, 1427, 1429; Bamberger/Roth/*Wendtland*, § 138 Rn 39; Erman/*Palm*, § 138 Rn 64.
1139 Zur Behauptungslast der benachteiligten Partei BGH NJW 2010, 363, 364 f.
1140 BGHZ 98, 174, 178; 128, 255, 267; BGH DtZ 1997, 229, 230; Erman/*Palm*, § 138 Rn 199.
1141 BGH NJW 1991, 353, 354; Palandt/*Ellenberger*, § 138 Rn 23.
1142 Vgl BGH NJW 1983, 2692, 2693; 1986, 2568, 2569.
1143 Krit. ggü. dieser Praxis Soergel/*Hefermehl*, § 138 Rn 42; Staudinger/*Sack*, § 138 Rn 84; *Bunte*, NJW 1983, 2674, 2675; *Medicus*, NJW 1995, 2577, 2578 f.
1144 Diesen Unterschied betont zu Recht Staudinger/*Sack*, § 138 Rn 84.

Anhang zu § 138: Prostitutionsgesetz

Gesetz zur Regelung der Rechtsverhältnisse der Prostituierten (Prostitutionsgesetz – ProstG) vom 20. Dezember 2001

(BGBl. I S. 3983)

Literatur: *Armbrüster,* Zivilrechtliche Folgen des Gesetzes zur Regelung der Rechtsverhältnisse der Prostituierten, NJW 2002, 2763; *Bergmann,* Das Rechtsverhältnis zwischen Dirne und Freier – Das Prostitutionsgesetz aus zivilrechtlicher Sicht, JR 2003, 270; *Caspar,* Prostitution im Gaststättengewerbe? Zur Auslegung des Begriffs der Unsittlichkeit im Gaststättengesetz, NVwZ 2002, 1322; *Felix,* Die Wertneutralität des Sozialrechts – Zum Bestehen eines Beschäftigungsverhältnisses bei sittenwidrigem oder verbotenem Tun, NZS 2002, 225; *Gräfin von Galen,* Rechtsfragen der Prostitution. Das ProstG und seine Auswirkungen, 2004; *Hagen,* Menschenwürde und gute Sitten, Gedanken zum ProstG, GS Sonnenschein, 2003, 581; *Kurz,* Prostitution und Sittenwidrigkeit, GewArch 2002, 142; *Majer,* Sittenwidrigkeit und Prostitutionsgesetz bei Vermarktung und Vermittlung, NJW 2008, 1926; Münchener Handbuch zum Arbeitsrecht, 3. Auflage 2009; *Pauly,* Gesetz zur Regelung der Rechtsverhältnisse der Prostituierten (Prostitutionsgesetz) sowie Vollzug der Gewerbeordnung und des Gaststättengesetzes, GewArch 2002, 217; *Peifer,* Sittenwidrigkeit von Verträgen über die Bereitstellung von Telefonsexleistungen, NJW 2001, 1912; *Rautenberg,* Prostitution: Das Ende der Heuchelei ist gekommen!, NJW 2002, 650; *Schmidbauer,* Das Prostitutionsgesetz zwischen Anspruch und Wirklichkeit aus polizeilicher Sicht, NJW 2005, 871; *Stiebig,* Sic transit gloria mundi? Das ProstG im Lichte der europäischen Integration oder: Plädoyer wider die Sittenwidrigkeit, BayVBl. 2004, 545; *Vahle,* Wahn und Wirklichkeit – Das neue Prostitutionsgesetz, NZA 2002, 1077.

§ 1 ProstG [Begründung einer rechtswirksamen Forderung]

[1]Sind sexuelle Handlungen gegen ein vorher vereinbartes Entgelt vorgenommen worden, so begründet diese Vereinbarung eine rechtswirksame Forderung. [2]Das Gleiche gilt, wenn sich eine Person, insbesondere im Rahmen eines Beschäftigungsverhältnisses, für die Erbringung derartiger Handlungen gegen ein vorher vereinbartes Entgelt für eine bestimmte Zeitdauer bereithält.

A. Allgemeines

I. Rechtslage vor Inkrafttreten des ProstG

1 Die Ausübung der Prostitution ist als solche seit längerem nicht strafbar. Gleichwohl war die Rechtsstellung von Prostituierten bis zum Inkrafttreten des ProstG unbefriedigend. Problematisch war insbesondere, dass ihnen kein rechtlich durchsetzbarer Anspruch auf das vereinbarte Entgelt zustand, weil der auf die **entgeltliche Gewährung des Geschlechtsverkehrs** gerichtete Vertrag nach ganz hM **sittenwidrig** und damit **nach § 138 Abs. 1 nichtig** war.[1] Die Prostituierten sahen sich damit gezwungen, ihre Ansprüche mit außergerichtlichen Mitteln durchzusetzen, wodurch ihre Abhängigkeit von Zuhältern verstärkt wurde. Keinen rechtlich durchsetzbaren Entgeltanspruch hatten die Prostituierten auch gegen den Bordellbetreiber, bei dem sie beschäftigt waren. Schaffte der Bordellbetreiber den Prostituierten gute Arbeitsbedingungen, so lief er Gefahr, sich nach

1 BGHZ 67, 119, 122; BGH NJW 1984, 797; RGRK/*Krüger-Nieland/Zöller*, § 138 Rn 193; Soergel/*Hefermehl*, § 138 Rn 208; MüKo/*Armbrüster*, § 138 Rn 57; aA VG Berlin NJW 2001, 983, 987; differenzierend *Rother*, AcP 172 (1972), 498, 505.

§ 180 a Abs. 1 Nr. 2 StGB aF wegen Förderung der Prostitution strafbar zu machen.[2] Schließlich hatten Prostituierte keinen unmittelbaren Zugang zur Sozialversicherung.

II. Überblick

Mit dem am 1.1.2002 in Kraft getretenen ProstG hat der Gesetzgeber das Ziel verfolgt, die rechtliche **Stellung der Prostituierten** zu **verbessern** und den mit der Prostitution verbundenen kriminellen Begleiterscheinungen die Grundlage zu entziehen.[3] Da das ProstG geschlechtsneutral formuliert ist, schützt es nicht nur **weibliche**, sondern auch **männliche** Prostituierte.[4] De facto steht die Situation weiblicher Prostituierter aber im Vordergrund. Die Rechtsstellung Dritter (Freier, Bordellbetreiber, Zuhälter etc.) soll hingegen nicht verbessert werden,[5] zumal dies im Allgemeinen zulasten der Prostituierten ginge. 2

Herzstück des Gesetzes ist § 1 ProstG, der den Prostituierten unter bestimmten Voraussetzungen einen rechtlich durchsetzbaren **Anspruch** gegen den Freier oder den Bordellbetreiber **auf das vereinbarte Entgelt** zubilligt. Zu diesem Entgeltanspruch enthält § 2 ProstG ergänzende Regelungen. § 3 ProstG stellt klar, dass das eingeschränkte Weisungsrecht im Rahmen einer abhängigen Tätigkeit der Annahme einer **Beschäftigung im Sinne des Sozialversicherungsrechts** nicht entgegensteht. Mittelbare Auswirkungen auf das Sozialversicherungsrecht hat auch die Aufhebung des § 180 a Abs. 1 Nr. 2 StGB aF durch Art. 2 § 2 ProstG. Dem Bordellbetreiber soll hierdurch ermöglicht werden, die bei ihm freiwillig und ohne Ausbeutung beschäftigten Prostituierten bei der Sozialversicherung anzumelden, ohne sich der Gefahr der Strafverfolgung wegen Förderung der Prostitution auszusetzen.[6] 3

III. Würdigung

Dem ProstG wird in der Literatur entgegengehalten, es könne an den **Realitäten der Prostitution** nichts ändern.[7] Richtig ist hieran, dass die Prostituierten nach den bisherigen Erfahrungen im Allgemeinen auch nach dem Inkrafttreten des ProstG weder ihre Ansprüche gegen Bordellbetreiber oder Freier gerichtlich geltend machen noch in nennenswerter Zahl der Sozialversicherung beitreten.[8] Aus rechtspolitischer Sicht ist das ProstG dennoch zu begrüßen, weil das Recht seine Aufgabe verfehlt, wenn es – etwa aufgrund von moralischen Bedenken – darauf verzichtet, bestimmten Personen einen **angemessenen rechtlichen Rahmen** zur Verfügung zu stellen. Dies gilt umso mehr, als die selbständig ausgeübte Prostitution nach der Rechtsprechung des EuGH eine gegen Entgelt erbrachte **Dienstleistung** ist, die vom Schutzbereich des Art. 49 AEUV (früher Art. 43 EGV) erfasst wird.[9] Davon abgesehen hat das ProstG außerhalb seines unmittelbaren Anwendungsbereichs bereits große praktische Bedeutung erlangt, weil die Sittenwidrigkeit von Rechtsgeschäften mit Bezug auf die Sexualsphäre in zahlreichen Bereichen einer Neubewertung unterzogen worden ist. Das BSG hält allerdings zu Recht daran fest, dass die Bundesagentur für Arbeit mit Rücksicht auf die Menschenwürde der Arbeitssuchenden nicht verpflichtet ist, Bordellbetreibern Prostituierte als Arbeitnehmer zu vermitteln.[10] 4

B. Regelungsgehalt

I. Anwendungsbereich

1. Sexuelle Handlungen. Entgegen der eng gefassten Gesetzesüberschrift beschränkt der Anwendungsbereich des ProstG sich nicht auf die Rechtsverhältnisse der Prostituierten. Dem Wortlaut des § 1 ProstG lässt sich vielmehr entnehmen, dass alle Vereinbarungen erfasst werden, welche die Vornahme **sexueller Handlungen** gegen Entgelt zum Gegenstand haben.[11] Bei der Konkretisierung des Begriffs der sexuellen Handlungen kann man sich nicht an der Rechtsprechung zu § 184 g StGB orientieren, weil diese an den Schutzzweck der einschlägigen Straftatbestände anknüpft. Auch das Erfordernis der **„Erheblichkeit"** (§ 184 g Nr. 1 StGB) lässt sich nicht auf das Zivilrecht übertragen.[12] Denn es beruht auf der Erwägung, dass geringfügige Beeinträchtigungen nach dem Grundsatz der Verhältnismäßigkeit nicht mit strafrechtlichen Sanktionen belegt wer- 5

2 Vgl BT-Drucks. 14/5958, S. 4; vgl dazu *Rautenberg*, NJW 2002, 650, 652.
3 BT-Drucks. 14/5958, S. 4.
4 MüKo/*Armbrüster*, § 1 ProstG Rn 2; *Stiebig*, BayVBl. 2004, 545.
5 BT-Drucks. 14/5958, S. 4; Bamberger/Roth/*Wendtland*, Anh. § 138, § 1 ProstG Rn 1.
6 Vgl BT-Drucks. 14/5958, S. 6.
7 Vgl *Vahle*, NZA 2002, 1077 ff.
8 Vgl Palandt/*Ellenberger*, Anh. § 138 § 1 ProstG Rn 1; Bamberger/Roth/*Wendtland*, Anh. § 138, § 1 ProstG Rn 2; *Schmidbauer*, NJW 2005, 871.
9 EuGH NVwZ 2002, 326, 328 ff; vgl *Stiebig*, BayVBl. 2004, 545, 546.
10 BSG NJW 2010, 1626; krit. Staudinger/*Richardi*/*Fischinger*, § 611 Rn 266.
11 MüKo/*Armbrüster*, § 1 ProstG Rn 3; Staudinger/*Sack*, § 138 Rn 452.
12 So auch *von Galen*, Rn 41; aA MüKo/*Armbrüster*, § 1 ProstG Rn 4.

den dürfen.[13] Diese Erwägung trifft auf die zivilrechtliche Bewertung von Verträgen nicht zu. Da die Anwendung des § 1 ProstG mit einer Einschränkung der privatautonomen Gestaltungsmacht verbunden ist, kann im Einzelfall aber eine restriktive Auslegung des Merkmals „sexuelle Handlungen" geboten sein. Dies gilt etwa im Hinblick auf Darbietungen mit **künstlerischem Anspruch** (Mitwirkung an pornographischen Filmen, Erstellung von Nacktbildern, ggf auch Striptease), die nicht oder doch nicht primär auf die Befriedigung sexueller Bedürfnisse abzielen (vgl Rn 20 f).

6 Nach dem Zweck des ProstG erfasst der Begriff der sexuellen Handlung alle **Dienstleistungen**, die auf die **Befriedigung sexueller Bedürfnisse gegen Entgelt** gerichtet sind.[14] Dazu gehören nicht nur Handlungen, die schon nach dem äußeren Erscheinungsbild einen sexuellen Bezug aufweisen. Das ProstG gilt auch für objektiv mehrdeutige Handlungen (zB Turnübungen, Züchtigungen), die der Befriedigung sexueller Bedürfnisse dienen.[15] Die Handlung muss nicht in einem aktiven Tun bestehen; es genügt auch ein bloßes Dulden.[16]

7 **2. Die geregelten Rechtsverhältnisse.** Das ProstG regelt das Rechtsverhältnis zwischen den **Prostituierten und ihren Kunden** (§ 1 S. 1 ProstG) sowie das Rechtsverhältnis zwischen den **Prostituierten und den Betreibern von Bordellen, Clubs oder ähnlichen Einrichtungen**, in denen sich die Prostituierten insbesondere im Rahmen eines Beschäftigungsverhältnisses für die Erbringung sexueller Handlungen gegen ein vorher vereinbartes Entgelt für eine bestimmte Zeitdauer bereithalten (§ 1 S. 2 ProstG).[17] Ob auch das Rechtsverhältnis zwischen den **Kunden und den Bordellbetreibern** erfasst wird, ist zweifelhaft. Da es nach dem Wortlaut des § 1 S. 1 ProstG nicht darauf ankommt, wer Vertragspartner des Kunden ist, könnte das ProstG auch auf Vereinbarungen zwischen Bordellbetreibern und Kunden anzuwenden sein.[18] Gegen diese Deutung spricht jedoch, dass das ProstG nach dem Willen des Gesetzgebers gerade nicht den Zweck hat, die rechtliche Stellung der Bordellbetreiber zu verbessern. Die hM geht daher zu Recht davon aus, dass das ProstG auf das Rechtsverhältnis zwischen Bordellbetreiber und Kunden nicht anwendbar ist.[19] Andererseits ist den Wertungen des § 1 ProstG zu entnehmen, dass dem Bordellbetreiber nach Erbringung der sexuellen Dienstleistungen ebenfalls ein wirksamer Anspruch auf Zahlung des Entgelts zustehen muss[20] (der freilich nicht nach § 2 S. 2 und 3 ProstG privilegiert ist).[21] Hiervon geht offenbar auch der Gesetzgeber aus. Den Materialien lässt sich nämlich klar entnehmen, dass der Gesetzgeber eine unmittelbare Entstehung der Forderung bei dem Bordellbetreiber nicht ausschließen wollte.[22]

II. Rechtsfolgen

8 **1. Der Entgeltanspruch der Prostituierten.** § 1 ProstG regelt lediglich den Entgeltanspruch der Prostituierten. Dieser setzt im **Verhältnis zum Freier** nach S. 1 voraus, dass die **sexuelle Handlung tatsächlich vorgenommen** worden ist. In der Realität wird freilich meist vereinbart, dass der Freier **im Voraus** zu leisten hat. In diesem Fall steht der Prostituierten vor Vornahme der sexuellen Handlungen kein wirksamer Anspruch zu. Zahlt der Freier gleichwohl im Voraus, so kann er nach der Inanspruchnahme der sexuellen Leistung keine Rückzahlung verlangen.[23] Da die Übereignung des Geldes schon bislang nicht nach § 138 Abs. 1 unwirksam war,[24] scheidet ein Anspruch aus § 985 nach Inkrafttreten des ProstG erst recht aus. Ein Bereicherungsanspruch aus § 812 Abs. 1 S. 1 Alt. 1 scheitert daran, dass die Entgeltvereinbarung nach Erbringung der sexuellen Leistung als rechtlicher Grund für die Entgeltzahlung anzusehen ist. Hat die Prostituierte die vereinbarten sexuellen Handlungen nicht vorgenommen, so hat der Freier einen Rückzahlungsanspruch aus § 812 Abs. 1 S. 2 Alt. 2.[25] Der Anspruch wird nicht durch § 817 S. 2 ausgeschlossen. Wenn der Zahlungsanspruch der Prostituierten nach Vornahme der sexuellen Handlung nicht mehr am Verdikt der Sittenwidrigkeit scheitert, so kann auch der Rückzahlungsanspruch des Freiers bei Nichtvornahme der Handlung nicht mehr als sittenwidrig angesehen werden.

13 Vgl LK/*Laufhütte/Roggenbuck*, StGB, 12. Aufl. 2010, § 184 g Rn 10.
14 Vgl VG Berlin NJW 2001, 983, 985; Bamberger/Roth/*Wendtland*, Anh. § 138, § 1 ProstG Rn 3, jeweils zum Begriff der Prostitution. Der Begriff der Prostitution ist freilich enger, weil er die Einbeziehung des eigenen Körpers in die Dienstleistung voraussetzt.
15 So auch MüKo/*Armbrüster*, § 1 ProstG Rn 4.
16 MüKo/*Armbrüster*, § 1 ProstG Rn 4.
17 Vgl Bamberger/Roth/*Wendtland*, Anh. § 138, § 1 ProstG Rn 6 ff; MüKo/*Armbrüster*, § 1 ProstG Rn 7 ff.
18 So etwa Staudinger/*Sack*, § 138 Rn 453.
19 Vgl MüKo/*Armbrüster*, § 1 ProstG Rn 12; Palandt/*Ellenberger*, Anh. § 138, § 1 ProstG Rn 2.
20 Vgl MüKo/*Armbrüster*, § 1 ProstG Rn 23; iE auch BGH NJW 2008, 140 (betr. Vermittlung von Telefonsexdienstleistungen); dagegen *Majer*, NJW 2008, 1926 ff.
21 Bamberger/Roth/*Wendtland*, Anh. § 138, § 1 ProstG Rn 8, § 2 ProstG Rn 3.
22 Vgl BT-Drucks. 14/5958, S. 6.
23 So auch MüKo/*Armbrüster*, § 1 ProstG Rn 10; Staudinger/*Sack*, § 138 Rn 454.
24 Vgl RGRK/*Krüger-Nieland/Zöller*, § 138 Rn 93; Soergel/*Hefermehl*, § 138 Rn 208.
25 *Bergmann*, JR 2003, 270, 276; hilfsweise auch MüKo/*Armbrüster*, § 1 ProstG Rn 10, der aber in erster Linie die §§ 326 Abs. 4, 346 analog anwenden will.

Im Verhältnis zwischen **Prostituierten und Bordellbetreibern** setzt § 1 S. 2 ProstG allein das **Bereithalten** für eine sexuelle Handlung voraus. Den Prostituierten steht daher auch dann eine wirksame Forderung zu, wenn sexuelle Handlungen tatsächlich nicht vorgenommen worden sind.[26] Etwas anderes folgt auch nicht daraus, dass § 1 S. 2 ProstG auf S. 1 verweist.[27] Damit wird nämlich nur die Rechtsfolgeanordnung des S. 1 in Bezug genommen. 9

2. Keine Verpflichtung der Prostituierten. Ob der Freier oder der Bordellbetreiber gegen die Prostituierte einen wirksamen Anspruch auf Vornahme der sexuellen Handlungen hat, ist im ProstG nicht ausdrücklich geregelt. Es entspricht jedoch allgemeiner Auffassung, dass ein solcher Anspruch mit Rücksicht auf die **Menschenwürde der Prostituierten** (Art. 1 Abs. 1 GG) nicht in Betracht kommen kann.[28] Streitig ist lediglich die Begründung. Ein Teil der Literatur stellt darauf ab, dass der Gesetzgeber beim Erlass des ProstG vom Nichtbestehen eines solchen Anspruchs ausgegangen ist und deshalb die Konstruktion eines **einseitig verpflichtenden Vertrages** gewählt hat.[29] Die Gegenauffassung will weiter **§ 138 Abs. 1** anwenden, weil die gesetzgeberischen Vorstellungen im Gesetz nicht zum Ausdruck gekommen sind.[30] 10

3. Rechtliche Einordnung des Prostitutionsvertrages. Der vorstehende Meinungsstreit hängt eng mit der Frage zusammen, ob Verträge über die entgeltliche Erbringung sexueller Leistungen nach Inkrafttreten des ProstG noch als **sittenwidrig** anzusehen sind. Diese Frage wird von einem großen Teil der Literatur im Anschluss an die Gesetzesbegründung[31] verneint.[32] Desgleichen geht der BGH davon aus, dass die Vereinbarung zwischen Prostituierten und Kunden über die Vornahme sexueller Handlungen nach § 1 Satz 1 ProstG nicht mehr dem Verdikt der Sittenwidrigkeit unterfällt.[33] Nach der Gegenauffassung bleibt der Vertrag über die entgeltliche Erbringung sexueller Leistungen auch nach Inkrafttreten des ProstG sittenwidrig. Zur Begründung wird darauf verwiesen, dass die Sittenwidrigkeit sich aus dem Verstoß des Geschäfts gegen die **Menschenwürde** ergibt, die gerade nicht zur Disposition des Gesetzgebers steht.[34] 11

Bei genauerer Betrachtung zeigt sich, dass eine differenziertere Betrachtung geboten ist.[35] Der Staat ist mit Rücksicht auf die Menschenwürde der Prostituierten (Art. 1 Abs. 3 GG) daran gehindert, eine **rechtliche Verpflichtung zur Vornahme sexueller Handlungen** anzuerkennen.[36] Dass die in Frage stehende Verpflichtung freiwillig eingegangen wurde, ist dabei unerheblich.[37] Denn zum einen ist die tatsächliche Entscheidungsfreiheit gerade im Bereich der Prostitution oft zweifelhaft. Zum anderen gehört die Achtung der Menschenwürde nach der Wertordnung des Grundgesetzes zu den fundamentalen Bedingungen des menschlichen Zusammenlebens, die auch bei einem freiwilligen Verzicht des betroffenen Individuums aufrechterhalten werden müssen.[38] Dass der Prostituierten nach Vornahme der sexuellen Handlungen ein **Entgeltanspruch** zusteht, widerspricht dagegen weder übergeordneten rechtlichen Wertungen noch den heutigen gesellschaftlichen Wertanschauungen. Dies gibt dem Gesetzgeber den notwendigen Freiraum, um den Entgeltanspruch der Prostituierten unter bestimmten Voraussetzungen für wirksam zu erklären. Hierdurch hat auch das Kriterium der **Kommerzialisierung höchstpersönlicher Entscheidungen** im sexuellen Bereich seine Bedeutung verloren (vgl § 138 Rn 103). 12

Die differenzierte rechtliche Bewertung des Vertrages über die entgeltliche Erbringung sexueller Leistungen lässt sich im Rahmen des § 138 Abs. 1 nicht sachgemäß abbilden. Denn eine Aufspaltung des Sittenwidrigkeitsurteils ist bei synallagmatisch verknüpften Pflichten grundsätzlich ausgeschlossen.[39] Der Gesetzgeber hat sich daher zu Recht dafür entschieden, für solche Verträge eine **Sonderregelung** zu schaffen, die § 138 13

26 Vgl BT-Drucks. 14/5958, S. 6; Bamberger/Roth/*Wendtland*, Anh. § 138, § 1 ProstG Rn 12.

27 So aber MüKo/*Armbrüster*, § 1 ProstG Rn 9.

28 Vgl BSG NJW 2010, 1627, 1630; Bamberger/Roth/*Wendtland*, Anh. § 138, § 1 ProstG Rn 3, 5; MüKo/*Armbrüster*, § 1 ProstG Rn 7; Palandt/*Ellenberger*, Anh. § 138, § 1 ProstG Rn 2; HK-BGB/*Dörner*, § 138 Rn 9; Staudinger/*Sack*, § 138 Rn 454.

29 So etwa Bamberger/Roth/*Wendtland*, Anh. § 138, § 1 ProstG Rn 5; MüKo/*Armbrüster*, § 1 ProstG Rn 7, 19 in Anknüpfung an BT-Drucks. 14/5958, S. 4 ff.

30 Vgl Palandt/*Ellenberger*, Anh. § 138, § 1 ProstG Rn 2; Staudinger/*Sack*, § 138 Rn 454; *Bergmann*, JR 2003, 270, 272; *Majer*, NJW 2008, 1926 ff.

31 BT-Drucks. 14/5958, S. 4.

32 Vgl Bamberger/Roth/*Wendtland*, Anh. § 138, § 1 ProstG Rn 3; HK-BGB/*Dörner*, § 138 Rn 9; Staudinger/*Richardi/Fischinger*, § 611 Rn 266; MüKo/*Armbrüster*, § 1 ProstG Rn 7, 19; *Armbrüster*, NJW 2002, 2763, 2764; *Caspar*, NVwZ 2002, 1322, 1324; *Rautenberg*, NJW 2002, 650, 651; aA Palandt/*Ellenberger*, Anh. § 138, § 1 ProstG Rn 2; Staudinger/*Sack*, § 138 Rn 455; *Kurz*, GewArch 2002, 142, 144; *Majer*, NJW 2008, 1926 ff.

33 BGHZ 168, 314, 319.

34 OLG Schleswig NJW 2005, 225, 227; Palandt/*Ellenberger*, Anh. § 138, § 1 ProstG Rn 2; *Majer*, NJW 2008, 1926, 1927; *Rauscher*, LMK 2008, 254388; vgl auch BSG NJW 2010, 1626, 1630.

35 Vgl hierzu schon *Rother*, AcP 172 (1972), 498, 505.

36 So auch Palandt/*Ellenberger*, Anh. § 138, § 1 ProstG Rn 2; Staudinger/*Sack*, § 138 Rn 455; *Bergmann*, JR 2003, 270, 273.

37 Vgl BSG NJW 2010, 1626, 1630. Auf das Selbstbestimmungsrecht abstellend aber AG Berlin-Köpenick NJW 2002, 1885; hieran anknüpfend Bamberger/Roth/*Wendtland*, Anh. § 138, § 1 ProstG Rn 3; ähnlich Staudinger/*Richardi/Fischinger*, § 611 Rn 266.

38 Vgl BVerwGE 64, 274, 278; *Singer*, JZ 1995, 1133 ff.

39 Vgl MüKo/*Armbrüster*, § 138 Rn 57.

Abs. 1 vorgeht.[40] Im unmittelbaren Anwendungsbereich des ProstG kommt es damit nicht mehr auf die Frage der Sittenwidrigkeit an. Wenn § 1 ProstG allein die Leistungspflicht der Kunden bzw der Bordellbetreiber regelt, folgt hieraus im **Gegenschluss**, dass die Prostituierten keine Pflicht zur Erbringung der vereinbarten sexuellen Leistungen trifft.[41] Der Rückgriff auf § 138 Abs. 1 ist insoweit also auch nicht mehr erforderlich. Die Menschenwürde der Prostituierten steht dieser Lösung nicht entgegen. Ob die Leistungspflicht der Prostituierten über § 138 Abs. 1 oder über eine spezialgesetzliche Regelung ausgeschlossen wird, ist aus verfassungsrechtlicher Sicht unerheblich. Die Vereinbarung zwischen dem Kunden bzw dem Bordellbetreiber und der Prostituierten begründet damit im Ergebnis einen **einseitig verpflichtenden Vertrag**.

III. Zustandekommen und Inhalt des Prostitutionsvertrages

14 Der Prostitutionsvertrag kommt nach allgemeinen Regeln (§§ 145 ff) durch **Angebot** und **Annahme** zustande. In den Fällen des § 1 S. 1 ProstG ist die Wirksamkeit des Vertrages nicht von der Vornahme der sexuellen Handlungen abhängig; diese ist lediglich Voraussetzung für die Entstehung des Entgeltanspruchs (vgl Rn 8).[42] Es besteht insoweit eine Parallele zur Rechtslage beim Maklervertrag (§ 652). Vor der Vornahme der sexuellen Handlungen bestehen zwischen den Parteien bereits **gegenseitige Schutzpflichten** nach § 241 Abs. 2.[43]

15 Da der Prostitutionsvertrag als einseitig verpflichtender Vertrag ausgestaltet ist, können **beschränkt geschäftsfähige Prostituierte** ihn nach hM gemäß § 107 ohne Einwilligung des gesetzlichen Vertreters wirksam abschließen.[44] In den meisten Fällen werden solche Verträge allerdings schon nach § 134 iVm §§ 176, 180 Abs. 2, 182 Abs. 1 Nr. 1 StGB nichtig sein.[45] Im Übrigen könnte die Minderjährigkeit der Prostituierten den Rückgriff auf § 138 Abs. 1 jedenfalls dann rechtfertigen, wenn weitere Umstände erschwerend hinzukommen. Das ProstG steht einer solchen Lösung nicht entgegen, weil es nicht den Zweck hat, Prostitutionsverträgen mit Minderjährigen Wirksamkeit zu verschaffen. Die Annahme der Wirksamkeit ist auch kein geeignetes Mittel, um minderjährigen Prostituierten nach Erbringung der Leistung einen Entgeltanspruch gegen den Freier oder den Bordellbetreiber zu verschaffen.[46] Denn diese Konstruktion hilft bei einem Verstoß gegen § 134 nicht weiter, obwohl die Prostituierten gerade hier doch besonders schutzwürdig sind. Ist der Vertrag wegen der Minderjährigkeit nichtig, steht den Prostituierten aber ein **Bereicherungsanspruch aus §§ 812, 818 Abs. 2** zu, wobei sich der Freier bzw der Bordellbetreiber nach dem Schutzzweck des ProstG grundsätzlich weder auf den Wegfall der Bereicherung (§ 818 Abs. 3) noch auf die Gesetz- oder Sittenwidrigkeit des Vertrages (§ 817 S. 2) berufen kann.

16 Die Wirksamkeit des Prostitutionsvertrages kann auch in anderen Fällen an § 138 Abs. 1 scheitern, wenn über die Kommerzialisierung sexueller Handlungen hinaus **weitere Umstände** vorliegen, welche die **Sittenwidrigkeit des Vertrages** begründen. Zu denken ist etwa an sexuelle Handlungen mit Tieren oder den Einsatz lebensgefährlicher Praktiken.[47] Die Wirksamkeit des Prostitutionsvertrages wird dagegen nicht allein dadurch ausgeschlossen, dass die Prostituierte **keine uneingeschränkte Freiheit** in Bezug auf das persönliche und räumliche Umfeld, den Kundenkreis sowie die konkrete Ausgestaltung der Beziehung zum jeweiligen Kunden und die jeweilige Dienstleistungsform hat.[48] Solche „Idealbedingungen" werden in der Realität oft fehlen. Daher wäre es mit dem Schutzzweck des ProstG unvereinbar, den Prostituierten aus diesem Grunde den Entgeltanspruch zu versagen.[49]

17 Bei Beschäftigungsverhältnissen iSd § 1 S. 2 ProstG ist allerdings zu beachten, dass dem Bordellbetreiber mit Rücksicht auf die Menschenwürde und das Persönlichkeitsrecht der Prostituierten **kein Direktionsrecht** zustehen kann, das über die Bestimmung von Zeit und Ort der Leistung hinausgeht.[50] Der Bordellbetreiber kann den Prostituierten daher keine wirksamen Vorgaben betreffend den Kreis der Kunden und die Form der Dienstleistung machen. Außerdem müssen die Prostituierten jederzeit die Möglichkeit haben, das Beschäftigungsverhältnis **ohne Einhaltung einer Kündigungsfrist** zu beenden.[51] Auch diese Leitlinien erscheinen

40 So auch MüKo/*Armbrüster*, § 1 ProstG Rn 7.
41 MüKo/*Armbrüster*, § 1 ProstG Rn 7, 19; krit. *Rüthers/Stadler*, BGB AT, § 26 Rn 38, wonach die Einseitigkeit der Verpflichtung im Gesetz nicht klar genug zum Ausdruck kommt.
42 Vgl Bamberger/Roth/*Wendtland*, Anh. § 138, § 1 ProstG Rn 10; MüKo/*Armbrüster*, § 1 ProstG Rn 8; aA Palandt/*Ellenberger*, Anh. § 138, § 1 ProstG Rn 2 und *Bergmann*, JR 2003, 270, 273, die von einem nachträglichen teilweisen Wirksamwerden des Vertrages ausgehen.
43 MüKo/*Armbrüster*, § 1 ProstG Rn 11; *Bergmann*, JR 2003, 270, 275.
44 Vgl MüKo/*Armbrüster*, § 1 ProstG Rn 8; krit. Jauernig/*Jauernig*, § 107 Rn 5; *Rautenberg*, NJW 2002, 650, 652.
45 Vgl MüKo/*Armbrüster*, § 1 ProstG Rn 8.
46 So aber *Bergmann*, JR 2003, 270, 274.
47 MüKo/*Armbrüster*, § 1 ProstG Rn 20.
48 So aber Bamberger/Roth/*Wendtland*, Anh. § 138, § 1 ProstG Rn 4.
49 So auch MüKo/*Armbrüster*, § 1 ProstG Rn 22.
50 BT-Drucks. 14/5958, S. 5; MüKo/*Armbrüster*, § 1 ProstG Rn 14.
51 BT-Drucks. 14/5958, S. 5; Bamberger/Roth/*Wendtland*, Anh. § 138, § 1 ProstG Rn 9.

zwar realitätsfern. Bestehen in einem Lebensbereich faktische Zwänge, welche die grundrechtlichen Freiheiten Einzelner beeinträchtigen, so darf die Rechtsordnung diese aber nicht auch noch sanktionieren, sondern muss sich im Gegenteil um einen möglichst effektiven Schutz der Betroffenen bemühen. Ein solcher Schutz kann allerdings weniger durch das Zivilrecht als durch das Strafrecht sowie das Gewerberecht gewährleistet werden.

IV. Weitere wichtige Bereiche

Neben dem Prostitutionsvertrag ieS gibt es einige praktisch wichtige Verträge, die auf die Erbringung **anderer sexueller Dienstleistungen** gerichtet sind. 18

1. Öffentliche Darbietung sexueller Handlungen. Vor Inkrafttreten des ProstG wurden Peep-Shows überwiegend als **sittenwidrig** angesehen (§ 138 Rn 46).[52] Nach geltendem Recht wird die Darbietung sexueller Handlungen in Peep-Shows von § 1 ProstG erfasst.[53] Der Vertrag mit dem Betreiber der Peep-Show begründet daher keine Rechtspflicht zur Darbietung solcher Handlungen; die Mitwirkenden haben danach aber einen Anspruch gegen den Betreiber auf Zahlung des vereinbarten Entgelts. 19

Verträge über die Darbietung von **Striptease** sind nach heute hM nicht nach § 138 Abs. 1 sittenwidrig.[54] Sofern die Darbietung keinen **künstlerischen Anspruch** hat, sondern allein auf die Befriedigung sexueller Interessen ausgerichtet ist, greift aber § 1 ProstG ein.[55] Der Veranstalter hat damit keinen Anspruch gegen die Darsteller auf Durchführung des Striptease. Nach Erbringung der vereinbarten Leistungen steht den Darstellern ein Anspruch auf Zahlung des vereinbarten Entgelts aus § 1 ProstG zu. Der Differenzierung nach dem künstlerischen Anspruch wird teilweise entgegengehalten, die Anerkennung einer Rechtspflicht zur Durchführung des Striptease sei in jedem Fall mit der Menschenwürde der Darsteller unvereinbar.[56] Da die Verurteilung zur Erbringung von unvertretbaren Dienstleistungen nach § 888 Abs. 3 ZPO nicht mit Zwangsmitteln durchgesetzt werden kann, bleibt die Menschenwürde der Darsteller jedoch bei Anerkennung einer solchen Pflicht gewahrt. 20

Die gleichen Grundsätze wie für die Darbietung von Striptease gelten für die **Mitwirkung an Filmen mit pornographischen Inhalten**.[57] Hat der Film einen künstlerischen Anspruch, so ist der Vertrag vollwirksam. Geht es allein um die Befriedigung sexueller Bedürfnisse, so greift § 1 ProstG zumindest analog ein.[58] Nach Vornahme der infrage stehenden Handlungen steht den Darstellern also auch hier ein wirksamer Anspruch auf das vereinbarte Entgelt zu. 21

Verträge über die Anfertigung **pornographischer Fotos** sind grundsätzlich nicht nach § 138 Abs. 1 nichtig. Etwas anderes gilt jedoch, wenn zusätzliche Umstände (zB Ausnutzung einer Zwangslage, ausbeuterischer Charakter des Vertrages) die Sittenwidrigkeit begründen.[59] 22

Vor Inkrafttreten des ProstG war allgemein anerkannt, dass Verträge über die Vorführung des Geschlechtsverkehrs auf offener Bühne (sog. **Liveshows**) nach § 138 Abs. 1 sittenwidrig sind.[60] Nach der Rechtsprechung des BAG stand den Darstellern auch nach Erbringung der Leistungen kein Anspruch auf Zahlung des vereinbarten Entgelts zu, weil die Regeln über das fehlerhafte Arbeitsverhältnis hier nicht eingreifen sollten.[61] Diese Rechtsprechung kann nicht mehr aufrechterhalten werden. Es entspricht nämlich nicht nur dem Wortlaut, sondern auch dem Sinn und Zweck des § 1 ProstG, dass den Darstellern in solchen Fällen ein wirksamer Entgeltanspruch zusteht.[62] Eine rechtliche Verpflichtung zur öffentlichen Vornahme des Geschlechtsverkehrs bleibt dagegen auch nach den Wertungen des ProstG ausgeschlossen.[63] 23

2. Telefonsex. Ob Verträge über Telefonsex als sittenwidrig zu bewerten sind, war lange Zeit sehr streitig. Mittlerweile hat der BGH aber klargestellt, dass Abs. 1 Entgeltforderungen für die Erbringung, Vermittlung 24

52 Vgl BVerwGE 64, 274, 278 ff; 84, 314, 321; BVerwG NJW 1996, 1423, 1424; MüKo/*Armbrüster*, § 138 Rn 58; Soergel/*Hefermehl*, § 138 Rn 109.
53 So auch HK-BGB/*Dörner*, § 138 Rn 9; MüKo/*Armbrüster*, § 1 ProstG Rn 5; Staudinger/*Sack*, § 138 Rn 453.
54 Vgl BVerwGE 64, 274, 278; Erman/*Palm*, § 138 Rn 158; Palandt/*Ellenberger*, § 138 Rn 52 a; MüKo/*Armbrüster*, § 138 Rn 58; einschränkend MünchArbR/*Richardi/Buchner*, § 34 Rn 11; aA Staudinger/*Sack*, § 138 Rn 454; von BAG AP Nr. 18 zu § 611 Faktisches Arbeitsverhältnis = BB 1973, 291 offen gelassen.
55 So auch MüKo/*Armbrüster*, § 1 ProstG Rn 6.
56 So Staudinger/*Sack*, § 138 Rn 454.
57 So auch MüKo/*Armbrüster*, § 138 Rn 58.
58 MüKo/*Armbrüster*, § 1 ProstG Rn 5; Staudinger/*Sack*, § 138 Rn 452.
59 Vgl OLG Stuttgart NJW-RR 1987, 1434, 1435; Palandt/*Ellenberger*, § 138 Rn 54.
60 BAG AP Nr. 34 zu § 138 = NJW 1976, 1958; Erman/*Palm*, § 138 Rn 158; MüKo/*Armbrüster*, § 138 Rn 58; Soergel/*Hefermehl*, § 138 Rn 209; MünchArbR/*Richardi/Buchner*, § 34 Rn 11; vgl auch BVerwGE 64, 280, 283.
61 BAG AP Nr. 34 zu § 138.
62 So auch HK-BGB/*Dörner*, § 138 Rn 9; MüKo/*Armbrüster*, § 1 ProstG Rn 24; Staudinger/*Sack*, § 138 Rn 453; PWW/*Ahrens*, § 138 Rn 43; aA Jauernig/*Jauernig*, § 138 Rn 7; *Schack*, BGB AT, Rn 265; wohl auch MünchArbR/*Richardi/Buchner*, § 34 Rn 11; *Rauscher*, LMK 2008, 254388.
63 MüKo/*Armbrüster*, § 1 ProstG Rn 7, 24; auf § 138 Abs. 1 abstellend Palandt/*Ellenberger*, § 138 Rn 52 a; Staudinger/*Sack*, § 138 Rn 454.

und Vermarktung von Telefonsexdienstleistungen seit Inkrafttreten des ProstG nicht mehr entgegensteht.[64] Diese Beurteilung wird auf die **Wertungen des ProstG** sowie den **Wandel der Anschauungen** in der Bevölkerung gestützt. Dem ist insofern zuzustimmen, als dem Gesprächsführenden selbst als Vertragspartner nach Durchführung des Telefonats nach § 1 S. 1 ProstG ein wirksamer Anspruch gegen den Kunden zusteht. Ist der Gesprächsführende bei einem Dritten beschäftigt, so steht ihm nach § 1 S. 2 ProstG ein entsprechender Anspruch gegen den Arbeitgeber zu. Aus den Wertungen des ProstG folgt, dass der Arbeitgeber in diesem Fall seinerseits einen Anspruch gegen den Kunden hat (vgl Rn 7), der durch den Netzbetreiber eingezogen werden kann.[65] Das Abtretungsverbot des § 2 S. 1 ProstG steht dem nicht entgegen, weil es allein die Rechtsstellung der unmittelbaren Erbringer der sexuellen Leistungen schützen soll (vgl Rn 29).[66]

25 Die Rechtsordnung ist aber mit Rücksicht auf die Menschenwürde und das Persönlichkeitsrecht des Gesprächsführenden (Art. 1, 2 Abs. 1 GG) gehindert, eine **Rechtspflicht zur Vornahme von Telefonaten mit sexuellem Inhalt** anzuerkennen. Entsprechende Vereinbarungen sind auch nach den Wertungen des ProstG unwirksam.[67]

26 **3. Kontaktanzeigen.** Kontaktanzeigen, in denen für die Vornahme sexueller Handlungen gegen Entgelt geworben wird, können gegen **§ 120 Abs. 1 Nr. 2 OWiG** verstoßen. Die Vorschrift dient dem Schutz der Allgemeinheit, insbesondere von Jugendlichen, gegenüber den mit der Prostitution verbundenen Gefahren und Belästigungen. Diesem Zweck entspricht es, dass zivilrechtliche Verträge bei einem Verstoß gegen § 120 Abs. 1 Nr. 2 OWiG nach § 134 unwirksam sind (vgl § 134 Rn 258).[68] Das Inkrafttreten des ProstG hat hieran dem Grundsatz nach nichts geändert. Bei der Auslegung des § 120 Abs. 1 Nr. 2 OWiG müssen nun aber die Wertungen des ProstG berücksichtigt werden. Danach kann eine abstrakte Gefährdung der Schutzgüter nicht ausreichen. Das Verbot greift vielmehr nur ein, wenn die Werbung **konkret** geeignet ist, Rechtsgüter der Allgemeinheit, insbesondere den Jugendschutz, zu beeinträchtigen.[69]

27 **4. Raumüberlassung an Prostituierte; Bordellpacht.** Schon vor Inkrafttreten des ProstG war anerkannt, dass Mietverträge mit Prostituierten und Pachtverträge über Bordelle grundsätzlich **nicht sittenwidrig** sind.[70] Dies muss nach der Streichung des § 180 a Abs. 1 Nr. 2 StGB aF erst recht gelten, sofern nicht der Betrieb des Bordells nach § 180 a StGB wegen **Ausbeutung von Prostituierten** strafbar ist.[71]

V. Auswirkungen auf das Gaststätten- und Gewerberecht

28 Welche Auswirkungen das ProstG auf das Gaststätten- und Gewerberecht hat, ist noch nicht abschließend geklärt. Da § 4 Nr. 1 GaststättenG auf das Merkmal der **Unsittlichkeit** und § 33 a Abs. 2 Nr. 2 GewO auf das Merkmal der **guten Sitten** abstellt, hat die sittliche Bewertung der entgeltlichen Vornahme von sexuellen Leistungen auch hier große Bedeutung. Der Gesetzgeber ist ausweislich der Gesetzesbegründung davon ausgegangen, dass das ProstG zumindest insoweit Auswirkungen auf das Gaststättenrecht hat, als bei entgeltlichen sexuellen Handlungen nicht mehr automatisch von Unsittlichkeit ausgegangen werden kann.[72] Dies ist zwar im Ausgangspunkt zutreffend, ändert jedoch nichts daran, dass die Begriffe der Unsittlichkeit und der guten Sitten nach dem **Schutzzweck der jeweiligen Norm** auszulegen sind. Die Wertungen des ProstG sind auf den zivil- und sozialversicherungsrechtlichen Schutz der Prostituierten zugeschnitten und lassen sich daher nicht uneingeschränkt auf das Gaststätten- und Gewerberecht übertragen.[73] So steht den Darstellern bei Peep-Shows und Liveshows nach § 1 ProstG gleichermaßen ein Anspruch auf Zahlung des vereinbarten Entgelts zu. Bei der Genehmigung solcher Veranstaltungen nach § 33 a GewO ist es dagegen gleichwohl geboten, zwischen beiden Arten von Veranstaltungen zu unterscheiden.[74] Während die Genehmigung von Peep-Shows nicht mehr am Verdikt der Sittenwidrigkeit scheitert, steht § 33 a Abs. 2 Nr. 2 GewO der Genehmigung von Live-Shows weiter entgegen.

64 BGH NJW 2008, 140; für eine Neubewertung solcher Verträge schon BGH NJW 2002, 361; krit. *Majer*, NJW 2008, 1926.
65 MüKo/*Armbrüster*, § 1 ProstG Rn 25; Staudinger/*Sack*, § 138 Rn 453.
66 Vgl BT-Drucks. 14/5958, S. 6.
67 Für Rückgriff auf § 138 Abs. 1 Erman/*Palm*, § 138 Rn 158; Staudinger/*Sack*, § 138 Rn 454.
68 BGHZ 118, 182 = NJW 1992, 2557.
69 BGHZ 168, 314, 319 = NJW 2006, 3490, 3491 f; zust. *Armbrüster*, JZ 2007, 479, 480; vgl auch AG Berlin-Köpenick NJW 2002, 1885; Palandt/*Ellenberger* § 138 Rn 52.
70 Vgl BGHZ 63, 365, 367; Soergel/*Hefermehl*, § 138 Rn 211 f; Staudinger/*Emmerich*, Vor § 535 Rn 114; aA noch BGHZ 41, 341, 342.
71 Vgl HK-BGB/*Dörner*, § 138 Rn 9; Palandt/*Ellenberger*, § 138 Rn 52; Staudinger/*Sack*, § 138 Rn 457 ff.
72 BT-Drucks. 14/5958, S. 6; dem folgend *Caspar*, NVwZ 2002, 1322 ff.
73 So auch BeckOK GewO/*Franz*, § 33 a Rn 50; *Pauly*, GewArch 2002, 217 ff.
74 Vgl BeckOK GewO/*Franz*, § 33 a Rn 54; *Kurz*, GewArch 2002, 142 ff.

§ 2 ProstG [Ausschluss von Abtretung und Einwendungen]

[1]Die Forderung kann nicht abgetreten und nur im eigenen Namen geltend gemacht werden. [2]Gegen eine Forderung gemäß § 1 Satz 1 kann nur die vollständige, gegen eine Forderung nach § 1 Satz 2 auch die teilweise Nichterfüllung, soweit sie die vereinbarte Zeitdauer betrifft, eingewendet werden. [3]Mit Ausnahme des Erfüllungseinwandes gemäß des § 362 des Bürgerlichen Gesetzbuchs und der Einrede der Verjährung sind weitere Einwendungen und Einreden ausgeschlossen.

A. Abtretungsverbot

29 Das Abtretungsverbot des § 2 S. 1 ProstG beruht auf der Erwägung, dass das Gesetz allein die Rechtsstellung der Prostituierten verbessern soll. Das Entgelt soll allein den Prostituierten zu Gute kommen, nicht aber deren Zuhältern, zumal diese die Forderungen als **Erpressungsmittel** nutzen könnten.[75] Aus dem gleichen Grunde schließt § 2 S. 1 ProstG die Geltendmachung der Forderung durch Dritte, insbesondere die Zuhälter, in fremdem Namen aus. Eine **Einziehungsermächtigung** kommt daher nicht in Betracht.[76]

30 Hat der Freier den **Vertrag** über die sexuellen Leistungen **mit einem Dritten**, namentlich dem Bordellbetreiber geschlossen, so wird die Geltendmachung der Forderung durch den Dritten durch § 2 S. 1 ProstG nicht ausgeschlossen.[77] Der Prostituierten steht in diesem Fall ein Entgeltanspruch gegen den Dritten aus § 1 S. 2 ProstG zu (vgl Rn 9).

B. Ausschluss von Einwendungen und Einreden

I. Schlechtleistung

31 Einwendungen des Vertragspartners der Prostituierten werden durch § 2 S. 2 und 3 ProstG weitgehend ausgeschlossen. Nach § 2 S. 2 ProstG kann sich der Freier nur auf die vollständige, der Bordellbetreiber auch auf die teilweise Nichterfüllung (in Form der Nichteinhaltung der Arbeitszeit)[78] berufen. Weder der Freier noch der Bordellbetreiber kann also geltend machen, die Prostituierte hätte ihre sexuellen Leistungen **nicht wie geschuldet** (schlecht) erbracht.[79] Damit kommen auch Schadensersatzansprüche des Freiers oder des Bordellbetreibers wegen Schlechterfüllung (§§ 280 Abs. 1, 3, 281) nicht in Betracht.[80]

II. Erfüllung und Erfüllungssurrogate, Verjährung

32 Nach § 2 S. 3 ProstG ist der Einwand der **Erfüllung** nach § 362 zulässig. Dies lässt den Gegenschluss zu, dass Erfüllungssurrogate (Aufrechnung, Hinterlegung, Leistung an Erfüllungs statt) nicht in Betracht kommen. Für die **Aufrechnung** ergibt sich dies auch aus § 394 S. 1. Denn die Forderung der Prostituierten ist nach § 2 S. 1 ProstG nicht abtretbar und damit nach § 851 Abs. 1 ZPO unpfändbar.[81] Mit dem Ausschluss der Aufrechnung hat der Gesetzgeber verhindern wollen, dass Bordellbetreiber den Prostituierten den Ausstieg erschweren, indem sie sie zunächst in Schulden verstricken, um dann den Rückzahlungsanspruch gegen ihre Entgeltforderungen aufzurechnen.[82] Aus dem gleichen Grunde ist auch der Einwand der **Stundung** oder des **Erlasses** ausgeschlossen.[83] Die Einrede der **Verjährung** ist dagegen nach § 2 S. 3 ProstG zulässig, weil die Prostituierte insoweit nicht besonders schutzbedürftig ist.

75 BT-Drucks. 14/5958, S. 6; MüKo/*Armbrüster*, § 2 ProstG Rn 1.
76 Bamberger/Roth/*Wendtland*, Anh. § 138, § 2 ProstG Rn 7; Palandt/*Ellenberger*, Anh. § 138, § 2 ProstG Rn 3.
77 BT-Drucks. 14/5958, S. 6; MüKo/*Armbrüster*, § 2 ProstG Rn 1.
78 Bamberger/Roth/*Wendtland*, Anh. § 138, § 2 ProstG Rn 4.
79 BT-Drucks. 14/5958, S. 6; MüKo/*Armbrüster*, § 2 ProstG Rn 2; Palandt/*Ellenberger*, Anh. § 138, § 2 ProstG Rn 1; *Bergmann*, JR 2003, 270, 274 f.
80 MüKo/*Armbrüster*, § 2 ProstG Rn 3; *Bergmann*, JR 2003, 270, 276.
81 Vgl MüKo/*Armbrüster*, § 2 ProstG Rn 3; *Bergmann*, JR 2003, 270, 274.
82 BT-Drucks. 14/5958, S. 6.
83 MüKo/*Armbrüster*, § 1 ProstG Rn 3.

III. Sonstige Einwendungen

33 Nach Sinn und Zweck des § 2 ProstG erfasst der Einwendungsausschluss nur solche Einwendungen, gegenüber denen die Prostituierten **besonders schutzwürdig** erscheinen. Im Übrigen ist eine teleologische Reduktion erforderlich. Der Freier ist damit nicht daran gehindert, sich auf seine **fehlende** oder **eingeschränkte Geschäftsfähigkeit** (§§ 104 ff) zu berufen oder den Vertrag wegen **arglistiger Täuschung** oder **Drohung** (§§ 123, 142) anzufechten.[84] Er kann darüber hinaus auch die **Sittenwidrigkeit** des Geschäfts (§ 138 Abs. 1) geltend machen, wobei die Sittenwidrigkeit aber auf zusätzliche Umstände gestützt werden muss (vgl Rn 16). In Betracht kommt insbesondere die sittenwidrige Überhöhung des Preises.[85] In Bezug auf Getränkepreise in Animierlokalen ist die Rechtsprechung aber sehr großzügig.[86] Dass der Preis für Getränke und „Serviceleistungen" auch der Entlohnung von Prostituierten dient, kann für sich genommen die Sittenwidrigkeit nicht mehr begründen.[87]

§ 3 ProstG [Sozialversicherungsrecht]

¹Bei Prostituierten steht das eingeschränkte Weisungsrecht im Rahmen einer abhängigen Tätigkeit der Annahme einer Beschäftigung im Sinne des Sozialversicherungsrechts nicht entgegen.

34 Ein wesentlicher Zweck des ProstG besteht darin, Prostituierten den Zugang zur Sozialversicherung zu verschaffen. Dem dient zum einen die **Streichung des § 180 a Abs. 1 Nr. 2 StGB** aF (vgl Rn 3). Zum anderen sollen die zivilrechtlichen Regelungen des ProstG nach dem Willen des Gesetzgebers klarstellen, dass der Zugang zur Sozialversicherung nicht an der Frage der **Sittenwidrigkeit** scheitern darf.[88] Diese Klarstellung dürfte indes überflüssig sein. Schon vor Inkrafttreten des ProstG hatte das BSG nämlich festgestellt, dass die Sittenwidrigkeit eines Vertrages nach § 138 Abs. 1 der Annahme eines versicherungs- und beitragspflichtigen Beschäftigungsverhältnisses nicht entgegensteht. Rechtlich missbilligt werde der Zwang zur Vornahme sittenwidriger Handlungen für die Zukunft. Ein solcher Zwang werde durch die Anerkennung der Versicherungs- und Beitragspflicht für eine aus zivilrechtlicher Sicht sittenwidrige, aber durchgeführte Beschäftigung aber nicht ausgeübt.[89]

35 § 3 ProstG enthält eine weitere Klarstellung. Die Vorschrift knüpft an die Feststellung an, dass das **Weisungsrecht** des Arbeitgebers **gegenüber abhängig beschäftigten Prostituierten** beschränkt ist (vgl Rn 17). Diese Beschränkung steht der Annahme einer Beschäftigung iSd Sozialversicherungsrechts ebenfalls nicht entgegen.

§ 139 Teilnichtigkeit

Ist ein Teil eines Rechtsgeschäfts nichtig, so ist das ganze Rechtsgeschäft nichtig, wenn nicht anzunehmen ist, dass es auch ohne den nichtigen Teil vorgenommen sein würde.

Literatur: *Beyer*, Salvatorische Klauseln, 1988; *Böhme*, Erhaltungsklauseln – Zugleich ein Beitrag zur Lehre vom teilnichtigen Rechtsgeschäft, 2000; *Canaris*, Gesamtunwirksamkeit und Teilgültigkeit rechtsgeschäftlicher Regelungen, in: FS Steindorff 1990, S. 519 ff; *Eisenhardt*, Die Einheitlichkeit des Rechtsgeschäfts und die Überwindung des Abstraktionsprinzips, JZ 1991, 271; *J. Hager*, Gesetzes- und sittenkonforme Auslegung und Aufrechterhaltung von Rechtsgeschäften, 1983; *ders.*, Die gesetzeskonforme Aufrechterhaltung übermäßiger Vertragspflichten – BGHZ 89, 316 und 90, 69, JuS 1985, 264; *Keim*, Keine Anwendung des § 139 BGB bei Kenntnis der Parteien von der Teilnichtigkeit?, NJW 1999, 2866; *Krampe*, Aufrechterhaltung von Verträgen und Vertragsklauseln, AcP 194 (1994), 1; *H.C. Mayer*, Das „Verbot" der geltungserhaltenden Reduktion und seine Durchbrechungen, 1999; *Oepen*, Zur Dogmatik des § 139 BGB – Grundsätzliche Überlegungen zu einer zentralen Regelung des Bürgerlichen Rechts, 2000; *Pierer von Esch*, Teilnichtige Rechtsgeschäfte – Das Verhältnis von Parteiwille und Rechtssatz im Bereich des § 139 BGB, 1968; *Roth*, Geltungserhaltende Reduktion im Privatrecht, JZ 1989, 411; *Tiedtke*, Teilnichtigkeit eines sittenwidrigen Rechtsgeschäfts, ZIP 1987, 1089; *Ulmer*, Offene Fragen zu § 139 BGB, in: FS Steindorff 1990, S. 798 ff; *Zimmermann*, Richterliches Moderationsrecht oder Totalnichtigkeit?, 1979.

84 Bamberger/Roth/*Wendtland*, Anh. § 138, § 2 ProstG Rn 5; MüKo/*Armbrüster*, § 2 ProstG Rn 4; Palandt/*Ellenberger*, Anh. § 138, § 2 ProstG Rn 1.

85 BGH NJW 1987, 2014, 2015; Palandt/*Ellenberger*, Anh. § 138 § 2 ProstG Rn 1; *Bergmann*, JR 2003, 270, 276.

86 Vgl OLG Köln NJW-RR 2002, 621, 622; OLG Schleswig NJW 2005, 225, 226 f.

87 LG Flensburg NJW-RR 2003, 417, 418; aA OLG Schleswig NJW 2005, 225, 226 f.

88 BT-Drucks. 14/5958, S. 5.

89 BSG SozR 3-2400 § 7 Nr. 15; dies sieht auch BT-Drucks. 14/5958, S. 5. Zur Arbeitnehmereigenschaft von Prostituierten vgl auch LAG Hessen NZA 1998, 221. Ausf. zum Ganzen *Felix*, NZS 2002, 225 ff.

A. Allgemeines

1 § 139 regelt das Schicksal von Rechtsgeschäften, deren einer Teil nichtig ist. Ob der andere, an sich wirksame Teil ebenfalls nichtig ist oder wirksam bleibt, richtet sich danach, ob die Parteien das Rechtsgeschäft auch ohne diesen Teil vorgenommen hätten, also nach dem (hypothetischen) Parteiwillen. § 139 statuiert insofern die **Vermutung**, dass die Parteien das Rechtsgeschäft ohne den nichtigen Teil nicht vorgenommen hätten; im Zweifel ist das Rechtsgeschäft also insgesamt unwirksam.[1] Dadurch soll gewährleistet werden, dass die Beteiligten nicht gegen ihren Willen an ein von ihnen so nicht gewolltes Rechtsgeschäft gebunden werden. Die Vermutung kann **widerlegt** werden, indem Umstände dargetan werden, aus denen sich ergibt, dass die Parteien das Rechtsgeschäft auch ohne den nichtigen Teil vorgenommen hätten. Die Rechtsprechung hat die Regel des § 139, nach der im Zweifel Totalnichtigkeit vorliegt, erheblich eingeschränkt.

B. Regelungsgehalt

I. Anwendungsbereich

2 § 139 gilt für **Rechtsgeschäfte aller Art**, für einseitige Rechtsgeschäfte ebenso wie für Verträge, auch für solche auf dem Gebiet des Familien- und Erbrechts. Auch auf **Versammlungsbeschlüsse** mit rechtsgeschäftlichem Inhalt ist die Norm anwendbar.[2] Bei **Arbeits- und Gesellschaftsverträgen** ist der Vorrang der Lehre vom fehlerhaften Arbeitsverhältnis bzw der fehlerhaften Gesellschaft zu beachten.[3] Im **Zivilprozess** ist § 139 entsprechend anwendbar.[4]

3 Auf **Gesetze im materiellen Sinn** (zB auch Bebauungspläne) findet § 139 keine Anwendung.[5] Das Gleiche gilt für **Vereinssatzungen** und von Vereinsorganen erlassene Geschäftsordnungen, da bei diesen mit der Entstehung des Vereins der Gründerwille hinter dem in der Satzung objektivierten Vereinswillen zurücktritt; die Frage der Teil- oder Gesamtnichtigkeit hängt deswegen davon ab, ob aus dem Satzungsinhalt geschlossen werden kann, dass der verbleibende Teil der Satzung auch ohne den nichtigen Teil dem Vereinszweck und den satzungsmäßigen Mitgliederbelangen gerecht wird und eine in sich sinnvolle Regelung des Vereinslebens bleibt.[6] Auch bei Regelungen in **Tarifverträgen**, die Rechtsnormcharakter haben, ist die Frage der Restgültigkeit rein objektiv zu entscheiden.[7] Für **öffentlich-rechtliche Verträge** gilt § 59 Abs. 3 VwVfG, für **Verwaltungsakte** § 44 Abs. 4 VwVfG.

4 **Spezialvorschriften**, die das Problem der Teilnichtigkeit regeln und § 139 vorgehen, sind §§ 306, 1626 e,[8] 2085, 2195 (evtl. iVm § 2279 Abs. 1), 2298 BGB, § 275 AktG, § 75 GmbHG. Nach § 3 S. 2 IngALG wird die Wirksamkeit eines auf den Erwerb eines Grundstücks gerichteten Vertrags nicht dadurch beeinträchtigt, dass der Erwerber gleichzeitig eine – nach § 3 S. 1 IngALG unwirksame – Verpflichtung übernimmt, bei der Planung oder Ausführung eines Bauwerks auf dem Grundstück die Leistungen eines bestimmten Ingenieurs oder Architekten in Anspruch zu nehmen.

1 BGHZ 128, 156, 165 = NJW 1995, 722, 724; BGH NJW 1996, 2087, 2088; NJW-RR 1997, 684, 685; *Larenz/Wolf*, BGB AT, § 45 Rn 21. Für Auslegungsregel: BGH NJW-RR 1989, 800, 801; *Bork*, BGB AT, Rn 1209; Erman/*Palm*, § 139 Rn 1.
2 BGHZ 124, 111, 122 = BGH NJW 1994, 520, 523 (Aufsichtsratsbeschluss); BGHZ 139, 288, 297 f = NJW 1998, 3713, 3715 f (Wohnungseigentümerbeschluss); Erman/*Palm*, § 139 Rn 2; Staudinger/*Roth*, § 139 Rn 27.
3 BGH DB 1976, 2106.
4 Staudinger/*Roth*, § 139 Rn 30.
5 Palandt/*Ellenberger*, § 139 Rn 4; Staudinger/*Roth*, § 139 Rn 18. AA *Flume*, BGB AT Bd. 2, § 32 5, S. 582.
6 BGHZ 47, 172, 179 ff = NJW 1967, 1268, 1271; Erman/*Palm*, § 139 Rn 2; Soergel/*Hefermehl*, § 139 Rn 12; Staudinger/*Roth*, § 139 Rn 19.
7 Vgl BAGE 1, 258, 271 f; BAG BB 1986, 1776.
8 OLG Düsseldorf DNotZ 2008, 708, 709.

5 Neuerdings sieht der Gesetzgeber zunehmend von der Anordnung der Nichtigkeit einzelner Vertragsbestimmungen ab, um den Anwendungsbereich des § 139 gar nicht erst zu eröffnen. Dies gilt etwa bei Regelungen, die nur zugunsten einer Partei zwingend sind. Weicht eine Vereinbarung zu Lasten der begünstigten Partei von einer solchen Regelung ab, ist diese Vereinbarung dann nicht unwirksam, sondern die Gegenpartei kann sich lediglich **nicht darauf berufen** (§§ 444, 475 Abs. 1, 478 Abs. 4, 639).[9]

II. Abdingbarkeit

6 Schon daraus, dass § 139 den hypothetischen Parteiwillen für maßgeblich erklärt, folgt, dass die Norm **dispositiv** ist. Die Parteien können sowohl vereinbaren, dass ein Vertrag auch bei Nichtigkeit einzelner Regelungen wirksam sein soll (salvatorische Klausel), als auch, dass er bei Nichtigkeit einzelner Regelungen unwirksam sein soll. Sie können insofern auch hinsichtlich verschiedener Klauseln differenzieren.

7 **Salvatorische Klauseln** „retten" den Vertrag für den Fall der Nichtigkeit einzelner Bestimmungen. In einer solchen Klausel liegt nicht unbedingt eine Abbedingung des § 139; vielmehr stellt sie einfach klar, was der – in diesem Fall nicht hypothetische, sondern tatsächliche – Parteiwille ist, auf den § 139 abstellt.[10] Auch dieser tatsächliche Parteiwille ist jedoch der **Auslegung** zugänglich. Im Einzelfall kann daher trotz einer salvatorischen Klausel Gesamtnichtigkeit vorliegen, etwa wenn eine wesentliche Vertragsbestimmung unwirksam ist und durch die Teilnichtigkeit der Gesamtcharakter des Vertrags verändert wird.[11] Dies hat der BGH bei der Unwirksamkeit der Pflicht zur Übergabe der Patientenkartei in einem Praxisübernahmevertrag in Erwägung gezogen.[12] Die salvatorische Klausel kehrt lediglich die **Beweislast** um (s. Rn 58).

8 Salvatorische Klauseln können nicht nur den nicht nichtigen Teil des Vertrags aufrechterhalten (**Erhaltungsklauseln**). Sie können vielmehr auch festlegen, was anstelle der nichtigen Regelungen gelten soll (**Ersetzungsklauseln**), indem sie entweder selbst eine entsprechende Regelung statuieren oder anordnen, dass an die Stelle der nichtigen Vertragsteile eine zumutbare Regelung treten soll, die den Interessen der Vertragspartner am nächsten kommt. Salvatorische Klauseln sind grundsätzlich **zulässig**.[13]

III. Einheitlichkeit und Teilbarkeit des Rechtsgeschäfts

9 § 139 setzt erstens voraus, dass ein einheitliches Rechtsgeschäft vorliegt und nicht mehrere nebeneinander stehende, wenn auch inhaltlich im Zusammenhang stehende Rechtsgeschäfte; denn von mehreren Rechtsgeschäften ist nur das vom Nichtigkeitsgrund erfasste unwirksam, sofern die Rechtsgeschäfte nicht durch eine auflösende (§ 158 Abs. 2) oder eventuell auch eine aufschiebende (§ 158 Abs. 1) Bedingung verbunden sind. Zweitens setzt die Norm voraus, dass sich das einheitliche Rechtsgeschäft in einen nichtigen und einen wirksamen Teil zerlegen lässt; andernfalls kommt nur Gesamtnichtigkeit in Frage.

10 **1. Einheitlichkeit des Rechtsgeschäfts.** Die Frage, ob ein einheitliches Rechtsgeschäft vorliegt, stellt sich nur, wenn der nichtige und der wirksame Teil jeweils auch für sich Bestand haben können. Bezieht sich die Nichtigkeit dagegen auf einzelne Klauseln eines einheitlichen Vertrags (etwa einen Haftungsausschluss), dann versteht sich die Einheitlichkeit von selbst.

11 Ob ein einheitliches Rechtsgeschäft vorliegt oder mehrere Rechtsgeschäfte, hängt vom **Parteiwillen** im Zeitpunkt der Vornahme des Rechtsgeschäfts ab.[14] Eine saubere **Trennung** von demjenigen (ggf hypothetischen) Parteiwillen, der über Gesamtnichtigkeit oder Restgültigkeit entscheidet, wird dabei häufig weder möglich noch nötig sein.[15] Denn für die Parteien stellen sich beide Fragen meist gemeinsam; entscheidend ist für sie allein, ob im Fall der Nichtigkeit der einen Vereinbarung auch die andere nichtig sein soll.[15] Das wird sehr deutlich in der gebräuchlichen Formulierung, ein einheitliches Rechtsgeschäft liege vor, wenn die Verträge

9 S. BT-Drucks. 14/6040, S. 240; BT-Drucks. 14/7052, S. 199.

10 Vgl *Bork*, BGB AT, Rn 1216.

11 BGH NJW 1996, 773, 774; NJW-RR 1997, 684, 685; NJW 1997, 933, 935; 2003, 347 f; NJW-RR 2005, 1534, 1535; OLG Nürnberg GmbHR 2010, 141, 144; *Bork*, BGB AT, Rn 1216; *Flume*, BGB AT Bd. 2, § 32 3, S. 575; *Larenz/Wolf*, BGB AT, § 45 Rn 23; MüKo/*Busche*, § 139 Rn 8; Palandt/*Ellenberger*, § 139 Rn 17. AA BGH NJW 1994, 1651, 1653 („Pronuptia II") (aufgegeben durch BGH NJW 2003, 347 f).

12 BGH NJW 1996, 773, 774.

13 BGH NJW 1996, 773, 774; NJW-RR 1997, 684, 685; MüKo/*Busche*, § 139 Rn 8; Staudinger/*Roth*, § 139 Rn 22.

14 BGH NJW-RR 1990, 442, 443; Palandt/*Ellenberger*, § 139 Rn 5; Soergel/*Hefermehl*, § 139 Rn 17; Staudinger/*Roth*, § 139 Rn 37. Vom objektiven Sinnzusammenhang geht dagegen MüKo/*Busche*, § 139 Rn 16 ff aus, hält letztlich aber auch den Parteiwillen für entscheidend.

15 Krit. *Bork*, BGB AT, Rn 1210; MüKo/*Busche*, § 139 Rn 23.

16 Vgl BGHZ 112, 288, 293 = NJW 1991, 105, 106; BGH NJW 1994, 2885; *Larenz/Wolf*, BGB AT, § 45 Rn 6; MüKo/*Busche*, § 139 Rn 18.

nach dem Willen der Parteien miteinander stehen und fallen sollen.[17] Ist dies der Fall, müssen beide Vereinbarungen zwangsläufig als einheitliches Rechtsgeschäft ausgelegt werden. Ist es dagegen nicht der Fall, ist es belanglos, ob die Gültigkeit der einen Vereinbarung daraus folgt, dass sie ein von der anderen getrenntes eigenständiges Rechtsgeschäft darstellt, oder daraus, dass beide zwar Teile desselben Rechtsgeschäfts sind, der hypothetische Parteiwille jedoch nicht auf Totalnichtigkeit, sondern auf Restgültigkeit gerichtet ist.

Der Parteiwille ist nach den **allgemeinen Auslegungsgrundsätzen**, also in der Regel nach dem objektiven Empfängerhorizont, zu ermitteln; es genügt daher, wenn der Wille nur bei einem Partner vorhanden ist, für den anderen jedoch erkennbar ist und von ihm hingenommen wird.[18] Erforderlich ist ein Wille zur rechtlichen, nicht nur zur wirtschaftlichen Verknüpfung.[19] Häufig wird sich der entsprechende Parteiwille nur aus objektiven Indizien erschließen lassen. Von Bedeutung ist insofern, ob ein wirtschaftlicher Zusammenhang zwischen den Geschäften besteht.[20] Die Zusammenfassung mehrerer Geschäfte in einer einzigen **Urkunde** begründet eine Vermutung der Einheitlichkeit und umgekehrt.[21] **12**

Die Zusammenfassung zu einem einheitlichen Rechtsgeschäft setzt nicht voraus, dass die einzelnen Teile **gleichzeitig** geschlossen wurden; vielmehr können die Parteien beim Abschluss eines Geschäfts ein schon vorher geschlossenes anderes Geschäft iSv § 139 einbeziehen.[22] Auch die Beteiligung **unterschiedlicher Personen** schließt die Zusammenfassung zu einem einheitlichen Rechtsgeschäft nicht notwendig aus; erforderlich ist aber, dass die Einheitlichkeit auf dem Willen aller Beteiligten beruht.[23] **13**

Die Parteien können ganz **verschiedenartige Geschäfte** zu einem einheitlichen Rechtsgeschäft zusammenfassen.[24] Für verbundene Verträge iSv § 358 stellt dieser eine Spezialregelung dar.[25] **14**

Für möglich gehalten wurde etwa eine Einheit von Vollmacht und Grundgeschäft,[26] von einem Ehevertrag und einem Erbvertrag,[27] von einem Vertrag über anwaltliche und notarielle Tätigkeit,[28] von Franchisevertrag und dem Kaufvertrag hinsichtlich der Warenerstausstattung,[29] von Franchisevertrag und Mietvertrag,[30] von Grundstückskaufvertrag und Baubetreuungsvertrag (mit verschiedenen Partnern),[31] von Grundstückskaufvertrag und Bierlieferungsvertrag,[32] von dem Geschäft, aus dem die zu sichernde Forderung erwächst, und der Sicherungsabrede,[33] von Wahlleistungsvereinbarung und Arztzusatzvertrag.[34] **15**

Verneint wurde eine Einheit von mehreren Bürgschaften,[35] von Hauptvertrag und Schiedsvertrag,[36] von dinglicher Einigung und Besitzkonstitut,[37] von Rahmenvertrag und den auf seiner Grundlage geschlossenen und schon erfüllten Einzelverträgen,[38] von Franchisevertrag und Kaufverträgen über Warennachlieferungen,[39] von Kaufvertrag über einen handelsüblichen Computer und Vertrag über Standard-Software (trotz Zusammenfassung in einer einzigen Urkunde),[40] von Treuhandvertrag und Vollmacht des Treuhänders zum Abschluss eines Darlehensvertrags.[41] Bei der **Prozessaufrechnung** besteht eine Einheit von materiellrecht- **16**

17 ZB BGH NJW 1976, 1931, 1932; 1986, 1988, 1990 (insoweit nicht abgedr. in BGHZ 97, 351); NJW-RR 1990, 442, 443; NJW 1992, 3237, 3238; 1997, 933, 934; NJW-RR 2007, 395 Rn 17.

18 BGH LM Nr. 46 zu § 139 BGB; BGH NJW 1987, 2004, 2007; BGHZ 101, 393, 396 = NJW 1988, 132; BGH NJW-RR 1990, 340, 341; BGHZ 112, 376, 378 = NJW 1991, 917; BGH NJW 1992, 3237, 3238. Ebenso bei Beteiligung verschiedener Personen an mehreren Rechtsgeschäften BGH NJW-RR 1990, 442, 443.

19 BGH NJW 1987, 2004, 2007; NJW-RR 2007, 395 Rn 17.

20 BGH NJW-RR 1988, 348, 351; Soergel/*Hefermehl*, § 139 Rn 17.

21 BGHZ 54, 71, 72 = NJW 1970, 1414, 1415; BGH NJW 1976, 1931, 1932; 1987, 2004, 2007; NJW-RR 1988, 348, 351; 1990, 340, 341; NJW 1992, 3237, 3238; Soergel/*Hefermehl*, § 139 Rn 18; Staudinger/*Roth*, § 139 Rn 40 f (Anscheinsbeweis).

22 *Flume*, BGB AT Bd. 2, § 32 2 a, S. 571; *Medicus*, BGB AT, Rn 502.

23 BGH NJW 1976, 1931, 1932; NJW-RR 1988, 348, 351; 1990, 340 f; NJW 1992, 3237, 3238; NJW-RR 1993, 1421, 1422; BGHZ 138, 91, 98 = NJW 1998, 1778, 1780; Staudinger/*Roth*, § 139 Rn 39, 43 f. AA *Flume*, BGB AT Bd. 2, § 32 2 a, S. 572; *Medicus*, BGB AT, Rn 502.

24 BGH FamRZ 1966, 445, 446; NJW 1976, 1931, 1932; NJW-RR 1990, 340 f; NJW 1992, 3237, 3238; Soergel/*Hefermehl*, § 139 Rn 19; Staudinger/*Roth*, § 139 Rn 39, 42.

25 *Medicus*, BGB AT, Rn 502; Staudinger/*Roth*, § 139 Rn 43.

26 BGH BB 1964, 148, 149; BGHZ 102, 60, 62 = NJW 1988, 697, 698; BGHZ 110, 363, 369 = NJW 1990, 1721, 1723; BGH NJW 1992, 3237, 3238; 1994, 2095; NJOZ 2002, 2493, 2495. Abl. Soergel/*Hefermehl*, § 139 Rn 20.

27 OLG Stuttgart FamRZ 1987, 1034, 1035 ff.

28 BGH NJW 1986, 2576, 2577.

29 BGH NJW 1986, 1988, 1990 (insoweit nicht abgedr. in BGHZ 97, 351); BGHZ 112, 288, 293 = NJW 1991, 105, 106.

30 BGH NJW 1986, 1988, 1990 (insoweit nicht abgedr. in BGHZ 97, 351).

31 BGH NJW 1976, 1931, 1932.

32 BGHZ 112, 376, 378 = NJW 1991, 917, 917 f.

33 BGH NJW 1994, 2885.

34 BGHZ 138, 91, 98 = NJW 1998, 1778, 1780.

35 OLG Frankfurt NJW-RR 1988, 496.

36 BGHZ 53, 315, 318 f (insoweit nicht abgedr. in NJW 1970, 1046).

37 MüKo/*Busche*, § 139 Rn 22.

38 BGH NJW 1997, 933, 934.

39 BGH NJW 1986, 1988, 1990 (insoweit nicht abgedr. in BGHZ 97, 351).

40 BGH NJW 1987, 2004, 2007.

41 BGH NJW-RR 2007, 395 Rn 17 ff.

lichem Rechtsgeschäft und Prozesshandlung; ist die Aufrechnung prozessual unzulässig, so ist im Zweifel auch die materiellrechtliche Aufrechnung unwirksam.[42]

17 Umstritten ist, ob auch **Verpflichtungs- und Verfügungsgeschäft** iSv § 139 zusammengefasst werden können,[43] da das Abstraktionsprinzip gerade die Unabhängigkeit beider voneinander betont. Allerdings ist kein Grund dafür ersichtlich, um eines rechtstechnischen Prinzips willen die Privatautonomie zu beschränken. Ebenso, wie die Parteien Verpflichtungs- und Verfügungsgeschäft durch eine Bedingung (§ 158) miteinander verknüpfen können, können sie beide als einheitliches Rechtsgeschäft iSv § 139 ausgestalten; eine Ausnahme gilt deshalb, wenn eines der Geschäfte (wie die Auflassung, § 925 Abs. 2) bedingungsfeindlich ist.[44] Das Abstraktionsprinzip gebietet jedoch, eine solche Verknüpfung nur dann anzunehmen, wenn konkrete Anhaltspunkte für einen entsprechenden Parteiwillen sprechen.[45] Im **Grundbuchverfahren** kann das Grundbuchamt daher in aller Regel davon ausgehen, dass das Verfügungsgeschäft von Mängeln des Verpflichtungsgeschäfts nicht beeinträchtigt wird.[46]

18 **2. Teilbarkeit des Rechtsgeschäfts. a) Grundsatz.** Teilbarkeit liegt vor, wenn der nicht von der Nichtigkeit erfasste Teil des Rechtsgeschäfts einer **selbständigen Geltung** fähig ist.[47] Daran fehlt es etwa, wenn bei einem Vertrag die Erklärung des einen Vertragspartners nichtig ist, weil die Erklärung des anderen Vertragspartners für sich allein gegenstandslos ist. In der Rechtsprechung wird Teilbarkeit meist bejaht.[48] Darüber, ob schließlich Teil- oder Gesamtnichtigkeit eintritt, entscheidet ja letztlich ohnehin der hypothetische Parteiwille.

19 **b) Objektive Teilbarkeit.** Werden **mehrere selbständige Geschäfte** kraft Parteiwillens zu einem einheitlichen Rechtsgeschäft verbunden, so ist dieses normalerweise in seine einzelnen Elemente teilbar. Dies setzt allerdings voraus, dass auch die **Gegenleistung** jeweils einzeln festgesetzt wurde. Wurde sie dagegen einheitlich festgesetzt und kann nicht nach objektiven Kriterien aufgespalten werden, scheidet eine Teilbarkeit aus.[49]

20 Wenn von Haus aus ein einheitliches Rechtsgeschäft vorliegt und **einzelne** von dessen **Bestimmungen** nichtig sind, kommt es darauf an, ob der Rest als selbständiges Rechtsgeschäft Bestand haben kann. Unerheblich ist dabei, ob die Bestimmungen in eine oder in zwei Klauseln gefasst sind. Gibt etwa eine Klausel eines **Gesellschaftsvertrags** einem Gesellschafter das Recht, Mitgesellschafter nach freiem Ermessen auszuschließen, beinhaltet das zwei voneinander unabhängige Abweichungen von § 140 HGB, nämlich die Entbehrlichkeit erstens eines wichtigen Grundes für den Ausschluss und zweitens einer Gestaltungsklage. Der BGH hat die Klausel deshalb mit dem Inhalt aufrechterhalten, dass ein Ausschluss entsprechend § 140 HGB nur bei Vorliegen eines wichtigen Grundes, in Abweichung von § 140 HGB aber durch Gestaltungserklärung erfolgen konnte.[50]

21 Bei Teilbarkeit der Leistung(en) kann eine **gemischte Schenkung** in einen wirksamen entgeltlichen und einen wegen Formmangels nichtigen Teil aufgespalten werden,[51] ein **Vertretergeschäft** in einen wirksamen von der Vertretungsmacht gedeckten Teil und einen (schwebend) unwirksamen Rest.[52] Ist der Grundstückserwerber ermächtigt, schon vor seiner Eintragung „im Rahmen der Finanzierung des Kaufpreises" **Grundpfandrechte** zu bestellen, und bestellt er eine Grundschuld zur Sicherung all seiner Verbindlichkeiten, lässt sich die Grundschuldbestellung nicht in einen von der Ermächtigung gedeckten und einen ungedeckten Teil zerlegen.[53]

42 Erman/*Palm*, § 139 Rn 8; Staudinger/*Roth*, § 139 Rn 30.

43 Dafür: BGH NJW 1979, 1495, 1496; 1985, 3006, 3007; NJW-RR 1989, 519; BGHZ 112, 376, 378 = NJW 1991, 917, 918; BGH NJW 1992, 3237, 3238; Bamberger/Roth/*Wendtland*, § 139 Rn 10; *Eisenhardt*, JZ 1991, 271, 277; *Medicus*, BGB AT, Rn 241; Palandt/*Ellenberger*, § 139 Rn 7. Dagegen: *Bork*, BGB AT, Rn 488; Erman/*Palm*, § 139 Rn 23; *Flume*, BGB AT Bd. 2, § 32 2 a, S. 571; *Larenz/Wolf*, BGB AT, § 45 Rn 9 f; Soergel/*Hefermehl*, § 139 Rn 20; Staudinger/*Roth*, § 139 Rn 54.

44 BGH NJW 1979, 1495, 1496; 1985, 3006, 3007; BGHZ 112, 376, 378 = NJW 1991, 917, 918 (jeweils für das Verhältnis von Grundstückskaufvertrag und Auflassung); Bamberger/Roth/*Wendtland*, § 139 Rn 9; Palandt/*Ellenberger*, § 139 Rn 9.

45 BGH NJW-RR 1989, 519; Bamberger/Roth/*Wendtland*, § 139 Rn 11; *Medicus*, BGB AT, Rn 241; MüKo/*Busche*, § 139 Rn 20; Palandt/*Ellenberger*, § 139 Rn 8 (Einheit aber in der Regel beim Handkauf).

46 Vgl BayObLG NJW-RR 1990, 722, 723; 1997, 590; Palandt/*Ellenberger*, § 139 Rn 8; Staudinger/*Roth*, § 139 Rn 58.

47 BGH NJW-RR 1987, 1260; Staudinger/*Roth*, § 139 Rn 60.

48 Staudinger/*Roth*, § 139 Rn 60.

49 BGH BB 1957, 164; NJW 1996, 773, 775; *Flume*, BGB AT Bd. 2, § 32 2 d, S. 575; *Keim*, NJW 1999, 2866, 2868.

50 BGHZ 107, 351, 356 = NJW 1989, 2681, 2682.

51 RGZ 148, 236, 238 ff; vgl Staudinger/*Roth*, § 139 Rn 64. Zweifelnd Erman/*Palm*, § 139 Rn 15.

52 BGH NJW 1970, 240, 241; Erman/*Palm*, § 139 Rn 17; Soergel/*Hefermehl*, § 139 Rn 26; Staudinger/*Roth*, § 139 Rn 64.

53 BGHZ 106, 1, 5 = NJW 1989, 521, 522.

c) Subjektive Teilbarkeit. Subjektive Teilbarkeit kommt in Betracht, wenn auf einer oder beiden Seiten des Rechtsgeschäfts **mehrere Personen** beteiligt sind und das Rechtsgeschäft nur in Bezug auf einzelne dieser Personen nichtig ist.[54] Eine Aufteilung ist etwa möglich, wenn mehrere als **Gesamtschuldner** verpflichtet sind (zB als Mitbürgen).[55] Schließt jemand einen Vertrag in eigenem Namen und zugleich als vollmachtloser Vertreter eines Dritten, gilt § 139 selbst dann, wenn der Betreffende nach § 179 Abs. 1 haftet.[56] Die Zustimmung einer Partei (zB des Vermieters) zu einer **Vertragsübernahme** kann nicht in eine Zustimmung zur Entlassung des Ausscheidenden aus dem Vertrag und in eine Zustimmung zum Eintritt des Nachfolgers aufgespalten werden; eine Anfechtung nach § 123 setzt daher voraus, dass in der Person sowohl des Ausscheidenden als auch des Nachfolgers die Voraussetzungen des § 123 Abs. 1 oder 2 vorliegen.[57] 22

d) Quantitative Teilbarkeit und geltungserhaltende Reduktion. aa) Problem. § 139 betrifft die Nichtigkeit eines Teils und die Wirksamkeit eines anderen Teils eines Rechtsgeschäfts. Es geht also um Fälle, in denen der Nichtigkeitsgrund nur eine oder einzelne von **mehreren nebeneinander stehenden Klauseln** betrifft. Führt § 139 zur Restgültigkeit, sind die Folgen klar: Die nicht vom Nichtigkeitsgrund erfassten Klauseln sind so, wie sie vereinbart wurden, wirksam und werden durch die gesetzlichen Regelungen ergänzt. 23

Bei der sog. **quantitativen Teilbarkeit** dagegen geht es nicht um die Wirksamkeit einer anderen als der nichtigen Klausel, sondern um die Wirksamkeit dieser Klausel selbst, freilich mit „reduziertem" Inhalt. Es stellt sich also nicht nur die Frage, ob die Klausel aufrechtzuerhalten ist, sondern auch, mit welchem Inhalt. Der Richter muss daher vertragsgestaltend tätig werden und die unwirksame Klausel auf einen noch zulässigen Inhalt zurückführen.[58] Solche Fälle einer geltungserhaltenden Reduktion werden verbreitet unter § 139 gefasst, doch wegen des Erfordernisses einer Rechtsgestaltung gehen sie weit über den Regelungsbereich der Vorschrift hinaus. Sie sollten deshalb besser nicht als Anwendungsfälle von § 139 verstanden werden.[59] 24

bb) Rechtsprechung. Die Rechtsprechung ist in Bezug auf die Zulässigkeit einer geltungserhaltenden Reduktion völlig **uneinheitlich**, und den Begründungen, die der BGH für seine Entscheidungen gibt, lassen sich keine klaren Kriterien entnehmen. Der BGH hält § 139 nach seiner Zielsetzung auch dann für anwendbar, wenn die Vertragsschließenden anstelle der unwirksamen Regelung, hätten sie die Nichtigkeit von Anfang an gekannt, eine andere, auf das zulässige Maß beschränkte vereinbart hätten und sich der Vertragsinhalt in eindeutig abgrenzbarer Weise in den nichtigen Teil und den von der Nichtigkeit nicht berührten Rest aufteilen lässt. Der von § 139 geregelte Bereich sei überschritten, wenn an die Stelle der nichtigen Bestimmung eine von mehreren denkbaren wirksamen Regelungen gesetzt werden müsste.[60] 25

So hat der BGH etwa den sittenwidrigen **Schuldbeitritt** einer Ehefrau für Schulden ihres Mannes insoweit aufrechterhalten, als mit dem betreffenden Darlehen gemeinsame Schulden der Eheleute abgelöst wurden.[61] Ein wegen der damit verbundenen Beweislastumkehr sittenwidriges **abstraktes Schuldanerkenntnis**, das der Beklagte nach einem Nachtclubbesuch abgegeben hatte, hat der BGH entsprechend den zugrundeliegenden Einzel-Rechnungen in einen in Höhe eines Teilbetrags wirksamen Teil und den unwirksamen Rest aufgeteilt.[62] Eine unbefristete **Rückverkaufsverpflichtung** hat der BGH für die Dauer von 30 Jahren aufrechterhalten.[63] Die Vereinbarung einer überhöhten **Mietkaution** (§ 551 Abs. 1)[64] und eines überlangen Ausschlusses des Kündigungsrechts beim **Staffelmietvertrag** (§ 557 a Abs. 3)[65] hat der BGH jeweils mit dem Argument auf das zulässige Maß reduziert, die betreffenden Normen erklärten die Vereinbarung nicht insgesamt für unwirksam, sondern nur insoweit, als sie das zulässige Maß überschreite. 26

In ständiger Rechtsprechung hält es der BGH für möglich, **Bierlieferungsverträge** und **Automatenaufstellverträge**, die wegen ihrer übermäßig langen Laufzeit gegen § 138 BGB verstoßen, in entsprechender Anwendung von § 139 mit einer dem tatsächlichen oder vermuteten Parteiwillen entsprechenden geringeren Laufzeit aufrechtzuerhalten, wobei er von der längsten zulässigen Laufzeit ausgeht.[66] Dabei wird nur die vereinbarte Laufzeit reduziert; im Übrigen bleibt der Vertrag unverändert.[67] Voraussetzung für eine Reduzierung ist, dass 27

54 BGH NJW-RR 1987, 1260; NJW 1994, 1470, 1471.

55 RGZ 99, 52, 53 ff; RGZ 138, 272 ff; BGH NJW 2001, 3327, 3328.

56 BGH NJW 1970, 240, 241.

57 BGHZ 137, 255, 261 ff = NJW 1998, 531, 532 f.

58 Gänzlich abl. zur geltungserhaltenden Reduktion *Häsemeyer*, in: FS Ulmer 2003, S. 1097 ff; *Zimmermann*, passim.

59 Vgl *Bork*, BGB AT, Rn 1202 (Nichtigkeit der unwirksamen Klausel und Füllung der Lücke mit Hilfe ergänzender Vertragsauslegung); Soergel/*Hefermehl*, § 139 Rn 29 (analoge Anwendung von § 139); Staudinger/*Roth*, § 139 Rn 68 (allenfalls analoge Anwendung von § 139); *Zimmermann*, S. 75 ff. AA MüKo/*Busche*, § 139 Rn 25.

60 BGHZ 105, 213, 221 = NJW 1989, 834, 835 f; BGHZ 107, 351, 355 f = NJW 1989, 2681, 2682; BGHZ 146, 37, 47 = NJW 2001, 815, 817; BGH NJW 2009, 1135 Rn 12 f; vgl auch BGH NJW 1997, 3089, 3090.

61 BGHZ 146, 37, 47 f = NJW 2001, 815, 817.

62 BGH NJW 1987, 2014, 2015 f Abl. *Tiedtke*, ZIP 1987, 1089, 1095 f.

63 BGH NJW-RR 2007, 1608 Rn 19.

64 BGH NJW 2004, 3045, 3046 f.

65 BGH NJW 2006, 2696 Rn 18 ff.

66 BGH NJW 1972, 1459 f; 1974, 2089, 2090; 1985, 2693, 2695; NJW-RR 1990, 816; NJW 1992, 2145, 2146. IE zust. *Canaris*, in: FS Steindorff 1990, S. 519, 541 ff. Abl. *Tiedtke*, ZIP 1987, 1089, 1094 f.

67 BGH NJW 1992, 2145, 2146.

die überlange Dauer den einzigen Grund der Nichtigkeit darstellt.[68] Dabei soll es allerdings nicht schaden, wenn sich in dem Vertrag noch andere – möglicherweise ganz wenige und ihrerseits einer Einschränkung zugängliche – anstößige Klauseln finden lassen. Eine geltungserhaltende Reduktion soll vielmehr nur dann ausscheiden, wenn der Vertrag aufgrund zahlreicher zu beanstandender Klauseln „insgesamt überzogen" sei,[69] so dass die notwendigen Änderungen zu einer gänzlich neuen, von der bisherigen völlig abweichenden Vertragsgestaltung führen würden, die von dem Parteiwillen nicht mehr getragen wäre.[70] Der Unterschied zu den übrigen Sittenwidrigkeitsfällen, in denen der BGH eine geltungserhaltende Reduktion ablehnt (s. Rn 30), soll darin liegen, dass bei den Bierlieferungsfällen allein die lange Vertragsdauer den Vertrag zum sittenwidrigen mache, während gegen den übrigen Teil des Vertrags nichts einzuwenden sei.[71]

28 Verstöße gegen **Preisvorschriften** führen nicht zur Nichtigkeit des Vertrags, sondern zur Herabsetzung des Preises auf das zulässige Maß.[72] Im Fall einer Mietpreisüberhöhung nach § 5 WiStG, die nach § 134 nichtig ist, nimmt der BGH eine Reduzierung der Miete auf den nach § 5 WiStG noch zulässigen Betrag (und nicht auf die ortsübliche Vergleichsmiete) an. Er begründet dies mit dem Zweck von § 5 WiStG und verweist darauf, angesichts der Bußgeldbewehrung der Norm könne der Vermieter auch bei dieser Auslegung nicht risikolos eine überhöhte Miete verlangen.[73] Doch auf diese Weise wird zivilrechtlich derjenige begünstigt, dem ein besonders schwerer – nämlich strafbarer oder bußgeldbewehrter – Verstoß zur Last fällt.[74]

29 Eine Reduzierung der Zeitdauer kommt in Betracht in den Fällen des **§ 1822 Nr. 5**;[75] bei Lebensversicherungsverträgen scheidet eine Aufrechterhaltung mit kürzerer Laufzeit nach dem hypothetischen Parteiwillen aber wegen der Abhängigkeit der Prämienhöhe von der Vertragsdauer aus.[76]

30 Abgelehnt wird eine geltungserhaltende Reduktion in der Regel, wenn die Höhe einer der beiden Leistungen gegen die **guten Sitten** verstößt und deshalb angepasst werden müsste.[77] Denn sittenwidrige Rechtsgeschäfte dürften für den Gläubiger nicht das Risiko verlieren, mit dem sie durch die gesetzlich angeordnete Nichtigkeitssanktion behaftet seien; das wäre aber der Fall, wenn er im Allgemeinen damit rechnen könnte, schlimmstenfalls durch gerichtliche Festsetzung das zu bekommen, was gerade noch rechtlich vertretbar und damit sittengemäß sei.[78] So hat es der BGH abgelehnt, ein zeitlich und örtlich unbeschränktes oder unangemessenes und daher sittenwidriges **Wettbewerbsverbot** auf das zulässige Maß zurückzuführen.[79] Nur wenn konkrete, über allgemeine Billigkeitserwägungen hinausgehende Anhaltspunkte den Schluss rechtfertigen, dass die geltungserhaltende Reduktion dem entspricht, was die Parteien bei Kenntnis der Nichtigkeit geregelt hätten, kommt sie ausnahmsweise in Betracht.[80]

31 **cc) Stellungnahme.** Eine geltungserhaltende Reduktion verfolgt das Ziel, eine nichtige Vereinbarung mit „reduziertem" Inhalt aufrechtzuerhalten. Das kann von vornherein nur in Betracht kommen, wenn diese Aufrechterhaltung – wie bei § 139 – dem tatsächlichen oder hypothetischen Parteiwillen entspricht. Tut sie das, dient die geltungserhaltende Reduktion letztlich dem Parteiwillen und sollte deshalb – zumindest außerhalb des AGB-Rechts (s. insofern die Kommentierung zu § 306) – **prinzipiell zugelassen** werden. Die Nichtigkeitsnorm steht dem nicht entgegen, da der Vertrag ja in einer Form aufrechterhalten wird, die von dieser Norm nicht erfasst wird. Insbesondere § 138 stellt nur ein Übermaßverbot dar.[81]

68 BGH NJW 1979, 1605, 1606; OLG Nürnberg GmbHR 2010, 141, 143 f (in Bezug auf ein Wettbewerbsverbot); Soergel/*Hefermehl*, § 139 Rn 32 (keinesfalls geltungserhaltende Reduktion bei Bierlieferungsverträgen, die keinerlei zeitliche Begrenzung enthalten); Staudinger/*Roth*, § 139 Rn 69.

69 BGH NJW 1985, 2693, 2695 (Bierlieferungsvertrag).

70 BGHZ 51, 55, 56 ff = NJW 1969, 230 (Automatenaufstellvertrag); BGH NJW 1983, 159, 162 (Automatenaufstellvertrag).

71 BGHZ 68, 204, 207 f = NJW 1977, 1233. So auch BGHZ 105, 213, 221 = NJW 1989, 834, 836 zur Reduktion einer wegen ihrer unbeschränkten zeitlichen Geltung sittenwidrigen Hinauskündigungsklausel in einem Gesellschaftsvertrag.

72 BGHZ 89, 316, 319 = NJW 1984, 722, 723; Bamberger/Roth/*Wendtland*, § 139 Rn 6; *Flume*, BGB AT Bd. 2, § 32 4, S. 577; Palandt/*Ellenberger*, § 139 Rn 10, 18; Soergel/*Hefermehl*, § 139 Rn 53.

73 BGHZ 89, 316, 320 ff = NJW 1984, 722, 723 f. Nach BVerfG NJW 1994, 993 f ist diese Auslegung verfassungsgemäß. Scharf abl. *Canaris*, in: FS Steindorff 1990, S. 519, 529 f.

74 *Hager*, JuS 1985, 264, 267.

75 BGHZ 28, 78, 83 = NJW 1958, 1393; *Canaris*, in: FS Steindorff 1990, S. 519, 545.

76 BGHZ 28, 78, 83 f = NJW 1958, 1393. AA *Canaris*, in: FS Steindorff 1990, S. 519, 545.

77 BGHZ 68, 204, 207 = NJW 1977, 1233 (zu § 140); BGHZ 146, 37, 47 f = NJW 2001, 815, 817; BGH NJW 2009, 1135 Rn 14; Erman/*Palm*, § 139 Rn 17; *Flume*, BGB AT Bd. 2, § 32 2 d, S. 574; Palandt/*Ellenberger*, § 139 Rn 10; Soergel/*Hefermehl*, § 139 Rn 33. AA Staudinger/*Roth*, § 139 Rn 70.

78 BGHZ 68, 204, 207 = NJW 1977, 1233 (zu § 140); BGHZ 107, 351, 357 = NJW 1989, 2681, 2682; BGHZ 146, 37, 47 = NJW 2001, 815, 817; BGH NJW 2009, 1135 Rn 14; *Larenz/Wolf*, BGB AT, § 45 Rn 19 f; s.a. OLG Nürnberg GmbHR 2010, 141, 143 f.

79 BGH NJW-RR 1989, 800, 801; NJW 1997, 3089, 3089 f.

80 BGH NJW 2009, 1135 Rn 14.

81 BVerfG NJW 1990, 1469, 1470; Staudinger/*Roth*, § 139 Rn 69.

Hiergegen kann mE nicht angeführt werden, dass dies den Richter zu einer **Vertragsgestaltung** zwinge. Denn das Gesetz selbst ordnet in bestimmten Fällen (§§ 343, 655 BGB, § 74 a Abs. 1 HGB) eine geltungserhaltende Reduktion an und erlegt damit dem Richter eine Vertragsgestaltung auf. Es ist nicht erkennbar, warum er nicht in anderen Fällen ebenso dazu befugt sein sollte. Voraussetzung ist, dass – wie in den gesetzlich vorgesehenen Fällen – die „Richtung" der Vertragsgestaltung klar ist, der Richter also etwa nur die Zeitdauer eines Wettbewerbsverbots oder die Höhe einer Miete festsetzen muss. Ist ein Rechtsgeschäft dagegen aus mehreren verschiedenen Gründen nichtig, so dass nicht nur eine bestimmte Größe reduziert, sondern der Vertrag in mehrerlei Hinsicht umgeschrieben werden müsste, scheidet eine geltungserhaltende Reduktion aus. 32

Grenzen setzt der geltungserhaltenden Reduktion allerdings der **Präventionsgedanke**. Die Gefahr der Nichtigkeit stellt einen Anreiz für die Parteien dar, die – etwa von § 138 – eröffneten Spielräume nicht zu überschreiten; niemand soll seinen Partner risikolos „über den Tisch ziehen" können in der Hoffnung, der andere werde die Nichtigkeit nicht bemerken oder sich auf keinen Prozess einlassen, und mit der Gewissheit, schlimmstenfalls immerhin noch von der reduzierten Regelung zu profitieren. Das Bedürfnis für eine derartige Prävention zieht der geltungserhaltenden Reduktion freilich nur Grenzen, rechtfertigt jedoch nicht ihren vollständigen Ausschluss. 33

Erstens ist das **Maß des Erlaubten** in vielen Fällen nicht eindeutig zu bestimmen. Das Argument, eine geltungserhaltende Reduktion müsse aus Präventionszwecken ausgeschlossen sein, verliert dann stark an Gewicht, da in vielen Fällen die Parteien ihr Tun irrig als erlaubt ansehen werden und darum das Verbot der geltungserhaltenden Reduktion keine Wirkung entfaltet. Schließt man eine geltungserhaltende Reduktion aus, würde das Unsicherheitsrisiko noch wesentlich erhöht. Redliche Parteien könnten entweder dadurch „bestraft" werden, dass einer irrtümlich als erlaubt angesehenen Regelung jegliche Wirksamkeit versagt wird, oder sie könnten dazu veranlasst werden, aus Furcht vor einer Totalnichtigkeit den Spielraum, den ihnen das Gesetz eröffnet, bei weitem nicht auszuschöpfen. 34

Zweitens handelt auch bei eindeutiger Überschreitung des erlaubten Maßes diejenige Partei, zu deren Gunsten die betreffende Regelung ist, keineswegs stets **verwerflich**; sie kann auch einem einfachen Rechtsirrtum unterliegen. 35

Drittens ist außerhalb des Anwendungsbereichs des AGB-Rechts (der bei Verbraucherverträgen durch § 310 Abs. 3 noch ausgeweitet wird) das Bedürfnis für eine Prävention weniger stark, da hier nicht typischerweise eine Partei der anderen **überlegen** ist. 36

Viertens erfordert der Präventionsgedanke nicht zwangsläufig den Ausschluss der geltungserhaltenden Reduktion, sondern es kann ihm dadurch Rechnung getragen werden, dass die unzulässige Regelung nicht auf das gerade noch zulässige Maß reduziert wird, sondern auf ein **angemessenes Maß**.[82] Die Parteien werden dann dadurch abgeschreckt, dass sie durch ein „Überreizen" denjenigen Spielraum, den ihnen das Gesetz zwischen Angemessenheit und Nichtigkeit eröffnet, verlieren. 37

Feste Kriterien für den Ausschluss einer geltungserhaltenden Reduktion lassen sich nicht angeben. Als Richtschnur kann erstens dienen, dass eine geltungserhaltende Reduktion umso eher zulässig ist, je **unsicherer die Grenze des Erlaubten** ist.[83] Denn umso weniger wichtig ist die Prävention, und umso größer ist die Rechtsunsicherheit, die den Parteien bei Ausschluss einer geltungserhaltenden Reduktion aufgebürdet wird. Der gegenläufige Aspekt, dass umso größer auch die dem Richter abverlangte Rechtsgestaltung ist, hat demgegenüber in den Hintergrund zu treten. Eine Ausnahme stellt die starre Grenze des § 1822 Nr. 5 dar. Da bei ihr Präventionsgesichtspunkte keine Rolle spielen, muss eine geltungserhaltende Reduktion möglich sein, obwohl keine Rechtsunsicherheit besteht.[84] 38

Zweitens ist eine geltungserhaltende Reduktion umso eher zulässig, je **geringer das Verhandlungsungleichgewicht** zwischen den Parteien ist. Denn umso geringer ist das Bedürfnis nach dem Präventionseffekt, den der Ausschluss der geltungserhaltenden Reduktion bedeutet. 39

Ob im Fall einer geltungserhaltenden Reduktion auf das **gerade noch zulässige Maß oder ein angemessenes Maß** zu reduzieren ist, kann nicht einheitlich beantwortet werden; entscheidend ist insofern der Nichtigkeitsgrund. Soll die Nichtigkeit dem Schutz einer Partei vor **Übervorteilung** dienen, so ist auf ein angemessenes Maß zu reduzieren, denn insofern kann in der Regel nicht auf den – zumindest abgeschwächten – Präventionseffekt verzichtet werden, den diese Art der Reduzierung bedeutet. Hierfür sprechen außerdem die gesetzlich geregelten Fälle der geltungserhaltenden Reduktion (§§ 343, 655 BGB, § 74 a Abs. 1 HGB), bei denen es jeweils um einen solchen Schutz geht und die eine Reduzierung auf das angemessene Maß vorsehen. Dient die Nichtigkeit dagegen **anderen Zwecken** (etwa bei § 1822 Nr. 5), kommt es auf die Prävention nicht an, und das Geschäft ist daher in weitestmöglichem Umfang, also bis zur Grenze des gesetzlich Erlaubten, aufrechtzuerhalten. 40

82 *Roth*, JZ 1989, 411, 417.
83 *Canaris*, in: FS Steindorff 1990, S. 519, 538.
84 *Canaris*, in: FS Steindorff 1990, S. 519, 545.

IV. Nichtigkeit eines Teils des Rechtsgeschäfts

41 § 139 setzt voraus, dass lediglich ein Teil eines Rechtsgeschäfts nichtig ist. Erfasst der Nichtigkeitsgrund daher das ganze Rechtsgeschäft, ist § 139 unanwendbar. Das ist namentlich der Fall, wenn ein Vertrag eine Verpflichtung enthält, das Eigentum an einem Grundstück zu übertragen oder zu erwerben, und nicht notariell beurkundet wird; denn nach § 311 b Abs. 1 S. 1 ist nicht nur die betreffende Verpflichtung, sondern der gesamte Vertrag beurkundungsbedürftig.

42 Der **Grund der Nichtigkeit** ist unerheblich.[85] § 139 gilt auch bei rückwirkender teilweiser Vernichtung eines Rechtsgeschäfts durch **Teilanfechtung** (§ 142 Abs. 1).[86] Ist ein Teil eines Rechtsgeschäfts **schwebend unwirksam**, kommt § 139 gleichfalls zur Anwendung.[87] Entsprechend angewendet werden kann die Norm auf einen **teilweisen Widerruf**[88] oder **Rücktritt**,[89] nicht jedoch, wenn die Vertragsparteien einvernehmlich lediglich einen Teil des Rechtsgeschäfts aufheben, da sie dadurch zum Ausdruck bringen, am Rest festhalten zu wollen.[90]

43 Falls eine von einem beschränkt Geschäftsfähigen erteilte, nach § 111 nichtige Vollmacht mit einem schwebend unwirksamen Vertrag nach § 139 zu einem einheitlichen Rechtsgeschäft verbunden wurde, führt diese Einheitlichkeit aus Gründen des Minderjährigenschutzes nach Ansicht des BGH nicht zur Unwirksamkeit auch des Vertrags, sondern umgekehrt zur Genehmigungsfähigkeit der Vollmacht.[91]

V. Der Parteiwille

44 Für die Frage, ob Gesamtnichtigkeit oder Restgültigkeit eintritt, primär maßgeblich ist der **tatsächliche Parteiwille** bei Vertragsschluss.[92] Haben die Parteien die Frage der Teilnichtigkeit bedacht und ihren Willen etwa durch eine salvatorische Klausel zum Ausdruck gebracht, ist dies entscheidend. Ebenso ist der nicht vom Nichtigkeitsgrund erfasste Teil des Rechtsgeschäfts wirksam, wenn sich die Parteien bei der Vornahme des Rechtsgeschäfts **der teilweisen Nichtigkeit bewusst** waren; denn wer ein Rechtsgeschäft im Bewusstsein seiner teilweisen Nichtigkeit schließt, will es auch ohne die unwirksamen Teile.[93]

45 Fehlt es an einem tatsächlichen Parteiwillen, ist auf den **hypothetischen Parteiwillen** abzustellen, also darauf, was die Parteien bei Vertragsschluss[94] vereinbart hätten, wenn sie das Problem der Teilnichtigkeit bedacht hätten. Es kommt folglich nicht darauf an, was objektiv vernünftig ist oder was der Richter für eine angemessene Regelung hält, sondern es geht um die Verwirklichung der Vorstellungen der Parteien, und mögen sie noch so unvernünftig sein.[95] Häufig werden allerdings keine Indizien für den hypothetischen Willen der konkreten Parteien vorliegen. Man kann dann nur annehmen, dass die Parteien eine objektiv vernünftige Regelung getroffen hätten, wenn sie sich über die Teilnichtigkeit Gedanken gemacht hätten.[96] Zu berücksichtigen sind dabei auch die einseitig von einem Vertragspartner verfolgten Interessen, die nicht zum Inhalt des Rechtsgeschäfts geworden sind.[97] Maßgeblich ist insbesondere, ob das **Äquivalenzverhältnis** zwischen Leistung und Gegenleistung bei Aufrechterhaltung nur des nicht nichtigen Teils gewahrt bleibt.[98] Es genügt nicht, dass die Parteien das Rechtsgeschäft auf jeden Fall abgeschlossen hätten; erforderlich ist vielmehr, dass sie es gerade so abgeschlossen hätten, wie es sich ohne den nichtigen Teil darstellt.[99]

46 Wenn der **Nichtigkeitsgrund behebbar** ist (insbesondere bei Formmängeln), hätten die Parteien bei Kenntnis der Nichtigkeit in der Regel das (gesamte) Geschäft wirksam abgeschlossen. Dazu können sie jedoch nicht gezwungen werden; praktisch relevant wird § 139 gerade dann, wenn im Entscheidungszeitpunkt eine Partei nicht zur Heilung oder Neuvornahme des nichtigen Teils bereit ist. Bei der Bestimmung des hypothetischen

85 BGHZ 54, 71, 72 = NJW 1970, 1414, 1415; BGHZ 97, 351, 360 = NJW 1986, 1988, 1990; BGH NJW-RR 1993, 243, 246.
86 BGH NJW 1969, 1759 f; *Flume*, BGB AT Bd. 2, § 32 6, S. 583; Palandt/*Ellenberger*, § 139 Rn 2.
87 BGHZ 53, 174, 179 = NJW 1970, 752, 753; Bamberger/Roth/*Wendtland*, § 139 Rn 3 (aA Voraufl.); MüKo/*Busche*, § 139 Rn 3; Soergel/*Hefermehl*, § 139 Rn 5; Staudinger/*Roth*, § 139 Rn 33.
88 MüKo/*Busche*, § 139 Rn 3.
89 BGH NJW 1976, 1931, 1932; Palandt/*Ellenberger*, § 139 Rn 2.
90 BGH FamRZ 1990, 975, 976.
91 BGHZ 110, 363, 369 ff = NJW 1990, 1721, 1723.
92 BAGE 1, 258, 271; Soergel/*Hefermehl*, § 139 Rn 34; Staudinger/*Roth*, § 139 Rn 74.
93 *Keim*, NJW 1999, 2866, 2867; MüKo/*Busche*, § 139 Rn 30; Soergel/*Hefermehl*, § 139 Rn 39; Staudinger/*Roth*, § 139 Rn 24. S.a. BGHZ 45, 376, 379 f = NJW 1966, 1747 f; BAGE 1, 258, 270. Vgl zur Reichweite des Grundsatzes BGH NJW 1999, 351.
94 BGH NJW-RR 1989, 998, 1000; Soergel/*Hefermehl*, § 139 Rn 35; Staudinger/*Roth*, § 139 Rn 77.
95 *Larenz/Wolf*, BGB AT, § 45 Rn 26; *Medicus*, BGB AT, Rn 508; Soergel/*Hefermehl*, § 139 Rn 34; Staudinger/*Roth*, § 139 Rn 75. AA wohl BAGE 1, 258, 271; *Flume*, BGB AT Bd. 2, § 32 5, S. 578 f. Unklar MüKo/*Busche*, § 139 Rn 29 ff.
96 BGH NJW 2004, 3045, 3046; 2006, 2696 Rn 21; NJW-RR 2008, 1488 Rn 19; Soergel/*Hefermehl*, § 139 Rn 34.
97 *Flume*, BGB AT Bd. 2, § 32 5, S. 580.
98 Soergel/*Hefermehl*, § 139 Rn 41.
99 BGHZ 28, 78, 84 = NJW 1958, 1393: BGHZ 176, 198 Rn 10 = NJW-RR 2008, 1050 (Ohne-Rechnung-Abrede); BAGE 1, 258, 271.

Parteiwillens muss daher die Möglichkeit eines in vollem Umfang wirksamen Geschäfts außer Betracht bleiben. Entscheidend ist, wie sich die Parteien verhalten hätten, wenn sie bei Vertragsschluss vor der Wahl gestanden wären, das Geschäft teilweise oder überhaupt nicht gelten zu lassen.[100]

Problematisch ist, dass nach Vertragsschluss Veränderungen eintreten können, die die Interessenlage der Parteien fundamental verändern. Das kann insbesondere dadurch geschehen, dass der Vertrag **in Vollzug gesetzt** wird. Ist etwa die Bestellung einer Sicherheit für ein Darlehen nichtig, entspricht vor Auszahlung des Darlehens typischerweise die Gesamtnichtigkeit dem Interesse des Kreditgebers, da er sonst verpflichtet wäre, ein ungesichertes Darlehen zu vergeben. Nach Auszahlung des Darlehens würde dagegen Gesamtnichtigkeit dazu führen, dass der Kreditgeber seinen Anspruch auf den Vertragszins verliert und auf Bereicherungsansprüche angewiesen ist. Er ist daher mutmaßlich an der Wirksamkeit des Darlehensvertrags interessiert, den er gemäß §§ 314, 490 Abs. 3 wegen Fehlens der Sicherheit fristlos kündigen kann.[101] Diese unterschiedliche Interessenlage ist bei der Bestimmung des hypothetischen Willens zu berücksichtigen, denn wenn die Parteien sich bei Vertragsschluss die unterschiedlichen Möglichkeiten vergegenwärtigt hätten (etwa weil sie über die Wirksamkeit eines Vertragsteils im Zweifel waren), hätten sie entsprechende vertragliche Vorsorge getroffen. Im Beispiel wäre die interessengerechte Lösung, bei Unwirksamkeit der Sicherheit den Darlehensvertrag aufschiebend durch die Auszahlung des Darlehens zu bedingen (§ 158 Abs. 1). Mangels anderer Anzeichen ist daher als hypothetischer Parteiwille bei Vertragsschluss eine durch die Auszahlung des Darlehens bedingte Restgültigkeit anzunehmen. 47

Der tatsächliche oder hypothetische Parteiwille muss in Bezug auf den nicht vom Nichtigkeitsgrund erfassten Teil des Rechtsgeschäfts nicht einheitlich sein; vielmehr kann insofern zwischen verschiedenen Teilen des Rechtsgeschäfts bzw. einzelnen Klauseln **differenziert** werden.[102] 48

Für möglich gehalten wurde etwa die Aufrechterhaltung des restlichen Kaufvertrags bei Nichtigkeit eines **Wettbewerbsverbots**.[103] Die Wirksamkeit von **Gerichtsstandsklauseln** und **Schiedsabreden** ist normalerweise von der Wirksamkeit des Hauptvertrags unabhängig.[104] Wenn eine Nebenabrede, der zufolge auf den Kaufpreis für ein Erbbaurecht eine schon geleistete Zahlung **anzurechnen** ist, formnichtig ist, ist der beurkundete Kaufvertrag wirksam, wenn der Käufer die Vorauszahlung ohne Weiteres zu belegen vermag.[105] Zur Prozessaufrechnung s. Rn 16. 49

VI. Rechtsmissbrauch

Die Berufung auf die Gesamtnichtigkeit kann wegen Rechtsmissbrauchs (§ 242) ausgeschlossen sein. Dies kommt in Betracht, wenn die nichtige Klausel bei der Vertragsdurchführung bedeutungslos geblieben ist[106] oder wenn sie die Partei, die sich auf die Gesamtnichtigkeit beruft, in der Vergangenheit nicht beeinträchtigt hat, allein die andere Partei begünstigt und diese am Vertrag festhalten will.[107] Die letztere Einschränkung wird teils statt mit dem Rechtsmissbrauchseinwand damit begründet, derjenigen Partei, in deren ausschließlichem Interesse der unwirksame Teil vereinbart worden sei, stehe ein **Wahlrecht** zu, ob sie den übrigen Teil gelten lassen wolle oder nicht; bis zur Ausübung der Wahl sei der übrige Teil schwebend unwirksam. Die andere Partei soll dem Wahlrecht analog §§ 355, 466 BGB aF eine zeitliche Grenze setzen können.[108] Nach neuem Recht kommt insofern eine Analogie zu § 350 in Betracht; mir scheint allerdings eine analoge Anwendung von §§ 108 Abs. 2, 177 Abs. 2, 1366 Abs. 3 vorzugswürdig, da diese gerade die Folgen schwebender Unwirksamkeit regeln, während es in § 350 um vertragliche Rücktrittsrechte geht. 50

Will derjenige Vertragspartner, der allein durch den nichtigen Vertragsteil begünstigt ist, nicht am Vertrag festhalten, handelt er rechtsmissbräuchlich, wenn der andere Vertragspartner die **Heilung oder (wirksame) Neuvornahme des nichtigen Teils anbietet**.[109] Nach Ansicht des BGH handelt ein Unternehmer rechtsmissbräuchlich, wenn er sich nach Erbringung einer nur schwer rückabzuwickelnden Leistung (wie einer Bau- 51

100 *Flume*, BGB AT Bd. 2, § 32 5, S. 579.
101 Vgl *Canaris*, in: FS Steindorff 1990, S. 519, 534 ff.
102 BAGE 1, 258, 271.
103 BGH NJW-RR 1989, 800, 801.
104 RGZ 87, 7, 10; BGHZ 53, 315, 322 f = NJW 1970, 1046, 1047; BGH NJW 1979, 2567, 2568; Palandt/*Ellenberger*, § 139 Rn 15; Soergel/*Hefermehl*, § 139 Rn 16.
105 BGHZ 85, 315, 318 = NJW 1983, 563, 564; BGH NJW 1994, 720, 721; 2000, 2100, 2101.
106 BGHZ 112, 288, 296 = NJW 1991, 105, 107; BGH NJW 2009, 1135 Rn 19; *Flume*, BGB AT Bd. 2, § 32 7, S. 584 ff; *Larenz/Wolf*, BGB AT, § 45 Rn 34 f; Soergel/*Hefermehl*, § 139 Rn 45.
107 BGH WM 1983, 267, 268; NJW-RR 1989, 800, 802; NJW 1993, 1587, 1589; NJW-RR 1997, 684, 686; NJW 2009, 1135 Rn 19.
108 *Flume*, BGB AT Bd. 2, § 32 8, S. 586 ff; Soergel/*Hefermehl*, § 139 Rn 45 ff; Staudinger/*Roth*, § 139 Rn 89; *Ulmer*, in: FS Steindorff 1990, S. 798, 813 ff.
109 *Flume*, BGB AT Bd. 2, § 32 8, S. 588.

leistung) zur Abwehr von Mängelansprüchen des Bestellers darauf beruht, dass der Bauvertrag, der eine nichtige Ohne-Rechnung-Abrede enthält, gemäß § 139 insgesamt nichtig sei.[110]

VII. Teleologische Reduktion des § 139 bei Nichtigkeit zum Schutz einer Partei

52 **1. Grundsatz.** Die Regelung des § 139, dass im Zweifel Gesamtnichtigkeit eintritt, ist immer dann unangemessen, wenn die Nichtigkeit eines Vertragsteils darauf beruht, dass gegen Normen verstoßen wird, die dem Schutz einer der Vertragsparteien dienen. Denn für die auf diese Weise geschützte Partei ist ein gänzlich nichtiger Vertrag in aller Regel noch schlimmer als ein ihr ungünstiger Vertrag. Deshalb trifft § 306 für die Unwirksamkeit von AGB eine Sonderregelung, und neuerdings vermeidet es der Gesetzgeber, in solchen Fällen die Unwirksamkeit der betreffenden Vertragsbestimmungen anzuordnen, und verwehrt es stattdessen der „überlegenen" Partei, sich auf die betreffende Klausel zu berufen (s. Rn 5). In den Fällen, wo diese Gesetzgebungstechnik noch nicht angewandt wurde, ist § 139 **teleologisch zu reduzieren**.[111] Nach dem hypothetischen Parteiwillen die Wirksamkeit der nicht vom Nichtigkeitsgrund erfassten Vertragsteile anzunehmen wäre hier keine adäquate Lösung, da im Regelfall kein entsprechender gemeinsamer hypothetischer Wille angenommen werden kann, sondern die „überlegene" Partei den Vertrag nicht zu den übrigen unveränderten Bedingungen geschlossen hätte. So führt etwa ein Verstoß gegen § 276 Abs. 3 nicht zur Gesamtnichtigkeit des Vertrags, sondern nur zur Nichtigkeit der **Freizeichnungsklausel**.[112]

53 **2. Arbeitsrecht.** Arbeitsverträge bleiben bei Verstößen gegen zwingende Arbeitnehmerschutzvorschriften wirksam; an die Stelle der nichtigen Einzelbestimmung tritt die gesetzliche Regelung.[113]

54 **3. Mietrecht.** Zahlreiche mietrechtliche Vorschriften erklären eine zum Nachteil des Mieters von ihnen abweichende Vereinbarung für unwirksam (zB §§ 547 Abs. 2, 551 Abs. 4, 552 Abs. 2, 553 Abs. 3, 554 Abs. 5, 555). Mit dem mieterschützenden Zweck dieser Normen wäre es nicht vereinbar, bei einem Verstoß im Zweifel Totalnichtigkeit des Mietvertrags anzunehmen. Die nichtige Vereinbarung wird vielmehr durch die gesetzliche Regelung ersetzt.[114]

55 **4. Verbraucherschutzrecht.** Verstöße gegen §§ 312 g, 487, 511, 651 m, 655 e führen nicht zur Gesamtnichtigkeit, sondern nur zur Teilnichtigkeit.[115]

VIII. Umkehrung der Vermutung des § 139 bei Organisationsverträgen

56 Wenn eine vertragliche Regelung über die Schaffung einer Austauschbeziehung hinausgeht und für längere Zeit die Beziehungen der Parteien organisieren oder gar eine eigenständige Organisation schaffen soll, entspricht es im Zweifel nicht dem Interesse und dem Willen der Parteien, dieses ganze Vorhaben an der Unwirksamkeit einer Vertragsbestimmung scheitern zu lassen. Entgegen § 139 ist daher im Zweifel von der Restgültigkeit des Vertrags auszugehen. Das gilt in Bezug auf Betriebsvereinbarungen,[116] Tarifverträge,[117] Gesellschaftsverträge[118] und Unternehmensverträge.[119] Auf Vereinbarungen mit Rechtsnormcharakter, die etwa in einem Tarifvertrag enthalten sind, ist § 139 ohnehin nicht anwendbar (s. Rn 3).

IX. Beweislast

57 Ob ein **einheitliches Rechtsgeschäft** vorliegt, ist Tatfrage; wenn die maßgeblichen Umstände aber unstreitig sind, kann das Revisionsgericht entscheiden.[120] Die Darlegungs- und Beweislast dafür, dass mehrere Geschäfte

110 BGHZ 176, 198 Rn 11 ff = NJW-RR 2008, 1050; BGH NJW-RR 2008, 1052 Rn 16 ff; krit. *Faust*, JuS 2008, 932, 933.

111 Bamberger/Roth/*Wendtland*, § 139 Rn 5; *Larenz/Wolf*, BGB AT, § 45 Rn 30; Soergel/*Hefermehl*, § 139 Rn 49 f; Staudinger/*Roth*, § 139 Rn 13.

112 Bamberger/Roth/*Wendtland*, § 139 Rn 5; *Flume*, BGB AT Bd. 2, § 32 4, S. 576 f; Soergel/*Hefermehl*, § 139 Rn 51; Staudinger/*Roth*, § 139 Rn 14.

113 BAG DB 1979, 553, 555; NJW 1979, 2119, 2120; 1982, 461, 462; Bamberger/Roth/*Wendtland*, § 139 Rn 6; Soergel/*Hefermehl*, § 139 Rn 60; Staudinger/*Roth*, § 139 Rn 15.

114 BGHZ 89, 316, 319 f = NJW 1984, 722, 723 (Verstoß gegen § 5 WiStG); Bamberger/Roth/*Wendtland*, § 139 Rn 6; *Larenz/Wolf*, BGB AT, § 45 Rn 31; Palandt/*Ellenberger*, § 139 Rn 18; Soergel/*Hefermehl*, § 139 Rn 52.

115 *Larenz/Wolf*, BGB AT, § 45 Rn 31; Palandt/*Ellenberger*, § 139 Rn 18; Staudinger/*Roth*, § 139 Rn 16.

116 Vgl BAGE 16, 58, 66; Soergel/*Hefermehl*, § 139 Rn 13; Staudinger/*Roth*, § 139 Rn 21.

117 BAGE 1, 258, 272; BAG BB 1986, 1776; Soergel/*Hefermehl*, § 139 Rn 13; Staudinger/*Roth*, § 139 Rn 20.

118 Vgl BGH DB 1976, 2106, 2107; BGHZ 107, 351, 355, 357 = NJW 1989, 2681, 2682; Palandt/*Ellenberger*, § 139 Rn 15; Soergel/*Hefermehl*, § 139 Rn 58.

119 Staudinger/*Roth*, § 139 Rn 27. Vgl BGH WM 1986, 1572, 1574.

120 BGHZ 76, 43, 49 = NJW 1980, 829, 830; BGHZ 101, 393, 397 = NJW 1988, 132; BGHZ 112, 376, 378 = NJW 1991, 917; BGH NJW 1992, 3237, 3238; 1994, 2885. AA MüKo/*Busche*, § 139 Rn 34; Staudinger/*Roth*, § 139 Rn 47.

zu einem einheitlichen Rechtsgeschäft zusammengefasst wurden, trägt derjenige, der sich auf die Einheitlichkeit beruft.[121]

58 Die Beweislast dafür, dass ein Rechtsgeschäft auch ohne den unwirksamen Teil vorgenommen worden wäre, liegt bei demjenigen, der sich **auf die Restgültigkeit beruft**.[122] Er muss also entweder einen entsprechenden realen Parteiwillen bei Vertragsschluss beweisen oder Tatsachen, aus denen sich ein entsprechender hypothetischer Parteiwille ergibt. Für die Ermittlung des Parteiwillens sind alle relevanten Umstände heranzuziehen, auch wenn sie nicht Eingang in die Vertragsurkunde gefunden haben.[123] Enthält das Rechtsgeschäft eine **salvatorische Klausel**, so muss derjenige, der sich dennoch auf die Gesamtnichtigkeit beruft, die dafür maßgeblichen Umstände darlegen und beweisen.[124]

C. Weitere praktische Hinweise

59 Da die Anwendung von § 139 mit hoher Unsicherheit behaftet ist, empfiehlt es sich, vertraglich Vorsorge zu treffen. Eine **allgemeine salvatorische Klausel** wird dabei häufig nicht die beste Regelung sein. Denn zum einen bezieht sie sich gleichermaßen auf sämtliche Vertragsteile, und zum anderen führt sie nur zu einer Umkehr der Beweislast (s. Rn 7).

60 Steht ein bestimmter Vertragsteil in erhöhtem **„Nichtigkeitsverdacht"**, etwa weil die Parteien den Verstoß gegen ein gesetzliches Verbot bewusst in Kauf nehmen oder weil die Rechtslage unklar ist, sollte für den Fall der Nichtigkeit dieses Vertragsteils speziell Vorsorge getroffen werden. Es sollte also entweder ausdrücklich in den Vertrag aufgenommen werden, dass dann der gesamte Vertrag unwirksam ist, oder umgekehrt, dass die Wirksamkeit des Vertrags von der Nichtigkeit nicht berührt wird. Insofern kann noch differenziert werden, welche anderen Vertragsteile von der Nichtigkeit erfasst werden sollen und welche nicht. Ferner sollte nach Möglichkeit vereinbart werden, welche Regelung an die Stelle der nichtigen Klausel treten soll.

61 Auch wenn kein derartiger „spezieller Nichtigkeitsverdacht" besteht, kann es sinnvoll sein, keine allgemeine salvatorische Klausel in den Vertrag aufzunehmen, sondern eine solche Klausel auf die **Nichtigkeit einzelner, konkret genannter Vertragsteile** zu beziehen. Die Parteien können auf diese Weise ihre „Schmerzgrenze" festlegen, jenseits deren sie die Gesamtnichtigkeit der Restgültigkeit vorziehen. Außerdem würde eine derartige maßgeschneiderte salvatorische Klausel nicht nur eine Beweislastumkehr bewirken, sondern endgültig über die Frage der Gesamtnichtigkeit oder Restgültigkeit entscheiden und dadurch die Rechtssicherheit fördern.

§ 140 Umdeutung

Entspricht ein nichtiges Rechtsgeschäft den Erfordernissen eines anderen Rechtsgeschäfts, so gilt das letztere, wenn anzunehmen ist, dass dessen Geltung bei Kenntnis der Nichtigkeit gewollt sein würde.

Literatur: *Amann*, Unwirksamkeit und Umdeutung von Löschungserleichterungen, DNotZ 1998, 6; *Bürck*, Umdeutung eines Vertrags bei Ausfall einer Vertragsbedingung – BGH, NJW 1971, 420, JuS 1971, 571; *Derleder*, Die Auslegung und Umdeutung defizitärer mobiliarsachenrechtlicher Übereignungsabreden, JZ 1999, 176; *J. Hager*, Gesetzes- und sittenkonforme Auslegung und Aufrechterhaltung von Rechtsgeschäften, 1983; *ders.*, Die Umdeutung der außerordentlichen in eine ordentliche Kündigung, BB 1989, 693; *Kahl*, Grenzen der Umdeutung rechtsgeschäftlicher Erklärungen, 1985; *Krampe*, Die Konversion des Rechtsgeschäfts, 1980; *ders.*, Aufrechterhaltung von Verträgen und Vertragsklauseln, AcP 194 (1994), 1; *Molkenbur/Krasshöfer-Pidde*, Zur Umdeutung im Arbeitsrecht, RdA 1989, 337; *Mühlhans*, Die (verkannten?) Auswirkungen der §§ 116, 117 BGB auf die Umdeutung gem. § 140 BGB, NJW 1994, 1049; *Wieacker*, Zur Theorie der Konversion nichtiger Rechtsgeschäfte, in: FS Hermann Lange 1992, S. 1017 ff.

121 BGH NJW 1997, 3304, 3307 („Benetton", insoweit nicht abgedr. in BGHZ 136, 295); Bamberger/Roth/*Wendtland*, § 139 Rn 20; Erman/*Palm*, § 139 Rn 36.

122 BGHZ 128, 156, 165 f = NJW 1995, 722, 724; BGH NJW-RR 2009, 1262 Rn 9; MüKo/*Busche*, § 139 Rn 35; Soergel/*Hefermehl*, § 139 Rn 42; Staudinger/*Roth*, § 139 Rn 79. Ebenso für den mit § 139 BGB inhaltsgleichen § 68 Abs. 2 DDR-ZGB: BGH VIZ 2001, 227, 228.

123 BGH NJW 1986, 2576, 2577; Staudinger/*Roth*, § 139 Rn 79.

124 BGH NJW 1996, 773, 774; NJW-RR 1997, 684, 685; NJW 2003, 347 f; NJW-RR 2005, 1534, 1535; Erman/*Palm*, § 139 Rn 36; *Flume*, BGB AT Bd. 2, § 32 3, S. 575; *Larenz/Wolf*, BGB AT, § 45 Rn 23; Palandt/*Ellenberger*, § 139 Rn 17.

A. Allgemeines

I. Normzweck

1 § 140 dient dem Schutz des **Parteiwillens**; ihm soll durch die Umdeutung (Konversion) so weit wie möglich zum Erfolg verholfen werden.[1] § 140 regelt dabei den Fall, dass die Parteien zur Verwirklichung des angestrebten Ziels ein **untaugliches Mittel** gewählt haben. Sofern dies dem Parteiwillen entspricht, wird dieses Mittel nach § 140 durch ein anderes ersetzt, mit dem sich das angestrebte Ziel zumindest teilweise erreichen lässt. Wird dagegen das von den Parteien **angestrebte Ziel** selbst von der Rechtsordnung missbilligt und ist das Rechtsgeschäft deshalb unwirksam, ist § 140 nicht einschlägig.[2]

II. Abgrenzungen

2 **1. Auslegung.** Die **„normale" Auslegung** geht der Umdeutung vor. Kann dem Rechtsgeschäft mit Hilfe der Auslegung ein Inhalt gegeben werden, mit dem es wirksam ist, fehlt es an einem nichtigen Rechtsgeschäft iSv § 140, und die Norm ist nicht einschlägig.

3 Der Unterschied zur **ergänzenden Vertragsauslegung** wird herkömmlich darin gesehen, dass diese eine Vertragslücke voraussetze, während die Umdeutung bei Nichtigkeit des Vertrags eingreife.[3] Darin liegt mE aber keine wesensmäßige Ungleichheit. Bei Umdeutung wie bei ergänzender Vertragsauslegung geht es darum, das von den Parteien tatsächlich Vereinbarte „weiterzudenken" und dadurch eine Regelung für einen Fall zu gewinnen, den die Parteien nicht bedacht haben. Gäbe es § 140 nicht, könnte das gleiche Resultat mit Hilfe ergänzender Vertragsauslegung erzielt werden. Deshalb kann § 140 mE durchaus als gesetzlich geregelter Fall der ergänzenden Vertragsauslegung angesehen werden.[4]

4 **2. § 139.** Bei § 139 ist ein Teil eines Rechtsgeschäfts unwirksam, während ein anderer Teil nicht vom Nichtigkeitsgrund erfasst wird. Es geht also darum, ob der Nichtigkeitsgrund auf Regelungen, die von ihm an sich nicht beeinträchtigt werden, „ausstrahlt"; an der Nichtigkeit der von ihm erfassten Regelung ändert sich nichts. § 140 dagegen betrifft das Schicksal der nichtigen Regelung selbst. Er ermöglicht, sie – wenn auch in abgeschwächter Weise – zu „retten" und dadurch wirksam zu machen.

5 **3. Geltungserhaltende Reduktion.** Die geltungserhaltende Reduktion (s. § 139 Rn 23 ff) und § 140 gleichen sich darin, dass in beiden Fällen eine nichtige Regelung mit **abgeschwächtem Inhalt** aufrechterhalten wird. Unterschiedlich ist dagegen der **Nichtigkeitsgrund**: Bei der geltungserhaltenden Reduktion wird das mit dem Rechtsgeschäft angestrebte **Ziel** (etwa die lange Dauer eines Wettbewerbsverbots) von der Rechtsordnung missbilligt; es stellt sich die Frage, ob dieses Ziel so weit „beschnitten" werden kann, dass es von der Rechtsordnung akzeptiert und die Regelung der Parteien insoweit aufrechterhalten wird. Bei § 140 dagegen ist das angestrebte Ziel unproblematisch; die Parteien haben sich lediglich in der Wahl des **Mittels**, mit dem sie dieses Ziel anstreben, vergriffen. Das Ziel bleibt daher prinzipiell unverändert, lediglich das untaugliche Mittel wird durch ein anderes, rechtlich mögliches ersetzt (was freilich dazu führen kann, dass auch das Ziel nicht mehr in vollem Umfang erreicht werden kann). Da in Fällen des § 140 mit dem Rechtsgeschäft ein akzeptiertes Ziel verfolgt wird, ist die Zulässigkeit einer Umdeutung – im Gegensatz zu derjenigen einer geltungserhaltenden Reduktion (s. § 139 Rn 25 ff) – unproblematisch.

1 BGH MDR 1961, 128.
2 BGHZ 68, 204, 206 = NJW 1977, 1233, 1234.
3 *Larenz/Wolf*, BGB AT, § 44 Rn 90; Soergel/*Hefermehl*, § 140 Rn 1; Staudinger/*Roth*, § 140 Rn 8.
4 Erman/*Palm*, § 140 Rn 6 f; *J. Hager*, BB 1989, 693, 694; ähnlich *Medicus*, BGB AT, Rn 517.

B. Regelungsgehalt

I. Anwendungsbereich

6 **1. Rechtsgeschäft.** § 140 gilt für **alle Arten von Rechtsgeschäften**, für Verträge ebenso wie für einseitige Rechtsgeschäfte (s. dazu Rn 32 f), für Verpflichtungsgeschäfte ebenso wie für Verfügungen (einschließlich Verfügungen von Todes wegen).[5]

7 Eine **Grundbucheintragung** kann nicht umgedeutet werden, da dies mit der Publizitätsfunktion des Grundbuchs nicht vereinbar wäre.[6] Gegenüber dem **Grundbuchamt** abgegebene Parteierklärungen sind dagegen prinzipiell umdeutungsfähig.[7] Eine Umdeutung setzt aber voraus, dass die dem Grundbuchamt vorliegenden Urkunden eine abschließende Würdigung zulassen.

8 **Betriebsvereinbarungen**, die wegen der Überschreitung von Kompetenzen (insb. § 77 Abs. 3 BetrVG) unwirksam sind, können in gebündelte Vertragsangebote des Arbeitgebers umgedeutet werden. Da eine Betriebsvereinbarung aber in der Regel leichter kündbar ist als die Arbeitsverträge, sind an die Feststellung des hypothetischen Parteiwillens dabei hohe Anforderungen zu stellen. Normalerweise wird sich der Arbeitgeber nicht unabhängig von der betriebsverfassungsrechtlichen Regelungsform binden wollen.[8] Der (hypothetische) Verpflichtungswille des Arbeitgebers wird jedenfalls inhaltlich und auch hinsichtlich der Lösungs- und Abänderungsmöglichkeiten von den Regelungen der Betriebsvereinbarung bestimmt.[9]

9 Auf **Prozesshandlungen** ist § 140 entsprechend anzuwenden (s.a. Rn 29).[10] Die Umdeutung fehlerhafter **Verwaltungsakte** ist in § 47 VwVfG geregelt. Auf **öffentlich-rechtliche Verträge** kommt § 140 dagegen über § 62 S. 2 VwVfG zur Anwendung.[11]

10 **2. Nichtigkeit.** § 140 gilt unabhängig vom **Nichtigkeitsgrund**, also auch bei gesetz- oder sittenwidrigen Geschäften. Zu beachten ist jedoch, dass § 140 nicht eingreift, wenn das von den Parteien angestrebte Ziel gesetz- oder sittenwidrig ist (s. Rn 5); dann kann nur eine geltungserhaltende Reduktion helfen (s. § 139 Rn 23 ff). Auch wenn die Nichtigkeit auf einer **Anfechtung** beruht, gelten keine Besonderheiten.[12] Bei Vorliegen eines **Dissenses** oder bei sonstigem Scheitern von Vertragsverhandlungen scheidet eine Umdeutung dagegen mangels Einigung der Parteien aus.[13]

11 Ein **heilbares Rechtsgeschäft** kann nicht umgedeutet werden; denn wenn die Unwirksamkeit des Geschäfts (etwa durch eine Genehmigung oder nach § 311 b Abs. 1 S. 2) noch behoben werden kann, muss abgewartet werden, ob das Rechtsgeschäft nicht auf diese Weise in seiner ursprünglichen Form wirksam wird.[14] Ein **schwebend unwirksames Geschäft** kann daher erst umgedeutet werden, wenn es endgültig unwirksam geworden ist.[15]

12 Bei lediglich **teilnichtigen** Rechtsgeschäften wird überwiegend eine Umdeutung abgelehnt.[16] Das ist jedoch mE nicht veranlasst. Sinn des § 140 ist, dem Parteiwillen so weit wie möglich zum Erfolg zu verhelfen. Dem-

5 Staudinger/*Roth*, § 140 Rn 9.
6 MüKo/*Busche*, § 140 Rn 8; Staudinger/*Roth*, § 140 Rn 10; *H.P. Westermann*, NJW 1970, 1023, 1027.
7 BayObLG NJW-RR 1987, 1511, 1512; 1999, 620, 621; KG NJW 1967, 2358, 2359; Bamberger/Roth/*Wendtland*, § 140 Rn 17; MüKo/*Busche*, § 140 Rn 8. Wegen der Unmöglichkeit einer Beweisaufnahme im Grundbuchverfahren zurückhaltend BayObLG NJW 1953, 1914.
8 BAG BB 1989, 2330; BAGE 82, 89, 96 f = NZA 1996, 948, 949 f; BAGE 85, 208, 219 f = NZA 1997, 951, 954; BAG ZTR 2000, 75, 76; Erman/*Palm*, § 140 Rn 21; MüKo/*Busche*, § 140 Rn 9. Abl. *Molkenbur/Krasshöfer-Pidde*, RdA 1989, 337, 348; Staudinger/*Roth*, § 140 Rn 13. Im konkreten Fall lehnt eine Umdeutung ab BAG EzA § 77 BetrVG 1972 Nr. 70 (unter II.3).
9 BAG AP BGB § 140 Nr. 11.
10 BGH NJW 2007, 1460, 1461; Erman/*Palm*, § 140 Rn 3; MüKo/*Busche*, § 140 Rn 10; Soergel/*Hefermehl*, § 140 Rn 29; Staudinger/*Roth*, § 140 Rn 11.
11 BGHZ 76, 16, 28 = NJW 1980, 826, 828; MüKo/*Busche*, § 140 Rn 11.
12 Bamberger/Roth/*Wendtland*, § 140 Rn 6; Erman/*Palm*, § 140 Rn 11; *Larenz/Wolf*, BGB AT, § 44 Rn 82; Palandt/*Ellenberger*, § 140 Rn 3; Soergel/*Hefermehl*, § 140 Rn 3; Staudinger/*Roth*, § 140 Rn 15. Gegen eine Umdeutbarkeit, weil die angefochtene Erklärung gänzlich beseitigt sei, RGZ 79, 306, 310; *Flume*, BGB AT Bd. 2, § 32 9 c, S. 592 f; unklar *Medicus*, BGB AT, Rn 518; MüKo/*Busche*, § 140 Rn 14.
13 BGH WM 1973, 67, 68; MüKo/*Busche*, § 140 Rn 12; Staudinger/*Roth*, § 140 Rn 17.
14 BGH WM 1970, 1023 f (Blankowechsel mit Ausfüllungsermächtigung); ZIP 2009, 264 Rn 31; Bamberger/Roth/*Wendtland*, § 140 Rn 7; Erman/*Palm*, § 140 Rn 10; *Larenz/Wolf*, BGB AT, § 44 Rn 83; *Medicus*, BGB AT, Rn 518; MüKo/*Busche*, § 140 Rn 12; Staudinger/*Roth*, § 140 Rn 14. AA in Bezug auf die Heilung durch Erfüllung Soergel/*Hefermehl*, § 140 Rn 3.
15 BGHZ 40, 218, 221 ff = NJW 1964, 347 f; BGH NJW 1971, 420; Erman/*Palm*, § 140 Rn 10; *Molkenbur/Krasshöfer-Pidde*, RdA 1989, 337; MüKo/*Busche*, § 140 Rn 13; Soergel/*Hefermehl*, § 140 Rn 3; Staudinger/*Roth*, § 140 Rn 14. Gegen jede Umdeutung zunächst nur schwebend unwirksamer Geschäfte RGZ 79, 306, 308 ff.
16 Bamberger/Roth/*Wendtland*, § 140 Rn 6; MüKo/*Busche*, § 140 Rn 12; Soergel/*Hefermehl*, § 140 Rn 2, 27, anders aber Rn 28; Staudinger/*Roth*, § 140 Rn 14. AA *Ebel*, DB 1979, 1973, 1974 f; Erman/*Palm*, § 140 Rn 6. Offengelassen von BGH NJW 1986, 58, 59.

entsprechend ist auch eine nichtige Einzelregelung umzudeuten, sofern dies dem hypothetischen Parteiwillen entspricht.

13 § 140 ist entsprechend anzuwenden, wenn ein Rechtsgeschäft an **anderen Gründen als der Nichtigkeit** scheitert, etwa am Fehlen eines wichtigen Grundes für eine außerordentliche Kündigung[17] oder an der Unmöglichkeit einer Leistung.[18]

14 **3. Spezialregelungen.** Ordnet eine Norm selbst an, dass ein fehlerhaftes Rechtsgeschäft mit anderem Inhalt zu gelten hat, ist sie **lex specialis** zu § 140; auf die Voraussetzungen einer Umdeutung kommt es nicht an. Eine solche Regelung trifft etwa § 150 für die verspätete oder abändernde Annahme eines Vertragsangebots. § 550 bezieht sich auf Mietverträge über Wohnraum sowie über Grundstücke und Räume (§ 578): Wird ein solcher Mietvertrag für längere Zeit als ein Jahr ohne Beachtung der Schriftform geschlossen, gilt er auf unbestimmte Zeit, kann jedoch nicht vor Ablauf eines Jahres gekündigt werden. § 2101 ordnet an, dass eine zur Zeit des Erbfalls noch nicht gezeugte natürliche Person oder noch nicht entstandene juristische Person, die als Erbe eingesetzt ist, im Zweifel als Nacherbe eingesetzt ist. Für Scheingeschäfte geht § 117 dem § 140 vor.[19]

II. Abdingbarkeit

15 § 140 ist **dispositiv**. So können die Parteien vertraglich jede Umdeutung ausschließen; ob dies als Abbedingung von § 140 oder als Festlegung des für § 140 relevanten Willens anzusehen ist, ist belanglos.

16 Die Parteien können auch vereinbaren, was für den Fall der Nichtigkeit einer Regelung an deren Stelle gelten soll (**Konversionsklausel**). Eine derartige Regelung stellt nicht nur eine privatautonome Konkretisierung des § 140 dar, sondern beinhaltet dessen Abbedingung. Gleichzeitig wird die Alternativregelung rechtsgeschäftlich festgelegt, allerdings unter der aufschiebenden Bedingung (§ 158 Abs. 1) der Nichtigkeit der primären Regelung. Im Fall der Nichtigkeit kommt es daher auf die Voraussetzungen des § 140 – insbesondere darauf, ob die primäre Regelung den Erfordernissen der Alternativregelung entspricht – nicht an.[20]

III. Das Ersatzgeschäft

17 **1. Grundsätze.** Das Ersatzgeschäft muss dem nichtigen **nicht gleichartig** sein. Es kann daher zB ein Rechtsgeschäft unter Lebenden in ein solches von Todes wegen umgedeutet werden und umgekehrt.[21] Das Ersatzgeschäft muss nicht unbedingt wirksam sein, aber es muss **weniger fehlerhaft** als das umgedeutete Geschäft sein (etwa schwebend unwirksam statt unwirksam).[22] Eine Umdeutung von Geschäften eines **Geschäftsunfähigen** scheidet daher in aller Regel aus;[23] eine Ausnahme ist denkbar, wenn das Ersatzgeschäft nach § 105 a wirksam wäre. Bei **fehlender Verfügungsmacht** ist dagegen eine Umdeutung ohne weiteres denkbar, sofern das Geschäft endgültig unwirksam ist (s. Rn 11).[24]

18 Das Ersatzgeschäft muss nicht als „Minus" im nichtigen Geschäft enthalten sein, da § 140 kein Fall der Teilnichtigkeit ist;[25] es kann gegenüber dem umgedeuteten Geschäft auch ein **Aliud** (keinesfalls aber ein Plus) sein.[26] Von seinen **Wirkungen** her darf das Ersatzgeschäft nicht über das umgedeutete Geschäft hinausgehen.[27] So kann etwa eine ordentliche Kündigung nicht in eine fristlose Kündigung oder eine Anfechtung umgedeutet werden.[28] Eine Umdeutung scheitert nicht daran, dass die Leistung, die eine Partei nach dem

17 S. zum Arbeitsrecht *Molkenbur/Krasshöfer-Pidde*, RdA 1989, 337 sowie unten Rn 23 f. Krit. zur Umdeutung einer mietrechtlichen Kündigung in ein Angebot auf Abschluss eines Auflösungsvertrags BGH NJW 1981, 43, 44; abl. für Pachtverhältnisse BGH WM 1984, 171, 172.

18 Vgl BGHZ 19, 269, 272 = NJW 1956, 297; MüKo/*Busche*, § 140 Rn 13.

19 Erman/*Palm*, § 140 Rn 9; MüKo/*Busche*, § 140 Rn 12; Staudinger/*Roth*, § 140 Rn 17.

20 Bamberger/Roth/*Wendtland*, § 140 Rn 4; MüKo/*Busche*, § 140 Rn 6; Staudinger/*Roth*, § 140 Rn 6.

21 BGHZ 40, 218, 224 = NJW 1964, 347, 348; BGHZ 125, 355, 364 = NJW 1994, 1785, 1787.

22 RGZ 129, 122, 123 f; Erman/*Palm*, § 140 Rn 14; MüKo/*Busche*, § 140 Rn 15; Soergel/*Hefermehl*, § 140 Rn 4; Staudinger/*Roth*, § 140 Rn 14, 20. Deshalb keine Umdeutung einer unstatthaften sofortigen und/oder weiteren Beschwerde in eine gleichfalls unstatthafte Rechtsbeschwerde, BGH NJW 2002, 1958.

23 Erman/*Palm*, § 140 Rn 9; MüKo/*Busche*, § 140 Rn 12; Staudinger/*Roth*, § 140 Rn 17.

24 *Derleder*, JZ 1999, 176, 178 f; Palandt/*Ellenberger*, § 140 Rn 3; MüKo/*Busche*, § 140 Rn 13 (aA Voraufl. Rn 10); Soergel/*Hefermehl*, § 140 Rn 3; Staudinger/*Roth*, § 140 Rn 17. AA RGZ 124, 28, 31.

25 So aber *Flume*, BGB AT Bd. 2, § 32 9 c, S. 592 ff („qualitative Teilnichtigkeit"); ähnlich BGHZ 19, 269, 275 = NJW 1956, 297, 298.

26 Bamberger/Roth/*Wendtland*, § 140 Rn 11; Erman/*Palm*, § 140 Rn 12; *Medicus*, BGB AT, Rn 519; MüKo/*Busche*, § 140 Rn 17; Palandt/*Ellenberger*, § 140 Rn 6.

27 BGHZ 20, 363, 370 f = NJW 1956, 1198, 1200; BGH BB 1965, 106; Soergel/*Hefermehl*, § 140 Rn 5; Staudinger/*Roth*, § 140 Rn 22 f.

28 BAG DB 1975, 214; NJW 1976, 592; Staudinger/*Roth*, § 140 Rn 22, 42 (Umdeutung außerordentlicher Kündigung in Anfechtung möglich).

Ersatzgeschäft schuldet, im **Ungleichgewicht zu dem ursprünglich vereinbarten Entgelt** steht, denn durch das Erfordernis eines entsprechenden hypothetischen Parteiwillens werden die Parteien ausreichend geschützt. Aus diesem Parteiwillen kann sich entweder ergeben, dass die Parteien die Verschiebung des Äquivalenzverhältnisses hinzunehmen bereit sind, oder er kann auf eine Anpassung des Entgelts gerichtet sein.[29]

2. Einzelfälle. a) Allgemeines. Die unwiderrufliche **Vollmacht** zu einem formbedürftigen Geschäft, die wegen des Formzwecks trotz § 167 Abs. 2 dem Formzwang unterliegt, kann bei Nichtbeachtung der Form in eine (formlos mögliche) widerrufliche Vollmacht umgedeutet werden.[30] Möglich ist auch die Umdeutung einer wegen Nichtbeachtung von § 48 HGB unwirksamen **Prokura** in eine Handlungsvollmacht (§ 54 HGB) oder eine gewöhnliche Vollmacht.[31] Die Umdeutung einer Erklärung, die ein **Gesamtvertreter** unter Verstoß gegen § 181 abgegeben hat, in eine Ermächtigung des anderen Gesamtvertreters ist wegen des Zwecks von § 181 und der anders gestalteten persönlichen Verantwortlichkeit ausgeschlossen.[32] Das Gleiche gilt wegen der teils weitergehenden Rechtsfolgen (§ 122) für die Umdeutung eines **Rücktritts** in eine Irrtumsanfechtung.[33] 19

Die unwirksame **Abtretung eines Rechts** kann in die Befugnis umgedeutet werden, das Recht in eigenem Namen geltend zu machen, zB eine Forderungsabtretung in eine Einziehungsermächtigung[34] und die Abtretung eines unselbständigen Gestaltungsrechts in die Ermächtigung, es in eigenem Namen auszuüben.[35] In Betracht kommt auch die Umdeutung der unwirksamen Verfügung über einen Anteil am Gesamtgut einer beendeten fortgesetzten Gütergemeinschaft (vgl §§ 1419 Abs. 1, 1497 Abs. 2) in die Abtretung des Anspruchs auf das Auseinandersetzungsguthaben.[36] Die Übertragung des Vollrechts kann in die Übertragung des entsprechenden **Anwartschaftsrechts** umgedeutet werden.[37] Ausgeschlossen ist dagegen die Umdeutung einer unwirksamen **Verpfändung** in eine Sicherungsabtretung oder -übereignung, da diese in ihren Wirkungen über die Verpfändung hinausgeht; eine Umdeutung in ein Zurückbehaltungsrecht bis zum Wegfall des Sicherungszwecks ist aber möglich.[38] 20

Die Umdeutung einer formnichtigen **Bürgschaft** in einen Schuldbeitritt scheidet aus, weil der Schuldbeitritt im Gegensatz zur Bürgschaft nicht zu einer lediglich akzessorischen Haftung führt und sonst die Formvorschrift des § 766 unterlaufen würde.[39] Umgekehrt kann aber ein nichtiger Schuldbeitritt in eine selbstschuldnerische Bürgschaft umgedeutet werden.[40] Eine unwirksame außerordentliche **Kündigung** kann in eine ordentliche umgedeutet werden, wenn eine ordentliche Kündigung dem mutmaßlichen Willen des Kündigenden entspricht und dieser Wille dem Kündigungsempfänger im Zeitpunkt des Zugangs der Kündigung erkennbar geworden ist (s. näher Rn 23).[41] Wegen der weitergehenden Rechtsfolgen ist die Umdeutung einer ordentlichen Kündigung in eine außerordentliche dagegen nicht möglich. S. speziell zum Arbeitsrecht Rn 23 f. 21

b) Grundstücksrecht. Ein mit dinglicher Wirkung gewolltes **Wiederkaufsrecht** kann in ein schuldrechtliches iSd §§ 456 ff umgedeutet werden.[42] Ebenso kann ein **Vorkaufsrecht**, das nicht wirksam dinglich begründet wurde (§ 1094), in ein schuldrechtliches Vorkaufsrecht (§ 463) umgedeutet werden.[43] Möglich ist bei entsprechendem Parteiwillen auch die Umdeutung eines nichtigen **Grundstückskaufvertrags** in den Vertrag über die Bestellung einer Dienstbarkeit oder eines Nießbrauchs.[44] Die nichtige **Abtretung eines Nießbrauchs** (§ 1059 S. 1) kann in die Überlassung der Ausübung (§ 1059 S. 2) umgedeutet werden,[45] die nichtige **Verpfändung einer Hypothek oder Grundschuld** in die Einräumung eines Zurückbehaltungsrechts am Hypotheken- oder Grundschuldbrief,[46] die nichtige Zusage von **Wohnungseigentum** in die Einräumung 22

29 BGH NJW 1963, 339, 340; WM 2004, 2178, 2180; Soergel/*Hefermehl*, § 140 Rn 5.
30 Palandt/*Ellenberger*, § 140 Rn 13; Soergel/*Hefermehl*, § 140 Rn 4; Staudinger/*Roth*, § 140 Rn 19, 73. AA *Flume*, BGB AT Bd. 2, § 32 9 e, S. 597; MüKo/*Busche*, § 140 Rn 24.
31 *Hopt*, in: Baumbach/Hopt, HGB, 34. Aufl. 2010, § 48 Rn 1; *W.-H. Roth*, in: Koller/Roth/Morck, HGB, 7. Aufl. 2011, § 48 Rn 11; Staudinger/*Roth*, § 140 Rn 72.
32 BGH NJW 1992, 618; MüKo/*Busche*, § 140 Rn 29.
33 BGH BB 1965, 1083.
34 BGH NJW 1987, 3121, 3122; Erman/*Palm*, § 140 Rn 20.
35 BGHZ 68, 118, 125 = NJW 1977, 848, 849; BGH NJW 1998, 896, 897; NJW-RR 2003, 51; Erman/*Palm*, § 140 Rn 20.
36 BGH BB 1966, 755.
37 BGHZ 20, 88, 101 = NJW 1956, 665, 667; Palandt/*Bassenge*, § 929 Rn 45; Soergel/*Hefermehl*, § 140 Rn 16; Staudinger/*Roth*, § 140 Rn 73.
38 MüKo/*Busche*, § 140 Rn 24; Soergel/*Hefermehl*, § 140 Rn 5; Staudinger/*Roth*, § 140 Rn 22, 67.
39 OLG Hamm, NJW 1988, 3022; *Medicus*, BGB AT, Rn 522; Staudinger/*Roth*, § 140 Rn 30.
40 BGHZ 174, 39 Rn 24 ff = NJW 2008, 1070.
41 BGH NJW 1981, 976, 977 (Mietvertrag; sehr restriktiv); BGH NJW 1982, 2603 f (Belegarztvertrag); BGH NJW 1998, 76 und BGH NJW-RR 2000, 987, 988 (Anstellungsvertrag eines Geschäftsführers); Staudinger/*Roth*, § 140 Rn 46.
42 BGH LM § 497 BGB Nr. 6 = MDR 1965, 283.
43 MüKo/*Busche*, § 140 Rn 25; Staudinger/*Roth*, § 140 Rn 63.
44 RGZ 110, 391, 392 f; MüKo/*Busche*, § 140 Rn 25; Staudinger/*Roth*, § 140 Rn 63.
45 § 1059 Rn 1; MüKo/*Busche*, § 140 Rn 25.
46 RGZ 66, 24, 27 f; RGZ 124, 28, 29 ff; Staudinger/*Roth*, § 140 Rn 63.

eines Dauerwohnrechts.[47] Unzulässig ist dagegen die Umdeutung einer **Grunddienstbarkeit** in eine beschränkte persönliche Dienstbarkeit, da diese gemäß § 1090 zugunsten einer individuell bestimmten Person eingetragen werden muss.[48]

23 **c) Arbeitsrecht.** Eine **fristlose Kündigung** kann nach ständiger Rspr des BAG in eine ordentliche umgedeutet werden, wenn eine ordentliche Kündigung dem mutmaßlichen Willen des Kündigenden entspricht und dieser Wille dem Kündigungsempfänger im Zeitpunkt des Zugangs der Kündigung erkennbar geworden ist.[49] Ein entsprechender mutmaßlicher Wille kann in aller Regel jedenfalls dann angenommen werden, wenn die Tatsachen, aus denen der Kündigende einen wichtigen Grund ableitet, tatsächlich vorliegen.[50] Die Erkennbarkeit ist dabei genau genommen nicht eine Voraussetzung des § 140, sondern dafür, dass die Kündigung gegenüber dem Empfänger als ordentliche wirkt (s. Rn 32).

24 Notwendig ist selbstverständlich, dass die Voraussetzungen für eine ordentliche Kündigung vorliegen, insbesondere dass der Betriebsrat (hilfsweise) zur ordentlichen Kündigung angehört wurde (§ 102 BetrVG)[51] und eine erforderliche behördliche Genehmigung (zB der Hauptfürsorgestelle) auch für die ordentliche Kündigung vorliegt.[52] Das BAG hat eine Umdeutung abgelehnt, wenn der Betriebsrat nicht zu der ausgesprochenen außerordentlichen, sondern nur zu der nicht ausgesprochenen ordentlichen Kündigung angehört wurde;[53] dafür besteht jedoch keinerlei Grund. Die Umdeutung einer **ordentlichen Kündigung** in eine außerordentliche scheidet wegen der weitergehenden Rechtsfolgen aus.[54] Das Gleiche gilt für die Umdeutung in eine **Anfechtung**.[55] Eine fristlose Kündigung kann dagegen in eine Anfechtung umgedeutet werden, da auch Letztere im Arbeitsrecht nur ex nunc wirkt.[56] Zu **Betriebsvereinbarungen** s. Rn 8.

25 **d) Gesellschaftsrecht.** Der Vertrag über die **Gründung einer OHG** kann in den Vertrag über die Gründung einer BGB-Gesellschaft umgedeutet werden,[57] aber – wegen der teils abweichenden und nicht dispositiven Regelungen für die OHG (zB § 126 HGB) – nicht umgekehrt.[58] Möglich sind auch die Umdeutung der **außerordentlichen Kündigung** eines Gesellschaftsvertrags in eine ordentliche Kündigung[59] und die Umdeutung einer **Stimmrechtsübertragung** in einen gesellschaftsvertraglichen Stimmrechtsausschluss, verbunden mit der Erhöhung des Stimmrechts der anderen Gesellschafter.[60] Dagegen kann eine unwiderrufliche **Stimmrechtsvollmacht** in der GmbH nicht in einen Stimmrechtsverzicht oder in eine Verpflichtung, nicht abzustimmen, umgedeutet werden.[61] Die Umdeutung einer nichtigen **Verschmelzung** oder einer gescheiterten **Umwandlung nach dem LwAnpG** in eine Vermögensübertragung iSv § 419 aF (vgl Art. 223 a EGBGB) hat der BGH am Fehlen eines entsprechenden hypothetischen Parteiwillens scheitern lassen.[62]

26 **e) Wertpapierrecht.** Da § 140 ein nichtiges Rechtsgeschäft voraussetzt, können Erklärungen auf einem **formgültigen Wechsel** nicht umgedeutet werden, auch wenn der Wechsel präjudiziert ist oder die Wechselansprüche verjährt sind.[63] Ein ungültiger **gezogener Wechsel** kann in eine bürgerlich-rechtliche (§ 783) oder kaufmännische (§ 363 HGB) Anweisung umgedeutet werden.[64] Bei einem ungültigen **Wechsel an eigene Order** scheidet eine Umdeutung in eine bürgerlich-rechtliche Anweisung aus, da diese zwingend Personenverschiedenheit zwischen Anweisendem, Angewiesenem und Anweisungsempfänger voraussetzt; eine Umdeutung in eine kaufmännische Anweisung, die an eigene Order des Ausstellers gestellt werden kann, ist

47 BGH NJW 1963, 339, 340.
48 Erman/*Palm*, § 140 Rn 24; MüKo/*Busche*, § 140 Rn 25; Staudinger/*Roth*, § 140 Rn 66.
49 BAG NJW 1976, 2366, 2367; 1988, 581 f; 2002, 2972, 2973. S. ausf. *J. Hager*, BB 1989, 693 ff; *Molkenbur/Krasshöfer-Pidde*, RdA 1989, 337, 341 f. Gegen das Erfordernis der Erkennbarkeit LAG Hamm BB 1982, 2109 f.
50 Vgl BGH NJW 1982, 2603 f (zur Kündigung eines Belegarztvertrags).
51 BAG NJW 1976, 2366; Erman/*Palm*, § 140 Rn 21; *J. Hager*, BB 1989, 693, 695 f; *Molkenbur/Krasshöfer-Pidde*, RdA 1989, 337, 343; MüKo/*Busche*, § 140 Rn 30.
52 LAG Berlin, NZA 1985, 95; *Molkenbur/Krasshöfer-Pidde*, RdA 1989, 337, 343; MüKo/*Busche*, § 140 Rn 30; Staudinger/*Roth*, § 140 Rn 39.
53 BAG NJW 1976, 2366, 2368. Zust. *Molkenbur/Krasshöfer-Pidde*, RdA 1989, 337, 343 f.
54 BAG DB 1975, 214; NJW 1976, 592; *Molkenbur/Krasshöfer-Pidde*, RdA 1989, 337, 340 f; MüKo/*Busche*, § 140 Rn 31; Staudinger/*Roth*, § 140 Rn 22, 42.
55 BAG NJW 1976, 592; *Molkenbur/Krasshöfer-Pidde*, RdA 1989, 337, 342 f; MüKo/*Busche*, § 140 Rn 31; Staudinger/*Roth*, § 140 Rn 42.
56 *Molkenbur/Krasshöfer-Pidde*, RdA 1989, 337, 343; Staudinger/*Roth*, § 140 Rn 42. AA MüKo/*Busche*, § 140 Rn 31.
57 BGHZ 19, 269, 272 = NJW 1956, 297; *Medicus*, BGB AT, Rn 521; MüKo/*Busche*, § 140 Rn 29; Soergel/*Hefermehl*, § 140 Rn 10; Staudinger/*Roth*, § 140 Rn 26, 57.
58 Erman/*Palm*, § 140 Rn 23; MüKo/*Busche*, § 140 Rn 29; Staudinger/*Roth*, § 140 Rn 57.
59 BGH NJW 1998, 1551.
60 BGHZ 20, 363, 370 f = NJW 1956, 1198, 1200.
61 BGH BB 1961, 881.
62 BGH NJW 1996, 659, 660; BGHZ 138, 371, 374 = VIZ 1998, 466, 467.
63 BGHZ 3, 238, 239 = NJW 1952, 21; BGH WM 1970, 1023 f; 1972, 461; Baumbach/Hefermehl/*Casper*, Wechselgesetz, Scheckgesetz, Recht der kartengestützten Zahlungen, 23. Aufl. 2008, Art. 2 WG Rn 14.
64 *Hueck/Canaris*, Recht der Wertpapiere, 12. Aufl. 1986, S. 68.

jedoch möglich.[65] Ein formnichtiger **eigener Wechsel** (Art. 75 WG) kann in ein abstraktes Schuldversprechen oder einen kaufmännischen Verpflichtungsschein umgedeutet werden,[66] das **Akzept** eines formnichtigen Wechsels in ein abstraktes Schuldversprechen (§ 780), die Annahme einer (kaufmännischen) Anweisung (§ 784 BGB, § 363 HGB) oder einen kaufmännischen Verpflichtungsschein (§ 363 Abs. 1 S. 2 HGB).[67] Die Umdeutung von **Erklärungen des Ausstellers, Indossanten oder Wechselbürgen** in ein abstraktes Schuldversprechen (§ 780) oder einen Garantievertrag ist dagegen ausgeschlossen, da diese wegen Art. 43 f WG weitergehende Wirkungen entfalten würden als die wechselrechtliche Haftung.[68]

Ein mangels Angabe des Ausstellungstags **unwirksamer Scheck** kann in eine Ermächtigung des Bezogenen, für Rechnung des Ausstellers zu zahlen, und eine Ermächtigung des Inhabers, die Leistung beim Bezogenen zu erheben, umgedeutet werden.[69] 27

f) Familien- und Erbrecht. Zur Umdeutung letztwilliger Verfügungen s. AnwK-BGB/*Fleindl*, § 2084 Rn 58 ff, zur Umdeutung von Erbverträgen AnwK-BGB/*Kornexl*, Vor §§ 2274 ff Rn 32 ff. Die nach § 311 b Abs. 4 unwirksame **Abtretung eines Erbteils** eines Abkömmlings an seine Geschwister kann in einen Erbverzicht (§ 2346) zugunsten des Erblassers umgedeutet werden.[70] Nur in Ausnahmefällen kommt die Umdeutung einer **wegen § 1365 unwirksamen Vermögensübertragung** in einen entsprechenden Erbvertrag in Betracht, da die Schutzfunktion des § 1365 nicht unterlaufen werden darf.[71] Möglich ist dagegen die Umdeutung eines wegen Formmangels nichtigen **Erbteilskaufs** in einen Auseinandersetzungsvertrag, sofern alle Miterben mitgewirkt haben.[72] 28

g) Prozessrecht. Ein aus formellen Gründen unwirksamer **Prozessvergleich** kann nach Ansicht des BGH in einen materiellrechtlichen Vergleich (§ 779) umgedeutet werden;[73] hier könnte auch auf § 139 zurückgegriffen werden. **Für möglich gehalten** wurde die Umdeutung einer Leistungsklage in eine Abänderungsklage,[74] einer sofortigen Beschwerde in eine Berufung,[75] einer unzulässigen Hauptberufung in eine unselbständige Anschlussberufung,[76] einer Berufung in einen Beitritt als Nebenintervenient, verbunden mit der Einlegung der Berufung.[77] **Abgelehnt** wurde dagegen die Umdeutung einer unstatthaften sofortigen und/oder weiteren Beschwerde in eine gleichfalls unstatthafte Rechtsbeschwerde,[78] die Umdeutung einer unzulässigen Berufung in den Einspruch gegen ein Versäumnisurteil, weil dieser Einspruch bei einem anderen Gericht hätte eingelegt werden müssen,[79] sowie die Umdeutung einer Revision in eine Beschwerde gegen die Nichtzulassung der Revision, da mit beiden unterschiedliche Ziele verfolgt werden.[80] 29

IV. Der Parteiwille

Kannten die Parteien die Nichtigkeit des Rechtsgeschäfts bei seiner Vornahme, kommt eine Umdeutung nicht in Betracht, da die Parteien dann keines Schutzes gegen die Unwirksamkeit bedürfen[81] (s. zum Vorrang von § 117 auch Rn 14); eine Umdeutung ist aber möglich, wenn sie die Nichtigkeit nicht als endgültig ansahen.[82] Kannten nur **einzelne Beteiligte** die Nichtigkeit, ist § 140 zum Schutz der anderen anwendbar. Entgegen einer Literaturansicht[83] kommt es dann für die Umdeutung auf den hypothetischen Willen sämtlicher Betei- 30

65 *Hueck/Canaris*, Recht der Wertpapiere, 12. Aufl. 1986, S. 68.
66 BGH NJW 1988, 1468 f; Baumbach/Hefermehl/*Casper*, Wechselgesetz, Scheckgesetz, Recht der kartengestützten Zahlungen, 23. Aufl. 2008, Art. 2 WG Rn 16; *Hueck/Canaris*, Recht der Wertpapiere, 12. Aufl. 1986, S. 69 f.
67 BGHZ 124, 263, 268 ff = NJW 1994, 447, 448 f; Baumbach/Hefermehl/*Casper*, Wechselgesetz, Scheckgesetz, Recht der kartengestützten Zahlungen, 23. Aufl. 2008, Art. 2 WG Rn 12; Soergel/*Hefermehl*, § 140 Rn 25; Staudinger/*Roth*, § 140 Rn 61. AA RGZ 136, 209 f; BGH WM 1955, 1324.
68 BGH NJW 1957, 1837, 1838; Baumbach/Hefermehl/*Casper*, Wechselgesetz, Scheckgesetz, Recht der kartengestützten Zahlungen, 23. Aufl. 2008, Art. 2 WG Rn 13; *Hueck/Canaris*, Recht der Wertpapiere, 12. Aufl. 1986, S. 69; Soergel/*Hefermehl*, § 140 Rn 25.
69 BGHZ 147, 145, 148 = NJW 2001, 1855; Baumbach/Hefermehl/*Casper*, Wechselgesetz, Scheckgesetz, Recht der kartengestützten Zahlungen, 23. Aufl. 2008, Art. 2 ScheckG Rn 5; Soergel/*Hefermehl*, § 140 Rn 25.
70 BGH NJW 1974, 43, 44 f.
71 BGHZ 125, 355, 363 f = NJW 1994, 1785, 1787. Weniger streng BGH NJW 1980, 2350, 2351 f (insoweit nicht in BGHZ 77, 293 abgedruckt).
72 RGZ 129, 122, 123; Bamberger/Roth/*Mayer*, § 2371 Rn 16; MüKo/*Busche*, § 140 Rn 27; Soergel/*Wolf*, § 2033 Rn 17; Soergel/*Zimmermann*, § 2371 Rn 26; Staudinger/*Roth*, § 140 Rn 50. Einschr. NK-BGB/*Beck*, § 2371 Rn 9.
73 BGH NJW 1985, 1962, 1963.
74 BGH NJW 1992, 438, 439.
75 BGH NJW 1987, 1204.
76 BGH FamRZ 1987, 154; BGHZ 100, 383, 387 f = NJW 1987, 3263.
77 BGH NJW 2001, 1217, 1218.
78 BGH NJW 2002, 1958.
79 BGH VersR 1974, 1099, 1100.
80 BGH DB 1971, 2256 f.
81 BGHZ 125, 355, 364 = NJW 1994, 1785, 1787; *Mühlhans*, NJW 1994, 1049; MüKo/*Busche*, § 140 Rn 18; Soergel/*Hefermehl*, § 140 Rn 9; Staudinger/*Roth*, § 140 Rn 28.
82 BGHZ 125, 355, 364 = NJW 1994, 1785, 1787; *Larenz/Wolf*, BGB AT, § 44 Rn 75.
83 Bamberger/Roth/*Wendtland*, § 140 Rn 12; MüKo/*Busche*, § 140 Rn 18; Staudinger/*Roth*, § 140 Rn 28.

ligter an, nicht nur derjenigen Beteiligten, denen die Nichtigkeit unbekannt war. Denn auch den anderen Beteiligten darf keine Regelung aufoktroyiert werden, die mit ihrem (mutmaßlichen) Willen nicht vereinbar ist; eine derartige „Bestrafung" durch Einschränkung der Privatautonomie wäre § 140 fremd.

31 Entscheidend ist wie bei § 139 primär der **tatsächliche**,[84] hilfsweise der **hypothetische Parteiwille** (s. § 139 Rn 44 ff) im Zeitpunkt der Vornahme des nichtigen (oder auch zunächst schwebend unwirksamen)[85] Rechtsgeschäfts.[86] Es kommt also darauf an, was die Parteien bei Kenntnis der Nichtigkeit vereinbart hätten. Was objektiv vernünftig ist oder was der Richter für eine angemessene Regelung hält, ist nur relevant, wenn es keine anderen Indizien für den hypothetischen Parteiwillen gibt. Deutet aber etwas darauf hin, dass die Parteien eine aus Sicht des Richters unvernünftige Regelung getroffen hätten, dann ist diese maßgeblich.[87] Eine Umdeutung scheidet daher aus, wenn sich der von den Parteien angestrebte wirtschaftliche Erfolg auf einem Weg erreichen lässt, den sie nicht gewünscht haben. Es geht allerdings zu weit, dies schon dann anzunehmen, wenn die Parteien sich auf eine bestimmte Gestaltung festgelegt haben, weil sie den anderen Weg nicht erkannt haben, obwohl sie bei Kenntnis diesen anderen Weg gewollt hätten.[88] Zu berücksichtigen sind auch die einseitig von einem Vertragspartner verfolgten Interessen, die nicht zum Inhalt des Rechtsgeschäfts geworden sind.[89] Wird durch das Ersatzgeschäft der von den Parteien mit dem nichtigen Rechtsgeschäft erstrebte **wirtschaftliche Erfolg** erreicht, ist normalerweise ein auf das Ersatzgeschäft gerichteter hypothetischer Wille anzunehmen.[90]

32 Bei **einseitigen Rechtsgeschäften** kommt es ausschließlich auf den Willen dessen an, der das Rechtsgeschäft vorgenommen hat; der (hypothetische) Wille des Empfängers ist auch bei empfangsbedürftigen einseitigen Rechtsgeschäften belanglos. Allerdings muss der Empfänger davor geschützt werden, dass ihm gegenüber ein einseitiges Rechtsgeschäft eine Wirkung entfaltet, mit der er nicht rechnet und nicht rechnen muss. Ein kraft Umdeutung geltendes einseitiges empfangsbedürftiges Rechtsgeschäft entfaltet daher gegenüber dem Empfänger nur Wirkung, wenn er entweder erkannte oder erkennen musste, dass das tatsächlich Erklärte für den Fall der Nichtigkeit in der „umgedeuteten" Form gilt (vgl die Auslegung nach dem objektiven Empfängerhorizont gemäß §§ 133, 157);[91] im Unterschied zur normalen Auslegung ist dabei nicht erforderlich, dass er annahm oder annehmen musste, der Erklärende habe tatsächlich für den Fall der Nichtigkeit hilfsweise das Ersatzgeschäft vornehmen wollen, sondern es genügt, dass er annahm oder annehmen musste, der *hypothetische* Wille des Erklärenden sei auf das Ersatzgeschäft gerichtet gewesen und dieses gelte deswegen.[92] So kann etwa eine unwirksame fristlose Kündigung in eine ordentliche umgedeutet werden, wenn diese dem Willen des Kündigenden entspricht. Gegenüber dem Gekündigten entfaltet sie aber als ordentliche nur Wirkung, wenn dieser erkannte oder erkennen musste, dass der – tatsächliche oder hypothetische – Wille des Kündigenden für den Fall der Unwirksamkeit der fristlosen Kündigung auf eine ordentliche Kündigung gerichtet war und die Erklärung deshalb als ordentliche Kündigung gilt.

33 Die Rspr. verlangt für die Umdeutung einer nichtigen **einseitigen rechtsgestaltenden Erklärung** (zB einer Kündigung oder einer Erklärung, kraft eines einseitigen Bestimmungsrechts die Miete zu erhöhen) in einen Antrag auf Abschluss eines entsprechenden Vertrags, dass der Erklärende sich bei Abgabe der Willenserklärung bewusst gewesen ist, dass sie als einseitige nicht wirksam werden könnte und es für diesen Fall zur Herbeiführung des rechtlichen und wirtschaftlichen Erfolgs hilfsweise der Zustimmung des Erklärungsempfängers bedürfe.[93] Das ist verfehlt. § 140 setzt gerade nicht voraus, dass die Parteien mit der Unwirksamkeit des Rechtsgeschäfts rechnen, und es besteht keinerlei Anlass, hiervon bei einseitigen Rechtsgeschäften eine Ausnahme zu machen. Der Abschluss eines entsprechenden Vertrags wird allerdings in aller Regel daran scheitern, dass der Empfänger der Erklärung nicht damit rechnen muss, dass diese entgegen ihrem Wortlaut als Vertragsantrag gilt (s. Rn 32), und der Erklärende deswegen ein konkludentes Verhalten des Empfängers (etwa die Zahlung der geforderten erhöhten Miete) nicht als Annahme verstehen darf.

84 Bamberger/Roth/*Wendtland*, § 140 Rn 13.
85 BGHZ 40, 218, 221 ff = NJW 1964, 347, 348.
86 BGH NJW 1974, 43, 45; 1980, 2517 f; NJW-RR 1986, 352, 353; WM 2004, 2178, 2180; BayObLG NJW-RR 1999, 620, 621; MüKo/*Busche*, § 140 Rn 22; Staudinger/*Roth*, § 140 Rn 27.
87 BGHZ 19, 269, 272 ff = NJW 1956, 297 f (mit äußerst fragwürdiger Anwendung im konkreten Fall); BGH NJW 1980, 2350, 2352 (insoweit nicht in BGHZ 77, 293 abgedruckt); BGH NJW-RR 1986, 352, 353; Erman/*Palm*, § 140 Rn 17; *Larenz/Wolf*, BGB AT, § 44 Rn 76; Soergel/*Hefermehl*, § 140 Rn 1; Staudinger/*Roth*, § 140 Rn 25.
88 So aber BGH NJW 1971, 420 f. Zust. *Flume*, BGB AT Bd. 2, § 32 9 d, S. 595 f. Abl. *Bürck*, JuS 1971, 571, 574 f.
89 *Flume*, BGB AT Bd. 2, § 32 9 c, S. 594 f.
90 BGHZ 19, 269, 272 f = NJW 1956, 297; BGH NJW 1980, 2350, 2351 f (insoweit nicht in BGHZ 77, 293 abgedruckt); Erman/*Palm*, § 140 Rn 16; Soergel/*Hefermehl*, § 140 Rn 1, 8; Staudinger/*Roth*, § 140 Rn 25.
91 *Molkenbur/Krasshöfer-Pidde*, RdA 1989, 337, 341 f. AA LAG Hamm BB 1982, 2109 f.
92 Ungenau Soergel/*Hefermehl*, § 140 Rn 17; Staudinger/*Roth*, § 140 Rn 36.
93 RGZ 143, 124, 126 f; BGH NJW 1981, 43, 44; NJW-RR 2005, 1464, 1466; 2007, 1382 Rn 11.

V. Prozessuales

Da die Rechtsfolge der Umdeutung nach § 140 **automatisch** eintritt, es also keiner wie auch immer gearteten Rechtsgestaltung durch Parteien oder Gericht bedarf, ist die Umdeutung im Prozess **von Amts wegen** zu berücksichtigen.[94] Diejenige Partei, die aus der Umdeutung Rechtsfolgen herleiten will, muss die für die Umdeutung relevanten Umstände darlegen und beweisen.[95] 34

C. Weitere praktische Hinweise

Um die mit der Anwendung von § 140 verbundene Unsicherheit zu vermeiden, kann es sinnvoll sein, eine **Konversionsklausel** (s. Rn 16) in den Vertrag aufzunehmen. Dies empfiehlt sich immer dann, wenn die Parteien einerseits eine Gefahr der Nichtigkeit sehen, ihnen die möglicherweise nichtige Regelung aber andererseits so wichtig ist, dass sie nicht von vornherein zugunsten eines sicheren Wegs auf sie verzichten wollen. 35

§ 141 Bestätigung des nichtigen Rechtsgeschäfts

(1) Wird ein nichtiges Rechtsgeschäft von demjenigen, welcher es vorgenommen hat, bestätigt, so ist die Bestätigung als erneute Vornahme zu beurteilen.
(2) Wird ein nichtiger Vertrag von den Parteien bestätigt, so sind diese im Zweifel verpflichtet, einander zu gewähren, was sie haben würden, wenn der Vertrag von Anfang an gültig gewesen wäre.

Literatur: *Graba*, Bestätigung und Genehmigung von Rechtsgeschäften, Diss. München 1967; *Kohte*, Unwirksame Bestätigung eines wucherähnlichen Kreditvertrags – BGH NJW 1982, 1981, JuS 1984, 509; *Markus Müller*, Die Bestätigung nichtiger Rechtsgeschäfte nach § 141 BGB, 1989; *Petersen*, Die Bestätigung des nichtigen und anfechtbaren Rechtsgeschäfts, Jura 2008, 666.

A. Allgemeines

I. Normzweck

Ein nichtiges Rechtsgeschäft bleibt auch dann nichtig, wenn der **Nichtigkeitsgrund** später **wegfällt**.[1] Wird ein solches Rechtsgeschäft dann von den Parteien bestätigt, so kann diese Bestätigung nichts an der mangelnden Anerkennung des Geschäfts durch die Rechtsordnung und damit an der Nichtigkeit ändern. Die Bestätigung ist daher gemäß Abs. 1 als Neuvornahme anzusehen. Sie wirkt folglich nur **ex nunc**.[2] Bei **Verträgen** ist allerdings nach der Auslegungsregel[3] des Abs. 2 anzunehmen, dass sich die Parteien durch die Bestätigung dazu verpflichten, einander so zu stellen, als wäre der Vertrag von Anfang an wirksam gewesen. 1

Trotz der Regel des Abs. 1 wird heute allgemein angenommen, dass sich die Bestätigung von einer Neuvornahme des Geschäfts dadurch unterscheidet, dass sie **geringere inhaltliche Anforderungen** stellt als diese (s. Rn 12, 15).[4] 2

II. Abgrenzungen

1. Bestätigung eines anfechtbaren Rechtsgeschäfts. Für die Bestätigung eines nicht nichtigen, sondern nur anfechtbaren Rechtsgeschäfts gilt § 144. Die Bestätigung führt hier nicht dazu, dass ein unwirksames Rechtsgeschäft wirksam wird, sondern nur zum Verlust der Möglichkeit, ein wirksames Rechtsgeschäft durch 3

94 BGH NJW 1963, 339, 340; BAG NJW 2002, 2972, 2973 f; Bamberger/Roth/*Wendtland*, § 140 Rn 14; Erman/*Palm*, § 140 Rn 18; MüKo/*Busche*, § 140 Rn 34; Palandt/*Ellenberger*, § 140 Rn 1; Staudinger/*Roth*, § 140 Rn 1, 33.

95 Bamberger/Roth/*Wendtland*, § 140 Rn 15; Erman/*Palm*, § 140 Rn 18; Staudinger/*Roth*, § 140 Rn 34.

1 *Flume*, BGB AT Bd. 2, § 30 5, S. 550 f.

2 Motive I, S. 217.

3 Prot. I, S. 126; Staudinger/*Roth*, § 141 Rn 26.

4 BGH NJW 1999, 3704, 3705.

Anfechtung zu vernichten. Deshalb stellt § 144 geringere Anforderungen als § 141: Die Bestätigung eines anfechtbaren Rechtsgeschäfts ist nach hM nicht empfangsbedürftig und gemäß § 144 Abs. 2 generell formfrei möglich.

4 **2. Genehmigung.** Die Genehmigung (§ 184) nach §§ 108 Abs. 1, 177 Abs. 1 oder 1366 Abs. 1 bezieht sich nicht auf ein nichtiges, sondern auf ein schwebend unwirksames Rechtsgeschäft. Im Gegensatz zur Bestätigung wirkt sie in der Regel ex tunc (§ 184 Abs. 1).

5 **3. Heilung durch Leistungsbewirkung.** Eine Heilung durch Leistungsbewirkung (zB nach §§ 311 b Abs. 1 S. 2, 518 Abs. 2, 766 S. 3) ist im Gegensatz zur Bestätigung kein Rechtsgeschäft.[5] Führen die Parteien jedoch einvernehmlich die Heilung herbei, kann die **Auslegungsregel des Abs. 2** entsprechend herangezogen werden; danach sind die Parteien im Zweifel verpflichtet, einander so zu stellen, wie sie stehen würden, wenn das geheilte Rechtsgeschäft von Anfang an wirksam gewesen wäre.[6]

6 **4. Umdeutung.** Bei der Umdeutung wird das Rechtsgeschäft aufgrund des hypothetischen Parteiwillens mit einem anderen als dem ursprünglich vereinbarten Inhalt aufrechterhalten; die Umdeutung tritt automatisch ein (§ 140 Rn 34). Die Bestätigung ist dagegen Rechtsgeschäft, das dazu führt, dass das nichtige Rechtsgeschäft mit seinem ursprünglich vereinbarten Inhalt gilt.

7 **5. Weitere Fälle der Bestätigung.** Im **Eherecht** ist nach § 1315 Abs. 1 S. 1 Nr. 1–4, S. 2–3 bei einer Bestätigung die Aufhebung der Ehe ausgeschlossen. Da die Bestätigung nicht die Ehe wirksam macht, sondern die Aufhebbarkeit ausschließt, ist die Norm eher mit § 144 als mit § 141 verwandt. Das Gleiche gilt für die Bestätigung einer **Lebenspartnerschaft** nach § 15 Abs. 4 LPartG und eines **anfechtbaren Hauptversammlungsbeschlusses** nach § 244 AktG.

B. Regelungsgehalt

I. Anwendungsbereich

8 **1. Rechtsgeschäft.** § 141 gilt für **alle Arten von Rechtsgeschäften**, für Verträge (Abs. 2) ebenso wie für einseitige Rechtsgeschäfte (zB Kündigungen[7]), für Geschäfte unter Lebenden ebenso wie für letztwillige Verfügungen.[8] Ebenso gilt die Norm für **Gesamtakte**, wie etwa Beschlüsse einer Wohnungseigentümerversammlung.[9] Auf **öffentlich-rechtliche Verträge** ist § 141 über § 62 S. 2 VwVfG anwendbar.

9 **2. Nichtigkeit.** Der **Nichtigkeitsgrund** ist unerheblich. In Betracht kommen etwa der Verstoß gegen ein Verbotsgesetz,[10] Sittenwidrigkeit,[11] Formnichtigkeit oder das Vorliegen eines Scheingeschäfts iSv § 117.[12] § 141 gilt auch für Rechtsgeschäfte, die durch **Verweigerung der Genehmigung** endgültig unwirksam wurden; eine (nicht mehr mögliche) „Genehmigung" kann dabei in der Regel als Bestätigung ausgelegt werden.[13] Auch **angefochtene Geschäfte** können bestätigt werden;[14] für anfechtbare Geschäfte gilt dagegen § 144. Auf Rechtsgeschäfte, die nach §§ 52, 53 BörsG aF **unverbindlich** waren, wurde § 141 entsprechend angewendet.[15]

II. Bestätigung

10 Die Bestätigung ist ein **Rechtsgeschäft**, an dem die gleichen **Personen** beteiligt sein müssen wie an dem bestätigten Rechtsgeschäft. Beruht die Nichtigkeit eines Vertrags darauf, dass eine der Willenserklärungen unwirksam ist, genügt die Bestätigung durch diejenige Partei, die diese Willenserklärung abgegeben hat, wenn die andere Partei noch an ihre Erklärung gebunden ist (vgl § 146),[16] sonst müssen beide Parteien bestätigen.

5 RGZ 115, 6, 12; MüKo/*Busche*, § 141 Rn 6; Staudinger/*Roth*, § 141 Rn 4.

6 RGZ 115, 6, 12 f; BGHZ 32, 11, 12 f = NJW 1960, 525, 526; BGHZ 54, 56, 63 f = NJW 1970, 1541, 1543; MüKo/*Busche*, § 141 Rn 6; *Reinicke/Tiedtke*, NJW 1982, 1430, 1433 f; Staudinger/*Roth*, § 141 Rn 4. Manche Autoren halten die Anwendung von Abs. 2 für überflüssig, weil der Vertrag gemäß § 311 b Abs. 1 S. 2 „seinem ganzen Inhalt nach" gültig wird: *Flume*, BGB AT Bd. 2, § 30 6, S. 552 f; Soergel/*Hefermehl*, § 141 Rn 12.

7 BAGE 27, 331, 336 f = NJW 1976, 1766, 1767.

8 MüKo/*Busche*, § 141 Rn 2; Staudinger/*Roth*, § 141 Rn 10.

9 MüKo/*Busche*, § 141 Rn 2; Staudinger/*Roth*, § 141 Rn 10. Vgl auch BayObLG NJW 1978, 1387.

10 BGHZ 11, 59, 60 = NJW 1954, 549, 550; BGH NJW 1961, 1204; 1973, 1367.

11 RGZ 150, 185, 188; BGH NJW 1982, 1981.

12 MüKo/*Busche*, § 141 Rn 2.

13 BGH NJW 1999, 3704 f. S. dazu *K. Schmidt*, AcP 189 (1989), 1, 8 ff.

14 BGH NJW 1971, 1795, 1800; WM 1977, 387, 389 (insoweit in NJW 1977, 1151 nicht abgedruckt); BGH NJW 1985, 2579 f; Soergel/*Hefermehl*, § 141 Rn 1; Staudinger/*Roth*, § 141 Rn 2.

15 BGH NJW 1998, 2528, 2529; 2001, 1863.

16 Ohne diese Einschränkung BGH NJW-RR 2004, 1369, 1370; Bamberger/Roth/*Wendtland*, § 141 Rn 7; MüKo/*Busche*, § 141 Rn 11; Staudinger/*Roth*, § 141 Rn 14.

Möglich ist auch eine nur **teilweise Bestätigung** des nichtigen Rechtsgeschäfts, sofern dieses iSv § 139 teilbar ist (s § 139 Rn 18 ff).[17]

Die Bestätigung muss als Rechtsgeschäft **wirksam** sein. Eine Bestätigung scheidet daher immer dann aus, wenn derjenige Grund, der der Wirksamkeit des ursprünglichen Geschäfts entgegensteht, auch die Bestätigung erfasst.[18] Bei **gesetz- oder sittenwidrigen Rechtsgeschäften** (§§ 134, 138 BGB) wird daher eine Bestätigung nur ausnahmsweise in Betracht kommen, nämlich dann, wenn sich die Umstände, auf denen die Gesetzwidrigkeit oder der Sittenverstoß beruht, geändert haben,[19] wenn das Verbotsgesetz aufgehoben[20] oder geändert wurde oder wenn sich die für das Sittenwidrigkeitsurteil maßgeblichen Wertvorstellungen geändert haben. Im Fall der **Sittenwidrigkeit** ist insbesondere zu prüfen, ob die Bestätigung nicht trotz Wegfalls einzelner die Sittenwidrigkeit begründender Umstände nichtig ist, weil die weiterwirkenden übrigen Umstände allein oder zusammen mit hinzutretenden neuen Umständen zur Sittenwidrigkeit führen.[21] 11

Welche **inhaltlichen Anforderungen** an eine Bestätigung zu stellen sind, hat der Gesetzgeber offengelassen; Abs. 1 ordnet nur an, dass die Rechtsfolgen einer wirksamen Bestätigung denen einer Neuvornahme entsprechen.[22] Nach hM unterliegt die Bestätigung nicht denselben inhaltlichen Voraussetzungen wie die erstmalige Vornahme. Sie muss vielmehr nur zum Ausdruck bringen, dass das bisher fehlerhafte Rechtsgeschäft als gültig anerkannt wird.[23] Die Erklärung der Bestätigung muss daher nicht denselben Inhalt haben wie das ursprüngliche Rechtsgeschäft. Bei einem Vertrag braucht etwa nicht über alle einzelnen Abmachungen erneut eine Willensübereinstimmung hergestellt und erklärt zu werden; es genügt vielmehr, dass sich die Parteien in Kenntnis der Abreden „auf den Boden des Vertrags stellen".[24] 12

In subjektiver Hinsicht setzt die Bestätigung einen **Bestätigungswillen** voraus. An ihm fehlt es, wenn die Parteien an der Wirksamkeit des Geschäfts keine Zweifel haben.[25] Dass sie seine Nichtigkeit kennen, ist nicht nötig;[26] vielmehr genügt es, dass die Parteien **Zweifel** an der Wirksamkeit des Rechtsgeschäfts haben und es auf alle Fälle gelten lassen wollen.[27] Wird der äußere Tatbestand einer Bestätigung gesetzt, fehlt es aber an dem Bestätigungswillen, so liegt ein Fall des fehlenden **Erklärungsbewusstseins** vor.[28] 13

Eine Bestätigung kann auch **konkludent** erfolgen. Entscheidend ist, ob die betreffende Handlung nach dem objektiven Empfängerhorizont von dem Willen getragen ist, das Rechtsgeschäft trotz seiner Unwirksamkeit oder Zweifeln an seiner Wirksamkeit gelten zu lassen. So kann eine konkludente Bestätigung etwa in der Änderung oder Ergänzung des nichtigen Vertrags,[29] in der Veräußerung der gekauften Sache oder dem Weiterzahlen von Raten[30] liegen. Dabei ist insbesondere zu beachten, ob die betreffende Handlung nicht auch auf **anderen Gründen** beruhen kann.[31] So stellt die **Benutzung einer gekauften Sache** nach Meinung des BGH in der Regel keine Bestätigung dar, wenn sie nur bis zur unverzüglichen Beschaffung einer Ersatzsache oder, wenn diese nicht möglich ist, zur Abwendung größerer Nachteile erfolgt.[32] 14

Die Bestätigung eines Geschäfts, das einem **gesetzlichen Formerfordernis** unterliegt, ist ihrerseits formbedürftig, und zwar auch dann, wenn die Form bei der Vornahme des bestätigten Rechtsgeschäfts beachtet wurde.[33] Insofern kommt der Gedanke zum Tragen, dass die Bestätigung nach Abs. 1 als Neuvornahme zu beurteilen ist. § 182 Abs. 2 kann nicht analog angewendet werden, da die Bestätigung eines nichtigen Rechtsgeschäfts nicht mit der Genehmigung eines schwebend unwirksamen Rechtsgeschäfts auf die gleiche Stufe 15

17 MüKo/*Busche*, § 141 Rn 14; Soergel/*Hefermehl*, § 141 Rn 4; Staudinger/*Roth*, § 141 Rn 15.
18 Prot. I, S. 126.
19 BGHZ 60, 102, 108 = NJW 1973, 465, 466; BGH NJW 1973, 1367; 1982, 1981 f.
20 RGZ 125, 3, 7; BGH NJW 1961, 1204.
21 BGH NJW 1982, 1981, 1982; zust. *Kohte*, JuS 1984, 509 ff.
22 Prot. I, S. 126.
23 Strenger noch RGZ 61, 264, 266; RGZ 104, 50, 54.
24 BGHZ 11, 59, 60 = NJW 1954, 549, 550; BGH DB 1968, 479; NJW 1982, 1981; 1999, 3704, 3705; ZIP 2009, 264 Rn 39; MüKo/*Busche*, § 141 Rn 12; Soergel/*Hefermehl*, § 141 Rn 6; Staudinger/*Roth*, § 141 Rn 15.
25 AA *K. Schmidt*, AcP 189 (1989), 1, 8 f.
26 So noch RGZ 68, 398, 401; RGZ 104, 50, 54.
27 RGZ 150, 385, 388; BGH WM 1977, 387, 389 (insoweit in NJW 1977, 1151 nicht abgedruckt); BGH NJW 1982, 1981; BGHZ 127, 262, 269 = NJW 1995, 2724, 2726; BGHZ 129, 371, 377 = NJW 1995, 2290, 2291; BGH NJW-RR 2008, 1488 Rn 15; ZIP 2009, 264 Rn 37; BAGE 27, 331, 337 = NJW 1976, 1766, 1767; BAGE 113, 75, 79 f = NJW 2005, 2333, 2334; Bamberger/Roth/*Wendtland*, § 141 Rn 11; MüKo/*Busche*, § 141 Rn 14; Staudinger/*Roth*, § 141 Rn 20; strenger wohl Soergel/*Hefermehl*, § 141 Rn 2; offengelassen von BGH NJW-RR 2003, 769, 770.
28 Erman/*Palm*, § 141 Rn 3; vgl auch *Medicus*, BGB AT, Rn 531; Staudinger/*Roth*, § 141 Rn 20; offengelassen von BGH NJW-RR 2003, 769, 770.
29 BGHZ 7, 161, 163 = NJW 1952, 1332; BGH NJW 1982, 1981; Soergel/*Hefermehl*, § 141 Rn 6; Staudinger/*Roth*, § 141 Rn 5, 15.
30 Erman/*Palm*, § 141 Rn 4; *Medicus*, BGB AT, Rn 530; Staudinger/*Roth*, § 141 Rn 24.
31 RGZ 150, 385, 389 f; BGH NJW 1971, 1795, 1800.
32 BGH NJW 1971, 1795, 1800.
33 BGH NJW 1985, 2579, 2580; Bamberger/Roth/*Wendtland*, § 141 Rn 9; *Bork*, BGB AT, Rn 1244; Erman/*Palm*, § 141 Rn 5; *Flume*, BGB AT Bd. 2, § 30 6, S. 551 f; *Larenz/Wolf*, BGB AT, § 44 Rn 16; MüKo/*Busche*, § 141 Rn 15; Palandt/*Ellenberger*, § 141 Rn 4; Soergel/*Hefermehl*, § 141 Rn 7; aA *Medicus*, BGB AT, Rn 532; *K. Schmidt*, AcP 189 (1989), 1, 9 f; Staudinger/*Roth*, § 141 Rn 16.

gestellt werden kann (s. Rn 4). Die **geringeren inhaltlichen Anforderungen**, denen eine Bestätigung genügen muss, wirken sich aber auch hinsichtlich der Formbedürftigkeit aus: Zumindest wenn der zu bestätigende Vertrag formgerecht abgeschlossen wurde, gehört er nicht zum Regelungsinhalt der Bestätigung. Sein Inhalt braucht deshalb bei der Bestätigung nicht in die Urkunde aufgenommen zu werden, sondern es genügt, dass die die Bestätigung beinhaltende Urkunde auf die Urkunde, die das zu bestätigende Rechtsgeschäft enthält, hinweist.[34] Bei **rechtsgeschäftlichen Formerfordernissen** richtet sich die Formbedürftigkeit nach den Grundsätzen über die konkludente Modifikation rechtsgeschäftlicher Formgebote (s. § 125 Rn 64 ff).[35]

III. Rechtsfolgen

16 Da die Bestätigung gemäß Abs. 1 als Neuvornahme zu behandeln ist, wird das bestätigte Geschäft **ex nunc** wirksam; Rückwirkung hat die Bestätigung nicht.[36] Bei **Verträgen** können die Parteien jedoch vereinbaren, einander **schuldrechtlich** so zu stellen, als wäre das bestätigte Rechtsgeschäft von Anfang an wirksam gewesen; bei Bestätigung eines dinglichen Geschäfts stellt diese Vereinbarung einen selbständigen Schuldvertrag dar.[37] Abs. 2 stellt die **Auslegungsregel** auf, dass im Zweifel eine derartige Vereinbarung anzunehmen ist. Dies gilt wegen des Zwecks des Formerfordernisses nicht bei der nachträglichen schriftlichen Niederlegung einer mündlich und damit formnichtig (§ 14 Abs. 4 TzBfG) getroffenen Befristung eines Arbeitsverhältnisses.[38] Eine Rückwirkung gegenüber **Dritten** kann dagegen nur vereinbart werden, soweit es um die Begründung von Ansprüchen des Dritten durch einen Vertrag zugunsten Dritter geht; nicht möglich ist insbesondere eine rückwirkende Änderung der **dinglichen Rechtslage**.

IV. Beweislast

17 Wer sich auf eine Bestätigung beruft, trägt insofern die Darlegungs- und Beweislast.[39] Macht eine Partei eine von Abs. 2 abweichende Rückwirkungsvereinbarung geltend, muss sie deren Voraussetzungen beweisen.[40]

§ 142 Wirkung der Anfechtung

(1) Wird ein anfechtbares Rechtsgeschäft angefochten, so ist es als von Anfang an nichtig anzusehen.
(2) Wer die Anfechtbarkeit kannte oder kennen musste, wird, wenn die Anfechtung erfolgt, so behandelt, wie wenn er die Nichtigkeit des Rechtsgeschäfts gekannt hätte oder hätte kennen müssen.

Literatur: *Brox*, Die Einschränkung der Irrtumsanfechtung, 1960; *ders.*, Die Anfechtung von Dauerrechtsverhältnissen, BB 1964, 523; *Conrad*, Die bereicherungsrechtliche Rückabwicklung nach Anfechtung wegen arglistiger Täuschung (§ 123 Abs. 1 Var. 1 BGB), JuS 2009, 397; *Derleder*, Sachmängel- und Arglisthaftung nach neuem Schuldrecht, NJW 2004, 969; *Fischer*, Anfechtung von Willenserklärungen im Mietrecht, NZM 2005, 567; *Goette*, Fehlerhafte Personengesellschaftsverhältnisse in der jüngeren Rechtsprechung des Bundesgerichtshofs, DStR 1996, 266; *Grigoleit*, Abstraktion und Willensmängel – Die Anfechtbarkeit des Verfügungsgeschäfts, AcP 199 (1999), 379; *Grundmann*, Zur Anfechtbarkeit des Verfügungsgeschäfts, JA 1985, 80; *Haferkamp*, „Fehleridentität" – zur Frage der Anfechtung von Grund- und Erfüllungsgeschäft, Jura 1998, 511; *Höpfner*, Vertraglicher Schadensersatz trotz Anfechtung?, NJW 2004, 2865; *Kiehnle*, Unmöglichkeit nach Verjährung: Zu „Doppelwirkungen" und zur Auslegung des § 326 Abs. 1 und Abs. 4 BGB, Jura 2010, 481; *Kipp*, Über Doppelwirkungen im Recht, insbesondere über die Konkurrenz von Nichtigkeit und Anfechtbarkeit, in: FS v. Martitz 1911, S. 211; *Kollhosser*, Fehlerhafte Zweckverbände und allgemeine Grundsätze des Verbandsrechts, NJW 1997, 3265; *Leenen*, Die Anfechtung von Verträgen, Jura 1991, 393; *Lobinger*, Irrtumsanfechtung und Reurechtsausschluß, AcP 195 (1995), 274; *Oechsler*, Die Geschichte der Lehre von der fehlerhaften Gesellschaft und ihre Stellung im europäischen Gesellschaftsrecht, NJW 2008, 2471; *Petersen*, Doppelwirkungen im Recht, Jura 2007, 673; *Picker*, Die Anfechtung von Arbeitsverträgen, ZfA 1981, 1; *Schmelz*, Die Lehre von der Doppelwirkung im Recht – eine rechtspraktikable Betrachtung, JA 2006, 21; *Schreiber*, Nichtigkeit und Gestaltungsrechte, AcP 211 (2011), 35; *Spieß*, Zur Einschränkung der Irrtumsanfechtung, JZ 1985, 593; *Strick*, Die Anfechtung von Arbeitsverträgen durch den Arbeitgeber, NZA 2000, 695; *Verhoek*, Das fehlerhafte Arbeitsverhältnis, 2005; *Vetter*, Die Beschränkung der Teilanfechtung auf den angefochtenen Teil, MDR 1998, 573; *Weimar*, Die Bedeutung der Kenntnis des Anfechtungsgrundes gem. § 142 Abs. 2 BGB für Haftungstatbestände, MDR 1975, 116; *Wiegand*, Vertragliche Beschränkungen der Berufung auf Willensmängel, 2000.

34 BGH NJW 1999, 3704, 3705; Bamberger/Roth/*Wendtland*, § 141 Rn 9; *Larenz/Wolf*, BGB AT, § 44 Rn 17; Palandt/*Ellenberger*, § 141 Rn 4.
35 MüKo/*Busche*, § 141 Rn 15.
36 BGHZ 127, 262, 268 = NJW 1995, 2724, 2726; BAGE 113, 75, 78 = NJW 2005, 2333, 2334; Palandt/*Ellenberger*, § 141 Rn 8; Soergel/*Hefermehl*, § 141 Rn 11; Staudinger/*Roth*, § 141 Rn 25.
37 *Flume*, BGB AT Bd. 2, § 30 6, S. 552; Staudinger/*Roth*, § 141 Rn 28.
38 BAGE 113, 75, 78 f = NJW 2005, 2333, 2334.
39 MüKo/*Busche*, § 141 Rn 19; Staudinger/*Roth*, § 141 Rn 30.
40 Bamberger/Roth/*Wendtland*, § 141 Rn 13.

A. Allgemeines

1 Hat sich der Erklärende bei der Abgabe einer Willenserklärung gem. § 119 in einem Irrtum befunden, ist die Erklärung gem. § 120 unrichtig übermittelt worden oder ist der Erklärende gem. § 123 durch arglistige Täuschung oder widerrechtlich durch Drohung zur Abgabe der Willenserklärung bestimmt worden, so führt der Willensmangel nicht zur Nichtigkeit der Willenserklärung. Die Erklärung ist lediglich anfechtbar. Will der Anfechtungsberechtigte sie trotz des Willensmangels gelten lassen, braucht er nichts zu tun und nur die Anfechtungsfrist verstreichen zu lassen. Will er dagegen den Mangel beseitigen, der sich aus der fehlenden Übereinstimmung von Wille und Erklärung ergibt,[1] muss er die Erklärung durch eine weitere Willenserklärung (die Anfechtungserklärung; vgl dazu § 143 Rn 3 ff) anfechten. Die Anfechtung beseitigt die anfechtbare Willenserklärung rückwirkend, ex tunc.[2] Diese **Rechtsfolge der Anfechtung** regelt Abs. 1 in der Form einer Fiktion.[3] Die Rückwirkung der Anfechtung erfordert die **ergänzende Regelung des Gutglaubensschutzes** bei einem Dritterwerb in Abs. 2. Vernichtet die Anfechtung ein Verfügungsgeschäft, durch das der Anfechtungsgegner ein Recht vom Anfechtungsberechtigten erworben hat, wird er hinsichtlich einer Weiterveräußerung des Rechts an einen Dritten rückwirkend zum Nichtberechtigten. Deshalb schützt Abs. 2 den dritten Erwerber, der in Bezug auf die Anfechtbarkeit gutgläubig war.[4]

B. Regelungsgehalt

I. Anfechtbares Rechtsgeschäft

2 Anfechtbare Rechtsgeschäfte iSd Abs. 1 sind grundsätzlich alle Willenserklärungen, die auf einem **Willensmangel** beruhen. Der **Anwendungsbereich** des § 142 erstreckt sich daher, über die Anfechtung von Willenserklärungen gem. §§ 119, 120 und 123 hinaus, auch auf die erbrechtlichen Anfechtungstatbestände der §§ 1954, 1956, 2078 f, 2281 ff und 2308.[5] Mangels dieser Voraussetzung ist die Norm **nicht anwendbar** auf die Anfechtungen der Vaterschaft gem. §§ 1599 ff und des Erbschaftserwerbs wegen Erbunwürdigkeit gem. §§ 2340 ff, die außerdem durch Gestaltungsklage ausgeübt werden müssen.[6] Spezialregelungen gelten für Willensmängel bei der Eheschließung (§§ 1313 ff) und bei der Annahme als Kind (§§ 1759 ff).[7] Trotz der irreführenden gleichen Bezeichnung erfasst § 142 ferner nicht die Anfechtungen nach den §§ 1 ff AnfG (Gläubigeranfechtung) und nach den §§ 129 ff InsO (Insolvenzanfechtung).[8] Auf reine Prozesshandlungen findet die Norm ebenfalls keine Anwendung.[9] Dagegen ist § 142 auf geschäftsähnliche Handlungen wie zB Mahnungen oder Zahlungsaufforderungen wegen ihrer Vergleichbarkeit mit Willenserklärungen **entsprechend anwendbar**.[10]

3 Das anfechtbare Rechtsgeschäft ist die aufgrund des Willensmangels fehlerhaft zustande gekommene Willenserklärung. Dabei kann es sich um ein **einseitiges Rechtsgeschäft** wie eine Kündigung oder eine Anfechtungserklärung handeln. Dann führt die Anfechtung gem. Abs. 1 unmittelbar zur rückwirkenden Nichtigkeit

1 Vgl *Spieß*, JZ 1985, 593, 599; MüKo/*Busche*, § 142 Rn 1; Staudinger/*Roth*, § 142 Rn 1.

2 Vgl dazu Motive I, S. 219 = *Mugdan* I, S. 473: „Unter Anfechtbarkeit wird diejenige Ungültigkeit verstanden, kraft deren einem Rechtsgeschäfte die Gültigkeit nicht sofort, sondern erst dann – dann aber auch rückwärts – entzogen wird, wenn eine darauf bezügliche Willenserklärung von dem hierzu Berechtigten abgegeben wird."

3 Vgl Staudinger/*Roth*, § 142 Rn 1; Prütting/Wegen/Weinreich/*Ahrens*, § 142 Rn 1.

4 Vgl Bamberger/Roth/*Wendtland*, § 142 Rn 1; Staudinger/*Roth*, § 142 Rn 1.

5 MüKo/*Busche*, § 142 Rn 3; Erman/*Palm*, § 142 Rn 1; Staudinger/*Roth*, § 142 Rn 6; Prütting/Wegen/Weinreich/*Ahrens*, § 142 Rn 2.

6 MüKo/*Busche*, § 142 Rn 3; Staudinger/*Roth*, § 142 Rn 7.

7 Erman/*Palm*, § 142 Rn 1; Prütting/Wegen/Weinreich/*Ahrens*, § 142 Rn 2.

8 MüKo/*Busche*, § 142 Rn 3; Staudinger/*Roth*, § 142 Rn 8; Bamberger/Roth/*Wendtland*, § 142 Rn 2; Prütting/Wegen/Weinreich/*Ahrens*, § 142 Rn 2.

9 RGRK/*Krüger-Nieland/Zöller*, § 142 Rn 4; Staudinger/*Roth*, § 142 Rn 18; Prütting/Wegen/Weinreich/*Ahrens*, § 142 Rn 2; vgl BGH NJW 1963, 956, 957 (Klageantrag); OLG Karlsruhe NJW 1975, 1933 (Einlegung eines Rechtsmittels); RGZ 152, 324 (Rücknahme eines Rechtsmittels); RGZ 161, 350, 351 ff; BGH NJW 1985, 2335; 1991, 2839 (Rechtsmittelverzicht); BGH NJW 1981, 2193 (Anerkenntnis).

10 BGHZ 47, 352, 357; Palandt/*Ellenberger*, § 142 Rn 1; RGRK/*Krüger-Nieland/Zöller*, § 142 Rn 2; Staudinger/*Roth*, § 142 Rn 16.

dieses Rechtsgeschäfts.[11] Handelt es sich um einen **Vertrag**, kann der Anbietende sein Angebot oder der Annehmende seine Annahme anfechten, nicht jedoch – entgegen dem allgemein üblichen, aber ungenauen Sprachgebrauch[12] – den Vertrag als solchen.[13] Die Anfechtung des Angebots oder der Annahme vernichtet gem. Abs. 1 eine dieser beiden, für den Vertragsschluss notwendigen Willenserklärungen und damit mittelbar auch den Vertrag selbst.[14]

4 Bei einem **teilbaren Rechtsgeschäft** wird eine Teilanfechtung grundsätzlich als zulässig erachtet.[15] Die Rechtsfolgen einer solchen Teilanfechtung richten sich nach § 139. Sind zB mehrere Personen auf einer Seite an einem Rechtsgeschäft beteiligt, kann danach jede von ihnen ihre Erklärung selbständig anfechten, sofern sie einen Anfechtungsgrund hat.[16] Gem. § 139 kann es ferner zulässig sein, die Erklärung zum Abschluss eines Kaufvertrages, der sich auf mehrere Gegenstände bezieht, nur bezüglich derjenigen Gegenstände anzufechten, hinsichtlich derer sich der Erklärende gem. § 119 geirrt hat oder bezüglich derer er getäuscht worden ist.[17]

5 Nach heute herrschender Auffassung kann auch ein **nichtiges Rechtsgeschäft** angefochten werden.[18] Zunächst kann es für den Anfechtungsberechtigten günstiger sein, ein bereits nach § 134 oder § 138 nichtiges Rechtsgeschäft wegen eines Willensmangels anzufechten, weil er die Anfechtungsvoraussetzungen besser nachweisen kann als den Nichtigkeitsgrund.[19] Ähnliches gilt, wenn der Berechtigte nach einer Irrtumsanfechtung (§ 119) erfährt, dass der Gegner ihn arglistig getäuscht hat, und die bereits gem. Abs. 1 vernichtete Willenserklärung nochmals nach § 123 anficht, um der Schadensersatzpflicht des § 122 zu entgehen.[20] Außerdem gibt es Fallgestaltungen, in denen sich aus der Regelung des Abs. 2 das Bedürfnis nach der Anfechtung eines nichtigen Rechtsgeschäfts ergibt. Ist zB der Dritterwerber in Bezug auf die Nichtigkeit des vorherigen Verfügungsgeschäfts gutgläubig, weil er die Minderjährigkeit des Erstverfügenden und die daraus folgende fehlende Berechtigung seines eigenen Vertragspartners nicht kannte, erwirbt er das Eigentum gutgläubig gem. §§ 929 S. 1, 932 Abs. 1. War das vorherige Verfügungsgeschäft nicht nur wegen der Minderjährigkeit des Verfügenden nichtig, sondern zugleich wegen eines Irrtums des Minderjährigen anfechtbar und kannte der Dritterwerber diesen Irrtum, so ist er in Bezug auf die Anfechtbarkeit bösgläubig gem. Abs. 2 (dazu noch Rn 16). In diesem Fall kann der Minderjährige den veräußerten Gegenstand nur dann nach § 985 vom Dritterwerber herausverlangen, wenn er die nichtige Einigung zusätzlich anficht.[21]

II. Wirkung der Anfechtung (Abs. 1)

6 Das anfechtbare Rechtsgeschäft wird erst nichtig, wenn der Berechtigte es innerhalb der maßgeblichen Frist (§§ 121, 124 oder Spezialregelungen; vgl dazu § 121 Rn 3 und § 124 Rn 3) durch eine den Anforderungen des § 143 genügende Erklärung anficht. Bis zur Anfechtung ist das Geschäft voll gültig. Das unterscheidet die **Anfechtbarkeit** von der **Nichtigkeit**.[22] Der anfechtungsberechtigte Schuldner kann seine Leistung daher nicht unter Hinweis auf die Anfechtbarkeit verweigern. Ein derartiges **Leistungsverweigerungsrecht** hat der Gesetzgeber bloß mithaftenden Dritten bis zum Ablauf der Anfechtungsfrist eingeräumt (§§ 770 Abs. 1, 1137, 1211, §§ 129 Abs. 2, 130 Abs. 1, 161 Abs. 2, 176 HGB).[23]

7 **1. Grundsatz der Rückwirkung und Ausnahmen.** Die Anfechtung vernichtet das Rechtsgeschäft gem. Abs. 1 grundsätzlich **rückwirkend (ex tunc)**. Es ist als von Anfang an nichtig anzusehen, also so, als ob es niemals bestanden hätte. Diese Rückwirkung führt allerdings bei Dauerschuldverhältnissen, die bereits in

11 Vgl Staudinger/*Roth*, § 142 Rn 24; *Larenz/Wolf*, BGB AT, § 44 Rn 39 f.
12 Bamberger/Roth/*Wendtland*, § 142 Rn 3.
13 AA *Leenen*, Jura 1991, 393, 396 ff.
14 *Brox/Walker*, BGB AT, Rn 439; Erman/*Palm*, § 142 Rn 5; Staudinger/*Roth*, § 142 Rn 15; Bamberger/Roth/*Wendtland*, § 142 Rn 3.
15 RGZ 56, 423; 62, 184, 186; 76, 306, 312; 146, 234, 237; BGH DNotZ 1984, 684, 685 f; OLG Saarbrücken VersR 1996, 488, 489; Soergel/*Hefermehl*, § 142 Rn 6; Jauernig/*Jauernig*, § 142 Rn 1; RGRK/*Krüger-Nieland/Zöller*, § 142 Rn 10; Erman/*Palm*, § 142 Rn 5; Staudinger/*Roth*, § 142 Rn 26; Bamberger/Roth/*Wendtland*, § 142 Rn 5.
16 RGZ 56, 423; 65, 399, 405.
17 *Heerstraßen*, JuS 1995, 197, 198 f.
18 *Brox*, BGB AT, Rn 443; HK-BGB/*Dörner*, § 142 Rn 2; Soergel/*Hefermehl*, § 142 Rn 7; Palandt/*Ellenberger*, Vor § 104 Rn 35; Jauernig/*Jauernig*, Vor § 104 Rn 22; Erman/*Palm*, § 142 Rn 11; Bamberger/Roth/*Wendtland*, § 142 Rn 4; vgl BGH JZ 1955, 500; RGRK/*Krüger-Nieland/Zöller*, § 142 Rn 11; *Petersen*, Jura 2007, 673 ff; *Kiehnle*, Jura 2010, 481, 483 f; einschr. MüKo/*Busche*, § 142 Rn 11; *Medicus*, BGB AT, Rn 728 ff; Staudinger/*Roth*, § 142 Rn 27 ff; grundlegend *Kipp*, in: FS v. Martitz 1911, S. 211 ff; ausf. zur Entwicklung HKK/*Schermaier*, §§ 142–144 Rn 8 mwN; *Schmelz*, JA 2006, 21 f.
19 Vgl BGH JZ 1955, 500; Palandt/*Ellenberger*, Vor § 104 Rn 35; Staudinger/*Roth*, § 142 Rn 27.
20 Soergel/*Hefermehl*, § 142 Rn 7; Bamberger/Roth/*Wendtland*, § 142 Rn 4; vgl *Kiehnle*, Jura 2010, 481, 484; Staudinger/*Roth*, § 142 Rn 28 („offene Gesetzesauslegung").
21 *Brox/Walker*, BGB AT, Rn 443; Palandt/*Ellenberger*, Vor § 104 Rn 35; vgl Erman/*Palm*, § 142 Rn 11; ebenso iE, allerdings im Wege einer „offenen Gesetzesauslegung", Staudinger/*Roth*, § 142 Rn 29; vgl auch *Medicus*, BGB AT, Rn 729.
22 MüKo/*Busche*, § 142 Rn 2.
23 HK-BGB/*Dörner*, § 142 Rn 3; Palandt/*Ellenberger*, § 142 Rn 3; Bamberger/Roth/*Wendtland*, § 142 Rn 6.

Vollzug gesetzt worden sind, zu erheblichen Schwierigkeiten bei der Rückabwicklung der Leistungen. Außerdem wird sie vielfach den Interessen Dritter nicht gerecht. Deshalb wirkt die Anfechtung in solchen Konstellationen nach hM, abweichend von Abs. 1, **ausnahmsweise nur für die Zukunft (ex nunc)**.[24]

Das gilt zunächst für **Arbeitsverhältnisse**. Die zum Abschluss eines Arbeitsvertrages führenden Willenserklärungen können, wie andere Willenserklärungen, nach §§ 119,[25] 120 und 123[26] angefochten werden (vgl § 119 Rn 23, § 123 Rn 19). Da die bereits erbrachte Arbeitsleistung aber nicht rückabgewickelt werden kann,[27] hat die Anfechtung regelmäßig nur die kündigungsähnliche Wirkung einer Auflösung des Arbeitsverhältnisses für die Zukunft (ex-nunc-Wirkung),[28] wenn das Arbeitsverhältnis bereits in Vollzug oder in Funktion gesetzt war.[29] Nach den Grundsätzen des fehlerhaften Arbeitsverhältnisses ist das Arbeitsverhältnis dann für die Vergangenheit so zu behandeln, als sei es fehlerfrei zustande gekommen.[30] Das setzt voraus, dass der Arbeitnehmer nicht bloß beim Arbeitgeber erschienen war, sondern auch schon die ihm vom Arbeitgeber zugewiesene Arbeit aufgenommen hatte. War das Arbeitsverhältnis dagegen zwischenzeitlich außer Funktion gesetzt, wirkt die Anfechtung auf diesen Zeitpunkt zurück. Diese Rückwirkung tritt nach der zutreffenden neueren Rechtsprechung – jedenfalls bei einer arglistigen Täuschung des Arbeitnehmers – auch dann ein, wenn der Arbeitnehmer seine Arbeitsleistung aufgrund einer Erkrankung nicht mehr erbracht hat.[31] Für die Fälle der arglistigen Täuschung wird darüber hinausgehend diskutiert, ob die Anfechtung wegen der fehlenden Schutzwürdigkeit des Arbeitnehmers generell ex tunc wirken müsse, Abs. 1 also nicht eingeschränkt werden dürfe.[32] **8**

In der gleichen Weise (keine Rückwirkung der Anfechtung, Anwendung der Grundsätze über die fehlerhafte Gesellschaft) werden bereits in Vollzug gesetzte **Gesellschaftsverträge** behandelt.[33] Danach wirkt die Anfechtung der folgenden Rechtsgeschäfte nur ex nunc: Bildung der Gründergesellschaft einer GmbH,[34] Beitrittserklärung zu einer Genossenschaft,[35] Beitritt zu einer KG,[36] Beitritt zu einer BGB-Gesellschaft,[37] Vereinbarung über das Ausscheiden eines Gesellschafters.[38] Dagegen bleibt es wegen § 16 GmbHG bei der in Abs. 1 vorgesehenen Rückwirkung, wenn die Abtretung oder der Kauf eines GmbH-Anteils angefochten wird.[39] **9**

Über diese anerkannten Fallgruppen hinaus kann in Einzelfällen auch bei **anderen Dauerschuldverhältnissen** nach In-Vollzug-Setzung die Rückwirkung der Anfechtung ausgeschlossen sein. Das kommt etwa bei einem Versicherungsvertrag[40] oder bei Zweckverbänden[41] in Betracht. Bei Mietverträgen wird diese Rechtsfolge ebenfalls diskutiert,[42] jedoch mangels besonderer Rückabwicklungsschwierigkeiten abgelehnt[43] **10**

24 *Brox*, Die Einschränkung der Irrtumsanfechtung, 1960, S. 214 ff; *ders.*, BGB AT, Rn 438; HK-BGB/*Dörner*, § 119 Rn 2, § 142 Rn 6; Palandt/*Ellenberger*, § 119 Rn 5, § 142 Rn 2; RGRK/*Krüger-Nieland/Zöller*, § 142 Rn 14 ff; *Larenz/Wolf*, BGB AT, § 44 Rn 40; MüKo/*Busche*, § 142 Rn 17 ff; Erman/*Palm*, § 142 Rn 10; Staudinger/*Roth*, § 142 Rn 32 ff; HKK/*Schermaier*, §§ 142–144 Rn 15; Bamberger/Roth/*Wendtland*, § 119 Rn 15 f, § 142 Rn 6; Prütting/Wegen/Weinreich/*Ahrens*, § 142 Rn 5; vgl ferner die Nachw. in den folgenden Fn.

25 BAG AP Nr. 3 zu § 119 BGB.

26 BAGE 5, 159 = BAG AP Nr. 2 zu § 123 BGB; AP Nr. 19 zu § 123 BGB = RdA 1976, 273; AP Nr. 40 zu § 123 BGB = NZA 1996, 371; AP Nr. 59 zu § 123 BGB.

27 ErfK/*Preis*, § 611 BGB Rn 366.

28 BAGE 41, 54, 64 f = AP Nr. 24 zu § 123 BGB; AP Nr. 49 zu § 123 BGB = NZA 1999, 584, 585.

29 BAGE 5, 159, 161 = BAG AP Nr. 2 zu § 123 BGB; BAGE 11, 270 ff = BAG AP Nr. 15 zu § 123 BGB; BAGE 22, 278 = BAG AP Nr. 17 zu § 123 BGB; BAGE 41, 54, 65 = AP Nr. 24 zu § 123 BGB; AP Nr. 27 zu § 123 BGB = NZA 1985, 58, 59 f; AP Nr. 49 zu § 123 BGB = NZA 1999, 584, 585; ErfK/*Preis*, § 611 BGB Rn 367 ff; MünchArbR/*Richardi/Buchner*, § 34 Rn 42; Schaub/*Linck*, Arbeitsrechts-Handbuch, § 36 Rn 47 ff; *Picker*, ZfA 1981, 1, 53.

30 ErfK/*Preis*, § 611 BGB Rn 145, 367; Kittner/Däubler/Zwanziger/*Däubler*, KSchR, 7. Aufl. 2008, §§ 142–144 BGB Rn 3.

31 BAG AP Nr. 49 zu § 123 BGB = NZA 1999, 584, 585 f unter ausdrücklicher Aufgabe der früheren, in BAGE 41, 54, 65 ff = AP Nr. 24 zu § 123 BGB begründeten Rechtsprechung; ebenso etwa ErfK/*Preis*, § 611 BGB Rn 369; MünchArbR/*Richardi/Buchner*, § 34 Rn 42; Kittner/Däubler/Zwanziger/*Däubler*, KSchR, 7. Aufl. 2008, §§ 142–144 BGB Rn 4; Staudinger/*Roth*, § 142 Rn 34; vgl Erman/*Palm*, § 142 Rn 10.

32 So etwa *Ramm*, AuR 1963, 97, 106 f; differenzierend etwa MünchArbR/*Richardi/Buchner*, § 34 Rn 43 f; *Verhoek*, S. 186 ff; *Strick*, NZA 2000, 695, 696 ff, jew. mwN.

33 Vgl nur *Goette*, DStR 1996, 266, 267 ff mwN; MüKo/*Busche*, § 142 Rn 19; Staudinger/*Roth*, § 142 Rn 32 f.

34 BGHZ 13, 320, 324 = NJW 1954, 1562.

35 RGZ 68, 344, 348; BGH DB 1976, 861 f.

36 BGH NJW 1973, 1604.

37 OLG Frankfurt NJW-RR 1994, 1321, 1322 f; vgl BGH DStR 1995, 1764 m. Anm. *Goette*, DStR 1995, 1764, 1765.

38 BGH LM § 138 Nr. 11; MüKo/*Busche*, § 142 Rn 19; Staudinger/*Roth*, § 142 Rn 32.

39 BGH NJW 1990, 1915, 1916; NJW-RR 1998, 1406; Staudinger/*Roth*, § 142 Rn 32.

40 OLG Nürnberg NJW-RR 1998, 535, 536 f.

41 *Kollhosser*, NJW 1997, 3265, 3268.

42 LG Trier MDR 1990, 342; Staudinger/*Roth*, § 142 Rn 36; Staudinger/*Rolfs*, § 542 Rn 179.

43 BGH NJW 2009, 1266, 1268 f; *Fischer*, NZM 2005, 567, 570 f; *Schmid*, WuM 2009, 155.

11 **2. Umfang und Folgen der Nichtigkeit.** Die gem. Abs. 1 eintretende **Nichtigkeit** ist **absolut**. Sie wirkt nicht nur zwischen Anfechtungsberechtigtem und Anfechtungsgegner, sondern gegenüber jedermann. So verliert der Zessionar die Forderung, die aus dem durch die Anfechtung vernichteten Rechtsgeschäft zwischen Zedent und Schuldner stammt, ebenso wie der Makler die Vermittlungsgebühr für das angefochtene Geschäft.[44] Außerdem **kassiert** die Anfechtung das mit einem Willensmangel behaftete Geschäft, indem sie es vollständig vernichtet. Sie reformiert es nicht, indem sie lediglich den Willensmangel beseitigt und an die Stelle des mangelhaften Geschäfts dasjenige setzt, welches ohne den Willensmangel zustande gekommen wäre.[45] Daraus folgt allerdings nicht, dass der Anfechtende sich auch dann auf die Nichtigkeit gem. Abs. 1 berufen kann, wenn der Anfechtungsgegner nach der Anfechtung die Vertragsbedingungen akzeptiert, die der Anfechtende ohne den Willensmangel vereinbart hätte.[46] Der Anfechtende muss seine Willenserklärung nach Treu und Glauben in dem von ihm gemeinten Sinn gelten lassen, will er sich nicht widersprüchlich verhalten. Die Zubilligung eines „**Reurechts**" des Anfechtenden verstieße gegen § 242.[47] Im Übrigen kann der Geltendmachung der Nichtigkeitsfolge grundsätzlich nicht der **Einwand unzulässiger Rechtsausübung** (§ 242) entgegengehalten werden.[48]

12 Die Nichtigkeitsfolge des Abs. 1 ergreift nur das wirksam angefochtene Rechtsgeschäft. Die Anfechtung einer zum **Verpflichtungsgeschäft** gehörenden Willenserklärung vernichtet nicht auch das zu seiner Erfüllung vorgenommene Verfügungsgeschäft, weil die Wirksamkeit beider Geschäfte nach dem **Abstraktionsgrundsatz** getrennt voneinander zu beurteilen ist.[49] Die Vernichtung des Verpflichtungsgeschäfts gem. Abs. 1 lässt die vertraglichen Pflichten rückwirkend entfallen, so dass die Parteien nicht (mehr) zu leisten brauchen. Haben sie bereits erfüllt, können sie ihre Leistungen nach den §§ 812 ff (Leistungskondiktion) zurückfordern. Anspruchsgrundlage ist § 812 Abs. 1 S. 1, 1. Fall (condictio indebiti), wenn man darauf abstellt, dass der Rechtsgrund gem. Abs. 1 rückwirkend entfallen ist,[50] anderenfalls § 812 Abs. 1 S. 2, 1. Fall (condictio ob causam finitam), weil der Rechtsgrund bis zur Anfechtung bestanden hat.[51] Kannte der Empfänger der Leistung die Anfechtbarkeit, haftet er verschärft gem. §§ 819 Abs. 1, 818 Abs. 4 (vgl dazu noch Rn 17).[52]

13 Kann nur die zum **Verfügungsgeschäft** gehörende Einigungserklärung angefochten werden, weil der Verkäufer sich zB vergreift und eine falsche Sache übereignet, führt die Anfechtung gem. Abs. 1 dazu, dass der Anfechtungsgegner kein Eigentum erworben hat. Ihm stehen die Ansprüche aus § 985 oder, bei einem Willensmangel in Bezug auf die Auflassungserklärung, aus § 894 zu. Ansprüche aus § 861 oder § 1007 scheiden dagegen aus, weil die Besitzaufgabe freiwillig erfolgte.[53]

14 Die Anfechtung der zum **Verpflichtungsgeschäft** gehörenden Willenserklärung führt nur dann gem. Abs. 1 auch zur rückwirkenden Nichtigkeit des **Verfügungsgeschäfts**, wenn sie gleichzeitig die zum Verfügungsgeschäft gehörende Einigungserklärung erfasst. Der erforderliche Anfechtungsgrund liegt vor, sofern der Irrtum, die Täuschung oder die Drohung, auf dem oder auf der die Willenserklärung zum Verpflichtungsgeschäft beruht, zugleich für die Einigungserklärung zum Verfügungsgeschäft kausal geworden ist. Diese Kausalbeziehung ist das entscheidende Kriterium[54] für die „Einheitlichkeit des Rechtsgeschäfts", die „Fehleridentität" und den „Doppelmangel", mit denen Rechtsprechung und Lehre solche Fallgestaltungen schlagwortartig bezeichnen, in denen eine Anfechtung ausnahmsweise beide Rechtsgeschäfte vernichtet.[55] Die Kausalität liegt bei einer widerrechtlichen Drohung vor, wenn die Zwangslage im Zeitpunkt der Verfügung fortbesteht.[56] Ein Irrtum gem. § 119 wird nur selten auch für das Verfügungsgeschäft kausal, weil dieses abgeschlossen wird, um die Pflicht aus dem schuldrechtlichen Geschäft zu erfüllen. Der Irrtum über die Anfechtbarkeit der ersten Verpflichtungserklärung bezieht sich nicht auf den Inhalt der Verfügungserklärung, sondern nur auf die Pflicht

44 Erman/*Palm*, § 142 Rn 4; vgl RGZ 76, 354, 355; BGH NJW-RR 1987, 1456.
45 *Brox/Walker*, BGB AT, Rn 438; Erman/*Palm*, § 142 Rn 3.
46 So aber Soergel/*Hefermehl*, § 142 Rn 9; *Spieß*, JZ 1985, 593 ff.
47 MüKo/*Kramer*, § 119 Rn 142; *Larenz/Wolf*, BGB AT, § 36 Rn 126; *Lobinger*, AcP 195 (1995), 274 ff; *Medicus*, BGB AT, Rn 781; Erman/*Palm*, § 142 Rn 3; Staudinger/*Roth*, § 142 Rn 38; vgl *Coester-Waltjen*, Jura 1990, 362, 367.
48 BGH NJW 1985, 2579, 2580; Erman/*Palm*, § 142 Rn 2.
49 Vgl HKK/*Schermaier*, §§ 142–144 Rn 10.
50 So etwa *Coester-Waltjen*, Jura 1990, 362, 367; HK-BGB/*Dörner*, § 142 Rn 5; *Medicus*, BGB AT Rn 726; Staudinger/*Roth*, § 142 Rn 42.
51 Nach *Medicus*, BGB AT Rn 726 ist die Heranziehung des § 812 Abs. 1 S. 2, 1. Fall „unnötig".
52 Vgl BGHZ 57, 137, 151; Erman/*Palm*, § 142 Rn 6; ausf. zu diesen Folgeansprüchen auch Soergel/*Hefermehl*, § 142 Rn 10 ff; RGRK/*Krüger-Nieland/Zöller*, § 142 Rn 21 ff.
53 Erman/*Palm*, § 142 Rn 7.
54 So zutr. HKK/*Schermaier*, §§ 142–144 Rn 11.
55 Vgl nur *Haferkamp*, Jura 1998, 511 ff; *Grundmann*, JA 1985, 80 ff; MüKo/*Busche*, § 142 Rn 15; Erman/*Palm*, § 142 Rn 8; Staudinger/*Roth*, § 142 Rn 22, jew. mwN.
56 RGZ 66, 385, 390; 70, 55, 57; BGHZ 31, 321, 324; OLG Hamm VersR 1975, 814, 815; Staudinger/*Roth*, § 142 Rn 22; HKK/*Schermaier*, §§ 142–144 Rn 11.

zur Leistung (§ 814).[57] Im Fall der arglistigen Täuschung genügt es, dass der Verfügende aufgrund der Täuschung meint, er sei zu der Verfügung verpflichtet.[58]

Nach Rechtsprechung und herrschender Lehre haben die Anfechtung und die daraus folgende Nichtigkeit gem. Abs. 1 eine **endgültige Wirkung**. Das vernichtete Rechtsgeschäft könne weder durch eine einseitige Rücknahme der Anfechtung noch durch eine Vereinbarung der Parteien wiederbelebt werden. Möglich sei lediglich eine Anfechtung der Anfechtungserklärung oder eine Neubegründung des Rechtsgeschäfts ohne Rückwirkung.[59] Diese Auffassung ist weder zwingend, noch wird sie den Interessen der beteiligten Parteien gerecht. Nimmt der Anfechtende seine Anfechtungserklärung zurück und stimmt der Anfechtungsgegner zu, begründen die Parteien nicht ein nichtiges Rechtsgeschäft neu, sondern treffen eine nach § 311 Abs. 1 mögliche Vereinbarung über die Wirkung der Anfechtungserklärung. Kann der Anfechtende seine Anfechtungserklärung wegen Irrtums anfechten, muss er sie erst recht durch Vereinbarung mit dem Anfechtungsgegner aus der Welt schaffen können. Grenzen solcher Vereinbarungen bilden lediglich Drittinteressen. Haben sich Dritte bereits auf die Nichtigkeit eingerichtet, kann ihnen die Rücknahme der Anfechtung nicht entgegengehalten werden.[60] 15

III. Gutglaubensschutz Dritter (Abs. 2)

Die Regelung des Gutglaubensschutzes in Abs. 2 ergänzt die Rückwirkungsfiktion des Abs. 1 (vgl Rn 1). Ficht der Verfügende seine Einigungserklärung zum **Verfügungsgeschäft** an, verliert der Erwerber mit der Vernichtung des Verfügungsgeschäfts gem. Abs. 1 rückwirkend das dadurch übertragene Eigentum an der Sache. Hat er zwischen der Vornahme des Verfügungsgeschäfts und der Anfechtung über den aufgrund dieses Geschäfts übertragenen Gegenstand zugunsten eines Dritten weiterverfügt, war er zwar im Zeitpunkt der Weiterverfügung noch als Eigentümer verfügungsberechtigt; er hat diese Berechtigung aber nachträglich durch die Rückwirkungsfiktion verloren. Deshalb konnte der Dritte die Sache nur kraft guten Glaubens erwerben, der sich allerdings nicht auf das fehlende Eigentum beziehen kann, weil das Eigentum bei der Verfügung noch bestanden hat. Der gute Glaube muss sich stattdessen auf die rückwirkende Vernichtbarkeit der Berechtigung des Veräußerers durch eine Anfechtung beziehen. Abs. 2 schützt daher den **guten Glauben in Bezug auf das Fehlen der Anfechtbarkeit**, indem er ihn dem guten Glauben an die Verfügungsberechtigung gleichstellt.[61] Wegen dieser Gleichstellung ist Abs. 2 nur in Verbindung mit Regelungen über den gutgläubigen Erwerb wie den §§ 892 f, 932 ff, 1138, 1155, 1207 f und 1244 oder § 366 HGB anwendbar.[62] Aus diesen Vorschriften ergeben sich die Voraussetzungen der Gut- bzw Bösgläubigkeit. Daher schadet beim Grundstückserwerb gem. §§ 142 Abs. 2, 892 Abs. 1 S. 1 nur positive Kenntnis, beim Fahrniserwerb dagegen gem. §§ 142 Abs. 2, 932 Abs. 2 bereits grob fahrlässige Unkenntnis der Anfechtbarkeit.[63] Entscheidend ist nur die Kenntnis (oder das Kennenmüssen) der tatsächlichen Umstände, welche die Anfechtbarkeit begründen, nicht auch der Rechtsfolge der Anfechtung.[64] Die Kenntnis (oder das Kennenmüssen) eines **Vertreters** ist dem Vertretenen gem. § 166 Abs. 1 zuzurechnen.[65] 16

Bedeutung hat Abs. 2 darüber hinaus für die Kondiktionsansprüche bezüglich der ausgetauschten Leistungen, wenn eine Willenserklärung im Zusammenhang mit einem **Verpflichtungsgeschäft** angefochten worden ist (vgl Rn 12). Abs. 2 stellt die Kenntnis des Bereicherungsschuldners von der Anfechtbarkeit derjenigen vom Mangel des rechtlichen Grundes gem. § 819 Abs. 1 gleich, so dass er über § 818 Abs. 4 verschärft nach den allgemeinen Vorschriften haftet.[66] Der gutgläubige Bereicherungsschuldner ist dagegen nach § 818 Abs. 3 privilegiert.[67] 17

57 HKK/*Schermaier*, §§ 142–144 Rn 12; vgl für einen Fall der Geschäftseinheit aufgrund Parteivereinbarung BGHZ 31, 321, 324.

58 HKK/*Schermaier*, §§ 142–144 Rn 13; vgl BGH NJW 1995, 2361, 2362.

59 RGZ 74, 1, 3; 146, 234, 238; Soergel/*Hefermehl*, § 142 Rn 8; Jauernig/*Jauernig*, § 142 Rn 3; RGRK/*Krüger-Nieland/Zöller*, § 142 Rn 12; MüKo/*Busche*, § 142 Rn 13; Erman/*Palm*, § 142 Rn 9; Staudinger/*Roth*, § 142 Rn 25; Bamberger/Roth/*Wendtland*, § 142 Rn 8.

60 HKK/*Schermaier*, §§ 142–144 Rn 9; ebenso in Bezug auf die Möglichkeit, entgegen der hM die Kündigung eines Mietvertrages einverständlich zurückzunehmen, *Hattenhauer*, Anm. zu BGH v. 24.6.1998, JZ 1999, 412 ff.

61 BGH NJW-RR 1987, 1456 f; Erman/*Palm*, § 142 Rn 11; Staudinger/*Roth*, § 142 Rn 40; Bamberger/Roth/*Wendtland*, § 142 Rn 9.

62 Erman/*Palm*, § 142 Rn 11; Bamberger/Roth/*Wendtland*, § 142 Rn 9.

63 Palandt/*Ellenberger*, § 142 Rn 4; Erman/*Palm*, § 142 Rn 11; Bamberger/Roth/*Wendtland*, § 142 Rn 9; Prütting/Wegen/Weinreich/*Ahrens*, § 142 Rn 6; anders wohl RGRK/*Krüger-Nieland/Zöller*, § 142 Rn 30, die generell auf Kenntnis und Kennenmüssen abstellen.

64 BGH LM § 142 BGB Nr. 1; NJW-RR 1987, 1456, 1457.

65 Vgl BGH NJW 1989, 2879, 2880 f.

66 BGHZ 57, 137, 151.

67 Staudinger/*Roth*, § 142 Rn 42; Bamberger/Roth/*Wendtland*, § 142 Rn 10.

C. Weitere praktische Hinweise

18 Da die **Anfechtung** einer Einigungserklärung gem. Abs. 1 den gesamten Vertrag rückwirkend vernichtet (vgl Rn 3, 11), bleibt daneben für einen **Rücktritt** kein Raum.[68] Im Prozess muss daher zunächst die Wirksamkeit der Anfechtung geprüft werden.[69] Diese Prüfungsreihenfolge kann dadurch abgeändert werden, dass der Berechtigte die Anfechtung nur hilfsweise erklärt.[70] Fechten beide Vertragsparteien ihre Einigungserklärungen mit unterschiedlichen Begründungen an, muss das Gericht trotzdem die Anfechtungen prüfen und darf nicht ohne weiteres die Unwirksamkeit des Vertrages annehmen.[71]

19 Da Abs. 2 den **guten Glauben** in Bezug auf das Fehlen der Anfechtbarkeit demjenigen an die Verfügungsberechtigung gleichstellt, richtet sich die Darlegungs- und **Beweislast** nach den jeweils einschlägigen Gutglaubensvorschriften (vgl zu diesen Vorschriften Rn 16).

§ 143 Anfechtungserklärung

(1) Die Anfechtung erfolgt durch Erklärung gegenüber dem Anfechtungsgegner.

(2) Anfechtungsgegner ist bei einem Vertrag der andere Teil, im Falle des § 123 Abs. 2 Satz 2 derjenige, welcher aus dem Vertrag unmittelbar ein Recht erworben hat.

(3) [1]Bei einem einseitigen Rechtsgeschäft, das einem anderen gegenüber vorzunehmen war, ist der andere der Anfechtungsgegner. [2]Das Gleiche gilt bei einem Rechtsgeschäft, das einem anderen oder einer Behörde gegenüber vorzunehmen war, auch dann, wenn das Rechtsgeschäft der Behörde gegenüber vorgenommen worden ist.

(4) [1]Bei einem einseitigen Rechtsgeschäft anderer Art ist Anfechtungsgegner jeder, der auf Grund des Rechtsgeschäfts unmittelbar einen rechtlichen Vorteil erlangt hat. [2]Die Anfechtung kann jedoch, wenn die Willenserklärung einer Behörde gegenüber abzugeben war, durch Erklärung gegenüber der Behörde erfolgen; die Behörde soll die Anfechtung demjenigen mitteilen, welcher durch das Rechtsgeschäft unmittelbar betroffen worden ist.

Literatur: *Büdenbender*, Begründung von Gestaltungsrechten als Wirksamkeitsvoraussetzung?, AcP 210 (2010), 611; *Dörner*, Anfechtung und Vertragsübernahme, NJW 1986, 2916; *Kellermann*, Problemfelder des Anfechtungsrechts, JA 2004, 405; *Preiß*, Die Berechtigung zur Anfechtung einer Willenserklärung in Mehrpersonenverhältnissen, JA 2010, 6; *Probst*, Zur „Eindeutigkeit" von Anfechtungserklärungen, JZ 1989, 878.

A. Allgemeines

1 Ein mit einem Willensmangel behaftetes Rechtsgeschäft ist nicht nichtig, sondern nur anfechtbar. Der Anfechtungsberechtigte hat die freie Wahl, ob er das Rechtsgeschäft gelten lassen oder durch eine Anfechtungserklärung gem. § 142 Abs. 1 rückwirkend vernichten will (vgl § 142 Rn 1). § 143 enthält Regelungen zur **Ausübung dieses Gestaltungsrechts**. Die Vorschrift bestimmt in Abs. 1 die **Form** der Anfechtung und in den Abs. 2–4 den **Anfechtungsgegner**.[1]

68 Palandt/*Ellenberger*, § 142 Rn 2; RGRK/*Krüger-Nieland/Zöller*, § 142 Rn 13; vgl zum Ausschluss vertraglicher Ansprüche durch die Rückwirkung der Anfechtung *Höpfner*, NJW 2004, 2865 ff; aA *Derleder*, NJW 2004, 969, 970 f.

69 RGZ 74, 1, 3.

70 Palandt/*Ellenberger*, § 142 Rn 2; *Honsell*, JuS 1982, 810, 811.

71 BGH NJW 1958, 1968.

1 Vgl Bamberger/Roth/*Wendtland*, § 143 Rn 1; Prütting/Wegen/Weinreich/*Ahrens*, § 143 Rn 1.

B. Regelungsgehalt

§ 143 ergänzt § 142[2] und hat denselben **Anwendungsbereich** (vgl dazu § 142 Rn 2). **Spezialvorschriften** wie die §§ 1955, 2081, 2282 und 2308 Abs. 2 können abweichende Regelungen zur Form oder zum Adressaten der Anfechtung enthalten. 2

I. Anfechtungserklärung (Abs. 1)

Die Anfechtung muss gem. Abs. 1 gegenüber dem Anfechtungsgegner erklärt werden. Es handelt sich um eine **einseitige empfangsbedürftige Willenserklärung**. Nach dem Grundsatz der Formfreiheit kann die Anfechtung **formfrei** erfolgen, soweit nichts anderes bestimmt ist. Das gilt auch dann, wenn die angefochtene Willenserklärung ihrerseits einer Form bedarf.[3] Die Parteien können ein Formerfordernis für die Anfechtungserklärung vereinbaren. In AGB können sie, wie sich aus § 309 Nr. 13 ergibt, in den Grenzen der §§ 307, 308 die einfache Schriftform vorsehen.[4] Gesetzliche Spezialregelungen schreiben nur ausnahmsweise eine besondere Form der Anfechtung vor. Beispiele sind § 1955 S. 2 iVm § 1945 und § 2282 Abs. 3. 3

Als Gestaltungsrecht ist die Anfechtungserklärung nach hM **unwiderruflich**.[5] Der hier vertretenen Auffassung zufolge kann der Anfechtende sie indessen mit Zustimmung des Anfechtungsgegners zurücknehmen und sie so, vorbehaltlich entgegenstehender Belange Dritter, einverständlich wieder aus der Welt schaffen (s. § 142 Rn 15). Außerdem ist die Anfechtungserklärung wegen ihrer Gestaltungswirkung im Interesse des Anfechtungsgegners **befristungsfeindlich**[6] und **bedingungsfeindlich**.[7] Allerdings muss die Anfechtung unter einer solchen Bedingung für zulässig erachtet werden, deren Eintritt allein von einer Handlung des Anfechtungsgegners abhängt (**Potestativbedingung**), weil dann die Rechtslage für ihn nicht unklar ist.[8] Kein Streit besteht über die Zulässigkeit der **Eventualanfechtung**, also der unbedingten Anfechtung für den Fall, dass ein bestimmter, bereits bestehender Zustand erst später erkannt wird.[9] Der Berechtigte kann die Anfechtung zB vorsorglich unter der Voraussetzung erklären, dass das Gericht den Vertrag anders auslegt als er oder dass es den vorrangig geltend gemachten Gewährleistungsanspruch verneint.[10] 4

Die Anfechtungserklärung muss zum Ausdruck bringen, dass der Anfechtende eine bestimmte Willenserklärung nicht gelten lassen oder an einem bestimmten Rechtsgeschäft nicht festhalten will. Er braucht nicht die Fachbegriffe „Anfechtung" oder „anfechten" zu benutzen.[11] Es genügt vielmehr, wenn der Anfechtungserklärung der erforderliche **Wille zur Vernichtung des Rechtsgeschäfts** durch eine Auslegung nach dem objektiven Empfängerhorizont gem. §§ 133, 157 (vgl dazu § 133 Rn 41 ff) zu entnehmen ist. Soweit darüber hinausgehend die **Eindeutigkeit** oder **Unzweideutigkeit** der Anfechtungserklärung verlangt wird,[12] dürfen daraus keine strengeren Anforderungen an den Erklärungsinhalt abgeleitet werden als bei anderen Willenserklärungen.[13] Die Interessen des Empfängers der Anfechtungserklärung (des Anfechtungsgegners) sind nämlich gewahrt, wenn er den Anfechtungswillen im Wege der Auslegung nach dem Empfängerhorizont aus der Erklärung entnehmen kann. Im gleichen Sinne verfährt die Rechtsprechung. Sie überspannt die Anforderungen an die „Eindeutigkeit" nicht, sondern lässt es ausreichen, dass der Anfechtungswille nicht allein aus der Anfechtungserklärung selbst, sondern erst aus außerhalb der Erklärung liegenden Umständen folgt. Entschei- 5

2 Vgl HK-BGB/*Dörner*, § 143 Rn 1; MüKo/*Busche*, § 142 Rn 1.

3 HK-BGB/*Dörner*, § 143 Rn 2; Soergel/*Hefermehl*, § 143 Rn 1; RGRK/*Krüger-Nieland/Zöller*, § 143 Rn 8; MüKo/*Busche*, § 143 Rn 4; Erman/*Palm*, § 143 Rn 2; Staudinger/*Roth*, § 143 Rn 6; Bamberger/Roth/*Wendtland*, § 143 Rn 2; Prütting/Wegen/Weinreich/*Ahrens*, § 143 Rn 2.

4 Vgl Erman/*Palm*, § 143 Rn 2; vgl auch Staudinger/*Roth*, § 143 Rn 7.

5 Palandt/*Ellenberger*, § 143 Rn 2; Bamberger/Roth/*Wendtland*, § 143 Rn 2; Prütting/Wegen/Weinreich/*Ahrens*, § 143 Rn 2.

6 Staudinger/*Roth*, § 143 Rn 8; Bamberger/Roth/*Wendtland*, § 143 Rn 2; Prütting/Wegen/Weinreich/*Ahrens*, § 143 Rn 2.

7 RGZ 66, 153, 154, 146, 234, 238/240; BGH NJW 1968, 2099; HK-BGB/*Dörner*, § 143 Rn 3; Palandt/*Ellenberger*, § 143 Rn 2; Soergel/*Hefermehl*, § 143 Rn 3; Jauernig/*Jauernig*, § 143 Rn 2; RGRK/*Krüger-Nieland/Zöller*, § 143 Rn 6; Prütting/Wegen/Weinreich/*Ahrens*, § 143 Rn 2.

8 Wie hier *Brox/Walker*, BGB AT, Rn 487; Erman/*Palm*, § 143 Rn 3; *Larenz/Wolf*, BGB AT, § 44 Rn 37; aA MüKo/*Busche*, § 143 Rn 5; Staudinger/*Roth*, § 143 Rn 8; Bamberger/Roth/*Wendtland*, § 143 Rn 2; wohl auch RGRK/*Krüger-Nieland/Zöller*, § 143 Rn 6.

9 Vgl MüKo/*Busche*, § 143 Rn 6; Bamberger/Roth/*Wendtland*, § 143 Rn 2; Prütting/Wegen/Weinreich/*Ahrens*, § 143 Rn 2; *Kellermann*, JA 2004, 405, 406.

10 BGH NJW 1968, 2099; 1991, 1673, 1674; KG WRP 1990, 39, 42; MüKo/*Busche*, § 143 Rn 6; Staudinger/*Roth*, § 143 Rn 9; Bamberger/Roth/*Wendtland*, § 143 Rn 2.

11 BGHZ 88, 240, 245; 91, 324, 331; BGH NJW-RR 1995, 859.

12 So etwa BGHZ 88, 240, 245; 91, 324, 332; BGH NJW-RR 1988, 566; NJW 1991, 1673, 1674; NJW-RR 1995, 859; RGRK/*Krüger-Nieland/Zöller*, § 143 Rn 2; MüKo/*Busche*, § 143 Rn 2; *Larenz/Wolf*, BGB AT, § 44 Rn 35.

13 Ebenso *Canaris*, NJW 1984, 2281, 2282; *Medicus*, BGB AT, Rn 717; Erman/*Palm*, § 143 Rn 1; *Probst*, JZ 1989, 878, 881 ff.

dend und ausreichend ist also, wie bei anderen empfangsbedürftigen Willenserklärungen, der **objektive Erklärungswert**.[14] Danach kann im Einzelfall etwa die Rückforderung des Geleisteten als Anfechtungserklärung auszulegen sein.[15] Ein bloßes Schadensersatzverlangen reicht hingegen regelmäßig nicht aus.[16]

6 Verlangt wird zum Teil ferner, der Wille müsse erkennbar auf die **Rückwirkung** der Nichtigkeit gerichtet sein.[17] Diese Voraussetzung muss im Interesse der Rechtssicherheit indessen nicht generell, sondern nur dann erfüllt sein, wenn statt einer Anfechtung ernsthaft auch ein lediglich ex nunc wirkendes Gestaltungsrecht wie ein Rücktritt oder eine Kündigung in Betracht kommt.[18] Allerdings scheidet dieses Auslegungskriterium ohnehin aus, wenn die Anfechtung bei einem in Vollzug gesetzten Arbeits- oder Gesellschaftsvertrag keine Rückwirkung entfaltet (dazu § 142 Rn 7 ff). Dann kommt es für die Auslegung als Anfechtungs- oder als Kündigungs- bzw Rücktrittserklärung allein auf den – auch sonst wesentlichen – Grund an, auf den sich der Erklärende stützt (vgl dazu die folgende Rn).

7 Umstritten ist seit langem, ob der **Anfechtungsgrund** in der Anfechtungserklärung angegeben werden muss.[19] Das RG hatte ursprünglich weder die Angabe des rechtlichen Grundes noch der die Anfechtung stützenden Tatsachen verlangt.[20] Das wird jedoch dem Interesse des Anfechtungsgegners nicht gerecht. Als Gegner einer rechtsgestaltenden Erklärung muss für ihn **erkennbar** sein, auf welche tatsächlichen Umstände, dh auf welchen konkreten **Sachverhalt** der Anfechtende die Anfechtung stützt. Denn er muss die Berechtigung der Anfechtung überprüfen können, um sein Verhalten darauf einzustellen. Er muss abschätzen können, ob das angefochtene Rechtsgeschäft gem. § 142 Abs. 1 vernichtet worden ist und er keinen vertraglichen Erfüllungsanspruch mehr hat oder ob die Anfechtung jeder Grundlage entbehrt. Er muss sich darauf einrichten können, ob er einen Bereicherungsanspruch in Bezug auf bereits erbrachte Leistungen oder einen Schadensersatzanspruch gem. § 122 hat. Der Anfechtende braucht daher zwar in der Erklärung nicht den genauen rechtlichen Anfechtungsgrund anzugeben. Die Anfechtung muss aber, soweit der Anfechtungsgegner den Sachverhalt nicht ohnehin kennt, die Information über die zugrunde liegenden **Tatsachen** enthalten.[21] Diese Interessen des Anfechtungsgegners werden nicht allein dadurch hinreichend geschützt, dass er den Anfechtenden nach dem Grund fragen kann und dieser die nachteiligen Folgen einer Nichtbeantwortung tragen muss.[22] Hinzu kommt, dass sich häufig erst aus der Angabe der zugrunde liegenden Tatsachen gem. §§ 133, 157 entnehmen lässt, ob es sich um eine Anfechtung oder um eine Kündigung bzw einen Rücktritt handelt (vgl die vorige Rn).

8 Eine Frage der **Auslegung** nach dem objektiven Empfängerhorizont ist es auch, ob eine Anfechtung wegen **arglistiger Täuschung** gem. § 123 Abs. 1, 1. Fall zugleich eine Anfechtung wegen des Irrtums über eine **verkehrswesentliche Eigenschaft** der Person oder Sache gem. § 119 Abs. 2 enthält und entsprechend umgedeutet werden kann. Entscheidend muss wiederum, den allgemeinen Auslegungsgrundsätzen folgend, die Erkennbarkeit eines darauf gerichteten Anfechtungswillens für den Anfechtungsgegner sein.[23] Gegen diesen Willen kann es sprechen, wenn sich der Anfechtende im Prozess nicht auf die Irrtumsanfechtung beruft.[24] Ein weiterer Auslegungsgesichtspunkt ist die Schadensersatzpflicht des § 122.[25]

9 Mit der gerade erörterten Voraussetzung der Erkennbarkeit des Anfechtungsgrundes hängt untrennbar die Frage des **Nachschiebens von Anfechtungsgründen** zusammen.[26] Da der Sachverhalt, auf den der Anfechtende seine Anfechtung stützt, dem Anfechtungsgegner bekannt oder zumindest erkennbar sein muss, können weitere Anfechtungsgründe nach Abgabe der Anfechtungserklärung grundsätzlich **nicht** nachgeschoben werden. Jeder weitere Anfechtungssachverhalt (Anfechtungsgrund) kann nur durch eine neue Anfechtungserklärung geltend gemacht werden, die ihrerseits allen Wirksamkeitsvoraussetzungen und insbesondere der Ein-

14 Vgl BGH NJW-RR 1995, 859; vgl auch RGRK/*Krüger-Nieland/Zöller*, § 143 Rn 2 mwN.
15 Palandt/*Ellenberger*, § 143 Rn 3.
16 BGH NJW 1991, 1673, 1674.
17 So etwa BGHZ 88, 240, 245; 91, 324, 332; BGH NJW 1991, 1673, 1674; NJW-RR 1995, 859; Jauernig/*Jauernig*, § 143 Rn 2; RGRK/*Krüger-Nieland/Zöller*, § 143 Rn 2.
18 *Larenz/Wolf*, BGB AT, § 44 Rn 35; Erman/*Palm*, § 143 Rn 1; vgl auch MüKo/*Busche*, § 143 Rn 3.
19 Ausdrücklich offen gelassen von BGH NJW 1966, 39; WM 1980, 983, 985; vgl auch LG Berlin NJW 2004, 2831, 2832 sowie zum Meinungsspektrum den Überblick bei MüKo/*Busche*, § 143 Rn 7 ff; allg zur Begründungspflicht bei Gestaltungsrechten *Büdenbender*, AcP 210 (2010), 611 ff.
20 RGZ 65, 86, 88.
21 Ebenfalls auf die Erkennbarkeit abstellend LG Berlin NJW 2004, 2831, 2832; *Bork*, BGB AT, Rn 906; *Flume*, BGB AT Bd. 2, § 31, 2; Soergel/*Hefermehl*, § 143 Rn 2; Palandt/*Ellenberger*, § 143 Rn 3; *Larenz/Wolf*, BGB AT, § 44 Rn 38; *Medicus*, BGB AT, Rn 724; Staudinger/*Roth*, § 143 Rn 11; Bamberger/Roth/*Wendtland*, § 143 Rn 4; darüber hinaus nach der Art der Anfechtung (Irrtums- oder Täuschungsanfechtung) differenzierend MüKo/*Busche*, § 143 Rn 9.
22 Vgl MüKo/*Busche*, § 143 Rn 10; vgl auch Staudinger/*Roth*, § 143 Rn 11; aA Erman/*Palm*, § 143 Rn 1.
23 Staudinger/*Roth*, § 143 Rn 12; vgl BGHZ 34, 32, 38 f; BGH NJW 1979, 160, 161; BGHZ 78, 216, 221; Palandt/*Ellenberger*, § 143 Rn 3; Bamberger/Roth/*Wendtland*, § 143 Rn 6; krit. *Berg*, NJW 1981, 2337.
24 Vgl BGHZ 34, 32, 40; näher dazu *Berg*, NJW 1981, 2337; Bamberger/Roth/*Wendtland*, § 143 Rn 6.
25 Bamberger/Roth/*Wendtland*, § 143 Rn 6.
26 Besonders deutlich MüKo/*Busche*, § 143 Rn 8.

haltung der Anfechtungsfrist unterliegt (vgl auch § 121 Rn 8, § 124 Rn 3).[27] Davon zu unterscheiden ist die Möglichkeit des Anfechtenden, im Rahmen des erkennbar gemachten gesetzlichen Anfechtungsgrundes ergänzend solche weiteren Tatsachen vorzutragen, welche die bereits erklärte Anfechtung rechtfertigen können.[28]

II. Anfechtungsberechtigte

Zur Anfechtung berechtigt ist grundsätzlich derjenige, von dem die anfechtbare Erklärung **stammt** – der Irrende, der Getäuschte oder der Bedrohte.[29] Sind danach **mehrere Personen** anfechtungsberechtigt, kann und muss grundsätzlich jede von ihnen ihre Willenserklärung eigenständig anfechten.[30] Die Wirkungen einer solchen einzelnen Anfechtung treten ohne weiteres nur im Verhältnis zwischen diesem Anfechtenden und dem Anfechtungsgegner ein. Die Rechtsfolgen im Verhältnis zu den anderen Anfechtungsberechtigten bestimmen sich nach § 139.[31] Ausnahmsweise müssen alle Berechtigten gemeinschaftlich die Anfechtung erklären, wenn das aus der Besonderheit des zwischen ihnen bestehenden Rechtsverhältnisses folgt. Das gilt zB bei Gesamthandsgemeinschaften im Allgemeinen und Erbengemeinschaften im Besonderen (vgl §§ 2038, 2040).[32] **10**

In Sonderfällen sind andere Personen als die durch die anfechtbare Willenserklärung unmittelbar Betroffenen anfechtungsberechtigt. Verfügungen von Todes wegen können nach dem Tod des Erblassers durch die in **§ 2080** bestimmten Dritten angefochten werden.[33] Haben die Parteien einem Dritten gem. § 317 die Bestimmung der Leistung überlassen, können gem. **§ 318 Abs. 2** nur die Vertragschließenden, aber nicht der Dritte die Leistungsbestimmung anfechten. Hat sich der **Stellvertreter** bei der Abgabe der Willenserklärung geirrt oder ist er getäuscht oder bedroht worden (§ 166 Abs. 1), muss der Vertretene anfechten, weil er gem. § 164 Abs. 1 durch die irrtumsbehaftete Willenserklärung gebunden wird. Der Vertreter kann nur dann (mit Wirkung für den Vertretenen) anfechten, wenn sich seine Vertretungsmacht darauf erstreckt (Anfechtungsvollmacht).[34] **11**

Das Anfechtungsrecht ist als Gestaltungsrecht **nicht selbständig übertragbar**; es ist weder isoliert abtretbar noch verpfänd- oder pfändbar.[35] Dagegen geht es im Wege der **Gesamtrechtsnachfolge** auf einen anderen als den ursprünglich Berechtigten über; es ist insbesondere vererblich.[36] Beim **Eintritt in ein Vertragsverhältnis** kommt es nach richtiger Auffassung darauf an, wer von der Anfechtung betroffen wird. Deshalb steht etwa bei der Veräußerung des vermieteten Hausgrundstücks (§ 566) oder bei einem Betriebsübergang (§ 613 a) das Anfechtungsrecht nur Veräußerer und Erwerber gemeinsam zu, soweit sie beide gem. § 566 Abs. 2 oder gem. § 613 a Abs. 2 für Pflichten aus dem Vertrag haften.[37] Nach wohl überwiegender Auffassung kann ein Dritter nicht nur zur Ausübung des Anfechtungsrechts bevollmächtigt, sondern auch zur Anfechtung im eigenen Namen **ermächtigt** werden.[38] **12**

III. Anfechtungsgegner

Da die Anfechtung gem. Abs. 1 eine empfangsbedürftige Willenserklärung ist, bedarf es der Festlegung des **Adressaten der Anfechtungserklärung**. § 143 bestimmt in den Abs. 2–4 den Anfechtungsgegner bei einem Vertrag, bei einer einseitigen empfangsbedürftigen Willenserklärung und bei einer einseitigen nicht empfangsbedürftigen Willenserklärung. **13**

27 BGH NJW 1966, 39; VersR 1989, 465, 466; BB 1981, 1156, 1157; NJW-RR 1993, 948; NJW 1995, 190, 191; BAG NJW 2008, 939, 940; MüKo/*Busche*, § 143 Rn 10; Staudinger/*Roth*, § 143 Rn 13; Bamberger/Roth/*Wendtland*, § 143 Rn 5; Prütting/Wegen/Weinreich/*Ahrens*, § 143 Rn 4.

28 *Larenz/Wolf*, BGB AT, § 44 Rn 38; Staudinger/*Roth*, § 143 Rn 13.

29 Vgl BGHZ 137, 255, 258; Erman/*Palm*, § 143 Rn 4; Staudinger/*Roth*, § 143 Rn 14.

30 RGZ 56, 423, 424; 65, 399, 405.

31 Soergel/*Hefermehl*, § 143 Rn 7; RGRK/*Krüger-Nieland/Zöller*, § 143 Rn 11; Bamberger/Roth/*Wendtland*, § 143 Rn 9.

32 Vgl RGZ 107, 238, 239; BGH NJW 1951, 308; 2004, 767, 769; Erman/*Palm*, § 143 Rn 4; Prütting/Wegen/Weinreich/*Ahrens*, § 143 Rn 5.

33 Näher dazu NK-BGB/*Fleindl*, § 2080 Rn 2 ff.

34 Soergel/*Hefermehl*, § 143 Rn 6; RGRK/*Krüger-Nieland/Zöller*, § 143 Rn 12; Erman/*Palm*, § 143 Rn 5; Prütting/Wegen/Weinreich/*Ahrens*, § 143 Rn 5.

35 Staudinger/*Roth*, § 142 Rn 11 ff; Bamberger/Roth/*Wendtland*, § 143 Rn 8; anders *Bydlinski*, Die Übertragung von Gestaltungsrechten, 1986, S. 45 ff; ähnlich MüKo/*Busche*, § 142 Rn 7.

36 BGH NJW 2004, 767, 769; Erman/*Palm*, § 143 Rn 4; Bamberger/Roth/*Wendtland*, § 143 Rn 8; Prütting/Wegen/Weinreich/*Ahrens*, § 143 Rn 5.

37 Im Einzelnen str.; wie hier Staudinger/*Roth*, § 142 Rn 10; Bamberger/Roth/*Wendtland*, § 143 Rn 8.

38 Soergel/*Hefermehl*, § 143 Rn 6; RGRK/*Krüger-Nieland/Zöller*, § 142 Rn 7; Erman/*Palm*, § 143 Rn 4; Staudinger/*Roth*, § 142 Rn 11; Bamberger/Roth/*Wendtland*, § 143 Rn 8.

14 **1. Anfechtungsgegner bei einem Vertrag (Abs. 2).** Geht es um die Anfechtung einer Willenserklärung im Zusammenhang mit einem Vertrag, ist der Anfechtungsgegner gem. Abs. 2, 1. Fall grundsätzlich der **Vertragspartner** oder gem. §§ 1922, 1967 sein Erbe. Die Anfechtung ist auch dann gegenüber dem Vertragspartner zu erklären, wenn er die Rechte aus dem Vertrag an einen Dritten abgetreten oder den Vermögensgegenstand weiterveräußert hat.[39] Gleiches gilt, wenn er sich bei Vertragsschluss hat vertreten lassen, sofern der **Stellvertreter** nicht auch zur Entgegennahme der Anfechtungserklärung bevollmächtigt ist.[40]

15 Die Sonderregelung des Abs. 2, 2. Fall betrifft in erster Linie den echten **Vertrag zugunsten Dritter** (§ 328). Danach muss der Versprechende, der vom Versprechensempfänger arglistig getäuscht worden ist, die Anfechtungserklärung nicht gegen seinen täuschenden Vertragspartner richten, sondern unter den weiteren Voraussetzungen des § 123 Abs. 2 S. 2 gegen den **Dritten**, der gem. § 328 Abs. 1 aus diesem Vertrag unmittelbar ein Recht erworben hat.[41] Anderenfalls ist, wie bei anderen Verträgen, nicht der Begünstigte, sondern der Vertragspartner der Anfechtungsgegner.[42]

16 Bei einer **Schuldübernahme** (§ 415) bleibt der ursprüngliche Schuldner selbst dann der richtige Gegner für eine Anfechtung durch den Übernehmer, wenn der Gläubiger die Übernahme genehmigt hat.[43] Die Anfechtung des Übernehmers gegenüber dem Gläubiger erstreckt sich auf das ganze, aus Grundgeschäft und Schuldübernahme bestehende Geschäft, sofern es sich (ausnahmsweise) um ein einheitliches Rechtsgeschäft handelt.[44] Im Falle einer **Vertragsübernahme** fordert der BGH indessen, dass der eintretende Dritte (Vertragsübernehmer) sowohl gegenüber dem ausgeschiedenen Vertragszedenten als auch gegenüber der im Vertrag verbleibenden Partei anficht, weil die Anfechtung die Interessen aller Beteiligten berühre.[45] Etwas anderes kann bei Teilbarkeit gem. § 139 gelten (vgl zur Teilanfechtung § 142 Rn 4).

17 Steht dem Anfechtungsberechtigten eine **Personenmehrheit** als Vertragspartner gegenüber, muss die Anfechtung nach der Auffassung des BGH grundsätzlich allen Vertragspartnern erklärt werden.[46] Anerkannt ist das vor allem im Hinblick auf **Gesellschaftsverträge**, wenn die Anfechtung der von einem Gesellschafter abgegebenen Erklärung – zB der Zustimmung zu einer Anteilsabtretung – dazu führt, dass sich die Grundlagen des Gesellschaftsverhältnisses ändern.[47] Andere Grundsätze können bei der Anfechtung gegenüber Personenmehrheiten im Falle der Teilbarkeit gem. § 139 gelten (vgl zur Teilanfechtung § 142 Rn 4).[48]

18 **2. Anfechtungsgegner bei einer einseitigen empfangsbedürftigen Willenserklärung (Abs. 3).** Eine einseitige empfangsbedürftige Willenserklärung muss gem. Abs. 3 S. 1 gegenüber dem **Erklärungsempfänger** angefochten werden. Eine Kündigung ist also gegenüber dem Gekündigten anzufechten[49] und eine Anfechtung gegenüber dem Anfechtungsgegner (vgl zur Anfechtung der Anfechtung § 142 Rn 3, 15).[50]

19 Der **Erklärungsempfänger** ist gem. Abs. 3 S. 2 auch dann der richtige Anfechtungsgegner, wenn die einseitige empfangsbedürftige Willenserklärung **wahlweise** ihm oder einer **Behörde** gegenüber abgegeben werden konnte und sie der Behörde gegenüber abgegeben wurde. Beispiele für solche Erklärungen finden sich in den §§ 875 Abs. 1 S. 2, 876 S. 3, 880 Abs. 2 S. 3, 1168 Abs. 2 S. 2, 1180 Abs. 2 S. 1 Hs 2 und 1183 S. 2. Hier muss vorrangig der Erklärungsempfänger von der Anfechtung erfahren, weil sie seine Rechte betrifft.[51]

20 Nicht eindeutig in Abs. 3 geregelt sind die Fälle, in denen die einseitige empfangsbedürftige Willenserklärung **wahlweise gegenüber zwei Privatpersonen** abgegeben werden kann. Dabei geht es vor allem um die Erteilung der Vollmacht (§ 167 Abs. 1) und die Zustimmung (§ 182). In Bezug auf die Anfechtung der **Voll-**

39 RGZ 86, 305, 310; Palandt/*Ellenberger*, § 143 Rn 5; Bamberger/Roth/*Wendtland*, § 143 Rn 10; Prütting/Wegen/Weinreich/*Ahrens*, § 143 Rn 6.
40 Bamberger/Roth/*Wendtland*, § 143 Rn 10; Prütting/Wegen/Weinreich/*Ahrens*, § 143 Rn 6.
41 HK-BGB/*Dörner*, § 143 Rn 4; Staudinger/*Roth*, § 143 Rn 18.
42 BGH LM PatG § 9 Nr. 8; MüKo/*Busche*, § 143 Rn 14; *Pikart*, WM 1963, 1198, 1204; Staudinger/*Roth*, § 143 Rn 19.
43 BGHZ 31, 321, 325; Palandt/*Ellenberger*, § 143 Rn 5; RGRK/*Krüger-Nieland/Zöller*, § 143 Rn 17; MüKo/*Busche*, § 143 Rn 15; Erman/*Palm*, § 143 Rn 6; Staudinger/*Roth*, § 143 Rn 21; Prütting/Wegen/Weinreich/*Ahrens*, § 143 Rn 7; aA *Hirsch*, JR 1960, 291, 295 f.
44 BGHZ 31, 321, 323.
45 BGHZ 96, 302, 309 f = NJW 1986, 918 f; vgl auch BGHZ 137, 255, 258 f = NJW 1998, 531; ebenso etwa Soergel/*Hefermehl*, § 143 Rn 8; Erman/*Palm*, § 143 Rn 6; Staudinger/*Roth*, § 143 Rn 22; Prütting/Wegen/Weinreich/*Ahrens*, § 143 Rn 7; aA *Dörner*, NJW 1986, 2916 ff.
46 Vgl BGHZ 137, 255, 260 = NJW 1998, 531, 532; ebenso etwa *Flume*, BGB AT Bd. 2, § 31, 5 d; Soergel/*Hefermehl*, § 143 Rn 8; RGRK/*Krüger-Nieland/Zöller*, § 143 Rn 19; MüKo/*Busche*, § 143 Rn 17; Staudinger/*Roth*, § 143 Rn 23; Prütting/Wegen/Weinreich/*Ahrens*, § 143 Rn 7.
47 Vgl BGH DB 1976, 1007 f; RGRK/*Krüger-Nieland/Zöller*, § 143 Rn 20; MüKo/*Busche*, § 143 Rn 16; Staudinger/*Roth*, § 143 Rn 20.
48 Vgl RGZ 65, 398, 405; Soergel/*Hefermehl*, § 143 Rn 8; RGRK/*Krüger-Nieland/Zöller*, § 143 Rn 19; MüKo/*Busche*, § 143 Rn 17; restriktiv Staudinger/*Roth*, § 143 Rn 23 f.
49 MüKo/*Busche*, § 143 Rn 19; Staudinger/*Roth*, § 143 Rn 26.
50 MüKo/*Busche*, § 143 Rn 19.
51 *Medicus*, BGB AT, Rn 719; Staudinger/*Roth*, § 143 Rn 27.

machtserteilung[52] besteht heute weitgehend Einigkeit, dass richtiger Anfechtungsgegner vor dem Gebrauchmachen von der Vollmacht – also solange der Vertreter noch kein Geschäft abgeschlossen hat – gem. Abs. 3 S. 1 derjenige sein muss, dem gegenüber die Vollmacht erteilt worden ist. Eine Innenvollmacht ist gegenüber dem Vertreter anzufechten und eine Außenvollmacht gegenüber dem Dritten, dem gegenüber die Vertretung stattfinden sollte.[53] Lässt man die Anfechtung trotz der gewichtigen Gegenargumente auch nach dem Gebrauchmachen von der Vollmacht zu (vgl dazu § 167 Rn 24), sollte sie stets – also auch bei einer Innenvollmacht – gegenüber dem dritten Geschäftspartner erklärt werden müssen, weil vor allem seine Rechtsstellung betroffen wird (näher dazu § 167 Rn 25).[54] Eine **Zustimmung** gem. § 182 muss nach der Auffassung des BGH gegenüber beiden Beteiligten angefochten werden (näher dazu § 182 Rn 42).[55]

3. Anfechtungsgegner bei einer einseitigen nicht empfangsbedürftigen Willenserklärung (Abs. 4). Eine einseitige nicht empfangsbedürftige Willenserklärung muss gem. Abs. 4 S. 1 gegenüber demjenigen angefochten werden, der daraus **unmittelbar einen rechtlichen Vorteil** erlangt hat. Diese praktisch nicht sehr bedeutsame Vorschrift erfasst vor allem die Auslobung (§ 657) und die Dereliktion (§ 959).[56] Die Eigentumsaufgabe nach § 959 ist danach gegenüber dem Aneignenden anzufechten. Zwar erlangt dieser den rechtlichen Vorteil erst durch eine eigene Handlung, nämlich die Aneignung gem. § 958 Abs. 1. Für die erforderliche Unmittelbarkeit genügt es aber, dass das Recht ohne ein vermittelndes Rechtsgeschäft mit einem Dritten erworben wird.[57] 21

Eine **amtsempfangsbedürftige Willenserklärung** kann der Erklärende gem. Abs. 4 S. 2 Hs 1 **wahlweise** gegenüber der Behörde oder dem unmittelbar Betroffenen iSd Abs. 4 S. 1 anfechten. Der Unterschied zu Abs. 3 S. 2 besteht darin, dass die Erklärung dort zwingend gegenüber der Behörde abzugeben war. Anwendungsfälle des Abs. 4 S. 2 sind zB die §§ 928 Abs. 1 und 1109 Abs. 2 S. 2 sowie § 11 ErbbauRG.[58] Abweichende Sonderregelungen treffen die §§ 1955 und 2081. Ficht der Berechtigte seine Erklärung gem. Abs. 4 S. 2 Hs 1 gegenüber der Behörde an, soll diese den unmittelbar Betroffenen nach dem Hs 2 der Vorschrift davon unterrichten. Die Unterrichtung ist jedoch keine Wirksamkeitsvoraussetzung.[59] 22

Ist der Anfechtungsgegner iSd Abs. 4 **unbekannt**, kann die Anfechtung durch öffentliche Zustellung gem. § 132 Abs. 2 erfolgen.[60] 23

§ 144 Bestätigung des anfechtbaren Rechtsgeschäfts

(1) Die Anfechtung ist ausgeschlossen, wenn das anfechtbare Rechtsgeschäft von dem Anfechtungsberechtigten bestätigt wird.
(2) Die Bestätigung bedarf nicht der für das Rechtsgeschäft bestimmten Form.

Literatur: *Petersen*, Die Bestätigung des nichtigen und anfechtbaren Rechtsgeschäfts, Jura 2008, 666.

A. Allgemeines

Da ein irrtumsbehaftetes Rechtsgeschäft lediglich anfechtbar ist und erst durch die Anfechtung gem. § 142 Abs. 1 vernichtet wird, besteht bis zum Ablauf der Anfechtungsfrist ein Schwebezustand (vgl § 121 Rn 1). Möchte der Anfechtungsberechtigte aus wirtschaftlichen oder anderen Gründen schon vorher **verbindlich klarstellen**, dass er nicht anfechten will und dass das Geschäft wirksam bleiben soll, kann er die anfechtbare Willenserklärung gem. § 144 bestätigen. Die Bestätigung klärt die Rechtslage, indem sie nach Abs. 1 zum 1

52 Vgl dazu den Überblick über den Meinungsstand bei *Kindl*, Rechtsscheintatbestände und ihre rückwirkende Beseitigung, 1999, S. 33 ff.

53 *Medicus*, BGB AT, Rn 721; Staudinger/*Roth*, § 143 Rn 34; Prütting/Wegen/Weinreich/*Ahrens*, § 143 Rn 8; vgl RGRK/*Krüger-Nieland/Zöller*, § 143 Rn 22.

54 Vgl *Medicus*, BGB AT, Rn 721; Staudinger/*Roth*, § 143 Rn 35; Soergel/*Hefermehl*, § 143 Rn 10; MüKo/*Busche*, § 143 Rn 13; HKK/*Schermaier*, §§ 142–144 Rn 17; Prütting/Wegen/Weinreich/*Ahrens*, § 143 Rn 8.

55 Vgl BGHZ 137, 255, 260 = NJW 1998, 531, 532.

56 Vgl HK-BGB/*Dörner*, § 143 Rn 6; Staudinger/*Roth*, § 143 Rn 29.

57 MüKo/*Busche*, § 143 Rn 21; Staudinger/*Roth*, § 143 Rn 29; HKK/*Schermaier*, §§ 142–144 Rn 16.

58 Näher dazu § 11 ErbbauVO Rn 2 ff; MüKo/*von Oefele*, § 11 ErbbauRG Rn 4 ff.

59 HK-BGB/*Dörner*, § 143 Rn 7; MüKo/*Busche*, § 143 Rn 22; Staudinger/*Roth*, § 143 Rn 30, 32; Bamberger/Roth/*Wendtland*, § 143 Rn 12; Prütting/Wegen/Weinreich/*Ahrens*, § 143 Rn 9.

60 Bamberger/Roth/*Wendtland*, § 143 Rn 12; vgl Staudinger/*Roth*, § 143 Rn 17.

Verlust des Anfechtungsrechts führt. Damit handelt es sich um einen gesetzlich geregelten Fall des **Anfechtungsausschlusses**.[1] Um dem Berechtigten die gewünschte Klarstellung zu erleichtern, ist die Bestätigung nach Abs. 2 formlos möglich.[2] Praktische Bedeutung hat die Vorschrift wegen der deutlich längeren, einjährigen Anfechtungsfrist des § 124 eher bei der Täuschungs- als bei der Irrtumsanfechtung.

2 Die Bestätigung des anfechtbaren Rechtsgeschäfts gem. § 144 ist unkomplizierter als die Bestätigung des nichtigen Rechtsgeschäfts gem. § 141. Anders als im Fall des § 141 ist das Rechtsgeschäft nicht nichtig, so dass es nicht neu vorgenommen werden muss. Es genügt vielmehr, die Anfechtbarkeit des im Übrigen wirksamen Geschäfts durch eine einseitige Entscheidung des Anfechtungsberechtigten zu beseitigen. Diese Entscheidung, dass das Geschäft ungeachtet des Anfechtungsgrundes gelten soll,[3] bedeutet in der Sache einen **Verzicht auf das Anfechtungsrecht**.[4]

B. Regelungsgehalt

I. Voraussetzungen der Bestätigung

3 Die Bestätigung muss sich auf ein **anfechtbares Rechtsgeschäft** beziehen. Die Anfechtbarkeit kann sich vor allem aus den §§ 119, 120 und 123 ergeben; gerade bei der arglistigen Täuschung gem. § 123 Abs. 1, 1. Fall kommt eine Bestätigung gem. § 144 in Betracht.[5] Das Anfechtungsrecht muss noch bestehen und darf nicht bereits wegen Ablaufs der Anfechtungsfrist erloschen sein.[6] Eine Bestätigung gem. § 144 scheidet wegen § 142 Abs. 1 auch aus, wenn die Willenserklärung bereits angefochten worden ist. Dann muss das nichtige Geschäft gem. § 141 neu vorgenommen werden.[7] Abweichende **Sonderregeln** enthält § 1315 Abs. 1 für die Bestätigung einer aufhebbaren Ehe.

4 Nach der Rechtsprechung setzt eine Bestätigung gem. § 144 weiter voraus, dass der Anfechtungsberechtigte **Kenntnis von der Anfechtbarkeit**[8] oder jedenfalls Zweifel an der Rechtsbeständigkeit des Rechtsgeschäfts hat.[9] Er muss mindestens mit der Möglichkeit rechnen, dass der Gegner ihn bewusst getäuscht hat[10] oder dass das Rechtsgeschäft aus anderen Gründen anfechtbar ist.[11] Teilweise wird ausdrücklich die Vorstellung des Anfechtungsberechtigten vorausgesetzt, dass er etwas gegen das Rechtsgeschäft unternehmen kann, weil, anders als nach § 141, nicht jeder Argwohn genügen könne.[12] Diese Formulierungen dürfen allerdings nicht so verstanden werden, dass die Wirksamkeit einer Bestätigung von einer zusätzlichen subjektiven Voraussetzung in der Form eines besonderen Bestätigungswillens abhängt. Entscheidend muss vielmehr, wie ganz allgemein bei der Auslegung von Willenserklärungen, auf den **äußeren Erklärungstatbestand** abgestellt werden (vgl dazu § 133 Rn 41 ff). Die Erklärung des Anfechtungsberechtigten ist als Bestätigung gem. Abs. 1 zu werten, wenn sie nach außen hin erkennen lässt, dass das Rechtsgeschäft trotz erkannter Zweifel an der Anfechtbarkeit gelten soll.[13]

5 Geht es um die Bestätigung eines wegen einer **Drohung** gem. § 123 Abs. 1, 2. Fall anfechtbaren Rechtsgeschäfts, darf sich der Anfechtungsberechtigte nicht mehr in der durch die Drohung hervorgerufenen Zwangslage befinden. Eine vor dem **Wegfall der Zwangslage** erklärte Bestätigung ist unwirksam.[14]

6 Bei **mehreren Anfechtungsgründen** kann der Berechtigte die Bestätigung auf einzelne Gründe beschränken.[15] Geschieht das nicht ausdrücklich, kommt es darauf an, ob die Bestätigung nach ihrem äußeren Erklä-

1 HK-BGB/*Dörner*, § 144 Rn 1.
2 MüKo/*Busche*, § 144 Rn 1; vgl *Medicus*, BGB AT, Rn 534.
3 Vgl *Flume*, BGB AT Bd. 2, § 31, 7; MüKo/*Busche*, § 144 Rn 3; HKK/*Schermaier*, §§ 142–144 Rn 18; BGHZ 110, 220, 222; vgl auch Prot. I, S. 134 = *Mugdan* I, S. 731.
4 Vgl RGZ 68, 398, 400; BayObLG NJW 1954, 1039, 1040; *Früh*, JuS 1994, 486, 491; Soergel/*Hefermehl*, § 144 Rn 1; Palandt/*Ellenberger*, § 144 Rn 1; Jauernig/*Jauernig*, § 144 Rn 2; RGRK/*Krüger-Nieland/Zöller*, § 144 Rn 1; *Medicus*, BGB AT, Rn 534; Erman/*Palm*, § 144 Rn 1; Staudinger/*Roth*, § 144 Rn 1 f.
5 Vgl BGHZ 110, 220, 221; BGH NJW-RR 1992, 779; Staudinger/*Roth*, § 144 Rn 3.
6 Bamberger/Roth/*Wendtland*, § 144 Rn 2.
7 Erman/*Palm*, § 144 Rn 1; Staudinger/*Roth*, § 144 Rn 3; vgl BGHZ 110, 220, 223.
8 RGZ 68, 398, 400; BGH NJW 1958, 177; WM 1961, 785; BGHZ 110, 220, 222; BGH NJW 1995, 2290, 2291; NJW-RR 1996,1281, 1282; ebenso *Larenz/Wolf*, BGB AT, § 44 Rn 28.
9 BGH NJW 1977, 1151; 1995, 2290, 2291; NJW-RR 1996, 1281, 1282; vgl BGH NJW 1982, 1981 (zu § 141).
10 BGH NJW-RR 1990, 817, 819.
11 Vgl HK-BGB/*Dörner*, § 144 Rn 2; Palandt/*Ellenberger*, § 144 Rn 2; Jauernig/*Jauernig*, § 144 Rn 2; Bamberger/Roth/*Wendtland*, § 144 Rn 3.
12 MüKo/*Busche*, § 144 Rn 7; ähnlich Soergel/*Hefermehl*, § 144 Rn 2; RGRK/*Krüger-Nieland/Zöller*, § 144 Rn 9.
13 *Medicus*, BGB AT, Rn 531; Erman/*Palm*, § 144 Rn 2; Staudinger/*Roth*, § 144 Rn 8.
14 BAG AP Nr. 16 zu § 123 BGB; Palandt/*Ellenberger*, § 144 Rn 2; Erman/*Palm*, § 144 Rn 2; Staudinger/*Roth*, § 144 Rn 10; Bamberger/Roth/*Wendtland*, § 144 Rn 3; Prütting/Wegen/Weinreich/*Ahrens*, § 144 Rn 2.
15 HK-BGB/*Dörner*, § 144 Rn 2; Soergel/*Hefermehl*, § 144 Rn 5; RGRK/*Krüger-Nieland/Zöller*, § 144 Rn 3; Staudinger/*Roth*, § 144 Rn 9; Bamberger/Roth/*Wendtland*, § 144 Rn 4.

rungstatbestand eine solche Beschränkung erkennen lässt (vgl gerade Rn 4) oder nach außen hin als umfassend zu verstehen ist. Ein arglistig Täuschender kann nur ausnahmsweise von einer umfassenden Bestätigung ausgehen.[16]

II. Bestätigungserklärung

Als Bestätigungserklärung kommt jedes Verhalten in Betracht, welches nach außen hin den Willen des Anfechtungsberechtigten offenbart, dass er das Rechtsgeschäft trotz erkannter Zweifel an der Anfechtbarkeit nicht anfechten, sondern es gelten lassen will (vgl Rn 4). Nach herrschender Auffassung handelt es sich um eine **nicht empfangsbedürftige Willenserklärung**, deren Wirksamkeit nicht vom Zugang (§ 130) beim Anfechtungsgegner abhängt.[17] Diese Auffassung kann sich zwar auf die Materialien zum BGB stützen.[18] Sie wird aber den Interessen des Anfechtungsgegners nicht gerecht, der wissen muss, ob er sich auf die Bestätigung und damit auf den endgültigen Bestand des Rechtsgeschäfts verlassen kann. Der Zweck der Bestätigung, schon vor Ablauf der Anfechtungsfrist die Rechtslage verbindlich klarzustellen (s. Rn 1), kann so nicht erreicht werden. Deshalb muss die Bestätigung gegenüber dem Anfechtungsgegner erfolgen. Solange sie ihm nicht zugeht, ist der Bestätigende daran nicht gebunden.[19] Zu ähnlichen Ergebnissen kommen sowohl die Rechtsprechung, indem sie besonders strenge Anforderungen an konkludente Bestätigungen stellt (vgl dazu die folgende Rn), als auch die Lehre durch die einschränkende Voraussetzung, das als Bestätigung zu wertende Verhalten müsse dem Anfechtungsgegner erkennbar sein.[20] 7

Die Bestätigung kann **formlos** erklärt werden. Sie bedarf gem. **Abs. 2** insbesondere nicht der für das zu bestätigende Rechtsgeschäft vorgeschriebenen Form. Deshalb kann die Bestätigung durch **schlüssiges Verhalten** erfolgen.[21] Rechtsprechung und herrschende Lehre unterwerfen konkludente Bestätigungen allerdings besonders strengen Anforderungen, weil von niemandem ohne weiteres vermutet werden könne, dass er auf bestehende Befugnisse oder Gestaltungsmöglichkeiten verzichte.[22] Danach kann eine stillschweigende Bestätigung gem. § 144 nur angenommen werden, wenn das Verhalten des Anfechtungsberechtigten eindeutig Ausdruck eines Bestätigungswillens ist und jede andere den Umständen nach einigermaßen verständliche Deutung ausscheidet. Sobald das Verhalten auch auf einem anderen Grund beruhen kann, ist es grundsätzlich nicht als Bestätigung zu werten.[23] Diese Formel ist **zu eng**, weil der Richter auch ein schlüssiges Verhalten nach den anerkannten Auslegungsgrundsätzen gem. §§ 133, 157 (vgl dazu § 133 Rn 29 ff) würdigen muss und eine Bestätigungserklärung nicht allein deshalb von vornherein ausschließen kann, weil noch eine andere Auslegungsmöglichkeit in Betracht kommt.[24] Außerdem sind diese besonderen Auslegungsmaßstäbe überflüssig, wenn man, dem Sinn und Zweck der Bestätigung sowie den Interessen des Anfechtungsgegners entsprechend, verlangt, dass die (ausdrückliche oder konkludente) Erklärung gegenüber dem Anfechtungsgegner erfolgt (vgl vorige Rn).[25] 8

Die Rechtsprechung hat konkludente Bestätigungen beispielsweise in den folgenden Fällen[26] **verneint**: Klage des Käufers zur Geltendmachung von Gewährleistungsrechten in Kenntnis der Anfechtbarkeit, weil sein Wahlrecht nicht verkürzt werden dürfe;[27] Annahme oder Gebrauch einer nach dem anfechtbaren Vertrag geschuldeten Leistung aus wirtschaftlicher Notwendigkeit oder zur Abwendung eines größeren Verlusts;[28] Aufnahme des Geschäftsbetriebs in den Mieträumen durch den Mieter und Zahlung nur der Nebenkosten, aber 9

16 Vgl RG JW 1937, 2651; Staudinger/*Roth*, § 144 Rn 9; vgl auch RGRK/*Krüger-Nieland/Zöller*, § 144 Rn 9.

17 RGZ 68, 398, 399; BayObLG NJW 1954, 1039; OLG Nürnberg DAR 1962, 202, 204; HK-BGB/*Dörner*, § 144 Rn 2; Soergel/*Hefermehl*, § 144 Rn 3; Palandt/*Ellenberger*, § 144 Rn 2; Jauernig/*Jauernig*, § 144 Rn 2; RGRK/*Krüger-Nieland/Zöller*, § 144 Rn 4; Erman/*Palm*, § 144 Rn 1; Bamberger/Roth/*Wendtland*, § 144 Rn 5; Prütting/Wegen/Weinreich/*Ahrens*, § 144 Rn 1.

18 Nach Prot. I, S. 133 f = *Mugdan* I, S. 731 muss auch ein nicht in Richtung auf den Anfechtungsgegner abgegebener stillschweigender Verzicht das Rechtsgeschäft unanfechtbar machen.

19 *Larenz/Wolf*, BGB AT, § 44 Rn 28; *Medicus*, BGB AT, Rn 534; Staudinger/*Roth*, § 144 Rn 4; MüKo/*Busche*, § 144 Rn 4; *Petersen*, Jura 2008, 666, 667.

20 Jauernig/*Jauernig*, § 144 Rn 2; *Windel*, AcP 199 (1999), 421, 442 f.

21 So bereits Prot. I, S. 134 = *Mugdan* I, S. 731.

22 BGH NJW 1967, 720, 721; WM 1982, 1249, 1251; NJW-RR 1992, 779 f; NJW 2010, 3362, 3363; BAG NZA 2010, 1250, 1255.

23 BGH NJW 1971, 1795, 1800; WM 1982, 1249, 1251; BGHZ 110, 220, 222; BGH NJW-RR 1992, 779, 780; BAG NJOZ 2006, 2031, 2033; NZA 2008, 348, 352; 2010, 1250, 1255; vgl HK-BGB/*Dörner*, § 144 Rn 2; Soergel/*Hefermehl*, § 144 Rn 3; Palandt/*Ellenberger*, § 144 Rn 2; Jauernig/*Jauernig*, § 144 Rn 2; RGRK/*Krüger-Nieland/Zöller*, § 144 Rn 6; Erman/*Palm*, § 144 Rn 3; Bamberger/Roth/*Wendtland*, § 144 Rn 5; Prütting/Wegen/Weinreich/*Ahrens*, § 144 Rn 3.

24 MüKo/*Busche*, § 144 Rn 6.

25 Staudinger/*Roth*, § 144 Rn 4.

26 Vgl dazu und zu weiteren Beispielen Palandt/*Ellenberger*, § 144 Rn 2; RGRK/*Krüger-Nieland/Zöller*, § 144 Rn 7 f; Erman/*Palm*, § 144 Rn 3; Staudinger/*Roth*, § 144 Rn 6.

27 BGHZ 110, 220, 222 f; OLG Schleswig SchlHA 2008, 356.

28 BGH NJW 1971, 1795.

nicht des Mietzinses;[29] Ausspruch einer Kündigung vor oder zeitgleich mit der Anfechtung der zum Abschluss des Arbeitsvertrages führenden Willenserklärung, weil die Kündigung ebenfalls auf die Beendigung des Arbeitsverhältnisses gerichtet ist.[30] **Bejaht** wurde eine konkludente Bestätigung dagegen etwa in dem Fall, dass die Partei trotz Kenntnis des Anfechtungsgrundes aus wirtschaftlichen Gründen zunächst an einem Vergleich festhielt und weiter Zahlungen leistete.[31]

10 Bei einem gem. § 139 **teilbaren Geschäft** kommt die Bestätigung nur eines Teils dieses Rechtsgeschäfts in Betracht. Insoweit gelten die gleichen Voraussetzungen wie bei einer Teilanfechtung (vgl dazu § 142 Rn 4).[32]

11 Zur Bestätigung **berechtigt** ist der Anfechtungsberechtigte (vgl dazu § 143 Rn 10 f). Er kann einen Dritten bevollmächtigen oder ermächtigen (vgl in Bezug auf die Anfechtung § 143 Rn 12). Dabei kann es sich insbesondere um den Prozessbevollmächtigten handeln.[33]

III. Rechtsfolgen der Bestätigung

12 Nach Abs. 1 führt die Bestätigung zum **Ausschluss des Anfechtungsrechts**. Soweit also die Bestätigung – insbesondere bei einem teilbaren Rechtsgeschäft (vgl Rn 10) – reicht, erlischt das Anfechtungsrecht. Das anfechtbare Rechtsgeschäft ist endgültig wirksam. Mit dem Anfechtungsrecht erlöschen die an die Anfechtbarkeit geknüpften Leistungsverweigerungsrechte Dritter (vgl dazu § 142 Rn 6).[34]

13 Da die Bestätigung nur die Anfechtbarkeit des Rechtsgeschäfts beseitigt, bleiben etwaige **Schadensersatzansprüche** grundsätzlich bestehen. Das können bei einer arglistigen Täuschung z.B. Ansprüche aus § 823 Abs. 2 iVm § 263 StGB oder aus § 826 sein. Ergibt die Auslegung der Bestätigungserklärung allerdings, dass sie auch diese Ansprüche erfassen soll, muss sie durch den anderen Teil angenommen werden, damit ein Erlassvertrag (vgl § 397) zustande kommt.[35] Das setzt den Zugang der Bestätigung beim Anfechtungsgegner voraus.

C. Weitere praktische Hinweise

14 Das Erlöschen des Anfechtungsrechts aufgrund einer Bestätigung muss das Gericht **von Amts wegen** prüfen. Die Darlegungs- und **Beweislast** in Bezug auf die zugrunde liegenden Tatsachen trägt der Anfechtungsgegner oder der Prozessgegner desjenigen, der bestätigt haben soll. Sind die Tatsachen nachgewiesen, wird die nach der herrschenden Auffassung notwendige Kenntnis der Anfechtungsberechtigung (vgl Rn 4) vermutet.[36]

Titel 3 Vertrag

Vorbemerkungen zu §§ 145–157

Literatur: *Armbrüster*, Zustandekommen und Wirksamkeit von Verträgen aus gemeineuropäischer Sicht – Ein Vergleich mit den Lando-Principles (PECL) und der Konzeption des gemeinsamen Referenzrahmens (CFR) mit dem deutschen Recht, JURA 2007, 321; *Bahntje*, Gentlemen's Agreement und abgestimmtes Verhalten, 1982; *Benedict*, Das Versprechen als Verpflichtungsgrund?, RabelsZ 72 (2008), 302; *Bergjan*, Die Haftung aus culpa in contrahendo beim Letter of Intent nach neuem Schuldrecht, ZIP 2004, 395; *Bischoff*, Vorfeldvereinbarungen im deutsch-amerikanischen Rechtsverkehr, RIW 2002, 609; *ders.*, Vorvertragliche Verhandlungsinstrumente und ihre Wirkungen im deutschen und US-amerikanischen Recht, ZVglRWiss 103 (2004), 190; *Bruns*, Haftungsbeschränkung und Mindesthaftung, 2002; *ders.*, Die Vertragsfreiheit und ihre Grenzen in Europa und den USA, JZ 2007, 385; *Canaris*, Die Reform des Rechts der Leistungsstörungen, JZ 2001, 499; *ders.*, Wandlungen des Schuldvertragsrechts, AcP 200 (2000), 273; *Casper*, Der Optionsvertrag, 2005; *Dammann*, Die Grenzen zulässiger Diskriminierung im allgemeinen Zivilrecht, 2005; *Dannecker*, Absprachen im Besteuerungs- und im Steuerstrafverfahren, in: Horn (Hrsg.), Recht im Pluralismus, 2003, S. 371; *Dauner-Lieb*, Reichweite und Grenzen der Privatautonomie im Privatrecht, AcP 201 (2001), 295; *Dörner*, Haftung für Gewinnzusagen, in: Bork u.a. (Hrsg.), FS Helmut Kollhosser 2004, Bd 2, S. 75; *Fleischer*, Gegenwartsprobleme der Patronatserklärung im deutschen und europäischen Privatrecht, WM 1999, 666; *Freitag*, „Specific performance" und „causa-Lehre" über alles im Recht des Vorvertrags?, AcP 207 (2007), 287; *Frenz*, Selbstverpflichtungen der Wirtschaft, 2001; *Fritzsche*, Der Abschluss von Verträgen, §§ 145 ff BGB, JA 2006, 674; *Fuchs*, Naturalobligationen und unvollkommene Verbindlichkeiten im BGB, in: FS Medicus 1999, S. 123;

29 BGH NJW-RR 1992, 779, 780.
30 BAG AP Nr. 64 zu § 123 BGB = NJOZ 2006, 2031, 2033 f.
31 BAG NZA 2010, 1250, 1255; vgl OLG Koblenz FamRZ 1983, 720.
32 Vgl Bamberger/Roth/*Wendtland*, § 144 Rn 7; Erman/*Palm*, § 144 Rn 3.
33 Bamberger/Roth/*Wendtland*, § 144 Rn 8; vgl auch Staudinger/*Roth*, § 144 Rn 11 f.
34 Soergel/*Hefermehl*, § 144 Rn 6; Bamberger/Roth/*Wendtland*, § 144 Rn 9.
35 Soergel/*Hefermehl*, § 144 Rn 6; Erman/*Palm*, § 144 Rn 4; Staudinger/*Roth*, § 144 Rn 16; Bamberger/Roth/*Wendtland*, § 144 Rn 9.
36 Vgl BGH NJW 1967, 720, 721; Soergel/*Hefermehl*, § 144 Rn 4; RGRK/*Krüger-Nieland/Zöller*, § 144 Rn 12; MüKo/*Busche*, § 144 Rn 9; Erman/*Palm*, § 144 Rn 5; Staudinger/*Roth*, § 144 Rn 17; Bamberger/Roth/*Wendtland*, § 144 Rn 10.

Habersack, Patronatserklärungen ad incertas personas, ZIP 1996, 257; *Häsemeyer*, Das Vertragsangebot als Teil des Vertrages, in: Mansel, u.a. (Hrsg.), FS Erik Jayme 2004, S. 1435; *Heyers*, Put-Optionen auf Immobilien, DNotZ 2011, 6; *Heussen*, Anwalts-Checkbuch Letter of Intent, 2002; *Jansen/Zimmermann*, Vertragsschluss und Irrtum im europäischen Vertragsrecht – Textstufen transnationaler Modellregelungen, AcP 210 (2010), 196; *Kegel*, Vertrag und Delikt, 2002; *Keim*, Keine Anwendung des § 139 bei Kenntnis der Parteien von der Teilnichtigkeit, NJW 1999, 2867; *Kleinschmidt*, Der Verzicht im Schuldrecht, 2004; *ders.*, Unilateral contract und einseitiges Versprechen, JURA 2007, 249; *Klingenfuß*, Der Kontrahierungszwang im deutschen und französischen Zivilrecht, 2004; *Kramer*, Grundfragen der vertraglichen Einigung, 1972; *ders.*, Anmerkungen zum Konsenserfordernis bei zweiseitig verpflichtenden Verträgen, in: Heldrich, u.a. (Hrsg.), FS Canaris I 2007, S. 665; *Krebber*, Der nicht zufällige Kontakt ohne Vertragsnähe auf der Grenze zwischen vertraglicher und deliktischer Haftung, VersR 2004, 150; *Krüger*, Vorvertrag und Hauptvertrag, ZNotP 2006, 447; *Leenen*, Abschluß, Zustandekommen und Wirksamkeit des Vertrages, AcP 198 (1998), 381; *ders.*, Faktischer und normativer Konsens, in: Armbrüster u.a. (Hrsg.), Liber amicorum Jürgen Prölss, 2009, S. 153; *St. Lorenz*, Der Schutz vor dem unerwünschten Vertrag, 1997; *Luig*, Der internationale Vertragsschluß, 2003; *Lust*, Die Vorstufen des verhandelten Vertrages, 2002; *Lutter*, Der Letter of Intent, 3. Auflage 1998; *Maurer*, Vorrechte in der vertraglichen Praxis, BWNotZ 2004, 57; *Maier-Reimer/Etzbach*, Die Patronatserklärung, NJW 2011, 1110; *Mayer-Maly*, Vertrag und Einigung, in: FS Nipperdey I 1965, S. 509; *ders.*, Von solchen Handlungen, die den Kontrakten in ihrer Wirkung gleich kommen, in: FS Willburg 1965, S. 129; *ders.*, Der Konsens als Grundlage des Vertrages, in: FS Seidl 1975, S. 118; *Meder*, Annahme durch Schweigen bei Überweisungsvertrag und Gutschrift, JZ 2003, 443; *Merle*, Die Vereinbarung als mehrseitiger Vertrag, in: Merle, u. a. (Hrsg.), FS Wenzel 2005, S. 251; *Meyer-Pritzl*, Pactum, conventio, contractus. Zum Vertrags- und Konsensverständnis im klassischen römischen Recht, in: Dufour u.a. (Hrsg.), Mélanges Schmidlin, Basel 1998, S. 99; *Oberhauser*, Der Vorvertrag, BrBp 2005, 388; *Ohly*, „Volenti non fit iniuria" – die Einwilligung im Privatrecht, 2002; *Petersen*, Das Zustandekommen des Vertrages, JURA 2009, 183; *Redeker*, Vorvereinbarungen in IT-Projekten, ITRB 2007, 208; *Reuss*, Die Intensitätsstufen der Abreden und die Gentlemen-Agreements, AcP 154 (1955), 485; *G. Roth*, Willensfreiheit, Verantwortlichkeit und Verhaltensautonomie, in: Dölling (Hrsg.), Jus humanum, FS Lampe 2003, S. 43; *M. Roth*, Der allgemeine Bankvertrag, WM 2003, 480; *W.-H. Roth*, Zur Wählbarkeit nichtstaatlichen Rechts, in: Mansel u.a. (Hrsg.), FS Jayme 2004, S. 757; *C. Schäfer*, Die Lehre vom fehlerhaften Verband, 2002; *ders.*, Lässt sich die Gewinnzusage nach § 661 a BGB in das System des Bürgerlichen Rechts einordnen?, JZ 2005, 981; *Schapp*, Grundfragen der Rechtsgeschäftslehre, 1986; *Schmidlin*, Die beiden Vertragsmodelle des europäischen Zivilrechts: das naturrechtliche Modell der Versprechensübertragung und das pandektistische Modell der vereinigten Willenserklärungen, in: Zimmermann/Knütel/Meincke (Hrsg.), Rechtsgeschichte und Privatrechtsdogmatik, 1999, S. 197; *Schmidt-Kessel*, Ein zivilistische Kerneuropa?, GPR 2010, 53; *Schreiber*, Unvollkommene Verbindlichkeiten, JURA 1998, 270; *G. Schulze*, Die Naturalobligation, 2008; *ders.*, Verträge zum Schutz gegen sich selbst, in: Mansel u.a. (Hrsg.), FS Jayme 2004, S. 1561; *ders.*, Nicht erzwingbare Leistungsforderungen im Zivilrecht, JuS 2011, 193; *Segna*, Anspruch auf Einrichtung eines Girokontos für jedermann?, BKR 2006, 274; *Siemon*, Der Vertragsschluss beim Beschlussvergleich, NJW 2011, 426; *Singer*, Vertrauenshaftung beim Abbruch von Vertragsverhandlungen, in: Kontinuität im Wandel der Rechtsordnung, Beiträge für Canaris, 2002, S. 135; *Stoffels*, Gesetzlich nicht geregelte Schuldverträge, 2001; *Ulrici*, Geschäftsähnliche Handlungen, NJW 2003, 2053; *v. Bar/Zimmermann* (Hrsg.), Grundregeln des Europäischen Vertragsrechts, 2002; *Wagner*, Prozessverträge. Privatautonomie im Verfahrensrecht, 1998; *Wagner-von Papp*, Die privatautonome Beschränkung der Privatautonomie, AcP 205 (2005), 342; *Wendel*, Der Unilateral Contract, 2005; *Wertenbruch*, Zur Haftung aus culpa in contrahendo bei Abbruch von Vertragsverhandlungen, ZIP 2004, 1525; *Windel*, Personenrechtliche Grenzen der Vertragsbindung, in: Butzer, u.a. (Hrsg.), FS Schnapp 2008, S. 859; *Wittig*, Moderne Patronatserklärungen, WM 2003, 1981; *Wittwer*, Vertragsschluss, Vertragsauslegung und Vertragsanfechtung nach europäischem Recht, 2004; *R. Zimmermann*, The Law of Obligations. Roman Foundations of the Civil Tradition, Oxford 1996; *ders.*, Europa und das römische Recht, AcP 202 (2002), 243.

A. Allgemeines

Die §§ 145–156 betreffen den Prozess des Vertragsschlusses. Die §§ 145–149, 151–153, 156 regeln das gemeinsame Ingeltungsetzen der Vertragswirkungen. Dabei geht es um die exakte Bestimmung des Eintritts vertraglicher Rechtswirkungen. Die Funktion der §§ 154, 155 ist es, im Falle einer inhaltlich oder formal 1 unvollständigen Regelung (fehlender Regelungskonsens) über die gleichwohl mögliche Vertragsgeltung (Geltungskonsens) zu entscheiden. § 150 betrifft den Fall der inhaltlich oder zeitlich fehlgeschlagenen Einigung und seinen Folgen für das Zustandekommen des Vertrages.

2 Die Bindung an den Antrag für die Zeit ab Zugang (§§ 145 Hs 1, 130–132) bis zum Erlöschen (§ 146) ist als einseitiger Versprechensakt ausgestaltet. Beschrieben werden in „Titel 3. Vertrag" damit zwei Grundmodi rechtsgeschäftlicher Bindungen: **Versprechen** und **Konsens**. Beide bedeuten eine Selbstbindung durch den Willen, knüpfen aber ihre Bindungswirkungen unterschiedlich an. Das Versprechen leitet sich einseitig aus der Erklärungshandlung als Vollzugsakt des Willens („aus dem Wort") ab, der Konsens dagegen aus dem einheitlich gedachten gemeinsamen Vertragswillen. Im Bild eines vereinheitlichten Willens gehen die jeweiligen Vertragsversprechen als isolierbare Verpflichtungsakte unter (sog. Modell der vereinigten Willenserklärungen).[1] Versprechensbindung und Vertragsbindung schließen sich nicht gegenseitig aus, sondern ergänzen einander.[2] Die Antragsbindung des § 145 Hs 1 ist keine obligatorische Leistungsbindung, sondern eine konsequentialistische Bindung an das gegebene Versprechen. Der Antragende ist an seinen Antrag und damit **an** das Versprechen, aber noch nicht **aus** diesem Versprechen zur Leistung gebunden. An die Stelle einer Vertragsbindung aus einem Vertragsversprechen tritt die Vertragsbindung aus dem Konsens.[3]

3 Einen **rechtsvergleichenden Überblick** über das Vertragsrecht, insbesondere auch über das Zustandekommen von Verträgen, bietet für Europa der Kommentar von *Christian von Bar* und *Erik Clive* zu den Modellregeln im Draft Common Frame of Reference (**DCFR**).[4] Die Arbeiten am DCFR beruhen auf den Europäischen Vertragsrechtsprinzipien (Principles of European Contract Law: **PECL**) der sog. Lando-Kommission.[5] Neben dem DCFR und den PECL enthalten auch die sog. UNIDROIT-Principles (**UP**)[6] und der Entwurf eines Europäischen Vertragsgesetzbuches der Akademie europäischer Privatrechtswissenschaftler[7] unverbindliche Regelungsvorschläge.

Seit dem Aktionsplan der EG-Kommission vom 12.2.2003 für ein kohärentes europäisches Vertragsrecht wird die Schaffung eines einheitlichen europäischen Vertragsrechts als optionaler Vertragskodex konkret erwogen. Auf der Grundlage des jetzt vorliegenden (wissenschaftlichen) DCFR[8] soll ein (politischer) gemeinsamer Referenzrahmen für das europäische Vertragsrecht (**CFR**) geschaffen werden.[9] Das Gemeinschaftsprojekt zielt einerseits auf die Schaffung eines **nicht verbindlichen** Pakets von Grundprinzipien, Begriffsbestimmungen und Mustervorschriften, das von den Gesetzgebern auf Unionsebene zur Qualitätssteigerung im Gesetzgebungsprozess herangezogen werden soll (sog. tool-box-Funktion). Es dient andererseits der Vorbereitung eines fakultativen einheitlichen europäischen Vertragsrechts[10] für alle Mitgliedstaaten.[11] Das Projekt befindet sich mit dem **Grünbuch** der Kommission vom 1.7.2010 zu Optionen für die Einführung eines Europäischen Vertragsrechts für Verbraucher und Unternehmen[12] bereits in die Phase der Vorbereitung zur Rechtsetzung. Ein europäisches Verbrauchervertragsrecht für den grenzüberschreitenden Fernabsatz als optionales Instrument (blue button), erscheint wahrscheinlich.[13] Es ist ferner wahrscheinlich, dass die Vertragsab-

1 In Abgrenzung zu dem naturrechtlichen Modell der translativen Versprechensübertragung, vgl *Schmidlin*, Die beiden Vertragsmodelle des europäischen Zivilrechts, S. 197, 198 ff, 202.
2 *Häsemeyer*, Das Vertragsangebot als Teil des Vertrages, in: FS Jayme 2004, S. 1435, 1440.
3 Vgl näher *Schulze*, Die Naturalobligation, S. 343 ff.
4 Full Edition, Vol. I, 2009, Erl. Zu Book II., Chapter 4, Section I (II. – 4:101 ff); zur Entwicklung und den verschiedenen Textstufen des transnationaler Modellregelungen vgl *Jansen/Zimmermann*, AcP 210 (2010), 196, 214–225.
5 Deutsche Übersetzung: *v. Bar/Zimmermann* (Hrsg.), Grundregeln des Europäischen Vertragsrechts, Teil I, 2003.
6 Rechtsvergleichende Analyse von PECL und UP mit den §§ 145 ff von *Köhler*, S. 33 ff; Vergleich der Abschlussregeln zwischen CISG, PECL und UP von *Luig*, Der internationale Vertragsschluss, 2003; umfassender Vergleich aus Sicht des österreichischen ABGB bei *Wittwer*, S. 10 ff; zu den römisch-rechtlichen Grundlagen und aktuellen Bezügen *R. Zimmermann*, AcP 202 (2002), 243 ff.
7 *Gandolfi* (Hrsg.), Code Européen des Contracts – Avant-projet, Mailand 2001; abgedruckt in: R. Schulze/R. Zimmermann (Hrsg.), Basistexte zum Europäischen Privatrecht, 3. Aufl. 2005.
8 Als Textausgabe in englischer Sprache verfügbar, *v. Bar/Clive/Schulte-Nölke* (Eds.), Principles, Definitions and Model Rules of European Private Law – Draft Common Frame of Reference (DCFR), Outline Edition, 2009. Kostenpflichtiger Download unter www.law-net.eu.
9 Vgl *Schulte-Nölke*, NJW 2009, 2161 sowie den Beschluss der Kommission vom 26.4.2010 (Abl. EU v. 27.4.2010 – L 105/109) eine Expertengruppe mit der Ausarbeitung eines gemeinsamen Referenzrahmens im Bereich des europäischen Vertragsrechts zu betrauen, die bis 26.4.2012 ihre Arbeit abgeschlossen haben soll.
10 Erwägungsgründe (4) und (6) des Kommissionsbeschlusses (vorherige Fn).
11 Eine alternative Entwicklungslinie besteht in einer punktuellen und auch von nur einzelnen Mitgliedstaaten verfolgten Sachrechtsvereinheitlichung (sog. **differentierte Integration**). Die Schaffung einer „Wahl-Zugewinngemeinschaft" in dem dt-franz. Abkommen vom 4.2.2010 gibt dafür ein erstes Beispiel und lässt sich auch auf andere Bereiche übertragen. Vgl *Schmidt-Kessel*, Ein zivilistisches Kerneuropa?, GPR 2010, 53.
12 KOM (2010) 348 endg.
13 Näher dazu *Herresthal*, EuZW 2011, S. 7 ff.

schlussregeln im bereits vorliegenden Entwurf des Referenzrahmens, DCFR II. – 4:101 ff, in den späteren CFR eingehen.[14]

I. Der Vertrag als Rechtsgeschäft

1. Vertragsbegriff und Terminologie. Antrag und Annahme bezeichnen die auf den Abschluss eines Vertrages gerichteten, aufeinander bezogenen Willenserklärungen. Der Vertragsbegriff selbst wird im BGB nicht definiert, sondern als vorpositiv bekannt vorausgesetzt.[15] Der Vertrag ist danach eine **Abstraktion für einen Willenskonsens**. Dieser dient der Verfolgung individueller Interessen und erzeugt Rechtswirkungen.[16] In der Diktion der Rechtsgeschäftslehre handelt es sich bei dem Vertrag um eine einverständlich getroffene, rechtsgeschäftliche Regelung eines Rechtsverhältnisses.[17] Ein Vertragszweck oder -grund (causa) ist kein notwendiges Begriffsmerkmal.[18] Auch eine Typenbindung an die im besonderen Teil des Schuldrechts gesetzlich normierten Vertragstypen besteht nicht.[19] Die Entstehung einer oder mehrerer Leistungsforderungen (§ 241 Abs. 1) ist kennzeichnend für den schuldrechtlichen Vertrag (obligatio ex contractu nascitur).[20] Wie der sog. Vertrag ohne primäre Leistungspflicht[21] zeigt, ist die Forderungsentstehung jedoch nicht begriffsnotwendig (bspw der Rahmenvertrag[22] oder familienrechtliche Verträge).[23] Auch der dingliche Vertrag (dingliche Einigung) lässt keine vertragliche Schuld entstehen, sondern lediglich ein Element des Verfügungsgeschäfts. 4

14 Der Expertengruppe erhält primär eine Auswahl- und Ergänzungsaufgabe auf der Grundlage des bestehenden Entwurfs, vgl Art. 2 des Kommissionsbeschlusses (Fn 9).

15 Zum Vertragsbegriff des BGB vgl HKK/*Hofer*, Vor § 145 Rn 9 ff, 13 ff; zu seiner Genese aus dem römischen Recht vgl *R. Zimmermann*, The Law of Obligations, S. 561 ff.

16 Die Rechtswirkungen werden durch den Willen der Beteiligten erzeugt und durch das positive Recht anerkannt. Nach positivistischer Lesart beruhen rechtliche Bindung und rechtlicher Erfolg dagegen allein und unmittelbar auf dem Gesetz, vgl zur bindenden Wirkung des Vertrages *Larenz/Wolf*, BGB AT, § 2 Rn 32 u. Fn 24; *Mayer-Maly*, in: FS Nipperdey I 1965, S. 509, 512 f.

17 *Flume*, BGB AT Bd. 2, § 33, 2.

18 Anders als etwa nach Art. 1131 franz. CC. Die im gemeinen Recht ausgebildete causa-Lehre lebt im deutschen Recht heute nur noch im Bereicherungsrecht fort (subjektiver Rechtsgrundbegriff bei der Leistungskondiktion), vgl *L.-Chr. Wolf*, Zuwendungsrisiko und Restitutionsinteresse, S. 72 ff; rechtsvergleichend *R. Zimmermann*, Law of Obligations, S. 549 ff, 554 f (zur angelsächsischen consideration-Lehre).

19 Zur Anerkennung der sog. Innominatkontrakte vgl *Stoffels*, S. 125 ff; 633 f.

20 Bereits im klassischen römischen Recht galt der Vertrag als Mutterverhältnis, der die Forderung, wie *Gaius* annahm, gleichsam naturgesetzlich gebiert. *Gaius* III, 88: Omnis obligatio vel ex contractu nascitur vel ex delicto; später mit den Quasikontrakten: Inst. 3, 13, 2.

21 Der sog. Vertrag ohne primäre Leistungspflicht geht zurück auf *Larenz*, Entwicklungstendenzen der heutigen Zivilrechtsdogmatik, JZ 1962, 105, 109, der bestimmte Fälle der cic als Verträge ohne primäre Leistungspflichten erfasste. Kraft Gesetzes entstehen derartige Verträge in den Fällen anfänglicher objektiver Unmöglichkeit, § 311 a Abs. 2, vgl *Canaris*, JZ 2001, 499, 506; Jauernig/*Stadler*, § 311 a Rn 4.

22 BGH NJW-RR 1992, 977, 978 – Architektenrahmenvertrag mit Bauübernehmer. Ferner gehört hierher die Rahmenvereinbarung zur Einbeziehung von AGB gem. § 305 Abs. 3, vgl *Canaris*, Bankvertragsrecht, Rn 2500; sowie der Allgemeine Bankvertrag, vgl *M. Roth*, WM 2003, 480. Die Aufgabe dieser dogmatischen Figur erfolgte durch Urt. des BGH v. 24.9.2002 – XI ZR 345/01 = BGHZ 152, 114 = NJW 2002, 3695. Gegen die Anerkennung von Rahmenverträgen, Staudinger/*Löwisch*, § 311 Rn 22, der diese als Vorwegnahme des Inhalts künftiger Einzelverträge ansieht, die erst mit den später abgeschlossenen Einzelverträgen wirksam werden. Eine Bindung gehe von Rahmenverträgen nur insoweit aus, als die Parteien bei Abschluss des Einzelvertrages den Inhalt des Rahmenvertrages gelten lassen müssen.

23 Etwa die konkludent geschlossenen sog. Kooperationsverträge bei Arbeitsleistungen eines Ehegatten zugunsten des anderen in erheblichem Umfang, die über erwiesene Gefälligkeiten hinausgehen und bei Scheitern der Ehe eine partielle Rückabwicklung nach § 313 eröffnen, vgl BGH NJW 2010, 2202 Tz 53; BGHZ 177, 193, 209 = NJW 2008, 3277; BGHZ 127, 48, 51 = NJW 1994, 2545.

Der Vertragsbegriff findet sich in allen Bereichen des Zivilrechts, im Kartellrecht[24] und auch im öffentlichen Recht.[25] Im Sachenrecht entspricht ihm die dingliche Einigung. Weitere Tatbestandsmerkmale können hier hinzutreten (Übergabe bei § 929 oder Eintragung bei § 873).

5 Terminologisch ist der Antrag synonym zu Angebot, Offerte und untechnisch zum Anerbieten. Der Gesetzgeber hat ferner den vormals untechnischen Begriff der „Bestellung" für Versandgeschäfte übernommen. Gemeint sein können damit Vertragsanträge (§§ 241 a, 312 e) oder auch nur Einverständniserklärungen zu einer künftigen Lieferung.[26] Bei einer Versteigerung haben Gebote die Funktion von Kaufanträgen und die Annahme erfolgt durch den Zuschlag (§ 156). Die Annahme kann untechnisch auch als Akzept bezeichnet werden. Technisch gebräuchlich meint Akzept im Wechselrecht dagegen die förmliche Annahme eines Wechsels (§ 25 WG) und damit den Abschluss eines Annahmevertrags, dh ein abstraktes Schuldversprechen als selbständige vertragliche Verpflichtung, vgl ebenso die Annahme einer Anweisung, § 784.[27] Die Schuldverträge lassen sich nach ihrer **Pflichtenstruktur** einteilen in ein-, beid- und allseitig verpflichtende Verträge. Die beidseitig verpflichtenden werden ferner in vollkommen zweiseitige (gegenseitige) und unvollkommen zweiseitige Verträge (bspw Auftrag, § 662) eingeteilt. Nach ihrer Funktion im Güterverkehr lassen sich Zuwendungs- und Austauschverträge, nach ihrer Interessenstruktur Kooperationsverträge, nach ihrer zeitlichen Struktur Handgeschäfte, Realverträge, Versprechensverträge und Langzeitverträge unterscheiden.

Zustandekommen, Abschluss und Wirksamkeit des Vertrages sind häufig synonym oder kombiniert verwendete Begriffe (etwa „wirksam zustande gekommen"). Im engeren Sinne meint **Zustandekommen** die inhaltliche Einigung über das Regelungsprogramm des Vertrages (Regelungskonsens) während **Abschluss** die Einigung über das Ingeltungsetzen des Regelungsprogramms (Geltungskonsens) meint. **Wirksamkeit** bezeichnet dagegen die rechtliche Anerkennung (Gültigkeit) des Vertrages und auch die daraus folgende normative Wirkung (Geltung).[28] Ferner können wirksame Verträge unterschieden werden nach dem Eintritt der **Bindung** für eine oder beide Vertragsteile. Man spricht von aufschiebend bedingten (befristeten),[29] schwebend (un-)wirksamen (widerrufbaren, zustimmungsbedürftigen) und anfechtbaren Verträgen. Die Bindungswirkung ist begrenzt bei Verträgen unter einer auflösenden Bedingung (Endtermin) oder solchen, die mit einem Rücktrittsrecht versehen sind.

6 **2. Vertragswille und Verbindlichkeit.** Der Vertrag baut auf der Willenserklärung, dem Grundelement der Rechtsgeschäfte, auf. Von dort stammende Unsicherheiten wirken sich auch im Verfahren des Vertragsabschlusses aus. Dies gilt für die Abgrenzung des Vertrages gegenüber Gefälligkeiten, Absprachen ohne Bindungswirkung und Vorfeldvereinbarungen. Vertrag und Vertragsschluss sind ferner von den (Leistungs-)Forderungen (Zivil- und Naturalobligationen) zu trennen, die erst aus dem Vertrag folgen und die nach § 241 Abs. 1 die systembildende Grundkategorie des Schuldrechts darstellen.

7 **a) Freier Wille und Selbstbindung.** Wirksamkeitsbedingung für die vertragliche Willenserklärung, den Vertragskonsens sowie die Ausübung und Befolgung vertraglicher Rechte und Pflichten ist der als frei

24 Für wettbewerbsrechtliche Vertragsstrafeversprechen gilt das Vertragsprinzip ebenso, vgl BGH NJW-RR 2006, 1477, 1478; vgl zum Ganzen auch Erman/*Armbrüster*, Vor § 158 Rn 3; PWW/*Brinkmann*, Vor §§ 145 ff Rn 8, dort auch zum überholten weiten Vertragsbegriff des GWB aF. Zum nun bestehenden Erfordernis einer „Vereinbarung" in § 1 GWB vgl Immenga/Mestmäcker/*Zimmer*, GWB, 4. Aufl. 2007, § 1 Rn 81 ff, insb. Rn 83 ff zur Subsumtion von Gentlemen's agreements unter den Vereinbarungsbegriff (mE begründet das (erlaubte) Gentlemen's agreement durchaus rechtliche Bindungen, wobei jedoch Leistungsversprechen nicht erzwingbar sind und damit Naturalobligationen darstellen, vgl *G. Schulze*, Die Naturalobligation, S. 602 ff).

25 Eigenständigkeit besitzt der öffentlich-rechtliche Vertrag. Er umfasst den subordinationsrechtlichen Verwaltungsvertrag (§ 54 S. 1 VwVfG, öffentlich-rechtlicher Vertrag im engeren Sinne), der ein Rechtsverhältnis auf dem Gebiet des öffentlichen Rechts regelt und dessen Abschluss gem. § 62 S. 2 VwVfG den §§ 145 ff folgt, sowie zweitens die verfassungsrechtlichen Verträge (Staatsverträge, Kirchenverträge, Verwaltungsabkommen), vgl *Höfling/Krings*, JuS 2000, 625 ff.

26 Jauernig/*Mansel*, § 241 a Rn 3: Einverständnis mit einer später erfolgenden Lieferung. Aber: Bestellung zur Ansicht ist Vertragsantrag (Kauf auf Probe, § 454 Abs. 1); MüKo/*Kramer*, § 241 a Rn 8; zur Bestellung im Fernabsatz BGH NJW-RR 2004, 1058; dazu krit. *Schulte-Nölke*, LMK 2004, 138 f.

27 MüKo/*Habersack*, § 784 Rn 2. Zur Abgrenzung gegenüber den Kreationstheorien, die in der Annahme einen (einseitigen) Versprechensakt sehen, MüKo/*Habersack*, Vor § 793 Rn 24 ff.

28 Vgl *Petersen*, Das Zustandekommen des Vertrages, Jura 2009, 183 ff; ähnlich *Leenen*, AcP 198 (1998), 381, 389 f und 391 f. Die §§ 145–156 betreffen nur Zustandekommen und Abschluss, nicht aber die Wirksamkeit des Vertrages.

29 Hier ist genau genommen nicht der Vertrag bedingt oder befristet, sondern die jeweils aus dem Vertrag entstehende Forderung (§ 241 Abs. 1).

gedachte Wille der Person.[30] Gemeint ist damit der subjektive tatsächliche (natürliche) Wille,[31] wie er im Erklärungsakt vollzogen wird.[32] Der erklärte Wille bindet die Person und begründet so die personale Pflicht. Daran knüpft das Vertragsrecht an und lässt die vertraglichen Rechte und Pflichten aus dem gegenseitig erklärten Willen der Parteien entstehen. Die Willensbindung durch Vertrag ist daher eine kommunikativ hervorgebrachte **Selbstbindung**. Sie leitet sich einerseits aus der Denkfigur der Selbstgesetzgebung als der Bedingung für Freiheit ab. Die Bindung beruht andererseits aber auch auf einer rationalistischen Vorstellung von Akteuren in einer Kommunikationsgemeinschaft, die aus Gründen handeln.[33] Das idealisierte Bild einer nach freier Willkür handelnden Person („stat pro ratione voluntas")[34] wird daher heute vom Bild einer in einem Relationalverhältnis stehenden gemeinschaftsgebundenen Person überlagert, wenn nicht gar abgelöst.[35] Die Befolgung der Vertragspflichten ist freiwillige Leistung. Weder die intrapersonale Selbstbindung des Schuldners (innerer Zwang) noch die dem Gläubiger interpersonal eingeräumten Befugnisse zur Geltendmachung der Forderung einschließlich der Anwendung äußeren Zwanges beseitigen die Freiwilligkeit, sondern beide Aspekte erhöhen lediglich die Wahrscheinlichkeit der Vertragserfüllung.[36] Das Erheben der Forderung bis hin zur Ausübung äußeren Zwanges durch den Gläubiger ist rechtmäßig, weil vollzogen wird, was der Schuldner selbstbindend erklärt hatte (**volenti non fit iniuria**).[37] Der entgegenstehende aktuelle Wille des nicht leistungsbereiten Schuldners darf zugleich für unbeachtlich gehalten werden, weil der Vertragsschuldner auch nach seinem Selbstverständnis gezwungen ist, das vormals selbstbindend Erklärte zu befolgen. Die innere Befolgungspflicht liefert in diesem Willensmodell die moralische Legitimation der äußeren Forderungs- und Zwangsbefugnis.[38]

30 Der freie Wille bildet darüber hinaus den rechtstheoretisch bedeutsamen Geltungsgrund des Vertrages (*Flume*, *Larenz*, *Medicus*). Neuere Lehren stellen auf das Prinzip der Vertragsautonomie und daneben oder an deren Stelle auf das berechtigte Vertrauen (schutzwürdige Erwartung – *Canaris*, *Oechsler*, *Kramer*), die Vermögensaufstockung (Güter- oder Leistungsaustausch – *Lobinger*), den Vermögensvorteil (Forderungsrecht – *Kegel*) oder die Selbstbindung (Versprechen – *Köndgen*) ab. Vgl mN *Kegel*, Vertrag und Delikt, S. 103 ff.

31 Natürlicher, tatsächlicher Wille meint kein empirisch greifbares Datum, sondern nur die vertragstheoretische Grundannahme rechtlichen Handelns und bleibt daher eine juristische Fiktion. Die Willenshandlung im Sinne einer psychosozialen Realität oder auf der Grundlage neuronaler Impulse wird nicht empirisch festgestellt. Zur empirischen Wissenschaft *G. Roth*, in: FS Lampe, S. 43, 47 ff.

32 Ausgangspunkt ist daher stets diejenige Handlung, die nach Kriterien der Zurechnung als intentionale Handlung im Sinne einer Willenserklärung erscheint (funktionale Betrachtung), vgl HKK/*Schermaier*, §§ 116–124 Rn 13 ff; zur Willens-, Erklärungs- und heute weitestgehend vertretenen Geltungstheorie vgl *Schapp*, Grundfragen der Rechtsgeschäftslehre, S. 8 ff.

33 Aufbauend auf den Lehren von *Jürgen Habermas* zum kommunikativen Handeln. *Habermas*, Faktizität und Geltung, 4. Aufl. 1994, S. 169, 674; *ders.*, Die Einbeziehung des Anderen, 1999, S. 251; *ders.*, Zwischen Naturalismus und Religion, 2005, S. 27, 40. Zu den Regeln einer rationalen Handlungstheorie vgl *Baumann*, Erkenntnistheorie. Lehrbuch der Philosophie, 2002, S. 185 ff; *Gutmann*, Freiwilligkeit als Rechtsbegriff, 2000, S. 63 ff; näher *Schulze*, Die Naturalobligation, S. 283 ff; zu der damit verbundenen Sprechakttheorie (S. 322 ff) und der Lehre einer Selbstbindung ohne Vertrag durch *Köndgen*, Selbstbindung ohne Vertrag, 1981 (S. 324 ff).

34 Zur Kritik an dieser Parömie vgl *Mayer-Maly*, Eckpunkte einer Privatrechtsphilosophie, FS für Ernst A. Kramer, S. 21. Zusammenfassend *Schulze*, Die Naturalobligation, S. 416 f.

35 Gegen das auf eine Selbstprogrammierung gerichtete Verständnis *Morlok*, Selbstverständnis als Rechtskriterium, S. 380 f; zum Schuldverhältnis als prototypische rechtsethische Grundstruktur *Schulze*, Die Naturalobligation, S. 404 ff.

36 *Kegel*, Vertrag und Delikt, S. 106; der Zwang ist daher auch kein notwendiges Merkmal für eine rechtliche Verpflichtung. Das ermöglicht die Anerkennung von Naturalobligationen, näher *Schulze*, Die Naturalobligation, S. 406 ff.

37 Zu dieser auf eine Ulpian-Stelle zurückgehenden und von Kant aufgegriffenen Parömie vgl *Schulze*, Die Naturalobligation, S. 417 f; zu dem daraus folgenden Fundamentalsatz für das heutige Zivilrecht *Ohly*, „Volenti non fit iniuria" – Die Einwilligung im Privatrecht, 2002.

38 Das gilt bei bestehender Einigung ggf sogar ungeachtet der Wirksamkeit des Vertrages, vgl BGH NJW 1994, 2755, 2756 (Zwangsvollstreckung aus einem formnichtigen Vertrag). Der Schuldner hat den Zwang hinzunehmen, weil er ihn im Selbstbestimmungsvollzug seiner pflichtenbegründenden Handlung erlebt und durch ihn in seinem Selbstverständnis anerkannt wird, vgl zum ethischen Gehalt des Autonomiekonzepts *Honneth*, Zwischen Aristoteles und Kant. Skizze einer Moral der Anerkennung, in: ders. (Hrsg.), Das Andere der Gerechtigkeit, 2005, S. 171, 180; näher *Schulze*, Die Naturalobligation, S. 413 ff.

8 **b) Rechtsfolge- und Rechtsbindungswille.** Für die rechtliche Anerkennung einer Vereinbarung als Vertrag ist ein gemeinsamer, auf eine bestimmte Rechtsfolge gerichteter Wille[39] erforderlich.[40] Im Falle des Schuldvertrages wird eine Schuld begründet, weshalb ein gemeinsamer Rechtsbindungswille[41] vorliegen muss. Es genügt dabei aber die (laienhafte) Vorstellung der Parteien, sich dem Recht zu unterstellen.[42] Über den Rechtsfolge- bzw Rechtsbindungswillen ist die Begründung und Ausgestaltung des Vertrages in den Willen der Parteien gestellt. Ebenfalls steht der Vertragstypus und die Art und der Umfang der Zwangsbefugnisse des Gläubigers[43] zur Disposition der Parteien. Eine Frage der Auslegung ist es, ob bestimmte Vereinbarungen, Abmachungen und Absprachen als Rechtsgeschäfte (Verträge) einzustufen[44] und welchem Vertragstypus sie zuzuordnen sind (vgl § 133 Rn 7). Der sachlich-gegenständliche Anwendungsbereich des Vertragsrechts erfolgt aber nicht ausschließlich nach subjektiven Willenskriterien, sondern unterliegt auch einer normativen Bewertung über die rechtsgeschäftliche Relevanz und die rechtliche Verbindlichkeit des betrachteten Verhaltens.[45] So ist etwa eine (Un-)**Verbindlichkeitsabrede**, deren Ziel darin besteht, sich rechtlicher Kontrolle zu entziehen, nicht wirksam.[46] Objektivrechtlichen Einschränkungen unterliegt ebenso eine **Qualifikationsabrede** zugunsten eines bestimmten Vertragstypus.[47]

9 **c) Rechtsgeschäftliche Relevanz.** Die Abgrenzung des Vertragsrechts erfolgt über die Frage, ob Vereinbarungen oder Absprachen rechtsgeschäftliche Relevanz besitzen oder nicht.[48] Das ist eine aus der Perspektive des Rechts und der Rechtsgeschäftslehre zu treffende wertende Entscheidung über die eigenen Anwendungsgrenzen. Sie ist der Parteiherrschaft entzogen.[49] Im Hinblick auf die schrankenlose Verrechtlichung menschlicher Lebensbereiche lassen sich damit allerdings kaum klare Grenzen ziehen. Es gibt praktisch keinen Bereich, in dem Absprachen oder Vereinbarungen getroffen werden, die von vornherein rechtsgeschäftlich irrelevant sind.[50] Die Relevanzfrage übernimmt aber eine **regulative Funktion**. Sie ermöglicht es, **Wertungskriterien** zu entwickeln und Indizien zu benennen, mit deren Hilfe das Vorliegen eines Vertrages (Rechtsgeschäfts) in Grenzfällen bejaht oder verneint werden kann (vgl Rn 21).

39 Gleichbedeutend mit dem sog. Geschäftswillen bei der Willenserklärung. Gemeint ist der mit der Erklärung zum Ausdruck gebrachte Wille, einen konkreten, rechtlich gesicherten und anerkannten zumeist wirtschaftlichen Erfolg herbeizuführen, *Hübner*, BGB AT, § 32 Rn 666; vgl auch BGH NJW 1993, 2100; vgl Palandt/*Ellenberger*, Einf. v. § 116 Rn 4; MüKo/*Kramer*, Vor § 116 Rn 14; ähnlich Erman/*Palm*, Vor § 116 Rn 4. Der Vertrag erhält damit eine finale Struktur, die allerdings nicht auf die rechtliche Anerkennung und Sicherung selbst gerichtet sein muss. Vgl aber MüKo/*Kramer*, Vor § 116 Rn 14: „Dieses gegenseitige Sollen ist das, was … vereinbart [wird]".

40 Ebenso DCFR II. – 4:101 sub a und PECL Art. 2:101; vgl *Armbrüster*, Jura 2007, 321 f.

41 BGHZ 21, 102, 106; 56, 204, 208: Rechtsbindungswille zur konkreten Schuldbegründung und als Legitimation für die Haftung.

42 Die Bezeichnung Rechtsfolgentheorie ist daher kaum noch berechtigt; dennoch MüKo/*Kramer*, Vor § 116 Rn 14 (dort auch zur Grundfolgentheorie); wie hier Erman/*Armbrüster*, Vor § 145 Rn 4; zur historischen Entwicklung vgl HKK/*Schermaier*, §§ 116–124 Rn 9.

43 Das kann einzelne Befugnisse, wie etwa die Vereinbarung eines Aufrechnungsverbots betreffen, aber auch bis zum vollständigen Ausschluss der Zwangsbefugnisse führen. So etwa bei Vereinbarung eines Gentlemen's Agreement mit gewillkürten Naturalobligationen, vgl näher *Schulze*, Die Naturalobligation, S. 565 ff u. 623 f.

44 Die §§ 133, 157 sind aufgrund des notwendigen logischen Vorgriffs hier allerdings nur analog anzuwenden, *Lüderitz*, Auslegung von Rechtsgeschäften, 1966, S. 25.

45 Zutr. *Willoweit*, JuS 1984, 909, 916, der das Urteil über die Rechtserheblichkeit der konkreten Abrede nicht den Parteien, sondern der Rechtsordnung zuweist.

46 Etwa bei Vereinbarungen, mit denen der institutionelle Rahmen verändert werden soll; BGH MDR 1971, 657: Ausschluss des Zivilrechtsweges ist sittenwidrig; OLG Celle OLGZ 1969, 1: Ausschluss der Klagbarkeit verstößt im Regelfall gegen die guten Sitten. Zu den gesetzlichen Schranken einer gewollten Entrechtlichung näher *Schulze*, Die Naturalobligation, S. 617 f (Verstoß gegen § 242, aus dem ein favor iuris in Gestalt eines Gebots zum Handeln in rechtlichen Formen folgt). Dies Gebot geht auf Kants rechtsethisches „Postulat des öffentlichen Rechts" zurück, *Kant*, Metaphysik der Sitten, *Weischedel* (Hrsg.), Werkausgabe Bd. VIII, 1989, S. 424 (AB 157); *Brugger*, Grundlinien der Kantischen Rechtsphilosophie, JZ 1991, 893, 896.

47 *Mayer-Maly*, Rangordnung von Normen innerhalb eines Gesetzes, in: Starck (Hrsg.), Rangordnung der Gesetze, 1995, S. 123, 125: Die von den Parteien getroffene Zuordnung ist zu respektieren; ähnlich *Lieb*, Ehegattenmitarbeit, S. 18 ff: Qualifizierungswille als Teil des rechtlich Gewollten; anders *Flume*, BGB AT Bd. 2, § 20, 2 (S. 406): Die Einordnung der Geschäftspartner ist ohne Belang. Zu den Begrenzungen (Rechtsformgeboten) der parteiautonomen Typenzuordnung vgl *Stoffels*, S. 272 ff.

48 Vgl Jauernig/*Jauernig*, Vor § 104 Rn 17; ähnlich *Medicus*, BGB AT, § 18 Rn 184 f.

49 Das gilt vergleichbar für das Eingreifen der Kollisionsnormen in Fällen mit Auslandsberührung (Art 3 aE EGBGB).

50 Das gilt auch für Vereinbarungen bei denen jede Form der Verhaltens- oder Erfolgsbindung ausgeschlossen ist (BGHZ 97, 372, 381: Empfängnisverhütung; BGH NJW 2007, 912 f). Die Absprache erhält ihre rechtsgeschäftliche Relevanz hier aus den (für rechtsgeschäftlich erachteten) Erklärungen der Parteien. Zu den gesetzlichen Bindungsverboten s. Rn 12. Das gilt ebenso für unsinnige Leistungsinhalte (Verpflichtung zur Erfindung eines perpetuum mobile), vgl aber *Canaris*, JZ 2001, 499, 505–506; BGH NJW 2011, 756 (Lebensberatung in Verbindung mit Kartenlegen).

II. Vertragsfunktion und Beschränkungen der Vertragsfreiheit

Nach der Rechtsordnung besteht die Funktion des Vertrages darin, Handlungsinstrument der Freiheit zu sein sowie subjektive (Forderungs-)Rechte begründen zu können.[51] Der Vertrag ist nach § 311 Abs. 1 das Instrument, um Schuldverhältnisse einverständlich zu begründen, zu ändern und aufzuheben. Dabei geht es darum, Forderungen im Sinne von § 241 Abs. 1 als Vermögensrechte operational auszugestalten. Die Vertragsfreiheit in Form der Abschluss-, Inhalts- und Ausgestaltungsfreiheit[52] ist Bestandteil der Privatautonomie. Sie steht neben der Eigentumsfreiheit, der Testier- und Vereinigungsfreiheit. Die Vertragsfreiheit ist im Rahmen der allgemeinen Handlungsfreiheit grundgesetzlich geschützt (Art. 2 Abs. 1 GG).[53] **Gesetzliche Beschränkungen** sind im Rahmen der verfassungsmäßigen Ordnung (= Rechtsordnung) damit gleichwohl bis auf einen Kernbereich persönlicher Freiheit zulässig. Die Gesetze, die die Vertragsfreiheit beschränken (allgemein: §§ 138, 242, 826; zwingende Normen des Arbeits-, Miet-, Reise-, Verbraucher- oder AGB-Rechts), sind ihrerseits im Lichte der Grundrechte auszulegen und anzuwenden. Verträge unterliegen ferner einer allgemeinen Rechtsausübungskontrolle, § 242,[54] die neben die Abschluss- und Inhaltskontrolle tritt und die an Gesichtspunkten der Fairness ausgerichtet ist.[55] Typisierte sog. Ungleichgewichtslagen werden richterrechtlich korrigiert (s. dazu NK/*Krebs*, § 242 Rn 24 ff). Der vertragliche Einigungsprozess soll stets eine Richtigkeitschance bieten und wird daher auch nur in einem solchen Richtigkeitskorridor eröffnet. 10

1. Gesetzlicher Kontrahierungszwang. Die Abschlussfreiheit und die Befugnis, einen einmal begründeten Vertrag wieder aufzuheben, werden im Falle eines Kontrahierungszwangs aufgehoben. Der Kontrahierungszwang kann sich unmittelbar aus dem Gesetz ergeben (etwa §§ 22, 47 Abs. 4 PBefG; § 10 EnWG; § 3 Abs. 1 EEG; § 5 Abs. 2 u. 4 PflVG; §§ 110 Abs. 1 Nr. 1, 23 Abs. 1 S. 1 SGB XI)[56] oder er wird von der Rechtsprechung anerkannt, so im Bereich der öffentlichen Daseinsvorsorge für Unternehmen mit faktischer Monopolstellung, die Verbrauchern lebensnotwendige Güter anbieten.[57] Daneben ergibt sich ein **mittelbarer Kontrahierungszwang** dort, wo die Ablehnung des Vertragsschlusses gegen die guten Sitten, Treu und Glauben oder gegen Diskriminierungsverbote verstößt. Eine dahingehende sittenwidrige Schädigung liegt vor, wenn der Betreffende auf die Leistung angewiesen ist (Verzicht auf die Leistung ist unzumutbar), es keine zumutbare Ausweichmöglichkeit gibt (faktische Monopolstellung) und die Ablehnung sachlich nicht begründet (willkürlich) ist.[58] Von der Rechtsprechung wurden diese Grundsätze für § 826 entwickelt. Die Vertragsablehnung kann in einem solchen Fall als (schuldhafte) unerlaubte Handlung eingeordnet werden. Der Vertragsschluss ist dann Schadensersatzleistung (Naturalrestitution, § 249 Abs. 1).[59] Die Gegenansicht stellt dagegen allein auf die Sittenwidrigkeit der Vertragsablehnung ab[60] und bejaht einen verschuldensunabhängigen vorbeugenden Unterlassungsanspruch[61] (genauer: Handlungsanspruch auf Naturalprästation, d. i. Abgabe einer Vertragserklärung).[62] Dieser Auffassung ist zu folgen, weil die Entstehung einer Kontrahierungspflicht kein Verschulden voraussetzt. Der Kontrahierungszwang kann entsprechend auch als Rechtsausübungssperre (§ 242) in Gestalt 11

51 Zu den theoretischen Grundannahmen im Vergleich zum angelsächsischen Recht vgl *Kegel*, Vertrag und Delikt, 2002, S. 97 ff; *Bruns*, JZ 2007, 385 ff (liberales versus paternalistisches Grundverständnis).

52 *Bruns*, JZ 2007, 385, 388 ff.

53 St. Rspr BVerfGE 103, 197, 215 = NJW 2001, 1709; BVerfG NJW 2001, 2248, 2250; der Schutz gilt aber auch gegenüber dem Staat, vgl BVerfG NJW 2005, 2363, 2365 f: „Der … übereinstimmende Wille der Vertragsparteien lässt … in der Regel auf einen durch den Vertrag hergestellten sachgerechten Interessenausgleich schließen, den der Staat grundsätzlich zu respektieren hat." Zur Frage, inwieweit etwa im DCFR (Rn 3) eine Gefährdung der Vertragsfreiheit zu sehen und dieser als neoliberal einzuschätzen ist vgl *Schulte-Nölke*, NJW 2009, 2161, 2166 mwN zur Diskussion.

54 Der rechtsgeschäftliche Ausschluss des § 242 ist nach § 138 Abs. 1 sittenwidrig. Staudinger/*Looschelders*/*Olzen*, § 242 Rn 108 (Redlichkeitsgebot des § 242 ist unabdingbar); Jauernig/*Mansel*, § 242 Rn 2.

55 Vgl BGH NJW 2005, 2386, 2387 ff; BGH NJW 2005, 139, 140; BGH NJW 2004, 930, 931 (jeweils zu Eheverträgen); zu der zugrundeliegenden Verfassungsrechtsprechung *Dauner-Lieb*, AcP 201 (2001), 295 ff. Eine unmittelbare Grundrechtsbindung besteht für privatrechtliches Handeln öffentlich-rechtlich beherrschter Unternehmen, BGH NJW 2004, 1031 (Postbank unterliegt Art. 3 Abs. 1 GG Willkürverbot).

56 KG NJOZ 2008, 3426, 3427 f (Abwasserentsorgung); BGH NVwZ 2004, 251 (zu § 3 Abs. 1 EEG aF) m.Anm. *Salje*, LMK 2004, 23 f; Palandt/*Ellenberger*, Einf. v. § 145 Rn 8; Staudinger/*Bork*, Vor §§ 145–156 Rn 17.

57 BGH WM 1994, 1670, 1671; NJW 1990, 762 f (Krankenhaus hinsichtlich der allg. Krankenhausleistungen); AG Würzburg NJW-RR 1993, 1332 (städtische Badeanstalt); RGZ 133, 388 (abgelehnt für Theaterkritiker auf Zugang zum Theater); bejaht von Palandt/*Ellenberger*, Einf. v. § 145 Rn 10; abl. Jauernig/*Jauernig*, Vor § 145 Rn 10.

58 Ebenso *Busche*, Privatautonomie und Kontrahierungszwang, 1999, S. 126 ff, 651 ff; Staudinger/*Bork*, Vor §§ 145–156 Rn 22.

59 Jauernig/*Jauernig*, Vor § 145 Rn 11; Soergel/*Wolf*, Vor § 145 Rn 53.

60 *Larenz*, Schuldrecht I, § 4 I a (Abschlusszwang ergibt sich unmittelbar aus der Sittenwidrigkeit); MüKo/*Kramer*, Vor § 145 Rn 13; Palandt/*Ellenberger*, Einf. v. § 145 Rn 9.

61 Staudinger/*Bork*, Vor §§ 145–156 Rn 20 ff (objektiver Tatbestand des § 826).

62 *F. Bydlinski*, AcP 180 (1980), 1, 13; *Kilian*, AcP 180 (1980), 47, 82; Erman/*Armbrüster*, Vor § 145 Rn 28 (Rechtsgedanke des § 826).

eines Kündigungsverbots wirken.[63] Ebenso kommt es bei **Diskriminierungen** nicht auf ein Verschulden an. Auch eine (faktische) Monopolstellung ist hier nicht Voraussetzung. Die im AGG erfolgte Umsetzung der Richtlinie 2000/43/EG des Rates zur Anwendung des Gleichbehandlungsgrundsatzes ohne Unterschied der Rasse oder der ethnischen Herkunft[64] statuiert in § 21 nach umstrittener Auffassung jedoch keinen Kontrahierungszwang.[65] Das AGG führt zu einer partiellen Positivierung des Menschenwürdegebotes und des Gleichheitssatzes (Art. 1 Abs. 1, 3 GG; Art. 19 AEUV).[66]

Ein vertraglicher Kontrahierungszwang entsteht aus einem Vorvertrag (Rn 34). Daneben ist umstritten, ob einseitige Selbstverpflichtungen ebenfalls eine Kontrahierungspflicht begründen können. Die Frage wurde aufgrund der **freiwilligen Selbstverpflichtung**[67] einer Sparkasse gegenüber der Senatsverwaltung für das „Girokonto für Jedermann" bejaht,[68] während lediglich eine allgemeine Empfehlung des Kreditausschusses die angeschlossenen Kreditinstitute nicht bindet.[69]

12 **2. Bindungsverbote und nicht erzwingbare Bindungen.** Vereinbarungen und Absprachen in einem höchstpersönlichen Privat- und Intimbereich sind einer rechtlichen Bindung nicht zugänglich. Obligatorische Bindung kann in diesem sensiblen Grundrechtsbereich selbst dann nicht entstehen, wenn dies ausdrücklich vereinbart worden ist (etwa der Vertrag über eine Blut- oder Organspende, einen Religionswechsel, Leihmuttervertrag). Derartige Vereinbarungen fallen dadurch aber nicht aus dem Vertragsbegriff heraus. Sie gehören zu den Verträgen ohne primäre Leistungspflichten (vgl Rn 4). Das Privatrecht kennt auch sonst eine Reihe positivrechtlicher Bindungsverbote im Rahmen rechtsgültiger Verträge (einseitig: § 1 S. 1 ProstG, §§ 74 Abs. 2, 74 a Abs. 1 HGB,[70] § 42 UrhG; beiderseitig: § 2278 Abs. 2).[71] Ferner bestehen Bindungsverbote in Bezug auf einzelne Vertragsinhalte auch ohne spezialgesetzliche Regelungen (ärztlicher Heileingriff, Persönlichkeitsrechte). Es handelt sich entweder um bloße **Gestattungen**, die aber im Geschäftsverkehr der Form des Vertrages bedürfen,[72] oder um Verträge, die kraft gesetzlicher Anordnung keine rechtliche Verhaltens- oder Erfolgsbindung zulassen, die deshalb aber nicht sittenwidrig und damit nichtig sind, sondern lediglich insoweit **nicht bindend**.[73] Die Vertragsfreiheit wird durch Bindungsverbote lediglich beschränkt, nicht aber aufgehoben. Der Wegfall des Rechtszwanges ist hier die Folge der verbotenen und darum fehlenden Leistungsbindung.

Eigenständige Bedeutung kommt einem Verbot des Rechtszwanges zu, wenn kein Bindungsverbot besteht. Leistungspflichten dürfen in diesen Fällen begründet werden, sie sind nur **nicht erzwingbar**. Das Verbot des Rechtszwanges bezieht sich auf die Erfüllung rechtlich anerkannter Leistungspflichten, die im Umfang der Forderungserfüllung den Rechtsgrund zum Behalten der Gegenleistung liefern. Die Entwaffnung des Gläubigers kann sich aus Gesetz oder Vertrag ergeben. Auch die Rechtsprechung hat nicht erzwingbare Leistungspflichten anerkannt (s. Rn 13). Es handelt sich dabei nicht um eine Sonderform des Vertrages, sondern um eine Sonderform der Forderung. Das Verbot des Rechtszwanges ist auf der Ebene des Forderungsrechts

63 OLG Saarbrücken NJW-RR 2008, 1632 (Kündigungsverbot für Girovertrag); PWW/*Brinkmann*, Vor §§ 145 ff Rn 17.

64 ABlEG Nr. L 180 S. 22 ff; dazu *Neuner*, JZ 2003, 57 ff; *Armbrüster*, NJW 2007, 1494 ff.

65 *Armbrüster*, NJW 2007, 1494, 1496; Jauernig/*Jauernig*, § 21 AGG Rn 3; *Hey/Kremer*, AGG, § 21 Rn 23; aA: MüKo/*Thüsing*, AGG, § 21 Rn 22; *Thüsing/von Hoff*, NJW 2007, 21 ff; *Wendt/Schäfer*, JuS 2009, 206 ff; Däubler/Bertzbach/*Deinert*, AGG, § 21 Rn 75 ff; einschränkend Palandt/*Ellenberger*, § 21 AGG Rn 3 u. 7 (nur ausnahmsweise).

66 Kritisch zu den rigiden Festlegungen *G. Schulze*, in: Jayme (Hrsg.), Kulturelle Identität und Internationales Privatrecht, 2003, S. 155, 172 ff; zum Diskriminierungsschutz im DCFR vgl *Haberl*, GPR 2009, 202, 207 ff.

67 Zum schillernden Begriff der sog. freiwilligen Selbstverpflichtung vgl *Schulze*, Die Naturalobligation, S. 554 ff u. 668 mit dem Vorschlag dabei von einer bindenden Verpflichtung nur ohne Zwangsbefugnisse für den Gläubiger (Naturalobligation) auszugehen.

68 Bejaht von LG Berlin WM 2003, 1895; zust. Palandt/*Ellenberger*, Einf. v. § 145 Rn 10.

69 Kein Abschlusszwang daher LG Berlin WM 2008, 1825 (Empfehlung der ZKA zum sog. „Girokonto für Jedermann"); OLG Bremen ZIP 2006, 798; anders noch Vorinstanz LG Bremen EwiR § 676, 1/06, S. 9 f; Erman/*Armbrüster*, Vor § 145 Rn 27; näher *Koch*, WM 2006, 2242 ff; *Segna*, BKR 2006, 274; *Geschwandtner/Bornemann*, NJW 2007, 1253, 1254.

70 Nach BGH NJW 2010, 2378 Tz 26 ist die Einhaltung des unverbindlichen Teils eines Wettbewerbsverbots keine Voraussetzung für die Pflicht zur Zahlung der Karenzentschädigung.

71 Beschränkung bindender erbvertraglicher Verfügungen, vgl krit. *M. Wolf*, in: FS Musielak 2004, S. 693, 710.

72 *Ohly*, Die Einwilligung im Privatrecht, S. 259 ff, 470 ff (zur Kommerzialisierung der Persönlichkeitsrechte).

73 BGH NJW 1995, 2028 ff (wirksam aber nicht verbindlich, daher Widerrufsrecht statt Nichtigkeit); zust. *St. Lorenz*, S. 87; *Canaris*, AcP 184 (1984), 201, 233. Vgl BGH NJW 2010, 2378 Tz 25: Das insgesamt unverbindliche Wettbewerbsverbot eröffnet dem Arbeitnehmer ein Wahlrecht. Er enthält sich des Wettbewerbs und erhält die Karenzentschädigung oder er lässt das Verbot unbeachtet und tritt in den Wettbewerb.

gem. § 241 Abs. 1 angesiedelt. Neben die erzwingbare Zivilobligation tritt die nicht erzwingbare Naturalobligation.[74]

13 **Naturalobligationen**[75] meinen eine obligatorische, nicht einseitig durchsetzbare Forderung. Anders als bei den nicht verbindlichen Leistungsinhalten (s. Rn 12), wo es an einer Forderung fehlt, liegt bei den Naturalobligationen eine Leistungsbindung und damit eine Schuld vor (§ 241 Abs. 1). Der Gläubiger kann sein Forderungsrecht lediglich nicht mit rechtlichen Zwangsmitteln durchsetzen. Er ist auf die freiwillige Leistung des gebundenen Schuldners angewiesen. Aus Verträgen können statt den erzwingbaren Zivil- auch die nicht erzwingbaren (schwachen) Naturalobligationen entstehen. Der Gesetzgeber hat im geltenden Recht eine Reihe solcher atypischen Gestaltungen anerkannt und tatbestandlich unterschiedlich ausgeformt. Individualrechtliche und rechtspolitische Gründe können dafür sprechen, zwar eine Forderung anzuerkennen, für sie aber den Erfüllungszwang ausnahmsweise aufzuheben. Die Geschäfte sind zwangsfeindlich, aber nicht bindungsfeindlich. Die Naturalobligation bietet damit ein Gestaltungsmittel zur funktionalen Differenzierung der Forderung. Im BGB wird der Erfüllungszwang aufgehoben bei der verjährten vertraglichen Forderung (§ 214), beim Lohnanspruch des Ehemaklers (§ 656 Abs. 1),[76] bei Forderungen aus Spiel und Wette (§§ 762 f), beim Verlöbnis (§ 1297) sowie für das Recht des Kindes auf angemessene Ausstattung (§ 1624). Außerhalb des BGB entstehen Naturalobligationen kraft Gesetzes bei der formfehlerhaften anwaltlichen Vergütungsabrede (§ 4 RVG, § 3 BRAGO aF), bei der Ausfallforderung des Insolvenzgläubigers nach einem Zwangsvergleich (§ 254 Abs. 3 InsO bestätigter Insolvenzplan) sowie im Falle der Restschuldbefreiung (§ 301 Abs. 3 InsO). Bei den feststellungsbedürftigen Naturalobligationen („sittliche Pflicht" im Rahmen von § 814 Hs 2, 534) ist der Richter ermächtigt, die Pflichtstellung festzustellen. Die rechtlich anerkannte sittliche Pflicht ist Rechtspflicht.

III. Konsens

14 Dem BGB liegt das Vertragsmodell der vereinigten Willenserklärungen zugrunde.[77] Danach werden die Willensinhalte der Parteien in den Erklärungen transportiert und im Vertragsschluss zu einem **gemeinsamen Vertragswillen** vereinigt. Die Vereinigung gelingt, wenn beide Erklärungen inhaltlich übereinstimmen und Einigkeit über die rechtliche Geltung des Vereinbarten besteht (**Konsens**).[78] Der wesentliche Vertragsinhalt (essentialia negotii) muss bestimmt sein. Dabei genügt die Bestimmbarkeit, entweder durch nachträgliche Bestimmung aufgrund eines Bestimmungsrechts einer Vertragspartei oder eines Dritten (Delegation der Bestimmung, § 375 HGB; §§ 315 ff) oder im Wege der ergänzenden Auslegung (§ 157). Der Konsens als der gemeinschaftliche Vertragswille bildet die Grundlage für die vertraglichen Rechte und Pflichten, den Vertragsinhalt. Er legitimiert die Zwangsbefugnisse des Gläubigers und bildet die Grundlage für das rechtsethische Postulat pacta sunt servanda (s. Rn 7).[79] Das konsentierte Vertragsprogramm wird deshalb auch als lex contractus (lex privata) bezeichnet.[80]

74 Nach anderer Auffassung liegt bei einer Naturalobligation keine Forderung vor, was in erster Linie auf die Formulierungen in §§ 656 Abs. 1 S. 1, 762 Abs. 1 S. 1 („… wird eine Verbindlichkeit nicht begründet") gestützt wird, vgl etwa MüKo/*Habersack*, § 762 Rn 3; die Formulierungen sind historisch erklärbar und stehen der hier vertretenen Auffassung einer lediglich nicht erzwingbaren Forderung nicht entgegen. Zum Ganzen eingehend *Schulze*, Die Naturalobligation, S. 162 ff (Gesetzgebungsgeschichte), 432 ff (Dogmatik); *ders.*, JuS 2011, 193 ff.

75 Die Begriffe „unvollkommene Verbindlichkeit" und „Naturalobligation" werden nicht einheitlich und weithin synonym verwendet, vgl etwa *Gernhuber*, Handbuch des Schuldrechts, Bd. 8, Das Schuldverhältnis, 1989, S. 85; *Schreiber*, JURA 1998, 270 f; *Fuchs*, in: FS Medicus 1999, S. 123, 130 ff; *Reuss*, AcP 154 (1955), S. 485, 520; zu dem zugrunde liegenden Konzept einer obligatio naturalis und gegen die Verwendung des Begriffs unvollkommene Verbindlichkeit eingehend *Schulze*, Die Naturalobligation, S. 262 ff.

76 Für eine entspr. Anwendung auf Partnerschaftsvermittlungs- und Partneranbahnungsverträge, Staudinger/*Reuter*, § 656 Rn 6; st. Rspr BGH NJW 2010, 2868; BGH NJW 1990, 2550; LG Dresden NJW-RR 2004, 346, 347; abl. OLG Koblenz NJW-RR 2004, 268, 269 (aber: Verbot der Beweisaufnahme wegen Diskretionsbedürfnis-Schutz der Intimsphäre der vermittelten Partner).

77 *Schmidlin*, S. 198 ff, 202; das Modell geht auf *v. Savigny* zurück, der den Willen „an sich als das einzig Wichtige und Wirksame" dachte, vgl dazu krit. und mit Nachw. HKK/*Schermaier*, §§ 116–124 Rn 4.

78 Konsens ist die Willensübereinstimmung und der beidseitige Geltungsentschluss. Das lässt sich aufteilen in einen Regelungskonsens und einen Geltungskonsens (s. Rn 18). Der Konsensbegriff meinte bereits im römischen Recht eine innere Übereinstimmung im Sinne von „einheitlicher Meinung sein". Vgl zum consensus als Voraussetzung des Vertrages *Meyer-Pritzl*, Pactum, conventio, contractus, S. 99, 104 ff.

79 Vgl *Canaris*, AcP 200 (2000), 273 ff, 279; BAG NJW 2005, 1820, 1821 (Grundelement des Vertragsrechts).

80 Die Vertragsparteien werden damit zu einer Art Gesetzgeber für die gemeinsame Sache stilisiert. Das entspricht der dem Vertrag idealisierend zugedachten Funktion, ein Mittel zum gerechten Interessenausgleich zu sein (sog. Richtigkeitsgewähr). Die Vertragsbindung hat ihre legitimatorische Grundlage aber genauer im personalen Selbstbestimmungsakt der gebundenen Vertragspartei, vgl *Larenz/Wolf*, BGB AT, § 2 Rn 30 f u. Fn 17.

15 **1. Normativer Konsens.** Die tatsächliche Übereinstimmung der Willensinhalte ist eine Modellannahme. Für ihre Feststellung kommt es auf die individuelle Vorstellung von der Bedeutung der Erklärungen grundsätzlich nicht an. Die Übereinstimmung ist nach der Bedeutung der ausgelegten Willenserklärungen zu bestimmen, die ein vernünftiger Empfänger den Erklärungen jeweils geben muss. Auf diese Weise entsteht ein normativer Konsens.[81] Eine davon abweichende individuelle Erklärungsbedeutung ist nach den Regeln für Willensmängel zu beurteilen (§§ 116 ff). Nur wenn beide Parteien dieselbe abweichende Erklärungsbedeutung zugrunde gelegt haben, setzt sich dieser tatsächliche Konsens nach dem Grundsatz falsa demonstratio non nocet durch.[82]

16 Die §§ 145 ff beruhen auf einem Konsensprinzip (vgl § 154 Abs. 1 S. 1). Die vertraglichen Rechte und Pflichten werden nach der Modellannahme aus der Willensübereinkunft gleichsam geboren und nicht aus den präexistenten Vertragserklärungen (Versprechen) hergeleitet. Die Willenserklärung als der zugrunde liegende Selbstbestimmungsakt ist nicht operational ausgestaltet.[83] Das **Vertragsversprechen**, das die Antragsbindung funktionell erklären könnte,[84] wird vom Gesetz nicht verwendet,[85] und auch die Rechtsgeschäftslehre spricht nicht in einem begrifflich technischen Sinne von Versprechen. Das Vertragsangebot soll vor der Annahme wie ein Vorschlag verstanden werden.[86] Richtigerweise sollte zwischen der Bindung an die Angebotserklärung (§§ 145 Hs 1, 130 Abs. 1) durch einseitiges Versprechen und der Vertragsbindung durch Konsens (Willensübereinstimmung) unterschieden werden (s. Rn 2).[87]

Als **einseitige Versprechen** ausnahmsweise zugelassen (§ 311 Abs. 1) ist die gesetzlich geregelte Auslobung (§ 657, str.),[88] die Gewinnzusage (§ 661 a)[89] und das einseitige Garantieversprechen (§ 443). Ebenso anzuerkennen sind der einseitige rechtsgeschäftliche Verzicht, der neben Erlass (§ 397) und Aufhebungsvertrag tritt,[90] sowie die einseitige Patronatserklärung (Ausstattungszusage) gegenüber einem unbestimmten Personenkreis[91] als Mittel der Kreditsicherung. Nach Art. 2:107 der Europäischen Vertragsrechtsprinzipien (PECL) sowie nach DCFR II. – 1:103 (2) sind einseitige Versprechen als eine mögliche Verpflichtungsform generell zulässig.[92] Um einseitige Bindungstatbestände handelt es sich schließlich auch bei den Treuepflichten aus

81 Ebenso DCFR II. – 4:102; vgl *Armbrüster*, Jura 2007, 321, 322; eingehend *Leenen*, Faktischer und normativer Konsens, in: Liber amicorum Jürgen Prölss, 2009, S. 153 ff.

82 Vgl *Kramer*, S. 175 ff; das ist heute allgM, vgl Erman/*Armbrüster*, Vor § 145 Rn 12.

83 Übersteigertes Konsensdenken kritisiert deshalb *Köndgen*, Selbstbindung ohne Vertrag, 1981, S. 156 ff; krit. zur Annahme einer Verpflichtung aus dem Konsens *Schulze*, Die Naturalobligation, 2008, S. 303 ff.

84 Das entspricht auch der Vorstellung des historischen BGB-Gesetzgebers, vgl *v. Kübel*, Das einseitige Versprechen als Grund der Verpflichtung zur Erfüllung, in: Schubert (Hrsg.), Die Vorentwürfe der Redaktoren für die erste Kommission zur Ausarbeitung des Entwurfs eines Bürgerlichen Gesetzbuches, Bd. 3, 1980, S. 1145, 1155; dazu *Schulze*, Die Naturalobligation, S. 343 ff.

85 Das Gesetz nähert sich der Vorstellung von einem vertraglichen Versprechensakt durch die Anordnung der Bindungswirkung vor dem Vertragsabschluss zumindest an, § 145 Hs 1; abl. *Schilder*, Schadensersatz bei Durchbrechung der Bindung an obligatorische Vertragsofferten, S. 66 ff (Antragsbindung als gesetzliches Widerrufsverbot).

86 Soergel/*Wolf*, § 145 Rn 1 in Anlehnung an Art. 14 Abs. 1 CISG. Kennzeichen sei die Unselbständigkeit der einzelnen Willenserklärung. Damit soll eine Abgrenzung zum einseitigen Rechtsgeschäft erreicht werden. Ebenso Staudinger/*Bork*, § 145 Rn 1.

87 Zutr. *Häsemeyer*, Das Vertragsangebot als Teil des Vertrages, in: FS Jayme 2004, S. 1435, 1439 (Wirksamkeits- und Wirkungsebene); HKK/*Oestmann*, §§ 145–156 Rn 8.

88 Staudinger/*Bergmann*, § 661 a Rn 34: kein einseitiges Rechtsgeschäft, sondern Vertrag; ablehnend zuletzt BGH NJW 2009, 2737 (Versprechen einer Meisterschaftsprämie).

89 Der Gesetzgeber knüpft in § 661 a die Pflicht zur Zahlung eines zugesagten Gewinns an das „Wort des Unternehmers" und lässt dabei offen, ob es sich um eine Einstandspflicht aus einem einseitigen Zahlungsversprechen oder um eine Haftung ex lege handelt, BT-Drucks. 14/2658, S. 48; vgl *C. Schäfer*, JZ 2005, 981, 983; *Dörner*, in: Bork u.a. (Hrsg.), FS Helmut Kollhosser 2004, Bd. 2, S. 75 ff; Staudinger/*Bergmann*, § 661 a Rn 12 ff.

90 Zutr. *Kleinschmidt*, Der Verzicht im Schuldrecht, 2004, S. 381 f (einschränkende Auslegung des § 311 Abs. 1). Die hM verneint bislang einen einseitigen Forderungsverzicht, vgl Palandt/*Grüneberg*, § 397 Rn 4.

91 *Schneider*, Patronatserklärungen gegenüber der Allgemeinheit, ZIP 1989, 619, 624; *Merkel*, in: Schimansky u.a. (Hrsg.), Bankrechtshandbuch, Bd. II, 3. Aufl. 2007, § 98 Rn 8; abl. gegenüber der Annahme eines einseitigen Versprechens *Habersack*, Patronatserklärung ad incertas personas, ZIP 1996, 257, 261; *Kümpel*, Bank- und Kapitalmarktrecht, 3. Aufl. 2004, Rn 6.616 und 6.630; rechtsgeschäftlichen Charakter generell verneinend *Larenz/Canaris*, Schuldrecht II/2, 13. Aufl. 1994, § 64 V 2 d, S. 84; Praxishinweise bei *Wittig*, WM 2003, 1981 ff.; *Maier-Reimer/Etzbach*, NJW 2011, 1110.

92 Voraussetzung ist nur, dass sie als einseitig bindend gewollt sind, vgl *Kleinschmidt*, JZ 2009, 1121, 1122; das ist nicht immer klar erkennbar, vgl *G. Schulze*, LMK 2010, 297277 zu BGH NJW 2009, 2737 (Versprechen einer Meisterschaftsprämie).

culpa in contrahendo (grundloser Abbruch von Vertragsverhandlungen) und den Fällen widersprüchlichen Verhaltens (venire contra factum proprium, § 242).[93]

2. Konsensformen. Die §§ 145 ff regeln nur einen Mechanismus für den Vertragsabschluss. Die Annahme kann dem Antrag inhaltlich nichts hinzufügen (sonst wird aus ihr selbst ein Antrag, § 150 Abs. 2), sie kann den Inhalt des Antrages nur durch ein einfaches „Ja" in sich aufnehmen. Die sukzessive Perfektion des Vertrages durch Antrag und Annahme behindert daher eher die Einsicht, dass der Antrag das gewollte Vertragsprogramm bereits vollständig enthält und enthalten muss. Das BGB kennt keine Regeln für den Verhandlungsprozess (ausgenommen die Haftung, § 311 Abs. 2). Der Vertrag kann daher ebenso durch einander kreuzende Kauf- oder Verkaufsofferten (beide Anträge enthalten das identische Vertragsprogramm), durch Unterzeichnung eines gemeinsam ausgehandelten Vertragsprogramms unter Anwesenden oder etwa durch gleichzeitige Zustimmung zu einem von dritter Seite gefertigten Vertragsentwurf (etwa als Notarvertrag) zustande kommen. Diese Vertragsschlussformen zeichnen sich dadurch aus, dass die inhaltlich übereinstimmenden Erklärungen praktisch gleichzeitig wirksam werden (zugehen) und es keinen Schwebezustand gibt. Der Abschlussmechanismus durch Antrag und Annahme ist hier daher funktionslos.[94] Sobald aber **Schwebezustände** eintreten (zeitlich gestreckte sukzessive Zustimmung zu einem Vertragsentwurf),[95] ist wieder mit Angebot und Annahme zu arbeiten. Die Zuweisung des Rechts auf Ingeltungsetzung an alle Kontrahenten zur gemeinsamen Rechtsausübung ist kein Alternativmodell zur Antrag/Annahme-Technik,[96] sondern verlagert diese lediglich in den Vorgang der gemeinsamen Rechtsausübung. Die §§ 145 ff sind daher auch in diesen Fällen unmittelbar anwendbar.[97] 17

Das inhaltliche Programm des Vertrages (**Regelungskonsens**) kann von der Geltung des Vertrages (**Geltungskonsens**) getrennt werden. Beide Aspekte können **getrennten** Handlungsakten zuzuordnen sein. So führt die Aufzeichnung einzelner Regelungspunkte nicht schon zur Geltung dieser Punkte, § 154 Abs. 1 S. 2, und selbst bei vollständigem Regelungskonsens ist die vereinbarte Vertragsbeurkundung im Zweifel Abschluss- und damit Geltungsvoraussetzung; § 154 Abs. 2. Bei aufschiebender Bedingung oder Befristung hängen die Rechtswirkungen des Vertrages vom Eintritt der Bedingung oder des Anfangstermins ab (§§ 158 ff). Bei reinen **Wollensbedingungen**, die den Eintritt der Vertragswirkungen in die freie Entscheidung einer oder beider Parteien stellen, ist zweifelhaft, ob ein Rechtsgeschäft (bedingter Vertrag) überhaupt vorliegt. Die Zulässigkeit und die Bedeutung solcher Bedingungen sind daher umstritten.[98] Einseitige Wollensbedingungen sind aufgrund der mittelbaren Gebundenheit der Gegenseite jedenfalls anzuerkennen.[99] 18

Die sukzessive Perfektion eines Vertrages kann **nicht** in **umgekehrter Reihenfolge** durch eine vorweggenommene (antizipierte) Annahme eines zeitlich nachfolgenden Antrags erfolgen. § 150 Abs. 2 lässt bedingte Annahmeerklärungen schon nicht zu (§ 150 Rn 4). Antrag und Annahme sind überdies **funktionsgebundene Begriffe**. Die Funktion der Annahme ist es, die Vertragsgeltung unmittelbar herbeizuführen (§ 150). Die Annahmeposition stellt eine geschützte Rechtsposition (Vertragsanwartschaft) dar (vgl § 145 Rn 10). Die so bezeichnete „vorweggenommene Annahme" ist daher tatsächlich ein Antrag, wenn der Vertrag mit der Abgabe oder dem Zugang der Gegenerklärung, dem so bezeichneten Angebot, geschlossen sein soll. Behält sich der „vorweg Annehmende" zudem noch eigene Prüfschritte vor, so will er seine Annahmeerklärung ggf mit den Erleichterungen des § 151 ohnedies erst nach erfolgter Prüfung abgeben. Die „vorweggenommene Annahme" ist dann invitatio ad offerendum. Die „vorweggenommene/antizipierte Annahme" ist in allen Fällen eine Falschbezeichnung.[100] 19

93 Eine vertragsähnliche Struktur erhalten diese durch den Vertrauenstatbestand („Inanspruchnahme von gewährtem Vertrauen"), vgl *Wertenbruch*, ZIP 2004, 1525; Jauernig/*Mansel*, § 242 Rn 48 ff; für die sog. weiche Patronatserklärung vgl OLG Düsseldorf GmbHR 2003, 178.

94 Zu der sich daraus ergebenden mangelnden Unterscheidbarkeit von Antrag und Annahme vgl Palandt/*Ellenberger*, § 145 Rn 6 unter Hinw. auf *Huber*, RabelsZ 43 (1979), 438, 445.

95 BGH NJW 2004, 2962, 2964 (Vertragsannahme gem. § 151 S. 1 durch Gegenzeichnung eines unterschriebenen Vertragentwurfes).

96 So *Leenen*, AcP 198 (1998), 381, 400 f.

97 Für analoge Anwendung der §§ 145 ff „wo es passt" Staudinger/*Bork*, Vor §§ 145–156 Rn 38; MüKo/*Kramer*, § 145 Rn 2 (regelmäßig analog); wie hier Soergel/*Wolf*, § 145 Rn 24; das entspricht sachlich auch dem DCFR Art. II.-4:211 und PECL Art. 2:211.

98 Sie werden zum Teil ganz abgelehnt, Staudinger/*Bork*, Vor §§ 158-163 Rn 18 (Zustandekommen des Vertrages fehlt); Jauernig/*Jauernig*, Vor § 158 Rn 4 (beiderseitiger Bindungswille fehlt), zum Teil als einseitige Wollensbedingung bei gegenseitigen Verträgen zugelassen, BGHZ 47, 387, 391; BGH WM 1966, 1267 (beiderseitige Wollensbedingung); BGHZ 134, 187 f; BGH NJW-RR 1996, 1167; OLG Köln MDR 2005, 500; Soergel/*Wolf*, Vor § 158 Rn 28 (auch beiderseitige Wollensbedingung); Palandt/*Ellenberger*, Einf. v. § 158 Rn 10 (arg. § 454 Abs. 1 S. 2).

99 Zutreffend MüKo/*Kramer*, Vor § 145 Rn 61; einschränkend Erman/*Armbrüster*, Vor § 158 Rn 13, der die einseitige Wollensbedingung anerkennt, wenn sie mit einer Erklärungsfrist verbunden ist.

100 So OLG Hamm NJW 2001, 1142, 1143; nicht eindeutig dagegen BGH NJW 2002, 363; NJW 2005, 53, 54.

B. Einzelerläuterungen

I. Das auf den Vertrag anwendbare Recht (IPR und Einheitsrecht)

20 Bei Sachverhalten mit einer Verbindung zu einem ausländischen Staat ist nach den Regeln des internationalen Privatrechts vorab zu prüfen, welches staatliche Recht auf den Vertrag und die Frage nach seinem Abschluss Anwendung findet (Art. 3 EGBGB). Für Vertragsschlüsse ab dem 17.12.2009 gilt die Rom-I VO. Die Fragen des Vertragsschlusses unterliegen dem Vertragsstatut (Art. 10 Rom I-VO, Art. 31 EGBGB aF). Für den Bereich des Schuldvertragsrechts besteht weitgehende Rechtswahlfreiheit (Art. 3 Rom I-VO, Art. 27 EGBGB aF). Für grenzüberschreitende Warenkaufverträge gilt vorrangig das Einheitliche UN-Kaufrecht (CISG).[101] Auf den Vertragsschluss finden dann die Art. 14 ff UN-Kaufrecht Anwendung. Die Grundregeln des Europäischen Vertragsrechts (PECL), die darauf aufbauenden Vorschriften des Draft Common Frame of Reference (DCFR) und die UNIDROIT-Principles (UP) bilden unverbindliche Empfehlungen an die nationalen und an den europäischen Gesetzgeber (s. Rn 3). Die Parteien können durch Unterwerfung unter die Schiedsgerichtsbarkeit über eine Schiedsklausel die Geltung dieser den Vertragsschluss mitumfassenden nichtstaatlichen Regeln[102] vereinbaren. Vor staatlichen Gerichten wird die Wahl nichtstaatlichen Rechts dagegen bislang nicht, auch nicht bezogen auf einen Teil des Vertrages, anerkannt.[103] Die nichtstaatlichen Regeln können nur in den Grenzen des dispositiven Rechts durch eine materiellrechtliche Verweisung vertraglich vereinbart werden.[104] Die §§ 145 ff sind **dispositives Recht**.[105]

II. Gefälligkeiten, Gentlemen's agreements und Prozessverträge

21 **1. Gefälligkeiten.** In alltäglichen Situationen, in denen Leistungen einseitig oder zwar aufgrund einer Vereinbarung, aber ohne eine erkennbare Gegenleistung erbracht werden (Gefälligkeiten),[106] wird eine Pflicht entweder gar nicht oder zumindest nicht als rechtliche Verbindlichkeit gewollt sein. Das ist Auslegungsfrage, die danach fragt, wie sich das Verhalten des Leistenden für einen objektiven Betrachter darstellt.[107] Dabei geht es zunächst um eine normativ wertende Beurteilung von Indizien und erst in zweiter Linie um die Auslegung von Erklärungen.[108] Die Abgrenzung gegenüber unentgeltlichen Rechtsgeschäften, die ebenfalls auf einer altruistischen Motivation beruhen, wie insbesondere Auftrag, Leihe, unentgeltliche Verwahrung oder zinsloses Darlehen, ist schwierig.[109] Kriterien sind etwa der Wert einer anvertrauten Sache, die wirtschaftliche Bedeutung einer Angelegenheit, das erkennbare Interesse des Begünstigten, die dem Leistenden erkennbare Gefahr im Falle einer fehlerhaften Leistung (etwa Bankauskünfte)[110] und auch die Zumutbarkeit einer Rechtspflicht im Hinblick auf das damit verbundene Schadensersatzrisiko.[111] Auch die persönliche Nähebeziehung (familiärer, freundschaftlicher oder kollegialer Art) ist in die Beurteilung einzustellen. Das kann zur Feststellung führen, dass keine rechtliche Bindung gewollt ist,[112] oder auch nur den Pflichtenumfang herabsetzen.[113]

101 Zum Anwendungsbereich vgl Schlechtriem/*Ferrari*, Kommentar zum Einheitlichen UN-Kaufrecht, 5. Aufl. 2008, Art. 1 CISG Rn 12 ff, 40 ff, 61.

102 Art. 2:101 bis 211 PECL; II. – 4:101 bis 211 DCFR; Art. 2.1.1 bis 2.1.22 UP.

103 Die Rom I-VO kündigt in ihrem Erwägungsgrund (14) nur die Wählbarkeit eines künftigen gemeinschaftlichen Rechtsinstruments an. Das betrifft künftige optionale Instrumente einschließlich den CFR, vgl Rn 3. Zur Diskussion vgl *G. Schulze*, Der anationale Geltungsgrund der UNIDROIT-Principles, in: Kronke/Thorn (Hrsg.), FS von Hoffmann, 2012, im Erscheinen; *ders.*, RabelsZ 71 (2007), 852, 853 f.

104 Sie werden dann in den Vertrag integriert. Für die vollständige Anerkennung der Parteiautonomie insoweit *W.-H. Roth*, Zur Wählbarkeit nichtstaatlichen Rechts, in: Mansel u.a. (Hrsg.), FS Jayme 2004, S. 757, 768 ff; *Brödermann*, Die erweiterten UNIDROIT Principles 2004, RIW 2004, 721, 726 f.

105 BGHZ 138, 339, 343 (bezogen auf § 156).

106 Die mit oder ohne vorherige Leistungsvereinbarung einseitig erbrachten Gefälligkeiten können dennoch Schutz- und Sorgfaltspflichten auslösen. Die Übergänge zwischen beiden Formen sind fließend und werden daher zumeist nicht voneinander getrennt, vgl Übersichten bei Erman/*H. P. Westermann*, Einl. § 241 Rn 16–19; Jauernig/*Mansel*, § 241 Rn 24; Staudinger/*Bork*, Vor §§ 145–156 Rn 82.

107 BGHZ 21, 102, 106 f; BGH NJW 1992, 498, 499 verneinen vertragliche Haftung bei Mitnahme im PKW aus Gefälligkeit. Bejaht wird die Haftung dagegen grundsätzlich bei PKW-Fahrgemeinschaft, jedoch ist eine stillschweigende wechselseitige Haftungsbeschränkung möglich, BGH NJW 2009, 1482 (Mietwagenfahrt in Südafrika), Anm. *Seibl*, IPRax 2010, 347.

108 *Medicus*, BGB AT, § 18 Rn 185 ff, 192 f.

109 Zu diesen Gefälligkeitsverträgen vgl m. Nachw. Jauernig/*Mansel*, § 241 Rn 24; Staudinger/*Bork*, Vor §§ 145–156 Rn 82.

110 Auskunftsvertrag bei Bankauskünften über Vermögensanlagen, BGHZ 100, 117; 123, 126.

111 Eine vertragliche Haftung verneint deshalb BGH NJW 1974, 1705, 1706 (Lottotippgemeinschaft); strenger die franz. Cass. (1ère), 4.5.1976 JCP 1977 II, n. 18540; Cass. 5.7.1989, Bull. Civ. I., n. 275.

112 Keine Vertragshaftung bei Vermögensverwaltung durch Ehegatten, BGH NJW 2000, 3200 (Zusagen im Rahmen einer nichtehelichen Lebensgemeinschaft); BGHZ 97, 372, 381 (Empfängnisverhütung); OLG Koblenz NJW-RR 2002, 595, 596 (Nachbarschaftshilfe).

113 BGH NJW-RR 2007, 1271, 1272 (Anlageberatungsvertrag unter Familienmitgliedern).

Wird die Übernahme einer vertraglichen Leistungspflicht verneint, so bleibt es bei einem **Gefälligkeitsverhältnis**. Dieses wird als rechtsgeschäftsähnliches (gesetzliches) Schuldverhältnis erfasst (§ 311 Abs. 2 Nr. 3), das nach Maßgabe des § 241 Abs. 2 iVm § 280 Abs. 1 eine Schadensersatzhaftung wegen Schutzpflichtverletzung[114] begründen kann. Die allgemeinen Haftungsregeln finden Anwendung (§§ 276, 278).[115] Umfang und Inhalt der Pflichten richten sich nach den Umständen des Einzelfalles und werden von dem (nicht rechtsgeschäftlichen) Handeln der Beteiligten bestimmt. Dabei kann auch eine Pflicht zur Fortsetzung des Gefälligkeitsverhältnisses entstehen, so dass ein grundloser Abbruch zur Unzeit Schadensersatzpflichten begründet.[116] Eine solche Pflicht zu erwartungsgerechtem Verhalten (Verhaltenstreue)[117] sollte aber nur insoweit anerkannt werden, als das Vertrauen in das Konsequenzialverhalten besonders schutzwürdig erscheint. Hierfür müssen – wie beim grundlosen Abbruch von Vertragsverhandlungen – besondere Umstände vorliegen, die ausnahmsweise die Entstehung der Treuepflicht rechtfertigen.[118] Anders als bei Verletzung einer Leistungspflicht kann aus einer Treuepflicht grundsätzlich nicht auf Leistung geklagt werden (s. aber zum Kontrahierungszwang Rn 11 ff). 22

2. Gentlemen's agreements und ähnliche Vertrauenspakte. Haben die Parteien eine klare und eindeutige Erklärung dahin abgegeben, dass die von ihnen getroffene Vereinbarung keine **rechtliche** Verbindlichkeit haben soll, so liegt in dieser **Unverbindlichkeitsabrede**[119] zunächst eine Aussage über die Qualifikation der Vereinbarung. Die Entscheidung über die Zuordnung als rechtliche oder nichtrechtliche Vereinbarung steht der Parteiautonomie jedoch nur sehr eingeschränkt offen (s. Rn 8 f). Gesetzliche Regelungen über die Zulässigkeit und die rechtliche Qualität eines solchen „Opting-out" existieren nicht. Ebenso fehlen eine einheitliche Begriffsbildung und eine klare Dogmatik, was einerseits zu bildhaften, aber dunklen Anglizismen (Gentlemen's agreements) und andererseits zur Einordnung unter deskriptive Sammelbegriffe führt.[120] Gemeinsam ist diesen Vereinbarungen, Absprachen oder Abmachungen ihre abgeschwächte Rechtswirkung. Entweder soll nach dem Willen der Parteien eine Verbindlichkeit im Sinne einer Leistungspflichtbeziehung zwar entstehen, deren Einhaltung aber nicht durch rechtlichen Zwang gesichert wird (Naturalobligation). Oder die Parteien wollen ohne eine Selbstbindung nur ein künftiges Verhalten zur verbesserten Koordination in Aussicht stellen, wie etwa bei (erlaubten) Kartellabsprachen.[121] Ungeachtet der im Einzelnen in Anspruch genommenen Geltungsgründe (wirtschaftliche Vernunft, gesellschaftlicher Anstand, persönliche Ehre) hat die Bindungswirkung der Beteiligten ihre Grundlage im gegenseitigen persönlichen Vertrauen. Es erscheint daher sachgerecht, derartige **Vertrauenspakte**[122] rechtlich als gewöhnliche Verträge einzustufen, aus denen je nach Ausgestaltung entweder rechtlich nicht erzwingbare Leistungsforderungen hervorgehen (s. Rn 13) oder keine Forderungen aber ggf Verhaltens- und Treuepflichten. Der Versuch des „Opting out" schlägt also in jedem Falle fehl. Im ersten Falle handelt es sich um Verträge mit nicht erzwingbaren Leistungspflichten (Natural- 23

114 Gleichbedeutend mit den auf den Schutz des Integritätsinteresses gerichteten (weiteren) Verhaltenspflichten im Schuldverhältnis. Die Diktion ist uneinheitlich, vgl Jauernig/*Mansel*, § 241 Rn 10.

115 Keine generelle Haftungsmilderung im Sinne einer Gesamtanalogie nach §§ 521, 599, 690, vgl st. Rspr BGH NJW 1992, 2475; vgl zum Streitstand Jauernig/*Mansel*, § 241 Rn 26.

116 BGH NJW 1986, 978, 979 f (Kündigung ohne vernünftigen Grund).

117 Staudinger/*Bork*, Vor §§ 145–156 Rn 84 spricht hier von einer quasivertraglichen Schutzpflicht bzw einer sekundären Verhaltenspflicht.

118 Wie hier Staudinger/*Bork*, Vor §§ 145–156 Rn 84 mwN. Die Rechtsfigur des Vertrages ohne primäre Leistungspflicht (s. Rn 4) sollte dagegen bei Gefälligkeitsabreden nicht verwendet werden. Dafür Soergel/*Wolf*, Vor § 145 Rn 85–87. Ein Vertrag scheidet zwar nicht deshalb aus, weil ein Rechtsbindungswille in Bezug auf sekundäre Verhaltenspflichten (hier bezogen auf die quasivertragliche Schutzpflicht) praktisch nicht feststellbar wäre, sondern weil ein Rechtsbindungswille bei Gefälligkeitsabsprachen typischerweise vollständig fehlt. Überdies sind auch die rechtliche Anerkennung und der rechtliche Schutz eines freiwillig erzielten Leistungserfolges (Rechtsgrund) nicht ohne weiteres gewollt.

119 Die Unverbindlichkeitsabrede ist von der von ihr betroffenen Vereinbarung gedanklich zu trennen. Anders als eine Vertragsabschlussklausel, die nach ihrer Funktion als Bestandteil der Angebotserklärung das Abschlussverfahren regelt und sich mit dem Zustandekommen des Vertrages erledigt, bezieht sich die Unverbindlichkeitsabrede unmittelbar auf den Vereinbarungsinhalt. § 139 ist daher nicht anwendbar. Die Unverbindlichkeitsabrede besitzt selbst rechtsgeschäftlichen Charakter. Sie kann entweder ausdrücklich formuliert sein oder sich aus dem Zusammenhang, etwa bei sog. Ehrenerklärungen, ergeben. Vgl eingehend *Schulze*, Die Naturalobligation, S. 563 ff; 577 ff.; *ders.*, JuS 2011, 193, 196 f.

120 Vgl *Reuss*, AcP 154 (1955), 485 ff; *Lust*, Die Vorstufen des verhandelten Vertrages, S. 34; *Bahntje*, Gentlemen's Agreement und abgestimmtes Verhalten, S. 16 ff (nichtrechtsgeschäftliche Einigungstatbestände).

121 Zu dem entsprechend erweiterten kartellrechtlichen Vertragsbegriff s. Rn 4 Fn 21.

122 Vgl historisch das „pactum", das im römischen Recht als einfache Vereinbarung keine gerichtlich durchsetzbare Verpflichtung erzeugte. *Meyer-Pritzl*, Pactum, conventio, contractus, S. 99, 106; HKK/*Hofer*, Vor § 145 Rn 21.

obligationen) und im zweiten um Verträge ohne primäre Leistungspflichten (s. Rn 4)[123]. Diese Einordnung ermöglicht die Kontrolle der Absprachen in den gesetzlichen Grenzen des zwingenden Vertragsrechts (allgemein: §§ 134, 138, 242, 276 Abs. 3 oder speziell in den Grenzen des Verbraucherschutz-, Miet- oder Arbeitsrechts). Im ersten Falle wird mit der Forderung im Sinne von § 241 Abs. 1 zudem ein rechtlich strukturiertes Element zugrunde gelegt. Das ist auch deshalb vorteilhaft, weil eine Transaktion damit anhand der Regeln des vertraglichen Schuldrechts über Schadensersatz wegen Schutzpflichtverletzungen sowie über die vollständige oder teilweise Rechtfertigung eines Vermögenserwerbs[124] entschieden werden kann.

24 **a) Verdeckter Vertrauenspakt.** Wissen die Parteien im Zeitpunkt des Vertragsschlusses, dass der Vertrag unwirksam ist (etwa wegen Nichteinhaltung der gesetzlichen Form) und wollen sie ihn dennoch auf dieser Grundlage ausführen,[125] so bleibt der Vertrag unwirksam. Aufgrund des fehlenden Rechtsbindungswillens wird der rechtsgeschäftliche Bezug entweder überhaupt verneint (sog. Nicht-Rechtsgeschäft)[126] oder die Vereinbarung zwar anerkannt, aber als fehlerhaft eingestuft (nichtiges Rechtsgeschäft).[127] Bedeutsam ist diese unterschiedliche Sichtweise in Fällen, in denen ein unwirksamer mit einem wirksamen Teil zu einem einheitlichen Geschäft verbunden wurde. Die Rechtsprechung will den wirksamen Teil im Ergebnis alleine gelten lassen. § 139 (dh im Zweifel Gesamtnichtigkeit) sei von vornherein nicht anwendbar, weil kein einheitliches und teilbares Rechtsgeschäft im Sinne dieser Vorschrift vorliege, sondern – neben dem Nicht-Rechtsgeschäft – eben nur ein wirksames Rechtsgeschäft.[128] Auf das Ergebnis wirkt sich die unterschiedliche Sichtweise nicht notwendig aus, da auch bei Anwendung des § 139 der vorrangig zu berücksichtigende Parteiwillen zur Aufrechterhaltung des wirksamen Teils führen kann.[129]

25 Soweit die Parteien von dem Fehlen eines Wirksamkeitserfordernisses ausgingen, etwa einen Formmangel annahmen, der Mangel aber in Wirklichkeit nicht vorlag, ist der Vertrag dennoch unwirksam. Es fehlt der Geltungskonsens (Gedanke des § 154 Abs. 2). Dagegen genügt es nicht, wenn die Parteien das Fehlen eines Gültigkeitserfordernisses lediglich für möglich halten. Die Unwirksamkeit wird hier nur als bestehendes Risiko in Kauf genommen. Ein solcher Vertrag ist wirksam.[130]

26 **b) Gentlemen's agreements.** Bei Vereinbarungen und Absprachen, deren Einhaltung nach dem erklärten Willen der Parteien nicht soll erzwungen werden können, ist fraglich, ob sie noch vom (bürgerlich-rechtlichen) Vertragsbegriff erfasst werden.[131] Sie werden gemeinhin unter der Bezeichnung „Gentlemen's agreements" zusammengefasst.[132] Dabei sollte unterschieden werden zwischen solchen Vereinbarungen und Absprachen, die nach ihrem Handlungssinn eine rein interne, dem Recht verborgene Bedeutung haben sollen, und solchen, die auf eine geschäftliche Transaktion und deren rechtliche Anerkennung gerichtet sind.

27 **aa) Interne Vereinbarungen.** Ist die Vereinbarung entsprechend den verdeckten Vertrauenspakten (s. Rn 24) nicht auf rechtliche Anerkennung gerichtet (interne Vereinbarung), so ist sie nichtig. Die Meidung rechtlicher Anerkennung ist ein Indiz für verbotene Vereinbarungsinhalte und führt zur Sittenwidrigkeit derartiger Abreden (§ 138). Zwingend ist die Annahme der Sittenwidrigkeit aber nicht. Informelle Zusagen wie „der Kläger werde den Beklagten nicht im Regen stehen lassen"[133] können rechtliche Bedeutung auch indirekt

123 Wurden Leistungspflichten nicht vereinbart, so könnte hier auch von bloßen Abreden gesprochen werden, die das Schuldrecht aber nicht vertypt hat. Sie gehören dann zu den sonstigen Einigungstatbeständen neben dem Vertrag, die unter dem Begriff der Quasi-Kontrakte als eigenständige Gruppe zusammengefasst wurden, vgl *Mayer-Maly*, in: FS Wilburg 1965, S. 129 ff. Auch diese Abreden bleiben als „rechtlich relevantes Verhalten" kontrollfähig und können als geschäftliche Sonderverbindungen erfasst werden (rechtsgeschäftsähnliches Schuldverhältnis, § 311 Abs. 2 Nr. 3).

124 Die Naturalobligation bildet einen möglichen Rechtsgrund iSv § 812 Abs. 1 und verlangt damit die Prüfung der Entstehung bzw des Untergangs der Forderung. Eine Teilrückforderung kann sich unter dem Gesichtspunkt der Minderung oder nach den Grundsätzen der WGG ergeben, vgl näher *Schulze*, Die Naturalobligation, S. 633 f.

125 Die (vorübergehende oder dauernde) Nichtigkeitsfolge ist ggf gerade der Zweck dieser Vereinbarung. Es liegt daher nicht nur eine tatsächliche Verständigung durch Wissenserklärungen vor; vgl bereits RGZ 68, 322, 324: keine Wissenserklärungen, sondern „Abmachungen für die Zukunft".

126 Nichtrechtsgeschäftliche Willenserklärung, RGZ 68, 322, 324 (Scheidungsvergleich). Mit der Bezeichnung als Nicht-Rechtsgeschäft fällt dieses aber nicht aus der rechtsgeschäftlichen Betrachtung heraus. Sie dient als regulative Vorstellung zur Entwicklung normativer Abgrenzungskriterien (vgl Rn 9).

127 Etwa Jauernig/*Jauernig*, Vor § 104 Rn 17, der unter Hinw. auf § 117 Abs. 1 entsprechend dem Scheingeschäft von einem nichtigen Rechtsgeschäft ausgeht.

128 BGHZ 45, 376, 379 f; BGH NJW 1999, 351; krit. *Keim*, NJW 1999, 2867, 2868.

129 Die Anwendbarkeit des § 139 bejahen: BGH NJW 1989, 898 f (mündliche Zusage); Staudinger/*Roth*, § 139 Rn 24; Jauernig/*Jauernig*, § 139 Rn 13; Erman/*Armbrüster*, Vor § 145 Rn 5.

130 *Flume*, BGB AT Bd. 2, § 7, 8; Erman/*Armbrüster*, Vor § 145 Rn 6.

131 Zum Vertragsbegriff s. Rn 4 und zur Anerkennung des Gentlemen's Agreement als Vertrag Rn 23.

132 *Bahntje*, Gentlemen's agreement und abgestimmtes Verhalten, S. 25. Zu den historischen Wurzeln und heutigen Erscheinungsformen des Gentlemen's Agreements vgl *Schulze*, Die Naturalobligation, S. 602 ff u. 606 ff.

133 OLG Nürnberg NJW-RR 2001, 636, 637: formlose Zusage einer Vertragsanpassung bei Eintritt bestimmter Umstände.

erlangen (etwa als Geschäftsgrundlagenvereinbarung).[134] Sie sind insoweit als Sachverhaltsdaten zu berücksichtigen.

bb) Auf rechtliche Anerkennung gerichtete Vereinbarungen. Soll eine rechtliche Leistungsbindung zur Erhaltung einer höchstmöglichen Flexibilität nicht entstehen, so handelt es sich um einen Vertrag ohne primäre Leistungspflicht (s. Rn 23).[135] Angekündigte Leistungen werden nach Opportunität erbracht oder nicht. Die Parteien bleiben frei und können ohne Pflichtverletzung vom Leistungsvollzug absehen. Sollen dagegen nur Zwangsbefugnisse ausgeschlossen sein, eine Selbstbindung aber entstehen, so liegt ein Vertrag mit nicht erzwingbaren Leistungspflichten (Naturalobligationen) vor.[136] Eine solche Einordnung ist gegenüber der sonst denkbaren Einordnung in die Vertrauenslehre vorzugswürdig. Die Annahme eines Vertrages auf der Grundlage eines sog. natürlichen Vertrauens[137] ist dadurch überflüssig.[138] 28

Voraussetzung für die Erzeugung von Naturalobligationen ist ein Leistungsversprechen, dh die Vereinbarung einer bestimmten Leistung sowie der klar und eindeutig geäußerte Wille zur Leistungserbringung.[139] Ferner muss die Transaktion auf rechtliche Anerkennung gerichtet sein, dh insbesondere der wirtschaftliche Erfolg soll anerkannt und abgesichert werden (Rechtsgrundabrede). Das sind Auslegungsfragen, die nach Indizien und Wertungskriterien zu beantworten sind. Die von den Parteien verwendete Bezeichnung als Gentlemen's agreement kann als Anhaltspunkt für die gewünschte Anerkennung zu werten sein.[140] Eine solche Struktur weisen ferner im öffentlich-rechtlichen Bereich etwa die sog. freiwilligen Selbstverpflichtungen von Unternehmen und Verbänden auf, mit Hilfe derer ein staatliches Eingreifen überflüssig (verhindert) werden soll.[141] Dahingehende Absprachen haben bestimmungsgemäß eine externe Wirkung und bedürfen daher der Anerkennung durch das Recht. Selbstverpflichtungen begründen Naturalobligationen. Sie sind für den Versprechenden verbindlich, ihre Einhaltung kann aber vom Versprechensempfänger nicht rechtlich erzwungen werden.

3. Prozessverträge. Auch in Bezug auf das staatliche Gerichtsverfahren bestehen weitgehende Dispositionsspielräume. Auf die möglichen Formen sog. Prozessverträge kann hier nur hingewiesen werden (Verträge über die Klagebefugnis, Gerichtsstands- und Schiedsverträge, Beweisverträge, vertragliche Verfahrensbeen- 29

134 Zuweisung bestimmter vertraglicher Risiken, OLG Nürnberg NJW-RR 2001, 636, 637.

135 Das ist eine Frage der Auslegung, vgl *Schulze*, Die Naturalobligation, S. 579 ff.

136 Gewillkürte Naturalobligationen werden von der Rechtsprechung anerkannt, BGH v. 12.4.2006 – III ZR 153/05 (Klageverzicht kann zur Naturalobligation führen); BGH MDR 1971, 657 = LM § 1018 Nr. 19, Bl. 4 (Verpflichtung unter Ausschluss des Rechtsweges); OLG Celle OLGZ 1969, 1, 2 (Ausschluss des Klageweges); OLG Celle NJW 1971, 289, 290 (Vereinbarung eines obligatorischen Güteversuchs im Streitfalle); RGZ 40, 195, 199 (Besserungszusage); 67, 390, 392 (Klagbarkeitsausschluss); 98, 176, 178 (Schuldversprechen gegenüber der Geliebten für den Fall anderweitiger Heirat); RG JW 1930, 1062 Nr. 7 (Zahlungsvereinbarung). In der Literatur sind sie umstritten, vgl zust. mN Staudinger/*Schmidt* (1995), Einl. v. § 241 Rn 154 ff; Staudinger/*Olzen*, Einl. zum SchuldR Rn 247 (schwierig zu beurteilen); bejahend *Schulze*, Die Naturalobligation, S. 565 ff (einseitig) u. S. 568 ff (zweiseitig); *ders.*, JuS 2011, 193 ff.

137 Zum Begriff des natürlichen Vertrauens in Korrespondenz zu einem natürlichen Willen vgl *Canaris*, Vertrauenshaftung, S. 396 ff; 544; geschützt wird das Vertrauen auf die freiwillige Erfüllung unverbindlicher Versprechen in der Zukunft; vgl *Singer*, Vertrauenshaftung bei Abbruch von Vertragsverhandlungen, S. 135, 144 f. Die rechtsgeschäftliche Willenserklärung wird durch ein natürliches Versprechen ersetzt, das gleichlaufende, schutzwürdige Verhaltenserwartungen im Hinblick auf die Leistungserbringung erzeugt. Dem konkreten, berechtigten Vertrauen in ein gegebenes Wort entspricht die vertragliche Treuepflicht an das gegebene Wort.

138 So noch unter Annahme eines Vertrauensvertrages Voraufl. Vor §§ 145–157 Rn 28.

139 Aus Unbestimmtheit folgt Unverbindlichkeit etwa bei den sog. weichen Patronatserklärungen im unternehmerischen Geschäftsverkehr, vgl *Hauck/Rumohr*, NJOZ 2010, 1250, 1251; *Habersack*, ZIP 1996, 257; *Fleischer*, WM 1999, 666, 670; auch die *harte* Patronatserklärung ist nach LG München I WM 1998, 1285 wegen Suggestivwirkung nichtig (§ 138). Ferner sei sie unwirksam, weil die konkrete Schuld nicht bestimmbar sei; dagegen wird die **harte** Patronatserklärung als Sicherungsmittel allgemein anerkannt, vgl BGH NJW 2010, 144 Tz 14; BGHZ 117, 127, 130 = NJW 1992, 2093.

140 BGH MDR 1964, 570; OLG Hamburg MDR 1953, 482 – Gentlemen's Agreement: Es handelt sich bei einer solchen Bezeichnung grundsätzlich um eine auf den guten Willen und die kaufmännische Anständigkeit abgestellte Zusage einer oder beider Seiten, die aber nach dem Willen der Beteiligten keinen klagbaren Anspruch begründen soll. Nach BGH MDR 1964, 570 ist in diesen Fällen auch eine Rückkehr in die Verbindlichkeit über § 242 möglich. Der Auskunftsanspruch entsteht, sobald der Kläger darlegt, er habe berechtigten Grund zu der Annahme, der Beklagte habe sich von seiner freundschaftlichen Einstellung entfernt.

141 Etwa im Umweltrecht werden „Branchenabsprachen" oder „Branchenzusagen" im Bereich von Industrie und Handel getroffen. Diese haben meist die Minderung bestehender Umweltbelastungen bzw die Vornahme bestimmter umweltschonender Maßnahmen zum Inhalt. Sie sind nicht rechtsverbindlich und werden daher nicht immer eingehalten, vgl *Kloepfer*, Umweltrecht, 3. Aufl. 2004, Rn 513; *Frenz*, S. 226 u. Fn 164 f. Auf diese unverbindlichen Absprachen sind die §§ 54 ff VwVfG analog bzw die ihnen zugrunde liegenden Rechtsgedanken anzuwenden.

digungen, Vollstreckungsverträge).[142] Bei der Auslegung von Prozessverträgen ist auf die mögliche materiellrechtliche Wirkung der Vereinbarung zu achten. So kann ein Stillhalteabkommen (pactum de non petendo) über den prozessualen Ausschluss der Klage hinausgehen und etwa auch ein Aufrechnungsverbot beinhalten oder die Fälligkeit der Forderung beseitigen.[143]

III. Erklärungen im Vorfeld des Vertrages

30 Behält sich der Erklärende die Entscheidung über seine Gebundenheit noch vor, so handelt es sich um eine unverbindliche Absichtserklärung. Diese kann Bedeutung für die Interpretation nachfolgender Erklärungshandlungen erlangen. Geläufiges Beispiel für eine unverbindliche Vorfelderklärung ist die Aufforderung zur Abgabe von Angeboten (invitatio ad offerendum), vgl § 145 Rn 3 f.

31 **1. Erklärungen im Verhandlungsprozess.** Der Vertragsschluss ist abzugrenzen von den gesetzlich nicht geregelten Vertragsverhandlungen. Diese umfassen die Korrespondenz und die den Verhandlungsprozess betreffenden und ggf strukturierenden Erklärungen. Die Bezeichnungen für die jeweiligen Erklärungen werden uneinheitlich verwendet, sie können je nach Sachgebiet eigenständige Bedeutung entwickeln, etwa im IT-Bereich,[144] und geben auch nur einen ersten Anhaltspunkt für die Interpretation.[145] So können bekundete Vertragsvorstellungen (memorandum of understanding), Absichtserklärungen (letter of intent) oder Verhandlungsvereinbarungen (instruction to proceed) vorliegen, die allesamt auf einen Vertragsschluss als Verhandlungserfolg gerichtet sind.[146] Eine Leistungsverbindlichkeit (§ 241 Abs. 1) ist dabei aber grundsätzlich weder im Hinblick auf den Verhandlungsverlauf noch auf den Vertragsschluss gewollt. Die fehlende Bindung kann ausdrücklich durch eine sog. „no binding clause" oder konkludent durch sonstige Unverbindlichkeitsindizien zum Ausdruck gebracht sein.[147] Sie kann ferner aus der unzureichenden Bestimmtheit, sprachlichen Relativierungen, einer nur unvollständigen Einigung, aus der Nichteinhaltung vereinbarter Formerfordernisse usf. abgeleitet werden.[148] Insoweit bleibt auch der Umstand, ob die Erklärung einseitig abgegeben oder vereinbart worden ist, ohne Bedeutung. Das Bestehen einer Verbindlichkeit ist allerdings **für jede einzelne Erklärung** konkret zu prüfen. Bindende Vereinbarungsinhalte können sich auf den Hauptvertrag (Punktation als verbindliche Teileinigung entgegen der Vermutung des § 154 Abs. 1 S. 2) oder auf den Verhandlungsprozess beziehen (etwa Vereinbarung über die Kosten der Vertragsanbahnung oder von Vorarbeiten,[149] Vereinbarung von Exklusivverhandlungen,[150] Verschwiegenheit, Informationspflichten). Beziehen sie sich auf den Verhandlungsprozess, so wird durch sie ein sog. **Vorfeldvertrag** begründet, der von dem Hauptvertrag zu unterscheiden ist.[151]

32 Unverbindliche Erklärungen im Verlaufe von Vertragsverhandlungen können im Falle des **grundlosen Verhandlungsabbruches** eine Schadensersatzhaftung aus § 311 Abs. 2 Nr. 1 (cic) rechtfertigen. Ansatzpunkt ist

142 Grundlegend *Wagner*, Prozessverträge, 1998, S. 391 ff, 504 ff, 556 ff, 608 ff, 711 ff.

143 Bei aufgeschobener Fälligkeit entsteht eine betagte Forderung, vgl *Wagner*, Prozessverträge, S. 391, 437 ff; *Schulze*, Die Naturalobligation, S. 476 ff, bei Klage- und Aufrechnungsverbot ist von einer nicht erzwingbaren Leistungsforderung (Naturalobligation) auszugehen, ebd.

144 Vgl *Redeker*, Vorvereinbarungen in IT-Projekten, ITRB 2007, 208 ff.

145 Etwa die als „quick note" bezeichnete vorläufige Vereinbarung für einen Filmvertriebsvertrag, OLG München, RIW 2001, 864 ff; OLG Frankfurt, OLG-Rp 1997, 49 („Letter of Intent" als Vorvertrag interpretiert); *Bischoff*, ZVglRWiss 103 (2004) 190, 193 f, 203.

146 Die Abgrenzungen zwischen den so bezeichneten Erklärungsformen sind fließend. Der Letter of Intent (LoI) wird verbreitet auch nur als rechtlich nicht verbindliche „Fixierung einer Verhandlungsposition" beschrieben, vgl Palandt/*Ellenberger*, Einf. v. § 145 Rn 18. In einer bloßen Fixierung kommt immer auch die Absicht zum Ausdruck, einen Vertrag schließen zu wollen. Lediglich eine Rechtsbindung soll ausgeschlossen sein. Die Funktionen derartiger Erklärungen sind umfangreich. Für den LoI: Verhandlungsatmosphäre, Vertragsmanagement, vorgezogene Risikoverteilungen, vorgezogene Teilleistungen, interne Zwecke, vgl *Heussen*, S. 8. Abstrakt: Eingrenzung des Verhaltensspielraums und Kanalisierung des Verhandlungsprozesses, *Lutter*, S. 78.

147 Staudinger/*Bork*, § 145 Rn 14; zu den Formulierungen für eine rechtliche Unverbindlichkeit *Heussen*, S. 15 ff; *Lust*, Die Vorstufen des verhandelten Vertrages, S. 22 ff.

148 Zu den Indizien für eine Bindungswirkung einer Vorfeldvereinbarung nach US-amerikanischem Recht: *Bischoff*, RIW 2002, 609, 615.

149 BGH NJW 1979, 2202 (Angebotserstellung); OLG Nürnberg NJW-RR 1993, 760 ff (Softwareentwicklung).

150 Zu einem „Deal Memo" als Vorstufe eines Lizenzvertrages, BGH GRUR 2003, 173 (Filmauswertungspflicht); zum „Deal Memo" als Vorvertrag vgl BGH ZUM 2010, 427, 428 m.Anm. *G. Schmid*, GRUR-Prax 2010, 154.

151 *Bischoff*, ZVglRWiss 103 (2004), 190, 201 f; *Kues*, Vereinbarungen im Vorfeld eines Vertrages, 1994, S. 85; *Hertel*, Rechtsgeschäfte im Vorfeld eines Projekts, BB 1983, 1824; *Stawowy*, Vertragsverhandlungen und Vorfeldvereinbarungen beim Unternehmenskauf, 2001.

ein besonders schwerwiegender Treueverstoß, wobei es auf ein Verschulden nicht notwendig ankommt.[152] Hat eine Partei ihre konkrete Abschlussbereitschaft im Hinblick auf einen bestimmten Vertrag erklärt oder bekräftigt, so darf sie hiervon nicht ohne weiteres abgehen. Die Erklärungen werden aber nicht als rechtsgeschäftlich eingestuft, selbst wenn sie formalisiert, etwa durch einen „Letter of Intent" oder in Form von Rabattgutscheinen, abgegeben werden, sondern zerfließen zu Vertrauen begründenden Umständen.[153] Ansatzpunkt für die Haftung ist der **Vertrauensschutz** des Erklärungsadressaten, wobei für die Zurechnung auf die Kategorie der geschäftsähnlichen Handlung zurückgegriffen wird.[154] Das berechtigte Vertrauen erzeugt ein Recht auf ein Verhandeln unter Abschlussbereitschaft, ohne einen Anspruch auf Abschluss selbst zu begründen.

2. Das Verhandlungsverhältnis. Vorfelderklärungen, die keine vertragliche Bindung begründen, lassen ein rechtsgeschäftsähnliches Schuldverhältnis entstehen (§§ 311 Abs. 2, 241 Abs. 2). Damit werden Schutz- und Treuepflichten begründet, die je nach Lage des Falles zu konkretisieren sind und insoweit der Parteidisposition unterliegen. § 241 Abs. 2 übernimmt die Funktion, derartige Loyalitätspflichten[155] in contrahendo gesetzlich anzuerkennen.[156] Werden diese Pflichten schuldhaft verletzt, so ist die Haftung aus **culpa in contrahendo** (§ 280 Abs. 1) begründet. Bezieht sich die Vorfeldvereinbarung (auch) auf die Ausgestaltung oder den Ausschluss dieser Haftung, so handelt es sich um einen Vertrag (Enthaftungsvertrag).[157] Die vertrauenstheoretisch begründete Haftung kann daneben aber auch durch einseitig vertrauenszerstörende Erklärungen des potenziell Haftenden verhindert werden.[158] 33

IV. Vorvertrag

Der Vorvertrag ist nicht eigenständig geregelt. Er ist ein herkömmlicher Vertrag, der die Verpflichtung zum Abschluss eines weiteren schuldrechtlichen Vertrages, des (Haupt-)Vertrages, enthält. Dieser vertraglich begründete Abschlusszwang kann einseitig oder gegenseitig begründet werden und auch auf den Abschluss eines Vertrages mit einem Dritten gerichtet sein.[159] Der Vorvertrag verpflichtet beide Parteien, an dem Aushandeln der Bedingungen des abzuschließenden Vertrages mitzuwirken und sich mit den Vorschlägen der anderen Partei zum Inhalt des angestrebten Vertrages ernsthaft auseinanderzusetzen.[160] Der Vorvertrag hat regelmäßig den Zweck, noch bestehende tatsächliche oder rechtliche **Abschlusshindernisse** für den Hauptvertrag gesichert zu **überbrücken**.[161] Aufgrund der Regel des § 154 Abs. 1 S. 1 ist die Annahme eines Vor- 34

152 BGH WM 1989, 685 f; BGH NJW 1996, 1884, 1885; zust. Erman/*Armbrüster*, Vor § 145 Rn 9 und § 145 Rn 20; *Lutter*, Der Letter of Intent, S. 70: Pflichtwidrig ist es, die Lage so darzustellen, als werde ein Vertrag mit Sicherheit zustande kommen, wenn diese Sicherheit nicht besteht. Niemand darf einen in Wirklichkeit so nicht existenten Grad seiner Entschlossenheit zum Vertragsschluss zum Ausdruck bringen. Vgl ferner *Bergjan*, ZIP 2004, 395; *Wertenbruch*, ZIP 2004, 1525; grundlegend *Schwarze*, Vorvertragliche Verständigungspflichten, 2001, S. 263 ff („verständigungstheoretische" Informationspflichten).

153 OLG Stuttgart BB 1989, 1932 f (fehlender LoI als Mitverschulden); vgl *Deimel*, ZGS 2004, 213, 215 ff (keine rechtsgeschäftliche Qualität von Rabattgutscheinen; aA hier § 145 Rn 6). *Bischoff*, ZVglRWiss 103 (2004), 190, 215 (Vertrauensverhältnis wird intensiviert und konkretisiert).

154 Insoweit ähnelt die Haftung der heute überwundenen Kategorie der faktischen Vertragsverhältnisse (vgl Rn 42). Vgl BGH NJW 1970, 1840, 1841 (analoge Anwendung der §§ 145 ff im Hinblick auf die Frist zur Annahme), zust. *Lutter*, S. 77 ff, der alternativ als Rechtsgrundlage auch das Verbot des venire contra factum proprium (§ 242) nennt: Der Absender habe durch seinen LoI und die dort festgelegten Elemente selbst ein Faktum geschaffen, durch eigenes Tun ihn selbst bindende Verhaltenspflichten begründet, von denen er ohne Vertrauensbruch nicht einfach abweichen kann, vgl *Ulrici*, NJW 2003, 2053 ff.

155 Staudinger/*Bork*, Vor §§ 145–156 Rn 49.

156 § 241 Abs. 2 sagt nur, dass eine Verpflichtung zur Rücksichtnahme auf die Rechte, Rechtsgüter und Interessen des anderen Teils nach dem Inhalt des Schuldverhältnisses entstehen *kann*. Das Verhandlungsverhältnis wird dennoch ganz überwiegend als gesetzliches Schuldverhältnis eingestuft, vgl *Krebber*, VersR 2004, 150, 154 (Zwitterkonstruktion) mwN.

157 Reine Haftungsausschlussvereinbarung, *Larenz*, Schuldrecht I, S. 554; *Gerhardt*, JZ 1970, 535, 537. Die Loyalitätspflicht bleibt hier bestehen, aber die Haftung für den Fall der Verletzung (§ 280 Abs. 1) ist abbedungen. Konstruktiv möglich ist hier auch die Annahme eines Erlasses (künftiger Forderungen), vgl Erman/*Wagner*, § 397 Rn 3.

158 Vgl *Schwarze*, Vorvertragliche Verständigungspflichten, 2001, S. 327 f.

159 Staudinger/*Bork*, Vor §§ 145–156 Rn 56; Erman/*Armbrüster*, Vor § 145 Rn 46; dazu etwa auch OLG Düsseldorf, Urt. v. 22.7.2010 – 24 U 233/09; zum Ausnahmecharakter MüKo/*Kramer*, Vor § 145 Rn 50; *Krüger*, ZNotP 2006, 447; zu den Erscheinungsformen des Vorvertrags eingehend *Freitag*, AcP 207 (2007), 287, 290 ff.

160 Vgl BGH NJW 2006, 2843, 2844 f. Wenn dies nicht der Fall ist oder keine Einigung zu erzielen ist, entsteht ein Klagerecht auf Abgabe einer Vertragserklärung mit Einwendungsmöglichkeiten der Gegenseite unter dem Gesichtspunkt von § 242, *Krüger*, ZNotP 2006, 447, 448; *Oberhauser*, BrBp 2005, 388, 389; krit. *Freitag*, AcP 207 (2007), 287, 302 ff.

161 Zur Interessenlage der Parteien auch BGH ZUM 2010, 427, 428 m.Anm. *G. Schmid*, GRUR-Prax 2010, 154 (zum „Deal Memo" als Vorvertrag).

vertrages nur dann gerechtfertigt, wenn sich die Parteien über alle wesentlichen Punkte geeinigt haben und besondere Umstände darauf schließen lassen, dass sie sich bereits vertraglich binden wollten. Der Dissens in Bezug auf einzelne (nicht wesentliche) Vertragspunkte hindert die Vertragsbindung dann im Zweifel nicht.[162] Der Inhalt des Vorvertrages muss insgesamt aber so bestimmt sein, dass der Inhalt des Hauptvertrages bestimmbar ist (richterlich feststellbar nach §§ 133, 157, 315 ff)[163] und Leistungsklage auf Abschluss des Hauptvertrages erhoben werden kann (Klage auf Annahme eines noch abzugebenden Angebots).[164] Aus prozessökonomischen Gründen kann das Mitwirkungsverlangen jedoch mit dem Antrag auf Abgabe der Vertragserklärung eingeklagt werden.[165] Mit der Klage aus dem Vorvertrag kann die Klage auf künftige Leistung aus dem abzuschließenden Hauptvertrag verbunden werden.[166]

35 Formpflichten gelten bereits für Vorverträge, sofern der Formzweck (auch) dem Schutz zumindest einer der Vertragsparteien vor einer vertraglichen Bindung dient (§§ 311 b Abs. 1, 766 S. 1). Daran fehlt es nur dann, wenn allein Beweis- oder Verkehrsschutzinteressen verfolgt werden (etwa bei §§ 780 f, str.).[167] Das wird von der Rechtsprechung auch für § 550 (Mietverträge mit fixierter Laufzeit von länger als einem Jahr) angenommen, weil diese Formvorschrift allein der Unterrichtung des Dritterwerbers diene.[168] Im Hinblick auf den ebenfalls anzuerkennenden Schutzzweck vor längerfristigen Vertragsbindungen sollte § 550 dagegen auch auf Mietvorverträge angewendet werden.[169] Der formwahrende Abschluss des Hauptvertrages heilt den formfehlerhaften Vorvertrag.[170]

V. Option, Vorrechtsvertrag, Vorhand

36 Mit der Option wird ein inhaltlich bereits fixiertes Vertragsverhältnis in Geltung gesetzt oder es werden bestehende Vertragswirkungen verlängert. Löst die Option aus Sicht des Ausübenden einen Ankauf aus, so spricht man auch von einem Ankaufsrecht („Call-Option"), löst sie einen Verkauf aus, vom Verkaufsrecht („Put-Option").[171] Die Ausübung erfolgt durch einseitige Willenserklärung. Sie unterliegt derselben Form, die für die entsprechende Vertragserklärung einzuhalten ist. Das gilt auch bei nur einseitigen Formerfordernissen, §§ 518 Abs. 1, 766 S. 1. Die Option wird einseitig durch einen Vertragsantrag mit gesonderter Bindungsfrist (sog. Festofferte) eingeräumt oder durch einen (Options-)Vertrag[172] zweiseitig begründet (sog. Angebotsvertrag).[173] Die Rechtsposition Option stellt ein **Gestaltungsrecht** dar. Das Optionsrecht erlischt grundsätzlich durch Ausübung.[174] Eine Vertragslösung ermöglicht die Vereinbarung eines Bindungsentgelts. Der Optionsverpflichtete muss sich aber sowohl bei einseitig erklärter als auch bei der vertraglich vereinbarten Antragsbindung leistungsfähig halten.[175]

37 Möglich ist daneben auch ein Optionsvertrag des Inhaltes, dass die Parteien bereits den Hauptvertrag abschließen und einer Partei das Recht einräumen, durch Erklärung die Vertragswirksamkeit herbeizuführen. Der Zweck dieser Konstruktion ist es, die Optionsausübung formfrei zu ermöglichen (arg. § 456 Abs. 1 S. 2).[176]

162 OLGR Karlsruhe 2009, 881; BGH NJW 2006, 2843, 2844; iE ebenso MüKo/*Kramer*, Vor § 145 Rn 51; aA Staudinger/*Bork*, Vor §§ 145–156 Rn 52 mwN.
163 OLG Koblenz NZBau 2006, 184, 185; BGH NJW 1990, 1234, 1235; NJW-RR 1993, 139, 140; daraus ergibt sich aber kein geringeres Maß an Bestimmtheit für einen Vorvertrag, MüKo/*Kramer*, Vor § 145 Rn 46.
164 BGH NJW 2001, 1286; NJW-RR 1994, 1272 f.
165 BGH NJW 2006, 2843, 2844 f; BGH NJW 2001, 1273 (Klage auf Annahmeerklärung bei bereits vollständig formuliertem Hauptvertrag).
166 BGH NJW 2001, 1286.
167 BGHZ 121, 1, 4; vgl zum Streitstand Erman/*Heckelmann*/*Wilhelmi*, § 780 Rn 5.
168 BGH NJW 2007, 1817 f; BGH NJW 1990, 1204 (zu § 566); zust. Staudinger/*Bork*, Vor §§ 145–156 Rn 61; Erman/*Armbrüster*, Vor § 145 Rn 48; vgl auch BGH NJW 2010, 1518 Tz 13: Keine Ausdehnung des Schriftformerfordernisses auf die Annahmefrist (-verlängerung).
169 So auch *Flume*, BGB AT Bd. 2, § 33, 7; *Häsemeyer*, Die gesetzliche Form der Rechtsgeschäfte, 1971, S. 112 ff.
170 *Freitag*, AcP 207 (2007), 287, 312 mwN zu Lit. u. Rspr.
171 Zu Put-Optionen auf Immobilien insb. *Heyers*, DNotZ 2011, 6, 7.
172 MüKo/*Kramer*, Vor § 145 Rn 29; Palandt/*Ellenberger*, Einf. v. § 145 Rn 23. Abweichend soll nach Staudinger/*Bork*, Vor §§ 145–156 Rn 70 nur die Vertragsoption als Option zu bezeichnen sein. Welche Konstruktion anzunehmen ist, ist Auslegungsfrage, OLG München ZUM 2008, 68, 69.
173 Inhalt des Angebotsvertrags ist das Angebot des Optionsverpflichteten, das der Optionsberechtigte einmal als Angebot zum Abschluss des Optionsvertrages und sodann durch Ausübung des Optionsrechts zum Abschluss des (Haupt-)Vertrages annimmt, vgl MüKo/*Kramer*, Vor § 145 Rn 60.
174 BGH NJW-RR 1995, 714; eine abweichende Gestaltung bleibt aber möglich, vgl BGH NJW-RR 2004, 952, 954 (Rücknahme des Widerrufs eines Grundstückkaufangebots).
175 Bei einseitiger Optionseinräumung ist die Grundlage der Haftung das rechtsgeschäftsähnliche Schuldverhältnis (§ 311 Abs. 2), vgl Staudinger/*Bork*, Vor §§ 145–156 Rn 71. Weitergehend wird in diesem Falle auch eine analoge Anwendung des § 122 und damit eine verschuldensunabhängige Haftung befürwortet, *Schilder*, Schadensersatz bei Durchbrechung der Bindung an obligatorische Vertragsofferten, S. 221 ff.
176 BGH NJW 2006, 2843, 2844; Palandt/*Ellenberger*, Einf. v. § 145 Rn 23; abl. Staudinger/*Bork*, Vor §§ 145–156 Rn 74; MüKo/*Kramer*, Vor § 145 Rn 61.

Es handelt es sich um einen **bedingten Hauptvertrag**, der unter einer Wollensbedingung[177] steht. Das ist zulässig, weil die bedingten Vertragspflichten im Zeitraum des Schwebezustandes durch ein eigenes Haftungsregime gesichert sind (Anwartschaftsrecht des bedingt Berechtigten aus §§ 160–162). Es besteht also bereits eine Vorwirkung der vertraglichen Bindung. Der Schutzzweck einschlägiger Formvorschriften wird durch die Beurkundung des bedingten Hauptvertrages gewahrt (insb. § 311 b Abs. 1 S. 1). Im Ergebnis ist es eine Frage der Auslegung, ob die Parteien einen bedingten Vertrag schließen und damit bereits (vorwirkende) vertragliche Rechtsbindungen begründen wollten oder nicht.[178]

Verträge, die dem Berechtigten im Verhältnis zum Verpflichteten ein **Vorrecht** gegenüber Dritten einräumen (Vorrechtsverträge, Vorhand), sind nach der Reichweite des vereinbarten Vorrechts zu unterscheiden. In der weitestgehenden Form erhält der Berechtigte ein Eintrittsrecht in Verträge, die der Verpflichtete mit Dritten schließt (etwa das in §§ 463 ff, 1094 ff geregelte Vorkaufsrecht). Möglich ist ferner etwa die Einräumung eines Rechts auf ein Angebot im Falle der Veräußerung (Angebotsvorhand) oder auf ein Informations- oder Verhandlungsrecht bei Veräußerungsabsicht (Verhandlungsvorhand).[179] **38**

VI. Rahmenvertrag, Sukzessivlieferungsvertrag

Durch einen Rahmenvertrag (Mantelvertrag) legen die Parteien Einzelheiten künftiger Verträge fest, ohne dass diese bereits so bestimmt oder bestimmbar sind, dass auf ihren Abschluss geklagt werden kann. Es handelt sich um Richtlinien für eine auf Dauer angelegte Geschäftsverbindung, ohne bereits primäre Leistungspflichten zu begründen (Vertrag ohne primäre Leistungspflicht, s. Rn 4). Der Rahmenvertrag begründet dennoch eigenständige Rechtspflichten,[180] weshalb etwa die Vertragsqualität einer Rahmenvereinbarung über die Geltung von Allgemeinen Geschäftsbedingungen im Sinne von **§ 305 Abs. 3** bejaht wird.[181] Der sog. **allgemeine Bankvertrag** soll dagegen keine Rechtspflichten begründen und daher nicht als Rahmenvertrag anzuerkennen sein, so dass die AGB-Banken nicht mehr ohne weiteres als vereinbart gelten können.[182] Eine besondere Art eines Rahmenvertrages liegt vor, wenn die Bestimmbarkeit der vertraglichen Leistung zwar gegeben ist, aber der Abschluss der Verträge noch vorbehalten wird (Lieferung auf Abruf, wobei der Abruf ein eigenständiges Vertragsangebot darstellt).[183] Aufgrund der gesonderten Einzelverträge handelt es sich dann um ein **Wiederkehrschuldverhältnis**. **39**

Der Nichtabschluss in laufender Geschäftsbeziehung kann eine Pflichtverletzung des Rahmenvertrages bedeuten und zu einer Haftung aus § 280 Abs. 1 führen.[184] Inhalt und Umfang der Pflichten aus dem Rahmenvertrag sind durch Auslegung zu bestimmen. Der Anspruch kann danach auch auf das positive Interesse und damit auf Vertragsabschluss gehen (Kontrahierungszwang als Schadensersatzleistung durch Naturalrestitution). **40**

Der **Sukzessivlieferungsvertrag** ist ein einheitlicher Vertrag, bei dem die Erfüllung in zeitlich getrennten Teilleistungen erfolgt. Ist die Gesamtleistung im Voraus bestimmt, so spricht man von einem Raten- oder Teillieferungsvertrag, ist sie unbestimmt, von einem Dauerlieferungs- oder Bezugsvertrag.[185] Im letzteren Falle handelt es sich um ein Dauerschuldverhältnis, welches durch Kündigung beendet werden kann (§ 314). Insolvenzrechtlich ist die Unterscheidung dagegen aufgrund von § 105 InsO (teilbare Leistung) heute ohne Bedeutung. **41**

177 BGHZ 47, 387, 391; 71, 280, 283; BGH WM 1962, 1399; MüKo/*Kramer*, Vor § 145 Rn 61; abl. Jauernig/*Jauernig*, Vor § 145 Rn 6; ebenso noch RGZ 40, 195, 201 (nackte Willkür); zum Streit im Schrifttum vgl Staudinger/*Bork*, Vor §§ 145–156 Rn 71.

178 BGH NJW 2006, 2843, 2844.

179 Näher *Maurer*, BWNotZ 2004, 57 ff; auch zur dogmatischen Konstruktion, Staudinger/*Bork*, Vor §§ 145–156 Rn 78; MüKo/*Kramer*, Vor § 145 Rn 63.

180 BGHZ 114, 238, 241 f (Kreditkartenvertrag zwischen Verbrauchermarkt und Kunden mit Anspruch über Verhandlungen zum Abschluss eines Kreditkaufs); BGH NJW-RR 1992, 977, 978 (Verhandlungsvorhand: Anspruch auf Aufnahme von Vertragsverhandlungen über den Abschluss von Architektenverträgen); BGH WM 2000, 1198; Soergel/*Wolf*, Vor § 145 Rn 82; aA MüKo/*Kramer*, Vor § 145 Rn 34.

181 MüKo/*Kramer*, Vor § 145 Rn 34 aE; Erman/*Roloff*, § 305 Rn 44; zu der wortgleichen Vorgängernorm des § 2 Abs. 2 AGBG Wolf/Horn/Lindacher/*Wolf*, AGBG, 4. Aufl. 1999, § 2 Rn 52; *Canaris*, Bankvertragsrecht, 2. Aufl. 1981, Rn 2500 und 3. Aufl. 1988, Rn 10.

182 BGH NJW 2002, 3695, 3696; zu Recht abl. *M. Roth*, WM 2003, 480, 482; ebenso im Hinblick auf das Bankgeheimnis und die Koordinationspflichten in Bezug auf die vertraglichen Einzeltransaktionen *Köndgen*, NJW 2004, 1288, 1289 f; ausf. zum Streitstand MüKo/*Heermann*, § 675 Rn 52.

183 BGH NJW 1997, 933 m.Anm. *Bülow* LM Nr. 85 zu § 139.

184 BGH NJW-RR 1992, 978, 979; *Larenz/Wolf*, BGB AT, § 23 Rn 114; Palandt/*Ellenberger*, Einf. v. § 145 Rn 19; Soergel/*Wolf*, Vor § 145 Rn 82 (der in diesen Fällen von Rahmengrundlagenverträgen spricht und sie von Rahmennebenbestimmungsverträgen unterscheidet).

185 Vgl zur Diktion im Einzelnen Erman/*Armbrüster*, Vor § 145 Rn 53 f.

VII. Faktischer Vertrag, Selbstwiderspruch und fehlerhafte Vertragsverhältnisse

42 Die frühere Lehre von den **faktischen** Vertragsverhältnissen beruht auf der Annahme, dass Vertragsverhältnisse nicht nur rechtsgeschäftlich, sondern auch faktisch und zwar durch sozialtypisches Verhalten begründet werden können.[186] Der BGH ist dieser Lehre anfänglich gefolgt,[187] greift heute aber nicht mehr auf sie zurück.[188] Das sozialtypische Verhalten kann mit den bekannten dogmatischen Kategorien bewältigt, dh als schlüssige Willenserklärung verstanden werden.[189] Die auf objektivierter Empfängersicht beruhende Deutung des Erklärungsverhaltens schließt den Einwand fehlenden Erklärungsbewusstseins und auch die darauf gestützte Irrtumsanfechtung aus.[190]

43 Weiter streitig ist aber, ob eine vertragliche Bindung auch dann entsteht, wenn der Betreffende seinen Bindungswillen vor oder gleichzeitig mit dem tatsächlichen Verhalten ausdrücklich und für den Erklärungsadressaten erkennbar ausschließt. Dieser offene Vertragsvorbehalt soll entsprechend der Parömie **protestatio facto contraria non valet** unbeachtlich sein.[191] Das ist im Hinblick auf die Privatautonomie bedenklich[192] und wird für Individualverträge von der neueren Rechtsprechung nur einschränkend angewendet.[193] Vorzugswürdig ist es, eine Vertragsbindung in derartigen Fällen unmittelbar aus **§ 242** herzuleiten: Hat sich der Betreffende durch die tatsächliche Inanspruchnahme der Leistung in einen offenen Widerspruch zu seiner Vertragsablehnung begeben und insoweit treuwidrig und unredlich gehandelt,[194] so wird ihm die Vertragsbindung auferlegt.[195] Die praktisch bedeutsamen Fälle betreffen dagegen die stillschweigende (schwarze) Leistungsinanspruchnahme. Der hier regelmäßig geheim bleibende Vorbehalt gegenüber der vertraglichen Bindung ist unbeachtlich, § 116 S. 1[196], so dass der Vertrag zustande kommt.

44 Praktische Hinweise für den **Rechtsschutz** des Kunden hat der BGH im Falle eines Wasseranschlussvertrages gegeben. Der Kunde kann sich gegenüber dem Leistungsverlangen des Versorgungsunternehmens entsprechend dem in § 315 Abs. 3 enthaltenen Schutzgedanken auf die Unangemessenheit und damit Unverbindlichkeit der Preisbestimmung berufen und diesen Einwand im Rahmen der Leistungsklage zur Entscheidung des Gerichts stellen.[197] In einem Rückforderungsprozess wegen überhöhter Preise trifft ihn jedoch grundsätzlich auch die Beweislast für die Unbilligkeit der Leistungsbestimmung.[198]

45 Es ist allgemein anerkannt, dass bei **Dienst- und Arbeitsverhältnissen** und **Gesellschaftsgründungen** Mängel des Vertragsschlusses oder Gründungsakts grundsätzlich nur mit Wirkung ex nunc geltend gemacht werden können.[199] Für die Vergangenheit „gelten" Vertrag und Gesellschaft somit als wirksam. Die dabei verbreitet

186 *Haupt*, Über faktische Vertragsverhältnisse, 1941 noch mit anderer Diktion („Bindung kraft sozialer Leistungsverpflichtung"); wN MüKo/*Kramer*, Vor § 145 Rn 38.

187 BGHZ 21, 319, 333 = NJW 1956, 1475 (Hamburger Parkplatzfall); BGHZ 23, 175, 177 = NJW 1967, 627 (Strombezug); BGHZ 23, 249, 261 = NJW 1957, 787 (formlose Hoferbeneinsetzung).

188 BGH WM 1968, 115, 117; 1976, 928; NJW 1991, 564; 2003, 1331; NJW 2005, 3636, 3637 f; 2006, 286, 287; NJW-RR 2004, 928, 929 f; vgl *Lambrecht*, Die Lehre vom faktischen Vertragsverhältnis, 1994, S. 164 ff.

189 Einhellige Meinung, vgl BGH NJW 2003, 1331; 2005, 3636, 3637 f; 2006, 286, 287. Erman/*Armbrüster*, Vor § 145 Rn 42; Staudinger/*Bork*, Vor §§ 145–156 Rn 39.

190 OLG Koblenz NJW-RR 2006, 1065, 1067 stützt sich bei erfolgter Stromabnahme auf eine unbeachtliche protestatio facto contraria.

191 So BGHZ 95, 393, 399; ohne ausdr. Stellungnahme ebenso BGH NJW 2003, 1331; zust. etwa Staudinger/*Bork*, Vor §§ 145–156 Rn 39.

192 Abl. daher Jauernig/*Jauernig* Vor § 145 Rn 20. Hierfür spricht auch § 116, der nur den verdeckten Dissens für unbeachtlich erklärt (S. 1) und bereits bei durchschautem Vorbehalt zur Nichtigkeit führt (S. 2). Die Auslegung der konkludenten Willenserklärung führt ferner zur Nichtigkeit aufgrund inneren Widerspruchs oder sie geht am Inhalt der Gegenerklärung vorbei (Dissens).

193 Für Maklervertrag BGH NJW 2002, 817 f: kein Widerspruch, wenn sich Interessent nach Vertragsablehnung Maklerdienste gefallen lässt; BGH NJW 2002, 1945 f: Inanspruchnahme von Maklerdiensten führt nicht zum Vertragsschluss durch konkludentes Verhalten, soweit dieser auch als Makler des Verkäufers (Doppelmakler) auftritt; ebenso OLG Brandenburg, NJW-RR 2009, 1145, 1147 (nur bei gesondertem Hinweis). Vertragsfortsetzung bejaht dagegen von BGH MDR 2000, 956 bei Verbleiben im Krankenhaus, obwohl Patient weiß, dass Sozialversicherungsträger keine weiteren Kosten übernimmt.

194 BGH NJW 2001, 1859, 1862 f (Bankkredit).

195 Zu heteronom begründeten Vertragspflichten aus Rechtshandlungen, denen die rechtsgeschäftliche Gültigkeit fehlt, s.a. § 661 a. Ebenso bestimmte Fallgruppen der c.i.c., vgl *Krebber*, VersR 2004, 150, 154 ff.

196 Jauernig/*Jauernig*, Vor § 145 Rn 20 aE; anders, wenn die Inanspruchnahme der Leistung verdeckt erfolgt und daher nicht als Vertragserklärung zu werten ist, BGHZ 55, 128 (Flugreise).

197 BGH NJW 2003, 1331, 1332; NJW-RR 2004, 1281, 1282 (zu § 362).

198 BGH NJW 2003, 1449, 1450 (Strompreise); anders jedoch, wenn Zahlung lediglich als Abschlag oder Vorauszahlung in Erwartung einer noch festzustellenden Schuld erfolgt ist, so BGH NJW 2006, 684, 686; näher Palandt/*Grüneberg*, § 315 Rn 19 mwN.

199 Ebenfalls anerkannt für Handelsvertreterverträge, BGHZ 129, 290; BGH NJW 1997, 655. Für andere Dauerschuldverhältnisse, insb. für Miet- und Pachtverträge, wird dagegen eine ex-tunc-Abwicklung für möglich gehalten, KG NJW-RR 2002, 155; vgl Palandt/*Ellenberger*, § 119 Rn 5; Staudinger/*Roth*, § 142 Rn 36 mwN; dagegen aber: OLG Düsseldorf ZMR 2002, 41, 43.

verwendete Bezeichnung als „faktisches Arbeitsverhältnis“ weist auf die an sich fehlende Wirksamkeit hin.[200] Für die in Vollzug gesetzte Gesellschaft hat die **Doppelnatur** als Schuldverhältnis einerseits und Gesamthand andererseits zur Lehre vom **fehlerhaften** (aber wirksamen) **Verband** geführt. Danach ist der Verband als Organisationsgebilde bis zu seiner Auflösung voll wirksam.[201] Dagegen ist bislang noch keine vergleichbare Rückführung auf ein kooperatives Prinzip bei fehlerhaften vertraglichen Dauerschuldverhältnissen, namentlich dem fehlerhaften (aber wirksamen) Arbeitsvertrag, gelungen.[202]

VIII. Faktische Vertragswirkungen und „Tatsachenverträge“

46 Verträge können auch **faktische Wirkungen** haben, die neben oder an die Stelle der Begründung von vertraglichen Rechten und Pflichten treten. Das ist etwa bei **Spielsperrverträgen** der Fall, mit denen sich spielsüchtige Spieler etwa den Zutritt und die Teilnahme an Glücksspielen verbieten lassen.[203] Die Verträge erreichen ihren Zweck bereits faktisch dadurch, dass künftige Spielverträge nicht mehr zustande kommen, weil das nun verbotene Spiel auf keiner Seite den Schluss zulässt, mit der Teilnahme am Spiel würden konkludente Vertragserklärungen abgegeben.[204] Die Annahme des BGH,[205] der Glückspielanbieter wolle sich unentgeltlich verpflichten, in seinem Betrieb das Zustandekommen von Spielverträgen zu verhindern, widerspricht der Lebenserfahrung und ist durch eine einfache Ausschlussklausel überwindbar. An die Stelle einer Schadensersatzhaftung wegen schuldhafter Verletzung einer Überwachungspflicht tritt aufgrund der faktischen Wirkung die bereicherungsrechtliche Rückabwicklung. Einer missbräuchlichen Inanspruchnahme bei erschlichenem Zutritt kann durch die Rückforderungssperre des § 817 S. 2 begegnet werden.[206]

47 Von „Tatsachenverträgen“ ist die Rede, wenn die Parteien einen Tatbestand festlegen, an den bestimmte rechtliche Folgen geknüpft sind.[207] Das betrifft das steuerrechtliche Institut der **tatsächlichen Verständigung** über Besteuerungsgrundlagen (§ 162 AO 1977 u. § 96 FGO).[208] Fiskus und Steuerschuldner legen einverständlich die tatsächlichen Voraussetzungen der Besteuerung fest und bestimmen dadurch die Steuerschuld. Ferner gehören **Rechtsabgrenzungsvereinbarungen** im gewerblichen Immaterialgüterrecht zu den Tatsachenverträgen. Mit ihnen legen etwa konkurrierende Markeninhaber die Reichweite ihrer Markenrechte fest.[209] Bestimmte Arten von Garantievereinbarungen im Sinne von §§ 444 Alt. 2, 639 Alt. 2 können ebenfalls zu Tatsachenabreden gerechnet werden. Weil Zusicherungen im Sinne von unselbständigen **Garantieversprechen** haftungsrechtlich nicht beschränkbar sind, erfolgt eine sog. **Tatbestandslösung**, dh eine eindeutige

200 Das faktische Arbeitsverhältnis knüpft an einen nichtigen Arbeitsvertrag an, Schaub, Arbeitsrechtshandbuch, 13. Aufl. 2009, § 36 Rn 5 ff.

201 Nicht nur bloße Beschränkung der Nichtigkeits- oder Anfechtungsfolge, sondern Anerkennung als eigenständiges Rechtsgebilde, vgl *C. Schäfer*, Der fehlerhafte Verband, S. 182 ff; folgend: MüKo/*Ulmer*, § 705 Rn 356 (mit Einschränkung: verbandsrechtliches Prinzip der fehlerhaften Gesellschaft); zur Diskussion MüKo/*Ulmer*, § 705 Rn 347 ff.

202 Vgl zum Dienst- und Arbeitsverhältnis Jauernig/*Mansel*, Vor § 611 Rn 5; zur Begründung von Nebenpflichten so im Ansatz *Brors*, Die Abschaffung der Fürsorgepflicht, 2002, S. 102 ff.

203 Der Spieler verbietet sich zugleich selbst das Spiel. Derartig eigeninteressierte Selbstbindungen treten etwa auch bei Behandlungsverträgen mit psychisch Kranken auf, in denen mögliche künftige Zwangsmaßnahmen geregelt werden (sog. „Ulysses Contracts“) und bei den sog. Patientenverfügungen („Patiententestament“), vgl dazu *Katzenmeier*, JR 2002, 444, 447. Es handelt sich um einseitige Selbstbindungen in rechtsgeschäftlicher Form, vgl *Schulze*, Die Naturalobligation, S. 339 f.

204 *G. Schulze*, Verträge zum Schutz gegen sich selbst, in: FS Jayme 2004, S. 1561, 1566 f; dagegen sehen OLG Hamm NJW-RR 2003, 971 und KG NJW-RR 2003, 1359 in der Sperre eine selbstbezügliche Beschränkung der Verpflichtungsbefugnis, die zur Nichtigkeit der Spielverträge und ebenfalls zu einer bereicherungsrechtlichen Rückabwicklung führt. Vor dem Hintergrund des zum 1.1.2008 in Kraft getretenen Glückspielstaatsvertrags der Länder (zumindest) Nichtigkeit nach § 134 BGB iVm § 20 GlüStV annehmend *Peters*, NJOZ 2010, 1197, 1199 f.

205 BGHZ 174, 255 = NJW 2008, 840; BGHZ 165, 267 = NJW 2006, 362, 363 (anders noch BGHZ 131, 136 = NJW 1996, 248); so auch bereits *Peters*, JR 2002, 177, 180 (zweiseitig verpflichtender Vertrag); *Wagner-von Papp*, AcP 205 (2005), 342 ff; PWW/*Brinkmann*, Vor §§ 145 ff Rn 16.

206 Das verkennt BGHZ 174, 255 = NJW 2008, 840.

207 Zu den einseitigen Tatsachenerklärungen (Wissenserklärungen) als Zeugnisse gegen sich selbst und ihrer möglichen rechtsgeschäftlichen Bedeutung vgl *Schulze*, Die Naturalobligation, S. 506 (Schuldanerkenntnis am Unfallort, Vertragspräambel, Entsprechenserklärung nach § 161 AktG).

208 BFH NJW 2000, 2447, 2448 (Bindungswirkung einer tatsächlichen Verständigung über die Besteuerungsgrundlagen); *Dannecker*, in: Horn (Hrsg.), Recht im Pluralismus, 2003, S. 371, 384 f verlangt aufgrund der mittelbaren Rechtswirkung eine gesetzliche Grundlage.

209 Vgl BGH NJW 2002, 3332, 3334 – Hotel Adlon. Der Inhaber der jüngeren Marke nimmt wegen vorrangiger Rechte der Gegenseite Beschränkungen auf sich und erhält dafür den Verzicht auf die Durchsetzung eindeutiger oder jedenfalls möglicher Verbietungsrechte des Inhabers der älteren Rechte, *Harte-Bavendamm*/*Bomhard*, Abgrenzungsvereinbarungen und Gemeinschaftsmarken, GRUR 1998, 530, 531; *Janoschek*, Abgrenzungsvereinbarungen über Warenzeichen, 1975.

sachlich einschränkende Beschreibung der Garantie oder der geschuldeten Beschaffenheit im Sinne von § 434 Abs. 1.[210] Auch der **Tatsachenvergleich** gehört hierher. Insbesondere im Arbeitsrecht wird seine Zulässigkeit als Anwendungsfall des § 779 diskutiert. Mit ihm verlagern die Parteien den Streit oder die Ungewissheit eines Anspruchs auf dessen tatsächliche Voraussetzungen. Der Grund für diese Vorgehensweise liegt meist in der zwingend gestalteten Rechtsfolgenregelung, die dort keine Gestaltungsspielräume zulässt.[211] Zumindest im Rahmen eines Prozessvergleichs wird man eine solche Vorgehensweise akzeptieren können.[212]

§ 145 Bindung an den Antrag

Wer einem anderen die Schließung eines Vertrags anträgt, ist an den Antrag gebunden, es sei denn, dass er die Gebundenheit ausgeschlossen hat.

Literatur: *Bischoff*, Der Vertragsschluss beim verhandelten Vertrag, 2001; *Borges*, Verträge im elektronischen Geschäftsverkehr, 2003; *Deimel*, Die zivilrechtliche Einordnung von Rabattgutscheinen, ZGS 2004, 213; *Diederichsen*, Der Schutz der Privatautonomie bei Befristung des Vertragsangebots, in: FS Medicus 1999, S. 89; *Dörner*, Rechtsgeschäfte im Internet, AcP 202 (2002), 363; *Emmert*, Auf der Suche nach den Grenzen vertraglicher Leistungspflichten, 2001; *Fritzsche*, Der Abschluss von Verträgen, §§ 145 ff. BGB, JA 2006, 674; *Andreas Fuchs*, Zur Disponibilität gesetzlicher Widerrufsrechte im Privatrecht, AcP 196 (1996), 313; *Gsell*, Die Beweislast für den Inhalt der vertraglichen Einigung, AcP 203 (2003), 119; *Häsemeyer*, Das Vertragsangebot als Teil des Vertrages, in: FS Jayme 2004, S. 1435; *Henrich*, Unwiderrufliches Angebot und Optionsvertrag: Eine rechtsvergleichende Betrachtung, in: Zimmermann u.a. (Hrsg.), Rechtsgeschichte und Privatrechtsdogmatik, 1999, S. 207; *Köhler*, Das Verfahren des Vertragsschlusses, in: Basedow (Hrsg.), Europäische Vertragsrechtsvereinheitlichung und deutsches Recht, 2000, S. 33; *Lindacher*, Die Bedeutung der Klausel „Angebot freibleibend", DB 1992, 1813; *Ludwig*, Zur Problematik des Widerrufs eines Vertragsangebots gegenüber einem beschränkt geschäftsfähigen Minderjährigen, JURA 2011, 9; *Mankowski*, Beseitigungsrechte, 2003; *Pauly*, Konkludenter Vertragsabschluss im Maklerrecht, MDR 2006, 549; *Petersen*, Das Zustandekommen des Vertrages, JURA 2009, 183; *Reiner*, Der verbraucherschützende Widerruf im Recht der Willenserklärungen, AcP 203 (2003), 1; *Schilder*, Schadensersatz bei Durchbrechung der Bindung an obligatorische Vertragsofferten, 2003; *G. Schulze*, Rechtsfragen des Selbstbedienungskaufs, AcP 203 (2003), 232. S. ferner die Literatur bei Vorbemerkungen zu §§ 145–157.

A. Allgemeines

1 Vertragsabschluss und Vertragsinhalt werden durch den Antrag privatautonom festgelegt. Die Bindung an den Antrag dient dem Verkehrsschutz in der Vertragsabschlussphase und ermöglicht eine einseitige Gestaltung im Vorfeld vertraglicher Bindung.

B. Regelungsgehalt

I. Die Bindung an den Antrag (Hs 1)

2 **1. Wirksamkeit des Antrags.** Der Antrag ist die auf Schließung eines Vertrages gerichtete empfangsbedürftige Willenserklärung. Er ist dennoch nicht selbst Rechtsgeschäft, sondern darauf gerichtet, „unselbstän-

210 PWW/*D. Schmidt*, § 444 Rn 6; NK/*Büdenbender*, § 444 Rn 22; insgesamt krit. *Graf von Westphalen*, ZIP 2002, S. 545; *ders.*, BB 2002, S. 209.

211 Krit. *Erik Ehmann*, Schuldanerkenntnis und Vergleich, 2005, S. 105; als Scheinbegründung zurückgewiesen von MüKo/*Habersack*, § 779 Rn 11.

212 Die Dispositionsmaxime vermittelt auch eine Herrschaft über Tatsachen. Die festgelegte Tatsachengrundlage macht deren gerichtliche Feststellung entbehrlich. Entscheidend ist bei diesen Gestaltungen, dass die Tatsachen auf eine bestimmte Rechtslage hin vereinbart werden. Damit werden die aus der Tatsachenlage sich ergebenden rechtlichen Folgen Vertragsinhalt, vgl *Schulze*, Die Naturalobligation, 2008, S. 507.

diger) Bestandteil des Vertrages zu werden.[1] Seine Wirksamkeit richtet sich nach den allgemeinen Regeln für die Willenserklärung (§§ 104 ff, 116 ff). Aus der Erklärung muss sich ergeben, dass eine vertragliche Bindung entstehen und welchen Inhalt sie haben soll.[2] Ein aktuelles Erklärungsbewusstsein ist nicht erforderlich. Daher sind auch automatisierte Willenserklärungen oder sog. Computererklärungen geeignet, wirksame Vertragsangebote zu bilden.[3] Es genügt ferner, wenn eine rechtliche Bindung nach dem Willen des Antragenden erst im Zeitpunkt des Vertragsabschlusses eintreten soll (Hs 2). Für die Vertragsbindung kommt es also nicht darauf an, ob bereits eine Antragsbindung bestand und der Offerent bereits vor der Annahme an sein Angebot gebunden war.

a) Abschlusswille (Vertragsbindung). Behält sich der Erklärende noch die Entscheidung über den Vertragsabschluss vor, so handelt es sich um eine Mitteilung über die Vertragsabschlussbereitschaft (Aufforderung zur Abgabe von Angeboten: invitatio ad offerendum) oder um eine sonstige Erklärung im Vorfeld eines Vertrages (s. Vor §§ 145–157 Rn 30 ff). Das ist Auslegungsfrage. Entscheidend ist, ob die Erklärung aus der Sicht des Empfängers[4] diesem bereits die **Befugnis** verschaffen soll, durch seine Annahmeerklärung den **Vertragsschluss selbst herbeizuführen**.[5] Die Bindung an den Antrag ist dafür ein Indiz.[6] Maßgebend ist aber der Wille des Antragenden zum Vertragsschluss. Hat der Offerent die Antragsbindung ausdrücklich ausgeschlossen, so spricht dies für einen wirksamen (widerruflichen) Antrag.[7] 3

Bei einem möglichen Antrag an einen **unbestimmten Adressatenkreis** (ad incertas personas) fehlt aus der maßgeblichen Sicht des Erklärungsempfängers regelmäßig noch ein entsprechender Abschlusswille.[8] Das gilt im Fernabsatz, wie etwa bei Versandkatalogen, Zeitungsannoncen, Speisekarten, Teleshopping oder Internetshopping,[9] wobei stets auf die Gestaltung im Einzelfall zu achten ist.[10] Ferner fehlt der Rechtsbindungswille bei einem Interview in den Medien[11] oder bei einer Verbandsempfehlung.[12] Ebenso ist die Warenauslage in Schaufenstern grundsätzlich noch kein Angebot. 4

Fallen Verpflichtungs- und Verfügungsvertrag – wie bei den Handgeschäften des täglichen Lebens –zusammen (sog. **Realofferte**), so ist für eine invitatio ad offerendum dagegen nur noch bei ausdrücklich erklärtem Abschlussvorbehalt Raum. Daher stellen Warenauslagen in den Regalen von Selbstbedienungsläden grundsätzlich Angebote des Ladeninhabers dar, welche durch Vorzeigen der Ware an der Kasse angenommen werden. Das freie Auswahl- und Zugriffsrecht kann aus Sicht des Kunden nicht anders als eine Realofferte verstanden werden.[13] Dies gilt grundsätzlich auch bei Sonderverkäufen.[14] Auch die Ausgabe einer Pfandflasche stellt ein bindendes Angebot dar, den Pfandbetrag gegen Rückgabe der Flasche zu zahlen.[15] Beim Selbstbedienungstanken liegt in der Freigabe der Zapfsäule das Angebot, welches durch Einfüllen konkludent und

1 Jauernig/*Jauernig*, § 145 Rn 1.

2 Grundlage für diese beiden Aspekte ist der sog. Rechtsbindungs- oder Rechtsfolgewille, dh der mit der Erklärung zum Ausdruck gebrachte Wille, einen rechtlich gesicherten und anerkannten wirtschaftlichen Erfolg herbeizuführen, BGH NJW 1993, 2100; s. näher Vor §§ 145–157 Rn 8.

3 Dahinter steht stets der Wille des jeweiligen Anlagenbetreibers, vgl *Dörner*, AcP 202 (2002), 363, 365 Fn 4 mwN.

4 Konkludenter Eintritt des Ehegatten in den Mietvertrag, BGH NJW 2005, 2620, 2621 (objektivierter Empfängerhorizont); konkludenter Abschluss eines Maklervertrages bei Erteilung eines Sachauftrags, BGH NJW 2005, 3779, 3780, krit. *Pauly*, MDR 2006, 549; Vertragsschluss durch Reservierung eines Hotelzimmers, LG Frankfurt NJW-RR 2006, 54.

5 Erman/*Armbrüster*, § 145 Rn 3.

6 Ist die Bindung ausgeschlossen, so soll in der Regel nur eine invitatio ad offerendum vorliegen, BGH NJW 1996, 919 f.

7 Im Zweifel ist von einem wirksamen Antrag mit Widerrufsvorbehalt auszugehen, Staudinger/*Bork*, § 145 Rn 31; Soergel/*Wolf*, § 145 Rn 10.

8 Eine entsprechende ausdrückliche Regel enthält Art. 14 Abs. 2 CISG. Hierbei ist aber stets auf die konkrete Situation zu achten. So richten sich Geldautomaten von Kreditinstituten nicht an einen unbestimmten Personenkreis, sondern an (alle) gegenüber der Bank berechtigten Karteninhaber. Die Benutzung ist daher Weisung (§ 665), Palandt/*Ellenberger*, § 145 Rn 7.

9 Bezogen auf die Präsentation von Waren auf einer Internetseite vgl BGH NJW 2005, 3567, 3568 f; BGH NJW 2005, 976; OLG Nürnberg MMR 2010, 31; NJOZ 2010, 1733, 1734; Bamberger/Roth/*Eckert*, § 145 Rn 41; *Dörner*, AcP 202 (2002), 363, 377 f; *Köhler*, NJW 1998, 185, 187. Differenzierend Erman/*Armbrüster*, § 145 Rn 7; *Woitkewitsch/Pfitzer*, MDR 2007, 61, 63. Zu den parallelen Fragen bei Internetauktionen s. Anhang zu § 156.

10 So soll bei der Bestellung eines Mobilfunkgerätes mit Telefondienstleistungsvertrag über eine Hotline das maßgebliche Angebot erst in der Zusendung des Geräts gegen Unterschrift (Postident-Verfahren) liegen, BGHZ 160, 393, 397 = NJW 2004, 3699 ff.

11 Zahlungszusage durch Medieninterview, OLG Frankfurt NJW 1997, 136 f (Fall Schneider).

12 LG Berlin WM 2008, 1825 (Empfehlung der ZKA zum sog. „Girokonto für Jedermann").

13 Offen gelassen von BGHZ 66, 51, 55 f; ebenso Staudinger/*Bork*, § 145 Rn 7; MüKo/*Kramer*, § 145 Rn 12; Palandt/*Ellenberger*, § 145 Rn 8; *G. Schulze*, AcP 203 (2003), 232, 234 ff; aA Jauernig/*Jauernig*, § 145 Rn 3; Erman/*Armbrüster*, § 145 Rn 10.

14 Abweichendes muss deutlich erklärt werden, zutr. *Medicus*, BGB AT, § 26 Rn 363 (bspw Abgabebeschränkung von Sonderangeboten auf Haushaltsmengen); generell bei Fixpreisangaben von professionellen Anbietern DCFR II. – 4:201 (3) und PECL Art. 2:201 (3), vgl *Armbrüster*, Jura 2007, 321, 322.

15 BGH NJW 2007, 2912, Rn 9.

ohne Zugangserfordernis (§ 151) angenommen wird.[16] Auch Leistungen von Unternehmen für die Versorgung mit Elektrizität, Gas, Wasser, oder Fernwärme werden als bindende Realofferte eingestuft, sofern mit dem Abnehmer nicht bereits eine vertragliche Liefervereinbarung besteht.[17] Sie werden konkludent durch Entnahme angenommen. Bei Warenautomaten ist das Angebot vom Einwurf einer entsprechenden Münze und der Freigabe des Ausgabemechanismus abhängig.[18] Ein Mehrwertdiensteanbieter gibt durch die Bereithaltung seiner Leistung im Telekommunikationsnetz eine Realofferte ab. Diese nimmt der Anschlussnutzer durch die Anwahl einer bestimmten Nummer am Telefongerät oder am Computer an.[19] Eine automatisierte Angebotserklärung liegt dagegen in der Telefonansage eines Telekommunikationsdienstleisters, die durch Eingabe einer Tastenkombination vom Angerufenen angenommen wird.[20] Angaben in Prospekten, Warenbeschreibungen, Preisauszeichnungen etc. werden vorbehaltlich abweichender Vereinbarung durch stillschweigende Bezugnahme Vertragsinhalt.

Bei einem **Vertragsantrag gegenüber einem Konzern**, in dem mehrere rechtlich selbstständige Unternehmen mit unterschiedlichen Aufgabenbereichen zusammengefasst sind, gilt die tatsächliche Vermutung, wonach es in der Regel dem Interesse des Auftraggebers entspricht, dass der beabsichtigte Vertrag mit der Gesellschaft innerhalb des Konzerns zustande kommt, die mit der nachgefragten Tätigkeit tatsächlich betraut ist.[21]

5 **b) Bestimmtheit.** Inhaltlich muss die Antragserklärung mindestens die wesentlichen Vertragspunkte enthalten (Parteien, Leistung und Gegenleistung, sog. essentialia negotii), um eine sinnvolle Vertragsregelung abzugeben. Der Antrag muss grundsätzlich so formuliert sein, dass er mit einem schlichten „ja" angenommen werden kann.[22] Für das Bestimmtheitserfordernis genügt es aber, wenn für den wesentlichen Vertragspunkt wahlweise ein Bestimmungsmodus vorgegeben ist (**§ 375 HGB, §§ 315 ff**), Bestimmtheit durch Auslegung (**§ 157**) erzielbar ist oder subsidiäre gesetzliche Inhaltsregelungen bestehen (**§§ 612, 632**). Die Einräumung des Bestimmungsrechts kann sich auch aus einer entsprechenden **Verkehrsübung** ergeben (Preisgestaltung bei Hotelzimmerreservierung)[23] oder aus den Umständen, insbesondere aus dem Inhalt der Vorverhandlungen, als stillschweigend vereinbart anzusehen sein.[24]

6 **Rabattgutscheine** verbriefen als kleine Inhaberpapiere (§ 807) ein Recht auf den im Gutschein angegebenen Preisnachlass. Das Recht steht unter der aufschiebenden Bedingung, dass der Inhaber des Papiers Verträge über Waren oder Dienstleistungen mit dem Aussteller schließt.[25] Der Aussteller ist hierzu aufgrund des Rabattgutscheins nach Redlichkeit, § 162 Abs. 1, verpflichtet. Vereitelt er treuwidrig den Vertragsschluss, so muss er den Rabattbetrag ausbezahlen. Daneben bleibt dann kein Raum für eine Haftung aus c.i.c. wegen der grundlosen Verweigerung (§§ 311 Abs. 2 Nr. 2, 241 Abs. 2).[26]

7 In der **Zusendung unbestellter Ware** zum Verkauf liegt ebenfalls eine Angebotserklärung (Realofferte). Das Eindringen in die Individualsphäre des Empfängers ohne dessen Zustimmung macht die gezielte Zusendung rechtswidrig. Das hat zur Folge, dass der Empfänger im Hinblick auf die Ware zu nichts verpflichtet wird. Er muss sie nicht entgegennehmen und nicht verwahren, sondern kann sie zurückweisen, wegwerfen oder dem Verderb preisgeben.[27] Im Anwendungsbereich des § 241 a (Verbrauchergeschäft) darf der Verbraucher die Ware überdies behalten und nutzen.[28] § 241 a Abs. 1 erzeugt durch den Ausschluss von gesetzlichen und

16 Jauernig/*Jauernig*, § 145 Rn 7; Staudinger/*Bork*, § 145 Rn 8; Erman/*Armbrüster*, § 145 Rn 10.

17 Der Eigentümer oder derjenige, der die Verfügungsgewalt über den Versorgungsanschluss ausübt, wird aber nur dann Vertragspartner, wenn kein Vertragsverhältnis zu einem Dritten besteht, vgl BGH NJW 2009, 913; BGH NJW 2006, 1667.

18 Ähnlich Staudinger/*Bork*, § 145 Rn 8, MüKo/*Kramer*, § 145 Rn 12 (Bereitstellung des Automaten unter Vorbehalt des Vorrats und technischer Funktionsfähigkeit); Erman/*Armbrüster*, § 145 Rn 8 (Einwerfen der Münze).

19 BGHZ 158, 201, 203 f = NJW 2004, 1590; BGH NJW 2005, 3636, 3637.

20 BGH NJW 2006, 1971 (R-Gespräche).

21 BGH NJW-RR 2006, 978, 979.

22 BGH NJW 2006, 1972; BAG NJW 2008, 936, 937; BAG NZA-RR 2009, 430, 432; Jauernig/*Jauernig*, § 145 Rn 2; zum Bestimmtheitserfordernis bei atypischen Verträgen OLG Koblenz CR 2010, 706.

23 Erman/*Armbrüster*, § 145 Rn 2.

24 OLG Stuttgart NJOZ 2003, 1821 (stillschweigend vereinbartes Leistungsbestimmungsrecht beim Autokauf); dazu *Schulze*/*Neumann*, JuS 2010, 1078, 1079 f; BGH NJW-RR 2002, 415 (Konkretisierung eines Bestimmungsrechts im Vorvertrag); BGH NJW 2002, 817, 818 (Maklerlohn); BGH MDR 2006, 381 m.Anm. *Pauly*, MDR 2006, 549.

25 Eine bedingt versprochene Leistung, hier die Herabsetzung des Preises, ist zulässig, vgl MüKo/*Habersack*, § 796 Rn 6; Erman/*Heckelmann*/*Wilhelmi*, § 796 Rn 4.

26 Dies befürwortet *Deimel*, ZGS 2004, 213, 215 ff, der damit an den Kaufvertrag und nicht an den Rabattgutschein anknüpft.

27 So auch außerhalb des Anwendungsbereichs von § 241 a zu Recht Jauernig/*Jauernig*, § 145 Rn 6; aA *Berger*, JuS 2001, 649, 651; *Casper* ZIP 2000, 1602, 1609.

28 Das ist die überwiegende Auffassung im Schrifttum, vgl *G. Wagner*, AcP 204 (2004), 352, 359; Palandt/*Grüneberg*, § 241 a Rn 7 f; Erman/*Saenger*, § 241 a Rn 17 ff; Jauernig/*Mansel*, § 241 a Rn 5 (ohne Eigentum und ohne Besitzrecht); aA PWW/*Schmidt-Kessel*, § 241 a Rn 12.

vertraglichen Ansprüchen des Unternehmers einen Rechtsgrund für den Verbraucher zum Behalten der Ware. Der Verbraucher kann die Realofferte aber auch (ausdrücklich) annehmen und muss dann bezahlen. Ein gesetzliches Vertragsabschlussverbot folgt aus § 241 a nicht.

c) Zugang. Die Erklärung muss dem Antragsempfänger zugehen (§§ 130–132). Bis dahin ist der Antrag noch nicht wirksam. Der Antragende kann das Wirksamwerden durch **Widerruf** verhindern, wenn dieser dem Empfänger vor oder gleichzeitig mit der Antragserklärung zugeht[29] (**§ 130 Abs. 1 S. 2**). Ist die Antragserklärung dagegen wirksam geworden, so ist sie bindend und damit unwiderruflich (Hs 1), oder, bei ausgeschlossener Gebundenheit, widerruflich (Hs 2). In beiden Fällen kann der Empfänger sie annehmen und damit den Vertragsschluss herbeiführen. Die Rechtsmacht, den Vertrag durch Annahme in Geltung zu setzen, besteht unabhängig von der in Hs 1 angeordneten Bindung des Antragenden an sein Angebot. Anderenfalls läge bei ausgeschlossener Gebundenheit nach Hs 2 eine Willenserklärung überhaupt nicht vor.[30] Die Wirksamkeit der Antragserklärung und die Bindung an sie sind klar auseinander zu halten. 8

2. Bindungswirkung des Antrags. a) Antragsbindung (Versprechensbindung). Die Bindung an den Antrag ist einseitige Versprechensbindung.[31] Sie trifft den Antragenden und bezieht sich auf seine erklärte Absicht, einen Vertrag schließen und damit eine Vertragsbindung herbeiführen zu wollen. Durch das Setzen einer Angebotsfrist (gleichbedeutend einer Annahmefrist) verlängert sich nicht nur die Wirksamkeitsdauer des Angebots, sondern grundsätzlich auch die Versprechensbindung (§§ 145 Hs 1, 148), es sei denn, der Antragende hat dies ausgeschlossen (Hs 2). Die Versprechensbindung ist ein isolierbarer **Bestandteil der Antragserklärung**, die eigenständig auch einseitig geregelt werden kann.[32] Sie leitet sich aus der Erklärungshandlung und damit einseitig aus dem Wort des Antragenden ab. Gerechtfertigt ist diese Bindung einerseits über den Gedanken der Treue des Erklärenden an sein gegebenes Wort und andererseits aus der Erwartung des Erklärungsempfängers auf den konsequenzialistischen Vollzug des Leistungsversprechens. Dementsprechend entsteht bereits ab dem Zeitpunkt des Zugangs eine einseitige rechtsgeschäftliche Erklärungsbindung, die erst mit der Annahme des Angebots in die Vertragsbindung übergeht.[33] Die Bindung an das Angebot muss nicht gesondert erklärt werden. Das Gesetz geht davon im Regelfall aus, lässt aber den Bindungsausschluss zu (Hs 2). Die Bindung ist auf der anderen Seite auch **nicht zwingend**, sondern in Hs 1 als Auslegungsregel für den Parteiwillen ausgestaltet.[34] Die Dauer der Bindung ist vom Antragenden einseitig bestimmbar (Hs 2).[35] Sie kann ferner für bestimmte Fälle aufgehoben werden.[36] Die Klausel „fest bis zum …" bedeutet eine Befristung der Antragsbindung (§ 163) usf. Die Bindung an den Antrag ist daher als einseitiges Rechtsgeschäft einzuordnen.[37] 9

b) Gestaltungsrecht für den Antragsempfänger. Der Empfänger des Antrages besitzt aufgrund der Versprechensbindung des Antragenden ein Gestaltungsrecht auf Schließung des Vertrages,[38] bei ausgeschlossener 10

29 *Mankowski*, Beseitigungsrechte, S. 88 ff (überholende Widerrufsrechte); dagegen Widerruf möglich bis zur Absendung der Annahmeerklärung nach DCFR II. – 4:202 (1) und PECL Art. 2:202 (1), vgl *Armbrüster*, Jura 2007, 321, 322.

30 Die Auslegung kann ergeben, dass ein Vertragsantrag (noch) nicht gewollt ist und es sich daher um eine invitatio ad offerendum handelt, so BGH NJW 1996, 919 f.

31 Gemeint ist hier die Bindung **an** das Versprechen, die von der Bindung **aus** dem Versprechen zu unterscheiden ist. Letztere ist im Vertragsrecht nicht ausgebildet, sondern durch den gemeinsamen Vertragswillen (Konsens) ersetzt worden (s. Vor §§ 145–157 Rn 2). Zum Grundsatz der Versprechensbindung im Zivilrecht vgl zur Entstehungsgeschichte HKK/*Oestmann*, §§ 145–156 Rn 8; zur Versprechensbindung als selbständiger Bindungstatbestand *Larenz/Wolf*, BGB AT, § 29 Rn 25; *Schilder*, Schadensersatz bei Durchbrechung der Bindung an obligatorische Vertragsofferten, S. 67 f.

32 Vgl BGH NJW 2010, 1518: gebundene Annahmefrist.

33 Das Bindungskonzept aus dem Gedanken der Treue ergänzt somit den Vertragskonsens aus dem Gedanken der Willensherrschaft; vgl zu den Bindungskonzepten des BGB *Schulze*, Die Naturalobligation, 2008, S. 289 ff (Vertragsbindung); 342 ff (Angebotsbindung).

34 *Häsemeyer*, in: FS Jayme 2004, S. 1435, 1437; für eine widerlegliche gesetzliche Vermutung des entsprechenden Parteiwillens wohl *Schilder*, Schadensersatz bei Durchbrechung der Bindung an obligatorische Vertragsofferten, S. 80 f (gesetzliches Widerrufsverbot); *Larenz/Wolf*, AT, § 29 Rn 25 (gesetzlich angeordnet). Die Unwiderruflichkeit ist dagegen auch in Art. 16 Abs. 2 a CISG Versprechensinhalt; zur Kompromissformel dieser Frage im UN-Kaufrechts im Hinblick auf die unterschiedlichen Rechtstraditionen vgl Schlechtriem/*Schlechtriem/Schroeter*, 5. Aufl. 2008, Art. 16 CISG Rn 1.

35 Vgl OLG Frankfurt, Urt. v. 8.9.2010 – 4 U 286/09.

36 Etwa für den Fall der Beschlagnahme der angebotenen Ware *Medicus*, BGB AT, § 26 Rn 369.

37 Die Verselbständigung der Antragsbindung als einseitiges Rechtsgeschäft ist nicht zu verwechseln mit den verschiedentlichen Versuchen, Vertragswirkungen auch aus einseitigen Versprechen zu begründen; vgl *Köndgen*, Selbstbindung ohne Vertrag, S. 156 ff; krit. *Schulze*, Die Naturalobligation, S. 324 ff; zur historischen Entwicklung aus dem Naturrecht HKK/*Hofer*, Vor § 145 Rn 25 f; zu den bisherigen rechtlichen Einordnungsversuchen der Bindung vgl *Schilder*, Schadensersatz bei Durchbrechung der Bindung an obligatorische Vertragsofferten, S. 41 ff.

38 RGZ 132, 5, 6; Jauernig/*Jauernig*, § 145 Rn 4; Palandt/*Ellenberger*, § 145 Rn 5; aA Staudinger/*Bork*, § 145 Rn 34 (sonstige Rechtsposition, Vertragsanwartschaft); *Diederichsen*, in: FS Medicus 1999, S. 89, 97 Fn 47 (Option).

Gebundenheit dagegen nur eine einfache Rechtsposition. Es ist Auslegungsfrage, ob die jeweilige Position übertragbar, pfändbar und vererblich sein soll. Im Zweifel soll sie personenbezogen nur dem Empfänger zustehen.[39]

11 **c) Grenzen der Antragsbindung.** Eine gesetzliche Durchbrechung der Bindungswirkung ist anzuerkennen, wenn sich die Umstände im Hinblick auf den Inhalt des Angebots so wesentlich verändert haben, dass ein Festhalten an ihr auch unter Berücksichtigung der Interessen des Angebotsempfängers für den Erklärenden unzumutbar ist. Eine bestehende Antragsbindung entfällt daher nach Maßgabe der Regeln für rechtsgeschäftliche Schuldverhältnisse und zwar nach § 313 (Wegfall der Geschäftsgrundlage) bzw § 314 (außerordentliches Kündigungsrecht).[40]

12 **d) Schutz der Antragsbindung.** Die Antragsbindung folgt aus dem einseitig **bindenden Versprechen**, den angebotenen Vertrag zu schließen. Sie bedeutet zunächst die Unwiderruflichkeit des Antrags ab Zugang beim Empfänger. Ein nach Zugang gleichwohl erklärter Widerruf hindert die Annahme und damit den Vertragsabschluss nicht. Der Widerruf kann aber als ernstliche Erfüllungsverweigerung auszulegen sein und bei erfolgter Annahme den Weg zur Schadensersatzhaftung statt der Leistung eröffnen, §§ 280 Abs. 1, 281 Abs. 1 u. 2. Eine Haftung auf das negative Interesse kommt in Betracht, wenn der Angebotsempfänger das Angebot aufgrund des (unwirksamen) Widerrufs nicht annimmt und einen anderen Vertragspartner suchen muss.[41] Verfügt der Antragende vor der Annahme anderweitig über den Vertragsgegenstand oder geht dieser unter oder wird sonst unmöglich, so haftet der Antragende im Falle der Annahme aus § 311 Abs. 2 wegen anfänglicher Unmöglichkeit/anfänglichem Unvermögen. Handelt es sich um eine Verfügung, so kommt der erste Verfügungsvertrag trotz Zwischenverfügung mit der Annahme zustande. Bei Vollendung des Rechtserwerbs ist der Antragende aufgrund der Zwischenverfügung aber nicht mehr berechtigt und verfügt daher als Nichtberechtigter. Er haftet bei gescheiterter Übereignung dann nach § 160 Abs. 1 analog.[42] Als deliktischer Anspruch kommt § 826 in Betracht.[43]

13 Die Antragsbindung begründet als einseitig bindendes Versprechen ferner **Treuepflichten** in Bezug auf den Vorgang des Vertragsabschlusses. So hat der Antragende Vorkehrungen zu treffen, um den (rechtzeitigen) Zugang der Annahmeerklärung zu ermöglichen bzw es zu unterlassen, den rechtzeitigen Zugang zu vereiteln. Für Verschulden von Angestellten haften der Antragende wie auch der Antragsempfänger aus § 278.[44] Ferner ist der Antragende verpflichtet, auf den verspäteten Eingang der Annahme hinzuweisen. Diese Pflichten ergeben sich aus der Angebotserklärung. In Rechtsprechung und Lehre werden sie dagegen aus einem mit der Antragstellung gleichzeitig einhergehenden **vorvertraglichen Vertrauensverhältnis** hergeleitet und die Haftung entsprechend auf culpa in contrahendo, §§ 311 Abs. 2, 241 Abs. 2, 280 Abs. 1, gestützt.[45] Dafür ist mE allenfalls bei ausgeschlossener Antragsbindung Raum, weil das Gesetz in Hs 1 das bindende Versprechen als eigenständigen Verpflichtungstatbestand anerkennt und damit eine rechtsgeschäftliche Grundlage für die Haftung bietet (s. Rn 9).

14 Der Antragende kann die Unterwerfung unter die sofortige Zwangsvollstreckung (§ 794 Abs. 1 Nr. 5 ZPO) bereits im Antrag erklären und etwa auch ein notariell beurkundetes Grundstückskaufangebot (§ 311 b Abs. 1) unter Setzung einer Annahmefrist abgeben.[46] Beides folgt nicht aus der Antragsbindung, sondern aus dem Umstand, dass die Antragserklärung künftiger Vertragsbestandteil ist.

II. Ausschluss der Gebundenheit (Hs 2)

15 **1. Widerrufsvorbehalt (freibleibendes Angebot).** Der Antragende kann die Bindung an seinen Antrag ausschließen (Hs 2). Der Ausschluss geschieht durch Willenserklärung, die auf die Angebotserklärung bezogen ist und regelmäßig, wie etwa beim widerruflichen oder freibleibenden Angebot, mit ihr zusammen erklärt wird (Angebot mit Widerrufsvorbehalt). Möglich ist aber auch eine getrennte Erklärung zur Antragsbindung.

39 Jauernig/*Jauernig*, § 145 Rn 4; Staudinger/*Bork*, § 145 Rn 35; Soergel/*Wolf*, § 145 Rn 19.
40 OLG Düsseldorf OLGZ 91, 90 = NJW-RR 1991, 311 (Kündigung einer langfristigen Antragsbindung aus wichtigem Grund); zust. Erman/*Armbrüster*, § 145 Rn 16; *Medicus*, BGB AT, § 26 Rn 369; *Häsemeyer*, in: FS Jayme 2004, S. 1435, 1445; weiter gehend *Flume*, BGB AT Bd. 2, § 35 I 3 d S. 644; MüKo/*Kramer*, § 145 Rn 20; Staudinger/*Bork*, § 145 Rn 22, wonach einseitig enttäuschte Erwartungen für die Loslösung von der Antragsbindung genügen.
41 BGH WM 2006, 247 = NZBau 2006, 390.
42 Staudinger/*Bork*, § 145 Rn 25; Erman/*Armbrüster*, § 145 Rn 14; MüKo/*Kramer*, § 145 Rn 21 aE; Soergel/*Wolf*, § 145 Rn 19; HK-BGB/*Dörner*, § 145 Rn 9.
43 Staudinger/*Bork*, § 145 Rn 36.
44 RGZ 107, 240, 242 f.
45 OLG Düsseldorf OLGZ 1991, 88, 90; HK-BGB/*Dörner*, § 145 Rn 9; Staudinger/*Bork*, § 145 Rn 25; Erman/*Armbrüster*, § 145 Rn 14; ebenso *Schilder*, Schadensersatz bei Durchbrechung der Bindung an obligatorische Vertragsofferten, S. 221 ff, der von einem erklärungsbezogenen Vertrauenstatbestand ausgeht und eine Haftung aus § 122 analog befürwortet.
46 RGZ 132, 6, 7 f; 169, 65, 71; BGH NJW-RR 2004, 952, 953; BGH NJW 2011, 2873; Erman/*Armbrüster*, § 145 Rn 14.

Der Bindungsausschluss kann noch nach Abgabe des Vertragsantrags erfolgen. Er muss aber dem Gegner spätestens gleichzeitig mit dem Vertragsantrag zugehen, um die Antragsbindung (Hs 1) nicht wirksam werden zu lassen.[47] Der Antragende kann einseitig festlegen, von welchem Zeitpunkt an und bis zu welchem Zeitpunkt er gebunden sein will. Mit dem Ende der Bindungsfrist muss nicht notwendig auch das Angebot selbst erlöschen; es kann widerruflich (freibleibend) fortbestehen oder mit einer Auslauffrist verbunden werden.[48] Auch der **Beginn der Bindungswirkung** kann vom Antragenden einseitig festgelegt werden. In Betracht kommen die Abgabe,[49] der Zugang (wie nach Gesetz), die tatsächliche Kenntnis des Empfängers sowie Abgabe oder Zugang der Annahmeerklärung. Der späteste Moment ist der Vertragsschluss, dh das Wirksamwerden der Annahmeerklärung.[50] Das ist regelmäßig der Zugang der Annahmeerklärung beim Antragenden (§ 130 Abs. 1 S. 1; früher in den Fällen des §§ 151 S. 1, 152 S. 1).

16 Ein Ausschluss der Gebundenheit **über den Zeitpunkt des Vertragsabschlusses hinaus** ist dagegen von Hs 2 nicht gedeckt.[51] Der Antrag erlischt mit der Annahme (§ 146). Die einseitige Versprechensbindung an den Antrag geht also mit dem Wirksamwerden der Annahme in die Vertragsbindung über. Allerdings kann die Auslegung in diesem Falle ergeben, dass ein Angebot noch gar nicht gewollt war und es sich lediglich um eine Vertragsaufforderung handelt. Die Gegenerklärung ist dann der Antrag. Die vorbehaltene Widerrufsmöglichkeit kann nun aber dem Schweigen des Auffordernden die Erklärungsbedeutung einer stillschweigenden Annahme geben (dh für ihn eine Erklärungsobliegenheit begründen, s. aber § 151 Rn 5). Denkbar ist auch ein Zustandekommen des Vertrages mit der Vereinbarung eines unverzüglich auszuübenden vertraglichen Rücktrittsrechts für den Antragenden.[52] Desgleichen kann sich ergeben, dass der zustande gekommene Vertrag unter einer (Potestativ-)Bedingung zugunsten des Antragenden stehen soll.

17 **2. Widerrufsrecht des Verbrauchers.** Das verbraucherrechtliche Widerrufsrecht, **§ 355 Abs. 1 S. 1**, ermöglicht die Lossagung des Verbrauchers von seiner Vertragserklärung auch nach Vertragsabschluss. Der Gesetzgeber verlängert damit das Konzept des § 145 Hs 2, dh die Möglichkeit einer widerruflichen aber wirksamen Vertragserklärung, in den Vertrag hinein.[53] Das ist rechtfertigungsbedürftig, denn es entstehen Verträge zunächst ohne Bindungswirkung für den Verbraucher. Ferner wird so die Antragsbindung (an das Versprechen) nicht klar von der Vertragsbindung (aus dem Konsens) unterschieden.[54] Das Paradox einer widerruflichen und dennoch bindenden Vertragserklärung legt die Deutung des Widerrufs als befristetes Rücktrittsrecht nahe. Der Vertrag ist bindend und verliert diese Eigenschaft ex nunc durch den Widerruf (Rücktritt).[55]

C. Weitere praktische Hinweise

I. Klauselauslegung

18 Die Erklärung über den Ausschluss der Gebundenheit ist oftmals auslegungsbedürftig. Verwendet werden Formulierungen wie: **Angebot freibleibend**, ohne Obligo, unverbindlich, frei. Danach kann die Erklärung auch nur als Aufforderung zum Vertragsschluss (invitatio ad offerendum) zu verstehen sein, die eine Erklärungsobliegenheit erzeugt (s. Rn 16), oder als vertraglicher Rücktrittsvorbehalt, ggf mit dem Recht, ein neues Angebot zu unterbreiten.[56] Im Zweifel wird aber nur die Antragsbindung ausgeschlossen sein.[57] Die Klauseln

47 RG JW 1911, 643, 644; Staudinger/*Bork*, § 145 Rn 26; Erman/*Armbrüster*, § 145 Rn 16.

48 BGH NJW-RR 2004, 952, 953 (mit der Möglichkeit zur Rücknahme des Widerrufs); OLG München ZIP 2005, 160, 161.

49 Der einseitige Verzicht auf das Widerrufsrecht aus § 130 Abs. 1 S. 2 ist zulässig, vgl Palandt/*Ellenberger*, § 130 Rn 11; abl. *Fuchs*, AcP 196 (1996), 313, 367.

50 RG JW 1911, 643, 644; offen gelassen von BGH NJW 1984, 1885, 1886.

51 Anders hält die hM es für möglich, dass ein Widerrufsrecht auch noch bis unverzüglich nach Zugang der Annahmeerklärung vereinbart werden kann, RGZ 102, 227, 229 f; *Flume*, BGB AT Bd. 2, § 35 I 3 c; *Medicus*, BGB AT, § 26 Rn 366; *Larenz/Wolf*, BGB AT, § 29 Rn 29; Erman/*Armbrüster*, § 145 Rn 16; abl. wie hier *Häsemeyer*, in: FS Jayme 2004, S. 1435, 1444; *Lindacher*, DB 1992, 1813 f.

52 *Lindacher*, DB 1992, 1814; Staudinger/*Bork*, § 145 Rn 27.

53 Die widerrufliche Vertragserklärung des Verbrauchers ist wirksam, aber bis zum Ablauf der Widerrufsfrist nicht bindend. Die Unverbindlichkeit reicht hier über den Zeitpunkt des Vertragsabschlusses hinaus.

54 Nach dem Gesetzeswortlaut des § 355 Abs. 1 S. 1 soll der Verbraucher „... an seine auf den Abschluss des Vertrags gerichtete Willenserklärung nicht mehr gebunden [sein], wenn er sie fristgerecht widerrufen hat".

55 Keine neue Kategorie einer schwebenden Wirksamkeit, vgl Palandt/*Grüneberg*, § 355 Rn 3–5; Jauernig/*Stadler*, § 355 Rn 3; krit. *Mankowski*, Beseitigungsrechte, S. 54 ff; Erman/*Saenger*, § 355 Rn 4 (schwebende Wirksamkeit), ähnlich auch *Reiner*, AcP 203 (2003), 1, 26 ff (anfechtungsähnliches Gestaltungsrecht).

56 BGH NJW 1996, 919, 920 (invitatio ad offerendum); BGHZ 1, 353, 354 (Rücktrittsvorbehalt).

57 So BGH NJW 1984, 1885 für „freibleibend entsprechend unserer Verfügbarkeit"; abweichend *Lindacher*, DB 1992, 1813, 1814 (im Zweifel invitatio ad offerendum); *Larenz/Wolf*, BGB AT, § 29 Rn 29 (allgemeine Auslegungsregeln bestehen nicht). Zum Geltungsvorbehalt der Klausel „freibleibend" in der Rspr des RG vgl *Emmert*, S. 258.

„Zwischenverkäufe vorbehalten" oder „solange Vorrat reicht" stellen dagegen den Antrag selbst unter die entsprechende (auflösende) Bedingung,[58] so dass der Antrag und nicht nur die Bindung an ihn entfällt.

19 Die häufig anzutreffende Klausel „**Selbstbelieferung vorbehalten**" kann ebenfalls dahin gehend auszulegen sein, dass die Antragsbindung unter der Bedingung der Selbstbelieferung stehen soll. Sie kann darüber hinaus auch den Umfang der Beschaffungspflichten des Verkäufers im Vertrag einschränken.[59]

20 Werden Vorbehalte auf einzelne Vertragspunkte bezogen, etwa „**Preise freibleibend**", liegt darin eine den Inhalt des Vertrages betreffende Regelung und zwar ein vorbehaltenes einseitiges Preisbestimmungsrecht des Verkäufers (§ 315).[60] Die Antragsbindung wird davon nicht berührt.

II. Darlegungs- und Beweislast

21 Die Beweislast für das Vorliegen und den Inhalt des Vertragsantrags liegen nach den allgemeinen Regeln bei demjenigen, der sich auf diesen beruft. Die Darlegungs- und Beweislast für den Ausschluss der Antragsbindung (Hs 2) liegen ebenso wie die rechtzeitige Erklärung des Widerrufs beim Antragenden.[61]

§ 146 Erlöschen des Antrags

Der Antrag erlischt, wenn er dem Antragenden gegenüber abgelehnt oder wenn er nicht diesem gegenüber nach den §§ 147 bis 149 rechtzeitig angenommen wird.

Literatur: *Diederichsen*, Der Schutz der Privatautonomie bei Befristung des Vertragsangebots, in: FS Medicus 1999, S. 89.

A. Allgemeines

1 § 146 regelt das Erlöschen des Antrags durch Ablehnung des Antrages oder durch Verstreichenlassen der Annahmefrist nach Maßgabe der §§ 147–149, dh durch **Handlungen des Angebotsempfängers**. Der Antrag existiert nicht mehr und kann folglich nicht mehr angenommen werden.[1] Nicht eigens geregelt sind die **sonstigen Erlöschensgründe**: Widerruf des noch nicht bindenden Antrags (s. § 145 Rn 15), Tod oder Geschäftsunfähigkeit des Antragenden bei dahingehendem Willen (§ 153 aE), Übergebot oder Schließung der Versteigerung ohne Zuschlag (§ 156 S. 2).

Im Falle der fristgerechten Annahme geht der Antrag im Vertrag (dem im Konsens vereinigtem Willen)[2] auf.

B. Regelungsgehalt

I. Ablehnung des Antrages (Hs 1)

2 Die Ablehnung ist einseitige empfangsbedürftige Willenserklärung. Sie ist stets formlos wirksam, denn die Formvorschriften gelten nicht für die Verweigerung eines formgebundenen Vertrages.[3] Die Ablehnung ist mit Zugang unwiderruflich, so dass ein Widerruf nur nach **§ 130 Abs. 1 S. 2** nach allgemeinen Grundsätzen möglich bleibt. Die Ablehnungserklärung ist innerhalb einer noch offenen Annahmefrist anfechtbar. § 142 Abs. 1 beseitigt die Ablehnung rückwirkend, ermöglicht aber nicht auch die rückwirkende Annahme. Die Ablehnung kann **konkludent** erklärt werden. Es ist Auslegungsfrage, ob eine Vertragsablehnung tatsächlich gewollt war (§§ 133, 157). Ebenso kann es sich nur um eine Nachricht (Mitteilung) handeln, etwa über die Nutzung einer gesetzten Annahmefrist,[4] oder um bloße Vorschläge zur Vertragsänderung, dh um unverbindliche Nachverhandlungen[5] (etwa über die Verlängerung der Antragsfrist). Die Ankündigung der Annahme, etwa „Brief

58 OLG Hamburg BB 1960, 383; Staudinger/*Bork*, § 145 Rn 29.
59 *Medicus*, BGB AT, § 26 Rn 367.
60 RGZ 103, 414; 104, 306; RG JW 1923, 753; *Flume*, BGB AT Bd. 2, § 35 I 3 c; Staudinger/*Bork*, § 145 Rn 32.
61 Vgl eingehend *Gsell*, AcP 203 (2003), S. 119 ff.
1 BGH NJW 2010, 2873 Tz 15 m.Anm. *Armbrüster*, LMK 2010, 306668 u. *Faust*, JuS 2010, 1107; MüKo/*Kramer*, § 146 Rn 3.
2 Vgl Vor §§ 145–157 Rn 2 und 14.
3 Staudinger/*Bork*, § 145 Rn 9.
4 RG SeuffA Bd. 80 (1926), S. 129 f (Rotbuchenschnittholz); *Diederichsen*, in: FS Medicus 1999, S. 89, 96 f.
5 RG JW 1931, 1181 f (Erweiterung einer Bürgschaft); BGH WM 1982, 1329, 1330 (Wechsellaufzeit); *Diederichsen*, in: FS Medicus 1999, S. 89, 98.

folgt", ist weder Ablehnung noch Annahme.[6] Die Antwort „Antrag fest – Brief folgt" ist Annahme.[7] Der Annehmende muss deutlich zum Ausdruck bringen, was gelten soll, wenn der Antragende auf seine Wünsche nicht eingeht. Die Beweislast dafür trägt der Annehmende.

Die Annahme unter Änderungen gilt als Ablehnung (§ 150 Abs. 2). Das Angebot kann nur uneingeschränkt angenommen werden („einfaches Ja"). Auch die **eigenmächtige Verlängerung der Antragsfrist** durch den Antragsempfänger ist eine solche ablehnende Änderung (§ 150 Abs. 2 analog).[8] 3

Das Angebot erlischt bei Schweigen des Empfängers grundsätzlich durch **Zeitablauf** (§§ 146 Hs 2, 147-149). Schweigen hat nur bei Hinzutreten besonderer Umstände eine positive Erklärungsbedeutung (s. § 147 Rn 5–7).[9] Die Verlängerung der Annahmefrist zugunsten des Erklärungsempfängers bewirkt grundsätzlich auch die Verlängerung der Bindung des Antragenden (§ 145 Hs 1). In AGB unterliegt eine dahingehende Vereinbarung zugunsten des Verwenders daher der besonderen Klauselkontrolle (**§ 308 Nr. 1**). Will der Antragende zwar die Annahmefrist, nicht aber seine Bindung an den Antrag verlängern, so muss er dies gesondert erklären (§ 145 Hs 2). 4

Die Ablehnung durch einen **beschränkt Geschäftsfähigen** erfordert die Zustimmung seines gesetzlichen Vertreters, denn die Ablehnung zerstört seine Annahmeposition (§§ 111, 107; s. § 145 Rn 10). 5

II. Ablauf der Antragsfrist (Hs 2)

Der Antrag erlischt durch Fristablauf. Ein Antrag gegenüber Anwesenden erlischt, wenn er nicht sofort (§ 147 Abs. 1) oder in gesetzter Frist angenommen wird (§ 148). Gegenüber Abwesenden erlischt er, wenn er nicht in der gesetzlichen Normalfrist (§ 147 Abs. 2) oder in gesetzter Frist angenommen wird (§§ 148, 151 S. 2, 152 S. 2).[10] 6

C. Weitere praktische Hinweise

Ist die Antragsfrist abgelaufen, so kann auch durch **Klage auf Abgabe einer Annahmeerklärung** ein Vertragsschluss über die Fiktion des § 894 S. 1 ZPO nicht erreicht werden. Die mit dem Eintritt der Rechtskraft als abgegeben fingierte Erklärung setzt ein zu diesem Zeitpunkt noch wirksames Angebot voraus und wirkt zeitlich auch nicht zurück.[11] 7

§ 147 Annahmefrist

(1) [1]Der einem Anwesenden gemachte Antrag kann nur sofort angenommen werden. [2]Dies gilt auch von einem mittels Fernsprechers oder einer sonstigen technischen Einrichtung von Person zu Person gemachten Antrag.

(2) Der einem Abwesenden gemachte Antrag kann nur bis zu dem Zeitpunkt angenommen werden, in welchem der Antragende den Eingang der Antwort unter regelmäßigen Umständen erwarten darf.

Literatur: *Deckert*, Das kaufmännische und berufliche Bestätigungsschreiben, JuS 1998, 121; *Dörner*, Rechtsgeschäfte im Internet, AcP 202 (2002), 363; *von Dücker*, Das kaufmännische Bestätigungsschreiben in der höchstrichterlichen Praxis, BB 1996, 3; *Finkenauer*, Zur Bestimmung der gesetzlichen Annahmefrist nach § 147 Abs. 2, JuS 2000, 119; *Lettl*, Das kaufmännische Bestätigungsschreiben, JuS 2008, 849; *Mansel*, Reziprozität und Utilität als Auslegungselemente bei konkludentem Vertragsschluß – am Beispiel unentgeltlicher Informationsgewährung, in: Schack (Hrsg.), GS Alexander Lüderitz, 2000, S. 487; *Scheffer*, Schweigen auf Angebot als stillschweigende Annahme, NJW 1995, 3166. S.a. die Literatur zu § 145.

6 RGZ 105, 8, 13 ff.
7 Erman/*Armbrüster*, § 150 Rn 4.
8 Zutr. auf den Zweck des § 150 Abs. 2 abstellend *Diederichsen*, in: FS Medicus, S. 89, 106 (umfassende Dispositionsfreiheit des Offerenten); aA Staudinger/*Bork*, § 150 Rn 10; Erman/*Armbrüster*, § 150 Rn 4.
9 BAG NZA 2010, 32, 34; BGH NJW-RR 1994, 1163.
10 Dagegen geben DCFR II. – 4:207 (1) und PECL Art. 2:207 (1) dem Antragenden das Recht, auch eine verspätete Annahme noch anzunehmen, vgl *Armbrüster*, Jura 2007, 321, 322 f.
11 BAG NZA 2010, 32, 34.

A. Allgemeines

1 Soweit der Antragende keine Frist gesetzt hat (§ 148), muss die Vertragsannahme „sofort" im Sinne von § 147 erfolgen. § 147 legt damit die Antragsbindung ersatzweise zeitlich fest und bestimmt zugleich den zeitlichen Spielraum für den Annehmenden. Der Antragende soll möglichst rasch Klarheit erlangen. Die Zeitangabe „sofort" in Abs. 1 S. 1 bezieht sich über den Wortlaut hinaus auch auf den Antrag unter Abwesenden nach Abs. 2.

B. Regelungsgehalt

I. Vertragsannahme

2 **1. Wirksamkeit der Annahme.** Die Wirksamkeit der Annahme richtet sich nach den allgemeinen Regeln (§§ 104 ff, 116 ff, 125 ff, 130 ff). Ob die Annahme „lediglich rechtlich vorteilhaft" im Sinne von § 107 ist, ergibt sich aus dem angestrebten Vertrag.[1] Die Annahme ist empfangsbedürftige Willenserklärung[2] und wird daher erst mit dem Zugang beim Empfänger wirksam (§§ 130–132). Ausnahmsweise ist sie bereits mit ihrer Abgabe wirksam, wenn der Antragende nach der Verkehrssitte nicht mit dem Zugang der Annahmeerklärung rechnen darf oder auf ihn verzichtet hat (§ 151 S. 1; str., § 151 Rn 3 f). Das Zugangserfordernis entfällt auch im Falle einer notariellen Beurkundung (§ 152 S. 1). In allen diesen Fällen führt die Abgabe der Annahmeerklärung unmittelbar zum Vertragsschluss. Inhaltlich eröffnet die Annahmeerklärung keinen Spielraum. Die Auslegung muss ein uneingeschränktes Ja zu dem erhaltenen Antrag ergeben. Anderenfalls gilt die Annahme als Ablehnung verbunden mit einem neuen Antrag (§ 150 Abs. 2). Ist der Vertrag formbedürftig, so unterliegt auch die Annahmeerklärung diesem Formerfordernis. Die Einhaltung einer bestimmten Form oder Übermittlungsart (etwa durch Einschreiben) kann vereinbart werden.

3 Eine **Bestätigung** bei einer elektronischen Bestellung (**§ 312 e Abs. 1 S. 1 Nr. 3**) kann den Eingang der Bestellung dokumentieren oder bereits die Vertragsannahme des Unternehmers darstellen. Das ist Auslegungsfrage.[3] Der Unternehmer ist zu einer unverzüglichen Bestätigung kraft Gesetzes verpflichtet, so dass mit ihr noch keine Annahme verbunden sein muss. Sie ist insoweit nur geschäftsähnliche Handlung. Auf die Rechtzeitigkeit und den Zugang der Bestätigung ist Abs. 2 entsprechend anwendbar (zur Zugangsbestätigung NK/*Ring*, § 312 e Rn 36 ff).Die Zusendung der Ware an den Verbraucher bedeutet jedenfalls Bestätigung und Annahme zugleich.[4]

4 **2. Annahme durch schlüssiges Verhalten.** Die Annahme kann nach allgemeinen Grundsätzen auch durch schlüssiges Verhalten erklärt werden. Die Auslegung des Verhaltens des Annehmenden muss aus der objektivierten Sicht des Antragenden bestimmt werden. Es muss die vorbehaltslose Annahme zum Ausdruck bringen. Dabei setzt die Qualifizierung eines Verhaltens als schlüssige Annahmeerklärung grundsätzlich das Bewusstsein voraus, dass für das Zustandekommen des Vertrags möglicherweise noch eine Erklärung erforderlich ist. Ohne Erklärungsbewusstsein kommt eine Zurechnung als Annahmeerklärung dagegen nur in Betracht, wenn ein sich in missverständlicher Weise Verhaltender bei Anwendung der im Verkehr erforderlichen Sorgfalt hätte erkennen und vermeiden können, dass die in seinem Verhalten liegende Äußerung nach Treu und Glauben und der Verkehrssitte als Willenserklärung aufgefasst werden durfte, und wenn der Empfänger sie auch tatsächlich so verstanden hat.[5] Eine konkludente Annahme wird etwa bejaht bei Leistungserbringung[6] oder Vornahme einer im Antrag beschriebenen Handlung,[7] bei automatisierten Erklärungen, aufgrund einer erkennbar dafür vorgesehenen Programmierung[8] oder durch die Inanspruchnahme der Leistung,

1 Soergel/*Wolf*, § 145 Rn 25.

2 DCFR II.-Art. 4:204 (1) und PECL Art. 2:204 (1) stellen dagegen auf jede Form der Zustimmung ab, vgl *Armbrüster*, Jura 2007, 321, 323.

3 Annahme verneint bei automatisierter Bestätigung, OLG Nürnberg, NJOZ 2010, 1733, 1734; LG Hamburg MMR 2005, 121; LG Heidelberg NJW-RR 2004, 1568, vgl Palandt/*Grüneberg* § 312 e Rn 7; s.a. AG Hamburg-Barmbek NJW-RR 2004, 1284, 1285 (Internet-Versteigerung).

4 *Dörner*, AcP 202 (2002), 363, 377 ff, und zur Haftung bei Doppelbestellung aufgrund unterbliebener Bestätigung.

5 BGH NJW 2010, 2873 Tz 18 mwN; allg. zu Fällen normativer Zurechnung von Willenserklärungen NK/*Feuerborn*, Vor §§ 116–144 Rn 7.

6 BGH NJW 2008, 283 Tz 18 (verneint für geänderte Nebenkostenabrechnung); BGH NZM 2005, 736, 737 (Zahlung einer erhöhten Miete als Zustimmung zur Mieterhöhung).

7 BGH NJW 2007, 2912 Tz 9 (Rückgabe einer Pfandflasche); BGH NJW 1980, 2245, 2246 (Annahme einer Warenlieferung); anders aber bei Angebot durch Zusendung unbestellter Waren (s. § 151 Rn 4 u. 5) und bei Verbrauchergeschäft (s. § 241 a).

8 Auto-Reply, die nicht lediglich als Eingangsbestätigung zu verstehen ist, LG Köln MMR 2003, 481; AG Butzbach NJW-RR 2003, 54; *Leible/Sosnitza*, BB 2005, 725 f.

soweit der Empfänger daraus die Annahme ableiten darf.[9] Besonderheiten gelten für ein Vertragsangebot durch Zusendung unbestellter Ware (s. dazu § 145 Rn 7; NK/*Krebs*, § 241 a Rn 10).

3. Annahme durch Schweigen. Schweigen ist nur dann als Annahmeerklärung zu werten, wenn dem Nichtstun dieser Aussagewert nach der Parteivereinbarung zukommen soll (beredtes Schweigen) oder das Gesetz dies anordnet (normiertes Schweigen). Die Abgrenzung gegenüber einer konkludenten Annahme ist fließend.[10] Das **bloße Schweigen** hat jedenfalls keine Erklärungswirkung. Dies gilt auch im kaufmännischen Verkehr.[11] Die gesetzliche Pflicht zur Mitteilung des Beauftragten aus § 663 führt nicht zu einer Erklärung durch Schweigen, sondern begründet (nur) einen Schadensersatzanspruch auf Ersatz des Vertrauensschadens (§§ 280 Abs. 1, 663).[12] 5

a) Normiertes Schweigen. Annahmewirkung hat das Schweigen bei Handelsgeschäften im Anwendungsbereich des § 362 HGB (fingierte Annahmeerklärung). Ferner nach § 516 Abs. 2 S. 2 (Schenkungsannahme nach Aufforderung) und § 5 Abs. 3 S. 1 PflVG (Abschluss einer Haftpflichtversicherung). Ebenso nach der Lehre vom kaufmännischen Bestätigungsschreiben, die zum Schutz allgemeiner Verkehrsschutzinteressen dem Schweigen Rechtswirkungen zuschreibt[13] (s. Rn 9 f). 6

b) Beredtes Schweigen. Annahmewirkung hat das Schweigen, wenn dies vereinbart ist (**ausdrückliche Vertragsabschlussabrede**),[14] etwa die Annahme eines Angebots nach Ablauf einer Ablehnungsfrist.[15] In Allgemeinen Geschäftsbedingungen ist die Vereinbarung derartiger Erklärungsfiktionen nach Maßgabe des **§ 308 Nr. 5** nur sehr eingeschränkt zulässig.[16] 7

Auch **aus schlüssigem Verhalten** kann abgeleitet werden, dass ein Schweigen Erklärungswirkung haben soll. Die Rechtsprechung bejaht dies bei Schweigen auf ein Angebot nach einverständlichen Vorverhandlungen, wenn beide Seiten fest mit einem Vertragsabschluss gerechnet haben.[17] Ferner in einer laufenden Geschäftsverbindung, bei der sich eine entsprechende Übung herausgebildet hat[18] oder eine dahin gehende Rahmenvereinbarung besteht (vgl Vor §§ 145–157 Rn 39). Ebenso kann das Schweigen auf eine verspätet zugegangene Annahmeerklärung als Annahme des darin liegenden neuen Angebots (§ 150 Abs. 1) zu werten sein[19] (vgl auch § 150 Rn 3). Auf die Feststellung einer Verständigung über die Erklärungsbedeutung sollte aber nicht zugunsten einer undeutlichen Ableitung aus **§ 242** und Vertrauensschutzkriterien verzichtet werden.[20] Ebenso wenig sollte genügen, dass der Schweigende den Antrag durch eine invitatio ad offerendum veranlasst hatte oder die Annahme für ihn lediglich rechtlich vorteilhaft war.[21] Die Vereinbarung wird sonst durch eine bloße Zurechnung ersetzt.[22]

9 Im Falle der Inanspruchnahme einer Maklerleistung nach vorheriger Vertragsablehnung verneint, BGH NJW 2002, 817; 2002, 1945; ebenso bei Strombezug nach unwirksamer Änderungskündigung des Energieunternehmens, BGH NJW 2007, 1672, 1674; bejaht bei Gasbezug und rügeloser Entgegennahme monatlicher Abrechnungen zu erhöhten Preisen, LG Dresden RdE 2009, 33.

10 Vgl BAG EzA-SD 2010, Nr. 2, 11–12 (zur stillschweigenden Verlängerung eines Arbeitsvertrages); BGH NZG 2008, 117, 118 (stillschweigender Auskunftsvertrag bei Anlagevermittlung).

11 BGH NJW 1995, 1281 f. Zu den einzelnen Auslegungskriterien bei (unentgeltlichen) Auskunftsverträgen vgl *Mansel*, in: GS Lüderitz 2000, S. 487, 489 ff.

12 § 663 ist lex specialis gegenüber §§ 311 Abs. 2, 241 Abs. 2, vgl Jauernig/*Mansel*, § 663 Rn 3, str. Das Gesetz fingiert mit § 663 weder eine Annahmeerklärung, noch schützt es eine etwa bestehende Erwartung dahin, dass das Schweigen die Bedeutung einer Willenserklärung haben soll.

13 Das ist ein Handelsbrauch, der im Rahmen von § 346 HGB gesetzliche Anerkennung erlangt. Nach neuerer Auffassung handelt es sich um objektives (Handels-)Gewohnheitsrecht, vgl *K. Schmidt*, Handelsrecht, 5. Aufl. 1999, § 19 III, 1 a; zust. Erman/*Armbrüster*, § 147 Rn 5; Baumbach/*Hopt*, HGB, § 346 Rn 17.

14 Die Vertragsabschlussabrede ist ein isolierbarer Bestandteil der Angebotserklärung, die das Abschlussverfahren regelt und sich mit dem Zustandekommen des Vertrages erledigt, vgl zu entsprechenden Vertragsabschlussklauseln in AGB MüKo/*Basedow*, § 308 Nr. 1 Rn 3; NK/*Kollmann*, § 308 Rn 4. Eine einseitige Bestimmung der Annahmewirkung genügt jedenfalls nicht, vgl LG Leipzig, Urt. v. 26.6.2009 – 1 HK O 2049/09 Tz 38 ff („Umstellung" des Stromtarifs).

15 BGH NJW 1975, 40.

16 OLG Düsseldorf NJW 2005, 1515 (vorformulierte vierwöchige Angebotsbindungsfrist wirksam für den Kauf eines hochwertigen technischen Geräts).

17 BGH NJW 1995, 1281 f; 1996, 919, 920; OLG Rostock BauR 2006, 1897; krit. Jauernig/*Jauernig*, § 145 Rn 4; *Scheffer*, NJW 1995, 3166, 3167.

18 RGZ 84, 320, 324 f; verneint für ungewöhnliche Geschäfte (BGH WM 1979, 437) und für wirtschaftlich bedeutsame Geschäfte (BGH NJW-RR 1994, 1163, 1165).

19 BGH NJW 1951, 313; 1999, 819.

20 Etwa OLG Brandenburg NJW-RR 2009, 1145, 1147.

21 MüKo/*Kramer*, § 145 Rn 5 (Indiz für Konkludenz); Erman/*Armbrüster*, § 147 Rn 3 („zu erwarten").

22 Zum Ganzen auch KG NJOZ 2008, 3426, 3427 f; PWW/*Brinkmann*, Vor §§ 145 ff Rn 17.

II. Bestätigungsschreiben

8 **1. Auftragsbestätigung.** Der Rechtsbegriff der „**Auftragsbestätigung**" meint Erklärungen, die schriftlich oder elektronisch (per E-Mail) den Inhalt einer vorangegangenen noch einseitig gebliebenen Beauftragung wiedergeben. Die Beauftragung wird zumeist mündlich, fernmündlich, per E-Mail oder Fax erfolgt sein.[23] In der Auftragsbestätigung liegt daher die **schriftliche Annahme** des Auftrags, die aus Beweisgründen formalisiert ist. Weicht die Bestätigung von dem Antrag ab, so ist sie als Ablehnung und neuer Antrag zu werten (§ 150 Abs. 2). Das anschließende Schweigen führt grundsätzlich nicht zu einer Änderung der Vertragslage. Es gilt auch im kaufmännischen Verkehr nicht als Zustimmung.[24] Ob eine Auftragsbestätigung vorliegt, ist Auslegungsfrage. Die Bezeichnung ist dafür nur ein (relativ schwaches) Indiz.[25] Häufig geben die so bezeichneten Schreiben bereits den Abschluss eines zuvor mündlich oder sonst geschlossenen Vertrages wieder. Bei ihnen handelt sich dann um **Bestätigungsschreiben**, denen, außerhalb der Geltung kaufmännischer Bräuche, lediglich deklaratorische Bedeutung und die Funktion eines Beweismittels zukommt. Eine gegenüber der tatsächlichen Vertragseinigung abweichende Bestätigung stellt einen Antrag auf Vertragsänderung dar. Das anschließende Schweigen bedeutet nicht die Annahme, sondern hat nur im kaufmännischen Verkehr unter weiteren Voraussetzungen die materiellrechtliche Wirkung einer Annahmeerklärung. Praktische Relevanz hat ein solches Bestätigungsschreiben als **Beweismittel** zur Auslegung des zuvor vereinbarten Vertrages.

9 **2. Kaufmännisches Bestätigungsschreiben.** Im unternehmerischen Geschäftsverkehr unter Kaufleuten und anderen Personen, die wie Unternehmer im größeren Umfang am Rechtsverkehr teilnehmen,[26] ist von einem Brauch[27] auszugehen, wonach mündlich oder sonst per Fax bereits geschlossene Verträge anschließend schriftlich **wahrheitsgemäß** bestätigt werden. Der Bestätigende darf deshalb erwarten, dass sein Vertragspartner widerspricht, falls im Bestätigungsschreiben Änderungen gegenüber dem Vereinbarten enthalten sind, denen jener nicht zustimmen will.[28] Die widerspruchslose Hinnahme der Bestätigung (Schweigen) durch den Empfänger ist aus der Sicht des Bestätigenden als Zustimmungserklärung zu den Änderungen aufzufassen. Der Inhalt des Bestätigungsschreibens tritt damit an die Stelle des zuvor Vereinbarten.

10 Der Bestätigende teilt in einem Bestätigungsschreiben seine Auffassung über das Zustandekommen und den Inhalt eines geschlossenen Vertrages mit, um etwa bestehende Ungewissheiten oder Zweifel zu beseitigen.[29] Das Ergebnis der Vertragsverhandlungen muss als verbindlich und der Vertrag als endgültig geschlossen dargestellt (bestätigt) werden.[30] Widerspricht der Empfänger dem Bestätigungsschreiben nicht unverzüglich (1–3 Tage),[31] so darf der Bestätigende das **Schweigen grundsätzlich** als **Annahmeerklärung** verstehen.[32] Es gelten aber die allgemeinen Auslegungsgrundsätze (§§ 133, 157), so dass der Empfängerhorizont Inhalt und Umfang der Erklärungswirkung beschränkt (Verkehrsschutz). Bei bewusst falscher Bestätigung des wesentlichen Verhandlungsteils erzeugt das Schweigen keine Zustimmung;[33] ebenfalls nicht, wenn der Bestätigende vernünftigerweise nicht mit dem Einverständnis des Empfängers rechnen konnte,[34] etwa weil der Schweigende sich die schriftliche Annahme vorbehalten hatte[35] oder die Bestätigung den Vertragsinhalt prak-

23 Sie kann auch durch jede andere Mitteilungsart erfolgt sein.

24 Erst bei nachfolgend widerspruchsloser Entgegennahme der Gegenleistung, BGH NJW 1995, 1672.

25 BGHZ 112, 205, 211: unmaßgeblich und oft unrichtig.

26 BGH NJW 1987, 1940, 1941; maßgebend ist die Verkehrserwartung, nicht aber die Kenntnis der betroffenen Person. Verneint für Bankdirektor im privaten Bereich, OLG Düsseldorf MDR 1981, 1022, 1023; bejaht für Makler, BGH WM 1973, 1376, und Architekten, OLG Düsseldorf NJW-RR 1995, 501, 502; OLG Saarbrücken BauR 2005, 768; ebenso bei Präsentation als Bauträger, OLG Koblenz NJW-RR 2007, 813, 814.

27 Der Handelsbrauch bedeutet eine generalisierte Erwartung unter den Verkehrsteilnehmern, aus der sich konkrete Verhaltenspflichten ergeben. Diese Pflichten erlangen durch § 346 HGB als besondere Verkehrssitte (vgl §§ 157, 242) positivrechtliche Anerkennung. Die Einordnung des Kaufmännischen Bestätigungsschreibens ist str., vgl näher *Canaris*, Handelsrecht, 24. Aufl. 2006, S. 339 u. 355.

28 Eine schutzwürdige Erwartung des Bestätigenden besteht entsprechend nicht bei von ihm bewusst abgeänderten (wahrheitswidrigen) Bestätigungen.

29 BGH NJW 1965, 965; 1972, 820, vgl *Deckert*, JuS 1998, 121, 122.

30 BGH NJW 1964, 1223, 1224; BGHZ 54, 236, 239 f; BGH NJW 1990, 386 f; 2001, 1044, 1045; zur Funktion des Bestätigungsschreibens, den Verhandlungsinhalt endgültig zu fixieren vgl BGH NJW 2005, 3499, 3500; OLG Saarbrücken BauR 2005, 768.

31 BGH NJW 1962, 104 (1 Woche zu lang); 1962, 247 (unter Umständen 3 Tage); WM 1975, 324, 325 (2 Tage).

32 War der Vertrag zuvor bereits geschlossen, handelt es sich um einen Änderungsvertrag, andernfalls um die Annahme des im Bestätigungsschreiben liegenden neuen Angebots, § 150 Abs. 2; meist wird nicht unterschieden, sondern von Zustimmung gesprochen, vgl Baumbach/*Hopt*, HGB, § 346 Rn 17.

33 BGH NJW 1967, 858, 960.

34 BGH NJW-RR 2001, 680 f; NJW 1994, 1288; 1987, 1940, 1942; BGHZ 93, 338, 341 f; OLG Koblenz NJW-RR 2007, 813, 814.

35 Kein Bestätigungsschreiben bei Schriftformvorbehalt, LG München ZUM-RD 2007, 379, 383; ähnlich bei Bitte um Gegenbestätigung BGH NJW-RR 2007, 325, 327 (im Einzelfall zu prüfen).

tisch in sein Gegenteil verkehrt. Diese Beurteilung ist ganz vom Einzelfall abhängig[36] und daher unsicher.[37] Die Wirkung eines Bestätigungsschreibens tritt auch dann ein, wenn die Verhandlungen von einem vollmachtlosen Vertreter geführt wurden.[38] Entspricht die Bestätigung der Vereinbarung, hat das Schweigen materiellrechtlich keine Auswirkung. Das Bestätigungsschreiben ist dann bloßes Beweismittel für den zuvor mündlich geschlossenen Vertrag.

III. Antrag unter Anwesenden (Abs. 1)

Anwesend sind die physisch anwesende Person (Abs. 1 S. 1) sowie jene Personen, mit denen der Antragende von Person zu Person, dh wechselseitig unmittelbar und ohne nennenswerten Zeitverlust kommunizieren kann (Abs. 1 S. 2). Die hierfür geeigneten technischen Einrichtungen sind gegenwärtig Fernsprechanlagen, Videokonferenzen und **Internet-Chats**.[39] Allerdings ist es dem Antragenden im Chat nicht in gleicher Weise möglich, die sofortige Reaktion seines Dialogpartners klar einzuschätzen. Die Annahmefrist für Vertragsangebote im Chat sollte daher nach Abs. 2 objektiviert und mit Hilfe entsprechender Erfahrungswerte bestimmt werden.[40] Der Antrag unter Anwesenden muss vom Empfänger sofort angenommen werden. Die Rechtzeitigkeit ist objektiv zu bestimmen. Bei verzögerter Antwort liegt ein neuer Antrag vor (§ 150 Abs. 1).[41] Auf ein Verschulden kommt es nicht an. Vereitelt der Antragende die sofortige Annahme etwa durch Unterbrechung der Kommunikation (Abbruch eines Telefonats), so kann der Empfänger durch sofortigen Rückruf die rechtzeitige Annahme noch erklären.[42] 11

Für die sofortige Annahme gilt: Der Zugang einer Antragserklärung unter Anwesenden erfolgt bei der verkörperten Erklärung mit der Übergabe des Schriftstückes, bei der nicht verkörperten mit der Möglichkeit vollständiger Kenntnisnahme (sog. eingeschränkte Vernehmungstheorie, vgl § 130 Rn 73 f). An den Zugangszeitpunkt schließt sich eine **situative Überlegungsfrist** an, um Inhalt und Folgen des Geschäfts zu erfassen. In der persönlichen Übergabe eines schriftlichen Antrages, welcher nicht zur sofortigen Lektüre und Entscheidung vorgelegt wird, liegt dagegen die Einräumung einer angemessenen Annahmefrist (§ 148).[43] Vertretererklärungen sind Erklärungen unter Anwesenden.[44] Die Einschaltung von **Boten** bedeutet Anträge unter Abwesenden. 12

IV. Antrag unter Abwesenden (Abs. 2)

Anträge unter Abwesenden sind neben der Übermittlung verkörperter Willenserklärungen (Post) nach allgemeiner Meinung auch solche per E-Mail, Telefax oder Btx.[45] Der jeweils **eingeschlagene Beförderungsweg** gebietet nicht notwendig die Antwort auf demselben oder einem ähnlich schnellen Weg. Entscheidend ist, ob der Antragende mit der Inanspruchnahme anderer Kontaktwege rechnen musste, etwa weil er mehrere Empfangseinrichtungen im Geschäftsverkehr unterhält. Das ist eine Frage des Einzelfalls. Nach dem Grundsatz der einheitlich zu bestimmenden Annahmefrist[46] ist dann der **spätestmögliche Eingang** maßgeblich.[47] Die damit durch den Postweg verlängerte Bindungszeit kann der Antragende durch eine entsprechende Bestimmung („erwarte Faxantwort") unterbinden. Auch eine „umgehend" zu gebende Antwort wirkt sich je nach den Umständen auf die Bestimmung der Annahmefrist aus.[48] Bei Bestellungen auf elektronischem Wege 13

36 Vgl *Deckert*, JuS 1998, 121, 122 ff; *von Dücker*, BB 1996, 3, 5.

37 Das Ausmaß der zulässigen Abweichungen vom vorher Vereinbarten wird nach subjektiven Vertrauenskriterien bestimmt (soweit der Empfänger vernünftigerweise nicht mit einer Zustimmung rechnen durfte). In den UP 2.12 und EPCL 2:210 werden sie mit dem normativen Begriff „wesentlich" begrenzt, vgl *Köhler*, S. 33, 51; ebenso bei DCFR II. – 4:210, vgl *Armbrüster*, Jura 2007, 321, 324.

38 BGH NJW 2007, 987, 988.

39 BT-Drucks. 14/4987, S. 21; Jauernig/*Jauernig*, § 145 Rn 8.

40 Zutr. *Dörner*, AcP 202 (2002), 363, 375 f.

41 § 149 ist auf Anträge unter Anwesenden nicht anwendbar, vgl Staudinger/*Bork*, § 149 Rn 1. Aufgrund des ebenfalls bestehenden Transportrisikos sollte § 149 beim Einsatz technischer Einrichtungen (§ 147 Abs. 1 S. 2) aber entsprechend angewendet werden.

42 MüKo/*Kramer*, § 147 Rn 3; Erman/*Armbrüster*, § 147 Rn 17; nicht dagegen bei sonstiger Störung oder einvernehmlicher Gesprächsbeendigung, vgl RGZ 104, 235, 236.

43 Palandt/*Ellenberger*, § 147 Rn 5; aA MüKo/*Kramer*, § 147 Rn 4; PWW/*Brinkmann*, § 148 Rn 14 (Fall des § 147 Abs. 2).

44 Auch bei vollmachtlosen Vertretern, BGH NJW 1996, 1062, 1064; OLG Düsseldorf, Urt. v. 11.5.2010 – 10 U 178/09.

45 Staudinger/*Bork*, § 147 Rn 4 (auch für voll interaktionsfähige EDV-Anlagen); *Taupitz/Kritter*, JuS 1999, 839, 841.

46 Motive I, S. 170; Staudinger/*Bork*, § 147 Rn 10.

47 LG Wiesbaden NJW-RR 1998, 1435, 1436; zust. Bamberger/Roth/*Eckert*, § 147 Rn 15; aA Staudinger/*Bork*, § 147 Rn 14; Jauernig/*Jauernig*, § 147 Rn 9 (telegraphisches Angebot verlangt möglicherweise beschleunigte Annahme); Erman/*Armbrüster*, § 147 Rn 18.

48 BAG NZA 2007, 925, 927.

wird eine entsprechend elektronische Antwort mit einer regelmäßig recht kurz zu bemessenden Frist zu erwarten sein. Zur unverzüglichen Bestätigung[49] einer Bestellung nach § 312 e Abs. 1 S. 1 Nr. 3 s. Rn 3.

14 Die Rechtzeitigkeit der Annahme bestimmt sich nach der **objektiv zu bestimmenden**[50] gesetzlichen Annahmefrist des Abs. 2.[51] Maßgebend ist, wann der Antragende den Eingang der Antwort unter regelmäßigen Umständen erwarten durfte. Für die Fristbestimmung sind mehrere Zeitabschnitte zu addieren. Ausgangspunkt ist die Abgabe des Antrages.[52] An den erwartbaren Zugang beim Antragsempfänger[53] schließt sich eine angemessene Überlegungsfrist[54] und die erwartbare Zeit bis zum Eingang der Antwort an.[55] Die Angemessenheit hängt von Schwierigkeit, Umfang und Folgen des Geschäfts sowie auch von dem organisatorischen Entscheidungsprozess beim Empfänger ab. Bei finanzierten und beurkundungsbedürftigen Verträgen, deren Abschluss regelmäßig eine Bonitätsprüfung vorausgeht, gilt eine Frist von vier Wochen für erwartbar.[56] Ferner sind die Bedeutung des Geschäfts und seine Komplexität zu berücksichtigen. Zu den regelmäßigen Umständen gehören neben Verzögerungen, etwa durch Feiertage und Wochenenden, auch Sondersituationen im Bereich des Empfängers, soweit sie **dem Antragenden bekannt** sind (Krankheit, Urlaub, Arbeitsüberlastung, Organisationsstruktur).[57]

§ 148 Bestimmung einer Annahmefrist

Hat der Antragende für die Annahme des Antrags eine Frist bestimmt, so kann die Annahme nur innerhalb der Frist erfolgen.

A. Allgemeines

1 § 148 ermöglicht es dem Antragenden, die zeitliche Wirksamkeit seiner Antragserklärung durch Fristsetzung zu bestimmen.[1] Die grundsätzlich mitlaufende Bindung an den Antrag kann er nach Maßgabe des § 145 Hs 2 ausschließen (s. § 145 Rn 15). Die Annahmefrist (Antragsfrist) ist in diesem Falle frei widerruflich (nicht bindend).

B. Regelungsgehalt

2 Die Fristsetzung ist Bestandteil der Antragserklärung. Sie kann ausdrücklich erklärt oder schlüssig aus den Umständen zu entnehmen sein. Ausreichend ist jegliche zeitliche Konkretisierung, durch die der Antragende zu erkennen gibt, er wolle von der gesetzlichen Regelung in § 147 abweichen.[2] Ist der Antrag formbedürftig, so unterliegt grundsätzlich auch die Fristsetzung dem Formerfordernis.[3] Die Frist kann nachträglich gesetzt werden und eine noch offene Frist verlängern.[4] Auch die Antragsbindung verlängert sich dadurch, sofern der Antragende die Bindung insoweit nicht aufgehoben hat. Eine nachträgliche Verkürzung der Antragsfrist ist bei gebundenem (unwiderruflichem) Antrag ausgeschlossen (vgl § 145 Rn 9).[5] Der Antragende kann die gesetzliche Frist (§ 147 Abs. 2) dadurch verkürzen, dass er von vornherein oder rechtzeitig (§ 130 Abs. 1

49 *Dörner*, AcP 202 (2002), 363, 378 Fn 60: max. 24 Stunden sind zu lang.
50 BGH NJW 2010, 2873 Tz 11; Erman/*Armbrüster*, § 147 Rn 18.
51 Die Vorschrift des § 147 Abs. 2 ist dispositiv und steht daher einem unbefristeten Angebot nicht entgegen, BGH GRUR 2010, 355, 357 (für die auf Abschluss eines Unterlassungsvertrags gerichtete Unterwerfungserklärung).
52 BGH NJW 2010, 2873 Tz 11, 14; BGH GRUR 2010, 355, 357; Jauernig/*Jauernig*, § 145 Rn 9.
53 Da es nur auf den Zeitpunkt ankommt, zu dem der Antragende den Eingang der Antwort unter regelmäßigen Umständen erwarten darf, ist etwa unerheblich, ob das Angebot den Adressaten ungewöhnlich spät erreicht, vgl nur BGH NJW 2010, 2873 Tz 14; MüKo/*Kramer*, § 147 Rn 6.
54 Eingehend BAG BB 2003, 1732 ff; BGH NJW 2010, 2873 Tz 12, Anm. *Armbrüster*, LMK 2010, 306668 u. *Faust* JuS 2010, 1106 ff.
55 BGH NJW 2010, 2873 Tz 11; Erman/*Armbrüster*, § 147 Rn 18 mwN.
56 BGH NJW 2010, 2873 LS 1, Anm. *Faust* JuS 2010, 1106 ff.
57 Vgl BGH NJW 2010, 2873 Tz 12; NJW 2008, 1148 Tz 21; Staudinger/*Bork*, § 147 Rn 12; Jauernig/*Jauernig*, § 147 Rn 9; aA *Finkenauer*, JuS 2000, 119, 121.
1 Zum wirtschaftlichen Zweck von Annahmefristen *van Venrooy*, DStR 2011, 678, 678.
2 BAG NZA 2010, 32, 33 f; BAG NZA 2007, 925, 926 („teilen Sie uns umgehend mit"); Staudinger/*Bork*, § 148 Rn 4.
3 Für die Schriftform längerfristiger Mietverträge aber wegen des drittschützenden Formzwecks von § 550 verneint, vgl BGH NJW 2010, 1518; zust. *Eupen*, NZM 2010, 389 f.
4 Ist die Frist abgelaufen, so ist das Angebot erloschen (§ 146), so dass eine nachträgliche Fristverlängerung nicht mehr möglich ist, OLG München ZIP 2005, 160, 162.
5 BAG NJOZ 2011, 565 Tz 26 mwN.

S. 2) eine kürzere Frist bestimmt. Eine Verkürzung ist ausgeschlossen, soweit dadurch eine gesetzliche Mindestfrist, wie etwa die 3-Wochenfrist nach § 2 S. 2 KSchG, unterlaufen würde.[6]

Im Vergabeverfahren geht das Angebot vom Bieter aus. Stimmt dieser einer Verlängerung der Bindefrist zu, so wird das Vertragsangebot inhaltlich konserviert und die rechtsgeschäftliche Bindefrist an das Angebot entsprechend verlängert.[7]

Die Berechnung der Frist richtet sich nach **§§ 186 ff.** Ob die Frist bereits mit der Abgabe des Antrages oder erst mit dessen Zugang beginnen soll, ist Auslegungsfrage. Ebenso, ob zur Fristwahrung die Abgabe der Annahmeerklärung oder ihr Zugang maßgebend sein soll.[8] Die Rechtzeitigkeit bestimmt sich sonst grundsätzlich nach dem Zugang der Annahmeerklärung. Die rechtzeitige **Annahme durch einen vollmachtlosen Vertreter** genügt nicht, obwohl die (verspätete) Genehmigung zurückwirkt (§ 184 Abs. 1). Dem Antragenden sollen ungewollte Bindungen nicht aufgezwungen werden können.[9] Kannte der Antragende den Mangel der Vertretungsmacht, so kann er den Vertretenen zwar zur Genehmigung auffordern (§ 177 Abs. 2) und dadurch die Schwebelage beseitigen; die Frist zur Genehmigung von 2 Wochen kann er aber nicht verkürzen.[10] Mit Ablauf der Frist **erlischt** das Angebot.[11] 3

Wird die Annahmefrist durch AGB des Antragsgegners vereinbart, so unterliegt sie den Einschränkungen des **§ 308 Nr. 1**.[12] Beim Neuwagenverkauf ist eine vierwöchige Bindung für den Käufer noch angemessen,[13] ebenso beim finanzierten Kauf einer Wohnung,[14] bei Alltagsgeschäften eine Frist von zwei Wochen.[15] 4

C. Weitere praktische Hinweise

Wer sich auf die Befristung des Angebots beruft, muss ihr Vorliegen aufgrund der Abweichung von der gesetzlichen Regelung (§ 147) beweisen.[16] 5

§ 149 Verspätet zugegangene Annahmeerklärung

[1]Ist eine dem Antragenden verspätet zugegangene Annahmeerklärung dergestalt abgesendet worden, dass sie bei regelmäßiger Beförderung ihm rechtzeitig zugegangen sein würde, und musste der Antragende dies erkennen, so hat er die Verspätung dem Annehmenden unverzüglich nach dem Empfang der Erklärung anzuzeigen, sofern es nicht schon vorher geschehen ist. [2]Verzögert er die Absendung der Anzeige, so gilt die Annahme als nicht verspätet.

Literatur: *Hilger*, Die verspätete Annahme, AcP 185 (1985), 559; *Volp/Schimmel*, § 149 BGB – Eine klare und einfache Regelung?, JuS 2007, 899.

6 BAG NZA 2007, 925, 926.

7 BGHZ 181, 47, 53 f = NJW 2009, 2443, 2445; dazu *Stiens/Vogel*, NJW 2009, 2448 u. Anm. *Bitterich*, JZ 2009, 1014; ebenso BGH, Urt. v. 22.7.2010 – VII ZR 213/08, Rn 14; BGH NZBau 2009, 771, 773; dazu Anm. *Kapellmann*, NZBau 2009, 776; OLG München, VergabeR 2009, 942. Vgl ferner Palandt/*Ellenberger*, § 147 Rn 6; Erman/*Armbrüster*, § 147 Rn 18 aE.

8 Nach herrschender Lehre fällt der Fristbeginn in der Regel auf die Abgabe des Antrags, Jauernig/*Jauernig*, § 148 Rn 1, Palandt/*Ellenberger*, § 148 Rn 3; Staudinger/*Bork*, § 147 Rn 3 (indiziert durch das im Brief angegebene Datum); ebenso Bamberger/Roth/*Eckert*, § 148 Rn 6; wohl abweichend MüKo/*Kramer*, § 148 Rn 3 (das im Brief angegebene Datum); Erman/*Armbrüster*, § 148 Rn 6 (Datum des Antrags, nicht dasjenige des Poststempels).

9 BGH NJW 1973, 1789, 1790; MüKo/*Schramm*, § 177 Rn 45; PWW/*Brinkmann*, § 148 Rn 12; aA Jauernig/*Jauernig*, § 148 Rn 1.

10 MüKo/*Schramm*, § 177 Rn 20; Erman/*Palm*, § 177 Rn 24 („kann … verlängern"). Wenn der Antragende den Mangel nicht kannte, steht ihm das Widerrufsrecht aus § 178 zu. § 178 stellt aber auf den Zeitpunkt des Vertragsschlusses und damit auf den Zugang der Vertretererklärung ab.

11 BGH NJW 2010, 2873 Tz 15; dort auch zur gegenteiligen Auffassung, wonach das Angebot mit Ablauf der Annahmefrist lediglich frei widerruflich sei und noch angenommen werden könne.

12 Zur Funktion und Einbeziehung von Vertragsabschlussklauseln, Erman/*Roloff*, § 308 Rn 2 ff.

13 BGHZ 109, 359, 363; OLG Düsseldorf NJW 2005, 1515 (bei Kauf eines hochwertigen technischen Geräts), ebenso OLG München, Urt. v. 23.3.2011 – 20 U 4468/10; vgl Erman/*Armbrüster*, § 148 Rn 1. Hingegen soll eine Frist von acht Wochen beim Kauf eines neuen Nutzfahrzeuges unangemessen sein, OLG Saarbrücken, Urt. v. 8.12.2010 – 1 U 111/10 – 29.

14 BGH NJW 2010, 2873 Tz 11 m.Anm. *Armbrüster*, LMK 2010, 306668.

15 OLG München, Urt. v. 23.3.2011 – 20 U 4468/10.

16 Palandt/*Ellenberger*, § 148 Rn 2 aE; diff. Staudinger/*Bork*, § 148 Rn 12; MüKo/*Kramer*, § 148 Rn 8; Soergel/*Wolf*, § 148 Rn 14.

A. Allgemeines

1 § 149 eröffnet den Vertragsschluss bei rechtzeitig abgegebener, aber verspätet zugegangener Annahmeerklärung. Der Antrag bleibt wirksam, wenn der Antragende erkennen musste, dass eine eingetretene Verspätung der Annahmeerklärung auf unregelmäßiger Beförderung beruht, und er die Verspätung dem Annehmenden darauf hin nicht unverzüglich anzeigt. Dem Antragenden obliegt es, die Verspätung durch die Abgabe einer Verspätungsanzeige unverzüglich geltend zu machen. Unterbleibt die Anzeige, so gilt der Antrag als rechtzeitig angenommen (§§ 146, 149 S. 1). Das gilt ebenso bei verzögerter Verspätungsanzeige (§§ 146, 149 S. 2).[1] Wurde die Verspätungsanzeige dagegen rechtzeitig abgegeben, erlischt der Antrag. Die verspätete Annahme gilt dann nach § 150 Abs. 1 als ein neues Angebot. § 149 reduziert zugunsten des Annehmenden das Verspätungsrisiko. Im Falle der §§ 151, 152 ist § 149 ohne Funktion.

B. Regelungsgehalt

2 § 149 ermöglicht den Vertragsschluss unter folgenden Voraussetzungen: Die Annahmeerklärung wurde so rechtzeitig mit einem verkehrsüblichen Beförderungsmittel[2] abgesendet, dass der Annehmende mit dem rechtzeitigen Eingang beim Antragenden rechnen durfte. Bei verspäteter Absendung greift § 150 Abs. 1.[3] War die rechtzeitige Absendung für den Antragenden klar erkennbar, etwa anhand des Poststempels,[4] so konnte er die Verspätung nur auf ein unvorhergesehenes Beförderungshindernis zurückführen. Unterlässt oder verzögert (S. 2) er die Absendung der Verspätungsanzeige, so wird er an seinem Antrag festgehalten. Der Annehmende durfte bei rechtzeitiger Absendung seiner Annahmeerklärung auf das Vertragsversprechen vertrauen.[5]

3 Die Ablehnungsanzeige muss unverzüglich (ohne schuldhaftes Zögern, § 121 Abs. 1 S. 1) geschehen. Sie ist einseitige Mitteilung (geschäftsähnliche Handlung). Die Vorschriften über Willenserklärungen (§§ 104 ff) finden entsprechende Anwendung. Überwiegend wird die Anzeige als nicht empfangsbedürftig eingestuft, so dass es auf den Zugang beim Annehmenden generell nicht ankommt.[6] Die **Funktion der Ablehnungsanzeige** liegt aber darin, den Antragenden von seinem Vertragsversprechen zu befreien (**Lösungsrecht**) und dabei das Vertrauen des Annehmenden zu schützen. Deshalb ist der Zugang der Anzeige erforderlich (empfangsbedürftig).[7]

C. Weitere praktische Hinweise

4 Der Annehmende muss die rechtzeitige Abgabe seiner Annahmeerklärung und die Erkennbarkeit der Verzögerung für den Antragenden **beweisen**. Der Antragende muss die rechtzeitige Abgabe seiner Verspätungsanzeige[8] und nach der hier vertretenen Auffassung auch deren (nicht fristgebundenen) Zugang beim Annehmenden beweisen.

1 Nur die Rechtzeitigkeit wird fingiert, nicht aber die Annahme selbst. Der Vertrag kommt deshalb erst im Zeitpunkt des verspäteten tatsächlichen Zugangs der Annahmeerklärung zustande.

2 Etwa die Briefpost oder ein elektronischer Versand (E-mail, Fax). Kein verkehrsübliches Beförderungsmittel (und auch noch keine Absendung) ist etwa die Übergabe des Antrags an einen Bekannten, MüKo/*Kramer*, § 149 Rn 3.

3 Abweichend OLG Dresden NZM 2004, 826, 828; OLG Naumburg ZMR 2008, 371, 372; wie hier Staudinger/*Bork*, § 149 Rn 2.

4 BGH NJW 1988, 2106, 2107.

5 *Canaris*, Die Vertrauenshaftung im deutschen Privatrecht, 1971, S. 326 f begründet den Vertragsschluss mit einer positiven Vertrauensentsprechung. Ähnlich *Hilger*, AcP 185 (1985), 559, 561 ff, der den Vertragsschluss als Haftungsfolge aus c.i.c. herleitet; vgl zu Recht krit. Staudinger/*Bork*, § 149 Rn 2 (Vertragsschluss tritt bei § 149 verschuldensunabhängig ein; das positive Interesse wird von der Haftung aus c.i.c. nicht umfasst); *Volp*/*Schimmel*, JuS 2007, 899, 900. Maßgebend ist vielmehr das im Antrag verkörperte Vertragsversprechen. Es bleibt unter den Voraussetzungen des § 149 wirksam und ermöglicht damit den verspäteten Vertragsschluss. Nach Motive I, S. 171 und RGZ 105, 255, 257 erlangt § 149 seine innere Rechtfertigung aus einer Interessenabwägung und Treu und Glauben (§ 242).

6 Motive I, S. 171; RGZ 105, 255, 257; vgl Palandt/*Ellenberger*, § 149 Rn 3; Soergel/*Wolf*, § 149 Rn 11; Erman/*Armbrüster*, § 149 Rn 3.

7 Dafür spricht auch der Wortlaut, wonach „die Verspätung dem Annehmenden … anzuzeigen … ist". Im Erg. ebenso Staudinger/*Bork*, § 149 Rn 8 (empfangsbedürftig, weil adressatenbezogene Erklärung); MüKo/*Kramer*, § 149 Rn 4; Bamberger/Roth/*Eckert*, § 149 Rn 10; PWW/*Brinkmann*, § 149 Rn 3.

8 Palandt/*Ellenberger*, § 149 Rn 4. Das entspricht der Einstufung der Verspätungsanzeige als Lösungsrecht.

§ 150 Verspätete und abändernde Annahme

(1) Die verspätete Annahme eines Antrags gilt als neuer Antrag.

(2) Eine Annahme unter Erweiterungen, Einschränkungen oder sonstigen Änderungen gilt als Ablehnung verbunden mit einem neuen Antrag.

Literatur: *Diederichsen*, Der Schutz der Privatautonomie bei Befristung des Vertragsangebots, in: FS Medicus 1999, S. 89; *Dillberger/Dorner*, Die modifizierende Annahmeerklärung – Stiefkind der Schriftformdiskussion im Gewerberaummietrecht ZMR 2011, 263; *Hilger*, Die verspätete Annahme, AcP 185 (1985), 559; *van Venrooy*, Die verspätete Annahme von Vertragsangeboten (§ 150 Abs. 1 BGB), DStR 2011, 678.

A. Allgemeines

1 § 150 ist eine Auslegungsregel.[1] Sie hält die verspätete oder inhaltlich abweichende Annahme als neuen Antrag aufrecht und erleichtert so die Fortsetzung des Verhandlungsprozesses. Abs. 2 stellt darüber hinaus klar, dass jegliche Abänderung eine Ablehnung des Antrags bedeutet (strenges Konsensprinzip, Vor §§ 145–157 Rn 16). Ein nach den §§ 154, 155 ggf erzielter Vertragsschluss (wirksame Teileinigung) geht vor. Die §§ 154, 155 sind daher gegenüber § 150 Abs. 2 vorrangig zu prüfen.

B. Regelungsgehalt

I. Verspätete Vertragsannahme (Abs. 1)

2 Die verspätete Annahmeerklärung trifft auf einen erloschenen Antrag (§ 146 Hs 2) und ist daher fehlgeschlagen. Mit Ablauf der gesetzlichen (§ 147) oder der vom Antragenden gesetzten Frist (§ 148) ist außer im Falle des § 149 eine rechtzeitige Annahme nicht mehr möglich.[2] Für den Sonderfall des **Vergabeverfahrens** wird aus § 7 Abs. 1 S. 1 BHO (Wirtschaftlichkeitsgebot im Haushaltsrecht) eine Verpflichtung der öffentlichen Hand zur Annahme eines verfristeten Angebots, dh zur Abgabe eines inhaltsgleichen neuen Angebots im Sinne von § 150 Abs. 1, bejaht.[3]

3 § 150 Abs. 1 deutet die verspätete Annahme nach dem **mutmaßlichen Parteiwillen** in einen bindenden Gegenantrag um (Auslegungsregel). Für diesen neuen Antrag (Zweitantrag) gelten die allgemeinen Regeln §§ 145 ff, 130–132. Sein Inhalt lässt sich nach dem (erloschenen) Erstantrag bestimmen.[4] Nach dem Willen des Zweitantragenden kann ferner aus Gründen der Vereinfachung auf das Zugangserfordernis der Annahme konkludent verzichtet worden sein (§ 151 S. 1 Alt. 2) oder eine dahin gehende Verkehrssitte bestehen (§ 151 S. 1 Alt. 1; s. § 151 Rn 3). Für die Annahme des Zweitantrags bedarf es dann nur einer Willensbetätigung durch den Erstantragenden. Die (verspätete) Annahme ist ein starkes Indiz für einen **Zugangsverzicht des Zweitantragenden**. Bei Geschäften, die von erheblicher Bedeutung für den Zweitantragenden sind, kann dennoch nicht ohne weiteres von einem Zugangsverzicht ausgegangen werden. Hier wird regelmäßig eine **Rückmeldung gewollt** sein, um Klarheit über den Vertragsstand zu erhalten.[5]

4 Von einem Zugangsverzicht des Zweitantragenden zu trennen ist die Frage, ob der Erstantragende den **Gegenantrag durch Schweigen angenommen** hat. Das bloße Schweigen genügt nach den allgemeinen Grundsätzen nicht (s. § 147 Rn 5–7). Der Gegenantrag kann aber zu einer entsprechenden Abrede geführt haben, wonach das Schweigen des Erstantragenden als Annahme gilt (beredtes Schweigen). Dies ist durch Auslegung zu ermitteln. Die Frage geht dahin, ob die Parteien bei Kenntnis der Verspätung und der Gründe, auf denen die Verspätung beruht, den Vertragsschluss sofort und ohne weiteres gewollt hätten. Abs. 1 geht für den verspätet Annehmenden (widerleglich!) von einem solchen Willen aus. Eine entsprechende gesetzliche Regelung für den Erstantragenden fehlt. § 149 ermöglicht den Vertragsschluss für den besonderen Fall der

1 Vgl LAG Niedersachsen NZA-RR 2009, 507, 508 (unter dem Vorbehalt von Treu und Glauben); BGH WM 1983, 313.

2 Abweichend DCFR II. – 4:207 (1) und PECL Art. 2:207 (1), die dem Antragenden die Option einräumen, auch die verspätete Annahme gelten zu lassen, vgl *Armbrüster*, Jura 2007, 321, 322 f.

3 BGH NZBau 2004, 166 m.Anm. *Littorn*, LMK 2004, 81; OLG München VergabeR 2009, 942 f.

4 OLG München OLGZ 1978, 444, 446 f.

5 BGH NJW 2010, 2873 Tz 16 (beurkundungsbedürftige Grundstücksgeschäfte); NJW-RR 1994, 1165; OLG Köln NJW 1990, 1051 (Darlehensvertrag).

unerkannt und unverschuldet verzögerten Beförderung.[6] Es bleibt eine Frage des Einzelfalles, ob das Schweigen des Erstantragenden wie eine Annahme verstanden werden sollte. Zum Schutz vor ungewollten Bindungen ist mit einer Anwendung des § 242 aber Zurückhaltung geboten. Von der Rechtsprechung wird ein beredtes Schweigen regelmäßig bejaht, wenn ein besonderes Interesse des Erstantragenden an der Einhaltung der Annahmefrist nicht zu erkennen war[7] und nur eine geringfügige Zeitüberschreitung vorlag.[8]

II. Vertragsannahme mit Änderungen (Abs. 2)

5 **1. Ablehnung des Antrages.** Vertragspositionen können nicht einseitig durchgesetzt und der anderen Vertragspartei aufgezwungen werden. Die Annahme mit Änderungen gilt daher als Ablehnung des (ganzen) Antrages (§ 146 Hs 1). Beachtlich sind jegliche Erweiterungen, Einschränkungen und sonstigen Änderungen.[9] Dies gilt auch dann, wenn der geänderte Vertragspunkt unwesentlich ist.[10] Die Wirkung von Abs. 2 tritt ein, ohne dass dies den Parteien bewusst sein muss.[11] Ob Änderungen im Sinne von Abs. 2 vorliegen, ist aber **Auslegungsfrage** und daher nach dem objektivierten Empfängerhorizont des Antragenden festzustellen. Eine Änderung liegt schon nicht vor, wenn sie nicht klar und eindeutig aus der Annahmeerklärung hervorgeht.[12] Auch im Vergabeverfahren muss bei einem modifizierten Zuschlag der abweichende Vertragswillen unzweideutig zum Ausdruck gebracht werden.[13] Eine Änderung im Sinne von Abs. 2 liegt ferner dann nicht vor, wenn es sich bei den Änderungen um Zusätze handelt, über die unabhängig ein selbständiger Vertrag geschlossen werden kann und soll. Das ist Auslegungsfrage, auf die vorrangig § 154 Abs. 1 anzuwenden ist. So liegt es etwa bei Annahme einer größeren als der angebotenen Menge. Die Erweiterung ist hier als Annahme des Angebots (Teilkonsens im Sinne von § 154 Abs. 1 S. 1) verbunden mit dem zusätzlichen Antrag auf Abschluss über die Differenzmenge zu verstehen (Abs. 2).[14] In anderen Fällen einer **Teilannahme** gilt grundsätzlich dasselbe.[15] Die Auslegung des Antrags muss ergeben, dass der Antragende dem Angebotsempfänger entgegen der Regel des Abs. 2 die Möglichkeit zur Teilannahme einräumen wollte.[16] Ebenso kommt zunächst und vorrangig **§ 155** zum Zuge, wenn den Parteien die Abweichung der Annahme von der Offerte **nicht bewusst** geworden ist. Der konsentierte Teil wird danach im Zweifel wirksam. Hinsichtlich der abweichenden Punkte liegt ein Antrag auf Vertragsergänzung vor.[17]

6 Die Annahme mit Änderungen bedeutet ferner dann keine Ablehnung, wenn der Annehmende notfalls auch unter den angebotenen Bedingungen kontrahieren wollte. Seine Änderungen bedeuten dann nur die Anmel-

6 Die Wertungen des § 149 sind übertragbar. Für eine Beschränkung auf entsprechende Fälle deshalb *Flume*, BGB AT Bd. 2, § 35 II 2, S. 653.

7 BGH NJW 1999, 819; WM 1986, 577, 579; BB 1955, 1068; NJW 1951, 313; zust. Staudinger/*Bork*, § 150 Rn 6; HK-BGB/*Dörner*, § 150 Rn 2; wie hier aber mit anderer Begründung Erman/*Armbrüster*, § 149 Rn 2.

8 LAG Düsseldorf v. 15.7.2009, 7 Sa 385/09, (1 Stunde); folgend von BAG NJOZ 2011, 565 Tz 28 hingegen im Fall als bereits fristgemäß bewertet.

9 Abweichend DCFR II. – 4:208 und PECL Art. 2:208, die erst bei erheblichen Änderungen des Vertragsangebots zu einer Ablehnung gelangen, während nicht erhebliche Änderungen grundsätzlich zu Vertragsbestandteilen werden, vgl *Armbrüster*, Jura 2007, 321, 323; ähnlich auch Art. 19 Abs. 2 u. 3 CISG, wonach unwesentliche Änderungen nur auf Rüge hin beachtlich sind, vgl Schlechtriem/*Schlechtriem*/*Schroeter*, Kommentar zum Einheitlichen UN-Kaufrecht, 5. Aufl. 2008, Art. 19 CISG Rn 13 ff.

10 BGH NJW 2001, 221, 222; 1993, 1035, 1036 (Ablehnung des ganzen Antrages); OLG Brandenburg NL-BzAR 2009, 156; allgM, Palandt/*Ellenberger*, § 150 Rn 2, und gilt auch bei Hinzufügung eigener AGB, BGHZ 18, 212, 215, dazu auch BGH NJW 2004, 3699, 3699 f. Keine Anwendung hingegen bei Auswechselung des Vertreters einer Vertragspartei, OLG Köln NJW-RR 2005, 1252, 1253.

11 OLG Brandenburg NL-BzAR 2009, 156, 157; OLG Hamm NJW-RR 1996, 1454.

12 BGHZ 162, 259, 263 f = NJW 2005, 1653, 1655; BGH WM 1983, 313; 314; OLG Köln NJW-RR 2005, 1252, 1253; OLG Celle NJW-RR 2004, 1165, 1166; OLG Düsseldorf BauR 2001, 1911; LAG Niedersachsen NZA-RR 2009, 507, 508; zu weitgehend MüKo/*Kramer*, § 150 Rn 4. Richtigerweise sind hier zunächst die §§ 154, 155 zu prüfen.

13 BGHZ 181, 47, 56 f = NJW 2009, 2443, 2445; Anm. *Bitterich*, JZ 2009, 1014; NZBau 2010, 102, 103; *Sienz*/*Vogel*, NJW 2009, 2448 jeweils mit Nachweisen auch zu abweichenden Fallgestaltungen. Nach BGHZ 181, 47, 59 f (ebenso BGH NZBau 2010, 622 Tz 24 und NZBau 2011, 97 Tz 14 f) entspricht es im Vergabeverfahren den Parteiinteressen, einen Vertrag trotz des mit der Annahme verbundenen Vorschlags neuer Fristen als geschlossen anzusehen, wenn die Bauzeit zum Abschlusszeitpunkt bereits verstrichen war. Konstruktiv begründet der BGH die vorbehaltlose Annahme damit, dass der zustande gekommene Vertrag eine Einigung darüber enthalte, dass über neue Fristen noch eine Einigung herbeizuführen sei. Diesbezügliche Vorschläge des Auftraggebers könnten bereits zusammen mit dem Vertragsschluss abgegeben werden, § 150 Abs. 2 finde daher keine Anwendung. Vgl zum Ganzen die erfolglose Anhörungsrüge zu „Verzögerter Zuschlag VII", BGH NZBau 2010, 748.

14 BGH NVwZ 2005, 845, 846; MüKo/*Kramer*, § 150 Rn 7 (Interpretation der Annahme).

15 Das ist Auslegungsfrage, vgl BGH NJW 2001, 221, 222; ZIP 1995, 816; OLG Karlsruhe AfP 2009, 270, 271; Jauernig/*Jauernig*, § 150 Rn 2; nach RGZ JW 1925, 236 ist Teilannahme regelmäßig zu verneinen; ebenso Palandt/*Ellenberger*, § 150 Rn 2; Erman/*Armbrüster*, § 150 Rn 5.

16 OLG Karlsruhe AfP 2009, 270, 271.

17 Ebenso MüKo/*Kramer*, § 150 Rn 5.

dung von Änderungswünschen.[18] Das Verlangen besserer Vertragsbedingungen kann bedeuten, dass das Angebot notfalls auch in der unterbreiteten Fassung angenommen werden wird oder sich der Annehmende die Entscheidung bis zum Ablauf der Annahmefrist noch vorbehalten will.[19] Die Annahme (ohne ein Beharren auf die nur vorgeschlagene Änderung) muss klar erkennbar sein, sonst greifen die §§ 154 Abs. 1, 150 Abs. 2. Ein Teilkonsens ist nach dem gemeinsamen Parteiwillen im Zweifel nicht gewollt (§ 154 Abs. 1 S. 1). § 150 Abs. 2 führt sodann insgesamt zur Ablehnung, verbunden mit einem neuen Angebot.

Eine Annahme unter Verweis auf die eigenen **AGB** stellt ebenfalls eine Ablehnung im Sinne von Abs. 2 dar. 7
Auch hier geht aber die Prüfung der §§ 154, 155 mit der Folge vor, dass ggf ein Vertragsschluss ohne Einbeziehung von AGB zu bejahen ist. Insbesondere dann, wenn der Vertrag durchgeführt wird, ist regelmäßig von einem dahin gehenden gemeinsamen Vertragsschlusswillen (ohne AGB) auszugehen (Auslegung durch Selbstinterpretation, vgl § 154 Rn 6). Die AGB-Bezugnahme kann daneben als (neuer) Antrag auf Vertragsänderung zu werten sein. Das Schweigen des Antragenden führt allein nicht zu einer nachträglichen Einbeziehung (keine Geltung des letzten Wortes). Bei widerspruchsloser **Entgegennahme der Leistung** soll aber Annahme uU zu bejahen sein[20] (zu kollidierenden AGB und der Lehre von der Kongruenzgeltung sowie zur Bedeutung von sog. Abwehrklauseln vgl NK/*Kollmann*, § 305 Rn 103 ff).[21]

2. Neuer Antrag (Gegenantrag). Abs. 2 deutet, wie Abs. 1, die abändernde Annahme nach dem mutmaß- 8
lichen Parteiwillen in einen Gegenantrag um. Voraussetzung für einen neuen Antrag ist, dass die Änderungen ausreichend bestimmt sind (§ 145 Hs 1). Nicht ausreichend ist etwa die Formulierung „Ihr Preis ist mir zu hoch".[22]

Der Gegenantrag kann regelmäßig nach § 151 S. 1 durch bloße Willensbetätigung angenommen werden. Ein 9
konkludenter Verzicht auf den Zugang der Annahmeerklärung (§ 151 S. 1 Hs 2) liegt etwa im Bewirken der geänderten Vertragsleistung. Das gilt auch gegenüber Verbrauchern.[23] Ebenso kann eine dahin gehende Verkehrssitte vorliegen (§ 151 S. 1 Hs 1; s. § 151 Rn 3). Die abändernde Annahme ist anders als die verspätete Annahme (Abs. 1) dagegen für sich genommen **kein klares Indiz für einen Zugangsverzicht** im Sinne von § 151 S. 1. Hier kommt es vielmehr darauf an, wie weit die Änderungen gegenüber dem Erstantrag gehen. Nur bei geringfügigen Änderungen ist ggf von einem Zugangsverzicht des Zweitantragenden auszugehen.[24]

3. Annahme des neuen Antrages. Die Annahme des neuen Antrags erfolgt nach allgemeinen Grundsätzen, 10
dh durch ausdrückliche oder schlüssige Annahmeerklärung gegenüber dem (Zweit-)Antragenden oder – im Falle des § 151 – durch Willensbetätigung (s. Rn 9).[25] Die Annahmeerklärung des Erstantragenden ist aus der Sicht des Erklärungsempfängers (Zweitantragenden) auszulegen. Für eine schlüssige Annahmeerklärung genügt hier aber selbst eine eindeutige Leistungshandlung noch nicht. Das Verhalten kann auch als Erfüllung des Vertrages zu verstehen sein, den der Erstantragende für geschlossen hält. Er muss daher wissen, dass ein geänderter Antrag vorliegt, dh er muss erkennen, dass sein Erstantrag abgelehnt und ihm ein neuer Antrag gemacht wurde, den er nun annimmt. Besteht ein gesetzliches Formerfordernis, so muss die Annahme des neuen Antrags durch **erneute** Unterzeichnung durch den Erstantragenden erfolgen.[26] Im Falle des § 151 kommt es darauf an, ob das **Gesamtverhalten** vom Standpunkt eines unbeteiligten objektiven Dritten aufgrund aller äußeren Indizien auf einen dahin gehenden wirklichen Annahmewillen des neuen (geänderten) Antrages schließen lässt[27] (s. zur sog. Erlassfalle § 151 Rn 6).

Davon wiederum klar zu trennen ist die Frage, ob der (abändernde) Gegenantrag durch (beredtes) **Schwei-** 11
gen angenommen worden ist. Der Erstantrag erzeugt grundsätzlich keine Obliegenheit, einem Gegenantrag ausdrücklich zu widersprechen. Dies gilt auch dann, wenn der Gegenantrag als „Auftragsbestätigung" bezeichnet wird oder dergl. Das Schweigen auf ein abänderndes neues Angebot (Abs. 2) gilt nicht als Annahme. Die Rechtsprechung entscheidet anders nur bei geringfügigen Änderungen.[28] Anhaltspunkte müssen sich aus dem Erstantrag ergeben. Durfte der Zweitantragende die vorgenommenen Änderungen als von dem mutmaßlichen

18 BGH WM 1982, 1329, 1330; NJW-RR 1997, 684; OLG Brandenburg NL-BzAR 2009, 156, 157; OLG Celle NJW-RR 2009, 1150, 1150 f; vgl *Diederichsen*, in: FS Medicus 1999, S. 89, 98 ff.
19 OLG Celle NJW-RR 2009, 1150.
20 BGHZ 18, 212, 216; 61, 282, 287; vgl krit. *v. Westphalen*, NJW 2002, 1688, 1689 („Theorie des ersten Wertes"); Jauernig/*Stadler*, § 305 Rn 23.
21 Nur den Fall einander widersprechender AGB regeln DCFR II. – 4:209 und PECL Art. 2:209 und folgen dabei der Lehre von der Kongruenzgeltung, vgl *Armbrüster*, Jura 2007, 321, 323 f.
22 Beispiel von Staudinger/*Bork*, § 150 Rn 13.
23 Eine „unbestellte Leistung" iSv § 241 a Abs. 1 liegt nicht vor (Abs. 2).
24 Verneint daher vom OLG Jena OLG-NL 2006, 54, 55; zur Abgrenzung gegenüber der Widerspruchsobliegenheit des Empfängers eines kaufmännischen Bestätigungsschreibens, OLG Koblenz OLGR Koblenz 2005, 63.
25 OLG Jena OLG-NL 2006, 54, 54.
26 BAG NJW 2009, 698, 699 (Schriftform des Auflösungsvertrages, §§ 623, 126).
27 BGH NJW 2004, 287, 288; 2000, 276, 277; BGHZ 111, 97, 101; 74, 352, 356.
28 BGH DB 1956, 474 (Annahme bejaht); BGHZ 61, 282, 285; BGH NJW 1995, 1671, 1672; OLG Jena OLG-NL 2006, 54, 55; OLG Hamm WM 1997, 611, 612; ebenso Erman/*Armbrüster*, § 150 Rn 7.

Willen des Erstantragenden (nun schweigenden) gedeckt ansehen, so darf er auch dessen Schweigen in dieser Weise verstehen. Sonst nicht. Eine Ableitung aus § 242 ist dagegen überflüssig.

§ 151 Annahme ohne Erklärung gegenüber dem Antragenden

[1]Der Vertrag kommt durch die Annahme des Antrags zustande, ohne dass die Annahme dem Antragenden gegenüber erklärt zu werden braucht, wenn eine solche Erklärung nach der Verkehrssitte nicht zu erwarten ist oder der Antragende auf sie verzichtet hat. [2]Der Zeitpunkt, in welchem der Antrag erlischt, bestimmt sich nach dem aus dem Antrag oder den Umständen zu entnehmenden Willen des Antragenden.

Literatur: *Brehmer*, Annahme nach § 151 BGB, JuS 1994, 386; *Eckardt*, Die Vergleichsfalle als Problem der Auslegung adressatenloser Annahmeerklärungen nach § 151 S. 1 BGB, BB 1996, 1945; *Kleinschmidt*, Annahme eines Erlassangebots durch Einlösung eines mit dem Angebot übersandten Verrechnungsschecks? NJW 2002, 346; *Repgen*, Abschied von der Willenserklärung, AcP 200 (2000), 533; *Schönfelder*, Die Erlassfalle – ein unmoralisches Angebot?, NJW 2001, 492; *Schwarze*, Die Annahmehandlung in § 151 BGB als Problem der prozessualen Feststellbarkeit des Annahmewillens, AcP 202 (2002), 607; *Vytlacil*, Die Willensbetätigung, das andere Rechtsgeschäft, 2009.

A. Allgemeines

1 S. 1 vereinfacht die Annahme und führt zu einer Vorverlagerung des Vertragsschlusses: Die Annahme braucht gegenüber dem Antragenden nicht erklärt zu werden. Damit entfällt das Zugangserfordernis der Annahmeerklärung, §§ 130 f. Verkürzt kann von **Zugangsverzicht** gesprochen werden. Auf die Annahmeerklärung selbst wird dagegen nicht verzichtet. Sie bringt den Vertrag zustande (S. 1), (s. Konsensprinzip Vor §§ 145–157 Rn 16).

2 Streitig ist die **Rechtsnatur** der vereinfachten Annahme. Die Literatur geht überwiegend von einer nicht empfangsbedürftigen Willenserklärung aus.[1] Dagegen steht die Auffassung, wonach auch eine äußere Erklärungshandlung entbehrlich sei. Allein der Annahmewille (Willensentschluss als innere Tatsache) muss danach vorliegen und festgestellt werden.[2] Der BGH schlägt einen historisch gesicherten Mittelweg ein und stellt auf eine Annahme ohne Erklärung ab. Er verlangt für diese Annahme eine sog. **Willensbetätigung**.[3] Das ist ein nach außen hervortretendes Verhalten des Angebotsempfängers, das vom Standpunkt eines unbeteiligten objektiven Dritten aufgrund aller äußeren Indizien auf einen wirklichen Annahmewillen schließen lässt.[4] Die Willensbetätigung ist danach eine Annahmehandlung, die nicht auf eine isolierbare Willenshandlung, sondern auf ein Gesamtverhalten zurückgeführt wird.[5] Man kann daher von einer Gesamthandlung[6] sprechen, die den sicheren Rückschluss auf den wirklichen Annahmewillen erlaubt.

1 Die Formulierungen sind uneinheitlich: Staudinger/*Bork*, § 151 Rn 14; Erman/*Armbrüster*, § 151 Rn 9; Jauernig/*Jauernig*, § 151 Rn 1 (jeweils nicht empfangsbedürftige Willenserklärung); Palandt/*Ellenberger*, § 151 Rn 1 (nichtempfangsbedürftige Willensäußerung); *Repgen*, AcP 200 (2000), 533; *Brehmer*, JuS 1994, 386, 387.

2 *Schwarze*, AcP 202 (2002), 607, 627 ff; *Flume*, BGB AT Bd. 2, § 35 II, 3.

3 MüKo/*Kramer*, § 151 Rn 49 (Willenserklärung in Form einer Willensbetätigung); Soergel/*Wolf*, § 151 Rn 7 (offen lassend); *Larenz/Wolf*, BGB AT, § 30 Rn 2; *Medicus*, BGB AT, § 26 Rn 382; zur Entstehungsgeschichte HKK/*Oestmann*, §§ 145–156 Rn 18.

4 BGH NJW 2006, 3777, 3738; 2004, 287, 288; 2000, 276, 277; BGHZ 111, 97, 101; 74, 352, 356.

5 Krit. *Schwarze*, AcP 202 (2002), 607, 629 f.

6 Die Willensbetätigung ist Gesamthandlung, weil sie aus einzelnen indiziellen, aber unspezifischen Handlungsmomenten (Betätigungen) bestehen kann. Der Handlungsbegriff wird dabei prozeduralisiert und ähnelt der Vorstellung vom Willensgeschäft (*Flume*, BGB AT Bd. 2, § 35 II, 3 zurückgehend auf *Manigk*, Das rechtswirksame Verhalten, 1939, S. 296 ff, 344 ff). Ein bloßer Willensentschluss kann so ohne begriffliche Einengung rekonstruiert und materiellrechtlich zur Geltung gebracht werden. Skeptisch *Eckardt*, BB 1996, 1945, 1947.

B. Regelungsgehalt

I. Zugangsverzicht (S. 1)

Der Zugang der Annahme ist entweder aufgrund einer dahingehenden **Verkehrssitte** entbehrlich (S. 1 Hs 1)[7] oder er entfällt aufgrund eines rechtsgeschäftlichen Verzichts des Antragenden. Die Annahme einer unentgeltlichen Zuwendung ist nach der Verkehrssitte (zum Begriff vgl § 133 Rn 59 ff) nicht zugangsbedürftig, wie überhaupt die Annahme von lediglich vorteilhaften Geschäften.[8] Nach der Verkehrssitte nicht zu erwarten ist der Zugang der Annahme des Verkäufers im Versandhandel,[9] und auch die Annahme des Hoteliers von einzeln kurzfristig gebuchten Hotelzimmern ist nicht empfangsbedürftig.[10] Das Zugangserfordernis entfällt ferner bei Bestehen einer dahingehenden betrieblichen Übung oder einer Gesamtzusage im Arbeitsrecht.[11] Es entfällt auch, wenn typischerweise die sofortige Erledigung erforderlich ist (§ 663).[12] Beim Abschluss von Versicherungen besteht dagegen grundsätzlich keine allgemeine Verkehrssitte, die den Zugang der Annahme entbehrlich werden ließe.[13] 3

Der **rechtsgeschäftliche Verzicht** des Antragenden (S. 1 Hs 2) dient einem beschleunigten Vertragsschluss. Er ist ausdrückliche oder schlüssige, formlose, aber empfangsbedürftige Willenserklärung.[14] Der Verzicht auf den Zugang ist bei formbedürftigen Geschäften möglich,[15] stets aber nur für die Annahmeerklärungen. Das gilt auch für Verbrauchergeschäfte.[16] § 151 ist dagegen nicht anwendbar auf behördliche Willenserklärungen (Verzicht auf Zugang bei vormundschaftlicher Genehmigung ist nicht möglich, § 1829 Abs. 1 S. 2). Ein **konkludenter** Verzicht ergibt sich bei sofortigem Leistungsverlangen[17] oder der Zusendung unbestellter Ware (Realofferte gegenüber Abwesenden; bei Verbrauchergeschäft wegen § 241 a Abs. 1 aber ohne Wirkung, vgl § 145 Rn 7). Aus einer verspäteten Annahme ergibt sich für das neue Angebot (§ 150 Abs. 1) bei weniger bedeutsamen Geschäften ebenfalls ein Zugangsverzicht (s. § 150 Rn 3), während die Annahme unter Änderungen kein Zugangsverzicht des Zweitantragenden bedeutet (s. § 150 Rn 9). 4

II. Annahme durch Willensbetätigung

Die Willensbetätigung wird durch ein **Gesamtverhalten** (Gesamthandlung, s. Rn 2) festgestellt. Eine ausdrückliche oder schlüssige Erklärung der Annahme gegenüber dem Antragenden bleibt möglich. Sie ist nur nicht erforderlich. Liegt sie vor, ist die Erklärung als erste eindeutige Handlung dennoch (nur) Annahmehandlung (Gesamthandlung) im Sinne von S. 1 und bewirkt den Vertragsschluss bereits mit ihrer Abgabe. Die sonst durch das Gesamtverhalten festzustellende Willensbetätigung muss ein nach außen hervortretendes Verhalten des Angebotsempfängers sein, das vom Standpunkt eines unbeteiligten objektiven Dritten aufgrund aller äußeren Indizien auf einen wirklichen Annahmewillen schließen lässt.[18] Maßgebend ist nicht die Sicht des Antragenden, sondern die richterliche Bewertung. Als äußere Indizien kommen etwa in Betracht: Leistungserbringung (Dienstleistung,[19] Kaufpreiszahlung; Lieferung; Versendung, aber nicht schon Bereitstellung 5

7 Man kann in diesem Falle auch von einem „objektiven Verzicht" sprechen, vgl MüKo/*Kramer*, § 151 Rn 52; *Flume*, BGB AT Bd. 2, § 35 II, 3.

8 Verneint: BGH NJW 2006, 3777, 3778 (Treuhandannahme); BGH NJW 2004, 287, 288 (Treuhandannahme). Bejaht: BGH ZIP 2004, 1304 (Schuldbeitritt); BGH NJW 2003, 758, 759 (Schulderlass); BGH NJW 2000, 276, 277 (Abtretung einer Forderung); BGH NJW 2000, 2984 f (abstraktes Schuldanerkenntnis); BGH NJW 1999, 1328. Ferner OLG Brandenburg GuT 2009, 328, 329 (Abtretung einer Forderung); NJW-RR 2007, 270, 271 (Annahme eines Verzichts); WM 2006, 1855 (Bürgschaftsannahme); OLG Koblenz NJW-RR 2010, 861, 862 (abstraktes Schuldversprechen).

9 LG Gießen NJW-RR 2003, 1206 f (Annahme durch Zusendung ohne gesonderte Erklärung).

10 Bei frühzeitiger Buchung besteht aber ggf kraft Handelsbrauch oder allgemeiner Verkehrssitte ein freies Rücktrittsrecht, vgl LG Hamburg NJW-RR 2004, 699, 670 f (kostenloses Stornorecht für Event-Veranstalter).

11 Vgl Erman/*Armbrüster*, § 151 Rn 3; zur betrieblichen Übung vgl Palandt/*Weidenkaff*, Einf. v. § 611 Rn 76 mwN.

12 Staudinger/*Bork*, § 151 Rn 7; Erman/*Armbrüster*, § 151 Rn 3: Börsengeschäfte in laufender Geschäftsverbindung, Arztvertrag in dringenden Fällen.

13 OLG Frankfurt ZfSch 2008, 209; näher *Prölss/Martin*, VVG, 28. Aufl. 2010, § 1 Rn 34; zur Annahme durch (normiertes) Schweigen nach § 5 Abs. 3 S. 1 PflVG s. § 147 Rn 6 und zum Kontrahierungszwang nach § 5 Abs. 2 und 4 PflVG, s. Vor § 145–157 Rn 11.

14 Staudinger/*Bork*, § 151 Rn 10; aA HK-BGB/*Dörner*, § 151 Rn 5 (geschäftsähnliche Handlung).

15 BGH NJW-RR 1986, 1300, 1301; BGH NJW-RR 2004, 1683 f; Anm. *Bülow*, LMK 2004, 161; aA Staudinger/*Bork*, § 151 Rn 4; einschr. auch BAG NZA 2005, 349, 352.

16 BGH NJW-RR 2004, 1683; Anm. *Bülow*, LMK 2004, 161; abw OLG Rostock NJW-RR 2006, 341, 342; krit auch Staudinger/*Bork*, § 151 Rn 4.

17 BGH NZM 2009, 869 (Annahme eines Maklersuchauftrages mit Aufnahme der Tätigkeit).

18 BGH NJW 2006, 3777 Tz 18; NJW-RR 2006, 1477 Tz 16; NJW 2004, 287, 288; 2000, 276, 277; BGHZ 111, 97, 101; 74, 352, 356.

19 Zum Änderungsangebot des Arbeitsgebers bei Fortsetzung der Tätigkeit im Arbeitsverhältnis BAG NZA 2010, 283 Tz 27 mwN.

zur Versendung),[20] Gebrauchshandlungen[21] und Verfügungen (nicht aber bei unbestellt zugesandten Waren oder erbrachten sonstigen Leistungen im Sinne von § 241 a), Einbehalten einer übersandten Bürgschaftsurkunde,[22] interne Verbuchung usf. Es kommen hier prinzipiell **alle Verhaltensweisen mit Indizwert für den Annahmewillen** in Betracht. Schweigen ist für sich genommen kein Indiz und genügt daher nicht.

6 Strengere Voraussetzungen an die Feststellung einer Annahmehandlung sind zu stellen, wenn die Annahme für den Annehmenden zu einem Rechtsverlust führt (Annahme eines Erlassvertrages, sog. **Erlassfalle**).[23] Die Schaffung besonderer Anreize zur Vornahme von Annahmehandlungen mindert die Indizwirkung für den wirklichen Annahmewillen. Die Einlösung eines Schecks über einen Minimalbetrag[24] indiziert daher noch nicht die Annahme eines Erlassantrages, sondern ist Schuldendienst. Gleichzeitiger Widerspruch bei Einlösung ist nicht erforderlich, in weniger eindeutigen Fällen aber vorsorglich zu empfehlen. Auch bei Abfindungsvergleichen[25] sind strenge Anforderungen an den Annahmewillen zu stellen. Stets sind das Gesamtverhalten des „Annehmenden" sowie die Umstände des Einzelfalls zu bewerten.

7 Die Willensbetätigung ist adressatenlos. Verkehrsschutzüberlegungen treten daher zurück. Der Widerruf einer Willensbetätigung (§ 130 Abs. 1 S. 2 analog)[26] ist nicht möglich, aber auch nicht nötig. **Gegenläufiges Erklärungsverhalten** ist – im Prozess bis zum Schluss der mündlichen Verhandlung[27] – wertend zu berücksichtigen.[28] Die Möglichkeit der Richtigstellung macht auch eine Anfechtung aufgrund fehlenden (Erklärungs-)Betätigungsbewusstseins entbehrlich. Wusste der Annehmende, dass sein Verhalten die Annahme zum Ausdruck bringt, kann er sich nicht auf einen (insgeheim) in Wirklichkeit nicht bestehenden Annahmewillen berufen (§ 116 S. 1 analog).[29] Dagegen kommt die Anfechtung der Annahmehandlung in Betracht, wenn die Willensbetätigung nach §§ 119, 120 irrtumsbehaftet war oder eine Täuschung oder Drohung vorlag.[30] In Betracht kommt im Gegenzug auch ein Anspruch des Antragenden auf Ersatz des Vertrauensschadens in analoger Anwendung des § 122, sofern er von der Annahme durch Willensbetätigung bereits Kenntnis erlangt hatte.[31]

III. Erlöschen des Antrags (S. 2)

8 S. 2 bestimmt die Annahmefrist im Falle des Zugangsverzichts. §§ 147 Abs. 2, 148 sind nicht anwendbar.[32] Die Annahmebetätigung muss innerhalb der vom Antragenden gesetzten Frist erfolgen. Fehlt eine solche Fristsetzung, ist der diesbezügliche Wille des Antragenden aus den Umständen festzustellen. Die Interessenlage kann auch zu unbestimmt langen Bindungszeiträumen führen. Das ist eine Frage des Einzelfalles.[33]

C. Weitere praktische Hinweise

9 Die **Beweislast** für das Zustandekommen des Vertrages trägt im Falle des S. 1 derjenige, der sich auf den Vertrag beruft. Der Verzicht auf den Zugang der Annahme muss dargelegt und bewiesen werden. Bei festgestellter Annahmehandlung trägt der Annehmende die Beweislast für das behauptete Fehlen seines Annahmebewusstseins.[34]

20 Das ist bedeutsam für die Frage, ab wann § 447 den Verkäufer entlastet, Erman/*Armbrüster*, § 151 Rn 6.

21 Bei „Umstellung" von Stromtarifen wegen Nichtübereinstimmung von Vertragsangebot und Gebrauchshandlung verneint von LG Leipzig, Urt. v. 26.6.2009 – 1 HK O 2049/09, Tz 45.

22 BGH NJW 1997, 2233; 2000, 1563; OLG Brandenburg WM 2006, 1855.

23 Vgl *Kleinschmidt*, NJW 2002, 346; *Schönfelder*, NJW 2001, 492; *Eckardt*, BB 1996, 1945.

24 BGH NJW 2001, 2325, 2326; OLG München VersR 2005, 962, 963; OLG Koblenz NJW 2003, 758, 759; anders soll bei 70 % der Schuldsumme zu entscheiden sein, OLG Hamm NJW-RR 1998, 1662 f (Einzelfallfrage).

25 BGH VersR 2008, 1090 (keine Annahme durch Scheckeinlösung eines Betrages iHv 0,2 % der geltend gemachten Versicherungsforderung); BGH NJW 2007, 368, 369; 2006, 1511, 1512; NJW 2002, 1788, 1790; BGHZ 111, 97, 101 f; dazu BVerfG NJW 2001, 1200.

26 MüKo/*Kramer*, § 151 Rn 50; *Brehmer*, JuS 1994, 386, 390 f.

27 *Schwarze*, AcP 202 (2002), 607, 627.

28 RGZ 102, 370, 372; *Flume*, BGB AT Bd. 2, § 35 II, 3; *Schwarze*, AcP 202 (2002), 607, 618 ff, 627 (spätere Indizien werden vor dem Hintergrund der früheren bewertet und haben daher einen geringeren Beweiswert).

29 *Larenz/Wolf*, BGB AT, § 30 Rn 15; Erman/*Armbrüster*, § 151 Rn 9.

30 *Larenz/Wolf*, BGB AT, § 30 Rn 18; Erman/*Armbrüster*, § 151 Rn 9.

31 Staudinger/*Bork*, § 151 Rn 23; Erman/*Armbrüster*, § 151 Rn 9.

32 BGH NJW 1999, 2179, 2180.

33 BAG EzA-SD 2009, Nr. 25, 3–4 (dauerhafte Fortgeltung des Angebots bis zum Widerruf); BGH NJW 1999, 2179, 2180 (unbegrenzt bis zur Ablehnung des Angebots); BGH NJW 2000, 2984, 2985 (3 Wochen bei Angebot in der Urlaubszeit).

34 BGH NJW-RR 1986, 415; Erman/*Armbrüster*, § 151 Rn 9.

§ 152 Annahme bei notarieller Beurkundung

¹Wird ein Vertrag notariell beurkundet, ohne dass beide Teile gleichzeitig anwesend sind, so kommt der Vertrag mit der nach § 128 erfolgten Beurkundung der Annahme zustande, wenn nicht ein anderes bestimmt ist. ²Die Vorschrift des § 151 Satz 2 findet Anwendung.

A. Allgemeines

§ 152 beseitigt das Zugangserfordernis der Vertragsannahme für den Fall einer getrennt erfolgenden notariellen Beurkundung von Antrag und Annahme. Die Vorschrift dient der Vereinfachung und Beschleunigung des Vertragsabschlusses in Fällen der **Sukzessivbeurkundung**, was mutmaßlich auch dem Willen und Interesse der Vertragspartner entspricht.[1] 1

B. Regelungsgehalt

S. 1 findet Anwendung, wenn der Vertrag kraft Gesetzes oder kraft Parteivereinbarung der notariellen Beurkundung im Sinne von § 128 unterliegt. Sie gilt nicht bei vereinbarter Schriftform oder der öffentlichen Beglaubigung einer Vertragserklärung.[2] Der notariellen Beurkundung stehen Beurkundungen durch andere Stellen funktional gleich, wenn diese anstelle des Notars nach Landesrecht (§ 61 BeurkG) zuständig sind.[3] § 152 setzt die **getrennte Beurkundung der Vertragserklärungen** voraus. Ist gleichzeitige Anwesenheit beider Parteien vereinbart oder gesetzlich vorgeschrieben, so kommt S. 1 nicht zum Zuge. Insbesondere auf Grundstücksgeschäfte und Eheverträge findet die Vorschrift somit keine Anwendung (§§ 925, 1410, 2276). S. 1 ist deshalb auch dann nicht anwendbar, wenn die gleichzeitige Anwesenheit ein- oder beiderseitig durch das Handeln von Stellvertretern hergestellt wird (vgl § 164 Abs. 1 u. 3). Bei **vollmachtloser Vertretung** wird der Vertrag mit der notariellen Beurkundung der Genehmigung wirksam. Auf die Genehmigung findet S. 1 analoge Anwendung, weil dadurch eine vergleichbare Situation wie bei der Sukzessivbeurkundung entsteht. Die Genehmigung führt damit zur sofortigen Vertragswirksamkeit (str.).[4] 2

Der Vertrag wird mit Beurkundung der Annahmeerklärung (Abgabe) wirksam.[5] Sofern die Annahme Änderungen enthält, liegt in ihr nach Maßgabe des § 150 Abs. 2 die Ablehnung verbunden mit einem neuen Antrag. Auf die Annahme des Zweitantrags ist S. 1 ebenso anwendbar. Für die Annahmefrist verweist S. 2 auf § 151 S. 2. Die Annahme muss innerhalb der vom Antragenden gesetzten Frist erfolgen. Fehlt eine ausdrückliche Fristsetzung, ist der diesbezügliche Wille des Antragenden aus den Umständen festzustellen. § 147 Abs. 2 ist nicht anwendbar. Die Interessenlage kann zu längeren Bindungszeiträumen führen (s. § 151 Rn 8). 3

C. Weitere praktische Hinweise

§ 152 kann ausdrücklich oder konkludent abbedungen werden. Der Zugang ist dann erforderlich.[6] Eine Vereinbarung dahin, dass der Vertrag erst mit der Benachrichtigung des Antragenden durch den Notar gelten soll, ist möglich und kommt der vollständigen Abbedingung des S. 1 nahe. Es kann auch Zugang bei einer dritten Person, insbesondere etwa bei dem erstbeurkundenden Notar vereinbart werden. Ferner kann dieser nur als Empfangsbote und nicht als Empfangsvertreter eingesetzt werden, so die Weiterleitung an den Vertragspartner hinzutritt. Möglich ist auch die Vereinbarung einer **Pflicht** des Annehmenden, den Antragenden über die Annahme **zu benachrichtigen**. Ihre Verletzung führt zur Haftung aus c.i.c. (§§ 311 Abs. 2 Nr. 2, 241 Abs. 2).[7] 4

1 OLG Karlsruhe NJW 1988, 2050; Prot. II, S. 7376, bei Mugdan I, S. 708. Der Grund liegt dagegen nicht auch darin, dass die Annahme bei vorab beurkundetem Angebot lediglich den Charakter einer Einverständniserklärung habe (MüKo/*Kramer*, § 152 Rn 1; Erman/*Armbrüster*, § 152 Rn 1; ähnlich Staudinger/*Bork*, § 152 Rn 1). Das ist rechtstechnisch stets die einzige Funktion der Annahme. Dagegen ist der durch die Beurkundung gewährleistete Schutz vor Übereilung erreicht und die Möglichkeit des Widerrufs durch den Annehmenden ohne innere Berechtigung (§ 130 Abs. 1 S. 2).

2 OLG Celle v. 7.1.2010 – 6 U 92/09; RGZ 93, 175, 176; BGH NJW 1962, 1390. In diesem Falle kann der Zugang der Annahme nach § 151 S. 1 entbehrlich sein; vgl *Palandt/Ellenberger*, § 151 Rn 1.

3 S. 1 findet auf diese Beurkundungen entsprechende Anwendung; allgM, Staudinger/*Bork*, § 152 Rn 2.

4 OLG Karlsruhe NJW 1988, 2050 (bei Kenntnis des Vertragspartners von der fehlenden Vertretungsmacht des Vertreters); MüKo/*Kramer*, § 152 Rn 5; Staudinger/*Bork*, § 152 Rn 3; gegen eine analoge Anwendung spricht, dass das Geschäft nicht auf eine Sukzessivbeurkundung etwa bei verschiedenen Notaren angelegt war. Daher aA *Hänlein*, JuS 1990, 737, 739; *Tiedtke*, BB 1989, 924, 926 f.

5 BGH NJW 2002, 213, 214; OLG Karlsruhe NJW 1988, 2050.

6 KG Berlin GmbHR 2005, 1136, 1137 (Zugang durch Übersendung einer Ausfertigung der notariell beurkundeten Annahmeerklärung).

7 Vgl Staudinger/*Bork*, § 152 Rn 6; Bamberger/Roth/*Eckert*, § 152 Rn 5.

5 Aus der Befristung des Angebots (§ 148) wird sich die **schlüssige Abbedingung** des § 152 ergeben, wenn der Antragende mit Ablauf der Frist insbesondere Klarheit über den Vertragsstand haben wollte und der Zugang für ihn daher von besonderem Interesse war. Das ist Auslegungsfrage.[8] Eine Beweislastumkehr ergibt sich aus einer Fristsetzung nicht.[9] Der Antragende trägt die Beweislast, wenn er mit der Fristsetzung auch das Zugangserfordernis der Annahme nach § 152 abbedingen wollte (arg. S. 2).

§ 153 Tod oder Geschäftsunfähigkeit des Antragenden

Das Zustandekommen des Vertrags wird nicht dadurch gehindert, dass der Antragende vor der Annahme stirbt oder geschäftsunfähig wird, es sei denn, dass ein anderer Wille des Antragenden anzunehmen ist.

A. Allgemeines

1 Im Falle des Todes oder der Geschäftsunfähigkeit des Antragenden bleibt die abgegebene Antragserklärung wirksam. Diese Fortwirkung des Antrags ergibt sich formal bereits aus der allgemeinen Regel des § 130 Abs. 2, wonach Tod oder Geschäftsunfähigkeit auf die Wirksamkeit der Willenserklärung keinen Einfluss haben. § 153 lässt aber auch die Antragsbindung (§ 145 Hs 1) fortbestehen und den Willen des Antragenden über die fortdauernde Annahmefähigkeit eines Vertragsantrages entscheiden (aE). § 153 ergänzt §§ 145, 148, 151 S. 1, 152 S. 1 und ist daher gegenüber § 130 Abs. 2 eigenständig.[1]

B. Regelungsgehalt

I. Tod oder Geschäftsunfähigkeit des Antragenden

2 Stirbt der Antragende nach der Abgabe seiner Angebotserklärung aber vor dem Vertragsschluss oder wird er geschäftsunfähig, so bleibt seine Erklärung wirksam. Die Fortwirkung gilt daher für die Zeit vor oder nach dem Zugang der Antragserklärung beim Empfänger. Vor dem Zugang bleibt auch das **Widerrufsrecht** aus § 130 Abs. 1 S. 2 zugunsten des Gesamtrechtsnachfolgers oder des gesetzlichen Vertreters bestehen. Ferner wirkt § 153 nach Abgabe der Annahmeerklärung bis zu deren Zugang bei dem Erben oder gesetzlichen Vertreter des Antragenden fort.[2] Anders nur, wenn der Vertrag bereits nach §§ 151 S. 1, 152 S. 1 vorher zustande gekommen ist.

3 Auf sonstige Ereignisse in der Person des Antragenden, wie den Eintritt beschränkter Geschäftsfähigkeit, etwa durch Rücknahme der Ermächtigungen nach §§ 112 Abs. 2, 113 Abs. 2, die Eröffnung des Insolvenzverfahrens[3] oder die Entstehung von Verfügungsbeschränkungen durch Heirat nach §§ 1365, 1369 und Gütergemeinschaft §§ 1422 ff, ist **§ 153 entsprechend** anzuwenden.[4] Soweit sich eine Fortwirkung des Antrags aber bereits durch dessen Auslegung ergibt, geht die Auslegung vor.[5]

8 BGH NJW-RR 1989, 198, 199; KG Berlin GmbHR 2005, 1136, 1137; Jauernig/*Jauernig*, § 152 Rn 2; Palandt/*Ellenberger*, § 152 Rn 2; Soergel/*Wolf*, § 152 Rn 7; Staudinger/*Bork*, § 152 Rn 7; MüKo/*Kramer*, § 152 Rn 3.

9 BGH NJW-RR 1989, 198, 199; Erman/*Armbrüster*, § 152 Rn 3; Staudinger/*Bork*, § 152 Rn 7; MüKo/*Kramer*, § 152 Rn 3. Dagegen RGZ 96, 273, 275 (Beweislast für fehlendes Zugangserfordernis beim Antragsempfänger).

1 Sie diente historisch ferner zur Klarstellung gegenüber der gegenläufigen gemeinrechtlichen Regel, vgl Staudinger/*Bork*, § 153 Rn 1.

2 OLG Hamm NJW-RR 1987, 342, 343; allgM, Staudinger/*Bork*, § 153 Rn 3. Die Wirksamkeit des Antrages, verstanden als Annahmefähigkeit, muss bis zu diesem Zeitpunkt und nicht nur bis zur Abgabe der Annahmeerklärung aufrechterhalten bleiben.

3 Dinglich wirkende Verfügungen über einen Massegegenstand werden dagegen nach § 81 Abs. 1 S. 1 InsO unwirksam.

4 Teilw. abweichend PWW/*Brinkmann*, § 153 Rn 2 f mwN zum Streitstand.

5 Zutr. MüKo/*Kramer*, § 153 Rn 2; nur aus diesem Grunde hat BGH NJW 2002, 213, 214 die Anwendung des § 153 im Insolvenzfalle verneint und den Bestand eines schuldrechtlichen Vertrages bejaht.

Der Antrag erlischt, wenn ein dahin gehender Wille des Antragenden anzunehmen ist (§ 153 aE).[6] Ausdrückliche Erklärungen des Antragenden sind selten. Eine Meinung in der Literatur[7] sieht in § 153 aE eine gesetzliche Auslegungsregel, die auf den hypothetischen Willen des Antragenden abstellt und fragt, was dieser bei Kenntnis etwa des nahen Todes gewollt hätte. Führt das zum Erlöschen des Antrags, so kann ein ggf begründetes Vertrauen des Empfängers in die fortbestehende Wirksamkeit des Antrags einen **Schadensersatzanspruch** nach § 122 Abs. 2 analog rechtfertigen. Vorzugswürdig erscheint deshalb aber, den Willen des Antragenden gleich nach allgemeinen Auslegungsgrundsätzen aus der objektivierten Empfängersicht zu ermitteln. Lässt sich für den Empfänger nicht erkennen, dass der Antrag unwirksam werden sollte, so bleibt er nach der Regel des § 153 wirksam. Das **Risiko einer Fehldeutung** trägt der Erklärungsempfänger.[8] Gegen eine Fortgeltung des Antrages spricht aber, wenn über Leistungen für den höchstpersönlichen Bedarf des Verstorbenen kontrahiert werden sollte oder wenn es sich um solche Leistungen handelt, die, wie der Antragsempfänger erkennt, nur für den Antragenden von Bedeutung waren (Jagdwaffe für Jäger). 4

II. Tod oder Geschäftsunfähigkeit des Antragsempfängers

Eine entsprechende Regelung für den Antragsempfängers existiert nicht. Es gelten folgende Grundsätze: Stirbt der Antragsempfänger vor Abgabe der Annahmeerklärung, so ist durch Auslegung festzustellen, ob auch die Erben Adressaten des Antrages sein sollten. Eine dahin gehende Vermutung besteht nicht.[9] Im Falle der Geschäftsunfähigkeit des Antragsempfängers vor dem Zugang des Antrages muss der Antrag dem gesetzlichen Vertreter zugehen (§ 131 Abs. 1). Nach dem Zugang kann der gesetzliche Vertreter nur dann die Annahme erklären, wenn anzunehmen ist, dass der Vertrag auch mit einem Geschäftsunfähigen geschlossen werden soll (jedenfalls nicht, wenn Geschäftsfähigkeit für die Vertragserfüllung erforderlich ist). Stirbt der Antragsempfänger nach der Abgabe der Annahmeerklärung, so hat dies auf den Vertragsschluss keine Auswirkung (§ 130 Abs. 2).[10] 5

C. Weitere praktische Hinweise

Die Weitergeltung des Antrags ist die Regel. Daher trifft etwa den Erben des Antragenden die **Beweislast** für einen gegenläufigen Willen. Lässt sich ein solcher Wille nicht feststellen, bleibt es bei der Weitergeltung nach § 153. 6

§ 154 Offener Einigungsmangel; fehlende Beurkundung

(1) [1]Solange nicht die Parteien sich über alle Punkte eines Vertrags geeinigt haben, über die nach der Erklärung auch nur einer Partei eine Vereinbarung getroffen werden soll, ist im Zweifel der Vertrag nicht geschlossen. [2]Die Verständigung über einzelne Punkte ist auch dann nicht bindend, wenn eine Aufzeichnung stattgefunden hat.

(2) Ist eine Beurkundung des beabsichtigten Vertrags verabredet worden, so ist im Zweifel der Vertrag nicht geschlossen, bis die Beurkundung erfolgt ist.

Literatur: *Freund,* Der nicht gegengezeichnete Bauvertrag, NZBau 2008, 685; *Jung*, Die Einigung über die „essentialia negotii" als Voraussetzung für das Zustandekommen eines Vertrages, JuS 1999, 28; *Leenen*, Abschluß, Zustandekommen und Wirksamkeit des Vertrages, AcP 198 (1998), 381; *ders.*, Faktischer und normativer Konsens, in: Armbrüster, u.a. (Hrsg.), Liber amicorum Prölss 2009, S. 153 [Fernleihe]; *Petersen*, Der Dissens beim Vertragsschluss, JURA 2009, 419.

6 Zu vergaberechtlichen Besonderheiten, die zu einer inhaltlichen Änderung eines Angebots führen können, OLG Düsseldorf NZBau 2007, 254, 255 (Identitätswechsel beim Bieter).

7 *Larenz/Wolf,* BGB AT, § 29 Rn 30 f; Soergel/*Wolf*, § 153 Rn 14; Staudinger/*Bork*, § 153 Rn 5; Erman/*Armbrüster*, § 153 Rn 2.

8 *Flume*, BGB AT Bd. 2, § 35 I, 4; *Medicus*, BGB AT, § 26 Rn 377; MüKo/*Kramer*, § 153 Rn 3 f; Palandt/*Ellenberger*, § 153 Rn 2; PWW/*Brinkmann*, § 153 Rn 5; vgl auch OLG Frankfurt, Urt. v. 8.9.2010 – 4 U 286/09; offen gelassen von Jauernig/*Jauernig*, § 153 Rn 4.

9 Das gilt gleichermaßen bei Tod vor oder nach dem Zugang des Antrags, vgl Staudinger/*Bork*, § 153 Rn 10 u. 11.

10 Vgl MüKo/*Kramer*, § 153 Rn 6.

A. Allgemeines

1 In den Fällen einer Teileinigung (Abs. 1) und der Nichteinhaltung der Form (Abs. 2) ist die Frage aufgeworfen, ob im Umfang der teilweisen oder bezüglich der formlosen Einigung bereits eine vertragliche Bindung eingetreten ist.[1] § 154 entscheidet im Zweifel gegen die Vertragsbindung.[2] Die offenen Vertragspunkte lassen ebenso wie der ausstehende Formvollzug darauf schließen, dass der Vertrag noch nicht geschlossen sein soll und die Parteien sich dessen auch bewusst sind.[3] Die amtliche Überschrift spricht von einem offenen Einigungsmangel (**offener Dissens**) und der fehlenden Beurkundung.

2 Abs. 1 ist Auslegungsregel[4] für den Fall der teilweisen Einigung. Die Parteien wollen mutmaßlich den Vertrag erst dann als geschlossen ansehen, wenn sie sich in allen Punkten geeinigt haben. Eine teilweise Einigung soll im Zweifel nicht als Vertragsschluss über diesen Teil zu werten sein (Abs. 1 S. 1). § 154 statuiert mithin ein mutmaßliches **Vollständigkeitserfordernis**.[5] Funktional handelt es sich um eine einseitige Abschlusssperre.[6] Eine ausdrücklich geregelte Vollständigkeitsklausel ist in schriftlichen Verträgen als Vertragsschlussabrede verbreitet. Nicht selten wird jedoch keine, auch keine konkludente vertragliche Abrede getroffen.[7]

Das Vollständigkeitserfordernis gilt ebenso für den Fall, dass eine Aufzeichnung stattgefunden hat (sog. **Punktation**, Abs. 1 S. 2).

Abs. 2 enthält eine entsprechende Auslegungsregel für **Formabreden**.[8] Danach wollen die Parteien den Vertrag im Zweifel (mutmaßlich) erst als geschlossen ansehen, wenn sie das verabredete Formerfordernis vollzogen haben.[9] Die §§ 154 f gehen § 150 Abs. 2 vor (vgl § 150 Rn 4 ff).

3 § 154 beruht auf dem **Konsensprinzip**. Eine Teileinigung (Abs. 1) kann nicht bewirken, dass das gesamte Vertragsprogramm als vereinbart gilt. Die Teileinigung wirft allein die Frage auf, ob der Vertrag im Umfang der Teileinigung geschlossen ist.[10] Das kann von den Parteien in einer Vertragsabschlussbestimmung gesondert geregelt werden. Liegt eine solche Abrede nicht vor, entscheidet der mutmaßliche Parteiwille zum Zeitpunkt des Vertragsschlusses.

Selbst eine vollständige inhaltliche Einigung führt nicht notwendig zum Vertragsschluss, wenn über die Ingeltungsetzung noch keine Einigung vorliegt. Das ist im Zweifel anzunehmen, wenn eine oder beide Parteien sich die Beurkundung vorbehalten haben (Abs. 2).[11]

1 Bei der vereinbarten Beurkundung (Abs. 2) ist die Einigung in allen Punkten erreicht, und zwar auch in der Formfrage. Abs. 2 lässt sich aus diesem Grunde nicht ohne weiteres als Sonderfall der Teileinigung (Abs. 1) auffassen, vgl Jauernig/*Jauernig*, § 154 Rn 1; MüKo/*Kramer*, § 154 Rn 2, der zwischen Willenseinigung und dem konstitutiven Charakter der Beurkundung differenziert.

2 BGH NJW-RR 2006, 1139, 1141 spricht von Nichtigkeit des Vertrages; dagegen zutr. Jauernig/*Jauernig*, § 154 Rn 1; Staudinger/*Bork*, § 154 Rn 6.

3 Weniger streng DCFR II. – 4:103 und PECL Art. 2:103. Hier muss dem Vertragsschluss von einer Seite widersprochen werden, vgl *Armbrüster*, Jura 2007, 321, 324 f.

4 BGH NJW 1951, 397; 1997, 2671; 2002, 818; MüKo/*Kramer*, § 154 Rn 6; Staudinger/*Bork*, § 154 Rn 6; Soergel/*Wolf*, § 154 Rn 5; Erman/*Armbrüster*, § 154 Rn 1; Bamberger/Roth/*Eckert*, § 154 Rn 8; aA *Leenen*, AcP 198 (1998), 381, 402 (gesetzliche Vermutung).

5 Das Vollständigkeitserfordernis wird indiziert durch die Bekundung, einen bestimmten Punkt im Vertrag regeln zu wollen. Man kann daher von einer Vertragsschlussabrede (Vollständigkeitsabrede) sprechen.

6 Nach verbreiteter Auffassung (vgl m.N *Leenen*, AcP 198 (1998), 381, 402 f u. Fn 64, 67) handelt es sich um eine Abschlusssperre, die aus der negativen Vertragsfreiheit folgt. Die Aufhebung der Abschlusssperre soll aber nur konsensual möglich sein (aaO, S. 403; auch: S. 402 Fn 66: Verständigung über Abschlussvoraussetzungen sei notwendige Voraussetzung).

7 Das Vollständigkeitserfordernis kann sich damit als eine gemeinsame Vorstellung der Parteien, ähnlich der subjektiven Geschäftsgrundlage eines Vertrages über die – im unwidersprochen gebliebenen Regelungswunsch – zutage getretenen gemeinschaftlichen Vorstellungen der Parteien, darstellen. Zum Geschäftsgrundlagenbegriff vgl BGH NJW 2002, 3695, 3697, st. Rspr; Palandt/*Grüneberg*, § 313 Rn 2 ff.

8 BGH NJW 1999, 1329, 1330; Jauernig/*Jauernig*, § 154 Rn 4; Staudinger/*Bork*, § 154 Rn 12; abw. BGH NJW 1995, 1543 (gesetzliche Vermutung).

9 Die Formabrede erhält damit die Funktion einer Vertragsabschlussbestimmung und der Formvollzug wird zur Vertragsabschlussvoraussetzung. Der Zweck der Formabrede liegt damit nicht allein in der Schaffung eines Beweismittels. Zur Funktion von Vertragsabschlussbestimmungen vgl Vor §§ 145–157 Rn 8.

10 § 154 lässt sich insofern als Schutz der negativen Abschlussfreiheit deuten; allgM, MüKo/*Kramer*, § 154 Rn 1; *Jung*, JuS 1999, 28.

11 Die Formabrede ist nur ein Platzhalter. Anstelle der Form kann ebenso gut eine Abrede über die Vertragsgeltung an sich treten. Desgleichen kann ein Handschlag oder irgendein anderer symbolischer Akt die Vertragsgeltung nach dem Parteiwillen herbeiführen; zutr. *Leenen*, AcP 198 (1998), 381, 394.

B. Regelungsgehalt

I. Teileinigung (Abs. 1)

Haben die Parteien eine teilweise Einigung erzielt, die für sich bereits einen Vertrag begründen kann, so ist nach Abs. 1 zu bestimmen, ob die Teileinigung Geltung erlangt. Ohne Bedeutung ist, auf welche Weise die Einigung zustande gekommen ist.[12] Die Teileinigung muss die wesentlichen Vertragskriterien erfüllen (sog. essentialia negotii). Haben sich die Parteien dagegen über einen objektiv wesentlichen Vertragspunkt noch nicht geeinigt, so ist bereits nach allgemeinen Gründen kein Vertrag zustande gekommen (sog. **logischer Dissens**).[13] Allerdings genügt es, wenn der wesentliche Vertragspunkt gesetzlich bestimmt ist (bspw §§ 612, 632, 653),[14] die Parteien ein Leistungsbestimmungsrecht vereinbart haben (§§ 315 ff)[15] oder der Punkt im Wege der ergänzenden Vertragsauslegung festzustellen ist.[16] 4

Abs. 1 findet Anwendung, wenn ein sonstiger Punkt (Nebenpunkt, sog. accidentalia negotii), der nach dem erkennbaren Willen auch nur einer Partei geregelt werden sollte, ungeregelt blieb. An den Willen, einen Punkt regeln zu wollen, werden keine allzu hohen Anforderungen gestellt. Erforderlich ist, dass die Regelung des Punktes zumindest einseitig für nötig gehalten wurde. Um einen objektiv wesentlichen Punkt[17] muss es sich nicht handeln. Auch offen gelassene unbedeutende Nebenpunkte genügen.[18] Das **Einbeziehungsverlangen** kann auch schlüssig erklärt worden sein. Schweigen genügt selbst bei einem objektiv wesentlichen Punkt nicht.[19] Auch der geheim gebliebene Vorbehalt, einen Punkt einbeziehen zu wollen, ist unbeachtlich (§ 116 S. 1).[20] Es bleibt damit die Gefahr des Missbrauchs, wenn eine Partei etwa nach langen Verhandlungen den Abschluss an einem Nebenpunkte scheitern lässt, weil sie zwischenzeitlich ihre Auffassung über die Nützlichkeit des Geschäfts geändert hat. Hiergegen müssen sich die Parteien durch eine Vereinbarung absichern.[21] 5

Abs. 1 greift ferner, wenn ein **aus mehreren Vertragsteilen** bestehender einheitlicher Gesamtvertrag geschlossen werden soll. Hier ist stets zu fragen, ob gegen die Auslegungsregel des Abs. 1 bindende Vereinbarungen über einzelne Teile zustande gekommen sind.[22] Der Grund für die bewusst unvollständige Einigung ist gleichgültig.[23] Ein Vertrag über den vereinbarten Teil kommt auch dann nicht zustande, wenn dieser Teil aufgezeichnet wurde (**Punktation**, Abs. 1 S. 2). 6

Abs. 1 ist überwunden, wenn die Parteien trotz der noch ungeregelten Punkte die Teileinigung gelten lassen wollen.[24] Dieser Wille muss klar erkennbar sein. Anzeichen hierfür ist die begonnene Vertragsdurchführung[25] oder die Fortsetzung eines durch Kündigung beendeten Vertrages[26] (sog. **Selbstinterpretation** durch späteres Verhalten).[27] Ist Bindung gewollt, müssen bestehende Vertragslücken im Wege der ergänzenden Vertragsauslegung geschlossen werden können (§§ 133, 157).[28] In Fällen des Kontrahierungszwangs (s. Vor 7

12 *Leenen*, AcP 198 (1998), 381, 404 ff hält die §§ 154, 155 nur auf die Abschlusstechnik der beiderseitigen Zustimmung zu einem Vertragstext und nicht auch auf die in §§ 145–153 geregelte Angebot/Annahme-Technik für anwendbar. Auch ein unvollständiger Antrag kann aber als (Teil-)Antrag annahmefähig sein. Die Einigung findet nur über den angetragenen Teil statt. Hier greift Abs. 1 S. 1. Der Antrag muss dagegen nicht notwendig das vollständige Regelungsprogramm beinhalten, um annahmefähig zu sein (so die Prämisse von *Leenen*, S. 406). Es mangelt ihm in diesem Falle auch nicht an der Bestimmtheit (so *Leenen*, S. 384).

13 BGH NJW-RR 2006, 1139, 1141 (mangelnde Einigung über den Preis); OLG Zweibrücken NJW-RR 2010, 316, 317 f (Werkvertrag); OLG Düsseldorf ZMR 2010, 677 (Pachtvertrag); OLG Karlsruhe BKR 2006, 378, 379 (Darlehensvertrag).

14 BGH NJW 2002, 817, 818 (fehlende Vereinbarung über die Höhe des Maklerlohnes); ebenso OLG Koblenz NJW-RR 2010, 780, 781.

15 Düsseldorf MittBayNot 2002, 44 (Festsetzung der Grundstücksfläche nach § 316); so auch im Fall des OLG Stuttgart, NJW-RR 2011, 202, 203 f (Kaufpreis).

16 BGHZ 181, 47, 60 = NJW 2009, 2443, 2446 (Ausführungsfristen); eine Lückenschließung scheidet etwa aus, wenn die Parteien einen nicht bestimmbaren „Freundschaftspreis" vereinbart haben, BGH NJW-RR 2000, 1658; bei Mietaufhebung ohne ergänzende Regelungen, KG NJW-RR 2006, 382 oder bei einem Werbevertragsangebot ohne bestimmbare Leistung, AG Calw NJW-RR 2007, 1544.

17 OLG Karlsruhe ZIP 2006, 1289 (fehlende Einigung über Zinshöhe und Zinsbindung eines Darlehens).

18 Sog. accidentalia negotii. BGH NJW 1998, 3196 (Anzahlung); NJW-RR 1999, 927 (Verrechnungsabrede).

19 BGH NJW-RR 1990, 1009, 1011; Staudinger/*Bork*, § 154 Rn 4.

20 Erman/*Armbrüster*, § 154 Rn 4.

21 MüKo/*Kramer*, § 154 Rn 1; vgl Mot. I, S. 162.

22 BGH NJW 1951, 397; 1960, 430 (Gesellschaftsvertrag); 2002, 817, 818 (Maklervertrag).

23 Die Parteien können auch das gesetzliche Regelungsbedürfnis eines bewusst offen gelassenen Punktes übersehen haben, vgl BGH NJW-RR 1999, 927.

24 BGH NJW 2009, 2443, 2446; BGH NZBau 2009, 771, 773; OLG Stuttgart NJW-RR 2011, 202, 203; verneint von OLG Zweibrücken BauR 2009, 1788.

25 BGHZ 119, 283, 288; BGH NJW 2002, 817, 818; OLG Stuttgart NJW-RR 2011, 202, 203; einen Unterfall bilden in Vollzug gesetzte, aber lückenhafte Arbeits- oder Gesellschaftsverträge (vgl Vor §§ 145–157 Rn 45).

26 BGH NJW 2000, 356.

27 *Lindacher*, JZ 1977, 604, 605.

28 Vgl BGH NJW 1975, 1116, 1117 (Vertragslaufzeit); 1997, 2171, 2172 (Miethöhe); NJW-RR 2000, 1560, 1561 (Spediteurlohn).

§§ 145–157 Rn 11) ist der Wille zur Teileinigung entbehrlich. Zum Vertragsschluss bei kollidierenden AGB s. § 150 Rn 6 und NK/*Kollmann*, § 305 Rn 103 ff).

II. Beurkundungsabrede (Abs. 2)

8 Die verabredete Beurkundung hat nach Abs. 2 nach dem mutmaßlichen Parteiwillen (im Zweifel) konstitutive Bedeutung und ist damit Abschlussvoraussetzung. Die fehlende Form hindert das Zustandekommen des Vertrages. Dagegen führen **Formfehler** zur Nichtigkeit des zustande gekommenen Vertrages (§ 125 S. 2). Unter Beurkundung fallen sämtliche Schrift- und Textformen einschließlich der elektronischen Formen (§§ 126–129).[29] Die Verabredung einer Beurkundung kann durch ausdrückliche oder konkludente Vereinbarung erfolgen. Bei bedeutsamen Geschäften, insbesondere längerfristigen Bindungen, wird konstitutive Schriftformabrede **vermutet**.[30] Die Form kann dagegen aber auch nur zu Beweiszwecken verabredet worden sein, wenn dies mit der den Zweifel überwindenden Klarheit zum Ausdruck gebracht ist.[31] Hierfür bedarf es aber (auch im Handelsverkehr) positiver Anhaltspunkte.[32] Reiner Beweiszweck liegt etwa bei einer erst nach Vertragsschluss getroffenen Formabrede vor.[33]

9 Die Parteien können eine einmal getroffene Beurkundungsabrede einvernehmlich wieder aufgehoben haben; auch dann greift Abs. 2 nicht. Eine konkludente **Aufhebung** ist anzunehmen **bei einvernehmlicher Vertragsdurchführung** (Auslegung durch Selbstinterpretation).[34] Ein beachtlicher Irrtum über den Vertragsschluss nach § 155 (versteckter Dissens) erscheint in diesem Falle ausgeschlossen.

Auf ein einseitig gestelltes Schriftformverlangen ist Abs. 2 analog anwendbar; ebenso auf andere einseitig gestellte oder vereinbarte Vertragsabschlusshindernisse.[35]

C. Weitere praktische Hinweise

10 Der Dissenseinwand kann treuwidrig sein, insbesondere wenn der offene Punkt völlig nebensächlich erscheint oder auch die fehlende Beurkundung nur als Vorwand dient, um sich der Vertragspflichten zu entledigen und erlangte Vorteile einzubehalten.[36] Vor einem Dissenseinwand (Abs. 1) schützen die in schriftlichen Verträgen üblichen **Vollständigkeits- und Schriftlichkeitsklauseln**.

11 Die **Beweislast** für das Zustandekommen des Vertrages einschließlich aller Nebenpunkte trägt auch im Falle des Abs. 1 derjenige, der sich auf den Vertrag beruft. Das gilt auch für die Behauptung, eine Formabrede sei lediglich zu Beweiszwecken getroffen worden.[37] Aus der bewiesenen Einigung über die wesentlichen Vertragspunkte ergibt sich keine Vermutung für das Wirksamwerden des Vertrages insgesamt. Jedoch ist der Gegner beweisbelastet, soweit es um die Frage geht, ob die weiteren Vertragspunkte zur Voraussetzung für den Vertragsabschluss gemacht wurden. In diesem Fall muss der andere Vertragsteil gegenbeweislich die Einigung über diese weiteren Punkte beweisen.[38]

§ 155 Versteckter Einigungsmangel

Haben sich die Parteien bei einem Vertrag, den sie als geschlossen ansehen, über einen Punkt, über den eine Vereinbarung getroffen werden sollte, in Wirklichkeit nicht geeinigt, so gilt das Vereinbarte, sofern anzunehmen ist, dass der Vertrag auch ohne eine Bestimmung über diesen Punkt geschlossen sein würde.

29 Vgl etwa BGH GRUR 2010, 322, 326 (Schriftform); Palandt/*Ellenberger*, § 154 Rn 4 mwN.

30 BGHZ 109, 197, 200 (Bestellung einer Sicherungsgrundschuld); OLG Düsseldorf, Urt. v. 14.4.2010 – I-2 U 75/07.

31 BGH NJW 2009, 433, 434; 1964, 1269; NJW-RR 1991, 1053, 1054; 1993, 235, 236; OLG Celle, Urt. v. 7.1.2010 – 6 U 92/09; LAG Stuttgart ZIP 2007, 243, 246; OLG Hamm NJW-RR 1995, 274, 275.

32 Vgl BGH GRUR 2010, 322, 326 (Vergleich); dazu auch LAG Köln 1.3.2011 – 12 Sa 1298/10, n.r. (BAG 5 AZN 609/11), und ausf. zum Vertragsschluss beim Prozessvergleich *Siemon*, NJW 2011, 426; LAG München, Urt. v. 26.6.2009 – 3 Sa 280/09 Tz 28 (Arbeitsvertrag).

33 BGH NJW 1994, 2025, 2026. Anders, wenn Vertragsaufhebung und Neuabschluss gewollt sind, vgl Staudinger/*Bork*, § 154 Rn 14; MüKo/*Kramer*, § 154 Rn 17.

34 BGH NJW 2009, 433, 434; NJW 2000, 354, 357 (nur diejenige Schriftform gilt als vereinbart, die auch vollzogen wurde); NJW 1983, 1727, 1728; NJW-RR 1997, 670; KG MDR 2005, 1276, 1276 f.

35 AllgM., Staudinger/*Bork*, § 154 Rn 15 (Einwilligung in urheberrechtliche Verwertung); Erman/*Armbrüster*, § 154 Rn 13.

36 Staudinger/*Bork*, § 154 Rn 10.

37 LAG Stuttgart ZIP 2007, 243, 246.

38 BGH NJW-RR 1990, 1009, 1011; Staudinger/*Bork*, § 154 Rn 16; Erman/*Armbrüster*, § 154 Rn 12.

Literatur: *Jung*, Die Einigung über die „essentialia negotii" als Voraussetzung für das Zustandekommen eines Vertrages, JuS 1999, 28; *Leenen*, Abschluß, Zustandekommen und Wirksamkeit des Vertrages, AcP 198 (1998), 381; *Petersen*, Der Dissens beim Vertragsschluss, JURA 2009, 419.

A. Allgemeines

1 § 155 ermöglicht eine vertragliche Bindung im Falle eines objektiv nicht geschlossenen Vertrages, den die Parteien irrtümlich für geschlossen halten. Im Unterschied zu § 154 ist mindestens einer Partei der Einigungsmangel nicht bewusst. Man spricht daher von einem ein- oder beidseitigen versteckten Einigungsmangel (**versteckter Dissens**). Der Einigungsmangel kann darin bestehen, dass tatsächlich nur eine Teileinigung erreicht worden ist (wie bei § 154 Abs. 1)[1] oder die Einigung in einem Nebenpunkt objektiv missverständlich war und unerkannt ein- oder beiderseitig auch missverstanden worden ist. Der **fehlende Konsens** (Dissens) als Anwendungsfall des § 155 ist von dem fehlerhaften Konsens zu unterscheiden, der ggf wegen Irrtums anfechtbar ist oder als subjektiver Konsens (falsa demonstratio non nocet) unbeachtlich bleibt.

2 § 155 ist Auslegungsregel bei einem irrtümlich erzielten Konsens. Objektiv liegt Dissens vor, denn die nach dem jeweiligen objektivierten Empfängerhorizont ausgelegten Willenserklärungen (§§ 133, 157; NK/*Looschelders*, § 133 Rn 41 ff) decken sich nicht und auch eine Übereinstimmung im subjektiven Willen liegt nicht vor. § 155 stellt für diesen Fall aber keine gesetzliche Vermutung auf (im Zweifel Vertragsbindung, soweit objektiv eine Einigung erzielt wurde), sondern ist **Auslegungsregel**. Nach dem **mutmaßlichen Parteiwillen** ist zu entscheiden, ob die Parteien sich auch dann für verpflichtet gehalten hätten, wenn ihnen der Dissens bei Vertragsschluss bekannt gewesen wäre.[2] Ist dies zu bejahen, erlangt die verbleibende Einigung Geltung. Die Lücke ist im Wege der ergänzenden Auslegung ebenfalls nach dem mutmaßlichen Parteiwillen zu schließen (§ 157).

B. Regelungsgehalt

I. Abgrenzung

3 Haben sich die Parteien über einen objektiv **wesentlichen** Vertragspunkt noch nicht geeinigt, so ist bereits nach allgemeinen Grundsätzen kein Vertrag zustande gekommen (**logischer Dissens**). Die irrtümliche Vorstellung, eine Einigung erzielt zu haben, bleibt ohne Bedeutung. § 155 ist nicht anwendbar.

4 Die Parteien haben objektiv zwar missverständliche oder mehrdeutige Vertragserklärungen abgegeben, sie sind sich aber **subjektiv einig** geworden, etwa bei der Verwendung einer falschen Grundstücksbezeichnung[3] oder weil sie mit beiden Bedeutungsalternativen einverstanden sind. Der Vertrag ist in diesem Falle zustande gekommen. Die objektiv fehlende Einigung bleibt unbeachtlich (falsa demonstratio non nocet).

Ein übereinstimmender subjektiver Wille nach der falsa demonstratio-Regel liegt auch vor, wenn eine Seite den Erklärungsfehler des Gegners erkannt hat und die objektiv anders zu verstehende Erklärung lediglich zum eigenen Vorteil ausnutzen möchte (**durchschauter Irrtum**). Der objektive Erklärungssinn bleibt hier unter analoger Anwendung des § 116 S. 1 unbeachtlich.[4]

5 Haben die Parteien nach der objektivierten jeweiligen Empfängersicht übereinstimmende Vertragserklärungen abgegeben (**normativer Konsens**), unterliegen sie aber einseitig oder beiderseitig einem Bedeutungsirrtum über den Inhalt ihrer Erklärung, so ist § 155 ebenfalls nicht anwendbar. Die unbewusst subjektiv fehlende

1 Die unbewusste Nichteinhaltung der Beurkundungsabrede (Pendant zu § 154 Abs. 2) führt mit Vertragsausführung zu deren konkludenten Aufhebung, vgl § 154 Rn 6.

2 Staudinger/*Bork*, § 155 Rn 14; MüKo/*Kramer*, § 155 Rn 12.

3 BGH NJW 2008, 1658, 1659; 2003, 347; 1993, 1798, 1799; vgl mN PWW/*Brinkmann*, § 155 Rn 3.

4 RGZ 66, 427, 429; 100, 134, 135 (Vertragsbindung nach § 242); LG Aachen NJW 1982, 1106; BGH BB 1983, 287; vgl Staudinger/*Bork*, § 155 Rn 11; HK-BGB/*Dörner*, § 155 Rn 3; PWW/*Brinkmann*, § 155 Rn 3; Bamberger/Roth/*Eckert*, § 155 Rn 6. Das Ergebnis ist nicht frei von Zweifeln, denn der parallel liegende durchschaute Vorbehalt führt nach § 116 S. 2 zur Nichtigkeit der Erklärung. Nur im Fall des § 661 a darf auch der hervorgerufene Irrtum des Verbrauchers über den Gewinnanspruch nicht vom Unternehmer ausgenutzt werden, so dass der (lediglich verschleierte) objektive Erklärungssinn der Gewinnmitteilung (kein Gewinn) unbeachtlich bleibt. § 116 S. 1 findet auf die Gewinnmitteilung keine analoge Anwendung, weil er positivistisch von § 661 a verdrängt wird. Ebenso ist auch der vom Verbraucher durchschaute Vorbehalt des den Gewinn versprechenden Unternehmers unbeachtlich; vgl *Piekenbrock/Schulze*, IPRax 2003, 328, 331.

Einigung bleibt aus Vertrauensschutzgründen unbeachtlich. Der Vertrag ist aber wegen Irrtums ggf durch beide Seiten anfechtbar, **§ 119 Abs. 1**.[5]

II. Teileinigung

6 Haben die Parteien unerkannt nur eine teilweise Einigung erzielt, weil sie sich tatsächlich über einen Vertragspunkt nicht geeinigt haben (Auslegungsfrage), so ist nach dem **mutmaßlichen Parteiwillen** zu fragen, ob sie den Vertrag auch ohne den Punkt geschlossen hätten. So etwa, wenn bei der Bestellung einer Rentenschuld versehentlich die Summe für ihre Ablösung nicht geregelt worden ist (§ 1199 Abs. 2).[6]

Voraussetzung für die Anwendung des § 155 ist ferner, dass über den Punkt eine Vereinbarung geschlossen werden sollte. Wollten die Parteien den offen gebliebenen Punkt gar nicht regeln, entweder weil sie ihn nicht bedacht haben oder für nicht regelungsbedürftig hielten, so liegt eine verdeckte oder offene Vertragslücke vor, die im Wege der Auslegung zu schließen ist.

III. Scheinbare Einigung

7 § 155 erfasst auch den Fall, dass zwar über alle Punkte eine Einigung erzielt wurde, der objektive Einigungsmangel aber daraus resultiert, dass die Parteien einen Begriff unterschiedlich verstehen (Scheinkonsens). Dies ist etwa der Fall bei der Verwendung von **objektiv mehrdeutigen** Begriffen. Das unterschiedliche Verständnis kann auf unklaren Erläuterungen eines an sich eindeutigen Begriffes beruhen[7] oder etwa bei einem Vertrag entstanden sein, der in zwei authentischen, aber voneinander abweichenden Sprachfassungen niedergelegt wurde.[8] Häufigster Fall ist ein objektiv mehrdeutiger Begriff (Semilodei,[9] Typenflug,[10] Aktien,[11] Selbstkostenanteil,[12] lichtes Maß,[13] Naturstein[14]). Führt die Auslegung dagegen zu einer in sich widersprüchlichen Aussage (**Perplexität**), fehlt der Erklärung ein objektiver Sinngehalt überhaupt. § 155 findet in diesem Fall keine Anwendung.[15]

Auf mehrdeutige Klauseln in **AGB** findet § 155 ebenfalls keine Anwendung. § 305 c Abs. 2 geht als speziellere Regel vor (vgl zur Unklarheitenregel, NK-BGB/*Kollmann*, § 305 c Rn 32).

IV. Rechtsfolgen

8 Aufgrund der fehlenden Einigung kommt der Vertrag nach dem Konsensprinzip nicht zustande.[16] Anders nur, wenn anzunehmen ist, dass der Vertrag auch ohne eine Bestimmung über den fraglichen Punkt geschlossen sein würde. Das ist Auslegungsfrage und richtet sich nach dem gemeinsamen mutmaßlichen Parteiwillen zum Zeitpunkt des Vertragsschlusses. Hätten sich die Parteien auch ohne diesen Punkt geeinigt? Maßgebend ist, welche Bedeutung der offene Punkt für den Vertrag insgesamt hat. Je geringfügiger er ist, desto eher kann ein mutmaßlicher Geltungswille für die verbleibende Einigung bejaht werden.[17]

Die **Lücke** ist nach den gesetzlichen Regeln (bspw § 632[18]), im Wege der ergänzenden Vertragsauslegung nach dem mutmaßlichen Parteiwillen (§ 157) oder nach §§ 315 ff zu schließen.

9 Nach überwiegender Meinung **haftet**, wer den Einigungsmangel etwa durch eine schuldhaft missverständliche Ausdrucksweise herbeigeführt hat, aus c.i.c. (§§ 311 Abs. 2, 241 Abs. 2, 280 Abs. 1: **Pflicht zur klaren Ausdrucksweise**). Bei mitwirkendem Verschulden des Gegners soll anteilige Herabsetzung nach § 254 stattfinden

5 Das Missverständnis ist hier äußerlich nicht erkennbar; die gewählten Begriffe sind objektiv eindeutig, werden aber missverstanden; vgl MüKo/*Kramer*, § 155 Rn 2 f; vgl BGH NJW 2003, 743; abw. OLG Koblenz, Urt. v. 2.3.2007 – 10 U 743/06; LG Mannheim MMR 2010, 241, 242.

6 BGH WM 1965, 950, 952; vgl Staudinger/*Bork*, § 155 Rn 7.

7 BGH NJW-RR 1993, 373 (Erstattungsklausel als Bezeichnung für Investitionszulagen).

8 OLG Hamburg IPRax 1981, 180 f.

9 RGZ 68, 6, 9 (Bezeichnung für Telegraphenschlüssel).

10 RGZ 116, 274, 275.

11 OLG Köln WM 1970, 892 f (in Betracht kamen Stamm- und Vorzugsaktien). Ferner OLG Köln NJW-RR 2000, 1720 („Best-of-Album"). Weitere Beispiele bei Staudinger/*Bork*, § 155 Rn 9.

12 AG Köln NJW 1980, 2756 (zahnärztliche Behandlung).

13 OLG Jena NZBau 2004, 438, 439 (Länge der Sohlbänke).

14 KG NJW-RR 2008, 300, 301 (natürlich gewachsenes Material).

15 OLG Hamburg ZMR 1997, 350; Erman/*Armbrüster*, § 155 Rn 4; aA Bamberger/Roth/*Eckert*, § 155 Rn 3.

16 Der Vertrag ist entgegen KG NJW-RR 2008, 300, 301 aber nicht nichtig. § 155 entspricht insoweit dem Regel-/Ausnahmeverhältnis des § 139, der bei Teilnichtigkeit grundsätzlich zur Gesamtnichtigkeit führt, vgl MüKo/*Kramer*, § 155 Rn 1; *Flume*, BGB AT Bd. 2, § 34, 7; *Leenen*, AcP 198 (1998), 381, 412.

17 RGZ 93, 297, 299; BGH DB 1978, 978; Staudinger/*Bork*, § 155 Rn 15; Erman/*Armbrüster*, § 155 Rn 5; MüKo/*Kramer*, § 155 Rn 14.

18 Dazu OLG Bremen NJW-RR 2009, 668, 669.

(nicht Haftungsausschluss nach 122 Abs. 2).[19] Richtigerweise ist eine Haftung zu verneinen. Das Risiko eines äußeren Missverständnisses bei der Einigung trägt jede Partei zumutbarerweise selbst.[20]

C. Weitere praktische Hinweise

Die Beweislast entspricht der des § 154 (s. § 154 Rn 9). Den Dissens muss beweisen, wer sich auf ihn beruft. Die Umstände, aus denen sich die Restgültigkeit bei bestehendem Dissens ergeben soll, muss der Vertragswillige beweisen.[21] 10

§ 156 Vertragsschluss bei Versteigerung

[1]Bei einer Versteigerung kommt der Vertrag erst durch den Zuschlag zustande. [2]Ein Gebot erlischt, wenn ein Übergebot abgegeben oder die Versteigerung ohne Erteilung des Zuschlags geschlossen wird.

Literatur: *Marx/Arens*, Der Auktionator – Kommentar zum Recht der gewerblichen Versteigerung, 2. Aufl. 2004. S. gesonderte Kommentierung zur Versteigerung im Internet im Anhang zu § 156.

A. Allgemeines

Die Versteigerung ist eine Verkaufsveranstaltung, bei der der Preis durch den Wettstreit der Bieter ermittelt wird.[1] § 156 regelt den Vertragsschluss. Der Antrag geht danach vom Bieter aus (Gebot) und wird durch den Zuschlag des Versteigerers (Auktionator) angenommen (S. 1). Abweichend von § 147 Abs. 1 erlischt das Gebot durch Zurückweisung, ein Übergebot oder mit dem Schluss der Versteigerung ohne Zuschlag (S. 2). § 156 bezieht sich nur auf den Vertragsschluss des schuldrechtlichen Vertrages und ist dispositiv. 1

B. Regelungsgehalt

I. Anwendungsbereich

§ 156 gilt bei allen privaten Versteigerungen. Dazu gehört auch die (private) öffentliche Versteigerung durch einen Gerichtsvollzieher oder durch einen öffentlich bestellten Versteigerer bei der Hinterlegung (Legaldefinition in § 383 Abs. 3). Ferner gilt § 156 in den Fällen des §§ 966 Abs. 2, 975 S. 2, 979, 983, 1219 und beim Selbsthilfeverkauf gem. §§ 373, 376 HGB. Der Ablauf der privaten öffentlichen Versteigerung ist je nach Versteigerungsart ergänzend geregelt.[2] § 156 gilt auch im Falle des Pfandverkaufs durch Versteigerung §§ 753, 1233 ff und grundsätzlich ebenso für die Versteigerung in der Einzelzwangsvollstreckung wegen Geldforderungen (§ 817 Abs. 1 ZPO).[3] Dagegen findet § 156 **keine** Anwendung bei der Versteigerung nach dem Zwangsversteigerungsgesetz (§§ 71 ff, 81 ZVG). Das Gebot ist hier Prozesshandlung und der Zuschlag lässt das Eigentum kraft Hoheitsakt übergehen. § 156 gilt ebenfalls nicht bei Ausschreibungen[4] und auch nicht bei Internetversteigerungen (s. Rn 4). 2

§ 156 hat keine dingliche Wirkung. Die Übereignungen von Versteigerungsgut und Kaufpreis vollziehen sich regelmäßig im Anschluss an die Versteigerung nach §§ 929 ff.[5] Der Versteigerer übereignet das Gut dabei 3

19 RGZ 104, 265, 268 (Weinsteinsäure); 143, 219, 221; OLG Jena NZBau 2004, 438, 439; Staudinger/*Bork*, § 155 Rn 17; Soergel/*Wolf*, § 155 Rn 21; Erman/*Armbrüster*, § 155 Rn 6; Palandt/*Ellenberger*, § 155 Rn 5; PWW/*Brinkmann*, § 155 Rn 12.

20 *Flume*, BGB AT Bd. 2, § 34, 5; Jauernig/*Jauernig*, § 155 Rn 3; MüKo/*Kramer*, § 155 Rn 16.

21 Vgl KG NJW-RR 2008, 300, 301.

1 § 156 definiert den Begriff der Versteigerung nicht, sondern setzt ihn voraus, vgl *Paefgen*, RIW 2005, 178, 181, dort auch Hinweise zur Entstehungsgeschichte.

2 Für die gewerbsmäßige Versteigerung durch die Verordnung über gewerbsmäßige Versteigerungen (VerstV) idF v. 24.4.2003 (BGBl. I S. 547); § 20 Abs. 3 BNotO; § 24 GVGA (Gerichtsvollzieher). Die Zulassung nach § 34 b Abs. 5 GewO ist keine Voraussetzung für die Anwendung des § 156, BGH NJW 1992, 2570, 2572. Zur VerstV vgl *Marx/Arens*, Der Auktionator, S. 163 ff.

3 Einschränkungen ergeben sich hier aber daraus, dass die Gebote Prozesshandlungen darstellen, vgl Staudinger/*Bork*, § 156 Rn 11; MüKo/*Kramer*, § 156 Rn 2.

4 Es handelt sich um einen Vertragsschluss unter Abwesenden ohne Kenntnis der Mitgebote; sog. Submissionsausschreibung, vgl Soergel/*Wolf*, § 156 Rn 16; Erman/*Armbrüster*, § 156 Rn 1.

5 BGHZ 138, 339, 347.

entweder als Vertreter des Eigentümers (Einlieferers) oder im Falle eines Kommissionsgeschäfts im eigenen Namen mit Ermächtigung des Eigentümers (§ 185).[6]

4 Der BGH verneint die Anwendbarkeit des § 156 bei Versteigerungen im Internet[7] (s. dazu näher Anhang zu § 156) und umschifft so den Widerrufsausschluss nach § 312 d Abs. 4 Nr. 5.[8] Dem Verbraucher steht danach ein Widerrufsrecht beim Fernabsatzvertrag im Wege der **Internetversteigerung** zu. Dagegen besitzt der Verbraucher als Bieter in einer realen Versteigerung auch dann kein Widerrufsrecht, wenn er als Telefonbieter an der Versteigerung teilnimmt und ebenfalls einen **Fernabsatzvertrag** schließt (hier greift § 312 d Abs. 4 Nr. 5; vgl NK/*Ring*, § 312 d Rn 69).

II. Gebot (Vertragsantrag)

5 Das Ausrufen des Versteigerungsguts (**Ausgebot**) ist nicht schon als Antrag des Versteigerers aufzufassen, sondern nur als Aufforderung zur Abgabe von Geboten (invitatio ad offerendum).[9] Der Antrag geht als Gebot vom Bieter aus, den der Versteigerer mit dem Zuschlag annimmt (§ 156 S. 1). Bei dem Gebot handelt sich um eine empfangsbedürftige Willenserklärung unter Anwesenden (§§ 145, 147 Abs. 1). Bei formbedürftigen Rechtsgeschäften ist es **beurkundungsbedürftig** (so etwa § 311 b Abs. 1 auf Gebote in Grundstücksversteigerungen).[10] Das Gebot ist auszulegen vor dem Hintergrund des Ausrufs des Versteigerers und der damit verbundenen Beschreibung des Versteigerungsguts. Es kann angefochten werden. Das Gebot wird wirksam mit Zugang (Wahrnehmung durch den Versteigerer). Der Bieter ist mit der Abgabe gebunden (§ 145 Hs 1). Anders als nach § 147 Abs. 1 erlischt es entweder durch Zurückweisung des Auktionators, durch die Abgabe eines Übergebots eines anderen Bieters (S. 2 Fall 1) oder durch Schließung der Versteigerung ohne Zuschlag (S. 2 Fall 2). Einer solchen Schließung steht es gleich, wenn der Versteigerer die Bedingungen der Versteigerung in laufender Versteigerung ändert.[11] Die Bindungswirkung entfällt dagegen nicht, wenn sich der Bieter vom Versteigerungsort entfernt.[12]

6 Ein Übergebot führt bereits mit seiner Abgabe zum Erlöschen des Untergebots (S. 2 Fall 1). Es ist aus Gründen des Verkehrsschutzes als bloße Tatsache zu berücksichtigen, so dass es auf die Wahrnehmung durch den Auktionator und auf die Wirksamkeit als Willenserklärung nicht ankommt.[13] Auch der Versteigerer kann Gebote als Vertreter eines Kaufinteressenten abgeben, soweit er vor der Versteigerung von diesem einen **Ersteigerungsauftrag** (Bietauftrag) erhalten hat und vom Verbot des Insichgeschäfts (§ 181) befreit wurde.[14] Der Versteigerer kann in diesem Fall das Gebot auch noch nach dem Abbruch der Versteigerung ausüben, denn S. 2 gilt nicht auch für den Bietauftrag.

III. Zuschlag (Vertragsannahme)

7 Die Vertragsannahme durch Zuschlag ist ein symbolischer Handlungsakt und damit eine nicht verkörperte konkludente Willenserklärung des Auktionators. Der Zuschlag ist nicht empfangsbedürftig. Der Bieter muss den Zuschlag daher nicht vernehmen. Mit dem Zuschlag ist die Annahmeerklärung abgegeben[15] und das Verpflichtungsgeschäft zustande gekommen. Der Versteigerer verkauft im fremden Namen als Vertreter des Einlieferers oder im eigenen Namen als Verkaufskommissionär des Einlieferers.[16] Die Erfüllungshandlungen folgen selbständig nach (§§ 873, 929 ff). Eine Pflicht des Versteigerers zur Erteilung des Zuschlags besteht

6 Zur dinglichen Rechtslage an Kommissionsgut und Erlös vgl *Canaris*, Handelsrecht, 24. Aufl. 2006, § 30 IV, Rn 70 u. 81.

7 St. Rspr seit BGH NJW 2005, 53.

8 Widerrufsausschluss bei Fernabsatzgeschäften, „die in der Form von Versteigerungen (§ 156) geschlossen wurden"; vgl näher den Anhang zu § 156.

9 Zum gemeinrechtlichen Streit um den Vertragsschluss bei Versteigerungen und der Entscheidung des BGB vgl HKK/*Oestmann*, §§ 145–156 Rn 6 mwN.

10 Eine nachträgliche Beurkundung ist mit § 156 nicht zu vereinbaren, vgl BGHZ 138, 339, 342 ff; KG NJW-RR 2002, 883 f; aA Staudinger/*Bork*, § 156 Rn 7: Beurkundungsniederschrift nach §§ 36, 37 BeurkG genüge und im Falle eines nur schriftformgebundenen Jagdpachtvertrages (§ 11 Abs. 4 S. 1 BJagdG) liege in der Versteigerung ein formloser Vorvertrag; vgl Soergel/*Wolf*, § 156 Rn 15.

11 Staudinger/*Bork*, § 156 Rn 3. Behält sich der Versteigerer in seinen Bedingungen den Widerruf seines als Angebot ausgestalteten Ausrufs vor (Fall des § 145 Hs 2), so ist er gebunden, sobald das erste Gebot eingeht (übersehen von OLG Oldenburg NJW 2004, 168). Denkbar ist hier aber ein ausbedungenes Rücktrittsrecht, vgl Vor §§ 145–157 Rn 16.

12 Staudinger/*Bork*, § 156 Rn 3; MüKo/*Kramer*, § 156 Rn 4.

13 Anders nur bei offensichtlich unwirksamem Übergebot, das sofort zurückgewiesen wird, vgl Soergel/*Wolf*, § 156 Rn 6; differenzierend und mwN. MüKo/*Kramer*, § 156 Rn 5 aE.

14 Die Beauftragung des Versteigerers durch den Kaufinteressenten bedeutet daher selbst noch kein Gebot; BGH NJW 1983, 1186 f; *v. Hoyningen-Huene*, NJW 1973, 1474, 1477.

15 BGH NJW 2005, 53, 54.

16 *V. Hoyningen-Huene*, NJW 1973, 1474, 1477.

nicht.[17] Der Versteigerer kann sich auch vorbehalten, unter mehreren Geboten zu wählen oder den Zuschlag erst später zu erteilen.[18] Die Bieter bleiben dann so lange (angemessene Zeit) an ihr Gebot gebunden.[19]

C. Weitere praktische Hinweise

§ 156 ist dispositiv, dh die Parteien können die **Versteigerungsbedingungen** selbst festlegen. Der Versteigerer 8
macht regelmäßig seine Bedingungen zur Zugangs- und Teilnahmevoraussetzung und damit zum Bestandteil seiner Verkaufsveranstaltung. Die Versteigerungsbedingungen werden als Allgemeine Geschäftsbedingungen Bestandteil des Vertrages.[20] Nahe liegt es, hier eine Einbeziehung im Wege einer Rahmenvereinbarung nach § 305 Abs. 3 anzunehmen.[21] Der Versteigerer erzeugt darüber hinaus aber auch einen Interpretationsrahmen, in dem die Erklärungsakte im Rahmen der Versteigerung ihre bestimmte Bedeutung erlangen.

Bei Versteigerungen im **Internet** (ausführlich dazu sogleich im Anhang zu § 156) wird sachlich entsprechend 9
von einer **Marktordnung**[22] gesprochen, zu der etwa auch ein Bewertungssystem über die Zuverlässigkeit der Teilnehmer gehören kann. Dabei ist konkret zu prüfen, welche Funktionalität den einzelnen Erklärungshandlungen im Geschäftsablauf und den gewählten sog. **Verkaufsformaten** jeweils zukommen soll. Die dafür verwendeten Bezeichnungen haben Indizwirkung sind aber für die rechtliche Einordnung nicht entscheidend (zur „vorweggenommenen [antizipierten] Annahme“, vgl Vor §§ 145–157 Rn 19).

Anhang zu § 156: Internet-Versteigerungen

Literatur: *Bausch*, Das Recht des Verkäufers auf Versendung beim Internetkauf, ITRB 2007, 193; *Bonke/Gellmann*, Die Widerrufsfrist bei eBay-Auktionen, NJW 2006, 3169; *Borges/Meyer*, Zur Haftung bei missbräuchlicher Verwendung des ebay-Accounts, EWIR 2006, 419; *ders.*, Der Leistungsort (Erfüllungsort) beim Versandhandel, DB 2004, 1815; *Braun*, Fehlentwicklung bei der rechtlichen Behandlung von Internetauktionen, JZ 2008, 330; *Cichon/Pighin*, Transportschäden und Umtausch bei Online-Auktionen und anderen physisch abgewickelten Online-Geschäften, CR 2003, 435; *Dörre/Kochmann*, Zivilrechtlicher Schutz gegen negative eBay-Bewertungen, ZUM 2007, 30; *Ehret*, Internet-Auktionshäuser auf dem haftungsrechtlichen Prüfstand, CR 2003, 754; *Ernst*, Die Online-Versteigerung, CR 2000, 304; *Gabriel/Rothe*, Schnäppchen im Trend – Rechtsfragen der Veräußerung von Restposten in Online-Auktionen, VuR 2004, 212; *Grapentin*, Vertragsschluss bei Internet-Auktionen, GRUR 2001, 713; *Hager*, Die Versteigerung im Internet, JZ 2001, 786; *Hartung/Hartmann*, „Wer bietet mehr?“ – Rechtssicherheit des Vertragsschlusses bei Internetauktionen, MMR 2001, 278; *Heiderhoff*, Die Wirkung der AGB des Internetauktionators auf die Kaufverträge zwischen den Nutzern, ZIP 2006, 793; *dies.*, Internetauktionen als Umgehungsgeschäfte, MMR 2001, 640; *Hoeren/Müglich/Nielen* (Hrsg.), Online-Auktionen, 2002; *Hoeren/Müller*, Widerrufsrecht bei eBay-Versteigerungen, NJW 2005, 948; *Leible/Sosnitza*, Versteigerungen im Internet. Das Recht der Internet-Auktionen und verwandter Absatzformen, 2004; *Mankowski*, Zum Handeln unter fremden Namen auf einer Online-Auktionsplattform, CR 2007, 606; *ders.*, Der Nachweis der Unternehmereigenschaft, VuR 2004, 79; *Mehrings*, Im Süd-Westen wenig Neues: BGH zum Vertragsabschluss bei Internet-Auktionen, BB 2002, 469; *O. Mayer*, Haftung der Internet-Auktionshäuser für Bewertungsportale, NJW 2004, 3151; *Petershagen*, Rechtsschutz gegen Negativkommentare im Bewertungsportal von Internetauktionshäusern, NJW 2008, 953; *Redeker*, Zur Frage der Rechtsmissbräuchlichkeit der Durchsetzung von Warenpreisen weit unter Warenwert im Rahmen von Online-Auktionen, CR 2009, 468; *Schafft*, „Reverse Auctions“ im Internet, CR 2001, 393; *Schlömer/Dittrich*, eBay & Recht – Bilanz der Rechtsprechung, BB 2007, 2129; *dies.*, eBay & Recht, 2004; *Schroeter*, Die Anwendbarkeit des UN-Kaufrechts auf grenzübersteigende Versteigerungen und Internet-Auktionen, ZEuP 2004, 20; *Sester*, Vertragsabschluss bei Internet-Auktionen, CR 2001, 98; *Spindler*, Vertragsabschluss und Inhaltskontrolle bei Online-Auktionen, ZIP 2001, 809; *ders.*, Die zivilrechtliche Verantwortlichkeit von Internetauktionshäusern – Haftung für automatisch registrierte und publizierte Inhalte?, MMR 2001, 737; *Spindler/Wiebe* (Hrsg.), Internet-Auktionen, 2001; *Steinbeck*, Umgekehrte Versteigerungen und Lauterkeitsrecht, K&R 2003, 344; *Szczesny/Holthusen*, Aktuelles zur Unternehmereigenschaft im Rahmen von Internet-Auktionen, NJW 2007, 2586; *Teuber/Melber*, „Online-Auktionen“ – Pflichten der Anbieter durch das Fernabsatzrecht, MDR 2004, 185; *Trinks*, Die Online-Auktion in Deutschland, 2004; *Ulrici*, Zum Vertragsschluss bei Internetauktionen, NJW 2001, 1112; *Wenzel*, Vertragsabschluss bei Internet-Auktion – ricardo.de, NJW 2002, 1550; *Wiebe*, Vertragsschluss bei Online-Auktionen, MMR 2000, 323.

17 Nur iE anders, wenn § 156 abbedungen wurde und die Gebote nach den Versteigerungsbedingungen als auflösend bedingte Annahmeerklärungen einzustufen sind; vgl zur Zulässigkeit dieser Gestaltung *Rüfner*, JZ 2000, 715, 716; *Hager*, JZ 2001, 786, 788; zur „vorweggenommenen Annahmeerklärung“ vgl Vor §§ 145–157 Rn 19.

18 KG MDR 2004, 1402 f.

19 Staudinger/*Bork*, § 156 Rn 9.

20 BGH NJW 2002, 363, 364; OLG Oldenburg NJW 2004, 168 (Angebot des Versteigerers mit Widerrufsmöglichkeit); vgl. allg. auch OLG Celle NJW-RR 2011, 132, 132 f. Zu den Gestaltungsmöglichkeiten vgl *Marx/Arens*, Der Auktionator, S. 401 ff.

21 Die Rahmenvereinbarung wird zur Aufnahme der jeweiligen (hier nicht notwendig laufenden) Geschäftsbeziehung getroffen. Die Einbeziehung ist somit auf die Verkaufsveranstaltung und nicht auf den konkreten Einzelvertrag bezogen, vgl Erman/*Roloff*, § 305 Rn 44 f.

22 Palandt/*Ellenberger*, § 156 Rn 3 mwN.

A. Allgemeines[1]

I. Bedeutung

1 Internet-Versteigerungen oder Online-Auktionen sind ein gewichtiger **Marktfaktor im E-Commerce**. Immer noch stehen die Begriffe synonym für den Anbieter eBay,[2] wenn auch ähnliche Geschäftsmodelle ihre Nische im Online-Markt gefunden haben. Weltweit steigerte eBay seinen Umsatz allein im ersten Quartal 2011 auf 1,7 Millarden Euro[3] und schon 2004 bestritten mehr als 10.000 Menschen ihren Lebensunterhalt ausschließlich durch den Absatz von Waren und Dienstleistungen über eBay.[4] Unternehmen und private Geschäftsleute unterhalten eigene sog. eBay-Shops. Kurz gesagt: Die digitalen Trödelmärkte sind trotz des Rückgangs privater Anbieter der Umschlagsplatz Nummer Eins für Waren und Dienstleistungen jeglicher Art.[5]

II. Begrifflichkeiten

2 Der Begriff der Internet-Versteigerung wird häufig gleichbedeutend für die im Internet existierenden Plattformen sowie für die innerhalb einer solchen Plattform abgewickelten Transaktionen der jeweiligen Nutzer, also die einzelnen Vertragsschlüsse (etwa Kauf eines Buches), verwendet. Dabei lässt sich heute zwischen allgemeinen **Versteigerungs-Plattformen** wie eBay, Hood,[6] oder Auvito,[7] die ein möglichst breites Spektrum von Waren und Dienstleistungen abdecken wollen, und speziellen Versteigerungs-Plattformen differenzieren, etwa My Hammer[8] als Marktführer für Dienstleistungen oder Dawanda[9] für Selbstgemachtes. Dabei stellen die Plattform-Betreiber (auch Online-Auktionshäuser genannt) lediglich den **virtuellen Marktplatz** für die von den Nutzern eigenständig durchgeführten **Transaktionen** zur Verfügung;[10] eigene Transaktionen der Betreiber einer Versteigerungs-Plattform sind zur absoluten Ausnahme geworden.[11]

3 Der Betreiber einer Versteigerungs-Plattform bedarf **keiner Genehmigung** nach § 34 b Abs. 1 GewO (zum Versteigerungsbegriff Rn 10).[12] Ein etwaiger Verstoß führt aber ohnehin nicht gem. § 134 zur Nichtigkeit der

1 Der Verfasser dankt Herrn Rechtsanwalt Dr. Christoph Ohrmann, Düsseldorf, für sein Mitwirken bei der Überarbeitung und Herrn Prof. Dr. Ulrich Noack, Düsseldorf, für das gemeinsame Verfassen der Vorauflage.
2 http://www.ebay.de, hervorgegangen aus *Alando* (http://www.alando.de, 10.8.2011).
3 http://www.heise.de/ct/meldung/eBay-macht-einen-Gewinnsprung-1233932.html (10.8.2011).
4 *Teuber/Melber*, MDR 2004, 185.
5 In Anlehnung an *Seifert*, K&R 2003, 244.
6 http://www.hood.de (10.8.2011).
7 http://www.auvito.de (10.8.2011).
8 http://www.myhammer.de (10.8.2011).
9 http://www.dawanda.de (10.8.2011).
10 Vgl Beschreibung bei BGH, Urt. v. 30.4.2008 – I ZR 73/05 = NJW-RR 2008, 1136, Rn 4.
11 Insbesondere *Ricardo* versuchte zunächst, auch selbst als Anbieter aufzutreten; diese Angebote wurden aber nach ersten rechtlichen und wirtschaftlichen Komplikationen wieder eingestellt. Heute findet sich unter www.ricardo.de (10.8.2011) ein Autoportal.
12 OLG Frankfurt/Main, Urt. v. 1.3.2001 – U 64/00 = NJW 2001, 1434 f; KG Berlin, Urt. v. 11.5.2001 – 5 U 9586/00 = NJW 2001, 3272 f; *Schönleiter*, GewArch 2000, 49, 50; *Vehslage*, MMR 1999, 680, 681; wohl ebenso für umgekehrte Versteigerungen (Rn 44 f) BGH, Urt. v. 13.11.2003 – I ZR 141/02 = NJW 2004, 854, 855; aA LG Hamburg, Urt. v. 14.4.1999 – 315 O 144/99 = MMR 1999, 678, 679 f; LG Wiesbaden, Urt. v. 13.1.2000 – 13 O 132/99 = MMR 2000, 376 f; *Ernst*, CR 2000, 304, 306; *Klinger*, DVBl 2002, 810, 814.

zwischen den Nutzern geschlossenen Verträge;[13] § 34 b Abs. 1 GewO richtet sich allein an den Betreiber[14] und ist kein gesetzliches Verbot iSd § 134.[15] Auch § 762 Abs. 1 S. 1 steht der Wirksamkeit der zwischen den Nutzern einer Versteigerungs-Plattform geschlossenen Verträge nicht entgegen; bei Internet-Versteigerungen handelt es sich nicht um ein Spiel.[16]

1. Nutzer der Versteigerungs-Plattformen. Nutzer können **natürliche und juristische Personen,** ebenso wie **Verbraucher und Unternehmer** iSd §§ 13, 14 sein; möglich sind demnach Transaktionen von Verbraucher zu Verbraucher (C2C – Consumer to Consumer), Unternehmer zu Verbraucher (B2C – Business to Consumer) und Unternehmer zu Unternehmer (B2B – Business to Business). Die Betätigung auf einer Online-Auktions-Plattform als Verkäufer unterliegt grundsätzlich auch der **Steuerpflicht**. Bei unternehmerischer Betätigung (Rn 29) kommen Gewerbe- und Unternehmenssteuerpflichten (§ 15 EStG) ebenso in Betracht wie Körperschaft- und Umsatzsteuerpflichten (§ 1 KStG), während sich bei Verbrauchern eine Steuerpflicht etwa unter dem Gesichtspunkt privater Veräußerungsgeschäfte (§ 23 EStG) ergeben kann.[17] 4

Vor der Beteiligung an einer Versteigerungs-Plattform müssen Nutzer sich beim Betreiber unter Angabe von – mindestens – Name, Anschrift und E-Mail-Adresse **registrieren**. Nach dem Abschluss eines Nutzungsvertrags zwischen Nutzer und Plattform-Betreiber kann der Nutzer unter einem frei wählbaren Pseudonym als Verkäufer und Käufer auftreten;[18] eine feste Rollenzuweisung existiert regelmäßig nicht. Die virtuellen Identitäten der Nutzer (sog. **Accounts**) werden nur durch Eingabe eines ebenfalls frei wählbaren Passworts vor Missbrauch gesichert; zusätzliche Sicherungsmaßnahmen – etwa elektronische Signaturen (§ 126 a Rn 15 ff) – kommen nicht zum Einsatz. Die Kombination von frei wählbarem Pseudonym und Passwort verfügt nur über einen sehr **eingeschränkten Sicherungswert** (zu den Rechtsfolgen Rn 28 ff); dies wird aber ebenso wie im elektronischen Geschäftsverkehr insgesamt ob der damit verbundenen Leichtigkeit des Vertragsschlusses im Internet von allen Beteiligten bewusst in Kauf genommen. Derzeit sind bei den Plattformbetreibern auch keine Ansätze dafür ersichtlich, dass zukünftig optional der elektronische Personalausweis mit seinem elektronischen Identitätsnachweis (§ 126 a Rn 8, 30 ff) genutzt werden könnte. 5

2. AGB des Betreibers. Die Rechtsbeziehungen zwischen dem Betreiber einer Versteigerungs-Plattform und den dort agierenden Nutzern (sog. **Benutzungsverhältnis**)[19] sind streng von den Rechtsbeziehungen zwischen den an einer einzelnen Transaktion beteiligten Nutzern (sog. **Marktverhältnis**) zu trennen. Über seine in das Benutzungsverhältnis einbezogenen AGB[20] (sog. Nutzungsbedingungen) gibt der Betreiber die **Rahmenbedingungen** vor, unter denen die Nutzer sich an der Versteigerungs-Plattform beteiligen können (zuweilen als Marktordnung bezeichnet),[21] ohne dass die AGB des Betreibers jedoch Bestandteil der später zwischen den Nutzern geschlossenen Verträge werden oder für diese eine rechtliche Bindungswirkung entfalten.[22] Die AGB des Betreibers werden – unabhängig von der Beteiligung eines Unternehmers[23] – weder von den Nutzern iSd § 305 Abs. 1 S. 1 gestellt[24] noch über eine Rahmenvereinbarung iSd § 305 Abs. 3[25] in die zwischen den Nutzern geschlossenen Verträge einbezogen. Sie regeln allein die rechtliche Beziehung zwischen dem Plattform-Betreiber und den Nutzern und können allenfalls als **Interpretationshilfe** für die rechtliche Würdigung der Handlungen der Nutzer auf der Online-Auktions-Plattform herangezogen werden, 6

13 BGH, Urt. v. 7.11.2001 – VIII ZR 13/01 = NJW 2002, 363, 365.

14 OLG Hamm, Urt. v. 14.12.2000 – 2 U 58/00 = NJW 2001, 1142, 1145.

15 *Sester*, CR 2001, 98, 103.

16 BGH, Urt. v. 7.11.2001 – VIII ZR 13/01 = NJW 2002, 363, 364; *Spindler*, ZIP 2001, 809, 813; zweifelnd *Sester*, CR 2001, 98, 103 f.

17 *Teuber/Melber*, MDR 2004, 185, 190; für eine gewerblich selbständige Tätigkeit nach § 2 Abs. 1 S. 1 UStG genügen 1.200 Angebote von „Liebhaberstücken" in einem Zeitraum von vier Jahren, FG Baden-Württemberg Urt. v. 22.9.2010 - 1 K 3016/08 = MMR 2011, 314.

18 Für eBay http://pages.ebay.de/help/policies/user-agreement.html: „[...] Waren und Leistungen aller Art [...] angeboten, vertrieben und erworben werden können [...]" (10.8.2011).

19 Benutzungs- und Marktverhältnis benannt nach *Rüfner*, MMR 2000, 597.

20 eBay: http://pages.ebay.de/help/policies/user-agreement.html; MyHammer: http://www.my-hammer.de/showPage.php?id=terms (10.8.2011).

21 *Burgard*, WM 2001, 2102 f, 2105; *Spindler*, ZIP 2001, 809; *Wiebe*, MMR 2001, 110.

22 BGH, Urt. v. 11.5.2011 – VIII ZR 289/09 = MMR 2011, 447, 449; *Heiderhoff*, ZIP 2006, 793 ff; aA *Ernst*, CR 2001, 121, 122; *Hager*, JZ 2002, 506, 507; *Spindler*, ZIP 2001, 809, 812; *Wiebe*, CR 2002, 216, 217.

23 AA unter Hinweis auf § 24 a AGBG = § 310 Abs. 3 *Rüfner*, MMR 2000, 597, 601; *Spindler*, ZIP 2001, 809, 814; *Wiebe*, MMR 2000, 323, 325. Bei beherrschendem Einfluss des Unternehmens auf die von ihm genutzte Online-Auktions-Plattform (etwa ein Tochterunternehmen) ist dieses ausnahmsweise Verwender, insoweit übereinstimmend *Rüfner*, MMR 2000, 597, 600.

24 BGH, Urt. v. 7.11.2001 – VIII ZR 13/01 = NJW 2002, 363, 365; *Burgard*, WM 2001, 2102, 2108; *Ulrici*, NJW 2001, 1112; iE wohl auch *Grapentin*, GRUR 2001, 713, 714; aA *Lettl*, JuS 2002, 219, 221: Verkäufer als Verwender.

25 AA *Burgard*, WM 2001, 2102, 2106 f; *Sester*, CR 2001, 98, 107 f; *Ulrici*, NJW 2001, 1112; zutr. dagegen *Spindler*, ZIP 2001, 809, 812.

wenn diese nicht aus sich heraus verständlich sind.[26] Schließlich hat sich jeder Nutzer diesen AGB unterworfen und darf erwarten, dass andere Nutzer ihr Handeln zumindest nach den wesentlichen Aussagen dieser AGB ausrichten,[27] solange nicht aufgrund konkreter Anhaltspunkte – etwa in der zu einem Angebot gehörenden Angebotsbeschreibung (Rn 18 ff) – eine andere Bewertung erforderlich ist. Auch durch ein „berechtigtes Interesse aller Beteiligten an einer einheitlichen Marktordnung"[28] oder ein angebliches Schutzbedürfnis der Käufer können die gesetzlichen Anforderungen an die Einbeziehung von AGB in Verträge nicht überwunden werden.[29]

7 **3. Gegenstand der Versteigerungs-Plattformen.** Internet-Versteigerungen werden weiterhin von **Kaufverträgen** über Sachen dominiert, die entweder kraft ausdrücklicher Vereinbarung oder gem. § 447 Abs. 1[30] als Versendungskauf einzuordnen sind (zum Verbrauchsgüterkauf Rn 34 f), wenn nicht ausnahmsweise persönliche Abholung vereinbart ist oder der verkaufende Unternehmer seinen Vertrieb ausschließlich auf den Fernabsatz ausgerichtet hat.[31]

8 Durch Plattformen wie MyHammer (Rn 2) ist in den vergangenen Jahren auch die Versteigerung von Werk- und Dienstleistungen im Internet (etwa die anwaltliche Erstberatung) keine Besonderheit mehr. Soweit es sich nicht um kaufvertragsspezifische Fragestellungen handelt, lassen sich die Ausführungen ohne weiteres auf alle im Rahmen einer Internet-Versteigerung abgeschlossenen Verträge übertragen.

9 **4. Direkt- und Sofortkauf, verschiedene Versteigerungsmodelle.** Abzugrenzen von den durch das gegenseitige Überbieten gekennzeichneten Internet-Versteigerungen sind die sog. **Direkt- oder Sofortkäufe**. Bei ihnen kommt der Vertrag durch die unmittelbare Annahme eines Angebots zu dem vom Verkäufer beim Einstellen der Transaktion[32] fest vorgegebenen Preis zustande.[33] Die Situation des Vertragsschlusses entspricht einem **gewöhnlichen Fernabsatzgeschäft**; Direkt- oder Sofortkaufangebote werden daher keinesfalls von § 156 erfasst.[34] Soweit die nachfolgenden Erläuterungen nicht das Element des gegenseitigen Überbietens in Bezug nehmen, sind sie gleichwohl auf Direkt- oder Sofortkäufe anwendbar; insoweit handelt es sich weniger um „Internet-Versteigerungs-Recht" als vielmehr um allgemeines „e-Commerce-Recht" oder „Internetrecht".

10 Die Versteigerungs-Plattformen werden nahezu ausschließlich von **Aufwärtsauktionen** (sog. englischen Auktionen) dominiert, in denen die Nutzer den Kaufpreis während der vom Verkäufer gewählten Dauer einer Transaktion durch gegenseitiges Überbieten „in die Höhe treiben" und der Vertrag mit demjenigen Nutzer zustande kommt, dessen Gebot nach Ablauf der Transaktion das höchste ist. **Umgekehrte Versteigerungen** (sog. holländische Auktionen, auch Abwärtsauktionen oder Reverse Auctions genannt, dazu Rn 47 f) sind die Ausnahme, Elemente hiervon finden sich aber bei MyHammer, wenn dort der „Ausschreibende" für die von ihm nachgefragte Leistung nach dem günstigsten „Anbieter" sucht.[35] Systematisch nicht zu den Internet-Versteigerungen zählen die zwischenzeitlich nahezu ausgestorbenen, jüngst jedoch wieder stärker nachgefragten Geschäftsmodelle des **Power-Shoppings** wie DealTicket,[36] DailyDeal[37] und GROUPON,[38] bei denen

26 BGH, Urt. v. 11.5.2011 – VIII ZR 289/09 = MMR 2011, 447, 449; Urt. v. 8.6.2011 – VIII ZR 305/10, Rn 15 (juris); Urt. v. 7.11.2001 – VIII ZR 13/01 = NJW 2002, 363, 365; *Trinks*, MMR 2004, 500, 501; aA offensichtlich LG Berlin, Urt. v. 20.7.2004 – 4 O 293/04 = NJW 2004, 2831, 2832.

27 *Rüfner*, MMR 2000, 597, 598.

28 So *Wiebe*, MMR 2000, 323, 325 und MMR 2001, 110.

29 OLG Hamm, Urt. v. 14.12.2000 – 2 U 58/00 = NJW 2001, 1142, 1143; *Grapentin*, GRUR 2001, 713, 714; *Hartung/Hartmann*, MMR 2001, 278, 281; aA (§ 242 iVm §§ 307–309 analog) *Burgard*, WM 2001, 2102, 2107 f; *Spindler*, ZIP 2001, 809, 816; *Wenzel*, NJW 2002, 1550; auch eine Einbeziehung über die Konstruktion eines Vertrags zugunsten Dritter scheidet aus, vgl *Burgard*, WM 2001, 2102, 2105; *Grapentin*, GRUR 2001, 713, 714; *Sester*, CR 2001, 98, 104; *Spindler*, ZIP 2001, 809, 815; aA *Wiebe*, MMR 2000, 323, 325 und MMR 2001, 110.

30 LG Berlin, Urt. v. 1.10.2003 – 18 O 117/03 = NJW 2003, 3493, 3494.

31 *Hoffmann*, in: Leible/Sosnitza, Versteigerungen im Internet, Teil 3, Rn 221; *Bausch*, ITRB 2007, 193 ff; aA AG Koblenz, Urt. v. 21.6.2006 – 151 C 624/06 = NJW-RR 2006, 1643 ff; zu letzterem Fall *Borges*, DB 2004, 1815; *Cichon/Pighin*, CR 2003, 435 ff; *Gabriel/Rothe*, VuR 2004, 212, 215 f.

32 Das Einstellen einer Transaktion ist der vom Verkäufer initiierte Vorgang des Freischaltens einer Transaktion nach Eingabe aller relevanten Daten zum Kaufgegenstand; ab diesem Zeitpunkt können die anderen Nutzer der Versteigerungs-Plattform auf den angebotenen Gegenstand Gebote abgeben bzw diesen sofort kaufen.

33 LG Saarbrücken, Urt. v. 2.1.2004 – 2 O 255/03 = MMR 2004, 556, 557; AG Moers, Urt. v. 11.2.2004 – 532 C 109/03 = NJW 2004, 1330.

34 LG Memmingen, Urt. v. 23.6.2004 – 1 HO 1016/04 = NJW 2004, 2389, 2390.

35 Daneben gibt es eine Vielzahl weiterer Auktionsformen, die für Online-Auktionen bislang nicht genutzt wurden. Kein eigener Auktionstyp sind die sog. Privatauktionen bei eBay; diese folgen den Regeln für Aufwärtsauktionen mit dem Unterschied, dass die beteiligten Nutzer anonym gegenüber den anderen Nutzern bleiben und nur der Verkäufer erfährt, wer sich alles an seiner Transaktion beteiligt hat.

36 http://www.dealticket.de [10.8.2011].

37 http://www.dailydeal.de [10.8.2011].

38 http://www.groupon.de [10.8.2011].

sich mehrere Interessenten zur Erzielung eines möglichst günstigen Preises zu einer Kaufgemeinschaft zusammenschließen.[39]

III. Keine Versteigerung iSd § 156

Die auf einer Versteigerungs-Plattform von den Nutzern durchgeführten Transaktionen sind regelmäßig keine Versteigerungen iSd § 156 (zu § 34 b GewO Rn 3; zum Widerrufs- oder Rückgaberecht im Fernabsatz Rn 39 f; zum Sofort- oder Direktkauf Rn 9).[40] Allen Definitionsversuchen einer Versteigerung ist das Erfordernis eines Zuschlags (vgl § 156 Rn 7) gemeinsam. Fehlt es am Zuschlag liegt keine Versteigerung im Rechtssinn[41] vor. Gerade an diesem Zuschlag fehlt es aber bei Internet-Versteigerungen.[42] Sie stellen nichts anderes dar als eine **moderne Form der Vertragsanbahnung** im Internet[43] und sind lediglich ein besonderer Weg zur Festlegung des Verkaufspreises.[44] **11**

Anders als bei Internet-Versteigerungen liegt bei einer „klassischen" Versteigerung iSd § 156[45] wegen des Erfordernisses eines Zuschlags die letzte Entscheidung über das Zustandekommen des Vertrags in der Hand des Versteigernden. Auf einer Versteigerungs-Plattform im Internet ist **Versteigerer** allein der in der jeweiligen Transaktion als Verkäufer auftretende Nutzer;[46] der Plattform-Betreiber stellt nur den Marktplatz für diese Transaktionen zur Verfügung (Rn 2) und tritt im Übrigen lediglich als Empfangsvertreter auf (Rn 15). Vom Verkäufer kommt bei einer Internet-Versteigerung aber der Antrag auf Abschluss eines Kaufvertrags (Rn 21 f); er soll an seinen beim Einstellen der Transaktion wirksam erklärten Willen gebunden bleiben und nicht auf dem Umweg über ein Zuschlagserfordernis doch wieder das Recht zugesprochen bekommen, über das Zustandekommen eines Kaufvertrags nach seinem Belieben entscheiden zu können.[47] Der Verkäufer nimmt nach Abgabe des letzten Gebots auf die von ihm angebotenen Waren oder Leistungen keine Handlungen mit Bezug zum Vertragsschluss mehr vor, denen ein rechtlicher Erklärungswert im Sinne eines Zuschlags zugesprochen werden könnte; es gibt deshalb **keinen Zuschlag des Verkäufers** als Versteigerer.[48] Anders ist dies ausnahmsweise bei den – heute praktisch nicht mehr anzutreffenden – **Live-Auktionen**, bei denen ein virtueller Auktionator zum Ende einer oftmals nur wenige Minuten dauernden Versteigerung den virtuellen Hammer fallen lässt und dem höchstbietenden Nutzer den Zuschlag erteilt.[49] **12**

Auch im bloßen Ablauf der Laufzeit einer Transaktion kann kein Zuschlag zugunsten des Höchstbietenden gesehen werden.[50] § 156 ist zwar grundsätzlich dispositives Recht (§ 156 Rn 1), der in den Grenzen der Verbraucherschutzvorschriften (insbesondere der §§ 305 ff) abweichenden Regelungen zugänglich ist.[51] Mit dem gesetzgeberischen Leitbild des § 156 wäre es aber nicht mehr vereinbar, wenn kraft rechtsgeschäftlicher Ver- **13**

39 Dazu OLG Köln, Urt. v. 1.6.2001 – 6 U 204/00 = MMR 2001, 523, 524 ff; LG Köln, Urt. v. 25.11.1999 – 31 O 990/99 = K&R 2000, 137 und Urt v. 10.10.2000 – 33 O 180/00 = MMR 2001, 54; *Ernst*, CR 2000, 239; *Huppertz*, MMR 2000, 65 sowie MMR 2000, 329.

40 BGH, Urt. v. 3.11.2004 – VIII ZR 375/03 = NJW 2005, 53, 54; Urt. v. 7.11.2001 – VIII ZR 13/01 = NJW 2002, 363, 364; aA LG Berlin, Urt. v. 1.10.2003 – 18 O 117/03 = NJW 2003, 3493, 3494; AG Osterholz-Scharmbeck, Urt. v. 23.8.2002 – 3 C 415/02 = ITRB 2003, 239, 240 (unter falscher Berufung auf BGH, Urt. v. 7.11.2001 – VIII ZR 13/01 = NJW 2002, 363); *Klinger*, DVBl 2002, 810, 817.

41 Zum Versteigerungsbegriff OLG Brandenburg, Urt. v. 16.12.2003 – 6 U 161/02 = MMR 2004, 330; KG Berlin, Urt. v. 11.5.2001 – 5 U 9586/00 = NJW 2001, 3272; LG Düsseldorf, Urt. v. 29.10.2002 – 4 a O 464/01 = MMR 2003, 120, 123; LG Hamburg, Urt. v. 14.4.1999 – 315 O 144/99 = MMR 1999, 678, 679; *Ernst*, CR 2000, 304, 305 ff; *Schönleiter*, GewArch 2000, 49 f; *Wiebe*, MMR 2000, 323, 324.

42 Staudinger/*Thüsing*, § 312 d Rn 67 f; Offen gelassen vom BGH, Urt. v. 7.11.2001 – VIII ZR 13/01 = NJW 2002, 363; aA AG Bad Hersfeld, Urt. v. 22.3.2004 – 10 C 153/04 = MMR 2004, 500; *Mankowski*, EWiR 2001, 547, 548.

43 AG Schwäbisch-Gmünd, Urt. v. 23.7.2002 – 8 C 130/01 = ITRB 2003, 239.

44 So über umgekehrte Versteigerungen (Rn 47 f) BGH, Urt. v. 13.11.2003 – I ZR 141/02 = NJW 2004, 854, 855.

45 Zur Entstehungsgeschichte des § 156 *Rüfner*, JZ 2000, 715, 716 f.

46 AA *Klinger*, DVBl 2002, 810, 815.

47 Ähnlich LG Berlin, Urt. v. 20.7.2004 – 4 O 293/04 = NJW 2004, 2831, 2832.

48 *Gabriel/Rothe*, VuR 2004, 212, 213; *Wilkens*, DB 2000, 666, 667. Dies gilt auch, wenn man entgegen der unter Rn 21 f vertretenen Auffassung die Willenserklärung des Verkäufers als antizipierte Annahme einordnen will; vgl BGH, Urt. v. 7.11.2001 – VIII ZR 13/01 = NJW 2002, 363, 364.

49 *Gabriel/Rothe*, VuR 2004, 212, 213; *Spindler*, ZIP 2001, 809, 810; *Wenzel*, NJW 2002, 1550, 1551. Früher bot etwa Ricardo solche Live-Auktionen an. Wegen der Vielfältigkeit der frühen Internet-Versteigerungs-Angebote ist bei der Auswertung älterer Lit. und Rspr ohnehin Vorsicht geboten; vielfach sind diese von mangelnder Kenntnis der tatsächlichen Geschehensabläufe oder der Darstellung heute nicht mehr relevanter Fallgestaltungen geprägt.

50 LG Memmingen, Urt. v. 23.6.2004 – 1 HO 1016/04 = NJW 2004, 2389, 2390; *Spindler*, ZIP 2001, 809, 810; aA LG Berlin, Urt. v. 1.10.2003 – 18 O 117/03 = NJW 2003, 3493, 3494; AG Osterholz-Scharmbeck, Urt. v. 23.8.2002 – 3 C 415/02 = ITRB 2003, 239; *Krugmann*, NVwZ 2001, 651, 652; wohl auch LG Wiesbaden, Urt. v. 13.1.2000 – 13 O 132/99 = MMR 2000, 376; AG Bad Hersfeld, Urt. v. 22.3.2004 – 10 C 153/04 = MMR 2004, 500; *Heiderhoff*, MMR 2001, 640, 642.

51 Bamberger/Roth/*Eckert*, § 156 Rn 1.

einbarung auf das Zuschlagserfordernis völlig verzichtet werden könnte.[52] Ein **Zuschlag durch Zeitablauf** ist aber gerade kein Zuschlag im Sinne einer Willenserklärung, noch nicht einmal ein „maschinell ermittelter Zuschlag",[53] sondern eine bloße Fiktion ohne jeden Erklärungsgehalt. Es fehlt völlig am moderierenden Element eines treuhänderisch handelnden und situativ entscheidenden Versteigerers, der allein nach eigenem Gutdünken über den Zuschlag und das Zustandekommen des Vertrags entscheidet.[54] Gem. § 307 Abs. 2 Nr. 1 sind deshalb auch AGB, die für einen Zuschlag allein auf den bloßen Zeitablauf ohne Abgabe einer besonderen Erklärung abstellen, wegen einer nicht durch einen sachlichen Grund gerechtfertigten Abweichung von wesentlichen Grundgedanken der gesetzlichen Regelung unwirksam.

IV. Anwendbares Recht

14 Sind Nutzer mit einem ausländischen Wohn- oder Geschäftssitz am Vertragsschluss beteiligt, kann das deutsche Recht ggf durch das **UN-Kaufrecht** (CISG) verdrängt werden.[55] Gegenüber Verbrauchern mit einem Sitz in einem anderem Mitgliedsstaat als der anbietende Unternehmer kann nach Art. 6 Abs. 1 der „Verordnung (EG) Nr. 593/2008 des Europäischen Parlaments und des Rates vom 17. Juni 2008 über das auf vertragliche Schuldverhältnisse anzuwendende Recht" (Rom I)[56] das Recht im Mitgliedsstaat des Verbrauchers Anwendung finden; dies führt bei einer internationalen Ausrichtung der unternehmerischen Tätigkeit eines deutschen Nutzers ggf zur Verpflichtung, eine Vielzahl von Rechtsordnungen befolgen zu müssen. Soweit es um unerlaubte Handlungen von Plattform-Betreiber (dazu Rn 40 ff) oder Plattform-Nutzer geht, hängt das anwendbare Recht nach Art. 40 ff EGBGB und Art. 4 ff der „Verordnung (EG) Nr. 864/2007 des Europäischen Parlaments und des Rates vom 11. Juli 2007 über das auf außervertragliche Schuldverhältnisse anzuwendende Recht" (Rom II)[57] maßgeblich vom Handlungs- und Erfolgsort ab. Der Plattform-Betreiber wird ggf über § 3 Abs. 1 TMG durch das sog. „Herkunftslandprinzip" mit der ausschließlichen Anwendung des deutschen Rechts privilegiert, sofern nicht einer der zahlreichen Ausnahmetatbestände in § 3 Abs. 4, Abs. 5 TMG gegeben ist, etwa für die nicht privilegierte Tätigkeit von Anwälten und Notaren, die Durchführung von Glücksspielen oder die Wahrung von Verbraucherinteressen.[58]

B. Vertragsschluss

I. Zustandekommen des Vertrags

15 Der Vertragsschluss vollzieht sich bei Internet-Versteigerungen nach den **allgemeinen Grundsätzen der §§ 145 ff** durch die Abgabe übereinstimmender, empfangsbedürftiger Willenserklärungen zwischen den an der jeweiligen Transaktion beteiligten Nutzern.[59] Die Wirksamkeit elektronisch übermittelter Willenserklärungen wird richtigerweise nicht mehr infrage gestellt.[60] Vor dem Abschluss einer Transaktion kommt es zu keinem unmittelbaren Kontakt zwischen den beteiligten Nutzern. Die auf den Vertragsschluss gerichteten Willenserklärungen gehen lediglich dem Plattform-**Betreiber** zu, der gem. § 164 Abs. 3 als **Empfangsvertreter** für die beteiligten Nutzer handelt,[61] die auf den Zugang der Annahmeerklärung gem. § 151 S. 1 verzichten (zum Zugang elektronisch übermittelter Willenserklärungen vgl § 126 a Rn 57 f, § 130 Rn 41 f, 57 f).

16 **Rechtlich relevante Handlung** des Verkäufers ist das Einstellen einer Transaktion, die des Käufers die Abgabe des Gebots im Rahmen einer Transaktion. Nach Ablauf der Transaktion geben die beteiligten Nutzer keine für das Zustandekommen des Vertrags relevanten Erklärungen mehr ab; auch die abschließende Benachrichtigung der am Vertragsschluss beteiligten Nutzer hat als Wissenserklärung rein deklaratorischen Charakter.[62] Der Erklärungsgehalt dieser Handlungen ist nach allgemeinen Grundsätzen gem. §§ 133, 157 aus dem objektiven Empfängerhorizont zu bestimmen; soweit die AGB des Betreibers – wie im Regelfall – Regelungen zur Art und Weise des Vertragsschlusses enthalten,[63] kommt ihnen für die Ermittlung des Erklärungsgehalts der Handlungen nur Indizwirkung zu (Rn 6).

52 Im Urt. v. 7.11.2001 – VIII ZR 13/01 = NJW 2002, 363, 364 geht auch der BGH davon aus, dass sich die Frage nach einer Abdingbarkeit von § 156 erst stellt, wenn überhaupt ein Zuschlag iSd § 156 vorliegt.
53 So aber *Sester*, CR 2001, 98, 99.
54 *Teuber/Melber*, MDR 2004, 185, 188.
55 Vgl *Schroeter*, ZEuP 2004, 20.
56 Abl. L177, S. 6 und L309, S. 87, dazu *Pfeiffer*, EuZW 2008, 622 ff.
57 Abl. L199, S. 40, dazu *Junker*, NJW 2007, 3675 ff; *Handig*, GRURInt 2008, 24 ff.
58 Zu § 3 TMG beim grenzüberschreitenden Datenverkehr *Jotzo*, MMR 2009, 232 ff.
59 BGH, Urt. v. 7.11.2001 – VIII ZR 13/01 = NJW 2002, 363, 364.
60 Palandt/*Heinrichs*, Vor § 116 Rn 1.
61 BGH, Urt. v. 7.11.2001 – VIII ZR 13/01 = NJW 2002, 363, 364.
62 *Hartung/Hartmann*, MMR 2001, 278, 282; *Wilkens*, DB 2000, 666, 667.
63 Etwa § 10 *eBay*-AGB: http://pages.ebay.de/help/policies/user-agreement.html (10.8.2011).

1. Willenserklärung des Verkäufers. Das **Einstellen der Transaktion** ist die Willenserklärung des Verkäufers.[64] Ihm droht mit dem Einstellen einer Transaktion nicht die Gefahr einer unbestimmten Vielzahl von Vertragsschlüssen, denn er hat es durch die Benennung der Anzahl der von ihm angebotenen Waren[65] selbst in der Hand, lediglich so viele Transaktionen zu starten, wie er mit seinem tatsächlichen Vorrat auch erfüllen kann.[66] Diese Willenserklärung ist über den Betreiber der Versteigerungs-Plattform gem. § 164 Abs. 3 (Rn 15) allen anderen Nutzern unmittelbar nach der Abgabe zugegangen. 17

a) Bedingungen und Vorbehalte. Ein die Bindungswirkung der Willenserklärung des Verkäufers beschränkender Vorbehalt kann sich aus den Nutzungsbedingungen des Plattform-Betreibers (Rn 6) ergeben; wird dort etwa ein über das Anfechtungsrecht der §§ 119 ff. hinausgehendes Recht zur vorzeitigen Beendigung des Angebots unter bestimmten Bedingungen eingeräumt, kommt kein Vertrag mit dem im Zeitpunkt der Beendigung Höchstbietenden zustande, wenn der Verkäufer von diesem Recht Gebraucht gemacht hat.[67] Dem Verkäufer steht es im Übrigen frei, seiner Willenserklärung in der Beschreibung zur Transaktion weitere **Bedingungen oder Vorbehalte** („kein Verkauf an Nutzer mit negativen Bewertungen") beizufügen;[68] soweit diese nach Ablauf der Laufzeit der Transaktion nicht eingetreten sind, kommt es nicht zum Vertragsschluss. Dies gilt auch für den Vorbehalt, den Gegenstand nur zu einem bestimmten **Mindestkaufpreis** – der ggf von dem beim Einstellen der Transaktion angegebenen Mindestgebotsbetrag deutlich abweichen kann – verkaufen zu wollen; liegt nach Ablauf der Laufzeit das Höchstgebot unter diesem Mindestkaufpreis, ist ein Vertrag nicht geschlossen worden. Setzt sich der Verkäufer durch die Beifügung einer solchen Bedingung bzw eines solchen Vorbehalts in Widerspruch zu den von ihm anerkannten AGB des Plattform-Betreibers, stellt sein Verhalten eine **Verletzung des Benutzungsverhältnisses** (Rn 6) dar, die den Betreiber – ggf nach vorheriger Abmahnung – zur Kündigung des Benutzungsverhältnisses berechtigt.[69] Darüber hinaus kann es sich bei Unternehmern um eine unlautere geschäftliche Handlung iSd UWG handeln, die Mitbewerber zu einer Abmahnung nach § 12 Abs. 1 S. 1 UWG berechtigt. 18

b) Ausnahmsweise fehlender Rechtsbindungswille. Eine Bewertung des Einstellens der Transaktion als invitatio ad offerendum (vgl § 145 Rn 3) kommt nur ausnahmsweise bei äußeren Umständen in Betracht, die den Rückschluss auf das **Fehlen eines Rechtsbindungswillens** beim Verkäufer zulassen. So bleibt es dem Verkäufer unbenommen, etwa in der Beschreibung der Transaktion klarzustellen, dass er lediglich eine **unverbindliche Umfrage** durchführen oder den Marktwert des angebotenen Gegenstands feststellen will (zu den Folgen im Verhältnis zum Betreiber Rn 18). Hier ist für andere Nutzer der Versteigerungs-Plattform offensichtlich, dass eine rechtliche Bindung gerade nicht beabsichtigt ist und es beim Verkäufer am Rechtsbindungswillen fehlt, so dass dem Einstellen der Transaktion lediglich der Erklärungsgehalt einer unverbindlichen invitatio ad offerendum zukommt.[70] Allein das mit der Wahl eines niedrigen Mindestgebots oder einer kurzen Laufzeit der Transaktion verbundene wirtschaftliche Risiko für den Verkäufer lässt keinen Rückschluss auf einen fehlenden Rechtsbindungswillen zu; dieses Risiko wird vom Verkäufer in voller Kenntnis der Geschehensabläufe bei einer Online-Auktion bewusst eingegangen und kann ihn selbst bei einem krassen Missverhältnis zwischen abschließendem Kaufpreis und Wert des Kaufgegenstands in einer vom Grundsatz der Privatautonomie beherrschten Rechtsordnung[71] nicht über eine Unverbindlichkeit seiner Erklärungen abgenommen werden. Auch unter Berücksichtigung der §§ 313, 315 Abs. 3, 242, 138 ergibt sich kein anderes Ergebnis.[72] 19

Einem solchen Vorbehalt kann nicht der Fall gleichgestellt werden, in dem ein Verkäufer parallel zur noch laufenden Transaktion mit einem interessierten Nutzer per **E-Mail private Verhandlungen** über einen angemessenen Kaufpreis für den angebotenen Gegenstand führt und in denen der Verkäufer deutlich macht, dass der in der Transaktion geforderte Mindestkaufpreis von ihm versehentlich zu niedrig angesetzt wurde.[73] Die aus der Sphäre des Verkäufers stammenden Vorbehalte sind in diesem Fall dem interessierten Nutzer erst nach Zugang der Willenserklärung des Verkäufers (Rn 15, 17) bekannt geworden; entscheidender Zeitpunkt für die 20

64 BGH, Urt. v. 7.11.2001 – VIII ZR 13/01 = NJW 2002, 363, 364; aA LG Münster (Vorinstanz), Urt. v. 21.1.2000 – 4 O 424/99 = MMR 2000, 280, 281 ff.

65 Innerhalb einer Transaktion kann ein Gegenstand auch mehrfach zum Verkauf (an einen oder mehrere Nutzer) angeboten werden, sog. Powerauktion bei eBay.

66 Ebenso *Lettl*, JuS 2002, 219, 221; aA *Spindler*, ZIP 2001, 809, 810.

67 BGH, Urt. v. 8.6.2011 – VIII ZR 305/10, Rn 17, 23 (juris).

68 Zustimmend für den Fall, dass die Betreiber-AGB dies zulassen, *Teuber/Melber*, MDR 2004, 185, 186.

69 *Teuber/Melber*, MDR 2004, 185, 186.

70 LG Darmstadt, Urt. v. 24.1.2002 – 3 O 289/01 = MMR 2002, 768; AG Kerpen, Urt. v. 25.5.2001 – 21 C 53/01 = NJW 2001, 3274.

71 So *Hartung/Hartmann*, MMR 2001, 278, 284; von der Selbstverantwortung als Kehrseite der Privatautonomie spricht *Ulrici*, NJW 2001, 1112, 1113; ebenso OLG Köln, Urt. v. 8.12.2006 – 19 U 109/06 = MMR 2007, 446, 447 f.

72 OLG Köln, Urt. v. 8.12.2006 – 19 U 109/06 = MMR 2007, 446, 447 f; *Ernst*, CR 2000, 304, 309 f; *Klewitz/Mayer*, K&R 2000, 200, 201; *Rüfner*, JZ 2000, 715, 719 f.

73 AA OLG Oldenburg, Urt. v. 30.10.2003 – 8 U 136/03 = NJW 2004, 168.

Auslegung einer Handlung als Willenserklärung ist aber derjenige des Zugangs der Willenserklärung,[74] weil gem. § 130 S. 1 in diesem Zeitpunkt die Willenserklärung wirksam wird. Da im Zeitpunkt des Zugangs der Erklärung dem interessierten Nutzer die Vorbehalte des Verkäufers nicht bekannt waren, müssen diese bei der Auslegung des Handelns des Verkäufers außer Acht bleiben; dann ist trotz des späteren Verhaltens des Verkäufers sein Handeln auf der Versteigerungs-Plattform als rechtlich verbindliche Willenserklärung zu bewerten, ein Widerruf scheidet wegen § 130 Abs. 1 S. 2 aus. Dem Verkäufer bleibt es aber unbenommen, gleichwohl seine Willenserklärung wegen eines **Erklärungsirrtums** gem. § 119 Abs. 1 Var. 2 anzufechten[75] (Rn 25 f).

21 **c) Antrag des Verkäufers.** Die Willenserklärung des Verkäufers ist – ungeachtet der Beschreibung in den AGB des Betreibers (Rn 6) – der auf den Abschluss eines Kaufvertrags gerichtete **Antrag** und nicht etwa die antizipierte Annahme des bei Ablauf der vorgegebenen Laufzeit im Höchstgebot des Käufers (Rn 23) zu sehenden Antrags.[76] Das Einstellen der Transaktion auf der Versteigerungs-Plattform ist deshalb ein verbindlicher Antrag des Anbieters zum Abschluss eines Vertrags gegen Höchstgebot.[77] Dem steht nicht entgegen, dass bei Abgabe des Antrags durch den Verkäufer weder die Person des Käufers noch der spätere Kaufpreis endgültig feststehen; denn für eine Erstreckung der Erklärung des Verkäufers auf die essentialia negotii eines Vertrags ist es völlig ausreichend, wenn im Zeitpunkt der Abgabe der Willenserklärung der **Vertragspartner und** der **Vertragspreis** unter Hinzuziehung der vom Verkäufer in seinen Willen aufgenommenen äußeren Umstände bzw Bedingungen **eindeutig bestimmbar** sind.[78]

22 Auch wenn ein Antrag grundsätzlich so bestimmt erklärt werden soll, dass er durch ein einfaches „Ja" angenommen werden kann,[79] reicht es ebenso aus, wenn die Festlegung einzelner, auch wesentlicher Vertragsbestandteile – hier des Kaufpreises – der anderen Vertragspartei überlassen wird[80] und sich der Antrag im Zeitpunkt der Abgabe an eine noch unbestimmte Person richtet (Antrag ad incertam personam).[81] Dies ist bei Transaktionen auf einer Versteigerungs-Plattform im Internet der Fall: Der Verkäufer will den von ihm angebotenen Gegenstand an denjenigen Nutzer verkaufen, der nach Ablauf der vom Verkäufer vorgegebenen Laufzeit das Höchstgebot abgegeben hat; dieses Höchstgebot soll zugleich der Vertragspreis sein.[82] Die Qualifikation als Antrag entspricht auch dem Erklärungsgehalt, der der Willenserklärung des Verkäufers aus der Sicht eines objektiven Empfängers zuzusprechen ist: Mit dem Einstellen einer Transaktion bringt der Verkäufer erkennbar zum Ausdruck, den angebotenen Gegenstand an den nach Ablauf der Laufzeit Höchstbietenden veräußern zu wollen. Der **Verkäufer initiiert den Vertragsschluss**; er ist es, der den anderen Nutzern den Abschluss eines Kaufvertrags anträgt.

23 **2. Willenserklärung des Käufers.** In der **Abgabe des Gebots** durch den Käufer[83] ist ebenfalls eine auf den Abschluss eines Kaufvertrags gerichtete Willenserklärung zu sehen,[84] die allerdings unter der iSd § 158 Abs. 2 **auflösenden Bedingung**[85] steht, bis zum Ablauf der vom Verkäufer vorgegebenen Laufzeit der Transaktion nicht von einem anderen Nutzer überboten zu werden. Diese Willenserklärung wird damit in dem Moment unwirksam, im dem ein anderer Nutzer auf den in dieser Transaktion angebotenen Gegenstand ein höheres Gebot abgegeben hat; dies entspricht der gesetzlichen Regel aus § 156 S. 2 für die „klassische" Versteigerung (Rn 11 ff). Auch die Willenserklärung des Käufers ist über den Betreiber der Versteigerungs-Plattform gem. § 164 Abs. 3 (Rn 15) dem Verkäufer bereits unmittelbar nach Abgabe zugegangen.[86]

74 Vgl BGH, Urt. v. 10.7.1998 – V ZR 360/96 = NJW 1998, 3268; Urt. v. 24.6.1988 – V ZR 49/08 = NJW 1988, 2878; Palandt/*Heinrichs*, § 133 Rn 6 a.
75 OLG Oldenburg, Urt. v. 30.10.2003 – 8 U 136/03 = NJW 2004, 168.
76 BGH, Urt. v. 8.6.2011 – VIII ZR 305/10, Rn 16 (juris); OLG Hamm, Urt. v. 14.12.2000 – 2 U 58/00 = NJW 2001, 1142; LG Berlin, Urt. v. 20.7.2004 – 4 O 293/04 = NJW 2004, 2831, 2832; *Ehret*, CR 2003, 754, 755; *Ulrici*, NJW 2001, 1112, 1113; *Hollerbach*, DB 2000, 2001, 2006; offen gelassen von BGH, Urt. v. 7.11.2001 – VIII ZR 13/01 = NJW 2002, 363, 364; aA LG Hof, Urt. v. 29.8.2003 – 22 S 28/03 = CR 2003, 854 und Urt. v. 26.4.2002 – 22 S 10/02 = CR 2002, 844; *Leible/Sosnitza*, K&R 2002, 89 f.
77 *Schlömer/Dittrich*, BB 2007, 2129.
78 Ebenso *Hartung/Hartmann*, MMR 2001, 278, 282; ähnlich *Rüfner*, JZ 2000, 715, 718; *Sester*, CR 2001, 98, 101; zweifelnd *Hager*, JZ 2001, 786, 788; aA *Wilkens*, DB 2000, 666, 667.
79 Palandt/*Heinrichs*, § 145 Rn 1; *Hager*, JZ 2001, 786, 787.
80 OLG Hamm, Urt. v. 14.12.2000 – 2 U 58/00 = NJW 2001, 1142; MüKo/*Kramer*, § 145 Rn 5; *Lettl*, JuS 2002, 219, 222 (unter Hinweis auf §§ 315 Abs. 1, 316 BGB).
81 BGH, Urt. v. 7.11.2001 – VIII ZR 13/01 = NJW 2002, 363, 364; OLG Karlsruhe, Urt. v. 25.3.1988 – 10 U 198/87 = NJW-RR 1989, 19, 20; Palandt/*Heinrichs*, § 145 Rn 1; *Teuber/Melber*, MDR 2004, 185.
82 LG Berlin, Urt. v. 20.7.2004 – 4 O 293/04 = NJW 2004, 2831, 2832.
83 Die Abgabe des Gebots erfolgt regelmäßig durch Eingabe des Gebotsbetrags auf der zur jeweiligen Transaktion gehörenden Webseite und der anschließenden Bestätigung des Gebots durch Mausklick auf einen hierfür vorgesehenen Schaltknopf (sog. Button).
84 BGH, Urt. v. 7.11.2001 – VIII ZR 13/01 = NJW 2002, 363.
85 AG Menden, Urt. v. 10.11.2003 – 4 C 183/03 = NJW 2004, 1329; *Trinks*, MMR 2004, 500, 501.
86 AG Menden, Urt. v. 10.11.2003 – 4 C 183/03 = NJW 2004, 1329.

Das nach Ablauf der Laufzeit verbleibende Höchstgebot ist die **Annahme** des Antrags des Verkäufers (Rn 21 f);[87] mit Beendigung der Transaktion ist der Kaufvertrag geschlossen. Liegt im Einstellen der Transaktion durch den Verkäufer ausnahmsweise nur eine invitatio ad offerendum (Rn 19), wird regelmäßig im Höchstgebot der an den Verkäufer gerichtete Antrag des Käufers auf Abschluss eines Kaufvertrags zu sehen sein. Hier ist nach den Umständen des Einzelfalls zu entscheiden, ob und ggf bis zu welchem Zeitpunkt der Verkäufer diesen Antrag zurückweisen muss bzw wie lang der Höchstbietende gem. § 147 Abs. 2 (vgl § 147 Rn 13 f) mit einer Annahme seines Antrags durch den Verkäufer rechnen durfte. **24**

II. Löschung von Angeboten und Geboten, Anfechtung

Beendet ein Verkäufer seine Transaktion vorzeitig – ggf unter Streichung der bislang abgegebenen Gebote – kann hierin wegen des mangelnden mindestens gleichzeitigen Zugangs gem. § 130 Abs. 1 S. 2 **kein Widerruf** seines bereits zugegangenen Antrags (Rn 17) gesehen werden.[88] Der Antrag hat demnach gegenüber dem in diesem Zeitpunkt Höchstbietenden Bestand, wenn er nicht aus einem anderen Grund unwirksam ist (etwa mangelnde Geschäftsfähigkeit des Nutzers oder wirksamer Vorbehalt nach den Nutzungsbedingungen des Plattform-Betreibers, dazu Rn 18) oder zugleich wirksam **angefochten** wurde.[89] Eine wirksame Anfechtung kommt indes meist nur bei einem Irrtum über die Beschaffenheit der Kaufsache oder deren zwischenzeitliche Veränderung in Betracht. Handelt es sich um ein „Verklicken"liegt zwar ein Erklärungsirrtum nach § 119 Abs. 1 S. 2 vor, aus Gründen der Rechtssicherheit muss sich der Anfechtende ohne Hinzutreten besonderer Umstände[90] jedoch an der Erklärung festhalten lassen, die er ohne Irrtum abgegeben hätte.[91] So rechtfertigt die Eingabe eines Startpreises von 1 EUR auch bei hochpreisigen Artikeln keine Irrtumsanfechtung, wenn das Höchstgebot hinter den Erwartungen des Verkäufers zurückbleibt.[92] Eine hohe Diskrepanz zwischen geringem Startpreis und Höchstgebot muss keinen Widerspruch darstellen. Denn die Angabe eines geringen Startpreises kann etwa auf einer beabsichtigten Ersparnis höherer Gebühren für einen höheren Startpreis beruhen oder Werbezwecken bzw der Erreichung eines größeren Bieterkreises dienen.[93] **25**

Mangels Vertretungsbefugnis für die Nutzer ist der Plattform-Betreiber nicht zur Entgegennahme der **Anfechtungserklärung** berechtigt. Die im Verhältnis zum Plattform-Betreiber erklärte vorzeitige Beendigung einer Transaktion stellt daher nicht zugleich die Anfechtungserklärung gegenüber dem Käufer dar, weshalb der Verkäufer gehalten ist, die Beendigung seines Angebots und damit die Anfechtung unverzüglich iSd § 121 Abs. 1 S. 1 den zu diesem Zeitpunkt Bietenden mitzuteilen. Die **Anfechtungsfrist** beginnt nicht erst mit Ablauf der Laufzeit der Transaktion (und damit auf Seiten des Verkäufers mit Kenntnis des Käufers), sondern bereits mit Kenntnis des Anfechtungsberechtigten von seinem Irrtum.[94] **26**

Dieselben Grundsätze gelten ebenso, wenn ein Nutzer ein bereits abgegebenes Gebot zurücknimmt. Allerdings kann die Zurücknahme eines Gebots gegenüber einem Unternehmer ggf auch als **Ausübung eines Verbraucher-Widerrufs** nach §§ 312 d Abs. 1, 355 Abs. 1 (Rn 39) im Fernabsatz ausgelegt werden;[95] schließlich kann der Widerruf bereits unmittelbar nach Abgabe der auf den Vertragsschluss gerichteten Willenserklärung ausgeübt werden, auch wenn ein Vertrag noch nicht zustande gekommen ist.[96] **27**

87 OLG Hamm, Urt. v. 14.12.2000 – 2 U 58/00 = NJW 2001, 1142.
88 LG Koblenz, Urt. v. 18.3.2009 – 10 O 250/08 = MMR 2009, 419; OLG Oldenburg, Urt. v. 28.7.2005 – 8 U 93/05 = NJW 2005, 2556; KG Berlin, Beschl. v. 25.1.2005 – 17 U 72/04 = MMR 2005, 709 f; ebenso bei der Zurücknahme des Gebots eines Käufers AG Menden, Urt. v. 10.11.2003 – 4 C 183/03 = NJW 2004, 1329; AG Duisburg, Urt. v. 25.3.2004 – 27 C 4288/03 = JurPC Web-Dok. 200/2004 (aber mit falscher Schlussfolgerung).
89 LG Berlin, Urt. v. 15.5.2007 – 31 O 270/05 = NJW-RR 2009, 132 f und Urt. v. 20.7.2004 – 4 O 293/04 = NJW 2004, 2831, 2832; OLG Oldenburg, Urt. v. 28.7.2005 – 8 U 93/05 = NJW 2005, 2556.
90 Solche besonderen Umstände sah das OLG Oldenburg, Urt. v. 27.9.2006 – 4 U 25/06 = NJW-RR 2007, 268 in der gleichzeitigen Verlinkung des mit einem weit zu niedrigen Kaufpreis angegebenen Angebots bei eBay auf die eigene Firmenhomepage, auf der derselbe Kaufgegenstand zu einem weitaus höheren Preis angeboten wurde; ein offener Einigungsmangel gem. § 154 Abs. 1 S. 1 lag im Fall des LG Stuttgart, Urt. v. 21.12.2007 – 24 O 317/07 = NJW-RR 2008, 1592, 1593 f vor.
91 LG Berlin, Urt. v. 15.5.2007 – 31 O 270/05 = NJW-RR 2009, 132 f.
92 OLG Köln, Urt. v. 8.12.2006 – 19 U 109/06 = MMR 2007, 446, 447 f; aA LG Koblenz, Urt. v. 18.3.2009 – 10 O 250/08 = NJW 2010, 159, 160 f.
93 OLG Köln, Urt. v. 8.12.2006 – 19 U 109/06 = MMR 2007, 446, 447 f; krit. *Redeker*, CR 2009, 468 ff.
94 *Spindler*, ZIP 2001, 809, 819; *Ulrici*, NJW 2001, 1112, 1113; aA *Wilkens*, DB 2000, 666, 668.
95 AG Menden, Urt. v. 10.11.2003 – 4 C 183/03 = NJW 2004, 1329.
96 BGH, Urt. v. 23.9.2010 – VII ZR 6/10 = NJW 2010, 3503, 3504 f; Bamberger/Roth/*Grothe*, § 355 Rn 13.

III. Account- oder Identitätsmissbrauch

28 Wird der Account eines Nutzers (Rn 5) von einem Dritten – auch einem Angehörigen[97] – missbraucht, indem ohne Zustimmung und Kenntnis des Account-Inhabers Transaktionen eingestellt oder Gebote abgegeben werden, kommt es **nicht zum Vertragsschluss** mit dem Nutzer, dessen Account missbraucht wurde.[98] Darlegungs- und beweisbelastet für das Zustandekommen des Vertrags und damit für die Abgabe der entsprechenden Willenserklärung durch die andere Partei ist grundsätzlich derjenige, der einen Anspruch – ob auf Kaufpreiszahlung oder Lieferung des Kaufgegenstandes – aus dem Kaufvertrag geltend macht.[99] Eine Zurechnung der abgegebenen Erklärung und eine vertragliche Haftung kann sich jedoch in analoger Anwendung der §§ 164 ff aus Handeln unter fremdem Namen ergeben, wenn eine Willenserklärung durch den Dritten mit Einwilligung des Account-Inhabers auf der Versteigerungs-Plattform abgegeben worden ist, wenn die Willenserklärung nachträglich durch den Account-Inhaber genehmigt worden ist oder wenn die Grundsätze über die Anscheins- oder Duldungsvollmacht (dazu § 167 Rn 74 ff) eingreifen;[100] ein einmaliges Handeln des Dritten ist für die Bejahung einer Anscheinsvollmacht jedoch nicht ausreichend.[101] Ansonsten haftet der Handelnde dem anderen Vertragsteil entsprechend § 179 auf Erfüllung oder Schadensersatz.[102].

29 Bei Internet-Versteigerungen greift zugunsten des Beweispflichtigen keine von den allgemeinen Regeln abweichende Verteilung der Beweislast und **kein Anscheinsbeweis** dafür, dass die über einen Account abgegebenen Willenserklärungen tatsächlich vom Inhaber des Accounts stammen.[103] Die Sicherung der Accounts allein durch ein frei wählbares Passwort (Rn 5) ist nicht ausreichend, um die Möglichkeit eines Missbrauchs durch unberechtigte Dritte weitgehend ausschließen zu können.[104] Allerdings ist ein **pauschales Bestreiten** des den Missbrauch seines Accounts behauptenden Nutzers **unerheblich**; unter dem Gesichtspunkt der sekundären Beweislast muss er konkrete Anhaltspunkte darlegen und ggf beweisen, aus denen sich die Umstände des Missbrauchs ergeben.[105] Damit wird im Rahmen eines angemessenen Risikoausgleichs die Gefahr eines „Widerrufsrechts kraft Beweislastverteilung" gebannt und zugleich das „Vertrauen in ein alltäglich gewordenes Kommunikationsmittel"[106] gewahrt.

30 Allein wegen des geringen Sicherheitsniveaus der nur durch Benutzername und Passwort geschützten Accounts scheidet eine allgemeine vertragliche Einstandspflicht des Account-Inhabers aus, solange dieser keinen Duldungs- oder Anscheinstatbestand gesetzt hat.[107] Anders ist dies jedoch bei deliktischem Handeln des den Account missbrauchenden Dritten; hier haftet der Account-Inhaber nach dem BGH selbst dann, wenn er keine Kenntnis vom Handeln des Dritten hatte, diesem jedoch durch eine mangelnde Sicherung des Accounts dessen Missbrauch überhaupt erst ermöglicht hat.[108]

IV. Stellvertretung

31 Ein rechtsgeschäftliches Handeln für einen Dritten ist auf einer Versteigerungs-Plattform nur nach **Offenlegung** des Vertretungsverhältnisses möglich. Transaktionen bei Internet-Versteigerungen sind **keine**

97 LG Bonn, Urt. v. 19.12.2003 – 2 O 472/03 = MMR 2004, 179.

98 BGH, Urt. v. 11.5.2011 – VIII ZR 289/09 = MMR 2011, 447, 448; OLG Köln, Urt. v. 6.9.2002 – 19 U 16/02 = MMR 2002, 813; LG Bonn, Urt. v. 19.12.2003 – 2 O 472/03 = MMR 2004, 179 sowie Urt. v. 7.8.2001 – 2 O 450/00 = MMR 2002, 255; LG Konstanz, Urt. v. 19.4.2002 – 2 O 141/01 = MMR 2002, 835; AG Erfurt, Urt. v. 14.9.2001 – 28 C 2354/01 = MMR 2002, 127; *Wiebe*, MMR 2002, 257, 258.

99 LG Bonn, Urt. v. 19.12.2003 – 2 O 472/03 = MMR 2004, 179; *Teuber/Melber*, MDR 2004, 185, 186; *Winter*, MMR 2002, 836.

100 BGH, Urt. v. 11.5.2011 – VIII ZR 289/09 = MMR 2011, 447, 448.

101 BGH, Urt. v. 11.5.2011 – VIII ZR 289/09 = MMR 2011, 447, 449.

102 OLG München, Urt. v. 5.2.2004 – 19 U 5114/03 = NJW 2004, 1328 f; OLG Köln, Urt. v. 13.1.2006 – 19 U 120/05 = MMR 2006, 321, 322; *Borges/Meyer*, EWiR 2006, 419 f.

103 OLG Köln, Urt. v. 6.9.2002 – 19 U 16/02 = MMR 2002, 813; LG Bonn, Urt. v. 19.12.2003 – 2 O 472/03 = MMR 2004, 179 sowie Urt. v. 7.8.2001 – 2 O 450/00 = MMR 2002, 255; *Roßnagel*, K&R 2003, 84, 85; *Wiebe*, MMR 2002, 257, 258; aA *Ernst*, MDR 2003, 1091, 1093; *Mankowski*, CR 2003, 44, 45 ff sowie MMR 2004, 181; *Winter*, CR 2002, 768, 769 und CR 2004, 220, 221.

104 OLG Hamm, Urt. v. 16.11.2006 – 28 U 84/06 = MMR 2007, 449 f; LG Bonn Urt. v. 19.12.2003 – 2 O 472/03 = MMR 2004, 179; LG Konstanz, Urt. v. 19.4.2002 – 2 O 141/01 = MMR 2002, 835; AG Erfurt, Urt. v. 14.9.2001 – 28 C 2354/01 = MMR 2002, 127.

105 Ähnlich *Teuber/Melber*, MDR 2004, 185, 186; *Winter*, MMR 2002, 836 (der dieses Vorgehen gleichwohl als Anscheinsbeweis ansieht); aA LG Konstanz, Urt. v. 19.4.2002 – 2 O 141/01 = MMR 2002, 835, das eine abstrakte Missbrauchsgefahr durch „trojanische Pferde" genügen lässt.

106 Entspr. Bedenken äußert *Mankowski*, CR 2003, 44 und MMR 2004, 181, 182.

107 OLG Hamm, Urt. v. 16.11.2006 – 28 U 84/06 = MMR 2007, 449 f; OLG Köln, Urt. v. 6.9.2002 – 19 U 16/02 = MMR 2002, 813; LG Bonn Urt. v. 19.12.2003 – 2 O 472/03 = MMR 2004, 179 = MMR 2004, 179 sowie Urt. v. 7.8.2001 – 2 O 450/00 = MMR 2002, 255; *Wiebe*, MMR 2002, 257, 258.

108 BGH, Urt. v. 11.3.2009 – I ZR 114/06 = NJW 2009, 1960, 1961 f = Halzband.

Geschäfte des täglichen Lebens, da sie regelmäßig einer sofortigen Abwicklung nicht zugänglich sind.[109] Zudem ist den beteiligten Parteien gerade daran gelegen, mit dem tatsächlichen Inhaber des jeweiligen Accounts zu kontrahieren; nur von diesem kann die jeweils andere Partei sich ein Bild durch das Bewertungssystem (Rn 41 f) der Versteigerungs-Plattform machen.[110] Auch der Umstand, dass die bei eBay handelnden Personen oftmals unter phantasievollen Benutzernamen auftreten, führt nicht dazu, dass den Beteiligten der wahre Name und die wahre Identität der Mitglieder gleichgültig ist, zumal Unternehmer wegen § 5 TMG ohnehin eine vollständige Anbieterkennzeichnung (auch) bei Transaktionen auf Versteigerungs-Plattformen im Internet vorhalten und damit Ihre Identität offenbaren müssen (Rn 37 f). Andernfalls hätte ein Bewertungssystem keinerlei Aussagekraft und das Vertrauen in die Integrität der gesamten Versteigerungs-Plattform wäre nachhaltig erschüttert.[111] Bei fehlender Offenlegung einer gewollten Stellvertretung und auch bei einem **Handeln unter fremdem Namen** mit Zustimmung des Account-Inhabers[112] wird deshalb von Ausnahmefällen abgesehen (Rn 28 ff) allenfalls derjenige Nutzer verpflichtet, über dessen Account (Rn 5) eine Transaktion eingestellt oder ein Gebot abgegeben wurde.[113] Die Anfechtung der auf den Vertragsschluss gerichteten Willenserklärung scheidet wegen § 164 Abs. 2 (§ 164 Rn 63 f) aus. Da bei der Abgabe eines Gebots aus technischen Gründen die Offenlegung eines etwaigen Vertreterhandelns ausgeschlossen ist, kommt eine Stellvertretung nur auf Seiten des Verkäufers in Betracht. Die genannten Grundsätze gelten auch für sog. **Verkaufsagenten**[114] (Nutzer, die für Dritte unter den vom Plattform-Betreiber vorgegebenen Bedingungen Gegenstände verkaufen). Werden Verkaufsagenten durch die AGB des Betreibers zum Verkauf im eigenen Namen verpflichtet, wirkt sich dies nur im Innenverhältnis des Verkaufsagenten zum Betreiber aus (Rn 6),[115] abweichende Ausgestaltungen der Angebote solcher Verkaufsagenten können jedoch gem. § 305 c Abs. 1 oder § 307 Abs. 2 Nr. 1 in AGB unwirksam sein.

C. Mängelhaftung und Verbraucherschutz

I. Anbieter als Unternehmer

1. Bestimmung der Unternehmerstellung. Damit die verbraucherschützenden Vorschriften der §§ 474 ff, 312 b ff, 310 Abs. 3 überhaupt Anwendung finden, muss der Verkäufer als **Unternehmer** iSd § 14 und der Käufer – mit Ausnahme des § 312 e – als Verbraucher iSd § 13 tätig werden. Dabei lässt allein die Anzahl der von einem Nutzer abgewickelten Transaktionen keinen Rückschluss auf dessen Eigenschaft als Unternehmer zu, weil die Anzahl der Transaktionen nichts über den – möglicherweise auch rein privaten – Inhalt dieser Rechtsgeschäfte aussagt.[116] Die Anzahl der bislang abgewickelten Transaktionen kann aber ebenso wie die Art der verkauften Gegenstände (etwa das wiederholte Angebot gleichartiger und neuer Waren), die Anzahl der Bewertungen (zum Bewertungssystem Rn 41 f), die Zahl der gleichzeitig laufenden Transaktionen oder die Unterhaltung eines Online-Shops[117] im **Einzelfall** ein **Kriterium** für die Abgrenzung des Unternehmers vom Verbraucher sein.[118] Selbiges gilt für den Status eines Nutzers als **PowerSeller**,[119] eine planmäßige Geschäftstätigkeit durch das stetige Ankaufen von Gegenständen mit dem Ziel des Weiterverkaufs[120] oder den regelmäßigen Verkauf von Neuwaren.[121] 32

109 LG Berlin, Urt. v. 1.10.2003 – 18 O 117/03 = NJW 2003, 3493.
110 OLG München, Urt. v. 5.2.2004 – 19 U 5114/03 = NJW 2004, 1328; LG Berlin, Urt. v. 1.10.2003 – 18 O 117/03 = NJW 2003, 3493.
111 LG Aachen, Urt. v. 15.12.2006 – 5 S 184/06 = NJW-RR 2007, 565 f.
112 OLG München, Urt. v. 5.2.2004 – 19 U 5114/03 = NJW 2004, 1328.
113 AG Aachen, Urt. v. 17.5.2005 – 10 C 69/05 = NJW-RR 2005, 1143; OLG München, Urt. v. 5.2.2004 – 19 U 5114/03 = NJW 2004, 1328; *Mankowski*, CR 2007, 606; LG Bonn, Urt. v. 7.12.2004 – 11 O 48/04 = CR 2005, 602 für den Fall der Überlassung eines Accounts.
114 § 15 eBay-AGB: http://pages.ebay.de/help/policies/user-agreement.html (9.1.2011).
115 AA LG Berlin, Urt. v. 20.7.2004 – 4 O 293/04 = NJW 2004, 2831, 2832.
116 LG Hof, Urt. v. 29.8.2003 – 22 S 28/03 = CR 2003, 854; *Leible/Sosnitza*, CR 2002, 372, 373 f; aA zum Handeln im geschäftlichen Verkehr (39 Transaktionen in fünf Monaten) LG Berlin, Urt. v. 9.11.2001 – 103 O 149/01 = CR 2002, 371.
117 Etwa http://stores.ebay.de/, vgl § 14 eBay-AGB: http://pages.ebay.de/help/policies/user-agreement.html (9.1.2011).
118 Vgl OLG Frankfurt, Beschl. v. 7.7.2004 – 6 W 54/04 = GRUR 2004, 1042 (zum Handeln im geschäftlichen Verkehr); *Szeszny/Holthusen*, NJW 2007, 2586.
119 PowerSeller sind professionelle gewerbliche Verkäufer, die kontinuierlich ein hohes Handelsvolumen vorweisen, vgl im Einzelnen http://powerseller.ebay.de und § 6 Nr. 5 eBay-AGB: http://pages.ebay.de/help/policies/user-agreement.html (9.1.2011).
120 LG Hof, Urt. v. 29.8.2003 – 22 S 28/03 = CR 2003, 854.
121 *Teuber/Melber*, MDR 2004, 185, 186.

33 **2. Verschweigen der Unternehmerstellung.** Der Unternehmer ist zur **Offenbarung seiner Unternehmerstellung** in der Beschreibung seiner Transaktionen verpflichtet.[122] Unterlässt der Unternehmer diesen Hinweis, verschafft er sich durch die Umgehung der Informationspflichten im Fernabsatz aus § 312 c Abs. 1 in Verbindung mit Art. 246 § 1 Abs. 1 Nr. 1 bis 3 EGBGB sowie der Verpflichtung zur Anbieterkennzeichnung aus § 5 TMG (Rn 37) einen **rechtswidrigen Wettbewerbsvorteil** gegenüber seinen Mitbewerbern iSd §§ 3 Abs. 1, 4 Nr. 11 UWG (zu den Rechtsfolgen für den Unternehmer Rn 38). Dieser Vorteil wird auch durch die vermeintlich bewusste Anonymität von Internet-Versteigerungs-Plattformen oder das Wissen der Nutzer um unternehmerische Aktivitäten auf solchen Plattformen nicht ausgeglichen.[123] Der **Anwendbarkeit der Verbraucherschutzvorschriften** (Rn 37 ff) steht ein Verstoß gegen die Offenbarungspflicht nicht entgegen; die sich hieraus für den Unternehmer ergebenden Verpflichtungen knüpfen einzig an das tatsächliche Vorliegen der Unternehmerstellung an. Allerdings obliegt dem Verbraucher die Darlegungs- und Beweislast für die Unternehmereigenschaft des Verkäufers.[124] Weitergehende unmittelbare Rechte ergeben sich aus dem Wettbewerbsverstoß des Unternehmers für den Verbraucher nicht, da Verbraucher nach § 8 Abs. 3 UWG keine Ansprüche gegenüber einem unlauter agierenden Unternehmer geltend machen können.

II. Mängelhaftung und Haftungsausschluss

34 Es gelten die **allgemeinen Mängelhaftungs-** bzw **Leistungsstörungsvorschriften**, abhängig von der Natur des bei der Transaktion zustande gekommenen Vertrags (Rn 7 f). Bei Kaufverträgen ist gem. § 444 ein Haftungsausschluss möglich, soweit § 475 beim Verbrauchsgüterkauf (Rn 35) oder § 309 Nr. 7, Nr. 8 (Rn 35) bei einem durch AGB vereinbarten Haftungsausschluss dem nicht entgegenstehen. Da Internet-Versteigerungen nicht in den Anwendungsbereich des § 156 fallen (Rn 11 ff), findet die Haftungsprivilegierung des § 445 auf sie keine Anwendung, zumal den Nutzern bei Internet-Versteigerungen auch nicht die bei der Pfandversteigerung gebotene Möglichkeit zur vorherigen Besichtigung des Kaufgegenstands offen steht.[125] Ergibt sich aus der Angebotsbeschreibung des Anbieters, dass dieser eine bestimmte Eigenschaft zugesichert hat oder im Rahmen einer Beschaffenheits- oder Haltbarkeitsgarantie nach § 443 für die Kaufsache einstehen will (Rn 36), ist ein – im Übrigen zulässiger – Ausschluss der Mängelhaftung dahingehend auszulegen, dass dieser nicht für die zugesicherte Eigenschaft bzw die vom Anbieter übernommene Garantie greift.[126]

35 **Unternehmer** (Rn 32) haben beim Verbrauchsgüterkauf iSd § 474 Abs. 1 insbesondere die Grenzen der Verjährungsverkürzung gem. § 475 Abs. 2, die Beschränkungen bei der Modifikation gesetzlicher Mängelansprüche durch § 475 Abs. 1, 3 sowie den Ausschluss des vorzeitigen Gefahrübergangs auf den Käufer beim Versendungskauf (Rn 7) gem. § 474 Abs. 2 und die Beweislastumkehr gem. § 476 zu beachten. **Verbraucher** können Mängelhaftungsansprüche grundsätzlich durch die Formulierung „Mängelhaftung ausgeschlossen" wirksam abbedingen; die gebräuchlichen Klauseln „ohne Garantie"[127] oder „wegen neuem EU-Recht keine Garantie" reichen nicht aus. Wird ein **Haftungsausschluss** allerdings durch AGB in den Vertrag einbezogen, greifen bei neu hergestellten Sachen und Werkleistungen auch bei einem Verbraucher die Beschränkungen des § 309 Nr. 8 lit. b.[128]

36 Weil bei Internet-Versteigerungen regelmäßig eine vorherige Besichtigung der Ware ausscheidet, darf sich der Käufer darauf verlassen, dass die angebotene Ware keine Mängel hat, die in der **Beschreibung der Transaktion** nicht benannt oder auf etwaigen der Beschreibung beigefügten Abbildungen des Gegenstands nicht erkennbar sind. Beschreibungen des Kaufgegenstandes stellen somit eine Beschaffenheitsangabe iSd § 434 Abs. 1 S. 1 dar.[129] Hiervon zu unterscheiden sind schlichte Anpreisungen wie „Top-Zustand", die sich auf keine konkrete Beschaffenheit beziehen.[130] Weicht die Beschreibung vom tatsächlichen Zustand des Kaufgegenstands ab, liegt ein Mangel des Kaufgegenstands iSd § 434 Abs. 1 S. 1 vor.[131] Selbst wenn ein Mangel bei einer Inaugenscheinnahme des Kaufgegenstands ohne weiteres erkennbar gewesen wäre, sind mangels Kenntnis oder grob fahrlässiger Unkenntnis Mängelhaftungsansprüche nicht wegen § 442 Abs. 1

122 *Gabriel/Rothe*, VuR 2004, 212, 214; aA (unter völliger Außerachtlassung der Informations- und Kennzeichnungspflichten) OLG Oldenburg, Beschl. v. 20.1.2003 – 1 W 6/03 = MMR 2003, 270; LG Osnabrück, Beschl. v. 6.11.2002 – 12 O 2957/02 = CR 2003, 292; *Seifert*, K&R 2003, 244, 245.

123 So aber das LG Osnabrück, Beschl. v. 6.11.2002 – 12 O 2957/02 = CR 2003, 292.

124 *Mankowski*, VuR 2004, 79; *Teuber/Melber*, MDR 2004, 185, 186.

125 *Cichon/Pighin*, CR 2003, 435, 439; *Gabriel/Rothe*, VuR 2004, 212, 216.

126 BGH, Urt. v. 29.11.2006 – VIII ZR 92/06 = NJW 2007, 1346, 1348.

127 Palandt/*Putzo*, § 444 Rn 19; aA LG Osnabrück, Urt. v. 25.11.2005 – 12 S 555/05, n.v.

128 OLG Hamm, Urt. v. 10.2.2005 – 28 U 147/04 = NJW-RR 2005, 1220, 1221.

129 LG Bielefeld, Urt. v. 31.10.2007 – 21 S 170/07 = MMR 2008, 351; LG Frankfurt/Main, Urt. v. 31.1.2007 – 2-16 S 3/06 = MMR 2007, 677; zur Abgrenzung einer Beschaffenheitsangabe von einer Beschaffenheitsgarantie nach § 443 Abs. 1 vgl OLG Celle, Urt. v. 8.4.2009 – 3 U 251/08 = MMR 2009, 471, 472.

130 LG Krefeld, Urt. v. 1.2.2008 – 1 S 119/07 = MMR 2008, 858.

131 *Cichon/Pighin*, CR 2003, 435, 439.

ausgeschlossen, solange auf den der Transaktion beigefügten **Abbildungen** dieser Mangel nicht ohne weiteres zu Tage tritt.[132]

III. Informations- und Kennzeichnungspflichten

Ungeachtet von § 312 d Abs. 4 Nr. 5 (Rn 39) unterliegt jeder Unternehmer bei Transaktionen, an denen auf Käuferseite ein Verbraucher beteiligt ist, den **Informationspflichten im Fernabsatz** aus § 312 c Abs. 1 iVm Art. 246 §§ 1, 2 EGBGB. Die Versteigerungs-Plattform im Internet ist ein für den Fernabsatz organisiertes Vertriebs- und Dienstleistungssystem iSd § 312 b Abs. 1 S. 1; es genügt, dass sich der Unternehmer dieses (fremden) Systems bedient.[133] Hinzu kommen – auch gegenüber Unternehmern, vgl § 312 e Abs. 2 S. 2 – die **Informationspflichten im elektronischen Geschäftsverkehr** aus § 312 e Abs. 1 S. 1 iVm Art. 246 § 3 EGBGB, deren Verletzung gem. § 355 Abs. 3 S. 2 zu einer Verlängerung der Widerrufsfrist führt. Letztlich unterliegen Unternehmer den **Kennzeichnungspflichten** nach § 5 TMG, da auch die auf einer Versteigerungs-Plattform abgewickelten einzelnen Transaktionen Telemediendienste iSd § 1 Abs. 1 S. 1 TMG sind.[134] Bestehen für Unternehmer Informations- und Kennzeichnungspflichten nach mehreren Vorschriften, sind diese **insgesamt zu erfüllen**, vgl §§ 312 c Abs. 4, 312 e Abs. 3 S. 1, § 5 Abs. 2 TMG. 37

Den Informationspflichten muss nicht unmittelbar in der Beschreibung der jeweiligen Transaktion nachgekommen werden; ebenso wie AGB durch einen deutlichen Verweis (sog. „sprechender Link") auf eine andere Internetseite eingebunden werden können, genügt auch der deutliche Verweis auf eine die erforderlichen Informationen enthaltende Internetseite;[135] zur Einhaltung der Textform (§ 126 b) durch eine Internetseite s. § 126 b Rn 16 ff.[136] Missachtet ein Unternehmer die ihm obliegenden Informations- und Kennzeichnungspflichten, unterlässt er insbesondere die Belehrung über das Widerrufs- bzw Rückgaberecht (Rn 39), handelt er **wettbewerbswidrig**, §§ 4 Nr. 11, 5 a Abs. 2, Abs. 3 Nr. 5, Abs. 4 UWG.[137] Dies kann für den Unternehmer nach § 12 Abs. 1 UWG kostenpflichtige Abmahnungen insbesondere von Mitbewerbern zur Folge haben, die gegenüber dem Unternehmer Unterlassungs-, Auskunfts- und Schadensersatzansprüche nach den §§ 8 ff UWG geltend machen können. 38

IV. Widerrufs- bzw Rückgaberecht

Dem Verbraucher steht bei Internet-Versteigerungen ein Widerrufs- bzw Rückgaberecht gem. §§ 312 d Abs. 1 S. 1, 355 bzw §§ 312 d Abs. 1 S. 2, 356 zu.[138] Dieses wird bei Internet-Versteigerungen **nicht** durch §§ 312 d Abs. 4 Nr. 5, 156 **ausgeschlossen**.[139] Der Ausschlusstatbestand des § 312 d Abs. 4 Nr. 5 erfasst nur Versteigerungen im Rechtssinn,[140] worunter Internet-Versteigerungen gerade nicht fallen (Rn 11 ff, zum Direkt- oder Sofortkauf Rn 9). Eine analoge Anwendung des § 312 d Abs. 4 Nr. 5 (oder anders formuliert die „teleologische Erweiterung")[141] scheidet mangels Regelungslücke – dem Gesetzgeber war das Phänomen der Internet-Versteigerungen bei den vielfältigen Änderungen im Fernabsatzrecht seit 2004 bekannt – und vergleichbarer Interessenlage aus, zumal der mit den Vorschriften zu Fernabsatzgeschäften bezweckte Verbrau- 39

132 LG Berlin, Urt. v. 25.2.2003 – 16 O 476/01 = MMR 2004, 195; LG Trier, Beschl. v. 22.4.2003 – 1 S 21/03 = JurPC Web-Dok. 149/2003; AG Bitburg, Urt. v. 12.2.2003 – 6 C 276/02 = ZUM-RD 2003, 334.

133 *Teuber/Melber*, MDR 2004, 185, 187.

134 Zweifelnd zu § 2 Abs. 1 TDG aF *Seifert*, K&R 2003, 244, 245.

135 BGH, Urt. v. 20.7.2006 – I ZR 228/03 = NJW 2006, 3633, 3635 f = Anbieterkennzeichnung im Internet; OLG Frankfurt, Urt. v. 14.12.2006 – 6 U 129/06 = NJW-RR 2007, 482, 483.

136 Gegen Internetseite als Textform BGH, Urt. v. 29.4.2010 – I ZR 66/08, Rn 19 = Holzhocker = NJW 2010, 3566, 3567 f.

137 OLG Frankfurt, Beschl. v. 17.4.2001 – 6 W 37/01 = MMR 2001, 529; *Seifert*, K&R 2003, 244, 245 f; *Teuber/Melber*, MDR 2004, 185, 189.

138 Zu den Anforderungen an eine ordnungsgemäße Belehrung vgl BGH, Urt. v. 9.12.2009 – VIII ZR 219/08 = NJW 2010, 989, 990 ff; OLG Hamburg, Beschl. v. 12.9.2007 – 5 W 129/07 = MMR 2008, 44 und Urt. v. 24.8.2006 – 3 U 103/06 = MMR 2006, 675; *Bonke/Gellmann*, NJW 2006, 3169 ff; zur Vereinbarung eines Rückgaberechts LG Berlin, Urt. v. 25.5.2009 – 52 O 405/08 = MMR 2009, 782.

139 BGH, Urt. v. 3.11.2004 – VIII ZR 375/03 = NJW 2005, 53; LG Hof, Urt. v. 29.8.2003 – 22 S 28/03 = CR 2003, 854; LG Memmingen, Urt. v. 23.6.2004 – 1 HO 1016/04 = NJW 2004, 2389, 2390; *Hoeren/Müller*, NJW 2005, 948; *Gabriel/Rothe*, VuR 2004, 212, 214; *Teuber/Melber*, MDR 2004, 185, 187; *Wenzel*, NJW 2002, 1550, 1551; differenzierend Staudinger/*Thüsing*, § 312 d Rn 66 ff; aA AG Bad Hersfeld, Urt. v. 22.3.2004 – 10 C 153/04 = MMR 2004, 500; Bamberger/Roth/*Schmidt-Räntsch*, § 312 d Rn 43 ff; *Braun*, JZ 2008, 330; *Heiderhoff*, MMR 2001, 640, 642 (der aber unter Berücksichtigung des Umgehungsgedankens des § 312 f BGB doch wieder zu einem Widerrufsrecht kommt); *Lettl*, JuS 2002, 219, 222 (wegen des vermeintlichen Erfordernisses einer richtlinienkonformen Auslegung); *Schrader*, MMR 2001, 767, 768; *Wiebe*, MMR 2001, 110, 111 und MMR 2002, 128, 129; wohl auch *Spindler*, MMR 2004, 333, 334.

140 AG Kehl, Urt. v. 19.4.2002 – 4 C 716/01 = NJW-RR 2003, 1060; Palandt/*Heinrichs*, § 312 d Rn 13; aA wohl Bamberger/Roth/*Schmidt-Räntsch*, § 312 d Rn 33.

141 So Bamberger/Roth/*Schmidt-Räntsch*, § 312 d Rn 45.

cherschutz anderenfalls unterlaufen würde.[142] Für das Bestehen eines Widerrufs- oder Rückgaberechts macht es keinen Unterschied, ob ein Unternehmer sich eines klassischen Online-Shops bedient oder – ggf ausschließlich – Internet-Versteigerungen als „besonderen Weg zur Festlegung des Kaufpreises" (Rn 11) nutzt. Hierdurch werden Internet-Versteigerungen auch nicht unmöglich gemacht[143] oder gar – was die Beispiele von eBay und MyHammer belegen – ihrer wirtschaftlichen Existenzgrundlage beraubt,[144] sondern der vom (europäischen) Gesetzgeber gewollte Verbraucherschutz gewährleistet.[145]

40 Die **örtliche Zuständigkeit** für die Rückabwicklung eines Vertrags nach wirksamer Ausübung des Widerruf- bzw Rückgaberechts bestimmt sich – neben den §§ 12, 13, 21 ZPO – gem. § 29 Abs. 1 ZPO nach dem Erfüllungsort. Dies ist nach beiderseitiger Erfüllung des Vertrags der Ort, an dem sich der Kaufgegenstand im Zeitpunkt des Widerrufs befunden hat.[146] Da für die Klage des Verkäufers auf Rückgabe des Kaufgegenstands das Gericht am Wohnsitz des Käufers zuständig wäre, gilt dies auch, wenn der Käufer den Kaufgegenstand bereits an den Verkäufer zurückgegeben hat und anschließend auf Rückzahlung des Kaufpreises klagt; durch die Rückgabe des Kaufgegenstands verliert der Käufer nicht den ihm günstigen Wohnsitzgerichtsstand.[147]

D. Bewertungssystem und Löschungsansprüche

41 Im Anschluss an eine Transaktion können nur die beteiligten Nutzer (Käufer und Verkäufer) eine **Bewertung** für den jeweils anderen abgeben; die Bewertung ist für alle anderen Nutzer der Versteigerungs-Plattform sichtbar, soweit ein Nutzer seine Bewertungen – was die Ausnahme ist – nicht für privat erklärt hat. Die Bewertungen – positiv, neutral oder negativ;[148] wahlweise in Verbindung mit einem kurzen Erläuterungssatz des Bewertenden – beziehen sich immer auf eine **konkrete Transaktion**; es besteht keine Möglichkeit, Nutzer losgelöst von einer Transaktion zu beurteilen.[149] Das Bewertungssystem soll den – in der Regel anonym unter dem frei wählbaren Nutzernamen (Rn 5) agierenden (zur Offenbarungspflicht bei Unternehmern Rn 33) – Nutzern die Möglichkeit geben, vor Abgabe eines Gebots einen Überblick („**aussagekräftiges Bild**")[150] über den Ausgang der bisherigen Transaktionen des potenziellen Vertragspartners zu erlangen. Zu diesem Zweck werden zudem die Einzelbewertungen in einer zusätzlichen **Bewertungsstatistik** zusammengefasst, aus der die Gesamtzahl der bisherigen Bewertungen nach verschiedenen Kriterien ersichtlich ist – und etwa bei eBay in einer Prozentzahl das bisherige Abschneiden des Nutzers („98,7% positive Bewertungen") widerspiegelt, neuerdings auch in verschiedenen Kategorien wie Versanddauer oder Genauigkeit der Angebotsbeschreibung.

42 Wegen der uneingeschränkten Verknüpfung jeder einzelnen Bewertung mit einer konkreten Transaktion stellt das Bewertungssystem **kein allgemeines Meinungsforum** dar. Die Bewertung – insbesondere ein vom Bewertenden neben der Einordnung als positiv, neutral oder negativ zusätzlich abgegebener kurzer Erläuterungstext – muss deshalb Bezug nehmen auf die Abwicklung der konkreten Transaktion und **sachlich gerechtfertigt** sein.[151] Enthält die Erklärung lediglich Werturteile und damit durch Art. 5 Abs. 1 S. 1 Meinungsäußerungen des Bewertenden, besteht generell kein Anspruch auf Löschung oder Widerruf.[152] Anders ist dies bei **offensichtlich unwahren Tatsachenbehauptungen**,[153] **Schmähkritik**[154] oder Abwertungen des bewerteten Nutzers ohne jede sachliche Begründung; in diesen Fällen kann dem betroffenen Nutzer gegen den Bewertenden ein **Anspruch auf Zustimmung zur Löschung** der Bewertung aus §§ 280 Abs. 1, 241

142 AG Kehl, Urt. v. 19.4.2002 – 4 C 716/01 = NJW-RR 2003, 1060; *Teuber/Melber*, MDR 2004, 185, 188; *Trinks*, MMR 2004, 500, 501.

143 So aber *Wiebe*, MMR 2001, 110, 111.

144 So aber Staudinger/*Thüsing*, § 312 d Rn 67.

145 Ebenso *Teuber/Melber*, MDR 2004, 185, 189; zur Schutzbedürftigkeit der Verbraucher vgl LG Memmingen, Urt. v. 23.6.2004 – 1 HO 1016/04 = NJW 2004, 2389, 2390 f.

146 Ebenso für die Wandlung BGH, Urt. v. 9.3.1983 – VIII ZR 11/82 = NJW 1983, 1479; *Ernst*, CR 2000, 304, 311.

147 *Teuber/Melber*, MDR 2004, 185, 188; *Woitkewitsch*, CR 2006, 284; aA AG Köln, Urt. v. 5.11.2009 – 137 C 304/09 (juris).

148 Anders bei eBay, wo man im Mai 2008 den Verkäufern die Möglichkeit zur Bewertung des Käufers als neutral oder negativ genommen hat, um einem vermeintlichem Erpressungspotential auf Verkäuferseite und einer damit einhergehenden Manipulation des Bewertungssystems entgegenzuwirken. Hierzu http://pages.ebay.de/help/feedback/reputation-policies.html (10.8.2011).

149 Auf der amerikanischen eBay-Plattform (http://www.ebay.com) konnten zunächst auch Bewertungen durch nicht an einer Transaktion beteiligte Nutzer abgegeben werden. Wegen des massiven Missbrauchs wurde diese Funktion alsbald deaktiviert.

150 LG Düsseldorf, Urt. v. 18.2.2004 – 12 O 6/04 = MMR 2004, 496.

151 AA AG Koblenz, 2.4.2004 – 142 C 330/04 = MMR 2004, 638, 639.

152 AG Brühl, 7.4.2008 – 28 C 447/07 = ITRB 2008, 201 f; AG Bremen, Urt. v. 27.11.2009 – 9 C 412/09 = NJW-RR 2010, 1426.

153 OLG Oldenburg, Urt. v. 3.4.2006 – 13 U 71/05 = MMR 2006, 556 f; LG Düsseldorf, Urt. v. 18.2.2004 – 12 O 6/04 = MMR 2004, 496; LG Konstanz, Urt. v. 28.7.2004 – 11 S 31/04 = NJW-RR 2004, 1635, 1636.

154 LG Düsseldorf, Urt. v. 18.2.2004 – 12 O 6/04 = MMR 2004, 496, 497; AG Koblenz, Urt. v. 2.4.2004 – 142 C 330/04 = MMR 2004, 638, 639; AG Dannenberg, Urt. v. 13.12.2005 – 31 C 452/05 (I) = MMR 2006, 567 f

Abs. 2 zustehen,[155] ggf auch ein Unterlassungsanspruch aus §§ 823 Abs. 1, Abs. 2, 1004.[156] Die Möglichkeit zur **Gegendarstellung im Bewertungssystem** steht dem Löschungsanspruch nicht entgegen,[157] denn die negative Bewertung findet trotz einer Gegendarstellung weiterhin ihren Niederschlag im zusammenfassenden Bewertungsprofil[158] und kann eBay zur vollständigen Sperrung des betroffenen Accounts berechtigten.[159]

E. Verantwortlichkeit des Plattform-Betreibers für Rechtsverletzungen der Nutzer

Der Betreiber einer Versteigerungs-Plattform im Internet stellt als technische und organisatorische Plattform **43** den Marktplatz (Rn 2) für die Transaktionen der Nutzer zur Verfügung und gibt damit den Rahmen vor, in dem diese Transaktionen durchgeführt werden können.[160] Nach ständiger Rechtsprechung des BGH kann der Plattform-Betreiber als Störer bei der Verletzung absoluter Rechte (insbesondere wegen Verletzung des Marken-, Urheber- oder Jugendschutzrechts)[161] auf **Unterlassung** in Anspruch genommen werden, wenn er mit der von ihm betriebenen Versteigerungs-Plattform willentlich und adäquat kausal zur Verletzung des betroffenen Rechtsguts beiträgt.[162] Das Haftungsprivileg des Telemediengesetzes (TMG) für Host-Provider aus § 10 S. 1 TMG betrifft ausweislich des klaren Wortlauts von § 7 Abs. 2 TMG nur die strafrechtliche Verantwortlichkeit und die Haftung auf Schadensersatz, nicht hingegen Ansprüche auf (zukünftige) Unterlassung oder Beseitigung.[163] Außerhalb des TMG bleibt es daher bei einer Verantwortlichkeit nach den allgemeinen Gesetzen und damit nach den Grundsätzen der **Störerhaftung**. Allerdings ist hierfür eine positive Kenntnis des Betreibers Voraussetzung, den auch außerhalb des TMG grundsätzlich keine allgemeine **präventive** Überwachungspflicht trifft.[164]

Um die weitreichende Störerhaftung nicht über Gebühr auf Dritte wie den Plattform-Betreiber auszudehen, **44** die nicht selbst die rechtswidrige Beeinträchtigung vorgenommen, sondern lediglich hieran kausal mitgewirkt haben, setzt eine Inanspruchnahme nach der Störerhaftung zusätzlich die Verletzung von **Prüfpflichten** durch den Plattform-Betreiber voraus. Der Prüfungsumfang richtet sich danach, ob und inwieweit dem Plattform-Betreiber im Einzelfall eine Prüfung zuzumuten ist. Dabei gilt, dass dem Betreiber durch die Auferlegung von Prüfungspflichten die Ausübung seines Geschäftsmodells nicht unmöglich gemacht werden darf.[165] Den Betreiber trifft deshalb immer dann, wenn er von einer offensichtlichen Rechtsverletzung positive Kenntnis erhält, die **spezifische** Verpflichtung/Überwachungspflicht, das konkrete Angebot unverzüglich zu beseitigen **und** zukünftig dafür zu sorgen, dass es nicht zu weiteren vergleichbaren Rechtsverletzungen kommt.[166]

Dem Betreiber zuzumuten ist insoweit jedenfalls der Einsatz von Filtersoftware, die durch Eingabe entsprechender Suchbegriffe Verdachtsfälle aufspürt, auch wenn im Nachhinein zusätzlich eine manuelle Kontrolle **45** erfolgen muss. Eine weitergehende Haftung für Zuwiderhandlungen gegen das Unterlassungsgebot scheitert

155 AG Erlangen, Urt. v. 26.5.2004 – 1 C 457/04 = NJW 2004, 3720, 3721; *Dörre/Kochmann*, ZUM 2007, 30; zum zivilrechtlichen Verfahren *Petershagen*, NJW 2008, 953.

156 Im Einzelnen *Dörre/Kochmann*, ZUM 2007, 30.

157 AG Erlangen, Urt. v. 26.5.2004 – 1 C 457/04 = NJW 2004, 3720, 3721; aA LG Düsseldorf, Urt. v. 18.2.2004 – 12 O 6/04 = MMR 2004, 496 f

158 AG Erlangen, Urt. v. 26.5.2004 – 1 C 457/04 = NJW 2004, 3720, 3721; *Herrmann*, MMR 2004, 497.

159 OLG Brandenburg, Urt. v. 17.6.2009 – Kart W 11/09 (juris).

160 OLG Brandenburg, Urt. v. 16.12.2003 – 6 U 161/02 = MMR 2004, 330.

161 Die unter dem alten TDG zT befürwortete Ausgrenzung von Urheber-, Marken- und Leistungsschutzrechten lässt sich seit der Ersetzung des Begriffs „Inhalte“ durch „Informationen“ nicht mehr aufrechterhalten, vgl *Ehret*, CR 2003, 754, 757; *Leible/Sosnitza*, K&R 2003, 90; *Spindler*, NJW 2002, 921, 922; aA noch OLG Köln, Urt. v. 2.11.2001 – 6 U 12/01 = MMR 2002, 110.

162 BGH, Urt. v. 30.4.2008 – I ZR 73/05 = NJW-RR 2008, 1136 1139; Urt. v. 19.4.2007 – I ZR 35/04 = NJW 2007, 2636, 2637 f; Urt. v. 11.3.2004 – I ZR 304/01 = NJW 2004, 3102, 3103 f; OLG Düsseldorf, Urt. v. 24.2.2009 – I-20 U 204/02 = MMR 2009, 402, 403.

163 BGH, Urt. v. 30.4.2008 – I ZR 73/05 = NJW-RR 2008, 1136 1139; Urt. v. 12.7.2007 – i ZR 18/04 = NJW 2008, 758, 759 f; Urt. v. 19.4.2007 – I ZR 35/04 = NJW 2007, 2636, 2637 f; Urt. v. 11.3.2004 – I ZR 304/01 = NJW 2004, 3102; OLG Düsseldorf, Urt. v. 24.2.2009 – I-20 U 204/02 = MMR 2009, 402, 403; *Spindler*, NJW 2002, 921, 922 sowie MMR 2004, 333, 334; *Volkmann*, K&R 2004, 231; aA OLG Brandenburg, Urt. v. 16.12.2003 – 6 U 161/02 = MMR 2004, 330; OLG Düsseldorf, Urt. v. 26.2.2004 – 20 U 204/02 = MMR 2004, 315, 316; LG Düsseldorf, Urt. v. 29.10.2002 – 4 a O 464/01 = MMR 2003, 120; *Leupold*, MMR 2004, 318, 319.

164 OLG Köln, Urt. v. 2.11.2001 – 6 U 12/01 = MMR 2002, 110; LG Berlin, Urt. v. 25.2.2003 – 16 O 476/01 = MMR 2004, 195; *Spindler*, MMR 2001, 737, 741 und MMR 2004, 333, 334; *Volkmann*, K&R 2004, 231, 232.

165 BGH, Urt. v. 12.7.2007 – I ZR 18/04 = NJW 2008, 758, 762; Urt. v. 11.3.2004 – I ZR 304/01 = NJW 2004, 3102, 3103 f.

166 BGH, Urt. v. 12.7.2007 – I ZR 18/04 = NJW 2004, 3102, 3103 f; OLG Düsseldorf, Urt. v. 24.2.2009 – I-20 U 204/02 = MMR 2009, 402, 403 f.

dann am mangelnden Verschulden des Betreibers (vgl § 890 ZPO), da eine lückenlose Vorabkontrolle beim derzeitigen technischen Stand faktisch ausgeschlossen ist.[167]

46 Bei den Transaktionen handelt es sich mangels Einwirkungsmöglichkeit der Plattform-Betreiber auf deren Inhalt und konkreter Ausgestaltung im Einzelfall **nicht um eigene Inhalte** iSd § 7 Abs. 1 TMG.[168] Auch will der Betreiber der Versteigerungs-Plattform die einzelnen Transaktionen angesichts der ausdrücklichen Distanzierung vom Inhalt jeder Transaktion[169] offensichtlich nicht als eigene übernehmen; eine Billigung oder gar Identifikation der Plattform-Betreiber mit den einzelnen Transaktionen ist angesichts der ausdrücklichen Neutralität des Betreibers gegenüber allen Transaktionen nicht erkennbar. Deswegen liegen auch über den Umweg des „Zu-Eigen-Machens" keine eigenen Informationen des Betreibers iSd § 7 Abs. 1 TMG vor.[170]

F. Weitere Rechtsfragen

I. Umgekehrte Versteigerung (Abwärtsauktion oder Reverse Auction)

47 Bei **Abwärtsauktionen** fällt der vom Verkäufer vorgegebene Kaufpreis in festgelegten Zeitabständen so lange, bis ein Nutzer das Angebot des Verkäufers annimmt. Auch bei Abwärtsauktionen handelt es sich nicht um Versteigerungen iSd § 156, weil es am Zuschlag fehlt (Rn 11 ff, zum Widerrufs- oder Rückgaberecht im Fernabsatz Rn 39);[171] der BGH spricht insoweit von einem besonderen Weg zur Festlegung des Verkaufspreises (Rn 2).[172]

48 Die **Zulässigkeit** von Abwärtsauktionen wurde bislang unter wettbewerbsrechtlichen Gesichtspunkten infrage gestellt. Ein übertriebenes Anlocken der Nutzer iSd §§ 3, 4 Nr. 1, 2 UWG durch „Ausnutzen ihrer Spiellust" wird verneint,[173] wenn diese bei hochpreisigen Kaufgegenständen nach erfolgreichem Abschluss einer solchen Veranstaltung die freie Wahl haben, ob sie die Ware erwerben möchten oder nicht;[174] die erfolgreiche Transaktion führt dann lediglich zu einer Kaufberechtigung, nicht zu einer Kaufverpflichtung.[175] Auch bei dem ehemals von Azubo praktizierten Modell, bei dem in festen Zeitabständen in Abhängigkeit vom Mindestkaufpreis des Verkäufers und der Laufzeit der Transaktion der Kaufpreis um jeweils nur einen Cent fällt, kommt es nicht zu einem wettbewerbswidrigen unzulässigen Druck auf die Nutzer, auch wenn mit der Annahme des Angebots des Verkäufers durch den Käufer der Kaufvertrag unmittelbar zustande kommt. Der verständige Verbraucher[176] ist an die von solchen umgekehrten Versteigerungen ausgehenden aleatorischen Reize[177] heutzutage gewöhnt[178] und gegenüber Unternehmern zudem durch ein Widerrufs- bzw Rückgaberecht (Rn 39) vor übereilten Entscheidungen geschützt.[179]

49 Ebenfalls wettbewerbsrechtlich nicht zu beanstanden sein dürften bei einer entsprechend transparenten Ausgestaltung der Nutzungsbedingungen solche Auktionsmodelle, bei denen Gebotsrechte gekauft werden müssen und die Versteigerung grundsätzlich bei Null beginnt. Bei diesen erhöht sich der Preis mit jedem abge-

167 Den Betreiber trifft insoweit die sekundäre Darlegungslast dafür, welche Schutzmaßnahmen er ergreifen kann und weshalb ihm – falls diese Maßnahmen keinen lückenlosen Schutz gewährleisten – weitergehende Maßnahmen nicht zuzumuten sind; BGH, Urt. v. 10.4.2008 – I ZR 227/05 = NJW 2008, 3714 ff.

168 Vgl zum inhaltsgleichen § 8 Abs. 1 TDG aF OLG Brandenburg, Urt. v. 16.12.2003 – 6 U 161/02 = MMR 2004, 330; LG Berlin, Urt. v. 25.2.2003 – 16 O 476/01 = MMR 2004, 195; LG Düsseldorf, Urt. v. 29.10.2002 – 4 a O 464/01 = MMR 2003, 120; *Spindler*, K&R 2002, 83, 84.

169 eBay: „Der Verkäufer ist verantwortlich für das Angebot".

170 Zu den Anforderungen an das „Zu-Eigen-Machen" BGH, Urt. v. 12.11.2009 – I ZR 166/07 = NJW-RR 2010, 1276, 1277 f = marions-kochbuch.de; OLG Brandenburg, Urt. v. 16.12.2003 – 6 U 161/02 = MMR 2004, 330; LG Berlin MMR 2004, 195; LG Düsseldorf, Urt. v. 29.10.2002 – 4 a O 464/01 = MMR 2003, 120; LG Potsdam, Urt. v. 10.10.2002 – 51 O 12/02 = MMR 2002, 829; *Ehret*, CR 2003, 754, 758; *Leible/Sosnitza*, K&R 2003, 90; gänzlich auf dieses Kriterium verzichtet *Spindler*, NJW 2002, 921, 923.

171 BGH, Urt. v. 13.11.2003 – I ZR 40/01 = NJW 2004, 852; OLG Hamburg, Urt. v. 25.4.2002 – 3 U 190/00 = NJW-RR 2002, 1042; aA *Lindenberg*, CR 2003, 518, 520.

172 BGH, Urt. v. 13.11.2003 – I ZR 141/02 = NJW 2004, 854.

173 OLG Hamburg, Urt. v. 25.4.2002 – 3 U 190/00 = NJW-RR 2002, 1042 sowie Urt. v. 7.12.2000 – 3 U 116/00 = MMR 2001, 539, 540; *Ernst*, CR 2000, 304, 312.

174 BGH, Urt. v. 13.11.2003 – I ZR 141/02 = NJW 2004, 852, 853, unter Aufgabe von BGH, Urt. v. 20.3.1986 – I ZR 228/83 = GRUR 1986, 622; OLG München, Urt. v. 14.12.2000 – 6 U 2690/00 = MMR 2001, 233, 234 f; *Leible/Sosnitza*, MMR 2003, 466, 467 sowie CR 2004, 293; *Steinbeck*, K&R 2003, 344, 346; aA OLG Hamburg, Urt. v. 25.4.2002 – 3 U 190/00 = NJW-RR 2002, 1042.

175 BGH, Urt. v. 13.11.2003 – I ZR 40/01 = NJW 2004, 852.

176 Vgl *Lindenberg*, CR 2003, 518, 519.

177 Zum Begriff *Steinbeck*, K&R 2003, 344, Fn 1.

178 Ähnlich *Steinbeck*, K&R 2003, 344, 345.

179 *Leible/Sosnitza*, MMR 2003, 466, 467 sowie CR 2004, 293, 294; aA OLG Hamburg, Urt. v. 25.4.2002 – 3 U 190/00 = NJW-RR 2002, 1042; *Lindenberg*, CR 2003, 518, 520, zurückhaltend *Busch*, EWiR 2004, 511, 512; *Ernst*, MDR 2004, 524, 525; *Steinbeck*, K&R 2003, 344, 345.

gebenen Gebot nur um wenige Cent. Obwohl sich mit jedem Gebot auch die Dauer der Auktion verlängert, erscheinen die Produkte bei dieser Versteigerungsvariante lange Zeit als Schnäppchen – die Ware erwerben kann aber wie bei allen Internet-Versteigerungen letztlich nur ein einziger Bieter.

II. Nutzung von Bietagenten („Sniper-Software")

Die durch einen **Bietagenten** (sog. Sniper-Software) automatisch kurz vor Ablauf der Laufzeit einer Transaktion abgegebenen Gebote sind Willenserklärungen desjenigen Nutzers, der den Bietagenten zuvor auf die Gebotsabgabe programmiert hat. Ein etwaiges **Verbot der Nutzung** von Bietagenten in den AGB des Betreibers einer Versteigerungs-Plattform[180] (zur Reichweite der Betreiber-AGB Rn 6) berührt die Wirksamkeit der Willenserklärung nicht und steht einem Vertragsschluss nicht entgegen.[181] **50**

Das Anbieten dieser Bietagenten durch Dritte ist **keine unlautere Wettbewerbshandlung** iSd §§ 4 Nr. 10 UWG.[182] Ein etwaiges Verbot der Nutzung dieser Bietagenten in den Betreiber-AGB betrifft nur eine nicht wettbewerbswesentliche Nebenpflicht der Nutzer. Im Angebot der Bietagenten liegt deshalb keine wettbewerbswidrige Verleitung zum Vertragsbruch.[183] Ebenso wenig führt die Nutzung der Bietagenten zu negativen Auswirkungen auf das Bietverhalten der Nutzer, die völlig unterschiedliche Strategien und Ziele mit ihrer Teilnahme an Internet-Versteigerungen verfolgen; letztlich bleibt das Höchstgebot das erfolgreiche Gebot, gleich ob es unmittelbar durch den Nutzer oder vermittelt durch eine Sniper-Software abgegeben wurde.[184] Es fehlt demnach auch an einer wettbewerbswidrigen Marktbehinderung.[185] Zudem ist der Bietagent nichts anderes als ein – automatisch funktionierender – weisungsgebundener Strohmann des Bietenden, dessen Einsatz im realen Leben niemand ernstlich als unzulässig bewerten würde.[186] Daher scheidet auch ein Eingriff in das Recht am eingerichteten und ausgeübten Gewerbebetrieb durch das Anbieten der Bietagenten aus. **51**

III. Preisangabenverordnung und Buchpreisbindungsgesetz

Die Preisangabenverordnung (**PAngV**) findet auf Internet-Versteigerungen wegen § 9 Abs. 1 Nr. 5 PAngV **keine Anwendung**.[187] Zwar werden Internet-Versteigerungen nicht von § 156 erfasst (Rn 11 ff); der Ausnahmetatbestand des § 9 Abs. 1 Nr. 5 PAngV erstreckt sich aber nach seinem Sinn und Zweck auf alle Angebote, bei denen die Angabe von Endpreisen nicht verlangt werden kann, wenn die Endpreise gerade durch im gegenseitigen Wettbewerb abgegebene Gebote oder anderweitig durch das Verhalten der Käufer bestimmt werden.[188] Dies ändert allerdings nichts daran, dass die Unterlassung der in §§ 5 a Abs. 2, Abs. 3 Nr. 3 UWG bezeichneten Preisinformationen, die § 1 Abs. 1, Abs. 2 PAngV im Wesentlichen entsprechen, eine irreführende geschäftliche Handlung des Unternehmers sein kann, so dass zumindest einzelne Teile der PAngV auf dem Umweg über § 5 a UWG gleichwohl zu beachten sind. Direkt- oder Sofortkaufangebote (Rn 9) fallen im Übrigen unmittelbar unter die PAngV. **52**

Demgegenüber greift die Beschränkung des § 3 S. 1 Buchpreisbindungsgesetz (**BuchPrG**) auch für die Nutzer von Internet-Versteigerungen; dabei können neben Unternehmern auch **Verbraucher** zur Einhaltung der festgesetzten Preise verpflichtet sein, wenn sie wiederkehrend „neue", „ungelesene" oder „original verpackte" Bücher auch ohne Gewinnerzielungsabsicht – und damit geschäftsmäßig iSd § 3 S. 1 BuchPrG – anbieten oder diese selbst kostenlos (etwa als Rezensionsexemplar vom Verlag) erhalten haben.[189] **53**

§ 157 Auslegung von Verträgen

Verträge sind so auszulegen, wie Treu und Glauben mit Rücksicht auf die Verkehrssitte es erfordern.

180 § 10 Nr. 6 eBay-AGB: http://pages.ebay.de/help/policies/user-agreement.html (9.1.2011).
181 Ein solches Verbot halten für unwirksam *Leible/Sosnitza*, K&R 2003, 300, 301.
182 LG Berlin, Urt. v. 11.2.2003 – 15 O 704/02 = CR 2003, 857; aA LG Hamburg, Urt. v. 16.7.2002 – 312 O 271/02 = MMR 2002, 755.
183 LG Berlin, Urt. v. 11.2.2003 – 15 O 704/02 = CR 2003, 857; *Leible/Sosnitza*, K&R 2003, 300, 301; aA LG Hamburg, Urt. v. 16.7.2002 – 312 O 271/02 = MMR 2002, 755.
184 *Leible/Sosnitza*, K&R 2003, 300, 301; verkannt von LG Hamburg, Urt. v. 16.7.2002 – 312 O 271/02 = MMR 2002, 755.
185 LG Berlin, Urt. v. 11.2.2003 – 15 O 704/02 = CR 2003, 857.
186 LG Berlin, Urt. v. 11.2.2003 – 15 O 704/02 = CR 2003, 857.
187 OLG Oldenburg, Beschl. v. 20.1.2003 – 1 W 6/03 = MMR 2003, 270; *Ernst*, CR 2000, 304, 311; *Huppertz*, MMR 2000, 65, 68 f; *Steinbeck*, K&R 2003, 344, 347.
188 *Hollerbach*, DB 2000, 2001, 2005; *Huppertz*, MMR 2000, 65, 68; *Steinbeck*, K&R 2003, 344, 347; ähnlich *Teuber/Melber*, MDR 2004, 185, 189 f; *Vehslage*, MMR 1999, 680, 681.
189 OLG Frankfurt, Urt. v. 15.6.2004 – 11 U 18/04 = NJW 2004, 2098.

Literatur: *Caesar*, Die Kündigung vor Arbeitsantritt, NZA 1989, 251; *Dreher*, Kontrolle und Schließung von anfänglichen Regelungslücken in AVB, FS Schapp 2010, 113; *Ehricke*, Zur Bedeutung der Privatautonomie bei der ergänzenden Vertragsauslegung, RabelsZ 60 (1996), 661; *Henckel*, Die ergänzende Vertragsauslegung, AcP 159 (1960), 106; *Larenz*, Ergänzende Vertragsauslegung und dispositives Recht, NJW 1963, 737; *Mangold*, Eigentliche und ergänzende Vertragsauslegung, NJW 1961, 2284; *Mayer-Maly*, Die Bedeutung des tatsächlichen Parteiwillens für den hypothetischen, in: FS Flume Bd. I 1978, S. 621; *Nicklisch*, Ergänzende Vertragsauslegung und Geschäftsgrundlagenlehre – ein einheitliches Rechtsinstitut zur Lückenfüllung, BB 1980, 949; *Ohlendorf/Salamon*, Die Aufrechterhaltung unwirksamer Formulararbeitsbedingungen – das Verhältnis des Verbots geltungserhaltender Reduktion zur ergänzenden Vertragsauslegung im Arbeitsrecht, RdA 2006, 281; *Piepenbrock*, Regress des Gebäudeversicherers gegen den Mieter vor dem Aus?, VersR 2008, 319; *Rüßmann*, Die „ergänzende Auslegung" Allgemeiner Geschäftsbedingungen, BB 1987, 843; *Salamon*, Die freiwillige Verpflichtung zur Gratifikationszahlung und die Divergenz der Rechtsprechung zur ergänzenden Vertragsauslegung durch BGH und BAG, NZA 2009, 1076; *Staudinger/Kassing*, Der Regress des Gebäudeversicherers gegen den Mieter im Lichte der VVG-Reform, VersR 2007, 10; *Wiedemann*, Ergänzende Vertragsauslegung – richterliche Vertragsergänzung, in: FS Canaris Bd. I 2007, S. 1281. Vgl auch die Nachweise bei § 133.

A. Allgemeines

I. Normzweck

1 § 157 regelt die Auslegung von **Verträgen**. Die Vorschrift ergänzt § 133, der sich auf die Auslegung von **Willenserklärungen** bezieht. Da Verträge durch zwei miteinander korrespondierende Willenserklärungen zustande kommen, ist eine klare Trennung zwischen § 133 und § 157 bei der **erläuternden Auslegung** nicht möglich. Beide Vorschriften sind deshalb in diesem Bereich nebeneinander anzuwenden (vgl § 133 Rn 2 f). § 157 gilt insoweit gleichermaßen für die Auslegung von einzelnen Willenserklärungen und Verträgen. Die einschlägigen Auslegungsgrundsätze sind bei § 133 (dort Rn 24 ff) im Zusammenhang dargestellt.

2 Ein zentraler Anwendungsbereich des § 157 ist die **ergänzende Auslegung**. Diese ist darauf gerichtet, die in einer rechtsgeschäftlichen Regelung vorhandenen Lücken zu schließen.[1] Wichtigste **Kriterien** der ergänzenden Auslegung sind nach § 157 der Grundsatz von **Treu und Glauben** und die **Verkehrssitte** (allgemein dazu § 133 Rn 59 ff). Da die Notwendigkeit der ergänzenden Auslegung im Allgemeinen darauf beruht, dass der infrage stehende Punkt von den Parteien nicht bedacht worden ist (Rn 18 f), hat der **wirkliche Wille** der Parteien dagegen nur eingeschränkte Bedeutung.

II. Anwendungsbereich

3 Ein Schwerpunkt der ergänzenden Auslegung sind **Verträge**. Eine ergänzende Auslegung kommt aber auch bei **einseitigen Rechtsgeschäften**, namentlich Testamenten (dazu Rn 30 ff), in Betracht. Eine ergänzende Auslegung ist auch bei **formbedürftigen** Rechtsgeschäften möglich.[2] Die entscheidende Frage ist jedoch, ob

1 Zur Funktion der ergänzenden Auslegung vgl BGHZ 9, 273, 277 ff; BGH NJW 2010, 2649, 2650; Erman/*Armbrüster*, § 157 Rn 15; Soergel/*Wolf*, § 157 Rn 103; Staudinger/*Roth*, § 157 Rn 4.

2 Palandt/*Ellenberger*, § 157 Rn 2 a; Soergel/*Wolf*, § 157 Rn 19.

das Rechtsgeschäft mit dem durch ergänzende Auslegung festgestellten Inhalt formgültig ist (vgl Rn 29). Zur ergänzenden Auslegung von **Tarifverträgen** siehe Rn 41.

Bei **öffentlichen Verträgen** ergibt sich die Zulässigkeit einer ergänzenden Auslegung aus § 62 S. 2 VwVfG iVm § 157. Darüber hinaus kommt eine ergänzende Auslegung auch bei **Verwaltungsakten** in Betracht.[3] Bei belastenden Verwaltungsakten ist eine ergänzende Auslegung zugunsten der Behörde aber nicht zulässig, weil der Verwaltungsakt in diesen Fällen bestimmt, ausdrücklich und **vollständig** sein muss.[4] 4

III. Abgrenzungen

1. Dissens, § 154. Eine ergänzende Auslegung kann nur in Betracht gezogen werden, wenn feststeht, dass das Rechtsgeschäft wirksam zustande gekommen ist.[5] Ist der Vertrag aufgrund eines offenen Einigungsmangels nach § 154 Abs. 1 als nicht geschlossen zu betrachten, so kann dieser Mangel auch nicht durch ergänzende Vertragsauslegung geheilt werden.[6] Bei **bewussten Regelungslücken** ist eine ergänzende Vertragsauslegung daher nur möglich, wenn die Parteien sich gleichwohl bereits rechtsgeschäftlich binden wollten (vgl Rn 19). 5

2. Einfache (erläuternde) Auslegung; Störung der Geschäftsgrundlage. Die ergänzende Auslegung setzt voraus, dass der Inhalt des Rechtsgeschäfts durch **einfache (erläuternde) Auslegung** nicht (vollständig) geklärt werden kann.[7] Denn ansonsten fehlt es an der für die ergänzende Auslegung erforderlichen Regelungslücke (Rn 18 f). Die einfache Auslegung geht damit der ergänzenden Auslegung vor. Soweit die einfache Auslegung zu einem bestimmten (Teil-)Ergebnis geführt hat, darf dieses nicht durch ergänzende Auslegung wieder infrage gestellt werden. Bei der praktischen Rechtsanwendung können erläuternde und ergänzende Auslegung ineinander übergehen. Da beide Methoden letztlich die gleichen Kriterien verwenden, kann dies jedoch zu keinen Wertungswidersprüchen führen. 6

Gegenüber den Regeln über die **Störung der Geschäftsgrundlage** ist die ergänzende Auslegung vorrangig (vgl § 133 Rn 18).[8] Da man sich bei der Vertragsanpassung nach § 313 ebenfalls möglichst an den im Vertrag zum Ausdruck gelangten Vorstellungen, Zielen und Interessenwertungen der Parteien zu orientieren hat, können beide Methoden bei der praktischen Rechtsanwendung zwar ineinander übergehen.[9] Soweit sich ein hypothetischer Parteiwille nicht feststellen lässt, geht die Anpassung des Vertrages nach § 313 aber über die ergänzende Vertragsauslegung nach § 157 hinaus.[10] Maßgeblich ist damit jeweils die Methode, die den Grundsatz der **Privatautonomie** am weitesten verwirklicht.[11] 7

3. Lückenfüllung durch dispositives Recht. a) Vorrang des dispositiven Rechts. Weist eine rechtsgeschäftliche Regelung eine Lücke auf, so kann diese auch durch das dispositive Recht gefüllt werden. In welchem Verhältnis beide Lösungsmöglichkeiten zueinander stehen, ist umstritten. Die hM spricht sich für einen **Vorrang des dispositiven Rechts** aus.[12] Dies lässt sich damit rechtfertigen, dass das dispositive Recht andernfalls weitgehend funktionslos wäre.[13] Davon abgesehen enthält das dispositive Recht Regelungen, die den berechtigten Interessen der Parteien im Allgemeinen gerecht werden. Soweit die Parteien keine abweichenden Vereinbarungen treffen, kann daher davon ausgegangen werden, dass sie die Ausgestaltung ihrer rechtlichen Verhältnisse dem dispositiven Recht überlassen wollten.[14] Die ergänzende Auslegung könnte in solchen Fällen auch kaum zu abweichenden Ergebnissen führen, weil sich das dispositive Recht hier als gesetzliche Konkretisierung des Grundsatzes von Treu und Glauben und der Verkehrssitte darstellt.[15] 8

b) Ausnahmen. Der Vorrang des dispositiven Rechts gilt nicht für **gesetzliche Auslegungsregeln**, die nur **höchst hilfsweise** für den Fall eingreifen, dass sich ein anderes weder aus der Parteivereinbarung noch aus 9

3 Vgl Bamberger/Roth/*Wendtland*, § 157 Rn 6; Soergel/*Wolf*, § 157 Rn 115; Staudinger/*Roth*, § 157 Rn 14.
4 Vgl *Peine*, Allgemeines Verwaltungsrecht, 9. Aufl. 2008, Rn 394.
5 Bamberger/Roth/*Wendtland*, § 157 Rn 33 f; Erman/*Armbrüster*, § 157 Rn 15; Staudinger/*Roth*, § 157 Rn 13.
6 Vgl Soergel/*Wolf*, § 157 Rn 23.
7 MüKo/*Busche*, § 157 Rn 26; PWW/*Brinkmann*, § 157 Rn 15; Staudinger/*Roth*, § 157 Rn 5.
8 BGHZ 81, 135, 143 = NJW 1981, 2241; 90, 69, 74 = NJW 1984, 1177; 164, 286, 292 = NJW 2006, 54, 55; BGH NJW-RR 2008, 562, 563; NJW 2010, 519, 520; PWW/*Brinkmann*, § 157 Rn 40.
9 Vgl MüKo/*Roth*, § 313 Rn 131 f; *Medicus*, BGB AT, Rn 879; ausf. dazu *Medicus*, in: FS Flume 1978, S. 629 ff.
10 Vgl BGHZ 9, 273, 277; BGH NJW 1994, 2688, 2690; MüKo/*Roth*, § 313 Rn 132; PWW/*Brinkmann*, § 157 Rn 40.
11 Staudinger/*Roth*, § 157 Rn 5, 10.
12 Vgl BGHZ 40, 91, 103; 77, 301, 304; 87, 309, 321; 90, 69, 75; 137, 153, 157; 146, 250, 261; 158, 201, 206; BGH NZM 2008, 462, 463; Palandt/*Ellenberger*, § 157 Rn 4; RGRK/*Piper*, § 157 Rn 101; Staudinger/*Roth*, § 157 Rn 23; *Bork*, BGB AT, Rn 534; *Medicus*, BGB AT, Rn 344; differenzierend MüKo/*Busche*, § 157 Rn 44 f; Soergel/*Wolf*, § 157 Rn 109 ff; *Larenz/Wolf*, BGB AT, § 28 Rn 108 ff.
13 HK-BGB/*Dörner*, § 157 Rn 6; Palandt/*Ellenberger*, § 157 Rn 4; Staudinger/*Roth*, § 157 Rn 23.
14 BGHZ 40, 91, 103; 77, 301, 304; MüKo/*Busche*, § 157 Rn 44.
15 RGRK/*Piper*, § 157 Rn 101.

den Umständen ergibt (vgl etwa §§ 125 S. 2, 154 Abs. 2, 262, 269 Abs. 1, 271 Abs. 1, 436 Abs. 1).[16] Solche Vorschriften sind keine Konkretisierungen von Treu und Glauben und der Verkehrssitte, sondern sollen lediglich gewährleisten, dass die betreffende Frage überhaupt irgendwie beantwortet werden kann.[17] Sie treten daher nach Sinn und Zweck zurück, wenn eine ergänzende Vertragsauslegung im Einzelfall möglich ist.

10 Nach dem Grundsatz der Privatautonomie haben die Parteien im Übrigen die Möglichkeit, die Anwendung des dispositiven Rechts **ausdrücklich** oder auch **konkludent auszuschließen**.[18] Darüber hinaus kann der Vorrang des dispositiven Rechts auch dann nicht eingreifen, wenn die gesetzlichen Regelungen den **Interessen der Parteien nicht gerecht** werden[19] oder wenn das dispositive Recht für den konkreten Fall **keine passende Lösung** enthält.[20] In diesen Fällen treffen die für den Vorrang des dispositiven Rechts maßgeblichen Erwägungen nicht zu. Die Anwendung des dispositiven Rechts widerspräche daher dem mutmaßlichen Parteiwillen.[21]

11 Bei der Konkretisierung dieser Ausnahmen kann man danach unterscheiden, ob der infrage stehende Vertrag einem **gesetzlich geregelten Vertragstyp** entspricht oder nicht.[22] Im ersteren Fall ist grundsätzlich davon auszugehen, dass das dispositive Recht eine passende Lösung enthält, die den Interessen der Parteien in ausreichendem Maße Rechnung trägt.[23] Im Einzelfall kann aber gleichwohl eine besondere Interessenlage vorliegen, welche die Anwendung des dispositiven Rechts unangemessen erscheinen lässt.[24] Weicht der Vertrag erheblich von den gesetzlich geregelten Typen ab, so gibt es im Allgemeinen keine dispositive Vorschrift, die den Parteiinteressen gerecht wird. Hier muss daher in weitem Umfang auf die ergänzende Vertragsauslegung zurückgegriffen werden.[25]

12 Nach der Rechtsprechung gilt der Vorrang des dispositiven Rechts auch dann nicht, wenn das infrage stehende **Gesetzesrecht veraltet** ist. Praktische Bedeutung hat dies vor allem im Hinblick auf die Ausgestaltung des **Innenverhältnisses von handelsrechtlichen Personengesellschaften**. Hier geht die Rechtsprechung von einem grundsätzlichen Vorrang der ergänzenden Vertragsauslegung aus.[26] Maßgeblich ist die Erwägung, dass das dispositive Gesetzesrecht in diesem Bereich den geänderten wirtschaftlichen Verhältnissen nicht mehr gerecht wird und deshalb in der Vertragspraxis weitgehend verdrängt wird (vgl etwa Rn 52).[27] Der Rückgriff auf das dispositive Gesetzesrecht widerspricht damit dem hypothetischen Willen der Parteien.

IV. Anfechtung

13 Nach hM ist eine Anfechtung wegen **Inhaltsirrtums** nach § 119 Abs. 1 Alt. 2 bei der ergänzenden Auslegung ausgeschlossen.[28] Zur Begründung wird darauf abgestellt, dass der Irrtum in diesem Fall nicht den wirklichen Inhalt der rechtsgeschäftlichen Erklärung betrifft, sondern sich auf einen Inhalt bezieht, der dem Erklärenden **normativ** zugerechnet wird. Dem ist jedoch entgegenzuhalten, dass der tatsächliche Wille des Erklärenden auch bei der einfachen (erläuternden) Auslegung keineswegs immer maßgeblich ist; bei empfangsbedürftigen Erklärungen kommt es vielmehr auch hier primär auf die **normative** Frage an, wie der Erklärungsempfänger den Erklärenden nach Treu und Glauben verstehen durfte (vgl Rn 21 ff).[29] Vorzugswürdig ist daher die Auffassung, dass eine Anfechtung wegen Inhaltsirrtums auch bei der ergänzenden Auslegung in Betracht kommen kann.[30]

16 Soergel/*Wolf*, § 157 Rn 112; Staudinger/*Roth*, § 157 Rn 24; *Bork*, BGB AT, Rn 534; *Larenz/Wolf*, BGB AT, § 28 Rn 110; *Medicus*, BGB AT, Rn 341.
17 *Medicus*, BGB AT, Rn 341.
18 BGH NJW 1975, 1116, 1117; NJW-RR 1990, 817, 818; Erman/*Armbrüster*, § 157 Rn 19; Staudinger/*Roth*, § 157 Rn 24.
19 BGHZ 137, 153, 157; BGH NJW 1982, 2816, 2817; NJW-RR 1990, 817, 819; Palandt/*Ellenberger*, § 157 Rn 5; PWW/*Brinkmann*, § 157 Rn 19.
20 HK-BGB/*Dörner*, § 157 Rn 6; Staudinger/*Roth*, § 157 Rn 25.
21 BGH NJW 1982, 2816, 2817; NJW-RR 1990, 817, 819; Soergel/*Wolf*, § 157 Rn 114.
22 Zur Bedeutung dieser Unterscheidung vgl Jauernig/*Jauernig*, § 157 Rn 3; Soergel/*Wolf*, § 157 Rn 113; Staudinger/*Roth*, § 157 Rn 27 ff; *Larenz/Wolf*, BGB AT, § 28 Rn 111 f.
23 MüKo/*Busche*, § 157 Rn 44.
24 Soergel/*Wolf*, § 157 Rn 113; Staudinger/*Roth*, § 157 Rn 28; *Larenz/Wolf*, BGB AT, § 28 Rn 111.
25 MüKo/*Busche*, § 157 Rn 45; PWW/*Brinkmann*, § 157 Rn 21; Staudinger/*Roth*, § 157 Rn 27; *Larenz/Wolf*, BGB AT, § 28 Rn 112.
26 Vgl BGHZ 123, 281, 286; 107, 351, 355; BGH NJW 1979, 1705, 1706; zust. MüKo/*Busche*, § 157 Rn 45; Staudinger/*Roth*, § 157 Rn 26.
27 So BGH NJW 1979, 1705, 1706.
28 So MüKo/*Kramer*, § 119 Rn 84; Soergel/*Wolf*, § 157 Rn 106; *Flume*, BGB AT Bd. 2, § 16, 4 c; *Larenz/Wolf*, BGB AT, § 28 Rn 123, § 33 Rn 12; einschränkend PWW/*Brinkmann*, § 157 Rn 28.
29 So überzeugend Staudinger/*Roth*, § 157 Rn 35.
30 So auch Erman/*Armbrüster*, § 157 Rn 20; Staudinger/*Roth*, § 157 Rn 35.

V. Geltungserhaltende Reduktion

In welchem Verhältnis die ergänzende Vertragsauslegung bei unwirksamen Klauseln zur geltungserhaltenden Reduktion steht, ist unsicher. Aus methodischer Sicht besteht der entscheidende Unterschied darin, dass die geltungserhaltende Reduktion die infrage stehende Klausel partiell aufrechterhält; es entsteht damit erst gar keine Regelungslücke, die durch ergänzende Auslegung geschlossen werden müsste. Die **geltungserhaltende Reduktion geht** der ergänzenden Auslegung insofern also **vor**.[31] Aus materieller Sicht ist freilich zu beachten, dass die geltungserhaltende Reduktion – anders als die ergänzende Vertragsauslegung – nicht auf die Herbeiführung eines angemessenen Interessenausgleichs ausgerichtet ist, weil sie zu einem Ergebnis führt, das den rechtlichen Anforderungen gerade noch standhält.[32] Eine geltungserhaltende Reduktion kann daher nur in **eng begrenzten Ausnahmen** zulässig sein. 14

In der Literatur wird teilweise vorgeschlagen, die geltungserhaltende Reduktion nur dann zuzulassen, wenn man im Wege der ergänzenden Vertragsauslegung zum gleichen Ergebnis gelangen würde.[33] Dieser Vorschlag wird jedoch den methodischen Unterschieden zwischen beiden Instituten nicht gerecht. Die geltungserhaltende Reduktion geht vom **tatsächlichen Willen** der Parteien aus und versucht, das Gewollte aus Gründen der Verhältnismäßigkeit so weit wie möglich aufrecht zu erhalten. Die ergänzende Vertragsauslegung kann dagegen erst dann eingreifen, wenn sich das von den Parteien tatsächlich Gewollte nicht einmal teilweise verwirklichen lässt. Hier muss auf den **hypothetischen Willen** der Parteien abgestellt werden, wobei der Gedanke des gerechten Interessenausgleichs in den Vordergrund tritt.[34] Die ergänzende Vertragsauslegung führt damit zwar objektiv zu den „gerechteren" Ergebnissen; sie beinhaltet aber auch einen stärkeren Eingriff in die Privatautonomie der Parteien. 15

Für die **praktische Rechtsanwendung** bedeutet dies, dass in einem ersten Schritt jeweils geprüft werden muss, ob eine geltungserhaltende Reduktion ausnahmsweise zulässig ist. Erst wenn diese Frage verneint wird, kann eine ergänzende Auslegung in Betracht gezogen werden. 16

B. Ergänzende Auslegung

I. Voraussetzungen

1. Wirksames Rechtsgeschäft. Voraussetzung für eine ergänzende Auslegung ist das Vorliegen eines wirksamen Rechtsgeschäfts (vgl Rn 5). Die Parteien können jedoch schon im Rahmen der **Vertragsverhandlungen** Vereinbarungen treffen, die einer ergänzenden Auslegung zugänglich sind. Von daher ist es in den **Probefahrt-Fällen** (Rn 47) durchaus möglich, im Wege der ergänzenden Auslegung einen **stillschweigenden Haftungsausschluss** zugunsten des Kaufinteressenten zu begründen, obwohl der Vertrag letztlich nicht zustande gekommen ist.[35] 17

2. Regelungslücke. Die ergänzende Auslegung ist nur bei Vorliegen einer Regelungslücke zulässig.[36] Eine solche Lücke liegt vor, wenn das Rechtsgeschäft innerhalb des ihm von den Parteien gegebenen Rahmens im Hinblick auf eine regelungsbedürftige Frage einen offenen Punkt enthält und damit eine **planwidrige Unvollständigkeit** aufweist.[37] Entscheidend ist also, dass der Regelungsplan der Parteien der Vervollständigung bedarf, weil eine angemessene und interessengerechte Lösung sonst nicht erzielt werden kann.[38] Die Regelungslücke kann sich daraus ergeben, dass die Parteien eine regelungsbedürftige Frage nicht bedacht haben 18

31 Vgl PWW/*Brinkmann*, § 157 Rn 36; Staudinger/*Roth*, § 157 Rn 36; *Nassall*, BB 1988, 1264, 1265.

32 Zur Problemstellung vgl *Larenz/Wolf*, BGB AT, § 33 Rn 16.

33 So *Larenz/Wolf*, BGB AT, § 33 Rn 17.

34 In der Literatur wird zu Recht darauf hingewiesen, dass der hypothetische Wille der Parteien auch bei der geltungserhaltenden Reduktion relevant ist (vgl Soergel/*Hefermehl*, § 139 Rn 29; *Nassall*, BB 1988, 1264, 1265). Dies ändert jedoch nichts daran, dass sich der Inhalt der konkreten Lösung bei beiden Instituten nach unterschiedlichen Kriterien bestimmt, weil der tatsächliche Wille der Parteien bei der geltungserhaltenden Reduktion auch insoweit berücksichtigt wird, wie er in der (partiell) nichtigen Klausel zum Ausdruck gekommen ist.

35 BGH NJW 1979, 643, 644; 1980, 1681, 1682; OLG Koblenz NJW-RR 2003, 1185, 1186; Bamberger/Roth/*Wendtland*, § 157 Rn 33; Palandt/*Ellenberger*, § 157 Rn 2 a; krit. Soergel/*Wolf*, § 157 Rn 116; Staudinger/*Roth*, § 157 Rn 13.

36 Vgl BGHZ 127, 138, 142; BGH NJW 2010, 519, 520; 2010, 522, 525; 2010, 2649, 2650.

37 Vgl BGHZ 9, 273, 277; 127, 138, 142; BGH NJW 2002, 2310; NJW-RR 2008, 1371, 1372; NZM 2008, 462, 463; Palandt/*Ellenberger*, § 157 Rn 3; Soergel/*Wolf*, § 157 Rn 123; *Larenz*, NJW 1963, 737, 738 ff; krit. Jauernig/*Jauernig*, § 157 Rn 2; Staudinger/*Roth*, § 157 Rn 15.

38 BGHZ 90, 69, 74 = NJW 1984, 1177; BGH NJW 1993, 2935, 2937; Bamberger/Roth/*Wendtland*, § 157 Rn 35; Staudinger/*Roth*, § 157 Rn 15.

(**anfängliche Lücke**). Sie kann aber auch im Nachhinein aufgrund einer von den Parteien nicht vorhergesehenen Änderung der tatsächlichen oder rechtlichen Verhältnisse auftreten (**nachträgliche Lücke**).[39]

19 Regelungslücken können auch dadurch entstehen, dass **einzelne Klauseln** sich als **nichtig** erweisen, das Geschäft im Ganzen aber wirksam bleibt.[40] Soweit keine passenden dispositiven Vorschriften vorhanden sind, kann die ergänzende Vertragsauslegung daher auch dann herangezogen werden, wenn einzelne **AGB** wegen §§ 305 Abs. 2, 3 oder 305 c Abs. 1 nicht in den Vertrag einbezogen worden oder nach §§ 307 ff unwirksam sind und der ersatzlose Wegfall dieser Klauseln keine interessengerechte Lösung ermöglicht (vgl auch Rn 38).[41] Im Vordergrund der ergänzenden Vertragsauslegung steht der Fall, dass die Lücke den Parteien bei Vertragsschluss **nicht bewusst** war. Eine ergänzende Vertragsauslegung kommt aber auch in Betracht, wenn die Parteien einen regelungsbedürftigen Punkt **bewusst** offen gelassen haben. Nach § 154 Abs. 1 ist hier zwar im Zweifel davon auszugehen, dass der Vertrag noch nicht geschlossen ist. Diese Vermutung gilt jedoch nicht, wenn die Parteien sich schon vertraglich binden und die fehlende Regelung des infrage stehenden Punktes zu einem späteren Zeitpunkt nachholen wollten[42] oder irrtümlich davon ausgegangen sind, dass dieser Punkt nicht regelungsbedürftig ist.[43] Entgegen einer in der Literatur vertretenen Auffassung[44] kann das Kriterium der **planwidrigen** Lücke auch hier herangezogen werden. Maßgeblich für die Planwidrigkeit ist nämlich der im Geschäft zum Ausdruck gelangte **objektive** Regelungsplan der Parteien. Keine planwidrige Unvollständigkeit liegt vor, wenn die Parteien die Regelungsbedürftigkeit des betreffenden Punktes erkannt haben und gleichwohl eine **abschließende Regelung** treffen wollten. In diesem Fall muss eine ergänzende Auslegung ausscheiden, da sie nicht gegen den wirklichen Willen der Parteien durchgeführt werden darf.[45]

20 **3. Kein Vorrang des dispositiven Gesetzesrechts.** Die ergänzende Auslegung setzt weiter voraus, dass die Lücke nicht durch dispositives Gesetzesrecht gefüllt werden kann (vgl Rn 8 f). Soweit dispositives Recht eingreift, liegt nach hM schon **keine Regelungslücke** vor.[46] Aus Gründen der methodischen Klarheit ist es jedoch vorzugswürdig, die Frage der Regelungslücke allein aus Inhalt und Regelungsplan des Rechtsgeschäfts heraus zu beantworten.[47] Da die systematische Zuordnung für die praktische Rechtsanwendung irrelevant ist, muss dem jedoch nicht weiter nachgegangen werden.

II. Maßstab und Kriterien

21 Maßstab der ergänzenden Vertragsauslegung ist der **hypothetische Parteiwille**. Der Rechtsanwender muss also unter Berücksichtigung aller relevanten Umstände ermitteln, in welchem Sinne die Parteien den offen gebliebenen Punkt im Hinblick auf den mit dem Vertrag verfolgten Zweck bei sachgerechter Abwägung der beiderseitigen Interessen nach **Treu und Glauben** und unter **Berücksichtigung der Verkehrssitte** geregelt hätten, wenn sie diesen Punkt bedacht bzw seine Regelungsbedürftigkeit erkannt hätten.[48]

22 Nach dem Grundsatz der Privatautonomie hat der Richter sich auch bei der ergänzenden Auslegung so weit wie möglich am **wirklichen Willen der Parteien** zu orientieren.[49] Ausgangspunkt der Überlegungen ist daher der Inhalt des Vertrages, so wie er durch die erläuternde Auslegung festgestellt worden ist.[50] Dieser Inhalt ist auf der Grundlage der in dem Vertrag zum Ausdruck gekommenen Interessenwertungen und Zielsetzungen

39 Vgl BGHZ 84, 1, 7; BGH NJW-RR 2008, 562, 563; Erman/*Armbrüster*, § 157 Rn 17; PWW/*Brinkmann*, § 157 Rn 19; Soergel/*Wolf*, § 157 Rn 103; Staudinger/*Roth*, § 157 Rn 16.

40 BGHZ 63, 132, 135; 137, 153, 157; 143, 103, 120; 146, 250, 261; MüKo/*Busche*, § 157 Rn 40; Soergel/*Wolf*, § 157 Rn 123; Staudinger/*Roth*, § 157 Rn 18; aA *Ehricke*, RabelsZ 60 (1996), 661, 677; *Häsemeyer*, in: FS Ulmer 2003, S. 1097, 1100.

41 Vgl BGHZ 90, 69, 74 ff; 137, 153, 157; 143, 103, 120; BGH, NJW 2008, 1820, 1822; 2008, 3422, 3423; 2010, 1742, 1743; NJW-RR 2010, 1202, 1204; Jauernig/*Stadler*, § 306 Rn 5; MüKo/*Basedow*, § 306 Rn 22 ff; PWW/*Brinkmann*, § 157 Rn 23; Soergel/*Wolf*, § 157 Rn 120.

42 Vgl BGH NJW 1982, 2816; 2009, 2443, 2446; 2010, 522, 525; Bamberger/Roth/*Wendtland*, § 157 Rn 37; Erman/*Armbrüster*, § 157 Rn 17; Soergel/*Wolf*, § 157 Rn 123.

43 BGH NJW 2002, 2310; PWW/*Ahrens*, § 133 Rn 26; Staudinger/*Roth*, § 157 Rn 17.

44 Jauernig/*Jauernig*, § 157 Rn 2; Staudinger/*Roth*, § 157 Rn 15.

45 Vgl BGH NJW 1985, 1835, 1836; 1990, 1723, 1724; 2002, 1261, 1262; OLG Hamm NJW-RR 2004, 298, 299; Bamberger/Roth/*Wendtland*, § 157 Rn 37; Erman/*Armbrüster*, § 157 Rn 16; MüKo/*Busche*, § 157 Rn 42.

46 Vgl BGHZ 40, 91, 103; 90, 69, 75; Soergel/*Wolf*, § 157 Rn 124; *Ehricke*, RabelsZ 60 (1996), 661, 680; differenzierend Erman/*Armbrüster*, § 157 Rn 19; aA PWW/*Ahrens*, § 133 Rn 27.

47 So auch MüKo/*Busche*, § 157 Rn 38; Staudinger/*Roth*, § 157 Rn 22.

48 Vgl BGHZ 9, 273, 278; 127, 138, 142; 137, 153, 157; 164, 286, 292; BGH NJW-RR 1990, 817, 819; NJW 2002, 2310, 2311; 2009, 2443, 2446; Erman/*Armbrüster*, § 157 Rn 20; MüKo/*Busche*, § 157 Rn 46; PWW/*Brinkmann*, § 157 Rn 24; Soergel/*Wolf*, § 157 Rn 129; Staudinger/*Roth*, § 157 Rn 30.

49 Vgl *Mayer-Maly*, in: FS Flume I 1978, S. 621, 625.

50 BGH NJW 1988, 2099, 2100; 2002, 2310, 2311; Palandt/*Ellenberger*, § 157 Rn 7; PWW/*Brinkmann*, § 157 Rn 25.

der Parteien „weiterzudenken“.[51] Dabei hat die teleologische Argumentation aus **Sinn und Zweck des Vertrages** zentrale Bedeutung.[52] Darüber hinaus kann die **Verkehrssitte** (dazu § 133 Rn 59 ff) wichtige Anhaltspunkte für den mutmaßlichen Willen der Parteien geben.[53] Soweit keine abweichenden Interessenwertungen der Parteien feststellbar sind, kann der Rechtsanwender im Übrigen davon ausgehen, dass der Vertrag an dem Gedanken von **Treu und Glauben** orientiert ist und daher nach dem hypothetischen Parteiwillen einen ausgewogenen Inhalt haben soll, der den berechtigten Interessen beider Parteien gerecht wird[54] und den Gesetzen, den guten Sitten sowie den verfassungs- und europarechtlichen Vorgaben nicht widerspricht.[55] Es gelten insoweit die gleichen Kriterien wie bei der erläuternden Auslegung (vgl § 133 Rn 55 ff).

Im Unterschied zum wirklichen Willen (dazu § 133 Rn 34 ff) ist der hypothetische Wille nach allem keine empirisch feststellbare Tatsache, sondern ein **normativer Maßstab**, der das Ergebnis einer rechtlichen Interessenabwägung und -würdigung widerspiegelt.[56] Ausgangspunkt der ergänzenden Auslegung ist bei Individualvereinbarungen aber immer das **konkrete** Rechtsgeschäft mit den darin zum Ausdruck gebrachten **individuellen** Zwecksetzungen und Wertungen der Parteien.[57] Dies ist der entscheidende Unterschied zur **Rechtsfortbildung** (dazu Anh. § 133 Rn 38 ff), die nach einem **abstrakt-generalisierenden** Maßstab vorzunehmen ist.[58] 23

III. Zeitpunkt

Ob bei der ergänzenden Vertragsauslegung auf den Zeitpunkt des Vertragsschlusses oder den Zeitpunkt der Auslegung abzustellen ist, ist umstritten. Da die ergänzende Auslegung danach fragt, welche Regelung die Parteien nach Treu und Glauben und der Verkehrssitte bei Kenntnis der Lücke geschlossen hätten, muss dem Grundsatz nach – ebenso wie bei der erläuternden Auslegung (§ 133 Rn 31) – der **Zeitpunkt des Vertragsschlusses** maßgeblich sein.[59] Nach der Wertordnung des Grundgesetzes darf dies aber nicht dazu führen, dass über den Grundsatz von Treu und Glauben und die Verkehrssitte die Wertungen, Verhältnisse und Gepflogenheiten aus der NS-Zeit bei der ergänzenden Auslegung weiter Berücksichtigung finden.[60] Im Übrigen ist der Rechtsanwender nach Sinn und Zweck der ergänzenden Auslegung selbstverständlich nicht gehindert, neuere tatsächliche und rechtliche Entwicklungen zu berücksichtigen.[61] Maßgeblich ist aber die Frage, welche Regelung die Parteien im Zeitpunkt des Vertragsschlusses getroffen hätten, wenn sie die neuen Entwicklungen vorausgesehen hätten. 24

IV. Grenzen

Da die ergänzende Vertragsauslegung am mutmaßlichen Willen der Parteien orientiert ist, darf sie zu keinem Ergebnis führen, das den Feststellungen über den **wirklichen Willen der Parteien** widerspricht.[62] Die ergänzende Vertragsauslegung kann damit auch nicht herangezogen werden, um den durch erläuternde Auslegung ermittelten Vertragsinhalt mit Rücksicht auf Treu und Glauben oder die Verkehrssitte zu korrigieren.[63] Insoweit kommt nur ein Rückgriff auf die Kontroll- und Korrekturfunktion des § 242 und deren gesetzliche Konkretisierungen (§§ 307 ff, 313, 314) in Betracht.[64] Anerkannt ist schließlich, dass die ergänzende Vertrags- 25

51 BGHZ 146, 280, 284; *Medicus*, BGB AT, Rn 344; HK-BGB/*Dörner*, § 157 Rn 4; Staudinger/*Roth*, § 157 Rn 31.

52 BGH NJW-RR 1990, 817, 819; MüKo/*Busche*, § 157 Rn 46; Soergel/*Wolf*, § 157 Rn 129; Staudinger/*Roth*, § 157 Rn 33.

53 Zur Bedeutung der Verkehrssitte bei der ergänzenden Auslegung vgl MüKo/*Busche*, § 157 Rn 53; Staudinger/*Roth*, § 157 Rn 30.

54 BGHZ 62, 83, 89; BGH NJW-RR 1995, 1201, 1202; NJW 2002, 2310, 2311; 2009, 2443, 2446; 2010, 2649, 2650; Erman/*Armbrüster*, § 157 Rn 21; PWW/*Brinkmann*, § 157 Rn 26; Soergel/*Wolf*, § 157 Rn 129; Staudinger/*Roth*, § 157 Rn 32.

55 MüKo/*Busche*, § 157 Rn 56.

56 Bamberger/Roth/*Wendtland*, § 157 Rn 41; Soergel/*Wolf*, § 157 Rn 131.

57 Erman/*Armbrüster*, § 157 Rn 20; PWW/*Brinkmann*, § 157 Rn 25; aA *Flume*, BGB AT Bd. 2, § 16, 4 b, der das fragliche Geschäft bei der ergänzenden Vertragsauslegung als Typus versteht.

58 Vgl MüKo/*Busche*, § 157 Rn 46; Staudinger/*Roth*, § 157 Rn 32.

59 So auch BGHZ 81, 135, 141; 123, 281, 285; MüKo/*Busche*, § 157 Rn 49; Palandt/*Ellenberger*, § 157 Rn 7; Staudinger/*Roth*, § 157 Rn 34; *Mayer-Maly*, in: FS Flume I 1978, S. 621, 625; aA BGHZ 12, 337, 345; 23, 282, 285; HK-BGB/*Dörner*, § 157 Rn 4; Jauernig/*Jauernig*, § 157 Rn 4; Soergel/*Wolf*, § 157 Rn 132; *Flume*, BGB AT Bd. 2, § 16, 4 c, d.

60 Im Ergebnis zutr. daher BGHZ 12, 337, 345; 23, 282, 285.

61 Staudinger/*Roth*, § 157 Rn 34.

62 BGHZ 90, 69, 77; BGH NJW 1995, 1212, 1213; 2002, 2310, 2311; NJW 2009, 1482, 1484; Erman/*Armbrüster*, § 157 Rn 23; MüKo/*Busche*, § 157 Rn 54; Soergel/*Wolf*, § 157 Rn 125; Staudinger/*Roth*, § 157 Rn 38; *Mayer-Maly*, in: FS Flume I 1978, S. 621, 625.

63 BGHZ 9, 273, 278; 90, 69, 77; BGH NJW 2002, 2310, 2311; Staudinger/*Roth*, § 157 Rn 39.

64 Soergel/*Wolf*, § 157 Rn 125; Staudinger/*Roth*, § 157 Rn 37; zur Kontroll- und Korrekturfunktion des § 242 und zu deren gesetzlichen Konkretisierungen vgl Palandt/*Grüneberg*, § 242 Rn 13 f; *Looschelders*, Schuldrecht AT, 8. Aufl. 2010, Rn 88.

auslegung zu keiner **Erweiterung des Vertragsgegenstands** führen darf, weil der Richter mit Rücksicht auf den Grundsatz der Privatautonomie gehindert ist, den Regelungsbereich des Vertrages ohne den Willen der Parteien auf andere Gegenstände zu erstrecken.[65]

26 Bei **Individualvereinbarungen** muss eine ergänzende Auslegung schließlich auch dann ausscheiden, wenn **mehrere gleichwertige Alternativen** zur Lückenfüllung gegeben sind und der Richter keine Anhaltspunkte dafür finden kann, welcher Alternative die Parteien den Vorzug gegeben hätten. Denn in einem solchen Fall wäre der Richter darauf verwiesen, die Auswahl nach seinen eigenen Kriterien zu treffen, was mit dem Grundsatz der Privatautonomie unvereinbar ist.[66] Eine Anpassung des Vertrages nach den Regeln über die Störung der Geschäftsgrundlage (§ 313) bleibt dagegen auch hier möglich.[67] Die ergänzende Auslegung setzt allerdings nicht voraus, dass sich die **„technische" Ausgestaltung** der Lösung in allen **Einzelheiten** stringent aus den Zwecksetzungen der Parteien ableiten lässt. Es genügt, dass das Gericht den hypothetischen Parteiwillen in seinen **wesentlichen Zügen** ermitteln kann.[68]

V. Fazit

27 Zusammenfassend ist festzustellen, dass die ergänzende Auslegung ebenso wie die erläuternde Auslegung auf einem Zusammenspiel von **subjektiv-individuellen** und **objektiv-generalisierenden** Kriterien beruht.[69] Dem Grundsatz nach sind die subjektiv-individuellen Kriterien vorrangig.[70] Da die Notwendigkeit der ergänzenden Auslegung darauf beruht, dass diese Kriterien für sich genommen keine Lösung ermöglichen, stehen bei der praktischen Rechtsanwendung aber die objektiv-generalisierenden Kriterien im Vordergrund.

28 Aufgrund des Vorrangs des tatsächlichen Parteiwillens und der Rücksichtnahme auf die individuellen Zwecksetzungen und Wertungen der Parteien kann die ergänzende Auslegung durchaus noch als Mittel zur Verwirklichung der **privatautonomen Gestaltungsfreiheit** der Parteien verstanden werden.[71] Es handelt sich also nicht um einen Akt heteronomer Rechtsfortbildung (vgl Rn 23).[72] Demgegenüber hat der BGH zwar in mehreren Entscheidungen dargelegt, der hypothetische Parteiwille habe „keine unmittelbaren Berührungspunkte mit der Privatautonomie, weil er nicht durch die subjektiven Vorstellungen der Parteien, sondern aufgrund einer vom Gericht vorgenommenen Interessenabwägung auf objektiver Grundlage bestimmt wird".[73] Diese Aussagen lassen sich jedoch nicht verallgemeinern. Die einschlägigen Entscheidungen betreffen nämlich den hypothetischen Parteiwillen, wie er im deutschen IPR vor der Reform von 1986 hilfsweise zur subjektiven Bestimmung des Vertragsstatuts herangezogen worden ist.[74] Da die Rechtsprechung sich hier sehr weit vom wirklichen Willen der Parteien gelöst hatte, handelte es sich in Wahrheit nicht mehr um ergänzende Vertragsauslegung.[75] Nach dem seit 1.9.1986 maßgeblichen deutschen IPR (Art. 27 EGBGB aF; seit 17.12.2009 Art. 3 Rom-I-VO) kommt dem hypothetischen Parteiwillen daher zu Recht keine Bedeutung mehr zu.[76]

VI. Sonderfälle der ergänzenden Auslegung

29 **1. Formbedürftige Rechtsgeschäfte. a) Die Bedeutung der Andeutungstheorie.** Inwieweit eine ergänzende Auslegung bei formbedürftigen Rechtsgeschäften in Betracht kommt, ist umstritten. Sachgemäß erscheint, ebenso wie bei der erläuternden Auslegung (§ 133 Rn 74 f) zwischen der (ergänzenden) Auslegung als solcher und der Frage der Formwirksamkeit zu unterscheiden. Für die **ergänzende Auslegung** als solche gelten bei formbedürftigen Rechtsgeschäften keine Besonderheiten. Insbesondere können auch außerhalb der Urkunde liegende Umstände berücksichtigt werden.[77] Ob der durch ergänzende Auslegung festgestellte Inhalt

65 BGHZ 9, 273, 278; 40, 91, 103; 77, 301, 304; BGH NJW 2002, 2310, 2311; 2009, 1482, 1484; MüKo/*Busche*, § 157 Rn 55; PWW/*Brinkmann*, § 157 Rn 30; Staudinger/*Roth*, § 157 Rn 39.

66 Vgl BGHZ 62, 83, 89 f; 90, 69, 80; 143, 103, 121; BGH NJW 2002, 2310, 2311; NJW-RR 2005, 1040, 1041; 2005, 1619, 1621; 2009, 1482, 1484; HK-BGB/*Dörner*, § 157 Rn 5; MüKo/*Busche*, § 157 Rn 54; Palandt/*Ellenberger*, § 157 Rn 10; PWW/*Brinkmann*, § 157 Rn 31.

67 Vgl Soergel/*Wolf*, § 157 Rn 130; Staudinger/*Roth*, § 157 Rn 43.

68 BGHZ 90, 69, 81; Staudinger/*Roth*, § 157 Rn 43; vgl auch BGHZ 63, 132, 137.

69 MüKo/*Busche*, § 157 Rn 47; Staudinger/*Roth*, § 157 Rn 32.

70 *Larenz/Wolf*, BGB AT, § 28 Rn 117: „so individuell wie möglich"; aA Staudinger/*Roth*, § 157 Rn 32: „kein klares Rangverhältnis".

71 Staudinger/*Roth*, § 157 Rn 4; *Larenz/Wolf*, BGB AT, § 28 Rn 118.

72 So aber MüKo/*Busche*, § 157 Rn 28; *Ehricke*, RabelsZ 60 (1996), 661, 690.

73 So BGHZ 74, 193, 199; 96, 313, 321 (jeweils zur kollisionsrechtlichen „Abwahl" des EKG); vgl auch BGHZ 7, 231, 235; krit. Staudinger/*Roth*, § 157 Rn 4; *Medicus*, BGB AT, Rn 343.

74 Deutlich hierauf Bezug nehmend BGHZ 74, 193, 199; daran anknüpfend BGHZ 96, 313, 321.

75 Vgl Soergel/*v. Hoffmann*, Art. 27 EGBGB Rn 43.

76 Vgl *Looschelders*, IPR, Art. 27 EGBGB Rn 17; Palandt/*Thorn*, Art. 3 Rom I-VO Rn 6.

77 BGHZ 63, 359, 362; Staudinger/*Roth*, § 157 Rn 12.

des Rechtsgeschäfts **formwirksam** ist, hängt von den Zwecken der jeweiligen Formvorschrift ab. Die Rechtsprechung folgt auch hier der **Andeutungstheorie** (allgemein dazu § 133 Rn 74 ff).[78] Praktische Bedeutung hat dies vor allem für die ergänzende Auslegung von **Testamenten** (vgl Rn 30 ff). Bei **Grundstücksverträgen** soll es der Schutzzweck des § 311 b Abs. 1 ebenfalls erfordern, dass der beurkundete Text die Richtung des rechtsgeschäftlichen Willens wenigstens dem Grunde nach erkennen lässt.[79] Dies steht in einem gewissen Widerspruch zur Unschädlichkeit der **falsa demonstratio** bei unbewusster Falschbeurkundung (§ 133 Rn 78). Hiernach wäre es konsequent, die Andeutungstheorie bei Grundstücksverträgen aufzugeben, weil die wesentlichen Zwecke des § 311 b Abs. 1 (Warnung, Belehrung) schon dadurch gewahrt werden, dass die ergänzende Auslegung nicht zu einer Erweiterung des Vertragsgegenstands führen darf (vgl Rn 25). [80] In neueren Entscheidungen zur ergänzenden Auslegung von Grundstücksverträgen[81] spielt die Andeutungstheorie jedenfalls keine Rolle mehr.

b) Insbesondere Testamente. Eine ergänzende Auslegung ist auch bei Testamenten **zulässig** (vgl § 2084 Rn 38).[82] Sie hat hier sogar besonders große praktische Bedeutung, weil testamentarische Anordnungen oft lückenhaft sind und der Rechtsanwender mit Rücksicht auf den Grundsatz der Testierfreiheit gehalten ist, den Willen des Erblassers so weit wie möglich zu verwirklichen.[83] Diesem Gedanken tragen auch die speziellen gesetzlichen Auslegungsregeln Rechnung (vgl §§ 2084, 2069, 2169 f, 2173). Die für die ergänzende Auslegung erforderliche Regelungslücke kann auch hier von Anfang an bestehen oder sich nachträglich ergeben. Eine nachträgliche Lücke tritt dann auf, wenn sich die tatsächlichen oder rechtlichen Verhältnisse dermaßen verändern, dass der Zweck der Verfügung nicht mehr erreicht werden kann. Beispiele sind der Tod des eingesetzten Erben oder der Verkauf bzw die Zerstörung einer vermachten Sache.[84] **30**

Maßstab der ergänzenden Testamentsauslegung ist der **hypothetische Wille des Erblassers**. Da andere Personen (zB die potenziellen Erben) nicht schutzwürdig sind, muss auf deren Verständnismöglichkeiten keine Rücksicht genommen werden. Es gelten insofern die gleichen Grundsätze wie bei der erläuternden Testamentsauslegung (vgl § 133 Rn 39). **31**

Bei der Prüfung des hypothetischen Erblasserwillens ist auf den **Zeitpunkt der Testamentserrichtung** abzustellen.[85] Spätere Äußerungen und Handlungen des Erblassers sind nur insoweit zu berücksichtigen, wie sie einen Rückschluss auf dessen hypothetischen Willen zur Zeit der Testamentserrichtung zulassen.[86] Eine weiter gehende Berücksichtigung solcher Äußerungen und Handlungen ist auch im Erbrecht abzulehnen, weil dem Erblasser sonst eine **formfreie Abänderung** des Testaments möglich wäre. Dies wäre mit den gesetzlichen Formvorschriften über die Errichtung (§§ 2231 ff) und den Widerruf (§§ 2253 ff) eines Testaments nicht vereinbar.[87] **32**

Nach der von der Rechtsprechung befürworteten Andeutungstheorie ist das Testament mit dem durch ergänzende Auslegung ermittelten Inhalt nur dann formwirksam, wenn der hypothetische Wille des Erblassers im Text der Urkunde zumindest **andeutungsweise** zum Ausdruck gekommen ist (vgl § 2084 Rn 39).[88] Gegen diese Auffassung wird eingewendet, es unterliege oftmals dem Zufall, ob eine Andeutung im Testament enthalten sei. Begünstigt würden letztlich ausschweifende und unklare Testamente. Des Weiteren könne bei der ergänzenden Auslegung der hypothetische Wille des Erblassers im Text naturgemäß nicht zum Ausdruck gekommen sein, weil das Testament sonst keine Lücke aufweise. [89] Diese Kritik lässt sich indessen durch eine präzisere Formulierung der Andeutungstheorie entkräften. Ausreichend ist hiernach, dass die **allgemeine** **33**

78 Dagegen Palandt/*Ellenberger*, § 133 Rn 19, wonach die Andeutungstheorie bei der ergänzenden Vertragsauslegung nicht gilt.

79 So BGHZ 63, 359, 362; 74, 116, 119 f; einschränkend MüKo/*Kanzleiter*, § 311 b Rn 64 mit dem Hinweis, dass zur Ermittlung des maßgeblichen Willens auf außerhalb der Urkunde liegende Umstände zurückgegriffen werden kann.

80 Allg. MüKo/*Busche*, § 157 Rn 55; Soergel/*Wolf*, § 157 Rn 119; Staudinger/*Roth*, § 157 Rn 12; vgl auch PWW/*Medicus*, § 311 b Rn 13, der die Anerkennung der falsa demonstratio-Regel dahingehend deutet, dass der BGH die Andeutungstheorie bei § 311 b Abs. 1 aufgegeben hat.

81 BGH NJW-RR 1987, 458; NJW 1997, 652; NJW-RR 2000, 894, 895.

82 Vgl BGHZ 86, 41, 51; Bamberger/Roth/*Litzenburger*, § 2084 Rn 35; MüKo/*Leipold*, § 2084 Rn 67; *Brox/Walker*, Erbrecht, 24. Aufl. 2010, Rn 204.

83 Vgl *Olzen*, Erbrecht, 3. Aufl. 2009, Rn 577.

84 RGZ 99, 82 ff; 134, 277 ff; BGHZ 22, 357 ff; MüKo/*Leipold*, § 2084 Rn 71; *Brox/Walker*, Erbrecht, 24. Aufl. 2010, Rn 202; *Olzen*, Erbrecht, 3. Aufl. 2009, Rn 578 f.

85 Bamberger/Roth/*Litzenburger*, § 2084 Rn 42; Staudinger/*Roth*, § 157 Rn 31; *Brox/Walker*, Erbrecht, 24. Aufl. 2010, Rn 203; *Olzen*, Erbrecht, 3. Aufl. 2009, Rn 583.

86 BGHZ 31, 13, 17; BayObLG NJW 1996, 133; MüKo/*Leipold*, § 2084 Rn 23; Staudinger/*Otte*, Vor §§ 2064 ff Rn 78, 93; *Olzen*, Erbrecht, 3. Aufl. 2009, Rn 583 f; aA *Keuk*, Der Erblasserwille post testamentum und die Auslegung des Testaments, 1965, S. 69 ff.

87 Bamberger/Roth/*Litzenburger*, § 2084 Rn 43; *Brox/Walker*, Erbrecht, 24. Aufl. 2010, Rn 203.

88 Vgl RGZ 134, 277, 280; BGHZ 22, 357, 360 ff; BGH NJW 1981, 1737, 1738; Bamberger/Roth/*Litzenburger*, § 2084 Rn 44.

89 *Brox/Walker*, Erbrecht, 24. Aufl. 2010, Rn 204; *ders.*, JA 1984, 549, 555; *Flume*, NJW 1983, 2007, 2011; vgl auch *Lange/Kuchinke*, Erbrecht, 5. Aufl. 2001, § 34 III 5 c.

Willensrichtung des Erblassers (Motivation und Ziele) als Anknüpfungspunkt für die Bestimmung seines hypothetischen Willens in der Urkunde einen Ausdruck gefunden hat.[90] Die Anforderungen an die Andeutung des Erblasserwillens im Testament sind somit gering.

34 **2. Grundbucheintragungen und dingliche Grundstücksgeschäfte.** Bei **Grundbucheintragungen** kommt dem Gedanken des Verkehrsschutzes große Bedeutung zu. Daher muss schon bei der erläuternden Auslegung in erster Linie auf den **Wortlaut der Eintragung** abgestellt werden (vgl § 133 Rn 85). Eine ergänzende Auslegung nach dem hypothetischen Parteiwillen kommt daher von vornherein nicht in Betracht.[91]

35 Bei der ergänzenden Auslegung von **dinglichen Rechtsgeschäften** ist die hM im **Grundstücksrecht** ebenfalls sehr zurückhaltend. Da bei der Auslegung von formbedürftigen dinglichen Geschäften über Grundstücke oder Rechte an Grundstücken (zB Auflassung nach §§ 873, 925, Abtretung einer Hypothek oder Grundschuld nach §§ 1154, 1192 Abs. 1) außerhalb der Urkunde liegende Umstände grundsätzlich außer Betracht bleiben müssen (vgl § 133 Rn 86), scheidet eine ergänzende Auslegung auch hier zumindest im Regelfall aus.[92]

36 **3. Formularverträge und AGB. a) Voraussetzungen und Grenzen.** Auch Formularverträge und AGB sind **im Individualprozess** einer ergänzenden Auslegung grundsätzlich zugänglich.[93] Dies gilt auch dann, wenn sich die Regelungslücke aus der **Unwirksamkeit oder Nichteinbeziehung einzelner AGB** ergibt (vgl Rn 19).[94] Die Zulässigkeit der ergänzenden Auslegung ergibt sich in diesem Fall daraus, dass § 306 Abs. 2 mit dem Verweis auf die **gesetzlichen Vorschriften** auch die §§ 133, 157 in Bezug nimmt.[95] Bei **Verbandsklagen** nach §§ 1, 3 UKlaG kommt eine ergänzende Auslegung von AGB dagegen nicht in Betracht. [96]

37 Für Formularverträge und AGB gilt ebenfalls der **Vorrang des dispositiven Rechts** (Rn 8). Dies wird von § 306 Abs. 2 ausdrücklich klargestellt. Eine ergänzende Vertragsauslegung ist daher nur zulässig, wenn das dispositive Recht keine sach- und interessengerechte Ausfüllung der Regelungslücke ermöglicht.[97] Hieran ist insbesondere zu denken, wenn die Einbeziehung des dispositiven Rechts den Vertrag so ändern würde, dass das Festhalten daran für eine Partei eine **unzumutbare Härte** darstellt. § 306 III sieht für diesen Fall die Unwirksamkeit des Vertrages vor. Da diese Rechtsfolge ultima ratio ist, geht die ergänzende Vertragsauslegung aber vor.[98]

38 Die ergänzende Auslegung von AGB setzt im Übrigen voraus, dass der **ersatzlose Wegfall** der unwirksamen Klausel **keinen vertretbaren Interessenausgleich** bietet.[99] Auch insoweit kann man sich an der Wertung des § 306 Abs. 3 orientieren, wonach die Unwirksamkeit einer Klausel nicht für eine Partei zu einer unzumutbaren Härte führen darf.[100] Führt der ersatzlose Wegfall der Klausel zu einem Ergebnis, das den typischen Interessen beider Vertragspartner (noch) gerecht wird, so muss der Verwender der AGB sich hiermit zufrieden geben.[101] Der BGH hat daher in mehreren neueren Entscheidungen die Zulässigkeit der ergänzenden Vertragsauslegung für den Fall verneint, dass **Preisanpassungsklauseln** in **Energielieferverträgen** nach § 307 unwirksam sind. Maßgeblich war dabei die Erwägung, dass der Energierversorger sich nach Ablauf der Mindestvertragslaufzeit mit einer Kündigungsfrist von einem Monat bzw drei Monaten vom Vertrag lösen könne; wenn er bis dahin an den vertraglich vereinbarten Preis gebunden bleibe, so führe dies nicht ohne weiteres zu einem unzumutbaren Ergebnis.[102] Ist eine **Zinsänderungsklausel** in einem langfristigen Sparvertrag unwirk-

90 Vgl OLG Köln ZEV 2009, 241, 242 m.Anm. *Perau*; MüKo/*Leipold*, § 2084 Rn 80 ff; *Olzen*, Erbrecht, 3. Aufl. 2009, Rn 586.

91 Vgl BGHZ 60, 226, 231; BGH WM 1975, 498, 499; RGRK/*Piper*, § 157 Rn 104; Soergel/*Wolf*, § 157 Rn 119; Staudinger/*Roth*, § 157 Rn 45.

92 Vgl BGHZ 60, 226, 231; BGH NJW-RR 1992, 178, 179; RGRK/*Piper*, § 157 Rn 104; Staudinger/*Roth*, § 157 Rn 45.

93 Vgl BGHZ 90, 69, 73 ff; 92, 363, 370; 103, 228, 234; 119, 305, 325; BGH NJW 2008, 2172, 2175; Palandt/*Ellenberger*, § 157 Rn 2 a; PWW/*Brinkmann*, § 157 Rn 23; MüKo/*Basedow*, § 306 Rn 22 ff; *Dreher*, FS Schapp 2010, 113, 117 ff; krit. MüKo/*Busche*, § 157 Rn 32; Staudinger/*Roth*, § 157 Rn 49.

94 BGHZ 90, 69, 83 f; 117, 92, 98; 137, 153, 157; 143, 103, 120; 182, 59, 74; BGH NJW 2002, 3098, 3099; 2008, 1820, 1822; 2008, 3422, 3423; 2010, 1742, 1743; NJW-RR 2010, 1202, 1204; RGRK/*Piper*, § 157 Rn 111; Soergel/*Wolf*, § 157 Rn 120; Staudinger/*Roth*, § 157 Rn 47.

95 Vgl BGHZ 90, 69, 75 f; 92, 363, 370; BGH NJW 2008, 2172, 2175; Erman/*Armbrüster*, § 157 Rn 26; MüKo/*Basedow*, § 306 Rn 22, 24.

96 Vgl BGH NJW 2007, 1054, 1057 (Flüssiggas); Palandt/*Grüneberg*, § 306 Rn 13; PWW/*Berger*, § 306 Rn 15; Staudinger/*Schlosser*, § 306 Rn 19; krit. *v. Westphalen* NJW 2007, 2228, 2230.

97 BGHZ 137, 153, 157; 143, 103, 120; BGH NJW 2002, 3098, 3099; MüKo/*Basedow*, § 306 Rn 26; Jauernig/*Stadler*, § 306 Rn 5; zur Lückenfüllung in AVB *Dreher*, FS Schapp 2010, 113, 116 ff.

98 Vgl Staudinger/*Schlosser*, § 306 Rn 31.

99 BGHZ 90, 69, 75; 137, 153, 157; 182, 59, 74; BGH NJW 2008, 2172, 2175; Bamberger/Roth/*Schmidt*, § 306 Rn 12; Erman/*Armbrüster*, § 157 Rn 26; PWW/*Brinkmann*, § 157 Rn 37.

100 Vgl BAG NZA 2009, 666, 669.

101 BGHZ 143, 103, 120.

102 BGHZ 176, 244, 255; 182, 59, 74 f; BGH NJW-RR 2010, 1202, 1204; ZIP 2010, 2153.

sam, so sind die maßgeblichen Änderungsparamenter dagegen im Wege ergänzender Vertragsauslegung zu bestimmen. Den Banken steht insoweit auch kein einseitiges Zinsänderungsrecht nach § 315 Abs. 1 zu.[103]

Ob die ergänzende Vertragsauslegung auch bei AGB ausscheidet, wenn für die Lückenfüllung **mehrere gleichwertige Alternativen** bestehen, ohne dass sich ein hypothetischer Parteiwille für eine bestimmte Lösung feststellen lässt, ist streitig.[104] Die Rechtsprechung hat diesen für Individualvereinbarungen maßgeblichen Grundsatz (dazu oben Rn 26) lange Zeit auch auf AGB angewendet.[105] In einer neueren Entscheidung hat das Gericht jedoch dargelegt, dass das Vorhandensein mehrerer Gestaltungsmöglichkeiten zur Lückenfüllung der ergänzenden Vertragsauslegung bei AGB nicht entgegensteht. Da die Vertragsergänzung bei AGB „für den betroffenen Vertragstyp als allgemeine Lösung eines stets wiederkehrenden Interessengegenstands angemessen sein" müsse, könne sie „auf einer höheren Abstraktionsebene und damit ohne Rücksicht auf Anhaltspunkte für eine bestimmte Lösungsvariante" erfolgen.[106] Dieser Auffassung ist zuzustimmen, weil es bei der ergänzenden Auslegung von AGB im Regelfall ohnehin nicht auf den Willen und die Interessen der konkreten Parteien ankommt. Die richterliche Entscheidung stellt insofern keinen unzulässigen Eingriff in die Privatautonomie dar.

Liegen die Voraussetzungen der ergänzenden Auslegung vor, so wird diese sich im Vergleich mit dem ersatzlosen Wegfall der Klausel oder dem Rückgriff auf dispositives Recht meistens **zugunsten des Verwenders** auswirken.[107] Dies steht zwar in einem gewissen Widerspruch zu dem Gedanken, dass der Verwender für seine AGB verantwortlich ist. Andererseits widerspräche es jedoch dem Ziel eines gerechten Interessenausgleichs, dem Vertragspartner einen Vorteil zu belassen, der das Vertragsgefüge völlig einseitig zu seinen Gunsten verschiebt.[108] Auch dieser Gedanke kann jedoch grundsätzlich nicht die **geltungserhaltende Reduktion** einer unzulässigen Klausel rechtfertigen. Denn der Richter hat sich bei der ergänzenden Auslegung am Ziel eines gerechten Interessenausgleichs zu orientieren und darf daher keine Lösungen entwickeln, die einerseits für den Verwender möglichst günstig, andererseits aber gerade noch zulässig sind.[109] Eine Ausnahme muss allerdings für den Fall gelten, dass eine einseitige Begünstigung des Vertragspartners nicht auf andere Weise vermieden werden kann.[110] 39

b) Maßstab. Bei der ergänzenden Auslegung von AGB kommt es im Allgemeinen nicht auf den hypothetischen Willen der konkreten Parteien an. Ebenso wie bei der erläuternden Auslegung von AGB (§ 133 Rn 87) gilt vielmehr grundsätzlich ein **objektiv-generalisierender Maßstab**. Der Rechtsanwender muss hiernach aufgrund einer Interessenabwägung feststellen, welche Lösung dem Willen und Interesse der typischerweise an solchen Geschäften beteiligten Verkehrskreise am besten entspricht.[111] Eine Ausnahme kommt aber in Betracht, wenn sich ein abweichender individueller Wille beider Parteien im Einzelfall feststellen lässt. Ein solcher Wille muss im Individualprozess auch bei der ergänzenden Auslegung von AGB vorgehen.[112] 40

4. Tarifverträge. Bei Tarifverträgen ist eine ergänzende Auslegung nur zulässig, wenn ausreichende Anhaltspunkte dafür vorliegen, welche Regelung die Tarifvertragsparteien bei Kenntnis der Lücke getroffen hätten.[113] Ansonsten muss eine ergänzende Auslegung mit Rücksicht auf den Grundsatz der **Tarifautonomie** (Art 9 Abs. 3 GG) ausscheiden.[114] Bei mehreren gleichwertigen Alternativen ist eine ergänzende Auslegung ebenso wie bei Individualvereinbarungen (oben Rn 26) unzulässig. Für Tarifverträge gelten insoweit jedoch die strengeren Maßstäbe. 41

VII. Einzelfälle

1. Arbeitsrecht. Seit Inkrafttreten der Schuldrechtsreform sind Arbeitsverträge nach § 310 Abs. 4 S. 1 nicht mehr von der allgemeinen AGB-Kontrolle ausgeschlossen. Die §§ 305 ff gelten damit auch für **Formularar-** 42

103 BGH NJW 2010, 1742; Urt. v. 21.12.2010 – XI ZR 52/08; zu Zinsänderungsklauseln vgl auch BGHZ 158, 149; BGH NJW 2008, 3422.
104 Für eine Zulässigkeit der ergänzenden Auslegung in diesen Fällen Bamberger/Roth/*Schmidt*, § 306 Rn 13; Staudinger/*Schlosser*, § 306 Rn 15; *Lindacher*, in: Wolf/Lindacher/Pfeiffer, AGB-Recht, 5. Aufl. 2009, § 306 Rn 21; aA MüKo/*Basedow*, § 306 Rn 28; Erman/*Roloff*, § 306 Rn 13.
105 BGH NJW 1990, 115, 116; NJW 2000, 1110, 1114; NJW 2006, 996, 999.
106 BGHZ 164, 297, 317 = VersR 2005, 1565; vgl auch BGH VersR 2006, 1530, 1532.
107 Soergel/*Wolf*, § 157 Rn 120; einschr. Palandt/*Grüneberg*, § 305 c Rn 17.
108 Vgl BGHZ 90, 69, 77; 137, 153, 157.
109 Vgl BGHZ 84, 109, 115; 92, 312, 314 f; 107, 273, 277; 143, 103, 119; BGH NJW 2000, 1110, 1113; Bamberger/Roth/*Schmidt*, § 306 Rn 12; MüKo/*Basedow*, § 306 Rn 27; Palandt/*Grüneberg*, Vor § 307 Rn 8, 11; PWW/*Brinkmann*, § 157 Rn 37; krit. Jauernig/*Stadler*, § 306 Rn 5; Staudinger/*Roth*, § 157 Rn 49.
110 BGHZ 137, 153, 157; MüKo/*Basedow*, § 306 Rn 27.
111 Vgl BGHZ 107, 273, 277; 143, 103, 121; Staudinger/*Roth*, § 157 Rn 48; zur Lückenfülling in AVB *Dreher*, FS Schapp 2010, 113, 120 ff.
112 Staudinger/*Schlosser*, § 306 Rn 12.
113 Vgl BAG NZA 1999, 999, 1000; NJOZ 2006, 3366, 3372; Palandt/*Ellenberger*, § 157 Rn 2 a; Bamberger/Roth/*Wendtland*, § 157 Rn 5; Staudinger/*Roth*, § 157 Rn 12.
114 BAGE 110, 208, 216 = NZA 2005, 821, 824; BAG DB 1999, 1809, 1810; DB 2001, 202.

beitsverträge, was zu einer **Verschärfung des Kontrollmaßstabs** geführt hat. In Bezug auf Verträge, die vor dem 1.1.2002 geschlossen wurden, geht das BAG davon aus, dass eine ergänzende Vertragsauslegung aus Gründen des **Vertrauensschutzes** geboten sein kann, um die durch das nachträgliche Unwirksamwerden einer Klausel entstandenen Lücken unter Wahrung der Interessen beider Parteien zu füllen.[115] In der Literatur wird demgegenüber zu Recht darauf hingewiesen, dass die ergänzende Vertragsauslegung bei Formularverträgen auch im Arbeitsrecht nicht auf Fälle beschränkt ist, in denen die Unwirksamkeit der Klausel auf einer nach Abschluss des Vertrages erfolgten **Gesetzesänderung** beruht.[116] In neuerer Zeit hat das BAG eine ergänzende Vertragsauslegung auch unabhängig von der Übergangsproblematik in Erwägung gezogen. Dabei hat das Gericht darauf hingewiesen, dass auch im Hinblick auf die Zulässigkeit einer ergänzenden Auslegung von Formularverträgen „die im Arbeitsrecht geltenden Besonderheiten angemessen zu berücksichtigen sind" (§ 310 Abs. 4 S. 2).[117]

43 Haben der Arbeitgeber und der Arbeitnehmer die Abtretung von Lohnforderungen nicht ausdrücklich ausgeschlossen, so kann trotz des erhöhten Aufwands für den Arbeitgeber auch bei einem größeren Unternehmen nicht im Wege ergänzender Vertragsauslegung von einem stillschweigenden **Ausschluss der Lohnabtretung** ausgegangen werden.[118] Es fehlt insoweit schon an der erforderlichen Regelungslücke. Denn das Institut der Lohnabtretung ist so bekannt und gebräuchlich, dass die Parteien diesen Punkt im Allgemeinen nicht übersehen werden, wenn sie ihn denn für regelungsbedürftig halten sollten.

44 Die Grundsätze über die **Beschränkung der Arbeitnehmerhaftung** bei betrieblicher Tätigkeit[119] gelten nur im Innenverhältnis zum Arbeitgeber. Im Verhältnis zu Dritten kann eine entsprechende Einschränkung der Haftung auch nicht durch ergänzende Auslegung des zwischen Arbeitgeber und Drittem geschlossenen Vertrages begründet werden.[120] Hat der Arbeitgeber mit dem Dritten eine Haftungsbeschränkung vereinbart, so soll diese nach dem hypothetischen Parteiwillen aber auch den Arbeitnehmern des Begünstigten zugutekommen.[121]

45 Das Arbeitsverhältnis kann grundsätzlich auch schon **vor Dienstantritt gekündigt** werden.[122] Ein vertraglicher Ausschluss der Kündigung vor Dienstantritt muss ausdrücklich erfolgen oder aus den Umständen eindeutig erkennbar sein. Liegen diese Voraussetzungen nicht vor, so kann ein solcher Ausschluss auch nicht im Wege ergänzender Vertragsauslegung angenommen werden.[123] Haben die Parteien für den Fall einer ordentlichen Kündigung vor Dienstantritt keine Vereinbarungen über den **Beginn der Kündigungsfrist** getroffen, so muss durch ergänzende Auslegung ermittelt werden, ob die Kündigungsfrist schon vor Beginn des Arbeitsverhältnisses mit dem Zugang der Kündigung beim Arbeitnehmer beginnt. Die Entscheidung muss im Einzelfall aufgrund einer umfassenden Interessenabwägung getroffen werden.[124]

46 **2. Haftungsbeschränkungen.** Ein wichtiger Anwendungsbereich der ergänzenden Vertragsauslegung sind stillschweigend vereinbarte Haftungsbeschränkungen. Im Vordergrund steht dabei die Haftung im Rahmen von **Gefälligkeitsverhältnissen** (zB Gefälligkeitsfahrten im Straßenverkehr)[125] und **unentgeltlichen Verträgen** (insbesondere Auftrag).[126] Entscheidend ist auch hier eine Interessenabwägung im Einzelfall. Die Annahme einer stillschweigenden Haftungsbeschränkung ist danach grundsätzlich ausgeschlossen, wenn der Schaden durch eine Haftpflichtversicherung abgedeckt wird. Denn es entspricht im Regelfall nicht dem (mutmaßlichen) Willen der Beteiligten, den Haftpflichtversicherer des Schädigers zu entlasten.[127] Eine andere Beurteilung kommt in Betracht, wenn der Schädiger im konkreten Fall keinen Versicherungsschutz genießt, so dass ihn ein übermäßiges Haftungsrisiko trifft, und darüber hinaus weitere Umstände vorliegen, die einen Haftungsverzicht interessengerecht erscheinen lassen.[128] Eine solche Situation kann eintreten, wenn die Beteiligten im Ausland ein Kfz mieten und nach dem Recht des betreffenden Staates entgegen den Erwartungen

115 BAGE 113, 140 = NZA 2005, 1820; BAG NZA 2006, 1042, 1046; NJW 2007, 536, 539; 2007, 3018, 3020; 2008, 3592, 3599 f; *Gaul*, FS Birk 2008, 99, 107 f.

116 So *Ohlendorf/Salamon*, RdA 2006, 281, 284 ff; *Salamon*, NZA 2009, 1076, 1078.

117 BAG NZA 2009, 666, 669.

118 BGHZ 23, 53, 55; Palandt/*Grüneberg*, § 399 Rn 8; Staudinger/*Richardi/Fischinger*, § 611 Rn 997.

119 Dazu BAG NJW 1995, 210; VersR 2003, 736, 737; Palandt/*Grüneberg*, § 276 Rn 44; Staudinger/*Richardi/Fischinger*, § 619 a Rn 28 ff; *Looschelders*, Schuldrecht BT, 5. Aufl. 2010, Rn 568 ff.

120 BGHZ 108, 305, 316 ff; BGH NJW 1994, 852, 854; Erman/*Armbrüster*, § 157 Rn 27.

121 Vgl BGHZ 108, 305, 319; 130, 223, 228 ff; Palandt/*Weidenkaff*, § 611 Rn 159.

122 Vgl BAGE 16, 204 = AP Nr. 1 zu § 620 BGB; BAG NJW 2004, 3444; Bamberger/Roth/*Gotthardt*, § 622 Rn 65.

123 BAGE 31, 121 = AP Nr. 3 zu § 620 BGB m. Anm. *Wolf*.

124 BAG AP Nr. 4 zu § 620 BGB = NJW 1987, 148; BAG NJW 2004, 3444; *Caesar*, NZA 1989, 251, 252 f.

125 Vgl dazu BGH NJW 1979, 414; VersR 1980, 384; NJW 2009, 1482; OLG Hamm NJW-RR 2000, 62; OLG Frankfurt NJW 2006, 1004; *Looschelders*, Schuldrecht AT, 8. Aufl. 2010, Rn 99 ff und Rn 523.

126 Vgl BGHZ 21, 102, 110 f (iE ablehnend); OLG Frankfurt NJW 1998, 1232.

127 Vgl BGHZ 39, 156, 158; BGH NJW 1993, 3067, 3068; MüKo/*Wagner*, Vor § 823 Rn 68 ff.

128 Vgl BGH NJW 1993, 3067, 3068; 1966, 41; 2009, 1482, 1483; Erman/*Armbrüster*, § 157 Rn 27; *Looschelders*, Schuldrecht AT, 8. Aufl. 2010, Rn 100; *Hirte/Herber*, JuS 2002, 241, 244.

beider Beteiligten keine obligatorische Kfz-Haftpflichtversicherung besteht.[129] Der Geschädigte verliert damit zwar sämtliche Schadensersatzansprüche; dies erscheint aber hinnehmbar, wenn seine Krankenversicherung den materiellen Schaden abdeckt.[130]

Überlässt ein Kfz-Händler seinem Kunden einen Pkw zur **Probefahrt**, so kann nach dem hypothetischen Willen der Parteien im Regelfall von einer stillschweigenden Beschränkung der Haftung auf Vorsatz und grobe Fahrlässigkeit ausgegangen werden (vgl Rn 17).[131] Denn der Kunde darf grundsätzlich darauf vertrauen, dass der Händler sich gegen das Risiko einer fahrlässigen Beschädigung des Fahrzeugs durch Abschluss einer Kaskoversicherung abgesichert hat. Diese Erwägung trifft bei einem privaten Verkäufer nicht zu.[132] Hier kann ein stillschweigender Haftungsausschluss daher im Allgemeinen auch nicht mit Hilfe der ergänzenden Auslegung begründet werden. Eine Ausnahme gilt aber, wenn das Fahrzeug dem Interessenten von einem Händler zur Probefahrt übergeben wird.[133] **47**

3. Handels- und Gesellschaftsrecht. Im **Handelsverkehr** hat sich eine Vielzahl von Klauseln herausgebildet, denen von den beteiligten Kreisen eine bestimmte fest umrissene Bedeutung beigemessen wird. Handelsklauseln dienen dem Zweck, den Geschäftsverkehr zu vereinfachen und für Klarheit und Rechtssicherheit zu sorgen.[134] Es besteht deshalb die Vermutung, dass die Parteien den Klauseln die Bedeutung beigemessen haben, die typischerweise im Handelsverkehr zugrunde gelegt wird. Handelsklauseln sind ohne Rücksicht auf die Umstände des Einzelfalles nach festen Regeln auszulegen (vgl auch § 133 Rn 110). Aus Gründen der Rechtssicherheit darf ihre Bedeutung grundsätzlich nicht im Wege ergänzender Auslegung durchbrochen werden.[135] Dies gilt insbesondere für den Fall, dass die Klausel in einer Urkunde enthalten ist, die erfahrungsgemäß nicht nur für die Vertragsparteien, sondern auch für Dritte von Relevanz ist.[136] **48**

Kein Fall ergänzender Auslegung ist die Deutung des **Schweigens auf ein kaufmännisches Bestätigungsschreiben** als Zustimmung mit der Folge, dass der Vertrag mit dem bestätigten Inhalt gilt bzw zustande kommt. Es handelt sich vielmehr um eine aus den Handelsbräuchen (§ 346 HGB) entwickelte **objektive Rechtsfortbildung**, die heute gewohnheitsrechtlich anerkannt ist.[137] Irrt der Empfänger des Schreibens sich über die Bedeutung seines Schweigens, so ist eine Anfechtung wegen Inhaltsirrtums daher auch nach der hier vertretenen Auffassung zur Anfechtung bei ergänzender Vertragsauslegung (Rn 13) ausgeschlossen.[138] **49**

Ist eine **gesellschaftsvertragliche Abfindungsklausel** wegen zu geringer Höhe der Abfindung nach § 138 Abs. 1 nichtig, so widerspricht die Anwendung des § 738 im Allgemeinen den Interessen der Beteiligten. Die Rechtsprechung billigt dem ausscheidenden Gesellschafter daher im Wege ergänzender Vertragsauslegung eine angemessene Abfindung zu (vgl § 138 Rn 204 ff).[139] Dem ist im Ergebnis zuzustimmen. Da die ergänzende Vertragsauslegung nicht im Widerspruch zum tatsächlichen Willen der Parteien durchgeführt werden darf (vgl Rn 22), dürfte es sich aus methodischer Sicht jedoch eher um eine teleologische Reduktion handeln.[140] **50**

Wird der ausscheidende Gesellschafter durch die Abfindungsklausel erst aufgrund einer **nachträglichen Änderung der Wertverhältnisse** unangemessen benachteiligt, so greift dieser Einwand nicht. In diesem Fall kann die ergänzende Vertragsauslegung daher herangezogen werden, um eine interessengerechte Anpassung der Abfindungsklausel zu verwirklichen.[141] **51**

Gemäß § 131 Nr. 4 HGB aF führte der **Tod eines OHG-Gesellschafters** zur Auflösung der Gesellschaft. Nach der Rechtsprechung des BGH musste diese Regelung jedoch als veraltet zurücktreten, wenn die Fortsetzung der Gesellschaft bei ergänzender Vertragsauslegung interessengerechter erschien (vgl Rn 12).[142] Dieser Sicht- **52**

129 BGH NJW 2009, 1482 m.Anm. *Spickhoff*, LMK 2009, 280900; ähnlich OLG Hamm, NJW-RR 2000, 62; zu beiden Entscheidungen *Looschelders*, Schuldrecht AT, 8. Aufl. 2010, Rn 523.

130 Hierauf abstellend *Hager*, JA 2009, 646, 647.

131 BGH NJW 1979, 643, 644; 1980, 1681, 1682; OLG Koblenz NJW-RR 2003, 1185, 1186; PWW/*Brinkmann*, § 157 Rn 41; Soergel/*Wolf*, § 157 Rn 177.

132 OLG Köln NJW 1996, 1288, 1289.

133 OLG Koblenz NJW-RR 2003, 1185, 1186; aA OLG Köln NJW 1996, 1288, 1289.

134 Vgl dazu etwa Ebenroth/Boujong/*Joost*/Strohn, HGB, § 346 Rn 96; Palandt/*Ellenberger*, § 157 Rn 18; Soergel/*Wolf*, § 157 Rn 79 ff.

135 Vgl BGHZ 14, 61, 62; 23, 131, 135 ff; MüKo/*Schmidt*, HGB; § 346 Rn 54; Soergel/*Wolf*, § 157 Rn 79; *Canaris*, Handelsrecht, 24. Aufl. 2006, § 22 Rn 13.

136 BGHZ 23, 131, 137; Ebenroth/Boujong/*Joost*/Strohn, HGB, § 346 Rn 99.

137 Vgl Baumbach/*Hopt*, HGB, § 346 Rn 17; Ebenroth/Boujong/*Joost*/Strohn, HGB, § 346 Rn 63; *Larenz*/*Wolf*, BGB AT, § 30 Rn 29; *K. Schmidt*, Handelsrecht, 5. Aufl. 1999, § 19 III 1; aA MüKo/*Kramer*, § 151 Rn 19 ff.

138 Für Ausschluss der Anfechtung wegen eines solchen Irrtums iE auch die ganz hM, vgl nur BGHZ 11, 1, 5; BGH NJW 1969, 1711; Baumbach/*Hopt*, HGB, § 346 Rn 33; MüKo/*Kramer*, § 151 Rn 23; *K. Schmidt*, Handelsrecht, 5. Aufl. 1999, § 19 III 6 c.

139 BGH NJW 1985, 192, 193; vgl auch BGHZ 123, 281, 284 ff.

140 So auch Staudinger/*Sack*, § 138 Rn 373.

141 BGHZ 123, 281, 283 ff = NJW 1993, 3193; MüKo/*Schmidt*, HGB, § 131 Rn 175; Staudinger/*Roth*, § 157 Rn 57; für Rückgriff auf § 242 *K. Schmidt*, GesR, 4. Aufl. 2002, § 50 IV 2 c dd.

142 BGH NJW 1979, 1705, 1706; Soergel/*Wolf*, § 157 Rn 159.

weise hat sich der Gesetzgeber angeschlossen. Nach § 131 Abs. 3 Nr. 1 HGB führt der Tod eines Gesellschafters nicht mehr zur Auflösung der Gesellschaft, sondern lediglich zum Ausscheiden des Betroffenen.

Möglich ist aber auch, die Gesellschaft mit den Erben fortzusetzen (vgl § 139 HGB) oder im Gesellschaftsvertrag eine anderweitige Nachfolgeregelung zu treffen. Scheitert eine (erbrechtliche) **Nachfolgeklausel**, so kann sie im Wege der ergänzenden Vertragsauslegung in eine (rechtsgeschäftliche) **Eintrittsklausel** umgedeutet werden. Dies ist zB dann der Fall, wenn die benannte Person nicht Erbe ist, was für die Nachfolgeklausel Voraussetzung ist.[143]

53 **4. Kaufverträge.** Einigen sich die Parteien bei den Verhandlungen über den Abschluss eines Kaufvertrages nicht über den Preis, so fehlt es an einer Einigung über einen wesentlichen Vertragsbestandteil, ohne die ein Vertrag (vorbehaltlich eines einseitigen Leistungsbestimmungsrechts) nicht wirksam zustande kommt. Da schon die Voraussetzung eines wirksamen Rechtsgeschäfts nicht vorliegt, kommt eine ergänzende Vertragsauslegung zur Bestimmung des Kaufpreises nicht in Betracht.[144]

Nach der Rechtsprechung des BGH deckt ein vereinbarter Kaufpreis grundsätzlich auch die vom Verkäufer zu entrichtende **Umsatzsteuer** ab.[145] Eine Ausnahme gilt, wenn die Parteien einen „Nettopreis" vereinbart haben oder wenn bei Abschluss des Vertrages ein Handelsbrauch (§ 346 HGB) bzw eine Verkehrssitte (§ 157) besteht, wonach der Käufer die Umsatzsteuer im Nachhinein zu entrichten hat.[146] Sind die Parteien irrtümlicherweise übereinstimmend davon ausgegangen, der Kaufvertrag unterliege nicht der Umsatzsteuer, so kann die Frage, wer die Umsatzsteuer zu tragen hat, durch ergänzende Vertragsauslegung zu klären sein.[147]

Im Wege der ergänzenden Auslegung eines **Telefonkartenvertrags** kann dem Herausgeber von Telefonkarten die Möglichkeit gewährt werden, die Gültigkeitsdauer nachträglich anzupassen und damit die Karten zu sperren. Damit einhergehen muss aber das Recht, die gesperrten Karten gegen aktuelle Karten mit gleichem restlichem Guthabenwert einzutauschen. Eine solche nachträgliche Anpassung des Vertrages kann auf die entsprechende Anwendung des § 315 gestützt werden. Voraussetzung ist, dass das Recht zur **einseitigen Leistungsbestimmung** den Belangen der leistenden Partei gerecht wird und dass diese Lösung insgesamt bei angemessener Abwägung der Interessen nach Treu und Glauben dem hypothetischen Parteiwillen entspricht.[148] Diese Voraussetzung liegt bei Unwirksamkeit einer **Zinsänderungsklausel** im Rahmen eines Sparvertrages nicht vor (vgl Rn 38).[149]

54 Bei **Grundstücksverträgen** kann sich die Frage stellen, wer die Kosten einer bei Vertragsschluss nicht vorhergesehenen **Privaterschließung** zu tragen hat. Eine ergänzende Vertragsauslegung wird hier im Allgemeinen ergeben, dass die Parteien die gegenüber einer öffentlichen Erschließung entstehenden Mehrkosten als redliche Partner zu gleichen Teilen auf sich genommen hätten. Die Kosten sind daher von beiden Teilen gleichmäßig zu tragen.[150]

55 Wird ein Grundstück, dessen Belastung mit einem Ölschaden der Erstverkäufer arglistig verschwiegen hat, unter Ausschluss der Gewährleistung weiterverkauft, so kann die ergänzende Vertragsauslegung ergeben, dass der Zweitverkäufer dem Käufer nach Treu und Glauben seine **Gewährleistungsansprüche gegen den Erstverkäufer abgetreten** hätte.[151] Nach der neueren Rechtsprechung kann das Vorliegen einer ergänzungsbedürftigen Lücke im Vertrag nicht allein darauf gestützt werden, dass die Rechtsstellung des Zweitkäufers nicht schwächer als möglich ausgestaltet und der Erstverkäufer nicht begünstigt werden soll. Es müssen vielmehr Anhaltspunkte dafür bestehen, dass dem Zweitkäufer durch die Verlagerung des Mängelrisikos keine Ansprüche gegen den Erstverkäufer vorenthalten werden sollten und es den Parteien nicht darum ging, den Erstkäufer wegen etwaiger Mängel abschließend zu entlasten und vor unvorhergesehenen Rückwirkungen einer Inanspruchnahme des Erstverkäufers zu schützen.[152] Ein solcher Anhaltspunkt lag hier in der von den Parteien nicht für möglich gehaltenen zusätzlichen Bodenbelastung durch Öl, welche der Erstverkäufer arglistig verschwiegen hatte.[153]

56 Hat ein Eigentümer seine Grundstücke zur **Abwendung einer drohenden Enteignung** an die öffentliche Hand verkauft, so steht ihm aufgrund ergänzender Vertragsauslegung ein Anspruch auf Rückübertragung der Grundstücke gegen Rückzahlung des Kaufpreises zu, wenn der Zweck der Enteignung wegen einer Änderung

143 BGH NJW 1978, 264; Baumbach/*Hopt*, HGB, § 139 Rn 50.
144 BGH NJW-RR 2006, 1139, 1141.
145 Vgl BGHZ 58, 291, 295; 60, 199, 203; 103, 284, 287; 115, 47, 50; Palandt/*Ellenberger*, § 157 Rn 13; PWW/*Brinkmann*, § 157 Rn 45.
146 BGH NJW 2001, 2464, 2465.
147 Vgl BGH NJW-RR 2000, 1652, 1653; NJW 2001, 2464, 2465; Palandt/*Ellenberger*, § 157 Rn 6, 13; Staudinger/*Roth*, § 157 Rn 61.
148 BGH NJW-RR 2008, 562, 563; Palandt/*Ellenberger*, § 157 Rn 7; PWW/*Brinkmann*, § 157 Rn 25.
149 Zur Unanwendbarkeit der §§ 315, 316 in diesen Fällen BGH NJW 2010, 1742, 1743.
150 BGH NJW-RR 2000, 894, 895; vgl auch BGH NJW-RR 1987, 458.
151 BGH NJW 1997, 652; Palandt/*Ellenberger*, § 157 Rn 6.
152 BGH NJW 2004, 1873; zustimmend Palandt/*Ellenberger*, § 157 Rn 12; PWW/*Brinkmann*, § 157 Rn 43; aA *Klimke/Lehmann-Richter*, NJW 2004, 3672.
153 BGH NJW 1997, 652; 2004, 1873, 1873.

des Bebauungsplans entfällt. Der Anspruch muss nach dem Rechtsgedanken des § 102 Abs. 3 BauGB in einer Frist von 2 Jahren ab Kenntnis vom Wegfall des Enteignungszwecks geltend gemacht werden.[154]

5. Kreditsicherungsrecht. Die ergänzende Auslegung kann ergeben, dass ein **einfacher Eigentumsvorbehalt** bei Vertragsschluss ausnahmsweise **stillschweigend vereinbart** worden ist. Dies setzt aber Anhaltspunkte für einen entsprechenden Parteiwillen voraus. Erforderlich ist weiter, dass ein solcher Eigentumsvorbehalt in der Branche üblich ist und vom Käufer nicht ausdrücklich ausgeschlossen wurde.[155] Daneben stellt sich das Problem des **nachträglich vereinbarten** Eigentumsvorbehalts. Erklärt der Verkäufer vertragswidrig (zB durch deutlichen Vermerk auf dem Lieferschein), er werde die Sache nur bedingt übereignen, und nimmt der Käufer daraufhin die Kaufsache entgegen, ohne den Kaufpreis zu zahlen, so ist dies als Einigung zu verstehen. Dahinter steht die Erwägung, dass der Käufer lieber der bedingten Übereignung zustimmt als gar nichts zu erhalten.[156] Von dieser sachenrechtlichen Einigung abzugrenzen ist das schuldrechtliche Geschäft (Abstraktionsprinzip). Die Entgegennahme der Ware durch den Käufer rechtfertigt für sich genommen nicht die Annahme einer stillschweigenden Vertragsänderung dahingehend, dass auf die schuldrechtliche Verpflichtung zur unbedingten Übereignung verzichtet wird.[157] 57

Tritt bei **revolvierenden Sicherheiten** (zB Sicherungsübereignung von Warenlagern mit wechselndem Bestand, Globalzessionen) im Nachhinein eine **Übersicherung** ein, so ist der Vertrag nicht nach § 138 Abs. 1 nichtig (vgl § 138 Rn 259). Dem Sicherungsgeber steht vielmehr ein ermessensunabhängiger vertraglicher Anspruch gegen den Sicherungsnehmer auf **Freigabe** der endgültig nicht mehr benötigten Sicherheiten zu.[158] Dies gilt auch dann, wenn der Sicherungsvertrag **keine** oder eine **ermessensabhängige** (und deshalb nach § 307 unwirksame) **Freigabeklausel** enthält. Die Rechtsprechung stützt sich auf eine ergänzende Vertragsauslegung, wonach die Pflicht zur Freigabe sowohl dem fiduziarischen Charakter der Sicherungsabrede als auch den Interessen der Parteien entspricht.[159] Indessen dürfte es sich eher um eine objektive Rechtsfortbildung handeln, die auf dem **Treuhandgedanken** beruht (vgl § 138 Rn 259). 58

Ist bei einem Werkvertrag eine Klausel über einen Sicherheitseinbehalt des Bestellers unwirksam, so kann eine ergänzende Vertragsauslegung nicht dazu führen, dass der Sicherheitseinbehalt durch eine selbstschuldnerische **Bürgschaft** abgelöst wird. Eine solche Lösung verbietet sich wegen der vielfältigen Möglichkeiten zur Sicherung des Auftraggebers.[160]

6. Miet- und Pachtverträge. Bei Mietverträgen über Wohnraum hat der Vermieter die **Mietkaution** nach § 551 Abs. 3 **zum üblichen Zinssatz anzulegen**. Für Mietverträge über gewerblich genutzte Räume fehlt eine entsprechende Regelung. Haben die Parteien über die Frage keine Vereinbarung getroffen, so ist im Wege ergänzender Vertragsauslegung mit Rücksicht auf den Zweck der Kaution davon auszugehen, dass diese auch hier zum üblichen Zinssatz angelegt werden muss.[161] 59

Ist die Miet- oder Pachtsache mangelhaft, so scheidet eine ergänzende Vertragsauslegung wegen des Vorrangs des dispositiven Rechts aus. Der Mieter bzw Pächter kann somit die **Gewährleistungsrechte** nach §§ 536 ff (ggf iVm § 581 Abs. 2) geltend machen. Die darin verankerte Risikozuweisung darf nicht durch ergänzende Vertragsauslegung (zB in Form einer Vertragsanpassung zugunsten des Vermieters bzw Verpächters) unterlaufen werden.[162] 60

Eine ergänzende Vertragsauslegung kommt auch dann nicht in Betracht, wenn eine formularmäßige **Schönheitsreparaturklausel** nach § 307 unwirksam ist. Das dispositive Gesetzesrecht (insbesondere § 535 Abs. 1 S. 2) genügt zur Lückenfüllung.[163] Den Vermieter trifft damit die Instandhaltungspflicht, ohne dass er mit Rücksicht auf die Unwirksamkeit der Klausel im Wege ergänzender Vertragsauslegung einen Zuschlag zur ortsüblichen Vergleichsmiete verlangen kann.[164]

154 BGHZ 135, 92; Palandt/*Ellenberger*, § 157 Rn 12.
155 Vgl BGH NJW 1985, 1838, 1840; NJW-RR 2004, 555; Palandt/*Weidenkaff*, § 449 Rn 10; Soergel/*Wolf*, § 157 Rn 78, 147; *Baur/Stürner*, Sachenrecht, 18. Aufl. 2009, § 59 Rn 12 mit Fn 2; *Vieweg/Werner*, Sachenrecht, 4. Aufl. 2010, § 11 Rn 7; krit. *Tiedtke*, JZ 2008, 452, 459.
156 Bamberger/Roth/*Faust*, § 449 Rn 15; *Vieweg/Werner*, Sachenrecht, 4. Aufl. 2010, § 11 Rn 11; Staudinger/*Beckmann*, § 449 Rn 21; aA *Prütting*, Sachenrecht, 33. Aufl. 2008, Rn 390.
157 Jauernig/*Berger*, § 449 Rn 7; MüKo/*Westermann*, § 449 Rn 18; *Vieweg/Werner*, Sachenrecht, 4. Aufl. 2010, § 11 Rn 7; zur ausnahmsweisen stillschweigenden Änderung auch des Kaufvertrages vgl Staudinger/*Beckmann*, § 449 Rn 23.
158 BGHZ 137, 212, 218 = NJW 1998, 671 = JZ 1998, 456 m. Anm. *Roth*.
159 BGHZ 124, 371, 375 (§§ 133, 157, 242); BGHZ 137, 212, 219 (§ 157); vgl auch *Roth*, JZ 1998, 462, 463; *Wieling*, Sachenrecht, 5. Aufl. 2007, § 18, 3 c, der das „flexible Instrument der Auslegung" einer Nichtigkeit nach § 138 vorzieht.
160 BGHZ 147, 99, 105 = NJW 2001, 1858; BGH NJW-RR 2005, 458, 459 f; 2005, 1040, 1041; PWW/*Brinkmann*, § 157 Rn 48.
161 BGH NJW 1994, 3287 im Anschluss an BGHZ 84, 345; Palandt/*Ellenberger*, § 157 Rn 6; Staudinger/*Roth*, § 157 Rn 61.
162 BGH NZM 2008, 462, 463; Palandt/*Ellenberger*, § 157 Rn 4.
163 BGH NJW 2006, 2915, 1917; NZM 2006, 924, 926; 2008, 605, 60; *Emmerich*, NZM 2006, 761, 762.
164 BGH NJW 2008, 2840, 2841.

Hat ein **Wohnungsmieter** sich im Mietvertrag wirksam zur **Vornahme der Schönheitsreparaturen** verpflichtet, so wird er von dieser Verpflichtung nicht deshalb ersatzlos befreit, weil die geschuldeten Instandsetzungsmaßnahmen bei einem **Umbau** alsbald wieder zerstört würden. Enthält der Vertrag für diesen Fall keine Regelung, so gelangt die Rechtsprechung im Wege ergänzender Vertragsauslegung zu dem Ergebnis, dass der Mieter dem Vermieter einen Ausgleich in Geld zu zahlen hat.[165] Maßgeblich ist die Erwägung, die Durchführung der Schönheitsreparaturen stelle im Regelfall einen Teil des vom Mieter geschuldeten Entgelts dar. Diese Überlegung trifft nicht auf das Recht des Vermieters zu, bei Ablauf des Vertrages die Wiederherstellung des alten Zustands der von einem gewerblichen Mieter für seine Zwecke umgebauten Räume zu verlangen. Wird die Erfüllung dieser **Rückbauverpflichtung** aufgrund eines Umbaus sinnlos, so steht dem Vermieter daher kein Ausgleichsanspruch in Geld zu.[166]

61 Hat der Mieter an den Vermieter **überhöhte Betriebs- und Nebenkostenvorauszahlungen** geleistet, so steht dem Mieter aufgrund ergänzender Auslegung des Mietvertrages ein vertraglicher Anspruch auf Rückerstattung der überzahlten Beträge zu.[167]

Wurde im Mietvertrag die Umlegung von Antennenkosten vereinbart, so können im Wege ergänzender Vertragsauslegung auch **Breitbandkabelkosten** umgelegt werden, wenn es sich um eine duldungspflichtige Modernisierung iS von § 554 Abs. 2 S. 1 BGB handelt.[168]

62 **7. Versicherungsverträge.** Eine ergänzende Vertragsauslegung kommt (wie allgemein bei AGB) auch bei Lücken in Allgemeinen Versicherungsbedingungen (AVB) in Betracht.[169] Dies gilt auch dann, wenn für die Lückenfüllung mehrere Gestaltungsmöglichkeiten bestehen und sich ein hypothetischer Parteiwille in Bezug auf die konkrete Lösung nicht feststellen lässt (vgl Rn 38).[170]

63 Sehr umstritten war lange Zeit die Frage, wie ein Mieter, der einen Schaden leicht fahrlässig verursacht hat, gegen einen Regress des Gebäudeversicherers des Vermieters zu schützen sei. Das Schutzinteresse des Mieters ergibt sich vor allem daraus, dass er im Rahmen der Betriebskosten typischerweise die Prämie (mit-) trägt und deshalb erwarten darf, dass die Versicherung ihm auch in irgendeiner Weise zugutekommt.[171] Der VIII. Senat des BGH (Mietrechtssenat) ging zunächst im Wege ergänzender Auslegung des Mietvertrags von einer **stillschweigenden Beschränkung der Haftung des Mieters** für Brandschäden auf Vorsatz und grobe Fahrlässigkeit aus, wenn der Mieter nach dem Mietvertrag verpflichtet war, die (anteiligen) Kosten der Gebäudefeuerversicherung des Eigentümers zu zahlen (sog. haftungsrechtliche Lösung).[172] Im Jahr 2000 hat der für Versicherungssachen zuständige IV. Senat jedoch eine **versicherungsrechtliche Lösung** befürwortet,[173] der sich der Mietrechtssenat 2001 angeschlossen hat.[174] Nach diesem neueren Ansatz, der durch vier weitere Entscheidungen vom 13.9.2006[175] konkretisiert wurde, ergibt die ergänzende Auslegung des Versicherungsvertrages, dass der Versicherer auf die Geltendmachung der nach § 86 VVG (§ 67 VVG aF) auf ihn übergegangenen Schadensersatzansprüche des Versicherungsnehmers (Vermieters) gegen den Mieter konkludent verzichtet, wenn Letzterer den Schaden lediglich leicht fahrlässig herbeigeführt hat.[176] Die Beweislast für ein grob fahrlässiges oder vorsätzliches Handeln des Mieters trägt dabei entgegen §§ 535 ff der Versicherer.[177] Maßgeblich für diese Auslegung ist das berechtigte und dem Versicherer erkennbare Interesse des Vermieters, das Vertragsverhältnis mit dem Mieter so unbelastet wie möglich zu lassen.[178] Dabei kommt es nicht darauf an, ob der Vermieter die Prämien für die Gebäudeversicherung in die Miethöhe einkalkuliert oder bei den

165 So BGHZ 77, 301, 304 f = NJW 1980, 2347; 92, 363, 369 ff = NJW 1985, 480; BGH NJW 2002, 2383; PWW/*Brinkmann*, § 157 Rn 46; Soergel/*Wolf*, § 157 Rn 170; Staudinger/*Roth*, § 157 Rn 62.

166 BGHZ 96, 141, 145 f = NJW 1986, 309; BGH NJW 2002, 2383, 2384.

167 OLG Koblenz NJW-RR 2002, 800; Staudinger/*Roth*, § 157 Rn 62.

168 BGH NJW 2007, 3060, 3061; PWW/*Brinkmann*, § 157 Rn 46.

169 BGHZ 90, 69, 73 ff; 145, 393, 398 = VersR 2001, 94; 164, 297, 317 = VersR 2005, 1565; BGH VersR 2006, 1530, 1532; Bruck/Möller/*Beckmann*, VVG, 9. Aufl. 2008, Einf. C Rn 306 ff; Looschelders/*Pohlmann*, VVG, 2010, Vor B Rn 26 f; *E. Lorenz*, VersR 2001, 96, 97.

170 BGHZ 164, 297, 317; BGH VersR 2006, 1530, 1532; Looschelders/*Pohlmann*, VVG, 2010, Vorbem. B Rn 26; aA Bruck/Möller/*Beckmann*, VVG, 9. Aufl. 2008, Einf. C Rn 306.

171 Vgl BGH VersR 2006, 1530, 1532; 2006, 1533, 1536; 2006, 1536, 1539; *Piepenbrock*, VersR 2008, 319, 320.

172 Vgl u.a. BGHZ 131, 288, 292 ff = NJW 1996, 715 = VersR 2006, 320.

173 BGHZ 145, 393, 398 ff.

174 BGH VersR 2001, 856, 857.

175 BGH VersR 2006, 1398; 2006, 1530; 2006, 1533; 2006, 1536.

176 BGHZ 145, 393, 398 ff; BGH VersR 2008, 1108; ebenso bei gewerblicher Miete BGH VersR 2002, 433; bei einem auf Dauer angelegten unentgeltlichen Nutzungsverhältnis BGHZ 169, 86 = VersR 2006, 1533, 1535 m. Anm. *Günther*; eine Lösung über § 242 befürwortend *Staudinger/Kassing*, VersR 2007, 10, 14 f.

177 BGHZ 145, 393; BGH VersR 2001, 856, 857; Looschelders/Pohlmann/*Brand*, VVG, 2010, Vor § 142 Rn 6; Versicherungsrechts-Handbuch/*Philipp*, VVG, 2. Aufl. 2009, § 31 Rn 43; *Ihne*, r+s 2005, 109, 109; *Staudinger/Kassing*, VersR 2007, 10, 14.

178 BGH VersR 2006, 1530, 1532; 2006, 1533, 1535; Looschelders/Pohlmann/*Brand*, VVG, 2009, vor § 142 Rn 6; *Schwickert*, VersR 2004, 174, 174; krit. *Piepenbrock*, VersR 2008, 319, 320.

Nebenkosten gesondert aufgeführt hat.[179] Die versicherungsrechtliche Lösung entspricht damit den Interessen aller Beteiligten und ermöglicht zudem eine vereinfachte und kostengünstigere Schadensabwicklung.[180] Nach der **VVG-Reform** bleibt es für Fälle der einfachen Fahrlässigkeit bei einem vollständigen Regressverzicht des Versicherers. Bei grober Fahrlässigkeit des Mieters ist nach den Wertungen des § 81 Abs. 2 VVG davon auszugehen, dass der Versicherer in einem am Maß des Verschuldens orientierten Umfang auf den Regress verzichtet.[181]

Der Regressverzicht gilt auch dann, wenn der Mieter durch eine **Haftpflichtversicherung** geschützt wird, die (entgegen 7.6 AHB 2008) Schäden an gemieteten Sachen deckt. Ansonsten könnten die mit dem Regressverzicht verfolgten Zwecke unterlaufen werden.[182] Der BGH hat aber entschieden, dass dem Gebäudeversicherer in solchen Fällen ein Anspruch gegen den Haftpflichtversicherer des Mieters auf **anteiligen Ausgleich** zusteht.[183] Das Gericht stützt sich dabei allerdings nicht auf die ergänzende Vertragsauslegung, sondern wendet die Vorschriften über die Doppelversicherung (§ 59 Abs. 2 S. 1 VVG aF, § 78 Abs. 2 VVG nF) analog an. 64

Dem zwischen nahezu allen Feuerversicherern geschlossenen **Regressverzichtsabkommen** kann für den Regressverzicht gegenüber dem Mieter keine weitere Bedeutung beigemessen werden.[184] Der Streit, ob sich das Regressverzichtsabkommen auf den Ausgleichsanspruch des Gebäudefeuerversicherers gegen den Haftpflichtversicherer des Mieters auswirkt, ist durch das am 1.1.2009 in Kraft getretene Teilungsabkommen Mieterregress[185] beruhigt worden.

Ob auch das **Sachersatzinteresse des Schädigers** von der Gebäudeversicherung abgedeckt wird, ist ebenfalls durch ergänzende Auslegung des Versicherungsvertrags zu ermitteln.[186] Nach der Rechtsprechung soll das Sachersatzinteresse des **Mieters** im Allgemeinen nicht von der Gebäudeversicherung des Vermieters erfasst werden. Es fehlen in der Sachversicherung meistens konkrete Anhaltspunkte, die für eine entsprechende Annahme erforderlich wären.[187] Handelt es sich beim Versicherungsnehmer um eine **Miteigentümergemeinschaft**, so ergibt die ergänzende Auslegung des Versicherungsvertrages, dass das Sachersatzinteresse des einzelnen Miteigentümers an dem Gemeinschaftseigentum und dem Sondereigentum der anderen Wohnungseigentümer von der Gebäudeversicherung mit umfasst wird.[188] Nach der Rechtsprechung sind die Grundsätze über den Regressverzicht des Gebäudeversicherers nicht auf **andere Versicherungsverträge** (zB die Hausratversicherung) übertragbar.[189]

8. Vertrag mit Schutzwirkung für Dritte. Die Rechtsprechung stützt den Vertrag mit Schutzwirkung für Dritte auf eine ergänzende Auslegung des Vertrages, den der Schuldner mit dem Gläubiger geschlossen hat.[190] Dieser Einordnung ist jedoch entgegenzuhalten, dass der Vertrag mit Schutzwirkung für Dritte sich stark von den individuellen Interessen der konkreten Parteien gelöst hat.[191] Entscheidend ist nicht der hypothetische Parteiwille, sondern die **objektive Wertung der Interessenlage** durch den Richter. Es handelt sich damit um eine gewohnheitsrechtlich anerkannte **Rechtsfortbildung**,[192] die in § 311 Abs. 3 S. 1 einen gesetzlichen Anknüpfungspunkt gefunden hat.[193] 65

9. Wettbewerbsverbote. Die ergänzende Vertragsauslegung kann in bestimmten Fällen zur Annahme der **stillschweigenden Vereinbarung eines Wettbewerbsverbots** führen. Beispiele sind der Praxistausch zwi- 66

179 Vgl Bruck/Möller/*Voit*, VVG, 9. Aufl. 2010, § 86 Rn 194.

180 BGH VersR 2006, 1530, 1531; 2006, 1533, 1534 f.

181 Bruck/Möller/*Voit*, VVG, 9. Aufl. 2010, § 86 Rn 206; Prölss/Martin/*Prölss/Klimke*, VVG, 28. Aufl. 2010, § 43 Rn 25; *Wandt*, Versicherungsrecht, 5. Aufl. 2010, Rn 1002; *Looschelders*, JR 2007, 424, 426; *Piepenbrock*, VersR 2008, 319, 319 f; *Staudinger/Kassing*, VersR 2007, 10, 11.

182 BGH VersR 2006, 1530, 1531 f; 2006, 1533, 1535 f; 2006, 1536, 1537 f; 2007, 539, 539 f; zust. *Looschelders*, JR 2007, 424, 425; krit. *Piepenbrock*, VersR 2006, 319, 320.

183 BGH VersR 2006, 1536, 1539; OLG Koblenz VersR 2009, 676, 676; zust. *Günther*, VersR 2004, 593, 598; 2006, 1539, 1541; *Looschelders*, JR 2007, 424, 425; *Staudinger/Kassing*, VersR 2007, 10, 13; zweifelnd zum Bestehen einer Regelungslücke nach der VVG-Reform *Piepenbrock*, VersR 2008, 319, 320.

184 BGH VersR 2006, 1530, 1533; allg. zum Regressverzichtsabkommen *Siegel*, VersR 2009, 46 ff.

185 Zum Teilungsabkommen Mieterregress *Siegel*, VersR 2009, 46, 49; vgl auch Bruck/Möller/*Voit*, VVG, 9. Aufl. 2010, § 86 Rn 184 ff.

186 Vgl Versicherungsrechts-Handbuch/*Philipp*, VVG, 2. Aufl. 2009, § 31 Rn 43; *Wandt*, Versicherungsvertragsrecht, 4. Aufl. 2009, Rn 998.

187 BGHZ 145, 393, 398; vgl auch BGH VersR 2006, 1530, 1531; 2006, 1533, 1534.

188 BGH NJW-RR 2001, 958 = LM § 67 VVG Nr. 63 m.Anm. *Looschelders*; Bruck/Möller/*Voit*, VVG, 9. Aufl. 2010, § 86 Rn 85; Versicherungsrechts-Handbuch/*Philipp*, VVG, 2. Aufl. 2009, § 31 Rn 43.

189 BGH VersR 2006, 1398, 1399; vgl Bruck/Möller/*Voit*, VVG, 9. Aufl. 2010, § 86 Rn 87.

190 Vgl BGHZ 56, 269, 273; 123, 378, 380; 159, 1, 4; Palandt/*Grüneberg*, § 328 Rn 14.

191 Vgl *Larenz*, Schuldrecht I, 14. Aufl. 1987, § 17 II.

192 So auch Erman/*Armbrüster*, § 157 Rn 29; Jauernig/*Stadler*, § 328 Rn 21.

193 Für Anknüpfung an § 311 Abs. 3 S. 1 auch *Brox/Walker*, Schuldrecht AT, 34. Aufl. 2010, § 5 Rn 13; *Looschelders*, Schuldrecht AT, 8. Aufl. 2010, Rn 202; *Canaris*, JZ 2001, 499, 520; aA Jauernig/*Stadler*, § 328 Rn 21; Palandt/*Grüneberg*, § 311 Rn 60.

schen Ärzten[194] und der Verkauf eines Handelsgeschäfts.[195] Ebenso soll es dem Vermieter von Geschäfts- oder Praxisräumen verboten sein, im gleichen Haus Räume an einen Konkurrenten des Mieters zu vermieten oder selbst einen Konkurrenzbetrieb zu eröffnen.[196] Ein vertraglich vereinbartes Konkurrenzverbot kann im Wege ergänzender Auslegung auf Fälle erstreckt werden, die den von den Parteien geregelten Fällen ähnlich sind.[197]

67 Ist ein Wettbewerbsverbot allein wegen seiner übermäßigen Dauer nach § 138 Abs. 1 nichtig, so ist eine **geltungserhaltende Reduktion** zulässig (vgl § 138 Rn 351). Eine ergänzende Vertragsauslegung kommt damit nicht in Betracht (vgl Rn 14).

C. Weitere praktische Hinweise

I. Tat- und Rechtsfrage

68 In prozessualer Hinsicht gelten für die ergänzende Auslegung die gleichen Grundsätze wie für die erläuternde Auslegung (dazu § 133 Rn 99 ff).[198] Die Auslegung als solche ist hiernach eine Rechtsfrage und daher **von Amts wegen** vorzunehmen. Hiervon zu unterscheiden ist die Ermittlung der tatsächlichen Gegebenheiten, die für die Feststellung der Lücke und die Ermittlung des hypothetischen Parteiwillens relevant sind. Insoweit handelt es sich um eine Tatfrage, die nach den allgemeinen Regeln über die Verteilung der **Darlegungs- und Beweislast** zu behandeln ist. Macht eine Partei das Vorliegen einer Regelungslücke geltend, so muss sie daher die Tatsachen darlegen und beweisen, aus denen sich die Lücke ergibt.[199]

II. Revisibilität

69 Bei **Individualverträgen** ordnet die Rechtsprechung die ergänzende Auslegung – ebenso wie die erläuternde Auslegung – dem Bereich der **tatrichterlichen Feststellung** zu, so dass sie nur eingeschränkt nachprüfbar ist. Dies gilt sowohl für die Feststellung der Regelungslücke als auch für die Frage, in welcher Weise die Lücke nach dem hypothetischen Willen der Parteien zu schließen ist. Auf die Sachrüge kann das Revisionsgericht nur nachprüfen, ob das Berufungsgericht Auslegungs- oder Ergänzungsregeln, Denk- oder Erfahrungsgesetze verletzt oder wesentliche Umstände außer Acht gelassen hat.[200] Praktische Bedeutung hat dabei insbesondere der Verstoß gegen den Grundsatz der interessengerechten Auslegung (Rn 23).[201] Im Übrigen kann nur die Verletzung von Verfahrensrecht gerügt werden. Bei Vorliegen eines revisiblen Auslegungsfehlers kann das Revisionsgericht auch die ergänzende Auslegung selbst vornehmen, sofern die Sache entscheidungsreif ist (vgl § 133 Rn 108).[202]

70 Soweit die Maßstäbe der Auslegung **objektiviert** sind, unterliegt die ergänzende Auslegung ebenso wie die erläuternde Auslegung der uneingeschränkten Kontrolle durch das Revisionsgericht. Das Revisionsgericht kann damit Formularverträge und AGB selbst auslegen, wenn eine unterschiedliche Auslegung durch verschiedene Berufungsgerichte (seien es Landgerichte oder Oberlandesgerichte) denkbar ist und somit ein Bedürfnis nach einheitlicher Handhabung besteht (vgl § 133 Rn 110).[203] Das Gleiche gilt für die ergänzende Auslegung des körperschaftlichen Bereichs der **Gesellschaftsverträge** von Handelsgesellschaften und der **Satzungen** von Kapitalgesellschaften und Vereinen (vgl § 133 Rn 114 ff).

194 Vgl BGHZ 16, 71, 75 ff (Rückkehrverbot); Palandt/*Ellenberger*, § 157 Rn 6, 17.
195 RGZ 117, 176, 178; Palandt/*Ellenberger*, § 157 Rn 17; RGRK/*Piper*, § 157 Rn 81; Soergel/*Wolf*, § 157 Rn 199.
196 Vgl BGHZ 70, 79, 80 ff; BGH LM BGB § 536 Nr. 2, 3, 5 und 6; OLG Hamm NJW-RR 1997, 459; OLG Koblenz NJW-RR 1995, 1352; MüKo/*Häublein*, § 535 Rn 139; Palandt/*Weidenkaff*, § 535 Rn 27; RGRK/*Piper*, § 157 Rn 81.
197 Vgl BGH NJW-RR 1990, 226, 227; Staudinger/*Roth*, § 157 Rn 61.
198 Palandt/*Ellenberger*, § 157 Rn 11; Soergel/*Wolf*, § 157 Rn 133 f; Staudinger/*Roth*, § 157 Rn 50.
199 Vgl BGHZ 111, 110, 115 f; Bamberger/Roth/*Wendtland*, § 157 Rn 46.
200 BGHZ 111, 110, 115; BGH NJW 2008, 2702, 2704; Baumbach/Lauterbach/Albers/*Hartmann*, ZPO, § 546 Rn 9; PWW/*Brinkmann*, § 157 Rn 33; *Schäfer*, NJW 2007, 3463, 3465.
201 Vgl BGH NJW 2000, 2099, 2099; Staudinger/*Roth*, § 157 Rn 53.
202 BGH NJW 1998, 1219; 2006, 2773, 2775; NJW-RR 2000, 894, 895; Palandt/*Ellenberger*, § 157 Rn 11; PWW/*Brinkmann*, § 157 Rn 33; Staudinger/*Roth*, § 157 Rn 53; Thomas/Putzo/*Reichold*, ZPO, § 546 Rn 6; *Schäfer*, NJW 2007, 3463, 3465.
203 BGHZ 163, 321 = NJW 2005, 2919, 2921; PWW/*Brinkmann*, § 157 Rn 34; Baumbach/Lauterbach/*Hartmann*, ZPO, § 546 Rn 9; Thomas/Putzo/*Reichold*, § 546 Rn 7.

Titel 4 Bedingung und Zeitbestimmung

§ 158 Aufschiebende und auflösende Bedingung

(1) Wird ein Rechtsgeschäft unter einer aufschiebenden Bedingung vorgenommen, so tritt die von der Bedingung abhängig gemachte Wirkung mit dem Eintritt der Bedingung ein.

(2) Wird ein Rechtsgeschäft unter einer auflösenden Bedingung vorgenommen, so endigt mit dem Eintritt der Bedingung die Wirkung des Rechtsgeschäfts; mit diesem Zeitpunkt tritt der frühere Rechtszustand wieder ein.

Literatur: *Berger*, Rechtgeschäftliche Verfügungsbeschränkungen, 1998; *Derleder/Zänker,* Der ungeduldige Gläubiger und das neue Leistungsstörungsrecht – Das Verhältnis von Fristsetzung, Schadensersatzverlangen und Rücktritt NJW 2003, 2777; *Giesen,* Wollensbedingung, FS Schapp 2010, S. 159; *Hövelmann,* Die Bedingung im Verfahrensrecht – dargestellt an Fällen aus dem Patentrecht, GRUR 2003, 203; *Pohlmann,* Verzicht auf die aufschiebende Bedingung einer GmbH-Anteilsübertragung, NJW 1999, 190; *Roquette/Giesen,* Die Zulässigkeit aufschiebend bedingter Bürgschaftserklärungen, NZBau 2003, 297; *Scheel*, Befristete und bedingte Handelsregistereintragungen bei Umstrukturierungen von Kapitalgesellschaften, DB 2004, 2355; *Timm*, Außenwirkungen vertraglicher Verfügungsverbote?, JZ 1989, 13; *Zawar*, Gedanken zum bedingten oder befristeten Rechtserwerb im Erbrecht, NJW 2007, 2353; *Zimmermann*, „Heard melodies are sweet, but those unheard are sweeter...“, AcP 193 (1993), 121.

A. Allgemeines

I. Normzweck, Arten, Funktion und Auslegung der Bedingung

1. Normzweck und Begriff der Bedingung. § 158 regelt die wesentlichen Rechtswirkungen bedingter Rechtsgeschäfte. Zugleich grenzt die Vorschrift die auflösende von der aufschiebenden Bedingung ab. Eine Definition der Bedingung enthält die Vorschrift hingegen nicht, sie ist aus allgemeinen Überlegungen zu gewinnen. Dabei ergibt sich eine Schwierigkeit bereits aus dem Wortlaut des § 158. Er versteht einerseits die 1

Bedingung als Teil des Rechtsgeschäfts („wird ein Rechtsgeschäft unter einer Bedingung vorgenommen"). Andererseits spricht die Norm vom „Eintritt der Bedingung" und meint damit den durch die Bedingung in Bezug genommenen Lebensumstand, von dessen Eintritt oder Nichteintritt Wirkungen des Rechtgeschäfts abhängen.

2 Kennzeichnend für die Bedingung in Abgrenzung zu Befristung (vgl Rn 20 ff) und Unterstellung (Rn 32 ff) ist zunächst die Abhängigkeit der Wirkungen des Rechtsgeschäfts von einem objektiv und subjektiv **ungewissen Umstand**, über dessen Eintritt oder Ausfall (= endgültiger Nichteintritt) erst nach dem Wirksamwerden des Rechtsgeschäfts, dh in der Zukunft entschieden wird, so dass die Wirkungen des Rechtsgeschäfts für einen gewissen oder ungewissen Zeitraum in der Schwebe sind. Dieser Zeitraum wird in §§ 160, 161 als Schwebezeit bezeichnet. Ist zur Zeit des Geschäftsabschlusses über den Umstand bereits entschieden, so handelt es sich nicht um eine Bedingung, sondern um eine Unterstellung (Rn 24). Typisch für die Bedingung ist ihre Auslösefunktion, dh der **Automatismus** des Eintritts der festgelegten Wirkungen bei Bedingungseintritt. Jede Partei eines Vertrages muss das hinnehmen, mag sie der Vertrag zwischenzeitlich auch reuen. Man kann die Bedingung auch als gewillkürte Wirksamkeitsvoraussetzung bezeichnen, wodurch sich die Notwendigkeit zur Abgrenzung von der gesetzlichen Wirksamkeitsvoraussetzung ergibt (s. Rn 26 ff zur Rechtsbedingung).

3 **2. Arten von Bedingungen. a) Übersicht.** Bedingungen lassen sich einteilen in auflösende und aufschiebende, wie es die gesetzliche Regelung vorsieht. Das ist die wichtigste Unterscheidung, da von ihr abhängt, ob die bedingten Rechtswirkungen sofort eintreten oder erst später (zu den Rechtswirkungen näher Rn 55 ff). Ferner lassen Bedingungen sich, nun bereits mit Blick auf das Bedingungsrecht selbst (etwa § 162), nach dem Einfluss der Vertragsparteien auf den Bedingungseintritt oder -ausfall kategorisieren.

4 **b) Zufallsbedingung.** Ist der zur Bedingung gemachte Umstand nach dem Vertrag von keiner der Vertragsparteien beeinflussbar, dann handelt es sich um eine sog. Zufallsbedingung.[1] Diese ist zum Beispiel anzunehmen, wenn der Eintritt eines Naturereignisses oder die Änderung politischer Verhältnisse oder gesellschaftliche Ereignisse zur Bedingung des Rechtsgeschäfts gemacht werden. Zu einem solchen nicht beeinflussbaren Umstand gehört im Grundsatz auch die Entscheidung eines Dritten (zB private oder behördliche Genehmigung), sofern und soweit sie nicht Rechtsbedingung ist (vgl Rn 26 ff), der „rechtliche Bestand einer Rechtsprechung eines (bestimmten) Oberlandesgerichts",[2] die Abgabe einer sonstigen Willenserklärung Dritter (etwa Bürgschaftsübernahme) einschließlich deren Zugang bei einer bestimmten Person[3] oder auch eine Mindestzahl positiver oder negativer Entscheidungen von Angehörigen einer bestimmten Gruppe (Beispiel: Gültigkeit eines Übernahmeangebots nur bei einer Mindestzahl von Annahmeerklärungen der Adressaten gem. § 18 WpÜG). Die Parteien können in dem Sinne auch das Rechtsgeschäft an den Ausgang einer Auslosung oder anderer aleatorischer Ereignisse binden. Dann gewinnt das Rechtsgeschäft selbst aleatorischen Charakter, dadurch wird die Abgrenzung des bedingten Vertrags von einer Naturalverbindlichkeit iSd § 762 notwendig.[4] Aus Sicht der Parteien regelmäßig zufällige Umstände sind ferner der Eintritt wirtschaftlicher Daten oder der Erlass eines Gesetzes, soweit eine solche Bedingung mit dem Gesetzeszweck vereinbar ist.[5]

5 **c) Potestativ- und Wollensbedingungen.** Manche Bedingungen dienen dazu, das Verhalten einer der Parteien zu beeinflussen, ohne eine Pflicht dieser Partei zu begründen. Sie nehmen auf Umstände Bezug, über deren Eintritt die Partei allein durch ihr Verhalten entscheidet oder die sie maßgeblich beeinflussen kann. Dann handelt es sich um eine (grundsätzlich zulässige) **Potestativbedingung**,[6] bei der die Wirkungen des Rechtsgeschäfts an ein bestimmtes Verhalten des Vertragspartners geknüpft sind. Beispiele: durch Wiederverheiratung auflösend bedingte Schenkung an die Ehefrau zu Lebzeiten des Schenkers,[7] Pflicht, die nur bei einem bestimmten Verhalten der Partei, zB einem Geschäftsabschluss mit Dritten, ausgelöst wird.[8] Weiteres Beispiel ist der Eigentumsvorbehaltskauf, da der Eintritt der vollständigen Kaufpreiszahlung maßgeblich vom Willen und Verhalten des Käufers abhängt. Für das Verständnis der Potestativbedingung wichtig ist, dass die Erfüllung von Vertragspflichten nicht zugleich aufschiebende Bedingung dieser Vertragspflichten sein kann, also eine strenge Alternativität zwischen vertraglich geschuldetem und aufschiebend bedingtem Verhalten besteht. Daraus ergeben sich Folgen insbesondere für die Auslegung (vgl näher Rn 50). Demgegenüber kann der Erblasser unproblematisch die Erbeinsetzung an die Erfüllung einer verpflichtenden Auflage knüpfen.[9]

1 *Larenz/Wolf*, BGB AT, § 50 Rn 11 f.
2 BGHZ 133, 331, 333 f = NJW 1997, 1706, 1707.
3 Vgl BayObLG NJW-RR 1986, 93, 94.
4 Allg. wird man sagen können, dass Zuwendungen, die an den Ausgang einer Lotterie oder einer Auslosung geknüpft sind, unmittelbar § 762 unterfallen, während Verteilungsstreitigkeiten durch Anknüpfung an aleatorische Ereignisse eher klagbar geregelt werden können.
5 Vgl zu dem Gesetzeszweck widersprechenden Bedingungen allg. *Medicus*, BGB AT, Rn 851 f.
6 Palandt/*Ellenberger*, Einf. v. § 158 Rn 10.
7 Staudinger/*Bork*, § 162 Rn 4; allgemein zu Bedingungen im Erbrecht *Zawar*, NJW 2007, 2353.
8 Aus der Rspr: BGH NJW 1982, 2552 (Beteiligung des Vertragspartners für den Fall erneuter Anpachtung eines Jagdbezirks); vgl auch OLG München NJW-RR 1988, 58, dort zu Unrecht als Wollensbedingung bezeichnet; Revision vom BGH nicht angenommen, vgl NJW-RR 1991, 1280.
9 BGH NZG 2009, 1145, 1146 Tz. 21.

Problematisch ist die von der Potestativbedingung abzugrenzende[10] **Wollensbedingung**, bei der die Wirkung des Rechtsgeschäfts nur von einer **späteren Erklärung** eines der Vertragspartner abhängt. Das betrifft nicht die Zulässigkeit der vertraglichen bzw einseitigen (zB Änderungskündigung) Gestaltung,[11] sondern die Frage der Rechtskonstruktion mit Folgen vor allem für Formfragen. In § 454 (Kauf auf Probe) hat der Gesetzgeber zu erkennen gegeben, dass er die bloße Billigung des Kaufgegenstandes durch den Käufer für einen zulässigen Umstand hält, von dem die Wirksamkeit des Rechtsgeschäfts im Sinne einer Bedingung abhängig gemacht werden kann.[12] Nach neuerer Lehre liegt in solchen Fällen freilich überhaupt noch kein, auch kein bedingter, Vertrag vor; dieser komme vielmehr erst mit der Billigung zustande.[13] Dem kann nicht gefolgt werden, Verträge unter Wollensbedingungen sind als solche auch konstruktiv denkbar.[14] Das zeigt gerade auch der Fall des § 454. Nach dessen Abs. 2 begründet der Kauf auf Probe sogar trotz der im Zweifel aufschiebenden Bedingung sofortige unmittelbare Rechtswirkungen, namentlich die Pflicht des Verkäufers, dem Käufer die Untersuchung des verkauften Gegenstandes zu gestatten.[15] 6

Der Kauf auf Probe und andere wollensbedingte Verträge geben der Partei der Sache nach ein **Optionsrecht**.[16] Von einem für einen bestimmten Zeitraum bindenden Vertragsangebot unterscheidet sich der wollensbedingte Abschluss des Vertrags dadurch, dass im Ergebnis zwei Erklärungen der anderen Partei notwendig sind, nämlich Annahme des bedingten Vertrags und Ausübung des Optionsrechts. Hinsichtlich etwaiger Formerfordernisse, namentlich des § 311 b für Grundstückskaufverträge gilt nach zutreffender hM, dass die Annahmerklärung formbedürftig ist, in aller Regel aber nicht mehr die spätere Ausübung der Option, dh die Erfüllung der Wollensbedingung.[17] Die spätere Annahme eines bindenden Angebots unterliegt dagegen dem Formerfordernis. Ähnlichkeiten bestehen insoweit, als die Vorwirkungen des § 160 – jedenfalls analog – auch schon das bindende Angebot auslösen (vgl § 160 Rn 8). 7

Kein bedingtes Rechtsgeschäft ist freilich anzunehmen, wenn die Rechtswirkungen von der erneuten Vornahme des Rechtsgeschäfts in der notwendigen Form abhängig gemacht werden (sog. Doppelung). Beispiel: A schenkt B notariell etwas unter der Bedingung, dass sich A und B erneut notariell einigen.[18] Gleiches gilt, wenn die Wirkungen allein vom – nicht auch zu erklärenden – Willen eines der Vertragspartner abhängig gemacht werden. Wird nicht an die Erklärung, sondern an den Geisteszustand angeknüpft, fehlt es für den bedingten Vertragsschluss an der notwendigen Willenserklärung, weil sich der Erklärende einen anderen Willen gerade vorbehält, vgl § 116 S. 2.[19] 8

3. Funktionen der Vereinbarung einer Bedingung. a) Anpassung des Gewollten an zukünftige Umstände. Die Parteien eines Vertrags können durch eine Bedingung bestimmen, in welcher Form auf die zukünftig veränderten Umstände reagiert werden soll. Sie können den zukünftigen Wegfall der Rechtsfolgen oder deren Eintritt vorsehen, je nachdem, ob sie eine auflösende oder aufschiebende Bedingung wählen. Damit kann der Vertrag an die unter Rn 4 aufgezählten Veränderungen wirtschaftlicher oder rechtlicher Daten oder andere Ereignisse angepasst werden. 9

b) Druckausübung und Freiheitssicherung. Insbesondere Potestativbedingungen (Rn 5) knüpfen meist negative Rechtsfolgen an ein bestimmtes Verhalten einer Partei oder eines durch das Rechtsgeschäft Begünstigten, etwa eines Erben. Damit kann tatsächlicher Druck auf diese Personen ausgeübt werden, ohne dass zugleich eine Rechtspflicht besteht. Deutlichster Ausdruck eines solchen Ziels ist die Vereinbarung eines selbständigen Strafversprechens, vgl § 343 Abs. 2. Die Bedingung wird häufig gewählt, weil es an der Ein- 10

10 Oft werden Wollens- und Potestativbedingung als Synonyme verstanden (so etwa OLG München NJW-RR 1988, 58; BGH NJW-RR 1996, 1167; *Medicus*, BGB AT, Rn 830; vgl dazu Erman/*Armbrüster*, Vor § 158 Rn 12 aE, ausführlich *Giesen*, FS Schapp 2010, S. 159 ff). Gleichwohl bestehen Unterschiede. Die Potestativbedingung knüpft an ein Verhalten an, das nur überwiegend in der Macht einer Partei steht und stets noch durch andere Umstände mitbeeinflusst wird, während bei der Wollensbedingung der rechtsgeschäftliche Wille der Partei ganz im Vordergrund steht, da es nur auf die Erklärung selbst ankommt. Daher ist nur auf die Potestativbedingung § 162 anwendbar (vgl § 162 Rn 3), und nur unter einer Wollensbedingung können Gestaltungsrechte ausgeübt werden (vgl Rn 35).

11 Diese ist zu bejahen, BGH NJW-RR 1996, 1167; ausführlich und weiterführend *Giesen*, FS Schapp 2010, S. 159 ff mit umfangreichen Nachweisen; ferner Soergel/*Wolf*, Vor § 158 Rn 27 f; Erman/*Armbrüster*, Vor § 158 Rn 13.

12 Vgl dazu *Medicus*, BGB AT, Rn 831.

13 *Flume*, BGB AT Bd. 2, § 38 2; *Medicus*, BGB AT, Rn 831; *Larenz/Wolf*, BGB AT, § 50 Rn 17 aE mwN; vgl auch Staudinger/*Bork*, Vor § 158 Rn 18.

14 BGH NJW-RR 1996, 1167; wie hier Erman/*Armbrüster*, Vor § 158 Rn 13; iE ähnlich Soergel/*Wolf*, Vor § 158 Rn 28; *Brinkmann* in P/W/W § 158 Rn 7.

15 Vgl auch OLG Hamm BB 1995, 1925, wonach die Probe sogar vertragsgemäß zu sein hat.

16 Zum Verhältnis des wollensbedingten Vertrages zur Option s. ausf. Vor §§ 145–157 Rn 36 ff; Erman/*Armbrüster*, Vor § 158 Rn 14 f; Staudinger/*Bork*, Vor § 158 Rn 19 und Vor § 145 Rn 69 ff.

17 BGH NJW 2006, 2844; BGH NJW-RR 1996, 1167; s.a. die Erläuterungen Vor § 145 Rn 37; *Giesen*, FS Schapp 2010, 174, der insoweit eine Einzelfall-Beurteilung verlangt; aA zB Staudinger/*Bork*, Vor § 145 Rn 74 mwN.

18 *Giesen*, FS Schapp 2010, S. 159, 169.

19 Zutr. Erman/*Armbrüster*, Vor § 158 Rn 13; *Giesen*, FS Schapp 2010, S. 159, 173.

klagbarkeit des zur Bedingung gemachten Verhaltens fehlt; insofern wirkt die Potestativbedingung zugleich freiheitssichernd. Im Extremfall (Wollensbedingung) hängen die Wirkungen eines Rechtsgeschäfts nur noch von der Erklärung einer der Parteien ab, dann hat sich nur die jeweils andere Partei bereits gebunden. Durch eine Potestativbedingung kann aber der Vertrag auch an die Erfüllung einer Verhaltenspflicht aus diesem Vertrag geknüpft werden, freilich nur im Wege der auflösenden Bedingung (vgl Rn 5).

11 **c) Verbotsvermeidung oder -umgehung.** Legale und legitime Funktion der Vereinbarung einer Bedingung kann ferner die Vermeidung eines gesetzlichen Verbots sein (allgemein zur Gesetzesumgehung vgl § 134 Rn 81 ff). Verbietet eine Rechtsvorschrift die bloße Verpflichtung einer Partei, so zB Art. 12 GG die Selbstverpflichtung des Arbeitnehmers, nicht zu kündigen, so können die Parteien gleichwohl nachteilige Vermögensfolgen an das tatsächliche Verhalten knüpfen (zB durch eine Rückzahlungsklausel für den Fall der Kündigung), es sei denn, das Gesetz will gerade solche Nachteile ebenfalls verhindern (wenn etwa § 656 die Zahlungspflicht des Kunden eines Ehemaklers ausschließt, so gilt das auch für ein durch Nichtzahlung bedingtes Strafversprechen).[20] Eine Grenze bildet aber § 138 (Rn 46).

12 Die Parteien können durch die Bindung einer Verfügung an die Wirksamkeit des Grundgeschäfts auch etwa das **Abstraktionsprinzip** (teilweise) aufheben, so dass bei unwirksamem Verpflichtungs- auch das Verfügungsgeschäft unwirksam wird; ferner können sie Gestaltungserklärungen dingliche Wirkung beimessen.

13 **d) Kreditsicherung.** Insbesondere das aufschiebend bedingte Verfügungsgeschäft (Eigentumsvorbehalt) kann als Mittel der Kreditsicherung eingesetzt werden. In umgekehrter Weise kann eine auflösende Bedingung der Kreditsicherung dienen, so etwa eine auflösend bedingte Sicherungsübereignung oder Sicherungszession. Damit kann vertraglich die fehlende Akzessorietät des fiduziarischen Sicherungsgeschäfts weitgehend ersetzt werden[21] (zum Verhältnis zu § 137 s. Rn 47). Eine durch Auszahlung des Darlehens aufschiebend bedingte Bürgschaft kann die Akzessorietät der Bürgschaft noch verstärken.[22]

14 **e) Automatisches Vertragsende.** Die Vereinbarung eines Dauerschuldverhältnisses unter einer auflösenden Bedingung kann ähnliche Funktionen wie ein an bestimmte Umstände oder Gründe geknüpftes Kündigungsrecht übernehmen. Bei Austauschgeschäften kann sowohl die aufschiebende wie die auflösende Bedingung einem Rücktrittsvorbehalt ähnliche Funktionen übernehmen, insbesondere wenn es sich um Potestativ- oder Wollensbedingungen handelt. Das automatische Vertragsende selbst dient häufig bestimmten Sicherungsvorkehrungen bei der **vorweggenommenen Erbfolge**.[23] Zur Abgrenzung von Bedingung und Gestaltungsrechten s. Rn 34 ff.

15 **4. Auslegung.** Die Wirkungen eines Rechtsgeschäfts stehen im Normalfall nicht unter einer Bedingung, so dass eine solche zwischen den Parteien vereinbart sein muss oder sich aus dem einseitigen Rechtsgeschäft entnehmen lassen muss. Dies kann ausdrücklich oder konkludent geschehen. **Auslegungsregeln** zugunsten einer Bedingung enthält das Gesetz für den Eigentumsvorbehalt (§ 449 Abs. 1), den Kauf auf Probe (§ 454 Abs. 1 S. 2) und das Testament[24] (§§ 2074 f). Zur Auslegung als aufschiebende oder auflösende Bedingung s. Rn 67 f.

16 Die Bedingung ist von der Geschäftsgrundlage, von Motiven eines der Erklärenden sowie von Vertragsbestimmungen (zT ebenfalls „Bedingungen" genannt, etwa „Allgemeine Geschäftsbedingungen") zu unterscheiden. Unter einem **Motiv** versteht man bestimmte Vorstellungen und Erwartungen der Parteien, die gerade nicht Teil des Rechtsgeschäftes geworden sind. Sie können sich, selbst wenn sie bei Vertragsschluss nicht offen gelegt wurden, zB über § 119 Abs. 2 (ausnahmsweise beachtlicher Motivirrtum) gleichwohl auf die Gültigkeit des Geschäfts auswirken. Sie sind aber nicht Bedingung, weil sie nicht zukünftig ungewiss sind und die Wirkungen des Rechtsgeschäfts nicht allein von der Richtigkeit der Vorstellungen oder Erwartungen, sondern zusätzlich von der Ausübung des Anfechtungsrechts abhängen. Sind Motive bei Vertragsschluss offen gelegt, so kann darin die Vereinbarung einer Bedingung zu sehen sein. Nicht Motiv, wohl aber Vertragsbestimmung ist die sog. **Zweckabrede**, durch die die Parteien eine Leistung mit einem Zweck iSd § 812 Abs. 1 S. 2 versehen.[25]

17 Problematisch ist die Unterscheidung zwischen bloß offen gelegtem Motiv, **Vertragsbestimmung** und Bedingung. Bei der Auslegung ist zu berücksichtigen, dass eine Bedingung regelmäßig zu einem „Alles oder Nichts" führt. Die Einordnung einer vertraglichen Regelung als Bedingung sollte daher zurückhaltend erfolgen, soweit

20 Näher Staudinger/*Rieble*, § 344 Rn 7 mN.

21 Ausf. für die Sicherungsübereignung NK-BGB/*Meller-Hannich/Schilken*, § 930 Rn 29–33; strittig für die Sicherungsgrundschuld, vgl einerseits *Baur/Stürner*, § 45 Rn 40; NK-BGB/*Krause*, § 1191 Rn 49; andererseits Soergel/*Konzen*, § 1191 Rn 17 mN zur Rspr; für die Sicherungsabtretung s. MüKo/*Roth*, § 398 Rn 14 ff, 109.

22 Dazu näher *Roquette/Giesen*, NZBau 2003, 297, in Auseinandersetzung mit zT entgegenstehender Rspr zu § 17 Nr. 4 VOB/B.

23 Vgl allg. *Krebber*, AcP 204 (2004), 149; zu auflösend bedingten Schenkungsverträgen von Gesellschaftsanteilen s. *Bütter/Tonner*, NZG 2003, 193 ff.

24 Zur Auslegung einer testamentarischen Verknüpfung einer auflösenden Bedingung mit einer Auflage instruktiv BGH NZG 2009, 1145.

25 BGH NJW 1966, 448, 449.

eine Bedingung nicht ausdrücklich bestimmt ist und die Parteien – wie in aller Regel – auch mit einer bloßen Vertragsbestimmung ihr Regelungsziel erreichen können. Geht es den Parteien um eine **Wirksamkeitsvoraussetzung** des Geschäfts, handelt es sich freilich um eine Bedingung.[26] Anders dürfte es aber sein, wenn die angebliche Wirksamkeitsvoraussetzung zugleich unbedingte Vertragspflicht einer Partei sein soll (vgl dazu Rn 50). Bei der Verwendung des Begriffs der Bedingung durch einen Notar spricht zumindest ein Anschein dafür, dass der Begriff im technischen Sinn gemeint ist.[27] Für dingliche, nicht akzessorische Sicherungsgeschäfte folgt bereits aus dem Abstraktionsgrundsatz, dass sie nicht schon wegen ihres Sicherungszwecks durch diesen bedingt sind, erforderlich ist dafür vielmehr eine klare Absprache.[28]

Die **Rechtsprechung** folgt diesen Grundsätzen nicht immer; zT wird eine Bedingungskonstruktion bejaht, obwohl sie dem Vertragswortlaut kaum zu entnehmen ist (conditio tacita, stillschweigende Bedingung, Beispiele Rn 71 ff). Das dient häufig dem Schutz des vermeintlich schwächeren oder nach dem Vertragswortlaut unterlegenen Vertragspartners. Es wird dann nicht gefragt, was vereinbart wurde, sondern auf welche Vereinbarung sich der stärkere oder vertraglich überlegene Vertragspartner billigerweise habe einlassen müssen.[29] Zum Teil geschieht es auch mit Rücksicht auf die Prozesssituation (Widerrufsvergleich, vgl Rn 31). Insbesondere im Erbrecht findet sich – wohl zum Zwecke der Aufrechterhaltung letztwilliger Verfügungen – auch eine entgegengesetzte Tendenz, die in der bedingten Errichtung eines Testaments (zu unterscheiden von einzelnen bedingten Zuwendungen) zT nur eine Angabe eines Motivs sieht und das Testament unabhängig vom Eintritt oder Ausfall der Bedingung gelten lassen will.[30] 18

Beiderseitige Motive können auch **Geschäftsgrundlage** des geschlossenen Vertrags sein. Da auch die Änderung, der Wegfall oder das anfängliche Fehlen der Geschäftsgrundlage das Rechtsgeschäft oder einzelne seiner Wirkungen im Sinne eines „Alles oder Nichts" infrage stellen können (vgl § 313 Abs. 3), weist die Geschäftsgrundlage Ähnlichkeiten zum bedingten Rechtsgeschäft auf.[31] Unterscheidungsmerkmal zwischen Bedingung und Geschäftsgrundlage ist die vertragliche Vereinbarung, die den Eintritt bestimmter Umstände zum Bestandteil des Rechtsgeschäfts macht. Nur wenn sie von den Parteien angesprochen bzw in der Vereinbarung erkennbar berücksichtigt wurden, kommt bei einer Umstandsänderung die Anwendung des Bedingungsrechts infrage, allerdings auch dann im Sinne von Rn 17 nur zurückhaltend. Umgekehrt erscheint in diesen Fällen der Rückgriff auf § 313 ausgeschlossen, da bereits bei Andeutung im Vertrag demselben im Wege der (ergänzenden) Auslegung eine Risikoverteilung entnommen werden kann, die der in § 313 angeordneten gesetzlichen oder richterlichen Vertragsanpassung vorgehen sollte. Wenn man freilich den Umständen des Vertragsschlusses konkludente Bedingungen entnimmt, wird die Abgrenzung schwer bis unmöglich.[32] 19

II. Abgrenzung

1. Befristung. Wesentliches Merkmal der Bedingung ist nach hM die objektive und subjektive Ungewissheit des Eintritts des Umstandes, von dem die Wirkung des Rechtsgeschäftes abhängen soll (sog. dies incertus an).[33] Dagegen könne das „Wann" durchaus gewiss sein (dies incertus an, certus quando). Beispiel: Schenkung unter der aufschiebenden Bedingung, dass der Beschenkte seinen 18. Geburtstag erlebt. Durch die Ungewissheit des „Ob" des Eintritts soll sich die Bedingung von der **Befristung** abgrenzen. Bei dieser sei das maßgebende Ereignis gewiss (dies certus an). Es komme insoweit jedoch nicht auf eine objektive Beurteilung an (obwohl die objektive Ungewissheit schon deshalb benötigt wird, weil die Bedingung von der Unterstellung abgegrenzt werden muss, vgl dazu Rn 23 ff), sondern maßgeblich darauf, ob die Parteien das Ereignis als sicher eintretend oder ungewiss angesehen haben.[34] Gingen die Beteiligten im Beispiel davon aus, dass der Beschenkte den 18. Geburtstag auf jeden Fall erleben wird, lag dementsprechend Befristung vor. Je näher der Termin sei, desto eher liege Befristung vor.[35] Bei der Befristung sei das „Ob" des Eintritts des Umstandes also stets nach den Parteivorstellungen gewiss. Das „Wann" könne ungewiss sein, sog. dies certus an, incertus quando (Beispiel: jeder Tod). Ein auf Lebenszeit eingegangenes Mietverhältnis soll dementsprechend befristet sein.[36] 20

26 OLG Düsseldorf WM 1990, 1782 = NJW-RR 1991, 435.
27 BayObLG DNotZ 1967, 512.
28 BGH NJW 1991, 353.
29 Krit. dazu MüKo/*Westermann*, § 158 Rn 4; im Grundsatz positiv aus rechtsvergleichender und -historischer Sicht *Zimmermann*, AcP 193 (1993), 121, 168 f.
30 S. dazu näher AnwK-BGB/*Beck*, § 2074 Rn 5.
31 Vgl Soergel/*Wolf*, Vor § 158 Rn 15; OLG Düsseldorf NZM 2001, 765, 766 (Gartenarbeit als „Bedingung" für Sondernutzungsrechtsgewähr, iE offen lassend).
32 Vgl etwa BAG NZA 1998, 813, 816.
33 BGH NJW 2004, 284; BayObLG NJW-RR 1993, 1164, 1165; *Medicus*, BGB AT, Rn 828.
34 RGZ 91, 226, 229; BGH NJW 1993, 1976, 1978; Bamberger/Roth/*Rövekamp*, § 163 Rn 4; Staudinger/*Bork*, § 163 Rn 4; MüKo/*Westermann*, § 163 Rn 1 f; Soergel/*Wolf*, Vor § 158 Rn 6, § 163 Rn 3; Erman/*Armbrüster*, § 163 Rn 1; sowie BGH NJW 2004, 284; BayObLG NJW-RR 1993, 1164, 1165; *Medicus*, BGB AT, Rn 828.
35 Soergel/*Wolf*, § 163 Rn 3; *Hromadka*, NJW 1994, 911 mwN.
36 In diesem Sinne BayObLG NJW-RR 1993, 1164, 1165.

21 **Stellungnahme**: Die Unterscheidung ist abzulehnen. Sie führt nur dazu, dass wegen der Unsicherheit des „Wann" die Anordnung des § 163, nämlich §§ 159, 162 auf Befristungen nicht anzuwenden, für die Fälle einer zeitlich ungewissen „Befristung" „relativiert" wird.[37] In der Sache werden die Fälle des dies certus an, incertus quando also sehr wohl wie eine Bedingung behandelt.[38] Daher liegt, wenn kein Kalenderanfangs- oder -endtermin vorgeschrieben ist, stets eine Bedingung mit der sie kennzeichnenden objektiven Unsicherheit vor, wobei freilich zu berücksichtigen ist, dass der Schwerpunkt der Unsicherheit einmal auf dem „Ob", ein anderes Mal auf dem „Wann" oder schließlich auf beiden liegen kann (s. noch § 159 Rn 8).

22 Die Abgrenzung hat Bedeutung einmal für die Bewertung befristeter und bedingter Forderungen (Rn 82), ferner für die Reichweite von Schutznormen, die dem Kündigungsschutz des Mieters oder Arbeitnehmers dienen. Ein auflösend bedingtes Dauerschuldverhältnis ist nämlich grundsätzlich als unbefristetes anzusehen, was Rückwirkungen auf die Möglichkeit der Kündigung während des Schwebezustands besitzt. Diese ist nur bei befristeten Dauerschuldverhältnissen regelmäßig ausgeschlossen, wenn nicht vertraglich Abweichendes vereinbart wird (vgl Rn 65). Ansonsten darf, wenn die Parteien nur eine Befristung vereinbaren, nicht einfach im Wege der ergänzenden Auslegung die Vererblichkeit daraus folgender Ansprüche ausgeschaltet werden, indem man annimmt, der Anspruch stehe zusätzlich unter der Bedingung, dass der Anspruchsinhaber den vertraglich festgelegten Termin auch erlebt. Dementsprechend ist ein formgerechter Schenkungsvertrag, der eine auf den 70. Geburtstag befristete Zuwendung vorsieht, im Zweifel auch von den Erben einklagbar, wenn der Beschenkte vor dem 70. Geburtstag stirbt.[39] Zur Abgrenzung der Bedingung bzw Befristung von einer bloßen **Fälligkeitsregelung** vgl § 163 Rn 2 f.

23 **2. Bloß subjektive Ungewissheit (Unterstellung).** Auch von objektiv gewissen und bereits eingetretenen, aber den Parteien noch nicht bekannten Umständen können die Wirkungen eines Rechtsgeschäfts abhängig gemacht werden. Solche Bedingungen beziehen sich nicht auf ein zukünftiges ungewisses Ereignis, sondern auf gewisse, aber den Parteien unbekannte („subjektiv ungewisse") Tatsachen. Sie heißen deshalb Gegenwarts- oder Vergangenheitsbedingung, uneigentliche Bedingung, Voraussetzung oder **Unterstellung**. Mit einer Unterstellung können die Parteien auf Informationsdefizite oder auch auf eine unklare Rechtslage reagieren. Unterstellungen ermöglichen das Zustandekommen einer Einigung zu einem Zeitpunkt, in dem das entsprechende Defizit noch nicht behoben ist. Beispiel: B will von A ein Kunstwerk nur dann kaufen, wenn es echt ist. A will hingegen in jedem Fall verkaufen. Ohne die Bedingung der Echtheit käme der Kaufvertrag nicht bzw erst später, wenn die Echtheit geklärt ist, zustande.

24 An dem Beispiel lässt sich weiter zeigen, dass die Frage, ob eine Unterstellung oder echte Bedingung vorliegt, von der konkreten vertraglichen Gestaltung abhängt. Vereinbaren die Parteien die Wirksamkeit des Kaufvertrags bei Echtheit, so liegt eine Unterstellung vor. Wird die Wirksamkeit dagegen an das Ergebnis eines Sachverständigengutachtens gebunden, so liegt – wenn nicht das Sachverständigengutachten nur eine reine Beweis- bzw Verfahrensvereinbarung ist, was durch Auslegung zu ermitteln ist – eine echte Bedingung vor, weil der Sachverständige auch falsch begutachten kann und der Ausgang des Gutachtens daher ungewiss ist.[40]

25 Die Unterscheidung ist bedeutsam, denn insbesondere einseitige Rechtsgeschäfte (Gestaltungserklärungen) können als Prozesshandlung zwar nicht mit einer außerprozessualen Bedingung, wohl aber mit der Unterstellung einer **bestimmten Rechtslage** (Misserfolg des Hauptantrags) versehen werden, sog. Eventualerklärungen.[41] So ist beispielsweise die Anfechtung eines Kaufvertrags für den Fall, dass sich im Prozess das verkaufte Kunstwerk als Fälschung herausstellt, zulässig, nicht aber eine Anfechtung für den Fall, dass das von einer Partei in Auftrag gegebene Sachverständigengutachten die fehlende Echtheit ergibt (vgl noch Rn 34). Außerhalb eines Prozesses kommt dagegen bei einseitigen Rechtsgeschäften eine Unterstellung ebenso wenig in Betracht wie eine echte Bedingung.[42] Vertraglich kann die Bedingung einer bestimmten Rechtslage dagegen vereinbart werden.[43] Die Annahme einer Unterstellung kommt aber nur in Betracht, wenn die Parteien **Zweifel** an dem zur Bedingung gemachten Umstand haben und das im jeweiligen Rechtsgeschäft zum Ausdruck

37 Vgl nur MüKo/*Westermann*, § 163 Rn 6; Soergel/*Wolf*, § 163 Rn 8, 9.

38 Vgl aber BayObLG NJW-RR 1993, 1164, 1165; BGH NJW 2004, 284.

39 AA *Hromadka*, NJW 1994, 911, 912 aE; vgl auch das BAG unter Rn 73.

40 Vgl dazu OLG Köln NJW-RR 1995, 113, 114 (Pferdekauf unter Vorbehalt ärztlicher Untersuchung, die sich später möglicherweise als falsch herausstellt).

41 MüKo/*Westermann*, § 158 Rn 29; Soergel/*Wolf*, § 158 Rn 50 f.

42 Soergel/*Wolf*, Vor § 158 Rn 10; ähnlich MüKo/*Westermann*, § 158 Rn 53 aE (Behandlung wie echte Bedingung); aM wohl (obiter) OLG Düsseldorf NJW-RR 1998, 150 f; aA auch *Flume*, BGB AT Bd. 2, § 38 1 b, S. 679 für den Fall, dass die Ungewissheit nur beim Erklärenden liegt.

43 Beispiel bei BGH MDR 1959, 658 = LM § 159 Nr. 1, in der ein Pachtvertrag unter dem Vorbehalt abgeschlossen wurde, dass der Verpächter wirksam von einem anderweitigen Vertrag über den verpachteten Gegenstand zurückgetreten sei.

kommt. Ansonsten liegt ein Irrtum vor, dessen Relevanz sich nach den §§ 119 ff bestimmt.[44] Zweifel an den Rechtsfolgen einer Erklärung kommen nicht als Basis einer Unterstellung in Betracht.

3. Gesetzliche Wirksamkeitsvoraussetzungen (Rechtsbedingung). Nur deklaratorischen Charakter haben grundsätzlich solche Abreden, die lediglich auf bestimmte Wirksamkeitsvoraussetzungen des Rechtsgeschäfts hinweisen, so etwa auf gesetzlich vorgeschriebene behördliche (zB Kartellerlaubnis) oder private (zB §§ 108 Abs. 1, 177) Genehmigungen. Deren Erteilung oder Ablehnung zeitigt die gesetzlich, etwa in §§ 184, 185 Abs. 2, vorgesehenen Rechtsfolgen; die §§ 158 ff sind daneben **unanwendbar**.[45] Zu den Rechtsbedingungen gehört auch die Einhaltung von Formvorschriften, für deren Verletzung § 125 die vorrangige Rechtsfolge bereithält. Vgl zur Haftung aus c.i.c. noch die Erläuterungen zu § 125 Rn 31. 26

Ist die Erteilung einer behördlichen Genehmigung oder Eintragung Voraussetzung der Wirksamkeit des Rechtsgeschäfts, so sind die Parteien regelmäßig nach Treu und Glauben verpflichtet, an der Erteilung oder Eintragung **mitzuwirken** und alles zu unterlassen, was die Genehmigung infrage stellen könnte.[46] Verletzt eine Partei diese vertragliche Nebenpflicht, kann nicht etwa der Rechtsgedanke des § 162 angewendet werden, da die Entscheidung der Behörde nicht rechtsgeschäftlich fingiert werden kann.[47] Es bleiben dann nur Schadensersatzansprüche. 27

Keine Rechtsbedingungen, sondern **echte Bedingungen** sind jedoch solche Abreden, die die Erteilung einer notwendigen behördlichen Genehmigung oder Eintragung[48] innerhalb einer privat gesetzten Frist oder das Fehlen von Auflagen zur Wirksamkeitsvoraussetzung des Geschäfts machen. In solchen Fällen dürfte bei Erteilung der Genehmigung die Rückwirkung des § 184 Vorrang vor §§ 158 Abs. 1, 159 besitzen. 28

4. Bedingung und Rücktritts-, Widerrufs- oder Kündigungsvorbehalte in Verpflichtungsgeschäften. Die Abgrenzung der auflösenden, bisweilen auch der aufschiebenden Bedingung eines Verpflichtungsgeschäfts von der Vereinbarung eines Widerrufs-, Kündigungs- oder Rücktrittsrechts bereitet in der Praxis manchmal Schwierigkeiten. In der Theorie ist die Abgrenzung zunächst einfach, da für das Vertragsende bzw den Vertragsbeginn bei Eintritt der Bedingung **keine weitere Erklärung** notwendig ist, während die Gestaltungsrechte noch ausgeübt werden müssen. Schwierigkeiten bestehen aber in mehrere Richtungen: Einmal besteht die Möglichkeit, Rechtswirkungen gerade von einer Erklärung abhängig zu machen (Wollensbedingung).[49] Die erforderliche Erklärung gestaltet dann das Rechtsgeschäft nicht nach näherer Maßgabe von Widerrufs-, Kündigungs- oder Rücktrittsrecht um, sondern es treten die Folgen des § 158 Abs. 1 oder 2 ein, eine Abgrenzung wird also erforderlich.[50] Zweitens kann, wenn die rechtzeitige Erfüllung vertraglicher Pflichten „Wirksamkeitsvoraussetzung" des Geschäfts sein soll, in Wahrheit nur ein Rücktrittsvorbehalt vorliegen (so die Auslegungsregel des § 361 aF). Schließlich mag in manchen Fällen nur entweder die Bedingungskonstruktion oder die Gestaltungskonstruktion zulässig sein[51] oder die eine oder andere Konstruktion nach den Gesamtumständen des Vertrages näher liegen als die von den Parteien ausdrücklich gewählte Konstruktion. Dann kann nach §§ 133, 157 die zulässige oder näher liegende Variante als vereinbart angesehen werden, wenn eine falsa demonstratio vorliegt. 29

Für die zur Abgrenzung erforderliche **Auslegung** ist bei Verpflichtungsgeschäften von Folgendem auszugehen: Gestaltungsrechte sichern grundsätzlich die Entscheidungsfreiheit besser als ein automatisches Vertragsende.[52] Deshalb hat die Vereinbarung einer auflösenden Bedingung (abgesehen von einer möglicherweise beabsichtigten Umgehung von gesetzlichen Kündigungs- oder Rücktrittseinschränkungen) in obligatorischen Verträgen nur dann Sinn, wenn der Umstandseintritt das Interesse beider Parteien an dem geschlossenen Vertrag gleichermaßen beseitigt[53] bzw bereits im Vertragszweck zum Ausdruck kommt oder aber einer Partei die Bedeutung des jeweiligen Lebensumstandes für die andere deutlich vor Augen geführt werden soll. Ähnliches gilt für die auflösende Befristung: Durch sie kann vor allem einem nur vorübergehend gegebenen gemeinsamen Vertragszweck Rechnung getragen werden. Sind solche Anhaltspunkte nicht erkennbar, neigt die Rechtsprechung bisweilen dazu, einen Rücktrittsvorbehalt anzunehmen, obschon der Wortlaut des Ver- 30

44 Vgl OLG Düsseldorf NJW-RR 1998, 150.
45 Staudinger/*Bork*, Vor § 158 Rn 24; vgl etwa BGH NJW 1996, 3338, 3340 für § 162.
46 BGH NJW 1994, 2757, 2758; BGHZ 14, 1, 2; 67, 34, 35; RGZ 129, 357, 376; Erman/*Armbrüster*, § 162 Rn 2.
47 Erman/*Armbrüster*, § 162 Rn 2; RGZ 129, 357, 376; BGH 54, 71, 73; BGH NJW 1996, 3338, 3340; vgl noch § 162 Rn 3.
48 Dazu BGH NJW 1999, 1252.
49 Vgl auch Soergel/*Wolf*, Vor § 158 Rn 26.
50 Beispiel bei BayObLG NJW-RR 1990, 87.
51 Beispiel BayObLG NJW-RR 1990, 87.
52 Was nicht bedeutet, dass sie automatisch „interessengerechter" seien, missverstanden von MüKo/*Westermann*, § 158 Rn 57 in Fn 1.
53 Vgl etwa für die Zulässigkeit von auflösenden Bedingungen BAG NZA 2003, 611, 613 f.

trags eher für eine auflösende Bedingung spricht.[54] Eine Auslegungsregel zugunsten eines Rücktrittsrechts enthält § 354.[55]

31 Gerade umgekehrt liegt es aber regelmäßig bei einem **Prozessvergleich**: Der in einen Prozessvergleich zugunsten beider Parteien aufgenommene Vorbehalt, den Vergleich bis zum Ablauf einer bestimmten Frist zu widerrufen, stellt im Regelfall eine aufschiebende Bedingung für die Wirksamkeit des Vergleichs dar, da dies der Interessenlage der Parteien und der Prozesssituation (keine spätere Rückabwicklung) am besten entspricht.[56] Ein Beispiel für eine auflösende Bedingung in einem Verpflichtungsgeschäft ist die Koppelung eines Geschäftsführeranstellungsvertrags an seine Abberufung oder fehlende volle Arbeitskraft.[57]

III. Privatautonomie und Zulässigkeit der Vereinbarung von Bedingungen

32 **1. Privatautonomie als Grundsatz.** Einerseits ist die Bedingung Beschränkung des Rechtsgeschäfts.[58] Zugleich erweitert sie aber die rechtsgeschäftlichen Gestaltungsmöglichkeiten.[59] Die grundsätzliche, durch die gesetzliche Regelung bestätigte, Zulässigkeit, Rechtsgeschäfte unter Bedingungen zu stellen, ist daher unmittelbarer **Ausdruck der Privatautonomie**. Sie ermöglicht den Parteien einerseits, zukünftige ungewisse Ereignisse bei der Vertragsgestaltung zu berücksichtigen. Dabei sind sowohl schuldrechtliche und sachenrechtliche Verträge (Verfügungen) bedingungs- und befristungsfreundlich als auch im Grundsatz einseitige Rechtsgeschäfte wie das Testament oder die Auslobung (s. aber im Folgenden Rn 33 ff). Bei **Verfügungen** gilt die Bedingungsfreundlichkeit freilich nur für den rechtsgeschäftlichen Teil; **Realakte** wie die Übergabe iSd §§ 929 oder 446 fallen nicht unter die Vertragsfreiheit und sind bedingungs- und befristungsfeindlich (s. noch § 161 Rn 5).[60]

33 **2. Einschränkungen. a) Bedingungs- und befristungsfeindliche Rechtsgeschäfte. aa) Einseitige Rechtsgeschäfte.** Einseitige Rechtsgeschäfte sind nicht grundsätzlich bedingungsfeindlich.[61] Vertragsangebote (§ 145 ff) können beliebig unter Bedingungen gestellt werden, da die Bindung des Erklärungsempfängers noch von seiner Annahme abhängt und ihm daher die durch die Bedingung verursachte Unsicherheit stets zumutbar ist.[62] Gleiches gilt wegen § 150 Abs. 2 für die Annahme, ferner für Vollmachtserteilung,[63] Auslobung (§ 657) und für das Testament (§ 1937), hier sehen insbesondere die §§ 2066, 2074 ff ausdrücklich die Möglichkeit bedingter Geschäfte vor. Weitere Beispiele unter Rn 42 ff zum Handels- und Gesellschaftsrecht. Zur Frage, inwieweit Zustimmungserklärungen Dritter bedingt oder befristet erfolgen können, s. § 182 Rn 30 ff.

34 Als bedingungsfeindlich werden dagegen regelmäßig die **Gestaltungsrechte** eingeordnet, da dem Gestaltungsgegner die mit der Bedingung verbundene Unsicherheit nicht zugemutet werden soll.[64] Das ist gesetzlich in § 388 S. 2 für die Aufrechnung vorgesehen, diese Vorschrift wird aber als Ausdruck eines allgemeinen Rechtsgedankens betrachtet, so dass auch Anfechtung, Rücktritt, Kündigung, Widerruf, Genehmigung, Ausübung eines Wahlrechts (§§ 263, 2151 ff), einer Option oder eines Vor- oder Wiederkaufrechts bedingungsfeindlich sind.[65] Gleiches gilt für **geschäftsähnliche Handlungen** wie die Fristsetzung, Abmahnung oder Mahnung.[66] Eine **auflösende** Bedingung oder Befristung kommt bei Gestaltungserklärungen in aller Regel schon deshalb nicht in Betracht, weil sie mit der Gestaltungswirkung selbst unvereinbar wäre. Dem Erklärenden ist nämlich regelmäßig nur die Rechtsmacht zur endgültigen Umgestaltung der Rechtslage eingeräumt. Es kann aber, vor allem vertraglich, anderes vorgesehen sein.

54 So etwa OLG München BB 2001, 1119 für die Vereinbarung eines Rückgaberechts in einer „Konditionsvereinbarung"; vgl ferner LG Hamburg NJW-RR 1999, 823 für eine Rücknahmezusage für den Fall des Nichtgefallens.
55 Diese will Soergel/*Wolf*, Vor § 158 Rn 26 regelmäßig auch analog anwenden.
56 Übereinstimmend BGH NJW-RR 1989, 1214; BGHZ 88, 364 = NJW 1984, 312; BGHZ 46, 277 = NJW 1967, 440; BVerwG NJW 1993, 2193; BAG NJW 2004, 701, 702.
57 Vgl etwa OLG Stuttgart v. 11.2.2004 – 14 U 58/03.
58 *Eisenhardt*, BGB AT, Einf. Rn 245.
59 Vgl *R. Zimmermann*, AcP 193 (1993), 121 ff, 124.
60 Vgl etwa BGH NJW 1998, 2360, 2363.
61 Ebenso Soergel/*Wolf*, § 158 Rn 36.
62 Vgl etwa BGH v. 26.3.2004 – V ZR 90/03.
63 Soergel/*Wolf*, § 158 Rn 36; MüKo/*Westermann*, § 158 Rn 28.
64 Im Grundsatz unstreitig: BGHZ 97, 263, 267 = NJW 1986, 2245; OLG Stuttgart OLGZ 1979, 129, 131; Staudinger/*Bork*, Vor § 158 Rn 38; *Flume*, BGB AT Bd. 2, § 38 5; *Larenz/Wolf*, BGB AT, § 50 Rn 24; Bamberger/Roth/*Rövekamp*, § 158 Rn 17; Erman/*Armbrüster*, Vor § 158 Rn 18 f; Soergel/*Wolf*, § 158 Rn 43 f; Palandt/ *Ellenberger*, Einf. v. § 158 Rn 13.
65 Für die Anfechtung: RGZ 66, 153; RGZ 146, 234, 238; BGH WM 1961, 785, 786; BGH NJW-RR 2007, 1282, 1284 Tz. 17; für die Kündigung: RGZ 91, 308; BGH WM 1973, 694, 695; für den Rücktritt: BGHZ 97, 263, 264 ff = NJW 1986, 2245; vgl im Übrigen Bamberger/Roth/*Rövekamp*, § 158 Rn 17; Erman/*Armbrüster*, Vor § 158 Rn 18.
66 Erman/*Hager*, § 286 Rn 34 mwN für die Mahnung; allg. Staudinger/*Bork*, Vor § 158 Rn 46.

Anders sieht es für **aufschiebende** Bedingungen oder Befristungen aus, wenn im Einzelfall eine Unsicherheit nicht besteht oder zumutbar ist.[67] Gestaltungserklärungen können jedenfalls dann unter eine Bedingung gestellt werden, wenn die Vertragspartner das vorher vertraglich vorgesehen haben oder der Erklärungsgegner sich nachträglich mit der bedingten oder befristeten Gestaltungserklärung einverstanden erklärt, da hierin eine Vertragsänderung liegt.[68] Ferner zulässig ist der Verweis auf Rechtsbedingungen; unter Umständen sind auch Unterstellungen zulässig, jedenfalls aber prozessuale Eventualerklärungen.[69] Keine unzumutbare Unsicherheit besteht vor allem dann, wenn die Gestaltungserklärung unter den Vorbehalt einer **bestimmten Erklärung** des anderen Teils, also unter eine Wollensbedingung zugunsten des Empfängers gestellt wird.[70] Hauptbeispiel ist die **Änderungskündigung**. Versteht man wie hier unter Befristung lediglich eine kalendermäßige Terminierung, so können Gestaltungsrechte ferner ohne weiteres aufschiebend befristet werden. Wer hingegen mit der hM auch die Fälle des dies certus an, incertus quando als Befristung einordnet, muss auch von einer grundsätzlichen Befristungsfeindlichkeit von Gestaltungserklärungen ausgehen.[71] 35

Dagegen darf eine Gestaltungserklärung einseitig nicht an ein bestimmtes sonstiges Verhalten (**Potestativbedingung**) geknüpft werden, da dadurch einerseits einseitig Druck auf den Erklärungsgegner ausgeübt würde und andererseits die an ein (stets der Bewertung und damit Beweisproblemen unterliegenden und vom Erklärenden allein formuliertes) Verhalten anknüpfende Unsicherheit dem Erklärungsgegner nicht zumutbar ist.[72] An der zu missbilligenden Unsicherheit ändert es auch nichts, wenn der Lauf einer etwaigen Gestaltungsfrist erst beginnen soll, wenn über die Bedingung endgültig entschieden ist.[73] Denn wegen der **einseitig begründeten Unsicherheit** wüsste der Erklärungsgegner nicht sicher, in welchem Sinne über die Bedingung entschieden ist. Ein Vertragspartner könnte durch Gestaltungserklärung unter allein von ihm formulierten Potestativbedingungen vertraglich erlaubte Verhaltensweisen der Gegenseite zum Anlass für die Ausübung eines Gestaltungsrechts nehmen (was grundsätzlich erlaubt ist, solange nur ein Gestaltungsgrund vorliegt), den Vertragspartner aber – durch die Formulierung – im Unklaren darüber lassen, ob das jeweilige Verhalten die Gestaltungswirkung tatsächlich auslöst oder nicht (das ist mit dem Vertrauensschutz des Erklärungsgegners unvereinbar). 36

Eine Ausnahme von dem soeben Gesagten hat allerdings dann zu gelten, wenn der Erklärende für den Fall der Nichteinhaltung einer von ihm zulässigerweise gesetzten Frist für ein vom Erklärungsgegner bereits **geschuldetes Verhalten** ein Gestaltungsrecht ausübt. Hier kann dem Erklärungsgegner keine Unsicherheit aus der einseitigen Formulierung entstehen, weil er ohnehin zu dem Verhalten verpflichtet ist. Der Erklärende darf die Gestaltungserklärung freilich nur von dem geschuldeten Verhalten abhängig machen, es also nicht modifizieren und er muss zu der Fristsetzung vertraglich oder gesetzlich (etwa: § 281, 323, 642) befugt gewesen sein.[74] Ein Beispiel aus der Rechtsprechung bildet etwa die Kündigung eines Gewerberaummietvertrages für den Fall der nicht rechtzeitigen Mängelbeseitigung, die zusammen mit der Fristsetzung erklärt wird.[75] In § 281 Abs. 4 macht das Gesetz den Fortfall des Erfüllungsanspruchs nach fruchtlosem Fristablauf vom **Schadensersatzverlangen** des Gläubigers abhängig. Die Frage, ob das Ersatzverlangen als einseitige Erklärung bereits aufschiebend bedingt zusammen mit der Fristsetzung erfolgen darf, ist umstritten,[76] aus den eben genannten Gründen aber zu bejahen. Ein weiteres Beispiel bildet die Regelung des § 643, die einer bedingten Kündigung im Falle des Fristablaufs Aufhebungswirkung beimisst. 37

bb) Verfügungen im Immobiliarsachenrecht. Bedingungs- und befristungsfeindlich sind Auflassung, § 925 Abs. 2, Übertragung des Erbbaurechts, § 11 Abs. 1 S. 2 ErbbauVO, Einräumen oder Aufheben von Wohneigentum, § 4 Abs. 2 S. 2 WEG. Im Übrigen können Verfügungen über Rechte an Grundstücken gem. § 873 bedingt erfolgen, wobei reine Wollensbedingungen aber unzulässig sein sollen.[77] 38

cc) Familien- und Erbrecht. Bedingungs- und befristungsfeindlich sind u.a. die Erklärung zur Eingehung der Ehe, § 1311 S. 2, oder der Lebenspartnerschaft, § 1 Abs. 1 S. 2 LPartG; Anerkennung der Vaterschaft, § 1594; Sorgeerklärung, § 1626 b Abs. 1; Adoption und dafür notwendige Einwilligungen, § 1750 Abs. 2, § 1752 Abs. 2; Annahme oder Ausschlagung einer Erbschaft, § 1947, eines Vermächtnisses, § 2180 Abs. 2 S. 2; Annahme oder Ablehnung des Amtes des Testamentsvollstreckers, § 2202 Abs. 2 S. 2. 39

67 BGH v. 26.3.2004 – V ZR 90/03; BGHZ 97, 263, 264 ff = NJW 1986, 2245.

68 *Flume*, BGB AT Bd. 2, § 38 5; Erman/*Armbrüster*, Vor § 158 Rn 18.

69 S. etwa Soergel/*Wolf*, § 158 Rn 42, 50 f.

70 Vgl zu solchen Fällen etwa Staudinger/*Bork*, Vor § 158 Rn 40 f.

71 So zB *Flume*, BGB AT Bd. 2, § 38 5 aE, Staudinger/*Bork*, § 163 Rn 9.

72 AA wohl OLG Hamburg NJW-RR 1991, 1199, 1201; Staudinger/*Bork*, Vor § 158 Rn 40 f.

73 AA Staudinger/*Bork*, Vor § 158 Rn 41; Soergel/*Wolf*, § 158 Rn 44; wohl auch OLG Hamburg NJW-RR 1991, 1199, 1201.

74 Zu weit gehend daher OLG Hamburg NJW-RR 1991, 1199, 1201, das nicht überprüft, ob die Bank das zur Bedingung ihrer Kündigung gemachte Verhalten des Bekl. überhaupt verlangen konnte und zur Fristsetzung berechtigt war.

75 OLG Hamburg NZM 2001, 131 = NJW-RR 2001, 153.

76 Dazu *Derleder/Zänker*, NJW 2003, 2777 mwN.

77 Näher NK-BGB/*Krause*, § 873 Rn 15.

40 **dd) Arbeitsrecht.** Das Arbeitsverhältnis kann nach Maßgabe des TzBfG (Teilzeit- und Befristungsgesetz) nur dann unter eine auflösende Bedingung (§ 21 TzBfG) oder Befristung (§ 14 TzBfG) gestellt werden, wenn dafür ein Sachgrund vorhanden ist. Ein solcher soll für die auflösende Bedingung auch dann bestehen, wenn diese „auch im Interesse des Arbeitnehmers" liegt.[78] Eine ausführliche Kommentierung muss hier aus Platzgründen unterbleiben, s. dazu die Erläuterungen zu § 620.

41 **ee) Mietrecht.** Wohnraummietverhältnisse können gem. § 572 Abs. 2 nur dann unter eine auflösende Bedingung gestellt werden, wenn die Bedingung nicht „zum Nachteil" des Mieters ist. Was damit gemeint ist, bleibt unklar, da das Ende gegenseitiger Verträge stets für beide Seiten vor- und/oder nachteilig sein kann. Eine auflösende Befristung ist gem. § 575 Abs. 1 nur mit Sachgrund vereinbar, auch hier stellt sich die Frage, wann eine Abweichung davon nicht zum Nachteil des Mieters ist, da nur solche Vertragsbestimmungen in § 575 Abs. 4 verboten werden. Ohnehin ist der Mieter nur vor einer automatischen Beendigung des Mietverhältnisses geschützt. Der Vermieter kann im Wege der Vereinbarung eines befristeten Kündigungsverzichts eine Mindestdauer des Mietverhältnisses sichern.[79] S. noch § 163 Rn 6.

42 **ff) Handels- u. Gesellschaftsrecht.** Prokura, § 50 Abs. 1 HGB, und organschaftliche Vertretungsmacht, §§ 126 Abs. 2, 161 Abs. 2 HGB, können im Außenverhältnis nicht bedingt erteilt werden. Ebenso wenig vertragen sich Erklärungen auf Wechsel und Scheck mit einer Bedingung, Art. 1 Nr. 2, 12 Abs. 1 S. 1, 26 Abs. 1 WG, Art. 1 Nr. 2, 15 Abs. 1 S. 1 ScheckG. **Anträge** auf Eintragung ins Handelsregister können nicht bedingt oder befristet gestellt werden;[80] wohl aber kann zum Zwecke des Austauschs zweier Unternehmensverträge ein Antrag auf Löschung des alten Vertrages gestellt werden, dessen Kündigung auf den Zeitpunkt der Eintragung des neuen „befristet" ist.[81]

43 Der **Beitritt** zu Personengesellschaften und Verein kann bedingt erklärt werden;[82] der zu einer Kapitalgesellschaft bzw Genossenschaft dagegen weder bedingt noch befristet.[83] Das gilt aus den unter Rn 36 genannten Gründen auch dann, wenn über die Bedingung im Zeitpunkt der Eintragung bereits entschieden ist.[84] Wegen § 185 Abs. 2 Nr. 4 AktG kann aber der Übernahmevertrag bei einer Kapitalerhöhung durch die fehlende Rechtzeitigkeit einer Eintragung auflösend befristet werden, und zwar auch bei der GmbH.[85] Kommt es gleichwohl zur Eintragung, so dürfte auch § 185 Abs. 3 AktG für die GmbH gelten. Die bedingte **Abtretung** von GmbH-Geschäftsanteilen ist möglich, stellt aber nach der Änderung des § 16 GmbHG die Praxis vor Probleme.[86]

44 Die **Bestellung** zum Geschäftsführer einer GmbH ist nach hM auch unter auflösender Bedingung möglich.[87] Für die Bestellung zum Vorstand einer AG ist das jedoch nach hM ausgeschlossen, da der Widerruf der Bestellung gem. § 84 Abs. 3 AktG nur aus wichtigem Grund möglich ist.[88] Ein **Abberufungsbeschluss** kann aus den oben zur Bedingungsfeindlichkeit einseitiger Rechtsgeschäfte genannten Gründen in beiden Rechtsformen nur unbedingt, wohl aber aufschiebend befristet erfolgen. Der Unterschied zur Bestellung rechtfertigt sich daraus, dass diese nur mit Zustimmung des Bestellten wirksam ist, die ihrerseits Rechtsbedingung für die Wirksamkeit der Bestellung ist.[89] Der **Anstellungsvertrag** von Organmitgliedern beider Rechtsformen kann dagegen durch eine auflösende Bedingung an das Schicksal des Organverhältnisses gekoppelt werden.[90] Öffentliche Angebote zum Erwerb von Wertpapieren dürfen nach näherer Maßgabe des **§ 18 WpÜG** nicht unter Potestativbedingungen gestellt werden, deren Eintritt der Anbietende direkt oder indirekt beeinflussen kann.

78 Grundlegend zur auflösenden Bedingung BAG NZA 2003, 611 (Bundesligatrainer); BAG NZA 2004, 328 (Erwerbsunfähigkeit und rentenrechtliche Versorgung); BAG NZA 2004, 311 (Seriendarstellerin bei Ende der Rolle im Drehbuch) je mwN.

79 BGH NJW 2004, 1448.

80 BayObLG DNotZ 1993, 197; vgl aber ausf. *Scheel*, DB 2004, 2355 ff.

81 BGH NJW 1993, 1976, 1978, „befristet" kann die Kündigung indes auch nach der Definition der hM (dazu Rn 20) nicht sein, weil das „Ob" der Eintragung des neuen Unternehmensvertrags der Entscheidung des Registergerichts unterliegt.

82 Für den Beitritt als Kommanditist BGHZ 73, 217, 220; ausf. MüKo/*Westermann*, § 158 Rn 33 f; Soergel/*Wolf*, § 158 Rn 37 unter Verweis auf RG JW 1938, 3229 f.

83 Ausf. Soergel/*Wolf*, § 158 Rn 48; MüKo/*Westermann*, § 158 Rn 33; vgl § 15 GenG, RGZ 83, 256, 258 (für die GmbH).

84 AA Soergel/*Wolf*, § 158 Rn 48; MüKo/*Westermann*, § 158 Rn 33.

85 BGH NJW 1999, 1252.

86 S. dazu etwa *Schneider*, NZG 2009, 1167; *Mayer*, ZIP 2009, 1037; *Oppermann*, ZIP 2009, 651; *Weigl*, NZG 2009, 1173 ff und die Erläuterungen zu § 161 Rn 9 mit Fn 18.

87 BGH ZIP 2005, 2255; OLG Stuttgart DB 2004, 645; aA *Kleindiek* in Lutter/Hommelhoff, GmbHG, 17. Aufl. 2009, § 6 Rn 41; Michalski/*Heyder*, GmbHG, 2002, § 6 Rn 83; *Marschner-Barner/Diekmann*, in: Münchner Handbuch des Gesellschaftsrechts, Band 3, GmbH, 2. Aufl. 2003, § 42 Rn 39; Scholz/*Schneider*, GmbHG, 10. Aufl. 2007, § 6 Rn 38 mwN zu der dem BGH zustimmenden Auffassung.

88 MüKo-AktG/*Spindler*, 3. Aufl. 2008, § 84 Rn 113; KölnKomm-AktG/*Mertens/Cahn*, 3. Aufl. 2010, § 84 Rn 25 mwN.

89 Vgl nur MüKo-AktG/*Spindler*, 3. Aufl. 2008, § 84 Rn 21 f.

90 BGH NJW 1989, 2683 f; vgl KölnKomm-AktG/*Mertens/Cahn*, 3. Aufl. 2010, § 84 Rn 55.

gg) Prozesshandlungen. Sie sind grundsätzlich bedingungsfeindlich, soweit es um außerprozessuale Ereignisse geht, da dadurch Unsicherheit in den Prozess selbst hineingetragen würde.[91] Dagegen sind **Eventual- bzw Hilfsanträge** in weitem Umfang zulässig, die für den Fall gestellt werden, dass das Gericht den zuerst gestellten Antrag für nicht begründet hält, so etwa die Hilfsaufrechnung oder -anfechtung.[92] Hier liegt nur eine sog. innerprozessuale Bedingung vor, die für das Gericht keine unzumutbare Unsicherheit schafft.[93] Die Klageerhebung selbst kann jedoch nicht bedingt erfolgen, da die unbedingte Rechtshängigkeit Mindestvoraussetzung für eine innerprozessuale Bedingung ist.[94] Gleiches gilt für die Streitverkündung. Zum Prozessvergleich s. Rn 31. 45

b) § 138. Aus dem Verhältnis zwischen der Funktion (bzw dem Zweck) der vereinbarten Bedingung und den Rechtsfolgen bei Bedingungseintritt kann sich – aber letztlich nur im Einzelfall – die Sittenwidrigkeit der Bedingung oder des bedingten Rechtsgeschäfts ergeben. Das ist insbesondere bei Potestativbedingungen der Fall, wenn einerseits die Nachteile, die an das auslösende Verhalten geknüpft werden, **schwerwiegend** sind und das Gesetz oder die guten Sitten der Freiheit zu diesem Verhalten andererseits einen hohen Stellenwert zumessen oder diese Freiheit auch gegenüber privater Beschränkung sichern. Beispiele sind etwa Zölibatsklauseln in Arbeitsverträgen.[95] Sittenwidrigkeit kann auch unter dem Gesichtspunkt des Vertrags zulasten Dritter anzunehmen sein, so etwa, wenn Bauherr und Hauptunternehmer eine Vertragsstrafe für Verzug nur für den Fall vereinbaren, dass die Vertragsstrafe auf einen Subunternehmer abgewälzt werden kann.[96] 46

c) § 137 S. 1. Problematisch ist angesichts des § 137 S. 1, ob eine Verfügung an die auflösende Bedingung der (abredewidrigen) Weiterverfügung geknüpft werden darf, da damit im praktischen Ergebnis ein dinglich wirkendes Verfügungsverbot begründet wird. Die hM bejaht die Zulässigkeit einer solchen Bedingung,[97] im Schrifttum finden sich bislang eine ablehnende sowie mehrere einschränkende Auffassungen.[98] Die durch **abredewidrige Weiterverfügung** auflösend bedingte Verfügung schafft die Gefahr, dass bestimmte Vermögensgegenstände für immer dem Verkehr entzogen werden[99] bzw die Vollstreckung in den entsprechenden Gegenstand verhindert wird, wenn man trotz § 851 Abs. 2 ZPO auch die Pfändung der Weiterverfügung gleichstellt oder ausdrücklich in die Bedingung mit aufnimmt.[100] Angesichts der Tatsache, dass mit den §§ 158 ff viele Rechtsinstitute des Allgemeinen Teils bzw des Schuldrechts simuliert werden können (vgl Rn 7 f, 15–31), sollte man, soweit eine bestimmte Bedingungskonstruktion vergleichbare Wirkungen hat, auch die Beschränkungen des simulierten Rechtsinstituts, soweit gesetzlich ausgestaltet, auf die entsprechende Bedingungskonstruktion anwenden.[101] Dann verbietet § 137 entgegen der hM die Bedingung abredewidriger Weiterverfügung bei Verfügungsgeschäften generell, und zwar auch innerhalb eines Treuhandverhältnisses oder bei vorweggenommener Erbfolge.[102] Zur der in § 161 selbst angeordneten Verfügungsbeschränkung s. dort Rn 6 ff, 11. 47

Erst wenn Verfügung und abredewidrige Weiterverfügung oder -belastung durch eine auflösende Bedingung miteinander verknüpft werden, kommt es praktisch zu einer dinglich wirkenden Verfügungsbeschränkung, die § 137 untersagt.[103] Auflösende Bedingungen, die nicht auf die Weiterverfügung, sondern auf andere 48

91 Soergel/*Wolf*, § 158 Rn 50 mN; vgl näher *Hövelmann*, GRUR 2003, 203 ff.
92 Soergel/*Wolf*, § 158 Rn 51.
93 Soergel/*Wolf*, § 158 Rn 51.
94 Näher – zT unter Verweis auf einschr. Rspr – *Hövelmann*, GRUR 2003, 203 ff.
95 Staudinger/*Bork*, Vor § 158 Rn 33 unter Hinweis auf BAGE 4, 274, 285.
96 Vgl etwa *Rieble*, DB 1997, 1165, 1168 unter IV. 2.
97 S. dazu vor allem § 137 Rn 15; BGH NJW 1997, 861, 862 = BGHZ 134, 182, 187 (obiter); Staudinger/*Kohler*, § 137 Rn 30–33 mwN zu allen Auffassungen; ferner Bamberger/Roth/*Wendtland*, § 137 Rn 8; Palandt/*Ellenberger*, § 137 Rn 7; *Timm*, JZ 1989, 13 ff; *Henssler*, AcP 196 (1996), 37, 69 f.
98 Die Konstruktion grds. verneinend *Flume*, BGB AT Bd. 2, § 17 7; differenzierend Soergel/*Hefermehl*, § 137 Rn 14; *Medicus*, BGB AT, Rn 852; *Berger*, S. 168 ff.
99 *Berger*, S. 179 f, zu Recht das Argument ablehnend, immerhin bleibe eine gewisse Verkehrsfähigkeit wegen Abs. 3 (Gutglaubensschutz) erhalten (so aber *Timm*, JZ 1989, 13, 17). Mit der Hypothese eines vertragswidrigen Verhaltens darf insoweit nicht argumentiert werden.
100 Vgl *Berger*, S. 180 f.
101 Deshalb können die nicht in Verbotsform gegossenen Systemgrundlagen Trennungs- und Abstraktionsprinzip durch eine Bedingungskonstruktion ausgehebelt werden, nicht aber das ausdrückliche Verbot rechtsgeschäftlicher Verfügungsbeschränkungen (das seinerseits diese Grundlagen schützt, vgl insoweit *Berger*, S. 77 f); anders *Berger*, S. 182, der meint, es sei widersprüchlich, nur bei § 137 anderswo längst aufgegebene Systemgrundlagen kompromisslos zu verteidigen; s.a. Rn 59.
102 Insoweit anders *Berger*, S. 184 ff; die Unterscheidung solcher Fallgruppen ist aber jedenfalls in § 137 nicht angelegt, passt auch nicht zu seinen Ausführungen auf den S. 159–160, in denen er eine Sonderbehandlung der Treuhandverhältnisse im Grundsatz ablehnt, und versagt schließlich, wenn man auf das Unmittelbarkeitsprinzip als Abgrenzungsmerkmal der Treuhand verzichten will, so etwa mit *Grundmann*, Der Treuhandvertrag, 1997, S. 4, 79–81, 312–317, 320 und *Henssler*, AcP 196 (1996), 37, 54 f je mwN.
103 Anders *Flume*, BGB AT Bd. 2, § 38 2 d, S. 687 der Verfügungen unter auflösenden Wollensbedingungen generell für unzulässig hält; ähnlich Jauernig/*Jauernig*, § 158 Rn 4.

Umstände abstellen, werden von § 137 dagegen nicht erfasst, da die Verfügung über den bedingt erworbenen Gegenstand selbst keine Folgen auslöst. Zulässig ist daher etwa die auflösende Bedingung der Kreditrückzahlung. Die Vereinbarung einer auflösend bedingten **Sicherungsübereignung** für den Fall der Weiterverfügung durch den Sicherungsnehmer wird aber grundsätzlich von § 137 S. 1 erfasst und stellt entgegen der hM[104] auch eine unzulässige Beschränkung der Verfügungsbefugnis des Sicherungsnehmers dar, der ja sonst nur noch an Gutgläubige (§§ 161 Abs. 3, 936) wirksam verfügen könnte.

49 **d) §§ 305 ff.** Formularvertraglich vereinbarte Bedingungen können insbesondere gem. §§ 307, 308 Nr. 1 u. 3[105], 309 Nr. 6 unwirksam sein.

50 **3. Widersprüchliche und unmögliche Bedingungen.** Was gewollt ist, wenn die Parteien die Erfüllung von (einzelnen) Vertragspflichten einer Partei zur aufschiebenden Bedingung dieses Vertrags machen,[106] ist weitgehend Auslegungsfrage. Einerseits kommt **Nichtigkeit** des gesamten Vertrages in Betracht, da die aufschiebende Bedingung wegen ihrer suspendierenden Wirkung einer gleichzeitigen bestehenden Vertragspflicht widerspricht.[107] Man wird jedoch im Einzelfall ermitteln müssen, ob die Parteien etwas Sinnvolles gewollt haben, einer solchen **Auslegung** ist im Zweifel der Vorrang zu geben.[108] Die Regelung des § 2084 enthält insoweit einen allgemeinen Rechtsgedanken. Insbesondere kommt in Betracht, die aufschiebende Wirkung des Vertrages auf die einzelne Pflicht zu begrenzen, jedenfalls aber für die zu erfüllende Vertragspflicht eine unbedingte Wirkung bzw eine Vorleistungspflicht anzunehmen.[109]

51 Als **unmögliche** Bedingungen bezeichnet man solche Bedingungen, deren Eintritt von Anfang an unmöglich war; bei nachträglicher Unmöglichkeit liegt ein Ausfall (dazu Rn 57) der Bedingung vor.[110] Davon zu unterscheiden ist die Unmöglichkeit einer geschuldeten Leistung, die wiederum vertraglich zur Bedingung der Wirksamkeit des Geschäfts gemacht werden kann, so dass § 311 a vertraglich ausgeschaltet wird. Die Regelung des § 308 aF kann daher durch Parteivereinbarung wiederhergestellt werden, wofür richtigerweise sogar eine Auslegungsregel spricht, da die unbedingte Vereinbarung einer beiden Parteien bekannten unmöglichen Leistung im Zweifel nicht gewollt ist.

52 **4. Rechtsfolgen unzulässiger und unmöglicher Bedingungen.** Je nach Grund für die Unzulässigkeit der Bedingung und nach Art der Bedingung kommen unterschiedliche Rechtsfolgen in Betracht. Liegt eine unzulässige oder unmögliche **aufschiebende** Bedingung vor, so ist das bedingte Rechtsgeschäft grundsätzlich insgesamt unwirksam, da eine Aufrechterhaltung nach § 139 oder § 140 wegen der weiter gehenden Wirkungen des unbedingten Geschäfts von den Parteien nicht gewollt ist bzw bei einseitigen Geschäften nicht im Interesse des Erklärungsempfängers liegt.[111] Das Gesetz kann etwas anderes anordnen, namentlich die unbedingte Wirksamkeit des Geschäfts gegenüber Dritten, so etwa §§ 50 Abs. 2, 126 Abs. 2, 161 Abs. 2 HGB oder mit Rücksicht auf Drittinteressen, so in Art. 12 Abs. 1 S. 2 WG, Art. 15 Abs. 1 S. 2 ScheckG.

53 Bei unzulässigen oder unmöglichen **auflösenden** Bedingungen ist noch weiter zu unterscheiden: Soweit die Bedingung zulässig, aber unmöglich ist, ist das Rechtsgeschäft so zu behandeln, als wäre die Bedingung ausgefallen, es ist also endgültig wirksam. Unzulässig auflösend bedingte Verträge werden ebenfalls grundsätzlich endgültig wirksam, was zum Teil mit einer Aufrechterhaltung nach § 139 erklärt wird,[112] zT mit dem Zweck der jeweiligen Verbotsnorm.[113] Paradebeispiel sind unzulässig befristete oder bedingte Arbeits- oder Wohnraummietverhältnisse. Man kann die Wirksamkeit auch damit erklären, dass der unter aufschiebender

104 *Medicus*, BGB AT, Rn 852; *Timm*, JZ 1989, 13 ff.
105 Dazu ausführlich BGH NJW 2011, 1215 ff, wonach § 308 Nr. 3 nicht auch aufschiebend bedingte Ansprüche erfasst, insoweit aber auf § 308 Nr. 1 verweist.
106 Beispiele in den Sachverhalten (!) von BGH WM 1969, 835, wo ein Vertrag unter der Wirksamkeitsvoraussetzung stand, dass der Vermieter ein befristetes Nutzungsrecht zugunsten des Mieters in das Grundbuch eintragen lasse, wozu er in dem Vertrag verpflichtet wurde; BGH WM 2004, 752: Kaufvertrag unter aufschiebender Bedingung der Erfüllung der Zahlungspflicht; vgl auch OLG Köln NJW-RR 1999, 1733: Programmerstellungsvertrag unter der ausdr. aufschiebenden Bedingung, dass bis zu einem festgelegten Zeitpunkt eine Programmbeschreibung erstellt sein müsse.
107 Vgl Erman/*Armbrüster*, Vor § 158 Rn 11 und Staudinger/*Bork*, Vor § 158 Rn 31 zur Nichtigkeit des Gesamtgeschäfts bei widersprüchlicher oder unverständlicher Bedingung, Letzterer gleichzeitig zum Vorrang der Auslegung. BGH NJW 1993, 1381, 1382 hält schon die Bedingung der vollständigen Erbringung der Leistung als Voraussetzung der Gegenleistung für problematisch.
108 Vgl BGH NJW 1993, 1381, 1382 f.
109 So etwa in BGH WM 1969, 835. Gerade umgekehrt argumentiert das OLG Köln NJW-RR 1999, 1733: die Parteien hätten durch die aufschiebende Bedingung aus der Nebenpflicht eine Hauptpflicht gemacht. Vgl auch BGH NJW 1993, 1381, 1382 f; in BGH WM 2004, 752, 753 spricht der BGH dagegen davon, dass mit der Zahlung die Verpflichtung dazu erst endgültig entstehe.
110 Staudinger/*Bork*, Vor § 158 Rn 30; MüKo/*Westermann*, § 158 Rn 48.
111 HM, vgl Soergel/*Wolf*, § 158 Rn 32 (aufschiebende Bedingung kein isolierbarer Teil des Rechtsgeschäfts); iE ebenso Staudinger/*Bork*, § 158 Rn 12, 33, 44.
112 Soergel/*Wolf*, § 158 Rn 32.
113 MüKo/*Westermann*, § 158 Rn 46.

Bedingung vorgenommene actus contrarius[114] gem. Rn 52 unwirksam ist. Auch hier kann das Gesetz etwas anderes anordnen, so etwa für die bedingungsfeindliche Auflassung, § 925 Abs. 2.

Unzulässig bedingte **Gestaltungserklärungen** sind stets unwirksam, seien sie nun aufschiebend oder auflösend bedingt oder befristet. Das sagt ausdrücklich Art. 26 Abs. 2 WG für die Wechselannahme, aber auch sonst wäre die – so ja nicht erklärte – Gestaltungswirkung dem anderen Teil nicht zumutbar.[115] Ist eine **formularvertragliche** Bedingung nach den §§ 305 ff unzulässig, folgt die endgültige Wirksamkeit des Restgeschäfts dagegen aus § 306 Abs. 1, soweit sich aus § 306 Abs. 3 nichts Abweichendes ergibt. 54

B. Regelungsgehalt

I. Aufschiebende Bedingung (Abs. 1)

1. Allgemeines. Durch die Vereinbarung einer aufschiebenden Bedingung tritt nach dem Wortlaut des Abs. 1 die von der Bedingung abhängig gemachte Wirkung erst im Zeitpunkt des Umstandseintritts (ex nunc) ein.[116] Damit verwirft das Gesetz die sog. Pendenztheorie, die ein rückwirkendes Wirksamwerden des bedingten Geschäfts annimmt.[117] Das Gesetz spricht von der abhängig gemachten Wirkung. Es bringt damit zum Ausdruck, dass nicht das Rechtsgeschäft selbst, sondern nur seine **Rechtsfolgen** erst später Wirksamkeit erlangen. Dementsprechend müssen die übrigen Wirksamkeitsvoraussetzungen des Rechtsgeschäfts (zB Geschäftsfähigkeit, Verfügungsbefugnis, Form, Übergabe bei § 929) nicht im Zeitpunkt des Bedingungseintritts, sondern bei der Vornahme des bedingten Rechtsgeschäfts vorliegen.[118] Zugleich ist damit angedeutet, dass die Parteien auch nur **einzelne Wirkungen** des Rechtsgeschäfts unter eine Bedingung stellen können.[119] 55

2. Rechtslage während des Schwebezustands. Das bedingte Rechtsgeschäft selbst ist sofort gültig und entfaltet bereits vor Bedingungseintritt bestimmte **Sofortwirkungen**. Dies gilt auch dann, wenn die Parteien sämtliche Rechtswirkungen eines Vertrages unter die Bedingung gestellt haben; der zwischen ihnen abgeschlossene Vertrag bindet sie zum einen im Hinblick auf die allgemeinen vorvertraglichen, vertraglichen und nachvertraglichen[120] Treue- und Schutzpflichten (§§ 280, 241 Abs. 2, 242),[121] da diese gesetzlicher Natur sind. Daraus folgt etwa eine Pflicht, den Vertragspartner über den Eintritt oder Ausfall der Bedingung zu informieren, soweit das diesem nicht erkennbar ist, er aber zugleich – wie regelmäßig – ein Interesse an der Information hat;[122] nicht allerdings, wenn es Sache des anderen ist, für den Eintritt der Bedingung zu sorgen.[123] Im Hinblick auf das bedingte Recht selbst und bezüglich des Schwebezustandes enthält das Bedingungsrecht in den §§ 160–162 nähere Regelungen, sog. **Vorwirkungen** (näher dort § 160 Rn 1). 56

3. Die Entscheidung über die Bedingung. Der durch die Bedingung geschaffene Schwebezustand wird grundsätzlich entweder durch den Eintritt des zur Bedingung gemachten Lebensumstands beendet oder durch dessen **Ausfall**. Erklärungsbedürftig ist der Begriff des Ausfalls, da er im Gesetz nicht verwendet wird. Damit gemeint ist, dass der zur Bedingung gemachte Lebensumstand nicht eingetreten ist und auch nicht mehr eintreten kann (nachträgliche Unmöglichkeit).[124] Falls die Parteien keinen spätesten Tag für die Entscheidung über die Bedingung festgelegt haben, so könnte – je nach Lebensumstand und Formulierung der Bedingung – der **Schwebezustand** unbegrenzt andauern, wenn die Bedingung zwar noch nicht eingetreten ist, aber auch noch nicht unmöglich geworden ist. Zwar kann das kaum bei bedingten Verfügungen geschehen, da diese meist an das Schicksal des Kausalgeschäfts geknüpft sind (Sicherungstreuhand, Eigentumsvorbehalt). 57

Wohl aber können Verpflichtungsgeschäfte unter langfristige Bedingungen gestellt sein, ohne dass dies den Parteien bei Abfassung bewusst war. Das Problem eines **ewigen Schwebezustandes** kann auf unterschiedlichen Wegen beseitigt werden. Nach der Rechtsprechung ist eine Bedingung nicht nur dann ausgefallen, wenn sie objektiv nicht mehr eintreten kann, sondern auch dann, wenn der Zeitraum, innerhalb dessen der Eintritt der Bedingung zu erwarten war, verstrichen ist.[125] Die Vertragspartner können den Zeitraum also zunächst ausdrücklich durch eine **Stichtagsregelung** festlegen.[126] Ferner kann er sich konkludent aus den Umständen 58

114 Vgl dazu Soergel/*Wolf*, § 158 Rn 22 und unten Rn 64.
115 Vgl auch Soergel/*Wolf*, § 158 Rn 49.
116 BGH NJW 1998, 2360, 2362.
117 *Eichenhofer*, AcP 185 (1985), 162, 165.
118 BGHZ 20, 88, 97; Palandt/*Ellenberger*, Einf. v. § 158 Rn 8; Soergel/*Wolf*, § 158 Rn 11.
119 Staudinger/*Bork*, § 158 Rn 12.
120 Zur positiven Vertragsverletzung nach Entscheidung über die Bedingung BGH NJW 1990, 507, 508.
121 Ausdrücklich BGH NJW 1992, 2489, 2490; BGHZ 90, 302, 308 = NJW 1984, 2034, 2085; BGH WM 1969, 835 f; Staudinger/*Bork*, § 158 Rn 17; Soergel/*Wolf*, § 158 Rn 9, 26.
122 Soergel/*Wolf*, § 158 Rn 9, 26; Staudinger/*Bork*, § 158 Rn 17.
123 BGH NJW 1987, 1631; Soergel/*Wolf*, § 158 Rn 26.
124 Palandt/*Ellenberger*, § 158 Rn 3.
125 BGH NJW 1985, 1556, 1557 mwN; RGZ 79, 96; BGH DB 1967, 1315.
126 Zu unterscheiden von einer Kombination aus Bedingung und Befristung. Beispiel zur Stichtagsregelung: „sobald du – spätestens bis zum Jahresende – dein Examen bestanden hast“, Beispiel zur Kombination: „am Jahresende, falls du bis dahin dein Examen bestanden hast“. S. zur möglichen Kombination von Bedingung und Befristung zB BAG NZA 2003, 611.

ergeben. Ist auch dies nicht ergiebig, so darf das dennoch nicht dazu führen, dass der durch den bedingten Vertragsabschluss entstehende Schwebezustand unbegrenzt bleibt.[127] Beide Partner haben ein berechtigtes Interesse an der Klärung, ob und wie lange sie sich noch erfüllungsbereit zu halten haben. Daher kann jedenfalls bei Potestativbedingungen nach Auffassung des BGH die eine Partei der anderen, auf deren Verhalten es ankommt, nachträglich „analog §§ 146, 148" eine angemessene Frist zur Vornahme der Handlung setzen und damit die Entscheidung über die Bedingung herbeiführen.[128] Die zitierten Vorschriften enthalten eine solche Ermächtigung jedoch kaum. Nach § 148 kann nur ein nicht bindendes Angebot wegen der jederzeitigen Widerruflichkeit nachträglich befristet werden, bei bedingten Verträgen käme die Fristsetzung jedoch einer einseitigen Vertragsänderung gleich.

59 Zu ähnlichen Ergebnissen gelangt man aber, wenn man auf derartige Situationen die §§ 281, 323, 350, 455, 314 analog anwendet.[129] Soweit die Bedingungskonstruktion Funktionen eines Rücktrittsvorbehalts übernimmt (aufschiebende oder auflösende Potestativbedingung), sollte dem anderen Teil eine Frist analog § 350 gesetzt werden können. Bei reinen Wollensbedingungen ergibt sich Entsprechendes aus § 455 analog. Ist die Erfüllung einer durchsetzbaren Pflicht zur Bedingung gemacht, so kommt noch eine Fristsetzung gem. §§ 281, 323 in Betracht. Für Anwartschaftsrechte mag Besonderes gelten. Ansonsten kann das bedingte Geschäft bei **Unzumutbarkeit** des fortdauernden Schwebezustands gem. § 314 außerordentlich gekündigt werden. Dies hat nicht zur Folge, dass die Bedingung als eingetreten oder ausgefallen gilt, sondern dass das Geschäft selbst und die in den §§ 160 f angeordneten Vorwirkungen mit dem Geschäft ex nunc entfallen. Mit einem so beendeten Kausalgeschäft fällt auch der Rechtsgrund für etwa erbrachte Leistungen im Sinne des § 812 Abs. 1 S. 2 Alt. 1 weg.

60 **4. Verpflichtungsgeschäfte.** Tritt die aufschiebende Bedingung ein, so wird das Geschäft voll gültig. Fällt sie dagegen aus, so wird es endgültig unwirksam.[130] Ist vor Eintritt der Bedingung bereits zur Erfüllung der bedingten Verpflichtung geleistet worden, so kann in der Leistung und ihrer Annahme zum einen eine Vertragsänderung zu sehen sein, da man fragen muss, warum jemand leistet, wenn die Bedingung noch nicht eingetreten ist.[131] Zum anderen kann es sich um eine Leistung im Sinne des § 812 Abs. 1 S. 2 Fall 2 (Nichteintritt des mit der Leistung bezweckten Erfolges) handeln;[132] in diesem Falle ist auch § 820 Abs. 1, Abs. 2 anwendbar. Vgl auch noch § 159 Rn 5 f.

61 **5. Verfügungsgeschäfte.** Bei aufschiebend bedingter Verfügung tritt die Verfügungswirkung nur und immer dann unmittelbar im Zeitpunkt des Bedingungseintritts ein, wenn die sonstigen Voraussetzungen des Geschäfts zuvor vorgelegen haben. Insbesondere bei der Übereignung gem. § 929 wird von der hM Einigsein im Zeitpunkt des Publizitätsaktes (der Übergabe) verlangt.[133] Hat die Einigung in diesem Zeitpunkt noch vorgelegen, ändert ein späterer Widerruf der Einigung – auch wenn er vor oder bei dem Bedingungseintritt erfolgte – nichts mehr an dem Eigentumserwerb bei Bedingungseintritt. Beim Eigentumsvorbehalt stellen sich keine Probleme, weil dem Vorbehaltskäufer vor Bedingungseintritt die Sache übergeben wird. Wird sie ihm erst nachträglich übergeben, tritt die Verfügungswirkung – bei Einigsein – auch erst in diesem Zeitpunkt ein. Auch die aufschiebend bedingte Sicherungsübereignung ist vorstellbar, weil die fehlende Übergabe gem. § 930 durch die Sicherungsabrede ersetzt wird.

II. Auflösende Bedingung (Abs. 2).

62 **1. Wirkung der auflösenden Bedingung.** Siehe zunächst oben zur aufschiebenden Bedingung Nr. 1 (Rn 55), Nr. 2 (Rn 56) und Nr. 3 (Rn 57) entsprechend.

63 Durch die Vereinbarung einer auflösenden Bedingung tritt nach dem Wortlaut des Abs. 2 die von der Bedingung abhängige Wirkung sofort ein und im Zeitpunkt des Bedingungseintritts, dh ex nunc, wieder außer Kraft. Wenn das Gesetz davon spricht, dass der frühere Rechtszustand wieder eintritt, so ist das ungenau bzw missverständlich. Denn wie sich aus § 159 ergibt, geht es nicht um eine rückwirkende Wiederherstellung des status quo ante, vielmehr fallen lediglich die bedingten Wirkungen weg.[134] Fällt die Bedingung dagegen aus, so bleiben die Wirkungen des Rechtsgeschäfts endgültig in Kraft.

64 Auflösend bedingte **Verfügungsgeschäfte** kann man auch verstehen als unbedingte Verfügung unter gleichzeitiger Vornahme der aufschiebend bedingten entgegengesetzten Verfügung.[135] Bei Eintritt der Bedingung treten die Wirkungen der entgegengesetzten Verfügung ein; bei Ausfall wird die Verfügung endgültig wirksam. Wie bei der aufschiebend bedingten Verfügung stellen sich hier Fragen der Publizität. Eine auflösend

127 BGH NJW 1985, 1556, 1557.
128 BGH NJW 1985, 1556, 1557.
129 Von BGH NJW 1985, 1556, 1557 nur ergänzend angesprochen.
130 Soergel/*Wolf*, § 158 Rn 28.
131 Vgl BGH NJW 2001, 1859, 1860.
132 BGH NJW 2001, 1859, 1860; vgl auch Soergel/*Wolf*, § 158 Rn 28 aE.
133 BGHZ 20, 88, 97; näher die Erläuterungen von NK-BGB/*Meller-Hannich/Schilken* § 929 Rn 33, 61.
134 Vgl nur Erman/*Armbrüster*, § 158 Rn 5.
135 Soergel/*Wolf*, § 158 Rn 22.

bedingte Sicherungsübereignung, bei der die Übereignung durch Kreditrückzahlung auflösend bedingt ist, mag ja wegen § 929 S. 2 unproblematisch sein. Der Darlehensnehmer ist regelmäßig zur Zeit der Rückzahlung noch unmittelbarer Besitzer der übereigneten Sache. Ein etwa vereinbarter auflösend bedingter Eigentumsvorbehalt, durch den der Verkäufer das Eigentum bei nicht rechtzeitiger vollständiger Kaufpreiszahlung bedingt zurückerwerben soll, scheitert jedoch an § 930, wenn nicht zugleich für eben diesen Fall ein Besitzkonstitut vereinbart wird, woran dem Verkäufer jedoch in aller Regel gerade nicht gelegen ist.[136] Eine rein durch § 158 Abs. 2 vermittelte Verfügungswirkung ist zu verneinen.[137]

2. Weitere Rechtsfolgen der Vereinbarung einer auflösenden Bedingung oder Befristung von Dauerschuldverhältnissen. Die auflösende Befristung eines Dauerschuldverhältnisses schließt regelmäßig dessen ordentliche Kündigung aus, wenn die Parteien nichts anderes bestimmen (vgl etwa § 542, § 620 Abs. 2 BGB; § 15 Abs. 3 TzBfG). Gleiches gilt aber nicht für das auflösend bedingte Dauerschuldverhältnis, da dieses ein unbefristetes Dauerschuldverhältnis ist.[138] Ausnahmsweise enthält § 21 TzBfG für das Arbeitsverhältnis einen Ausschluss der ordentlichen Kündigung des Arbeitgebers auch für auflösend bedingte Arbeitsverhältnisse. Aber auch § 21 TzBfG bringt durch den Nichtverweis auf § 15 Abs. 4 TzBfG zum Ausdruck, dass ein auflösend bedingtes Arbeitsverhältnis im Grundsatz ein unbefristetes Dauerschuldverhältnis ist. 65

3. Eintritt der Bedingung. Tritt die auflösende Bedingung ein, so kann das aufgrund des bedingten Vertrages Geleistete gem. §§ 812 Abs. 1 S. 2 Alt. 1, 820 Abs. 1 S. 2 zurückgefordert werden,[139] s.a. § 159 Rn 4 ff. 66

III. Abgrenzungsprobleme (affirmative und negative Bedingung)

Durch die Unterscheidung in auflösende und aufschiebende Bedingungen verdeutlicht § 158, dass bei der Auslegung zuerst festgestellt werden muss, ob die Parteien die Wirkungen des Rechtsgeschäfts sofort mit späterem Ende (auflösend) oder erst später (aufschiebend) wollen. Der Umstand, von dessen Eintritt die Wirkungen abhängen sollen, spielt für die Abgrenzung nur eine untergeordnete Rolle. Denn in welcher Weise die Wirkungen von dem Umstand abhängen sollen, ist eine reine Frage der Formulierung bzw des Parteiwillens, jedem Umstand kann sowohl auflösende als auch aufschiebende Wirkung beigemessen werden, je nachdem, ob man auf seinen **Eintritt** oder **Nichteintritt** abstellt. Beispiel: Verfügen die Parteien abhängig vom Umstand X, wobei X die Wirksamkeit begründen soll, so kann die Verfügung aufschiebend bedingt sein, so dass erst durch den Umstandseintritt die Verfügung wirksam wird; sie kann gleichermaßen auflösend bedingt sein, so dass sie sofort wirksam ist und nur endet, wenn der Umstand X innerhalb einer Frist nicht eingetreten ist. Ist die Wirksamkeit an einen jetzt bestehenden **Zustand** geknüpft, so wird freilich regelmäßig eine auflösende Bedingung vorliegen, während bei der Anknüpfung der Wirksamkeit an ein **Ereignis** eine aufschiebende Bedingung gewollt ist. 67

Dementsprechend liegt es umgekehrt, wenn die Unwirksamkeit an einen Zustand oder ein Ereignis geknüpft wird. Da § 158 von den Wirkungen des Rechtsgeschäfts spricht, ist zuerst zu ermitteln, unter welchen Umständen die Parteien die Geltung wollen. Juristische Laien werden freilich das Gewollte manchmal unpräzise zum Ausdruck bringen und nur aussprechen, unter welchen Umständen das Gewollte gerade nicht gelten soll. Bei derartigen Formulierungen muss die Auslegung zunächst das Ziel haben, die Umstände zu ermitteln, unter denen das Geschäft gelten soll. Anschließend ist zu prüfen, ob der Wille der Parteien auf sofortige Geltung oder spätere Geltung des Geschäfts gerichtet ist, erst dann ist klar, von welchen genauen Umständen das Geschäft auflösend oder aufschiebend abhängig ist. Eine Auslegungsregel für testamentarische Zuwendungen enthält § 2075. 68

C. Weitere praktische Hinweise

I. Mehrere Umstände

Mehrere Umstände können miteinander verknüpft werden (Beispiel: Kaufvertrag steht unter der aufschiebenden Bedingung, dass zugleich der Dax über 4.000 Punkten liegt und der Krieg im Irak beendet ist). Dann muss über den Eintritt oder Ausfall der Bedingung einheitlich entschieden werden. Ein Ausfall der bezeichneten Bedingung ist niemals denkbar (jeder Krieg kann beendet werden, der Dax kann irgendwann über 4.000 Punkte steigen). Letztlich kommt also nur eine Beendigung des Schwebezustandes durch den Eintritt der Bedingung infrage – oder durch Kündigung nach § 314 (vgl Rn 58 f). 69

136 Vgl auch MüKo/*Westermann*, 3. Aufl., § 455 Rn 23.

137 Vgl aber Staudinger/*Bork*, § 158 Rn 21, 22 (es bedürfe weder Einigung noch Übergabe, § 985 komme zum Zuge); ausdr. aA auch *Flume*, BGB AT Bd. 2, § 40 2 d.

138 BayObLG NJW-RR 1993, 1164 f.

139 Ebenso Soergel/*Wolf*, § 158 Rn 29; BGH MDR 1959, 658 = LM § 159 Nr. 1.

70 Ein Rechtsgeschäft kann an verschiedene Bedingungen geknüpft und damit zugleich aufschiebend und auflösend bedingt oder befristet sein, einzelne seiner Wirkungen können aufschiebend, andere auflösend bedingt oder befristet werden, auch ein einzelner Umstand kann zugleich auflösende und aufschiebende Wirkungen haben.[140]

II. Einzelfälle (Auslegung)

71 Der Kauf eines Gebrauchtwagens unter dem Vorbehalt, dass eine **Probefahrt keine technischen Mängel** ergibt, soll unter aufschiebender Bedingung vorgenommen sein.[141] So genannte **Konditionsgeschäfte** sollen erst dann endgültig sein, wenn der Käufer seinerseits weiterverkauft hat, andernfalls kann er die Sache zurückgeben. Die Rechte des Käufers können dabei unterschiedlich ausgestaltet sein, je nachdem, ob er zur freien Rückgabe berechtigt sein soll oder nur innerhalb einer bestimmten Frist. In Betracht kommen Rücktrittsvorbehalt,[142] Wiederverkaufsrecht,[143] durch Rückgabe auflösend bedingter Kaufvertrag, bis zum Weiterverkauf aufschiebend bedingter bzw durch Nichtrückgabe innerhalb einer Frist auflösend bedingter Kauf.[144]

72 Die Klausel „**Bezahlung bar bei Erstzulassung bzw Finanzierung**" stellt den Kaufvertrag über ein Kfz unter die auflösende Bedingung des (Nicht-)Zustandekommens der Finanzierung, wenn dem Verkäufer klar ist, dass der Käufer nicht bar zahlen kann.[145] In ähnlicher Form kann die Klausel: „**Auszahlung des Darlehens nach Stellung einer Bankbürgschaft als Sicherheit**" den Darlehensvertrag unter die aufschiebende Bedingung der Beibringung der Bürgschaft stellen,[146] während es bei Bankdarlehen aufgrund der Interessenlage regelmäßig anders und die Beibringung der Sicherheit Vertragspflicht ist.[147]

73 Arbeitsvertragliche Abfindungsansprüche aus **Aufhebungsverträgen** sind nicht nur auf den Aufhebungstermin befristet, sondern stehen regelmäßig auch unter einer **Erlebensbedingung**.[148] Stirbt der Arbeitnehmer vor dem Aufhebungstermin, können seine Erben daher die Auszahlung der Abfindung nicht verlangen.[149] Es soll freilich auf die Umstände des Einzelfalls ankommen,[150] wobei die entsprechende Bedingung meist dem Vertragszweck entnommen wird, ohne dass die im Urteil behauptete Bedingung im Vertragswortlaut auch nur angedeutet wäre. Insbesondere waren die Umstände in zwei Entscheidungen des BAG aus den Jahren 1987 und 1997 fast identisch, das Ergebnis aber nicht.[151]

74 Bestimmt ein Vertrag, dass ein **Mietverhältnis** zum Zeitpunkt der Bezugsfertigkeit beginnt, die spätestens bis zum... herzustellen ist, wobei im fraglichen Zeitraum den Vermieter bereits bestimmte Pflichten treffen, so spricht bei der Abgrenzung zwischen aufschiebender Bedingung (der rechtzeitigen Bezugsfertigkeit) und bloßer Fälligkeitsregelung die sofortige unbedingte Pflichtübernahme in manchen Teilen gegen die Annahme einer Bedingung für die übrigen Teile des Vertrags.[152] Insgesamt ist die Rechtsprechung bei der Annahme bedingter Mietverhältnisse sehr zurückhaltend.[153]

140 BayObLG NJW-RR 1988, 982.
141 LG Berlin MDR 1970, 923.
142 OLG München BB 2001, 1119.
143 So BGH NJW 2002, 506 gegen OLG München BB 2001, 1119.
144 Zu den letzten drei Möglichkeiten BGH NJW 1975, 776, 777.
145 OLG Braunschweig NJW-RR 1998, 567; vgl auch BGH DAR 1990, 299, wo der Kaufvertrag durch den handschriftlichen Hinweis auf einen Leasingvertrag unter die auflösende Bedingung dessen Nichtzustandekommens gestellt wurde. Da der Käufer sich weigerte, den Leasingvertrag abzuschließen, galt die Bedingung indes gem. § 162 Abs. 2 als ausgefallen; s. ferner LG Zweibrücken NJW-RR 1995, 816.
146 BGH LM Nr. 22 zu § 158 BGB = NJW-RR 1997, 304.
147 BGH WM 1969, 1107 = NJW 1969, 1957; Gegenbeispiel bei OLG Saarbrücken WM 1981, 1212.
148 Nicht eine Erlebensbedingung, sondern Bedingung nicht anderweitiger Beendigung vor dem Termin, nimmt an BAG NZA 1998, 643 = AP Nr. 8 zu § 620 BGB – Aufhebungsvertrag; vgl insoweit auch BAG NZA 1998, 813 (LS2).
149 IE: BAG NZA 1998, 643 = AP Nr. 8 zu § 620 BGB – Aufhebungsvertrag; BAG NZA 2000, 1236 = AP Nr. 20 zu § 620 BGB – Aufhebungsvertrag; BAG NJW 1997, 2065; anders noch BAG NZA 1988, 466, das eine reine Befristung annimmt und den Anspruch daher für vererblich hält.
150 BAG NZA 2000, 1236 misst insoweit der Festlegung von Voraussetzungen für die Auszahlung der Abfindung die Bedeutung von Voraussetzungen des Anspruchs auf Abfindung selbst bei; BAG NZA 1998, 643, 644 argumentiert nur mit Umständen des Vertrags und ganz frei vom Vertragswortlaut; allein dem Vertragwortlaut in BAG NJW 1997, 2065 kann man durch Verweis auf den zugrunde liegenden Sozialplan relativ klar den beschränkten Zweck der Abfindung entnehmen.
151 Vgl BAG NZA 1988, 466 mit BAG NZA 1998, 643. Krit. zur neueren Rspr des BAG *Boecken*, NZA 2002, 421, der seinerseits in den Sachverhalten von NZA 1998, 643 und NZA 2000, 1236 bloße Fälligkeitsregelungen sehen will.
152 BGH NJW-RR 1998, 801.
153 Etwa BGH NJOZ 2001, 1084; WM 1969, 835; BayObLG NJW-RR 1993, 1164; vgl auch BGH NJW 2004, 294.

III. Beweislast

1. Für die Vereinbarung der Bedingung. Streit besteht teilweise hinsichtlich der Beurteilung der Beweislast bei der Berufung auf eine Bedingung. Für die Frage, ob eine Bedingung überhaupt Teil des Rechtsgeschäfts geworden ist, ist zwischen schriftlichem und mündlichem Vertragsschluss zu unterscheiden. Bei **schriftlichen Verträgen** und soweit die Urkunde über den Vertragsschluss die Vermutung der Vollständigkeit und Richtigkeit für sich hat, liegt die Beweislast für eine davon abweichende mündliche Nebenabrede bei dem, der diese behauptet.[154] Ganz in diesem Sinne sieht das OLG Jena die Beweislast für den Abschluss einer aufschiebenden Bedingung bei dem Anspruchsgegner, wenn eine Vertragsurkunde existiert und keine Festlegung einer Bedingung enthält.[155] Umgekehrt gilt eine Erleichterung für den, der sich auf den Abschluss einer bedingten Vereinbarung beruft, wenn der Ausdruck „Bedingung" in einer von einem Notar formulierten Urkunde steht.[156] 75

Bei **mündlichen Verträgen** ist die Rechtslage komplizierter. Wer sich auf die **nachträgliche Einfügung** einer Bedingung in den mündlich abgeschlossenen Vertrag beruft, trägt zunächst schon deshalb die Beweislast, weil er eine Vertragsänderung behauptet.[157] Soweit es aber um die Frage geht, ob der **Vertrag anfänglich** unter einer Bedingung stand, besteht Streit. Im Ausgangspunkt liegt die Behauptungs- und Beweislast bei demjenigen, der sich auf die ein Recht begründenden Tatbestandsmerkmale beruft. Richtigerweise ist die Bedingung technisch eine Einschränkung eines Rechts, so dass der Rechtsgegner sie zu beweisen hat.[158] 76

Nach herrschender Auffassung (**Leugnungstheorie**) soll jedoch der Einwand des Gegners, das Recht sei nur unter einer aufschiebenden Bedingung entstanden, ein Leugnen des Rechts insgesamt sein, so dass der Rechtsinhaber die Beweislast trage, wenn er dagegen ein unbedingtes Entstehen seines Rechts behauptet.[159] Nach der sog. **Einwendungstheorie** ist das unbedingte Entstehen eines Rechts dagegen der statistische Normalfall, weshalb der Rechtsgegner die aufschiebende Bedingung zu beweisen habe. Dafür streite auch, dass der Rechtsinhaber sonst einer probatio diabolica, nämlich dem Beweis einer negativen Tatsache (fehlende Bedingung), belastet wäre.[160] Betrachtet man die jüngere höchstrichterliche Rechtsprechung näher, so drängen sich in der Tat Zweifel an der Leugnungstheorie auf: In dem vom BGH 1985 entschiedenen Fall[161] bestand bereits nach dem unstreitigen Sachverhalt eine mehrdeutige Vertragsklausel, die auf eine Bedingung hindeutete, so dass fraglich war, ob der BGH nach Beweislastgrundsätzen entschied, und nicht vielmehr nach Wahrscheinlichkeitsgesichtspunkten. In dem 2002 entschiedenen Sachverhalt[162] ging es um die im Grundsatz unstreitige Beteiligung des Klägers an einem Metageschäft; die Beklagte behauptete einen Handelsbrauch, nach dem die Wirksamkeit des Geschäfts unter aufschiebender Bedingung hälftiger Kaufpreiszahlung durch den Kläger stand. Der BGH betont zunächst die Beweislast des Klägers für ein unbedingtes Entstehen seiner Beteiligung, um anschließend zu rügen, dass die Berufungsinstanz die Beweisangebote der Beklagten übergangen habe. Der Einwendungstheorie ist danach im Grundsatz zu folgen. Denn weder der BGH noch die Berufungsinstanz hätten auf die Beweisangebote der Beklagten eingehen müssen, wenn der Kläger tatsächlich mit dem Beweis für das Fehlen der Bedingung belastet wäre. 77

2. Für den Eintritt oder den Ausfall. Was den Eintritt einer Bedingung angeht, so trifft die Beweislast denjenigen, der sich auf den Eintritt des Umstandes beruft. Umgekehrt hat den endgültigen Ausfall zu beweisen, wer sich auf diesen beruft. Bei einem Rechtsgeschäft unter aufschiebender Bedingung trifft also den bedingten Rechtsinhaber die Beweislast des Eintritts, den Gegner die des endgültigen Ausfalls. Bei einem auflösend bedingten Recht hat der Gegner des Rechtsinhabers den Bedingungseintritt zu beweisen, der Rechtsinhaber dagegen den Ausfall, wenn er auf Feststellung endgültiger Rechtsinhaberschaft klagt. 78

154 *G. Reinicke*, JZ 1977, 159 mN.
155 OLG Jena NZG 1998, 851.
156 BayObLG DNotZ 1967, 512.
157 HM: *G. Reinicke*, JZ 1977, 159; Soergel/*Wolf*, Vor § 158 Rn 40 aE; RGZ 107, 405, 406; Erman/*Armbrüster*, § 158 Rn 12.
158 Dezidiert aA *G. Reinicke*, JZ 1977, 159, 161, der zu Unrecht das Fehlen anspruchsausschließender oder -beschränkender Tatsachen mit zu den vom Rechtsinhaber zu beweisenden Tatsachen zählt.
159 RGZ 107, 405, 406; BGH NJW 1985, 497; 2002, 2862, 2863; OLG Düsseldorf BauR 2001, 423; AG Delmenhorst NJW-RR 1994, 823; Erman/*Armbrüster*, § 158 Rn 12; *G. Reinicke*, JZ 1977, 159, 161 ff; Palandt/*Ellenberger*, Einf. v. § 158 Rn 14; *Brinkmann* in P/W/W § 158 Rn 29.
160 So etwa *H. K. Müller*, JZ 1953, 727; *Rosenberg*, Die Beweislast, 5. Aufl. 1965, § 19 II (S. 262 ff) und § 22 (S. 308 ff); Soergel/*Wolf*, Vor § 158 Rn 40; ausf. *Musielak*, Grundlagen der Beweislast im Zivilprozeß, 1975, S. 322 ff, 388 ff; nicht ganz eindeutig MüKo/*Westermann*, § 158 Rn 49.
161 BGH NJW 1985, 497.
162 BGH NJW 2002, 2862.

IV. Verjährung

79 Die Verjährung eines bedingten oder befristeten Anspruches beginnt erst mit dem Eintritt der Bedingung, da er vorher nicht entstanden ist.[163] Das gilt auch für Wollensbedingungen.

V. Verzicht auf die Bedingung

80 Ein einseitiger Verzicht auf die Bedingung ist grundsätzlich nur durch den möglich, der durch den Eintritt der Bedingung einen eindeutigen Nachteil erleidet, dh regelmäßig nur bei Verfügungsgeschäften.[164] Bei aufschiebend bedingten Verfügungsgeschäften kann daher der Verfügende (idR Eigentumsvorbehaltsverkäufer) auf die Bedingung verzichten, bei auflösend bedingten der Rechtsinhaber (Sicherungsnehmer); in beiden Fällen besteht kein Unterschied zu der in §§ 162, 158 angeordneten Rechtsfolge, dh der Erwerb tritt ex nunc ein.[165]

81 Dagegen bedarf der Wegfall einer Bedingung in einem Verpflichtungsgeschäft grundsätzlich eines Änderungsvertrages.[166] Für die Änderung einer Bedingung kann nichts anderes gelten. Die Vertragspartner haben sich darauf eingestellt, nur bei oder bis Bedingungseintritt das Geschäft gelten lassen zu müssen. Daher kann ein Vertragspartner auf die Bedingung als Teil des Vertrags nicht einfach verzichten; mindestens ist analog § 162 erforderlich, dass der Verzicht sich bei einer Gesamtwürdigung unter Abwägung aller Umstände des Einzelfalls zum Vorteil des anderen Teils auswirkt. In wessen Interesse die Bedingung ursprünglich vereinbart wurde, kann dagegen nicht maßgeblich sein,[167] sonst müsste man die Verzichtserklärung selbst noch unter den Vorbehalt des § 162 stellen.

VI. Bewertung bedingter und befristeter Forderungen und Behandlung in der Insolvenzanfechtung

82 Die Bewertung bedingter oder befristeter Rechte oder Forderungen bereitet Probleme. Das gilt vor allem dann, wenn sie zu einer zu bewertenden Vermögensmasse (Insolvenzmasse, Erbmasse, steuerbarer Unternehmensgewinn) gehören. In mehreren Bewertungsvorschriften ist zunächst angeordnet, dass die auflösend bedingte Forderung wie eine unbedingte zu bewerten ist, die aufschiebend bedingte Forderung dagegen aus der Bewertung herausbleibt (vgl §§ 42, 191 InsO, § 2313 Abs. 1 BGB, §§ 4–8 BewertG).[168] Zugleich ordnen diese Vorschriften eine Änderung der Bewertung an, sobald die Bedingung eintritt.[169] Der bedingungsimmanente Schwebezustand wird also regelmäßig in die Bewertung hineingetragen und steht dem endgültigen Abschluss des jeweiligen Verfahrens entgegen.[170] Die genannten Vorschriften erfassen dagegen nicht (kalendermäßig) befristete Forderungen, die vielmehr regelmäßig zu schätzen sind,[171] oder – im Falle der InsO – als fällig gelten (§ 41 InsO).[172] Für das öffentliche Abgabenrecht enthält § 8 BewertG eine Sondervorschrift, nach hier vertretener Auffassung einen allgemeinen Rechtsgedanken (Rn 21): Befristete Forderungen, bei denen der Termin selbst unbestimmt ist, werden wie die entsprechend bedingte Forderung behandelt.[173] Zur Behandlung befristeter und bedingter Rechtgeschäfte im Rahmen der Insolvenzanfechtung nach den §§ 129 ff InsO s. § 140 Abs. 3 InsO.[174]

VII. Drittwirkungen bedingter Rechtsgeschäfte

83 Der Makleranspruch hängt gem. § 652 Abs. 1 S. 2 bei aufschiebend bedingtem Abschluss des Hauptvertrags davon ab, dass die Bedingung eintritt. Das wird man, solange der Maklervertrag selbst nichts Abweichendes regelt, nicht auf die Befristung oder auf die auflösende Bedingung übertragen können,[175] wohl aber auf einen

163 BGH NJW 1967, 1605, 1607; OLG Düsseldorf NJW-RR 1997, 1174 f.
164 Weiter gehend *Pohlmann*, NJW 1999, 190 f: Verzicht auch bei Verfügungsgeschäften nicht möglich.
165 BGH NJW 1998, 2360, 2362; 1994, 3227; NJW-RR 1989, 291; Soergel/*Wolf*, § 158 Rn 33; MüKo/*Westermann*, § 158 Rn 44.
166 BGH NJW-RR 1989, 291; vgl auch *Pohlmann*, NJW 1999, 190 f; Erman/*Armbrüster*, § 158 Rn 11 mwN.
167 Anders aber wohl BGH NJW 1994, 3227, 3228; vgl auch KG NZG 2001, 508; MüKo/*Westermann*, § 158 Rn 44; Soergel/*Wolf*, § 158 Rn 33; Staudinger/*Bork*, § 158 Rn 16.
168 Anders aber im Fall der Kostenordnung, vgl BayObLG NJW-RR 2000, 1379.
169 Vgl auch Staudinger/*Bork*, Vor § 158 Rn 52.
170 Im Rahmen der InsO wird entgegen dem Wortlaut des § 191 InsO auch bei der Schlussverteilung der Betrag einer zu berücksichtigenden aufschiebend bedingten Forderung vorläufig einbehalten, bei Eintritt der aufschiebenden Bedingung wird ausgezahlt, bei Ausfall findet eine Nachtragsverteilung statt, vgl Kübler/Prütting/*Holzer*, InsO, Bd. II, § 191 Rn 7, s.a. *Bitter*, NZI 2000, 399 ff.
171 Vgl zu § 2313 AnwK-BGB/*Bock*, § 2313 Rn 2; OLG Celle v. 17.7.2003 – 6 U 46/03, BeckRS 2003 06513.
172 Kübler/Prütting/*Holzer*, InsO, Bd. I, § 41 Rn 6 aE mwN.
173 Vgl dazu BFH NJW 2002, 1894 = DStR 2002, 402.
174 Dazu BGH NZI 2004, 580 sowie BGH NJW 2010, 444.
175 Vgl dazu näher MüKo/*Westermann*, § 158 Rn 42 mwN.

statt der aufschiebenden Bedingung vereinbarten Rücktrittsvorbehalt bzw auf einen Vorvertrag.[176] In ähnlicher Weise hängen Provisionsansprüche eines Handelsvertreters davon ab, dass der Schwebezustand eines bedingten provisionspflichtigen Geschäfts beendet ist.[177]

VIII. Vormerkung

Zur Sicherung bedingter obligatorischer Ansprüche auf dingliche Rechtsänderung an Grundstücken durch Vormerkung s. NK-BGB/*Krause*, § 883 Rn 30. 84

§ 159 Rückbeziehung

Sollen nach dem Inhalt des Rechtsgeschäfts die an den Eintritt der Bedingung geknüpften Folgen auf einen früheren Zeitpunkt zurückbezogen werden, so sind im Falle des Eintritts der Bedingung die Beteiligten verpflichtet, einander zu gewähren, was sie haben würden, wenn die Folgen in dem früheren Zeitpunkt eingetreten wären.

A. Allgemeines

Tritt die Bedingung ein, so beginnen oder enden die von dem Umstand abhängigen Rechtswirkungen grundsätzlich im Zeitpunkt des Bedingungseintritts. Der aufschiebend bedingte Eigentumsübergang tritt ein, die bedingte Forderung entsteht oder endet ex nunc. Die Parteien können, auch soweit es um bedingte Verfügungen geht, gem. § 159 (wegen des sachenrechtlichen Bestimmtheitsgrundsatzes und wegen § 137:[1] nur) mit obligatorischer Wirkung Abweichendes bestimmen. Beispiele: Bei einer statt des Rücktritts vereinbarten auflösenden Wollensbedingung soll der Vertragspartner so gestellt werden, als hätte der Leistungsaustausch von Anfang an nicht stattgefunden. Oder ein auflösend bedingtes Dauerschuldverhältnis soll mit Bedingungseintritt vollständig rückabgewickelt werden. Regeln die Parteien Art und Inhalt des Rückbezugs nicht näher, so gelten die §§ 812 ff. 1

B. Regelungsgehalt

I. Auslegung

§ 159 enthält zwei Zweifelsregeln für die Auslegung. Zum einen gibt der Tatbestand durch seine Formulierung zu erkennen, dass eine Rückbeziehungsvereinbarung nicht unbedingt ausdrücklich vereinbart sein muss. Ob die Parteien eine Rückbeziehung wollten, ist durch Auslegung zu ermitteln. Die Regelung des § 159 zeigt zwar, dass der Rückbeziehungswille vom Gesetzgeber als Ausnahme angesehen wird. Allerdings kann sich die Rückbeziehung auch aus dem Charakter und dem Zweck des Rechtsgeschäfts ergeben, muss also nicht ausdrücklich angesprochen werden. Bei einseitigen Rechtsgeschäften kann der Erklärende, soweit das Geschäft nicht insgesamt bedingungsfeindlich ist, die Rückwirkung dementsprechend einseitig anordnen. Beispiel aus der Rechtsprechung ist die letztwillige Verfügung.[2] Das BAG ist der Auffassung, dass bei Annahme einer Änderungskündigung unter dem in § 2 KSchG vorgesehenen Vorbehalt der geänderte Arbeitsvertrag unter der auflösenden Bedingung der Feststellung der Sozialwidrigkeit der Kündigung steht. Hier sei – dem Zweck des Gesetzes entsprechend, das dem Arbeitnehmer eine risikolose Überprüfung der Änderungskündigung ermöglichen wolle – eine Rückbeziehung der Rechtsfolgen als gewollt (bzw gesetzlich angeordnet) anzusehen.[3] 2

176 BGH NJW-RR 2000, 1302; OLG Düsseldorf NZM 1998, 1018; MDR 1999, 1376.
177 OLG München NJOZ 2002, 617, 620.
1 Vgl Staudinger/*Bork*, § 159 Rn 11 unter Verweis auf *v. Thur*, BGB AT Bd. 2/2, S. 28: dingliche Rückwirkung wäre Fiktion, die nur Gesetzgeber anordnen könnte.
2 BGH WM 1961, 177, 179.
3 BAG NJW 1985, 1797, 1799; vgl auch BAG NZA 1998, 1167.

II. Rechtsfolgen bei Vereinbarung der Rückbeziehung

3 Soweit die Parteien die Rückbeziehung nur allgemein angeordnet und nicht näher geregelt haben, müssen sie sich bei **aufschiebenden Bedingungen** so behandeln lassen, als wären die Rechtswirkungen bereits im vereinbarten früheren Zeitpunkt eingetreten. Dieser Zeitpunkt ist nicht notwendig der des Vertragsschlusses, vielmehr kann auch ein anderer gewählt werden.[4] Betrifft die Rückbeziehungsvereinbarung zB nur das Verpflichtungsgeschäft, so ändert sie etwa bei einem bedingten Kauf grundsätzlich nichts an der Zuordnung der **Nutzungen** an der Kaufsache, da deren Zuordnung gem. § 446 nur von der Übergabe der Kaufsache abhängt. Freilich könnte man umgekehrt die Wirkungen der Übergabe infolge des schwebenden Kaufvertrags gem. § 158 Abs. 1 erst im Zeitpunkt des Bedingungseintritts als eingetreten ansehen und für eine frühere Wirkung eine Rückbeziehungsvereinbarung verlangen.[5] Doch ist eine Übergabe während der Schwebezeit, wenn auch nicht geschuldet, gleichwohl eine solche iSd § 446, wenn man den bedingten Kaufvertrag als Grundlage ausreichen lässt.[6] Für Letzteres spricht, dass gerade die Bedingung eine frühere Übergabe notwendig machen kann, wie zB beim durch Weiterverkauf aufschiebend bedingten Konditionskauf. Aber auch bei bedingter Übereignung ohne Übergabe der Kaufsache müsste der Verkäufer wegen § 446 während der Schwebezeit gezogene Nutzungen nicht an den Käufer herausgeben, solange das nicht ausdrücklich vertraglich festgelegt ist.

4 Bei der **auflösenden Bedingung** eines Verpflichtungsgeschäfts muss dagegen der bedingt Berechtigte sich im Falle einer Rückbeziehungsvereinbarung so behandeln lassen, als sei er niemals Berechtigter geworden. Der Sache nach muss deshalb beim Eintritt der auflösenden Bedingung das Geschäft nach § 812 Abs. 1 S. 1 abgewickelt werden. Ohne Rückbeziehungsvereinbarung ist dagegen § 812 Abs. 1 S. 2 Alt. 1 einschlägig.

5 **Vertragliche Detailregeln für die Rückabwicklung** sind aber stets vorrangig.[7] Fehlen diese, so richtet sich die Rückabwicklung nach den §§ 818 ff, wobei praktische Unterschiede zum Rücktritt vom Vertrag durch die Schuldrechtsreform verschärft wurden. Denn der auf die auflösende Bedingung anwendbare[8] § 820 Abs. 1 S. 2 führt über §§ 818 Abs. 4, 292 zur Anwendung der §§ 987 ff, modifiziert durch § 820 Abs. 2, während die Wert- und Nutzungsherausgabe nach Rücktritt in §§ 346 f nF nunmehr eine eigenständige Regelung erfahren hat. § 820 Abs. 1 S. 2 ebnet im Übrigen etwaige Unterschiede zwischen vorhandener und fehlender Rückbeziehungsvereinbarung ein, da in beiden Fällen vom Zeitpunkt des Empfangs die Vorschriften des Eigentümer-Besitzer-Verhältnisses gelten.

6 Die wohl hM[9] entnimmt hingegen **auch ohne Rückbeziehungsvereinbarung** der Vereinbarung einer auflösenden Bedingung im Wege der Auslegung eine vertragliche Rückabwicklungspflicht (wohl mit der Konsequenz eines vertraglichen Synallagmas beidseitiger Rückgewährpflichten). In diesem Fall (bei Fehlen der Rückbeziehungsvereinbarung) bildet jedoch der Vertrag nur einen vorübergehenden Rechtsgrund für das Behaltendürfen, und nicht auch die Regelung der Rückabwicklung. Die vertraglich begründete Unsicherheit wegen der Bedingung berücksichtigt bereits § 820 in ausreichender Weise. Anderes lässt sich nur im Wege der Auslegung erreichen, wenn man die vertragliche Regelung unmittelbar als Rücktrittsvorbehalt einordnet. Eine solche Ausnahme dürfte für die auflösende Wollensbedingung gelten, da und wenn den Parteien bei Abschluss der Rückbeziehungsvereinbarung die unterschiedlichen Wirkungen der §§ 346 ff und der §§ 987 ff nicht bekannt waren.

7 Die auflösend bedingte Verfügung mit Rückbeziehungsvereinbarung kann wegen des Trennungs- und Abstraktionsprinzips nicht ohne das zugrunde liegende Besitzmittlungsverhältnis zwischen Sicherungsnehmer und -geber beurteilt werden. Der Sicherungsabrede ist im Wege der Auslegung zu entnehmen, was in Bezug auf Nutzungen, Verwendungen usw während des Schwebezustandes gilt.

C. Weitere praktische Hinweise

8 Gem. § 163 ist § 159 von dem Verweis auf die Bedingungsvorschriften ausgenommen, also nicht auf die **Befristung** anwendbar. Das ist logisch: Warum sollten die Parteien bei einem befristeten Vertrag die Rückwirkung anordnen, wenn sie doch stattdessen eine kürzere oder keine Frist hätten vereinbaren können. Versteht man unter Befristung – anders als hier vertreten – freilich auch die Fälle des dies certus an, incertus quando (so die hM, vgl § 158 Rn 20), so stellte sich in diesen Fällen für die Parteien die Frage, ob sie zusätzlich einen

4 Staudinger/*Bork*, § 159 Rn 5.

5 So wohl BGH NJW 1975, 776, 778.

6 *Flume*, BGB AT Bd. 2, § 40 2 c; ein formnichtiger Kaufvertrag reicht dagegen nicht, vgl BGH NJW 1998, 2360, 2363.

7 Vgl BGH MDR 1959, 658 f = LM § 159 Nr. 1; Staudinger/*Bork*, § 159 Rn 9 mwN; Soergel/*Wolf*, § 159 Rn 2.

8 MüKo/*Lieb*, § 820 Rn 8; Staudinger/*Lorenz*, § 820 Rn 6; Erman/*H.P. Westermann/Buck*, § 820 Rn 5.

9 *Flume*, BGB AT Bd. 2, § 40 2 d; *Medicus*, BGB AT, Rn 840; Bamberger/Roth/*Rövekamp*, § 159 Rn 7; Staudinger/*Bork*, § 159 Rn 9 mwN; wie hier dagegen Soergel/*Wolf*, § 159 Rn 2, § 158 Rn 29; MüKo/*Westermann*, § 159 Rn 3; Erman/*Armbrüster*, § 159 Rn 1.

festen Termin für den Beginn der Rechtswirkungen des Vertrages wollen. Allerdings erscheint gerade in diesem Fall eine Rückbeziehung als geradezu widersinnig: Wenn die Parteien den Eintritt des Ereignisses doch für sicher halten (aber nicht wissen, wann es eintritt), dann widerspricht eine Rückbeziehungsvereinbarung mit festem Termin gerade dieser angeblich auf die Zeit bezogenen Unsicherheit. Richtigerweise ist aus einer Rückbeziehungsvereinbarung fast zwingend zu schließen, dass die Parteien eine Bedingung vereinbart haben.

§ 160 Haftung während der Schwebezeit

(1) Wer unter einer aufschiebenden Bedingung berechtigt ist, kann im Falle des Eintritts der Bedingung Schadensersatz von dem anderen Teil verlangen, wenn dieser während der Schwebezeit das von der Bedingung abhängige Recht durch sein Verschulden vereitelt oder beeinträchtigt.

(2) Den gleichen Anspruch hat unter denselben Voraussetzungen bei einem unter einer auflösenden Bedingung vorgenommenen Rechtsgeschäft derjenige, zu dessen Gunsten der frühere Rechtszustand wieder eintritt.

A. Allgemeines

Das bedingte Geschäft entfaltet schon während der Schwebezeit **Vorwirkungen**, die in den §§ 160–162 näher geregelt sind. Zum einen darf der bedingt Verpflichtete das bedingte Recht nicht vereiteln oder beeinträchtigen, andernfalls muss er gem. § 160 Schadensersatz leisten. Ferner sind bei bedingten Verfügungen gem. § 161 Zwischenverfügungen des noch Berechtigten unwirksam, soweit sie das übertragene Recht beeinträchtigen. Drittens schließlich verhindert die gesetzliche Fiktion des § 162 durch eine Fiktion treuwidrige Eingriffe in den Kausalverlauf durch beide Parteien. 1

§ 160 bezieht sich sowohl auf bedingte Verpflichtungs- wie auf bedingte Verfügungsgeschäfte. Die Norm schafft ein **gesetzliches Schuldverhältnis**, das freilich keine unbedingten Pflichten enthält und daher von der c.i.c. bzw den aus § 241 geschuldeten Nebenpflichten zu unterscheiden ist. Soweit § 241 bzw § 242 herangezogen wird, um Leistungstreuepflichten zu begründen, müssen die zu diesen Vorschriften angestellten Überlegungen im Falle eines bedingten Verpflichtungsgeschäfts mit der Regelung des § 160 harmonisiert und daher relativiert werden. 2

Bereits mit dem bedingten Geschäftsabschluss soll nach hM die sofortige durchsetzbare (Treue-)Pflicht entstehen, den Leistungsgegenstand zu erhalten, was der Gläubiger durch Leistungs- oder Unterlassungsklage sowie einstweilige Verfügung bereits während der Schwebezeit durchsetzen können soll.[1] Diese Auffassung schränkt die Freiheit des Schuldners angesichts der Ungewissheit des Bedingungseintritts zu sehr ein. Innerhalb seines Anwendungsbereichs schafft § 160 nur gerade nicht durchsetzbare **Obliegenheiten** des Schuldners, bei deren Verletzung ihn nur im Falle des Bedingungseintritts Schadensersatzpflichten treffen. Richtig ist allenfalls, dass der bedingte Schadensersatzanspruch selbst nach Maßgabe des § 916 Abs. 2 ZPO sofort durch Arrest gesichert werden kann, wenn der Bedingungseintritt nicht ganz fern liegt. Ein Abwarten ist dem Gläubiger erst dann nicht mehr zuzumuten, wenn der Bedingungseintritt bereits hinsichtlich des „Ob" nach § 162 Abs. 1 fingiert ist.[2] Im Übrigen kann nur bei **befristeten** Ansprüchen eine unbedingte Vorwirkung bejaht werden. 3

1 Vgl dazu BGH WM 1969, 835 f; NJW 1984, 2034, 2035; Bamberger/Roth/*Rövekamp*, § 160 Rn 3; Staudinger/*Bork*, § 160 Rn 5; Soergel/*Wolf*, § 160 Rn 5 f; *Medicus*, BGB AT, Rn 842; *Flume*, BGB AT Bd. 2, § 40 2 c; vorsichtiger dagegen MüKo/*Westermann*, § 160 Rn 2 u. 7.

2 In der Sache ebenso BGH NJW 1975, 205, 206 für Ansprüche aus § 281 aF.

B. Regelungsgehalt

I. Tatbestand

4 Es muss sich um ein bedingtes Rechtsgeschäft handeln und die Bedingung muss eingetreten oder gem. § 162 fingiert sein. Andernfalls sind die beeinträchtigenden Handlungen folgenlos. Daher ist der Schadensersatzanspruch des § 160 selbst bedingt.[3] Soweit die Durchführbarkeit eines **Verpflichtungsgeschäfts** durch eine Seite beeinträchtigt wird, umfasst das sowohl die Vernichtung wie auch die Verschlechterung des Leistungsgegenstandes wie auch Rechtsmängel.[4] Erforderlich ist weiter Verschulden, der Verschuldensmaßstab richtet sich nach dem bedingten Geschäft, § 280 Abs. 1 S. 2 ist zumindest entsprechend anwendbar.[5]

5 Bei bedingten oder befristeten **Verfügungsgeschäften** kommt § 160 nur dann zur Anwendung, wenn die Beeinträchtigung oder Vereitelung des bedingt übertragenen Rechts trotz § 161 gelungen ist und soweit sich eine Schadensersatzpflicht nicht bereits aus dem Kausalgeschäft ergibt. Gelingt es dem während der Schwebezeit noch Berechtigten, zugunsten eines Gutgläubigen gem. Abs. 3 rechtswirksam zu verfügen, so begründet das unmittelbar seine Haftung aus § 160.

II. Rechtsfolgen

6 Soweit es um Verpflichtungsgeschäfte geht, gewährt § 160 Ersatz des **positiven Interesses.**[6] §§ 284, 285 dürften entsprechend anwendbar sein.[7] Bei Verfügungsgeschäften löst die Handlung einen Schadensersatzanspruch in Höhe des Wertes des vereitelten Rechts oder der erfolgten Belastung aus und tritt an die Stelle des bedingt übertragenen Rechts, etwa des Eigentums.[8]

C. Weitere praktische Hinweise

I. Abdingbarkeit

7 Die Vorschrift ist abdingbar,[9] eine entsprechende Regelung in AGB unterliegt aber der Kontrolle der §§ 305 ff, insb. des § 309 Nr. 7, 8, 12. Vertragliche Haftungsmilderungen dürfen auch für den gesetzlichen Anspruch aus § 160 gelten.

II. Analoge Anwendung

8 Nach *Flume* soll § 160 auch auf die Fälle anwendbar sein, in denen ein bindendes Angebot innerhalb der Bindungsfrist erst in einem Zeitpunkt angenommen wird, in dem die geschuldete Leistung bereits unmöglich geworden ist und der Schuldner dies zu vertreten hat.[10] Dieser – zutreffende – Gedanke dürfte der Regelung des § 311 a Abs. 2 vorgehen, nach der es allein auf die Kenntnis des Schuldners vor der Annahme des Angebots ankäme. Jedenfalls in diesem Sonderfall (Unmöglichkeit zwischen Angebot des Schuldners und Annahme) kann es im Rahmen des § 311 a Abs. 2 jedoch nur um die Kenntnis des Schuldners im Zeitpunkt der Abgabe seines bindenden Angebots gehen (sonst würde er auch für zufälligen Untergang während der Bindungsfrist haften, ohne diese Haftung vermeiden zu können). Andererseits darf seine Haftung nicht allein deshalb entfallen, weil die Verschuldenshaftung des § 283 erst nach dem Zustandekommen des Vertrages greift. Die dadurch entstehende Lücke schließt § 160 – und nicht etwa nur eine Haftung aus c.i.c. auf das negative Interesse.[11] Weitergehend befürwortet Kohler die Anwendung des in § 160 enthaltenen Rechtsgedankens (Haftungsvorwirkung in Schwebelagen) auf die Schadensersatzhaftung beim Rücktritt.[12]

3 Soergel/*Wolf*, § 160 Rn 2 hält die dogmatische Einordnung für folgenlos.
4 Vgl zu Rechtsmängeln BGH NJW 1975, 205, 206.
5 Soergel/*Wolf*, § 160 Rn 4; Staudinger/*Bork*, § 160 Rn 12; MüKo/*Westermann*, § 160 Rn 5.
6 BAG DB 1997, 2226; Staudinger/*Bork*, § 160 Rn 10, Soergel/*Wolf*, § 160 Rn 5.
7 Für § 285 Staudinger/*Bork*, § 160 Rn 11; OLG Oldenburg NJW-RR 1990, 650; *Flume*, BGB AT Bd. 2, § 40 2 c; vgl auch BGH NJW 1975, 205, 206; wie hier *Brinkmann* in P/W/W § 160 Rn 2.
8 So *Flume*, BGB AT Bd. 2, § 39 3 e; s.a. MüKo/*Westermann*, § 160 Rn 5.
9 MüKo/*Westermann*, § 160 Rn 8; s.a. *Zawar*, NJW 2007, 2353, 2354 mit Beispielen.
10 *Flume*, BGB AT Bd. 2, § 35 I 3 e; vgl auch Staudinger/*Bork*, § 145 Rn 25; Soergel/*Wolf*, § 145 Rn 18.
11 So aber wohl Staudinger/*Bork*, § 145 Rn 25, 36.
12 *Kohler*, ZGS 2005, 386, 389 ff.

III. Gesetzliches Rücktrittsrecht

Soweit der Schuldner seine Leistungsfähigkeit beseitigt, kann der Gläubiger von dem bedingten Vertrag auch nach Maßgabe des § 323 Abs. 4 zurücktreten, und zwar bereits während des Schwebezustandes und ohne Fristsetzung, da diese nach der Formulierung des Abs. 4 ausgeschlossen ist. 9

IV. Verjährung

Der Anspruch ist kein deliktischer, sondern ein vertragsähnlicher, soweit es um bedingte Verpflichtungsgeschäfte geht. Deshalb verjährt er nach den für das bedingte Rechtsgeschäft geltenden Verjährungsfristen.[13] Der Lauf der Verjährungsfrist beginnt erst mit dem Eintritt der Bedingung oder einer ihr gleichgestellten Verhinderung gem. § 162 Abs. 1. Der Schadensersatzanspruch wegen einer gem. Abs. 3 wirksamen Verfügung verjährt als Ersatz für die bedingte Verfügung gem. § 197 Abs. 1 Nr. 1 Alt. 2 in 30 Jahren. 10

§ 161 Unwirksamkeit von Verfügungen während der Schwebezeit

(1) [1]Hat jemand unter einer aufschiebenden Bedingung über einen Gegenstand verfügt, so ist jede weitere Verfügung, die er während der Schwebezeit über den Gegenstand trifft, im Falle des Eintritts der Bedingung insoweit unwirksam, als sie die von der Bedingung abhängige Wirkung vereiteln oder beeinträchtigen würde. [2]Einer solchen Verfügung steht eine Verfügung gleich, die während der Schwebezeit im Wege der Zwangsvollstreckung oder der Arrestvollziehung oder durch den Insolvenzverwalter erfolgt.

(2) Dasselbe gilt bei einer auflösenden Bedingung von den Verfügungen desjenigen, dessen Recht mit dem Eintritt der Bedingung endigt.

(3) Die Vorschriften zugunsten derjenigen, welche Rechte von einem Nichtberechtigten herleiten, finden entsprechende Anwendung.

A. Allgemeines

I. Übersicht

§ 161 legt eine Vorwirkung bedingter **Verfügungsgeschäfte** fest und schützt den während des Schwebezustands noch Nichtberechtigten gegen Zwischenverfügungen des noch Berechtigten. Die Vorschrift regelt die (Un-)Wirksamkeit, nicht die Zulässigkeit von Zwischenverfügungen. Systematisch steht § 161 nahe bei § 160. Die Zwischenverfügung ist Versuch der Vereitelung oder Beeinträchtigung des von der Bedingung abhängigen Rechts, zeitigt aber nicht lediglich Schadensersatzfolgen, sondern ist vorbehaltlich des Abs. 3, der dem Schutz Gutgläubiger dient, unwirksam. 1

Zugleich bestätigt die Vorschrift die fehlende Rückwirkung des Bedingungseintritts. Wäre es anders, würde der noch Berechtigte rückwirkend als Nichtberechtigter anzusehen sein, und zumindest die beiden ersten Absätze des § 161 wären dann überflüssig. Abs. 1 betrifft denjenigen, der verfügt hat, Abs. 2 den, zu dessen Gunsten verfügt wurde, beide also den während der Schwebezeit Berechtigten. Alle Verfügungen, die vom noch Berechtigten (zB dem Vorbehaltsverkäufer) während der Schwebezeit vorgenommen werden, werden unwirksam, sobald die Bedingung eintritt. So wird der Zwischenverfügungsempfänger zwar zunächst Eigentümer; nach Eintritt der Bedingung wird die Übereignung an ihn aber unwirksam, so dass das Eigentum an den bedingt Berechtigten (zB den Vorbehaltskäufer) fällt. Der Zwischenerwerber muss die Sache dann grundsätzlich nach § 985 an den jetzt Berechtigten herausgeben und kann sich nur nach §§ 435, 437 an seinen Verkäufer wenden. 2

13 Soergel/*Wolf*, § 160 Rn 2.

II. § 161 als Grundlage des Anwartschaftsrechts an Mobilien?

3 Wegen des eben beschriebenen weitgehenden Schutzes sieht man in § 161 die maßgebliche Grundlage des so genannten **Anwartschaftsrechts**.[1] Der Begriff ist schillernd. Als Anwartschaft kann man allgemein jede Vorstufe zum Erwerb eines Rechts bezeichnen, wobei es sich aber um mehr als eine bloße Erwerbsaussicht handeln muss (vgl § 1587). Bei dem Recht muss es sich nicht notwendig um ein dingliches handeln; es gibt auch obligatorische, erbrechtliche oder immaterialgüterrechtliche Anwartschaften. Mit dem Begriff Anwartschaftsrecht soll eine so weit fortgeschrittene Stellung des Rechtserwerbs gekennzeichnet werden, dass diese Stellung gegenüber dem Vollrecht als „wesensgleiches Minus"[2] erscheint, insbesondere mit der Folge, dass diese Stellung wie das Vollrecht übertragen werden kann und der noch nicht Vollberechtigte über das Anwartschaftsrecht als Berechtigter verfügt. Ein Anwartschaftsrecht bei bedingten Verfügungen[3] soll dann vorliegen, wenn der Veräußerer den Rechtserwerb nicht mehr durch einseitige Erklärung verhindern kann[4] bzw der Erwerb nur noch vom Erwerber abhängt.[5]

4 Tatsächlich kann § 161 für die Begründung und rechtliche Behandlung von Anwartschaftsrechten nur begrenzt herangezogen werden.[6] Keinesfalls begründet jede aufschiebend bedingte Verfügung ein Anwartschaftsrecht des Erwerbers. Als Gegenbeispiel mag nur die Übereignung unter der aufschiebenden Bedingung dienen, dass der Verkäufer nicht innerhalb einer bestimmten Frist von dem Kauf zurücktritt. Das zeigt bereits, dass es für die Frage eines Anwartschaftsrechts maßgeblich auf den Inhalt und den Zweck der Bedingung ankommt. Die durch § 161 begründete „Sicherung" des noch nicht Berechtigten besteht hingegen bei jeder bedingten Verfügung, nicht nur bei Anwartschaftsrechten. Auch im genannten Beispiel wäre eine Zwischenverfügung des Verkäufers unwirksam, wenn er zB vergisst zurückzutreten.

III. § 161 und Publizitätsprinzip

5 Mit dem Bedingungseintritt fällt das Eigentum automatisch an den Sicherungsgeber „zurück" bzw wird auf den Vorbehaltskäufer übertragen. Dafür ist aber Voraussetzung, dass die Publizitätsanforderungen gewahrt sind. Ohne die Publizitätsanforderungen des Sachenrechts würde § 161 die Möglichkeit von Verträgen zulasten Dritter schaffen. Eine auflösend bedingte Eigentumsübertragung beim Eigentumsvorbehalt ist mit dem Zweck des Vorbehalts aber nicht vereinbar: Die Konstruktion könnte bei Bedingungseintritt nur dann zum Eigentum des Vorbehaltsverkäufers führen, wenn zugleich ein Rechtsverhältnis zwischen ihm und dem Vorbehaltskäufer bestünde, kraft dessen der Käufer ein Recht zum Besitz hat. Dieser soll aber dann gerade nicht mehr die Sache behalten dürfen. Über eine Bedingungskonstruktion kann auch kein traditionsloser Eigentumswechsel stattfinden, da § 161 nur die Einigung und nicht die – ihrerseits bedingungsfeindliche[7] – Übergabe betrifft.[8]

B. Regelungsgehalt

I. Bedingte Unwirksamkeit von Zwischenverfügungen (Abs. 1 und 2)

6 Es muss sich um ein bedingtes Verfügungsgeschäft handeln; der während des Schwebezustandes Berechtigte muss während des Schwebezustands eine weitere Verfügung, sog. Zwischenverfügung, vorgenommen haben und die Bedingung muss eingetreten oder gem. § 162 der Bedingungseintritt fingiert sein. Nur beeinträchtigende **Zwischenverfügungen** werden von § 161 erfasst, also jede Einwirkung auf das Recht durch Übertragung, Belastung, Inhaltsänderung oder Aufhebung, nicht aber die letztwillige Verfügung.[9] Zur Verfügung über eine Forderung soll auch ihr Erlass und sogar ihre Einziehung durch den Gläubiger gehören, dessen Recht nur auflösend bedingt ist.[10] Den Schuldner schützt § 407.[11]

7 Der rechtsgeschäftlichen Verfügung **gleichgestellt** werden in Abs. 1 S. 2 Zwangsverfügungen durch Einzel- oder Gesamtvollstreckung sowie Arrestvollziehung, weshalb die Stellung des noch nicht Berechtigten sehr

1 Vgl etwa Soergel/*Wolf*, § 161 Rn 1 aE; Staudinger/*Bork*, Vor § 158 Rn 55; Erman/*Armbrüster*, § 158 Rn 4 (§§ 160, 162); vgl demgegenüber MüKo/*Westermann*, § 161 Rn 9; *Medicus*, BR, Rn 475, 479, 487.

2 BGHZ 28, 16, 21; NK-BGB/*Meller-Hannich/Schilken*, § 929 Rn 13 ff mwN.

3 Näher zum Eigentumsanwartschaftsrecht allg. NK-BGB/*Meller-Hannich/Schilken*, § 929 Rn 13 ff, zum Anwartschaftsrecht des Vorbehaltskäufers NK-BGB/*dies.*, § 929 Rn 80 ff. Zu Anwartschaften bei Verfügungen über Immobiliarsachenrechte s. NK-BGB/*Grziwotz*, § 925 Rn 34 ff.

4 So die Definition in BGHZ 83, 395, 399.

5 Vgl *Medicus*, BR, Rn 456.

6 Vgl jetzt auch MüKo/*Westermann*, § 161 Rn 4.

7 Vgl nur Soergel/*Henssler*, § 929 Rn 39; BGH NJW 1998, 2360, 2363.

8 Anders *Flume*, BGB AT Bd. 2, § 40 2 d.

9 Staudinger/*Bork*, § 161 Rn 4, *Wolf*, in: FS Lübtow 1991, S. 325, 328; MüKo/*Westermann*, § 161 Rn 12.

10 BGH NJW 1999, 1782, 1783; Staudinger/*Bork*, § 161 Rn 5; Soergel/*Wolf*, Rn 3 mwN; aA *Berger*, KTS 1997, 393, 395 f.

11 Soergel/*Wolf*, § 161 Rn 3; Staudinger/*Bork*, § 161 Rn 5; Bamberger/Roth/*Rövekamp*, § 161 Rn 4.

weitgehend geschützt ist. Davon ausgenommen ist allerdings der hoheitliche Erwerb des Erstehers in der Zwangsvollstreckung.[12] Nach hM gilt § 161 zumindest analog auch für gesetzliche Pfandrechte (§§ 562, 583, 592, 647, 704), da sie zwar durch Realhandlung, aber letztlich aufgrund einer Willensentschließung des noch Berechtigten entstehen.[13] Man wird aber hier zumindest darauf achten müssen, ob das bedingte Geschäft nicht nur ein Vorwand ist, um dem gesetzlichen Pfandrecht zu entgehen.

Die Zwischenverfügung oder ihr gleichgestellte Akte sind **unwirksam** nur, soweit sie die bedingte Wirkung beeinträchtigen würden. Das ist nach hM keine relative, sondern eine absolute, dh von jedermann, nicht nur vom noch nicht Berechtigten im Falle des Bedingungseintritts geltend zu machende Unwirksamkeit.[14] Der bedingt Berechtigte kann aber die Zwischenverfügung gem. § 185 genehmigen, so dass sie endgültig wirksam wird.[15] Sachlich ist die Unwirksamkeit von Zwischenverfügungen beschränkt in zwei Richtungen. Einerseits wirkt sich die Aufhebung von Belastungen eines bedingt übertragenen Rechts positiv aus und bleibt deshalb auch nach Bedingungseintritt wirksam, und andererseits kann etwa bei bedingter oder befristeter Belastung eines Rechts die zwischenzeitlich erfolgte Einräumung einer anderen dinglichen Belastung ausnahmsweise nicht beeinträchtigend wirken (etwa steht einem Wegerecht an einem Grundstück ein späteres dingliches Wohnrecht nicht im Wege). § 161 eröffnet keinerlei schuldrechtliche Wirkungen, das der Zwischenverfügung zugrunde liegende **Kausalgeschäft** wird durch § 161 also nur mittelbar (Unvermögen) berührt.[16] 8

II. Schutz gutgläubiger Dritter (Abs. 3)

Zum Schutz des gutgläubigen Dritten, zugunsten dessen die Zwischenverfügung erfolgt, erklärt Abs. 3 die Vorschriften über den Erwerb vom Nichtberechtigten für entsprechend anwendbar. Der Dritte erwirbt den Gegenstand im Zeitpunkt der Zwischenverfügung vom dinglich noch Berechtigten. Nach hM muss sich der gute Glaube des Erwerbers gerade auf das Nichtbestehen einer bedingten Verfügung beziehen.[17] Die Gesellschafterliste nach § 16 Abs. 3 GmbHG kommt als Grundlage für ein solches Vertrauen nach vorzugswürdiger Auffassung nicht in Betracht.[18] 9

Vorbehaltskäufer und Sicherungsgeber im Fall der auflösend bedingten Sicherungsübereignung müssen wegen Abs. 3 die Veräußerung durch den Verkäufer bzw Sicherungsnehmer nicht fürchten. Solange sie den Besitz nicht freiwillig aufgegeben haben, kann eine Veräußerung auch nicht durch Abtretung des Herausgabeanspruchs erfolgen, vgl §§ 935, 936 Abs. 3.[19] Der gutgläubige Erwerb von Forderungen ist gänzlich ausgeschlossen.[20] 10

C. Weitere praktische Hinweise

Jede Verfügung unter einer Bedingung löst die bedingte Verfügungsverbotswirkung gem. § 161 aus. Dies zeigt zunächst, dass trotz § 137 S. 1 dinglich wirkende **Verfügungsverbote rechtsgeschäftlich** begründet werden können. Andererseits erhalten gerade Abs. 1 und 2 auch die Verfügungsbefugnis des während der Schwebezeit Berechtigten, der seinerseits zumindest auflösend bedingt weiterverfügen kann.[21] Insoweit kann § 161 auch eine Grenze zulässiger Bedingungen entnommen werden. Wenn man die von § 161 eingeräumte Verfügungsbefugnis (schon wegen § 137) als gesetzliche versteht, dann widerspricht jede Gestaltung der Bedingung, die im praktischen Ergebnis keinen Raum für die weitere Verfügung lässt, dem Gedanken des § 161, und ist deshalb unwirksam. 11

§ 162 Verhinderung oder Herbeiführung des Bedingungseintritts

(1) Wird der Eintritt der Bedingung von der Partei, zu deren Nachteil er gereichen würde, wider Treu und Glauben verhindert, so gilt die Bedingung als eingetreten.

12 BGHZ 55, 20, 25.

13 Staudinger/*Bork*, § 161 Rn 10; Soergel/*Wolf*, § 161 Rn 4; Erman/*Armbrüster*, § 161 Rn 3; MüKo/*Westermann*, § 161 Rn 13 will dem gutgläubigen Gläubiger jedenfalls bei Alleinbesitz das Pfandrecht belassen, dagegen aber Staudinger/*Bork*, aaO: Abs. 3 verweise auf die allgemeinen Vorschriften und die ließen keinen gutgläubigen Erwerb des gesetzlichen Pfandrechts zu.

14 Staudinger/*Bork*, § 161 Rn 12; MüKo/*Westermann*, § 161 Rn 7 f.

15 BGH NJW 1985, 376, 378 = BGHZ 92, 280, 288; BGH NZG 2004, 517, 518; Staudinger/*Gursky* § 185 Rn 12 mwN.

16 Vgl BGH WM 1962, 393, 394.

17 Staudinger/*Bork*, § 161 Rn 15; Soergel/*Wolf*, § 161 Rn 11; Bamberger/Roth/*Rövekamp*, § 161 Rn 13.

18 OLG München GmbHR 2011, 425 m. abl. Anm. v. *Heidinger*; so schon *Weigl*, NZG 2009, 1173; *Mayer/Färber*, GmbHR 2011, 783 je mwN.

19 Staudinger/*Bork*, § 161 Rn 15; Soergel/*Wolf*, § 161 Rn 11.

20 Staudinger/*Bork*, § 161 Rn 15; Soergel/*Wolf*, § 161 Rn 11; Bamberger/Roth/*Rövekamp*, § 161 Rn 13.

21 Darauf weist zu Recht hin *Berger*, S. 172.

(2) Wird der Eintritt der Bedingung von der Partei, zu deren Vorteil er gereicht, wider Treu und Glauben herbeigeführt, so gilt der Eintritt als nicht erfolgt.

A. Allgemeines

I. Fiktion

1 Die Vorschrift ordnet im Wege einer Fiktion zulasten derjenigen Partei, die in den vertraglich vorgesehenen Ablauf des Geschehens treuwidrig eingreift, an, dass der Eingriff als nicht erfolgt gilt. Abs. 1 ist insoweit unproblematisch, da durch die Fiktion eine endgültige Entscheidung über die Bedingung herbeigeführt wird, indem der fragliche Lebensumstand als eingetreten gilt, so dass die auflösend oder aufschiebend bedingten Wirkungen eintreten. Abs. 2 ordnet lediglich an, dass der Eintritt als nicht erfolgt gilt. Damit ist die Bedingung jedoch nicht notwendig ausgefallen, vielmehr ist durchaus denkbar, dass der entsprechende Lebensumstand (später) doch noch eintritt. Soweit daher der Vertrag nicht wegen des treuwidrigen Eingriffs außerordentlich gekündigt wird oder werden kann, muss weiter bis zur Entscheidung über die Bedingung abgewartet werden.

II. Vorrang der Auslegung

2 § 162 ist Ausdruck des allgemeinen Grundsatzes von Treu und Glauben. Er beschreibt den Unterfall des Rechtserwerbs kraft unredlichen Verhaltens (nemo turpitudinem suam allegans auditur).[1] Durch eine interessengerechte Auslegung der Bedingung kann der tatsächliche Anwendungsbereich des § 162 weitgehend reduziert werden, da davon auszugehen ist, dass die Parteien die Entscheidung über die Bedingung durch treuwidriges Verhalten gerade nicht wollen.[2] Die gesetzliche Fiktion kann aber durch reine Auslegung der Bedingung selbst nicht vollständig weginterpretiert werden,[3] da § 162 auf **spätere treuwidrige Eingriffe** in den Geschehensablauf abstellt, die die Parteien regelmäßig bei der Abfassung der Bedingung weder bedacht haben noch bedenken konnten. Richtig dürfte zwar sein, dass insbesondere bei Potestativbedingungen die Auslegung der vertraglichen Verhaltensbeschreibung weitgehend das Ergebnis determiniert. Aber auch hier muss man Vorsicht walten lassen:[4] Wer sich durch Verhandlungsgeschick einen Vorteil gesichert hat, indem der Vertrag etwa ein seine Leistungspflicht auslösendes Verhalten bewusst eng beschreibt, dem darf dieser Vorteil nicht durch großzügige analoge Anwendung der vertraglichen Regel auf ähnliches Verhalten wieder genommen werden. Etwas anderes kann – gerade nach § 162 – nur dann gelten, wenn das ähnliche Verhalten durch ein subjektives Moment qualifiziert wird, also etwa nur vorgenommen wird, um die Leistungspflicht zu vermeiden.[5] Allgemein gesagt geht es um die notwendige Abgrenzung einer Umgehung von einer Vermeidung des Bedingungseintritts. In jedem Fall enthält § 162 ein eigenständiges Verbot des „corriger la fortune“,[6] wenn Entscheidungen eines Dritten oder die Rechtzeitigkeit behördlicher Vorgänge zur Bedingung eines Geschäfts gemacht werden. Dieses Verbot soll insoweit insbesondere Verzögerungshandlungen[7] sowie Bestechung ausschließen.

1 Dazu nur Erman/*Hohloch*, § 242 Rn 108.
2 Vgl zum Vorrang der Auslegung BGH NJW 1984, 2568 f; MüKo/*Westermann*, § 162 Rn 9; Staudinger/*Bork*, § 162 Rn 2 aE.
3 So aber wohl *Flume*, BGB AT Bd. 2, § 40 1; *Medicus*, BGB AT, Rn 835.
4 Zur Vorsicht mahnend auch *Flume*, BGB AT Bd. 2, § 40 1 d aE: Vertragsgestaltung darf nicht durch richterliche Gestaltung ersetzt werden.
5 Vgl zB BGH NJW-RR 1989, 802.
6 Begriff nach Soergel/*Wolf*, § 162 Rn 1.
7 Zur verspäteten Zahlung der Grunderwerbsteuer als Voraussetzung für die zur Bedingung der Fälligkeit eines Anspruchs gemachte Erteilung der Unbedenklichkeitsbescheinigung OLG Karlsruhe NJW-RR 1996, 80.

B. Regelungsgehalt

I. Anwendungsbereich

Es muss zunächst eine echte Bedingung vorliegen. § 162 ist nicht anwendbar auf reine **Rechtsbedingungen**, insbesondere behördliche oder nach § 177 erforderliche Genehmigungen,[8] oder auf Unterstellungen. Auf die **Potestativbedingung** ist § 162 uneingeschränkt anwendbar, wobei, soweit nicht die Erfüllung einer Verhaltenspflicht zur Bedingung erhoben wurde, die Freiheit der betreffenden Partei bei der Frage der Treuwidrigkeit zu berücksichtigen ist.[9] 3

Auf **Wollensbedingungen** ist § 162 nicht anwendbar.[10] Die abweichende Auffassung des OLG München ist nur eine „falsa demonstratio", da es im dortigen Sachverhalt in Wahrheit um eine bloße Potestativbedingung ging.[11] Soweit es bei der Wollensbedingung um eine arglistige Täuschung durch die andere Partei geht bzw um andere treuwidrige Verhaltensweisen, mit denen die Erklärung des Wollenden manipuliert wird, soll § 162 nach Auffassung von *Wolf* anwendbar sein.[12] Dem kann indes nicht zugestimmt werden, da insoweit die §§ 116 ff spezieller sind. Auf eine arglistige Täuschung reagiert das Recht gem. § 123 durch Wiederherstellung der Entscheidungsfreiheit, nicht mit einer Fiktion. Allenfalls die Grundsätze der Zugangsvereitelung sind anwendbar, wenn die andere Partei die Erklärung des Wollenden nicht hören will (dazu § 130 Rn 64 ff). 4

Auf **Befristungen** ist die Vorschrift nur anwendbar, wenn es um die Fälle des dies certus an, incertus quando geht, soweit man diese nicht ohnehin als Bedingungsfälle einordnet (vgl § 158 Rn 20 ff) und der treuwidrige Eingriff den Zeitpunkt zugunsten des Eingreifenden verschiebt.[13] Vgl im Übrigen noch Rn 22 f (**analoge Anwendung**). 5

II. Zu dessen Vor- oder Nachteil er gereicht

Zu wessen Vor- oder Nachteil der Eintritt der Bedingung gereicht, kann nur bei **Verfügungen** eindeutig geklärt werden; der Bedingungseintritt ist für den auflösend bedingt Berechtigten nachteilig und für den aufschiebend bedingt Berechtigten vorteilhaft. Bei bedingten **Verpflichtungsgeschäften** muss unter Berücksichtigung der Gesamtumstände ermittelt werden, wer durch den Eintritt oder Ausfall der Bedingung nachteilig betroffen ist. Die Vorteilhaftigkeit kann sich insbesondere bei Dauerschuldverhältnissen durch Zeitablauf verändern. So kann etwa der Eintritt einer auflösenden Bedingung eines Mietverhältnisses zunächst für den Vermieter – etwa wegen der Möglichkeit anderweitiger Vermietung zu höherem Mietzins – vorteilhaft sein, später aber für den dann auszugswilligen, aber nicht kündigungsberechtigten Mieter. Nach dem Wortlaut des § 162 kommt es aber auf die Vor- oder Nachteiligkeit im Zeitpunkt des Eingriffs an.[14] 6

Problematisch ist die Anwendung des § 162 bei auflösend oder aufschiebend bedingten **Austauschgeschäften**, die insgesamt unter eine Bedingung gestellt sind, da die Nachteiligkeit möglicherweise schwer oder gar nicht feststellbar ist. Soweit nur einzelne Wirkungen des Geschäfts bedingt sind, mag es sich anders verhalten. Aus der treuwidrigen Handlung lässt sich freilich auf die nachteilige Betroffenheit zurückschließen, so dass etwa auch die treuwidrige Verhinderung des Eintritts des maßgebenden Umstands eines auflösend bedingten Kaufvertrags durch Käufer oder Verkäufer von § 162 erfasst wird.[15] 7

8 BGH NJW 1996, 3338, 3340; Palandt/*Ellenberger*, § 162 Rn 1; Erman/*Armbrüster*, § 162 Rn 2; Staudinger/*Bork*, § 162 Rn 13 mwN. Der BGH, aaO, will den Rechtsgedanken des § 162 aber ausnahmsweise über § 242 angewendet wissen. S. dazu bereits zur Rechtsbedingung § 158 Rn 26 f.

9 Vgl BGH NJW 1982, 2552; NJW 2005, 3417, 3419; MüKo/*Westermann*, § 162 Rn 4; insoweit zutr. auch Staudinger/*Bork*, § 162 Rn 4 mwN. Daher war der Verkauf eines Grundstücks nicht treuwidrig in einem Fall, in dem der Eigentümer bereits einen aufschiebend bedingten Miet(vor)vertrag für den Fall des Hausbaus auf dem betreffenden Grundstück geschlossen hatte, BGH WM 1964, 921.

10 So BGH NJW 1996, 3338, 3340; RGZ 115, 296, 302 und im Grundsatz die hM in der Lit., vgl MüKo/*Westermann*, § 162 Rn 6; Soergel/*Wolf*, § 162 Rn 6; *Medicus*, BGB AT, Rn 836 (dort die Wollensbedingung freilich als Potestativbedingung bezeichnend); *Brinkmann* in P/W/W § 162 Rn 2; anders nur scheinbar OLG München NJW-RR 1988, 58; da dort in Wahrheit eine Potestativbedingung vorlag; *anders* aber Soergel/*Wolf*, § 162 Rn 6 für die Fälle der Täuschung des Wollenden; für Ausnahmefälle Staudinger/*Bork*, § 162 Rn 4 aE; vgl auch Erman/*Armbrüster*, § 162 Rn 2 aE; dazu sogleich im Text.

11 OLG München NJW-RR 1988, 58; Ähnliches gilt für die in BGH NJW 1996, 3338, 3340 angesprochene Variante, dass die Erfüllung einer Rechtspflicht zur Bedingung erklärt wurde.

12 Soergel/*Wolf*, § 162 Rn 6, vgl auch – offen lassend – BGH NJW 1996, 3338, 3340 und OLG Hamm BB 1995, 1925 (Andienung einer nicht billigungsfähigen Probe bei Kauf gem. § 454 soll zu § 326 führen).

13 Vgl in der Sache ähnlich Soergel/*Wolf*, § 163 Rn 9; Staudinger/*Bork*, § 163 Rn 7; MüKo/*Westermann*, § 163 Rn 6.

14 Wie hier Brinkmann in P/W/W § 162 Rn 3.

15 Davon wohl ausgehend BGH NJW 2007, 3057, 3059 für den Kauf eines Bausatzes für die Selbstmontage einer Solarheizungsanlage, der unter der aufschiebenden Bedingung der Gewährung von Fördermitteln stand.

III. Treuwidriger Eingriff in den Kausalverlauf

8 **1. Kausaler Eingriff.** Zunächst muss überhaupt ein **Eingriff** in den Kausalverlauf vorliegen. Dies ist im Falle des Abs. 2 nur dann anzunehmen, wenn der Bedingungseintritt materiell herbeigeführt ist und die Handlung des nachteilig Betroffenen dafür kausal war (zur Behandlung des Verzichts s. § 158 Rn 80 f). Zu Beweisfragen s. Rn 21. Bei Potestativbedingungen kann also bereits hier eine Reihe von Fällen ausgeschieden werden, in denen nämlich die Vertragsauslegung ergibt, dass das entsprechende Verhalten die Bedingung nicht hat eintreten lassen.[16] § 162 wird in diesen Fällen vor allem auf die andere Partei Anwendung finden können, wenn sie dem Verhalten des Vertragspartners Hindernisse in den Weg legt, etwa indem sie erforderliche Mitwirkungshandlungen unterlässt.

9 Im Falle des Abs. 1 muss die Handlung kausal für den **Nichteintritt** der Bedingung geworden sein. Die bloße Erschwerung genügt nicht.[17] Nicht erforderlich ist ausschließliche Kausalität in dem Sinne, dass nicht auch andere Umstände kausal hätten werden können.[18] Eine Verzögerung des Bedingungseintritts genügt, wenn der Lebensumstand sonst früher eingetreten wäre, insoweit ist die Verspätung auszugleichen.[19]

10 **2. Treuwidrigkeit. a) Gesamtabwägung.** Die Treuwidrigkeit ist zu ermitteln durch eine Beurteilung des Eingriffs unter Abwägung sämtlicher Umstände des Einzelfalls nach Anlass, Zweck und Beweggrund des fraglichen Verhaltens.[20] Dazu gehören jedenfalls als Abwägungskriterien auch, ob und wieweit der Eingriff verschuldet war sowie etwaige Anhaltspunkte für ein Handeln mit Bezug auf den Bedingungseintritt, also **subjektive Momente**.[21] Allein die Absicht, eine endgültige Entscheidung über die Bedingung herbeizuführen, begründet aber noch nicht die Treuwidrigkeit des Verhaltens.[22] Wirtschaftliche Gründe für das Verhalten sind zu berücksichtigen, schließen die Treuwidrigkeit aber nicht per se aus.[23] Der BGH verlangt zwar keine Vereitelungsabsicht,[24] wohl aber ein „bewusst pflichtwidriges mittelbares Eingreifen in den Gang der Bedingung".[25] Für die Fälle, in denen ein Vertragsschluss mit Dritten zur Bedingung einer Leistungspflicht gemacht wurde, s. noch Rn 15.

11 **b) Unterlassen und Verweigerung von Mitwirkungshandlungen.** Ein Unterlassen kann nur dann treuwidrig sein, wenn mindestens eine Obliegenheit oder unselbständige Nebenpflicht zum Tätigwerden besteht.[26] Die Weigerung zur Erfüllung von für den Bedingungseintritt erforderlichen und zugleich aus § 241 folgenden Mitwirkungspflichten ist stets treuwidrig, soweit die Handlung nicht ausdrücklich im Vertrag freigestellt sind.[27] Darunter fallen zB die Fälle der Zugangsvereitelung (dazu § 130 Rn 64 ff), des sich einer zumutbaren Kenntnisnahme Verschließens[28] bzw der Verweigerung des Vorbehaltsverkäufers, die Zahlung (der letzten Rate) des Kaufpreises anzunehmen,[29] ebenso die rechtlose Weigerung des Käufers, die fremdfinanzierte Kaufsache abzunehmen, wenn die Übergabe Bedingung des Darlehensrückzahlungsanspruchs ist.[30] Dagegen ist die Weigerung, ein angebotenes Einziehungsentgelt anzunehmen, dessen Zahlung Bedingung für den Ausschluss aus der GmbH ist, nicht treuwidrig, wenn das Zahlungsangebot seinerseits nicht ohne Verstoß gegen das Gebot der Kapitalerhaltung erfolgen kann.[31] Die Weigerung, eine zur Bedingung erhobene Erklärung abzugeben, kann nur dann treuwidrig sein, wenn eine Rechtspflicht zur Erklärung besteht, fehlt eine solche, kann auch das Fehlen eines vernünftigen Grundes für die Weigerung die Erklärung nicht ersetzen.[32] Besteht eine Mitwirkungspflicht, etwa zur Stellung eines Förderantrags, so kann sie ihrerseits durch die Ver-

16 Vgl *Medicus*, BGB AT, Rn 834 ff.
17 MüKo/*Westermann*, § 162 Rn 15; Staudinger/*Bork*, § 162 Rn 6; Soergel/*Wolf*, § 162 Rn 11 mwN.
18 MüKo/*Westermann*, § 162 Rn 11; Soergel/*Wolf*, § 162 Rn 13, beide unter Hinweis auf RG JW 1911, 213.
19 Insofern letztlich übereinstimmend MüKo/*Westermann*, § 162 Rn 15; Soergel/*Wolf*, § 162 Rn 12; aus der Rspr OLG Karlsruhe NJW-RR 1996, 80.
20 AllgM: BGH NJW 2005, 3417, OLG Hamm NJW-RR 1989, 1366; OLG Düsseldorf NJW-RR 1987, 362, 364; Staudinger/*Bork*, § 162 Rn 7; Soergel/*Wolf*, § 162 Rn 7.
21 S. BGH NJW 2005, 3417, 3419; BGH NJW 2007, 3057, 3059 Tz. 32; Soergel/*Wolf*, § 162 Rn 8; Staudinger/*Bork*, § 162 Rn 10; OLG Hamm NJW-RR 1989, 1366; OLG Koblenz v. 27.11.2006, 12 U 915/05 Tz. 14 zit. nach juris.
22 BGH NJW 2005, 3417, 3419.
23 BGH NJW 2005, 3417 f; vgl auch OLG Hamburg v. 4.12.2003, 10 U 6/03 zit. nach juris.
24 Insofern einhellig auch das Schrifttum: Soergel/*Wolf*, § 162 Rn 8; Staudinger/*Bork*, § 162 Rn 10; Erman/*Armbrüster*, § 162 Rn 4 (Fahrlässigkeit genüge); ähnlich MüKo/*Westermann*, § 162 Rn 10.
25 BGH NJW-RR 1989, 802, dagegen Staudinger/*Bork*, § 162 Rn 10 (kein Verschulden im technischen Sinne erforderlich); ähnlich Soergel/*Wolf*, § 162 Rn 8 aE und Bamberger/Roth/*Rövekamp*, § 162 Rn 4; zweifelnd, iE aber ebenso, MüKo/*Westermann*, § 162 Rn 10.
26 Ebenso Soergel/*Wolf*, § 162 Rn 7; Palandt/*Ellenberger*, § 162 Rn 2; LG Gießen NJW-RR 1997, 1081; MüKo/*Westermann*, § 162 Rn 9 aE.
27 Anders, soweit dafür zusätzliche Informationen gegenüber der drittfinanzierenden Bank erforderlich sind, LG Gießen NJW-RR 1997, 1081.
28 Dazu BGH NJW 1992, 3237, 3242; 1989, 2323.
29 BGHZ 75, 221, 228.
30 BGH NJW 1964, 36, 37.
31 OLG Düsseldorf RNotZ 2007, 227; bestätigt durch BGH NZG 2008, 516.
32 Wohl aA Staudinger/*Bork*, § 162 Rn 8; in den von ihm zitierten Fällen OLG Brandenburg NJW-RR 2000, 766, 767 f u. OLG Köln NJW-RR 1995, 113, 114 waren die entspr. Erklärungen jedoch nicht ins Belieben gestellt.

letzung vorvertraglicher Aufklärungspflichten seitens der anderen Partei ausgeschlossen sein, so dass die Unterlassung der Antragstellung nicht treuwidrig ist.[33]

c) Die Einschaltung Dritter. Auf der einen Seite können in treuwidriger Weise Dritte eingeschaltet werden, um die durch eigenes Verhalten bedingten Folgen auszuschalten. So kann etwa eine Partei ihren Ehepartner den eine Leistungspflicht auslösenden Vertrag schließen lassen, auch dieses Verhalten löst nach § 162 die Leistungspflicht aus.[34] Zu denken ist auch an die Einschaltung von Tochtergesellschaften. Von der treuwidrigen Einschaltung Dritter ist die Zurechnung des eigenständigen Verhaltens Dritter (nicht: von Erfüllungsgehilfen) an die fragliche Partei zu unterscheiden. Hier bietet es sich an, auf die Grundsätze des § 123 Abs. 2 S. 1 zu rekurrieren und nur das Verhalten am Rechtsgeschäft unbeteiligter Dritter von einer Zurechnung auszunehmen.[35] Umgekehrt kann auch die Weigerung treuwidrig sein, die Einschaltung eines Dritten in die Erfüllung einer Verhaltenspflicht oder -obliegenheit zuzulassen, so etwa des Vorbehaltsverkäufers, Zahlungen Dritter zu akzeptieren.[36] Gleiches gilt, wenn der Vermieter ohne vernünftigen Grund bei einem aufschiebend bedingten Aufhebungsvertrag (für den schon ein grundsätzliches Einverständnis des Vermieters mit einem „genehmen" Nachmieter ausreichen kann) den vom Mieter gestellten Nach-/Ersatzmieter ablehnt bzw diesem absprachewidrige Konditionen andient und der Vertrag deshalb nicht zustande kommt.[37] 12

d) Formales Verhalten. Treuwidrig ist es, wenn sich der Handelnde ohne Grund auf einen formaljuristischen Standpunkt stellt, wenn also sein Verhalten zwar formal den Eintritt einer ihn belastenden Rechtsfolge vermeidet, nach seiner Funktion jedoch dem gemeinten Verhalten gleichsteht. Das wird vor allem dann vorkommen, wenn ein bestimmtes Verhalten einer Vertragspartei für sie nachteilige Zahlungs- oder sonstige Leistungspflichten auslöst. Dabei ist auch zu berücksichtigen, ob es für das die Zahlungspflicht vermeidende Verhalten (andere) wirtschaftliche Gründe gibt.[38] Diese Konstellation ist bereits bei der Vertragsgestaltung tunlichst zu vermeiden. Ist das nicht geschehen, so ist stets zu prüfen, ob das zur Bedingung gemachte Verhalten zugleich eine Pflicht der Partei war. Ist das der Fall, so wird man funktionsgleiches, formal aber abweichendes Verhalten leichter als treuwidrig ansehen können. 13

Ist es nicht der Fall, so ist das formale Vorgehen insgesamt zu würdigen. Löst etwa ein **Vertragsschluss mit Dritten** (ggf innerhalb eines bestimmten Zeitraums) eine Leistungspflicht der Partei aus (oder beendet Ansprüche gegen den Vertragspartner wie in den Wiederverheiratungsfällen),[39] so ist für das Verhalten dieser Partei wie folgt zu unterscheiden: Wer den schädlichen Vertrag nur vorbereitet, sich aber noch nicht bindet, handelt weder treuwidrig noch tritt die Bedingung nach Sinn und Zweck des Vertrages ein.[40] Vorvertrag, aufschiebend befristeter Vertrag oder befristet bindendes Angebot binden die Partei dagegen, auch wenn der eigentliche Vertragsschluss bzw die Entstehung von Ansprüchen aus dem Vertrag noch aufgeschoben sein mögen.[41] Deshalb ist hier der Bedingungseintritt zu bejahen, ob sich das aus § 162 oder im Wege der Auslegung der Bedingung ergibt, kann dahinstehen. 14

Kommt es auf die **Art des abzuschließenden Vertrages** (zB Kaufvertrag) an und schließt die bedingt gebundene Partei einen formal anderen Vertrag (zB Erbvertrag mit Nebenabreden), so muss nach den gesamten Umständen ermittelt werden, ob der formal abweichende Vertrag mit dem zur Bedingung erhobenen Vertrag funktionsgleich ist und ohne sachlichen Grund auf den ebenfalls in Betracht kommenden schädlichen Vertrag verzichtet wurde.[42] In dieser Entscheidung verweist der BGH einerseits auf ein subjektives Element (Gestaltung, die nur dazu dienen soll, die Vorkaufsrechtsausübung unmöglich zu machen) und behauptet zugleich, eine Umgehungsabsicht sei nicht erforderlich.[43] Richtigerweise wird man aus den Elementen funktionsgleich und fehlender sachlicher Grund auf die Umgehungsabsicht schließen müssen, während bei Vorliegen eines sachlichen (wirtschaftlichen) Grundes für die gewählte Gestaltung von zulässiger Vermeidung des Bedingungseintritts auszugehen ist. Löst erst die **Erfüllung** durch den Dritten die Zahlungspflicht aus, so kann vom bedingt Verpflichteten im Zweifel nicht erwartet werden, den Dritten aus dem geschlossenen Vertrag auch zu 15

33 BGH NJW 2007, 3057, 3059 Tz. 34.
34 BGH NJW 1982, 2552; NJW-RR 1998, 1488 (Abfindungsanspruch bei Verkauf eines Grundstücks, das dann auf die Ehefrau übertragen wird).
35 Vgl auch BGH NJW 2005, 3417, 3419, wo der Vater einer Partei als Verhandlungsführer aufgetreten war.
36 BGHZ 75, 221, 228; Staudinger/*Bork*, § 162 Rn 8 mwN.
37 Vgl OLG Koblenz ZMR 2002, 344; OLG Düsseldorf NJW-RR 1992, 657.
38 Beispiel bei OLG Hamburg v. 4.12.2003, 10 U 6/03 zit. nach juris (Architektenhonorar durch anschließende Projektentwicklung bedingt, realisiert wurde abweichendes Projekt).
39 Dazu OLG Düsseldorf NJW 1981, 463 (eheähnliches Zusammenleben über längeren Zeitraum lasse auflösende Bedingung der Wiederverheiratung in Unterhaltsvergleich gem. § 162 eintreten); dagegen aber vor dem gesetzlichen Hintergrund BGH NJW-RR 1991, 388.
40 Vgl *Flume*, BGB AT Bd. 2, § 40 1 f, S. 721 zu RGZ 53, 257 ff.
41 In diesem Sinne lag bei OLG München NJW-RR 1988, 58 nicht nur ein bindendes Angebot, sondern darüber hinaus auch noch eine Sicherung durch Vormerkung vor, vgl auch BGH NJW 2002, 213.
42 BGH NJW 1998, 2136.
43 BGH NJW 1998, 2136, 2137 gegen 2138.

verklagen, die Abtretung an den Vertragspartner reicht vielmehr aus.[44] Zur Anwendung des § 162 im Rahmen von **Maklerverträgen** s. im Übrigen die Erläuterungen zu § 652.[45]

16 **e) Beeinflussung Dritter.** Ist die Zustimmung Dritter zur Bedingung erklärt worden, so darf keine Partei auf die Entscheidung des Dritten Einfluss nehmen.[46] Dabei wird man, je nach Nähe des Dritten zu einer der Vertragsparteien, selbst die Beeinflussung durch falsche oder unvollständige Information für treuwidrig halten können. Ob eine zutreffende Information des Dritten dagegen überhaupt jemals treuwidrig sein kann, dürfte zweifelhaft sein.[47] Ist eine behördliche Genehmigung rechtsgeschäftliche Wirksamkeitsvoraussetzung (zur gesetzlichen Wirksamkeitsvoraussetzung s. § 158 Rn 26), besteht die vertragliche Nebenpflicht für beide Seiten, an der Erteilung oder Eintragung mitzuwirken und alles zu unterlassen, was die Genehmigung infrage stellen könnte.[48] Das beinhaltet (vorbehaltlich vertraglicher Detailregeln) aber nicht auch die Pflicht, bei Versagung der Genehmigung ein Rechtsmittelverfahren durchzuführen.[49]

17 **f) Verletzung von Vertragspflichten.** Löst die Nichterfüllung vertraglicher Pflichten vertragliche besondere Zahlungspflichten aus, so wird regelmäßig eine Vertragsstrafe vorliegen. Auf die Treuwidrigkeit kommt es dann nicht mehr an. Ausnahmsweise kann es aber auch so liegen, dass die Pflichtverletzung eine für den Schuldner günstige Rechtsfolge auslöst. Als nicht treuwidrig hat der BGH den Verzugseintritt angesehen, wenn dieser ein für die Schuldnerin nach der Bedingungsvereinbarung vorteilhaftes Recht zum Wiederverkauf auslöste.[50]

IV. Rechtsfolgen und Zeitpunkt

18 Bei **Verhinderung** des Bedingungseintritts (Abs. 1) gilt die Bedingung als eingetreten. Damit entfällt freilich nur die Unsicherheit über den Bedingungseintritt, also das **„Ob"**. Wann die auflösend bzw aufschiebend bedingten Wirkungen eintreten, ist streitig. Die wohl hM will den Zeitpunkt zugrunde legen, in dem die Bedingung bei ordnungsgemäßem Verhalten des treuwidrig Handelnden eingetreten wäre.[51]

19 Nach richtiger Auffassung ist das **„Wann" zuerst Vertragsfrage**.[52] Ist der Zeitpunkt der Entscheidung über den Eintritt der Bedingung vertraglich festgelegt, so kann nur auf diesen abgestellt werden (Beispiel: aufschiebende Bedingung ist der bestimmte Ausgang eines Losentscheids, der an einem bestimmten Kalendertag stattfindet, bei Manipulation des Losverfahrens gilt die Bedingung gleichwohl erst an diesem Kalendertag als eingetreten). Ist nur der späteste Zeitpunkt einer Entscheidung gewiss (zB auflösende Bedingung einer bestimmten Erklärung, die nur bis zu einem bestimmten Termin zugehen kann), so muss es auf den Zeitpunkt der treuwidrigen Verhinderung (zB Zugangsvereitelung) ankommen. Schon wegen des Kausalitätserfordernisses wird das aber nicht der Zeitpunkt der Handlungsbeendigung, sondern im Sinne der hM der Termin sein, zu dem die Bedingung sonst eingetreten wäre.[53] Ist – ausnahmsweise – ein frühester Zeitpunkt aus den Parteivereinbarungen erkennbar, so gilt dieser.[54]

20 Bei **Herbeiführung** des Bedingungseintritts (Abs. 2) gilt nur der **Eintritt als nicht erfolgt**. Das ist schon sprachlich etwas anderes als der Ausfall der Bedingung.[55] Ob und wann die Bedingung letztlich ausgefallen ist, ist zum einen ebenfalls Vertragsfrage und zum anderen von der Art des Eingriffs abhängig. Wird durch die Handlung der spätere Eintritt der Bedingung unmöglich, so muss die Bedingung als ausgefallen gelten, schon zur Vermeidung hypothetischer Kausalitätsüberlegungen.[56] Das „Wann" kann dann freilich wieder durch einen vertraglich festgelegten oder frühesten Zeitpunkt nach hinten verlegt sein. Ansonsten muss es beim Schwebezustand bezüglich des „Ob" und des „Wann" verbleiben. Beispiel: Käufer X schuldet Verkäufer Y im Falle des Zahlungsverzugs eine Vertragsstrafe. Führt Y den Zahlungsverzug des X treuwidrig herbei, so

44 OLG Köln NZG 1999, 607, 608.
45 Vgl auch Erman/*Werner*, § 652 Rn 41 f.
46 OLG Dresden OLG-NL 2001, 97 für die Beeinflussung des Aufsichtsrats durch den Vorstand, der den bedingten Vertrag geschlossen hatte.
47 Vgl dazu BGH NJW 2005, 3417, 3418 f für die Information eines Dritten über die Änderung der Absichten einer der Parteien.
48 BGH NJW 1994, 2757, 2758; BGHZ 14, 1, 2; BGHZ 67, 34, 35; RGZ 129, 357, 376; vgl Erman/*Armbrüster*, § 162 Rn 2.
49 OLG Köln OLGZ 1974, 8, 10.
50 BGH NJW 1984, 2568.
51 RGZ 79, 96, 101; OLG Düsseldorf NJW 1981, 463, 464; Soergel/*Wolf*, § 162 Rn 14.
52 So zutr. *Flume*, BGB AT Bd. 2, § 40 1 b, S. 717 f.
53 AA Staudinger/*Bork*, § 162 Rn 12; in BGH NJW 1975, 205, 206 lagen sowohl die Voraussetzungen des § 160 wie die des § 162 Abs. 1 vor, der Kläger verlangte das Surrogat nach § 281 aF In einem solchen Fall ist der Zeitpunkt des Bedingungseintritts gleichgültig, da § 160 nur voraussetzt, dass die Bedingung eingetreten ist. Vielmehr kommt es auf den Zeitpunkt des Untergangs des abhängigen Rechts an, so iE BGH, aaO.
54 *Flume*, BGB AT Bd. 2, § 40 1 b, S. 718 (dies a quo); s.a. Erman/*Armbrüster*, § 162 Rn 6.
55 Nicht zutr. daher (Ausfall) Palandt/*Ellenberger*, § 162 Rn 5; Bamberger/Roth/*Rövekamp*, § 162 Rn 7, 9; vgl auch Erman/*Armbrüster*, § 162 Rn 5 einerseits, Rn 6 andererseits; zutr. dagegen insoweit Soergel/*Wolf*, § 162 Rn 14; wie hier *Brinkmann* in P/W/W § 162 Rn 9 und jetzt MüKo/*Westermann*, § 162 Rn 16 f.
56 Vgl auch MüKo/*Westermann*, § 162 Rn 17, der diese Überlegung freilich mE unzutr. im Rahmen des Abs. 1 anbringt.

gilt der Verzug des X als nicht eingetreten, später kann X durch selbst verschuldeten weiteren Verzug die Strafe noch verwirken.

C. Weitere praktische Hinweise

I. Beweislast

Wer sich auf § 162 beruft, muss das treuwidrige Verhalten des anderen Teils sowie seine Ursächlichkeit für Eintritt oder Nichteintritt der Bedingung beweisen.[57] Letzteres kann Schwierigkeiten bereiten; eine Umkehr der Beweislast bzw Beweiserleichterungen können dann angenommen werden, wenn der treuwidrig Handelnde die Beweisführung durch Beeinflussung von Zeugen zu vereiteln sucht.[58] 21

II. Analoge Anwendung

§ 162 enthält einen **allgemeinen Rechtsgedanken,** der freilich nur vorsichtig heranzuziehen ist. So kann etwa eine gesetzliche Regelung bzw deren Änderung den Zugang zu § 162 verschließen.[59] Andererseits passt der Rechtsgedanke nicht nur für die Durchsetzung des Parteiwillens,[60] sondern auch auf solche Fälle, in denen der Eintritt nachteiliger Rechtsfolgen durch Vermeidung der Erfüllung gesetzlicher Tatbestandsmerkmale verhindert werden soll, wenn dies treuwidrig geschieht. Außer im Arbeitsrecht[61] wird § 162 in einer ganzen Reihe von Fällen erwähnt und teilweise entsprechend angewendet, so etwa auf die unter Rn 4 bereits erwähnten Fälle der Zugangsvereitelung bzw des Sich-Verschließens vor zumutbarer Kenntnisnahme (= mehr als nur grob fahrlässige Unkenntnis); ferner auf die treuwidrige Herbeiführung des Nacherbfalls durch Tötung des Vorerben;[62] auf die Vereitelung eines Vorkaufsrecht durch formale Gestaltung (Verschleierung) des gewollten Kaufs als Erbvertrag oder durch ein bis zum Ablauf eines befristeten Vorkaufsrechts bindendes Angebot;[63] auf die Herbeiführung des Bürgschaftsfalls (allgemein des Sicherungsfalls bei Drittsicherung) durch Veranlassung des Hauptschuldners, seine vertraglichen Pflichten nicht zu erfüllen;[64] auf die Verhinderung einer vom Werkunternehmer geschuldeten Mängelbeseitigung durch den Besteller;[65] auf die Verweigerung der Zustimmung zur Belastung eines Erbbaurechts zwecks Baukreditsicherung, was mittelbar den Heimfallanspruch wegen nicht fristgerechter Bebauung auslöste,[66] gäbe es nicht § 162. 22

Im **öffentlichen Recht** kann der Rechtsgedanke des § 162 ebenfalls angewendet werden, etwa im Rahmen einer Konkurrentenklage auf die Einstellung oder Beförderung des Konkurrenten unter Verstoß gegen eine einstweilige Anordnung, die die Behörde dem klagenden Bewerber dann nicht entgegenhalten kann;[67] ferner für die Frage der Zugangsvereitelung,[68] teilweise verlangt das BVerwG allerdings ein „gezieltermaßen treuwidriges Verhalten";[69] auch ist § 162 anwendbar im Rahmen öffentlich-rechtlicher Verträge gem. § 62 S. 2 VwVfG. 23

§ 163 Zeitbestimmung

Ist für die Wirkung eines Rechtsgeschäfts bei dessen Vornahme ein Anfangs- oder ein Endtermin bestimmt worden, so finden im ersteren Falle die für die aufschiebende, im letzteren Falle die für die auflösende Bedingung geltenden Vorschriften der §§ 158, 160, 161 entsprechende Anwendung.

57 BGH NJW-RR 1989, 802; BGH LM § 162 Nr. 2; OLG Dresden OLG-NL 2001, 97, 100; Staudinger/*Bork*, § 162 Rn 20; MüKo/*Westermann*, § 162 Rn 17 aE; Soergel/*Wolf*, § 162 Rn 13, je mwN.
58 Zu einem solchen Fall OLG Dresden OLG-NL 2001, 97, 100 ff.
59 Vgl BGH NJW-RR 1991, 388 zu Unterhaltsansprüchen nach Wiederverheiratung sowie BVerwG NJW 1997, 2966, 2969.
60 So aber Staudinger/*Bork*, § 162 Rn 15.
61 Dazu etwa Soergel/*Wolf*, § 162 Rn 16; Staudinger/*Bork*, § 162 Rn 17.
62 BGH NJW 1968, 2051.
63 BGH NJW 2002, 213; 1998, 2136.
64 BGH BB 1966, 305.
65 BGHZ 88, 240, 248.
66 BGH NJW-RR 1993, 465, 466.
67 BVerwG NJW 2004, 870.
68 BVerwGE 85, 213, 216.
69 BVerwG NVwZ-RR 1997, 421, 422 für das Verhalten des Kreiswehrersatzamts; anders dagegen BVerwG NVwZ 1991, 73, 75, soweit es um die Zugangsvereitelung durch den Empfänger eines Einberufungsbescheids geht.

A. Regelungsgehalt

1 § 163 beschränkt sich darauf, die Vorschriften des Bedingungsrechts teilweise (nur hinsichtlich der auflösenden bzw aufschiebenden Wirkungen der Zeitbestimmung, der bedingten Schadensersatzpflicht bei Vereitelung des befristeten Rechts und der Unwirksamkeit von Zwischenverfügungen) auf Befristungen für anwendbar zu erklären. Bei Kalenderbefristung finden ferner die Vorschriften der §§ 186 ff. Anwendung, so dass etwa, fällt das Ende der Frist auf einen Sonntag, gem. § 193 ein fristwahrendes Ereignis noch am Montag eintreten kann.[1] Zur Abgrenzung zwischen Bedingung und Befristung und den sich daraus ergebenden Folgen s. § 158 Rn 20 ff. Zur Befristungsfeindlichkeit von Rechtsgeschäften s. § 158 Rn 35. Zur Anwendung des § 160 vgl § 160 Rn 8. §§ 159 und 162 sind auf Fälle der Befristung nicht anwendbar, vgl dazu § 159 Rn 8 und § 162 Rn 5.

B. Einzelfragen

I. Abgrenzung zu betagten Forderungen (Stundung, Fälligkeitsregelung)

2 Die aufschiebende Befristung ist von einer bloßen Fälligkeitsregelung abzugrenzen. Die Abgrenzung hat entgegen früher teilweise geäußerter Auffassung durchaus Bedeutung.[2] Betagte Forderungen sind bereits entstanden; das vor Fälligkeit Geleistete kann wegen § 813 Abs. 2 nicht zwischenzeitlich zurückverlangt werden.[3] Auch die umstrittene Frage, ob § 41 InsO neben betagten auch auf befristete Forderungen anwendbar ist, hat der BGH verneint,[4] den Streit damit allerdings nicht beseitigt.[5]

3 In der Theorie hängt die Abgrenzung davon ab, ob die Parteien entweder die Wirkungen des Geschäfts hinausschieben oder aber einen bloßen Termin für die (bereits entstandene) Hauptleistungspflicht setzen wollten. Bei der erforderlichen Auslegung können neben dem Vertragswortlaut auch die Gesamtumstände und der wirtschaftliche Zweck des Geschäftes zu berücksichtigen sein.[6] Deshalb sind künftige Mietzinsen grundsätzlich aufschiebend befristete Ansprüche,[7] da sie allein Entgelt für jeden Gebrauchszeitraum sind und daher jeweils neu erst zum Anfangstermin des jeweiligen Zeitraums der Nutzungsüberlassung entstehen. Demgegenüber sind künftige Leasingraten nur betagt, da sie auch ein Entgelt für die erbrachte Finanzierungsleistung darstellen.[8] Entsprechend dieser Unterscheidung sind auch die Entgeltansprüche eines Dienstleisters (und der Arbeitnehmer) aufschiebend befristet.[9] Bei einer bis zur Erfüllung bestimmter Voraussetzungen, deren Eintritt die Parteien als gewiss ansehen, hinausgeschobenen „Fälligkeit" der Kaufpreisforderung handelt es sich tatsächlich um eine bloße Fälligkeitsregelung, nicht um eine aufschiebende Befristung.[10]

II. Befristungsende

4 Das Befristungsende kann trotz Angabe eines Kalendertermins fraglich werden, wenn es sich um ein befristetes **Sicherungsrecht** handelt. Die Verwertung der Sicherheit kann Zeit in Anspruch nehmen, so dass zwischenzeitlich die Befristung ablaufen kann bzw bei auflösender Bedingung diese zwischenzeitlich erfüllt werden kann. In diesem Fall ist grundsätzlich davon auszugehen, dass die Einleitung der Verwertung und Mitteilung

1 BGHZ 90, 288, 291 = NJW 1987, 1760, 1761.
2 So auch *Medicus*, BGB AT, Rn 845; Staudinger/*Bork*, § 163 Rn 2; MüKo/*Westermann*, § 163 Rn 3; aA *Flume*, BGB AT Bd. 2, § 41, S. 730.
3 *Medicus*, BGB AT, Rn 845; Bamberger/Roth/*Rövekamp*, § 163 Rn 7.
4 BGH ZIP 2006, 1781, 1783 mwN zum Streitstand bis 2006; bestätigt durch BGH ZIP 2007, 543.
5 AA auch nach den Entscheidungen noch MüKo-InsO/*Bitter*, § 41 InsO Rn 10; *Knof* in Uhlenbruck, § 41 InsO Rn 5; wie der BGH schon vorher die hM, s. etwa Staudinger/*Bork*, § 163 Rn 2. Der abweichenden Auffassung ist zu folgen, die hM resultiert letztlich aus der verfehlten Abgrenzung von Bedingung und Befristung, s. dazu schon § 158 Rn 20 f.
6 Zum dabei zu berücksichtigenden Auslegungsstoff BGH NJW-RR 1998, 801.
7 BGH NJW 1965, 1373, 1374; WM 1997, 545; zuletzt BGH NJW 2010, 444, 445 Tz. 10 mwN auch zur Gegenmeinung; anders für einen Sonderfall BGH NJW-RR 2010, 483, 484 Tz. 19–21.
8 BGH NJW 1992, 2150 und öfter; Nachw. auch in BGH WM 1997, 545.
9 BGH WM 1997, 545 unter Hinweis auf RGZ 142, 291, 295.
10 KG MDR 1998, 459; Gegenbeispiel, wo die Erfüllung der Voraussetzung ungewiss war, bei OLG Rostock IBR 2006, 452 (LS) = BeckRS 2006, 12524.

an den Sicherungsgeber vor Fristablauf ausreicht, so dass der spätere Fristablauf nicht schadet.[11] Die Parteien können, müssen aber auch ausdrücklich etwas anderes vereinbaren.[12]

III. Austauschverträge

Auflösend befristete Austauschverträge sind in Wahrheit nicht auf einen Leistungsaustausch gerichtet, sondern auf eine Gebrauchsüberlassung auf Zeit.[13] Im Zeitpunkt des Endtermins ist daher etwa ein auflösend befristeter Kauf wie ein befristetes Mietverhältnis zu behandeln, eine Rückabwicklung für die Vergangenheit kommt nicht in Betracht. 5

IV. Befristeter Ausschluss von Gestaltungsrechten

Der befristete Ausschluss von Gestaltungsrechten (zB Rücktritt, Kündigung) führt nur zu einer Mindestdauer des Dauerschuldverhältnisses und steht daher einer Befristung nicht gleich. Vorschriften, die eine Partei vor der automatischen Beendigung durch Befristung oder Bedingung schützen sollen, können auf den Ausschluss von Kündigungsmöglichkeiten daher nicht entsprechend angewendet werden.[14] In AGB kann der Ausschluss jedoch nur ausnahmsweise vereinbart werden.[15] 6

Titel 5 Vertretung und Vollmacht

§ 164 Wirkung der Erklärung des Vertreters

(1) [1]Eine Willenserklärung, die jemand innerhalb der ihm zustehenden Vertretungsmacht im Namen des Vertretenen abgibt, wirkt unmittelbar für und gegen den Vertretenen. [2]Es macht keinen Unterschied, ob die Erklärung ausdrücklich im Namen des Vertretenen erfolgt oder ob die Umstände ergeben, dass sie in dessen Namen erfolgen soll.

(2) Tritt der Wille, in fremdem Namen zu handeln, nicht erkennbar hervor, so kommt der Mangel des Willens, im eigenen Namen zu handeln, nicht in Betracht.

(3) Die Vorschriften des Absatzes 1 finden entsprechende Anwendung, wenn eine gegenüber einem anderen abzugebende Willenserklärung dessen Vertreter gegenüber erfolgt.

Literatur: *Bettermann*, Vom stellvertretenden Handeln, 1937 (Neudruck 1964); *Beuthien*, Gibt es eine organschaftliche Vertretung?, NJW 1999, 1142; *ders.*, Zur Theorie der Stellvertretung im Bürgerlichen Recht, in: FS Medicus 1999, S. 1; *ders.*, Zur Theorie der Stellvertretung im Gesellschaftsrecht, in: FS Zöllner 1998, S. 87; *ders.*, Gilt im Stellvertretungsrecht ein Abstraktionsprinzip?, in: 50 Jahre Bundesgerichtshof, Festgabe aus der Wissenschaft, 2000, Bd. I, S. 81; *ders.*, Gibt es im Gesellschaftsrecht eine gesetzliche Stellvertretung?, in: FS Canaris 2007, Bd. 2, S. 41; *Beuthien/Müller*, Gemischte Stellvertretung und unechte Gesamtprokura, DB 1995, 461; *Börner*, Offene und verdeckte Stellvertretung und Verfügung, in: FS H. Hübner 1984, S. 409; *Buchka*, Die Lehre von der Stellvertretung bei der Eingehung von Verträgen, 1852; *Cohn*, Das rechtsgeschäftliche Handeln für denjenigen, den es angeht, 1931; *Dölle*, Neutrales Handeln im Privatrecht, in: FS F. Schultz, Bd. 2, 1952, S. 268; *Einsele*, Inhalt, Schranken und Bedeutung des Offenkundigkeitsprinzips, JZ 1990, 1005; *Fikentscher*, Scheinvollmacht und Vertreterbegriff, AcP 154 (1995), 1; *R. Fischer*, Der Mißbrauch der Vertretungsmacht, auch unter Berücksichtigung der Handelsgesellschaften, in: FS Schilling 1973, S. 3; *Fleck*, Mißbrauch der Vertretungsmacht oder Treuebruch des mit Einverständnis aller Gesellschafter handelnden GmbH-Geschäftsführers aus zivilrechtlicher Sicht, ZGR 1990, 31; *Frey*, Rechtsnachfolge in Vollmachtnehmer- und Vollmachtgeberstellungen, 1997; *Frotz*, Verkehrsschutz im Vertretungsrecht, 1972; *Gernhuber*, Die verdrängende Vollmacht, JZ 1995, 382; *Gessler*, Zum Mißbrauch organschaftlicher Vertretungsmacht, in: FS Caemmerer 1978, S. 531; *Geusen*, Das Handeln unter fremdem Namen im Zivilrecht, Diss. Köln, 1966; *Hager*, Die Prinzipien der mittelbaren Stellvertretung, AcP 180 (1980), 239; *M.U. Hanau*, Handeln unter fremder Nummer, VersR 2005, 1215; *Heckelmann*, Mitverschulden des Vertretenen bei Mißbrauch der Vertretungsmacht, JZ 1970, 62; *G. Hueck*, Bote – Stellvertreter im Willen – Stellvertreter in der Erklärung, AcP 152 (1953), 432; *John*, Der Mißbrauch organschaftlicher Vertretungsmacht, in: FS Mühl 1981, S. 349; *Jahr*, Fremdzurechnung bei Verwaltergeschäften, in: FS F. Weber 1975, S. 275; *Jüngst*, Der Mißbrauch organschaftlicher Vertretungsmacht, 1981; *Klinck*, Stellvertretung im Besitzerwerb, AcP 205 (2005), 487; *Laband*, Die Stellvertretung bei dem Abschluß von Rechtsgeschäften nach dem ADHGB, ZHR 10 (1866), S. 183; *Larenz*, Verpflichtungsgeschäfte „unter" fremdem Namen, in: FS H. Lehmann 1956, S. 234; *Lenel*,

11 Nach LG Tübingen Rpfleger 1984, 156 reicht jedenfalls die fristgerechte Einleitung der Zwangsversteigerung aus einer Grundschuld; BGH ZIP 1983, 287, 288 f zieht für eine befristete Sicherungszession sowohl die Klageerhebung als auch die außergerichtliche Geltendmachung als Einleitung in Betracht; RGZ 68, 141, 145 f lässt bei befristeter Verpfändung die rechtzeitige Ankündigung der Inanspruchnahme genügen; für befristete Bürgschaften s. § 777 und dazu BGHZ 90, 288 = NJW 1987, 1760; bei befristeten Garantien reicht eindeutige Anforderung, vgl *Horn*, IPrax 1981, 149, 151.

12 LG Tübingen Rpfleger 1984, 156 und BGH ZIP 1983, 287, 288 f.

13 Vgl Staudinger/*Kaiser*, Vor § 346 Rn 101.

14 BGH NJW 2004, 1448 und NJW 2004, 3117.

15 Näher BGH NJW 2009, 912 f und NJW 2011, 597.

Stellvertretung und Vollmacht, JherJb. 36 (1896), S. 1; *Leonhard*, Vertretung und Fremdwirkung, JherJb. 86 (1936/37), S. 1; *Letzgus*, Zum Handeln unter falschem Namen, AcP 137 (1933), 327; *Lieb*, Zum Handeln unter fremdem Namen, JuS 1967, 106; *von Lübtow*, Das Geschäft „für den es angeht" und sog. „antezipierte Besitzkonstitut", ZHR 112 (1949), S. 227; *Lüderitz*, Prinzipien des Vertretungsrechts, JuS 1976, 765; *L. Mitteis*, Lehre von der Stellvertretung, 1885 (Neudruck 1962); *Mock*, Grundfälle zum Stellvertretungsrecht, JuS 2008, 309, 391, 486; *Moser*, Die Offenkundigkeit im Recht der Stellvertretung, 2010; *K. Müller*, Das Geschäft für den, den es angeht, JZ 1982, 777; *Müller-Erzbach*, Die Grundsätze der mittelbaren Stellvertretung aus der Interessenlage entwickelt, 1905; *Müller-Freienfels*, Die Vertretung beim Rechtsgeschäft, 1955; *Ohr*, Zur Dogmatik des Handelns unter fremdem Namen, AcP 152 (1953), 216; *Pawlowski*, Die gewillkürte Stellvertretung, JZ 1996, 125; *Riezler*, Konkurrierendes und kollidierendes Handeln des Vertreters und des Vertretenen, AcP 98 (1906), 372; *Rosenberg*, Stellvertretung im Prozess aufgrund der Stellvertretungslehre des bürgerlichen Rechts, 1908; *G. Roth*, Mißbrauch der Vertretungsmacht durch den GmbH-Geschäftsführer, ZGR 1985, 265; *Schlossmann*, Die Lehre von der Stellvertretung, 2 Bde. 1900/1902; *ders.*, Organ und Stellvertreter, JherJb. 44 (1902), S. 289; *Schott*, Der Mißbrauch der Vertretungsmacht, AcP 171 (1971), S. 385; *Siebenhaar*, Vertreter des Vertreters?, AcP 162 (1963), S. 354; *K. Schmidt*, Offene Stellvertretung, JuS 1987, 425; *Schwark*, Rechtsprobleme der mittelbaren Stellvertretung, JuS 1980, 777; *Schwarz*, Das Internationale Stellvertretungsrecht im Spiegel nationaler und supranationaler Kodifikationen, RabelsZ 2007, 729; *Tank*, Der Mißbrauch von Vertretungsmacht und Verfügungsbefugnis, NJW 1969, 6; *Vedder*, Neues zum Missbrauch der Vertretungsmacht – Vorsatzerfordernis, Anfechtbarkeit, negatives Interesse, JZ 2008, 1077; *Wank*, Mißbrauch der Treuhandstellung und der Vertretungsmacht, JuS 1979, 402; *R. Weber*, Das Handeln unter fremdem Namen, JA 1996, 426; *H.P. Westermann*, Mißbrauch der Vertretungsmacht, JA 1981, 521; *H.J. Wolff*, Organschaft und Juristische Person, Bd. 2, Theorie der Vertretung, 1934.

A. Allgemeines

I. Begriff der Stellvertretung

Das BGB regelt in dem mit **„Vertretung und Vollmacht"** überschriebenen fünften Titel des dritten, dem Rechtsgeschäft gewidmeten Abschnitt das Recht der Stellvertretung. Schon der Standort der Vorschriften macht deutlich, dass es um eine **„Rechtsfigur des Rechts der Rechtsgeschäfte"** geht.[1] Rechtsgeschäftliches Handeln vollzieht sich durch die Abgabe und den Empfang, insbesondere durch den Austausch von Willenserklärungen. Diese kann eine Person selbst abgeben und in Empfang nehmen; sie kann sich hierbei aber auch eines Dritten bedienen. Von Stellvertretung oder Vertretung spricht man, wenn **jemand – der Vertreter – rechtsgeschäftlich im Namen eines anderen – des Vertretenen – handelt und die Wirkungen des Vertreterhandelns in der Person des Vertretenen eintreten**. § 164 stellt somit eine **Zurechnungsnorm** dar. Der Zurechnungsgrund, also die Legitimation der Rechtsfolgenzurechnung, liegt in der Vertretungsmacht, auf die sich der Vertreter stützen kann und von deren Reichweite sein Handeln gedeckt ist.[2] Die Vertretungsmacht kann dem Vertreter kraft Gesetzes, kraft seiner Stellung als Organ einer juristischen Person oder Personengesellschaft oder kraft rechtsgeschäftlicher Erteilung (Vollmacht) zustehen. 1

II. Systematik der gesetzlichen Regelung

Der Gesetzgeber hat sich bemüht, in den §§ 164 ff eine möglichst **einheitliche Regelung des Rechts der Stellvertretung** vorzugeben. Im Grundsätzlichen, also insbesondere soweit es um die Voraussetzungen und Wirkungen geht, unterscheidet das Gesetz nicht nach der Begründung der Vertretungsmacht. Richtig ist allerdings, dass das besondere Augenmerk der rechtsgeschäftlich erteilten Vertretungsmacht (Vollmacht) gilt.[3] Von ihr handeln die §§ 166 Abs. 2 bis 176, während die §§ 164–166 Abs. 1 und die §§ 177–181 allgemeine Fragen der Stellvertretung behandeln. 2

§ 164 stellt die zentrale Norm des Stellvertretungsrechts dar. Sie beschreibt die **Voraussetzungen** wirksamer Stellvertretung und benennt die wichtigste **Rechtsfolge**, nämlich die unmittelbare Wirkung für und gegen den Vertretenen. **Abs. 1** befasst sich mit der Abgabe einer Willenserklärung durch den Vertreter (aktive Stellvertretung), **Abs. 3** erstreckt dessen Regelungsgehalt sodann auf den Empfang einer Willenserklärung durch den Vertreter (passive Stellvertretung). **Abs. 2** enthält schließlich eine Klarstellung zu dem bereits in Abs. 1 verankerten Offenkundigkeitsprinzip. Sein Regelungsgehalt wird daher im Rahmen dieser Kommentierung im Zusammenhang mit dem Offenkundigkeitsprinzip behandelt. 3

III. Interessenlage und leitende Prinzipien der gesetzlichen Regelung

1. Bedürfnis für eine Erweiterung bzw Sicherung des rechtsgeschäftlichen Wirkungskreises. Um die Möglichkeiten auszuschöpfen, welche die Privatautonomie dem Einzelnen grundsätzlich eröffnet, darf gerade im heutigen, durch Arbeitsteilung und hohe Komplexität gekennzeichneten Rechtsverkehr die eigenhändige Vornahme von Rechtsgeschäften nicht die einzige Form rechtsgeschäftlichen Handelns sein. Vielmehr besteht ein unabweisbares Bedürfnis, den **Wirkungsbereich des einzelnen Teilnehmers am Rechtsverkehr** dadurch zu **erweitern**,[4] dass andere für ihn rechtserheblich nach außen Erklärungen abgeben und in Empfang nehmen können. *Müller-Freienfels* hat dies auf die kurze Formel gebracht, die rechtsgeschäftliche Stellvertretung diene in erster Linie dem Ziel, eine **„Arbeitsteilung im Prozess der Rechtsentstehung und Rechtsausübung"** zu ermöglichen.[5] 4

Für das Institut der Stellvertretung besteht dort ein besonders dringlicher Bedarf, wo die betreffende Person von Rechts wegen an eigenem rechtsgeschäftlichem Handeln verhindert ist, etwa weil sie infolge ihrer Unreife (Kinder) oder wegen geistiger oder körperlicher Behinderung hierzu nicht in der Lage ist. Ferner ist an juristische Personen zu denken, die als solche nicht handlungsfähig sind. Diesen Rechtssubjekten **erschließt das Recht der Stellvertretung erst die Teilnahme am Rechtsverkehr**. 5

1 *Flume*, BGB AT Bd. 2, § 43 1, S. 749.
2 *Bork*, BGB AT, Rn 1325.
3 Soergel/*Leptien*, Vor § 164 Rn 20 mit dem Hinweis, dass dies zu einer vorsichtigen Anwendung der Bestimmungen der §§ 164 ff auf die Geschäfte der gesetzlichen Vertreter zwinge.
4 Erman/*Palm*, Vor § 164 Rn 1; *Larenz/Wolf*, BGB AT, § 46 Rn 1.
5 *Müller-Freienfels*, S. 53.

6 **2. Dogmatische Verankerung der gesetzlichen Regelung – Repräsentationsprinzip.** Die heutige[6] Konzeption des Stellvertretungsrechts basiert auf der sog. **Repräsentationstheorie.**[7] Der Tatbestand des Rechtsgeschäfts verwirklicht sich in der Person des Vertreters; er ist der rechtsgeschäftlich Handelnde. Die Wirkungen des von ihm vorgenommenen Rechtsgeschäfts treffen jedoch den Vertretenen, wenn der Vertreter seinen Fremdbindungswillen kundtut und er zum Handeln für den Vertretenen autorisiert ist. Der Vertreter repräsentiert mithin den Vertretenen im rechtsgeschäftlichen Verkehr im Umfang seiner Autorisation. Eine andere Deutung wäre mit Wortlaut und Entstehungsgeschichte des § 164 nicht zu vereinbaren. Folgerichtig kommt es nach § 166 Abs. 1 für die Beachtlichkeit von Willensmängeln, die Kenntnis und das Kennenmüssen grundsätzlich (Ausnahme in § 166 Abs. 2) auf die Person des Vertreters an. Konsequenz dieser Konzeption ist, dass der Eintritt der Wirkungen für und gegen den Vertretenen im Falle der gewillkürten Stellvertretung auf **zwei voneinander strikt zu trennenden Rechtsgeschäften** beruht: auf der **Erteilung der Vollmacht** sowie auf dem aufgrund der erteilten Vollmacht vom Vertreter vorgenommenen **Vertretergeschäft** (sog. **Trennungsprinzip**).[8]

7 **3. Interessen des Vertretenen.** Das Gesetz bemüht sich in den §§ 164 ff, die Voraussetzungen und Folgen der Stellvertretung so zu regeln, dass unter Berücksichtigung der Verkehrsbedürfnisse den berechtigten Interessen aller Erklärungsbeteiligten entsprochen wird.

8 Den Interessen des Vertretenen[9] dient – wie bereits dargelegt – die grundsätzliche Eröffnung der **Möglichkeit, sich durch eine andere Person vertreten zu lassen**. Auch die nähere Ausgestaltung des Stellvertretungsrechts verliert den Vertretenen nicht aus den Augen. So muss der Vertretene insbesondere **keine unbegründete Zurechnung des Vertreterhandelns** befürchten. Eine gesetzlich eingeräumte Vertretungsmacht kommt nämlich nur in eng begrenzten Konstellationen in Betracht und im Übrigen ist es der Vertretene selbst, der den Umfang der dem Vertreter zukommenden Vertretungsmacht bestimmt und die erteilte Vollmacht gegebenenfalls widerruft (§ 168 S. 2). Von der Vertretungsmacht nicht gedecktes rechtsgeschäftliches Handeln des Vertreters muss er sich nicht zurechnen lassen (§§ 177, 180). In bestimmten Fällen müssen hiervon jedoch unter Vertrauensschutzgesichtspunkten Ausnahmen gemacht werden (vgl § 167 Rn 74 ff).

9 **4. Schutz des Geschäftsgegners. a) Offenkundigkeitsprinzip.** Den Schutz des Geschäftsgegners verwirklicht das Gesetz in verschiedener Weise. Dies geschieht zunächst dadurch, dass Abs. 1 S. 1 für den Eintritt der Vertretungswirkung verlangt, dass der Vertreter die Willenserklärung **„im Namen des Vertretenen"** abgibt. Die intendierte Fremdbezogenheit des rechtsgeschäftlichen Vertreterhandelns soll offen gelegt werden, damit der Geschäftsgegner erkennen kann, wer sein Vertragspartner wird. Man spricht daher auch vom Offenkundigkeitsprinzip (mitunter auch Offenheits- oder Offenlegungsgrundsatz genannt). Umstritten ist, ob neben dem Schutz des Geschäftsgegners das Interesse des Rechtsverkehrs an klaren Rechtsverhältnissen als selbständiges Schutzziel des Offenkundigkeitsprinzips anerkannt werden kann.[10] Dafür spricht, dass Vertretergeschäfte auch die dingliche Rechtslage verändern können. Ein solcher Rechtsvorgang muss schon im Hinblick auf den sachenrechtlichen Publizitätsgrundsatz nach außen sichtbar gemacht werden. Für einen Gläubiger muss erkennbar sein, wem die erworbene Sache oder Forderung zusteht, ob sie ihm also beispielsweise als Vollstreckungsobjekt zur Verfügung steht. Eine Bestätigung und Konkretisierung erfährt das Offenkun-

6 Das Regelungskonzept des Bürgerlichen Gesetzbuches folgt neueren Vorstellungen. Zur Geschichte des Stellvertretungsrechts vom römischen Recht, das noch durch den Satz „alteri stipulari nemo potest" (Ulpian D. 45,1, 38,17; hierzu *Kaser*, Römisches Privatrecht, Bd. I, 2. Aufl. 1971, §§ 62, 141; *ders.*, Bd. II, 2. Aufl. 1975, § 204, und *Wesenberg*, in: FS F. Schulz II 1951, S. 259 ff) geprägt war, bis zum Bürgerlichen Gesetzbuch, vgl *U. Müller*, Die Entwicklung der direkten Stellvertretung und des Vertrages zugunsten Dritter, 1969, ferner die Darstellungen bei *Flume*, BGB AT Bd. 2, § 43 2, S. 750, und Staudinger/*Schilken*, Vor §§ 164 ff Rn 3. Überblick zur Dogmengeschichte bei Soergel/*Leptien*, Vor § 164 Rn 6 ff; eingehend ferner HKK/*Schmoeckel*, §§ 164–181 Rn 1 ff; *ders.*, Von der Vertragsfreiheit zu typisierten Verkehrspflichten – Zur Entwicklung des Vertretungsrechts, in: Das Bürgerliche Gesetzbuch und seine Richter, 2000, S. 77 ff; *Everding*, Die dogmengeschichtliche Entwicklung im 19. Jahrhundert, Diss. Münster 1951.

7 Wichtig vor allem *Windscheid*, Lehrbuch des Pandektenrechts, I, 7. Aufl. 1891, § 73; heute ganz hM, MüKo/*Schramm*, Vor § 164 Rn 67; Staudinger/*Schilken*, Vor §§ 164 ff Rn 32; Soergel/*Leptien*, Vor § 164 Rn 10 ff; Palandt/*Ellenberger*, Einf. v. § 164 Rn 2; *Flume*, BGB AT Bd. 2, § 43 3, S. 752 ff; *Bork*, BGB AT, Rn 1294; *Enneccerus/Nipperdey*, BGB AT, § 182 II, S. 1115 ff; krit. *Beuthien*, in: FS Medicus 1999, S. 1 ff.

8 *Flume*, BGB AT Bd. 2, § 43 3, S. 753; Staudinger/*Schilken*, Vor §§ 164 ff Rn 32; MüKo/*Schramm*, Vor § 164 Rn 68; gegen das Trennungsprinzip und damit auch das Repräsentationsprinzip und für ein Verständnis als einheitlicher Gesamttatbestand freilich *Müller-Freienfels*, S. 202 ff; ihm im Ansatz folgend *Siebenhaar*, AcP 162 (1962), 354 ff und *Thiele*, Die Zustimmung in der Lehre vom Rechtsgeschäft, 1966, S. 56 ff und 246 ff.

9 Hierzu Erman/*Palm*, Vor § 164 Rn 3.

10 Dafür MüKo/*Schramm*, § 164 Rn 14; Staudinger/*Schilken*, Vor §§ 164 ff Rn 35; Soergel/*Leptien*, Vor § 164 Rn 22; *Canaris*, in: FS Flume 1978, S. 371, 407; *K. Schmidt*, JuS 1987, 425, 426; dagegen *Bork*, BGB AT, Rn 1378 („nur ein Reflex"); *Einsele*, JZ 1990, 1005, 1006; *Hager*, AcP 180 (1980), 239, 248; *K. Müller*, JZ 1982, 777, 779.

digkeitsprinzip durch Abs. 2.[11] Zu den Anforderungen des Offenkundigkeitsprinzips an das Auftreten des Vertreters und zu den Abschwächungen und Durchbrechungen, die dieses Prinzip erfahren hat, vgl eingehend noch unter Rn 54 ff.

b) Abstraktionsprinzip. In Form des Abstraktionsprinzips kommt dem Geschäftsgegner ein weiteres Gestaltungsprinzip des Stellvertretungsrechts zugute. Das maßgeblich von *Laband*[12] herausgearbeitete Abstraktionsprinzip basiert auf einer strikten **Trennung zwischen der dem Vertreter zukommenden Vertretungsmacht**, die ihn im Außenverhältnis zu Dritten rechtlich in die Lage versetzt, mit Wirkung für und gegen den Vertretenen zu handeln, **und dem** dieser rechtlichen Befugnis **zugrunde liegenden kausalen Rechtsverhältnis** zwischen dem Vertreter und dem Vertretenen (Innenverhältnis oder Grundverhältnis). Grundlage dieses Innenverhältnisses kann zB ein Auftrag oder ein Arbeitsvertrag sein. Auf die Vertretungsmacht gründet sich das rechtliche „Können" des Vertreters im Außenverhältnis; die Absprachen im Innenverhältnis beschreiben das rechtliche „Dürfen".[13] Beide Verhältnisse können kongruent ausgestaltet sein, müssen dies aber nicht. So ist beispielsweise der Prokurist nach § 49 Abs. 1 HGB grundsätzlich zu allen Arten von gerichtlichen und außergerichtlichen Geschäften und Rechtshandlungen ermächtigt, die der Betrieb eines Handelsgewerbes mit sich bringt. Im Innenverhältnis (zB Arbeitsverhältnis) unterliegt er hingegen regelmäßig verschiedenen Beschränkungen (etwa Vorgabe betragsmäßiger Obergrenzen oder sachliche Eingrenzungen wie etwa nur Einkauf oder nur Verkauf). Ein Verstoß gegen diese Pflichtenbindung im Innenverhältnis kann den Vertreter gegenüber dem Vertretenen schadensersatzpflichtig (§ 280) machen oder auch eine Kündigung rechtfertigen.[14] Auf die Wirksamkeit des Vertretergeschäfts hat diese Pflichtverletzung jedoch grundsätzlich keine Auswirkungen. 10

Die „Abstraktheit" der Vertretungsmacht und insbesondere der Vollmacht geht über die bloße Trennung beider Ebenen hinaus und bezeichnet die **Unabhängigkeit der Vertretungsmacht von dem zugrunde liegenden Innenverhältnis**. Vergleichbar dem für das Verhältnis von Verpflichtung zur Verfügung geltenden Abstraktionsprinzip gilt auch hier, dass dem Innenverhältnis entspringende Wirksamkeitsmängel nicht ohne weiteres auf die Vertretungsmacht durchschlagen. Dieser namentlich in den §§ 167 und 168 zum Ausdruck gelangten gesetzlichen Konzeption würde es widersprechen, würde man die vertragliche Bindung im Innenverhältnis und die Bevollmächtigung zu einem einheitlichen Rechtsgeschäft im Sinne des § 139 zusammenfassen.[15] Hierfür wäre schon eine entsprechende Parteivereinbarung erforderlich. Abgesehen hiervon kann es selbstverständlich vorkommen, dass beide Geschäfte an ein und demselben Mangel leiden und ihnen aus diesem Grunde das gleiche rechtliche Schicksal widerfährt (Fehleridentität). Im Übrigen kann es aber infolge des Abstraktionsprinzips dazu kommen, dass die Vertretungsmacht ohne kausales Rechtsverhältnis besteht, da (nur) dieses an einem Mangel leidet. Denkbar, wenngleich selten vorkommend, ist sogar eine **isolierte Vollmacht**, der von Anfang an kein Innenverhältnis zur Seite gestellt wurde.[16] 11

Der **Vorteil** dieses künstlich und lebensfremd anmutenden Abstraktionsgrundsatzes wird darin gesehen, dass der **Geschäftspartner der Mühe enthoben** ist, **nähere Erkundigungen über das Innenverhältnis einzuholen**. Er kann sich darauf verlassen, dass die Vertretungsmacht des Vertreters von möglichen Mängeln des Innenverhältnisses unberührt bleibt und das Vertretergeschäft hiervon unbeeinflusst wirksam zustande kommen kann. Dies dient dann mittelbar auch der **Sicherheit und Leichtigkeit des Rechtsverkehrs insgesamt**.[17] 12

Die Abstraktheit der Vertretungsmacht gilt jedoch **nicht absolut**. Eine gewisse Verknüpfung von Innen- und Außenverhältnis sieht das Gesetz selbst in Form der Auslegungsregel des § 168 S. 1 für den Fall der Beendigung des der Vollmacht zugrunde liegenden Rechtsverhältnisses vor. Hinzu kommen die **praeter legem** entwickelten Grundsätze zur Kollusion und zum Missbrauch der Vertretungsmacht (vgl Rn 84 ff). 13

c) Vertrauensschutzprinzip. Darüber hinaus wird derjenige, der mit einem Vertreter kontrahiert, in seinem subjektiven Vertrauen auf den Bestand der Vertretungsmacht unter bestimmten Voraussetzungen auch dann geschützt, wenn die behauptete Vertretungsmacht objektiv nicht oder nicht mehr besteht. Ausdruck dieses Vertrauensschutzes sind vor allem die **§§ 170 ff und die in Anlehnung hieran entwickelten Grundsätze der** 14

11 Soergel/*Leptien*, Vor § 164 Rn 22.
12 Grundlegend *Laband*, ZHR 10 (1866), 1 ff; näher hierzu *Müller-Freienfels*, in: Coing/Wilhelm (Hrsg.), Wissenschaft und Kodifikation des Privatrechts im 19. Jahrhundert II, 1977, S. 164 ff, und *Flume*, BGB AT Bd. 2, § 45 II 2, S. 785 ff.
13 Zum Bedeutungsgehalt des Abstraktionsgrundsatzes im Stellvertretungsrecht vgl statt vieler Staudinger/*Schilken*, Vor §§ 164 ff Rn 33 f; Soergel/*Leptien*, Vor § 164 Rn 39 f; *Bork*, BGB AT, Rn 1487 ff. Abweichend *Beuthien*, in: Festgabe Bundesgerichtshof, S. 1 ff, und *Frotz*, S. 328 ff.
14 *Roth*, in: Koller/Roth/Morck, HGB, 4. Aufl. 2003, § 50 Rn 4.
15 Zutr. Staudinger/*Schilken*, Vor §§ 164 ff Rn 34 gegen *Beuthien*, in: FG Bundesgerichtshof, S. 88 ff.
16 BGH NJW 1981, 1727, 1728; BGHZ 110, 363, 367 = NJW 1990, 1721; Staudinger/*Schilken*, Vor §§ 164 ff Rn 33; Soergel/*Leptien*, Vor § 164 Rn 39; *Bork*, BGB AT, Rn 1488 ff.
17 Soergel/*Leptien*, Vor § 164 Rn 40.

Rechtsscheinsvollmacht.[18] Der Schutz des Vertrauens ist nur unter engen Voraussetzungen gerechtfertigt, geht er doch zwangsläufig mit einer Zurücksetzung der Interessen des Vertretenen einher. Ist ein anerkannter Ausnahmetatbestand nicht gegeben, so wird der Vertretene nicht verpflichtet. Dem enttäuschten Geschäftsgegner bleibt hier nur die Inanspruchnahme des vollmachtlosen Vertreters nach § 179. Das Gesetz schützt das Vertrauen auf die vom Vertreter behauptete Vertretungsmacht hier immerhin noch insoweit, als es dem Vertragsgegner erlaubt, sich beim **falsus procurator** zu erholen.[19]

15 **5. Interessen des Vertreters.** Dem Vertreter ist daran gelegen, die Rechtswirkungen des Vertretergeschäfts in der Person des Vertretenen eintreten zu lassen, ohne selbst eine rechtliche Bindung im Außenverhältnis einzugehen.[20] Diesem Interesse trägt das Gesetz Rechnung, indem es die Vornahme des Vertretergeschäfts als ein für den Vertreter neutrales Geschäft kennzeichnet. Die Wirkungen treten unmittelbar in der Person des Vertretenen ein. So erklärt sich auch, dass selbst ein beschränkt Geschäftsfähiger das Vertretergeschäft wirksam vornehmen kann (§ 165). Eine Haftung im Außenverhältnis kann sich allenfalls aus § 179 unter dem Gesichtspunkt der Vertretung ohne Vertretungsmacht ergeben. Allerdings trägt die abgestufte Regelung des § 179 auch insoweit der unterschiedlichen Schutzbedürftigkeit des Vertreters Rechnung. Von einer Inanspruchnahme nach § 179 entlastet den Vertreter im Übrigen tendenziell auch das Abstraktionsprinzip, wird doch die Fehleranfälligkeit der Bevollmächtigung durch die Loslösung vom Grundverhältnis deutlich gemindert.[21]

IV. Abgrenzung zu verwandten Rechtsinstituten

16 **1. Mittelbare Stellvertretung, Treuhand und Einschaltung eines Strohmanns. a) Mittelbare Stellvertretung.** Von der in den §§ 164 ff geregelten unmittelbaren Stellvertretung ist die sog. mittelbare (auch indirekte, stille oder verdeckte) Stellvertretung zu unterscheiden.[22] Die Bezeichnung „mittelbare Stellvertretung" ist irreführend, da bei dieser Form der rechtsgeschäftlichen Wahrnehmung fremder Interessen der Geschäftsherr selbst im Außenverhältnis gegenüber dem Dritten nicht gebunden wird, er durch die Mittelsperson mithin nicht im strengen Sinne des Wortes „vertreten" wird. Berechtigt und verpflichtet wird aus dem mit dem Dritten abgeschlossenen Geschäft allein der mittelbare Stellvertreter.[23] Dieser handelt, und dies kennzeichnet nun die mittelbare Stellvertretung, **im eigenen Namen,** aber **im Interesse und für Rechnung des Geschäftsherrn.**[24] Im hiervon zu trennenden[25] Innenverhältnis – häufig liegt ein Geschäftsbesorgungsvertrag zugrunde – unterliegt der mittelbare Stellvertreter verschiedenen Bindungen, die sicherstellen sollen, dass das wirtschaftliche Ergebnis dem Geschäftsherrn zugute kommen soll. Im Gegenzug wird dem mittelbaren Stellvertreter regelmäßig eine Provision für die Ausführung des Geschäfts zugesagt. Für diese Vorgehensweise kann es verschiedene Gründe geben.[26] Insbesondere kann dem Geschäftsherrn daran gelegen sein, nach außen nicht in Erscheinung treten zu müssen. Unmittelbare und mittelbare Stellvertretung unterscheiden sich damit weniger im wirtschaftlichen Ergebnis der Transaktion als in der rechtlichen Konstruktion.

17 Die mittelbare Stellvertretung hat zwar **im BGB keine Regelung erfahren;**[27] aufgrund der im Bürgerlichen Recht herrschenden Vertragsfreiheit ist diese durchaus praxisrelevante Konstruktion jedoch ohne weiteres zulässig. Das HGB hat zudem **zwei handelsrechtliche Anwendungsfälle** der mittelbaren Stellvertretung normiert: das Kommissionsgeschäft (§§ 383 ff HGB) und das Speditionsgeschäft (§§ 453 ff HGB). Abgesehen von den für diese Geschäfte geltenden Sondervorschriften des HGB vollzieht sich die rechtliche Beurteilung der mittelbaren Stellvertretung **anhand der allgemeinen Vorschriften** des BGB.

18 Die **spezifische Problematik der mittelbaren Stellvertretung** resultiert im Wesentlichen aus dem Umstand, dass die Rechtsstellung des mittelbaren Stellvertreters im Außenverhältnis derjenigen eines für sich selbst Handelnden entspricht, aufgrund der Absprachen im Innenverhältnis dies jedoch lediglich zum Zweck der Weitergabe an den eigentlich an dem Geschäft Interessierten geschieht. Die tatsächliche Interessenlage und

18 Als eigenständiges Prinzip wird der Vertrauensschutz etwa bei Erman/*Palm*, Vor § 164 Rn 8 und bei Staudinger/*Schilken*, Vor §§ 164 ff Rn 37 angesehen.

19 Die Haftung nach § 179 wird allg. als Fall der Vertrauenshaftung angesehen, vgl BGHZ 129, 136 = NJW 1995, 1739, 1742; BGHZ 39, 45, 51 = NJW 1963, 759; MüKo/*Schramm*, § 179 Rn 2; Staudinger/*Schilken*, § 179 Rn 2.

20 *Bork*, BGB AT, Rn 1291.

21 Soergel/*Leptien*, Vor § 164 Rn 40; MüKo/*Schramm*, § 164 Rn 102.

22 Ausf. zur mittelbaren Stellvertretung aus neuerer Zeit *Hager*, AcP 180 (1980), 239 ff und *Schwark*, JuS 1980, 777 ff.

23 BGH DB 1958, 1359.

24 Staudinger/*Schilken,* Vor §§ 164 ff Rn 42; MüKo/*Schramm*, Vor § 164 Rn 13; Palandt*Ellenberger*, Einf. v. § 164 Rn 6; Soergel/*Leptien*, Vor § 164 Rn 33.

25 Ganz hM, vgl nur BGH NJW 1969, 276; Soergel/*Leptien*, Vor § 164 Rn 33.

26 *Larenz/Wolf*, BGB AT, § 46 Rn 23.

27 Dies kritisierend MüKo/*Schramm*, Vor § 164 Rn 13. Zu den historischen Hintergründen HKK/*Schmoeckel*, § 164 Rn 9.

die rechtliche Gestaltung stimmen mithin nicht in vollem Umfang überein.[28] Eine Milderung wird nicht selten durch eine Annäherung der Bewertungsmaßstäbe an die unmittelbare Stellvertretung erstrebt.[29]

Über die dem mittelbaren Stellvertreter zur Veräußerung übergebenen Gegenstände verfügt dieser mit **Ermächtigung** des Geschäftsherrn (§ 185).[30] Die Übertragung des aus dem Ausführungsgeschäft Erlangten auf den Geschäftsherrn erfolgt durch Abtretung (§ 398 ggf iVm § 413) oder durch Übereignung (§§ 929 ff). Vor der Vollziehung des Übertragungsaktes **unterliegt** der **Gegenstand** allerdings grundsätzlich dem **Zugriff der Gläubiger des mittelbaren Stellvertreters.**[31] Hiervon macht nur **§ 392 Abs. 2 HGB** zugunsten des Kommittenten eine Ausnahme (Rechte des Kommittenten: Drittwiderspruchsklage nach § 771 ZPO und Aussonderung nach § 47 InsO).[32] Hierbei handelt es sich um eine singuläre Vorschrift, die nach zutreffender herrschender Meinung nicht verallgemeinerungsfähig ist.[33] Das den Geschäftsherrn grundsätzlich treffende Risiko des Gläubigerzugriffs kann aber immerhin dadurch gemindert werden, dass der rechtsgeschäftliche **Übertragungsakt bereits vor dem Vollzug des Ausführungsgeschäfts** vorgenommen wird, also eine Vorausabtretung oder ein antizipiertes Besitzkonstitut (§ 930) vereinbart wird.[34] Die Rechtsposition des Geschäftsherrn wird darüber hinaus auch dadurch verstärkt, dass es dem mittelbaren Stellvertreter gestattet wird, den seinem Geschäftsherrn entstandenen Schaden in dessen Interesse bei dem hierfür verantwortlichen Partner des Ausführungsgeschäfts zu liquidieren (**Drittschadensliquidation**).[35] Im Innenverhältnis kann der Geschäftsherr den geleisteten Schadensersatz bzw den Anspruch an sich ziehen (§ 285). 19

b) Treuhandschaft. Die Treuhandschaft ist ein gesetzlich nicht näher definierter Rechtsbegriff.[36] Durch ihn sollen solche Rechtsverhältnisse gekennzeichnet werden, bei denen jemand – nämlich der Treugeber – einem anderen – dem Treuhänder – zu einem bestimmten Zweck (meist Sicherung oder Verwaltung) Rechtsmacht über seine Vermögensgüter einräumt.[37] Die ihm verliehene Rechtsmacht übt der Treuhänder jedenfalls auch im Interesse des Treugebers aus. Soweit der Treuhänder nach außen rechtsgeschäftlich auftritt, handelt er im Regelfalle in eigenem Namen, schuldrechtlich gebunden durch die Absprachen im Innenverhältnis. Dies rückt die Treuhandschaft in ein gewisses Näheverhältnis zur mittelbaren Stellvertretung.[38] 20

Trotz dieser Übereinstimmung **kann die Treuhand nicht pauschal der mittelbaren Stellvertretung zugeordnet werden.**[39] Vom äußeren Erscheinungsbild unterscheiden sich beide Konstellationen regelmäßig dadurch, dass der mittelbare Vertreter bezogen auf ein bestimmtes Veräußerungsgeschäft als Durchgangsperson agiert, während dem Treuhänder üblicherweise für eine gewisse Dauer eine zweckgebundene Verwaltungs- und/oder Verfügungsbefugnis über den Treuhandgegenstand eingeräumt wird.[40] Mitunter fehlt es sogar an der Befugnis, über das Treugut zu verfügen, so in manchen Konstellationen der reinen **Verwaltungstreuhand.**[41] In vielen anderen Fällen wird es sich wiederum so verhalten, dass das Treugut dem Treuhänder „zu treuen Händen" übertragen wird, er im Außenverhältnis daher als Rechtsinhaber verfügt (**fiduziarische Vollrechtstreuhand**);[42] auch dies eine signifikante Abweichung vom Modell der mittelbaren Stellvertretung.[43] Denkbar ist freilich auch der Fall, dass das Eigentum bzw die Inhaberschaft beim Treugeber verbleibt und der Treuhänder im Außenverhältnis kraft einer ihm erteilten Ermächtigung verfügt (sog. **Ermächtigungstreuhand**). In dieser Konstellation wird er mithin als mittelbarer Stellvertreter tätig.[44] An die Stelle einer Ermächtigung kann auch eine Bevollmächtigung treten (**Vollmachtstreuhand**). Dies wäre dann ein Fall der unmittelbaren Stellvertretung nach den §§ 164 ff.[45] 21

28 *Larenz/Wolf*, BGB AT, § 46 Rn 24.
29 *Hager*, AcP 180 (1980), 239 und *Schwark*, JuS 1980, 777; krit. Soergel/*Leptien*, Vor § 164 Rn 34.
30 Staudinger/*Schilken*, Vor §§ 164 ff Rn 44.
31 Staudinger/*Schilken*, Vor §§ 164 ff Rn 43; MüKo/*Schramm*, Vor § 164 Rn 14; Palandt/*Ellenberger*, Einf. v. § 164 Rn 6; Soergel/*Leptien*, Vor § 164 Rn 35.
32 Näher zum Regelungsgehalt dieser Vorschrift statt vieler *K. Schmidt*, Handelsrecht, 5. Aufl. 1999, S. 897 ff mwN.
33 RGZ 58, 273, 276; RGRK/*Steffen*, Vor § 164 Rn 3; Soergel/*Leptien*, Vor § 164 Rn 35; *Enneccerus/Nipperdey*, BGB AT II, S. 1098; aA *Hager*, AcP 180 (1980), 239, 250, und *Schwark*, JuS 1980, 777, 781.
34 Palandt/*Ellenberger*, Einf. v. § 164 Rn 6; näher hierzu Soergel/*Leptien*, Vor § 164 Rn 36; MüKo/*Schramm*, Vor § 164 Rn 18 ff; Staudinger/*Schilken*, Vor §§ 164 ff Rn 45.
35 BGHZ 25, 250, 258 = NJW 1957, 1838; BGHZ 40, 91, 100 = NJW 1963, 2071; BGH NJW 1989, 3099; BGHZ 176, 281 ff = NJW 2008, 2245 ff; BGH WM 2009, 1182 ff; beachte aber auch BGHZ 133, 36 = NJW 1996, 2734.
36 Für eine eingehendere Auseinandersetzung mit der Rechtsfigur der Treuhand vgl aus neuerer Zeit vor allem *Coing*, Die Treuhand kraft privaten Rechtsgeschäfts, 1973; *Grundmann*, Der Treuhandvertrag, 1997; und *Henssler*, Treuhandgeschäft – Dogmatik und Wirklichkeit, AcP 196 (1996), 37 ff.
37 *Bork*, BGB AT, Rn 1313.
38 *Enneccerus/Nipperdey*, BGB AT II, S. 1103; Staudinger/*Schilken*, Vor §§ 164 ff Rn 48.
39 So aber Palandt/*Ellenberger*, Einf. v. § 164 Rn 7.
40 MüKo/*Schramm*, Vor § 164 Rn 28; Erman/*Palm*, Vor § 164 Rn 15; *Larenz/Wolf*, BGB AT, § 46 Rn 28.
41 MüKo/*Schramm*, Vor § 164 Rn 29 f.
42 *Larenz/Wolf*, BGB AT, § 46 Rn 30.
43 MüKo/*Schramm*, § 164 Rn 33: „keine Beziehung zur Stellvertretung mehr".
44 *Bork*, BGB AT, Rn 1316.
45 Staudinger/*Schilken*, Vor §§ 164 ff Rn 48; MüKo/*Schramm*, Vor § 164 Rn 37; *Larenz/Wolf*, BGB AT, § 46 Rn 29.

22 Auch umgekehrt gilt: **Nicht jeder Fall der mittelbaren Stellvertretung begründet zugleich ein Treuhandverhältnis**;[46] dies schon deshalb nicht, da für ein Treuhandverhältnis stets ein Treugut vorhanden sein muss, welches der Treuhänder nach hM zudem unmittelbar aus dem Vermögen des Treugebers erlangen muss.[47] Für die Annahme eines (echten) Treuhandverhältnisses würde es also nicht ausreichen, dass der mittelbare Stellvertreter von einem Dritten für den Geschäftsherrn einen Gegenstand erwirbt.

23 **c) Strohmann.** Der mittelbare Stellvertreter kann auch die Rolle eines Strohmanns übernehmen, nämlich dann, wenn er von einem Hintermann, der das beabsichtigte Veräußerungs- oder Erwerbsgeschäft selbst nicht vornehmen kann oder will, vorgeschoben wird.[48] Es handelt sich hierbei in aller Regel nicht um ein Scheingeschäft. Denn die erklärte Rechtsfolge ist von den Beteiligten normalerweise ernstlich gewollt, weil andernfalls der erstrebte wirtschaftliche Zweck nicht oder nicht in rechtsbeständiger Weise erreicht würde.[49] Bestehen auch unter dem Gesichtspunkt der Gesetzesumgehung keine Bedenken, was im Einzelfall genau zu prüfen ist,[50] so wird aus dem Geschäft mit dem Dritten der Strohmann selbst berechtigt und verpflichtet und zwar unabhängig von dem Wissen des Dritten um die Strohmanneigenschaft seines Vertragspartners.[51] Nach Erwerb des Gegenstandes kann ihm die Funktion eines Treuhänders zukommen.[52] Anders als im Normalfall eines Treuhandverhältnisses soll es dem Hintermann jedoch verwehrt sein, die treuhänderische Bindung zum Nachteil von Dritten in Anspruch zu nehmen. Ihm wird weder ein Aussonderungsrecht nach § 47 InsO bei Insolvenz des Strohmannes noch die Drittwiderspruchsklage nach § 771 ZPO zur Abwehr des vollstreckungsrechtlichen Zugriffs der Gläubiger des Strohmannes zuerkannt.[53] Ob dem auch in den Fällen gefolgt werden kann, in denen der Hintermann etwa nur aus Gründen der Diskretion nicht in Erscheinung treten möchte, erscheint jedoch zweifelhaft.[54] Gegen den Hintermann kann der Dritte jedenfalls nicht unmittelbar vorgehen. Hierzu kann es erst nach der Pfändung des dem Strohmann zustehenden Schuldbefreiungsanspruchs kommen.[55]

24 **2. Vermögensverwalter kraft Amtes.** Zu einem Handeln mit Fremdwirkung sind auch solche Personen befugt, die als **besondere Verwalter über das Vermögen des Inhabers** eingesetzt sind. Sie sind – unter Verdrängung des Vermögensinhabers, dem insoweit die Verfügungs- und Verwaltungsbefugnis entzogen ist – mit der Rechtsmacht ausgestattet, über das Vermögen zu verfügen und Verbindlichkeiten zulasten des Vermögensträgers einzugehen. Ihre Einsetzung kann auf einem Staatsakt beruhen, so beim **Insolvenzverwalter** (§ 80 InsO), beim **Zwangsverwalter** (§ 152 ZVG) und beim **Nachlassverwalter** (§ 1985 BGB), oder – wie beim **Testamentsvollstrecker** (§ 2205 BGB) – auf einer testamentarischen Verfügung des Erblassers.

25 Von den herkömmlichen Fällen der Stellvertretung unterscheidet sich das Handeln dieser Verwalter dadurch, dass es nicht allein den Interessen des Vermögensinhabers verpflichtet ist.[56] Der Insolvenzverwalter hat beispielsweise auf eine gleichmäßige, den Vorgaben der Insolvenzordnung Rechnung tragende Gläubigerbefriedigung zu achten. Richtschnur des Handelns des Testamentsvollstreckers ist wiederum die Verwirklichung des Erblasserwillens. Dem Verwalter obliegt es allgemein, die vorprogrammierten Interessenkonflikte auszugleichen, weshalb auch von „neutralem Handeln" gesprochen worden ist.[57] Sogar gerichtliche Auseinandersetzungen zwischen dem Verwalter und dem Träger des von ihm verwalteten Vermögens sind denkbar (vgl zB § 2217). Diese **anders gelagerte Interessenwahrnehmung** zeigt sich auch in dem Umstand, dass der

46 Staudinger/*Schilken*, Vor §§ 164 ff Rn 48.
47 RGZ 84, 214, 218; BGH WM 1960, 325; krit. zu diesem Unmittelbarkeitsprinzip Soergel/*Leptien*, Vor § 164 Rn 56. Eingehend auch *Grundmann*, Treuhandvertrag, 1997, S. 312 ff und 415 f.
48 Soergel/*Leptien*, Vor § 164 Rn 37; MüKo/*Schramm*, Vor § 164 Rn 24; Palandt/*Ellenberger*, Einf. v. § 164 Rn 8; eingehend zur Rechtsfigur des Strohmanns, *Gerhardt*, Von Strohmännern und Strohfrauen, in: FS Lüke 1997, S. 121 ff.
49 BGHZ 21, 378, 382 = NJW 1957, 19; BGH NJW 1982, 569 f; 1995, 727; BGH NJW 2002, 2030 f; vgl auch OLG Naumburg, MDR 2005, 741; MüKo/*Schramm*, Vor § 164 Rn 24; Soergel/*Leptien*, Vor § 164 Rn 38; Palandt/*Heinrichs*, Einf. v. § 164 Rn 8.
50 Vgl hierzu Palandt/*Ellenberger*, § 134 Rn 28 f.
51 BGH WM 1964, 179; NJW 1982, 569, 570; OLG Koblenz VersR 1998, 200; Staudinger/*Schilken*, Vor §§ 164 ff Rn 50; Palandt/*Ellenberger*, Einf. v. § 164 Rn 8.
52 Soergel/*Leptien*, Vor § 164 Rn 37; insb. in Form der Verwaltungstreuhandschaft, so zutr. Palandt/*Ellenberger*, Einf. v. § 164 Rn 8. Mitunter wird die Stellung des Strohmanns gegenüber dem Hintermann generell mit derjenigen eines Treuhänders gleichgesetzt (so etwa BGH WM 1964, 179; Erman/*Palm*, Vor § 164 Rn 21, und – allerdings unter Modifikation der Rechtsfolgen – *Flume*, BGB AT Bd. 2, § 20 2 b, S. 407), was in dieser Allgemeinheit nicht zutrifft (zu Recht krit. Soergel/*Leptien*, Vor § 164 Rn 37). Zur Herausgabepflicht des Strohmanns im Innenverhältnis auch OLG Köln, BeckRS 2008, 00014.
53 BGH WM 1964, 179; *Enneccerus/Nipperdey*, BGB AT II, S. 1104; *Flume*, BGB AT Bd. 2, § 20 2 b, S. 407; Soergel/*Leptien*, Vor § 164 Rn 37.
54 Zu Recht krit. *Gerhardt*, in: FS Lüke 1997, S. 127 ff und Staudinger/*Schilken*, Vor §§ 164 ff Rn 50.
55 Staudinger/*Schilken*, Vor §§ 164 ff Rn 50; Palandt/*Ellenberger*, Einf. v. § 164 Rn 8.
56 *Flume*, BGB AT Bd. 2, § 44 IV 2, S. 781; Staudinger/*Schilken*, Vor §§ 164 ff Rn 58.
57 *Dölle*, Neutrales Handeln im Privatrecht, in: FS F. Schulz II, S. 272 ff.

Verwalter nicht – wie von der gewillkürten Stellvertretung her bekannt – einseitig durch den Vermögensträger wieder abberufen werden kann.[58]

26 Insbesondere diese soeben bezeichneten signifikanten Abweichungen vom Grundmuster der Stellvertretung haben die Rechtsprechung und Teile der Literatur bewogen, in dem Verwalter den Träger eines nicht öffentlichen, privaten Amtes zu sehen (sog. **Amtstheorie**).[59] In einem gerichtlichen Verfahren trete er in gesetzlicher Prozessstandschaft als Partei kraft Amtes auf. Eine zwingende Notwendigkeit, für diese Fälle eine eigene Kategorie zu eröffnen und sie damit dem Stellvertretungsrecht zu entziehen, besteht jedoch richtiger Ansicht nach nicht. Entscheidend sind die Rechtswirkungen des Verwalterhandelns, und diese treten in der Person des Vermögensträgers ein.[60] Es geht also um gesetzliche, da vom Willen des Vermögensträgers unabhängige, Stellvertretung. Den angesprochenen Besonderheiten muss ggf durch eine modifizierte Anwendung der Stellvertretungsregeln Rechnung getragen werden. Diese sog. **Vertretertheorie** wird von großen Teilen des Schrifttums – neuerdings auch in modifizierter Form – vertreten.[61] Bei allem Streit besteht doch immerhin Einigkeit dahin gehend, dass der dogmatischen Erfassung der Rechtsstellung des Verwalters für die Entscheidung praktischer Fragen kaum Bedeutung zukommt.[62]

27 **3. Botenschaft.** Die Einschaltung der Mittelsperson kann auch in der Weise erfolgen, dass dieser lediglich die **Übermittlung einer fremden, bereits fertig vorliegenden Willenserklärung** aufgetragen wird. Man spricht in diesen Fällen von Botenschaft. Anders als der Stellvertreter, der eine eigene Willenserklärung abgibt, bildet ein Bote keinen eigenen rechtsgeschäftlichen Willen. Zu den Einzelheiten der Abgrenzung vgl Rn 47 ff.

28 **4. Handeln kraft Ermächtigung.** In einem funktionalen Näheverhältnis zur Stellvertretung steht das Handeln kraft einer vom Rechtsinhaber erteilten Ermächtigung.[63] Beiden Rechtsfiguren ist gemein, dass einer Person vom Berechtigten die Befugnis eingeräumt wird, durch rechtsgeschäftliches Handeln auf dessen Rechtskreis unmittelbar einzuwirken.[64] Übereinstimmung besteht auch insoweit, als sich in beiden Fällen das rechtliche Dürfen des Handelnden nach den Absprachen im Innenverhältnis bestimmt.[65] Wie der Vertretene behält im Übrigen auch der Ermächtigende die Rechtsmacht, selbst wirksam über den betreffenden Gegenstand zu verfügen.[66] Und doch besteht ein kategorialer Unterschied: Die Ermächtigung verleiht dem Adressaten die Befugnis, **im eigenen Namen ein fremdes Recht auszuüben oder geltend zu machen**, insbesondere mit Wirkung zulasten des Rechtsinhabers darüber zu verfügen.[67] Das vom Ermächtigten vorgenommene Rechtsgeschäft ist – auch wenn die dingliche Rechtsfolge den Rechtsinhaber trifft – ein eigenes Rechtsgeschäft des Ermächtigten. Das vom Vertreter in fremdem Namen abgeschlossene Vertretergeschäft wird hingegen nach § 164 dem Vertretenen zugerechnet; es handelt sich also um ein Geschäft des Vertretenen.[68] Die Ermächtigung

58 Soergel/*Leptien*, Vor § 164 Rn 74; Staudinger/*Schilken*, Vor §§ 164 ff Rn 58.

59 St. Rspr des BGH, vgl etwa BGHZ 24, 393, 396 = NJW 1957, 1361 und BGHZ 100, 346, 351 = NJW 1987, 3133 für den Konkurs- bzw jetzt Insolvenzverwalter; BGH NJW-RR 1993, 442 für den Zwangsverwalter; BGHZ 38, 281, 284 = NJW 1963, 297 für den Nachlassverwalter; BGH NJW-RR 1987, 1090, 1091 für den Testamentsvollstrecker; RGRK/*Steffen*, Vor § 164 Rn 11; Palandt/*Ellenberger*, Einf. v. § 164 Rn 9; HK-BGB/*Dörner*, Vor §§ 164–181 Rn 11; Zöller/*Vollkommer*, ZPO, § 51 Rn 7; für eine „Amtstheorie in fortgeführter Ausprägung" auch Soergel/*Leptien*, Vor § 164 Rn 77.

60 So schon *Enneccerus/Nipperdey*, BGB AT II, S. 1106.

61 *Enneccerus/Nipperdey*, BGB AT II, S. 1106; *Flume*, BGB AT Bd. 2, § 44 IV 2, S. 781; *Larenz*, BGB AT, 7. Aufl. 1989, S. 586 f; *Medicus*, BGB AT, Rn 925; für eine „neue Vertreter- und Organtheorie" im Hinblick auf den Konkursverwalter *K. Schmidt*, KTS 1984, 345 ff; *ders.*, NJW 1995, 912 f.

62 So auch die Einschätzung von *Flume*, BGB AT Bd. 2, § 44 IV 2, S. 781; MüKo/*Schramm*, Vor § 164 Rn 12. Für eine eingehendere Auseinandersetzung mit den Argumenten der verschiedenen Ansätze, zu denen auch die früher vertretene Organtheorie (insb. *Bötticher*, ZZP 1977, 55 ff) zählt, vgl daher das Spezialschrifttum, insb. Stein/Jonas/*Bork*, 21. Aufl. 1993, Vor § 50 ZPO Rn 25 ff, und *Jaeger/Henckel/Weber*, 9. Aufl. 1971, § 6 KO Rn 165–168.

63 Zur Ermächtigung vgl vor allem die Schriften: *Doris*, Die rechtgeschäftliche Ermächtigung bei Vornahme von Verfügungs-, Verpflichtungs- und Erwerbsgeschäften, 1974; *Ludewig*, Die Ermächtigung nach bürgerlichem Recht, 1922. Zu den Sonderformen der Ermächtigung, etwa der Einziehungsermächtigung, der gewillkürten Prozessstandschaft und der Erwerbsermächtigung, vgl im Übrigen Staudinger/*Schilken*, Vor §§ 164 Rn 62 ff.

64 MüKo/*Schramm*, Vor § 164 Rn 39; Staudinger/*Schilken*, Vor §§ 164 ff Rn 64; Soergel/*Leptien*, Vor § 182 Rn 17; *Doris*, Die rechtgeschäftliche Ermächtigung bei Vornahme von Verfügungs-, Verpflichtungs- und Erwerbsgeschäften, 1974, S. 25 f; *Flume*, BGB AT Bd. 2, § 57 1 b, S. 904 („artverwandt").

65 *Flume*, BGB AT Bd. 2, § 57 1 c, S. 905; Staudinger/*Schilken*, Vor §§ 164 ff Rn 63; MüKo/*Schramm*, Vor § 164 Rn 38. Auf die Ermächtigung müssen folgerichtig auch die Grundsätze über den Vollmachtsmissbrauch angewendet werden; vgl *Flume*, BGB AT Bd. 2, § 57 1 c, S. 905.

66 Staudinger/*Schilken*, Vor §§ 164 ff Rn 63; MüKo/*Schramm*, Vor § 164 Rn 38.

67 *Flume*, BGB AT Bd. 2, § 57 1 b, S. 903; Staudinger/*Schilken*, Vor §§ 164 ff Rn 62; MüKo/*Schramm*, Vor § 164 Rn 38.

68 *Flume*, BGB AT Bd. 2, § 57 1 b, S. 904; MüKo/*Schramm*, Vor § 164 Rn 39.

basiert demzufolge auch nicht auf den §§ 164 ff, sondern stellt sich als ein Sondertatbestand der in den **§§ 182** ff geregelten Zustimmung, nämlich einer Einwilligung nach § 185 Abs. 1, dar.[69]

29 Die unterschiedliche dogmatische Verortung beider Rechtsinstitute offenbart noch eine weitere Verschiedenheit: die **Ermächtigung ist** auf einen bestimmten – bereits vorhandenen – **Gegenstand bezogen**, während die Vollmacht keine derartige gegenständliche Begrenzung kennt und auf die Person des Vertretenen, dessen Rechtszuständigkeit sie erweitert, bezogen ist.[70] Die Vollmacht reicht insofern weiter. Anders als die Ermächtigung erlaubt sie insbesondere die Begründung rechtsgeschäftlicher Pflichten in der Person des Vertretenen.[71] Nach alledem ist der Unterschied zwischen der Vollmacht und der Ermächtigung nicht nur gradueller Art.[72] Dies schließt es indes nicht aus, dass sich im konkreten Fall die Abgrenzung schwierig gestaltet. In Zweifelsfällen ist das Gemeinte unter Berücksichtigung des Zwecks bzw der Interessenlage im Wege der **Auslegung** zu ermitteln.[73] Der Bezeichnung der Parteien wird dabei zu Recht keine maßgebende Bedeutung beigemessen.[74]

30 **5. Wissensvertretung.** Das BGB macht den Eintritt von Rechtsfolgen des Öfteren davon abhängig, dass jemand bestimmte Tatsachen kennt oder kennen muss (vgl zB §§ 142 Abs. 2, 442 Abs. 1, 819 Abs. 1, 932, 990 Abs. 1). Fraglich ist, wie zu entscheiden ist, wenn nicht der Geschäftsherr, wohl aber ein für ihn handelnder Dritter über die entsprechenden Kenntnisse verfügt. Im Versicherungsrecht spielt diese Problemstellung im Hinblick auf die Obliegenheiten des Versicherungsnehmers eine bedeutsame Rolle (vgl hierzu die Sondervorschriften der §§ 2 Abs. 3, 20 VVG). Das Recht der Stellvertretung kennt mit **§ 166** eine Norm, die sich mit der Zurechnung von die Willenserklärung begleitenden Umständen befasst. Sie wird von der hM auf alle Personen (analog) angewendet, die – unabhängig von der Vertretungsbefugnis – vom Geschäftsherrn dazu bestellt sind, an seiner Stelle und mit eigener Entscheidungsgewalt rechtserhebliche Tatsachen zur Kenntnis zu nehmen.[75] Bei dieser mitunter sog. Wissensvertretung geht es nicht – wie bei der Stellvertretung – um die Zurechnung von Willenserklärungen, sondern um die **Zurechnung des Wissens Dritter als eigenes.**[76] Zu den Einzelheiten vgl die Kommentierung zu § 166.

31 **6. Verhandlungsgehilfen und Abschlussvermittler.** Vom Stellvertreter sind ferner solche Personen zu unterscheiden, die im Stadium der Vertragsanbahnung für die späteren Vertragsparteien tätig werden, die Vertragsschlusserklärungen jedoch nicht selbst abgeben. Diese Hilfskräfte werden vom Geschäftsherrn beispielsweise mit der Verhandlungsführung betraut oder um Vermittlung des Geschäfts gebeten. Letzteres trifft beispielsweise auf den Makler nach § 652, soweit er auch die Vermittlung übernommen hat, den Handelsmakler (§§ 93 ff HGB) und den Handelsvertreter (§§ 84 ff HGB) zu. All diese Personen wirken zwar am Zustandekommen des Rechtsgeschäfts mit, etwa indem sie die Vertragspartner erst zusammenführen, und nehmen oftmals auch Einfluss auf den Inhalt des Vertrages, sind aber regelmäßig **nicht vertretungsbefugt** (beachte allerdings für den Handelsvertreter § 84 Abs. 1 S. 1 Fall 2 HGB). Daher **finden die Regeln des Stellvertretungsrechts** auf sie **grundsätzlich keine Anwendung.**[77] Eine Ausnahme gilt für den Widerruf der „Verhandlungsvollmacht", auf den § 168 analoge Anwendung finden soll,[78] und die Wissenszurechnung analog § 166 BGB (zu den Voraussetzungen s. Rn 30 und § 166 Rn 8 ff). Setzt sich der Abschlussvermittler über seine fehlende Vollmacht hinweg, so gelten für das namens des Geschäftsherrn abgeschlossene Rechtsgeschäft die §§ 177–180,[79] soweit nicht ausnahmsweise die Voraussetzungen einer Duldungs- oder Anscheinsvollmacht erfüllt sind (beachte beim Handelsvertreter auch § 91 a HGB). Zur Eigenhaftung von Verhandlungsgehilfen unter dem Gesichtspunkt des Verschuldens bei Vertragsschluss vgl AnwK-SchuldR/*Krebs*, § 311 Rn 47 ff.

32 **7. Vertrag zugunsten Dritter.** Stellvertretung und Vertrag zugunsten Dritter weisen eine Gemeinsamkeit auf: In beiden Fällen wird für einen Dritten durch das rechtsgeschäftliche Handeln anderer unmittelbar eine Berechtigung begründet. Diese Gemeinsamkeit ist jedoch nur äußerlicher Natur.[80] Zwischen beiden Instituten besteht vielmehr ein **kategorialer Unterschied**, handelt es sich doch bei der Stellvertretung um eine „Son-

69 *Flume*, BGB AT Bd. 2, § 57 1 b, S. 903.

70 *Flume*, BGB AT Bd. 2, § 57 1 b, S. 904; MüKo/*Schramm*, Vor § 164 Rn 39; RGRK/*Steffen*, Vor § 164 Rn 14; *Doris*, Die rechtgeschäftliche Ermächtigung bei Vornahme von Verfügungs-, Verpflichtungs- und Erwerbsgeschäften, 1974, S. 28 f; *Thiele*, Die Zustimmung in der Lehre vom Rechtsgeschäft, 1966, S. 146 f.

71 Zur Unzulässigkeit einer sog. Verpflichtungsermächtigung vgl *Peters*, AcP 171 (1971), 234, 238 ff.

72 So aber *Müller-Freienfels*, S. 100; wie hier Staudinger/*Schilken*, Vor §§ 164 ff Rn 64.

73 BGH WM 1972, 994. Hierzu auch eingehend MüKo/*Schramm*, Vor § 164 Rn 40 f; ferner RGRK/*Steffen*, Vor § 164 Rn 14.

74 MüKo/*Schramm*, Vor § 164 Rn 40.

75 Vgl statt vieler *Richardi*, AcP 169 (1969), 387; *Schilken*, Wissenszurechnung im Zivilrecht, 1983, S. 213 ff; aus der Rspr zuletzt BGHZ 132, 30, 37 = NJW 1996, 1339; BGHZ 135, 202 = NJW 1997, 1917; BGH BGH-Report 2003, 1051.

76 Erman/*Palm*, Vor § 164 Rn 27; MüKo/*Schramm*, Vor § 164 Rn 64.

77 Soergel/*Leptien*, Vor § 164 Rn 78.

78 BGH NJW-RR 1991, 439, 441.

79 RG WarnR 10 Nr. 321.

80 *Bork*, BGB AT, Rn 1311; zu gemeinsamen historischen Wurzeln vgl allerdings Staudinger/*Schilken*, Vor §§ 164 ff Rn 94.

derkategorie des Geschäftsabschlusses", während der Vertrag zugunsten Dritter eine „Sonderkategorie des Vertragsverhältnisses" darstellt.[81] Dies äußert sich dann darin, dass der Begünstigte beim Vertrag zugunsten Dritter nicht Partei des Vertrages wird, sondern lediglich ein Forderungsrecht erhält, im Übrigen ohne korrespondierende Verpflichtung. Diesen Vertrag schließt der Versprechensempfänger mit dem Versprechenden auch nicht etwa im fremden, sondern im eigenen Namen ab.

8. Gesetzlich angeordnete Fremdwirkung. a) Geschäfte zur Deckung des Lebensbedarfs. Gewisse Anklänge an das Institut der Stellvertretung vermittelt die Lektüre des **§ 1357** (vormals „Schlüsselgewalt"), wonach durch Geschäfte zur angemessenen Deckung des Lebensbedarfs der Familie, die ein Ehegatte besorgt, grundsätzlich auch der andere berechtigt und verpflichtet wird. Die von dieser Vorschrift dem rechtsgeschäftlichen Handeln eines Ehegatten zuerkannte Fremdwirkung wird nicht selten als eine Ausnahme vom Offenkundigkeitsprinzip charakterisiert.[82] Das ist insofern richtig, als es in der Tat nicht darauf ankommt, dass die Voraussetzungen des § 1357 (also insbesondere die Existenz eines Ehegatten) dem Geschäftsgegner gegenüber offen gelegt werden müssen. Eine genauere Analyse erweist jedoch, dass **§ 1357 außerhalb des Stellvertretungsrechts angesiedelt** ist.[83] Bei § 1357 wird abweichend vom Grundgedanken des Stellvertretungsrechts nämlich auch der Handelnde berechtigt und verpflichtet, die Berechtigung und Verpflichtung des anderen Ehegatten tritt lediglich daneben. Es geht also nicht um eine für die Stellvertretung typische „Wirkungsverschiebung", sondern um eine **„Wirkungserweiterung**, die zu einer Kombination von Eigen- und Fremdwirkungen führt."[84] Die Fremdwirkung tritt auch nicht etwa ein, weil sie vom handelnden Ehegatten intendiert war, sondern schlicht kraft gesetzlicher Anordnung.[85] Schon angesichts dieser grundlegenden Strukturunterschiede verbietet es sich, § 1357 dem Stellvertretungsrecht zuzuordnen. Es handelt sich um eine **gesetzliche Rechtsfolgenerstreckung**,[86] auf die die Vorschriften des Stellvertretungsrechts grundsätzlich keine Anwendung finden.[87] 33

b) Surrogation. Auch verschiedene Fälle der **dinglichen Surrogation** (so zB §§ 718 Abs. 2, 1418 Abs. 2 Nr. 3, 2111) werden gelegentlich mit der Stellvertretung in Zusammenhang gebracht. Auch wenn sich hier die Rechtsinhaberschaft an dem Gegenstand fortsetzt, den ein anderer durch Rechtsgeschäft weggegeben hat, so fällt dem Verfügenden dennoch nicht die Rolle eines Vertreters des Rechtsinhabers zu. Es handelt sich auch hier um eine **gesetzlich angeordnete Fremdwirkung**, die unabhängig vom Willen des Handelnden eintritt.[88] 34

B. Regelungsgehalt

I. Anwendungsbereich der Stellvertretungsregeln

1. Rechtsgeschäftliches Handeln. Bezugspunkt der Stellvertretungsregeln der §§ 164 ff ist die **Willenserklärung**, die der Vertreter mit Wirkung für den Vertretenen abgibt (aktive Stellvertretung) oder für ihn entgegennimmt (passive Stellvertretung). Außerhalb des rechtsgeschäftlichen Verkehrs finden die §§ 164 ff keine Anwendung. Für die Frage der Zurechnung des Gehilfenverhaltens im Zuge der **Anbahnung eines Vertrages** gilt im Hinblick auf die damit einhergehende Begründung eines gesetzlichen Schuldverhältnisses von Anfang an § 278.[89] Die haftungsrechtliche Zurechnung **unerlaubter Handlungen** richtet sich ausschließlich nach den §§ 831, 31 und 89.[90] Im Hinblick auf die Haftung für den Verrichtungsgehilfen ist darauf hinzuweisen, dass allein die Bevollmächtigung eines Dritten diesen nicht zum Verrichtungsgehilfen macht. Dies richtet sich nach der Ausgestaltung des Grundverhältnisses, wobei der Weisungsabhängigkeit besonderes Gewicht beizumessen ist.[91] 35

81 So prägnant *Müller-Freienfels*, S. 26; zust. *Flume*, BGB AT Bd. 2, § 43 6, S. 761.

82 *Larenz*, BGB AT, 6. Aufl. 1983 (anders dann in der 7. Aufl. 1989), § 30 II b; *Käppler*, AcP 179 (1979), 243, 274; *K. Müller*, JZ 1982, 779; *Beitzke*, Familienrecht, 25. Aufl. 1988, § 12 V, S. 84; RGRK/*Steffen*, Vor § 164 Rn 10.

83 Gernhuber/*Coester-Waltjen*, Lehrbuch des Familienrechts, 4. Aufl. 1994, § 19 IV, S. 197; *K. Schmidt*, JuS 1987, 425, 430; *Bork*, BGB AT, Rn 1414; HK-BGB/*Dörner*, Vor §§ 164–181 Rn 6.

84 So treffend Gernhuber/*Coester-Waltjen*, Lehrbuch des Familienrechts, 4. Aufl. 1994, § 19 IV, S. 197.

85 Gernhuber/*Coester-Waltjen*, Lehrbuch des Familienrechts, 4. Aufl. 1994, § 19 IV, S. 197.

86 *Bork*, BGB AT, Rn 1414; ähnlich *K. Schmidt*, JuS 1987, 425, 430.

87 Gernhuber/*Coester-Waltjen*, Lehrbuch des Familienrechts, 4. Aufl. 1994, § 19 IV, S. 197; für analoge Anwendung einzelner Vorschriften des Stellvertretungsrechts jedoch Soergel/*Leptien*, Vor § 164 Rn 17 (§§ 165, 166 BGB); HK-BGB/*Dörner*, Vor §§ 164–181 Rn 6 (insb. §§ 165, 177).

88 *Bork*, BGB AT, Rn 1414; eingehend *Einsele*, JZ 1990, 1007 f.

89 *Flume*, BGB AT Bd. 2, § 46 6, S. 797 f; *Ballerstedt*, AcP 151 (1951), 510 und 518; Staudinger/*Schilken*, Vor §§ 164 ff Rn 39; MüKo/*Schramm*, § 164 Rn 10.

90 Staudinger/*Schilken*, Vor §§ 164 ff Rn 39; Soergel/*Leptien*, § 164 Rn 8.

91 So zu Recht MüKo/*Schramm*, § 164 Rn 8.

36 **2. Geschäftsähnliche Handlungen, Einwilligung und Realakte.** Auf **rechtsgeschäftsähnliche Handlungen**, also auf Erklärungen, deren Rechtsfolgen kraft Gesetzes eintreten, werden die **Vorschriften des Stellvertretungsrechts entsprechend angewendet**. Hierbei ist beispielsweise an die verzugsbegründende Mahnung (§ 286 Abs. 1),[92] die Aufforderung zur Genehmigung (§§ 108 Abs. 2, 177 Abs. 2) oder die Fristsetzung (§§ 281 Abs. 1, 323 Abs. 1) zu denken. Die Analogie ist gerechtfertigt, da auch diese Erklärungen regelmäßig in der Absicht oder zumindest im Bewusstsein abgegeben werden, damit Rechtsfolgen auszulösen.

37 Weder rechtsgeschäftlichen noch rechtsgeschäftsähnlichen Charakter weist die **Einwilligung in die Verletzung eines Rechts oder Rechtsgutes** auf.[93] Sie hat allein die Funktion, den auf ihrer Grundlage erfolgenden Eingriff eines Dritten zu legitimieren. Soweit es um höchstpersönliche Rechtsgüter geht, zB Körper und Gesundheit beim ärztlichen Heileingriff, muss dem Selbstbestimmungsrecht des Rechtsträgers – auch wenn er nur beschränkt geschäftsfähig ist – Rechnung getragen werden.[94] Geht es hingegen um Eingriffe in die Vermögenssphäre, so können die Stellvertretungsregeln ohne weiteres entsprechend angewandt werden.[95]

38 Auf **Realakte**, die im Gegensatz zu den geschäftsähnlichen Handlungen ohne Mitteilungs- und Kundgabezweck vorgenommen werden und damit schon äußerlich keine Ähnlichkeit mit Willenserklärungen aufweisen (zB die Verarbeitung im Sinne des § 950 oder der Besitzerwerb nach § 854 Abs. 1), sind die **§§ 164** ff **nicht anwendbar**.[96]

39 **3. Vertretung bei Verfahrenshandlungen vor Gerichten und Behörden.** In gerichtlichen Verfahren können bzw müssen sich die Parteien durch einen Prozessbevollmächtigten vertreten lassen (zum Zivilverfahren vgl § 78 ZPO). Zwar ist Inhalt des Vertreterhandelns hier nicht die Abgabe materiellrechtlicher Willenserklärungen, sondern die Vornahme von Prozesshandlungen. Strukturell besteht indes kein Unterschied zur Stellvertretung nach den §§ 164 ff, geht es doch auch hier um die Begründung der Fremdwirkung eines im Namen der Partei auftretenden und durch eine ihm vom Mandanten erteilte Prozessvollmacht legitimierten Prozessvertreters.[97] Soweit das einschlägige Verfahrensrecht keine Sonderregelungen enthält (vgl etwa §§ 80 ff ZPO für die Prozessvollmacht, die im Übrigen ihrerseits als Prozesshandlung qualifiziert wird),[98] **gelangen die §§ 164** ff **und die in ihnen verkörperten Grundgedanken zur Anwendung** (zur Nichtanwendbarkeit des § 165 vgl Rn 10).[99]

40 Ähnliches gilt für das **Verfahren vor Behörden**. Nach § 14 VwVfG kann sich ein Beteiligter durch einen Bevollmächtigten vertreten lassen. § 62 S. 2 VwVfG ermöglicht sogar ausdrücklich den ergänzenden Rückgriff auf die Vorschriften des Bürgerlichen Gesetzbuches. Soweit sich also in den Verwaltungsverfahrensgesetzen keine speziellen Regelungen finden, kommen auch hier die Vorschriften der §§ 164 ff zum Zuge.[100]

41 Der **Gerichtsvollzieher** hingegen tritt bei bei Vornahme der ihm obliegenden Amtshandlungen nicht als Vertreter des Gläubigers auf.[101] Um **hoheitliches Handeln** geht es auch dann, wenn der Gerichtsvollzieher die ausstehende Leistung des Schuldners für den Gläubiger in Empfang nimmt. Aus diesem Grund ist der wohl hM nicht zu folgen, wenn sie dafür hält, der Gerichtsvollzieher werde insoweit aufgrund einer gesetzlichen Vertretungsmacht tätig. Richtiger Ansicht nach wird er in dieser Konstellation als Bote tätig.[102]

II. Zulässigkeit der Stellvertretung

42 **1. Gesetzliche Vertretungsverbote.** Schon aus der Stellung der §§ 164 ff im Dritten Abschnitt des ersten Buches („Rechtsgeschäfte") ergibt sich, dass Stellvertretung **grundsätzlich bei jedem Rechtsgeschäft**, ganz

92 BGH NJW 2006, 687, 688.
93 HM BGHZ 29, 33, 36 = NJW 1959, 811; Soergel/*Leptien*, § 164 Rn 4; Staudinger/*Gursky*, Vor §§ 182 Rn 10; *Medicus*, BGB AT, Rn 200; abw. MüKo/*Schmitt*, § 105 Rn 22; für Einstufung als rechtsgeschäftsähnliche Handlung: *Bork*, BGB AT, Rn 1338. Zum Ganzen auch *Kern*, NJW 1994, 753.
94 Soergel/*Leptien*, § 164 Rn 4.
95 MüKo/*Schramm*, § 164 Rn 9.
96 BGHZ 8 130,132; 16, 260, 263; 32, 53, 56 = NJW 1960, 860; Soergel/*Leptien*, § 164 Rn 9; RGRK/*Steffen*, Vor § 164 Rn 24; Palandt/*Ellenberger*, Einf. v. § 164 Rn 3; aA *Klinck*, AcP 205 (2005), 487 ff. Zur Übereignung nach § 929 durch einen Vertreter vgl *Baur/Stürner*, Sachenrecht, 18. Aufl. 2009, § 5 Rn 12.
97 *Schilken*, Zivilprozessrecht, 5. Aufl. 2006, Rn 84.
98 BGH MDR 1958, 319, 320; BGHZ 41, 104, 107= NJW 1964, 1129; Stein/Jonas/*Bork*, 21. Aufl. 1993, § 80 ZPO Rn 4; Rosenberg/Schwab/*Gottwald*, Zivilprozessrecht, 16. Aufl. 2004, § 55 II 1; *Schilken*, Zivilprozessrecht, 5. Aufl. 2006, Rn 89; aA *A. Blomeyer*, Zivilprozessrecht, 2. Aufl. 1985, § 9 III 1.
99 Soergel/*Leptien*, Vor § 164 Rn 80.
100 MüKo/*Schramm*, Vor § 164 Rn 83.
101 RGZ 82, 85, 89; 156, 395, 398; Soergel/*Leptien*, Vor § 164 Rn 81; RGRK/*Steffen*, Vor § 164 Rn 12; Staudinger/*Schilken*, Vor §§ 164 ff Rn 97; MüKo/*Schramm*, Vor § 164 Rn 79; Palandt/*Ellenberger*, Einf. v. § 164 Rn 10.
102 Wie hier Staudinger/*Schilken*, Vor §§ 164 ff Rn 97; *Rosenberg/Gaul/Schilken*, Zwangsvollstreckungsrecht, 11. Aufl. 1997, § 25 IV 1 d; *Fahland*, ZZP 92 (1979), 437 ff; MüKo/*Schramm*, Vor § 164 Rn 79; aA RGZ 77, 25; Palandt/*Ellenberger*, Einf. v. § 164 Rn 10; Soergel/*Leptien*, Vor § 164 Rn 81; Zöller/*Stöber*, ZPO, § 753 Rn 4.

gleich welchem Rechtsgebiet es zuzuordnen ist, in Betracht kommt.[103] So können beispielsweise auch Tarifverträge durch einen bevollmächtigten Vertreter abgeschlossen werden.[104]

Das **Gesetz** statuiert allerdings **für bestimmte Rechtsgeschäfte ein Verbot der Stellvertretung**. Diese Rechtsgeschäfte sind zumeist familien- oder erbrechtlicher Natur. Sie zeichnen sich dadurch aus, dass sie den Status einer Person verändern oder in anderer Weise ihre Persönlichkeitssphäre berühren. Dem Gesetzgeber ist daran gelegen, dass solche bedeutsamen persönlichkeitsrelevanten Rechtsgeschäfte vom Rechtsträger selbst vorgenommen werden. Die wichtigsten Verbotstatbestände finden sich in § 1311 S. 1 (Eheschließung), § 1 LPartG (Begründung einer Lebenspartnerschaft), § 2064 (Testamentserrichtung), § 2274 (Abschluss eines Erbvertrages). Ferner sind folgende Vorschriften zu nennen: §§ 1516 Abs. 2 S. 1, 1596 Abs. 4, 1600 a Abs. 1, 1626 c Abs. 1, 1750 Abs. 3 S. 1, 1760 Abs. 5 S. 2 iVm 1750 Abs. 3 S. 1; 1762 Abs. 1 S. 3, 2256 Abs. 2 S. 2, 2282 Abs. 1 S. 1, 2284 Abs. 1, 2290 Abs. 2 S. 1, 2296 Abs. 1 S. 2, 2347 Abs. 2 S. 1, 2351 BGB; § 48 HGB für die Prokura. 43

2. Vertretungsverbot kraft Natur des Rechtsgeschäfts. Der auf die Natur des Rechtsgeschäfts abstellende Begründungsansatz geht auf § 115 des Entwurfs zurück. Die dort vorgesehene Regel ist jedoch nicht in das BGB übernommen worden, wodurch es zu einer verdeckten Gesetzeslücke kam.[105] Die Bedeutung dieser Fallgruppe ist allerdings gering. Für unzulässig erachtet man auf dieser Grundlage die Stellvertretung beim **Verlöbnis** (§ 1297)[106] und der **Abgabe der Zustimmungserklärung des anderen Ehegatten** nach den §§ 1365 Abs. 1, 1366 Abs. 1 und 1369.[107] Im Übrigen beschränkt sich das Verbot der Stellvertretung auf die enumerativ im Gesetz aufgezählten Fälle.[108] 44

3. Rechtsgeschäftlicher Ausschluss der Stellvertretung. Die Stellvertretung kann schließlich grundsätzlich – ggf in den durch das AGB-Recht gezogenen Grenzen[109] – durch Rechtsgeschäft ausgeschlossen werden.[110] Man spricht in diesem Fall auch von **„gewillkürter Höchstpersönlichkeit"**.[111] Erst recht ist es zulässig, die Vertretung auf bestimmte Personen zu beschränken.[112] So kann beispielsweise die Befugnis der Wohnungseigentümer, sich in den Versammlungen der Gemeinschaft vertreten zu lassen, in der Gemeinschaftsordnung auf einen bestimmten Personenkreis beschränkt werden.[113] 45

4. Rechtsfolge der Missachtung eines Vertretungsverbots. Wird ein Rechtsgeschäft unter Missachtung eines Vertretungsverbots vorgenommen, so ist es **endgültig und unheilbar nichtig**. Die Möglichkeit der Genehmigung nach § 177 besteht nicht, da diese Vorschrift nur den Fall des Fehlens der Vertretungsmacht regelt.[114] 46

III. Voraussetzungen der Stellvertretung

1. Abgabe einer eigenen Willenserklärung. a) Botenschaft – Abgrenzung zur Stellvertretung. Der Stellvertreter ist nach der vom BGB übernommenen Repräsentationstheorie (vgl hierzu Rn 6) der rechtsgeschäftlich Handelnde. Er selbst vollzieht das Rechtsgeschäft, indem er eine **eigene Willenserklärung** im Namen des Vertretenen abgibt. Dies unterscheidet ihn vom Boten. Der **Bote überbringt** lediglich eine bereits **fertige, fremde Willenserklärung**.[115] Er vermittelt ihren Zugang und verhilft ihr damit zur Wirksamkeit. In den Motiven wurde dies wie folgt ausgedrückt: „Wirkt jemand bei dem Zustandekommen eines Rechtsgeschäftes nur insofern mit, als er die Willenserklärung des einen Teils auf dessen Veranlassung dem anderen Teile übermittelt, so ist er Mittelsperson, Bote."[116] Das BGB verwendet den Terminus „Bote" nicht. § 120 spricht aber gleichbedeutend von einer „zur Übermittlung verwendete(n) Person". 47

Die **Abgrenzung der Botenschaft von der Stellvertretung** ist damit im Ausgangspunkt klar. Im günstigsten Fall lässt schon die sprachliche Formulierung den Unterschied hervortreten. Der Bote sagt: „X lässt Ihnen 48

103 Soergel/*Leptien*, Vor § 164 Rn 84; *Bork*, BGB AT, Rn 1334.
104 BAG BB 1994, 289 f; BAG NZA 1997, 1064.
105 *Reichel*, Höchstpersönliche Rechtsgeschäfte, 1931, S. 15; Staudinger/*Schilken*, Vor §§ 164 ff Rn 41.
106 MüKo/*Wacke*, § 1297 Rn 9; *Bork*, BGB AT, Rn 1337; Gernhuber/*Coester-Waltjen*, Lehrbuch des Familienrechts, 4. Aufl. 1994, S. 70.
107 MüKo/*Schramm*, Vor § 164 Rn 74; Staudinger/*Schilken*, Vor §§ 164 ff Rn 41; *Bork*, BGB AT, Rn 1337.
108 Gegen eine verallgemeinernde Ausdehnung auch RGZ 63, 113, 114; Staudinger/*Schilken*, Vor §§ 164 ff Rn 41; *Bork*, BGB AT, Rn 1337; Soergel/*Leptien*, Vor § 164 Rn 84.
109 BGH BB 1982, 1822.
110 BGHZ 99, 90 = NJW 1987, 650; *Reichel*, Höchstpersönliche Rechtsgeschäfte, S. 76 ff; *Flume*, BGB AT Bd. 2, § 43 7, S. 762; Staudinger/*Schilken*, Vor §§ 164 ff Rn 41.
111 Palandt/*Ellenberger*, Einf. v. § 164 Rn 4.
112 Soergel/*Leptien*, Vor § 164 Rn 84; MüKo/*Schramm*, Vor § 164 Rn 73.
113 BGHZ 99, 90 = NJW 1987, 650; BGHZ 121, 236 = NJW 1993, 1329.
114 BGH NJW 1971, 428, 429; Soergel/*Leptien*, Vor § 164 Rn 84; *Bork*, BGB AT, Rn 1341.
115 *Flume*, BGB AT Bd. 2, § 43 4, S. 755; MüKo/*Schramm*, Vor § 164 Rn 42; ausf. zu den Rechtsproblemen der Botenschaft *G. Hueck*, AcP 152 (1952/53), 432 ff; *Sandmann*, AcP 199 (1999), 455 ff.
116 Mot. I, S. 223.

sagen, dass er das Pferd kaufe", während der Stellvertreter formuliert: „Ich kaufe das Pferd im Namen des X".[117] In Zweifelsfällen ist im Wege der **Auslegung** unter besonderer Beachtung des das Stellvertretungsrecht beherrschenden Offenkundigkeitsprinzips zu ermitteln, ob sich die Erklärung der Hilfsperson als eigene oder als fremde darstellt.[118] Da es sich um eine empfangsbedürftige Willenserklärung handelt, ist hierbei auf den **Horizont des Erklärungsempfängers**, also des Geschäftspartners, abzustellen. Entscheidend ist also das **äußere Erscheinungsbild**, das Auftreten der Hilfsperson gegenüber dem Dritten.[119] Wie der Mittler nach den Absprachen mit seinem Geschäftsherrn gegenüber dem Kontrahenten auftreten sollte, spielt für die Abgrenzung richtiger Ansicht nach keine Rolle.[120] Das Innenverhältnis erlangt lediglich für die nachgelagerte Frage Bedeutung, ob das Auftreten des Mittlers dem Geschäftsherrn zugerechnet werden kann. Dass das Gesetz diese Fragenkreise trennt, lassen die §§ 177 ff deutlich erkennen.

49 Bei der im Rahmen der Auslegung vorzunehmenden Würdigung des äußeren Auftretens der Hilfsperson sind nicht nur die von ihr abgegebenen Erklärungen, sondern alle das Geschäft begleitende, dem Kontrahenten erkennbare Umstände zu berücksichtigen.[121] Für die Qualifikation als Stellvertreter spricht es, wenn die Mittelsperson einen **eigenen Entscheidungsspielraum** bei der Auswahl des Vertragspartners, des Vertragsgegenstandes und des Preises für sich in Anspruch nimmt, er also prüft, auswählt, verhandelt und die Entscheidung über das Zustandekommen des Rechtsgeschäfts trifft. Der Bote hingegen zeichnet sich dadurch aus, dass ihm die Entscheidung über das „Ob" des Geschäfts vorgegeben ist. Wird diese Gebundenheit im Außenverhältnis erkennbar, spricht dies für Botenschaft.[122] Die Trennkraft dieses Kriteriums wird allerdings in zweifacher Hinsicht relativiert: Zum einen kann auch dem Boten in gewissen Punkten (Art des Erklärungstransports, Stilistik) ein Freiraum zugestanden sein, ohne dass dies seine Botenstellung infrage stellt.[123] Zum anderen ist in Rechnung zu stellen, dass auch die Vollmacht des Stellvertreters eng begrenzt sein kann, so zB beim sog. **Vertreter mit gebundener Marschroute**.[124]

50 Zu den **Umständen, die Aufschluss über die Stellung der Hilfsperson** bei der Vornahme des konkreten Rechtsgeschäfts **geben können**, gehören u.a. die soziale Stellung der Hilfsperson im Verhältnis zum Geschäftsherrn (ausgeprägtes Subordninationsverhältnis spricht eher für Botenschaft), das Alter des Erklärenden (Kind ist im Zweifel Bote), Qualifikation und Kompetenz (Führungskräfte sind eher als Stellvertreter einzustufen). Im Zweifel sollte derjenigen Qualifikation der Vorzug gegeben werden, die den intendierten Erfolg des Rechtsgeschäfts eintreten lässt.[125]

51 Die Abgrenzung der Stellvertretung von der Botenschaft ist auch **praktisch bedeutsam**.[126] So muss der Stellvertreter, da er ja einen eigenen rechtsgeschäftlichen Willen bildet und umsetzt, **zumindest beschränkt geschäftsfähig** sein (§ 165), während an den Boten als bloßes Werkzeug des Geschäftsherrn in dieser Hinsicht keinerlei besondere Anforderungen zu stellen sind. Die „natürliche Fähigkeit zur Übermittlung"[127] lässt man genügen. Ferner erlangt die Unterscheidung Bedeutung, wenn für das Rechtsgeschäft eine bestimmte **Form** vorgeschrieben ist (zB § 311 b Abs. 1).[128] Wird es durch einen Vertreter vorgenommen, so unterliegt die von ihm für den Vertretenen abgegebene Willenserklärung dem Formerfordernis.[129] Anders verhält es sich, wenn die Vertragsschlusserklärung durch einen Boten überbracht wird. Hier muss die dem Boten aufgegebene Erklärung des Geschäftsherrn dem Formerfordernis genügen. Auch im Hinblick auf gesetzliche oder rechtsgeschäftliche **Vertretungsverbote** muss geklärt werden, ob ein Fall der Stellvertretung oder der Botenschaft vorliegt. Denn regelmäßig ist hierdurch die Einschaltung eines Boten nicht ausgeschlossen;[130] wohl aber in den Fällen des § 1311 und des § 2284 S. 1.[131] Bei der **Auflassung nach § 925** ist hingegen umgekehrt Boten-

117 Beispiel nach *Enneccerus/Nipperdey*, BGB AT II, § 178 II 1, S. 1088.
118 Erman/*Palm*, Vor § 164 Rn 23; *Bork*, BGB AT, Rn 1345.
119 Ganz hM, vgl BGHZ 12, 327, 334 = NJW 1954, 797; *Flume*, BGB AT Bd. 2, § 43 4, S. 755 f; Staudinger/*Schilken*, Vor §§ 164 ff Rn 74; MüKo/*Schramm*, Vor § 164 Rn 43 f; Soergel/*Leptien*, Vor § 164 Rn 44.
120 AA insb. *G. Hueck*, AcP 152 (1952/53), 433 ff; *Müller-Freienfels*, S. 72; *Petzold*, MDR 1961, 461.
121 Staudinger/*Schilken*, Vor §§ 164 ff Rn 74; *Bork*, BGB AT, Rn 1345.
122 *Larenz/Wolf*, BGB AT, § 46 Rn 38; *Hoffmann*, JuS 1970, 179, 181; einschr. Staudinger/*Schilken*, Vor §§ 164 ff Rn 75.
123 Staudinger/*Schilken*, Vor §§ 164 ff Rn 75; zur Entscheidungsfreiheit des Stimmboten im Aktienrecht *Lutter*, in: FS Duden 1977, S. 275 ff; BGHZ 12, 327, 334 f = NJW 1954, 797 stellt klar, dass die Freiheit der stilistischen Gestaltung der Annahme einer Boteneigenschaft nicht entgegensteht. Folgerichtig sieht der BGH WM 1963, 165 (zust. Soergel/*Leptien*, Vor § 164 Rn 42) in einem Dolmetscher einen Boten.
124 Erman/*Palm*, Vor § 164 Rn 23.
125 *Bork*, BGB AT, Rn 1347.
126 Vgl hierzu die Ausführungen bei Soergel/*Leptien*, Vor § 164 Rn 45; Erman/*Palm*, Vor § 64 Rn 25.
127 Staudinger/*Schilken*, Vor §§ 164 ff Rn 78; *Enneccerus/Nipperdey*, BGB AT II, S. 1089; *Hübner*, BGB AT, Rn 1173.
128 RGZ 79, 212, 213; MüKo/*Schramm*, Vor § 164 Rn 48.
129 Zu den Rechtsproblemen der Vertretung bei formgebundenen Willenserklärungen *H. Ackermann*, NZM 2005, 491 ff.
130 *Flume*, BGB AT Bd. 2, § 43 5, S. 760; Staudinger/*Schilken*, Vor §§ 164 Rn 79; vgl auch BGH NJW 2008, 917 f.
131 Staudinger/*Schilken*, Vor §§ 164 ff Rn 79.

schaft ausgeschlossen und Stellvertretung erlaubt.[132] Unterschiede ergeben sich schließlich im Hinblick auf die Bestimmung des Zeitpunkts des **Zugangs** (vgl hierzu § 130 Rn 59) und die Verteilung des Risikos der **Falschübermittlung** und von Willensmängeln (vgl hierzu § 120 Rn 1 ff). Zur Abgrenzung des **Empfangsvertreters** vom Empfangsboten vgl Rn 103.

b) Stellvertretung in der Erklärung? In der frühen Rechtsprechung des BGH[133] und dem älteren Schrifttum[134] wurde bisweilen neben der Stellvertretung und der Botenschaft eine dritte Kategorie propagiert, die „Stellvertretung in der Erklärung“. Gedacht war dabei an Konstellationen, bei denen dem Vertreter die Abgabe einer bestimmten Willenserklärung im Namen des Vertretenen aufgetragen wird, ihm insoweit also keinerlei nennenswerte Entscheidungsfreiheit gelassen wird. Die Vertretung soll sich in diesem Falle unter Ausschluss der Willensbildung allein auf die Erklärung beschränken. Für einen solchen Vertreter in der Erklärung sollte insbesondere der gesetzliche Ausschluss der Stellvertretung bei der Adoption (§ 1750 in der bis 1961 geltenden Fassung) nicht gelten. Heutzutage wird beispielsweise der Betriebsratsvorsitzende bei der Vertretung des Betriebsrats (§ 26 Abs. 3 BetrVG) noch als Vertreter in der Erklärung qualifiziert.[135] 52

Die Rechtsfigur der Stellvertretung in der Erklärung wird heute im zivilistischen Schrifttum **zu Recht allgemein abgelehnt**.[136] Eine solche Mittelsperson ist – auch wenn ihre Entscheidungsfreiheit gegen null tendiert – Vertreter im Sinne des § 164.[137] Das BGB betrachtet Wille und Erklärung als Einheit und stellt dem Rechtsverkehr für die Einschaltung einer Hilfsperson bei der Abgabe einer Willenserklärung mit der Stellvertretung und der Botenschaft zwei Kategorien zur Verfügung, bei denen es ausweislich der Gesetzgebungsgeschichte[138] sein Bewenden haben sollte. Hinzu kommt, dass ein praktisches Bedürfnis für eine solche Zwischenform nicht gegeben ist. 53

2. Handeln in fremdem Namen. a) Grundsatz. Abs. 1 nennt als weitere Voraussetzung für den Eintritt der Vertretungswirkungen, dass die Willenserklärung vom Vertreter **„im Namen des Vertretenen“** abgegeben wird. Der Vertreter muss mithin für den Erklärungsempfänger erkennbar zum Ausdruck bringen, dass die Wirkungen des Rechtsgeschäfts nicht ihn selbst, sondern unmittelbar den Vertretenen treffen sollen (**Offenkundigkeitsprinzip**).[139] Der innere Vertretungswille ist zwar eine grundsätzlich notwendige,[140] jedoch keine hinreichende Voraussetzung der aktiven Stellvertretung. Im Interesse des Geschäftsgegners muss der Vertretungswille stets nach außen hin kundgetan werden. 54

b) Feststellung des Handelns in fremdem Namen. aa) Individualisierbarkeit des Vertretenen. Handeln in fremdem Namen verlangt nicht – wie es die Gesetzesformulierung nahe legt –, dass dem Geschäftspartner der **Name des Vertretenen** genannt wird (arg. e § 95 HGB).[141] Lässt dieser sich gleichwohl auf das Geschäft ein, so weiß er, dass der Vertreter das Rechtsgeschäft nicht für sich abschließt. Die Ungewissheit über die Person des Vertretenen nimmt er bewusst in Kauf. Dem Schutzanliegen des Offenkundigkeitsprinzips ist damit entsprochen. Nicht ausgeschlossen und im Sinne größtmöglicher Diskretion mitunter auch gewünscht ist es, dass sich die Vertragsparteien überhaupt unbekannt bleiben.[142] Es genügt, dass der Vertretene im Zeitpunkt des Abschlusses des Rechtsgeschäfts individualisierbar ist, wobei die Bestimmung auch anhand der begleitenden Umstände (**Abs. 1 S. 2**) erfolgen kann.[143] 55

132 RGRK/*Steffen*, Vor § 164 Rn 32.

133 BGHZ 5, 344 = NJW 1952, 744; BGHZ 30, 306, 311 = NJW 1959, 2111.

134 Zuletzt *Schneider*, Stellvertretung im Willen, Stellvertretung in der Erklärung und Bote, 1959; weitere Nachw. bei Staudinger/*Schilken*, Vor §§ 164 ff Rn 82.

135 BAG AP Nr. 11 zu § 112 BetrVG 1972; *Richardi*, BetrVG, 12. Aufl. 2010, § 26 Rn 46; *Hueck/Nipperdey*, Lehrbuch des Arbeitsrechts II, 7. Aufl. 1970, § 59 B II 1, S. 1190. Praktische Bedeutung kommt dieser Qualifizierung hier jedoch nicht zu, da die Rechtsstellung des Betriebsratsvorsitzenden gesetzlich abschließend festgelegt ist (so zutr. GK-BetrVG/*Wiese/Raab*, 9. Aufl. 2010, § 26 Rn 54). Klar ist auch, dass ein Mitglied eines Betriebsverfassungsorgans in betriebsverfassungsrechtlichen Zusammenhängen nicht im Namen der Arbeitnehmer handelt, sondern ausschließlich für den Betriebsrat als Organ (BAG NZA-RR 2009, 153, 157).

136 Mit teils unterschiedlichen Begründungen *Flume*, BGB AT Bd. 2, § 43 5, S. 759 ff; Staudinger/*Schilken*, Vor §§ 164 ff Rn 84; MüKo/*Schramm*, Vor § 164 Rn 63; Soergel/*Leptien*, Vor § 164 ff Rn 47.

137 *Flume*, BGB AT Bd. 2, § 43 5, S. 761; *Enneccerus/Nipperdey*, BGB AT II, S. 1090; RGRK/*Steffen*, Vor § 164 Rn 18.

138 Vgl die abl. Stellungnahme von *Gebhard*, Entwurf Allgemeiner Teil II, 2, 1881, S. 156 und die reservierte Haltung der Verfasser des BGB, Motive I, S. 223.

139 Zum Offenkundigkeitsprinzip vgl bereits Rn 9.

140 Richtiger Ansicht nach muss das Vertreterhandeln jedenfalls bei der im Vordergrund stehenden aktiven Stellvertretung von einem Vertreterwillen getragen sein, vgl hierzu *Enneccerus/Nipperdey*, BGB AT II, S. 1091 f und Staudinger/*Schilken*, Vor §§ 164 ff Rn 36; aA *Fikentscher*, AcP 154 (1954), 1, 16 ff.

141 BGH LM Nr. 10 zu § 164 BGB; BAG AP Nr. 1 zu § 34 SeemannsG; OLG Düsseldorf BauR 2009, 986 (gilt auch für Vertragsschlüsse mit der öffentlichen Hand); Palandt/*Ellenberger*, § 164 Rn 1; Soergel/*Leptien*, § 164 Rn 12; *K. Schmidt*, JuS 1987, 425, 431.

142 RG JW 36, 1952; BGH WM 1957, 710; Erman/*Palm*, § 164 Rn 3.

143 MüKo/*Schramm*, § 164 Rn 18; Palandt/*Ellenberger*, § 164 Rn 1; zu der Bewertung im Rahmen von Internetverträgen vgl BGH NJW 2006, 1971 sowie *Deister*, NJW 2008, 2145.

56 Darüber hinaus lässt man sogar ein Vertretergeschäft mit einer **bei Vertragsschluss noch unbekannten oder noch nicht existierenden Person** zu, wenn die nachträgliche Bestimmung dem Vertreter überlassen wird[144] oder vereinbarungsgemäß aufgrund sonstiger Umstände erfolgen soll.[145] Wird der Vertretene nachträglich bestimmt, so kommt das Geschäft erst dadurch zustande. Eine Rückwirkung entsprechend §§ 177 Abs. 1, 184 Abs. 1 findet nicht statt.[146] In begründeten Fällen ist dem Geschäftspartner das Recht zuzugestehen, den nachträglich Benannten zurückzuweisen (zB bei Zahlungsunfähigkeit).[147] Nach diesen Grundsätzen kommt als Vertretener auch eine zum Zeitpunkt des Vertragsschlusses noch nicht existierende juristische Person in Betracht.[148] Die Stellvertretung unter Offenhaltung der Person des Vertretenen wird bisweilen auch als Unterfall des Geschäfts für den, den es angeht, betrachtet (sog. **offenes Geschäft für den, den es angeht**).[149] Handeln in fremdem Namen liegt auch dann vor, wenn der Vertreter das Rechtsgeschäft **zugleich für sich selbst und für den Vertretenen** abschließt (vgl hierzu noch Rn 65 ff).

57 **bb) Stillschweigende Vertretung – insbesondere unternehmensbezogene Geschäfte.** Die intendierte Fremd- oder Eigenwirkung einer Willenserklärung gehört zum Rechtsfolgewillen des Erklärenden. Ob jemand eine Erklärung im fremden oder im eigenen Namen abgibt, ist folglich in Zweifelsfällen im Wege der **Auslegung** zu ermitteln.[150] Das bedeutet zunächst: Hat der Erklärungsempfänger das Rechtsgeschäft in Kenntnis des wahren Willens des Erklärenden abgeschlossen, so setzt sich das **übereinstimmende Verständnis** gegenüber einer etwaigen Falschbezeichnung durch (**falsa demonstratio non nocet**).[151] Abgesehen von solchen im Wege der natürlichen Auslegung zu lösenden Fallgestaltungen ist eine **am Empfängerhorizont ausgerichtete normative Auslegung** geboten (§§ 133, 157). Es kommt dann auf den objektiven Erklärungswert der Erklärung an, also darauf, wie sich die Erklärung nach Treu und Glauben unter Berücksichtigung der Verkehrssitte für den Empfänger darstellt.[152] An einer **ausdrücklichen** Festlegung des Erklärenden wird man in aller Regel nicht vorbeigehen können. Um eine solche handelt es sich beispielsweise, wenn bei einem schriftlichen Vertragsschluss der Unterzeichnende seiner Unterschrift die Abkürzung „i.V." (in Vertretung) oder „ppa" (**per procura**) voranstellt.

58 Wo es aber an einer ausdrücklichen Erklärung fehlt, kommt es – wie Abs. 1 S. 2 durchaus im Einklang mit den allgemeinen Auslegungsregeln hervorhebt – darauf an, **ob die Umstände ergeben, dass die Erklärung im Namen des Vertretenen erfolgen sollte**. Hier kommt es in der Praxis immer wieder zu Schwierigkeiten. Der BGH betont, dass außer dem Wortlaut der Erklärung alle Umstände zu berücksichtigen sind, die unter Beachtung der Verkehrssitte Schlüsse auf den Sinn der Erklärung zulassen. Dazu gehören insbesondere die dem Rechtsverhältnis zugrunde liegenden Lebensverhältnisse, die Interessenlage, der Geschäftsbereich, dem der Erklärungsgegenstand angehört, und typische Verhaltensweisen.[153] Zu beachten ist, dass allein das Tätigwerden in fremdem – meist wirtschaftlichem – Interesse noch keinen sicheren Schluss auf die intendierte Wirkung der Erklärung erlaubt.[154] So werden beispielsweise der Kommissionär und der Spediteur stets für ihre Auftraggeber tätig; um sie als unmittelbare Vertreter (zur regelmäßig vorliegenden mittelbaren Stellvertretung vgl Rn 17) qualifizieren zu können, müssen hier weitere Umstände hinzukommen, die nach außen erkennbar werden lassen, dass ein Fremdgeschäft mit Wirkung für den Vertretenen abgeschlossen werden soll. Im Zweifel ist ein Eigengeschäft des Erklärenden anzunehmen (Abs. 2).

59 Aus der reichhaltigen **Kasuistik der Rechtsprechung** seien folgende Einzelfälle genannt: Anlässlich der Errichtung und Verwaltung einer Immobilie werden für den Bauherrn oder Hauseigentümer typischerweise Personen tätig, die auch rechtsgeschäftliche Bindungen eingehen. Je nach der Person des Handelnden ist wie folgt zu unterscheiden: Ein **Architekt** nimmt die zur Realisierung des Bauvorhabens notwendigen Rechtsgeschäfte mit Bauunternehmern, Handwerkern und Lieferanten in der Regel im Namen des Bauherrn vor,[155]

144 Unterlässt der Vertreter die gebotene Bestimmung des Vertretenen, so haftet er entsprechend § 179 als falsus procurator; BGHZ 129, 136 = NJW 1995, 1739, 1742; OLG Köln NJW-RR 1991, 919; OLG Frankfurt NJW-RR 1987, 914; *Flume*, BGB AT Bd. 2, § 44 II 1, S. 765 f.

145 BGH NJW 1989, 164, 166; 1998, 62, 63. Unzulässig ist diese Verfahrensweise lediglich bei der Auflassung: BayObLGZ 1983, 275; MüKo/*Schramm*, § 164 Rn 20; *K. Schmidt*, JuS 1987, 425, 431.

146 BGH NJW 1998, 62, 63; MüKo/*Schramm*, § 164 Rn 20; Staudinger/*Schilken*, Vor §§ 164 ff Rn 51.

147 Erman/*Palm*, § 164 Rn 3.

148 BGH NJW 1998, 62, Palandt/*Ellenberger*, § 164 Rn 1.

149 Palandt/*Ellenberger*, § 164 Rn 9; *Larenz/Wolf*, BGB AT, § 46 Rn 80 ff; krit. MüKo/*Schramm*, § 164 Rn 20; abl. auch Erman/*Palm*, § 164 Rn 3: „kein Fall des Geschäfts, wen es angeht"; *Flume*, BGB AT Bd. 2, § 44 II 1, S. 766 weist zu Recht darauf hin, dass diese Art der Vertretung keine Besonderheiten gegenüber der allgemeinen Rechtsfigur der Stellvertretung aufweist.

150 *Bork*, BGB AT, Rn 1382; MüKo/*Schramm*, § 164 Rn 14.

151 MüKo/*Schramm*, § 164 Rn 21; *Bork*, BGB AT, Rn 1383.

152 BGH NJW 1961, 2251; WM 1970, 816; 1976, 15, 16; BGHZ 125, 175 = NJW 1994, 1649, 1650.

153 BGHZ 125, 175 = NJW 1994, 1649, 1650; TranspR 2006, 315 = BeckRS 2006, 07802.

154 Erman/*Palm*, § 164 Rn 6.

155 OLG Köln BauR 1986, 717; 1996, 212; 2002, 1099; OLG Düsseldorf NJW-RR 1995, 592.

während ein **Bauträger** solche Geschäfte im Zweifel im eigenen Namen abschließt.[156] Ein **Hausverwalter** handelt, wenn seine Verwaltereigenschaft erkennbar ist, bei Vermietungen und bei der Vergabe von Reparaturaufträgen im Rahmen der üblichen Instandhaltung in der Regel namens des Hauseigentümers.[157] Bei **Franchiseverträgen** können die Grundsätze des unternehmensbezogenen Geschäfts (Rn 60) zur Anwendung gelangen.[158] Wer bei Unfällen die Beiziehung eines **Arztes** oder die Einweisung in ein **Krankenhaus** veranlasst, handelt regelmäßig nicht im eigenen, sondern im Namen des Patienten.[159] Bei Ehegatten ist hier § 1357 zu beachten. Arzt- und Krankenhausverträge, die die Eltern für ihr behandlungsbedürftiges Kind abschließen, sollen nur die medizinische Betreuung des Kindes sicherstellen, dieses jedoch nicht zum Vertragspartner des Leistungserbringers machen. Es handelt sich also um ein Eigengeschäft der Eltern.[160] Tritt ein **Gesellschafter** einer Personengesellschaft im Rechtsverkehr nicht erkennbar für die Gesellschaft auf, so ist von einem Eigengeschäft des Gesellschafters auszugehen. Für die Annahme eines Fremdgeschäfts streitet hier keine Vermutung.[161] Für die Frage, wer **Kontoinhaber** ist, kommt es vor allem darauf an, wer bei der Kontoerrichtung der Bank gegenüber als Forderungsberechtigter auftritt oder bezeichnet wird. Unter Berücksichtigung der besonderen Umstände des Einzelfalles ist zu prüfen, wer nach dem erkennbaren Willen des die Einzahlung Bewirkenden Gläubiger der Bank werden sollte. Bei der Auslegung können der Verwendungszweck des Kontos und die Herkunft der Mittel eine Rolle spielen, falls sie der Bank bekannt sind. Im Giroverkehr, der auf eine rasche und unkomplizierte Abwicklung angelegt ist, besteht ein starkes Bedürfnis für einfache und klare Rechtsverhältnisse. Dem entspricht es, wenn der formelle Kontoinhaber, der sich aus der Kontobezeichnung ergibt, auch als Gläubiger angesehen wird. Beim Sparkonto besteht hingegen nur eine dahin gehende Indizwirkung.[162] Ein **Rechtsanwalt**, der einer Anwaltssozietät angehört, nimmt ein ihm angetragenes Mandat zur Prozessführung in der Regel im Namen dieser Sozietät an und verpflichtet nicht nur sich persönlich, sondern auch die mit ihm zur gemeinsamen Berufsausübung verbundenen Kollegen. Von der Begründung eines Einzelmandats kann nur bei Vorliegen besonderer Umstände ausnahmsweise ausgegangen werden.[163] Die Einholung eines Rechtsgutachtens durch einen Rechtsanwalt für seinen Mandanten geschieht – mangels eines ausdrücklichen gegenteiligen Hinweises – nicht in Vertretung des Mandanten, sondern im eigenen Namen.[164] Nach bisheriger Rechtsprechung kommt bei Sozietäten unterschiedlicher Berufsangehöriger der Vertrag im Zweifel nur mit denjenigen Sozien zu Stande, die auf dem zu bearbeitenden Rechtsgebiet tätig werden dürfen.[165] Ob hieran nach der Anerkennung der BGB-Gesellschaft als teilrechtsfähig noch festgehalten werden kann, erscheint zweifelhaft.[166] Jedenfalls bleibt es aus Gründen des Vertrauensschutzes bei der bisherigen Rechtslage, wenn der Vertrag vor Erlass der Grundsatzentscheidung vom 29.1.2001[167] über die Anerkennung der Rechtsfähigkeit einer Gesellschaft bürgerlichen Rechts verabredet wurde.[168] Auch im **Reiseverkehr** ist die Einordnung mitunter zweifelhaft. Reiseunternehmen und Reisebüros können sowohl als Veranstalter als auch als Vermittler auftreten. Reisebüros nehmen häufig eine bloße Vermittlungstätigkeit wahr. So verhält es sich beispielsweise beim Verkauf einzelner Fahrkarten, Flugscheine etc.[169] Der Veranstalter einer Pauschalreise verpflichtet sich selbst und handelt nicht etwa im Namen der von ihm ausgewählten Leistungsträger (vgl § 651 a Abs. 2).[170] Auf der Seite des Kunden ist derjenige, der eine Reisegruppe anmeldet[171] oder als Lehrer mehrere Zimmer für eine Klassenfahrt reserviert,[172] im Zweifel Vertreter der einzelnen Reiseteilnehmer. Ebenso tritt ein **Sammelbesteller** im Zweifel als Vertreter auf.[173] Wer einen **Scheck** oder **Wechsel** mit seiner Unterschrift unter dem Firmenstempel zeichnet, möchte erkennbar den Firmeninhaber verpflich-

156 BGH NJW 1981, 757; OLG Düsseldorf BauR 1996, 740.

157 BGH NJW-RR 2004, 1017; KG WM 1984, 254; NJW-RR 1996, 1523; abw. OLG Brandenburg NJWE-MietR 1997, 135; restriktiver auch OLG Saarbrücken NJW-RR 2007, 521 für einen Wohnungseigentumsverwalter. Zur Abgrenzung dieser Fälle vom Abschluss einer Gebäudeversicherung durch den Hausverwalter vgl BGH NJW-RR 2009, 1038 f. Weitere Nachw. im Übrigen bei MüKo/*Schramm*, § 164 Rn 26.

158 So BGH NJW 2008, 1214 mit Anm. *Witt* zu einer eher atypischen Konstellation; grundlegend zu Fragen der Stellvertretung im Franchiserecht *Buck-Heeb/Dieckmann*, DB 2008, 812.

159 LG Wiesbaden VersR 1970, 69; zust. Soergel/*Leptien*, § 164 Rn 18; vgl auch OLG Koblenz NJW-RR 1997, 1183.

160 BGH NJW 1967, 673, 674; LG Berlin FamRZ 1955, 267.

161 RGZ 119, 64, 67; Soergel/*Leptien*, § 164 Rn 15; zu den Haftungsverhältnissen in der BGB-Gesellschaft nach der Anerkennung als teilrechtsfähig durch BGH NJW 2001, 1056 vgl MüKo/*Ulmer*, § 714 Rn 31 ff.

162 BGH NJW 1996, 840, 841; näher MüKo/*Schramm*, § 164 Rn 31 mwN.

163 BGHZ 124, 47 = NJW 1994, 257; BGH NJW 1995, 1841; NJW-RR 2003, 1252 f; Palandt/*Ellenberger*, § 164 Rn 6 mwN.

164 AG Charlottenburg NJW-RR 1995, 57, 58.

165 BGH, NJW 2000, 1333, 1334; NJW 2000, 1560, 1561.

166 Offenlassend jetzt BGH NJW-RR 2008, 1594, 1595.

167 BGHZ 146, 341= NJW 2001, 2056.

168 BGH NJW 2009, 1597, 1598.

169 BGH NJW 1969, 2008; BGHZ 62, 71, 77.

170 BGHZ 60, 14, 16 = JZ 1973, 368; BGHZ 61, 275, 278 = WM 1973, 1405.

171 BGH LM § 164 Nr. 43; LG Frankfurt NJW 1987, 784; MDR 2000, 576.

172 OLG Frankfurt NJW 1986, 1941.

173 OLG Köln NJW-RR 1991, 918; 1996, 43; LG Frankfurt NJW-RR 1988, 247; Palandt/*Ellenberger*, § 164 Rn 7; aA Staudinger/*Schilken*, § 164 Rn 2.

ten.[174] Fehlt ein solcher die Fremdwirkung kennzeichnender Vertretungshinweis – allein die auf dem Scheck befindliche Kontonummer eines anderen reicht hier nicht aus –,[175] so wird der Unterzeichner selbst verpflichtet.[176] Bei privatrechtlichen Versteigerungen kann der **Versteigerer** im Namen des Auftraggebers, des Einlieferers, aber auch im eigenen Namen (Kommissionsgeschäft) handeln. Hier kommt es auf die Umstände des Einzelfalles, insbesondere auch auf die Versteigerungsbedingungen an.[177]

60 Besondere Bedeutung wird im Rahmen der Auslegung zu Recht dem Unternehmensbezug des Geschäfts beigemessen. Man spricht insoweit auch von **„unternehmensbezogenen Geschäften"** oder vom „Handeln für den Betriebsinhaber". Dies sollte nicht darüber hinwegtäuschen, dass sich die für diese Geschäfte aufgestellten Regeln als Ergebnis einer Auslegung der rechtsgeschäftlichen Erklärungen unter Berücksichtigung des Abs. 1 S. 2 darstellen.[178] Hiernach gilt: Macht der Handelnde hinreichend deutlich, dass er die rechtsgeschäftlichen Erklärungen für ein Unternehmen abgibt, so geht der Wille der Beteiligten im Zweifel dahin, dass ein Fremdgeschäft abgeschlossen und der Inhaber des Unternehmens Vertragspartner werden soll.[179] Dies gilt auch dann, wenn der Inhaber falsch bezeichnet wird oder über ihn sonst Fehlvorstellungen bestehen.[180] So wird die das Handelsgewerbe betreibende OHG auch dann verpflichtet, wenn der Vertragspartner sein Gegenüber für einen Einzelkaufmann hält.[181] Fremdwirkung für und gegen den jetzigen Unternehmensinhaber hat der BGH auch dann angenommen, wenn der Handelnde früher selbst der Inhaber war und das Unternehmen – ohne dass der Vertragspartner dies bemerkt hatte – unter seinem Namen fortgeführt wird.[182] Voraussetzung ist jedoch, dass der Inhalt des Rechtsgeschäfts – gegebenenfalls in Verbindung mit dessen Umständen – die eindeutige Auslegung zulässt, ein bestimmtes Unternehmen sollte berechtigt und verpflichtet sein. Dies ist bisher angenommen worden, wenn entweder der Ort des Vertragsschlusses[183] oder hinreichende Zusätze in Zusammenhang mit der Unterschrift[184] auf das betreffende Unternehmen hinweisen oder wenn die Leistung vertraglich für den Betrieb des Unternehmens bestimmt war.[185] Bleiben dagegen **ernsthafte Zweifel an der Unternehmensbezogenheit** eines Geschäfts, so greift aus Gründen der Verkehrssicherheit der gesetzliche Auslegungsgrundsatz des Handelns im eigenen Namen.[186] Die **Darlegungs- und Beweislast** für die Unternehmensbezogenheit des Geschäfts trägt derjenige, der eine Erklärung abgegeben hat und sie nicht für seine Person gelten lassen will.[187] Liegen hingegen die Voraussetzungen eines unternehmensbezogenen Geschäfts vor und behauptet der Geschäftspartner, die Verpflichtung des persönlich Handelnden sei gewollt gewesen, so ist er hierfür darlegungs- und beweispflichtig.[188]

61 In bestimmten Fällen kommt auch eine **Inanspruchnahme des Handelnden** in Betracht. So haftet der Handelnde **nach § 179**, wenn ein **Unternehmensträger** gar **nicht existiert** oder wenn er **keine Vollmacht** hatte, für den Unternehmensträger zu handeln.[189] Neben dem Grundsatz, dass der wahre Rechtsträger durch das unternehmensbezogene Geschäft berechtigt und verpflichtet wird, ist Raum für eine **Rechtsscheinhaftung des Handelnden**, wenn dieser in zurechenbarer Weise den Eindruck erweckt, dass der Unternehmensträger unbeschränkt für die Verbindlichkeit hafte. Ist der Unternehmensträger in Wahrheit eine Gesellschaft mit beschränkter Haftungsmasse, so ist der Handelnde dem gutgläubig auf den gesetzten Rechtsschein vertrau-

174 MüKo/*Schramm*, § 164 Rn 30.
175 BGH NJW 1976, 329, 330.
176 BGH NJW 1976, 329, 330 (für Scheck) und BGH ZIP 1981, 261 (für Wechsel).
177 MüKo/*Schramm*, § 164 Rn 33; für Handeln im eigenen Namen als Regelfall Palandt/*Ellenberger*, § 164 Rn 7. Ausf. *von Hoyningen-Huene*, NJW 1973, 1473.
178 Auf §§ 133, 157 BGB stellt daher zutreffend ab OLG Düsseldorf, OLGR 2008, 1 f. Unglücklich dagegen die Formulierung in BGHZ 64, 11 = NJW 1975, 1166 es handele sich um eine Ausnahme vom Offenkundigkeitsprinzip im Stellvertretungsrecht.
179 RGZ 67, 148, 149; BGHZ 62, 216, 220 = JZ 1975, 323; BGHZ 92, 259 = NJW 1985, 136; BGH NJW 1995, 43, 44; NJW-RR 1997, 527, 528; NJW 2008, 1214; Staudinger/*Schilken*, § 164 Rn 1; MüKo/*Schramm*, § 164 Rn 23; Soergel/*Leptien*, § 164 Rn 14; Palandt/*Ellenberger*, § 164 Rn 2.
180 BGHZ 62, 216, 221 = JZ 1975, 323; 64, 11, 15 = LM Nr. 38 zu § 164 BGB; BGH NJW 1983, 1844; 1990, 2678; 1996, 1053, 1054 OLG Koblenz NJW-RR 2004, 345; MüKo/*Schramm*, § 164 Rn 23; Palandt/*Ellenberger*, § 164 Rn 2.
181 RGZ 30, 77, 78.
182 BGH NJW 1983, 1844.
183 BGH NJW 1984, 1347 (Bankangestellter in den Geschäftsräumen der Bank); BGH NJW-RR 1998, 1342 (Abschluss in den Geschäftsräumen einer Anlagegesellschaft); OLG Köln MDR 1993, 852, 853.
184 BGHZ 64, 11, 14 f = NJW 1975, 1166; BGH NJW 1981, 2569 (Unterschrift der Geschäftsführerin neben dem Firmenstempel ohne Vertreterzusatz); BGH NJW 1990, 2678 (Absenderangabe eines Telex-Schreibens nennt den Handelsnamen); BGH NJW 1991, 2627 (ein von einem „leitenden Architekten" unterzeichneter Architektenvertrag und ein Begleitschreiben nennt ein Architekturunternehmen als Vertragspartner); iE so auch *Kindler*, NJW 2007, 1785; kritisch hingegen *Altmeppen*, ZIP 2007, 889.
185 BGHZ 62, 216, 219 = JZ 1975, 323 (Baumateriallieferung für Großbaustelle); OLG Stuttgart NJW 1973, 629, 630.
186 BGHZ 64, 11, 15 = NJW 1975, 1166; BGH NJW 1995, 43, 44; NJW 2007, 1529 (Weglassen des nach § 4 GmbH erforderlichen Formzusatzes); Erman/*Palm*, § 164 Rn 5.
187 BGH NJW 1995, 43, 44; MüKo/*Schramm*, § 164 Rn 23.
188 BGH NJW 1984, 1347, 1348; 1991, 2627.
189 BGHZ 91, 148 = NJW 1984, 2164; BGH NJW 1998, 2897.

enden Vertragspartner gesamtschuldnerisch neben dieser verpflichtet.[190] Die Rechtsprechung beruft sich hierfür auf den „im § 179 zum Ausdruck gekommenen Rechtsgedanken".[191] Insbesondere hat der GmbH-Geschäftsführer oder auch ein anderer Vertreter der Gesellschaft[192] neben dieser für die begründete Verbindlichkeit einzustehen, wenn er bei Abschluss des Geschäfts entgegen § 4 Abs. 2 GmbHG ohne Rechtsformzusatz zeichnet.[193] Für die Begründung einer solchen Eigenhaftung (neben der Haftung der GmbH) genügt jedoch nicht allein, dass der GmbH-Zusatz bei den mündlichen Verhandlungen weggelassen worden ist.[194] Im Übrigen ist zu beachten, dass die Rechtsscheinhaftung nicht weiter gehen kann, als die Haftung ginge, wenn der Schein der wirklichen Rechtslage entspräche. Aus diesem Grund scheidet eine Inanspruchnahme des Handelnden in dem **umgekehrten Fall** aus, dass statt der erwarteten GmbH der wahre – unbeschränkt haftende – Unternehmensträger Vertragspartner wird.[195]

Probleme bereiten schließlich die Fälle, in denen der Handelnde als Vertreter Vertretungsmacht für zwei verschiedene Rechtssubjekte hat, bei Vertragsschluss die Identität des Vertretenen aber nicht klarstellt und sich auch nicht die Benennung vorbehält (sog. **Doppelvertretung**). Kann hier in entsprechender Anwendung des § 164 Abs. 1 S. 2 im Wege der Auslegung (§§ 133, 157) unter Berücksichtigung aller Umstände nicht geklärt werden, welchem Unternehmen der Vertrag zuzuordnen ist,[196] muss letztlich der Handelnde selbst nach § 179 für die Vertragserfüllung einstehen.[197] 62

c) Irrtum des Vertreters (Abs. 2). Schließlich bleibt noch zu klären, wie sich mögliche **Fehlvorstellungen des Vertreters über den Erklärungswert seines rechtsgeschäftlichen Handelns** auswirken. Nach der etwas umständlich formulierten[198] Anordnung des Abs. 2 kommt der Mangel des Willens, im eigenen Namen zu handeln, nicht in Betracht, wenn der Wille, in fremdem Namen zu handeln, nicht erkennbar hervortritt. Die Vorschrift enthält damit zunächst eine Auslegungsregel des Inhalts, dass bei Unklarheiten im Auftreten des Handelnden **im Zweifel seine Erklärung als im eigenen Namen abgegeben** anzusehen ist.[199] Es setzt sich also – wie auch sonst – der objektive Erklärungswert gegenüber dem nicht nach außen erkennbar gewordenen inneren Willen des Erklärenden durch. Der Handelnde selbst wird berechtigt und verpflichtet. Derjenige, der eigentlich Partei werden sollte, kann das Geschäft auch nach § 177 nicht mehr an sich ziehen. Die Vorschrift hat insoweit eher einen deklaratorisch bekräftigenden Charakter, da sich die Zweifelsregelung zugunsten eines Eigengeschäfts schon aus allgemeinen Auslegungsgrundsätzen ergibt.[200] Darüber hinaus – und hier liegt die eigentliche Hauptaussage der Vorschrift – soll dem Handelnden die Möglichkeit genommen werden, seine irrtumsbehaftete Erklärung nach § 119 Abs. 1 Var. 1 anzufechten. Insofern handelt es sich bei Abs. 2 vor allem um eine **Einschränkung der Irrtumsanfechtung nach § 119 Abs. 1**.[201] Dies geschieht im Interesse der Verkehrssicherheit, weil durch die Zulassung der Anfechtung „Chikanen und Streitigkeiten in zahlreichen Fällen Thür und Thor geöffnet" würden.[202] 63

Nicht anwendbar ist Abs. 2 auf den umgekehrten Fall, dass der Handelnde ein Eigengeschäft abschließen möchte, die Auslegung nach dem Empfängerhorizont hingegen ein Handeln in fremdem Namen ergibt.[203] Der Zweck des Abs. 2 erschöpft sich darin, den Geschäftspartner, der aufgrund des äußeren Erscheinungsbildes von einer Verpflichtung des unmittelbar Handelnden ausging, in diesem Vertrauen zu schützen. Der **Erklärende kann** daher bei fehlendem Vertretungswillen **nach § 119 Abs. 1 anfechten** – allerdings um den Preis 64

190 St. Rspr vgl BGHZ 62, 216, 219 ff = JZ 1975, 323; BGH NJW 1990, 2678, 2679; 1991, 2627 f; 1998, 2897; Staudinger/*Schilken*, § 164 Rn 1 und § 179 Rn 23; Soergel/*Leptien*, § 164 Rn 14; MüKo/*Schramm*, § 164 Rn 24; Palandt/*Ellenberger*, § 164 Rn 3; abw. *Haas*, NJW 1997, 2854 ff und *Derleder*, in: FS Raisch 1995, S. 25 ff.

191 BGH NJW 1981, 2569, 2570; 1991, 2627, 2628; zust. in diesem Punkt *Canaris*, Anm. NJW 1991, 2628.

192 BGH NJW 1991, 2627, 2628.

193 BGHZ 62, 216, 220 = JZ 1975, 323; BGHZ 64, 11, 17 = NJW 1975, 1166; BGH NJW 1991, 2627, 2628; ebenso für die Fortlassung des Formzusatzes „Vor-GmbH" BGH NJW 1996, 2645; ebenso für fehlenden Hinweis auf GmbH & CoKG BGHZ 71, 354 = NJW 1978, 2030; Soergel/*Leptien*, § 164 Rn 14; Palandt/*Ellenberger*, § 164 Rn 3.

194 BGH NJW 1996, 2645.

195 BGH NJW 1998, 2897; Soergel/*Leptien*, § 164 Rn 14.

196 Vgl BAG NZA-RR 2007, 571, 573 f und OLG Hamm MDR 1989, 910 als Beispiele für eine eindeutige Zuordnung des Vertrages.

197 MüKo/*Schramm*, § 164 Rn 25; ausf. und mit weiteren Überlegungen zum Schutz des Vertragsgegners bei unklarem Handeln eines Doppelvertreters *K. Schmidt*, JuS 1987, 425, 431. Fälle der unklaren Doppelvertretung behandeln im Übrigen BGHZ 5, 279 = LM Nr. 3 zu § 164; BGH NJW-RR 1986, 456; NJW 2000, 3344.

198 Vgl *Wieacker*, Privatrechtsgeschichte der Neuzeit, 2. Aufl. 1967, S. 478: „Entgleisung".

199 *Larenz/Wolf*, BGB AT, § 46 Rn 76.

200 Staudinger/*Schilken*, § 164 Rn 16; Palandt/*Ellenberger*, § 164 Rn 16 („insoweit leer laufend"); *Bork*, BGB AT, Rn 1416.

201 BGH NJW-RR 1992, 1010, 1011; *Flume*, BGB AT Bd. 2, § 44 III, S. 775; *K. Schmidt*, JuS 1987, 425, 427; MüKo/*Schramm*, § 164 Rn 62; Soergel/*Leptien*, § 164 Rn 34; Palandt/*Ellenberger*, § 164 Rn 16; *Medicus*, BGB AT, Rn 919.

202 Motive I, S. 226.

203 HM vgl Staudinger/*Schilken*, § 164 Rn 21; Soergel/*Leptien*, § 164 Rn 35; MüKo/*Schramm*, § 164 Rn 65: Erman/*Palm*, § 164 Rn 23; *Flume*, BGB AT Bd. 2, § 44 III, S. 776; *Bork*, BGB AT, Rn 1420; *Hübner*, BGB AT, Rn 1221; aA *Fikentscher*, AcP 154 (1955), 1,16 ff; Palandt/*Ellenberger*, § 164 Rn 16; anders offenbar auch BGHZ 36, 30, 33 f = NJW 1961, 2251.

einer Schadensersatzpflicht nach § 122 – und auf diese Weise den Vertretenen von den Bindungen des Vertretergeschäfts befreien.[204] Im Anschluss hieran kann er dem Geschäftsgegner ein neuerliches Angebot, nunmehr gerichtet auf Abschluss des von Anfang an gewollten Eigengeschäfts, unterbreiten.

65 **d) Ausnahmen und Sonderfälle. aa) Geschäft für den, den es angeht.** Eine **Ausnahme vom Offenkundigkeitsprinzip** stellt das sog. (verdeckte) Geschäft für den, den es angeht, dar.[205] Der Handelnde tritt hier zwar im eigenen Namen auf, will aber mit Wirkung für einen Dritten handeln, demgegenüber er zur Vertretung auch berechtigt ist. Für den Geschäftsgegner ist die Fremdbezüglichkeit des Handelns zwar nicht erkennbar.[206] Wenn es ihm aber auf die Identität seines Vertragspartners nicht ankommt, spricht nichts dagegen, die Rechtswirkungen des Geschäfts in der Person des Dritten (also desjenigen, den es angeht) eintreten zu lassen. Diese heute weitgehend anerkannte Regel[207] bedeutet eine Annäherung an die Rechtspraxis. Denn bei vielen täglichen Besorgungen ist eine Offenlegung der Stellvertretung schlicht unüblich. Die Kassiererin in einem Supermarkt oder in einem Warenhaus interessiert sich nicht dafür, für wen der Gegenstand erworben werden soll. Sie fragt nicht danach und würde eine solche Information auch nicht aufzeichnen. Sollte es zu einer Reklamation kommen, so wird in der Praxis derjenige als Vertragspartner behandelt, der die Ware und den Kassenzettel vorweisen kann. Insbesondere bei solchen Bargeschäften des täglichen Lebens bedarf der Geschäftsgegner des Schutzes des Offenkundigkeitsprinzips nicht. Daher kann der Geltungsanspruch des Offenkundigkeitsprinzips in solchen Fallkonstellationen im Wege der teleologischen Reduktion zurückgenommen werden.[208] Die vom Offenkundigkeitsprinzip nach zutreffender Ansicht (vgl Rn 9) mitgeschützte „Eindeutigkeit der Eigentumsverhältnisse im Interesse des Rechtsverkehrs" steht der Anerkennung dieser Rechtsfigur nicht entgegen.[209] Denn diesem Einwand kann auf der Tatbestandsseite des Geschäfts für den, den es angeht, Rechnung getragen werden (vgl hierzu nachfolgende Rn 66).

66 **Voraussetzung für die Fremdwirkung eines Rechtsgeschäfts** nach den Grundsätzen des Geschäfts für den, den es angeht, ist zunächst, dass der Vertreter zum Zeitpunkt des Geschäftsabschlusses[210] mit dem Willen handelt, eine bestimmte andere Person zu berechtigen und zu verpflichten. Der **Vertretungswille** allein ist jedoch nicht ausreichend. Die zweite, auf klare Rechtsverhältnisse im Interesse des Rechtsverkehrs gerichtete Schutzrichtung des Offenkundigkeitsprinzips verlangt darüber hinaus, dass **ein mit den Verhältnissen Vertrauter aus objektiven Anhaltspunkten auf den Fremdbindungswillen schließen** kann.[211] Eine solche Schlussfolgerung erlaubt beispielsweise regelmäßig der Umstand, dass der Handelnde mit ihm vom Geschäftsherrn hierfür überlassenen Mitteln bezahlt. Hat sich der Vertretungswille auf diese Weise nach außen hin manifestiert, so muss hinzukommen, dass dem anderen Teil die **Person des Kontrahenten gleichgültig** ist. Das kann ausdrücklich erklärt worden sein oder sich aus den Umständen ergeben. Im letzteren Fall muss die typische Interessenlage gewürdigt werden.

67 Insbesondere bei den eingangs geschilderten **Bargeschäften des täglichen Lebens** ist deutlich geworden, dass der Geschäftspartner hier kein Interesse hat, zu erfahren, wen die Wirkungen des Geschäfts treffen sollen. Bejaht wurde eine Fremdzurechnung über die Rechtsfigur des Geschäfts für den, den es angeht, beim Pferdekauf,[212] beim Möbelkauf für die künftige eheliche Wohnung,[213] bei der Anschaffung von Hausrat, auch wenn es sich hierbei um einen Kreditkauf unter Eigentumsvorbehalt handelt.[214] Auch zur Begründung des Eigentumserwerbs bei einem Importgeschäft mit Stellung eines Akkreditivs[215] sowie im Effektenkommissi-

204 Die Person des Anfechtungsberechtigten ist umstritten. Wie hier: Staudinger/*Schilken*, § 164 Rn 21; MüKo/*Schramm*, § 164 Rn 66; *Flume*, BGB AT Bd. 2, § 44 III, S. 776; *Hübner*, BGB AT, Rn 1221. Den Vertretenen halten für anfechtungsberechtigt: Soergel/*Leptien*, § 164 Rn 12; Erman/*Palm*, § 164 Rn 23; *Bork*, BGB AT, Rn 1420; *v. Tuhr*, BGB AT, Bd. 2/2, S. 347; noch anders – nämlich Anfechtungsrecht des Vertreters neben dem Vertretenen – *Lieb*, JuS 1967, 106, 112, Fn 63.

205 Grundlegend hierzu *Cohn*, Das rechtsgeschäftliche Handeln für den, den es angeht, 1931; ferner *von Lübtow*, ZHR 112 (1949), 227 ff; aus neuer Zeit *K. Müller* JZ 1982, 777 ff; zur geschichtlichen Entwicklung HKK/*Schmoeckel*, §§ 164–181 Rn 12.

206 Anders verhält es sich, wenn der Vertreter offen legt, dass die Rechtsfolgen des Geschäfts eine andere Person treffen sollen, diese jedoch zunächst nicht benennt. Ein solches „unechtes oder offenes Geschäft für den, den es angeht" berührt den Offenkundigkeitsgrundsatz nicht. Es ist hier bereits unter Rn 56 behandelt worden.

207 Aus der Rspr etwa RGZ 100, 192; BGH NJW 1955, 587, 590; 1991, 2958, 2959; MüKo/*Schramm*, § 164 Rn 40; Soergel/*Leptien*, Vor § 164 Rn 30; *Medicus*, BGB AT, Rn 920 ff; *Bork*, BGB AT, Rn 1398; *Einsele*, JZ 1990, 1009 f; abl. *Flume*, BGB AT Bd. 2, § 44 II 2, S. 771 ff; krit. auch Staudinger/*Schilken*, Vor §§ 164 ff Rn 53.

208 *K. Schmidt*, JuS 1987, 425, 429; *Bork*, BGB AT, Rn 1398.

209 So aber *Flume*, BGB AT Bd. 2, § 44 II 2, S. 773; wie hier *K. Schmidt*, JuS 1987, 425, 429.

210 Eine nachträgliche Umwandlung eines Eigengeschäfts in ein Fremdgeschäft ist ausgeschlossen, so BGH NJW 1955, 587, 590.

211 *K. Schmidt*, JuS 1987, 425, 429; Staudinger/*Schilken*, Vor §§ 164 ff Rn 53; *Larenz/Wolf*, BGB AT, § 46 Rn 86; aA Soergel/*Leptien*, Vor § 164 Rn 29; *Bork*, BGB AT, Rn 1399.

212 RGZ 100, 207, 208; 140, 229.

213 RGZ 100, 190.

214 BGHZ 114, 74 = NJW 1991, 2283, 2284 f.

215 *Ingelmann*, WM 1997, 745 ff.

onsgeschäft[216] kann auf das Geschäft für den, den es angeht, rekurriert werden. Geschäfte größeren Umfangs sind nicht generell ausgeschlossen, solange sie sich aus der Sicht des Händlers noch als übliche Massengeschäfte darstellen. Bei Kreditgeschäften ist es dem Kreditgeber in aller Regel nicht gleichgültig, wer als Kreditschuldner zur Rückzahlung verpflichtet ist.[217] Offen gelegt werden muss der Vertretungswille nach der Rechtsprechung ferner bei folgenden Vertragstypen: PKW-Kauf trotz Barzahlung,[218] Verkauf eines Haustiers an einen Tierfreund,[219] Krankenhausvertrag,[220] zahnärztlicher Behandlungsvertrag,[221] Schleppvertrag,[222] Auflassung eines Grundstücks[223] und bei der Auszahlung des Rücknahmepreises an den Inhaber eines Investmentanteils.[224]

Sind die vorstehend genannten Voraussetzungen des Geschäfts für den, den es angeht, allesamt erfüllt und handelte der Vertreter auch im Rahmen der ihm zustehenden Vertretungsmacht, so tritt die **Rechtsfolge** des Abs. 1 S. 1 ein, dh das abgeschlossene Geschäft wirkt für und gegen den Vertretenen. Im Vordergrund steht zumeist die **dingliche Seite** des Geschäfts. Da der Geschäftspartner insoweit allein daran interessiert sein dürfte, durch seine Leistung von der ihn treffenden vertraglichen Primärverpflichtung frei zu werden, steht einer **Einigung** über den Eigentumsübergang zwischen ihm und demjenigen, den es angeht, regelmäßig nichts entgegen. Die zusätzlich notwendige Veränderung der **Besitzlage** zugunsten des Vertretenen ergibt sich meist entweder aus der Rolle des Vertreters als Besitzdiener (§ 855) oder kraft eines Besitzmittlungsverhältnisses (§ 868). Dieses kann zwischen dem Geschäftsherrn und seinem Vertreter auch im Vorhinein (antizipiertes Besitzkonstitut) oder durch erlaubtes Insichgeschäft (§ 181) begründet werden. Der Vertretene erlangt das Eigentum dann unmittelbar, ohne dass ein Durchgangserwerb in der Person des Vertreters stattfindet (wichtig zB für ein Vermieterpfandrecht nach § 562).[225] 68

Auf das **schuldrechtliche Verpflichtungsgeschäft** kann die über das Geschäft für den, den es angeht, vermittelte Fremdwirkung zwar nicht ohne weiteres übertragen werden,[226] geht es doch auch um Haftungs- und Gewährleistungspflichten, an deren personaler Zuordnung ein Interesse des Geschäftsgegners gegeben sein kann. Für den wichtigsten Anwendungsfall, den Barkauf des täglichen Lebens in Supermärkten, Warenhäusern etc., wird es jedoch im Regelfall zu einem Gleichklang beider Geschäfte kommen, da der Verkäufer einem Gewährleistungsverlangen hier in der Praxis meist erst bei Vorlage des Kassenbons und/oder der gekauften Ware nachkommen wird, er also gegen eine unberechtigte Inanspruchnahme ausreichend abgesichert ist.[227] 69

bb) Handeln unter fremdem Namen. Vom Handeln „in" fremdem Namen muss das sog. Handeln „unter" fremdem Namen unterschieden werden.[228] Der **Handelnde bedient sich hier eines fremden Namens, gibt also bei der Vornahme eines Rechtsgeschäfts vor, selbst der so Bezeichnete zu sein**. „Es fehlt" – wie bereits *v. Tuhr* prägnant formulierte – „an den charakteristischen Kennzeichen der Vertretung: an der Erklärung des V, dass er für einen anderen handele, und am Bewusstsein des Gegners, dass die Wirkungen des Geschäftes nicht für und gegen seinen Mitkontrahenten, sondern für eine von diesem verschiedene Person eintreten sollen."[229] Stellt sich das Auftreten des Handelnden aus der maßgeblichen Sicht des Erklärungsempfängers somit nicht als Stellvertretung dar, so **muss eine unmittelbare Anwendung der Stellvertretungsregeln ausscheiden**.[230] 70

Die Frage, ob und in welchen Fallkonstellationen Raum für eine entsprechende Anwendung der §§ 164 ff besteht, **ob also die Erklärung für den wahren Namensträger wirkt oder ob von einem Eigengeschäft** 71

216 *Kümpel*, Bank- und Kapitalmarktrecht, 3. Aufl. 2004, Rn 11.395.
217 MüKo/*Schramm*, § 164 Rn 53; vgl aber die bereits erwähnte Entscheidung BGH NJW 1991, 2283, 2284 f, die für den Kreditkauf unter Eigentumsvorbehalt eine Ausnahme zulässt.
218 OLG Celle MDR 2007, 209 f.
219 RGZ 99, 208 (Katze).
220 BGH LM Nr. 33 zu § 164 BGB.
221 BGH NJW 1991, 2959, 2959.
222 LG Bremen VersR 1986, 461.
223 So mit Rücksicht auf § 925 Abs. 2 BGB zutr. BayOBLG Rpfleger 1984, 11.
224 BGHZ 154, 276 = NJW-RR 2003, 921.
225 MüKo/*Schramm*, § 164 Rn 58; *Medicus*, BR, Rn 90.
226 Zu Recht wird betont, dass die Gleichgültigkeit an der Person des Vertragsgegners für das schuldrechtliche Geschäft stets besonderer Feststellung bedarf; so schon *Enneccerus/Nipperdey*, BGB AT II, S. 1102; ebenso *Bork*, BGB AT, Rn 1404 Fn 42.
227 MüKo/*Schramm*, § 164 Rn 54; Soergel/*Leptien*, Vor § 164 Rn 31; *Medicus*, BGB AT, Rn 920; *Bork*, BGB AT, Rn 1404; *K. Schmidt*, JuS 1987, 425, 429; in diese Richtung tendierend auch BGH NJW 1955, 587, 590. Zurückhaltender Staudinger/*Schilken*, Vor §§ 164 ff Rn 54; *Flume*, BGB AT Bd. 2, § 44 II 2, S. 772. Gegen eine Anwendung der Grundsätze über das Geschäft für den, den es angeht, auf schuldrechtliche Geschäfte generell *Baur/Stürner*, Sachenrecht, 18. Aufl. 2009, § 51 Rn 43.
228 Hierzu vor allem *Letzgus*, AcP 137 (1933), 327; *Ohr*, AcP 152 (1952/53), 216; *Larenz*, in: FS H. Lehmann 1956, S. 234; *Lieb*, JuS 1967, 106; *R. Weber*, JA 1996, 426; zum Handeln unter fremder Nummer *M.U. Hanau*, VersR 2005, 1215 ff.
229 BGB AT Bd. 2/2, S. 345.
230 BGHZ 45, 193, 195 = NJW 1966, 1069; Soergel/*Leptien*, § 164 Rn 23; *Bork*, BGB AT, Rn 1410; *Hübner*, BGB AT, Rn 1223; für eine Gleichsetzung des Handelns unter und in fremdem Namen und folgerichtig für eine unmittelbare Anwendung der §§ 164 ff BGB hingegen *Flume*, BGB AT Bd. 2, § 44 IV, S. 776 ff.

des Handelnden auszugehen ist, wird zwar auch heute noch nicht einheitlich beantwortet.[231] Immerhin ist eine gewisse Annäherung hinsichtlich der Wertungsgrundlagen zu beobachten. Die Klärung, wer Geschäftspartei beim Handeln unter fremdem Namen geworden ist, hat auch hier im Wege der **Auslegung** zu erfolgen.[232] Maßgeblich ist, welchen Erklärungswert der Geschäftsgegner der Erklärung unter Berücksichtigung seiner Verständnismöglichkeiten beimessen durfte.[233] Dies wiederum hängt entscheidend davon ab, welche **Bedeutung der vom Handelnden verwendete Name für den Erklärungsempfänger** beim Abschluss des betreffenden Rechtsgeschäfts hat.[234]

72 Hiernach sind im Wesentlichen **zwei Fallgruppen** zu unterscheiden. Zunächst kann es sich so verhalten, dass eine Person eine Willenserklärung unter Angabe eines falschen Namens abgibt, mit dem der Erklärungsempfänger keine bestimmte Person assoziiert. Besonders deutlich ist dies bei der Verwendung bloßer Fantasie- oder Allerweltsnamen (zB „Peter Müller"). Als Schulbeispiel gilt die Übernachtung in einem Hotel unter Angabe eines falschen Namens. Durch den Gebrauch des falschen Namens wird in diesen Fällen **keine irrtümliche Identitätsvorstellung beim Erklärungsempfänger** hervorgerufen. Dieser will mit der vor ihm stehenden Person kontrahieren, gleich, wie sie heißt. Die am Empfängerhorizont ausgerichtete Auslegung führt hier zu einem **Eigengeschäft des unter falscher Namensangabe Handelnden**.[235] Er allein wird aus dem abgeschlossenen Geschäft berechtigt und verpflichtet; der wahre Namensträger, so er sich überhaupt bestimmen lässt, kann das Geschäft nicht nach § 177 an sich ziehen. Diese Auslegung gilt keineswegs nur für Erklärungen unter Anwesenden, sondern auch für Erklärungen, die von einem Abwesenden abgegeben werden (zB Hotelbuchung unter falscher Namensangabe per Brief).[236] So steht ein Lottogewinn oder ein Preis bei einem Preisausschreiben auch dann dem Tipper bzw Einsender zu, wenn er sich beim Ausfüllen des Tippscheins oder beim Schreiben der Postkarte eines falschen Namens bedient hat.[237] Wird unter Vorlage der Fahrzeugpapiere ein unterschlagener Pkw unter dem Namen des Eigentümers bar verkauft, ist Vertragspartner nicht der Eigentümer, sondern die unter fremdem Namen auftretende Person. Dasselbe gilt für die dingliche Seite eines solchen Rechtsgeschäfts, so dass gutgläubiger Erwerb nach §§ 929, 932 Abs. 1 möglich ist.[238]

73 **Anders liegt es**, wenn das Auftreten des Handelnden auf eine bestimmte andere Person hinweist, von der anzunehmen ist, dass sie dem Erklärungsempfänger bekannt ist. Durfte dieser der Ansicht sein, der Vertrag komme mit dieser durch den Namen individualisierten Person zustande, so wird seinem Schutzinteresse grundsätzlich entsprochen und das Geschäft **analog § 164 als im Namen des Namensträgers abgeschlossen** behandelt.[239] Die Annahme eines Fremdgeschäfts für den Namensträger setzt dabei nicht voraus, dass dem Geschäftspartner daran gelegen war, gerade mit dem Namensträger zu kontrahieren und ein Abschluss mit dem Handelnden für ihn ausgeschlossen gewesen wäre.[240] Keine Rolle spielt es ferner, ob der wirkliche Namensträger dem Erklärungsempfänger persönlich bekannt ist.[241] Entscheidend ist allein, dass die Nennung des Namens geeignet ist, beim Erklärungsempfänger individualisierende Vorstellungen von der am Rechtsgeschäft beteiligten Partei auszulösen. Für die Zurechnung analog § 164 kommt es schließlich auch nicht darauf an, dass der Handelnde mit Vertretungswillen agierte; maßgeblich ist insoweit allein der äußere Erklärungstatbestand.[242]

231 Das Spektrum aller bislang vertretenen Theorien wird aufgezeigt bei *R. Weber*, JA 1996, 426 ff.

232 BGHZ 45, 193, 195= NJW 1966, 1069; OLG Düsseldorf NJW 1989, 906; MüKo/*Schramm*, § 164 Rn 41; *Flume*, BGB AT Bd. 2, § 44 IV, S. 779.

233 BGH NJW-RR 1988, 814, 815; NJW-RR 2006, 701 f; OLG Düsseldorf NJW 1989, 906; Soergel/*Leptien*, § 164 Rn 23; MüKo/*Schramm*, § 164 Rn 41; Palandt/*Ellenberger*, § 164 Rn 10.

234 *Bork*, BGB AT, Rn 1406.

235 RGZ 95, 188, 190; BGH NJW-RR 1988, 814, 815; 2006, 701 f; OLG Düsseldorf NJW 1989, 906; Staudinger/*Schilken*, Vor §§ 164 ff Rn 92; Soergel/*Leptien*, § 164 Rn 24; MüKo/*Schramm*, § 164 Rn 42; *Flume*, BGB AT Bd. 2, § 44 IV, S. 776 mit der Bemerkung, der Name sei in diesen Fällen „Schall und Rauch"; *Medicus*, BGB AT, Rn 907.

236 MüKo/*Schramm*, § 164 Rn 42; Soergel/*Leptien*, § 164 Rn 25; anders *Larenz/Wolf*, BGB AT, § 46 Rn 91.

237 OLG Koblenz MDR 1958, 687 (für Lottogewinn); Soergel/*Leptien*, § 164 Rn 24 und Palandt/*Ellenberger*, § 164 Rn 12 (für Preisausschreiben).

238 OLG Düsseldorf NJW-RR 1989, 906; ebenso MüKo/*Schramm*, § 164 Rn 43; *Giegerich*, NJW 1986, 1975 f; *Mittenzwei*, NJW 1986, 2472 ff; aA noch OLG Düsseldorf NJW 1985, 2484, diesem Urteil folgend Palandt/*Ellenberger*, § 164 Rn 11.

239 BGHZ 45, 193, 195 = NJW 1966, 1069; BGH NJW-RR 1988, 814, 815; 2006, 701, 702; MüKo/*Schramm*, § 164 Rn 44; Soergel/*Leptien*, § 164 Rn 25; Palandt/*Heinrichs*, § 164 Rn 11; *Bork*, BGB AT, Rn 1410; *Hübner*, BGB AT, Rn 1223. Eine Ausnahme wird im Schrifttum bisweilen für einseitige Rechtsgeschäfte gemacht (vgl *Köhler*, in: FS Schippel 1996, S. 212 f, und Staudinger/*Schilken*, Vor §§ 164 ff Rn 90). Die Grundsätze zum Handeln unter fremdem Namen sollen im Hinblick auf den Schutzzweck des § 174 S. 1 nicht zur Anwendung gelangen.

240 So aber offenbar *Larenz/Wolf*, BGB AT, § 46 Rn 89.

241 MüKo/*Schramm*, § 164 Rn 44.

242 BGHZ 45, 193, 195 f = NJW 1966, 1069; Soergel/*Leptien*, § 164 Rn 25; Erman/*Palm*, § 164 Rn 8. Anders ist hier nur dann zu entscheiden, wenn der Eigengeschäftswille ausnahmsweise vom Erklärungsempfänger erkannt wird (falsa demonstratio); MüKo/*Schramm*, § 164 Rn 41.

Die Rechtswirkungen treten in der Person des wirklichen Namensträgers ein, wenn er dem Handelnden **Vollmacht** erteilt hatte oder eine solche sich aus den Grundsätzen über die Duldungs- oder Anscheinsvollmacht ergibt oder aber er das Geschäft gemäß § 177 genehmigt; im Übrigen wird stets vorausgesetzt, dass kein Vertretungsverbot berührt ist.[243] Liegt keiner dieser das Auftreten für den Vertretenen legitimierenden Tatbestände vor, so haftet der Handelnde **entsprechend § 179** auf Erfüllung oder Schadensersatz.[244] **74**

Ein Fremdgeschäft für den Namensträger liegt auch dann vor, wenn der Handelnde, den der Geschäftspartner für seinen Kontrahenten hält, die Urkunde **mit dem Namen des Vertretenen unterzeichnet**.[245] Ist er zur Vertretung berechtigt, wird der Vertretene aus diesem Geschäft berechtigt und verpflichtet. Fehlt es an der notwendigen Vertretungsmacht – so insbesondere in den Fällen der Unterschriftsfälschung –[246] gelten wiederum die §§ 177 und 179. In diese Fallgruppe gehört schließlich die **Abgabe einer Bestellung auf elektronischem Wege** (Internet, E-Mail) unter Verwendung eines für einen registrierten Kunden reservierten Zugangswegs (einloggen unter dem Passwort eines anderen).[247] **75**

Das Handeln unter fremdem Namen wirft schließlich noch einige Fragen hinsichtlich der ggf zu beachtenden **Formerfordernisse** auf. Verlangt das Gesetz für die abzugebende Erklärung oder den Vertrag insgesamt **Schriftform** (§ 126), so ist dem Gebot der eigenhändigen Namensunterschrift nach hM auch dann Genüge getan, wenn der Vertreter die Urkunde mit dem Namen des Vertretenen unterschreibt.[248] Ist dagegen für ein Rechtsgeschäft notarielle **Beurkundung** vorgeschrieben, so kann das Handeln unter fremdem Namen keine Fremdwirkung entfalten. Die Beurkundung verlangt die zutreffende Angabe des Erklärenden; wird dem nicht Rechnung getragen, so ist das Rechtsgeschäft nichtig (§ 125 S. 1).[249] Gleiches gilt wegen der mit dem Handeln unter fremdem Namen einhergehenden Täuschung einer Amtsperson für die **Auflassung**.[250] **76**

3. Vertretungsmacht. a) Wesen der Vertretungsmacht. Gemäß Abs. 1 S. 1 wirkt eine im Namen des Vertretenen abgegebene Willenserklärung nur dann unmittelbar für und gegen den Vertretenen, wenn der Vertreter hierbei **„innerhalb der ihm zustehenden Vertretungsmacht"** handelt. Dasselbe gilt für den Fall der passiven Stellvertretung (Abs. 3). Dass die Rechtsfolgen nicht in der Person des rechtsgeschäftlich Handelnden, sondern in der Person eines am Abschluss des Rechtsgeschäfts persönlich nicht Beteiligten eintreten sollen, bedarf eines besonderen **Zurechnungsgrundes**. Einen solchen Zurechnungsgrund stellt die dem Vertreter zustehende Vertretungsmacht dar.[251] Sie **legitimiert** den Vertreter, durch sein rechtsgeschäftliches Agieren im Namen des Vertretenen diesen im Verhältnis zu einem Dritten zu berechtigen und zu verpflichten. Darin erschöpft sich allerdings auch der Rechtsgehalt der Vertretungsmacht.[252] Für den Vertreter ist sie ansonsten ohne jede Substanz. Von einem subjektiven Recht, etwa in Form eines Gestaltungsrechts,[253] zu sprechen, wäre verfehlt, da die Vertretungsmacht dem Vertreter allein um des Vertretenen willen zusteht und auch nicht „ausgeübt" oder „geltend gemacht" werden kann.[254] Ebenso wenig lässt sich die Vertretungsmacht den persönlichen Fähigkeiten, etwa der Rechts- oder Geschäftsfähigkeit, zuordnen.[255] Es handelt sich nach **77**

243 Bei höchstpersönlichen Rechtsgeschäften führt das Handeln unter fremdem Namen zur Unwirksamkeit, vgl *Geusen*, S. 71 ff; *Beitzke*, in FS Dölle 1963, S. 229 ff; Staudinger/*Schilken*, Vor §§ 164 ff Rn 89.

244 BGH NJW-RR 2006, 701, 702; Soergel/*Leptien*, § 164 Rn 25; *Hübner*, BGB AT, Rn 1223; Bork, BGB AT, Rn 1410.

245 BGHZ 45, 193 = NJW 1966, 1069; MüKo/*Schramm*, § 164 Rn 38; Erman/*Palm*, § 164 Rn 8; Ist die fehlende Identität des Unterzeichners mit dem Namensträger für den Geschäftsgegner hingegen erkennbar oder liegt sie sogar offen zutage, so ist die Fremdwirkung beiderseits gewollt und die §§ 164 ff unmittelbar anzuwenden; Staudinger/*Schilken*, Vor §§ 164 ff Rn 90; Erman/*Palm*, § 164 Rn 8.

246 Dazu, dass auch hier die Grundsätze über das Handeln unter fremdem Namen zur Anwendung gelangen, MüKo/*Schramm*, § 164 Rn 39; Erman/*Palm*, § 164 Rn 8.

247 *Bork*, BGB AT, Rn 1411; OLG München NJW 2004, 1328; OLG Köln NJW 2006, 1676; OLG Hamm NJW 2007, 611.

248 RGZ 74, 69, 72; Palandt/*Ellenberger*, § 126 Rn 9; *Larenz/Wolf*, BGB AT, § 27 Rn 29; aA *Holzhauer*, Die eigenhändige Unterschrift, 1973, S. 135 ff, und *Köhler*, in: FS Schippel 1996, S. 212.

249 MüKo/*Schramm*, § 164 Rn 46. Erwogen wird dann eine Haftung des Handelnden in entsprechender Anwendung des § 179, vgl *Flume*, BGB AT Bd. 2, § 44 IV, S. 780.

250 RGZ 106, 198, 200; Staudinger/*Schilken*, Vor §§ 164 ff Rn 89.

251 *Bork*, BGB AT, Rn 1425.

252 So zutr. *Flume*, BGB AT Bd. 2, § 45 II 1, S. 784, und Staudinger/*Schilken*, Vor §§ 164 ff Rn 17; MüKo/*Schramm*, § 164 Rn 68.

253 So aber *Doris*, Die rechtsgeschäftliche Ermächtigung, 1974, S. 175 ff; RGRK/*Steffen*, § 167 Rn 1; *Enneccerus/Nipperdey*, BGB AT II, S. 1129.

254 Heute ganz hM vgl BayObLG NJW-RR 2001, 297; *Larenz/Wolf*, BGB AT, § 46 Rn 62; Staudinger/*Schilken*, Vor §§ 164 ff Rn 16; Soergel/*Leptien*, Vor § 164 Rn 15; Palandt/*Ellenberger*, Einf. v. § 164 Rn 5.

255 *Müller-Freienfels*, S. 34 ff; Staudinger/*Schilken*, Vor §§ 164 ff Rn 17; *Larenz/Wolf*, BGB AT, § 46 Rn 62; *Bork*, BGB AT, Rn 1426.

alledem um eine singuläre Rechtsfigur außerhalb der bekannten Kategorien, um eine **Rechtsmacht sui generis.**[256]

78 **b) Rechtsgründe für die Vertretungsmacht. aa) Einheitlichkeit des Begriffs der Vertretungsmacht.** Für die Begründung der Vertretungsmacht kommen verschiedene Tatbestände in Betracht, nämlich die **rechtsgeschäftliche Erteilung, die gesetzliche Anordnung und die Berufung in eine Organstellung, an die das Gesetz die Vertretungsmacht knüpft**. Trotz mancher Unterschiede in der dogmatischen Erfassung der Vertretungsmacht, insbesondere im Hinblick auf die Einordnung der organschaftlichen Vertretung, ist man sich heute einig, dass die Verschiedenartigkeit der Begründungstatbestände die **Einheitlichkeit des Begriffs der Vertretungsmacht** nicht infrage stellt.[257] Insbesondere ist für alle Erscheinungsformen der Vertretungsmacht kennzeichnend, dass die Vertretungsmacht gegenüber der Pflichtbindung des Vertreters im Innenverhältnis verselbständigt ist.[258] Für die Rechtspraxis bleibt somit festzuhalten: Für die Anwendbarkeit des Rechts der Stellvertretung (§§ 164 ff) kommt es grundsätzlich nicht darauf an, auf welchem Wege der Stellvertreter seine Vertretungsmacht erlangt hat.

79 **bb) Rechtsgeschäftlich begründete Vertretungsmacht.** Die **rechtsgeschäftlich begründete Vertretungsmacht** bezeichnet das Gesetz in § 166 Abs. 2 als **Vollmacht**. Den Akt der Erteilung nennt man **Bevollmächtigung**. Hierbei handelt es sich um ein einseitiges Rechtsgeschäft in Form einer empfangsbedürftigen Willenserklärung. Es ist von dem Vertretergeschäft, das der Vertreter, legitimiert durch die ihm erteilte Vollmacht, mit Wirkung für und gegen den Vertretenen abschließt, streng zu unterscheiden.[259] Ferner muss das Rechtsgeschäft der Bevollmächtigung von den pflichtenbegründenden Absprachen im Innenverhältnis unterschieden werden (zum Abstraktionsgrundsatz im Stellvertretungsrecht vgl bereits Rn 10 ff). Zum **Umfang der Vollmacht** vgl § 167 Rn 44 ff.

80 **cc) Gesetzlich eingeräumte Vertretungsmacht.** Die Vertretungsmacht kann dem Vertreter auch **vom Gesetz eingeräumt** sein. Dies geschieht regelmäßig, um die rechtsgeschäftliche Handlungsfähigkeit auch solcher Personen zu sichern, die ihre Angelegenheiten selbst nicht oder doch nur eingeschränkt wahrzunehmen in der Lage sind. Der gesetzliche Vertreter leitet seine Vertretungsmacht hier nicht vom Willen des Vertretenen ab. Die mit der Einsetzung des Vertreters verbundene Fremdbestimmung erfolgt jedoch im wohlverstandenen Interesse des Vertretenen. Das verselbständigte Vertreterhandeln geschieht in Verantwortung für den Vertretenen.[260] Die Vertretungsmacht kann **unmittelbar vom Gesetz zugewiesen** sein, so im Falle der gesetzlichen Vertretungsmacht der Eltern für ihre Kinder (§ 1629). Der Umfang der elterlichen Vertretungsmacht ist weit und umfasst grundsätzlich alle persönlichen und Vermögensangelegenheiten des Kindes.[261] Nicht selten knüpft das Gesetz die Zuerkennung der Vertretungsmacht an die **Innehabung eines bestimmten Amtes**, das **durch** einen **staatlichen Akt** verliehen wird. Auch diese Fälle rechnet man zur gesetzlichen Vertretungsmacht. Gesetzliche Vertreter in diesem Sinne sind der Vormund (§ 1793), der Betreuer (§ 1902), der Pfleger (§§ 1909, 1911, 1913, 1915, 1960, 1793) sowie der Verwalter für die Wohnungseigentümer (§ 27 Abs. 2 WEG).[262] Der Umfang der Vertretungsmacht ist in diesen Fällen regelmäßig im Hinblick auf den begrenzten Aufgabenbereich eingeschränkt.

81 **dd) Organschaftliche Vertretungsmacht.** Vertretungsmacht knüpft das Gesetz schließlich an die Bestellung als **Organ einer juristischen Person oder Personengesellschaft**. Vertretungsbefugte Organe sind insbesondere der Vorstand für den rechtsfähigen Verein (§ 26 Abs. 2 S. 1), die Aktiengesellschaft (§ 78 Abs. 1 AktG) und die Genossenschaft (§ 24 Abs. 1 GenG), der Geschäftsführer für die Gesellschaft mit beschränkter Haftung (§ 35 GmbHG) und die Gesellschafter für die Personengesellschaften, nämlich die offene Handelsgesellschaft (§ 125 HGB), die Kommanditgesellschaft (§§ 161 Abs. 2, 125 HGB) und die Gesellschaft bür-

256 So in der Sache auch *Flume*, BGB AT Bd. 2, § 45 II 1, S. 785; *Larenz/Wolf*, BGB AT, § 46 Rn 61; *Bork*, BGB AT, Rn 1426; Soergel/*Leptien*, Vor § 164 Rn 15; Palandt/*Ellenberger*, Einf. v. § 164 Rn 5; vgl auch BayObLG FGPrax 2003, 171, 172. Keine inhaltliche Differenz besteht zu *Müller-Freienfels*, S. 34 ff, 48 ff und 65 ff, der von „sekundärer Zuständigkeit" spricht; dem zust. MüKo/*Schramm*, § 164 Rn 68.

257 *Flume*, BGB AT Bd. 2, § 45 II 4, S. 791 f; Staudinger/*Schilken*, Vor §§ 164 ff Rn 21; *Bork*, BGB AT, Rn 1428; aM *Müller-Freienfels*, S. 335 ff, der für eine grundlegende Zweiteilung zwischen der rechtsgeschäftlich erteilten und der gesetzlichen Vertretungsmacht eintritt.

258 *Flume*, BGB AT Bd. 2, § 45 II 4, S. 792.

259 Soergel/*Leptien*, Vor § 164 Rn 16; abw. im Sinne einer Lehre vom einheitlichen Gesamttatbestand *Müller-Freienfels*, S. 202 ff.

260 Staudinger/*Schilken*, Vor §§ 164 ff Rn 23; MüKo/*Schramm*, Vor § 164 ff Rn 5.

261 Gesetzliche Beschränkungen existieren insb. zur Vermeidung von Interessenkollisionen und für besonders bedeutsame Rechtsgeschäfte; vgl hierzu im Einzelnen MüKo/*P. Huber*, § 1629 Rn 41 ff

262 Umstritten ist, ob auch der Notgeschäftsführer (§§ 2038 Abs. 1, 679, 680) eine gesetzliche Vertretungsmacht in Anspruch nehmen kann: dafür Soergel/*Leptien*, Vor § 164 Rn 17; dagegen Staudinger/*Schilken*, Vor §§ 164 ff Rn 24. Nicht hierher gehören richtiger Ansicht nach die sog. Vermögensverwalter kraft Amtes, hierzu Rn 24 ff. Zu § 1357 vgl bereits Rn 33.

gerlichen Rechts (§ 714).[263] Auch wenn § 26 Abs. 2 S. 1 dem Vorstand eines eingetragenen Vereins – immerhin der „Urform aller privatrechtlichen Körperschaften"[264] – die „Stellung eines gesetzlichen Vertreters" des Vereins zuerkennt, so ist man sich heute doch weitgehend darüber einig, dass es sich bei der organschaftlichen Vertretung[265] rechtsdogmatisch um eine dritte, der gesetzlichen Vertretung zwar nahe stehende, jedoch eigenständige Kategorie handelt.[266] Der Grund hierfür liegt darin, dass nach der herrschenden Organtheorie[267] das Handeln des Organs ein solches des Verbandes selbst ist. Die juristische Person und die Personengesellschaft selbst erfüllen den rechtsgeschäftlichen Tatbestand, wenn ihre Organe Willenserklärungen abgeben und entgegennehmen. Auch wenn es damit nicht um Zurechnung im strengen Sinne geht, so stellen sich auch hier Fragen, für die das Stellvertretungsrecht die angemessenen Lösungen bereithält. Daher wendet man die §§ 164 ff auf das rechtsgeschäftliche Handeln der Organe entsprechend an.[268] Der Umfang der organschaftlichen Vertretungsmacht bestimmt sich nach dem Gesetz und der Satzung des Verbandes und ist aus Gründen der Rechtssicherheit jedenfalls bei den körperschaftlich organisierten Verbänden weitgehend der Disposition entzogen.[269]

c) Sonderformen der Vertretungsmacht. aa) Gesamtvertretung. Die Vertretungsmacht kann auch so beschaffen sein, dass die vertretungsberechtigten Personen nicht jede für sich allein, sondern nur zusammen mit einer oder mehreren anderen ein wirksames Vertretergeschäft vornehmen können. Eine solche, persönlich beschränkte Vertretungsmacht, nennt man Gesamtvertretungsmacht. Gesamtvertretung wird in vielen Fällen vom Vertretenen selbst zu seinem eigenen Schutz bei der Bevollmächtigung vorgegeben (zB in Form der Gesamtprokura, vgl § 48 Abs. 2 HGB). Aus diesem Grund sollen die Probleme dieser Sonderform der Vertretungsmacht hier im Zusammenhang mit der Vollmacht erörtert werden (vgl § 167 Rn 54 ff). Es sei an dieser Stelle lediglich darauf hingewiesen, dass Gesamtvertretung auch auf gesetzlicher Anordnung (zB gesetzliche Vertretung des Kindes durch beide Elternteile, § 1629 Abs. 1 S. 2) beruhen kann und ferner im Rahmen der organschaftlichen Vertretung im Gesellschaftsrecht (zB § 714 iVm § 709; § 78 Abs. 2 AktG) anzutreffen ist. 82

bb) Untervertretung. Ein Vertreter kann, wenn ihm dies seine eigene Vertretungsmacht erlaubt, auch einen Untervertreter bevollmächtigen, für den Vertretenen zu handeln. Die sich im Falle einer solchen **mehrstufigen Vertretung** stellenden Probleme werden hier im Zusammenhang mit der Vollmacht behandelt (vgl § 167 Rn 61 ff). 83

d) Missbrauch der Vertretungsmacht. aa) Allgemeines. Die Verselbständigung der Vertretungsmacht gegenüber den im Innenverhältnis begründeten Bindungen hat u.a. zur Konsequenz, dass der Vertreter, legitimiert durch die ihm zustehende Vertretungsmacht, Rechtsfolgen in der Person des Vertretenen auch dann herbeiführen kann, wenn er sich bei dem konkreten Geschäft über seine Bindungen im Innenverhältnis hinwegsetzt. Dazu kann es vor allem dann leicht kommen, wenn der Umfang der Vertretungsmacht vom Gesetz weit abgesteckt wird, wie es beispielsweise bei der Prokura der Fall ist (§§ 49, 50 HGB). Grundsätzlich lässt weder eine versehentliche noch eine bewusste Missachtung der im Innenverhältnis bestehenden einschränkenden Absprachen die Bindung des Vertretenen an das vom Vertreter für ihn abgeschlossene Rechtsgeschäft entfallen. Das Risiko eines pflichtwidrigen Verhaltens trägt nach der gesetzlichen Wertung grundsätzlich der Vertretene.[270] Dieser kann ggf seinen Vertreter wegen der Verletzung einer Vertragspflicht nach § 280 Abs. 1 auf Schadensersatz in Anspruch nehmen. Von dieser zum Schutz des Geschäftsgegners und der Rechtssicherheit im Allgemeinen grundsätzlich gerechtfertigten einseitigen Risikoverteilung zulasten des Vertretenen muss jedoch dann abgegangen werden, wenn der Geschäftsgegner ausnahmsweise nicht schutzbedürftig ist. Wie das Schutzbedürfnis und die Schutzwürdigkeit des Geschäftsgegners sachgerecht zu begrenzen sind, wird in Rechtsprechung und Schrifttum kontrovers beurteilt. 84

bb) Kollusion. Ein besonders gravierender, regelmäßig sogar strafrechtlich relevanter Fall des Missbrauchs der Vertretungsmacht liegt vor, wenn der Vertreter mit dem Vertragsgegner bewusst und einverständlich „hinter dem Rücken" des Geschäftsherrn zu dessen Nachteil zusammenwirkt, um sich oder einem nahen Angehörigen einen Vorteil zu verschaffen. Dieser Fall ist rechtlich unproblematisch und nahezu unumstritten: 85

263 Zur Vertretung juristischer Personen des öffentlichen Rechts vgl Staudinger/*Schilken*, Vor §§ 164 ff Rn 27 ff; zum kirchlichen Bereich *Peglau*, NVwZ 1996, 767.
264 *K. Schmidt*, GesR, 4. Aufl. 2002, § 23 I, S. 660.
265 Krit. zu dieser Bezeichnung *Beuthien*, NJW 1999, 1142.
266 MüKo/*Schramm*, Vor § 164 Rn 7; *Bork*, BGB AT, Rn 1433; für die Einordnung als „Sonderfall der gesetzlichen Stellvertretung" jedoch *Medicus*, BGB AT, Rn 926.
267 BGH WM 1959, 80, 81; 1987, 286, 287; *Enneccerus/Nipperdey*, BGB AT I, § 103 IV, S. 615 ff; MüKo/*Reuter*, § 26 Rn 11; *Beuthien*, NJW 1999, 1142 f; aA *Flume*, BGB AT Bd. 1/2, § 11 I, S. 377; instruktive Darstellung des Meinungsstandes bei *K. Schmidt*, GesR, 4. Aufl. 2002, § 10 I 2, S. 250 ff.
268 MüKo/*Schramm*, Vor § 164 Rn 9; *K. Schmidt*, GesR, 4. Aufl. 2002, § 10 II, S. 254 ff; *Bork*, BGB AT, Rn 1433; für eine eingeschränkte und lediglich ergänzende Anwendung der Stellvertretungsregeln hingegen *Beuthien*, NJW 1999, 1142 ff.
269 Soergel/*Leptien*, Vor § 164 Rn 18; Staudinger/*Schilken*, Vor §§ 164 ff Rn 25.
270 MüKo/*Schramm*, § 164 Rn 106; Palandt/*Ellenberger*, § 164 Rn 13; *Larenz/Wolf*, BGB AT, § 46 Rn 147.

solche kollusiven Absprachen widersprechen einfachsten und grundlegenden Regeln geschäftlichen Anstandes und kaufmännischer guter Sitte mit der Folge, dass sie **nach § 138 Abs. 1 nichtig** sind.[271] Die Sittenwidrigkeit erfasst nicht nur die kollusive Absprache im engeren Sinne (zB die Vereinbarung eines 10 %-igen Aufschlags auf den normalen Kaufpreis), sondern wirkt sich auch auf den Hauptvertrag (den Kaufvertrag) aus.[272] Eine besonders anfällige Konstellation stellt die Anbahnung eines Versicherungsvertrages dar. Die Annahme einer Kollusion zwischen Antragsteller und Agent beim Abschluss einer Berufsunfähigkeitsversicherung setzt nach der Rechtsprechung voraus, dass der Versicherungsnehmer auf die Auskunft des Agenten, eine erhebliche Vorerkrankung sei nicht anzeigepflichtig, nicht vertraut, sondern im Bewusstsein der Anzeigeobliegenheit erkennt und billigt, dass der Versicherer durch das Vorgehen des Agenten über seinen Gesundheitszustand getäuscht und dadurch in der Entscheidung über den Abschluss des Versicherungsvertrags beeinflusst wird und er deshalb – im Einvernehmen mit dem Versicherungsagenten – will, dass die betreffende Erkrankung im Antragsformular unerwähnt bleibt.[273] Ferner kann ein aufgrund einer Bestechung zustande gekommener Vertrag sittenwidrig sein, wenn die Schmiergeldabrede zu einer für den Geschäftsherrn nachteiligen Vertragsgestaltung geführt hat. Fehlt allerdings ein solcher Nachteil, so ist der Vertrag trotz der Bestechung nicht sittenwidrig;[274] er unterfällt vielmehr den allgemeinen Regeln über den Vollmachtsmissbrauch. Nichtig ist schließlich auch ein den Vertretenen benachteiligendes Insichgeschäft, das der von den Beschränkungen des § 181 befreite Vertreter vornimmt.[275] In den Fällen der Kollusion hat der Geschäftsgegner dem Vertretenen nach § 826 und der Vertreter zusätzlich aus § 280 Abs. 1 wegen Verletzung vertraglicher Pflichten den entstandenen **Schaden zu ersetzen**. Geschäftsgegner und Vertreter haften dem Vertretenen gesamtschuldnerisch.[276]

86 **cc) Bösgläubigkeit des Geschäftsgegners.** Übereinstimmung besteht im Grundsatz auch dahin gehend, dass der Geschäftsgegner dann keines Schutzes bedarf, wenn er im Hinblick auf den Missbrauch der Vertretungsmacht durch den Vertreter bösgläubig ist. Umstritten sind allerdings die dogmatische Verankerung dieser Rechtsregel und ihre genauen tatbestandlichen Voraussetzungen.

87 Um die **rechtsdogmatische Erklärung der gebotenen Restriktionen** auf der Rechtsfolgenseite ringen heute im Wesentlichen noch zwei Ansätze,[277] wobei die Differenzen allerdings nicht überbewertet werden sollten.[278] Nach Ansicht der Rechtsprechung und eines Teils der Literatur soll das Vertretergeschäft auch dann durch die dem Vertreter zustehende Vertretungsmacht gedeckt sein, wenn der Geschäftsgegner hinsichtlich der Überschreitung der Bindungen im Innenverhältnis bösgläubig ist. Diesem sei es jedoch nach **§ 242 (Einwand des Rechtsmissbrauchs)** verwehrt, sich auf das Bestehen der Vertretungsmacht zu berufen.[279] Das Rechtsgeschäft sei – so wird überwiegend hinzugefügt – in diesem Falle schwebend unwirksam mit der Folge, dass die §§ 177–180 analoge Anwendung fänden.[280]

88 Vorzugswürdig ist es demgegenüber, mit einer im Schrifttum verbreiteten Gegenansicht[281] bereits **bei der Vertretungsmacht anzusetzen**. Diese ist entsprechend der Pflichtenbindung im Innenverhältnis zu begrenzen, wenn der Vertreter von ihr pflichtwidrig Gebrauch macht und der Geschäftsgegner insoweit bösgläubig ist. Es ist dann von einem **Handeln ohne Vertretungsmacht** auszugehen mit der Folge, dass der Vertretene das Geschäft nach § 177 noch genehmigen kann. Verweigert er die Genehmigung, so scheitert regelmäßig

271 RGZ 136, 359, 360; BGH NJW 1989, 26 f; NJW 2000, 2896 f; OLG Düsseldorf NJW-RR 1997, 737, 238; MüKo/*Schramm*, § 164 Rn 107; Palandt/*Ellenberger*, § 164 Rn 13; *Flume*, BGB AT Bd. 2, § 45 II 3, S. 788; *Larenz/Wolf*, BGB AT, § 46 Rn 148; von einem Handeln ohne Vertretungsmacht will hingegen *Bork* (BGB AT, Rn 1575) ausgehen. Für den Vertretenen eröffnet sich auf diese Weise die Möglichkeit der Genehmigung (§ 177 Abs. 1). Für Wahlmöglichkeit über die Bindungswirkung auch *Vedder*, JZ 2008, 1081.

272 BGH NJW 1989, 26 f.

273 BGH NJW-RR 2008, 977, 978.

274 BGHZ 141, 357 = NJW 1999, 2266 f.

275 BGH NJW 2002, 1488.

276 MüKo/*Schramm*, § 164 Rn 107.

277 Nicht mehr vertreten wird heute der einst von *Lehmann* (JW 1934, 684) und *Stoll* (in: FS Lehmann 1937, S. 115 ff) propagierte Lösungsweg, im Kontrahieren mit dem die Vertretungsmacht missbrauchenden Vertreter eine culpa in contrahendo des Geschäftsgegners zu sehen, die ihn verpflichte, den Vertretenen so zu stellen, als sei das Geschäft nicht zustande gekommen (§ 249 S. 1). Der Nachteil dieser Konzeption besteht darin, dass sie die Lösung außerhalb des Stellvertretungsrechts ansiedelt und den unpassenden Verschuldensgedanken (auch in Form des § 254) in den Vordergrund rückt (so zu Recht Staudinger/*Schilken*, § 167 Rn 102; vgl ferner RG JW 1935, 1084). Für eine Anfechtungslösung in Analogie zu §§ 123 f jüngst *Vedder*, JZ 2008, 1082.

278 *K. Schmidt*, GesR, 4. Aufl. 2002, § 10 II, S. 258.

279 RGZ 134, 67, 71 f; 145, 311, 315; BGH NJW 1966, 1911; Soergel/*Leptien*, § 177 Rn 15; Palandt/*Ellenberger*, § 164 Rn 14; *Larenz/Wolf*, BGB AT, § 46 Rn 159; *Canaris*, Handelsrecht, 24. Aufl. 2006, § 15 Rn 40; *Jüngst*, Der Missbrauch organschaftlicher Vertretungsmacht, 1981, S. 138 ff.

280 BGHZ 141, 357 = NJW 1999, 2266, 2268; Soergel/*Leptien*, § 177 Rn 15; Erman/*Palm*, § 167 Rn 50.

281 Staudinger/*Schilken*, § 167 Rn 95, 103; *Kipp*, in: Die RG-Praxis im deutschen Rechtsleben II, 1929, S. 273 ff; *Enneccerus/Nipperdey*, BGB AT II, § 183 I 5, S. 1125; *Flume*, BGB AT Bd. 2, § 45 II 3, S. 789; *Bork*, BGB AT, Rn 1578; *K. Schmidt*, AcP 174 (1974), 55, 58 ff; *Medicus*, BGB AT, Rn 967.

auch eine Inanspruchnahme des Vertreters wegen Vertretung ohne Vertretungsmacht an § 179 Abs. 3.[282] Diese Konzeption hat den Vorteil, dass sie das Problem in den Kategorien des Stellvertretungsrechts löst, es also dort verortet, wo es hingehört. Die dem Interesse des Verkehrsschutzes dienende Verselbständigung der Vertretungsmacht verliert ihre Berechtigung dort, wo der Geschäftsgegner nicht schutzbedürftig ist, weil die Missachtung der Pflichtenbindung im Innenverhältnis zumindest offen zutage liegt.

Umstritten sind sodann die **tatbestandlichen Voraussetzungen**, unter denen ein Missbrauch der Vertretungsmacht und damit ein Handeln ohne Vertretungsmacht angenommen werden kann. Ausgehend von der hier favorisierten rechtsdogmatischen Einordnung der Problematik stellen sich die Anforderungen in tatbestandlicher Hinsicht wie folgt dar: 89

Auf der Seite des Vertreters muss zunächst eine **pflichtwidrige Überschreitung der im Innenverhältnis bestehenden Grenzen für die Ausübung der Vertretungsmacht** vorliegen.[283] Eine solche interne Pflichtwidrigkeit kann schlicht darin liegen, dass sich der Vertreter über das Verbot, ein solches Rechtsgeschäft vorzunehmen, hinwegsetzt.[284] Dem steht gleich, dass das Rechtsgeschäft nicht durch den Verbandszweck gedeckt ist,[285] es seinem Inhalt nach die Interessen des Vertretenen verletzt[286] oder Tatsachen vorliegen, bei deren Kenntnis es der Vertretene nicht abgeschlossen haben würde.[287] Für die Frage, ob es mangels Schutzbedürftigkeit des Geschäftsgegners gerechtfertigt ist, die Verselbständigung der Vertretungsmacht ausnahmsweise zurückzunehmen und die interne Pflichtenbindung auch auf das Außenverhältnis durchschlagen zu lassen, kann es im Übrigen keine Rolle spielen, ob der Vertreter bewusst, fahrlässig oder gar ohne Verschulden von den im Innenverhältnis bestehenden Bindungen abweicht.[288] Der Missbrauchstatbestand ist auf Seiten des Vertreters rein **objektiv** zu bestimmen. Dies gilt in gleicher Weise für die gesetzlich festgelegte und unbeschränkbare Vertretungsmacht (zB Prokura).[289] 90

Der **Geschäftsgegner** ist unstreitig jedenfalls dann als bösgläubig zu qualifizieren, wenn er im Zeitpunkt der Vornahme des Rechtsgeschäfts **weiß**, dass der Vertreter sich über die Bindungen im Innenverhältnis hinwegsetzt.[290] Im Prozess lässt sich die nicht selten nur vorgeschützte Einlassung des Vertreters, ihm sei im Moment des Abschlusses der Widerspruch zu den Bindungen im Innenverhältnis nicht bewusst gewesen, nur schwer widerlegen. Ließe man es bei diesen Anforderungen bewenden, wäre daher dem Institut des Missbrauchs der Vertretungsmacht in der Praxis nur ein sehr schmaler Anwendungsbereich beschieden, der im Übrigen nahe an der Kollusion läge. Im Ergebnis besteht daher heute Einigkeit, dass die für den Tatbestand des Missbrauchs notwendige Bösgläubigkeit nicht zwingend an die positive Kenntnis des Geschäftsgegners geknüpft ist. 91

Weitgehender Konsens besteht auch noch dahin gehend, dass den Vertragspartner keine Pflicht trifft zu prüfen, ob und inwieweit der Vertreter im Innenverhältnis gebunden ist, von seiner nach außen unbeschränkten Vertretungsmacht nur begrenzten Gebrauch zu machen.[291] Anderenfalls würde nämlich der Grundsatz infrage gestellt, dass der Vertretene das Risiko einer Überschreitung der im Innnenverhältnis gesetzten Grenzen durch den Vertreter zu tragen hat. Schadet somit einfache Fahrlässigkeit, also bloßes Kennenmüssen, dem Geschäftsgegner nicht, so stellt sich die Frage, wie das Aufgreifkriterium zu formulieren ist. Im Schrifttum verbreitet ist die Ansicht, nur grob fahrlässige Unkenntnis des Kontrahenten begründe den Tatbestand des Missbrauchs der Vertretungsmacht.[292] 92

282 *Hübner*, BGB AT, Rn 1302; *Bork*, BGB AT, Rn 1582.
283 Vgl zum Folgenden insb. *K. Schmidt*, GesR, 4. Aufl. 2002, § 10 II, S. 259 mwN.
284 RG JW 1936, 643.
285 RGZ 145, 311, 315.
286 BGH GmbHR 1976, 208, 209.
287 RGZ 134, 67, 72; BGH NJW 1984, 1461, 1462.
288 So – jedenfalls für die Vertretungsmacht, deren Inhalt rechtsgeschäftlich bestimmt ist – BGH NJW 1988, 3012, 3013; ohne nach der Art der Vertretungsmacht zu differenzieren: MüKo/*Schramm*, § 164 Rn 113; Staudinger/*Schilken*, § 167 Rn 95; *Flume*, BGB AT Bd. 2, § 45 II 3, S. 791; *Larenz/Wolf*, BGB AT, § 46 Rn 148; *Medicus*, BGB AT, Rn 968; *Bork*, BGB AT, Rn 1582; *K. Schmidt*, GesR, 4. Aufl. 2002, § 10 II, S. 259; anders Soergel/*Leptien*, § 177 Rn 17, der grundsätzlich vorsätzliches Handeln verlangt, da nur dieses einen „Missbrauch" darstellen könne; im Erg. ebenso *Canaris*, Handelsrecht, 24. Aufl. 2006, § 12 Rn 35 ff und *Vedder*, JZ 2008, 1077 ff.
289 Anders insoweit BGHZ 50, 112, 114; BGH NJW 1990, 384, 385; ebenso RGRK/*Steffen*, § 167 Rn 24; dagegen zutr. die hL vgl neben den in der vorherigen Fn genannten Autoren insb. Staub/*Joost*, HGB, 5. Aufl. 2008, § 50 Rn 45 u. 48; *Fleischer*, NZG 2005, 535 mwN; ferner OLG Hamm, NZG 2006, 827.
290 BGHZ 113, 315, 320 = NJW 1991, 1812; Staudinger/*Schilken*, § 167 Rn 96; Erman/*Palm*, § 167 Rn 48.
291 BGH NJW 1966, 1911; 1984, 1461, 1462; 1994, 2082, 2083; 1999, 2883; MüKo/*Schramm*, § 164 Rn 115; Soergel/*Leptien*, § 177 Rn 18; *Hübner*, BGB AT, Rn 1299; *Bork*, BGB AT, Rn 1579; leichte Fahrlässigkeit ließen demgegenüber bereits genügen RGZ 83, 348, 353; 143, 196, 201; BGH MDR 1964, 592.
292 Soergel/*Leptien*, § 177 Rn 18; RGRK/*Steffen*, § 167 Rn 24; MüKo-HGB/*Lieb/Krebs*, Vor § 48 Rn 69; *Enneccerus/Nipperdey*, BGB AT II, § 183 I 5, S. 1125 Fn 25; so wohl auch OLG Dresden NJW-RR 1995, 803.

93 Die mittlerweile hM setzt hingegen zu Recht auf ein objektives, vom Verschulden des Kontrahenten losgelöstes Kriterium, nämlich die **objektive Evidenz des Missbrauchs.**[293] Der BGH verlangt, dass der Vertreter von seiner Vertretungsmacht in ersichtlich verdächtiger Weise Gebrauch gemacht hat, so dass beim Vertragspartner begründete Zweifel bestehen mussten, ob nicht ein Treueverstoß des Vertreters gegenüber dem Vertretenen vorliege. Notwendig sei dabei eine massive Verdachtsmomente voraussetzende objektive Evidenz des Missbrauchs. Diese sei insbesondere dann gegeben, wenn sich unter den gegebenen Umständen die Notwendigkeit einer Rückfrage des Geschäftsgegners bei dem Vertretenen geradezu aufdränge.[294] Zuzugeben ist allerdings, dass in diesen Fällen in aller Regel auch grob fahrlässige Unkenntnis zu bejahen sein wird, die unterschiedlichen Maßstäbe mithin kaum je zu divergierenden Ergebnissen führen werden.[295]

94 Umstritten ist ferner, ob bei der Verteilung des Missbrauchsrisikos auch ein **Mitverschulden des Vertretenen** zu berücksichtigen ist, beispielsweise wenn er es an ihm zuzumutenden Kontrollmaßnahmen gegenüber seinem Vertreter hat fehlen lassen. Der BGH hat dies unter Berufung auf den **Rechtsgedanken des § 254** bejaht und sich dafür ausgesprochen, die nachteiligen Folgen des Geschäfts in einem solchen Fall auf den Vertretenen und den Vertragsgegner nach Maßgabe des auf jeder Seite obwaltenden Verschuldens zu verteilen.[296] Diese Rechtsprechung ist im Schrifttum zu Recht auf scharfe Ablehnung gestoßen.[297] Abgesehen davon, dass die Kategorie des Verschuldens nicht mit der hier vertretenen dogmatischen Verankerung der Grundsätze über den Missbrauch der Vertretungsmacht harmoniert, begegnet es tief greifenden rechtssystematischen Bedenken, die Regelung des § 254 auf Erfüllungsansprüche anzuwenden. Erfüllungsansprüche sind – wenn sie nicht auf Geldzahlung gerichtet sind – regelmäßig unteilbar und die Gültigkeit des Rechtsgeschäfts kann nur einheitlich beurteilt werden. Sollte es sich allerdings so verhalten, dass dem Vertretenen ein Verschulden bei Vertragsschluss zur Last fällt und damit eine **Schadensersatzhaftung gegenüber dem Geschäftspartner** nach §§ 280, 311 Abs. 2 (ggf iVm § 278) besteht, so kommt in dieser Konstellation eine Anwendung des § 254 im Hinblick auf ein Mitverschulden des geschädigten Kontrahenten durchaus in Betracht.[298]

95 Die dargestellten Grundsätze über den Missbrauch der Vertretungsmacht gelten nicht nur bei der Vollmacht, sondern in gleicher Weise bei der **gesetzlichen Vertretung**. Allerdings entfällt hier die besondere Bindung an den Willen des Vertretenen.[299] Entsprechende Anwendung finden die Regeln über den Missbrauch der Vertretungsmacht ferner bei **missbräuchlicher Verwendung einer Scheckkarte**[300] sowie bei der missbräuchlichen Vornahme von **Prozesshandlungen** durch einen Prozessvertreter.[301] Auf einen seine Stellung missbrauchenden **Treuhänder** passen die Grundsätze über den Missbrauch der Vertretungsmacht hingegen nicht, da dieser im eigenen Namen handelt und insofern keine vergleichbare Situation vorliegt.[302]

IV. Rechtsfolgen der Stellvertretung

96 **1. Wirkung für und gegen den Vertretenen.** Die wichtigste Rechtsfolge wirksamer Stellvertretung wird in Abs. 1 mit den Worten „wirkt unmittelbar für und gegen den Vertretenen" beschrieben. Die **Rechtsfolgen** des vom Vertreter vorgenommenen Rechtsgeschäfts, also einer von ihm abgegebenen (Abs. 1) oder empfangenen (Abs. 3) Willenserklärung treten demnach unmittelbar **in der Person des Vertretenen** ein. Die aus dem Vertreterhandeln resultierende rechtliche Regelung ist eine solche des Vertretenen.[303] **„Unmittelbar"** meint in diesem Zusammenhang, dass die Rechte und Pflichten originär in der Person des Vertretenen entstehen, also kein abgeleiteter Erwerb über den Vertreter als Durchgangsperson stattfindet.[304]

293 BGH NJW 1994, 2082, 2083; 1999, 2883; NJW-RR 2008, 977. 978; grundlegend *Flume*, BGB AT Bd. 2, § 45 II 3, S. 789 ff; Staudinger/*Schilken*, § 167 Rn 97; Palandt/*Ellenberger*, § 164 Rn 14; *Medicus*, BGB AT, Rn 967; *K. Schmidt*, GesR, 4. Aufl. 2002, § 10 II, S. 259.

294 BGH NJW 1994, 2082, 2083; 1999, 2883; BGH ZIP 2007, 1942; OLG Koblenz ZEV 2008, 334.

295 MüKo/*Schramm*, § 164 Rn 117; *Prölss*, JuS 1985, 578; *K. Schmidt*, GesR, 4. Aufl. 2002, § 10 II, S. 259; *Canaris*, Handelsrecht, 24. Aufl. 2006, § 12 Rn 36, der gar von einem „unsinnigen Streit" spricht.

296 BGHZ 50, 112, 114 f = NJW 1968, 1379; offen gelassen in BGH NJW 1999, 2883, 2884; ebenso Palandt/*Ellenberger*, § 164 Rn 14 b; *Fischer*, in: FS Schilling 1973, S. 17 f; *Tank*, NJW 1969, 6, 10.

297 Staudinger/*Schilken*, § 167 Rn 104; MüKo/*Schramm*, § 164 Rn 122; Soergel/*Leptien*, § 177 Rn 19; Erman/*Palm*, § 167 Rn 50; *Canaris*, Handelsrecht, 24. Aufl. 2006, § 12 Rn 42; MüKo-HGB/*Lieb/Krebs*, Vor § 48 Rn 73; *Heckelmann*, JZ 1970, 62, 64; *Larenz/Wolf*, BGB AT, § 46 Rn 150.

298 Staudinger/*Schilken*, § 167 Rn 104; MüKo/*Schramm*, § 164 Rn 122; Soergel/*Leptien*, § 177 Rn 19; Erman/*Palm*, § 167 Rn 50. Die Anwendung des § 278 im Hinblick auf den Vertreter ist nicht unstreitig; dagegen etwa *Canaris*, Handelsrecht, 24. Aufl. 2006, § 14 Rn 43.

299 *Flume*, BGB AT Bd. 2, § 45 II 3, S. 791; Staudinger/*Schilken*, § 167 Rn 99.

300 BGHZ 64, 79, 82 = NJW 1975, 1168; 83, 28, 33 = NJW 1982, 1466; NJW 1982, 1513, 1514; ausf. zum Bankverkehr in diesem Zusammenhang MüKo/*Schramm*, § 164 Rn 125 ff.

301 BGH LM § 515 ZPO Nr. 13 und § 565 III ZPO Nr. 10; Soergel/*Leptien*, § 164 Rn 20; Palandt/*Ellenberger*, § 164 Rn 14.

302 BGH NJW 1968, 1471; Staudinger/*Schilken*, § 167 Rn 99; vgl auch *Henssler*, AcP 196 (1996), 37, 68.

303 *Flume*, BGB AT Bd. 2, § 46 1, S. 793 f.

304 Erman/*Palm*, § 164 Rn 17.

Liegen bei **Abschluss eines Vertrages** die Voraussetzungen wirksamer Stellvertretung vor, so wird aus diesem Vertrag allein der **Vertretene** berechtigt und verpflichtet. Er **wird** damit **zur Vertragspartei** und kann die mit dieser Rolle verbundenen Rechte uneingeschränkt wahrnehmen. Wichtig ist dies vor allem für die Ausübung von **Gestaltungsrechten**. So steht ein vorbehaltenes oder kraft Gesetzes etwa infolge einer Leistungsstörung entstehendes Rücktrittsrecht, ein Kündigungs- oder ein Widerrufsrecht allein dem Vertretenen als Vertragspartei zu.[305] Dasselbe gilt für ein Anfechtungsrecht und zwar auch dann, wenn sich der Vertreter bei Abgabe der Willenserklärung im Irrtum befunden hatte oder arglistig getäuscht worden ist.[306] Möglich bleibt aber immer, dass die dem Vertreter erteilte Vertretungsmacht auch die Abgabe solcher Gestaltungserklärungen umfasst.[307] Das ist eine Frage der Auslegung der Reichweite der Vertretungsmacht und hängt von den Umständen des Einzelfalles ab. 97

2. Mitverpflichtung des Vertreters. Liegen die Voraussetzungen wirksamer Stellvertretung vor und wird das rechtsgeschäftliche Handeln des Vertreters demgemäß dem Vertretenen zugerechnet, so folgt daraus, dass der Vertreter selbst von den rechtsgeschäftlichen Wirkungen grundsätzlich unberührt bleibt. Er kann aus dem Rechtsgeschäft weder in Anspruch genommen werden, noch wird er aus ihm berechtigt. Dies ergibt sich auch aus § 179, der nur für den Fall der Vertretung ohne Vertretungsmacht eine Einstandspflicht des Vertreters vorsieht. 98

Nicht ausgeschlossen ist es, dass der Vertreter auf ein und derselben Seite **zugleich in fremdem als auch im eigenen Namen** rechtsgeschäftlich agiert und damit den Eintritt der Rechtswirkungen sowohl in der Person des Vertretenen als auch in eigener Person bewirkt.[308] Dies kann ausdrücklich oder konkludent erfolgen.[309] Häufig wird auf Verlangen des Geschäftspartners eine Mitverpflichtung oder eine Einstandspflicht des Vertreters durch eine entsprechende ausdrückliche Abrede begründet. Geschieht dies in Allgemeinen Geschäftsbedingung, so ist das besondere **Klauselverbot des § 309 Nr. 11** zu beachten. Das Bestreben, sich in Gestalt des Vertreters einen zusätzlichen Schuldner zu sichern, wird vom Gesetzgeber zwar nicht grundsätzlich missbilligt, wohl aber bestimmten, der Vertragstransparenz verpflichteten Anforderungen unterworfen. Damit soll der Vertreter vor einer Inanspruchnahme aufgrund einer ihm untergeschobenen Verpflichtungsvereinbarung geschützt werden. Um dies zu erreichen, wird insbesondere eine auf die Übernahme der Haftung oder der Einstandspflicht gerichtete ausdrückliche und gesonderte Erklärung verlangt.[310] Diese muss schon vom äußeren Aufbau her deren Doppelcharakter klar hervortreten lassen.[311] 99

Zu einer gesetzlich angeordneten Wirkungserweiterung, die zu einer Kombination von Eigen- und Fremdwirkungen führt, kommt es bei **Geschäften, die ein Ehegatte zur angemessenen Deckung des Lebensbedarfs der Familie besorgt** (§ 1357 Abs. 1 S. 2; vgl Rn 33). 100

Eine **Eigenhaftung des Vertreters** kommt schließlich wegen einer Pflichtverletzung im Zuge der Vertragsanbahnung in Betracht. Die bisherige Rechtsprechung zur Inanspruchnahme eines Dritten wegen **culpa in contrahendo** hat nunmehr in **§ 311 Abs. 3** eine Heimstatt gefunden. Auch weiterhin kommt es darauf an, ob der Dritte – hier der Vertreter – ein eigenes wirtschaftliches Interesse an dem Geschäft hat oder aber in besonderem Maße persönliches Vertrauen in Anspruch genommen und dadurch die Verhandlungen beeinflusst hat. Hiervon zu unterscheiden ist die **Inanspruchnahme des Vertretenen wegen einer Pflichtverletzung des Vertreters** innerhalb eines vorvertraglichen Vertrauensverhältnisses (§§ 280 Abs. 1, 311 Abs. 2, 278), das in entsprechender Anwendung des § 164 zwischen dem Vertretenen und dem Geschäftsgegner zustande gekommen ist.[312] 101

V. Passive Stellvertretung (Abs. 3)

Abs. 3 stellt klar, dass Abs. 1 und insbesondere der dort verankerte Offenkundigkeitsgrundsatz auch auf die Empfangnahme einer Willenserklärung für einen anderen (sog. passive Stellvertretung) entsprechende Anwendung findet. Anders als im Fall der aktiven Stellvertretung richtet sich der **Offenkundigkeitsgrundsatz** jedoch nicht an den Vertreter, sondern an den die Willenserklärung abgebenden Geschäftspartner.[313] 102

305 MüKo/*Schramm*, § 164 Rn 130; *Bork*, BGB AT, Rn 1654.
306 MüKo/*Schramm*, § 164 Rn 130; *Larenz/Wolf*, BGB AT, § 46 Rn 153.
307 *Larenz/Wolf*, BGB AT, § 46 Rn 153.
308 RGZ 127, 103, 105; BGHZ 104, 95 = NJW 1988, 1908, 1909; MüKo/*Schramm*, § 164 Rn 131; Erman/*Palm*, § 164 Rn 21.
309 Soergel/*Leptien*, § 164 Rn 32.
310 Näher zu diesem Klauselverbot die Kommentierung von *Wolf*, in: Wolf/*Horn*/*Lindacher*, AGBG, 4. Aufl. 1999, § 11 Nr. 14, sowie *Stoffels*, AGB-Recht, 2. Aufl. 2009, Rn 712.
311 So zuletzt BGH NJW 2002, 3464, 3465.
312 Wie hier Staudinger/*Schilken*, § 164 Rn 11; Erman/*Palm*, § 164 Rn 18; gegen eine solche zweistufige Zurechnung MüKo/*Schramm*, § 164 Rn 10. Aus der Rspr insb. BGHZ 6, 330, 334 und zuletzt BGH NJW-RR 1998, 1342.
313 MüKo/*Schramm*, § 164 Rn 133; Soergel/*Leptien*, § 164 Rn 37; aA Staudinger/*Schilken*, § 164 Rn 22, der darüber hinaus verlangt, dass das vom Vertreter an den Tag gelegte Empfangsverhalten erkennbar für den Vertretenen wirken soll.

Dieser muss seinen Willen, die Wirkungen der von ihm abgegebenen Willenserklärung in der Person des Vertretenen eintreten zu lassen, entweder ausdrücklich verlautbaren oder doch so ausdrücken, dass er sich für den anderen aus den Umständen ergibt. Dem dürfte regelmäßig entsprochen sein, wenn der Geschäftspartner eine erkennbar für den Vertretenen bestimmte, weil ihn berechtigende oder/und verpflichtende, Erklärung gegenüber dem Vertreter abgibt.[314] Auf den Willen des Vertreters, die Erklärung für den Vertretenen entgegenzunehmen, kommt es hingegen nicht an.[315] Folgerichtig hindert selbst die Erklärung, die Willenserklärung nicht für den Vertretenen in Empfang nehmen zu wollen, den Eintritt der Vertretungswirkung nicht.[316] Entscheidend ist allein, ob die Empfangsperson mit **Empfangsvertretungsmacht** ausgestattet ist oder nicht.[317] Im Allgemeinen kann davon ausgegangen werden, dass die aktive Vertretungsmacht als zumeist notwendiges Korrelat auch die passive Vertretungsmacht in demselben Geschäftsbereich umfasst.[318] Passive Vertretungsmacht kann jedoch auch isoliert bestehen.[319] So kann es sich beispielsweise beim Versicherungsvertreter verhalten (vgl § 69 Abs. 1 Nr. 1 und 2 VVG). Ferner muss eine Beschränkung der aktiven Vertretungsmacht nicht ohne weiteres auf die Empfangsvertretung durchschlagen,[320] wenngleich dies wiederum aber auch nicht ausgeschlossen ist.[321]

103 Vom Empfangsvertreter ist der **Empfangsbote** zu unterscheiden. Während der passive Stellvertreter selbst der Adressat der Willenserklärung ist und nur die Rechtsfolgen in der Person des Vertretenen eintreten sollen, obliegt dem Empfangsboten lediglich die Weitergabe der an den Vertretenen gerichteten Erklärung. Die für die aktive Stellvertretung formulierten Kriterien (vgl Rn 47 ff) lassen sich auf die Empfangnahme von Willenserklärungen mutatis mutandis übertragen. Es kommt also entscheidend darauf an, ob sich die Empfangsperson – für den Erklärenden erkennbar – durch eine gewisse Selbständigkeit gegenüber ihrem Geschäftsherrn auszeichnet oder ob sie lediglich als bloße Empfangseinrichtung ohne jeglichen Entscheidungsspielraum fungiert.[322] Die Abgrenzung ist häufig nicht einfach. Auf der anderen Seite führt die Unterscheidung in der Praxis in aller Regel nicht zu divergenten Ergebnissen. Am deutlichsten zeigt sich der Unterschied noch in der **Bestimmung des Zugangszeitpunkts** (vgl hierzu § 130). Während im Falle der Passivvertretung der Zugang der Willenserklärung beim Vertretenen bereits mit dem Zugang bei seinem Vertreter eintritt,[323] erfolgt der Zugang bei Einschaltung eines Empfangsboten erst zu dem Zeitpunkt, zu dem nach dem regelmäßigen Lauf der Dinge mit der Weitergabe der Erklärung an den Geschäftsherrn, den Empfänger, zu rechnen ist.[324]

C. Weitere praktische Hinweise

I. Prozessuale Fragen

104 **1. Beweislast.** Es gelten die allgemeinen Beweisgrundsätze. Danach trifft die Darlegungs- und Beweislast denjenigen, der sich auf die Wirksamkeit der Stellvertretung beruft. Dies gilt demnach, wenn streitig ist, ob ein Rechtsgeschäft in eigenem oder fremdem Namen vorgenommen wurde,[325] ob Vertretungsmacht vorliegt[326] oder ob der Empfänger eine Zahlung im eigenen oder fremden Namen angenommen hat.[327] Dies gilt ferner, wenn ein Vertreter als falsus procurator aus § 179 in Anspruch genommen wird. Wird der Verhandelnde als Vertragspartner in Anspruch genommen, muss er beweisen, dass er ausdrücklich im Namen des Vertretenen aufgetreten ist oder dass sein Vertreterwille erkennbar aus den Umständen zu entnehmen war.[328]

314 Erman/*Palm*, § 164 Rn 24.
315 Soergel/*Leptien*, § 164 Rn 37; MüKo/*Schramm*, § 164 Rn 133; RGRK/*Steffen*, § 164 Rn 11.
316 Soergel/*Leptien*, § 164 Rn 37; Erman/*Palm*, § 164 Rn 24; MüKo/*Schramm*, § 164 Rn 133; aA Staudinger/*Schilken*, § 164 Rn 22.
317 Zur Eigenschaft des Bezirksleiters eines Mineralölunternehmens als Empfangsvertreter gegenüber den Tankstellenhaltern vgl BGH NJW 2002, 1041.
318 BGH NJW 2002, 1041 f; Staudinger/*Schilken*, § 164 Rn 23; MüKo/*Schramm*, § 164 Rn 133; *Richardi*, AcP 169 (1969), 385, 400; *Larenz/Wolf*, BGB AT, § 46 Rn 8.
319 BGH NJW 2002, 1041; *Richardi*, AcP 169 (1969), 385, 400; Soergel/*Leptien*, § 164 Rn 37; Staudinger/*Schilken*, § 164 Rn 23; MüKo/*Schramm*, § 164 Rn 133; aA *Stoll*, AcP 131 (1929), 228, 231.
320 OLG Oldenburg NJW-RR 1991, 857; Staudinger/*Schilken*, § 164 Rn 23.
321 Vgl etwa BGH LM § 164 BGB Nr. 17. *Larenz/Wolf*, BGB AT, § 46 Rn 8 meint sogar, dass demjenigen, dem die aktive Vertretungsmacht in einer bestimmten Angelegenheit fehle, in der Regel auch die passive fehle.
322 Staudinger/*Schilken*, § 164 Rn 25; *Richardi*, AcP 169 (1969), 385, 401; MüKo/*Schramm*, § 164 Rn 134; ausf. zum Ganzen zuletzt *Sandmann*, AcP 199 (1999), 455 ff.
323 BGH NJW 2002, 1041, 1042.
324 Erman/*Palm*, § 164 Rn 25; Soergel/*Leptien*, Vor § 164 Rn 45.
325 BGH NJW 1986, 1675; 1991, 2958; 1992, 1380; vgl auch Zöller/*Greger*, ZPO, Vor § 284 Rn 17 a.
326 BayObLGE 1977, 9.
327 OLG Frankfurt NJW-RR 1988,108.
328 BGHZ 85, 258 = NJW 1983, 820; BGH NJW 1986, 1675; 1991, 2958; NJW-RR 1992, 1010; NJW 1995, 775; OLG Düsseldorf NJW-RR 2005, 852.

Besonderheiten gelten für das so genannte unternehmensbezogene Geschäft. Hier besteht eine widerlegbare Vermutung dafür, dass der Handelnde für das Unternehmen aufgetreten ist.[329] Wer ein Eigengeschäft behauptet, muss daher im Bestreitensfall beweisen, dass der Handelnde entgegen dieser Vermutung im eigenen Namen aufgetreten ist.[330] Der als Vertreter Handelnde hingegen muss, um sich zu entlasten, lediglich beweisen, dass sich das Geschäft erkennbar auf das Unternehmen bezogen hat.[331] Nicht ausräumbare Zweifel gehen nach Abs. 2 zulasten des Handelnden.[332] **105**

Ein behauptetes Erlöschen der Vertretungsmacht ist von demjenigen zu beweisen, der Rechte daraus herleitet. Ist lediglich der Zeitpunkt des Erlöschens umstritten, muss der Vertragsschluss vor dem Erlöschenszeitpunkt von dem bewiesen werden, der die Gültigkeit des Geschäftes behauptet.[333] **106**

2. Streitverkündung. Die Frage des Vorliegens wirksamer Stellvertretung berührt in der Regel die rechtlichen Interessen dreier Beteiligter: Geschäftsherr, Vertreter und Geschäftsgegner. Bei einem Rechtsstreit zwischen zwei dieser Beteiligten ist daher aus Sicht der Parteien die Möglichkeit einer Streitverkündung gem. §§ 72 ff ZPO zu berücksichtigen. Aus Sicht des am Prozess nicht Beteiligten kommt eine Nebenintervention gem §§ 66 ff ZPO infrage. Hierdurch wird zum einen dem an dem Prozess bislang Unbeteiligten die Möglichkeit geboten, auf Seiten einer Partei als Streithelfer mit den in § 67 ZPO benannten Rechten teilzunehmen. Zum anderen wird für den Folgeprozess – meist ein Regressprozess – zwischen der streitverkündenden bzw unterstützten Partei und dem Streitverkündungsempfänger bzw Nebenintervenienten die Interventionswirkung des § 68 ZPO ausgelöst. Sowohl dem Nebenintervenienten als auch dem nicht Beigetretenen sind im Folgeprozess gegenüber der Hauptpartei iSv § 68 ZPO alle Einwendungen tatsächlicher oder rechtlicher Art abgeschnitten, sofern sie im Vorprozess vorgetragen werden konnten, sofern Letztere nicht dem Vortrag zustimmt oder ein Fall des § 68 Hs 2 ZPO vorliegt. Die Interventionswirkung besteht nur zugunsten, nicht aber zuungunsten der streitverkündenden bzw unterstützten Partei.[334] So kommt eine Streitverkündung zB in Betracht, wenn zu besorgen ist, dass unklar bleibt, ob der Handelnde oder der Vertretene Vertragspartner geworden ist.[335] **107**

3. Kosten. a) Entwurf und Prüfung einer Vollmacht. Die Mitwirkung des Rechtsanwaltes bei der Erteilung einer Vollmacht und die Prüfung einer Vollmacht sind unter § 2 Abs. 2 RVG iVm Anlage 1 Teil 2 (Nrn. 2100 bis 2103 des Gebührenverzeichnisses) fallende Tätigkeiten. Ihr Wert bemisst sich nach § 23 Abs. 3 S. 2 RVG. **108**

b) Erteilung. Wird auf Erteilung einer Vollmacht geklagt, so richtet sich der Streitwert nach § 3 ZPO. Maßgebend ist das Interesse des Vollmachtnehmers an der von ihm in Anspruch genommenen Vertretungsbefugnis.[336] **109**

c) Herausgabe. Der Streitwert einer Klage auf Herausgabe einer Vollmachtsurkunde bestimmt sich nach dem gem. § 3 ZPO zu schätzenden Interesse hieran. Das Interesse an der Herausgabe kann nur danach bewertet werden, ob und in welchem Umfang überhaupt Schäden durch einen Missbrauch der Vollmacht möglich gewesen wären und inwieweit der Kläger solche Schäden befürchtet hat.[337] **110**

d) Vorlage. Wird lediglich die Vorlage und nicht die Herausgabe einer Vollmachtsurkunde verlangt, so ist der Streitwert das nach Lage jedes einzelnen Falles zu beurteilende Interesse des Klägers an der Vorlage der Urkunde. Das Interesse des Klägers besteht im Allgemeinen in den Kosten, die erwachsen würden, wenn der Kläger sich die aus den Urkunden zu schöpfende Kenntnis oder Beweismittel auf anderem Wege beschaffen müsste. Es kann aber auch erheblich höher angenommen werden, nämlich dann, wenn durch die Vorlegung der Urkunde eine Rechnungsaufstellung überhaupt erst möglich ist.[338] **111**

II. Ausgewählte Musterbeispiele

1. Spezialvollmacht. „Ich, der unterzeichnende <Name>, erteile <Name, Geburtsdatum, Anschrift> hiermit Vollmacht, meinen Pkw <Typ, amtl. Kennz.> zu verkaufen und zu übereignen. Diese Vollmacht erlischt am <Datum>. **112**
<Ort/Datum/Unterschrift>"

329 BGH NJW 1984, 1347 f; 1986, 1675; 1991, 2627; 1995, 43.
330 BGH, NJW 1983, 1844; 1984, 1381; 1986, 1675; 1991, 2627: 1992, 1380, 1381; 1995, 43.
331 BGH NJW 1995, 43.
332 BGH NJW 2000, 2984, 2985.
333 BGH NJW 1974, 748; WM 1984, 603.
334 BGHZ 100, 260 ff; BGH NJW 1997, 2386; vgl auch Zöller/*Vollkommer*, ZPO, § 74 Rn 7.
335 BGH NJW 1982, 281; OLG Düsseldorf NJW 1992, 1176.
336 *Schneider/Herget*, Streitwertkommentar für den Zivilprozeß, 11. Aufl. 1996, Rn 4901.
337 KG Rpfleger 1970, 353 = JurBüro 1970, 794; OLG Naumburg OLGZ 21, 59.
338 KG Rpfleger 1970, 353 = JurBüro 1970, 794; OLG Naumburg OLGZ 21, 59.

113 **2. Generalvollmacht.** „Ich, der unterzeichnende <Name>, erteile dem/der <Name, Geburtsdatum, Anschrift> Vollmacht, mich in allen Angelegenheiten gerichtlich wie außergerichtlich gegenüber jedermann zu vertreten. <Ort/Datum/Unterschrift>"

114 **3. Gesamtvollmacht.** „Ich, der unterzeichnende <Name>, erteile <Name, Geburtsdatum, Anschrift> und <Name, Geburtsdatum, Anschrift>… Vollmacht, mich in folgender Angelegenheit derart zu vertreten, dass nur beide gemeinschaftlich vertretungsberechtigt sind: <Geschäftsgegenstand>.
<Ort/Datum/Unterschrift>"

115 **4. Prokura (Einzelprokura).** „Hiermit erteilen wir Ihnen <Name, Geburtsdatum, Anschrift> mit sofortiger Wirkung Einzelprokura. Im Innenverhältnis dürfen Sie ohne Zustimmung der Geschäftsleitung von der Prokura nur zur Vornahme folgender Geschäfte Gebrauch machen: <Katalog>.
<Ort/Datum/Firmenstempel/Unterschriften>"

116 **5. Bestellung eines GmbH-Geschäftsführers mit Einzelvertretungsmacht durch die Gesellschafterversammlung (organschaftliche Vertretung).** Die GmbH handelt durch den bzw die Geschäftsführer als Organ der Gesellschaft mit nach außen hin unbeschränkbarer Vertretungsmacht (§ 37 Abs. 2 GmbHG). Die Erlangung der Organstellung und damit der Vertretungsmacht erfolgt durch Bestellung gem. § 46 Nr. 5 GmbHG durch die Gesellschafterversammlung per Beschluss und Annahme derselben durch den Geschäftsführer.

117 „Wir bestellen hiermit <Name, Geburtsdatum, Anschrift> zum Geschäftsführer. <Name, Geburtsdatum, Anschrift> ist berechtigt, die Gesellschaft einzeln zu vertreten.
<Ort/Datum/Unterschriften der Gesellschafter>"

III. Weiterführende Literaturhinweise zur Gestaltung von Vollmachten

118 Beck'sches Formularbuch Bürgerliches, Handels- und Wirtschaftsrecht, 8. Auflage 2003, I 4 Nr. 33 ff S. 67 ff; *Heidel/Pauly/Amend*, AnwaltFormulare, 4. Auflage 2003, bei den jeweiligen Rechtsgebieten; *Kersten/Bühling*, Formularbuch und Praxis der Freiwilligen Gerichtsbarkeit, 21. Auflage 2001/2004, § 28; *Schulze/Grziwotz/Lauda*, BGB, Kommentiertes Vertrags- und Prozessformularbuch, 2011, §§ 164 ff; *Wurm/Wagner/Zartmann*, Das Rechtsformularbuch, 14. Auflage 1998, Kap. 9, S. 88 ff.

§ 165 Beschränkt geschäftsfähiger Vertreter

Die Wirksamkeit einer von oder gegenüber einem Vertreter abgegebenen Willenserklärung wird nicht dadurch beeinträchtigt, dass der Vertreter in der Geschäftsfähigkeit beschränkt ist.

Literatur: *Chiusi*, Geschäftsfähigkeit im Recht der Stellvertretung, Jura 2005, 532; *Ostheim*, Probleme bei Vertretung durch Geschäftsunfähige, AcP 169 (1969), 193.

A. Allgemeines

I. Bedeutung

1 Die Vorschrift des § 165 ist **Ausdruck** sowohl des **Repräsentationsprinzips** als auch des **Abstraktionsgrundsatzes.**[1] Der Vertreter ist der rechtsgeschäftlich Handelnde. Daher gelten für ihn – § 165 bestätigt dies indirekt – auch grundsätzlich die Bestimmungen über die Geschäftsfähigkeit. Die Wirkungen des von ihm im Namen des Vertretenen mit Vertretungsmacht vorgenommenen Rechtsgeschäfts treten hingegen – unabhängig vom Bestehen eines Innenverhältnisses – in der Person des Vertretenen ein. Der Vertreter selbst wird aus diesem Rechtsgeschäft nicht verpflichtet. War der Vertreter nur beschränkt geschäftsfähig, so haftet er grundsätzlich selbst dann nicht, wenn er als **falsus procurator** gehandelt hat (§ 179 Abs. 3 S. 2). Für ihn stellt sich mithin die **Vornahme des Vertretergeschäfts** als rechtlich **neutrales Geschäft** dar. Weder der Schutz des beschränkt Geschäftsfähigen noch die Rücksichtnahme auf den Vertretenen, der den Vertreter ja bevollmächtigt hat, verlangen hier, die Wirkungen des Vertretergeschäfts nicht eintreten zu lassen. Dieses Ergebnis ließe

1 Staudinger/*Schilken*, § 165 Rn 1; MüKo/*Schramm*, § 165 Rn 1.

sich auch im Wege einer teleologischen Interpretation der §§ 106 ff begründen.[2] § 165 hat insoweit nur klarstellende Funktion.

II. Abgrenzungen

Die Vorschrift des § 165 findet auf **alle Vertreter** Anwendung, gleich, worauf ihre Vertretungsmacht beruht. 2
Selbst der **Vertreter ohne Vertretungsmacht** wird von ihr erfasst.[3]

§ 165 findet keine Anwendung auf den beschränkt geschäftsfähigen **mittelbaren Stellvertreter**.[4] Dieser handelt im eigenen Namen; die Rechtsfolgen sollen in seiner Person eintreten. Die Wirksamkeit seines rechtsgeschäftlichen Handelns beurteilt sich daher unmittelbar nach den §§ 107 ff. 3

Nicht von § 165 erfasst wird weiterhin die Übermittlung bzw Empfangnahme einer Willenserklärung durch einen **Boten**. Die maßgebliche Willenserklärung wird hier vom Geschäftsherrn abgegeben, so dass die entsprechenden Mindestanforderungen allein in seiner Person erfüllt sein müssen. Als Bote kann somit auch ein Kind auftreten.[5] 4

Nicht unter § 165 fällt schließlich das Handeln eines **Geschäftsunfähigen**. Dem Geschäftsunfähigen fehlt die Fähigkeit, einen rechtserheblichen Willen zu bilden. Seine Willenserklärungen sind nach § 105 nichtig, ihm gegenüber abgegebene Willenserklärungen werden nach § 131 Abs. 1 nicht wirksam, bevor sie seinem gesetzlichen Vertreter zugehen. Das von einem geschäftsunfähigen Vertreter vorgenommene **Vertretergeschäft** ist somit **nichtig**, nicht etwa nur schwebend unwirksam mit der Möglichkeit der Genehmigung.[6] Es kann dem Vertretenen grundsätzlich auch **nicht unter Rechtsscheinsgesichtspunkten** zugerechnet werden.[7] Der gute Glaube des Kontrahenten an die Geschäftsfähigkeit des Vertreters wird in dieser Situation – wie auch sonst – nicht geschützt. Auch eine (verschuldensunabhängige) Inanspruchnahme des Vertretenen auf den **Ersatz des Vertrauensschadens analog § 122 ist abzulehnen**.[8] In Betracht kommt allenfalls eine Haftung gegenüber dem Geschäftspartner aus **Verschulden bei Vertragsschluss** (§§ 311 Abs. 1, 280 Abs. 1), vorausgesetzt, die Geschäftsunfähigkeit des Vertreters war dem Vertretenen bekannt gewesen oder von ihm fahrlässig nicht erkannt worden.[9] 5

B. Regelungsgehalt

I. Gewillkürte Stellvertretung

Der praktisch bedeutsamste Anwendungsfall der Vorschrift liegt im Bereich der gewillkürten Stellvertretung. Die **Bevollmächtigung** verleiht dem beschränkt Geschäftsfähigen lediglich zusätzliche Befugnisse, verpflichtet ihn aber nicht. Sie kann daher ohne Einwilligung der gesetzlichen Vertreter des beschränkt Geschäftsfähigen wirksam vorgenommen werden (§ 131 Abs. 2 S. 2). Aufgrund der Abstraktheit der Vollmacht muss die Wirksamkeit der Bevollmächtigung grundsätzlich unabhängig von dem zugrunde liegenden **Innenverhältnis** (zB Auftrag oder Dienstvertrag) beurteilt werden. Fehlt es für die Eingehung der entsprechenden vertraglichen Bindung an der nach § 107 erforderlichen Einwilligung des gesetzlichen Vertreters und wird der Vertrag durch diesen auch später nicht genehmigt (§ 108), so können hierdurch zwar gesetzliche Ansprüche im Verhältnis des Vertretenen zu dem beschränkt geschäftsfähigen Vertreter ausgelöst werden;[10] die Vollmacht hingegen bleibt hiervon grundsätzlich unberührt. 6

In einer Fallgestaltung kann der Umstand der beschränkten Geschäftsfähigkeit allerdings doch für die Vertretungsmacht Bedeutung erlangen: Hielt nämlich der Vollmachtgeber den Vertreter bei Erteilung der Vollmacht irrigerweise für unbeschränkt geschäftsfähig, so kann er die Bevollmächtigung wegen eines **Irrtums** 7

2 MüKo/*Schramm*, § 165 Rn 1.
3 Soergel/*Leptien*, § 165 Rn 3.
4 Vgl statt aller mit weiteren Hinw. MüKo/*Schramm*, § 165 Rn 16.
5 *Medicus*, BGB AT, Rn 886; Staudinger/*Schilken*, § 165 Rn 8.
6 Staudinger/*Schilken*, § 165 Rn 3; *Larenz/Wolf*, BGB AT, § 46 Rn 26; rechtspolitische Kritik am Nichtigkeitsdogma äußert *Chiusi*, Jura 2005, 532.
7 BGHZ 53, 210, 215 = NJW 1970, 806; Soergel/*Leptien*, § 165 Rn 1; Staudinger/*Schilken*, § 165 Rn 3; Erman/*Palm*, § 165 Rn 5. Ausnahmsweise hat der BGH die Haftung einer Gesellschaft aus zurechenbar veranlasstem Rechtsschein angenommen, wenn der im Handelsregister eingetragene Organvertreter (GmbH-Geschäftsführer) nach seiner Eintragung geschäftsunfähig wird, vgl BGHZ 115, 78, 81 = NJW 1991, 2566; zust. MüKo/*Schramm*, § 165 Rn 13; Soergel/*Leptien*, § 165 Rn 1 sowie *K. Schmidt*, JuS 1991, 1005 unter Hinw. auf den Zurechnungsgedanken der Anscheinsvollmacht.
8 Staudinger/*Schilken*, Vor § 165 Rn 3; Soergel/*Leptien*, § 165 Rn 1; Erman/*Palm*, § 165 Rn 5; Palandt/*Ellenberger*, § 165 Rn 1; aA *Ostheim*, AcP 169 (1969), S. 193; RGRK/*Steffen*, § 165 Rn 2; *Canaris*, in: FG Bundesgerichtshof 2000, S. 162.
9 Staudinger/*Schilken*, § 165 Rn 3; Soegel/*Leptien*, § 165 Rn 10; Palandt/*Ellenberger*, § 165 Rn 1.
10 Staudinger/*Schilken*, § 165 Rn 4; MüKo/*Schramm*, § 165 Rn 11.

über eine verkehrswesentliche Eigenschaft einer Person nach § 119 Abs. 2 anfechten.[11] Sollte der beschränkt Geschäftsfähige vor der Anfechtung schon von seiner Vollmacht Gebrauch gemacht haben, sind die Vertretergeschäfte schwebend unwirksam. Eine Haftung des beschränkt geschäftsfähigen Vertreters gegenüber dem Vertragspartner scheitert wiederum an § 179 Abs. 3 S. 2 (zur Anfechtung der Bevollmächtigung und den Rechtsfolgen vgl im Übrigen § 167 Rn 21 ff).

II. Gesetzliche Stellvertretung

8 § 165 findet zwar im Grundsatz **auch auf den gesetzlichen Vertreter Anwendung**, die praktische Bedeutung der Vorschrift ist aber im Bereich der gesetzlichen Stellvertretung infolge mehrerer **Sondervorschriften** sehr begrenzt. So ruht die elterliche Sorge und damit die Vertretungsbefugnis des entsprechenden Elternteils, wenn ein Elternteil in der Geschäftsfähigkeit beschränkt ist (§ 1673 Abs. 2). Entsprechende Ausschlussvorschriften finden sich in § 1781 für den Vormund, in § 1915 iVm § 1781 für den Pfleger, in § 1897 Abs. 1 für den Betreuer[12] sowie in § 2201 für den Testamentsvollstrecker. Auf andere Vermögensverwalter kraft Amtes (vgl hierzu § 164 Rn 24 ff) sind diese Vorschriften analog anzuwenden.[13]

III. Organmitgliedschaft

9 Wird ein beschränkt Geschäftsfähiger mit Zustimmung seines gesetzlichen Vertreters zum organschaftlichen Vertreter einer juristischen Person bestellt, so **gilt § 165 grundsätzlich analog** auch für das organschaftliche Handeln im Namen der juristischen Person.[14] Auch hier ist der praktische **Anwendungsbereich jedoch sehr begrenzt**, verbietet doch § 76 Abs. 3 S. 1 AktG die Bestellung eines beschränkt Geschäftsfähigen zum Vorstandsmitglied einer Aktiengesellschaft und § 6 Abs. 2 S. 1 GmbHG zum Geschäftsführer einer GmbH.[15] Als Gesellschafter einer Personengesellschaft würde der beschränkt Geschäftsfähige regelmäßig eine persönliche Verpflichtung eingehen, weshalb § 165 auch hier nicht zum Zuge kommt.[16] Es bleibt im Wesentlichen der Fall, dass ein beschränkt Geschäftsfähiger zum Vorstandsmitglied eines rechtsfähigen Vereins bestellt worden ist (§§ 26 f) und nunmehr von seinen Vertretungsbefugnissen Gebrauch macht.[17]

C. Weitere praktische Hinweise

10 In verfahrensrechtlicher Hinsicht stellt sich die Frage, ob § 165 auch eine **Prozessvertretung durch einen nur beschränkt Geschäftsfähigen** erlaubt. Dies wird unter Hinweis auf § 79 ZPO, der auf die Vorschriften über die Prozessfähigkeit (§§ 51, 52 ZPO) verweist, zutreffend verneint.[18] Prozessfähig ist nämlich nur, wer sich durch Verträge selbständig verpflichten kann. Auf den beschränkt Geschäftsfähigen trifft dies nicht zu. Die von ihm gleichwohl vorgenommenen Prozesshandlungen sind jedoch genehmigungsfähig. Im Verfahren der Freiwilligen Gerichtsbarkeit soll der beschränkt Geschäftsfähige hingegen nach verbreiteter Meinung von der Verfahrensvertretung nicht ausgeschlossen sein.[19]

11 Es gelten die allgemeinen Beweisgrundsätze. Da § 165 den Einwand beschränkter Geschäftsfähigkeit jedoch gerade für unbeachtlich erklärt, muss derjenige, der sich aufgrund von Mängeln in der Geschäftsfähigkeit des Vertreters auf die Unwirksamkeit des Vertretergeschäftes beruft, dessen Geschäftsunfähigkeit darlegen und im Bestreitensfall beweisen.

12 Eine Regressnahme beim beschränkt Geschäftsfähigen selbst ist nur im Fall des § 179 Abs. 3 S. 2 möglich, wenn dieser keine Vertretungmacht hatte und trotzdem der gesetzliche Vertreter in das Geschäft eingewilligt hat.

11 Staudinger/*Schilken*, § 165 Rn 5; Soergel/*Leptien*, § 165 Rn 5.
12 Hierzu Palandt/*Diederichsen*, § 1897 Rn 3.
13 MüKo/*Schramm*, § 165 BGB Rn 6; Staudinger/*Schilken*, § 165 Rn 2.
14 Erman/*Palm*, § 165 Rn 4; Soergel/*Leptien*, § 165 Rn 3.
15 OLG Hamm NJW-RR 1992, 1253.
16 MüKo/*Schramm*, § 165 Rn 4.
17 Staudinger/*Schilken*, § 165 Rn 6.
18 Soergel/*Leptien*, § 165 Rn 4; Staudinger/*Schilken*, § 165 Rn 10; Bamberger/Roth/*Habermeier*, § 165 Rn 10.
19 KG KGJ 35 A 223; LG Lübeck SchlHA 1964, 219; *Keidel/Kuntze/Winkler/Zimmermann*, Freiwillige Gerichtsbarkeit, 14. Aufl. 1999, § 13 FGG Rn 11; Soergel/*Leptien*, § 165 Rn 4; abl. Staudinger/*Schilken*, § 165 Rn 10.

§ 166 Willensmängel; Wissenszurechnung

(1) Soweit die rechtlichen Folgen einer Willenserklärung durch Willensmängel oder durch die Kenntnis oder das Kennenmüssen gewisser Umstände beeinflusst werden, kommt nicht die Person des Vertretenen, sondern die des Vertreters in Betracht.

(2) [1]Hat im Falle einer durch Rechtsgeschäft erteilten Vertretungsmacht (Vollmacht) der Vertreter nach bestimmten Weisungen des Vollmachtgebers gehandelt, so kann sich dieser in Ansehung solcher Umstände, die er selbst kannte, nicht auf die Unkenntnis des Vertreters berufen. [2]Dasselbe gilt von Umständen, die der Vollmachtgeber kennen musste, sofern das Kennenmüssen der Kenntnis gleichsteht.

Literatur: *Baum*, Die Wissenszurechnung, 1999; *Baumann*, Die Kenntnis juristischer Personen des Privatrechts von rechtserheblichen Umständen, ZGR 1973, 284; *Bayreuther*, § 166 Abs. 1 als zivilrechtliche Einstandspflicht für fremdes Handeln, JA 1998, 459; *Birk*, Bösgläubiger Besitzdiener – gutgläubiger Besitzherr?, JZ 1963, 354; *Bruns*, Voraussetzungen und Auswirkungen der Zurechnung von Wissen und Wissenserklärungen im allgemeinen Privatrecht und im Privatversicherungsrecht, 2007; *Buck*, Wissen und juristische Person, 2001; *Buck-Heeb*, Private Kenntnis in Banken und Unternehmen, WM 2008, 281; *Dauner-Lieb*, Wissenszurechnung im Gewährleistungsrecht. Ethische Neutralisierung der Arglist?, in: FS Kraft 1998, S. 43; *Donle*, Zur Frage der rechtserheblichen Kenntnis im Unternehmen, in: FS Klaka 1987, S. 6; *Flume*, Die Haftung für Fehler kraft Wissenszurechnung bei Kauf und Werkvertrag, AcP 197 (1997), 441; *Goldschmidt*, Wissenszurechnung beim Unternehmenskauf, ZIP 2005, 1305; *Grunewald*, Wissenszurechnung bei juristischen Personen, in: FS Bausch 1993, S. 301; *Hagen*, Wissenszurechnung bei Körperschaften und Personengesellschaften als Beispiel richterlicher Rechtsfortbildung, DRiZ 1997, 157; *Hoffmann*, Arglist des Unternehmers aus der Sicht für ihn tätiger Personen, JR 1969, 372; *Koller*, Wissenszurechnung, Kosten und Risiken, JZ 1998, 75; *Lorenz*, Mala fides superveniens im Eigentümer-Besitzer-Verhältnis und Wissenszurechnung von Hilfspersonen, JZ 1994, 549; *Medicus*, Probleme der Wissenszurechnung, Karlsruher Forum 1994, 4/Beilage zum „Versicherungsrecht"; *Meyer-Reim/Testorf*, Wissenszurechnung im Versicherungsunternehmen, VersR 1994, 1137; *Neumann-Duesberg*, § 166 Abs. 2 BGB bei der gesetzlichen Stellvertretung und Handeln nach bestimmten Weisungen, JR 1950, 332; *Paulus*, Zur Zurechnung arglistigen Vertreterhandelns, in: FS Michaelis 1972, S. 215; *Reischl*, Wissenszusammenrechnung auch bei Personengesellschaften?, JuS 1997, 783; *Richardi*, Die Wissensvertretung, AcP 169 (1969), 385; *Roth*, Irrtumszurechnung, in: FS Gaul 1997, S. 585; *Scheuch*, „Wissenszurechnung" bei GmbH und GmbH & Co, GmbHRdsch 1996, 828; *Schilken*, Wissenszurechnung im Zivilrecht, 1983; *Schultz*, Zur Vertretung im Wissen, NJW 1990, 477; *ders.*, Die Bedeutung der Kenntnis des Vertretenen beim Vertreterhandeln für juristische Personen und Gesellschaften, NJW 1996, 1392; *Tintelnot*, Gläubigeranfechtung kraft Wissenszurechnung – insbesondere zulasten Minderjähriger, JZ 1987, 795; *Waltermann*, Zur Wissenszurechnung am Beispiel der juristischen Personen des privaten und des öffentlichen Rechts, AcP 192 (1992), 181; *ders.*, Arglistiges Verschweigen eines Fehlers bei der Einschaltung von Hilfskräften, NJW 1993, 889; *Westerhoff*, Organ und (gesetzlicher) Vertreter: eine vergleichende Darstellung anhand der Wissens-, Besitz- und Haftungszurechnung, Diss. München, 1993; *Wilhelm*, Kenntniszurechnung kraft Kontovollmacht?, AcP 193 (1993), 1.

A. Allgemeines

§ 166 wurde von den Verfassern des BGB als logische Folge der dem Recht der Stellvertretung zugrunde gelegten **Repräsentationstheorie** (s. hierzu § 164 Rn 6) aufgefasst.[1] Danach ist Beteiligter am Vertretergeschäft neben dem Geschäftsgegner allein der Vertreter. Die von ihm abgegebene Willenserklärung ist Aus- 1

1 Motive I, S. 226.

druck seines rechtsgeschäftlichen Willens. Lediglich die Wirkungen des Rechtsgeschäfts treffen den Vertretenen. Die Vertretungsmacht und das ihr zugrunde liegende Innenverhältnis sind streng vom Vertretergeschäft zu trennen (**Abstraktionsprinzip**, s. hierzu § 164 Rn 10).[2] Folgerichtig bestimmt **Abs. 1** als Grundsatz, dass es für die Beurteilung des Einflusses von Willensmängeln bzw von Kenntnis oder Kennenmüssen gewisser Umstände allein auf die **Person des Vertreters** und nicht auf die des Vertretenen ankommt. **Verzichtet** der Vertretene darauf, einen eigenen rechtsgeschäftlichen Willen zu bilden, oder ist er hierzu – wie bei der gesetzlichen Vertretung – **nicht in der Lage**, soll er sich nicht hinter dem Vertreter verstecken können, sondern für dessen Willensmängel bzw Kenntnis oder Kennenmüssen einstehen.[3]

2 Abs. 1 wird zur **Vermeidung von Missbräuchen** durch die Regelung des **Abs. 2** ergänzt, wonach bei weisungsgebundenen Bevollmächtigten **neben** der grundsätzlich weiterhin maßgebenden Person des Vertreters **auch** auf die Person des Vertretenen abzustellen ist.[4] Danach kann sich der Vollmachtgeber bezüglich solcher Umstände, die er selbst kannte oder kennen musste, nicht auf die Unkenntnis seines Vertreters berufen. Es soll nicht durch Bevollmächtigung eines arglosen Dritten die gesetzliche Folge der Mangelhaftigkeit eines Rechtsaktes umgangen werden können.[5] Hat der Vertretene die Möglichkeit, durch Weisungen die Willensbildung des Vertreters zu steuern und den Inhalt der Vertretererklärung zu beeinflussen, soll er nicht den Vertreter vorschieben und sich selbst „dumm stellen" können.[6]

B. Regelungsgehalt

I. Maßgeblichkeit der Person des Vertreters (Abs. 1)

3 **1. Persönlicher Anwendungsbereich. a) Stellvertretung.** Abs. 1 setzt einen Fall der Stellvertretung voraus. Darunter fällt sowohl der **gewillkürte** als auch der **gesetzliche Vertreter**.[7] Soweit Letzterer ohne die erforderliche Genehmigung des Vormundschaftsgerichts handelt, findet jedoch keine Zurechnung des Wissens des Vertreters statt.[8] Abs. 1 ist auch auf **Unterbevollmächtigte** anzuwenden.[9] Ebenso gilt er bei **organschaftlichen Vertretern** juristischer Personen (Rechtsgedanke des § 31)[10] sowie bei **Gesamthandsgemeinschaften** (vgl Rn 5 ff).[11] Das ist auch dann der Fall, wenn der Vertreter zunächst Verhandlungsführer des anderen Teils war.[12] Ebenso gilt Abs. 1 für gesetzliche **Vermögensverwalter**[13] und **Prozessbevollmächtigte**[14] und findet auch auf **Vertreter ohne Vertretungsmacht** Anwendung, wenn der Vertretene die Vertretung genehmigt.[15] Besteht **Gesamtvertretung**, genügt bereits der Willensmangel, die Kenntnis oder das Kennenmüssen eines einzigen am Geschäft beteiligten Vertreters.[16] Ist einer der Gesamtvertreter zum Abschluss eines Geschäfts ermächtigt, ist er wie ein Einzelvertreter zu behandeln,[17] dh es kommt allein auf dessen Willensmangel, Kenntnis oder Kennenmüssen an, sofern nicht Abs. 2 einschlägig ist.[18]

4 **b) Mehrfachvertretung.** Bei mehreren einzelvertretungsberechtigten Vertretern (Mehrfachvertretung) kommt es grundsätzlich auf den Willensmangel, die Kenntnis oder das Kennenmüssen aller Vertreter an. Der Willensmangel nur des handelnden Vertreters wird dem Vertretenen dann zugerechnet, wenn sich die unterlassene Weitergabe des Wissens als Verletzung innerbetrieblicher Organisationspflichten darstellt.[19]

2 MüKo/*Schramm*, § 166 Rn 1.
3 Staudinger/*Schilken*, § 166 Rn 2; MüKo/*Schramm*, § 166 Rn 1.
4 MüKo/*Schramm*, § 166 Rn 2; Erman/*Palm*, § 166 Rn 13.
5 RG JW 1916, 316, 318; BGHZ 38, 65, 67; Soergel/*Leptien*, § 166 Rn 28.
6 Erman/*Palm*, § 166 Rn 1; MüKo/*Schramm*, § 166 Rn 2; Soergel/*Leptien*, § 166 Rn 28.
7 BGHZ 38, 65, 69; Staudinger/*Schilken*, § 166 Rn 3; Soergel/*Leptien*, § 166 Rn 4; Erman/*Palm*, § 166 Rn 3; Palandt/*Ellenberger*, § 166 Rn 2; Bamberger/Roth/*Habermeier*, § 166 Rn 4.
8 RGZ 132, 76, 78; Palandt/*Ellenberger*, § 166 Rn 4.
9 BGH NJW 1984, 1953, 1954; Soergel/*Leptien*, § 166 Rn 4; Erman/*Palm*, § 166 Rn 3; Bamberger/Roth/*Habermeier*, § 166 Rn 4.
10 BGH WM 1959, 81, 84; BGHZ 41, 282, 287; 109, 327 = NJW 1990, 975; vgl auch BGHZ 140, 54, 61 = NJW 1999, 284, 286; KG JW 1933, 1266; Soergel/*Leptien*, § 166 Rn 4.
11 Staudinger/*Schilken*, § 166 Rn 3; vgl BGH NJW 1995, 2159, 2160.
12 BGH NJW 2000, 1405; Palandt/*Ellenberger*, § 166 Rn 2.
13 Für eine zumindest analoge Anwendung BGH BB 1984, 564, 565; Soergel/*Leptien*, § 166 Rn 4; Staudinger/*Schilken*, § 166 Rn 3.
14 RGZ 146, 348.
15 RGZ 68, 374, 376; 128, 116, 121; 131, 343, 357; 135, 219, 223; 161, 159, 161; BGH NJW-RR 1989, 650, 651; NJW 1992, 899, 900; 2000, 2272; BAGE 10, 179; Soergel/*Leptien*, § 166 Rn 4; Erman/*Palm*, § 166 Rn 3; Palandt/*Ellenberger*, § 166 Rn 2; Bamberger/Roth/*Habermeier*, § 166 Rn 4.
16 RGZ 78, 347, 354; 134, 33, 36; BGHZ 20, 149, 153; 53, 210 = NJW 1970, 806; BGHZ 62, 166, 173; BGH WM 1959, 81, 84; NJW 1988, 1199, 1200; BGHZ 140, 54, 61 = NJW 1999, 284, 286; MüKo/*Schramm*, § 166 Rn 14; Staudinger/*Schilken*, § 166 Rn 24; Soergel/*Leptien*, § 166 Rn 5; Palandt/*Ellenberger*, § 166 Rn 2; Bamberger/Roth/*Habermeier*, § 166 Rn 13.
17 Soergel/*Leptien*, § 166 Rn 5.
18 MüKo/*Schramm*, § 166 Rn 14.
19 BGH NJW 1999, 284, 286; Soergel/*Leptien*, § 166 Rn 5.

c) Organschaftliche Vertretung juristischer Personen. Bei der organschaftlichen Vertretung juristischer Personen ist streitig, ob sich die juristische Person den Willensmangel, die Kenntnis oder das Kennenmüssen nur des handelnden Organmitglieds oder auch desjenigen Vertreters zurechnen lassen muss, welcher von dem fraglichen Geschäft überhaupt nichts wusste oder daran jedenfalls nicht beteiligt war. Die vorherrschende Ansicht hat Letzteres angenommen und die **Wissenszurechnung** (s. auch Rn 10) damit begründet, dass das Wissen des Organmitglieds nach dem Rechtsgedanken des § 31 das Wissen der juristischen Person sei.[20] Dieses Wissen sei der juristischen Person selbst dann zuzurechnen, wenn es vom Organmitglied in böser Absicht gegenüber der juristischen Person unterdrückt worden sei.[21] Selbst das zwischenzeitliche Ausscheiden oder der Tod des Organmitglieds schade nicht, da sein Wissen an der juristischen Person haften bleibe (Theorie der absoluten Wissenszurechnung).[22] 5

Dem ist entgegenzuhalten, dass das Organwissen nicht pauschal mit dem Wissen der juristischen Person gleichzusetzen ist. Die Wissenszurechnung hat ihren Grund nicht in der Organstellung des Wissensvertreters, sondern im Gedanken des Verkehrsschutzes und der damit verbundenen Pflicht zur ordnungsgemäßen Organisation der innergesellschaftlichen Kommunikation.[23] Entscheidend ist, dass ein Vertragspartner vor den Risiken der Arbeitsteilung beim Vertretenen geschützt wird. Aus diesem Grunde darf er nicht schlechter, aber auch nicht günstiger dastehen, wenn er statt mit einer Einzelperson mit einem arbeitsteilig organisierten Vertragspartner kontrahiert (Theorie der relativen Wissenszurechnung).[24] So vertritt denn inzwischen auch der BGH die Ansicht, dass sich die Frage der Wissenszurechnung nur in wertender Betrachtung entscheiden lasse und dass eine über das Ausscheiden oder gar über den Tod des Organmitglieds hinaus fortdauernde Wissenszurechnung davon abhängig sei, dass es sich um **typischerweise in Akten oder Datenspeichern aufbewahrtes und abrufbares Wissen** handele.[25] Unabhängig davon wird der juristischen Person das Wissen eines ihrer Organmitglieder (zB Vorstandsmitglied einer AG) nach § 166 stets dann zugerechnet, wenn das Organmitglied selbst die Willenserklärung abgegeben hat, um deren Folgen es geht.[26] Diese Rechtsprechung ist grundsätzlich zu begrüßen.[27] Im Einzelnen ist freilich noch vieles unklar,[28] so zB der Umgang mit privat erlangtem Wissen eines Organmitglieds oder eines Mitarbeiters.[29] Bei **juristischen Personen des öffentlichen Rechts** kommt es im Hinblick auf die gesetzlich vorgegebene Verwaltungsorganisation auch dann allein auf das Wissen der zuständigen Behörde an, wenn das Wissen anderer Behörden hätte verfügbar gemacht werden können.[30] Neben der Wissenszurechnung kommt auch eine **Zusammenrechnung des Wissens** (s. auch Rn 9) mehrerer oder aller Organmitglieder in Betracht, zB wenn bei keinem Organmitglied alle Voraussetzungen der Arglist vorliegen.[31] 6

d) Organschaftliche Vertreter von Personengesellschaften. Bei organschaftlichen Vertretern von Personengesellschaften kommt es auf den Willensmangel, die Kenntnis oder das Kennenmüssen derjenigen vertretungsberechtigten Gesellschafter an, welche am Vertretungsgeschäft mitgewirkt haben.[32] Die Kenntnis anderer vertretungsberechtigter Gesellschafter kann grundsätzlich nur unter den zusätzlichen Voraussetzungen des Abs. 2 relevant werden, wenn etwa alle Gesellschafter die Vornahme eines bestimmten Geschäfts beschlossen haben, aber nur einer von ihnen bösgläubig ist.[33] Handelt es sich dagegen um **typischerweise aktenmäßig festgehaltenes Wissen**, kommt auch die Zurechnung des Wissens eines sonstigen Vertreters in Betracht.[34] 7

e) Wissenszurechnung im Konzern. Noch keine gesicherten Erkenntnisse bestehen hinsichtlich der Frage, unter welchen Voraussetzungen eine Wissenszurechnung im Konzern in Betracht kommt. In der Literatur herrscht die Auffassung vor, dass allein die konzernrechtliche Verbundenheit mehrerer Unternehmen für eine Wissenszurechnung nicht ausreicht. Verlangt wird darüber hinausgehend eine besondere Ausübung von Leitungsmacht.[35] 8

20 RG JW 1935, 2044; BGHZ 41, 282, 287 = NJW 1964, 1367; BGHZ 109, 327, 331 = NJW 1990, 975; Staudinger/*Schilken*, § 166 Rn 32; Soergel/*Leptien*, § 166 Rn 5; Bamberger/Roth/*Habermeier*, § 166 Rn 15; Entsprechendes wird nach § 89 Abs. 1 für juristische Personen des öffentlichen Rechts angenommen, vgl Staudinger/*Schilken*, § 166 Rn 40.

21 BGHZ 20, 149; Soergel/*Leptien*, § 166 Rn 5.

22 BGH WM 1959, 81, 84; BGHZ 109, 327, 331 = NJW 1990, 975; Soergel/*Leptien*, § 166 Rn 5; Palandt/*Ellenberger*, § 166 Rn 8.

23 MüKo/*Schramm*, § 166 Rn 20; so jetzt auch BGHZ 132, 30, 35 = NJW 1996, 1339, 1340.

24 Erman/*Palm*, § 166 Rn 11 mwN.

25 BGHZ 109, 327, 331 f = NJW 1990, 975; BGHZ 132, 30, 35 = WM 1996, 594, 597; NJW 1995, 2159, 2160.

26 OLG Düsseldorf ZIP 2006, 1677, 1679.

27 Erman/*Palm*, § 166 Rn 11.

28 Lit.-Nachw. bei Erman/*Palm*, § 166 Rn 11.

29 Hierzu *Buck-Heeb*, WM 2008, 281.

30 BGH NJW 1994, 1150; BGHZ 134, 343, 347 f = 1997, 1584, 1585; Erman/*Palm*, § 166 Rn 11 a, dort auch mwN zur Wissenszurechnung im Gemeinderecht.

31 BGHZ 109, 327, 332 = NJW 1990, 975; MüKo/*Schramm*, § 166 Rn 20.

32 MüKo/*Schramm*, § 166 Rn 21.

33 Bamberger/Roth/*Habermeier*, § 166 Rn 15.

34 MüKo/*Schramm*, § 166 Rn 21.

35 Staudinger/*Schilken*, § 166 Rn 32; MüKo-*Schramm*, § 166 Rn 22; vertiefend *Drexl*, in: Bankrechtstag 2002, S. 85 ff; recht großzügig demgegenüber OLG München BB 2007, 14.

9 **f) Wissenszurechnung bei größeren Einheiten.** An sich ist Abs. 1 auf das Handeln von Einzelpersonen zugeschnitten und stellt für die Zurechnung von Willensmängeln bzw von Kenntnis oder Kennenmüssen ausschließlich auf die Person des handelnden Vertreters ab.[36] Dies darf jedoch nicht dazu führen, dass größere Einheiten (Betriebe, Unternehmen, Gemeinden usw.) – unabhängig von ihrer Rechtsform (juristische Person, Personengesellschaft usw.)[37] – durch die stärkere Arbeitsteilung und die damit einhergehende Wissensaufspaltung gegenüber Einzelpersonen privilegiert werden, da es zu ihrem Betriebs- und Organisationsrisiko gehört, ob und wie die Weiterleitung der entsprechenden Informationen und deren Abfrage sichergestellt werden (Informationsweiterleitungs- und -abfragepflicht).[38] Daher muss durch eine **Zurechnung** allen in der jeweiligen Einheit vorhandenen **Wissens** sichergestellt werden, dass der Vertragspartner dieser Einheit nicht schlechter, aber auch nicht besser gestellt ist als derjenige, welcher mit einer natürlichen Person kontrahiert.[39] Erfasst sind das Wissen eines jeden Mitarbeiters, gleich welchen Ranges, und alle Informationen, welche durch Weiterleitung und Dokumentation hätten verfügbar gemacht werden können und müssen.[40]

10 Dabei ist eine wertende Betrachtung durchzuführen. Handelt es sich um **typischerweise aktenmäßig festgehaltenes Wissen**, ergibt sich die Kenntnis daraus, dass die Einheit das Aktenwissen besitzt und verpflichtet ist, seine Verfügbarkeit zu organisieren.[41] Verletzt die Einheit diese Pflicht, muss sie sich so behandeln lassen, als habe sie von der Information Kenntnis.[42] Neben dieser inhaltlichen Beschränkung auf das aus sachlichen Gründen wichtige, typischerweise aktenmäßig festgehaltene Wissen sind jedoch auch persönliche und sachliche Grenzen zu ziehen. Es muss daher nicht nur die **reale Möglichkeit**, sondern auch ein **Anlass** bestehen, sich das Wissen aus der Erinnerung, aus Akten, gespeicherten Dateien oder auf sonstige Weise zu beschaffen.[43] Ob bei einer Zugriffsmöglichkeit, die zu nutzen Anlass bestanden hätte, von Kenntnis oder lediglich von Kennenmüssen auszugehen ist, hängt von der Würdigung der Umstände im Einzelfall ab.[44] Ist der Informationsaustausch ordnungsgemäß organisiert, versagt er jedoch im konkreten Fall, weil der Wissensvertreter die Speicherung der Information vergessen hat, scheidet eine Wissenszurechnung hingegen aus.[45] Unter den genannten Voraussetzungen kommt auch die **Zusammenrechnung** des in verschiedenen Abteilungen oder Filialen der übergeordneten Einheit vorhandenen Wissens in Betracht.[46] Eine Wissenszusammenrechnung soll zB beim Vorwurf der Arglist möglich sein.[47]

11 **g) Hilfspersonen.** Auf eine Hilfsperson (Verhandlungsbevollmächtigter, Vermittler), welche bei der Vorbereitung des Geschäfts tätig gewesen ist, dieses jedoch nicht als Vertreter abgeschlossen hat, wird **Abs. 1 entsprechend** angewandt, sofern sie mit Wissen und Wollen des Geschäftsherrn erkennbar als für diesen handelnd gegenüber dem Geschäftspartner aufgetreten und dabei, mit eigener Verantwortung und einer gewissen Selbständigkeit ausgestattet, maßgeblich an der Gestaltung des Geschäfts beteiligt gewesen ist.[48] Rechtsgeschäftliche Vertretungsmacht ist hierfür ebenso wenig erforderlich wie die Bestellung zum „**Wissensvertreter**".[49] Eine Genehmigung durch den Geschäftsherrn genügt; auch kommt eine Art Rechtsscheinsverhandlungsvollmacht in Betracht.[50]

36 *Reischl*, JuS 1997, 783, 785; Soergel/*Leptien*, § 166 Rn 9.
37 BGHZ 140, 54, 61 = NJW 1999, 284, 286; Soergel/*Leptien*, § 166 Rn 9; Erman/*Palm*, § 166 Rn 11; enger *Reischl*, JuS 1997, 783: nur bei jur. Personen; OLG Düsseldorf NJW-RR 1997, 718: nicht für Privatpersonen.
38 Vgl *Taupitz*, in: Karlsruher Forum 1994, Beil. zum „Versicherungsrecht", S. 51.
39 Palandt/*Ellenberger*, § 166 Rn 8; Soergel/*Leptien*, § 166 Rn 9; *Medicus*, in: Karlsruher Forum 1994, S. 11 f; *Larenz/Wolf*, BGB AT, § 46 Rn 106.
40 Soergel/*Leptien*, § 166 Rn 9.
41 *Medicus*, in: Karlsruher Forum 1994, S. 11; krit. *Altmeppen*, BB 1999, 749.
42 BGHZ 109, 327, 332 = NJW 1990, 975; BGHZ 117, 104, 107 = NJW 1992, 1099; BGHZ 132, 30, 35 = NJW 1996, 594.
43 BGHZ 123, 224 = NJW 1993, 2807; BGHZ 132, 30, 36 = NJW 1996, 594; BGH NJW 1996, 1339, 1341; BGHZ 135, 202, 205 = NJW 1997, 1917; MüKo/*Schramm*, § 166 Rn 29; Soergel/*Leptien*, § 166 Rn 9; Erman/*Palm*, § 166 Rn 11.
44 Vgl auch BGH NJW 1996, 1205, 1206.
45 BGH NJW 1996, 1205, 1206; Soergel/*Leptien*, § 166 Rn 9.
46 BGHZ 135, 202, 205; BGH NJW 1989, 2879, 2881; BGH NJW-RR 2005, 634 (filialübergreifende Wissenszurechnung innerhalb einer Bank); Soergel/*Leptien*, § 166 Rn 9; MüKo/*Schramm*, § 166 Rn 24, dort auch in Fn 66 mwN zu den im Schrifttum geäußerten verfassungsrechtlichen Bedenken und zur Forderung nach einer ausdrücklichen gesetzlichen Regelung. Einzelfälle bei Palandt/*Ellenberger*, § 166 Rn 8.
47 BGHZ 109, 327, 333 = NJW 1990, 975; abl. *Waltermann*, NJW 1993, 889, 893 f.
48 BGH DB 1963, 1710 f; BGH LM Nr. 8 zu § 166 BGB; BGHZ 106, 163, 167; Soergel/*Leptien*, § 166 Rn 6; MüKo/*Schramm*, § 166 Rn 40; Staudinger/*Schilken*, § 166 Rn 4 mwN.
49 BGHZ 117, 104, 106 f; *Richardi*, AcP 169 (1969), 385, 398; *Schultz*, NJW 1990, 477, 479; Palandt/*Ellenberger*, § 166 Rn 6; Bamberger/Roth/*Habermeier*, § 166 Rn 17.
50 Soergel/*Leptien*, § 166 Rn 6.

Nicht erfasst werden dagegen nur intern beratende[51] sowie solche Hilfspersonen, die lediglich in einer untergeordneten, etwa auf mechanische Hilfsdienste beschränkten Rolle mitwirken.[52] Ebenso wenig gilt Abs. 1 für den Treuhänder des Schuldners, der den Gläubigern aus § 328 verpflichtet ist.[53] Eine Wissenszurechnung kann jedenfalls prinzipiell durch eine entsprechende Abrede ausgeschlossen werden (s. auch Rn 43).[54] Unberücksichtigt bleibt in der Regel[55] auch das Wissen von Personen, die bei Geschäftsabschluss nicht mehr in der Organisation des Geschäftsherrn tätig sind.[56] Ein Ausschluss liegt auch dann vor, wenn der Vertrag des Wissensvertreters mit dem Vertretenen und die erteilte Vollmacht wegen Verstoßes gegen das Rechtsberatungsgesetz nichtig sind.[57]

Die **Zurechnung des Wissens von Hilfspersonen kommt insbesondere in Betracht**, wenn das Gesetz auf arglistiges Verhalten abstellt.[58] So muss sich, wer Verkaufsverhandlungen durch einen Dritten führen lässt, dessen arglistiges Verschweigen eines Mangels (vgl § 442 Abs. 1 S. 2) zurechnen lassen.[59] Im Hinblick auf auf die Verjährungsregelung § 634 a Abs. 3 (= § 638 aF) muß sich der Bauunternehmer regelmäßig die Arglist des von ihm eingesetzten Bauleiters zurechnen lassen. Sogar die Zurechnung der Kenntnis des arglistigen Subunternehmers[60] oder eines arglistigen Kolonnenführers[61] kommt in Betracht, wenn deren Leistungen nicht überwacht werden.[62] Auch wer erkennbar lediglich als Abschlussgehilfe auftritt, ist nicht Dritter im Sinne des § 123 Abs. 2 S. 1.[63] Dagegen scheidet eine Wissenszurechnung aus, wenn die Partei unzweideutig klarstellt, dass sie nur für eigenes Wissen und Tun einstehen will.[64] Analog ist Abs. 1 angewandt worden auf: Berater des Käufers bei einer **due-diligence-Prüfung**,[65] Gebrechlichkeitspfleger für den Pflichtteilsberechtigten,[66] Handelsvertreter,[67] Hausverwalter, die für den Eigentümer den Hausverkauf vorbereiten,[68] Hintermänner, die für die von ihnen vorgeschobenen Strohmänner auftreten,[69] Kontoverfügungsberechtigte, welche zur Entgegennahme der Auszüge ermächtigt sind,[70] Kreditvermittler,[71] Lieferanten von Leasingware, die für den Leasinggeber umfassend verhandeln,[72] Vermittlungsagenten des Handelsrechts,[73] Vertrauensmänner, die von einer Partei in die Abwicklung eingeschaltet werden,[74] und auf als Vermittler auftretende Reisebüros.[75] Einer **Bank** ist nach § 166 Abs. 1 das Wissen aller Mitarbeiter zuzurechnen, die sie bei der Bearbeitung eines konkret in Rede stehenden Geschäfts vertreten oder daran bestimmungsgemäß mitgewirkt haben.[76] Zurechnung wurde zB bejaht im Hinblick auf Bankkassierer, die eine Zahlung entgegennehmen,[77] bei Kassenangestellten einer Bank, die einen Scheck hereinnehmen[78] sowie bei Sachbearbeitern einer anderen Bankfiliale, die den Scheck prüfen und weiterbearbeiten.[79] 12

Nach der Rechtsprechung muss eine Vertragspartei im Rahmen von Verhandlungen nicht für einen von ihr beauftragten **Makler** einstehen; etwas anderes gilt, wenn dieser seine Tätigkeit nicht auf das für die Durchführung seines Auftrags Notwendige beschränkt, sondern als Hilfsperson der Vertragspartei, etwa als Verhandlungsführer oder -gehilfe, tätig wird.[80] Der Eigentümer einer zu verkaufenden Eigentumswohnung 13

51 BGHZ 117, 104, 107 = NJW 1992, 1099; BGH NJW-RR 1997, 270; OLG Frankfurt OLGZ 1976, 224, 225; OLG Hamm NJW-RR 1995, 941, 942; Soergel/*Leptien*, § 166 Rn 6; *Roth*, in: FS Gaul 1997, S. 585, 590; Bamberger/Roth/*Habermeier*, § 166 Rn 19.
52 Soergel/*Leptien*, § 166 Rn 6; MüKo/*Schramm*, § 166 Rn 40; Staudinger/*Schilken*, § 166 Rn 4.
53 BGHZ 55, 307, 311 f.
54 Soergel/*Leptien*, § 166 Rn 6.
55 Zu einem Ausnahmefall s. BGHZ 109, 327 = NJW 1990, 975; anders wiederum BGHZ 117, 104, 109 = NJW 1992, 1099.
56 BGH NJW 1995, 2159, 2160; Erman/*Palm*, § 166 Rn 8.
57 BGH NJW 2007, 1584, 1587.
58 Erman/*Palm*, § 166 Rn 9.
59 OLG Köln NJW-RR 1993, 1170; dagegen keine Zurechnung des Wissens eines nicht mit der Vertragsvorbereitung befassten Sachbearbeiters einer Gemeinde: BGHZ 117, 104 = NJW 1992, 1099. Vgl auch Erman/*Palm*, § 166 Rn 9.
60 BGH NJW 1976, 516.
61 BGH NJW 1974, 553.
62 Zusammenfassend zuletzt BGH NJW 2007, 366 wohl auf der Grundlage des § 278; für Zurechnung nach § 166 zutreffend MüKo/*Busche*, § 634 a Rn 43.
63 MüKo/*Schramm*, § 166 Rn 16.
64 BGH NJW 1995, 2550; KG WM 1996, 356, 362; Palandt/*Ellenberger*, § 166 Rn 6 a.
65 *Weitnauer*, NJW 2002, 2511, 2516; einschränkend auf Abschluss- und Verhandlungsvertreter *Goldschmidt*, ZIP 2005, 1305 ff.
66 LG Siegen NJW-RR 1993, 1420.
67 RG SeuffA 83 Nr. 153; OLG Frankfurt OLGZ 1976, 224, 225.
68 BGH LM Nr. 14 zu § 166; anders, wenn der Hausverwalter nicht in die Organisation des Verkäufers des verwalteten Grundstücks einbezogen ist, vgl BGH DNotZ 2003, 274; MüKo/*Schramm*, § 166 Rn 37.
69 BGH NJW-RR 1992, 589.
70 OLG Karlsruhe ZIP 1995, 1748, 1750; OLG Köln NJW 1998, 2909.
71 OLG Stuttgart WM 1977, 1338, 1340; OLG Hamm ZIP 1981, 53; OLG Düsseldorf ZIP 1993, 1376, 1378; LG Essen MDR 1978, 844.
72 OLG Köln NJW-RR 1996, 411.
73 BGH LM Nr. 1 zu § 307 BGB; OLG Frankfurt, OLGZ 76, 224, 225.
74 BGHZ 41, 17, 22.
75 BGHZ 82, 219, 222 = NJW 1982, 377.
76 BGH NJW 2008, 2245, 2246.
77 BGH NJW 1984, 1953, 1954.
78 BGHZ 102, 316, 320 = NJW 1988, 911.
79 BGH NJW 1993, 1066.
80 RGZ 101, 97, 99; BGHZ 33, 302, 309; BGH NJW-RR 2000, 316; NJW 2004, 2156, 2157; Soergel/*Leptien*, § 166 Rn 6; Palandt/*Ellenberger*, § 166 Rn 7.

braucht sich das Wissen des **Verwalters** nicht zurechnen zu lassen.[81] Auch der **Notar** scheidet als Wissensvertreter aus,[82] außer er war Verwalter des verkauften Grundstücks.[83] Schließlich können auch Personen, die nicht für den Geschäftsherrn, sondern für andere Beteiligte an den Verhandlungen teilgenommen haben, keine Wissensvertreter sein.[84] Bei **beurkundungsbedürftigen Verträgen** findet keine Zurechnung des Wissens von Hilfspersonen statt, da sonst der Warn- und Schutzzweck der Beurkundung vereitelt würde. Entscheidend sind allein die Kenntnis und das Verständnis der Vertragsschließenden.[85]

14 Der Geschäftsherr muss sich jedoch die Kenntnis des in seinem Namen handelnden vollmachtlosen Vertreters bei der **Auslegung** des beurkundungsbedürftigen Rechtsgeschäfts zurechnen lassen, wenn er die Vertretung genehmigt.[86]

15 **h) Abschluss eines Versicherungsvertrages.** Nach **§ 2 Abs. 3 VVG** kommt beim Abschluss eines Versicherungsvertrages durch einen Vertreter nicht nur dessen Kenntnis, sondern auch die des Vertretenen in Betracht, ohne dass die besonderen Voraussetzungen des Abs. 2 vorliegen müssen. Die Kenntnis von Hilfspersonen bleibt in diesem Zusammenhang unberücksichtigt.[87] Eine weitere Sonderregelung enthält **§ 70 VVG**, die auf die sog. Auge-und-Ohr-Rechtsprechung des BGH zurückgeht. Nach § 70 VVG steht die Kenntnis des Versicherungsvertreters der Kenntnis des Versicherers gleich, soweit nach dem VVG die Kenntnis des Versicherers von Erheblichkeit ist. Dies gilt nicht für die Kenntnis des Versicherungsvertreters, die er außerhalb seiner Tätigkeit als Vertreter und ohne Zusammenhang mit dem betreffenden Versicherungsvertrag erlangt hat. Bei **kollusivem Zusammenwirken** von Versicherungsnehmer und Agent scheidet freilich mangels Schutzwürdigkeit des Versicherungsnehmers eine Zurechnung aus.[88] Die Kenntnis eines **Wissensvertreters** (s. hierzu § 164 Rn 30), zB des vom Versicherungsnehmer beauftragten Arztes,[89] eines mit der Vermittlung eines möglichst günstigen Versicherungsvertrages beauftragten Versicherungsmaklers[90] oder des mit der Schadensregulierung befassten Angehörigen,[91] muss sich der Versicherungsnehmer wie eigene zurechnen lassen.[92] Wissensvertreter ist hingegen nicht, wer die Erklärung lediglich entwirft und diese vom Versicherungsvertreter, welcher sie sich zu Eigen macht, unterschreiben lässt.[93]

16 **i) Mittelbare Stellvertreter, Boten.** **Keine Anwendung** findet § 166 auf mittelbare Stellvertreter (s. hierzu § 164 Rn 16 ff), weil es dort ausschließlich auf die Person des Handelnden ankommt.[94] Auch auf den Boten, der keine eigene Willenserklärung abgibt, ist § 166 nicht anwendbar.[95] § 166 scheidet auch beim **Gerichtsvollzieher**, **Hausverwalter**, **Kommissionär**, **Postbevollmächtigten** und beim **Treuhänder** aus.[96]

17 **2. Sachlicher Anwendungsbereich. a) Allgemeines.** Abs. 1 stellt auf Willensmängel sowie auf Kenntnis oder Kennenmüssen gewisser Umstände ab, soweit dadurch die rechtlichen **Folgen einer Willenserklärung** beeinflusst werden. Einigkeit besteht darüber, dass Abs. 1 auch auf die **Auslegung** einer Willenserklärung anwendbar ist.[97] Soweit es für den Inhalt einer Willenserklärung auf die Bewusstseinslage der erklärenden Seite ankommt, ist daher die Person des Vertreters und nicht die des Vertretenen maßgeblich, sofern nicht Abs. 2 eingreift.[98] Das Gleiche gilt bei einem Empfangsbevollmächtigten.[99] Mündliche Erläuterungen zu einem schriftlichen Vertragsangebot sind auch dann zu berücksichtigen, wenn der Vertreter nur zur Entgegennahme des Angebots, nicht aber zum Abschluss des Vertrages ermächtigt ist.[100] Auf **rechtsgeschäfts-**

81 BGH DNotZ 2003, 274.
82 OLG Hamm NJW-RR 1991, 46, 47.
83 BGH LM Nr. 14 zu § 166; Palandt/*Ellenberger*, § 166 Rn 7.
84 BGHZ 55, 307, 311; Palandt/*Ellenberger*, § 166 Rn 7.
85 BGH NJW-RR 1986, 1019; NJW 2000, 2272, 2273; Soergel/*Leptien*, § 166 Rn 6; Palandt/*Ellenberger*, § 165 Rn 7.
86 BGH NJW 2000, 2272, 2273; MüKo/*Schramm*, § 166 Rn 13, 42; anders offenbar Palandt/*Ellenberger*, § 166 Rn 7.
87 LG Köln VersR 1976, 159; Soergel/*Leptien*, § 166 Rn 8.
88 BGH NJW-RR 2008, 977, 978; OLG Hamm NJW-RR 1996, 406; OLG Schleswig VersR 1995, 406, 407; Erman/*Palm*, § 166 Rn 9 a.
89 OLG Frankfurt NJW-RR 1993, 676.
90 BGH NJW-RR 2008, 1649, 1650.
91 BGHZ 122, 388 = NJW 1993, 2112.
92 RGZ 101, 402; OLG Hamm VersR 1981, 227, 228; Soergel/*Leptien*, § 166 Rn 8.
93 BGHZ 128, 167 = NJW 1995, 662; Soergel/*Leptien*, § 166 Rn 8.
94 Staudinger/*Schilken*, § 166 Rn 4; Soergel/*Leptien*, § 166 Rn 10.
95 Staudinger/*Schilken*, § 166 Rn 4; Soergel/*Leptien*, § 166 Rn 10; Bamberger/Roth/*Habermeier*, § 166 Rn 6. Etwas anderes soll gelten, wenn es sich um einen als Boten auftretenden Stellvertreter handelt, s. hierzu und zum Empfangsboten Staudinger/*Schilken*, § 166 Rn 4, 39.
96 Soergel/*Leptien*, § 166 Rn 10 mwN.
97 Motive I, S. 227; BAG NJW 1961, 2085; BGH BB 1984, 564, 565; Soergel/*Leptien*, § 166 Rn 3; Staudinger/*Schilken*, § 166 Rn 8; Palandt/*Ellenberger*, § 166 Rn 5.
98 Soergel/*Leptien*, § 166 Rn 3.
99 BGHZ 82, 219, 222 = NJW 1982, 377; BGH BB 1984, 565; Sorgel/*Leptien*, § 166 Rn 3.
100 BGHZ 82, 219, 222 = NJW 1982, 377; Palandt/*Ellenberger* § 166 Rn 5.

ähnliche Handlungen (vgl hierzu § 164 Rn 36) finden Abs. 1 und 2 entsprechende Anwendung.[101] Bei **Realakten** scheidet eine unmittelbare Anwendung von § 166 aus.[102]

Umstritten ist, ob dem Geschäftsherrn beim Realakt des **Besitzerwerbs** im Rahmen des **§ 990** die Bösgläubigkeit seines Besitzdieners analog Abs. 1 zuzurechnen ist. Ein Teil des Schrifttums nimmt dies nur für den Fall an, dass der Geschäftsherr zugleich deliktisch gem. § 831 für seinen Besitzdiener einzustehen hat,[103] da schon die bösgläubige Besitzbegründung im Rahmen des § 990 deliktsartig sei[104] und außerdem der Geschäftsherr bei Anwendbarkeit des § 166 in dem „leichteren" Fall des § 990 strenger (nämlich ohne Exkulpationsmöglichkeit) hafte als in den „schwereren" Fällen des § 992.[105] Dem ist jedoch entgegenzuhalten, dass es bei § 992 um das unmittelbar haftungsauslösende deliktische Verhalten, in § 990 dagegen nur um die Verweigerung eines Haftungsprivilegs geht, dem die schuldhafte Eigentumsverletzung folgen muss, um eine Haftung zu begründen, und daher bei selbständigem, eigenverantwortlichen Einsatz des Besitzgehilfen die entsprechende Anwendung des Abs. 1 geboten ist.[106] So hat denn auch der BGH, welcher zunächst noch auf § 831 abgehoben hat,[107] später von einer Heranziehung von § 831 Abstand genommen und nur noch auf Abs. 1 abgestellt, wenn der Besitzherr den Besitzdiener völlig selbständig handeln lässt.[108] Umgekehrt wird durch die Gutgläubigkeit des Besitzdieners der böse Glaube des Besitzers nicht ausgeräumt, und zwar auch dann nicht, wenn er nachträglich gutgläubig wird.[109] 18

Nicht anwendbar ist § 166 schließlich dort, wo es auf die **persönlichen Eigenschaften oder Verhältnisse des Vertretenen**, zB auf die Kaufmannseigenschaft, ankommt.[110] Auch wenn das Gesetz eine **höchstpersönliche Entscheidung** voraussetzt, ist allein die Kenntnis des Vertretenen maßgeblich, zB für den Fristbeginn zur Testaments- und zur Erbvertragsanfechtung (§§ 2082, 2283).[111] 19

b) Willensmängel. aa) Geheimer Vorbehalt. Nach Abs. 1 kommt es für Willensmängel, welche die rechtlichen Folgen einer Willenserklärung beeinflussen, auf die Person des die Willenserklärung abgebenden oder empfangenden Vertreters an. Willensmängel in diesem Sinne sind die Fälle der §§ 116–123. Die unter einem geheimen Vorbehalt abgegebene Willenserklärung ist nur dann nichtig, wenn sie einem anderen gegenüber abzugeben ist und dieser den Vorbehalt kennt (**§ 116 S. 2**). Der in der Person des die Willenserklärung abgebenden Vertreters bestehende geheime Vorbehalt lässt das Geschäft scheitern, wenn der Geschäftspartner, dem gegenüber die Willenserklärung abzugeben ist, den Vorbehalt kennt, und zwar auch dann, wenn der Vertretene das Geschäft ohne den Vorbehalt will.[112] 20

Umstritten ist, ob es auch auf Seiten des Empfängers der mit einem Vorbehalt versehenen Willenserklärung allein auf die Kenntnis des Vertreters[113] oder auch auf die des Vertretenen ankommt. Zutreffend dürfte es sein, entgegen dem Wortlaut von Abs. 1 Nichtigkeit bereits dann anzunehmen, wenn nur der Vertretene, nicht aber der Vertreter den Vorbehalt kennt,[114] weil in diesem Fall der Vertretene nach der ratio des § 116 S. 2 nicht schutzbedürftig ist.[115] Hat dagegen nur der Vertreter den Vorbehalt gekannt und diesen dem Vertretenen verschwiegen, ist nicht etwa von einer Bindung des Erklärenden,[116] sondern in Anwendung des Abs. 1 davon auszugehen, dass diese Kenntnis dem Vertretenen zuzurechnen und daher die Willenserklärung nichtig ist.[117] In gleicher Weise ist beim **Scheingeschäft** zu verfahren, welches, wenn es auf einer mit Einverständnis des Empfängers nur zum Schein abgegebenen Willenserklärung beruht, nichtig ist (**§ 117 Abs. 1**). Der Geschäftspartner kann sich jedoch nicht auf die Nichtigkeit berufen, wenn er in kollusivem Zusammenwirken mit dem Vertreter dem Vertretenen die Scheinnatur des Geschäfts verheimlicht hat.[118] Entsprechendes gilt für die **Scherzerklärung (§ 118)**, wenn der Geschäftspartner die Täuschung des Vertretenen beabsichtigt hat.[119] 21

101 Soergel/*Leptien*, § 166 Rn 3; Staudinger/*Schilken*, § 166 Rn 10; Erman/*Palm*, § 166 Rn 9 c.
102 RGZ 137, 23, 28; BGHZ 16, 259, 264; Staudinger/*Schilken*, § 166 Rn 11.
103 *Baur/Stürner*, Sachenrecht, 18. Aufl. 2009, § 5 II 1 c bb; *Westermann*, JuS 1961, 79, 81 f; *Medicus*, BGB AT, Rn 903; *Wilhelm*, AcP 183 (1983), 1 ff, 24 ff.
104 Soergel/*Leptien*, § 166 Rn 17.
105 *Baur/Stürner*, Sachenrecht, 18. Aufl. 2009, § 5 II 1 c bb; Soergel/*Leptien*, § 166 Rn 17.
106 MüKo/*Schramm*, § 166 Rn 51; Staudinger/*Schilken*, § 166 Rn 10.
107 BGHZ 16, 259, 264.
108 BGHZ 32, 53, 57 f; 41, 17, 21; 55, 307, 311; dem folgend *Lorenz*, JZ 1994, 549; *Richardi*, AcP 169 (1969), 385, 392 ff, 402; *Schmidt*, AcP 175 (1975), 165, 168.
109 BGH WM 1955, 1095, 1096; Staudinger/*Schilken*, § 166 Rn 11; MüKo/*Schramm*, § 166 Rn 51; Soergel/*Leptien*, § 166 Rn 17.
110 *Flume*, BGB AT Bd. 2, § 46, 4; Staudinger/*Schilken*, § 166 Rn 9; Soergel/*Leptien*, § 166 Rn 27; Erman/*Palm*, § 166 Rn 12.
111 Soergel/*Leptien*, § 166 Rn 27.
112 Soergel/*Leptien*, § 166 Rn 19.
113 So Palandt/*Ellenberger*, § 166 Rn 3; Staudinger/*Schilken*, § 166 Rn 12; Erman/*Palm*, § 166 Rn 4.
114 *Flume*, BGB AT Bd. 2, § 20, 1.
115 MüKo/*Schramm*, § 166 Rn 4.
116 So *Flume*, BGB AT Bd. 2, § 20, 1.
117 MüKo/*Schramm*, § 166 Rn 4; Bamberger/Roth/*Habermeier*, § 166 Rn 11.
118 RG WarnR 1908, Nr. 601; RGZ 134, 33, 37; MüKo/Schramm, § 166 Rn 5; Soergel/*Leptien*, § 166 Rn 19.
119 RGZ 168, 204; MüKo/*Schramm*, § 166 Rn 5.

22 **bb) Irrtumsanfechtung.** Bei der Irrtumsanfechtung (**§ 119**) kommt es sowohl für den Irrtum als auch für dessen Erheblichkeit auf die Person des Vertreters an.[120] Dasselbe gilt, wenn sich der Vertreter eines Boten bedient hat und diesem ein **Übermittlungsfehler** im Sinne des **§ 120** unterlaufen ist.[121] Hat sich der Vertreter über den Inhalt und Umfang des ihm erteilten Auftrags geirrt, handelt es sich um einen unbeachtlichen Motivirrtum, der nicht zur Anfechtung der vom Vertreter abgegebenen Willenserklärung berechtigt.[122] Auch bei der **Auslegung** einer gegenüber dem Vertreter abgegebenen Willenserklärung (passive Stellvertretung) entscheidet ebenso wie bei der Frage nach dem Vorliegen eines (offenen oder versteckten) **Dissenses** allein das Verständnis des Vertreters.[123] Mündliche Erläuterungen zu einem schriftlichen Vertragsangebot sind auch dann zu berücksichtigen, wenn der Vertreter nur zur Entgegennahme des Angebots, nicht aber zum Vertragsschluss ermächtigt ist.[124] Die Anfechtung der Vertretererklärung ist Sache des Vertretenen, da ihn die Folgen der Willenserklärung treffen.[125] Dementsprechend kommt es auch für die Rechtzeitigkeit der Anfechtung (§ 121 Abs. 1) grundsätzlich auf dessen Kenntnis an.[126] Bei entsprechender Vertretungsmacht kann indes auch der betreffende oder ein anderer Vertreter die Anfechtung erklären.[127] In diesem Fall ist seine Kenntnis für die Rechtzeitigkeit der Anfechtung maßgeblich.[128] Die Geltendmachung eines Willensmangels ist als unzulässige Rechtsausübung ausgeschlossen, wenn dem Vertretenen selbst Arglist hinsichtlich des Willensmangels zur Last liegt, etwa weil er bestimmte Tatsachen gegenüber dem gutgläubigen Vertreter und dem Geschäftspartner verschwiegen hat.[129]

23 **cc) Arglistige Täuschung und widerrechtliche Drohung.** Bei arglistiger Täuschung oder widerrechtlicher Drohung (**§ 123**) ist danach zu differenzieren, von wessen Seite die Täuschung oder Drohung ausgeht: Wird der Vertreter vom **Geschäftspartner** getäuscht oder bedroht und dadurch zur Vornahme des Vertretergeschäfts bestimmt, ist der Vertretene nach Abs. 1 iVm § 123 Abs. 1 zur Anfechtung berechtigt.[130] Ist der Vertretene selbst getäuscht oder bedroht und dadurch dazu veranlasst worden, dem Vertreter die Weisung zum Abschluss des Vertretergeschäfts zu erteilen, folgt das Anfechtungsrecht des Vertretenen aus Abs. 2 analog, weil es insoweit auf die Person desjenigen ankommt, auf dessen Geschäftswillen die Vertretererklärung letztlich zurückgeht, und außerdem der Geschäftspartner nicht schutzwürdig ist.[131] Hat dagegen der **Vertreter** den Geschäftspartner getäuscht oder bedroht, ist § 166 nicht einschlägig.[132] Die Zurechnung folgt in diesem Fall aus dem Grundgedanken des § 123 Abs. 2.[133] Der Vertreter steht nämlich im Lager des Vertretenen und ist daher nicht Dritter.[134] Ein Anfechtungsrecht besteht auch, wenn die Täuschung oder Drohung vom **Vertretenen** ausgegangen ist, da dieser nicht Dritter im Sinne des § 123 Abs. 2 ist.[135] Nicht anders ist der Fall zu beurteilen, dass zwar die objektive Täuschungshandlung vom (gutgläubigen) Vertreter vorgenommen wird, die Arglist jedoch beim Vertretenen liegt.[136] Es genügt, dass der Vertreter mit Wissen und Wollen des Vertretenen den objektiven Tatbestand der arglistigen Täuschung vollzieht.[137] Bei Täuschung oder Drohung durch einen **Dritten** ist der Geschäftspartner zur Anfechtung berechtigt, wenn entweder der Vertreter (§ 123 Abs. 2 S. 1) oder der Vertretene (§ 123 Abs. 2 S. 2) davon Kenntnis hatte oder hätte haben müssen.[138]

24 **dd) Vertreter ohne Vertretungsmacht.** Hat der Vertreter ohne Vertretungsmacht gehandelt und der Vertretene das Vertretungsgeschäft **genehmigt**, findet Abs. 1 auf die Willensmängel des Vertreters Anwen-

120 RGZ 58, 342, 346; 82, 193, 196; 106, 200, 204; BGHZ 51, 141, 145; *Flume*, BGB AT Bd. 2, § 46, 3; Staudinger/*Schilken*, § 166 Rn 12; MüKo/*Schramm*, § 166 Rn 6; Soergel/*Leptien*, § 166 Rn 21; Erman/*Palm*, § 166 Rn 4.
121 Staudinger/*Schilken*, § 166 Rn 12; MüKo/*Schramm*, § 166 Rn 9.
122 RGZ 82, 193, 195; Gruchot 49, 1049, 1052; MüKo/*Schramm*, § 166 Rn 7; Staudinger/*Schilken*, § 166 Rn 13; Erman/*Palm*, § 166 Rn 4.
123 BGHZ 82, 219, 222; BAG NJW 1961, 2085; MüKo/*Schramm*, § 166 Rn 9; Staudinger/*Schilken*, § 166 Rn 14; Soergel/*Leptien*, § 166 Rn 3.
124 BGHZ 82, 219, 222; Palandt/*Ellenberger*, § 166 Rn 5.
125 MüKo/*Schramm*, § 166 Rn 6; Staudinger/*Schilken*, § 166 Rn 19; Soergel/*Leptien*, § 166 Rn 21; Erman/*Palm*, § 166 Rn 4.
126 MüKo/*Schramm*, § 166 Rn 7; Bamberger/Roth/*Habermeier*, § 166 Rn 9.
127 Erman/*Palm*, § 166 Rn 4; Staudinger/*Schilken*, § 166 Rn 19; Bamberger/Roth/*Habermeier*, § 166 Rn 9.
128 MüKo/*Schramm*, § 166 Rn 7; Soergel/*Leptien*, § 166 Rn 21.
129 Staudinger/*Schilken*, § 166 Rn 20.
130 BGHZ 51, 141, 145; MüKo/*Schramm*, § 166 Rn 10; Palandt/*Ellenberger*, § 166 Rn 3.
131 BGHZ 51, 141, 146; MüKo/*Schramm*, § 166 Rn 59; Soergel/*Leptien*, § 166 Rn 33; aA Staudinger/*Schilken*, § 166 Rn 28.
132 MüKo/*Schramm*, § 166 Rn 11; Soergel/*Leptien*, § 166 Rn 25.
133 MüKo/*Schramm*, § 166 Rn 11; Staudinger/*Schilken*, § 166 Rn 25.
134 RGZ 101, 97; BGHZ 20, 36, 38; NJW-RR 1987, 59, 60; *Flume*, BGB AT Bd. 2, § 46, 3 u. § 52, 5 d; Soergel/*Leptien*, § 166 Rn 25; Bamberger/Roth/*Habermeier*, § 166 Rn 10.
135 *Flume*, BGB AT Bd. 2, § 46, 3; § 52, 5 d; Staudinger/*Schilken*, § 166 Rn 24; MüKo/*Schramm*, § 166 Rn 11; Soergel/*Leptien*, § 166 Rn 25; Bamberger/Roth/*Habermeier*, § 166 Rn 10.
136 RGZ 81, 433, 436; MüKo/*Schramm*, § 166 Rn 11; Soergel/*Leptien*, § 166 Rn 25.
137 *Flume*, BGB AT Bd. 2, § 52, 5 d.
138 *Flume*, BGB AT Bd. 2, § 46, 3; § 52, 5 d; MüKo/*Schramm*, § 166 Rn 11; Soergel/*Leptien*, § 166 Rn 25; Staudinger/*Schilken*, § 166 Rn 25.

dung.[139] Zu beachten ist jedoch, dass in der Genehmigung, die in Kenntnis des Willensmangels erfolgt, eine Bestätigung im Sinne des § 144 Abs. 1 liegen bzw die nachträgliche Anfechtung als widersprüchliches Verhalten (§ 242) ausgeschlossen sein kann.[140] Hat dagegen der Vertretene die Genehmigung **verweigert**, sind die Willensmängel des Vertreters bei seiner Haftung nach § 179 zu berücksichtigen. Zu deren Abwehr stehen ihm alle Rechtsbehelfe (Anfechtung, Rücktritt usw.) zu, welche dem Vertretenen bei wirksamer Vertretung oder bei Genehmigung zugestanden hätten.[141] Ist danach das Vertretergeschäft nichtig oder angefochten, entfällt die Haftung nach § 179. In Betracht kommt jedoch eine Haftung aus § 122 und aus Verschulden bei Vertragsschluss (§§ 280 Abs. 1, 311 Abs. 2).[142] Keine Zurechnung findet ferner statt, wenn es um das Wissen eines Vertreters geht, der entgegen § 181 BGB ein **Insichgeschäft** abgeschlossen hat.[143]

c) Kenntnis oder Kennenmüssen. aa) „Umstände". Auch für die Kenntnis oder das Kennenmüssen (vgl § 122 Abs. 2) gewisser Umstände kommt es nach Abs. 1 auf die Person des Vertreters an, soweit hiervon die Rechtsfolgen einer von ihm abgegebenen oder empfangenen Willenserklärung abhängen. Einigkeit besteht darüber, dass die Kenntnis des Vorbehalts nach **§ 116 S. 2** und das Einverständnis nach **§ 117 Abs. 1** (s. bereits Rn 20 f) unmittelbar unter Abs. 1 fallen,[144] ebenso die in **§ 119 Abs. 1** angesprochene – wenn auch hypothetische – Kenntnis der Sachlage (s. bereits Rn 22). Gleiches gilt für die Kenntnis der die Gesetzes- oder Sittenwidrigkeit (**§§ 134, 138**) begründenden Umstände.[145] Von Abs. 1 werden auch erfasst die Kenntnis oder das Kennenmüssen von der Anfechtbarkeit (**§ 142 Abs. 2**),[146] von der Täuschung durch einen Dritten (**§ 123 Abs. 2 S. 1**), vom Erlöschen (**§§ 169, 173**) und vom **Missbrauch der Vertretungsmacht**. Bei einer Leistung auf fremde Schuld (**§ 267 Abs. 1**) kommt es auf das Leistungsbewusstsein des Bevollmächtigten an.[147] Weitere Anwendungsfälle bilden die Haftung wegen eines anfänglichen Leistungshindernisses (**§ 311 a Abs. 2 S. 2**)[148] und wegen eines Mangels der Kaufsache (**§ 442 Abs. 1**),[149] die Forderungsabtretung (**§§ 405–408**),[150] die **subjektiven Merkmale eines Verbotsgesetzes**,[151] die Leistung an den Schuldner nach Insolvenzeröffnung (**§ 82 InsO**),[152] die Insolvenzanfechtung (**§§ 129** ff **InsO**)[153] sowie die Publizität des Handelsregisters (**§ 15 HGB**).[154] Auch für die Kenntnis des Mangels des rechtlichen Grundes gem. **§ 819 Abs. 1** ist Abs. 1 heranzuziehen;[155] hierbei kann nach § 142 Abs. 2 bereits die Kenntnis des zum Wegfall des Kausalgeschäfts führenden Anfechtungsgrunds genügen.[156] Die Kenntnis des **In-sich-Vertreters** ist beiden Seiten zuzurechnen.[157] 25

bb) Gutgläubiger Erwerb. Zu den wichtigsten Anwendungsfällen zählen die Vorschriften über den **gutgläubigen Erwerb** (**§§ 892** ff, **932** ff, **1032, 1138, 1155, 1207** ff, **1244; § 366 HGB**). Unproblematisch sind die Fälle, in denen sich der **Erwerb rein rechtsgeschäftlich** vollzieht (§§ 929 S. 2, 932 Abs. 1 S. 2, 931, 934 Alt. 1). Dort ist nach Abs. 1 allein auf den guten Glauben des Vertreters abzustellen.[158] Bei Erwerbstatbeständen, bei denen **Rechtsgeschäft und Realakt miteinander kombiniert** sind, ist dagegen zu unterscheiden: Hat der Vertreter den **gesamten** Erwerbstatbestand erfüllt, kommt es auch hier allein auf seinen guten Glauben an. Die Reihenfolge von Einigung und Realakt ist dabei gleichgültig.[159] War der Vertreter bösgläubig, scheidet gutgläubiger Erwerb daher auch dann aus, wenn der Vertretene gutgläubig war.[160] Im umgekehrten Fall ist 26

139 RGZ 68, 374, 376; 128, 116, 120; 131, 434, 357; 161, 153, 161; BAGE 10, 176.
140 MüKo/*Schramm*, § 166 Rn 13.
141 *Flume*, BGB AT Bd. 2, § 47, 3 a; MüKo/*Schramm*, § 166 Rn 12.
142 MüKo/*Schramm*, § 166 Rn 12.
143 Vgl BGH NJW 2010, 861 betreffend das Handeln eines der beiden gesamtvertretungsberechtigten GbR-Gesellschafter.
144 RGZ 135, 219.
145 RGZ 100, 246; RG HRR 1928 Nr. 589; BGH LM Nr. 8 zu § 166, NJW 1992, 899.
146 BGH NJW 1989, 2879, 2880. MüKo/*Schramm*, § 166 Rn 45, will in den Fällen des § 121 Abs. 1 S. 1, § 124 Abs. 2 S. 1 und des § 142 Abs. 2 auf den Vertreter nur dann abstellen, wenn sich seine Vertretungsmacht auch auf die Anfechtung der von ihm abgegebenen Willenserklärung erstreckt. Zu einem möglichen Ausschluss von Gewährleistungsansprüchen des Käufers aufgrund arbeitsteiligen Handelns bei der Due Diligence und den Vertragsverhandlungen vgl *Goldschmidt*, ZIP 2005, 1305 ff.
147 RG SeuffA 86 Nr. 178; Soergel/*Leptien*, § 166 Rn 13.
148 Soergel/*Leptien*, § 166 Rn 13 (zu § 307 aF).
149 RGZ 101, 64, 73; 131, 343, 355; BGH NJW 2000, 1405, 1406 (zu § 460 aF); Palandt/*Ellenberger*, § 166 Rn 4. Dies gilt auch, wenn ein Notar als Vertreter gehandelt hat: BGH DNotZ 1969, 284. *Schmidt*, Obliegenheiten, 1953, S. 184 f, will hingegen § 278 analog anwenden. Dagegen *Richardi*, AcP 169 (1969), 390; MüKo/*Schramm*, § 166 Rn 47.
150 Vgl BGHZ 140, 54 = NJW 1999, 284, 286.
151 BayObLG, NJW 1993, 1143, 1133.
152 BGH NJW 1999, 284, 286 (zu § 8 Abs. 3 KO aF).
153 BGH DB 1985, 649; WM 1991, 152, 155 (zu § 30 KO aF).
154 Zu Vorst. (sofern nicht gesondert vermerkt) MüKo/*Schramm*, § 166 Rn 44; Soergel/*Leptien*, § 166 Rn 12 f; Erman/*Palm*, § 166 Rn 5.
155 RGZ 79, 285, 287; BGHZ 83, 293, 295 = NJW 1992, 881; NJW 1981, 993, 994; OLG Bamberg WM 2007, 389; OLG Hamm VersR 2009, 593; krit. *Wilhelm*, AcP 183 (1983), 1, 28 ff.
156 Staudinger/*Schilken*, § 166 Rn 21; MüKo/*Schramm*, § 166 Rn 45.
157 BGHZ 94, 232, 237 = NJW 1985, 2407; Erman/*Palm*, § 166 Rn 5; Palandt/*Ellenberger*, § 166 Rn 4.
158 Staudinger/*Schilken*, § 166 Rn 9.
159 MüKo/*Schramm*, § 166 Rn 46.
160 RG WarnR 1934 Nr. 157; BGHZ 32, 53, 59; Soergel/*Leptien*, § 166 Rn 12.

gutgläubiger Erwerb dagegen grundsätzlich möglich. Jedoch schadet dem Vertretenen seine Bösgläubigkeit dann, wenn der Erwerbstatbestand **geteilt** und nach der Einigung mit dem gutgläubigen Vertreter die Übergabe an den Vertretenen oder an dessen Besitzmittler oder Besitzdiener (auf deren Bösgläubigkeit es nicht ankommt)[161] erfolgt ist.[162]

27 **cc) Entsprechende Anwendung des Abs. 1.** Bisweilen ist die Kenntnis oder das Kennenmüssen nicht bedeutsam für die unmittelbaren Folgen einer Willenserklärung, sondern nur für den Eintritt anderer, im Zusammenhang mit der Abgabe oder dem Empfang von Willenserklärungen oder geschäftsähnlichen Handlungen stehender Rechtsfolgen.[163] In diesen Fällen kommt eine **entsprechende Anwendung** von Abs. 1 in Betracht. So handelt es sich beim Ausschluss des Schadensersatzanspruchs bei Kenntnis oder Kennenmüssen der Anfechtbarkeit der Willenserklärung (**§ 122 Abs. 2**) um keine unmittelbare Folge der anfechtbaren Willenserklärung. Der vertretene Anfechtungsgegner muss sich die zum Anspruchsausschluss führende Kenntnis seines Vertreters jedoch analog Abs. 1 zurechnen lassen.[164] Auch beim **kaufmännischen Bestätigungsschreiben** kommt eine analoge Anwendung des Abs. 1 in Betracht.[165] Im Falle einer schädigenden Handlung muss sich der Schädiger die Kenntnis seines Vertreters von der Gefahr eines ungewöhnlich hohen Schadens analog Abs. 1 zurechnen lassen mit der Folge, dass die Warnpflicht des Geschädigten nach **§ 254 Abs. 2 S. 1** entfällt.[166] Auch auf die Abnahme nach **§ 640 Abs. 1**, bei der es sich um keine Willenserklärung, sondern um eine geschäftsähnliche Handlung handelt, findet Abs. 1 entsprechende Anwendung,[167] ebenso im Bereicherungsrecht (**§ 814**,[168] **§ 817**,[169] **§ 819**[170]).[171] Beim Grenzüberbau (**§ 912**) hat die Rechtsprechung Vorsatz und grobe Fahrlässigkeit des bauleitenden Architekten dem Grundstückseigentümer analog Abs. 1 zugerechnet. Für den Bauunternehmer, den Polier und seine Gehilfen soll dies hingegen nicht gelten, da sie nicht Repräsentanten, sondern eher Widerpart des Grundstückseigentümers seien.[172] Diese Rechtsprechung ist im Schrifttum auf Widerspruch gestoßen, weil es nicht um Wissens-, sondern um Verschuldenszurechnung gehe, und daher der Anwendungsbereich des Abs. 1 überdehnt werde.[173] So ist denn stattdessen teils auf § 278 (nachbarrechtliches Gemeinschaftsverhältnis), teils unter Berufung auf den Deliktscharakter des § 912 auf § 831 abgestellt worden.[174] Abs. 1 gilt auch für **prozessuale Willenserklärungen**.[175] Entsprechend ist Abs. 1 schließlich anzuwenden bei der Gläubigeranfechtung in der Insolvenz auf die Kenntnis des Vertreters oder eines ihm Gleichgestellten[176] von der Krise und der Begünstigungs- und Benachteiligungsabsicht des Schuldners (**§ 3 AnfG, §§ 131, 133 InsO**).[177] Zur entsprechenden Anwendbarkeit des Abs. 1 auf den **bösgläubigen Besitzdiener bei § 990** s. bereits Rn 18.

28 **dd) Verjährung.** Die regelmäßige Verjährung beginnt mit dem Schluss des Jahres, in dem der Anspruch entstanden ist und der Gläubiger von den anspruchsbegründenden Umständen und der Person des Schuldners Kenntnis erlangt oder ohne grobe Fahrlässigkeit erlangen müsste (§ 199 Abs. 1). Dabei steht die Kenntnis eines **Wissensvertreters** (s. Rn 10), dem die Tatsachenermittlung zur Aufklärung oder Durchsetzung eines Anspruchs übertragen worden ist, grundsätzlich analog § 166 Abs. 1 der Kenntnis des Gläubigers gleich.[178] Denn derjenige, der einen anderen mit der Erledigung bestimmter Angelegenheiten in eigener Verantwortung betraut, hat sich unabhängig von einem Vertretungsverhältnis das in diesem Rahmen erlangte Wissen des anderen zurechnen zu lassen.[179] Bei **deliktischen Schadensersatzansprüchen** (§§ 823 ff), die einen gänzlich außerrechtsgeschäftlichen Bereich betreffen,[180] ist allerdings zu differenzieren: Nur bei **gesetzlicher** und

161 AA Staudinger/*Schilken*, § 166 Rn 9: Die Bösgläubigkeit des Besitzgehilfen schade, wenn ihm hinsichtlich der Eigentumslage eine eigenständige Prüfungskompetenz übertragen worden ist.
162 RGZ 137, 23, 28; MüKo/*Schramm*, § 166 Rn 46; Soergel/*Leptien*, § 166 Rn 12; Erman/*Palm*, § 166 Rn 5.
163 MüKo/*Schramm*, § 166 Rn 48; Soergel/*Leptien*, § 166 Rn 3.
164 Soergel/*Leptien*, § 166 Rn 14; MüKo/*Schramm*, § 166 Rn 49.
165 BGHZ 40, 42, 46 f = NJW 1963, 1922; Soergel/*Leptien*, § 166 Rn 14; MüKo/*Schramm*, § 166 Rn 53.
166 Erman/*Palm*, § 166 Rn 9 c; Soergel/*Leptien*, § 166 Rn 14.
167 Soergel/*Leptien*, § 166 Rn 15.
168 BGHZ 73, 202, 205 = NJW 1979, 763.
169 Soergel/*Leptien*, § 166 Rn 15.
170 RGZ 79, 285, 287; BGH DB 1962, 601; MDR 1977, 388; NJW 1982, 1585; OLG Hamm WM 1985, 1290; OLG Karlsruhe ZIP 1995, 1748; krit. *Wilhelm*, AcP 183 (1983), 1, 28 ff.
171 Vgl näher Soergel/*Leptien*, § 166 Rn 15.
172 BGHZ 42, 63, 68; BGH NJW 1977, 375; WM 1979, 644, 645; zust. Staudinger/*Schilken*, § 166 Rn 22; vgl auch BayObLGE 79, 19, 23.
173 MüKo/*Schramm*, § 166 Rn 52.
174 Vgl Soergel/*Leptien*, § 166 Rn 16.
175 RGZ 146, 348, 353; Soergel/*Leptien*, § 166 Rn 7; Erman/*Palm*, § 166 Rn 9 c; vgl auch Staudinger/*Schilken*, § 166 Rn 30.
176 Vgl hierzu BGHZ 41, 17, 21 (als Beobachter in die Geschäftsleitung entsandter Vertrauensmann: ja); BGHZ 55, 307, 311 (Treuhänder des Schuldners: nein).
177 BGHZ 22, 128, 134; 38, 65, 66; 41, 17, 21; BGH WM 1991, 152, 153; MüKo/*Schramm*, § 166 Rn 50; einschr. Soergel/*Leptien*, § 166 Rn 15.
178 So jedenfalls nach bisheriger, zu § 852 BGB aF ergangener Rechtsprechung BGH NJW 1989, 2323; 1994, 1150, 1151; 2007, 1584, 1587; wie hier für Fortführung auch im Rahmen des § 199 Abs. 1 Palandt/*Ellenberger*, § 199 Rn 24.
179 BGH NJW 2007, 1584, 1587.
180 Vgl Soergel/*Leptien*, § 166 Rn 15.

organschaftlicher Vertretung kommt es für den Verjährungsbeginn in entsprechender Anwendung von § 166 Abs. 1 auf die Kenntnis des Vertreters an.[181] Dagegen kommt es für den Verjährungsbeginn grundsätzlich nicht auf die Kenntnis des **gewillkürten Vertreters**, sondern auf die des Geschädigten an.[182] Etwas anderes gilt nur dann, wenn der Geschädigte einen Dritten, insbesondere einen Rechtsanwalt,[183] mit der Sachverhaltsaufklärung beauftragt und dergestalt zu seinem Wissensvertreter bestellt hat: In diesem Fall muss sich der Geschädigte die Kenntnisse des Vertreters auch dann zurechnen lassen, wenn sie nicht an ihn weitergeleitet worden sind; eine Berufung auf die eigene Unkenntnis wäre treuwidrig.[184] Eine Wissenszusammenrechnung (s. Rn 9) hat die Rechtsprechung im Verjährungsrecht bisher abgelehnt.[185] Diese Sichtweise sollte überdacht werden, da innerhalb einer arbeitsteiligen Arbeitorganisation (Unternehmen, Behörde) für verjährungsrelevante Tatsachen eine aktenmäßige Erfassung und ein Informationsaustausch organisiert werden müssen, so dass, wenn dies nicht geschieht, § 199 Abs. 1 Nr. 2 wegen grober Fahrlässigkeit anwendbar sein kann.[186]

II. Vertreter handelt nach Weisungen (Abs. 2)

1. Persönlicher Anwendungsbereich. a) Bevollmächtigter. Seinem eindeutigen Wortlaut nach ist Abs. 2 nur auf die Fälle einer **rechtsgeschäftlich erteilten Vertretungsmacht (Vollmacht)** anwendbar. Darunter fällt auch die Untervollmacht, wenn der Unterbevollmächtigte nach den Weisungen des Hauptbevollmächtigten handelt.[187] Auf die gesetzliche Vertretung kann Abs. 2 grundsätzlich nicht angewandt werden.[188] Der Grund für die Herausnahme der gesetzlichen Vertretung aus dem Anwendungsbereich des Abs. 2 liegt darin, dass von dem kraft Gesetzes Vertretenen keine bestimmten Weisungen erteilt werden können[189] und daher der Gesetzeszweck, zu verhindern, dass ein bösgläubiger Vertretener einen arglosen Vertreter vorschiebt, nicht einschlägig ist. 29

b) Gesetzlicher Vertreter. Es ist jedoch eine **entsprechende Anwendung** des Abs. 2 auf solche gesetzlichen Vertreter anerkannt, deren Stellung im konkreten Fall der eines weisungsgebundenen Bevollmächtigten gleicht.[190] Dies ist angenommen worden für den nach Weisung handelnden **Betreuer**, wenn der bösgläubige Betreute voll geschäftsfähig ist.[191] Der BGH hat Abs. 2 analog auf den Fall angewandt, dass der von der Vertretung seines minderjährigen Kindes nach §§ 1629 Abs. 2, 1795 Abs. 2 ausgeschlossene Vater zur Vornahme einer Grundstücksveräußerung an das Kind einen gutgläubigen **Ergänzungspfleger** bestellt, der das Geschäft in Unkenntnis der Gläubigerbenachteiligungsabsicht des Vaters (§ 3 Abs. 1 Nr. 1 AnfG) mit dem Kind abschließt.[192] 30

Eine entsprechende Anwendung des Abs. 2 wird auch befürwortet, wenn der wissende Ehemann seine gutgläubige Ehefrau veranlasst, kraft ihrer **Schlüsselgewalt** (§ 1357) eine unterschlagene Sache zu erwerben.[193] Das Gleiche gilt, wenn ein bösgläubiger **vertretungsberechtigter Gesellschafter** einen anderen Gesellschafter zum Abschluss eines bestimmten Geschäfts bringt.[194] 31

Auf **geschäftsunfähige** oder nur **beschränkt geschäftsfähige Vertretene** ist Abs. 2 dagegen wegen des vorrangigen Schutzzwecks der §§ 104 ff grundsätzlich nicht entsprechend anwendbar,[195] so zB, wenn ein bösgläubiger Minderjähriger seine arglosen Eltern dazu bestimmt, eine bestimmte Sache von einem Nichteigentümer zu erwerben. Etwas anderes gilt jedoch für einen beschränkt Geschäftsfähigen (§ 106), welcher das Geschäft auch selbst hätte vornehmen können, weil es für ihn rechtlich lediglich vorteilhaft ist (§ 107, zB Eigentumserwerb) und der eine zur Erkenntnis seiner Verantwortlichkeit ausreichende Einsichtsfähigkeit 32

181 BGH VersR 1963, 161 f; NJW 1989, 2323; Soergel/*Leptien*, § 166 Rn 15. Diese Fundstellen betreffen § 852 aF Es bestehen jedoch keine Bedenken, diese Aussage auch auf die Neuregelung des Beginns der Verjährung deliktischer Schadensersatzansprüche nach der Schuldrechtsreform zu übertragen.

182 BGH VersR 1955, 233, 234; MüKo/*Schramm*, § 166 Rn 55; Soergel/*Leptien*, § 166 Rn 15.

183 BGH NJW-RR 1992, 282, 283; NJW 1992, 3034; NJW-RR 1994, 806, 807; MüKo/*Schramm*, § 166 Rn 55.

184 BGH NJW 1968, 988; 1985, 2583; 1994, 1150; MüKo/*Schramm*, § 166 Rn 55; Soergel/*Leptien*, § 166 Rn 15.

185 BGHZ 133, 129, 139 = NJW 1996, 2508.

186 Palandt/*Ellenberger*, § 199 Rn 24.

187 RG Gruchot 58, 907; Palandt/*Ellenberger*, § 166 Rn 10; Bamberger/Roth/*Habermeier*, § 166 Rn 23.

188 BGHZ 38, 65, 67; Soergel/*Leptien*, § 166 Rn 32.

189 MüKo/*Schramm*, § 166 Rn 57; Soergel/*Leptien*, § 166 Rn 32.

190 Vgl BGHZ 38, 65, 67; *Flume*, BGB AT Bd. 2, § 52, 6; Staudinger/*Schilken*, § 166 Rn 31; Soergel/*Leptien*, § 166 Rn 32; Erman/*Palm*, § 166 Rn 17.

191 Staudinger/*Schilken*, § 166 Rn 1; MüKo/*Schramm*, § 166 Rn 57; Soergel/*Leptien*, § 166 Rn 32; aA *Paulus*, in: FS Michaelis 1972, S. 215, 223 ff.

192 BGHZ 38, 65, 70; zust. *Larenz/Wolf*, BGB AT, § 46 Rn 113 f; Erman/*Palm*, § 166 Rn 17; MüKo/*Schramm*, § 166 Rn 57; Bamberger/Roth/*Habermeier*, § 166 Rn 24; abl. *Müller-Freienfels*, Die Vertretung beim Rechtsgeschäft, 1955, S. 392 ff; *Paulus*, in: FS Michaelis 1972, S. 215, 223 ff.

193 *Weimar*, JR 1976, 318, 320; Soergel/*Leptien*, § 166 Rn 32; Palandt/*Ellenberger*, § 166 Rn 10.

194 MüKo/*Schramm*, § 166 Rn 57.

195 Staudinger/*Schilken*, § 166 Rn 31; MüKo/*Schramm*, § 166 Rn 57; Erman/*Palm*, § 166 Rn 17.

besitzt (§ 828 Abs. 3).[196] Im umgekehrten Fall, dass die Eltern ihr Kind veranlassen, im Rahmen von § 107 selbst wirksam zu handeln, soll Abs. 2 hingegen in jedem Fall ausgeschlossen bleiben.[197] Keine Anwendung findet Abs. 2 auch auf die **Ermächtigung** (s. hierzu § 164 Rn 28) und auf die **Zustimmung** zu rechtsgeschäftlichem Handeln, da der Dritte hier im eigenen Namen auftritt[198] und es daher nur auf seine Kenntnis bzw sein Kennenmüssen ankommt.[199]

33 Nicht anzuwenden ist Abs. 2 schließlich auf die **organschaftliche Vertretung juristischer Personen**.[200] Darüber besteht weitgehend Einigkeit.[201] Zur Begründung wird teils darauf verwiesen, dass das Wissen(müssen) der Organe juristischer Personen das der juristischen Person selbst sei (Organtheorie),[202] teils auf den Rechtsgedanken des § 28 Abs. 2, wonach die Wertung gerechtfertigt sei, das Wissen(müssen) solcher Organe dem der juristischen Person gleichzusetzen.[203]

34 **2. Sachlicher Anwendungsbereich. a) Bestimmte Weisungen des Vertretenen.** Abs. 2 setzt voraus, dass der Vertreter nach bestimmten Weisungen des Vertretenen gehandelt hat. Der Begriff der bestimmten Weisungen ist **weit auszulegen**.[204] Es genügt, wenn sich die Weisungen nicht als Beschränkung der Vertretungsmacht darstellen, sondern sich in Form von Ausführungsanordnungen aus dem Innenverhältnis von Vertretenem und Vertreter ergeben.[205] Die Weisung braucht sich auch nicht auf gerade denjenigen Umstand zu beziehen, dessen Kenntnis oder Kennenmüssen infrage steht,[206] ebenso wenig auf die Vornahme eines bestimmten Geschäfts.[207] Sie muss auch nicht bereits Gegenstand der Bevollmächtigung sein.[208] Es reicht aus, wenn der Vertreter im Rahmen der ihm erteilten Vollmacht ein Geschäft tätigt, zu dessen Vornahme ihn der Vollmachtgeber gezielt veranlasst hat.[209] Gleichzustellen ist der Fall, dass der Vertretene pflichtwidrig Weisungen unterlässt bzw vorhandene Informationen nicht weitergibt.[210]

35 Abs. 2 ist bereits dann anwendbar, wenn der Vertretene vom Vorhaben des Vertreters Kenntnis hat und dieses **nicht verhindert**, obwohl ihm dies möglich wäre.[211] Dies gilt vor allem in dem Fall, in dem der Vertreter das Geschäft in Gegenwart des Vertretenen tätigt und dieser trotz Wahrnehmung nicht einschreitet.[212] Es reicht aus, wenn der Vertretene erst nach Erteilung der Weisung Kenntnis erhält oder hätte haben müssen, der Rechtsakt zu diesem Zeitpunkt noch nicht vollzogen und daher der Vertretene in der Lage ist, durch zumutbare Maßnahmen auf den weisungsgebundenen Vertreter Einfluss zu nehmen.[213] Maßgebend ist insoweit die tatsächliche Hinderungsmöglichkeit.[214] Nicht dagegen muss der Vertretene vorsorglich gegen alle Handlungen vorgehen, mit denen nur allgemein zu rechnen ist und die sich nicht bereits konkret abzeichnen. Liegen keine konkreten Weisungen vor und hält der Vertretene den künftigen Abschluss eines bestimmten Geschäfts lediglich für möglich, findet Abs. 2 daher keine Anwendung.[215] So kann bei Generalbevollmächtigten oder Prokuristen nicht pauschal aufgrund ihrer umfassenden Vertretungsmacht angenommen werden, sie handelten in deren Rahmen jeweils nach bestimmten Weisungen des Geschäftsherrn.[216] Ein gutgläubiger Generalbevoll-

196 MüKo/*Schramm*, § 166 Rn 57; Soergel/*Leptien*, § 166 Rn 32.
197 BGHZ 94, 232, 239 = NJW 1985, 2407; *Larenz/Wolf*, BGB AT, § 46 Rn 114; Soergel/*Leptien*, § 166 Rn 32; anders (analog § 166 Abs. 1) Staudinger/*Schilken*, § 166 Rn 31.
198 RGZ 53, 274, 275.
199 *Thiele*, Die Zustimmungen in der Lehre vom Rechtsgeschäft, 1966, S. 160; Staudinger/*Schilken*, § 166 Rn 31.
200 Dafür jedoch *Schultz*, NJW 1996, 1393.
201 Eine ausdrückliche gesetzliche Regelung dieser Zurechnung verlangt dagegen *Waltermann*, AcP 192 (1992), 181, 216 ff. Auf eine Wissenszurechnung nach Maßgabe des § 166 stellen *Baumann*, ZGR 1973, 284 ff, und *Tintelnot*, JZ 1987, 785, 799 f, ab.
202 RG JW 1935, 2044; BGHZ 20, 149, 153; 41, 282, 287 = NJW 1964, 1367; BGHZ 109, 327, 331 = NJW 1990, 975; Soergel/*Leptien*, § 166 Rn 32.
203 Staudinger/*Schilken*, § 166 Rn 32.
204 RG Recht 1921, 2251; RGZ 131, 343, 356; 161, 153, 161; BGHZ 38, 65, 68; 50, 364, 368; BGH BB 1965, 435; *Flume*, BGB AT Bd. 2, § 52, 6; Staudinger/*Schilken*, § 166 Rn 33; MüKo/*Schramm*, § 166 Rn 58; Soergel/*Leptien*, § 166 Rn 29; Erman/*Palm*, § 166 Rn 16; Bamberger/Roth/*Habermeier*, § 166 Rn 25.
205 Staudinger/*Schilken*, § 166 Rn 34.
206 Staudinger/*Schilken*, § 166 Rn 34.
207 RG JW 1916, 316, 318; SeuffA 76 Nr. 175; SeuffA 82 Nr. 41; BGHZ 38, 65, 68; 50, 364, 368; BGH BB 1965, 435; BAG NJW 1997, 1940, 1941; Staudinger/*Schilken*, § 166 Rn 34; MüKo/*Schramm*, § 166 Rn 58; Soergel/*Leptien*, § 166 Rn 29; Erman/*Palm*, § 166 Rn 16.
208 MüKo/*Schramm*, § 166 Rn 58; Soergel/*Leptien*, § 166 Rn 29.
209 RG JW 1916, 316, 318; RGZ 68, 374, 377; 161, 153, 161; BGHZ 38, 65, 68; 50, 364, 368; BAG NJW 1997, 1940, 1941; BayObLG NJW-RR 1989, 907, 910; *Flume*, BGB AT Bd. 2, § 52, 6; Staudinger/*Schilken*, § 166 Rn 34; MüKo/*Schramm*, § 166 Rn 58; Soergel/*Leptien*, § 166 Rn 29; Erman/*Palm*, § 166 Rn 16.
210 Erman/*Palm*, § 166 Rn 16.
211 BGHZ 50, 364, 368; BGH BB 1968, 1402; OLG Hamm NZG 2006, 827; BayObLG NJW-RR 1989, 907, 910; *Flume*, BGB AT Bd. 2, § 52, 6; MüKo/*Schramm*, § 166 Rn 58; Soergel/*Leptien*, § 166 Rn 29; Bamberger/Roth/*Habermeier*, § 166 Rn 25.
212 BGHZ 51, 141, 145; Staudinger/*Schilken*, § 166 Rn 34; MüKo/*Schramm*, § 166 Rn 58; Soergel/*Leptien*, § 166 Rn 29; Erman/*Palm*, § 166 Rn 16.
213 BGHZ 38, 65, 67; 50, 364, 368; 51, 141, 145; Erman/*Palm*, § 166 Rn 16; Soergel/*Leptien*, § 166 Rn 31.
214 Staudinger/*Schilken*, § 166 Rn 27; Soergel/*Leptien*, § 166 Rn 31.
215 MüKo/*Schramm*, § 166 Rn 58; Soergel/*Leptien*, § 166 Rn 29.
216 Soergel/*Leptien*, § 166 Rn 29.

mächtigter kann daher für einen bösgläubigen Vollmachtgeber Eigentum erwerben.[217] Die Weisung muss dem Vertreter nicht unmittelbar vom Vertretenen, sondern kann ihm auch von einem ihm im Rahmen einer **Unterbevollmächtigung** übergeordneten Vertreter erteilt sein. In diesem Fall kommt es auch auf die Kenntnis oder das Kennenmüssen des Hauptbevollmächtigten an.[218]

b) Genehmigung einer vollmachtlosen Vertretung, § 177. Seinem Wortlaut nach gilt Abs. 2 nur bei rechtsgeschäftlich erteilter Vertretungsmacht (Vollmacht). Abs. 2 findet jedoch **entsprechende Anwendung**, wenn der Vertretene gem. § 177 eine vollmachtlose Vertretung genehmigt.[219] An die Stelle der Vollmachtserteilung mit bestimmten Weisungen tritt die in der Genehmigung liegende unmittelbare Beteiligung des Vertretenen am Abschlusstatbestand.[220] Durch die Genehmigung billigt der Vertretene die Interessenbewertung des Vertreters und nimmt sie in seinen Willen auf.[221] Das Geschäft beruht daher nicht nur auf der Entschließung des Vertreters, sondern auch auf der des Vertretenen, was eine entsprechende Anwendung des Abs. 2 neben Abs. 1 rechtfertigt.[222] Für die Kenntnis oder das Kennenmüssen des Vertretenen kommt es auf den Zeitpunkt der Genehmigung an.[223] 36

3. Ausdehnung auf Willensmängel. Nach seinem Wortlaut und nach der ursprünglichen gesetzgeberischen Intention (Repräsentationstheorie, Abstraktionsprinzip) bezieht sich Abs. 2 nur auf die Kenntnis und das Kennenmüssen, nicht aber auf etwaige Willensmängel des Weisung oder Spezialvollmacht erteilenden Vertretenen. Der Willensmangel des Vertretenen kann sich daher grundsätzlich allenfalls mittelbar auf das Vertretergeschäft auswirken, indem er den Vertretenen zur **Anfechtung der Bevollmächtigung** berechtigt (s. § 167 Rn 21 ff) und so zur vollmachtlosen Vertretung führt.[224] Gleichwohl befindet sich die Ansicht im Vordringen, wonach ein Willensmangel des Vollmachtgebers diesen auch zur **Anfechtung des Vertretergeschäfts** berechtigt, wenn er sich über eine an den Vertreter erteilte Weisung auf das Vertretergeschäft auswirkt.[225] Denn in diesem Fall vollzieht der Vertreter tatsächlich nur den Willen des Vertretenen, mag auch der von Willensmängeln freie Vertreter rechtlich eine eigene Willenserklärung abgeben.[226] Dem ist jedenfalls für den Fall zu folgen, dass der Geschäftspartner den Vertretenen durch arglistige **Täuschung** oder widerrechtlich durch **Drohung** (§ 123) zu einer das Vertretergeschäft beeinflussenden Weisung an den Vertreter bestimmt hat, da der Geschäftspartner nicht schutzwürdig ist.[227] Auch auf den Fall vorübergehender Geistesstörung des weisungserteilenden Vertretenen ist Abs. 2 entsprechend angewandt worden.[228] 37

Nicht zu folgen ist dagegen der Ansicht, welche Abs. 2 pauschal auf **alle Willensmängel** ausdehnen will,[229] da hierdurch die gegen den Vertretenen gerichtete Stoßrichtung des Abs. 2 und das Abstraktionsprinzip mit seiner Verkehrsschutzfunktion in unzulässiger Weise ausgehöhlt werden.[230] Es sind jedoch Fallgestaltungen denkbar, in denen mangels Schutzwürdigkeit des Geschäftspartners auch hier eine analoge Anwendung des Abs. 2 in Betracht kommt, so etwa, wenn die Weisungen des Vertretenen eindeutig **Inhalt oder Geschäftsgrundlage des Vertretergeschäfts** geworden sind.[231] Fehlt es hingegen an einer Weisung und will sich der Vertretene aus anderen Gründen (zB wegen eines Irrtums über die Person oder Eigenschaften des Vertreters) von dem Geschäft lösen, scheidet eine analoge Anwendung des Abs. 2 aus; insoweit kommt es nach Abs. 1 allein auf die Willensmängel des Vertreters an.[232] 38

217 Staudinger/*Leptien*, § 166 Rn 34; MüKo/*Schramm*, § 166 Rn 58.

218 RG Gruchot 58, 907, 909; WarnR 1932, Nr. 135; Staudinger/*Schilken*, § 166 Rn 35; MüKo/*Schramm*, § 166 Rn 58; Soergel/*Leptien*, § 166 Rn 29.

219 RGZ 68, 374, 377; 128, 116, 120; 161, 153, 161 ff; BGH BB 1965, 435.

220 Staudinger/*Schilken*, § 166 Rn 29; MüKo/*Schramm*, § 166 Rn 56; Soergel/*Leptien*, § 166 Rn 30; Palandt/*Ellenberger*, § 166 Rn 10.

221 MüKo/*Schramm*, § 166 Rn 56.

222 MüKo/*Schramm*, § 166 Rn 56.

223 RGZ 68, 374, 377; 161, 153, 162; BGH BB 1965, 435; *Flume*, BGB AT Bd. 2, § 52, 6; Staudinger/*Schilken*, § 166 Rn 29.

224 Soergel/*Leptien*, § 166 Rn 33.

225 *Larenz/Wolf*, BGB AT, § 46 Rn 112; Palandt/*Ellenberger*, § 166 Rn 12; offen lassend: BGHZ 144, 223, 230 = NJW 2000, 2268, 2269; abl. *Flume*, BGB AT Bd. 2, § 52 f; Staudinger/*Schilken*, § 166 Rn 28.

226 MüKo/*Schramm*, § 166 Rn 59.

227 BGHZ 51, 141, 147 = NJW 1969, 925; *Larenz/Wolf*, BGB AT, § 46 Rn 112; *Medicus*, BGB AT, Rn 902; MüKo/*Schramm*, § 166 Rn 59; Soergel/*Leptien*, § 166 Rn 33.

228 OLG Braunschweig, OLGZ 75, 441.

229 So *Müller-Freienfels*, Die Vertretung beim Rechtsgeschäft, 1955, S. 402 ff; *Medicus*, BGB AT, Rn 902; MüKo/*Schramm*, § 166 Rn 59.

230 Soergel/*Leptien*, § 166 Rn 33.

231 RGRK/*Steffen*, § 166 Rn 22; Soergel/*Leptien*, § 166 Rn 33.

232 Erman/*Palm*, § 166 Rn 18.

C. Weitere praktische Hinweise

I. Darlegungs- und Beweislast

39 Für die Absätze des § 166 gelten die allgemeinen Beweisregeln. Danach trägt der Anspruchssteller die Beweislast für die rechtsbegründenden, der Anspruchsgegner für die rechtsvernichtenden und rechtshemmenden Tatbestandsmerkmale.[233]

40 Der sich auf Abs. 1 berufende Geschäftsgegner muss demnach die Kenntnis des Vertreters darlegen und im Bestreitensfall beweisen. Stützt der Vertragspartner des Vertretenen sich auf Abs. 2, trifft ihn die Darlegungs- und Beweislast für die Weisungsgebundenheit des Vertreters wie auch für die Kenntnis des Vollmachtgebers.

II. Gestaltungshinweise

41 Bei **beurkundungsbedürftigen Verträgen** findet keine Zurechnung des Wissens von Hilfspersonen statt (s. bereits Rn 13). Auch bei Verträgen, die nicht der notariellen Beurkundung unterliegen, kann eine Wissenszurechnung gem. Abs. 1 grundsätzlich **durch** eine entsprechende **individuelle Abrede ausgeschlossen** werden.[234]

42 Erklärt der Vertretene unmissverständlich, dass Gegenstand des Vertrages nur die von ihm persönlich abgegebenen Erklärungen über Tatsachen und Zusagen seien, und erklärt sich der Vertragspartner hiermit einverstanden, können sorgfaltswidrig erteilte Fehlinformationen des Vertreters iSv Abs. 1 grds. nicht zugerechnet werden.[235]

43 Hingegen ist ein genereller Ausschluss der Zurechnung gem. Abs. 1 in **Allgemeinen Geschäftsbedingungen** nicht zulässig. Bedient sich eine Partei einer Hilfsperson bei den Vertragsverhandlungen, kann sie die Bewertung dieses Vorgangs und die Zurechnung des Verhaltens nicht durch entgegenstehende AGB ausschließen. Da dies neben einem Ausschluss der Haftung für grobe Fahrlässigkeit auch zu einem Ausschluss der Haftung für Vorsatz führen würde, ist eine solche Regelung auch im kaufmännischen Verkehr nach § 307 Abs. 1 unwirksam.[236] Auch dem Ausschluss der Zurechnung der Kenntnis bestimmter Tatsachen oder der Begrenzung auf bestimmte Verschuldensgrade stehen erhebliche Bedenken entgegen, da – wie bereits unter Rn 1 ausgeführt – § 166 Ausdruck allgemeiner Gerechtigkeitserwägungen ist, so dass regelmäßig ein Verstoß gegen § 307 Abs. 1, 2 Nr. 1 vorliegen wird.

§ 167 Erteilung der Vollmacht

(1) Die Erteilung der Vollmacht erfolgt durch Erklärung gegenüber dem zu Bevollmächtigenden oder dem Dritten, dem gegenüber die Vertretung stattfinden soll.

(2) Die Erklärung bedarf nicht der Form, welche für das Rechtsgeschäft bestimmt ist, auf das sich die Vollmacht bezieht.

Literatur: *Albrecht/Albrecht*, Die Patientenverfügung – jetzt gesetzlich geregelt, MittBayNot 2009, 426; *Altmeppen*, Disponibilität des Rechtsscheins, 1993; *Bienert*, „Anscheinsvollmacht" und „Duldungsvollmacht" – Kritik der Rechtsprechung und ihrer Grundlagen, 1975; *Bous*, Fortbestand und Rechtsschein der Untervollmacht trotz Wegfall der Hauptvollmacht, RNotZ 2004, 483; *Brox*, Die Anfechtung bei der Stellvertretung, JA 1980, 449; *Bülow*, Blankobürgschaft und Rechtsscheinzurechnung, ZIP 1996, 1694; *Canaris*, Die Vertrauenshaftung im deutschen Privatrecht, 1971; *ders.*, Die Vertrauenshaftung im Lichte der Rechtsprechung des Bundesgerichtshofs, in: 50 Jahre Bundesgerichtshof – Festgabe aus der Wissenschaft, Bd. 1, 2000, S. 129; *Chiusi*, Zur Verzichtbarkeit von Rechtsscheinswirkungen, AcP 202 (2002), 494; *v. Craushaar*, Die Vollmacht des Architekten zur Anordnung und Vergabe von Zusatzarbeiten, BauR 1982, 421; *Einsele*, Formerfordernisse bei mehraktigen Rechtsgeschäften, DNotZ 1996, 835; *dies.*, Formbedürftigkeit des Auftrags/der Vollmacht zum Abschluß eines Ehevertrags, NJW 1998, 1206; *Eujen/Frank*, Anfechtung der Bevollmächtigung nach Abschluß des Vertretergeschäfts, JZ 1973, 232; *Frey*, Rechtsnachfolge in Vollmachtnehmer- und Vollmachtgeberstellungen, 1997; *Frotz*, Verkehrsschutz im Vertretungsrecht, 1972; *Gerlach*, Die Untervollmacht, Diss. Berlin, 1966; *Grziwotz*, Vollmachten in der nichtehelichen Lebensgemeinschaft?, FPR 2001, 45; *Herresthal*, Formbedürftigkeit der Vollmacht zum Abschluss eines Verbraucherdarlehensvertrages, JuS 2002, 844; *Herresthal*, Haftung bei Account-Überlassung und Account-Missbrauch im Bürgerlichen Recht, K & R 2008, 705; *Höfling*, Das neue Patientenverfügungsgestz, NJW 2009, 2849; *Kanzleiter*, Formfreiheit der Vollmacht zum Abschluss eines Ehevertrags?, NJW 1999, 1612; *Keilbach*, Vorsorgeregelungen zur Wahrung der Selbstbestimmung bei Krankheit, im Alter und am Lebensende, FamRZ 2003, 969; *Keim*, Das Ende der Blankobürgschaft?, NJW 1996, 2774; *Kindl*, Rechtsscheintatbestände und ihre rückwirkende Beseitigung, 1999; *Lieb*, Aufgedrängter Vertrauensschutz? – Überlegungen zur Möglichkeit des Verzichts auf den Rechtsscheinsschutz, insbesondere bei der Anscheinsvollmacht, in: FS

233 Vgl BGB E I § 193; BGH NJW 91, 1052; 1999, 353; Musielak/*Foerste*, ZPO, § 286 Rn 35; Zöller/*Greger*, ZPO, Vor § 284 Rn 17 a.

234 BGH NJW 1995, 2550; KG WM 1996, 362; OLG Köln NJW-RR 1996, 411.

235 BGH NJW 1995, 2550; KG WM 1996, 362.

236 Vgl OLG Köln NJW-RR 1996, 411.

Hübner 1984, S. 575; *Lobinger*, Rechtsgeschäftliche Verpflichtung und autonome Bindung, 1999; *Merkt*, Die dogmatische Zuordnung der Duldungsvollmacht zwischen Rechtsgeschäft und Rechtsscheintatbestand, AcP 204 (2004), 638; *Milzer*, Die adressatengerechte Vorsorgevollmacht, NJW 2003, 1836; *Müller*, Gesetzliche Regelung der Patientenverfügung durch das 3. BtÄndG – Erster Überblick, NotBZ 2009, 289; *Müller/Renner*, Betreuungsrecht und Vorsorgeverfügungen in der Praxis, 2. Aufl. 2008; *Müller-Freienfels*, Die Vertretung beim Rechtsgeschäft, 1955; *Müller-von Münchow*, Rechtliche Vorgaben zu Inhalt und Form von Vollmachten, NotBZ 2010, 31; *Oechsler*, Die Bedeutung des § 172 Abs. 1 BGB beim Handeln unter fremdem Namen im Internet, AcP 208 (2008), 565; *Paulus/Henkel*, Rechtsschein der Prozessvollmacht, NJW 2003, 1692; *Pauly*, Zur Frage des Umfangs der Architektenvollmacht, BauR 1998, 1143; *Pawlowski*, Die gewillkürte Stellvertretung, JZ 1996, 125; *Petersen*, Die Haftung bei der Untervollmacht, Jura 1999, 401; *ders.*, Die Anfechtung der ausgeübten Innenvollmacht, AcP 201 (2001), 375; *Quack*, Die „originäre" Vollmacht des Architekten, BauR 1995, 441; *Renner*, Nur „alter Wein in neuen Schläuchen"? – Zur gesetzlichen Regelung der Patientenverfügung, ZNotP 2009, 371; *Rieder*, Die Rechtsscheinhaftung im elektronischen Geschäftsverkehr, 2004; *Rösler*, Formbedürftigkeit der Vollmacht, NJW 1999, 1150; *Rott*, Duldungsvollmacht bei Verstoß gegen das Rechtsberatungsgesetz?, NJW 2004, 2794; *Sauer*, Die Gestaltung des Innenverhältnisses von General- und Vorsorgevollmachten, RNotZ 2009, 79; *K. Schmidt*, Falsus-procurator-Haftung und Anscheinsvollmacht, in: FS Gernhuber 1993, S. 435; *Schnell*, Signaturmissbrauch und Rechtsscheinhaftung, 2007; *Schwarze*, Die Anfechtung der ausgeübten (Innen-)Vollmacht, JZ 2004, 588; *Seidel*, Aktuelle Probleme der Treuhändervollmacht beim Immobilien-Strukturvertrieb, WM 2006, 1614; *Siebenhaar*, Vertreter des Vertreters, AcP 162 (1962), 354; *Verse/Gaschler*, „Download to own" – Online-Geschäfte unter fremdem Namen, Jura 2009, 213; *Wackerbarth*, Zur Rechtsscheinhaftung der Gesellschafter bürgerlichen Rechts am Beispiel einer Wechselverpflichtung, ZGR 1999, 365.

A. Allgemeines

I. Die Begründung der Vollmacht durch Rechtsgeschäft und Rechtsscheintatbestände

1 Nach § 166 Abs. 2 ist die Vollmacht die **durch Rechtsgeschäft erteilte Vertretungsmacht**. Sie kann sich sowohl auf die Aktivvertretung des Vollmachtgebers (§ 164 Abs. 1) als auch auf dessen Passivvertretung (§ 164 Abs. 3) beziehen. Die Wirksamkeit eines von dem Bevollmächtigten vorgenommenen Vertretergeschäfts hängt vom Vorliegen einer wirksamen Vollmacht ab. Fehlt eine wirksame Vollmacht, richten sich die Rechtsfolgen nach den §§ 177 ff. Für die Erteilung der Vollmacht (Bevollmächtigung) hält das BGB nur wenige besondere Regeln bereit: § 167 sieht allein vor, wem gegenüber die Vollmacht erteilt werden kann (Abs. 1) und dass die Vollmacht prinzipiell nicht der für das Vertretergeschäft bestimmten Form bedarf (Abs. 2). Da es sich bei der Bevollmächtigung um ein Rechtsgeschäft handelt, finden im Übrigen die allgemein für Rechtsgeschäfte geltenden Regeln grundsätzlich auf sie Anwendung. Die Rechtsfragen der Vollmacht und ihrer Erteilung sind stets vor diesem Hintergrund zu sehen.

2 Jenseits der durch Rechtsgeschäft begründeten Vollmacht sind in der – nach wie vor umstrittenen – Rechtsprechung außerdem die **Duldungs-** und die **Anscheinsvollmacht** als Erscheinungsformen der durch den Rechtsschein der Bevollmächtigung begründeten Vertretungsmacht anerkannt (s. dazu Rn 74 ff). Rechtsgeschäftliche Vollmacht und Rechtsscheinvollmacht sind zuweilen schwer voneinander abzugrenzen. Weil jedoch die Folgen der Rechtsscheinvollmacht praktisch mit den Folgen der durch Rechtsgeschäft begründeten Vollmacht übereinstimmen, kommt dieser Schwierigkeit keine große Bedeutung zu (näher Rn 76 ff).

II. Vollmacht, Vertretergeschäft und Innenverhältnis

3 Nach dem sog. **Trennungsprinzip** ist die Bevollmächtigung von dem Rechtsgeschäft strikt zu unterscheiden, das der Vertreter aufgrund der ihm erteilten Vollmacht vornimmt. Dies ergibt sich aus der **Repräsentationstheorie**, auf der das gegenwärtige deutsche Stellvertretungsrecht nach zutreffender hM beruht (näher § 164 Rn 6). Danach ist der Vertreter der (durch Abgabe bzw Empfang von Willenserklärungen) rechtsgeschäftlich Handelnde, der den Vertretenen im Rahmen seiner – kraft Gesetzes, Organstellung oder aufgrund Bevollmächtigung bestehenden – Vertretungsmacht repräsentiert. Die Einordnung der Vollmachtserteilung als einseitiges Rechtsgeschäft hängt nach dem Trennungsprinzip nicht von der Rechtsnatur des Vertretergeschäfts ab (s. Rn 11).

4 Aufgrund des **Abstraktionsprinzips**, das der Sicherheit und Leichtigkeit des Rechtsverkehrs dient (s. § 164 Rn 10 ff), ist die Vollmacht darüber hinaus von dem zwischen Vollmachtgeber und Bevollmächtigtem bestehenden Grund- oder Innenverhältnis (etwa Auftrag, Dienst-, Werk- oder Geschäftsbesorgungsvertrag) rechtlich losgelöst (mit der in § 168 S. 1 gemachten Einschränkung). Das durch die Bevollmächtigung bestimmte rechtliche „Können" des Bevollmächtigten im Außenverhältnis ist daher unabhängig von seinem rechtlichen „Dürfen" zu beurteilen, welches durch die rechtsgeschäftliche Beziehung im Innenverhältnis bestimmt wird. Diese Unterscheidung darf nicht dadurch überspielt werden, dass man Innenverhältnis und Bevollmächtigung als Teile eines einheitlichen Rechtsgeschäfts nach § 139 behandelt.[1] Eine Vollmacht (**„isolierte Vollmacht"**) kann aufgrund des Abstraktionsprinzips auch dann bestehen, wenn es an einem (wirksamen) rechtsgeschäftlichen Innenverhältnis fehlt. Dies ist zwar regelmäßig nur der Fall, wenn das Innenverhältnis einen Wirksamkeitsmangel aufweist. Eine isolierte Vollmacht kann aber ausnahmsweise auch dann vorliegen, wenn überhaupt kein Innenverhältnis besteht.[2]

5 **Rechtspolitisch** ist die im BGB positivierte Vorstellung von der Vollmacht, insbesondere die Zugrundelegung des Abstraktionsprinzips, keineswegs zwingend, wie sich vor allem im Hinblick auf ausländische Rechte zeigt, denen eine Unterscheidung zwischen Innen- und Außenverhältnis bei der Stellvertretung fremd ist.[3] Gleichwohl ist es nicht unwahrscheinlich, dass das Abstraktionsprinzip auch in einem möglichen künftigen europäischen Vertragsrecht eine Zukunft hat: Art. 3:101 (3) der Principles of European Contract Law und Art. II.-6:101 des Draft Common Frame of Reference unterscheiden im Einklang mit mehreren, auch neueren Kodifikationen europäischer Staaten[4] das Außenverhältnis, auf das sich die Stellvertretungsregeln beziehen, von dem Innenverhältnis zwischen Vertreter und Vertretenem.

1 Soergel/*Leptien*, Vor § 164 Rn 40.

2 Bamberger/Roth/*Habermeier*, § 167 Rn 2; *Müller-von Münchow*, NotBZ 2010, 31, 32; MüKo/*Schramm*, § 168 Rn 2; Soergel/*Leptien*, § 167 Rn 1; Staudinger/*Schilken*, § 167 Rn 2.

3 Vgl Note 1 zu Art. 3:101 der Principles of European Contract Law (Frankreich, Belgien, Luxemburg, Spanien und Österreich).

4 Vgl Note 2 zu Art. 3:101 der Principles of European Contract Law (Italien, Griechenland, Niederlande, Portugal, das Nordische Vertragsrecht von Dänemark, Finnland und Schweden).

III. Rechtsnatur und -wirkung der Vollmacht

1. Vollmacht als Legitimation. Die Vollmacht ist – wie die Vertretungsmacht überhaupt – **kein subjektives Recht** des Bevollmächtigten, **sondern eine Legitimation**, für einen anderen durch Handeln in dessen Namen rechtsgeschäftliche Regelungen zu treffen, und damit „ohne Substanz für den Vertreter".[5] Wenn eine Vollmacht unwiderruflich erteilt ist und dem Erwerb von Vermögenswerten durch den Bevollmächtigten dient, befürworten Rechtsprechung und Literatur allerdings teilweise die **Pfändbarkeit** der nicht strikt an die Person des Bevollmächtigten gebundenen Vollmacht.[6] Dem ist (namentlich für den praktisch wichtigen Fall der **Kontovollmacht**) zu widersprechen:[7] Auch wenn der Bevollmächtigte ein starkes wirtschaftliches Interesse an der Ausübung der Vollmacht hat, erwirbt er mit der Vollmacht als solcher keine vermögenswerte Position. Ob schließlich eine **Übertragung** der Vollmacht durch Vertrag zwischen dem bisherigen und dem neuen Bevollmächtigten bei Zustimmung des Vollmachtgebers zulässig ist, wie im Schrifttum vereinzelt vertreten wird, ist zweifelhaft;[8] jedenfalls wird es einer solchen Konstruktion in aller Regel nicht bedürfen (näher zur Gestaltung der Untervollmacht Rn 61 ff).[9] 6

2. Grenzen in persönlicher, zeitlicher und sachlicher Hinsicht. Die Wirkung der Vollmacht betrifft **in persönlicher Hinsicht** nur den Bevollmächtigten: Sie erschöpft sich in der Legitimation des Vertreterhandelns und führt **keine Schmälerung der Fähigkeit des Vollmachtgebers zu eigenem rechtsgeschäftlichem Handeln** herbei. Dem daraus resultierenden Risiko, dass der Vollmachtgeber selbst Rechtsgeschäfte (insbesondere Verfügungen) tätigt, die mit denen des Bevollmächtigten inhaltlich kollidieren, lässt sich nur durch die (schuldrechtliche) Verpflichtung des Vollmachtgebers begegnen, eigenes rechtsgeschäftliches Handeln in dem von der Vollmacht umfassten Bereich zu unterlassen. Als **unzulässig** ist dagegen mit der hM die **verdrängende Vollmacht** anzusehen, durch die sich der Vollmachtgeber seiner Fähigkeit begibt, Rechtsgeschäfte zu tätigen, deren Abschluss die Vollmacht ermöglicht.[10] Auch wenn hieran gelegentlich ein praktisches Interesse besteht (insbesondere bei **Stimmrechtsvollmachten**), steht eine solche Gestaltung in Konflikt mit § 137. 7

In zeitlicher Hinsicht entfaltet die durch die Vollmacht vermittelte Legitimation **keine Rückwirkung**. Das heißt: Vertreterhandeln, das der Vollmachtserteilung zeitlich vorangeht, wird von dieser nicht erfasst. Die Wirksamkeit eines von dem Vertreter vor der Erteilung abgeschlossenen Rechtsgeschäfts ist vielmehr ausschließlich nach den §§ 177 ff zu beurteilen.[11] Dabei ist es eine Frage der Auslegung, ob der Vollmachtgeber mit der Erklärung, in der er die Vollmacht erteilt, zugleich vorangehendes Handeln des Vertreters ohne Vertretungsmacht genehmigt. 8

In sachlicher Hinsicht legitimiert die Vollmacht nur solches Vertreterhandeln, das von ihrem durch Auslegung zu ermittelnden Umfang (dazu Rn 44 ff) gedeckt wird. Bei Rechtsgeschäften, die der Bevollmächtigte im Namen des Vollmachtgebers unter **Überschreitung der Vollmacht** vornimmt, ist wie folgt zu unterscheiden:[12] Wenn das **Rechtsgeschäft unteilbar** ist, finden die §§ 177 ff auf das ganze Rechtsgeschäft Anwendung. Bei **teilbaren Rechtsgeschäften** unterfällt nur der nicht von der Vollmacht gedeckte Teil den §§ 177 ff; erteilt der Vertretene insoweit keine Genehmigung, ist das Schicksal des anderen Teils nach § 139 zu beurteilen. 9

B. Regelungsgehalt

I. Die Erteilung der Vollmacht

1. Einordnung als Rechtsgeschäft. Die Erteilung der Vollmacht ist ein **einseitiges Rechtsgeschäft**. Zur Wirksamkeit der Bevollmächtigung bedarf es also keiner Annahme durch den Bevollmächtigten.[13] Allerdings 10

5 So – unter Berufung auf *Laband* – *Flume*, BGB AT Bd. 2, § 45 II 1 (S. 784 f). Ebenso Staudinger/*Schilken*, § 167 Rn 16 f; in der Sache übereinstimmend *Müller-Freienfels*, S. 35 ff.

6 BayObLG DB 1978, 1929; Soergel/*Leptien*, § 167 Rn 2.

7 So auch Staudinger/*Schilken*, § 167 Rn 4 (allgemein); *Vortmann*, NJW 1991, 1038; FG Kassel WM 1996, 1908 (jeweils mit Bezug auf die Kontovollmacht).

8 Dafür mit eingehender Begründung *Frey*, Rechtsnachfolge, S. 6 ff; ebenso Palandt/*Ellenberger*, § 167 Rn 1. – Ausgeschlossen ist zumindest die Übertragbarkeit der Prokura (§ 52 Abs. 2 HGB).

9 Ebenso Soergel/*Leptien*, § 167 Rn 2; Staudinger/*Schilken*, § 167 Rn 4.

10 Vgl BGHZ 3, 354; 20, 363 (bei der Personengesellschaft Gleichstellung der unwiderruflichen und ausschließlichen Stimmrechtsvollmacht mit der unzulässigen Stimmrechtsabtretung); aus der Lit. *Flume*, BGB AT Bd. 2, § 63, 6 (S. 884 f); MüKo/*Schramm*, § 167 Rn 114; Palandt/*Ellenberger*, § 167 Rn 15; Soergel/*Leptien*, § 168 Rn 28; Staudinger/*Schilken*, § 168 Rn 15; aA *Gernhuber*, JZ 1995, 381; *Müller-Freienfels*, S. 124 ff.

11 So auch Staudinger/*Schilken*, Vor §§ 164 ff Rn 18 mwN.

12 Zum Folgenden übereinstimmend Bamberger/Roth/*Habermeier*, § 167 Rn 44; Staudinger/*Schilken*, § 167 Rn 89.

13 BGH NJW-RR 2007, 1202, 1203; Erman/*Palm*, § 167 Rn 2; MüKo/*Schramm*, § 167 Rn 4; Staudinger/*Schilken*, § 167 Rn 10; aA *Hübner*, BGB AT, Rn 1244; *Müller-Freienfels*, S. 243 ff.

ist es dem Bevollmächtigten analog § 333 möglich, die ihm erteilte Vollmacht **zurückzuweisen**.[14] Neben den allgemeinen Regeln über das Rechtsgeschäft finden auf die Vollmachtserteilung die für einseitige Rechtsgeschäfte geltenden **§§ 111, 180** Anwendung. Ob das aufgrund der Vollmacht vorgenommene Vertretergeschäft ein einseitiges Rechtsgeschäft ist, spielt in diesem Zusammenhang wegen der vom Trennungsprinzip (dazu Rn 3) geforderten Unterscheidung zwischen Vollmacht und Vertretergeschäft keine Rolle.[15] Die Einordnung der Bevollmächtigung als einseitiges Rechtsgeschäft ist indes nicht im Sinne eines Typenzwangs zu verstehen; nichts spricht dagegen, den Parteien zu erlauben, die Erteilung der Vollmacht zum Gegenstand eines Vertrages zu machen (mit der Folge, dass dann die für einseitige Rechtsgeschäfte geltenden Vorschriften nicht anwendbar sind).[16]

11 Die Erteilung der Vollmacht unter einer **Bedingung** ist zulässig, und zwar mit Blick auf das Trennungsprinzip auch dann, wenn das von der Vollmacht gedeckte Vertretergeschäft bedingungsfeindlich ist (Ausnahmen: §§ 50 Abs. 1, 2, 54 Abs. 3 HGB).[17] Für die Rechtsnatur der Bevollmächtigung ist es aufgrund der Trennung zwischen Vollmacht und Vertretergeschäft darüber hinaus unerheblich, ob die von der Vollmacht gedeckten Rechtsgeschäfte **Verfügungen oder Verpflichtungsgeschäfte** sind. Bezieht sich die Vollmacht (auch) auf die Vornahme einer Verfügung durch den Bevollmächtigten, ist die Vollmachtserteilung also gleichwohl nicht als Rechtsgeschäft mit Verfügungsnatur zu beurteilen. Als Verfügung ist erst das Vertretergeschäft anzusehen, durch das die Rechtsänderung herbeigeführt wird. Ist der Vollmachtgeber Nichtberechtigter, kommt es für die Wirksamkeit der Erteilung der Verfügungsvollmacht daher nicht auf § 185 an.[18]

12 **2. Vollmachtgeber und Bevollmächtigter.** **Vollmachtgeber** kann **jede rechts- und geschäftsfähige Person** sein. An besondere Voraussetzungen in der Person des Vollmachtgebers ist allerdings die Erteilung der **Prokura** geknüpft, die nach § 48 Abs. 1 HGB dem Inhaber eines Handelsgeschäfts oder seinem gesetzlichen Vertreter vorbehalten ist.[19] Als einseitiges Rechtsgeschäft ist die Vollmachtserteilung durch einen **beschränkt Geschäftsfähigen** nach § 111 nur wirksam, wenn er sie mit der erforderlichen Einwilligung seines gesetzlichen Vertreters vorgenommen hat (str.; dazu Rn 10). Es bedarf jedoch keiner Einwilligung zur Vollmachtserteilung durch den beschränkt Geschäftsfähigen, wenn der von ihm Bevollmächtigte aufgrund der Vollmacht nur solche Vertretergeschäfte tätigen kann, die für den beschränkt Geschäftsfähigen lediglich rechtlich vorteilhaft sind (§ 107).[20] Die von einem **Geschäftsunfähigen** erteilte Vollmacht ist nach § 105 Abs. 1 nichtig. Das gilt auch für die Vollmachtserteilung durch einen volljährigen Geschäftsunfähigen im Hinblick auf ein Geschäft des täglichen Lebens: **§ 105 a** findet auf die Bevollmächtigung **keine Anwendung**, weil diese Vorschrift sowohl ihrem Wortlaut als auch ihrem Sinn und Zweck nach (Förderung der sozialen Integration geistig Schwerbehinderter) nur auf das persönliche rechtsgeschäftliche Handeln von volljährigen Geschäftsunfähigen zu beziehen ist.[21] Bei **juristischen Personen** und bei **Personengesellschaften** wird eine Vollmacht durch die vertretungsberechtigten Organe bzw Gesellschafter erteilt, bei **Erbengemeinschaften** durch alle Miterben. In letzterem Fall ist die Vollmacht nach der Rechtsprechung keine einheitliche, sondern eine Vielzahl von Vollmachten, durch die nur die einzelnen Miterben vertreten werden können und deren Erteilung und Widerruf deshalb Sache jedes Miterben ist.[22]

13 **Bevollmächtigter** kann **jede natürliche oder juristische Person** sein, wobei die Vollmacht einer juristischen Person von ihren jeweiligen Organen ausgeübt wird.[23] Ebenso kann eine **Personengesellschaft** mit (Teil-)Rechtsfähigkeit (OHG, KG, BGB-Außengesellschaft[24]) bevollmächtigt werden;[25] die Ausübung der Vollmacht fällt dann den (allein- oder gesamt-)vertretungsberechtigten Gesellschaftern zu. Eine Ausnahme gilt indes für die **Prokura**, die aufgrund der besonderen Vertrauensstellung des Prokuristen nur natürlichen Personen erteilt werden kann.[26] Eine Vollmacht kann im Hinblick auf die in § 165 anerkannte Wirksamkeit des Vertreterhandelns auch **beschränkt geschäftsfähigen Personen** (bei der Innenvollmacht nach § 131 Abs. 2 S. 2 ohne Einschaltung des gesetzlichen Vertreters[27]) erteilt werden. Darüber hinaus kommt aber auch

14 Staudinger/*Schilken*, § 167 Rn 10.
15 AA namentlich *Müller-Freienfels*, S. 243 ff.
16 *Flume*, BGB AT Bd. 2, § 49, 1 (S. 823).
17 *Flume*, BGB AT Bd. 2, § 52, 3 Fn 22 (S. 865); MüKo/*Schramm*, § 167 Rn 6; *Petersen*, Jura 2003, 310 f; Soergel/*Leptien*, § 167 Rn 4; Staudinger/*Schilken*, § 167 Rn 15; aA *Müller-Freienfels*, S. 249.
18 *Flume*, BGB AT Bd. 2, § 52, 4 (S. 866); MüKo/*Schramm*, § 167 Rn 10; Staudinger/*Schilken*, § 167 Rn 9. AA RGZ 90, 395, 398 ff (das RG sah die von dem eingetragenen Nichteigentümer eines Grundstücks erteilte Verfügungsvollmacht als Verfügung iS der §§ 892, 893 an. Um den damit bezweckten Ausschluss einer auf § 823 gestützten Haftung des Bevollmächtigten, der das Grundstück veräußerte, gegenüber dem ursprünglichen Eigentümer zu erreichen, hätte es dieser Konstruktion indes nicht bedurft; dazu zutr. *Flume*, aaO).
19 *Roth*, in: Koller/Roth/Morck, HGB, 6. Aufl. 2007, § 48 Rn 3; MüKo-HGB/*Krebs*, § 48 Rn 15.
20 MüKo/*Schramm*, § 167 Rn 9.
21 Ebenso Erman/*Palm*, § 105 a Rn 8.
22 BGHZ 30, 391, 397; MüKo/*Schramm*, § 167 Rn 13.
23 BayObLGZ 1975, 40; LG Nürnberg DB 1977, 252.
24 Zu deren Rechtsfähigkeit vgl BGHZ 146, 341.
25 AA Staudinger/*Schilken*, § 167 Rn 7 (bevollmächtigt seien die jeweiligen Vertreter der OHG oder alle Gesellschafter).
26 *Roth*, in: Koller/Roth/Morck, HGB, 6. Aufl. 2007, § 48 Rn 4 mwN zum Meinungsstand.
27 Staudinger/*Schilken*, § 167 Rn 5, 15.

die Bevollmächtigung einer **geschäftsunfähigen Person** (durch Erklärung gegenüber ihrem gesetzlichen Vertreter oder durch Erklärung gegenüber dem Dritten, dem gegenüber die Vertretung stattfinden soll) in Betracht.[28] Zwar ist der Bevollmächtigte, solange er geschäftsunfähig ist, außerstande, wirksame Vertretergeschäfte vorzunehmen; fällt die Geschäftsunfähigkeit jedoch weg (Beispiel: erfolgreiche Entziehungskur des schwer Drogenabhängigen), kann der Bevollmächtigte Vertretergeschäfte vornehmen, ohne dass es zu ihrer Wirksamkeit einer erneuten Bevollmächtigung oder einer Genehmigung nach § 177 bedarf.

3. Die Vollmachtserteilung als Willenserklärung. Für die Vollmachtserteilung gelten die Regeln über die Willenserklärung und deren Auslegung. Ob der **objektive Tatbestand** einer Vollmachtserteilung vorliegt und welchen Umfang die ggf erteilte Vollmacht hat, ist daher nach den §§ 133, 157 durch Auslegung aus der (objektivierten) Sicht des Empfängers (bei der Innenvollmacht: aus der Sicht des Vertreters; bei der Außenvollmacht: aus der Sicht des Dritten) zu ermitteln. Dabei findet die *„falsa demonstratio"*-Regel Anwendung.[29] Die Vollmacht kann (mit Ausnahme der Prokura, § 48 Abs. 1 HGB) nicht nur ausdrücklich, sondern **auch schlüssig** („stillschweigend") erteilt werden.[30] Eine schlüssig erteilte Innenvollmacht kommt v.a. mit Blick auf das Innenverhältnis in Betracht.[31] Auch eine Außenvollmacht kann schlüssig erteilt werden. So mag die vorbehaltlose Durchführung von Geschäften, die ein vollmachtloser Vertreter für den Geschäftsherrn geschlossen hat, aus der Sicht des Geschäftsgegners als Erteilung einer Außenvollmacht zu interpretieren sein.[32] Näher zur schlüssigen Bevollmächtigung und zu ihrer Abgrenzung von den Fällen der Vollmacht kraft Rechtsscheins Rn 76 ff. 14

Hinsichtlich des **subjektiven Tatbestands** der Vollmachtserteilung gilt das, was für die Willenserklärung schlechthin gilt: Nach der Rechtsprechung und hM bedarf es für eine wirksame Willenserklärung **keines Erklärungsbewusstseins**, sondern nur eines zurechenbaren Erklärungstatbestands.[33] Wenn bei der Beantwortung der Frage nach dem Vorliegen einer (schlüssigen) Vollmacht teilweise auf das Erklärungsbewusstsein des Vertretenen (insbesondere die bewusste Duldung des Vertreterhandelns) abgestellt wird, entspricht dies also nicht dem gegenwärtigen Stand der Lehre von der Willenserklärung (dazu Rn 77). Die (bei Anerkennung der Anfechtbarkeit von Rechtsscheintatbeständen, Rn 94) praktisch nicht bedeutende Abgrenzung zwischen der auf Rechtsgeschäft und der auf einem Rechtsscheintatbestand beruhenden Vollmacht ist daher nicht anhand des (fehlenden) Bewusstseins des Geschäftsherrn von der rechtlichen Erheblichkeit seines Verhaltens zu treffen. 15

4. Empfangsbedürftigkeit. Die Vollmacht wird regelmäßig durch eine empfangsbedürftige Willenserklärung erteilt. Bei der **Innenvollmacht** wird die Willenserklärung gegenüber dem zu Bevollmächtigenden (Abs. 1 Alt. 1) und bei der **Außenvollmacht** gegenüber dem Dritten (Abs. 1 Alt. 2) abgegeben. Ausnahmsweise nicht empfangsbedürftig ist die Vollmachtserteilung, wenn sie, wie in Anlehnung an § 171 ganz überwiegend anerkannt ist,[34] im Wege der **Erklärung an die Öffentlichkeit** erfolgt. In diesem Fall wird die Erklärung wirksam, wenn die Öffentlichkeit von ihr Kenntnis nehmen kann.[35] Ist die Bevollmächtigung in einem **Testament** oder **Erbvertrag** enthalten, muss der Erblasser den Zugang der Erklärung bzw deren Vernehmung sichergestellt haben, damit die Vollmacht wirksam wird. Dazu reicht es aus, wenn die Vollmachtserteilung nach dem Tod des Vollmachtgebers durch die Eröffnung seiner letztwilligen Verfügung dem Bevollmächtigten bekannt gemacht wird.[36] Ist die Bevollmächtigung in einem nichtamtlich verwahrten Privattestament enthalten, reicht für den Zugang beim Bevollmächtigten die Einsichtnahme nach dem Tod des Vollmachtgebers aus.[37] Näher zur postmortalen Vollmacht § 168 Rn 14 ff. 16

5. Willensmängel. Als Rechtsgeschäft unterliegt die Vollmachtserteilung den allgemeinen Regeln der §§ 116 ff. Vor allem die Notwendigkeit, die Anwendung der allgemeinen Regeln auf das Dreiecksverhältnis zwischen Vollmachtgeber, Bevollmächtigtem und Geschäftsgegner abzustimmen, führt indes zu den nachfolgend erläuterten Besonderheiten. 17

a) §§ 116–118. Wird eine **Vollmacht unter einem geheimen Vorbehalt** oder **zum Schein** erteilt, hängt die Nichtigkeit der Vollmacht davon ab, ob der Erklärungsempfänger den Vorbehalt kannte (§ 116 S. 2) bzw mit dem Scheingeschäft einverstanden war (§ 117 Abs. 1). Hieraus ergeben sich die beiden folgenden **Grundregeln**: Zum einen ist eine externe Bevollmächtigung nichtig, wenn der Dritte, der Empfänger der Erklärung ist, 18

28 *Roth*, in: Koller/Roth/Morck, HGB, 6. Aufl. 2007, § 48 Rn 5; aA Staudinger/*Schilken*, § 167 Rn 5.
29 BGH NJW 1999, 486, 487; Erman/*Palm*, § 167 Rn 6.
30 AllgM; Bamberger/Roth/*Habermeier*, § 167 Rn 5, 7; Erman/*Palm*, § 167 Rn 6; MüKo/*Schramm*, § 167 Rn 37; RGRK/*Steffen*, § 167 Rn 6; Soergel/*Leptien*, § 167 Rn 15; Staudinger/*Schilken*, § 167 Rn 13.
31 Staudinger/*Schilken*, § 167 Rn 13.
32 MüKo/*Schramm*, § 167 Rn 41 f; Staudinger/*Schilken*, § 167 Rn 14; aA Erman/*Palm*, § 167 Rn 9, 11.
33 Grundlegend BGHZ 91, 324, 329; vgl außerdem BGHZ 109, 171; NJW 1995, 953.
34 Staudinger/*Schilken*, § 167 Rn 12.
35 *Larenz/Wolf*, BGB AT, § 47 Rn 19; MüKo/*Schramm*, § 167 Rn 11.
36 OLG Köln NJW 1950, 702; NJW-RR 1992, 1357; DNotZ 1950, 164; Soergel/*Leptien*, § 167 Rn 6; aA die frühere Rechtsprechung, KG HRR 1928 Nr. 590.
37 LG Berlin FamRZ 1957, 56; Soergel/*Leptien*, § 167 Rn 6.

weiß, dass sie unter einem geheimen Vorbehalt erfolgt, oder sich mit dem Vollmachtgeber darüber einig ist, dass es sich bei der Vollmachtserteilung um ein Scheingeschäft handelt. Zum anderen ist eine interne Bevollmächtigung bei entsprechender Kenntnis (§ 116 S. 2) oder bei entsprechendem Einverständnis (§ 117 Abs. 1) des Bevollmächtigten nichtig.[38]

19 Ob und welche Fälle hiervon **abweichend zu beurteilen** sind, ist **zweifelhaft**: Nach der Rechtsprechung des BGH soll bei interner Bevollmächtigung unter geheimem Vorbehalt die Kenntnis des Bevollmächtigten von dem Vorbehalt nicht zur Unwirksamkeit führen; die Vollmacht soll vielmehr wirksam sein, wenn dem Dritten gegenüber der Vorbehalt verheimlicht ist.[39] Zu einer solchen Durchbrechung der allgemeinen Regeln besteht aber kein Anlass:[40] Der Dritte, welcher die (dem Vertreter bekannte) Mentalreservation des Vertretenen und damit die Nichtigkeit der Innenvollmacht nicht kennt, ist durch den Anspruch aus § 179 Abs. 1 gegen den (wissentlich) ohne Vertretungsmacht handelnden Vertreter geschützt. Darüber hinaus ist stets daran zu denken, dass sich auch an die nichtige Vollmacht die von der Rechtsprechung bejahten Rechtsscheinwirkungen zugunsten des Dritten knüpfen können (dazu Rn 74 ff, insb. Rn 84). Gleiches gilt für die intern zum Schein vorgenommene Bevollmächtigung, wenn nur das Einverständnis des Vertreters, nicht aber des Dritten vorliegt. – In dem umgekehrten Fall, in dem nur der Dritte, nicht aber der Vertreter den geheimen Vorbehalt kennt oder mit der Scheinnatur der internen Bevollmächtigung einverstanden ist, soll nach einer in der Lit. vertretenen Ansicht das Vertretergeschäft nicht gelten.[41] Damit wird jedoch die Trennung zwischen Vollmacht und Vertretergeschäft preisgegeben, ohne dass zwingende Gründe hierfür ersichtlich sind. Im Gegenteil: Eine solche (im Wege der Analogie zu § 116 S. 2 bzw § 117 Abs. 1 zu begründende)[42] Gleichstellung des Vertretergeschäfts mit einem von dem Geschäftsherrn selbst in Mentalreservation oder zum Schein abgeschlossenen Rechtsgeschäft vernachlässigt das mögliche Eigeninteresse des Vertreters an der Vornahme eines wirksamen Vertretergeschäfts.[43]

20 Handelt es sich bei der Bevollmächtigung um eine **Scherzerklärung**, ist diese nach § 118 nichtig, ohne dass subjektive Anforderungen in der Person des Vertreters oder des Partners des Vertretergeschäfts erfüllt sein müssen. Fraglich ist allerdings, wem gegenüber der Vollmachtgeber nach § 122 zum Ersatz des Vertrauensschadens verpflichtet ist. Hier gilt das bei der Behandlung der Irrtumsanfechtung näher Begründete (dazu Rn 26) entsprechend: Bei der **Außenvollmacht** steht dem Dritten, mit dem der Vertreter aufgrund der Scherzvollmacht ein Geschäft geschlossen hat, der Anspruch aus § 122 schon deshalb zu, weil er Empfänger der Erklärung des Vollmachtgebers ist. Darüber hinaus ist aber auch dem Vertreter, soweit er den Nichtigkeitsgrund weder kannte noch kennen musste, in analoger Anwendung von § 122 zu gestatten, das negative Interesse von dem Vollmachtgeber ersetzt zu verlangen und so gegen diesen wegen der ihn ggf treffenden Haftung aus § 179 Abs. 2 Regress zu nehmen.[44] Bei der **Innenvollmacht** steht dem gutgläubigen Vertreter als Empfänger der Scherzerklärung ohnehin ein Anspruch aus § 122 zu. Darüber hinaus muss sich aber auch der Dritte nicht auf einen Ersatzanspruch aus § 179 Abs. 2 gegen den Vertreter verweisen lassen (der überdies bei beschränkter Geschäftsfähigkeit des Vertreters nach § 179 Abs. 3 S. 2 ausgeschlossen ist), sondern kann seinerseits von dem Vollmachtgeber Schadensersatz nach § 122 verlangen.[45]

21 **b) §§ 119, 120.** Zu den umstrittensten[46] Fragen der Anwendung der allgemeinen Rechtsgeschäftsregeln auf die Vollmacht gehört das – in der Praxis allerdings bisher nicht bedeutende – Problem der **Anfechtung der betätigten Vollmacht** wegen Inhalts-, Erklärungs- oder Eigenschaftsirrtums des Vollmachtgebers (§ 119), Falschübermittlung durch einen Boten (§ 120) und schließlich wegen arglistiger Täuschung oder widerrechtlicher Drohung (§ 123; dazu näher Rn 29 f). Diese Diskussion ist zunächst von dem unproblematischen Fall abzugrenzen, dass der Bevollmächtigte aufgrund der mit einem Willensmangel behafteten Vollmacht **noch kein Rechtsgeschäft** für den Vollmachtgeber getätigt hat. Hier sind die **Anfechtungsregeln ohne jede Einschränkung oder Modifikation auf die Vollmacht anwendbar**. Soweit die Vollmacht widerruflich ist (dazu § 168 Rn 5 ff), ist die Anfechtung allerdings nicht von praktischem Interesse.[47]

22 Hat der Bevollmächtigte dagegen bereits ein **Rechtsgeschäft mit einem Dritten abgeschlossen**, ergibt sich die nachfolgend behandelte Frage, ob eine unmodifizierte Anwendung der Anfechtungsregeln interessengerecht ist. Bedenken ergeben sich insoweit jedenfalls bei der **betätigten Innenvollmacht**: Beließe man es hier

38 Zu beiden Fällen (interne und externe Bevollmächtigung) *Flume*, BGB AT Bd. 2, § 52, 5 b (S. 869).
39 BGH NJW 1966, 1915, 1916.
40 Gegen die Rechtsprechung auch Staudinger/*Schilken*, § 167 Rn 75.
41 *Flume*, BGB AT Bd. 2, § 52, 5 b (S. 869); *Müller-Freienfels*, S. 406; MüKo/*Schramm*, § 167 Rn 10.
42 Staudinger/*Schilken*, § 167 Rn 75.
43 So zutr. Soergel/*Leptien*, § 166 Rn 20; in dieser Richtung Staudinger/*Schilken*, § 167 Rn 75 (Analogie zu § 116 S. 2 nur, wenn die Vollmacht nicht im Interesse des Vertreters erteilt ist).
44 Vgl die entsprechenden Ausführungen zur Irrtumsanfechtung Rn 26.
45 Auch insoweit sind die Ausführungen zur Irrtumsanfechtung (Rn 26) übertragbar.
46 Die ausführlichsten Darstellungen und Würdigungen auf aktuellem Stand finden sich bei *Schwarze*, JZ 2004, 588 ff, und *Petersen*, AcP 201 (2001), 375 ff.
47 So etwa auch Erman/*Palm*, § 167 Rn 26.

mit dem Gesetzeswortlaut (§ 143 Abs. 3) bei der Anfechtung gegenüber dem Bevollmächtigten (als Empfänger der Vollmachtserklärung) und gewährte nur diesem den Schutz nach § 122, stünde dem Dritten kein Anspruch aus § 122 gegen den Vertretenen zu; allenfalls wäre ihm der Vertreter nach § 179 verantwortlich, der seinerseits nach § 122 gegen den Vollmachtgeber Rückgriff nehmen müsste. Dies hätte zur Folge, dass der Dritte mit dem Insolvenzrisiko des Vertreters und der Vertreter wiederum mit dem Insolvenzrisiko des Vertretenen belastet würde, obwohl die gescheiterte rechtsgeschäftliche Beziehung zwischen dem Dritten und dem Vertretenen besteht. Überdies ginge der Dritte gänzlich leer aus, wenn der Vertreter in der Geschäftsfähigkeit beschränkt war und daher nach § 179 Abs. 3 S. 2 nur beschränkt haftet.

Diese Problematik entsteht freilich nicht, soweit man eine **analoge Anwendung von § 166 Abs. 2** auf Willensmängel des Vertretenen befürwortet. Dem Vertretenen ist unter dieser Voraussetzung die **Irrtumsanfechtung des Vertretergeschäfts** eröffnet – mit der Folge, dass der Vertretene dem Dritten nach Maßgabe des § 122 haftet, während eine Haftung des Vertreters nach § 179 ausscheidet. Was die Anfechtungsgründe der §§ 119, 120 betrifft (s. § 123 Rn 29 f), ist diese im Schrifttum umstrittene Frage bisher von der Rechtsprechung nicht beantwortet worden.[48] Man wird sie nur bejahen können, wenn der Vertretene durch seine Weisung die Erklärung des Vertreters inhaltlich (ganz oder in Teilen) so ausgeformt hat, dass für einen Willensmangel des Vertreters insoweit kein Raum blieb.[49] Denn nur so wird vermieden, dass dem Geschäftsgegner außer dem Risiko der Anfechtung des Rechtsgeschäfts wegen eines Irrtums des Vertreters zusätzlich noch das Risiko der Anfechtung wegen eines Irrtums des Vertretenen und damit die spezifische Gefahr des arbeitsteiligen Vorgehens auf Seiten des Vertretenen aufgebürdet wird. 23

aa) Anfechtbarkeit der betätigten Vollmacht. Teile der Literatur lehnen die Anfechtbarkeit der betätigten Vollmacht ab.[50] In Betracht käme dann nur die Anfechtung des Vertretergeschäfts durch den Vertretenen wegen des ihm bei der Bevollmächtigung unterlaufenen Willensmangels. Doch abgesehen davon, dass der Analogie zu § 166 Abs. 2, die zur Begründung herangezogen wird, enge Grenzen gezogen sind (dazu Rn 23), widerspricht die Annahme eines Ausschlusses der Anfechtung der betätigten Vollmacht der Trennung zwischen Vollmacht und Rechtsgeschäft und damit einem Grundprinzip des Stellvertretungsrechts (s. Rn 3 und § 164 Rn 6). Eine interessengerechte Lösung, insbesondere was den Fall der betätigten Innenvollmacht betrifft, lässt sich mit der hM auch ohne eine solche Beschneidung der Anfechtung durch eine modifizierte Anwendung der allgemeinen Regeln erreichen.[51] 24

bb) Anfechtungsgegner. Bei der **Außenvollmacht** ist **Anfechtungsgegner nach § 143 Abs. 3 der Dritte**, dem gegenüber die Bevollmächtigung erklärt wurde. Bei der **Innenvollmacht** ist dagegen nach dem Wortlaut des § 143 Abs. 3 Anfechtungsgegner nur der Vertreter. Dadurch wird jedoch nicht dem Umstand Rechnung getragen, dass die Anfechtung der betätigten Vollmacht im Ergebnis das bereits abgeschlossene Vertretergeschäft (uU auch mehrere Vertretergeschäfte) beseitigt und damit den Dritten trifft, mit dem das Geschäft abgeschlossen wurde (s. Rn 22). Die Stellung des Vertreters ist dabei, was die Erklärung des Vollmachtgebers betrifft, der eines Boten vergleichbar, denn durch seine Vollmachtsbehauptung verschafft er dem Dritten Kenntnis von der im Innenverhältnis erfolgten Bevollmächtigung.[52] Mit Rücksicht darauf ist bei der Innenvollmacht die **Anfechtung nicht nur gegenüber dem Vertreter, sondern auch gegenüber dem Dritten** zu erklären.[53] 25

cc) Haftung des Vertretenen nach § 122. Ist eine betätigte **Außenvollmacht** wegen Irrtums angefochten worden, steht dem Dritten, dem gegenüber die Anfechtung erklärt wurde, gegen den Vertretenen ein Anspruch nach § 122 zu. Nicht anders als bei der Anfechtung der Innenvollmacht ist aber auch bei der Außenvollmacht ein auf die analoge Anwendung von § 122 gestützter Schadensersatzanspruch des (gutgläubigen, § 122 Abs. 2) Vertreters anzuerkennen,[54] denn es ist nicht ersichtlich, warum die externe Bevollmächtigung zu seinem Nachteil gehen sollte. Nach Irrtumsanfechtung der **Innenvollmacht** ist andererseits – in Fortführung des für die Bestimmung des Anfechtungsgegners Ausschlag gebenden Gedankens – nicht nur dem Vertreter, 26

48 Näher zum Meinungsstand § 166 Rn 37 f.

49 Ähnlich *Roth*, in: FS Gaul 1997, S. 585, 591.

50 *Brox*, JA 1980, 449 ff; Erman/*Palm*, § 167 Rn 27; *Eujen/Frank*, JZ 1973, 232 ff; *Prölss*, JuS 1985, 577, 582; *Petersen*, AcP 201 (2001), 375, 379 ff (mit Abweichungen im Detail).

51 Ebenso mit eingehender Begründung *Schwarze*, JZ 2004, 588, 590 ff; gegen den Ausschluss der Anfechtung auch Bamberger/Roth/*Habermeier*, § 167 Rn 55; *Bork*, BGB AT, Rn 1474; *Flume*, BGB AT Bd. 2, § 52, 5 c (S. 870); Jauernig/*Jauernig*, § 167 Rn 11; *Medicus*, BGB AT, Rn 945; MüKo/*Schramm*, § 167 Rn 108 ff; Soergel/*Leptien*, § 166 Rn 22; Staudinger/*Schilken*, § 167 Rn 78.

52 *Flume*, BGB AT Bd. 2, § 52, 5 c (S. 871).

53 So außer *Flume* (wie vorige Fn) auch HK-BGB/*Dörner*, § 167 Rn 4; *Medicus*, BGB AT, Rn 945; *Müller-Freienfels*, S. 403 ff; aA *Bork*, BGB AT, Rn 1475; Bamberger/Roth/*Habermeier*, § 167 Rn 55; *Kindl*, S. 59; MüKo/*Schramm*, § 167 Rn 111; Palandt/*Ellenberger*, § 167 Rn 3; *Petersen*, AcP 201 (2001), 375, 384; Staudinger/*Schilken*, § 167 Rn 79.

54 Bamberger/Roth/*Habermeier*, § 167 Rn 56; Palandt/*Ellenberger*, § 167 Rn 3; Soergel/*Leptien*, § 166 Rn 23; Staudinger/*Schilken*, § 167 Rn 81.

sondern auch dem Dritten zu gestatten, seinen Vertrauensschaden von dem Vertretenen ersetzt zu verlangen.[55]

27 **dd) Haftung des Vertreters nach § 179.** Weil durch die Anfechtung die Vollmacht *ex tunc* beseitigt wird, haftet der Vertreter den Dritten, mit denen er bereits Geschäfte im Namen des Vertretenen abgeschlossen hat, nach § 179.[56] War der Vertreter gutgläubig, handelt es sich bei der ihn treffenden Belastung mit der Haftung aus § 179 Abs. 2 um einen Vertrauensschaden, den er nach § 122 auf den Vertretenen abwälzen kann, und zwar, wie in der vorigen Rn ausgeführt wurde, auch dann, wenn es sich bei der angefochtenen Vollmacht um eine Außenvollmacht handelt. Ungeachtet der (nicht immer gegebenen oder realisierbaren) Rückgriffsmöglichkeit des Vertreters wird die Anwendung von § 179 teilweise für unangemessen gehalten und eine Beschränkung seiner Haftung auf die Fälle gefordert, in denen er den Willensmangel gekannt hat oder hätte kennen müssen.[57] Dem ist jedoch nicht zu folgen, weil damit die gesetzgeberische Entscheidung unterlaufen würde, den Vertreter für die von ihm aufgestellte Behauptung, über Vertretungsmacht zu verfügen, verschuldensunabhängig einstehen zu lassen (näher § 179 Rn 1 ff).

28 In der **Zusammenschau** wird dem Dritten somit nach der hier vertretenen Lösung im Fall der Irrtumsanfechtung der betätigten Vollmacht sowohl ein Anspruch gegen den Vertretenen als auch ein Anspruch gegen den Vertreter gewährt, wobei **Vertreter und Vertretener als Gesamtschuldner** haften.[58] Eine ungerechtfertigte Bevorzugung des Dritten liegt darin nicht.[59] Denn in diesem Fall haben nun einmal beide Anspruchsgegner des Dritten durch ihr jeweiliges Verhalten (die fehlerhafte Vollmachtserteilung durch den Vertretenen bzw die aufgrund der Anfechtung unrichtige Vollmachtsbehauptung des Vertreters) einen Tatbestand verwirklicht, der die Voraussetzungen einer verschuldensunabhängigen Haftung (nach § 122 bzw § 179) erfüllt.

29 **c) § 123.** Wurde der Vertretene durch eine **widerrechtliche Drohung** zur Erteilung der Vollmacht bestimmt, ist er in jedem Fall zur Anfechtung der Vollmacht berechtigt.[60] Das gilt insbesondere auch dann, wenn weder der Vertreter noch der Geschäftspartner die Drohung ausgesprochen hat oder davon Kenntnis hatte bzw haben musste. Anders als bei der Irrtumsanfechtung der Vollmacht kommt hier ein Schadensersatzanspruch des Geschäftspartners gegen den Vertretenen aus § 122 (analog) nicht in Betracht. Aber auch eine Haftung des Vertreters aus § 179 kann man regelmäßig nicht bejahen:[61] Wenn die Drohung für den Abschluss des Rechtsgeschäfts kausal geworden ist (also der Vertreter seine Willenserklärung nicht abgegeben hätte, wenn der Vertretene ihm nicht aufgrund der Drohung die Vollmacht oder eine Weisung erteilt hätte),[62] kann der Vertretene auch das Rechtsgeschäft selbst anfechten. Um der Haftung nach § 179 zu entgehen, darf der Vertreter dieses Recht anstelle des Vertretenen ausüben (dazu § 179 Rn 13), und zwar auch dann, wenn die Wirksamkeit des Geschäfts bereits vom Vertretenen durch die Anfechtung der Vollmacht beseitigt wurde (Fall des „Doppelmangels“).

30 Die Anfechtung der Bevollmächtigung wegen **arglistiger Täuschung** ist gemäß § 123 Abs. 1, 2 an engere Voraussetzungen geknüpft als die Anfechtung wegen widerrechtlicher Drohung. Bei der **Außenvollmacht** ist der Vertretene zur Anfechtung berechtigt, wenn die Täuschung entweder von dem Geschäftspartner (oder einem Gehilfen, dessen Verhalten er sich zurechnen lassen muss) verübt wurde (§ 123 Abs. 1) oder wenn er diese im Falle der Täterschaft eines Dritten kannte oder kennen musste (§ 123 Abs. 2 S. 1). Liegt eine **Innenvollmacht** vor, kommt es für die Urheberschaft (§ 123 Abs. 1) und für die Bestimmung von Kenntnis und Kennenmüssen (§ 123 Abs. 2) auf den ersten Blick auf die Person des Vertreters an. Indes ist, wenn der Geschäftspartner aus dem auf der Vollmacht beruhenden Vertretergeschäft ein Recht erwirbt, § 123 Abs. 2 S. 2 analog anzuwenden, also wie bei der Außenvollmacht auf Kenntnis oder Kennenmüssen des Geschäftspartners abzustellen.[63] Ist allerdings die (interne oder externe) Vollmacht im **Eigeninteresse des Vertreters** erteilt, hängt die Anfechtbarkeit wegen des Schutzbedürfnisses des Vertreters richtigerweise davon ab, ob dieser von der Täuschung wusste oder wissen musste.[64] Was die Folgen der Anfechtung betrifft, gilt das in Rn 29 zur Anfechtung wegen widerrechtlicher Drohung Gesagte entsprechend.

55 So iE auch Bamberger/Roth/*Habermeier*, § 167 Rn 55; *Flume*, BGB AT Bd. 2, § 52, 5 c (S. 871); *Medicus*, BGB AT, Rn 945; MüKo/*Schramm*, § 167 Rn 111; Palandt/*Ellenberger*, § 167 Rn 3; *Schwarze*, JZ 2004, 588, 594 f. Soergel/*Leptien*, § 166 Rn 23; aA *Canaris*, Vertrauenshaftung im deutschen Privatrecht, S. 546; Staudinger/*Schilken*, § 167 Rn 82.

56 Bamberger/Roth/*Habermeier*, § 167 Rn 55; Jauernig/*Jauernig*, § 167 Rn 11; Soergel/*Leptien*, § 166 Rn 23; Staudinger/*Schilken*, § 167 Rn 81; einschr. (nur bei Anfechtung der Innenvollmacht) MüKo/*Schramm*, § 167 Rn 110 f.

57 *Flume*, BGB AT Bd. 2, § 52, 5 e (S. 873 f).

58 IE auch Bamberger/Roth/*Habermeier*, § 167 Rn 55; Jauernig/*Jauernig*, § 167 Rn 11; MüKo/*Schramm*, § 167 Rn 111 (hinsichtlich der Innenvollmacht); Soergel/*Leptien*, § 166 Rn 23.

59 So aber Staudinger/*Schilken*, § 167 Rn 82.

60 *Flume*, BGB AT Bd. 2, § 52, 5 d (S. 872); wohl unstreitig.

61 Insoweit ist *Flume*, BGB AT Bd. 2, § 52, 5 e (S. 873 f) iE zu folgen. Vgl iÜ aber Rn 27.

62 Staudinger/*Schilken*, § 166 Rn 17.

63 *Flume*, BGB AT Bd. 2, § 52, 5 d (S. 872); MüKo/*Schramm*, § 167 Rn 113; Soergel/*Leptien*, § 166 Rn 26; Staudinger/*Schilken*, § 167 Rn 80 mwN.

64 Wie vorige Fn.

6. Verbots- oder Sittenwidrigkeit. Die Vollmachtserteilung ist nichtig, wenn sie gegen ein Verbotsgesetz verstößt oder sittenwidrig ist. Die Nichtigkeit des der Vollmacht zugrunde liegenden Rechtsgeschäfts wegen eines Verbots- oder Sittenverstoßes hat aufgrund des Abstraktionsprinzips (dazu Rn 4 und § 164 Rn 10 ff) nicht *eo ipso* die Nichtigkeit der Vollmacht zur Folge; indes ist es möglich, dass beide Rechtsgeschäfte an ein und demselben Mangel leiden (Fehleridentität) oder ausnahmsweise (nämlich dann, wenn die Vollmacht mit dem Grundgeschäft nach dem Willen der Parteien zu einem einheitlichen Geschäft verbunden ist) gemäß § 139 miteinander „stehen und fallen".[65] Von besonderer praktischer Bedeutung ist die rechtliche Behandlung von Vollmachten, die im Zusammenhang mit Geschäftsbesorgungsverträgen (vor allem zur **Abwicklung eines Grundstückserwerbs im Rahmen eines Bauträgermodells**) erteilt wurden, die wegen **Verstoßes gegen ein Verbotsgesetz** (den damaligen Art. 1 § 1 RBerG) nichtig sind.[66] 31

Der XI. Zivilsenat des BGH hatte die Nichtigkeit der Vollmacht zunächst nur auf § 139 und damit auf die Verknüpfung von Vollmacht und Geschäftsbesorgungsvertrag zu einem einheitlichen Geschäft nach dem Willen der Parteien gestützt.[67] Später[68] hat sich der XI. Senat jedoch mit weiteren BGH-Senaten[69] der Rechtsprechung des III. Zivilsenats angeschlossen, der zufolge das Verbot unerlaubter Rechtsbesorgung nach der Zielsetzung des damaligen RBerG (Schutz des Rechtsuchenden vor unsachgemäßer Erledigung ihrer rechtlichen Angelegenheiten) auch auf die zur Ausführung des nichtigen Geschäftsbesorgungsvertrages erteilte Vollmacht zu beziehen ist.[70] Der Einwand, dass die Vollmachtserteilung ein einseitiges Rechtsgeschäft ist und das Verbot sich nicht gegen den Vollmachtgeber richtet,[71] tritt dabei hinter das Anliegen zurück, den unbefugten Rechtsberater daran zu hindern, seine verbotswidrige Tätigkeit durch den Gebrauch der Vollmacht durchzuführen. Dies gilt auch für die prozessuale Vollmacht, aufgrund derer der Bevollmächtigte im Namen des Vollmachtgebers die Unterwerfung unter die sofortige Zwangsvollstreckung (§ 794 Abs. 1 Nr. 5 ZPO) erklärt hat.[72] Indes schützt die Rechtsprechung Dritte, die auf den Bestand der Vollmacht vertraut haben, durch die Anwendung der Grundsätze über die Duldungs- und Anscheinsvollmacht (zweifelhaft, dazu Rn 84)[73] und, was die prozessuale Unterwerfungserklärung betrifft, dadurch, dass sie dem Darlehensnehmer, der sich zu der Unterwerfung schuldrechtlich verpflichtet hat, die Berufung auf deren Nichtigkeit nach § 242 verwehrt (dazu auch Rn 80).[74] 32

7. AGB-Kontrolle. Ungeachtet ihrer Natur als einseitiges Rechtsgeschäft unterliegt die formularmäßige Vollmachtserteilung der Kontrolle nach den Maßstäben der §§ 305 ff.[75] So hat die Rechtsprechung etwa die Wirksamkeit von Vollmachten, mit denen nicht oder nicht in dem vorgesehenen Umfang gerechnet werden musste, wegen ihres überraschenden Charakters abgelehnt[76] und Bevollmächtigungsklauseln in Wohnungsmietverträgen der Inhaltskontrolle unterworfen.[77] 33

II. Die Form der Vollmacht

1. Der Grundsatz der Formfreiheit und seine Problematik. Wie jedes Rechtsgeschäft ist die Erteilung einer Vollmacht prinzipiell formfrei, soweit nicht aufgrund rechtsgeschäftlicher Vereinbarung (dazu Rn 35) oder aufgrund Gesetzes (dazu Rn 36 f) eine bestimmte Form gewahrt werden muss oder die Vollmacht Bestandteil eines formbedürftigen Rechtsgeschäfts ist.[78] Abs. 2 erstreckt den Grundsatz der Formfreiheit auf den besonderen Fall der Bevollmächtigung zur Vornahme formbedürftiger Rechtsgeschäfte. Diese Regelung beruht auf der im **Trennungsprinzip** (dazu Rn 3 und § 164 Rn 6) zum Ausdruck kommenden Verselbständigung des Rechtsgeschäfts der Vollmachtserteilung gegenüber dem Vertretergeschäft. Wie manch anderer 34

65 Zur Verbindung zu einem einheitlichen Rechtsgeschäft BGHZ 102, 60, 62 = NJW 1988, 697; BGHZ 110, 363, 369 = NJW 1990, 1721; BGH NJW 2001, 3774, 3775.

66 Grundlegend zur Genehmigungsbedürftigkeit der Besorgung der rechtlichen Abwicklung eines Grundstückserwerbs nach dem früheren Art. 1 § 1 Abs. 1 RBerG und zur Nichtigkeit im Falle fehlender Genehmigung BGHZ 145, 265 = NJW 2001, 70, bestätigt durch Urteil des BGH v. 28.4.2009, XI ZR 228/08 mwN. Vgl zum Ganzen auch *Nittel*, NJW 2002, 2599 sowie *Schoppmeyer*, WM 2009, 10, 13; *Lechner*, NZM 2007, 145 (vgl zur Frage der dann in Rede stehenden Rechtsscheinsvollmacht Rn 84).

67 BGH NJW 2001, 3774, 3775; 2002, 2325, 2326.

68 Mit dem Urteil BGH NJW 2003, 2088, 2089; Andeutung schon in NJW 2002, 2325, 2326.

69 BGH (II. Zivilsenat) NJW 2003, 1252, 1254; (IV. Zivilsenat) NJW 2003, 1594, 1595; 2004, 59,60; (XI. Zivilsenat) Urteil v. 28.04.2009, XI ZR 228/08; (V. Zivilsenat) NJW 2005, 2983; ferner etwa OLG Karlsruhe NJW 2003, 2690.

70 BGH NJW 2002, 66, 67.

71 So *Ganter*, WM 2001, 195; *Herrmanns*, DNotZ 2001, 6, 8 f.

72 BGH NJW 2003, 1594, 1595; NJW 2004, 59, 60.

73 Anwendbarkeit (wenn auch nicht Vorliegen) etwa bejaht in BGH NJW 2003, 2091, 2092 mwN.

74 BGH NJW 2004, 59, 61; 2004, 62, 63.

75 Erman/*Palm*, § 167 Rn 6; MüKo/*Schramm*, § 167 Rn 11; Staudinger/*Schilken*, § 167 Rn 13.

76 Beispiele: BGH NJW-RR 2002, 1312; OLG Frankfurt BB 1976, 1245.

77 ZB BGH NJW 1997, 3437 (Wirksamkeit einer wechselseitigen Empfangsbevollmächtigung mehrerer Mieter bejaht; krit. dazu *Schwab*, JuS 2001, 951).

78 Zur Vollmacht als Bestandteil eines formbedürftigen Rechtsgeschäfts *Rösler*, NJW 1999, 1150 mwN.

Versuch, eine rechtliche Konstruktion um ihrer selbst willen durchzuhalten, führt allerdings auch die Konsequenz, mit der das Gesetz in Abs. 2 das Trennungsprinzip mit Blick auf die Formfrage verwirklicht, zu **Unzuträglichkeiten**: Gilt für das Rechtsgeschäft, auf dessen Vornahme sich die Vollmacht bezieht, eine **Formvorschrift, deren Zweck durch die Erteilung einer formlosen Vollmacht unterlaufen wird**, wäre es ein begriffsjuristischer Irrtum,[79] unter Hinweis auf die rechtliche Selbständigkeit der Vollmacht an deren Formfreiheit festhalten zu wollen. Vielmehr fehlt der postulierten Formfreiheit hier die materielle Rechtfertigung. Methodisch ist dieser Einsicht durch eine **teleologische Reduktion des Abs. 2** nach Maßgabe des Zwecks der für das Vertretergeschäft vorgeschriebenen Form Rechnung zu tragen.[80] Die nachfolgend (Rn 38 ff) dargestellte Rechtsprechung setzt die vorzugswürdige Orientierung der teleologischen Reduktion am (Warn-)Zweck der Formvorschrift[81] allerdings (noch) nicht voll um, sondern stellt teilweise auf zusätzliche Überlegungen, insbesondere darauf ab, ob der Vollmachtgeber schon durch die Vollmachtserteilung rechtlich und tatsächlich in der gleichen Weise gebunden wird wie durch den Abschluss des formbedürftigen Rechtsgeschäfts selbst; eine vollkommen einheitliche Linie scheint insoweit noch nicht gefunden.[82]

35 **2. Gewillkürte Formbedürftigkeit der Vollmacht.** Der Vollmachtgeber kann durch **Vereinbarung mit dem Vertreter oder mit dem Geschäftspartner** bestimmen, dass die zu erteilende Vollmacht einer bestimmten Form bedarf.[83] Ferner kann sich ein Formerfordernis aus der **Satzung einer juristischen Person** ergeben. Sieht die Satzung eine Form für bestimmte von den Organen abgeschlossene Rechtsgeschäfte vor, gilt das Formerfordernis regelmäßig auch für die von den Organen erteilte Vollmacht zum Abschluss solcher Rechtsgeschäfte.[84]

36 **3. Gesetzliche Formbedürftigkeit der Vollmacht – Beispiele.** Nach § 492 Abs. 4 S. 1 muss die vom Darlehensnehmer erteilte Vollmacht zum Abschluss eines **Verbraucherdarlehensvertrages** mit Ausnahme der Prozessvollmacht und der notariell beurkundeten Vollmacht (§ 494 Abs. 4 S. 2)[85] die für den Vertrag selbst geltenden Erfordernisse in Abs. 1 und 2 dieser Vorschrift wahren. Mit dieser Regelung hat der Gesetzgeber die vor dem 1.1.2002 lebhaft umstrittene und vom BGH[86] kurz zuvor noch anders (mit Blick auf § 4 Abs. 1 S. 4 VerbrKrG) beantwortete Frage entschieden. Für Kreditvollmachten, die vor dem 1.1.2002 erteilt wurden, gilt nach Art. 229 § 5 S. 1 EGBGB jedoch noch die alte Rechtslage. In analoger Anwendung von § 494 Abs. 4 sind zudem die Erfordernisse des § 655 b Abs. 1 auf die Vollmacht zum Abschluss eines **Darlehensvermittlungsvertrages** zu erstrecken.[87]

37 Das BGB sieht die Schriftform in § 1904 Abs. 5 S. 2 iVm Abs. 1 S. 1, Abs. 2 für die Vollmacht zur **Einwilligung in ärztliche Maßnahmen** sowie in § 1906 Abs. 5 S. 1 iVm Abs. 1, 4 für die Vollmacht zur **Unterbringung** vor. Es ordnet darüber hinaus die öffentliche Beglaubigung an für die Vollmacht zur **Ausschlagung einer Erbschaft** (§ 1945 Abs. 3), zur **Anfechtung der Annahme oder Ausschlagung einer Erbschaft** (§ 1955 S. 2 iVm § 1945 Abs. 3) und zur **Ablehnung der fortgesetzten Gütergemeinschaft** (§ 1484 Abs. 2 S. 1 iVm § 1945 Abs. 3). Die öffentliche Beglaubigung ist nach § 12 Abs. 1 S. 2 HGB auch für die Vollmacht zur **Anmeldung zur Eintragung in das Handelsregister** vorgeschrieben.[88] Im **Gesellschaftsrecht** sehen § 47 Abs. 3 GmbHG, § 134 Abs. 3 AktG und § 43 Abs. 5 GenG Formerfordernisse für die **Stimmrechtsvollmacht** und § 2 Abs. 2 GmbHG die notarielle Beurkundung oder öffentliche Beglaubigung der Vollmacht zur **GmbH-Gründung** vor.[89] Im Verfahren der freiwilligen Gerichtsbarkeit ordnet nunmehr § 11 S. 1 FamFG die

79 *Flume*, BGB AT Bd. 2, § 52, 2 a (S. 861), nennt diese Haltung „doktrinär"; im Anschluss daran auch Staudinger/*Schilken*, § 167 Rn 20.

80 So auch Bamberger/Roth/*Habermeier*, § 167 Rn 4; Soergel/*Leptien*, § 167 Rn 11; Staudinger/*Schilken*, § 167 Rn 20. Auf den Gesichtspunkt der Gesetzesumgehung stellen demgegenüber ab: Palandt/*Ellenberger*, § 167 Rn 2; RGRK/*Steffen*, § 167 Rn 5; *Herresthal*, JuS 2002, 844, 848.

81 Konsequent: *Flume*, BGB AT Bd. 2, § 52, 2 (S. 860 ff); Staudinger/*Schilken*, § 167 Rn 20; restriktiver dagegen Erman/*Palm*, § 167 Rn 4; MüKo/*Schramm*, § 167 Rn 18; Palandt/*Ellenberger*, § 167 Rn 2; Soergel/*Leptien*, § 167 Rn 11.

82 Vgl unter den neueren Leitentscheidungen des BGH einerseits BGHZ 132, 119 = NJW 1996, 1467 (zu § 766) und andererseits BGHZ 138, 239 = NJW 1998, 1857 (zu § 1410).

83 Bamberger/Roth/*Habermeier*, § 167 Rn 12; *Rösler*, NJW 1999, 1150; Soergel/*Leptien*, § 167 Rn 10; Staudinger/*Schilken*, § 167 Rn 18.

84 Vgl (jeweils mit Bezug auf die Satzung einer Sparkasse) RGZ 116, 247; 122, 351; 146, 42; außerdem die in der vorigen Fn Zitierten.

85 Bei bindenden notariellen Vollmachten soll nach Ansicht einiger Autoren (Staudinger/*Schilken*, § 167 Rn 26; *Herresthal*, JuS 2002, 844, 848 ff) allerdings eine teleologische Reduktion von § 494 Abs. 4 S. 2 geboten sein.

86 BGHZ 147, 262, 265 mwN.

87 So bereits *Habersack/Schürnbrand*, WM 2003, 261, 263; Staudinger/*Schilken*, § 167 Rn 26; aA Palandt/*Sprau*, § 655 b Rn 2.

88 Zu den Einzelheiten der Vertretung im Handelsregisterverfahren vgl *Krafka/Willer*, Registerrecht, 6. Aufl. 2003, Rn 109 ff.

89 Zur analogen Anwendung von § 2 Abs. 2 GmbHG auf die Vollmacht zur Abgabe einer Übernahmeerklärung nach § 55 GmbHG vgl Scholz/*Priester*, GmbHG, 10. Aufl. 2010, § 55 Rn 81; Altmeppen/*Roth*, GmbHG, 6. Aufl. 2009, § 55 Rn 19. Zur Formbedürftigkeit der Vollmacht zum Abschluss eines Vorvertrages zur Gründung einer GmbH vgl (bejahend) Soergel/*Leptien*, § 167 Rn 9.

Schriftform der Vollmachtserteilung an.[90] **Keine Wirksamkeitsvoraussetzung** der Vollmacht, aber zu Nachweiszwecken geboten ist dagegen die Einhaltung der Formvorschriften von § 80 Abs. 1 ZPO, §§ 71 Abs. 2, 81 Abs. 3 ZVG, § 29 Abs. 1 S. 1 GBO.[91]

4. Teleologische Reduktion des Abs. 2 bei formbedürftigem Vertretergeschäft – Beispiele. Im Vordergrund der Diskussion um Ausnahmen zum Grundsatz der Formfreiheit steht seit jeher die Vollmacht zum Abschluss von **Verträgen, die der notariellen Beurkundung nach § 311 b Abs. 1 S. 1 (§ 313 S. 1 aF) bedürfen**. Nach dem derzeitigen Stand der Rechtsprechung, die insoweit bisher nicht allein auf den Warnzweck der Vorschrift abstellt, sondern zusätzliche Aspekte (insbesondere eine in der Vollmachtserteilung liegende, den Vertragsschluss gleichsam vorwegnehmende Bindung des Vollmachtgebers) berücksichtigt und sich dadurch klare Grenzziehungen erschwert (vgl dazu die Kritik unter Rn 34), ist die Formbedürftigkeit zunächst zu bejahen, wenn die Vollmacht **unwiderruflich** (auch: zeitlich begrenzt unwiderruflich) erteilt worden ist.[92] Eine Bindung, die sich bereits aus einem Vorvertrag ergibt, ist nicht mit der Unwiderruflichkeit der Vollmacht gleichzusetzen.[93] Ebenso wenig rechtfertigt die faktische Entschlossenheit des Vollmachtgebers, die Vollmacht nicht zu widerrufen, die Anwendung von § 311 b Abs. 1 S. 1.[94] 38

Des Weiteren unterstellt die Rechtsprechung die Vollmacht der notariellen Form des § 311 b Abs. 1 S. 1, wenn bei Nichtvornahme des Vertretergeschäfts dem Bevollmächtigten erhebliche **Nachteile** (etwa den Verfall einer Vertragsstrafe) entstehen können,[95] wenn er den **Anweisungen** des Geschäftspartners zu folgen gezwungen ist[96] oder wenn er vom Verbot des Insichgeschäfts nach § 181 befreit ist[97] und sich der Vollmachtgeber dadurch außerdem im Einzelfall bereits rechtlich oder faktisch so **gebunden** hat wie durch den Abschluss des Hauptvertrages.[98] Damit § 925 nicht umgangen wird, bedarf jenseits der ggf unter § 311 Abs. 1 S. 1 fallenden Vollmacht zum Abschluss des schuldrechtlichen Geschäfts auch die **Auflassungsvollmacht** der Form, wenn sie dem Käufer erteilt wird.[99] Zudem wird im Schrifttum vertreten, dass bei der **Grundpfandrechtsbestellung** eine Vollmacht zur **Unterwerfung unter die sofortige Zwangsvollstreckung**, die der Eigentümer dem Grundpfandrechtsgläubiger unwiderruflich und unter Befreiung von § 181 erteilt, im Hinblick auf § 794 Abs. 1 Nr. 5 ZPO notariell zu beurkunden sei.[100] Der BGH hat dies bisher dahinstehen lassen und jedenfalls die Formbedürftigkeit einer widerruflichen Vollmacht zur Zwangsvollstreckungsunterwerfung (die nicht den §§ 164 ff, sondern den §§ 80 ff ZPO unterfällt) abgelehnt.[101] 39

Die Vollmacht zur Abgabe eines **Bürgschaftsversprechens** ist – ebenso wie die nach §§ 164 ff (analog) zu behandelnde Ermächtigung zur Ergänzung eines Blanketts – auf der Grundlage neuerer Rechtsprechung des BGH schriftlich zu erteilen, damit der Schutzzweck von § 766 gewahrt bleibt.[102] In der Literatur ist diese über die Formbedürftigkeit von Vollmachten zu Grundstücksgeschäften hinausgehende, da nur auf den Schutzzweck und nicht auf weitere Kriterien abstellende Judikatur teilweise kritisch aufgenommen bzw einschränkend interpretiert worden.[103] Sie verdient jedoch Zustimmung, da sie einer nur an den Formzwecken orientierten teleologischen Reduktion von Abs. 2 (dazu Rn 34) den Boden bereitet.[104] 40

An der – vom BGH freilich nicht einheitlich beurteilten – Behandlung der Vollmachten zum Abschluss von Grundstücksgeschäften und zur Abgabe von Bürgschaftserklärungen hat sich auch die Bewertung der Formbedürftigkeit von Vollmachten zu anderen formgebundenen Rechtsgeschäften zu orientieren. Ungeachtet der Problematik, ob man – wie hier vertreten – die Frage nach den Formerfordernissen nur nach den jeweiligen Formzwecken beantwortet oder ob man zusätzlich eine vorweggenommene rechtliche oder faktische Bindung des Vollmachtgebers verlangt, gelten die zu § 311 b Abs. 1 S. 1 und § 766 entwickelten Grundsätze daher auch für Vollmachten zum Abschluss von **Verträgen nach § 311 b Abs. 2 und 5**, zur Abgabe eines **Schenkungsversprechens**, zur **Übertragung eines Miterbenanteils** (§§ 2033 Abs. 1, 2037), zum **Erbverzicht** (§§ 2348, 2351, 2352) und zum **Erbschaftskauf** (§§ 2371, 2385).[105] Hinsichtlich der Vollmacht zum Abschluss eines 41

90 Hierzu *Bumiller/Harders*, FamFG Freiwillige Gerichtsbarkeit, § 11 FamFG Rn 7.
91 Soergel/*Leptien*, § 167 Rn 9; Staudinger/*Schilken*, § 167 Rn 20.
92 RGZ 81, 49, 51; BGH NJW 1952, 1210; WM 1974, 1230; BayObLG NJW-RR 1996, 848; OLG Karlsruhe NJW-RR 1986, 100; OLG München NJW-RR 189, 663; namentlich zur befristeten Unwiderruflichkeit RGZ 108, 125, 127.
93 BGH LM § 173 Nr. 1.
94 BGH NJW 1979, 2306, 2307.
95 BGH NJW 1971, 93; 1971, 557.
96 RGZ 97, 334; RGZ 108, 125, 126.
97 Darauf allein wird noch abgestellt in RGZ 104, 237; 108, 125; krit. Soergel/*Leptien*, § 167 Rn 12.
98 Zusätzlich zur Befreiung von § 181 wird dies verlangt in BGH NJW 1952, 1210; WM 1979, 579; 1979, 2306.
99 BGH DNotZ 1963, 672; OLG München NJW-RR 1989, 663, 665; OLG Schleswig MDR 2000, 1125, 1126. AA *Einsele*, DNotZ 1996, 835, 852.
100 *Rösler*, NJW 1999, 1150, 1151.
101 BGH NJW 2004, 844 f.
102 Vgl BGHZ 132, 119, 124 f (Fall der Blankobürgschaft).
103 Vgl *Bayer*, DZWir 1996, 506; *Benedict*, Jura 1999, 78; Erman/*Palm*, § 167 Rn 4 mwN; restriktiv hinsichtlich des Formzwangs auch MüKo/*Schramm*, § 167 Rn 27 f; Soergel/*Leptien*, § 167 Rn 13.
104 Dafür schon *Flume*, BGB AT Bd. 2, § 52, 2 b (S. 862 ff); ebenso Staudinger/*Schilken*, § 167 Rn 20.
105 Vgl zu diesen Fällen Erman/*Palm*, § 167 Rn 4; MüKo/*Schramm*, § 167 Rn 24, 26, 34; Soergel/*Leptien*, § 167 Rn 13; Staudinger/*Schilken*, § 167 Rn 26.

Ehevertrages hat der BGH[106] entschieden, dass diese jedenfalls dann grundsätzlich keiner notariellen Beurkundung bedarf, wenn sie widerruflich erteilt wurde, und eine Übertragung der Rechtsprechung zur Blankobürgschaft – wohl zu Unrecht[107] – abgelehnt.

42 Ist einer Formvorschrift indes **keine Warnfunktion** zugunsten eines oder beider Beteiligten an dem formbedürftigen Rechtsgeschäft beizumessen, bedarf eine zum Abschluss eines solchen Rechtsgeschäfts erteilte Vollmacht **nicht der für das Vertretergeschäft vorgeschriebenen Form**, und es bleibt bei der Grundregel des Abs. 2. So dient § 781 nach der Rechtsprechung des BGH nur der Rechtssicherheit durch Schaffung klarerer Beweisverhältnisse.[108] Wenn man sich dieser Funktionszuschreibung anschließt,[109] muss die Vollmacht zu einem **abstrakten Schuldanerkenntnis** nicht schriftlich erteilt werden. Ebenso wenig gilt das Schriftformerfordernis für die Erteilung einer Vollmacht zu einem **Mietvertrag**, für den § 550 die Schriftform verlangt.[110] Nicht formbedürftig ist des Weiteren die Vollmacht zur Ausstellung und Begebung eines **Wechsels**[111] sowie für die arbeitsrechtliche Kündigung (§ 623).[112] Schließlich ist die bei der **Übertragung eines GmbH-Anteils** nach § 15 GmbHG zu wahrende Form gemäß ihrem Zweck, den marktmäßigen Handel von GmbH-Anteilen zu unterbinden, nur dann auf eine diesbezügliche Vollmacht zu erstrecken, wenn es sich um eine Blankovollmacht handelt.[113]

43 **5. Folgen eines Formverstoßes.** Ist eine Vollmacht wegen Formmangels nichtig (§ 125), finden die Regeln über die **Vertretung ohne Vertretungsmacht** (§§ 177 ff) Anwendung, **es sei denn**, das Vorliegen der Vertretungsmacht lässt sich – was freilich Bedenken weckt – auf **Rechtsscheingrundsätze** stützen (dazu Rn 84).[114] Die Wirksamkeit des Geschäfts hängt damit von der **Genehmigung** durch den Vertretenen ab, welche nach ständiger, wenn auch nicht unbedenklicher Rechtsprechung gemäß § 182 Abs. 2 **formfrei** ist.[115] Wird die Genehmigung nicht erteilt, haftet der Vertreter nach § 179. Sieht die missachtete Formvorschrift vor, dass der Formmangel durch den Vollzug des Geschäfts **geheilt** werden kann (zB § 311 b Abs. 1 S. 2: Auflassung und Eintragung; § 518 Abs. 2: Bewirkung der versprochenen Leistung), ist für die Heilung zu verlangen, dass das **Erfüllungsgeschäft** entweder **von dem Vertretenen selbst vorgenommen** oder **von ihm genehmigt** wird, während der bloße Vollzug durch den Vertreter für die Heilung nicht ausreicht, weil hierin keine Remedur für das dem Formzweck nicht genügende Handeln des Vertretenen (die formnichtige Bevollmächtigung) liegt.[116] Nicht geboten erscheint es indes, die Regeln über die Heilung auf die formnichtige Vollmacht überhaupt unangewendet zu lassen, um ein „Sonderrecht“ für bestimmte Vollmachten zu vermeiden.[117] Beide Ansichten divergieren indes nur dann, wenn sich der Vollzugshandlung des Vertretenen bzw seiner Genehmigung des Vollzugsgeschäfts nicht schon eine Genehmigung des ohne Vertretungsmacht abgeschlossenen Grundgeschäfts entnehmen lässt, was nicht selten der Fall sein wird.[118]

III. Der Umfang der Vollmacht

44 **1. Allgemeines.** Der Umfang der Vollmacht kann vom Vollmachtgeber grundsätzlich **privatautonom bestimmt** werden. Während das HGB für die – hier nicht näher zu behandelnden[119] – handelsrechtlichen Vollmachten gesetzliche Regelungen des Umfangs der jeweiligen Vollmacht vorsieht, die nur teilweise dispositiv sind, kennt das BGB keine diesbezüglichen Vorgaben. Welchen Umfang eine Vollmacht hat, ist demnach in Ermangelung (zwingender oder dispositiver) gesetzlicher Vorschriften allein eine Frage der **Auslegung nach den §§ 133, 157**, ggf auch eine Frage ergänzender Auslegung. Bei der **Außenvollmacht** ist insoweit auf die (normativierte) **Sicht des Geschäftsgegners** abzustellen,[120] ebenso bei der nach außen **kundgegebenen** (§ 171) oder durch **Vorlage einer Urkunde** verlautbarten (§ 172) Innenvollmacht.[121] Bei der

106 BGHZ 138, 239.
107 Für die Formbedürftigkeit auch *Einsele*, NJW 1998, 1206; *Vollkommer/Vollkommer*, JZ 1999, 522; Staudinger/*Schilken*, § 167 Rn 26; dem BGH stimmen dagegen zu: Erman/*Palm*, § 167 Rn 3; *Kanzleiter*, NJW 1999, 1612; MüKo/*Schramm*, § 167 Rn 29; Palandt/*Ellenberger*, § 167 Rn 2.
108 BGH NJW 1993, 584 f.
109 AA *Einsele*, DNotZ 1996, 835, 851 f; Staudinger/*Schilken*, § 167 Rn 26.
110 *Flume*, BGB AT Bd. 2, § 52, 2 b (S. 862).
111 OLG Hamburg NJW-RR 1998, 407 f; *Flume*, BGB AT Bd. 2, § 52, 2 a (S. 861); Staudinger/*Schilken*, § 167 Rn 27.
112 BAG NZA 2008, 348, 350.
113 BGHZ 13, 49, 53; 19, 69, 72; *Rösler*, NJW 1999, 1150, 1153; Soergel/*Leptien*, § 167 Rn 14; Staudinger/*Schilken*, § 167 Rn 27. AA (für generelle Formbedürftigkeit der Vollmacht) *Flume*, BGB AT Bd. 2, § 52, 2 b (S. 862).
114 So etwa BGH NJW 1996, 1467, 1469; 1997, 312, 314; Soergel/*Leptien*, § 167 Rn 14; Staudinger/*Schilken*, § 167 Rn 23; kritisch *Bülow*, ZIP 1996, 1694; *Keim*, NJW 1996, 2774, 2775 f.
115 Dazu mit umfassender Darstellung des Meinungsstandes BGH NJW 1994, 1344, 1345 f.
116 BayObLG DNotZ 1981, 561; MüKo/*Schramm*, § 167 Rn 36; Staudinger/*Schilken*, § 167 Rn 24.
117 Soergel/*Leptien*, § 167 Rn 14.
118 So auch Soergel/*Leptien*, § 167 Rn 14.
119 Dazu näher die Darstellung von *Drexl/Mentzel*, Jura 2002, 289 (Teil I), 375 (Teil II).
120 BGH NJW-RR 2000, 745, 746; MüKo/*Schramm*, § 167 Rn 81; Staudinger/*Schilken*, § 167 Rn 85.
121 MüKo/*Schramm*, § 167 Rn 81.

reinen Innenvollmacht kommt es dagegen auf die **Sicht des Bevollmächtigten** an;[122] soweit sich aus der Sicht des Geschäftsgegners ein anderes Verständnis des Umfangs der Innenvollmacht ergibt, ist allerdings dessen Schutz nach Rechtsscheingrundsätzen (dazu Rn 74 ff) in Betracht zu ziehen. Wird die Vollmacht durch **Erklärung an die Öffentlichkeit** erteilt, ist schließlich nur die **objektive und verkehrsübliche Bedeutung** maßgeblich.[123]

Unter den im Allgemeinen (zu den Einzelfällen Rn 47 ff) für die Auslegung des Umfangs der Vollmacht relevanten Aspekten sind vor allem die folgenden hervorzuheben: Ist die Vollmacht intern erteilt worden, können Inhalt und Zweck des **Innenverhältnisses** zwischen Vollmachtgeber und Bevollmächtigtem regelmäßig zur Bestimmung des Umfangs der Vollmacht herangezogen werden.[124] Der stellvertretungsrechtliche Abstraktionsgrundsatz lässt es indes nicht zu, die Übertragung der Grenzen des Innenverhältnisses auf die (Innen-)Vollmacht als zwingend anzusehen.[125] Die bei der Auslegung generell gebotene Berücksichtigung der Verkehrssitte ist insbesondere dann von Bedeutung, wenn eine **verkehrstypische, insbesondere bei bestimmten Berufsgruppen übliche Vollmacht** erteilt worden ist: Hier ist, soweit der Vollmachtgeber nichts anderes festgelegt hat, vom verkehrsüblichen Umfang der Vollmacht auszugehen.[126] Die Einbeziehung von **Treu und Glauben** in die Auslegung der Vollmacht erfordert im Einzelfall Einschränkungen der Vollmacht gegenüber dem sich nach Wortlaut oder Verkehrsitte ergebenden Umfang, so etwa den Ausschluss von ganz ungewöhnlichen Geschäften aus dem Umfang einer Generalvollmacht.[127] Als allgemeine Maxime wird man schließlich mit der Rechtsprechung festhalten können: Bei **Zweifeln** über den Umfang einer Vollmacht ist der **geringere Umfang anzunehmen**, sofern der größere nicht nachgewiesen ist.[128] 45

Üblicherweise, allerdings ohne spezifische rechtliche Konsequenzen wird nach dem Umfang der Vollmacht unterschieden zwischen der **Spezialvollmacht**, die sich nur auf ein bestimmtes Rechtsgeschäft bezieht, der **Art- oder Gattungsvollmacht**, die zur Vornahme von Rechtsgeschäften einer bestimmten Art (Beispiel: Inkassovollmacht) oder in einem bestimmten Funktionskreis (Beispiel: Hausverwalter) berechtigt, und der **Generalvollmacht**, die grundsätzlich Vertretungsmacht für alle Rechtsgeschäfte vermittelt, bei denen die Stellvertretung zulässig ist. Auch der Generalvollmacht sind allerdings gewisse **Grenzen** gezogen: Im Wege der Auslegung sind ganz ungewöhnliche Geschäfte aus dem Umfang der Vollmacht auszugrenzen (dazu die vorige Rn). Auch der nicht rechtsgeschäftliche, persönliche Bereich des Vollmachtgebers (Einwilligungen zu Eingriffen in die körperliche Integrität und in die persönliche Freiheit) wird von einer (nur als solche erteilten) Generalvollmacht nicht eingeschlossen.[129] Mit Blick auf das Gesellschaftsrecht ist namentlich das Verbot der Fremdorganschaft als Grenze der Bevollmächtigung zu beachten.[130] 46

2. Beispiele. Die nachfolgend dargestellten, beispielhaften Einzelfälle geben, nach Sachgebieten geordnet, einen Überblick über die Beurteilung des Umfangs von typischen Vollmachten durch die Rechtsprechung. Bei der Bewertung vertretungsrechtlicher Fragen anhand dieses Anschauungsmaterials und der allgemeinen Auslegungsregeln ist allerdings stets zu beachten, dass dann, wenn das geprüfte Vertreterhandeln nicht von dem durch Auslegung bestimmten Umfang der Vollmacht gedeckt ist, noch die Möglichkeit einer auf Rechtsscheingrundsätze gegründeten Vollmacht in Betracht zu ziehen ist (dazu Rn 74 ff). 47

a) Bankverkehr. Die Vollmacht zur Verfügung über ein **Bankkonto**[131] berechtigt den Bevollmächtigten regelmäßig zu Verfügungen mittels Schecks,[132] aber nicht zur Auflösung[133] oder Umwandlung[134] des Kontos, zu Kreditaufnahmen einschließlich Kontoüberziehungen[135] und zur eigennützigen Verpfändung von Wertpapieren.[136] Andere Handlungen im Geschäftsbereich des Vollmachtgebers deckt die Bankvollmacht ebenfalls nicht.[137] **Bankangestellte**, die im Schalterdienst einer Bank beschäftigt sind, verfügen über die Vollmacht zur Erteilung von Auskünften (auch über Inhalt und Bedeutung der von der Bank verwendeten AGB) und zum Abschluss üblicher (Kassen-, Darlehens- und ähnlicher) Geschäfte.[138] 48

122 BGH NJW 2010, 1203, 1204; MüKo/*Schramm*, § 167 Rn 80.
123 MüKo/*Schramm*, § 167 Rn 81.
124 Palandt/*Ellenberger*, § 167 Rn 5.
125 Staudinger/*Schilken*, § 167 Rn 85.
126 Staudinger/*Schilken*, § 167 Rn 86.
127 Vgl zB RGZ 52, 92, 100; OLG Frankfurt NJW-RR 1987, 482; ferner Palandt/*Ellenberger*, § 167 Rn 7; Soergel/*Leptien*, § 167 Rn 41; Staudinger/*Schilken*, § 167 Rn 87.
128 OLG Frankfurt NJW-RR 1987, 482 unter Hinweis auf RGZ 143, 196, 199; OLG Hamm DNotZ 1954, 38; BGH NJW 1978, 995 (mit Bezug auf die Architektenvollmacht); zust. Palandt/*Ellenberger*, § 167 Rn 5; Staudinger/*Schilken*, § 167 Rn 85.
129 OLG Düsseldorf NJW-RR 1997, 903.
130 Dazu mwN Soergel/*Leptien*, § 167 Rn 41.
131 Literatur: *Canaris*, Bankvertragsrecht, 1. Teil, 3. Aufl. 1988, Rn 164 ff.
132 BGH WM 1986, 901.
133 BGH NJW-RR 2009, 979, 980.
134 Dies gilt auch bei einer transmortalen Kontovollmacht, BGH NJW-RR 2009, 979, 980, aA OLG Hamm NJW-RR 1995, 564.
135 BGH MDR 1953, 346; OLG Hamm NJW 1992, 378; OLG Köln ZIP 2001, 1709, 1710 f.
136 BGH WM 1969, 112.
137 OLG Celle JW 1934, 992.
138 RGZ 86, 86; OLG Düsseldorf ZIP 1989, 493, 495; OLG Koblenz MDR 1994, 1110; näher Soergel/*Leptien*, § 167 Rn 43.

49 **b) Bauwirtschaft.** Die (ggf stillschweigend erteilte) Vollmacht eines mit der Bauleitung betrauten **Architekten**[139] umfasst, wenn nicht gegenteilige Erklärungen vorliegen, in ihrem – von der Rechtsprechung nicht durchweg einheitlich, aber tendenziell eng[140] bewerteten – Mindestumfang insbesondere die Erteilung von Weisungen, das Aussprechen von Mängelrügen und die Erklärung von Vorbehalten gemäß § 16 Nr. 3 VOB/B,[141] die Entgegennahme von Erläuterungen zu Rechnungen[142] und die Abzeichnung von Stundenlohnnachweisen.[143] Sie deckt dagegen nicht die Vergabe von Aufträgen[144] (soweit es sich nicht um kleinere, im Rahmen der Planungsausführung oder aufgrund der Gegebenheiten der Baustelle notwendige Aufträge handelt[145]), die Abnahme von Bauleistungen[146] und rechtsgeschäftliche Handlungen (etwa ein Anerkenntnis) mit Bezug auf Schlussrechnungen.[147] Der **Baubetreuer** ist zum Abschluss von Verträgen mit Wirkung für den Bauherrn (bei Bauherrengemeinschaft: nur anteilige Verpflichtung[148]) bevollmächtigt, wobei die Vollmacht nicht dadurch ausgeschlossen wird, dass der Baubetreuungsvertrag eine Verpflichtung zur schlüsselfertigen Erstellung zu einem Festpreis enthält.[149] Je nach Lage des Falles kann auch die Bestellung von Grundpfandrechten zur Baufinanzierung in den Umfang der Vollmacht fallen.[150] Die Vollmacht schließt indes nicht den Abschluss von Schiedsvereinbarungen zulasten des Bauherrn ein.[151] Hat der Unternehmer dagegen im Rahmen eines **Generalübernehmervertrages** Bauerrichtungs- und nicht nur Baubetreuungspflichten übernommen, kommt eine Vollmacht zur Erteilung von Aufträgen im Namen des Bauherrn regelmäßig nicht in Betracht; eine diesbezügliche Bevollmächtigung in den AGB des Unternehmers ist als überraschende Klausel im Sinne von § 305 c Abs. 1 zu bewerten.[152]

50 **c) Ehe und Familie.** Aufgrund der **ehelichen Lebensgemeinschaft** oder der **Lebenspartnerschaft** als solcher wird eine wechselseitige Bevollmächtigung der Ehegatten bzw Lebenspartner nicht begründet. Freilich ist (auch bei der Lebenspartnerschaft, § 8 Abs. 2 LPartG) die Verpflichtungsermächtigung nach § 1357 zu beachten. Ob eine **tatsächliche Vermutung** zugunsten einer Vertretung des Ehegatten (also auch für das Handeln in dessen Namen) besteht, ist mit Zurückhaltung zu beurteilen: Ausdrücklich verworfen hat der BGH etwa den angeblichen Erfahrungssatz, dass bei der Verlängerung eines langjährigen Landpachtvertrages ein Ehepartner in der Regel für den anderen mit unterzeichne.[153] Offen gelassen hat er dagegen, ob bei Mietverträgen über eine gemeinsame Ehewohnung eine tatsächliche Vermutung dafür spreche, dass die Unterschrift des Ehemannes auch im Namen der Ehefrau erfolgen sollte.[154] Bei **nichtehelichen Lebensgemeinschaften** darf, nicht anders als bei der Ehe, eine stillschweigende wechselseitige Bevollmächtigung der Partner nicht ohne besonderen Grund unterstellt werden. Soweit ein praktisches Bedürfnis nach einer (Mit-)Verpflichtung des nicht selbst rechtsgeschäftlich handelnden Partners bestehen sollte, empfiehlt sich daher eine ausdrückliche Vollmachtserteilung.[155] Mit Blick auf den möglichen Eintritt künftiger Betreuungsbedürftigkeit ist schließlich die **Vorsorgevollmacht** als praktisch besonders wichtiger Fall einer (oft, aber nicht notwendig) Familienangehörigen erteilten Vollmacht zu nennen, die sich außer auf die Vermögenssorge auch auf die Personensorge beziehen kann (wozu eine schlichte „Generalvollmacht" jedoch nicht genügt).[156] Durch das am 1.9.2009 in Kraft getretene Patientenverfügungsgesetz hat die Vorsorgevollmacht weiter an Bedeutung gewonnen.[157] §§ 1904 Abs. 5, 1906 Abs. 5 sehen insoweit Schriftformerfordernisse vor.

51 **d) Grundstücksgeschäfte.** Die Erteilung einer **Vollmacht zur Veräußerung von Grundbesitz** kann ihrem Umfang nach zur Beauftragung eines Maklers berechtigen.[158] Ist die **Beratung des Kaufinteressenten** vom Grundstücksverkäufer **einem Makler überlassen**, so kann sich dessen stillschweigende Bevollmächtigung zum Abschluss eines Beratervertrags aus den Umständen ergeben. Für die Annahme einer stillschweigenden Bevollmächtigung reicht es nach der Rechtsprechung aus, dass die individuelle Beratung des Kaufinteres-

139 Siehe hierzu *v. Craushaar*, BauR 1982, 421; *Pauly*, BauR 1998, 1143; *Quack*, BauR 1995, 441.
140 BGH NJW 1978, 995.
141 BGH NJW 1977, 1634; 1978, 1631.
142 BGH NJW 1978, 994.
143 Vgl BGH NJW-RR 995, 80 (Bauleiter).
144 BGH MDR 1975, 834; KG BauR 2008, 97, das auch auf die Möglichkeit einer Anscheinsvollmacht für den Fall hinweist, dass der Architekt schon den Hauptauftrag verhandelt und unterzeichnet hat; OLG Celle BauR 1997, 174.
145 BGH NJW 1960, 859.
146 OLG Düsseldorf NJW-RR 2001, 14, 15; aA LG Essen NJW 1978, 108.
147 BGH NJW 1960, 859; OLG Düsseldorf BauR 1996, 740.
148 BGH NJW 1977, 294, 295.
149 BGHZ 67, 334; 76, 86, 90: Auslegung der Festpreiszusage als Garantie eines Preises, dessen Überschreitung eine Freistellungsverpflichtung des Baubetreuers auslöst.
150 BGH DB 1977, 398.
151 BGHZ 76, 86, 90.
152 BGH NJW-RR 2002, 1312.
153 BGH NJW 1994, 1649, 1650.
154 Hierfür OLG Düsseldorf WuM 1989, 362, 363.
155 Näher *Grziwotz*, FRP 2001, 45.
156 Näher *Keilbach*, FamRZ 2003, 969; *Müller/Renner*, Betreuungsrecht und Vorsorgeverfügungen in der Praxis, 2. Aufl. 2008; *Milzer*, NJW 2003, 1836; zur Gestaltung des Innenverhältnisses *Sauer*, RNotZ 2009, 79.
157 Vgl zum Patientenverfügungsgesetz *Albrecht/Albrecht*, MittBayNot 2009, 426; *Höfling*, NJW 2009, 2849; *Müller*, NotBZ 2009, 289; *Renner*, ZNotP 2009, 371.
158 BGH NJW 2007, 1874, 1875.

senten eine wesentliche Voraussetzung für den erfolgreichen Abschluss der Verkaufsbemühungen war.[159] Ist der beurkundende **Notar** mit dem Vollzug des Vertrages beauftragt und bevollmächtigt, die zu dem Vertrag notwendigen Genehmigungen einzuholen und namens der Vertragsschließenden entgegenzunehmen, so folgt daraus noch nicht seine Bevollmächtigung, eine vollmachtlos vertretene Partei zur Erklärung über die Genehmigung aufzufordern und dessen Erklärung hierüber entgegenzunehmen.[160] Die dem Notar erteilte Vollzugsvollmacht beschränkt sich auf die Vertragsdurchführung zwischen den Vertragsparteien. Nicht gedeckt ist daher die Auflassung an Dritte.[161] Ebenso wenig ist in der Regel davon auszugehen, dass die Vollzugsvollmacht dazu legitimiert, die Pflicht zur Verschaffung eines dinglichen Rechts durch die Pflicht zur Verschaffung eines obligatorischen Rechts zu ersetzen.[162]

e) Handel. Die **Vollmacht zum Abschluss eines Kaufvertrages** schließt nicht ohne weiteres die Vollmacht zur Einziehung oder Kreditierung des Kaufpreises ein.[163] In einem **Supermarkt** ist außer den Kassierern (vgl § 56 HGB) auch der Filialleiter bevollmächtigt, Zahlungen entgegenzunehmen.[164] Beauftragt ein Händler in Reaktion auf eine **Mängelrüge** den Hersteller mit der **„Abwicklung der Angelegenheit"**, kann man den Hersteller als bevollmächtigt ansehen, mit dem Kunden eine rechtsgeschäftliche Regelung zu treffen, die nicht außerhalb wirtschaftlich vernünftiger Erwägungen liegt.[165] **52**

f) Rechtsangelegenheiten. Für die einem Rechtsanwalt erteilte **Prozessvollmacht** sind die §§ 80 ff ZPO maßgeblich.[166] Inwieweit damit eine Bevollmächtigung zu materiellrechtlichen Erklärungen mit Wirkung für den Vollmachtgeber verbunden ist, kann nur nach den Umständen des Einzelfalls und nach dem inneren Zusammenhang der abgegebenen Erklärung mit dem Gegenstand des Rechtsstreits beurteilt werden.[167] So umfasst die Prozessvollmacht im Räumungsprozess regelmäßig die Entgegennahme der Kündigung.[168] Wie bei der Prozessvollmacht lassen sich auch bei der **außergerichtlichen Vollmacht** über den Einzelfall hinaus keine allgemeine Regeln über den Vollmachtsumfang aufstellen.[169] Was den Kreis der Bevollmächtigten betrifft, ist festzuhalten, dass sich bei einer **Anwaltssozietät** die Bevollmächtigung im Zweifel auf alle sozietätszugehörigen Anwälte bezieht.[170] **53**

IV. Die Gesamtvertretung

1. Grundlagen. Wenn (gesetzliche, organschaftliche oder rechtsgeschäftliche) Vertretungsmacht mehreren Personen zusteht und nur von allen oder nur von jeweils mehreren gemeinsam ausgeübt werden kann, spricht man von **Kollektiv- oder Gesamtvertretung**. Durch die (gesetzliche oder rechtsgeschäftliche) Anordnung der Gesamtvertretung wird das Risiko gesenkt, dass der Vertretene Opfer unzweckmäßigen oder sogar pflichtwidrigen Vertreterhandelns wird. Allerdings wird dieser Vorteil um den Preis einer nicht zu übersehenden Schwerfälligkeit in der Ausübung der Vertretungsmacht erkauft, die sich in der Rechtspraxis nur abmildern, aber nicht völlig beseitigen lässt (dazu Rn 57 ff). **Besondere Fälle** sind die unechte und die halbseitige Gesamtvertretung. Als **unechte oder gemischte Gesamtvertretung** bezeichnet man die Beschränkung der Vertretungsmacht einer Person durch Gesamtvertretung mit einer Person, deren Vertretungsmacht auf einer anderen Grundlage beruht. Praktisch wichtigster Fall ist die unechte Gesamtprokura, bei der der Prokurist mit einem Gesellschafter, Geschäftsführer oder Vorstandsmitglied (oder jeweils mehreren) gesamtvertretungsberechtigt ist.[171] **Halbseitige Gesamtvertretung** ist dann gegeben, wenn ein Vertreter Einzelvertretungsmacht hat, während der andere nur zu gemeinschaftlichem Vertreterhandeln befugt ist.[172] **54**

Bei der **organschaftlichen Vertretung juristischer Personen** ist die Gesamtvertretung der gesetzliche Regelfall (vgl § 35 Abs. 2 S. 2 GmbHG, § 78 Abs. 2 AktG, § 25 Abs. 1 S. 1 GenG), ebenso bei der **GbR** (§§ 709, 714). Im Familienrecht sind die gesetzliche Vertretung durch die **Eltern** (§ 1629 Abs. 1) und ebenso die Vertretung durch mehrere **Vormünder** oder **Pfleger** (§§ 1775, 1797 Abs. 1, 1795) als Gesamtvertretung ausgestaltet. Gesamtvertretung kann des Weiteren auch bei der Erteilung einer **Vollmacht** angeordnet werden; ob dies der Fall ist, muss durch Auslegung der Vollmacht beantwortet werden.[173] Als Fälle gesetzlich angeordneter Gesamtvertretung (und nicht als Formvorschriften) sind schließlich auch die bei **Gemeinden und** **55**

159 BGHZ 140, 111, 116 f; BGH NJW 2001, 2021; 2003, 1811, 1812.
160 Näher § 177 Rn 30.
161 OLG Hamm NJW-RR 2001, 376.
162 BGH NJW 2002, 2863.
163 Erman/*Palm*, § 167 Rn 32.
164 OLG Karlsruhe MDR 1980, 849.
165 So vor dem Hintergrund von OLG Karlsruhe MDR 1983, 488, Soergel/*Leptien*, § 167 Rn 44.
166 MüKo/*Schramm*, § 167 Rn 86; Soergel/*Leptien*, § 167 Rn 54.
167 BGH NJW 1992, 1963, 1964 mwN.
168 BGH NJW-RR 2000, 745.
169 So auch Soergel/*Leptien*, § 167 Rn 54.
170 BGH NJW-RR 1989, 1299; OLG Saarbrücken NJW-RR 2006, 707.
171 Näher dazu *Roth*, in: Koller/Roth/Morck, HGB, 6. Aufl. 2007, § 48 Rn 18 ff.
172 Vgl zB BGHZ 62, 166, 170.
173 Bamberger/Roth/*Habermeier*, § 167 Rn 38; Soergel/*Leptien*, § 164 Rn 28; Staudinger/*Schilken*, § 167 Rn 52.

anderen Körperschaften des öffentlichen Rechts anzutreffenden Erfordernisse einer gemeinsamen Unterschrift einzuordnen.[174]

56 **2. Ausübung der Gesamtvertretung.** Das gleichzeitige, gemeinsame Auftreten der Gesamtvertreter nach außen mag der Idealfall der Gesamtvertretung sein, ist aber praktisch oft nur schwer oder sogar überhaupt nicht in die Tat umzusetzen. Bei der Aktivvertretung hat die Rechtsprechung indes Milderungen anerkannt (dazu Rn 57 f), und bei der Passivvertretung gilt eine solche Regel ohnehin nicht (dazu Rn 60).

57 **a) Aktivvertretung.** Ein gemeinsames, gleichzeitiges rechtsgeschäftliches Handeln der Gesamtvertreter dem Geschäftspartner gegenüber ist nach der Rechtsprechung nicht erforderlich: Die Gesamtvertreter können auch **nacheinander identische Erklärungen dem Empfänger gegenüber** abgeben.[175] Das Rechtsgeschäft wird dann mit der letzten Erklärung *ex nunc* wirksam.[176] Ebenso reicht es aus, wenn **nur ein Gesamtvertreter die Willenserklärung** im Namen des Vertretenen **abgibt** und **die anderen Gesamtvertreter** dem Empfänger der Erklärung oder auch dem handelnden Gesamtvertreter gegenüber ihre (ausdrückliche oder schlüssige) **Zustimmung (Einwilligung oder** – zeitlich zurückwirkende[177] – **Genehmigung) erteilen**.[178] Die Zustimmung bedarf nach der Rechtsprechung nicht der Form des Rechtsgeschäfts,[179] und es ist auch nicht erforderlich, dass der zustimmende Gesamtvertreter mit den Einzelheiten des Geschäfts vertraut war.[180] Die Rechtsprechung und ein Teil der Literatur gehen allerdings davon aus, dass alle Gesamtvertreter **noch im Zeitpunkt der letzten Erklärung den Willen** haben müssen, **das Rechtsgeschäft gelten lassen zu wollen**, und halten vor diesem Hintergrund insbesondere die Willenserklärung des nach außen handelnden Vertreters für **widerruflich**.[181] Diese Position ist von anderen Stimmen des Schrifttums **zu Recht kritisiert** worden, denn der handelnde Gesamtvertreter muss nicht (nochmals) seine bereits in seiner Erklärung ausgedrückte Zustimmung zu dem Rechtsgeschäft erklären, um ihm Wirksamkeit zu verschaffen, so dass für einen Widerruf kein Raum ist.[182]

58 Wirksames rechtsgeschäftliches Handeln einzelner Gesamtvertreter kann außer durch Zustimmung auch durch die von den anderen Gesamtvertretern erteilte **Ermächtigung zur Vornahme bestimmter Rechtsgeschäfte** ermöglicht werden. Diese ist in einer Reihe besonderer Fälle (§§ 125 Abs. 2 S. 2, 150 Abs. 2 S. 1 HGB, §§ 78 Abs. 4, 269 Abs. 4 AktG, § 25 Abs. 3 GenG) gesetzlich vorgesehen und im Übrigen aufgrund einer Rechtsanalogie in allen Konstellationen der Gesamtvertretung als zulässig anzusehen.[183] Die Gesamtvertretungsmacht wird auf diese Weise zur Einzelvertretungsmacht erweitert.[184] Damit der Zweck der Gesamtvertretung (Rn 54) nicht unterlaufen wird, darf ein Gesamtvertreter dem anderen allerdings **keine generelle Ermächtigung** zur Ausübung der Gesamtvertretung erteilen.[185] Außer den §§ 182 ff findet auf die Ermächtigung § 174 analoge Anwendung.[186]

59 Zur **Zurechnung von Willensmängeln, Kenntnis und Kennenmüssen** bei der Gesamtvertretung s. § 166 Rn 4.

60 **b) Passivvertretung.** Eine an den Vertretenen gerichtete, empfangsbedürftige Willenserklärung wird schon durch **Zugang bei nur einem Gesamtvertreter** wirksam. Dies ist gesetzlich vorgesehen in § 28 Abs. 2 BGB, § 125 Abs. 2 S. 3, Abs. 3 S. 2 HGB, § 78 Abs. 2 S. 2 AktG und § 35 Abs. 2 S. 3 GmbHG, aber im Wege der Rechtsanalogie zu einer allgemeinen Regel zu erweitern.[187] Hiermit harmoniert die Entscheidung des BGH, derzufolge die rechtlichen Folgen des **Schweigens auf ein kaufmännisches Bestätigungsschreiben** auch dann eintreten, wenn nur ein Gesamtvertreter das Schreiben erhalten hat und weder der Vertretene noch die anderen Gesamtvertreter davon wussten.[188]

174 BGHZ 32, 375; BGH NJW 1966, 2402, 2403; 1982, 1036.
175 RGZ 81, 325; BGH WM 1976, 1053; Erman/*Palm*, § 167 Rn 34; MüKo/*Schramm*, § 167 Rn 86; Soergel/*Leptien*, § 164 Rn 29.
176 Soergel/*Leptien*, § 164 Rn 29; Staudinger/*Schilken*, § 167 Rn 53.
177 MüKo/*Schramm*, § 164 Rn 92; Soergel/*Leptien*, § 164 Rn 29; aA Staudinger/*Schilken*, § 167 Rn 54.
178 RGZ 81, 325; 101, 343; 112, 215, 220; 118, 168, 170; BGH NJW 1968, 692; 1982, 1036, 1037; NJW 2010, 861, 862; Bamberger/Roth/*Habermeier*, § 167 Rn 40; Erman/*Palm*, § 167 Rn 35; MüKo/*Schramm*, § 164 Rn 87; Soergel/*Leptien*, § 164 Rn 29; Staudinger/*Schilken*, § 167 Rn 54.
179 RGZ 81, 235; 118, 168, 170.
180 RGZ 101, 343.
181 RGZ 81, 325, 329; 101, 343; BGH WM 1959, 672; 1976, 1053; Erman/*Palm*, § 167 Rn 35; RGRK/*Steffen*, vor § 164 Rn 21; Soergel/*Leptien*, § 164 Rn 29.
182 MüKo/*Schramm*, § 164 Rn 92; Staudinger/*Schilken*, § 167 Rn 54.
183 Wohl unstreitig; vgl etwa MüKo/*Schramm*, § 164 Rn 88; Soergel/*Leptien*, § 164 Rn 29; Staudinger/*Schilken*, § 167 Rn 55; BGH ZIP 2005, 524.
184 BGHZ 64, 72, 75; BGH NJW-RR 1986, 778; BAG NJW 1981, 2374.
185 BGH NJW-RR 1986, 778; BAG NJW 1981, 2374; MüKo/*Schramm*, § 164 Rn 88; Soergel/*Leptien*, § 164 Rn 29; Staudinger/*Schilken*, § 167 Rn 55.
186 BAG NJW 1981, 2374; MüKo/*Schramm*, § 164 Rn 91; Soergel/*Leptien*, § 164 Rn 29; Staudinger/*Schilken*, § 167 Rn 55.
187 RGZ 53, 227, 230 f (Wechselprotest); BGHZ 62, 166, 173; Erman/*Palm*, § 167 Rn 37; MüKo/*Schramm*, § 164 Rn 94; Soergel/*Leptien*, § 164 Rn 28; Staudinger/*Schilken*, § 167 Rn 56.
188 BGHZ 20, 149, 153.

V. Die Untervollmacht

1. Grundlagen. Eine Vollmacht, die ein Vertreter erteilt, wird „Untervollmacht" genannt, und zwar unabhängig davon, ob sich die Vertretungsmacht des die Vollmacht erteilenden Hauptvertreters ihrerseits auf eine Vollmacht des Vertretenen (die sog. **„Hauptvollmacht"**) gründet oder ob sie gesetzlicher oder organschaftlicher Natur ist. Von der Untervollmacht ist die **Ersatzvollmacht** zu unterscheiden, mit der keine mehrstufige Vertretungsbeziehung gemeint ist, sondern eine Konstellation, in der bei fortbestehender ursprünglicher Vollmacht eine andere Person an die Stelle des ursprünglichen Bevollmächtigten tritt. Weil – entgegen dem durch die §§ 52 Abs. 2, 58 HGB nahe gelegten Verständnis – eine Übertragung der Vollmacht richtigerweise nicht in Betracht kommt (dazu schon Rn 6),[189] lässt sich das Ziel einer Ersatzbevollmächtigung nur auf anderem Wege erreichen: Während der gesetzliche oder organschaftliche Vertreter sich seiner Vertretungsmacht nicht begeben kann, steht es dem Inhaber einer Hauptvollmacht offen, zugleich mit der Erteilung der Untervollmacht auf die Hauptvollmacht zu verzichten (dazu auch Rn 10).[190] Im Ergebnis kommt der Untervollmacht dann die Wirkung einer Ersatzvollmacht zu. 61

Nach der **Rechtsprechung** sind **zwei verschiedene Gestaltungen** der Untervollmacht möglich: Zum einen kann der Hauptvertreter den Unterbevollmächtigten zum Vertreter des Vertretenen bestellen, indem er die Vollmacht im Namen des Vertretenen erteilt. Zum anderen kann der Unterbevollmächtigte Vertreter des Hauptvertreters sein.[191] Treten im ersten Fall die Wirkungen des rechtsgeschäftlichen Handelns des Unterbevollmächtigten unmittelbar in der Person des Vertretenen ein, so sollen diese Wirkungen im zweiten Fall – mit den Worten des BGH – „gleichsam gemäß den beiden Vollmachtsverhältnissen durch den (Haupt-)Vertreter hindurch(gehen)".[192] 62

In der **Literatur** wird die erste Variante der Untervollmacht einhellig anerkannt; die zweite wird dagegen aus verschiedenen Erwägungen überwiegend abgelehnt:[193] Insbesondere wird die Durchgangskonstruktion als „Mystizismus" kritisiert, denn der Unterbevollmächtigte habe nur seine Legitimation vom Hauptvertreter, während das auf dieser Grundlage geschlossene Geschäft in jedem Fall unmittelbar ein solches des Vertretenen sei und mit dem Hauptvertreter nichts zu tun habe.[194] Überdies sei eine „Vertretung des Vertreters" mit dem Offenheitsgrundsatz des Stellvertretungsrechts nicht zu vereinbaren.[195] Letzteres trifft allerdings nicht zu, weil die Rechtsprechung nicht davon absieht, dass der Unterbevollmächtigte die Vertretereigenschaft des Hauptvertreters offen zu legen hat.[196] Es bleibt aber bei dem Kritikpunkt, dass es sich bei der „Durchleitung" der Vertretungswirkungen durch die Person des Hauptvertreters um ein gesetzesfremdes Konstrukt handelt. In der **Praxis** kann die Streitigkeit indes wohl in aller Regel **unentschieden** bleiben. So soll sich die Bedeutung der Durchgangskonstruktion angeblich bei der Behandlung des Falls zeigen, in dem die Hauptvollmacht nicht besteht:[197] Auf diesen Fall mangelnder Vertretungsmacht soll sich bei Zugrundelegung der Durchgangskonstruktion die Haftung des seine Untervollmacht offen legenden und damit als „Vertreter des Vertreters" auftretenden Unterbevollmächtigten nach § 179 nicht erstrecken. Doch lässt sich dieses Ergebnis ebenso auf der Grundlage des vom überwiegenden Schrifttum vertretenen Ansatzes erzielen (dazu Rn 73). 63

2. Zulässigkeit. Die **gesetzliche Vertretungsmacht** umfasst grundsätzlich auch die Erteilung von Untervollmachten.[198] Allerdings mögen im Einzelfall gesetzliche Bestimmungen (zB § 1595 Abs. 2) entgegenstehen.[199] Darüber hinaus wäre es regelmäßig mit dem Zweck der gesetzlichen Vertretung unvereinbar, wenn die Untervollmacht dem Vertretenen erteilt würde.[200] Auch im Rahmen **organschaftlicher Vertretungsmacht** kann prinzipiell Untervollmacht erteilt werden. Allerdings ist es einem GmbH-Geschäftsführer verwehrt, eine Untervollmacht zu erteilen, durch die der Bevollmächtigte an die Stelle des Geschäftsführers gesetzt wird.[201] Überhaupt wird man bei organschaftlicher Vertretung eine Unterbevollmächtigung von Nichtorganen, die den Umfang einer Generalvollmacht hat, abzulehnen haben.[202] Bei der **gewillkürten Vertretung** ist die Zulässigkeit der Untervollmacht schließlich primär eine Frage der **Auslegung** der (Haupt-)Voll- 64

189 Wie hier etwa MüKo/*Schramm*, § 167 Rn 93; Soergel/*Leptien*, § 167 Rn 63; aA insbesondere *Frey*, passim.
190 So auch Bamberger/Roth/*Habermeier*, § 167 Rn 31; MüKo/*Schramm*, § 167 Rn 93; Soergel/*Leptien*, § 167 Rn 63; Staudinger/*Schilken*, § 167 Rn 60; aA RGRK/*Steffen*, § 168 Rn 1; Erman/*Palm*, § 168 Rn 1.
191 RGZ 108, 405, 407; BGHZ 32, 250, 253; BGH NJW 1977, 1535.
192 BGHZ 32, 250, 254.
193 Gegen die Rspr: Bamberger/Roth/*Habermeier*, § 167 Rn 28 f; *Flume*, BGB AT Bd. 2, § 49, 5 (S. 837); *Gerlach*, S. 46, 55, 62, 106 f; MüKo/*Schramm*, § 167 Rn 96 f; Palandt/*Ellenberger*, § 167 Rn 12; *Petersen*, Jura 1999, 401 f; *Siebenhaar*, AcP 162 (1962), 354; Staudinger/*Schilken*, § 167 Rn 62; zust. jedoch *Bork*, BGB AT, Rn 1447; Erman/*Palm*, § 167 Rn 41.
194 So *Flume*, BGB AT Bd. 2, § 49, 5 (S. 837).
195 So RGRK/*Steffen*, § 167 Rn 21; Soergel/*Leptien*, § 167 Rn 60; Staudinger/*Schilken*, § 167 Rn 62.
196 Zutr. MüKo/*Schramm*, § 167 Rn 96.
197 Hierauf verweist etwa Erman/*Palm*, § 167 Rn 42.
198 Statt vieler *Flume*, BGB AT Bd. 2, § 49, 5 (S. 836).
199 MüKo/*Schramm*, § 167 Rn 101; Soergel/*Leptien*, § 167 Rn 58.
200 *Gerlach*, S. 93; Staudinger/*Schilken*, § 167 Rn 66.
201 BGH WM 1976, 1246; 1978, 1048.
202 BGHZ 34, 27, 31; BGH NJW 1977, 199; MüKo/*Schramm*, § 167 Rn 101; Staudinger/*Schilken*, § 167 Rn 65.

macht. Hat der Vollmachtgeber keine ausdrückliche Regelung über die Erteilung von Untervollmachten durch den Bevollmächtigten getroffen, ist darauf abzustellen, ob er erkennbar ein Interesse daran hat, dass der Bevollmächtigte die ihm eingeräumte Vertretungsmacht persönlich wahrnimmt.[203] Dies ist bei der Innenvollmacht aus der Sicht des (Haupt-)Bevollmächtigten und bei der Außenvollmacht aus der Sicht der Dritten zu beurteilen, die Adressaten der Erklärung sind (dazu auch oben Rn 44). Als **Faustregel** kann man festhalten: Eine Generalvollmacht legitimiert oft die Erteilung von (begrenzten) Untervollmachten, eine Spezialvollmacht dagegen nicht.[204] In besonderen Fällen sind der Erteilung einer Untervollmacht durch den Bevollmächtigten darüber hinaus **gesetzliche Grenzen** gezogen: Beispielsweise ist den §§ 48, 52 Abs. 2 HGB zu entnehmen, dass ein Prokurist seinerseits keine Prokura als Untervollmacht erteilen kann.[205] Weitere Verbote der Unterbevollmächtigung ergeben sich etwa aus § 58 HGB, § 135 Abs. 3 AktG, §§ 52 Abs. 1 und 53 Abs. 2 BRAO, außerdem aus § 181 für den Fall, dass der Bevollmächtigte die Untervollmacht zur Vornahme eines sonst unter § 181 fallenden Geschäfts erteilt.[206]

65 **3. Außen- und Innenverhältnis.** Im **Außenverhältnis** tritt der Untervertreter entweder unter Offenlegung der Untervertretung als Vertreter des Hauptvertreters (dessen Vertretereigenschaft gleichfalls offen gelegt werden muss) oder direkt für den Vertretenen auf. Für die rechtliche Konstruktion der Untervertretung ist richtigerweise ohne Belang, welche Möglichkeit der Untervertreter wählt (dazu Rn 63). Indes spielt die Offenlegung der Untervertretung bei mangelnder Vertretungsmacht für die Haftung des Untervertreters nach § 179 eine Rolle (dazu Rn 73). Weil es der Untervertreter ist, der die für und gegen den Vertretenen wirkende Willenserklärung abgibt, kommt es nach § 166 Abs. 1 auf seine Person an, was Willensmängel, Kenntnis und Kennenmüssen betrifft. Unterlag der Untervertreter bei Abgabe seiner Erklärung den Weisungen des Hauptvertreters, findet allerdings § 166 Abs. 2 Anwendung.[207]

66 Im **Innenverhältnis** ist der Untervertreter regelmäßig nur dem Hauptvertreter und dieser wiederum dem Vertretenen vertraglich verbunden, es sei denn, der Hauptvertreter hat im Rahmen seiner Vertretungsmacht im Namen des Vertretenen eine rechtsgeschäftliche Beziehung zwischen diesem und dem Untervertreter begründet. Ist Letzteres nicht der Fall, kann die Beziehung des Untervertreters zum Vertretenen nach den Regeln über die **Geschäftsführung ohne Auftrag** zu beurteilen sein.[208] Darüber hinaus kann der Hauptvertreter dem Vertretenen für das Verhalten des Untervertreters verantwortlich sein. Ist das Innenverhältnis zwischen Hauptvertreter und Vertretenem ein Auftrag, beschränkt sich die Haftung des beauftragten Hauptvertreters allerdings nach § 664 Abs. 1 auf ein Verschulden bei der Auswahl des Untervertreters, wenn es sich bei dessen Einschaltung um eine **erlaubte Substitution** handelte. Obwohl § 675 nicht auf § 664 verweist, wird vertreten, dass die Regelung entsprechend auf Geschäftsbesorgungsverträge anzuwenden sei.[209]

67 **4. Die Untervollmacht in ihrem Verhältnis zur Hauptvollmacht.** Die Untervollmacht zeichnet sich dadurch aus, dass sie dem Bevollmächtigten eine aus einer weiteren Vollmacht, der Hauptvollmacht, abgeleitete Legitimation vermittelt. Dadurch wird die Untervollmacht in ein Abhängigkeitsverhältnis zur Hauptvollmacht gestellt. Insoweit ist zwischen der Erteilung der Untervollmacht und ihrem Fortbestand zu differenzieren.

68 **a) Erteilung der Untervollmacht.** Der Hauptbevollmächtigte kann eine Untervollmacht nur erteilen, wenn und soweit er im Zeitpunkt der Erteilung über eine Hauptvollmacht verfügt, welche die Unterbevollmächtigung deckt. Ob dies der Fall ist, ist allein eine Frage der **Auslegung der Hauptvollmacht**. Dabei ist es durchaus denkbar, dass die Befugnis des Hauptbevollmächtigten zur Erteilung von Untervollmachten weiter reicht als seine Befugnis, selbst Rechtsgeschäfte für den Vertretenen abzuschließen. Vor diesem Hintergrund ist das **Prinzip, dass die Untervollmacht nicht weitergehen kann als die Hauptvollmacht**, nicht als zwingender Rechtssatz, sondern als **Auslegungsregel** einzuordnen.[210] Das heißt: Soweit sich der Hauptvollmacht kein anderweitiger Wille des Vollmachtgebers entnehmen lässt, ist der Hauptbevollmächtigte bei der Erteilung einer Untervollmacht auf den gegenständlichen Bereich seiner Hauptvollmacht beschränkt.[211] Entsprechendes gilt für eine Befristung der Hauptvollmacht und für die Beschränkung des Hauptvertreters nach § 181: Dadurch wird nicht notwendig die Erteilung einer „überschießenden" Untervollmacht ausgeschlossen, die unbefristet ist bzw den Untervertreter vom Verbot des Selbstkontrahierens befreit. Jedoch hat man in Ermangelung einer – durch Auslegung zu ermittelnden – abweichenden Entscheidung des Hauptbevollmächtigenden davon auszugehen, dass der Hauptvertreter nicht dazu befugt ist, eine unbefristete Untervollmacht zu erteilen oder den

203 BGH WM 1959, 377; OLG München WM 1984, 834: MüKo/*Schramm*, § 167 Rn 102; Staudinger/*Schilken*, § 167 Rn 63.
204 Vgl hierzu etwa *Flume*, BGB AT Bd. 2, § 49, 5 (S. 836).
205 Statt vieler *Roth*, in: Koller/Roth/Morck, HGB, 6. Aufl. 2007, § 52 Rn 5.
206 RGZ 108, 405; MüKo/*Schramm*, § 167 Rn 102; Staudinger/*Schilken*, § 167 Rn 64.
207 MüKo/*Schramm*, § 167 Rn 100; Staudinger/*Schilken*, § 167 Rn 72.
208 Staudinger/*Schilken*, § 167 Rn 70.
209 Hierfür Staudinger/*Schilken*, § 167 Rn 71 mwN.
210 Zutr. *Bous*, RNotZ 2004, 483; MüKo/*Schramm*, § 167 Rn 103; aA offenbar Bamberger/Roth/*Habermeier*, § 167 Rn 35; Soergel/*Leptien*, § 167 Rn 61; Staudinger/*Schilken*, § 167 Rn 67.
211 Vgl KG HRR 1941 Nr. 468.

Untervertreter von § 181 zu befreien, wenn seine eigene Vollmacht befristet und er selbst an § 181 gebunden ist.[212]

b) Fortbestand und Erlöschen der Untervollmacht. Für das **Erlöschen der Untervollmacht als solcher** gelten zunächst die – in der Kommentierung zu § 168 näher erläuterten – allgemeinen Regeln über das Erlöschen der Vollmacht. Den **Widerruf** der Untervollmacht kann dabei außer dem Hauptvertreter (der hier ebenso wie bei der Erteilung der Untervollmacht im Namen des Vertretenen handelt) auch der Vertretene selbst erklären, soweit die Hauptvollmacht ihrerseits widerruflich ist.[213] Hiervon zu unterscheiden ist die Frage nach dem **Schicksal der Untervollmacht nach Erlöschen der Hauptvollmacht**: Entgegen einer älteren, im Schrifttum vertretenen Ansicht erlischt die Untervollmacht in diesem Fall nicht *eo ipso*.[214] Vielmehr kommt es wiederum (s. schon Rn 68) darauf an, ob die **Auslegung der Hauptvollmacht** nach Maßgabe der §§ 133, 157 ergibt, ob der Hauptbevollmächtigte dazu legitimiert ist, eine Untervollmacht zu erteilen, die seine eigene (Haupt-)Vollmacht überdauern soll. So wird man etwa in Ermangelung einer ausdrücklichen Bestimmung durch den Vertretenen davon ausgehen können, dass Durchführungs- oder Vollzugsvollmachten, die eine (haupt-)bevollmächtigte Partei bei Abschluss eines Grundstücksgeschäfts den Mitarbeitern des beurkundenden Notars als Untervollmachten erteilt, auch dann fortbestehen, wenn die Hauptvollmacht (etwa wegen Fristablaufs) erlischt.[215] Dagegen ist in der Regel anzunehmen, dass Untervollmachten, die auf der Grundlage einer General- oder Vorsorgevollmacht erteilt wurden, mit dieser erlöschen.[216] 69

5. Die Anwendung der §§ 177 ff auf Fälle fehlender oder unwirksamer Haupt- oder Untervollmacht. Damit das rechtsgeschäftliche Handeln des Untervertreters Wirkung für den Vertretenen entfaltet, muss die Untervollmacht im Zeitpunkt der Vornahme des Rechtsgeschäfts und die Hauptvollmacht im Zeitpunkt der Erteilung der Untervollmacht (dazu Rn 68) wirksam gewesen sein. Ist mindestens eine von beiden Vollmachten zum jeweils relevanten Zeitpunkt unwirksam oder fehlt sie, handelte der Untervertreter ohne Vertretungsmacht und es finden die §§ 177 ff Anwendung. 70

a) Genehmigung nach § 177. Bei **fehlender oder unwirksamer Untervollmacht** kann der Vertretene das von dem Untervertreter abgeschlossene Geschäft nach § 177 genehmigen, und zwar unabhängig davon, ob der Untervertreter unmittelbar im Namen des Vertretenen oder unter Offenlegung der Untervertretung als „Vertreter des (Haupt-)Vertreters" aufgetreten ist.[217] Darüber hinaus kann der Hauptvertreter im Namen des Vertretenen das Geschäft genehmigen, wenn er hierzu Vertretungsmacht hat. Bei **fehlender oder unwirksamer Hauptvollmacht** kann die Wirksamkeit des Geschäfts dagegen allein durch die Genehmigung des Vertretenen herbeigeführt werden. 71

b) Haftung nach § 179. Auch insoweit ist zwischen Haupt- und Untervollmacht zu unterscheiden. **Fehlt nur eine wirksame Untervollmacht** (während die Hauptvollmacht wirksam ist), haftet der Untervertreter seinem Geschäftspartner nach **§ 179**. Die Haftung entfällt, wenn der Hauptvertreter das Handeln des Untervertreters genehmigt (dazu Rn 71), und zwar auch dann, wenn die Hauptvollmacht mangelhaft war.[218] 72

Fehlt eine wirksame Hauptvollmacht, ist die Haftung des Untervertreters als vollmachtloser Vertreter **umstritten**: Nach der **Rechtsprechung** haftet **nur der Hauptvertreter**, **nicht** aber **der Untervertreter**, wenn der Untervertreter bei der Vornahme des Rechtsgeschäfts die **Untervertretung offen gelegt** hat.[219] Die **Literatur** schließt sich dem im Ergebnis, wenn auch nicht in der Begründung überwiegend an.[220] Die Gegenstimmen im Schrifttum bejahen dagegen eine (neben die Haftung des vollmachtlosen Hauptvertreters tretende) Haftung des Untervertreters unabhängig von der Offenlegung.[221] Richtigerweise hängt die Beantwortung der Frage nicht davon ab, ob man die von der Rechtsprechung angenommene Unterscheidung zwischen der unmittelbaren Vertretung des Geschäftsherrn und der Vertretung des Hauptvertreters teilt (dazu Rn 63). Vielmehr kommt es darauf an, Grund und Grenzen der Haftung aus § 179 zutreffend zu erfassen. Den Vertreter ohne Vertretungsmacht trifft danach eine ihm durch Gesetz auferlegte Haftung für die (konkludente) Behauptung der Vertretungsmacht, die seinem rechtsgeschäftlichen Auftreten für den Vertretenen zu entnehmen ist (dazu § 179 Rn 1 f). Deckt der Untervertreter dem Geschäftspartner gegenüber auf, dass er auf der Grundlage einer Untervollmacht handelt, die ihm von dem Hauptvertreter erteilt wurde, darf der Partner dem Auftreten 73

212 *Bous*, RNotZ 2004, 483; anders, nämlich wiederum nicht auf den Charakter dieses Satzes als Auslegungsregel abstellend, Bamberger/Roth/*Habermeier*, § 167 Rn 35; Staudinger/*Schilken*, § 167 Rn 67.
213 *Flume*, BGB AT Bd. 2, § 49, 5 (S. 837).
214 So aber *Gerlach*, S. 76; wie hier die neuere Literatur, etwa *Bous*, RNotZ 2004, 483; Soergel/*Leptien*, § 167 Rn 61; Staudinger/*Schilken*, § 167 Rn 68.
215 *Bous*, RNotZ 2004, 483 (dort auch weitere Beispiele).
216 BGH WM 1959, 377; *Bous*, RNotZ 2004, 483.
217 MüKo/*Schramm*, § 167 Rn 98.
218 BGH BB 1963, 1193.
219 BGHZ 32, 250, 254; 68, 391, 396; OLG Köln NJW-RR 1996, 212.
220 IE wie die Rspr: Bamberger/Roth/*Habermeier*, § 167 Rn 34; *Flume*, BGB AT Bd. 2, § 49, 5 (S. 838 f); *Larenz/Wolf*, BGB AT, § 49 Rn 29 f, 32; Palandt/*Ellenberger*, § 167 Rn 12; MüKo/*Schramm*, § 167 Rn 99; *Petersen*, Jura 1999, 401, 402 f; Staudinger/*Schilken*, § 167 Rn 73.
221 Erman/*Palm*, § 167 Rn 44; RGRK/*Steffen*, § 167 Rn 21; Soergel/*Leptien*, § 167 Rn 62.

des Untervertreters nicht die Behauptung entnehmen, dass außer der Untervollmacht auch die Vertretungsmacht des Hauptvertreters bestehe, zumal der Untervertreter die Hauptvertretungsmacht nicht leichter als der Geschäftspartner überprüfen kann.[222] Vielmehr übermittelt der die Vertretungsverhältnisse offen legende Untervertreter insoweit nur die in der Erteilung der Untervollmacht liegende Behauptung des Hauptvertreters, seinerseits über Vertretungsmacht zu verfügen. Dieser Auslegung der Erklärung des Untervertreters entspricht es, im Anschluss an die Rechtsprechung bei Offenlegung der Untervertretung nur den Hauptvertreter und nicht den Untervertreter nach § 179 für das Fehlen der Hauptvertretungsmacht einstehen zu lassen.

VI. Die Duldungs- und die Anscheinsvollmacht

74 **1. Grundlagen.** Die unter dem Begriff **„Rechtsscheinvollmacht"** zusammengefassten[223] Figuren der Duldungs- und der Anscheinsvollmacht sind von der Rechtsprechung[224] als außerhalb der Lehre vom Rechtsgeschäft stehende **Instrumente des positiven Vertrauensschutzes** entwickelt und bisher gegen die anhaltende Kritik zwar nicht des überwiegenden, aber doch eines gewichtigen Teils des Schrifttums[225] gerade auch außerhalb des kaufmännischen Rechtsverkehrs behauptet worden.[226] **Grundgedanke** der Rechtsscheinvollmacht ist die Vorstellung, dass dann, wenn der Vertretene durch sein Dulden oder in sonst zurechenbarer Weise den Anschein einer in Wahrheit nicht oder nicht wirksam erteilten Vollmacht geweckt oder aufrechterhalten hat, das berechtigte Vertrauen eines Geschäftspartners auf das Bestehen der Vollmacht dadurch zu schützen ist, dass man den Schein mit der Wirklichkeit gleichstellt, also die Vollmacht als gegeben behandelt. Die **Rechtsgrundlage** ist freilich auch unter den Befürwortern der Rechtsscheinvollmacht streitig: An prominenter Stelle stehen als Analogiegrundlage oder jedenfalls als gesetzliche Anhaltspunkte die **§§ 170–173**. Darüber hinaus werden insbesondere der auf **Treu und Glauben** gegründete Vertrauensschutz und – mit nachrangiger Bedeutung – die **§§ 54 Abs. 3, 56 HGB und § 370 BGB** für die Begründung in Anspruch genommen. Schließlich wird auch die **gewohnheitsrechtliche Geltung** der Regeln über die Duldungs- und die Anscheinsvollmacht behauptet.[227]

75 Zumindest **außerhalb des unternehmerischen Verkehrs** (zum Anwendungsbereich der Rechtsscheinregeln auch Rn 79 f) ist indes **zu bestreiten**, dass die Duldungs- und die Anscheinsvollmacht als Ausprägungen der Rechtsscheinhaftung über eine tragfähige Grundlage verfügen: Die **§§ 170–173** knüpfen an Äußerungen des Vertretenen an, deren dogmatische Einordnung ihrerseits streitig ist (näher dazu die dortigen Kommentierungen) und die jedenfalls einen klar erkennbaren Erklärungsgehalt haben. Dem Gebot von **Treu und Glauben** lässt sich nicht entnehmen, dass dem Vertrauen des Geschäftspartners, so schützenswert es sein mag, durch die Gleichstellung von Rechtsschein und Wirklichkeit und nicht durch den Ersatz des Vertrauensschadens Rechnung zu tragen ist, wie ihn bei unwissentlich falscher Vollmachtsbehauptung des Vertreters auch § 179 Abs. 2 vorsieht. Gesetzlich geregelte Fälle wie **§ 370**, denen sich eine solche Gleichstellung entnehmen lässt, stellen hierfür schwerlich auf das Stellvertretungsrecht zu übertragende Voraussetzungen auf. Schließlich fehlt es angesichts der bis heute nicht abreißenden Kritik an der Duldungs- und an der Anscheinsvollmacht an einer gemeinsamen Rechtsüberzeugung, wie sie für die Entstehung von **Gewohnheitsrecht** erforderlich ist. Dass es sich bei diesen Figuren um **Richterrecht** handelt, ist selbstverständlich richtig, immunisiert sie aber nicht gegen wissenschaftliche, der *lex lata* geltende Kritik.[228]

76 Mit der Absage an die dogmatische Begründung, welche die Rechtsprechung in den Fällen der Duldungs- und der Anscheinsvollmacht zur Wirksamkeit des Vertreterhandelns für und gegen den Vertretenen geführt hat, verbindet sich aber nicht notwendig die Ablehnung der damit erzielten Ergebnisse, denn diese dürften sich **in**

222 Die zuletzt genannte Erwägung findet sich auch in BGHZ 32, 250, 254.

223 Zur „Rechtsscheinvollmacht" als Oberbegriff Erman/*Palm*, § 167 Rn 7; MüKo/*Schramm*, § 167 Rn 46; Soergel/*Leptien*, § 167 Rn 17.

224 Vgl zur Duldungsvollmacht aus der älteren BGH-Rspr etwa BGH NJW 1955, 985; 1956, 460; 1956, 1674, und zur Anscheinsvollmacht etwa BGHZ 5, 111, 116; 65, 13. Näher zum historischen Hintergrund HKK/*Schmoeckel*, §§ 164–181 Rn 21 ff.

225 Gegen die Anwendung der Rechtsscheingrundsätze auf die Vertretung (generell oder jedenfalls außerhalb des kaufmännischen Verkehrs) *Bienert*, S. 42 ff; *Canaris*, Vertrauenshaftung im deutschen Privatrecht, S. 48 ff, 191 ff; *ders.*, in: FG BGH, S. 129, 156 ff; *Flume*, BGB AT Bd. 2, § 49, 4 (S. 832 ff); *Frotz*, S. 299 ff; Jauernig/*Jauernig*, § 167 Rn 9; *Kindl*, S. 101 ff, 246 ff; *Lobinger*, S. 256 ff; *Medicus*, BGB AT, Rn 971; *Pawlowski*, JZ 1996, 125, 127 ff; *Picker*, NJW 1973, 1800 f; Staudinger/*Schilken*, § 167 Rn 31.

226 Beispiele (innerhalb und außerhalb des Handelsverkehrs) aus neuester Zeit: BGH NJW 2003, 2091, 2092; 2004, 1315, 1316; 2004, 2112, 2116; BKR 2004, 236, 238; NZM 2004, 597, 598. Der Rspr schließen sich an: Bamberger/Roth/*Habermeier*, § 167 Rn 16; Erman/*Palm*, § 167 Rn 7; HKK/*Schmoeckel*, §§ 164–181 Rn 23; MüKo/*Schramm*, § 167 Rn 56; Palandt/*Ellenberger*, § 172 Rn 11; RGRK/*Steffen*, § 167 Rn 12; Soergel/*Leptien*, § 167 Rn 17.

227 Vgl die in der vorigen Fn nachgewiesene Literatur.

228 AA MüKo/*Schramm*, § 167 Rn 56 (nur rechtspolitische Kritik).

zahlreichen Fällen, insbesondere bei der Duldungsvollmacht, auf **eine durch Rechtsgeschäft und nicht durch Rechtsschein begründete Vollmacht** stützen lassen.[229]

Insoweit ist auf zwei Gesichtspunkte aufmerksam zu machen: Zum einen ist das **Erklärungsbewusstsein** nach der Rechtsprechung **kein notwendiger Bestandteil des subjektiven Tatbestandes einer Willenserklärung**.[230] Dementsprechend hängt das Vorliegen der Bevollmächtigung als Rechtsgeschäft nicht davon ab, ob der Vertretene wollte oder auch nur davon wusste, dass seine Äußerung aus der Sicht ihres Empfängers (sei es der Vertreter oder ein Dritter) die Begründung von Vertretungsmacht zum Inhalt hatte. Es kommt vielmehr allein darauf an, ob der Erklärungstatbestand, dem sich die Vollmacht entnehmen lässt, dem Vertretenen zuzurechnen ist. Zum anderen ist **für den objektiven Tatbestand einer (schlüssigen) Bevollmächtigung die Unterscheidung zwischen deklaratorischem und konstitutivem Erklärungsgehalt nicht relevant**. Zwar ist eine solche Unterscheidung sprachanalytisch möglich. Rechtlich erheblich ist sie im Rahmen der Auslegung aber nur dann, wenn sie nach der Verkehrsanschauung zu treffen ist. Das ist in den hier interessierenden Fällen zu bestreiten:[231] So wird ein Dritter der an ihn gerichteten, in ihrer sprachlichen Fassung deklaratorischen Erklärung „Vom 1.1. an wird X meine Generalbevollmächtigte sein" schwerlich einen anderen Inhalt beilegen als der konstitutiven Erklärung „Ich erteile X mit Wirkung vom 1.1. Generalvollmacht". Vor diesem Hintergrund erscheint es nicht sinnvoll, die Grenze zwischen rechtsgeschäftlicher und Rechtsscheinvollmacht nach der Differenzierung konstitutiv (dann Rechtsgeschäft) und deklaratorisch (dann allenfalls Rechtsschein) zu ziehen. Vielmehr kommt gerade auch bei der nach außen erkennbaren, nicht notwendig willensgetragenen Hinnahme des Vertreterhandelns durch den Vertretenen eine rechtsgeschäftliche Begründung der Vertretungsmacht durch schlüssiges Verhalten in Betracht. 77

Um den Bedürfnissen der Praxis gerecht zu werden, orientiert sich die **nachfolgende Darstellung** gleichwohl am **gegenwärtigen Stand der Rechtsprechung**. Ungeachtet des Streits um die Anerkennung einer Vollmacht kraft Rechtsscheins ist, bevor man auf die Grundsätze der Duldungs- oder Anscheinsvollmacht zurückgreift, ohnehin stets **vorrangig** zu prüfen, ob im konkreten Fall nicht durch Auslegung (dazu auch Rn 44 ff) eine **schlüssige Bevollmächtigung** festzustellen ist. Überdies kann man die **Frage nach der Zuordnung des Einzelfalls unter die Rechtsgeschäfts- oder die Rechtscheinsregeln** mangels unterschiedlicher Rechtsfolgen im Ergebnis meist **offen lassen**. Dies gilt vor allem dann, wenn man die Anfechtbarkeit der Rechtsscheinvollmacht befürwortet (dazu Rn 94). 78

2. Anwendungsbereich. Die Rechtsprechung wendet die Grundsätze über die Duldungs- und die Anscheinsvollmacht **in persönlicher Hinsicht** ungeachtet der dagegen vorgebrachten Kritik (dazu Rn 75) auch dann an, wenn der Rechtsscheinverantwortliche **weder Kaufmann** iSd **§§ 1 ff HGB noch Unternehmer** iSv **§ 14** ist.[232] Dies schließt freilich nicht aus, dass bei der Prüfung der Voraussetzungen der Rechtsscheinvollmacht (man denke etwa an die Anforderungen an die Zurechenbarkeit des Rechtsscheintatbestandes oder an die Gutgläubigkeit des Gegners) Differenzierungen je nach (Nicht-)Zugehörigkeit der Person zum kaufmännischen bzw unternehmerischen Bereich zu treffen sind.[233] Beschränkungen des Anwendungsbereichs ergeben sich indes bei der Begründung der Rechtsscheinverantworlichkeit von **juristischen Personen des öffentlichen Rechts**: Hier scheidet nach der Rechtsprechung eine Rechtsscheinvollmacht aus, wenn sie mit gesetzlichen oder satzungsmäßigen Vorschriften über die Vertretung der Anstalt oder Körperschaft unvereinbar ist.[234] In der Literatur hat man daran unter Berufung auf die Unteilbarkeit des Grundsatzes von Treu und Glauben Anstoß genommen.[235] Ist jedoch eine für die Bevollmächtigung geltende Formvorschrift Wirksamkeitsvoraussetzung für die betreffende Rechtshandlung der juristischen Person des öffentlichen Rechts in dem Sinne, dass sie deren Organisation und Zuständigkeiten regelt, kommt eine Anwendung der Rechtsscheinregeln nicht in Betracht.[236] Es bleibt aber die Möglichkeit einer Haftung der juristischen Person aus c.i.c. (§ 280 Abs. 1 iVm §§ 311 Abs. 2, 241 Abs. 2).[237] 79

In sachlicher Hinsicht wendet die Rechtsprechung die vertretungsrechtlichen Rechtsscheinregeln im Grundsatz **nur** auf das **materielle Privatrecht**, **nicht** dagegen auf **Prozessvollmachten** an, was sie freilich nicht daran hindert, durch den auf § 242 gestützten Ausschluss der Berufung auf die Nichtigkeit einer solchen 80

229 So bereits mit Bezug auf die Duldungsvollmacht *Flume*, BGB AT Bd. 2, § 49, 3 (S. 828 ff); ebenso *Merkt*, AcP 204 (2004), 638, 658; Staudinger/*Schilken*, § 167 Rn 29 a.

230 Grundlegend BGHZ 91, 324, 329; vgl außerdem BGHZ 109, 171; NJW 1995, 953.

231 So schon *Flume*, BGB AT Bd. 2, § 49, 2 (S. 826); ebenso *Merkt*, AcP 204 (2004), 638, 656.

232 So etwa in dem Fall BGH NJW 2003, 2091, 2092.

233 Soergel/*Leptien*, § 167 Rn 26; vgl auch BGH LM § 167 Nr. 4.

234 BGHZ 5, 205, 213; 6, 330, 332 ff.

235 Etwa Soergel/*Leptien*, § 167 Rn 28.

236 OLG Düsseldorf BauR 2008, 986, 987; näher *Flume*, BGB AT Bd. 2, § 49, 3 (S. 831 f); Staudinger/*Schilken*, § 167 Rn 49.

237 Vgl etwa BGHZ 6, 330.

Vollmacht im Einzelfall vergleichbare Ergebnisse wie im materiellen Recht zu erzielen.[238] Teile der Literatur[239] befürworten demgegenüber zu Recht auch hier die Anwendung der Regeln über die Anscheinsvollmacht.

81 **3. Voraussetzungen der Duldungsvollmacht nach der Rechtsprechung.** Eine Duldungsvollmacht ist nach der Rechtsprechung dadurch gekennzeichnet, dass der Vertretene von dem Auftreten des Vertreters, das er nicht unterbunden hat, **Kenntnis** hatte, ohne diesen stillschweigend bevollmächtigt zu haben.[240] Zu den einzelnen Voraussetzungen für das Vorliegen einer Duldungsvollmacht zählt die Rechtsprechung, dass erstens jemand **wiederholt oder während einer gewissen Dauer für den Vertretenen rechtsgeschäftlich gehandelt** hat, ohne dazu befugt zu sein,[241] dass zweitens der **Vertretene** dieses Verhalten **kannte und nichts dagegen unternommen** hat, obwohl dies möglich war,[242] und dass drittens der **Geschäftsgegner** diese Umstände im Zeitpunkt der Vornahme des Geschäfts **kannte** und **gutgläubig** auf das Vorliegen einer Vollmacht des Handelnden **vertraute**.[243] Diese Voraussetzungen decken sich bis auf das Erfordernis der Kenntnis auf Seiten des Vertretenen mit denen der Anscheinsvollmacht, so dass hinsichtlich der Einzelheiten auf die nachfolgende Kommentierung (Rn 82 ff) verwiesen werden kann (zu den Rechtsfolgen Rn 91 ff).

82 **4. Voraussetzungen der Anscheinsvollmacht nach der Rechtsprechung.** Im Vergleich zur Duldungsvollmacht zeichnet sich die Anscheinsvollmacht nach der Rechtsprechung auf der Zurechnungsebene dadurch aus, dass **der Vertretene das unbefugte Vertreterhandeln** zwar nicht kannte, es aber **bei Anwendung gehöriger Sorgfalt hätte erkennen müssen und verhindern können**.[244] Die einzelnen, bis auf das Merkmal der Zurechenbarkeit auch für die Duldungsvollmacht geltenden Voraussetzungen der Anscheinsvollmacht werden nachfolgend aufgeschlüsselt.

83 **a) Rechtsscheintatbestand.** Der Geschäftsgegner muss zunächst eine **objektive Grundlage für sein Vertrauen auf das Vorliegen einer Vollmacht** gehabt haben. Hierbei handelt es sich um den Vertrauens- oder Rechtsscheintatbestand. Ob ein solcher Tatbestand vorliegt, ist aus der Perspektive des Geschäftsgegners nach Treu und Glauben zu beurteilen. Insoweit kommt es darauf an, ob der Gegner das **nach außen in Erscheinung getretene Verhalten des Vertretenen (in Gestalt eines positiven Tuns oder Unterlassens)** so verstehen durfte, dass es den Schluss auf eine Bevollmächtigung des Vertreters erlaubt.[245] Oft, wenn auch nicht notwendig, wird dieser Schluss **mittelbar**[246] sein, da der Geschäftsgegner nur das Verhalten des Vertreters und nicht das Verhalten des Vertretenen beobachten kann. Hierfür ist die **bloße Behauptung des Vertreters, über Vertretungsmacht zu verfügen, nicht ausreichend**,[247] ebenso wenig eine familiäre Beziehung zwischen Vertreter und Vertretenem.[248] Grundsätzlich erforderlich ist vielmehr, dass sich das **Vertreterhandeln** zu dem relevanten Zeitpunkt (dazu Rn 90) bereits **über einen gewissen Zeitraum** erstreckt und **wiederholt** vorgekommen ist.[249] Zu berücksichtigen ist dabei die **Art des Vertretergeschäfts**: Wenn es gänzlich aus dem Rahmen fällt, fehlt eine Vertrauensgrundlage für den Geschäftsgegner, und es ist (was bei der Prüfung der Gutgläubigkeit zu berücksichtigen ist; dazu Rn 88) jedenfalls Zurückhaltung beim Rückschluss auf das Vorliegen einer Vollmacht angezeigt, wenn das Geschäft wichtig und nicht besonders eilbedürftig ist.[250]

84 Der Rechtsschein der Bevollmächtigung kann sich ferner aus der **Ausstattung des Vertreters** mit Mitteln, die nach der Verkehrsanschauung mit der Legitimation eines Vertreters in Verbindung gebracht werden,[251] sowie aus der **Einräumung einer äußeren Stellung** ergeben, die der Rechtsverkehr typischerweise mit einer

238 BGH NJW 2004, 59, 61; NJW 2004, 62, 63 (Vollmacht zur Abgabe einer Erklärung über die Unterwerfung unter die Zwangsvollstreckung).

239 Dazu mit eingehender Begründung *Paulus/Henkel*, NJW 2003, 1692, 1693 f; ebenso Staudinger/*Schilken*, § 167 Rn 33.

240 ZB BGH NJW 1955, 985; 1988, 1199, 1200; OLG Frankfurt WM 2006, 2207; OLG Hamm NJW 2007, 611, 612.

241 BGH LM § 164 Nr. 9; ein einmaliges Dulden lassen OLG Frankfurt WM 2006, 2207, 2208 und OLG Hamm NJW 2007, 611, 612 genügen.

242 BGH NJW 1955, 985; 1956, 460; 1988, 1199, 1200; 1997, 312, 314; Thüringer OLG BauR 2008, 1899, 1900.

243 BGH VersR 1971, 766; NJW 1997, 312, 314; 2002, 2325, 2327; 2003, 2091 f.

244 ZB BGHZ 65, 13; BGH NJW 1981, 1727, 1728; 1991, 1225; 1998, 1854; OLG Hamm NJW 2007, 611, 612; näher Rn 85 f.

245 Vgl BGH NJW 1956, 460; WM 1957, 926; OLG Saarbrücken NJW-RR 2006, 707.

246 MüKo/*Schramm*, § 167 Rn 58, spricht zutr. von einem mehrfach gestuften Schluss.

247 Unstreitig, statt vieler Staudinger/*Schilken*, § 167 Rn 36.

248 BGH NJW 1951, 309.

249 Vgl BGH NJW 2006, 1971, 1972; BGH WM 1963, 165; 1969, 43; NJW-RR 1986, 1169; NJW 1998, 1854, 1855; OLG München BB 1997, 649 f; vgl aber zum Ausnahmefall der ad-hoc-Bevollmächtigung OLG Koblenz NZM 2010, 130, 131; Staudinger/*Schilken*, § 167 Rn 37 aE.

250 Staudinger/*Schilken*, § 167 Rn 37 mwN.

251 Beispiele: Verwendung von Firmenbriefbögen (BGH NJW 1956, 1674; vgl aber auch OLG Düsseldorf BB 1950, 490); Besitz von Stempeln des Geschäftsherrn (BGHZ 5, 111, 116; vgl aber auch OLG Hamburg BB 1964, 576); kein Rechtsschein der Bevollmächtigung bei Vorlage der Kfz-Zulassungsbescheinigung Teil I (LG Berlin NZV 2009, 246).

Vertretungsmacht bestimmten Umfangs assoziiert.[252] Im **telefonischen** und im **digitalen Rechtsverkehr** haben sich insoweit Abgrenzungsprobleme ergeben, für deren Bewältigung die folgenden Eckpunkte maßgeblich sind:[253] Zunächst ist zu prüfen, ob in der Gestattung der Nutzung eines Telefon- oder Internetanschlusses, einer Kennung (Passwort, Geheimzahl) o.ä. eine konkludente rechtsgeschäftliche Bevollmächtigung durch den Inhaber liegt, so dass er durch den „unter fremder Nummer" gleich einem „unter fremdem Namen"[254] Handelnden analog § 164 verpflichtet wird. Das ist jedenfalls für den Fall der schlichten Gestattung der Nutzung des häuslichen Telefons durch einen Angehörigen abzulehnen, wenn dieser den Anschluss zur Entgegennahme von kostenpflichtigen R-Gesprächen nutzte.[255] Die weitere Frage ist dann, ob ein Vertrauenstatbestand vorliegt. Hierfür reicht die bloße Unterhaltung eines Anschlusses an sich nicht aus,[256] ebenso wenig die Einrichtung eines E-Mail-Kontos und eines Benutzerkennworts.[257] Allerdings will es der BGH trotz Fehlens eines individuell geschaffenen Vertrauenstatbestandes mit Blick auf die durch § 45 i Abs. 4 S. 1 TKG (früher § 16 Abs. 3 S. 3 TKV) geschaffene Risikoverteilung für eine Anscheinsvollmacht genügen lassen, wenn der Anschlussinhaber die missbräuchliche Nutzung durch einen Dritten zu vertreten hat.[258] Ebenso hält der BGH eine vertragliche Haftung eines Account-Inhabers bei unberechtigter Nutzung durch einen Dritten für gerechtfertigt, „wenn die berechtigten Interessen des Geschäftsgegners schutzwürdiger sind als die Interessen desjenigen, der aus der Sicht des Geschäftspartners der Geschäftsherr ist".[259] Diese vage und gesetzesferne Abwägung weckt indes Bedenken. Als Anknüpfungspunkt für eine rechtsgeschäftliche Haftung des Inhabers eines Dritten überlassenen oder von einem Dritten missbrauchten Accounts, Anschlusses, Passworts o.ä. ist eine Analogie zu § 172 BGB besser geeignet (s. § 172 Rn 13).[260] – Jenseits solcher Grundlagen kann der Vertrauenstatbestand auf einer **tatsächlich erteilten Vollmacht** beruhen, und zwar einmal dann, wenn diese (nach vorherigem ordnungsgemäßem Gebrauch) bei dem Geschäft mit dem gutgläubigen Geschäftsgegner **überschritten** wurde,[261] sowie schließlich auch dann, wenn die Bevollmächtigung **unwirksam** war: So geht der BGH davon aus, dass sich aus einer wegen Verstoßes gegen den damaligen Art. 1 § 1 RBerG nichtigen Vollmacht (dazu Rn 32) Rechtsscheinwirkungen ergeben können,[262] was jedoch den Schutz, den dieses Verbotsgesetz dem Vollmachtgeber gewährt, unterläuft und daher nicht unbedenklich ist.[263] Dasselbe gilt für die vom BGH[264] befürwortete Anwendung der Rechtsscheingrundsätze bei Formnichtigkeit einer Vollmacht, wenn die verletzte Formvorschrift den Vollmachtgeber vor Übereilung schützen soll.[265]

b) Zurechenbarkeit des Rechtsscheins. Der Rechtsscheintatbestand muss **dem Vertretenen zurechenbar** sein. Dies setzt zunächst voraus, dass der Vertretene überhaupt zurechnungsfähig und das heißt **geschäftsfähig** war; hier sind die (analog anzuwendenden) §§ 104 ff vorrangig.[266] Nach welchem **Maßstab** dann die Zurechnung selbst zu erfolgen hat, ist **unklar und umstritten**: Die **Rechtsprechung** stellt, wenn der Vertretene das Vertreterhandeln nicht kannte (dann Duldungsvollmacht) darauf ab, ob der Vertretene das Handeln bei **Anwendung pflichtgemäßer Sorgfalt** hätte erkennen müssen und verhindern können.[267] Bei **Gesamtvertretung** muss die (nicht im Sinne einer vorwerfbaren Pflichtverletzung zu verstehende) Vernachlässigung 85

252 Beispiele: Leiter einer Depositenkasse (RGZ 118, 234); „Generaldirektor" (RG JW 1927, 2114); bauleitender Architekt bei kleineren Vorhaben (OLG Köln NJW 1973, 1798 m.abl.Anm. *Picker*); Bezirksleiter eines Mineralölkonzerns bei Entgegennahme von Willenserklärungen für bezirkszugehörige Tankstellenbetreiber (BGH NJW 2002, 1041).

253 Vgl zur diesbezüglichen Diskussion aus der Lit. *Herresthal*, K & R 2008, 705; *Oechsler*, AcP 208 (2008), 565; *Rieder*, Die Rechtsscheinhaftung im elektronischen Geschäftsverkehr, 2004; *Schnell*, Signaturmissbrauch und Rechtsscheinhaftung, 2007; *Verse/Gaschler*, Jura 2009, 213.

254 Zur Entsprechung von „Handeln unter fremder Nummer" und „Handeln unter fremdem Namen" *Hanau*, Handeln unter fremder Nummer, 2004, S. 17 ff.

255 BGH NJW 2006, 1971, 1972.

256 BGH NJW 2006, 1971, 1972.

257 OLG Köln NJW 2006, 1676, 1677 (eBay-Registrierung); vgl auch OLG Hamm NJW 2007, 611, 612.

258 BGH NJW 2006, 1971, 1973; hierzu kritisch *Lobinger*, JZ 2006, 1076, 1078 f.

259 BGH NJW 2009, 1960, 1961.

260 Für eine Analogie zu § 172 BGB auch *Oechsler*, AcP 208 (2008), 565, 576 ff, der freilich § 172 BGB als Rechtsscheintatbestand einordnet. Für einen Fall der Anscheinsvollmacht bei Weitergabe der PIN sowie der weiteren Zugangsdaten an einen Dritten im Rahmen des Online-Banking OLG Schleswig CR 2011, 52.

261 RGZ 117, 164, 167; BGH NJW 1956, 460; BB 1986, 1735.

262 BGH NJW 2003, 2091, 2092; NJW 2008, 3357, 3359 mwN; OLG Düsseldorf, WM 2005, 881, 883 f; letztlich bejahend auch *Seidel*, WM 2006, 1614 ff; dies gilt nach der Rspr allerdings nicht für die nicht materiellrechtliche einzuordnende Vollmacht zur Abgabe der Erklärung über die Zwangsvollstreckungsunterwerfung, bei der indes die Berufung auf die Nichtigkeit nach § 242 ausgeschlossen sein kann; BGH NJW 2004, 59, 61; 2004, 62, 63; vgl zu dieser Problematik auch *Lechner*, NZM 2007, 145, 147 ff; *Rott*, NJW 2004, 2794, *Schoppmeye*, WM 2009, 10, 12.

263 OLG Bremen NJW 2006, 1210, 1215; krit. auch *Hoffmann*, NJW 2001, 421; *Nittel*, NJW 2002, 2599, 2601; Staudinger/*Schilken*, § 167 Rn 35.

264 BGH NJW 1996, 1467, 1469; 1997, 312, 314.

265 Krit. auch *Bülow*, ZIP 1996, 1694; *Keim*, NJW 1996, 2774, 2775 f; zust. dagegen Soergel/*Leptien*, § 167 Rn 14; Staudinger/*Schilken*, § 167 Rn 23.

266 Vgl BGHZ 153, 210, 215; OLG Stuttgart MDR 1956, 673.

267 ZB BGHZ 65, 13; BGH NJW 1981, 1727, 1728; 1991, 1225; 1998, 1854.

der erforderlichen Sorgfaltsanstrengung bei allen Vertretern vorliegen.[268] Dieses Erfordernis wird in der **Literatur** teilweise abgelehnt; stattdessen wird vorgeschlagen, die Zurechnung am **Risikoprinzip** auszurichten.[269] Indes wird man dann, wenn der Rechtsscheintatbestand auf ein **Unterlassen des Vertretenen**, nämlich darauf zurückgeht, dass dieser den Vertreter nicht an seinem (wiederholten) Vertreterhandeln gehindert hat, einen tragfähigen Zurechnungszusammenhang nur mit dem von der Rechtsprechung formulierten Kriterium begründen können. Anders verhält es sich, wenn der Rechtsscheintatbestand auf dem **positiven Tun des Vertretenen**, insbesondere auf der Einräumung einer typischerweise mit Vertretungsmacht verbundenen Stellung, beruht: Hier reicht die Anstellung oder Einweisung in die mit dem Rechtsschein verbundene Position als solche zur Begründung der Zurechnung.[270]

86 **Gegenmaßnahmen des Vertretenen**, die eine Zurechnung des Rechtsscheintatbestands ausschließen oder den Rechtsschein als solchen zerstören bzw schon seine Entstehung verhindern, müssen in der Regel **dem Dritten gegenüber** getroffen werden, der auf das Vorliegen der Vollmacht vertraut: Ihm muss zur Kenntnis gebracht werden, dass eine Vollmacht nicht besteht.[271] Dagegen genügt es normalerweise nicht, sich nur intern an die als Vertreter auftretende Person zu wenden und ihr das Vertreterhandeln ernstlich zu untersagen. So bedarf es bei einem Beschäftigten, der bereits wegen der Verletzung einer Nebentätigkeitsgenehmigung abgemahnt worden ist, im Einzelfall weiterer Kontrolle, um den zurechenbaren Rechtsschein einer Bevollmächtigung auszuschließen.[272]

87 **c) Kenntnis vom Rechtsscheintatbestand.** Der Geschäftsgegner muss die **Umstände** gekannt haben, aus denen sich der Rechtsscheintatbestand ergibt, und daraus den **Schluss auf das Vorliegen einer Vollmacht** gezogen haben,[273] denn nur dann kann er ein schutzwürdiges Vertrauen auf die Vollmacht gebildet haben, das ihn zum Geschäftsabschluss mit dem Vertreter veranlasst hat (zur Kausalität Rn 89). Eine genaue Kenntnis der Einzelheiten des Rechtsscheintatbestandes ist allerdings nicht zu verlangen.[274] Ebenso wenig muss der Geschäftsgegner sich ein unmittelbares Bild von den Tatsachen gemacht haben; es reicht aus, wenn ihm andere Personen, die über die Tatsachenkenntnis verfügen, die allgemeine Überzeugung vom Vorliegen einer Vollmacht mitgeteilt haben.[275]

88 **d) Gutgläubigkeit des Geschäftsgegners.** Der Geschäftsgegner ist darüber hinaus nur dann schutzwürdig, wenn er gutgläubig war, dh das Fehlen der Bevollmächtigung bei der Vornahme des Rechtsgeschäfts **weder kannte noch kennen musste**, wobei auch **leicht fahrlässige Unkenntnis** schadet.[276] Wird auch der Geschäftsgegner beim Geschäftsabschluss vertreten, findet § 166 Anwendung.[277] Die **Anforderungen** an die Gutgläubigkeit dürfen **nicht überspannt** werden, damit der von der Rechtsprechung bezweckte Vertrauensschutz nicht *ad absurdum* geführt wird: Nur wenn besondere Umstände (etwa der ungewöhnliche Charakter, die große Bedeutung oder die fehlende Eilbedürftigkeit des Geschäfts) Anlass zu Zweifeln geben, ist der Geschäftsgegner gehalten, sich beim Vertretenen zu erkundigen.[278]

89 **e) Kausalität.** Das schutzwürdige **Vertrauen** des Geschäftsgegners auf das Vorliegen einer Vollmacht muss **für den Geschäftsabschluss ursächlich** geworden sein. Das ist nicht der Fall, wenn der Geschäftsgegner die gleichen Dispositionen auch ohne Rücksicht auf den Rechtsschein der Vollmacht vorgenommen hätte.[279] Insoweit kommt es nicht darauf an, ob der Geschäftsgegner auch dann mit dem Vertreter kontrahiert hätte, wenn dieser im eigenen Namen aufgetreten wäre (was nicht selten der Fall sein wird), sondern darauf, ob er das Geschäft mit dem im Namen des Vertretenen handelnden Vertreter in Kenntnis des Umstandes geschlossen hätte, dass die Vertretungsmacht fehlt.

90 **f) Maßgeblicher Zeitpunkt und Beweislast.** Die Voraussetzungen der Anscheinsvollmacht müssen im **Zeitpunkt der Vornahme des Vertretergeschäfts** vorliegen.[280] Das Verhalten des Vertretenen nach Abschluss des Geschäfts kann nur unter dem Gesichtspunkt der Genehmigung nach § 177 von Bedeutung sein.[281] Die **Beweislast für das Vorliegen des Rechtsscheintatbestandes** zu diesem Zeitpunkt und dafür, dass er von dem Rechtsscheintatbestand **Kenntnis** hatte, trägt der **Geschäftsgegner**, der sich auf die Anscheinsvollmacht beruft. Gleiches gilt nach der Rechtsprechung auch für das Erfordernis der **Kausalität**,

268 BGH NJW 1988, 1200.
269 *Canaris*, Vertrauenshaftung im deutschen Privatrecht, S. 194 f, 476.
270 OLG Köln NJW-RR 1994, 1501; OLG Düsseldorf NJW-RR 1995, 592; Palandt/*Ellenberger*, § 172 Rn 19; Soergel/*Leptien*, § 167 Rn 30; aA MüKo/*Schramm*, § 167 Rn 62.
271 BGH NJW 1991, 1225; 1998, 1854, 1855; MüKo/*Schramm*, § 167 Rn 63; Soergel/*Leptien*, § 167 Rn 22; Staudinger/*Schilken*, § 167 Rn 42.
272 BGH NJW 1998, 1854, 1855.
273 Statt vieler MüKo/*Schramm*, § 167 Rn 66.
274 BGHZ 61, 59, 64.
275 BGH NJW-RR 1986, 1476, 1477.
276 Vgl zur Kenntnis BGH WM 1956, 1028; NJW 1982, 1513; NJW 2004, 2745, 2747; zur fahrlässigen Unkenntnis BGH WM 1976, 74.
277 Staudinger/*Schilken*, § 167 Rn 43.
278 OLG Köln NJW 1992, 915, 916.
279 BGH LM § 167 Nr. 13.
280 RGZ 136, 207, 209; BGH LM § 167 Nr. 8, 10, 11.
281 BGH NJW 2002, 2325, 2327.

wenngleich hier die Grundsätze des *prima-facie*-Beweises dem Geschäftsgegner zur Hilfe kommen.[282] Der Beweis der **Zurechenbarkeit** des Rechtsscheintatbestandes darf dem Gegner, der ja in seinem Vertrauen auf den (äußeren) Rechtsscheintatbestand geschützt werden soll, dagegen nicht aufgebürdet werden; vielmehr hat der **Vertretene** die mangelnde Zurechenbarkeit zu behaupten und im Bestreitensfall zu beweisen.[283] Schließlich trifft auch die Beweislast für die **fehlende Gutgläubigkeit** des Geschäftsgegners – genauso wie bei § 173 (dazu § 173 Rn 10) – den Vertretenen.

5. Wirkungen der Rechtsscheinvollmacht. Bei Vorliegen der Voraussetzungen einer Duldungs- oder einer Anscheinsvollmacht wird der Geschäftsgegner in seinem Vertrauen auf das Bestehen einer Vollmacht geschützt. **91**

a) Gleichstellung von Rechtsschein und Rechtswirklichkeit. Der Schutz des Geschäftsgegners wird nach der Rechtsprechung dadurch bewirkt, dass sie die Vollmacht, auf deren Bestehen der Gegner aufgrund des Rechtsscheins vertraut hat, wie eine echte, durch Rechtsgeschäft begründete Vollmacht behandelt.[284] Ist das aufgrund der Rechtsscheinvollmacht mit dem Vertreter geschlossene Geschäft ein **Schuldvertrag**, so kann der Geschäftsgegner also von dem Vertretenen die **Erfüllung** des Vertrags verlangen sowie bei Hinzutreten der weiteren Voraussetzungen der §§ 280 ff vertraglichen **Schadensersatz** („einfachen" Schadensersatz; Ersatz des Verzögerungsschadens; Schadensersatz statt der Leistung) bzw den Ersatz fehlgeschlagener Aufwendungen (§ 284).[285] Umgekehrt ist aber auch der Geschäftsgegner zur Erfüllung einer ihn ggf treffenden **Gegenleistungspflicht** verpflichtet. Die Wirkung der Rechtsscheinvollmacht geht allerdings nicht über die einer rechtsgeschäftlichen Vollmacht hinaus.[286] Dementsprechend ist ein den Umfang der Rechtsscheinvollmacht überschreitendes Vertreterhandeln ebenso nach den §§ 177 ff zu behandeln wie das Handeln eines Vertreters, der über die Grenzen seiner regulär begründeten Vertretungsmacht hinausgeht. **92**

b) Disponibilität. Ob der Geschäftsgegner auf die in Rn 92 erläuterte Wirkung der Rechtsscheinvollmacht verzichten und an deren Stelle einen Anspruch aus § 179 gegen den Vertreter geltend machen kann, ist heftig **umstritten**. Die Rechtsprechung lehnt, gefolgt von der noch überwiegenden Lehre, eine Disponibilität des Rechtsscheins in diesem Fall ab.[287] Hiergegen wendet sich indes eine wachsende Anzahl wissenschaftlicher Stimmen,[288] und zwar zu Recht: Weil es sich bei der Rechtsscheinvollmacht um ein Instrument des Vertrauensschutzes handelt, das dem Geschäftsgegner zugute kommen soll (dazu Rn 74), ist bereits schwer einzusehen, warum dieser sich diesen Schutz aufdrängen lassen soll.[289] Dass dieser Schutz grundsätzlich durch eine Gleichstellung der Scheinvollmacht mit einer echten Vollmacht verwirklicht wird (Rn 92), bedeutet nicht, dass diese Gleichstellung in jeder Hinsicht und ungeachtet der Funktion des Schutzinstruments vollzogen werden muss. Um eine ungerechtfertigte Begünstigung des Geschäftsgegners zu vermeiden, ist allerdings analog § 178 zu verlangen, dass sich dieser bis zur Einverständniserklärung des anderen Teils oder bis zum rechtskräftigen Erlass eines Urteils entscheidet, ob er sich auf die Unwirksamkeit des Geschäfts berufen will.[290] Allerdings ist zuzugestehen, dass die **praktischen Konsequenzen** der Verweigerung des Wahlrechts durch die Rechtsprechung mit Blick auf das **Prozessrisiko** des Geschäftsgegners weniger abträglich sind, als es auf den ersten Blick scheinen mag:[291] Zwar läuft der Geschäftsgegner Gefahr, bei der meist unsicheren Beurteilung des Vorliegens einer Rechtsscheinvollmacht den „falschen" Schuldner zu verklagen. Doch ist dieses Risiko beherrschbar, wenn der Gegner zunächst den wahrscheinlichen Schuldner (also bei überwiegender Wahrscheinlichkeit der Anscheinsvollmacht den Vertretenen und im anderen Fall den Vertreter) verklagt und der anderen Partei für einen die Kosten des Erstprozesses umfassenden Zweitprozess den **Streit verkündet**. **93**

c) Anfechtbarkeit. Nach herrschender, aber in jüngerer Zeit zunehmend bestrittener Ansicht sind die Anscheinsvollmacht und die (als Rechtsscheintatbestand verstandene) Duldungsvollmacht **nicht nach den** **94**

282 BGHZ 17, 13, 19; aA (Beweislastumkehr) *Canaris*, Vertrauenshaftung im deutschen Privatrecht, S. 516.
283 MüKo/*Schramm*, § 167 Rn 64.
284 BGHZ 12, 105; 17, 13, 17; 86, 173.
285 Vgl statt vieler Soergel/*Leptien*, § 167 Rn 24.
286 BGHZ 12, 105, 109.
287 BGHZ 86, 273, 275; Bamberger/Roth/*Habermeier*, § 179 Rn 6; Erman/*Palm*, § 177 Rn 3; MüKo/*Schramm*, § 167 Rn 75 f; Palandt/*Ellenberger*, § 172 Rn 17; RGRK/*Steffen*, § 167 Rn 19; *K. Schmidt*, in: FS Gernhuber 1993, S. 435 ff; Soergel/*Leptien*, § 167 Rn 24.
288 *Altmeppen*, S. 131 ff; *Bork*, BGB AT, Rn 1547; *Canaris*, NJW 1991, 2628; *Chiusi*, AcP 202 (2002), 494, 509 ff; *Larenz/Wolf*, BGB AT, § 48 Rn 33; *Lieb*, in: FS Hübner 1984, S. 575 ff; *Pawlowski*, JZ 1996, 125, 131; Staudinger/*Schilken*, § 177 Rn 26.
289 Hierzu eingehend *Altmeppen*, S. 131 ff.
290 *Altmeppen*, S. 141 ff; *Chiusi*, AcP 202 (2002), 494, 514; Staudinger/*Schilken*, § 177 Rn 26.
291 Näher hierzu *K. Schmidt*, in: FS Gernhuber 1993, S. 435, 451 ff.

§§ 119 ff anfechtbar.[292] Zur Begründung beruft man sich darauf, dass die Rechtsscheinvollmacht kein Rechtsgeschäft sei und keinem Willensmangel unterliegen könne. Dies überzeugt nicht: Der Schutz des Geschäftsgegners durch die Rechtsscheinregeln soll rechtsgeschäftsgleich sein und die Wirkung eines Rechtsgeschäfts nicht übertreffen (dazu auch Rn 92). Dem entspricht es nicht, eine Rechtsscheinvollmacht für unanfechtbar zu halten, wenn eine (betätigte) rechtsgeschäftliche Vollmacht in gleicher Situation anfechtbar wäre (dazu Rn 21 ff). Insoweit ist daran zu erinnern (s.a. schon Rn 77), dass nach der Rechtsprechung[293] eine Willenserklärung ohne Erklärungsbewusstsein zwar wirksam, aber analog § 119 Abs. 1 anfechtbar ist. Soweit also privatrechtlicher Vertrauensschutz innerhalb der Rechtsgeschäftslehre verwirklicht wird, ist eine Anfechtung nicht ausgeschlossen. Dann aber ist es nicht zu erklären, warum für den gleichsinnigen Schutz durch die Rechtsscheinregeln etwas anderes gelten soll. Näher zur Anfechtung, insbesondere zu den Fragen des Anfechtungsgegners und der Haftung von Vertreter (§ 179) und Vertretenem (§ 122), Rn 21 ff.

C. Weitere praktische Hinweise

I. Vertragsgestaltung

95 **1. Inhaltliche Gestaltung der Vollmacht.** Bei der Bestimmung des Umfangs einer Vollmacht darf das Bedürfnis, dem Vertreter nicht unangemessen große Befugnisse zu gewähren, nicht dazu führen, dass der Zweck, den der Vollmachtgeber verfolgt, am Ende nicht erreicht wird. Deshalb ist stets an mögliche Neben-, Abwicklungs- oder Durchführungsgeschäfte im Zusammenhang mit einer wirtschaftlichen Transaktion zu denken, zu denen der Vertreter gleichfalls durch eine Vollmacht legitimiert sein muss, wenn er die Transaktion erfolgreich abschließen und durchführen soll (Beispiel: die Vollmacht zur Veräußerung eines Kfz sollte nicht nur den Abschluss des Kaufvertrags und die Übereignung, sondern auch Erklärungen gegenüber der Kfz-Zulassungsstelle umfassen). Darüber hinaus empfiehlt es sich, zumindest die folgenden Aspekte zu klären und ggf eine Regelung darüber in die Vollmachtserteilung aufzunehmen: Dauer der Vollmacht; bei mehreren Bevollmächtigten: Einzel- oder Gesamtvollmacht (dazu Rn 54 ff); Ausschluss oder Zulassung der Unterbevollmächtigung (dazu Rn 61 ff); Befreiung vom Verbot des Insichgeschäfts (§ 181); bei Ehegatten: vgl §§ 1365, 1369. Zu einzelnen Formulierungsvorschlägen vgl § 164 Rn 112 ff. Die Vollmacht kann in AGB aufgenommen werden; sie unterliegt dann der AGB-Kontrolle (dazu Rn 33).

96 **2. Form der Vollmacht.** Als „Checkliste" für die (nur im Ausnahmefall gegebene) Formbedürftigkeit der Vollmacht können die Rn 36 ff herangezogen werden. Jenseits der materiellrechtlichen Erfordernisse kann es aber auch aus verfahrensrechtlichen Gründen zu Nachweiszwecken geboten sein, eine bestimmte Form einzuhalten (vgl § 80 Abs. 1 ZPO, §§ 71 Abs. 2, 81 Abs. 3 ZVG, § 29 Abs. 1 S. 1 GBO). Bei der rechtlich nicht gebotenen Erstellung einer Vollmachtsurkunde ist stets zwischen der dadurch bewirkten Erleichterung der Beweglichkeit des Vertreters im Rechtsverkehr (vgl die folgende Rn 97) und dem Risiko einer auf der Grundlage von § 172 fortgesetzten Wirkungsdauer nach Erlöschen der Vollmacht abzuwägen.

97 **3. Vertragsschluss mit Bevollmächtigtem.** Dem Risiko, mit einem vollmachtlosen Vertreter zu kontrahieren, kann der Verhandlungspartner am besten begegnen, indem er sich eine Vollmachtsurkunde vorlegen lässt. Vgl zu den Voraussetzungen, unter denen der Partner bei Vorlegung einer Urkunde Vertrauensschutz genießt, die Kommentierung zu § 172. Kommt die Vorlage einer Vollmachtsurkunde aus Zeit- oder Praktikabilitätsgründen nicht in Betracht, genießt der Partner, wenn sich das Fehlen einer wirksamen Vollmacht herausstellt, den Schutz nach Rechtsscheinsgrundsätzen oft nur, wenn er weiß, dass der Vertreter, mit dem er in Kontakt steht, wiederholt und über eine gewisse Zeit hinweg für den Geschäftsherrn aufgetreten ist (näher Rn 74 ff).

II. Zivilprozess

98 **1. Beweislast.** Wer sich auf eine Vollmacht beruft, hat deren Vorliegen zu beweisen (vgl auch schon allgemein zur Stellvertretung § 164 Rn 104). Dies gilt sowohl für den Geschäftsgegner, der den Vertretenen aus dem Vertretergeschäft in Anspruch nimmt und hierzu das Vorliegen einer wirksamen Bevollmächtigung des Vertreters durch den Vertretenen behauptet,[294] als auch für den Vertreter, der sich mit der Vollmachtsbe-

292 Gegen die Anfechtbarkeit: Bamberger/Roth/*Habermeier*, § 167 Rn 19; Erman/*Palm*, § 167 Rn 20; Palandt/*Ellenberger*, § 172 Rn 10, 16; Soergel/*Leptien*, § 167 Rn 22; Staudinger/*Schilken*, § 167 Rn 45; *Wackerbarth*, ZGR 1999, 365, 392 f; für die Anfechtbarkeit: *Bork*, BGB AT, Rn 1559; *Canaris*, Vertrauenshaftung im deutschen Privatrecht, S. 43, 196; *Kindl*, S. 98 ff; *Roth*, in: Koller/Roth/Morck, HGB, 6. Aufl. 2007, § 15 Rn 37, 61 (für das Bürgerliche Recht; dagegen genereller Ausschluss der Irrtumsanfechtung im Handelsrecht).

293 Grundlegend BGHZ 91, 324, 329; vgl außerdem BGHZ 109, 171; BGH NJW 1995, 953.

294 Bamberger/Roth/*Habermeier*, § 167 Rn 58; Erman/*Palm*, § 167 Rn 52.

hauptung gegen eine Inanspruchnahme aus § 179 wehrt. Wendet der in Anspruch genommene Vertretene das Erlöschen der Vollmacht ein, trägt er hierfür die Beweislast.[295] Wird das Vorliegen einer Rechtsscheinvollmacht (Duldungs- oder Anscheinsvollmacht) behauptet, richtet sich die Beweislastverteilung nach den in Rn 90 dargelegten Regeln.

2. Streitverkündung. Wenn Unsicherheit über das Vorliegen einer Vollmacht besteht, was insbesondere, aber selbstverständlich nicht nur bei der Duldungs- und Anscheinsvollmacht der Fall sein kann (dazu auch Rn 93), ist eine Streitverkündung gem. §§ 72 ff ZPO in Betracht zu ziehen. Näher dazu § 164 Rn 107. **99**

§ 168 Erlöschen der Vollmacht

[1]Das Erlöschen der Vollmacht bestimmt sich nach dem ihrer Erteilung zugrunde liegenden Rechtsverhältnis. [2]Die Vollmacht ist auch bei dem Fortbestehen des Rechtsverhältnisses widerruflich, sofern sich nicht aus diesem ein anderes ergibt. [3]Auf die Erklärung des Widerrufs findet die Vorschrift des § 167 Abs. 1 entsprechende Anwendung.

Literatur: *Fuchs*, Zur Disponibilität gesetzlicher Widerrufsrechte im Privatrecht, AcP 196 (1996), 313; *Schultz*, Widerruf und Mißbrauch der postmortalen Vollmacht bei der Schenkung unter Lebenden, NJW 1995, 3345; *Seif*, Die postmortale Vollmacht, AcP 200 (2000), 193; *Trapp*, Die post- und transmortale Vollmacht zum Vollzug lebzeitiger Zuwendungen, ZEV 1995 314; *Tschauner*, Die postmortale Vollmacht, 2001.

A. Allgemeines

§ 168 setzt – ebenso wie die nachfolgende Regelung in § 169 – das **Erlöschen der Vollmacht in Beziehung zu dem Grundverhältnis**, auf dem sie beruht: Einerseits wird der Widerruf der Vollmacht durch Erklärung gegenüber dem Bevollmächtigten oder gegenüber dem Dritten (S. 3 iVm § 167 Abs. 1) – vorbehaltlich einer davon abweichenden rechtsgeschäftlichen Bestimmung – unabhängig vom Fortbestehen des Grundverhältnisses gestattet (S. 2). Andererseits wird – im Sinne einer Auslegungsregel – das Erlöschen der Vollmacht an das Erlöschen des Grundverhältnisses geknüpft (S. 1). Dadurch wird die Abstraktheit der Vollmacht (dazu allgemein § 164 Rn 10 ff) gelockert, was deren Fortbestand betrifft.[1] § 168 benennt die möglichen **Gründe für das Erlöschen** einer Vollmacht indes **nicht abschließend**: Neben der Bestimmung durch das Grundverhältnis (dazu Rn 4) und dem Widerruf (dazu Rn 5 ff) kommen insbesondere auch die sich aus dem Inhalt der Vollmachtserklärung ergebenden Erlöschensgründe (dazu Rn 3), der Verzicht auf die Vollmacht (dazu § 167 Rn 10) und die Anfechtung (dazu § 167 Rn 21 ff) in Betracht. Einer gesonderten Behandlung bedürfen schließlich die im Gesetz nicht eigens angesprochenen Rechtsfragen, die mit dem Eintritt des Todes, der Geschäftsunfähigkeit oder des Verlustes der Verfügungsbefugnis des Vollmachtgebers oder des Bevollmächtigten verbunden sind (dazu Rn 14 ff). **1**

295 BGH NJW 1974, 748.

1 Zum entstehungsgeschichtlichen Hintergrund vgl *Flume*, BGB AT Bd. 2, § 51, 4 (S. 846 f); HKK/*Schmoeckel*, §§ 164–181 Rn 19.

2 Vor allem dann, wenn eine Vollmacht nach dem ihr zugrunde liegenden Innenverhältnis erloschen ist, kann das Bedürfnis bestehen, **Dritten**, die in dem Glauben an den Fortbestand der Vollmacht mit dem Vertreter ein Rechtsgeschäft abgeschlossen haben, **Vertrauensschutz** zu gewähren. Dieses Folgeproblem regeln die §§ 170–173, deren Rechtsnatur (Rechtsgeschäft oder Rechtsscheinhaftung) freilich streitig ist (näher dazu die Kommentierungen zu §§ 170–173). Darüber hinaus kann aber auch das **Vertrauen des Vertreters** auf den Fortbestand der Vollmacht **schutzwürdig** sein. Dem trägt die – durch § 169 begrenzte – Fortwirkung der Vollmacht aufgrund der Fiktion eines fortbestehenden Grundverhältnisses nach den §§ 674, 729 Rechnung (näher § 169 Rn 3 f).

B. Regelungsgehalt

I. Das Erlöschen der Vollmacht nach dem Inhalt der Bevollmächtigung

3 § 168 ordnet nicht eigens an, dass die Vollmacht bereits nach dem Inhalt der Erklärung, durch die sie erteilt wurde, erlöschen kann, ohne dass zugleich das Grundverhältnis erlischt. Dies ist Ausdruck der von der Regelung vorausgesetzten Abstraktheit der Vollmacht. Unabhängig von der Gestaltung des Grundverhältnisses kann der Vollmachtgeber also etwa die Vollmacht als solche – mit Ausnahme der Prokura (§ 50 Abs. 1, 2 HGB) – unter einer **Bedingung** oder **Befristung** erteilen.[2] Im Falle einer auflösenden Bedingung erlischt die Vollmacht dann mit Bedingungseintritt und im Falle der Befristung mit Fristablauf, und zwar auch dann, wenn das Grundverhältnis weiter besteht. Darüber hinaus erlischt eine Vollmacht, die nur für ein bestimmtes Vertretergeschäft oder nur für eine Anzahl bestimmter Vertretergeschäfte erteilt wurde, mit dem **Abschluss des Geschäfts** bzw **der Geschäfte, auf die sich die Vollmacht (allein) bezieht**. Dasselbe soll nach vielfach vertretener Ansicht gelten, wenn eine (Spezial-)Vollmacht zum Abschluss eines Vertretergeschäfts erteilt wurde, dessen Ausführung bereits **anderweitig vorgenommen oder unmöglich** wurde oder für das die **Geschäftsgrundlage weggefallen** ist (§ 313).[3] Aufgrund Auslegung der Vollmacht ist außerdem davon auszugehen, dass eine **unter Ehegatten erteilte Vollmacht** mit der **Scheidung** erlischt.[4] Hier nicht näher zu erörternde Besonderheiten gelten schließlich für **Prokura** und **Handlungsvollmacht**, die bei Aufgabe oder Veräußerung des Unternehmens durch den erteilenden Kaufmann erlöschen.[5]

II. Das Erlöschen der Vollmacht nach dem Grundverhältnis

4 Lässt sich eine Bestimmung über das Erlöschen der Vollmacht nicht schon der Vollmachtserteilung selbst entnehmen (dazu Rn 3), gilt die S. 1 zu entnehmende Auslegungsregel: Die Vollmacht erlischt danach mit dem ihrer Erteilung zugrunde liegenden Innenverhältnis zwischen Vollmachtgeber und Bevollmächtigtem (zu dem Sonderfall der „isolierten" Vollmacht, bei der kein Innenverhältnis besteht, s. Rn 29). Das bedeutet: Endet das Grundverhältnis aufgrund eines hierfür geltenden Beendigungsgrundes, etwa durch **Fristablauf, Eintritt einer auflösenden Bedingung, Rücktritt, Widerruf, Kündigung oder durch (*ex nunc* wirkende) Anfechtung eines Dauerschuldverhältnisses**, ist grundsätzlich auch vom Erlöschen der Vollmacht auszugehen.[6] Sind nach Beendigung des Innenverhältnisses allerdings noch **Abwicklungstätigkeiten** von dem Bevollmächtigten zu erbringen, besteht die Vollmacht insoweit noch fort.[7] Zu den (ggf für Grundverhältnis und Vollmacht relevanten) Erlöschensgründen in der Person von Vollmachtgeber und Bevollmächtigtem s. Rn 14 ff sowie Rn 25 ff.

III. Der Widerruf der Vollmacht

5 **1. Erklärung und Wirkung des Widerrufs.** Der Vollmachtgeber kann die Vollmacht nach S. 2 unabhängig vom Grundverhältnis widerrufen (zur Untervollmacht s. § 167 Rn 69). Der Widerruf kann **ausdrücklich oder konkludent** erfolgen.[8] Infolge des Widerrufs erlischt die Vollmacht *ex nunc*.[9] Bezieht er sich nur auf einen

2 Unstreitig; statt vieler *Flume*, BGB AT Bd. 2, § 51, 1 (S. 845).
3 Bamberger/Roth/*Habermeier*, § 168 Rn 2; Erman/*Palm*, § 168 Rn 2; MüKo/*Schramm*, § 168 Rn 4; Soergel/*Leptien*, § 168 Rn 3; Staudinger/*Schilken*, § 168 Rn 2; vgl auch OLG Köln NJW-RR 1989, 1084.
4 KG DR 1944, 71.
5 Näher *Roth*, in: Koller/Roth/Morck, HGB, 6. Aufl. 2007, § 52 Rn 9, § 54 Rn 18.
6 Erman/*Palm*, § 168 Rn 4; MüKo/*Schramm*, § 168 Rn 11; Palandt/*Ellenberger*, § 168 Rn 2; Soergel/*Leptien*, § 168 Rn 11; Staudinger/*Schilken*, § 168 Rn 3.
7 BGH NJW 1981, 282, 284 (Vertretungsmacht des Verwalters im Verhältnis zu ausgeschiedenem Wohnungseigentümer); Soergel/*Leptien*, § 168 Rn 7; Staudinger/*Schilken*, § 168 Rn 3.
8 Beispiel: Die Erklärung, dass eine Vollmachtsurkunde zurückgefordert werde, bringt nach RG JW 1933, 1202, die Vollmacht zwar nicht sofort, aber mit Rückgabe der Urkunde zum Erlöschen. Nach OLG Hamburg NJOZ 2005, 1444, 1445, bedeutet die Bestellung eines neuen Bevollmächtigten den konkludenten Widerruf der zuvor erteilten Vollmacht.
9 BayObLG DNotZ 1983, 752.

Teil der Vollmacht, erlischt diese allerdings nicht insgesamt, sondern sie besteht in ihrem nicht widerrufenen Teil fort. Beim Widerruf handelt es sich um eine **empfangsbedürftige Willenserklärung**. Da es für das Vorliegen einer wirksamen (wenn auch anfechtbaren) Willenserklärung keines Erklärungsbewusstseins bedarf,[10] beeinträchtigt **fehlendes Erklärungsbewusstsein** entgegen einer fälschlich auf Rechtsscheingrundsätze abstellenden Entscheidung des BGH[11] nicht die Wirksamkeit eines Widerrufs. **Adressat** des Widerrufs kann nach S. 3 iVm § 167 Abs. 1 **entweder der Bevollmächtigte oder der Dritte** sein, gegenüber dem die Vollmacht besteht, wobei es im Grundsatz nicht darauf ankommt, ob es sich um eine Innen- oder eine Außenvollmacht handelt.[12] Mit Blick auf die Außenvollmacht wird diese Aussage durch die §§ 170, 173 indes erheblich relativiert (näher die Kommentierungen zu §§ 170, 173). Außer gegenüber Bevollmächtigtem und Drittem kann die Vollmacht analog § 171 Abs. 2 auch durch **öffentliche Bekanntmachung** widerrufen werden.[13]

6 **2. Unwiderruflichkeit und Beschränkung des Widerrufs.** S. 2 sieht die Widerruflichkeit der Vollmacht vor, ohne dies zum Gegenstand einer zwingenden Regelung zu machen. Die damit zugelassene Möglichkeit unwiderruflicher Vollmachten ist keine Selbstverständlichkeit: Erst im zweiten Entwurf entschlossen sich die Verfasser des BGB, das Bedürfnis nach einer unwiderruflichen Vollmacht anzuerkennen, und zwar mit Blick auf die besonders gelagerten Fälle, in denen die Vollmacht nicht nur den Interessen des Vollmachtgebers, sondern auch den Interessen des Bevollmächtigten dient.[14] Vor diesem Hintergrund ist die unwiderrufliche Vollmacht zu sehen: Sie zeichnet sich nicht allein durch die rechtsgeschäftliche Abbedingung der Widerruflichkeit aus, sondern dadurch, dass dem Bevollmächtigten in seinem Interesse eine eigene, vom Willen des Vollmachtgebers unabhängige Rechtsposition eingeräumt wird, wie es sie bei der widerruflichen Vollmacht nicht gibt. Dieser fundamentale Unterschied zwischen widerruflicher und unwiderruflicher Vollmacht[15] ist insbesondere dann zu berücksichtigen, wenn es um die Bestimmung der Grenzen des Ausschlusses der Widerruflichkeit geht (dazu Rn 9 ff).

7 **a) Begründung der Unwiderruflichkeit.** Nach einer von Teilen der Literatur, aber auch von der Rechtsprechung vertretenen Ansicht kann die Unwiderruflichkeit der Vollmacht nur durch einen **Vertrag** begründet werden.[16] Andere Stimmen des Schrifttums wollen demgegenüber auch den **einseitigen Verzicht des Vollmachtgebers** auf die Widerruflichkeit als Begründung genügen lassen.[17] In der Tat sprechen weder der Wortlaut von S. 2 (der nicht besagt, dass sich die Unwiderruflichkeit nur aus dem Grundverhältnis ergeben kann) noch Wertungsgesichtspunkte dagegen, dem Vollmachtgeber zu gestatten, die Unwiderruflichkeit der Vollmacht ebenso wie die Vollmacht selbst (dazu § 167 Rn 10) durch einseitiges Rechtsgeschäft zu begründen. Praktisch dürfte die Auseinandersetzung jedoch kaum eine Rolle spielen, da die Unwiderruflichkeit eine Grundlage im Innenverhältnis zwischen Vollmachtgeber und Bevollmächtigtem haben muss, das in aller Regel ein Vertrag sein dürfte.[18]

8 Die Unwiderruflichkeit kann **ausdrücklich oder konkludent** bestimmt sein. In letzterem Fall kommt es vor allem auf das Grundverhältnis an: Ergibt sich daraus, dass die Vollmacht einem besonderen **Eigeninteresse des Bevollmächtigten** dient, das **dem Interesse des Vollmachtgebers mindestens gleichwertig** ist, neigt die Rechtsprechung dazu, einen stillschweigenden Ausschluss der Widerruflichkeit anzunehmen.[19] So ist, um ein Beispiel aus neuerer Rechtsprechung anzuführen,[20] die in Kaufverträgen über Wohnungseigentum dem Bauträger erteilte Vollmacht zur Schaffung neuen Wohnungseigentums grundsätzlich auch ohne ausdrückliche Erklärung als unwiderruflich anzusehen.[21]

9 **b) Grenzen der Unwiderruflichkeit.** Angesichts der Möglichkeit, eine unwiderrufliche Vollmacht gegen den Willen des Vollmachtgebers zu gebrauchen (dazu auch Rn 6), besteht Einigkeit darüber, dass der Möglichkeit, den Widerruf einer Vollmacht zu beschränken oder auszuschließen, Grenzen gezogen sind. So ist der **Ausschluss oder die Einschränkung des Widerrufs** einer Vollmacht mit Blick auf die von den Gesetzesverfassern bei der Zulassung der Unwiderruflichkeit vorausgesetzte besondere Interessenlage (dazu Rn 6) **nicht gerechtfertigt**, wenn die Vollmacht **nur dem Interesse des Vollmachtgebers** dient.[22] Ebenso wenig

10 Grundlegend BGHZ 91, 324, 329.
11 BGH NJW 1995, 953.
12 MüKo/*Schramm*, § 168 Rn 19; Soergel/*Leptien*, § 168 Rn 19; Staudinger/*Schilken*, § 168 Rn 5.
13 Bamberger/Roth/*Habermeier*, § 168 Rn 19; MüKo/*Schramm*, § 168 Rn 19; Palandt/*Ellenberger*, § 168 Rn 5; Soergel/*Leptien*, § 168 Rn 19; Staudinger/*Schilken*, § 168 Rn 5.
14 Prot. I, S. 297 = Mugdan I, S. 742.
15 *Flume*, BGB AT Bd. 2, § 53, 1 (S. 877), spricht von „zwei inhaltlich grundsätzlich verschiedenartige(n) Rechtsfiguren".
16 RGZ 109, 333; BayObLG NJW-RR 1996, 848; Bamberger/Roth/*Habermeier*, § 168 Rn 23; Palandt/*Ellenberger*, § 168 Rn 6.
17 Erman/*Palm*, § 168 Rn 16; *Flume*, BGB AT Bd. 2, § 53, 5 (S. 882); *Fuchs*, AcP 196 (1996), 313, 363; MüKo/*Schramm*, § 168 Rn 20; Staudinger/*Schilken*, § 168 Rn 11.
18 So bereits *Flume*, BGB AT Bd. 2, § 53, 5 (S. 882).
19 BGH NJW-RR 1991, 439, 441 mwN zur älteren Rspr.
20 Grundlegend aus der älteren Rspr RGZ 52, 96, 99; 53, 416, 418 f.
21 BayObLG NJW-RR 2002, 443, 444 mwN.
22 BGHZ 3, 354, 358; NJW 1988, 2603; aus der Lit. statt vieler MüKo/*Schramm*, § 168 Rn 21.

ist es statthaft, eine **Generalvollmacht** unwiderruflich auszugestalten, weil sich der Vollmachtgeber dadurch seiner Privatautonomie in einem zu weit gehenden Umfang begeben würde.[23] Schließlich ist man sich zumindest im Ergebnis weit gehend darüber einig, dass eine **isolierte Vollmacht** (dazu auch Rn 29), die auf keinem oder jedenfalls keinem wirksamen Grundverhältnis beruht, nicht unwiderruflich sein kann.[24]

10 Unstreitig **anzuerkennen** ist andererseits der Ausschluss oder die Einschränkung des Widerrufs einer Spezialvollmacht, wenn diese **Erfüllungszwecken** dient.[25] Beispielsweise ist eine unwiderrufliche Auflassungsvollmacht zulässig, die es dem Käufer (unter Befreiung von § 181) gestattet, sich selbst oder einem Zweitkäufer das Eigentum an dem gekauften Grundstück zu verschaffen. Dasselbe gilt für die unwiderrufliche Vollmacht zur Einziehung einer Forderung des Vollmachtgebers gegen einen Dritten, die es dem Bevollmächtigten erlaubt, Befriedigung wegen einer eigenen Forderung gegen den Vollmachtgeber zu suchen. Auf der Grundlage einer Verpflichtung, ein schuldrechtliches Geschäft abzuschließen, kann darüber hinaus auch eine unwiderrufliche Vollmacht zum Abschluss eines Schuldvertrages gerechtfertigt sein. Darf eine unwiderrufliche Vollmacht nach dieser Maßgabe erteilt werden, ist es richtigerweise **unerheblich**, ob der Vollmachtgeber **Organ einer juristischen Person** ist, dessen Organstellung selbst widerruflich ist, denn es kommt nur auf den Umfang der Vertretungsmacht des Organs an, welche mit der Widerruflichkeit der Organstellung nichts zu tun hat.[26]

11 Jenseits der Konstellationen eindeutig unzulässiger (dazu Rn 9) bzw zulässiger (dazu Rn 10) Unwiderruflichkeit ergibt sich allerdings eine **Grauzone**, in der die Möglichkeit eines Widerrufsausschlusses **umstritten** und schwierig zu beurteilen ist. Die Rechtsprechung und ein großer Teil des Schrifttums stellen insoweit darauf ab, ob die Unwiderruflichkeit von einem **Interesse des Bevollmächtigten oder eines Dritten** getragen ist, das dem Interesse des Vollmachtgebers an dem Vertretergeschäft mindestens gleichwertig ist.[27] Diese Formulierung ist als zu unbestimmt kritisiert und zugunsten einer Beschränkung der unwiderruflichen Vollmacht auf die in Rn 10 dargestellten Konstellationen verworfen worden.[28] In der Tat lässt die von der Rechtsprechung verwendete Formel an Klarheit zu wünschen übrig und leistet der Rechtssicherheit keinen guten Dienst. Die Praxis, die sich an ihr zu orientieren hat, sollte beherzigen, dass ein reines **Provisionsinteresse**, das der Bevollmächtigte am Abschluss des Vertretergeschäfts hat, nach der Rechtsprechung des BGH **nicht ausreichend** ist, um die Unwiderruflichkeit zu legitimieren; soweit es um das wirtschaftliche Interesse des Bevollmächtigten geht, wird vielmehr verlangt, dass dessen Beteiligung am Gewinn aus dem Vertretergeschäft ähnlich einer gesellschaftsrechtlichen Beteiligung ist.[29]

12 Ist der Ausschluss oder die Beschränkung des Widerrufs nach diesen Grundsätzen nicht gerechtfertigt, ist die **Klausel über die Unwiderruflichkeit unwirksam**. Demgegenüber bleibt die **Bevollmächtigung nach § 139 grundsätzlich wirksam**.[30] Nach hM gilt dies auch dann, wenn der Widerrufsausschluss infolge Sittenwidrigkeit nach § 138 nichtig ist, nicht dagegen dann, wenn Formnichtigkeit vorliegt, welche auch die Vollmacht als solche erfasst (zur Formbedürftigkeit bei Unwiderruflichkeit § 167 Rn 38).[31]

13 **c) Wirkung der Unwiderruflichkeit.** Der **Widerruf einer unwiderruflichen Vollmacht** durch den Vollmachtgeber ist **unwirksam**. Die Unwiderruflichkeit verpflichtet den Vollmachtgeber also nicht nur zur Unterlassung eines Widerrufs, sondern sie hat zur Folge, dass der Fortbestand der Vollmacht von einem Widerruf unberührt bleibt.[32] Im Ergebnis ist allerdings unstreitig, dass ein **Widerruf aus wichtigem Grund** stets zulässig und daher auch im Falle eines Widerrufsausschlusses wirksam ist.[33] **Nicht betroffen** von der Wirkung der Unwiderruflichkeit sind zudem **Rechtsgeschäfte des Vollmachtgebers im gegenständlichen Bereich der Vollmacht**, und zwar auch dann, wenn diese mit Geschäften des Bevollmächtigten kollidieren: Der Vollmachtgeber kann sich nur schuldrechtlich dazu verpflichten, keine mit dem Vertreterhandeln konkurrierenden rechtsgeschäftlichen Handlungen vorzunehmen. Eine „verdrängende“ Vollmacht, die solchen Handlungen des

23 Statt vieler Staudinger/*Schilken*, § 168 Rn 9; unklar allerdings RGRK/*Steffen*, § 168 Rn 3.
24 BGH NJW 1988, 2603; BGHZ 110, 363, 367; aus der Lit. statt vieler MüKo/*Schramm*, § 168 Rn 21.
25 Vgl – auch zu den nachfolgenden Beispielen – *Flume*, BGB AT Bd. 2, § 53, 2 (S. 878); ferner *Medicus*, BGB AT, Rn 942; MüKo/*Schramm*, § 168 Rn 22; Soergel/*Leptien*, § 168 23; Staudinger/*Schilken*, § 168 Rn 8.
26 So bereits *Flume*, BGB AT Bd. 2, § 53, 6 Fn 32 (S. 883), ferner MüKo/*Schramm*, § 168 Rn 26; Soergel/*Leptien*, § 168 Rn 24; Staudinger/*Schilken*, § 168 Rn 9.
27 BGH DNotZ 1972, 229, 230; NJW-RR 1991, 439, 441; BayObLG NJW-RR 1996, 848, 849; *Fuchs*, AcP 196 (1996), 313, 361 ff; MüKo/*Schramm*, § 168 Rn 24; Soergel/*Leptien*, § 168 Rn 22; Staudinger/*Schilken*, § 168 Rn 8.
28 *Flume*, BGB AT Bd. 2, § 53, 3 (S. 879).
29 BGH NJW-RR 1991, 439, 441 unter Berufung auf RGZ 53, 416, 419; RG JW 1927, 1140.
30 BGH WM 1969, 1009.
31 So MüKo/*Schramm*, § 168 Rn 27; Soergel/*Leptien*, § 168 Rn 27; weiter gehend (Gesamtnichtigkeit auch bei Verstoß gegen § 138) *Flume*, BGB AT Bd. 2, § 53, 5 (S. 882); Staudinger/*Schilken*, § 168 Rn 10.
32 AllgM; statt vieler MüKo/*Schramm*, § 168 Rn 29.
33 BGH WM 1969, 1009; 1985, 646, 647; NJW 1988, 2603; 1997, 3437, 3440; *Larenz/Wolf*, BGB AT, § 47 Rn 55; MüKo/*Schramm*, § 168 Rn 28; Erman/*Palm*, § 168 Rn 19; Soergel/*Leptien*, § 168 Rn 26; Staudinger/*Schilken*, § 168 Rn 14. Nur hinsichtlich der dogmatischen Einordnung, nicht aber iE anders *Flume*, BGB AT Bd. 2, § 53, 6 (S. 885).

Vollmachtgebers die Wirkung nimmt, wird von der hM dagegen zu Recht nicht anerkannt (dazu § 167 Rn 7) und lässt sich daher auch nicht mit der unwiderruflichen Vollmacht verbinden.

IV. Erlöschensgründe in der Person des Vollmachtgebers (einschließlich der postmortalen Vollmacht)

1. Tod. Mit dem Tod des Vollmachtgebers verknüpfen sich zwei verschiedene vollmachtsrechtliche Konstellationen: Zum einen stellt sich die Frage, ob eine zu Lebzeiten des Vollmachtgebers erteilte und wirksame Vollmacht auch noch Wirkung über den Tod des Vollmachtgebers hinaus entfaltet. Insoweit spricht man von einer **transmortalen Vollmacht**. Zum anderen sind die Fälle zu behandeln, in denen eine Vollmacht erst mit dem Tod des Vollmachtgebers wirksam werden soll. Diese Gestaltung wird **postmortale Vollmacht** genannt.[34] Während es bei der transmortalen Vollmacht im Wesentlichen nur um ein Auslegungsproblem geht (dazu Rn 19), wirft die postmortale Vollmacht Schwierigkeiten im Zusammenspiel mit dem Erbrecht auf (dazu Rn 20). Nachfolgend seien jedoch zunächst die den beiden Konstellationen gemeinsamen Fragen der Wirkung (Rn 15), des Widerrufs (Rn 16) und des Missbrauchs (Rn 17 f) der Vollmacht nach dem Tod des Vollmachtgebers erörtert. **14**

Sowohl die transmortale als auch die postmortale Vollmacht haben zur Folge, dass der Bevollmächtigte nach dem Tod des Vollmachtgebers **Rechtsgeschäfte mit Wirkung für und gegen die Erben des Vollmachtgebers** vornehmen kann.[35] Die Vertretungsmacht ist dabei jedoch **auf den Nachlass beschränkt**.[36] Legt der Vertreter beim Handeln im Namen der Erben nicht offen, dass sich seine Vertretungsmacht nur auf den Nachlass bezieht, gelten für den überschießenden Teil des Vertretergeschäfts die §§ 177 ff.[37] Vor dem Hintergrund, dass der Bevollmächtigte seine Legitimation vom Erblasser erhalten hat und daher rechtsgeschäftlich so handeln kann, wie es der Erblasser selbst hätte tun können, gelten für ihn **nicht die Beschränkungen, die** ggf **den oder die Erben treffen können**: So bedarf der Bevollmächtigte zB auch dann nicht der vormundschaftsgerichtlichen Genehmigung eines Vertretergeschäfts, wenn die Eltern des minderjährigen Erben ein solches Geschäft nicht ohne diese Genehmigung abschließen dürften.[38] Ebenso wenig ist er den Beschränkungen eines Vorerben oder Testamentsvollstreckers unterworfen.[39] **15**

Nach dem Tod des Erblassers kann der in die Stellung des Vollmachtgebers eingetretene **Erbe** eine trans- oder postmortale Vollmacht **grundsätzlich frei widerrufen**, ebenso ein **Testamentsvollstrecker** oder ein **Nachlassverwalter**.[40] Bei einer Mehrheit von Erben hat diese Befugnis **jeder Miterbe**, jedoch nur **mit Einzelwirkung** und nicht mit Wirkung für die übrigen Miterben.[41] Erklärt ein einzelner Miterbe den Widerruf der Vollmacht, kann der Bevollmächtigte daher nur gemeinsam mit diesem Rechtsgeschäfte mit Bezug auf den Nachlass abschließen.[42] Für den **Ausschluss des Widerrufs** gelten die allgemeinen Regeln (dazu Rn 6 ff). Hat der Erblasser danach in zulässiger Weise den Widerruf ausgeschlossen, bindet dies auch den Erben,[43] ohne dass darin im Falle einer unwiderruflichen postmortalen Vollmacht eine Umgehung der Regeln über die Testamentsvollstreckung läge.[44] **16**

Der **Erbe** nimmt in den Fällen der trans- oder postmortalen Vollmacht nicht nur hinsichtlich der Vollmacht, sondern auch hinsichtlich des **Grundverhältnisses** die **Stelle des Erblassers** ein. Die Beendigung des Grundverhältnisses liegt damit ebenso wie der Widerruf der Vollmacht in den Händen des Erben. Problematisch und umstritten ist jedoch, wie sich der Eintritt des Erben in das Grundverhältnis auf die daraus resultierenden Pflichten des Bevollmächtigten und damit auf dessen rechtliches „Dürfen" auswirkt. Dies wiederum ist entscheidend für die Beurteilung der Frage, unter welchen Voraussetzungen sich das Handeln des Bevollmächtigten als **Vollmachtsmissbrauch** (dazu allgemein § 164 Rn 84 ff) gegenüber dem Erben darstellt. Die Kontroverse entzündet sich daran, inwieweit der Bevollmächtigte im Innenverhältnis (also etwa bei der Wahrnehmung eines ihm vom Erblasser erteilten Auftrags) auf die **Interessen des Erben** Rücksicht zu nehmen **17**

34 Zur – nicht immer klar getroffenen – begrifflichen Unterscheidung zwischen transmortaler und postmortaler Vollmacht vgl etwa *Seif*, AcP 200 (2000), 193; *Trapp*, ZEV 1995, 314.

35 BGHZ 87, 20, 25; FamRZ 1983, 477; Bamberger/Roth/*Habermeier*, § 168 Rn 10; Erman/*Palm*, § 168 Rn 5; MüKo/*Schramm*, § 168 Rn 31; Soergel/*Leptien*, § 168 Rn 31; Staudinger/*Schilken*, § 168 Rn 31.

36 RGZ 106, 185, 187; BGH FamRZ 1983, 477; Bamberger/Roth/*Habermeier*, § 168 Rn 10; MüKo/*Schramm*, § 168 Rn 33; Soergel/*Leptien*, § 168 Rn 32; Staudinger/*Schilken*, § 168 Rn 31; *Tschauner*, S. 78 ff.

37 MüKo/*Schramm*, § 168 Rn 33; Staudinger/*Schilken*, § 168 Rn 31.

38 RGZ 88, 345, 350; 106, 186.

39 RGZ 88, 345; 106, 186; BGH NJW 1962, 1718, 1719.

40 Dazu mwN. MüKo/*Schramm*, § 168 Rn 37; *Tschauner*, S. 125 ff.

41 RG JW 1938, 1892; Bamberger/Roth/*Habermeier*, § 168 Rn 11; Erman/*Palm*, § 168 Rn 5; MüKo/*Schramm*, § 168 Rn 37; Soergel/*Leptien*, § 168 Rn 35; Staudinger/*Schilken*, § 168 Rn 34.

42 MüKo/*Schramm*, § 168 Rn 37.

43 RGZ 114, 351, 354.

44 Staudinger/*Schilken*, § 168 Rn 35; *Tschauner*, S. 33 ff; aA für die Generalvollmacht Soergel/*Leptien*, § 168 Rn 35. Zur allg. Unzulässigkeit einer unwiderruflichen Generalvollmacht vgl aber bereits Rn 9.

hat: Nach **überwiegender Ansicht** sind nicht allein die Interessen des Erben, sondern **auch die Interessen des Erblassers** zu beachten.[45] Dabei soll der Erblasserwille Vorrang haben, wenn sich dies im Wege der Auslegung des Grundverhältnisses ergibt. Ist dies der Fall, braucht sich der Erbe nach dieser Auffassung beim Abschluss eines Vertretergeschäfts nicht zu vergewissern, ob das Geschäft dem Willen des Erben entspricht. Ein Missbrauch der Vertretungsmacht wegen fehlender Einholung der Zustimmung des Erben kommt dann aus dieser Sicht nicht in Betracht.

18 **Gegenstimmen** im Schrifttum wollen hingegen **allein auf die Interessen des Erben** abstellen.[46] So soll der Bevollmächtigte, wenn er von dem Erblasser mit der Vornahme einer Schenkung beauftragt worden ist, grundsätzlich die Zustimmung des Erben einholen müssen, und es soll sich der Dritte, der von dem Erbfall weiß, über die Zustimmung des Erben vergewissern müssen. Fehlt es daran, liegt dieser Ansicht zufolge ein für den Dritten evidenter Missbrauch der Vertretungsmacht vor. Diese Auffassung verdient im Ergebnis **Zustimmung**: Mit dem Tod des Erblassers ist der Erbe Geschäftsherr geworden und sein Wille daher für den Bevollmächtigten maßgeblich. Eine „Herrschaft der Toten über die Lebenden"[47] in dem Sinne, dass sich der Wille des Erblassers über dessen Tod hinaus Geltung verschafft, ist nur in den Formen des Erbrechts anzuerkennen, nicht aber bei der durch Geschäft unter Lebenden erteilten, über den Todeszeitpunkt hinaus oder von diesem Zeitpunkt an wirkenden Vollmacht. Dem entspricht es, wenn der BGH einer transmortale Kontovollmacht nicht die Berechtigung des Bevollmächtigten zur Umschreibung des Kontos entnimmt.[48]

19 **a) Die über den Todesfall hinaus fortbestehende Vollmacht (transmortale Vollmacht).** Ob eine Vollmacht über den Tod des Vollmachtgebers hinaus fortdauert, beurteilt sich zunächst **nach der Vollmacht selbst**: Teilweise ordnen gesetzliche Vorschriften (§ 52 Abs. 3 HGB für die Prokura; § 86 ZPO für die Prozessvollmacht) an, dass die Vollmacht mit dem Tod des Vollmachtgebers nicht erlischt. Im Übrigen kann der Vollmachtgeber bestimmen, dass die Vollmacht über seinen Tod hinaus fortdauern soll. Fehlt eine solche Bestimmung, kann sich das Vorliegen einer transmortalen Vollmacht nach S. 1 **aus dem Grundverhältnis** ergeben (zur isolierten Vollmacht, bei der es an einem Grundverhältnis fehlt, Rn 29). Handelt es sich hierbei um einen **Auftrag** oder um ein **Geschäftsbesorgungsverhältnis**, **erlischt** das Grundverhältnis durch den Tod **im Zweifel nicht** (§§ 672 S. 1, 675 Abs. 1). Dies gilt bei Fehlen einer anderweitigen Bestimmung nach S. 1 auch für die darauf beruhende Vollmacht des Beauftragten bzw des Geschäftsbesorgers. Allerdings kann **im Einzelfall eine andere Auslegung** geboten sein, und zwar insbesondere dann, wenn die Vollmacht und das ihr zu Grunde liegende Geschäft primär auf die Person und die persönlichen Verhältnisse des Vollmachtgebers ausgerichtet sind.[49] So ist etwa zu Recht entschieden worden, dass eine Altersvorsorgevollmacht, deren zu Grunde liegendes Auftragsverhältnis darauf zugeschnitten ist, dem Bevollmächtigten für den Fall der Betreuungsbedürftigkeit des Vollmachtgebers eine umfassende, an den persönlichen Bedürfnissen des Vollmachtgebers orientierte Vertretungsmacht einzuräumen, mit dem Tod des Vollmachtgebers auch für den Bereich der Vermögensverwaltung erlischt.[50]

20 **b) Die Vollmacht auf den Todesfall (postmortale Vollmacht).** Bei der postmortalen Vollmacht wird eine Vollmacht in der Weise erteilt, dass ihre **Wirkung erst mit dem Todeszeitpunkt des Vollmachtgebers** einsetzt. Dies kann **in einer letztwilligen Verfügung** geschehen, **aber auch in einem Rechtsgeschäft unter Lebenden**. Wird die Vollmacht in einer letztwilligen Verfügung, insbesondere in einem Testament, erteilt,[51] ist zu beachten, dass ihr Wirksamwerden vom Zugang bei der zu bevollmächtigenden Person (Innenvollmacht) oder beim Dritten (Außenvollmacht) abhängt (dazu näher § 167 Rn 16). Ist die Erteilung der postmortalen Vollmacht nicht in einer letztwilligen Verfügung enthalten, stellt sich die Frage, ob sie gleichwohl der **Form einer letztwilligen Verfügung** bedarf. Dies wird **von der Rechtsprechung und im überwiegenden Schrifttum abgelehnt**.[52] Wenn sich die Vollmacht allerdings auf den Abschluss und Vollzug unentgeltlicher Geschäfte zulasten des Nachlasses bezieht, wird **teilweise eine analoge Anwendung von § 2301** (bei gleichzeitiger teleologischer Reduktion des § 167 Abs. 2; dazu allgemein § 167 Rn 34, 38 ff) befürwortet.[53] Folgt man, wie hier, der – allerdings nur von einer Minderheit vertretenen – Auffassung, dass der Inhaber einer postmortalen Vollmacht zur Vornahme einer Schenkung grundsätzlich in einer Pflichtenbindung zum Erben

45 BGH NJW 1969, 1246, 1247; FamRZ 1985, 693, 695; NJW 1995, 250, 251; Erman/*Palm*, § 168 Rn 5; MüKo/*Schramm*, § 168 Rn 47 ff; Soergel/*Leptien*, § 168 Rn 33; Staudinger/*Schilken*, § 168 Rn 32.

46 *Flume*, BGB AT Bd. 2, § 51, 5 b (S. 849 ff); *Medicus/Petersen*, BR, Rn 399; namentlich gegen die Entscheidung BGH NJW 1995, 250, ist *Schultz*, NJW 1995, 3345 ff.

47 So *Medicus/Petersen*, BR, Rn 399.

48 BGH NJW-RR 1995, 979, 980.

49 MüKo/*Schramm*, § 168 Rn 31; Staudinger/*Schilken*, § 168 Rn 26.

50 OLG Hamm NJW-RR 2003, 800, 801.

51 Vgl zu dieser Möglichkeit OLG Köln NJW 1950, 702; Soergel/*Leptien*, § 168 Rn 30; Staudinger/*Schilken*, § 168 Rn 29.

52 BGH NJW 1962, 1718; 1969, 1245; 1987, 840; NJW 1988, 2731; MüKo/*Schramm*, § 168 Rn 32; Soergel/*Leptien*, § 168 Rn 30; Staudinger/*Schilken*, § 168 Rn 30.

53 *Finger*, NJW 1969, 1624; *Medicus/Petersen*, BR, Rn 399; *Seif*, AcP 200 (2000), 192, 196 ff.

steht und sich über dessen Willen vergewissern muss (dazu Rn 18), erübrigt sich insoweit die Analogie.[54] Soll dagegen die Bindung an die Erbeninteressen zugunsten des Erblasserwillens ausgeschlossen sein, erscheint eine Beachtung der erbrechtlichen Formen (hinsichtlich der Vollmacht und des Grundverhältnisses) analog § 2301 geboten, soweit der Bevollmächtigte bei dem Gebrauch der Vollmacht mit den Erbeninteressen in Konflikt zu geraten droht. Dies ist dann der Fall, wenn die postmortale Vollmacht dem Bevollmächtigten erlaubt, Dritten oder (unter Befreiung von § 181) sich selbst Nachlassgegenstände eigennützig zuzuwenden,[55] nicht hingegen dann, wenn die postmortale Vollmacht eine Generalvollmacht für den Vermögensverwalter des Erblassers oder eine Vollmacht zur Erledigung von unmittelbar im Zusammenhang mit dem Todesfall stehenden Geschäften ist.[56]

2. Erlöschen einer juristischen Person. Ist der Vollmachtgeber eine juristische Person, erlischt die Vollmacht nicht schon dann, wenn die juristische Person in die Liquidation eintritt, sondern erst mit ihrem Erlöschen.[57] Im Stadium der Liquidation werden die von der juristischen Person erteilten Vollmachten allerdings auf den Liquidationszweck beschränkt.[58] 21

3. Verlust der Geschäftsfähigkeit. Nach den §§ 168 S. 1, 672 S. 1, 675 Abs. 1 erlischt die Vollmacht ebenso wie das ihr zu Grunde liegende Innenverhältnis **im Zweifel nicht**, wenn der Vollmachtgeber seine Geschäftsfähigkeit verliert (zur isolierten Vollmacht Rn 29). Das gilt nach § 86 ZPO auch für die Prozessvollmacht. Richtigerweise hat der Bevollmächtigte – entgegen einer gängigen Meinung[59] – ab Eintritt der Geschäftsunfähigkeit des Vollmachtgebers allerdings **die für einen gesetzlichen Vertreter geltenden Schranken** (etwa nach den §§ 1641, 1643, 1821, 1822) **zu beachten**.[60] Zudem hat er sich, wenn sich der Abschluss des Vertretergeschäfts ohne Nachteil für den Vertretenen aufschieben lässt, – wiederum entgegen einer verbreiteten Ansicht[61] – zu vergewissern, ob der gesetzliche Vertreter seinen Gebrauch der Vollmacht mitträgt.[62] Hat er sich nicht um den gesetzlichen Vertreter gekümmert und war dies dem Dritten, mit dem er ein Geschäft abgeschlossen hat, bekannt oder evident, sind daher die Regeln über den **Missbrauch der Vertretungsmacht** (dazu § 164 Rn 84 ff) anzuwenden. 22

4. Insolvenz. Eine Vollmacht, die der Schuldner mit Bezug auf das zur Insolvenzmasse gehörende Vermögen erteilt hat, erlischt, wie § 117 Abs. 1 InsO klarstellt, mit der **Eröffnung des Insolvenzverfahrens**. Genauso verhält es sich bei Prozessvollmachten.[63] § 117 Abs. 3 InsO bewahrt den (zunächst) Bevollmächtigten, der nach Eröffnung des Insolvenzverfahrens als Vertreter ohne Vertretungsmacht agiert, für den Fall einer ausbleibenden Genehmigung durch den Verwalter allerdings vor der Haftung aus § 179, solange er sich über die Verfahrenseröffnung in unverschuldeter Unkenntnis befindet. 23

5. Ende der gesetzlichen oder organschaftlichen Vertretungsmacht. Eine Vollmacht, die von einem gesetzlichen oder organschaftlichen Vertreter erteilt wurde, erlischt **nicht** mit dem Ende der gesetzlichen oder organschaftlichen Vertretungsmacht.[64] Sie kann freilich von dem zuvor Vertretenen oder von dem an die Stelle des bisherigen gesetzlichen oder organschaftlichen Vertreters getretenen Vertreter widerrufen werden (vgl auch die Ausführungen zur Untervollmacht, § 167 Rn 69). Ebenso wenig erlischt eine von einem **gesetzlichen Verwalter** (Nachlass-, Insolvenz-, Zwangsverwalter oder Testamentsvollstrecker) erteilte Vollmacht mit einem Wechsel in der Person des Verwalters (wohl aber mit dem Ende der Verwaltung).[65] 24

54 So bereits *Flume*, BGB AT Bd. 2, § 51, 5 b (S. 851).

55 So mit eingehender Begründung *Seif*, AcP 200 (2000), 192, 196 ff (Fall der „eigennützigen Zuwendungsvollmacht auf den Todesfall").

56 Dazu wiederum mit eingehender Begründung *Seif*, AcP 200 (2000), 192, 230 ff (Fälle der „fremdnützigen Verwaltungsvollmacht auf den Todesfall" und der „fremdnützigen Verwaltungsvollmacht als vereinfachte Legitimation von Todes wegen").

57 OLG Dresden DnotZ 2009, 305.

58 MüKo/*Schramm*, § 168 Rn 39; Staudinger/*Schilken*, § 168 Rn 27. – Zur (teilweise streitigen) Rechtslage bei der Prokura vgl *Roth*, in: Koller/Roth/Morck, HGB, 6. Aufl. 2007, § 48 Rn 2 u. § 52 Rn 9.

59 RGZ 88, 345; 106, 185; MüKo/*Schramm*, § 168 Rn 12; Soergel/*Leptien*, § 168 Rn 12.

60 OLG Köln NJW-RR 2001, 652, 653; *Flume*, BGB AT Bd. 2, § 51, 6 (S. 853); Palandt/*Ellenberger*, § 168 Rn 4; Staudinger/*Schilken*, § 168 Rn 24.

61 MüKo/*Schramm*, § 168 Rn 13; Staudinger/*Schilken*, § 168 Rn 23.

62 *Flume*, BGB AT Bd. 2, § 51, 6 (S. 852 f) – Vgl die entsprechende Behandlung der streitigen Frage, ob der Bevollmächtigte bei der trans- oder postmortalen Vollmacht nach dem Tod des Erblassers die Interessen des Erben zu beachten hat, dazu Rn 17 f.

63 BGH NJW 2000, 738, 739 (zu § 23 KO).

64 Vgl BayObLG NJW 1959, 2119; LG Stuttgart DB 1982, 638; MüKo/*Schramm*, § 168 Rn 40; Palandt/*Ellenberger*, § 168 Rn 4; Staudinger/*Schilken*, § 168 Rn 24.

65 Str., wie hier mwN. Palandt/*Ellenberger*, § 168 Rn 4; ablehnend für den Fall der von einem Testamentsvollstrecker erteilten Vollmacht *Muscheler*, ZEV 2008, 213.

V. Erlöschensgründe in der Person des Bevollmächtigten

25 **1. Tod.** Die Vollmacht als solche ist **keine vererbliche Rechtsposition** (zur Rechtsnatur der Vollmacht als Legitimation auch § 167 Rn 6).[66] Es kann sich jedoch im Wege der **Auslegung** der Bevollmächtigung ergeben, dass im Falle des Todes des (ursprünglich) Bevollmächtigten dessen Erben bevollmächtigt sein sollen. Davon ist etwa bei einer dem Käufer erteilten Auflassungsvollmacht auszugehen[67] sowie generell dann, wenn die Vollmacht im **Eigeninteresse des Bevollmächtigten** erteilt wurde.[68] Als Auslegungsregel ist im Übrigen S. 1 iVm §§ 673 S. 1, 675 heranzuziehen: **Im Zweifel** führt der Tod des Bevollmächtigten zum **Erlöschen der Vollmacht und des Grundverhältnisses**.[69]

26 **2. Erlöschen einer juristischen Person.** Ist eine juristische Person bevollmächtigt worden (dazu § 167 Rn 13), findet die Vollmacht, soweit kein anderer Erlöschensgrund vorliegt, erst mit dem Erlöschen der juristischen Person und nicht schon mit dem Eintritt in das Liquidationsstadium ein Ende. Bei **Verschmelzung** der bevollmächtigten juristischen Person mit einer anderen kommt es auf die Auslegung der Bevollmächtigung an; geht das der Vollmacht zugrunde liegende Rechtsverhältnis auf die übernehmende Gesellschaft über, gilt dies nach dem Rechtsgedanken des S. 1 im Zweifel auch für die Vollmacht.[70]

27 **3. Verlust der Geschäftsfähigkeit.** Tritt beim Bevollmächtigten Geschäftsunfähigkeit ein (zur Vollmachtserteilung an einen Geschäftsunfähigen § 167 Rn 13), wird er nach hM **nur an der Ausübung der Vollmacht gehindert**, ohne dass diese *eo ipso* erlischt, solange nicht feststeht, dass die Geschäftsunfähigkeit von Dauer ist.[71] Dem wird teilweise mit der Begründung widersprochen, dass die bloße Suspendierung der Vollmachtsausübung der Schwere der Geschäftsunfähigkeitstatbestände nicht hinreichend Rechnung trage.[72] Dieser Einwand überzeugt nicht: Den Eintritt der Geschäftsunfähigkeit des Bevollmächtigten generell als Erlöschensgrund anzusehen, trüge zum Schutz des geschäftsunfähigen Bevollmächtigten nichts bei und hinderte ihn bei Wiedererlangung der Geschäftsfähigkeit daran, seine Vertretertätigkeit wieder aufzunehmen, weil dann eine erneute Bevollmächtigung durch den Vertretenen erforderlich wäre.

28 **4. Insolvenz.** Die Insolvenz des Bevollmächtigten lässt die Vollmacht nicht erlöschen, kann jedoch ein Grund für die Kündigung des Grundverhältnisses sein, welche nach S. 1 zum Erlöschen der Vollmacht führt.[73]

VI. Das Erlöschen der isolierten Vollmacht

29 Wenn eine isolierte Vollmacht vorliegt, also ein wirksames Grundverhältnis zwischen Vollmachtgeber und Bevollmächtigtem fehlt, können die auf der Beendigung des Grundverhältnisses beruhenden Erlöschensgründe (dazu Rn 4) naturgemäß nicht vorkommen. Keinen Einfluss hat das Fehlen des Grundverhältnisses aber auf **die sich aus der Bevollmächtigung selbst ergebenden Erlöschensgründe** (dazu Rn 3). Darüber hinaus ist die isolierte Vollmacht ebenso wie die kausale **widerruflich** (dazu Rn 5 ff); abweichend von der kausalen Vollmacht kommt ein Ausschluss des Widerrufs allerdings nicht in Betracht (dazu Rn 9). Ebenfalls anders als bei der kausalen Vollmacht über den Tod hinaus (dazu Rn 19) soll nach hM die isolierte Vollmacht **mit dem Tod des Vollmachtgebers im Zweifel erlöschen**,[74] und für die Fortdauer einer isolierten Generalvollmacht über den Tod hinaus soll eine ausdrückliche Anordnung erforderlich sein.[75] Die **Insolvenz des Vollmachtgebers** beendet die isolierte Vollmacht genauso wie die kausale (zu Letzterer Rn 23).[76] Über die Auswirkung des Eintritts der **Geschäftsunfähigkeit des Vollmachtgebers** lässt sich anders als bei der kausalen Vollmacht (dazu Rn 22) mangels Grundverhältnisses keine auf S. 1 gestützte Auslegungsregel aufstellen.[77] Auch ohne (wie bei der kausalen Vollmacht) auf S. 1 iVm §§ 673 S. 1, 675 Bezug nehmen zu können

66 MüKo/*Schramm*, § 168 Rn 6 (allerdings mit der – hier nicht geteilten – Einschränkung, dass die Vollmacht im Zusammenhang mit der Rechtsstellung aus dem Grundverhältnis vererblich sein könne); nur für „regelmäßig" nicht vererblich hält die Vollmacht RGRK/*Steffen*, § 168 Rn 7.

67 RGZ 114, 354, Staudinger/*Schilken*, § 168 Rn 19 mwN.

68 MüKo/*Schramm*, § 168 Rn 6; Staudinger/*Schilken*, § 168 Rn 19.

69 Bamberger/Roth/*Habermeier*, § 168 Rn 5; MüKo/*Schramm*, § 168 Rn 6; Palandt/*Ellenberger*, § 168 Rn 3; Staudinger/*Schilken*, § 168 Rn 19.

70 LG Koblenz NJW-RR 1998, 38, 39; vgl auch RGZ 150, 289, 291.

71 Bamberger/Roth/*Habermeier*, § 168 Rn 6; Erman/*Palm*, § 168 Rn 12; MüKo/*Schramm*, § 168 Rn 7; Palandt/*Ellenberger*, § 168 Rn 3; Soergel/*Leptien*, § 168 Rn 12.

72 Staudinger/*Schilken*, § 168 Rn 21; ebenso iE *Flume*, BGB AT Bd. 2, § 51, 8 (S. 856).

73 MüKo/*Schramm*, § 168 Rn 16; Soergel/*Leptien*, § 168 Rn 9.

74 Bamberger/Roth/*Habermeier*, § 168 Rn 8; Soergel/*Leptien*, § 168 Rn 18; Staudinger/*Schilken*, § 168 Rn 27. AA *Flume*, BGB AT Bd. 2, § 51, 5 a (S. 847).

75 RG JW 1929, 1648; Bamberger/Roth/*Habermeier*, § 168 Rn 8; MüKo/*Schramm*, § 168 Rn 31; Soergel/*Leptien*, § 168 Rn 18; Staudinger/*Schilken*, § 168 Rn 27.

76 Soergel/*Leptien*, § 168 Rn 18; Staudinger/*Schilken*, § 168 Rn 25.

77 Vgl auch Bamberger/Roth/*Habermeier*, § 168 Rn 15; Staudinger/*Schilken*, § 168 Rn 23 (Frage der Auslegung).

(dazu Rn 25), wird man indes den **Tod des Bevollmächtigten** im Zweifel auch als Erlöschensgrund der isolierten Vollmacht ansehen dürfen.[78] Keine Besonderheiten im Vergleich zur kausalen Vollmacht sind schließlich bei der Bedeutung des Eintritts der **Geschäftsunfähigkeit** (dazu Rn 27) und der **Insolvenz des Bevollmächtigten** (dazu Rn 28) für die isolierte Vollmacht ersichtlich.

C. Weitere praktische Hinweise

I. Vertragsgestaltung

Soll sich das Erlöschen bzw das Fortbestehen der Vollmacht nicht nach den allgemeinen Regeln richten, empfiehlt es sich, eine entsprechende Bestimmung in die Vollmachtserteilung aufzunehmen. Das gilt etwa dann, wenn die Vollmacht entgegen der Grundregel des S. 1 auch bei Erlöschen des Grundverhältnisses (dazu Rn 4) fortbesteht oder wenn sie umgekehrt beim Tod (dazu Rn 19) oder bei Verlust der Geschäftsfähigkeit des Vollmachtgebers (dazu Rn 22) erlöschen soll. Soll der **Widerruf** der Vollmacht ausgeschlossen werden, ist zu beachten, dass die Grenzen der Zulässigkeit einer unwiderruflichen Vollmacht nicht vollends geklärt und umstritten sind (dazu Rn 9 ff) und dass die unwiderrufliche Vollmacht ggf den Formerfordernissen des Vertretergeschäfts entsprechen muss (dazu § 167 Rn 38). **30**

II. Zivilprozess

Wer sich im Zivilprozess auf das Erlöschen der Vollmacht beruft, hat die **tatsächlichen Voraussetzungen des Erlöschens** zu beweisen. Ist bewiesen oder unstreitig, dass und zu welchem Zeitpunkt die Vollmacht erloschen ist, trägt derjenige, der die Wirksamkeit des Vertretergeschäftes behauptet, die Beweislast dafür, dass das **Vertretergeschäft vor dem Erlöschen der Vollmacht** abgeschlossen wurde.[79] Bei Unklarheit über das Erlöschen der Vollmacht oder über die zeitliche Abfolge von Geschäftsabschluss und Erlöschen ist in Anbetracht der Unsicherheit über den richtigen Anspruchsgegner (Vertreter oder Vertretener) eine **Streitverkündung** gem. §§ 72 ff ZPO in Betracht zu ziehen. Näher dazu § 164 Rn 107. **31**

§ 169 Vollmacht des Beauftragten und des geschäftsführenden Gesellschafters

Soweit nach den §§ 674, 729 die erloschene Vollmacht eines Beauftragten oder eines geschäftsführenden Gesellschafters als fortbestehend gilt, wirkt sie nicht zugunsten eines Dritten, der bei der Vornahme eines Rechtsgeschäfts das Erlöschen kennt oder kennen muss.

A. Allgemeines

§ 169 ist keine Regelung zum Schutz des Vertreters,[1] sondern **schränkt den Schutz des gutgläubigen Vertreters** auf den Bestand der Vollmacht, den § 168 S. 1 im Zusammenspiel mit der Fiktion eines fortbestehenden Grundverhältnisses nach den §§ 674, 729 bewirkt, **zugunsten des Vertretenen ein**.[2] Voraussetzung für diese Einschränkung ist, dass der **Dritte**, mit dem der Vertreter ein Geschäft abgeschlossen hat, **bösgläubig** war. Denn in diesem Fall bedarf der Vertreter keines Schutzes auf Kosten des Vertretenen: Er wird zwar als Vertreter ohne Vertretungsmacht behandelt. Ihm droht jedoch wegen der Anwendbarkeit von § 179 Abs. 3 S. 1 keine Inanspruchnahme durch den bösgläubigen Dritten.[3] **1**

78 So auch Staudinger/*Schilken*, § 168 Rn 19.
79 BGH NJW 1974, 748; WM 1984, 603, 604; Bamberger/Roth/*Habermeier*, § 168 Rn 27; Erman/*Palm*, § 168 Rn 12; MüKo/*Schramm*, § 164 Rn 141; Staudinger/*Schilken*, § 168 Rn 36.
1 So aber RGRK/*Steffen*, § 169 Rn 1.
2 Zur Einordnung des § 169 als Norm zum Schutz des Vertretenen vgl Bamberger/Roth/*Habermeier*, § 169 Rn 3; MüKo/*Schramm*, § 169 Rn 1; Soergel/*Leptien*, § 169 Rn 1; Staudinger/*Schilken*, § 169 Rn 4.
3 Auf § 179 Abs. 3 S. 1 weisen auch hin Bamberger/Roth/*Habermeier*, § 169 Rn 3; Erman/*Palm*, § 169 Rn 3; Staudinger/*Schilken*, § 169 Rn 4.

B. Regelungsgehalt

I. Die reine Innenvollmacht als Anwendungsfall

2 Beruht das rechtsgeschäftliche Handeln des Vertreters auf einer **Außenvollmacht** oder auf einer **kundgemachten Innenvollmacht** oder verfügte der Vertreter über eine **Vollmachtsurkunde**, finden die **§§ 170–173** und nicht § 169 Anwendung.[4] Der Schutz des Dritten durch die §§ 170 ff ist nur von dessen Gutgläubigkeit (§ 173) und nicht von der Gutgläubigkeit des Vertreters abhängig. Für § 169 bleibt damit als Anwendungsfall nur die reine, nicht kundgemachte und nicht durch Vorlage einer Urkunde nach außen dokumentierte Innenvollmacht.

II. Fortbestehen des Grundverhältnisses und der Vollmacht

3 Handelt es sich bei dem der Vollmacht zugrunde liegenden Innenverhältnis um einen **Auftrag**, so ist zugunsten des Beauftragten die Schutzvorschrift des § 674 anwendbar. Danach gilt der erloschene Auftrag – außer im Fall des Widerrufs[5] – so lange als fortbestehend, bis der Beauftragte von dem Erlöschen Kenntnis erlangt oder das Erlöschen kennen muss. Nach § 168 S. 1 gilt dies auch für die auf dem Auftrag beruhende Vollmacht. § 675 erstreckt diese Regelung auf **Geschäftsbesorgungsverträge**. Einen damit übereinstimmenden Schutz genießt nach § 729 außerdem der geschäftsführende Gesellschafter bei der Auflösung eines **Gesellschaftsvertrags**. Liegt ein **Grundverhältnis anderer Art** vor, findet § 169 keine Anwendung.[6] Ebenso wenig ist § 169 bei **Nichtigkeit des Grundverhältnisses** analog anzuwenden:[7] Eine solche Relativierung der Vollmachtswirkung vertrüge sich nicht mit dem Abstraktionsprinzip, das die Beurteilung der Wirksamkeit der Vollmacht von der Frage der Wirksamkeit des Grundverhältnisses löst.

4 Für die **Eröffnung des Insolvenzverfahrens** als Erlöschensgrund enthält § 115 Abs. 3 S. 1 eine Sonderregelung, die das Fortbestehen des Auftrags bei unverschuldeter Unkenntnis des Beauftragten von der Eröffnung des Verfahrens anordnet. Indes setzt sich diese Fiktion bei der Vollmacht nicht fort: § 117 Abs. 2 sieht zwar eine Vollmachtsfiktion vor, aber nicht für diesen Fall.[8] Der gutgläubige Vertreter ist allerdings durch § 117 Abs. 3 vor einer Inanspruchnahme durch den Geschäftsgegner nach § 179 geschützt.

III. Bösgläubigkeit des Dritten

5 § 169 nimmt von der Fiktion des Fortbestehens der Vollmacht diejenigen Fälle aus, in denen der **Dritte**, mit dem das Vertretergeschäft geschlossen wurde, das **Erlöschen des Grundverhältnisses** (und infolgedessen der Vollmacht) bei der Vornahme des Geschäfts **kannte oder kennen musste**.[9] Für das Kennenmüssen gilt der Maßstab des § 173 (s. § 173 Rn 4).

IV. Rechtsfolge

6 Der bösgläubige Dritte kann sich nicht **zu seinen Gunsten** auf das Vorliegen der Vollmacht berufen. Der Bevollmächtigte handelte demnach ihm gegenüber als Vertreter ohne Vertretungsmacht, freilich ohne aus § 179 zu haften (Grund: § 179 Abs. 3 S. 1; dazu Rn 1). Die Vollmacht gilt dem bösgläubigen Dritten gegenüber jedoch als fortbestehend, soweit ihr Gebrauch durch den Vertreter zu seinem Nachteil geht.[10] Außerdem berührt § 169 nicht das **Innenverhältnis** zwischen Vertreter und Vertretenem, das **allein nach den §§ 674, 675, 729** zu beurteilen ist. Aufgrund eines danach als fortbestehend geltenden Innenverhältnisses können dem Vertreter Aufwendungsersatzansprüche wegen eines von ihm getätigten Vertretergeschäfts auch dann zustehen, wenn im Außenverhältnis § 169 zur Anwendung kommt und das Vertretergeschäft somit keine Wirkung für den Geschäftsherrn entfaltet.[11]

4 Bamberger/Roth/*Habermeier*, § 169 Rn 8; MüKo/*Schramm*, § 169 Rn 4; Soergel/*Leptien*, § 169 Rn 3; Staudinger/*Schilken*, § 169 Rn 4.

5 Grund für diese Ausnahme ist, dass der Beauftragte bereits dadurch hinreichend geschützt ist, dass der Widerruf regelmäßig erst durch Zugang bei ihm wirksam wird, vgl Erman/*Palm*, § 169 Rn 2; Palandt/*Sprau*, § 674 Rn 2.

6 MüKo/*Schramm*, § 169 Rn 6; Soergel/*Leptien*, § 169 Rn 3; Staudinger/*Schilken*, § 169 Rn 7.

7 Ebenso Staudinger/*Schilken*, § 169 Rn 7; aA MüKo/*Schramm*, § 169 Rn 6.

8 Bamberger/Roth/*Habermeier*, § 169 Rn 7; Staudinger/*Schilken*, § 169 Rn 2.

9 Dazu, dass es auf Kenntnis oder Kennenmüssen vom Erlöschen des Grundverhältnisses ankommt, Erman/*Palm*, § 169 Rn 2; Staudinger/*Schilken*, § 169 Rn 3 mwN.

10 Soergel/*Leptien*, § 169 Rn 2.

11 Soergel/*Leptien*, § 169 Rn 3.

C. Weitere praktische Hinweise

Wer das Erlöschen der Vollmacht geltend macht und sich dazu auf die Bösgläubigkeit des Dritten beruft, muss die tatsächlichen Voraussetzungen der Bösgläubigkeit beweisen.[12] 7

§ 170 Wirkungsdauer der Vollmacht

Wird die Vollmacht durch Erklärung gegenüber einem Dritten erteilt, so bleibt sie diesem gegenüber in Kraft, bis ihm das Erlöschen von dem Vollmachtgeber angezeigt wird.

Literatur: *Canaris*, Die Vertrauenshaftung im deutschen Privatrecht, 1971; *Frotz*, Verkehrsschutz im Vertretungsrecht, 1972; *Kindl*, Rechtsscheintatbestände und ihre rückwirkende Beseitigung, 1999; *Lobinger*, Rechtsgeschäftliche Verpflichtung und autonome Bindung, 1999.

A. Allgemeines

1 Die §§ 170–173 sind im Zusammenhang zu sehen: Wenn der Dritte, mit dem der Bevollmächtigte im Namen des Vertretenen in rechtsgeschäftlichen Kontakt getreten ist, sein Vertrauen auf den (Fort-)Bestand der Vertretungsmacht auf eine Außenvollmacht (§ 170), eine besondere Mitteilung oder öffentliche Bekanntmachung (§ 171) oder eine ihm vorgelegte, dem Vertreter vom Vollmachtgeber ausgehändigte Vollmachtsurkunde (§ 172) gegründet hat, ordnet das Gesetz jeweils das Fortbestehen der Vertretungsmacht an, bis dem Dritten das Erlöschen angezeigt (§ 170), die Kundgebung widerrufen (§ 171 Abs. 2) oder die Urkunde zurückgegeben oder für kraftlos erklärt wird (§ 172 Abs. 2). Dieser Schutz wird dem Dritten jedoch nach § 173 nicht gewährt, wenn er das Erlöschen der Vertretungsmacht bei der Vornahme des Rechtsgeschäfts mit dem Vertreter kennt oder kennen muss. Die Fortgeltung der Vollmacht nach diesen Vorschriften zu erklären und dogmatisch zu verorten, fällt nicht leicht: Nach der herrschenden **Rechtsscheintheorie** handelt es sich um Fälle, in denen ein vom Vollmachtgeber gesetzter Rechtsscheintatbestand die Grundlage für positiven Vertrauensschutz bietet, nachdem die (rechtsgeschäftliche) Vollmacht weggefallen ist.[1] Nach der **Rechtsgeschäftstheorie** sind hingegen sowohl die externe Vollmachtserteilung als auch die Kundgabeakte nach den §§ 171, 172 jeweils Fälle rechtsgeschäftlicher Begründung einer Vollmacht, deren Erlöschen nur durch die in den §§ 170, 171 Abs. 2, 172 Abs. 2 vorgesehenen Maßnahmen bewirkt werden kann.[2] Ein neuerer Versuch, die §§ 170–173 rechtsgeschäftlich zu erklären, will stattdessen den Haftungsgrund in einer zusicherungsgleichen rechtsgeschäftlichen Risikoübernahme durch den Vollmachtgeber erblicken.[3]

2 Eine **Stellungnahme** zu dieser Grundsatzfrage hat die gegensätzlichen Ansätze an ihrer Vereinbarkeit mit den einzelnen in den §§ 170 ff geregelten Tatbeständen zu messen. Der in **§ 170** angeordnete Fortbestand der durch externe Bevollmächtigung begründeten Vertretungsmacht bis zur Erlöschensanzeige lässt sich **rechtsgeschäftlich erklären**, ohne dass es des Rückgriffs auf die Rechtsscheintheorie bedarf: Dass die Außenvollmacht bis zur Erlöschensanzeige in Kraft bleibt, bedeutet schlicht, dass sie ihre rechtsgeschäftlich begründete Legitimationswirkung erst mit der Anzeige und nicht schon durch internen Widerruf verliert.[4] Insoweit stellt § 170 eine Sonderregelung gegenüber § 168 S. 3 iVm § 167 Abs. 1 dar. Die Grenze, die § 173 dieser Wirkung zieht, ist in Parallele zum Missbrauch der Vertretungsmacht (s. dazu § 164 Rn 84 ff) zu interpretieren:[5] Wenn der Vertreter dem intern verlautbarten Willen des Vertretenen zuwiderhandelt und der Dritte davon weiß oder (im Sinne objektiver Evidenz des Missbrauchs) wissen muss, kann Letzterer sich nicht auf das Bestehen der Ver-

12 Bamberger/Roth/*Habermeier*, § 169 Rn 11; Soergel/*Leptien*, § 169 Rn 4; Staudinger/*Schilken*, § 169 Rn 8.
1 *Canaris*, S. 32 f, 134 f; *Frotz*, S. 307 f; *Kindl*, S. 7 ff; *Larenz/Wolf*, BGB AT, § 48 Rn 14; MüKo/*Schramm*, § 170 Rn 1 ff; Palandt/*Ellenberger*, § 170 Rn 1; Soergel/*Leptien*, § 170 Rn 1; differenzierend Staudinger/*Schilken*, § 170 Rn 1.
2 *Flume*, BGB AT Bd. 2, § 49, 2 c (S. 825 ff), § 51, 9 (S. 856 ff).
3 *Lobinger*, S. 245 ff.
4 *Flume*, BGB AT Bd. 2, § 51, 9 (S. 856).
5 *Flume*, BGB AT Bd. 2, § 49, 2 c (S. 827 f). Dagegen ohne überzeugende Kritik *Lobinger*, S. 243 ff, dessen eigener Erklärungsversuch zu § 170 (S. 249 ff) auf einer Leugnung der Möglichkeit einer Außenbevollmächtigung beruht, die ihrerseits auf ein unzulässig verengtes Verständnis der Vollmachtserteilung zurückgeht: Als rechtsgeschäftliche Legitimation des fremdbezogenen Handelns des Vertreters verstanden, ist eine externe Bevollmächtigung sehr wohl denkbar.

tretungsmacht berufen. Der Wortlaut von § 173 mag von dieser Warte gesehen nicht glücklich formuliert sein; doch trifft er in der Sache das Richtige.

B. Regelungsgehalt

I. Wirksam erteilte Außenvollmacht

3 § 170 ist nur dann anwendbar, wenn eine **wirksame externe Bevollmächtigung** vorliegt,[6] die **dem Dritten zugegangen ist** und von der er – so jedenfalls das von der Rechtsscheintheorie ausgehende Schrifttum – **Kenntnis** hat.[7] An einer wirksamen Bevollmächtigung fehlt es nicht nur bei einer *ex lege* nichtigen, sondern auch bei einer durch Anfechtung rückwirkend beseitigten Vollmacht. Insoweit genießt der Dritte nur den Schutz nach den allgemeinen Rechtsgeschäftsregeln, also im Fall der Irrtumsanfechtung den Anspruch auf Ersatz des negativen Interesses nach § 122.

II. Fehlende Erlöschensanzeige

4 Die an den Dritten gerichtete Anzeige des Erlöschens der Außenvollmacht ist **dem externen Widerruf gleichzusetzen**.[8] Die hM unterscheidet allerdings zwischen dem externen Widerruf der Vollmacht als Willenserklärung und der Anzeige des Erlöschens nach internem Widerruf als geschäftsähnliche Handlung.[9] Im Ergebnis wird diese Differenzierung jedoch aufgrund der zumindest analogen Anwendung der Regeln über die Willenserklärung nicht praktisch relevant: Unstreitig wird die Erlöschensanzeige mit dem **Zugang** beim Dritten und unabhängig von dessen tatsächlicher Kenntnisnahme wirksam.[10] Darüber hinaus finden insbesondere auch die Regeln über die **Willensmängel** mindestens analoge Anwendung.[11]

III. Schutzwürdigkeit des Dritten

5 Soweit dem Dritten keine Anzeige über das Erlöschen der Außenvollmacht zugegangen ist, genießt sein Vertrauen auf den Fortbestand der Vollmacht **in den Grenzen des § 173** Schutz, und zwar nach der hier vertretenen Auffassung (dazu Rn 2) aufgrund der rechtsgeschäftlichen Wirkung der Außenvollmacht und nicht aufgrund einer davon zu unterscheidenden Rechtsscheinwirkung. Nicht in Betracht kommt die Anwendung von § 170 allerdings, wenn ein **Insichgeschäft des Bevollmächtigten** vorliegt.[12] Darüber hinaus wird dem Dritten der Schutz nach § 170 aufgrund der entgegen stehenden Vorschrift des § 117 InsO verwehrt, wenn die Vollmacht wegen Eröffnung des **Insolvenzverfahrens** über das Vermögen des Vollmachtgebers erloschen ist.[13]

IV. Rechtsfolge

6 Fehlt eine Erlöschensanzeige gegenüber dem (gutgläubigen, § 173) Dritten, bleibt ihm gegenüber die **Außenvollmacht in Kraft**. Die hier vertretene Rechtsgeschäftstheorie (dazu Rn 1 f) vermag diese vom Gesetzgeber eindeutig festgeschriebene Rechtsfolge leichter zu erklären als die Rechtsscheintheorie, in deren Konsequenz es liegt, das Vorliegen einer Vollmacht abzulehnen und an deren Stelle eine der Vollmacht entsprechende gesetzliche Vertretungsmacht zu postulieren.[14] Eine Pflicht des Vollmachtgebers zur Anzeige des Erlöschens besteht nicht; an das **Unterlassen der Anzeige** kann sich daher **nur unter besonderen Umständen ein Schadensersatzanspruch des Dritten** aus § 826 oder aus §§ 280 Abs. 1, 241 Abs. 2, 311 Abs. 2 (c.i.c.) knüpfen.[15] Ob der Vertreter durch den Gebrauch der nach § 170 fortbestehenden Außenvollmacht eine Pflicht aus dem Innenverhältnis verletzt hat und dem Vertretenen dafür nach § 280 Abs. 1 haftet, ist nach den für das Innenverhältnis geltenden Regeln zu beurteilen. Im Verhältnis zwischen Vertreter und Vertretenem kommen zudem Ansprüche aus GoA und Delikt in Betracht.[16]

6 Bamberger/Roth/*Habermeier*, § 170 Rn 3; *Bork*, BGB AT, Rn 1519; Erman/*Palm*, § 170 Rn 2; MüKo/*Schramm*, § 170 Rn 6; Soergel/*Leptien*, § 170 Rn 4; Staudinger/*Schilken*, § 170 Rn 2. AA Palandt/*Ellenberger*, § 170 Rn 1.
7 MüKo/*Schramm*, § 170 Rn 5; Soergel/*Leptien*, § 170 Rn 4.
8 *Flume*, BGB AT Bd. 2, § 51, 9 (S. 857).
9 Statt vieler Soergel/*Leptien*, § 170 Rn 3.
10 Bamberger/Roth/*Habermeier*, § 170 Rn 10; Erman/*Palm*, § 170 Rn 4; MüKo/*Schramm*, § 170 Rn 7; Soergel/*Leptien*, § 170 Rn 3; Staudinger/*Schilken*, § 170 Rn 7.
11 Bamberger/Roth/*Habermeier*, § 170 Rn 9; Soergel/*Leptien*, § 170 Rn 3; Staudinger/*Schilken*, § 170 Rn 7; allg. für die entspr. Anwendung der Vorschriften über die Willenserklärung *Larenz/Wolf*, BGB AT, § 48 Rn 18; MüKo/*Schramm*, § 170 Rn 7.
12 BGH NJW 1999, 486, 487.
13 Dazu mwN Staudinger/*Schilken*, § 170 Rn 6.
14 So etwa Soergel/*Leptien*, § 170 Rn 2.
15 MüKo/*Schramm*, § 170 Rn 7; Soergel/*Leptien*, § 170 Rn 3; Staudinger/*Schilken*, § 170 Rn 8.
16 Staudinger/*Schilken*, § 170 Rn 9.

C. Weitere praktische Hinweise

7 Die von der hM gezogene Trennlinie zwischen externem Widerruf und Erlöschensanzeige (dazu Rn 4) schafft das Risiko, dass die Vollmacht trotz Erlöschensanzeige weiter besteht, wenn der vom Vollmachtgeber angenommene Erlöschensgrund in Wahrheit nicht vorliegt (etwa weil der interne Widerruf nicht zugegangen ist).[17] Vor diesem Hintergrund empfiehlt es sich, bei der **Formulierung der Erlöschensanzeige** dafür Sorge zu tragen, dass der Wille zur Beendigung der Vollmacht unabhängig von dem angenommenen Erlöschensgrund eindeutig erkennbar wird, so dass sie notfalls als externer Widerruf ausgelegt werden kann.

8 Wenn sich der Geschäftsgegner des Vertretenen im **Zivilprozess** auf den Fortbestand der Außenvollmacht nach § 170 beruft, hat er zu beweisen, dass eine wirksame externe Bevollmächtigung stattgefunden hat. Umgekehrt hat der Vertretene das Erlöschen aufgrund der nach § 170 erforderlichen Anzeige oder aber die nach § 173 zum Ausschluss der Vollmachtswirkung führende Bösgläubigkeit des Gegners zu beweisen.[18] Ebenso obliegt ihm der Beweis fehlender Kenntnis des Gegners von der Außenvollmacht (dazu Rn 3).

§ 171 Wirkungsdauer bei Kundgebung

(1) Hat jemand durch besondere Mitteilung an einen Dritten oder durch öffentliche Bekanntmachung kundgegeben, dass er einen anderen bevollmächtigt habe, so ist dieser auf Grund der Kundgebung im ersteren Falle dem Dritten gegenüber, im letzteren Falle jedem Dritten gegenüber zur Vertretung befugt.

(2) Die Vertretungsmacht bleibt bestehen, bis die Kundgebung in derselben Weise, wie sie erfolgt ist, widerrufen wird.

Literatur: *Canaris*, Die Vertrauenshaftung im deutschen Privatrecht, 1971; *Frotz*, Verkehrsschutz im Vertretungsrecht, 1972; *Lobinger*, Rechtsgeschäftliche Verpflichtung und autonome Bindung, 1999.

A. Allgemeines

1 Der zwischen den Vertretern der Rechtsschein- und der Rechtsgeschäftstheorie ausgetragene **Streit um die dogmatische Einordnung der §§ 170–173** (dazu allgemein § 170 Rn 1) setzt sich bei § 171 fort. § 171 wird **überwiegend** im Sinne der **Rechtsscheintheorie** interpretiert: Die Kundgabe einer erfolgten internen Bevollmächtigung durch besondere Mitteilung oder durch öffentliche Bekanntmachung ist danach als Rechtsscheintatbestand zu verstehen, auf dessen Grundlage der gutgläubige Geschäftsgegner (vgl § 173) positiven Vertrauensschutz bis zum Widerruf nach Abs. 2 genießt.[1] Nach der **Rechtsgeschäftstheorie** handelt es sich dagegen bei den in § 171 geregelten Kundgabeakten um rechtsgeschäftliche Erklärungen, durch die der Vertreter Vollmacht erhält.[2] Hierfür sprechen in der Tat die besseren Gründe: Die Grenze zwischen rechtsgeschäftlicher und Rechtsscheinvollmacht nach der Differenzierung zwischen konstitutiven Erklärungen (dann Rechtsgeschäft) und deklaratorischen Äußerungen (dann Rechtsscheintatbestand) zu ziehen, ist nicht sinnvoll, weil diese Unterscheidung bei der Vollmacht für den Rechtsverkehr nicht relevant ist (s. auch § 167 Rn 77). Deshalb sollte man die Kundgabeakte nach § 171 nicht ihrer deklaratorischen Natur wegen der Rechtsscheinhaftung zuordnen. Entscheidend ist vielmehr, dass die Kundgabe ihrem Sinn nach darauf gerichtet ist, dem Vertreterhandeln die Legitimation zu verschaffen, an die die Wirkung der Stellvertretung für und gegen den Vertretenen anknüpft. Vor diesem Hintergrund kommt ihr die Qualität einer Willenserklärung zu (zur Bedeutung von § 173 als Pendant zum Missbrauch der Vertretungsmacht s. § 170 Rn 2). Die **praktische Relevanz** dieser Weichenstellung sollte freilich nicht überschätzt werden: Selbst wenn man in der Kundgabe nur einen Rechts-

17 Vgl MüKo/*Schramm*, § 170 Rn 7; Soergel/*Leptien*, § 170 Rn 3.

18 Bamberger/Roth/*Habermeier*, § 170 Rn 11; Staudinger/*Schilken*, § 170 Rn 10.

1 Bamberger/Roth/*Habermeier*, § 171 Rn 2; *Canaris*, S. 32 f. 134 f; Erman/*Palm*, § 171 Rn 1; *Larenz/Wolf*, BGB AT, § 48 Rn 5 f; MüKo/*Schramm*, § 171 Rn 1; Soergel/*Leptien*, § 171 Rn 1.

2 *Flume*, BGB AT Bd. 2, § 49, 2 a (S. 825 ff); für eine echte Bevollmächtigung auch *Pawlowski*, BGB AT, Rn 716 ff. Ebenfalls für eine rechtsgeschäftliche Einordnung der Kundgabeakte, jedoch im Sinne einer zusicherungsgleichen Risikoübernahme, *Lobinger*, S. 245 ff (s. dazu auch § 170 Fn 5).

scheintatbestand sieht, sind darauf die Regeln über die Willenserklärung, insbesondere über die Willensmängel, richtigerweise jedenfalls analog anzuwenden (dazu Rn 2).

B. Regelungsgehalt

I. Kundgabe durch besondere Mitteilung

2 Abs. 1 Alt. 1 knüpft die Vollmachtswirkung an eine Kundgabe der Bevollmächtigung durch **besondere Mitteilung**. Diese ist nach hier vertretener Ansicht (s. Rn 1) rechtsgeschäftlicher Natur, dagegen **nach** hM **eine geschäftsähnliche Handlung**,[3] auf die die Regeln über die Willenserklärung in den §§ 104 ff jedoch grundsätzlich analoge Anwendung finden. Demnach muss der Urheber der Mitteilung unstreitig **geschäftsfähig** sein[4] oder, falls er beschränkt geschäftsfähig und das abzuschließende Geschäft einwilligungsbedürftig ist, über die Einwilligung seines gesetzlichen Vertreters verfügen.[5] Darüber hinaus sind aber auch die Vorschriften der §§ 116 ff über die **Nichtigkeit oder Anfechtbarkeit wegen Willensmängeln** direkt oder zumindest analog auf die Mitteilung anzuwenden.[6] Denn auch dann, wenn man die Mitteilung nur als Rechtsscheintatbestand versteht, gibt es keinen Grund, den durch sie begründeten Rechtsschein einer Bevollmächtigung mit einer stärkeren Wirkung auszustatten als eine echte, im Falle eines Willensmangels anfechtbare Außenvollmacht (zur Anfechtung der Vollmacht s. § 167 Rn 21 ff). Als **Anfechtungsgrund** kommt indes **nicht der Irrtum über das Vorliegen oder die Wirksamkeit der Vollmacht** in Betracht, über deren Bestehen die Mitteilung Auskunft gibt: Insoweit handelt es sich um einen bloßen Motivirrtum.[7]

3 Im Übrigen gilt: Anders als die Kundgabe durch öffentliche Bekanntmachung muss die Mitteilung **an den Dritten gerichtet** und diesem **zugegangen** bzw bei mündlicher Mitteilung von diesem vernommen worden sein.[8] Darüber hinaus wird – wie bei der externen Bevollmächtigung nach § 170 (s. § 170 Rn 3) – verlangt, dass der Dritte von der an ihn gerichteten Mitteilung **Kenntnis** hat.[9] Ist der Dritte dagegen nur Zeuge einer für ihn nicht bestimmten Erklärung des Vollmachtgebers geworden, fehlt es an einer Mitteilung iSv § 171.[10] Notwendiger **Inhalt** der Mitteilung ist die Unterrichtung des Dritten über die **Person des Bevollmächtigten** (idR durch namentliche Benennung) und den **Umfang seiner Vertretungsmacht**.[11] Diese Unterrichtung kann **formlos** und durch **schlüssiges Verhalten** erfolgen,[12] ohne dass dafür – entgegen einer teilweise vertretenen Ansicht[13] – ein „Mitteilungsbewusstsein" oder ein „Kundgebungswille" erforderlich wäre (dessen Fehlen kann wie das Fehlen des Erklärungsbewusstseins überhaupt nur Anfechtungsgrund sein).[14] Zeitlich muss die Unterrichtung des Dritten **der Vornahme des Vertretergeschäfts vorangehen**; eine nach Geschäftsabschluss zugehende Mitteilung ist allein nach § 177 zu würdigen.[15] **Nicht erforderlich** ist eine **Mitteilung durch den Vertretenen selbst**; die Einschaltung eines Boten oder eines Vertreters ist daher zulässig.[16] Dabei versteht es sich, dass der Vertreter, von dem die Mitteilung ausgeht, nicht mit der aus der Mitteilung hervorgehenden Person des Bevollmächtigten identisch sein darf. Richtigerweise kommt der Bevollmächtigte aber auch nicht als Bote der Mitteilung über die ihm erteilte Vollmacht in Betracht.[17] Denn ließe man die Übermittlung der ihn betreffenden Kundgebung durch ihn selbst genügen, wäre § 172 obsolet.

3 Erman/*Palm*, § 171 Rn 3; Soergel/*Leptien*, § 171 Rn 4; Staudinger/*Schilken*, § 171 Rn 3.
4 Vgl BGHZ 65, 13; NJW 1977, 622, 623.
5 Staudinger/*Schilken*, § 171 Rn 5 mwN.
6 Vgl schon Motive I, S. 237 f = *Mugdan* I, S. 483 f; Prot. I, S. 301 = *Mugdan* I, S. 741. Wie hier Bamberger/Roth/*Habermeier*, § 171 Rn 11; *Canaris*, S. 35 ff; *Flume*, BGB AT Bd. 2, § 49, 2 c (S. 826); *Medicus*, BGB AT, Rn 947; MüKo/*Schramm*, § 171 Rn 8; Soergel/*Leptien*, § 171 Rn 4; Staudinger/*Schilken*, § 171 Rn 9. AA Erman/*Palm*, § 171 Rn 3; Palandt/*Ellenberger*, § 170 Rn 1.
7 MüKo/*Schramm*, § 171 Rn 9; Soergel/*Leptien*, § 171 Rn 4; Staudinger/*Schilken*, § 171 Rn 9.
8 Statt vieler Staudinger/*Schilken*, § 171 Rn 4.
9 RGZ 104, 358, 360; Bamberger/Roth/*Habermeier*, § 171 Rn 5; MüKo/*Schramm*, § 171 Rn 12; Soergel/*Leptien*, § 171 Rn 2; Staudinger/*Schilken*, § 171 Rn 12.
10 MüKo/*Schramm*, § 171 Rn 3 mwN.
11 Vgl RG JW 1929, 576; BGHZ 20, 239, 248; OLG Frankfurt NotBZ 2008, 123; MüKo/*Schramm*, § 171 Rn 7; Soergel/*Leptien*, § 171 Rn 3.
12 RGZ 81, 257, 260; Bamberger/Roth/*Habermeier*, § 171 Rn 6 f; MüKo/*Schramm*, § 171 Rn 4; Soergel/*Leptien*, § 171 Rn 3; Staudinger/*Schilken*, § 171 Rn 4 (dort auch Nachw. zur in älterer Lit. vereinzelt vertretenen Gegenansicht).
13 BGHZ 25, 239, 248; MüKo/*Schramm*, § 171 Rn 3.
14 Dazu allg. BGHZ 91, 324.
15 MüKo/*Schramm*, § 171 Rn 14; Soergel/*Leptien*, § 171 Rn 2.
16 Erman/*Palm*, § 171 Rn 3; MüKo/*Schramm*, § 171 Rn 6; Soergel/*Leptien*, § 171 Rn 3.
17 So allerdings nur in Bezug auf die mündliche Übermittlung durch den Vertreter Erman/*Palm*, § 171 Rn 3; MüKo/*Schramm*, § 171 Rn 6; generell für die Möglichkeit der Einschaltung des Vertreters als Bote der Vollmachtsmitteilung dagegen Soergel/*Leptien*, § 171 Rn 3.

II. Kundgabe durch öffentliche Bekanntmachung

Für die in Abs. 1 Alt. 2 geregelte Kundgabe durch öffentliche Bekanntmachung gilt das in Rn 2 f zur besonderen Mitteilung Gesagte grundsätzlich entsprechend: Auch sie unterliegt den §§ 104 ff (zumindest in analoger Anwendung), bedarf keiner Form und muss nicht ausdrücklich erfolgen,[18] wobei allerdings nicht darauf verzichtet werden darf, dass sich der Bekanntmachung die Person des Bevollmächtigten entnehmen lassen muss.[19] Besonderheiten ergeben sich allerdings daraus, dass die öffentliche Bekanntmachung (anders als die Mitteilung) **an einen nicht begrenzten Personenkreis gerichtet** ist. So gelten für die Anfechtung die §§ 143 Abs. 4 S. 1, 171 Abs. 2 entsprechend.[20] Typische Formen der Bekanntmachung sind Zeitungsannoncen oder Postwurfsendungen, aber auch die Eintragung in das **Handelsregister**[21] (beachte allerdings § 15 Abs. 3 HGB), nicht jedoch die Eintragung in das Gewerberegister.[22] 4

III. Rechtsfolge der Kundgabe

Im Fall der besonderen Mitteilung handelt der Vertreter dem Adressaten und im Fall der öffentlichen Bekanntmachung jedem Dritten gegenüber in dem aus der Kundgabe ersichtlichen Umfang **mit Vertretungsmacht**. Dies gilt zunächst in dem Normalfall, in dem eine zunächst bestehende (Innen-)Vollmacht nach der Kundgabe intern **widerrufen** wurde oder **sonst erloschen** ist, aber auch dann, wenn die Vollmacht bereits vor der Kundgabe erloschen oder beschränkt war oder an einem Nichtigkeits- oder Anfechtungsgrund litt.[23] Darüber hinaus besteht die Wirkung der Kundgabe aber auch dann, wenn die Vollmacht im Zeitpunkt der Kundgabe überhaupt noch **nicht erteilt** war.[24] In all diesen Fällen – also nicht nur bei erloschener, sondern auch bei fehlender Vollmacht (dazu § 173 Rn 2) – ist indes nach § 173 dem bösgläubigen Dritten die Berufung auf die Vertretungsmacht versagt. 5

IV. Widerruf

Die in Rn 5 dargestellte Wirkung der Kundgabe kann – außer durch Anfechtung (dazu Rn 2) – nach Abs. 2 durch einen **Widerruf** beseitigt werden, der **in derselben Weise wie die Kundgabe** zu erfolgen hat. Das heißt: **Jedem Dritten**, der durch eine **besondere Mitteilung** von der Vollmacht unterrichtet worden ist, muss der **Widerruf** erklärt werden, damit ihm (und nur ihm) gegenüber die Vertretungsmacht erlischt. Dabei kann eine schriftliche Mitteilung auch mündlich widerrufen werden.[25] Seine Wirkung entfaltet der Widerruf mit Zugang.[26] Im Fall einer Kundgabe im Wege **öffentlicher Bekanntmachung** genügt dagegen ein ebenfalls durch öffentliche Bekanntmachung verbreiteter Widerruf zur Beseitigung der Vollmacht. Dabei muss sich der Vollmachtgeber nicht desselben Mediums bedienen wie bei der Kundgabe; es kommt allein darauf an, dass im Wesentlichen **derselbe Personenkreis** angesprochen wird.[27] Zuzulassen ist im Fall einer Kundgabe durch öffentliche Bekanntmachung aber **auch ein Widerruf durch besondere Mitteilung** gegenüber einzelnen Dritten.[28] Die Vollmacht wird dann freilich nur im Verhältnis zu den Adressaten der Mitteilung und nicht schlechthin beseitigt. 6

C. Weitere praktische Hinweise

Der Dritte, der sich im **Zivilprozess** auf § 171 beruft, trägt die **Beweislast** für das Vorliegen des Kundgebungsaktes, der ihm gegenüber die Vertretungsmacht begründet. Die Kenntnis der Kundgabe, die nach verbreiteter Ansicht zu verlangen ist (s. Rn 3), wird allerdings vermutet.[29] Umgekehrt hat der Vertretene den Widerruf nach Abs. 2 zu beweisen.[30] 7

18 MüKo/*Schramm*, § 171 Rn 11; Staudinger/*Schilken*, § 171 Rn 8; aA *Kindl*, S. 19.
19 RG HRR 1929 Nr. 797; Staudinger/*Schilken*, § 171 Rn 8.
20 MüKo/*Schramm*, § 171 Rn 11; Soergel/*Leptien*, § 171 Rn 4; Staudinger/*Schilken*, § 171 Rn 9.
21 RGZ 133, 229, 233.
22 OLG Hamm NJW 1985, 1846, 1847.
23 RGZ 108, 125, 127; Soergel/*Leptien*, § 171 Rn 1; MüKo/*Schramm*, § 171 Rn 14; Staudinger/*Schilken*, § 171 Rn 7.
24 MüKo/*Schramm*, § 171 Rn 14; Soergel/*Leptien*, § 171 Rn 1; Staudinger/*Schilken*, § 171 Rn 7; vgl auch BGH NJW 1985, 730; 2000, 2270, 2271 (zu § 173).
25 MüKo/*Schramm*, § 171 Rn 15 mwN.
26 Soergel/*Leptien*, § 171 Rn 5; Staudinger/*Schilken*, § 171 Rn 10.
27 MüKo/*Schramm*, § 171 Rn 16; Staudinger/*Schilken*, § 171 Rn 10.
28 Erman/*Palm*, § 171 Rn 8; MüKo/*Schramm*, § 171 Rn 17; Soergel/*Leptien*, § 171 Rn 5; Staudinger/*Schilken*, § 171 Rn 10; aA *Flume*, BGB AT Bd. 2, § 51, 9 (S. 857), der aber durch die Anwendung von § 173 zu praktisch gleichen Ergebnissen gelangt.
29 MüKo/*Schramm*, § 171 Rn 12; Soergel/*Leptien*, § 171 Rn 2.
30 Staudinger/*Schilken*, § 171 Rn 13.

§ 172 Vollmachtsurkunde

(1) Der besonderen Mitteilung einer Bevollmächtigung durch den Vollmachtgeber steht es gleich, wenn dieser dem Vertreter eine Vollmachtsurkunde ausgehändigt hat und der Vertreter sie dem Dritten vorlegt.

(2) Die Vertretungsmacht bleibt bestehen, bis die Vollmachtsurkunde dem Vollmachtgeber zurückgegeben oder für kraftlos erklärt wird.

Literatur: *Bous*, Fortbestand und Rechtsschein der Untervollmacht trotz Wegfall der Hauptvollmacht, RNotZ 2004, 483; *Canaris*, Die Vertrauenshaftung im deutschen Privatrecht, 1971; *Oechsler*, Die Bedeutung des § 172 Abs. 1 BGB beim Handeln unter fremdem Namen im Internet, AcP 208 (2008), 565; vgl außerdem die Hinweise bei § 170.

A. Allgemeines

1 Die in Abs. 1 angeordnete **Gleichstellung** der Vorlage einer vom Vollmachtgeber ausgehändigten Vollmachtsurkunde mit der in § 171 Abs. 1 geregelten Mitteilung der Bevollmächtigung führt, was die Einordnung der Urkundenaushändigung betrifft, in der Kontroverse zwischen Rechtsschein- und Rechtsgeschäftstheorie (s. dazu § 170 Rn 1) zu dem gleichen Meinungsbild wie zu § 171 (s. § 171 Rn 1): **Überwiegend** wird davon ausgegangen, dass es sich hierbei um **Rechtsscheintatbestände** handelt, während die **Gegenmeinung** in den §§ 171 f. Fälle einer **rechtsgeschäftlich begründeten Vollmacht** sieht. Nach der hiesigen Ansicht steht nichts entgegen, die Aushändigung einer Vollmachtsurkunde als Rechtsgeschäft anzusehen, das durch die Vorlage den Charakter einer externen Bevollmächtigung erhält.[1] Auch hier gilt wie bei der Kundgabe nach § 171 (dazu § 171 Rn 1): Für die Einordnung als Rechtsgeschäft ist entscheidend, dass der Sinn der Urkundenaushändigung darin besteht, dem Vertreterhandeln die Legitimation zu verschaffen, welche die Rechtsfolgen der Stellvertretung nach § 164 begründet. Gerade dies macht die Bevollmächtigung aus und nicht die semantische Klassifikation einer Äußerung als konstitutive Erklärung. Wie bei der Kundgabe nach § 171 ist aber auch bei § 172 die **praktische Bedeutung** der dogmatischen Einordnung der Vorschrift für deren Auslegung nicht hoch zu veranschlagen: Soweit man sich von der Warte der Rechtsscheintheorie jedenfalls zu einer analogen Anwendung der Rechtsgeschäftsregeln bekennt, gelangt man zu Ergebnissen, die mit denen der Rechtsgeschäftstheorie übereinstimmen.

B. Regelungsgehalt

I. Die Vollmachtsurkunde

2 Die Vollmachtsurkunde ist die schriftliche Erklärung des Vollmachtgebers, dass er der in der Urkunde genannten Person Vollmacht erteile oder erteilt habe. Obwohl das Gesetz für die Vollmachtsurkunde keine bestimmte **Form** vorschreibt, besteht angesichts der Bedeutung der mit der Urkunde verbundenen Folgen im neueren Schrifttum nunmehr wohl Einigkeit darüber, dass die **Erfordernisse des § 126** gewahrt sein müssen.[2] Demnach ist die Urkunde mit der den Text abschließenden Namensunterschrift oder dem notariell beglaubigten Handzeichen des Vollmachtgebers zu versehen.[3] Für die Ersetzbarkeit der Schriftform gelten die §§ 126 Abs. 4, 127 a; die elektronische Form (§§ 126 Abs. 3, 126 a) kommt in Anbetracht der hiermit nicht zu vereinbarenden Regelungen in den §§ 172, 174–176 als Ersatzform nicht in Betracht. **Urheber** der Urkunde muss die als Aussteller erkennbare Person sein. Auf eine **unechte Urkunde** findet § 172 daher keine Anwendung,[4] wohl aber auf eine echte, nur **zum Schein ausgestellte Urkunde** (zur Anwendung von § 117 s. Rn 4).[5] Allerdings kann sich im Falle einer zum Schein ausgestellten Urkunde der Bevollmächtigte, der von der Scheinnatur Kenntnis hat, beim Abschluss eines Insichgeschäfts nicht auf § 172 berufen.[6] Not-

1 So bereits *Flume*, BGB AT Bd. 2, § 49, 2 c (S. 826 f).
2 Bamberger/Roth/*Habermeier*, § 172 Rn 4; Erman/*Palm*, § 172 Rn 4; MüKo/*Schramm*, § 172 Rn 2; RGRK/*Steffen*, § 172 Rn 2; Soergel/*Leptien*, § 172 Rn 2; Staudinger/*Schilken*, § 172 Rn 1.
3 RGZ 124, 383, 386; RG JW 1934, 2394.
4 MüKo/*Schramm*, § 172 Rn 3; Staudinger/*Schilken*, § 172 Rn 1.
5 RGZ 90, 273, 279; MüKo/*Schramm*, § 172 Rn 3; Staudinger/*Schilken*, § 172 Rn 1.
6 BGH NJW 1999, 486.

wendiger **Inhalt** der Urkunde sind die Bezeichnung des Bevollmächtigten[7] (nicht notwendig namentlich; ausreichend ist auch der Bezug auf den Urkundeninhaber)[8] und eine Erklärung über die Bevollmächtigung, die sich nicht nur aus den Umständen ergeben darf.[9] **Nicht** als Urkunden im Sinne des § 172 in Betracht kommen **Bestallungsurkunden für gesetzliche Vertreter**;[10] im rechtsgeschäftlichen Verkehr mit gesetzlichen Vertretern (und ebenso mit Verwaltern fremden Vermögens)[11] trägt daher der Dritte das Risiko einer Fehleinschätzung der Vertretungsmacht. Nach hM ist § 172 auch nicht auf einen die Vertretung regelnden **Gesellschaftsvertrag** anzuwenden, weil dieser kein zum externen Gebrauch bestimmtes Schriftstück ist.[12] Dem ist jedoch nicht zu folgen (s. § 174 Rn 5).

II. Aushändigung durch den Vollmachtgeber

Die Aushändigung der Urkunde durch den Vollmachtgeber ist **nach der** hM, die in § 172 einen Rechtsschein- 3
tatbestand erblickt, als **geschäftsähnliche Handlung**[13] und **nach der hier vertretenen Rechtsgeschäftstheorie** (s. Rn 1) als **rechtsgeschäftlicher Tatbestand**[14] einzuordnen. Ungeachtet dieser Divergenz besteht indes Einigkeit darüber, dass die Aushändigung objektiv eine **Übergabe der Urkunde zum Zwecke des Gebrauchmachens** voraussetzt.[15] Wenn darüber hinaus gesagt wird, die Aushändigung müsse in subjektiver Hinsicht vom Willen des Vollmachtgebers getragen sein,[16] so ist dies dahin gehend zu präzisieren, dass der **Handlungswille** erforderlich ist, nicht dagegen – und dies gilt unabhängig vom dogmatischen Ausgangspunkt bei der Auslegung von § 172 – das Bewusstsein, rechtserheblich zu handeln, oder gar der Wille, die in § 172 angeordnete Rechtsfolge herbeizuführen (zur abhanden gekommenen Vollmachtsurkunde s. Rn 5).

Auf die Aushändigung sind die **Regeln über die Willenserklärung zumindest analog**, nach der hier vertre- 4
tenen Ansicht sogar direkt **anzuwenden**. Mithin muss der Vollmachtgeber **geschäftsfähig** sein[17] oder, falls er beschränkt geschäftsfähig ist und die Vollmacht den Abschluss zustimmungsbedürftiger Rechtsgeschäfte umfasst, über die Einwilligung seines gesetzlichen Vertreters verfügen. Ebenso kommt die **Nichtigkeit oder Anfechtbarkeit bei Vorliegen eines Willensmangels** in Betracht.[18] Da Adressaten der in der Aushändigung liegenden Willenserklärung (oder nach der hM: der geschäftsähnlichen Handlung) die Dritten sind, denen der Vertreter die Urkunde vorlegt, kommt es bei der Prüfung der Nichtigkeit nach §§ 117 Abs. 1, 118 auf die jeweilige Person des Dritten an: Nur das Einverständnis des Dritten begründet die Nichtigkeit nach § 117 Abs. 1, und auf ihn muss sich die von § 118 vorausgesetzte Erwartung des Vollmachtgebers richten, die mangelnde Ernstlichkeit der Vollmachtsurkunde werde nicht verkannt werden.[19]

Ist die Vollmachtsurkunde dem Vertreter nicht vom Vollmachtgeber ausgehändigt worden (in dem in Rn 3 5
erläuterten Sinne), sondern in den Besitz des Vertreters gelangt, nachdem sie dem Vollmachtgeber gestohlen oder sonst **abhanden gekommen** war, stellt sich die Frage einer **analogen Anwendung von § 172**. Diese Frage wird vom BGH und vom ganz überwiegenden Schrifttum **verneint**:[20] Es liege weder rechtsgeschäftliches bzw rechtsgeschäftsähnliches Verhalten noch die zurechenbare Setzung eines Rechtsscheins voraus. Insoweit sind jedoch **Bedenken** anzumelden, was die **Übereinstimmung mit der allgemeinen Behandlung „abhanden gekommener" Willenserklärungen** betrifft: Neigt man, wofür einiges spricht,[21] dazu, den auf zurechenbare Weise in den Verkehr gelangten Entwurf einer Willenserklärung als anfechtbar und nicht als nichtig zu behandeln, sollte nichts anderes für die in zurechenbarer Weise in den Verkehr gelangte Voll-

7 RGZ 124, 383, 386.
8 MüKo/*Schramm*, § 172 Rn 3; Soergel/*Leptien*, § 172 Rn 2.
9 OLG Celle WM 1960, 1072; Staudinger/*Schilken*, § 172 Rn 1.
10 RGZ 74, 263, 265.
11 MüKo/*Schramm*, § 172 Rn 19.
12 *Heil*, NJW 2002, 2158 mit Nachw. auch zur Gegenmeinung; Staudinger/*Schilken*, § 172 Rn 1.
13 BGH NJW 1975, 2101, 2102 f; Bamberger/Roth/*Habermeier*, § 172 Rn 5; Erman/*Palm*, § 172 Rn 6; MüKo/*Schramm*, § 172 Rn 6; Soergel/*Leptien*, § 172 Rn 3; differenzierend Staudinger/*Schilken*, § 172 Rn 2.
14 So bereits *Flume*, BGB AT Bd. 2, § 49, 2 c (S. 825 ff).
15 Statt vieler Soergel/*Leptien*, § 172 Rn 3.
16 BGH NJW 1975, 2101, 2102 f; Bamberger/Roth/*Habermeier*, § 172 Rn 5; MüKo/*Schramm*, § 172 Rn 4; Soergel/*Leptien*, § 172 Rn 3; Staudinger/Schilken, § 172 Rn 2.
17 Bamberger/Roth/*Habermeier*, § 172 Rn 5; Erman/*Palm*, § 172 Rn 6; MüKo/*Schramm*, § 172 Rn 4; Soergel/*Leptien*, § 172 Rn 3; Staudinger/*Schilken*, § 172 Rn 2.
18 Bamberger/Roth/*Habermeier*, § 172 Rn 13; *Flume*, BGB AT Bd. 2, § 49, 2 c (S. 826); MüKo/*Schramm*, § 172 Rn 6; Soergel/*Leptien*, § 172 Rn 3; Staudinger/*Schilken*, § 172 Rn 10; aA Palandt/*Ellenberger*, § 170 Rn 1.
19 MüKo/*Schramm*, § 172 Rn 6.
20 BGHZ 65, 13, 14 f; OLG München FGPrax 2009, 260, 261; Bamberger/Roth/*Habermeier*, § 172 Rn 6; Erman/*Palm*, § 172 Rn 6; *Flume*, BGB AT Bd. 2, § 49, 2 c (S. 827); MüKo/*Schramm*, § 172 Rn 5; Soergel/*Leptien*, § 172 Rn 3; Staudinger/*Schilken*, § 172 Rn 7; aA etwa OLG Stuttgart MDR 1956, 673.
21 Dazu näher *Ackermann*, Der Schutz des negativen Interesses, 2007, S. 458 ff.

machtsurkunde gelten: Erfolgt eine fristgerechte Anfechtung, haftet der Vollmachtgeber nach § 122;[22] bleibt sie aus, sollte richtigerweise § 172 analoge Anwendung finden.

III. Vorlage durch den Vertreter

6 Der Vertreter muss die Vollmachtsurkunde, die ihm der Vollmachtgeber ausgehändigt hat, dem Dritten **vor oder bei dem Abschluss des Vertretergeschäfts**[23] **vorgelegt** haben. Dabei muss dem Dritten die **Möglichkeit** verschafft worden sein, **durch eigene Wahrnehmung vom Inhalt der Urkunde Kenntnis zu nehmen**.[24] Statt des Vertreters kann auf dessen Veranlassung hin auch ein anderer Vertreter oder ein Bote die Urkunde vorlegen.[25] Darauf, ob der Dritte die ihm vorgelegte Urkunde tatsächlich liest, kommt es nicht an.[26] Steht der Vertreter in länger anhaltendem oder wiederholtem Kontakt zu dem Dritten, muss die Urkunde nicht vor jedem Geschäftsabschluss erneut vorgelegt werden; vielmehr reicht die einmalige Vorlage, wenn bei späteren Abschlüssen auf die Vollmacht Bezug genommen wird.[27] Im Übrigen erfüllt eine **Bezugnahme auf die Vollmachtsurkunde** die Voraussetzungen des Abs. 1 nur dann, wenn ein im Besitz der Urkunde befindlicher Dritter (etwa ein beurkundender Notar), der die Einsichtnahme unmittelbar gewähren kann, beim Abschluss des Vertretergeschäfts anwesend ist.[28]

7 Gegenstand der Vorlegung muss die **Urkunde in der Urschrift oder in einer Ausfertigung** sein.[29] Nicht ausreichend ist angesichts beliebiger Reproduzierbarkeit die Vorlage von beglaubigten oder unbeglaubigten Abschriften, Fotokopien oder Telefaxkopien.[30] Allerdings ist, wenn es an einer den Anforderungen des Abs. 1 genügenden Vorlage fehlt, stets daran zu denken, dass sich eine Verpflichtung des Vertretenen aus der Anwendung der allgemeinen Regeln über die Rechtsscheinvollmacht ergeben kann (s. dazu § 167 Rn 74 ff), wenn sich das Vertrauen des Dritten auf das Vorliegen einer Vollmacht auf Umstände außerhalb der Urkunde gründet.

8 Im Falle einer **Untervollmacht** wird allein durch die Vorlegung einer Urkunde über die Untervollmacht keine Legitimation des Handelns des Untervertreters für den Vertretenen begründet, weil damit nicht die Vertretungsmacht des Hauptvertreters nachgewiesen ist. Beruht die Hauptvertretungsmacht auf einer Bevollmächtigung durch den Vertretenen, hängt **nach überwiegender Ansicht** die Anwendung von Abs. 1 davon ab, dass außer der Urkunde über die Untervollmacht **auch die Urkunde über die Hauptvollmacht** vorgelegt wird.[31] Dem wird neuerdings widersprochen: Hänge die Wirksamkeit der Untervollmacht nicht vom (Fort-)Bestand der Hauptvollmacht ab (s. dazu § 167 Rn 67 ff), genüge bereits die Vorlage der Urkunde über die Untervollmacht den Anforderungen von Abs. 1, wenn sich aus der Untervollmacht mit öffentlicher Beweiskraft ergebe, dass der Hauptbevollmächtigte bei Erteilung der Untervollmacht imstande war, eine ihn legitimierende Vollmachtsurkunde „vorzulegen".[32] Hierfür spricht in der Tat, dass sich die urkundliche Dokumentation der Vollmachtskette, auf die es bei Abs. 1 ankommt, in dieser Konstellation nur auf das Vorliegen der Hauptvollmacht im Zeitpunkt der Erteilung der Untervollmacht und nicht im Zeitpunkt des Abschlusses des Vertretergeschäfts beziehen muss.

IV. Rechtsfolge

9 Die Rechtsfolge der Urkundenvorlegung stimmt mit der Folge der Vollmachtskundgabe nach § 171 Abs. 1 überein: Der Vertreter handelt demjenigen gegenüber, dem er die Urkunde vorgelegt hat, in dem aus der Urkunde ersichtlichen Umfang **mit Vertretungsmacht**. Das gilt – wie auch bei der Kundgebung nach § 171 Abs. 1 (s. dazu § 171 Rn 5) – nicht nur, wenn die Vollmacht **erloschen** ist, sondern auch dann, wenn die Vollmacht **nichtig** ist (beispielsweise wegen Verstoßes gegen den früheren Art. 1 § 1 RBerG; dazu § 167

22 (Nur) für eine analoge Anwendung von § 122 auch *Canaris*, JZ 1976, 132; dagegen Staudinger/*Schilken*, § 172 Rn 7 mwN.

23 Zum Zeitpunkt der Vorlegung BGH NJW 2008, 3355; MüKo/*Schramm*, § 172 Rn 8.

24 RGZ 97, 273, 275; BGH NJW 1988, 697, 698; OLG Frankfurt RNotZ 2008, 153; aus der Lit. statt vieler MüKo/*Schramm*, § 172 Rn 8.

25 OLG Karlsruhe NJW-RR 2003, 185, 188; Staudinger/*Schilken*, § 172 Rn 3.

26 HM, RGZ 88, 432; OLG Frankfurt RNotZ 2008, 153; MüKo/*Schramm*, § 172 Rn 8; Staudinger/*Schilken*, § 172 Rn 4; aA *Kindl*, S. 18 f.

27 MüKo/*Schramm*, § 172 Rn 8, Staudinger/*Schilken*, § 172 Rn 5.

28 BGHZ 76, 76, 79 f; MüKo/*Schramm*, § 172 Rn 8; Soergel/*Leptien*, § 172 Rn 4; Staudinger/*Schilken*, § 172 Rn 3.

29 Zur Vorlage der Ausfertigung einer notariellen Urkunde BGHZ 102, 60, 63; BGH NJW 2002, 2325, 2326; 2003, 2088, 2089; 2003, 2091, 2092; OLG Karlsruhe NJW-RR 2003, 185, 188; zur Abschrift: BGH NJW 2006, 1957, 1958 f.

30 Dazu neben der in der vorigen Fn nachgewiesenen Rspr MüKo/*Schramm*, § 172 Rn 8; Soergel/*Leptien*, § 172 Rn 4; Staudinger/*Schilken*, § 172 Rn 4; aA *Canaris*, S. 509; LG Hamburg GRUR-RR 2009, 198, 199.

31 OLG München RNotZ 2008, 422, 423; MüKo/*Schramm*, § 172 Rn 9; Soergel/*Leptien*, § 172 Rn 4; Staudinger/*Schilken*, § 172 Rn 4.

32 *Bous*, RNotZ 2004, 483.

Rn 31 f) oder **nicht** (dh **überhaupt nicht oder nicht in dem aus der Urkunde ersichtlichen Umfang) erteilt** wurde.[33] Dies gilt allerdings nur, soweit der Mangel der Vollmacht **nicht aus der Urkunde ersichtlich** ist[34] und der Dritte den Mangel auch sonst nicht kannte oder kennen musste (§ 173).

V. Erlöschen der Vertretungsmacht nach Abs. 2

Die durch Vorlage der Urkunde begründete Vertretungsmacht erlischt mit der **Rückgabe der Vollmachtsurkunde**. Einen hierauf gerichteten Anspruch gewährt § 175 dem Vollmachtgeber. Zur Rückgabe ist erforderlich, dass der Bevollmächtigte unter Aufgabe seines Besitzes dem Vollmachtgeber **willentlich** den Besitz an der Urkunde verschafft.[35] Die Urkunde kann, damit die Voraussetzungen von Abs. 2 erfüllt sind, auch einer anderen Person als dem Vollmachtgeber zurückgegeben werden, wenn diese Besitzmittlerin oder -dienerin des Vollmachtgebers oder nur diesem zur Herausgabe berechtigt oder verpflichtet ist.[36] Wird die Urkunde aber etwa einem Notar oder einem Grundbuchamt übermittelt, fehlt es an einer Rückgabe im Sinne von Abs. 2.[37] Sind dem Bevollmächtigten mehrere Urkunden ausgehändigt worden, begründet jede von ihnen bis zur Rückgabe an den Vollmachtgeber Vertretungsmacht nach Abs. 1. Ein Dritter, dem vor Abschluss eines Geschäfts mit dem Vertreter eine der Urkunden vorgelegt worden ist, bleibt so lange geschützt, bis gerade diese Urkunde dem Vollmachtgeber zurückgegeben wird.[38] Kommt es nach diesem Zeitpunkt zum Geschäftsabschluss mit dem Vertreter, finden die §§ 177 ff Anwendung, soweit sich nicht aus anderen Umständen das Vorliegen einer Anscheins- oder Duldungsvollmacht (dazu § 167 Rn 74 ff) ergibt. 10

Ebenso führt die **Kraftloserklärung** der Vollmachtsurkunde zum Erlöschen der Vertretungsmacht. Näheres dazu regelt § 176. 11

Schließlich erkennt die hM über Abs. 2 hinaus die Möglichkeit einer Beseitigung der durch Urkundenvorlage begründeten Vertretungsmacht im Wege des **Widerrufs nach § 171 Abs. 2** an.[39] Der Widerruf kann danach allerdings nur im Verhältnis zu denjenigen, an die er adressiert ist, mit Zugang zum Erlöschen der Vertretungsmacht führen. Dieser Ansicht ist entgegengehalten worden, dass der Widerruf in Anbetracht der ungewöhnlich starken Legitimationswirkung der Vollmachtsurkunde kein gleichwertiger **actus contrarius** sei.[40] Indes bleibt dieser Einwand praktisch so gut wie folgenlos, da der Dritte bei Zugang eines Widerrufs das Erlöschen der Vollmacht in aller Regel kennt oder kennen muss, so dass er sich jedenfalls nach § 173 nicht auf das Vorliegen der Vertretungsmacht berufen kann.[41] 12

VI. Die analoge Anwendung von § 172 auf Blankoerklärungen und im digitalen Geschäftsverkehr

Überlässt der Geschäftsherr die Vervollständigung oder Ausfüllung einer von ihm **unterschriebenen Blankoerklärung (Blankett)** einem anderen, findet nach ganz hM Abs. 2 analoge Anwendung.[42] Zwar liegt in der „Ausfüllungsermächtigung" keine Bevollmächtigung. Doch rechtfertigt die Ähnlichkeit des Blanketts mit einer Vollmachtsurkunde die Analogie. Rechtsfolge der Analogie ist – über die in Art. 10 WG, Art. 13 ScheckG geregelten Spezialfälle hinaus – die **Bindung des Blankettgebers an den vervollständigten Text**, und zwar auch und gerade dann, **wenn das Blankett abredewidrig vervollständigt wurde**. Ebenso wie bei direkter Anwendung von § 172 ist dazu eine an das Ende des Schriftstücks gesetzte Unterschrift bzw ein notariell beglaubigtes Handzeichen des Blankettgebers zu verlangen.[43] Außerdem muss der Blankettgeber der zur Ausfüllung ermächtigten Person den Besitz am Blankett willentlich verschafft haben.[44] Eine Zurechnung des 13

33 Vgl BGH NJW 1985, 730; 2002, 2270, 2271; 2003, 2091, 2092. Aus der Lit. statt vieler MüKo/*Schramm*, § 172 Rn 11; vgl die entspr. Ausführungen in § 171 Rn 5.

34 MüKo/*Schramm*, § 172 Rn 11; Staudinger/*Schilken*, § 172 Rn 6 mwN.

35 Bamberger/Roth/*Habermeier*, § 172 Rn 11; MüKo/*Schramm*, § 172 Rn 12; Soergel/*Leptien*, § 172 Rn 5; Staudinger/*Schilken*, § 172 Rn 9.

36 MüKo/*Schramm*, § 172 Rn 12; Staudinger/*Schilken*, § 172 Rn 9.

37 Vgl für eine zu den Grundakten gegebene Urkunde KG OLGE 28, 37.

38 MüKo/*Schramm*, § 172 Rn 12; Soergel/*Leptien*, § 172 Rn 5; Staudinger/*Schilken*, § 172 Rn 9.

39 OLG Stuttgart DNotZ 1952, 183; Bamberger/Roth/*Habermeier*, § 172 Rn 12; *Canaris*, S. 137; Erman/*Palm*, § 172 Rn 15; MüKo/*Schramm*, § 172 Rn 13 a; Palandt/*Ellenberger*, § 172 Rn 4; Soergel/*Leptien*, § 172 Rn 5; Staudinger/*Schilken*, § 172 Rn 10.

40 *Flume*, BGB AT Bd. 2, § 51, 9 (S. 857); gegen die hM auch *Bork*, BGB AT, Rn 1529.

41 Dies erkennt auch *Flume*, BGB AT Bd. 2, § 51, 9 (S. 857) an.

42 RGZ 138, 265, 269; BGHZ 40, 65, 68; NJW 1996, 1467, 1469; Bamberger/Roth/*Habermeier*, § 172 Rn 3; *Canaris*, S. 54 ff; Erman/*Palm*, § 172 Rn 16; *Medicus*, BGB AT, Rn 913; MüKo/*Schramm*, § 172 Rn 17; Palandt/*Ellenberger*, § 172 Rn 5; RGRK/*Steffen*, § 172 Rn 3; Staudinger/*Schilken*, § 172 Rn 8; aA *Reinicke/Tiedtke*, JZ 1984, 550.

43 BGHZ 113, 48, 51; MüKo/*Schramm*, § 172 Rn 14; Staudinger/*Schilken*, § 172 Rn 8.

44 MüKo/*Schramm*, § 172 Rn 15.

Inhalts der vervollständigten Erklärung ist freilich in analoger Anwendung von § 173 ausgeschlossen, wenn der Empfänger das abredewidrige Verhalten des zur Ausfüllung Ermächtigten kannte oder kennen musste. Ist das nicht der Fall, kann sich der Blankettgeber der ihn treffenden Bindung **nicht** unter Berufung auf seine Unkenntnis des Inhalts der vervollständigten Erklärung durch **Anfechtung nach § 119** entziehen. Als Anfechtungsgrund kommt in Analogie zu § 166 Abs. 1 nur ein Irrtum der zur Ausfüllung ermächtigten Person in Betracht.[45] – Die Fälle der (nicht gestatteten) Nutzung fremder Anschlüsse, Accounts, Passwörter o.ä. im digitalen Rechtsverkehr, in denen die Rechtsprechung eine Verpflichtung des Inhabers durch eine extensive, unkonturierte Handhabung der Regeln über die Anscheinsvollmacht begründet (näher § 167 Rn 84), sind ebenfalls besser durch eine Analogie zu § 172 zu lösen.[46] Insoweit kommt es darauf an, ob das verwendete Identifikationsmerkmal im Rechtsverkehr eine Legitimationsfunktion hat, wie sie der in § 172 geregelten Urkunde entspricht. Ist das der Fall, kommt eine rechtsgeschäftliche Haftung des Inhabers in Betracht, und zwar in Übereinstimmung mit der hier zu abhanden gekommenen Urkunden vertretenen Ansicht (§ 172 Rn 4) auch dann, wenn das Identifikationsmerkmal ohne den Willen des Inhabers, aber in einer diesem zurechenbaren Weise von einem Dritten verwendet worden ist.[47]

C. Weitere praktische Hinweise

14 Im **Zivilprozess** hat der Dritte, der sich auf das Bestehen der Vertretungsmacht nach Abs. 1 beruft, nur zu **beweisen**, dass ihm die Vollmachtsurkunde vorgelegt wurde, nicht aber, dass sie dem Vertreter vom Vollmachtgeber ausgehändigt wurde.[48] Umgekehrt hat der Vertretene die Voraussetzungen des Erlöschens der Vollmacht nach Abs. 2 bzw des Widerrufs entsprechend § 171 Abs. 2 zu beweisen.

§ 173 Wirkungsdauer bei Kenntnis und fahrlässiger Unkenntnis

Die Vorschriften des § 170, des § 171 Abs. 2 und des § 172 Abs. 2 finden keine Anwendung, wenn der Dritte das Erlöschen der Vertretungsmacht bei der Vornahme des Rechtsgeschäfts kennt oder kennen muss.

Literatur: *Canaris*, Die Vertrauenshaftung im deutschen Privatrecht, 1971; vgl auch die Hinweise bei § 170.

A. Allgemeines

1 Von der Fortdauer einer Vollmacht nach den §§ 170, 171 Abs. 2, 172 Abs. 2 nimmt § 173 die Fälle aus, in denen der Dritte das Erlöschen der Vollmacht kannte oder kennen musste. Interpretiert man die §§ 170–172 mit der hM als **Rechtsscheintatbestände** (s. dazu § 170 Rn 1 f, § 171 Rn 1; § 172 Rn 1), markiert § 173 die naturgemäße Grenze der Rechtsscheinverantwortlichkeit des Vertretenen: Der durch die §§ 170–172 angeordnete positive Vertrauensschutz wird nur dem Gutgläubigen gewährt. Erblickt man dagegen, wie **hier vertreten**, in den §§ 170–172 **rechtsgeschäftliche Tatbestände**, stellt sich § 173 als eine Vorschrift dar, die eine Beschränkung der Vertretungsmacht entsprechend den allgemeinen Regeln über den Missbrauch der Vertretungsmacht herbeiführt (s.a. § 170 Rn 2): Der Dritte, der weiß oder wissen muss, dass der Vertreter dem intern verlautbarten Willen des Vertretenen zuwiderhandelt, kann sich nicht auf das Bestehen der Vertretungsmacht berufen. Es ist allerdings zuzugeben, dass sich der Wortlaut von § 173 („Erlöschen der Vertretungsmacht“) diesem Verständnis weniger gut fügt als einer auf der Rechtsscheintheorie beruhenden Auslegung. Doch abgesehen davon, dass andererseits der Wortlaut von § 170 für die Rechtsgeschäftstheorie spricht, lässt sich der dogmatische Grundlagenstreit um die Einordnung der §§ 170 ff schwerlich mit Wortlautargumenten bestreiten. Was die **praktische Anwendung** von § 173 betrifft, darf die Bedeutung des Streits schließlich nicht überschätzt werden: Die unterschiedlichen Ausgangspunkte mögen im Ausgangspunkt, aber wohl nur selten in den Ergebnissen zu Divergenzen bei der Bestimmung des Kennenmüssens im Sinne dieser Vorschrift führen (dazu Rn 4).

45 *Medicus*, BGB AT, Rn 914.
46 Ebenso (allerdings von einem Verständnis des § 172 als Fall der Rechtsscheinhaftung ausgehend) *Oechsler*, AcP 208 (2008), 565, 576 ff.
47 AA Oechsler, AcP 2008, 565, 580 (nur freiwillige Überlassung).
48 MüKo/*Schramm*, § 173 Rn 11.

B. Regelungsgehalt

I. Anwendungsbereich

2 § 173 bezieht sich seinem Wortlaut nach nur auf das **Erlöschen einer zunächst wirksam begründeten Vollmacht**. Indes besteht Einigkeit darüber, dass die Vorschrift – genauso wie die §§ 170–172 – auch gilt, wenn der Dritte nach außen nicht verlautbarte **Beschränkungen der Vollmacht** kannte oder kennen musste, sowie darüber hinaus auch dann, wenn die (Innen-)Vollmacht **überhaupt nicht bestand** und der Dritte hiervon Kenntnis hatte oder haben musste.[1] Ebenso ist die Anwendung der §§ 170–172 nach §§ 142 Abs. 2, 173 bei Kenntnis oder Kennenmüssen der **Anfechtbarkeit** der Vollmacht ausgeschlossen.[2]

II. Kenntnis und Kennenmüssen

3 Unter **Kenntnis** ist das positive Wissen um den von § 173 erfassten Tatbestand (s. Rn 2) zu verstehen.[3] Der Ausschluss der Vertretungsmacht bei Kenntnis des Dritten gilt in den Fällen des § 172 unabhängig davon, ob das Erlöschen, die Beschränkung oder das Nichtbestehen der Vertretungsmacht aus der Vollmachtsurkunde ersichtlich ist.[4]

4 Das der Kenntnis gleichgestellte **Kennenmüssen** wird in Anknüpfung an die Legaldefinition in § 122 Abs. 2 verbreitet als **fahrlässige Unkenntnis** ausgelegt.[5] Nach dem hier vertretenen Ansatz, dem zufolge § 173 den Regeln über den Missbrauch der Vertretungsmacht entspricht, muss dagegen auf die **Evidenz für den Dritten** abgestellt werden, dass die Vollmacht nach dem Verhältnis zwischen Vertretenem und Vertreter nicht (mehr) bestehen soll oder dass ihr Bestehen zumindest fraglich ist.[6] Indes führt auch die Anwendung des Fahrlässigkeitsmaßstabs kaum zu anderen Ergebnissen,[7] wenn man die Anforderungen an die vom Dritten geforderte Sorgfalt nicht überspannt[8] und fahrlässige Unkenntnis nur dann annimmt, wenn der Dritte besondere, ihm erkennbare Umstände nicht beachtet, die Anlass zu Zweifeln am Bestehen der Vollmacht geben.[9]

5 **Gegenstand** der Kenntnis oder des Kennenmüssens ist grundsätzlich nur der in § 173 als Erlöschen der Vollmacht bezeichnete Tatbestand (und die dem Erlöschen gleichgestellten Fälle; s. Rn 2), **nicht** dagegen das **Erlöschen des Grundverhältnisses**.[10] Wird allerdings in der Vollmachtsurkunde ausdrücklich auf das Grundverhältnis Bezug genommen und liegt diese Grundvereinbarung dem Vertragsgegner vor, so darf er sich nach der Rechtsprechung des BGH Bedenken, die sich daraus gegen die Wirksamkeit der Vollmacht ergeben, nicht verschließen.[11]

III. Maßgeblicher Zeitpunkt

6 Der Dritte darf, damit er sich auf das Bestehen der Vertretungsmacht berufen kann, **bei der Vornahme des Rechtsgeschäfts** nicht bösgläubig sein. Unstreitig sind insoweit zunächst das **Verpflichtungsgeschäft** und das zu seiner Vollziehung abgeschlossene **Verfügungsgeschäft** in der rechtlichen Würdigung voneinander **zu unterscheiden**.[12] Daher kann eine nach Abschluss des Verpflichtungsgeschäfts, aber vor Abschluss des Verfügungsgeschäfts eingetretene Bösgläubigkeit nur der Vertretungsmacht für das Verfügungsgeschäft entgegenstehen, während das Verpflichtungsgeschäft wirksam ist. In der Literatur ist indes **umstritten**, ob bei einem jeweils unter Vertreterbeteiligung abgeschlossenen Verpflichtungs- oder Verfügungsgeschäft auf den Zeitpunkt der **Vollendung des gesamten Geschäftstatbestandes**[13] oder auf den Zeitpunkt der **rechtsgeschäftlichen Handlung des Vertreters**,[14] also auf die Abgabe oder den Empfang einer Willenserklärung

1 RGZ 108, 125, 127; BGH NJW 1985, 730; 2000, 2270, 2271; 2001, 3774, 3775; Bamberger/Roth/*Habermeier*, § 173 Rn 1; *Canaris*, S. 504; MüKo/*Schramm*, § 173 Rn 9; Soergel/*Leptien*, § 173 Rn 2; Staudinger/*Schilken*, § 173 Rn 7.

2 MüKo/*Schramm*, § 173 Rn 10; Staudinger/*Schilken*, § 173 Rn 5.

3 Staudinger/*Schilken*, § 173 Rn 2.

4 Vgl BGH NJW-RR 1988, 1320, 1321 (ohne Nennung von § 173).

5 BGH NJW 1985, 730; Bamberger/Roth/*Habermeier*, § 173 Rn 3; Erman/*Palm*, § 173 Rn 3; RGRK/*Steffen*, § 173 Rn 2; Soergel/*Leptien*, § 173 Rn 3.

6 So bereits *Flume*, BGB AT Bd. 2, § 50, 3 (S. 844 f); ebenso iE MüKo/*Schramm*, § 173 Rn 3; Staudinger/*Schilken*, § 173 Rn 2.

7 So auch die Einschätzung von MüKo/*Schramm*, § 173 Rn 3; Staudinger/*Schilken*, § 173 Rn 2.

8 BGH NJW 2000, 2270, 2271; 2001, 3774, 3775: keine allg. Überprüfungs- und Nachforschungspflicht.

9 Vgl BGH NJW 1985, 730, 731; OLG Hamm, FGPrax 2006, 240, 242 f.

10 BGH NJW 1985, 730; Bamberger/Roth/*Habermeier*, § 173 Rn 5; MüKo/*Schramm*, § 173 Rn 2; Staudinger/*Schilken*, § 173 Rn 3.

11 BGH NJW 1985, 730.

12 Bamberger/Roth/*Habermeier*, § 173 Rn 7; Erman/*Palm*, § 173 Rn 4; MüKo/*Schramm*, § 173 Rn 4; Soergel/*Leptien*, § 173 Rn 3; Staudinger/*Schilken*, § 173 Rn 8.

13 So Bamberger/Roth/*Habermeier*, § 173 Rn 6; RGRK/*Steffen*, § 173 Rn 2; Soergel/*Leptien*, § 173 Rn 3.

14 So Erman/*Palm*, § 173 Rn 4; MüKo/*Schramm*, § 173 Rn 4 ff; Staudinger/*Schilken*, § 173 Rn 8.

durch den Vertreter, abzustellen ist. Richtigerweise kann es nur auf den zuletzt genannten Zeitpunkt ankommen, denn es sind diese Akte, an die auch die Grundregel über die Wirkung der Stellvertretung in § 164 Abs. 1, 3 anknüpft. Ist die von dem Vertreter abgegebene Willenserklärung **empfangsbedürftig**, muss die Gutgläubigkeit des Erklärungsempfängers allerdings unter Berücksichtigung der Wertung des § 130 Abs. 1 S. 2 bis zum **Zugang** fortbestehen.[15]

7 Daraus ergibt sich für den **Vertragsschluss durch Angebot des Vertreters und Annahme durch den Geschäftsgegner**: Das vom Vertreter abgegebene Angebot wirkt nach § 164 Abs. 1 für und gegen den Vertretenen, wenn der Angebotsempfänger seinen guten Glauben an die Vollmacht bis zum Zugang des Angebots nicht verliert. Wird im Anschluss daran die Annahme erklärt und büßt der Annehmende seine Gutgläubigkeit vor dem Zugang der Annahmeerklärung ein (soweit diese empfangsbedürftig ist), fehlt es an der für § 164 Abs. 3 erforderlichen passiven Vertretungsmacht des Vertreters; doch ist dies für die Wirksamkeit des Vertrages unerheblich, wenn die Annahme entweder an den Vertretenen selbst gerichtet und diesem zugegangen ist oder wenn sie zwar an den (vollmachtlosen) Vertreter adressiert, aber von diesem an den Vertretenen übermittelt wurde.

8 Handelt es sich bei dem Rechtsgeschäft um einen zusammengesetzten Tatbestand, also insbesondere um ein **Verfügungsgeschäft**, kommt es nach der hier vertretenen Ansicht für die Gutgläubigkeit auf den Zeitpunkt der **Einigung** an.[16] Wird der Dritte also bösgläubig, bevor weitere Elemente des Verfügungsgeschäfts (etwa die Übergabe) verwirklicht sind, beeinträchtigt dies die Wirksamkeit des Geschäfts nicht.

IV. Rechtsfolge

9 Kann sich der Dritte nach § 173 nicht auf das Vorliegen der Vertretungsmacht berufen, gelten für das Vertretergeschäft die Regeln über die **Vertretung ohne Vertretungsmacht** (§§ 177 ff), dh die Wirksamkeit des Geschäfts hängt nach § 177 von der Genehmigung durch den Vertretenen ab. Verweigert der Vertretene die Genehmigung, ist eine Inanspruchnahme des Vertreters durch den Dritten nach § 179 Abs. 3 S. 1 ausgeschlossen.

C. Weitere praktische Hinweise

10 Die **Beweislast** dafür, dass der Dritte bei der Vornahme des Rechtsgeschäfts bösgläubig war, trifft den Vertretenen. Zur Beweislastverteilung bei der Anwendung der §§ 170–172 s. § 170 Rn 8, § 171 Rn 7, § 172 Rn 14.

§ 174 Einseitiges Rechtsgeschäft eines Bevollmächtigten

¹Ein einseitiges Rechtsgeschäft, das ein Bevollmächtigter einem anderen gegenüber vornimmt, ist unwirksam, wenn der Bevollmächtigte eine Vollmachtsurkunde nicht vorlegt und der andere das Rechtsgeschäft aus diesem Grunde unverzüglich zurückweist. ²Die Zurückweisung ist ausgeschlossen, wenn der Vollmachtgeber den anderen von der Bevollmächtigung in Kenntnis gesetzt hatte.

A. Allgemeines

1 § 174 verfolgt den Zweck, demjenigen, dem gegenüber der Vertreter ein einseitiges Rechtsgeschäft vornimmt, die Möglichkeit zu geben, sich **Gewissheit über die Wirksamkeit des Geschäfts** zu verschaffen, was das Vorliegen einer Vollmacht betrifft. Die Regelung ist im Zusammenhang mit § 180 zu sehen: Ein ohne Vollmacht (oder gesetzlich bzw organschaftlich begründete Vertretungsmacht) vorgenommenes einseitiges Rechtsgeschäft ist nach § 180 S. 1 unwirksam, es sei denn, der Dritte lässt die behauptete Vertretungsmacht unbeanstandet oder ist mit dem Handeln ohne Vertretungsmacht einverstanden (§ 180 S. 2). § 174 verschafft dem Dritten ergänzenden Schutz, wenn der Vertreter zwar über eine Vollmacht zur Vornahme des einseitigen Rechtsgeschäfts verfügt, aber aus der Perspektive des Dritten hierüber wegen fehlender Vorlegung einer

15 MüKo/*Schramm*, § 173 Rn 5; Staudinger/*Schilken*, § 173 Rn 8.

16 Erman/*Palm*, § 173 Rn 4; MüKo/*Schramm*, § 173 Rn 7; Staudinger/*Schilken*, § 173 Rn 8; aA Bamberger/Roth/*Habermeier*, § 173 Rn 7; RGRK/*Steffen*, § 173 Rn 2; Soergel/*Leptien*, § 173 Rn 3.

Vollmachtsurkunde keine Sicherheit besteht. Die Möglichkeit, das Geschäft aus diesem Grund zurückzuweisen, kennt das BGB als Schutzmechanismus bei einseitigen Rechtsgeschäften auch in anderem Zusammenhang (vgl insb. § 111 S. 2, 3).

B. Regelungsgehalt

I. Anwendungsbereich

In seinem direkten Anwendungsbereich gilt § 174 für **einseitige empfangsbedürftige Willenserklärungen** (etwa Anfechtungs-, Kündigungs-, Rücktrittserklärungen oder auch die Zurückweisung nach § 174[1]), die der Bevollmächtigte **im Namen des Vertretenen** abgibt. Ein einseitiges Rechtsgeschäft, das der Vertreter nicht in, sondern **unter fremdem Namen** (s. dazu § 164 Rn 70 ff) vornimmt, ist dagegen ohne weiteres unwirksam; hier § 174 anzuwenden, hätte angesichts der fehlenden Gelegenheit des Dritten, das Geschäft wegen fehlender Vorlage einer Vollmachtsurkunde zurückzuweisen, keinen Sinn.[2] 2

Jenseits der vom Gesetzeswortlaut erfassten Konstellationen findet § 174 in verschiedenen Konstellationen **analoge Anwendung**. So hat nach ganz überwiegender Ansicht der in die mündliche Übermittlung einer einseitigen Willenserklärung eingeschaltete **Erklärungsbote** dem Empfänger seine Botenmacht durch Vorlegung einer Urkunde nachzuweisen.[3] Ebenso gilt § 174 analog für einen **Gesamtvertreter**, soweit dieser aufgrund einer **Ermächtigung** durch die anderen Gesamtvertreter zur Vornahme bestimmter Rechtsgeschäfte legitimiert ist (s. § 167 Rn 58):[4] Legt er keine Urkunde über die Ermächtigung vor, kann der Dritte das von dem Gesamtvertreter getätigte einseitige Rechtsgeschäft zurückweisen. Die Möglichkeit der Zurückweisung analog S. 1 besteht jenseits einseitiger Rechtsgeschäfte im Übrigen auch bei **einseitigen geschäftsähnlichen Handlungen**, etwa bei der **Mahnung**,[5] bei der **Abmahnung** im Wettbewerbsrecht,[6] bei **Mieterhöhungsverlangen**[7], **Ausübung des Bezugsrechtes nach § 186 AktG**[8] und **Fristsetzungen**.[9] Schließlich befürworten zahlreiche Stimmen in der Literatur eine analoge Anwendung auf die **Annahme eines Angebots zum Vertragsschluss** jedenfalls dann, wenn der Geschäftsgegner nicht schon das Angebot dem Vertreter gegenüber erklärt hat.[10] Dies verdient Zustimmung: Geht dem Geschäftsgegner eine Annahmeerklärung von einem Vertreter der Person zu, an die er das Angebot gerichtet hat, ist sein Bedürfnis, sich Gewissheit über die Vollmacht des Vertreters zu verschaffen, genauso ausgeprägt und schutzwürdig wie beim Empfang einer einseitigen Willenserklärung. 3

Ausgeschlossen ist die Anwendung von § 174 dagegen seit dem 1.9.2001 nach § 651 g Abs. 1 S. 2 für die **Geltendmachung reisevertraglicher Ansprüchen nach den §§ 651 c–651 f**.[11] Auch für eine von einem Rechtsanwalt im Rahmen des gesetzlichen Umfangs seiner **Prozessvollmacht** abgegebene Erklärung gilt die Vorschrift wegen ihrer Ausrichtung auf bürgerlich-rechtliche, regelmäßig formfreie und willkürlich beschränkbare Vollmachten nicht.[12] Nicht dem privatrechtlich Bevollmächtigten gleichgestellt werden darf (wegen seiner Stellung als Staatsorgan) auch der mit der Zustellung einer Willenserklärung betraute **Gerichtsvollzieher**. Daher ist § 174 nicht auf ihn zu beziehen (wohl aber auf einen Bevollmächtigten, der ihm den Zustellungsauftrag erteilt hat).[13] – Keine direkte oder analoge Anwendung kommt darüber hinaus bei **gesetz-** 4

1 Dazu, dass auf die Zurückweisung nach § 174 durch einen Vertreter wiederum § 174 anzuwenden ist, Staudinger/*Schilken*, § 174 Rn 9; *Tempel*, NJW 2001, 1905, 1908.
2 Staudinger/*Schilken*, § 174 Rn 1 mwN.
3 Bamberger/Roth/*Habermeier*, § 174 Rn 3; Erman/*Palm*, § 174 Rn 9; MüKo/*Schramm*, § 174 Rn 2; Soergel/*Leptien*, § 174 Rn 7; Staudinger/*Schilken*, § 174 Rn 4.
4 BGH NJW 2002, 1194, 1195; BAG NJW 1981, 2374; Bamberger/Roth/*Habermeier*, § 174 Rn 3; Erman/*Palm*, § 174 Rn 2; MüKo/*Schramm*, § 174 Rn 2; Soergel/*Leptien*, § 174 Rn 7; Staudinger/*Schilken*, § 174 Rn 2.
5 BGH NJW 1983, 1542; aus der Lit. zu diesem wie auch zu den nachfolgend aufgeführten Fällen rechtsgeschäftsähnlicher Handlungen Bamberger/Roth/*Habermeier*, § 174 Rn 2; MüKo/*Schramm*, § 174 Rn 3; Soergel/*Leptien*, § 174 Rn 7; Staudinger/*Schilken*, § 174 Rn 2.
6 OLG Düsseldorf ZUM-RD 2007, 579; OLG Hamburg GRUR 1976, 444; OLG Nürnberg NJW-RR 1991, 1393; aA OLG Köln WRP 1985, 360; OLG Karlsruhe NJW-RR 1990, 1323; OLG Hamburg GRUR-RR 2008, 370, 371 mit dem Argument, die Abmahnung im Wettbewerbsrecht enthalte nicht nur eine einseitige Erklärung, sondern zugleich ein Angebot auf Abschluss eines Unterwerfungsvertrages.
7 OLG Hamm NJW 1982, 2076; offen gelassen in BGH NJW 2003, 963, 964.
8 BGH AG 2006, 201.
9 Dazu *Deggau*, JZ 1982, 796.
10 Bamberger/Roth/*Habermeier*, § 174 Rn 4; Erman/*Palm*, § 174 Rn 9; MüKo/*Schramm*, § 174 Rn 2; Soergel/*Leptien*, § 174 Rn 7; Staudinger/*Schilken*, § 174 Rn 2; aA *Bork*, BGB AT, Rn 1532.
11 Anders noch die frühere Rspr, vgl BGHZ 145, 343.
12 BGH NJW 2003, 963, 964 f; BAG BB 1978, 208; LG Tübingen NJW-RR 1991, 972; Palandt/*Ellenberger*, § 174 Rn 3; Soergel/*Leptien*, § 174 Rn 4; aA LG Dortmund AnwBl 1984, 222; LG Karlsruhe WuM 1985, 320.
13 BGH NJW 1981, 1210; Bamberger/Roth/*Habermeier*, § 174 Rn 3; MüKo/*Schramm*, § 174 Rn 4; Soergel/*Leptien*, § 174 Rn 7; Staudinger/*Schilken*, § 174 Rn 5.

lichen Vertretern wie Vormündern, Betreuern oder Pflegern in Betracht:[14] Die Bestallungsurkunde hat hier nicht den Zweck, dem Dritten Klarheit über das Bestehen der Vertretungsmacht zu verschaffen. Das Risiko, dass der Vertreter nicht über die von ihm behauptete gesetzliche Vertretungsmacht verfügt, hat vielmehr der Erklärungsempfänger zu tragen. Ebenso wenig gilt § 174 für die **organschaftliche Vertretung**.[15]

5 **Für die entsprechende Anwendung** von § 174 spricht sich der **BGH**[16] dagegen bei der **Vertretung einer GbR** aus, soweit diese als (teil-)rechtsfähig anerkannt wird[17] und die Vertretungsverhältnisse von der gesetzlichen Regelung in den §§ 709, 714 abweichen: Weil der Empfänger der Erklärung weder Kenntnis von der Existenz der Gesellschaft noch von deren Vertretungsverhältnissen habe und ein Register nicht zur Verfügung stehe, müsse der Vertreter entweder eine Vollmacht der übrigen Gesellschafter oder den Gesellschaftsvertrag oder eine Erklärung der Gesellschafter über die von den §§ 709, 714 abweichende Regelung vorlegen, um die Möglichkeit der Zurückweisung nach S. 1 abzuwenden.

II. Fehlende Vorlage einer Vollmachtsurkunde

6 Die Möglichkeit des Dritten, das einseitige Rechtsgeschäft des Bevollmächtigten zurückzuweisen, besteht dann, wenn der Bevollmächtigte **keine Vollmachtsurkunde vorlegt**. Hierfür gelten die zu § 172 gemachten Ausführungen (§ 172 Rn 6 ff) entsprechend. Der Nichtvorlage steht der Fall gleich, in dem zwar eine Urkunde vorgelegt wird, der Dritte aber deren **Unrichtigkeit** erkennt oder Grund hat, an der Richtigkeit zu zweifeln, was insbesondere bei einer unleserlichen oder inhaltlich unklaren Urkunde zu bejahen ist.[18] **Nicht zurückweisen** darf der Dritte dagegen ein einseitiges Rechtsgeschäft, wenn eine Vollmachtsurkunde vorgelegt wird, aus der sich ein **Anfechtungsgrund** ergibt.[19] Schutz bieten dem Dritten hier die §§ 122, 179, bei denen freilich eine Anwendung der Regelungen über den Anspruchsausschluss nach §§ 122 Abs. 2, 179 Abs. 3 zulasten des Dritten, der dem anfechtbaren Geschäft widersprochen hat, ausscheiden muss.[20]

7 **Sonderfälle**, bei denen es keiner Vorlage einer (Original-)Urkunde bedarf, um eine Zurückweisung auszuschließen, sind die Vertretung durch einen **Prokuristen** und die Vertretung einer **Gemeinde**: Bei der Prokura reicht in jedem Falle die Vorlage eines beglaubigten Handelsregisterauszugs aus, aber auch die Handelsregistereintragung und anschließende Bekanntmachung.[21] Bei der Vertretung einer Gemeinde genügt die Verwendung des gemeinderechtlich vorgeschriebenen Dienstsiegels.[22]

III. Zurückweisung

8 Die Zurückweisung ist eine **empfangsbedürftige Willenserklärung**, die der Dritte **an den Vertreter oder an den Vertretenen** richten kann.[23] Nur ausnahmsweise, nämlich dann, wenn sonst die Nichteinhaltung einer Frist für das einseitige Geschäft droht, ist der Dritte nach § 242 gehalten, die Zurückweisung dem Vertreter gegenüber zu erklären.[24] Inhaltlich muss die Zurückweisung zumindest auch **wegen der fehlenden Vorlage einer Vollmachtsurkunde** („aus diesem Grund") erfolgen, wobei ein konkludenter Hinweis genügt, soweit die Zurückweisung insoweit eindeutig ist.[25] Zeitlich muss die Zurückweisung **unverzüglich** (ohne schuldhaftes Zögern, § 121 Abs. 1 S. 1) auf die Erklärung des Vertreters folgen. Im Regelfall dürfte es daran fehlen, wenn bis zur Zurückweisung mehr als zehn Tage verstrichen sind.[26] Wenn es nur einer kurzen Überlegung bedarf, kann auch eine Zurückweisung nach sechs Tagen nicht mehr unverzüglich sein.[27] Allerdings ist dem Dritten die Inanspruchnahme von Rechtsrat zu ermöglichen.[28] Hat der Vertreter angekündigt, die Vollmachtsurkunde oder eine Bestätigung des Vertretenen nachzureichen, liegt kein schuldhaftes Zögern vor, wenn der

14 RGZ 74, 263, 265; BGH NJW 2002, 1194, 1195; BAG NZA 2007, 377, 379; OLG Düsseldorf NJW-RR 1993, 470; MüKo/*Schramm*, § 174 Rn 10; Soergel/*Leptien*, § 174 Rn 8; Staudinger/*Schilken*, § 174 Rn 6.

15 BGH NJW 2002, 1194, 1195; BAG NZA 2007, 377, 379 f; MüKo/*Schramm*, § 174 Rn 10; Soergel/*Leptien*, § 174 Rn 8; Staudinger/*Schilken*, § 174 Rn 6.

16 BGH NJW 2002, 1194, 1195.

17 Dazu grundlegend BGHZ 146, 341.

18 BAG AP § 174 Nr. 3; MüKo/*Schramm*, § 174 Rn 4; Soergel/*Leptien*, § 174 Rn 2.

19 Bamberger/Roth/*Habermeier*, § 174 Rn 13; MüKo/*Schramm*, § 174 Rn 4; Soergel/*Leptien*, § 174 Rn 2; Staudinger/*Schilken*, § 174 Rn 8; aA Erman/*Palm*, § 174 Rn 3; RGRK/*Steffen*, § 174 Rn 1.

20 MüKo/*Schramm*, § 174 Rn 4; Staudinger/*Schilken*, § 174 Rn 8.

21 BAG NZA 2008, 753, 754; BAG ZIP 1992, 497; MüKo/*Schramm*, § 174 Rn 4; Soergel/*Leptien*, § 174 Rn 2.

22 MüKo/*Schramm*, § 174 Rn 4 unter Hinw. auf BAG BB 1988, 1675.

23 Statt vieler Staudinger/*Schilken*, § 174 Rn 7.

24 MüKo/*Schramm*, § 174 Rn 5.

25 BAG NJW 1981, 2374; BAG NZA-RR 2007, 571, 575; Bamberger/Roth/*Habermeier*, § 174 Rn 8; MüKo/*Schramm*, § 174 Rn 5; Soergel/*Leptien*, § 174 Rn 3; Staudinger/*Schilken*, § 174 Rn 8.

26 Vgl LAG Düsseldorf DB 1995, 1036; OLG Naumburg LKV 2008, 476, 477.

27 OLG Hamm NJW 1991, 1185.

28 BAG DB 1978, 2082; OLG Düsseldorf GRUR-RR 2010, 87, 88; Staudinger/*Schilken*, § 174 Rn 9.

Dritte das Geschäft erst zurückweist, nachdem die von dem Vertreter beanspruchte oder eine angemessene Frist für die nachträgliche Vorlage verstrichen ist.[29]

IV. Rechtsfolge

Das von dem Dritten unverzüglich wegen der fehlenden Vorlage einer Vollmachtsurkunde zurückgewiesene Rechtsgeschäft ist **voll und nicht nur schwebend unwirksam**, und zwar unabhängig davon, ob der Vertreter eine Vollmacht für das zurückgewiesene Geschäft hatte oder nicht.[30] Der Vertreter haftet in diesem Fall nicht nach § 179, und der Vertretene kann das Geschäft nicht nach § 177 genehmigen. Vielmehr kommt nur die Neuvornahme des Rechtsgeschäfts in Betracht.[31] Weist der Dritte das Geschäft dagegen nicht zurück oder genügt die Zurückweisung nicht den in Rn 8 dargelegten Anforderungen, ist das Geschäft wirksam, wenn die vom Vertreter behauptete Vollmacht besteht; andernfalls ist § 180 anzuwenden. 9

V. Ausschluss nach S. 2

Die Zurückweisung ist ausgeschlossen, wenn der **Vollmachtgeber den Dritten von der Bevollmächtigung in Kenntnis gesetzt** hat. Hierzu genügt eine formlose, zumindest auch an den Dritten gerichtete Kundgabe (jedoch nicht nur ein Aushang am „Schwarzen Brett"[32]), aber auch ein schlüssiges Verhalten mit entsprechendem Inhalt. Das ist der Fall, wenn der Vollmachtgeber dem Bevollmächtigtem eine **Stellung** eingeräumt hat, **die üblicherweise mit einer das Rechtsgeschäft deckenden Vollmacht einhergeht**,[33] also etwa im Falle einer Kündigung eines Arbeitsverhältnisses[34] die Stellung eines Leiters der Personalabteilung oder eines Amtsleiters,[35] jedoch nicht die Position eines Sachbearbeiters oder eines personalzuständigen Referatsleiters in einer Behörde.[36] Über den Wortlaut des S. 2 hinaus ist eine Zurückweisung außerdem wegen **Verstoßes gegen Treu und Glauben (§ 242)** unstatthaft, wenn der Dritte schon wiederholt das rechtsgeschäftliche Handeln des Vertreters für den Vertretenen anerkannt hat, ohne sich eine Vollmachtsurkunde vorlegen zu lassen, oder wenn der Vertreter vom Vertretenen mit der Abwicklung der gesamten vertraglichen Beziehung betraut war.[37] 10

C. Weitere praktische Hinweise

Im **Zivilprozess** trägt der Dritte, an den der Vertreter die einseitige Willenserklärung im Namen des Vertretenen gerichtet hat, die **Beweislast** für die unverzügliche Zurückweisung des Rechtsgeschäfts, während der Vertretene die Vorlage der Vollmachtsurkunde oder die Voraussetzungen eines Ausschlusses der Zurückweisung nach S. 2 bzw nach § 242 zu beweisen hat.[38] 11

§ 175 Rückgabe der Vollmachtsurkunde

Nach dem Erlöschen der Vollmacht hat der Bevollmächtigte die Vollmachtsurkunde dem Vollmachtgeber zurückzugeben; ein Zurückbehaltungsrecht steht ihm nicht zu.

29 MüKo/*Schramm*, § 174 Rn 6; Soergel/*Leptien*, § 174 Rn 3.
30 Bamberger/Roth/*Habermeier*, § 174 Rn 10; MüKo/*Schramm*, § 174 Rn 11; Soergel/*Leptien*, § 174 Rn 6; Staudinger/*Schilken*, § 174 Rn 10.
31 Bamberger/Roth/*Habermeier*, § 174 Rn 10; MüKo/*Schramm*, § 174 Rn 11; Soergel/*Leptien*, § 174 Rn 6; Staudinger/*Schilken*, § 174 Rn 10.
32 LAG Berlin NZA-RR 2007, 15, 17; LAG Köln MDR 2003, 95, 96; Staudinger/*Schilken*, § 174 Rn 11.
33 BGH NJW 2009, 293.
34 Dazu insgesamt Staudinger/*Schilken*, § 174 Rn 11; *Lohr*, MDR 2000, 620, 622 ff; für den Prokuristen BAG NZA 1992, 449, 450 f; hiergegen aber *Lux*, NZA-RR 2008, 393.
35 BAGE 24, 273, 277; BAG NZA 1997, 1343, 1345; NJW 2001, 1229, 1230.
36 Zu Sachbearbeitern BAG BB 1998, 539, 540; zum Referatsleiter in einer Behörde BAG NZA 1997, 1343, 1345.
37 OLG Naumburg LKV 2008, 476, 477; MüKo/*Schramm*, § 174 Rn 9; Staudinger/*Schilken*, § 174 Rn 12 mwN.
38 Bamberger/Roth/*Habermeier*, § 174 Rn 13; Staudinger/*Schilken*, § 174 Rn 13.

A. Allgemeines

1 Durch die Gewährung eines **Anspruchs auf Rückgabe der Vollmachtsurkunde** gibt § 175 dem Vollmachtgeber eine rechtliche Handhabe, den Bevollmächtigten daran zu hindern, nach Erlöschen der Vollmacht von einer ihm ausgehändigten Vollmachtsurkunde Gebrauch zu machen und dadurch eine Bindung des Vollmachtgebers nach § 172 Abs. 1 herbeizuführen. Mit der Geltendmachung des Anspruchs zielt der Vollmachtgeber zugleich auf die Beendigung der Vertretungsmacht nach § 172 Abs. 2.

B. Regelungsgehalt

I. Anspruchsvoraussetzungen

2 Nach dem Wortlaut der Vorschrift ist die Rückgabepflicht an das **Erlöschen der Vollmacht** geknüpft. Im Einklang mit der erweiterten Anwendung von § 172 (s. § 172 Rn 9) ist § 175 darüber hinaus analog anzuwenden, wenn die aus der Urkunde ersichtliche Vollmacht **nichtig** ist oder in Wahrheit **nicht erteilt** wurde.[1] Dabei ist unerheblich, aus welchem Grund die Vollmacht erloschen oder überhaupt nicht erst entstanden ist.[2] Ebenso ist **irrelevant**, wem das **Eigentum an der Vollmachtsurkunde** zusteht.[3] Ist die Vollmacht nur teilweise, aber **nicht vollständig erloschen oder unwirksam** (etwa weil nur einer von mehreren Vollmachtgebern die Vollmacht widerrufen hat), ist ein **Rückgabeanspruch nicht gegeben**; allerdings kann die Vorlage der Vollmachtsurkunde zum Zwecke der Anbringung eines entsprechenden Vermerks verlangt werden.[4]

II. Anspruchsinhalt

3 Der Bevollmächtigte hat dem Vollmachtgeber die **Vollmachtsurkunde zurückzugeben**, und zwar die **Urschrift und etwaige Ausfertigungen**. Entsprechendes gilt für **Ermächtigungsurkunden**.[5] Nach Ansicht einiger Stimmen im Schrifttum sind in analoger Anwendung von § 175 regelmäßig auch **Abschriften und Fotokopien** der Vollmachtsurkunde zurückzugeben, damit dem Normzweck (Vermeidung von Missbrauchsgefahren) Genüge getan wird.[6] Allerdings hat diese Meinung bisher nicht die Zustimmung des BGH gefunden.[7] Gegen sie spricht, dass Abschriften und Fotokopien von Vollmachtsurkunden anders als diese selbst nicht geeignet sind, Vertretungsmacht nach § 172 Abs. 1 zu begründen (s. § 172 Rn 7), und dass § 175 wohl nur der aus § 172 resultierenden Gefahr für den Vollmachtgeber begegnen soll (s. Rn 1).

4 Die Rückgabepflicht erstreckt sich grundsätzlich auch auf Urkunden, die außer der Vollmacht noch **andere Erklärungen** – etwa betreffend das Innenverhältnis zwischen Vollmachtgeber und Bevollmächtigtem – dokumentieren.[8] Ist der sonstige Inhalt der Urkunde allerdings für den Bevollmächtigten erheblich, kann ihm aufgrund des Innenverhältnisses das Recht zustehen, eine Abschrift der Urkunde anzufertigen. Bei Vorliegen eines berechtigten Interesses des Bevollmächtigten entspricht es darüber hinaus einem Gebot von Treu und Glauben, diesem die Urkunde nach Streichung der Vollmachtsklausel wieder auszuhändigen oder eine neue Urkunde über den restlichen Inhalt auszustellen.[9]

5 Der Bevollmächtigte kann seine Verpflichtung aus § 175 bei Unsicherheit über den Berechtigten statt durch Rückgabe auch durch **Hinterlegung** erfüllen,[10] allerdings nur dann, wenn die Rücknahme nach § 376 ausgeschlossen ist.[11] **Keine Rückgabe** kommt schließlich bei einer zu den Gerichtsakten gereichten, dauerhaft dort verbleibenden Urkunde über eine Prozessvollmacht (§ 80 Abs. 1 ZPO) in Betracht.[12]

1 Bamberger/Rath/*Habermeier*, § 175 Rn 2; Erman/*Palm*, § 175 Rn 2; MüKo/*Schramm*, § 175 Rn 1; Soergel/*Leptien*, § 175 Rn 2; Staudinger/*Schilken*, § 175 Rn 1.
2 Bamberger/Roth/*Habermeier*, § 175 Rn 2; Soergel/*Leptien*, § 175 Rn 2; Staudinger/*Schilken*, § 175 Rn 1.
3 Bamberger/Roth/*Habermeier*, § 175 Rn 2; Erman/*Palm*, § 175 Rn 2; Palandt/*Ellenberger*, § 175 Rn 1; RGRK/*Steffen*, § 175 Rn 1; Soergel/*Leptien*, § 175 Rn 2; Staudinger/*Schilken*, § 175 Rn 3.
4 BGH NJW 1990, 507; MüKo/*Schramm*, § 175 Rn 2; Staudinger/*Schilken*, § 175 Rn 3.
5 OLG Köln VersR 1994, 191; Soergel/*Leptien*, § 175 Rn 4; Staudinger/*Schilken*, § 175 Rn 7.
6 Bamberger/Roth/*Habermeier*, § 175 Rn 3; Soergel/*Leptien*, § 175 Rn 3; Staudinger/*Schilken*, § 175 Rn 4.
7 Abl. BGH NJW 1988, 697, 698.
8 MüKo/*Schramm*, § 175 Rn 3; Staudinger/*Schilken*, § 175 Rn 4.
9 MüKo/*Schramm*, § 175 Rn 3 mwN.
10 KG NJW 1957, 754, 755.
11 Bamberger/Roth/*Habermeier*, § 175 Rn 3; Erman/*Palm*, § 175 Rn 2; MüKo/*Schramm*, § 175 Rn 4; Staudinger/*Schilken*, § 175 Rn 2; wohl ohne die Beschränkung auf den Ausschluss der Rücknahme Soergel/*Leptien*, § 175 Rn 2.
12 Bamberger/Roth/*Habermeier*, § 175 Rn 5; MüKo/*Schramm*, § 175 Rn 5.

III. Anspruchsgegner

Verbreiteter Ansicht zufolge kann zur Rückgabe der Urkunde außer dem Bevollmächtigten selbst (in Analogie zu § 175) **auch ein Dritter** verpflichtet sein, der sich im Besitz der Urkunde befindet.[13] Dem wird entgegengehalten, dass § 175 keine allgemeine Täuschungsgefahren wie ein Handeln des Dritten unter fremdem Namen (dh unter dem aus der Urkunde ersichtlichen Namen) oder als angeblicher Unterbevollmächtigter des Vertreters erfasse und im Übrigen die Kraftloserklärung nach § 176 ausreichenden Schutz biete.[14] Solange sich eine Vollmachtsurkunde im Rechtsverkehr befindet, besteht jedoch die Möglichkeit, dass sie an die aus der Urkunde ersichtliche Person des Vertreters (zurück-)gelangt und sich das spezifische, durch § 172 eröffnete Risiko eines Missbrauchs verwirklicht, dem § 175 entgegenwirken soll. Den Vollmachtgeber hier auf den Schutz durch die Kraftloserklärung zu beschränken, ist nicht recht einzusehen. 6

IV. Ausschluss des Zurückbehaltungsrechts

Damit die (Fort-)Wirkung der auf der Vollmachtsurkunde beruhenden Vertretungsmacht stets beendet werden kann, schließt § 175 jedes Zurückbehaltungsrecht des Bevollmächtigten an der Vollmachtsurkunde aus. Das gilt **auch** dann, wenn das Rückgabeverlangen auf eine **andere Anspruchsgrundlage** (etwa § 985) gestützt wird.[15] Von dem Ausschluss erfasst werden Zurückbehaltungsrechte beliebiger Natur, insbesondere auch das **Zurückbehaltungsrecht eines Rechtsanwalts an seinen Handakten** (§ 50 BRAO).[16] 7

C. Weitere praktische Hinweise

Ist zu befürchten, dass das Rückgabeverlangen nach § 175 nicht erfüllt wird, empfiehlt es sich, vorsorglich nach § 176 vorzugehen und die Kraftloserklärung der Urkunde zu betreiben. 8

§ 176 Kraftloserklärung der Vollmachtsurkunde

(1) [1]Der Vollmachtgeber kann die Vollmachtsurkunde durch eine öffentliche Bekanntmachung für kraftlos erklären; die Kraftloserklärung muss nach den für die öffentliche Zustellung einer Ladung geltenden Vorschriften der Zivilprozessordnung veröffentlicht werden. [2]Mit dem Ablauf eines Monats nach der letzten Einrückung in die öffentlichen Blätter wird die Kraftloserklärung wirksam.

(2) Zuständig für die Bewilligung der Veröffentlichung ist sowohl das Amtsgericht, in dessen Bezirk der Vollmachtgeber seinen allgemeinen Gerichtsstand hat, als das Amtsgericht, welches für die Klage auf Rückgabe der Urkunde, abgesehen von dem Wert des Streitgegenstands, zuständig sein würde.

(3) Die Kraftloserklärung ist unwirksam, wenn der Vollmachtgeber die Vollmacht nicht widerrufen kann.

A. Allgemeines

Um das durch § 172 geschaffene **Risiko der missbräuchlichen Verwendung einer Vollmachtsurkunde** zu beseitigen und das **Erlöschen der Vertretungsmacht** nach **§ 172 Abs. 2** herbeizuführen, steht dem Vollmachtgeber neben dem Anspruch auf Rückgabe der Urkunde nach § 175 das (gleichrangige und nicht bloß subsidiäre[1]) Mittel der Kraftloserklärung der Urkunde nach § 176 zu Gebote. 1

13 Bamberger/Roth/*Habermeier*, § 175 Rn 6; Erman/*Palm*, § 175 Rn 2; MüKo/*Schramm*, § 175 Rn 7; Palandt/*Ellenberger*, § 175 Rn 1; mit Einschr. auch Soergel/*Leptien*, § 175 Rn 4.
14 Staudinger/*Schilken*, § 175 Rn 5.
15 Bamberger/Roth/*Habermeier*, § 175 Rn 7; Erman/*Palm*, § 175 Rn 3, MüKo/*Schramm*, § 175 Rn 5; Palandt/*Ellenberger*, § 175 Rn 1; Soergel/*Leptien*, § 175 Rn 2; Staudinger/*Schilken*, § 175 Rn 9.
16 Bamberger/Roth/*Habermeier*, § 175 Rn 7; Erman/*Palm*, § 175 Rn 3, MüKo/*Schramm*, § 175 Rn 5; Soergel/*Leptien*, § 175 Rn 2; Staudinger/*Schilken*, § 175 Rn 8. – Vgl andererseits Rn 5 zu bei den Gerichtsakten befindlichen Vollmachtsurkunden.
1 Statt vieler Staudinger/*Schilken*, § 176 Rn 1.

B. Regelungsgehalt

I. Die Kraftloserklärung als Willenserklärung

2 Bei der Kraftloserklärung handelt es sich um eine **Willenserklärung des Vollmachtgebers**,[2] für deren Wirksamwerden das besondere Verfahren der öffentlichen Bekanntmachung nach den für die öffentliche Zustellung einer Ladung geltenden Vorschriften der ZPO (§§ 185 ff ZPO) vorgeschrieben ist. Ihre **Rechtswirkung** besteht darin, dass die nach § 172 Abs. 1 aufgrund der Aushändigung der Vollmachtsurkunde bestehende **Vertretungsmacht erlischt**, und zwar, ohne dass es auf die Kenntnis oder das Kennenmüssen derjenigen ankommt, denen gegenüber nach Wirksamwerden der Kraftloserklärung von der Vollmachtsurkunde Gebrauch gemacht wird.[3]

3 Bezieht sich die Kraftloserklärung auf eine wirksam begründete, noch nicht widerrufene Vollmacht, ist ihr zudem der **Widerruf der Vollmacht** zu entnehmen.[4] Ist die Vollmacht unwiderruflich, kommt nach Abs. 3 folgerichtig auch keine Kraftloserklärung in Betracht. Dies gilt jedoch nicht, wenn ein **wichtiger Grund zum Widerruf** vorliegt, wie er auch bei der unwiderruflichen Vollmacht stets beachtlich ist (s. § 168 Rn 13): Hier ist entgegen Abs. 3 eine (den Widerruf ggf enthaltende) Kraftloserklärung wirksam.[5]

II. Das Verfahren der Kraftloserklärung

4 Mit dem **Antrag** auf Bewilligung der Veröffentlichung der Kraftloserklärung beginnt ein **Verfahren der freiwilligen Gerichtsbarkeit**. Der Antrag, der keiner näheren Begründung bedarf,[6] ist mit der Willenserklärung bei dem zuständigen Amtsgericht einzureichen. **Zuständig** ist nach Abs. 2 sowohl das Amtsgericht, an dem der Vollmachtgeber seinen allgemeinen Gerichtsstand (§§ 12 ff ZPO) hat, als auch das Amtsgericht, das – ungeachtet des Streitwertes – für die Klage auf Rückgabe der Urkunde nach § 175 zuständig wäre. Das Gericht nimmt **keine materielle Überprüfung** der Kraftloserklärung vor. Dies gilt insbesondere auch für die Frage, ob die Vollmacht unwiderruflich und die Kraftloserklärung daher nach Abs. 3 unwirksam ist.[7] Es entscheidet durch **Verfügung** (Rechtsmittel: Beschwerde, § 58 FamFG), in der, wenn dem Antrag stattgegeben wird, die **Veröffentlichung** der Kraftloserklärung angeordnet wird, und zwar nach § 186 Abs. 2 ZPO durch Aushang an der Gerichtstafel und ggf nach § 187 ZPO zusätzlich durch einmalige oder mehrfache Veröffentlichung im Bundesanzeiger oder in anderen Blättern. Nach Abs. 1 S. 2 wird die Kraftloserklärung mit dem **Ablauf eines Monats** nach der letzten Einrückung in die öffentlichen Blätter wirksam. Erfolgt nur der Aushang nach § 186 Abs. 2 ZPO, kommt es für den Fristbeginn auf dessen Zeitpunkt an.[8]

C. Weitere praktische Hinweise

5 Nach § 122 Abs. 1 Nr. 3 KostO betragen die Verfahrenskosten eine halbe Gebühr. Der Antragsteller ist Kostenschuldner (§ 2 Nr. 1 KostO); er kann jedoch von dem Bevollmächtigten nach materiellem Recht Ersatz der angefallenen Kosten verlangen, wenn dieser ihm wegen Verzugs oder zu vertretender Unmöglichkeit der Rückgabe der Vollmachtsurkunde haftet oder durch die Verletzung seiner Pflichten aus dem Grundverhältnis Anlass zu der Kraftloserklärung gegeben hat.[9]

§ 177 Vertragsschluss durch Vertreter ohne Vertretungsmacht

(1) Schließt jemand ohne Vertretungsmacht im Namen eines anderen einen Vertrag, so hängt die Wirksamkeit des Vertrags für und gegen den Vertretenen von dessen Genehmigung ab.

(2) [1]Fordert der andere Teil den Vertretenen zur Erklärung über die Genehmigung auf, so kann die Erklärung nur ihm gegenüber erfolgen; eine vor der Aufforderung dem Vertreter gegenüber erklärte Genehmigung oder Verweigerung der Genehmigung wird unwirksam. [2]Die Genehmigung kann nur bis

2 Statt vieler MüKo/*Schramm*, § 176 Rn 2.
3 Bamberger/Roth/*Habermeier*, § 176 Rn 5; MüKo/*Schramm*, § 176 Rn 7; Soergel/*Leptien*, § 176 Rn 3; Staudinger/*Schilken*, § 176 Rn 4.
4 Bamberger/Roth/*Habermeier*, § 176 Rn 6; Erman/*Palm*, § 176 Rn 2; MüKo/*Schramm*, § 176 Rn 7; Soergel/*Leptien*, § 176 Rn 3; Staudinger/*Schilken*, § 176 Rn 4.
5 Bamberger/Roth/*Habermeier*, § 176 Rn 6; MüKo/*Schramm*, § 176 Rn 9; Soergel/*Leptien*, § 176 Rn 3; Staudinger/*Schilken*, § 176 Rn 5.
6 MüKo/*Schramm*, § 176 Rn 4; Staudinger/*Schilken*, § 176 Rn 6.
7 KG JW 1933, 2153; MüKo/*Schramm*, § 176 Rn 4; Staudinger/*Schilken*, § 176 Rn 7.
8 Staudinger/*Schilken*, § 176 Rn 9.
9 Staudinger/*Schilken*, § 176 Rn 11.

zum Ablaufe von zwei Wochen nach dem Empfang der Aufforderung erklärt werden; wird sie nicht erklärt, so gilt sie als verweigert.

Literatur: *Bertzel*, Der Notgeschäftsführer als Repräsentant des Geschäftsherrn, AcP 158 (1958/59), 107; *Canaris*, Die Vertrauenshaftung im deutschen Privatrecht, 1971; *ders.*, Schadensersatz- und Bereicherungshaftung des Vertretenen bei Vertretung ohne Vertretungsmacht, JuS 1980, 332; *Finkenauer*, Rückwirkung der Genehmigung, Verfügungsmacht und Gutglaubensschutz, AcP 203 (2003), 282; *Gerhardt*, Teilweise Unwirksamkeit beim Vertragsschluß durch falsus procurator, JuS 1970, 326; *Holthausen-Dux*, Auslösung der Rechtswirkungen des § 177 II BGB durch den mit dem Vollzug des Vertrages beauftragten Notar?, NJW 1995, 1470; *K. Müller*, Gesetzliche Vertretung ohne Vertretungsmacht, AcP 168 (1968), 113; *Prahl*, Nochmals: Auslösung der Rechtswirkungen des § 177 II BGB durch den mit dem Vollzug des Vertrags beauftragten Notar?, NJW 1996, 2968; *Prölss*, Vertretung ohne Vertretungsmacht, JuS 1985, 577; *ders.*, Haftung bei der Vertretung ohne Vertretungsmacht, JuS 1986, 169; *Schnorbus*, Die Haftung für den Vertreter ohne Vertretungsmacht in der Kreditwirtschaft, WM 1999, 197; *Welser*, Vertretung ohne Vertretungsmacht, 1970.

A. Allgemeines

1 In den §§ 177–180 regelt das BGB die Fälle, in denen sich das **fremdbezogene Handeln des Vertreters nicht im Rahmen der ihm zustehenden Vertretungsmacht** hält und die Wirkungen des § 164 somit nicht eintreten. Insoweit differenziert das Gesetz zwischen Verträgen, auf welche die §§ 177–179 Anwendung finden, und einseitigen Rechtsgeschäften, für die § 180 gilt. **Schuldrechtliche und dingliche**[1] **Verträge**, die ein Vertreter im Namen des Vertretenen abgeschlossen hat, ohne über die dazu erforderliche Vertretungsmacht zu verfügen, sind danach – anders als (im Grundsatz) einseitige Rechtsgeschäfte – nicht endgültig, sondern **schwebend unwirksam** und können gemäß Abs. 1 durch die **Genehmigung des Vertretenen** wirksam werden.

2 Der **Geschäftsgegner** hat seinerseits die Möglichkeit, nach Abs. 2 durch die **Aufforderung zur Genehmigung** die Beendigung des Schwebezustandes innerhalb einer Frist von zwei Wochen herbeizuführen. Vergleichbare Regelungen über die Genehmigung von Verträgen und die Wirkung der Aufforderung zur Genehmigung finden sich in den §§ 108, 1366 und 1829.

B. Regelungsgehalt

I. Anwendungsbereich

3 **1. Unmittelbare Stellvertretung.** § 177 ist immer dann anwendbar, wenn eine Person beim Abschluss eines Vertrags als unmittelbarer Stellvertreter ohne Vertretungsmacht für einen anderen auftritt, nicht dagegen bei der mittelbaren Stellvertretung.[2] Ob es sich bei der fehlenden Vertretungsmacht um **gewillkürte, organschaftliche oder gesetzliche Vertretungsmacht** handelt, ist unerheblich.[3] Wenn allerdings die Stellvertretung ausgeschlossen ist (insbesondere bei höchstpersönlichen Geschäften), gilt auch § 177 nicht.[4]

4 Die Anwendung von § 177 auf Vertreterhandeln ohne **gesetzliche Vertretungsmacht**[5] führt nicht dazu, dass nunmehr der gesetzlich Vertretene die Möglichkeit der Genehmigung und damit der rechtsgeschäftlichen Disposition über das Vertretergeschäft erhält. Genehmigen kann das Geschäft vielmehr nur derjenige, der

1 Zur Anwendbarkeit der §§ 177 ff auf dingliche Verträge RGZ 69, 263, 266; BGH WM 1959, 63; Bamberger/Roth/*Habermeier*, § 177 Rn 3; Erman/*Palm*, § 177 Rn 2; Soergel/*Leptien*, § 177 Rn 13; Staudinger/*Schilken*, § 177 Rn 2.

2 Staudinger/*Schilken*, § 177 Rn 18.

3 Statt vieler MüKo/*Schramm*, § 177 Rn 4; vgl BAG NZA 2008, 369 für die gesetzliche Vertretungsmacht des Betriebsratsvorsitzenden.

4 MüKo/*Schramm*, § 177 Rn 3; Soergel/*Leptien*, § 177 Rn 14; vgl auch BGH NJW 1971, 428.

5 Dazu eingehend *Müller*, AcP 168 (1968), 113 ff.

wirklich über die gesetzliche Vertretungsmacht für das Vertretergeschäft verfügt, wobei dies auch der Vertreter selbst sein kann, wenn er nachträglich gesetzlicher Vertreter geworden ist.[6]

5 Vertretung ohne **organschaftliche Vertretungsmacht** liegt vor, wenn der Vertreter sich als Organwalter einer juristischen Person geriert, ohne es (noch) zu sein, oder wenn er zwar Organwalter ist, aber mit dem Abschluss des Geschäfts seine organschaftliche Vertretungsmacht überschreitet.[7] Die in diesen Konstellationen im Namen der juristischen Person geschlossenen Verträge sind nach § 177 genehmigungsfähig. Dies gilt auch dann, wenn es sich bei dem Vertretenen um eine **juristische Person des öffentlichen Rechts** handelt.[8] Allerdings gilt hier nach der Rechtsprechung des **BGH** die Besonderheit, dass das aus der Nichtbeachtung einer öffentlich-rechtlichen Förmlichkeit resultierende Fehlen der Vertretungsmacht des Organs einer juristischen Person des öffentlichen Rechts **keine Haftung des Vertreters aus § 179 Abs. 1** nach sich zieht.[9] In der Literatur ist diese Beschränkung in der Anwendung der Regeln über die Vertretung ohne Vertretungsmacht auf Kritik gestoßen.[10] Indes verdient sie Zustimmung: Mit Rücksicht auf die fehlende Landeskompetenz zur Einführung privatrechtlicher Formvorschriften (Art. 55 EGBGB) werden die landesrechtlichen Förmlichkeiten, denen das Vertreterhandeln insbesondere im Bereich des Kommunalrechts unterliegt, zwar als Regelungen über die Grenzen der Vertretungsmacht eingeordnet. Wenn der unter Missachtung der Förmlichkeit geschlossene Vertrag nicht genehmigt wird, geht es aber in der Sache um die Verantwortung der Gemeinde für die Formwidrigkeit, während der für die Gemeinde (wenn auch formwidrig) handelnde Vertreter nicht als **falsus procurator** in Betracht kommt.

6 **2. Handeln unter fremdem Namen.** Handelt der Vertreter unter fremdem Namen und ergibt die Auslegung aus dem Horizont des Geschäftsgegners, dass das Geschäft mit dem wahren Namensträger zustande kommen soll, finden die **§§ 177 ff analoge Anwendung**, wenn dem Handelnden die erforderliche Vertretungsmacht fehlt.[11] Praktisch bedeutsam ist in diesem Zusammenhang die **Fälschung einer Unterschrift**, insbesondere die gefälschte **Wechselunterschrift**: Hier steht dem Namensträger die Genehmigung des mit der gefälschten Unterschrift geschlossenen Geschäfts offen.[12] Die Genehmigung kann auch schlüssig erfolgen, ist aber nach der Rechtsprechung im Fall einer gefälschten Wechselunterschrift nicht schon dann gegeben, wenn der Namensträger auf die Anfrage des Wechselinhabers, ob „das Papier in Ordnung geht", einfach nur schweigt.[13]

7 **3. Botenschaft.** Übermittelt ein Bote eine Erklärung wissentlich falsch oder gibt sich jemand als Bote aus, ohne es zu sein (Bote ohne Botenmacht), findet der nur auf den Fall der irrtümlichen Falschübermittlung zugeschnittene § 120 keine Anwendung.[14] Die **von dem Pseudoboten übermittelte Erklärung** ist dem Geschäftsherrn **nicht zurechenbar**. Die Situation entspricht vielmehr der Vertretung ohne Vertretungsmacht – mit dem einzigen Unterschied, dass der Bote keine eigene, sondern eine fremde Willenserklärung abzugeben vorgibt. Die **analoge Anwendung der §§ 177** ff, wie sie von der hM befürwortet wird,[15] ist daher gerechtfertigt. Der Geschäftsherr kann daher den unter Beteiligung des Boten zustande gekommenen Vertrag entsprechend § 177 genehmigen und der Dritte ihn entsprechend § 178 widerrufen, während der Bote bei ausbleibender Genehmigung nach § 179 haftet, Letzteres freilich mit der Maßgabe, dass der Dritte (abweichend von der Vertretung ohne Vertretungsmacht) die **Beweislast** für die fehlende Botenmacht bzw die bewusst unrichtige Übermittlung der Erklärung trägt.[16] Diese Regeln gelten jenseits der bewussten Falschübermittlung auch für die **bewusst falsche Übersetzung** einer Erklärung durch einen Dolmetscher.[17]

8 **4. Missbrauch der Vertretungsmacht.** Kann sich der Vertreter nach den Regeln über den Missbrauch der Vertretungsmacht (dazu näher § 164 Rn 84 ff) nicht auf das Bestehen der Vertretungsmacht berufen, sind die Rechtsfolgen richtigerweise nach Maßgabe der §§ 177 ff zu bestimmen. Nur die sittenwidrige **Kollusion** hat gemäß § 138 die Nichtigkeit der Willenserklärung des Vertreters zur Folge,[18] ohne dass Raum für eine direkte oder analoge Anwendung der §§ 177 ff bleibt.

6 OLG Hamm FamRZ 1972, 270; MüKo/*Schramm*, § 177 Rn 4; Staudinger/*Schilken*, § 177 Rn 4; teilweise abweichend *Müller*, AcP 168 (1968), 113, 116 ff.

7 Vgl zB OLG Celle BB 2002, 1438.

8 RGZ 104, 191, 192 f; BGHZ 6, 333; 32, 375, 381; BGH NJW 1984, 606.

9 BGHZ 147, 381, 387 ff.

10 *Oebecke*, JR 2002, 281; *Püttner*, JZ 2002, 197 f; Staudinger/*Schilken*, § 177 Rn 3.

11 BGH NJW-RR 2006, 701, 702.

12 RGZ 145, 87, 91; BGHZ 45, 193, 195; Erman/*Palm*, § 177 Rn 7; MüKo/*Schramm*, § 177 Rn 6; Soergel/*Leptien*, § 177 Rn 13; Staudinger/*Schilken*, § 177 Rn 21.

13 BGHZ 47, 110, 113; MüKo/*Schramm*, § 177 Rn 29; Soergel/*Leptien*, § 177 Rn 13; Staudinger/*Schilken*, § 177 Rn 21.

14 AA insb. *Marburger*, AcP 173 (1973), 137 ff; MüKo/*Kramer*, § 120 Rn 4.

15 OLG Oldenburg NJW 1978, 951; Bamberger/Roth/*Habermeier*, § 177 Rn 12; Erman/*Palm*, § 177 Rn 8; *Flume*, BGB AT Bd. 2, § 43, 4 (S. 759); MüKo/*Schramm*, § 177 Rn 8; Soegel/*Leptien*, § 177 Rn 11; Staudinger/*Schilken*, § 177 Rn 22; teilweise aA, nämlich gegen die Anwendung von § 179, RGRK/*Steffen*, § 177 Rn 3.

16 *Flume*, BGB AT Bd. 2, § 43, 4 (S. 759); MüKo/*Schramm*, § 177 Rn 8; Soergel/*Leptien*, § 177 Rn 11.

17 Erman/*Palm*, § 177 Rn 8; MüKo/*Schramm*, § 177 Rn 8; Soergel/*Leptien*, § 177 Rn 11; vgl BGH BB 1963, 204.

18 RGZ 130, 142; BGH NJW 1966, 1911; 1989, 26.

5. Handeln für eine noch zu gründende Gesellschaft oder für eine Vorgesellschaft. Handelt der Vertreter im Namen einer noch nicht gegründeten Personengesellschaft, finden die §§ 177 ff grundsätzlich Anwendung,[19] ebenso bei Handeln für eine Vorgründungsgesellschaft.[20] Bei der Vorgesellschaft (Vor-GmbH und Vor-AG) gehen indes deren Aktiva und Passiva mit der Entstehung der juristischen Person bei Eintragung auf diese über.[21] Die für die werdende juristische Person mit Vertretungsmacht getätigten Geschäfte bedürfen daher nicht eigens der Genehmigung nach § 177, um Wirksamkeit für und gegen die entstandene Person zu entfalten. Unabhängig davon kann der Vertreter der Vorgesellschaft mit dem Geschäftsgegner im Rahmen der den Parteien zustehenden Privatautonomie selbstverständlich vereinbaren, dass das Geschäft erst wirksam werden soll, wenn es die GmbH oder AG nach der Eintragung genehmigt. Dadurch kommt es aber nicht zur Anwendung der §§ 177 ff;[22] vielmehr steht die Wirksamkeit des Geschäfts unter der aufschiebenden Bedingung der Genehmigung nach Eintragung (s. dazu auch Rn 13).[23] 9

6. Handeln als Amtsinhaber. Wer irrig oder bewusst kraft eines ihm nicht zustehenden Amtes als Insolvenzverwalter, Zwangsverwalter, Nachlassverwalter oder Testamentsvollstrecker rechtsgeschäftlich tätig wird (s. dazu § 164 Rn 24 ff), ist einem Vertreter ohne Vertretungsmacht gleichzustellen. Die §§ 177 ff sind daher analog anzuwenden.[24] Eine analoge Anwendung von § 177 (mit der Folge einer Genehmigungsmöglichkeit für den Verwalter) wird darüber hinaus vertreten, wenn der Inhaber des der Verwaltung unterliegenden Vermögens einen auf das Vermögen bezogenen Vertrag abschließt.[25] 10

II. Handeln ohne Vertretungsmacht

1. Grundlagen. § 177 setzt ein Handeln ohne Vertretungsmacht voraus. Daran fehlt es nicht nur dann, wenn der Vertreter für den von ihm geschlossenen Vertrag über rechtsgeschäftlich, organschaftlich oder gesetzlich begründete Vertretungsmacht verfügt, sondern auch bei Vorliegen einer Duldungs- oder Anscheinsvollmacht nach den von der Rechtsprechung entwickelten Grundsätzen (s. dazu § 167 Rn 74 ff). **Maßgeblicher Zeitpunkt** für die Beantwortung der Frage, ob Vertretungsmacht vorliegt oder fehlt, ist **bei der Aktivvertretung die Abgabe** der eigenen Willenserklärung des Vertreters und **bei der Passivvertretung der Empfang** der Willenserklärung des Geschäftsgegners.[26] Nur dies ist mit der Regelung des § 164 Abs. 1 (für die Aktivvertretung) und Abs. 3 (für die Passivvertretung) vereinbar. Dass Abs. 1 auf den Abschluss von Verträgen abhebt, widerspricht dem nicht; die Formulierung des Gesetzes ist hier auf die Abgrenzung zu den in § 180 geregelten einseitigen Rechtsgeschäften gerichtet und nicht etwa darauf, den für das Vorliegen der Vertretungsmacht maßgeblichen Zeitpunkt anders als in § 164 (nämlich anhand des Wirksamwerdens der Annahme) zu bestimmen. Bei Erlöschen der Vertretungsmacht zwischen Abgabe und Zugang der Willenserklärung des Vertreters fordert die Literatur allerdings zu Recht die analoge Anwendung des § 130 Abs. 1 S. 2; wird also etwa eine Vollmacht vor dem Zugang der Vertretererklärung dem Empfänger gegenüber widerrufen oder liegen bis dahin (in den Fällen der §§ 170 ff) die Voraussetzungen des § 173 bei ihm vor, bindet die Erklärung den Vertretenen nicht.[27] 11

2. Einzelne Konstellationen. Lag im maßgeblichen Zeitpunkt (dazu Rn 11) **keine Vertretungsmacht** vor, ist § 177 unabhängig davon anwendbar, ob der Vertreter nie über Vertretungsmacht verfügte oder ob eine zunächst bestehende Vertretungsmacht zu diesem Zeitpunkt bereits erloschen war oder ob er nach diesem Zeitpunkt Vertretungsmacht erhielt[28] (zum Ausschluss einer rückwirkenden Vollmachtserteilung s. § 167 Rn 8). Handeln ohne Vertretungsmacht ist darüber hinaus gegeben, wenn der Vertreter die ihm zustehende **Vertretungsmacht überschritten** hat. Deckt die Vertretungsmacht einen Teil des von dem Vertreter geschlossenen Vertrags nicht, ist insoweit also § 177 anzuwenden; genehmigt der Vertretene diesen Teil des Geschäfts nicht, beurteilt sich das Schicksal des anderen Teils nach § 139.[29] Entsprechendes gilt, wenn der 12

19 BGHZ 63, 45, 48; 69, 96, 100.
20 BGHZ 91, 148, 152.
21 Grundlegend BGHZ 80, 129; näher *K. Schmidt*, GesR, 4. Aufl. 2002, § 34 III 4 (S. 1028 ff).
22 So aber noch BGH NJW 1973, 798.
23 So zutr. *K. Schmidt*, GesR, 4. Aufl. 2002, § 34 III 3 b aa (S. 1019).
24 RGZ 80, 416, 417; Bamberger/Roth/*Habermeier*, § 177 Rn 17; Erman/*Palm*, § 177 Rn 10; MüKo/*Schramm*, § 177 Rn 5; Soergel/*Leptien*, § 177 Rn 11; Staudinger/*Schilken*, § 177 Rn 19.
25 So MüKo/*Schramm*, § 177 Rn 5.
26 Bamberger/Roth/*Habermeier*, § 177 Rn 10; *Bork*, BGB AT, Rn 1603; Erman/*Palm*, § 177 Rn 5; MüKo/*Schramm*, § 177 Rn 11; Staudinger/*Schilken*, § 177 Rn 5; im Grundsatz auch Soergel/*Leptien*, § 177 Rn 2, der es allerdings in Rn 5 für erwägenswert hält, § 177 bei Erwerb der Vertretungsmacht vor Zugang der Vertretererklärung unangewendet zu lassen.
27 Bamberger/Roth/*Habermeier*, § 177 Rn 10; MüKo/*Schramm*, § 177 Rn 11; Staudinger/*Schilken*, § 177 Rn 5.
28 Dazu eingehend Soergel/*Leptien*, § 177 Rn 4–6.
29 Bamberger/Roth/*Habermeier*, § 177 Rn 6; Erman/*Palm*, § 177 Rn 4; *Gerhardt*, JuS 1970, 326; MüKo/*Schramm*, § 177 Rn 10; Soergel/*Leptien*, § 177 Rn 7; Staudinger/*Schilken*, § 177 Rn 5.

Vertreter einen Vertrag für mehrere Vertretene geschlossen hat, ohne Vertretungsmacht für alle zu haben,[30] oder wenn er ohne Vertretungsmacht im fremden und zugleich im eigenen Namen handelte.[31] Ebenfalls ohne Vertretungsmacht handelt ein **Gesamtvertreter**, der sich ohne die erforderliche Mitwirkung der anderen Gesamtvertreter rechtsgeschäftlich für den Vertretenen betätigt (zur Genehmigung s. Rn 25).

13 Schließlich kann die Anwendung von § 177 eröffnet sein, wenn ein Vertreter zwar über die Vertretungsmacht für das von ihm im Namen des Vertretenen abgeschlossene Geschäft verfügt, ihr Bestehen aber leugnet oder sonst **keinen Gebrauch von der Vertretungsmacht** macht.[32] Ob ein eigentlich mit Vertretungsmacht ausgestatteter Vertreter ausnahmsweise als *falsus procurator* gehandelt hat, ist durch Auslegung seiner Erklärung aus der Sicht des Geschäftsgegners (§§ 133, 157) zu ermitteln. Dabei ist zu beachten, dass ein in dem Vertretergeschäft vereinbarter Vorbehalt der Genehmigung durch den Vertretenen uU auch so zu verstehen ist, dass die Wirksamkeit des Geschäfts durch die Genehmigung des Vertretenen **aufschiebend bedingt** ist (s. dazu auch Rn 9).[33]

14 **3. Schwebende Unwirksamkeit als Folge.** Ein Vertrag, den der Vertreter in fremdem Namen ohne Vertretungsmacht abgeschlossen hat, entfaltet keine Wirkung für und gegen den Vertretenen, solange dieser keine Genehmigung nach Abs. 1 erteilt. Diese Zustand schwebender Unwirksamkeit wird erst durch die Genehmigung (dazu Rn 16 ff) oder deren Verweigerung (dazu Rn 26 ff) oder durch Maßnahmen des Geschäftsgegners nach Abs. 2 (dazu Rn 30 f) oder § 178 beendet. Ob der Vertreter oder der Geschäftsgegner Kenntnis vom Fehlen der Vertretungsmacht hat oder haben muss, hat auf den Schwebezustand als solchen keinen Einfluss[34] (wohl aber auf die Möglichkeit des Geschäftsgegners, die schwebende Unwirksamkeit nach § 178 durch Widerruf zu beenden und den Vertreter nach § 179 in Anspruch zu nehmen).

15 Während der **schwebenden Unwirksamkeit** besteht **kein klagbarer Anspruch** gegen den Vertretenen,[35] insbesondere kein Anspruch auf Erteilung der Genehmigung, wenn sich dieser nicht aus einem anderen Rechtsverhältnis zwischen den Parteien (etwa einem Vorvertrag[36]) ergibt. Haben die Beteiligten einander bereits in Unkenntnis der schwebenden Unwirksamkeit **Leistungen erbracht**, können diese nach **§ 812 Abs. 1 S. 1 Alt. 1** von dem jeweiligen Empfänger zurückgefordert werden,[37] und zwar ohne dass der Leistende den Eintritt endgültiger Unwirksamkeit abzuwarten hat.[38] Nach der – in der Literatur teilweise kritisierten[39] – Rechtsprechung des BGH soll es freilich an einer Bereicherung fehlen, wenn der Vertretene aufgrund eines wirksamen Innenverhältnisses gegenüber dem Vertreter berechtigt ist und von dem Vertreterhandeln nichts weiß.[40]

III. Die Erteilung der Genehmigung

16 **1. Wesen und Wirkung der Genehmigung.** Die Genehmigung ist eine **empfangsbedürftige Willenserklärung**, auf die neben den allgemeinen Regeln über die Willenserklärung die §§ 182 ff. Anwendung finden. Sie ist ein **einseitiges Rechtsgeschäft**, **unwiderruflich**, **bedingungsfeindlich** und hat unmittelbar **rechtsgestaltende Wirkung im Außenverhältnis** zwischen dem Vertretenen und dem Geschäftsgegner:[41] Der zunächst schwebend unwirksame Vertrag **wird wirksam**, und zwar nach § 184 Abs. 1 **rückwirkend**.[42] Dies setzt allerdings voraus, dass der Vertrag außer dem Fehlen der Vertretungsmacht keine weiteren Wirksamkeitsmängel aufweist, denn die Genehmigung heilt **nur den Mangel der Vertretungsmacht**.[43] Auf das Innenverhältnis zwischen Vertreter und Vertretenem bezieht sich die Genehmigung nicht; wenn es sich hierbei um eine **Geschäftsführung ohne Auftrag** handelt, ist indes im Zweifel davon auszugehen, dass mit der Genehmigung des Vertretergeschäfts zugleich eine Genehmigung nach § 684 S. 2 ausgesprochen wird.[44] Eine

30 Hierzu und zum vollmachtlosen Handeln im fremden und zugleich im eigenen Namen MüKo/*Schramm*, § 177 Rn 10.
31 Vgl BGH NJW 1970, 240; Soergel/*Leptien*, § 177 Rn 7; Staudinger/*Schilken*, § 177 Rn 6.
32 BGH DNotZ 1968, 407, 408; NJW 2009, 3792, 3793; Bamberger/Roth/*Habermeier*, § 177 Rn 8; Erman/*Palm*, § 177 Rn 6; MüKo/*Schramm*, § 177 Rn 12; Soergel/*Leptien*, § 177 Rn 8; Staudinger/*Schilken*, § 177 Rn 6.
33 Vgl RG JW 1937, 2036; Bamberger/Roth/*Habermeier*, § 177 Rn 8; MüKo/*Schramm*, § 177 Rn 13; Soergel/*Leptien*, § 177 Rn 8; Staudinger/*Schilken*, § 177 Rn 6.
34 MüKo/*Schramm*, § 177 Rn 14; Staudinger/*Schilken*, § 177 Rn 7.
35 RGZ 98, 244; BGHZ 65, 123, 126; MüKo/*Schramm*, § 177 Rn 15; Staudinger/*Schilken*, § 177 Rn 8. Zur Frage der Haftung des Vertretenen bei Verweigerung der Genehmigung s. Rn 27 ff.
36 Dazu BGH NJW 1990, 508, 509.
37 BGHZ 36, 30, 35; 40, 272, 276.
38 MüKo/*Schramm*, § 177 Rn 15.
39 Vgl insb. *Flume*, JZ 1962, 281.
40 BGHZ 40, 272, 279; näher zur bereicherungsrechtlichen Problematik MüKo/*Lieb*, § 812 Rn 90 ff.
41 Statt vieler MüKo/*Schramm*, § 177 Rn 35.
42 Hierzu aus (zweifelhaften) verfassungsrechtlichen Erwägungen ablehnend *Lorenz*, ZRP 2009, 214.
43 RGZ 150, 385, 387; Bamberger/Roth/*Habermeier*, § 177 Rn 31; Erman/*Palm*, § 177 Rn 19; MüKo/*Schramm*, § 177 Rn 43; Soergel/*Leptien*, § 177 Rn 29; Staudinger/*Schilken*, § 177 Rn 9.
44 MüKo/*Schramm*, § 177 Rn 33; Staudinger/*Schilken*, § 177 Rn 17.

Pflicht zur Genehmigung trifft den Vertretenen im Grundsatz weder gegenüber dem Geschäftsgegner (dazu Rn 15) noch gegenüber dem Vertreter, soweit sich aus dem Innenverhältnis nichts anderes ergibt. Letzteres ist bei einer Geschäftsführung ohne Auftrag nicht schon dann der Fall, wenn die Voraussetzungen der §§ 677, 683 vorliegen,[45] sondern nur in den Fällen der Notgeschäftsführung nach den §§ 679, 680.[46]

Aufgrund der **Rückwirkung der Genehmigung** wird der genehmigte Vertrag grundsätzlich so behandelt, als ob beim Vertragsschluss Vertretungsmacht für das abgeschlossene Geschäft bestanden hätte. Dem Vertretenen wird daher nicht nur die Erklärung des Vertreters zugerechnet, sondern gemäß § 166 Abs. 1 auch ein bei Vertragsschluss vorliegender Willensmangel des Vertreters sowie – wiederum auf diesen Zeitpunkt bezogen – dessen Kenntnis oder Kennenmüssen.[47] Ist zwischenzeitlich ein **Insolvenzverfahren** über das Vermögen des Geschäftsgegners eröffnet worden, hindert dies die rückwirkende Genehmigung des mit ihm geschlossenen Vertretergeschäfts nicht.[48] Wird ein **Verfügungsgeschäft** genehmigt, ist wegen der Rückwirkung der Genehmigung für die erforderliche Verfügungsmacht des Vertretenen auf den Zeitpunkt der Verfügung und nicht auf den Zeitpunkt der Genehmigungserteilung abzustellen.[49] 17

Ohne Bedeutung ist die Rückwirkung der Genehmigung jedoch für den **Beginn der Verjährung**; insoweit ist auf den Zeitpunkt der Genehmigung abzustellen.[50] Ebenso wenig führt die Genehmigung zum rückwirkenden **Verzugseintritt**.[51] Ob schließlich **öffentlich-rechtliche Beschränkungen**, die während der schwebenden Unwirksamkeit eintreten, beachtlich sind, ist anhand der öffentlich-rechtlichen Regeln zu entscheiden; jedenfalls ist es nicht gerechtfertigt, solche Beschränkungen allein unter Berufung auf die privatrechtliche Rückwirkung der Genehmigung außer Acht zu lassen.[52] 18

Was die Genehmigung **fristgebundener Rechtsgeschäfte** betrifft, so ist es eine nach dem Sinn und Zweck der Frist zu beantwortende Auslegungsfrage, ob die Genehmigung innerhalb der Frist zu erfolgen hat oder ob zur Fristwahrung die Vornahme des Vertretergeschäfts ausreicht.[53] Dies ist auch der Ausgangspunkt zur Klärung des **umstrittenen** Problems, ob die Genehmigung der von einem **falsus procurator** erklärten **Annahme eines befristeten Angebots** zum Vertragsschluss innerhalb der Annahmefrist erfolgen muss[54] oder nicht:[55] Die Annahmefrist, die der Anbietende dem Angebotsempfänger setzt, hat den erkennbaren Zweck, dem Anbietenden Klarheit über das wirksame Zustandekommen des Vertrags zu verschaffen. Die Möglichkeit, nach Abs. 2 oder § 178 vorzugehen, befriedigt dieses Interesse des Anbietenden nicht hinreichend. Daher ist, soweit der Anbietende nicht eine andere Festlegung trifft, davon auszugehen, dass die Annahme des Angebots durch einen Vertreter ohne Vertretungsmacht noch innerhalb der Annahmefrist genehmigt werden muss, damit ein wirksamer Vertrag zustande kommt. 19

2. Genehmigender und Genehmigungsempfänger. Die Genehmigung kann von dem Vertretenen selbst, von dessen Erben,[56] aber **auch von einem Stellvertreter erteilt** werden, ggf sogar von dem beim Vertragsschluss ohne Vertretungsmacht handelnden Vertreter, wenn dieser nachträglich Vertretungsmacht erhält:[57] Zwar fehlt in § 177 ein Pendant zu § 108 Abs. 3, doch bedarf es dessen nicht, weil kein schützenswertes Interesse des Geschäftsgegners und auch sonst kein Grund dafür ersichtlich ist, dem an dem Vertragsschluss beteiligten Vertreter die Fähigkeit zur Genehmigung abzusprechen. 20

Adressat der Genehmigung kann nach § 182 Abs. 1 sowohl der Vertreter als auch der Geschäftsgegner bzw eine zur Vertretung des Geschäftsgegners befugte Person[58] sein. Hat der Geschäftsgegner den Vertretenen 21

45 MüKo/*Schramm*, § 177 Rn 33; Soergel/*Leptien*, § 177 Rn 9; Staudinger/*Schilken*, § 177 Rn 17.

46 BGH NJW 1951, 398, Staudinger/*Schilken*, § 177 Rn 17; aA *Bertzel*, AcP 158 (1958/59), 107, 148; Soergel/*Leptien*, § 177 Rn 9, die dem Notgeschäftsführer gesetzliche Vertretungsmacht zuerkennen wollen.

47 Bamberger/Roth/*Habermeier*, § 177 Rn 30; Erman/*Palm*, § 177 Rn 19 f; MüKo/*Schramm*, § 177 Rn 44; Soergel/*Leptien*, § 177 Rn 28; Staudinger/*Schilken*, § 177 Rn 9. – Allerdings schadet in analoger Anwendung von § 166 Abs. 2 die Kenntnis oder das Kennenmüssen des Vertretenen im Zeitpunkt der Genehmigung, dazu mwN. Staudinger/*Schilken*, § 177 Rn 9.

48 RGZ 134, 73, 78 (noch zum Konkurs); MüKo/*Schramm*, § 177 Rn 44.

49 Str., näher *Finkenauer*, AcP 203 (2003), 282 ff.

50 RGZ 65, 245; Bamberger/Roth/*Habermeier*, § 177 Rn 32; Erman/*Palm*, § 177 Rn 22; MüKo/*Schramm*, § 177 Rn 46; Staudinger/*Schilken*, § 177 Rn 9.

51 Bamberger/Roth/*Habermeier*, § 177 Rn 32; Erman/*Palm*, § 177 Rn 22; MüKo/*Schramm*, § 177 Rn 46; Staudinger/*Schilken*, § 177 Rn 9.

52 Erman/*Palm*, § 177 Rn 22; MüKo/*Schramm*, § 177 Rn 44.

53 Erman/*Palm*, § 177 Rn 21; MüKo/*Schramm*, § 177 Rn 45; Staudinger/*Schilken*, § 177 Rn 9.

54 Hierfür BGH NJW 1973, 1789, 1790; Bamberger/Roth/*Habermeier*, § 177 Rn 25; MüKo/*Schramm*, § 177 Rn 45; RGRK/*Steffen*, § 177 Rn 10; Soergel/*Leptien*, § 184 Rn 6.

55 Hierfür Erman/*Palm*, § 177 Rn 21; Staudinger/*Schilken*, § 177 Rn 9.

56 OLG Hamm Rpfleger 1979, 17; Bamberger/Roth/*Habermeier*, § 177 Rn 26.

57 BGHZ 79, 374, 378 f; BGH NJW-RR 1994, 291, 293; Bamberger/Roth/*Habermeier*, § 177 Rn 26; Erman/*Palm*, § 177 Rn 18; Staudinger/*Schilken*, § 177 Rn 10; aA (für gesetzliche Vertretung) *Müller*, AcP 168 (1968), 113, 128 ff.

58 Vgl zB OLG Köln NJW 1995, 1499, 1500.

allerdings nach Abs. 2 S. 1 zur Erklärung über die Genehmigung aufgefordert, entfällt diese Wahlmöglichkeit, und das Geschäft kann nur noch dem Gegner (oder dessen Stellvertreter) gegenüber genehmigt werden.

22 **3. Die Genehmigung als Erklärungsinhalt.** Die Genehmigung kann ausdrücklich oder konkludent erteilt werden. Ob eine Äußerung oder ein Verhalten des Vertretenen eine Genehmigung darstellt, ist nach den §§ 133, 157 durch Auslegung nach dem **Horizont des jeweiligen Adressaten** (Geschäftsgegner oder Vertreter) zu ermitteln. Einen Grund, das Verhalten des Vertretenen als **konkludente Genehmigung** zu verstehen, hat der Adressat nur dann, wenn er aufgrund tatsächlicher Anhaltspunkte annehmen durfte, dass der Vertretene mit der schwebenden Unwirksamkeit und daher mit der Genehmigungsbedürftigkeit des Geschäfts zumindest rechnete.[59] Rechtsprechung und Schrifttum beurteilen das Verhalten freilich verbreitet und bis in die jüngste Zeit nicht nur aus der objektiven Empfängersicht, sondern verlangen als subjektive Voraussetzung einer konkludenten Genehmigung, dass sich der Genehmigende der schwebenden Unwirksamkeit oder zumindest ihrer Möglichkeit bewusst war.[60] Seitdem die Rechtsprechung jedoch – mit Recht – auf das Erklärungsbewusstsein als konstitutives Merkmal einer Willenserklärung (und zwar auch einer schlüssigen Erklärung) verzichtet hat,[61] ist für diese Betrachtung kein Raum mehr.[62] Vielmehr liegt eine – nur durch Anfechtung zu beseitigende – Genehmigung vor, wenn dem Vertretenen der aus Empfängersicht als Genehmigung auszulegende Erklärungstatbestand zurechenbar ist, weil er hätte erkennen und vermeiden können, dass sein Verhalten als Genehmigung verstanden werden würde.

23 Bloßes **Schweigen des Vertretenen** rechtfertigt grundsätzlich nicht die Annahme einer Genehmigung,[63] und zwar auch dann nicht, wenn der Geschäftsgegner ihn über das Vertretergeschäft benachrichtigt hat (s. dazu auch Rn 6). In Übereinstimmung mit den allgemeinen Regeln über das **„beredte Schweigen“** kann das Schweigen des Vertretenen auf den Abschluss eines Vertretergeschäfts jedoch in besonderen Fällen den Erklärungswert einer Genehmigung haben.[64] Dies ist namentlich dann der Fall, wenn der Vertretene nach Treu und Glauben verpflichtet gewesen wäre, seinen abweichenden Willen zu äußern,[65] wenn die Voraussetzungen für die Anwendung der Grundsätze über das kaufmännische Bestätigungsschreiben gegeben sind[66] oder wenn das Schweigen kraft Gesetzes (etwa nach den §§ 75 h, 91 a HGB) als Genehmigung gilt.[67]

24 **4. Formerfordernisse.** Nach **§ 182 Abs. 2** bedarf die Genehmigung grundsätzlich nicht der für das Rechtsgeschäft bestimmten Form. Die Rechtsprechung des **BGH** und im Anschluss daran **große Teile des Schrifttums** belassen es dabei und **lehnen eine teleologische Reduktion** der Vorschrift mit Blick auf die Funktion der jeweils infrage stehenden Formvorschrift **ab.**[68] Dem widerspricht die **Gegenauffassung** mit der These, dass in den als Einschränkung der (in § 167 Abs. 2 normierten) Formfreiheit der Vollmacht anzuerkennenden Konstellationen (dazu § 167 Rn 38 ff) auch keine formlose Genehmigung zulässig sei.[69] Hierfür sprechen in der Tat die besseren Gründe: Soll eine Formvorschrift mit Warnfunktion ihren Zweck zugunsten des Vertretenen erfüllen, reicht es nicht aus, nur die Vollmacht dem Formerfordernis zu unterstellen. Dies muss vielmehr auch für die Genehmigung gelten, zumal diese anders als die Vollmachtserteilung sogar ohne weitere Zwischenschritte zur rechtsgeschäftlichen Bindung des Vertretenen führt. Dass dem Vertretenen bei der Genehmigung regelmäßig ein formgerecht geschlossener Vertrag vorliegt, während dies bei der Vollmachtserteilung nicht der Fall ist, führt keineswegs dazu, dass sich die Formzwecke über den Vertreter zugunsten des Vertretenen auswirken,[70] denn die Schutzfunktion etwa einer notariellen Beurkundung verwirklicht sich nun einmal nur, wenn die geschützte Partei ihre eigene Erklärung beurkunden lässt, und nicht, wenn sie allein die Ausfertigung einer Urkunde über die Erklärung ihres Vertreters zu sehen bekommt.

25 **5. Besondere Fälle.** Weil es sich bei der Genehmigung um ein einseitiges Rechtsgeschäft handelt, gelten die §§ 111, 180, 1367, 1643 Abs. 3 und 1831, wenn die Genehmigung der **Zustimmung eines Dritten**

59 MüKo/*Schramm*, § 177 Rn 27; OLG Stuttgart ZIP 2006, 2364, 2366 f.

60 RGZ 118, 335; BGHZ 47, 341, 351; BGH NJW 2002, 2863, 2864; OLG Brandenburg NJW-RR 2009, 235, 236; Staudinger/*Schilken*, § 177 Rn 10 mwN.

61 BGHZ 91, 324; 109, 171, 177.

62 Abl. gegenüber der hM auch MüKo/*Schramm*, § 177 Rn 26; Soergel/*Leptien*, § 177 Rn 24.

63 BGH NJW 1951, 398; NJW 1967, 1039, 1040; Bamberger/Roth/*Habermeier*, § 177 Rn 22; Erman/*Palm*, § 177 Rn 15; MüKo/*Schramm*, § 177 Rn 28; Soergel/*Leptien*, § 177 Rn 24; Staudinger/*Schilken*, § 177 Rn 11.

64 OLG Brandenburg NJW-RR 2009, 235, 236.

65 BGH NJW 1990, 1601; 1969, 919; dazu mit Beispielen MüKo/*Schramm*, § 177 Rn 28.

66 BGH NJW 1990, 386; MüKo/*Schramm*, § 177 Rn 28; aA MüKo/*Kramer*, § 151 Rn 39.

67 Dazu Bamberger/Roth/*Habermeier*, § 177 Rn 22; MüKo/*Schramm*, § 177 Rn 32.

68 BGHZ 125, 218; BGH NJW 1998, 1482, 1484; 1998, 1857, 1858; Bamberger/Roth/*Habermeier*, § 177 Rn 20; MüKo/*Schramm*, § 177 Rn 38; *Prölss*, JuS 1985, 577, 585; Soergel/*Leptien*, § 177 Rn 23; *Wufka*, DNotZ 1990, 339, 343 f.

69 OLG München DNotZ 1951, 31; Erman/*Palm*, § 177 Rn 14; *Flume*, BGB AT Bd. 2, § 54, 6 b; *Larenz/Wolf*, BGB AT, § 49 Rn 6; *Medicus*, BGB AT, Rn 976; Staudinger/*Schilken*, § 177 Rn 10.

70 So aber Bamberger/Roth/*Habermeier*, § 177 Rn 20; MüKo/*Schramm*, § 177 Rn 38; *Wufka*, DNotZ 1990, 339, 343.

bedarf.[71] Eine **Teilgenehmigung** des Vertretergeschäfts ist regelmäßig nicht statthaft, ebenso wenig eine **Genehmigung unter Einschränkungen oder Erweiterungen**,[72] weil das Vertretergeschäft nur so zu genehmigen ist, wie es abgeschlossen wurde. Eine eingeschränkte oder teilweise Genehmigung kommt allerdings nach Maßgabe des § 139 in Betracht, wenn das Vertretergeschäft teilbar ist und das genehmigte Teilgeschäft von den Parteien abgeschlossen worden wäre.[73] – Die Genehmigung des Handelns eines **Gesamtvertreters**, der ohne die erforderliche Mitwirkung der anderen Gesamtvertreter einen Vertrag für den Vertretenen geschlossen hat (s. Rn 12), kann entweder von dem Vertretenen oder von den nicht beteiligten Gesamtvertretern erteilt werden, in letzterem Fall (soweit nicht eine Aufforderung zur Genehmigung vorliegt) auch durch Erklärung gegenüber dem Gesamtvertreter, der das Geschäft abgeschlossen hat.[74]

IV. Die Verweigerung der Genehmigung

1. Wesen und Wirkung. Nicht anders als die Erteilung der Genehmigung (dazu Rn 16) ist deren Verweigerung ein **einseitiges, empfangsbedürftiges, unwiderrufliches Rechtsgeschäft mit Gestaltungswirkung**.[75] Nur ist die Wirkung entgegengesetzt: Das zunächst schwebend unwirksame Vertretergeschäft wird aufgrund der Genehmigungsverweigerung **endgültig unwirksam**. Ob der Vertretene die Genehmigung verweigert, bleibt grundsätzlich seiner Willkür überlassen; Grenzen, deren Überschreitung die Verweigerung der Genehmigung unbeachtlich werden lässt, ergeben sich nach Treu und Glauben allerdings unter dem Aspekt der Verwirkung[76] sowie dann, wenn aufgrund eines Vorvertrags eine Verpflichtung zur Genehmigung besteht (s. auch Rn 15).[77] 26

2. Haftungsfragen bei Verweigerung der Genehmigung. Weil der **Vertretene grundsätzlich frei** ist, die Genehmigung zu verweigern (s. Rn 15 und 16), ist er wegen Verweigerung der Genehmigung regelmäßig weder dem Geschäftsgegner noch dem Vertreter zum Schadensersatz verpflichtet. Nur der Vertreter kann, wenn das Geschäft aufgrund der Verweigerung endgültig unwirksam geworden ist, vom Geschäftsgegner gemäß **§ 179** in Anspruch genommen werden.[78] Dies hindert allerdings nicht die Entstehung eines **Bereicherungsanspruchs des Geschäftsgegners gegen den Vertretenen**, soweit er diesem in Unkenntnis der zunächst schwebenden und dann endgültigen Unwirksamkeit des Vertrags bereits eine Leistung erbracht hat (s. dazu Rn 15). 27

Indes hat der **Geschäftsgegner gegen den Vertretenen** einen **Anspruch** aus **§§ 280 Abs. 1, 241 Abs. 2, 311 Abs. 2 (c.i.c.)**,[79] wenn er durch eigenes vorwerfbares Handeln (etwa durch den Gebrauch missverständlicher Ausdrücke) das vollmachtlose Vertreterhandeln (mit-)verschuldet hat, wenn ihn ein Verschulden bei der Auswahl oder Überwachung der Verhandlungsgehilfen trifft[80] oder wenn ihm eine ungenügende Aufklärung des Geschäftsgegners über die Grenzen der erteilten Vollmacht anzulasten ist.[81] Unabhängig von einem eigenen Verschulden kann dem Vertretenen nach hM aber auch gemäß **§ 278** ein Verschulden des vollmachtlosen oder seine Vollmacht überschreitenden Vertreters als Verschulden eines Verhandlungsgehilfen zuzurechnen sein.[82] Der auf c.i.c. beruhende Schadensersatzanspruch ist auf den Ersatz des negativen Interesses gerichtet.[83] Ein Mitverschulden des Geschäftsgegners ist nach § 254 anspruchsmindernd zu berücksichtigen; anders als in der Beziehung des Gegners zum Vertreter ist § 179 Abs. 3 S. 1 hier nicht (analog) anzuwenden.[84] 28

Auf die **Überschreitung gesetzlicher Vertretungsmacht** sind diese Grundsätze nicht übertragbar, damit der bezweckte Schutz des Vertretenen nicht unterlaufen wird.[85] Daher haftet etwa ein nicht voll geschäftsfähiger 29

71 Bamberger/Roth/*Habermeier*, § 177 Rn 29; MüKo/*Schramm*, § 177 Rn 34; Staudinger/*Schilken*, § 177 Rn 16.
72 Bamberger/Roth/*Habermeier*, § 177 Rn 23; MüKo/*Schramm*, § 177 Rn 40 f; Soergel/*Leptien*, § 177 Rn 25 f; Staudinger/*Schilken*, § 177 Rn 15.
73 Bamberger/Roth/*Habermeier*, § 177 Rn 23; MüKo/*Schramm*, § 177 Rn 40; Soergel/*Leptien*, § 177 Rn 26; Staudinger/*Schilken*, § 177 Rn 25.
74 Bamberger/Roth/*Habermeier*, § 177 Rn 27; Soergel/*Leptien*, § 177 Rn 27; Staudinger/*Schilken*, § 177 Rn 14.
75 So etwa auch MüKo/*Schramm*, § 177 Rn 47; gegen die Unwiderruflichkeit *Prahl*, NJW 1995, 2968 f.
76 Staudinger/*Schilken*, § 177 Rn 12.
77 MüKo/*Schramm*, § 177 Rn 48.
78 Zu der umstr. Frage, ob und unter welchen Voraussetzungen daneben eine Haftung des Vertreters aus c.i.c. in Betracht kommt, s. § 179 Rn 26 f.
79 Dazu vertiefend *Canaris*, Vertrauenshaftung, S. 281 f, 312 ff; *Schnorbus*, WM 1999, 197 ff; *Welser*, Vertretung, S. 103 ff.
80 Zu beiden im Text genannten Fällen MüKo/*Schramm*, § 177 Rn 49; Staudinger/*Schilken*, § 177 Rn 23.
81 BGH NJW 1980, 2410, 2411; Bamberger/Roth/*Habermeier*, § 177 Rn 38; Soergel/*Leptien*, § 177 Rn 35; Staudinger/*Schilken*, § 177 Rn 23.
82 RGZ 120, 126, 130; BGH BB 1955, 429; OLG Köln VersR 1994, 348; *Flume*, BGB AT Bd. 2, § 47, 3 d; *Medicus*, BGB AT, Rn 973 f; MüKo/*Schramm*, § 177 Rn 50 f; Soergel/*Leptien*, § 177 Rn 36; Staudinger/*Schilken*, § 177 Rn 24; aA *Prölss*, JuS 1986, 164, 173 f; einschr. *Canaris*, JuS 1980, 332, 334.
83 OLG Köln VersR 1994, 437, 438.
84 MüKo/*Schramm*, § 177 Rn 51; Staudinger/*Schilken*, § 177 Rn 24; aA RGRK/*Steffen*, § 177 Rn 17.
85 RGZ 132, 76, 78; MüKo/*Schramm*, § 177 Rn 52; Staudinger/*Schilken*, § 177 Rn 25; aA *Prölss*, JuS 1986, 169, 175.

Vertretener nicht aus c.i.c., wenn sein gesetzlicher Vertreter ohne eine notwendige vormundschaftsgerichtliche Genehmigung oder jenseits seiner gesetzlichen Zuständigkeit gehandelt hat.[86] Überschreitet ein **Organ einer juristischen Person** seine Vertretungsmacht, kommt dagegen eine über die §§ 31, 86, 89 zu begründende Haftung der juristischen Person aus c.i.c. oder Delikt in Betracht,[87] auf deren Umfang das in Rn 28 Gesagte zutrifft.

V. Die Aufforderung zur Erklärung über die Genehmigung

30 **1. Voraussetzungen.** Die vom Geschäftsgegner an den Vertretenen gerichtete Aufforderung zur Erklärung über die Genehmigung ist eine **geschäftsähnliche Handlung**, auf die die Regeln über die Willenserklärung analoge Anwendung finden.[88] Die Aufforderung muss **eindeutig** sein, sie darf jedoch, wie schon der Gesetzeswortlaut ergibt, **ergebnisoffen** formuliert sein (dh als Aufforderung, sich zu erklären, und nicht als Aufforderung zur Genehmigung).[89] Die **Mitteilung über den Abschluss eines Vertrags** enthält eine solche Aufforderung jedenfalls nicht, wenn sich ihr nicht entnehmen lässt, dass der Absender die schwebende Unwirksamkeit wegen fehlender Vertretungsmacht nicht zumindest für möglich hält. Allerdings kann eine solche Mitteilung als kaufmännisches Bestätigungsschreiben einzuordnen sein.[90] Ebenfalls keine Aufforderung im Sinne von Abs. 2 liegt regelmäßig in der **Übersendung einer vorgefertigten Genehmigungserklärung durch einen** (im Übrigen insoweit meist nicht über Vertretungsmacht verfügenden) **Notar**, der mit dem Vertragsvollzug beauftragt wurde.[91]

31 **2. Rechtsfolgen.** Die Aufforderung zur Erklärung über die Genehmigung hat zum einen nach Abs. 2 S. 1 zur Folge, dass eine Erklärung über die Genehmigung nur noch dem Vertretenen gegenüber erfolgen darf und dass frühere, gegenüber dem Vertreter abgegebene Erklärungen (Erteilung oder Verweigerung der Genehmigung) unwirksam werden. Zum anderen setzt die Aufforderung mit ihrem Zugang eine zweiwöchige Erklärungsfrist in Gang, deren fruchtloser Ablauf als Fiktion der Genehmigungsverweigerung wirkt. Diese Frist können Geschäftsgegner und Vertretener im Wege der Vereinbarung verändern;[92] da die Frist dem Schutz des Geschäftsgegners dient, kann dieser aber auch einseitig eine Fristverlängerung gewähren.[93]

C. Weitere praktische Hinweise

32 Wer sich im **Zivilprozess** auf die Wirksamkeit eines Vertrags mit dem Vertretenen beruft, hat das Vorliegen der Vertretungsmacht oder aber einer Genehmigung zu **beweisen** (zur Beweislast bei Botenschaft s. Rn 7). Beruft sich der auf Erfüllung in Anspruch genommene Geschäftsgegner auf die Unwirksamkeit des Vertrags, muss er die Verweigerung der Genehmigung beweisen. Stützt der Gegner die Unwirksamkeit auf die Aufforderung zur Erklärung über die Genehmigung, trägt er die Beweislast für den behaupteten Zugang der Aufforderung und dessen Zeitpunkt. Der Beweis für den Zugang der Genehmigung innerhalb der durch die Aufforderung in Gang gesetzten Frist obliegt wiederum dem Vertretenen.[94]

§ 178 Widerrufsrecht des anderen Teils

[1]Bis zur Genehmigung des Vertrags ist der andere Teil zum Widerruf berechtigt, es sei denn, dass er den Mangel der Vertretungsmacht bei dem Abschluss des Vertrags gekannt hat. [2]Der Widerruf kann auch dem Vertreter gegenüber erklärt werden.

86 MüKo/*Schramm*, § 177 Rn 52.
87 BGHZ 6, 330, 332; BGH NJW 1972, 940, 941; aus der Lit. mwN. Staudinger/*Schilken*, § 177 Rn 25.
88 Bamberger/Roth/*Habermeier*, § 177 Rn 34; MüKo/*Schramm*, § 177 Rn 19; Staudinger/*Schilken*, § 177 Rn 13.
89 BGHZ 145, 44, 47 f.
90 BGH BB 1967, 902; MüKo/*Schramm*, § 177 Rn 19; Soergel/*Leptien*, § 177 Rn 32.
91 BGH EWiR 2001, 361; OLG Frankfurt MDR 2000, 444; *Holthausen-Dux*, NJW 1995, 1470; MüKo/*Schramm*, § 177 Rn 21; Staudinger/*Schilken*, § 177 Rn 13; aA OLG Köln NJW 1995, 1499; Soergel/*Leptien*, § 177 Rn 32; *Prahl*, NJW 1995, 2968.
92 OLG Zweibrücken Rpfleger 2002, 261.
93 Bamberger/Roth/*Habermeier*, § 177 Rn 35; MüKo/*Schramm*, § 177 Rn 21; Staudinger/*Schilken*, § 177 Rn 13.
94 Hierzu und zur Beweislastverteilung insgesamt MüKo/*Schramm*, § 177 Rn 60; Staudinger/*Schilken*, § 177 Rn 28.

A. Allgemeines

Wer mit einem Vertreter ein Geschäft abschließt und von dessen fehlender Vertretungsmacht Kenntnis hat, bedarf jenseits der Möglichkeit, den Vertretenen nach § 177 Abs. 2 zur Erklärung über die Genehmigung aufzufordern, keines besonderen Schutzes vor dem dann eintretenden Zustand schwebender Unwirksamkeit: Er hatte bereits die Wahl, von dem Vertragsschluss mit dem **falsus procurator** abzusehen. Ein Geschäftsgegner, dem das Fehlen der Vertretungsmacht im Zeitpunkt des Vertragsschlusses unbekannt war, hat dagegen die Ungewissheit über die Wirksamkeit des Vertrags nicht auf sich genommen. Ihm billigt das Gesetz daher in § 178 die Möglichkeit zu, sich durch Widerruf von der vertraglichen Bindung zu befreien. Entsprechende Regelungen finden sich in den §§ 109, 1366 Abs. 2, 1830. 1

B. Regelungsgehalt

I. Voraussetzungen des Widerrufs

1. Schwebende Unwirksamkeit des Vertrags. Das Widerrufsrecht besteht vom Zeitpunkt des Vertragsabschlusses mit dem Vertreter bis zur Genehmigung durch den Vertretenen und damit während der gesamten Zeit schwebender Unwirksamkeit. Es entfällt nicht schon dadurch, dass der Geschäftsgegner den Vertretenen nach § 177 Abs. 2 zur Erklärung über die Genehmigung aufgefordert hat.[1] 2

2. Keine Kenntnis vom Fehlen der Vertretungsmacht. Das Widerrufsrecht ist ausgeschlossen, wenn der Geschäftsgegner den Mangel der Vertretungsmacht kannte. Fahrlässige oder auch grob fahrlässige Unkenntnis schadet dagegen nicht. Als maßgeblichen Zeitpunkt für das Vorliegen der Kenntnis bezeichnet S. 1 den **Zeitpunkt des Vertragsabschlusses**. Vor dem Hintergrund der Einsicht, dass damit Dritten die Widerrufsmöglichkeit verwehrt werden soll, die aufgrund ihrer Kenntnis nicht schutzwürdig sind, weil sie sich bewusst für das Geschäft mit dem vollmachtlosen Vertreter entschieden haben (s. Rn 1), ist dies dahin gehend zu konkretisieren, dass es auf die **Abgabe der zum Vertragsschluss führenden Willenserklärung des Vertragsgegners** ankommt.[2] Bei **Verfügungsgeschäften** schadet der Erwerb der Kenntnis vom Fehlen der Vertretungsmacht noch so lange, wie der Vollzug durch Übergabe oder Eintragung noch zu verhindern oder die Einigung noch zu widerrufen war.[3] 3

II. Ausübung des Widerrufs

Das Widerrufsrecht wird durch **einseitige empfangsbedürftige, formfreie Willenserklärung** ausgeübt.[4] Erklärungsempfänger kann außer dem Vertretenen nach S. 2 auch der Vertreter sein. Inhaltlich muss die Erklärung deutlich erkennen lassen, dass der Geschäftsgegner sich **wegen des Fehlens der Vertretungsmacht** und nicht aus anderen Gründen gegen die Geltung des Vertrags wendet.[5] Macht der Geschäftsgegner Ansprüche geltend, die sich aufgrund Widerrufs ergeben, kann darin auch ein konkludenter Widerruf liegen.[6] Nicht ausreichend für einen Widerruf ist dagegen das Bestreiten des Abschlusses des Vertretergeschäfts[7] sowie das Vorbringen von Änderungsvorschlägen oder -wünschen.[8] 4

III. Verhältnis zur Anfechtungsregelung

Der **Irrtum** des Geschäftsgegners **über das Bestehen der Vertretungsmacht** berechtigt **nicht** zur Anfechtung. Abgesehen davon, dass ein solcher Irrtum weder nach § 119 Abs. 1 noch nach § 119 Abs. 2 beachtlich wäre, kommt auch eine auf das arglistige Vorspiegeln der Vertretungsmacht gestützte Anfechtung nach § 123 nicht in Betracht; was die Lösung vom (wegen fehlender Vertretungsmacht) schwebend unwirksamen Vertrag betrifft, stellt § 178 eine Spezialregelung dar, die auch insoweit vorgeht.[9] Davon **unberührt** bleibt die **Anfechtung wegen anderer Willensmängel**, die indes (soweit sich der Anfechtungsgrund nicht aus § 123 ergibt) wegen der Haftung aus § 122 weniger günstig für den Geschäftsgegner ist als der Widerruf. Hat der Geschäftsgegner gleichwohl die Anfechtung erklärt, weil er von seinem Widerrufsrecht noch nichts wusste, 5

1 Statt vieler Staudinger/*Schilken*, § 178 Rn 3.
2 Bamberger/Roth/*Habermeier*, § 178 Rn 5; MüKo/*Schramm*, § 178 Rn 3; Soergel/*Leptien*, § 178 Rn 1; Staudinger/*Schilken*, § 177 Rn 4.
3 Bamberger/Roth/*Habermeier*, § 178 Rn 5; Erman/*Palm*, § 178 Rn 3; MüKo/*Schramm*, § 178 Rn 3; Soergel/*Leptien*, § 178 Rn 1; Staudinger/*Schilken*, § 177 Rn 4.
4 Statt vieler MüKo/*Schramm*, § 178 Rn 6.
5 RGZ 102, 24; BGH NJW 1965, 1714; 1988, 1199, 1200; BAG NJW 1996, 2594, 2595.
6 BGH NJW 1988, 1199, 1200.
7 Erman/*Palm*, § 178 Rn 4 mwN.
8 MüKo/*Schramm*, § 178 Rn 8 mwN.
9 So gerade mit Bezug auf § 123 auch Soergel/*Leptien*, § 178 Rn 2; Staudinger/*Schilken*, § 178 Rn 5.

ist ihm – als Ausdruck der Lehre von den „Doppelwirkungen" im Recht – zu erlauben, das nichtige Geschäft zu widerrufen.[10]

IV. Analoge Anwendung

6 § 178 ist auf **einseitige Rechtsgeschäfte** analog anzuwenden, wenn der Erklärungsempfänger die vom Vertreter behauptete Vertretungsmacht nicht beanstandet hat (§ 180 S. 2).[11] War der Erklärungsempfänger damit einverstanden, dass der Vertreter ohne Vertretungsmacht handelte, scheidet ein Widerruf freilich aus, weil damit zugleich die Kenntnis vom Mangel der Vertretungsmacht vorliegt.

7 Beim Vertreterhandeln im Namen einer **Vor-Kapitalgesellschaft** soll nach verbreiteter Ansicht ebenso wie beim Handeln für eine **Vor-Personengesellschaft** § 178 entsprechend gelten.[12] Regelmäßig wird ein Widerruf jedoch schon aufgrund des Wissens der Gegenseite um das Fehlen der Vertretungsmacht nicht eröffnet sein.

C. Weitere praktische Hinweise

8 Wer sich im **Zivilprozess** darauf beruft, dass ein Vertrag wegen Widerrufs unwirksam ist, hat zu **beweisen**, dass der Widerruf einer etwaigen Genehmigung zeitlich vorausging. Umgekehrt trägt derjenige, der die Unwirksamkeit des Widerrufs geltend macht, die Beweislast dafür, dass der Geschäftsgegner den Mangel der Vertretungsmacht beim Vertragsschluss gekannt hat.[13]

§ 179 Haftung des Vertreters ohne Vertretungsmacht

(1) Wer als Vertreter einen Vertrag geschlossen hat, ist, sofern er nicht seine Vertretungsmacht nachweist, dem anderen Teil nach dessen Wahl zur Erfüllung oder zum Schadensersatz verpflichtet, wenn der Vertretene die Genehmigung des Vertrags verweigert.

(2) Hat der Vertreter den Mangel der Vertretungsmacht nicht gekannt, so ist er nur zum Ersatz desjenigen Schadens verpflichtet, welchen der andere Teil dadurch erleidet, dass er auf die Vertretungsmacht vertraut, jedoch nicht über den Betrag des Interesses hinaus, welches der andere Teil an der Wirksamkeit des Vertrags hat.

(3) [1]Der Vertreter haftet nicht, wenn der andere Teil den Mangel der Vertretungsmacht kannte oder kennen musste. [2]Der Vertreter haftet auch dann nicht, wenn er in der Geschäftsfähigkeit beschränkt war, es sei denn, dass er mit Zustimmung seines gesetzlichen Vertreters gehandelt hat.

Literatur: *Ackermann*, Der Schutz des negativen Interesses, 2007; *Fehrenbach*, Die Haftung bei Vertretung einer nicht existierenden Person, NJW 2009, 2173; *Lobinger*, Rechtsgeschäftliche Verpflichtung und autonome Bindung, 1999; *Pohlmann*, Die Haftung wegen Verletzung von Aufklärungspflichten, 2002.

10 MüKo/*Schramm*, § 178 Rn 5.
11 Bamberger/Roth/*Habermeier*, § 178 Rn 6; Erman/*Palm*, § 178 Rn 7; MüKo/*Schramm*, § 178 Rn 9; Soergel/*Leptien*, § 178 Rn 4; Staudinger/*Schilken*, § 178 Rn 6; aA *Bork*, BGB AT, Rn 1615 Fn 287.
12 Dazu mwN MüKo/*Schramm*, § 178 Rn 10; Staudinger/*Schilken*, § 178 Rn 7.
13 Soegel/*Leptien*, § 178 Rn 5; MüKo/*Schramm*, § 178 Rn 12.

A. Allgemeines

Die auf Erfüllung oder den Ersatz des Erfüllungsinteresses gerichtete Haftung des Vertreters nach Abs. 1, die durch Abs. 2 abgemildert und durch Abs. 3 begrenzt wird, ist rechtssystematisch schwer einzuordnen: Eine starke gemeinrechtliche Strömung hat die Haftung des *falsus procurator* auf das Erfüllungsinteresse (in Natur oder Geld) rechtsgeschäftlich, nämlich als Haftung aus einem **stillschweigenden Garantieversprechen** verstanden.[1] Dagegen wendet man sich heute einhellig mit dem schon in der zweiten Kommission laut gewordenen Argument, die Unterstellung eines Garantieversprechens laufe auf eine Fiktion hinaus,[2] und bekennt sich vor diesem Hintergrund ganz überwiegend zu einer Einordnung der Vertreterhaftung als **Ausdruck gesetzlicher (Vertrauens-)Haftung**.[3] Ein neuerer Versuch, die rechtsgeschäftliche Natur der Vertreterhaftung zu begründen, will diesem Einwand mit der folgenden Konstruktion ausweichen: Der Vertreter verspreche mit der Abgabe der Erklärung im Namen des Vertretenen eine eigene Leistung in Gestalt der „Herstellung der vertraglichen Verbundenheit mit dem Vertretenen entsprechend der in dessen Namen geschlossenen Vereinbarung".[4] Das überzeugt nicht: Der Willenserklärung des Vertreters ein (unentgeltliches) Leistungsversprechen zu entnehmen ist ganz gewiss eine Fiktion, und auch die in Abs. 1 angeordnete Rechtsfolge ist, was die Variante der Erfüllung betrifft, als Schadensersatz statt der Leistung, wie er sich an die Nichterfüllung eines Leistungsversprechens anschließen müsste, nur schwer zu erklären.[5] 1

Jedoch bringt auch die Einordnung der Vertreterhaftung als Fall der Vertrauenshaftung den Haftungsgrund nicht präzise zum Ausdruck: Haftungsgrund ist die **Behauptung des Vertreters, er verfüge über Vertretungsmacht**. Diese Behauptung muss der Geschäftsgegner der Erklärung des Vertreters entnehmen, er handele in fremdem Namen, es sei denn, der Vertreter weist auf das Fehlen der Vertretungsmacht hin.[6] Die Behauptung, Vertretungsmacht zu haben, mag kein Versprechen sein, für das Fehlen der Vertretungsmacht einstehen zu wollen. Aber immerhin erhebt der Vertreter mit dieser Behauptung einen Geltungsanspruch, der es rechtfertigt, von einer im Kern privatautonomen Haftungsbegründung zu sprechen.[7] Wenn Abs. 1 die durch die Behauptung der Vertretungsmacht geweckte Erwartung des Geschäftsgegners durch die Gewährung des „positiven" Schutzes in Gestalt von Naturalerfüllung oder Schadensersatz bestätigt, bewegt sich das Gesetz daher im Rahmen dessen, was man als gesetzlich normierten Inhalt der rechtsgeschäftlichen Erklärung des Vertreters bezeichnen kann.[8] 2

Abs. 2 ist vor diesem Hintergrund als irrtumsbedingte Rücknahme einer ihrer Natur nach rechtsgeschäftsgleichen Haftung zu verstehen, während Abs. 3 S. 1 die Fälle von der Einstandspflicht ausnimmt, in denen der Geschäftsgegner der Vollmachtsbehauptung des Vertreters den haftungsbegründenden Geltungsanspruch nicht entnehmen durfte. Namentlich die Beschränkung der Haftung in Abs. 2 erscheint **rechtspolitisch** nicht zwingend: So soll der Vertreter ohne Vertretungsmacht nach Art. 3:204 der Principles of European Contract Law unabhängig davon, ob er von dem Mangel der Vertretungsmacht Kenntnis hatte, auf das positive Interesse haften. 3

B. Regelungsgehalt

I. Anwendungsbereich

In seinem unmittelbaren Anwendungsbereich bezieht sich § 179 auf die Fälle, in denen die Wirkung des Vertretergeschäfts für und gegen die vertretene Person allein daran scheitert, dass dem Vertreter die dafür erforderliche Vertretungsmacht fehlt und der Vertretene die Genehmigung verweigert. Es besteht aber weit gehende Einigkeit über eine **analoge Anwendung** der Norm, wenn der Vertrag für eine **nicht existierende Person**[9] oder für eine **nicht geschäftsfähige Person**[10] geschlossen wurde und der Vertreter die Nichtexistenz bzw die fehlende Geschäftsfähigkeit verschwiegen hat. Dies gilt auch, wenn der Vertreter für eine nicht mehr existierende Person aufgetreten ist,[11] und grundsätzlich auch dann, wenn sich das Vertreterhandeln auf eine 4

1 Vgl etwa *Windscheid/Kipp*, Pandektenrecht Bd. 1, 9. Aufl. 1906, § 74 Anm. 7 a, 8 (S. 369 f).

2 Prot. I, S. 323 = Mugdan I, S. 750; im Anschluss daran aus der neueren Lit. etwa *Flume*, BGB AT Bd. 2, § 47, 3 (S. 801); *Lobinger*, S. 279; Staudinger/*Schilken*, § 179 Rn 2.

3 Vgl die Übersicht bei Staudinger/*Schilken*, § 179 Rn 2.

4 *Lobinger*, S. 281.

5 Gegen *Lobinger* auch Staudinger/*Schilken*, § 179 Rn 2.

6 Insoweit übereinstimmend *Flume*, BGB AT Bd. 2, § 47, 3 (S. 802).

7 *Ackermann*, S. 460 ff.

8 Ähnlich bereits *Pohlmann*, S. 46 ff.

9 BGH NJW 2009, 215 (für die GbR; in Abkehr von seiner früheren Rspr wendet der BGH in diesem Fall auch § 179 Abs. 3 analog an, vgl dazu auch *Fehrenbach*, NJW 2009, 2173); BGHZ 105, 283 (Bauherrengemeinschaft); OLG Köln NJW-RR 1997, 987; Bamberger/Roth/*Habermeier*, § 179 Rn 17; Erman/*Palm*, § 179 Rn 19; MüKo/*Schramm*, § 179 Rn 11; Soergel/*Leptien*, § 179 Rn 9; Staudinger/*Schilken*, § 179 Rn 22.

10 RGZ 106, 68, 73; Bamberger/Roth/*Habermeier*, § 179 Rn 11; Soergel/*Leptien*, § 179 Rn 6; Staudinger/*Schilken*, § 179 Rn 21.

11 BGH NJW-RR 1996, 1060 (gelöschte GmbH).

noch nicht entstandene Personengesellschaft oder juristische Person gerichtet hat (s. dazu § 177 Rn 9; vgl aber auch die Spezialregelungen zur Handelndenhaftung in § 54 S. 2 und in § 11 Abs. 2 GmbHG, § 41 Abs. 1 S. 2 AktG). Wie die §§ 177 ff insgesamt ist § 179 außerdem beim **Handeln unter fremdem Namen** (s. § 177 Rn 6), beim Auftreten von **Pseudoboten** (s. § 177 Rn 7) und bei Vertragsschlüssen durch vermeintliche **Amtsinhaber** (s. § 177 Rn 10) entsprechend heranzuziehen.

5 Der Rechtsgedanke des § 179 wird darüber hinaus herangezogen, wenn ein Vertreter beim rechtsgeschäftlichen **Handeln für eine GmbH oder eine andere beschränkt haftende juristische Person** den **Rechtsformzusatz weggelassen** und dadurch bei seinem Gegenüber den Eindruck erweckt hat, der Vertretene sei eine unbeschränkt haftende natürliche Person oder Personengesellschaft: Nach der ganz überwiegend jedenfalls im Ergebnis mit Zustimmung aufgenommenen Rechtsprechung haftet der Vertreter für den von ihm gesetzten Rechtsschein unbeschränkter Haftung analog § 179,[12] wobei ein mündliches Auftreten im Rechtsverkehr genügt.[13] Dem Geschäftsgegner sind damit ggf der wahre Unternehmensträger (bei Vorliegen eines unternehmensbezogenen Geschäfts) und der Vertreter gesamtschuldnerisch verpflichtet.

6 Schließlich kommt eine analoge Anwendung von § 179 auch dann in Betracht, wenn außer dem Fehlen der Vertretungsmacht zwar noch ein anderer Unwirksamkeitsgrund vorliegt, der Geschäftsgegner aber auf die Wirksamkeit des Vertretergeschäfts vertrauen durfte und gerade die **unrichtige Vollmachtsbehauptung des Vertreters für den Schaden des Gegners kausal** geworden ist.[14] Hierfür wird beispielhaft der Fall angeführt, dass das Geschäft der Genehmigung eines Dritten bedurfte, die der Vertretene hätte einholen können, und es dazu nur deshalb nicht kam, weil der Vertretene das Geschäft nicht genehmigen will.[15]

II. Die Haftung nach Abs. 1

7 **1. Voraussetzungen. a) Abschluss eines Vertrags.** Bei dem ohne Vertretungsmacht abgeschlossenen Geschäft muss es sich um einen Vertrag handeln. Hiervon erfasst sind außer schuldrechtlichen **grundsätzlich auch dingliche Verträge**, Letztere freilich mit der Besonderheit, dass als Rechtsfolge der Haftung eine Erfüllungspflicht nach Abs. 1 naturgemäß ausscheidet.[16] Zu beachten ist weiterhin, dass kein Fall des § 179 vorliegt und auch keine analoge Anwendung in Betracht kommt, wenn der Vertreter mit Vertretungsmacht gehandelt hat und die Wirksamkeit der Verfügung daran scheitert, dass dem Vertretenen die Verfügungsmacht fehlt.[17]

8 **b) Vertreterhandeln ohne Vertretungsmacht.** Weitere Voraussetzung der Haftung ist, dass der Vertreter den Vertrag im fremden Namen abgeschlossen hat, ohne die dazu erforderliche Vertretungsmacht zu haben. Wenn im Gesetzeswortlaut vom fehlenden „Nachweis" der Vertretungsmacht die Rede ist, hat dies keine andere Bedeutung, als die Beweislast für die Vertretungsmacht dem Vertreter aufzuerlegen (s.a. Rn 30). Dem Fehlen der Vertretungsmacht steht der Fall gleich, in dem der Vertreter zwar über Vertretungsmacht verfügt, ihr Bestehen aber leugnet oder sonst keinen Gebrauch von ihr macht (dazu § 177 Rn 13). Eine Besonderheit gilt allerdings für die **Vertretung durch öffentlich-rechtliche Organe**: Das aus der Nichtbeachtung einer öffentlich-rechtlichen Förmlichkeit resultierende Fehlen der Vertretungsmacht führt nicht zur Haftung des Vertreters nach § 179 (dazu § 177 Rn 5).

9 Im Umkehrschluss ist festzuhalten: Wenn und soweit der Vertreter im Rahmen seiner gesetzlichen, organschaftlichen oder gewillkürten Vertretungsmacht gehandelt hat, scheidet die Anwendung von § 179 aus. Nach der Rechtsprechung gilt dies auch für das Vorliegen einer **Duldungs- oder Anscheinsvollmacht**.[18] Dem ist jedoch zu widersprechen: Richtigerweise ist es dem Geschäftsgegner zu gestatten, auf den Schutz durch die Rechtsscheinregeln zu verzichten und stattdessen in Übereinstimmung mit der wahren Rechtslage den Vertreter in Anspruch zu nehmen (näher § 167 Rn 93). Liegt kein gänzlicher Mangel, sondern nur eine **Überschreitung der Vertretungsmacht** vor und ist das Vertretergeschäft hinsichtlich des von der Vertretungsmacht gedeckten Teils nicht nach § 139 unwirksam, haftet der Vertreter auch nur für den wegen Fehlens der Vertretungsmacht unwirksamen Teil des Geschäfts.[19] Bei der **Untervollmacht** ist wie folgt zu unterscheiden: Fehlt nur eine wirksame Untervollmacht, haftet der Untervertreter aus § 179 (s. § 167 Rn 72). Fehlt dagegen eine wirksame Hauptvollmacht, haftet nur der Hauptvertreter und nicht der Untervertreter, wenn der Unter-

12 BGH NJW 1991, 2627 m. krit. Anm. *Canaris*; BGH NJW 2007, 1529; OLG Saarbrücken NJW-RR 2009, 179, 180; OLG Köln NJW-RR 1993, 1445; OLG Celle NJW-RR 2000, 39; *Medicus*, BGB AT, Rn 918; MüKo/*Schramm*, § 179 Rn 13; Staudinger/*Schilken*, § 179 Rn 23.

13 OLG Saarbrücken NJW-RR 2009, 179, 180.

14 MüKo/*Schramm*, § 179 Rn 22; Staudinger/*Schilken*, § 179 Rn 24.

15 MüKo/*Schramm*, § 179 Rn 12.

16 Bamberger/Roth/*Habermeier*, § 179 Rn 21; Erman/*Palm*, § 179 Rn 7; MüKo/*Schramm*, § 179 Rn 16; Soergel/*Leptien*, § 179 Rn 13; Staudinger/*Schilken*, § 179 Rn 13.

17 MüKo/*Schramm*, § 179 Rn 16; Soergel/*Leptien*, § 179 Rn 13.

18 BGH NJW 1983, 1308.

19 BGHZ 103, 175, 178; MüKo/*Schramm*, § 179 Rn 19; Soergel/*Leptien*, § 179 Rn 3.

vertreter bei dem Abschluss des Vertrags die Untervertretung offen gelegt hat (streitig; näher dazu § 167 Rn 73).

c) Verweigerung der Genehmigung. Solange der ohne Vertretungsmacht geschlossene Vertrag schwebend unwirksam ist, haftet der Vertreter noch nicht. Der Anspruch des Geschäftsgegners entsteht vielmehr erst mit der Beendigung des Schwebezustands durch die **Erklärung des Vertretenen**, dass er die **Genehmigung verweigere**, oder durch die **Fiktion der Verweigerung** nach **§ 177 Abs. 2 S. 2**. 10

Wird der Schwebezustand hingegen dadurch beendet, dass der Geschäftsgegner von seinem **Widerrufsrecht nach § 178** Gebrauch macht, ist § 179 nicht anwendbar, da der Vertretene nunmehr keine Gelegenheit mehr hat, die Genehmigung noch zu erklären oder zu verweigern.[20] Ebenso wenig besteht ein Anspruch aus § 179, wenn der Schwebezustand durch die Genehmigung des Vertretenen beendet wird, und zwar auch dann, wenn der Geschäftsgegner durch eine **Verzögerung der Genehmigung** bereits Schäden erlitten hat. Hier kommt allenfalls eine Haftung des Vertreters wegen c.i.c. (§§ 280 Abs. 1, 241 Abs. 2, 311 Abs. 2) in Betracht.[21] 11

d) Keine Unwirksamkeit aus anderem Grund. Ist der Vertrag nicht allein wegen fehlender Vertretungsmacht, sondern schon aus einem anderen Grund unwirksam, haftet der Vertreter grundsätzlich nicht aus § 179, es sei denn, der Geschäftsgegner durfte (ausnahmsweise) auf die Wirksamkeit des Vertretergeschäfts vertrauen und gerade die unrichtige Vollmachtsbehauptung des Vertreters ist für den Schaden des Gegners kausal geworden (dann gilt § 179 analog; s. Rn 6). So ist § 179 prinzipiell bei **Nichtigkeit des Vertretergeschäfts** nach den **§§ 125, 134 oder 138** unanwendbar,[22] ebenso bei **Geschäftsunfähigkeit des Vertreters** (aber nicht bei Geschäftsunfähigkeit des Vertretenen; s. Rn 4) sowie nach Abs. 3 S. 2 bei beschränkter Geschäftsfähigkeit des Vertreters, wenn dieser ohne Zustimmung seines gesetzlichen Vertreters gehandelt hat. 12

Ist der vom Vertreter ohne Vertretungsmacht geschlossene und vom Vertretenen nicht genehmigte **Vertrag anfechtbar** oder besteht ein **Widerrufsrecht** des Vertretenen (§ 355), schließt dies für sich genommen die Vertreterhaftung nicht aus.[23] Jedoch kann der Vertreter das Anfechtungsrecht ebenso wie das Widerrufsrecht anstelle des Vertretenen ausüben, um auf diese Weise der Haftung nach § 179 zu entgehen.[24] Im Falle der **Anfechtung nach den §§ 119, 120** trifft den Vertreter freilich die aus § 122 folgende Pflicht zum **Ersatz des Vertrauensschadens** des Geschäftsgegners. Dies gilt auch dann, wenn das (nicht genehmigte) Geschäft des **falsus procurator** unter einem Mangel litt, der zur **Nichtigkeit nach § 118** geführt hätte.[25] 13

2. Rechtsfolge. Die Rechtsfolge der Haftung – Erfüllung (dazu Rn 15 ff) oder Schadensersatz (dazu Rn 18) nach Wahl des Geschäftsgegners (dazu Rn 19) – bedeutet **nicht**, dass der Vertreter, der das Vertretergeschäft in Kenntnis seiner fehlenden Vertretungsmacht geschlossen hat, die **Position einer Vertragspartei** einnimmt.[26] Vielmehr ist sie Ausdruck der **Garantenpflicht**, die ihm das Gesetz für die von ihm fälschlich erhobene Behauptung auferlegt, über Vertretungsmacht zu verfügen. Aufgrund dieser Garantenpflicht hat der Vertreter dafür zu sorgen, dass der Geschäftsgegner so gestellt wird, wie er im Falle einer wirksamen vertraglichen Beziehung zum Vertretenen stünde. 14

a) Erfüllung. Der Geschäftsgegner kann von dem Vertreter die Erfüllung des Vertrags verlangen, soweit er bei wirksamer Stellvertretung die Erfüllung von dem Vertretenen erlangen könnte. Die Garantiefunktion der Haftung impliziert, dass der Anspruch gegen den Vertreter bei **Vermögenslosigkeit des Vertretenen** entfällt[27] und dass im Falle der **Insolvenz des Vertretenen** Erfüllung nur bei fiktiver Erfüllungswahl nach § 103 InsO, im Übrigen aber nur Schadensersatz in Höhe der fiktiven Insolvenzquote gefordert werden kann.[28] 15

Auf den Erfüllungsanspruch finden die **allgemeinen Regeln über Schuldverhältnisse** Anwendung. So gilt für die Grenze der Leistungspflicht des Vertreters § 275 mit der Folge, dass dieser nicht zur Erbringung einer Leistung verpflichtet ist, die nur von dem Vertretenen in Person zu erbringen wäre. Handelt es sich bei der Leistungspflicht um eine Stückschuld und befindet sich das geschuldete Stück im Vermögen des Vertretenen, ist die Grenze der dem Vertreter abzuverlangenden Leistungsanstrengung nach § 275 Abs. 2 zu bestimmen. 16

20 Vgl BGH NJW 1988, 1199, 1200; aus der Lit. statt vieler MüKo/*Schramm*, § 177 Rn 11.

21 OLG Hamm NJW 1994, 666; Bamberger/Roth/*Habermeier*, § 179 Rn 5; Erman/*Palm*, § 179 Rn 4; MüKo/*Schramm*, § 177 Rn 59; Soergel/*Leptien*, § 179 Rn 5; Staudinger/*Schilken*, § 179 Rn 8.

22 RGZ 106, 68, 71; Erman/*Palm*, § 179 Rn 5; MüKo/*Schramm*, § 179 Rn 27; Soergel/*Leptien*, § 179 Rn 6; Staudinger/*Schilken*, § 179 Rn 9.

23 RGZ 104, 191, 193 (mit Bezug auf die Anfechtbarkeit); Bamberger/Roth/*Habermeier*, § 179 Rn 13; Soergel/*Leptien*, § 179 Rn 6; Staudinger/*Schilken*, § 179 Rn 9.

24 BGH NJW-RR 1991, 1074, 1075; NJW 2002, 1867, 1868; aus der Lit. statt vieler Staudinger/*Schilken*, § 179 Rn 9.

25 Für eine Pflicht zum Ersatz des Vertrauensschadens (allerdings aufgrund einer Analogie zu § 179) auch Bamberger/Roth/*Habermeier*, § 179 Rn 17; MüKo/*Schramm*, § 179 Rn 26; Staudinger/*Schilken*, § 179 Rn 24.

26 Vgl zB BGH NJW 1971, 430 und aus der Lit. statt vieler MüKo/*Schramm*, § 179 Rn 32.

27 OLG Hamm MDR 1993, 515; Bamberger/Roth/*Habermeier*, § 179 Rn 15; Erman/*Palm*, § 179 Rn 8; *Flume*, BGB AT Bd. 2, § 47, 3 b; Soergel/*Leptien*, § 179 Rn 16; Staudinger/*Schilken*, § 179 Rn 15; aA *Medicus*, BGB AT, Rn 987.

28 Staudinger/*Schilken*, § 179 Rn 15 mwN.

Ferner können unter den Voraussetzungen der §§ 280 ff Sekundäransprüche (etwa wegen Leistungsverzögerung) entstehen. Wegen des bereits durch Abs. 1 eröffneten Schadensersatzanspruchs kommt es allerdings auf das Vorliegen der Voraussetzungen des Schadensersatzes statt der Leistung nach den §§ 281–283 nicht an. Handelt es sich bei dem Geschäft, das der Vertreter ohne Vertretungsmacht abgeschlossen hat, um einen **gegenseitigen Vertrag**, sind zudem die §§ 320, 326 anzuwenden.[29] Dies ist Ausdruck der Einsicht, dass dem Geschäftsgegner keine bessere Rechtsposition verschafft werden soll, als er bei wirksamem Vertragsschluss mit dem Vertretenen hätte. Der Vertreter ist also nur zur Erfüllung Zug um Zug gegen die Erbringung der vertraglichen Gegenleistung verpflichtet, und seine Leistungspflicht entfällt nach § 326 Abs. 1 grundsätzlich, soweit die Erbringung der Gegenleistung unmöglich geworden ist. Hat der Vertreter schon geleistet, bevor er die Gegenleistung erhalten hat, ist ihm zudem nach § 242 das Recht zu gewähren, nun seinerseits noch die Gegenleistung zu fordern.[30]

17 Die **Modalitäten der vom Vertreter geschuldeten Leistung** sind, insbesondere was den Erfüllungsort betrifft, nach den Modalitäten der bei gedachter Wirksamkeit der Vertrags von dem Vertretenen zu erbringenden Leistung zu bestimmen. Die **Leistungsklage** kann gegen den Vertreter auch am Erfüllungsort oder am vereinbarten Gerichtsstand erhoben werden.[31] Einer **Schiedsklausel** versagt die Rechtsprechung indes die Wirkung im Verhältnis zum **falsus procurator**.[32]

18 **b) Schadensersatz.** Als Schadensersatz schuldet der Vertreter das finanzielle Äquivalent der Leistung, die bei Wirksamkeit des Vertrags der Vertretene erbracht hätte, also das positive oder **Erfüllungsinteresse**. Wie der Erfüllungsanspruch (s. Rn 16) scheidet auch der Schadensersatzanspruch gegen den Vertreter aus, wenn der Vertretene vermögenslos ist. Eine Naturalrestitution kommt wegen des Alternativverhältnisses zum Erfüllungsanspruch nicht in Betracht.[33] Der Schadensersatz ist nach den allgemeinen Regeln, also bei gegenseitigen Verträgen prinzipiell nach der Differenztheorie zu berechnen.[34] Da es sich um einen Fall des Schadensersatzes statt der Leistung handelt, kann der Geschäftsgegner an seiner Stelle gemäß § 284 auch den Ersatz vergeblicher Aufwendungen verlangen, die er im Vertrauen auf den Erhalt der Leistung des Vertretenen gemacht hat. Hierbei handelt es sich um einen Anspruch auf Ersatz des negativen Interesses, auf dessen Grundlage der Geschäftsgegner auch die **Kosten eines erfolglosen Vorprozesses** gegen den Vertretenen liquidieren kann.[35]

19 **c) Wahlschuld.** Der Geschäftsgegner hat die Wahl, ob er den Vertreter auf Erfüllung oder auf Schadensersatz in Anspruch nimmt. Hierbei handelt es sich um eine Wahlschuld im Sinne der §§ 262 ff.[36] Das Wahlrecht endet, wenn der Geschäftsgegner eine Wahl durch Erklärung gegenüber dem Vertreter getroffen hat (§ 263)[37] oder wenn sich die Wahlschuld infolge Unmöglichkeit der Leistung (dazu Rn 16) auf die Schadensersatzpflicht beschränkt (§ 265 S. 1).[38]

20 **d) Verjährung.** Der Anspruch gegen den Vertreter auf Erfüllung oder Schadensersatz verjährt in der Frist, die bei Wirksamkeit des Vertrags für den Anspruch gegen den Vertretenen gegolten hätte.[39] Für den Verjährungsbeginn ist hinsichtlich der Anspruchsentstehung auf den Zeitpunkt der Verweigerung der Genehmigung abzustellen.[40]

III. Die Beschränkung der Haftung nach Abs. 2

21 **1. Voraussetzungen.** Abs. 2 schränkt die Haftung des Vertreters ein, wenn der Vertreter den **Mangel der Vertretungsmacht nicht gekannt** hat. Ob die Unkenntnis verschuldet ist, ist unerheblich,[41] ebenso, ob der Vertreter überhaupt erkennen konnte, dass ihm die zum Vertragsschluss erforderliche Vertretungsmacht

29 RGZ 120, 126, 129; BGH NJW 1971, 429, 430; MüKo/*Schramm*, § 179 Rn 32; Staudinger/*Schilken*, § 179 Rn 15.
30 Bamberger/Roth/*Habermeier*, § 179 Rn 22; Erman/*Palm*, § 179 Rn 8; MüKo/*Schramm*, § 179 Rn 23; Soergel/*Leptien*, § 179 Rn 16; Staudinger/*Schilken*, § 179 Rn 15.
31 Staudinger/*Schilken*, § 179 Rn 15; vgl zum Erfüllungsort OLG München OLGZ 1966, 424; zum vereinbarten Gerichtsstand OLG Hamburg MDR 1975, 227.
32 BGH NJW 1977, 1398.
33 Statt vieler Bamberger/Roth/*Habermeier*, § 179 Rn 23.
34 Staudinger/*Schilken*, § 179 Rn 16.
35 So (nur) iE schon OLG Düsseldorf NJW 1992, 1176, 1177.
36 RGZ 154, 58, 60; Bamberger/Roth/*Habermeier*, § 179 Rn 19; Erman/*Palm*, § 179 Rn 7; MüKo/*Schramm*, § 179 Rn 31; Soergel/*Leptien*, § 179 Rn 15; Staudinger/*Schilken*, § 179 Rn 13; aA Palandt/*Ellenberger*, § 179 Rn 5.
37 So zutr. die hM, etwa Staudinger/*Schilken*, § 179 Rn 13 mwN.
38 Erman/*Palm*, § 179 Rn 7; Staudinger/*Schilken*, § 179 Rn 13.
39 So zum geltenden Recht Bamberger/Roth/*Habermeier*, § 179 Rn 24; Erman/*Palm*, § 179 Rn 10; Staudinger/*Schilken*, § 179 Rn 15 f; noch zur bis zum 31.12.2001 geltenden Fassung der Verjährungsregeln BGHZ 73, 266, 269 f.
40 Statt vieler Erman/*Palm*, § 179 Rn 10.
41 BGH WM 1977, 479; MüKo/*Schramm*, § 179 Rn 38 mwN; grds. aA *Lobinger*, S. 293 f.

fehlte.[42] Die strikte Haftung des Vertreters für seine unrichtige Behauptung, über Vertretungsmacht zu verfügen, ist auch dann nicht unbillig, wenn sich der Vertreter in einem für ihn nicht aufklärbaren Irrtum über seine Vertretungsmacht befand. Vielmehr sorgt in diesem Fall, in dem sich der Vertreter gleichsam in einem Irrtum über eine verkehrswesentliche Eigenschaft seiner Person befand, die Abmilderung der Haftung nach Abs. 2 für den Wertungsgleichklang mit § 122. Allerdings ist zu beachten, dass nach der hier vertretenen Ansicht die Anforderungen an einen Haftungsausschluss nach Abs. 3 S. 1 herabgesetzt sind (dazu Rn 24).

2. Rechtsfolge. Nach Abs. 2 haftet der Vertreter nur auf das negative Interesse, begrenzt durch den Betrag des positiven Interesses. Dies entspricht der Rechtsfolge des § 122 Abs. 2 (näher die Kommentierung zu § 122).[43] 22

IV. Der Ausschluss der Haftung nach Abs. 3

1. Kenntnis oder Kennenmüssen. Der in Abs. 3 S. 1 vorgesehene Haftungsausschluss bei Kenntnis oder Kennenmüssen im Zeitpunkt der Vornahme des Vertretergeschäfts bezieht sich außer auf die Haftung nach Abs. 2 **auch auf die Haftung nach Abs. 1**.[44] Danach wird selbst der seine Vertretungsmacht wissentlich falsch behauptende Vertreter von der Haftung frei, wenn der Vertretene von dem Mangel der Vertretungsmacht wissen musste. De lege ferenda mag dieses Ergebnis nicht unbedenklich sein; de lege lata ist es jedoch hinzunehmen. Die Rechtsprechung sorgt jedenfalls dafür, dass die Voraussetzungen des Haftungssausschlusses nicht allzu leicht zu bejahen sind: Eine Nachforschungs- oder Erkundigungspflicht, deren Verletzung den Vorwurf fahrlässiger Unkenntnis rechtfertigen könnte, besteht in der Regel nicht,[45] sondern es müssen **besondere Umstände Zweifel an der Vertretungsmacht begründen** und dem Geschäftsgegner Anlass dazu geben, sich über deren Bestehen zu vergewissern.[46] Solche Umstände liegen nach der Rechtsprechung nicht schon dann vor, wenn der Vertreter erklärt hat, er werde die Vollmacht nachreichen.[47] 23

Richtigerweise sollte bei den Anforderungen an das Kennenmüssen darauf abgestellt werden, **ob der Geschäftsgegner sich leichter Kenntnis vom Fehlen der Vertretungsmacht verschaffen konnte als der Vertreter selbst**.[48] Das heißt: Lag der Mangel der Vertretungsmacht außerhalb der Erkenntnismöglichkeiten des Vertreters, ist dessen Haftung zwar nicht gänzlich ausgeschlossen (dazu Rn 21); jedoch muss es für das haftungsausschließende Kennenmüssen nach Abs. 3 S. 1 ausreichen, wenn der Geschäftsgegner anders als der Vertreter selbst über die Möglichkeit der Aufklärung verfügte. Umgekehrt sollte sich der Geschäftsgegner von dem Vertreter nicht einmal das evidente Fehlen der Vertretungsmacht entgegenhalten lassen müssen, wenn die Evidenz für den Vertreter genauso groß war wie für den Gegner. Weist der Vertreter beim Vertragsschluss allerdings darauf hin, dass er über keine Vertretungsmacht verfügt, oder erklärt er, dass die Wirksamkeit des Vertrags von der Genehmigung durch den Vertretenen abhängt, ist der Geschäftsgegner bösgläubig und verdient keinen Schutz.[49] 24

2. Beschränkte Geschäftsfähigkeit des Vertreters. Nach Abs. 3 S. 2 haftet der beschränkt Geschäftsfähige weder nach Abs. 2 noch nach Abs. 1, wenn er nicht mit Zustimmung seines gesetzlichen Vertreters gehandelt hat. Die Zustimmung, die auch nach dem Abschluss des Vertretergeschäfts in Gestalt einer **Genehmigung** erteilt werden kann,[50] muss sich auf das Vertreterhandeln des beschränkt Geschäftsfähigen beziehen, nicht notwendig auf das Handeln ohne Vertretungsmacht.[51] Durch die Zustimmung im Sinne des Abs. 3 S. 2 wird die Genehmigung nach § 177 Abs. 1 nicht präjudiziert.[52] Ist ein Minderjähriger ohne Vollmacht für seinen gesetzlichen Vertreter aufgetreten, kann der gesetzliche Vertreter also das Vertreterhandeln des Minderjährigen genehmigen und zugleich die Genehmigung des Vertretergeschäfts verweigern – mit der Folge, dass der Minderjährige nach Abs. 1 oder Abs. 2 haftet. 25

42 Erman/*Palm*, § 179 Rn 18; MüKo/*Schramm*, § 179 Rn 4; Staudinger/*Schilken*, § 179 Rn 17; aA Flume, BGB AT Bd. 2, § 47, 3 c; Soergel/*Leptien*, § 179 Rn 18.
43 Ausf. dazu auch *Ackermann*, § 10.
44 Bamberger/Roth/*Habermeier*, § 179 Rn 28; MüKo/*Schramm*, § 179 Rn 40; Staudinger/*Schilken*, § 179 Rn 19.
45 BGHZ 147, 381, 385; BGH NJW 2000, 1407, 1408; OLG Celle RNotZ 2005, 301, 302.
46 BGHZ 147, 381, 385; BGH NJW 1990, 387, 388; BGH NJW-RR, 2005, 268.
47 BGH NJW 2000, 1407; anders für den Fall der nachzureichenden Genehmigung: OLG Celle RNotZ 2005, 301, 302.
48 Dazu näher *Ackermann*, § 10 III 2 a.
49 MüKo/*Schramm*, § 179 Rn 41.
50 MüKo/*Schramm*, § 179 Rn 44; Staudinger/*Schilken*, § 179 Rn 19 mwN; aA *Prölss*, JuS 1986, 169, 172.
51 Bamberger/Roth/*Habermeier*, § 179 Rn 30; Soergel/*Leptien*, § 179 Rn 20; Staudinger/*Schilken*, § 179 Rn 19; aA *van Venrooy*, AcP 181 (1981), 220, 227 ff.
52 MüKo/*Schramm*, § 179 Rn 44.

V. Konkurrierende Ansprüche

26 **1. Ansprüche gegen den Vertreter.** Eine Inanspruchnahme des Vertreters aus §§ 280 Abs. 1, 311 Abs. 2, 241 Abs. 2 (c.i.c.) kommt nach mittlerweile wohl allgemein anerkannter Ansicht in Betracht, wenn sich die haftungsbegründende Schutzpflichtverletzung nicht auf den Mangel der Vertretungsmacht bezieht.[53]

27 Teile der Literatur wollen darüber hinaus eine Anwendung der c.i.c. bejahen, soweit es um Mängel der Vertretungsmacht geht,[54] und gelangen somit zur Anwendung von § 254, wenn ein Anspruch aus § 179 nach Abs. 3 S. 1 wegen Kennenmüssens ausgeschlossen ist. Die überwiegende Ansicht folgt dem zu Recht nicht.[55] Seit der Kodifikation der c.i.c. in den §§ 280 Abs. 2, 241 Abs. 2, 311 Abs. 2 kann man dagegen zwar nicht mehr den Einwand erheben, dass es insoweit an der Regelungslücke fehle, die erforderlich sei, um auf ein im Wege der Rechtsfortbildung entwickeltes Rechtsinstitut zurückgreifen zu können. Es bleibt aber dabei, dass die Konstruktion einer schuldhaften Schutzpflichtverletzung mit Bezug auf den Mangel der Vertretungsmacht der in Abs. 3 S. 1 getroffenen Wertung zuwiderliefe, dass bei Kenntnis oder fahrlässiger Unkenntnis des Erklärungsempfängers die Haftung ausgeschlossen und nicht nur nach § 254 reduziert sein soll – die Frage, ob der Erklärungsempfänger auf das Vorliegen der Vertretungsmacht des Erklärenden vertrauen darf, kann und soll danach nur mit „Ja" oder „Nein" beantwortet werden.

28 **2. Ansprüche gegen den Vertretenen.** Zur Haftung des Vertretenen bei Verweigerung der Genehmigung vgl § 177 Rn 27 ff.

C. Weitere praktische Hinweise

I. Vertragsgestaltung

29 § 179 ist dispositiv; Haftungsmilderungen oder -verschärfungen können der Vertreter und der Geschäftsgegner daher vereinbaren. Insbesondere kann der Vertreter individualvertraglich eine auf Erfüllung oder den Ersatz des Erfüllungsinteresses gerichtete Garantie für das Bestehen der Vertretungsmacht auch unabhängig von seinem Kenntnisstand übernehmen.[56] Eine solche über Abs. 2 hinausgehende Einstandspflicht kann aber nicht durch AGB vereinbart werden; dies verstieße gegen § 309 Nr. 11.

II. Zivilprozess

30 Die **Beweislast** für das Vorliegen der Vertretungsmacht trägt nach dem Wortlaut des Abs. 1 der als falsus procurator in Anspruch Genommene,[57] während den Beweis für das fremdbezogene Vertreterhandeln und die Verweigerung der Genehmigung oder die Voraussetzungen ihrer Fiktion nach § 177 Abs. 2 S. 2 der Geschäftsgegner zu erbringen hat. Der Vertreter hat darüber hinaus seine Unkenntnis vom Fehlen der Vertretungsmacht als Voraussetzung der Haftungsmilderung nach Abs. 2 zu beweisen, ferner die Kenntnis oder das Kennenmüssen als Haftungsausschlussgrund nach Abs. 3 S. 1 sowie schließlich bei Abs. 3 S. 2 seine beschränkte Geschäftsfähigkeit, während die Beweislast für das Vorliegen einer Zustimmung in diesem Fall wiederum beim Geschäftsgegner liegt.[58] – Zur **Streitverkündung** bei Unsicherheit über das Vorliegen einer Vollmacht s. § 164 Rn 107.

§ 180 Einseitiges Rechtsgeschäft

[1]Bei einem einseitigen Rechtsgeschäft ist Vertretung ohne Vertretungsmacht unzulässig. [2]Hat jedoch derjenige, welchem gegenüber ein solches Rechtsgeschäft vorzunehmen war, die von dem Vertreter behauptete Vertretungsmacht bei der Vornahme des Rechtsgeschäfts nicht beanstandet oder ist er damit einverstanden gewesen, dass der Vertreter ohne Vertretungsmacht handele, so finden die Vorschriften über Verträge entsprechende Anwendung. [3]Das Gleiche gilt, wenn ein einseitiges Rechtsge-

53 Vgl zB BGHZ 70, 373; BGH NJW 1990, 389; 1994, 2220; OLG Celle, RNotZ 2005, 301, 302 f; aus der Lit. mwN. Staudinger/*Schilken*, § 179 Rn 20.

54 *Prölss*, JuS 1986, 169, 172 f; Staudinger/*Schilken*, § 179 Rn 20.

55 OLG Hamm MDR 1993, 515; *Looschelders*, Die Mitverantwortlichkeit des Geschädigten im Privatrecht, 1999, S. 51; MüKo/*Schramm*, § 177 Rn 57; RGRK/*Steffen*, § 179 Rn 18; Soergel/*Leptien*, § 179 Rn 23.

56 Staudinger/*Schilken*, § 179 Rn 3; BGH NJW-RR 2005, 1585.

57 BGHZ 99, 50, 52; Bamberger/Roth/*Habermeier*, § 179 Rn 36; Erman/*Palm*, § 179 Rn 28; MüKo/*Schramm*, § 179 Rn 46; Soergel/*Leptien*, § 179 Rn 26; Staudinger/*Schilken*, § 179 Rn 26.

58 Bamberger/Roth/*Habermeier*, § 179 Rn 37; Erman/*Palm*, § 179 Rn 28; MüKo/*Schramm*, § 179 Rn 46; Soergel/*Leptien*, § 179 Rn 26; Staudinger/*Schilken*, § 179 Rn 27.

schäft gegenüber einem Vertreter ohne Vertretungsmacht mit dessen Einverständnis vorgenommen wird.

A. Allgemeines

Anders als bei Verträgen, die ein Vertreter ohne Vertretungsmacht abgeschlossen hat, ist dem BGB bei einseitigen Rechtsgeschäften daran gelegen, den **Zustand schwebender Unwirksamkeit zugunsten der Betroffenen zu vermeiden**. Dies gewährleistet die in § 180 getroffene Regelung, indem sie die Anwendung der §§ 177 ff auf ein einseitiges Rechtsgeschäft von der fehlenden Beanstandung oder dem Einverständnis des Betroffenen abhängig macht und es ansonsten bei der Nichtigkeit des Geschäfts belässt. 1

B. Regelungsgehalt

I. Nichtigkeit als Regelfall

1. Anwendungsbereich. Unter S. 1 fallen einseitige Rechtsgeschäfte unabhängig davon, ob sie **empfangsbedürftig** (zB Rücktritt nach § 346, auch Bevollmächtigung[1]), **amtsempfangsbedürftig** (zB die Aufgabe des Eigentums an einem Grundstück nach § 928) oder **nicht empfangsbedürftig** (zB die Auslobung nach § 657) sind.[2] Auf **geschäftsähnliche Handlungen** wie die Mahnung findet S. 1 analoge Anwendung,[3] ebenso auf die Geltendmachung von Ansprüchen zur Wahrung tariflicher Ausschlussfristen.[4] 2

Keine Analogie kommt dagegen bei **Prozesshandlungen** (namentlich bei der Unterwerfung unter die sofortige Zwangsvollstreckung) in Betracht, die bei Vornahme durch einen Vertreter ohne Vertretungsmacht nach der Sonderregelung in § 89 ZPO prinzipiell genehmigt werden können.[5] 3

2. Folgen. Ein einseitiges, nicht empfangsbedürftiges Rechtsgeschäft, das ein *falsus procurator* vorgenommen hat, ist in jedem Fall nichtig. Ein einseitiges, empfangsbedürftiges Rechtsgeschäft, das er vorgenommen hat oder das ihm gegenüber vorgenommen wurde, ist nur dann nichtig, wenn nicht einer der in S. 2 bzw S. 3 geregelten Fälle vorliegt. Eine Genehmigung des nach S. 1 nichtigen Geschäfts nach § 177 ist nicht möglich. Erklärt der Vertretene die Genehmigung, so kann darin allenfalls eine erneute Vornahme des Geschäfts liegen.[6] Auch eine Haftung des Vertreters nach § 179 für die Vornahme des nach S. 1 nichtigen Geschäfts ist ausgeschlossen; infrage kommen nur Ansprüche aus Delikt oder c.i.c.[7] 4

II. Fehlende Beanstandung oder Einverständnis als Ausnahmen bei aktiver Stellvertretung

S. 2 schränkt den Schutz des Adressaten eines **empfangsbedürftigen Rechtsgeschäfts** durch die Gleichstellung mit Verträgen in den Fällen ein, in denen er einen geringeren Schutz vor Ungewissheit benötigt. Als empfangsbedürftige Willenserklärung fällt unter S. 2 insbesondere auch die **Stimmabgabe** in der Gesellschafterversammlung einer GmbH oder der Hauptversammlung einer AG, auf die mithin die §§ 177 ff jedenfalls entsprechend anzuwenden sind.[8] Die Anwendung von S. 2 auf **amtsempfangsbedürftige** Willenserklärungen wird dagegen ganz überwiegend **abgelehnt**.[9] 5

1 Zur str. Anwendung von S. 1 auf die Bevollmächtigung s. Soergel/*Leptien*, § 180 Rn 6; Staudinger/*Schilken*, § 180 Rn 1, jeweils mwN.

2 Bamberger/Roth/*Habermeier*, § 180 Rn 2; Erman/*Palm*, § 180 Rn 2; Staudinger/*Schilken*, § 180 Rn 1, 11 (dort auch mwN zu älteren Stimmen in der Lit., die hinsichtlich der amtsempfangsbedürftigen Rechtsgeschäfte aA sind).

3 BGH NJW 2006, 687, 688; OLG Koblenz NJW-RR 1992, 1093, 1094 f (Mahnung); Bamberger/Roth/*Habermeier*, § 180 Rn 2; Erman/*Palm*, § 180 Rn 2; MüKo/*Schramm*, § 180 Rn 1; Soergel/*Leptien*, § 180 Rn 5; Staudinger/*Schilken*, § 180 Rn 12.

4 BAG NJW 2003, 236, 237; Erman/*Palm*, § 180 Rn 2.

5 Bamberger/Roth/*Habermeier*, § 180 Rn 2; Erman/*Palm*, § 180 Rn 2; MüKo/*Schramm*, § 180 Rn 5; Soergel/*Leptien*, § 180 Rn 7; Staudinger/*Schilken*, § 180 Rn 13.

6 Staudinger/*Schilken*, § 180 Rn 2.

7 Bamberger/Roth/*Habermeier*, § 180 Rn 4; Erman/*Palm*, § 180 Rn 3; MüKo/*Schramm*, § 180 Rn 1; Soergel/*Leptien*, § 180 Rn 1; Staudinger/*Schilken*, § 180 Rn 3.

8 Näher dazu OLG Frankfurt DNotZ 2003, 458; *Hartmann*, DNotZ 2002, 253.

9 BPatG NJW 1964, 615; Staudinger/*Schilken*, § 180 Rn 11 mwN; aA MüKo/*Schramm*, § 180 Rn 4.

6 **1. Fehlende Beanstandung.** Die erste Alternative von S. 1 setzt voraus, dass der Vertreter behauptet hat, über Vertretungsmacht zu verfügen, und dass der Adressat dies nicht beanstandet hat. Die **Behauptung der Vertretungsmacht** muss nicht ausdrücklich, sondern kann **auch konkludent** erfolgen.[10] Eine **Beanstandung** liegt vor, wenn der Adressat zum Ausdruck bringt, dass er das Geschäft gerade wegen des Mangels der Vertretungsmacht nicht gelten lassen will; eine Zurückweisung aus anderen Gründen genügt den Anforderungen dagegen nicht.[11] Hinsichtlich der Zeit der Beanstandung bestimmt das Gesetz, dass diese bei der **Vornahme des Rechtsgeschäfts** erfolgen muss. Handelt es sich um ein Geschäft unter Anwesenden, kann der Adressat die Beanstandung daher nur sofort aussprechen.[12] Bei einem Geschäft unter Abwesenden ergäbe es jedoch keinen Sinn, am Wortlaut der Vorschrift zu haften; hier muss es genügen, wenn das ohne Vertretungsmacht getätigte Geschäft unverzüglich beanstandet wird.[13]

7 **2. Einverständnis.** Die zweite Alternative von S. 2 liegt vor, wenn der Adressat vom Fehlen der Vertretungsmacht **Kenntnis** hatte oder dies zumindest für **möglich** hielt[14] und mit der Vornahme des Geschäfts durch den *falsus procurator* **einverstanden** war. Das Einverständnis kann **ausdrücklich oder konkludent** gegeben werden,[15] nicht aber durch bloßes Schweigen.[16] Es muss **vor oder bei dem Empfang der Vertretererklärung**, bei Erklärungen unter Abwesenden unverzüglich nach Zugang gegeben sein.[17]

8 **3. Anwendung der §§ 177 ff.** Liegt keine (rechtzeitige) Beanstandung und kein Einverständnis vor, gelten die §§ 177 ff entsprechend für das Vertretergeschäft. Der Vertretene kann das Geschäft also nach § 177 Abs. 1 **genehmigen**, wobei ein fristgebundendes Geschäft innerhalb der dafür geltenden Frist zu genehmigen ist.[18] Verweigert er die Genehmigung oder tritt die Fiktion der Verweigerung nach § 177 Abs. 2 S. 2 ein, kommt eine **Haftung des Vertreters** nach § 179 in Betracht. Das **Widerrufsrecht** nach § 178 steht dem Erklärungsempfänger indes nur im Fall der Nichtbeanstandung und nicht im Fall des Einverständnisses zu (s. § 178 Rn 6).

III. Einverständnis als Ausnahme bei passiver Stellvertretung

9 S. 3 bezieht sich auf die **Passivvertretung** durch einen Vertreter ohne Vertretungsmacht, deren Genehmigung zugelassen wird, wenn der Vertreter sein **Einverständnis** damit erklärt, dass das Geschäft ihm gegenüber vorgenommen wird. Das Einverständnis kann **ausdrücklich oder konkludent** erteilt werden.[19] Ist dies der Fall, hängt die Wirksamkeit des zunächst schwebend unwirksamen Geschäfts nach § 177 Abs. 1 von der **Genehmigung** durch den Vertretenen (den Erklärungsempfänger) ab. Der Erklärende kann diesen nach § 177 Abs. 2 **zur Genehmigung auffordern**; außerdem steht ihm, wenn er sich in Unkenntnis über die fehlende Vertretungsmacht befand, das **Widerrufsrecht** nach § 178 zu. Wird die Genehmigung verweigert oder gilt sie als verweigert, ist an eine **Haftung des vollmachtlosen Empfangsvertreters aus § 179** zu denken.

C. Weitere praktische Hinweise

10 Wer geltend macht, dass eine der Ausnahmen von der Nichtigkeit in S. 2 oder S. 3 vorliegt, trägt für das Vorliegen der tatsächlichen Voraussetzungen die **Beweislast**.[20]

10 BGH NJW 2010, 2950, 2951 f (stillschweigende Behauptung einer Vollmacht durch Auftreten als gewillkürter Vertreter); Bamberger/Roth/*Habermeier*, § 180 Rn 6; Erman/*Palm*, § 180 Rn 6; MüKo/*Schramm*, § 180 Rn 7; Soergel/*Leptien*, § 180 Rn 9; Staudinger/*Schilken*, § 180 Rn 6.

11 BGH BB 1969, 293; aus der Lit. statt vieler Bamberger/Roth/*Habermeier*, § 180 Rn 7.

12 Bamberger/Roth/*Habermeier*, § 180 Rn 7; MüKo/*Schramm*, § 180 Rn 9; Staudinger/*Schilken*, § 180 Rn 7; aA Soergel/*Leptien*, § 180 Rn 9.

13 Bamberger/Roth/*Habermeier*, § 180 Rn 7; Erman/*Palm*, § 180 Rn 6; MüKo/*Schramm*, § 180 Rn 9; Soergel/*Leptien*, § 180 Rn 9; Staudinger/*Schilken*, § 180 Rn 7.

14 Bamberger/Roth/*Habermeier*, § 180 Rn 8; Erman/*Palm*, § 180 Rn 7; MüKo/*Schramm*, § 180 Rn 10; Soergel/*Leptien*, § 180 Rn 11; Staudinger/*Schilken*, § 180 Rn 4.

15 Zum konkludenten Einverständnis OLG Köln NJW-RR 1994, 1463, 1464.

16 Bamberger/Roth/*Habermeier*, § 180 Rn 8; Erman/*Palm*, § 180 Rn 7; MüKo/*Schramm*, § 180 Rn 10; Soergel/*Leptien*, § 180 Rn 10; Staudinger/*Schilken*, § 180 Rn 4.

17 MüKo/*Schramm*, § 180 Rn 10.

18 BAG NJW 1987, 1038, 1039 (Genehmigung außerordentlicher Kündigung); Bamberger/Roth/*Habermeier*, § 180 Rn 9; Erman/*Palm*, § 180 Rn 8; MüKo/*Schramm*, § 180 Rn 12; Soergel/*Leptien*, § 180 Rn 12; Staudinger/*Schilken*, § 180 Rn 6.

19 Bamberger/Roth/*Habermeier*, § 180 Rn 12; Erman/*Palm*, § 180 Rn 9; MüKo/*Schramm*, § 180 Rn 15; Soergel/*Leptien*, § 180 Rn 11; Staudinger/*Schilken*, § 180 Rn 8.

20 Bamberger/Roth/*Habermeier*, § 180 Rn 14; Erman/*Palm*, § 180 Rn 10; Soergel/*Leptien*, § 180 Rn 14; Staudinger/*Schilken*, § 180 Rn 14; aA RGRK/*Steffen*, § 180 Rn 7.

§ 181 Insichgeschäft

Ein Vertreter kann, soweit nicht ein anderes ihm gestattet ist, im Namen des Vertretenen mit sich im eigenen Namen oder als Vertreter eines Dritten ein Rechtsgeschäft nicht vornehmen, es sei denn, dass das Rechtsgeschäft ausschließlich in der Erfüllung einer Verbindlichkeit besteht.

Literatur: *Altmeppen*, Gestattung zum Selbstkontrahieren in der GmbH, NJW 1995, 1182; *Auktor*, Praktische Probleme bei der Mehrfachvertretung von Gesellschaften, NZG 2006, 334; *Bachmann*, Zum Verbot von Insichgeschäften im GmbH-Konzern, ZIP 1999, 85; *Bärwaldt*, Befreiung vom Verbot des Selbstkontrahierens, Rpfleger 1990, 102; *Benecke/Ehinger*, Vollmachtlose Mehrvertretung – Die Anwendung des § 181 BGB, MDR 2005, 1265; *Bernstein/Schultze/v. Lasaulx*, Gilt für Änderungen des Gesellschaftsvertrages einer GmbH & Co.KG das Verbot des Selbstkontrahierens?, ZGR 1976, 33; *W. Blomeyer*, Die teleologische Korrektur des § 181 BGB, AcP 172 (1972), 1–18; *Bork*, Zur Anwendung des § 181 BGB bei der Errichtung eines Doppeltreuhandkontos, NZI 2006, 530; *Buchholz*, Insichgeschäft und Erbschaftsausschlagung, NJW 1993, 1161; *Feller*, Teleologische Reduktion des § 181 letzter Halbsatz BGB bei nicht lediglich rechtlich vorteilhaften Erfüllungsgeschäften, DNotZ 1989, 66; *R. Fischer*, Zur Anwendung von § 181 BGB im Bereich des Gesellschaftsrechts, in: FS Hauß 1978, S. 61; *Götze*, „Selbstkontrahieren" bei der Geschäftsführerbestellung in der GmbH, GmbHR 2001, 217; *Häsemeyer*, Selbstkontrahieren des gesetzlichen Vertreters bei zusammengesetzten Rechtsgeschäften, FamRZ 1968, 502; *Harder*, Das Selbstkontrahieren mit Hilfe eines Untervertreters, AcP 170 (1970), 295; *Harder/Welter*, Drittbegünstigung im Todesfall durch Insich-Geschäft?, NJW 1977, 1139; *Honsell*, Das Insichgeschäft nach § 181 BGB: Grundfragen und Anwendungsbereich, JA 1977, 55; *U.Hübner*, Grenzen der Zulässigkeit von Insichgeschäften, Jura 1981, 288; *Jäger*, Teleologische Reduktion des § 181 BGB, 1999; *Kern*, Wesen und Anwendungsbereich des § 181 BGB – Eine Problemdarstellung an Hand von Fällen, JA 1987, 281; *Kirstgen*, Zur Anwendbarkeit des § 181 BGB auf Gesellschafterbeschlüsse in der GmbH, GmbHR 1989, 406; *Knöchlein*, Stellvertretung und Insichgeschäft. Die Gestaltung der Zulässigkeit im deutschen, österreichischen und schweizerischen Zivil- und Gesellschaftsrecht, 1994; *Kreutz*, § 181 BGB im Lichte des § 35 Abs. 4 GmbHG, in: FS Mühl 1981, S. 409; *v. Lübtow*, Insichgeschäfte des Testamentsvollstreckers, JZ 1960, 151; *Mahlmann*, Die Vertretung Minderjähriger in einer Erbengemeinschaft bei Veräußerung von Nachlassgegenständen, ZEV 2009, 320; *Maier-Reimer/Marx*, Die Vertretung Minderjähriger beim Erwerb von Gesellschaftsbeteiligungen, NJW 2005, 3025; *Meilicke*, Selbstkontrahieren nach europäischem Gemeinschaftsrecht, RIW 1996, 713; *Petersen*, Insichgeschäfte, Jura 2007, 418; *Plander*, Die Geschäfte des Gesellschafter-Geschäftsführers der Einmann-GmbH mit sich selbst, 1969; *ders.*, Rechtsgeschäfte zwischen Gesamtvertretern, DB 1975, 1493; *Rein/Pfeiffer*, Eltern-Kind-Geschäfte durch Banküberweisung – Ein Beitrag zur Dogmatik des § 181 BGB, BKR 2005, 142; *Reinicke*, Gesamtvertretung und Insichgeschäft, NJW 1975, 1185; *Reinicke/Tiedtke*, Die Befreiung des Geschäftsführers vom Verbot von Insichgeschäften bei Verwandlung der mehrgliedrigen in eine eingliedrige GmbH, deren Gesellschafter der Geschäftsführer ist, GmbHR 1990, 200; *dies.*, Das Erlöschen der Befreiung von dem Verbot der Vornahme von Insichgeschäften, WM 1988, 441; *Rümelin*, Das Selbstkontrahieren des Stellvertreters nach gemeinem Recht, 1888; *Säcker/Klinkhammer*, Verbot des Selbstkontrahierens auch bei ausschließlich rechtlichem Vorteil des Vertretenen?, JuS 1975, 626; *Schall*, Nochmals: In-Sich-Geschäfte bei englischen private limited companies, NZG 2006, 54; *Schemmann*, Mehrfachbeteiligung von Gesellschaftervertretern bei Organbeschlüssen, NZG 2008, 89; *Schilling*, Gesellschafterbeschluss und Insichgeschäft, in: FS Kurt Ballerstedt 1975, S. 257; *Schmid*, Die gemeinschaftsrechtliche Überlagerung der Tatbestände des Missbrauchs der Vertretungsmacht und des Insichgeschäfts, AG 1998, 127; *Schmitt*, Praktische Probleme der Mehrfachvertretung § 181 2. Alt. BGB, in Unternehmen, WM 2009, 1784; *Schmidt-Ott*, Befreiung von § 181 BGB durch einen nicht befreiten Vertreter, ZIP 2007, 943; *Schott*, Das Insichgeschäft des Stellvertreters im gemeinen Recht, in: FS Coing I 1982, S. 307–328; *ders.*, Insichgeschäft und Interessenkonflikt, 2002; *Schubert*, Die Einschränkung des Anwendungsbereichs des § 181 BGB bei Insichgeschäften, WM 1978, 290; *Sohn*, Die Befreiung des Verwalters vom Verbot des Selbstkontrahierens, NJW 1985, 3060; *Tebben*, Das schwebend unwirksame Insichgeschäft und seine Genehmigung, DNotZ 2005, 173; *Tiedtke*, Fortbestand der Befreiung vom Verbot des Selbstkontrahierens bei der Umwandlung einer mehrgliedrigen in eine Einmann-GmbH, ZIP 1991, 355–358; *ders.*, Zur Form der Gestattung von Insichgeschäften des geschäftsführenden Mitgesellschafters einer GmbH, GmbHR 1993, 385; Wachter, Insichgeschäfte bei englischen private limited companies, NZG 2005, 338; *Wacke*, Selbstkontrahieren im römischen Vertretungsrecht. Dogmengeschichte zu § 181 BGB, in: FS Max Kaser 1986, S. 289; *Wälzholz*, Die Vertretung der GmbH im Liquidationsstadium. Insbesondere zur Befreiung vom Verbot des Selbstkontrahierens gem. § 181 BGB, GmbHR 2002, 305; *Wilhelm*, Stimmrechtsausschluss und Verbot des Insichgeschäfts, JZ 1976, 674; *Willer/Krafka*, Anregungen für eine international zeigemäße Anwendung des § 181 BGB im Gesellschaftsrecht, NZG 2006, 495; *Wünsch*, Zur Lehre vom Selbstkontrahieren im Gesellschaftsrecht, in: FS Hämmerle 1972, S. 451.

A. Allgemeines

I. Überblick

1 Die typische Grundkonstellation der Stellvertretung ist dadurch gekennzeichnet, dass der Vertreter gegenüber einer dritten Person im Namen des Vertretenen auftritt und für ihn das Rechtsgeschäft mit dem Dritten abschließt. Der in § 164 gesetzlich fixierte Tatbestand ist allerdings auch dann erfüllt, wenn der Vertreter auf beiden Seiten des Rechtsgeschäfts in Erscheinung tritt, bei einem Vertrag also gleichzeitig beide Vertragsparteien verkörpert. Ein solches **Insichgeschäft** kann in zwei verschiedenen Formen vorkommen. Zum einen kann es sein, dass der Handelnde das Rechtsgeschäft auf der einen Seite als Vertreter für einen anderen und auf der Seite für sich selbst vornimmt (**Selbstkontrahieren**). Zum anderen ist es denkbar, dass ein und dieselbe Person als Vertreter zweier Parteien agiert und diese in Ausübung seiner doppelten Vertretungsmacht in einem Rechtsgeschäft zusammenführt (**Mehrvertretung**). Die Vorschrift des § 181[1] statuiert zwar kein Verbot solcher Insichgeschäfte, versagt ihnen aber vorbehaltlich der dort aufgeführten Ausnahmen die intendierten rechtsgeschäftlichen Wirkungen. Es geht – wie schon der Wortlaut („Ein Vertreter kann … nicht") nahe legt – um eine **Begrenzung des rechtlichen Könnens**. Die Vertretungsmacht umfasst also grundsätzlich nicht die Vornahme von Insichgeschäften.[2]

II. Zweck der Vorschrift

2 **1. Interessenschutz zugunsten des Vertretenen.** Die *ratio legis* des § 181 wird heute ganz überwiegend und zu Recht im **Schutz des Vertretenen vor einer Benachteiligung** infolge des in der Person des Vertreters regelmäßig auftretenden **Interessenkonflikts** gesehen. Die sachgerechte Wahrnehmung der Interessen des Vertretenen ist beim Selbstkontrahieren dadurch gefährdet, dass der Vertreter bewusst oder unbewusst versucht sein könnte, eigene Vorteile auf Kosten des Vertretenen zu realisieren. Bei der Mehrvertretung wird vom Vertreter verlangt, dass er die oft gegensätzlichen Interessen zweier Personen wahrnimmt und im Vertrag zu einem Ausgleich bringt. Dies ist ein schwieriges Unterfangen, das stets die Gefahr in sich birgt, die Interessen einer Partei zu vernachlässigen. Das Anliegen des § 181, den Vertretenen vor den Gefahren solcher Interessenkollisionen zu bewahren, ist im Grunde unstreitig[3] und schon in den Materialien manifest geworden.[4]

3 **2. Konsequenzen für die Interpretation.** Fraglich und umstritten ist, ob und in welchem Umfang der auf die Vermeidung von Interessenkollisionen gerichtete Schutzzweck auf die **Interpretation des § 181** ausstrahlt und ob insoweit noch weiteren Regelungsanliegen Rechnung zu tragen ist.

4 **a) Formale Ordnungsvorschrift.** Die frühere Rechtsprechung[5] und literarische Stellungnahmen im älteren Schrifttum[6] betonten, dass die Vermeidung von Interessenkollisionen vom Gesetzgeber bewusst nicht zu einem Tatbestandsmerkmal des § 181 erhoben worden sei, die Vorschrift vielmehr ausschließlich an die äußere Form des Geschäftsabschlusses anknüpfe. Bei der Bestimmung des § 181 handele es sich um eine rein formale Ordnungsvorschrift. Im Interesse der Verkehrssicherheit, der Erkennbarkeit der Rechtsverhältnisse und damit einhergehend zum Schutze des Gläubigers vor nicht offenbarten Vermögensverschiebungen sei die in § 181

1 Zur geschichtlichen Entwicklung Staudinger/*Schilken*, § 181 Rn 2 f und HKK/*Schmoeckel*, §§ 164–181 Rn 32 ff; zum römischen Recht *Wacke*, in: FS Kaser 1976, S. 289 ff; zum gemeinen Recht *Rümelin*, Das Selbstkontrahieren des Stellvertreters nach gemeinem Recht, 1888.

2 Palandt/*Ellenberger*, § 181 Rn 1.

3 BGHZ 51, 209, 215; 56, 97, 101; MüKo/*Schramm*, § 181 Rn 2; Soergel/*Leptien*, § 181 Rn 3; Palandt/*Ellenberger*, § 181 Rn 2; *Flume*, BGB AT Bd. 2, § 48, 1, S. 811 („der entscheidende Gesichtspunkt"); *Bork*, BGB AT, Rn 1585 („liegt auf der Hand"); *Larenz/Wolf*, BGB AT, § 46 Rn 120.

4 Prot. I, S. 352 ff.

5 RGZ 68, 172, 176; 103, 417, 418; 157, 24, 31; BGHZ 21, 229, 231; 33, 189, 190; 50, 11.

6 Jeweils mit Einschränkungen *Enneccerus/Nipperdey*, BGB AT II, § 181 III, S. 1112; *Flume*, BGB AT Bd. 2, § 48, 1, S. 811; *Boehmer*, Grundlagen der Bürgerlichen Rechtsordnung II/2, 1951, S. 48.

verfügte Beschränkung der Vertretungsmacht formal, also tatbestandsgetreu und wortlautorientiert anzuwenden.

5 **b) Maßgeblichkeit einer konkreten Interessenkollision im Einzelfall.** Nach der weitesten, heute nur noch vereinzelt im Schrifttum vertretenen Ansicht[7] muss hingegen für das Eingreifen des § 181 im Einzelfall eine Interessenkollision nachgewiesen werden. Fehle es an einem solchen konkreten Interessenkonflikt, dürfe dem Insichgeschäft trotz des Nichtvorliegens eines gesetzlichen Ausnahmetatbestandes die Anerkennung nicht versagt werden. Umgekehrt seien auch solche Geschäfte verboten, die bei formaler Betrachtung nicht den Tatbestand des Selbstkontrahierens oder der Mehrvertretung erfüllten, gleichwohl aber durch einen Interessenkonflikt gekennzeichnet seien.

6 **c) Stellungnahme und Plädoyer für die herrschende, vermittelnde Meinung.** Die Ansicht, dass es sich bei § 181 um eine rein formale Ordnungsvorschrift handelt, widerspricht, wie auch der BGH in seiner neueren Rechtsprechung konzediert,[8] anerkannten Grundsätzen der Gesetzesauslegung und -anwendung. Der Wortlaut der Vorschrift umfasst zwar typische Sachverhalte einer Interessenkollision. Jedoch sind weitere vom Wortlaut des § 181 nicht erfasste Konstellationen denkbar, in denen der Vertretene vor einer drohenden Interessenkollision geschützt werden muss.[9] Andererseits gibt es durchaus Fälle, in denen trotz Tatbestandsmäßigkeit eine Interessenkollision von vornherein, auch bei einer gebotenen abstrakten Betrachtung, ausgeschlossen werden kann. Würde man in derartigen Fällen starr an einer Deutung als formale Ordnungsvorschrift festhalten, würde die Bestimmung des § 181 ihre Funktion als Schutzvorschrift für den Vertretenen teilweise einbüßen. Umgekehrt würde sie sich dort, wo es offenkundig und typischerweise an einem Interessenkonflikt in der Person des Vertretenen fehlt, als unnötiger Hemmschuh darstellen. Auch die These, dass die Gesichtspunkte der Verkehrssicherheit und der Erkennbarkeit eine strikt formale Interpretation des § 181 gebieten, lässt sich nicht aufrechterhalten. Wenn die Vorschrift hierauf entscheidend ausgerichtet wäre, dann hätte es nahe gelegen, die Ausnahmetatbestände in der Weise zu ergänzen, dass auch im Falle der Kundbarmachung das Insichgeschäft wirksam vorgenommen werden kann.[10] Die in § 181 genannten Ausnahmen orientieren sich jedoch eindeutig am dominierenden Schutzanliegen des § 181, dem Schutz des Vertretenen vor den Gefahren einer Benachteiligung durch den einem Interessenkonflikt ausgesetzten Vertreter.

7 Aber auch die Gegenposition, nach der das Vorliegen einer **konkreten Interessenkollision im Einzelfall** über das Eingreifen des § 181 entscheiden soll, sieht sich durchgreifenden Bedenken ausgesetzt.[11] Vor allem spricht gegen diese Interpretation der Vorschrift, dass nunmehr in jedem Fall eine Interessenbewertung anhand keineswegs klar greifbarer Maßstäbe vorgenommen werden müsste. Die tatbestandlichen Konturen drohten aufgeweicht zu werden mit der Folge, dass im Ergebnis auch die Verkehrssicherheit Schaden nehmen würde.

8 Heute hat sich zu Recht eine **vermittelnde Ansicht** durchgesetzt, die den durchaus berechtigten Anliegen beider Standpunkte Rechnung trägt, ohne sie jedoch zu verabsolutieren.[12] Diese Sichtweise wahrt die gebotene Verkehrssicherheit, indem sie an den tatbestandlichen Voraussetzungen des § 181 samt seinen Ausnahmen ansetzt. Die Interessenkollision im Einzelfall rechtfertigt die Anwendung der Norm allein ebenso wenig, wie umgekehrt das Fehlen eines solchen Interessenkonflikts ihre Nichtanwendbarkeit begründet. Andererseits darf das materielle Schutzanliegen der Vorschrift des § 181 bei der Festlegung ihrer Reichweite nicht aus den Augen geraten. Ihm gebührt gegenüber dem formalen Ordnungszweck dann der Vorrang, wenn sich anhand abstrakter Kriterien typisierbare Fallkonstellationen beschreiben lassen, in denen eine Interessenkollision trotz Erfüllung der Tatbestandsmerkmale des § 181 ausscheidet bzw umgekehrt eine solche – obwohl vom Wortlaut nicht erfasst – gegeben ist. Ein solches Verständnis eröffnet hier – in sehr überschaubaren Grenzen – Spielräume für eine teleologische Reduktion bzw analoge Anwendung der Vorschrift des § 181.

B. Regelungsgehalt

I. Anwendungsbereich

9 **1. Persönlicher Anwendungsbereich.** In persönlicher Hinsicht erfasst § 181 sowohl die Insichgeschäfte der rechtsgeschäftlich **Bevollmächtigten** als auch der **gesetzlichen Vertreter**.[13] Die Vorschrift ist auch auf

7 *Brox*, BGB AT, Rn 592; Erman/*Palm*, § 181 Rn 2.
8 BGHZ 56, 97, 102.
9 BGHZ 56, 97, 102 f.
10 Für diese Ansicht streitet auch ein arg. e § 35 Abs. 4 GmbHG, der eine Niederschrift verlangt, gleichwohl aber die Anwendung des § 181 anordnet.
11 Staudinger/*Schilken*, § 181 Rn 7; *Bork*, BGB AT, Rn 1592.
12 BGHZ 56, 97, 102 f; 59, 236, 239 f; 77, 7, 9; mit unterschiedlichen Nuancierungen Staudinger/*Schilken*, § 181 Rn 7; MüKo/*Schramm*, § 181 Rn 9; Soergel/*Leptien*, § 181 Rn 6; *Larenz/Wolf*, BGB AT, § 46 Rn 122, 129 und 131 ff; *Bork*, BGB AT, Rn 1593; *Jäger*, aaO, passim.
13 RGZ 71, 162; BGHZ 33, 189; 50, 8, 10 f; Bamberger/Roth/*Habermeier*, § 181 Rn 5.

den Vertreter ohne Vertretungsmacht anzuwenden.[14] Für den Vormund als gesetzlichen Vertreter ergibt sich dies aus § 1795 Abs. 2, für die Eltern aus § 1629 Abs. 2 S. 1. Dies bedeutet zB, dass ein Vormund bei der Erbauseinandersetzung die rechtsgeschäftliche Einigung zweier ihm unterstellter Mündel miteinander nicht erklären kann[15] oder beim Abschluss eines Gesellschaftsvertrages für mehrere Mündel handeln kann. Ist ein Elternteil von der Vertretung nach § 181 ausgeschlossen, so ergibt sich aus dem Prinzip der Gesamtvertretung beider Elternteile (§ 1629 Abs. 1), dass dann auch der andere Elternteil ausgeschlossen ist. Dieser erlangt nicht etwa Alleinvertretungsmacht.[16] In der Praxis bedeutet das, dass ein Ergänzungspfleger zu bestellen ist. Zu der Frage, inwieweit eine Befreiung möglich ist, vgl Rn 42.

10 Einigkeit besteht ferner dahin gehend, dass § 181 einen allgemeinen Rechtsgedanken enthält, der nicht nur für den gewillkürten und den gesetzlichen Stellvertreter gilt, sondern in gleicher Weise auch das rechtsgeschäftliche Handeln der **Organvertreter einer juristischen Person oder einer Personengesellschaft** beschränkt.[17] Damit kann der Vorstand einer AG nicht mit sich selbst Geschäfte abschließen, wie sich auch bereits aus § 113 AktG ergibt.[18] Zur Frage der Anwendbarkeit des § 181 auf das Handeln des **Alleingesellschafters einer GmbH** vgl Rn 24 ff. Die Beschränkung der Vertretungsmacht durch § 181 gilt schließlich auch für die **Organe juristischer Personen des öffentlichen Rechts**, wenn sie privatrechtliche Rechtsgeschäfte vornehmen.[19]

11 Auf den **Verwalter fremder Vermögen** ist § 181 ebenfalls anzuwenden. Dies betrifft vor allem die Insolvenz-, Nachlass-, Zwangsverwalter sowie die Testamentsvollstrecker.[20] Diese können daher grundsätzlich keine Rechtsgeschäfte mit sich selbst oder mit einem von ihm vertretenen Dritten im Namen des Trägers des verwalteten Vermögens abschließen, es sei denn eine der Ausnahmen des § 181 oder eine anderweitige ausdrückliche gesetzliche Gestattung läge vor. Zur Frage der Gestattung von Insichgeschäften beim Testamentsvollstrecker und Insolvenzverwalter vgl Rn 43.

12 **2. Gegenständlicher Anwendungsbereich.** **Prozesshandlungen** sind keine bürgerlich-rechtlichen Rechtsgeschäfte, so dass § 181 hier keine unmittelbare Anwendung findet.[21] Maßgebend sind insoweit die Vorschriften und Grundsätze des Verfahrensrechts. Allerdings entspricht es einem allgemein anerkannten Grundsatz im Verfahrensrecht, dass niemand als Vertreter einer Partei mit sich selbst als Gegenpartei oder mit einer von ihm ebenfalls vertretenen Gegenpartei einen Rechtsstreit führen kann.[22] Im Ergebnis gilt der Rechtsgedanke des § 181 damit auch im Verfahrensrecht. In Verfahren der **Freiwilligen Gerichtsbarkeit** gilt dies nur bei echten Streitverfahren, in allen anderen Fällen handelt es sich um Beteiligte, nicht aber um Gegner in einem Verfahren.[23]

13 Beim Abschluss von **öffentlich-rechtlichen Verträgen** findet § 181 als Rechtsgrundsatz nach allgemeiner Meinung ebenfalls Anwendung.[24] Dies gilt sowohl für subordinations- als auch für koordinationsrechtliche Verträge. Keine Anwendung findet § 181 auf Verwaltungsakte.

II. Tatbestandliche Voraussetzungen der gesetzlichen Beschränkung der Vertretungsmacht

14 **1. Vorliegen eines Rechtsgeschäfts.** Der Tatbestand des Insichgeschäfts knüpft zunächst an das Vorliegen eines Rechtsgeschäfts an. Erfasst werden grundsätzlich alle Rechtsgeschäfte, bei denen eine Stellvertretung überhaupt zulässig ist. Darunter fallen also auch Rechtsgeschäfte auf dem Gebiet des **Familien-**[25] bzw **Erbrechts**.[26]

15 Seinen Hauptanwendungsbereich hat § 181 im Bereich der **mehrseitigen Rechtsgeschäfte.** Dabei spielt es keine Rolle, ob es sich um ein **schuldrechtliches** oder um ein **dingliches** Geschäft handelt,[27] in beiden Fällen ist § 181 anwendbar. So ist es rechtlich zulässig, dass beide Parteien eines Grundstücksveräußerungsgeschäfts einen Dritten bevollmächtigen, für sie die Auflassungserklärungen abzugeben und in Empfang zu nehmen.[28] Auch im Bereich des **Wechselrechts** findet § 181 Anwendung. Eine wechselrechtliche Verpflich-

14 Palandt/*Ellenberger*, § 181 Rn 3 mit Nachweisen zur Rechtsprechung. *Benecke/Ehinger*, MDR 2005, 1265 plädieren dafür, § 181 nicht auf den allseits vollmachtlosen Mehrvertreter anzuwenden.
15 BGHZ 21, 229.
16 BGH NJW 1972, 1708.
17 BGHZ 33, 189, 190; 56, 97, 101; BGH WM 1960, 803.
18 BGH WM 1960, 803.
19 BayObLG DJZ 1922, 699; Staudinger/*Schilken*, § 181 Rn 19; MüKo/*Schramm*, § 181 Rn 37; Soergel/*Leptien*, § 181 Rn 24.
20 BGHZ 30, 67, 69 ff; 108, 21, 24; 113, 262, 270.
21 BGHZ 41, 104, 107; MüKo/*Schramm*, § 181 Rn 40; Soergel/*Leptien*, § 181 Rn 23.
22 RGZ 66, 240, 242 f; BGH NJW 1996, 658; Soergel/*Leptien*, § 181 Rn 23; Staudinger/*Schilken*, § 181 Rn 27; *Rosenberg/Schwab/Gottwald*, Zivilprozessrecht, 16. Aufl. 2004, § 53 I 4.
23 BayObLG NJW 1962, 964; Staudinger/*Schilken*, § 181 Rn 28; Erman/*Palm*, § 181 Rn 4.
24 Soergel/*Leptien*, § 181 Rn 24; Staudinger/*Schilken*, § 181 Rn 29; Erman/*Palm*, § 181 Rn 5.
25 RGZ 79, 282.
26 BGHZ 50, 10.
27 Staudinger/*Schilken* § 181 Rn 11; Soergel/*Leptien*, § 181 Rn 15 mit Beispielen.
28 LG Kassel DNotZ 1958, 429.

tungserklärung setzt stets einen Begebungsvertrag voraus; ein Vertreter, der einen Wechsel im eigenen Namen ausstellt und als Vertreter des Bezogenen akzeptiert, ist daran also durch § 181 gehindert. Allerdings kommt es hier stets auf eine genaue Prüfung dahin gehend an, zwischen welchen Beteiligten der Begebungsvertrag tatsächlich zustande kommt.[29] § 181 findet auch dann Anwendung, wenn ein und dieselbe Bank **Wertpapiere** einlöst und einzieht.[30]

Bei einem **zusammengesetzten Rechtsgeschäft** kommt es darauf an, ob der Wille der Beteiligten darauf gerichtet ist, dass die mehreren Akte eines zusammengesetzten Rechtsgeschäfts miteinander stehen und fallen sollen (Einheitlichkeitswille). Ist dies der Fall, so ist von der gesetzlichen Vertretung beim Rechtsgeschäft insgesamt ausgeschlossen, wer von der Vertretung auch nur bei einem Teil ausgeschlossen ist.[31] Dies hat der BGH beispielsweise für einen Erbteilsübertragungsvertrag angenommen, der in einem engen Zusammenhang mit der die Grundstücksverträge umfassenden Erbauseinandersetzung stand.[32] 16

Auch **einseitige Rechtsgeschäfte** können den gesetzlichen Beschränkungen des Insichgeschäfts unterfallen.[33] Der Anwendung des § 181 scheint zwar der Normtext entgegenzustehen, da in diesen Fällen ein Geschäft nicht „mit" sich vorgenommen wird, sondern nur sich selbst „gegenüber". Jedoch ist zu bedenken, dass sich auch der Vertragsschluss durch die Abgabe zweier Willenserklärungen, Angebot und Annahme, vollzieht, von denen jede einzelne anhand der Vorschrift des § 181 zu kontrollieren ist. Für eine empfangsbedürftige Willenserklärung, die ebenfalls einen den Erklärungsempfänger betreffenden rechtlichen Erfolg herbeiführt, kann im Ergebnis nichts anderes gelten.[34] Dies betrifft Kündigung, Vollmachterteilung, Zustimmung, Anfechtung, Löschungsbewilligung,[35] aber auch die Gestattung zum Selbstkontrahieren.[36] Es muss sich aber stets um eine **empfangsbedürftige Willenserklärung** handeln, da anderenfalls kein Vertreter zur Entgegennahme der Willenserklärung erforderlich ist.[37] Streng einseitige Rechtsgeschäfte sind daher ausgenommen.[38] 17

Geschäftsähnliche Handlungen (zB Mahnung, Fristsetzung) sind in analoger Anwendung des § 181 ebenfalls den gesetzlichen Beschränkungen des Insichgeschäfts zu unterwerfen, ist die Interessenlage (insbesondere die Gefahr von Interessenkollisionen) mit derjenigen bei Rechtsgeschäften doch durchaus vergleichbar.[39] 18

2. Auftreten des Vertreters auf beiden Seiten – Personenidentität. Sodann ist Voraussetzung, dass das Rechtsgeschäft ein **Insichgeschäft** darstellt. Kennzeichnend hierfür ist, dass Personenidentität gegeben ist, der Vertreter also auf beiden Seiten des Rechtsgeschäfts steht und dabei zumindest einmal als Vertreter auftritt. Dies kann in der Form geschehen, dass der Vertreter das Rechtsgeschäft für den von ihm Vertretenen mit sich selbst auf der anderen Seite abschließt (**Selbstkontrahieren**). Personenidentität liegt aber auch dann vor, wenn die handelnde Person auf beiden Seiten als Vertreter je zwei verschiedener Parteien fungiert (**Mehrvertretung**). Fehlt es an der für das Insichgeschäft notwendigen Personenidentität, so ist der Tatbestand des § 181 nicht erfüllt. Nicht erfasst werden demgemäß solche Geschäfte, bei denen der Vertreter sowohl im eigenen Namen als auch im Namen des Vertretenen auf **derselben Seite** des Rechtsgeschäftes auftritt und nicht zugleich rechtsgeschäftliche Rechtsfolgen zwischen dem Vertretenen und dem Vertreter begründet werden.[40] Selbiges gilt für den Fall, dass ein und derselbe Vertreter bei einem Rechtsgeschäft mit einem Dritten mehrere Vertretene gemeinschaftlich vertritt.[41] In diesen Fällen besteht keine Interessenkollision, da die Interessen des Vertreters und des Vertretenen gleichlaufend sind. 19

Liegt eine **Gesamtvertretung** vor (vgl § 167 Rn 54), so ist § 181 erfüllt, wenn jemand auf einer Seite des Geschäfts als Gesamtvertreter, auf der anderen für sich oder als Einzelvertreter tätig wird.[42] Zulässig ist es jedoch, dass ein Gesamtvertreter den anderen ermächtigt, als Alleinvertreter ein Rechtsgeschäft zwischen ihm und der vertretenen Person vorzunehmen, fehlt es doch hier wiederum an der erforderlichen Personenidentität.[43] Praktisch bedeutsam wird dies im Gesellschaftsrecht. Der BGH hat hierzu ausgeführt, dass die organ- 20

29 BGH WM 1978, 1002; MüKo/*Schramm*, § 181 Rn 30; ausf. *Dittmann* NJW 1959, 1957.
30 BGHZ 26, 167, 171.
31 BGHZ 50, 8, 12; MüKo/*Schramm*, § 181 Rn 33; Staudinger/*Schilken*, § 181 Rn 12; aA *Häsemeyer*, FamRZ 1968, 502.
32 BGHZ 50, 8, 12.
33 BGHZ 77, 7, 9; BGH NJW-RR 1991, 1441; OLG Frankfurt aM FGPrax 2007, 33; Soergel/*Leptien*, § 181 Rn 16; Palandt/*Ellenberger*, § 181 Rn 6; *Flume*, BGB AT Bd. 2, § 48, 2, S. 812 ff.
34 MüKo/*Schramm*, § 181 Rn 13; Soergel/*Leptien*, § 181 Rn 16.
35 BGHZ 77, 7, 9.
36 BGHZ 58, 115, 118.
37 Soergel/*Leptien*, § 181 Rn 17; Erman/*Palm*, § 181 Rn 6.
38 BayObLGZ 53, 266, 267; Soergel/*Leptien*, § 181 Rn 17 mit Beispielen.
39 BGHZ 47, 352, 357; Soergel/*Leptien*, § 181 Rn 16; MüKo/*Schramm*, § 181 Rn 13; Staudinger/*Schilken*, § 181 Rn 14.
40 RG WarnR 1912 Nr. 399; RGZ 127, 103, 105; OLG Düsseldorf NJW 1985, 390.
41 BGHZ 50, 8, 10.
42 RGZ 89, 367, 373; Soergel/*Leptien*, § 181 Rn 12.
43 BGHZ 64, 72, 74 f; Staudinger/*Schilken*, § 181 Rn 17; MüKo/*Schramm*, § 181 Rn 22; Soergel/*Leptien*, § 181 Rn 13; für die analoge Anwendung des § 181 hingegen Erman/*Palm*, § 181 Rn 19; *Reinicke*, NJW 1975, 1185; *Plander*, DB 1976, 1493.

schaftliche Gesamtvertretungsmacht eines Geschäftsführers durch eine Ermächtigung nach den einschlägigen gesellschaftsrechtlichen Sondervorschriften (§§ 125 Abs. 2 S. 2, 150 Abs. 1 S. 2 HGB; § 78 Abs. 4 AktG; § 25 Abs. 3 GenG) für den darin bestimmten Geschäftsbereich zur Alleinvertretungsmacht erstarke. Der in diesem Rahmen tätige Gesamtvertreter handele also auch insoweit als Gesellschaftsorgan und nicht als Bevollmächtigter. Denn niemand könne in demselben Bereich gleichzeitig gesetzliche und gewillkürte Vertretungsmacht innehaben; die gesetzliche Vertretungsmacht, die daraus fließende Verantwortung und die Haftung der Gesellschaft für organschaftliches Handeln seien unteilbar.[44] Hingegen ist es nicht angängig, die gegen § 181 verstoßende Mitwirkung eines Gesamtvertreters in eine zulässige Ermächtigung des anderen zur Alleinvertretung umzudeuten.[45] Besonderheiten gelten insoweit nach § 35 Abs. 4 GmbHG für den geschäftsführenden Alleingesellschafter einer GmbH (vgl Rn 24 ff).

III. Einschränkung des Tatbestandes

21 Wie bereits eingangs ausgeführt, beruht die in § 181 angeordnete Beschränkung der Vertretungsmacht auf der abstrakten Befürchtung, der Vertreter könnte die Interessen des Vertretenen bzw eines Vertretenen bei der Vornahme eines Insichgeschäfts aus den Augen verlieren. Diese gesetzgeberische Erwägung rechtfertigt es zwar nicht, von einem erlaubten Insichgeschäft schon dann auszugehen, wenn es im konkreten Fall an einer Interessenkollision fehlt (vgl hierzu bereits Rn 7). Wohl aber ist dem BGH zuzustimmen, wenn er im Wege der teleologischen Reduktion Fallgruppen aus dem Anwendungsbereich herausnimmt, wenn „für einen ganzen, in sich abgegrenzten Rechtsbereich … nach der Rechts- und Interessenlage, wie sie dort typischerweise besteht, die Zielsetzung des § 181 niemals zum Zuge kommen kann".[46] Denn auf solche Weise wird – so mit Recht der BGH – „die Wirksamkeit des Insichgeschäfts nicht ‚von einem Moment abhängig gemacht, welches durch seine Unbestimmtheit und durch die Unerkennbarkeit für Dritte die Verkehrssicherheit gefährde' (Prot. I 174, 175), sondern der Anwendungsbereich des § 181 nach einem objektiven und einwandfrei feststellbaren Merkmal für eine in sich geschlossene Fallgruppe generell beschränkt".[47]

22 **1. Geschäfte mit lediglich rechtlichem Vorteil für den Vertretenen.** Eine solche typische Fallgruppe, bei der es losgelöst vom konkreten Einzelfall zu keiner Interessenkollision in der Person des Vertreters kommen kann, bilden solche Insichgeschäfte, die für den Vertretenen lediglich rechtlich vorteilhaft sind. Eine Unsicherheit des Rechtsverkehrs besteht hier aufgrund der abstrakt-generell fassbaren Ausnahmesituation und des offenkundigen Fehlens einer Benachteiligungsgefahr nicht.[48] In diesem Falle bedarf es einer teleologischen Reduktion des § 181, die sich aus einer Wechselwirkung zwischen § 107 und § 181 rechtfertigt.[49] Zu der Frage, wann ein lediglich rechtlich vorteilhaftes Geschäft vorliegt, kann auf die Grundsätze, die zu § 107 entwickelt wurden, zurückgegriffen werden (vgl § 107 Rn 5 ff). Bewertungsunsicherheiten in dieser Frage sind kein entscheidendes Argument gegen die hier befürwortete teleologische Reduktion, mutet sie das Gesetz im Rahmen des § 107 dem Rechtsverkehr doch ebenfalls zu.

23 Diese teleologische Reduktion erlaubt es vor allem, dass **Eltern** ihren **geschäftsunfähigen Kindern** eine Schenkung antragen und zugleich für die Kinder die Annahme erklären. Eine Besonderheit ist in diesen Fällen jedoch bei der Frage zu beachten, wann ein Rechtsgeschäft lediglich rechtlich vorteilhaft (vgl hierzu § 107 Rn 5 ff) ist. Bei einer **Schenkung** kann die Frage des rechtlichen Vorteils nicht losgelöst vom dinglichen Geschäft betrachtet werden. Vielmehr ist hier eine **Gesamtbetrachtung** unter Einbeziehung des dinglichen Geschäftes vorzunehmen. Anderenfalls besteht die Gefahr, dass die Annahme des schuldrechtlichen Schenkungsversprechens an sich rechtlich vorteilhaft ist, die Erfüllung des Schenkungsvertrages, womit den Minderjährigen privatrechtliche Pflichten treffen, zB durch das Wohnungseigentumsgesetz, § 566[50] oder der Belastung des Grundstückes mit einem Nießbrauch,[51] nunmehr unbeschadet von § 181 durchgeführt werden kann, da es sich um die Erfüllung einer Verbindlichkeit handelt. Der Minderjährigenschutz gebietet es, in diesen Fällen unter Durchbrechung des Trennungsprinzips auch das dingliche Geschäft mit zu berücksichtigen (vgl dazu auch § 107 Rn 25).[52]

24 **2. Einmann-GmbH.** Von besonderer Bedeutung war lange Zeit die Frage, ob eine teleologische Reduktion auch für Insichgeschäfte vorzunehmen ist, die der Alleingesellschafter und Geschäftsführer einer GmbH mit sich selbst abschließt. Der BGH plädierte zuletzt dafür, diese Fallkonstellation nicht unter § 181 zu subsu-

44 BGHZ 64, 72, 75.
45 BGH NJW 1992, 618.
46 BGHZ 56, 97, 102 f.
47 BGHZ 56, 97, 103.
48 Soergel/*Leptien*, § 181 Rn 27.
49 So die ganz hM in Anschluss an BGHZ 59, 236; 94, 232, 235; BGH NJW 1989, 2542, 2543; vgl MüKo/*Schramm*, § 181 Rn 15; Soergel/*Leptien*, § 181 Rn 27; Staudinger/*Schilken*, § 181 Rn 32; Palandt/Ellenberger, § 181 Rn 9; *Larenz/Wolf*, BGB AT, § 46 Rn 129; aA *Pawlowski*, BGB AT, Rn 794 ff.
50 BayObLG DNotZ 2003, 711.
51 BayObLG ZEV 2003, 209.
52 BGHZ 78, 28; BGHZ 161, 170 ff = NJW 2005, 415 ff; MüKo/*Schmitt*, § 107 Rn 37 ff; *Jauernig*, JuS 1982, 576, 577.

mieren, da bei der Einmann-GmbH die Willensbildung der Gesellschaft mit der des Gesellschafters zusammenfalle und sich ungeachtet ihrer rechtlichen Selbständigkeit auch die Interessen der Gesellschaft mit denen des Gesellschafters deckten.[53]

Mit der GmbH-Novelle von 1980[54] hat der Gesetzgeber dieser Rechtsprechung den Boden entzogen. Gemäß **§ 35 Abs. 4 GmbHG** ist in den Fällen, in denen sich alle Geschäftsanteile in der Hand eines Gesellschafters befinden und dieser zugleich alleiniger Geschäftsführer ist, die Vorschrift des § 181 auf seine Rechtsgeschäfte mit der Gesellschaft anzuwenden. Darüber hinaus muss § 181 – obwohl vom Wortlaut des § 35 Abs. 4 GmbHG nicht erfasst – auch auf die Fälle Anwendung finden, in denen der Alleingesellschafter einer von mehreren Geschäftsführern ist und in Einzel- oder Gesamtvertretung für die GmbH mit sich ein Rechtsgeschäft abschließt.[55] Schließlich wird man es anders als im Recht der Personengesellschaft (vgl Rn 28) als ein unter § 181 fallendes Insichgeschäft zu bewerten haben, wenn der Alleingeschäftsführer einer GmbH den zweiten (gesamtvertretungsberechtigten) Geschäftsführer zur Alleinvertretung ermächtigt und durch ihn ein Geschäft mit der Gesellschaft abzuschließen sucht.[56] Nur durch diese lückenschließende Interpretation wird der gesetzgeberischen Konzeption, wie sie sich aus § 35 Abs. 4 GmbHG ergibt, Genüge getan. Die GmbH-rechtliche Sondervorschrift gilt auch für den Fall der Mehrvertretung.[57] 25

Eine **Befreiung des Geschäftsführers** von diesem Verbot ist nur dadurch zu erreichen, dass in die **Satzung der GmbH** eine entsprechende Klausel aufgenommen wird, wonach dem Geschäftsführer Insichgeschäfte erlaubt sind.[58] Die Befreiung bedarf gem. § 10 Abs. 1 S. 2 GmbHG der Eintragung in das Handelsregister.[59] Ausreichend ist es aber auch, wenn der Gesellschaftsvertrag nur eine Ermächtigung erhält, dass eine Befreiung von § 181 durch einfachen Ausführungsbeschluss erteilt werden kann.[60] In der **Praxis** empfiehlt sich die Aufnahme folgender Klausel: „Der Geschäftsführer ist von den Beschränkungen des § 181 BGB befreit.“ Nicht erforderlich ist, dass der Geschäftsführer konkret benannt wird.[61] 26

Die Befreiung von den Beschränkungen des § 181, die einem Geschäftsführer einer **mehrgliedrigen GmbH** – sei es unmittelbar durch den Gesellschaftsvertrag, sei es aufgrund einer darin enthaltenen Ermächtigung durch Beschluss der Gesellschafterversammlung – erteilt worden ist, bleibt auch dann bestehen, wenn sich die GmbH später **in eine Einmann-Gesellschaft verwandelt**, deren Geschäftsführer mit dem einzigen Gesellschafter personengleich ist. Das Ausscheiden des einzigen Mitgesellschafters und die Vereinigung sämtlicher Geschäftsanteile in einer Hand lässt die Identität der Gesellschaft unberührt. Ebenso wenig erfahren dadurch Inhalt und Umfang der bisherigen Vertretungsmacht ihres Geschäftsführers einschließlich der ihm erteilten Befreiung von § 181 eine rechtliche Änderung. Der rechtliche Inhalt seiner Vertretungsmacht besteht in der letztgenannten Beziehung vorher wie nachher darin, dass er die Gesellschaft auch beim Abschluss von Rechtsgeschäften mit sich selbst oder als Vertreter eines Dritten vertreten kann.[62] Schließlich ist darauf hinzuweisen, dass der Alleingesellschafter-Geschäftsführer auch dann wirksam von den Beschränkungen des § 181 befreit ist, wenn die Befreiung nach Abschluss von Insichgeschäften in der Satzung geregelt und im Handelsregister eingetragen wird. Die Insichgeschäfte sind dann als nachträglich genehmigt anzusehen.[63] 27

3. Gesellschaftsrechtliche Beschlüsse. Nach der Rechtsprechung des BGH kann der Gesellschafter einer Kapitalgesellschaft ebenso wie derjenige einer Personengesellschaft an Gesellschafterbeschlüssen in weitem Umfang zugleich im eigenen Namen und als Vertreter eines anderen Gesellschafters mitwirken, ohne hieran durch § 181 gehindert zu sein.[64] Diese weitgehende Verdrängung des § 181 im Hinblick auf Beschlüsse zur Willensbildung innerhalb einer Gesellschaft ist nur zum Teil gerechtfertigt.[65] Zu widersprechen ist insbesondere der These, Beschlüsse zur Willensbildung innerhalb einer juristischen Person oder einer Personengesellschaft würden generell nicht vom Tatbestand des § 181 erfasst.[66] Demgegenüber ist festzuhalten, dass auch die Stimmabgabe im Rahmen der Beschlussfassung eine Willenserklärung ist; der Beschluss wiederum, in den die Willenserklärungen eingehen, stellt ein mehrseitiges Rechtsgeschäft dar, dem auch nicht etwa per se die Gegenseite fehlt.[67] Auf der Basis der grundsätzlichen Anwendbarkeit des § 181 ist dann wie folgt zu differenzieren: 28

53 BGHZ 56,97; zum Ganzen *Altmeppen*, DB 2000, 657.
54 GmbH-Rechts-Änderungsgesetz vom 4. Juli 1980 (BGBl. I S. 836).
55 Soergel/*Leptien*, § 181 Rn 26; MüKo/*Schramm*, § 181 Rn 16.
56 MüKo/*Schramm*, § 181 Rn 17; Soergel/*Leptien*, § 181 Rn 26; Scholz/*Schneider*, GmbHG, 10. Aufl. 2007, § 35 Rn 107.
57 Staudinger/*Schilken*, § 181 Rn 20; MüKo/*Schramm*, § 181 Rn 16.
58 BGHZ 87, 59; krit. *Altmeppen*, NJW 1995, 1185 f.
59 BGHZ 87, 59, 61; BGH NJW 2000, 664, 665; BFH NJW 1997, 1031.
60 BayObLG DB 1984, 1517; OLG Hamm BB 1998, 1328; MüKo/*Schramm*, § 181 Rn 19.
61 BGH DStR 2000, 697.
62 BGHZ 114, 167, 170 f; anders zuvor BayObLG WM 1987, 982, 983 und BayObLGZ 1989, 375.
63 BFH NJW 1997, 1031.
64 Vgl insb. BGHZ 52, 316 und 33, 189, 191.
65 Wie hier krit. Staudinger/*Schilken*, § 181 Rn 24; MüKo/*Schramm*, § 181 Rn 19; Soergel/*Leptien*, § 181 Rn 21; *W. Blomeyer*, NJW 1969, 127.
66 BGHZ 52, 316, 318; 33, 189, 191.
67 Staudinger/*Schilken*, § 181 Rn 24; Soergel/*Leptien*, § 181 Rn 21.

29 Auf Beschlüsse, die sich nicht lediglich auf die laufende Geschäftsführung beziehen, sondern **grundlegenden Charakter** haben, muss § 181 uneingeschränkt Anwendung finden.[68] Interessenkollisionen durch das mehrseitige Auftreten eines Gesellschafters sind hier nicht ausgeschlossen und nur so kann sichergestellt werden, dass jeder Gesellschafter selbständig und eigenverantwortlich abstimmt. § 181 gilt somit beispielsweise für den Beschluss über die Änderung des Gesellschaftsvertrages bzw der Satzung,[69] über die Auflösung der Gesellschaft[70] sowie über die Bestellung eines Geschäftsführers.[71]

30 Bei **Beschlüssen im Rahmen der laufenden Geschäftsführung** kommt der Schutzzweck des § 181 im Allgemeinen nicht zum Tragen, da hier das gleichgerichtete Interesse der Gesellschafter an der Erreichung des Gesellschaftszwecks dominiert. Ist aber ein typischer Widerstreit der persönlichen Interessen in der von § 181 vorausgesetzten Intensität regelmäßig nicht gegeben, ist eine Zurücknahme des in § 181 statuierten Vertretungshindernisses im Wege der teleologischen Reduktion geboten.[72]

31 Im Übrigen sind im Gesellschaftsrecht einige **Sondervorschriften** zu beachten. Für Beschlüsse der Hauptversammlung einer Aktiengesellschaft ist der Anwendung des § 181 durch § 135 AktG weitgehend der Boden entzogen. Ferner sind die Stimmrechtsverbote von § 34 BGB, § 136 Abs. 1 AktG, § 47 Abs. 4 GmbHG und § 43 Abs. 5 GenG als *leges speciales* gegenüber § 181 anzusehen.[73]

IV. Erweiterung des Tatbestandes

32 **1. Allgemeines.** In einigen wenigen Fallkonstellationen bedarf der Tatbestand des § 181 im Hinblick auf den Normzweck einer Extension, die sich methodisch im Wege der Analogie erreichen lässt. Es handelt sich um Konstellationen, die zwar die nach dem Tatbestand des § 181 notwendige Personenidentität nicht aufweisen, jedoch durch eine **typischerweise und offen zutage liegende Interessenkollision in der Person des mittelbar als Partei beteiligten Vertreters** gekennzeichnet sind und bei denen überdies eine hinreichende Nähe zu dem in § 181 beschriebenen Tatbestand besteht.[74] Auch hier muss sich die Erweiterung des Anwendungsbereichs anhand generell-abstrakt formulierbarer Kriterien beschreiben lassen. Keinesfalls ist es angängig, § 181 immer schon dann anzuwenden, wenn in concreto eine Interessenkollision zwischen Vertreter und Vertretenem gegeben ist.[75] Das Kriterium der Interessenkollision ist zu unbestimmt; der Gesetzgeber hat es mit Rücksicht auf die Rechtssicherheit mit Bedacht nicht zum Tatbestandsmerkmal des § 181 erhoben. Das Vertretungshindernis des § 181 greift daher beispielsweise nicht ein, wenn der Vertreter im Namen des Vertretenen eine Bürgschaft für eine eigene Schuld übernimmt.[76] Ferner greift es nicht bei der Bestellung einer dinglichen Sicherheit für eine Schuld des Vertreters zu Lasten des Vertretenen.[77] § 181 steht demnach auch nicht einer in Vertretung des Kontoinhabers vorgenommenen Überweisung auf ein Konto des Vertreters entgegen (zB Geldübertragung vom Konto des Kindes auf das Konto der Eltern auf Veranlassung der als gesetzliche Vertreter auftretenden Eltern).[78] Dem Schutzbedürfnis des Vertretenen kann hier und in ähnlichen Fällen unter den Voraussetzungen des Missbrauchs der Vertretungsmacht Rechnung getragen werden.

33 **2. Untervertretung.** Der Normzweck des § 181 gebietet nach heute ganz hM eine **analoge Anwendung** der Vorschrift auf den Fall, dass der Vertreter, dem die Vornahme von Insichgeschäften nicht gestattet ist, für den Vertretenen einen weiteren Vertreter als **Untervertreter** bestellt und dann mit diesem kontrahiert.[79] Zwar

68 MüKo/*Schramm*, § 181 Rn 17.
69 BGH NJW 1961, 724; 1976, 1538, 1539; 1989, 168, 169; anders BGHZ 33, 189, 191 für die Einmann-GmbH mit der Begründung, die Satzungsänderung sei, auch wenn vom Alleingesellschafter vorgenommen, ein Sozialakt und unterliege deshalb nicht dem § 181. Mit diesem Argument lehnt der BGH auch die Anwendung des § 47 Abs. 4 S. 2 Alt. 1 GmbHG auf „körperschaftliche Sozialakte" wie zB auf einen Beschluss über die Einforderung der Stammeinlage ab (BGH NJW 1991, 172 mwN).
70 AA BGHZ 52, 316, 318. Wie hier Staudinger/*Schilken*, § 181 Rn 25; Soergel/*Leptien*, § 181 Rn 21.
71 BGH NJW 1991, 691; kritisch *Schemmann*, NZG 2008, 89.
72 BGHZ 65, 93, 98; Erman/*Palm*, § 181 Rn 13; Staudinger/*Schilken*, § 181 Rn 25 f; Palandt/Ellenberger, § 181 Rn 11.
73 Staudinger/*Schilken*, § 181 Rn 25; Soergel/*Leptien*, § 181 Rn 22; *Wilhelm* JZ 1976, 674.
74 MüKo/*Schramm*, § 181 Rn 10.
75 BGHZ 91, 334 ff; BGHZ 161, 15 ff = NJW 2005, 664, 667.
76 MüKo/*Schramm*, § 181 Rn 35; Palandt/*Ellenberger*, § 181 Rn 14; *Larenz/Wolf*, BGB AT, § 46 Rn 134; *Flume*, BGB AT Bd. 2, § 48, 5, S. 819 f; kein Bedürfnis für eine analoge Anwendung des § 181 besteht ferner im Falle eines Schuldübernahmevertrages nach § 414, den der Vertreter im Namen des Vertretenen (als Übernehmer) mit dem Gläubiger schließt; so zutr. Staudinger/*Schilken*, § 181 Rn 43; Soergel/*Leptien*, § 181 Rn 34; *Flume*, BGB AT Bd. 2, § 48, 5, S. 819 f; aA Erman/*Palm*, § 181 Rn 18.
77 BGHZ 161, 15 ff = NJW 2005, 664, 667.
78 BGH NJW 2004, 2517; für analoge Anwendung des § 181 hingegen *Rein/Pfeiffer*, BKR 2005, 142 ff.
79 BGH NJW 1991, 961, 962 (zuvor bereits BGHZ 64, 72, 74); BayObLG Rpfleger 1993, 441; KG NJW-RR 1999, 168; MüKo/*Schramm*, § 181 Rn 24; Staudinger/*Schilken*, § 181 Rn 36; Soergel/*Leptien*, § 181 Rn 29; *Larenz/Wolf*, BGB AT, § 46 Rn 133; im Ergebnis auch *Flume*, BGB AT Bd. 2, § 48, 4, S. 816 ff; anders noch die reichsgerichtliche Rspr, zuletzt RGZ 157, 24, 31 und *v. Tuhr*, BGB AT Bd. 2/2, § 84 VI, S. 368.

fehlt es infolge der Einschaltung eines Untervertreters an der vom Tatbestand des § 181 vorausgesetzten Personenidentität; doch läuft eine solche Konstruktion regelmäßig auf eine Umgehung des § 181 hinaus. Die Gefahr, die kollidierenden Interessen eigennützig zu bewerten und die Interessen des Vertretenen hintanzustellen, wird durch die Einschaltung eines Untervertreters keineswegs beseitigt. Wertungsmäßig gleichzustellen ist dem der Fall, dass der Vertreter für sich selbst einen Vertreter bestellt und mit diesem in seiner Eigenschaft als Vertreter das Rechtsgeschäft abschließt.[80] Nur wenn im Einzelfall eine Gefährdung des Vertretenen aufgrund einer unabhängigen Entscheidungsmacht des Substituten oder anderer Umstände nicht vorliegt, kann die Anwendung des § 181 ausgeschlossen sein.[81] Ein solcher Sonderfall dürfte regelmäßig bei einem **Prokuristen** vorliegen, da dieser nicht als Unterbevollmächtigter des Geschäftsführers anzusehen ist, sondern seine Aufgaben in eigener Verantwortung wahrnimmt.[82]

3. Amtsempfangsbedürftige Willenserklärungen. In bestimmten Fällen überlässt das Gesetz dem Erklärenden die Wahl, wem gegenüber er die betreffende Erklärung abgibt, gegenüber dem von der Erklärung Begünstigten oder gegenüber einer Behörde. Man denke beispielsweise an die Erklärung des Hypothekengläubigers, er gebe die Hypothek auf. Diese Erklärung kann er nach § 875 Abs. 1 S. 2 entweder gegenüber dem Grundbuchamt oder demjenigen gegenüber abgeben, zu dessen Gunsten sie erfolgt, also gegenüber dem Grundstückseigentümer. Ist der Grundstückseigentümer zugleich Vertreter des Hypothekengläubigers, so ist er aufgrund des Vertretungshindernisses des § 181 nicht in der Lage, die Hypothek durch Erklärung gegenüber sich selbst wirksam aufzugeben. Nicht anders darf im Ergebnis der Fall beurteilt werden, dass der Grundstückseigentümer die Aufgabeerklärung in Vertretung des Hypothekengläubigers gegenüber dem Grundbuchamt abgibt. Sachlich ist hier der Grundstückseigentümer der eigentliche Erklärungsempfänger. Dies rechtfertigt es auch hier, von einer streng formalen Auslegung des § 181 abzugehen und die Vorschrift analog anzuwenden.[83] Würde man hier anders entscheiden und § 181 mangels Personenidentität für unanwendbar erklären, so verlöre das Verbot des Insichgeschäfts bei der Aufgabe von Grundpfandrechten seine Bedeutung, da es dann ohne weiteres durch eine Erklärung gegenüber dem Grundbuchamt umgangen werden könnte.[84] Eine derartige Umgehungsgefahr besteht ferner bei den §§ 876 S. 3, 880 Abs. 3, 1168 Abs. 2 S. 1, 1183 S. 2. Auch bei fehlendem Wahlrecht ist eine analoge Anwendung des § 181 geboten, wenn eigentlich ein Dritter materiell betroffen ist. Dies ist namentlich bei der **Anfechtung einer letztwilligen Verfügung** gegenüber dem Nachlassgericht der Fall, §§ 2079, 2081 Abs. 1;[85] nicht hingegen bei der Ausschlagung der Erbschaft nach § 1945.[86] 34

4. Auswahl unter mehreren privaten Adressaten. Schließlich gibt es einige Fälle, in denen eine Erklärung wahlweise an verschiedene private Adressaten gerichtet werden kann (vgl insbesondere § 182 Abs. 1). So hatte sich bereits das RG mit dem Fall zu befassen, dass ein als Vorerbe eingesetzter gesetzlicher Vertreter eines minderjährigen Nacherben diesen bei der Zustimmung zu einer von ihm getroffenen Verfügung vertreten und die Zustimmung nicht gegenüber sich selbst (Fall des § 181), sondern gegenüber dem durch die Verfügung begünstigten Geschäftsgegner erklärt hatte.[87] Gegen eine Anwendung des § 181 spricht entscheidend, dass der Dritte nicht lediglich formeller, sondern auch materieller Adressat der Erklärung ist, so dass es an einem tatbestandlichen Anknüpfungspunkt für die analoge Anwendung des § 181 fehlt.[88] Dem Schutzbedürfnis des Vertretenen wird man in nicht wenigen Fällen anhand der Grundsätze über den Missbrauch der Vertretungsmacht Rechnung tragen können.[89] 35

V. Zulässige Insichgeschäfte

Die Anwendung des § 181 kann zum einen durch die im Gesetz selbst genannten Fälle ausgeschlossen sein, zum anderen aber auch dadurch, dass aufgrund des Regelungsgehalts der Vorschrift (vgl Rn 21 ff) eine teleologische Reduktion vorzunehmen ist. 36

80 OLG Hamm NJW 1982, 1105; MüKo/*Schramm*, § 181 Rn 26; für unmittelbare Anwendung des § 181 Soergel/*Leptien*, § 181 Rn 29.
81 RGRK/*Steffen*, § 181 Rn 12.
82 BGHZ 91, 334; MüKo/*Schramm*, § 181 Rn 25; *Larenz/Wolf*, BGB AT, § 46 Rn 134.
83 BGHZ 77, 7, 9 ff; Soergel/*Leptien*, § 181 Rn 30; Erman/*Palm*, § 181 Rn 16; Bamberger/Roth/*Habermeier*, § 181 Rn 23; *Larenz/Wolf*, BGB AT, § 46 Rn 132.
84 BGHZ 77, 7, 10.
85 RGZ 143, 350; Soergel/*Leptien*, § 181 Rn 30; Erman/*Palm*, § 181 Rn 16.
86 BayObLGZ 1983, 213, 220; Soergel/*Leptien*, § 181 Rn 30; Palandt/*Ellenberger*, § 181 Rn 13; aA *Buchholz*, NJW 1993, 1161.
87 RGZ 76, 89.
88 Umstr., wie hier: RGZ 76, 89, 92; OLG Hamm NJW 1965, 1489, 1490; DNotZ 2003, 635; auf dieser Linie auch BGH NJW 1985, 2409, 2410; Soergel/*Leptien*, § 181 Rn 31; Palandt/*Ellenberger*, § 181 Rn 8; offen gelassen von BayObLG NJW-RR 1995, 1032, 1033; für analoge Anwendung des § 181: Staudinger/*Schilken*, § 181 Rn 41; Erman/*Palm*, § 181 Rn 17; *Flume*, BGB AT Bd. 2, § 48, 2, S. 813 f.
89 Soergel/*Leptien*, § 181 Rn 31; vgl auch BGH NJW 1985, 2409.

37 **1. Gestattung.** Ein Insichgeschäft kann nach § 181 u.a. dann vorgenommen werden, ist also zulässig, wenn es dem Vertreter gestattet ist. Eine solche Gestattung kann rechtsgeschäftlicher Natur sein; sie kann sich aber auch unmittelbar aus dem Gesetz ergeben.

38 **a) Rechtsgeschäftliche Gestattung.** Bei der rechtsgeschäftlichen Gestattung wird der Dispens von den Beschränkungen des § 181 durch eine **einseitige, empfangsbedürftige Willenserklärung** erteilt. Sie kann im Hinblick auf einen konkreten Einzelfall, bezogen auf eine bestimmte Gattung von Geschäften oder ganz allgemein erteilt werden. Wie die Bevollmächtigung selbst bedarf auch die rechtsgeschäftliche Gestattung grundsätzlich **keiner Form**.[90] Dies gilt auch für eine unter Befreiung von den Beschränkungen des § 181 erteilte Vollmacht zur Veräußerung oder zum Erwerb eines Grundstücks. Das Erfordernis notarieller Beurkundung nach § 311 b Abs. 1 ist hier nur dann zu beachten, wenn der Vertretene durch die Erteilung der Vollmacht rechtlich und tatsächlich in gleicher Weise gebunden wird wie durch die Vornahme des formbedürftigen Rechtsgeschäfts.[91] Die Gestattung von Insichgeschäften allein hat diesen Effekt nicht. Sie erweitert lediglich die dem Vertreter zukommende Vertretungsmacht.

39 Eine Gestattung kann auch durch **konkludentes Handeln** erfolgen,[92] wobei im bloßen Dulden des Selbstkontrahierens eine solche nicht vorliegt. Wird **Generalvollmacht, Prokura oder Handlungsvollmacht** erteilt, so liegt allein darin noch keine konkludente Befreiung von dem Verbot des § 181.[93] Die Erklärung des Vertretenen ist dabei, wie jede Willenserklärung, der Auslegung unter Berücksichtigung der Verkehrssitte fähig.[94]

40 **Zur Gestattung befugt** ist grundsätzlich allein der Vertretene – im Falle der Mehrvertretung die Vertretenen. Selbstredend kann der Vertreter die Gestattung nicht sich selbst gegenüber erklären. Ein Vertreter kann einen Unterbevollmächtigten nur dann vom Verbot des Selbstkontrahierens befreien, wenn er selbst davon befreit ist.[95]

41 Soll ein **Organ einer juristischen Person**[96] von der Beschränkung des § 181 befreit werden, so kann dies entweder bereits in der Satzung geschehen oder später durch einen Beschluss des Bestellorgans erfolgen. Bestellorgan ist beim eingetragenen Verein die Mitgliederversammlung (§ 32), bei der GmbH die Gesellschafterversammlung. Dem Geschäftsführer einer GmbH kann eine generelle Befreiung von den Beschränkungen des § 181 allerdings nur eingeräumt werden, wenn eine solche Befreiung in der Satzung vorgesehen ist. Ein einfacher Gesellschafterbeschluss genügt nicht.[97] Die Befreiung vom Verbot des Selbstkontrahierens muss im Handelsregister gem. § 10 Abs. 1 S. 2 GmbHG eingetragen werden.[98] Die Eintragungspflicht ergibt sich daraus, dass die Befreiung zu einer Erweiterung der grundsätzlich durch § 181 eingeschränkten Vertretungsbefugnis führt. Die Eintragung muss in einer Weise erfolgen, dass sich ihre Voraussetzungen und ihr Eintritt allein dem Register entnehmen lassen, ohne dass es eines Rückgriffs auf außerhalb des Registers liegende Umstände bedarf. Darauf, ob die Befreiung von § 181 generell erteilt wird oder ob sie sich auf bestimmte Arten von Geschäften der GmbH bzw auf die Vertretung gegenüber bestimmten Dritten beschränkt, kommt es für die Eintragungspflicht nicht an. Auch eine eingeschränkte Befreiung führt zur Erweiterung der kraft Gesetzes bestehenden Vertretungsmacht und begründet das Interesse Dritter an der entsprechenden Information. Die Eintragung hat in derartigen Fällen die beschränkte sachliche oder persönliche Reichweite der Befreiung zu umfassen.[99] Ausreichend ist es aber auch, wenn in der Satzung lediglich eine Ermächtigung für die Gesellschafterversammlung enthalten ist und diese später durch einfachen Gesellschafterbeschluss die Befreiung aussprechen kann.[100] Dieser kann auch außerhalb einer Gesellschafterversammlung durch schlüssiges Verhalten erfolgen.[101] In der **Praxis** empfiehlt es sich, in den Gesellschaftsvertrag folgende Ermächtigung aufzunehmen: „Die Gesellschafter können Geschäftsführer durch Beschluss allgemein oder im Einzelfall

90 BGH NJW 1979, 2306; BGHZ 13, 49 (zu § 15 GmbHG); MüKo/*Schramm*, § 181 Rn 16; Soergel/*Leptien*, § 181 Rn 37.

91 Erman/*Palm*, § 181 Rn 24.

92 Soergel/*Leptien*, § 181 Rn 38; Beispiel: Erteilung einer Auflassungsvollmacht durch beide Parteien in derselben Urkunde (KG JW 1937, 471; LG Kassel DNotZ 1958, 429, 431).

93 KG JR 1952, 438; Palandt/Ellenberger, § 181 Rn 17.

94 Vgl mit Beispielen Staudinger/*Schilken*, § 181 Rn 52.

95 BayObLG BB 1993, 746; abweichend für organschaftliche Vertretung *Schmidt-Ott*, ZIP 2007, 943.

96 Zur englischen Limited vgl OLG München NZG 2006, 512; OLG Frankfurt BeckRS 2008, 06063; OLG Hamm BB 2006, 2263; weiterführend *Wachter* NZG 2005, 338, *Willer/Krafka*, NZG 2006, 495 und *Schall*, NZG 2006, 54.

97 OLG Köln NJW 1993, 1018.

98 Zur Eintragungspflichtigkeit BGHZ 87, 59, 61; BGH NJW-RR 2004, 120; KG ZIP 2006, 2085 f; Soergel/*Leptien*, § 181 Rn 39; aA *Roth/Altmeppen*, GmbHG, 6. Aufl. 2009, § 35 Rn 73. Eine solche Befreiung gilt nicht für den Geschäftsführer als (geborenen) Liquidator, vgl BayObLG DB 1985, 1521; GmbHR 1997, 176, 177; OLG Düsseldorf NJW-RR 1990, 51. Die in der Satzung enthaltene bloße Ermächtigung zur Befreiung soll hingegen im Zweifel auch für den Liquidator gelten, so BayObLG NJW-RR 1996, 611; OLG Zweibrücken NJW-RR 1999, 38. Keine Eintragung auch von Befreiungen für Organe einer Ltd., OLG Frankfurt aM, FGPrax 2008, 165.

99 OLG Stuttgart NZG 2008, 36.

100 BayObLG GmbHR 1982, 257.

101 BGH NJW 1976, 1539.

von den Beschränkungen des § 181 BGB befreien."[102] Wenn die Satzung lediglich eine Ermächtigung der Gesellschafterversammlung enthält, bedarf es keiner Eintragung ins Handelsregister.[103] Es empfiehlt sich jedoch, die Befreiung in jedem Fall in das Handelsregister eintragen zu lassen, da durch diese Eintragung die Wirkung des § 15 HGB ausgelöst wird.[104] Für die Aktiengesellschaft ist § 112 AktG zu beachten. Ausgeschlossen ist es, dass sich die Vertretungsorgane untereinander die Vornahme von Insichgeschäften gestatten.

Für die **Personenhandelsgesellschaften** gelten die vorstehenden Grundsätze entsprechend.[105] Handelt es sich **42** bei dem zur Vertretung berufenen Komplementär um eine Gesellschaft und ist nicht nur dieser selbst, sondern auch ihrem Vertretungsorgan in der Satzung der KG das Selbstkontrahieren gestattet worden, so kann auch diese zusätzliche Erweiterung der Vertretungsmacht des Geschäftsführers der Komplementärgesellschaft in Bezug auf die KG in das Handelsregister eingetragen werden.[106]

Im Falle der **gesetzlichen Vertretung** kann dem Vertreter das Selbstkontrahieren nicht unmittelbar durch das **43** Vormundschaftsgericht, sondern nur durch einen besonderen, hierfür bestellten Pfleger gestattet werden.[107] Zu Recht wird im Schrifttum darauf hingewiesen, dass dem Vormundschaftsgericht in erster Linie die Aufsicht obliegt und nicht die Rolle eines allgemeinen gesetzlichen Ersatzvertreters zufällt; auf § 1846 kann die Zuständigkeit des Vormundschaftsgerichts zur Genehmigung nicht gestützt werden.[108]

Nach der hier vertretenen Auffassung findet § 181 auch auf das Handeln privater Amtswalter Anwendung (vgl **44** Rn 11). Damit wird aber auch die Frage der Gestattung bedeutsam. Für den **Testamentsvollstrecker** kann eine Befreiung von § 181 nur durch den Erblasser erfolgen.[109] Die Erben oder das Nachlassgericht können eine Gestattung nicht aussprechen. Eine Befreiung des **Insolvenzverwalters** kann nicht durch den Gemeinschuldner ausgesprochen werden, da es diesem aufgrund der Insolvenz an der Verfügungsbefugnis fehlt. Auch die Gläubiger sind nicht befugt, die Gestattung zu erklären. Wohl aber wird man es genügen lassen, dass sich der Gemeinschuldner und seine Gläubiger einig sind, den Insolvenzverwalter vom Vertretungshindernis des § 181 zu befreien.[110] Ferner kann das Insolvenzgericht einen Sonderpfleger bestellen, der dann die Gestattung ausspricht.[111]

b) Gesetzliche Gestattung. Eine Gestattung kann sich auch direkt aus dem **Gesetz** ergeben. Eine solche **45** gesetzliche Befreiung findet sich unter anderem in § 1009 BGB,[112] § 125 Abs. 2 S. 2 HGB, § 78 Abs. 4 AktG.

2. Erfüllung einer Verbindlichkeit. Gemäß § 181 ist ein Insichgeschäft auch dann zulässig, wenn das **46** Rechtsgeschäft ausschließlich in der Erfüllung einer Verbindlichkeit besteht. Dies ist ohne weiteres einsichtig, ist doch eine Interessenkollision nicht zu besorgen, wenn der durch das Rechtsgeschäft angestrebte Erfolg ohnehin geschuldet ist, also von Rechts wegen sowieso herbeigeführt werden müsste. Dabei kann es sich sowohl um Verbindlichkeiten des Vertreters gegenüber dem Vertretenen und umgekehrt als auch im Falle der Mehrvertretung des Vertretenen gegenüber dem anderen Vertretenen handeln. Ob die Verbindlichkeit auf Rechtsgeschäft oder Gesetz beruht, ist unerheblich.[113] Die Verbindlichkeit muss jedoch **vollwirksam, also fällig und einredefrei** sein.[114] Nicht ausreichend ist es, dass sie dies erst durch die Erfüllung wird, zB in den Fällen der §§ 518 Abs. 2, 311 b Abs. 1 S. 2. Erforderlich ist weiterhin, dass das Rechtsgeschäft ausschließlich der Erfüllung einer Verbindlichkeit dient. Dass infolge der Erfüllung neue Verbindlichkeiten entstehen, zB Gewährleistungsansprüche, steht der Zulässigkeit des Insichgeschäfts allerdings nicht entgegen.[115] Hinsichtlich der Frage, ob auch **Erfüllungssurrogate** erfasst werden, ist zu differenzieren. Eine Leistung an Erfüllung statt bzw eine Leistung erfüllungshalber hat keine ausschließliche Erfüllungswirkung und fällt damit nicht unter die Erfüllung einer Verbindlichkeit.[116] Dagegen handelt es sich bei der Aufrechnung, soweit eine beiderseitige Aufrechnungslage besteht, um die reine Erfüllung einer Verbindlichkeit.[117] Auch bei der Hinterlegung mit Erfüllungswirkung handelt es sich um ein Erfüllungssurrogat, das von § 181 gedeckt ist.[118] Zu der aus Gründen des Schutzes beschränkt Geschäftsfähiger gebotenen **Gesamtbetrachtung** bei **Schenkungen gegenüber Minderjährigen** vgl bereits Rn 23.

102 Vgl auch Beck'sches Formularbuch Bürgerliches-, Handels- und Wirtschaftsrecht, 8. Aufl. 2003 IX 1.
103 Soergel/*Leptien*, § 181 Rn 39; BayObLG GmbHR 1982, 257.
104 BayObLG NZG 2000, 475.
105 Soergel/*Leptien*, § 181 Rn 36.
106 OLG Frankfurt NZG 2006, 830, 831; BayObLG NJW-RR 2000, 562.
107 RGZ 71, 162, 165; BGHZ 21, 229, 234; Staudinger/*Schilken*, § 181 Rn 57; MüKo/*Schramm*, § 181 Rn 55; *Medicus*, BGB AT, Rn 957; anders (für Mehrvertretung) Soergel/*Leptien*, § 181 Rn 42; *Enneccerus/Nipperdey*, BGB AT Bd. 2/2, § 181 II 1, S. 1110 f; *Larenz/Wolf*, BGB AT, § 46 Rn 128.
108 Staudinger/*Schilken*, § 181 Rn 47.
109 BGHZ 30, 67, 69 f.
110 Soergel/*Leptien*, § 181 Rn 36; Staudinger/*Schilken*, § 181 Rn 59; Erman/*Palm*, § 181 Rn 25.
111 Staudinger/*Schilken*, § 181 Rn 59; Soergel/*Leptien*, § 181 Rn 36.
112 AA Bamberger/Roth/*Habermeier*, § 181 Rn 37.
113 Staudinger/*Schilken*, § 181 Rn 61.
114 Palandt/*Ellenberger*, § 181 Rn 22.
115 Staudinger/*Schilken*, § 181 Rn 61.
116 Soergel/*Leptien* § 181 Rn 43.
117 MüKo/*Schramm*, § 181 Rn 57.
118 Zu weiteren Einzelfällen vgl Soergel/*Leptien*, § 181 Rn 44.

47 **3. Erkennbarkeit des zulässigen Insichgeschäftes.** Wird ein zulässiges Insichgeschäft vorgenommen, so passen auf diese Fälle die allgemeinen Regelungen der Rechtsgeschäftslehre nicht. Abgabe und Empfang der Willenserklärung vollziehen sich in ein und derselben Person, sind also nach außen nicht sichtbar. Daraus ergibt sich eine gewisse formelle Problematik, da es die Rechtssicherheit gebietet, dass ein Rechtsgeschäft nach außen sichtbar ist.[119] Allzu leicht würde sonst der Gläubiger durch unbemerkte Vermögensverschiebungen gefährdet werden. Bei einem bloß inneren Willensentschluss handelt es sich nicht um ein Rechtsgeschäft. Daraus folgt, dass auch ein Insichgeschäft stets eine Manifestation in der Außenwelt erfahren muss,[120] wobei es aber grundsätzlich ausreicht, dass die Vornahme des Insichgeschäfts „für einen mit den Verhältnissen Vertrauten erkennbar ist".[121] Eine derartige Erkennbarkeit ist bei **formbedürftigen Rechtsgeschäften** schon durch die notwendige Einhaltung der Form gewährleistet.

48 Bei **Verfügungsgeschäften** müssen die Willenserklärungen für Dritte erkennbar in Erscheinung treten, dabei ist jede Art der Manifestation ausreichend.[122] Das Prinzip der Offenkundigkeit sachenrechtlicher Geschäfte ist dabei von besonderer Bedeutung. Daneben sind aber die Anforderungen zu beachten, die sich aus dem sachenrechtlichen Bestimmtheitsgrundsatz ergeben. Nach diesem sind die Objekte, über die verfügt wird, durch eine entsprechende Maßnahme, also zB Aussonderung oder Kennzeichnung, zu individualisieren.[123]

49 Handelt es sich dagegen um ein **Verpflichtungsgeschäft**, sind an die Erkennbarkeit geringere Anforderungen zu stellen. In diesen Fällen ist es ausreichend, wenn sich die Vornahme aus späteren Maßnahmen, insbesondere der Erfüllungshandlung, ergibt.[124]

VI. Rechtsfolgen unzulässiger Insichgeschäfte

50 **1. Schwebende Unwirksamkeit.** § 181 ordnet als Rechtsfolge an, dass der Vertreter das Rechtsgeschäft nicht vornehmen kann. Es handelt sich aber **nicht um ein Verbotsgesetz**, sondern um eine **gesetzliche Beschränkung der Vertretungsmacht**.[125] Ein unter Missachtung dieser Beschränkung gleichwohl vorgenommenes Rechtsgeschäft ist daher nicht nichtig,[126] sondern regelmäßig nur **schwebend unwirksam**.[127] Nur bei einseitigen Rechtsgeschäften hat der Verstoß gegen § 181 analog § 180 die Nichtigkeit zur Folge.[128] Die rückwirkende Genehmigung von Verträgen erfolgt in entsprechender Anwendung der §§ 177, 184.[129] Damit hat es der Vertretene selbst in der Hand, die Vorteile und Nachteile des Geschäftes abzuwägen und zu prüfen, ob er auf den Schutz des § 181 verzichten möchte. Der Vertreter, der einen Vertrag im eigenen Namen geschlossen hat, ist bis zur Erklärung des Vertretenen über die Genehmigung an den Vertrag gebunden. Eine Beendigung des Schwebezustandes kann der Vertreter über die Aufforderung nach § 177 Abs. 2 erreichen.[130] Ein **Widerruf** gemäß § 178 scheidet im Regelfall aus, da der Vertreter von dem Insichgeschäft und damit von der Begrenzung seiner Vertretungsmacht Kenntnis hat. Nur im Ausnahmefall ist ein Widerruf möglich, wenn der Vertreter die Rechtsfolgen des § 181 wegen Rechtsirrtums nicht gekannt hat.[131]

51 Wurde von einer der Parteien in Unkenntnis des Schwebezustandes bereits eine **Leistung erbracht**, so kann diese – auch vor Verweigerung der Genehmigung – gemäß § 812 Abs. 1 S. 1 herausverlangt werden.[132]

52 **2. Genehmigung.** Die Genehmigung kann nur **von dem Vertretenen** oder von dem (nicht am Insichgeschäft beteiligten) Vertreter[133] erteilt werden. Zur Frage, wer dies im Einzelfall ist, kann auf die Ausführungen zur Gestattung verwiesen werden (vgl Rn 37 ff). Die Genehmigung kann auch durch schlüssiges Verhalten erklärt werden, zB durch Geltendmachung des vertraglichen Anspruchs. Allein im Zeitablauf liegt noch keine konkludente Genehmigung. Der Vertretene kann sich vielmehr zeitlich unbefristet auf die schwebende Unwirksamkeit berufen, eine Verwirkung soll nicht möglich sein.[134] Liegt eine Mehrvertretung vor, so ist die Geneh-

119 *Flume*, BGB AT Bd. 2, § 48, 1.
120 BGH NJW 1962, 587, 589; 1991, 1730; OLG Düsseldorf NJW-RR 2000, 851, 853; Soergel/*Leptien*, § 181 Rn 8; MüKo/*Schramm*, § 181 Rn 60; Staudinger/*Schilken*, § 181 Rn 64.
121 *Flume*, BGB AT Bd. 2, § 48, 1, S. 810; MüKo/*Schramm*, § 181 Rn 60.
122 *Flume*, BGB AT Bd. 2, § 48, 1, S. 810; Staudinger/*Schilken*, § 181 Rn 65; Soergel/*Leptien*, § 181 Rn 65.
123 Vgl RGZ 116, 198, 202; MüKo/*Schramm*, § 181 Rn 62; Bamberger/Roth/*Habermeier*, § 181 Rn 44.
124 Staudinger/*Schilken*, § 181 Rn 67; MüKo/*Schramm*, § 181 Rn 60 jeweils mwN aus der reichsgerichtlichen Rspr
125 MüKo/*Schramm*, § 181 Rn 41; *Flume*, BGB AT Bd. 2, § 48, 1, S. 811; *Bork*, BGB AT, Rn 1600.
126 So nur die frühe Rspr des RG (vgl RGZ 51, 422, 426).
127 BGHZ 65, 125; BGH NJW-RR 1994, 291; Soergel/*Leptien*, § 181 Rn 45; Erman/*Palm*, § 181 Rn 21.
128 BayObLG NJW-RR 2003, 663; Soergel/*Leptien*, § 181 Rn 45.
129 So BGHZ 65, 123, 126.
130 MüKo/*Schramm*, § 181 Rn 41.
131 MüKo/*Schramm*, § 181 Rn 41.
132 BGHZ 65,123, 126 f; Staudinger/*Schilken*, § 181 Rn 46.
133 BGH NJW-RR 1994, 291, 293.
134 OLG München NJW 1968, 2109.

migung aller Vertretenen notwendig.[135] Nach dem Tod des Vertretenen ist eine Genehmigung nur noch durch die Erben möglich.[136]

Im Falle der **gesetzlichen Vertretung** muss durch das Vormundschaftsgericht ein Pfleger bestellt werden, der dann das Rechtsgeschäft genehmigen kann.[137] Eine Genehmigung durch den nicht voll geschäftsfähigen Vertretenen ist nicht möglich, anders, wenn der Vertretene inzwischen voll geschäftsfähig geworden ist. 53

Die Erteilung der Genehmigung und ihre Verweigerung stellen eine privatautonome Entscheidung des Vertretenen dar. Eine **Pflicht zur Genehmigung** ist grundsätzlich abzulehnen. Lediglich in Ausnahmefällen kann sich die Verweigerung der Genehmigung als ein Verstoß gegen Treu und Glauben darstellen.[138] 54

C. Weitere praktische Hinweise

I. Beweislast

Die Unzulässigkeit des Insichgeschäfts ist die gesetzliche Regelfolge. Beruft sich eine der Parteien dennoch auf die **Wirksamkeit des Rechtsgeschäfts**, so trägt diese die Beweislast für die Voraussetzungen der Wirksamkeit, zB die vorherige Gestattung oder eine Genehmigung.[139] Will ein Testamentsvollstrecker den notwendigen Nachweis der Gestattung führen, genügt hierfür der Nachweis, dass sich das Rechtsgeschäft im Rahmen der ordnungsgemäßen Verwaltung des Nachlasses im Sinne des § 2216 gehalten hat.[140] 55

II. Gestaltungshinweise

Eine Befreiung von der Beschränkung des § 181 begründet stets auch ein erhöhtes Missbrauchspotenzial. Daher kann hierzu grundsätzlich nur bei Bestehen eines besonderen Vertrauensverhältnisses zwischen Vollmachtgeber und Bevollmächtigtem geraten werden. 56

Ob der Bevollmächtigte von der Beschränkung des § 181 befreit sein soll, kann zwar grundsätzlich auch im Wege der Auslegung ermittelt werden,[141] zur Vermeidung von Zweifeln sollte es bei der Gestaltung jedoch ausdrücklich erklärt werden.[142] 57

Bei Bedarf kann von den beiden Verboten des § 181 – dem Verbot von Insichgeschäften und dem Verbot der Mehrfachvertretung – insgesamt befreit werden: „Ich bevollmächtige <Name> unter Befreiung von den Beschränkungen des § 181 BGB <…>" 58

Je nach Interesse des Mandanten kann es jedoch auch sinnvoll sein, zwischen den zwei Verboten bei der Gestaltung zu differenzieren: „Die Vollmacht schließt für den Bevollmächtigten dessen Befreiung von der Beschränkung des Insichgeschäftes, nicht jedoch von dem Verbot der Mehrfachvertretung des § 181 BGB, ein." 59

Erhält der Vertreter die Befugnis zur Unterbevollmächtigung, so sollte grundsätzlich zwischen der Befreiung des Haupt- und des Unterbevollmächtigten vom Verbot des § 181 unterschieden werden: „Ich bevollmächtige <Name> unter Befreiung von den Beschränkungen des § 181 BGB <…> Der Bevollmächtigte ist berechtigt, <…> Untervollmacht zu erteilen, dies jedoch nicht unter Befreiung von den Beschränkungen des § 181 BGB." 60

„Der Bevollmächtigte ist von den Beschränkungen des § 181 BGB befreit. Er ist berechtigt, Untervollmachten in demselben Umfang zu erteilen." 61

135 OLG Düsseldorf DB 1999, 578; *Tebben* DNotZ 2005, 173; zur Genehmigung bei vollmachtloser Mehrvertretung *Benecke/Ehinger*, MDR 2005, 1266 f.

136 OLG Hamm OLGZ 79, 44.

137 BGHZ 21, 229; RGZ 71, 162; Staudinger/*Schilken*, § 181 Rn 47; MüKo/*Schramm*, § 181 Rn 42; *Bork*, BGB AT, Rn 1600; für Zuständigkeit des Vormundschaftsgerichts bei Mehrvertretung hingegen Soergel/*Leptien*, § 181 Rn 42; *Nipperdey*, in: FS Raape 1948, S. 305 ff; vgl im Übrigen die Ausführungen zum Parallelproblem bei der Gestattung (Rn 37 ff).

138 RGZ 64, 366; 110, 214; Soergel/*Leptien*, § 181 Rn 45.

139 Bamberger/Roth/*Habermeier*, § 181 Rn 47; Erman/*Palm*, § 181 Rn 30; MüKo/*Schramm* § 181 Rn 64; Soergel/*Leptien*, § 181 Rn 43, 46.

140 BGHZ 30, 68, 71; Bamberger/Roth/*Habermeier*, § 181 Rn 46; Soergel/*Leptien* Rn 32.

141 Vgl OLG München DNotZ 1974, 229; vgl auch bereits Rn 39.

142 Zur Befreiung eines Geschäftsführers vgl auch Sandhaus, NJW-Spezial 19/2009, 607 f (Musterprotokoll und Befreiung des Geschäftsführers von § 181 BGB).

Titel 6 Einwilligung und Genehmigung

§ 182 Zustimmung

(1) Hängt die Wirksamkeit eines Vertrags oder eines einseitigen Rechtsgeschäfts, das einem anderen gegenüber vorzunehmen ist, von der Zustimmung eines Dritten ab, so kann die Erteilung sowie die Verweigerung der Zustimmung sowohl dem einen als dem anderen Teil gegenüber erklärt werden.

(2) Die Zustimmung bedarf nicht der für das Rechtsgeschäft bestimmten Form.

(3) Wird ein einseitiges Rechtsgeschäft, dessen Wirksamkeit von der Zustimmung eines Dritten abhängt, mit Einwilligung des Dritten vorgenommen, so finden die Vorschriften des § 111 Satz 2, 3 entsprechende Anwendung.

Literatur: *Bayer*, Lebensversicherung, Minderjährigenschutz und Bereicherungsausgleich, VersR 1991, 129; *Berger*, Rechtsgeschäftliche Verfügungsbeschränkungen, 1998; *Böttcher*, Die Rückwirkung der Genehmigung von schwebend unwirksamen Verträgen (§ 184 BGB), ZRP 2010, 27; *Doris*, Die rechtsgeschäftliche Ermächtigung bei Vornahme von Verfügungs-, Verpflichtungs- und Erwerbsgeschäften, 1974; *Einsele*, Formerfordernisse bei mehraktigen Rechtsgeschäften, DNotZ 1996, 835; *Finkenauer*, Rückwirkung der Genehmigung, Verfügungsmacht und Gutglaubensschutz, AcP 203 (2003), 282; *Hartmann/Atzpodien*, Zu den Auswirkungen stiftungsrechtlicher Genehmigungserfordernisse bei Rechtsgeschäften, in: FS H. Schippel (Hrsg. Bundesnotarkammer) 1996, S. 147; *Hattenhauer*, Zur einseitigen privaten Rechtsgestaltung im Privatrecht. Begriffliche Befangenheit in der Lehre vom Gestaltungsrecht, Habilitationsschrift Münster 2003 (zitiert nach dem Manuskript); *Jauernig*, Zeitliche Grenzen für die Genehmigung von Rechtsgeschäften eines falsus procurator, in: FS H. Niederländer (Hrsg. Erik Jayme, Adolf Laufs, Karlheinz Misera, Gert Reinhart, Rolf Serick) 1991, S. 285; *Kroppenberg*, Die so genannten Vorwirkungen von schwebend unwirksamen Verpflichtungsverträgen, WM 2001, 844; *Kuhn*, Vollmacht und Genehmigung beim Grundstückskaufvertrag, RNotZ 2001, 305; *K. W. Lange*, Rechtsgeschäftliche Vertragsübernahme und Insolvenz, ZIP 1999, 1373; *M. Lange*, Kündigungen durch einen Vertreter ohne Vertretungsmacht – Bedeutung der Rückwirkung der Genehmigung gemäß § 184 BGB, in: FG Otto Sandrock (Hrsg. Ernst C. Stiefel u.a.) 1995, S. 243; *Lorenz*, Die Rückwirkung der Genehmigung von schwebend unwirksamen Verträgen (§ 184 BGB), ZRP 2009, 214; *Merle*, Risiko und Schutz des Eigentümers bei Genehmigung der Verfügung eines Nichtberechtigten – Zur Zulässigkeit bedingter einseitiger Rechtsgeschäfte, AcP 183 (1983), 81; *Mertens*, Die Reichweite gesetzlicher Formvorschriften im BGB, JZ 2004, 431; *Noll*, Aktuelles Beratungs-Know-how Erbschaftsteuerrecht, DStR 2003, 968; *Nörr/Scheyhing/Pöggeler*, Sukzessionen. Forderungszession, Vertragsübernahme, Schuldübernahme, 2. Auflage 1999; *Reiter/Methner*, Unwirksamkeit einer „Treuhändervollmacht zur Entreicherung" – Anmerkung zu BGH, Urt. v. 18.9.2001, XI ZR 321/00 und Urt. v. 11.10.2001, III ZR 182/00, VuR 2002, 61; *Schmidt*, Beseitigung der schwebenden Unwirksamkeit durch Verweigerung einer Genehmigung – Überlegungen zu einer vergessenen Streitfrage, AcP 189 (1989), 1; *Schmidt*, Vertragsnichtigkeit durch Genehmigungsverweigerung: ein Problem für Studium, Prüfung und Praxis – BGHZ 125, 355, JuS 1995, 102; *Thiele*, Die Zustimmungen in der Lehre vom Rechtsgeschäft, 1966; *Wagner*, Form und Beschränkung der Vertragsübernahme sowie der Einwilligung hierzu – BGH, DtZ 1996, 56, JuS 1997, 690; *Wagner*, Vertragliche Abtretungsverbote im System zivilrechtlicher Verfügungshindernisse, 1994; *Wilckens*, Ist der Rückgriff des Bestohlenen auf den Veräußerungserlös notwendig endgültiger Verzicht auf das Eigentum? Zur Zulässigkeit bedingter Genehmigungen, AcP 157 (1958/1959), 399.

A. Allgemeines

I. Grundgedanken und Begriffe

1. Grundgedanken. Bisweilen können Personen Rechtsgeschäfte nicht allein abschließen, sondern es ist die Mitwirkung Dritter im Wege der Zustimmung nötig. Regelmäßig sind diese dritten Personen die eigentlich für die Vornahme des Geschäfts Zuständigen oder zumindest Mitzuständigen, weil ihre **Rechte oder Interessen jedenfalls mittelbar betroffen** sind (auch bei Vornahme von Rechtsgeschäften in Arbeitsteilung), oder sie sind **zur Aufsicht** über eine der handelnden Personen **berufen**. Die Handelnden weisen demgegenüber einen rechtlichen „Defekt" auf, sei es einen grundsätzlichen, in ihrer Person liegenden oder einen speziellen für das betreffende Geschäft. Der Defekt und das Zustimmungserfordernis ergeben sich allein aus oder aufgrund der Rechtsordnung, nicht allein aus Parteivereinbarung (s. aber Rn 16).[1] Die §§ 182 ff setzen die Zustimmungserfordernisse voraus und bilden nur die allgemeinen Regeln, die dann Anwendung finden, wenn nicht in den zustimmungsanordnenden Normen Sondervorschriften enthalten sind (etwa § 108 Abs. 2 S. 1 gegen § 182 Abs. 1 aE). In einigen Fällen ist statt einer Zustimmung auch eine Mitwirkung des Dritten als Vertragspartei zulässig, etwa bei der Vertragsübernahme.[2] 1

2. Terminologie. Das Gesetz selbst gibt die Terminologie im Recht der Zustimmung zu Rechtsgeschäften vor: vorherige Zustimmung ist **Einwilligung** (§ 183), nachträgliche Zustimmung **Genehmigung** (§ 184 Abs. 1).[3] Bezugspunkt ist die Vollendung des zustimmungsbedürftigen Rechtsgeschäfts, so dass bei einem mehraktigen (gestreckten) Tatbestand das letzte vorzunehmende Element entscheidend ist; jede vorher erfolgte Zustimmung ist Einwilligung.[4] Welchen Begriff die Rechtspraxis im Einzelfall verwendet, ist für die Auslegung der Erklärung und die daran zu knüpfenden Rechtsfolgen (zB entweder § 183 oder § 184) unerheblich. Gegebenenfalls kann sogar eine als Genehmigung auszulegende Erklärung in eine Einwilligung **umgedeutet** werden (§ 140), wenn allein für diese die Voraussetzungen vorliegen; so bei einer Genehmigung zu einem Grundstücksgeschäft, wenn die ursprünglich vorhandene Eintragung im Grundbuch wieder gelöscht worden ist.[5] Auch die Umdeutung einer Einwilligung in eine Genehmigung ist regelmäßig möglich (Bsp.: bei Zugang der Einwilligung ist das Hauptgeschäft ohne Kenntnis des Zustimmenden gerade vollendet worden). Nicht verwendet oder gar definiert wird in den §§ 182 ff der Begriff der **Ermächtigung** (s. aber etwa §§ 112 f, 370, 783). Er begegnet daher in mannigfaltigen Zusammenhängen, teils untechnisch, teils juristisch-technisch gebraucht (zB bei der sog. Verpflichtungsermächtigung), und häufig in Fällen des § 185.[6] 2

3. Regelungsbereich. In direkter Anwendung betreffen die §§ 182–185 nur die Zustimmung einer dritten Privatperson zu einem einseitigen empfangsbedürftigen oder mehrseitigen Rechtsgeschäft. Bereits auf die Genehmigung des volljährig gewordenen Minderjährigen zu einem von ihm selbst geschlossenen, schwebend unwirksamen Geschäft (§ 108 Abs. 3) müssen die **§§ 182 ff analog** angewendet werden. Nur eine entsprechende Anwendung – wenn überhaupt – ist auch bei Zustimmungen von Hoheitsträgern und Gerichten zu einem privatrechtlichen Rechtsgeschäft denkbar (vgl Rn 50 f). Auch auf geschäftsähnliche Handlungen (Bsp.: 3

1 Ganz hM: BGHZ 108, 172, 177 = NJW 1990, 108; LAG Brandenburg v. 1.12.2005, 3 Sa 161/05 (auch aus Tarifvertrag); so jetzt auch BAG NZA 2011, 708, 710; Staudinger/*Gursky*, Vor §§ 182 ff Rn 27; MüKo/*Schramm*, Vor § 182 Rn 13; *Thiele*, S. 186 ff; aA Bamberger/Roth/*Bub*, § 182 Rn 4.

2 Ganz hM und st. Rspr: BGHZ 95, 88, 93 f = NJW 1985, 2528; BGHZ 142, 23, 30 = NJW 1999, 2664; Staudinger/*Gursky*, Vor §§ 182 ff Rn 32; eingehend *Nörr*, in: Nörr/Scheyhing/Pöggeler, S. 191 ff; abl. zur Anwendung der §§ 182 ff Bamberger/Roth/*Bub*, § 182 Rn 8.

3 Zu den gleichwohl auftretenden Abweichungen in der Terminologie des BGB s. Staudinger/*Gursky*, Vor §§ 182 ff Rn 3. Erst recht ist in anderen Gesetzen stets zu prüfen, welche Bedeutung die verwendeten Begriffe haben.

4 Staudinger/*Gursky*, § 183 Rn 1; *v. Tuhr*, BGB AT Bd. 2/2, S. 231 Anm. 139.

5 Staudinger/*Gursky*, § 184 Rn 10.

6 Vgl *Doris*, S. 3 ff, 12 ff.

ein Minderjähriger mahnt) müssen die Vorschriften analog angewandt werden,[7] desgleichen – soweit passend – auf nichtempfangsbedürftige Willenserklärungen.[8] § 185 geht in Abs. 2 S. 1 Fall 2 und 3 sowie S. 2 über den Regelungsbereich der §§ 182 ff hinaus und erfasst einige Konvaleszenzfälle, enthält zudem ein materielles Zustimmungserfordernis (§ 185 Abs. 1, Abs. 2 S. 1 Fall 1).

4 Ist sonst in Gesetzen von einer Zustimmung, Einwilligung, Genehmigung, Ermächtigung oder ähnlichen Figur die Rede, muss jeweils geprüft werden, ob die §§ 182 ff überhaupt passen. Maßstab ist, ob ein Dritter seine Einverständniserklärung zu einem sonst schwebend unwirksamen Rechtsgeschäft erteilt. Fehlt eines dieser Elemente, sind die Vorschriften nicht oder nur mit größter Vorsicht entsprechend anzuwenden. **Beispiele**: Die Verweigerung oder Erteilung der Erlaubnis im Sinne u.a. des § 540 macht keinen Vertrag wirksam oder unwirksam; die Bestätigung nach § 144 bezieht sich auf ein eigenes gültiges Rechtsgeschäft; eine Einwilligung in eine Körperverletzung oder sonstige Rechts- oder Rechtsgutsverletzung ist eine Kategorie allein des Deliktsrechts; die Zustimmung im Sinne der §§ 32 Abs. 2, 709 Abs. 1, 744 Abs. 2 meint die unmittelbare Mitwirkung an einem Beschluss. Die Vorschriften von Titel 6 sind hier jeweils nicht anwendbar.

5 Eine **Analogie** zu § 184 Abs. 1 erkennt die herrschende Meinung aber etwa bei § 684 S. 2 an, der Genehmigung der Geschäftsführung ohne Auftrag durch den Geschäftsherrn, obwohl hier kein Rechtsgeschäft, sondern ein tatsächliches Verhalten genehmigt wird.[9] Nach verbreiteter Meinung sollen die §§ 182, 184 hier sogar insgesamt analoge Anwendung finden.[10] Häufig stellt sich das Problem in der Praxis aber nicht in voller Schärfe, da dann, wenn die Geschäftsführung in einer Verfügung besteht, neben § 684 S. 2 im Innenverhältnis regelmäßig § 185 Abs. 2 S. 1 Fall 1 im Außenverhältnis anzuwenden ist.[11] Das dürfte auch die vorzugswürdige dogmatische Lösung im Lastschriftverfahren in Form des herkömmlichen Einzugsermächtigungsverfahrens sein. Nach der herrschenden Genehmigungstheorie muß der Schuldner hier die zugunsten des Gläubigers erfolgte Belastung seines Kontos genehmigen, damit sie als berechtigt anzusehen ist. Auf diese Genehmigung kann man wohl neben § 684 S. 2 (das ist nach dieser Theorie unstreitig) über § 185 Abs. 2 S. 1 Fall 1 (das wird nicht immer explizit gesagt) die §§ 182, 184 anwenden;[12] über §§ 684 S. 2, 182, 184 analog[13] wird man allerdings dieselben Ergebnisse erzielen. Hier besteht noch dogmatischer Klärungsbedarf; insbesondere äußert sich der BGH in seinen zahlreichen neuen Entscheidungen zum Thema nicht eindeutig. Zu § 183 ist eine Analogie denkbar bei der Zustimmung des Verwalters einer Wohnungseigentümergemeinschaft zu einer bestimmten Nutzungsart des Teileigentums auf Basis der Gemeinschaftsordnung (die Nutzung ist kein Rechtsgeschäft),[14] desgleichen bei der Zustimmung eines Wohnungseigentümers zu einer baulichen Veränderung gemäß § 22 WEG.[15] Kein Anwendungsfall der §§ 182 ff (auch nicht analog, insb. nicht des § 184), sondern ein inhaltsändernder Vertrag zwischen Gläubiger und Schuldner ist nach der Rechtsprechung die „Zustimmung" des Schuldners zur Abtretung einer nach § 399 Fall 2 vinkulierten Forderung, da ohne die „Zustimmung" keine schwebende, sondern endgültige Unwirksamkeit eintritt.[16]

6 **4. Nichtabdingbarkeit.** Die Vorschriften der §§ 182 ff sind nicht abdingbar. Sie ergänzen andere Normen, die ebenfalls nicht abbedungen werden können, da ein Rechtsgeschäft nicht über seine eigene Gültigkeit befinden kann.[17] Streng durchgeführt, könnte dieser Grundsatz manchmal zu harten Ergebnissen führen; an diesen Stellen sieht das Gesetz aber ausdrücklich die Möglichkeit einer Abweichung durch Parteivereinbarung vor (§§ 183 S. 1 Hs 2, 184 Abs. 1 Hs 2). Sonst haben Abreden nur relativen Charakter, so dass ein Verstoß dagegen allenfalls zu Schadensersatzansprüchen führen kann (§§ 280 ff).

7 Vgl etwa BayObLG FamRZ 1983, 744, 745 (Wohnsitzbegründung); der Sache nach auch BGH NJW 2010, 2950, 2951 f (Geltendmachung von Ansprüchen gemäß § 651 g Abs. 1).

8 Letzteres ist teils str., s. Staudinger/*Gursky*, Vor §§ 182 ff Rn 17.

9 Vgl Erman/*Ehmann*, § 684 Rn 4; Staudinger/*Bergmann*, § 684 Rn 19.

10 BGH NJW 1989, 1672, 1673; Staudinger/*Bergmann*, § 684 Rn 22; NK-BGB/*Schwab*, § 684 Rn 14; Palandt/*Sprau*, § 684 Rn 2; PWW/*Fehrenbacher*, § 684 Rn 3; aA MüKo/*Seiler*, § 684 Rn 13.

11 Vgl MüKo/*Seiler*, § 684 Rn 19; NK-BGB/*Schwab*, § 684 Rn 14; Palandt/*Sprau*, § 684 Rn 2; zurückhaltender Staudinger/*Bergmann*, § 684 Rn 27.

12 In diesem Sinne wohl BGH NZI 2010, 938, 939; ferner LG Berlin NJOZ 2008, 2699, 2701; Staudinger/*Martinek*, § 676 f Rn 43; MüKo/*Casper*, Vor § 676 a Rn 39; jurisPK-BGB/*Trautwein*, § 182 Rn 37; NK-BGB/*Sohbi*, § 783 Rn 57.

13 In diesem Sinne BGH NJW 1989, 1672, 1673.

14 Richtig Staudinger/*Gursky*, § 183 Rn 18; unklar BayObLG NZM 2001, 138, 139.

15 OLG Düsseldorf NZM 2006, 702, 703; jurisPK-BGB/*Trautwein*, § 183 Rn 4; abl. Staudinger/*Gursky*, § 183 Rn 18.

16 Heute st. Rspr: BGHZ 70, 299, 303 = NJW 1978, 813; BGHZ 108, 172, 176 = NJW 1990, 108; BGH ZIP 1992, 763; zust. MüKo/*Schramm*, Vor § 182 Rn 15; aA Soergel/*Leptien*, § 184 Rn 11; abw. vielleicht auch BGH NJW-RR 1991, 763, 764 (obiter); vgl eingehend *Berger*, S. 297 ff; *Wagner*, S. 200 ff.

17 Vgl *Thiele*, S. 189.

II. Rechtsnatur und verwandte Figuren

1. Rechtsnatur. a) Zustimmung als Willenserklärung. Die Zustimmung ist als einseitige empfangsbedürftige Willenserklärung selbst ein Rechtsgeschäft, auf das die allgemeinen Regeln über Rechtsgeschäfte Anwendung finden. Abweichungen bedürfen einer besonderen Begründung aus teleologischen oder systematischen Gesichtspunkten; im Einzelnen ergeben sich hier manche Probleme (vgl Rn 17 ff). Die Zustimmung wird nach allgemeinen Regeln mit ihrem Zugang (§ 130) oder durch Zustellung nach der ZPO (§ 132) wirksam. Ob im Sonderfall des § 108 Abs. 3 ausnahmsweise von einer nichtempfangsbedürftigen Genehmigung auszugehen ist (dazu § 108 Rn 24 ff), ist aus systematischen Gründen bedenklich und daher zweifelhaft; zu der ebenfalls abzulehnenden analogen Anwendung der §§ 151, 152 s. Rn 45. 7

b) Grundverhältnis / Grundgeschäft. Die Zustimmung ist von dem Rechtsverhältnis, auf dessen Basis sie erteilt wird, dem sog. Grundverhältnis, zu unterscheiden (vgl die Formulierung des § 183 S. 1) und ihm gegenüber grundsätzlich **abstrakt**. Ausnahmen, selbstverständlich neben den Fällen der Fehleridentität: § 183 S. 1 Hs 2 (vgl § 183 Rn 5), § 168 S. 1 analog (vgl § 183 Rn 15), Missbrauch der Einwilligung. Eine Geschäftseinheit zwischen Grundverhältnis und Zustimmungserklärung (mit der Folge des § 139) ist abzulehnen. Das Grundverhältnis kann sich aus Gesetz (bspw §§ 1626, 1629) oder Vertrag (dann kann man auch von „Grundgeschäft“ sprechen) ergeben. Als Beispiele für ein Grundgeschäft kann man etwa anführen: eine Abrede zwischen dem Grundstückseigentümer und dem Inhaber eines Grundpfandrechts, das im Wege der Rangänderung zurücktreten soll (§ 880), wonach der Eigentümer gegen Zahlung einer bestimmten Geldsumme die notwendige (§ 880 Abs. 2 S. 2) Zustimmung erteilt; den Kaufvertrag zwischen Vorbehaltsverkäufer und Ersterwerber beim verlängerten Eigentumsvorbehalt, aufgrund dessen der Vorbehaltsverkäufer in die Weiterveräußerung der unter Eigentumsvorbehalt verkauften Ware einwilligt. Ein Grundverhältnis muss nicht notwendig bestehen; denkbar sind durchaus Fälle mit nichtigem oder ganz fehlendem Grundverhältnis. 8

c) Verweigerung. Rechtlich unerheblich ist die Verweigerung einer Einwilligung, da sie den Ablehnenden nicht bindet, so dass er danach jederzeit noch seine Zustimmung erteilen kann.[18] Die Anwendung von §§ 119 ff, 183 usw ist daher direkt nicht möglich und analog mangels eines Bedürfnisses abzulehnen.[19] Ob die Verweigerung einer Genehmigung als Willenserklärung (so die herrschende Meinung) oder als **geschäftsähnliche Erklärung** (so die vorzugswürdige Ansicht) zu qualifizieren ist, ist umstritten, wegen der auch nach der Gegenmeinung gebotenen entsprechenden Anwendung der Regelungen über Willenserklärungen aber praktisch unerheblich.[20] Die notwendige Gleichstellung von Zustimmung und ihrer Verweigerung hat bereits in Abs. 1 ihren Ausdruck gefunden. 9

d) Verfügung. Ob eine Zustimmung zu einer Verfügung selbst eine Verfügung ist oder sein kann, ist umstritten.[21] Das Problem ist aber ein weitgehend theoretisches, da auch bei vollständiger oder teilweiser Ablehnung der Verfügungseigenschaft (manche Autoren bejahen gleichwohl einen „Verfügungscharakter“) die Regeln über Verfügungen im Einzelfall zumindest entsprechend angewendet werden können.[22] 10

e) Korrespondenz von Zustimmung und Hauptgeschäft. Die Natur der Zustimmung als Hilfsrechtsgeschäft zum Hauptgeschäft bringt es mit sich, dass Zustimmungserklärung und Hauptgeschäft vollständig miteinander korrespondieren müssen. Weicht das später vorgenommene Hauptgeschäft von dem in der Einwilligung vorgesehenen Inhalt ab und lässt sich diese Differenz auch nicht durch Auslegung der Einwilligung (im Sinne eines den Parteien eingeräumten Spielraums) beseitigen, ist das Hauptgeschäft schwebend unwirksam. Eine Genehmigung, die das Hauptgeschäft in irgendeiner Hinsicht modifiziert, bedeutet sogar regelmäßig eine Genehmigungsverweigerung. Helfen kann hier allenfalls die teilweise Aufrechterhaltung der Genehmigung (§ 139), wenn das modifizierte Hauptgeschäft dem hypothetischen Willen der an ihm beteiligten Parteien entspricht;[23] gleichzeitig muss die Modifikation aber auch dem tatsächlichen (bei bewusster Abweichung) oder zumindest dem mutmaßlichen Willen des Genehmigenden entsprechen. Fehlt es an einem der Erfordernisse, bleibt nur die Umdeutung der Genehmigung in eine Einwilligung in das modifizierte Geschäft (§ 140). 11

f) Freiheit des Zustimmenden. Die Zustimmung unterliegt den Gesetzen der Privatautonomie. Ob der Zustimmungsberechtigte seine Zustimmung erteilt oder verweigert oder einfach nichts erklärt, steht ihm danach grundsätzlich frei; zu den Mechanismen, mit denen die Parteien des Hauptgeschäfts nach dessen 12

18 Staudinger/*Gursky*, § 182 Rn 35; MüKo/*Schramm*, § 182 Rn 19; Soergel/*Leptien*, § 182 Rn 6; *v. Tuhr*, BGB AT Bd. 2/2, S. 235 Fn 165; aA OLG Frankfurt DNotZ 1961, 159, 160.

19 Zurückhaltend Soergel/*Leptien*, § 182 Rn 6; aA Palandt/*Ellenberger*, § 182 Rn 4.

20 Für die hM: RGZ 139, 118, 125 ff; BGH NJW 1999, 3704; MüKo/*Schramm*, § 182 Rn 20. Für die Gegenmeinung: eingehend *Schmidt*, AcP 189 (1989), 1, 6; Staudinger/*Gursky*, § 182 Rn 35.

21 Bejahend: RGZ 152, 380, 383. Verneinend: Soergel/*Leptien*, Vor § 182 Rn 3; Staudinger/*Gursky*, Vor §§ 182 ff Rn 48 ff; MüKo/*Schramm*, Vor § 182 Rn 40 ff. Differenzierend: Erman/*Palm*, Einl. § 104 Rn 19; Palandt/*Ellenberger*, Überbl. Vor § 104 Rn 16.

22 Vgl etwa Staudinger/*Gursky*, Vor §§ 182 ff Rn 48; MüKo/*Schramm*, Vor § 182 Rn 41 f; Soergel/*Leptien*, Vor § 182 Rn 3.

23 Vgl OLG Hamm DNotZ 2002, 266, 267; OLG Hamburg NJOZ 2008, 2360, 2363 f.

Abschluss den Schwebezustand beeinflussen können, s. § 184 Rn 3 ff. Bisweilen ist der Zustimmungsberechtigte durch Rechtsgeschäft zur Abgabe verpflichtet (wenn das Grundgeschäft eine entsprechende, auch konkludente, Vereinbarung enthält), ggf nach § 242 (etwa aufgrund besonderer Beziehungen des Zustimmungsberechtigten zu einer der Parteien des Hauptgeschäfts), ganz ausnahmsweise gesetzlich (etwa durch § 2120 S. 1).[24] In diesen Fällen ist die Zustimmung nicht etwa entbehrlich; vielmehr kann gegen den Zustimmungsberechtigten auf Erteilung der Erklärung geklagt werden (Folge: § 894 ZPO; vgl auch § 184 Rn 8).[25] Besonderes gilt im Gesellschaftsrecht: Die Zustimmung zur Veräußerung von Gesellschaftsanteilen aufgrund von § 15 Abs. 5 GmbHG steht nicht im freien Belieben, sondern im pflichtgemäßen Ermessen des beschlusszuständigen Organs der Gesellschaft; die gesellschaftliche Treuepflicht kann es durchaus gebieten, einem Gesellschafter die Veräußerung seiner Anteile zu ermöglichen.[26]

13 **g) Guter Glaube.** Ein guter Glaube an die Erteilung oder Verweigerung einer Zustimmung wird nicht geschützt. Weiß der Geschäftspartner des Minderjährigen oder des Nichtberechtigten also von deren „Defekt", nützt ihm das Vertrauen in das Vorhandensein einer Einwilligung des gesetzlichen Vertreters bzw des Berechtigten nach §§ 107, 185 Abs. 1 nichts, wenn sie in Wirklichkeit fehlt. Gutglaubensschutz kommt nur bei Unkenntnis des Defekts in Betracht, sofern das Gesetz hierfür Regelungen vorsieht (etwa §§ 892, 932 ff bei fehlender dinglicher Berechtigung; nicht dagegen bei fehlender Geschäftsfähigkeit).

14 **h) Vererblichkeit.** Das Zustimmungsrecht ist vererblich, sofern das zugrunde liegende Verhältnis vererblich ist, so etwa das Genehmigungsrecht nach § 177, nicht aber nach § 108 (zum Widerrufsrecht s. § 183 Rn 15).[27]

15 **2. Verwandtschaft zur Stellvertretung.** Die Regelungen der §§ 182–185 sind punktuell sowie sehr knapp gehalten und bedürfen vielfach der Ergänzung. Insbesondere die zur Stellvertretung bestehenden Parallelen ermöglichen immer wieder eine **analoge Anwendung** von Vorschriften aus den §§ 164 ff. Augenfällig ist der Gleichlauf in den Fällen des § 185: Ob der Handelnde als Vertreter des Hintermannes auftritt (in fremdem Namen, § 164) oder als sein Ermächtigter (in eigenem Namen, § 185), hängt oft vom Zufall ab und darf im Ergebnis keinen Unterschied machen.[28] Aber auch sonst bleiben Parallelen, sowohl in systematischer Hinsicht wie in der ausdrücklich geregelten Materie.[29] So handelt es sich jeweils um eine abstrakte einseitige Willenserklärung eines Machtgebers an einen Machtempfänger zur Vornahme eines Rechtsgeschäfts mit unmittelbarer Wirkung für den Machtgeber. Der Erklärung liegt regelmäßig, aber nicht notwendig, ein bestimmtes Rechtsverhältnis zugrunde; sie kann beiden Teilen des Hauptgeschäfts gegenüber erklärt (§ 167 Abs. 1 bzw § 182 Abs. 1) und beiden gegenüber regelmäßig frei widerrufen (§ 168 S. 2, 3 bzw § 183 S. 1, 2) werden und ist von der Form des Hauptgeschäfts nach dem Gesetzeswortlaut unabhängig (§ 167 Abs. 2 bzw § 182 Abs. 2).

16 **3. Vergleichbare rechtsgeschäftliche Vereinbarungen.** Ähnlich oder sogar funktionsidentisch zur Zustimmung im Sinne der §§ 182 ff können andere Instrumente privatautonomer Herkunft sein, die im Rechtsverkehr bisweilen als Zustimmung bezeichnet werden. Wenn zwei Personen vereinbaren, dass zur Wirksamkeit eines zwischen ihnen geschlossenen Geschäfts die „Zustimmung" eines Dritten notwendig sei, finden nicht die §§ 182 ff Anwendung, die allein für gesetzliche Zustimmungserfordernisse gelten. Es handelt sich vielmehr um eine **aufschiebende Bedingung** im Sinne der §§ 158 ff, und zwar eine echte Bedingung (Zufallsbedingung); anders, wenn bei bestehendem gesetzlichem Zustimmungserfordernis sich die Parteien darauf beziehen: dann liegt eine Rechtsbedingung (*condicio iuris*) vor. Welche nähere Ausgestaltung eine solche Vereinbarung erfahren soll, ist eine Frage der Auslegung. Diese muss sich aber an den §§ 158 ff orientieren, nicht an den §§ 182 ff; so gilt etwa § 159, nicht § 184 Abs. 1. Anders steht es, wenn das Gesetz die Möglichkeit der privatautonomen Konstituierung eines Zustimmungserfordernisses ausdrücklich vorsieht (zB § 12 WEG, §§ 5 f ErbbauVO): dann gelten die §§ 182 ff, da das Erfordernis aufgrund des Gesetzes besteht.

III. Anwendung der allgemeinen Regeln über Rechtsgeschäfte

17 Viele Probleme im Recht der Zustimmung kreisen um die Frage, welche allgemeinen Regeln über Rechtsgeschäfte wann auf Einwilligungen und Genehmigungen Anwendung finden.

18 **1. Konkludenz; Schweigen.** Da Willenserklärungen grundsätzlich keiner Form bedürfen, sind Zustimmungen formfrei möglich; das stellt Abs. 2 klar (s. dazu und zu möglichen Ausnahmen Rn 56 ff). Insbesondere konkludente Genehmigungsverweigerungen sind besonders streng daraufhin zu prüfen, ob sie nach dem objektiven Empfängerhorizont tatsächlich als endgültige Ablehnung des Hauptgeschäfts erscheinen.[30] Das

24 Vgl OLG Düsseldorf ZIP 1987, 227, 232; OLG Koblenz BB 2002, 1288; BGH WM 1961, 303, 305.
25 Vgl zB BGHZ 108, 380, 382 f = NJW 1990, 580; OLG Hamburg MDR 1998, 1051; LG Düsseldorf DB 1989, 33.
26 OLG Schleswig NZG 2003, 821, 824.
27 Vgl OLG Hamm OLGZ 1979, 44, 46.
28 Vgl *Thiele*, S. 146 ff.
29 Zu den systematischen Parallelen s. *Doris*, S. 25 ff; vgl auch HKK/*Finkenauer*, §§ 182–185 Rn 11.
30 Vgl BGH WM 1964, 878, 879.

Bedürfnis nach **strenger Prüfung** besteht aber durchaus auch für konkludente Zustimmungserteilungen.[31] Im Handelsrecht kann bisweilen auch im **Schweigen** eine Zustimmungserklärung liegen (zB §§ 75 h, 91 a HGB; Schweigen auf kaufmännisches Bestätigungsschreiben an den Zustimmungsberechtigten).[32] Für die Frage nach dem richtigen Empfänger des Bestätigungsschreibens ist zu beachten: Nach dem BGH soll bereits ein Schweigen auf ein kaufmännisches Bestätigungsschreiben an den Zustimmungsberechtigten „zu Händen" des vollmachtlosen Vertreters ausreichen, so dass der Zustimmungsberechtigte nicht einmal Kenntnis vom Hauptgeschäft gehabt haben muss.[33] Richtigerweise gilt dies aber nur, wenn der Absender sich tatsächlich an den Zustimmungsberechtigten und nicht nur an den Vertreter wenden wollte, so dass der tatsächliche Verbleib des Bestätigungsschreibens allein in der Sphäre des Zustimmungsberechtigten liegt.[34] Im bürgerlichen Recht muß es hingegen absolute Ausnahme sein, bloßes Schweigen als Zustimmungserklärung anzusehen.[35] Im Lastschriftverfahren (in Form des herkömmlichen Einzugsermächtigungsverfahrens, vgl Rn 5) kann immerhin AGB-rechtlich zulässig vereinbart werden, dass sechs Wochen nach Zugang des Rechnungsabschlusses eine Belastungsbuchung als genehmigt gilt (Nr. 7 Abs. 3 AGB-Banken aF / Nr. 7 Abs. 4 AGB-Sparkassen aF; jetzt ohne inhaltliche Änderung Abschn. A Nr. 2.4 der Sonderbedingungen für den Lastschriftverkehr). Das ist konsequent: Das Schweigen bedeutet auch hier keine Erklärung; aber wenn die Praxis ein derart erhebliches Bedürfnis nach Rechtssicherheit hat, kann man mit einer Fiktion helfen. Bedenklich erscheint dagegen, wenn der BGH neuerdings meint, im Einzugsermächtigungsverfahren könne eine konkludente Genehmigung schon dann vorliegen, wenn es sich um wiederkehrende Zahlungen handele, vergleichbare Buchungen in der Vergangenheit schon einmal genehmigt worden seien und der Schuldner innerhalb einer angemessenen Frist nicht widerspreche.[36] Letzteres erhebt letztlich Schweigen zur Willenserklärung. Im kaufmännischen Geschäftsverkehr – auch der BGH hat zunächst immerhin eine einschränkende Bemerkung in diese Richtung gemacht – mag man das aber noch akzeptieren (wobei die Schwierigkeit der Bestimmung der angemessenen Frist bleibt).

2. Erklärungsbewusstsein. a) Allgemeines. Für Willenserklärungen im Sinne der §§ 116 ff gilt: Nach inzwischen gefestigter herrschender Meinung ist eine willentliche Handlung, die nach außen als Willenserklärung erscheint und tatsächlich verstanden wird, während der Handelnde aber keine solche abgeben will, aus Gründen des Vertrauensschutzes eine wirksame, aber anfechtbare (§ 119 analog) Willenserklärung; aber nur dann, wenn der Erklärende fahrlässig nicht erkannt hat, dass andere sein Verhalten als Willenserklärung auffassen durften (s. Vor §§ 116–144 Rn 7). Das fehlende Erklärungsbewusstsein des Handelnden schadet also zunächst nicht; es wird ihm nachträglich die Möglichkeit zur Bildung eines rechtserheblichen Willens gegeben. **19**

b) Minderjährigenfälle. aa) Typische Situation. Auch konkludente Zustimmungen werden bisweilen ohne Erklärungsbewusstsein abgegeben. Praktisch relevant sind zunächst die Fälle, in denen ein volljährig gewordener Minderjähriger oder Mündel einen schwebend unwirksamen Vertrag, namentlich einen **Lebensversicherungsvertrag** (familiengerichtliche Genehmigung notwendig, §§ 1643 Abs. 1, 1822 Nr. 5!), durch Weiterzahlung der Prämien erfüllt oder gegebenenfalls weitere vertragsbezogene Handlungen wie Prämienanpassungen vornimmt. Hier gibt es drei Möglichkeiten, den ehemaligen Minderjährigen oder Mündel am Vertrag festzuhalten. Entweder man unterstellt ihm ein Erklärungsbewusstsein, so dass eine Genehmigung gemäß §§ 108 Abs. 3, 1643 Abs. 3, 1829 Abs. 3 vorliegt (sogleich Rn 21); oder man sieht sein Verhalten trotz fehlendem Erklärungsbewusstsein als (anfechtbare) Willenserklärung an (Rn 22); oder – wenn auch das nicht der Fall sein sollte – man verweigert ihm eine Rückabwicklung des Vertrags wegen Rechtsmissbrauchs (Rn 23). Alle drei Wege scheitern jedoch häufig. **20**

bb) Genehmigung mit Erklärungsbewusstsein? Bisweilen ist das Erklärungsbewusstsein in derartigen Konstellationen bejaht und daher eine wirksame Genehmigung angenommen worden. Für das bloße Weiterzahlen der Prämien ist das nach der zutreffenden neueren Rechtsprechung abzulehnen.[37] Der Zahlende hat nur dann Erklärungsbewusstsein, wenn er die Unwirksamkeit des Vertrags und seine eigene **Genehmigungsberechtigung kennt oder** wenigstens **damit rechnet**. Davon ist ganz regelmäßig nicht auszugehen: Der juristisch unerfahrene ehemalige Minderjährige oder Mündel wird nicht mit der Notwendigkeit familiengericht- **21**

31 Vgl OLG Köln v. 13.7.1998,16 U 83/97; *Reiter/Methner*, VuR 2002, 57, 61; *Nörr*, in: Nörr/Scheyhing/Pöggeler, S. 232 f; auch BGH NJW 2010, 3517, 3518.
32 Vgl BGH NJW-RR 2006, 1106, 1107; BGH NJW 1990, 386.
33 BGH NJW 1990, 386.
34 Vgl BGH NJW 1964, 1951.
35 Vgl OLG Stuttgart NJOZ 2007, 1211, 1232; Staudinger/*Gursky*, § 182 Rn 11. Ein Ausnahmefall (stillschweigende Zustimmung unter Ehegatten) in OLG Karlsruhe VersR 1992, 1363 f und OLG Celle v. 17.3.1999, 3 U 146/98; regelmäßig dürfte hier aber bereits eine konkludente Genehmigung vorliegen.
36 BGH NJW 2010, 3510, 3516 f; NZI 2011, 17; BB 2011, 204, 206; Urt. v. 25.1.2011 – XI ZR 172/09, BeckRS 2011, 04190; jetzt auch NJW 2011, 2499, 2500 für Verbraucher.
37 LG Frankfurt/M. VersR 1999, 702; OLG Hamm NJW-RR 1992, 1186 = VersR 1992, 1502; *Bayer*, VersR 1991, 129, 130 f; aA AG Köln VersR 1992, 1117; AG München VersR 1992, 1117.

licher Genehmigung rechnen.[38] Selbst wenn von seiner Seite neben der Zahlung weitere Handlungen vorliegen, etwa eine aktive Vertragsgestaltung durch Änderung der Prämienhöhen o.Ä., kann das auf dieser Ebene nicht weiterhelfen. Hält der Betreffende das Geschäft für wirksam, mag er tun, was er will, es ist keine bewusste Genehmigung.[39] Daran ändert sich auch nichts, wenn man in den Fällen des § 108 Abs. 3 ausnahmsweise eine nichtempfangsbedürftige Willenserklärung als Genehmigung ausreichen lassen will (vgl Rn 7; § 108 Rn 24 ff).

22 **cc) Genehmigung ohne Erklärungsbewusstsein?** Liegt demnach kein Erklärungsbewusstsein vor, kommt es darauf an, ob der Erklärende **fahrlässig übersehen** hat, dass sein Verhalten als Genehmigung verstanden werden darf, und ob der Erklärungsempfänger es **tatsächlich so verstanden** hat. Aber diese Voraussetzungen werden regelmäßig nicht vorliegen. Der häufig von Geschäfts wegen juristisch erfahrene Vertragspartner (die Versicherungsgesellschaft) darf die Prämienzahlungen bei verständiger Würdigung nicht als Genehmigung verstehen, sondern nur als im Hinblick auf einen vermeintlich wirksamen Vertrag vorgenommene Handlungen.[40] Das gilt selbst bei Vornahme aktiver Vertragsanpassungen usw: Hierdurch wird ja das Wissen des „Genehmigenden" von der Unwirksamkeit des Vertrags nicht berührt. Die Schutzwürdigkeit des Vertragspartners ist dadurch erheblich eingeschränkt, dass er es selbst in der Hand hat, den Schwebezustand zu beenden: §§ 108 Abs. 2, 1829 Abs. 2.[41] Sollte der ehemalige Minderjährige dagegen von der Unwirksamkeit des Vertrags wissen, aber trotzdem irrig davon ausgehen, dass immer noch das Familiengericht zur Zustimmung befugt sei, und dem Vertragspartner sein eigenes Einverständnis anzeigen, muss man ihm Erklärungsfahrlässigkeit vorwerfen und ihn an seiner Erklärung festhalten.

23 **dd) Rechtsmissbrauch?** Aus demselben, in den §§ 108 Abs. 2, 1829 Abs. 2 liegenden Grund ist es auch nicht rechtsmissbräuchlich (§ 242), sechs Jahre nach Eintritt der Volljährigkeit eine Rückabwicklung des Vertrags zu verlangen.[42] Nach sehr langer Zeit mag das anders aussehen; die Grenze kann man nunmehr analog § 121 Abs. 2 bei **zehn Jahren** ansetzen (vgl Rn 28).[43] Für einen Anspruchsausschluss kann an dieser Stelle nun auch weiteres Verhalten des Versicherungsnehmers sprechen, wenn etwa der volljährig Gewordene den (Versicherungs-)Vertrag als Sicherungsmittel einsetzt, ihn jahrelang nicht kündigt und sich mit Dynamikerhöhungen einverstanden erklärt.[44]

24 **c) Vertreterfälle. Dieselben Grundsätze** gelten – das ist die zweite wichtige Fallgruppe – bei einem vertragskonformen Verhalten eines **vollmachtlos Vertretenen**: Geht dieser wie alle anderen Beteiligten von der Wirksamkeit des Geschäfts aus, liegt in seinem Verhalten nicht der Ausdruck des Willens, ein bisher unverbindliches Geschäft verbindlich zu machen. An seiner Erklärung festhalten kann man ihn nur, wenn er bei pflichtgemäßer Sorgfalt hätte bemerken und vermeiden können, dass sein Verhalten als Genehmigung angesehen werden darf, und der Empfänger es auch so angesehen hat.[45] In den letzten Jahren praktisch relevant geworden ist diese Fallgruppe vor allem wegen einer Vielzahl von Vollmachten, die nach Art. 1 § 1 RBerG aF iVm § 134 BGB nichtig waren. Schwebend unwirksam waren infolgedessen namentlich Darlehensverträge im Zusammenhang mit dem Erwerb von „Schrottimmobilien". Weil zunächst niemand den Mangel erkannte, wurden die Verträge über geraume Zeit hinweg durchgeführt. Streitentscheidende Frage ist daher häufig, ob seitens des Darlehensnehmers während dieser Zeit Genehmigungshandlungen auszumachen sind, etwa bei der Prolongierung der Darlehensverträge. Die umfangreiche, teils auch innerhalb der einzelnen Gerichte nicht einheitliche Rechtsprechung zu diesem Thema lässt sich wie folgt skizzieren: Bevor der BGH im Jahr 2000 seine Rechtsprechung zur Nichtigkeit der dortigen Vollmachten nach dem Rechtsberatungsgesetz begründet hatte, entfiel eine Erklärungsfahrlässigkeit der prolongierenden Partei ohnehin. Aber auch in der Zeit danach hatten die juristischen Laien regelmäßig keinen Anlass, sich über die Rechtslage informieren zu müssen, so dass ihnen auch jetzt kein Versäumnis vorzuwerfen war.[46] Entsprechend dem Schutzzweck der Nichtigkeitsnorm ist es der durch sie geschützten Partei dann auch nur in Ausnahmefällen gemäß § 242 verwehrt, sich auf

38 Vgl LG Ravensburg VuR 1987, 99, 100.
39 Zust. jetzt Staudinger/*Gursky*, § 182 Rn 10; aA OLG Koblenz VersR 1991, 209; LG Arnsberg VersR 1989, 391.
40 LG Frankfurt/M. VersR 1999, 702; OLG Hamm NJW-RR 1992, 1186, 1187 = VersR 1992, 1502; AG Waldshut-Tiengen VersR 1985, 937, 938; LG Waldshut-Tiengen VersR 1985, 937, 939; *Bayer*, VersR 1991, 129, 131; aA LG Kaiserslautern VersR 1991, 539.
41 Zur Anwendbarkeit des § 108 Abs. 2 nach Eintritt der Volljährigkeit s. BGH NJW 1989, 1728.
42 LG Frankfurt/M. VersR 1999, 702; LG Ravensburg VuR 1987, 99, 100; s. auch OLG Hamm NJW-RR 1992, 1186 = VersR 1992, 1502 (29 Monate).
43 Vgl LG Verden VersR 1998, 42 (14 Jahre); vgl für eine Grundschuldbestellung auch LG Wuppertal NJW-RR 1995, 152, 153 f (10 Jahre); vgl ferner BGH LM § 1829 Nr. 3.
44 LG Freiburg VersR 1998, 41 (10 Jahre).
45 BGH BKR 2003, 942, 944 f; ZIP 2003, 1692, 1696; NJW 2002, 2325, 2327; DNotZ 2002, 866, 867 f; BKR 2005, 501, 503; NJW 2010, 861, 862; OLG Karlsruhe NJW 2003, 2690, 2691; BeckRS 2010, 02285; OLG Hamm NJOZ 2009, 608, 620 f; OLG Stuttgart NJOZ 2007, 1211, 1230; OLG Dresden v. 11.1.2006, 8 U 1373/05; KG BKR 2009, 340, 341; OLG München VuR 2005, 337, 338.
46 Lesenswert OLG Stuttgart NJOZ 2007, 1211, 1230 ff; ferner OLG Dresden v. 11.1.2006, 8 U 1373/05; abw. KG BKR 2009, 340, 341 (objektive Rechtslage reiche aus).

die Unwirksamkeit zu berufen.[47] Eine Genehmigung (mit Erklärungsbewusstsein) liegt dagegen vor, wenn der Genehmigende – aus welchen Gründen auch immer – Zweifel an der Wirksamkeit des Hauptgeschäfts hat und die Folgehandlung (Prolongation usw) gleichwohl vornimmt.[48] Immer jedenfalls ist die potentielle Genehmigungshandlung einzelfallbezogen auf ihren Erklärungswert zu untersuchen. Abzulehnen ist der Weg, die Genehmigung über eine (häufig genug nur angeblich!) ausdrückliche Erklärung zu bejahen, die auch ohne Erklärungsbewusstsein immer wirksam sei (wofür dogmatisch kein Grund zu sehen ist).[49]

d) Zusammenfassung. Damit ergibt sich folgendes Bild in der neueren Rechtsprechung: Die allgemeinen Regeln über Rechtsgeschäfte mit fehlendem Erklärungsbewusstsein werden auch auf Handlungen angewendet, die konkludente Genehmigungen darstellen könnten.[50] Der BGH hat das inzwischen als **ständige Rechtsprechung** bezeichnet, wenngleich er nicht in jedem Urteil darauf eingeht.[51] Die Oberlandesgerichte stellen diese Rechtsprechung nicht explizit in Frage, beachten sie gleichwohl ebenfalls immer wieder nicht.[52] **25**

Dieses Bild ändert aber nichts daran, dass aus tatsächlichen und normativen Gründen **in den Minderjährigenfällen häufig keine Genehmigung** anzunehmen sein wird: Der ehemalige Minderjährige oder Mündel rechnet üblicherweise nicht mit der Unwirksamkeit des Vertrags, und der Vertragspartner darf davon auch nicht ausgehen. Als Rettungsanker in Extremfällen bleibt dagegen § 242. Letztlich wird man in diesen Lösungen einen nachwirkenden Reflex des umfassenden Schutzes beschränkt Geschäftsfähiger durch das BGB sehen müssen. **26**

In den Vertreterfällen kann dagegen bei fehlender Vollmacht schon **früher** als in den Minderjährigenfällen ein **Genehmigungswille oder** zumindest **ein schutzwürdiges Vertrauen** des Geschäftsgegners angenommen werden, so, wenn der Genehmigende von dem vollmachtlos erstellten Werk Gebrauch macht, sich auf eine Vertragsurkunde als Beweismittel beruft oder das Darlehen bedient.[53] Der Grund: Das hier in der fehlenden Vollmacht liegende Wirksamkeitshindernis besteht normalerweise nicht so verdeckt wie in den Minderjährigenfällen, sondern sollte dem vollmachtlos Vertretenen sofort auffallen, wenn er von dem Vertrag Kenntnis erhält. Erfüllt er nun den Vertrag oder nimmt sonstige auf ihn gestützte Handlungen vor, ist sein Wille, gleichwohl an dem Vertrag festzuhalten, manifest; jedenfalls darf der Geschäftspartner davon ausgehen. Bei ausnahmsweise verstecktem Wirksamkeitshindernis – etwa einer unwirksamen Vollmacht – wird es dagegen regelmäßig sogar an der Erklärungsfahrlässigkeit des „Genehmigenden" fehlen, so dass er nicht an den Vertrag gebunden ist.[54] Das betrifft insbesondere die Prolongation der Darlehensverträge in den „Schrottimmobilien"-Fällen. § 242 hilft auch hier nur ganz ausnahmsweise. **27**

Bejaht man im Einzelfall eine wirksame Genehmigung trotz fehlendem Erklärungsbewusstsein, ist sie nach § 119 analog **anfechtbar**. Dabei sind allerdings neben der Folge des § 122 die Fristen des § 121 zu beachten: unverzügliche Anfechtung nach Kenntnis (nicht nur Kennenmüssen) des Anfechtungsgrundes (§ 121 Abs. 1 S. 1), Ausschluss nach zehn Jahren (§ 121 Abs. 2). Der Anfechtungsgrund liegt hier darin, dass der Genehmigungsempfänger das Verhalten des Genehmigenden entgegen dessen Vorstellung als Genehmigung verstanden hat. Sobald der Empfänger also in irgendeiner Weise speziell dieses nach dem Vertragsschluss liegende Verhalten des Genehmigenden als wirksamkeitsbegründenden Umstand anführt, muss der Genehmigende ohne schuldhaftes Zögern erklären, rückwirkend nicht am Vertrag festhalten zu wollen. Zehn Jahre nach der Genehmigung wird ihm die Berufungsmöglichkeit auf das dabei fehlende Erklärungsbewusstsein genommen. Diese durch die Schuldrechtsreform neu festgelegte Grenze des § 121 Abs. 2 kann man auch als Grenze für das Eingreifen von § 242 nehmen: Nach zehn Jahren sollen Willensmängel unbeachtlich bleiben; dann soll man nach Treu und Glauben auch aus anderen Gründen keine Rückabwicklung mehr fordern können. In die Richtung dieser zeitlichen Grenze tendiert auch schon die frühere Rechtsprechung (Nachweise Rn 23). **28**

e) Einwilligungen. Bei Einwilligungen ist die Frage nach der Notwendigkeit des Erklärungsbewusstseins praktisch bei weitem nicht so wichtig wie bei der Genehmigung. Hier darf nichts anderes gelten: Die Einwilligung ist also wirksam, wenn der Einwilligende die Zustimmungsbedürftigkeit des Geschäfts und seine eigene Zustimmungsberechtigung kennt oder wenigstens damit rechnet; gleichfalls, wenn er bei pflichtgemäßer **29**

47 Vgl BGH NJOZ 2009, 2672, 2677 f = WM 2009, 1271.
48 OLG Frankfurt BKR 2003, 831, 832.
49 So geschehen etwa in OLG Dresden v. 11.1.2006, 8 U 1373/05; OLG Frankfurt BeckRS 2006, 10080; OLG München v. 10.5.2005, 5 U 4975/04.
50 Grundlegend BGHZ 109, 171, 177 f = NJW 1990, 454; BGHZ 128, 41, 49 = DtZ 1995, 250 = MDR 1995, 427.
51 BGH BKR 2003, 942, 944 f (mit dem Vermerk „st. Rspr"); andererseits BGHZ 154, 283, 288 = NJW 2003, 1594; BGH NJW 2004, 59, 61; NJOZ 2009, 2672, 2675 = WM 2009, 1271 ff (alle ohne Erwähnung der Möglichkeit fehlenden Erklärungsbewusstseins).
52 ZB OLG Düsseldorf FamRZ 1995, 1066, 1067 f; OLG München BeckRS 2009, 25400.
53 Vgl BGH NJOZ 2005, 3918, 3920 f; OLG Celle BauR 2000, 289; OLG Karlsruhe VersR 1992, 1363; OLG Düsseldorf BeckRS 2005, 06525.
54 Vgl etwa BGH BKR 2003, 942, 945; ZIP 2003, 1692, 1696; BKR 2005, 501, 503 f; *Reiter/Methner*, VuR 2002, 57, 61 f; aA zunächst insb. OLG Frankfurt in st. Rspr, etwa NJW-RR 2005, 1514, 1516; BeckRS 2005, 04310; BeckRS 2006, 10080; s. jetzt aber BeckRS 2008, 16842.

Sorgfalt bemerken und vermeiden könnte, dass sein Verhalten als Einwilligung angesehen werden darf, und der Empfänger es auch so ansieht.

30 **3. Bedingung, Befristung, Widerruf.** Einige ungeklärte Probleme ranken sich um die Frage nach der Zulässigkeit von Bedingung, Befristung und Widerruf von Zustimmungen.

31 **a) Einwilligungen.** Bei Einwilligungen herrscht im Grundsatz noch Klarheit. Sie können unbedenklich **bedingt und befristet** werden,[55] nach richtiger Ansicht auch bei Bedingungsfeindlichkeit des davon ja nicht tangierten Hauptgeschäfts.[56] Dass man sie bis zur Vornahme des Hauptgeschäfts **widerrufen** kann, bestimmt § 183 ausdrücklich (s. dort). Bei auflösender Bedingung und Befristung[57] sind Bedingungseintritt bzw Zeitablauf auch beachtlich, wenn sie nach Vornahme des Hauptgeschäfts geschehen.[58] Es treten dann dieselben Wirkungen wie bei einer auflösend bedingten oder befristeten Genehmigung ein.

32 **b) Genehmigungen. aa) Bedingungen und Befristungen. (1) Streitstand.** Ob Genehmigungen Gestaltungsgeschäfte sind, ist umstritten. Jedenfalls kommen sie ihnen nahe, da sie einen bestehenden Schwebezustand beenden, sind also zumindest gestaltungsähnliche Geschäfte.[59] Eine anscheinend **herrschende Meinung im Schrifttum** nimmt daher an, mit ihrem Charakter vertrügen sich weder Bedingungen noch Befristungen.[60] Teils wird eine Einschränkung gemacht: In begründeten Ausnahmefällen müsse die Aufnahme einer Nebenbestimmung möglich sein.[61] Die **Rechtsprechung**, durchweg älteren Datums, lässt bedingte Genehmigungen ausdrücklich zu.[62]

33 **(2) Unstreitiges.** Auch wenn es selten deutlich gesagt wird:[63] Der Streit darf sich ohnehin nur auf Befristungen und echte Bedingungen beziehen. **Rechtsbedingungen sowie Potestativbedingungen**, deren Erfüllung im Belieben der Partei(en) des Hauptgeschäfts liegt, **sind zuzulassen**, wie es bei bedingungsfeindlichen Geschäften auch sonst üblich ist.[64] Hier entsteht keine unerwünschte unabsehbare Schwebelage. Auch gegen Bedingungen und Befristungen, mit denen der Geschäftspartner **einverstanden** ist, bestehen keine Bedenken. Obwohl es unerheblich ist, wem gegenüber der Zustimmende seine Erklärung abgibt (Abs. 1), muss die unproblematisch zulässige Potestativbedingung genau von der Person zu erfüllen sein, die der Empfänger der Genehmigung ist. Es kann also nicht ohne weiteres etwa der gesetzliche Vertreter dem Vertragspartner des Minderjährigen gegenüber ein Geschäft unter der Bedingung genehmigen, dass der Minderjährige sein Zimmer aufräumt. Hier handelt es sich vielmehr aus Sicht des Vertragspartners um eine Zufallsbedingung, deren Zulässigkeit sogleich zu behandeln ist.

34 **Unzulässig** ist dagegen eine Bedingung, deren Erfüllung den **Inhalt des Geschäfts selbst beeinflusst**, wenn also beispielsweise der gesetzliche Vertreter den Kauf des Minderjährigen mit der Maßgabe genehmigt, dass der Verkäufer eine bestimmte Garantie für die Kaufsache übernimmt. Hier fehlt es an der nötigen Korrespondenz zwischen der Zustimmungserklärung und dem Hauptgeschäft. Eine derartige Genehmigung kann allerdings in eine Einwilligung zu einem entsprechenden Geschäft umgedeutet werden (vgl Rn 2).

35 **(3) Aufschiebende Bedingungen.** Für die echten Bedingungen ist zu bedenken: Aus methodischen Gründen verfehlt wäre es, eine Beantwortung der Fragen aus dem Begriff des Gestaltungsgeschäfts – oder hier nach verbreiteter Meinung sogar nur: des gestaltungsähnlichen Geschäfts – abzuleiten, da der Begriff kein gesetzlicher ist.[65] Die Lösung kann man vielmehr nur durch eine Abwägung der Interessen der Beteiligten finden. Hier steht auf der einen Seite das Interesse des Geschäftsgegners dessen, der für seine Willenserklärung der Zustimmung bedarf, oder, in den anderen Zustimmungsfällen, das Interesse aller am Hauptgeschäft beteiligten

55 AllgM, s. Staudinger/*Gursky*, § 183 Rn 5; MüKo/*Schramm*, § 183 Rn 3; *Wagner*, JuS 1997, 690, 695.

56 HM, s. Staudinger/*Gursky*, § 183 Rn 5; MüKo/*Schramm*, § 183 Rn 3.

57 Zulässig, s. Staudinger/*Gursky*, § 183 Rn 5; Erman/*Palm*, § 183 Rn 2; Bamberger/Roth/*Bub*, § 183 Rn 7; *Flume*, BGB AT Bd. 2, S. 896; *Wagner*, JuS 1997, 690, 695.

58 Vgl Staudinger/*Gursky*, § 183 Rn 5 (es sei Auslegungssache, ob die auflösende Bedingung dann relevant sein solle).

59 In diesem Sinne: Staudinger/*Gursky*, Vor §§ 182 ff Rn 52; HKK/*Finkenauer*, §§ 158–163 Rn 38; Soergel/*Leptien*, Vor § 182 Rn 5. Wohl für Gestaltungsgeschäft: BGHZ 125, 355, 358 = NJW 1994, 1785; Erman/*Palm*, § 184 Rn 1.

60 Für Bedingungsfeindlichkeit: Staudinger/*Gursky*, Vor §§ 182 ff Rn 52, § 184 Rn 4; MüKo/*Westermann*, § 158 Rn 28; Soergel/*Leptien*, Vor § 182 Rn 5; Palandt/*Ellenberger*, Vor § 158 Rn 13; jurisPK-BGB/*Trautwein*, § 184 Rn 5; TWT/*Tamm*, § 184 Rn 3; *Larenz/Wolf*, BGB AT, S. 919, 935. Für Zulässigkeit von Bedingungen RGRK/*Steffen*, Vor § 158 Rn 18; *Merle*, AcP 183 (1983), 81, 90 ff; *Hattenhauer*, S. 261 ff; im Grundsatz auch *v. Tuhr*, BGB AT Bd. 2/2, S. 238 f (allein aufschiebende Bedingungen); *Wilckens*, AcP 157 (1958/1959), 399 ff; differenzierend Bamberger/Roth/*Bub*, § 184 Rn 4.

61 Staudinger/*Gursky*, Vor §§ 182 ff Rn 52, § 184 Rn 4; Soergel/*Leptien*, § 185 Rn 25.

62 RG HRR 1928 Nr. 1559 = *Schubert/Glöckner*, § 184 Nr. 22; RG HRR 1933 Nr. 1415; offen gelassen von BGH WM 1959, 1195, 1196.

63 S. aber KG v. 6.8.1998, 8 U 8923/96; *Kuhn*, RNotZ 2001, 305, 320; *Merle*, AcP 183 (1983), 81, 94.

64 Vgl *Merle*, AcP 183 (1983), 81, 94; *Flume*, BGB AT Bd. 2, S. 697 f.

65 Vgl *Hattenhauer*, S. 252 ff, 256 ff, dort auch zur grundsätzlichen Zulässigkeit des bedingten Gestaltungsgeschäfts.

Personen. Sie wollen Sicherheit haben. Das scheint gegen die Aufnahme von Nebenbestimmungen in die Zustimmung zu sprechen, die wiederum einen Schwebezustand erzeugen. Allerdings besteht ja ohne die Genehmigung auch eine solche Lage der Unsicherheit. Eine aufschiebende Bedingung oder Befristung ändert daran der Sache nach nichts: Es wird nur der eine Schwebezustand durch einen anderen ersetzt. Hinzu kommt, dass der Genehmigungsberechtigte regelmäßig frei ist, wann er seine Genehmigung erteilt. Er kann also ohnehin die Klärung über das Schicksal des Geschäfts nach Belieben hinauszögern.

Anders ist das in den Fällen bereits ergangener Aufforderung des Geschäftsgegners (§§ 108 Abs. 2, 177 Abs. 2 etc.): Hier reicht eine aufschiebend bedingte oder befristete Genehmigung sicher nicht.[66] Wenn das **Aufforderungsrecht** und das gleichzeitig bestehende **Widerrufsrecht** (§§ 109, 178 etc.) allerdings noch nicht ausgeübt sind, scheint der Geschäftsgegner diese bei bedingter Genehmigung zu verlieren. Das wäre eine sinnwidrige Perpetuierung der Schwebelage. Es sind dem Geschäftsgegner also die beiden Rechte in dem Umfang, in dem er sie vorher hatte (s. dazu § 184 Rn 3 ff), auch nach erteilter Genehmigung während schwebender Bedingung **zuzugestehen**. Konstruktiv geschieht das über eine analoge Anwendung der §§ 108 Abs. 2, 177 Abs. 2 etc. bzw der §§ 109, 178 etc. Vor Bedingungseintritt ist eben noch keine unbedingte Genehmigung erteilt. Dieselbe Situation tritt übrigens ein, wenn eine Einwilligung bedingt erteilt worden ist. 36

(4) Aufschiebende Befristungen. Ist demnach eine aufschiebend bedingte Genehmigung für **zulässig** zu erachten, scheint dasselbe für eine aufschiebende Befristung zu gelten.[67] Diese kollidiert allerdings mit der Rückwirkungsanordnung des § 184 Abs. 1. Zunächst ist also die Frage zu beantworten, ob der Genehmigende durch einseitige Bestimmung die Wirkung seiner Erklärung beschränken kann (s. § 184 Rn 12). Bejaht man sie, ist die aufschiebend befristete Genehmigung ohne weiteres zulässig; verneint man sie, so dass die Rückwirkung zwingend eintritt, ist die aufschiebend befristete Genehmigung nur in den Fällen von § 184 Abs. 2 von Bedeutung. 37

(5) Auflösende Bedingungen und Befristungen. Bei auflösend bedingten oder befristeten Genehmigungen scheint der Rechtfertigungsdruck höher. Immerhin wird hier das Geschäft zunächst wirksam und nach Eintritt des Ereignisses oder Termins ganz unwirksam. Gleichwohl sind auch sie **zuzulassen**; freilich muss man dem Geschäftsgegner wiederum ein **Aufforderungs- und Widerrufsrecht** analog §§ 108 Abs. 2, 109, 177 Abs. 2, 178 usw zugestehen. 38

(6) Ausweichmöglichkeiten. Durch das der Genehmigung zugrunde liegende Grundgeschäft ergeben sich in manchen Fällen Möglichkeiten, der vorstehend geschilderten Problematik zu entkommen. Weil es nicht sicher ist, ob die Rechtsprechung im Streitfall bedingte oder befristete Genehmigungen für zulässig erachten wird, ist es besser, soweit möglich, die Erfüllung der Bedingungen vorab sicherzustellen und dann – in einem gesonderten Geschäft – eine unbedingte Genehmigung zu erteilen. Das Grundgeschäft verträgt unproblematisch Nebenbestimmungen, so dass man sich darin ohne weiteres zur Erteilung der Genehmigung unter bestimmten Voraussetzungen verpflichten kann. 39

bb) Widerruf. **Genehmigungen** – und ihre Verweigerung – sind nach allgemeiner Ansicht **nicht widerruflich**.[68] Die Unwiderruflichkeit muss man freilich nicht aus einem gestaltungsähnlichen Charakter ableiten, sondern sie ergibt sich bereits aus dem Umkehrschluss zu § 183 S. 1. Ein Widerruf im zeitlichen Rahmen des § 130 Abs. 1 S. 2, also vor Wirksamwerden der Genehmigung, ist zulässig. 40

4. Anfechtung. a) Anfechtungsgrund. Zustimmungen sind nach §§ 119, 120 und 123 anfechtbar, wenn sich Irrtum, falsche Übermittlung, Täuschung oder Drohung auf die Zustimmungserklärung selbst und nicht nur auf das Hauptgeschäft beziehen.[69] Irrt der Zustimmende allerdings über den Inhalt des Hauptgeschäfts, liegt wegen des inhaltlichen Bezugs der Zustimmung auf das Hauptgeschäft ein Inhaltsirrtum nach § 119 Abs. 1 Alt. 1 vor.[70] 41

b) Anfechtungsgegner. Problematisch ist die Bestimmung des Anfechtungsgegners. Hier kollidieren § 143 Abs. 3 S. 1 und § 182 Abs. 1 miteinander (zu § 182 Abs. 1 s. sogleich Rn 54 f). Angesichts dessen, dass die Anfechtung nicht *actus contrarius* zur Zustimmung ist, sondern ihren eigenen Regeln unterliegt, muss **§ 143 Abs. 3 S. 1** vorgehen, und die Anfechtung ist mit Erfolg nur an denjenigen zu richten, dem gegenüber die Zustimmung erteilt worden ist.[71] Waren das beide am Hauptgeschäft beteiligten Personen, ist beiden gegenüber anzufechten. **Schadensersatz nach § 122** wird gleichwohl immer allen am Hauptgeschäft Beteiligten geschuldet, die auf die Gültigkeit der Erklärung vertraut haben.[72] Für den Spezialfall der **Vertragsübernahme** durch zweiseitigen Vertrag mit Zustimmung des Dritten verlangt die Rechtsprechung wegen der 42

66 So schon *v. Tuhr*, BGB AT Bd. 2/2, S. 239.

67 Grundsätzlich zur Zulässigkeit befristeter Gestaltungserklärungen *Hattenhauer*, S. 267 ff.

68 BGHZ 13, 179, 187 = NJW 1954, 1155; BGHZ 125, 355, 358 = NJW 1994, 1785; Staudinger/*Gursky*, § 184 Rn 14.

69 BGHZ 137, 255, 260 = NJW 1998, 531.

70 Staudinger/*Gursky*, Vor §§ 182 ff Rn 45.

71 Staudinger/*Gursky*, Vor §§ 182 ff Rn 45; MüKo/*Schramm*, Vor § 182 Rn 37; aA Erman/*Palm*, Vor § 182 Rn 6.

72 Staudinger/*Gursky*, Vor §§ 182 ff Rn 46; Bamberger/Roth/*Bub*, § 182 Rn 23.

Gleichwertigkeit zu einem dreiseitigen Vertrag sowohl bei Anfechtung durch den Übernehmer, der Partei des Hauptvertrags ist, als auch bei Anfechtung durch den zustimmenden verbleibenden Vertragspartner eine Erklärung gegenüber den beiden jeweils anderen Mitwirkenden.[73]

43 **c) Person des Täuschenden oder Drohenden.** Eine weitere Frage ist es, wem gegenüber ein Anfechtungsgrund vorliegen muss. Relevant wird sie bei § 123 Abs. 1, wenn von beiden am Hauptgeschäft Beteiligten nur einer den Zustimmenden arglistig täuscht oder rechtswidrig bedroht oder die Täuschung oder Drohung von Dritten verübt wird; bei der Irrtumsanfechtung kann der Irrtum des Zustimmenden nicht dieserart aufgespalten werden. Der BGH verlangt bei einer Vertragsübernahme durch zweiseitigen Vertrag zwischen Ausscheidendem und Eintretendem mit Zustimmung des Dritten, dass ein Anfechtungsgrund nach § 123 Abs. 1 oder zumindest eine Zurechenbarkeit nach § 123 Abs. 2 in der Person beider Parteien des Hauptgeschäfts vorliegt, und verweist wiederum auf die Sondersituation bei der Vertragsübernahme (Gleichwertigkeit zu anderen Vertragsgestaltungen) sowie auf die Wertung des § 123 Abs. 2.[74]

44 In der Tat darf die Anfechtbarkeit nicht daran scheitern, dass die Zustimmungserklärung zufällig der einen Partei des Hauptgeschäfts gegenüber erklärt und die Täuschung oder Drohung von der anderen Partei oder einem Außenstehenden mit Kenntnis oder Kennenmüssen der anderen Partei vorgenommen worden ist.[75] Ferner steht der jeweilige Geschäftspartner des Zustimmungsempfängers nicht in dessen „Lager" (vgl die „Lagertheorie" zu § 123 Abs. 2) und ist nicht dessen Vertreter (vgl § 166 Abs. 1), so dass eine Zurechnung zwischen ihnen ausscheidet. Im Ergebnis wird man daher für die Anfechtung einer Zustimmungserklärung nach § 123 einen Anfechtungsgrund **in der Person aller am Hauptgeschäft Beteiligten** oder wenigstens Kenntnis oder Kennenmüssen dieser Beteiligten von dem Anfechtungsgrund zu verlangen haben.[76] Bei der Beratung des Zustimmungsberechtigten wird man deshalb auf der sicheren Seite stehen, wenn man über die Informationen, die für seine Entscheidung bestimmend sind und die von einer der Parteien des Hauptgeschäfts herrühren, die andere Partei in Kenntnis setzt.

45 **5. Sonstiges.** Korrekte **Abgabe** (s. Rn 55) und **Zugang** oder Zustellung sind unentbehrlich. Nur bei notariell beurkundeter Zustimmungserklärung zu einem notariell beurkundeten Vertrag will die herrschende Meinung in entsprechender Anwendung des **§ 152** auf den Zugang verzichten.[77] Allerdings ist hier das Bedürfnis nach einer **Analogie fraglich**. § 152 dient dem Interesse des Antragenden an einem möglichst raschen Vertragsschluss (Beschleunigungsinteresse).[78] Zwar wollen die Parteien des Hauptgeschäfts auch normalerweise ihren Vertrag möglichst rasch gültig sehen, aber wegen der Rückwirkungsanordnung des § 184 Abs. 1 wird der Vertrag ohnehin im Zeitpunkt seiner Vornahme wirksam. Die entsprechende Anwendung des § 151 ist daher ebenfalls abzulehnen.[79]

46 Die **Auslegung** geschieht nach §§ 133, 157, auch was Bestimmtheit und Reichweite der Erklärung angeht.[80] Eine Zustimmung, die sich nach Auslegung nach dem objektiven Empfängerhorizont nicht auf ein bestimmtes oder bestimmbares Hauptgeschäft oder eine Gruppe von Hauptgeschäften bezieht, ist nichtig. **Allgemeine Geschäftsbedingungen** können einbezogen werden und unterliegen üblicher Prüfung. Die **§§ 134, 138, 226** bilden die Grenzen für die Privatautonomie auch im Recht der Zustimmung, wenn sie auch selten vorkommen werden. Ist das Hauptgeschäft teilbar und entspricht die Teilung dem Parteiwillen, kann auch eine **Teilzustimmung** erteilt werden (§ 139; vgl ferner Rn 11).[81] Zustimmungen beschränkt Geschäftsfähiger bedürfen ihrerseits der Einwilligung (§§ 111, 182 Abs. 3). **Aktiv- wie Passivvertretung** nach §§ 164 ff sind zulässig und bei Einschaltung eines Notars, der neben der Beurkundung auch die weitere Besorgung der Angelegenheiten übernehmen soll, ggf auch konkludent anzunehmen.[82]

Die Parallelen zur Stellvertretung führen dazu, dass die Regeln über die **Scheinvollmacht** (§§ 170–173), die **Anscheinsvollmacht** und die **Duldungsvollmacht** entsprechend anzuwenden sind, soweit sie auf das Recht der Zustimmung passen. Einen eindeutigen Fall bilden die §§ 170–173 bei der Einwilligung nicht nur im Rahmen des § 185 (vgl § 183 Rn 17). Anscheins- und Duldungszustimmungen sind in dem Rahmen, den man diesen Figuren ziehen will (etwa Beschränkung der Anscheinseinwilligung wie der Anscheinsvollmacht auf das Handelsrecht), zuzulassen. Ihre Voraussetzungen werden aber in diversen Konstellationen nicht erfüllt sein, wenn nämlich der Rechtsverkehr nur mit Spezialeinwilligungen rechnet und nicht mit Generaleinwilli-

73 Ganz hM: BGHZ 96, 302, 309 f = NJW 1986, 918; BGHZ 137, 255, 260 = NJW 1998, 531; zust. Jauernig/*Stürner*, § 398 Rn 32; MüKo/*Roth*, § 398 Rn 194.
74 BGHZ 137, 255, 261 ff = NJW 1998, 531; aA MüKo/*Roth*, § 398 Rn 194.
75 *Flume*, BGB AT Bd. 2, S. 546 f.
76 IE Staudinger/*Gursky*, Vor §§ 182 ff Rn 46; *Flume*, BGB AT Bd. 2, S. 546 f; aA Soergel/*Leptien*, Vor § 182 Rn 5; Erman/*Palm*, Vor § 182 Rn 6.
77 OLG Karlsruhe NJW 1988, 2050; MüKo/*Kramer*, § 152 Rn 5; Bamberger/Roth/*Eckert*, § 152 Rn 4; Erman/*Armbrüster*, § 152 Rn 4; aA Staudinger/*Gursky*, § 182 Rn 7.
78 OLG Karlsruhe NJW 1988, 2050; MüKo/*Kramer*, § 152 Rn 1.
79 AA jurisPK-BGB/*Trautwein*, § 182 Rn 40; wohl auch OLG Köln NJW-RR 2005, 1252, 1253.
80 Vgl BGH NJW 2000, 2272, 2274.
81 OLG Hamm DNotZ 2002, 266, 268; Erman/*Palm*, Vor § 182 Rn 7; TWT/*Tamm*, § 184 Rn 4.
82 Soergel/*Leptien*, § 182 Rn 4.

gungen. Dann kann man nicht aus dem Verhalten der Vergangenheit auf das Vorhandensein einer Einwilligung auch für die Zukunft schließen.[83]

IV. Sondergebiete

1. Zivilprozessrecht. Einwilligungen und Genehmigungen zu Prozesshandlungen (zB Einwilligung des Beklagten zu Klageänderung oder Klagerücknahme, Genehmigung eines vollmachtlos eingelegten Rechtsmittels) sind selbst **Prozesshandlungen** und keine materiellrechtlichen Erklärungen nach §§ 182 ff.[84] Diese Vorschriften finden trotzdem **bisweilen entsprechende Anwendung**; so gibt es für Einwilligungen ein Widerrufsrecht analog § 183 S. 1 bis zur Vornahme der betreffenden Prozesshandlung.[85] Die von § 184 Abs. 1 angeordnete Rückwirkung ist im Prozess differenziert zu betrachten. So gilt eine auf Erteilung der Genehmigung gerichtete Klage durch Erteilung während des Prozesses nicht als von Anfang an unbegründet;[86] dagegen wirkt die Genehmigung eines vollmachtlos eingelegten Rechtsmittels oder sonstiger vollmachtlos vorgenommener Prozesshandlungen (zB Stellung eines Insolvenzantrags, Antrag auf Erlass eines Mahnbescheids) zurück, sofern noch kein das Rechtsmittel oder den Antrag als unzulässig abweisendes Prozessurteil bzw kein entsprechender Beschluss ergangen ist (vgl auch zur Verjährungshemmung § 184 Rn 20).[87] Anderes gilt bei der nach Fristablauf erfolgten Genehmigung der fristgebundenen Prozesshandlung eines nicht Postulationsfähigen.[88] Eine Genehmigung lediglich einzelner Verfahrenshandlungen ist nicht möglich.[89] Zur analogen Anwendung von § 185 s. § 185 Rn 6, 9, 15. 47

2. Arbeitsrecht. Das wichtigste Beispiel für eine Zustimmung im Arbeitsrecht ist – abgesehen von behördlichen Zustimmungen (dazu sogleich Rn 51) – diejenige des **Betriebsrats** zu einer Kündigung nach § 103 BetrVG iVm § 15 KSchG oder aufgrund einer Betriebsvereinbarung (vgl § 102 Abs. 6 BetrVG). Nach der von der bisher herrschenden Meinung abweichenden neuen Rechtsprechung des Bundesarbeitsgerichts sind Zustimmungen nach § 103 BetrVG keine Zustimmungen im Sinne der §§ 182 ff. Vielmehr enthielten § 103 BetrVG, § 15 KSchG eine eigenständige und abschließende Regelung.[90] Für die Zustimmung des Betriebsrats nach § 77 Abs. 4 S. 2 BetrVG sollen nach (jedenfalls bisheriger) Rechtsprechung des BAG die §§ 182 ff gelten,[91] desgleichen im Rahmen des Mitarbeitervertretungsgesetzes in der Evangelischen Kirche in Deutschland.[92] Zustimmungserfordernisse im Sinne der §§ 182 ff können sich auch aus Tarifverträgen ergeben.[93] Arbeitsrechtliche Besonderheiten sind gegebenenfalls bei der Rückwirkung der Genehmigung nach § 184 zu beachten: Genehmigt der Betriebsrat ein (etwa wegen eines unwirksamen früheren Betriebsratsbeschlusses) vom Vorsitzenden ohne Vertretungsmacht vorgenommenes Rechtsgeschäft, wirkt die Genehmigung nach §§ 177 Abs. 1, 184 Abs. 1 regelmäßig zurück, jedoch dann regelmäßig nicht, wenn die Zustimmung keinen Vertrag betrifft, und dann überhaupt nicht, wenn die neue Beschlussfassung erst nach dem für die Beurteilung eines Sachverhalts maßgeblichen Zeitpunkt erfolgt, insbesondere – wegen § 40 BetrVG – wenn dem Arbeitgeber eine Kostentragungspflicht auferlegt wird.[94] Genehmigt der Arbeitgeber nach § 184 ein vom Arbeitnehmer vollmachtlos abgeschlossenes Geschäft, wirkt die Genehmigung nur im Außenverhältnis; die ggf vorliegende Kompetenzüberschreitung des Arbeitnehmers im Innenverhältnis wird nicht gewissermaßen mitgenehmigt, so dass eine Sanktionierung mit Abmahnung oder Kündigung weiterhin möglich ist.[95] 48

3. Öffentliches Recht. a) Gerichtliche Genehmigungen. Das öffentliche Recht sieht vielfach Zustimmungserfordernisse auch zu privaten Rechtsgeschäften vor. Eine Sonderrolle spielen hierbei die gerichtlichen Genehmigungen, zB diejenigen des Familiengerichts nach den **§§ 1819** ff. Sind sie im BGB geregelt, unterliegen sie damit ganz seinen Grundsätzen. Die §§ 182 ff können also ohne weiteres ergänzend herangezogen werden, sofern die einschlägigen Spezialvorschriften (im Beispiel die §§ 1828 ff) keine eigenständige Regelung treffen.[96] 49

83 S. zu alledem Staudinger/*Gursky*, § 182 Rn 20 f.
84 Staudinger/*Gursky*, Vor §§ 182 ff Rn 19.
85 RGZ 164, 240, 242; Soergel/*Leptien*, § 183 Rn 3.
86 OLG Köln VersR 1995, 1070, 1071; vgl ferner RG JW 1936, 2387.
87 GmS-OGB BGHZ 91, 111, 115 = NJW 1984, 2149; BGH NZI 2003, 375; BGH LM § 209 Nr. 10; BPatG GRUR 1989, 495, 496; BeckRS 2008, 16114; OLG Bremen BeckRS 2005, 30364196.
88 BGHZ 111, 339, 343 f = NJW 1990, 3085.
89 BGHZ 92, 137, 140 ff = NJW 1987, 130.
90 BAG NJW 2004, 2612, 2613 = NZA 2004, 717, 718 f; s. schon die Vorinstanz LAG Berlin ZInsO 2004, 56; aA etwa noch LAG Hamm NZA-RR 1999, 242, 243.
91 BAG ZIP 1998, 218, 220.
92 BAGE 101, 39, 45 = NJW 2002, 3271.
93 LAG Brandenburg v. 1.12.2005, 3 Sa 161/05).
94 BAG NZA 2008, 369, 371.
95 LAG Thüringen BeckRS 2011, 65685.
96 RGZ 142, 59, 62 f; OLG Zweibrücken NJW-RR 1996, 710, 711; BayObLG FamRZ 1996, 1161, 1163 (alle zu § 184 Abs. 1); allg. Bamberger/Roth/*Bub*, § 182 Rn 13; aA Staudinger/*Gursky*, Vor §§ 182 ff Rn 67; PWW/*Frensch*, § 182 Rn 1.

50 **b) Behördliche Genehmigungen.** Behördliche Zustimmungen richten sich nach heute ganz herrschender Meinung allein nach öffentlichem Recht; sie sind **privatrechtsgestaltende Verwaltungsakte.**[97] Die Grundsituation ist allerdings parallel zum bürgerlichen Recht zu beurteilen: Vor Erteilung der Genehmigung ist das bereits vorgenommene Geschäft schwebend unwirksam, nach Erteilung wirksam, nach Verweigerung der Genehmigung (genauer: ihrer Bestandskraft) endgültig unwirksam.[98] Die bestandskräftige Verweigerung der Genehmigung des allein zustimmungsbedürftigen Erfüllungsgeschäfts bedeutet regelmäßig Unmöglichkeit der Verpflichtungen aus dem zugrunde liegenden Verpflichtungsgeschäft (§ 275).[99] Problematisch sind insbesondere die Fragen nach der Rückwirkung einer Genehmigung (zu entscheiden nach dem jeweiligen Gesetzeszweck und subsidiär nach dem Rechtsgedanken des § 184 Abs. 1) und nach Rücknahme oder Widerruf (Rechtsgrundlage sind hier §§ 48 f VwVfG des Bundes oder die entsprechenden landesrechtlichen Vorschriften; danach hat wegen der bereits eingetretenen Gestaltungswirkung regelmäßig die Bestandskraft Vorrang).[100]

51 **c) Private Zustimmungen.** Auf Zustimmungserklärungen Privater in öffentlich-rechtlichen Zusammenhängen können die §§ 182 ff entsprechende Anwendung finden, so etwa bei Zustimmungen eines Dritten zu einem öffentlich-rechtlichen Vertrag (§§ 58 Abs. 1, 62 S. 3 VwVfG) und bei der Anmeldung vermögensrechtlicher Ansprüche nach dem VermG durch einen vollmachtlosen Vertreter.[101] Zwingend ist die Heranziehung – außer wenn im Gesetz ausdrücklich vorgesehen – jedoch nicht; abgelehnt wurde die Anwendung von § 183 zB bei der Einverständniserklärung des Grundstückseigentümers mit der Inanspruchnahme seines Eigentums für den Straßenbau und bei der Zustimmungserklärung des Nachbarn zu einem Bauvorhaben.[102] Stets ist zu prüfen, ob die Verfahrenssituation vergleichbar ist; daran fehlt es regelmäßig dann, wenn die Wirksamkeit des öffentlich-rechtlichen Akts, etwa der Baugenehmigung, von der privaten Zustimmung nicht abhängig ist, sondern allein von öffentlich-rechtlichen Normen.

52 **4. Sozialrecht.** Das BSG wendet § 184 Abs. 1 und 2 auf die Feststellung des wohlverstandenen Interesses des Sozialleistungsberechtigten nach § 53 Abs. 2 Nr. 2 SGB I durch den zuständigen Leistungsträger analog an; diese Feststellung lässt die zunächst schwebend unwirksame Übertragung (Abtretung) oder Verpfändung von Ansprüchen auf Geldleistungen wirksam werden, nach dem BSG grundsätzlich rückwirkend (§ 184 Abs. 1), aber mit Vertrauensschutz zugunsten des Sozialleistungsberechtigten (§ 184 Abs. 2).[103] Keine Rückwirkung hat dagegen die Genehmigung der Verlegung eines Vertragsarztsitzes durch den Zulassungsausschuss nach § 24 Abs. 4 Ärzte-ZV, weil das die öffentlich-rechtlichen Auswirkungen der Genehmigung nicht zulassen.[104] Dasselbe gilt für die behördliche Genehmigung eines Versorgungsvertrags für die Zulassung eines Krankenhauses zur vertragsärztlichen Versorgung nach §§ 108 Nr. 3, 109 Abs. 3 S. 2 SGB V.[105] In beiden Fällen spielte eine wesentliche Rolle, dass es um statusrelevante Verwaltungsentscheidungen ging. Bei unklaren Erklärungen einer rechtsunkundigen und nicht anwaltlich vertretenen Person muss im Sozialrecht mehr noch als sonst Vorsicht walten, bevor man eine konkludente Zustimmung annimmt.[106]

53 **5. Steuerrecht.** Weitaus wichtigstes Problem im Steuerrecht ist die Frage nach der Rückwirkung von Genehmigungen. Die steuerrechtliche Rechtslage ist hierbei unabhängig von der zivilrechtlichen Lage zu beurteilen. Im Einzelnen gilt: Grunderwerbsteuerrechtlich ist die Rückwirkung nach § 184 Abs. 1 nicht zu berücksichtigen (§ 14 Nr. 2 GrEStG 1983); überhaupt kann eine Verkehrsteuer, die an einen einzelnen Rechtsvorgang anknüpft, nicht rückwirkend entstehen.[107] Jedenfalls bei Genehmigungen nach § 177 Abs. 1 ist die Rückwirkung auch weder für die Spekulationsfrist nach dem Einkommensteuerrecht noch im Erbschaftsteuerrecht steuermehrend einzuberechnen.[108] Der BFH bezeichnet es inzwischen sogar als ständige Rechtsprechung, dass die Geneh-

97 BGHZ 84, 70, 71 = NJW 1982, 2251; Staudinger/*Gursky*, Vor §§ 182 ff Rn 60; Bamberger/Roth/*Bub*, § 182 Rn 11. Zu stiftungsrechtlichen Genehmigungen s. *Hartmann/Atzpodien*, in: FS Schippel 1996, S. 147.

98 Vgl BGHZ 142, 51, 53, 59 = NJW 1999, 3335; BGHZ 157, 168, 174 = NVwZ 2005, 484, 486.

99 St. Rspr: BGHZ 37, 233, 240 = NJW 1962, 1715; BGH VersR 1997, 1414, 1415; ein Ausnahmefall (zumutbare andere Art der Erfüllung) in BGHZ 67, 34, 36 = NJW 1976, 1939.

100 Vgl BGHZ 32, 383, 389 = NJW 1970, 1808; BGHZ 84, 70, 71 f = NJW 1982, 2251; BGH NJW 1965, 41; BVerwG NJW 1978, 338 f; OVG Münster NJW 1982, 1771; BSG BeckRS 2006, 41513; Staudinger/*Gursky*, Vor §§ 182 ff Rn 62 f; Bamberger/Roth/*Bub*, § 182 Rn 11.

101 BVerwG NJW 1999, 3357, 3358; VG Dresden v. 28.8.2003 – 1 K 6/01 (zu § 30 a VermG).

102 VGH Mannheim NVwZ-RR 2005, 377, 378 f (zu §§ 37 BWStrG, 74 Abs. 6 BWVwVfG); VGH München BeckRS 2006, 20657 (zu Art. 71 Abs. 1 BayBO); offen BeckRS 2010, 51885 (zu Art. 6 Abs. 3 BayStrWG).

103 BSG NZS 2001, 104, 105 f.

104 BSG NZS 2007, 389 ff.

105 BSG BeckRS 2006, 41513.

106 Vgl SG Leipzig v. 17.12.2008, S 19 AS 3992/08 ER.

107 BFH DB 1999, 1685, 1686; BB 2000, 968, 969 f.

108 BFHE 196, 567, 569 ff (zu § 23 Abs. 1 Nr. 1 lit. a EStG 1990); BFHE 210, 507 = NJW-RR 2006, 78, 79 (zu § 9 Abs. 1 Nr. 2 ErbStG, § 38 AO); eingehend *Noll*, DStR 2003, 968, 970 f, auch zu behördl. Genehmigungen.

migung eines Rechtsgeschäfts steuerrechtlich nicht zurückwirke, und differenziert dabei nicht nach Steuerarten.[109]

Weitere Anwendungsfälle der §§ 182 ff: Die Zustimmung eines Empfängers von Unterhaltszahlungen zum Antrag des Gebers auf Abzug der Zahlungen als Sonderausgaben im Sinne des § 10 Abs. 1 Nr. 1 EStG ist eine öffentlich-rechtliche Willenserklärung, deren Voraussetzungen im Zivilrecht und deren Rechtsfolgen im Steuerrecht liegen.[110] Eine Genehmigung kann auch zwischen Behörden erfolgen; so, wenn das Veranlagungsfinanzamt den Inhalt einer tatsächlichen Verständigung zwischen dem Steuerpflichtigen und dem (grundsätzlich unzuständigen) Prüfungsfinanzamt uneingeschränkt in seine Steuerfestsetzungen übernimmt.[111]

B. Regelungsgehalt

I. Adressat der Zustimmungserklärung (Abs. 1)

54 Grundsätzlich kann die Zustimmung ebenso wie ihre Verweigerung wahlweise **der einen oder der anderen Partei des Hauptgeschäfts** gegenüber erklärt werden, bei nichtempfangsbedürftigen Willenserklärungen nur dem Erklärenden gegenüber. Erklärung **beiden gegenüber** schadet nichts, zieht aber manche besonderen Folgen nach sich (vgl etwa Rn 42). Stehen mehrere Personen auf der Seite des Hauptgeschäfts, der gegenüber die Zustimmung erfolgen soll, ist die Zustimmung allen gegenüber zu erklären, sofern keine Empfangsvertretung vorliegt. **Ausnahmen**, den Empfängerkreis meist einschränkende, teils ausweitende, sieht das Gesetz vor in den §§ 108 Abs. 2, 177 Abs. 2, 876 S. 3, 1071 Abs. 1 S. 2 und 3, 1178 Abs. 2 S. 3, 1245 Abs. 1 S. 3, 1255 Abs. 2 S. 2, 1276 Abs. 1 S. 2, 1366 Abs. 3 S. 1, 1427 Abs. 1, 1453 Abs. 1. Zum Sonderfall des § 108 Abs. 3 s. § 108 Rn 21 ff. Aus der Sicht des zustimmenden Dritten ist das Rechtsgeschäft regelmäßig symmetrisch, so dass es auf die Person des Erklärungsadressaten nicht ankommt. Zustimmungen sind häufig weniger personenorientiert als die meisten „normalen" Willenserklärungen. Die Zustimmung gilt einem bestimmten Geschäft, dessen handelnde Personen für den Zustimmenden nicht immer erheblich sind, während man etwa Verträge häufig primär mit bestimmten Personen abschließen will. Ist das anders – so etwa im Minderjährigenrecht, wo der gesetzliche Vertreter in gewisser Weise in der Sphäre des Minderjährigen steht –, muss das Gesetz Sonderregeln vorsehen (§ 108 Abs. 2), sonst bleibt es beim Grundsatz von Abs. 1. Eine Ausdehnung des § 108 Abs. 2 auf andere Fälle der Zustimmungsbedürftigkeit kraft Aufsichtsrechts ist abzulehnen. Das Risiko, dass der Erklärungsadressat seinen Partner über die Entscheidung des Zustimmungsbefugten nicht oder nicht ordnungsgemäß informiert, ist im Innenverhältnis der Parteien zu bewältigen.

55 Eine Erklärung gegenüber einem **Unzuständigen** ruft mangels korrekter zielgerichteter Abgabe keine Wirkungen hervor, auch wenn sie an einen der richtigen Empfänger weitergeleitet wird.[112] Das ist nicht anders als bei Willenserklärungen sonst; eine Ausnahme ist daher nur dann zu machen, wenn der Erklärende mit einer Weiterleitung genau an einen der Zuständigen gerechnet hatte.[113] An dieser Lösung ändert auch die besagte Gegenstandsorientierung der Zustimmungserklärung nichts; denn beispielsweise der Rücktritt, der schließlich auch auf ein bestimmtes Geschäft bezogen ist, wird hinsichtlich der Abgabe als „normale" Willenserklärung behandelt.[114]

II. Form der Zustimmung (Abs. 2)

56 **1. Allgemeines.** Der Wortlaut von Abs. 2 ist eindeutig: Die Zustimmung selbst zu formbedürftigen Rechtsgeschäften soll **formlos** möglich sein. Das BGB kennt eine begrenzte Zahl geregelter **Ausnahmen** in den §§ 182 Abs. 3 iVm 111 S. 2 (bei sofortiger Zurückweisung), 1516 Abs. 2 S. 3, 1517 Abs. 1 S. 2, 1597 Abs. 1, 1750 Abs. 1 S. 2, 2120 S. 2 (auf Verlangen) und 2291 Abs. 2; s. ferner § 71 Abs. 2 ZVG. Wenn die Zustimmung selbst formfrei ist, muss erst recht formfrei auch die Verpflichtung des Dritten zur Erteilung einer Zustimmung sein.[115] Vereinbaren die Parteien des Hauptgeschäfts, dass die Genehmigung formbedürftig sein soll, ist das wegen der Nichtabdingbarkeit des Abs. 2 als Bedingung auszulegen, die erst eintritt, wenn die Genehmigung formgemäß erteilt ist.[116]

57 **2. Einschränkende Auslegung? a) Umfang der Diskussion.** Trotz eindeutigem Wortlaut ist der Anwendungsumfang der Norm umstritten: Teilweise wird eine einschränkende Auslegung und damit die

109 BFH BeckRS 2009, 25015362; vgl schon BFHE 219, 165 = DStR 2008, 35, 37 (zu §§ 11, 15 a EStG).
110 BFHE 210, 235 = NJW 2005, 3599.
111 FG Niedersachsen EFG 2008, 180.
112 Heute im Grundsatz allgM, s. Staudinger/*Gursky*, § 182 Rn 4; Bamberger/Roth/*Bub*, § 182 Rn 19; Palandt/*Ellenberger*, § 182 Rn 1; im Detail abw. Soergel/*Leptien*, § 182 Rn 4; jurisPK-BGB/*Trautwein*, § 182 Rn 23.
113 Vgl BGH NJW 1979, 2032, 2033.
114 Um einen Rücktritt ging es auch in BGH NJW 1979, 2032, 2033.
115 BGH NJW 1996, 3338, 3339.
116 Staudinger/*Gursky*, § 182 Rn 32.

Formbedürftigkeit mancher Zustimmungen vertreten. Die Diskussion ist mit Vorsicht zu betrachten, weil häufig nicht zwischen **Einwilligung und Genehmigung** differenziert wird. Regelmäßig ist nur von der Genehmigung die Rede und nicht von der Einwilligung; das deshalb, weil die Genehmigung hier den praktisch wichtigeren Fall darstellt. Der Streit entzündet sich nämlich an dem Punkt, ob diejenigen Zustimmungen, die vom Erklärenden nicht mehr nachträglich widerrufen oder geändert werden können, formbedürftig sein sollen. Die Genehmigung setzt stets ein bereits vorgenommenes Geschäft sofort in Kraft, ohne dass anschließend seitens des Genehmigenden noch Korrekturen vorgenommen werden könnten; bei der Einwilligung gilt das nur ausnahmsweise, nämlich wenn sie – entgegen § 183 – unwiderruflich ist. Es sind also alle Genehmigungen und nur wenige Einwilligungen betroffen.

58 **b) Streitstand.** Den Grundsatz des Abs. 2 hat die **Rechtsprechung** des Bundesgerichtshofs lange Zeit jedenfalls für Genehmigungen bestätigt.[117] Ein **Teil des Schrifttums** will demgegenüber die Vorschrift teleologisch reduzieren und fordert in bestimmten Fällen für die Zustimmung die Einhaltung der für das zustimmungsbedürftige Rechtsgeschäft vorgesehenen Form, nämlich durchweg bei der Genehmigung und nach einer Teilmeinung auch bei der Einwilligung.[118] Wegen der sonst eintretenden Verfehlung des Formzwecks, vor allem der Warnfunktion, soll hier ein Formzwang bestehen; das entspricht der herrschenden Interpretation des § 167 Abs. 2 (ausnahmsweise formbedürftige Vollmacht). Die Rechtsprechung verweist dagegen auf die Rechtssicherheit. Bei einer Änderung der Rechtsprechung wäre eine Vielzahl von Verträgen unwirksam; speziell bei Grundstückskaufverträgen, die in der Praxis hier eine große Rolle spielen, wäre bei gleichzeitiger Unwirksamkeit der Auflassung zudem die Heilung nach § 311 b Abs. 1 S. 2 zweifelhaft. Die notarielle Belehrungspflicht beträfe außerdem nur die Folgen der Zustimmung, also das Wirksamwerden des Vertrags, nicht aber dessen Inhalt. Im Übrigen gehe es nicht an, gegen den eindeutigen Wortlaut und die Entstehungsgeschichte der Norm ihren Anwendungsbereich bei allen Genehmigungen auf null zu reduzieren.

59 **c) Neuere Entwicklung?** Vor einiger Zeit schien sich der **BGH** in die Richtung der Literatur zu bewegen. Im Urteil vom 23.1.1998[119] sprach er davon, dass die **Einwilligung** in die streitgegenständliche Auflassung, „wenn sie das formbedürftige Geschäft vorwegnähme, unter dem für dieses selbst geltenden Formgebot" stehe, und verwies dabei auf die Rechtsprechung zur in Abweichung von § 167 Abs. 2 bindenden Vollmacht. Gleichzeitig hielt er für Genehmigungen an der Formfreiheit fest. Die Entscheidung ist bislang vereinzelt geblieben; außerdem handelt es sich um ein *obiter dictum*, da im konkreten Fall kein Anhaltspunkt für eine Bindung der einwilligenden Person vorlag.

60 **d) Bewertung.** Die weitere **Entwicklung** der Rechtsprechung ist daher **nicht sicher absehbar**. Insbesondere ist fraglich, ob dauerhaft zwischen (ausnahmsweise) bindender Einwilligung und (generell bindender) Genehmigung unterschieden werden wird. Wenn man nämlich die Ursache der Formbedürftigkeit in der schutzzweckwidrigen Bindungswirkung der Erklärung sieht, gibt es **keinen Grund für eine Differenzierung**, unabhängig davon, ob die Bindung aus einer besonderen Abrede oder direkt aus dem Gesetz resultiert.[120] Der bloße Umfang der Gesetzeskorrektur, der zugegebenermaßen bei Genehmigungen viel größer wäre, ist ein allzu formales Argument.

61 **e) Praktische Folgen.** Die Praxis wird sich auf alles einstellen müssen, soweit nicht ohnehin aus formellrechtlichen Gründen eine Form notwendig ist (etwa § 29 GBO) oder vom Gericht verlangt wird (etwa § 12 FGG aF/§ 26 FamFG).[121] Sicherheitshalber ist jedenfalls bei unwiderruflichen Einwilligungen die Beachtung der Form des Hauptgeschäfts anzuraten. Für Genehmigungen ist eine dauerhafte Änderung der Rechtsprechung deutlich weniger wahrscheinlich; ein Restrisiko für die Wirksamkeit formfreier Erklärungen verbleibt freilich auch hier.

III. Zustimmung zu einem einseitigen Rechtsgeschäft (Abs. 3)

62 **1. Einwilligung.** Abs. 3 verweist zur Vermeidung von Wiederholungen für die Einwilligung des Dritten zu einem einseitigen Rechtsgeschäft auf § 111 S. 2 und 3. Danach entfaltet die formfrei erteilte Einwilligung in Ausnahme zu Abs. 2 ausnahmsweise dann keine Wirkungen, wenn der Erklärungsempfänger des Hauptgeschäftes wegen des fehlenden Nachweises der Einwilligung die Erklärung unverzüglich zurückweist und sie

117 Grundlegend und zusammenfassend BGHZ 125, 218 = NJW 1994, 1344; ferner BGH NJW 2004, 2382, 2383; NJW-RR 2005, 958, 959 (bei der Vertragsübernahme); NJW 2009, 229 (zu § 15 Abs. 3 GmbHG); zust. etwa *Larenz/Wolf*, BGB AT, S. 903; Staudinger/*Gursky*, § 182 Rn 27; Palandt/*Ellenberger*, § 182 Rn 2; HK-BGB/*Dörner*, § 182 Rn 4; *Mertens*, JZ 2004, 431, 435 f; weitere Nachw. in BGHZ 125, 218, 221 f = NJW 1994, 1344 und bei Staudinger/*Gursky*, § 182 Rn 27.

118 ZB *Medicus*, BGB AT, Rn 1017; *Flume*, BGB AT Bd. 2, S. 890 f; *Thiele*, S. 135 ff; differenzierend *Einsele*, DNotZ 1996, 835 ff.

119 BGH NJW 1998, 1482, 1484 = LM § 183 BGB Nr. 5 m. zust. Anm. *Wieling*; ebenso Jauernig/*Jauernig*, § 182 Rn 6, § 177 Rn 6; HKK/*Finkenauer*, §§ 182–185 Rn 11; PWW/*Frensch*, § 182 Rn 6.

120 So iE auch Staudinger/*Gursky*, § 182 Rn 28; *Mertens*, JZ 2004, 431, 435 f.

121 Dazu KG Rpfleger 2001, 589.

damit unwirksam macht (§ 111 S. 2). Das gilt nicht, wenn der Erklärungsempfänger bereits direkt vom Zustimmenden Kenntnis von der Einwilligung erhalten hat (§ 111 S. 3). Auf § 111 S. 1 wird nicht verwiesen, weil hier die Einwilligung gerade fehlt.

63 **2. Genehmigung.** Nicht geregelt ist der Fall einer Genehmigung einseitiger Rechtsgeschäfte. Daraus schließt die herrschende Meinung unter Verweis auf ein in den §§ 111 S. 1, 180 S. 1, 1367, 1831 S. 1 zum Ausdruck kommendes allgemeines Prinzip, einseitige Rechtsgeschäfte könnten nur mit Einwilligung wirksam zustande kommen, die Genehmigung sei **ausgeschlossen**, das Hauptgeschäft unwirksam.[122] In der Tat lässt sich aus dem fehlenden Verweis des Abs. 3 auf § 111 S. 1 nicht das Gegenteil ableiten, denn Abs. 3 spricht nur von der Einwilligung; und der mit formloser Einwilligung das Geschäft Vornehmende darf nicht schlechter gestellt sein (§ 111 S. 2!) als der ohne Einwilligung Handelnde.[123] Also ist eine Genehmigung einseitiger Rechtsgeschäfte im Grundsatz nicht möglich. Eine andere Frage ist, ob man nicht **§ 180 S. 2 analog** anwenden und eine Genehmigung dann gestatten sollte, wenn der Empfänger der einseitigen Erklärung von der fehlenden Einwilligung weiß und sich nicht dagegen wehrt oder sogar ausdrücklich einverstanden ist.[124] Dem ist zuzustimmen, da die Formulierung des Abs. 3 offen ist und die Wertung des § 111 S. 2 hier nicht entgegensteht.

C. Weitere praktische Hinweise

I. Beweislast

64 Ist der Abschluss eines zustimmungsbedürftigen Rechtsgeschäfts unstreitig oder bewiesen, ist derjenige, welcher sich auf eine Abweichung vom Zustand der schwebenden Unwirksamkeit beruft, weil eine Zustimmung (Einwilligung oder Genehmigung) entweder erteilt oder verweigert sei, für diesen Umstand darlegungs- und beweispflichtig.[125] Das gilt auch dann, wenn es sich um einen ehemaligen Minderjährigen handelt, der eine Verweigerung der Genehmigung behauptet: Der Minderjährigenschutz setzt hier die allgemeinen Regeln des Beweisrechts nicht außer Kraft.[126]

II. Formulierungen

65 Wegen der Vielgestaltigkeit der möglichen Sachverhalte ist es kaum möglich, konkrete Formulierungshilfen für Zustimmungen zu geben.[127] Zu beachten sind aber insbesondere das Korrespondenzgebot (s. Rn 11) und das Bestimmtheitsgebot (s. Rn 46):

66 **1. Einwilligungen.** Einwilligungen haben Lenkungsfunktion. Je präziser der Einwilligende das Hauptgeschäft beschreibt, desto exakter kann er dessen Inhalt vorweg bestimmen. Weichen die Parteien von den Vorgaben ab, entsteht ihr Hauptgeschäft nicht wirksam. Die Lenkungsmöglichkeiten werden dadurch noch größer, dass Bedingungen und Befristungen unproblematisch zulässig sind (s. Rn 31). Je nach dem Grad der Freiheit des Zustimmungsberechtigten (s. Rn 12) können hier also **große taktische Spielräume** ausgenutzt werden.

67 **2. Genehmigungen.** Bei Erteilung und Verweigerung einer Genehmigung ist darauf zu achten, dass man das Hauptgeschäft formal möglichst genau bezeichnet (Datum, Name der Parteien, ggf kurzes charakteristisches Schlagwort, bei notariellen Geschäften auch Name des Notars und Nummer der Urkundenrolle), **ohne nähere inhaltliche Angaben** zu machen. Die Formulierung, sämtliche in dem – näher bezeichneten – Geschäft abgegebenen Erklärungen zu genehmigen, reicht aus. So stellt man den notwendigen Bezug auf das Hauptgeschäft her, ohne sich in die Gefahr zu begeben, das Korrespondenzgebot zu verletzen. Nach der hier vertretenen Meinung (s. Rn 32 ff) besteht auch die Möglichkeit, Bedingungen und Befristungen in die Genehmigung aufzunehmen, sofern sie keine inhaltliche Beeinflussung des Hauptgeschäfts bedeuten (zu anderweitigen Gestaltungsmöglichkeiten s. Rn 39).

122 RGZ 146, 314, 316; LAG Brandenburg v. 1.12.2005, 3 Sa 161/05; Staudinger/*Gursky*, § 182 Rn 47; Palandt/*Ellenberger*, § 182 Rn 5; Soergel/*Leptien*, § 182 Rn 12; PWW/*Frensch*, § 182 Rn 10; vgl auch BGH NJW 1997, 1150, 1151 f (keine Anwendung von § 185 Abs. 2 auf einseitige Gestaltungsgeschäfte); aA Bamberger/Roth/*Bub*, § 184 Rn 3.

123 Staudinger/*Gursky*, § 182 Rn 47.

124 Dafür viele, etwa BAG ZIP 1986, 388, 389; Staudinger/*Gursky*, § 182 Rn 47; MüKo/*Schramm*, § 182 Rn 28; Palandt/*Ellenberger*, § 182 Rn 5; *Hattenhauer*, S. 272; *M. Lange*, in: FG Sandrock 1995, S. 243, 244 ff; aA Soergel/*Leptien*, § 182 Rn 12; Bamberger/Roth/*Bub*, § 184 Rn 3; generell gegen die Anwendung des § 180 S. 2 bei Gestaltungserklärungen OLG Celle MDR 1999, 799 f; dagegen mit Recht OLG Düsseldorf NJOZ 2006, 4058, 4060.

125 BGH NJW 1989, 1728, 1729; TWT/*Tamm*, § 182 Rn 9.

126 Vgl BGH NJW 1989, 1728, 1729.

127 Einzelne Beispiele bei *Bischoff*, in: Kersten/Bühling, Formularbuch und Praxis der Freiwilligen Gerichtsbarkeit, 23. Aufl. 2010, § 25 Rn 19, 26, 34; *Rawert*, in: Beck'sches Formularbuch Bürgerliches, Handels- und Wirtschaftsrecht, 10. Aufl. 2010, I. 49; *Kristic*, in: Schulze/Grziwotz/Lauda, Bürgerliches Gesetzbuch, 2011, § 184 Rn 1.

§ 183 Widerruflichkeit der Einwilligung

[1]Die vorherige Zustimmung (Einwilligung) ist bis zur Vornahme des Rechtsgeschäfts widerruflich, soweit nicht aus dem ihrer Erteilung zugrunde liegenden Rechtsverhältnis sich ein anderes ergibt. [2]Der Widerruf kann sowohl dem einen als dem anderen Teile gegenüber erklärt werden.

Literatur: Siehe bei § 182.

A. Allgemeines

1 In Abweichung von § 130 Abs. 1 S. 2 ist die Einwilligung auch noch nach ihrem Zugang bis zur Vornahme des Hauptgeschäfts im Grundsatz widerruflich. Das scheint akzeptabel, weil sie in dieser Phase wesensgemäß noch keine Wirkungen entfaltet; auf der anderen Seite kann es durchaus sein, dass die Parteien des Hauptgeschäfts im Vertrauen auf die Einwilligung bereits Dispositionen für den Abschluss des Geschäfts und seine Durchführung getroffen haben. Im Vertragsrecht hat immerhin ein entsprechender Grund (Dispositionen, die die Gegenseite im Vertrauen auf den Antrag getroffen hat) zur Bindung an den Antrag geführt (§ 145).[1] Eine **Rechtfertigung** der Widerrufsmöglichkeit kann man aber noch darin erblicken, dass es nicht in der Hand des Einwilligenden liegt, einen sofortigen Vertragsabschluss zu erzwingen, so dass ein gegebenenfalls langer Schwebezustand entsteht, verbunden mit unabsehbaren Unwägbarkeiten. Aus demselben Grund lässt sich auch in entsprechender Anwendung der §§ 314, 543, 626 Abs. 1, 671 Abs. 2, 3, 723 Abs. 1 S. 2 an einen Widerruf aus wichtigem Grund denken (Rn 10 ff).

B. Regelungsgehalt

I. Widerruflichkeit (S. 1 Hs 1)

2 **1. Voraussetzungen.** Wie die Einwilligung selbst ist auch ihr *actus contrarius*, der Widerruf, eine einseitige empfangsbedürftige Willenserklärung, die zu ihrer Wirksamkeit der Erfüllung der **allgemeinen Voraussetzungen** wie zB des Zugangs bedarf. Die Einwilligung ist grundsätzlich in den weiten Grenzen, die Rechtsgeschäften generell gezogen sind (etwa § 226), bis zur Vornahme des Hauptgeschäfts frei widerruflich.

3 Die **Vornahme des Hauptgeschäfts** ist seine Vollendung.[2] Bei Einwilligungen zu **Grundstücksgeschäften** will eine verbreitete Meinung den Widerruf nur bis zu dem Zeitpunkt zulassen, in dem die Einigungserklärungen der Parteien nach § 873 Abs. 2 bindend werden.[3] Teilweise wird noch zusätzlich die Stellung des Eintragungsantrags gefordert.[4] Zutreffend ist, dass der Widerruf erst bei Vorliegen von bindender Einigung und Eintragungsantrag nicht mehr erfolgen kann; das ergibt sich aus einer analogen Anwendung des § 878 (Verfügung ohne Zustimmung entspricht einer Verfügung trotz Verfügungsbeschränkung).[5] Daher kommt es auch nicht darauf an, wer den Eintragungsantrag gestellt hat.[6] Wollte man dagegen die Bindung nach § 873 Abs. 2 allein ausreichen lassen, müsste man konsequenterweise auch bei Abgabe eines nach § 145 bindenden zustimmungsbedürftigen Antrags den Widerruf ausschließen.[7] Dass das Gesetz den Ausdruck „Rechtsgeschäft" hier in diesem Sinne versteht, ist aber nicht anzunehmen.[8]

1 Vgl MüKo/*Kramer*, § 145 Rn 1.
2 BGHZ 14, 114, 119 = LM § 455 Nr. 5; *Larenz/Wolf*, BGB AT, S. 934; Staudinger/*Gursky*, § 183 Rn 10.
3 BGH NJW 1998, 1482, 1484 (obiter); OLG Brandenburg v. 10.1.2008, 5 U 15/07,; Palandt/*Ellenberger*, § 183 Rn 1; *Flume*, BGB AT Bd. 2, S. 897.
4 MüKo/*Schramm*, § 183 Rn 10; Soergel/*Leptien*, § 183 Rn 3; HK-BGB/*Dörner*, § 183 Rn 4; differenzierend Bamberger/Roth/*Bub*, § 183 Rn 3.
5 So BGH NJW 1963, 36, 37 für §§ 5, 6 ErbbauVO; vgl OLG Düsseldorf Rpfleger 1996, 340, 341 = MittRhNotK 1996, 276; OLG Köln Rpfleger 1996, 106; allg. HK-BGB/*Dörner*, § 183 Rn 4; *Thiele*, S. 302 ff.
6 AA Bamberger/Roth/*Bub*, § 183 Rn 3; *Thiele*, S. 303.
7 So in der Tat *Flume*, BGB AT Bd. 2, S. 896 f.
8 Vgl Staudinger/*Gursky*, § 183 Rn 10.

2. Rechtsfolgen. Rechtsfolge des Widerrufs ist **nur die Beseitigung** der Einwilligung. Eine Bindung des Widerrufenden tritt nicht ein, so dass er in der Folge frei erneut einwilligen, nach Vornahme des Hauptgeschäfts genehmigen oder seine Zustimmung verweigern kann. 4

II. Ausnahmen

1. Abweichendes Grundverhältnis (S. 1 Hs 2). Die Einwilligung ist dann nicht widerruflich, wenn sich das aus dem ihrer Erteilung zugrunde liegenden Rechtsverhältnis ergibt (S. 1 Hs 2); allgemein zu Grundverhältnis und Grundgeschäft s. § 182 Rn 8. Das Grundgeschäft kann die Unwiderruflichkeit ausdrücklich bestimmen oder – das macht im Ergebnis keinen Unterschied – eine Pflicht zur Erteilung der Einwilligung vorsehen. Neben diesen Fällen lässt sich eine allgemeine Regel, wann das Grundgeschäft die Widerruflichkeit ausschließt, kaum angeben. Ein deutliches Indiz dafür ist es immerhin, wenn die Einwilligung gerade wegen der Interessen des Ermächtigten erteilt wird. Je mehr dieser aus Gründen, die im Grundgeschäft liegen, auf das Weiterbestehen der Einwilligung angewiesen ist, etwa weil er auf deren Basis disponieren muss, desto eher wird man die Unwiderruflichkeit auch ohne ausdrückliche Festlegung annehmen müssen. 5

Als Paradebeispiel dient der **verlängerte Eigentumsvorbehalt**. Grundgeschäft ist hier der Kaufvertrag. Nach seinem Sinn und Zweck – Schaffung der Dispositionsmöglichkeit für den Käufer – ist die Einwilligung des Vorbehaltsverkäufers in die Weiterveräußerung der unter Eigentumsvorbehalt verkauften Ware durch den Vorbehaltskäufer nicht frei widerruflich; das muss nicht einmal ausdrücklich bestimmt werden.[9] Weitere Beispiele gibt es im Gesellschaftsrecht: So scheidet ein Widerruf aus bei der unwiderruflichen Kündigung der Mitgliedschaft in einer GmbH, in der gleichzeitig die Zustimmung zur Einziehung des Gesellschaftsanteils des Kündigenden liegt; hier liegt die Gefahr darin, dass durch die Beseitigung der Zustimmung die Durchführung des Austritts des Kündigenden trotz unwiderruflicher Kündigung verhindert werden könnte.[10] 6

2. Gesetzliche Anordnung. Die Unwiderruflichkeit ist zur Erzielung von Rechtssicherheit in diversen Fällen gesetzlich angeordnet, vor allem im Sachenrecht, zB: §§ 876 S. 3, 880 Abs. 2 S. 3, 1245 Abs. 1 S. 3, 1516 Abs. 2 S. 4, 2291 Abs. 2. 7

3. Unwiderrufliche Erteilung. Die Einwilligung ist schließlich nicht widerruflich, wenn sie selbst unwiderruflich erteilt worden ist oder der Einwilligende nachträglich auf sein Widerrufsrecht verzichtet hat. Dabei sollte man hierunter nicht die Fälle fassen, in denen die Unwiderruflichkeitserklärung lediglich einen Bezug auf das Grundgeschäft darstellt, nach dem der Erklärende zur unwiderruflichen Erteilung der Einwilligung verpflichtet ist. Dabei erhält nämlich die abstrakte Zustimmungserklärung keinen vom Normalfall abweichenden Inhalt, der in ihr selbst begründet liegt. Die Unwiderruflichkeit ergibt sich vielmehr aus der im Gesetz vorgesehenen Rückkopplung mit dem Grundgeschäft, so dass ein Fall von oben Rn 5 vorliegt. Die Rückkopplung fehlt allerdings bei Unwirksamkeit des Grundgeschäfts; dann kann man nicht mehr davon sprechen, dass aus dem der „Erteilung [der Einwilligung] zugrunde liegenden Rechtsverhältnis sich ein anderes ergibt", so dass eine Gleichstellung mit den selbstständig für unwiderruflich erklärten Einwilligungen gerechtfertigt ist. Dieser dritten Gruppe von Ausnahmen bleiben also die Fälle, in denen das Grundverhältnis die Unwiderruflichkeit nicht vorsieht oder ganz fehlt, etwa weil es unwirksam ist. 8

Auch hier gibt es eine Leitentscheidung aus dem Gesellschaftsrecht: Die vorbehaltlose Zustimmung der übrigen Gesellschafter zur treuhänderischen Sicherungsabtretung eines Kommanditanteils schließt die Einwilligung zur späteren Rückübertragung nach Ende des Sicherungszwecks mit ein; diese Einwilligung zur Rückübertragung ist unwiderruflich, weil die Mitgesellschafter bei Erteilung ihrer Zustimmung zum Treuhandgeschäft genau wissen, dass dieses seiner Natur nach als vorübergehend gedacht ist und eine Rückübertragung folgen soll.[11] Wenn der BGH in dieser Entscheidung auf den „Grundsatz des Vertrauensschutzes" abstellt, liegt darin die zutreffende **Auslegung der Zustimmungserklärung** nach dem Empfängerhorizont; mit anderen Worten, auch der Verzicht auf das Widerrufsrecht kann konkludent erfolgen. 9

4. Widerruf aus wichtigem Grund. a) Allgemeines. Diskutiert wird in manchen Fällen einer eigentlich unwiderruflichen Einwilligung die weiter bestehende Möglichkeit eines Widerrufs aus wichtigem Grund, ebenso wie nach ganz herrschender Meinung eine unwiderrufliche Vollmacht aus wichtigem Grund widerrufen werden kann (vgl § 168 Rn 13).[12] Aus wichtigem Grund soll widerrufen werden können, wenn eine Partei des Hauptgeschäfts die Interessen des Einwilligenden (schuldhaft) gefährdet, also etwa das Verhalten des Vorbehaltskäufers (Nichtzahlung trotz vorhandener Geldmittel) die Sicherheit des Verkäufers in Gefahr bringt.[13] **Hier ist zu differenzieren:** 10

9 BGH NJW 1969, 1171.
10 OLG Köln NJW-RR 1997, 356.
11 BGHZ 77, 392, 396 f = NJW 1980, 2708; vgl bereits BGH NJW 1965, 1376, 1377.
12 Staudinger/*Gursky*, § 183 Rn 14; Soergel/*Leptien*, § 183 Rn 4; zurückhaltend *Medicus*, BGB AT, Rn 1020.
13 BGH NJW 1969, 1171; Staudinger/*Gursky*, § 183 Rn 14; TWT/*Tamm*, § 183 Rn 7.

11 **b) Bei abweichendem Grundverhältnis.** Bei einer auf dem Grundgeschäft basierenden Unwiderruflichkeit (Rn 5) benötigt man die Figur nicht: Hier wird sich schon aus der Auslegung des Grundgeschäfts ergeben, dass es für die ohnehin seltenen Fälle, in denen ein wichtiger Grund vorliegt, die Widerrufsmöglichkeit nicht ausschließt. Das gilt umso mehr, wenn man das Erlöschen der Einwilligung analog § 168 S. 1 bei Beendigung des Grundverhältnisses anerkennt (Rn 15); denn dann kann sich der Wegfall der Einwilligung bereits aus der Kündigung des Grundverhältnisses ergeben, ohne dass es eines gesonderten Widerrufs bedürfte. So entfällt bei Rücktritt des Vorbehaltsverkäufers vom Kaufvertrag auch ohne weiteres die Ermächtigung zum Weiterverkauf der Ware.[14] Aber auch sonst schafft der Weg über die **Auslegung des Grundgeschäfts** Raum für flexible, dem Einzelfall angepasste Lösungen.

12 **c) Bei gesetzlicher Anordnung.** Mit Sicherheit ist ein Widerruf auch aus wichtigem Grund nicht möglich, wenn die Unwiderruflichkeit gesetzlich angeordnet ist (Rn 7). Extremfälle können über § 242 gelöst werden.

13 **d) Bei unwiderruflicher Erteilung.** Als eigenständige Rechtsfigur sinnvoll ist der Widerruf aus wichtigem Grund allein dann, wenn die Einwilligung selbst unwiderruflich erteilt worden ist, ohne dass sich das aus einem ihr zugrunde liegenden Rechtsgeschäft ergibt (Rn 8). Hier wird man den Einwilligenden in der Tat nicht an seiner Erklärung festhalten dürfen, wenn ein Grund vorliegt, der die Bindung für ihn **unzumutbar** erscheinen lässt und der andererseits die **Schutzwürdigkeit des Ermächtigten reduziert**. Es darf sich dabei aber **nur** um **Ausnahmefälle** handeln, zumal wenn die Einwilligung beiden an dem Hauptgeschäft beteiligten Personen gegenüber erklärt worden ist.[15] Ein Ausnahmefall ist etwa bei Unwirksamkeit des Grundgeschäfts gegeben. Während diese Unwirksamkeit nicht unmittelbar die der Einwilligung nach sich ziehen kann (Abstraktionsprinzip), bildet sie doch einen wichtigen Grund für einen Widerruf.[16]

14 **5. Rechtsfolgen.** Rechtsfolge unwiderruflicher Einwilligungen ist ihr **sofortiges Wirksamwerden**, so dass die Wirksamkeitsvoraussetzungen (etwa Geschäftsfähigkeit, Zustimmungsbefugnis) nur im Zeitpunkt der Erteilung vorliegen müssen.[17] Die bindende Einwilligung im Sachenrecht bedeutet eine Inhaltsänderung desjenigen Rechts, aufgrund dessen der Einwilligende zustimmen musste. Damit geht dieses Recht auf jeden Rechtsnachfolger, ob Einzel- oder Gesamtrechtsnachfolger, mit dem geänderten Inhalt über (§§ 413, 404), also ohne die Möglichkeit, das Hauptgeschäft noch zu verhindern. Allerdings kann im Grundstücksrecht der mittels eines Verkehrsgeschäfts Erwerbende bei Redlichkeit und fehlender Eintragung eines Widerspruchs im Grundbuch nach § 892 Abs. 1 S. 1 das Recht ohne Bindung an die Zustimmung erwerben.[18]

III. Weitere Erlöschensgründe

15 Die Einwilligung erlischt außer durch Widerruf durch den Eintritt einer **auflösenden Bedingung** oder einer **auflösenden Befristung** sowie bei **Verzicht des Ermächtigten**. Außerdem ist § 168 S. 1 analog anwendbar, so dass bei **Wegfall des Grundverhältnisses** auch die Einwilligung automatisch erlischt.[19] Auch beim **Tod des Ermächtigten** ist das Schicksal des Grundverhältnisses nach den jeweils geltenden Regeln zu prüfen (zB § 673 S. 1).[20] **Stirbt der Einwilligende**, bleibt die Einwilligung bestehen, und seine Erben oder, soweit die Rechtsstellung nicht vererblich ist (vgl § 182 Rn 14), sein Nachfolger im Amt etwa des Vormunds können sie widerrufen, wenn sie noch widerruflich war.[21] Entsprechendes gilt bei **nachträglich eintretender Geschäftsunfähigkeit**.[22]

16 In der **Insolvenz der Beteiligten** ist zu unterscheiden: Wird über das Vermögen des Einwilligenden das Insolvenzverfahren eröffnet, erlischt die Einwilligung immer dann, wenn das zustimmungsbedürftige Rechtsgeschäft vermögensrechtliche Bedeutung für die Insolvenzmasse hat.[23] Die Folgen der Insolvenz des Ermächtigten ergeben sich aus einer Auslegung des Grundgeschäfts.[24] Der **Verlust des Rechts**, aufgrund dessen eine widerrufliche Einwilligung erteilt worden ist, lässt diese bei Einzelrechtsnachfolge grundsätzlich erlöschen (Ausnahme: Übertragung nach §§ 398 ff, wegen § 404), bei Gesamtrechtsnachfolge bestehen.[25]

14 BGH NJW 2007, 2485, 2487.
15 So in BGHZ 77, 392 = NJW 1980, 2708; der BGH ist hier völlig zu Recht zurückhaltend. Vgl ferner jurisPK-BGB/*Trautwein*, § 183 Rn 5.
16 Staudinger/*Gursky*, § 183 Rn 22.
17 OLG Hamm MittRhNotK 1995, 24, 25.
18 OLG Hamm MittRhNotK 1995, 24, 25; Staudinger/*Gursky*, § 876 Rn 34.
19 Heute im Grundsatz allgM, s. Staudinger/*Gursky*, § 183 Rn 20; MüKo/*Schramm*, § 183 Rn 4; vgl BGH NJW 2000, 738, 739 (für eine Ermächtigung zur Prozessführung); im Einzelnen abw. aber Staudinger/*Gursky*, § 183 Rn 21 („im Wesentlichen" nur in Fällen des § 185), Bamberger/Roth/*Bub*, § 183 Rn 7 („im Zweifel").
20 Staudinger/*Gursky*, § 183 Rn 23.
21 Staudinger/*Marotzke*, § 1922 Rn 324 ff.
22 Zust. TWT/*Tamm*, § 183 Rn 8.
23 BGHZ 142, 72, 75 = NJW 1999, 2969; BGH NJW 2000, 738, 739; MüKo/*Schramm*, § 183 Rn 7; iE auch Staudinger/*Gursky*, § 183 Rn 25 ff.
24 AA Staudinger/*Gursky*, § 183 Rn 24: Auslegung der Einwilligung.
25 OLG Düsseldorf Rpfleger 1996, 340, 341 = MittRhNotK 1996, 276; OLG Celle NZM 2005, 260; Staudinger/*Gursky*, § 183 Rn 28; MüKo/*Schramm*, Vor § 182 Rn 41, § 183 Rn 6; *Thiele*, S. 303.

IV. Erklärungsempfänger (S. 2)

Erklärungsempfänger des Widerrufs kann wie bei der Erteilung oder Verweigerung der Zustimmung (§ 182 Abs. 1) **der eine oder der andere Teil des Hauptgeschäfts** sein. Dabei ist es – das zeigt die offene Formulierung des S. 2 – unerheblich, wem gegenüber ursprünglich die Zustimmung erteilt worden ist. Man kann also ohne weiteres der einen Partei des Hauptgeschäfts gegenüber einwilligen und der anderen gegenüber widerrufen. Die Bedeutung dieses Grundsatzes wird allerdings dadurch eingeschränkt, dass nach allgemeiner Meinung die **§§ 170–173 entsprechend** anzuwenden sind.[26] Gegebenenfalls muss sich also beispielsweise der Einwilligende vom gutgläubigen (nicht fahrlässigen, § 173 analog) anderen Teil des Hauptgeschäfts die ihm erteilte Einwilligung auch nach Widerruf gegenüber dem einen Teil entgegenhalten lassen (§ 170 analog). 17

§ 184 Rückwirkung der Genehmigung

(1) Die nachträgliche Zustimmung (Genehmigung) wirkt auf den Zeitpunkt der Vornahme des Rechtsgeschäfts zurück, soweit nicht ein anderes bestimmt ist.

(2) Durch die Rückwirkung werden Verfügungen nicht unwirksam, die vor der Genehmigung über den Gegenstand des Rechtsgeschäfts von dem Genehmigenden getroffen worden oder im Wege der Zwangsvollstreckung oder der Arrestvollziehung oder durch den Insolvenzverwalter erfolgt sind.

Literatur: Siehe bei § 182.

A. Allgemeines

I. Voraussetzungen

1. Hauptgeschäft, Genehmigungspflicht. Genehmigungen sollen zur Wirksamkeit des Hauptgeschäfts führen. Voraussetzung jeder Genehmigung ist, dass das **Hauptgeschäft (noch) als schwebend unwirksames besteht**, also nicht durch Widerruf, Rücktritt oder sonstige Gründe untergegangen ist oder von vornherein endgültig unwirksam war (etwa wegen §§ 111 S. 1, 180 usw); entscheidend ist der Zeitpunkt des Zugangs der Genehmigung.[1] Bei Löschung der ursprünglich vorhandenen Eintragung im Grundbuch wird die dazugehörige zunächst schwebend unwirksame Einigung endgültig unwirksam und kann nicht mehr genehmigt werden.[2] Dient die nach § 177 zustimmungsbedürftige Erklärung des *falsus procurator* der Wahrung einer gesetzlichen oder vertraglichen Ausschlussfrist, muss meistens auch die Genehmigung **innerhalb der Frist** erfolgen. Das hat die Rechtsprechung unter weitgehender Zustimmung des Schrifttums für eine Reihe von Fallgestaltungen 1

26 S. nur Staudinger/*Gursky*, § 183 Rn 17.

1 Zur Lage bei Insolvenz des ausscheidenden Partners bei der Vertragsübernahme s. *Lange*, ZIP 1999, 1373 ff.

2 BGH MDR 1971, 380; Staudinger/*Gursky*, § 184 Rn 10.

zu Recht so entschieden, weil die meisten dieser Fristen die Schaffung klarer Rechtsverhältnisse bezwecken.[3] Stets kommt es aber auf den Zweck der jeweiligen Ausschlussfrist an, so dass bisweilen auch noch die nach Fristablauf erfolgte Genehmigung volle (Rück-)Wirkung entfalten kann. Das ist etwa dann der Fall, wenn an die fristgebundene Erklärung ohnehin zugunsten des Erklärenden keine strengen Anforderungen gestellt werden (keine Formbindung, keine Vorlage einer Vollmacht notwendig) und es den Interessen des Erklärungsempfängers nicht entgegensteht, bei Fristablauf noch nicht sicher feststellen zu können, ob die Erklärung wirksam ist.[4] Die **Genehmigungspflicht** darf nicht entfallen sein, etwa wegen Gesetzesänderungen, denn sonst ist das Geschäft bereits endgültig wirksam.[5]

2 **2. Zuständigkeit.** Stark umstritten ist, in welchem Zeitpunkt der insbesondere eine Verfügung Genehmigende seine Berechtigung (Rechtsträgerschaft und Verfügungsmacht, vgl § 185 Rn 3) innehaben muss: ob bei Vornahme des Hauptgeschäfts oder bei Zugang der Genehmigung.[6] Das Problem wird dadurch etwas entschärft, dass auch die herrschende Meinung, die auf den **Zugang der Genehmigung** abstellt, diverse Ausnahmen anerkennt.[7] So kann der frühere (letzte) Eigentümer – mit der Folge des § 816 Abs. 1 S. 1 – eine Verfügung genehmigen, wenn die Sache in der Zwischenzeit physisch oder rechtlich (§§ 946 ff) untergegangen ist.[8]

3 **3. Frist, Aufforderungsrecht, Widerrufsrecht. a) Gesetzliche Regelungen.** Eine allgemeine Frist für die Erteilung der Genehmigung sieht das Gesetz nicht vor. Da der Schwebezustand mithin sehr lange andauern kann, gibt es verschiedentlich Regelungen, die einer Partei des Hauptgeschäfts die Möglichkeit geben, sich von diesem zu lösen. Das geschieht entweder durch Einräumung eines Widerrufsrechts (§§ 109, 178, 1366 Abs. 2, 1427 Abs. 2, 1453 Abs. 2, 1830, 1908 i Abs. 1) oder durch Gewährung des Rechts, den Zustimmungsberechtigten zur Genehmigung aufzufordern, mit der Folge, dass nach Ablauf einer bestimmten Zeit ohne Erklärung die Genehmigung als verweigert gilt (§§ 108 Abs. 2, 177 Abs. 2, 1366 Abs. 3, 1427 Abs. 1, 1453 Abs. 1, 1829 Abs. 2, 1908 i Abs. 1).

4 **b) Allgemeines Prinzip.** Ob daraus auf ein allgemeines Prinzip geschlossen werden kann, ist streitig.[9] Naheliegend ist, dass ein solches wie in den geregelten Fällen nur für diejenigen Sachverhalte gelten darf, in denen nicht ein Vertrag als solcher, sondern **nur eine einzige Willenserklärung zustimmungsbedürftig** ist; Widerrufsrecht und Aufforderungsrecht kommen dann dem jeweiligen Geschäftsgegner desjenigen zu, dessen Erklärung noch nicht wirksam ist.[10] Bei den anderen Zustimmungsfällen bleibt damit als zeitliche Grenze für die Erteilung der Genehmigung nur die Verwirkung (mit dem nicht immer befriedigenden Ergebnis der Unwirksamkeit des Hauptgeschäfts); auch wenn den Parteien nach Treu und Glauben nicht mehr zuzumuten ist, um eine Genehmigung nachzusuchen, tritt Unwirksamkeit des Hauptgeschäfts ein (selten).[11]

5 Da die genannten gesetzlichen Bestimmungen jeweils parallel Widerrufsrecht und Aufforderungsrecht vorsehen, kann für diese beiden Institute auch für die Frage einer Gesamtanalogie nicht ohne Willkür eine unterschiedliche Lösung gefunden werden. Im Ergebnis ist eine **Analogie zu befürworten**, wenn auch die einzelnen genannten Vorschriften in ihren Anforderungen nicht vollständig übereinstimmen. Das Gesetz macht deutlich, dass es dem Geschäftspartner einer Person, die eine zustimmungsbedürftige Willenserklärung abgegeben hat,

3 BGHZ 32, 375, 382 f = NJW 1960, 1805 (Ausübung eines gesetzlichen Vorkaufsrechts); BGH NJW 1973, 1789, 1790 (Annahme eines Vertragsangebots bei rechtsgeschäftlich bestimmter Frist); NJW-RR 2003, 303, 304 (Fristsetzung mit Kündigungsandrohung); BAG NJW 1987, 1038, 1039 (fristlose Kündigung); BVerwG NJW 1999, 3357, 3358 (Anmeldung eines vermögensrechtlichen Anspruchs nach § 30 a Abs. 1 S. 1 VermG); OLG Hamburg MDR 1988, 860, 861 (Annahme eines Grundstückskaufangebots bei kirchenaufsichtlicher Genehmigungspflicht); *M. Lange*, in: FG Sandrock 1995, S. 243 ff (fristlose Kündigung, nicht jedoch ordentliche Kündigung); vgl allgemein MüKo/*Schramm*, § 177 Rn 45; PWW/*Frensch*, § 184 Rn 2; generalisierend Soergel/*Leptien*, § 184 Rn 8; jurisPK-BGB/*Trautwein*, § 184 Rn 3; aA Staudinger/*Gursky*, § 184 Rn 21; Jauernig/*Jauernig*, § 184 Rn 2; *Jauernig*, in: FS Niederländer 1991, S. 285 ff.

4 BGH NJW 2010, 2950, 2952 (zu § 651 g Abs. 1) m. zust. Anm. *Tonner*.

5 BGHZ 37, 233, 236 = NJW 1962, 1715; BGHZ 127, 368, 375 = NJW 1995, 318; BGH WM 2001, 475, 476.

6 Bei Zugang der Genehmigung (hM): BGHZ 107, 340, 341 f = NJW 1989, 2049; Staudinger/*Gursky*, § 184 Rn 23; MüKo/*Schramm*, § 184 Rn 23, 25; Jauernig/*Jauernig*, § 184 Rn 1; *Larenz/Wolf*, BGB AT, S. 936 f. Bei Vornahme des Hauptgeschäfts: *Finkenauer*, AcP 203 (2003), 282 ff; Erman/*Palm*, § 184 Rn 3. Differenzierend Bamberger/Roth/*Bub*, § 184 Rn 5.

7 Übersicht bei *Finkenauer*, AcP 203 (2003), 282, 303 ff.

8 BGHZ 56, 131, 133 ff = NJW 1971, 1452; Staudinger/*Gursky*, § 184 Rn 25; MüKo/*Schramm*, § 184 Rn 25; Bamberger/Roth/*Bub*, § 185 Rn 11; Jauernig/*Jauernig*, § 184 Rn 1.

9 Dafür: MüKo/*Schramm*, § 184 Rn 5, 9; *Medicus*, BGB AT, Rn 1023 f. Nur für das Aufforderungsrecht, aber gegen das Widerrufsrecht: Staudinger/*Gursky*, § 184 Rn 9, 18; Soergel/*Leptien*, § 184 Rn 4. Für das Widerrufsrecht: *Kroppenberg*, WM 2001, 844, 848. Für das Aufforderungsrecht: PWW/*Frensch*, § 182 Rn 8.

10 Vgl MüKo/*Schramm*, § 184 Rn 5, 9; *Medicus*, BGB AT, Rn 1023 f (beide für das Aufforderungsrecht freilich nicht eindeutig); aA *Kroppenberg*, WM 2001, 844, 848 (für das Widerrufsrecht).

11 Vgl OLG München ZMR 1996, 371, 372 (behördliche Genehmigung 14 Jahre nach Vertragsschluss möglich); BGHZ 76, 242, 248 = NJW 1980, 1691; BGH DtZ 1994, 247.

regelmäßig Sonderrechte zugestehen will. Der Geschäftspartner kann also den Zustimmungsberechtigten oder seinen Vertragspartner zur Genehmigung auffordern, mit der Folge, dass die Genehmigung nur ihm gegenüber erklärt werden kann, eine vorher dem Vertragspartner gegenüber erklärte Genehmigung oder Verweigerung unwirksam wird und die Genehmigung nur innerhalb von zwei Wochen nach der Aufforderung erklärt werden kann, anderenfalls sie als verweigert gilt. Ferner kann der Geschäftspartner, wenn er von dem Defekt des anderen bei Vertragsschluss nichts gewusst hat oder wegen wahrheitswidriger Angaben des anderen auf das Vorhandensein einer Einwilligung vertraut hat, seine eigene Willenserklärung bis zur Erteilung der Genehmigung sowohl dem Vertragspartner als auch dem Zustimmungsberechtigten gegenüber widerrufen.

c) Pflichten der Parteien. Abgesehen von diesen Rechten, die zur Beseitigung des Hauptgeschäfts führen können, sind die Parteien (mit Ausnahme des Minderjährigen) einander während des Schwebezustandes aus der zwischen ihnen bestehenden Sonderverbindung (§§ 242, 241 Abs. 2, 311 Abs. 2) dazu verpflichtet, alles zu tun, um die **Genehmigung herbeizuführen**, und alles zu unterlassen, was sie gefährden oder vereiteln könnte.[12] Bei schuldhaften Verstößen (insbesondere Verzögerung oder Verhinderung der Genehmigung) droht eine Schadensersatzpflicht aus §§ 311 Abs. 2, 241 Abs. 2, 280 Abs. 1.[13] 6

II. Rechtsfolgen

1. Genehmigung. Mit Zugang der Genehmigung wird das bis dahin schwebend unwirksame Geschäft **endgültig wirksam**. § 184 geht hiervon aus und regelt nur, wann diese Wirkung eintreten soll (sogleich Rn 9 ff). 7

2. Verweigerung der Genehmigung. Die – generell unwiderrufliche[14] – Verweigerung der Genehmigung macht das bis dahin schwebend unwirksame Geschäft **endgültig unwirksam.**[15] Nach vereinzelter Auffassung soll in Fällen einer gesetzlichen oder auch nur rechtsgeschäftlichen Zustimmungspflicht die pflichtwidrige Genehmigungsverweigerung (etwa durch den Antrag auf Abweisung der auf Erteilung der Zustimmung gerichteten Klage im Prozess) die schwebende Unwirksamkeit nicht beseitigen.[16] Hier hilft jedenfalls in Rechtsstreitigkeiten zwischen einer Partei des Hauptgeschäfts und dem rechtswidrig Verweigernden der **Einwand des Rechtsmissbrauchs** (§ 242).[17] In seltenen Fällen kann die Verweigerung nach den §§ 138, 226 usw nichtig sein. Abgesehen davon wird man auf Schadensersatzansprüche verwiesen bleiben.[18] Die Parteien des Hauptgeschäfts können dieses aber auch bestätigen (§ 141 analog; grundsätzlich in der vorgeschriebenen Form des Hauptgeschäfts; vgl § 141 Rn 15) und gegen den Zustimmungspflichtigen auf Zustimmung klagen.[19] Verbleibt trotzdem noch ein Schaden, kann er wiederum liquidiert werden. Möglich ist ggf eine Umdeutung des endgültig unwirksam gewordenen Hauptgeschäfts nach § 140, so etwa eines Übergabevertrags in einen Erbvertrag.[20] 8

B. Regelungsgehalt

I. Überblick

§ 184 enthält eine Sonderregel für Genehmigungen bezüglich des Zeitpunkts ihrer Wirkung. Der grundsätzlichen Rückwirkung auf die Vornahme des Hauptgeschäfts (Abs. 1 Hs 1) stehen Einschränkungen in Abs. 1 Hs 2 (abweichende Parteivereinbarungen) und Abs. 2 (Gültigkeit von Zwischenverfügungen) gegenüber; weitere – ungeschriebene – Ausnahmen werden diskutiert. Der Grundsatz lässt sich dadurch rechtfertigen, dass die am Hauptgeschäft beteiligten Parteien dessen Wirksamkeit regelmäßig bereits zu dem Zeitpunkt wollen, in dem sie das Geschäft abschließen.[21] 9

12 BGHZ 14, 1, 2 = NJW 1954, 1442; BGHZ 67, 34, 35 f = NJW 1976, 1939; BGH ZIP 1986, 37, 38; NJW-RR 1986, 756, 758; *Kroppenberg*, WM 2001, 844, 845 ff.

13 OLG Hamm MDR 1969, 306, 307; Staudinger/*Gursky*, § 184 Rn 15; *Kroppenberg*, WM 2001, 844, 847.

14 BGH NJW-RR 2008, 1488, 1489.

15 Ganz hM und st. Rspr: BGHZ 125, 355, 358 = NJW 1994, 1785; OLG Hamburg NJOZ 2008, 2360, 2363; Staudinger/*Gursky*, § 182 Rn 38 ff; *Schmidt*, AcP 189 (1989), 1; *Schmidt*, JuS 1995, 102, 105; krit. Erman/*Palm*, Vor § 182 Rn 7.

16 *Schmidt*, AcP 189 (1989), 1, 11 ff; *Schmidt*, JuS 1995, 102, 105 (gesetzliche oder vertragliche Verpflichtung); Staudinger/*Gursky*, § 182 Rn 42 (nur gesetzliche Verpflichtung).

17 BGHZ 108, 380, 384 f = NJW 1990, 580; LG Düsseldorf DB 1989, 33; MüKo/*Schramm*, § 182 Rn 24; Staudinger/*Gursky*, § 182 Rn 42.

18 Zust. TWT/*Tamm*, § 184 Rn 14.

19 Vgl BGH NJW 1999, 3704, 3705; PWW/*Frensch*, § 182 Rn 9; *Schmidt*, JuS 1995, 102, 106; teils abw. *Flume*, BGB AT Bd. 2, S. 901.

20 BGHZ 40, 218, 221 ff = NJW 1964, 347.

21 Bamberger/Roth/*Bub*, § 184 Rn 1; Staudinger/*Gursky*, § 184 Rn 31; rechtspolitische Kritik bei *Lorenz*, ZRP 2009, 214 ff; dagegen zutr. *Böttcher*, ZRP 2010, 27 f.

II. Grundsatz (Abs. 1 Hs 1)

10 Die in Abs. 1 Hs 1 angeordnete Rückwirkung besteht darin, dass das **Hauptgeschäft** fiktiv als **vom Zeitpunkt seiner Vornahme ab wirksam** angesehen wird, sofern dieser Wirksamkeit damals keine anderen Hindernisse als das Fehlen der Genehmigung entgegengestanden haben.[22] Gab es solche anderen Hindernisse, wirkt die Genehmigung nur auf den Zeitpunkt zurück, in dem das letzte Hindernis beseitigt worden ist, sofern nicht auch hier Rückwirkung der Beseitigung angeordnet ist. Die Rückwirkung gilt unmittelbar, nicht nur wie in § 159 mittelbar.

III. Ausnahmen

11 **1. Abweichende Parteivereinbarung (Abs. 1 Hs 2). a) Im Hauptgeschäft.** Die Parteien des Hauptgeschäfts können eine abweichende Vereinbarung für die Wirkung der Genehmigung treffen. Die Vereinbarung kann auch konkludent getroffen werden, die **Beweislast** liegt in jedem Fall aber bei dem, der sich auf die Abweichung beruft („soweit nicht").

12 **b) In der Genehmigung.** Streitig ist, ob eine Abweichung von Abs. 1 Hs 1 auch dadurch zu erreichen ist, dass der Genehmigende seine Genehmigung mit dem Zusatz abgibt, dass sie nur *ex nunc* wirken soll. Der BGH hat die Frage implizit bejaht, die herrschende Literatur verneint sie.[23] Der Wortlaut des Abs. 1 Hs 2 ist insoweit offen, aber die mit Rückwirkungsausschlussklausel versehene Genehmigung würde das Hauptgeschäft inhaltlich beeinflussen (nämlich hinsichtlich der zeitlichen Geltung), und das ist **unzulässig** (vgl § 182 Rn 11). Gerade wenn also eine Verurteilung des Zustimmungsberechtigten auf Abgabe der Genehmigung nach § 894 ZPO erfolgt, findet eine Rückwirkung statt: Die Rechtsprechung hilft hier schon über die im Antrag auf Klageabweisung liegende konkludente Genehmigungsverweigerung mit § 242 hinweg (s. Rn 8); dann ist es nur konsequent, auch die einseitige Missbilligung der zeitlichen Auswirkungen der Genehmigung seitens des Zustimmungsberechtigten für unbeachtlich zu erklären. In anderen Fallgestaltungen kann die Genehmigung mit Rückwirkungsausschlussklausel auch lediglich teilnichtig sein (wenn die Aufrechterhaltung ohne die Klausel dem Willen des Genehmigenden entsprechen sollte) oder in eine entsprechende Einwilligung umgedeutet werden (vgl § 182 Rn 2).

13 **2. Wirksamkeit von Zwischenverfügungen (Abs. 2). a) Allgemeines.** Verfügungen über den Gegenstand des Hauptgeschäfts, die der Genehmigende selbst während der schwebenden Unwirksamkeit vorgenommen hat, und auf den Gegenstand bezogene Vollstreckungshandlungen, die in dieser Zeit gegen ihn erfolgt sind, werden nicht durch die nachfolgende Genehmigung rückwirkend unwirksam. Damit wird verhindert, dass der Zustimmungsberechtigte seine eigenen wirksamen dinglichen Rechtsgeschäfte durch Ausnutzung des Grundsatzes von Abs. 1 nachträglich wieder beseitigen kann; folgt man der herrschenden Meinung zur Genehmigungszuständigkeit (Rn 2), ist die Regelung des Abs. 2 überflüssig, da nur deklaratorisch.[24]

14 **b) Definitionen und Voraussetzungen. Verfügungen** im Sinne des Abs. 2 sind Verfügungsgeschäfte im technischen Sinn, also Rechtsgeschäfte, die unmittelbar die Übertragung, Belastung, Aufhebung oder Inhaltsänderung bestehender Rechte bewirken sollen.[25] Als Verfügung ist auch die Zustimmung zu einer Verfügung anzusehen,[26] nicht dagegen die Eintragung eines Widerspruchs im Grundbuch.[27]

15 Verfügungen **des Genehmigenden** sind Verfügungen, die ihm zuzurechnen sind, gleich, ob sie von ihm selbst, einem gesetzlichen oder rechtsgeschäftlich bestellten Vertreter oder einem Ermächtigten (§ 185 Abs. 1, Abs 2 S. 1 Fall 1) vorgenommen worden sind.[28] Ihnen sind im Wege der Zwangsvollstreckung (§§ 704 ff ZPO, §§ 321, 309 ff AO)[29] oder Arrestvollziehung (§§ 928 ff ZPO) erfolgende Verfügungen gleichgestellt, da hier der Wille des Genehmigenden durch die Vollstreckungsmaßnahme gleichsam ersetzt wird.[30] Derselbe Gedanke erfasst auch die Verfügungen des Insolvenzverwalters.

16 **Vor der Genehmigung** getroffen ist eine Verfügung, wenn ihr Abschlusstatbestand vor Zugang der Genehmigung vollendet ist; dass etwa noch der Eintritt einer Bedingung aussteht, ist unerheblich. Relevant sind selbstverständlich nur solche Verfügungen, die nach dem zunächst schwebend unwirksamen Hauptgeschäft getroffen wurden.[31] Nicht notwendig ist eine wie auch immer geartete Gutgläubigkeit des Verfügungsemp-

22 RGZ 142, 59, 63.

23 Einerseits BGHZ 108, 380, 384 = NJW 1990, 580; wohl auch *Wagner*, JuS 1997, 690, 695; andererseits Staudinger/*Gursky*, § 184 Rn 42; MüKo/*Schramm*, § 184 Rn 29; Bamberger/Roth/*Bub*, § 184 Rn 10; HK-BGB/*Dörner*, § 184 Rn 6; PWW/*Frensch*, § 184 Rn 5; *Medicus*, BGB AT, Rn 1026; *Jauernig*, in: FS Niederländer 1991, S. 285, 292 f.

24 Vgl Staudinger/*Gursky*, § 184 Rn 45; Soergel/*Leptien*, § 184 Rn 10.

25 Staudinger/*Gursky*, § 184 Rn 47.

26 BGHZ 40, 156, 164 = NJW 1964, 243; BGHZ 55, 34, 37 = NJW 1971, 372; Staudinger/*Gursky*, § 184 Rn 47.

27 RGZ 69, 263, 269; Staudinger/*Gursky*, § 184 Rn 60; MüKo/*Schramm*, § 184 Rn 34.

28 Staudinger/*Gursky*, § 184 Rn 48.

29 Vgl FG Bremen EFG 1992, 57, 58.

30 Vgl RGZ 69, 263, 268; OLG Stuttgart NJW 1954, 36; OLG Frankfurt NJW-RR 1997, 1308, 1310.

31 Staudinger/*Gursky*, § 184 Rn 47.

fängers hinsichtlich des existierenden schwebend unwirksamen Geschäfts: Er erwirbt ja vom aktuell Berechtigten.[32]

c) Regelungsumfang. Abs. 2 kann man **nicht das allgemeine Prinzip** entnehmen, dass wohlerworbene Rechte Dritter nicht durch die Rückwirkungsanordnung des Abs. 1 beeinträchtigt werden dürften, auch wenn das Recht durch die Verfügung eines anderen als gerade des Genehmigenden erworben worden ist.[33] Verfügungen anderer Personen können also durch Abs. 1 nachträglich unwirksam werden, sofern kein gutgläubiger Erwerb stattfindet. Dasselbe gilt für Zwangsvollstreckungsmaßnahmen, die gegen andere Personen gerichtet sind, etwa gegen den Geschäftspartner desjenigen, dessen Willenserklärung der Zustimmung bedarf.[34] 17

3. Abweichende gesetzliche Bestimmungen. Die Rückwirkung kann selbstverständlich durch Gesetz – ausdrücklich oder nach seinem Sinn und Zweck – ausgeschlossen werden.[35] 18

4. Nicht geregelte Ausnahmen. Vielfach ist Abs. 1 Hs 1 aus teleologischen und systematischen Gründen einzuschränken. Die Wirklichkeit ist vor allem dann stärker als die Fiktion, wenn gesetzliche Tatbestände an tatsächliche Verhältnisse anknüpfen und die rechtliche Rückbeziehung nur einseitig einer Partei zugute kommt. 19

a) Verjährung. So beginnen Verjährungsfristen frühestens mit Erteilung der Genehmigung.[36] Der Gläubiger, der während der schwebenden Unwirksamkeit ja kein verfolgbares Recht hatte und der auch nicht fiktiv rückwirkend sein Recht geltend machen kann, würde sonst ungerechtfertigt benachteiligt. Dagegen kann sich der Schuldner durch die Rückwirkung der Genehmigung einer vollmachtlos erfolgten Rechtsverfolgungshandlung nach § 204 oder eines schwebend unwirksamen verjährungshemmenden Geschäfts (zB einer Vereinbarung nach § 205) auch nach Ablauf der Frist nicht auf Verjährung berufen.[37] Der Anschein eines Rechtsfriedens ist hier nicht entstanden. Anderes gilt, wenn ein Nichtberechtigter in eigenem Namen Klage erhebt (vgl § 185 Rn 15).[38] 20

b) Andere Fristen. Manche Fristen zur Ausübung von Gestaltungsrechten (zB § 355 Abs. 1 S. 2) oder zur Geltendmachung von Ansprüchen (zB nach §§ 3, 4 AnfG) laufen ebenfalls erst ab Wirksamwerden der Genehmigung des Hauptgeschäfts.[39] Während das Geschäft schwebend unwirksam ist, braucht man sich regelmäßig noch keine Gedanken über seine Zukunft zu machen. Allerdings bestimmt sich die Wirkung der Genehmigung hier immer nach **Sinn und Zweck der jeweiligen Frist**, so dass diese durchaus auch schon bei Vornahme des Hauptgeschäfts zu laufen beginnen kann (denkbar etwa bei Anfechtbarkeit nach §§ 119, 121). 21

c) Verzug. Ferner können rückwirkend keine Verzugsfolgen eintreten, weder nach §§ 286 ff (Schuldnerverzug) noch nach §§ 293 ff (Gläubigerverzug).[40] Man kann niemandem vorwerfen, er habe nicht geleistet oder eine Leistung nicht angenommen, wenn keine Leistungspflicht bestand. Zulässig ist aber eine Vertragsgestaltung, die schon während der Schwebephase eine Leistungspflicht der Parteien ausdrücklich begründet; mit ihr kann der Schuldner dann in Verzug geraten.[41] Allerdings darf dabei die endgültige Erfüllung der vertraglichen Pflichten nicht vorweggenommen werden.[42] Dazu dürfte bereits die Vereinbarung einer Rückleistungspflicht bei Versagung der Genehmigung genügen.[43] 22

d) Gestaltungsgeschäfte. Nach Ansicht des BGH kann die Genehmigung einer Gestaltungserklärung oder einer geschäftsähnlichen Handlung mit Gestaltungswirkung (Fristsetzung nach § 326 aF; für §§ 281 Abs. 1, 323 Abs. 1 nF gilt nichts anderes) schlechthin keine Rückwirkung entfalten.[44] Das ist in dieser Allgemeinheit **fragwürdig**, zumal die Genehmigung einseitiger Erklärungen nur ausnahmsweise in Fällen fehlender Schutz- 23

32 IE Staudinger/*Gursky*, § 184 Rn 50.

33 Heute ganz hM: RGZ 134, 121, 123; BGHZ 70, 299, 302 f = NJW 1978, 813; FG Bremen EFG 1992, 57, 58; MüKo/*Schramm*, § 184 Rn 38; Bamberger/Roth/*Bub*, § 184 Rn 12; HKK/*Finkenauer*, §§ 182–185 Rn 8; differenzierend Staudinger/*Gursky*, § 184 Rn 51 ff.

34 OLG Stuttgart NJW 1954, 36; OLG Frankfurt NJW-RR 1997, 1308, 1310.

35 Vgl LG Köln DB 1998, 2008 (§ 67 Abs. 2 AktG); OLG Hamm VersR 1978, 1134, 1136 (§ 2 Abs. 2 S. 2 VVG aF).

36 AllgM: RGZ 65, 245, 248; OLG Karlsruhe NJW-RR 1986, 57; Staudinger/*Gursky*, § 184 Rn 38; MüKo/*Schramm*, § 184 Rn 12 a.

37 BGH LM § 209 Nr. 10; MüKo/*Schramm*, § 184 Rn 14; vgl RGZ 86, 245, 246 zum spiegelbildlichen Fall der Klagezustellung an einen falsus procurator.

38 BGH NJW-RR 1989, 1269, 1270 (zum alten Verjährungsrecht); MüKo/*Schramm*, § 184 Rn 14.

39 BGHZ 129, 371, 382 f = NJW 1995, 2290; BGH NJW 1979, 102, 103; Staudinger/*Gursky*, § 184 Rn 38.

40 AllgM: OLG Rostock NJW 1995, 3127, 3128; OLG Karlsruhe NJW-RR 1986, 57 (beide Schuldnerverzug); RGZ 141, 220, 223 (Gläubigerverzug); Staudinger/*Gursky*, § 184 Rn 38; MüKo/*Schramm*, § 184 Rn 12 a.

41 BGH NJW 1999, 1329; ZIP 1986, 37, 38; WM 1979, 74.

42 BGH NJW 1999, 1329; *Kroppenberg*, WM 2001, 844, 846.

43 Vgl *Kroppenberg*, WM 2001, 844, 846 (kein Ausschluss der Rücknahme bei Hinterlegung); BGH NJW 1999, 3040 (Zulässigkeit einer Zahlungspflicht in Höhe eines Teils des Kaufpreises).

44 BGHZ 114, 360, 366 = NJW 1991, 2552; BGHZ 143, 41, 46 = NJW 2000, 506; BGH NJW 1998, 3058, 3060; vgl OLG Karlsruhe NZA 2005, 300, 302 (für § 626); zust. jurisPK-BGB/*Trautwein*, § 184 Rn 27.

würdigkeit des Empfängers (§ 180 S. 2 analog, s. § 182 Rn 63) zulässig ist.[45] Ein generell einschlägiger Grund für das Abweichen von Abs. 1 Hs 1 ist nicht zu sehen. Richtig an der Rechtsprechung ist aber, dass Erklärungen, die Fristen in Gang setzen, nur mit Wirkung *ex nunc* zu genehmigen sind; sonst wäre die Unsicherheit für den Empfänger zu groß.[46]

24 **e) Nachträglicher Rechtserwerb.** Folgt man der herrschenden Meinung, nach der die Genehmigungszuständigkeit erst bei Zugang der Genehmigung vorliegen muss (s. Rn 2), kann sich durch volle Rückwirkung eine Kollision zwischen dem nachträglich erworbenen Recht des Genehmigenden und dem Recht seines Rechtsvorgängers ergeben. Die Lösung liegt in einer **Beschränkung der Rückwirkung**: Hat der Genehmigende sein Recht, aufgrund dessen er zustimmen darf, zum Zeitpunkt der Vornahme des Hauptgeschäfts noch nicht innegehabt, sondern erst später erworben, wirkt seine Genehmigung nur auf diesen Erwerbszeitpunkt zurück; das Recht seines Rechtsvorgängers bleibt so ungeschmälert.[47]

25 Dieser Grundsatz gilt aber dann nicht, wenn es sich um eine Zustimmungsbefugnis **kraft Aufsichtsrechts** handelt (des gesetzlichen Vertreters, Vormunds etc.). Hier übt der Genehmigende eine fremdnützige Befugnis aus, so dass ihm durch die Rückwirkung nach einem Wechsel der Aufsichtszuständigkeit kein eigenes schützenswertes Recht genommen wird; im Gegenteil würde der zu Beaufsichtigende (Minderjähriger, Mündel) sonst entgegen dem gesetzgeberischen Schutzzweck durch den Zuständigkeitswechsel einen Nachteil erleiden. Die Genehmigung wirkt hier also auf den Zeitpunkt der Vornahme des Hauptgeschäfts zurück, auch wenn dieser vor Begründung der Zuständigkeit des jetzigen Zustimmungsberechtigten liegt.[48]

26 **f) Sondergebiete.** Zur Situation außerhalb des bürgerlichen Rechts s. § 182 Rn 48 ff.

§ 185 Verfügung eines Nichtberechtigten

(1) Eine Verfügung, die ein Nichtberechtigter über einen Gegenstand trifft, ist wirksam, wenn sie mit Einwilligung des Berechtigten erfolgt.

(2) [1]Die Verfügung wird wirksam, wenn der Berechtigte sie genehmigt oder wenn der Verfügende den Gegenstand erwirbt oder wenn er von dem Berechtigten beerbt wird und dieser für die Nachlassverbindlichkeiten unbeschränkt haftet. [2]In den beiden letzteren Fällen wird, wenn über den Gegenstand mehrere miteinander nicht in Einklang stehende Verfügungen getroffen worden sind, nur die frühere Verfügung wirksam.

Literatur: *Braun*, Die Rückabwicklung der Verfügung eines Nichtberechtigten nach § 185 BGB, ZIP 1998, 1469; *Bülow*, Mehrfachübertragung von Kreditsicherheiten – Konvaleszenz und Insolvenz, WM 1998, 845; *Dölling*, Mehrere Verfügungen eines Nichtberechtigten über denselben Gegenstand, 1962; *Doris*, Die rechtsgeschäftliche Ermächtigung bei Vornahme von Verfügungs-, Verpflichtungs- und Erwerbsgeschäften, 1974; *Gundlach*, Die Grenzen der Weiterveräußerungs- und der Einziehungsermächtigung, KTS 2000, 307; *Harder*, Zur Konvaleszenz von Verfügungen eines Nichtberechtigten bei Beerbung durch den Berechtigten, in: Rechtsgeschichte und Privatrechtsdogmatik (FS Hans Hermann Seiler; hrsg. von Reinhard Zimmermann), 1999, S. 637; *Katzenstein*, Verfügungsermächtigung nach § 185 BGB durch Zustimmung zum Abschluss eines Schuldvertrags, Jura 2004, 1; *Opalka*, Ausgewählte Probleme der Grundschuldbestellung, Unterwerfungserklärung und der Schuldübernahme, NJW 1991, 1796; *Pletscher*, Genehmigung und Konvaleszenz des Rechtsgeschäfts, Diss. Mannheim 2000; *von Rintelen*, Probleme und Grenzen der Vollsteckungsunterwerfung in der notariellen Urkunde, RNotZ 2001, 2; *Stathopoulos*, Die Einziehungsermächtigung, 1968; *Wacke*, Personalunion von Gläubiger und Schuldner, Vertragsschluss mit sich selbst und die Ungerechtigkeit der Konvaleszenz durch Erbenhaftung, JZ 2001, 380.

45 Vgl Staudinger/*Gursky*, § 184 Rn 38 a f; MüKo/*Schramm*, § 184 Rn 13.

46 Vgl Bamberger/Roth/*Bub*, § 184 Rn 9; MüKo/*Schramm*, § 184 Rn 13.

47 Auf Basis der hM zum Zeitpunkt der Genehmigungszuständigkeit heute allgM: OLG Naumburg FGPrax 1998, 1, 3; Staudinger/*Gursky*, § 184 Rn 27; MüKo/*Schramm*, § 184 Rn 25; Soergel/*Leptien*, § 184 Rn 7.

48 IE Staudinger/*Gursky*, § 184 Rn 28; vgl Soergel/*Leptien*, § 184 Rn 7; aA BayObLG FamRZ 1983, 744, 745.

A. Allgemeines

I. Überblick, Grundgedanken

1. Überblick. § 185 ist keine Hilfsnorm für das Recht der Zustimmung, sondern begründet selbst ein Zustimmungserfordernis für **in eigenem Namen** vorgenommene Verfügungen eines Nichtberechtigten (Abs. 1, Abs. 2 S. 1 Fall 1), auf das die §§ 182–184 Anwendung finden. Abs. 2 S. 1 Fälle 2 und 3 wiederum, ergänzt von Abs. 2 S. 2, enthalten Sondersachverhalte, in denen auch ohne Zustimmung die Verfügung des Nichtberechtigten wirksam wird (Konvaleszenz). 1

Die Norm, insbesondere ihr Abs. 1, spielt in mannigfaltigen, praktisch teils äußerst bedeutsamen Zusammenhängen eine Rolle, so etwa beim verlängerten Eigentumsvorbehalt und bei der Verkaufskommission. Viele dabei entstehende Probleme haben ihre Ursache nicht in strukturellen Fragen des § 185, sondern in dem jeweiligen Anwendungszusammenhang. 2

2. Grundgedanken. Verfügungen eines Nichtberechtigten leiden an einem „Defekt", dem **Mangel** der **Rechtsinhaberschaft** und/oder der **Verfügungsbefugnis**. Sie können damit aus sich selbst heraus nicht wirksam sein. Das Gesetz geht von ihrer schwebenden Unwirksamkeit aus und hilft dieser auf verschiedenen Wegen ab: Zum einen gibt es Verkehrsschutztatbestände, die redliche Verfügungsbegünstigte schützen (zB §§ 892, 932 ff), zum anderen ist es ausreichend, wenn sich der Berechtigte mit der Verfügung einverstanden erklärt, ob im Vorhinein (Abs. 1) oder im Nachhinein (Abs. 2 S. 1 Fall 1). Dabei erfasst § 185 nur die Fälle, in denen der Nichtberechtigte in eigenem Namen handelt; bei Handeln in fremdem Namen gelten die §§ 164 ff (vgl zur Abgrenzung ferner § 164 Rn 28 f). § 185 erfordert anders als § 164 dabei keine Offenlegung des Mangels. Konsequenterweise ist es daher auch für die materiellrechtliche Wirksamkeit eines Mieterhöhungsverlangens nach § 558 a durch den noch nicht eingetragenen Käufer des Grundstücks (vgl Rn 4) nicht erforderlich, dass der Käufer die Ermächtigung in seiner Erklärung ausdrücklich erwähnt.[1] Notwendig ist das aus rein prozessualen Gründen gegebenenfalls erst im gerichtlichen Verfahren (unten Rn 6). Auch ein nachträgliches Zusammenfallen der Stellung von Berechtigtem und Nichtberechtigtem, ob generell oder auf den konkreten Gegenstand bezogen, kann die Wirksamkeit der Verfügung herbeiführen (Abs. 2 S. 1 Fälle 2 und 3). 3

II. Begriffe

Verfügungen sind wie in § 184 Abs. 2 Verfügungen im technischen sachenrechtlichen Sinn (vgl § 184 Rn 14). **Gegenstand** im Sinne des § 185 meint dagegen nicht den sachenrechtlichen Oberbegriff für Sachen und Rechte (vgl § 90), sondern ist weiter zu verstehen, umfasst auch etwa Schuldverhältnisse im Ganzen, Anteile an Personengesellschaften, Gebrauchsmuster und Urheberrechte.[2] Zulässig sind auch einseitige Verfügungsgeschäfte mit gestaltender Wirkung (zB Kündigungen), wenn sie der Nichtberechtigte mit Einwilligung des Berechtigten vornimmt, so etwa wenn der noch nicht eingetragene künftige Grundstückseigentümer dem Mieter in eigenem Namen kündigt;[3] bei einem Mieterhöhungsverlangen nach § 558 a (§ 2 MHG aF) ist die Frage angesichts der neueren Rechtsprechung zu den Kündigungen richtigerweise ebenfalls zu bejahen (ohne Pflicht zur Offenlegung der Ermächtigung, vgl Rn 3).[4] Eine Genehmigung solcher Geschäfte ist dagegen nur unter den Voraussetzungen des § 180 S. 2 analog möglich (vgl § 182 Rn 63).[5] **Nichtberechtigter** ist, wer den Gegenstand der Verfügung gar nicht (Nichteigentümer, Nichtforderungsinhaber) oder nicht vollständig 4

1 AA LG Berlin GE 2007, 1489 ff, das sich unzutr. auf BGH NJW 1998, 896, 898 stützt; jurisPK-BGB/*Trautwein*, § 185 Rn 47.

2 Vgl OLG Brandenburg NJW-RR 1999, 839, 840; OLG München GRUR-RR 2008, 139, 140; unklar jurisPK-BGB/*Trautwein*, § 185 Rn 12.

3 Inzwischen ganz hM: BGH NJW 1998, 896, 897 f; OLG Naumburg MDR 2000, 260; OLG Celle NZM 2000, 93; KG BeckRS 2008, 04279; Staudinger/*Gursky*, § 185 Rn 6; aA etwa noch LG Hamburg NJW-RR 1993, 145.

4 LG Berlin GE 2004, 483 f; GE 2007, 1489 ff; AG Charlottenburg GE 2000, 894; Staudinger/*Gursky*, § 185 Rn 6; Palandt/*Weidenkaff*, § 558 a Rn 2; aA noch LG Berlin NJW-RR 2002, 1378, 1379; AG Charlottenburg GE 2000, 412, 413.

5 Staudinger/*Gursky*, § 185 Rn 6; MüKo/*Schramm*, § 185 Rn 20; vgl BAG ZIP 1986, 388, 389.

(einzelner Miteigentümer, einzelner Gesamthandseigentümer) innehat oder wem die Verfügungsbefugnis fehlt (Schuldner nach Eröffnung des Insolvenzverfahrens, Erbe bei Testamentsvollstreckung oder Nachlassverwaltung).[6] Entscheidender Zeitpunkt ist die Vornahme des Verfügungsgeschäfts (Vollendung des Rechtserwerbs).[7]

III. Analoge Anwendung

5 **1. Anerkanntes. a) Empfangsermächtigung.** § 362 Abs. 2 verweist auf § 185, so dass der Ermächtigte für den Ermächtigenden die Leistung von dessen Schuldner mit befreiender Wirkung annehmen kann. Ob das nach § 185 direkt oder analog vonstatten geht, bleibt sich in der Praxis gleich.

6 **b) Einziehungsermächtigung.** Über die Empfangsermächtigung hinaus geht die Einziehungsermächtigung (bisweilen auch Einzugsermächtigung genannt), praktisch wichtig vor allem beim verlängerten Eigentumsvorbehalt.[8] Mit ihr wird dem Ermächtigten gestattet, die Leistung vom Schuldner des Ermächtigenden nicht nur anzunehmen, sondern sie auch in eigenem Namen zu fordern und einzuklagen sowie Mahnungen und Kündigungen auszusprechen. Gegen ihre Zulässigkeit gibt es vereinzelte Stimmen, ihre dogmatische Einordnung ist umstritten (§ 185 ja, § 362 Abs. 2 fraglich), aber die Rechtsprechung erkennt sie seit langem an, so dass manche sogar schon von Gewohnheitsrecht sprechen.[9] Voraussetzung der Einziehungsermächtigung ist, dass der geltend gemachte Anspruch abtretbar ist.[10] Für die **gerichtliche Geltendmachung (gewillkürte Prozessstandschaft)** muss ein eigenes schutzwürdiges Interesse des Ermächtigten vorhanden sein.[11] Außerdem muss sich der Kläger im Prozess auf die ihm erteilte Ermächtigung berufen und den Einwilligenden benennen.[12] Untereinziehungsermächtigungen oder Übertragung der Ermächtigung auf Dritte sind denkbar, im Zweifel aber durch die ursprüngliche Ermächtigung nicht gedeckt.[13]

7 Die **Einzugsermächtigung** im herkömmlichen nationalen Lastschriftverfahren ist dagegen nach der herrschenden Genehmigungstheorie kein Anwendungsfall von § 185 und auch keine in Analogie zu § 185 gebildete Sondererscheinung (zur Genehmigung im Einzugsermächtigungsverfahren vgl aber § 182 Rn 5).

8 **c) Eintragungsbewilligung nach § 19 GBO.** Auf die verfahrensrechtliche Verfügungserklärung der grundbuchrechtlichen Eintragungsbewilligung (§ 19 GBO) findet § 185 entsprechende Anwendung.[14]

9 **d) Zwangsvollstreckungsmaßnahmen.** Trotz der fehlenden Gleichstellung von Verfügungen und Zwangsverfügungen in § 185 wird diese Norm auf Maßnahmen der **Mobiliarvollstreckung** (Pfändung schuldnerfremder Sachen) analog angewendet,[15] nicht jedoch auf die Pfändung von schuldnerfremden **Forderungen**, da hier die Pfändung ins Leere geht.[16]

10 **e) Einräumung obligatorischer Besitzrechte.** Vermietet oder verpachtet ein Nichtberechtigter eine fremde Sache in eigenem Namen, findet § 185 entsprechende Anwendung.[17] Der Berechtigte muss infolge seiner Zustimmung dem Mieter/Pächter den Besitz der Sache belassen (Besitzrecht iSd § 986).

11 **f) Überbau.** Nimmt ein Dritter mit Zustimmung des Eigentümers des Stammgrundstücks einen Überbau vor, findet § 912 Anwendung, da dem Eigentümer der Überbau über § 185 analog zugerechnet werden kann.[18]

6 Vgl BGHZ 106, 1, 4 = NJW 1989, 521; HK-BGB/*Dörner*, § 185 Rn 2; TWT/*Tamm*, § 185 Rn 6; unzutr. BayObLGZ 1988, 229, 231.
7 BGH LM § 185 Nr. 6; MüKo/*Schramm*, § 185 Rn 26.
8 Vgl dazu etwa *Gundlach*, KTS 2000, 307, 328 f. Zur Einziehungsermächtigung allg. *Stathopoulos*, S. 1 ff.
9 Vgl BGHZ 4, 153, 164 f = NJW 1952, 337; BGHZ 82, 283, 288 = NJW 1982, 571; BGH NJW 1996, 3273, 3275; OLG Jena MDR 1998, 1468, 1469; Staudinger/*Schilken*, Vor § 164 ff Rn 66 f; MüKo/*Schramm*, § 185 Rn 40 ff; HKK/*Finkenauer*, §§ 182–185 Rn 15; krit. Palandt/*Grüneberg*, § 398 Rn 32; *Medicus*, BGB AT, Rn 1009.
10 BGH NJW 1996, 3273, 3275.
11 St. Rspr: BGH NJW 1996, 3273, 3275; NJW 2000, 738; NJW 2003, 2231, 2232.
12 BGH NJW 1972, 1580; NJW 2004, 1043, 1044; OLG München GRUR-RR 2008, 139, 142.
13 OLG Jena MDR 1998, 1468, 1469.
14 IE allgM (aA: unmittelbare Anwendung): OLG Naumburg NJW-RR 1999, 1462; BayObLGZ 1988, 229, 231; OLG Köln Rpfleger 1980, 222, 223; Staudinger/*Gursky*, § 185 Rn 101; MüKo/*Schramm*, § 185 Rn 15.
15 Heute allgM: BGHZ 56, 339, 351 (obiter) = NJW 1971, 1938; Staudinger/*Gursky*, § 185 Rn 91; MüKo/*Schramm*, § 185 Rn 16; Soergel/*Leptien*, § 185 Rn 6.
16 HM und st. Rspr: BGHZ 56, 339, 350 f = NJW 1971, 1938; BGH NJW 2002, 755, 757; OLG Düsseldorf NJW-RR 1999, 1406, 1407; Staudinger/*Gursky*, § 185 Rn 92; MüKo/*Schramm*, § 185 Rn 17; aA Soergel/*Leptien*, § 185 Rn 6; *Medicus*, BGB AT, Rn 1034.
17 Ganz hM: RGZ 124, 28, 32; KG v. 6.8.1998, 8 U 8923/96; OLG Schleswig WuM 1990, 194; Staudinger/*Gursky*, § 185 Rn 102; MüKo/*Schramm*, § 185 Rn 10; *Katzenstein*, Jura 2004, 1, 2, 7 ff.
18 Ganz hM: BGHZ 15, 216, 218 f = NJW 1955, 177; OLG Frankfurt MDR 1968, 496; OLG Brandenburg BeckRS 2005, 30363019; OLG Celle NJW-RR 2004, 16 (zum WEG); Staudinger/*Gursky*, § 185 Rn 98; MüKo/*Schramm*, § 185 Rn 13; NK-BGB/*Ring*, § 912 Rn 13.

g) Relative Veräußerungsverbote, Vormerkung. § 185 findet entsprechende Anwendung, wenn eine Verfügung gegen ein relatives Veräußerungsverbot iSd §§ 136, 135 verstößt;[19] desgleichen, wenn es um eine vormerkungswidrige Verfügung geht.[20] 12

2. Nicht Anerkanntes. a) Verpflichtungsermächtigung, Erwerbsermächtigung. Einige Erscheinungen, die auf eine Analogie zu § 185 gestützt werden könnten, sind in der Praxis nicht anerkannt und nicht über den Status akademischer Diskussionen vorgedrungen; so namentlich die Verpflichtungsermächtigung[21] (auch in der Form der Mitverpflichtung des Ermächtigenden)[22] und die Erwerbsermächtigung.[23] 13

b) Gesetzliche Pfandrechte. In der Literatur äußerst umstritten und in der Rechtsprechung nicht anerkannt ist die entsprechende Anwendung von Abs. 1 auf gesetzliche Pfandrechte des BGB wie das Werkunternehmer- oder Vermieter-/Verpächterpfandrecht.[24] Die gesetzlichen Pfandrechte des HGB (§§ 397, 441, 464 HGB) kann man dagegen analog § 185 vom Nichtberechtigten erwerben (nach § 366 Abs. 3 HGB sogar gutgläubig).[25] 14

c) Prozesshandlungen. § 185 ist auf Prozesshandlungen grundsätzlich nicht entsprechend anwendbar.[26] Erhebt also etwa ein Nichtberechtigter in eigenem Namen Klage, ohne dass die Voraussetzungen der gewillkürten Prozessstandschaft (oben Rn 6) vorliegen, scheidet eine rückwirkende Genehmigung durch den Berechtigten aus; die Klageerhebung hemmt daher auch dann nicht die Verjährung nach § 204 Abs. 1 Nr. 1, wenn der Berechtigte sie später genehmigt.[27] Davon zu unterscheiden ist die Klageerhebung durch einen vollmachtlosen Vertreter, die rückwirkend genehmigt werden kann (§ 182 Rn 48). Eine rückwirkende Genehmigung von in eigenem Namen vorgenommenen Prozesshandlungen des Gemeinschuldners nach Insolvenzeröffnung durch den Insolvenzverwalter soll allerdings analog § 185 Abs. 2 S. 1 Fall 1 möglich sein.[28] 15

Ob die Nichtanwendbarkeit von § 185 auch für die **Unterwerfung unter die sofortige Zwangsvollstreckung** gilt, ist sehr umstritten.[29] Es geht dabei insbesondere um die Frage, ob die – etwa wegen einer Finanzierungsgrundschuld nach § 800 ZPO erfolgte – Unterwerfungserklärung des noch nicht eingetragenen Grundstückserwerbers bei Zustimmung des Veräußerers gegen diesen, also schon vor Eigentumsumschreibung, wirkt (Abs. 1 oder Abs. 2 S. 1 Fall 1 analog). Wegen der hier divergierenden Rechtsprechung sollte die Praxis sicherheitshalber eine Vollmacht des Veräußerers für eine Eintragung der Unterwerfung mit Wirkung gegen den jeweiligen Grundstückseigentümer (§ 800 Abs. 1 ZPO) anraten.[30] Unproblematisch zulässig ist eine Unterwerfung, die erst bei eigener Eintragung des Erwerbers als Eigentümer wirksam wird; hierfür muss man aber nicht auf Abs. 2 S. 1 Fall 2 analog abstellen.[31]

B. Regelungsgehalt

I. Einwilligung (Abs. 1)

16 Für die Einwilligung nach Abs. 1 gelten die §§ 182 f und damit die in § 182 Rn 7 ff, 17 ff, § 183 Rn 1 ff dargestellten Grundsätze. Ob der Nichtberechtigte im Einzelfall als Vertreter nach § 164 oder als Ermächtigter nach Abs. 1 oder, wie zumeist, nach Belieben als der eine oder der andere auftreten darf, ist Auslegungssache (§§ 133, 157).[32] Den **Umfang der Ermächtigung** bestimmt der Ermächtigende, sofern er nicht zwischen den

19 AllgM: Staudinger/*Gursky*, § 185 Rn 96; MüKo/*Schramm*, § 185 Rn 14.

20 AllgM: RGZ 154, 355, 367 f; BGH LM § 883 Nr. 6; OLG Saarbrücken FGPrax 1995, 135, 136; Staudinger/*Gursky*, § 185 Rn 95; MüKo/*Schramm*, § 185 Rn 14.

21 Bei Alleinverpflichtung des Ermächtigenden nahezu allgM: BGHZ 114, 96, 100 = NJW 1991, 1815; Staudinger/*Gursky*, § 185 Rn 108; MüKo/*Schramm*, § 185 Rn 49; Soergel/*Leptien*, § 185 Rn 36.

22 HM: KG MDR 1987, 55; Staudinger/*Gursky*, § 185 Rn 109; MüKo/*Schramm*, § 185 Rn 50; *Medicus*, BGB AT, Rn 1006; aA Soergel/*Leptien*, § 185 Rn 37 ff; HKK/*Finkenauer*, §§ 182–185 Rn 16.

23 Heute ganz hM: MüKo/*Schramm*, § 185 Rn 51; Soergel/*Leptien*, § 185 Rn 40; *Medicus*, BGB AT, Rn 1007.

24 BGHZ 34, 122, 125 ff = NJW 1961, 499; OLG Köln NJW 1968, 304; Staudinger/*Gursky*, § 185 Rn 93; MüKo/*Schramm*, § 185 Rn 11; aA Soergel/*Leptien*, § 185 Rn 9; *Katzenstein*, Jura 2004, 1, 2 ff; offenbar auch OLG Hamm NJOZ 2004, 2353, 2354 (obiter).

25 OLG Karlsruhe NJOZ 2004, 4172, 4173; OLG Düsseldorf MDR 2008, 1365; Staudinger/*Gursky*, § 185 Rn 93; Baumbach/Hopt/*Merkt*, HGB, 34. Aufl. 2010, § 441 Rn 1; MüKo-HGB/*C. Schmidt*, 2. Aufl. 2009, § 441 Rn 15.

26 Vgl BGH NJW 1958, 338, 339; OLG Hamm NJW 1968, 1147; NJW-RR 1997, 1326, 1327; Staudinger/*Gursky*, § 185 Rn 99.

27 BGH NJW 2004, 1043, 1044; OLG München GRUR-RR 2008, 139, 142; Staudinger/*Gursky*, § 185 Rn 99.

28 BPatG BeckRS 2008, 16114.

29 Die Analogie abl.: BayObLG NJW 1971, 514, 515; OLG Frankfurt DNotZ 1972, 85; OLG Saarbrücken NJW 1977, 1202; KG NJW-RR 1987, 1229; Staudinger/*Gursky*, § 185 Rn 100. Sie bejahend: OLG Köln in st. Rspr, etwa Rpfleger 1991, 13, 14; für § 185 Abs. 2 auch BGHZ 108, 372, 376 = NJW 1990, 258; zur Analogie tendierend BayObLG MittBayNot 1992, 190, 191 (obiter).

30 Vgl *von Rintelen*, RNotZ 2001, 2, 16 f; *Opalka*, NJW 1991, 1796, 1797 ff.

31 OLG Saarbrücken NJW 1977, 1202; für die Analogie dagegen BGHZ 108, 372, 376 = NJW 1990, 258.

32 OLG Naumburg NJW-RR 1999, 1462 f; OLG München DB 1973, 1693; Staudinger/*Gursky*, § 185 Rn 29.

Parteien vertraglich festgelegt ist.[33] Überschreitet der Ermächtigte die Ermächtigung, ist seine Verfügung schwebend unwirksam. Mit Erteilung der Einwilligung verliert der Rechtsinhaber kein eigenes Recht, kann also weiterhin selbst über den Gegenstand verfügen.[34] Bei der Rückabwicklung des Erwerbs vom Nichtberechtigten ergeben sich manche Probleme, insbesondere an wen das Eigentum rückübertragen wird.[35]

17 In der **Auflassung** nach §§ 873, 925 liegt häufig die konkludente Ermächtigung an den Auflassungsempfänger, noch vor dem Eigentumsübergang über das Grundstück zu verfügen, insbesondere es **weiterzuveräußern**.[36] Die Besonderheiten des Einzelfalls können aber durchaus eine andere Auslegung der Auflassung erfordern, so etwa, wenn sonst eine vertragliche Zweckbestimmung unterlaufen oder die Stellung des Veräußerers durch Verlust einer Sicherung (Rückauflassungsvormerkung) verschlechtert würde.[37] Ob der Auflassungsempfänger konkludent zu einer **Belastung** des Grundstücks ermächtigt sein soll, ist angesichts des § 1134 und insbesondere bei noch ausstehender Kaufpreiszahlung wegen der drohenden Nachrangigkeit einer etwaigen Sicherungshypothek im Zweifel abzulehnen.[38]

II. Genehmigung (Abs. 2 S. 1 Fall 1)

18 **1. Allgemeines.** Für die Genehmigung nach Abs. 2 S. 1 Fall 1 gelten die §§ 182, 184 und damit die in § 182 Rn 7 ff, 17 ff, 184 Rn 1 ff dargestellten Grundsätze.

19 **2. Mehrere Verfügungen.** Sind mehrere miteinander **kollidierende** Verfügungen von Nichtberechtigten über denselben Gegenstand erfolgt, kann sich der Berechtigte aussuchen, welche er genehmigt, sofern sie nur schwebend unwirksam, also nicht von Anfang an (wegen §§ 932 ff, 892 etc.) oder später (etwa durch Genehmigung) wirksam geworden sind. Mit der Genehmigung verliert er sein Recht, die anderen Verfügungen zu genehmigen.[39]

20 **Kollidieren die Verfügungen nicht** miteinander (Bsp.: zuerst Verpfändung, dann Übereignung), ist nach der herrschenden Meinung zur Genehmigungszuständigkeit (§ 184 Rn 2) immer zu prüfen, ob der Berechtigte durch die eine Genehmigung seine Berechtigung für die andere verliert, so, wenn er zuerst die Übereignung genehmigt.[40]

21 Bei **Kettenverfügungen** (zB Kettenübereignungen) verliert der Berechtigte nach dieser herrschenden Meinung durch die Genehmigung seine Zuständigkeit für die der genehmigten Verfügung vorausgehenden Verfügungen; die der genehmigten Verfügung nachfolgenden Verfügungen werden ihrerseits wirksam, da sie wegen § 184 Abs. 1 so anzusehen sind, als wären sie von einem Berechtigten vorgenommen worden.[41] Anfangs hat der Berechtigte aber immer die freie Wahl.

III. Konvaleszenz durch Erwerb (Abs. 2 S. 1 Fall 2)

22 **1. Grundgedanke.** Erwirbt der Nichtberechtigte nachträglich den Gegenstand, über den er verfügt hat, tritt eine Lage ein, die die Verfügung, würde sie jetzt vorgenommen werden, wirksam sein ließe: es würde ja der Berechtigte verfügen. Der Verfügungsbegünstigte könnte – gäbe es Abs. 2 S. 1 Fall 2 nicht – diese Situation durch Klageerhebung auf Erfüllung nutzen: Typischerweise hat er noch den obligatorischen Anspruch gegen den ehemals Nichtberechtigten auf Erfüllung; und dieser soll keinen Nutzen aus seiner anfänglichen Nichtberechtigung ziehen können. Dieses Verfahren kürzt Abs. 2 S. 1 Fall 2 ab und verfügt die **automatische Heilung (Konvaleszenz)**.

23 **2. Voraussetzungen.** Zunächst muss die **Schwebelage** noch bestehen, der Berechtigte darf also die Genehmigung noch nicht verweigert haben.[42] Auf Seiten des dinglichen Geschäfts darf auch jetzt **nur noch** das Element der **Verfügungsbefugnis fehlen**; nur diese kann der nachträgliche Erwerb ersetzen, nicht etwa eine dingliche Einigung oder Eintragung. Die Ersetzung tritt aber dann nicht ein, wenn der Erwerbende aus anderen

33 Vgl BGHZ 106, 1, 5 f = NJW 1989, 521; Staudinger/*Gursky*, § 185 Rn 30.

34 Staudinger/*Gursky*, § 185 Rn 26; MüKo/*Schramm*, § 185 Rn 33; *Flume*, BGB AT Bd. 2, S. 897; unklar OLG Naumburg MDR 2000, 260.

35 S. dazu *Braun*, ZIP 1998, 1469.

36 Ganz hM: BGHZ 106, 1, 4 f = NJW 1989, 521; BGH NJW 1997, 860; OLG Hamm NJW-RR 2001, 376, 377; BayObLG NJW 1971, 514; Staudinger/*Gursky*, § 185 Rn 42; MüKo/*Schramm*, § 185 Rn 38.

37 BGH NJW 1997, 860 f; 1997, 936, 937; Staudinger/*Gursky*, § 185 Rn 42; MüKo/*Schramm*, § 185 Rn 38.

38 Vgl BayObLG NJW 1971, 514 f; OLG Naumburg v. 21.3.2000, 11 U 150/99; Staudinger/*Gursky*, § 185 Rn 42; MüKo/*Schramm*, § 185 Rn 38.

39 Staudinger/*Gursky*, § 185 Rn 50; MüKo/*Schramm*, § 185 Rn 59; teils aA *Finkenauer*, AcP 203 (2003), 282, 308.

40 Vgl Staudinger/*Gursky*, § 185 Rn 52; MüKo/*Schramm*, § 185 Rn 59.

41 Staudinger/*Gursky*, § 185 Rn 53; MüKo/*Schramm*, § 185 Rn 60.

42 BGH NJW 1967, 1272; Erman/*Palm*, § 185 Rn 11; aA Staudinger/*Gursky*, § 185 Rn 68.

Gründen (Eröffnung des Insolvenzverfahrens usw.) nicht verfügungsbefugt ist.[43] Der Erwerbsgrund (Singular- oder Universalsukzession) ist unerheblich. Der Nichtberechtigte muss den Gegenstand zur **Alleinberechtigung** erwerben, also nicht etwa als Beteiligter an einer Gesamthandsgemeinschaft; bei Erwerb nach Eigentum zu Bruchteilen tritt Teilkonvaleszenz ein, wenn sie dem Parteiwillen entspricht (§ 139).[44]

Streitig ist, ob die Konvaleszenz voraussetzt, dass der Verfügungsempfänger noch einen **obligatorischen Anspruch gegen den ehemals Nichtberechtigten** hat.[45] Die herrschende Meinung **verneint** die Frage vor allem unter Hinweis auf das Abstraktionsprinzip, die Rechtssicherheit und den Willen des historischen Gesetzgebers, so dass gegebenenfalls eine Rückabwicklung nach Bereicherungsrecht stattfinden muss.[46] 24

3. Rechtsfolgen. Die Heilung tritt *ex nunc* bei Vollendung des Erwerbs ein.[47] Der Erwerb ist nicht insolvenzfest.[48] 25

4. Analoge Anwendung. Fall 2 findet entsprechende Anwendung, wenn ein Nichtberechtigter der Verfügung eines anderen Nichtberechtigten zugestimmt hat und hernach den Gegenstand der Verfügung samt Befugnis zur Vornahme einer derartigen Verfügung erwirbt.[49] Sofern die Verfügung eines Berechtigten ohne Verfügungsmacht schwebend unwirksam ist und der Berechtigte später seine Verfügungsmacht wiedererlangt (Bsp.: Beendigung des Insolvenzverfahrens, Freigabe des Verfügungsobjekts durch den Insolvenzverwalter, Aufhebung von Nachlassverwaltung oder Testamentsvollstreckung), wird die Verfügung analog Fall 2 wirksam.[50] Anders steht es, wenn ein Nichtberechtigter nachträglich Verfügungsmacht erhält, aber nicht den Gegenstand selbst (Bsp.: der Nichtberechtigte wird Insolvenzverwalter, Nachlassverwalter oder Testamentsvollstrecker), da die Konvaleszenz sonst zulasten eines fremden Vermögens ginge; hier bleibt nur die Möglichkeit einer Genehmigung nach Fall 1.[51] Der BGH will nunmehr Fall 2 auch anwenden, wenn eine Zwangshypothek wirksam entstanden, dann nach § 88 InsO unwirksam geworden (Rückschlagsperre), aber im Grundbuch eingetragen geblieben ist und schließlich das Grundstück vom Insolvenzverwalter freigegeben wird. So soll die Zwangshypothek mit neuem Rang wiederaufleben.[52] Die Entscheidung ist höchst umstritten, ihre Folgen und Weiterungen (insbesondere die Übertragbarkeit auf andere Zwangsvollstreckungsmaßnahmen) sind im Einzelnen noch nicht absehbar.[53] 26

IV. Konvaleszenz durch Beerbung (Abs. 2 S. 1 Fall 3)

1. Grundgedanke. Auch wenn der Berechtigte den verfügenden Nichtberechtigten beerbt und die Vermögensmassen nicht durch die Beschränkung der Erbenhaftung getrennt bleiben, vereinigen sich in seiner Person die beiden Positionen, deren Auseinanderfallen vorher die Wirksamkeit der Verfügung verhindert hat. Statt eine Klage des Verfügungsbegünstigten gegen den Erben auf Erfüllung der Verbindlichkeit aus dem Kausalgeschäft zu verlangen, hat sich der Gesetzgeber auch hier für die **automatische Heilung (Konvaleszenz)** des Mangels entschieden.[54] 27

2. Voraussetzungen. Die Lage ist damit sehr ähnlich derjenigen bei Fall 2. Die Genehmigung darf ebenfalls noch nicht verweigert sein.[55] Die Frage nach der **Rechtsgrundabhängigkeit** der Konvaleszenz wird hier aber von der herrschenden Meinung anders beantwortet als in Fall 2, nämlich in dem Sinne, dass der Verfügungsempfänger gegen den Erben noch einen obligatorischen Anspruch haben müsse.[56] Ferner reicht hier eine 28

43 BGH LM § 185 Nr. 9; OLG Naumburg v. 21.3.2000, 11 U 150/99; Staudinger/*Gursky*, § 185 Rn 70; MüKo/*Schramm*, § 185 Rn 65.

44 BGH LM § 185 Nr. 9; Staudinger/*Gursky*, § 185 Rn 63; MüKo/*Schramm*, § 185 Rn 65.

45 Dazu eingehend *Pletscher*, S. 131 ff.

46 OLG Celle NJW-RR 1994, 646, 647 (obiter); Staudinger/*Gursky*, § 185 Rn 66; MüKo/*Schramm*, § 185 Rn 64; Jauernig/*Jauernig*, § 185 Rn 8; *Medicus*, BGB AT, Rn 1031; aA Soergel/*Leptien*, § 185 Rn 27; Erman/*Palm*, § 185 Rn 11; jurisPK-BGB/*Trautwein*, § 185 Rn 39.

47 AllgM: RGZ 135, 378, 383; BGH WM 1978, 1406, 1407; Staudinger/*Gursky*, § 185 Rn 59.

48 BGH NJW-RR 2004, 259; Staudinger/*Gursky*, § 185 Rn 59; *Bülow*, WM 1998, 845, 848.

49 AllgM: BGHZ 36, 329, 334 = NJW 1962, 861; Staudinger/*Gursky*, § 185 Rn 72; MüKo/*Schramm*, § 185 Rn 68.

50 AllgM: BGHZ 123, 58, 62 = NJW 1993, 2525; BGHZ 166, 74, 80 = NJW 2006, 1286, 1288; Staudinger/*Gursky*, § 185 Rn 73; MüKo/*Schramm*, § 185 Rn 66; *Medicus*, BGB AT, Rn 1035.

51 Ganz hM: BGH ZIP 1999, 447, 450 f; Staudinger/*Gursky*, § 185 Rn 74 f; MüKo/*Schramm*, § 185 Rn 66; aA OLG München FGPrax 2005, 243, 244 für den Fall, dass der Testamentsvollstrecker zum Zeitpunkt seiner Verfügung bereits ernannt, aber seine Annahmeerklärung dem Nachlassgericht noch nicht zugegangen war.

52 BGHZ 166, 74, 80 ff = NJW 2006, 1286, 1288; s. jetzt auch BGH NZI 2011, 600, 601.

53 Vgl Staudinger/*Gursky*, § 185 Rn 73 a.

54 Rechtspolitische Kritik bei *Wacke*, JZ 2001, 380, 385 ff.

55 BGH NJW 1967, 1272; aA Staudinger/*Gursky*, § 185 Rn 68.

56 BGH NJW 1994, 1470, 1471; OLG Celle NJW-RR 1994, 646, 647; OLG Saarbrücken MDR 1997, 1107; MüKo/*Schramm*, § 185 Rn 70; Soergel/*Leptien*, § 185 Rn 30; *Medicus*, BGB AT, Rn 1032; aA Staudinger/*Gursky*, § 185 Rn 79; Bamberger/Roth/*Bub*, § 185 Rn 16; Jauernig/*Jauernig*, § 185 Rn 8; PWW/*Frensch*, § 185 Rn 11; *Harder*, in: FS Seiler 1999, S. 637, 643 ff; *Pletscher*, S. 131 ff.

Miterbenstellung aus;[57] es darf allerdings nicht § 2063 Abs. 2 entgegenstehen (so, wenn der Erwerber und der Berechtigte Miterben werden).[58] Die Erbenhaftung muss **endgültig unbeschränkt** sein; bei weiterhin möglicher Beschränkbarkeit greift Fall 3 nicht ein (arg. u.a. § 2013).[59]

29 **3. Rechtsfolgen.** Die Heilung tritt auch hier nur *ex nunc* ein.

30 **4. Analoge Anwendung.** Fall 3 ist analog anzuwenden, wenn der **Vorerbe** über einen Nachlassgegenstand verfügt hat und vom unbeschränkt haftenden Nacherben beerbt wird; die Verfügung bleibt trotz § 2113 wirksam.[60]

31 **5. Beweislast.** Wer sich auf die Konvaleszenz beruft, muss Erbfall und fehlende Beschränkbarkeit der Erbenhaftung darlegen und beweisen.[61] Da eine unbeschränkbare Erbenhaftung die Ausnahme ist (die Beschränkungsmöglichkeiten sind grundsätzlich unbefristet, vgl etwa § 2081 Abs. 1; Ausnahmen: Verwirkung, Verzicht, § 1994 Abs. 1 S. 2, § 2005 Abs. 1), wird dieser Beweis häufig schwer fallen.[62] Fall 3 tritt **in der Praxis selten** ein.

V. Mehrere Verfügungen (Abs. 2 S. 2)

32 **1. Grundgedanke.** Sind in den Konvaleszenzfällen (Fall 2 und 3 von Abs. 2 S. 1) mehrere Verfügungen über denselben Gegenstand getroffen worden, die nicht miteinander zu vereinbaren sind, wird nach dem **Prioritätsprinzip** des Abs. 2 S. 2 nur die jeweils frühere wirksam.[63]

33 **2. Voraussetzungen.** Bei der Frage nach der Priorität kommt es auf die Vollendung des Abschlusstatbestandes an. So müssen zB Einigung und Eintragung oder Übergabe oder Übergabesurrogat vorliegen oder der Erbfall eingetreten sein; eine nachfolgende Genehmigung (wegen § 184 Abs. 1) und der spätere Eintritt einer Bedingung sind unerheblich.

34 **Miteinander nicht im Einklang** stehen Verfügungen dann, wenn die nachfolgenden die vorhergehenden in irgendeiner Weise beeinträchtigen würden; anders dagegen, wenn bei Geltung aller Verfügungen allein die nachfolgenden Einbußen erleiden. Handelt es sich um dieselbe Verfügungsart, ist demnach zu differenzieren: Mehrere Übereignungen oder mehrere Abtretungen führen zu einer Kollision und der Rechtsfolge des Abs. 2 S. 2; mehrere Verpfändungen können dagegen nebeneinander bestehen, wenn nur die nachfolgenden der ersten gegenüber nachrangig sind.[64] Abs. 2 S. 2 greift wiederum ein, wenn eine Verpfändung einer Übereignung nachfolgt; folgt dagegen eine Übereignung einer Verpfändung nach, können beide nach Abs. 2 S. 1 Fall 2 oder 3 wirksam werden, die Übereignung freilich nur in der Weise, dass der Erwerber ein mit dem Pfandrecht belastetes Eigentum erwirbt.[65]

35 **3. Rechtsfolgen.** Mit dem Wirksamwerden der früheren Verfügung werden die nachfolgenden kollidierenden **endgültig unwirksam**.

36 **4. Analoge Anwendung.** Abs. 2 S. 2 findet entsprechende Anwendung, wenn der Berechtigte mehrere miteinander kollidierende, schwebend unwirksame Verfügungen eines Nichtberechtigten **gleichzeitig genehmigt**.[66]

57 BGH MDR 1964, 577 (implizit); Staudinger/*Gursky*, § 185 Rn 80; MüKo/*Schramm*, § 185 Rn 72.

58 RGZ 110, 94, 96; BGH LM § 2113 Nr. 1; Staudinger/*Gursky*, § 185 Rn 85; MüKo/*Schramm*, § 185 Rn 72.

59 Heute allgM: OLG Stuttgart NJW-RR 1995, 968; BayObLG FamRZ 1997, 710, 712; Staudinger/*Gursky*, § 185 Rn 81; MüKo/*Schramm*, § 185 Rn 71.

60 AllgM: RGZ 110, 94, 95; BayObLG FamRZ 1997, 710, 712; Staudinger/*Gursky*, § 185 Rn 84; MüKo/*Schramm*, § 185 Rn 71.

61 Staudinger/*Gursky*, § 185 Rn 83; unzutr. OLG Celle NJW-RR 1994, 646, 647.

62 Vgl *Harder*, in: FS Seiler 1999, S. 637, 638 ff; NK-BGB/*Odersky*, § 2013 Rn 1; HKK/*Finkenauer*, §§ 182–185 Rn 18.

63 Vgl eingehend *Dölling*, S. 30 ff.

64 AllgM: Staudinger/*Gursky*, § 185 Rn 87 f; MüKo/*Schramm*, § 185 Rn 73.

65 Heute allgM: Staudinger/*Gursky*, § 185 Rn 87; MüKo/*Schramm*, § 185 Rn 73.

66 AllgM: Staudinger/*Gursky*, § 185 Rn 51; Erman/*Palm*, § 185 Rn 14.

Abschnitt 4
Fristen, Termine

§ 186 Geltungsbereich

Für die in Gesetzen, gerichtlichen Verfügungen und Rechtsgeschäften enthaltenen Frist- und Terminsbestimmungen gelten die Auslegungsvorschriften der §§ 187 bis 193.

Literatur: *Drinhausen/Keinath*, Auswirkungen des ARUG auf die künftige Hauptversammlungspraxis, BB 2009, 2322; *Florstedt*, Wege zu einer Neuordnung des aktienrechtlichen Fristensystems, Der Konzern 2008, 504, *Müller-Eising/Bert*, § 5 Abs. 3 UmwG: Eine Norm, eine Frist, drei Termine, DB 1996, 1398; *v. Münch*, Die Zeit im Recht, NJW 2000, 1; *G. Schulze*, Judex non calculat?, JR 1996, 51; *ders.*, Gerechtigkeit durch Fristberechnung, JuS 1997, 480; *Repgen*, Der Sonntag und die Berechnung rückwärts laufender Fristen im Aktienrecht, ZGR 2006, 121, *Tettinger*, Gesellschaftsrechtliche Einberufungsfristen, Kündigungsfristen und der Anwendungsbereich des § 193 BGB – verschiedene Blickwinkel auf vergleichbaren Probleme GmbHR 2008, 346, *Ziegltrum*, Grundfälle zur Berechnung von Fristen und Terminen gem. §§ 187 ff. BGB, JuS 1986, 705 u. 784.

A. Normzweck

1 Im Rechtsalltag spielen Zeitbestimmungen eine erhebliche Rolle. Die §§ 186 ff enthalten Auslegungsregeln, um bei mehrdeutigen Ausdrucksweisen zu einer sicheren Auslegung zeitlicher Bestimmungen zu gelangen. §§ 186 ff dienen daher dem Zweck, Rechtssicherheit und Klarheit zu gewährleisten. Da es sich um Auslegungsregeln handelt, sind sie nur dann anzuwenden, wenn die Auslegung nach allgemeinen Grundsätzen zu keinem zweifelsfreien Ergebnis führt.

B. Anwendungsbereich

2 Die §§ 187–193 gelten nicht nur für das BGB, sondern – soweit nicht Sondervorschriften vorgehen – für **alle Frist- und Terminsbestimmungen des Bundesrechtes**. Die Geltung ist in einigen Gesetzen ausdrücklich angeordnet, zB § 222 Abs. 1 ZPO, § 57 Abs. 2 VwGO, § 31 Abs. 1 VwVfG, § 108 Abs. 1 AO, § 54 FGO, § 146 Abs. 1 Inso nF.[1] Sondervorschriften enthalten die §§ 359, 361 HGB, §§ 121 und 123 AktG, Art. 36, 37, 72–74 WG, Art. 29, 30, 55–57 ScheckG; §§ 42, 43 StPO, § 77 b StGB, § 16 FamFG, § 222 Abs. 2 und 3 ZPO, § 31 Abs. 2 bis 7 VwVfG, § 108 Abs. 2 bis 6 AO, § 64 SGG und § 139 InsO.

In der Ratsverordnung (EWG, Euratom) Nr. 1182/71 vom 3.6.1971 zur Festlegung der Regeln für Fristen, Daten und Termine[2] sind für Rechtsakte, die der Rat und die Kommission aufgrund des EG- oder des Euratom-Vertrages erlassen, eigenständige Bestimmungen getroffen. Diese Verordnung findet vor allem Anwendung auf Fristen, die in Verordnungen oder Richtlinien enthalten sind. Bei der Umsetzung von in Richtlinien enthaltenen Fristen hat der nationale Gesetzgeber die in der Richtlinie enthaltenen Fristen nach dieser Verordnung zu beachten. Für entsprechend der jeweiligen Richtlinie angepasste Regeln des nationalen Rechtes gilt die VO nicht unmittelbar.[3] Die Verordnung hat darüber hinaus im Rahmen des nationalen Rechtes Bedeutung bei der richtlinienkonformen Auslegung.[4]

3 Für folgende Rechtsgebiete ist die Geltung der §§ 186 ff von der Rechtsprechung anerkannt: das gesamte bürgerliche und Privatrecht, soweit nicht gesetzliche Sonderregeln eingreifen,[5] das Öffentliche Recht;[6] das Strafrecht;[7] das Tarifvertragsrecht;[8] das Abgabenrecht;[9] das Sozialversicherungsrecht;[10] und das Personenstandsrecht.[11]

C. Begriffsbestimmungen

4 **Frist** ist jeder abgegrenzte Zeitraum. Er muss also bestimmt oder jedenfalls bestimmbar sein.[12] Die Abgrenzbarkeit des Zeitraums kann sich aus einer festen zeitlichen Begrenzung (in der Zeit vom… bis…) aber auch

1 BGBl. I 2004 S. 3214; vgl auch MüKo/*Grothe*, § 186 Rn 1 mwN
2 ABl. EG L 124 v. 8.6.1971, S. 1.
3 MüKo/*Grothe*, § 186 Rn 2, aA Staudinger/*Repgen*, § 186 Rn 13.
4 MüKo/*Grothe*, aaO.
5 BGHZ 59, 396.
6 RGZ 161, 125.
7 BGH NJW-RR 1989, 629.
8 BGH ZIP 1998, 428.
9 BFH DB 1997, 79.
10 BSG NJW 1974, 919.
11 BayObLG JW 1929, 2450.
12 RGZ 120, 355.

aus unbestimmten Rechtsbegriffen, wie zB „angemessen" oder „unverzüglich" ergeben. Aus § 191 ergibt sich, dass die Frist nicht zusammenhängend verlaufen muss.

5 § 186 spricht von Fristen und Terminbestimmungen, die sich in Gesetzen, gerichtlichen Verfügungen und Rechtsgeschäften finden. Dies bestimmt sich lediglich danach, wer die Fristdauer festlegt. Für die Berechnung der jeweiligen Frist ist diese gesetzliche Differenzierung jedoch ohne Belang. **Gesetzliche Fristen** sind zB die Verjährungsfristen; **Fristen aufgrund gerichtlicher Verfügungen** sind zB die Ausschlussfristen in den §§ 2052 Abs. 1, 1094 Abs. 1, 2151 Abs. 3; **rechtsgeschäftliche Fristen** können sich im Rahmen der Privatautonomie sowohl aus Verträgen, zB durch Frist oder Terminbestimmungen, oder als echte Bedingungen gemäß § 163 ergeben. Des Weiteren gehören hierzu auch die von Gesetzes wegen geforderten, rechtsgeschäftlich bestimmten angemessenen Fristen, deren Ablauf erforderlich ist, um eine gewünschte Rechtsfolge eintreten zu lassen, zB: §§ 250, 264 Abs. 2 S. 1, 281 Abs. 1 S. 1, 321 Abs. 1 S. 1, 305, 516 Abs. 2 S. 1, 1003 Abs. 1 S. 1.

6 **Termine** sind im Unterschied zu Fristen bestimmte Zeitpunkte, in denen etwas geschehen soll oder Rechtswirkungen eintreten.[13]

§ 187 Fristbeginn

(1) Ist für den Anfang einer Frist ein Ereignis oder ein in den Lauf eines Tages fallender Zeitpunkt maßgebend, so wird bei der Berechnung der Frist der Tag nicht mitgerechnet, in welchen das Ereignis oder der Zeitpunkt fällt.

(2) [1]Ist der Beginn eines Tages der für den Anfang einer Frist maßgebende Zeitpunkt, so wird dieser Tag bei der Berechnung der Frist mitgerechnet. [2]Das Gleiche gilt von dem Tage der Geburt bei der Berechnung des Lebensalters.

A. Allgemeines

1 § 187 legt für Fristberechnungen das Prinzip der **Zivilkomputation** zugrunde. Hierbei wird bei Fristen, die nach Tagen, Wochen, Monaten oder Jahren bemessen sind, der Beginn des Fristlaufes nicht auf den tatsächlichen Moment des fristauslösenden Umstandes gelegt, sondern aus praktischen Erwägungen auf den auf das fristauslösende Ereignis folgenden Tag. Es wird nur mit vollen Tagen gerechnet. Demgegenüber wird bei der Anwendung der **Naturalkomputation** die Frist in ihrer natürlichen Länge vom jeweiligen Beginn an berechnet. Die Naturalkomputation ist bei Stunden- und Minutenfristen anzuwenden, allerdings kann hier die Auslegung ergeben, dass die Frist analog Abs. 1 erst mit dem Anfang der folgenden Zeiteinheit beginnen soll.[1]

B. Regelungsgehalt

I. Fristbeginn im Laufe eines Tages (Abs. 1)

2 In den Fällen des Abs. 1 bleibt der Kalendertag, in den das maßgebliche Ereignis oder der Zeitpunkt fällt, welcher für den Anfang einer Frist maßgebend ist, bei der Berechnung dieser Frist außer Betracht. Die Frist beginnt also erst um 0.00 Uhr des Folgetages zu laufen. Im Gegensatz zur Ermittlung des Fristendes ist es für den Fristbeginn allerdings unbeachtlich, ob er auf ein Wochenende oder einen staatlich allgemein anerkannten Feiertag fällt.[2]

3 **Einzelfälle:** Zu den Fristen des Abs. 1 gehören die Verjährungsfristen in §§ 438 Abs. 1, 634 a Abs. 1 und 548 Abs. 1, die Frist des § 651 g Abs. 1, die Widerrufsfrist nach § 355, die Berechnung von Zahlungsfristen und ähnlichen Fristen im Versicherungsrecht.

4 Ebenfalls gehören hierzu Fristen, bei denen der Fristbeginn an die Kenntnis gewisser Umstände anknüpft (§§ 199 Abs. 1 Nr. 2, 566 Abs. 2 S. 2, 1600 b Abs. 1 und 5).

13 VGH München NJW 1991, 1250.
1 Palandt/*Ellenberger*, § 187 Rn 1; Bamberger/Roth/*Henrich*, § 187 Rn 8.
2 BFH Beschl. v. 28.11.2007 – IX B 175/07, BeckRS 2007, 25012819.

II. Fristbeginn mit Anfang des Tages (Abs. 2 S. 1)

Soll der Anfang des Tages der für den Fristbeginn maßgebliche Zeitpunkt sein, so wird dieser Tag als der erste des Fristlaufes mitgezählt, zB zählt bei Abschluss eines Arbeits- oder eines Mietvertrages für einen bestimmten Zeitraum der erste Tag bereits mit. 5

Weiter fallen hierunter die Auslegefrist des § 3 BBauG und entsprechende Fristen in den jeweiligen Landesgesetzen sowie die Frist gem. § 17 Abs. 3 S. 2 PatentG und die Jahresfrist gemäß § 93 Abs. 3 BVerfGG.[3] 6

III. Berechnung des Lebensalters (Abs. 2 S. 2)

Abs. 2 S. 2 trifft für die Berechnung des Lebensalters eine besondere Bestimmung. Obwohl die Geburt ein in den Lauf eines Tages fallendes Ereignis ist, wird entsprechend der Verkehrsanschauung der Tag der Geburt bei der Berechnung des Lebensalters mitgezählt. Wer also am 28.2. geboren ist, wird auch am 28.2. volljährig. 7

Diese Berechnungsweise ist auch anzuwenden bei der Feststellung der Altersgrenzen für die strafrechtliche Verantwortlichkeit bzw des Beginns des Ruhestandes oder des Rentenalters. 8

IV. Stundenfristen

Obwohl in §§ 187 ff nicht ausdrücklich geregelt, ist die Vereinbarung von kürzeren als nach Tagen zählenden Fristen zulässig. Da die Fristberechnung nach der in § 187 vorausgesetzten Zivilkomputation Fristen von mindestens Tageslänge erfordert, ist bei nach Stunden zählenden Fristen die **Naturalkomputation** (Fristberechnung von Moment zu Moment) anzuwenden. Allerdings kann auch hier die Auslegung ergeben, dass die Zivilkomputation analog anzuwenden ist.[4] 9

V. Rückwärtsfristen

§ 187 ist unmittelbar anwendbar nur in Fällen, in denen der Fristbeginn durch Gesetz, gerichtliche Verfügung oder Rechtsgeschäft festgelegt ist und das Ende der Frist ermittelt werden soll. Er ist jedoch analog anzuwenden, wenn die Frist nachträglich durch Rückrechnung von einem fristauslösenden Endzeitpunkt ermittelt werden muss.[5] Bei der rückwärts gewandten Berechnung von Kündigungsfristen ist § 193 BGB nicht anwendbar.[6] Gleiches gilt bei der Rückrechnung von Einladungsfristen für Versammlungen bei Vereinen oder Gesellschaften, da eine Verkürzung dem Zweck dieser Fristen – eine ausreichende Prüfungsfrist zu sichern – zuwider liefe.[7] 10

§ 188 Fristende

(1) Eine nach Tagen bestimmte Frist endigt mit dem Ablauf des letzten Tages der Frist.

(2) Eine Frist, die nach Wochen, nach Monaten oder nach einem mehrere Monate umfassenden Zeitraum – Jahr, halbes Jahr, Vierteljahr – bestimmt ist, endigt im Falle des § 187 Abs. 1 mit dem Ablauf desjenigen Tages der letzten Woche oder des letzten Monats, welcher durch seine Benennung oder seine Zahl dem Tage entspricht, in den das Ereignis oder der Zeitpunkt fällt, im Falle des § 187 Abs. 2 mit dem Ablauf desjenigen Tages der letzten Woche oder des letzten Monats, welcher dem Tage vorhergeht, der durch seine Benennung oder seine Zahl dem Anfangstag der Frist entspricht.

(3) Fehlt bei einer nach Monaten bestimmten Frist in dem letzten Monat der für ihren Ablauf maßgebende Tag, so endigt die Frist mit dem Ablauf des letzten Tages dieses Monats.

3 BVerfG Nichtannahmebeschluss v. 6.5..2009 – 1 BvR 3153/07, BeckRS 2009, 34059.

4 Palandt/*Ellenberger*, § 187 Rn 1 sowie Staudinger/*Repgen*, § 187 Rn 13.

5 Palandt/*Ellenberger*, § 187 Rn 4; *Müller-Eising/Bert*, DB 1996, 1398.

6 BGHZ 162, 75.

7 Näheres hierzu unter § 193 Rn 4; Für die Rückberechnung der Einladungsfrist zur Hauptversammlung einer Aktiengesellschaft vgl § 121 Abs. 7 AktG.

A. Tagesfristen (Abs. 1)

1 Eine nach Tagen bestimmte Frist endet – soweit nicht § 193 eingreift – mit Ablauf des letzten Tages der Frist, dh um 24.00 Uhr des letzten Tages der Frist.[1] Bei einer Befristung bis zu einem bestimmten Tage gehört dieser Tag noch zu der Frist.[2] Bei Setzung einer Frist von acht Tagen ist durch Auslegung zu ermitteln, ob hierunter acht volle Tage oder eine Woche zu verstehen ist.[3] Im Zweifel ist jedoch hierunter eine Frist von acht vollen Tagen zu verstehen.[4] Im Wechselrecht ist dies in Art. 36 Abs. 4 WG ausdrücklich geregelt; in § 359 Abs. 2 HGB findet sich eine entsprechende Auslegungsregel für Handelsgeschäfte. Eine durch eine behördliche Verfügung gesetzte Frist von acht Tagen bedeutet acht volle Tage.

B. Wochen-, Monats- und Jahresfristen (Abs. 2)

2 In den Fällen des § 187 Abs. 1 endet eine **Wochenfrist** mit dem Ablauf des Tages, der durch seine Benennung demjenigen Tag entspricht, in welchen das den Fristlauf auslösende Ereignis oder Zeitpunkt fällt. War dies bspw ein Montag, so endet die Frist auch mit Ablauf des folgenden Montags. In den Fällen des § 187 Abs. 2 wird dagegen der Tag nicht mitgerechnet, sodass zum Beispiel eine an einem Samstag beginnende Frist mit Ablauf des folgenden Freitags endet.

3 Entsprechendes gilt für **Monatsfristen** oder längere Fristen mit der Maßgabe, dass nicht auf die Benennung des Wochentags, sondern auf die kalendermäßige Bezeichnung abzustellen ist. Im Falle des § 187 Abs. 1 endet eine am 28.1. beginnende Monatsfrist somit mit Ablauf des 28.2., in den Fällen des § 187 Abs. 2 mit Ablauf des 27.2. Die konkrete Monatslänge hat damit keine Auswirkungen, so dass eine am 28.2. beginnende Monatsfrist am 28.3. endet und nicht erst am 31.3.

C. Unterschiedliche Monatslängen (Abs. 3)

4 Gem. Abs. 3 endet in den Fällen, in denen bei Monatsfristen in dem letzten Monat der für den Fristablauf maßgebliche Tag fehlt, bereits mit dem Ablauf des letzten Tages dieses Monats.[5] Diese Regelung beruht auf der unterschiedlichen Länge der einzelnen Monate. Beginnt zB eine Monatsfrist gem. § 187 Abs. 1 am 31.1., so endet sie wegen der kürzeren Dauer des Monates Februar bereits mit Ablauf des 28.2., in Schaltjahren mit Ablauf des 29.2.

D. Besonderheiten des Fristendes

5 Grundsätzlich darf der Betroffene eine Frist bis zum letzten Augenblick ausnützen. Erst der Fristablauf löst die an die Frist geknüpfte Rechtsfolge aus. Das Risiko der Fristüberschreitung trägt jedoch derjenige, der Fristen bis zum letzten Augenblick ausnützt. Nur in Ausnahmefällen kann die Berufung auf eine **geringfügige Fristüberschreitung** gegen Treu und Glauben verstoßen.[6]

6 Für den Fristablauf ist es grundsätzlich ohne Bedeutung, ob der Betroffene hiervon Kenntnis hatte oder ob er schuldlos außerstande war, die Frist einzuhalten. Dies gilt nicht für die regelmäßige Verjährungsfrist des § 199 Abs. 1 nF, da das Gesetz insoweit an die Kenntnis oder grobfahrlässige Unkenntnis des Gläubigers von den anspruchbegründenden Umständen und der Person des Schuldners anknüpft. Allerdings bestehen dabei gem. § 199 Abs. 2–4 absolute Verjährungsfristen, die unabhängig davon eintreten, ob der Anspruchsberechtigte jemals Kenntnis von den Ansprüchen erlangt hat.

7 Ist zur Fristeinhaltung die **Mitwirkung eines Dritten** erforderlich (zB Annahme einer Leistung), ist dieser nicht verpflichtet, bis zur letzten Sekunde mitwirkungsbereit zu sein. Für Handelsgeschäfte ist in § 358 HGB ausdrücklich geregelt, dass die Leistung nur während der gewöhnlichen Geschäftszeit bewirkt und gefordert werden kann. Bei Nichtkaufleuten führt eine an den Grundsätzen von Treu und Glauben orientierte Auslegung oft zum gleichen Ergebnis.[7] Bei **Behörden** endet die Mitwirkungspflicht mit Dienstschluss.[8]

E. Zugang von Willenserklärungen unter Abwesenden

8 Beim Zugang empfangsbedürftiger Willenserklärungen unter Abwesenden kommt es nicht nur darauf an, dass das die Erklärung enthaltende Schriftstück innerhalb der Frist in den Herrschaftsbereich des Empfängers gelangt, vielmehr ist auch erforderlich, dass unter normalen Umständen mit der Kenntnisnahme durch den

1 BAG NJW 1966, 2081 f.
2 RGZ 105, 417 ff.
3 Bamberger/Roth/*Henrich*, § 188 Rn 1.
4 RG DR 44, 909.
5 FG Hamburg EFG 2007, 730.
6 BGH NJW 1974, 360.
7 Bamberger/Roth/*Henrich*, § 188 Rn 7.
8 BGHZ 23, 307 ff.

Empfänger innerhalb der Frist zu rechnen ist. Wer also zum 30.4. eine Kündigung aussprechen möchte, deren Frist am 1.5. um 0.00 Uhr beginnt, wird durch den Einwurf in den Briefkasten des Empfängers um 23.59 Uhr keinen fristgerechten Zugang mehr bewirken, da dann normalerweise nicht mehr mit der Kenntnisnahme der Erklärung durch den Empfänger innerhalb der Frist gerechnet werden kann (vgl dazu § 130 Rn 51 f).[9]

§ 189 Berechnung einzelner Fristen

(1) Unter einem halben Jahr wird eine Frist von sechs Monaten, unter einem Vierteljahr eine Frist von drei Monaten, unter einem halben Monat eine Frist von 15 Tagen verstanden.

(2) Ist eine Frist auf einen oder mehrere ganze Monate und einen halben Monat gestellt, so sind die 15 Tage zuletzt zu zählen.

§ 189 enthält Auslegungsregelungen für die Fristberechnung bei **Bruchteilen** eines Jahres oder eines Monats. 1
Die Auslegungsregeln sind aus sich selbst heraus verständlich. Die Gleichsetzung eines halben Monats mit 15 Tagen ist ebenso in Art. 36 Abs. 5 WG geregelt. In Art. 36 Abs. 4 WG ist für diesen Bereich die Auslegungsregel enthalten, dass die Ausdrücke „acht Tage" oder „fünfzehn Tage" nicht eine oder zwei Wochen bedeuten, sondern volle acht bzw fünfzehn Tage. Die gleiche Regelung findet sich für eine Frist von acht Tagen in § 359 Abs. 2 HGB. Bei diesen Regelungen handelt es sich um auch für andere Rechtsbereiche verallgemeinerungsfähige Auslegungsregeln.

Bei der 30-Tages-Frist gemäß § 286 Abs. 3 handelt es sich ebenfalls um eine Frist von vollen 30 Tagen, nicht 2
von vier Wochen oder einem Monat.[1]

In der Praxis häufig vorkommend sind vertragliche Fristen von vier bzw sechs Wochen. Diese sind nicht 3
gesetzlich geregelt. Solche Fristen können nicht als Fristen von einem oder eineinhalb Monaten verstanden werden, wenn sich nicht aus dem Parteiwillen etwas anderes ergibt.[2]

Abs. 2 trägt der unterschiedlichen Länge der Monate Rechnung. Hat ein Monat weniger oder mehr als 30 Tage, 4
so kommt man zu unterschiedlichen Fristenden, je nachdem, ob man die 15 Tage zuerst oder zuletzt zählt. Eine am 20.1. beginnende Frist von eineinhalb Monaten endet gemäß § 189 Abs. 2 am 7.3., wohingegen sie bei umgekehrter Rechenreihenfolge schon am 4.3 ablaufen würde. Eine entsprechende Regelung enthält Art. 36 Abs. 2 WG.

§ 190 Fristverlängerung

Im Falle der Verlängerung einer Frist wird die neue Frist von dem Ablauf der vorigen Frist an berechnet.

A. Anwendungsbereich

§ 190 trifft Regelungen für den Fall der Verlängerung einer Frist. § 190 ist nur anzuwenden auf Fälle einer 1
echten Fristverlängerung. Eine solche liegt nur dann vor, wenn die neue und die alte Frist eine einheitliche Gesamtfrist bilden. Nicht § 190, sondern § 187 ist anwendbar, wenn sich durch Auslegung ergibt, dass die alte ursprüngliche Frist aufgehoben und eine neue Frist gesetzt wird.

B. Verhältnis zu § 193

Endet die ursprüngliche Frist an einem Sonnabend, Sonntag oder Feiertag, so soll nach herrschender Meinung 2
bei materiellrechtlichen Fristen § 193 unanwendbar sein und die verlängerte Frist ab dem entsprechenden Sonnabend, Sonntag oder Feiertag berechnet werden.[1] Demgegenüber soll bei prozessualen Fristen die Verlängerung in entsprechender Anwendung des § 224 Abs. 3 ZPO erst mit Ablauf des darauf folgenden Werktages beginnen.[2]

9 Staudinger/*Repgen*, § 188 Rn 4.

1 Palandt/*Grüneberg*, § 286 Rn 30 und AnwK-SchuldR/*Schulte-Nölke*, § 286 Rn 60.

2 Palandt/*Ellenberger*, § 189 Rn 1; sowie Bamberger/Roth/*Henrich*, § 189 Rn 3.

1 Palandt/*Ellenberger*, § 190 Rn 1; Bamberger/Roth/*Henrich*, § 190 Rn 2.

2 BGHZ 21, 43 ff sowie Palandt/*Ellenberger*, § 190 Rn 1; aA MüKo/*Grothe*, § 190 Rn 3 sowie Bamberger/Roth/*Henrich*, § 190 Rn 2.

3 Dieser Auffassung ist jedoch nicht zu folgen, da bei einer echten Verlängerung die ursprüngliche Frist und die Verlängerung eine Einheit bilden. Zudem besteht kein Grund, die Verlängerung materiellrechtlicher und prozessualer Fristen unterschiedlich zu handhaben, zumal § 224 Abs. 3 ZPO inhaltlich § 190 BGB entspricht.[3]

C. Fristverlängerung nach Fristablauf

4 Grundsätzlich können materiellrechtliche Fristen, dem Grundsatz der Privatautonomie entsprechend, auch noch nach ihrem Ablauf verlängert werden. Gleiches gilt für prozessuale Fristen, wenn der Verlängerungsantrag noch rechtzeitig vor Fristablauf gestellt wurde.[4]

§ 191 Berechnung von Zeiträumen

Ist ein Zeitraum nach Monaten oder nach Jahren in dem Sinne bestimmt, dass er nicht zusammenhängend zu verlaufen braucht, so wird der Monat zu 30, das Jahr zu 365 Tagen gerechnet.

1 § 191 stellt die Regelung für die Berechnung nicht zusammenhängender Zeiträume vor, wobei der Monat mit einem Durchschnittswert von 30 Tagen, das Jahr mit 365 Tagen gerechnet wird. **Beispiele** für Fristen, die unter § 191 fallen, sind die Verpflichtung, Arbeits- oder Dienstleistungen für eine bestimmte Anzahl von Monaten zu erbringen, die Auflage, ein vermachtes Grundstück mindestens sechs Monate im Jahr zu bewohnen, und Ähnliches. § 191 ist auf die Hemmung der Verjährung gem. § 209 nicht anzuwenden, da diese keine Frist ist. Ebenso wenig ist § 191 auf die Trennungsfrist gem. § 1566 anzuwenden, da es hierbei gerade auf einen zusammenhängenden Zeitraum der Trennung ankommt.[1] Ausnahmen können sich nach § 1567 Abs. 2 ergeben.[2]

2 Bei einer nicht zusammenhängend verlaufenden Zeitbestimmung erfolgt nach § 191 BGB die Berechnung durch die Summierung von – nicht notwendig aufeinander folgenden – Tagen. Bei der genauen Ermittlung der Summe werden dann zwar Schalttage mitgezählt, bei der Berechnung der Gesamtzeit zählen aber immer dreihundertfünfundsechzig Tage als ein Jahr.[3]

§ 192 Anfang, Mitte, Ende des Monats

Unter Anfang des Monats wird der erste, unter Mitte des Monats der 15., unter Ende des Monats der letzte Tag des Monats verstanden.

1 Zweck der Vorschrift ist es, für die in der Praxis häufig vorkommenden Zeitbestimmungen **„Anfang", „Mitte" und „Ende" des Monats** präzise festzulegen. Eine entsprechende Regelung enthält Art. 36 Abs. 3 WG.

2 Für die Bezeichnung „Anfang", „Mitte" und „Ende" der **Woche** fehlt eine solche Auslegungsregel. Unter „Anfang der Woche" ist üblicherweise der Montag, unter „Mitte der Woche" der Mittwoch, unter „Ende der Woche" der Sonnabend zu verstehen. Soweit Arbeitstage gemeint sind, kann unter „Ende der Woche" im Einzelfall auch der Freitag zu verstehen sein.[1]

3 Nicht geregelt sind die Bedeutungen von Jahreszeitangaben wie „Frühjahr" oder „Herbst". Hier richtet sich das Verständnis gem. § 359 HGB nach der Verkehrssitte des Leistungsortes. Fehlt – wie im Bürgerlichen Recht – ein bestimmter Sprachgebrauch und ergibt sich aus der vertraglichen Fristvereinbarung nichts anderes, so ist auf den Kalender abzustellen.[2] „Im Frühjahr" bedeutet dann zwischen 21.3. und 21.6.[3]

§ 193 Sonn- und Feiertag; Sonnabend

Ist an einem bestimmten Tage oder innerhalb einer Frist eine Willenserklärung abzugeben oder eine Leistung zu bewirken und fällt der bestimmte Tag oder der letzte Tag der Frist auf einen Sonntag, einen

3 Ebenso Bamberger/Roth/*Henrich*, § 190 Rn 2; MüKo/*Grothe*, § 190 Rn 3; Staudinger/*Repgen*, § 190 Rn 4.
4 BGHZ 83, 217 ff = NJW 1982, 1651 f; BAG NJW 1980, 309.
1 Vgl Palandt/*Brudermüller*, § 1567 Rn 6.
2 Vgl Staudinger/*Rauscher*, § 1567 Rn 127 ff.
3 VG Bremen Urt. v. 26.3.2009, 2 K 1309/08.
1 Ebenso Palandt/*Ellenberger*, § 192 Rn 1; Bamberger/Roth/*Henrich*, § 192 Rn 2; MüKo/*Grothe*, § 192 Rn 5; Staudinger/*Repgen*, § 192 Rn 3.
2 Palandt/*Ellenberger*, § 192 Rn 1; Bamberger/Roth/*Henrich*, § 192 Rn 1.
3 Staudinger/*Repgen*, § 192 Rn 4.

am Erklärungs- oder Leistungsort staatlich anerkannten allgemeinen Feiertag oder einen Sonnabend, so tritt an die Stelle eines solchen Tages der nächste Werktag.

A. Allgemeines

1 § 193 dient der Wahrung der Sonn- und Feiertagsruhe. Er galt zunächst nur für Sonntage und die staatlich allgemein anerkannten Feiertage. Nach der Einführung der 5-Tage-Woche in weiten Bereichen der Wirtschaft und der öffentlichen Verwaltung wurde mit Gesetz vom 10.8.1965[1] auch der Sonnabend in den Geltungsbereich einbezogen. Entsprechende Parallelvorschriften finden sich in § 222 Abs. 2 ZPO, § 43 Abs. 2 StPO, § 77 b Abs. 1 S. 2 StGB, Art. 72 WechselG, Art. 55 ScheckG, § 31 Abs. 3 VwVfG und § 108 Abs. 3 AO.

B. Regelungsgehalt

I. Anwendungsbereich

2 § 193 gilt für Fristen und Termine, die für die **Abgabe einer Willenserklärung** oder die **Bewirkung einer Leistung** bestimmt sind. Bei der Abgabe einer Willenserklärung ist es daher gleichgültig, ob zur Abgabe der Willenserklärung eine Rechtspflicht besteht oder ob sie nur zur Wahrung eigener Rechte dient.[2] Für geschäftsähnliche Handlungen, wie zB die Mängelrüge nach § 377 HGB, ist § 193 entsprechend anwendbar. Auf **Ausschluss- oder Verjährungsfristen** ist § 193 ebenfalls analog anwendbar.[3]

3 § 193 ist ebenfalls anwendbar auf **Prozesshandlungen**, die zugleich materiellrechtliche Wirkung entfalten, wie zB die zur Hemmung der Verjährung erhobene Klage,[4] die Anfechtungserklärung im Insolvenzverfahren[5] oder der Widerruf eines Vergleiches.[6]

4 Dagegen ist § 193 **unanwendbar** für sonstige Ereignisse, wie zB den Eintritt einer Bedingung, die nicht vom Eintritt der Handlung eines Schuldners abhängt.[7]

Für **Kündigungsfristen** ist § 193 weder unmittelbar noch entsprechend anwendbar, da die Frist dem Gekündigten zu seinem Schutz unverkürzt zur Verfügung stehen muss.[8] Ist bspw gem. § 573 c Abs. 3 BGB spätestens am 15. eines Monats zu kündigen ist der 15. der letzte Fristtag, auch wenn dieser ein Sonn-, Feiertag oder Sonnabend ist.[9] Gleiches gilt nach der oben wiedergegebenen Entscheidung des BGH,[10] wenn der dritte Werktag eines Monates bei einer Kündigung gem. § 573 Abs. 1 BGB auf einen Werktag fällt.[11] Die entgegenstehende Auffassung, dass bei der Berechnung der Kündigungsfrist des § 573 c Abs. 1 der Samstag nicht mitzähle, wenn diese der letzte Tag der Frist sei,[12] überzeugt nicht, da sie allein auf die Interessen des Kündigenden abstellt, aber außer Acht lässt, dass die Einhaltung der Kündigungsfrist gerade auch den Interessen des Gekündigten dient.

Auf für Versammlungen geltende **Ladungsfristen**, zB bei Vereinen, Aktiengesellschaften oder GmbHs ist § 193 nicht anwendbar, da eine Verkürzung mit dem Zweck dieser Fristen, nämlich eine ausreichende Prüfungszeit zu sichern, unvereinbar wäre.[13]

– Für die Berechnung der bei der **Hauptversammlung einer Aktiengesellschaft** geltenden Fristen hat der Gesetzgeber seit dem 1.11.2005 spezielle Regelungen getroffen, die die Anwendung der §§ 187 bis 193 BGB verdrängen.[14] Durch das ARUG,[15] das am 1.9.2009 in Kraft getreten ist, ist in §§ 121 Abs. 7 AktG die Berechnung von Fristen, die von der Versammlung zurückgerechnet werden, neu geregelt worden. Der Tag der Versammlung ist hierbei nicht mitzurechnen. Die Verlegung von einem Sonntag, einem Sonnabend oder einem Feiertag auf den zeitlich vorhergehenden Werktag – wie dies die in der Zeit vom 1.11.2005 bis 31.8.2009 geltende Fassung des § 123 Abs. 4 AktG aF vorsah – wurde abgeschafft.

1 BGBl I 1965 S. 753.
2 BGHZ 1999, 291.
3 LG Köln VersR 1953, 185.
4 BGH WM 1978, 464.
5 BGH NJW 1984, 1559.
6 BGH NJW 1978, 2091.
7 Bamberger/Roth/*Henrich*, § 193 Rn 8.
8 BGHZ 162, 75; BGHZ 59, 267; BGH VersR 1983, 876; BAGE 22, 304; offen lassend BGH NJW 2005, 2154.
9 Palandt/*Ellenberger*, § 193 Rn 3.
10 Vgl BGH NJW 2005, 2154.
11 IE ebenso: *Sternel*, Mietrecht aktuell, 4. Aufl. 2009, X 91 und Schmidt-Futterer/*Blank*, § 573 c Rn 8 sowie Jauernig/*Teichmann*, § 573 c Rn 2; aA Palandt/*Ellenberger*, § 193 Rn 4 und Palandt/*Weidenkaff*, § 573 c Rn 10.
12 LG Aachen WuM 2004, 32; AG Düsseldorf ZMR 2008, 538, offenlassend BGH NJW 2005, 2154.
13 BGHZ 100, 264; OLG Hamm NJW-RR 2001, 105.
14 Vgl *Hüffer*, AktG § 121 Rn 24 f, *Repgen*, ZGR 2006, 120 sowie *Drinhausen/Keinath*, BB 2009, 2322.
15 BGBl. I 2009 S. 2479.

– Für die Einberufung der **Gesellschafterversammlung der GmbH** nach § 51 Abs. 1 GmbHG gibt es entsprechende Regelungen nicht. Für die Berechnung der Einberufungsfrist gelten die §§ 187 Abs. 1, 188 Abs. 2. Die Wochenfrist des § 51 Abs. 1 S. 2 GmbH beginnt daher an dem Tag, an dem ein eingeschriebener Brief bei normaler postalischer Beförderung den Empfänger erreicht. Soll also eine Gesellschafterversammlung an einem Freitag stattfinden, muss der Zugang der Einladung bis spätestens dem Donnerstag der Vorwoche erfolgt sein. Das Einladungsschreiben muss daher unter Berücksichtigung der üblichen Postlaufzeiten eines Einschreibebriefes so zur Post gegeben worden sein,, dass es den Empfänger rechtzeitig erreicht. Bei Empfängern im Inland wird hier dabei eine übliche Postlaufzeit von 2-3 Tagen, bei Empfängern im Ausland sogar noch mehr Tage zu berücksichtigen sein. Bei dem vorstehend gebildeten Beispiel müsste daher das Einladungsschreiben für einen im Inland ansässigen Empfänger, je nachdem, welche Postlaufzeit man als üblich ansieht, am Montag oder Dienstag zur Post aufgegeben werden. § 193 BGB, der den Ablauf der Frist auf den nächsten Werktag hinausschiebt, wenn das Fristende auf einen Sonnabend, Sonntag oder gesetzlichen Feiertag fällt, ist nicht anwendbar.[16]

5 § 193 ist nur einschlägig, wenn eine Frist an einem Sonn- oder gesetzlichen Feiertag oder einem Sonnabend endet, nicht jedoch, wenn der Fristbeginn auf einen solchen Tag fällt.[17]

II. Abdingbarkeit

6 Als allgemeine Auslegungsregel ist § 193 nicht anwendbar, wenn durch Gesetz oder ausdrückliche Vereinbarung zwischen den Beteiligten etwas anderes bestimmt ist oder sich konkludent aus den Umständen des Einzelfalles oder einer Verkehrsübung etwas anderes ergibt. Keine Anwendung findet § 193 daher bei Fixgeschäften, wenn die Leistungszeit bewusst auf ein Wochenende gelegt wurde oder bei Stundenfristen.

7 Soweit vertragliche Fristen auf Werktage abstellen, wie zB die Vertragsstrafe gem. § 11 Nr. 3 VOB/B rechnet der Sonnabend im Zweifel mit.[18] Der Sonnabend ist kein Bankfeiertag im Sinne des § 676 a Abs. 2.

III. Rechtswirkungen

8 § 193 verlängert die Frist und verschiebt den Termin, wenn Fristablauf oder Termin auf ein Wochenende oder einen Feiertag fallen. Hierdurch verschiebt sich die Fälligkeit bzw der Ablauf der Frist, nach deren Ende der Verzug beginnt.[19] Man kann daher die Willenserklärung noch am darauf folgenden Werktag abgeben bzw die Leistung bewirken, ohne dass sich hierdurch für den Schuldner nachteilige Folgen ergeben.

Für die Berechnung der Zahlungsfrist des Mieters nach § 556 b Abs. 1 bzw der entsprechenden vertraglichen Regelung ist der Sonnabend nicht als Tag mitzuzählen.[20] Dies gilt auch für mietvertragliche Vereinbarungen, die vor dem Inkrafttreten des § 556 b Abs. 1 am 1.9.2001 getroffen wurden.[21]

9 Die Verlängerung führt jedoch nicht dazu, dass die Erklärung oder Leistung am nächstfolgenden Werktag auf den bestimmten Tag zurückwirkt.[22] Unabhängig von der Verlängerung bzw Verschiebung der Frist bleibt es dem Schuldner naturgemäß unbenommen, die Willenserklärung oder die Leistung bereits am Wochenende zu bewirken. Der andere Teil kann jedoch unter Umständen eine erforderliche Mitwirkungshandlung ablehnen, wenn ihm nach Treu und Glauben oder der Verkehrssitte eine Mitwirkung am Wochenende oder Feiertag nicht zuzumuten ist.[23] Für das Handelsrecht ergibt sich aus § 358 HGB ausdrücklich, dass die Leistung nur während der gewöhnlichen Geschäftszeit bewirkt oder gefordert werden kann.

IV. Feiertage

10 Allgemein anerkannte **Feiertage im gesamten Bundesgebiet** sind: Neujahr (1. Januar), Karfreitag, Ostermontag, Christi Himmelfahrt (2. Donnerstag vor Pfingsten), 1. Mai, Pfingstmontag, 3. Oktober sowie der 1. und 2. Weihnachtsfeiertag (25. und 26. Dezember).

16 Baumbach/Hueck/*Zöllner*, GmbH, § 51 Rn 20; *Tettinger*, GmbHR 2008, 346.
17 BFH Beschl. v. 28.11.2007 – IX B 175/07, BeckRS 2007, 25012819.
18 BGH NJW 1978, 2593.
19 BGHZ 171, 31; teilweise noch anders BGH NJW 2001, 2324.
20 BGH NJW 2010, 2879.
21 BGH NJW 2010, 2882.
22 OLG Frankfurt NJW 1975, 1971.
23 Bamberger/Roth/*Henrich*, § 193 Rn 9; sowie Palandt/*Ellenberger*, § 193 Rn 5.

Hinzu kommen in den **einzelnen Bundesländern** noch verschiedene weitere Feiertage aufgrund landesgesetzlicher Regelung: 11

Tag	**Bundesland**
6. Januar	Bayern, Baden-Württemberg, Sachsen-Anhalt
Fronleichnam (2. Donnerstag nach Pfingsten)	Baden-Württemberg, Bayern, Hessen, Nordrhein-Westfalen, Rheinland-Pfalz, Saarland, Sachsen (teilweise durch VO festgelegt), Thüringen (kann bei Gemeinden mit überwiegend katholischer Bevölkerung durch VO bestimmt werden)
Friedensfest (8. August)	nur Stadtkreis Augsburg
Maria Himmelfahrt (15. August)	Baden-Württemberg, Bayern (nur in Gemeinden mit überwiegend kath. Bevölkerung)
Reformationstag (31. Oktober)	Brandenburg, Mecklenburg-Vorpommern, Sachsen, Sachsen-Anhalt, Thüringen
Allerheiligen (1. November)	Baden-Württemberg, Bayern, Nordrhein-Westfalen, Rheinland-Pfalz, Saarland
Buß- und Bettag (3. Mittwoch im November)	Sachsen

Bei den landesgesetzlich gesondert geregelten Feiertagen findet § 193 nur dann Anwendung, wenn dieser Tag gerade am Erfüllungs- bzw Leistungsort staatlich anerkannt ist.[24] 12

Für Tage, die keine gesetzlichen Feiertage sind und an denen Behörden – und weite Teile der Wirtschaft – aber **üblicherweise nicht arbeiten**, wie zB am 24.12.,[25] am 31.12.[26] oder am Rosenmontag, ist § 193 nicht anwendbar.[27] 13

24 Vgl hierzu die jeweiligen Feiertagsgesetze der einzelnen Bundesländer.
25 OVG Hamburg NJW 1993, 1941.
26 VGH Mannheim NJW 1987, 1353.
27 Erman/*Palm*, § 193 Rn 5.

Abschnitt 5
Verjährung

Titel 1 Gegenstand und Dauer der Verjährung

Vorbemerkungen zu §§ 194–218

Literatur: *Pascal Ancel*, Charakter, System und Fristen der Verjährung in Frankreich nach der Reform, in: Remien (Hrsg.), Verjährungsrecht in Europa, 2011, S. 29; *Armbrüster*, Verjährbarkeit der Vindikation? Zugleich ein Beitrag zu den Zwecken der Verjährung, in: FS Harm Peter Westermann, 2008, S. 53; *Baldus*, Anspruch und Verjährung – Geschichte und System, in: Remien (Hrsg.), Verjährungsrecht in Europa, 2011, S. 5; *Klaus Peter Berger*, Set-off, ICC International Court of Arbitration Bulletin 2005 Special Supplement, 17; *Birr*, Verjährung und Verwirkung, 2. Aufl. 2006; *Bydlinski*, Die geplante Modernisierung des Verjährungsrechts, in: Schulze/Schulte-Nölke (Hrsg.), Die Schuldrechtsreform vor dem Hintergrund des Gemeinschaftsrechts, 2001, S. 381 (zitiert: Bydlinski); *Danco*, Die Perspektiven der Anspruchsverjährung in Europa. Eine rechtsvergleichende Untersuchung unter besonderer Berücksichtigung der Sachmängelgewährleistungsfristen im Kaufrecht, 2001; *Dannemann*, Reform des Verjährungsrechts aus rechtsvergleichender Sicht, RabelsZ 55 (1991), 697; *Eidenmüller*, Ökonomik der Verjährungsregeln, in: Schulze/Schulte-Nölke (Hrsg.), Die Schuldrechtsreform vor dem Hintergrund des Gemeinschaftsrechts, 2001, S. 405 (zitiert: Eidenmüller); *ders.*, Zur Effizienz der Verjährungsregeln im geplanten Schuldrechtsmodernisierungsgesetz, JZ 2001, 283; *Ernst*, Zum Fortgang der Schuldrechtsmodernisierung, in: Ernst/Zimmermann (Hrsg.), Zivilrechtswissenschaft und Schuldrechtsreform, 2001, S. 559 (zitiert: Ernst); *Foerste*, Unklarheit im künftigen Schuldrecht: Verjährung von Kaufmängel-Ansprüchen in zwei, drei oder 30 Jahren?, ZRP 2001, 342; *Grothe*, Einwirkungen auf den Verjährungslauf: Hemmung, Ablaufhemmung und Neubeginn, in: Remien (Hrsg.), Verjährungsrecht in Europa, 2011, S. 270; *Haug*, Die Neuregelung des Verjährungsrechts: Eine kritische Untersuchung des Verjährungsrechts im Entwurf der Kommission zur Überarbeitung des Schuldrechts, 1999; *Heinrichs*, Entwurf eines Schuldrechtsmodernisierungsgesetzes, BB 2001, 1417; *Hohloch*, Urteilsverjährung in deutsch-türkischen Rechtsfällen, in: FS Öztan, 2010, S. 1167; *Kind/Bruchwitz*, Die Verjährung von Prospekthaftungsansprüchen bei geschlossenen Fonds und Bauherrenmodellen, BKR 2011, 10; *Kötz*, Zur Verjährung der Sachmängelansprüche – Die Vorschläge der Schuldrechtskommission im Lichte der ökonomischen Analyse des Rechts, in: FS Dieter Medicus zum 70. Geburtstag, 1999, S. 283; *Koller*, Reform der Verjährungsregeln im HGB-Transportrecht?, VersR 2011, 192; *Krämer*, Verhaltener Anspruch und Verjährung, in: FS Graf von Westphalen, 2010, S. 401; *H. Lando*, Why cut off buyer's claims by a limitation period?, in: FS Hans-Bernd Schäfer, 2008, S. 307; *Leenen*, Die Neuregelung der Verjährung, JZ 2001, 552; *Mansel*, Die Reform des Verjährungsrechts, in: Ernst/Zimmermann (Hrsg.), Zivilrechtswissenschaft und Schuldrechtsreform, 2001, S. 333 (zitiert: Mansel); *ders.*, Die Neuregelung des Verjährungsrechts, NJW 2002, 89; *ders.*, Neues Verjährungsrecht und Anwaltsvertrag – Vorteile für den Rechtsanwalt, NJW 2002, 418; *Mansel/Budzikiewicz*, Das neue Verjährungsrecht, 2002; *dies.*, Einführung in das neue Verjährungsrecht, Jura 2003, 1; *dies.*, Verjährungsanpassungsgesetz: neue Verjährungsfristen, insbesondere für die Anwaltshaftung und gesellschaftsrechtliche Einlageforderungen, NJW 2005, 321; *Meller-Hannich*, Die Einrede der Verjährung, JZ 2005, 656; *Möller*, Verjährung von Altansprüchen nach neuem Schuldrecht, WM 2008, 476; *Nordmeier*, Die Bedeutung des anwendbaren Rechts für die Rückwirkung der Zustellung nach § 167 ZPO, ZZP 124 (2011), 95; *Peters/Zimmermann*, Der Einfluß von Fristen auf Schuldverhältnisse – Möglichkeiten der Vereinheitlichung der Verjährungsfristen, in: Bundesministerium der Justiz (Hrsg.), Gutachten und Vorschläge zur Überarbeitung des Schuldrechts, Band I, 1981 (zitiert: Peters/Zimmermann); *Piekenbrock*, Reform des allgemeinen Verjährungsrechts: Ausweg oder Irrweg?, in: Helms u.a. (Hrsg.), Jahrbuch Junger Zivilrechtswissenschaftler 2001 – Das neue Schuldrecht, 2001, S. 309 (zitiert: Piekenbrock); *Piekenbrock*, Befristung, Verjährung, Verschweigung, Verwirkung. Eine rechtsvergleichende Grundlagenstudie zu Rechtsänderungen durch Zeitablauf, 2006; *Remien* (Hrsg.), Verjährungsrecht in Europa – zwischen Bewährung und Reform, 2011; *Rühl*, Die Verjährung kaufrechtlicher Gewährleistungsansprüche, AcP 207 (2007), 614; *Patti*, Rechtssicherheit und Gerechtigkeit im Verjährungsrecht des DCFR, ZEuP 2010, 58; *Peters*, Der Beginn der Verjährung bei Regressansprüchen, ZGS 2010, 154; *ders.*, Der Beginn der Verjährung bei Freihaltungsansprüchen, ZGS 2010, 495; *Pohlmann*, Verjährung, Jura 2005, 1; *G. Schulze*, Die Naturalobligation, 2008; *Seibl/von Preuschen-von Lewinski*, Die Verjährung der Prospekthaftung bei geschlossenen Fonds, FS Graf von Westphalen, 2010, 629; *Spiro*, Die Begrenzung privater Rechte durch Verjährungs-, Verwirkungs- und Fatalfristen, Band I, 1975; *Unterrieder*, Die regelmäßige Verjährung – Die §§ 195 bis 202 BGB und ihre Reform, 1998; *G. Wagner*, Grundstrukturen eines deutschen Mediationsgesetzes, RabelsZ 74 (2010), 794; *M.-P. Weller*, Die Vertragstreue, 2009; *Willingmann*, Reform des Verjährungsrechts – Die Neufassung der §§ 194 ff. BGB im Rahmen der Schuldrechtsmodernisierung, in: Micklitz/Pfeiffer/Tonner/Willingmann (Hrsg.), Schuldrechtsreform und Verbraucherschutz, 2001, S. 1 (zitiert: Willingmann); *Zimmermann*, „... ut sit finis litium" – Grundlinien eines modernen Verjährungsrechts auf rechtsvergleichender Grundlage, JZ 2000, 853; *ders.*, Comparative Foundations of a European Law of Set-Off and Prescription, 2001; *ders.*, Grundregeln eines Europäischen Verjährungsrechts und die deutsche Reformdebatte, ZEuP 2001, 217; *ders.*, Verjährung, in: Handwörterbuch des Europäischen Privatrechts, 2009, S. 1637; *Zimmermann/Kleinschmidt*, Verjährung: Grundgedanken und Besonderheiten bei Ansprüchen auf Schadensersatz, in: FS Eugen Bucher, 2009, S. 861; *Zimmermann/Leenen/Mansel/Ernst*, Finis Litium? Zum Verjährungsrecht nach dem Regierungsentwurf eines Schuldrechtsmodernisierungsgesetzes, JZ 2001, 684.

A. Allgemeines

I. Schuldrechtsreform und Verjährungsrecht

Bereits lange Zeit vor Inkrafttreten der heutigen §§ 194 ff wurde das Verjährungsrecht des BGB von 1900 für reformbedürftig gehalten.[1] Kritisiert wurden vor allem die unterschiedliche Dauer der Verjährungsfristen, die von sechs Wochen (§ 490 Abs. 1 S. 1 aF) bis zu dreißig Jahren (§ 195 aF) reichte, die Unübersichtlichkeit der Regelungen durch Zersplitterung der verschiedenen Verjährungsfristen in mehr als 130 Vorschriften in über 80 Gesetzen[2] sowie die unangemessene Länge mancher Verjährungsfristen wie zB die 6-Monats-Frist für Gewährleistungsansprüche im Kauf- und Werkvertragsrecht (§§ 477, 638 aF).[3] Nach über zwanzigjähriger Reformdiskussion hat der Gesetzgeber im Rahmen der Arbeiten zur Umsetzung dreier EG-Richtlinien – der Verbrauchsgüterkaufrichtlinie,[4] der e-commerce-Richtlinie[5] und der Richtlinie zur Bekämpfung von Zahlungsverzug im Geschäftsverkehr[6] – auch das Verjährungsrecht reformiert;[7] am **1.1.2002** ist das **neue Verjährungsrecht** als Teil des Gesetzes zur Modernisierung des Schuldrechts in Kraft getreten.[8] 1

II. Gesetzgeberische Grundlinien

1. Vereinfachung. Das **bisherige Verjährungsrecht** war unübersichtlich. Die lange Regelverjährungsfrist des § 195 aF von dreißig Jahren wurde häufig durch kürzere Sonderverjährungsfristen, die innerhalb und außerhalb des BGB geregelt waren, verdrängt. § 195 aF war eher ein Auffangtatbestand als eine Regel.[9] Bereits das BGB aF sah insbesondere mit den weiten und tatbestandlich vielfach unklaren §§ 196, 197 aF zahlreiche Ausnahmen von der langen Regelverjährungszeit des § 195 aF vor. Die Rechtsprechung hat den Anwendungsbereich der §§ 196, 197 aF und anderer spezieller Verjährungsvorschriften weiter ausgedehnt, um den Anwendungsbereich des § 195 aF zu begrenzen, da die lange Verjährungsfrist von dreißig Jahren vielfach unangemessen und nicht sachgerecht erschien.[10] Auch andere Korrekturen hat sie vorgenommen.[11] Das Verjährungsfristensystem war insgesamt nicht ausreichend abgestimmt und lud zu dogmatischen Fortentwicklungen des sonstigen materiellen Rechts ein, die nur den Zweck verfolgten, die Verjährung zu beeinflussen.[12] 2

Das Ziel des geltenden Verjährungsrechts ist demgegenüber die Schaffung eines **einfachen und angemessenen Verjährungssystems**.[13] Eine Vereinfachung wurde erreicht, wenn auch keine vollständige.[14] Doch ist ein deutlicher Fortschritt gegenüber dem früher geltenden Recht erzielt worden. Die kurze Verjährungsfrist 3

1 S. dazu grundlegend das vorbereitende Gutachten von *Peters/Zimmermann*, S. 77 ff; s. ferner insbesondere (in zeitlicher Reihenfolge): *Heinrichs*, NJW 1982, 2021 ff; *ders.*, VersR Sonderheft, Karlsruher Forum 1991, S. 3 ff; Abschlussbericht; Verhandlungen des 60. JT, Teil K; *R. Stürner*, NJW 1994, 2 ff; *Unterrieder/Haug/Zimmermann*, JZ 2000, 853 ff; *Mansel*, S. 333 ff; *Ernst*, S. 559 ff und ZRP 2001, 1 ff; *Eidenmüller*, S. 405 ff und JZ 2001, 283 ff; *Bydlinski*, S. 381 ff; *Zimmermann*, ZEuP 2001, 217 ff; *Zimmermann/Leenen/Mansel/Ernst*, JZ 2001, 684 ff.

2 BT-Drucks. 14/6040, S. 91.

3 Vgl hierzu *Peters/Zimmermann*, S. 187 ff.

4 Richtlinie 1999/44/EG v. 25.5.1999, ABl. EG L 171 S. 12.

5 Richtlinie 2000/31/EG v. 8.6.2000, ABl. EG L 178 S. 1.

6 Richtlinie 2000/35/EG v. 29.6.2000, ABl. EG L 200 S. 35.

7 Vgl zur Reformgeschichte *Mansel/Budzikiewicz*, § 1 Rn 1–12 sowie *Mansel*, NJW 2002, 89 f.

8 BGBl 2001 I S. 3138 ff.

9 BT-Drucks. 14/6040, S. 100; Jauernig/*Jauernig*, § 195 Rn 1.

10 S. dazu nur DiskE, S. 195 ff, 221 ff; BT-Drucks. 14/6040, S. 100 ff; *Peters/Zimmermann*, S. 190 ff; Staudinger/*Peters*, 13. Bearb. 2001, Vor zu § 194 Rn 45, § 195 Rn 2–5; rechtsvergleichend s. noch *Danco*, S. 86 ff, 103 ff.

11 S. nur *Piekenbrock*, S. 309, 310 f.

12 S. nur Staudinger/*Peters/Jacoby*, § 195 Rn 5; *Piekenbrock*, S. 309, 310 ff.

13 BT-Drucks. 14/1060, S. 105; s. auch *Däubler-Gmelin*, NJW 2001, 2281, 2282.

14 Zu einem einfacheren System, das im Wesentlichen auf einer Verjährungsfrist mit kenntnisabhängigem Verjährungsbeginn beruht, s. *Peters/Zimmermann*, S. 79, 305 ff; *Zimmermann*, ZEuP 2001, 217 ff; *Zimmermann/Leenen/Mansel/Ernst*, JZ 2001, 684, 686 ff; s. auch *Mansel*, S. 333, 406 ff; rechtsvergleichend vertiefend *Zimmermann*, JZ 2000, 853 ff, jeweils mwN.

in Verbindung mit der Neuregelung des Verjährungsbeginns schafft ein Verjährungssystem, das geeignet ist, Schuldner- und Gläubigerschutz in ein angemessenes Verhältnis zu bringen. Denn es baut auf einer relativ kurzen Verjährungsfrist auf, die ab Anspruchskenntnis des Gläubigers zu laufen beginnt.

4 Das relative Verjährungssystem erlaubt den weitgehenden **Verzicht auf Sonderverjährungsnormen**. Doch bleibt der Reformgesetzgeber hier auf halber Strecke stehen, denn es gelten auch weiterhin zahlreiche Sonderverjährungsfristen, die im BGB (§ 195 Rn 43) und außerhalb des BGB statuiert sind (§ 195 Rn 47). Nur vereinzelt wurden diese Vorschriften durch einen Verweis auf die §§ 194 ff ersetzt (§ 195 Rn 49). Eine ausdrückliche Anordnung der generellen Geltung der §§ 194 ff für alle Ansprüche, auch außerhalb des BGB, wie sie in § 194 Abs. 3 DiskE[15] vorgesehen war, wurde im Laufe des Gesetzgebungsverfahrens[16] aufgegeben. Der Gesetzgeber hat es versäumt, die zahlreichen Sonderverjährungsfristen außerhalb des BGB (§ 195 Rn 47) zu überprüfen; viele hätten durch einen Verweis auf die §§ 194 ff ersetzt werden können.[17] Im Gegensatz dazu sehen die Grundregeln des Europäischen Vertragsrechts grundsätzlich nur eine Verjährungsfrist vor (Rn 20).

5 **2. Verjährungsfristen und Verjährungsbeginn.** § 195 sieht eine **regelmäßige Verjährungsfrist von drei Jahren** vor. Zahlreiche Sondervorschriften des früheren Rechts wurden zugunsten der Regelverjährung aufgehoben (s. § 195 Rn 49).

Die dramatische Verkürzung der Regelverjährung war nur möglich durch eine **Veränderung des Verjährungsbeginns**, denn sonst liefen Gläubiger Gefahr, dass ihre Ansprüche in der relativ kurzen Frist von drei Jahren verjährten, bevor sie Kenntnis von dem Anspruch oder der Person des Schuldners erlangten. Daher bestimmt § 199 Abs. 1 – in Anlehnung an § 852 aF – als Verjährungsbeginn der Regelverjährung den Schluss des Jahres, in dem der Anspruch entstanden ist und der Gläubiger von den anspruchsbegründenden Umständen und der Person des Schuldners **Kenntnis erlangt** oder ohne grobe Fahrlässigkeit **erlangen müsste** (künftig bezeichnet als „**Kenntniserlangung**" oder „**kenntnisabhängiger/subjektivierter Verjährungsbeginn**").

6 Der Verjährungsbeginn hängt nach Abs. 1 von einem **subjektiven** (weil auf die Kenntniserlangung abstellenden) Merkmal ab. Die so bestimmte Verjährungsfrist wird auch **relative Verjährungsfrist** (relative Verjährung) genannt, da der Fristablauf nicht bereits mit der objektiv bestimmten Anspruchsentstehung feststeht, sondern von einem einzelfallbezogenen Merkmal der Kenntniserlangung abhängt. Die subjektiv-relative Frist kann allerdings dazu führen, dass die Verjährung eines Anspruchs erst lange Zeit nach der Anspruchsentstehung beginnt. Um den **Rechtsfrieden** und die **Dispositionsfreiheit** des Schuldners herzustellen (zu den Verjährungszwecken s. sogleich Rn 32 ff),[18] bedarf es daher der Bestimmung von Fristen, deren Beginn von einem objektiven Merkmal (**objektiver Verjährungsbeginn**) abhängt und bei deren Verstreichen in jedem Fall Verjährung eintritt. Als objektives Merkmal wird regelmäßig die Anspruchsentstehung[19] oder das tatbestandsmäßige anspruchsbegründende Ereignis (Handlung, Pflichtverletzung etc.)[20] herangezogen.

7 Deshalb setzt § 199 Höchstfristen für die Verjährung, nach deren Ablauf ohne Rücksicht auf Kenntnis oder grob fahrlässige Unkenntnis Verjährung eintritt. Es handelt sich daher um objektiv bestimmte Fristen (**absolute Verjährungsfristen**, Maximalfristen). Nach § 199 Abs. 4 verjähren **alle Ansprüche** – bis auf Schadensersatzansprüche – spätestens **zehn Jahre** nach ihrer Entstehung, ohne dass es auf die Kenntniserlangung im Sinne des § 199 Abs. 1 ankommt.

8 Bei vertraglichen und außervertraglichen **Schadensersatzansprüchen**, die auf der Verletzung des **Lebens**, des **Körpers**, der **Gesundheit** oder der **Freiheit** beruhen, beträgt die Verjährungshöchstfrist nach § 199 Abs. 2 dreißig Jahre. Spätestens nach dreißig Jahren, gerechnet ab der Begehung der schadensauslösenden Handlung, Pflichtverletzung oder dem schadensauslösenden sonstigen Ereignis, tritt Verjährung ein. Dabei kommt es nicht darauf an, ob der Schadensersatzanspruch bereits entstanden ist (dh ob der Schaden bereits eingetreten ist oder erst künftig eintreten wird). Auch die Kenntniserlangung im Sinne von § 199 Abs. 1 ist für den Eintritt der absoluten Verjährung unbeachtlich.

9 **Sonstige Schadensersatzansprüche** verjähren gem. § 199 Abs. 3 spätestens zehn Jahre nach ihrer Entstehung oder – sollten sie noch nicht entstanden sein – dreißig Jahre nach der Vornahme der schadensauslösenden Handlung, der Pflichtverletzung oder dem schadensauslösenden sonstigen Ereignis, ohne dass es auf Kenntnis

15 Der DiskE ist abgedruckt bei *Canaris*, Schuldrechtsmodernisierung 2002, S. 3 ff.

16 Die Fassung des Referentenentwurfs vom 7.2.2001 (so genannte nF 1, unveröffentlicht, s. zu ihr *Zimmermann/Leenen/Mansel/Ernst*, JZ 2001, 684, 685 Fn 16) enthielt Abs. 3 nicht mehr.

17 § 194 Abs. 3 wurde überwiegend kritisch beurteilt, vgl *Ernst*, ZRP 2001, 1, 3; *Krebs*, DB 2000, Beilage 14, 1, 5; *Mansel*, S. 333, 408.

18 BT-Drucks. 14/6040, S. 100 ff; *Bydlinski*, S. 381, 382; *Eidenmüller*, JZ 2001, 283 ff; *Mansel*, S. 333, 342–352; *Zimmermann*, JZ 2000, 853 ff.

19 Die Verjährungsfrist von Ansprüchen, die nicht der regelmäßigen Verjährungsfrist unterliegen, beginnt mit der Anspruchsentstehung (§ 200). Gleiches gilt für den Beginn der Maximalverjährungsfristen (Rn 7) des § 199 Abs. 3 Nr. 1 Abs. 4.

20 Die Maximalverjährungsfristen des § 199 Abs. 2, Abs. 3 Nr. 2 stellen auf das anspruchsbegründende Ereignis ab.

oder grobfahrlässige Unkenntnis ankommt. Erfasst werden durch die Vorschrift zB vertragliche und außervertragliche Ansprüche, welche auf der Verletzung des Eigentums oder des Vermögens beruhen.

Während der Gesetzgebungsarbeiten war eine längere Verjährungsfrist für Ansprüche aus **arglistigem oder vorsätzlichem** Verhalten diskutiert worden; frühere Gesetzesfassungen enthielten entsprechende Bestimmungen.[21] Nachdem jedoch mit § 199 das subjektivierte Verjährungssystem für die Regelverjährung generell eingeführt wurde, entfiel der Bedarf für eine gesonderte Arglistverjährung.[22] Vielmehr verweisen umgekehrt die §§ 438 Abs. 3, 634 a Abs. 3 S. 1 bei arglistigem Verschweigen eines Mangels der Kaufsache bzw des Werkes auf die Regelverjährung der §§ 195, 199, soweit ansonsten die kenntnisunabhängigen Verjährungsfristen der § 438 Abs. 1 Nr. 2 und 3 bzw § 634 a Abs. 1 Nr. 1 und 2 gelten würden, die unter Umständen zu einer Verjährung der Gewährleistungsansprüche vor Anspruchskenntnis des Gläubigers führen könnten. Diese wären jedenfalls im Falle der Schuldnerarglist unangemessen (s. hierzu die Ausführungen bei § 438 und § 634 a). 10

3. Herstellung der Vertragsfreiheit im Verjährungsrecht. Das Verjährungsrecht kennt die Möglichkeit, die Verjährungsfrist durch **Parteiabreden** bis zu einer Höchstdauer von dreißig Jahren zu verlängern (§ 202 Abs. 2). Eine solche Verjährungserschwerung war nach früherem Recht unzulässig (§ 225 S. 1 aF). Zulässig ist weiter die parteiliche Vereinbarung einer Verjährungserleichterung. Eine Mindestfrist, die nicht unterschritten werden darf, gibt es hierbei nicht (näher dazu § 202 Rn 20). 11

4. Verjährungshemmung. Der Reformgesetzgeber des Jahres 2002 hat die meisten Tatbestände der Verjährungsunterbrechung bei Rechtsverfolgung in solche der Hemmung der Verjährung umgewandelt und daneben **neue Hemmungstatbestände** geschaffen. Die Zahl der Tatbestände, die einen Neubeginn (früher Unterbrechung) der Verjährungsfrist vorsehen, ist erheblich reduziert worden. Der **Neubeginn** der Verjährung soll nur noch bei Anerkenntnis- und Vollstreckungshandlungen eintreten (§ 212), während alle anderen Tatbestände zu einer Hemmung der Verjährung führen. Neu hinzugekommen ist zum 1.1.2002 vor allem die Hemmung der Verjährung bei Verhandlungen (§ 203), die bisher nur in Einzelfällen vorgesehen war (so zB in §§ 639 Abs. 2, 852 Abs. 2 aF), die Verjährungshemmung durch Anträge des einstweiligen Rechtsschutzes (§ 204 Abs. 1 Nr. 9) sowie die Verjährungshemmung bei Verletzung der sexuellen Selbstbestimmung (§ 208). Näher hierzu Vor § 203 Rn 2–3. 12

5. Reformgesetzgebung seit 2002. Reformbedarf wurde darin gesehen, dass die außerhalb des BGB existierenden Sondervorschriften zugunsten der Regelverjährung aus § 195 aufgehoben werden, um eine noch größere Übersichtlichkeit zu erzielen. Der Gesetzgeber hat entsprechende Schritte nun unternommen, ohne allerdings eine vollkommene Vereinheitlichung aller Verjährungsfristen erreicht zu haben.[23] 13

Das **Gesetz zur Anpassung von Verjährungsvorschriften** an das Gesetz zur Modernisierung des Schuldrechts vom 9.12.2004 (**VerjAnpG**),[24] das am **15.12.2004** in Kraft getreten ist (BGBl. I S. 3214), hat eine weitere Harmonisierung der bürgerlich-rechtlichen Verjährungsvorschriften bewirkt.[25] Es hat die Verjährungsvorschriften in den §§ 197, 201, 1996 und 1997 (s. dort) und in etlichen Nebengesetzen an die §§ 194 ff angepasst. Dennoch bestehen zahlreiche Spezialregelungen zu Verjährung fort (zu den einzelnen Änderungen § 195 Rn 50). Übergangsregelungen finden sich in Art. 229 § 12 EGBGB.[26] 14

Am **1.1.2010** ist das **Gesetz zur Änderung des Erb- und Verjährungsrechts** vom 24.9.2009 in Kraft getreten (BGBl. I S. 3142).[27] Während der Kern dieser Reform das Pflichtteilsrecht betrifft, wurde im Bereich des Verjährungsrechts vor allem die dreißigjährige familien- und erbrechtliche Sonderverjährung des **§ 197 Abs. 1 Nr. 2 aF abgeschafft**.[28] Für familien- und erbrechtliche Ansprüche gilt nunmehr die kenntnisabhängige Regelverjährung des § 195 (dazu § 195 Rn 19). Darüber hinaus wurden die Sonderverjährungsfristen für Ansprüche aus Verlöbnis in § 1302 sowie für Zugewinnausgleichsansprüche des **§ 1378 Abs. 4 gestrichen. § 1302 nF** statuiert aber einen von § 199, 200 **abweichenden Verjährungsbeginn** mit Auflösung des Verlöbnisses. Die bisherige, kenntnisunabhängige Verjährungsfrist von dreißig Jahren wird nur noch für die auf dem Erbrecht beruhenden Herausgabeansprüche nach den §§ 2018, 2130 und 2362 beibehalten; **§ 197 Abs. 1** 15

21 S. *Zimmermann/Leenen/Mansel/Ernst*, JZ 2001, 684, 694 f.

22 S. *Mansel*, S. 333, 359; *Zimmermann/Leenen/Mansel/Ernst*, JZ 2001, 684, 695: Beide Stellungnahmen auch zur Frage einer besonderen Maximalfrist für die Vorsatzverjährung; zust. *Bydlinski*, S. 381, 391. Diese Vorschläge zur speziellen Maximalfrist hat der Reformgesetzgeber nicht aufgenommen.

23 S. zuvor bereits (allerdings vor allem zu der Frage, ob bestehende Sonderfristen gestrichen werden können) die Gegenäußerung der Bundesregierung zur Stellungnahme des Bundesrates zum Entwurf eines Gesetzes zur Modernisierung des Schuldrechts, BT-Drucks. 14/6857, S. 42; s. bereits BT-Drucks. 14/6040, S. 105.

24 BT-Drucks. 15/4060.

25 Vgl hierzu *Mansel/Budzikiewicz*, NJW 2005, 321; *Thiessen*, ZHR 168 (2004), 503.

26 Dazu *Mansel/Budzikiewicz*, NJW 2005, 321.

27 Dazu *Langenfeld*, NJW 2009, 3121; *Lange*, DNotZ 2009, 732, *Reimann*, FamRZ 2009, 1633; *Baumann/Karsten*, RNotZ 2010, 95; zum Referentenentwurf *Peters*, AcP 208 (2008), 37.

28 Speziell zu den Änderungen im Verjährungsrecht *Löhnig*, FamRZ 2009, 2053; *Otte*, ZGS 2010, 15.

Nr. 1 wurde entsprechend **ergänzt** (s. § 197 Rn 36). Eingefügt wurde daneben ein neuer **§ 199 Abs. 3 a**, der für bestimmte erbrechtliche Ansprüche statt der regulären zehn Jahre (§ 199 Abs. 1) eine Verjährungshöchstfrist von dreißig Jahren einführt (näher § 199 Rn 114). Damit wird den Interessen des Rechtsverkehrs an einer schnellen Geltendmachung von erbrechtlichen Ansprüchen besser als zuvor Rechnung getragen. Gleichzeitig werden die Interessen des Anspruchsinhabers bei (nicht grobfahrlässiger) Unkenntnis über das Bestehen des Anspruchs durch die dreißigjährige Höchstfrist des § 199 Abs. 3 a im Ergebnis wie bisher nach § 197 Abs. 1 Nr. 2 aF geschützt.[29] Die besondere Verjährungsfrist für den Pflichtteilanspruch in § 2332 aF wird gestrichen. Abweichend von der allgemeinen Regelung wird der Verjährungsbeginn in § 2332 nF mit dem Eintritt des Erbfalls bestimmt. Weitere Änderungen betreffen die Verjährungshemmung für Ansprüche innerhalb von Familien in § 207 Abs. 1 S. 2 Nr. 2 sowie die §§ 1390 Abs. 3 S. 1, 1600 b Abs. 5, 2332 Abs. 2 (s. die Erläuterungen dort). Übergangsregelungen finden sich in Art. 229 § 23 EGBGB.[30]

16 Der Entwurf der Bundesregierung für das Gesetz zur Stärkung der Rechte von Opfern sexuellen Missbrauchs war am 31.3.2011 noch nicht verabschiedet worden. Der Regierungsentwurf sieht in seinem Art. 4 einen neuen § 197 Abs. 1 Nr. 1 (die bisherige Nr. 1 soll dann Nr. 2 werden). Wegen der Schutzwürdigkeit besonderer Lebensgüter soll für vertragliche und gesetzliche Schadensersatzansprüche, die auf der **vorsätzlichen Verletzung** der Rechtsgüter **Leben, Körper, Gesundheit, Freiheit oder sexuelle Selbstbestimmung** beruhen, eine dreißigjährige Verjährungsfrist (beginnend nach § 200 mit der Anspruchsentstehung) gelten. Aufgrund dieser langen objektiven Frist sieht die Bundesregierung kein Bedürfnis mehr an dem in § 208 geregelten Hemmungstatbestand bei Ansprüchen wegen der Verletzung der sexuellen Selbstbestimmung von Opfern, die unter 22 Jahren alt sind oder mit dem Täter in häuslicher Gemeinschaft leben. § 208 soll deshalb aufgehoben werden; die geplante Aufhebung von § 207 Abs. 2 (dort Hinweis auf § 208) ist eine Folgeänderung.

17 Außerhalb des BGB hat das Gesetz zur Restrukturierung und geordneten Abwicklung von Kreditinstituten, zur Errichtung eines Restrukturierungsfonds für Kreditinstitute und zur Verlängerung der Verjährungsfrist der aktienrechtlichen Organhaftung (Restrukturierungsgesetz) vom 9.12.2010[31] mit **§ 52 a Kreditwesengesetz** die Verjährungsfrist für die **Haftung der Organmitglieder von Aktiengesellschaften**, die entweder börsennotiert oder Kreditinstitute iS von § 1 Abs. 1 KWG sind, aus dem Organ- und Anstellungsverhältnis wegen der Verletzung von Sorgfaltspflichten von fünf auf zehn Jahre **verlängert**.[32]

III. Unionsprivatrecht mit verjährungsrechtlichem Gehalt

18 **1. Richtlinien-Vorgaben.** Das am 1.1.2002 aufgrund des Gesetzes zur Modernisierung des Schuldrechts in Kraft getretene neue Verjährungsrecht (s. Rn 1) setzt im Bereich der kaufrechtlichen Verjährung einige verjährungsrechtliche Vorgaben des Unionsrechts, genauer die **Art. 7 Abs. 1 iVm Art. 3, 5 Abs. 1 Verbrauchsgüterkaufrichtlinie**[33] in das deutsche Recht (s. insbesondere §§ 438, 475, 479) um. Auch andere Richtlinien enthalten gelegentlich verjährungsrechtliche Vorgaben. So verlangt **Art. 8 Abs. 2 Mediations-Richtlinie**[34] von den EU-Mitgliedstaaten seit dem 21.5.2011, sicherzustellen, dass die Parteien, die eine Streitigkeit im Wege der Mediation beizulegen versucht haben, im Anschluss daran nicht durch das Ablaufen der Verjährungsfristen während des Mediationsverfahrens daran gehindert werden, ein Gerichts- oder Schiedsverfahren hinsichtlich derselben Streitigkeit einzuleiten. Für das deutsche Recht besteht kein Umsetzungsbedarf, weil die §§ 203, 204 Abs. 1 Nr. 1, 11 bereits den Richtlinien-Vorgaben entsprechen.[35] Zur richtlinienkonformen Auslegung s. § 203 Rn 5, § 204 Rn 1.

19 **2. Verordnungsrecht.** Die Europäische Union bereitet eine Verordnung zu **Verjährungsfristen bei Verkehrsunfällen mit grenzüberschreitendem Bezug** vor.[36] Ob dafür als Rechtsgrundlage Art. 81 AEUV ausreicht, ist zweifelhaft.

29 Ähnlich die Einschätzung von *Lange*, DNotZ 2009, 732, 742.
30 Dazu *Löhnig*, FamRZ 2009, 2053, 2054 f.
31 BGBl. 2010 I S. 1900.
32 S. dazu Art. 229 § 23 EGBGB, aus der Literatur ferner: *Rubner/Leuering*, NJW-Spezial 2010, 527; *Lorenz*, NZG 2010, 1046.
33 Richtlinie 1999/44/EG zu bestimmten Aspekten des Verbrauchsgüterkaufs und der Garantien für Verbrauchsgüte v. 25.5.1999, ABl. EG L 171 S. 12.
34 Richtlinie 2008/52/EG über bestimmte Aspekte der Mediation in Zivil- und Handelssachen v. 21.5.2008, ABl. EG L 136 S. 3.
35 *Grothe*, S. 271, 276 f; *Wagner*, RabelsZ 74 (2010), 794, 799 mwN.
36 S. Mitteilung der Kommission an das Europäische Parlament, den Rat, den Europäischen Wirtschafts- und Sozialausschuss und den Ausschuss der Regionen: Arbeitsprogramm der Kommission für 2011, KOM(2010) 623 endg vom 27.10.2010; s. vorbereitend Commission Study Rome II: Compensation of victims of cross-border road traffic accidents in the EU, 30.11.2008, Dokument-Nr. ETD/2007/IM/H2/116, S. 20 ff, 244 ff, 277.

IV. Grundregeln des Europäischen Vertragsrechts, DCFR, Unidroit Principles, Rechtsvergleichung

Der Gesetzgeber nimmt für sich in Anspruch, dass seine Neuregelung des Verjährungsrechts in weiten Teilen die Grundregeln des Europäischen Vertragsrechts[37] übernimmt. Die Grundregeln werden von einer Wissenschaftlergruppe, welche die Unterstützung der Europäischen Gemeinschaft hat, auf rechtsvergleichender Basis[38] erarbeitet und stellen einen **gemeinsamen Standard des Europäischen Vertragsrechts** dar, an welchem sich nationale Gesetzgeber oder die Europäische Union bei ihren Rechtssetzungsakten orientieren können und sollten, um eine mit den verschiedenen europäischen Rechtsordnungen kompatible Harmonisierung des europäischen Privatrechts zu erreichen. 20

Eine Fortentwicklung der Grundregeln des Europäischen Vertragsrechts wurde im erstmals Anfang 2008 publizierten **Draft Common Frame of Reference** (DCFR) vorgenommen.[39] Die Verjährungsregeln der Grundregeln sind dabei allerdings – von einzelnen terminologischen und Änderungen und marginalen inhaltlichen Ergänzungen abgesehen – im DCFR nahezu unverändert übernommen worden.[40] 21

Sowohl der Draft Common Frame of Reference wie die Grundregeln des Europäischen Vertragsrechts und die UNIDROIT Principles of International Commercial Contracts (s. dazu unten Rn 27) konstruieren die Verjährung als materiellrechtliches, nicht als prozessuales Rechtsinstitut.[41] 22

Die Grundregeln im Bereich des Verjährungsrechts beruhen auf einer **einheitlichen dreijährigen Verjährungsfrist**, die mit der Anspruchsentstehung zu laufen beginnt, deren Lauf aber gehemmt ist, solange der Gläubiger die Person des Schuldners oder die Umstände, auf denen sein Anspruch beruht, einschließlich der Art des Schadens bei einem Schadensersatzanspruch, nicht kennt und vernünftigerweise nicht kennen konnte (zur Sachgerechtigkeit des kenntnisabhängigen Verjährungsbeginns s. näher § 199 Rn 8). 23

Im Verjährungsrecht hat zwischen dem Diskussionsentwurf[42] und den späteren Entwürfen ein **Paradigmenwechsel** hin zu den Grundregeln stattgefunden, der im Wesentlichen auf die Arbeiten und den Einsatz von *Zimmermann* zurückgeht, der im Gesetzgebungsverfahren Mitglied der Bund-Länder-Arbeitsgruppe Verjährungsrecht gewesen ist.[43] Selbst wenn man bedenkt, dass die Grundregeln allein die Verjährung schuldrechtlicher Ansprüche erfassen sollen, die §§ 194 ff daher einen wesentlich weiteren sachlichen Anwendungsbereich haben, machte der deutsche Gesetzgeber wichtige Abstriche von einer vollständigen Rezeption der verjährungsrechtlichen Grundregeln.[44] Die wesentlichen Unterschiede werden in der Kommentierung der einzelnen Paragraphen jeweils angezeigt. 24

So kommen die Grundregeln neben der Regelverjährungsfrist von drei Jahren mit **lediglich einer Sonderverjährungsfrist** aus. Für durch ein Urteil, einen Schiedsspruch oder eine andere Urkunde, die wie ein Urteil vollstreckbar ist, zugesprochene Ansprüche wird eine zehnjährige Verjährungsfrist (bei objektivem Verjährungsbeginn) vorgesehen.[45] Diese besondere Frist entspricht im Grundsatz der allerdings dreißigjährigen Frist des § 197 Abs. 1 Nr. 3 bis 5. Dem Europäischen Vertragsrecht fällt der Verzicht auf Sonderverjährungsfristen deshalb leichter, weil seine Verjährungsregeln auf den Bereich des Schuldrechts – wenn auch nicht nur des Vertragsrechts[46] – und die angesprochene Verjährung titulierter Ansprüche beschränkt sind. Dennoch sind auch begrenzt auf den Schuldrechtsbereich bedeutsame Unterschiede zwischen dem BGB und den Grundregeln des Europäischen Vertragsrechts festzustellen. Das BGB wendet auf die Verjährung kauf-, werk- und reisevertraglicher Gewährleistungsansprüche (§§ 438, 479, 634 a, 651 g, s. jeweils dort und bei § 195 Rn 43) 25

37 Deutsche Übersetzung der verjährungsrechtlichen Regeln in ZEuP 2001, 400 ff; dazu *Zimmermann*, ZEuP 2001, 217 ff. Die anderen Grundregeln des Europäischen Vertragsrechts sind abgedruckt in: *Lando/Beale* (Hrsg.), Principles of European Contract Law, Parts I and II, 2000 sowie in deutscher Übersetzung hiervon bei *v. Bar/Zimmermann* (Hrsg.), Grundregeln des europäischen Vertragsrechts, Teile I und II, 2002; *Lando/Clive/Prüm/Zimmermann* (Hrsg.), Principles of European Contract Law, Part III, 2003; deutsche Übersetzung bei *v. Bar/Zimmermann* (Hrsg.), Grundregeln des Europäischen Vertragsrechts, Teil III, 2005.

38 S. die rechtsvergleichende Studie zum Verjährungsrecht, die als Arbeitsgrundlage für die Erstellung der Grundregeln diente: *Zimmermann*, Comparative Foundations; *ders.*, JZ 2000, 853 ff.

39 Vgl nunmehr *von Bar/Clive/Schulte-Nölke*, Principles, Definitions and Model Rules of European Private Law. Draft Common Frame of Reference (DCFR), Full Edition, 2009.

40 S. dazu *Ernst*, in: Remien, Verjährungsrecht in Europa, S. 67, 89; *Patti*, ZEuP 2010, 58.

41 S. dazu *Nordmeier*, ZZP 124 (2011), 95, 109 f.

42 S. die entsprechende Kritik an dem DiskE von *Mansel*, S. 333 ff.

43 S. dazu *Zimmermann/Leenen/Mansel/Ernst*, JZ 2001, 684 ff.

44 *Zimmermann*, ZEuP 2001, 217 ff; *Zimmermann/Leenen/Mansel/Ernst*, JZ 2001, 684 ff.

45 Art. 14:202 der Grundregeln des Europäischen Vertragsrechts.

46 Zum Anwendungswillen der verjährungsrechtlichen Grundregeln des Europäischen Vertragsrechts über das Vertragsrecht hinaus auf den gesamten Bereich des Schuldrechts s. *Zimmermann*, ZEuP 2001, 217, 220.

nicht die Regelverjährung mit kenntnisabhängigem Verjährungsbeginn (s. § 199), sondern eine zweijährige Frist mit objektivem Verjährungsbeginn an.[47]

26 Bedeutsam ist auch, dass § 199 Abs. 1 die Regelverjährung erst bei Kenntnis oder grobfahrlässiger Unkenntnis des Gläubigers von den anspruchsbegründenden Tatsachen beginnen lässt, während Art. 14:301 der Grundregeln die Unkenntnis als Hemmungsgrund ausgestaltet. Die Regelung der Grundregeln ist vorzugswürdig.[48]

27 Die **UNIDROIT Principles of International Commercial Contracts**,[49] die auf Rechtsvergleichung beruhende, keine Gesetzeskraft erlangende Grundregeln für Handelsverträge aufstellen, haben in ihrer Fassung von 2004 in Kapitel 8 Verjährungsregelungen aufgenommen.[50]

28 Das Verjährungsrecht ist – wie eine **rechtsvergleichende Umschau**[51] zeigt – in einer Reihe von Staaten Gegenstand der Gesetzesreform. So wurde das **französische Verjährungsrecht** mit Gesetz vom 17.6.2008 (Gesetz Nr. 2006 – 561, JO Nr. 141 vom 18.6.2008, S. 9856) grundlegend reformiert. Die Regelverjährungsfrist beträgt nur noch fünf Jahre. Die Frist beginnt bei Kenntnis bzw Erkennbarkeit des Anspruchs. Die absolute Höchstverjährungsfrist beträgt zwanzig Jahre.[52] Das reformierte französische Verjährungsrecht orientiert sich an den Grundzügen der deutschen Reform des Jahres 2002.[53]

V. Internationales Privatrecht

29 Das Recht, welches auf die Forderung anzuwenden ist (**Wirkungsstatut**, lex causae), bestimmt auch über die Verjährung der Forderung.[54] Das war für schuldrechtliche Vertragsforderungen in Art. 32 Abs. 1 Nr. 4 EGBGB (= Art. 10 Abs. 1 lit. d EVÜ)[55] geregelt und ergibt sich jetzt aus **Art. 12 Abs. 1 lit. d Rom I-VO**.[56] Für Forderungen aus außervertraglichen Schuldverhältnissen ordnet Entsprechendes **Art. 15 lit. h Rom II-VO**[57] an.[58] Fremde Normen verjährungsrechtlichen Gehalts sind aus der Sicht des deutschen Rechts im Wege der funktionalen Qualifikation als materiellrechtliche Normen zu qualifizieren, selbst wenn sie im fremden Recht als prozessual eingestuft werden sollten.[59]

30 Zur Hemmung der Verjährung durch **Prozesshandlungen im Ausland** s. § 204 Rn 27 f, 96. Dazu, ob eine in Deutschland erhobene Klage nach §§ 722, 723 ZPO eine Verjährungsunterbrechung nach **türkischem Recht** bewirken kann, s. *Hohloch*, in: FS Öztan, S. 1167, 1181.

B. Regelungsgehalt

I. Begriff der Verjährung

31 Die Verjährung bezeichnet den Umstand, dass sich ein Recht durch Zeitablauf verändern kann. Sie bezeichnet den **Zeitablauf**, aufgrund dessen der Schuldner die **Leistung verweigern** kann (vgl § 214 Abs. 1). Die §§ 194 ff beziehen sich ausschließlich auf die Anspruchsverjährung (vgl § 194 Abs. 1). Der umgekehrte Fall

47 Für grds. sachgerecht erachten das etwa *Eidenmüller*, JZ 2001, 283, 285; *Ernst*, S. 559, 579 ff, 582 ff; *Heinrichs*, BB 2001, 1417, 1420; *Leenen*, JZ 2001, 552, 552 ff; *Mansel*, S. 333, 408; *Zimmermann/Leenen/Mansel/Ernst*, JZ 2001, 684, 688 ff; bei allen auch zur Problematik der verschuldensabhängigen Gewährleistungsansprüche, bei welchen um die Sachgerechtigkeit der gesetzlichen Regelung gestritten wird.

48 Zust. *Krämer*, ZGS 2003, 379, 380.

49 UNIDROIT Principles of International Commercial Contracts, 2004; abgedruckt in Uniform Law Review 2004, 5; dazu *Brödermann*, RIW 2004, 721; *Vogenauer/Kleinheisterkamp* (Hrsg.), Commentary on the UNIDROIT Principles of International Commercial Contracts, 2004.

50 Dazu *Berger*, ICC International Court of Arbitration Bulletin 2005 Special Supplement, 17.

51 Rechtsvergleichend zum Verjährungsrecht: *Piekenbrock*, Befristung; *Zimmermann*, Comparative Foundations; *ders.*, Verjährung, 1637; s, auch die Beiträge bei *Remien*, Verjährungsrecht in Europa zu Belgien, England, Estland, Italien, Kroatien, Niederlande, Österreich, Schweiz.

52 S. dazu *Ancel*, in: Remien, Verjährungsrecht in Europa, S. 29 ff; *Kleinschmidt*, RIW 2008, 590 ff; *Delgrange/Le More*, IHR 2009, 185 ff; rechtsvergleichend s. auch *Licari*, Revue international de droit comparé 2009, 738 ff; *Limbach*, Revue Lamy Droit des affaires 2009, 105 ff.

53 S. *Kleinschmidt*, RIW 2008, 590 ff; *Limbach*, ZGS 2008, 361.

54 S. nur *Kegel/Schurig*, Internationales Privatrecht, 9. Aufl. 2004, § 17 IV 1 mwN; *Hohloch*, in: FS Öztan, S. 1167, 1169.

55 Übereinkommen über das auf vertragliche Schuldverhältnisse anzuwendende Recht vom 19.6.1980; in der konsolidierten Fasssung von 2005 (ABl. EU C 334 S. 3).

56 Verordnung (EG) Nr. 593/2008 des Europäischen Parlaments und des Rates vom 17.6.2008 über das auf vertragliche Schuldverhältnisse anzuwendende Recht (Rom I), ABl. EU L 177 S. 6, ber. ABl. EU 2009 L 309 S. 87.

57 Verordnung (EG) Nr. 864/2007 des Europäischen Parlaments und des Rates vom 11.7.2007 über das auf außervertragliche Schuldverhältnisse anzuwendende Recht (Rom II), ABl. EU L 199 S. 40.

58 S. dazu insgesamt den Überblick bei *Nordmeier*, ZZP 124 (2011), 95, 108 f; kritisch de lege ferenda *Kadner Graziano*, RIW 2007, 336, 340.

59 S. nur *Nordmeier*, ZZP 124 (2011), 95, 107 f.

des Rechtserwerbs durch Zeitablauf hat im Rechtsinstitut der Ersitzung (§§ 900, 937 ff, 1033 sowie § 5 SchiffsRG) eine vom Verjährungsrecht unabhängige Regelung gefunden.

II. Zweck der Verjährungsregeln

Die **Ziele des Verjährungsrechts** sind die des Schutzes des Nichtschuldners, des Schutzes der Dispositionsfreiheit des Schuldners und der Prozessökonomie, der Marktsteuerung und des Bestandsschutzes der Gläubigerinteressen. Bei der Aufstellung der Verjährungsregeln bedarf es der Abwägung zwischen den verschiedenen, gelegentlich gegenläufigen Zielen und ihrer Optimierung.[60] 32

Eine wesentliche Funktion der Verjährungsregeln ist der **Schutz des Nichtschuldners**, also des zu Unrecht in Anspruch Genommenen.[61] Erhebt der Gläubiger gegen den vermeintlichen Anspruchsgegner Klage, so kann es für diesen mit fortschreitendem Zeitablauf schwieriger werden, die zur Verteidigung gegen die Klage erforderlichen (Gegen-)Beweismittel zu beschaffen bzw etwaige rechtshindernde, -hemmende oder -vernichtende Einwendungen und Einreden unter Beweis zu stellen. Der Nichtschuldner erscheint damit umso schutzwürdiger, je länger der Forderungsprätendent untätig bleibt, da er den Zeitpunkt der Inanspruchnahme nicht selbst bestimmen kann. 33

Aber auch der **tatsächliche Schuldner** bedarf des Schutzes der Rechtsordnung vor allzu später Inanspruchnahme.[62] Dessen finanzieller Handlungsspielraum würde übermäßig eingeschränkt, wenn er für jede noch nicht geltend gemachte Forderung auf unabsehbare Zeit Rückstellungen treffen müsste. Dies gilt umso mehr, als dem Schuldner bei Verurteilung seinerseits eventuell Regressansprüche zustehen, an deren möglichst rascher Geltendmachung er wegen des Insolvenzrisikos des Drittschuldners ein vitales Interesse hat. Insoweit dienen die Verjährungsvorschriften dem **Rechtsfrieden**.[63] Eine kurze Verjährungsfrist ist freilich nur dann zu rechtfertigen, wenn zwischen Gläubiger und Schuldner eine freiwillig eingegangene Sonderverbindung besteht.[64] Anders liegt dies bei Herausgabeansprüchen aus Eigentum und anderen dinglichen Rechten, für die § 197 Abs. 1 Nr. 1 eine Verjährungsfrist von dreißig Jahren aufstellt. Der Grund hierfür ist darin zu sehen, dass dingliche Rechte inter omnes wirken und der Schuldner daher keinen aus einem besonderen Näheverhältnis abgeleiteten Schutz verdient. 34

Eng verknüpft hiermit ist der Verjährungszweck der **Prozessökonomie**. Sowohl private als auch öffentliche Ressourcen sollen vor der Verschwendung in Prozessen geschützt werden, deren Ausgang aufgrund der durch Zeitablauf erschwerten Beweissituation ungewiss ist. Es liegt zwar nahe, diesem Gesichtspunkt im Verhältnis zu den vorgenannten nur untergeordnete Bedeutung zuzumessen.[65] Soweit dies aber mit Hinweis auf die Ausgestaltung der Verjährung als bloße Einrede geschieht, so wird dabei oft übersehen, dass zum einen diese Einrede im Streitfall regelmäßig erhoben wird und dass zum anderen die Gerichte es – vor allem bei nicht anwaltlich vertretenen Parteien – vermehrt als Teil ihrer Prozessleitungspflicht ansehen, die Parteien zumindest indirekt auf den Eintritt der Verjährung aufmerksam zu machen.[66] Hierdurch können Prozesse oft erheblich abgekürzt werden. 35

Während durch die vorgenannten Prozesszwecke letztlich primär der Schuldner geschützt wird, sind die berechtigten **Interessen des Gläubigers** an der Durchsetzung seiner berechtigten Forderung besonders im Hinblick auf Art. 14 Abs. 1 GG zu beachten, da auch Forderungen vom Schutzbereich der Eigentumsgarantie umfasst sind.[67] Ist ein solcher Anspruch wegen Eintritts der Verjährung nicht durchsetzbar, so kommt dies einem enteignungsgleichen Eingriff gleich.[68] Verfassungsrechtliche Bedenken bestehen jedenfalls dann nicht, wenn die Verjährungsfrist so bemessen ist, dass der Gläubiger eine realistische Chance hat, seine Forderung vor deren Ablauf durchzusetzen. Dieser Maßgabe wurde durch die Einführung eines subjektiven Elements für 36

60 Vgl zum Ganzen *Mansel/Budzikiewicz*, § 1 Rn 37–57; dort zahlreiche weiterführende Nachweise; s. ferner *Armbrüster*, in: FS Harm Peter Westermann, S. 53, 59 ff; allgemeiner *Piekenbrock*, S. 317 ff; aus ökonomischer Sicht auch *Lando*, in: FS Schäfer, S. 307 ff.

61 BGHZ 122, 241, 244; BGH ZIP 2003, 524, 526 m.Anm. *Haas*, LMK 2003, 97 und *Tiedtke*, JZ 2003, 1070; Staudinger/*Peters/Jacoby*, Vor § 194 Rn 5; MüKo/*Grothe*, Vor § 194 Rn 6; Erman/*Schmidt-Räntsch*, Vor § 194 Rn 2; *Peters/Zimmermann*, S. 112 f, 189; *Rebhahn*, in: FS Welser, 2004, S. 849, 850 f; aA *Piekenbrock*, S. 309, 318.

62 Vgl BGHZ 128, 74, 82 f; Soergel/*Niedenführ*, Vor § 194 Rn 3.

63 BGHZ 128, 74, 82.

64 *Mansel*, S. 333, 348 f, 352.

65 So MüKo/*Grothe*, Vor § 194 Rn 8, Staudinger/*Peters/Jacoby*, Vor § 194 Rn 7, *Peters/Zimmermann*. S. 104; Palandt/*Ellenberger*, Vor § 194 Rn 11; *Spiro*, S. 21 f; *Riedhammer*, Kenntnis, grobe Fahrlässigkeit und Verjährung, 2004, S. 167. Hiergegen *Derleder/Meyer*, KJ 2002, 325, 326 f, die einzig die Beweissicherungsfunktion als Verjährungszweck gelten lassen wollen.

66 Str., vgl die Darstellung bei Staudinger/*Peters/Jacoby*, § 214 Rn 15-17 mit Nachweisen zum Streitstand. Ein direkter Hinweis ist nach BGH NJW 2004, 164 allerdings nicht von § 139 ZPO umfasst und daher verfahrensfehlerhaft. Näher bei § 214 Rn 4.

67 BVerfGE 18, 121, 131; 42, 263, 294; 45, 172, 179; 68, 193, 222.

68 S. zB *Peters/Zimmermann*, S. 104; *v. Bar*, Gemeineuropäisches Deliktsrecht II, 1999, Rn 554; vgl auch *Willingmann*, S. 1, 16.

den Verjährungsbeginn Rechnung getragen (§ 199 Abs. 1): Für den Fristlauf ist danach grundsätzlich die Kenntnis bzw grob fahrlässige Unkenntnis des Gläubigers von der Person des Schuldners und von den den Anspruch begründenden Umständen entscheidend. Um dennoch den Fristlauf für den Schuldner kalkulierbar zu machen, hat der Gesetzgeber in Ergänzung hierzu in § 199 Abs. 2–4 **kenntnisunabhängige Höchstfristen** eingeführt. Für manche Ansprüche, u.a. bei Gewährleistungsansprüchen im Bereich des Kauf- und Werkmängelrechts (§§ 438 Abs. 2, 479 Abs. 1, 634 a Abs. 2) sowie bei der Haftung des Rechtsanwalts (§ 51 b BRAO aF) und des Steuerberaters (§ 68 StBerG aF), bestehen hingegen rein objektive Anknüpfungspunkte.[69] Hier hat die gesetzgeberische Wertung der Risikoverlagerung den Bestandsschutz der Gläubigerinteressen verdrängt.[70]

37 An dieser Stelle wird die **Marktsteuerungsfunktion** der Verjährungsvorschriften besonders deutlich. Durch die Verjährungsvorschriften kann der Gesetzgeber eine bestimmte Mindestqualität von Waren und Dienstleistungen sichern.[71] So gibt eine sehr kurze Verjährungsfrist für Gewährleistungsansprüche den Anreiz, Produkte mit hoher Verschleißanfälligkeit am Markt anzubieten. Damit verlagert sich das Risiko der vorzeitigen Abnutzung auf den Verbraucher; der Unternehmer kann auf diese Weise die Produktionskosten senken. Gleichzeitig wirkt der schnelle Verschleiß absatzfördernd. Ist dagegen die Verjährungsfrist länger als der Zeitraum der regelmäßigen Nutzungsdauer eines Produkts, so wird der Anreiz zur Verschleißproduktion gesenkt. Mit der Verlängerung der Verjährungsfrist für kaufrechtliche Gewährleistungsansprüche von sechs Monaten (§ 477 Abs. 1 Nr. 2 aF) auf grundsätzlich zwei Jahre (§ 438 Abs. 1 Nr. 3) hat der Gesetzgeber diese Richtung eingeschlagen.

38 Eine **kompensatorische Funktion** in dem Sinne, dass die Wirtschaft durch kürzere Verjährungsfristen einen Ausgleich für die der Verbrauchsgüterkaufrichtlinie geschuldete Änderung der Gewährleistungsregeln erhalten soll, kommt den Verjährungsregeln dagegen nicht zu.[72] Hierbei handelt es sich um eine verjährungsfremde Überlegung, die ungeeignet ist, sachgerechte Kriterien für die Konzeption verjährungsrechtlicher Regelungen zu bilden.[73] Folgerichtig sind diese Überlegungen in die Begründung zum Regierungsentwurf des SchuldRModG nicht aufgenommen worden.[74]

III. Ähnliche Rechtsinstitute

39 **1. Ausschlussfristen.** Von der Verjährung unterscheidet sich die Ausschlussfrist durch ihren weiteren Anwendungsbereich und durch ihre unterschiedliche Wirkung. Während nach § 194 Abs. 1 nur Ansprüche der Verjährung unterworfen sind, kann sich eine Ausschlussfrist auf **Rechte jeder Art** beziehen, vor allem auf Gestaltungsrechte (zB §§ 121, 124, 532, 626 Abs. 2, 1944 Abs. 1), aber auch auf sonstige Rechte (§ 148) oder auf Ansprüche (vgl §§ 382, 562 b Abs. 2, 611 a Abs. 4, 651 g Abs. 1, 801 Abs. 1 S. 1, 864, 977 S. 2, 1002 Abs. 1). Der Ablauf einer (gesetzlichen, vertraglichen oder richterrechtlichen) Ausschlussfrist ohne Rechtsverfolgung des Berechtigten führt auch grundsätzlich zum **Erlöschen des Rechts** (§§ 562 b Abs. 2 S. 2, 801 Abs. 1 S. 1, 864) und nicht nur zur Entstehung eines Leistungsverweigerungsrechts (so aber zB § 651 g Abs. 1). Daher ist eine Ausschlussfrist im Prozess auch **von Amts wegen** zu berücksichtigen.

40 Grundsätzlich können die Vorschriften des Verjährungsrechts nicht auf die gesetzlichen Ausschlussfristen angewandt werden.[75] Dem stehen die unterschiedlichen Zwecke der Ausschlussfrist (Präklusion) auf der einen Seite und der Verjährung (Schuldnerschutz und Prozessökonomie) auf der anderen Seite entgegen. Dieser **Wesensunterschied** schließt jedoch eine entsprechende Anwendung einzelner Verjährungsvorschriften auf die Ausschlussfrist nicht aus, soweit dies deren Sinn erlaubt.[76] Manche Ausschlussfristen verweisen sogar ausdrücklich auf Vorschriften des Verjährungsrechts (vgl §§ 124 Abs. 2 S. 2, 204 Abs. 3, 1002 Abs. 2). Bei vertraglichen Ausschlussfristen ist gem. §§ 133, 157 auf den Parteiwillen abzustellen, sofern dieser nicht entgegensteht, können einzelne Vorschriften der §§ 194 ff entsprechend angewandt werden.[77]

41 Ausschlussfristen können Verjährungsvorschriften verdrängen. Dies kann der Fall sein, wenn ein **internationales Abkommen** für die Geltendmachung eines Anspruchs eine Ausschlussfrist vorsieht. In diesem Fall sind die nationalen Verjährungsvorschriften gesperrt. Das gilt etwa im Bereich des Transportrechts für

69 Kritisch zum letzten Gesichtspunkt *Mansel*, NJW 2002, 418.

70 Der von der Verjährung ausgehende Ansporn für den Gläubiger zur raschen Geltendmachung der Forderung ist hingegen kein Ziel des Verjährungsrechts, sondern nur ein Nebeneffekt, vgl Staudinger/*Peters/Jacoby*, Vor § 194 Rn 6. AA BGHZ 128, 74, 83.

71 Vgl *Mansel*, S. 333, 345; vgl auch *Kötz*, in: FS Medicus, S. 283.

72 Anders aber *Schmidt-Räntsch*, ZIP 2000, 1639 sowie *ders.*, ZEuP 1999, 294, 298 ff.

73 Zur Kritik vgl die Nachw. bei *Mansel/Budzikiewicz*, § 1 Rn 50–53 mwN.

74 Vgl BT-Drucks. 14/6040, S. 95 f, 100.

75 RGZ 102, 339, 341; 158, 137, 140; BGHZ 18, 122, 128; 33, 360, 363; 98, 295, 298; 164, 361 (zu § 801); BGH NJW 2006, 903; Staudinger/*Peters/Jacoby*, Vor § 194 Rn 16; Soergel/*Niedenführ*, Vor § 194 Rn 24. S. auch § 214 Rn 8.

76 BGHZ 43, 235, 237; 73, 99, 102 f; 112, 95, 101; Staudinger/*Peters/Jacoby*, Vor § 194 Rn 16.

77 Vgl *Mansel/Budzikiewicz*, § 2 Rn 8.

Art. 29 des **Warschauer Abkommens**, der eine zweijährige Ausschlussfrist für Ansprüche wegen Verlust des Transportgutes vorsieht. Hierdurch wird die ansonsten einschlägige Verjährungsvorschrift des § 439 HGB verdrängt.[78] Gleichermaßen gehen die Ausschlussfristen in Art. 39 **CISG** den (ggf kürzeren) nationalen kaufrechtlichen Verjährungsfristen vor.[79]

2. Verwirkung. Auch das Rechtsinstitut der Verwirkung begrenzt die Geltendmachung von Rechten aufgrund Zeitablaufs. Verwirkung kann unabhängig von der Verjährung eintreten.[80] Es handelt sich dabei um einen Fall des Verstoßes gegen Treu und Glauben wegen **unzulässiger Rechtsausübung** (§ 242). Aus diesem Grund ist neben dem Zeitmoment auch ein Umstandsmoment erforderlich. Der Schuldner muss sich aufgrund des Verhaltens des Gläubigers berechtigterweise darauf eingestellt haben, dieser werde das Recht nicht mehr geltend machen.[81] Da der Anwendungsbereich des § 242 nicht auf Ansprüche beschränkt ist, kann die Verwirkung gegen jedes Recht eingewandt werden, auch gegen unverjährbare Rechte (zB §§ 194 Abs. 2, 758, 898, 902, 924, 2042 Abs. 2). Die Verwirkung ist im Prozess **von Amts wegen** zu berücksichtigen.[82] S. näher zur Verwirkung bei § 242. 42

IV. Übergangsrecht

Das neue Verjährungsrecht gilt grundsätzlich für alle Ansprüche, die vor dem 1.1.2002 entstanden sind und zu diesem Zeitpunkt noch nicht verjährt waren (Art. 229 § 6 Abs. 1 S. 1 EGBGB). Dies führt dazu, dass vor allem solche Ansprüche, für die nach altem Recht eine längere Verjährungsfrist als nach §§ 195, 199 galt, bei Kenntnis des Gläubigers von der Person des Schuldners und von den anspruchsbegründenden Umständen möglicherweise bereits mit Ablauf des 31.12.2004 verjähren, wenn nicht vorher Umstände eintreten, die zur Hemmung, Ablaufhemmung oder zum Neubeginn der Verjährung führen.[83] S. dazu ausführlich Art. 229 § 6 EGBGB Rn 5 ff, 60 ff. 43

C. Weitere praktische Hinweise

I. Beweislast

Die Voraussetzungen des Verjährungseintritts sind im Prozess von derjenigen Partei darzulegen und zu beweisen, die sich darauf beruft, also vom **Schuldner**. Insbesondere ist davon bei der Regelverjährung (§§ 195, 199 Abs. 1) der Nachweis des Zeitpunktes der Kenntnis oder grobfahrlässigen Unkenntnis des Gläubigers von der Person des Schuldners und von den anspruchsbegründenden Umständen umfasst.[84] Das Vorliegen von Hemmung und Unterbrechung hingegen hat der **Gläubiger** zu beweisen. Vgl näher § 214. 44

II. Einrede

Die Verjährung ist als Einrede ausgestaltet (§ 214 Abs. 1). Es steht dem Schuldner daher frei, den Anspruch auch nach Ablauf der Verjährungsfrist zu erfüllen. Die Verjährung ist daher im Prozess **nicht von Amts wegen** zu berücksichtigen. 45

Ob ein **richterlicher Hinweis** auf die mögliche Verjährung zulässig oder sogar geboten ist, ist umstritten. S. näher dazu bei § 214 Rn 4. 46

III. Hinweispflicht des Anwalts

Der Anwalt unterliegt auch einer **Sekundärhaftung**: Die mangelnde Beachtung der möglichen Verjährung eines Anspruchs stellt eine **Pflichtverletzung** des Anwaltsvertrags dar, die unter Umständen eine Schadens- 47

78 BGH NJW-RR 2005, 1122.
79 Zu den Problemfällen *M. Stürner*, RIW 2006, 338 mwN.
80 MüKo/*Roth*, § 242 Rn 483; Jauernig/*Mansel*, § 242 Rn 57; eingehend zur historischen Entwicklung *Piekenbrock*, Befristung, S. 148 ff.
81 Vgl RGZ 158, 100, 107 f; BGHZ 25, 47, 51 f; zu den Voraussetzungen der Verwirkung Jauernig/*Mansel*, § 242 Rn 53-63; Staudinger/*Looschelders/Olzen*, § 242 Rn 306–312; MüKo/*Roth*, § 242 Rn 464–506. Zur Verwirkung im familienrechtlichen Kontext *Büttner*, FamRZ 2002, 361, 364 f.
82 Staudinger/*Peters/Jacoby*, Vor § 194 Rn 35; MüKo/*Roth*, § 242 Rn 481.
83 Vgl dazu *Karst/Schmidt-Hieber*, DB 2004, 1766; *Besch/Kiene*, DB 2004, 1819.
84 MüKo/*Grothe*, Vor § 194 Rn 25.

ersatzpflicht nach sich zieht.[85] Ist bereits Verjährung eingetreten, so hat der Anwalt den Mandanten auf das damit verbundene Prozessrisiko hinzuweisen.[86] Bei unklarer Rechtslage kann daher auch zur Vermeidung eines Haftungsrisikos die Klageerhebung „sicherheitshalber" geboten sein.[87] Unter Umständen kann die Hinweispflicht des Anwalts auf die drohende Verjährung auch nach Mandatsende fortbestehen.[88] Ein Anwalt haftet möglicherweise auch für Fehler des Gerichts,[89] so etwa dann, wenn er es versäumt, das Gericht darauf hinzuweisen, dass es von einer falschen Verjährungsfrist ausgeht und die Klage deswegen zu Unrecht rechtskräftig abgewiesen wird.[90] Erhebt ein Rechtsanwalt hinsichtlich eines verjährten Anspruchs **pflichtwidrig eine aussichtslose Klage**, so liegt in der Einlegung eines Rechtsmittels gegen ein die Klage abweisendes Urteil keine einen neuen Schadensersatzanspruch auslösende Pflichtwidrigkeit, sondern lediglich ein auf der ursprünglichen rechtlichen Fehleinschätzung beruhendes, weiteres Versäumnis, das – in unverjährter Zeit – die Anknüpfung für eine Sekundärhaftung bilden kann.[91]

IV. Feststellungsklage

48 Eine Klage auf Feststellung des Bestehens eines Anspruchs ist nicht allein deswegen gerechtfertigt, weil das SchuldRModG die Verjährungsfristen teils drastisch verkürzt hat. Ein Feststellungsinteresse folgt hieraus nicht.[92]

§ 194 Gegenstand der Verjährung

(1) Das Recht, von einem anderen ein Tun oder Unterlassen zu verlangen (Anspruch), unterliegt der Verjährung.

(2) Ansprüche aus einem familienrechtlichen Verhältnis unterliegen der Verjährung nicht, soweit sie auf die Herstellung des dem Verhältnis entsprechenden Zustands für die Zukunft oder auf die Einwilligung in eine genetische Untersuchung zur Klärung der leiblichen Abstammung gerichtet sind.

Literatur: S. Vor §§ 194–218.

A. Allgemeines

1 Die Vorschrift des § 194 in der Fassung des SchuldRModG bringt keine sachlichen Neuerungen. **Abs. 1** entspricht dem bisherigen Abs. 1 aF § 194 entspricht dem Gehalt des Art. 14:101 der Grundregeln des Europäischen Vertragsrechts (s. hierzu Vor §§ 194–218 Rn 20 ff). **Abs. 2 Alt. 1** enthält nur eine sprachliche Korrektur gegenüber Abs. 2 aF; es heißt jetzt „Ansprüche" statt zuvor „Anspruch". Die Übernahme des Abs. 2 Alt. 1 in das neue Recht wäre verzichtbar gewesen.[1] Er findet auch in den Grundregeln des Europäischen Vertragsrechts

85 Vgl zu den Voraussetzungen OLG Hamm NJW-RR 2004, 213; BGH WM 2005, 1812; s. auch BGH NJW-RR 2008, 1235 mwN. Es entspricht der anwaltlichen Belehrungspflicht, dem Mandanten konkrete Handlungsmöglichkeiten zur Vermeidung des Verjährungseintritts darzulegen, vgl OLGR Schleswig 2004, 268. Vgl allg. zum Umfang anwaltlicher Beratungspflichten BGH NJW-RR 2003, 1212; zur Beweislast BGH NJW 2004, 1521 (§ 287 ZPO); NJW-RR 2004, 1649.
86 BGH NJW 1997, 2168.
87 So BGH NJW 1993, 734, 735. Nur ausnahmsweise ist der Verjährungsbeginn bei unsicherer und zweifelhafter Rechtslage hinausgeschoben, s. dazu § 199 Rn 61.
88 BGH NJW 1997, 1302 mwN.
89 Vgl BGH NJW 2002, 1048, 1049. Diese Rspr ist verfassungsrechtlich bedenklich, vgl BVerfG NJW 2002, 2937, 2938 und hierzu *Zugehör*, NJW 2003, 3225.
90 BGH BB 2002, 2089, 2091.
91 BGH, Urt. v. 3.2.2011 – IX ZR 105/10, BeckRS 2011, 04819 in Fortführung von BGH WM 2009, 283.
92 OLG Hamm BauR 2004, 124, 127.
1 *Mansel*, S. 333, 369; *Zimmermann/Leenen/Mansel/Ernst*, JZ 2001, 684, 694.

keine Entsprechung. **Abs. 2 Alt. 2** wurde eingefügt durch das **Gesetz zur Klärung der Vaterschaft unabhängig vom Anfechtungsverfahren** vom 26.3.2008 (BGBl. I S. 441),[2] in Kraft getreten am 1.4.2008.

B. Regelungsgehalt

I. Anspruchsverjährung (Abs. 1)

1. Anspruch. Das BGB trennt – auf *Windscheids* Lehren[3] fußend – den materiellrechtlichen Anspruch von seiner Durchsetzung durch die Klage im Prozess.[4] Deshalb geht es von der **Anspruchsverjährung** aus.[5] Verjährung ist damit – anders als in anderen Rechtsordnungen in rechtsgeschichtlicher oder rechtsvergleichender Sicht[6] – ein materiellrechtliches Institut. Abs. 1 enthält eine **Legaldefinition** des **Anspruchs**. Das ist das Recht, von einem anderen ein Tun oder Unterlassen zu verlangen, also ein Handeln oder Nichthandeln. Nach Abs. 1 sind – wie im bisher geltenden Recht – alle Ansprüche verjährbar, sofern sie das Gesetz nicht ausdrücklich als unverjährbar qualifiziert. Bei bestimmten Ansprüchen bestehen gesetzliche Ausschlussfristen für die Anspruchserhebung (vgl dazu Vor §§ 194–218 Rn 39 ff). Der Anspruch kann schuld-, sachen-, familien- und erbrechtlicher Natur sein; vermögensrechtliche wie nichtvermögensrechtliche Ansprüche werden erfasst. § 194 meint den **materiellrechtlichen Anspruch**, nicht prozessuale Ansprüche (Klagerechte). Die Verjährung ist auf den einzelnen Anspruch bezogen, nicht auf das Schuldverhältnis, etwa einen Vertrag, als solches. Daher ist die richtige Verjährungsfrist **für jeden einzelnen Anspruch** zu bestimmen. S. dazu § 195 Rn 70. 2

Keine Ansprüche und damit als solche unverjährbar sind **insbesondere**:[7] 3

- Dauerschuldverhältnisse selbst[8] (zB der Dienstvertrag oder die Miete),
- absolute Rechte[9] (zB Eigentum, Namensrecht, Sorgerecht),
- das Recht zum Besitz,[10]
- selbständige Einreden[11] (etwa gem. § 275 Abs. 2 oder § 321 Abs. 1),
- Gestaltungsrechte.[12] Für die Ausübung von Gestaltungsrechten bestehen aber regelmäßig Ausschlussfristen (zB §§ 121, 124, 532, 1944 Abs. 1).[13]

Die aus **Dauerschuldverhältnissen** folgenden **einzelnen Ansprüche**, wie etwa der Anspruch auf Mietzins oder der einzelne Zahlungsanspruch aus einem Leibrentenversprechen, sind der **Verjährung unterworfen**.[14] Die Frage, ob auch der aus dem Dauerschuldverhältnis folgende Gesamtanspruch (Stammrecht) auf kurzzeitig und laufend wiederkehrende Leistungen verjähren kann mit der Folge, dass kein Anspruch mehr auf die Einzelleistungen erhoben werden kann, ist umstritten; der Reformgesetzgeber ließ das Problem offen. Die **besseren Argumente** sprechen **gegen die Verjährbarkeit des Stammrechts** während des Bestehens des Schuldverhältnisses:[15] War die Annahme eines selbständig verjährbaren Stammrechts bislang schon dogmatisch fragwürdig, so führt diese Konstruktion unter der einheitlichen kurzen Regelverjährungsfrist des § 195 zu dem untragbaren Ergebnis, dass auch künftige Ansprüche aus dem Stammrecht, beispielsweise einer Leibrente oder einer Reallast, in drei Jahren verjähren.[16] Dem hat sich der **BGH** angeschlossen.[17] Maßgeblich wird darauf abgestellt, dass eine vertragliche Dauerverpflichtung – in casu die Pflicht zur Erhaltung der Mietsache – während des Bestehens des Schuldverhältnisses begrifflich nicht verjähren könne. Der BGH weist weiter 4

2 Dazu *Schwab*, FamRZ 2008, 23.

3 *Windscheid*, Die Actio des römischen Civilrechts, vom Standpunkte des heutigen Rechts, 1856 (Neudruck 1984).

4 S. dazu etwa *Weller*, Vertragstreue, S. 374 ff; zur Fortwirkung der Unterscheidung bei der Dogmatik des Erfüllungsanspruchs und den Verjährungskonsequenzen s. ebd S. 406 ff: Wer den Erfüllungsanspruch zutreffend als Primäranspruch und nicht als Rechtsbehelf begreift, muss die Verjährung des Erfüllungsanspruchs mit seiner Entstehung bei Vertragsabschluss und nicht mit seiner Verletzung durch Nichterfüllung beginnen lassen; diese Fragen werden bei der Konstituierung des Europäischen Privatrechts durch Grundregeln bedeutsam, s. ebd S. 406 ff sowie *Weller*, JZ 2008, 764 ff.

5 Zur Geschichte der Anspruchsverjährung s. *Baldus*, in: Remien, Verjährungsrecht in Europa, S. 5 ff; zur Auswirkung im Gesetzgebungsverfahren s. *Schulze*, Naturalobligation, S. 170 ff.

6 *Zimmermann*, Verjährung; *ders.*, Comparative Foundations, S. 21 ff; s. ferner *Baldus*, in: Remien, Verjährungsrecht in Europa, S. 5 ff.

7 S. zu weiteren Beispielen MüKo/*Grothe*, § 194 Rn 4–6.

8 BGH NJW 2008, 2995 (zum Garantievertrag); Jauernig/*Jauernig*, § 194 Rn 2.

9 S. *Larenz/Wolf*, BGB AT, § 15 Rn 2 ff, 26 ff; Staudinger/*Peters/Jacoby*, § 194 Rn 19.

10 RGZ 144, 378, 381 f; BGHZ 90, 269.

11 MüKo/*Grothe*, § 194 Rn 6.

12 Für eine Verjährbarkeit von Gestaltungsrechten aber *de lege ferenda Bydlinski*, S. 381, 383 f.

13 Vgl *Mansel/Budzikiewicz*, Jura 2003, 1, 2.

14 BGH NJW 2008, 2995; Palandt/*Ellenberger*, § 194 Rn 7.

15 So auch Staudinger/*Peters/Jacoby*, § 194 Rn 16 mwN; Palandt/*Weidenkaff*, § 535 Rn 31.

16 Amann/Brambring/Härtel/*Amann*, Die Schuldrechtsreform in der Vertragspraxis, 2002, S. 209–211; *Amann*, DNotZ 2002, 94, 117 f.

17 BGH NJW 2010, 1292 in Bezug auf den Anspruch des Mieters aus § 535 Abs. 1 S. 2 auf Erhaltung der Mietsache in gebrauchsfähigem Zustand.

darauf hin, dass die für eine Verjährung streitenden Gründe – der Schutz des Schuldners vor Inanspruchnahme lange Zeit nach Anspruchsentstehung und die daraus folgende Beweisnot – im Falle einer andauernden Verpflichtung nicht greifen könnten, da der Anspruch nicht an ein in der Vergangenheit liegendes Ereignis anknüpfe. Die **bislang wohl** hM ging hingegen von der Verjährbarkeit eines Stammrechts aus.[18]

5 Die Ansprüche, die der **Verwirklichung absoluter Rechte** dienen und aus ihnen erwachsen (Herausgabe-, Beseitigungs- und Unterlassungsansprüche), unterliegen der Verjährung. Das macht § 197 Abs. 1 Nr. 1 für Herausgabeansprüche aus Eigentum und anderen dinglichen Rechten deutlich.

6 **Unverjährbarkeit** von Ansprüchen besteht nur bei ausdrücklicher gesetzlicher Anordnung (Rn 28); eine entsprechende Parteiabrede der Unverjährbarkeit ist nicht zulässig (§ 202 Abs. 2, s. dort Rn 14). Möglich ist aber ein Verzicht auf die Einrede der Verjährung (s. § 202 Rn 43 ff). Umgekehrt kann ein gesetzlich als unverjährbar eingestufter Anspruch nicht durch Parteiabrede der Verjährung unterworfen werden, da die gesetzlich bestimmte Unverjährbarkeit zwingendes Recht ist.[19]

7 Den **Vorschlägen** aus der Wissenschaft,[20] im Anschluss an ausländische Rechte den Kreis der verjährbaren Ansprüche zu begrenzen, und insbesondere Ansprüche aus absoluten Rechten – vor allem den Herausgabeanspruch des Eigentümers aus § 985 – nicht verjähren, sondern erst mit dem absoluten Recht untergehen zu lassen, ist der Gesetzgeber nicht gefolgt.[21] Dabei führt die Verjährbarkeit von Herausgabeansprüchen des Eigentümers insbesondere bei abhanden gekommenen Kunstwerken zu unbefriedigenden Ergebnissen.[22] Die Verjährung schützt hier nur den Dieb und andere bösgläubige Besitzer, während der Gutgläubige bereits durch Ersitzung (§ 937) oder Ersteigerung (§ 935 Abs. 2) Eigentum erworben hat.[23] Der Gesetzgeber hält dem entgegen, dass die Verjährung des Herausgabeanspruchs tatsächlich auch den gutgläubigen Erwerber schütze. Dieser erwerbe zwar rein rechtlich gesehen wirksam das Eigentum durch Ersitzung oder durch Versteigerung. Dies enthebe ihn aber nicht der Sorge, dass ihm böser Glaube entgegengehalten und sein (wirksamer) Erwerb streitig gemacht werde. Erst nach Ablauf der Verjährung könne auch der gutgläubige Erwerber sicher sein, dass ihm niemand mehr seine Rechte streitig mache. Das gelte auch und gerade bei wertvollen Kunstwerken.[24] Diese Entscheidung des Gesetzgebers ist als geltendes Recht hinzunehmen.[25]

8 **2. Anwendungsbereich. a) Im BGB geregelte Ansprüche.** Die Verjährungsvorschriften der §§ 194–218 sind direkt auf die im BGB geregelten Ansprüche anwendbar, sofern nichts anderes bestimmt ist. Daher verjähren zB Amtshaftungsansprüche, die bisher nach § 852 aF verjährten, heute nach §§ 195, 199,[26] die sich stark an § 852 Abs. 1 aF anlehnen, aber nicht mit der Vorschrift deckungsgleich sind (Vor §§ 194–218 Rn 5, § 199 Rn 41): Das Merkmal der grob fahrlässigen Unkenntnis des § 199 fehlt in § 852 aF; die Maximalfrist des § 852 aF beträgt durchgehend dreißig Jahre, während § 199 zwischen zehn und dreißig Jahren differenziert.[27]

9 Es finden sich jedoch im BGB zahlreiche **Sonderregeln**. Abweichende Regeln für den Verjährungsbeginn und die Verjährungsfrist bestehen etwa für die kauf- und werkvertragliche Mängelgewährleistung (§§ 438, 634 a), für Rückgriffsansprüche aus § 478 Abs. 2 (§ 479 Abs. 1) und die Ansprüche des Reisenden aus dem Reisevertrag (§ 651 g Abs. 2); weitere Nachweise bei § 195 Rn 8, 17, 19. Nicht selten ist allein der Verjährungsbeginn abweichend geregelt, etwa bei bestimmten Ansprüchen aus Leihe (§ 604 Abs. 5) und Verwahrung

18 Vgl RGZ 136, 427, 430; BGH NJW 1973, 1684, 1685; Soergel/*Niedenführ*, § 194 Rn 4; Bamberger/Roth/*Henrich*, § 194 Rn 37; Palandt/*Ellenberger*, § 194 Rn 7; *Lehmann-Richter*, NJW 2008, 1196, 1197 f.

19 BT-Drucks. 14/6040, S. 110, 111.

20 *Peters/Zimmermann*, S. 77, 186, 287; *Armbrüster*, NJW 2001, 3581, 3586; *von Plehwe*, Kunstrecht und Urheberrecht, 2001, 49, 56; *Remien*, AcP 201 (2001), 730; *Siehr*, ZRP 2001, 346, 347; *ders.*, in: Carl/Güttler/Siehr, Kunstdiebstahl vor Gericht. City of Gotha v. Sotheby's/Cobert Finance S.A., 2001, S. 53, 74 f; *Zimmermann/Leenen/Mansel/Ernst*, JZ 2001, 684, 693; eingeschränkt auch *Mansel*, S. 333, 368 f; s. unabhängig von der Reform etwa *Müller*, Sachenrecht, 4. Aufl. 1997, Rn 455; *Kunze*, Restitution „Entarteter Kunst“, 2000, S. 234 f; s. ferner *Henckel*, AcP 174 (1974) 97, 130. Gegen die Vorschläge der Unverjährbarkeit insb. dinglicher Ansprüche s. bspw *Heinrichs*, NJW 1982, 2021 ff, 2025.

21 S. zum Folgenden Beschlussempfehlung und Bericht des Rechtsausschusses (6. Ausschuss), BT-Drucks. 14/7052, S. 179 (zu § 194 BGB).

22 *Kunze*, Restitution „Entarteter Kunst“, 2000, S. 234 f; *Mansel*, S. 333, 368 f; *von Plehwe*, Kunstrecht und Urheberrecht, 2001, S. 49, 56; *Remien*, AcP 201 (2001), 730; *Siehr*, ZRP 2001, 346, 347; *ders.*, in: Carl/Güttler/Siehr, Kunstdiebstahl vor Gericht. City of Gotha v. Sotheby's/Cobert Finance S.A., 2001, S. 53, 74 f (auch rechtsvergleichend); *Zimmermann/Leenen/Mansel/Ernst*, JZ 2001, 684, 693.

23 *Siehr*, ZRP 2001, 346, 347.

24 BT-Drucks. 14/7052, S. 179.

25 Kritisch *Armbrüster*, in: FS Westermann, 53 ff m. umfassenden Nachw.

26 Dies gilt auch für den gemeinschaftsrechtlichen Staatshaftungsanspruch, vgl BGHZ 134, 30; 146, 153. Europarechtlich ist die Dreijahresfrist des § 195 auch vor dem Hintergrund des Effektivitätsgrundsatzes unbedenklich, vgl EuGH v. 24.3.2009, Rs. C-445/06 – *Danske Slagterier*, EuZW 2009, 334 (Rn 32) (zu § 852 aF); zur Entscheidung *Armbrüster/Kämmerer*, NJW 2009, 3601.

27 Daraus schließt *Ernst*, S. 559, 571 zu Recht auf die insoweit bestehende Zustimmungsbedürftigkeit der Neuregelung gem. Art. 74 Abs. 1 Nr. 25, Abs. 2 GG.

(§§ 695 S. 2, 696 S. 3). In Bezug auf Rückgriffsketten bei dem Verbrauchsgüterkauf normiert § 479 Abs. 2 Sonderregeln der Ablaufhemmung. Sondervorschriften für Verjährungsvereinbarungen sieht zB § 475 Abs. 2 für den Verbrauchsgüterkauf oder § 651 m für den Reisevertrag vor.

b) Außerhalb des BGB geregelte zivilrechtliche Ansprüche. Einzelne Gesetze enthalten **ausdrückliche Verweisungen** auf die §§ 194 ff (§ 195 Rn 27). Fehlt es daran ebenso wie an einer speziellen Verjährungsregelung für einzelne Ansprüche, so wurden unter Geltung der langen dreißigjährigen Verjährungsfrist der §§ 195, 198 aF in einem solchen Fall bis zum 1.1.2002 die §§ 194 ff aF nach einhelliger Praxis auf alle anderen zivilrechtlichen Ansprüche entsprechend angewandt.[28] Daran wollte der Reformgesetzgeber unter der Neuregelung der §§ 194 ff grundsätzlich festhalten (s. Vor §§ 194–218 Rn 4). **10**

Die Verjährungsanordnung des § 194 Abs. 1 ist nicht auf Ansprüche, die auf Vorschriften des BGB beruhen, begrenzt. Die Verjährungsregelung des BGB ist als Reserveordnung für alle zivilrechtlichen Ansprüche zu verstehen. Daher sind die **§§ 194 ff** grundsätzlich auch **auf zivilrechtliche Ansprüche** anzuwenden, die sich auf andere Rechtsgrundlagen als solche des BGB stützen und bei denen eine ausdrückliche gesetzliche Verjährungsregel fehlt. **11**

Die §§ 194 ff sind auf alle Ansprüche, die auf zivilrechtlichen **Vorschriften** beruhen, die **nach dem 26.11.2001** (Datum des Erlasses der Neuregelung der §§ 194 ff) **erlassen** wurden und für die speziellere Regelungen fehlen, ohne weitere Prüfung anzuwenden. Hier würde eine Interessen- und Normzweckanalyse in aller Regel die **Angemessenheit der allgemeinen Verjährungsregelung** bestätigen,[29] denn sonst hätte der Gesetzgeber eine Sonderregelung geschaffen. Sie ist daher nur bei Vorliegen besonderer Anhaltspunkte im Ausnahmefall durchzuführen. **12**

Allerdings ist die **Regelverjährungsfrist** seit dem 1.1.2002 stark verkürzt. Sie beträgt drei Jahre (§ 195) beginnend mit dem Schluss des Jahres, in dem der Anspruch entstanden ist und der Gläubiger von den anspruchsbegründenden Umständen und der Person des Schuldners Kenntnis erlangt oder ohne grobe Fahrlässigkeit erlangen müsste (§ 199 Abs. 1). Ohne Rücksicht auf die Kenntnis oder grob fahrlässige Unkenntnis verjähren andere Ansprüche als Schadensersatzansprüche in zehn Jahren von ihrer Entstehung an (§ 199 Abs. 4). Für Schadensersatzansprüche gilt eine Frist von zehn bzw dreißig Jahren (§ 199 Abs. 3 und 4). Das kann vor allem für die Ansprüche, bei welchen § 199 (s. Vor §§ 194–218 Rn 7 ff und vor allem § 199) eine zehnjährige Maximalverjährungsfrist anordnet, zu einer effektiven **Verjährungsverkürzung** um zwanzig Jahre führen. **13**

Daher ist für Ansprüche, die auf **Vorschriften** beruhen, welche **vor dem 26.11.2001** erlassen wurden (s. oben Rn 12), die **Interessen- und Normzweckanalyse für jede Vorschrift durchzuführen** und zu prüfen, ob die durch §§ 195, 199 geschaffene kurze Regelverjährung angemessen ist[30] oder ob **ausnahmsweise** eine andere Verjährungsvorschrift – etwa § 197 mit seiner objektiven, dreißigjährigen Verjährung – entsprechend anzuwenden ist. Das wird allerdings nur im Ausnahmefall zu bejahen sein. **14**

c) Übertragung der bisherigen Rechtsprechung: Einzelkontrolle. Infolge der Verkürzung der allgemeinen Verjährungsfrist von 30 auf drei Jahre (§ 195 aF/nF) ist im Einzelfall zu **überprüfen**, ob die **Übertragung der bisherigen Rechtsprechung** auf die gesetzliche Neureglung angemessen und sinnvoll ist. Das wird im Regelfall, aber nicht ausnahmslos der Fall sein. Für ein abweichendes Beispiel s. die Ausführung zum Verjährungsbeginn des Anspruchs aus § 257 (s. § 199 Rn 30). Zu beobachten ist, dass nicht selten Konstruktionen gewählt werden, welche die Dreijahresverjährung des **§ 195 umgehen**, sofern sie anspruchsbezogen unangemessen erscheint. **15**

So hat der BGH etwa judiziert, dass die Haftungsverbindlichkeit des Gesellschafters aus **§ 128 HGB** (analog) nicht selbständig der dreijährigen Regelverjährung des § 195 unterliegt, sondern derselben Verjährung wie der Gesellschaftsschuld (die zB nach § 197 Abs. 1 Nr. 4 in dreißig Jahren verjährte). Das war in der Literatur vor der Schuldrechtsreform teilweise noch anders gesehen worden.[31] **16**

Die **analoge Anwendung des § 216 Abs. 2 S. 1** auf das von einem Schuldner in einer notariellen Grundschuldbestellungsurkunde abgegebene **abstrakte Schuldversprechen** (s. § 216 Rn 2) begründet der BGH mit der unpassend kurzen Regelverjährung seit der Neuregelung des Verjährungsrechts.[32] Die kürzere Frist der Regelverjährung seit dem 1.1.2002 lenkt den Blick stärker auf die Frage des Beginns der Verjährungsfrist, so dass erhöhte **Anforderungen an den Beginn nach § 199** gestellt werden.[33] **17**

28 MüKo/*Grothe*, § 195 Rn 12; Erman/*Schmidt-Räntsch*, § 194 Rn 24.
29 Erman/*Schmidt-Räntsch*, § 194 Rn 24.
30 So im Erg. auch Soergel/*Niedenführ*, § 195 Rn 9; Erman/*Schmidt-Räntsch*, § 194 Rn 24; Bamberger/Roth/*Henrich*, § 195 Rn 16. Nachw. zu einzelnen Vorschriften finden sich bei Bamberger/Roth/*Henrich*, § 195 Rn 16. AA Staudinger/*Peters/Jacoby*, § 195 Rn 14; Palandt/*Ellenberger*, § 195 Rn 2; Jauernig/*Jauernig*, § 195 Rn 2, die stets die §§ 195, 199 anwenden wollen.
31 BGH DNotZ 2010, 623, 624 f mwN.
32 BGH DNotZ 2010, 620, 621 f mwN.
33 S. dazu zB *Peters*, ZGS 2010, 154 ff (zum Ausgleichsanspruch nach § 426).

18 Der BGH hat in einem anderen Fall zum Mittel der **ergänzenden Vertragsauslegung** gegriffen, um die Folgen der kürzeren Regelverjährungsfrist zu umgehen. Das Gericht hat deshalb festgestellt: Ein redlicher und verständiger Leistungsbestimmungsberechtigter, der gebührend auch auf die berechtigten Belange seines Vertragspartners Rücksicht nimmt, hätte in Kenntnis der am 1.1.2002 eintretenden Rechtsänderung in Rechung gestellt, dass die hierdurch bewirkte Verkürzung der Verjährungsfrist für den **Umtauschanspruch von Telefonkarten** auf drei Jahre nicht der Billigkeit nach § 315 Abs. 1, 3 entsprochen hätte. In Abwägung der widerstreitenden Interessen und unter Einbeziehung der in § 199 Abs. 2 bis 4 enthaltenen gesetzlichen Wertungen hätte ein redlicher Leistungsbestimmungsberechtigter für den Umtauschanspruch deshalb eine Verjährungsfrist von zehn Jahren entsprechend § 199 Abs. 4 vorgesehen. Die dreijährige Regelverjährungsfrist wäre zu kurz. Andererseits könne dem Umtauschanspruch seinem Inhalt und seiner Bedeutung nach nicht das Gewicht beigemessen werden, das die Ansprüche haben, für die die 30-jährige Verjährungsfrist gilt § 197 Abs. 1, § 199 Abs. 2, 3 Nr. 2). Demzufolge lässt der BGH den Umtauschanspruch, der den Inhabern von bis Mitte Oktober 1998 von der Deutschen Telekom AG (vormals Deutsche Bundespost) ausgegebenen, nicht mit einem Gültigkeitsvermerk versehenen Telefonkarten nach deren Sperrung im Wege der ergänzenden Vertragsauslegung nicht vor dem 1.1.2012 verjähren.[34]

19 **d) Öffentlich-rechtliche Ansprüche.** Insbesondere galten die §§ 194 ff aF bisher auch **analog**[35] für die Verjährung von öffentlich-rechtlichen Ansprüchen, falls deren Verjährung nicht in Sondervorschriften gesetzlich geregelt ist,[36] kein ausdrücklicher Verweis auf die §§ 194 ff erfolgt[37] und öffentlich-rechtliche Normen nicht analog anzuwenden sind.[38] Welche Auswirkung die Neuregelung des Verjährungsrechts der §§ 194 ff auf die Verjährung öffentlich-rechtlicher Forderungen hat, ist noch nicht abschließend geklärt.[39]

20 Die **Rechtsprechung** hat schon bisher betont, dass besonders sorgfältig zu prüfen sei, ob die durch den öffentlich-rechtlichen Anspruch berührte **Interessenlage** mit der von den §§ 194 ff aF vorausgesetzten vergleichbar ist.[40] Diese Prüfung wurde insbesondere für die analoge Anwendung der Vorschriften des BGB, die eine relativ kurze Verjährungsfrist bestimmten, vorgenommen.[41] Auch sonstige verjährungsrechtliche Normen werden auf öffentlich-rechtliche Ansprüche analog angewandt. Anerkannt ist etwa, dass Widerspruch und Klage gegen einen amtspflichtwidrig erlassenen Verwaltungsakt die Verjährung des **Amtshaftungsanspruchs**, der aus der angefochtenen Maßnahme abgeleitet wird, in **analoger Anwendung des § 204 Abs. 1 Nr. 1, § 209** hemmen.[42]

21 Die wohl hM wendet die verkürzte Regelverjährungsfrist der §§ 195, 199 grundsätzlich auf sämtliche öffentlich-rechtliche Ansprüche an, denn die Gründe, die den Gesetzgeber zur Reform der §§ 194 ff bewegt haben,

34 BGH NJW 2010, 1956, 1957 f; s. dazu und zu Folgefragen (kein unverschuldeter Rechtsirrtum, Nutzungsersatz) jetzt LG Bonn 14.9.2010 – 15 C 327/08 und 115 C 1/09. Dazu, dass das OLG Köln und das AG Bonn ein vergleichbares Ergebnis mittels des Rechtsinstituts des verhaltenen Anspruchs und seiner Verjährung erreicht haben, s. § 199 Rn 34.

35 Ausf. hierzu *Guckelberger*, Die Verjährung im öffentlichen Recht, 2004, S. 287 ff. Zu methodischen Problemen bei der Analogiebildung *Stumpf*, NVwZ 2003, 1198, 1199 f.

36 Nachw. für spezielle öffentlich-rechtliche Verjährungsregelungen finden sich bei *Guckelberger*, Die Verjährung im öffentlichen Recht, 2004, S. 24 ff sowie bei *Stumpf*, NVwZ 2003, 1198 und bei *Dötsch*, DÖV 2004, 277.

37 Vgl zB § 62 VwVfG und die entspr. Landesgesetze. Zum intertemporalen Anwendungsbereich dieser Verweisung s. Art. 229 § 5 Rn 7.

38 Vgl BVerwG NJW 1995, 1913 zur analogen Anwendung von §§ 169 ff, 228 ff AO sowie HessVGH DVBl 1993, 1318; weitere Nachw. zu den spezialgesetzlichen Verjährungsvorschriften bei Palandt/*Ellenberger*, § 194 Rn 2, § 195 Rn 20; vgl auch *Dötsch*, DÖV 2004, 277, 279.

39 S. jetzt BVerwGE 132, 324 mwN; zur Diskussion s. *Guckelberger*, Die Verjährung im öffentlichen Recht, 2004, S. 586 ff; *Mansel*, AnwK-SchuldR, 2002, § 194 Rn 16 ff; vgl auch *Dötsch*, NWVBl 2001, 385 ff.

40 Zusammenfassend BVerwGE 132, 324 mwN; s. auch die Parallelentscheidungen BVerwG, Urt. v. 11.12.2008 – 3 C 6.08, BeckRS 2009, 31189; BVerwG, Urt. v. 11.12.2008 – 3 C 20.08, BeckRS 2009, 31185; ebenso BVerwG, Teilurt. v. 21.10.2010 – 3 C 4.10, BeckRS 2010, 56447 für den öffentlich-rechtlichen Erstattungsanspruch nach § 10 Abs. 3 Marktorganisationsgesetz iVm § 49 a VwVfG; OVG Lüneburg, Urt. v. 18.1.2011 – 10 LC 286/08, BeckRS 2011, 46609.

41 BVerwGE 28, 336; 52, 16, 23; weitere Nachw. bei Soergel/*Niedenführ*, § 195 Rn 56. Die dreißigjährige Frist des § 195 aF ist jedoch nicht zum Gewohnheitsrecht geworden, vgl *Kellner*, NVwZ 2002, 395, 397 f.

42 BGHZ 181, 199 Rn. 35; zur Unterbrechungswirkung nach früherem Recht analog §§ 209 Abs. 1, 211 aF s. BGHZ 95, 238, 242 f; BGH NVwZ-RR 2005, 152, 154; zur entsprechenden Hemmung bei Amtshaftungsansprüchen, die aus dem amtspflichtwidrigen Vollzug eines Planfeststellungsbeschlusses hergeleitet werden bzw dazu, dass die Geltendmachung des sozialrechtlichen Herstellungsanspruchs durch Klage vor den Sozialgerichten die Verjährung des Amtshaftungsanspruchs unterbricht, der auf dasselbe Fehlverhalten des Sozialversicherungsträgers gestützt wird, BGHZ 103, 242, 246 f; BGH NJW-RR 2000, 746, 749. Zur Verjährungshemmung mittels finanzgerichtlicher Klage auf Feststellung der Nichtigkeit eines Gewinnfeststellungsbescheids s BGH NJW 1995, 2778, 2779. Zur Verjährungshemmung des Amtshaftungsanspruch bei Widerspruch im sozialgerichtlichen Zulassungsverfahren s. BGH VersR 2011, 796.

hätten auch im Bereich des öffentlichen Rechts nichts von ihrer Überzeugungskraft eingebüßt. Einzig auf den öffentlich-rechtlichen Herausgabeanspruch soll die dreißigjährige Verjährungsfrist des § 197 Nr. 1 angewandt werden.[43]

22 Der hM ist jedoch **nicht zuzustimmen**.[44] Grundsätzlich ist bei allen öffentlich-rechtlichen Ansprüchen, bei welchen eine ausdrückliche Verjährungsregelung fehlt, und auf die **spezielle öffentlich-rechtliche Verjährungsvorschriften** nicht **analog** angewendet werden können, durch **Auslegung** zu ermitteln, ob die **Regelungslücke** durch eine entsprechende Anwendung der §§ 195, 199 oder auf andere Weise, insbesondere durch die Statuierung einer dreißigjährigen Verjährungsfrist ab Anspruchsentstehung, zu schließen ist (vgl zur ähnlichen methodischen Vorgehensweise bei zivilrechtlichen Ansprüchen Rn 11 ff).[45]

23 Zunächst ist zu ermitteln, ob eine spezielle Verjährungsvorschrift des BGB auf den öffentlich-rechtlichen Anspruch passt. Dies kann beispielsweise bei Ansprüchen aus öffentlich-rechtlichen Verträgen der Fall sein. So hat das OVG Lüneburg angenommen, dass für **Zinsansprüche** aus öffentlichem Recht weiterhin[46] die kurze Verjährung gilt und daher seit dem 1.1.2002 statt bisher vier (§§ 197, 201 aF) jetzt drei Jahre (§ 195) Verjährungsfrist bestehen. Die Verkürzung der Verjährungsfrist von Zinsansprüchen im Bürgerlichen Recht sei im Verwaltungsrecht nachzuvollziehen.[47]

24 Ist dies nicht der Fall, so ist im Rahmen einer umfassenden Interessen- und Normzweckanalyse zu ermitteln, ob die kurze Regelverjährungsfrist des § 195 die Gläubigerrechte nicht unzulässig verkürzt. Entsprechend dem Rechtsgedanken des § 197 ist sonst grundsätzlich weiterhin von einer **dreißigjährigen Verjährungsfrist** auszugehen.[48] Dies **entspricht der st. Rspr des BVerwG**, das in der objektiven, **dreißigjährigen Regelverjährung** des § 195 aF den **Ausdruck eines allgemeinen Rechtsgedankens** gesehen hat.[49] Damit werden die widerstreitenden Interessen von Rechtsfrieden und Rechtssicherheit auf der einen Seite und dem Grundsatz der Gesetzmäßigkeit der Verwaltung andererseits zu einem sinnvollen Ausgleich gebracht. Welche bürgerlich-rechtliche Verjährungsvorschrift im Einzelfall heranzuziehen ist, ist nach dem Gesamtzusammenhang der für den jeweiligen Anspruch maßgebenden Rechtsvorschriften unter Berücksichtigung der Interessenlage zu beurteilen.[50] Dass der Reformgesetzgeber des SchuldRModG hieran etwas ändern wollte, ist in keiner Weise ersichtlich. Im Unterschied zum bürgerlichen Recht spielen die Interessen des Geschäftsverkehrs und der Schuldnerschutz bei öffentlich-rechtlichen Ansprüchen nur eine untergeordnete Rolle. Folgerichtig hat das BVerwG eine analoge Anwendung der kurzen Regelverjährung der §§ 195, 199 abgelehnt mit der Folge, dass weiterhin die dreißigjährige Verjährungsfrist gilt.[51] Das Gericht stützt sich auf den in § 195 aF zum Ausdruck kommenden allgemeinen Rechtsgedanken.[52] Methodisch vorzugswürdig ist es, §§ 197, 201 in entsprechender Anwendung heranzuziehen, da die bisherige Regelverjährung des § 195 aF seit 2002 in den §§ 197, 201 für Teilbereiche fortlebt.

25 Der hier vertretene Ansatz bedient sich nicht der Lehre von den ungeschriebenen allgemeinen Grundsätzen des Verwaltungsrechts,[53] sondern beruht auf der Freiheit zur richterlichen Rechtsfortbildung bei veränderten gesetzlichen Rahmenbedingungen und Regelungsabstinenz des Gesetzgebers. Sicher ist, dass die entsprechende Anwendung der Verjährungsfrist der §§ 195, 199 auf **öffentlich-rechtliche Forderungen** nicht vom Willen des Gesetzgebers gedeckt ist und auch aus systematisch-teleologischen Gründen nicht zwingend ist.[54] Überdies ist zu bedenken, dass eine Analogie im Hinblick auf die verkürzte Regelverjährung der §§ 195,

43 So BVerwGE 115, 389 ohne weitere Begründung bzgl des Herausgabeanspruchs von sog. Schmiergeldern; allgemein s. Soergel/*Niedenführ*, § 195 Rn 55; Staudinger/*Peters/Jacoby*, § 195 Rn 15; Palandt/*Ellenberger*, § 195 Rn 20, Bamberger/Roth/*Henrich*, § 195 Rn 17; MüKo/*Grothe*, § 195 Rn 13; *Lenkeit*, BauR Sonderheft 1 a 2002, 196, 228; *Kellner*, NVwZ 2002, 395, 398–400; offener *Dötsch*, DÖV 2004, 277, 281.

44 S. bereits die Argumentation bei *Mansel*, AnwK-SchuldR, 2002, § 194 Rn 16 ff.

45 Ebenso *Krebs*, DB 2000, Beil. 14, S. 1, 5; *Mansel*, AnwK-Schuldrecht, 2002, § 194 Rn 16 ff; ähnlich *Guckelberger*, Die Verjährung im öffentlichen Recht, 2004, S. 637 ff, die weiterhin von einer Analogie zu den §§ 194 ff aF ausgeht; s. ferner im Ergebnis ähnlich *F. Kirchhof*, Das Erlöschen von Ansprüchen nach Art. 104 a Abs. 2 GG zwischen Bund und Ländern infolge Zeitablaufs, in: FS Selmer, 2004, S. 725, 726 f.

46 Bis zum 31.12.2001 galt gem. §§ 197, 201 aF eine vierjährige Verjährungsfrist.

47 OVG Lüneburg, Urt. v. 18.1.2011 – 10 LC 286/08, BeckRS 2011, 46609.

48 So im Ergebnis auch *F. Kirchhof*, in: FS Selmer, 2004, S. 725, 726 f.

49 BVerwGE 69, 227, 233; 75, 173, 179; 115, 389, 392.

50 So eine ständig verwendete Formulierung des BVerwG, vgl BVerwGE 128, 99; 131, 153; BVerwG NVwZ 2009, 599.

51 BVerwGE 132, 324; BVerwG, Urt. v. 11.12.2008 – 3 C 6.08, BeckRS 2009, 31189; BVerwG, Urt. v. 11.12.2008 – 3 C 20.08, BeckRS 2009, 31185; BVerwG BeckRS 2010, 56447; im Grundsatz ebenso OVG Lüneburg, Teilurt. v. 21.10.2010 – 1 C 4/08, BeckRS 2011, 46609; noch anders ohne Problemanalyse und erkennbare Problembewertung BVerwGE 131, 153 (Rn 27).

52 So bereits *Mansel*, AnwK-SchuldR, 2002, § 194 Rn 19 für bestimmte Ansprüche.

53 So der angedachte und als „zu gewagt“ verworfene Ansatz von *Dötsch*, NWVBl 2001, 385, 389.

54 *Mansel*, AnwK-SchuldR, 2002, § 194 Rn 18; vgl auch *Heselhaus*, DVBl 2004, 411, 414–417, der eine analoge Anwendung der §§ 194 ff wegen erheblicher Wertungswidersprüche ablehnt.

199 für den Gläubiger der öffentlich-rechtlichen Forderung belastend wirkt und so möglicherweise gegen den Gesetzesvorbehalt verstößt.[55] Jedenfalls Ansprüche aus **Aufopferung, Enteignung** und **enteignungsgleichem Eingriff**, die bisher der objektiven dreißigjährigen Verjährungsfrist unterlagen,[56] sollten auch nach neuem Recht in dreißig Jahren ab Entstehung verjähren,[57] denn der Staat ist als Schuldner in besonderer Weise dem objektiven Recht und der Rechtsverwirklichung verpflichtet.[58] Den Materialien zum Schuldrechtsreformgesetz ist nicht zu entnehmen, dass der Gesetzgeber die Verjährung öffentlich-rechtlicher Ansprüche reformieren und den Staat durch kurze Verjährungsfristen entlasten wollte.[59] Gleiches hat auch für den **Folgenbeseitigungsanspruch** zu gelten.[60] Für den **öffentlich-rechtlichen Erstattungsanspruch** hat das BVerwG nun bestätigt, dass nicht die kurze Regelverjährung aus §§ 195, 199 analog anzuwenden ist, sondern weiterhin eine dreißigjährige Verjährungsfrist gilt.[61]

26 Einzelne Bundesländer haben **spezielle Entschädigungsansprüche**, welche den allgemeinen enteignungsgleichen Eingriff in ihrem sachlichen Anwendungsbereich verdrängen,[62] normiert. Dabei haben sie für diese Ansprüche kürzere Verjährungsfristen festgelegt. Allerdings werden diese Regelungen jetzt zunehmend durch neue Vorschriften landesrechtlicher Verjährungsrechtsanpassungsgesetze abgelöst. So sieht das am 1.5.2004 in Kraft getretene nordrhein-westfälische Gesetz zur Anpassung des Landesrechts an das Verjährungsrecht des Bürgerlichen Gesetzbuchs (GV NW v. 5.4.2004, Nr. 9, S. 135) eine Änderung des § 41 OBG-NW vor. Danach verjährt der Entschädigungsanspruch aus § 39 OBG-NW seit dem 1.5.2004 nach den Bestimmungen des Bürgerlichen Gesetzbuchs über die Verjährung von Schadensersatzansprüchen.

27 Für die Prüfung der Anwendbarkeit der §§ 195 ff auf öffentlich-rechtliche Ansprüche ergibt sich daher nach der hier vertretenen Ansicht folgende **Prüfungsreihenfolge**:

- Gibt es spezielle öffentlich-rechtliche Vorschriften, die die Verjährung regeln oder ausdrücklich auf die §§ 194 ff verweisen? S. dazu Rn 19.
- *Wenn nein*, gibt es öffentlich-rechtliche Verjährungsvorschriften, die auf den Anspruch analog angewendet werden können? S. Rn 19.
- *Wenn nein*, gibt es im BGB spezielle Verjährungsvorschriften, die analog angewandt werden können? S. Rn 23.
- Erst dann, wenn dies nicht der Fall ist, muss durch eine umfassende Interessen- und Normzweckanalyse ermittelt werden, ob die Regelverjährung der §§ 195, 199 angewandt werden kann oder ob entsprechend dem Rechtsgedanken des § 197 (= § 195 aF, s. Rn 14) die dreißigjährige Verjährungsfrist in Verbindung mit § 201 Anwendung finden muss.

II. Unverjährbarkeit

28 **1. Grundsatz.** Unverjährbarkeit von Ansprüchen besteht nur bei ausdrücklicher gesetzlicher Anordnung (s. zB §§ 194 Abs. 2, 758, 898, 902, 924, 2042 Abs. 2).[63] Die gesetzliche Anordnung der Unverjährbarkeit ist die Ausnahme. Der Reformgesetzgeber hat daran nichts geändert (Rn 6). Eine entsprechende rechtsgeschäftliche Abrede ist nicht möglich (§ 202 Abs. 2; s. § 202 Rn 14).

55 So *Stumpf*, NVwZ 2003, 1198, 1200.

56 S. BGHZ 9, 209; 36, 387 (Aufopferung); BGHZ 13, 98; BGH NJW 1982, 1273 (Enteignung); BGHZ 13, 89; 117, 294 (enteignungsgleicher Eingriff).

57 *Mansel*, AnwK-SchuldR, 2002, § 194 Rn 19. Für bedenkenswert hält das auch *Ernst*, ZRP 2001, 1, 3; deutlicher *ders.*, S. 559, 570 f; ebenso ferner *Krebs*, DB 2000, Beilage 14, S. 1, 5; *Mansel*, S. 333, 408. Die neue regelmäßige Verjährungsfrist ohne Diskussion auf die Haftung aus enteignungsgleichem Eingriff anwendend *Piekenbrock*, S. 309, 332.

58 Eine vergleichbare Argumentation findet sich in BVerwGE 132, 324. AA Palandt/*Ellenberger*, § 195 Rn 20 sowie Bamberger/Roth/*Henrich*, § 195 Rn 17, die grundsätzlich – mit Ausnahme des öffentlich-rechtlichen Herausgabeanspruchs – die dreijährige Verjährungsfrist anwenden wollen.

59 *Mansel*, AnwK-SchuldR, 2002, § 194 Rn 19; ebenso nun BVerwGE 132, 324.

60 *Mansel*, AnwK-SchuldR, 2002, § 194 Rn 19; s. näher *Dötsch*, NWVBl 2001, 385, 389, dort eine kritische Interessenanalyse. *Dötsch* hält allerdings de lege lata die entsprechende Anwendung der §§ 195, 199 auf den Folgenbeseitigungsanspruch für zwingend. So auch *Franz*, BayVBl 2002, 485, 490.

61 BVerwGE 132, 324; BVerwG, Urt. v. 11.12.2008 – 3 C 6.08, BeckRS 2009, 31189; ebenso BVerwG, Teilurt. v. 21.10.2010 – 3 C 4.10, BeckRS 2010, 56447, für den öffentlich-rechtlichen Erstattungsanspruch nach § 10 Abs. 3 Marktorganisationsgesetz in Verbindung mit § 49 a VwVfG; noch *anders* BVerwGE 131, 153 (Rn 27) in Bezug auf einen vor dem 1.1.2002 entstandenen öffentlich-rechtlichen Erstattungsanspruch, der der dreißigjährigen Verjährungsfrist des § 195 aF unterlag, auf den dann aber gem. Art. 229 § 6 Abs. 1 S. 1 EGBGB ohne weitere Begründung die nunmehr dreijährige Verjährungsfrist des § 195 angewandt wurde.

62 S. etwa § 39 OBG-NW; s. ferner BGH NJW 1975, 1783 f; *Ossenbühl*, Staatshaftungsrecht, 5. Aufl. 1998, S. 267, 284.

63 S. die Zusammenstellung bei MüKo/*Grothe*, § 195 Rn 35 mwN. Zur Diskussion um die Verjährbarkeit des Anspruchs aus § 985 s. Staudinger/*Gurksy*, § 985 Rn 96 mwN. Zu den Gründen für die Unverjährbarkeit einzelner Ansprüche s. *Mansel*, S. 333, 367.

2. Ansprüche aus familienrechtlichen Verhältnissen (Abs. 2). Wie familienrechtliche Ansprüche zu bestimmen sind, ist umstritten. Naheliegend ist es, solche Ansprüche darunter zu fassen, die im 4. Buch des BGB geregelt sind.[64] Für diese formelle Sichtweise spricht die Intention des Gesetzgebers, der in der Regierungsbegründung zum SchuldRModG explizit auf „die Bestimmungen im vierten… Buch" Bezug nimmt.[65] Eine Parallele zu den erbrechtlichen Ansprüchen bestätigt dies: Dort ist nach der Rechtsprechung des BGH anerkannt, dass auch ein in seiner Natur schuldrechtlicher Anspruch wie der Anspruch gegen den Testamentsverwalter aus § 2219 wegen seiner Stellung im fünften Buch des BGB erbrechtlich zu qualifizieren ist.[66] Die formale Einordnung ist derjenigen Ansicht vorzugswürdig, die zwischen „genuin erbrechtlichen" und „genuin schuldrechtlichen" Ansprüchen unterscheiden will:[67] Eine solche Unterscheidung wäre im Hinblick auf die gerade im Verjährungsrecht eminent wichtige Rechtssicherheit kaum praktikabel.[68] 29

Gem. Abs. 2 Alt. 1 unterliegen Ansprüche auf die künftige Herstellung eines familienrechtlichen Verhältnisses nicht der Verjährung. Das gilt gleichermaßen für Ansprüche mit nichtvermögensrechtlichem oder mit vermögensrechtlichem Inhalt. Sie können sich auch gegen nicht der Familie zugehörige Dritte richten (etwa bei der Kindesherausgabe). 30

Gleiches gilt nach Abs. 2 Alt. 2 auch für Ansprüche aus § 1598 a Abs. 1, die auf die Einwilligung in eine genetische Untersuchung zur Klärung der leiblichen Abstammung gerichtet sind. Damit wird dem Umstand Rechnung getragen, dass solche Ansprüche durchaus auch erst Jahrzehnte nach Anspruchsentstehung geltend gemacht werden können, etwa im Rahmen eines Erbschaftsstreits.[69] 31

Ansprüche auf künftige Herstellung eines in dem **Lebenspartnerschaftsgesetz** geregelten Rechtsverhältnisses sind als familienrechtlich im Sinne von Abs. 2 anzusehen, da die Lebenspartner als Familienangehörige gelten (§ 11 Abs. 1 LPartG).[70] 32

Ein **Betreuungsverhältnis** gilt nicht als ein familienrechtliches Verhältnis; die aus ihm entspringenden Ansprüche unterfallen daher nicht Abs. 2. 33

Unverjährbar sind daher zB die Ansprüche aus §§ 1353 Abs. 1 S. 2, 1356, soweit sie auf die künftige Regelung der ehelichen Lebensgemeinschaft und Haushaltsführung gerichtet sind. Unverjährbar sind weiter die Ansprüche auf künftige Erfüllung der Dienstpflichten des Kindes (§ 1619) und auf Kindesherausgabe (§ 1632 Abs. 1). Soweit familienrechtliche Ansprüche verjährbar sind, ist an die Hemmungsvorschrift des § 207, ggf die des § 208 zu denken. 34

3. Insbesondere: Unterhaltsansprüche. a) Familienrechtliche Unterhaltsansprüche für künftige Zeiträume. Familienrechtliche Unterhaltsansprüche für künftige Zeiträume verjähren nicht. Das folgt aus Abs. 2 Alt. 1, denn Unterhaltsansprüche für die Zukunft sind auf die Herstellung eines künftigen familienrechtlichen Verhältnisses gerichtet.[71] Da sie im Übrigen regelmäßig auch noch nicht fällig sind, würde die Verjährung auch mangels Fälligkeit noch nicht nach § 195, 199 Abs. 1 Nr. 1 beginnen, so dass auch aus diesem Grund keine Verjährung eintreten würde.[72] Familienrechtlicher Natur sind insbesondere die Ansprüche aus §§ 1360 ff, 1569 ff, 1601 ff und 1615 l, ferner die Ansprüche aus §§ 5, 12, 16 LPartG (s. zu dessen familienrechtlicher Qualifikation Rn 32). 35

Zu beachten ist, dass familienrechtliche Ansprüche regelmäßig nur unter besonderen Voraussetzungen für vergangene Zeiträume gefordert werden können, s. insbesondere § 1613, auch iVm §§ 1360 a Abs. 2, 1361 Abs. 4 S. 4, 1585 b. Doch ist diese Einschränkung keine verjährungsrechtliche. 36

b) Andere Unterhaltsansprüche. Auf Unterhaltsansprüche **nicht familienrechtlicher Natur**, sondern etwa vertraglicher, deliktischer (in Form einer Schadensersatzleistung nach § 844 Abs. 2) oder erbrechtlicher Natur (§§ 1963, 2141) ist Abs. 2 nicht anzuwenden. Hier gelten die allgemeinen Regeln. Regelmäßig gilt – sofern nichts anderes angeordnet ist – für sie die Regelverjährung des § 195. Es gilt die dreijährige Regelverjährung; sie beginnt gem. § 199 Abs. 1 Nr. 1 erst mit dem Schluss des Jahres der Anspruchsentstehung, das bedeutet mit der Fälligkeit[73] und der Kenntniserlangung iSv § 199 Abs. 1 Nr. 2 (§ 199 Rn 14 ff). Sofern Unter- 37

64 Zu den verschiedenen Ansätzen *Otte*, ZGS 2010, 15, 16 f.
65 BT-Drucks. 14/6040, S. 106 zu § 197 Abs. 1 Nr. 2 aF.
66 BGH NJW 2007, 2174; zustimmend *M. Stürner*, jurisPR-BGHZivilR 25/2007 Anm. 2. Dem folgend OLG Oldenburg FamRZ 2009, 1944. Kritisch diesbezüglich zuvor *G. Otte*, ZEV 2002, 500; *Baldus*, FamRZ 2003, 308 f; *ders.*, in: Jayme/Schindler (Hrsg.), Portugiesisch – Weltsprache des Rechts, 2004, S. 61, 66 ff (§ 195).
67 So etwa *Otte*, ZEV 2002, 500; OLG Karlsruhe ZEV 2006, 317 (Vorinstanz zu BGH NJW 2007, 2174); dazu *Baldus/Roland*, ZEV 2006, 318.
68 *M. Zimmer*, NJW 2007, 2175; *M. Stürner*, jurisPR-BGHZivilR 25/2007 Anm. 2.
69 So die Regierungsbegründung, S. 18.
70 S. zur Qualifikation als Familienangehöriger näher *Muscheler*, Das Recht der eingetragenen Lebenspartnerschaft, 2. Aufl. 2004, Rn 397–404.
71 S. nur MüKo/*Grothe*, § 194 Rn 8.
72 Dazu, dass das Stammrecht, aus welchem einzelne Ansprüche fließen, auch aus allgemeinen Erwägungen nicht verjährt, s. oben Rn 4.
73 S. dazu in anderem Zusammenhang den Hinweis: Gesetzentwurf, BT-Drucks. 14/6040, S. 106 f.

haltsansprüche für künftige Zeiträume nicht fällig sind, beginnt die Verjährungsfrist daher noch nicht zu laufen (s. bereits Rn 35).

38 **Titulierte Unterhaltsansprüche** verjähren nach § 197 Abs. 2 in der Frist des § 195 (s. § 197 Rn 66 ff).

C. Weitere praktische Hinweise

39 Die Verjährung ist nicht die einzige Auswirkung, die Zeitablauf auf Ansprüche haben kann. Zu denken ist auch an die **Verwirkung** von Rechten (dazu Vor §§ 194–218 Rn 42) sowie an das Bestehen von **Ausschlussfristen** (dazu Vor §§ 194–218 Rn 39 ff).

§ 195 Regelmäßige Verjährungsfrist

Die regelmäßige Verjährungsfrist beträgt drei Jahre.

Literatur: *Bolten*, Die Verjährung der Bürgschaftsschuld nach der Schuldrechtsmodernisierung, ZGS 2006, 140; *Ehricke*, Zur Verjährung von Bergschadenersatzansprüchen, in: FS Kühne, 2010, S. 487; *Foerste*, Weiterfresser- und Produktionsschäden in neuem Licht, in: FS Graf von Westphalen, 2010, S. 161; *Peters*, Die Verjährung im Familien- und Erbrecht, AcP 208 (2008), 37; *Stenzel*, Verjährung des Anspruchs von Kapitalgesellschaften auf Erbringung der Gesellschaftereinlage, BB 2008, 1077; *Zimmermann*, Die Verjährung von Ersatzansprüchen gegen Wertpapierdienstleistungsunternehmen – Ein Plädoyer für die Abschaffung des § 37 a WpHG, ZIP 2007, 410.

A. Allgemeines

I. Neuerungen durch das SchuldRModG

1 Die bedeutendste sachliche Neuerung der Verjährungsrechtsreform 2002 bringt § 195. Er verkürzt die regelmäßige Verjährungsfrist des § 195 aF von dreißig Jahren auf **drei Jahre**. Das entspricht Art. 17:102 der Grundregeln des Europäischen Vertragsrechts (Vor §§ 194–218 Rn 20). Die **Regelverjährung** greift beim Fehlen besonderer Verjährungsfristen ein. Zudem ist der **Anwendungsbereich** des neuen § 195 gegenüber dem § 195 aF wesentlich vergrößert. Die aufgehobenen zwei-, drei- und vierjährigen Sonderverjährungsfristen der §§ 196, 197, 786 und 852 aF gehen in § 195 auf. Gleiches gilt wegen der Verweisung in § 197 Abs. 2 auf § 195 auch für die Ansprüche, die nach bisherigem Recht unter § 1615 l Abs. 4 aF fielen.

II. Überlegungsfrist

2 Die Dreijahresfrist der Regelverjährung ist eine Überlegungsfrist, die dem Gläubiger gesetzt ist und in der er sich darüber klar werden muss, ob er seinen Anspruch geltend machen möchte oder nicht. Das neue Recht

schützt den Gläubiger vor einer Verjährung ihm unbekannter Ansprüche. Es schützt den Schuldner vor einem Gläubiger, der sich mit der Anspruchsverfolgung Zeit lassen möchte (s. § 199 Rn 7).[1]

B. Regelungsgehalt

I. Regelverjährung

§ 195 legt die Länge der regelmäßigen Verjährungsfrist auf drei Jahre fest. § 199 regelt den Verjährungsbeginn und die Verjährungshöchstfristen (s. näher Vor §§ 194–218 Rn 5 ff sowie die Erläuterungen zu § 199). Der Fristenlauf wird nach §§ 187 ff berechnet. 3

II. Anwendungsbereich

1. Ansprüche des BGB. a) Grundsatz, Beispiele. aa) Grundsatz: Einheitsverjährung. § 195 gilt für alle im BGB geregelten Ansprüche (§ 194 Rn 2), für welche keine besondere Verjährungsfrist bestimmt ist (§ 194 Rn 8 f). Auch das neue Recht[2] geht im Bereich der Regelverjährung von der Einheitsverjährung aus.[3] Es unterscheidet daher bei der Regelverjährung nicht zwischen vertraglichen und außervertraglichen Ansprüchen. Eine Differenzierung der Verjährungshöchstfristen erfolgt in § 199 ebenso wenig nach der vertraglichen oder außervertraglichen Anspruchsqualifikation, sondern nur nach dem betroffenen Rechtsgut und danach, ob es sich um Schadensersatzansprüche oder andere Ansprüche handelt (Vor §§ 194–218 Rn 7 ff, näher § 199). 4

bb) Rechtsgeschäftliche Ansprüche. Insbesondere ist § 195 auf alle **rechtsgeschäftlichen und rechtsgeschäftsähnlichen Ansprüche** im Sinne von § 311 anzuwenden, sofern keine besonderen Verjährungsfristen (s. zu diesen Rn 40 ff) für sie gelten. 5

§ 195 unterliegen somit – soweit keine besonderen Vorschriften bestehen, insbesondere der vorrangige § 196 (Rn 8) nicht eingreift – **beispielsweise** die Ansprüche aus den folgenden **rechtsgeschäftlichen Schuldverhältnissen**:

- Kaufvertrag (§§ 433 ff). Ausnahmen: Die kaufvertraglichen Gewährleistungsansprüche verjähren nach § 438,[4] die Rückgriffsansprüche beim Verbrauchsgüterkauf nach § 479 (s. näher bei § 438 und § 479; zur Problematik der weiterfressenden Mängel und den damit verbundenen Verjährungsfragen s. Rn 70 ff, insb. Rn 77 ff). Die Verjährungsvereinbarungen sind beim Verbrauchsgüterkauf gem. § 475 Abs. 2 nur eingeschränkt möglich (s. § 202 Rn 62 und näher bei § 475). Die Sonderverjährung der Erfüllungsansprüche bei Grundstückskaufverträgen nach § 196 (Rn 8) ist zu beachten;
- Darlehensvertrag (§§ 488 ff).[5] Hier ist aber § 497 Abs. 3 S. 3 und 4 zu beachten: Die Verjährung der Ansprüche auf Darlehensrückerstattung und Zinsen ist vom Eintritt des Verzugs nach § 497 Abs. 1 an bis zu ihrer Feststellung in einer in § 197 Abs. 1 Nr. 3–5 bezeichneten Art gehemmt, jedoch nicht länger als zehn Jahre von ihrer Entstehung an.[6] Auf die Ansprüche auf Zinsen findet § 197 Abs. 2 keine Anwendung;[7]
- Schenkung (§§ 516 ff);
- Miete (§§ 535 ff)[8] und Pacht (§§ 581 ff) mit Ausnahme der durch §§ 548, 591 b erfassten Ansprüche (s. Rn 41);
- Leihe (§§ 598 ff) mit Ausnahme der durch § 606 erfassten Ansprüche;
- Sachdarlehensvertrag (§§ 607 ff);
- Dienstvertrag (§§ 611 ff);
- Werkvertrag (§§ 631 ff).[9] Ausnahmen: Die werkvertraglichen Gewährleistungsansprüche verjähren nach § 634 a (s. noch Rn 7 und näher bei § 634 a);

1 Zur parallelen Hemmungsregelung in Art. III.-7:301 DCFR s. *Patti*, ZEuP 2010, 58, 63 ff.
2 Dazu, dass in der Reformgeschichte auch eine Differenzierung diskutiert wurde, und zu der Rechtfertigung der Einheitsverjährung s. BT-Drucks. 14/6040, S. 103 f.
3 Das ist zu begrüßen, s. zur Rechtfertigung insb. *Zimmermann/Peters*, S. 290 ff; ferner u.a. *Haug*, S. 20 ff; *Zimmermann*, JZ 2000, 853, 858; *Mansel*, S. 333, 403 f; *Zimmermann/Leenen/Mansel/Ernst*, JZ 2001, 684 f jeweils mwN.
4 Umstritten ist, ob in Bezug auf eine im Rahmen der Nacherfüllung vorgenommene Ersatzlieferung erneut die Verjährungsfrist des § 438 zu laufen beginnt. Dafür etwa MüKo/*Westermann*, § 438 Rn 41; dagegen *Arnold*, ZGS 2002, 438, 440; *Auktor/Mönch*, NJW 2005, 1686, 1687. Näher bei § 438.
5 S. umfassend *Budzikiewicz*, WM 2003, 264 ff.
6 Vgl hierzu *Cartano/Edelmann*, WM 2004, 775.
7 Dazu BT-Drucks. 14/6857, S. 34 (Stellungnahme des Bundesrates), 65 f (Gegenäußerung der Bundesregierung).
8 Zur Verjährung des Anspruchs des Mieters auf Abrechnung und Rückzahlung der Kaution OLG Düsseldorf MDR 2005, 981.
9 Zur Verjährung im Architektenrecht *Schudnagies*, Die Verjährung im Architektenrecht nach der Schuldrechtsreform, 2006, § 4 A.

- Reisevertrag (§§ 651 a ff). Ausnahme: Die reisevertraglichen Gewährleistungsansprüche verjähren nach § 651 g[10] (s. näher bei § 651 g). Verjährungsvereinbarungen sind gem. § 651 m S. 2 nur eingeschränkt möglich (s. § 202 Rn 64 und näher bei § 651 m);
- Darlehensvermittlungsvertrag (§§ 655 a ff);
- Auslobung (§§ 657 ff);
- Auftrag (§§ 662 ff);
- Geschäftsbesorgung (§§ 675 ff),[11] Auskunftsvertrag (s. § 675 Abs. 2);
- Verwahrung (§§ 688 ff);
- Gesellschaft (§§ 705 ff);[12]
- Bürgschaft (§§ 765 ff).[13] Beachte hierzu § 771 S. 2 (s. dort);
- Anweisung (§§ 783 ff). Beachte, dass § 786 aF, der die Verjährung des Anspruchs des Anweisungsempfängers gegen den Angewiesenen aus der Annahme regelte, ersatzlos aufgehoben wurde.

Zum gerichtlichen und außergerichtlichen **Vergleich** (§ 779) sowie dem **Schuldversprechen und Schuldanerkenntnis** (§§ 780 ff) s. Rn 62 ff.

6 Grundsätzlich von § 195 erfasst werden – mangels abweichender Regelung – alle **Primärleistungsansprüche** (Sachleistungs- und Entgeltansprüche) und alle **Sekundärleistungsansprüche**[14] einschließlich der Ansprüche aus der Verletzung einer Schutzpflicht im Sinne von § 241 Abs. 2 (§§ 280 ff). Auch die nun in §§ 311 Abs. 2, 280 Abs. 1 geregelte **culpa in contrahendo** einschließlich der Eigenhaftung des Vertreters und der Sachwalterhaftung (§ 311 Abs. 3) verjährt nach § 195.

7 Eine **Ausnahme** ist zu machen, soweit im Kaufrecht **nach § 437 Nr. 3** in Verbindung mit den §§ 440, 280, 281, 283, 311 a Abs. 2 Schadensersatz oder nach § 284 Ersatz vergeblicher Aufwendungen verlangt wird. Hier greift die spezielle kaufrechtliche Verjährungsfrist des § 438 ein (s. bei § 438). Ähnliches gilt im Werkvertragsrecht. Soweit hier nach **§ 634 Nr. 4** iVm den §§ 636, 280, 281, 283, 311 a Abs. 2 Schadensersatz oder nach § 284 Ersatz vergeblicher Aufwendungen verlangt wird, richtet sich die Verjährung nach der Sonderverjährung des § 634 a (s. bei § 634 a).

Zur Problematik der **Anspruchskonkurrenz** und der **weiterfressenden Mängel** s. Rn 70 ff.

8 Eine weitere **Ausnahme** folgt aus **§ 196**. Danach verjähren Ansprüche auf Übertragung des Eigentums an einem **Grundstück** sowie auf Begründung, Übertragung oder Aufhebung eines Rechts an einem Grundstück oder auf Änderung des Inhalts eines solchen Rechts sowie die Ansprüche auf die Gegenleistung in zehn Jahren ab Anspruchsentstehung (§ 200). Daher verjährt zB bei einem Grundstückskaufvertrag der Anspruch auf Übereignung und Übergabe des Grundstücks wie der Anspruch auf die Kaufpreiszahlung in zehn Jahren. S. näher bei § 196.

9 **cc) Gesetzliche Schuldverhältnisse.** § 195 unterliegen ferner – soweit keine besonderen Vorschriften bestehen – **beispielsweise** die folgenden gesetzlichen Schuldverhältnisse:

- **Ungerechtfertigte Bereicherung** (§§ 812 ff).[15] Beachte § 852 (s. dort). Die dreijährige Verjährungsfrist gilt selbst dann, wenn Bereicherungsansprüche dingliche Herausgabeansprüche (für diese gilt eine dreißigjährige Verjährungsfrist, § 197 Abs. 1 Nr. 1) fortsetzen, wie es etwa bei § 816 Abs. 1 der Fall ist. Das führt wegen des kenntnisabhängigen Verjährungsbeginns gem. § 199 Abs. 1 nicht zu untragbaren Widersprüchen, auch wenn man die zehnjährige Maximalverjährungsfrist des § 199 Abs. 4 im Gegensatz zu der dreißigjährigen Frist des § 197 Abs. 1 Nr. 1 in die Betrachtung mit einbezieht: Hingegen ist umstritten,[16] ob der Bereicherungsanspruch des Mieters wegen aufgrund von unwirksamer Renovierungsklauseln ausgeführter Schönheitsreparaturen der kurzen Verjährungsfrist des § 548 Abs. 2 unterliegt.
- **Geschäftsführung ohne Auftrag** (§§ 677 ff);
- **Unerlaubte Handlung** (§§ 823 ff), einschließlich Amtshaftung und Gefährdungshaftung, sofern für die Gefährdungshaftung keine Sonderfristen bestehen. An die Stelle des § 852 Abs. 1 aF ist § 195 getreten. Beachte den Herausgabeanspruch des § 852 (s. dort); zu § 839 s. § 194 Rn 8. Zum Problem der Schadenseinheit s. § 199 Rn 25 ff. Die Verjährungsregelung des § 12 ProdHaftG ist unverändert; sie beruht auf den

10 Zur Reform krit. *Isermann*, Reiserecht 2001, 135 ff.

11 Hierunter fällt auch der Anwaltsvertrag. Zur Verjährung der anwaltlichen Vergütungsansprüche *Jungbauer*, JurBüro 2002, 117.

12 Für den Anspruch aus § 739: BGH ZIP 2010, 1637; 2011, 1362.

13 Dazu *Bolten*, ZGS 2006, 140; *Gay*, NJW 2005, 2585.

14 Zur Verjährung des Anspruchs auf Schadensersatz statt der Leistung *Stöber*, ZGS 2005, 290.

15 Vgl BGHZ 171, 1, 6; BGH WM 2008, 1077; WM 2010, 253, 255 (zum bereicherungsrechtlichen Anspruch auf Rückzahlung überzahlter Zinsen); OLG Celle ZIP 2006, 2163 (zum bereicherungsrechtlichen Anspruch eines GbR-Immobilienfondsanlegers gegen die finanzierende Bank).

16 Bejahend: LG Kassel NJW 2010, 3666, dort Nachweise zum Streitstand.

zwingenden Vorgaben der Produkthaftungsrichtlinie.[17] Zu anderen Sondernormen der Verjährung aus unerlaubter Handlung und Gefährdungshaftung s. Rn 48 und § 199 Rn 1.

10 § 195 gilt auch für den eigenständigen **Ausgleichsanspruch aus § 426 Abs. 1**.[18] Zum (streitigen) Verjährungsbeginn s. § 199 Rn 27. Der Ausgleichsanspruch nach § 426 Abs. 1 des einen Gesamtschuldners gegen den anderen besteht unabhängig davon, ob der Anspruch des Gläubigers gegen diesen anderen (ausgleichpflichtigen) Gesamtschuldner unverjährt oder verjährt ist. Da der ausgleichsberechtigte Gesamtschuldner keinen Einfluss auf die Verjährung in dem Verhältnis des Gläubigers zu dem anderen Gesamtschuldner hat, kann es auch nicht auf den Ausgleichsanspruch zurückwirken.[19] Die Verjährung des Ausgleichsanspruchs nach § 426 Abs. 1 ist auch von der Verjährung des gem. § 426 Abs. 2 übergeleiteten Anspruchs des Gläubigers gegen den ausgleichspflichtigen Gesamtschuldner unabhängig.[20] Die Ansprüche, die nach **§ 426 Abs. 2** kraft Gesetzes auf den Gesamtschuldner übergehen, der vom Gläubiger in Anspruch genommen worden ist, verjähren in der jeweils für sie bestimmten Verjährungsfrist.[21]

11 Der gesetzliche **Befreiungsanspruch aus § 257** verjährt in der Frist des § 195. Zu den sich durch die Verkürzung der Regelverjährungsfrist ergebenden Problemen und zum Verjährungsbeginn s. § 199 Rn 30.

12 Die regelmäßige Verjährungsfrist des § 195 gilt auch für die Ansprüche aus §§ 346 ff, die nach wirksam erklärtem **Rücktritt** entstehen.[22]

13 Als vorrangige besondere Verjährungsfrist ist **§ 196** zu beachten (Rn 8). § 196 kann auch bei gesetzlichen Schuldverhältnissen eingreifen (§ 196 Rn 18) und § 195 insoweit verdrängen.

14 Bisher verjährten **deliktische Ansprüche** nach § 852 Abs. 1 aF in drei Jahren ab Kenntnis des Gläubigers von den anspruchsbegründenden Tatsachen und der Person des Schuldners, spätestens aber dreißig Jahre nach der Begehung der Tathandlung. Dem entspricht die Neuregelung nur zum Teil.

15 Die Verjährungsfrist des § 195 deckt sich mit der des § 852 Abs. 1 aF; auch war die Regelung des Verjährungsbeginns in § 852 Abs. 1 aF Vorbild für die Neuregelung des § 199. Allerdings ist § 199 Abs. 1 für den Gläubiger **ungünstiger** als das bisherige Recht, da nach § 199 Abs. 1 nicht nur positive Kenntnis, sondern schon grob fahrlässige Unkenntnis der anspruchsbegründenden Tatsachen und der Person des Schuldners den Fristenlauf beginnen lässt (dazu näher § 199 Rn 68 ff).

16 Eine deutliche **Verschlechterung** für den Gläubiger bedeutet die Verkürzung der Verjährungshöchstfrist auf zehn Jahre beginnend mit der Anspruchsentstehung (§ 199 Abs. 3 Nr. 1), sofern der Schadensersatzanspruch nicht auf der Verletzung der besonderen Rechtsgüter des § 199 Abs. 2 beruht (Leben, Körper, Gesundheit, Freiheit). Bisher betrug die Höchstverjährungsfrist dreißig Jahre von Begehung der unerlaubten Handlung an (§ 852 Abs. 1 aF). Diese Frist lebt in § 199 Abs. 2 (Höchstverjährungsfrist bei Verletzung der genannten besonderen Rechtsgüter) und in § 199 Abs. 3 Nr. 2 (Höchstverjährungsfrist bei der Verletzung der anderen Rechtsgüter; sie greift ein, wenn der Anspruch noch nicht entstanden ist, etwa mangels Schadenseintritts) fort.

17 **dd) Sachenrechtliche Ansprüche.** Die Regelverjährung der §§ 195, 199 gilt für alle sachenrechtlichen Ansprüche mit **Ausnahme** der **Herausgabeansprüche** aus Eigentum und anderen dinglichen Rechten. Auf diese Herausgabeansprüche ist die dreißigjährige objektive Verjährungsfrist der §§ 197 Abs. 1 Nr. 1, 200 anzuwenden (s. näher dort).

18 **Unterlassungs- und Beseitigungsansprüche** unterfallen hingegen § 195 (s. näher § 197 Rn 29 ff). Beachte für die Berechnung des Verjährungsablaufs die Regelung des § 198.

Beseitigungsansprüche sind verjährbar; für sie gilt die Unverjährbarkeitsanordnung des § 902 nicht.[23]

19 **ee) Familien- und erbrechtliche Ansprüche.** Familien- und erbrechtliche Ansprüche (Definition § 194 Rn 29) unterliegen nunmehr der **Regelverjährung** des § 195.[24] Die bis zum **31.12.2009** nach **§ 197 Abs. 1 Nr. 2 aF** für sie geltende, kenntnisunabhängige Verjährungsfrist von dreißig Jahren wurde wegen ihrer vor allem für familienrechtliche Ansprüche zu langen Dauer allgemein als unbefriedigend empfunden.[25] Der

17 S. die Vorgaben des Art. 10 Abs. 1 Richtlinie EWG/85/374 v. 25.7.1985, ABl EG L 210 S. 29 v. 7.8.1985.

18 BGHZ 181, 310; BGH NJW 2010, 62; *Pfeiffer*, NJW 2010, 23 (Beginn des Fristlaufs mit Begründung der Gesamtschuld); Staudinger/*Peters* (2004), § 199 Rn 7; *Peters*, ZGS 2010, 154 ff; *ders.*, ZGS 2010, 495; s. auch *Cziupka*, ZGS 2010, 63; *Klutinius/Karwatzki*, VersR 2008, 617–619.

19 BGH NJW 2010, 62.

20 Beschlussempfehlung und Bericht des Rechtsausschusses (6. Ausschuss), BT-Drucks. 14/7052, S. 195 (zu § 426); BGH NJW 2010, 63.

21 Beschlussempfehlung und Bericht des Rechtsausschusses (6. Ausschuss), BT-Drucks. 14/7052, S. 195 (zu § 426); zum bisherigen Recht zuletzt BGH JZ 2001, 711.

22 OLG Koblenz ZGS 2006, 117, 118; aA (für Anwendung des § 438) *Peters*, NJW 2008, 119.

23 S. nur BGHZ 60, 235, 238; *Ernst*, S. 559, 573 f mit Fn 61; aA Staudinger/*Gursky*, § 902 Rn 9, dort weitere Nachw.

24 Zu ihnen *Peters*, AcP 208 (2008), 37.

25 Dazu AnwK/*Mansel/Stürner*, 2005, § 197 Rn 39 ff; *Otte*, ZGS 2010, 15; dort auch Nachw. dazu, dass die dreißigjährige Verjährungsfrist des § 197 Abs. 1 Nr. 2 aF wegen zahlreicher Ausnahmen keine große praktische Bedeutung hatte.

Reformgesetzgeber des SchuldRModG hatte den Bereich des Familien- und Erbrechts – wohl aus Zeitnot – ausgeklammert. Durch das Gesetz zur Änderung des Erb- und Verjährungsrechts (dazu Vor § 194–218 Rn 15) wurde die dreißigjährige **Sonderverjährungsvorschrift** abgeschafft. Die Überleitungsvorschrift in Art. 229 § 23 Abs. 1 S. 1 EGBGB sieht eine Geltung der neuen Fristen für die am 1.1.2010 bestehenden und noch nicht verjährten familien- und erbrechtlichen Ansprüche vor. Läuft die nach altem Recht bestehende Verjährungsfrist jedoch früher ab, so ist dieser Zeitpunkt maßgeblich (Art. 229 § 23 Abs. 1 S. 2 EGBGB).

20 Familien- und erbrechtliche Ansprüche unterfallen nunmehr der kenntnisabhängigen dreijährigen Regelverjährung. Zahlreiche Streitfragen, die sich zur Auslegung des § 197 Abs. 1 Nr. 2 aF ergaben, sind damit nur noch für Altfälle von Bedeutung.[26] Die dreißigjährige Verjährung gilt nach § 197 Abs. 1 Nr. 1 lediglich weiter für den **Erbschaftsanspruch** nach § 2018, den **Herausgabeanspruch des Nacherben** gegen den Vorerben, § 2130, sowie für den Anspruch aus **Herausgabe gegen den Besitzer eines unrichtigen Erbscheins**, § 2362 (s. § 197 Rn 36 ff). Der Regelverjährungsfrist unterfallen insbesondere der Anspruch gegen den Kindesvater auf Erstattung der Kosten für die **Beerdigung der Kindesmutter** nach § 1615 m, der Anspruch des einen Ehegatten gegen den anderen wegen fehlerhafter **Gesamtgutverwaltung** nach § 1481, der Anspruch aus einem **Vermächtnis** (§ 2174) der Anspruch gegen den **Testamentsverwalter** wegen Pflichtverletzung (§ 2219).

Die **regelmäßige Verjährungsfrist** gilt daher insbesondere für folgende Ansprüche:

21 – **Verlöbnis**: Die zweijährige Sonderverjährungsfrist für Ansprüche aus dem Verlöbnis in § 1302 aF wurde zugunsten einer Geltung der Regelverjährungsfrist geändert.

22 – **Zugewinnausgleich**: § 1378 Abs. 4 wurde abgeschafft mit der Folge, dass für dahingehende Ansprüche auf Zugewinnausgleich die Regelverjährung gilt. Daneben wurde § 1390 Abs. 3 S. 1 abgeschafft, sodass für Ansprüche des Ausgleichsberechtigten gegen Dritte ebenfalls die Regelverjährung gilt.

23 – **Unbenannte Zuwendungen**: Für Ausgleichsansprüche wegen ehebedingten (unbenannten) Zuwendungen, deren Einordnung früher umstritten war,[27] gilt nunmehr ebenfalls die regelmäßige Verjährung.

24 – Ansprüche auf Vermögensausgleich zwischen Partnern einer **nichtehelichen Lebensgemeinschaft** unterfallen wie bisher der regelmäßigen Verjährung.

25 – Ansprüche nach **Lebenspartnerschaftsgesetz** unterfallen nunmehr der regelmäßigen Verjährung.

26 **b) Ausdrückliche Verweisungen auf § 195.** Vereinzelt wird innerhalb des BGB auch ausdrücklich auf § 195 verwiesen, s. etwa §§ 197 Abs. 2, 438 Abs. 3, 634 a Abs. 3 S. 1 bei arglistigem Verschweigen eines Mangels der Kaufsache bzw des Werkes (s. hierzu Vor §§ 194–218 Rn 10); s. ferner im Werkvertragsrecht die Regelverjährungsfrist des § 634 a Abs. 1 Nr. 3 für Gewährleistungsansprüche.

27 **2. Außerhalb des BGB geregelte Ansprüche. a) Verweisungen auf § 195.** Zahlreiche andere Gesetze verweisen auf die §§ 194 ff und damit auch auf die Regelverjährungsfrist des § 195. S. **beispielsweise** die durch das SchuldRModG neu gefassten §§ 33 Abs. 3, 141 PatG, § 24 c GebrauchsmusterG, § 20 MarkenG, § 9 Abs. 3 HalbleiterschutzG, § 102 UrhG, § 49 S. 1 GeschmacksmusterG, § 117 Abs. 2 BundesbergG und § 37 c SortenschutzG.[28]

28 **b) Entsprechende Anwendung des § 195.** Soweit ausdrückliche Verjährungsregeln für Ansprüche, die nicht im BGB geregelt sind, fehlen, und auch keine gesetzliche Verweisung auf die §§ 194 ff erfolgt, sind die §§ 194 ff und damit vor allem § 195 entsprechend anwendbar.[29] Allerdings ist wegen der gegenüber § 195 aF stark verkürzten Verjährungsfrist und dem subjektivierten Verjährungsbeginn (§ 199 Abs. 1) in jedem Einzelfall zu prüfen, ob die entsprechende Anwendung des § 195 sachgerecht ist (s. näher § 194 Rn 11 ff). Zur Verjährung von **Bergschadensersatzansprüchen** s. *Ehricke*, in: FS Kühne, S. 487 ff.

29 **aa) GmbH-Einlageforderungen.** Zur **Rechtslage ab dem 15.12.2004** s. Rn 22. Zur **Rechtslage davor**: Von besonderer praktischer Bedeutung ist in diesem Zusammenhang die Frage der Verjährung von Einlageforderungen bei der GmbH. Nach bisherigem Recht galt hierfür die dreißigjährige Frist des § 195 aF.[30] Eine Anwendung der neuen regelmäßigen Verjährungsfrist des § 195 ist allerdings nicht sachgerecht; sie führt überdies im Recht der GmbH zu schwerwiegenden Wertungswidersprüchen.[31] In der Literatur wird daher

26 Zu den verschiedenen Streitfragen AnwK/*Mansel/Stürner*, 2005, § 197 Rn 39 ff.

27 Vgl die Nachweise bei AnwK/*Mansel/Stürner*, 2005, § 197 Rn 41 ff.

28 Weitere Nachw. finden sich bei Soergel/*Niedenführ*, § 195 Rn 7 f.

29 § 195 ist etwa anwendbar für Ansprüche nach der VO (EG) 261/2004 (Fluggastrechte-Verordnung), die selbst keine Regelung über die Verjährung enthält, sofern deutsches Recht anwendbar ist, vgl BGH NJW 2010, 1526.

30 Ganz überwiegende Ansicht, s. nur BGHZ 118, 83, 101 (zur Parallelfrage bei der AG); OLG Koblenz BB 1989, 451, 452; LG Bonn GmbHR 1989, 378, 379; *Brinkmann*, NZG 2002, 855 mwN.

31 Roth/Altmeppen/*Roth*, GmbHG, 4. Aufl. 2003, § 9 Rn 10; *Brinkmann*, NZG 2002, 855, 857–859; *Schockenhoff/Fiege*, ZIP 2002, 917, 918–920; *Altmeppen*, DB 2002, 514, 516; *Müller*, ZGS 2002, 280.

vorgeschlagen, die zehnjährige Verjährungshöchstfrist des § 199 Abs. 4 im Wege teleologischer Reduktion des § 195 heranzuziehen.[32]

Dagegen richten sich aber **dogmatische Bedenken**: Extrapoliert man die geschilderte Aussage auf die Verjährung anderer außerhalb des BGB geregelter Ansprüche, führte dies zu einer Konzeption objektiver Verjährungsregeln, die in Abhängigkeit von der Anspruchsgrundlage nach dem Vorbild des § 199 Abs. 2–4 einen statischen Verjährungseintritt in zehn bzw dreißig Jahren vorsehen würden. Eine derartige „Rosinentheorie" erscheint dogmatisch kaum haltbar.[33] Denn die Höchstfristen des § 199 sind eingebunden in die komplexe Systematik der Regelverjährung als ganzer und können nicht aus dieser herausgelöst zu einer eigenständigen, von der subjektiven Komponente des § 199 Abs. 1 unabhängigen Verjährungsregelung ausgebaut werden. Der Gesetzgeber hat in §§ 195, 199 bewusst ein gemischt subjektiv-objektives Verjährungssystem geschaffen, aus dem nicht willkürlich Teile isoliert werden können. Der Versuch, aus den Höchstfristen der § 199 Abs. 2–4 eine eigenständige objektive Verjährungsvorschrift zu konzipieren, konterkariert den Willen des Gesetzgebers, der sich im Anwendungsbereich der neuen Regelverjährung bewusst gegen eine rein objektive Anknüpfung entschieden hat.[34] Die Anwendung der §§ 195, 199 kann daher nur in ihrer Gesamtheit erfolgen oder muss in eben dieser ausscheiden. Vorzugswürdig ist daher auch weiterhin die Anwendung einer **dreißigjährigen Verjährungsfrist** auf der Grundlage des in § 197 Abs. 1 zum Ausdruck kommenden Regelungsgedanken (s. dazu § 194 Rn 14).[35] 30

Der **BGH** hat sich indessen für die Anwendung der **Regelverjährungsfrist der §§ 195, 199** entschieden.[36] Die Entscheidung geht davon aus, dass dies – trotz der Verkürzung von dreißig auf drei Jahre – der Intention des Gesetzgebers entspricht. Es kann jedoch bei der hier vertretenen Ansicht nicht darum gehen, eine durch das SchuldRModG außer Kraft gesetzte Verjährungsregelung – § 197 aF – weiterhin anzuwenden.[37] Vielmehr geht es darum, in Ermangelung einer ausdrücklichen gesetzlichen Regelung diejenige Verjährungsfrist zu ermitteln, die wegen der vergleichbaren Regelungsintention dem betreffenden Regelungskomplex am besten gerecht wird. Die Anwendung der dreijährigen Regelverjährungsfrist erscheint in Bezug auf Einlageforderungen keineswegs zwingend. Völlig unabhängig von der Streichung des § 194 Abs. 3 DiskE (dazu Vor §§ 194–218 Rn 4) gelten die sachlichen Gründe, die unter altem Recht für die Anwendung der in § 195 aF normierten dreißigjährigen Frist sprachen, auch nach der Reform fort. Der Gesetzgeber hat mit der Schaffung des § 197 immerhin zu erkennen gegeben, dass der Rechtsgedanke des § 195 aF auch nach der Reform fortlebt. 31

Mittlerweile führt das am **15.12.2004** in Kraft getretene VerjAnpG das Problem einer **gesetzgeberischen Lösung** zu. Der Gesetzgeber befürchtete, dass die Rechtspraxis sich für die Geltung der dreijährigen Regelverjährungsfrist (§§ 195, 199) für Einlageforderungen entscheidet. Dieses Ergebnis hält er für unbillig (zu den Gründen s. bereits Rn 30). Daher ordnet er jetzt mit **§ 19 Abs. 6 GmbHG nF** eine **zehnjährige Verjährungsfrist** für den Anspruch der Gesellschaft auf Leistung der Einlage ab Entstehung an.[38] Für Altfälle ist die Entscheidung des BGH (Rn 31) jedoch insoweit von praktischer Bedeutung, als Einlageforderungen verjähren können, obwohl weder zehn (§ 19 Abs. 6 GmbHG) noch dreißig Jahre (§ 195 aF) seit Entstehung vergangen sind.[39] 32

bb) Anspruch aus § 128 HGB. Zur Verjährung des Anspruchs aus § 128 HGB s. § 194 Rn 16. 33

cc) Prospekthaftungsansprüche. Die Prospekthaftung ist von der Expertenhaftung zu unterscheiden. Unter die Expertenhaftung fällt diejenige Person, die den Prüfbericht erstellt hat.[40] 34

Hat ein Wirtschaftsprüfer im Auftrag des Initiators den Werbeprospekt für eine Kapitalanlage geprüft und ihm Vollständigkeit und Richtigkeit, Plausibilität und Glaubhaftigkeit bescheinigt, wobei ihm bekannt war, dass der Prüfbericht den Interessenten vorgelegt werden sollte, um sie zu einer Einlage in die Fondsgesellschaft zu bewegen, dann haftet der Wirtschaftsprüfer als Experte **(Expertenhaftung)** ggf nach den Grundsätzen des Vertrags mit Schutzwirkung zugunsten Dritter.

Davon unabhängig können dem Geschädigten auch andere Ansprüche zustehen, insbesondere **Prospekthaftungsansprüche im engeren Sinne**. Bei fehlerhaftem Prospekt verjähren Prospekthaftungsansprüche gem. 35

32 So *Schockenhoff/Fiege*, ZIP 2002, 917, 920; *Altmeppen*, DB 2002, 514, 515.

33 Vgl auch *Mansel/Budzikiewicz*, Jura 2003, 1, 3. Eine andere methodische Kritik findet sich bei *Brinkmann*, NZG 2002, 855, 858 f.

34 Ebenso *Pentz*, GmbHR 2002, 632, 636 f; ähnlich *Schnorr*, DStR 2002, 1269, 1270.

35 So im Erg. auch *Brinkmann*, NZG 2002, 855, 858 f. AA *Pentz*, GmbHR 2002, 225, 230 sowie *Dahl*, NZI 2003, 428 f (Unverjährbarkeit).

36 BGH NJW-RR 2008, 843; ebenso bereits OLG Köln ZIP 2007, 819, 821 (Vorinstanz).

37 Dies scheint aber BGH NJW-RR 2008, 843 zu unterstellen.

38 Art. 13 Nr. 2 VerjAnpG fügt § 19 GmbHG einen entspr. Abs. 6 an; dazu und zu den übergangsrechtlichen Fragen s. näher *Mansel/Budzikiewicz*, NJW 2005, 321; *Nöll*, ZInsO 2005, 964.

39 Zu den Übergangsregeln *Benecke/Geldsetzer*, NZG 2006, 7.

40 S. dazu BGH NJW 2004, 3420 (die Entscheidung betrifft in ihren verjährungsrechtlichen Teilen gerade nicht die Prospekthaftung, sondern die Expertenhaftung).

§ 13 **VerkaufsprospektG** in Verbindung mit § 46 BörsenG und bei fehlendem Prospekt nach § 13 a Abs. 5 VerkaufsprospektG in einem Jahr ab Kenntnis von dem Prospektmangel und spätestens drei Jahre ab Beitritt zur Fondsgesellschaft.[41] Eine entsprechende Regelung hatten § 20 Abs. 5 KAAG und § 12 Abs. 5 AuslandsinvestmentG vorgesehen. Das KAAG und das AuslandsinvestmentG wurden zum 1.4.2004 aufgehoben.[42]

36 Die **(richterliche) Prospekthaftung im weiteren Sinn** beruht auf den Grundsätzen der culpa in contrahendo (§§ 280 Abs. 1, 311 Abs. 2, 241 Abs. 2). Die Rechtsprechung wendet die Regelverjährung an. Vor der Schuldrechtsreform 2002 betrug sie dreißig Jahre ab Anspruchsentstehung.[43] Heute wird die dreijährige **Regelverjährung** der §§ 195, 199 herangezogen.[44] Der Unterschied in Verjährungsfrist und Beginn zwischen der Rechtslage vor und seit dem 1.1.2002 wird kaum als problematisch diskutiert. Es stellen sich hier im Übrigen übergangsrechtliche Probleme (s. dazu Kommentierung bei Art. 229 § 6 EGBGB).[45] *Kind/Bruchwitz*[46] haben eine entsprechende Übersichtstabelle erstellt.

37 **dd) Versicherungsvertragsrecht.** Die frühere Sonderverjährungsvorschrift in § 12 VVG aF wurde durch das Gesetz zur Reform des Versicherungsvertragsrechts mit Wirkung vom 1.1.2008 abgeschafft. Ansprüche aus Versicherungsvertrag unterliegen damit der regelmäßigen Verjährungsfrist der §§ 195, 199.[47]

38 § 15 VVG enthält eine Sondervorschrift zur Hemmung der Verjährung; beachte weiter im Bereich des Pflichtversicherungsrechts § 115 Abs. 2 VVG für die Verjährung des Direktanspruchs gegen den Versicherer.

39 **ee) Öffentlich-rechtliche Ansprüche.** Auf öffentlich-rechtliche Ansprüche ist zu prüfen, ob statt § 195 vielmehr § 197 entsprechend anzuwenden ist. S. dazu § 194 Rn 19 ff.

III. Besondere Verjährungsfristen

40 **1. Vorrang der besonderen Fristen.** Besondere gesetzliche Verjährungsfristen sind immer noch zahlreich. Sie gehen § 195 stets vor.

41 Nach § 200 beginnt die Verjährungsfrist von Ansprüchen, die nicht der regelmäßigen Verjährungsfrist unterliegen, mit der Entstehung des Anspruchs, soweit nicht ein anderer **Verjährungsbeginn** bestimmt ist. Ein anderer Verjährungsbeginn ist etwa in den §§ 548 Abs. 1 S. 2, 591 b Abs. 2 und 3, 604 Abs. 5, 651 g Abs. 2 S. 2, 695 S. 2, 696 S. 3 (s. weiter § 200 Rn 4) festgelegt.

42 **2. Verjährungsvereinbarungen.** Verjährungsvereinbarungen, welche Fristen abkürzen oder verlängern oder den Fristenverlauf abweichend regeln, sind im Rahmen des § 202 in weiterem Umfang als nach bisherigem Recht möglich (s. dort Rn 3 ff). Einschränkungen ergeben sich unter anderem beim Verbrauchsgüterkauf (§ 475 Abs. 2) und dem Reisevertrag (§ 651 m).

43 **3. Sonderfristen.** Durch das SchuldRModG **mit Wirkung zum 1.1.2002** neu geschaffen oder verändert wurden die besonderen Verjährungsfristen der nachfolgenden Vorschriften, so dass sich intertemporale Fragen (s. Vor §§ 194–218 Rn 43) ergeben können:
- § 196 (Rechte an einem Grundstück: zehn Jahre)
- § 197 Abs. 1 (Herausgabeansprüche aus dinglichen Rechten, familien- und erbrechtliche[48] Ansprüche, titulierte und vollstreckbare Ansprüche: dreißig Jahre)
- § 197 Abs. 2 (Ansprüche auf wiederkehrende Leistungen und Unterhaltsansprüche)[49]
- § 438 (kaufrechtliche Mängelansprüche: dreißig, fünf oder zwei Jahre)[50]
- § 479 (Rückgriffsansprüche beim Verbrauchsgüterkauf: zwei Jahre)
- § 634 a (werkvertragliche Mängelansprüche: fünf oder zwei Jahre)
- § 651 g (reisevertragliche Mängelansprüche: zwei Jahre)
- § 852 (deliktischer Bereicherungsanspruch: zehn oder dreißig Jahre).

41 Dazu BGH WM 2010, 262, 265; *Seibel/von Preuschen-von Lewinski*, FS Graf von Westphalen, S. 629 ff; *Kind/Bruchwitz*, BKR 2011, 10.

42 Aufgehoben durch das Investmentmodernisierungsgesetz v. 15.12.2003 (BGBl. I S. 2676).

43 S. zur Anwendung der dreißigjährigen Verjährungsfrist des § 195 aF BGHZ 126, 166, 171 ff.

44 Dazu *Seibel/von Preuschen-von Lewinski*, FS Graf von Westphalen, S. 629, 636; *Kind/Bruchwitz*, BKR 2011, 10, 13; *Lux*, NJW 2003, 1966, 1967. Zur Verjährung von Anlegeransprüchen gegen Anlagevermittler und Anlageberater *Besch/Kiene*, DB 2004, 1819.

45 *Seibel/von Preuschen-von Lewinski*, FS Graf von Westphalen, S. 629, 636 f; *Kind/Bruchwitz*, BKR 2011, 10, 14 f.

46 BKR 2011, 10, 15.

47 Zur Verjährung im Versicherungsvertragsrecht *Muschner/Wendt*, MDR 2008, 609.

48 § 197 Abs. 1 Nr. 2 zu familien- und erbrechtlichen Ansprüchen wurde durch das VerjAnpG 2004 aufgehoben, s. Rn 19.

49 Zu Unterhaltsansprüchen s. bereits § 194 Rn 30 ff.

50 Kritisch zur Sonderverjährung des § 438 *Rühl* AcP 207 (2007), 614 ff, 649 f; zur gesetzgeberischen ratio s. *Mansel/Budzikiewicz*, § 5 Rn 6 ff; kritisch zur Verjährung der verschuldensabhängigen gewährleistungsrechtlichen Schadensersatzansprüche *Mansel/Budzikiewicz*, § 5 Rn 17 ff.

Weitere **Vorschriften des BGB** bestimmen besondere Verjährungsfristen und blieben durch die Schuldrechtsreform 2002 **unverändert** (die Liste ist nicht abschließend): §§ 548,[51] 591 b, 606, 801, 804 Abs. 1 S. 3, 1028, 1057, 1226, 1390 Abs. 3 S. 2, 2287 Abs. 1 und 2332.

Art. 3 des Gesetzes zum **CISG** (Übereinkommen der Vereinten Nationen vom 11.4.1980 über Verträge über den internationalen Warenverkauf) wurde durch das SchuldRModG 2002 der Neuregelung der kaufrechtlichen Gewährleistungsverjährung angepasst.[52] **44**

Die Ausschlussfrist des § 612 Abs. 1 HGB aF für Ansprüche aus Seefrachtverträgen und Konnossementen wurde in eine Verjährungsfrist (**§ 612 Abs. 1 HGB**) umgewandelt, die seit 1.1.2002 in Kraft ist. **45**

Durch das SchuldRModG wurde mit Wirkung zum 1.1.2002 § 18 a Gesetz zur Verbesserung der **betrieblichen Altersversorgung (BetrAVG)** geschaffen. Danach verjährt der Anspruch auf Leistungen aus der betrieblichen Altersversorgung in dreißig Jahren. Diese lange Verjährungsfrist kann nach § 17 Abs. 3 BetrAVG durch Tarifvertrag und Betriebsvereinbarung abbedungen werden. Ansprüche auf regelmäßig wiederkehrende Leistungen der betrieblichen Altersversorgung unterliegen gem. § 18 a S. 2 BetrAVG der Regelverjährung der §§ 195, 199. Das deckt sich inhaltlich mit der bürgerlich-rechtlichen Regelung des § 197 Abs. 2 für wiederkehrende Leistungen. Die Regelung des § 18 a BetrAVG entspricht der bisherigen ständigen Rechtsprechung des BAG, die zwischen dem Rentenstammrecht und den Einzelansprüchen auf regelmäßig wiederkehrende Leistungen unterschieden hat. **46**

Die **außerhalb des BGB** geregelten besonderen Verjährungsfristen wurden ganz überwiegend durch das SchuldRModG 2002 nicht verändert (s. noch Vor §§ 194–218 Rn 4). Zu nennen sind beispielsweise:[53] **47**

- §§ 61 Abs. 2, 439 Abs. 1,[54] 452 b Abs. 2 S. 2, 463, 475 a, 902 Abs. 1,[55] HGB; §§ 117, 118 BinSchG[56]
- §§ 88,[57] 905 Abs. 1 HGB (zur Aufhebung der Normen durch das VerjAnpG s. Rn 50)
- § 12 ProdHaftG; § 32 AtG
- § 90 AMG (zur Aufhebung der Norm durch das VerjAnpG Rn 50)
- § 51 b BRAO;[58] § 68 StBerG; § 45 b PatAnwO (zur Aufhebung der Normen durch das VerjAnpG s. Rn 50)
- § 37 a,[59] 37 b Abs. 4, 37 c Abs. 4 WpHG
- § 12 Abs. 1 S. 2 VVG; § 3 Nr. 11 S. 2 PflVersG
- § 146 Abs. 1 InsO.[60]

Unverändert weiter gilt auch Art. 13 Anlage zu § 664 HGB,[61] der eine zweijährige Verjährung der Ansprüche gegen den Seebeförderer wegen Personen- und Gepäckschäden vorsieht. Art. 13 verdrängte § 852 Abs. 1 aF,[62] nach neuem Recht ist Art. 13 als lex specialis zu § 195 anzusehen.

Einige Gesetze **verweisen** für die Verjährung **unspezifisch** auf die für die Verjährung unerlaubter Handlungen geltenden Verjährungsvorschriften des Bürgerlichen Gesetzbuchs. Da neben dem speziellen § 852 keine besonderen Normen des BGB für die Deliktverjährung mehr besteht, sind die entsprechenden Verweise als Verweise auf die §§ 194 ff, insbesondere auf §§ 195, 203 und 852 zu lesen. Das gilt insbesondere für: **48**

- § 32 Abs. 8 GenTG
- § 17 UmweltHG

51 § 548 Abs. 3 (Fassung v. 1.9.2001) mit dem Verweis auf § 477 Abs. 2 S. 2, 3 und Abs. 3 aF wurde ersatzlos gestrichen. Zur Frage, ob der Bereicherungsanspruch des Mieters wegen aufgrund von unwirksamer Renovierungsklauseln ausgeführter Schönheitsreparaturen der kurzen Verjährungsfrist des § 548 Abs. 2 unterliegt, s. LG Kassel NJW 2010, 3666.

52 Dadurch wurden mögliche Konflikte mit der zweijährigen Ausschlussfrist des Art. 39 Abs. 2 CISG entschärft. Näher zum Problemkreis *M. Stürner*, RIW 2006, 338.

53 S. die (nur zum kleinen Teil veraltete) Zusammenstellung bei *Peters/Zimmermann*, S. 149 ff; s. ferner die Übersicht bei Soergel/*Niedenführ*, § 195 Rn 10; MüKo/*Grothe*, § 195 Rn 18-35; Staudinger/*Peters/Jacoby*, § 195 Rn 43 ff.

54 Nach BGH VersR 2010, 1668 ist die dreijährige Verjährungsfrist des § 439 Abs. 1 S. 2 HGB auch auf Primärleistungsansprüche und vertragliche Aufwendungsersatzansprüche aus Frachtverträgen im Falle von Vorsatz und Leichtfertigkeit im Sinne des § 435 HGB anzuwenden. Zu den aufgrund dieser Rechtsprechung diskutierten Vorschlägen der Novellierung des § 439 Abs. 1 HGB s. *Koller*, VersR 2011, 192.

55 Zu § 902 HGB s. AG Flensburg NJW-RR 2001, 1180, 1181 f.

56 Vgl hierzu *Koller*, TranspR 2004, 24.

57 Zum Anwendungsbereich dieser Vorschrift *Emde*, DB 2003, 981.

58 Vgl hierzu *J. Bruns*, BB 2003, 1347 sowie *Mansel*, NJW 2002, 418. Einen Überblick über die Regelung in anderen europäischen Rechtsordnungen gibt *Benn-Ibler*, in: FS Welser 2004, S. 55 ff.

59 Vgl dazu KG ZIP 2004, 1306; *Hackenberg/Roller*, VuR 2004, 46; *Micklitz*, WM 2005, 536; *Knops*, AcP 205 (2005), 821. § 37 a WpHG gilt nicht für Schadensersatzansprüche gegen ein Wertpapierdienstleistungsunternehmen, das ohne die nach § 32 Abs. 1 KWG erforderliche Erlaubnis tätig ist, BGHZ 166, 29 m.Anm. *Herresthal*, JZ 2006, 526.

60 Hierzu *H.-P. Kirchhof*, WM 2002, 2037; *Peters*, KTS 2008, 295. Zur Berechnung der Verjährungsfrist BGH NZI 2005, 225.

61 Zu der Norm s. AG Flensburg NJW-RR 2001, 1180, 1181 f.

62 AG Flensburg NJW-RR 2001, 1180, 1181 f.

- § 11 HPflG
- § 14 StVG
- § 8 Abs. 6 BDSG
- § 39 LuftVG.

49 Durch das SchuldRModG wurden mit Wirkung zum 31.12.2001 (zum Übergangsrecht s. Vor §§ 194–218 Rn 43) **aufgehoben**: Die **Sonderverjährungsfristen** der §§ 196, 197, 786, 852 Abs. 1, 1615 l Abs. 4 BGB aF; § 51 a WPO; §§ 33 Abs. 3, 141 PatG aF; § 24 c GebrauchsmusterG aF; § 9 HalbleiterschutzG aF; § 102 UrheberG aF; § 14 a GeschmacksmusterG aF; § 37 c SortenSchutzG aF; § 20 MarkenG aF; § 117 Abs. 2 BBerG. An ihre Stelle tritt § 195 (Rn 4) bzw bei den anderen Gesetzen als dem BGB ein Verweis auf die §§ 194 ff und damit vor allem auf § 195. Durch die Aufhebung des § 1615 l Abs. 4 aF werden Unterhaltsansprüche der nicht verheirateten Mütter mit denjenigen verheirateter oder geschiedener Mütter gleichbehandelt. Sie werden jetzt gem. § 197 Abs. 2 (§ 197 Rn 65) der regelmäßigen Verjährung (§ 195) unterstellt.

50 Das **VerjAnpG** (dazu Vor §§ 194-218 Rn 14) hat keine Verjährungsfristen des BGB verändert. Es betrifft nur verjährungsrechtliche Vorschriften außerhalb des BGB. Das Gesetz hat u.a. folgende Normen aufgehoben: § 51 b BRAO (Art. 4 Nr. 1 VerjAnpG), § 68 StBerG[63] (Art. 16 Nr. 2 VerjAnpG), § 45 b PatAnwO (Art. 15 Nr. 1 VerjAnpG), §§ 88, 905 HGB (Art. 9 Nr. 2, 6 VerjAnpG), § 90 AMG (Art. 1 VerjAnpG). Die Aufhebung der §§ 37 a, 37 b Abs. 4 WpHG, die noch im Referentenentwurf vom 5.3.2004 vorgesehen war, wurde im VerjAnpG nicht verwirklicht.

51 Das **Gesetz zur Änderung des Erb- und Verjährungsrechts** (s. näher Vor §§ 194–218 Rn 14) hat mit Wirkung zum 1.1.2010 die besonderen Verjährungsfristen der folgenden Vorschriften **aufgehoben:** § 197 Abs. 1 Nr. 2 aF, § 1302, § 1378 Abs. 4. **Eingefügt** wurde § 199 Abs. 3 a (s. § 199 Rn 114).

IV. Einzelfragen

52 **1. Anspruchsqualifikation.** Um die einschlägige Sonderverjährungsnorm zu ermitteln, ist der einzelne Anspruch (§ 194 Rn 2), dessen Verjährung geprüft wird, zu qualifizieren.[64] Das gilt auch bei Ansprüchen, die in **gemischten Verträgen** wurzeln. Auch hier ist der einzelne Anspruch und nicht der Vertrag als Ganzes zu qualifizieren.[65]

53 **2. Zusammentreffen mehrerer Verjährungsfristen. a) Grundsatz.** In Einzelfällen können auf einen Anspruch mehrere Verjährungsfristen zugleich anwendbar sein. Im bisherigen Recht konnte es zu einer solchen Fristenkumulation leichter kommen, da sich insbesondere die Anwendungsbereiche der §§ 196 und 197 aF überschnitten.[66] Diese Kumulationen können infolge der Aufhebung beider Vorschriften nicht mehr auftreten.

54 Soweit sich andere Fristenkumulationen ergeben, ist durch **Auslegung** der Normen zu ermitteln, welcher Norm das umfassendere Gestaltungsprinzip zugrunde liegt, das sich dann durchsetzen muss.[67]

55 **b) Berufsbezogene und sachbezogene Fristen.** Ein Zusammentreffen berufs- und sachbezogener Fristen ist nach der Aufhebung von § 51 b BRAO, § 45 b PatAnwO und § 68 StBerG durch das am 15.12.2004 in Kraft getretene VerjAnpG (s. Rn 49) für die genannten Berufe ausgeschlossen.[68] Im Folgenden wird die Behandlung von Altfällen dargestellt. Berufsbezogene Verjährungsbestimmungen galten für den **Berufsangehörigen**, soweit seine anspruchsbegründende Tätigkeit in innerem Zusammenhang mit seiner Berufsqualifikation stand und sofern die Tätigkeit nicht von jedermann ausgeübt werden könnte.[69]

56 Im Einzelfall konnten sowohl berufsbezogene als auch sachbezogene Verjährungsregeln anwendbar sein. So konnten zB § 634 a einerseits und jeweils § 51 b BRAO, § 45 b PatAnwO bzw § 68 StBerG andererseits gleichzeitig heranzuziehen sein (zur Aufhebung dieser Normen durch das VerjAnpG s. Rn 50).[70] In dem Beispielsfall setzte sich nach **dem bis zum 31.12.2001 geltenden Recht** die sachbezogene Frist des Werkvertragsrechts vor den berufsbezogenen Fristen durch;[71] allerdings war diese Rechtsprechung umstritten.[72] Sie führte regelmäßig zu einer kürzeren Verjährung. Denn nach § 638 aF verjährten Mängelansprüche des

63 Zum Verjährungsbeginn von Ansprüchen nach § 68 StBerG aF wegen Fehlberatung eines Mandanten durch einen Steuerberater, der zur Vornahme einer verdeckten Sacheinlage riet, s. BGH VersR 2010, 81.

64 Unselbstständige Teile eines Anspruchs, etwa verschiedene Schadensposten, unterliegen keiner eigenständigen Verjährung, vgl BGH NJW 2008, 2912 zum Schadensersatzanspruch nach § 463 S. 2 aF.

65 BGHZ 70, 356, 361; näher Staudinger/*Peters/Jacoby*, § 195 Rn 29.

66 Dazu AnwK/*Mansel/Stürner*, 2005, § 196 Rn 32 f.

67 Hierzu umfassend und überzeugend Staudinger/*Peters/Jacoby*, § 195 Rn 28 f.

68 Hierzu *Mansel/Budzikiewicz*, NJW 2005, 321.

69 Staudinger/*Peters/Jacoby*, § 195 Rn 29.

70 Staudinger/*Peters/Jacoby*, § 195 Rn 29.

71 BGH NJW 1965, 106; vertiefend und m. Nachw. des Streitstands zum bisherigen Recht: Staudinger/*Peters/Jacoby*, § 195 Rn 29.

72 Abl. u.a. *Prütting*, WM 1978, 130, 131; *van Venrooy*, DB 1981, 2364, 2369.

Bestellers in sechs Monaten ab Abnahme/Vollendung des Werks. Hingegen sahen die genannten berufsbezogenen Fristen im Grundsatz eine dreijährige Verjährung vor, die mit der Anspruchsentstehung begann.

Zweifelhaft ist, ob der Vorrang der werkvertraglichen Fristen auch unter **dem vom 1.1.2002 bis zum 14.12.2004 geltenden Recht** gelten kann. Hier würde er zu einer gegenüber den berufsbezogenen Fristen im Regelfall längeren Verjährung führen. Denn nach § 634 a Abs. 1 Nr. 3 ist die dreijährige Regelverjährung der §§ 195, 199 anzuwenden, bei welcher die Verjährung erst mit Anspruchsentstehung und Kenntniserlangung (Vor §§ 194–218 Rn 5) beginnt. Zwar deckt sich die Fristenlänge des § 634 a Abs. 1 Nr. 3 mit derjenigen der berufsbezogenen Fristen. Doch führt der unterschiedliche Verjährungsbeginn meist zu einem späteren Ablauf der werkvertraglichen Frist. Denn die Kenntniserlangung erfolgt regelmäßig später als die Anspruchsentstehung (und regelmäßig auch später als die Auftragsbeendigung), auf welche die berufsbezogenen Fristen abstellen. **57**

Nach der hier vertretenen Ansicht ist für diese Altfälle stets von einem **Vorrang der berufsbezogenen Verjährungsfristen** auszugehen, denn sie sind spezieller als die allgemeinen werkvertraglichen Fristen.[73] Zudem hat der Gesetzgeber durch die Beibehaltung damalige der speziellen berufsbezogenen Verjährungsfristen deutlich gemacht, dass er die damit verbundene haftungsrechtliche Privilegierung[74] der betroffenen Berufskreise aufrechterhalten möchte.[75] Schließlich hat auch der bisherigen Rechtsprechung mehr oder weniger unausgesprochen die haftungsrechtliche Privilegierung durch Heranziehung der kürzeren Verjährungsfrist zugrunde gelegen. **58**

c) Zusammentreffen mehrerer berufsbezogener Fristen. Für Altfälle bis zum 14.12.2004 gilt: War der Schuldner Angehöriger verschiedener Berufe (etwa Rechtsanwalt und Steuerberater), für die unterschiedliche berufsbezogene Verjährungsbestimmungen bestehen (Rn 56), so ist darauf abzustellen, in welcher Berufseigenschaft er nach dem Willen der Parteien tätig werden sollte. Ist das nicht zu klären, so ist auf den Schwerpunkt der anspruchsbegründenden Tätigkeit abzustellen.[76] **59**

3. Gesamtschuld. Bei einer Gesamtschuld gilt für die Verjährung der Grundsatz der **Einzelwirkung** (§ 425); daher kann sich für jeden Gesamtschuldner der Lauf der Verjährungsfrist unterschiedlich entwickeln.[77] Hemmung (§§ 203 ff), Neubeginn (§§ 212 f) und Ablaufhemmung (§§ 208 ff) sind für jeden Gesamtschuldner getrennt zu betrachten. § 425 wurde durch das SchuldRModG nicht erfasst. Insoweit gilt die Rechtsprechung zum bisherigen Recht[78] im Grundsatz fort; sie ist auf die neuen verjährungsrechtlichen Tatbestände zu übertragen. **60**

4. Änderungen des Anspruchs. Wie nach bisherigem Recht ist auch nach neuem Recht auf den **Zeitpunkt der Anspruchsentstehung** abzustellen, um die einschlägige Verjährungsfrist zu bestimmen.[79] Danach eintretende Sachverhaltsänderungen sind – sofern gesetzlich nichts anderes geregelt ist – unbeachtlich und können nicht zu einem Wechsel der einschlägigen Fristennorm führen. Das gilt auch bei einem Wechsel in der Person des Gläubigers wie des Schuldners (dazu und zu Ausnahmen s. bei § 199). **61**

Ein **deklaratorisches Schuldanerkenntnis**[80] als solches führt daher nicht zu einer Änderung der einschlägigen Verjährungsfrist (zur Fristenänderung s. § 212 Rn 11). Das deklaratorische Schuldanerkenntnis schafft keine neuen Ansprüche, die eigenständig verjähren könnten. **62**

Gleiches gilt zwar grundsätzlich für einen **außergerichtlichen Vergleich**, sofern seine Auslegung nichts anderes ergibt.[81] Das kann der Fall sein, sofern durch den Vergleich eine neue Rechtsgrundlage für die nunmehr mit ihm eingegangenen Verpflichtungen geschaffen wurde. In diesem Falle verjährt der Anspruch aus dem Vergleich eigenständig[82] in der Regelverjährungsfrist.[83] **63**

73 Vgl *Mansel*, NJW 2002, 418, 419; so auch Soergel/*Niedenführ*, § 195 Rn 24; Palandt/*Ellenberger*, § 195 Rn 16; Henssler/Prütting/*Prütting*, BRAO, 2. Aufl. 2004, § 51 b BRAO Rn 16; *Feuerich/Weyland*, BRAO, 6. Aufl. 2003, § 51 b BRAO Rn 7; aA Staudinger/*Peters/Jacoby*, § 195 Rn 29 mit im Vergleich zu § 638 aF unveränderter Argumentation.

74 Zur haftungsrechtlichen Privilegierung der rechtsberatenden Berufe als gesetzgeberisches Grundprinzip im bisherigen Recht *Piekenbrock*, S. 309, 332.

75 S. aber auch *Piekenbrock*, S. 309, 332, der vermutet, diese Zurückhaltung des Gesetzgebers beruhe entweder auf Zeitnot (s. bereits in diesem Sinn *Zimmermann/Leenen/Mansel/Ernst*, JZ 2001, 684, 687) oder auf Rücksichtnahme gegenüber einer für die allgemeine Akzeptanz des SchuldRModG wichtigen Berufsgruppe.

76 Staudinger/*Peters/Jacoby*, § 195 Rn 30 mit zahlr. Nachw.

77 Vgl BGH NJW 2010, 435.

78 S. etwa Palandt/*Grüneberg*, § 425 Rn 6.

79 S. dazu Soergel/*Niedenführ*, § 195 Rn 51; Palandt/*Ellenberger*, § 195 Rn 14; Staudinger/*Peters/Jacoby*, § 195 Rn 21 ff, jeweils mwN.

80 Vgl Staudinger/*Peters/Jacoby*, § 195 Rn 22 mwN; MüKo/*Grothe*, § 195 Rn 37.

81 Staudinger/*Peters/Jacoby*, § 195 Rn 22 mwN; s. näher BGH WM 1979, 205; LAG Berlin MDR 1999, 168.

82 BGH WM 1979, 205, 206.

83 AA BGH WM 1979, 205, 206: Verjährungsfrist des ursprünglichen Anspruchs läuft für den Anspruch aus dem Vergleich neu.

64 Eine Schuldumschaffung (**Novation**) ersetzt das Schuldverhältnis durch ein neues. Für dieses gilt eine neue Verjährungsfrist mit neuem Fristbeginn. Regelmäßig verjährt die neue Forderung nach §§ 195, 199. Beispiele:[84] Anerkennung eines Kontokorrentsaldos, Anerkennung der Saldoforderung aus einem Kreditkartenvertrag.[85]

65 Eine neue Verjährungsfrist gilt auch für den Anspruch aus einem **abstrakten Schuldanerkenntnis**, da der Anspruch selbständig begründet wird.[86] S. noch § 216 Rn 2.

66 Handelt es sich um ein **titelersetzendes** (abstraktes oder deklaratorisches)[87] Anerkenntnis, so setzt dies die dreißigjährige Verjährungsfrist des § 197 Abs. 1 Nr. 4, 5 in Lauf (s. § 197 Rn 51).[88] Hierbei müssen die Voraussetzungen des § 212 Abs. 1 Nr. 1 erfüllt sein (s. dazu § 212 Rn 11 ff).

67 Ein **Prozessvergleich** führt zu der dreißigjährigen Verjährungsfrist des § 197 Abs. 1 Nr. 3.

68 Eine **Abtretung** des Anspruchs ändert nichts am Lauf der Verjährung, da der Anspruch selbst unverändert bleibt.[89]

69 **5. Verjährung von Nebenleistungsansprüchen.** Nach § 217 verjährt mit dem Hauptanspruch zugleich der Anspruch auf die von ihm abhängenden Nebenleistungen, auch wenn die für diesen Anspruch geltende besondere Verjährung noch nicht eingetreten ist (s. § 217).

70 **6. Anspruchskonkurrenz. a) Grundsatz.** Verwirklicht ein Tatbestand mehrere Anspruchsgrundlagen, so kann eine Klage erst dann abgewiesen werden, wenn keine davon den geltend gemachten Anspruch trägt. Es stellt sich die Frage, in welchem Verhältnis die auf die einzelnen Ansprüche anzuwendenden Verjährungsvorschriften stehen.[90] Rechtsprechung und Lehre gehen im Grundsatz von einer **freien Anspruchskonkurrenz** aus, so dass jeder Anspruch in der hierauf geltenden Frist verjährt.[91] Durch die weitgehende Angleichung der Verjährungsfristen in §§ 195, 199 hat die Thematik an Bedeutung verloren. Sie spielt vor allem noch bei der Konkurrenz zwischen vertraglichen und deliktischen Ansprüchen eine Rolle.

71 **b) Insbesondere: Vertrag und Delikt.** Vor allem im Kaufrecht hatte diese Auffassung zur Folge, dass dem Käufer bei Ansprüchen aus Gewährleistung, die zugleich den Tatbestand des § 823 erfüllten, die im Vergleich zu § 477 aF wesentlich günstigere Regelung des § 852 aF zugute kam. Nicht zuletzt auf diesen Erwägungen beruht die Rechtsprechung zum „Weiterfresserschaden", bei dem Schäden ausgeglichen werden sollen, die dadurch entstanden, dass ein fehlerhaftes Einzelteil an einer ansonsten mangelfreien Gesamtsache weitere Schäden verursachte. Lag darin nicht nur eine Verletzung des Äquivalenzinteresses, sondern auch eine solche des Integritätsinteresses, so konnte der Käufer seinen Schaden aus Deliktsrecht geltend machen.[92]

72 Der **Gesetzgeber** selber hat zu der Frage nicht Stellung genommen, sondern die Lösung ausweislich der Begründung zum Regierungsentwurf bewusst der Rechtsprechung überlassen.[93] Auch aus der Streichung einer Passage der konsolidierten Fassung des § 202 Abs. 2 DiskE,[94] nach der § 438 auf alle Ansprüche *„gleich welcher Art* wegen eines Mangels" erstreckt werden sollte, kann nichts Gegenteiliges entnommen werden.[95] Wie im Falle der Streichung von § 194 Abs. 3 DiskE (dazu Vor §§ 194–218 Rn 4) lag dem wohl eher die Tatsache zugrunde, dass aus Zeitmangel nicht sämtliche Konsequenzen einer solchen „Einheitslösung" überprüft werden konnten, als ein planvoller Regelungswille. Aufgrund dieser Indifferenz des Gesetzgebers geht die hM bislang davon aus, dass die Praxis an ihrer alten Linie der **freien Anspruchskonkurrenz** festhalten

84 Vgl dazu Staudinger/*Peters/Jacoby*, § 195 Rn 23 mwN.
85 Beide strittig, s. *Gernhuber*, Die Erfüllung und ihre Surrogate, 2. Aufl. 1994, § 18, 10, S. 413 f.
86 Palandt/*Sprau*, § 780 Rn 8; ausf. hierzu *Schmidt-Burgk/Ludwig*, DB 2003, 1046.
87 BGH NJW 2002, 1791, 1792.
88 BGH NJW 2003, 1524, 1525; 2002, 1878 (noch zu § 218 aF); für eine Fortführung dieser Rspr Palandt/*Ellenberger*, § 195 Rn 14; Erman/*Schmidt-Räntsch*, § 195 Rn 13. Bei regelmäßig wiederkehrenden Leistungen greift allerdings § 197 Abs. 2 mit der Folge, dass die regelmäßige Verjährungsfrist gilt.
89 Vgl Erman/*Schmidt-Räntsch*, § 194 Rn 25.
90 Zu den Fällen der Gesetzeskonkurrenz Staudinger/*Peters/Jacoby*, § 195 Rn 31.
91 BGHZ 9, 310, 302 f; 66, 315, 319; 116, 297, 300; BGH BB 2002, 2089, 2091; NJW 2004, 1032, 1033 (noch zum BGB aF); so zum BGB nF nun auch BGH WM 2004, 1869, 1872; *Gsell*, NJW 2004, 1913, 1915 mwN.
92 Vgl BGHZ 67, 359; 86, 256; 117, 183; 138, 230 sowie BGH JZ 2001, 876.
93 BT-Drucks. 14/6040, S. 229: „Sollte die Rechtsprechung angesichts der verbleibenden Unterschiede in Länge und Beginn zwischen der Verjährungsfrist nach der Nummer 3 und der Regelverjährungsfrist an ihrer Rechtsprechung etwa zum ‚weiterfressenden' Mangel festhalten, würde dennoch ein Wertungswiderspruch anders als bisher weitgehend vermieden, weil die dann geltende regelmäßige Verjährung auf ein ausreichendes Maß reduziert wird."
94 Abgedruckt bei *Canaris*, Schuldrechtsmodernisierung 2002, S. 352.
95 So aber *Canaris*, in: E. Lorenz (Hrsg.), Karlsruher Forum 2002: Schuldrechtsmodernisierung, S. 5, 96.

wird.[96] Danach gelten die §§ 195, 199 auch für kauf- und werkvertragliche Gewährleistungsansprüche, soweit gleichzeitig ein deliktischer Anspruch gegeben ist.[97]

Diese Auffassung ist jedoch **abzulehnen**. Nach der hier vertretenen Auffassung ist von der Erstreckung der Verjährungsregeln der §§ 438, 634 a auf konkurrierende Ansprüche aus § 823 auszugehen.[98] Erfüllen die Lieferung einer fehlerhaften Sache oder die Herstellung eines mangelhaften Werks zugleich den Tatbestand der **§§ 823 ff**, sind die daraus resultierenden Ansprüche grundsätzlich wie die gewährleistungsrechtlichen Ersatzansprüche nach § 437 Nr. 3 der Verjährungsfrist des **§ 438** zu unterstellen.[99] Die §§ 195, 199 finden insoweit keine Anwendung auf die mit Ansprüchen aus § 437 konkurrierenden Deliktsansprüche. Dasselbe gilt für das Verhältnis von werkvertraglichen Mängelansprüchen und konkurrierenden Deliktsansprüchen.[100] 73

Für die **Konkurrenz von Ansprüchen** des Vermieters wegen Veränderung und Verschlechterung der vermieteten Sache **aus Vertrag** mit solchen aus **unerlaubter Handlung** entspricht dies der st. Rspr des BGH, welche die kurze Verjährungsfrist des **§ 548** auch auf außervertragliche Ansprüche anwendet.[101] Auch ist anerkannt, dass die kurze Verjährungsfrist des **§ 37 a WpHG** nicht nur für Ansprüche wegen fahrlässiger Falschberatung aus culpa in contrahendo anzuwenden ist, sondern sich auch auf die entsprechenden deliktischen Ansprüchen aus § 823 Abs. 2 iVm § 31 Abs. 2 WpHG bzw § 19 Abs. 1 KAGG erstreckt.[102] 74

Für die hier vertretene **Anwendung des § 438 auf konkurrierende Deliktsansprüche** spricht, dass der Gesetzgeber mit § 438 eine Regelung gefunden hat, die das Interesse des Käufers an einer ausreichend bemessenen Frist zur Geltendmachung von Mängelansprüchen und dasjenige des Verkäufers an einer raschen Abwicklung von Gewährleistungsansprüchen austariert.[103] Diese Wertung soll nicht durch die Anwendung der §§ 195, 199 unterlaufen werden. Die Vertreter der bisherigen und auch nach neuem Recht herrschenden Ansicht haben durch die Schuldrechtsreform in wesentlichen Teilen ihre argumentativen Stützen verloren. Konnte früher darauf abgestellt werden, dass die kurze Frist des § 477 aF lediglich für die verschuldensunabhängigen Rechtsbehelfe der Wandlung, Minderung und Nachlieferung konzipiert worden sei und einer ergänzenden Anwendung der (verschuldensabhängigen) §§ 823 ff daher nicht entgegenstehe, ist diese Begründung nach Inkrafttreten der Schuldrechtsreform nicht länger tragfähig. Im Gegensatz zur bisherigen Rechtslage besitzt § 438 Abs. 1 nunmehr auch im Hinblick auf verschuldensabhängige Schadensersatzansprüche (§ 437 Nr. 3) unmittelbar Gültigkeit. Dabei wird nicht nur der eigentliche Mangelschaden, sondern auch der Mangelfolgeschaden ausdrücklich mit einbezogen, so dass nach hM § 438 auch Verletzungen des Integritätsinteresses umfasst.[104] S. näher dazu bei § 438. 75

Hiergegen kann auch nicht eingewandt werden, dass der Käufer durch die Anwendung von § 438 unbillig benachteiligt wird.[105] Dass er verjährungsrechtlich schlechter steht als ein vertragsfremder Dritter, liegt in der 76

96 *Zimmermann/Leenen/Mansel/Ernst*, JZ 2001, 684, 691, 692; *Tonner/Crellwitz/Echtermeyer*, in: Micklitz/Pfeiffer u.a., Schuldrechtsreform und Verbraucherschutz, 2001, S. 293, 318; *Heinrichs*, BB 2001, 1417, 1420. Die Entscheidung BGH NJW 2004, 1032 ist noch zum alten Recht ergangen.

97 *Canaris*, in: E. Lorenz (Hrsg.), Karlsruher Forum 2002: Schuldrechtsmodernisierung, S. 5, 58, 97; *Reinicke/Tiedtke*, Kaufrecht, 8. Aufl. 2009, Rn 662, 952; Soergel/*Niedenführ*, § 195 Rn 44, 46; MüKo/*Grothe*, § 195 Rn 52–55; Palandt/*Ellenberger*, § 195 Rn 10; Erman/*Schmidt-Räntsch*, § 195 Rn 17; *Wagner*, JZ 2002, 475, 478 ff; *Gsell*, NJW 2004, 1913, 1915 mwN; *Schulze/Ebers*, JuS 2004, 462, 465 mwN; *R. Koch*, AcP 203 (2003), 603, 618–620; offener Bamberger/Roth/*Henrich*, § 195 Rn 12; differenzierend Staudinger/*Peters/Jacoby*, § 195 Rn 37–41. Wie die hM auch die Kommentierungen bei § 438, § 634 a und § 823.

98 Vgl näher *Mansel/Budzikiewicz*, § 5 Rn 138 ff.

99 *Piekenbrock*, S. 309, 331; wohl auch *Foerste*, ZRP 2001, 342 f; *ders.*, JZ 2001, 560 f; ähnlich zum Werkvertragsrecht *H. Roth*, JZ 2001, 543, 544; *Geiger*, JZ 2001, 473, 474, der davon ausgeht, dass die Rspr zur "Weiterfresserproblematik" durch die Reform überholt ist. Wie hier auch *Rebhahn*, in: FS Welser 2004, S. 849, 861 sowie *Fuchs*, Deliktsrecht, 4. Aufl. 2003, S. 203 f; s. noch *Foerste*, in: FS Graf von Westphalen, S. 161, 167 ff, 180 f. Zur Gegenmeinung s. sogleich im Text.

100 Umstritten ist auch, ob § 51 b BRAO auf etwaige konkurrierende deliktische Ansprüche anzuwenden ist. Dies bejaht die hM jedenfalls für den Fall, dass sich ein berufstypisches Risiko realisiert hat, vgl etwa OLG Hamm NJW-RR 2001, 1142, 1143 mwN; *Feuerich/Weyland*, BRAO, 6. Aufl. 2003, § 51 b BRAO Rn 8; dagegen Henssler/Prütting/*Prütting*, BRAO, 2. Aufl. 2004, § 51 b BRAO Rn 15.

101 Vgl etwa BGH NJW 2006, 2399 mwN.

102 BGHZ 162, 306; OLG München WM 2005, 647; OLG Schleswig NJW-RR 2005, 561; KG WM 2004, 1872, 1874. Anderes gilt für vorsätzliche Falschberatung; hier bleibt es bei der deliktischen Verjährungsfrist.

103 Näher *Mansel/Budzikiewicz*, § 5 Rn 6 ff, kritisch zur Verjährung gewährleistungsrechtlicher Schadensersatzansprüche *Mansel/Budzikiewicz*, § 5 Rn 17 ff; ablehnend zu § 438 *Rühl*, AcP 207 (2007), 614 ff, 649 f.

104 Vgl MüKo/*Ernst*, § 280 Rn 72; Erman/*Grunewald*, § 438 Rn 1; Bamberger/Roth/*Faust*, § 438 Rn 9; *Medicus/Petersen*, BR, Rn 209 b; *Reinicke/Tiedtke*, Kaufrecht, 8. Aufl. 2009, Rn 659 f; *Lorenz/Riehm*, Lehrbuch zum neuen Schuldrecht, 2002, Rn 359 f; *Gsell*, JZ 2002, 1089 ff; *Foerste*, ZRP 2001, 342; *Westermann*, NJW 2002, 241, 250; aA *Canaris*, ZRP 2001, 329, 335 f; *ders.*, in: E. Lorenz (Hrsg.), Karlsruher Forum 2002: Schuldrechtsmodernisierung, S. 5, 98; *Wagner*, JZ 2002, 475, 478 f; *ders.*, JZ 1092 ff; *Brüggemeier*, WM 2002, 1376, 1381 f.

105 So *Canaris*, in: E. Lorenz (Hrsg.), Karlsruher Forum 2002: Schuldrechtsmodernisierung, S. 5, 97.

Natur des Schuldverhältnisses; schließlich hat er sich seinen Vertragspartner selbst ausgesucht.[106] Überdies ist der Käufer einer gewöhnlich für den privaten Ge- oder Verbrauch bestimmten Sache ausreichend durch das insoweit vorrangige ProdHaftG geschützt (s. dazu Rn 79). Soweit in diesem Zusammenhang argumentiert wird, die hier vertretene Ansicht führe dazu, dass der Hersteller nach Ablauf von zwei Jahren de facto von seiner Produktbeobachtungspflicht entbunden wäre,[107] so ist dem entgegenzuhalten, dass zum einen aus wirtschaftlicher Sicht jedenfalls bei fortlaufend über einen längeren Zeitraum hergestellten Serienprodukten keinesfalls eine Vernachlässigung der Produktbeobachtungspflicht angezeigt ist und zum anderen eine solches Verhalten auch über Schadensersatzansprüche aus dem ProdHaftG sanktioniert würde.

77 Der Wertungswiderspruch, der zutage tritt, wenn die freie Anspruchskonkurrenz auch weiterhin zugelassen wird, erscheint noch eklatanter, wenn man die „**Weiterfresserproblematik**" in den Blick nimmt. Die Behandlung dieser Fallkonstellationen auf der Ebene des Verjährungsrechts war schon bisher nur eine Hilfslösung. Richtigerweise sollte die Frage bereits auf der Ebene der Anspruchsbegründung behandelt werden.[108] Dabei sprechen die besseren Argumente dafür, die Ausbreitung des Mangels innerhalb der Kaufsache nicht als Eigentumsverletzung zu qualifizieren, sondern von Anfang an eine fehlerhafte Gesamtlieferung anzunehmen.[109] Würde dementsprechend die materiellrechtliche Konstruktion eines besonderen Begriffs der Eigentumsverletzung künftig aufgegeben, entfiele auch das verjährungsrechtliche Problem. Doch selbst wenn man mit der bislang herrschenden Meinung weiterhin eine Eigentumsverletzung bejahen wollte,[110] vermag das Lösungskonstrukt zu den „weiterfressenden" Mängeln nicht mehr zu überzeugen. So hat der Gesetzgeber die diesbezügliche Rechtsprechung u.a. als Anlass dafür genommen, die kaufrechtlichen Gewährleistungsfristen zu verlängern.[111] Die nunmehr gültige Frist von zwei Jahren stellt sich dabei als Kompromiss dar: Sie soll sowohl den Interessen des Käufers gerecht werden als auch den Schutz der Wirtschaft vor unkalkulierbarer Haftung gewährleisten. Dieser Schutz würde nun aber ad absurdum geführt, wenn die Verjährungsfrist des § 438 Abs. 1 Nr. 3 weiterhin durch die Anwendung des Deliktsrechts umgangen werden könnte. Hinzu kommt, dass nicht einsichtig ist, warum für irreparable Fehler und gänzlich unbrauchbare Gegenstände weniger streng gehaftet werden soll als für kleine, reparable Fehler, bei denen entsprechend der „Weiterfresser"-Rechtsprechung § 823 Abs. 1 herangezogen werden kann.[112] Unabhängig davon wirft die Neuregelung des Kaufrechts noch ein weiteres Problem auf: Durch die freie Anspruchskonkurrenz zwischen gewährleistungsrechtlicher und deliktischer Haftung würde das vorrangige Recht des Verkäufers zur Nacherfüllung unterlaufen.[113] Eine derartige Vereitelung des Nachbesserungsrechts hat der BGH im Rahmen des Werkvertragsrechts jedoch bereits als contra legem bewertet und abgelehnt.[114]

78 Angesichts der Friktionen, die bei einer Beibehaltung der bisherigen Handhabung der Anspruchskonkurrenz auftreten, sollten daraus die **Konsequenzen** gezogen und von einer uneingeschränkten Haftung des Verkäufers aus unerlaubter Handlung neben Schadensersatzansprüchen nach § 437 Nr. 3 Abstand genommen werden. Damit wird vor allem die bisherige Rechtsprechung zur Problematik der „Weiterfresserschäden" obsolet. Erfasst sind darüber hinaus aber auch solche Schäden, die nicht an der Kaufsache selber, sondern an anderen Rechtsgütern des Käufers entstehen – zumindest soweit es sich um Sachschäden handelt (s. aber Rn 80). Darin liegt keine unbillige Benachteiligung des Käufers – schließlich kann eine Verlängerung der Verjährungsfrist (s. dazu bei § 202) ohne weiteres zum Gegenstand der Vertragsverhandlungen gemacht werden.

79 Treffen die gewährleistungsrechtlichen Ansprüche nach § 437 Nr. 3 mit dem Anspruch aus § 1 Abs. 1 ProdHaftG zusammen (Rn 76), wird die kurze Frist des § 438 Abs. 1 Nr. 3 allerdings auch weiterhin durch die vorrangige Regelung der **§§ 12, 13 ProdHaftG** verdrängt.[115] Diese setzen Art. 10, 11 der Produkthaftungsrichtlinie[116] in deutsches Recht um und sind daher wegen des Vorrangs des Gemeinschaftsrechts auch dann

106 In der Wertung im Grundsatz anders BGH NJW-RR 1993, 1113, 1114; KG WM 2004, 1872, 1874 f: Verjährungserstreckung nur, soweit das Integritätsinteresse des Käufers völlig deckungsgleich mit seinem Äquivalenzinteresse ist.
107 So *R. Koch*, AcP 203 (2003), 603, 620.
108 Vgl *Mansel*, S. 333, 389.
109 Für eine Aufgabe der Rechtsfigur des Weiterfresserschadens u.a. *Mansel/Budzikiewicz*, § 5 Rn 146 ff; *Grigoleit*, ZGS 2002, 78, 79 f; Jauernig/*Berger*, § 437 Rn 36; *Bors*, WM 2002, 1780, 1784; *Brüggemeier*, WM 2002, 1376, 1384 f; *Tettinger*, JZ 2006, 641; weitere Nachw. bei *Schulze/Ebers*, JuS 2004, 462, 465; offen gelassen in OLGR Düsseldorf 2009, 349; s. noch *Foerste*, in: FS Graf von Westphalen, S. 161, 167 ff, 180 f.
110 So *Canaris*, in: E. Lorenz (Hrsg.), Karlsruher Forum 2002: Schuldrechtsmodernisierung, S. 5, 96 f; *Reinicke/Tiedtke*, Kaufrecht, 8. Aufl. 2009, Rn 951 ff; *Staudinger*, ZGS 2002, 145, 146; *Schudnagies*, NJW 2002, 396, 400; *R. Koch*, AcP 203 (2003), 603, 615 ff; *Gsell*, NJW 2004, 1913, 1915; *Masch/Herwig*, ZGS 2005, 24.
111 BT-Drucks. 14/6040, S. 228.
112 Vgl auch den Diskussionsbeitrag von *Foerste*, JZ 2001, 560 f.
113 Vgl *Foerste*, ZRP 2001, 342. Dies erkennt auch die hM an, vgl *R. Koch*, AcP 203 (2003), 603, 613; *Schulze/Ebers*, Jus 2004, 462, 465, jeweils mwN.
114 BGH NJW 1998, 2282, 2284; 1986, 922, 924.
115 Vgl dazu *H. Roth*, JZ 2001, 543, 544; *R. Koch*, AcP 203 (2003), 603, 619 f.
116 Richtlinie 85/374/EWG des Rates v. 25.7.1985.

anzuwenden, wenn es sich um einen eigentlich § 438 Abs. 1 Nr. 3 unterfallenden Gewährleistungsanspruch handelt.

c) Ausnahme. Davon ist eine Ausnahme zu machen: Sind die besonders schützenswerten Rechtsgüter des Lebens, des Körpers, der Gesundheit und der Freiheit betroffen, kann § 438 Abs. 1 nicht auf deliktische Schadensersatzansprüche erstreckt werden. Zieht die Mangelhaftigkeit der Kaufsache einen Personenschaden nach sich, wäre es unbillig, dessen Konsequenzen alleine dem Käufer aufzuerlegen. Die Regelung des § 438 Abs. 1 soll einen angemessenen Risikoausgleich zwischen den beteiligten Parteien gewährleisten. Das Interesse des Verkäufers, aus dem Rechtsgeschäft nach Ablauf fester Fristen nicht mehr in Anspruch genommen zu werden, ist aber nur so lange schützenswert, als der Käufer hierdurch nicht außer Verhältnis belastet wird. Dabei handelt es sich letztlich um eine Wertungsfrage. Mit der Kodifizierung des § 438 Abs. 1 hat der Gesetzgeber diese grundsätzlich für vertragliche Ansprüche beantwortet. Zieht die Mangelhaftigkeit der Kaufsache **Personenschäden** nach sich, ginge die ausschließliche Anwendbarkeit der kurzen Verjährung auch auf Deliktsansprüche einseitig zulasten des Gläubigers. Diesem kann nicht zugemutet werden, die Folgen einer dauerhaften Behinderung oder gar der Invalidität ausschließlich selber zu tragen. Hierfür spricht auch der Umstand, dass das Leben, der Körper, die Gesundheit und die Freiheit in § 199 Abs. 2 durch eine dreißigjährige absolute Frist in besonderem Maß geschützt werden. In Fällen der vorgenannten Art muss daher auch weiterhin von der freien Anspruchskonkurrenz zwischen deliktischer und gewährleistungsrechtlicher Haftung ausgegangen werden.[117] 80

Sollte die Rechtsprechung dem hier vorgeschlagenen Lösungsweg folgen, bleibt allerdings abzuwarten, ob künftig anstelle der bisherigen Lösung über das Deliktsrecht nicht eine weite Auslegung der **Arglistverjährung** (§ 438 Abs. 3) herangezogen wird, um als unbillig empfundene Ergebnisse auch in Zukunft zu vermeiden.[118] 81

C. Weitere praktische Hinweise

Beim **titelersetzenden Schuldanerkenntnis** (Rn 66 f) sollte von der durch § 202 gewährleisteten Aufhebung des Verbots der Verjährungserschwerung Gebrauch gemacht werden, um klarzustellen, dass eine dreißigjährige Verjährungsfrist in Lauf gesetzt werden soll.[119] 82

§ 196 Verjährungsfrist bei Rechten an einem Grundstück

Ansprüche auf Übertragung des Eigentums an einem Grundstück sowie auf Begründung, Übertragung oder Aufhebung eines Rechts an einem Grundstück oder auf Änderung des Inhalts eines solchen Rechts sowie die Ansprüche auf die Gegenleistung verjähren in zehn Jahren.

Literatur: *Kreikenbohm/Niederstetter*, Zur Verjährung von durch Grundschulden gesicherten Darlehen, WM 2008, 718.

A. Allgemeines

I. Allgemeines

§ 196 erhielt seine heutige Fassung durch das SchuldRModG 2002. Die Norm wurde wegen der Absenkung der Regelverjährungsfrist von dreißig auf drei Jahre erforderlich. Für die von § 196 erfassten Ansprüche galt 1

117 Zust. *Fuchs*, Deliktsrecht, 4. Aufl. 2003, S. 204. Ein solches Ergebnis hat auch das Land Niedersachsen für sachgerecht gehalten, vgl die Beratungsniederschrift des Bundesrates v. 18.6.2001 (unveröffentlicht), C. Nr. 98. Eine entsprechende Lösung befürwortet im Werkvertragsrecht offenbar auch *H. Roth*, JZ 2001, 543, 544.

118 Vgl *Eidenmüller*, JZ 2001, 283, 287.

119 Vgl Palandt/*Ellenberger*, § 195 Rn 14.

bis dahin grundsätzlich die lange, kenntnisunabhängige (s. zu diesem Begriff Vor §§ 194–218 Rn 5) Regelverjährung der §§ 195, 198 S. 1 aF An einer längeren, objektiv bestimmten Verjährungsfrist wollte der Reformgesetzgeber – nach einigem Zögern – für die von § 196 erfassten Ansprüche grundsätzlich festhalten.

2 § 196 **entspricht** daher im Rahmen seines sachlichen Anwendungsbereichs dem **bisherigen Recht** mit der wichtigen **Modifizierung**, dass die bislang dreißigjährige Verjährungsfrist auf **zehn Jahre** abgesenkt wurde. Die Frist beginnt gem. § 200 – wie bisher – mit der Anspruchsentstehung.

3 Nach bisherigem Recht verjährte **beispielsweise** der Übereignungsanspruch eines Grundstückskäufers aus § 433 Abs. 1 S. 1 gem. §§ 195, 198 S. 1 aF in dreißig Jahren ab Entstehung.[1] Gleiches galt grundsätzlich für andere Ansprüche auf Übertragung des Eigentums an einem Grundstück sowie für Ansprüche auf Begründung, Übertragung, Aufhebung oder Inhaltsänderung eines Rechts an einem Grundstück. Bei **Grundstückskaufverträgen** verjährte der Kaufpreisanspruch ebenfalls nach § 195 aF in dreißig Jahren. Gleiches galt grundsätzlich auch für die anderen, heute von § 196 erfassten Ansprüche. Nach neuem Recht verjähren die genannten Erfüllungs- und Gegenleistungsansprüche gem. § 196 in zehn Jahren.[2]

4 Der Reformgesetzgeber konnte sich nicht den Forderungen anschließen, die lange Frist des § 196 auf dreißig Jahre – wie es dem bisherigen Recht entsprechen würde – zu bemessen. Er erachtet eine Zeitspanne von zehn Jahren als ausreichende **Überlegungsfrist**. Das erscheint nicht in allen Fällen sachgerecht (s. Rn 28). Der Gesetzgeber wollte aber wohl einen Gleichlauf zur Maximalverjährungsfrist des § 199 Abs. 3 Nr. 1 und Abs. 4 herstellen, die für alle Ansprüche gilt, welche nicht den Schadensersatz für die Verletzung von Leben, Körper, Gesundheit und Freiheit einer Person betreffen.

II. Grundregeln des Europäischen Vertragsrechts

5 Die Grundregeln des Europäischen Vertragsrechts (dazu Vor §§ 194–218 Rn 20 ff) sehen keine Entsprechung zu § 196 vor. Ansprüche, die in den sachlichen Anwendungsbereich des § 196 fallen, unterliegen nach den Grundregeln der dreijährigen (kenntnisabhängigen, s. den Hemmungstatbestand des Art. 14:301) Regelverjährung des Art. 14:201.

B. Regelungsgehalt

I. Erfasste Ansprüche

6 **1. Leistungsansprüche.** Mit der längeren Frist soll insbesondere den **Besonderheiten** von Verträgen Rechnung getragen werden, die Grundstücke und/oder Rechte an Grundstücken zum Inhalt haben.

7 Diese bestehen aus der Sicht des Gesetzgebers[3] einmal darin, dass die Durchsetzbarkeit solcher Ansprüche nicht allein vom Willen der Vertragsparteien abhängt. Zusätzlich ist für die Erfüllung der Ansprüche auf Vornahme der Verfügung die Eintragung in das Grundbuch maßgeblich. Hier können erhebliche Zeitverzögerungen auftreten. Der Gläubiger soll deshalb nicht gezwungen sein, voreilig gegen den Schuldner vorzugehen, der selbst leistungsbereit ist und auch alles zur Erfüllung Erforderliche getan hat. So kann insbesondere beim Kauf eines noch **nicht vermessenen Grundstücks** längere Zeit verstreichen, bis das Grundstücksvermessungsergebnis in das Kataster eingetragen wird. Verzögerungen können sich auch durch die vom Finanzamt zu erteilende **Unbedenklichkeitsbescheinigung** ergeben, wenn der Käufer über die Höhe der Grunderwerbsteuer mit dem zuständigen Finanzamt streitet. Hinzu kommen immer wieder Verzögerungen, die sich aus der Belastung der Registergerichte ergeben.

8 Ein weiterer Anwendungsfall des § 196 ist die **„stehen gelassene" Grundschuld**.[4] Ist zur Sicherung eines Darlehens zugunsten des Kreditinstituts eine Grundschuld eingetragen, so wird mit der Tilgung des Darlehens regelmäßig auch der Rückgewähranspruch hinsichtlich der Grundschuld aus dem Sicherungsvertrag fällig. In der Praxis verzichtet der Sicherungsgeber oftmals darauf, seinen Übertragungs-, Verzichts- oder Aufhebungsanspruch geltend zu machen,[5] denn das Grundpfandrecht kann für einen erneuten Kreditbedarf verwendet und dann unmittelbar auf den neuen Kreditgeber übertragen werden. Kosten einer Abtretung fallen dann nicht an.

1 RGZ 116, 281, 286.

2 Zur Entstehungsgeschichte vgl *Mansel*, AnwK-SchuldR, 2002, § 195 Rn 4 f.

3 S. zum Folgenden BT-Drucks. 14/6040, S. 105; gegen diese Überlegungen aber *Zimmermann/Leenen/Mansel/Ernst*, JZ 2001, 684, 692 f.

4 S. zum Folgenden BT-Drucks. 14/6040, S. 105; differenzierend und materiellrechtliche Lösungen ansprechend *Zimmermann/Leenen/Mansel/Ernst*, JZ 2001, 684, 693; insoweit positiver hingegen *Mansel*, S. 333, 354 f.

5 S. näher *Amann*, Sonderheft Notartag DNotZ 1993, S. 83, 89 f; *R. Stürner*, Beilage NJW 1994, S. 2, 5; *Mansel*, S. 333, 354 f.

§ 196 stellt dem Sicherungsgeber eine ausreichende Zeitspanne zur Verfügung, innerhalb deren er sich entscheiden kann, ob er eine vorsorglich „stehen gelassene" Grundschuld letztlich doch zurückfordert.[6]

Eine ähnliche Konstellation ergibt sich für **Dienstbarkeiten**, die eine vertragliche Bezugsverpflichtung oder Ähnliches sichern sollen. Solche Dienstbarkeiten werden nicht selten erst mit langer Verzögerung gelöscht.[7] Gleiches gilt etwa für Abstandsflächendienstbarkeiten.[8] Sie sind dann zurückzugewähren, wenn die bauordnungsrechtlichen Voraussetzungen für deren Bestellung weggefallen sind. Das wird dem Eigentümer des dienenden Grundstücks häufig nicht sofort bewusst. In allen vorgenannten Fällen müsste die gesetzliche Verjährungsfrist formularmäßig verlängert werden, um sachgerechte Ergebnisse zu erzielen. Eine gesetzliche Verjährungsfrist ist aber nicht sachgerecht, wenn sie in der Praxis ausnahmslos verlängert werden wird.[9] Daher erscheint die Regelung des § 196 sachgerecht. 9

a) Anspruchsinhalt. Die besondere Verjährungsfrist des § 196 erfasst alle Ansprüche, die auf Übertragung des Eigentums an einem Grundstück oder auf Begründung, Übertragung oder Aufhebung eines Rechts an einem Grundstück oder auf Änderung des Inhalts eines solchen Rechts gerichtet sind. Gemeint sind damit Ansprüche, welche die Verpflichtung zur Vornahme einer Verfügung (Belastung, Inhaltsänderung, Übertragung, Aufhebung)[10] über ein Grundstück oder ein Recht an einem Grundstück oder die Begründung eines Rechts an einem Grundstück zum Inhalt haben. Beispielsfälle sind der Anspruch nach § 433 Abs. 1 S. 1 auf Übereignung eines Grundstücks oder der Anspruch aus einem Sicherungsvertrag auf Begründung eines Grundpfandrechts an einem Grundstück oder bei einem bereits bestehenden Grundpfandrecht auf dessen Aufhebung oder Rückgewähr wegen Wegfalls des Sicherungszwecks. 10

b) Grundstücke. Das Gesetz spricht vom „Eigentum an einem Grundstück" und dem „Recht an einem Grundstück". 11

Ein **Miteigentumsanteil** an einem Grundstück ist „Eigentum an dem Grundstück", denn Verfügungen über einen Miteigentumsanteil unterliegen den §§ 741 ff (insbesondere § 747), den §§ 1008 ff (insbesondere § 1009 Abs. 2) und zudem allen Vorschriften über das Alleineigentum.[11] Auf Ansprüche der in § 196 genannten Art, die sich auf einen Miteigentumsanteil an einem Grundstück beziehen, ist § 196 daher anwendbar. 12

Gleiches gilt für das **Wohnungs- und Teileigentum** (§ 1 Abs. 1 WEG), denn es ist ein besonders ausgestaltetes Miteigentum im Sinne der §§ 1008 ff (s. § 3 Abs. 1, 6 WEG).[12] Das Wohnungseigentum kann selbständig belastet werden.[13] 13

Einem Grundstück stehen auch im Rahmen des § 196 die **grundstücksgleichen Rechte** gleich, da sie formell und materiell wie Grundstücke behandelt werden. Daher fallen insbesondere die entsprechenden Ansprüche mit Bezug auf ein **Erbbaurecht** (§ 11 Abs. 1 ErbbauVO),[14] das Bergwerkseigentum (§ 9 Abs. 1 BBergG) oder die grundstücksgleichen Rechte im Sinne des Art. 196 EGBGB unter die Verjährungsfrist des § 196. 14

c) Recht an einem Grundstück. Rechte an einem Grundstück sind beschränkte dingliche Rechte, welche das Grundeigentum belasten[15] bzw das Miteigentum/den Miteigentumsanteil an einem Grundstück (Rn 10), das Wohnungs- oder Teileigentum (Rn 13) oder ein grundstücksgleiches Recht (Rn 14). Beschränkte dingliche Rechte sind insbesondere: 15

- die Grunddienstbarkeit (§§ 1018 ff),
- die beschränkte persönliche Dienstbarkeit (§§ 1090 ff),
- das Wohnungsrecht (§ 1093),
- der Nießbrauch (§§ 1030 ff),
- das dingliche Vorkaufsrecht (§§ 1094 ff),
- die Reallast (§§ 1105 ff),
- die Hypothek (§§ 1113 ff),
- die Grundschuld (§§ 1191 ff),

6 Vgl *Budzikiewicz*, ZGS 2002, 276; Jauernig/*Jauernig*, § 196 Rn 1. Zu Ansätzen, bei längerem „Stehenlassen" der Grundschuld zu interessengerechten Ergebnissen zu kommen, s. *Amann*, DNotZ 2002, 94, 121 (ergänzende Vertragsauslegung); *Budzikiewicz*, ZGS 2002, 357, 358 f (Verwaltungstreuhand) sowie *Hohmann*, WM 2004, 757, 760 (§ 242). AA *G. Otte*, ZGS 2002, 57 f (Unverjährbarkeit).
7 *Amann*, Sonderheft Notartag DNotZ 1993, S. 83, 89 f.
8 Bundesrat, Niederschrift der Beratung der Beschlussempfehlung, 18.6.2001 (unveröffentlicht), unter C 2 (zu § 196).
9 *Mansel*, S. 333, 355.
10 S. zu der Definition der Verfügung Jauernig/*Jauernig*, Vor § 104 Rn 10.
11 Zu Letzterem s. BGHZ 36, 365, 368.
12 Weitnauer/*Briesemeister*, WEG, 9. Aufl. 2004, Vor § 1 WEG Rn 25 ff mwN.
13 Weitnauer/*Briesemeister*, WEG, 9. Aufl. 2004, § 3 WEG Rn 107 ff.
14 Dies gilt nicht für den (dinglichen oder schuldrechtlichen) Erbbauzinsanspruch; dieser unterliegt der regelmäßigen Verjährung des § 195, vgl BGH NJW 2010, 224 unter Hinweis auf die Notwendigkeit eines Gleichlaufs mit der Regelung des § 197 Abs. 2.
15 S. nur Jauernig/*Jauernig*, Vor § 854 Rn 6, Vor § 1113 Rn 1.

– die Rentenschuld (§§ 1191 ff),
– das Erbbaurecht (§§ 1 ff ErbbauVO, § 38 ErbbauVO iVm § 1017 aF),
– das Wohnungserbbaurecht (§ 30 WEG),
– das Dauerwohnungsrecht (§§ 31 Abs. 1, 32 ff WEG) und
– das Dauernutzungsrecht (§§ 31 Abs. 2, 3, 32 ff WEG).

16 Hinzu treten auch **landesrechtliche Rechte**, etwa Abbaurechte nach Art. 68 EGBGB, ferner Rechte nach Art. 184 EGBGB.

17 § 196 unterliegen auch Ansprüche auf Eintragung der Vereinbarungen oder auf Eintragung der Ansprüche im Sinne des **§ 1010**.

18 **d) Natur des Anspruchs.** Es ist grundsätzlich unerheblich, woraus sich der Anspruch im Sinne von § 196 auf Vornahme einer Verfügung bzw Begründung eines Rechts an einem Grundstück (Rn 10) ergibt, ob aus einem Schuldvertrag (zB einem Kauf oder einer Schenkung) oder aus dem Gesetz (wie zB aus § 812 = Herausgabe der ungerechtfertigten Bereicherung; aus §§ 677, 681 S. 2, 667 = Herausgabe des aus der Geschäftsführung ohne Auftrag Erlangten). Die Ratio der Norm ist zwar auf vertragliche Leistungsansprüche ausgerichtet (s. die Anwendungsbeispiele unter Rn 7 ff), doch macht der Normtext die Begrenzung des Normzwecks nicht deutlich. Zudem können im Einzelfall auch bei gesetzlichen Leistungsansprüchen, die einen von § 196 vorausgesetzten Inhalt haben, gleichgerichtete Interessenlagen wie bei vertraglichen Leistungsansprüchen bestehen.

19 Im Einzelfall können mehrere Verjährungsfristen gleichzeitig anwendbar sein (s. dazu und zu Fragen der Spezialität § 195 Rn 53).

20 **e) Erweiternde Auslegung auf Besitzverschaffungsansprüche.** § 196 betrifft Ansprüche auf **Übertragung des Eigentums** an einem Grundstück. Die Vorschrift erfasst nicht auch Ansprüche auf Übergabe des Grundstücks. Diese verjähren – wie zB der Übergabeanspruch aus § 433 Abs. 1 S. 1 Alt. 1 – regelmäßig nach §§ 195, 199 Abs. 1, 4 in drei Jahren. Daher kann die Situation entstehen, dass der Anspruch gem. § 433 Abs. 1 S. 1 Alt. 2 auf Verschaffung des Eigentums an dem Grundstück nach § 196 noch nicht verjährt ist, der aus § 433 Abs. 1 S. 1 Alt. 1 auf Grundstücksübergabe hingegen schon. Nach §§ 925, 873 setzt die Übereignung eines Grundstücks nur die Auflassung und die Eintragung, nicht aber die Übergabe des Grundstücks voraus. Der Käufer müsste dann zuerst auf Eigentumsverschaffung klagen und danach aus seinem Eigentumsrecht vorgehen.

21 Es wäre unter diesen Voraussetzungen sinnwidrig, wenn sich der Verkäufer in diesem Fall auf die Verjährung des Übergabeanspruchs berufen könnte. Man könnte hier annehmen, dass dem Schuldner die Erhebung der Verjährungseinrede hinsichtlich des Übergabeanspruchs in einem solchen Fall nach **Treu und Glauben** (§ 242) verwehrt ist. Sachgerechter ist es aber, in einem solchen Fall die zehnjährige Verjährungsfrist auf diejenigen Übergabeansprüche zu erstrecken, die zu dem nicht verjährten Übereignungsanspruch parallel hinzutreten und dem gleichen Zweck wie dieser dienen. Diese **erweiternde Auslegung** des § 196 erscheint zutreffend, weil sie den Rückgriff auf die Generalklausel des § 242 vermeidet und die ratio des § 196 verwirklicht.[16]

22 **2. Gegenleistungsansprüche.** § 196 erfasst auch die entsprechenden Gegenleistungsansprüche, um ein zu starkes **Auseinanderfallen**[17] der **Verjährungsfristen** und damit eine ungerechtfertigte Privilegierung des Kaufpreisschuldners zu verhindern. Dessen Schuld verjährte ansonsten nach § 195 in drei Jahren.[18] Im Falle noch nicht erbrachter Leistungen würde das zwar nicht dazu führen, dass die in § 196 bezeichneten Ansprüche nach Verjährung der Gegenleistungsansprüche noch erfüllt werden müssten. Dem stünde § 320 entgegen,[19] auf den sich der Grundstückverkäufer gem. § 215 auch im Falle der Verjährung seines Anspruchs auf die Kaufpreiszahlung berufen könnte. Doch würde das Zurückbehaltungsrecht dauerhaft bestehen. Solche Verträge könnten wegen des dauernden Leistungsverweigerungsrechts nicht beendet werden.

23 **a) Fristengleichheit.** Die zehnjährige Verjährungsfrist des § 196 erfasst ferner die mit den Leistungsansprüchen im Sinne von Rn 10 ff (im Folgenden nur: Leistungsansprüche) jeweils korrespondierenden Ansprüche auf die Gegenleistung. Dadurch soll eine unterschiedliche Verjährung von **synallagmatischen Vertrags-**

16 So auch Soergel/*Niedenführ*, § 196 Rn 4; Bamberger/Roth/*Henrich*, § 196 Rn 9; Erman/*Schmidt-Räntsch*, § 196 Rn 7; MüKo/*Grothe*, § 196 Rn 6; aA Palandt/*Ellenberger*, § 196 Rn 6, der dem Käufer mit § 215 helfen will, sowie Staudinger/*Peters/Jacoby*, § 196 Rn 7; offengelassen von Jauernig/*Jauernig*, § 196 Rn 6.

17 Für jeden der beiden Ansprüche wird der Verjährungsbeginn gesondert nach der jeweiligen Entstehung des Anspruchs bestimmt (§ 200 S. 1), so dass der Fristenlauf nicht zwingend völlig identisch ist.

18 S. dazu und zum Folgenden die Beschlussempfehlung und den Bericht des Rechtsausschusses (6. Ausschuss), BT-Drucks. 14/7052, S. 179 (zu § 196).

19 S. bereits *Zimmermann/Leenen/Mansel/Ernst*, JZ 2001, 684, 693 mit Fn 113.

ansprüchen vermieden werden und der bisher geltende Verjährungsgleichlauf insbesondere bei Grundstückskaufverträgen (s. Rn 22) auch im neuen Recht bewahrt werden.

b) Gegenleistungsverhältnis. Es ist durch **Vertragsauslegung** zu bestimmen, ob ein Gegenleistungsanspruch besteht (s. noch u. Rn 27). Durch Auslegung des Vertrages ist weiter zu ermitteln, welcher Anspruch in einem Gegenseitigkeitsverhältnis zu dem Leistungsanspruch im Sinne des § 196 steht. Das kann im Einzelfall bei komplexen Verträgen mit differenzierten Leistungsverpflichtungen nicht einfach festzustellen sein. 24

Entsprechende Probleme ergeben sich im Zusammenhang mit **Bauträgerverträgen**.[20] Schuldet der Bauträger nicht nur die Errichtung des Gebäudes, sondern auch die Bereitstellung oder Beschaffung eines entsprechenden Grundstücks, so stellt sich die Frage, welcher Verjährungsfrist der Gegenleistungsanspruch im Einzelnen unterliegt. Bei einer **Aufteilung** des Kaufpreises auf die verschiedenen zu erbringenden Leistungen (Grundstück, Hausbau) ergibt sich unproblematisch eine Verjährung des Anspruchs auf den Teil der Gegenleistung, der für den Grundstückserwerb vorgesehen ist, gem. § 196 in zehn Jahren; die Werklohnforderung für die Errichtung des Gebäudes verjährt hingegen gem. §§ 195, 199 Abs. 1, 4 in (kenntnisabhängigen) drei Jahren. Schwierigkeiten ergeben sich allerdings dann, wenn eine solche Aufteilung nicht vorgenommen wurde und nur ein Gesamtpreis ausgewiesen ist. Eine pauschale Anwendung des § 196 verbietet sich, da der Erwerber hierdurch benachteiligt würde, denn dessen Gewährleistungsansprüche wegen Werkmängel verjähren bereits nach §§ 634 a Abs. 1 Nr. 2, Abs. 2, 646 in fünf Jahren ab Vollendung des Werks.[21] So bleibt es dabei, dass stets – durch Auslegung, notfalls auch durch Sachverständigengutachten – eine Aufteilung der für die einzelnen Leistungen geschuldeten Gegenleistungen vorgenommen werden muss. 25

Gegenleistungsansprüche sind **nicht nur Zahlungsansprüche**. Sie können auch auf alle anderen Leistungen gerichtet sein, etwa beim Grundstückstausch (§§ 480, 433) auf Übereignung und Übergabe eines anderen Grundstücks. 26

c) Fehlen von Gegenleistungsansprüchen. § 196 ist auf den Leistungsanspruch auch dann anwendbar, wenn ein Gegenleistungsanspruch fehlt. Das ergibt sich aus dem **Normzweck** (Rn 6 ff). Ein Gegenleistungsanspruch fehlt grundsätzlich bei einem Sicherungsvertrag, aus welchem sich etwa der Anspruch auf Rückgewähr einer Grundschuld nach endgültigem Wegfall des Sicherungszwecks ergibt. Der Sicherungsvertrag ist kein gegenseitiger Vertrag.[22] Ein Gegenleistungsanspruch fehlt beispielsweise auch bei der Grundstücksschenkung (§§ 516, 518) oder dann, wenn der Leistungsanspruch auf einem gesetzlichen Schuldverhältnis beruht (dazu s. Rn 18). 27

d) Erfüllte Leistungsansprüche. Nach dem Wortlaut des § 196 verjähren Gegenleistungsansprüche in der Zehnjahresfrist **unabhängig** davon, **ob** der korrespondierende Leistungsanspruch bereits **erfüllt** wurde oder nicht. Davon ist auszugehen, auch wenn dieses Ergebnis nicht sachgerecht ist; denn es ist vom Normzweck nicht gedeckt: Gegenleistungsansprüche hat der Gesetzgeber § 196 nur deshalb unterstellt, weil er die dauerhafte Berufung auf ein Zurückbehaltungsrecht und damit die Nichtbeendigung des Vertrages vermeiden wollte (s. näher Rn 22). Ist der Leistungsanspruch bereits erfüllt, dann kann sich eine solche Situation nicht ergeben. Doch ist die Rechtsfolgenanordnung des § 196 eindeutig. Ansonsten hätte der Gesetzgeber statt der Einbeziehung des Gegenleistungsanspruchs in § 196 eine entsprechende Einschränkung des § 215 (s. Rn 22) vorsehen müssen.[23] Diesen Weg hat er nicht gewählt. 28

3. Sekundäransprüche. Nach der Rechtsprechung des **BGH unterliegen § 196** nicht nur die Leistungsansprüche und Gegenleistungsansprüche selbst, sondern **auch** die **Sekundärleistungsansprüche**, die im Falle einer Leistungsstörung an die Stelle des primären Leistungs- bzw Gegenleistungsanspruchs treten.[24] Das kann kritisch gesehen werden, denn § 196 ordnet eine längere Verjährung zum einen an, weil die termingerechte Erfüllung der Leistungsansprüche im Sinne des § 196 nicht alleine von dem Willen der Vertragsparteien abhängt, und zum anderen, weil einige der erfassten Ansprüche in der Rechtspraxis häufig über mehrere Jahre hinweg aus sachgerechten Gründen nicht verfolgt werden. § 196 bezweckt stets die Durchführung der geschuldeten Verfügung bzw der geschuldeten Begründung eines beschränkten dinglichen Rechts, nicht aber die Erbringung von Ersatzleistungen (zB Schadensersatz). Vorzugswürdig wäre daher eine Geltung der §§ 195, 199 bzw der spezielleren gewährleistungsrechtlichen Verjährungsvorschriften (zB § 438) für Sekundäransprüche.[25] 29

20 Näher *Mansel/Budzikiewicz*, § 4 Rn 32–37.
21 So aber Staudinger/*Peters/Jacoby*, § 196 Rn 11; *Brambring*, DNotZ 2001, 904, 905; *Amann*, DNotZ 2002, 94, 116 und wohl auch Amann/Brambring/*Hertel*, Vertragspraxis nach neuem Schuldrecht, 2. Aufl. 2003, S. 535.
22 Palandt/*Bassenge*, § 1191 Rn 17, 19.
23 AA MüKo/*Grothe*, § 196 Rn 5.
24 BGH NJW-RR 2008, 824; OLG Rostock ZGS 2007, 272; ebenso MüKo/*Grothe*, § 195 Rn 39 für die Fälle, in denen der Ersatzanspruch ebenfalls auf die Übertragung von Eigentum gerichtet ist, sowie Erman/*Schmidt-Räntsch*, § 196 Rn 4 und Palandt/*Ellenberger*, § 196 Rn 5.
25 So – vor der Entscheidung BGH NJW-RR 2008, 824 – auch LG Rottweil NJW-RR 2007, 452, 453; Bamberger/Roth/*Henrich*, § 196 Rn 3, 13.

30 § 196 gilt **nicht für bereicherungsrechtliche Ansprüche**, die bei Nichtigkeit eines Vertrag wegen Verstoßes gegen das Koppelungsverbot des § 11 Abs. 2 S. 2 BauGB entstehen.[26]

II. Verjährungsbeginn

31 Die Verjährung des § 196 beginnt nach § 200 S. 1 mit der Anspruchsentstehung. Der Zeitpunkt der Anspruchsentstehung ist für jeden einzelnen Anspruch zu bestimmen. Er kann daher für einen Leistungsanspruch und einen dazugehörigen Gegenleistungsanspruch auseinander fallen.

§ 197 Dreißigjährige Verjährungsfrist

(1) In 30 Jahren verjähren, soweit nicht ein anderes bestimmt ist,

1. Herausgabeansprüche aus Eigentum, anderen dinglichen Rechten, den §§ 2018, 2130 und 2362 sowie die Ansprüche, die der Geltendmachung der Herausgabeansprüche dienen,
2. (aufgehoben)
3. rechtskräftig festgestellte Ansprüche,
4. Ansprüche aus vollstreckbaren Vergleichen oder vollstreckbaren Urkunden,
5. Ansprüche, die durch die im Insolvenzverfahren erfolgte Feststellung vollstreckbar geworden sind, und
6. Ansprüche auf Erstattung der Kosten der Zwangsvollstreckung.

(2) Soweit Ansprüche nach Absatz 1 Nr. 3 bis 5 künftig fällig werdende regelmäßig wiederkehrende Leistungen zum Inhalt haben, tritt an die Stelle der Verjährungsfrist von 30 Jahren die regelmäßige Verjährungsfrist.

Literatur: *Dilger*, Zur Verjährung des aus einer rechtskräftigen gerichtlichen Kostengrundentscheidung folgenden prozessualen Kostenerstattungsanspruchs, JurBüro 2006, 291; *Haas/Schulze*, Urteilsvertretendes Anerkenntnis und Verjährung, FS Graf von Westphalen, 2010, S. 253.

A. Allgemeines

I. Dreißigjährige Fristen (Abs. 1)

1 **Abs. 1** sieht eine dreißigjährige Verjährungsfrist für Herausgabeansprüche aus Eigentum und anderen dinglichen Rechten (Nr. 1), für bestimmte erbrechtliche Ansprüche sowie die Ansprüche, die der Geltendmachung

26 Vgl BGH NJW 2010, 297.

der Herausgabeansprüche dienen (Nr. 1) sowie für in vollstreckbarer Form festgestellte Ansprüche (Nr. 3–5) vor. Der Verjährungsbeginn wird durch die Entstehung des Anspruchs bestimmt (§ 200 bzw § 201); in den Fällen des Abs. 1 Nr. 3–6 bedarf es zudem des Eintritts der im Einzelnen bestimmten Vollstreckbarkeit des Titels (§ 201). Entsprechendes galt nach §§ 195, 198, 218 Abs. 1 aF bereits nach altem Recht. Wegen der Absenkung der Regelverjährung in § 195 bedurfte es zur **Aufrechterhaltung des bisherigen Rechtszustands** der Vorschrift des Abs. 1.

Hierin liegt ein bedeutender Unterschied zu den **Grundregeln des Europäischen Vertragsrechts** (zu diesen Vor §§ 194–218 Rn 20 ff). Sie kennen solche besonderen Fristen neben der dort bestimmten Regelverjährung (s. § 195 Rn 1) nur in einem Fall: Für durch ein Urteil, einen Schiedsspruch oder eine andere Urkunde, die wie ein Urteil vollstreckbar ist, zugesprochene Ansprüche wird eine zehnjährige Verjährungsfrist (bei objektivem Verjährungsbeginn) vorgesehen.[1] Diese besondere Frist entspricht im Grundsatz der – allerdings dreißigjährigen – Frist des Abs. 1 Nr. 3–6. Auf **Reformforderungen** aus der Wissenschaft, die Verjährungsfrist auf zehn Jahre abzusenken,[2] ist der Reformgesetzgeber nicht eingegangen. Das Interesse eines finanziell in Not geratenen Schuldners, nach einer gewissen Zeit von Altschulden frei zu sein, um eine neue Existenz aufbauen zu können, könne nicht durch eine Verkürzung der Verjährungsfrist für rechtskräftig festgestellte Ansprüche gelöst werden. Dies sei vielmehr Aufgabe des Insolvenzrechts, das dem Schuldner die Möglichkeit einer Restschuldbefreiung einräumt. Auch der Umstand, dass der Schuldner, der Teilleistungen auf den rechtskräftigen Titel erbracht hat, in Beweisschwierigkeiten geraten könne, wenn dreißig Jahre lang vollstreckt werden dürfe, gebiete keine Verkürzung der Verjährung. Denn es müsse dem Schuldner zugemutet werden, insoweit für die Sicherung der Beweise zu sorgen.[3] 2

Ein Regierungsentwurf, der am 31.3.2011 noch nicht verabschiedet war, sieht einen neuen **Abs. 1 Nr. 1** vor (die aktuelle Nr. 1 soll dann Nr. 2 werden). Danach soll für vertragliche und gesetzliche Schadensersatzansprüche, die auf der **vorsätzlichen Verletzung** der Rechtsgüter **Leben, Körper, Gesundheit, Freiheit oder sexuelle Selbstbestimmung** beruhen, eine dreißigjährige Verjährungsfrist gelten. S. Vor §§ 194–218 Rn 16. 3

II. In vollstreckbarer Form festgestellte, regelmäßig wiederkehrende Leistungen (Abs. 2)

Abs. 2 **entspricht** im Grundsatz (Rn 66, 70) dem **bisherigen Recht** (§ 218 Abs. 2 aF). Die Regelung hat keine Entsprechung in den Grundregeln des Europäischen Vertragsrechts; sie wird mit guten Gründen für entbehrlich gehalten.[4] 4

Die ratio der Norm ist eindeutig. Eine den Schuldner übermäßig belastende **Aufsummierung** der Einzelansprüche soll vermieden werden, insbesondere deshalb, weil der Schuldner die Leistungen regelmäßig aus laufendem Einkommen erbringt, also einen Teil seiner regelmäßigen Einkünfte weiterreicht. 5

Bis zum 31.12.2009 sah Abs. 2 für familien- und erbrechtliche Ansprüche, die regelmäßig wiederkehrende Leistungen zum Gegenstand hatten, sowie für Unterhaltsansprüche als Ausnahme zur damals nach § 197 Abs. 1 Nr. 2 aF geltenden, dreißigjährigen Verjährungsfrist die Geltung der regelmäßigen Verjährungsfrist vor.[5] 6

Mit dem Gesetz zur Änderung des Erb- und Verjährungsrechts (dazu Vor §§ 194–218 Rn 15) wurden familien- und erbrechtliche Ansprüche mit Wirkung zum 1.1.2010 der regelmäßigen Verjährung unterstellt (dazu § 195 Rn 19 ff. Die Ausnahme in Abs. 2 aF wurde damit obsolet. 7

Nach Abs. 2 tritt bei rechtskräftig festgestellten Ansprüchen, Ansprüchen aus vollstreckbaren Vergleichen oder vollstreckbaren Urkunden und Ansprüchen, die durch die im Insolvenzverfahren erfolgte Feststellung vollstreckbar geworden sind, an die Stelle der dreißigjährigen Verjährungsfrist die regelmäßige Verjährungsfrist des § 195, soweit die Ansprüche künftig fällig werdende regelmäßig wiederkehrende Leistungen zum Inhalt haben. Damit gilt insoweit auch die Regelung des § 199 für den Verjährungsbeginn. 8

B. Regelungsgehalt

I. Dreißigjährige Fristen (Abs. 1)

1. Anspruchsverjährung. Zu beachten ist, dass nach Abs. 1 Nr. 1 nur die Ansprüche verjähren, nicht das dingliche Recht (Nr. 1), denn die §§ 194 ff regeln allein die **Anspruchsverjährung**. Rechte sind keine Ansprüche (s. § 194 Rn 2 f). 9

1 Art. 14:202 der Grundregeln des Europäischen Vertragsrechts, ZEuP 2001, 400 ff.
2 Für eine Zehn-Jahres-Frist etwa *Peters/Zimmermann*, S. 310; *Zimmermann*, JZ 2000, 862 Fn 150, 866; zust. *Krebs*, DB 2000, Beilage Nr. 14, S. 5; *Mansel*, S. 333, 373 f.
3 BT-Drucks. 14/6040, S. 106.
4 Vgl *Mansel*, S. 333, 374 f; *Zimmermann/Leenen/Mansel/Ernst*, JZ 2001, 684, 694.
5 Dazu AnwK/*Mansel/Stürner*, 2005, § 197 Rn 5 ff.

10 **2. Verhältnis zu anderen Verjährungsnormen.** Abs. 1 ist **subsidiär**, denn die dreißigjährige Verjährungsfrist des Abs. 1 greift – wie Abs. 1 ausdrücklich vorschreibt – nur ein, „soweit nicht ein anderes bestimmt ist“. Daher geht Abs. 1 in seinem sachlichen Anwendungsbereich allein der Regelverjährung der §§ 195, 196 vor. Hinter anderen Verjährungsfristen tritt Abs. 1 zurück. Zu besonderen Verjährungsfristen s. § 195 Rn 40 ff. Abs. 2 (Rn 65 ff) geht Abs. 1 vor.

11 **3. Herausgabeansprüche aus Eigentum und anderen dinglichen Rechten (Nr. 1). a) Anwendungsbereich. Abs. 1 Nr. 1** erfasst allein Herausgabeansprüche aus **dinglichen Rechten**, insbesondere aus Eigentum (Rn 16). *Ratio* der langen Verjährung ist die Überlegung, dass kurze Fristen die Verwirklichung des Stammrechts infrage stellen würden.[6] **Nicht erfasst** werden andere Ansprüche als Herausgabeansprüche (Rn 14); nicht erfasst werden ferner Herausgabeansprüche aus anderen absoluten Rechten (Rn 34 f), aus Schuldverhältnissen (Rn 27) oder aus Besitz (Rn 26).

12 In Abstimmung mit der langen Verjährungsfrist dinglicher Herausgabeansprüche sieht **§ 438 Abs. 1 Nr. 1** (s. bei § 438)[7] für das kaufvertragliche Gewährleistungsrecht eine dreißigjährige Verjährung vor, wenn der Mangel der Kaufsache in einem dinglichen Recht eines Dritten, aufgrund dessen die Herausgabe der Kaufsache verlangt werden kann, oder in einem sonstigen Recht, das im Grundbuch eingetragen ist, besteht.[8]

13 Den Herausgabeansprüchen aus dinglichen Rechten gleichgestellt sind nunmehr auch die **erbrechtlichen Ansprüche** aus §§ 2018, 2130 und 2362. Näher Rn 36 ff.

14 **b) Herausgabeansprüche aus dinglichen Rechten. aa) Dingliche Rechte.** Dingliche Rechte sind Rechte, welche eine bewegliche oder unbewegliche Sache zum Gegenstand haben und eine unmittelbare Beziehung zwischen dem Rechtsinhaber und der Sache begründen.[9] Der Begriff des dinglichen Rechts wird in § 197 erstmals im BGB verwendet.

15 **bb) Dingliche Herausgabeansprüche.** Herausgabeansprüche ordnen als Rechtsfolge die **Herausgabe** an. Herausgabe bedeutet bei § 985 die Abgabe des unrechtmäßigen Besitzes an der Sache.[10] Gleiches gilt im Grundsatz bei den anderen dinglichen Herausgabeansprüchen.[11]

16 Die folgenden dinglichen Rechte geben ein Recht zum Besitz und damit dem Rechtsinhaber gegen unrechtmäßige Besitzer einen **dinglichen Herausgabeanspruch**:[12]

- Eigentum (§ 985) einschließlich des Wohnungs- und Teileigentums (s. auch § 196 Rn 13),
- Nießbrauch (§ 1036 Abs. 1),
- Wohnungsrecht (§ 1093 Abs. 1 S. 2 iVm § 1036 Abs. 1),
- Pfandrecht an beweglichen Sachen (§ 1227 iVm § 985),
- Dauerwohnrecht (§ 34 Abs. 2 WEG iVm § 985),
- Dauernutzungsrecht (§§ 31 Abs. 3, 34 Abs. 2 WEG iVm § 985).

17 Daneben sind als dingliche Rechte, bei welchen ein Herausgabeanspruch besteht, die **grundstücksgleichen Rechte** zu nennen, da sie formell und materiell wie Grundstücke behandelt werden. Daher sind insbesondere die Herausgabeansprüche mit Bezug auf

- das Erbbaurecht (§ 11 Abs. 1 ErbbauVO iVm § 985),
- das Wohnungserbbaurecht (§ 30 WEG),
- das Bergwerkseigentum (§ 9 Abs. 1 BBergG) und
- die grundstücksgleichen Rechte im Sinne des Art. 196 EGBGB

einschlägig.

18 Beachte für die Berechnung des Verjährungsablaufs § 198.

19 Die vereinzelt vertretene Ansicht zum bisherigen Recht, nach welcher der Anspruch aus § 985 **unverjährbar** sein soll,[13] ist mit Abs. 1 Nr. 1 nicht mehr zu vereinbaren (s. § 194 Rn 7).[14]

6 BT-Drucks. 14/6040, S. 105.

7 Zu § 438 (auch zur erforderlichen teleologischen Reduktion) s. auch *Mansel/Budzikiewicz*, § 5 Rn 99–109.

8 Zur Erforderlichkeit dieser kaufvertraglichen Verjährungsregel, wenn der Herausgabeanspruch aus dinglichen Rechten nach § 197 Abs. 1 Nr. 1 erst in dreißig Jahren verjährt, s. die Kritik an dem DiskE, in welchem die Abstimmung der Verjährungsfristen noch fehlte, von *Ernst/Gsell*, ZIP 2000, 1812; und ferner etwa *Mansel*, S. 333, 353 f.

9 Jauernig/*Jauernig*, Vor § 854 Rn 1; Staudinger/*Seiler*, Einl. zum Sachenrecht Rn 17 ff.

10 Näher dazu (und zu Gegenmeinungen) Staudinger/*Gursky*, § 985 Rn 58 ff, 60.

11 Allg. zum dinglichen Anspruch und zu dem davon zu unterscheidenden gesetzlichen Begleitschuldverhältnis Staudinger/*Seiler*, Einl. zum Sachenrecht Rn 24, 28 ff.

12 S. BT-Drucks. 14/6857, S. 42 (Gegenäußerung der Bundesregierung), s. auch ebd, S. 6 (Stellungnahme des Bundesrates).

13 *Müller*, Sachenrecht, 4. Aufl. 1997, Rn 455; s. dazu mwN bereits nach bisherigem Recht abl. Staudinger/*Gursky*, § 985 Rn 84.

14 Kritisch de lege ferenda *Armbrüster*, in: FS Westermann, S. 53 ff.

c) Abgrenzungsfragen. aa) Verpfändung, Nießbrauch. Zu den dinglichen Herausgabeansprüchen aus dem Pfandrecht und dem Nießbrauch s. Rn 21. Ergänzend: Zweifelhaft ist, ob die **§§ 1231, 1251** unter Abs. 1 Nr. 1 fallen. Das könnte zu verneinen sein, da sie Herausgabeansprüche des Pfandgläubigers gegen den bisherigen Pfandgläubiger (§ 1251 Abs. 1) bzw gegen den Eigentümer, den mitbesitzenden Verpfänder sowie gegen denjenigen, an welchen dieser Besitz übertragen hat (§ 1231 S. 1), regeln, nicht aber einen Herausgabeanspruch gegen andere Dritte, die gegenüber dem Pfandgläubiger unrechtmäßigen Besitz an der Pfandsache haben.[15] Dennoch sollten beide Ansprüche der **Verjährung nach Abs. 1 Nr. 1** unterliegen, da sie lediglich Modifikationen des allgemeinen Herausgabeanspruchs aus §§ 1227, 985 sind. § 1251 hat nur klarstellende Funktion.[16] § 1231 will allein die bei der Pfandeinräumung nach § 1206 bestehende Möglichkeit der Berufung des Herausgabepflichtigen auf ein Recht zum Mitbesitz abschneiden.[17] 20

Der Anspruch auf Herausgabe der dem **Vermieterpfandrecht** unterworfenen Sachen aus § 562 b Abs. 2 S. 1 ist ein modifizierter Anspruch des Pfandgläubigers gem. § 1227.[18] Er richtet sich gegen jeden Besitzer, der kein vorrangiges Besitzrecht hat,[19] und unterliegt einer Ausschlussfrist, auf welche die Vorschriften der Verjährung, insbesondere die der Hemmung und des Neubeginns, nicht anzuwenden sind.[20] Das Pfandrecht (und damit auch der Anspruch aus § 562 b Abs. 2 S. 1) erlischt nach § 562 b Abs. 2 S. 2, wenn der Vermieter nicht innerhalb eines Monats nach Erlangung der Kenntnis von der Entfernung der Sachen den Anspruch gerichtlich geltend macht. Verjährung kann daher nur eintreten, wenn der Vermieter keine Kenntnis erlangt. Für diesen seltenen Ausnahmefall ist wegen der engen Verbindung des Anspruchs aus § 562 b Abs. 2 S. 1 zu § 1227 die Frist des Abs. 1 Nr. 1 anzuwenden (dazu, dass schuldrechtliche Herausgabeansprüche nicht unter Abs. 1 Nr. 1 fallen, s. Rn 27. Die Verjährung wird aber wegen der genannten Ausschlussfrist und der langen Verjährungsfrist von dreißig Jahren selten bedeutsam werden. 21

Nicht unter Abs. 1 Nr. 1 fallen die Rückgabeansprüche gegen einen ehemaligen **Nießbraucher** (§ 1055) oder **Pfandgläubiger** (§ 1223), da es sich um obligatorische Rückgabeansprüche[21] aus dem gesetzlichen Begleitschuldverhältnis (Rn 23 ff) handelt. 22

bb) Nutzungsherausgabe. Der Anspruch gem. **§§ 987, 988, 990** auf Nutzungsherausgabe beruht auf dem gesetzlichen Begleitschuldverhältnis der §§ 987 ff, das neben den dinglichen Anspruch des § 985 tritt.[22] Soweit die gezogenen Nutzungen (Früchte) in einer Sache bestehen (§§ 100, 99 Abs. 1), ist zu fragen, ob der Anspruch auf Nutzungsherausgabe gem. §§ 987, 988, 990 unter Abs. 1 Nr. 1 fällt.[23] 23

Dies kommt in Betracht, soweit der Anspruch die gegenständliche **Herausgabe** noch **vorhandener gezogener Nutzungen** (in Form von Sachen) anordnet.[24] Doch ist die Anwendung des Abs. 1 Nr. 1 abzulehnen. Die Ansprüche verjähren nach **§§ 195, 199**, denn es handelt sich nicht um dingliche Ansprüche, sondern sie entstammen einem gesetzlichen Begleitschuldverhältnis. Sie gehen über die Herausgabe der Sache, auf welche sich der dingliche Anspruch bezieht, hinaus, indem sie die Herausgabe anderer Sachen anordnen.[25] 24

Sind die gezogenen Früchte nicht mehr vorhanden, so ist nach den genannten Vorschriften **Wertersatz** zu leisten. Hier gilt Abs. 1 Nr. 1 erst recht nicht.[26] Neben den gerade genannten (Rn 24) Gründen spricht weiter dagegen, dass Abs. 1 Nr. 1 auf Rechtsverwirklichung und nicht auf Rechtsfortsetzung ausgerichtet ist. Soweit die genannten Anspruchsgrundlagen daher im Einzelfall den Wertersatz für gezogene, aber nicht mehr gegenständlich vorhandene Früchte anordnen, gelten für sie **§§ 195, 199**. Damit ist ein Verjährungsgleichklang mit anderen rechtsfortsetzenden Ausgleichsansprüchen hergestellt (Rn 33). 25

cc) Besitzrechtliche Herausgabeansprüche. Nicht von Abs. 1 Nr. 1 erfasst werden die Herausgabeansprüche aus Besitz wie der Anspruch wegen Besitzentziehung (§ 861) sowie der Anspruch des früheren Besitzers (§ 1007).[27] Sie fallen unter **§ 195.**[28] Nach überwiegender Ansicht[29] ist der Besitz kein dingliches Recht. Er stellt nicht das Recht des Besitzers zur unmittelbaren Herrschaft über eine Sache, sondern nur die tatsächliche unmittelbare Herrschaft des Besitzers dar.[30] Die §§ 861, 1007 dienen nicht der Verwirklichung eines dinglichen Rechts.[31] 26

15 S. Staudinger/*Wiegand*, § 1231 Rn 1, § 1251 Rn 1.
16 Staudinger/*Wiegand*, § 1251 Rn 1.
17 Näher Staudinger/*Wiegand*, § 1231 Rn 1.
18 Palandt/*Weidenkaff*, § 562 b Rn 8.
19 Staudinger/*Emmerich*, § 562 b Rn 13.
20 Staudinger/*Emmerich*, § 562 b Rn 17.
21 Zum obligatorischen Charakter Staudinger/*Gursky*, § 985 Rn 8 unter e).
22 Staudinger/*Seiler*, Einl. zum Sachenrecht Rn 28; Staudinger/*Gursky*, Vor zu §§ 985–1007 Rn 3.
23 Zur Problematik s. *Ernst*, S. 559, 576 f.
24 S. *Ernst*, S. 559, 576 f.
25 Zum Begriff der Herausgabe s. Rn 16.
26 S. bereits *Ernst*, S. 559, 576.
27 Fragend, ob § 1007 erfasst wird: *Ernst*, ZRP 2001, 1, 4 Fn 27.
28 S. BT-Drucks. 14/6857, S. 6 (Stellungnahme des Bundesrates), 42 (Gegenäußerung der Bundesregierung).
29 BGHZ 32, 194, 204; Staudinger/*Bund*, Vor zu §§ 854 ff Rn 36 m. zahlr. Nachw.
30 S. BT-Drucks. 14/6857, S. 42 (Gegenäußerung der Bundesregierung).
31 Staudinger/*Gursky*, § 1007 Rn 3 f, 9.

27 **dd) Schuldrechtliche Herausgabeansprüche.** Schuldrechtliche Ansprüche, die generell oder in einzelnen Sachverhaltskonstellationen auf Herausgabe einer bestimmten Sache gerichtet sind (s. zB §§ 346, 546, 596 Abs. 1, 604 Abs. 1, 667, 695, 812 Abs. 1, 682 oder 684 S. 1 iVm §§ 812 Abs. 1, 816 Abs. 1, 823 iVm § 249), werden durch Abs. 1 Nr. 1 nicht erfasst, da sie nicht aus einem dinglichen Recht, sondern aus einem zwischen den Parteien bestehenden, relativen Schuldverhältnis erwachsen. Das gilt auch, soweit schuldrechtliche Herausgabeansprüche ausnahmsweise gegen einen Dritten wirken (zB §§ 546 Abs. 2, 596 Abs. 3 und 822). Sie verjähren nach **§§ 195, 199**.

28 Zu Herausgabeansprüchen aus dem gesetzlichen **Begleitschuldverhältnis**, das neben den dinglichen Herausgabeanspruch tritt, s. Rn 23 ff.

29 **d) Beseitigungs- und Unterlassungsansprüche.** Beseitigungsansprüche (zB § 1004 Abs. 1 S. 1) und Unterlassungsansprüche (zB § 1004 Abs. 1 S. 2) aus dinglichen Rechten haben eine mit Herausgabeansprüchen vergleichbare Funktion der Rechtsverwirklichung.[32] Sie werden dennoch **nicht von § 197 erfasst**. Es gilt die Regelverjährung der **§§ 195, 199**.

30 Der Wille des Gesetzgebers ist eindeutig.[33] Der **Gesetzgeber**[34] geht davon aus, dass kein praktisches Bedürfnis bestehe, die bisher geltende Verjährungsfrist für Unterlassungsansprüche auch nach neuem Recht bei dreißig Jahren zu belassen, weil sie bei jeder Zuwiderhandlung neu entstehe (s. § 199 Abs. 5). Von einer Einbeziehung der Beseitigungsansprüche in die dreißigjährige Verjährungsfrist wurde abgesehen, weil sie regelmäßig zu Abgrenzungsschwierigkeiten gegenüber dem deliktischen Beseitigungsanspruch führe, der nach der Regelverjährungsfrist von drei Jahren verjährt. Doch bedarf es bei der Anspruchsbegründung und auf der Rechtsfolgenebene ohnehin der Unterscheidung.[35] Der Gesetzgeber weist weiter darauf hin, dass der Gläubiger solcher Ansprüche bereits durch den auch für Unterlassungsansprüche geltenden kenntnisabhängigen Beginn der regelmäßigen Verjährungsfrist nach § 199 ausreichend vor einem unerwarteten Rechtsverlust geschützt sei. Dieses Argument könnte aber auch gegen die dreißigjährige Verjährung von Herausgabeansprüchen gewendet werden.

31 Die verjährungsrechtliche Ungleichbehandlung der Herausgabe- und der Beseitigungs- wie Unterlassungsansprüche wurde während des gesamten Gesetzgebungsverfahrens zu Recht **stark kritisiert**.[36] Doch hat der Reformgesetzgeber die sachenrechtlichen Beseitigungs- und Unterlassungsansprüche bewusst nicht Abs. 1 Nr. 1 unterstellt. Ein Antrag Bayerns im Bundesrat, allgemein Abwehransprüche aus absoluten Rechten Abs. 1 Nr. 1 zu unterstellen, wurde bei Stimmengleichheit im Bundesrat abgelehnt.[37] Weder die Bundesregierung[38] noch der Rechtsausschuss des Bundestags[39] haben eine entsprechende Änderung erwogen. Daher ist wegen des klaren gesetzgeberischen Willens eine erweiternde Auslegung der Vorschrift und die Unterstellung der Beseitigungs- und Unterlassungsansprüche aus dinglichen Rechten unter Abs. 1 Nr. 1 nicht möglich.

32 **Wertungswidersprüche** sind wegen der eindeutigen Gesetzeslage hinzunehmen. Das neue Recht verleiht daher alten **Abgrenzungsfragen** eine neue, bedeutende verjährungsrechtliche Dimension: Je nachdem, ob die Einzäunung eines Teils eines fremden Grundstücks, das Müllabladen oder das Verlegen einer Leitung auf dem Grundstück als Besitzentziehung (§ 985) oder als Besitzstörung (§ 1004) zu werten ist, tritt die Verjährung dreißig Jahre nach Anspruchsentstehung (§§ 197 Abs. 1 Nr. 1, 200) oder bereits drei Jahre nach Anspruchsentstehung und Kenntniserlangung durch den Eigentümer, spätestens jedoch nach zehn Jahren (§§ 195, 199

32 S. nur Staudinger/*Seiler*, Einl. zum Sachenrecht Rn 25. Zur Funktion negatorischer Beseitigungsansprüche grundlegend *Picker*, Der negatorische Beseitigungsanspruch, 1972 (2. unveränderte Aufl. 2001); s. weiter Staudinger/*Gursky*, § 1004 Rn 4 ff m. Nachw. zum Meinungsstand.

33 Es wurde wegen der unterschiedlichen Verjährung etwa eigens der Wortlaut des § 939 geändert. S. BR-Drucks. 338/01, S. 80 = BT-Drucks. 14/6857, S. 38 (Stellungnahme des Bundesrats), s. dazu (zustimmende Gegenäußerung der Bundesregierung) S. 69: Der Begriff „Eigentumsanspruch" in § 939 wurde in „Herausgabeanspruch" umgewandelt, weil der Begriff des Eigentumsanspruchs neben dem Herausgabeanspruch (§ 985) noch andere Ansprüche aus dem Eigentum (zB § 1004) erfasst. „Während diese Ansprüche nach dem geltenden Recht einheitlich jeweils dem allgemeinen Verjährungstatbestand des § 195 unterfallen, sieht der Entwurf in § 197 Abs. 1 Nr. 1 BGB-E eine Differenzierung zwischen dem Herausgabeanspruch und sonstigen Ansprüchen aus Eigentum vor. Insoweit erscheint ein Festhalten an dem umfassenden Begriff des „Eigentumsanspruchs" in § 939 BGB-E nicht angebracht." (Zitat ebd S. 80 bzw S. 38).

34 BT-Drucks. 14/6040, S. 105.

35 So die Kritik bei *Ernst*, S. 559, 574 f; *Mansel*, S. 333, 371 f, jeweils mwN.

36 *Ernst*, S. 559, 572 ff; *ders.*, ZRP 2001, 4; *Mansel*, S. 333, 371 ff; zust. *Zimmermann/Leenen/Mansel/Ernst*, JZ 2001, 684, 694. Die Kritik hat sich nur teilweise durch die Einführung des kenntnisabhängigen Verjährungsbeginns der Regelverjährung erledigt.

37 Bundesrat, Niederschrift der Beratung der Beschlussempfehlung v. 18.6.2001 (unveröffentlicht), unter C 3.

38 S. bereits DiskE S. 238; dazu krit. *Ernst*, ZRP 2001, 1, 4.

39 Beschlussempfehlung und Bericht des Rechtsausschusses (6. Ausschuss), BT-Drucks. 14/7052.

Abs. 1, 4) ein.[40] Ähnliche Fragen stellen sich bei der Zugangsversperrung oder dem Übergang einer erst drohenden (§ 1004) zur vollendeten Besitzentziehung (§ 985).[41]

e) Rechtsfortsetzende Ausgleichsansprüche. Verliert der Eigentümer sein Eigentum infolge Verbindung, Vermengung, Vermischung, Verarbeitung (§§ 946 ff) oder gutgläubigen Erwerbs (§§ 932 ff, 892 f) oder verliert der Inhaber eines anderen dinglichen Rechts das Recht infolge von Gutglaubenstatbeständen (zB §§ 936, 892), so können ihm Ausgleichsansprüche zustehen, die sein dingliches Recht wertmäßig fortsetzen, insbesondere Ansprüche aus §§ 951, 816, 812 ff. Sie unterfallen nicht Abs. 1 Nr. 1, sondern **§§ 195, 199**.[42] 33

f) Herausgabeansprüche bei anderen absoluten Rechten. Abs. 1 Nr. 1 erfasst nur Herausgabeansprüche aus dinglichen Rechten, **nicht** auch aus **anderen absoluten Rechten**. Der Gesetzgeber hatte zwar den Einbezug der Herausgabeansprüche aus anderen absoluten Rechten noch im Normtext des § 197 Abs. 1 Nr. 1 DiskE vorgesehen. Doch ist er im späteren Gesetzgebungsverfahren davon abgerückt, da er ausweislich der in der Begründung zum Diskussionsentwurf gegebenen Beispiele allein dingliche Herausgabeansprüche regeln wollte.[43] 34

An einer Einbeziehung anderer absoluter Rechte in Abs. 1 Nr. 1 besteht kein Bedarf. Ein entsprechender anders lautender Antrag Bayerns wurde im Bundesrat bei Stimmengleichheit abgelehnt. Herausgabeansprüche sind bei zahlreichen absoluten Rechten, wie zB Leben oder Gesundheit, nicht denkbar. Bei anderen, wie zB **Patenten**, spielt die Herausgabe des Rechts praktisch keine Rolle; hier kann sich ein Herausgabeanspruch typischerweise nur auf die Vorteile erstrecken, die aus der Rechtsverletzung gezogen worden sind.[44] Es handelt sich dann um einen von Abs. 1 Nr. 1 nicht erfassten Rechtsfortsetzungsanspruch (Rn 23, 33). Bestimmte **erbrechtliche** Herausgabeansprüche werden in Nr. 1 privilegiert (s. Rn 36 ff); im Umkehrschluss ergibt sich, dass andere erbrechtliche Ansprüche der regelmäßigen Verjährungsfrist des § 195 unterfallen (§ 195 Rn 19 ff). **Familienrechtliche** Herausgabeansprüche (zB nach § 1632 Abs. 1) verjähren gem. § 194 Abs. 2 nicht (§ 194 Rn 29). Für das **allgemeine Persönlichkeitsrecht** wird zwar ein Anspruch auf Herausgabe der Negative bei widerrechtlich aufgenommenen Fotografien diskutiert. Doch wird hier nur von einem Anspruch auf Vernichtung der Negative auszugehen sein.[45] Er unterliegt der Verjährung nach §§ 195, 199. Durch den subjektiven Verjährungsbeginn scheint ein ausreichender Schutz des Gläubigers gewährleistet (zur Höchtsverjährungsfrist s. § 199 Rn 81 ff). 35

g) Erbrechtliche Ansprüche (Nr. 1). Der dreißigjährigen Verjährung unterfallen nur noch folgende erbrechtliche Ansprüche: Der Herausgabeanspruch des Erben gegen den Erbschaftsbesitzer aus § 2018, der Herausgabeanspruch des Nacherben gegen den Vorerben aus § 2130 sowie der Anspruch auf Herausgabe gegen den Besitzer eines unrichtigen Erbscheins aus § 2362. 36

Zu beachten ist, dass neben § 2018 zwar auch der Surrogatsanspruch des § 2019, nicht aber die Folgeansprüche aus §§ 2020 ff der dreißigjährigen Sonderverjährung unterfallen. Diese verhalten sich wie die §§ 987 ff zum Anspruch aus § 985 (dazu Rn 23): Sie sind schuldrechtliche Folgeansprüche, die nach §§ 195, 199 verjähren. 37

Der dreißigjährigen Verjährung unterfallen jedoch nach der ausdrücklichen Anordnung des Abs. 1 Nr. 1 aE solche Ansprüche, die der Geltendmachung dieser Herausgabeansprüche dienen. Dabei handelt es sich insbesondere um Auskunfts- und Rechnungslegungsansprüche aus §§ 259, 260, 2027, 2028, 2130 Abs. 2 und 2362 Abs. 2. Dadurch wird verhindert, dass die Geltendmachung der in Abs. 1 Nr. 1 durch die dreißigjährige Verjährungsfrist privilegierten Ansprüche durch die kurze Verjährung der zur Durchsetzung notwenigen Nebenansprüche faktisch erschwert werden kann. 38

Der Verjährungsbeginn richtet sich nach § 200. 39

4. Titelverjährung (Nr. 3–6). a) Verhältnis zu anderen Verjährungsnormen. Ansprüche, die in einer in Abs. 1 Nr. 3–6 bezeichneten Art festgestellt sind, verjähren in dreißig Jahren. Das **entspricht § 218 Abs. 1 aF**; die Erkenntnisse zum bisherigen Recht haben insofern weiter Gültigkeit. Die in § 197 Abs. 1 Nr. 3–6 geregelten Fälle setzen nicht grundsätzlich voraus, dass der im Sinne dieser Regelung festgestellte Anspruch vollstreckbar ist (s. im Einzelnen Rn 52 ff). Wurde ein Anspruch jedoch in vollstreckbarer Weise[46] festgestellt, so greifen die Regelungen des Abs. 1 Nr. 3–6 regelmäßig ein, wie im Folgenden zu zeigen ist. 40

40 Beispiele der Begründung des im Bundesrat abgelehnten Änderungsantrags, s. Bundesrat, Niederschrift der Beratung der Beschlussempfehlung v. 18.6.2001 (unveröffentlicht), unter C 3.

41 *Ernst*, S. 559, 574; *ders.*, ZRP 2001, 1, 4.

42 Zu Recht krit. (Wertungswiderspruch) zur rechtspolitischen Entscheidung *Ernst*, S. 559, 572 ff; *ders.*, ZRP 2001, 4.

43 Krit. hierzu *Ernst*, S. 559; *Mansel*, S. 333, 370.

44 Bundesrat, Niederschrift der Beratung der Beschlussempfehlung, 18.6.2001, (unveröffentlicht) unter C 3 (zu § 197).

45 S. zu der ähnlichen Frage bei Tonbandaufzeichnungen *Larenz/Canaris*, Lehrbuch des Schuldrechts, Band II/2, 13. Aufl. 1994, § 80 II 4 g.

46 Einen Überblick über außerhalb der ZPO geregelte Vollstreckungstitel gibt etwa Zöller/*Stöber*, ZPO, Vor § 794 Rn 43, § 794 Rn 35. Bei diesen Titeln ist im Einzelfall zu klären, ob sie unter § 197 Abs. 1 Nr. 3–5 fallen.

41 Andere Verjährungsnormen, welche gleichfalls die Titelverjährung im Sinne des Abs. 1 Nr. 3–6 regeln, gehen vor. Das folgt aus dem Eingangshalbsatz des Abs. 1 („soweit nicht ein anderes bestimmt ist", s. Rn 10).

42 Das Reformgesetz sagt nichts zu der Streitfrage, ob die Regelungen der **§§ 26, 159 HGB** solche besonderen Verjährungsvorschriften sind, die auch die Verjährung rechtskräftig festgestellter Ansprüche regeln sollen. Mit der bisher hM[47] ist das zu verneinen.

43 **b) Anspruch.** Anspruch iSd Abs. 1 Nr. 3–6 kann **jeder Anspruch** sein, auch wenn er selbst einer kürzeren Verjährung unterliegt. Die Verjährung der rechtlich festgestellten Ansprüche beginnt neu und ist von der sonst eingreifenden Verjährung des Anspruchs ohne gerichtliche Feststellung unabhängig. Wird der Anspruch abgetreten oder geht er in sonstiger Weise auf einen anderen Gläubiger über, so ändert das die Verjährung nach § 197 nicht.[48]

44 **c) Rechtskräftig festgestellte Ansprüche (Nr. 3). aa) Rechtskräftige Feststellung.** Der Anspruch muss rechtskräftig festgestellt sein.[49] Dabei ist auf die **formelle Rechtskraft** abzustellen.[50] Rechtsmittel dürfen nicht mehr eröffnet sein. Ob die Entscheidung sachlich zutrifft oder nicht, ist unbeachtlich. Die rechtskräftige Feststellung eines Anspruchs kann – wie nach bisherigem Recht – durch ein Urteil oder einen anderen Titel erfolgen. Es kommt nicht darauf an, in welchem Verfahren die Entscheidung ergangen ist,[51] ob kontradiktorisch oder nicht (Anerkenntnis-, Säumnisurteil).[52] Nur soweit der Anspruch rechtskräftig festgestellt wurde, gilt für ihn die Verjährungsfrist des Abs. 1 Nr. 3; wurde er bei Teilklage/Teilurteil nur teilweise festgestellt, greift Abs. 1 nur in diesem Rahmen.

45 Die Feststellung muss im Verhältnis Schuldner und Gläubiger wirksam werden; dabei sind die Regeln der Rechtskrafterstreckung, insbesondere die §§ 265, 325 ZPO zu beachten.[53]

46 **bb) Gerichtliche Feststellung.** Es genügt, dass die Entscheidung den Anspruch rechtskräftig feststellt. **Unbeachtlich** ist, in welcher **Gerichtsbarkeit** die Entscheidung ergangen ist. Bisher hat § 220 aF durch die Verweisung auf § 218 aF klargestellt, dass auch ein Anspruch, der nicht durch ein ordentliches Gericht, sondern ein besonderes Gericht im Sinne von §§ 13 f GVG[54] (Arbeits-, Patent-, Schifffahrtsgericht) oder ein Verwaltungsgericht (Verwaltungs-, Finanz-, Sozialgericht) rechtskräftig festgestellt wurde, u.a. § 218 unterfiel. § 220 wurde zu Recht aufgehoben, weil die Erwähnung der verschiedenen Gerichtszweige entbehrlich ist.[55] Dasselbe Ergebnis ergibt sich bereits aus dem Grundsatz der Gleichwertigkeit der Gerichtsbarkeiten. § 220 aF erwähnte noch die Anspruchsfeststellung durch eine Verwaltungsbehörde. Das war schon nach bisherigem Recht wegen der Zuweisung der rechtsprechenden Gewalt an die Gerichte (Art. 92 GG) obsolet.[56] Ob der Rechtsweg zum erkennenden Gericht eröffnet und das Gericht zuständig war, ist für Abs. 1 Nr. 3 ohne Bedeutung.[57]

47 Ist aus der Sicht des deutschen internationalen Privatrechts das deutsche Verjährungsrecht anwendbar[58] und hat eine Entscheidung eines **ausländischen Gerichts** einen Anspruch rechtskräftig festgestellt (gleichgültig nach welchem Sachrecht), so ist zu fragen, ob die Entscheidung des ausländischen Gerichts die Tatbestandswirkung[59] des Abs. 1 Nr. 3 auslösen und die neue Verjährungsfrist eröffnen kann. Nach hM setzt das voraus, dass die Entscheidung in Deutschland anerkennungsfähig ist.[60] Streit besteht darüber, ob alle (so die hM)[61] oder nur einige Anerkennungsvoraussetzungen[62] erfüllt sein müssen.[63] In keinem Fall bedarf es für die Zwecke des Abs. 1 Nr. 3 einer selbständigen Anerkennungsentscheidung der deutschen Gerichte.[64] Eine solche ergeht nach dem Grundsatz der Inzidentanerkennung nicht regelmäßig. Wollte man deshalb auf die gerichtliche Entscheidung abstellen, welche das ausländische Urteil für vollstreckbar erklärt (Vollstreckungsurteil nach § 722 ZPO oder eine vergleichbare gerichtliche Entscheidung nach den einschlägigen Anerkennungs- und Vollstreckungsstaatsverträgen oder EG-Verordnungen),[65] so ist zu entgegnen, dass sie etwa bei Feststellungs-

47 Nachweise bei Staudinger/*Peters/Jacoby*, § 197 Rn 35.
48 BGH VersR 1962, 470, 471.
49 Näher dazu, dass der Anspruch Gegenstand der Feststellung sein muss, MüKo/*Grothe*, § 197 Rn 17.
50 BT-Drucks. 14/6040, S. 106; MüKo/*Grothe*, § 197 Rn 12; Soergel/*Niedenführ*, § 197 Rn 28.
51 BT-Drucks. 14/6040, S. 106.
52 Staudinger/*Peters/Jacoby*, § 197 Rn 37, 49.
53 Näher Staudinger/*Peters/Jacoby*, § 197 Rn 44 f.
54 Zum Begriff *Jauernig*, Zivilprozessrecht, 29. Aufl. 2007, § 5 II.
55 BT-Drucks. 14/6040, S. 116.
56 BT-Drucks. 14/6040, S. 116.
57 Staudinger/*Peters/Jacoby*, § 197 Rn 49.
58 Zur Ermittlung des auf die Verjährung anwendbaren Rechts s. Vor §§ 194–218 Rn 29 f.
59 Zur Tatbestandswirkung s. näher (am Beispiel der Verjährungsunterbrechung durch Streitverkündung in ausländischen Verfahren) Wieczorek/Schütze/*Mansel*, ZPO, 3. Aufl. 1994, § 68 ZPO Rn 21–23.
60 RGZ 129, 395; OLG Düsseldorf RIW 1979, 59; *Frank*, IPRax 1983, 108, 111; *Looschelders*, IPRax 1998, 296, 301 mit umfassenden Nachw. in Fn 55.
61 S. die vorst. Nachw.
62 So neben anderen insb. *Geimer*, Internationales Zivilprozessrecht, 6. Aufl. 2009, Rn 2828 f mwN.
63 Zur davon zu trennenden Frage, wann Hemmung einer laufenden Frist durch Klageerhebung oder Streitverkündung in einem ausländischen Prozess eintritt, s. § 204 Rn 24 f, 75.
64 MüKo/*Grothe*, § 197 Rn 13; Soergel/*Niedenführ*, § 197 Rn 27; aA Staudinger/*Peters/Jacoby*, § 197 Rn 50.
65 S. die Übersicht bei Thomas/Putzo/*Hüßtege*, ZPO, Anhang nach § 723 Rn 1 ff iVm § 328 Rn 24 ff und Art. 34, 38 ff EuGVVO sowie Art. 28 ff EuEheVO.

urteilen nicht ergeht.[66] Auch würde das die Verjährung der in anerkennungsfähigen ausländischen Entscheidungen rechtskräftig festgestellten Ansprüche später beginnen lassen als die Verjährung der Ansprüche, die in deutschen Entscheidungen festgestellt wurden. Ein Grund für diese Ungleichbehandlung ist nicht ersichtlich.

Auch ein durch ein Schiedsgericht festgestellter Anspruch verjährt in der Frist des Abs. 1 Nr. 3, denn der **Schiedsspruch** hat nach § 1055 ZPO die Wirkungen eines rechtskräftigen gerichtlichen Urteils.[67] Soweit § 220 Abs. 1 aF für Schiedssprüche ausdrücklich auf § 218 aF verwies, hatte das nur klarstellende Funktion. Dieser Verweis war entbehrlich. Auch insoweit wurde § 220 aF aufgehoben. Der Tatbestand des Abs. 1 Nr. 3 wird durch den Schiedsspruch selbst erfüllt,[68] nicht erst durch die gerichtliche Entscheidung nach § 1060, die ihn für vollstreckbar erklärt und den Vollstreckungstitel nach § 794 Abs. 1 Nr. 4 a ZPO bildet. Zur Frage des Verjährungsbeginns s. § 201 Rn 6 ff. **48**

Abs. 1 Nr. 3 erfasst auch den **Schiedsvergleich** (Schiedsspruch mit vereinbartem Wortlaut iSv § 1053 ZPO),[69] da er gem. der ausdrücklichen Anordnung des § 1053 Abs. 2 S. 2 ZPO einem Schiedsspruch gleichsteht[70] und dieser Abs. 1 Nr. 3 unterfällt. Für die Tatbestandserfüllung des Abs. 1 Nr. 3 ist nicht die Vollstreckbarerklärung des Schiedsvergleichs zu fordern,[71] denn § 1053 Abs. 2 S. 2 ZPO setzt den Schiedsvergleich als solchen dem Schiedsspruch gleich und dieser wird wiederum durch § 1055 ZPO einem gerichtlichen Urteil gleichgesetzt. **49**

Zum **Anwaltsvergleich** s. Rn 56, 60. **50**

§ 218 Abs. 1 aF wurde bisher von der hM analog auf ein **privates (urteilsvertretendes) Anerkenntnis**[72] des Schuldners angewandt, in welchem er den Anspruch ohne Einschränkung anerkennt.[73] Es ist in der Rspr noch offen, ob diese Ansicht auf Abs. 1 Nr. 3 übertragen werden kann.[74] Hierfür besteht seit der Neuregelung der Zulässigkeit von Verjährungsvereinbarungen durch § 202 kaum ein Bedürfnis mehr.[75] Denn die alte Rechtsprechung war wesentlich durch den restriktiven § 225 aF motiviert,[76] der parteiautonome Verjährungsverlängerungen nicht zuließ. Heute kann ein entsprechendes Anerkenntnis im Regelfall als Vereinbarung der Verjährungshöchstdauer von dreißig Jahren ab dem gesetzlichen Verjährungsbeginn im Sinne von § 202 Abs. 2 ausgelegt werden, sofern die Auslegung[77] nicht ergibt, dass das Anerkenntnis keinen Einfluss auf die Verjährung haben sollte. Sollte die Verjährung verhindert und sollten zugleich andere Einwendungen ausgeschlossen sein, so kann die Abrede als eine im Sinne des § 202 und zugleich als entsprechendes Schuldanerkenntnis ausgelegt werden.[78] **51**

cc) Feststellende Entscheidung. Die anspruchsfeststellende Entscheidung kann ein Leistungs- oder Feststellungsurteil, Vollstreckungsbescheid, Kostenfestsetzungsbeschluss oder **jede** andere **unanfechtbare gerichtliche Entscheidung** sein, aus der vollstreckt werden kann,[79] nicht aber ein Grundurteil (§ 304 ZPO).[80] Der prozessuale **Kostenerstattungsanspruch** unterliegt ebenfalls der dreißigjährigen Verjährung nach § 197 Abs. 1 Nr. 3.[81] Denn mit der rechtskräftigen Entscheidung wird nicht nur über die Hauptsache entschieden, sondern auch eine Kostengrundentscheidung getroffen. Damit wird der Kostenerstattungsanspruch rechtskräftig iSd Nr. 3 festgestellt.[82] Für den Sonderfall des Anspruchs auf Erstattung der Kosten der Zwangsvollstreckung nach § 788 ZPO findet sich eine ausdrückliche Regelung in Nr. 6 (dazu Rn 64). *Dilger* spricht sich mit guten Gründen de lege ferenda für eine Unterstellung des prozessualen Kostenerstattungsanspruchs unter die regelmäßige Verjährungsfrist aus.[83] **52**

66 S. bspw AG Würzburg FamRZ 1994, 1596.
67 Dazu weiterführend Zöller/*Geimer*, ZPO, § 1055 Rn 1 ff.
68 Ebenso: Soergel/*Niedenführ*, § 197 Rn 28; Staudinger/*Peters/Jacoby*, § 197 Rn 52.
69 Palandt/*Ellenberger*, § 197 Rn 8.
70 Zur Gleichstellung s. nur Thomas/Putzo/*Hüßtege*, ZPO, § 1053 Rn 4.
71 Ebenso Palandt/*Ellenberger*, § 197 Rn 8; aA Soergel/*Niedenführ*, § 197 Rn 33; Staudinger/*Peters/Jacoby*, § 197 Rn 32.
72 Zu einer regelmäßigen Qualifikation als kausales Schuldanerkenntnis s. *Haas/Schulze*, S. 257 ff.
73 BGH NJW 2003, 1524; NJW-RR 1990, 664.
74 S. OLG Saarbrücken OLGR Saarbrücken 2007, 223 ff.
75 S. auch Erman/*Schmidt-Räntsch*, § 197 Rn 14; Bamberger/Roth/*Heinrich*, § 197 Rn 17; abweichend *Haas/Schulze*, S. 269 ff.
76 S. den Hinweis bei Staudinger/*Peters* (2001), § 218 aF Rn 16.
77 Zu Auslegungsvermutungen s. *Haas/Schulze*, S. 269 ff.
78 In diesem Fall allein als urteilsvertretendes Anerkenntnis qualifizierend *Haas/Schulze*, S. 270; zu den Unterschieden ebenda S. 268 ff.
79 Palandt/*Ellenberger*, § 197 Rn 7; MüKo/*Grothe*, § 197 Rn 12, 14; Staudinger/*Peters/Jacoby*, § 197 Rn 36, 49.
80 BGH NJW 1985, 792; Staudinger/*Peters/Jacoby*, § 197 Rn 34. Zur anderen Beurteilung bei einem Grundurteil eines Schiedsgerichts s. MüKo/*Grothe*, § 197 Rn 14.
81 BGH NJW 2006, 1962; de lege lata zustimmend *Dilger*, JurBüro 2006, 291; *M. Stürner*, jurisPR-BGHZivilR 19/2006 Anm. 1.
82 Eingehend dazu, auch zur Gegenmeinung, die den Kostenerstattungsanspruch der Regelverjährung des § 195 unterstellen will, *Dilger*, JurBüro 2006, 291, 293 ff.
83 *Dilger*, JurBüro 2006, 291, 293 ff.

53 Nach hM zum bisherigen Recht genügt auch ein Urteil, welches eine **negative Feststellungsklage**, durch die das Nichtbestehen des Anspruchs festgestellt werden soll, als unbegründet abweist.[84] Diese Ansicht wurde bestritten.[85] Der Streit besteht auch unter neuem Recht fort.

54 Endurteile genügen ebenso wie **Vorbehaltsurteile** nach §§ 302, 599 ZPO.[86] § 219 aF konnte aufgehoben werden,[87] soweit[88] er die durch Vorbehaltsurteil rechtskräftig festgestellten Ansprüche hinsichtlich der dreißigjährigen Verjährungsfrist nach § 218 Abs. 1 aF den rechtskräftig festgestellten Ansprüchen gleichgestellt hat. Die Vorschrift erschien insoweit entbehrlich.[89] Das Vorbehaltsurteil ist hinsichtlich der Rechtsmittel und der Zwangsvollstreckung als Endurteil anzusehen (§ 302 Abs. 3 ZPO). Die eventuelle spätere Aufhebung nach § 302 Abs. 4 ZPO (fehlende materielle Rechtskraft)[90] berührt die Frage der Verjährungsfrist nicht. Für diese ist allein die formelle Rechtskraft entscheidend.

55 Ein Urteil nach **§ 305 ZPO** ist kein Vorbehaltsurteil, sondern ein Endurteil.[91]

56 Unter Abs. 1 Nr. 3 fällt auch ein Beschluss, in welchem ein **Anwaltsvergleich** nach § 796 b ZPO durch das Gericht oder nach § 796 c ZPO durch den Notar (sein Beschluss steht dem eines Gerichts gleich)[92] für vollstreckbar erklärt wird und der nach § 794 Abs. 1 Nr. 4 b ZPO Grundlage der Zwangsvollstreckung ist.[93] Der Anwaltsvergleich für sich alleine genommen erfüllt keine der Tatbestandsvoraussetzungen des Abs. 1 Nr. 3–5; er stellt selbst keine Ansprüche rechtskräftig (eine Norm wie § 1053 ZPO für den Schiedsspruch fehlt für den Anwaltsvergleich) oder vollstreckbar fest. Anders als in den Fällen des § 197 Abs. 1 Nr. 4 ist beim Anwaltsvergleich Vollstreckungstitel nicht der Vergleich, sondern – wie sich aus § 794 Abs. 1 Nr. 4 b ZPO ergibt – der Beschluss nach § 796 b ZPO oder § 796 c ZPO, der den Anwaltsvergleich für vollstreckbar erklärt.[94] Verjährungsrechtliche Bedeutung erlangt daher erst die Vollstreckbarerklärung des Anwaltsvergleichs. Zum Verjährungsbeginn s. § 201 Rn 8.

57 **d) Ansprüche aus vollstreckbaren Vergleichen oder vollstreckbaren Urkunden (Nr. 4). aa) Vollstreckbarer Vergleich.** Unter Abs. 1 Nr. 4 fällt jeder Anspruch aus einem Vergleich iSv **§ 794 Abs. 1 Nr. 1 ZPO**:[95]
- gerichtlicher Vergleich vor einem deutschen Gericht (§ 160 Abs. 3 Nr. 1 ZPO, s. auch den durch die ZPO-Reform seit 1.1.2002 eingeführten § 278 Abs. 6 ZPO),
- Vergleich vor der landesrechtlich eingerichteten oder anerkannten Gütestelle iSv § 797 a ZPO,
- Vergleich im Prozesskostenhilfeverfahren nach § 118 Abs. 1 S. 3 ZPO,
- Vergleich im selbständigen Beweisverfahren nach § 492 Abs. 3 ZPO.

58 Gleichgestellt ist der **Schuldenbereinigungsplan** nach § 308 Abs. 1 S. 2 InsO.

59 Der Anspruch aus dem Vergleich unterfällt Abs. 1 Nr. 4 aber nur, wenn er mit Bezug zu dem **Verfahrensgegenstand** begründet wurde. Abs. 1 Nr. 4 ist nicht anwendbar, wenn der Anspruch selbständig, ohne Verfahrensbezug und nur bei Gelegenheit des Verfahrens, das zum Vergleich führte, begründet wurde.[96] Der Vergleich kann – wie ein Feststellungsurteil (s. Rn 52 f) – rein feststellenden Inhalt haben; ein im eigentlichen Sinne vollstreckbarer Inhalt ist nicht erforderlich.[97]

60 Der **Anwaltsvergleich** fällt nicht unter Abs. 1 Nr. 4, sondern unter Abs. 1 Nr. 3 (Rn 61). Gleiches gilt – wegen der Gleichstellung mit einem Schiedsspruch und damit mit einer gerichtlichen Entscheidung (§§ 1053 Abs. 2 S. 2, 1055 ZPO) – für den **Schiedsvergleich** (s. Rn 49).

61 **bb) Vollstreckbare Urkunde.** Abs. 1 Nr. 4 erfasst auch Ansprüche aus vollstreckbaren Urkunden iSv §§ 794 Abs. 1 Nr. 5, 801 ZPO,[98] sofern die Unterwerfung unter die Zwangsvollstreckung formell und materiell **wirksam** ist.[99]

84 BGHZ 72, 23, 31; Palandt/*Ellenberger*, § 197 Rn 7; MüKo/*Grothe*, § 197 Rn 14.
85 Zu Recht abl. Staudinger/*Peters/Jacoby*, § 197 Rn 43.
86 BT-Drucks. 14/6040, S. 106.
87 BT-Drucks. 14/6040, S. 99 f, 106.
88 Soweit § 219 aF auf § 211 Abs. 1 aF verwies, wurde er auch aufgehoben, s. § 204 Rn 117.
89 BT-Drucks. 14/6040, S. 100; ebenso bereits *Peters/Zimmermann*, S. 32.
90 Thomas/Putzo/*Thomas*, ZPO, § 322 Rn 4.
91 Soergel/*Niedenführ*, 13. Bearb. 1999, § 219 aF Rn 2.
92 Zöller/*Geimer*, ZPO, § 796 c Rn 5; *Münzberg*, NJW 1999, 1357, 1359: Es liegt keine Urkundstätigkeit des Notars, sondern Wahrnehmung rechtsprechender Aufgaben vor.
93 Staudinger/*Peters/Jacoby*, § 197 Rn 57; Palandt/*Ellenberger*, § 197 Rn 8; *Ziege*, NJW 1991, 1580, 1585; anders Stein/Jonas/*Münzberg*, ZPO, § 796 a Rn 1; Soergel/*Niedenführ*, § 197 Rn 33, die § 197 Abs. 1 Nr. 4 anwenden.
94 Zum Vollstreckungstitel Zöller/*Geimer*, ZPO, § 796 a Rn 25, § 796 c Rn 6, 8.
95 S. MüKo/*Grothe*, § 197 Rn 20.
96 MüKo/*Grothe*, § 197 Rn 20.
97 BGH NJW-RR 1990, 665; Jauernig/*Jauernig*, § 197 Rn 7.
98 Palandt/*Ellenberger*, § 197 Rn 8.
99 BGH NJW 1999, 51, 52; OLG Zweibrücken BauR 2000, 1209; Palandt/*Ellenberger*, § 197 Rn 8; MüKo/*Grothe*, § 197 Rn 20; *Böckmann*, InVo 2003, 345 mwN, auch zur Gegenansicht.

Die seither umstrittene Frage, ob die **vollstreckbare Kostenrechnung des Notars** (§§ 154 f KostO) die Verjährungsfrist des Abs. 1 auslöst,[100] hat der BGH nun richtigerweise verneint.[101] Die genannte Entscheidung ist noch zu § 218 aF ergangen, die gegen eine Analogie sprechenden Argumente gelten aber auch in Bezug auf § 197.[102] 62

e) Feststellungen im Insolvenzverfahren (Nr. 5). Ansprüche, die durch die im Insolvenzverfahren erfolgte Feststellung vollstreckbar geworden sind (§§ 201 Abs. 2, 215 Abs. 2 S. 2, 257 InsO), verjähren in dreißig Jahren nach Abs. 1 Nr. 5. 63

f) Kosten der Zwangsvollstreckung (Nr. 6). Die Vorschrift wurde mit Wirkung zum 15.12.2004 durch das VerjAnpG (s. dazu Vor §§ 194-218 Rn 14) eingefügt. Danach verjähren Ansprüche nach § 788 Abs. 1 ZPO auf **Erstattung der Kosten der Zwangsvollstreckung** in dreißig Jahren. Durch die Neuregelung wird ausdrücklich klargestellt, dass die nach altem Recht nahezu unumstrittene (direkte oder analoge) Anwendung der dreißigjährigen Verjährungsfrist des § 218 aF auf diesen Kostenerstattungsanspruch[103] dem gesetzgeberischen Willen entspricht. 64

II. Regelmäßig wiederkehrende Leistungen, Unterhalt (Abs. 2)

1. Grundsatz. Für bestimmte Ansprüche, die unter Nr. 3 bis 5 fallen, sieht Abs. 2 vor, dass die durch Abs. 1 angeordnete dreißigjährige Verjährung durch die dreijährige **Regelverjährung** nach § 195 ersetzt wird, deren Beginn durch § 199 bestimmt wird (Rn 4 ff). 65

Durch Abs. 2 werden nur Rückstände – also **fällige**, aber noch nicht voll erbrachte Leistungen[104] – erfasst, da die Verjährung nach § 199 Abs. 1 Nr. 1 nicht vor der Fälligkeit des Anspruchs beginnt.[105] Das gilt für alle Alternativen des Abs. 2.[106] Zum Zweck der Vorschrift s. Rn 5.

2. Ansprüche nach Abs. 1 Nr. 3–5. Ansprüche im Sinne von Abs. 1 Nr. 3–5 (Rn 43) verjähren statt in dreißig Jahren aufgrund Abs. 2 in der Frist der dreijährigen **Regelverjährung**, wenn sie künftig fällig werdende regelmäßig wiederkehrende Leistungen zum Inhalt haben, gleichgültig ob es familien-, erbrechtliche oder andere Ansprüche sind. Damit besteht im Grundsatz Deckungsgleichheit mit § 218 Abs. 2 aF; allerdings ordnet § 197 Abs. 2 die Geltung der Regelverjährungsfrist an, während nach bisherigem Recht die ansonsten eingreifende „kürzere" Verjährungsfrist zur Anwendung kam. Zur ratio der Norm s. Rn 5. Zur Ausnahme von Abs. 2 s. Rn 71. 66

Wiederkehrende Leistungen müssen in dem Titel nicht als solche benannt sein; es genügt, wenn die Auslegung des Titels ergibt, dass der Titel sich auf solche wiederkehrenden Leistungen bezieht.[107] 67

Die Ansprüche müssen **künftig fällig** werden, das meint Fälligkeit nach Unanfechtbarkeit der Anspruchsfeststellung iSv **Abs. 1 Nr. 3–5**. Nur solche Ansprüche werden von Abs. 2 erfasst. Für die anderen bleibt es bei der dreißigjährigen Verjährungsfrist nach Abs. 1 Nr. 3–5. 68

Die Verjährung der Abs. 2 unterfallenden Ansprüche **beginnt** frühestens mit dem Schluss des Jahres der Anspruchsentstehung, dh regelmäßig mit der Fälligkeit des Anspruchs und der Anspruchskenntnis im Sinne von § 199 Abs. 1 Nr. 1. Dabei ist der Verjährungsbeginn für jeden einzelnen Anspruch auf wiederkehrende Leistung zu berechnen und auf den jeweiligen Fälligkeitszeitpunkt der Einzelleistung abzustellen. 69

Da die §§ 197 Abs. 2, 195 für die bereits titulierten einschlägigen Ansprüche die dreijährige Verjährungsfrist anordnen, kann es wegen der relativ kurzen Zeitspanne von drei Jahren erforderlich sein, eine drohende Verjährung abzuwenden, etwa indem nach § 212 Abs. 1 Nr. 2 durch Beantragung einer gerichtlichen oder behördlichen Vollstreckungshandlung der Neubeginn der Verjährung herbeigeführt wird. Ist das etwa bei einem flüchtigen Schuldner nicht möglich, so ließ die Rechtsprechung und hM nach bisherigem Recht zum Zwecke der erneuten **Verjährungsabwendung** ausnahmsweise eine entsprechende Feststellungsklage zu, obgleich bereits ein Vollstreckungstitel vorlag.[108] Der Reformgesetzgeber hat § 218 Abs. 2 aF im Kern unverändert (s. aber Rn 66) in § 197 Abs. 2 übernommen. Zu der Praxis solcher „Verjährungsabwendungsklagen" hat der Gesetzgeber keine Stellung genommen. Das Problem besteht auch nach neuem Recht und ist wohl im Sinne der bisher hM zu lösen. 70

100 Vgl dazu die Nachw. bei Staudinger/*Peters/Jacoby*, § 197 Rn 53.
101 BGH NJW-RR 2004, 1578 m.Anm. *W. Tiedtke*, ZNotP 2004, 494.
102 So auch ausdr. der BGH NJW-RR 2004, 1578, 1580.
103 Dafür vor Inkrafttreten des VerjAnpG MüKo/*Grothe*, § 197 Rn 16; dagegen *Ballaschk*, ZAP 2004, Fach 24, 817 (Verjährung nicht titulierter Kostenerstattungsansprüche in drei Jahren).
104 MüKo/*Grothe*, § 197 Rn 24.
105 BT-Drucks. 14/6040, S. 107.
106 AA *Bergjan/Wermes*, FamRZ 2004, 1087, 1089 f: Verjährung in dreißig Jahren.
107 Staudinger/*Peters/Jacoby*, § 197 Rn 65.
108 S. BGHZ 93, 287, 291; *Peters/Zimmermann*, S. 263; Staudinger/*Peters/Jacoby*, § 197 Rn 52; Soergel/*Niedenführ*, § 197 Rn 42.

71 **Ausnahme von Abs. 2:** Bei einem Verbraucherdarlehen (§ 491) findet Abs. 2 auf iSv Abs. 1 Nr. 3–5 titulierte Zinsansprüche keine Anwendung (§ 497 Abs. 3 S. 4), es sei denn, die Hauptforderung des Titels lautete auf Zinsen (§ 497 Abs. 3 S. 5). Soweit Abs. 2 keine Anwendung findet, gilt für die titulierten Zinsansprüche weiterhin die dreißigjährige Verjährungsfrist nach Abs. 1 Nr. 3–5 (s. näher bei § 497).[109] Durch die Regelung soll vermieden werden, dass der Kreditgeber allein wegen der Zinsen die Verjährungsunterbrechung betreibt.[110]

72 Ansprüche aus einem **eingetragenen Recht** im Sinne von §§ 902, 873 verjähren nach § 902 Abs. 1 S. 1 nicht. Ratio der angeordneten Unverjährbarkeit ist der Zweck des Grundbuchs, das auf Schaffung von Rechtssicherheit zielt.[111] Auch ein Anspruch aus § 1027 wegen Beeinträchtigung unterfällt § 902, soweit er die Verwirklichung des Rechts selbst und nicht nur eine Störung in der Ausübung des Rechts betrifft. Denn nur dann ist das eingetragene Recht auch geschützt.[112] Soweit sie auf Rückstände wiederkehrender Leistungen wie zB gem. §§ 1107, 1159, 1199 Abs. 1 oder auf Schadensersatz gerichtet sind, unterliegen sie der Verjährung. Für sie gilt § 195. Ratio des § 902 Abs. 1 S. 2 ist es, dass die Erfüllung solcher Ansprüche weder die weitere Ausübung des Rechts betreffen, noch im Grundbuch abgebildet sind. Daher können sie auch nach den allgemeinen Regeln verjähren.[113]

III. Verjährungsbeginn

73 Die Verjährungsfrist für die durch Abs. 1 Nr. 1 (Rn 11 ff) erfassten Ansprüche richtet sich nach **§ 200** (s. dort).

74 Die Verjährungsfrist für die durch Abs. 1 Nr. 3–6 (Rn 40 ff) erfassten Ansprüche richtet sich nach **§ 201** (s. dort).

75 Der Verjährungsbeginn für die Abs. 2 unterfallenden Ansprüche richtet sich nach **§ 199** (s. dort). Abs. 2 verweist auf die Regelverjährung (§ 195) und damit implizit auch auf den Verjährungsbeginn der Regelverjährung (§ 199). S. ferner Rn 65 ff.

§ 198 Verjährung bei Rechtsnachfolge

Gelangt eine Sache, hinsichtlich derer ein dinglicher Anspruch besteht, durch Rechtsnachfolge in den Besitz eines Dritten, so kommt die während des Besitzes des Rechtsvorgängers verstrichene Verjährungszeit dem Rechtsnachfolger zugute.

Literatur: Siehe Vor §§ 194–218.

A. Allgemeines

1 Die Vorschrift **entspricht** inhaltlich dem bisherigen **§ 221 aF**; sie wurde leicht an den heutigen Sprachgebrauch angepasst.[1] Die Ergebnisse der Rechtsprechung und Literatur zu § 221 aF können für die Auslegung des § 198 herangezogen werden.

B. Regelungsgehalt

2 Die **Rechtsnachfolge** auf der Seite des Gläubigers oder des Schuldners verändert die Anspruchsverjährung nicht; die Verjährungsfrist und ihr Lauf bleiben von einem Schuldner- oder Gläubigerwechsel unberührt (§ 195 Rn 61).[2]

3 Etwas anderes gilt für **dingliche Ansprüche gegen den Besitzer** einer Sache. Der Anspruch entfällt tatbestandsmäßig, wenn der Besitzer den Sachbesitz verliert. Gegen den neuen Besitzer entsteht mit seinem Besitzerwerb ein neuer dinglicher Anspruch, dessen Verjährung gleichfalls neu mit der Anspruchsentstehung beginnt (§ 200 iVm § 197 Abs. 1 Nr. 1 bzw § 199 Abs. 1 für die nicht § 197 Abs. 1 Nr. 1 unterfallenden dinglichen Ansprüche).

109 S. zum neuen Recht und weiteren Problemen *Köndgen*, WM 2001, 1637, 1647 sowie *Budzikiewicz*, WM 2003, 264 ff.
110 BT-Drucks. 14/6857, S. 66; Palandt/*Weidenkaff*, § 497 Rn 10; *Budzikiewicz*, WM 2003, 264, 272 f.
111 BGH NJW 2011, 518, 519.
112 BGH NJW 2011, 518 ff.
113 BGH NJW 2011, 518, 520.
1 BT-Drucks. 14/6040, S. 107.
2 Soergel/*Niedenführ*, § 198 Rn 2.

I. Rechtsnachfolge im Besitz

Davon macht § 198 eine **Ausnahme**. Die Norm ordnet für den Fall der Rechtsnachfolge im Besitz eine Vorverlegung des Verjährungsbeginns an: Die während des Besitzes des früheren Besitzers, gegen den während seines Besitzes der dingliche Anspruch gerichtet war, abgelaufene Besitzzeit wird zugunsten des nunmehrigen Besitzers, der dem neuen dinglichen Anspruch ausgesetzt ist, angerechnet. Dadurch wird ein früherer Verjährungsbeginn erreicht. Für Verjährungszwecke wird fingiert, der aktuelle Besitzer habe den Besitz bereits früher erlangt, so dass der dingliche Anspruch im Sinne von § 198 gegen den aktuellen Besitzer als bereits früher entstanden anzusehen ist. § 198 will durch die Zusammenrechnung der Besitzzeiten eine faktische Unverjährbarkeit verhindern.[3] 4

II. Dingliche Ansprüche

§ 198 gilt für dingliche Ansprüche, die gegen den Besitzer einer Sache gerichtet sind. Die Vorschrift ist daher insbesondere anwendbar auf **§ 985** oder auf andere dingliche Herausgabeansprüche (zu ihnen s. § 197 Rn 11 ff) sowie auf Ansprüche aus **§§ 861 f, 1004**.[4] § 198 ist anwendbar auf entsprechende Ansprüche bei Grundstücken, soweit diese verjährbar sind (zur Unverjährbarkeit s. § 194 Rn 6), wie etwa die Ansprüche nach § 902 Abs. 1 S. 2. § 198 greift **nicht** für die Ansprüche aus dem begleitenden gesetzlichen Schuldverhältnis (s. dazu § 197 Rn 23 ff) wie insbesondere Ansprüche aus **§§ 987 ff**, denn der bereits entstandene Anspruch auf Nutzungsherausgabe oder Wertersatz entfällt nicht, wenn der Besitz wechselt. 5

III. Durch Rechtsnachfolge

§ 198 setzt tatbestandsmäßig die Besitznachfolge durch **Gesamtnachfolge**, vor allem gem. § 857, oder im Wege der **Einzelnachfolge** durch Willenseinigung mit dem bisherigen Besitzer voraus.[5] § 198 verlangt somit einen abgeleiteten Besitzerwerb. **Keine Rechtsnachfolge** liegt demnach vor, wenn der Besitz nicht einvernehmlich vom bisherigen auf den aktuellen Besitzer übertragen wurde, sondern durch verbotene Eigenmacht, unerlaubte Handlung, Auffinden der Sache etc. erworben wurde.[6] § 198 setzt ferner voraus, dass während der zusammengerechneten Besitzzeiten gegen jeden der jeweiligen Sachbesitzer ein gleichartiger dinglicher Anspruch gerichtet war. Daher kann keiner der Vorbesitzer gegenüber dem Gläubiger des dinglichen Anspruchs ein Recht zum Besitz gehabt haben.[7] Für § 198 ist es bei einem Besitzwechsel im Wege der Einzelnachfolge unerheblich, ob der frühere Besitzer zur Besitzübertragung auf den aktuellen Besitzer berechtigt war oder nicht.[8] § 198 stellt allein auf den einvernehmlichen faktischen Besitzübergang ab. 6

Bei **mehrfachem Besitzwechsel** werden, sofern die in Rn 6 beschriebenen Voraussetzungen jeweils erfüllt sind, dem aktuellen Besitzer die Besitzzeiten aller früheren Besitzer angerechnet.[9] Dies gilt auch für den Fall, dass der Besitz auf einen früheren Besitzer zurückübertragen wird.[10] 7

IV. Ausnahme: Angemaßter Eigenbesitz

Hat der Vorbesitzer den Besitz an der Sache als rechtmäßiger Fremdbesitzer (zB Mieter, Auftragnehmer, Entleiher) erworben, sich dann aber durch **Unterschlagung** oder Veruntreuung zum Eigenbesitzer aufgeschwungen, beginnt die Verjährung neu. Er kann sich **nicht** mehr auf § 198 berufen und die Besitzzeit des vorherigen Besitzers anrechnen lassen.[11] Diese Rechtsauffassung hat die deutsche Bundesregierung in einem Rechtsstreit vor dem englischen High Court vertreten, der ihr darin gefolgt ist.[12] Die **Gegenmeinung**[13] stellt hingegen darauf ab, dass der Besitzerwerb einvernehmlich erfolgt sei. Daher müsse § 198 auch dem Fremdbesitzer, der Eigenbesitz begründet, zugute kommen. Doch liegt in der Begründung eines Besitzmittlungs- 8

3 *Finkenauer*, JZ 2000, 241, 243.
4 S. etwa *Siehr*, in: Carl/Güttler/Siehr, Kunstdiebstahl vor Gericht. City of Gotha v. Sotheby's/Cobert Finance S.A., 2001, S. 53, 65.
5 Soergel/*Niedenführ*, § 198 Rn 3; umfassende Nachw. bei *Finkenauer*, JZ 2000, 241, 243; dort näher zu den Anforderungen an die Willenseinigung.
6 Staudinger/*Peters/Jacoby*, § 198 Rn 6; s. dazu auch *Finkenauer*, JZ 2000, 241, 245.
7 *Plambeck*, Die Verjährung der Vindikation, 1997, S. 122; *Finkenauer*, JZ 2000, 241, 243.
8 MüKo/*Grothe*, § 198 Rn 3.
9 Staudinger/*Peters/Jacoby*, § 198 Rn 5; Palandt/*Ellenberger*, § 198 Rn 1.
10 MüKo/*Grothe*, § 198 Rn 2.
11 Staudinger/*Coing*, 11. Aufl. 1957, § 221 Rn 5; *Siehr*, in: Carl/Güttler/Siehr, Kunstdiebstahl vor Gericht. City of Gotha v. Sotheby's/Cobert Finance S.A., 2001, S. 67.
12 Dazu näher *Siehr*, in: Carl/Güttler/Siehr, Kunstdiebstahl vor Gericht. City of Gotha v. Sotheby's/Cobert Finance S.A., 2001, S. 68.
13 *Finkenauer*, JZ 2000, 241, 245 f; zust. Palandt/*Ellenberger*, § 198 Rn 1 sowie MüKo/*Grothe*, § 198 Rn 3.

verhältnisses keine Besitznachfolge im Sinne § 198,[14] da der Fremdbesitzer sich die Berechtigung zum Besitz weiterhin mit dem zum mittelbaren Besitzer gewordenen früheren unmittelbaren Besitzer teilt.

§ 199 Beginn der regelmäßigen Verjährungsfrist und Verjährungshöchstfristen

(1) Die regelmäßige Verjährungsfrist beginnt, soweit nicht ein anderer Verjährungsbeginn bestimmt ist, mit dem Schluss des Jahres, in dem

1. der Anspruch entstanden ist und

2. der Gläubiger von den den Anspruch begründenden Umständen und der Person des Schuldners Kenntnis erlangt oder ohne grobe Fahrlässigkeit erlangen müsste.

(2) Schadensersatzansprüche, die auf der Verletzung des Lebens, des Körpers, der Gesundheit oder der Freiheit beruhen, verjähren ohne Rücksicht auf ihre Entstehung und die Kenntnis oder grob fahrlässige Unkenntnis in 30 Jahren von der Begehung der Handlung, der Pflichtverletzung oder dem sonstigen, den Schaden auslösenden Ereignis an.

(3) [1]Sonstige Schadensersatzansprüche verjähren

1. ohne Rücksicht auf die Kenntnis oder grob fahrlässige Unkenntnis in zehn Jahren von ihrer Entstehung an und

2. ohne Rücksicht auf ihre Entstehung und die Kenntnis oder grob fahrlässige Unkenntnis in 30 Jahren von der Begehung der Handlung, der Pflichtverletzung oder dem sonstigen, den Schaden auslösenden Ereignis an.

[2]Maßgeblich ist die früher endende Frist.

(3 a) Ansprüche, die auf einem Erbfall beruhen oder deren Geltendmachung die Kenntnis einer Verfügung von Todes wegen voraussetzt, verjähren ohne Rücksicht auf die Kenntnis oder grob fahrlässige Unkenntnis in 30 Jahren von der Entstehung des Anspruchs an.

(4) Andere Ansprüche als die nach den Absätzen 2 bis 3 a verjähren ohne Rücksicht auf die Kenntnis oder grob fahrlässige Unkenntnis in zehn Jahren von ihrer Entstehung an.

(5) Geht der Anspruch auf ein Unterlassen, so tritt an die Stelle der Entstehung die Zuwiderhandlung.

Literatur: *Köhler*, Zur Geltendmachung und Verjährung von Unterlassungsansprüchen, JZ 2005, 489; *M.-O. Otto*, Die Bestimmung des § 199 Abs. 1 Nr. 2 BGB, 2006; *Gay*, Der Beginn der Verjährungsfrist bei Bürgschaftsforderungen, NJW 2005, 2585; *Hartmann/Lieschke*, Die „Verjährungsfalle" im Gesamtschuldnerausgleich, WM 2011, 205; *Looschelders*, Verjährungsbeginn und -frist im subjektiv-objektiven System sowie die Wirkung von Treu und Glauben, in: Remien (Hrsg.), Verjährungsrecht in Europa, 2011, S. 181.

14 Ebenso: Soergel/*Niedenführ*, § 198 Rn 5; *Siehr*, in: Carl/Güttler/Siehr, Kunstdiebstahl vor Gericht. City of Gotha v. Sotheby's/Cobert Finance S.A., 2001, S. 67 mwN; aA Staudinger/*Peters/Jacoby*, § 198 Rn 7; MüKo/*Grothe*, § 198 Rn 4 mit Hinweis auf § 986 und die entgegenstehende Wertung des § 325 ZPO.

A. Allgemeines

I. Grundlinien

1. Verjährungsbeginn. Abs. 1 regelt den Beginn der Regelverjährung nach § 195. Der Verjährungsbeginn hängt von einem **objektiven** und einem **subjektiven Merkmal** ab, die nebeneinander vorliegen müssen: 1

– Der Anspruch muss **entstanden** sein (objektives Merkmal, Abs. 1 Nr. 1, s. Rn 15 ff) **und**
– der Gläubiger muss von den anspruchsbegründenden Umständen und der Person des Schuldners **Kenntnis** erlangt haben oder er hätte ohne grobe Fahrlässigkeit **Kenntnis erlangen müssen** (subjektives Merkmal, Abs. 1 Nr. 2, s. Rn 41). Künftig wird bezogen auf beide Alternativen der Kenntniserlangung verkürzt von „Kenntniserlangung“ oder von dem „kenntnisabhängigen/subjektivierten“ Verjährungsbeginn gesprochen (s. bereits Vor §§ 194–218 Rn 5, dort auch zum Begriff der relativen Verjährungsfrist).

Die Verjährung beginnt mit dem **Schluss des Jahres**, in welchem die beiden beschriebenen Zeitpunkte gleichzeitig vorliegen (s. näher Rn 79). 2

Abs. 5 entspricht § 198 S. 2 aF und bestimmt, dass bei Unterlassungsansprüchen verjährungsrechtlich das Zuwiderhandeln gegen das Unterlassungsgebot der Anspruchsentstehung gleichsteht (s. näher Rn 118 ff). 3

2. Absolute Verjährungshöchstfristen. Die Abs. 2–4 sehen absolute Verjährungshöchstfristen vor, nach deren Ablauf in jedem Fall – unabhängig von den Voraussetzungen des Abs. 1 – Verjährung eintritt. Würden sie fehlen, so bestünde die Gefahr, dass die Verjährung erst lange nach der anspruchsbegründenden Tätigkeit des Schuldners beginnt, weil der Gläubiger erst nach langer Zeit Kenntnis von den anspruchsbegründenden Tatsachen oder der Person des Schuldners (Abs. 1 Nr. 2) erlangt. Die Höchstfristen dienen der Herstellung des **Rechtsfriedens** und der Erlangung der **Dispositionsfreiheit** des Schuldners (s. allgemein Vor §§ 194–218 Rn 32 ff). Es gelten verschiedene Maximalfristen. Es wird zwischen solchen für Schadensersatzansprüche (Abs. 2 und 3, s. näher Rn 90 ff) und für andere Ansprüche als Schadensersatzansprüche (Abs. 4, s. näher Rn 87 ff) unterschieden. Bei den Schadensersatzansprüchen wird nach der Art des verletzten Rechtsguts differenziert: Für höchstpersönliche Rechtsgüter wird eine dreißigjährige Maximalverjährungsfrist (Abs. 2) vorgesehen, für andere Schadensersatzansprüche und andere Ansprüche als Schadensersatzansprüche im Grundsatz eine zehnjährige (Abs. 3 S. 1 Nr. 1 und Abs. 4, s. aber auch die dreißigjährige Frist des Abs. 3 S. 1 Nr. 2). Diese **rechtsgutdifferenzierte Verjährung** ist sachlich angemessen;[1] sie ist auch dem Europäischen Vertragsrecht (Rn 5 f) bekannt. 4

3. Grundregeln des Europäischen Vertragsrechts, Draft Common Frame of Reference. Die Europäischen Grundregeln (Art. 14:301) und der darauf aufbauende Draft Common Frame of Reference (Art. III.-7:301) (s. zu den Regelwerken Vor §§ 194–218 Rn 20 ff) haben den von Abs. 1 erfassten Sachverhalt nicht als Zeitpunkt des Verjährungsbeginns, sondern als Grund der **Hemmung der Verjährung** ausgestaltet. Zudem wird neben der Kenntnis der anspruchsbegründenden Tatsachen und der Person des Schuldners nicht auf die entsprechende grob fahrlässige Unkenntnis wie in Abs. 1 abgestellt, sondern – ohne größeren sachlichen Unterschied im Ergebnis – darauf, ob der Gläubiger die anspruchsbegründenden Tatsachen und die Person des Schuldners „vernünftigerweise“ kennen kann. Nach Art. 14:203 Abs. 1 der Grundregeln beginnt die Verjährung mit dem Zeitpunkt, in dem der Schuldner seine Leistung zu erbringen hat (Fälligkeit); bei Schadensersatzansprüchen beginnt die Verjährung bereits mit der anspruchsbegründenden Verletzungshandlung. Bei Ansprüchen, die auf ein dauerhaftes Tun oder Unterlassen gerichtet sind, beginnt die Verjährung mit jeder 5

1 S. dazu *Zimmermann/Leenen/Mansel/Ernst*, JZ 2001, 684, 688; *Mansel*, S. 333, 383 ff, 406; *Piekenbrock*, S. 309, 320 f, jew. mwN; krit. *Bydlinski*, S. 381, 390 ff.

Verletzung dieser Pflicht (Art. 14:203 Abs. 2 der Grundregeln). Die Verjährungshemmung bei Anspruchsunkenntnis ist sachgerechter als der durch Abs. 1 gewählte Weg des kenntnisabhängigen Verjährungsbeginns.[2]

6 Art. 14:307 der Grundregeln und Art. III.-7:307 DCFR sehen als Höchstdauer der Verlängerung der Verjährungsfrist eine **Maximalfrist** von zehn Jahren und bei der Verletzung persönlicher Rechtsgüter von dreißig Jahren vor. Das entspricht in den Auswirkungen den Verjährungshöchstfristen der Abs. 2–4.

II. Normzweck

7 **1. Kenntnisabhängiger Verjährungsbeginn.** Die **Subjektivierung** und damit die **Relativierung** des Verjährungsbeginns nach **Abs. 1 Nr. 2** (s. Rn 41, ferner Vor §§ 194–218 Rn 5) ist ein Herzstück der Neuregelung des Verjährungsrechts 2002.[3] Sie ist die Konsequenz aus der deutlichen Verkürzung der Regelverjährungsfrist von dreißig (§ 195 aF) auf drei Jahre (§ 195 Rn 1). Anderenfalls hätte die Gefahr bestanden, dass die Ansprüche in der relativ kurzen Zeit von drei Jahren verjährten, bevor der Gläubiger Kenntnis von dem Anspruch oder der Person des Schuldners erlangt hat oder ohne Anstrengung hätte erlangen können. Die Dreijahresfrist des § 195 wird durch § 199 Abs. 1 Nr. 2 zu einer **Überlegensfrist**, die den Gläubiger vor der Verjährung ihm unbekannter Ansprüche und den Schuldner vor einem in der Anspruchserhebung saumseligen Gläubiger schützt (§ 195 Rn 2).

8 Die **Entscheidung für das subjektive System** in §§ 195, 199 folgt dem Gutachten von *Peters/Zimmermann*.[4] Sie ist sachgerecht, da nur auf diese Weise die Gläubigerinteressen auch bei einer relativ kurzen Verjährungsfrist gewahrt werden und dadurch verfassungsrechtliche Probleme vermieden werden.[5] Dazu, dass allerdings die Ausgestaltung des Kenntniskriteriums als Hemmungsgrund sachgerechter wäre als als Umstand, welcher den Verjährungsbeginn festlegt, s. Rn 5, 122. Zur Gleichsetzung der grob fahrlässigen Unkenntnis mit der Kenntnis s. Rn 68, 74).

9 **2. Jahresschlussverjährung, Maximalfristen.** Die Einführung einer allgemeinen Jahresschlussverjährung durch Abs. 1 erfolgte erst aufgrund von Forderungen der Anwaltschaft[6] durch den Rechtsausschuss des Deutschen Bundestages.[7] Diese so genannte **Ultimoverjährung** galt nach § 201 aF für die bisher in zwei und in vier Jahren verjährenden Vergütungsansprüche gem. §§ 196, 197 aF und ist auch in anderen Vorschriften vorgesehen, s. etwa § 801 Abs. 2 S. 2, § 903 Abs. 1 HGB, § 12 Abs. 1 S. 2 VVG oder § 117 Abs. 2 BinSchG.

10 Die Jahresschlussverjährung bezweckt eine **praktische Erleichterung** für den Rechtsverkehr, da die Verjährungsprüfung für alle der Regelverjährung unterliegenden Ansprüche nur mit Blick auf das Jahresende zu leisten ist; eine das ganze Jahr fortlaufende Fristenkontrolle kann unterbleiben. Abs. 1 dehnt die Ultimoverjährung – in Abweichung von § 201 aF – auf die Regelverjährung aller Ansprüche aus. Ein sachgerechter Grund für eine Differenzierung nach dem Anspruchsinhalt ist nicht gegeben.[8] Die Anordnung der Jahresschlussverjährung gilt nicht für die Maximalfristen (Rn 79, 85); zum Zweck der Maximalfristen s. Rn 4.

2 S. die Darlegung bei *Zimmermann/Leenen/Mansel/Ernst*, JZ 2001, 684, 686 f; ebenso, wenn auch relativierend: *Looschelders*, in: Remien, Verjährungsrecht in Europa, S. 181, 186 f.

3 S. dazu – auch vergleichend – *Looschelders*, in: Remien, Verjährungsrecht in Europa, S. 181 ff.

4 *Peters/Zimmermann*, S. 79, 305 ff; *Zimmermann*, JZ 2000, 853 ff; *ders.*, ZEuP 2001, 217 ff; jew. mwN; zust. Stellungnahmen aus Anlass der Reformdebatte 2000/2001: *Eidenmüller*, JZ 2001, 283 ff; *Ernst*, S. 559, 568 ff; *ders.*, ZRP 2001, 1, 8; *Leenen*, JZ 2001, 552 ff; *Mansel*, S. 333, 406 f et passim; Diskussionsbericht von *Meier* zu diesem Referat, ebd S. 425 ff; s. ferner *Willingmann*, S. 1, 28 f; *ders.*, VuR 2001, 107, 112; *Zimmermann/Leenen/Mansel/Ernst*, JZ 2001, 684, 686 ff, alle mwN; ferner *Heinrichs*, BB 2001, 1417, 1478; differenzierend, aber grundsätzlich zust. *Piekenbrock*, S. 309, 314 ff, 321 f; zust. zu dem kenntnisunabhängigen Verjährungsbeginn des Diskussionsentwurfs und einen kenntnisabhängigen Verjährungsbeginn abl. *Bydlinski*, 381, 387; *Honsell*, JZ 2001, 18, 20.

5 S. u.a. *Mansel*, S. 333, 406 f et passim.

6 DAV, Stellungnahme v. 25.6.2001, S. 5 f.

7 BT-Drucks. 14/7052, S. 180; gegen die Ultimoverjährung hingegen noch der Regierungsentwurf, BT-Drucks. 14/6040, S. 99; eine Ultimoverjährung für Entgelt-, Unterhalts- und Ansprüche auf wiederkehrende Leistungen sah § 198 Abs. 2 BGB-DiskE vor; krit. (entweder Streichung oder Ausdehnung auf alle Ansprüche fordernd) zu dieser Norm *Mansel*, S. 333, 390 f.

8 S. *Mansel*, S. 333, 391.

B. Regelungsgehalt

I. Prüfungsschema

Es empfiehlt sich zur Anwendung des § 199 folgendes Prüfungsschema: 11

Unterliegt der Anspruch der Verjährungsfrist des § 195 und fehlt eine besondere Regelung des Verjährungsbeginns (Rn 31 ff)?

Wenn nein: Es gelten die §§ 200, 201 oder andere besondere Vorschriften des Verjährungsbeginns (s. die Aufzählung bei § 200 Rn 3 f).

Wenn ja, ist weiter zu prüfen:

Ist der Anspruch entstanden (§ 199 Abs. 1 Nr. 1, Abs. 5)?

Wenn nein: Schadensersatzansprüche verjähren in dreißig Jahren von der Begehung der sie auslösenden Handlung, Pflichtverletzung oder dem sonstigen einen Schaden auslösenden Ereignis an (§ 199 Abs. 2, Abs. 3 Nr. 2).

Bei anderen Ansprüchen beginnt die Verjährung noch nicht.

Wenn ja (= Anspruch ist entstanden), ist weiter zu prüfen:

Hat der Gläubiger Kenntnis von den anspruchsbegründenden Tatsachen und der Person des Schuldners oder beruht seine Unkenntnis auf grober Fahrlässigkeit (§ 199 Abs. 1 Nr. 2)?

Wenn ja: Die dreijährige Verjährung beginnt am Schluss des Jahres, in welchem beide Voraussetzungen gleichzeitig vorliegen (§ 199 Abs. 1).

Wenn nein, ist weiter zu prüfen:

Ist der Anspruch ein anderer Anspruch als ein Schadensersatzanspruch?

Wenn ja: Der Anspruch verjährt taggenau in zehn Jahren von seiner Entstehung an (§ 199 Abs. 4).

Wenn nein, ist weiter zu prüfen:

Beruht der Schadensersatzanspruch auf der Verletzung des Lebens, des Körpers, der Gesundheit oder der Freiheit?

Wenn ja: Der Schadensersatzanspruch verjährt taggenau in dreißig Jahren von der Begehung der sie auslösenden Handlung, Pflichtverletzung oder dem sonstigen, den Schaden auslösenden Ereignis an (§ 199 Abs. 2).

Wenn nein: Der Schadensersatzanspruch verjährt taggenau in zehn Jahren von seiner Entstehung an (§ 199 Abs. 3 Nr. 1).

II. Erfasste Ansprüche

§ 199 ergänzt § 195. § 199 ist – mangels entgegenstehender gesetzlicher Regelung – stets anzuwenden, wenn **§ 195** Anwendung findet – auch dann, wenn § 195 nur deshalb eingreift, weil eine andere Vorschrift die Geltung der regelmäßigen Verjährungsfrist anordnet (s. etwa § 634 a Abs. 1 Nr. 3 und Abs. 3) oder ausdrücklich auf § 195 verweist. Zum Anwendungsbereich des § 195 s. § 195 Rn 4 ff. 12

Ist für Ansprüche in einer anderen Norm als in § 195 eine Verjährungsfrist von drei Jahren ausdrücklich bestimmt, unterliegen sie einer **besonderen Verjährungsfrist** und nicht der allgemeinen Verjährungsfrist des § 195. Der Verjährungsbeginn richtet sich dann nicht nach § 199, sondern nach § 200[9] oder nach einer spezielleren Regelung (s. § 200 Rn 4). Gilt zwar die Frist des § 195, ist aber ausnahmsweise der **Verjährungsbeginn gesondert** geregelt (s. §§ 604 Abs. 5, 695 S. 2, 696 S. 3, s. Rn 32), dann ist § 199 nicht anwendbar. 13

III. Verjährungsbeginn (Abs. 1)

Nach Abs. 1 beginnt die regelmäßige Verjährungsfrist, wenn – **kumulativ** – die Voraussetzungen der Nr. 1 und 2 erfüllt sind, zum Jahresschluss. Der Einschub – soweit nicht ein anderer Verjährungsbeginn bestimmt ist – wurde durch das Gesetz zur Änderung des Erb- und Verjährungsrechts (dazu Vor §§ 194-218 Rn 15) mit Wirkung zum 1.1.2010 eingefügt. Dieses Gesetz hat einige familien- und erbrechtliche Sonderverjährungsvorschriften aufgehoben (dazu § 195 Rn 19). Gleichzeitig hat es für einzelne familien- und erbrechtliche Rechtsverhältnisse einen **gesonderten Beginn der Verjährung** eingeführt. Dies betrifft Ansprüche aus Verlöbnis (§ 1302), Zugewinnausgleichsansprüche der Ehegatten (§ 1390 Abs. 3 S. 1), Ansprüche des Vertragserben wegen beeinträchtigender Schenkungen (§ 2287 Abs. 2) sowie Ansprüche des Pflichtteilsberechtigten gegen den Beschenkten (§ 2332 Abs. 2). Der genannte Einschub dient lediglich zur Klarstellung, dass diese Normen dem regelmäßigen Verjährungsbeginn nach Abs. 1 vorgehen. 14

9 BT-Drucks. 14/6040, S. 108.

15 **1. Anspruchsentstehung (Abs. 1 Nr. 1). a) Grundsatz: Anspruchsfälligkeit.** Abs. 1 Nr. 1 knüpft an die Entstehung des Anspruchs an. Auch andere verjährungsrechtliche Regelungen verwenden das Merkmal der Anspruchsentstehung (s. §§ 199 Abs. 3 Nr. 1, Abs. 4, 200, 201). Der Begriff ist stets identisch auszulegen. Bei der Auslegung des Merkmals der Anspruchsentstehung im Sinne von § 199 Abs. 1 Nr. 1 ist zu bedenken, dass hier allein die **Anspruchsentstehung im verjährungsrechtlichen Sinn** gemeint ist.[10] Ein Anspruch ist nach Abs. 1 Nr. 1 erst dann **entstanden, wenn** er vom Gläubiger geltend gemacht und mit der Klage durchgesetzt werden kann. Dies setzt grundsätzlich die **Fälligkeit** des Anspruchs voraus, da erst von diesem Zeitpunkt an der Gläubiger mit Erfolg die Leistung fordern und gegebenenfalls den Ablauf der Verjährungsfrist durch Klageerhebung unterbinden kann.[11] Die Verjährung eines Anspruchs, dessen Erfüllung dem Schuldner vorübergehend unmöglich ist, beginnt daher erst mit dem Wegfall des Hindernisses. Denn solange einem Anspruch der Einwand (zumindest) vorübergehender **Unmöglichkeit** entgegensteht, ist eine Klage als „(zur Zeit) unbegründet" abzuweisen. Der Anspruch ist in diesem Fall (noch) nicht im Sinne des Abs. 1 Nr. 1 entstanden, weil dann seine Verjährung drohte, bevor er von Rechts wegen klageweise durchgesetzt werden könnte.[12]

16 Die Ergebnisse von Rechtsprechung und Lehre zur Bestimmung der Anspruchsentstehung nach § 198 S. 1 aF können für Abs. 1 Nr. 1 im Grundsatz übernommen werden. Eine inhaltliche Änderung hat der **Gesetzgeber** nicht beabsichtigt.[13] Der Regierungsentwurf hatte in Abs. 1 Nr. 1 RE noch an die Fälligkeit des Anspruchs angeknüpft. Aber auch damit sollte keine sachliche Änderung gegenüber § 198 S. 1 aF verbunden sein.[14] Um das sicherzustellen, kehrte der Gesetzgeber in Abs. 1 Nr. 1 zu dem Tatbestandsmerkmal der Anspruchsentstehung zurück. Im Grundsatz ist daher – wie vor Inkrafttreten des SchuldRModG – die Anspruchsentstehung mit der Fälligkeit des Anspruchs gleichzusetzen.[15]

17 Abs. 1 Nr. 1 hat allein eine **klarstellende Funktion**. Gäbe es die Regelung in Nr. 1 nicht, so würde sich an der Festlegung des Verjährungsbeginns nichts ändern. Denn eine Kenntnis iSv Abs. 1 Nr. 2 kann nur bejaht werden, wenn der Anspruch entstanden ist.[16]

18 **b) Einzelfragen. aa) Schadenseintritt, Sekundärhaftung, Grundsatz der Schadenseinheit.** Schadensersatzansprüche entstehen (werden fällig nach § 271) mit dem Eintritt des Schadens. Der Eintritt eines Schadens ist regelmäßig erst dann anzunehmen, wenn es zu einer **konkreten objektiven Verschlechterung der Vermögenslage** des Gläubigers gekommen ist. Das ist nicht der Fall, solange nur das Risiko eines Vermögensnachteils infolge der Pflichtverletzung besteht. Die Verschlechterung muss sich wenigstens dem Grunde nach verwirklicht haben.[17] Die Möglichkeit, eine **Klage auf Feststellung** einer Pflicht zur Leistung künftigen Schadensersatzes zu erheben, ist für den Zeitpunkt der Schadensentstehung und damit den Verjährungsbeginn **ohne Bedeutung**.[18] Auch die Unkenntnis des Schadens und damit des Ersatzanspruchs hindert den Verjährungsbeginn nicht (s. Rn 45 f).

19 Macht der Vertragspartner (Mandant) eines Anwalts oder anderen Beraters wegen dessen Pflichtverletzung bei der Beratung gegen den Berater einen Schadensersatzanspruch geltend, weil der Mandant infolge der Pflichtverletzung einen Nachteil gegenüber einem Dritten, insbesondere seinem Vertragspartner, erleidet, so ist zu entscheiden, wann der **Schadensersatzanspruch gegen den Berater** entsteht (und mit der Entstehung zu verjähren beginnt). Hängt der Schadenseintritt bei dem Mandanten von einer **Rechtsverfolgung durch den Dritten** ab, so ist auf den Zeitpunkt dieser Rechtsverfolgung abzustellen. Begeht zB ein Mandant auf Anraten seines **Anwalts** eine Vertragsverletzung, erwächst ein Schaden bei dem Mandanten, den er gegen den Anwalt geltend machen kann, nicht vor dem Zeitpunkt, zu dem der Vertragsgegner daraus Rechte herleitet.[19] Manifestiert sich die Pflichtverletzung eines **Beraters** in einer **unklaren Vertragsgestaltung**, so entsteht der (vom Berater zu ersetzende) Schaden bei dem Vertragspartner, sobald der Vertragsgegner aus dem Vertrag Rechte gegen seinen Vertragspartner herleitet.[20]

10 *Mansel/Budzikiewicz*, § 3 Rn 77; zustimmend: *Krämer*, FS Graf von Westphalen, S. 401, 411.

11 BGH NZG 2010, 1436; BGH NJW 2010, 1284, 1286; BGH NJW-RR 2009, 378, 379; s. ferner zB BGHZ 53, 222, 225; 55, 340, 341; 79, 176, 178; 113, 188, 191 f; ganz hM, siehe nur die Nachweise bei *Dilger*, JurBüro 2010, 291, 295; BT-Drucks. 14/6040, S. 108; s. ferner etwa MüKo/*Grothe*, § 199 Rn 4; Palandt/*Ellenberger*, § 199 Rn 3; Soergel/*Niedenführ*, § 199 Rn 9 ff; Staudinger/*Peters/Jacoby*, § 199 Rn 3 ff.

12 BGH NZG 2010, 1436, 1439 Rn 22.

13 BT-Drucks. 14/7052, S. 180.

14 BT-Drucks. 14/6040, S. 108.

15 BT-Drucks. 14/6040, S. 108 unter Hinweis auf BGHZ 53, 222, 225; 55, 340, 341 f.

16 Zu § 852 Abs. 1 aF s. (bezogen auf das Schadensmerkmal der Norm) etwa BGH NJW 1993, 648; BGHZ 100, 228, 231.

17 BGHZ 73, 363, 365; 100, 228, 241 f; BGH NJW 1987, 1887; NJW 1996, 661; BGHZ 124, 30; BGH NJW 2000, 1498, 1499; NJW-RR 2008, 798; BGH NZG 2010, 865, 868; NZG 2010, 947, 949.

18 BGHZ 119, 69, 71.

19 BGH NJW 1993, 1320; NJW 2002, 1421; NZG 2010, 865, 868 (zu § 68 StBerG aF).

20 BGH NJW 2000, 1498, 1499; NZG 2010, 865, 868 (zu § 68 StBerG aF).

20 Allerdings kann zB der auf einer fehlerhaften Beratung beruhende **Erwerb** einer für den Anlageinteressenten nachteiligen, seinen konkreten Anlagezielen und Vermögensinteressen nicht entsprechenden **Kapitalanlage** bereits für sich genommen einen Schaden darstellen und ihn deshalb – unabhängig von der Werthaltigkeit der Anlage – dazu berechtigen, im Wege des Schadensersatzes die Rückabwicklung des Erwerbs der Anlage zu verlangen. Der Schadensersatzanspruch entsteht hierbei schon mit dem (unwiderruflichen und vollzogenen) Erwerb der Kapitalanlage.[21]

21 Ist der Vertragsgegner infolge einer fehlerhaften Vertragsgestaltung zur **Irrtumsanfechtung** befugt, verwirklicht sich der Schaden des Vertragspartners (im Verhältnis zu seinem vertragsgestaltenden Berater) erst mit der Anfechtung.[22] Hat der Berater seinen Mandanten zur Vornahme einer **verdeckten Sacheinlage** veranlasst, beginnt die Verjährungsfrist wegen einer Fehlberatung erst zu laufen, wenn die Gesellschaft die fortbestehende Bareinlageverpflichtung geltend macht. Bis zur Geltendmachung der durch die verdeckte Sacheinlage nicht getilgten Bareinlageverpflichtung liegt lediglich eine risikobehaftete Lage vor. Der Schaden aktualisierte sich erst mit der tatsächlichen Verfolgung der Bareinlage.[23]

22 Regelmäßig beginnt die Verjährung für einen **Anspruch gegen einen Steuerberater**, der steuerliche Nachteile seines Mandanten verschuldet hat, weder schon mit der Fehlberatung, noch erst mit der Bestandskraft, sondern **mit der Bekanntgabe des belastenden Steuerbescheids**.[24] Besteht der Schaden des Auftraggebers zB in vermeidbaren Umsatzsteuern infolge fehlerhafter Selbstveranlagung, entspricht diesem Zeitpunkt die Einreichung der Umsatzsteueranmeldung beim Finanzamt, weil die Anmeldung gem. § 168 S. 1 AO einer Steuerfestsetzung unter dem Vorbehalt der Nachprüfung gleichsteht.[25] Anderes gilt nur, wenn das pflichtwidrige Verhalten des Steuerberaters erst nach Erlass des Steuerbescheids einsetzt. Besteht die Pflichtwidrigkeit zB darin, dass der gebotene **Rechtsbehelf gegen den Bescheid** nicht eingelegt wird, so entsteht der Schaden in dem Augenblick, in dem der Steuerpflichtige von sich aus nicht mehr durch einen Rechtsbehelf die Abänderung des Steuerbescheids erwirken kann; die eng begrenzten Abänderungsmöglichkeiten nach § 173 AO reichen nicht aus, den Eintritt des Schadens erst für den Zeitpunkt anzunehmen, von dem an auch sie nicht mehr bestehen.[26]

23 Legt ein Steuerberater gegen einen Sammelbescheid mit mehreren selbständig anfechtbaren Regelungsgegenständen einen Einspruch ein, der eindeutig auf einen Teil des angefochtenen Sammelbescheids beschränkt ist, so beginnt die Verjährung eines hieraus folgenden Schadensersatzanspruchs mit dem **Ablauf der Einspruchsfrist**, selbst wenn zwischen dem Mandanten und dem Finanzamt später Streit über den Umfang der Anfechtung entsteht.[27]

24 Weist ein rechtlicher Berater, insbesondere ein Anwalt oder Steuerberater, seinen Mandanten fehlerhaft nicht auf einen gegen ihn gerichteten Schadensersatzanspruch des Mandanten (Primäranspruch) hin, so liegt darin eine neue Pflichtwidrigkeit (**Sekundärhaftung**). Die Verjährungsfrist für die Sekundärhaftung beginnt grundsätzlich mit der Vollendung der Verjährung des Primäranspruchs, weil damit der durch die sekundäre Pflichtverletzung verursachte Schaden eintritt.[28] Erhebt ein Rechtsanwalt hinsichtlich eines verjährten Anspruchs pflichtwidrig eine aussichtslose Klage, so liegt in der Einlegung eines Rechtsmittels gegen ein die Klage abweisendes Urteil aber keine einen neuen Schadensersatzanspruch auslösende Pflichtwidrigkeit, sondern lediglich ein auf der ursprünglichen rechtlichen Fehleinschätzung beruhendes weiteres Versäumnis, das – in unverjährter Zeit – die Anknüpfung für eine Sekundärhaftung bilden kann.[29]

25 Ausdrücklich erklärte der Gesetzgeber, dass er die Rechtsprechung zum namentlich im Deliktsrecht, aber auch auf vertragliche Schadensersatzansprüche angewandten[30] **Grundsatz der Schadenseinheit** unangetastet lassen möchte.[31] Damit es keinen Zweifel daran geben kann, knüpft er in Abs. 1 Nr. 1 ausdrücklich an die Anspruchsentstehung an. Denn – so die Gesetzesbegründung – wenn jemand heute körperlich geschädigt wird, lasse sich sagen, dass sein Anspruch auf Ersatz derjenigen Heilungskosten, die erst in fünf Jahren anfallen

21 BGHZ 162, 306, 309 f; BGH NJW 2005, 1579; BGH NJW-RR 1991, 1125, 1127; NJW 1994, 1405, 1407; NJW 1998, 302, 304; NJW-RR 2004, 1407; NZG 2010, 947, 949.
22 BGH NJW 1996, 661; NJW 2002, 1421; NZG 2010, 865, 868 (zu § 68 StBerG aF).
23 BGH NZG 2010, 865 (zu § 68 StBerG aF).
24 Ständige Rechtsprechung (noch zu dem aufgehobenen § 68 StBerG aF) s. zB BGH DStRE 2011, 191, 196; BGH WM 2010, 2284.
25 BGH DStRE 2011, 191, 196 (noch zu dem aufgehobenen § 68 StBerG aF).
26 BGH DStRE 2011, 191, 196 (noch zu dem aufgehobenen § 68 StBerG aF) unter Hinweis auf BGH NJW-RR 1997, 50; BGH DStRE 1998, 378.
27 BGH WM 2010, 2284 = DStR 2011, 46 f m.Anm. *Waclawik* (noch zu dem aufgehobenen § 68 StBerG aF).
28 BGH, Urt. v. 3.2.2011 - IX ZR 105/10, BeckRS 2011, 04819 Rn 12 (noch zu dem aufgehobenen § 51 b BRAO aF).
29 BGH, Urt. v. 3.2.2011 - IX ZR 105/10, BeckRS 2011, 04819 Rn 12 (noch zu dem aufgehobenen § 51 b BRAO aF) in Fortführung von BGH WM 2009, 283.
30 Zum bisherigen Recht s. BGHZ 50, 21, 24; BGH NJW 1991, 2833, 2835; VersR 2000, 331; Staudinger/*Peters/Jacoby*, § 199 Rn 44.
31 BT-Drucks. 14/6040, 108; BT-Drucks. 14/7052, S. 180.

werden, schon heute „entstanden" ist; als fällig könne er dagegen wohl nicht bezeichnet werden. Wenn jene Schäden zwar vorhersehbar sind, in ihrer konkreten Ausprägung aber noch nicht feststehen, können sie nicht mit der – mit dem Begriff der Fälligkeit untrennbar verbundenen – Leistungsklage verfolgt werden, sondern allein mit der Feststellungsklage.[32] Daher erschien es dem Gesetzgeber angezeigt, generell wieder den Begriff der Entstehung des Anspruchs als Tatbestandsmerkmal zu verwenden.[33] Das gem. § 256 ZPO erforderliche Feststellungsinteresse ist nur dann zu verneinen, wenn aus Sicht der Geschädigten bei vernünftiger Betrachtung mit Spätschäden keinesfalls zu rechnen ist.[34]

26 Die **Verjährung von Schadensersatzansprüchen** kann nach dem Grundsatz der Schadenseinheit auch **für nachträglich auftretende**, zunächst also nur drohende, aber nicht unvorhersehbare **Folgen** beginnen, sobald irgendein (Teil-)Schaden entstanden ist.[35] Diese Grundsätze gelten auch nach § 199 fort. Allerdings ist der Grundsatz der Schadenseinheit – entgegen der Sichtweise des Gesetzgebers – **kritisch zu sehen**; er sollte überwunden werden. Das kann hier jedoch nur angedeutet werden.[36]

27 **bb) Ausgleichs- und Befreiungsansprüche.** **§ 426 Abs. 1** sieht einen Ausgleichsanspruch unter Gesamtschuldnern vor (s. zur Verjährung bereits § 195 Rn 10). Soweit die Gesamtschuldforderung des Gläubigers noch nicht erfüllt wurde, hat der im Innenverhältnis der Gesamtschuldner ausgleichungsberechtigte Gesamtschuldner einen Mitwirkungs- und Befreiungsanspruch gegen den ausgleichspflichtigen Gesamtschuldner. Dieser Anspruch entsteht zugleich mit **Begründung der Gesamtschuld**. Daher ist für den **Verjährungsbeginn des Mitwirkungs- und Befreiungsanspruchs** auf diesen Zeitpunkt im Rahmen des § 199 Abs. 1 Nr. 1 abzustellen.

28 Der Mitwirkungs- und Befreiungsanspruch wandelt sich nach Befriedigung des Gläubigers durch den ausgleichsberechtigten Gesamtschuldner in einen **Zahlungsanspruch** gegen den ausgleichspflichtigen Gesamtschuldner um.[37] Nach hM entsteht der Zahlungsanspruch nach § 426 Abs. 1 ebenso bereits bei der **Begründung der Gesamtschuld**, so dass nach dieser Ansicht auch auf diesen Zeitpunkt als Entstehungsmoment im Sinne von § 199 Abs. 1 Nr. 1 abzustellen ist.[38] Dem ist für § 199 Abs. 1 Nr. 1 nicht zu folgen. **Abweichend** wird hier vertreten, dass die Verjährung des Ausgleichsanspruchs aus § 426 Abs. 1, soweit er auf Zahlung ausgerichtet ist, nicht vor dem Zeitpunkt im Sinne von § 199 Abs. 1 Nr. 1 entsteht, in welchem der ausgleichsberechtigte Gesamtschuldner an den Gläubiger geleistet hat;[39] denn erst dann wird der Zahlungsanspruch gem. § 426 Abs. 1 als Zahlungsanspruch fällig. Der vorgelagerte Freistellungs- und der spätere Ausgleichsanspruch sind verjährungsrechtlich als unterschiedliche Ansprüche anzusehen, weil sie auf unterschiedliche Rechtsfolgen gerichtet sind und unterschiedlich fällig werden. Die Rechtsprechung des BGH und die ihr folgende, überwiegende Literatur vermag nicht zu überzeugen.

29 Zur Verjährung der Ansprüche aus **§ 426 Abs. 2** s. § 195 Rn 10.

30 Für den Beginn der regelmäßigen Verjährungsfrist (§ 199 Abs. 1 Nr. 1) des **gesetzlichen** Befreiungsanspruchs **nach § 257** ist nach neuerer Rechtsprechung zum neu gestalteten Verjährungsrecht zutreffend nicht auf den Schluss des Jahres abzustellen, in dem der Freistellungsanspruch (der etwa aus § 670 folgen kann) fällig geworden ist, sondern auf den Schluss des Jahres, in dem die Verbindlichkeit, welche Grundlage für diesen Anspruch ist und von der zu befreien ist (Drittforderung), fällig wird.[40] Würde für den gesetzlichen Befreiungsanspruch aus § 257 (wie bis zur Neuregelung 2002) der Verjährungsbeginn nach § 199 Abs. 1 Nr. 1 an das Entstehen des Befreiungsanspruchs angeknüpft, dann könnte das dazu führen, dass der Befreiungsanspruch, der bereits mit Eingehung der Verbindlichkeit fällig wird (arg. § 257 S. 2),[41] lange vor der Drittfor-

32 Zum Vorstehenden: BT-Drucks. 14/7052, S. 180.
33 Zum Vorstehenden: BT-Drucks. 14/7052, S. 180.
34 BGH MDR 2001, 448; s. auch *Jaeger*, ZGS 2003, 329, 331.
35 Ständige Rechtsprechung und hM, vgl BGHZ 50, 21, 24; BGH NJW 1993, 648, 650; 1998, 1303, 1304; 1998, 1488, 1489; 2000, 861; ZIP 2004, 763, 764; WM 2004, 472, 473; Palandt/*Ellenberger*, § 199 Rn 14; MüKo/*Grothe*, § 199 Rn 9; Soergel/*Niedenführ*, § 199 Rn 20; Staudinger/*Peters/Jacoby*, § 199 Rn 44 ff; Bamberger/Roth/*Henrich/Spindler*, § 199 Rn 27; Erman/*Schmidt-Räntsch*, § 199 Rn 9; *Mansel/Budzikiewicz*, Jura 2003, 1, 3 f; rechtsvergleichend *Rebhahn*, in: FS Welser, 2004, S. 849, 865 ff.
36 S. dazu ausführlich Staudinger/*Peters/Jacoby*, § 199 Rn 47 ff; *Peters/Zimmermann*, S. 79, 329; *Moraht*, Verjährungsrechtliche Probleme bei der Geltendmachung von Spätschäden im Deliktsrecht, 1996, S. 229 ff et passim.
37 BGH NJW 2010, 60; NJW 2010, 62; s. weiter bei § 426.
38 BGHZ 11, 170, 174; BGHZ 114, 117, 122; BGH NJW 1994, 2231; NJW-RR 2008, 256; BGHZ 181, 310; BGH NJW 2010, 60; NJW 2010, 62; OLG Karlsruhe WM 2009, 407, 408; *Pfeiffer*, NJW 2010, 23; *Ciziupka*, ZGS 2010, 63; *Klutinius/Karwatzki*, VersR 2008, 617 ff.
39 *Mansel/Budzikiewciz*, § 3 Rn 23; *Hartmann/Lieschke*, WM 2011, 205, 209; Staudinger/*Peters/Jacoby*, § 199 Rn 8; s. Gesetzesbegründung BT-Drucks. 14/7052 S. 185.
40 BGHZ 185, 310 Rn 22; s. zuvor das obiter dictum in BGH NJW-RR 2010, 333, 334; Bamberger/Roth/*Henrich/Spindler*, § 199 Rn 12; Palandt/*Ellenberger*, § 199 Rn 3; aA *Peters*, ZGS 2010, 495, 496 ff (abzustellen sei auf Begründung der Drittforderung), dort Hinweise auf mögliche, sinnvolle Parteivereinbarungen.
41 Allg. Meinung, vgl nur Jauernig/*Stadler*, §§ 256, 257 Rn 5.

derung verjährt. Unter Geltung des alten Verjährungsrechts wurde dieses unbillige Ergebnis regelmäßig infolge der langen, dreißigjährigen Verjährungsfrist vermieden. Um auch unter Geltung der kurzen allgemeinen Verjährungsfrist von drei Jahren des § 195 nF ein sachgerechtes Ergebnis zu sichern, kann der **Verjährungsbeginn** des Freistellungsanspruchs nicht mehr unabhängig von der **Fälligkeit der Drittforderung** beurteilt werden.[42]

cc) Bedingte und verhaltene Ansprüche. **Aufschiebend bedingte Ansprüche** entstehen frühestens mit dem Eintritt der Bedingung; mangels abweichender Regelung werden sie **mit Bedingungseintritt** nach § 271 Abs. 1 fällig. Auf diesen Zeitpunkt ist im Rahmen des Abs. 1 Nr. 1 abzustellen.[43] **31**

Verhaltene Ansprüche[44] sind jederzeit auf Verlangen des Gläubigers zu erfüllen. Nach bisherigem Recht entstanden sie sofort und begannen daher auch sofort zu verjähren;[45] daher begann der Rückgabeanspruch des Hinterlegers aus § 695, der mit der Hinterlegung entstand, ab dem Moment der Hinterlegung zu verjähren. Das war bei der Dreißigjahresfrist der Regelverjährung nach § 195 aF unproblematisch. Bei Geltung der Dreijahresfrist des § 195 für die Ansprüche iSd **§§ 604 Abs. 5, 695 S. 2, 696 S. 3** ist die Annahme, verhaltene Ansprüche verjährten ab der Anspruchsentstehung, problematisch. Der Gesetzgeber hat deshalb *für den Verjährungsbeginn* bei den Rückgabeansprüchen des Verleihers und des Hinterlegers bzw Verwahrers in §§ 604 Abs. 5, 695 S. 2, 696 S. 3 etwas anderes bestimmt.[46] Nach § 604 Abs. 5 beginnt die Verjährung mit der Beendigung der Leihe, die regelmäßig (s. § 604)[47] mit dem Rückforderungsverlangen eintritt. Bei der Hinterlegung beginnt die Verjährung ebenfalls mit dem Rückgabeverlangen (§ 695 S. 2, s. dort; zu § 696 S. 3 s. dort). Der Gesetzgeber hielt wegen des Ausnahmecharakters verhaltener Ansprüche eine allgemeine Regelung des Verjährungsbeginns nicht für erforderlich, da er die beiden problematischen Hauptfälle ausdrücklich geregelt hat.[48] **32**

Diese Regelung ist grundsätzlich zu **verallgemeinern**:[49] Nach neuem Recht beginnt bei den anderen verhaltenen Ansprüchen, für die der Verjährungsbeginn nicht gesondert geregelt ist, sondern § 199 unterfällt, die Verjährung **erst mit dem Erfüllungsverlangen des Gläubigers.**[50] Dogmatisch lässt sich das entweder innerhalb der Systematik des Abs. 1 Nr. 1 dadurch rechtfertigen, dass man das Erfüllungsverlangen bei verhaltenen Ansprüchen als Tatbestandsmerkmal der Anspruchsentstehung ansieht, oder es wird eine Rechtsanalogie zu den §§ 604 Abs. 5, 695 S. 2, 696 S. 3 gezogen, die eine Ausnahme von § 199 darstellt. **33**

Allerdings ist einschränkend bei jedem einzelnen verhaltenen Anspruch gesondert **zu prüfen**, **ob** die beschriebene Verlagerung des Verjährungsbeginns auf den Zeitpunkt des Erfüllungsverlangens auch **interessengerecht** ist.[51] Zu verneinen wäre dies etwa bei einem Anspruch auf Herausgabe des **Ersatzvorteils nach § 285**. Hier ist nicht ersichtlich, aus welchem Grund dem Gläubiger die Möglichkeit eröffnet werden sollte, trotz Kenntnis von dem Empfang des Ersatzes oder Ersatzanspruchs die Verjährung des Herausgabeanspruchs dadurch hinausschieben zu können, dass er diesen nicht geltend macht.[52] Entsprechendes gilt im Rahmen des § 630 (Pflicht zur **Zeugniserteilung**), der §§ 259 Abs. 2, 260 Abs. 2 (Pflicht zur Abgabe der **eidesstattlichen Versicherung** im Rahmen der Rechenschaftslegung oder Auskunftserteilung). Bei dem Anspruch auf Freizeit zur **Stellensuche** (§ 629) wird sich das Problem kaum jemals stellen.[53] Eine solche Interessenprüfung ergibt ferner zB, dass verhaltene Ansprüche, die einen Hauptanspruch lediglich ergänzen, den allgemeinen Regeln unterliegen. Das bedeutet, diese **verhaltenen Nebenansprüche** verjähren entsprechend § 217 mit dem Hauptanspruch. Dazu zählt insbesondere der Anspruch auf eine Quittung (§ 368), dessen Verjährung der des Hauptanspruchs folgt. Eine von der Geltendmachung unabhängig beginnende Verjährung gilt ferner für Ansprüche, die lediglich auf die **Konkretisierung des Leistungsgegenstandes** gerichtet sind, ohne das der Zweck verfolgt wird, dem Gläubiger die Geltendmachung des Anspruchs auch in zeitlicher Hinsicht offen zu halten.[54] **34**

42 BGHZ 185, 310.
43 BGHZ 47, 387, 381; BGH NJW 1987, 2743, 2745, hM; umfangreiche Nachw. bei *Dilger*, JurBüro 2010, 291, 295.
44 S. noch die Aufzählung bei *Krämer*, FS Graf von Westphalen, S. 402 ff.
45 Zum bisherigen Recht s. BGH NJW-RR 1988, 902, 904; 2000, 647.
46 BT-Drucks. 14/6040, S. 258.
47 Zur Verjährung bei sogenannten Dauerleihgaben, insbesondere an Museen, s. *Loschelder*, NJW 2010, 705, 709.
48 BT-Drucks. 14/6040, S. 258.
49 Hiergegen *Rieble*, NJW 2004, 2270, 2272.
50 *Mansel/Budzikiewicz*, § 3 Rn 88 f; ebenso Palandt/*Ellenberger*, § 199 Rn 8; MüKo/*Grothe*, § 199 Rn 7; Soergel/*Niedenführ*, § 199 Rn 17; Bamberger/Roth/*Henrich/Spindler*, § 199 Rn 10; Erman/*Schmidt-Räntsch*, § 199 Rn 4; so im Erg. auch *Rieble*, NJW 2004, 2270 ff; OLG Köln MMR 2009, 862, 863 f; AG Bonn v. 8.2.2010 - 115 C 1/09, BeckRS 2010, 16029; im Grundsatz auch Staudinger/*Peters/Jacoby*, § 199 Rn 12 ff; offengelassen (mit unbenannten „erheblichen Zweifeln") durch BGH NJW 2010, 1956, 1957.
51 S. *Mansel/Budzikiewicz*, § 3 Rn 88; mit anderem Ausgangspunkt im Ergebnis ähnlich: *Krämer*, FS Graf von Westphalen, S. 411 ff.
52 Wenn § 285 überhaupt als verhaltener Anspruch qualifiziert werden sollte; zweifelnd *Mansel/Budzikiewicz*, § 3 Rn 89; s. zu § 285 *Krämer*, FS Graf von Westphalen, S. 401, 404 mwN.
53 *Mansel/Budzikiewicz*, § 3 Rn 89.
54 AG Bonn, Urt. v. 8.2.2010 - 115 C 1/09, BeckRS 2010, 16029.

35 Ein durch einen **Telefonkarten**vertrag bzw nach §§ 807, 793 begründeter Telefonieranspruch ist zwar sofort fällig. Da er aber – wie der Anspruch auf Umtausch gesperrter Telefonkarten – als verhaltener Anspruch anzusehen ist, darf der Schuldner erst leisten, wenn der Gläubiger den Anspruch geltend macht; erst dann beginnt somit nach dem vorstehenden allgemeinen Rechtsgedanken der Lauf der Verjährungsfrist.[55]

36 **dd) Verjährungsbeginn bei Kündigung, Anfechtung (§§ 199 f aF), vorausgesetzter Rechnungserteilung.** Nach **bisherigem Recht** haben die §§ 199, 200 aF die Verjährung bei Ansprüchen, welche tatbestandlich eine Kündigung oder Anfechtung voraussetzten, im Grundsatz bereits in dem Zeitpunkt beginnen lassen, in welchem die Kündigung bzw Anfechtung zulässig geworden ist, also nicht erst mit Anspruchsfälligkeit. War die Leistung im Kündigungsfall erst nach Verstreichen einer Kündigungsfrist zu erbringen, so wurde der vorverlegte Verjährungsbeginn um die Dauer der Frist hinausgeschoben. Auf diese Weise sollte verhindert werden, dass der Gläubiger durch Nichtausübung des Kündigungs- bzw Anfechtungsrechts den Verjährungsbeginn nach Belieben hinausschieben kann. Beide Vorschriften wurden ersatzlos aufgehoben, da sie nur zwei von mehreren vergleichbaren Fällen regelten. So war etwa der Hauptfall einer möglichen Verzögerung des Verjährungsbeginns, nämlich der Fall, dass die Erteilung einer Rechnung Fälligkeitsvoraussetzung für die vereinbarte Vergütung war (grundsätzlich ist sie das nicht, ausnahmsweise kraft Vereinbarung oder kraft gesetzlicher Anordnung aber doch),[56] nicht entsprechend geregelt.[57] Eine Fälligkeit mit Rechnungsstellung sieht etwa § 12 der Gebührenordnung für Ärzte vor, weshalb der **Vergütungsanspruch des Arztes** danach erst mit Rechnungsstellung zu verjähren beginnt.[58]

37 Nach **neuem Recht** beginnt daher die Verjährung von Ansprüchen, welche erst aufgrund einer Kündigung, Anfechtung oder Rechnungsstellung fällig werden, erst mit der Anspruchsentstehung (**Fälligkeit**). Der Verjährungsbeginn wird nicht auf den frühesten Zeitpunkt, in welchem die Kündigung, Anfechtung oder Rechnungsstellung zulässig wäre, vorverlagert. Bezogen auf die Kündigung und Anfechtung ist das eine Neuerung, bezogen auf die Rechnungsstellung[59] entspricht dies dem bisherigen Recht. Es besteht **keine allgemeine Ausschlussfrist** für nicht fällige vertragliche Erfüllungsansprüche. Dem Vorschlag des Bundesrats, eine solche Ausschluss- oder Verjährungsfrist zu schaffen,[60] ist der Bundestag nicht gefolgt.[61] Eine solche Frist habe im bisherigen Recht auch nicht existiert; es bestehe für sie kein Bedürfnis, da die Parteien die Fälligkeit ihrer vertraglichen Erfüllungsansprüche im Vertrag regeln könnten. Sie seien frei, eine Fälligkeit beispielsweise auch erst nach mehr als dreißig Jahren vorzusehen. Auch solche Abreden unterlägen der Inhaltskontrolle. Das reiche nach Ansicht der Bundesregierung aus. Soweit das Gesetz teilweise (s. etwa **§ 8 HOAI**)[62] die Fälligkeit an eine Rechnungsstellung knüpfe, seien bislang keine nennenswerten Probleme aufgetreten. Soweit der Gläubiger wider Treu und Glauben die Rechnungserteilung unterlasse, böte sich eine Lösungsmöglichkeit über § 242, insbesondere über die **Verwirkung**.[63] Eine ausnahmsweise **Vorverlegung des Fälligkeitszeitpunkts analog § 162 Abs. 1** wegen treuwidrig unterlassener Rechnungsstellung wird nur ausnahmsweise eingreifen.[64]

38 Der Wegfall des § 199 aF schafft keine Probleme bei lange laufenden Darlehensverträgen („**Uralt-Sparbücher**").[65, 66] Auch bei ihnen führt das Abstellen auf die Fälligkeit und damit bei solchen Verträgen auf die Kündigung zu sachgerechten Ergebnissen: Der Sparer geht nicht überraschend der Spareinlage verlustig, die er vergessen oder ererbt hat. Kreditinstitute können – wie bisher – den Berechtigten ausfindig machen, ihm gegenüber das Darlehen kündigen und damit die (regelmäßige) Verjährungsfrist in Gang setzen, die künftig nur drei Jahre statt dreißig Jahre beträgt.

39 **ee) Verjährungsbeginn bei Schadensersatz statt der Leistung.** Die **§§ 438 Abs. 2, 634 a Abs. 2 und § 548 Abs. 1 S. 2** regeln im Kauf-, Werkvertrags- und Mietrecht hinsichtlich des Schadensersatzes statt der Leistung bzw des Mangelfolgeschadens den Verjährungsbeginn abweichend von § 199. Soweit sie anwendbar sind, **gehen** sie § 199 **vor** (s. Rn 13).

55 OLG Köln MMR 2009, 862, 863 f; abweichend BGH NJW 2010, 1956, 1957, der das entsprechende Ergebnis über eine ergänzende Vertragsauslegung erreichte, ohne sich zur Verjährung verhaltener Ansprüche abschließend zu äußern.

56 S. Staudinger/*Peters/Jacoby*, § 199 Rn 17–20; Palandt/*Grüneberg*, § 271 Rn 7 jeweils m. zahlr. Nachw.

57 Die §§ 199 f aF waren auf diesen Fall nicht entspr. anzuwenden, s. BGHZ 55, 340, 344; BGH NJW 1982, 930, 931; NJW-RR 1987, 237, 239.

58 S. zu einem solchen Fall etwa AG München v. 28.9.2010 – 213 C 18634/10.

59 Vgl BGHZ 55, 340, 344; BGH NJW 1982, 930, 931; NJW-RR 1987, 237, 239.

60 BT-Drucks. 14/6087, S. 6 f.

61 BT-Drucks. 14/6087, S. 42 f.

62 Vgl hierzu *Schudnagies*, Die Verjährung im Architektenrecht nach der Schuldrechtsreform, 2006, § 3 A I 2 c) sowie § 4 A I 1 c) aa).

63 Vgl Palandt/*Ellenberger*, § 199 Rn 6; offen gelassen von KG NZG 2009, 24, 25.

64 Offengelassen von KG NZG 2009, 24, 25.

65 S. dazu nach bisherigem Recht *Arendts/Teuber*, MDR 2001, 546.

66 Gegenäußerung der Bundesregierung, BT-Drucks. 14/6087, S. 43 gegen Stellungnahme des Bundesrats, ebd S. 7.

Die Verjährung eines Anspruchs auf **Schadensersatz statt der Leistung** nach den **§§ 280 Abs. 1 und Abs. 3, 281, 283** beginnt mit Ablauf der tatbestandlich vorausgesetzten Nachfrist bzw des an die Stelle der Nachfrist tretenden Umstands bzw mit dem Eintritt der Unmöglichkeit. Es ist also auf den Zeitpunkt der Entstehung des Schadensersatzanspruchs selbst abzustellen, nicht auf den Verjährungsbeginn des primären Erfüllungsanspruchs, der dem Schadensersatzanspruch zugrunde liegt und an dessen Stelle der Schadensersatzanspruch statt Leistung tritt.[67] 40

2. Anspruchskenntnis oder grobfahrlässige Unkenntnis (Abs. 1 Nr. 2). Abs. 1 Nr. 2 verallgemeinert in leicht modifizierter Form § 852 Abs. 1 aF und andere kenntnisabhängige Regelungen des Verjährungsbeginns (Rn 1). Die durch die Rechtsprechung und Lehre bei der Auslegung des § 852 Abs. 1 aF gefundenen Ergebnisse zu Fragen der Feststellung des Verjährungsbeginns sind auf Abs. 1 Nr. 2 übertragbar, und zwar nicht nur für die bisher § 852 Abs. 1 aF unterfallenden Ansprüche, sondern auch für die anderen Ansprüche. Über § 852 Abs. 1 aF hinausgehend stellt Abs. 1 Nr. 2 die grob fahrlässige Unkenntnis der Kenntnis gleich. 41

a) Von der Kenntnis zu umfassende Tatsachen, Beweislast. Abs. 1 Nr. 2 setzt für den Verjährungsbeginn die Kenntnis oder grob fahrlässige Unkenntnis des Gläubigers von den den Anspruch begründenden Umständen und der Person des Schuldners voraus. Für eine entsprechende Kenntnis oder grobfahrlässige Unkenntnis trägt der Schuldner die **Darlegungs- und Beweislast**.[68] 42

aa) Anspruchsbegründende Umstände. Die Verjährung kann erst beginnen, wenn die anspruchsbegründenden Tatsachen[69] **objektiv vorliegen**, also der Anspruch entstanden ist (zum Problem der Schadenseinheit s. Rn 25 ff). Das folgt bereits aus Abs. 1 Nr. 1. Es ergibt sich auch aus Abs. 1 Nr. 2 (s. Rn 17). **Anspruchsbegründende Umstände** sind die Tatsachen, die gegeben sein müssen, um das Vorliegen der einzelnen Merkmale der Anspruchsnorm und die Gläubigerstellung des Anspruchstellers[70] bejahen zu können. Erfasst werden nicht nur Merkmale des Tatbestands im engeren Sinne, sondern alle Elemente des materiellrechtlichen Anspruchs, deren Vorliegen Voraussetzung für eine zusprechende gerichtliche Entscheidung ist. 43

Wird ein Schadensersatzanspruch auf **mehrere Pflichtverletzungen** gestützt, so ist jede Pflichtverletzung verjährungsrechtlich **selbstständig** zu behandeln.[71] Daher sind zB bei einem Vorwurf verschiedener **Aufklärungs- oder Beratungsfehler** die Voraussetzungen des § 199 Abs. 1 Nr. 2 getrennt für jede einzelne Pflichtverletzung zu prüfen. Wird ein Schadensersatzanspruch auf mehrere Fehler gestützt, beginnt die Verjährung daher nicht einheitlich, wenn bezüglich eines Fehlers Kenntnis oder grob fahrlässige Unkenntnis vorliegt und dem Anleger insoweit eine Klage zumutbar wäre. Vielmehr ist jede Pflichtverletzung verfahrensrechtlich selbstständig zu behandeln. Dem Gläubiger muss es in einem solchen Fall auch unbenommen bleiben, eine ihm bekannt gewordene Pflichtverletzung – selbst wenn eine darauf gestützte Klage auf Rückabwicklung des Vertrags erfolgversprechend wäre – hinzunehmen, ohne Gefahr zu laufen, dass deshalb Ansprüche aus weiteren, ihm zunächst aber noch unbekannten Pflichtverletzungen zu verjähren beginnen.[72] 44

Offen ist, ob die Tatsachen, welche die Fälligkeit des Anspruchs begründen, auch zu den anspruchsbegründenden Umständen im Sinne des Abs. 1 Nr. 2 zählen. Das könnte zu verneinen sein, da die Anspruchsfälligkeit keine Frage der Anspruchsbegründung ist.[73] Auch der Grundsatz der Schadenseinheit, nach welchem ein Anspruch auch hinsichtlich der noch nicht eingetretenen, aber vorhersehbaren Schadensposten bereits mit Kenntnis von dem generellen Schadenseintritt zu verjähren beginnt (zu dem Grundsatz und seiner Fortgeltung im Rahmen des § 199 s. Rn 25, 26), legt diese Sichtweise nahe. Dennoch sollten die Tatsachen, welche die **Anspruchsfälligkeit** auslösen, als **notwendiger Gegenstand** der Kenntnis im Sinne des Abs. 1 Nr. 2 eingestuft werden. Denn Abs. 1 Nr. 2 stellt auf den Zeitpunkt ab, zu welchem der Gläubiger seinen Anspruch durchsetzen kann. Ab diesem Zeitpunkt hat er erst Anlass, sich um die Verfolgung seines Anspruchs zu kümmern. Wenn davon im Rahmen des Grundsatzes der Schadenseinheit eine wichtige Ausnahme gemacht wird, so lässt sich diese Ausnahme durch die Besonderheiten der Schadensersatzhaftung und der dynamischen 45

67 Staudinger/*Peters/Jacoby*, § 199 Rn 24; *Wertenbruch*, BGB AT, 2010, § 36 Rn 12; zum früheren Recht ebenso die Rechtsprechung BGH NJW 1959, 1819; NJW 1989, 1854, 1855; NJW 1999, 2884, 2886; aA (Verjährungsbeginn mit Entstehen des Primäranspruchs) *Reinicke/Tiedtke*, ZIP 1999, 1905, 1906 f; Palandt/*Ellenberger*, § 199 Rn 15; *Stöber*, ZGS 2005, 290, 293 f.

68 S. nur BGHZ 171, 1, 11; BGH NJW 2008, 2576, 2578 Rn 25; NZG 2010, 947, 950.

69 S. dazu etwa BGHZ 171, 1, 7 ff; 179, 260, 276; BGH NJW 2008, 506 Rn 8; BKR 2010, 118, 119 Rn 13; NZG 2010, 947, 950.

70 Dazu, dass die Schadensbetroffenheit des Gläubigers ein Umstand ist, der von der Kenntnis des Gläubigers gemäß § 852 Abs. 1 aF erfasst sein musste, s. BGH NJW 1996, 117.

71 BGH NJW 2008, 506, 507 Rn 14 ff; NJW-RR 2010, 681 Rn 14 f; NZG 2010, 1026; WM 2011, 874.

72 BGH NJW 2008, 506, 507 Rn 14 ff; NJW-RR 2010, 681 Rn 14 f; NZG 2010, 1026; s. noch zur subjektiven Kenntnis in einem solchen Fall unten Rn 72.

73 So wohl *Piekenbrock*, S. 309, 324.

Schadensentwicklung rechtfertigen.[74] Der Grundsatz spricht nicht generell dagegen, die fälligkeitsbegründenden Tatsachen als anspruchsbegründend im Sinne des Abs. 1 Nr. 2 einzuordnen.

46 Daher zählt bei **Schadensersatzansprüchen auch der Schadenseintritt** zu den anspruchsbegründenden Tatsachen, unabhängig davon, ob der Schaden ansonsten als Element der Tatbestands- oder Rechtsfolgenseite der Anspruchsnorm verstanden wird. Dies entspricht § 852 aF; daran wollte der Gesetzgeber nichts ändern. Nicht erforderlich ist eine genaue Kenntnis des Umfangs und der Höhe des Schadens. Entscheidend ist die Kenntnis davon, dass überhaupt ein Schaden eingetreten ist. Erst nachträglich auftretende Schadensfolgen, die aber im Zeitpunkt der Kenntnis vorhersehbar waren, lösen nach dem Grundsatz der Schadenseinheit (näher Rn 25 f) keine neue auf sie bezogene Verjährungsfrist aus. Vielmehr gilt die mit Kenntnis des Schadenseintritts beginnende Verjährungsfrist auch für diese Schadensfolgen. Soweit ein Anspruch erst später eingetretene Schadensfolgen zum Inhalt hat, wird eine neue, eigenständige Verjährungsfrist nur eröffnet, wenn der Eintritt dieser Schadensfolgen auch für den Fachmann im Moment der generellen Kenntnis des Gläubigers vom Schadenseintritt nicht vorhersehbar war.[75] Insoweit ist dann auf die Kenntnis des Gläubigers vom Eintritt der unvorhersehbaren Schadensfolge und ihrer Verursachung durch den Schuldner abzustellen.[76]

47 Setzt der Anspruch das **Vertretenmüssen** des Schuldners oder – bei Anwendung des § 278 – anderer voraus, so zählen auch die Tatsachen, welche auf das Vertretenmüssen hinweisen, zu den anspruchsbegründenden Umständen.[77] Gleiches gilt für die **Kausalität** des anspruchsauslösenden Verhaltens des Schuldners und besondere zum inneren Tatbestand gehörige Tatsachen. Im letzten Fall kommt es auf die Kenntnis des äußeren Tatbestands an, aus welchem das Vorliegen der inneren Tatsachen (Beweggrund, Zweck) herzuleiten ist.[78] Hat der Schuldner sein fehlendes Verschulden zu beweisen (s. etwa § 831 Abs. 1 S. 2), so ist eine Kenntnis des Gläubigers vom Vertretenmüssen des Schuldners keine Voraussetzung des Abs. 1 Nr. 2.

48 Tatsachen, aus welchen die **Rechtswidrigkeit** einer Handlung zu folgern ist, zählen zu den anspruchsbegründenden Tatsachen, sofern die Rechtswidrigkeit Anspruchsvoraussetzung ist. Das Fehlen von Rechtfertigungsgründen zählt nicht dazu, soweit das Vorliegen von Rechtfertigungsgründen – wie regelmäßig – durch den Schuldner vorzutragen und zu beweisen ist.

49 Hängt der Anspruch davon ab, dass eine andere Person nicht haftet (**subsidiäre Haftung**, s. zB §§ 829, 839 Abs. 1 S. 2), so ist Kenntnis davon erforderlich, dass die andere Person nicht (vollständig) haftet.[79] Bei Insolvenz des vorrangigen anderen Schuldners bedarf es dann der Kenntnis von der Höhe des Ausfalls der Insolvenzforderung.[80]

50 **bb) Person des Schuldners.** Erforderlich ist die Kenntnis der Person des Schuldners; es bedarf dabei der Kenntnis (oder grobfahrlässiger Unkenntnis, Rn 68 ff) des Namens und der **Anschrift des Schuldners**,[81] so dass eine Klagezustellung möglich wäre. Als ladungsfähige Anschrift des Schuldners kann auch die Angabe seiner Arbeitsstelle genügen, wenn diese sowie der Zustellungsempfänger und dessen dortige Funktion so konkret und genau bezeichnet werden, dass von einer ernsthaften Möglichkeit ausgegangen werden kann, die Zustellung durch Übergabe werde gelingen. Daher kann die Bezeichnung der beklagten Krankenhausärzte im Arzthaftungsprozess mit Namen und ärztlicher Funktion in einer bestimmten ärztlichen Abteilung des Kran-

74 Die Ausnahme kann aber auch als Zeichen der Verfehltheit des Grundsatzes der Schadenseinheit angesehen werden; s. zu dieser der hM widersprechenden Ansicht Rn 21.

75 Zur Vorhersehbarkeit MüKo/*Grothe*, § 199 Rn 11 f mwN.

76 Zum Grundsatz der Schadenseinheit (bei deliktsrechtlichen Ansprüchen) BGH NJW 2000, 861; s. auch BGHZ 50, 21, 24; BGH NJW 1993, 648, 650; 1998, 1303, 1304; 1998, 1488, 1489; 2000, 861; ZIP 2004, 763, 764; WM 2004, 472, 473; Palandt/*Ellenberger*, § 199 Rn 14; MüKo/*Grothe*, § 199 Rn 9; Soergel/*Niedenführ*, § 199 Rn 20; Staudinger/*Peters/Jacoby*, § 199 Rn 44 ff; Bamberger/Roth/*Henrich/Spindler*, § 199 Rn 27; Erman/*Schmidt-Räntsch*, § 199 Rn 9; *Mansel/Budzikiewicz*, Jura 2003, 1, 3 f; rechtsvergleichend *Rebhahn*, in: FS Welser, 2004, S. 849, 865 ff; zum früheren Recht s. BGHZ 50, 21, 24; BGH NJW 1991, 2833, 2835; VersR 2000, 331; Staudinger/*Peters/Jacoby*, § 199 Rn 44.

77 Nicht zu § 278, sondern nur zur Frage des Schädigerverschuldens iSv § 852 Abs. 1 aF s. etwa BGH NJW 1973, 316; Soergel/*Niedenführ*, § 199 Rn 41; *Larenz/Canaris*, Lehrbuch des Schuldrechts II/2, 13. Aufl. 1994, § 83 V 1.

78 So zum alten Recht Staudinger/*Schäfer*, 12. Aufl. 1986, § 852 aF Rn 71; so auch Soergel/*Niedenführ*, § 199 Rn 42.

79 BGHZ 102, 246; 121, 65, 71; BGH NJW 1999, 2041, 2042; Soergel/*Niedenführ*, § 199 Rn 47; näher Staudinger/*Schäfer*, 12. Aufl. 1986, § 852 aF Rn 83, 84, 93 ff.

80 RGZ 161, 375; OLG Frankfurt NJW-RR 1987, 1056.

81 BGH VersR 1995, 551, 552; NJW 1998, 998; 1999, 423, 424; 2000, 954 f; ZIP 2001, 70. In dem Urteil des BGH NJW-RR 2005, 415 (s. dazu näher bei § 214 Rn 6) hätte daher nach neuem Recht der Lauf der Verjährung noch gar nicht begonnen. Bedeutung könnte die Entscheidung nunmehr allenfalls in den Fällen erlangen, in denen bereits die Maximalfrist verstrichen ist.

kenhauses ausreichen.[82] **Grob fahrlässige Unkenntnis** liegt vor, wenn Name und Anschrift ohne besondere Mühewaltung und ohne langwierige Nachforschung ermittelt werden könnten.[83]

Im Falle der **Gesamtschuldnerschaft** ist der Verjährungsbeginn für den Anspruch gegen jeden einzelnen Gesamtschuldner gesondert zu bestimmen (§ 425 Abs. 2).[84] Die Kenntniserlangung iSv Abs. 1 Nr. 2 ist bezogen auf jeden der Gesamtschuldner getrennt zu ermitteln.[85] Bei unterschiedlichen Zeitpunkten der Kenntniserlangung von der Person des jeweiligen Gesamtschuldners beginnt die Verjährung der Ansprüche gegen die einzelnen Gesamtschuldner unterschiedlich.[86] Das gilt auch dann, wenn Organe und Mitarbeiter einer juristischen Person und diese selbst Gesamtschuldner sind und der Anspruch gegen die juristische Person bereits verjährt ist.[87] **51**

Bei einer deliktischen Haftung eines Brokers wegen bedingt vorsätzlicher Teilnahme an einem sittenwidrigen Geschäftsmodell kann von einer Kenntnis oder grob fahrlässigen Unkenntnis des Anlegers nur ausgegangen werden, wenn ihm sowohl die Umstände, die in Bezug auf dieses Geschäftsmodell einen Ersatzanspruch begründen, als auch die Umstände, aus denen sich ergibt, dass auch der das Transaktionskonto führende und die einzelnen Aufträge des Anlegers ausführende Broker als möglicher Haftender in Betracht kommt, bekannt oder infolge grober Fahrlässigkeit unbekannt sind.[88] **52**

Bestehen Zweifel, welche von **mehreren** in Betracht kommenden **Personen** der Schuldner ist, so ist eine ausreichende Kenntnis der Person des Schuldners erst gegeben, wenn keine begründeten Zweifel mehr bestehen.[89] Das ist dann der Fall, wenn der Gläubiger aufgrund der ihm bekannten Tatsachen gegen eine bestimmte Person mit einiger Aussicht auf Erfolg eine Leistungsklage oder zumindest eine Feststellungsklage erheben kann (s. Rn 65). **53**

Richtet sich der Anspruch direkt gegen eine als **Mitarbeiter oder Organ eines Unternehmens** handelnde Person, so kommt es auf die Kenntnis des Gläubigers von der Person des Mitarbeiters/Organs an. Hängt die Anspruchsbegründung von der betrieblichen Zuständigkeits- und Aufgabenverteilung ab, so bedarf es daher auch der Kenntnis dieser Tatsachen.[90] **54**

Die Kenntnis des Gläubigers von der Person des **Erfüllungsgehilfen**, dessen Verschulden dem Schuldner nach § 278 zugerechnet wird, wird von Abs. 1 Nr. 2 nicht verlangt. Schuldner im Sinne der genannten Norm ist bei Anwendung des § 278 nicht der Erfüllungsgehilfe. Es ist ausreichend, wenn der Gläubiger Kenntnis davon hat, dass der Schuldner sich zur Erfüllung seiner Verbindlichkeit eines anderen bedient hat.[91] Erforderlich ist weiter die Kenntnis der Umstände, die auf das Verschulden dieses anderen hinweisen (s. Rn 47). Die Person des anderen muss dem Gläubiger nicht im Sinne des Abs. 1 Nr. 2 bekannt sein, denn der andere (Erfüllungsgehilfe) ist bei Anwendung des § 278 nicht Schuldner im Sinne von Abs. 1 Nr. 2. (Soweit daneben der Gläubiger einen Anspruch gegen diesen anderen hat, kommt im Rahmen dieses Anspruchs § 278 nicht zur Anwendung.) **55**

Ebenso wenig ist die Kenntnis von der Person des **Verrichtungsgehilfen** im Falle des § 831 erforderlich. Schuldner des § 831 ist der Geschäftsherr; der Gläubiger muss Kenntnis seiner Person haben. Erforderlich ist mit Blick auf den Verrichtungsgehilfen allein die Kenntnis des Gläubigers davon, dass der Schaden durch irgendeinen Verrichtungsgehilfen des Geschäftsherrn rechtswidrig hervorgerufen wurde. Kenntnis davon, dass keine Exkulpation des Schuldners nach § 831 Abs. 1 S. 2 möglich ist, ist nicht vorausgesetzt,[92] denn die Beweislast dafür trägt der Schuldner. **56**

Ist der Schuldner **verstorben**, so ist eine Kenntnis der Person seiner Erben nicht erforderlich,[93] denn nach § 1961 kann der Gläubiger eine Nachlasspflegschaft beantragen, und es läuft die Ablaufhemmung des § 211 für Nachlassfälle. **57**

Ist der Schuldner **nicht prozessfähig**, so kann die Verjährung nach Abs. 1 Nr. 2 erst mit Kenntnis des Gläubigers von der Person des gesetzlichen Vertreters beginnen.[94] **58**

b) Kenntnis. Die Kenntnis (bzw grob fahrlässige Unkenntnis, s. Rn 68 ff) muss bei dem **Gläubiger** des Anspruchs vorliegen (zur Wissenszurechnung s. Rn 75 ff).[95] Bei der **Drittschadensliquidation** kommt es **59**

82 BGH NJW 2001, 885.
83 Näher MüKo/*Grothe*, § 199 Rn 29; Staudinger/*Peters/Jacoby*, § 199 Rn 70 f.
84 Zur Neufassung des § 425 Abs. 2 s. dort.
85 BGH NJW 2001, 964.
86 BGH NJW 2001, 964; VersR 1962, 1008.
87 BGH NJW 2001, 964 f; zu Recht krit. *Sandmann*, JZ 2001, 712 ff.
88 BGH BKR 2010, 421, 425 f Rn 46.
89 BGH NJW 1999, 2734; näher MüKo/*Grothe*, § 199 Rn 27.
90 So zum bisherigen Recht und für die deliktische Haftung BGH NJW 2001, 964, 965.
91 So auch Bamberger/Roth/*Henrich/Spindler*, § 199 Rn 34.
92 Bamberger/Roth/*Henrich/Spindler*, § 199 Rn 34.
93 OLG Neustadt MDR 1963, 413; MüKo/*Grothe*, § 199 Rn 27; Erman/*Schmidt-Räntsch*, § 199 Rn 26.
94 Erman/*Schmidt-Räntsch*, § 199 Rn 26; offen gelassen von BGH VersR 1963, 580.
95 Zum Begriff *Riedhammer*, Kenntnis, grobe Fahrlässigkeit und Verjährung, 2004, S. 97 ff.

daher auf diejenige des Anspruchstellers, nicht des Dritten (dessen Schaden liquidiert wird) an.[96] Bei einer cessio legis ist auf die Kenntnis desjenigen abzustellen, der kraft gesetzlichen Forderungsübergangs Anspruchsinhaber geworden ist.[97] Bei der **Abtretung** muss sich der neue Gläubiger die von dem abtretenden Gläubiger bis zur Abtretung (nicht aber eine danach) erlangte Kenntnis gem. §§ 404, 412 entgegenhalten lassen.[98] Hat der Altgläubiger bis zur Abtretung keine Kenntnis erlangt, dann kommt es nach der Abtretung auf die Kenntnis des Neugläubigers an.

60 Kenntnis iSv Abs. 1 Nr. 2 meint eine **Tatsachenkenntnis**, keine Rechtskenntnis. Geht der Gläubiger irrtümlich davon aus, bei der gegebenen Tatsachenlage keinen Anspruch zu haben, hindert das den Verjährungsbeginn nicht.[99] An der danach erforderlichen Kenntnis kann es beispielsweise fehlen, wenn der Geschädigte infolge einer durch die Verletzung erlittenen retrograden Amnesie keine Erinnerungen mehr an das Geschehen hat[100] oder aufgrund einer psychischen Traumatisierung das Tatgeschehen verdrängt hat und deswegen keine Erinnerung mehr daran hatte, die ihm die erfolgversprechende Erhebung einer Schadensersatzklage ermöglicht hätte.[101] Der Gläubiger ist für seine Behauptung, er habe das Missbrauchsgeschehen verdrängt und sei deshalb nicht in der Lage gewesen, rechtliche Schritte einzuleiten, darlegungs- und beweispflichtig ist. Zwar hat grundsätzlich der Schuldner als derjenige, der sich auf den Ablauf der dreijährigen Verjährungsfrist beruft, den Zeitpunkt zu beweisen, in dem der Verletzte vom Schaden und der Person des Ersatzpflichtigen erlangt hat.[102] Das gilt nach OLG Oldenburg aber dann nicht, wenn der Gläubiger behauptet, er habe die traumatische Erinnerung an das Tatgeschehen verdrängt und deshalb keine Kenntnis von der Person des Schädigers und den anspruchsbegründenden Umständen gehabt. Die Darlegungs- und Beweislast für den inneren Prozess der Verdrängung mit der Folge des Erinnerungsverlusts hat der Gläubiger.

61 Ausnahmsweise hat die Rechtsprechung zu § 852 Abs. 1 aF bei unübersichtlicher oder zweifelhafter Rechtslage, die selbst ein Rechtskundiger nicht einzuschätzen vermag, den Verjährungsbeginn wegen der **Rechtsunkenntnis** hinausgeschoben, da es an der Zumutbarkeit der Klageerhebung fehle.[103] Ob sich diese Rechtsprechung auf Abs. 1 Nr. 2 übertragen lässt, erschien bislang zweifelhaft. Rechtsunkenntnis sollte generell für den Verjährungsbeginn unerheblich sein. Abs. 1 ist so ausgestaltet, dass er dem Gläubiger eine ausreichende Frist zur Einholung von Rechtsrat und zur Überlegung gewährt. Das Risiko falschen Rechtsrats hat nicht der Schuldner zu tragen, sondern der Gläubiger, der sich bei demjenigen, der ihn fehlerhaft berät, schadenfrei halten kann. Der **BGH** hat nach Inkrafttreten des SchuldRModG in Fortführung seiner Rechtsprechung zu § 852 Abs. 1 aF entschieden, dass der Verjährungsbeginn auch nach Abs. 1 Nr. 2 bei unsicherer und zweifelhafter Rechtslage hinausgeschoben werden kann, weil dann die Klageerhebung nicht zumutbar erscheint.[104] Diese **Zumutbarkeit der Klageerhebung** sei aber „übergreifende Voraussetzung für den Verjährungsbeginn".[105] Der Lauf der Verjährungsfrist beginnt danach **erst bei Klärung der Rechtsfrage**.[106] Zutreffend sind nach der Rechtsprechung des BGH im Interesse der Rechtssicherheit strenge Anforderungen an die Annahme einer zweifelhaften und unsicheren Rechtslage zu stellen.[107]

62 Unbeachtlich ist auch, ob der Gläubiger aus den ihm bekannten Tatsachen die zutreffenden **Schlüsse auf das Bestehen eines Anspruchs**,[108] insbesondere bei Schadensersatzansprüchen auf den in Betracht kommenden naturwissenschaftlich zu erkennenden Kausalverlauf[109] zieht.[110] Die Verjährung kann daher auch beginnen, wenn der Gläubiger irrtümlich davon ausgeht, niemand oder eine andere Person als der Schuldner sei ihm ersatzpflichtig. Im **Arzthaftungsprozess** beginnt die Verjährung allerdings nicht zu laufen, bevor nicht der Geschädigte als medizinischer Laie Kenntnis (oder grobfahrlässige Unkenntnis, Rn 68 ff) von Tatsachen hat, aus denen sich ein Abweichen des Arztes vom medizinischen Standard ergibt.[111]

63 **Unbeachtlich** ist es auch, ob der Schuldner den Anspruch **bestreitet**.[112] Abs. 1 Nr. 2 dient nicht dazu, dem Gläubiger das Risiko der zutreffenden Tatsachen- und Rechtsbewertung abzunehmen.

96 Palandt/*Ellenberger*, § 199 Rn 24; Erman/*Schmidt-Räntsch*, § 199 Rn 12.
97 BGHZ 48, 181, 183 f; BGH NJW 1996, 2933, 2934; ausf. und überzeugend Staudinger/*Schäfer*, 12. Aufl. 1986, § 852 aF Rn 29–42 m. zahlr. Nachw. und Differenzierungen; MüKo/*Grothe*, § 199 Rn 35.
98 BGH NJW 1990, 2808, 2809 f; MüKo/*Grothe*, § 199 Rn 35.
99 *Heinrichs*, BB 2001, 1417, 1418; zu § 852 aF s. BGH NJW 1996, 117, 118; 1999, 2041, 2042 mit zahlr. weiteren Nachw.
100 BGH NJW 1993, 2614, unter II 1 a).
101 OLG Oldenburg, Urt. v. 12.7.2011 – 13 U 17/11, BeckRS 2011, 18398, unter II 2.
102 S. BGH NJW 1987, 3120, unter II 1.
103 BGH NJW 1999, 2041, 2042; BGHZ 122, 317, 325 f, beide mit zahlr. Nachw.
104 BGH WM 2010, 1399, 1400 f; WM 2008, 1077, 1078; WM 2008, 2155 (dazu *Budzikiewicz*, NJ 2009, 111); BGHZ 179, 260; BGH NJW 2010, 253, 255.
105 BGH WM 2010, 1399, 1400 f; BGHZ 179, 260.
106 BGH WM 2008, 2155.
107 Dazu *Bitter/Alles*, NJW 2011, 2081.
108 BGH WM 2010, 1399, 1400 f zur Kenntnis der einen Bereicherungsanspruch begründenden Tatsachen.
109 BGH NJW 1991, 2350; 1991, 2351; VersR 1986, 1080, 1081; 1983, 1158, 1159; Bamberger/Roth/*Henrich/Spindler*, § 199 Rn 23.
110 BGH WM 2010, 253, 255 mwN.
111 BGH NJW 2001, 885, 886; VersR 2000, 331; NJW 1991, 2350.
112 OLG Düsseldorf VersR 1997, 1241; Palandt/*Ellenberger*, § 199 Rn 28.

An die Kenntnis des Gläubigers davon, dass er selbst anspruchsberechtigt ist, sind dieselben Anforderungen zu stellen wie an die Kenntnis aller anderen Elemente der Anspruchsbegründung und die Kenntnis von der Person des Schuldners. Daher bedarf es lediglich der Kenntnis der Tatsachen, die seine Gläubigerstellung begründen; nicht erforderlich ist, dass er sich seiner **Anspruchsinhaberschaft** auch bewusst ist.[113] 64

Für eine **Kenntnis** iSv Abs. 1 Nr. 2 bedarf es nicht der Kenntnis der anspruchsbegründenden Tatsachen in allen Einzelheiten. Es reicht vielmehr aus, wenn dem Gläubiger aufgrund der ihm bekannten Tatsachen (oder grob fahrlässig unbekannt gebliebenen Tatsachen, s. Rn 68 ff) zuzumuten ist, zur Durchsetzung seiner Ansprüche gegen eine bestimmte Person eine Klage – und sei es in Form einer Feststellungsklage – zu erheben.[114] Zuzumuten ist ihm die Klageerhebung, wenn die Klage hinreichend aussichtsreich – wenn auch nicht risikolos – erscheint und er in der Lage ist, die **Klage schlüssig** zu begründen.[115] Weder ist es erforderlich, dass der Geschädigte alle Einzelumstände kennt, die für die Beurteilung möglicherweise Bedeutung haben, noch muss er bereits hinreichend sichere Beweismittel in der Hand haben, um einen Rechtsstreit im Wesentlichen risikolos führen zu können.[116] Auch kommt es, abgesehen von Ausnahmefällen, nicht auf eine zutreffende rechtliche Würdigung an (s. unten Rn 66 ff). Eine solche ausreichende Kenntnis ist vorhanden, wenn dem Geschädigten bei einer **Gesamtschau aller Umstände** zuzumuten ist, auf Grund der ihm bekannten Tatsachen bei verständiger Würdigung eine von Erfolgsaussicht getragene Schadensersatzklage, zumindest als Feststellungsklage, gegen eine bestimmte Person zu erheben.[117] 65

Bei einem **komplexen Betrugssachverhalt** (zB Anlagebetrug unter Nutzung eines Firmengeflechts) ist es dem Geschädigten nicht zuzumuten, gestützt auf „erste Erkenntnisse der Staatsanwaltschaft“ oder die Kenntnis der Existenz von Haftbefehlen eine Schadensersatz- oder Feststellungsklage zu erheben. Die für den Beginn der Verjährungsfrist erforderliche Kenntnis von Schaden und Schädiger liegt in einem solchen Fall erst bei Kenntnis des wesentlichen Ermittlungsergebnisses – etwa durch Akteneinsicht in die Ermittlungsakten – vor.[118] 66

Bei der deliktischen Haftung eines Brokers wegen bedingt vorsätzlicher Teilnahme an einem **sittenwidrigen Geschäftsmodell** kann von einer Kenntnis (oder grob fahrlässigen Unkenntnis, s. Rn 68 ff) des Anlegers nur ausgegangen werden, wenn ihm sowohl die Umstände, die in Bezug auf dieses Geschäftsmodell einen Ersatzanspruch begründen, als auch die Umstände, aus denen sich ergibt, dass auch der das Transaktionskonto führende und die einzelnen Aufträge des Anlegers ausführende Broker als möglicher Haftender in Betracht kommt, bekannt (oder infolge grober Fahrlässigkeit unbekannt) sind.[119] 67

c) Grob fahrlässige Unkenntnis. Der positiven Kenntnis steht nach Abs. 1 Nr. 2 die grob fahrlässige Unkenntnis gleich. Damit kann die Verjährung nach Abs. 1 Nr. 2 zu einem **früheren Zeitpunkt** als nach § 852 Abs. 1 aF beginnen. Soweit **in dieser Kommentierung** von **Kenntnis** oder Kenntniserlangung gesprochen wird, ist damit (zwecks Verkürzung der Darstellung) **auch die grob fahrlässige Unkenntnis** gemeint, sofern nichts anderes vermerkt ist. 68

Grobe Fahrlässigkeit liegt vor, wenn die im Verkehr erforderliche Sorgfalt in ungewöhnlich hohem Maße verletzt worden ist, ganz nahe liegende Überlegungen nicht angestellt oder beiseite geschoben wurden und dasjenige unbeachtet geblieben ist, was im gegebenen Fall jedem hätte einleuchten müssen.[120] Grobe Fahrlässigkeit im Sinne von § 199 Abs. 1 Nr. 2 setzt somit einen **objektiv schwerwiegenden** und **subjektiv nicht entschuldbaren** Verstoß gegen die Anforderungen der im Verkehr erforderlichen Sorgfalt voraus. Grob fahrlässige Unkenntnis ist danach gegeben, wenn dem Gläubiger die Kenntnis deshalb fehlt, weil er ganz nahe liegende Überlegungen nicht angestellt oder das nicht beachtet hat, was im gegebenen Fall jedem hätte einleuchten müssen, wie etwa dann, wenn sich dem Gläubiger die den Anspruch begründenden Umstände förmlich aufgedrängt haben und er leicht zugängliche Informationsquellen nicht genutzt hat.[121] Dabei sind auch subjektive, individuelle für den Gläubiger geltende Umstände zu berücksichtigen; ihm muss auch subjektiv 69

113 Zur Kenntnis von der Schadensbetroffenheit des Gläubigers im Rahmen des § 852 aF s. BGH NJW 1996, 117, 118.

114 BGHZ 179, 260 mwN; ebenso bereits *Heinrichs*, BB 2001, 1417, 1418.

115 So zum Vorstehenden die st. Rspr zu § 852 Abs. 1 aF, s. nur BGH NJW-RR 1990, 606; NJW 1994, 3092, 3093; BGHZ 133, 192, 198; BGH NJW 2000, 953; 2000, 1499; 2001, 964, 965; 2001, 1721, 1722; jew. mwN.

116 BGH ZIP 2010, 2004 Rn 43; WM 2008, 89 Rn 15; WM 2008, 1260 Rn 32; WM 2008, 1346 Rn 27, jew. mwN.

117 OLG Nürnberg NJW 2008, 1453 (zu § 852 aF).

118 OLG Nürnberg NJW 2008, 1453 (zu § 852 aF).

119 BGH ZIP 2010, 2004 Rn 46.

120 BT-Drucks. 14/6040, S. 108 unter Hinweis auf BGHZ 10, 14, 16; 89, 153, 161; BGH NJW-RR 1994, 1469, 1471; NJW 1992, 3235, 3236; ausf. *Riedhammer*, Kenntnis, grobe Fahrlässigkeit und Verjährung, 2004, S. 75 ff; vgl auch *Mansel/Budzikiewicz*, Jura 2003, 1, 4 f.

121 BGH NZG 2010, 947, 950, s. ferner BGH NJW-RR 2009, 547 Rn 16; NJW-RR 2010, 681 Rn 13 mit weiteren Nachweisen; BGH ZIP 2010, 2004 Rn 44; s. noch Gesetzentwurf der Fraktionen der SPD und Bündnis 90/Die Grünen zum SchuldRModG, BT-Drucks. 14/6040, S. 108 unter anderem Hinweis auf ältere BGH-Judikate; MüKo/*Grothe*, § 199 Rn 28; Palandt/*Ellenberger*, § 199 Rn 39.

ein schwerer Obliegenheitsverstoß in seiner eigenen Angelegenheit der Anspruchsverfolgung zur Last fallen.[122] An den Verbraucher (§ 13) sind dabei geringere Anforderungen als an einen Unternehmer (§ 14) zu stellen.[123] Dem Gläubiger muss persönlich ein **schwerer Obliegenheitsverstoß** in seiner eigenen Angelegenheit der Anspruchsverfolgung, eine schwere Form von „Verschulden gegen sich selbst", vorgeworfen werden können.[124] Ihn trifft generell **keine** Obliegenheit, im Interesse des Schuldners an einem möglichst frühzeitigen Beginn der Verjährungsfrist **Nachforschungen** zu betreiben; vielmehr muss das Unterlassen von Ermittlungen nach Lage des Falls als geradezu unverständlich erscheinen, um ein grob fahrlässiges Verschulden des Gläubigers bejahen zu können.[125]

70 Nach § 852 Abs. 1 aF hat grob fahrlässige Unkenntnis nicht ausgereicht. § 12 Abs. 1 ProdHaftG, § 32 Abs. 1 AtG, die unverändert weiter gelten, lassen in ihrem Anwendungsbereich auch fahrlässige Unkenntnis genügen. Die Rechtsprechung zu § 852 Abs. 1 aF (und zu den anderen, einen kenntnisabhängigen Verjährungsbeginn statuierenden besonderen Verjährungsvorschriften, s. zu diesen Rn 1) hat stets mit Nachdruck und ausdrücklich darauf hingewiesen, dass die **grob fahrlässige Unkenntnis** der vom Gesetz geforderten **positiven Kenntnis nicht gleichsteht**. Gleichzeitig hat sie aber schon bisher der positiven Kenntnis diejenigen Fälle gleichgestellt,[126] in denen der Gläubiger es versäumt hat, eine gleichsam auf der Hand liegende Erkenntnismöglichkeit wahrzunehmen, und deshalb letztlich sein Sichberufen auf Unkenntnis als Förmelei erscheint, weil jeder andere in der Lage des Gläubigers unter denselben konkreten Umständen sich die Kenntnis verschafft hätte. Es reichte aus, wenn der Gläubiger sich die erforderlichen Kenntnisse in zumutbarer Weise ohne nennenswerte Mühe und ohne besondere Kosten beschaffen konnte. Damit sollte dem Rechtsgedanken des § 162 folgend dem Geschädigten die sonst bestehende Möglichkeit genommen werden, die Verjährungsfrist missbräuchlich dadurch zu verlängern, dass er die Augen vor einer sich aufdrängenden Kenntnis verschließt.[127]

71 Die bezeichneten Sachverhaltskonstellationen sind **im Rahmen des § 199** als solche grob fahrlässiger Unkenntnis anzusehen. Abs. 1 Nr. 2 geht aber über diese bereits anerkannten Fälle hinaus und lässt generell die grob fahrlässige Tatsachenunkenntnis genügen; zu **Erweiterungen** etwa im Rahmen der Wissenszurechnung bei Unternehmen, Behörden und Körperschaften s. Rn 77 f. So liegt dann bezogen auf die Ansprüche gegen die Tatbeteiligten grob fahrlässige Unkenntnis vor, wenn der Geschädigte das Speditionsunternehmen, in dessen Bereich das Speditionsgut beschädigt wurde, um Beschreibung des Tathergangs und namentliche Nennung der beteiligten Personen gebeten, es dann aber unterlassen hat (weil ihm die Namen der Tatbeteiligten nicht genannt worden sind), deren Identität in Erfahrung zu bringen.[128]

72 Die Judikatur zur erforderlichen grobfahrlässigen Unkenntnis ist bei Schadensersatzansprüchen wegen **Pflichtverletzungen von Anlageberatern, -vermittlern** und ähnlichen Personen umfangreich. Zu beachten ist: Erhält ein Kapitalanleger Kenntnis von einer bestimmten Pflichtverletzung des Anlageberaters oder -vermittlers, so handelt er bezüglich weiterer Pflichtverletzungen **nicht grob fahrlässig**, wenn er die erkannte Pflichtverletzung nicht zum Anlass nimmt, den Anlageprospekt nachträglich durchzulesen, auch wenn er bei der **Lektüre des Prospekts** Kenntnis auch der weiteren Pflichtverletzungen erlangt hätte.[129] Zur getrennten Beurteilung einzelner Pflichtverletzungen s. Rn 44. Grob fahrlässige Unkenntnis des Beratungsfehlers eines Anlageberaters oder der unrichtigen Auskunft eines Anlagevermittlers ergibt sich nicht schon allein daraus, dass es der Anleger **unterlassen** hat, den ihm überreichten Emissionsprospekt durchzulesen und auf diese Weise die Ratschläge und Auskünfte des Anlageberaters oder -vermittlers auf ihre Richtigkeit hin zu kontrollieren.[130] Denn der Anlageinteressent darf regelmäßig auf die Richtigkeit und Ordnungsmäßigkeit der ihm erteilten Anlageberatung vertrauen. Ihm ist deshalb eine unterbliebene „Kontrolle" dieser Beratung durch Lektüre des Prospekts nicht ohne weiteres als grobe Fahrlässigkeit vorzuwerfen.[131] Hat der Anleger jedoch durch weitere, konkret zu benennende Umstände offensichtlichen Anlass, sein Vertrauen in die Seriosität und

122 S. *Heinrichs*, BB 2001, 1417, 1418.
123 S. *Heinrichs*, BB 2001, 1417, 1418.
124 BGH NZG 2010, 947, 950, NJW-RR 2010, 681 Rn 13 mwN; MüKo/*Grothe*, § 199 Rn 28.
125 BGH NZG 2010, 947, 950, NJW-RR 2010, 681 Rn 15 f mwN; MüKo/*Grothe*, § 199 Rn 28.
126 BT-Drucks. 14/6040, S. 108: Auch im Rahmen der Rspr zur Schadenseinheit (s. Rn 19 f, Fn 14, 19) wurden die als möglich voraussehbaren Schadensfolgen erfasst, obwohl das bloß Voraussehbare gerade nicht bekannt ist, so dass auch hier im Ergebnis entgegen der gesetzlichen Anordnung des § 852 Abs. 1 aF im bisherigen Recht Kennenmüssen und Kenntnis gleichgestellt wurden.
127 BT-Drucks. 14/6040, S. 108 unter Hinweis auf BGH NJW 2000, 953; NJW 1999, 423, 425; BGHZ 133, 192, 199; BGH NJW 1994, 3092, 3094; s. ferner zB BGH VersR 1998, 378, 380; NJW-RR 1990, 606.
128 Nach dem geschilderten Vorgang ist von grob fahrlässiger Unkenntnis auszugehen; s. zu diesem Fall BGH ZIP 2001, 706: Das Urteil lehnte einen Verjährungsbeginn nach § 852 Abs. 1 aF ab, da keine positive Kenntnis gegeben war.
129 BGH NZG 2010, 1026 in Fortführung von BGH NZG 2010, 947; dazu *Einsele*, JZ 2011, 103, 105 f.
130 BGH NZG 2010, 947, 950 mit umfassenden Nachweisen zum bisherigen Streitstand = JZ 2011, 100 m.Anm. *Einsele*, 103 ff.
131 BGH NZG 2010, 947, 950; zuvor ebenso OLG München, Urt. v. 6.9.2006 – 20 U 2694/06, BeckRS 2006, 10641; OLG Hamm, Urt. v. 20.11.2007 – 4 U 98/07, BeckRS 2008, 7008; OLG Hamm NZG 2010, 589.

Kompetenz des Anlageberaters zu überprüfen, dann handelt der Anleger nach *Einsele*[132] grob fahrlässig, wenn er den Emissionsprospekt auf eindeutige und verständlich abgefasste Risikohinweise nicht durchsieht.

Abzustellen ist auf den **Zeitpunkt**, in welchem der Gläubiger ohne grobe Fahrlässigkeit die erforderliche Kenntnis erlangt hätte. Entscheidend ist daher nicht der Dauerzustand grob fahrlässiger Unkenntnis, sondern der Zeitpunkt, in welchem der Gläubiger (oder sein Wissensvertreter, Rn 75 ff) seine grob fahrlässige Unkenntnis nach dem gewöhnlichen Lauf der Dinge frühestens hätte beseitigen können. Zu beachten ist, dass die Feststellung der groben Fahrlässigkeit durch das **Revisionsgericht**, insbesondere nach der ZPO-Reform (§ 543 Abs. 2 Nr. 2 S. 1 ZPO), nur sehr eingeschränkt überprüft werden kann.[133] Die Tatsacheninstanz hat daher verjährungsrechtlich besonderes Gewicht. 73

Zur **Reformgeschichte**: Die Gleichsetzung der positiven Kenntnis mit der grob fahrlässigen Unkenntnis geht auf das Gutachten von *Peters/Zimmermann* zurück;[134] diese Forderung wurde während der Arbeiten am SchuldRModG aufgegriffen.[135] Die Einbeziehung der grob fahrlässigen Unkenntnis entspricht auch dem Rechtsgedanken des § 277, wonach grobe Fahrlässigkeit stets auch dann schadet, wenn man in eigenen Angelegenheiten handelt. Von der Existenz eines Anspruchs sowie der Person des Schuldners Kenntnis zu nehmen, ist eine eigene Angelegenheit des Gläubigers. Daher soll bereits bei Vorliegen grober Fahrlässigkeit die Verjährung zu laufen beginnen.[136] Kritisiert wurde die Verwendung des Begriffs der groben Fahrlässigkeit, da es eine eigentliche **Rechtspflicht des Gläubigers**, sich von der eigenen Anspruchsberechtigung Kenntnis zu verschaffen, jedenfalls im Bereich der unerlaubten Handlung und anderer gesetzlicher Schuldverhältnisse (zB §§ 812 ff) nicht gebe.[137] Es solle – ähnlich wie in den Europäischen Grundregeln (Rn 5 f) – statt auf die grobe Fahrlässigkeit auf eine „sich aufdrängende Kenntnis" oder „ohne weiteres zu beschaffende Kenntnis"[138] oder darauf, dass der Gläubiger „sich einer für ihn offensichtlichen Möglichkeit, diese unschwer und ohne nennenswerte Mühe und Kosten zu erlangen, verschlossen hat"[139] ankommen. In der Sache sind bezogen auf den Verjährungsbeginn im konkreten Fall mit diesen vorgeschlagenen abweichenden Umschreibungen keine Änderungen verbunden. 74

d) Zurechnung der Kenntnis und grob fahrlässigen Unkenntnis anderer. Ist der Gläubiger **geschäftsunfähig** oder **beschränkt geschäftsfähig**, so kommt es auf die Kenntnis des gesetzlichen Vertreters an.[140] Vertreten Eltern ihr Kind gemeinsam (§ 1629 Abs. 1 S. 2), so ist analog § 1629 Abs. 1 S. 2 Hs 2 das Wissen eines Elternteils ausreichend.[141] Die Verjährung beginnt dann mit Eintritt der Volljährigkeit des Gläubigers, wenn die Vertreter zuvor keine Kenntnis bzw grobfahrlässige Unkenntnis hatten.[142] Der Gläubiger hat die von ihm behauptete Geschäftsunfähigkeit zu beweisen.[143] 75

Ist der Gläubiger geschäftsfähig, so kommt es analog § 166 Abs. 1[144] auf die Kenntnis einer anderen Person (**Wissensvertreter**) nur an, wenn der Wissensvertreter in eigener Verantwortung mit der selbständigen Erledigung von Aufgaben betraut ist,[145] die auch die Sachverhaltserfassung bei der Verfolgung von Ansprüchen und ihre rechtzeitige Geltendmachung umfassen. Wichtig ist, dass zu der Aufgabe nicht allein die Rechtsberatung, sondern auch die Tatsachenfeststellung zählen muss.[146] Der Wissensvertreter kann, muss aber nicht zugleich rechtsgeschäftlicher Vertreter des Gläubigers sein. Eine Wissenszurechnung setzt grundsätzlich voraus, dass derjenige, auf dessen Kenntnisstand allein oder im Zusammenwirken mit dem Wissensstand anderer abgestellt werden soll, mit der betreffenden Aufgabe betraut ist.[147] Den Kenntnisstand seiner **Anwälte** muss der Gläubiger nach den Grundsätzen der Zurechenbarkeit der Kenntnis eines Wissensvertreters gegen sich 76

132 *Einsele*, JZ 2011, 103, 105.
133 Deshalb krit. zur groben Fahrlässigkeit *Piekenbrock*, S. 309, 326 f.
134 Vgl den von *Peters/Zimmermann*, S. 79, 306, 316, vorgeschlagenen § 199 – Hemmung durch Unkenntnis des Berechtigten; s. danach *Haug*, S. 59 ff; s. ferner *Zimmermann*, JZ 2001, 18, 19 ff mwN.
135 S. *Ernst*, S. 559, 586; *Mansel*, S. 333, 406; dagegen *Bydlinski*, S. 381, 387 mit Fn 35; *Piekenbrock*, S. 309, 326 f.
136 BT-Drucks. 14/6040, S. 108.
137 Dagegen aber *Piekenbrock*, S. 309, 327.
138 *Zimmermann/Leenen/Mansel/Ernst*, JZ 2001, 684, 687.
139 Bereits im Bundesrat abgelehnter Änderungsantrag Bayerns, s. Bundesrat, Niederschrift der Beratung der Beschlussempfehlung, 18.6.2001 (unveröffentlicht), unter C 6 (zu § 199).
140 BGH NJW 1989, 2323, unter II 1 a; NJW 1995, 776, 777; NJW 1996, 2934; NJW-RR 2005, 69, unter II 1, jew. mwN; s ferner OLG Köln, NJW-RR 2000, 558; OLG Oldenburg, Urt. v. 12.7.2011 – 13 U 17/11, BeckRS 2011, 18398.
141 RGRK/*Kreft*, § 852 aF Rn 36; Staudinger/*Peters/Jacoby*, § 199 Rn 57; s. im Erg. auch BGH NJW 1976, 2344.
142 NJW-RR 2005, 69, unter I; OLG Oldenburg, Urt. v. 12.7.2011 – 13 U 17/11, BeckRS 2011, 18398.
143 S. OLG Oldenburg, Urt. v. 12.7.2011 – 13 U 17/11, BeckRS 2011, 18398, unter II 2 b aa); BayObLG, MDR 1968, 149.
144 Nicht eindeutig ist, ob *Heinrichs*, BB 2001, 1417, 1419 die Heranziehung der Grundsätze der Wissenszurechnung analog § 166 im Rahmen des § 199 Abs. 1 auf die Verjährung rechtsgeschäftlicher Ansprüche beschränken will.
145 Zum Wissensvertreter allg. *Larenz/Wolf*, BGB AT, § 46 Rn 102 ff.
146 S. BGH NJW 1989, 2323.
147 BGHZ 117, 104, 106 f; BGH WM 1996, 824, 825; NJW 1996, 2508, 2510.

gelten lassen.[148] Dem **Treugeber** ist das Wissen des Treuhänders im Rahmen des § 199 Abs. 1 Nr. 2 dann nicht entsprechend § 166 Abs. 1 zuzurechnen, wenn der Treuhandvertrag und die erteilte Vollmacht wegen Verstoßes gegen das Rechtsberatungsgesetz nichtig sind.[149]

77 Die Wissenszurechnung bei arbeitsteiligen **Unternehmen**,[150] **Behörden** und **öffentlichen Körperschaften** erfolgte unter Geltung des alten Rechts nach den gleichen Grundsätzen.[151] So kommt es bei der Verfolgung von Regressansprüchen auf das Wissen der Regressabteilung an.[152] Bei Behörden und öffentlichen Körperschaften kommt es somit auf den zuständigen Bediensteten der **verfügungsberechtigten Behörde** an. Verfügungsberechtigt meint hier die Behörde, der die Entscheidungskompetenz zur zivilrechtlichen Anspruchsverfolgung zukommt, wobei die behördliche Zuständigkeitsverteilung zu beachten ist.[153] Die Rechtsprechung zum alten Recht hat an dem Merkmal der Aufgabenzuständigkeit im Rahmen des § 852 Abs. 1 aF ausdrücklich festgehalten und eine weiter gehende Wissenszurechnung, die im Bereich des rechtsgeschäftlichen Handelns von Unternehmen durch die Annahme einer Organisationspflicht zur aktenmäßigen Wissenserfassung und zum Wissensaustausch innerhalb des Unternehmens vorgenommen wurde,[154] ausdrücklich für das Verjährungsrecht abgelehnt.[155] Das bejaht der BGH auch für § 199 Abs. 1 Nr. 2.[156]

78 Da nun aber Abs. 1 Nr. 2 die grob fahrlässige Unkenntnis ausdrücklich der Kenntnis gleichstellt, kann dieser restriktiven Rechtsprechung für das neue Recht nicht mehr gefolgt werden. Das Unterlassen eines Mindestmaßes der **aktenmäßigen Erfassung** und des geregelten **Informationsaustauschs** über verjährungsrelevante Tatsachen innerhalb arbeitsteiliger Unternehmen, Behörden und Körperschaften ist als ein Fall der **grob fahrlässigen Unkenntnis** dieser Tatsachen anzusehen.[157]

79 **3. Jahresschlussverjährung (Abs. 1).** Die Regelverjährung beginnt erst mit dem Schluss des Jahres, in welchem der Anspruch entstanden (Abs. 1 Nr. 1) ist und der Gläubiger auch Kenntnis iSv Abs. 1 Nr. 2 erlangt hat. Sie führt zu Erleichterungen für den Rechtsverkehr, da eine für das ganze Jahr fortlaufende Fristenkontrolle unterbleiben kann.

80 Die Jahresschlussverjährung gilt nur für den Verjährungsbeginn nach Abs. 1. Die **Verjährungshöchstfristen** des Abs. 2–4 beginnen nicht mit Jahresschluss, sondern taggenau mit dem fristauslösenden Ereignis iSv Abs. 2–4 (Rn 97 ff). Die anderen **besonderen Verjährungsfristen**, insbesondere der §§ 196, 197, 438 und 634 a unterliegen nicht der Jahresschlussverjährung. Auch diese Fristen beginnen taggenau; das wird in den §§ 200, 201, 438 Abs. 2, 634 a Abs. 2 geregelt.

IV. Verjährungshöchstfristen (Abs. 2–4)

81 **1. Anwendungsbereich.** S. zu den Verjährungshöchstfristen bereits Rn 5, 11, 61. Sachlich unterfallen alle Ansprüche, die der Regelverjährung nach §§ 195, 199 Abs. 1 unterliegen, auch dem **Anwendungsbereich der Abs. 2–4** (zu den von § 199 erfassten Ansprüchen s. bereits Rn 12 f).

82 **2. Hemmung, Ablaufhemmung, Neubeginn der Höchstfristen.** Auch auf die Verjährungsfristen der Abs. 2–4 sind die allgemeinen Vorschriften über die Hemmung, Ablaufhemmung oder den Neubeginn der Verjährung, s. insbesondere §§ 203 ff, anzuwenden, so dass der **Fristablauf später** als nach der zehn- oder dreißigjährigen Maximalfrist eintreten kann. Hierin liegt ein Unterschied zu Art. 14:307 der Grundregeln des Europäischen Vertragsrechts und Art. III.-7:307 DCFR (s. zu diesen Rn 5 f).[158] Danach kann – mit der Ausnahme der Hemmung durch gerichtliche Rechtsverfolgung – die Verjährung auch durch Hemmung oder Ablaufhemmung nicht über zehn Jahre bzw bei Ansprüchen wegen der Verletzung persönlicher Rechtsgüter nicht über dreißig Jahre über den eigentlichen Verjährungseintritt hinaus verlängert werden.

83 Regelmäßig betrifft ein Tatbestand, der nach den allgemeinen Vorschriften eine Hemmung, Ablaufhemmung oder einen Verjährungsneubeginn begründet, **sowohl** die Frist des Abs. 1 **als auch** die einschlägige Frist der **Abs. 2–4**.

148 BGH NJW-RR 1992, 282; OLG Nürnberg NJW 2008, 1453 (beide zu § 852 aF).
149 BGH NJW 2007, 1584.
150 S. allg. dazu *Buck*, Wissen und juristische Person, 2001. Zur Wissenszurechnung bei der GmbH: BGH ZIP 2011, 858 mwN.
151 BGH NJW 1996, 2508, 2510; zu dieser Rspr MüKo/*Grothe*, § 199 Rn 34; Palandt/*Ellenberger*, § 199 Rn 25; Bamberger/Roth/*Henrich/Spindler*, § 199 Rn 36; Erman/*Schmidt-Räntsch*, § 199 Rn 14 f.
152 BGH NJW 2000, 1411; BGH NJW 2007, 834 (beide zu § 852 Abs. 1 aF); ebenso zu § 199 Abs. 1 Nr. 2 BGH NJW-RR 2009, 1471 mwN.
153 BGH NJW-RR 2009, 1471 mwN.
154 S. dazu etwa BGH NJW 1996, 1339; allg. *Larenz/Wolf*, BGB AT, § 46 Rn 104 ff; *Buck*, Wissen und juristische Person, 2001.
155 BGH NJW 1996, 2508, 2510.
156 BGH NJW-RR 2009, 1471 mwN.
157 So auch *Schmid*, ZGS 2002, 180, 181; *R. Heß*, NZV 2002, 65, 66 sowie *Krämer*, ZGS 2003, 379, 381; *M. Stürner*, jurisPR-BGHZivilR 10/2007 Anm. 2. BGH NJW 2007, 834 erging noch zu § 852 aF.
158 Für vorzugswürdig erachtet das *Looschelders*, in: Remien, Verjährungsrecht in Europa, S. 181, 192 f.

3. Unabhängigkeit der Verjährungshöchstfristen von Abs. 1. a) Besondere Verjährungsfristen, unabhängiger Verjährungslauf. Die Verjährungshöchstfristen sind besondere Verjährungsfristen.[159] Nach Ablauf der Maximalfristen von zehn oder dreißig Jahren tritt Verjährung ein, auch wenn der Anspruch nach Abs. 1 noch nicht verjährt wäre. Die Verjährungshöchstfristen sind grundsätzlich **unabhängig** von dem Lauf der Verjährungsfrist nach **Abs. 1**. 84

Beginnt die Verjährungsfrist des Abs. 1 erst kurz vor Ablauf der einschlägigen Verjährungsfrist der Abs. 2, 3 oder 4 zu laufen, so **hindert** das daher den **Verjährungseintritt** nach Abs. 2–4 **nicht**. Erfährt beispielsweise der Gläubiger eines Bereicherungsanspruchs erst neuneinhalb Jahre nach der Entstehung (Fälligkeit) des Anspruchs von den anspruchsbegründenden Tatsachen und der Person des Schuldners, dann verbleiben ihm wegen der einschlägigen Zehnjahresfrist des Abs. 4 lediglich sechs Monate,[160] in welchen der Schuldner ihm nicht die Einrede der Verjährung (§ 214 Abs. 1) entgegenhalten kann und in welchen der Gläubiger die Hemmung der Verjährung, etwa durch Klageerhebung (§ 204 Abs. 1 Nr. 1), herbeiführen kann. Gäbe es die Verjährungshöchstfristen nicht, dann würde der Bereicherungsanspruch nach Abs. 1 erst zum Schluss des dritten Jahres nach Kenntniserlangung von dem Anspruch verjähren, im Beispielsfall also erst dreizehn Jahre nach der Anspruchsentstehung. 85

b) Keine Jahresschlussverjährung. Die in Abs. 1 angeordnete Jahresschlussverjährung (Rn 2, 9 f) gilt nicht für die Fälle der Abs. 2–4. Abs. 1 regelt allein die Regelverjährung. Die Abs. 2–4 sind keine Fälle der Regelverjährung, sondern Verjährungshöchstfristen. Das wird bereits durch die im Gesetzgebungsverfahren um das Wort „Verjährungshöchstfristen“ ergänzte amtliche Überschrift des § 199 deutlich.[161] Zudem ist die Anordnung der Jahresschlussverjährung auch ein Ausgleich für die Schwierigkeiten, welche mit der Ermittlung eines genauen Zeitpunkts der Kenntnis bzw des Zeitpunkts, in welchem er seine grob fahrlässige Unkenntnis hätte beseitigen können, im Einzelfall verbunden sind. 86

4. Grundsatz: Verjährungshöchstfrist gem. Abs. 4. Alle von § 199 erfassten Ansprüche (Rn 12 f, 80) mit Ausnahme jeder Art von Schadensersatzansprüchen verjähren auf den Tag genau spätestens zehn Jahre von ihrer Entstehung an, sofern keine Hemmung, Ablaufhemmung oder kein Neubeginn der Verjährung gem. den allgemeinen Vorschriften der §§ 203 ff oder gem. spezieller Vorschriften erfolgt. 87

Dazu, wann ein **Anspruch entsteht**, und dass die Entstehung regelmäßig, aber nicht ausnahmslos mit der Anspruchsfälligkeit gleichzusetzen ist, s. Rn 15 ff. 88

Die Wendung in Abs. 4 „**ohne Rücksicht auf die Kenntnis** oder grob fahrlässige Unkenntnis“ sagt aus, dass für den Verjährungsbeginn und den Verjährungsablauf der Höchstfrist des Abs. 4 keine Kenntnis im Sinne von § 199 Abs. 1 Nr. 2 vorausgesetzt ist. Ein Anspruch kann nach Abs. 4 auch dann verjähren, wenn der Gläubiger die anspruchsbegründenden Tatsachen oder die Person des Schuldners nicht kennt. 89

5. Ausnahmen: Verjährungshöchstfristen für Schadensersatzansprüche (Abs. 2 und 3). a) Schadensersatzanspruch. Die Absätze 2 und 3 regeln abweichend von der grundsätzlichen Maximalfrist des Abs. 4 Verjährungshöchstfristen für Schadensersatzansprüche, also Ansprüche, welche auf den Ersatz des Schadens (s. §§ 249 ff) gerichtet sind. Erfasst werden **alle Schadensersatzansprüche**, gleich, ob sie rechtsgeschäftlicher, rechtsgeschäftsähnlicher (§ 311) oder gesetzlicher Natur sind,[162] ob sie innerhalb oder außerhalb des BGB geregelt sind, ob sie den Ersatz materiellen oder immateriellen Schadens beinhalten. 90

Unterschieden wird nach der Art des verletzten Rechtsguts. Bei den in Abs. 2 genannten Rechtsgütern beträgt die Maximalfrist dreißig Jahre (Rn 92), bei allen anderen, insbesondere bei Vermögensverletzungen, zehn Jahre (Rn 106 ff). Auch ist der Beginn der beiden Maximalfristen unterschiedlich. 91

b) Schadensersatzansprüche wegen Verletzung höchstpersönlicher Rechtsgüter (Abs. 2). aa) Erfasste Schadensersatzansprüche. Die dreißigjährige Maximalfrist des Abs. 2 gilt für alle – gesetzlichen oder vertraglichen – Schadensersatzansprüche, die auf der Verletzung des Lebens, des Körpers, der Gesundheit und der Freiheit einer Person beruhen. Die Rechtsgüter werden durch § 823 Abs. 1 geschützt, dessen Schutzbereich aber weiter reicht. 92

Verletzung der **Freiheit** einer Person meint auch im Rahmen des Abs. 2[163] – wie bei dem bei der Rechtsgüterbenennung als Vorbild dienenden § 823 Abs. 1[164] – die Verletzung der körperlichen Bewegungsfreiheit, nicht der Willensfreiheit.[165] Beeinträchtigungen der Willensfreiheit führen häufig bei rechtsgeschäftlichen Dispositionen zu Vermögensverletzungen. Diese werden von der langen Maximalfrist des Abs. 2 nicht erfasst, dazu sogleich. 93

159 BT-Drucks. 14/7052, S. 180.
160 S. auch *Heinrichs*, BB 2001, 1417, 1419.
161 BT-Drucks. 14/7052, S. 180.
162 S. BT-Drucks. 14/6040, S. 109.
163 Offen vielleicht: *Piekenbrock*, S. 309, 321.
164 Zu § 823 Abs. 1 s. Soergel/*Zeuner*, § 823 Rn 28 ff; *Larenz/Canaris*, Schuldrecht II/2, 13. Aufl. 1994, § 76 II 2.
165 S. die Andeutungen bei RGZ 58, 24, 28, nach welchen auch die Willensfreiheit als Freiheit im Sinne des § 823 Abs. 1 verstanden werden könnte.

94 Der **Katalog** der Rechtsgüter iSv Abs. 2 ist **abschließend**. Insbesondere werden das allgemeine Persönlichkeitsrecht sowie das Eigentum und das Vermögen von Abs. 2 nicht erfasst.[166] Für diese gilt Abs. 3. Das allgemeine Persönlichkeitsrecht kann nicht als Teil der Rechtsgüter Leben, Körper, Gesundheit und Freiheit qualifiziert werden.[167]

95 Der Gesetzgeber hat den Einbezug von Schadensersatzansprüchen aufgrund vorsätzlich oder grob fahrlässig verursachter **Vermögensschäden** in Abs. 2 ausdrücklich abgelehnt.[168] Daher werden das Eigentum und das Vermögen des Geschädigten auch in Fällen vorsätzlicher oder grob fahrlässiger Übergriffe Dritter gegenüber den höchstpersönlichen Rechtsgütern benachteiligt, selbst wenn die Übergriffe zur Vernichtung der wirtschaftlichen Existenz des Geschädigten führen. Das wurde im Bundesrat[169] und im Rechtsausschuss des Bundestags[170] kritisiert, denn die Wertentscheidung der Verfassung, die mit Art. 14 GG dem Grundrechtsträger einen Freiheitsraum im vermögensrechtlichen Bereich sichern und ihm damit eine eigenverantwortliche Gestaltung des Lebens ermöglichen wolle, dies ferner in engem Zusammenhang mit der persönlichen Freiheit stehe, werde nicht ausreichend beachtet.[171]

96 Ansprüche wegen der Verletzung eines **Tieres** sind gem. § 90 a solche aufgrund einer Eigentumsverletzung. Für diese gilt Abs. 3.

97 **bb) Verjährungsbeginn.** Für den Beginn der Maximalfrist des Abs. 2 ist die **Entstehung** des Anspruchs (Abs. 1 Nr. 1) und die **Kenntnis** des Gläubigers im Sinne von Abs. 1 Nr. 2 vollkommen **unbeachtlich**. Daher kann beispielsweise ein Anspruch wegen einer Gesundheitsverletzung, die durch eine Röntgenreihenuntersuchung ausgelöst wurde, dreißig Jahre nach dem Röntgen verjähren, auch wenn der Schaden (Krebserkrankung) noch nicht eingetreten und der Anspruch aus § 823 Abs. 1 daher noch nicht entstanden ist[172] und deshalb dem Verletzten auch noch unbekannt ist.

98 Die Maximalfrist beginnt bei Schadensersatzansprüchen aus **unerlaubter Handlung** mit der Vornahme der **tatbestandlichen Handlung** des Schuldners. Hier folgt Abs. 2 dem bisherigen § 852 Abs. 1 aF. Auf die dazu gefundenen Ergebnisse der Rechtsprechung und Lehre kann daher zurückgegriffen werden. Abzustellen ist demzufolge auf die Handlung, welche die Schadensursache gesetzt hat. Der Schadenseintritt ist mithin für den Beginn der Maximalfrist unbeachtlich.[173] Sofern andere Schadensersatzansprüche auch auf die Vornahme einer Handlung abstellen, bestimmt auch hier die Begehung der Handlung den Verjährungsbeginn. Zur Unterlassung s. Rn 102, 118 ff).

99 Bei Schadensersatzansprüchen wegen Verletzung einer Pflicht aus einem Schuldverhältnis[174] (insbesondere Ansprüche nach **§ 280**) beginnt die Maximalfrist mit der Vornahme der **Pflichtverletzung**.

100 Den **Auffangtatbestand** bildet die Anknüpfung des Fristbeginns an das sonstige, den **Schaden auslösende Ereignis**.[175] Diese Alternative des Abs. 2 greift bei Schadensersatzansprüchen aus Gefährdungshaftung und anderen Normen ein, die weder an eine Handlung noch an eine Pflichtverletzung anknüpfen.

101 Bei der **Gefährdungshaftung** kommt es daher auf den Zeitpunkt der Verwirklichung der Gefahr an.[176] Soweit sich mit der Tierhalterhaftung nach § 833 unter den Vorschriften zur unerlaubten Handlung auch ein Gefährdungsdelikt befindet, beginnt auch hier die Verjährung mit der Verwirklichung der Gefahr. Für Gefährdungshaftungstatbestände innerhalb oder – soweit die Verjährungsvorschriften des Bürgerlichen Gesetzbuchs Anwendung finden – außerhalb des Bürgerlichen Gesetzbuchs führt die Klarstellung des Verjährungsbeginns

166 Während des Gesetzgebungsverfahrens wurde dies diskutiert, aber abgelehnt, vgl *Ernst*, S. 559, 581 Fn 93; abl. *Mansel*, S. 333, 385 f; beide mwN.

167 So auch MüKo/*Grothe*, § 199 Rn 47; Palandt/*Ellenberger*, § 199 Rn 44; Soergel/*Niedenführ*, § 199 Rn 55; *Mansel*, NJW 2002, 89, 93. AA Erman/*Schmidt-Räntsch*, § 199 Rn 33; Bamberger/Roth/*Henrich/Spindler*, § 199 Rn 42.

168 S. BT-Drucks. 14/7052, S. 180.

169 Bereits im Bundesrat (bei Stimmengleichheit!) abgelehnter Änderungsantrag Bayerns, s. Bundesrat, Niederschrift der Beratung der Beschlussempfehlung, 18.6.2001 (unveröffentlicht), unter C 7 (zu § 199).

170 BT-Drucks. 14/7052, S. 172.

171 S. auch die Forderung nach einer dreißigjährigen Maximalfrist generell für die Vorsatz- bzw Arglistverjährung bei *Mansel*, S. 333, 359, 407.

172 Dazu, dass erst der Schadenseintritt den Anspruch aus § 823 Abs. 1 entstehen lässt, s. *Mansel*, S. 333, 393; Gleiches gilt für Schadensersatzansprüche aus positiver Vertragsverletzung (§ 280), vgl Palandt/*Ellenberger*, § 199 Rn 15.

173 BGHZ 117, 287, 292; Erman/*Schmidt-Räntsch*, § 199 Rn 35; Palandt/*Ellenberger*, § 199 Rn 45; Soergel/*Niedenführ*, § 199 Rn 55; Staudinger/*Peters/Jacoby*, § 199 Rn 96.

174 BT-Drucks. 14/6040, S. 109.

175 BT-Drucks. 14/7052, S. 180.

176 Auf ihn hatte – im Anschluss an den Abschlussbericht (§ 199 BGB-KE) – eine Vorfassung des geltenden § 199 Abs. 2 abgestellt, s. BT-Drucks. 14/6040, S. 109. Die Vorfassung wurde nur deshalb geändert, um § 199 Abs. 2 durch einen Auffangtatbestand zu ergänzen, der den Anknüpfungspunkt der Verwirklichung der Gefahr und andere Anknüpfungspunkte von Schadensersatznormen in sich aufnimmt, siehe BT-Drucks. 14/7052, S. 180. Vgl auch MüKo/*Grothe*, § 199 Rn 46.

in Abs. 2 durch das Abstellen auf das den Schaden auslösende Ereignis zur Vereinfachung und Erleichterung.[177]

War eine **Unterlassung** das den Schaden auslösende Ereignis, so ist auf den Zeitpunkt abzustellen, in welchem eine Handlung geboten gewesen wäre.[178] **102**

Bei **Dauerhandlungen**, -pflichtverletzungen oder dauerhaften sonstigen, den Schaden auslösenden Ereignissen kommt es auf den Zeitpunkt der Beendigung der Handlung etc. an. Bei der Freiheitsberaubung im Rahmen einer Entführung beginnt die Maximalfrist des Abs. 2 daher mit der Freilassung. Hat ein Bauunternehmer in einer Wohnung gesundheitsgefährdende Dämmstoffe verarbeitet, dann kann das zwar eine dauerhafte Beeinträchtigung der Wohnungsinhaber auslösen, darin liegt aber keine Dauerhandlung. Die Handlung ist mit dem Anbringen der Dämmstoffe abgeschlossen. **103**

Ist der Schuldner zu einem **dauernden Tun** verpflichtet, so beginnt die Verjährung entsprechend dem Rechtsgedanken des Abs. 5 (Rn 118 ff) mit jeder Unterlassung neu.[179] Entsprechendes sieht ausdrücklich Art. 14:203 Abs. 2 Europäische Grundregeln des Vertragsrechts (Rn 5, 119) vor. **104**

c) Sonstige Schadensersatzansprüche (Abs. 3). Andere Schadensersatzansprüche als die von Abs. 2 erfassten (Rn 90 ff) unterliegen einer **doppelten Maximalverjährungsfrist**; zu dem Verhältnis beider Fristen zueinander, s. Rn 117. Abs. 3 unterliegen daher insbesondere Schadensersatzansprüche wegen der Verletzung des **Eigentums** oder des **Vermögens** oder wegen Eingriffs in den **Gewerbebetrieb**. **105**

aa) Entstehensabhängige Maximalfrist (Abs. 3 S. 1 Nr. 1). Ist ein Schadensersatzanspruch bereits entstanden, dann verjährt er spätestens in zehn Jahren von seinem Entstehen an. Das gilt auch, wenn dem Gläubiger die anspruchsbegründenden Tatsachen und die Person des Schuldners im Sinne von Abs. 1 Nr. 1 (noch) **nicht bekannt** waren. **106**

Ein Schadensersatzanspruch **entsteht** mit Eintritt des Schadens[180] (s. Rn 26, zum Sonderproblem der Schadenseinheit s. Rn 25). **107**

Abs. 3 S. 1 Nr. 1 entspricht damit der Grundregel des Abs. 4. Eine ausdrückliche Regelung für Schadensersatzansprüche erfolgte in Abs. 3 S. 1 Nr. 1 nur aus Gründen der Normtransparenz, nachdem die vorausgegangene, verwickelte Entwurfsfassung auf Kritik[181] gestoßen war.[182] **108**

bb) Handlungsabhängige Maximalfrist (Abs. 3 S. 1 Nr. 2). In jedem Fall verjährt ein von Abs. 3 erfasster Schadensersatzanspruch dreißig Jahre nach Begehung der Handlung, der Pflichtverletzung oder nach dem Eintritt des sonstigen, den Schaden auslösenden Ereignisses. Das gilt ganz unabhängig davon, ob der Anspruch bereits entstanden ist (Abs. 1 Nr. 1) und ob der Gläubiger Kenntnis oder grob fahrlässige Unkenntnis iSd Abs. 1 Nr. 2 hat. **109**

Abs. 3 S. 1 **Nr. 2 übernimmt** damit die Regelung des Abs. 2, die dort für die Schadensersatzansprüche wegen der Verletzung höchstpersönlicher Rechtsgüter getroffen wurde, auch für andere Schadensersatzansprüche. Abgesehen von dem gerade erwähnten Unterschied im sachlichen Anwendungsbereich ist der Normtatbestand derselbe. Daher kann wegen der Erläuterungen grundsätzlich auf Rn 97 ff verwiesen werden. **110**

cc) Abstellen auf den früheren Fristablauf (Abs. 3 S. 2). Ist der Schadensersatzanspruch im **konkreten Einzelfall** nach einer der beiden Maximalfristen des Abs. 3 S. 1 verjährt, so tritt Verjährung ein. Das ordnet Abs. 3 S. 2 an. Die **früher abgelaufene** der beiden Maximalfristen bestimmt daher die Verjährung. Der Verjährungseintritt wird dadurch begünstigt, der Schuldner daher bevorzugt. **111**

Beispiel: Hat etwa ein Rechtsanwalt einen Testamentsentwurf fehlerhaft abgefasst, so entstehen die eventuellen außervertraglichen Schadensersatzansprüche (zB wegen Vertrauenshaftung)[183] derjenigen, die wegen des Fehlers entgegen dem Willen des Erblassers nicht Erbe wurden, erst mit Eintreten des Erbfalls, denn erst dieser führt zu dem Schaden. Hat der Anwalt den Testamentsentwurf im Jahr 2002 dem Erblasser übergeben, der dann sein handschriftliches **Testament** entsprechend abfasste, und stirbt der Erblasser im Jahre 2033, so verjähren die Schadensersatzansprüche gem. § 199 Abs. 3 S. 1 Nr. 1 im Jahre 2043. Nach § 199 Abs. 3 S. 1 Nr. 2 verjähren sie hingegen schon im Jahr 2032. Abzustellen ist nach § 199 Abs. 3 S. 2 auf den Verjährungs- **112**

177 BT-Drucks. 14/6040, S. 109, noch zur Anknüpfung an dem Zeitpunkt der Verwirklichung der Gefahr, der aber identisch mit dem des sonstigen, den Schaden auslösenden Ereignisses ist.

178 BT-Drucks. 14/7052, S. 180, missverständlich von Unterlassungsansprüchen sprechend.

179 BGH NJW 1995, 2548, 2549; Palandt/*Ellenberger*, § 199 Rn 23; MüKo/*Grothe*, § 199 Rn 49; anders in der Begründung Staudinger/*Peters/Jacoby*, § 199 Rn 113.

180 S. zur unerlaubten Handlung *Mansel*, S. 333, 393; vgl auch Soergel/*Niedenführ*, § 199 Rn 19, 57.

181 S. nur *Zimmermann/Leenen/Mansel/Ernst*, JZ 2001, 684, 688.

182 BT-Drucks. 14/7052, S. 180.

183 Alle aus dem Anwaltsvertrag abgeleiteten Ansprüche Dritter unterfallen § 51 b BRAO, vgl *Mansel*, NJW 2002, 418 f. Zu beachten ist allerdings, dass § 51 b BRAO durch das VerjAnpG aufgehoben wurde. S. dazu bei § 195 Rn 31.

eintritt im Jahr 2032. Stirbt der Erblasser aber im Jahr 2004, so verjähren die Ansprüche nicht erst im Jahr 2032, sondern gem. § 199 Abs. 3 S. 1 Nr. 1, S. 2 im Jahr 2014.[184]

113 Ein ähnliches Auseinanderfallen des Setzens der Schadensursache und der Anspruchsentstehung ist im Bereich der **Umweltverschmutzung** leicht möglich, soweit es etwa um Ansprüche von Grundstückseigentümern gegen die Verschmutzer geht.

114 **d) Erbrechtliche Ansprüche (Abs. 3 a).** Die Vorschrift wurde durch das Gesetz zur Änderung des Erb- und Verjährungsrechts (dazu Vor §§ 194-218 Rn 15) neu eingefügt. Nachdem im Grundsatz für sämtliche erbrechtliche Ansprüche nunmehr die Regelverjährung des § 195 gilt (dazu § 195 Rn 19), dies aber angesichts der in Erbsachen oftmals lange dauernden Zeitspannen zwischen Anspruchsentstehung und Kenntnis zu unbilligen Ergebnissen führen könnte, hat der Gesetzgeber hierfür eine neue, **dreißigjährige Verjährungshöchstfrist** eingeführt. Damit wird über eine andere legistische Technik in den meisten Fällen das selbe Resultat erzielt, das § 197 Abs. 1 Nr. 2 aF mit der kenntnisunabhängigen dreißigjährigen Verjährungsfrist erreicht hat.

115 **e) Anspruchskonkurrenz. aa) Verletzung desselben Rechtsguts.** Abs. 2 bzw Abs. 3 erreicht für die Schadensersatzansprüche, die der Regelverjährung unterliegen und sich auf dieselbe Rechtsgutsverletzung beziehen, eine **einheitliche Maximalverjährung** aller, insbesondere der vertraglichen und deliktischen Ansprüche. Wird **beispielsweise** der Kaufinteressent bei Vertragsverhandlungen durch ein schuldhaftes Verhalten seines Verhandlungspartners verletzt, so hat der Kaufinteressent Schadensersatzansprüche aus § 823 Abs. 1 und aus culpa in contrahendo (§§ 280 Abs. 1, 311 Abs. 2 Nr. 1, 241 Abs. 2). Beide Ansprüche verjähren nach §§ 195, 199 Abs. 1 in drei Jahren nach Fälligkeit und Kenntnis oder grob fahrlässiger Unkenntnis des Gläubigers von den anspruchsbegründenden Tatsachen und der Person des Schuldners. Davon unabhängig tritt nach Abs. 2 spätestens in dreißig Jahren nach Vornahme der Verletzungshandlung die Verjährung ein.

116 Zur **Anspruchskonkurrenz** deliktischer Schadensersatzansprüche mit solchen wegen Mängelgewährleistung gem. §§ 437 Nr. 3, 634 Nr. 4, die nach den §§ 438, 634 a verjähren, s. § 195 Rn 71 ff.

117 **bb) Gleichzeitige Verletzung verschiedener Rechtsgüter.** Werden durch ein tatbestandsmäßiges Verhalten höchstpersönliche Rechtsgüter des Abs. 2 und andere Rechtsgüter (Abs. 3) verletzt, dann fallen die Maximalverjährungsfristen auseinander. So kann sich die Situation ergeben, dass aus derselben unerlaubten Handlung, zB aus demselben Verkehrsunfall resultierende Ansprüche je nach Art des verletzten Rechtsguts zu unterschiedlichen Zeitpunkten verjähren. Dieses Ergebnis muss aber hingenommen werden. Es hängt mit der Abs. 2 zugrunde liegenden Wertung zusammen, die den dort genannten Rechtsgütern einen besonders hohen Stellenwert zumisst (zur Rechtsgutdifferenzierung s. Rn 4; zum Nichteinbezug des Vermögens und des Eigentums in die lange Maximalfrist des Abs. 2 s. Rn 94).

V. Unterlassungsansprüche (Abs. 5)

118 Soweit der Anspruch auf ein (dauerndes)[185] Unterlassen gerichtet ist, ist bei Anwendung der Abs. 1–4 statt auf sein Entstehen auf die **Zuwiderhandlung** abzustellen. Dies entspricht dem bisherigen § 198 S. 2 aF. Auf die dazu gefundenen Ergebnisse in Rechtsprechung und Lehre[186] kann zurückgegriffen werden.

119 Bei einem Anspruch auf **dauerhaftes Unterlassen** beginnt die Verjährungsfrist mit der Beendigung der Zuwiderhandlung. Jede erneute Zuwiderhandlung setzt eine neue Verjährungsfrist in Gang.[187] Davon geht auch der Gesetzgeber aus.[188] Das entspricht der ausdrücklichen Regelung des Art. 14:203 Abs. 2 der Europäischen Grundregeln des Vertragsrechts.

120 Abs. 5 wird verschiedentlich als entsprechend anwendbar erklärt, s. etwa § 200 S. 2 und § 201 S. 2. Er ist Ausdruck eines **allgemeinen Rechtsgedankens**, der auch außerhalb des Anwendungsbereichs der §§ 199–201 Beachtung verlangt.

121 Zu **zeitlichen Obergrenzen** des Anspruchs auf dauerhaftes Unterlassen und zu Besonderheiten der **Titelverjährung** s. § 201 Rn 4.

184 Vgl *Mansel*, NJW 2002, 89, 93; *ders.*, NJW 2002, 418 f sowie *Mansel/Budzikiewicz*, § 3 Rn 173–176.

185 Bei dem Anspruch auf einmaliges Unterlassen entsteht kein Verjährungsproblem, s. Palandt/*Ellenberger*, § 199 Rn 23.

186 S. MüKo/*Grothe*, § 199 Rn 49 f; *Fritsche*, in: FS Rolland, 1999, S. 115 ff; eingehend zum neuen Recht *Köhler*, JZ 2005, 489.

187 RGZ 49, 20, 22 ff; 80, 436, 438; *Peters/Zimmermann*, S. 79, 246, 304, 315; *Zimmermann/Leenen/Mansel/Ernst*, JZ 2001, 684, 688; *Mansel*, S. 333, 371; differenzierend und teilweise abweichend Staudinger/*Peters/Jacoby*, § 199 Rn 110 f.

188 Diskussionsentwurf, S. 240.

C. Weitere praktische Hinweise

122 Der **Schuldner**, der sich auf den Verjährungseintritt nach Abs. 1 beruft (§ 214 Abs. 1), hat die Kenntnis oder die grob fahrlässige Unkenntnis des Gläubigers zu **beweisen**.[189] Das ist **misslich**,[190] da der Schuldner damit Umstände darzulegen und zu beweisen hat, welche in der Sphäre des Gläubigers liegen. Doch war Entsprechendes im Rahmen des § 852 Abs. 1 aF und ähnlicher Verjährungsnormen (s. Rn 1) für deliktische Ansprüche bekannt.

123 Bei **rechtsgeschäftlichen Ansprüchen** wird im Regelfall die schlüssige Darlegung der Gläubigerkenntnis dem Schuldner wenig Probleme machen. Allerdings trifft ihn die Beweislast.

124 **Zweck** der gesetzgeberischen Entscheidung dürfte eine Stärkung der Gläubigerposition und damit im Ergebnis eine Erweiterung des Anwendungsbereichs der langen Maximalfristen der Abs. 2–4 sein.

125 Soweit der Gläubiger allerdings einen **früheren Verjährungsbeginn** als den regelmäßigen des § 199 behauptet, so trägt er dafür die Beweislast.[191]

126 Wegen der bereits geschilderten (oben Rn 27 f) unklaren Rechtsfragen hinsichtlich des Beginns der Verjährung des Zahlungsanspruchs nach § 426 Abs. 1 gegen den Mitgesamtschuldner empfiehlt es sich, **Ausgleichsansprüche gegen Mitgesamtschuldner** möglichst frühzeitig, jedenfalls innerhalb von drei Jahren nach Fälligkeit des Gläubigeranspruchs verjährungsrelevant geltend zu machen. Es sollten in den Fällen, in denen eine vertragliche Vorsorge möglich ist, Abreden im Sinne § 202 hinsichtlich der Verjährung der Ausgleichsansprüche getroffen werden.[192]

§ 200 Beginn anderer Verjährungsfristen

[1]Die Verjährungsfrist von Ansprüchen, die nicht der regelmäßigen Verjährungsfrist unterliegen, beginnt mit der Entstehung des Anspruchs, soweit nicht ein anderer Verjährungsbeginn bestimmt ist. [2]§ 199 Abs. 5 findet entsprechende Anwendung.

Literatur: *Fischinger*, Zur Verjährung der Mieteransprüche nach § 548 Abs. 2 BGB, ZGS 2008, 296.

A. Allgemeines

1 § 200 deckt sich tatbestandsmäßig mit § 198 aF; doch regelt § 200 den Beginn besonderer Verjährungsfristen, während § 198 aF den Beginn der Regelverjährung bestimmte. Die Norm ist daher als **Auffangtatbestand** für den Verjährungsbeginn von solchen Ansprüchen zu verstehen, die nicht der regelmäßigen Verjährungsfrist unterliegen.

B. Regelungsgehalt

I. Sachlicher Anwendungsbereich

2 § 200 gilt für alle besonderen Verjährungsfristen des BGB oder anderer Gesetze (zum Anwendungsbereich der §§ 194 ff s. § 194 Rn 8–27), bei denen der Fristbeginn nicht bestimmt ist. Für die Regelverjährung (§ 195 und die auf die Regelverjährung verweisenden Normen wie zB §§ 438 Abs. 3, 634 a Abs. 3) legt § 199 den Verjährungsbeginn fest.

3 § 200 findet **beispielsweise Anwendung** für die in den folgenden Vorschriften geregelten Verjährungsfristen:

- § 196 (Ansprüche gerichtet auf Vornahme von Verfügungen über ein Grundstück oder ein Recht an einem Grundstück oder auf Begründung eines solchen Rechts und die dazugehörigen Gegenansprüche);
- § 197 Abs. 1 Nr. 1 (dingliche Herausgabeansprüche);

189 Soergel/*Niedenführ*, § 199 Rn 62.

190 Deshalb krit. und eine Hemmungslösung entspr. den Grundregeln des Europäischen Vertragsrecht (Rn 5) bevorzugend *Zimmermann/Leenen/Mansel/Ernst*, JZ 2001, 684, 687 mwN sowie *Mansel*, NJW 2002, 89, 92; *Piekenbrock* teilt die Bedenken, spricht sich aber gegen die Hemmungslösung und für eine Beweislastveränderung aus, s. *Piekenbrock*, S. 309, 324 f.

191 BGH WM 1980, 532, 534; NJW 1996, 2929, 2931 für § 51 BRAO aF.

192 *Hartmann/Lieschke*, WM 2011, 205, 209.

4 § 200 wird hingegen von den folgenden Normen, die einen anderen Beginn der jeweiligen besonderen Verjährungsfrist regeln, **verdrängt**:
- § 201 für die Verjährung der rechtskräftig festgestellten Ansprüche (§ 197 Abs. 1 Nr. 3–5);
- § 438 Abs. 2 und 3 für die Verjährung der kaufvertraglichen Mangelansprüche;
- § 479 Abs. 1 für kaufrechtliche Rückgriffsansprüche;
- § 634 a Abs. 2 und 3 für die Verjährung der werkvertraglichen Mangelansprüche;
- 651 g Abs. 2 für die Verjährung reisevertraglicher Gewährleistungsansprüche;
- und ferner etwa in den §§ 548 Abs. 1 S. 2,[1] 591 b Abs. 2 und 3, 604 Abs. 5, 695 S. 2, 696 S. 3, 801, 1057, 1226, 1302, 2332, 2287 Abs. 2; §§ 61 Abs. 2, 88, 439 Abs. 2, 463, 475 a, 612 Abs. 1, 903 Abs. 1, 905 Abs. 2 HGB; § 12 ProdHaftG; § 17 UmweltHG, § 51 b BRAO; § 68 StBerG; § 12 Abs. 1 S. 2 VVG; § 3 Nr. 11 S. 2 PflVersG; § 146 Abs. 1 InsO[2].[3]

II. Anspruchsentstehung

5 Die Verjährungsfrist beginnt mit der Entstehung des Anspruchs (**S. 1**). § 200 deckt sich damit mit der ersten der beiden Voraussetzungen des Beginns der Regelverjährung (§ 199 Abs. 1 Nr. 1) und mit § 198 S. 1 aF; zum Begriff der Anspruchsentstehung s. § 199 Rn 15 ff). Die Frist berechnet sich nach den §§ 187–193.

III. Ausnahme: Unterlassungsansprüche

6 Ist der Anspruch auf ein Unterlassen gerichtet, beginnt die Verjährung mit der Zuwiderhandlung gegen den Anspruch; das folgt aus dem Verweis in **S. 2** auf § 199 Abs. 5 (dazu näher § 199 Rn 118 ff).[4] Dabei handelt es sich nicht um einen Gesamtverweis mit der Folge, dass auch etwa § 199 Abs. 1 anwendbar wäre.[5] Der Verjährungsbeginn ist hier im Unterschied zu § 199 kenntnisunabhängig; dies hat auch für Unterlassungsansprüche zu gelten. Diese Wertung würde unterlaufen, wenn man S. 2 als Verweis auf das Anwendungsergebnis des § 199 Abs. 5 auffassen würde.

§ 201 Beginn der Verjährungsfrist von festgestellten Ansprüchen

[1]Die Verjährung von Ansprüchen der in § 197 Abs. 1 Nr. 3 bis 6 bezeichneten Art beginnt mit der Rechtskraft der Entscheidung, der Errichtung des vollstreckbaren Titels oder der Feststellung im Insolvenzverfahren, nicht jedoch vor der Entstehung des Anspruchs. [2]§ 199 Abs. 5 findet entsprechende Anwendung.

Literatur: S. Vor §§ 194–218.

A. Allgemeines

1 § 201 regelt den Verjährungsbeginn für die in § 197 Abs. 1 Nr. 3–6 bezeichneten Ansprüche. § 197 Abs. 1 Nr. 3–6 entspricht § 218 Abs. 1 aF und nimmt auch Teile der Regelungen der §§ 219, 220 Abs. 1 aF in sich auf (s. § 197 Rn 40 ff). Der Beginn der Verjährung für diese Ansprüche war im bisherigen Recht nicht gesondert geregelt. Doch folgt § 201 weitgehend den Ergebnissen der **bisherigen Rechtsprechung** zu den §§ 197

1 Dazu BGH NJW 2006, 1588; BGHZ 162, 30, 35 ff; *Fischinger*, ZGS 2008, 296.

2 Hierzu *H.-P. Kirchhof*, WM 2002, 2037; *Peters*, KTS 2008, 295. Zur Berechnung der Verjährungsfrist BGH NZI 2005, 225.

3 Zu beachten ist allerdings, dass einige der genannten Normen durch das VerjAnpG aufgehoben wurden. S. dazu bei § 195 Rn 49 f.

4 So auch Soergel/*Niedenführ*, § 200 Rn 6; MüKo/*Grothe*, § 200 Rn 4; Palandt/*Ellenberger*, § 200 Rn 2.

5 So aber Staudinger/*Peters/Jacoby*, § 200 Rn 3, die aus systematischen Erwägungen die Voraussetzungen des § 199 Abs. 1 (Kenntnisnahmemöglichkeit des Gläubigers und Jahresschluss) auch im Rahmen des § 200 anwenden wollen. Gegen diese s. im Erg. die Ausführungen in § 195 Rn 30, wonach einzelne Elemente des § 195 nicht in andere Vorschriften übertragen werden können.

Abs. 1 Nr. 3–6, 198.[1] § 201 deckt sich mit Art. 14:203 Abs. 3 Grundregeln des Europäischen Vertragsrechts (zu ihnen Vor §§ 194–218 Rn 20 ff).

B. Regelungsgehalt

I. Anwendungsbereich

Es werden nur Ansprüche im Sinne von § 197 Abs. 1 Nr. 3–6 erfasst (s. § 197 Rn 40 ff). 2

II. Kein Verjährungsbeginn vor Anspruchsentstehung (S. 1 letzter Hs)

Die Verjährung kann nicht vor der Entstehung des Anspruchs beginnen (vgl S. 1 letzter Hs).[2] Das ist insbesondere bei der Verurteilung nach §§ 257, 259 ZPO zur Erbringung erst **künftig fällig werdender Leistungen** oder bei einem Feststellungsurteil, das sich auf künftig fällig werdende Ansprüche erstreckt, bedeutsam.[3] Zur Anspruchsentstehung, die regelmäßig der Anspruchsfälligkeit gleichzusetzen ist, s. § 199 Rn 15 ff. 3

Geht der Anspruch auf ein **Unterlassen**, so tritt an die Stelle der Anspruchsentstehung das Zuwiderhandeln gegen den Unterlassungsanspruch. Das folgt aus S. 2 iVm § 199 Abs. 5 (s. § 199 Rn 118 ff). Daher beginnt auch bei einem rechtskräftig festgestellten Anspruch auf dauerhaftes Unterlassen die Verjährung erst mit der Zuwiderhandlung. Erfolgt diese erst mehr als dreißig Jahre nach Rechtskraft des Urteils, so ist dennoch keine Verjährung eingetreten, vielmehr beginnt erst dann die Verjährungsfrist zu laufen.[4] Jede Zuwiderhandlung lässt eine neue Verjährungsfrist beginnen (§ 199 Rn 119). 4

III. Verjährungsbeginn im Einzelnen (S. 1)

S. 1 nennt drei Zeitpunkte, in welchen die Verjährung der fälligen (Rn 3) Ansprüche im Sinne von § 197 Abs. 1 Nr. 3–6 beginnt. Die drei Zeitpunkte sind entsprechend ihrer Aufzählung den **drei Fällen des § 197 Abs. 1** Nr. 3, 4 und 5 zugeordnet.[5] Der Beginn der Verjährung von Ansprüchen auf Erstattung der Kosten der Zwangsvollstreckung (§ 197 Abs. 1 **Nr. 6**; s. § 197 Rn 64) richtet sich nach der Art des Titels, dessen Vollstreckung die betreffenden Kosten verursacht hat. Die Ausführungen zum Verjährungsbeginn bei Ansprüchen nach § 197 Abs. 1 Nr. 3–5 (s. Rn 6 ff) gelten daher entsprechend. 5

1. Rechtskraft der Entscheidung, § 197 Abs. 1 Nr. 3. Bei fälligen Ansprüchen im Sinne von § 197 Abs. 1 Nr. 3 (§ 197 Rn 44 ff) beginnt die Verjährung mit der formellen Rechtskraft der Entscheidung, welche den Anspruch festgestellt hat, dh wenn diese Entscheidung **unanfechtbar** geworden ist. 6

Die **Vollstreckbarkeit** der Entscheidung im Sinne von § 197 Abs. 1 Nr. 3 ist für den Verjährungsbeginn **unbeachtlich**. Das Gesetz stellt allein auf die formelle Rechtskraft ab. Das gilt nicht nur für Entscheidungen, die der Zwangsvollstreckung nicht zugänglich sind, wie etwa Feststellungsurteile (diese fallen unter § 197 Abs. 1 Nr. 3, s. § 197 Rn 52 f), sondern auch für Entscheidungen, die erst aufgrund einer Vollstreckbarerklärung oder einer ähnlichen weiteren gerichtlichen Entscheidung vollstreckt werden können, wie etwa für Schiedssprüche und Schiedsvergleiche oder für ausländische Urteile (s. § 197 Rn 47–49). 7

Nach der hier vertretenen Auffassung fällt der gerichtliche oder notarielle Beschluss, welcher den **Anwaltsvergleich** für vollstreckbar erklärt, unter § 197 Abs. 1 Nr. 3;[6] der Anwaltsvergleich selbst erfüllt keine der Voraussetzungen des § 197 Abs. 1 Nr. 3–5. Damit beginnt bei einem Anwaltsvergleich die Verjährung erst mit der formellen Rechtskraft des entsprechenden Beschlusses (näher § 197 Rn 56, 60).[7] Auch der Schuldner kann einen entsprechenden Antrag auf Vollstreckbarerklärung stellen.[8] Offen ist, ob die Vollstreckbarerklärung erfolgen kann, wenn der materiellrechtliche Anspruch aus dem Vergleich bereits verjährt sein sollte (zur Verjährung s. § 195 Rn 63). Nach der einen Auffassung kann der Antrag abgelehnt werden,[9] nach einer ande- 8

1 Ebenso BT-Drucks. 14/6040, S. 109.
2 Vgl BGH VersR 1980, 927; Erman/*Schmidt-Räntsch*, § 201 Rn 5.
3 Vgl MüKo/*Grothe*, § 201 Rn 2; Bamberger/Roth/*Henrich*, § 201 Rn 6.
4 So die hM: BGHZ 59, 72, 74 f; Staudinger/*Peters/Jacoby*, § 201 Rn 8; Soergel/*Niedenführ*, § 201 Rn 2; Palandt/*Ellenberger*, § 201 Rn 2; Erman/*Schmidt-Räntsch*, § 201 Rn 6; Bamberger/Roth/*Henrich*, § 201 Rn 7; MüKo/*Grothe*, § 201 Rn 2 mwN zum Streitstand, auch zur Gegenmeinung.
5 Beschlussempfehlung und Bericht des Rechtsausschusses (6. Ausschuss), BT-Drucks. 14/6857, S. 7, 44 (zu § 201).
6 AA Stein/Jonas/*Münzberg*, ZPO, § 796 a Rn 1, der § 197 Abs. 1 Nr. 4 anwenden will.
7 So auch Erman/*Schmidt-Räntsch*, § 201 Rn 3; Bamberger/Roth/*Henrich*, § 201 Rn 2; Stein/Jonas/*Münzberg*, ZPO, § 796 a Rn 1.
8 Zöller/*Geimer*, ZPO, § 796 a Rn 3 a.
9 Allg. dazu (ohne speziellen Verjährungsbezug) Zöller/*Geimer*, ZPO, § 796 a Rn 22.

ren[10] kann der Verjährungseinwand mittels einer Vollstreckungsgegenklage (§ 767 Abs. 2 ZPO) geltend gemacht werden.

9 **2. Titelerrichtung.** Bei fälligen Ansprüchen im Sinne von § 197 Abs. 1 Nr. 4 (§ 197 Rn 57–62) beginnt die Verjährung mit der Errichtung des vollstreckbaren Titels. Errichtung meint den Abschluss des vollstreckbaren Vergleichs (insbesondere die gerichtliche Protokollierung bzw das Vorgehen nach § 162 Abs. 1 S. 2 ZPO)[11] und bei vollstreckbaren Urkunden die gerichtliche bzw notarielle Beurkundung[12] und das Hinzutreten des auf die Erklärung der Unterwerfung unter die sofortige Zwangsvollstreckung gerichteten Publikationsakts.[13]

10 Bei dem gem. § 308 Abs. 1 S. 2 InsO einem Vergleich im Sinne von § 794 Abs. 1 Nr. 1 ZPO gleichgestellten **Schuldenbereinigungsplan** beginnt die Verjährung mit dem den Plan nach § 308 Abs. 1 S. 1 InsO bestätigenden gerichtlichen Beschluss.[14] Zum **Anwaltsvergleich** s. Rn 8.

11 **3. Feststellung im Insolvenzverfahren.** Bei fälligen Ansprüchen im Sinne von § 197 Abs. 1 Nr. 5 beginnt die Verjährung mit der Vollstreckbarkeit der zur **Insolvenztabelle** festgestellten Forderung.[15] Das richtet sich nach §§ 178, 201 Abs. 2, 215 Abs. 2 S. 2, 257 InsO. Zum Schuldenbereinigungsplan nach § 308 InsO s. Rn 10.

IV. Hemmung, Ablaufhemmung, Neubeginn

12 Die Hemmung und Ablaufhemmung sowie der Neubeginn der Verjährung sind nach den §§ 203 ff wie bei jeder anderen Verjährungsfrist auch zu prüfen. Eine Feststellungsklage zur Unterbrechung der Titelverjährung ist zulässig, wenn sie die einzige Möglichkeit ist, den Ablauf der Verjährungsfrist abzuwenden.[16] Zu dem Parallelproblem bei § 197 Abs. 2 s. § 197 Rn 70.

§ 202 Unzulässigkeit von Vereinbarungen über die Verjährung

(1) Die Verjährung kann bei Haftung wegen Vorsatzes nicht im Voraus durch Rechtsgeschäft erleichtert werden.

(2) Die Verjährung kann durch Rechtsgeschäft nicht über eine Verjährungsfrist von 30 Jahren ab dem gesetzlichen Verjährungsbeginn hinaus erschwert werden.

Literatur: S. Vor §§ 194–218; *Haas/Schulze*, Urteilsvertretendes Anerkenntnis und Verjährung, FS Graf von Westphalen, 2010, S. 253; *Harke*, Privatautonomie und Verjährung: Verjährungsvereinbarungen, in: Remien (Hrsg.), Verjährungsrecht in Europa, 2011, S. 107; *Menges*, Vertraglicher Ausschluss der Kettengewährleistung, ZGS 2008, 457.

10 Allg. dazu (ohne speziellen Verjährungsbezug) LG Halle NJW 1999, 3567; *Münzberg*, NJW 1999, 1357, 1359; weitere Nachw. bei Zöller/*Geimer*, ZPO, § 796 a Rn 22.

11 S. dazu etwa Thomas/*Putzo*, ZPO, § 794 Rn 11.

12 S. dazu etwa Zöller/*Stöber*, ZPO, § 794 Rn 25; Thomas/*Putzo*, ZPO, § 794 Rn 46 f, 55.

13 Zu diesem s. Wieczorek/Schütze/*Paulus*, ZPO, 3. Aufl. 1999, § 794 Rn 89.

14 Der Beschluss ist unanfechtbar, arg. § 6 Abs. 1 InsO, vgl Soergel/*Niedenführ*, § 201 Rn 3.

15 Soergel/*Niedenführ*, § 201 Rn 4. Nicht ganz eindeutig, aber wohl gleichfalls auf die Vollstreckbarkeit abstellend (zum bisherigen Recht): Hess/Weis/Wienberg/*Weis*, InsO, Band 1, 2. Aufl. 2001, § 201 InsO Rn 20; Kübler/Prütting/*Holzer*, InsO, Band II, Stand: August 2001, § 201 InsO Rn 7; unklar zum alten Recht (wohl auf die Feststellung abstellend): Jaeger/*Weber*, Konkursordnung mit Einführungsgesetzen, Zweiter Band, 1. Halbband (§§ 71–206 KO), 8. Aufl. 1973, § 145 KO Rn 6. AA Staudinger/*Peters/Jacoby*, § 201 Rn 5, der auf den Zeitpunkt der Möglichkeit, aus dem festgestellten Titel gegen den Schuldner vorzugehen, abstellt.

16 HM, vgl BGHZ 93, 287, 289 f sowie BGH NJW-RR 2003, 1076, 1077; Thomas/Putzo/*Reichold*, ZPO, § 256 Rn 14; Palandt/*Ellenberger*, § 201 Rn 2; Staudinger/*Peters/Jacoby*, § 201 Rn 10; Soergel/*Niedenführ*, § 201 Rn 5 mwN, auch zur Gegenmeinung.

A. Allgemeines

I. Ausgangslage bis zum 1.1.2002

1 Nach bisherigem Recht war die **Vertragsfreiheit** im Verjährungsrecht **eingeschränkt**. § 225 S. 1 aF gestattete keine Abreden, welche die Verjährung ausschlossen oder erschwerten. Solche Vereinbarungen waren daher gem. § 134 nichtig.[1] Unter dieses Verbot fiel nicht nur die ausdrückliche Verlängerung der Verjährungsfrist, sondern beispielsweise auch die Vereinbarung gesetzlich nicht vorgesehener Hemmungs- oder Unterbrechungsgründe. Große Bereiche des Verjährungsrechts waren mithin **zwingendes Recht**. **Ausgenommen** von dem Verbot der Verjährungsverlängerung waren nach bisherigem Recht die kurzen Gewährleistungsfristen im Kauf- und Werkvertragsrecht (s. §§ 477 Abs. 1 S. 2, 480 Abs. 1, 490 Abs. 1 S. 2, 638 Abs. 2 aF); bei ihnen war eine vertragliche Verlängerung der Verjährungsfrist bis zu dreißig Jahren möglich.

2 **Verjährungserleichterungen**, insbesondere die Abrede kürzerer Verjährungsfristen, waren nach § 225 S. 2 aF zulässig. § 11 Nr. 10 Buchst. e) und f) AGBG aF verhinderte jedoch die Abkürzung der gesetzlichen Gewährleistungsfristen durch Allgemeine Geschäftsbedingungen. Die Regelungen gelten als § 309 Nr. 8 Buchst. c) Doppelbuchst. ee) und ff) im neuen Recht fort. § 9 AGBG aF (jetzt § 307) zog weitere Grenzen, insbesondere für Verjährungsverkürzungen in Allgemeinen Geschäftsbedingungen.[2] Daneben erfolgte auch eine Inhaltskontrolle von Individualvereinbarungen, welche die Verjährungsfrist verkürzten, gem. §§ 242, 138.[3]

II. Grundlinien des geltenden Rechts

3 § 202 folgt – trotz seiner irreführenden Überschrift[4] – einem **gänzlich anderen Regelungsmodell** als das bisherige Recht.[5] Sowohl Verjährungserschwerungen wie Verjährungsverkürzungen sind aufgrund der allgemeinen Vertragsfreiheit (§ 311 Abs. 1) grundsätzlich zulässig. Zu dieser allgemeinen Regel stellt § 202 lediglich die Beschränkungen des Abs. 1 (keine Verjährungserleichterung für Vorsatzhaftung vor Anspruchsentstehung) und des Abs. 2 (keine Verjährungsverlängerung über dreißig Jahre hinaus) auf. Das Gesetz übernimmt in Abs. 2 im Ergebnis die bereits nach bisherigem Recht (§§ 477 Abs. 1, 638 Abs. 2 aF) vorgesehenen Verlängerungsmöglichkeiten bei den kurzen kauf- und werkvertraglichen Gewährleistungsfristen des alten Rechts und dehnt sie auf alle Verjährungsfristen aus.[6]

4 Hinzu treten die besonderen Vorschriften, die jeweils spezifische Schutzbedürfnisse erfüllen und deshalb die Vertragsfreiheit im Verjährungsrecht **einschränken** (s. Rn 61 ff).

5 Die starke **Erweiterung der Vertragsfreiheit** bei Verjährungsabreden wurde infolge der Vereinheitlichung der Verjährungsfristen erforderlich, um der Vertragspraxis die Möglichkeit zu gewähren, sachgerechte Regelungen für einzelne Vertragstypen zu finden.[7] Die Neuregelung deckt sich im Kern mit den Vorschlägen der

1 S. bspw BGH VersR 2001, 1052, 1053; NJW 1988, 1259, 1260; 1984, 189, 190.
2 S. *Brandner*, in: Ulmer/Brandner/Hensen/Schmidt, AGB-Gesetz, 9. Aufl. 2001, § 9 Rn 158; Wolf/Horn/Lindacher/*Wolf*, AGB-Gesetz, 4. Aufl. 1999, § 9 Rn 74.
3 Vgl BGHZ 108, 164, 168; 101, 353, 354 f sowie Staudinger/*Peters* (2001), § 225 aF Rn 21. Zur durch § 88 HGB aufgestellten Grenze s. BGHZ 75, 218, 220; zur zeitlichen Untergrenze nach bisherigem Recht folgend aus §§ 93 Abs. 6, 113 AktG, § 52 Abs. 3 GmbHG, §§ 41, 34 Abs. 6 GenG s. BGHZ 64, 238, 244 bei Ansprüchen gegen Aufsichtsratsmitglieder einer Publikums-KG; zu Verkürzungsgrenzen aus § 43 Abs. 3 GmbHG s. BGH WM 1973, 74.
4 *Zimmermann/Leenen/Mansel/Ernst*, JZ 2001, 684, 698 Fn 173; s. noch BT-Drucks. 14/6487, S. 7, 43.
5 Zum Normzweck und seiner Rechtfertigung s. zB *Harke*, in: Remien, Verjährungsrecht in Europa, S. 107, 114 ff mwN.
6 BT-Drucks. 14/6040, S. 110.
7 S. *Mansel*, S. 333, 399.

ökonomischen Analyse des Rechts.[8] Sie entspricht den **Bedürfnissen der Praxis**,[9] die unter Geltung des alten Rechts erfolgreich versucht hat, das Verbot der Verjährungsverlängerung gem. § 225 S. 1 aF zu umgehen.[10] Die Rechtsprechung hat dieses Parteiinteresse anerkannt und im bisherigen Recht zwischen unzulässigen unmittelbaren und zulässigen mittelbaren Verjährungserschwerungen unterschieden. Zulässig waren beispielsweise die Stundung, Vereinbarungen, welche die Fälligkeit des Anspruchs und damit den Verjährungsbeginn hinausschoben, oder das sog. „*pactum de non petendo*".[11] Diese **Hilfskonstruktionen** können nach neuem Recht durch unmittelbar die Verjährung betreffende Abreden ersetzt werden. Die Zulassung verjährungserschwerender Vereinbarungen dient auch der Rechtsklarheit, da hierdurch Umgehungsvereinbarungen überflüssig werden, die den Eintritt der Verjährung nur mittelbar erschweren.[12]

III. Europäische Grundregeln, Draft Common Frame of Reference

6 § 202 deckt sich im Kern mit Art. 14:601 der Europäischen Grundregeln des Vertragsrechts und Art. III.-7:601 DCFR (zu diesen s. Vor §§ 194–218 Rn 20 ff). Nach dem genannten Artikel sind **Verjährungsvereinbarungen**, insbesondere Verkürzungen und Verlängerungen der Verjährungsfrist, **zulässig**. Doch ist eine Verkürzung auf weniger als ein Jahr und eine Verlängerung auf mehr als dreißig Jahre – gerechnet ab dem regulären Verjährungsbeginn nach Art. 14:203 der Grundregeln (s. dazu § 199 Rn 5) – unwirksam. Die **Höchstgrenze** entspricht Abs. 2. Zur **Mindestgrenze** s. Rn 20.

B. Regelungsgehalt

I. Verjährungsrechtliche Vertragsfreiheit

7 **1. Grundsatz.** § 202 setzt die Gewährleistung der Vertragsfreiheit im Verjährungsrecht nun – nach Änderung des § 225 S. 2 aF – als **selbstverständlich** voraus.[13] Danach sind vertragliche Vereinbarungen, welche Fragen der Anspruchsverjährung zum Inhalt haben, grundsätzlich zulässig. Die Vorschrift formuliert diesen Grundsatz nicht, sondern regelt allein die Grenzen der Vertragsfreiheit. Soweit § 202 Abreden eines bestimmten Inhalts verbietet, ist § 202 ein Verbotsgesetz. Daher ist eine Abrede, die gegen § 202 verstößt, nach § 134 nichtig.[14] An ihre Stelle tritt – falls bei Individualvereinbarungen keine interessengerechte Aufrechterhaltung der Abrede in reduzierter Form möglich sein sollte[15] – die gesetzliche Regelung der §§ 194 ff und der einschlägigen besonderen Verjährungsregeln.[16]

8 **2. Zeitpunkt und Form.** Verjährungsvereinbarungen sind **nicht** an einen **bestimmten Zeitpunkt** gebunden. Die allgemeine Vertragsfreiheit gestattet es, sowohl vor Entstehung des Anspruchs eine noch nicht laufende als auch nachträglich eine bereits laufende Verjährungsfrist (und andere Verjährungsregeln) zu verändern, wenn die Parteien das im konkreten Einzelfall für zweckmäßig halten.[17]

9 Verjährungsabreden nach § 202 unterliegen grundsätzlich **keiner besonderen Formvorschrift**.[18] Das ist sachgerecht, werden doch insbesondere Verjährungsverlängerungen häufig bei mündlichen Verhandlungen vereinbart. Die im Streitfall beweisbelastete Partei hat daher in eigenem Interesse für die beweiserleichternde Dokumentation zu sorgen.

10 **3. Sachliche Regelungsgegenstände.** Gegenstand einer Verjährungsvereinbarung können – in den sogleich aufzuzeigenden Grenzen (Rn 13 ff) – **alle Regelungsfragen der §§ 194 ff** sein, also nicht nur die Länge der Verjährungsfrist, sondern insbesondere auch Verjährungsbeginn, -hemmung, -ablaufhemmung oder -neubeginn, -verzicht etc.[19]

11 § 202 steht im Grundsatz (beachte die in der Kommentierung dargestellten Grenzen) ebenso wenig wie § 225 aF der Wirksamkeit **mittelbarer Verjährungsregelungen** wie verjährungsorientierte Fälligkeitsvereinbarungen, Garantievereinbarungen etc. entgegen, s. näher oben Rn 5. Allerdings können solche mittelbaren

8 S. vor allem *Kötz*, in: FS Medicus, S. 283, insb. 294 ff; *Eidenmüller*, JZ 2001, 283, 284 f; krit. *Bydlinski*, S. 381, 385 Fn 27.
9 BT-Drucks. 14/6040, S. 110.
10 Sehr krit. zur Stärkung der Privatautonomie im Bereich des Verjährungsrechts Staudinger/*Peters/Jacoby*, § 202 Rn 2–3.
11 S. den Überblick über diese Rechtsprechung bei Staudinger/*Peters* (2001), § 225 aF Rn 7–10.
12 BT-Drucks. 14/6040, S. 110.
13 BT-Drucks. 14/6040, S. 110 f; BT-Drucks. 14/6487, S. 7, 43; MüKo/*Grothe*, § 202 Rn 2.
14 MüKo/*Grothe*, § 202 Rn 3; Erman/*Schmidt-Räntsch*, § 202 Rn 11.
15 S. dazu OLG Köln NJW-RR 2001, 1302 f zur Reduktion eines umfassenden individualvertraglichen Haftungsausschlusses auf das zulässige Maß.
16 BGH NJW 1988, 1259, 1260.
17 BT-Drucks. 14/6040, S. 110.
18 MüKo/*Grothe*, § 202 Rn 5; Bamberger/Roth/*Henrich*, § 202 Rn 8; Erman/*Schmidt-Räntsch*, § 202 Rn 3; aA Staudinger/*Peters/Jacoby*, § 202 Rn 6 und Palandt/*Ellenberger*, § 202 Rn 5 für den Fall, dass für den betroffenen Anspruch – wie in § 766 oder in § 311 b – Formzwang besteht.
19 S. die Beispiele bei Palandt/*Ellenberger*, § 202 Rn 4.

Verjährungsregelungen, die allein dazu dienten, das Verbot der Verjährungserschwerung des § 225 S. 1 aF zu umgehen, heute durch direkte parteiautonome Verjährungserschwerungen gem. § 202 ersetzt werden. Zur übergangsrechtlichen Problematik s. noch Rn 66 ff.

4. Anwendung auf konkurrierende Ansprüche. Konkurrieren mehrere Ansprüche, so ist es eine **Auslegungsfrage**, ob die rechtsgeschäftliche Erleichterung oder Erschwerung der für einen Anspruch geltenden Verjährung sich auch auf konkurrierende oder alternativ an deren Stelle tretende Ansprüche bezieht.[20] Regelmäßig wird das zu bejahen sein, denn in der Regel beabsichtigen die Parteien eine einheitliche Regelung bezogen auf alle Ansprüche.[21] 12

II. Grenzen der Vertragsfreiheit

§ 202 stellt Grenzen der Vertragsfreiheit für vereinbarte Verjährungserleichterungen (Abs. 1, Rn 16 ff) und -erschwerungen (Abs. 2, Rn 36 ff) auf. Die Begriffe sind weit zu verstehen und erfassen nicht nur Verkürzungen oder Verlängerungen der Verjährungsfrist, sondern alle Abreden, aus welchen ein früherer (Erleichterung) oder späterer (Erschwerung) Verjährungseintritt als dreißig Jahre nach dem Verjährungseintritt, wie ihn das Gesetz selbst bestimmt, folgen würde, wenn sich der Tatbestand der Verjährungsabrede erfüllen sollte. Ob er sich im konkreten Fall erfüllen wird, ist unbeachtlich. Auch Veränderungen bei den Hemmungs- oder Neubeginntatbeständen (§§ 203 ff) oder dem Verjährungsbeginn etc. können einen anderen Ablauf der Verjährungsfrist bewirken.[22] S. näher (für die Erschwerung) Rn 42. 13

1. Unverjährbarkeit. Die gesetzliche Anordnung der Unverjährbarkeit eines Anspruchs ist **zwingendes Recht**. Dieser Anspruch kann – wie bisher – nicht durch Parteivereinbarung der Verjährung unterworfen werden.[23] Eine anders lautende Abrede ist nach § 134 nichtig. 14

Ist die Unverjährbarkeit nicht durch Gesetz angeordnet, dann ist ein Anspruch **verjährbar** (§ 194 Rn 28). Er kann nicht durch eine Parteiabrede als unverjährbar eingestuft werden. Das würde der zwingenden Regelung des Abs. 2 widersprechen, nach welcher die Verjährung durch Rechtsgeschäft nicht über eine Verjährungsfrist von dreißig Jahren ab dem gesetzlichen Verjährungsbeginn hinaus erschwert werden kann. Vereinbarungen, die anderes vorsehen, sind nach § 134 nichtig, s. Rn 38. 15

2. Verjährungserleichterungen. a) Vorsatzhaftung (Abs. 1). Nach Abs. 1 kann bei Haftung wegen Vorsatzes die Verjährung **nicht im Voraus** durch Rechtsgeschäft **erleichtert** werden.[24] Wenn gem. § 276 Abs. 3 selbst die Haftung wegen Vorsatzes dem Schuldner nicht im Voraus erlassen werden kann, muss auch der Weg verschlossen sein, die Wertungsaussage des § 276 Abs. 3 durch verjährungserleichternde Vereinbarungen auszuhöhlen.[25] Die Rechtsprechung hat im Rahmen des § 276 Abs. 2 aF, der § 276 Abs. 3 entspricht, Abkürzungen der Verjährungsfrist zugelassen.[26] Nach Abs. 1 sind sie unzulässig und damit gem. § 134 nichtig. 16

§ 202 Abs. 1 unterscheidet sich von dem als Modell dienenden § 276 Abs. 3 insofern, als § 202 Abs. 1 die vorherige Verjährungserleichterung bei jeder Vorsatzhaftung verbietet, während § 276 Abs. 3 in Verbindung mit § 278 S. 2 nur die vorherige Haftungsfreizeichnung wegen Vorsatzes des Schuldners untersagt. Aus § 278 S. 2 folgt, dass der Schuldner die Haftung wegen Vorsatzes des gesetzlichen Vertreters und des Erfüllungsgehilfen (individualvertraglich) ausschließen kann, da sich das Freizeichnungsverbot nur auf den Schuldnervorsatz bezieht. Da sich die Verjährungsverkürzung als Haftungsbeschränkung darstellt (s. Rn 54) und es nicht sachgerecht wäre, für den Ausschluss der Vorsatzhaftung und die Verjährungserleichterung unterschiedliche Maßstäbe heranzuziehen, wäre es sinnwidrig, wenn zwar die Haftung für nach § 278 zurechenbaren Drittvorsatz gem. § 276 Abs. 3 ausgeschlossen, nicht aber eine Verkürzung der Verjährungsfrist oder Ähnliches nach § 202 Abs. 1 vertraglich vereinbart werden könnte. Deshalb sind die §§ 278 S. 2, 202 Abs. 1 dahin gehend auszulegen, dass bei der Zurechnung von Drittvorsatz nach § 278 S. 1 weder § 276 Abs. 3 noch § 202 Abs. 1 Anwendung finden (zur formularmäßigen Freizeichnung s. Rn 53). Die Verjährung der Ansprüche gegen den Schuldner wegen Vorsatzes seines Erfüllungsgehilfen oder gesetzlichen Vertreters sollte somit auch im Voraus – in den allgemeinen Grenzen – rechtsgeschäftlich erleichtert werden können. Die parallele Auslegung des § 202 Abs. 1 und des § 276 Abs. 3 entspricht den Intentionen des Gesetzgebers.[27] 17

20 BT-Drucks. 14/6040, S. 110 f.
21 BT-Drucks. 14/6040, S. 110 f.
22 So auch Soergel/*Niedenführ*, § 202 Rn 6; MüKo/*Grothe*, § 202 Rn 6; Bamberger/Roth/*Henrich*, § 202 Rn 3; Erman/*Schmidt-Räntsch*, § 202 Rn 4. Enger allerdings Staudinger/*Peters/Jacoby*, § 202 Rn 12, der die Tatbestände der §§ 203–206, 210–212 im Kern als zwingend ansieht.
23 BT-Drucks. 14/6040, S. 110, 111; Soergel/*Niedenführ*, § 202 Rn 5; Staudinger/*Peters/Jacoby*, § 202 Rn 10; MüKo/*Grothe*, § 202 Rn 6.
24 Vgl MüKo/*Grothe*, § 202 Rn 7. Zur Diskussion im Gesetzgebungsverfahren s. *Mansel*, S. 333, 399.
25 BT-Drucks. 14/6040, S. 110 f.
26 Vgl zB BGH NJW 1984, 1750 (Verkürzung von Gewährleistungsfristen); NJW-RR 1991, 35 (Abkürzung der Verjährungsfrist in Handelsvertreterverträgen).
27 BT-Drucks. 14/6040, S. 110.

18 Abs. 1 regelt einen Teilaspekt der Verjährungserleichterung bei Haftung wegen vorsätzlichen Verhaltens (Tun oder Unterlassen). Mit Vorsatz ist jede Form des Vorsatzes im Sinne des § 276 Abs. 1 gemeint.

19 **Zulässig** ist hingegen die **nachträglich**, also nach Anspruchsentstehung, vereinbarte Verjährungserleichterung bei Haftung wegen eines vorsätzlichen Verhaltens. Dies ergibt sich aus dem klaren Wortlaut des § 202 („im Voraus").[28]

20 **b) Keine allgemeine gesetzliche Mindestfrist.** Der Gesetzgeber sieht in § 202 bewusst keine allgemeine Mindestverjährungsdauer vor, denn der Sinn einer Mindestfrist wäre es sicherzustellen, dass dem Gläubiger stets eine angemessene Zeit zur Verfügung steht, um zur Vermeidung des Verjährungseintritts Rechtsverfolgungsmaßnahmen zu ergreifen. Der Gesetzgeber hat es aber für unmöglich erachtet, eine angemessene absolute Mindestfrist festzulegen.[29] Etwas anderes gilt allerdings im Bereich des Verbraucherkauf- und Reiserechts (§§ 475 Abs. 2, 478 Abs. 4, 651 m S. 2).

21 **c) Leitlinien für Parteivereinbarungen. aa) Angemessenheitskontrolle.** Grenze der Verjährungsverkürzung ist damit – neben Abs. 1 und den besonderen Vorschriften (Rn 61 ff) – allein die Inhaltskontrolle der Vereinbarung (Rn 47 ff, 60). Dabei ist zu beachten, dass – aus der Sicht des Gesetzgebers – die gesetzlichen Verjährungsfristen grundsätzlich angemessen sind,[30] insbesondere im Hinblick auf den Gläubigerschutz. Dies hat Bedeutung für die Inhaltskontrolle.

22 Unter Geltung des **früheren Rechts** hat die Rechtsprechung über § 9 AGBG aF (= § 307) und über § 242 (außerhalb des Anwendungsbereichs des AGBG) in vielen Einzelfällen Verjährungserleichterungen kontrolliert und Klauseln die Wirksamkeit verweigert, welche im Ergebnis die Verjährungsfrist unangemessen abkürzten. Die Rechtsprechung geht von einer solchen im Rahmen der Generalklausel des § 307 zu prüfenden Unangemessenheit aus, wenn die Klausel bewirkt, dass die Durchsetzung etwaiger Ersatzansprüche weitgehend verhindert würde.[31] Entsprechendes gilt für die Kontrolle nach § 242. Unangemessene Verjährungsfristklauseln sind nach § 307 bzw – bei Unanwendbarkeit der Vorschrift – nach § 242 unwirksam.[32]

23 Eine **geltungserhaltende Reduktion** auf eine angemessene Mindestfrist findet im Rahmen des § 307 **nicht** statt (Rn 59). Außerhalb des Anwendungsbereichs der §§ 307 ff ist zu prüfen, ob die Klausel teilweise gem. § 139 oder gem. § 140 mit einem zulässigen Inhalt aufrechterhalten werden kann.[33]

24 Im bisherigen Recht war die Tendenz festzustellen, dass vereinbarte Fristverkürzungen nur dann als angemessen betrachtet wurden, wenn die verkürzte Frist in relativer Nähe zu den gesetzlichen Verjährungsfristen festgesetzt wurde. Denn ihnen kommt eine **Ordnungs- und Leitbildfunktion** zu,[34] weshalb der durch den Gesetzgeber mit den Verjährungsnormen gefundene Interessenausgleich von Gläubiger und Schuldner grundsätzlich als angemessen im Sinne des § 307 bzw des § 242 zu erachten ist. Daher sind daran die parteiautonomen Verjährungsregeln zu messen.[35] Stärkere Fristverkürzungen waren bezogen auf die dreißigjährige Regelverjährungsfrist des § 195 aF erlaubt,[36] da diese lange Frist häufig als unangemessen betrachtet wurde.

25 Es ist zu erwarten, dass die Rechtsprechung an diesen Grundsätzen auch im Rahmen des neuen Rechts festhalten wird. Allerdings dürfte es zu Akzentverschiebungen kommen. Dabei sind zwei gegenläufige Argumentationsstränge zu beachten:

- Zum einen wurde die **Leitbildfunktion** der gesetzlichen Fristen **gestärkt**, da sich der Gesetzgeber im SchuldRModG um die Festsetzung angemessener Fristen bemühte und dies eine wesentliche Triebfeder der Verjährungsrechtsreform war. Das gilt jedenfalls für die neu geregelten Verjährungsfristen.
- Zum anderen hat der Gesetzgeber zahlreiche besondere Vorschriften aufgehoben und insoweit die Regelverjährung eingreifen lassen. Gleichzeitig hat er die **Parteiautonomie** im Verjährungsrecht durch die

28 Vgl MüKo/*Grothe*, § 202 Rn 7; Palandt/*Ellenberger*, § 202 Rn 8. Einschr. Staudinger/*Peters/Jacoby*, § 202 Rn 11 (Gläubiger muss die Vorsätzlichkeit der Schädigung erkannt haben).

29 Gegenäußerung der Bundesregierung, BT-Drucks. 14/6487, S. 43. Vgl auch MüKo/*Grothe*, § 202 Rn 2.

30 Ebenso: *Menges*, ZGS 2010, 457, 459 mwN.

31 Zum früheren Recht s. etwa BGH NJW-RR 1988, 559, 561.

32 Krit. aber im Erg. zust. zu dieser Rspr Staudinger/*Peters/Jacoby*, § 202 Rn 3, die nur § 138 anwenden wollen. Zur Inhaltskontrolle Jauernig/*Mansel*, § 242 Rn 15. Gegen die Anwendbarkeit von § 242 auf Verjährungsvereinbarungen *Lakkis*, AcP 203 (2003), 763, 771, dafür hingegen *Krämer*, ZAP 2004, Fach 2, 413, 414.

33 So auch Erman/*Schmidt-Räntsch*, § 202 Rn 11. S. dazu auch in allg. Zusammenhang OLG Köln NJW-RR 2001, 1302 (Reduktion eines unzulässigen umfassenden individualvertraglichen Haftungsausschlusses auf einen zulässigen Inhalt). Für die Zulässigkeit einer geltungserhaltenden Reduktion bei § 475 Abs. 3 *Deckenbrock/Dötsch*, ZGS 2004, 62.

34 Vgl Palandt/*Ellenberger*, § 202 Rn 13; *Krämer*, ZAP 2004, Fach 2, 413, 414.

35 Dazu – allerdings am Beispiel einer Fristverlängerung im Rahmen des bisherigen Rechts – BGH NJW 1990, 2065, 2066 mit zahlr. Nachw.

36 S. die Nachw. bei Staudinger/*Peters* (2001), § 225 aF Rn 19 ff, 14 ff; s. ferner etwa OLG Stuttgart NJW-RR 2000, 1551: Nach bisherigem Recht ist die Verkürzung der nach altem Recht geltenden dreißigjährigen Verjährungsfrist für werkvertragliche Mangelfolgeschäden auf sechs Monate gemäß § 9 AGBG aF unwirksam.

Ausnahmevorschrift des § 202 gestärkt, um den Parteien zu ermöglichen, auf ihren speziellen Fall passende Verjährungsregeln zu vereinbaren.

Im Folgenden werden die maßgeblichen Differenzierungskriterien dargestellt.

bb) Regelverjährung: Veränderungen der §§ 195, 199. Für die Regelverjährung nach §§ 195, 199 ist zu beachten: Die Dreijahresfrist des § 195 aF ist zwar relativ kurz; zugleich ist der Fristbeginn aber kenntnisabhängig. Die Maximalfristen (§ 199 Abs. 2–4) von zehn und dreißig Jahren sind vergleichsweise lang. Verjährungserleichterungen werden hier in der Praxis weniger durch eine Verkürzung der dreijährigen Regelverjährung gesucht werden, sondern stärker durch die **Vereinbarung eines objektiven Verjährungsbeginns** (zB mit Fälligkeit des Anspruchs) und durch eine **Abkürzung der Maximalfristen**. Die Ermittlung der Angemessenheit iSd §§ 307 und 242 (zur Angemessenheit in einzelnen Fällen s. im Folgenden) insoweit vereinbarter Verjährungserleichterungen bedarf der genauen Interessenanalyse im Einzelfall. Es gilt die Regel, dass dem Gläubiger eine **reelle Chance** bleiben muss, seinen Anspruch vor Ablauf der Verjährungsfrist durchzusetzen.[37] Die Vorhersage, wie sich die Rechtsprechung in diesem Bereich entwickeln wird, ist mit großen Unsicherheiten belastet. Das bedeutet für die Praxis eine erhöhte Vorsicht bei der Vereinbarung von Verjährungserleichterungen. Folgende Überlegungen können angestellt werden: 26

Es steht zu erwarten, dass eine **Verkürzung der Regelverjährungsfrist** bei kenntnisabhängigem Verjährungsbeginn grundsätzlich als angemessen angesehen wird, da (und soweit) der Gläubiger hier stets noch die Möglichkeit der Anspruchsverfolgung hat. Lediglich seine Überlegensfrist (§ 199 Rn 7) verkürzt sich.[38] 27

Spürbare Verkürzungen bei gleichzeitiger Vereinbarung eines **objektiven Verjährungsbeginns** mit der Anspruchsentstehung dürften regelmäßig als noch angemessen angesehen werden bei Ansprüchen, deren Entstehung dem Gläubiger typischerweise bekannt sind (insbesondere bei vertraglichen Primäransprüchen).[39] Denn auch hier bleibt ihm – allerdings nur im Regelfall – eine realistische Möglichkeit der Rechtsverfolgung. Entscheidend ist, ob für die Abweichung von dem gesetzlichen Verjährungsleitbild ein sachlicher Grund besteht.[40] 28

Bei anderen Ansprüchen, insbesondere **Schadensersatzansprüchen**, dürfte hingegen regelmäßig von der Unangemessenheit einer solchen Regelung auszugehen sein, weil ein vereinbarter, nicht die Anspruchsentstehung voraussetzender objektiver Verjährungsbeginn den Verjährungseintritt vor Eintritt der Fälligkeit des Anspruchs herbeiführen kann. Das ist zB der Fall, wenn vereinbart wird, dass die Verjährung aller konkurrierenden Schadensersatzansprüche mit dem Tag des Vertragsabschlusses beginnt. Das gesetzgeberische Leitbild des § 199 Abs. 1 will diese Verkürzung der Gläubigerrechte aber gerade vermeiden. Anderes kann gelten, wenn vereinbart wird, dass Schadensersatzansprüche, soweit mit ihnen erst nach Ablauf der parteiautonom verkürzten Verjährungsfrist auftretende **Folgeschäden** geltend gemacht werden sollen, den gesetzlichen Verjährungsregeln (einschließlich des Grundsatzes der Schadenseinheit, s. § 199 Rn 25) unterliegen. Alle vorhersehbaren Folgeschäden würden dann so verjähren, wie sie bei Geltung der §§ 195, 199 verjährten.[41] 29

Die bisherige Rechtsprechung zur Verkürzung der dreißigjährigen Regelverjährungsfrist des § 195 aF dürfte im Kern weitergeführt werden, soweit es vereinbarte Abkürzungen der objektiv beginnenden (§ 199 Rn 84) Maximalfristen des § 199 Abs. 2–4 betrifft. 30

cc) Verkürzung besonderer Verjährungsfristen. Im Anwendungsbereich des § 309 Nr. 8 Buchst. b) Doppelbuchst. ff) ist eine in **Allgemeinen Geschäftsbedingungen** verabredete Erleichterung der Verjährung von Ansprüchen gegen den Verwender wegen eines Mangels in den Fällen des § 438 Abs. 1 Nr. 2 und des § 634 a Abs. 1 Nr. 2 unwirksam.[42] Gleiches gilt in den sonstigen Fällen der §§ 438, 634 a für AGB-Klauseln, durch welche eine weniger als ein Jahr betragende Verjährungsfrist ab dem gesetzlichen Verjährungsbeginn erreicht wird. Für Verträge, in die Teil B der Verdingungsordnung für Bauleistungen (VOB/B) insgesamt einbezogen ist, gelten die danach vorgesehenen Verjährungsregeln ohne Inhaltskontrolle nach § 309 Nr. 8 Buchst. b) Doppelbuchst. ff). S. dazu Rn 48 ff. 31

Soweit eine **Inhaltskontrolle** von Verjährungsabreden allein anhand von § 307 oder von § 242 vorzunehmen ist, ist im Grundsatz davon auszugehen, dass Verjährungserleichterungen, die nach § 308 Nr. 8 Buchst. b) Doppelbuchst. ff) in Allgemeinen Geschäftsbedingungen wirksam wären, auch außerhalb Allgemeiner Geschäftsbedingungen als angemessen einzustufen sind, wenn nicht im Einzelfall besondere Vertragsumstände eine andere Interessenabwägung verlangen. Das bedeutet: Verjährungserleichterungen, die für Ansprüche aus § 438 Abs. 1 Nr. 1 und Nr. 3 sowie Ansprüche aus § 634 a Abs. 1 Nr. 1 und Nr. 3 gelten, sind regelmäßig 32

37 Staudinger/*Peters/Jacoby*, § 202 Rn 13.
38 Zust. Erman/*Schmidt-Räntsch*, § 202 Rn 13.
39 Enger Staudinger/*Peters/Jacoby*, § 202 Rn 15, die jedenfalls im Anwendungsbereich der §§ 305 ff einen Verstoß gegen § 307 Abs. 2 Nr. 1 annehmen.
40 Ebenso: *Menges*, ZGS 2010, 457, 459.
41 So auch Erman/*Schmidt-Räntsch*, § 202 Rn 13.
42 Für verfassungs- und europarechtswidrig und damit unwirksam wird die Vorschrift gehalten von *Lenkeit*, BauR Sonderheft 1 a 2002, 196, 222.

als angemessen und damit wirksam zu erachten, wenn durch sie keine geringere als eine ein Jahr betragende Verjährungsfrist ab dem gesetzlichen Verjährungsbeginn erreicht wird.

33 Davon abgesehen steht zu erwarten, dass auch nach neuem Recht Erleichterungen der Verjährung nach besonderen Verjährungsnormen – sei es durch eine Fristenverkürzung, indirekt über einen veränderten Fristenbeginn oder auf andere Weise – im Rahmen der Inhaltskontrolle nach § 307 bzw nach § 242 als **unangemessen** angesehen werden, wenn sie sich **ohne sachlichen Grund** weit von der gesetzlichen Verjährungsfrist und dem entsprechenden Verjährungsbeginn entfernen. Das würde der Linie der bisherigen Rechtsprechung entsprechen (Rn 22 ff).

34 Ob hiervon eine **Ausnahme** insbesondere für die zweijährige kaufrechtliche Gewährleistungsfrist des § 438 Abs. 1 Nr. 3 zu gelten hat, ist offen; dazu, dass bei Verjährungsabreden in Allgemeinen Geschäftsbedingungen § 309 Nr. 8 Buchst. b) Doppelbuchst. ff) zu beachten ist, s. Rn 31. Der Gesetzgeber weist für die kaufrechtliche Gewährleistungsfrist des § 438 Abs. 1 Nr. 3, die an die Stelle der wesentlich kürzeren Frist des § 477 Abs. 1 aF getreten ist, ausdrücklich darauf hin, dass gem. Abs. 1 grundsätzlich eine Verkürzung durch Rechtsgeschäft, ausgenommen bei Haftung wegen Vorsatz, möglich sei.[43] Durch diese Verkürzungsmöglichkeit soll die Belastung der Verkäufer durch die Vervierfachung der Sechsmonatsfrist des § 477 aF ausgeglichen werden.

35 Daher kann bei entsprechender Interessenlage im Einzelfall eine **Verkürzung** (außerhalb des Geltungsbereichs des § 309, s. Rn 31, und natürlich außerhalb des Geltungsbereichs des § 475 Abs. 2 für den Verbrauchsgüterkauf, s. Rn 62) der **zweijährigen Gewährleistungsfrist** des § 438 Abs. 1 Nr. 3 auf eine Verjährungsfrist von jedenfalls **einem Jahr** ab Fälligkeit als angemessen im Sinne des § 307[44] bzw der Inhaltskontrolle nach § 242 angesehen werden. Vorauszusetzen ist hierfür jedoch, dass sich die Fristverkürzung ausdrücklich nicht auf deliktische Parallelansprüche (bei Weiterfresserschäden s. § 195 Rn 58) und nicht auf sonstige, nicht mangelbezogene Schadensersatzansprüche bezieht, denn für diese galt nach bisherigem Recht die Frist des § 477 aF nicht.[45] Das Abstellen auf den Fälligkeitszeitpunkt stellt sicher, dass der Gläubiger im Regelfall mit dem Verjährungsbeginn auch Kenntnis von dem Anspruch und dem Anspruchsgegner erlangt, denn bei Schadensersatzansprüchen gehört zur Fälligkeit regelmäßig auch der Schadenseintritt. Ob unter den genannten Bedingungen eine weitere Verkürzung auf **sechs Monate** – eine Frist, die immerhin dem bisher geltenden Recht entspricht – noch zulässig ist, ist streitig.[46] Nach anderer Ansicht[47] spricht vieles dafür, dass es im unternehmerischen Bereich, in welchem § 309 nicht gilt (§§ 14, 310 Abs. 1), mit § 307 **nicht** vereinbar sein wird, die Frist des § 438 Abs. 1 Nr. 3 zu **verkürzen**. Diese Frist habe einen hohen Gerechtigkeitsgehalt und stelle sicher, dass dem Unternehmer, der mit einem Endverbraucher kontrahiert, der Regressanspruch gegen seinen Lieferanten verjährungsrechtlich nicht abgeschnitten wird.[48]

36 **3. Verjährungserschwerungen. a) Grundsatz der Vertragsfreiheit.** Aus Abs. 2 folgt indirekt, dass alle anderen als die dort genannten Verjährungserschwerungen (zum Begriff s. Rn 13) nach dem Grundsatz der verjährungsrechtlichen Vertragsfreiheit – vorbehaltlich besonderer Regelungen (Rn 61 ff) und der Inhaltskontrolle (Rn 47 ff) – **zulässig** und damit wirksam sind.[49] Es besteht in der Praxis vielfach das Bedürfnis, verjährungsverlängernde Regelungen zu treffen.[50]

37 **b) Zeitliche Obergrenze (Abs. 2).** Nach Abs. 2 kann die Verjährungsfrist durch eine Vereinbarung nicht über eine dreißigjährige Frist ab dem gesetzlichen Verjährungsbeginn hinaus erschwert werden. Abs. 2 **setzt** allerdings **Verjährbarkeit voraus** und gilt daher **nicht für Dauerschuldverhältnisse** (dazu s. § 194 Rn 3 f). Möglich ist daher die Vereinbarung eines **selbständigen Garantievertrags** mit einer Laufzeit **von 40 Jahren**. Er unterliegt als Dauerschuldverhältnis während seiner Laufzeit – anders als die einzelnen aus der Garantie erwachsenden Ansprüche – nicht der Verjährung.[51] Abs. 2 spricht nicht von dem Verbot, Verjährungsfristen, die länger als dreißig Jahre sind, zu vereinbaren, sondern formuliert weiter und ergebnisorientiert ein Verbot der Verjährungserschwerung über eine dreißigjährige Frist hinaus. Daher erfasst die Vorschrift **alle Formen der Verjährungserschwerung** (zB vertraglich vereinbarte Hemmungs-, Ablaufhemmungs- oder Neubeginntatbestände), welche einen späteren Eintritt der Verjährung als dreißig Jahre nach dem gesetzlichen Verjährungsbeginn (zum gesetzlichen Verjährungsbeginn s. §§ 199, 200, 201 und die besonderen Regeln des Verjährungsbeginns, s. dazu die Aufzählung in § 199 Rn 18 ff) zur Folge haben würden, wenn sich ihr Tatbestand

43 BT-Drucks. 14/6040, S. 229.
44 Stark vertretene Ansicht: § 309 Rn 33; Palandt/*Ellenberger* Rn 15; Palandt/*Grüneberg* § 399 Rn 77; *Menges*, ZGS 2010, 457, 462 mwN.
45 So auch die hM zum neuen Recht, vgl nur Staudinger/*Peters/Jacoby*, § 195 Rn 43 und die Nachw. bei § 195 Rn 56.
46 Befürwortend noch AnwK/*Mansel/Stürner*, 2005, § 202 Rn 31; aA Lakkis, AcP 203 (2003), 763, 774; *Menges*, ZGS 2010, 457, 462 .
47 *Graf von Westphalen*, Anwalt (NJW-CoR) 11/2001, 6, 8.
48 S. Erman/*Schmidt-Räntsch*, § 202 Rn 13.
49 S. BT-Drucks. 14/6040, S. 110 f. Ob die Verjährung des Pflichtteilsanspruchs verlängert werden kann, ist umstritten, vgl dazu *Lange*, ZEV 2003, 433.
50 S. zu Forfaitierungsverträgen *Graf von Westphalen*, WM 2001, 1837, 1842.
51 Vgl BGH NJW 2008, 2995 m. Anm. *Grothe*, LMK 2008, 269604.

erfüllen sollte.[52] Ob er sich im konkreten Fall erfüllen wird, ist unbeachtlich, denn die Angemessenheitskontrolle stellt auf den Zweck der Vereinbarung ab, nicht aber darauf, ob er sich im konkreten Einzelfall auch verwirklichen wird. Dieses Verständnis ergibt sich auch aus der Gesetzesbegründung. Danach seien nach Abs. 2 Vereinbarungen nur noch dann unzulässig, wenn sie zu einer dreißig Jahre übersteigenden Verjährungsfrist ab dem gesetzlichen Verjährungsbeginn führen. Ansonsten seien verjährungserschwerende Vereinbarungen entsprechend der allgemeinen Vertragsfreiheit grundsätzlich zulässig.[53]

Nur wenn die Abreden der Parteien ein Hinausschieben des Verjährungseintritts über die Dreißigjahresgrenze hinaus zum Ergebnis haben, sind sie gem. § 134 in Verbindung mit Abs. 2 **nichtig.**[54] **38**

Im Falle der Nichtigkeit treten an die Stelle der Abrede die Vorschriften der §§ 194 ff und der einschlägigen besonderen Verjährungsregeln. Außerhalb des Anwendungsbereichs der §§ 307 ff ist zu prüfen, ob die nichtige Abrede nicht mit dem **auf das zulässige Maß** einer Verjährungsfrist von dreißig Jahren reduzierten Inhalt aufrechterhalten werden kann (zur Reduktion auf das zulässige Maß s. Rn 23). Das hängt von dem (hypothetischen) Parteiwillen ab. Kann **keine Reduktion** erfolgen, dann ist es im Regelfall treuwidrig (§ 242), wenn sich der Schuldner während des Zeitraums von dreißig Jahren ab gesetzlich vorgesehenem Verjährungsbeginn des Anspruchs auf den Verjährungseintritt beruft, obgleich die Parteien eine dreißig Jahre übersteigende Verjährungsfrist vereinbart haben und die Vereinbarung einer dreißigjährigen Verjährungsfrist wirksam gewesen wäre. **39**

In allen **anderen Fällen** als dem des Abs. 2 sind Verjährungserschwerungen jeder Art – vorbehaltlich der einschlägigen besonderen Vorschriften (Rn 61 ff) und der Inhaltskontrolle (Rn 47 ff) wirksam. **40**

Daher sind künftig im Rahmen des Abs. 2 verjährungserschwerende **Musterprozessvereinbarungen** möglich, wonach die Parteien vereinbaren, dass die Verjährung bis zum Abschluss des Musterprozesses gehemmt ist.[55] Diese Möglichkeit steht auch in allen anderen Fällen zur Verfügung, in denen die Parteien Zweifel haben, ob die Hemmung wegen des Vorliegens eines triftigen Grundes fortdauert.[56] **41**

Probleme ergeben sich bei Abreden, die einen zur Zeit der Vereinbarung noch unbestimmten, von einem **künftigen ungewissen Ereignis** abhängigen Verjährungsbeginn vorsehen. Es ist offen, ob bei ihrer Überprüfung an Abs. 2 auf den konkreten Eintritt des Verjährungsbeginnes zu warten ist oder über die Nichtigkeit aus der Sicht ex ante (im Zeitpunkt der Vereinbarung) geurteilt werden muss. Entsprechende Fragen stellen sich, wenn ein zwar bestimmter, aber nicht mit dem noch unbestimmten – weil zB von einem Schadenseintritt abhängigen (s. beispielsweise zu § 199 Abs. 1 Nr. 1 dort Rn 18 ff) gesetzlichen Verjährungsbeginn übereinstimmender Verjährungsbeginn verabredet wird. In beiden Fällen ist eine ex-ante-Beurteilung oftmals nicht möglich. Daher ist bei unbestimmtem Verjährungsbeginn für die Beurteilung, ob die Obergrenze des Abs. 2 von dreißig Jahren überschritten wird, auf die Sachlage abzustellen, die sich nach dem Eintritt des ungewissen Verjährungsbeginns ergibt. Es hat damit eine ex-post-Betrachtung zu erfolgen.[57] In den beiden genannten Konstellationen kann sich mithin erst lange Zeit nach dem Zeitpunkt der Vereinbarung die Nichtigkeit der Abrede nach §§ 202 Abs. 2, 134 herausstellen, sofern nicht außerhalb des Anwendungsbereichs der §§ 307 ff eine geltungserhaltende Reduktion erfolgen kann (s. zur Reduzierung auf das zulässige Maß Rn 23). Es ist in den genannten Situationen zu empfehlen, die Obergrenze des Abs. 2 in die Verjährungsabrede mit aufzunehmen. **42**

c) Verjährungsverzicht. Ein Verjährungsverzicht ist der Verzicht auf die Erhebung der Einrede der Verjährung. Der Verjährungsverzicht kann ausdrücklich oder auch **konkludent** erklärt werden; es gelten die allgemeinen Auslegungsregeln (§ 133).[58] So kann das Anerkenntnis einer verjährten Forderung, das nicht den Formerfordernissen des § 781 entspricht, als Verjährungsverzicht angesehen werden.[59] **43**

Wird der Verjährungsverzicht **nach Verjährungseintritt** erklärt, so war er schon bisher grundsätzlich wirksam.[60] Er ist auch nach neuem Recht im Rahmen des Abs. 2 wirksam.[61] Dabei braucht der Schuldner bei **44**

52 So auch Soergel/*Niedenführ*, § 202 Rn 12; MüKo/*Grothe*, § 202 Rn 11; Erman/*Schmidt-Räntsch*, § 202 Rn 10; Palandt/*Ellenberger*, § 202 Rn 9, der jedoch eine Vereinbarung dann als gültig ansieht, wenn die Parteien bei Vertragsschluss davon ausgehen können, dass die Obergrenze von 30 Jahren nicht überschritten wird. AA Staudinger/*Peters/Jacoby*, § 202 Rn 19: zeitliche Schranke gilt nur für die Verjährungsfrist als solche.

53 BT-Drucks. 14/6040, S. 110.

54 So auch MüKo/*Grothe*, § 202 Rn 11; Erman/*Schmidt-Räntsch*, § 202 Rn 11; Bamberger/Roth/*Henrich*, § 202 Rn 11. AA Staudinger/*Peters/Jacoby*, § 202 Rn 19, die stets § 139 anwenden wollen.

55 Vgl Soergel/*Niedenführ*, § 205 Rn 10; Staudinger/*Peters/Jacoby*, § 202 Rn 20 und § 203 Rn 13; *Lakkis*, AcP 203 (2003), 763, 765.

56 BT-Drucks. 14/6887, S. 45.

57 So auch *Lakkis*, AcP 203 (2003), 763, 768 f.

58 *Lakkis*, ZGS 2003, 423, 424 f.

59 BGH DB 1974, 2005; Soergel/*Niedenführ*, § 202 Rn 14; Palandt/*Ellenberger*, § 202 Rn 7.

60 BGH NJW 1973, 1690, 1691; VersR 2001, 1052, 1054; zu den Voraussetzungen OLGR Celle 2006, 122.

61 Vgl MüKo/*Grothe*, § 202 Rn 13; Erman/*Schmidt-Räntsch*, § 202 Rn 15; *Lakkis*, ZGS 2003, 423, 424.

Abgabe seiner Erklärung keine Kenntnis vom Ablauf der Verjährungsfrist zu haben oder dies zumindest für möglich zu halten,[62] da eine Erschwerung des Verjährungsablaufs nach Abs. 2 nunmehr möglich ist.[63]

45 Wurde der Verzicht **vor Verjährungseintritt** erklärt, so war er nach bisherigem Recht wegen § 225 S. 1 aF nichtig. Allerdings hatte der unwirksame Verzicht nach Treu und Glauben (§ 242) zur Folge, dass die Erhebung der Verjährungseinrede eine unzulässige Rechtsausübung darstellte, wenn und solange der Schuldner bei dem Gläubiger den Eindruck aufrechterhielt, er werde sich nicht auf den Verjährungseintritt berufen. Sobald er zu erkennen gab, sich nicht mehr an die (unwirksame) Abrede halten und die Verjährung einwenden zu wollen, musste der Gläubiger innerhalb angemessener Frist, regelmäßig eines Monats, Klage erheben, damit der Verjährungseinwand des Schuldners nicht durchgreifen konnte.[64] Nach neuem Recht ist er als eine Verjährungserschwerung in den hier aufgezeigten Grenzen (s. Rn 37 ff, 40 ff) wirksam. Der Schuldner braucht den Zeitpunkt des Verjährungseintritts hierbei nicht zu kennen.[65]

46 Wurde ein Verjährungsverzicht wirksam erklärt, so hat dies **nicht die Unverjährbarkeit** des Anspruchs zur Folge (s. Rn 15). Welche Wirkung der Verzichtserklärung beizumessen ist, ist durch Auslegung zu klären.[66] Die Parteien können vereinbaren, dass eine neue Frist zu laufen beginnt. Insofern hat der Verjährungsverzicht dieselbe Wirkung wie ein Anerkenntnis nach § 212 Abs. 1 Nr. 1.[67] Ein mehrmaliger Verzicht ist dann nur in den Grenzen des Abs. 2 möglich (dazu Rn 37 ff).[68] Nach der Rechtsprechung des **BGH** ist jedoch ein ohne zeitliche Einschränkung ausgesprochener Verzicht auf die Einrede der Verjährung **regelmäßig dahin auszulegen**, dass er auf die dreißigjährige Maximalfrist des § 202 Abs. 2 begrenzt sein soll.[69]

47 **4. Inhaltskontrolle. a) Allgemeine Geschäftsbedingungen.** Einschlägig sind neben § 307 (s. Rn 55 ff) auch § 309 Nr. 8 Buchst. b) Doppelbuchst. ff) und ee) (s. Rn 48 ff) und § 309 Nr. 7 Buchst. a) und b) sowie § 309 Nr. 8 Buchst. a) (s. Rn 52 ff). Im Folgenden werden lediglich wenige Grundzüge skizziert; s. näher die Kommentierung der §§ 307, 309.

48 **aa) Zeitliche Grenzen des § 309 Nr. 8 Buchst. b) Doppelbuchst. ee) und ff).** Die Regelung des Doppelbuchst. ff) (s. bereits Rn 31 ff) sieht vor, dass auch außerhalb von Verbrauchsgüterkaufverträgen (§ 475 Abs. 2) für die Verjährung von Ansprüchen wegen der Mängel neu hergestellter Sachen im Kauf- und Werkvertragsrecht eine **einjährige Mindestverjährungsfrist** einzuhalten ist. Dies gilt allerdings nicht für die fünfjährige Verjährungsfrist für Bau- und Baustoffmängel gem. §§ 438 Abs. 1 Nr. 2, 634 a Abs. 1 Nr. 2, die wie bisher durch Allgemeine Geschäftsbedingungen nicht geändert werden kann. Unterliegt der Vertrag als Ganzes der VOB/B, so gelten auch die Verjährungsregeln der VOB/B.[70] Der Geltungsbereich der in § 309 Nr. 8 Buchst. b) Doppelbuchst. ff) festgelegten einjährigen Mindestfrist beschränkt sich daher im Wesentlichen auf die Lieferung neu hergestellter Sachen außerhalb von Verbrauchsgüterkaufverträgen und außerhalb der Verwendung gegenüber einem Unternehmer (§ 310 Abs. 1). Beim Verkauf gebrauchter Sachen außerhalb von Verbrauchsgüterkäufen ist demgegenüber eine darüber hinausgehende Verkürzung der Verjährungsfrist ebenso wie sogar ein völliger Gewährleistungsausschluss grundsätzlich zulässig.[71] Insgesamt hat die Regelung im Vergleich zu ihrer Vorgängerregelung des Art. 11 Nr. 10 Buchst. f) AGBG aF infolge des vorrangigen zwingenden Rechts des Verbrauchsgüterkaufs einen Bedeutungsverlust erlitten.[72]

49 In den **sachlichen Anwendungsbereich** des § 309 Nr. 8 Buchst. b) **Doppelbuchst. ff)** fallen Mängelansprüche, die der Verjährung nach §§ 438, 634 a unterliegen, sofern sie aus Verträgen über die Lieferung neu hergestellter Sachen[73] und über Werkleistungen erwachsen. Der Begriff der Werkleistungen ist enger als derjenige der „Leistungen“[74] in § 11 Nr. 10 Buchst. f) AGBG aF. Das eingeschränkte Verbot der Verjährungsverkürzung bezieht sich – entsprechend dem bisher geltenden Recht – nicht nur auf die Gewährleistungsrechte (wie zB

62 So die frühere Rspr, vgl BGHZ 83, 382, 389; BGH NJW 1997, 516, 518 und OLG Düsseldorf GI 2004, 45 (noch zum alten Recht).

63 Erman/*Schmidt-Räntsch*, § 202 Rn 15; Palandt/*Ellenberger*, § 202 Rn 7 (allerdings nur bei ausdrücklich erklärtem Verzicht); aA Soergel/*Niedenführ*, § 202 Rn 14; Bamberger/Roth/*Henrich*, § 202 Rn 7 (immer Kenntnis erforderlich).

64 BGH NJW 1998, 902, 903; 1991, 974, 975; 1986, 1861. So auch für das neue Recht Staudinger/*Peters/Jacoby*, § 202 Rn 5 auf der Grundlage der freien Widerrufbarkeit eines einseitigen Verjährungsverzichts und ihm folgend *Lakkis*, ZGS 2003, 423, 426. Geht man aber richtigerweise von der bindenden Wirkung des Verzichts aus, so ist ein Rekurs auf § 242 unnötig; so auch MüKo/*Grothe*, § 202 Rn 13.

65 Erman/*Schmidt-Räntsch*, § 202 Rn 15.

66 BGH WM 2007, 2230.

67 OLG Brandenburg NJW-RR 2005, 871, 872; so auch noch Palandt/*Heinrichs*, 67. Aufl. 2008, § 202 Rn 7; heute aA Palandt/*Ellenberger*, § 202 Rn 7.

68 Bamberger/Roth/*Henrich*, § 202 Rn 5; Erman/*Schmidt-Räntsch*, § 202 Rn 15.

69 BGH WM 2007, 2230; ebenso OLG Karlsruhe ZIP 2008, 1343, 1345; LG Stendal FamRZ 2007, 585, 586; siehe auch *Lakkis*, ZGS 2003, 423, 426; MüKo/*Grothe*, § 202 Rn 13 sowie Palandt/*Ellenberger*, § 202 Rn 7.

70 Vgl hierzu *Kiesel*, NJW 2002, 2064.

71 Dazu und zum Vorstehenden BT-Drucks. 14/6040, S. 158 f; MüKo/*Kieninger*, § 309 Nr. 8 Rn 69–77.

72 Näher BT-Drucks. 14/6040, S. 157 f.

73 Dazu, welche Verträge dieses Kriterium erfüllen, s. etwa MüKo/*Kieninger*, § 309 Nr. 8 Rn 69–77.

74 Zum weiteren Begriff der Verträge über Leistungen s. MüKo/*Kieninger*, § 309 Nr. 8 Rn 69–77.

Minderung und Rücktritt), sondern auf alle Ansprüche aus vertraglichen Leistungsstörungen, die aus der Mangelhaftigkeit einer Sache oder Leistung hergeleitet werden. Sonstige Ansprüche wegen Verletzung einer vertraglichen Pflicht, die mit einem Mangel nicht in Zusammenhang stehen, werden vom neuen § 309 Nr. 8 Buchst. b) Doppelbuchst. ff) nicht erfasst. Das ergibt sich aus der Überschrift „Mängel".[75]

Auch nach § 309 zulässige Verjährungserleichterungen dürfen den Vertragspartner nicht unangemessen benachteiligen. Sie sind deshalb zusätzlich an **§ 307** zu messen. Dies gilt besonders bei einer Verkürzung der in § 438 Abs. 1 Nr. 1 bestimmten dreißigjährigen Verjährungsfrist für Ansprüche auf Nacherfüllung und Schadensersatz wegen eines Mangels, der in einem dinglichen Recht eines Dritten auf Herausgabe der Kaufsache besteht. In diesen Fällen dürfte die Verjährungsverkürzung auf die in § 309 Nr. 8 Buchst. b) Doppelbuchst. ff) genannte Mindestfrist regelmäßig unangemessen benachteiligend sein.[76] **50**

§ 309 Nr. 8 Buchst. b) **Doppelbuchst. ee)** sieht vor, dass eine Klausel, durch welche der Verwender dem anderen Vertragsteil für die Anzeige nicht offensichtlicher Mängel eine Ausschlussfrist setzt, die kürzer ist als die nach § 309 Nr. 8 Buchst. b) Doppelbuchst. ff) zulässige Frist, unwirksam ist. Diese Regelung entspricht der des bisherigen § 11 Nr. 10 Buchst. e) AGBG aF. Das Verbot gilt lediglich für Ausschlussfristen bei nicht offensichtlichen Mängeln. Daraus folgt, dass bei offensichtlichen Mängeln die Ausschlussfrist auch kürzer sein kann und eine derartige mittelbare Verkürzung der Verjährungsfrist nicht gegen § 309 Nr. 8 Buchst. b) Doppelbuchst. ff) verstößt.[77] Gleiches gilt auch nach neuem Recht. **51**

bb) Inhaltliche Grenze des § 309 Nr. 7, Nr. 8 Buchst. a) bei verschuldeten Pflichtverletzungen. Die Verkürzung der Verjährungsfristen wegen eines Gewährleistungsanspruchs in Allgemeinen Geschäftsbedingungen ist auch an den Klauselverboten des § 309 Nr. 7 Buchst. a) und b) sowie § 309 Nr. 8 Buchst. a) zu messen. Eine Verjährungsverkürzung auf ein Jahr ist danach unwirksam, soweit die in § 309 Nr. 7 genannten Ansprüche nicht ausdrücklich ausgenommen sind.[78] **52**

Für **vorsätzliche Pflichtverletzungen** des Verwenders gilt in beiden Fällen das Verbot des Haftungsausschlusses gem. § 276 Abs. 3. Für den Erfüllungsgehilfen gilt aber § 309 Nr. 7 und 8. Stets sind die in § 309 genannten engen Ausnahmen für Beförderungs-, Lotterie- und Ausspielverträge zu beachten. **53**

Die genannten Normen regeln die Unwirksamkeit von haftungsausschließenden oder -begrenzenden Klauseln in Allgemeinen Geschäftsbedingungen. Auch die Verkürzung von Verjährungsfristen und andere Formen der Verjährungserleichterung (Rn 16 ff) stellen eine **Haftungsbeschränkung** bzw **-begrenzung** dar.[79] Da der Schadensersatzanspruch wegen Mängeln der Kaufsache (§§ 437 Nr. 3, 440, 280, 281, 283, 311 a) jetzt auch verschuldensabhängig ist, hat sich insoweit eine Änderung zur bisherigen Rechtslage ergeben, die bei der Formulierung von Verjährungsabreden zu beachten ist. Die Verkürzung darf nicht für die in den § 309 Nr. 7 Buchst. a) u. b), Nr. 8 Buchst. a) geregelten Tatbestände gelten. **54**

cc) Generalklausel des § 307. Verjährungsabreden sind auch an der Generalklausel des § 307 zu messen. S. näher bereits – am Beispiel der Verjährungserleichterungen (Frage der Mindestverjährungsfrist) – Rn 20. Formularmäßig vereinbarte Verjährungserschwerungen sind unangemessen und damit gem. § 307 unwirksam, wenn der Verwender seinem Vertragspartner – etwa in Einkaufsbedingungen des Käufers – Verjährungsfristen von solcher Länge setzt, dass seinem Vertragspartner die Abwehr unbegründeter Ansprüche des Verwenders unzumutbar erschwert wird, weil er in Beweisnöte geraten kann und zudem auf übermäßig lange Zeit zu Rückstellungen gezwungen wird, um eventuelle Gewährleistungsansprüche erfüllen zu können.[80] **55**

Verjährungsabreden (Erschwerungen und Erleichterungen, zum Begriff s. Rn 13) sind als **angemessen** im Sinne des § 307 zu erachten, wenn die Veränderung der gesetzlichen Verjährungsordnung durch ein besonderes Interesse der durch die Abrede begünstigten Partei gerechtfertigt ist und dieses Interesse das der Gegenseite an der Geltung der gesetzlichen Regel übersteigt. Hier können produktspezifische Eigenheiten – wie zB Verjährungsverlängerungen bei komplizierten technischen Geräten oder Anlagen –, Eigenheiten des Waren- und Leistungsvertriebs und der jeweiligen Vertriebsstufe, Erfordernisse längerfristiger Lagerhaltung und der **56**

75 BT-Drucks. 14/6040, S. 159 ff.

76 BT-Drucks. 14/6040, S. 159 ff.

77 BT-Drucks. 14/6040, S. 159 ff; zum bisherigen Recht *Hensen*, in: Ulmer/Brandner/Hensen/Schmidt, § 11 Nr. 10 f AGBG Rn 80.

78 Vgl BGHZ 170, 30 in Bezug auf die Klausel „Die Gewährleistungsrechte des Käufers verjähren innerhalb von 12 Monaten nach Gefahrübergang"; dazu *Menges*, ZGS 2010, 457, 459.

79 BT-Drucks. 14/6040, S. 159; ebenso *Leenen*, JZ 2001, 552, 557; *Dauner-Lieb*, DStR 2001, 1572, 1576; MüKo/*Grothe*, § 202 Rn 10; zum bisherigen Recht s. BGHZ 38, 150, 155; OLG Düsseldorf NJW-RR 1995, 440. AA *Schimmel/Buhlmann*, ZGS 2002, 109, 114.

80 Vgl zum früheren Recht BGH NJW 1990, 2065, 2066: in Hinblick auf die damalige rechtspolitische Diskussion um die Reform des Verjährungsrechts und auf dem Hintergrund der damals geltenden – rechtspolitisch bereits erschütterten – Sechsmonatsfrist des § 477 aF erachtete der BGH Verjährungsfristen bis zu zwei Jahren ab Lieferung für "noch hinnehmbar". Nach neuem Recht dürfte aufgrund des Leitbilds in § 438 Abs. 1 Nr. 3 nun auch eine formularmäßige Verlängerung auf drei Jahre noch angemessen sein, vgl MüKo/*Grothe*, § 202 Rn 12.

Umstand eine Rolle spielen, dass etwa eine Warenüberprüfung vor dem Weiterverkauf nicht möglich ist und der Verwender erst durch Reklamationen seiner Kunden von Mängeln erfährt.[81]

57 Die formularmäßige Verlängerung der Verjährungsfrist für **Grundschuldzinsen** über die Frist des §§ 195, 199 hinaus ist **regelmäßig unangemessen** und daher unwirksam (§ 307). Sie widerspricht den berechtigten Interessen des Schuldners und der nachrangigen Gläubiger. Das gilt jedenfalls, wenn die Grundschuldzinsen – wie heute üblich – 15 % und mehr betragen. Denn dadurch verdoppelt sich der Sicherungsumfang der Grundschuld in weniger als sieben Jahren. Das unablässige Anschwellen des Sicherumfangs[82] widerspricht den Intentionen des Gesetzgebers, der durch § 197 aF und jetzt durch die Geltung der §§ 195, 199 ein übermäßiges Ansammeln von Zinsrückständen vermeiden will. Diese gesetzgeberische Wertung liegt auch § 197 Abs. 2 und § 216 Abs. 3 zugrunde. Auch führte das Anwachsen der Zinsbeträge zu dem aufgezeigten stetig wachsenden Sicherungsumfang der Grundschuld.[83] Das benachteiligte die nachrangigen Grundpfandgläubiger.

58 Aus den gleichen Gründen hat der Bundesgerichtshof[84] im Jahre 1999 unter Aufgabe seiner früheren Rechtsprechung entschieden, die Verjährung von Zinsen aus einer Sicherungsgrundschuld (**Grundschuldzinsen**) sei nicht in entsprechender Anwendung des Abs. 1 aF wegen des aus dem Sicherungsvertrag folgenden Rechts des Sicherungsgebers, bis zum Eintritt der Fälligkeit der gesicherten Forderung die Leistung aus der Grundschuld zu verweigern, bis zum Eintritt des Sicherungsfalls gehemmt. Daher verjährten Grundschuldzinsen nach bisherigem Recht in vier Jahren ab Fälligkeit (§ 197 aF). Nach neuem Recht verjähren sie in drei Jahren gem. §§ 195, 199 (s.o.). Der Gesetzgeber geht zu Recht davon aus, dass diese Rechtsprechung unter Geltung des neuen § 205, der an die Stelle des § 202 aF tritt, fortgesetzt werden kann.[85]

59 **dd) Keine geltungserhaltende Reduktion.** Sollten Verjährungsabreden wegen Verstoßes gegen die §§ 307 ff unwirksam sein, so ist – wie bisher[86] – keine geltungserhaltende Reduktion unwirksamer Vertragsklauseln auf einen noch zulässigen Regelungsgehalt vorzunehmen. Mit einer Änderung der Rechtsprechung ist nicht zu rechnen. Zudem wurde das **Transparenzgebot**, welches eine geltungserhaltende Reduktion deutlich erschwert, nun ausdrücklich in § 307 Abs. 1 S. 2 aufgenommen. Damit hat der Gesetzgeber zwar keine inhaltliche Stärkung, sondern lediglich eine Klarstellung des ohnehin von der Rechtsprechung stringent angewandten Transparenzgebots bezweckt.[87] Dennoch dürfte seine ausdrückliche Verankerung im Gesetz dem Gebot künftig größeres Gewicht zukommen lassen. Zu begrüßen wäre allerdings eine geltungserhaltende Reduktion während einer Übergangszeit, da die Vertragspraxis kaum vorhersehen kann, welche Klauselinhalte als zulässig angesehen werden.[88]

60 **b) Vereinbarungen außerhalb des Anwendungsbereichs der §§ 307 ff, insbesondere Individualvereinbarungen.** Wird eine Verjährungsabrede in einer Individualabrede getroffen oder in Allgemeinen Geschäftsbedingungen, für welche die §§ 307 ff nicht gelten, kann eine Inhaltskontrolle gem. § 242 erfolgen, s. bereits Rn 22. Beachte die Anwendung der §§ 307 ff auf Individualabreden mit Verbrauchern (§ 13) gem. § 310 Abs. 3.

III. Erleichterungen oder Erschwerungen der Verjährung nach besonderen Vorschriften

61 Eine Reihe von besonderen Vorschriften sehen Beschränkungen der vertraglichen Erleichterungen oder Erschwerungen der Verjährung vor.

62 **1. Verbrauchsgüterkauf: § 475 Abs. 2, 3.** S. näher bei § 475. Beim Verbrauchsgüterkauf (§ 474) kann gem. § 475 Abs. 2 die Verjährung der in § 437 bezeichneten Ansprüche vor Mitteilung eines Mangels an den Unternehmer nicht durch Rechtsgeschäft erleichtert werden, wenn die Vereinbarung zu einer Verjährungsfrist ab dem gesetzlichen Verjährungsbeginn von weniger als zwei Jahren, bei gebrauchten Sachen von weniger als

81 Zum Vorstehenden (auf der Grundlage des bisherigen Rechts) und mit zahlreichen weiterführenden Nachweisen BGH NJW 1990, 2065, 2066.

82 S. zur Interessenlage auf der Grundlage des bisherigen Rechts und nicht im Zusammenhang mit der Inhaltskontrolle, sondern in einem anderen, sogleich aufgezeigten Zusammenhang BGH NJW 1999, 3705, 3707.

83 In anderem Zusammenhang, s. sogleich, krit. gegen diese Argumentationslinien *Peters*, JZ 2001, 1017, 1018 f.

84 BGH NJW 1999, 3705, 3707; krit. zur Begründung *Peters*, JZ 2001, 1017, 1021, der selbst von einem Verstoß der gängigen, in der Praxis verwendeten Klauseln zur Regelung der Grundschuldzinsen gegen das Transparenzgebot und damit gegen § 9 AGBG aF (s. jetzt § 307 Abs. 1 S. 2) ausgeht.

85 BT-Drucks. 14/6040, S. 118; BT-Drucks. 14/6487, S. 9, 45. Krit. hierzu *Lakkis*, AcP 203 (2003), 763, 777–783.

86 St. Rspr, s. BGH NJW 1990, 2065, 2066; 2000, 1110, 1113; differenzierend Jauernig/*Stadler*, § 306 Rn 3, alle m. zahlr. Nachw.

87 BT-Drucks. 14/6040, S. 153; s. noch BT-Drucks. 14/7052, S. 188. Vgl auch MüKo/*Kieninger*, § 307 Rn 20.

88 Zust. *Lakkis*, AcP 203 (2003), 763, 775.

einem Jahr führt. Das gilt unbeschadet der §§ 307–309 nicht für den Ausschluss oder die Beschränkung des Anspruchs auf Schadensersatz.[89]

2. Rückgriff des Verkäufers: § 478 Abs. 4. S. näher bei §§ 478, 479. Bei dem Verbrauchsgüterkauf kann der Verkäufer einer Sache (Unternehmer), der von dem Käufer wegen der Mangelhaftigkeit der Kaufsache in Anspruch genommen wird, Rückgriffsansprüche nach §§ 437 und 478 Abs. 2 gegen seinen Lieferanten in der Lieferkette haben. § 479 trifft verjährungsrechtliche Regelungen dazu. Auf eine vor Mitteilung eines Mangels an den Lieferanten getroffene Vereinbarung, die zum Nachteil des Unternehmers von § 479 abweicht, kann sich der Lieferant gem. § 478 Abs. 4 nicht berufen, wenn dem Rückgriffsgläubiger kein gleichwertiger Ausgleich eingeräumt wird. Das gilt unbeschadet des § 307 nicht für den Ausschluss oder die Beschränkung des Anspruchs auf Schadensersatz. Diese Regeln finden auf die Ansprüche des Lieferanten und der übrigen Käufer in der Lieferkette gegen die jeweiligen Verkäufer entsprechende Anwendung, wenn die Schuldner Unternehmer sind (§ 478 Abs. 5). 63

3. Reisevertrag: § 651 m. S. näher bei § 651 m. § 651 g Abs. 2 regelt beim Reisevertrag die Verjährung von Ansprüchen des Reisenden bei Fehlern der Reise; dabei beträgt die Verjährungsfrist für Ansprüche des Reisenden nach den §§ 651 c–651 f zwei Jahre (bisher: sechs Monate) ab dem vertraglich vorgesehenen Ende der Reise.[90] § 651 m S. 2 bestimmt, dass die in § 651 g Abs. 2 geregelte Verjährung erleichtert werden kann. Eine verjährungserleichternde Abrede, die vor Mitteilung eines Mangels an den Reiseveranstalter getroffen wurde, ist aber nur wirksam, wenn die Vereinbarung zu einer Verjährungsfrist ab dem in § 651 g Abs. 2 S. 2 bestimmten Verjährungsbeginn von mehr als einem Jahr führt. Eine verjährungserleichternde Vereinbarung kann sowohl individualvertraglich als auch in Allgemeinen Geschäftsbedingungen erfolgen. Im letzteren Fall sind die Grenzen der §§ 307, 309 Nr. 7 und Nr. 8 Buchst. a) zu beachten. 64

4. Fracht-, Speditions-, Lagergeschäft: §§ 439 Abs. 4, 463, 475 a HGB. Nach § 439 Abs. 4 HGB kann die Verjährung eines Anspruchs aus einer Beförderung im Sinne der §§ 407 ff HGB nur durch eine Vereinbarung, die im Einzelnen ausgehandelt ist, auch wenn sie für eine Mehrzahl von gleichartigen Verträgen zwischen denselben Vertragsparteien getroffen ist, erleichtert oder erschwert werden. Diese Regelung gilt infolge der Verweisungen in den §§ 463, 475 a HGB auf § 439 HGB auch für die Verjährung von Ansprüchen aus einem Speditions- oder Lagergeschäft. § 439 Abs. 4 HGB wurde erstaunlicherweise[91] durch das SchuldRModG nicht an die durch § 202 erreichte Erweiterung der Vertragsfreiheit im Verjährungsrecht angepasst. § 439 Abs. 4 HGB (ggf in Verbindung mit §§ 463, 475 a HGB) ist lex specialis zu § 202.[92] Daher sind Verjährungsabreden (Erleichterungen oder Erschwerungen der Verjährung) im Fracht-, Speditions- und Lagergeschäft nach dem HGB nur durch Individualvereinbarungen möglich, nicht aber durch Allgemeine Geschäftsbedingungen. 65

C. Weitere praktische Hinweise

Hatten die Parteien **unter Anwendung des bisherigen Rechts zulässige** mittelbare Verjährungserschwerungen verabredet, so sind sie auch nach neuem Recht grundsätzlich – im Rahmen der Inhaltskontrolle der Vertragsabreden und der im Einzelfall eingreifenden spezielleren Regelungen (Rn 61 ff) – wirksam. 66

Wurden mittelbare Verjährungsabreden nach bisherigem Recht getroffen, ist aber nach Art. 229 § 6 EGBGB das neue Verjährungsrecht auf die betroffenen Ansprüche anzuwenden (s. Art. 229 § 6 EGBGB Rn 56), so bleiben die unter Geltung des alten Rechts geschlossenen Vertragsabreden grundsätzlich wirksam. Sie sind weiterhin so auszulegen, dass sie den Zweck, den sie nach altem Recht verfolgten, auch nach neuem Recht erreichen.[93] 67

Dies kann dazu führen, dass **nach altem Recht unwirksame** Klauseln wie vertragliche Fristverlängerungen mit Wirkung zum 1.1.2002 geheilt wurden. Der umgekehrte Zusammenhang gilt jedoch nicht: Unter der Geltung des alten Rechts zulässige vertragliche Verjährungserleichterungen bei Haftung wegen Vorsatzes sind nun nicht automatisch unwirksam; insoweit gilt Vertrauensschutz (s. ausführlich bei Art. 229 § 6 EGBGB Rn 50 ff). 68

Zu Vorschlägen für eine **formularmäßige Regelung** des Verjährungsneubeginns bei Durchführung einer mangelverursachten Nachlieferung im Kaufrecht s. *Menges*, ZGS 2010, 457, 462 f. 69

89 Für die Zulässigkeit einer geltungserhaltenden Reduktion bei § 475 Abs. 3 *Deckenbrock/Dötsch*, ZGS 2004, 62.
90 Zur Reform krit. *Isermann*, Reiserecht 2001, 135 ff.
91 *Harms*, TranspR 2001, 294, 297.
92 Ebenso: *Harms*, TranspR 2001, 294, 297.
93 AA *Lakkis*, AcP 203 (2003), 763, 783, die Art. 229 § 5 EGBGB anwenden will. S. gegen diesen Ansatz Art. 229 § 6 EGBGB Rn 50.

Titel 2 Hemmung, Ablaufhemmung und Neubeginn der Verjährung

Vorbemerkungen zu §§ 203–213

A. Zweck der Hemmungs-, Ablaufhemmungs- und Neubeginntatbestände

1 Die §§ 203–213 regeln die Hemmung, die Ablaufhemmung und den Neubeginn (bis zum 31.12.2001: Unterbrechung) der Verjährung. Der Gesetzgeber nennt als Zweck der Vorschriften die folgenden Überlegungen: „Es gibt Ereignisse, die den Ablauf einer Verjährungsfrist beeinflussen müssen. Dies ist dann der Fall, wenn der Schuldner durch sein eigenes Verhalten zu erkennen gibt, dass er den Anspruch als bestehend ansieht und nicht bestreiten will. Die Verjährung darf auch dann nicht weiterlaufen, wenn der Gläubiger aus anerkennenswerten Gründen gehindert ist, den Anspruch geltend zu machen. Schließlich muss sichergestellt werden, dass ein Anspruch nicht verjährt, nachdem der Gläubiger angemessene und unmissverständliche Schritte zur Durchsetzung des Anspruchs ergriffen hat. Das geltende Recht berücksichtigt dies in Fällen dieser Art entweder durch eine Hemmung (die Nichteinrechnung bestimmter Zeiten in die Verjährungsfrist: bisherige §§ 202–205) und ihren Unterfall der Ablaufhemmung (die Verjährungsfrist läuft frühestens eine bestimmte Zeit nach Wegfall von Gründen ab, die der Geltendmachung des Anspruchs entgegenstehen: bisherige §§ 206, 207) oder durch eine Unterbrechung der Verjährung (ein Neubeginn der Verjährung: bisherige §§ 208–217). Diese gesetzliche Systematik soll beibehalten werden. Gegen sie werden, soweit ersichtlich, keine grundsätzlichen Bedenken erhoben; sie findet sich in ähnlicher Form in anderen verwandten Rechtsordnungen".[1]

B. Gesetzgeberische Grundlinien

I. Hemmung vor Unterbrechung

2 Die **Verjährungshemmung** besitzt seit dem Inkrafttreten des SchuldRModG am 1.1.2002 wesentlich **größere Bedeutung**, als dies vor der Schuldrechtsreform der Fall war, denn zahlreiche altrechtliche Tatbestände der Unterbrechung wegen Rechtsverfolgung (zB Klageerhebung, Zustellung eines Mahnbescheides; vgl § 209 aF) sind in Hemmungstatbestände des § 204 umgewandelt worden. Dadurch wird der **Praxis größere Fristensorgfalt** abverlangt als in einem System des Verjährungsneubeginns, bei dem die volle Frist nach dem Eintritt des verjährungsrelevanten Ereignisses neu zu laufen beginnt. Bei der Hemmung wird die Zeit, in welcher die Verjährung gehemmt ist, nicht in die Verjährungsfrist mit eingerechnet (§ 209). Endet die Hemmung, dann läuft die Verjährung (lediglich) mit der vor der Hemmung noch offenen Restfrist weiter.

3 Das allgemeine Verjährungsrecht in der vor dem 1.1.2002 geltenden Fassung kannte Hemmungstatbestände in den §§ 202–205 aF. Im geltenden Recht regeln jetzt vor allem die §§ 203–208 die Hemmungsgründe. Es sind eine ganze Reihe **neuer Hemmungstatbestände** hinzugetreten bzw alte Hemmungsgründe erweitert worden. So hemmen jetzt auch über den Anwendungsbereich der aufgehobenen §§ 639 Abs. 2, 651 g Abs. 2 S. 3 und 852 Abs. 2 aF hinaus allgemein **Verhandlungen** über einen Anspruch oder die den Anspruch begründenden Umstände die Verjährung (§ 203). Als verallgemeinerungsfähiger Rechtsgedanke[2] hat zudem die Regelung des § 477 Abs. 2 aF (Hemmung durch Beantragung des **selbstständigen Beweisverfahrens**) in generalisierender Form Eingang gefunden in § 204 Abs. 1 Nr. 7. Den Verfahren vor „sonstigen", die Streitbeilegung betreibenden **Gütestellen** iSd § 15 a Abs. 3 EGZPO wird nunmehr ebenso Hemmungswirkung zuerkannt wie den Verfahren vor den von der Landesjustizverwaltung eingerichteten oder anerkannten Gütestellen (§ 204 Abs. 1 Nr. 4). Unter altem Recht hatten nur Letztere zu einer Unterbrechung der Verjährung geführt (vgl § 209 Abs. 2 Nr. 1 a aF). Ebenfalls ausgedehnt wurde § 207. Die Vorschrift regelt die **Hemmung aus familiären Gründen** und gilt jetzt auch für Lebenspartner nach dem LebenspartnerG; darüber hinaus hat sie zusätzliche Erweiterungen erfahren. Durch das ErbVerjÄndG[3] wurde die Regelung mit Wirkung zum 1.1.2010 erneut geändert. § 207 Abs. 1 S. 2 Nr. 2 b) erfasst nunmehr ausdrücklich auch die Ansprüche zwischen dem Kind und dem Lebenspartner des Vaters oder der Mutter; zudem dauert die Verjährungshemmung in § 207 Abs. 1 S. 2 Nr. 2 jetzt über das Erreichen der Volljährigkeit hinaus bis zur Vollendung des 21. Lebensjahres des Kindes an.

1 BT-Drucks. 14/6040, S. 111.
2 Vgl BT-Drucks. 14/6040, S. 91.
3 BGBl 2009 I S. 3142.

Durch das SchuldRModG neu in den Katalog der Hemmungsgründe aufgenommen wurde beispielsweise die Hemmung durch Zustellung des Antrags in Verfahren des **einstweiligen Rechtsschutzes** (§ 204 Abs. 1 Nr. 9) oder durch Veranlassung der Bekanntgabe des erstmaligen Antrags auf Prozesskostenhilfe (§ 204 Abs. 1 Nr. 14).[4] Gleiches gilt für die Hemmung wegen Verletzung der **sexuellen Selbstbestimmung** (§ 208).

Erweitert und zT ergänzt wurden auch die Tatbestände der **Ablaufhemmung**, eines Unterfalls der Hemmung. 4
Bei der Ablaufhemmung läuft die Verjährungsfrist entweder frühestens eine bestimmte Zeit nach dem Wegfall von Gründen ab, die der Geltendmachung des Anspruchs entgegenstehen (zB § 210), oder aber nicht vor einem bestimmten Zeitpunkt (zB §§ 438 Abs. 3 S. 2, 634 a Abs. 3 S. 2). Das bisherige Recht kannte Ablaufhemmungen in den §§ 206 und 207 aF, die in das neue Recht zT erweitert in den §§ 210, 211 übernommen wurden. Andere Vorschriften der Ablaufhemmung, wie etwa § 2031 Abs. 1 S. 2, gelten unverändert fort. Hinzugekommen sind neue Ablaufhemmungen im Gewährleistungsrecht (vgl §§ 438 Abs. 3 S. 2, 479 Abs. 2, 634 a Abs. 3 S. 2).

Erheblich reduziert wurden die Tatbestände des **Verjährungsneubeginns** (früher: Verjährungsunterbrechung). 5
Im Falle eines Neubeginns wird die einschlägige Verjährung in dem Moment der Tatbestandserfüllung erneut in Lauf gesetzt, so dass zu der bereits teilweise abgelaufenen Verjährungsfrist zusätzlich ab dem Neubeginn nochmals die gesamte Verjährungsfrist aufaddiert wird.[5] In den §§ 203–213 ist der Neubeginn der Verjährung nur noch in zwei Fällen vorgesehen. Es sind dies der Neubeginn wegen eines **Anerkenntnisses** des Anspruchs durch den Schuldner (§ 212 Abs. 1 Nr. 1) und wegen der Beantragung einer gerichtlichen oder behördlichen **Vollstreckungshandlung** oder infolge deren Vornahme (§ 212 Abs. 1 Nr. 2).

II. Anwendbarkeit und zeitliche Obergrenze

Die Verjährung eines Anspruchs kann sowohl nacheinander mehrmals gehemmt oder unterbrochen (Neubeginn) als auch gleichzeitig gehemmt und dem Neubeginn unterworfen sein (vgl auch § 203 Rn 38; § 209 Rn 9; § 210 Rn 20; § 211 Rn 12; § 212 Rn 40 ff).[6] Wird bei einer (zB nach § 203 oder § 204) gehemmten Verjährung der Neubeginn durch § 212 angeordnet, dann beginnt die Verjährungsfrist erst mit Beendigung der Hemmung erneut von Anfang an zu laufen.[7] Das SchuldRModG hat hier im Grundsatz nichts geändert. 6

Der Anwendungsbereich der Tatbestände der Hemmung und des Neubeginns wird durch § 213 bei **alternativer** oder **elektiver Anspruchskonkurrenz** (etwa im Gewährleistungsrecht) erweitert. Eine sondergesetzliche Ausdehnung des Anwendungsbereichs erfahren die Normen der §§ 203 ff zudem durch § 159 Abs. 4 HGB und § 115 Abs. 2 S. 4 VVG. 7

Für die **Ersitzung** erklärt § 939 die §§ 203 f, 205–207 und 210 f für entsprechend anwendbar. 8

Ausgeschlossen werden die Hemmung und der Neubeginn für geringfügige Ansprüche in § 5 Abs. 3 S. 4 GKG, § 17 Abs. 3 S. 3 KostO, § 8 Abs. 3 S. 4 GvKostG und in § 2 Abs. 4 S. 2 JVEG iVm § 5 Abs. 3 S. 4 GKG. Zum Ausschluss der Hemmung und des Neubeginns aus anderen Gründen s. § 759 Abs. 3 S. 2 HGB (näher § 212 Rn 9). 9

Das BGB sieht – anders etwa als Art. 14:307 der Principles of European Contract Law (PECL, *Lando*-Principles; zu ihnen s. Vor §§ 194–218 Rn 20 ff)[8] – keine allgemein geltende **Höchstdauer** der Hemmung bzw der Ablaufhemmung vor. Es regelt eine Höchstdauer nur vereinzelt für spezielle Tatbestände; so kennt etwa § 479 Abs. 2 S. 2 eine fünfjährige Höchstdauer der Ablaufhemmung des § 479 Abs. 2 S. 1 und § 497 Abs. 3 S. 3 eine Hemmung von längstens zehn Jahren bei Ansprüchen auf Darlehensrückerstattung und Zinszahlung beim Verbraucherdarlehen. Art. 14:307 PECL sieht demgegenüber eine Höchstdauer der Hemmung und Ablaufhemmung vor, die allein für eine Hemmung infolge gerichtlicher und anderer Verfahren der Rechtsverfolgung (vergleichbar einigen der Hemmungsgründe des § 204 Abs. 1) nicht gilt. Sie soll im Regelfall zehn Jahre und nur bei Ansprüchen wegen der Verletzung persönlicher Rechtsgüter dreißig Jahre betragen.[9] 10

4 § 204 Abs. 1 Nr. 14 wurde durch das FGG-Reformgesetz (BGBl. 2008 I S. 2586) mit Wirkung vom 1.9.2009 auch auf den erstmaligen Antrag auf Gewährung von Verfahrenskostenhilfe ausgeweitet.

5 *Mansel/Budzikiewicz*, Das neue Verjährungsrecht, 2002, § 7 Rn 3; Staudinger/*Peters/Jacoby*, Vor §§ 203 ff Rn 2.

6 BGH NJW 1999, 2961; 1990, 826.

7 Zum Verhältnis von Hemmung und Neubeginn (Unterbrechung) und umgekehrt s. BGHZ 109, 220, 223; BGH NJW 1995, 3380, 3381; ferner BGH NJW-RR 1988, 730, 731.

8 In deutscher Sprache veröffentlicht in ZEuP 2003, 895 ff; Art. 14:307 PECL entspricht Art. 17:111 PECL der vorherigen Fassung, abgedruckt in ZEuP 2001, 400, 401.

9 Über diese Aufspaltung und darüber, ob nicht generell eine dreißigjährige Höchstdauer der Hemmung und Ablaufhemmung sachgerecht wäre – so die hier vertretene Ansicht –, kann man streiten.

C. Hemmung, Ablaufhemmung und Neubeginn außerhalb der §§ 203–213

11 Außerhalb der §§ 203–213 besteht eine Vielzahl spezieller Tatbestände der Hemmung und der Ablaufhemmung, vereinzelt auch des Neubeginns des **bisherigen Rechts** fort.[10] Aufgehoben wurden §§ 639 Abs. 2, 651 g Abs. 2 S. 3 und 852 Abs. 2 aF (s. § 203 Rn 6, 35, 40). Das SchuldRModG hat zudem insbesondere durch die Umwandlung von Unterbrechungs- in Hemmungsgründe (vgl Rn 2 f) eine Reihe **neuer Hemmungsgründe** geschaffen. Zu nennen sind beispielsweise § 10 Abs. 2 GKG aF, § 17 Abs. 2 KostO aF, § 17 Abs. 2 GvKostG aF, § 15 Abs. 4 ZSEG, § 19 Abs. 6 BRAGO, § 82 Abs. 3 S. 3 SachenrechtsbereinigungsG, § 27 a Abs. 9 UWG, § 14 Abs. 7 UrhWahrnehmungsG. Einige dieser Regelungen wurden zwischenzeitlich durch das **KostRMoG** v. 5.5.2004[11] mit Wirkung zum 1.7.2004 erneut geändert (vgl § 5 Abs. 2 S. 3, Abs. 3 S. 2 und 4 GKG; § 17 Abs. 2 S. 3, Abs. 3 S. 2 und 3 KostO; § 8 Abs. 2 S. 3, Abs. 3 S. 2 und 4 GvKostG; § 2 Abs. 3 S. 3 und Abs. 4 S. 2 JVEG iVm § 5 Abs. 3 S. 2 GKG, § 8 Abs. 2 RVG). Weitere Neuerungen (auch) im Bereich der Hemmung und des Neubeginns sind durch das **Gesetz zur Anpassung von Verjährungsvorschriften an das Gesetz zur Modernisierung des Schuldrechts**[12] eingefügt worden (vgl § 203 Rn 2 [Fn 3], § 206 Rn 5, § 210 Rn 2).

12 In das BGB neu aufgenommen wurden die Hemmungsvorschriften des § 497 Abs. 3 S. 3 (Darlehen)[13] und des § 771 S. 2 (Bürgschaft). § 497 Abs. 3 S. 3 regelt die Hemmung der Verjährung der **Darlehensrückerstattungsansprüche** und der **Zinsansprüche** im Falle des Verzugs des Darlehensnehmers.[14] § 497 gilt allerdings nur für Verbraucherdarlehensverträge – er übernimmt die Regelung des früheren § 11 VerbrKrG. Erhebt der **Bürge** die **Einrede der Vorausklage**, so ist gem. § 771 S. 2 die Verjährung des Anspruchs des Gläubigers gegen den Bürgen gehemmt, bis der Gläubiger eine Zwangsvollstreckung gegen den Hauptschuldner ohne Erfolg versucht hat (näher Kommentierung zu § 771). Allerdings wird die Bedeutung der Vorschrift dadurch eingeschränkt, dass in der Praxis überwiegend selbstschuldnerische Bürgschaften vereinbart werden, für welche die Einrede des § 771 gerade nicht gilt (§ 773 Abs. 1 Nr. 1). Hier hat der Gläubiger die Verjährungshemmung des Bürgschaftsanspruchs durch Maßnahmen nach den §§ 203 ff, insbesondere nach § 204 selbst herbeizuführen.[15]

D. Übergangsrecht

13 Art. 229 § 6 Abs. 1 und 2 EGBGB regeln das Übergangsrecht (s. die dortige Kommentierung).

§ 203 Hemmung der Verjährung bei Verhandlungen

¹Schweben zwischen dem Schuldner und dem Gläubiger Verhandlungen über den Anspruch oder die den Anspruch begründenden Umstände, so ist die Verjährung gehemmt, bis der eine oder der andere Teil die Fortsetzung der Verhandlungen verweigert. ²Die Verjährung tritt frühestens drei Monate nach dem Ende der Hemmung ein.

Literatur: *Arnold*, Verjährung und Nacherfüllung, in: FS Eggert, 2008, S. 41; *Dingler*, Hemmt die Verhandlung gemäß § 203 Satz 1 BGB die Verjährung der Hauptschuld auch gegenüber dem Bürgen?, BauR 2008, 1379; *Eidenmüller*, Die Auswirkung der Einleitung eines ADR-Verfahrens auf die Verjährung, SchiedsVZ 2003, 163; *Fischinger*, Zur Hemmung der Verjährung durch Verhandlungen nach § 203 BGB, VersR 2005, 1641; *ders.*, Sind die §§ 203 ff. BGB auf die Höchstfristen des § 199 Abs. 2-4 BGB anwendbar?, VersR 2006, 1475; *Grothe*, Einwirkungen auf den Verjährungslauf: Hemmung, Ablaufhemmung und Neubeginn, in: Remien (Hrsg.), Verjährungsrecht in Europa, 2011, S. 270; *Jänig*, Das Einschlafen von Verhandlungen im Regelungszusammenhang des § 203 BGB, ZGS 2009, 350; *Klose*, Der Lauf der Verjährung bei Mediation und sonstigen außergerichtlichen Streitlösungsmodellen, NJ 2010, 100; *Mankowski/Höpker*, Die Hemmung der Verjährung bei Verhandlungen gem. § 203 BGB, MDR 2004, 721; *Oppenborn*, Verhandlungen und Verjährung, 2008; *Wagner*, Grundstrukturen eines deutschen Mediationsgesetzes, RabelsZ 74 (2010) 794; *ders.*, Die Verjährung gewährleistungsrechtlicher Rechtsbehelfe nach dem neuen Schuldrecht, ZIP 2002, 789; *ders.*, Das neue Verjährungsrecht, ZKM 2002, 103; *Weyer*, § 639 II BGB a.F. durch § 203 BGB n.F. ersetzt, nicht ersatzlos weggefallen, NZBau 2002, 366.

10 S. den Überblick bei Soergel/*Niedenführ*, Vor § 203 Rn 5, 9; Staudinger/*Peters/Jacoby*, Vor §§ 203 ff Rn 3 f.
11 BGBl. I S. 718.
12 S. BT-Drucks. 15/3653 idF v. 15/4060; das Gesetz ist am 15.12.2004 in Kraft getreten; ausf. zum VerjAnpG *Thiessen*, ZHR 168 (2004), 503 ff; *Mansel/Budzikiewicz*, NJW 2005, 321 ff.
13 Vgl hierzu auch *Budzikiewicz*, WM 2003, 264, 272 f.
14 S. dazu BGH WM 2011, 973.
15 Vgl hierzu auch *Siegmann/Polt*, WM 2004, 766 ff.

A. Allgemeines

I. Grundlagen

1. Normgeschichte und Normzweck. Die Hemmungsregelung des § 203 wurde durch das SchuldRModG neu in das BGB eingefügt. Verhandlungen über einen Anspruch kommt seitdem allgemein Hemmungswirkung zu. Die Vorschrift statuiert neben § 204 Abs. 1 die praktisch wichtigste Möglichkeit, den Lauf der Verjährungsfrist auszusetzen (zur Hemmungswirkung s. § 209).[1] Vor Inkrafttreten der Vorschrift am 1.1.2002 war ein Hemmungstatbestand des Verhandelns im BGB lediglich in einzelnen Sondervorschriften des Werkvertrags-, des Reise- und Deliktsrechts vorgesehen (vgl §§ 639 Abs. 2, 651 g Abs. 2 S. 3, 852 Abs. 2 aF): Bis zum 31.12.2001 führte gem. **§ 639 Abs. 2 aF** bei werkvertraglichen Gewährleistungsansprüchen die Prüfung des vom Besteller gerügten Werkmangels durch den Unternehmer ebenso wie dessen Versuch einer Beseitigung des Mangels zur Hemmung der Verjährung bis zu dem Zeitpunkt, zu dem der Unternehmer das Ergebnis seiner Prüfung mitteilte oder aber den Mangel für beseitigt erklärte bzw die Fortsetzung der Beseitigung verweigerte. Die Vorschrift wurde im Kaufrecht entsprechend herangezogen, wenn dort vertraglich ein Anspruch auf Nachbesserung vereinbart worden sein sollte.[2] 1

Nach **§ 651 g Abs. 2 S. 3** aF war die Verjährung der von einem Reisenden geltend gemachten Gewährleistungsansprüche gehemmt, solange der Reiseveranstalter diese nicht schriftlich zurückgewiesen hatte. Verhandelten die Parteien eines deliktischen Anspruchs über den zu leistenden Schadensersatz, war gem. **§ 852 Abs. 2** aF die Verjährung gehemmt, bis einer die Fortsetzung der Verhandlungen verweigerte. Der BGH entnahm der letztgenannten Regelung den allgemeinen Rechtsgedanken, es dürfe dem zum Schadensersatz Verpflichteten nicht zum Vorteil gereichen, dass der Berechtigte sich auf Verhandlungen eingelassen und daher keine Maßnahmen gegen die drohende Verjährung des in Rede stehenden Anspruchs ergriffen habe.[3] 2

Diesen auf **Treu und Glauben** (§ 242) gestützten Gedanken hat der Gesetzgeber in § 203 verallgemeinert[4] und **auf sämtliche Ansprüche ausgedehnt**, deren Verjährung sich jedenfalls im Hinblick auf eine mögliche Hemmung, ausschließlich oder ergänzend, nach den Vorschriften des BGB richtet (näher Rn 10 ff).[5] Den Parteien soll unabhängig von der Art des Anspruchs die Möglichkeit eröffnet werden, über den Anspruch oder die diesen begründenden Umstände zu verhandeln, ohne dass der drohende Ablauf der Verjährungsfrist den Gläubiger dazu zwingt, gerichtliche Schritte iSd § 204 Abs. 1 gegen den Schuldner einzuleiten und damit ggf eine außergerichtliche Einigung zu gefährden.[6] Die Regelung kommt Berechtigtem und Verpflichtetem glei- 3

1 Vgl *Kniffka/Koeble*, Kompendium des Baurechts, 3. Aufl. 2008, Teil 6, Rn 79; *Schimmel*, JA 2002, 977, 982.

2 BGHZ 39, 287, 292; BGH NJW 1997, 727, 728.

3 BGHZ 93, 64, 69 (Hemmung nach § 852 Abs. 2 aF erfasst auch konkurrierende vertragliche Ansprüche sowie Ansprüche aus § 558 aF). Einschränkend allerdings wieder BGHZ 123, 394, 396 f, wonach der Regelung des § 852 Abs. 2 aF kein im Verjährungsrecht allg. zu beachtender Rechtsgedanke zugrunde liegt, insb. eine Übertragung auf das Transportrecht nicht möglich ist; ebenso BGH NJW 1999, 1101, 1102 (Verjährung des Zugewinnausgleichsanspruchs nach § 1378 Abs. 4 S. 1); BGH NJW 1996, 1895, 1897; OLG Düsseldorf OLGR 2002, 332, 336; OLG Düsseldorf, Urt. v. 9.12.2003–23 U 179/02, Rn 31 (keine Hemmung analog §§ 639 Abs. 2, 852 Abs. 2 aF bei Ersatzansprüchen nach § 68 StBerG); BGH NJW 1990, 326, 327; OLG Hamm NJW-RR 1999, 935, 936 (Ersatzansprüche nach § 51 b BRAO). Diese Rspr ist nach Einführung des § 203 jedoch obsolet; vgl Erman/*Schmidt-Räntsch*, § 203 Rn 3; Bamberger/Roth/*Spindler*, § 203 Rn 2. – § 68 StBerG ist zudem durch Art. 16 des Gesetzes zur Anpassung von Verjährungsvorschriften an das Gesetz zur Modernisierung des Schuldrechts (BT-Drucks. 15/3653 idF 15/4060) mit Wirkung zum 15.12.2004 aufgehoben und Schadensersatzansprüche des Auftraggebers gegen den Steuerberater der regelmäßigen Verjährung nach dem BGB unterstellt worden. Gleiches gilt für Schadensersatzansprüche des Mandanten gegen den Rechtsanwalt nach § 51 b BRAO (s. Art. 4 VerjAnpG).

4 S. BT-Drucks. 14/6040, S. 112; BT-Drucks. 14/7052, S. 180.

5 Vgl Palandt/*Ellenberger*, § 203 Rn 1; Soergel/*Niedenführ*, § 203 Rn 3; Erman/*Schmidt-Räntsch*, § 203 Rn 1, 3.

6 BT-Drucks. 14/6040, S. 111.

chermaßen entgegen. Lässt sich der vermeintliche Schuldner auf Verhandlungen ein, bewahrt die Hemmung den scheinbaren Gläubiger vor den Kosten und Risiken, die mit einer Verjährungshemmung durch Rechtsverfolgung verbunden sind. Gleiches gilt für den Schuldner, sollte sich herausstellen, dass dieser tatsächlich ganz oder teilweise aus den vom Gläubiger geltend gemachten Ansprüchen verpflichtet ist. Darüber hinaus eröffnen Verhandlungen für den Schuldner die Möglichkeit, ggf einen gegenüber der Gesetzeslage günstigeren Vergleich auszuhandeln.[7]

4 Die **Förderung der gütlichen Streitbeilegung** durch die verjährungsrechtliche Protektion von Verhandlungen ist erwünschter Zweck des § 203.[8] Ebenso wie die Verjährbarkeit von Ansprüchen als solche auch der Prozessökonomie dient (vgl Vor §§ 194–218 Rn 35),[9] soll die Hemmungsregelung des § 203 neben dem Schutz des Gläubigers vor einem Rechtsverlust zugleich dazu beitragen, die Gerichte vor einer übermäßigen und im Ergebnis unnötigen Belastung zu bewahren.[10] Um dem Gläubiger nach dem Ende der erfolglos oder nicht zu seiner Zufriedenheit verlaufenen Verhandlungen ausreichend Zeit zu geben, den Eintritt der Verjährung ggf durch Maßnahmen der Rechtsverfolgung zu verhindern, sieht § 203 S. 2 eine besondere **Ablaufhemmung** vor. Die Verjährung tritt danach frühestens drei Monate nach dem Ende der Verhandlungen ein (näher Rn 52).

5 **2. Richtlinienkonforme Auslegung.** § 203 dient zusammen mit § 204 Abs. 1 Nr. 1, 11 auch der Umsetzung von **Art. 8 Mediations-Richtlinie,**[11] die bis zum 21.5.2011 erfolgen musste. Im deutschen Recht konnte der Gesetzgeber auf eine spezielle Umsetzung der Vorschrift verzichten, weil das BGB bereits den durch sie aufgestellten Anforderungen entspricht (s. näher Vor §§ 194–218 Rn 18).[12] Sofern Parteien versuchen, eine Streitigkeit im Wege der Mediation beizulegen, ist im Falle seiner Anwendung § 203 konform zu Art. 8 der Richtlinie auszulegen.[13]

II. Sonderregelungen

6 Aufgrund der Einfügung des allgemeinen Hemmungstatbestandes der Verhandlungen in § 203 wurden die **Sonderregelungen** der §§ 639 Abs. 2, 651 g Abs. 2 S. 3 und 852 Abs. 2 aF **aufgehoben** (vgl dazu auch Rn 35 ff, 40, 56 ff).[14] Der Gesetzgeber ging (im Ergebnis allerdings zT irrig, vgl Rn 40) davon aus, dass ihr Anwendungsbereich von § 203 abgedeckt wird. Da die Hemmungsregelung des § 203 auf dem Rechtsgedanken vor allem der §§ 639 Abs. 2 und 852 Abs. 2 aF beruht, kann für die **Auslegung** der Norm jedoch partiell auf die Ergebnisse in Rechtsprechung und Lehre zu diesen Vorschriften zurückgegriffen werden.[15]

7 Weiterhin gültig ist der **außerhalb des BGB** geregelte, dem aufgehobenen § 651 g Abs. 2 S. 3 aF vergleichbare Hemmungstatbestand des § 439 Abs. 3 HGB für Frachtgeschäfte sowie iVm §§ 463 und 475 a HGB für Speditions- und Lagergeschäfte. Ansprüche gegen den Frachtführer etc. sind danach durch eine schriftliche Erklärung[16] des Absenders oder Empfängers, mit der dieser Ersatzansprüche erhebt, bis zu dem Zeitpunkt gehemmt, in dem der Frachtführer (bzw der aus dem Speditions- oder Lagergeschäft Verpflichtete) die Erfüllung des Anspruchs schriftlich ablehnt. Eine ähnliche Regelung findet sich in § 12 Abs. 3 S. 3 PflVG und in §§ 15, 115 Abs. 2 S. 3 und 4 VVG. Die Anmeldung des Anspruchs bei dem Entschädigungsfonds führt hier zur Verjährungshemmung bis zum Eingang der schriftlichen Entscheidung des Entschädigungsfonds bzw. wenn die Schiedsstelle angerufen wurde, des Einigungsvorschlags der Schiedsstelle (§ 12 Abs. 3 PflVG). Die Anmeldung des Anspruchs bei dem Versicherer hemmt die Verjährung bis zu dem Zeitpunkt, zu dem die Entscheidung des Versicherers dem Anspruchsteller in Textform zugeht (§§ 15, 115 Abs. 2 S. 3 VVG). Gleichfalls Hemmungswirkung hat nach § 32 Abs. 2 CMR die schriftliche Reklamation aus einem Beförderungsvertrag im internationalen Straßengüterverkehr gegenüber dem Frachtführer sowie nach Art. 58 § 3 CIM die Einreichung einer Reklamation aus einem Frachtvertrag bei der Eisenbahn. Zu dem Verhältnis der genannten Regelungen zu § 203 s. Rn 53 ff.

7 *Mankowski/Höpker*, MDR 2004, 721.
8 BT-Drucks. 14/6040, S. 111.
9 S. auch *Mansel/Budzikiewicz*, Das neue Verjährungsrecht, 2002, § 1 Rn 43 ff.
10 *Mankowski/Höpker*, MDR 2004, 721, 722.
11 Richtlinie 2008/52/EG über bestimmte Aspekte der Mediation in Zivil- und Handelssachen v. 21.5.2008, ABl. EG L 136 S. 3.
12 *Grothe*, S. 271, 276 f; *Wagner*, RabelsZ 74 (2010) 794, 799 mwN.
13 Zur richtlinienkonformen Auslegung s. *Gebauer*, in: Gebauer/Wiemann, Zivilrecht unter europäischem Einfluss, 2. Aufl. 2010, Kap. 4 Rn 17 ff.
14 Vgl BT-Drucks. 14/6040, S. 267, 269, 270.
15 *Mansel*, NJW 2002, 89, 98; Soergel/*Niedenführ*, § 203 Rn 4, 5; Staudinger/*Peters/Jacoby*, § 203 Rn 4; *Wagner*, ZIP 2002, 789, 794; ferner MüKo/*Grothe*, § 203 Rn 4; *Schwenker*, EWiR 2002, 331, 332; Bamberger/Roth/*Spindler*, § 203 Rn 1; *Weyer*, NZBau 2002, 366, 368 f: Die zu § 852 Abs. 2 aF entwickelten Grundsätze sind auf § 203 grds. übertragbar.
16 Einfache Textform iSd § 126 b genügt nicht, OLG München, Urt. v. 23.7.2008 – 7 U 2446/08, Rn 10 ff (Email nicht ausreichend); LG Hamburg, Urt. v. 12.2.2009 – 409 O 90/08, Rn 38 f (Telefax nicht ausreichend).

III. Einwand des Rechtsmissbrauchs, § 242

Vor Inkrafttreten des SchuldRModG wurden in der Rechtsprechung Ausweichlösungen entwickelt, die dem Schuldner unter bestimmten Umständen die Berufung auf den Eintritt der Verjährung als treuwidrig (§ 242) verwehrten.[17] So sah sich der Schuldner dem Einwand des Rechtsmissbrauchs u.a. dann ausgesetzt, wenn der Gläubiger durch Verhandlungen mit dem Verpflichteten – oder dessen Versicherung – davon abgehalten worden war, rechtzeitig Klage zu erheben.[18] Diese Rechtsprechung ist mit Einfügung des § 203 insoweit überholt, als **Verhandlungen über den Anspruch** nunmehr zu einer Verjährungshemmung führen.[19] Ein Rückgriff auf § 242 ist hier durch die speziellere Regelung der Problematik in § 203 nicht mehr notwendig und damit auch nicht mehr zulässig.[20] Ebenfalls obsolet ist die unter altem Recht übliche Berufung auf § 242 in solchen Fällen, in denen der Schuldner vor dem Verjährungseintritt darauf verzichtet hat, die Einrede der Verjährung zu erheben. Bislang als rechtsmissbräuchlich bewertet, ist der Verstoß gegen einen **Verjährungsverzicht** jetzt als Zuwiderhandlung gegen eine iRd § 202 zulässige Verjährungsvereinbarung zu behandeln (s. hierzu im Einzelnen § 202 Rn 43, 45 f).[21] Außerhalb der von §§ 202 f erfassten Fälle kann dem Einwand des Rechtsmissbrauchs jedoch auch nach neuem Recht weiterhin Bedeutung zukommen (näher § 214 Rn 6; NK-BGB/*Krebs*, § 242). Zu der Frage einer möglichen Heilung des unter altem Recht nach § 225 S. 1 aF nichtigen Verzichts auf die Verjährungseinrede durch Statutenwechsel am 1.1.2002 s. Art. 229 § 6 EGBGB Rn 56. Zur **intertemporalen Anwendbarkeit** des § 203 s. Rn 56 ff. 8

IV. Grundregeln des Europäischen Vertragsrechts, DCFR

§ 203 entspricht nur teilweise den Grundregeln des Europäischen Vertragsrechts. Zwar statuiert auch Art. 14:304 der Principles of European Contract Law (PECL, *Lando*-Principles; zu ihnen Vor §§ 194–218 Rn 20 ff)[22] im Fall von Verhandlungen der Parteien eine **Ablaufhemmung**. Anders als in § 203 ist das Ende der Hemmungswirkung nach Art. 14:304 PECL jedoch nicht an die Verweigerung einer Fortsetzung der Verhandlungen geknüpft, sondern an die letzte Erklärung im Rahmen der Verhandlungen. Zudem ist die Mindestfrist bis zum Eintritt der Verjährung deutlich länger als in § 203 S. 2. Nach Art. 14:304 PECL tritt Verjährung nicht vor dem Ablauf eines Jahres nach der letzten Erklärung der Parteien ein.[23] 9

B. Regelungsgehalt

I. Anwendungsbereich

§ 203 findet auf alle verjährbaren Ansprüche Anwendung, sofern diese zumindest in Bezug auf die Frage der Hemmung vollständig oder ergänzend den Regelungen des allgemeinen Verjährungsrechts in §§ 203 ff unterfallen.[24] Unmittelbar erfasst sind danach zunächst **alle im BGB geregelten Ansprüche**, unabhängig davon, ob diese auf Rechtsgeschäft oder Gesetz (zB c.i.c. bzw § 311 Abs. 2, GoA, Delikt oder ungerechtfertigter Bereicherung) beruhen, schuld-, sachen-, familien- oder erbrechtlicher Natur sind (vgl § 194 Rn 8),[25] der Regelverjährung unterfallen oder nach einer speziellen Frist verjähren[26] (zB §§ 196, 197, 438, 479, 548, 634 a, 1057 oder 2332). Bedeutung zukommen kann der Regelung des § 203 darüber hinaus aber auch bei **sondergesetzlich geregelten Ansprüchen**. Grundsätzlich unproblematisch ist dies der Fall, sofern hinsichtlich der Verjährung ausdrücklich auf die §§ 194 ff verwiesen wird (s. die Beispiele bei § 195 Rn 27). Zu beachten ist dabei allerdings, dass die Anwendung der Hemmungsvorschriften (und damit auch des § 203) zT 10

17 S. den Überblick bei Palandt/*Heinrichs*, 60. Aufl. 2001, Vor § 194 Rn 10 ff.

18 Zu diesem Einwand s. BGHZ 93, 64, 66; BGH NJW 1999, 1101, 1104; Palandt/*Heinrichs*, 60. Aufl. 2001, Vor § 194 Rn 12; s. ferner BGH VersR 1971, 439 f; VersR 1977, 617, 619 für einen Anspruch aus Verletzung des Anwaltsvertrages.

19 Palandt/*Ellenberger*, Vor § 194 Rn 16; Jauernig/*Jauernig*, § 194 Rn 8, §§ 214–217 Rn 2; *Mansel*, NJW 2002, 89, 98; *Mansel/Budzikiewicz*, Das neue Verjährungsrecht, 2002, § 8 Rn 13; vgl auch MüKo/*Grothe*, Vor § 194 Rn 16, § 203 Rn 3.

20 Palandt/*Ellenberger*, Vor § 194 Rn 16.

21 Verzichtet der Schuldner auf die Erhebung der Verjährungseinrede vor Verjährungseintritt, kann die Abrede neben § 202 Abs. 2 uU auch die Voraussetzungen des § 203 S. 1 erfüllen und damit zu einer Hemmung führen. Insofern ist die zu § 852 Abs. 2 aF ergangene Rspr übertragbar, nach der ein Einredeverzicht zugleich als Verhandeln iSd § 852 Abs. 2 aF bewertet werden konnte, wenn der Verpflichtete den Eindruck erweckte, er lasse sich auf Diskussionen über die Berechtigung des Anspruchs ein; vgl BGH NJW 2004, 1654 f (Einredeverzicht durch den Haftpflichtversicherer).

22 In deutscher Sprache veröffentlicht in ZEuP 2003, 895 ff. Art. 14:304 PECL entspricht Art. 17:108 PECL der vorherigen Fassung, abgedruckt in ZEuP 2001, 400, 401.

23 Krit. hinsichtlich der kurzen Frist in § 203 S. 2 *Leenen*, DStR 2002, 34, 41.

24 Vgl BGH NJW-RR 2007, 1358, 1359; LG Karlsruhe, Urt. v. 15.6.2007 – 3 O 393/06, , Rn 30; Palandt/*Ellenberger*, § 203 Rn 1; Soergel/*Niedenführ*, § 203 Rn 3; Erman/*Schmidt-Räntsch*, § 203 Rn 1, 3.

25 Erman/*Schmidt-Räntsch*, § 203 Rn 3.

26 Staudinger/*Peters/Jacoby*, § 203 Rn 5.

für geringfügige Ansprüche eingeschränkt ist (vgl § 5 Abs. 3 S. 4 GKG, § 17 Abs. 3 S. 3 KostO, § 8 Abs. 3 S. 4 GvKostG, § 2 Abs. 4 S. 2 JVEG iVm § 5 Abs. 3 S. 4 GKG: Bei Beträgen unter 25 EUR wird die Verjährung nicht gehemmt.). Vollständig ausgeschlossen wird die Anwendung der allgemeinen Hemmungstatbestände in § 759 Abs. 3 S. 2 HGB.[27] Fehlt es bei außerhalb des BGB geregelten Ansprüchen sowohl an einer dem § 203 vorgehenden speziellen Hemmungsregelung als auch an einer ausdrücklichen Bezugnahme auf die §§ 203 ff, werden Letztere im Rahmen der Lückenfüllung regelmäßig entsprechend herangezogen (s. hierzu auch § 195 Rn 28). Die Analogie schließt dann § 203 mit ein.[28]

11 Die Anwendbarkeit des § 203 ist nicht auf zivilrechtliche Ansprüche beschränkt. Soweit die Vorschriften des allgemeinen Verjährungsrechts auch auf **öffentlich-rechtliche Ansprüche** erstreckt werden – sei es infolge ausdrücklicher Verweisung (vgl § 62 S. 2 VwVfG),[29] sei es durch richterrechtlich legitimierte Analogie (vgl § 194 Rn 19 ff) – kommt im Falle von Verhandlungen der Hemmungstatbestand des § 203 gleichfalls zum Tragen.[30]

12 Über § 939 Abs. 1 erstreckt sich die Wirkung des § 203 auch auf die **Ersitzung**. Ist der Herausgabeanspruch gegen den Eigenbesitzer oder den sein Besitzrecht von diesem ableitenden Besitzmittler durch Verhandlungen gem. § 203 gehemmt, wird zugleich das Ende der Ersitzungszeit (§ 937 Abs. 1) entsprechend hinausgeschoben.

13 Außerhalb ausdrücklicher Verweisungen ist bei der Übertragung des § 203 auf gesetzliche oder vereinbarte **Ausschlussfristen** Zurückhaltung geboten. Grundsätzlich findet die Regelung keine analoge Anwendung auf Ausschluss- oder sonstige Fristen.[31] Sollte die Berufung auf eine (von § 203 nicht erfasste) Ausschlussfrist in Widerspruch zu dem bisherigen Verhalten des von der Fristenregelung Begünstigten stehen, kann dessen Verhalten allerdings als treuwidrig anzusehen sein (vgl Rn 8). Die Berufung auf die Ausschlussfristregelung wäre in diesem Fall gem. **§ 242** unbeachtlich.[32]

II. Verhandlungen über den Anspruch (S. 1)

14 **1. Gegenstand der Verhandlungen.** § 203 hemmt die Verjährung, wenn zwischen Gläubiger und Schuldner Verhandlungen über den Anspruch oder die den Anspruch begründenden Umstände schweben. Der **Umfang der Hemmungswirkung** richtet sich dabei nach dem von den Parteien bestimmten Gegenstand der Verhandlungen. Fehlt es an einer ausdrücklichen Bestimmung der Ansprüche oder Anspruchsteile, die von der Hemmung erfasst sein sollen, ist durch **Auslegung** der Verhandlungserklärungen zu ermitteln, welche Ansprüche der Verhandlungsgegenstand einbeziehen soll.[33] Im Zweifel sind alle Ansprüche Gegenstand der Verhandlung, die aus dem Lebenssachverhalt, über den diskutiert wird, erwachsen und die auf dasselbe oder ein vergleichbares Gläubigerinteresse gerichtet sind, über dessen Befriedigung durch den Schuldner verhandelt wird.[34] Missverständlich ist in diesem Zusammenhang die Formulierung von *Peters/Jacoby*, nach der von der Hemmungswirkung des § 203 *alle Rechte* erfasst werden, die sich aus dem Lebenssachverhalt herleiten, dh auch Rücktritts- und Minderungsrechte.[35] Tatsächlich hat die Hemmung jedoch nur indirekt Auswirkungen auf diese Gestaltungsrechte. Soweit in § 218 die Durchsetzbarkeit des Rücktritts- bzw (iVm §§ 438 Abs. 5,

27 Der pauschale Verweis in der Lit., § 203 fände uneingeschränkt auf alle Ansprüche Anwendung (so Bamberger/Roth/*Spindler*, § 203 Rn 2), ist daher zu weitgehend.

28 Vgl auch BGH NJW-RR 2007, 1358, 1359 f; OLG Koblenz NJW 2006, 3150, 3152; LG Karlsruhe, Urt. v. 15.6.2007 – 3 O 393/06, Rn 30.

29 S. zu der Annahme einer dynamischen Verweisung in § 62 VwVfG auf die neuen Verjährungsregelungen des BGB auch *Guckelberger*, Die Verjährung im Öffentlichen Recht, 2004, S. 617 f. Soweit die dem § 62 S. 2 VwVfG entsprechenden Regelungen der Landesgesetze auf die Vorschriften des BGB verweisen, hält *Guckelberger* diese allerdings für verfassungswidrig und votiert für die Fortgeltung der §§ 194 ff aF; *Guckelberger*, ebd, S. 634 f.

30 Palandt/*Ellenberger*, § 203 Rn 1; *Stumpf*, NVwZ 2003, 1198, 1201 f; Staudinger/*Peters/Jacoby*, § 203 Rn 22. Kritisch hinsichtlich einer pauschalen Übernahme des § 203 in das Verwaltungsrecht, vor allem in den Bereichen der klassischen Hoheitsverwaltung, *Guckelberger*, Die Verjährung im Öffentlichen Recht, 2004, S. 600.

31 Vgl KG Berlin v. 3.5.2006 – 25 U 11/05, Rn 20 ff (keine analoge Anwendung des § 203 auf die Ausschlussfrist des Art. 237 § 2 Abs. 2 und 4 EGBGB). Str. ist die Anwendbarkeit des § 203 auf tarifliche Ausschlussfristen; *dafür: Fromm*, ZTR 2003, 70, 72; vgl ferner KR/*Friedrich*, Gemeinschaftskommentar zum KSchG, 9. Aufl. 2009, § 4 KSchG Rn 46, der tarifliche ebenso wie gesetzliche Ausschlussfristen behandeln möchte; *gegen* die analoge Anwendung des § 203 auf tarifliche Ausschlussfristen: LAG Chemnitz v. 14.7.2003 – 3 Sa 814/02, Rn 29; *Krause*, RdA 2004, 106, 110, 116 (es fehlt ein allg. Grundsatz des Inhalts, dass die §§ 203 ff auf tarifliche Ausschlussfristen übertragen werden können).

32 Vgl LAG München v. 23.10.2008 – 3 Sa 513/08, Rn 30.

33 OLG Frankfurt NVwZ-RR 2007, 242, 244; Palandt/*Ellenberger*, § 203 Rn 3; *Krämer*, ZAP 2004, 117, 118; Erman/*Schmidt-Räntsch*, § 203 Rn 7.

34 AnwK-SchuldR/*Mansel*, § 203 Rn 3; ebenso OLG Frankfurt NVwZ-RR 2007, 242, 244; Urt. v. 25.8.2006 – 19 U 54/06, Rn 55; MüKo/*Grothe*, § 203 Rn 7; Palandt/*Ellenberger*, § 203 Rn 3; Erman/*Schmidt-Räntsch*, § 203 Rn 7.

35 Staudinger/*Peters/Jacoby*, § 203 Rn 15.

634 a Abs. 5) des Minderungsrechts von der Verjährung des Leistungs- oder Nacherfüllungsanspruchs abhängt, führen Verhandlungen der Parteien lediglich zu einer Hemmung der Verjährung Letzterer. Wird dadurch der Eintritt der Verjährung hinausgezögert, kann der Schuldner die Einrede des § 218 Abs. 1 S. 1 nicht vor Ablauf der gehemmten Verjährungsfrist erheben. Streitig ist, ob auch die durch den Rücktritt begründeten Ansprüche nur innerhalb der Frist geltend gemacht werden können, die für den (Nach-)Erfüllungsanspruch maßgebend ist, oder ob die Ansprüche aus Rücktritt der Regelverjährung nach §§ 195, 199 unterliegen.[36]

Die Gesetzesbegründung geht zu Recht davon aus, dass bei Verhandlungen über einen vertraglichen Anspruch in der Regel auch möglicherweise **konkurrierend oder alternativ gegebene Ansprüche** aus Delikt oder absolutem Recht Gegenstand der Verhandlungen sind.[37] Unter dem Begriff des Anspruchs in § 203 ist nicht die einzelne materiellrechtliche Anspruchsgrundlage, sondern das aus dem Lebenssachverhalt hergeleitete Begehren auf Befriedigung eines Interesses zu verstehen.[38] Sollten die Parteien den Sachverhalt irrtümlich unter eine falsche Anspruchsgrundlage subsumiert haben, ist dies unbeachtlich; gehemmt ist in diesem Fall der tatsächlich gegebene Anspruch.[39] Das Begehren braucht weder besonders konkretisiert noch beziffert zu sein, wie aus der Formulierung "oder die den Anspruch begründenden Umstände" folgt.[40] Unschädlich ist daher, wenn im Zeitpunkt der Verhandlungen noch nicht alle Schadensteile benannt werden können.[41] Die Hemmungswirkung tritt auch für künftige Schädigungsfolgen ein – vorausgesetzt, die Verjährung ist hinsichtlich dieser überhaupt schon angelaufen (vgl in diesem Zusammenhang den von der Rechtsprechung entwickelten Grundsatz der Schadenseinheit; § 199 Rn 25 f). Letztlich wird hier eine **parallele Wertung zu § 199 Abs. 1** gezogen werden können. Sind die Voraussetzungen erfüllt, die § 199 Abs. 1 Nr. 1 an die Entstehung eines Anspruchs knüpft (vgl § 199 Rn 15 ff) und haben Gläubiger und Schuldner Kenntnis von den den Anspruch begründenden Umständen (§ 199 Abs. 1 Nr. 2; vgl § 199 Rn 40 ff), ist die Verjährung – unabhängig davon, ob sich diese nach §§ 195, 199 oder nach einer Sonderregelung richtet – in dem Umfang gehemmt, in dem der Anspruch iSd § 199 Abs. 1 Nr. 1 entstanden ist. **15**

Haben die Parteien ausnahmsweise nur über einen **abtrennbaren Teil** des streitigen Anspruchs verhandelt (zB nur über die Höhe des Schmerzensgeldes, nicht aber über den Anspruch auf Ersatz der Behandlungskosten oder auf Rentenansprüche wegen Erwerbsminderung), ist die Hemmungswirkung auf diesen beschränkt; im Übrigen läuft die Frist weiter. Als Ausnahme zu der prinzipiell umfassenden Hemmung aller Einzelansprüche ist eine derartige Beschränkung allerdings nur dann anzunehmen, wenn der dahin gehende Wille des Schuldners eindeutig zu belegen ist.[42] Keine Einschränkung der Hemmungswirkung liegt grds. vor, wenn Versicherer und Geschädigter Regulierungsverhandlungen führen; hier ist auch der Anspruch gegen den versicherten Schädiger, auf den sich die Hemmungswirkung qua lege erstreckt (vgl § 115 Abs. 2 S. 4 VVG) in vollem Umfang, nicht nur bis zur Höhe der Deckungssumme gehemmt.[43] **16**

Ist der Verjährungsverlauf für Ansprüche gegen verschiedene Schuldner nicht ausnahmsweise aneinander gekoppelt (zB nach § 115 Abs. 2 S. 4 VVG,[44] § 129 Abs. 1 HGB),[45] gilt für die Verjährung bei einer Gesamtschuld der **Grundsatz der Einzelwirkung** (§ 425). Die Hemmung gem. § 203 kommt daher nur für den **17**

36 So BGH NJW 2007, 674, 677; vgl zum Problem ausf. *Mansel/Budzikiewicz*, Jura 2003, 1, 9.

37 S. BT-Drucks. 14/6040, S. 112; ebenso Jauernig/*Jauernig*, § 203 Rn 2. Vgl hierzu auch die alte Rspr zu § 852 Abs. 2 aF, nach der im Fall des Verhandelns über deliktische Ansprüche auch die Verjährung konkurrierender vertraglicher Schadensersatzansprüche gehemmt wurde; so BGHZ 93, 64, 69; BGH NJW 1998, 1142.

38 S. BT-Drucks. 14/6040, S. 112.

39 Vgl Erman/*Schmidt-Räntsch*, § 203 Rn 7.

40 S. BT-Drucks. 14/6040, S. 112.

41 Staudinger/*Peters/Jacoby*, § 203 Rn 14.

42 Bejaht von BGH NJW 1998, 1142 (zu § 852 Abs. 2 aF): Beschränkung der Verhandlungen zwischen Schädiger und Geschädigtem auf den Teil des Schadens, für den keine Deckung von der Versicherung erlangt wird; abgelehnt von BGH VersR 1985, 1141, 1142 (zu § 3 Nr. 3 S. 3 PflVG): Anmeldung des Schadens bei der Versicherung ist grds. nicht auf einzelne Ansprüche beschränkt; OLG Rostock OLG-NL 2001, 172, 173: fehlende Angabe des Schädigers im Betreff der Korrespondenz zwischen Haftpflichtversicherung des Arbeitgebers des Schädigers und Krankenversicherung des Geschädigten führt nicht zu einer Beschränkung der Hemmungswirkung.

43 Vgl BGHZ 83, 162, 166 ff (dort zu § 3 Nr. 3 S. 4 PflVG).

44 Vgl BGHZ 83, 162, 166 ff; BGH VersR 1985, 1141, 1142; Palandt/*Ellenberger*, § 203 Rn 3; Bamberger/Roth/*Spindler*, § 203 Rn 6: Verhandlungen des Geschädigten mit dem Kfz-Pflichtversicherer hemmen auch die Ansprüche gegen den Versicherungsnehmer; s. auch OLG Rostock OLG-NL 2001, 172, 173 (zu § 852 Abs. 2 aF): Verhandlungen der Krankenversicherung einer in einem Alten- und Pflegeheim untergebrachten und dort durch eine Angestellte verletzten Patientin mit der Haftpflichtversicherung des Heimträgers hemmen auch die Ansprüche gegen die Angestellte.

45 Staudinger/*Peters/Jacoby*, § 203 Rn 6.

Schuldner zum Tragen, der die Verhandlungen führt.[46] Ebenfalls nur singuläre Konsequenzen haben die Verhandlungen zwischen Berechtigtem und Verpflichtetem im Fall der Gesamtgläubigerschaft (§ 428) sowie in den von § 432 erfassten Fällen (vgl §§ 429 Abs. 3 S. 1, 432 Abs. 2).[47] Die Verhandlung hemmt hier nur die Verjährung des Anspruchs des agierenden Gläubigers.

18 Kommt es bei einer durch **Bürgschaft** gesicherten Forderung nach § 203 zur Hemmung der Verjährung des Anspruchs gegen den Hauptschuldner, hat dies keine Auswirkungen auf den Lauf der Verjährungsfrist gegen den Bürgen. Die Ansprüche verjähren unabhängig voneinander. Konsequenzen hat die Hemmung im Verhältnis Gläubiger und Hauptschuldner für den Bürgen allerdings insoweit, als dieser die Einrede der Verjährung der Hauptschuld (§ 768 Abs. 1 S. 1) erst nach dem Ablauf der gem. § 203 gehemmten Frist geltend machen kann (s. § 209 Rn 6).

19 Zur Anwendbarkeit des § 213 auf die (Ablauf-)Hemmung nach § 203 s. § 213 Rn 6.

20 **2. Begriff der Verhandlungen. a) Allgemeines.** Die zur Verjährungshemmung führenden Verhandlungen müssen zwischen dem Schuldner und dem Gläubiger oder ihren Vertretern[48] schweben.[49] Verhandeln die Parteien nicht selber, sondern treten Dritte bei den Verhandlungen auf, ist die Verjährung nur dann nach § 203 S. 1 gehemmt, wenn der Dritte **Verhandlungsvollmacht** besitzt.[50]

21 Der Terminus der „schwebenden Verhandlungen" entspricht dem des § 852 Abs. 2 aF; er ist **weit zu verstehen.**[51] Auf das Fallmaterial zur Auslegung des Begriffs im Rahmen des § 852 Abs. 2 aF kann bei der Auslegung des § 203 zurückgegriffen werden.[52]

22 Für die Annahme schwebender Verhandlungen iSd § 203 S. 1 genügt **jeder Meinungsaustausch** über den Anspruch oder die ihn begründenden Umstände, sofern der Schuldner nicht sofort und eindeutig jede Anspruchserfüllung ablehnt.[53] Verhandlungen schweben schon dann, wenn der Schuldner Erklärungen abgibt, die dem Gläubiger die Annahme gestatten, der Schuldner lasse sich auf Erörterungen über die Berechtigung des Anspruchs ein.[54] Nicht erforderlich ist, dass dabei Vergleichsbereitschaft oder die Bereitschaft zum Entgegenkommen signalisiert wird, oder dass die Verhandlungen Aussicht auf Erfolg haben.[55] Verhandelt werden kann **auch mündlich**; eine besondere Form der Verhandlungsakte ist nicht vorgeschrieben.[56] Selbst schlüssiges Handeln kann den Voraussetzungen des § 203 S. 1 genügen.[57] Voraussetzung für die Annahme von Verhandlungen ist allerdings, dass dem Schuldner jedenfalls im Kern bekannt ist, welchen Anspruch der Gläubiger geltend machen möchte.[58]

23 Wird zuerst der **Ersatz eindeutig abgelehnt**, aber zu einem späteren Zeitpunkt dann doch mit Verhandlungen begonnen, so ist für den Beginn der Hemmungswirkung nach § 203 S. 1 der (spätere) Zeitpunkt des tatsäch-

46 OLG Koblenz ZIP 2007, 2021 f (Verhandlungen eines Darlehensnehmers hemmen nicht den Anspruch gegen den anderen Darlehensnehmer); OLG Oldenburg VersR 2007, 1277, 1278 (Verhandlungen mit dem Krankenhausträger hemmen grundsätzlich nicht die Ansprüche gegen den behandelnden Arzt); MüKo/*Grothe*, § 203 Rn 7; PWW/*Kesseler*, § 203 Rn 2; *Mansel/Budzikiewicz*, Das neue Verjährungsrecht, 2002, § 3 Rn 49; Staudinger/*Peters/Jacoby*, § 203 Rn 6; Bamberger/Roth/*Spindler*, § 203 Rn 6.

47 Staudinger/*Peters/Jacoby*, § 203 Rn 6.

48 Vgl hierzu Staudinger/*Peters/Jacoby*, § 203 Rn 9; Erman/*Schmidt-Räntsch*, § 203 Rn 8.

49 LG Nürnberg-Fürth, Urt. v. 28.8.2008- 4 O 3675/07, JURIS Rn 32.

50 OLG Düsseldorf ZGS 2011, 41, 47; LG Nürnberg-Fürth, Urt. v. 28.8.2008 – 4 O 3675/07, Rn 32. S. auch OLG Düsseldorf NZBau 2010, 177, 180 (der Haftpflichtversicherer verhandelt mit Wirkung für den Schädiger, wenn er auf Grund einer Regulierungsvollmacht [zB nach § 5 Nr. 7 AHB] eine unbeschränkte Verhandlungsvollmacht besitzt).

51 BGHZ 182, 76, 80 (Rn 16); BGH NJW 2007, 587; NJW-RR 2005, 1044, 1046; OLG Dresden VersR 2011, 895 f m. zust. Anm.*Luckey*; OLG Köln v. 18.12.2008 – 19 U 44/08, Rn 28; LG Düsseldorf NZBau 2009, 657, 659; OLG München ZIP 2005, 656, 657; Palandt/*Ellenberger*, § 203 Rn 2; *Mankowski/Höpker*, MDR 2004, 721, 722; Soergel/*Niedenführ*, § 203 Rn 4; Erman/*Schmidt-Räntsch*, § 203 Rn 5; Bamberger/Roth/*Spindler*, § 203 Rn 4.

52 BGH NJW 2007, 587; LG Düsseldorf NZBau 2009, 657, 659; Soergel/*Niedenführ*, § 203 Rn 4; *Weyer*, NZBau 2002, 366, 368.

53 BGH NJW-RR 2011, 98, 99; BGHZ 182, 76, 80 (Rn 16); BGH NJW 2007, 587; NJW 2007, 64, 65; NJW-RR 2005, 1044, 1046; NJW 2004, 1654; 2001, 885, 886; NJW-RR 2001, 1168, 1169; VersR 2001, 1167; NJW 1998, 730 u. 2819; NJW-RR 1991, 475.

54 BGH, Urt. v. 3.2.2011 – IX ZR 105/10, BeckRS 2011, 04819 (Rn 14); BGHZ 182, 76, 80 (Rn 16); NJW-RR 2007, 1358 (Rn 32); NJW 2007, 587 (Rn 10). NJW-RR 2001, 1168, 1169.

55 BGHZ 182, 76, 80 f (Rn 16); BGH NJW 2007, 587; NJW 2007, 64, 65; NJW 2004, 1654 f; NJW-RR 2001, 1168, 1169; VersR 2001, 1167; NJW 2001, 885 u. 1723; OLG Düsseldorf, Beschl. v. 23.7.2009 – -24 U 109/08, Rn 5; Palandt/*Ellenberger*, § 203 Rn 2; *Mankowski/Höpker*, MDR 2004, 721, 722; Bamberger/Roth/*Spindler*, § 203 Rn 4.

56 *Mankowski/Höpker*, MDR 2004, 721, 722; *Krämer*, ZAP 2004, 117, 118; Staudinger/*Peters/Jacoby*, § 203 Rn 10.

57 Staudinger/*Peters/Jacoby*, § 203 Rn 10.

58 OLG München ZIP 2005, 656; OLG Düsseldorf, Urt. v. 15.8.2006 – 21 U 143/05, Rn 19.

lichen Verhandlungsbeginns entscheidend.[59] Gleiches gilt, wenn bereits **beendete Verhandlungen** nach einiger Zeit **erneut geführt** werden; in diesem Fall wird die nach dem Ende der ersten Verhandlungen fortlaufende Verjährungsfrist mit der Aufnahme der neuen Verhandlungen ex nunc ein zweites Mal gehemmt.[60]

Einzelfälle: Ein ausreichendes Verhandeln – nicht eine Ablehnung der Anspruchserfüllung – liegt beispielsweise vor, wenn der Schuldner erklärt, er sei zur **Aufklärung des** von dem Gläubiger angesprochenen **Sachverhalts** bereit, doch setze das voraus, dass der Gläubiger den dem Anspruch zugrunde liegenden Sachverhalt im Detail schildere und belege; erst dann seien sachdienliche Auskünfte des Schuldners möglich. Pauschale Vorwürfe würden zurückgewiesen.[61] Dementsprechend zieht bereits die **Vereinbarung eines Termins zur sachlichen Erörterung** die Hemmung der Verjährung nach sich.[62] Gleiches gilt, wenn der In-Anspruch-Genommene erkennen lässt, er werde die **Berechtigung des geltend gemachten Anspruchs** zumindest **prüfen**.[63] Die Bereitschaft des Schuldners, seinen Standpunkt, der Anspruch sei verjährt, in einer **Sammelbesprechung** zu erläutern, kann die Voraussetzungen des § 203 S. 1 erfüllen.[64] 24

Ein ausreichendes Verhandeln kann auch in der **Mitteilung** gesehen werden, dass der Anspruchsgegner die Angelegenheit seiner **Haftpflichtversicherung** zur Prüfung übersendet.[65] Kein Verhandeln ist in einem solchen Fall aber dann gegeben, wenn der Anspruchsgegner zugleich äußert, zur Haftung dem Grunde und der Höhe nach wolle er keine Erklärung abgeben. Der Anspruchsgegner stellt in diesem Fall lediglich in Aussicht, seine eigenen Obliegenheiten aus dem Versicherungsvertrag wahrnehmen zu wollen.[66] 25

Gleichfalls als Verhandlung zu werten ist die Erklärung des Verpflichteten, er werde nach Abschluss eines bestimmten Verfahrens **unaufgefordert auf die Sache zurückkommen**.[67] Anders jedoch, wenn der Schuldner nach Ablehnung einer Einstandspflicht darum bittet, den Vorgang kurzfristig wegen eines anhängigen Rechtsstreits zurückzustellen, und er dem Gläubiger anbietet, diesen über den Ausgang des Verfahrens zu informieren.[68] Ausreichend ist hingegen, dass sich der **Schuldner** selbst **an den Gläubiger wendet** und nachfragt, ob bzw welche Ansprüche geltend gemacht werden, ohne zugleich eine Einstandspflicht von vornherein abzulehnen.[69] Gleiches gilt, wenn der Gläubiger auf Initiative des Schuldners hin mitteilt, er stufe das Bestehen eines Anspruchs als ernsthaft in Betracht kommend ein, er werde sich aber zu dem Anspruch erst nach Abschluss staatsanwaltlicher Ermittlungen äußern.[70] 26

Hat der Schuldner allerdings die Anspruchserfüllung zunächst eindeutig abgelehnt, dann liegt **kein erneutes Verhandeln** vor, wenn er auf die **Gegenvorstellung** des Gläubigers lediglich zurückhaltend erwidert, dass er derzeit keine Veranlassung zur erneuten Anspruchsprüfung sehe, sich aber einer solchen Prüfung künftig nicht verschließen werde, wenn ihm noch weitere Tatsachen und Beweismittel zugänglich gemacht würden.[71] 27

Sind die Parteien dazu **verpflichtet, Verhandlungen zu führen**, so ist die Verjährung nach § 203 bereits dann gehemmt, wenn der Verpflichtete zur Aufnahme der Verhandlungen aufgefordert oder die Durchführung eines Mediationsverfahrens vorgeschlagen wird. Die Hemmung dauert an, bis der Schuldner zu erkennen gibt, dass er seiner Verhandlungspflicht nicht nachkommen wird. Liegt eine **Mediationsklausel** vor, genügt die Einleitung des Verfahrens, um die Voraussetzungen des § 203 S. 1 zu erfüllen.[72] 28

59 Vgl hierzu auch OLG Düsseldorf, Urt. v. 29.10.2001 – 1 U 39/01, Rn 46 ff: Nach Ablehnung der gem. § 3 Nr. 3 S. 3 PflVG angemeldeten Ansprüche werden doch noch Regulierungsverhandlungen aufgenommen. Die Verjährungshemmung richtet sich jetzt nicht mehr nach § 3 Nr. 3 PflVG, sondern nach § 852 Abs. 2 aF; bestätigt durch BGH VersR 2003, 99, 100 (§ 3 Nr. 3 S. 3 PflVG kommt nur bei erstmaliger Geltendmachung von Ansprüchen aus einem Unfall gegenüber dem Pflichtversicherer zur Anwendung; bei erneuten Verhandlungen ist § 852 Abs. 2 aF maßgeblich); krit. *Reiff*, LMK 2003, 99 f.

60 Palandt/*Ellenberger*, § 203 Rn 2; *Kniffka/Koeble*, Kompendium des Baurechts, 3. Aufl. 2008, Teil 6, Rn 82; Staudinger/*Peters/Jacoby*, § 203 Rn 12; Erman/*Schmidt-Räntsch*, § 203 Rn 6. Differenzierend Bamberger/Roth/*Spindler*, § 203 Rn 5 (bei unmittelbarem zeitlichen Zusammenhang beginnt die Hemmung im Zeitpunkt der ersten Verhandlungen); dagegen zu Recht *Mankowski/Höpker*, MDR 2004, 721, 723.

61 BGH NJW-RR 2001, 1168, 1169; MüKo/*Grothe*, § 203 Rn 5; *Mankowski/Höpker*, MDR 2004, 721, 723; vgl auch Erman/*Schmidt-Räntsch*, § 203 Rn 5.

62 *Mankowski/Höpker*, MDR 2004, 721, 722.

63 BGH NJW 2007, 64, 65; OLG Düsseldorf, Beschl. v. 21.10.2005 – 23 U 49/05, Rn 7.

64 BGH NJW 1997, 3447, 3448 f.

65 BGH v. 3.2.2011 – IX ZR 105/10, BeckRS 2011, 04819 (Rn 14); NJW-RR 2007, 1358 (Rn 32); NJW 1983, 162, 163.

66 BGH, Urt. v. 3.2.2011 – IX ZR 105/10, BeckRS 2011, 04819; ebenso Vorinstanz: OLG Düsseldorf ZGS 2011, 41, 47 f; ferner OLG Saarbrücken, NJW-RR 2006, 163, 164.

67 BGH VersR 1975, 440, 441; OLG Saarbrücken VersR 1990, 1024, 1025; MüKo/*Grothe*, § 203 Rn 5; Bamberger/Roth/*Spindler*, § 203 Rn 4.

68 OLG Saarbrücken VersR 1990, 1024, 1025.

69 BGH NJW 2001, 1723; OLG Düsseldorf, Urt. v. 2.7.2009 – 5 U 170/08, Rn 52; vgl auch Palandt/*Ellenberger*, § 203 Rn 2; PWW/*Kesseler*, § 203 Rn 2.

70 BGH VersR 2001, 1167 f; *Mankowski/Höpker*, MDR 2004, 721, 723.

71 OLG Köln NJW-RR 2000, 1411 (zu § 651 g Abs. 2 aF); vgl hierzu auch *Mankowski/Höpker*, MDR 2004, 721, 723.

72 Ausf. hierzu *Eidenmüller*, SchiedsVZ 2003, 163, 167; ebenfalls Palandt/*Ellenberger*, § 203 Rn 2; MüKo/*Grothe*, § 203 Rn 5; *Klose*, NJ 2010, 100, 102; aA Staudinger/*Peters/Jacoby*, § 203 Rn 9.

29 Erklärt sich der Verpflichtete damit einverstanden, eine **ärztliche Schlichtungsstelle einzuschalten**, ist nach § 203 S. 1 der Anspruch bis zum Abschluss des Schlichtungsverfahrens gehemmt.[73] Wird dann die Bekanntgabe des Güteantrages veranlasst, tritt neben die Hemmung nach § 203 zugleich jene nach § 204 Abs. 1 Nr. 4. Die beiden Hemmungstatbestände stehen nicht in einem Konkurrenzverhältnis, sondern können nebeneinander zur Anwendung gebracht werden.[74]

30 Schließen die Parteien im Rahmen einer gerichtlichen Güteverhandlung einen **Widerrufsvergleich**, ist die Verjährung aller von dem Vergleich erfasster Ansprüche (auch jener, die nicht Streitgegenstand der ursprünglich erhobenen Klage waren) gehemmt, bis der Vergleich widerrufen wird.[75]

31 Verjährungshemmende Verhandlungen können auch durch den **Verzicht auf die Einrede der Verjährung** oder **Verhandlungen über einen solchen Verzicht**[76] aufgenommen werden. Bittet der Gläubiger zunächst lediglich darum, auf die Verjährungseinrede zu verzichten, ohne zugleich konkrete Ansprüche geltend zu machen, und geht der Schuldner hierauf ein, führt bereits der Verjährungsverzicht zu einer Hemmung, wenn der Berechtigte zu der Annahme gelangen durfte, dass mögliche Ansprüche geprüft werden und über diese verhandelt werden wird.[77] Zur Frage der Anwendbarkeit des § 203 im Falle von unter altem Recht abgegebenen und nach § 225 S. 1 aF nichtigen Verzichtserklärungen s. Art. 229 § 6 EGBGB Rn 55, 48 ff.

32 **Kein Verhandeln** iSd § 203 S. 1, jedoch evtl ein Fall des § 212 Abs. 1 Nr. 1, der zum Neubeginn der Verjährung führt, sind hingegen die Stundung (hier ggf auch Hemmung nach § 205), Abschlagszahlung, Zinszahlung, Sicherheitsleistung und jedes andere **Anerkenntnis**.[78]

33 Auch in der **(schriftlichen oder mündlichen) Anspruchserhebung** durch den Gläubiger allein liegt kein ausreichendes Verhandeln, da für dessen Annahme stets eine Entgegnung des Schuldners erforderlich ist, die über die bloße Erfüllungsverweigerung hinausgeht (zu speziellen Hemmungstatbeständen der Anspruchserhebung s. Rn 7).[79] Sowohl die strikte Ablehnung der Anspruchserfüllung (unabhängig davon, ob diese begründet wird)[80] als auch bloßes Schweigen der anderen Seite verhindern daher grds. die Aufnahme verjährungshemmender Verhandlungen (zum Sonderfall einer Verhandlungspflicht s. aber Rn 28).[81] Gleiches gilt, wenn auf die Anmeldung einer Forderung oder eines Regresses lediglich eine **standardisierte Eingangsbestätigung** zurückgesandt wird (wie dies zB bei Haftpflichtversicherungen üblich ist),[82] oder der Schuldner um **Verlängerung der Frist zur Stellungnahme** bittet, sich anschließend aber nicht mehr äußert.[83] Nimmt der **Anwalt** in der mündlichen Verhandlung einen gerichtlichen **Vergleichsvorschlag** entgegen, um diesen an den Mandanten weiterzureichen, verhandelt er jedoch weiterhin streitig zur Sache, so hat er noch keine Verhandlungen namens des Mandanten aufgenommen.[84]

34 Auch die **Anfechtung eines Eigentümerbeschlusses** vor Gericht begründet keine Verhandlungen. Durch die Erhebung der Anfechtungsklage wird vielmehr offensichtlich, dass der Anfechtende den Anspruch (in der geltend gemachten Form) für nicht berechtigt hält und die Erfüllung ablehnt.[85]

35 **b) § 203 als partielle Nachfolgenorm des § 639 Abs. 2 aF.** Unterzieht sich der Unternehmer im Einverständnis mit dem Besteller der Prüfung des Vorhandenseins eines Werkmangels oder der Beseitigung des Mangels, so ist darin nach dem Willen des Gesetzgebers[86] ebenfalls ein Verhandeln im Sinne des § 203 zu

73 OLG Naumburg OLG-NL 2002, 241, 245 (zu § 852 Abs. 2 aF); OLG Zweibrücken NJW-RR 2001, 667, 670 (zu § 852 Abs. 2 aF); Bamberger/Roth/*Spindler*, § 203 Rn 4.

74 *Eidenmüller*, SchiedsVZ 2003, 163, 166; *Friedrich*, MDR 2004, 481, 483; MüKo/*Grothe*, § 203 Rn 6; Staudinger/*Peters/Jacoby*, § 203 Rn 3; aA Erman/*Schmidt-Räntsch*, § 203 Rn 5 (Verhandlungen vor einer ärztlichen Schieds- oder Gutachtenstelle fallen nicht unter § 203, sondern werden ausschließlich von § 204 Abs. 1 Nr. 4 erfasst); *Wagner*, ZKM 2002, 103, 107.

75 BGH NJW 2005, 2004, 2006.

76 OLG Karlsruhe, Beschl. v. 16.1.2006 – 17 U 344/05, Rn 13 f.

77 BGH NJW 2004, 1654, 1655 (zu § 852 Abs. 2 aF); s. aber auch OLG Düsseldorf, Urt. v. 14.10.2003 – 23 U 222/02, Rn 53 (dort Verhandlungen durch Verzicht auf die Einrede der Verjährung abgelehnt).

78 Ebenso *Mankowski/Höpker*, MDR 2004, 721, 723.

79 OLG Düsseldorf, Urt. v. 3.7.2006 – 23 U 4/05, Rn 22; *Mankowski/Höpker*, MDR 2004, 721, 722 (außergerichtliche Aufforderung zur Nacherfüllung hemmt nicht); Staudinger/*Peters/Jacoby*, § 203 Rn 7 (keine Hemmung durch Mahnung). AA *Reinking*, ZGS 2002, 140, 143.

80 OLG Koblenz, Urt. v. 30.3.2006 – 6 U 1474/05, Rn 65; Erman/*Schmidt-Räntsch*, § 203 Rn 5.

81 OLG Köln, Urt. v. 18.12.2008 – 19 U 44/08, Rn 28 (ein ohne Reaktion gebliebenes Verhandlungsangebot führt nicht zu Verhandlungen); Henssler/von Westphalen/*Bereska*, Praxis der Schuldrechtsreform, 2. Aufl. 2003, § 203 Rn 3 f; *Mankowski/Höpker*, MDR 2004, 721, 722.

82 Schleswig-Holsteinisches OLG, Urt. v. 18.7.2006 – 3 U 162/05, Rn 24, 32 ff; Palandt/*Ellenberger*, § 203 Rn 2; *Mankowski/Höpker*, MDR 2004, 721, 722; Erman/*Schmidt-Räntsch*, § 203 Rn 5; vgl auch BGH NJW 2007, 64, 65.

83 OLG Saarbrücken, NJW-RR 2006, 163, 164.

84 Schleswig-Holsteinisches OLG, Urt. v. 18.7.2006 – 3 U 162/05, Rn 32 ff.

85 OLG Frankfurt, Beschl. v. 15.8.2008 – 19 U 57/08, Rn 8.

86 BT-Drucks. 14/6040, S. 111, 267.

sehen.[87] Vor Inkrafttreten des SchuldRModG am 1.1.2002 hatte § 639 Abs. 2 aF einen entsprechenden speziellen Hemmungstatbestand vorgesehen (vgl auch Rn 1). Die Vorschrift wurde aufgehoben. Der Gesetzgeber geht davon aus, dass § 203 diese Lücke schließt.

Es besteht jedenfalls weitgehend Einigkeit, dass die bisher unter § 639 Abs. 2 aF fallenden Sachverhalte auch nach neuem Recht eine Hemmung begründen sollen.[88] Man wird die Annahme des Gesetzgebers teilen und im Regelfall die Zusage einer **Mängelprüfung** durch den Unternehmer oder Verkäufer einschließlich der Mängelprüfung selber[89] (ggf auch unter Einholung eines Gutachtens)[90] als Verhandeln iSd § 203 S. 1 qualifizieren können.[91] Denn der Begriff des Verhandelns ist weit zu verstehen. Ein Verhandeln liegt bereits dann vor, wenn der Unternehmer bei dem Besteller den Eindruck erweckt, er werde den Mangel prüfen bzw sich um dessen Behebung kümmern, und der Besteller sich darauf einlässt (vgl auch Rn 21 f).[92] Dabei genügt es, wenn der Besteller dem Unternehmer die Mangelerscheinungen präzise beschrieben hat; die Verhandlungen umfassen in diesem Fall alle auf der zugrundeliegenden Mangelursache beruhenden Ansprüche, ohne dass es auf die (zutreffende) Angabe des Fehlers durch den Besteller ankäme.[93] Sollte § 203 ausnahmsweise nicht eingreifen, kommt eine **stillschweigende Verjährungsabrede** nach § 202 in Betracht mit dem Inhalt, dass die Verjährung während der Mängelprüfung durch den Unternehmer bis zur Mitteilung des Ergebnisses der Prüfung gehemmt ist.[94] Dabei ist für das Ende der Hemmung auf den Zugang der Mitteilung beim Besteller abzustellen. **Nicht als Verhandeln** gewertet werden kann hingegen die **bloße Mängelrüge** durch den Besteller.[95] Gleiches gilt, wenn der Mangel vom Schuldner (zB Tragwerksplaner) zwar **besichtigt** wird, dieser jedoch keine Anstrengungen unternimmt, zur Aufklärung der Mängelursache beizutragen.[96] 36

Ein Verhandeln iSd § 203 kann im Regelfall auch dann angenommen werden, wenn sich die Parteien auf die **Durchführung eines Nachbesserungsversuchs** einigen, denn der Unternehmer lässt sich dadurch – ähnlich wie bei einer Mängeluntersuchung – auf eine Diskussion über anspruchsbegründende Tatsachen ein.[97] Das genügt für ein Verhandeln iSd § 203 (s. Rn 22, 36). Im bisherigen Recht jedenfalls war die Hemmung infolge einer analogen Anwendung des § 639 Abs. 2 aF anerkannt.[98] 37

Sollte eine Einordnung als Verhandlung im Einzelfall nicht möglich sein, ist in aller Regel von einer **stillschweigend vereinbarten Verjährungshemmung** (§ 202) der Mängelgewährleistungsansprüche für die Zeit der Durchführung eines Nachbesserungsversuchs ab Einigung über die Durchführung des Versuchs auszugehen. Denn beide Parteien wollen und können redlicherweise aus der Durchführung der Nachbesserungsversuche keine für den Gläubiger nachteiligen Verjährungsfolgen ableiten.[99] 38

Ausnahmsweise kann in der Vornahme der Nachbesserungsversuche auch ein **Anerkenntnis** iSd § 212 Abs. 1 Nr. 1 liegen, das dann zu einem Verjährungsneubeginn führt (vgl § 212 Rn 15).[100] In diesem Fall kumulieren Neubeginn und Hemmung: Die infolge des Anerkenntnisses neu in Lauf gesetzte Verjährungsfrist wird aufgrund der Einigung über die Durchführung einer Nacherfüllung zugleich unmittelbar gem. § 203

87 Krit. zu dieser Annahme: *Dauner-Lieb*, Stellungnahme zum Entwurf eines Gesetzes zur Modernisierung des Schuldrechts, B.II.5., abrufbar unter: http://www.uni-koeln.de/jur-fak/lbrah/pdf_docs/stellungnahme.pdf.
88 So auch BGH NJW 2008, 576, 577; NJW 2007, 587.
89 BGH NJW 2007, 587; OLG Oldenburg, Urt. v. 12.2.2008 – 12 U 42/07, Rn 25; OLG Dresden VersR 2011, 894 m. zust. Anm. *Luckey*, 896.
90 *Kniffka/Koeble*, Kompendium des Baurechts, 3. Aufl. 2008, Teil 6, Rn 80; Soergel/*Niedenführ*, § 203 Rn 5 (Beginn der Hemmung bereits mit der Einigung, einen Gutachter beizuziehen, nicht erst mit dem Zugang des Gutachtens beim Unternehmer).
91 Ausf. hierzu *Weyer*, NZBau 2002, 366, 369; vgl ferner Henssler/von Westphalen/*Bereska*, Praxis der Schuldrechtsreform, 2. Aufl. 2003, § 203 Rn 10; Palandt/*Ellenberger*, § 203 Rn 2; *Fischinger*, VersR 2005, 1641, 1644; MüKo/*Grothe*, § 203 Rn 6; *Mankowski/Höpker*, MDR 2004, 721, 723; Soergel/*Niedenführ*, § 203 Rn 5; Bamberger/Roth/*Spindler*, § 203 Rn 4. AA *Schwenker*, EWiR 2002, 331, 332; *Faber/Werner*, NJW 2008, 1910, 1912 ff.
92 BGH NJW 2007, 587.
93 BGH NJW 2008, 576, 577.
94 Vgl auch BGH NJW 2007, 587, der ebenfalls von einer „Überprüfungsvereinbarung" bzw von einer „Abrede über einen Nachbesserungsversuch" ausgeht, diese dann aber nicht auf § 202 stützt, sondern daraus ein Verhandeln iSd § 203 S. 1 ableitet. AA *Faber/Werner*, NJW 2008, 1910, 1912.
95 *Kniffka/Koeble*, Kompendium des Baurechts, 3. Aufl. 2008, Teil 6, Rn 80.
96 BGH NJW 2002, 288, 289 sowie unter Hinw. auf diese Entscheidung Palandt/*Ellenberger*, § 203 Rn 3; Soergel/*Niedenführ*, § 203 Rn 5; *Weyer*, NZBau 2002, 366, 369.
97 OLG München, Beschl. v. 29.4.2008 – 10 U 2399/08, Rn 7; Palandt/*Ellenberger*, § 203 Rn 2; *Reinking*, ZGS 2002, 140, 143; Bamberger/Roth/*Spindler*, § 203 Rn 4; *Wagner*, ZIP 2002, 789, 794; *Weyer*, NZBau 2002, 366, 369; vgl auch Dauner-Lieb/Arnold/Dötsch/Kitz/*Arnold*, Fälle zum Neuen Schuldrecht, 2002, S. 329; *ders.*, ZGS 2002, 438, 440; *Auktor*, NJW 2003, 120, 122; *Auktor/Mönch*, NJW 2005, 1686, 1688, die zwar die Annahme von Verhandlungen ablehnen, jedoch für eine analoge Anwendung des § 203 eintreten. AA *Schwenker*, EWiR 2002, 331, 332.
98 BGH NJW 1999, 2961; Palandt/*Putzo*, 60. Aufl. 2001, § 477 Rn 17; Palandt/*Sprau*, 60. Aufl. 2001, § 639 Rn 6.
99 AA *Oppenborn*, Verhandlungen und Verjährung, 2008, S. 159 f.
100 *Kniffka/Koeble*, Kompendium des Baurechts, 3. Aufl. 2008, Teil 6, Rn 80.

gehemmt. Die Hemmung dauert an bis zum Ende der Verhandlungen (s. hierzu Rn 44 ff); danach steht dem Gläubiger erneut die gesamte Frist zur Verfügung.[101] Letztlich wird ein Anerkenntnis jedoch nur dann anzunehmen sein, wenn der Schuldner tatsächlich davon ausgeht, dass der Gläubiger einen Anspruch auf Nacherfüllung gem. § 437 Nr. 1 bzw § 634 Nr. 1 besitzt und dies auch zum Ausdruck bringt.[102] Geht der In-Anspruch-Genommene auf das Nacherfüllungsverlangen lediglich aus Gefälligkeit bzw **Kulanz** und ohne Anerkennung einer Rechtspflicht ein, kommt ein Anerkenntnis nicht in Betracht;[103] die Nacherfüllung kann hier nur zu einer Hemmung der Verjährung gem. § 203 führen.[104]

39 **Keine Hemmungswirkung** kommt der schlichten **Aufforderung zur Nacherfüllung** zu.[105] Solange sich der (vermeintliche) Schuldner nicht mit einem Nachbesserungsversuch einverstanden erklärt oder sich zumindest über einen solchen mit dem Anspruchsteller austauscht, handelt es sich bei dem Begehren des Gläubigers lediglich um eine einseitige Anspruchserhebung, die noch kein Verhandeln darstellt (vgl Rn 33).

40 **c) § 203 als Nachfolgenorm zu § 651 g Abs. 2 S. 3.** Die Geltendmachung des Gewährleistungsanspruchs durch den Reisenden führte nach dem durch das SchuldRModG aufgehobenen § 651 g Abs. 2 S. 3 aF zu einer Hemmung der Verjährung. Im neuen Recht begründen die von dieser Vorschrift bisher erfassten Tatbestände nur noch unter den Voraussetzungen des § 203 S. 1 die Verjährungshemmung. Der Gesetzgeber ging davon aus, dass der neue Hemmungstatbestand in den Fällen des früheren § 651 g Abs. 2 S. 3 aF stets erfüllt sein wird.[106] Das ist aber nicht zwingend so, da nach § 651 g Abs. 2 S. 3 aF bereits die bloße Geltendmachung des Anspruchs durch den Reisenden die Hemmung auslöste. § 203 setzt demgegenüber eine inhaltliche (s. Rn 33) Äußerung des Reiseveranstalters voraus. Erst dann liegt ein Verhandeln im Sinne des § 203 S. 1 vor. Die Regelung **stellt den Reisenden** daher **schlechter**, als dies vor Aufhebung des § 651 g Abs. 2 S. 3 aF der Fall war. Jedoch wird diese Verschlechterung der Rechtsstellung durch die Verlängerung der Verjährungsfrist von sechs Monaten auf zwei Jahre (§ 651 g Abs. 2 S. 1) ausgeglichen. Vor diesem Hintergrund ist die Aufhebung der Norm rechtspolitisch hinnehmbar. Zur Übergangsproblematik s. Rn 57 f.

41 Die Verjährungsfrist des § 651 g Abs. 2 S. 1 kann bis auf ein Jahr verkürzt werden (§ 651 m S. 2). Bei der Inhaltskontrolle einer entsprechenden Verjährungsverkürzung nach § 307 wird zu berücksichtigen sein, ob dem Reisenden im Ausgleich für die Verkürzung eine gegenüber den Voraussetzungen des § 203 erleichterte Möglichkeit zur Verjährungshemmung allein durch die Mängelrüge (ähnlich § 651 g Abs. 2 S. 3 aF) eingeräumt wird.[107]

III. Rechtsfolgen

42 **1. Beginn und Ende der Hemmung (S. 1).** Von dem Beginn der Verhandlungen an bis zur Verweigerung der Fortsetzung der Verhandlungen ist die Verjährung gehemmt. Der Gesetzgeber hat davon abgesehen, besondere Kriterien für den Beginn und das Ende der Verhandlungen (und damit der Hemmungsdauer) aufzustellen, da die Art und Weise, wie über streitige oder zweifelhafte Ansprüche verhandelt werden könne, so vielgestaltig sei, dass sie sich einer weiter gehenden Regelung entziehe.[108] Im Wesentlichen wird daher auch in diesem Punkt auf die zu §§ 639 Abs. 2, 852 Abs. 2 aF in Rechtsprechung und Literatur entwickelten Maßstäbe zurückgegriffen werden können.

101 Vgl Staudinger/*Peters/Jacoby*, § 203 Rn 2; *Weyer*, NZBau 2002, 366, 370.

102 *Arnold*, ZGS 2002, 438, 440; Staudinger/*Peters/Jacoby*, § 203 Rn 2; *Weyer*, NZBau 2002, 366, 370.

103 *Arnold*, ZGS 2002, 438, 440; vgl auch *Reinking*, ZGS 2002, 140, 144 f; *Weyer*, NZBau 2002, 366, 370. AA *von Westphalen*, ZGS 2002, 19, 21.

104 Ebenso *Kniffka/Koeble*, Kompendium des Baurechts, 3. Aufl. 2008, Teil 6, Rn 80; Staudinger/*Peters/Jacoby*, § 203 Rn 8; vgl auch zu § 639 Abs. 2 aF BGH WM 1977, 823. AA Erman/*Schmidt-Räntsch*, § 203 Rn 5 unter Hinw. auf AG Hannover RRa 2001, 225. Die Entscheidung bezieht sich jedoch auf den Sonderfall, dass ein Reiseveranstalter Ansprüche zunächst entsprechend § 651 g Abs. 2 S. 3 aF zurückgewiesen hatte und erst auf ein erneutes Schreiben des Reisenden mitteilte, er sei ohne Anerkennung einer Rechtspflicht bereit, einen bestimmten Betrag zu zahlen. Hier führte die nachträgliche Zahlung nicht zu einer erneuten Hemmung nach § 651 g Abs. 2 S. 3 aF. Ähnlich hat der BGH in Bezug auf die Hemmung nach § 3 Nr. 3 S. 3 PflVG entschieden (BGH VersR 2003, 99, 100); danach kommt die Sonderregelung nur bei erstmaliger Geltendmachung von Ansprüchen aus einem Unfall gegenüber dem Pflichtversicherer zur Anwendung; bei erneuten Verhandlungen soll hingegen auf § 852 Abs. 2 aF (heute: § 203) abzustellen sein. Da § 852 Abs. 2 aF jedoch auf reisevertragliche Gewährleistungsansprüche keine Anwendung fand, kann der Entscheidung des AG Hannover für die Auslegung des neuen Rechts keine Indizwirkung zukommen.

105 *Mankowski/Höpker*, MDR 2004, 721, 722; *Reinking*, ZGS 2002, 140, 142.

106 BT-Drucks. 14/6040, S. 91, 97, 111, 269.

107 So auch *Mankowski/Höpker*, MDR 2004, 721, 724.

108 BT-Drucks. 14/6040, S. 112.

Kommen Verhandlungen iSd § 203 zustande (s. hierzu Rn 20 ff), **beginnt** die Hemmung rückwirkend zu dem Zeitpunkt, in dem der Anspruch gegenüber dem Schuldner geltend gemacht wurde[109] oder aber der die Initiative ergreifende Schuldner sich erstmals an den Gläubiger gewandt hat. 43

Mit der ausdrücklichen Erklärung des Gläubigers oder des Schuldners, die Verhandlungen nicht mehr weiterführen zu wollen, **endet** in jedem Fall die Hemmung. Die Parteien können ihre Verhandlungsbereitschaft auch von vornherein befristen. In diesem Fall sind die Verhandlungen beendet, wenn der Verhandlungspartner die gesetzte Frist ohne Stellungnahme verstreichen lässt.[110] Der ausdrücklichen Erklärung steht ein **klares und eindeutiges Verhalten** einer Partei gleich, welches die Verhandlungsbeendigung zum Ausdruck bringt.[111] Insoweit ist ein strenger Maßstab anzulegen.[112] Leugnet der Schuldner zwar, aus dem geltend gemachten Anspruch verpflichtet zu sein, erweckt er beim Gläubiger jedoch den Eindruck, grds. weiterhin an einer gütlichen Einigung interessiert zu sein, und sei es nur aus Kulanz, liegt noch kein Abbruch der Verhandlungen vor.[113] Haben sich die Parteien indes über das Bestehen oder Nichtbestehen des Anspruchs endgültig geeinigt, ist das Ziel der Verhandlungen erreicht; die Verhandlungen sind damit grds. beendet.[114] Liegt ein Fall vor, der nach § 639 Abs. 2 aF zur Hemmung geführt hat (einverständliche **Mängelprüfung** oder **Mängelbeseitigung**), enden die Verhandlungen allerdings erst dann, wenn der Verkäufer oder der Unternehmer das Ergebnis der Prüfung mitteilt, eine neue Sache liefert bzw das nachgebesserte Werk zurückgibt und den Mangel für beseitigt erklärt oder die Fortsetzung der Beseitigung verweigert.[115] Soll das nachgebesserte Werk durch den Besteller abgenommen werden, enden die Verhandlungen mit der Abnahme.[116] 44

Betreffen die Verhandlungen **verschiedene Ansprüche**, steht es den Parteien frei, die Verhandlungen und damit auch die Hemmung hinsichtlich einzelner Forderungen zu beenden und die Gespräche bezüglich der übrigen Ansprüche verjährungshemmend fortzusetzen.[117] 45

Problematisch ist die Festlegung des Endes von Verhandlungen bei einem schlichten **„Einschlafen" der Gespräche** ohne eindeutige Erklärung eines Beteiligten über das Ende seiner Verhandlungsbereitschaft (vgl hierzu auch Rn 62).[118] Das Gesetz verzichtet auf eine ausdrückliche Regelung für diesen Fall. In der Gesetzesbegründung wird die Lösung im Einzelfall der Rechtsprechung überlassen, so wie es auch bei § 852 Abs. 2 aF der Fall war. Rechtsprechung und Lehre zu § 852 Abs. 2 aF sahen für den Fall des „Einschlafens" der Verhandlungsgespräche vor, dass die Hemmung in dem Zeitpunkt endet, in welchem der nächste Verhandlungsschritt nach Treu und Glauben zu erwarten gewesen wäre.[119] Nichts anderes soll ausweislich der Gesetzesbegründung für § 203 gelten.[120] Ein Abbruch der Verhandlungen durch „Einschlafenlassen" ist danach auch im Rahmen des § 203 immer dann anzunehmen, wenn der Zeitpunkt verstrichen ist, zu dem spätestens eine Antwort auf die letzte Äußerung der Gegenpartei (Schuldner oder Gläubiger)[121] zu erwarten gewesen wäre, falls die Verhandlungen mit verjährungshemmender Wirkung hätten fortgesetzt werden sol- 46

109 KG Berlin ZEV 2008, 481, 482; OLG Köln VersR 2007, 521, 522; OLG Frankfurt, Urt. v. 25.8.2006 – 19 U 54/06, JURIS Rn 56; OLG Düsseldorf, Beschl. v. 21.10.2005 – 23 U 49/05, Rn 7; LG Bonn, Urt. v. 7.6.2006 – 5 S 14/06, Rn 19; BGH VersR 1962, 615, 616; *Mankowski/Höpker*, MDR 2004, 721, 724; Staudinger/*Peters/Jacoby*, § 203 Rn 9; aA Brandenburgisches OLG, Urt. v. 22.11.2006 – 4 U 58/06, Rn 59.

110 OLG Köln, Urt. v. 25.4.2007 – 11 U 136/06, Rn 15.

111 BGH NJW-RR 2005, 1044, 1046; NJW 2004, 1654, 1655; NJW 1998, 2819; OLG Oldenburg VersR 2007, 1277, 1278; *Mankowski/Höpker*, MDR 2004, 721, 725; Soergel/*Niedenführ*, § 203 Rn 7; Erman/*Schmidt-Räntsch*, § 203 Rn 6; Bamberger/Roth/*Spindler*, § 203 Rn 7.

112 *Mankowski/Höpker*, MDR 2004, 721, 726; Bamberger/Roth/*Spindler*, § 203 Rn 7.

113 *Mankowski/Höpker*, MDR 2004, 721, 726; Soergel/*Niedenführ*, § 203 Rn 7; vgl auch KG Berlin ZEV 2008, 481, 482; OLG Oldenburg VersR 2007, 1277, 1278 (erforderlich ist ein doppeltes „Nein": zum Anspruch und zu weiteren Gesprächen).

114 Staudinger/*Peters/Jacoby*, § 203 Rn 13.

115 BGH NJW 2008, 576, 578; OLG Oldenburg, Urt. v. 12.2.2008 – 12 U 42/07, Rn 25; Palandt/*Ellenberger*, § 203 Rn 4; *Auktor*, NJW 2003, 120, 122; *Weyer*, NZBau 2002, 366, 369.

116 *Kniffka/Koeble*, Kompendium des Baurechts, 3. Aufl. 2008, Teil 6, Rn 82; *Weyer*, NZBau 2002, 366, 370.

117 OLG Düsseldorf NJW-RR 2005, 819, 821.

118 BT-Drucks. 14/6040, S. 112 unter Hinw. auf *Mansel*, in: Ernst/Zimmermann (Hrsg.), Zivilrechtswissenschaft und Schuldrechtsreform, 2001, S. 333, 398.

119 BT-Drucks. 14/6040, 112 unter Hinw. auf BGH NJW 1986, 1337, 1338; zust. *Willingmann*, in: Micklitz/Pfeiffer u.a. (Hrsg.), Schuldrechtsreform und Verbraucherschutz, 2001, S. 1, 34.

120 BT-Drucks. 14/6040, S. 112; zweifelnd *Dobmaier*, AnwBl 2002, 107, 108; OLG Koblenz NJW 2006, 3150, 3152.

121 *Budzikiewicz*, NJ 2009, 163, 164.

len.[122] Wann mit dem nächsten Schritt zu rechnen gewesen wäre, lässt sich nicht allgemeinverbindlich festlegen.[123] Insofern ist stets auf die Besonderheiten des in Rede stehenden Falles abzustellen.[124] Kein Anlass für Differenzierungen ist dabei die Länge der zu hemmenden Verjährungsfrist. Bei der Frage, wann die Hemmung nach § 203 S. 1 beendet ist, macht es keinen Unterschied, ob der Anspruch einer Sonderverjährung oder aber der allgemeinen Verjährungsfrist des § 195 unterliegt.[125]

47 **Beispiele aus der Rechtsprechung:** Ende der Hemmung wegen „Einschlafens" der Verhandlungen im Regelfall nach 1 Monat,[126] spätestens nach 1 Monat,[127] nach ca. 1 Monat, wenn die andere Partei um dringende Mitteilung über den Stand der Angelegenheit gebeten hat,[128] ca. 6 Wochen nach dem letzten Schreiben der Gegenseite,[129] innerhalb eines halben Jahres,[130] jedenfalls nach 9 Monaten,[131] 1 Jahr, nachdem die Parteien über einen Zeitraum von etwa 10 Jahren verhandelt hatten, der Unternehmer jedoch der zugesagten Mängelprüfung und -beseitigung nicht nachgekommen ist.[132]

48 Haben die Parteien eine **Verhandlungspause** vereinbart, um den Eintritt eines bestimmten Ereignisses abzuwarten (zB den Ausgang eines Strafverfahrens oder den Abschluss eines Musterprozesses), endet die Hemmung nach § 203 S. 1 nach dem Eintritt des betreffenden Ereignisses in dem Zeitpunkt, in dem spätestens mit einer Wiederaufnahme der Gespräche zu rechnen gewesen wäre. Im Regelfall wird es dem Gläubiger obliegen, die Initiative zu ergreifen, sollte er an einer Fortsetzung der Verhandlungen und damit an einer Fortdauer der Hemmung nach § 203 S. 1 Interesse haben.[133] Wird die Dauer der Verhandlungspause nicht mit dem Eintritt eines bestimmten Ereignisses verbunden, sondern das Ende der Unterbrechung offen gelassen – zB weil die weitere Schadensentwicklung abgewartet werden soll – entscheiden die Umstände des Einzelfalles, wer die Verhandlungen wieder aufzunehmen hat. Verstreicht der Zeitpunkt, zu dem spätestens mit einer Wiederaufnahme der Gespräche zu rechnen gewesen wäre, müssen die Gespräche als eingeschlafen gelten.[134]

49 Werden die durch „Einschlafenlassen" abgebrochenen Verhandlungen zu einem späteren Zeitpunkt wieder aufgenommen, ist die Verjährung ab der **Wiederaufnahme der Gespräche** erneut gehemmt. Voraussetzung ist allerdings, dass nicht zwischenzeitlich Verjährung eingetreten ist. Die Wiederaufnahme der Gespräche führt nicht zu einer rückwirkenden Fortsetzung der früheren Hemmung, sondern hemmt die (noch nicht abgelaufene) Verjährungsfrist ex nunc erneut.[135] Die Ablaufhemmung nach § 203 S. 2 richtet sich dann nach dem Zeitpunkt des Abbruchs der weiteren Verhandlungen; sie kommt zum Tragen, wenn zu Beginn der erneuten Hemmung nach S. 1 eine Frist von weniger als drei Monaten zur Verfügung stand (vgl Rn 52).

50 **Verschleppt** eine Partei die Verhandlungen, indem sie zögerlich und hinhaltend verhandelt, so kann in diesem Verhalten ausnahmsweise eine Fortsetzungsverweigerung gesehen werden, sofern eindeutig und klar feststellbar ist, dass diese Partei eine Anspruchsklärung und -erledigung nicht beabsichtigt.[136] Unabhängig davon

122 Ebenso BGH NJW 2009, 1806, 1807; NJW-RR 2005, 1044, 1047; OLG Dresden VersR 2011, 894 mit zustimmender Anm *Luckey* 896; OLG Hamm, Urt. v. 4.12.2008 – 28 U 25/08, Rn 25; OLG Sachsen-Anhalt, Urt. v. 23.10.2008 – 9 U 19/08, Rn 51; KG Berlin, Urt. v. 23.11.2007 – 7 U 114/07, Rn 10; OLG Bremen, Urt. v. 16.8.2007 – 2 U 29/07, Rn 32 ff; OLG Düsseldorf v. 28.6.2007 – 2 U 22/06, Rn 100; OLG Düsseldorf, Beschl. v. 21.10.2005 – 23 U 49/05, Rn 8; Staudinger/*Peters/Jacoby*, § 203 Rn 13; Erman/*Schmidt-Räntsch*, § 203 Rn 6; *Jänig*, ZGS 2009, 350, 353; aA OLG Koblenz, NJW 2006, 3150, 3152 (Abbruch der Verhandlungen nur durch eindeutige Erklärung oder sonstiges Verhalten, aus dem sich zweifelsfrei ergibt, dass nicht weiter verhandelt werden soll).

123 Insbesondere ist eine Orientierung an der Sechsmonatsfrist des § 204 Abs. 2 S. 1 ausgeschlossen; vgl OLG Sachsen-Anhalt, Urt. v. 23.10.2008 – 9 U 19/08, Rn 57; *Budzikiewicz*, NJ 2009, 163, 164.

124 *Schwenker*, EWiR 2002, 331, 332.

125 BGH NJW 2009, 1806, 1807.

126 OLG Dresden VersR 2011, 894 m. zust. Anm. *Luckey*, 896; OLG Hamm, Urt. v. 4.12.2008 – 28 U 25/08, Rn 25; OLG Sachsen-Anhalt, Urt. v. 23.10.2008 –- 9 U 19/08, Rn 54.

127 KG Berlin, Urt. v. 23.11.2007 – 7 U 114/07, Rn 10; OLG Düsseldorf, Beschl. v. 21.10.2005 – 23 U 49/05, Rn 8.

128 OLG Düsseldorf VersR 1999, 68, 69.

129 OLG Karlsruhe NJW-RR 1994, 594, 596.

130 LG Karlsruhe, Urt. v. 15.6.2007 – 3 O 393/06, Rn 36.

131 SG Berlin, Urt. v. 22.9.2010 – S 71 KA 552/09, Rn 45 f (Vergleichsverhandlungen).

132 OLG Celle EWiR 2002, 331.

133 KG Berlin ZEV 2008, 481, 482 (Überlegungsfrist von etwa vier Wochen); s. auch *Fischinger*, VersR 2005, 1641, 1644.

134 Vgl Erman/*Schmidt-Räntsch*, § 203 Rn 6; aA Bamberger/Roth/*Spindler*, § 203 Rn 7: Die Verhandlungen laufen fort, bis der Schuldner die Initiative ergreift und die Verhandlungen beendet.

135 OLG Sachsen-Anhalt, Urt. v. 23.10.2008 – 9 U 19/08, Rn 58; OLG Düsseldorf, Beschl. v. 21.10.2005 – 23 U 49/05, Rn 8; *Budzikiewicz*, NJ 2009, 164; aA Staudinger/*Peters/Jacoby*, § 203 Rn 12.

136 AA Staudinger/*Peters/Jacoby*, § 203 Rn 11, die verschleppten Verhandlungen generell keine Hemmungswirkung zuerkennen wollen. Die Auffassung bleibt jedoch eine Antwort auf die Frage schuldig, wann die Hemmung enden soll, wenn die Parteien zunächst Verhandlungen iSd § 203 aufnehmen, eine Partei dann aber hinhaltend taktiert.

steht es der Gegenseite frei, durch Abbruch der Verhandlungen auf das Verschleppen zu reagieren und auf diese Weise die Verjährungshemmung zu beenden.[137]

2. Wirkung. Die Wirkung der Hemmung richtet sich nach § 209. Danach wird der Zeitraum, während dessen die Verjährung gehemmt ist (hier also die Dauer der Verhandlungen), in die Verjährungsfrist nicht eingerechnet. Voraussetzung für die Aussetzung des Fristlaufs ist jedoch, dass die Verjährungsfrist zu Beginn der Verhandlungen noch nicht abgelaufen war.[138] Andernfalls vermag selbst die Bereitschaft des Verpflichteten, die Sache nochmals zu prüfen, nicht dazu zu führen, dass die bereits eingetretene Verjährung wieder aufgehoben wird.[139] **51**

3. Ablaufhemmung (S. 2). Da das Ende der Verhandlungen für den Gläubiger überraschend eintreten kann, ist in S. 2 eine besondere Ablaufhemmung vorgesehen. Dadurch soll ihm genügend Zeit gegeben werden, im Fall eines unerwarteten Abbruchs der Verhandlungen Rechtsverfolgungsmaßnahmen zu prüfen und gegebenenfalls einzuleiten.[140] Die Verjährung tritt nach S. 2 frühestens **drei Monate** nach dem Ende der Verhandlungen ein. Diese kurze Mindestfrist bis zum Eintritt der Verjährung genügt, da der Gläubiger im Rahmen der Verhandlungen bereits mit der Durchsetzung des Anspruchs befasst war.[141] Von Relevanz ist die Ablaufhemmung des S. 2 vor allem dann, wenn die verjährungshemmenden Verhandlungen erst kurz vor dem Ablauf der Verjährungsfrist aufgenommen wurden. Hier tritt die Verjährung trotz einer ggf nur noch wenige Tage andauernden Restfrist erst drei Monate nach dem Ende der Verhandlungen ein. Stand zu Beginn der Hemmung nach S. 1 hingegen noch eine Frist von drei oder mehr Monaten zur Verfügung, läuft die Ablaufhemmung nach S. 2 leer.[142] Das Regelungsziel, dem Gläubiger noch eine Überlegungsfrist von mindestens drei Monaten zur Verfügung zu stellen, wird auch ohne Rückgriff auf S. 2 erreicht.[143] **52**

IV. Verhältnis zu anderen Vorschriften

Ähnlich dem zum 1.1.2002 aufgehobenen § 651 g Abs. 2 S. 3 aF knüpfen auch nach der Schuldrechtsreform noch einige Sonderregelungen in ihrem sachlichen Anwendungsbereich bereits an die (schriftliche) Anspruchserhebung die Hemmung der Verjährung (vgl Rn 7). Angesprochen sind § 12 Abs. 3 S. 3 PflVG, die §§ 15, 115 Abs. 2 S. 3 VVG und der § 439 Abs. 3 HGB sowie Art. 32 Abs. 2 CMR und Art. 58 § 3 CIM. In welchem Verhältnis diese Regelungen zu dem neuen Hemmungstatbestand des § 203 stehen, ist in der Literatur umstritten. Teilweise wird die Auffassung vertreten, § 439 Abs. 3 HGB und Art. 32 Abs. 2 CMR gingen § 203 als leges speciales vor, so dass die allgemeine Hemmungsregelung des § 203 neben diesen Vorschriften keine Anwendung finde.[144] Dabei wird jedoch verkannt, dass, jedenfalls soweit **§ 439 Abs. 3 HGB** betroffen ist, die Regelungen ohne weiteres nebeneinander zur Anwendung kommen können. Die Vorschriften stehen angesichts der unterschiedlichen Voraussetzungen, die an den Eintritt der Hemmungswirkung gestellt werden (schriftliche Anspruchserhebung auf der einen Seite, formlose Verhandlungen auf der anderen Seite), nicht im Verhältnis von lex generalis zu lex specialis, sondern ergänzen sich gegenseitig.[145] Dem hat sich der BGH in seiner Entscheidung vom 13.3.2008 angeschlossen.[146] Friktionen sind bei einer parallelen Anwendung von § 203 und § 439 Abs. 3 HGB nicht zu befürchten; die Regelungen lassen sich ohne Wertungswidersprüche nebeneinander handhaben. Lehnt der Frachtführer etwa die schriftlich geltend gemachten Ansprüche strikt und endgültig ab, ist die Hemmung nach § 439 Abs. 3 HGB beendet; § 203 kommt nicht zur Anwendung. Lässt sich der Frachtführer hingegen nach Anmeldung der Ansprüche iSd § 439 Abs. 3 HGB oder auch unabhängig von diesen, etwa weil der Berechtigte sich nur mündlich geäußert hat, auf Verhandlungen ein, kommt neben oder anstelle des § 439 Abs. 3 HGB auch die Hemmung nach § 203 zum Tragen.[147] Für deren Beendigung ist dann auf die oben dargestellten Regeln abzustellen (Rn 44 ff). **53**

137 Vgl OLG Düsseldorf, Beschl. v. 23.7.2009 – 24 U 109/08, Rn 6.
138 Brandenburgisches OLG, Urt. v. 7.11.2007 – 7 U 78/07, Rn 24.
139 BGH NJW 2003, 1524, 1525.
140 BT-Drucks. 14/7052, S. 180 hat die ursprünglich vorgesehene Zwei- auf eine Dreimonatsfrist erweitert.
141 BT-Drucks. 14/6040, S. 112; BT-Drucks. 14/7052, S. 180.
142 OLG Saarbrücken NJW-RR 2006, 163, 164; OLG Hamm, Urt. v. 4.12.2008 – 28 U 25/08, Rn 26; Palandt/*Ellenberger*, § 203 Rn 5; Staudinger/*Peters/Jacoby*, § 203 Rn 17; Erman/*Schmidt-Räntsch*, § 203 Rn 9. AA *Lenkeit*, BauR 2002, 196, 219.
143 *Weyer*, NZBau 2002, 366, 370.
144 *Harms*, TranspR 2001, 294, 297; lediglich in Bezug auf § 439 Abs. 3 HGB: Palandt/*Ellenberger*, § 203 Rn 1; *Pfeiffer*, in: Westermann (Hrsg.), Das Schuldrecht 2002, S. 215, 234; *von Waldstein/Holland*, TranspR 2003, 387, 395.
145 Vgl *Eidenmüller*, SchiedsVZ 2003, 163, 166 (Fn 17); MüKo/*Grothe*, § 203 Rn 13; Staudinger/*Peters/Jacoby*, § 203 Rn 20.
146 BGH VersR 2008, 1669, 1670 f; vgl auch LG Bonn, Urt. v. 7.6.2006 – 5 S 14/06, Rn 17 f (Anwendbarkeit des § 203 jedenfalls dann, wenn eine Hemmung nach § 439 Abs. 3 HGB nicht [mehr] gegeben ist).
147 S. auch BGH VersR 2008, 1669, 1670 f.

54 Die vorstehende Wertung gilt gleichermaßen für die Sondertatbestände des **§ 12 Abs. 3 S. 3 PflVG** und der **§§ 15 und 115 Abs. 2 S. 3 VVG**. Auch diese verdrängen § 203 nicht, sondern stehen neben der allgemeinen Hemmungsregelung des Verhandelns.[148]

55 Ob die vorstehenden Überlegungen auch auf das Verhältnis von **Art. 32 Abs. 2 CMR** und **Art. 58 § 3 CIM** zu § 203 übertragen werden können, ist in erster Linie davon abhängig, ob die jeweiligen Übereinkommen die Frage der Hemmung abschließend regeln. In diesem Fall wäre die Anwendung des § 203 ausgeschlossen. Sowohl Art. 32 Abs. 3 CMR als auch Art. 58 § 5 CIM verweisen jedoch für die Hemmung und Unterbrechung der Verjährung ergänzend auf das Recht des angerufenen Gerichts (Art. 32 Abs. 2 CMR) bzw des Landesrechts (Art. 58 § 5 CIM). Angesichts dessen bestehen keine Bedenken, auch im Anwendungsbereich dieser Übereinkommen die Regelung des § 203 parallel zu den genannten Sondervorschriften heranzuziehen.[149]

V. Übergangsrecht

56 Haben die Parteien bereits vor Inkrafttreten des SchuldRModG am 1.1.2002 Verhandlungen über einen Anspruch oder die den Anspruch begründenden Umstände geführt, diese jedoch erst nach dem 31.12.2001 beendet, richtet sich die intertemporale Anwendbarkeit des § 203 nach Art. 229 § 6 Abs. 1 S. 1 EGBGB. Die Neuregelung kommt danach unabhängig von dem Beginn der Verhandlungen frühestens am 1.1.2002 zum Tragen (vgl im Einzelnen Art. 229 § 6 EGBGB Rn 34).

57 Kam den vor dem 1.1.2002 begonnenen Verhandlungen bereits nach §§ 639 Abs. 2, 651 g Abs. 2 S. 3 oder 852 Abs. 2 aF Hemmungswirkung zu, bleibt gem. Art. 229 § 6 Abs. 1 S. 2 EGBGB die Anwendbarkeit dieser Normen bis zum 31.12.2001 unberührt. Ab dem 1.1.2002 ist dann auf die Regelungen des neuen Rechts zu rekurrieren. Sollten die den Tatbestand der alten Hemmungsregelungen erfüllenden Umstände auch nach dem 31.12.2002 weiterhin vorliegen, kann eine Hemmung nur noch unter den Voraussetzungen des § 203 sowie ggf des § 202 (vgl Rn 38) eintreten. Sollten diese nicht erfüllt sein (und kann auch nicht ausnahmsweise von einem Anerkenntnis des Schuldners iSd § 212 Abs. 1 Nr. 1 ausgegangen werden; vgl Rn 38), läuft die bis zum 31.12.2001 gehemmte Verjährungsfrist ab dem 1.1.2002 weiter (zur Bestimmung der nach dem 31.12.2001 maßgeblichen Frist s. Art. 229 § 6 EGBGB Rn 42 ff).

58 Diese **Übergangssituation kann zu unbefriedigenden Ergebnissen führen**. Hat ein Reisender etwa gem. § 651 g Abs. 2 S. 3 aF seine Gewährleistungsansprüche vor dem 1.1.2002 geltend gemacht, war die alte sechsmonatige Verjährungsfrist des § 651 g Abs. 2 S. 1 aF bislang bis zur schriftlichen Zurückweisung der Ansprüche gehemmt. Aufgrund der Aufhebung der reiserechtlichen Hemmungsregelung durch das SchuldRModG endet die Hemmung, sollten nicht ausnahmsweise die Voraussetzungen des § 203 erfüllt sein (vgl Rn 40), jedoch auch ohne eine entsprechende Äußerung des Reiseveranstalters spätestens mit Ablauf des 31.12.2001. Am 1.1.2002 läuft dann die sechsmonatige Verjährungsfrist des § 651 g Abs. 2 S. 1 aF weiter. Die neue zweijährige Frist des § 651 g Abs. 1 S. 1 ist, obwohl am 1.1.2002 in Kraft getreten, nicht heranzuziehen, da nach Art. 229 § 6 Abs. 3 EGBGB im Übergangsfall die kürzere alte Frist weiter Gültigkeit besitzt. Damit steht der Reisende durch die Kombination alter und neuer Regelungen jedoch schlechter als dies der Fall wäre, wenn nur altes oder nur neues Recht angewandt würde. Im ersten Fall käme zwar die alte Sechsmonatsfrist des § 651 g Abs. 2 S. 1 aF zum Tragen, diese kann jedoch durch bloße Anmeldung des Anspruchs gehemmt werden, im zweiten Fall ist eine derartige Hemmung zwar nicht mehr vorgesehen, die Frist ist jedoch auf zwei Jahre verlängert worden. Die durch das Übergangsrecht bedingte Anwendbarkeit der kurzen Frist ohne den Ausgleich einer einseitig durch die Geltendmachung des Anspruchs zu bewirkenden Hemmung zwingt den Gläubiger nunmehr dazu, unmittelbar nach Beendigung der ursprünglich durch § 651 g Abs. 2 S. 3 aF bewirkten Hemmung gerichtliche Schritte gegen den Schuldner einzuleiten. Von der erneuten In-Lauf-Setzung der Verjährungsfrist am 1.1.2002 werden allerdings viele Reisende überrascht worden sein. Um der unbeabsichtigten Friktion in Überleitungsfällen zu begegnen, sollte daher nicht nur auf die Hemmungsmöglichkeiten des

148 Ebenso MüKo/*Grothe*, § 203 Rn 13; s. auch *Eidenmüller*, SchiedsVZ 2003, 163, 166 (Fn 17); Palandt/*Ellenberger*, § 203 Rn 1 für § 12 Abs. 3 S. 3 PflVG. Das OLG Frankfurt hat in einem Fall, in dem nach einer Entscheidung iSd § 12 Abs. 2 VVG aF (jetzt § 15 VVG) (wieder) Verhandlungen aufgenommen worden waren, angenommen, dass die Verjährung nach § 203 S. 1 iVm § 12 Abs. 2 VVG aF so lange gehemmt ist, bis der Versicherer erneut schriftlich entschieden hat (Beschl. v. 16.9.2009 – 7 U 257/08, Rn 23). Hier ist einzuwenden, dass die Hemmung nach § 203 auch dann, wenn sie nach oder neben der Anmeldung von Ansprüchen iSd § 12 Abs. 2 VVG aF (§ 15 VVG) erfolgt, allein nach den für § 203 maßgeblichen Regeln endet. Eine Verbindung von § 203 S. 1 und § 12 Abs. 2 VVG aF (§ 15 VVG) in dem Sinne, dass die Voraussetzung der Beendigung von Verhandlungen iSd § 203 dem VVG zu entnehmen sind, ist nicht angezeigt; vgl auch OLG Düsseldorf, Urt. v. 29.10.2001 – 1 U 39/01, Rn 52 ff; MüKo/*Grothe*, § 203 Rn 13.

149 Ebenso MüKo/*Grothe*, § 203 Rn 13; zu Art. 32 Abs. 2 CMR auch *Eidenmüller*, SchiedsVZ 2003, 163, 166 (Fn 17); *Koller*, TranspR 2001, 425, 427; Ebenroth/Boujong/Joost/Strohn/*Bahnsen*, HGB, 2. Aufl. 2009, Art. 32 CMR Rn 30 f; zu Art. 58 § 3 CIM auch MüKo-HGB/*Freise*, 2. Aufl. 2009, Art. 48 CIM Rn 20.

§ 204 Abs. 1 verwiesen, sondern eine Auflösung im Wege der Anpassung in Erwägung gezogen werden.[150] Möglich ist dies entweder durch eine teleologische Reduktion des Art. 229 § 6 Abs. 3 EGBGB in der Form, dass lediglich die Verweisung in Art. 229 § 6 Abs. 1 S. 1 EGBGB zum Tragen kommt, mithin ausnahmsweise die längere neue Frist des § 651 g Abs. 2 S. 1 ab dem 1.1.2002 Gültigkeit besitzt (kollisionsrechtliche Lösung), oder aber man führt eine materiellrechtliche Anpassung dergestalt durch, dass die Regelung des § 203 ausnahmsweise auch die bisher von § 651 g Abs. 2 S. 3 behandelten Konstellationen umfasst.[151] Vorzugswürdig erscheint der erstgenannte Weg.

C. Weitere praktische Hinweise

I. Beweislast

Darlegungs- und beweispflichtig für den **Beginn der Verhandlungen** ist nach allg. Ansicht der sich auf die Hemmungswirkung des § 203 berufende Gläubiger.[152] Für die **Beendigung der Verhandlungen** trägt nach herrschender Ansicht der Schuldner die Darlegungs- und Beweislast.[153] Begründet wird die vorbeschriebene Teilung der Beweislast regelmäßig mit dem Hinweis, dass die mit dem Ende der Verhandlungen verbundene Beendigung der Hemmungswirkung eine für den Schuldner vorteilhafte Rechtsfolge zeitige und daher nach allgemeinen Beweislastregeln von Letzterem zu belegen sei.[154] Ebenfalls auf die allgemeinen Regeln verweist allerdings auch die Gegenmeinung, nach welcher der Gläubiger nicht nur für die den Hemmungsbeginn auslösenden Tatsachen, sondern auch für deren Fortbestand beweisbelastet ist, sollte der Schuldner die den Hemmungsfortbestand tragenden Tatsachen substantiiert bestreiten.[155] Zuzugeben ist beiden Ansichten, dass in § 203 eine ausdrückliche Bestimmung der Beweislast fehlt, so dass grundsätzlich auf die allgemein anerkannte Grundregel zurückzugreifen ist, nach der die Beweislast für rechtshemmende Tatsachen (zu denen auch die die Verjährung stützenden Tatsachen zählen) der Anspruchsgegner trägt, während dem Anspruchsteller die Beweislast für die Tatsachen obliegt, welche die Hemmung des Anspruchs hindern. Einwendungen gegen die Hemmungshinderung hat dann wiederum der Anspruchsgegner zu beweisen, etc.[156] Für die hier zu beantwortende Frage, wer die Beweislast für den Abbruch der Verhandlungen trägt, gibt dieser Grundsatz jedoch keine klare Antwort. Die an den Verhandlungsbeginn geknüpfte Verjährungshemmung und der an die Beendigung der Verhandlungen geknüpfte Fortgang des Verjährungslaufs sind nicht Rechtsfolgen zweier sich gegenüberstehender Vorschriften, deren Voraussetzungen eindeutig von unterschiedlichen Parteien zu beweisen sind, sondern resultieren aus derselben Norm: § 203 S. 1. Dem Schuldner kann daher nur dann die Beweislast für den Abbruch der Verhandlungen auferlegt werden, wenn der Tatbestand des § 203 einer Untergliederung zugänglich sein sollte, die entsprechend der obigen Grundregel eine unterschiedliche Beweislastverteilung auch für die verschiedenen Tatbestandsmerkmale des S. 1 erlaubt.[157] Voraussetzen würde dies, dass der Gesetzgeber die Beendigung der Verhandlungen als rechtshindernde Tatsache im Verhältnis zu dem die Hemmung begründenden Verhandlungsbeginn ausgestalten wollte. *Leipold* spricht in allgemeinem Zusammenhang von einem Regel-Ausnahme-Verhältnis: Kann eine Rechtsfolge als Regelfall betrachtet werden, muss derjenige, der sich auf die Ausnahme beruft, deren Voraussetzungen darlegen und beweisen.[158] Die nach dem Verhandlungsbeginn einsetzende Hemmung der Verjährung müsste danach der vom Gesetz vorgesehene 59

150 Vgl zu diesem aus dem Internationalen Privatrecht bekannten Begriff *Kegel/Schurig*, § 8, S. 357 ff.

151 AA *Oppenborn*, Verhandlungen und Verjährung, 2008, S. 169, der eine Anpassung unter Hinweis auf die gesetzliche Risikoverteilung, die dem Gläubiger die Pflicht zur Beobachtung von Rechtsänderungen zuweise, sowie die Gefährdung der Rechtssicherheit generell ablehnt. *Oppenborn* übersieht dabei allerdings, dass die starre Fixierung auf den Wortlaut eine Rechtslage perpetuierte, die vom Gesetzgeber ersichtlich nicht gewollt war. Der faktische Rechtsverlust, den der Gläubiger durch einen Verjährungseintritt erleidet, ist allgemein nur dann zu rechtfertigen, wenn zuvor eine realistische Chance eröffnet wurde, die betreffenden Ansprüche durchzusetzen (vgl *Mansel/Budzikiewicz*, Das neue Verjährungsrecht, 2002, § 1 Rn 56). Dies wäre bei der von *Oppenborn* vertretenen Auffassung nicht grundsätzlich gesichert.

152 OLG Köln, Urt. v. 25.4.2007 – 11 U 136/06, Rn 22; Staudinger/*Peters/Jacoby*, § 203 Rn 19; *von Waldstein/Holland*, TranspR 2003, 387, 395; *Weyer*, NZBau 2002, 366, 370; ferner MüKo/*Grothe*, § 203 Rn 1; Soergel/*Niedenführ*, Vor § 203 Rn 12.

153 BGH NJW 2008, 576, 578; OLG Köln, Urt. v. 25.4.2007 – 11 U 136/06, Rn 22; Staudinger/*Peters/Jacoby*, § 203 Rn 19; *von Waldstein/Holland*, TranspR 2003, 387, 395; *Weyer*, NZBau 2003, 366, 370; *Fischinger*, VersR 2005, 1641, 1644; *Luckey*, VersR 2011, 896. AA MüKo/*Grothe*, § 203 Rn 1, der allg. die Beweislast für Beginn und Dauer der Hemmung dem Gläubiger auferlegt.

154 So ausdr. *von Waldstein/Holland*, TranspR 2003, 387, 395; ferner Staudinger/*Peters/Jacoby*, § 203 Rn 19; *Weyer*, NZBau 2003, 366, 370.

155 MüKo/*Grothe*, § 203 Rn 1.

156 Vgl nur BGH NJW 1999, 352, 353; Zöller/*Greger*, ZPO, Vor § 284 Rn 17; Stein/Jonas/*Leipold*, ZPO, § 286 Rn 62; Thomas/Putzo/*Reichold*, ZPO, Vor § 284 Rn 23.

157 Zu der grundsätzlichen Möglichkeit einer derartigen Untergliederung eines Rechtssatzes unter dem Aspekt der Beweislasttragung s. Stein/Jonas/*Leipold*, ZPO § 286 Rn 69 f.

158 Stein/Jonas/*Leipold*, ZPO § 286 Rn 69.

Regelfall sein, die Beendigung durch Verhandlungsabbruch die (vom Schuldner zu beweisende) Ausnahme. Ob ein derartiges Verständnis des S. 1 möglich ist, muss im Wege der Auslegung[159] ermittelt werden. Dabei ist zu berücksichtigen, dass die Hemmung während des Andauerns von Verhandlungen eine Ausprägung des Grundsatzes von Treu und Glauben darstellt (vgl Rn 3). Schon der Verhandlungsbeginn erfüllt damit im Grunde die Voraussetzungen eines eigenen Rechtssatzes, nämlich des § 242, der in dem spezielleren S. 1 lediglich aufgeht. Hat der Gläubiger den Beginn der Verhandlungen dargelegt (und ggf bewiesen), kann er sich auf die Hemmungswirkung des S. 1 berufen. Die Hemmung endet dann erst mit dem Verhandlungsabbruch (S. 1: „[...] die Verjährung [ist] gehemmt, bis der eine oder der andere Teil die Fortsetzung der Verhandlungen verweigert"). Solange sich keine Partei auf den Verhandlungsabbruch beruft, wirkt sich die Hemmung zugunsten des Gläubigers aus. Die mit dem Verhandlungsbeginn verbundene Verjährungshemmung ließe sich unter diesem Gesichtspunkt mit der herrschenden Ansicht als der vom Gesetz vorgezeichnete Regelfall auffassen. Die Beendigung der Verhandlungen und damit der Fortgang des Verjährungslaufs wäre dann die Ausnahme von dieser Regel und als solche vom Schuldner darzulegen und zu beweisen. Zwingend ist dieser Ansatz jedoch nicht. Dem Gesetz ist keine Vermutung dafür zu entnehmen, dass einmal begründete Verhandlungen auch tatsächlich fortgesetzt werden.[160] Im Gegenteil wird in Literatur und Rechtsprechung überzeugend darauf hingewiesen, dass Verhandlungen nicht zuletzt dann als beendet anzusehen sind, wenn die Parteien sie einschlafen lassen (s. Rn 46 ff). Tragen die Parteien nicht vor, dass weiter verhandelt wurde, ist in diesem Fall keineswegs von einer widerlegbaren Vermutung für die Fortsetzung der Gespräche auszugehen, vielmehr gelten die Verhandlungen als abgebrochen, wenn es an Hinweisen für deren Fortsetzung fehlt. Daraus folgt aber, dass der Gläubiger, der sich auf eine Fortsetzung der Hemmung nach § 203 beruft, nicht nur den Beginn der Verhandlungen, sondern auch deren Andauern als die Verjährung hindernde Umstände darzulegen und zu beweisen hat.

II. Vermeidung von Beweisschwierigkeiten

60 Da der Gesetzgeber an den Beginn und das Ende der Verhandlungen keine formalen Bedingungen geknüpft hat, sind für den Nachweis der hemmungsbegründenden wie -beendenden Voraussetzungen Beweisschwierigkeiten zu erwarten. Um diesen bereits im Vorfeld zu begegnen, ist es zweckmäßig, mündliche Verhandlungen oder Verhandlungen per E-Mail deutlich zu **dokumentieren**. Sinnvoll erscheint es, mündliche Verhandlungen in einem nachfolgenden Schreiben (Ergebnisprotokoll etc.) an die andere Seite zu protokollieren.[161] Der **Gläubiger**, der dadurch den Beweis der Verjährungshemmung führen will, wird dabei den inhaltlichen Aspekt der Verhandlungen betonen.

61 Der **Schuldner**, der den Eintritt der Hemmung nach § 203 vermeiden möchte, darf sich auf eine sachliche Anspruchserörterung nicht einlassen und diese auch nicht in Aussicht stellen, will er das Eingreifen des Hemmungstatbestands vermeiden. Er muss deutlich machen, dass er die Anspruchserfüllung ablehnt und darüber auch nicht zu verhandeln bereit ist.[162] Entsprechendes gilt, wenn an einer Fortsetzung der Verhandlungen kein Interesse mehr besteht.

62 Auch der **Gläubiger** ist daran interessiert, durch die Mitteilung des Abbruchs der Verhandlungen die Hemmung nach § 203 zu beseitigen. Auf diese Weise schafft er Rechtsklarheit über das sonst schwer zu bestimmende Ende der Hemmung und vermeidet Streit über den Verjährungseintritt. Er sollte daher beim **„Einschlafen" der Verhandlungen** dem Schuldner das Ende seiner Verhandlungsbereitschaft und das Scheitern der Verhandlungen mitteilen.

63 Ist der Gläubiger noch gesprächsbereit, will er jedoch Rechtsklarheit schaffen, so kann er stattdessen den Schuldner **zur inhaltlichen Äußerung** bis zu einem Stichtag **auffordern** und mitteilen, dass er dann, wenn sich der Schuldner nicht bis zu dem Stichtag über den Anspruch oder die anspruchsbegründenden Tatsachen äußert, das weitere Verhandeln über den Anspruch ablehnt.[163]

III. Vertragliche Vereinbarungen

64 **1. Beginn und Ende der Verhandlungen.** Es empfiehlt sich, bereits in Verträgen den Zeitpunkt zu vereinbaren, ab welchem **Verhandlungen** als **begonnen** und als **gescheitert** gelten, um auf diese Weise den

159 Zur Auslegung von verjährungsrechtlichen Vorschriften s. Palandt/*Ellenberger*, Überbl. Vor § 194 Rn 12.
160 Darauf verweist auch MüKo/*Grothe*, § 203 Rn 1, bezugnehmend auf AnwK-BGB/*Mansel/Budzikiewicz*, § 203 Rn 49.
161 Ebenso *Mankowski/Höpker*, MDR 2004, 721, 723.
162 Vgl auch Henssler/von Westphalen/*Bereska*, Praxis der Schuldrechtsreform, 2. Aufl. 2003, § 203 Rn 3; *Mankowski/Höpker*, MDR 2004, 721, 723; s. auch *Luckey*, VersR 2011, 896.
163 Vgl auch *Eidenmüller*, SchiedsVZ 2003, 163, 167, der auf diesem Weg auch Sicherheit hinsichtlich des Verhandlungsbeginns schaffen möchte.

Anfang und das Ende der Hemmung nach § 203 vertraglich zu bestimmen.[164] Denkbar wäre etwa die Vereinbarung eines Schriftformerfordernisses.[165] Für die Fixierung des Verhandlungsendes wird vorgeschlagen, in Anlehnung an Art. 14:304 PECL (vgl Rn 9) den Zeitpunkt der letzten im Rahmen der Verhandlungen abgegebenen Erklärung als für die Beendigung der Verhandlungen maßgeblich festzulegen.[166] Umstritten ist, ob die Anwendbarkeit des § 203, zumindest individualvertraglich, auch **vollständig ausgeschlossen** werden kann.[167] Vor dem Hintergrund der im Verjährungsrecht geltenden Parteiautonomie bestehen hiergegen in den Grenzen des § 202 keine Bedenken.

Zweifelhaft ist jedoch, ob auch in **AGB** der Hemmungsgrund der Verhandlung des § 203 ausgeschlossen oder eingeschränkt werden kann,[168] etwa dahin, dass nur den Verhandlungen Hemmungswirkung zukommt, die eine bestimmte Vertragspartei, zB der Schuldner, eingeleitet hat. Es spricht vieles dafür, dass eine solche Regelung unangemessen iSd § 307 Abs. 2 Nr. 1 ist, weil sie beide Seiten ungleich behandelt.[169] 65

2. Nachbesserung. Steht die Durchführung von **Nachbesserungsversuchen** in Rede, sollte vereinbart werden, dass die Verjährung der Mängelgewährleistungsansprüche wegen der geltend gemachten Mängel, zu deren Behebung der Nachbesserungsversuch dient, während der Dauer der Nachbesserung bis zur Verweigerung der (weiteren) Nachbesserung gehemmt ist. Für den Schuldner wäre eine vereinbarte Hemmung für alle bestehenden Mängelgewährleistungsansprüche hinsichtlich des Nachbesserungsgegenstandes vorteilhafter. Allerdings könnte ein solcher umfassender Hemmungstatbestand im Einzelfall nach entsprechender Gesamtwürdigung unangemessen iSd § 307 Abs. 2 Nr. 1 und in **AGB** deshalb unwirksam sein. Denn die Hemmung würde auch solche, gegebenenfalls noch unerkannten Mängel erfassen, die nicht der Grund für die Nachbesserungsversuche sind. 66

§ 204 Hemmung der Verjährung durch Rechtsverfolgung

(1) Die Verjährung wird gehemmt durch

1. **die Erhebung der Klage auf Leistung oder auf Feststellung des Anspruchs, auf Erteilung der Vollstreckungsklausel oder auf Erlass des Vollstreckungsurteils,**
2. **die Zustellung des Antrags im vereinfachten Verfahren über den Unterhalt Minderjähriger,**
3. **die Zustellung des Mahnbescheids im Mahnverfahren oder des Europäischen Zahlungsbefehls im Europäischen Mahnverfahren nach der Verordnung (EG) Nr. 1896/2006 des Europäischen Parlaments und des Rates vom 12. Dezember 2006 zur Einführung eines Europäischen Mahnverfahrens (ABl. EU Nr. L 399 S. 1),**
4. **die Veranlassung der Bekanntgabe des Güteantrags, der bei einer durch die Landesjustizverwaltung eingerichteten oder anerkannten Gütestelle oder, wenn die Parteien den Einigungsversuch einvernehmlich unternehmen, bei einer sonstigen Gütestelle, die Streitbeilegungen betreibt, eingereicht ist; wird die Bekanntgabe demnächst nach der Einreichung des Antrags veranlasst, so tritt die Hemmung der Verjährung bereits mit der Einreichung ein,**
5. **die Geltendmachung der Aufrechnung des Anspruchs im Prozess,**
6. **die Zustellung der Streitverkündung,**
7. **die Zustellung des Antrags auf Durchführung eines selbständigen Beweisverfahrens,**
8. **den Beginn eines vereinbarten Begutachtungsverfahrens,**
9. **die Zustellung des Antrags auf Erlass eines Arrests, einer einstweiligen Verfügung oder einer einstweiligen Anordnung, oder, wenn der Antrag nicht zugestellt wird, dessen Einreichung, wenn der Arrestbefehl, die einstweilige Verfügung oder die einstweilige Anordnung innerhalb eines Monats seit Verkündung oder Zustellung an den Gläubiger dem Schuldner zugestellt wird,**
10. **die Anmeldung des Anspruchs im Insolvenzverfahren oder im Schifffahrtsrechtlichen Verteilungsverfahren,**
11. **den Beginn des schiedsrichterlichen Verfahrens,**

164 S. *Eidenmüller*, SchiedsVZ 2003, 163, 167; *Mankowski/Höpker*, MDR 2004, 721, 727; *Wagner*, ZfIR 2002, 257, 259; *Ziegler/Rieder*, ZIP 2001, 1789, 1799.

165 *Eidenmüller*, SchiedsVZ 2003, 163, 167.

166 *Krämer*, ZGS 2003, 379, 383.

167 Einen Ausschluss für zulässig halten: *Eidenmüller*, SchiedsVZ 2003, 163, 167; *Hakenberg*, DRiZ 2002, 370, 375; *Auktor/Mönch*, NJW 2005, 1686, 1688; *Fischinger*, VersR 2005, 1641, 1642; vgl auch *Mankowski/Höpker*, MDR 2004, 721, 727, die § 203 zwar grds. als dispositiv ansehen, eine Einschränkung des § 203 S. 2 jedoch nur in engen Grenzen zulassen wollen. Gegen die Abdingbarkeit des § 203: Staudinger/*Peters/Jacoby*, § 203 Rn 18; *Oppenborn*, Verhandlungen und Verjährung, 2008, S. 209 ff.

168 Vgl *Eidenmüller*, SchiedsVZ 2003, 163, 169 unter Hinw. auf §§ 307, 309 Nr. 7 a) und b), Nr. 8 b) ff) Hs 1 Alt. 1.

169 *Mankowski/Höpker*, MDR 2004, 721, 727; vgl auch Staudinger/*Peters/Jacoby*, § 203 Rn 18; *Auktor/Mönch*, NJW 2005, 1686, 1688.

12. die Einreichung des Antrags bei einer Behörde, wenn die Zulässigkeit der Klage von der Vorentscheidung dieser Behörde abhängt und innerhalb von drei Monaten nach Erledigung des Gesuchs die Klage erhoben wird; dies gilt entsprechend für bei einem Gericht oder bei einer in Nummer 4 bezeichneten Gütestelle zu stellende Anträge, deren Zulässigkeit von der Vorentscheidung einer Behörde abhängt,
13. die Einreichung des Antrags bei dem höheren Gericht, wenn dieses das zuständige Gericht zu bestimmen hat und innerhalb von drei Monaten nach Erledigung des Gesuchs die Klage erhoben oder der Antrag, für den die Gerichtsstandsbestimmung zu erfolgen hat, gestellt wird, und
14. die Veranlassung der Bekanntgabe des erstmaligen Antrags auf Gewährung von Prozesskostenhilfe oder Verfahrenskostenhilfe; wird die Bekanntgabe demnächst nach der Einreichung des Antrags veranlasst, so tritt die Hemmung der Verjährung bereits mit der Einreichung ein.

(2) [1]Die Hemmung nach Absatz 1 endet sechs Monate nach der rechtskräftigen Entscheidung oder anderweitigen Beendigung des eingeleiteten Verfahrens. [2]Gerät das Verfahren dadurch in Stillstand, dass die Parteien es nicht betreiben, so tritt an die Stelle der Beendigung des Verfahrens die letzte Verfahrenshandlung der Parteien, des Gerichts oder der sonst mit dem Verfahren befassten Stelle. [3]Die Hemmung beginnt erneut, wenn eine der Parteien das Verfahren weiter betreibt.

(3) Auf die Frist nach Absatz 1 Nr. 9, 12 und 13 finden die §§ 206, 210 und 211 entsprechende Anwendung.

Literatur: *Althammer/Würdinger*, Die verjährungsrechtlichen Auswirkungen der Streitverkündung, NJW 2008, 2620; *von Bernuth/Hoffmann*, Nach der Schuldrechtsreform: Verjährungshemmung bei Klagen vor einem ordentlichen Gericht trotz Schiedsklausel, SchiedsVZ 2006, 127; *Budzikiewicz*, Unterbrechung der Verjährung durch Auslandsklage, ZEuP 2010, 415; *Ebert*, Verjährungshemmung durch Mahnverfahren, NJW 2003, 732; *Eidenmüller*, Die Auswirkung der Einleitung eines ADR-Verfahrens auf die Verjährung, SchiedsVZ 2003, 163; *Friedrich*, Verjährungshemmung durch Güteverfahren, NJW 2003, 1781; *Gartz*, Verjährungsprobleme bei selbstständigen Beweisverfahren, NZBau 2010, 676; *Helm*, Anforderungen an die Formulierung des selbstständigen Beweisantrags zur Hemmung der Verjährung, NZBau 2011, 328; *Kähler*, Verjährungshemmung nur bei Klage des Berechtigten?, NJW 2006, 1769; *Klaft/Nossek*, Hemmung von Vergütungsansprüchen des Werkunternehmers durch selbständiges Beweisverfahren?, BauR 2008, 1980; *Klos*, Der Lauf der Verjährung bei Mediation und sonstigen außergerichtlichen Streitlösungsmodellen, NJ 2010, 100; *Klose*, Die Hemmung der Verjährung durch den Antrag auf Erlass eines Mahnbescheids, MDR 2010, 11; *Köhne/Langner*, Geltendmachung von Gegenforderungen im internationalen Schiedsverfahren, RIW 2003, 361; *Kuntze-Kaufhold/Beichel-Benedetti*, Verjährungsrechtliche Auswirkungen durch das Europäische Zustellungsrecht, NJW 2003, 1998; *Lau*, Die Reichweite der Verjährungshemmung bei Klageerhebung, 2008; *Maurer*, Verjährungshemmung durch vorläufigen Rechtsschutz, GRUR 2003, 208; *McGuire*, Verfahrenskoordination und Verjährungsunterbrechung im Europäischen Prozessrecht, 2004; *Meyer*, Verjährung von Schadensersatzansprüchen bei bezifferter verdeckter Teilklage, NJW 2002, 3067; *Nordmeier*, Die Bedeutung des anwendbaren Rechts für die Rückwirkung der Zustellung nach § 167 ZPO, ZZP 124 (2011) 95; *Peters*, Der Antrag auf Gewährung von Prozesskostenhilfe und die Hemmung der Verjährung, JR 2004, 137; *Peters/Zimmermann*, Der Einfluß von Fristen auf Schuldverhältnisse, in: Bundesministerium der Justiz (Hrsg.), Gutachten und Vorschläge zur Überarbeitung des Schuldrechts, Band I, 1981, S. 260 ff; *Rabe*, Verjährungshemmung nur bei Klage des Berechtigten?, NJW 2006, 3089; *Schach*, Hemmung der Verjährungszustellung „demnächst", GE 2002, 1118; *Saerbeck*, Zur Hemmung der Verjährung durch Rechtsverfolgung, in: FS Thode, 2005, S. 139; *Seibel*, Die Verjährungshemmung im selbstständigen Beweisverfahren nach § 204 Abs. 1 Nr. 7 BGB, ZfBR 2008, 9; *Smid/Böttger*, § 204 Abs. 1 Nr. 14 BGB und die Folgen fehlender Veranlassung der Bekanntgabe des PKH-Antrags, DZWIR 2005, 485; *Spickhoff*, Verjährungsunterbrechung durch ausländische Beweissicherungsverfahren, IPRax 2001, 37; *Staudinger/Eidenmüller*, Verjährungshemmung leicht gemacht: Prospekthaftung der Telekom vor der Gütestelle, NJW 2004, 23; *Vollkommer/Huber*, Neues Europäisches Zivilverfahrensrecht in Deutschland – Das Gesetz zur Verbesserung der grenzüberschreitenden Forderungsdurchsetzung und Zustellung, NJW 2009, 1105; *Weyer*, Selbständiges Beweisverfahren und Verjährung von Baumängelansprüchen nach künftigem Recht, BauR 2001, 1807; *ders.*, Keine Verjährungshemmung ohne förmliche Zustellung des Beweissicherungsantrags, NZBau 2008, 228; *Wilke*, Verfahrenseinleitung und Verjährungshemmung in AAA-, DIS- und ICC-Schiedsverfahren, RIW 2007, 189; *Windthorst*, Die Wirkung des Antrags auf Feststellung der Zulässigkeit eines schiedsrichterlichen Verfahrens (§ 1032 Abs. 2 ZPO) auf die Verjährung, SchiedsVZ 2004, 230; *Wolf*, Verjährungshemmung auch durch Klage vor einem international unzuständigen ausländischen Gericht?, IPRax 2007, 180; *Zenker*, Geltendmachung der Insolvenz- und der Gläubigeranfechtung, NJW 2008, 1038.

A. Allgemeines

Nach § 204 führt die Geltendmachung des Anspruchs in einer Klage oder in anderen förmlichen Verfahren grundsätzlich (vgl Rn 12, 16) zu einer Hemmung der Verjährung. Der Verjährungslauf wird für die Dauer der Hemmung angehalten (zu den Wirkungen einer Verjährungshemmung siehe im Einzelnen § 209 Rn 7 ff). Zweck des § 204 ist der Schutz des Gläubigers davor, dass der Anspruch[1] während des Verfahrens zu seiner Durchsetzung verjährt, oder aber davor, dass Verjährung eintritt, nachdem der Anspruch mit der Möglichkeit einer rechtskräftigen Entscheidung über diesen in das Verfahren über einen anderen Anspruch eingeführt wurde (Prozessaufrechnung, § 322 Abs. 2 ZPO).[2] Dieser Schutz wird gewährleistet, indem dem Gläubiger nach dem Ende des Verfahrens der Rest der gehemmten (angehaltenen) Verjährungsfrist zur Verfügung steht, ergänzt um eine sechsmonatige Nachfrist nach Maßgabe des Abs. 2 S. 1 und S. 2. **Art. 8 Abs. 2 Mediations-Richtlinie** verlangt von den EU-Mitgliedstaaten sicherzustellen, dass die Parteien, die eine Streitigkeit im Wege der Mediation beizulegen versucht haben, im Anschluss daran nicht durch das Ablaufen der Verjährungsfristen während des Mediationsverfahrens daran gehindert werden, ein Gerichts- oder Schiedsverfahren hinsichtlich derselben Streitigkeit einzuleiten. § 204 Abs. 1 Nr. 1, 11 ist insoweit richtlinienkonform auszulegen (s. Vor §§ 194–218 Rn 18). 1

Vor Inkrafttreten des SchuldRModG hatte die rechtsförmliche Anspruchserhebung regelmäßig zu einer Unterbrechung (nach neuer Terminologie: Neubeginn) der Verjährung geführt, siehe vor allem §§ 209 f aF und § 220 aF. Nach Beendigung der Unterbrechung begann dann die Verjährung in der vollen Länge der Frist erneut von vorne zu laufen (§ 217 aF). Diese Regelung hatte bereits das am Anfang des Vorhabens der Kodifizierung eines neuen Verjährungsrechts stehende Gutachten von *Peters/Zimmermann* als unsystematisch und über das Schutzziel hinausreichend kritisiert. Sachgerechter sollte nach Ansicht der beiden Gutachter statt der Unterbrechung eine Verjährungshemmung sein.[3] 2

Der Gesetzgeber des SchuldRModG ist dieser Kritik gefolgt.[4] Entsprechend den Vorschlägen der Gutachter[5] sieht Abs. 1 in den Fällen der §§ 209, 210, 220 aF mit Ausnahme des Falles des § 209 Abs. 2 Nr. 5 aF (Vornahme einer Vollstreckungshandlung; nunmehr geregelt in dem Neubeginntatbestand des § 212 Abs. 1 Nr. 2) statt bisher eine Unterbrechung jetzt eine Hemmung der Verjährung vor. 3

Darüber hinaus verallgemeinert Abs. 1 einige spezielle Hemmungstatbestände des alten Rechts und schafft wenige – in Anlehnung an bisherige Rechtsprechungsentwicklungen[6] – neu. Zu weiteren Hemmungstatbeständen außerhalb des BGB siehe Vor §§ 203–213 Rn 11. 4

Die Umgestaltung der bisherigen Unterbrechungstatbestände zu Hemmungstatbeständen ist im Ergebnis weniger einschneidend, als es zunächst den Anschein hat.[7] Schon unter altem Recht war in den Fällen, in denen die Klage zu einem rechtskräftigen Titel oder zur Abweisung der Klage in der Sache selbst führte, die nach Abschluss des Verfahrens (§ 211 Abs. 1 aF, § 217 Hs 2 aF) erneut anlaufende alte Verjährungsfrist nicht mehr 5

1 Gemeint ist damit der Anspruch iSv § 194 BGB, LAG Rheinland-Pfalz, Urt. v. 5.6.2008 – 10 Sa 699/07, BeckRS 2008, 55356, Tz. 49.
2 BT-Drucks. 14/6040, S. 112.
3 *Peters/Zimmermann*, Der Einfluß von Fristen, S. 308.
4 BT-Drucks. 14/6040, S. 112 f.
5 *Peters/Zimmermann*, Der Einfluß von Fristen, S. 307 ff, 316 f zu §§ 205 ff des dortigen Entwurfs.
6 Näher *Zimmermann/Leenen* u.a., JZ 2001, 684, 696.
7 Zu der nachfolgenden Kritik an den Unterbrechungstatbeständen des alten Rechts s. BT-Drucks. 14/6040, S. 112 in Übernahme von *Peters/Zimmermann*, Der Einfluß von Fristen, S. 260 ff, 308.

von Interesse, da jetzt entweder die lange Verjährungsfrist für titulierte Ansprüche lief oder aber rechtskräftig feststand, dass der Anspruch nicht gegeben war.

6 Entsprechendes gilt nach neuem Recht: Bei **Verfahrenserfolg** ergibt sich für den Regelfall der Hemmung nach Abs. 1 Nr. 1 eine neue, dreißigjährige Verjährungsfrist nach § 197 Abs. 1 Nr. 3, sodass der Hemmung der alten Frist keine Bedeutung mehr zukommt; bei rechtskräftiger **Klageabweisung** oder der Entscheidung über das Nichtbestehen der Gegenforderung im Fall der Aufrechnung (vgl § 322 Abs. 2 ZPO) läuft die Verzögerung des Verjährungseintritts nach Abs. 1 Nr. 1 bzw Nr. 5 ins Leere.

7 Unterschiede zwischen der alten Unterbrechungsregelung und den Hemmungstatbeständen des § 204 sind allerdings zu verzeichnen, wenn der **Prozess in Stillstand** gerät. Jedoch wurde zu dem nach altem Recht vorgesehenen Neubeginn der Verjährung bereits kritisch angemerkt, es sei nicht einzusehen, weshalb die Verjährung in diesem Fall zwingend neu in Lauf gesetzt werden sollte. Es könne gute Gründe (zB Vergleichsverhandlungen) dafür geben, die Sache einschließlich der Verjährung in der Schwebe zu halten.

8 Bedeutsam war die Verjährungsunterbrechung des alten Rechts ferner in den Fällen der **Klagerücknahme** oder der **Abweisung der Klage** durch Prozessurteil. Hier ließ das bisherige Recht (§ 212 aF) die Unterbrechung rückwirkend entfallen; sie trat wieder ein, wenn der Gläubiger binnen sechs Monaten nach Rücknahme oder Klageabweisung erneut Klage erhob. Der Sache nach war das jedoch auch eine bloße Hemmung der Verjährung.

9 Für die Unterbrechung der Verjährung durch Maßnahmen nach dem bisherigen § 209 Abs. 2 waren weitgehend die gleichen Erwägungen anzustellen. Dort, wo die Unterbrechung praktische Wirkungen hatte, wirkte sie sich im Ergebnis wie eine Hemmung aus. Vor diesem Hintergrund war der durch das SchuldRModG vollzogene Schritt von der Unterbrechung zur Hemmung der Verjährung konsequent.

10 § 204 findet auf einige **gesetzliche Ausschlussfristen** kraft Verweisung entsprechende Anwendung. Hierzu zählen § 160 Abs. 1 S. 3 HGB sowie §§ 45 Abs. 2 S. 2, 133 Abs. 4 S. 2, 157 Abs. 2 S. 2, 224 Abs. 3 S. 2 UmwG. Außerhalb ausdrücklicher Verweisungen ist eine Übertragung oder analoge Anwendung des § 204 auf (gesetzliche oder vereinbarte) Fristen jedenfalls im Grundsatz wegen der unterschiedlichen Funktionsweisen von Ausschluss- und Verjährungsfristen nicht eröffnet.[8] Dies schließt jedoch nicht aus, dass im Einzelfall nach Sinn und Zweck der jeweiligen betroffenen Vorschrift einzelne für die Verjährung geltende Regelungen entsprechend angewandt werden.[9]

11 Die **Grundregeln des Europäischen Vertragsrechts** (dazu Vor §§ 194–218 Rn 20 ff) enthalten keine dem § 204 unmittelbar entsprechende Vorschrift. In Art. 14:302 der Principles of European Contract Law (PECL)[10] findet sich aber zumindest eine partiell ähnliche Regelung. Die Norm statuiert eine Verjährungshemmung für den Fall, dass ein gerichtliches Verfahren über den Anspruch eingeleitet wird (Art. 14:302 Abs. 1 PECL). Die Hemmung soll andauern, bis über den Anspruch rechtskräftig entschieden wurde oder der Rechtsstreit anderweitig erledigt ist (Art. 14:302 Abs. 2 PECL). Eine dem § 204 Abs. 2 entsprechende Nachfrist von sechs Monaten ist nicht vorgesehen. Für Schiedsverfahren sowie für alle anderen Verfahren, die eingeleitet werden, um eine vollstreckbare Urkunde zu erhalten, soll die Hemmungsregelung des Art. 14:302 Abs. 1 und Abs. 2 PECL entsprechend gelten (Art. 14:302 Abs. 1 PECL).

B. Regelungsgehalt

I. Anwendungsbereich

12 § 204 findet grundsätzlich auf **alle verjährbaren Ansprüche** Anwendung, sofern diese zumindest in Bezug auf die Frage der Hemmung vollständig oder ergänzend den Regelungen des allgemeinen Verjährungsrechts in §§ 203 ff unterfallen.[11] Beachtet werden muss allerdings, dass die Anwendung des § 204 in einigen Sondergesetzen für geringfügige Ansprüche **eingeschränkt** ist (vgl § 5 Abs. 3 S. 4 GKG; § 17 Abs. 3 S. 3 KostO; § 8 Abs. 3 S. 4 GvKostG; § 2 Abs. 4 S. 2 JVEG iVm § 5 Abs. 3 S. 4 GKG: Bei Beträgen unter 25 EUR wird

8 BGH NJW 2009, 283, 284, Tz. 26 (keine analoge Anwendung von § 204 Abs. 1 Nr. 1 BGB auf die Ausschlussfrist des § 556 Abs. 3 S. 2 BGB); BGH NJW 2008, 2258, 2259 f, Tz. 21 (zu § 212 Abs. 1 Nr. 1 BGB); Soergel/*Niedenführ*, Vor § 203 Rn 10. Zu der Anwendbarkeit des § 204 auf tarifliche Ausschlussfristen vgl LAG Chemnitz, Urt. v. 14.7.2003 – 3 Sa 814/02, Juris-Dok.-Nr. KARE600009365 (eine Anwendung des § 204 auf tarifliche Ausschlussfristen ist nicht möglich); aA *Fromm*, ZTR 2003, 70, 72 f (Kündigungsschutzklage führt auch zur Hemmung sog. zweistufiger tariflicher Ausschlussfristen).

9 BGHZ 112, 95, 101 f; BGHZ 73, 99, 101; BGH NJW-RR 2006, 619, 620, Tz. 18 (zu § 209 Abs. 2 Nr. 4 aF).

10 In deutscher Sprache veröffentlicht in ZEuP 2003, 895 ff. Art. 14:302 PECL entspricht Art. 17:106 PECL der vorherigen Fassung, abgedruckt in ZEuP 2001, 400.

11 Zur Anwendbarkeit des § 204 im öffentlichen Recht vgl *Guckelberger*, Die Verjährung im Öffentlichen Recht, 2004, S. 600 f; ferner BSGE 92, 159: § 204 Abs. 2 S. 2 ist auf das sozialrechtliche Verwaltungsverfahren nicht entspr. anwendbar.

die Verjährung nicht gehemmt). Vollständig **ausgeschlossen** wird die Anwendung der allgemeinen Hemmungstatbestände (und damit auch des § 204) in § 759 Abs. 3 S. 2 HGB. § 204 wird hinsichtlich der Hemmung der Verjährung **öffentlich-rechtlicher** Ansprüche bzw der Verjährungshemmung durch Erhebung öffentlich-rechtlicher Klagen **entsprechend** angewandt (s. § 194 Rn 20 mwN).

Über § 939 Abs. 1 erstreckt sich die Wirkung des § 204 auch auf die **Ersitzung**. Ist der Herausgabeanspruch gegen den Eigenbesitzer oder den sein Besitzrecht von diesem ableitenden Besitzmittler durch Maßnahmen der Rechtsverfolgung iSd Abs. 1 gehemmt, wird zugleich das Ende der Ersitzungszeit (§ 937 Abs. 1) entsprechend hinausgeschoben. **13**

II. Antragstellung durch den Berechtigten

Die Anträge, welche nach Abs. 1 zur Hemmung führen, müssen stets von dem zur Anspruchserhebung Berechtigten gestellt werden, um die Verjährung zu hemmen (vgl auch Rn 29, 36 f, 94).[12] Dieser Grundsatz war schon im bisherigen Recht anerkannt (vgl auch § 209 Abs. 1 aF, der ausdrücklich die Klage des „Berechtigten" voraussetzte)[13] und gilt unter neuem Recht fort. Als **Berechtigter** iSd Abs. 1 ist dabei nicht nur der ursprüngliche Rechtsinhaber sowie dessen Rechtsnachfolger (zB Erbe oder Zessionar) zu betrachten, sondern auch der wirksam zur Durchsetzung einer Forderung kraft Gesetzes oder kraft gewillkürter Prozessstandschaft Ermächtigte.[14] **14**

Die volle **Ausschöpfung der Verjährungsfrist** bis zum letzten Tag ist zulässig. Der Antrag, der zur Hemmung führt, kann daher auch erst in letzter Minute gestellt werden.[15] Die Bestimmung von Beginn und **Ende der Verjährungsfrist** ist auf der Grundlage der §§ 186 ff durchzuführen. § 193 kommt zumindest entsprechend zur Anwendung (vgl auch § 193 Rn 2 f), sodass sich der Eintritt der Verjährung in den Fällen, in denen der Fristablauf rechnerisch nach § 188 auf einen Wochenend- oder Feiertag fiele, auf den nächsten Werktag (24.00 Uhr) verschiebt.[16] **15**

III. Rechtsmissbrauch, § 242

Zu beachten ist, dass rechtsmissbräuchliche Rechtsverfolgungsmaßnahmen im Sinne des Abs. 1 aus allgemeinen Überlegungen **keine Hemmungswirkung** hervorrufen können.[17] Reicht etwa ein Gläubiger in halbjährlicher Folge mehrere gleichgerichtete Anträge ein, die stets kurzfristig zurückgenommen werden, liegt die Annahme des Rechtsmissbrauchs nahe.[18] Die Berufung auf die Verjährungshemmung wäre dann gem. § 242 unbeachtlich.[19] **16**

IV. Hemmungstatbestände (Abs. 1)

1. Klageerhebung (Abs. 1 Nr. 1). a) Fortsetzung des alten Rechts. Die Hemmung durch Klageerhebung bzw Antragstellung gem. Abs. 1 Nr. 1 entspricht **§ 209 Abs. 1 aF** in seinem sachlichen Anwendungsbereich, nicht aber in der Rechtsfolge (jetzt Hemmung statt bisher Unterbrechung).[20] Daher kann zur Auslegung des Abs. 1 Nr. 1 auf die Ergebnisse der Rechtsprechung und Lehre zu § 209 Abs. 1 aF im Grundsatz zurückgegriffen werden, wenn dabei die unterschiedliche Rechtsfolgenanordnung beachtet wird. Soweit § 209 Abs. 1 aF von „Klage auf Befriedigung" gesprochen hat, wird in Abs. 1 Nr. 1 durch den Begriff „Klage auf Leistung" der Einklang mit der **Terminologie der ZPO** hergestellt. Eine sachliche Änderung ist damit nicht verbunden.[21] **17**

b) Klagearten. Der Tatbestand des Abs. 1 Nr. 1 setzt die **Klage auf Leistung** oder auf **positive Feststellung** eines Anspruchs (§ 256 ZPO), auf **Erlass eines Vollstreckungsurteils** (§§ 722, 1060, 1061 ZPO) oder auf **Erteilung der Vollstreckungsklausel** (§§ 731, 796, 797, 797 a, 800 ZPO) voraus. Wird keine Klage auf Erteilung der Vollstreckungsklausel erhoben, sondern nur ein entsprechender Antrag gestellt, genügt dies den **18**

12 Ausf. und mit zahlreichen Beispielen Staudinger/*Peters/Jacoby*, § 204 Rn 6 ff.
13 S. nur BGH NJW 1999, 3707; BGH NJW 1993, 1916 mwN.
14 BGH NJW 2010, 2270, 2271, Tz. 38; BGH NJW 1999, 3707; Staudinger/*Peters/Jacoby*, § 204 Rn 9 f.
15 S. bspw BGHZ 70, 235, 239 (zur Hemmung nach § 203 Abs. 2 aF durch Einreichung eines PKH-Antrages). Vgl auch Palandt/*Ellenberger*, § 204 Rn 8; Staudinger/*Peters/Jacoby*, § 204 Rn 34 (jeweils zur Hemmung nach Abs. 1 Nr. 1).
16 BGH WM 1978, 461, 464 (noch zu § 209 Abs. 1 aF); Palandt/*Ellenberger*, § 204 Rn 8; Staudinger/*Peters/Jacoby*, § 204 Rn 34.
17 Vgl auch MüKo/*Grothe*, § 204 Rn 3 für den Fall, dass die Klage nicht zum Zwecke der Durchsetzung des Anspruchs, sondern lediglich aufgrund der Hemmungswirkung erhoben wird.
18 Vgl auch *Ebert*, NJW 2003, 732, 733.
19 BT-Drucks. 14/6857, S. 43; zur rechtsmissbräuchlichen Hemmung der Verjährung durch Klageerhebung bei vorrangiger Schiedsvereinbarung s. *von Bernuth/Hoffmann*, SchiedsVZ 2006, 127, 129 f.
20 BT-Drucks. 14/6040, S. 113.
21 BT-Drucks. 14/6040, S. 113.

Voraussetzungen des Abs. 1 Nr. 1 nicht.[22] Eine **negative Feststellungsklage** führt nicht zur Verjährungshemmung zugunsten des sich verteidigenden Antragsgegners.[23] Keine verjährungshemmende Wirkung hingegen hat der Antrag auf Feststellung der Zulässigkeit oder Unzulässigkeit eines **schiedsrichterlichen Verfahrens** nach § 1032 Abs. 2 ZPO.[24]

19 Zumindest **entsprechend** heranzuziehen ist die letzte Alternative des Abs. 1 Nr. 1, sofern ein ausländisches Urteil im Inland auch auf andere Weise als durch Klage auf Erlass eines Vollstreckungsurteils zur Zwangsvollstreckung zugelassen werden kann (zB nach Art. 38 EuGVVO iVm § 4 Abs. 1 AVAG durch den **Antrag auf Vollstreckbarerklärung**[25] oder aufgrund der Verordnung zur Einführung eines europäischen Vollstreckungstitels für unbestrittene Forderungen[26] durch Antrag an das in- oder ausländische Ursprungsgericht auf Bestätigung der Entscheidung als **Europäischer Vollstreckungstitel**). In diesem Fall tritt die Hemmungswirkung des Abs. 1 Nr. 1 aufgrund der Antragstellung ein, sofern eine Anhörung des Schuldners nicht vorgesehen ist (vgl § 6 Abs. 1 AVAG), im Übrigen mit der Zustellung des verfahrenseinleitenden bzw eines diesem vergleichbaren Schriftstücks (vgl Art. 13 ff VO [EG] Nr. 805/2004). Entsprechendes gilt bei Anträgen auf Vollstreckbarkeitserklärung **in- oder ausländischer Schiedssprüche bzw -vergleiche**. Auch hier ist auf den Gedanken des Abs. 1 Nr. 1 letzte Alt. abzustellen und der Antragstellung Hemmungswirkung iSd der genannten Vorschrift zuzusprechen.[27]

20 **aa) Hilfsweise Antragstellung und Widerklage.** Der nach Abs. 1 Nr. 1 in seiner Verjährung zu hemmende Anspruch kann sowohl im Hauptantrag als auch **hilfsweise** geltend gemacht werden.[28] Im letztgenannten Fall tritt die Hemmung schon in dem Zeitpunkt ein, in dem der Hilfsantrag in den Prozess eingeführt wird, sei es bei Klageerhebung zusammen mit dem Hauptantrag, sei es ggf erst im Wege der Klageänderung (vgl Rn 30). Die Hemmungswirkung ist von der Entscheidung über den Hilfsantrag unabhängig und entfällt auch dann nicht rückwirkend, wenn dem Hauptantrag stattgegeben werden sollte.[29] In diesem Fall gilt für den zugesprochenen Anspruch mit der Rechtskraft der Entscheidung die dreißigjährige Titelverjährung des § 197 Abs. 1 Nr. 3 (vgl auch Rn 6), hinsichtlich des hilfsweise verfolgten Anspruchs bleibt dagegen die ursprüngliche Verjährungsfrist nach Maßgabe des Abs. 1 Nr. 1 gehemmt; sie läuft erst nach Ablauf der in Abs. 2 S. 1 statuierten Nachfrist weiter.[30]

21 Die Hemmungswirkung kommt jedoch nicht nur dem in der ursprünglichen Klage verfolgten Anspruch zugute; auch ein in der **Widerklage** geltend gemachter Anspruch wird nach Abs. 1 Nr. 1 mit der Einführung in den Prozess in der Verjährung gehemmt (vgl auch Rn 30).[31]

22 **bb) Stufenklage.** Eine im Wege der **Stufenklage** (§ 254 ZPO) erhobene Leistungsklage, die regelmäßig in der ersten Stufe lediglich auf Auskunftserteilung gerichtet ist, hemmt bereits die Verjährung des erst durch diese zu konkretisierenden Leistungsanspruchs.[32] Der unbezifferte Hauptanspruch muss allerdings in Verbindung mit dem Auskunftsanspruch geltend gemacht worden sein; die bloße Ankündigung der intendierten Rechtsverfolgung genügt den Anforderungen des Abs. 1 Nr. 1 nicht.[33] Eine zunächst isoliert (dh nicht im Wege der Stufenklage) erhobene Klage auf Auskunft oder Rechnungslegung und ggf auf eidesstattliche Versicherung hemmt daher nicht den später getrennt verfolgten Leistungsanspruch, mag dessen Bezifferung auch durch die Auskunft erst möglich geworden sein.[34] Auch wenn mit der Stufenklage auf der ersten Stufe nicht Auskunft,

22 Staudinger/*Peters/Jacoby*, § 204 Rn 45.

23 BGH NJW 1994, 3107, 3108; BGH NJW 1972, 1043; MüKo/*Grothe*, § 204 Rn 4, 7; Palandt/*Ellenberger*, § 204 Rn 3; Bamberger/Roth/*Henrich*, § 204 Rn 3; Soergel/*Niedenführ*, § 204 Rn 2; Staudinger/*Peters/Jacoby*, § 204 Rn 39; Erman/*Schmidt-Räntsch*, § 204 Rn 2; aA OLG Schleswig NJW 1976, 970; Jauernig/*Jauernig*, § 204 Rn 2. Möchte der Gläubiger die Hemmungswirkung des Abs. 1 Nr. 1 herbeiführen, bleibt es ihm unbenommen, selber (Wider-)Klage zu erheben; vgl MüKo/*Grothe*, § 204 Rn 7; Staudinger/*Peters/Jacoby*, § 204 Rn 39.

24 *Windthorst*, SchiedsVZ 2004, 230, 231.

25 Vgl hierzu MüKo/*Grothe*, § 204 Rn 5; Bamberger/Roth/*Henrich*, § 204 Rn 5; Staudinger/*Peters/Jacoby*, § 204 Rn 46; Erman/*Schmidt-Räntsch*, § 204 Rn 2.

26 VO (EG) Nr. 805/2004 v. 21.4.2004, ABl. EG L 143 S. 15.

27 MüKo/*Grothe*, § 204 Rn 5; Staudinger/*Peters/Jacoby*, § 204 Rn 47.

28 MüKo/*Grothe*, § 204 Rn 6; Palandt/*Ellenberger*, § 204 Rn 13; Bamberger/Roth/*Henrich*, § 204 Rn 6; Soergel/*Niedenführ*, § 204 Rn 10; Staudinger/*Peters/Jacoby*, § 204 Rn 15; Erman/*Schmidt-Räntsch*, § 204 Rn 2.

29 MüKo/*Grothe*, § 204 Rn 6.

30 MüKo/*Grothe*, § 204 Rn 6.

31 *McGuire*, S. 235; Erman/*Schmidt-Räntsch*, § 204 Rn 2.

32 BGH NJW-RR 2006, 948, 949, Tz. 13; OLG Brandenburg NJW-RR 2005, 871, 872; OLG Thüringen FamRZ 2005, 1994, 1995; BGH NJW 1999, 1101; OLG Celle NJW-RR 1995, 1411; OLG Schleswig FamRZ 2003, 1696; AG Köln FamRZ 2004, 468 (sämtlich noch zu § 209 Abs. 1 aF); Palandt/*Ellenberger*, § 204 Rn 2; Bamberger/Roth/*Henrich*, § 204 Rn 2; Staudinger/*Peters/Jacoby*, § 204 Rn 15; Erman/*Schmidt-Räntsch*, § 204 Rn 2.

33 MüKo/*Grothe*, § 204 Rn 11; Staudinger/*Peters/Jacoby*, § 204 Rn 15; *Saerbeck*, in: FS Thode, 2005, S. 139, 143; krit. im Hinblick auf § 1613 Abs. 1 *Büttner*, FamRZ 2002, 361, 362.

34 BAG NJW 1996, 1693; OLG Celle NJW-RR 1995, 1411 (beide noch zu § 209 Abs. 1 aF); Zöller/*Greger*, ZPO, § 254 Rn 2; MüKo/*Grothe*, § 204 Rn 4, 11; Palandt/*Ellenberger*, § 204 Rn 2,13; Erman/*Schmidt-Räntsch*, § 204 Rn 2; *Lau*, S. 30 f.

sondern sogleich die Abgabe einer eidesstattlichen Versicherung begehrt wird, hemmt dies die Verjährung des Leistungsanspruchs, dessen Durchsetzung die eidesstattliche Versicherung dienen soll.[35]

Der Hauptanspruch wird durch die Stufenklage **zunächst uneingeschränkt gehemmt**.[36] Beziffert der Gläubiger die Leistungsklage später, sei es aufgrund der Auskunftserteilung, sei es aufgrund sonstiger Informationen oder auch nur im Wege der Schätzung, soll die Verjährung des eingeklagten Anspruchs jedoch nach überwiegender Auffassung **rückwirkend** lediglich **in Höhe der benannten Summe** oder hinsichtlich der Gegenstände gehemmt sein, die auf letzter Stufe verfolgt werden.[37] Die Rechtsprechung hat bereits in Bezug auf die Verjährungsunterbrechung nach § 209 Abs. 1 aF die Auffassung vertreten, der im Wege der Stufenklage geltend gemachte Hauptanspruch sei ab initio nur in der Höhe rechtshängig geworden, in der er später konkretisiert werde.[38] Daher könne auch die Unterbrechung der Verjährung durch Klageerhebung (jetzt: Verjährungshemmung) nur in diesem Umfang eingreifen. Mache der Gläubiger einen geringeren Zahlungsanspruch geltend, als dies nach Auskunftserteilung möglich erscheine, sei davon auszugehen, dass der Gläubiger von Beginn an nicht mehr habe verlangen wollen als maximal die bezifferte Summe.[39] Es steht zu erwarten, dass diese Rechtsprechung auch unter neuem Recht fortgesetzt wird. 23

Zu einer umfassenden Unterbrechung der Verjährung des Leistungsanspruchs nach § 209 Abs. 1 aF sollte es unter altem Recht hingegen kommen, wenn der **Zahlungsanspruch nach Erfüllung der Hilfsansprüche** auf Auskunft und eidesstattliche Versicherung **nicht beziffert** wurde. In diesem Fall entfiel nach höchstrichterlicher Rechtsprechung die Unterbrechung nicht rückwirkend, sondern endete gem. § 211 Abs. 2 S. 1 aF an dem Tag, an dem der Gläubiger alle für die Verfolgung des Zahlungsanspruchs notwendigen Informationen erhalten hatte.[40] Unter neuem Recht wird, jedenfalls in der Literatur, Entsprechendes in Bezug auf die Hemmung nach Abs. 1 Nr. 1 vertreten.[41] Dem ist zuzustimmen. Durch die Erhebung der Stufenklage wird der Hauptanspruch zunächst in vollem Umfang gehemmt (siehe Rn 22 f). Die Hemmungswirkung ist dabei gänzlich unabhängig von der später erteilten Auskunft. Die Auskunft soll die Bezifferung lediglich erleichtern; der Gläubiger ist an diese jedoch nicht gebunden. Er kann sowohl die vom Schuldner bezeichnete Summe als auch einen höheren (oder niedrigeren) Wert für die weitere Verfolgung des Leistungsbegehrens einsetzen. Verzichtet der Gläubiger nach Auskunftserteilung und ggf eidesstattlicher Versicherung darauf, den Hauptanspruch weiter zu verfolgen, ist die zunächst unbeziffert auf letzter Stufe verfolgte Forderung in voller Höhe bis zu dem in Abs. 2 bezeichneten Zeitpunkt (Beendigung oder Stillstand des Verfahrens) gehemmt.[42] Bleibt der Gläubiger mit seiner Forderung unter der durch die Auskunftserteilung ermittelten Summe, kann grundsätzlich auf die unter Rn 23 widergegebene Wertung der Rechtsprechung verwiesen werden, nach der zu vermuten ist, dass der Anspruch bereits bei Klageerhebung nur bis zu einer bestimmten Maximalgrenze geltend gemacht werden sollte. Kann der Gläubiger allerdings belegen, dass er sich erst nachträglich entschlossen hat, lediglich einen **Teil seines Anspruchs weiter zu verfolgen**, ist der Anspruch in voller Höhe rechtshängig geworden und damit auch gehemmt. Die Hemmung in Bezug auf den nicht weiter verfolgten Teilanspruch endet dann, wie vorstehend dargestellt, nach Maßgabe des Abs. 2; für den bezifferten Anspruchsteil besteht die Hemmung fort. 24

cc) Künftige Leistungen. Abs. 1 Nr. 1 erfasst nicht nur bei Klageerhebung bereits fällige Ansprüche; grundsätzlich können auch Klagen auf **künftige** oder **wiederkehrende Leistungen** (§§ 257 ff ZPO) die Hemmung der Verjährung der betreffenden Ansprüche bewirken.[43] Gleiches gilt in Bezug auf jene Ansprüche, die im Zeitpunkt der Klageeinreichung zwar bereits fällig waren, deren Verjährung jedoch erst nach diesem Zeitpunkt beginnt (zB aufgrund der Ultimoverjährung gem. § 199 Abs. 1). Zu der Wirkung der Hemmung nach Abs. 1 Nr. 1 in den vorgenannten Konstellationen vgl Rn 41. 25

dd) Adhäsionsverfahren. Auch die Stellung eines **Antrags im Adhäsionsverfahren** (vgl § 404 Abs. 2 StPO) vermag zur Verjährungshemmung zu führen.[44] Form und Inhalt des Antrags müssen in diesem Fall allerdings den Voraussetzungen einer Zivilklage vor dem Amtsgericht entsprechen.[45] Nicht erforderlich für 26

35 Vgl OLG Brandenburg NJW-RR 2005, 871, 872.
36 BGH NJW 1992, 2563 (noch zu § 209 Abs. 1 aF); Soergel/*Niedenführ*, § 204 Rn 39.
37 MüKo/*Grothe*, § 204 Rn 11; Palandt/*Ellenberger*, § 204 Rn 2; Soergel/*Niedenführ*, § 204 Rn 39; Staudinger/*Peters/Jacoby*, § 204 Rn 15.
38 Vgl BGH NJW 1992, 2563 f; OLG Hamburg FamRZ 1983, 602.
39 OLG Hamburg FamRZ 1983, 602.
40 BAG NJW 1986, 2527; vgl auch BGH NJW 1992, 2563.
41 Soergel/*Niedenführ*, § 204 Rn 39.
42 Im Ergebnis ebenso OLG Thüringen FamRZ 2005, 1994, 1995.
43 Palandt/*Ellenberger*, § 204 Rn 2; Bamberger/Roth/*Henrich*, § 204 Rn 2; Soergel/*Niedenführ*, § 204 Rn 4; Erman/*Schmidt-Räntsch*, § 204 Rn 2.
44 OLG Rostock OLG-NL 2000, 117, 118 (dort auch zu Beginn und Ende der Verjährungsunterbrechung nach § 209 Abs. 1 aF; die Grundsätze können auf die Hemmung nach Abs. 1 Nr. 1 übertragen werden); Bamberger/Roth/*Henrich*, § 204 Rn 83; *Jaeger*, ZGS 2003, 329, 330; Erman/*Schmidt-Räntsch*, § 204 Rn 11. Zu den Voraussetzungen der Hemmung durch einen Adhäsionsantrag vgl OLG Karlsruhe NJW-RR 1997, 508 (dort noch zu § 209 aF).
45 OLG Hamm NJW 1978, 2209; OLG Karlsruhe NJW-RR 1997, 508.

die Bewirkung der Hemmung ist hingegen die Zustellung des Adhäsionsantrags an den Beschuldigten (vgl § 404 Abs. 1 S. 3 StPO) oder die Durchführung einer Hauptverhandlung.[46] Die Hemmung nach Abs. 1 Nr. 1 beginnt unabhängig von den letztgenannten Ereignissen unmittelbar mit der Antragstellung gem. § 404 Abs. 1 S. 1 und 2 StPO.

27 **ee) Rechtsverfolgung im Ausland.** Der Eintritt der Hemmungswirkung nach Abs. 1 Nr. 1 setzt nicht voraus, dass der Gläubiger seine Rechte in einem inländischen Rechtsstreit verfolgt. Im Wege der **Substitution**[47] kann die in Abs. 1 Nr. 1 zunächst in Blick genommene Klageerhebung vor einem deutschen Gericht grundsätzlich auch durch eine funktional äquivalente Handlungsalternative des ausländischen Rechts ersetzt werden. Die wohl überwiegende Auffassung in Rechtsprechung und Literatur bejahte bislang eine Verjährungsunterbrechung nach dem gemäß den Regeln des deutschen internationalen Privatrechts anwendbaren § 209 Abs. 1 aF durch Klageerhebung im Ausland, wenn die angestrebte Entscheidung in Deutschland anerkennungsfähig gewesen wäre.[48] Diese Auffassung wird partiell unter neuem Recht auf die Verjährungshemmung nach Abs. 1 Nr. 1 übertragen. Hemmung durch Klageerhebung vor einem ausländischen Gericht könnte danach grundsätzlich nur dann eintreten, wenn zu erwarten steht, dass die angestrebte Entscheidung den Voraussetzungen des § 328 ZPO, einem internationalen Anerkennungsabkommen oder der EuGVVO genügen wird.[49]

28 In der neueren Literatur finden sich allerdings vermehrt Stimmen, die eine Abkehr von der strikten Orientierung an den für die Anerkennung ausländischer Urteile nach § 328 ZPO gestellten Anforderungen befürworten. Hiernach soll den Voraussetzungen des Abs. 1 Nr. 1 bereits dann Genüge getan sein, wenn der Gläubiger im Ausland nach den Vorgaben der *lex fori* wirksam Klage erhoben hat und dem Schuldner die Möglichkeit angemessener Verteidigung gewährt wurde (vgl § 328 Abs. 1 Nr. 2 ZPO, Art. 34 Nr. 2 EuGVVO).[50] Gefordert werden damit die Kriterien, die auch im Fall einer inländischen Klage vorliegen müssen, um die Hemmung der Verjährung nach Abs. 1 Nr. 1 zu begründen (vgl hierzu im Einzelnen Rn 29 ff). Dieser Ansatz erscheint überzeugend. Dem Gesetz ist nicht zu entnehmen, dass bei ausländischem Forum strengere Anforderungen an die Bewirkung der Hemmung zu stellen sind als im Inland.[51] Eine vor einem deutschen Gericht erhobene Klage muss weder zulässig noch begründet sein, um die Konsequenzen des Abs. 1 Nr. 1 zu zeitigen (vgl auch Rn 35); gefordert wird lediglich eine wirksame Klageerhebung des Berechtigten (vgl hierzu Rn 29 ff). Die Hemmungswirkung des Abs. 1 Nr. 1 rechtfertigt sich dann aber daraus, dass der Gläubiger – für den Schuldner erkennbar – deutlich macht, seine Rechte im Wege der Klage vor Gericht verfolgen zu wollen.[52] Angesichts dessen wird man auch einer im Ausland erhobenen Klage Hemmungswirkung zusprechen können, sofern der Berechtigte das Verfahren **wirksam angestrengt** hat und dem Schuldner in angemessener Form die **Möglichkeit der Verteidigung** gewährt wurde.[53] Von der vorstehenden Problematik zu trennen ist die Frage, welche Voraussetzungen vorliegen müssen, damit eine im Ausland erwirkte Entscheidung die dreißigjährige Titelverjährung nach § 197 Abs. 1 Nr. 3 auslöst; vgl hierzu die Ausführungen unter § 197 Rn 47.

29 **c) Wirksame Klageerhebung.** Der Hemmungstatbestand ist erfüllt mit der wirksamen Erhebung der Klage vor Ablauf der Verjährungsfrist.[54] Erforderlich ist die Klageerhebung durch den zur Verfolgung des Anspruchs Berechtigten (näher Rn 36 f); Beklagter muss der Schuldner der eingeklagten Forderung sein (Rn 32).

46 OLG Rostock OLG-NL 2000, 117, 118; *Jaeger*, ZGS 2003, 329, 330.

47 Zur Substitution allgemein s. *Mansel*, in: FS W. Lorenz, 1991, S. 689 ff.

48 Vgl statt vieler RGZ 129, 385, 389 f; LG Duisburg IPRspr 1985 Nr. 43; *Taupitz*, IPRax 1996, 140, 145. Zum Streitstand unter altem Recht s. die Darstellung bei *McGuire*, S. 221 ff und MüKo/*Spellenberg*, Art. 32 EGBGB Rn 80 ff.

49 Palandt/*Ellenberger*, § 204 Rn 3; Erman/*Schmidt-Räntsch*, § 204 Rn 10 a; Erman/*Hohloch*, Art. 32 EGBGB Rn 14; im Einzelnen umstritten s. MüKo/*Spellenberg*, Art. 12 Rom I Rn 130–141.

50 *Budzikiewicz*, ZEuP 2010, 415, 433; MüKo/*Grothe*, § 204 Rn 9; Bamberger/Roth/*Henrich*, § 204 Rn 20; Prütting/Wegen/Weinreich/*Kessler*, § 204 Rn 2; *McGuire*, S. 225 ff; *Wolf*, in: FS Kostas E. Beys, 2003, S. 1741, 1747 f, 1751 f; vgl auch *Geimer*, Int. Zivilprozessrecht, 6. Aufl. 2009, Rn 2831 ff (Gegenseitigkeit iSd § 328 Abs. 1 Nr. 5 ZPO muss nicht verbürgt sein); Soergel/*Niedenführ*, § 204 Rn 12 (Hemmung nach Abs. 1 Nr. 1 jedenfalls in den Fällen, in denen die Einrede der ausländischen Rechtshängigkeit erhoben werden könnte); restriktiver Staudinger/*Peters/Jacoby*, § 204 Rn 41 (Voraussetzungen des § 328 Abs. 1 Nr. 1, 2 und 5 ZPO müssen vorliegen). Ebenso bereits zum alten Recht: *Looschelders*, IPRax 1998, 296, 302 f; Soergel/*Lüderitz*, Anh. Art. 10 Rn 121; MüKo/*Spellenberg*, Art. 32 EGBGB Rn 84 f.

51 Vgl Bamberger/Roth/*Henrich*, § 204 Rn 20. S.auch OLG Düsseldorf NJW 1978, 1752, wonach auch die vor einem unzuständigen Gericht eines Vertragsstaates des EuGVÜ erhobene Klage zur Verjährungsunterbrechung nach § 209 Abs. 1 aF (jetzt § 204 Abs. 1 Nr. 1) führt.

52 Vgl OLG Naumburg FamRZ 2001, 1006 (noch zu § 209 aF); MüKo/*Grothe*, § 204 Rn 3 mwN.

53 Vgl *Budzikiewicz*, ZEuP 2010, 415, 433; *Wolf*, IPRax 2007, 180; Bamberger/Roth/*Henrich*, § 204 Rn 20; *McGuire*, S. 225 f; ferner *Wolf*, in: FS Kostas E. Beys, 2003, S. 1741, 1750 ff, der für die Substitution der in Abs. 1 genannten Hemmungsgründe allgemein vier Kriterien aufzeigt, die das im Ausland durchgeführte Verfahren aufweisen muss, um die Hemmungswirkung des Abs. 1 herbeizuführen.

54 Staudinger/*Peters/Jacoby*, § 204 Rn 34 (keine Wiedereinsetzung in den vorherigen Stand möglich).

Nach § 253 Abs. 1 ZPO erfolgt die Klageerhebung durch **Zustellung der Klageschrift**;[55] ist die Klage gem. § 496 ZPO zum Protokoll der Geschäftsstelle angebracht worden, wird sie durch **Zustellung des Protokolls** erhoben (§ 498 ZPO). Die Zustellung (auch die öffentliche Zustellung)[56] wirkt nach § 167 ZPO (früher: § 270 Abs. 3 ZPO aF) auf den Zeitpunkt der Klageeinreichung – und damit ggf auch auf die Zeit vor Eintritt der Verjährung – zurück, sofern sie demnächst erfolgt.[57] Unerheblich ist, ob die Zustellung noch während der offenen Verjährungsfrist oder erst nach deren Ablauf erfolgt: Die Rückwirkung nach § 167 ZPO setzt nicht voraus, das die Verjährung zum Zeitpunkt der Zustellung ohne die Rückwirkung eingetreten wäre.[58] Die Zustellung einer Klage ist jedenfalls dann noch demnächst erfolgt, wenn die durch den Kläger zu vertretende Verzögerung der Zustellung den Zeitraum von 14 Tagen nicht überschreitet. Bei der Berechnung der Zeitdauer der Verzögerung ist auf die Zeitspanne abzustellen, um die sich der ohnehin erforderliche Zeitraum für die Zustellung der Klage als Folge der Nachlässigkeit des Klägers verzögert.[59] Erheben **mehrere Kläger** als aktive Streitgenossen gemeinsam Klage, muss dafür Sorge getragen werden, dass jeder Kläger seinen Anteil am Vorschuss zu den Gerichtskosten ordnungsgemäß einzahlt. Verzögert sich die Zustellung der Klage, so dass sie nicht mehr „demnächst" iSv § 167 ZPO erfolgt, weil einer der Kläger den Vorschuss nicht rechtzeitig entrichtet hat, tritt keine Hemmungswirkung nach Abs. 1 Nr. 1 ein. Dies gilt auch hinsichtlich der übrigen Kläger, die ihren Anteil am Vorschuss so zeitig einzahlten, dass die Klage „demnächst" iSv § 167 ZPO hätte zugestellt werden können.[60] Werden der (unverjährte) Anspruch oder (bei anfänglicher Teilklage) ein (unverjährter) weiterer Anspruchsteil[61] erst im Laufe des Prozesses **nachträglich** geltend gemacht (zB durch Klageerweiterung,[62] Klageänderung oder Widerklage), führt auch dies zur Verjährungshemmung nach Abs. 1 Nr. 1.[63] Für die Bestimmung des Hemmungsbeginns ist in diesem Fall auf den Tag der Geltendmachung in der mündlichen Verhandlung oder auf die Zustellung eines den Erfordernissen des § 253 Abs. 2 Nr. 2 entsprechenden Schriftsatzes abzustellen (vgl § 261 Abs. 2 ZPO).[64] **30**

Der Eintritt der Hemmung nach Abs. 1 Nr. 1 setzt voraus, dass die Klage **wirksam** erhoben wurde.[65] Erforderlich ist die Einhaltung der Vorgaben des **§ 253 Abs. 2 Nr. 2 ZPO**:[66] Die Klageschrift muss neben der bestimmten Angabe des Gegenstandes und des Grundes des erhobenen Anspruchs einen bestimmten Klageantrag enthalten. Der Anspruch, dessen Verjährung unterbrochen werden soll, muss auf der Grundlage dieser inhaltlichen Angaben eindeutig zu identifizieren sein.[67] Gegebenenfalls ist die in der Klageschrift verkörperte Willenserklärung auszulegen.[68] **31**

Der Auslegung zugänglich ist auch die in **§ 253 Abs. 2 Nr. 1 Alt. 1 ZPO** geforderte Bezeichnung der Parteien, namentlich des Beklagten. Hemmungswirkung entfaltet nur die gegen den wahren Schuldner gerichtete Klage.[69] Sind die den Schuldner betreffenden Angaben unrichtig, kann der Verpflichtete aus den Angaben in der Klageschrift jedoch zweifelsfrei ermittelt werden, so ist dieser trotz der unrichtigen Bezeichnung Partei des Verfahrens geworden.[70] **32**

55 Vgl BGH NJW 2008, 1939, 1940, Tz. 15.
56 BGH NJW 2002, 827, 830 f (noch zu § 209 Abs. 1 aF und § 270 Abs. 3 ZPO aF; *in casu* war die öffentliche Zustellung allerdings unwirksam); AG Köln FamRZ 2004, 468; Staudinger/*Peters/Jacoby*, § 204 Rn 33 (dort auch zu der Hemmungswirkung bei ungerechtfertigter Bewilligung der öffentlichen Zustellung).
57 BGH BauR 2004, 1002, 1003 f (Verzögerung durch Zustellung an eine nicht vertretungsberechtigte Behörde); BGH NJW 2003, 2830, 2831 (Zustellung der Klage im Ausland); OLG Naumburg NJW-RR 2003, 1662, 1663; AG Köln FamRZ 2004, 468 f (Verzögerung der Zustellung aufgrund fehlgeschlagenen Zustellungsversuchs im Ausland); Zöller/*Greger*, ZPO, § 167 Rn 3. Vgl zu der Auslegung des Terminus „demnächst" Zöller/*Greger*, ZPO, § 167 Rn 10 ff; ferner Palandt/*Ellenberger*, § 204 Rn 7; Soergel/*Niedenführ*, § 204 Rn 7; Staudinger/*Peters/Jacoby*, § 204 Rn 35. Zu den Auswirkungen der EuZVO auf die Frage, ob noch iSd § 167 ZPO "demnächst" zugestellt wurde, s. *Kuntze-Kaufhold/Beichel-Benedetti*, NJW 2003, 1998 ff.
58 BGH NJW 2010, 856, 857, Tz. 9 (zur Streitverkündung); aA OLG München NJW-RR 2005, 1108 (zum Mahnbescheid).
59 BGH NJW 2011, 1227; BGH NJW 2000, 2282.
60 OLG München, Urt. v. 19.4.2007 – 6 U 3130/06, Juris-Dok.-Nr. JURE070109236, Tz. 66.
61 BGH NJW-RR 2008, 521, 522, Tz. 15.
62 Zu Besonderheiten bei der Klage auf Vorschuss nach § 637 Abs. 3 BGB unten Rn 44.
63 Staudinger/*Peters/Jacoby*, § 204 Rn 37; Erman/*Schmidt-Räntsch*, § 204 Rn 5. Im Fall einer Teilklage wird die Hemmung der Verjährung für jeden separat geltend gemachten Teil gesondert bestimmt.
64 Soergel/*Niedenführ*, § 204 Rn 37; Staudinger/*Peters/Jacoby*, § 204 Rn 6, 37.
65 BGH NJW-RR 1997, 1216, 1217; BGH NJW-RR 1989, 508; BGH NJW 1959, 1819; OLG Naumburg FamRZ 2001, 1006.
66 BGH NJW-RR 1997, 1216, 1217; Palandt/*Ellenberger*, § 204 Rn 4; Bamberger/Roth/*Henrich*, § 204 Rn 12; Staudinger/*Peters/Jacoby*, § 204 Rn 28, 30; Erman/*Schmidt-Räntsch*, § 204 Rn 5.
67 MüKo/*Grothe*, § 204 Rn 23; Palandt/*Ellenberger*, § 204 Rn 4.
68 BGH NJW-RR 1997, 1216, 1217; Staudinger/*Peters/Jacoby*, § 204 Rn 28; *Wolf*, in: FS E. Schumann, 2001, S. 579, 585 f. Zu der Frage, ob Anlagen zur Klageschrift für die Auslegung herangezogen werden können, s. *Schach*, GE 2002, 1543, 1544.
69 Palandt/*Ellenberger*, § 204 Rn 12; Bamberger/Roth/*Henrich*, § 204 Rn 11; Staudinger/*Peters/Jacoby*, § 204 Rn 12; Erman/*Schmidt-Räntsch*, § 204 Rn 4.
70 Palandt/*Ellenberger*, § 204 Rn 4.

33 Die nach § 253 Abs. 1 Nr. 1 Alt. 2 ZPO notwendige Bezeichnung des Gerichts setzt dessen Individualisierbarkeit voraus; nicht erforderlich für die Wirksamkeit der Klage ist die Nennung des in der Sache zuständigen Gerichts.[71]

34 Um die Klage vom Klageentwurf abgrenzen zu können, ist die **Unterzeichnung** der Klageschrift zwingend.[72] Streitig ist, ob der Unterzeichnete auch postulationsfähig sein muss.[73]

35 Liegen die Voraussetzungen einer wirksamen Klageerhebung vor, tritt die Hemmungswirkung nach Abs. 1 Nr. 1 selbst dann ein, wenn die Klage **unzulässig**[74] (vgl hierzu auch Rn 33) oder **unbegründet** (bzw bereits unschlüssig)[75] sein sollte.[76] Die Hemmung hat insbesondere nicht zur Voraussetzung, dass die Klage beim sachlich und örtlich zuständigen Gericht eingereicht wird.[77] Wenn die Klage trotz der Einreichung beim falschen Gericht „demnächst" iSv § 167 ZPO (vgl Rn 30) zugestellt wird, ist die Verjährung der Forderung rückwirkend auf den Zeitpunkt des Eingangs der Klage gehemmt. Auch die Unzulässigkeit der Klage infolge Fehlens des erforderlichen Feststellungsinteresses bei einer Feststellungsklage[78] oder wegen Nichteinhaltung eines vorgeschriebenen Vorverfahrens[79] hindert die Hemmungswirkung nicht.

36 Die Klage muss allerdings von dem **Berechtigten**[80] erhoben worden sein. Zur Klageerhebung iSd Abs. 1 Nr. 1 berechtigt ist derjenige, der die materiellrechtliche Verfügungsbefugnis über den geltend gemachten Anspruch innehat (vgl auch Rn 14).[81] Dies wird häufig, muss aber nicht notwendig der Rechtsträger sein; die Berechtigung zur Klageerhebung kann sich auch – ausschließlich oder kumulativ[82] – aus gesetzlicher oder gewillkürter Prozessstandschaft[83] ergeben (zB im Fall der Nachlass- oder Insolvenzverwaltung,[84] Vertretung Minderjähriger oder Geschäftsunfähiger,[85] offen gelegte oder allseits bekannte Einziehungsermächtigung [auch stille Sicherungszession][86] – hier selbst bei fehlendem eigenem Interesse des Ermächtigten, da Letzteres

71 OLG Naumburg FamRZ 2001, 1006; Staudinger/*Peters/Jacoby*, § 204 Rn 25, 28; Soergel/*Niedenführ*, § 204 Rn 9.

72 Bamberger/Roth/*Henrich*, § 204 Rn 12; Staudinger/*Peters/Jacoby*, § 204 Rn 28; Erman/*Schmidt-Räntsch*, § 204 Rn 3.

73 Postulationsfähigkeit als Wirksamkeitskriterium verlangen: OLG Naumburg FamRZ 2001, 1006; MüKo/*Grothe*, § 204 Rn 22; Palandt/*Ellenberger*, § 204 Rn 4; Erman/*Schmidt-Räntsch*, § 204 Rn 3; Prütting/Wegen/Weinreich/*Kessler*, § 204 Rn 4. Dagegen: *Gottwald*, FamRZ 2001, 1007; Bamberger/Roth/*Henrich*, § 204 Rn 12; Staudinger/*Peters/Jacoby*, § 204 Rn 28.

74 BGH, Urt. v. 9.12.2010 – III ZR 56/10, BeckRS 2011, 00247, Tz. 13; BGHZ 160, 259, 263; BGH NJW 2008, 519 Tz. 24; BGH NJW-RR 1994, 514, 515; OLG Naumburg FamRZ 2001, 1006; MüKo/*Grothe*, § 204 Rn 25; Soergel/*Niedenführ*, § 204 Rn 9; Staudinger/*Peters/Jacoby*, § 204 Rn 24.

75 BGH NJW-RR 1996, 1409, 1410 (noch zu § 209 Abs. 1 aF).

76 BGH NJW-RR 2003, 784 (zu § 209 aF: fehlende Begründungselemente können noch während des Rechtsstreits vorgetragen werden); *Budzikiewicz*, ZEuP 2010, 415, 423 (Fn 29), 425; Palandt/*Ellenberger*, § 204 Rn 5; Bamberger/Roth/*Henrich*, § 204 Rn 13; *McGuire*, S. 221; Erman/*Schmidt-Räntsch*, § 204 Rn 3.

77 BGH, Urt. v. 9.12.2010 – III ZR 56/10, BeckRS 2011, 00247 Tz. 13; ferner zB BGH NJW 1978, 1058; BGHZ 86, 313; BGH NJW 1990, 1368 (zum Mahnbescheid); OLG Brandenburg, Urt. v. 23.8.2006 – 3 U 164/05, Juris-Dok.-Nr. JURE060089563, Tz. 16; LG Krefeld ZMR 2007, 72, 74 (zur funktionalen Zuständigkeit); *von Bernuth/Hoffmann*, SchiedsVZ 2006, 127, 129; vgl auch OLG Düsseldorf NJW 1978, 1752 für die Erhebung der Klage vor einem unzuständigen Gericht eines Vertragsstaates des EuGVÜ.

78 BGH, Urt. v. 9.12.2010 – III ZR 56/10, Tz. 13; BGHZ 39, 287, 291; BGHZ 103, 298, 302.

79 BGH, Urt. v. 9.12.2010 – III ZR 56/10, BeckRS 2011, 00247, Tz 13; BGH LM TelegrafenwegeG Nr. 3/4.

80 BGH, Urt. v. 9.12.2010 – III ZR 56/10, BeckRS 2011, 00247, Tz 9 ff; BGH NJW 2010, 2270, 2271, Tz. 38; OLG Brandenburg, Urt. v. 2.4.2008 – 3 U 83/07, Juris-Dok.-Nr. JURE080006804, Tz. 27; MüKo/*Grothe*, § 204 Rn 17; Palandt/*Ellenberger*, § 204 Rn 9; Bamberger/Roth/*Henrich*, § 204 Rn 8; Staudinger/*Peters/Jacoby*, § 204 Rn 6; *Rabe*, NJW 2006, 3089; aA *Kähler*, NJW 2006, 1769, 1773; zu § 209 Abs. 1 aF BGH NJW 1999, 2110, 2111; OLG Düsseldorf NJW 1994, 2423; Soergel/*Niedenführ*, § 204 Rn 17.

81 BGH NJW 1999, 2110, 2111; BGHZ 46, 221, 229; OLG Schleswig FamRZ 2003, 1696 (sämtlich zu der entsprechenden Problematik iRd. § 209 Abs. 1 aF); Palandt/*Ellenberger*, § 204 Rn 9; Soergel/*Niedenführ*, § 204 Rn 17.

82 Vgl Palandt/*Ellenberger*, § 204 Rn 9 (Bsp.: Berechtigung von Pfändungsschuldner und -gläubiger im Fall der Pfändung und Überweisung einer Forderung zur Einziehung; vgl § 836 ZPO).

83 BGH NJW 2010, 2270, 2271, Tz. 38; BGH NJW 1999, 3707 f; OLG Stuttgart, Urt. v. 20.4.2011 – 3 U 49/10, BeckRS 2011, 08972; MüKo/*Grothe*, § 204 Rn 17.

84 BGHZ 46, 221, 229 (im Fall der Nachlassverwaltung ist verfügungsbefugt nur der Nachlassverwalter, nicht der Erbe); Staudinger/*Peters/Jacoby*, § 204 Rn 9.

85 Staudinger/*Peters/Jacoby*, § 204 Rn 9.

86 BGH NJW 1999, 2110, 2111; BGH NJW-RR 2002, 20 (beide noch zu § 209 aF); OLG Stuttgart, Urt. v. 20.4.2011 – 3 U 49/10, BeckRS 2011, 08972.

die Klage zwar unzulässig aber nicht unwirksam macht).[87][88] Im Falle einer gewillkürten Prozessstandschaft tritt die Hemmung der Verjährung erst in dem Augenblick ein, in dem diese prozessual offen gelegt wird oder offensichtlich ist.[89] Die Offenlegung der Berechtigung dient dem Schutzbedürfnis des Schuldners[90] und der Klarheit über den Streitgegenstand.[91]

War der Kläger im Zeitpunkt der Klageerhebung Berechtigter,[92] tritt er den geltend gemachten Anspruch jedoch noch vor Beendigung des Verfahrens an einen Dritten ab, so wird gem. § 265 ZPO die Hemmungswirkung dadurch nicht berührt.[93] Die Hemmung dauert auch dann weiter an, wenn der Zedent es versäumt haben sollte, die Klage auf Leistung an den Zessionar umzustellen; der Kläger läuft in diesem Fall lediglich Gefahr, dass die Klage mangels Prozessführungsbefugnis abgewiesen wird.[94] Die **Abtretung** hat auf das anhängige Verfahren keinen Einfluss; der Rechtsnachfolger ist nicht berechtigt, ohne Zustimmung des Gegners den Prozess als Hauptpartei anstelle des Rechtsvorgängers zu übernehmen oder eine Hauptintervention zu erheben (§ 265 Abs. 2 ZPO). Der Zedent setzt das Verfahren als gesetzlicher Prozessstandschafter fort. Die Rechtskraft wirkt gegenüber dem Zessionar als Rechtsnachfolger gem. § 325 Abs. 1 ZPO. Der Zessionar hat als neuer Rechtsinhaber insoweit keine Prozessführungsbefugnis, er kann lediglich als Nebenintervenient dem Vorprozess beitreten. Eine eigene Klage des Zessionars wäre unzulässig; ihr stünde auch der Einwand anderweitiger Rechtshängigkeit (§ 261 Abs. 3 Nr. 1 ZPO) entgegen.[95] Wird eine rechtshängige Forderung abgetreten und macht der Zessionar den Anspruch noch während des Vorprozesses erneut rechtshängig, hemmt auch die neue Klage die Verjährung.[96] Denn auch eine unzulässige Klage eines Berechtigten hemmt die Verjährung.[97] Auch dann, wenn dem Berechtigten die Prozessführungsbefugnis fehlt[98] oder der Anspruch anderweitig rechtshängig gemacht worden ist,[99] hemmt die unzulässige Klage des materiell Berechtigten die Verjährung. 37

War der im eigenen Namen agierende Kläger bei Klageerhebung **nicht berechtigt** iSd Abs. 1 Nr. 1, erlangte er die Berechtigung jedoch noch vor der Beendigung des Verfahrens (zB durch Genehmigung der Klageerhebung durch den Berechtigten und damit Ermächtigung zur Prozessführung,[100] Parteiwechsel,[101] Aufhebung der Nachlassverwaltung,[102] nachträgliche Erlangung des eingeklagten Anspruchs,[103] etwa als Zessionar[104] oder Erbe), so wird die Verjährung *ex nunc* mit dem Erwerb der materiellen Berechtigung gehemmt. Eine Rückwirkung auf den Zeitpunkt der Klageerhebung erfolgt nicht.[105] Sollte vor Bewirkung der Hemmung bereits Verjährung eingetreten sein, bleibt diese auch dann bestehen, wenn die Klage zwar noch in unverjährter Zeit erhoben wurde, der Kläger die Verfügungsbefugnis jedoch erst nach dem Verjährungseintritt erlangte. 38

Von der vorstehenden Konstellation der fehlenden Berechtigung zur Klageerhebung im eigenen Namen zu unterscheiden ist die **fehlende Vertretungsmacht** des einen fremden Anspruch verfolgenden Klägers. Geneh- 39

87 BGHZ 78, 1, 5 (noch zu § 209 aF); OLG Stuttgart, Urt. v. 20.4.2011 – 3 U 49/10, BeckRS 2011, 08972; MüKo/*Grothe*, § 204 Rn 19; Palandt/*Ellenberger*, § 204 Rn 9; Soergel/*Niedenführ*, § 204 Rn 20; Staudinger/*Peters/Jacoby*, § 204 Rn 10.

88 Weitere Beispiele bei MüKo/*Grothe*, § 204 Rn 17 ff; Bamberger/Roth/*Henrich*, § 204 Rn 9; Soergel/*Niedenführ*, § 204 Rn 17 ff; Staudinger/*Peters/Jacoby*, § 204 Rn 7 ff; Erman/*Schmidt-Räntsch*, § 204 Rn 4. Ausf. zur Hemmung im Fall der Abtretung: MüKo/*Grothe*, § 204 Rn 18; Soergel/*Niedenführ*, § 204 Rn 21 ff; Staudinger/*Peters/Jacoby*, § 204 Rn 10.

89 BGHZ 94, 117; BGH NJW-RR 2002, 20 (beide noch zu § 209 aF); OLG Stuttgart, Urt. v. 20.4.2011 – 3 U 49/10. BeckRS 2011, 08972; zweifelnd allerdings BGH NJW-RR 2005, 504 (Versäumnisurteil).

90 OLG Düsseldorf, Urt. v. 2.3.2011 – 18 U 30/20, BeckRS 2011, 07882, unter Hinweis auf BGH NJW 1980, 2461, 2463.

91 OLG Düsseldorf, Urt. v. 2.3.2011 – 18 U 30/20, BeckRS 2011, 07882, unter Hinweis auf Kähler, NJW 2006, 1769, 1772.

92 Entscheidend ist der Moment der Zustellung der Klage (§ 253 Abs. 1 ZPO). Verliert der Kläger die Berechtigung im Zeitraum zwischen Anhängigkeit und Zustellung, geht dies zu seinen Lasten, vgl OLG Brandenburg, Urt. v. 2.4.2008 – 3 U 83/07, Juris-Dok.-Nr. JURE080006804, Tz. 27. Eine analoge Anwendung von § 167 ZPO ist nicht möglich, weil es im Verantwortungsbereich des Klägers – und nicht des Gerichts – liegt, ob er die Berechtigung zwischen Anhängigkeit und Rechtshängigkeit behält. (OLG Brandenburg, ebd).

93 Palandt/*Ellenberger*, § 204 Rn 9; Staudinger/*Peters/Jacoby*, § 204 Rn 10.

94 BGH NJW 1984, 2102, 2104 (noch zu § 211 aF).

95 BGH, Urt. v. 9.12.2010 – III ZR 56/10, Rn 12.

96 BGH, Urt. v. 9.12.2010 – III ZR 56/10.

97 BGH, Urt. v. 9.12.2010 – III ZR 56/10, Rn 12 ff.

98 BGHZ 78, 1, 4.

99 Staudinger/*Peters/Jacoby*, § 204 Rn 27.

100 OLG München GRUR-RR 2008, 139, 142; OLG Rostock OLG-NL 2004, 209, 211; OLG Schleswig FamRZ 2003, 1696 (noch zu § 209 aF); Palandt/*Ellenberger*, § 204 Rn 11; Staudinger/*Peters/Jacoby*, § 204 Rn 11.

101 BGH NJW-RR 1989, 1269 f (noch zu §§ 209, 212 Abs. 2 aF); MüKo/*Grothe*, § 204 Rn 20; Palandt/*Ellenberger*, § 204 Rn 11; Staudinger/*Peters/Jacoby*, § 204 Rn 11.

102 BGHZ 46, 221, 229 f.

103 Staudinger/*Peters/Jacoby*, § 204 Rn 11.

104 Palandt/*Ellenberger*, § 204 Rn 10.

105 BGH NJW-RR 1989, 1269 (Parteiwechsel); BGHZ 46, 221, 229 f (Aufhebung der Nachlassverwaltung); OLG München GRUR-RR 2008, 139, 142; OLG Celle OLGR Celle 2001, 153 (nachträgliche Genehmigung der Abtretung); OLG Schleswig FamRZ 2003, 1696 (Genehmigung durch den Berechtigten); MüKo/*Grothe*, § 204 Rn 20; Bamberger/Roth/*Henrich*, § 204 Rn 10; Staudinger/*Peters/Jacoby*, § 204 Rn 11.

migt der Berechtigte in diesem Fall das Handeln des vollmachtlosen Vertreters, kommt der Genehmigung Rückwirkung zu.[106] Die Verjährung gilt selbst dann als mit Erhebung der Klage (die im Übrigen wirksam sein muss)[107] gehemmt, wenn zwischen Klageerhebung und Genehmigung ohne die Hemmungswirkung des Abs. 1 Nr. 1 Verjährung eingetreten wäre.

40 **d) Eintritt der Hemmungswirkung.** Die Hemmungswirkung setzt am **Tag der Klageerhebung** ein (rückwirkend um 0.00 Uhr, vgl § 209 Rn 7), sofern die Verjährung schon vor diesem Zeitpunkt in Lauf gesetzt wurde. War die Verjährung bereits aufgrund eines anderen Hemmungsgrundes als dem des Abs. 1 Nr. 1 angehalten worden (zB nach § 203 oder §§ 207, 208), tritt die Hemmung durch Klageerhebung neben die bereits bewirkte Hemmung. Es kommt in diesem Fall zu einer Überlagerung der jeweiligen Hemmungszeiträume.[108]

41 Liegt der Zeitpunkt, zu dem die Verjährung beginnen sollte, nach demjenigen der Klageerhebung, aber vor der Beendigung oder dem Stillstand des Verfahrens (zB Zustellung der Klageschrift vor Verjährungsbeginn nach § 199 Abs. 1; Klage auf künftige Leistungen), ist die Verjährungsfrist unmittelbar in dem Moment ihres Beginns gehemmt;[109] sie wird frühestens mit Ablauf der in Abs. 2 S. 1 statuierten Nachfrist in Lauf gesetzt (sofern nicht andere Hemmungsgründe, zB nach §§ 203 oder 207, 208 fortwirken oder die Titelverjährung nach § 197 Abs. 1 Nr. 3 oder Nr. 4 zum Tragen kommt; vgl Rn 51).

42 Wird das Verfahren noch vor dem Tag des Verjährungsbeginns beendet (zB durch Klagerücknahme oder -abweisung; vgl hierzu auch Rn 8) oder gerät es vor diesem Zeitpunkt in Stillstand, so greift die Hemmung nach Abs. 1 Nr. 1 nicht ein; die Verjährung beginnt vielmehr unbeeinflusst durch Abs. 1 Nr. 1 zu dem gesetzlich vorgesehenen Zeitpunkt zu laufen.[110] Dies gilt selbst dann, wenn der Fristbeginn noch innerhalb der sechsmonatigen Nachfrist des Abs. 2 liegen sollte. Beginnt die Verjährung nicht während der Zeitspanne, in welcher der Gläubiger seine Rechte mit den in Abs. 1 bezeichneten Mitteln verfolgt, muss dieser auch nicht davor geschützt werden, dass der Anspruch während des Verfahrens zu seiner Durchsetzung verjährt (vgl Rn 1). Da die Verjährung erst nach der Beendigung des Verfahrens bzw nach dessen Stillstand beginnt, steht dem Gläubiger auch ohne die Hemmung nach Abs. 1 Nr. 1 die volle Verjährungsfrist zur Verfügung, um ggf eine erneute Rechtsverfolgung zu initiieren. Eine Verschiebung des Verjährungseintritts gem. Abs. 2 ist in den Fällen, in denen die Verjährung nicht nach Abs. 1 Nr. 1 gehemmt wurde, weder durch das Gesetz vorgegeben noch erscheint eine solche vor dem Hintergrund des Vorstehenden notwendig.

43 **e) Umfang der Hemmung. aa) Sachliche Reichweite.** Maßgebend für den Umfang der Hemmung nach Abs. 1 Nr. 1 ist in erster Linie der den prozessualen Anspruch bildende **Streitgegenstand** der betreffenden Klage.[111] Nach hM wird dieser bestimmt durch den Klageantrag und den zu seiner Begründung vorgetragenen Lebenssachverhalt.[112] Durch Klageerhebung gem. Abs. 1 Nr. 1 gehemmt sind damit jedenfalls alle materiellrechtlichen Ansprüche, deren Rechtsfolge den Klageantrag stützt und deren tatbestandliche Voraussetzungen durch den vorgebrachten Lebenssachverhalt erfüllt werden.[113] Im Umkehrschluss folgt, dass eine Klage, welche die Durchsetzung eines Anspruchs lediglich vorbereitet, nicht die Verjährung des Anspruchs selbst hemmt.[114] Zur Stufenklage siehe oben Rn 22–24.

44 Bei **Teilklagen** wird die Verjährung des Anspruchs nur in der Höhe des eingeklagten Teils gehemmt,[115] selbst wenn dem Kläger nicht bewusst gewesen sein sollte, dass er nur einen Teilbetrag einklagte (vgl auch Rn 30).[116] Bei der Klage auf Zahlung eines **Vorschusses** nach § 637 Abs. 3 hingegen umfasst die Hemmungswirkung auch spätere Erhöhungen.[117] Begründet liegt dies im Wesen des Anspruchs auf Vorschuss, der abzurechnen, dh nicht auf die endgültige Fixierung des für die Mangelbeseitigung notwendigen Betrags gerichtet ist. Wird im Lauf des Verfahrens die Klage zur Erhöhung des geforderten Vorschusses erweitert, folgt die

106 MüKo/*Grothe*, § 204 Rn 20; Palandt/*Ellenberger*, § 204 Rn 11; Bamberger/Roth/*Henrich*, § 204 Rn 10.
107 Vgl MüKo/*Grothe*, § 204 Rn 20.
108 Staudinger/*Peters/Jacoby*, § 204 Rn 5.
109 Bamberger/Roth/*Henrich*, § 204 Rn 2; Soergel/*Niedenführ*, § 204 Rn 4.
110 Vgl Bamberger/Roth/*Henrich*, § 204 Rn 2, der allerdings auf die Fälligkeit, nicht auf den Verjährungsbeginn abstellt, der nach § 199 Abs. 1 auch auf einen späteren Zeitpunkt datieren kann. AA Staudinger/*Peters/Jacoby*, § 204 Rn 38.
111 BGH NJW 2009, 1950, 1951, Tz. 12; BGH NJW 2000, 2678, 2679; BGH NJW 1999, 2110, 2111 (die letzten beiden noch zu § 209 aF); MüKo/*Grothe*, § 204 Rn 10; Palandt/*Ellenberger*, § 204 Rn 13; Erman/*Schmidt-Räntsch*, § 204 Rn 7; *Lau*, S. 23; zur Hemmung im Rahmen der Insolvenzanfechtung *Zenker*, NJW 2008, 1038, 1041.
112 BGH NJW-RR 1997, 1216, 1217; BGH NJW 1996, 1743; BGH NJW 1995, 1614; BGH NJW 1993, 2439, 2440; MüKo/*Grothe*, § 204 Rn 10; Bamberger/Roth/*Henrich*, § 204 Rn 17.
113 Staudinger/*Peters/Jacoby*, § 204 Rn 13.
114 LAG Rheinland-Pfalz, Urt. v. 5.6.2008 – 10 Sa 699/07, Juris-Dok.-Nr. JURE080014043, Tz. 49.
115 BGH NJW 2009, 1950, 1951, Tz. 12; BGH NJW-RR 2008, 521; OLG Stuttgart VersR 2008, 109; zu der Frage der Hemmungswirkung im Fall der bezifferten verdeckten Teilklage vgl BGH NJW-RR 2008, 521, 522, Tz. 16; BGH JR 2003, 246 (st. Rspr, *in casu* noch zu § 209 Abs. 1 aF) m. abl. Anm. *Zeuner*, JR 2003, 247; krit. auch *Meyer*, NJW 2002, 3067.
116 BGH NJW 2009, 1950, 1951, Tz. 12.
117 BGH NJW-RR 2005, 1037; BGH NJW-RR 1989, 208 (jeweils zu § 209 Abs. 1 aF); im Ergebnis ebenso *Lau*, S. 34.

Hemmung der Verjährung des mit der Klageerweiterung geforderten Teilbetrags der Hemmung, die durch die ursprüngliche Klage bewirkt wurde. Anders verhält es sich, wenn ursprünglich nur Vorschuss für einen Teil der Mängel eingeklagt wurde und mit der Klageerweiterung Vorschuss zur Beseitigung weiterer Mängel verlangt wird. In diesem Fall ist die Hemmung der Verjährung jeweils gesondert zu behandeln.[118]

Unter altem Recht (§ 209 Abs. 1 aF) ist in der Rechtsprechung über den Streitgegenstand hinaus eine Ausweitung der Unterbrechungswirkung befürwortet worden, wenn der zunächst nicht streitgegenständliche Anspruch mit einer zuvor eingeklagten Forderung wesensgleich war und der nunmehr vorgetragene Lebenssachverhalt in seinem Kern bereits Gegenstand der Erstklage gewesen ist.[119] Diese Wertung wird in der Literatur partiell auf die Hemmung nach Abs. 1 Nr. 1 übertragen.[120] Das Bedürfnis für eine derartige extensive Handhabung der Hemmungswirkung durch Klageerhebung ist unter neuem Recht jedoch wesentlich geringer als dies noch in Bezug auf die Unterbrechung nach § 209 Abs. 1 aF der Fall war. Infolge der Neuregelung des **§ 213** erstreckt sich die Wirkung der Hemmung nach Abs. 1 Nr. 1 nunmehr ohnehin auf solche Ansprüche, die zwar nicht mehr vom Streitgegenstandsbegriff erfasst sind, jedoch aus demselben Grund **wahlweise** neben dem von der Hemmung erfassten Anspruch oder an seiner Stelle gegeben sind. Wer die **Wahlschuld** aus dem Anwendungsbereich des § 213 ausscheidet (s. § 213 Rn 8), der wird die hier beschriebene erweiterte Hemmungswirkung bei Wahlschulden anzuerkennen haben. 45

Auf **Gestaltungsrechte** (insb. Rücktritt und Minderung) findet die Hemmungsregelung des Abs. 1 Nr. 1 keine unmittelbare Anwendung. Die Vorschrift wirkt sich jedoch indirekt über § 218 auch auf diese aus (vgl die dortige Kommentierung).[121] 46

bb) Persönliche Reichweite. Von der Hemmung der Verjährungsfrist begünstigt bzw belastet werden grundsätzlich nur der Gläubiger und der Schuldner, in deren Person die Voraussetzungen des Abs. 1 Nr. 1 erfüllt sind. Bei einer Gesamtschuld gilt der **Grundsatz der Einzelwirkung** (§ 425 Abs. 1 und 2).[122] Eine Erstreckung der gegen einen Schuldner erwirkten Hemmung auf weitere Verpflichtete ist nur in Ausnahmefällen vorgesehen (so zB nach § 115 Abs. 2 S. 4 VVG[123] § 129 Abs. 1 HGB).[124] Keine derartige Ausnahme stellt die **notwendige Streitgenossenschaft** iSd § 62 ZPO dar. Die Schuldner bleiben in diesem Fall selbständige Streitparteien in jeweils besonderen Prozessrechtsverhältnissen zu dem gemeinsamen Gläubiger.[125] 47

Ebenfalls nur Wirkung für den einzelnen Kläger zeitigt die Klageerhebung im Fall der **Gesamtgläubigerschaft** (§ 428) sowie in den von § 432 erfassten Fällen (vgl §§ 429 Abs. 3 S. 1, 432 Abs. 2). Die Rechtsverfolgung hemmt hier nur die Verjährung des Anspruchs des klagenden Gläubigers bzw im Fall der Prozessstandschaft desjenigen, von dem die Berechtigung zur Klageerhebung abgeleitet wird. 48

Kommt es auf Schuldnerseite zu einer **Rechtsnachfolge**, so muss der Rechtsnachfolger die nach Abs. 1 Nr. 1 bewirkte Hemmung der Verjährung gegen sich gelten lassen.[126] Zur Abtretung des Anspruchs durch den Gläubiger während des Prozesses vgl Rn 36. 49

Wird bei einer durch **Bürgschaft** gesicherten Forderung die Verjährung des Anspruchs des Gläubigers gegen den Hauptschuldner gehemmt, so hat dies entsprechend dem vorstehenden Grundsatz (Rn 47) keine unmittelbaren Auswirkungen auf den Lauf der Verjährungsfrist des Anspruchs gegen den Bürgen.[127] Anders liegt es jedoch, wenn der Hauptschuldner als Rechtsperson untergegangen ist und der Gläubiger deshalb keine Möglichkeit hat, die Verjährung der Hauptforderung durch Klage gegen den Hauptschuldner zu verhindern.[128] Konsequenzen hat die Hemmung des Anspruchs des Gläubigers gegen den Hauptschuldner für den Bürgen nur insoweit, als dieser die Einrede der Verjährung der Hauptschuld nach § 768 Abs. 1 S. 1 erst entsprechend später geltend machen kann.[129] 50

f) Titelverjährung. Hat die **Klage Erfolg**, dann beginnt mit Rechtskraft der zusprechenden Entscheidung oder eines Prozessvergleichs die dreißigjährige Verjährungsfrist des § 197 Abs. 1 Nr. 3 bzw Nr. 4. Die zunächst nach Abs. 1 Nr. 1 bewirkte Hemmung ist in diesem Fall durch das Anlaufen der neuen Verjährungsfrist obsolet geworden. Die Frist des § 197 Abs. 1 Nr. 3 bzw Nr. 4 wird von der Hemmungswirkung des Abs. 1 Nr. 1 nicht erfasst, dh insb. die sechsmonatige Nachfrist des Abs. 2 hat keine Auswirkungen auf den Beginn der nach Maßgabe des § 201 anlaufenden Titelverjährung. 51

g) Rücknahme oder Abweisung der Klage als unzulässig. Das Gesetz sieht davon ab, entsprechend **§ 212 Abs. 1 aF** und den auf diese Vorschrift verweisenden Bestimmungen der §§ 212 a–215 und 220 aF 52

118 Näher BGHZ 66, 138, 142; BGH NJW-RR 2005, 1037 (jeweils zu § 209 Abs. 1 aF).
119 BGH NJW 1996, 1743; OLG Köln ZIP 2001, 563, 565.
120 So MüKo/*Grothe*, § 204 Rn 10.
121 Vgl auch Staudinger/*Peters/Jacoby*, § 204 Rn 48.
122 Staudinger/*Peters/Jacoby*, § 204 Rn 12.
123 OLG Hamm VersR 2002, 564, 565 (noch zu § 209 Abs. 1 aF und § 3 Nr. 3 S. 4 PflVG aF); Bamberger/Roth/*Henrich*, § 204 Rn 11.
124 Staudinger/*Peters/Jacoby*, § 204 Rn 12; Erman/*Schmidt-Räntsch*, § 204 Rn 4.
125 BGH NJW 1996, 1060, 1061 (noch zu § 209 Abs. 1 aF).
126 Staudinger/*Peters/Jacoby*, § 204 Rn 12.
127 Soergel/*Niedenführ*, § 204 Rn 30.
128 Dazu s. näher BGHZ 153, 337, 342 f; BGHZ 182, 76, 80 Tz. 14 m.Anm. *Budzikiewicz*, NJ 2010, 32.
129 Staudinger/*Peters/Jacoby*, § 204 Rn 12.

rückwirkend die bereits begründete Hemmung wieder entfallen zu lassen, wenn die Klage oder der sonstige Antrag zurückgenommen oder durch Prozessurteil abgewiesen wird. Durch die Umstellung von der Unterbrechungs- auf die Hemmungswirkung wird in deutlich geringerem Maße als bisher auf den Lauf der Verjährung eingewirkt. Die Aussetzung des Fristlaufs für die Dauer des Verfahrens und der sechsmonatigen Nachfrist bleibt daher auch dann wirksam, wenn die Klage zurückgenommen oder als unzulässig abgewiesen wird.[130]

53 **2. Antrag im vereinfachten Unterhaltsverfahren (Abs. 1 Nr. 2).** Abs. 1 Nr. 2 knüpft die Verjährungshemmung an den Antrag im vereinfachten Verfahren über den Unterhalt Minderjähriger (§§ 249 ff FamFG). Die Vorschrift entspricht mit der Maßgabe der erläuterten Umstellung auf den Hemmungstatbestand (Rn 1 ff) dem bisherigen **§ 209 Abs. 2 Nr. 1 b aF**[131] Insofern kann auch hier – unter Berücksichtigung des Rechtsfolgenunterschieds – auf die Ergebnisse der Rechtsprechung und Lehre zu § 209 Abs. 2 Nr. 1 b aF im Grundsatz zurückgegriffen werden. In Einklang mit der Überschrift von Buch 2 Abschnitt 9 Unterabschnitt 3 wird in Abs. 1 Nr. 2 nunmehr von dem „vereinfachten Verfahren über den Unterhalt Minderjähriger" gesprochen und nicht mehr, wie noch in § 209 Abs. 2 Nr. 1 b aF, von dem „vereinfachten Verfahren zur Festsetzung von Unterhalt".[132]

54 Die Hemmung nach Abs. 1 Nr. 2 **beginnt** mit der Zustellung des Antrags nach § 645 Abs. 1 ZPO oder einer Mitteilung über seinen Inhalt (vgl § 251 Abs. 1 FamFG). Bei einer demnächst erfolgenden Zustellung beginnt die Hemmung entsprechend § 251 Abs. 1 FamFG iVm § 167 ZPO mit der Antragseinreichung bei Gericht.[133]

55 Ebenso wie bei der Klageerhebung (Abs. 1 Nr. 1; Rn 33) wird die Hemmungswirkung nicht dadurch berührt, dass der Festsetzungsantrag bei einem **unzuständigen Gericht** angebracht wurde.[134]

56 Streitig ist, welche inhaltlichen **Voraussetzungen** der Antrag im vereinfachten Unterhaltsverfahren erfüllen muss, um die Hemmungswirkung nach Abs. 1 Nr. 2 herbeizuführen. Zum Teil wird bereits als ausreichend erachtet, dass der verfolgte Anspruch auf Unterhalt individualisierbar ist; die in § 250 Abs. 1 FamFG (entspricht § 646 Abs. 1 ZPO) für die Formulierung des Antrags aufgestellten Kriterien seien für die Hemmung durch Zustellung des Antrags nach Abs. 1 Nr. 2 ohne Bedeutung.[135] Andere Stimmen fordern dagegen die Einhaltung zumindest des § 250 Abs. 1 Nr. 1 FamFG (entspricht § 646 Abs. 1 Nr. 1 ZPO),[136] partiell auch des § 250 Abs. 1 Nr. 1, 2, 4 und 6 FamFG (entspricht § 646 Abs. 1 Nr. 1, 2, 4 und 6 ZPO).[137]

57 Die **Wirkung der Hemmung** gem. Abs. 1 Nr. 2 richtet sich nach § 209 (siehe dort). Zu der Hemmung nach Abs. 1 Nr. 2 kann parallel jene nach Abs. 1 Nr. 1 treten, sofern eine Partei gem. §§ 650, 651 Abs. 1 S. 1 ZPO die **Durchführung des streitigen Verfahrens** beantragt.[138] Wird der Antrag innerhalb von sechs Monaten nach Zugang der Mitteilung über das Vorliegen von Einwendungen iSd § 254 S. 1 FamFG gestellt,[139] so gilt der Rechtsstreit gem. § 255 Abs. 2 S. 1 und Abs. 3 FamFG als mit der Zustellung des Festsetzungsantrags rechtshängig geworden. Die Fiktion bewirkt zugleich die rückwirkende Hemmung nach Abs. 1 Nr. 1 (analog);[140] Abs. 1 Nr. 2 verliert in diesem Fall seine eigenständige Bedeutung.[141]

58 **3. Mahnbescheid und Europäischer Zahlungsbefehl (Abs. 1 Nr. 3).** Nach Abs. 1 Nr. 3 führt jetzt auch die Zustellung des Mahnbescheids im Mahnverfahren zur Hemmung der Anspruchsverjährung. Die Norm entspricht mit der Maßgabe der oben erläuterten Umstellung (Rn 1 ff) auf den Hemmungstatbestand dem bisherigen **§ 209 Abs. 2 Nr. 1 aF**;[142] die zum alten Recht gefundenen Auslegungsergebnisse können bei der Anwendung des Abs. 1 Nr. 3 daher mit der gebotenen Vorsicht und unter Berücksichtigung des Umstandes, dass die Verjährungsunterbrechung abgeschafft wurde und an ihre Stelle die Hemmung getreten ist,[143] weiterhin herangezogen werden.

130 BT-Drucks. 14/6040, S. 118; eine entspr. andersgerichtete Prüfbitte des Bundesrats blieb im Gesetzgebungsverfahren ohne Wirkung, s. BT-Drucks. 14/6857, S. 7 f, 43. Ebenso Henssler/von Westphalen/*Bereska*, Praxis der Schuldrechtsreform, 2. Aufl. 2003, § 204 Rn 5, 7; MüKo/*Grothe*, § 204 Rn 25.

131 BT-Drucks. 14/6040, S. 113.

132 BT-Drucks. 14/6040, S. 113.

133 Näher Staudinger/*Peters/Jacoby*, § 204 Rn 51. Zur Auslegung des Terminus „demnächst" vgl Zöller/*Greger*, ZPO, § 167 Rn 10 ff.

134 MüKo/*Grothe*, § 204 Rn 31; Palandt/*Ellenberger*, § 204 Rn 17; Bamberger/Roth/*Henrich*, § 204 Rn 21; Soergel/*Niedenführ*, § 204 Rn 49; Staudinger/*Peters/Jacoby*, § 204 Rn 49.

135 MüKo/*Grothe*, § 204 Rn 31; Palandt/*Ellenberger*, § 204 Rn 17; Soergel/*Niedenführ*, § 204 Rn 49.

136 Staudinger/*Peters/Jacoby*, § 204 Rn 49.

137 Bamberger/Roth/*Henrich*, § 204 Rn 21.

138 Vgl Palandt/*Ellenberger*, § 204 Rn 35; Staudinger/*Peters/Jacoby*, § 204 Rn 52.

139 Die Sechsmonatsfrist resultiert aus § 255 Abs. 6 FamFG.

140 Vgl auch MüKo/*Grothe*, § 204 Rn 31; Erman/*Schmidt-Räntsch*, § 204 Rn 41, die jeweils gestützt auf § 255 Abs. 2 S. 1 FamFG (entspricht § 651 Abs. 2 S. 1 ZPO) von einer Fortdauer der Hemmung ausgehen.

141 Staudinger/*Peters/Jacoby*, § 204 Rn 150.

142 BT-Drucks. 14/6040, S. 113.

143 Vgl BGH NJW 2009, 56, 57, Tz. 22 (keine Vorlage an den Großen Senat für Zivilsachen, da für die Auslegung des Abs. 1 Nr. 3 die Rechtsprechung zu § 209 Abs. 2 Nr. 1 BGB aF nicht bindend ist).

Die Hemmung **beginnt** mit der Zustellung des wirksamen Mahnbescheids (vgl Rn 60) gem. § 166 Abs. 2 ZPO im Verfahren nach §§ 688 ff ZPO;[144] erfolgt die Zustellung demnächst, so beginnt die Hemmung schon mit der Antragseinreichung bei Gericht (§ 167 ZPO; früher: § 693 Abs. 2 ZPO aF).[145] Umstritten ist, in welchem Umfang die Monatsfrist des § 691 Abs. 2 ZPO bei der Konkretisierung des Merkmals „demnächst" in § 167 ZPO Beachtung finden soll. Zum Teil wird dem Antragsteller eine Frist von einem Monat zugestanden zwischen Mitteilung des Grundes der Verzögerung und Eingang der fehlenden Angaben bei Gericht sowie eine zusätzliche nach § 167 ZPO zu bestimmende Frist für die demnächst zu bewirkende Zustellung.[146] Der BGH und die überwiegende Literatur[147] fordern hingegen, dass bereits die Zustellung des Mahnbescheids beim Schuldner innerhalb der Monatsfrist des § 691 Abs. 2 ZPO erfolgt. Um einen Gläubiger, der den Mahnantrag zeitig stellt, nicht gegenüber einem Gläubiger, der bis zum letzten Tag der Verjährungsfrist mit der Antragstellung wartet, zu benachteiligen, ist der für die Bestimmung des Merkmals „demnächst" relevante Zeitraum vom Datum des Ablaufs der Verjährungsfrist zum Datum der Zustellung des Mahnbescheids zu berechnen.[148] Wird der Mahnantrag wegen eines Mangels iSd § 691 Abs. 1 ZPO zurückgewiesen, gilt die Verjährung gem. § 691 Abs. 2 ZPO trotz Zurückweisung bereits als mit der Einreichung oder Anbringung des Antrags gehemmt, sofern innerhalb eines Monats nach Zustellung der Zurückweisung Klage eingereicht und diese iSd § 167 ZPO demnächst zugestellt wird.[149] Die Hemmung richtet sich in derartigen Fällen allerdings nicht nach Abs. 1 Nr. 3 (mangels Zustellung des Mahnantrags), sondern unmittelbar nach Abs. 1 Nr. 1.[150] Wird innerhalb der von § 691 Abs. 2 ZPO aufgestellten Frist nach Zurückweisung ein berichtigter Mahnantrag eingereicht und dessen Zustellung demnächst bewirkt, muss § 691 Abs. 2 ZPO jedenfalls entsprechend gelten.[151] Nach der hier vertretenen Auffassung wird die Verjährung auch bei erneuter Antragstellung iSd § 688 Abs. 1 ZPO rückwirkend nach § 691 Abs. 2 ZPO (analog) iVm Abs. 1 Nr. 3 gehemmt, und zwar selbst dann, wenn in der Zwischenzeit ohne die Hemmungswirkung des Abs. 1 Nr. 3 bereits Verjährung eingetreten wäre.[152] 59

Die Hemmung nach Abs. 1 Nr. 3 wird nur dann bewirkt, wenn der Mahnbescheid den betroffenen Anspruch im Zeitpunkt der Zustellung ausreichend individualisiert.[153] Unter engen Voraussetzungen hat der BGH[154] die Unwirksamkeit einer Zustellung für den Eintritt der Hemmungswirkung als unschädlich angesehen, wenn der Anspruchsinhaber für die wirksame Zustellung alles aus seiner Sicht Erforderliche getan hat, der Anspruchsgegner in unverjährter Zeit von dem Erlass des Mahnbescheids und seinem Inhalt Kenntnis erlangt hat und die Wirksamkeit der Zustellung ebenfalls in unverjährter Zeit in einem Rechtsstreit geprüft worden ist. 60

Maßgebend für die stets **erforderliche Anspruchsindividualisierung** sind die Anforderungen des § 690 Abs. 1 Nr. 1–3 ZPO.[155] § 690 Abs. 1 Nr. 1 ZPO verlangt die **Bezeichnung der Parteien**, ihrer gesetzlichen Vertreter und der Prozessbevollmächtigten. Zu diesen Merkmalen vgl bereits Rn 29, 36 f; die dortigen Anmerkungen zu Abs. 1 Nr. 1 gelten entsprechend. Nach § 690 Abs. 1 Nr. 3 ZPO muss der Antrag zudem den mit dem Mahnbescheid zu verfolgenden Anspruch bezeichnen unter bestimmter Angabe der verlangten Leistung. Gewährleistet werden soll die **Individualisierbarkeit des Anspruchs**. Der BGH sieht dieses Kriterium als erfüllt an, wenn die Ausführungen des Antragstellers so konkret sind, dass sie die Grundlage eines Vollstreckungstitels bilden können und der Schuldner in die Lage versetzt wird zu entscheiden, ob er Verteidigungsmaßnahmen gegen die Rechtsverfolgung ergreifen möchte.[156] Je länger das den Anspruch begründende Geschehen zurückliegt, desto detailliertere Angaben sind vom Antragsteller zu erwarten.[157] Werden im Mahn- 61

144 Funktional dem Mahnbescheid nach Abs. 1 Nr. 3 gleichwertig ist der schweizerische Zahlungsbefehl; vgl BGH NJW-RR 2002, 937, 938 (noch zu § 209 Abs. 1 Nr. 1 aF); s. auch *Geimer*, Int. Zivilprozessrecht, 6. Aufl. 2009, Rn 2829 (Fn 143).

145 *Schach*, GE 2002, 1118, 1119. Zu der Bewertung eines Verschuldens des Antragstellers bei der Verzögerung der Zustellung vgl Staudinger/*Peters/Jacoby*, § 204 Rn 57.

146 OLG Hamburg NJW-RR 2003, 286 (dort noch zu § 693 Abs. 2 ZPO aF); *Ebert*, NJW 2003, 732; Zöller/*Greger*, ZPO, § 167 Rn 11; Zöller/*Vollkommer*, ZPO, § 691 Rn 4.

147 BGH NJW 2002, 2794; Palandt/*Ellenberger*, § 204 Rn 18; Bamberger/Roth/*Henrich*, § 204 Rn 22; Staudinger/*Peters/Jacoby*, § 204 Rn 54.

148 BGH NJW 1995, 2230, 2231; OLG Koblenz OLGR Koblenz 349, 351; vgl auch BGH NJW 2010, 856, 857, Tz. 12.

149 Zur Fristberechnung unter Berücksichtigung der Entscheidung des BGH v. 21.3.2002 (NJW 2002, 2794) vgl *Schach*, GE 2002, 1118, 1119.

150 Zöller/*Vollkommer*, ZPO, § 691 Rn 5.

151 Vgl Zöller/*Vollkommer*, ZPO, § 691 Rn 5.

152 Ähnlich OLG Brandenburg v. 7.5.2008 – 4 U 179/07, Juris-Dok.-Nr. JURE080008710, Tz. 51 (für einen Mangel [Verwendung von nicht bearbeitungsfähigen Antragformularen], der nicht zur Zurückweisung des Antrags führte).

153 Vgl BGH WM 2000, 2375, 2378. Werden die Anforderungen, die an einen wirksamen Mahnbescheid zu stellen sind, erst nach der Zustellung erfüllt, insb. die Forderung erst nachträglich ausreichend individualisiert, kann Hemmung nur *ex nunc* eintreten; eine Rückwirkung findet nicht statt, BGH aaO.

154 BGH WM 2010, 984, 985, Tz. 16.

155 Bamberger/Roth/*Henrich*, § 204 Rn 22.

156 St. Rspr, vgl BGHZ 172, 42, 55; BGH NJW 2009, 56, 57; zu § 209 Abs. 2 Nr. 1 aF BGH NJW 2007, 1952, 1956; BGH NJW 2001, 305, 306; BGH NJW 2000, 1420, jeweils mwN. S. im Übrigen die Beispiele bei Palandt/*Ellenberger*, § 204 Rn 18; Soergel/*Niedenführ*, § 204 Rn 56; *Klose*, MDR 2010, 11, 12.

157 OLG Brandenburg v. 24.5.2007 – 12 U 197/05, Rn 31.

bescheid mehrere Ansprüche aus mehreren Vertragsverhältnissen geltend gemacht, dürfen die Vertragsverhältnisse nicht in sinnentstellender Weise verkürzt werden.[158] Wird ein einheitlicher Antrag auf unterschiedliche Lebenssachverhalte gestützt, muss dies im Mahnbescheid auch hinreichend deutlich zum Ausdruck kommen.[159] Auch ist anzugeben, ob aus eigenem oder aus abgetretenem Recht vorgegangen wird.[160]

62 Nach der Rechtsprechung des 9. Zivilsenats des BGH kommt es für die Hemmung der Verjährung im Falle des Abs. 1 Nr. 3 auf den **Zeitpunkt der Zustellung des Mahnbescheids** an; eine rückwirkende Heilung durch eine nachträgliche Individualisierung der Klageforderung nach Ablauf der Verjährungsfrist kommt nicht in Betracht.[161] Das gilt nach dieser Rechtsprechung zB auch, wenn eine Forderung aus **mehreren Einzelforderungen** zusammengesetzt ist und im Mahnbescheid eine Aufschlüsselung unterblieben ist. Ohne ausreichende Individualisierung der Einzelforderungen und genaue Aufteilung des geforderten Teilbetrags könne weder auf Grundlage des Mahnbescheids ein der materiellen Rechtskraft fähiger Vollstreckungstitel ergehen noch werde dem Schuldner die Beurteilung ermöglicht, ob er sich gegen den Anspruch ganz oder teilweise zur Wehr setzen wolle.[162] Die ältere Rechtsprechung zum BGB aF hält der 9. Zivilsenat des BGH wegen der grundlegenden Neuregelung, die das Verjährungsrecht durch das SchuldRModG erfahren hat, für nicht bindend.[163] Der 12. Zivilsenats des BGH hatte unter Geltung von § 209 Abs. 2 Nr. 1 aF judiziert, dass die Verjährung aller im Mahnbescheid ausreichend bezeichneten Einzelforderungen bis zur Höhe des geltend gemachten Teilbetrags unterbrochen werde und deshalb eine Nachholung der Aufschlüsselung der Einzelforderungen im weiteren Verlauf des Verfahrens jederzeit zulässig sei; selbst wenn ohne eine Einflussnahme auf den Verjährungslauf zu diesem Zeitpunkt bereits Verjährung eingetreten wäre.[164] Für die Unterbrechung der Verjährung sei die Individualisierung des Anspruchs erforderlich aber auch hinreichend. Eine weitergehende Substantiierung könne noch im Verfahren auch nach Ablauf der Verjährungsfrist erfolgen. Dies gelte insbesondere für die konkrete Berechnung. Dieser Rechtsprechung ist für § 204 Abs. 1 Nr. 3 nicht zu folgen.

63 Nicht erforderlich ist jedoch nach Ansicht des **12. und 13. Zivilsenats**,[165] dass aus dem Mahnbescheid für einen außenstehenden Dritten ersichtlich ist, welche Forderungen konkret gegen den Antragsgegner erhoben werden. Es genüge, dass der Antragsgegner selbst in der Lage ist, die Forderungen zu erkennen. Diese Einschränkung steht im Gegensatz zur Grundaussage, dass die Angaben im Mahnbescheid so konkret sein müssen, dass sie die Grundlage eines der materiellen Rechtskraft fähigen Vollstreckungstitels bilden können. Denn die Vollstreckungsfähigkeit setzt die inhaltliche Bestimmtheit des Titels dahingehend voraus, dass der Titel aus sich heraus verständlich ist und auch für jeden Dritten erkennen lässt, was der Vollstreckungsgläubiger vom Vollstreckungsschuldner verlangen kann.[166] Ist etwa bei einer Teilklage nicht erkennbar, welcher Teil des Gesamtanspruchs Gegenstand der Klage sein soll, so lässt sich dem Urteil nicht entnehmen, über welche der Einzelforderungen oder welche Teilbeträge das Gericht entschieden hat. Ein solches Urteil kann nicht in materielle Rechtskraft erwachsen.[167]

64 Aufgrund der **schärferen Anforderungen an die Individualisierbarkeit** in der neueren höchstrichterlichen Rechtsprechung ist in der **Praxis** bei **zusammengesetzten Forderungen oder Teilforderungen** darauf zu achten, dass bereits im Mahnbescheid eine genaue Individualisierung durch Aufschlüsselung im Mahnbescheid erfolgt.[168]

65 Eine **handschriftliche Unterzeichnung** des Antrags (vgl § 690 Abs. 2 ZPO) ist, anders als im Fall der Hemmung durch Klageerhebung gem. Abs. 1 Nr. 1 (vgl Rn 34), für die Bewirkung der Hemmung nach Abs. 1

158 OLG Köln OLGR Köln 2006, 550, 551 (Angabe „gem. Verträge Nr. x bis Nr. y" genügt nicht).
159 BGH VersR 2010, 125, 126, Tz. 19 (mwN).
160 OLG München NJW-RR 2010, 647, 648.
161 BGH NJW 2009, 56, 57, Tz. 21; BGH NJW 2008, 3498, 3499, Tz. 16; s. ferner AG Hannover NdsRpfl 2009, 390, 391; AG Mannheim, Urt. v. 10.6.2010 – 3 C 84/10, Juris-Dok.-Nr. KORE217652010 Tz. 31 (jede einzelne Forderung ist zu bezeichnen.).
162 BGH NJW 2009, 56, 57, Tz. 20. Zu bedenken bleibt jedoch, dass ein Antrag auf Erlass eines Mahnbescheids keine Klageschrift ist (vgl § 697 Abs. 1 S. 1 ZPO); zu weitgehend deshalb die Anforderungen des AG Hannover NdsRpfl 2009, 390, 391, das bei Inanspruchnahme aus einer Bürgschaft auch Angaben im Mahnbescheid zur aus mehreren Forderungen zusammengesetzten Hauptforderung verlangt.
163 BGH NJW 2009, 56, 57, Tz. 22 (im Hinblick auf eine Vorlage an den Großen Senats für Zivilsachen).
164 BGH WM 2003, 1439 (Votrag eines erforderlichen Beseitigungsverlangens durch einen Dritten kann nachgeschoben werden); BGH NJW 1996, 2152, 2153; zust. der 11. Zivilsenat des BGH NJW 2001, 305, 306 f; und im Erg. *Voit*, WuB IV A § 209 BGB 1.03, der allerdings die Formulierung des BGH als zu allgemein erachtet und eine Konkretisierung vorschlägt.
165 BGHZ 172, 42, 57, Tz. 46 (12. Zivilsenat); NJW 2008, 1220, 1221, Tz. 15 (13. Zivilsenat); OLG Brandenburg, Urt. v. 27.8.2009 – 12 U 1/09, Rn 40 (aus vor Mahnbescheid übersandtem Schreiben ergaben sich die zur Individualisierung erforderliche Informationen); *Klose*, MDR 2010, 11, 12; aA LG Düsseldorf NJW 2007, 3009; LG Kleve v. 29.11.2007 – 6 S 124/07, Juris-Dok.-Nr. JURE080007398, Tz. 17.
166 OLG Hamm NJW 1974, 652; Zöller/*Stöber*, ZPO, § 704 Rn 4; Musielak/*Lackmann*, ZPO, 8. Aufl. 2011, § 704 Rn 6.
167 BGHZ 124, 164, 166; BGH NJW 1990, 2068, 2069; Zöller/*Vollkommer*, ZPO, Vor § 300 Rn 18.
168 *Klose*, MDR 2010, 11, 12.

Nr. 3 nicht erforderlich.[169] Der Mangel stellt lediglich einen Zurückweisungsgrund dar (vgl § 691 Abs. 1 Nr. 1 ZPO); wird er nicht bemerkt und der Mahnbescheid trotz Fehlens der Unterschrift erlassen, liegt eine wirksame gerichtliche Entscheidung vor, die nach Zustellung zur Verjährungshemmung führt. Ebenfalls im Rahmen des Abs. 1 Nr. 3 unbeachtlich ist die Nichterfüllung der in **§ 690 Abs. 1 Nr. 4 und 5 ZPO** aufgestellten Anforderungen.[170] Auch Verstöße gegen **§ 688 ZPO** führen nicht zur Unwirksamkeit des Mahnbescheids, weshalb ein entgegen § 688 ZPO erlassener und zugestellter Mahnbescheid zur Hemmung der Verjährung nach Abs. 1 Nr. 3 führt.[171]

Wurde der Mahnantrag bei einem **unzuständigen Gericht** eingereicht, hindert dies in Parallelität zu Abs. 1 Nr. 1 (dort Rn 33, 35) die Hemmung nach Abs. 1 Nr. 3 nicht.[172] § 690 Abs. 1 Nr. 2 ZPO verlangt lediglich die Bezeichnung des Gerichts, bei dem der Antrag gestellt wird; die Nennung des in der Sache zuständigen Gerichts ist für die Bewirkung der Rechtsfolgen des Abs. 1 Nr. 3 nicht erforderlich. 66

Die **Wirkung der Hemmung** gem. Abs. 1 Nr. 3 bestimmt sich nach § 209; zum Eintritt der Hemmungswirkung gelten die Ausführungen zu Abs. 1 Nr. 1 entsprechend (vgl Rn 40 ff). Schließt sich an das Mahnverfahren nach Widerspruch oder Einspruch des Antragsgegners das **Verfahren vor dem Prozessgericht** an, so bleibt die Verjährung trotz Beendigung des Mahnverfahrens weiterhin gehemmt;[173] die Hemmungswirkung resultiert nunmehr allerdings aus Abs. 1 Nr. 1, der in der vorliegenden Konstellation zumindest entsprechende Anwendung findet.[174] Der Rechtsstreit, während dessen Fortführung die Verjährung nach Abs. 1 Nr. 1 (analog) gehemmt wird, gilt gem. § 696 Abs. 3 ZPO bzw § 700 Abs. 2 ZPO bereits als mit der Zustellung des Mahnbescheids rechtshängig geworden. Abs. 1 Nr. 1 tritt infolgedessen rückwirkend neben Abs. 1 Nr. 3, der dadurch seine eigenständige Bedeutung verliert.[175] 67

Hinsichtlich des **Umfangs der Hemmungswirkung** durch Zustellung des Mahnbescheids gelten die Grundsätze, die auch der Hemmung durch Klageerhebung (Abs. 1 Nr. 1) zugrunde liegen (vgl Rn 43 ff). 68

Bei der Umstellung von der Unterbrechungs- auf die Hemmungswirkung der Zustellung des Mahnbescheids hat der Gesetzgeber davon abgesehen, eine dem **§ 213 aF** entsprechende Regelung in das neue Recht aufzunehmen. Wird der Mahnantrag zurückgenommen oder verliert der Mahnbescheid gem. § 701 ZPO seine Kraft, führt dies daher nicht zu einer rückwirkenden Aufhebung der Hemmung. Die nach Abs. 1 Nr. 3 bewirkte Aussetzung des Fristlaufs für die Dauer des Verfahrens und die sich anschließende sechsmonatige Nachfrist (Abs. 2 S. 1 bzw S. 2) bleiben unangetastet.[176] Gleiches gilt, wenn die Sache nach Erhebung des Widerspruchs nicht alsbald an das Streitgericht abgegeben werden sollte (vgl § 696 Abs. 3 ZPO).[177] Auch in diesem Fall kann allenfalls ein Stillstand des Verfahrens konstatiert werden, welcher nach Abs. 2 S. 2 die Nachfrist des Abs. 2 S. 1 auslöst und damit das Ende der Hemmung bedingt, sofern nicht vor Ablauf der Sechsmonatsfrist das Verfahren weiter betrieben wird (Abs. 2 S. 3);[178] den nach Abs. 1 Nr. 3 zuvor ausgelösten Eintritt der Hemmung sowie die bisherige Hemmungsdauer berührt der Verfahrensstillstand nicht. 69

Der Zustellung eines Mahnbescheids gleichgestellt ist seit dem 12.1.2008 die Zustellung des **Europäischen Zahlungsbefehls** nach der EuMVVO.[179] Zu den Vorschriften der Verordnung treten die Durchführungsbestimmungen der §§ 1087–1091 ZPO. Auch für die Zustellung des Europäischen Zahlungsbefehls gilt die Rückwirkungsfiktion des § 167 ZPO, und zwar unabhängig davon, ob im In- oder Ausland zugestellt wird.[180] Dies setzt die Regierungsbegründung zu Abs. 1 Nr. 3 nF[181] voraus und wird von der einheitlichen Literatur ebenso gesehen.[182] 70

169 BGHZ 86, 313, 323 f; Bamberger/Roth/*Henrich*, § 204 Rn 22; Staudinger/*Peters/Jacoby*, § 204 Rn 54.

170 Staudinger/*Peters/Jacoby*, § 204 Rn 54 (in Bezug auf § 690 Abs. 1 Nr. 5 ZPO).

171 OLG Koblenz OLGR Koblenz 2005, 349, 350 (zu § 688 Abs. 2 Nr. 2 ZPO); Zöller/*Vollkommer*, ZPO, § 691 Rn 5.

172 BGHZ 86, 313, 322; MüKo/*Grothe*, § 204 Rn 33; Palandt/*Ellenberger*, § 204 Rn 18; Bamberger/Roth/*Henrich*, § 204 Rn 22; Soergel/*Niedenführ*, § 204 Rn 58; Staudinger/*Peters/Jacoby*, § 204 Rn 54; Erman/*Schmidt-Räntsch*, § 204 Rn 13.

173 Palandt/*Ellenberger*, § 204 Rn 36; *Mansel/Budzikiewicz*, Das neue Verjährungsrecht, 2002, § 8 Rn 47.

174 MüKo/*Grothe*, § 204 Rn 88 ff; Bamberger/Roth/*Henrich*, § 204 Rn 59 (unter Hinweis auf § 696 Abs. 1 S. 4 ZPO); Erman/*Schmidt-Räntsch*, § 204 Rn 42 (unter Hinweis auf § 697 Abs. 2 S. 1 ZPO).

175 Staudinger/*Peters/Jacoby*, § 204 Rn 150.

176 *Ebert*, NJW 2003, 732, 733; Bamberger/Roth/*Henrich*, § 204 Rn 54.

177 *Ebert*, NJW 2003, 732, 733; Palandt/*Ellenberger*, § 204 Rn 18; Erman/*Schmidt-Räntsch*, § 204 Rn 13.

178 S. *Ebert*, NJW 2003, 732, 733.

179 Eingefügt durch Art. 7 des Gesetzes zur Verbesserung der grenzüberschreitenden Forderungsdurchsetzung und Zustellung (GrFordDuG) v. 30.10.2008 BGBl. I S. 2122; zur Verordnung s. *Kreuzer/Wagner*, in: Dauses, Handbuch des EU-Wirtschaftsrechts, 24. Ergänzungslieferung 2009, Rn 792–813; *Einhaus*, IPRax 2008, 323; *Freitag/Leible*, BB 2008, 2750; *Hess/Bittmann*, IPRax 2008, 305; *Freitag*, IPRax 2007, 509; *Sujecki*, NJW 2007, 1622.

180 *Vollkommer/Huber*, NJW 2009, 1105, 1106.

181 BT-Drucks. 16/8839, S. 32.

182 Staudinger/*Peters/Jacoby*, § 204 Rn 54; Palandt/*Ellenberger*, § 204 Rn 18; *Vollkommer/Huber*, NJW 2009, 1105, 1006; wohl auch Erman/*Schmidt-Räntsch*, § 204 Rn 13; ausführlich zum Problem *Nordmeier*, ZZP 124 (2011) 95, 115 ff.

71 Zu beachten ist, dass die Hemmungswirkung nach Abs. 1 Nr. 3 nur eintritt, wenn auf die mit dem Europäischen Zahlungsbefehl geltend gemachte Forderung deutsches Recht anwendbar ist.[183] Ob die Zustellung eines Europäischen Zahlungsbefehls die Verjährung hemmt, wenn auf die geltend gemachte Forderung ausländisches Recht zur Anwendung kommt, richtet sich nach dem ausländischen Recht. Daraus folgt für die Praxis: Bevor versucht wird, durch die Zustellung eines Europäischen Zahlungsbefehls die Verjährung einer grenzüberschreitenden Forderung zu hemmen, ist zu prüfen, ob die Forderung deutschem Recht unterliegt. Ist dies nicht der Fall, muss festgestellt werden, ob das anwendbare ausländische Recht an die Beantragung, den Erlass oder die Zustellung des Europäischen Zahlungsbefehls verjährungsrechtliche Konsequenzen knüpft.

72 **4. Veranlassung der Bekanntgabe des Güteantrags (Abs. 1 Nr. 4).** Die Hemmung infolge Veranlassung der Bekanntgabe des Güteantrags (Abs. 1 Nr. 4) beruht auf **§ 209 Abs. 2 Nr. 1 a aF**; die Regelung ist jedoch nicht nur von einem Unterbrechungstatbestand auf einen Hemmungstatbestand umgestellt worden, sie hat darüber hinaus auch weitere Änderungen erfahren (siehe im Folgenden). Dies ist bei der Heranziehung der Rechtsprechung zum bisherigen Recht für die Auslegung der Vorschrift zu beachten.

73 Die funktionslose Wendung des bisherigen Rechts, der Güteantrag müsse in der Form der Geltendmachung eines Anspruchs angebracht werden, wurde fallen gelassen. Ferner wird in Einklang mit der Formulierung des § 794 Abs. 1 Nr. 1 ZPO vereinfacht von einer „durch die Landesjustizverwaltung eingerichteten oder anerkannten Gütestelle" gesprochen. So konnte die im bisherigen § 209 Abs. 2 Nr. 1 a aF enthaltene Verweisung auf § 794 Abs. 1 Nr. 1 ZPO entfallen, ohne dass damit eine sachliche Änderung verbunden wäre.[184]

74 Abs. 1 Nr. 4 erkennt Hemmungswirkung zunächst den Anträgen bei einer **Gütestelle** der in **§ 794 Abs. 1 Nr. 1 ZPO** und in **§ 15 a Abs. 1 S. 1 EGZPO** bezeichneten Art zu. Zudem wird durch Abs. 1 Nr. 4 der Anwendungsbereich auf die Verfahren vor einer „**sonstigen Gütestelle**, die Streitbeilegung betreibt", erweitert. Damit sind Gütestellen iSv **§ 15 a Abs. 3 EGZPO** gemeint, insbesondere die in § 15 Abs. 3 S. 2 genannten branchengebunden Gütestellen, etwa die sog. „Ombudsmänner".[185] Die Hemmungswirkung nach Abs. 1 Nr. 4 durch einen Güteantrag vor einer sonstigen Gütestelle setzt allerdings in Übereinstimmung mit § 15 a Abs. 3 S. 1 EGZPO voraus, dass der Einigungsversuch von den Parteien einvernehmlich unternommen wird,[186] wobei dieses Einvernehmen nach § 15 a Abs. 3 S. 2 EGZPO bei branchengebundenen Gütestellen oder den Gütestellen der Industrie- und Handelskammern, der Handwerkskammern oder der Innungen unwiderleglich vermutet wird. Damit ist die bislang bestehende verjährungsrechtliche Benachteiligung der Verfahren vor solchen Gütestellen beseitigt worden.[187]

75 Nicht in dem Katalog des Abs. 1 Nr. 4 aufgeführt sind die in **§ 15 a Abs. 6 S. 1 EGZPO** erwähnten, durch Landesrecht anerkannten Gütestellen. Es bestehen jedoch keine Bedenken, auch diese als Gütestellen iSd Abs. 1 Nr. 4 anzuerkennen.[188]

76 Ob bzw wie weit der Anwendungsbereich des Abs. 1 Nr. 4 darüber hinaus ausgedehnt werden kann, ist in der Literatur umstritten. Verschiedentlich befürwortet wird eine Verjährungshemmung auch für parteiautonom vereinbarte Verfahren vor **in-**[189] **oder ausländischen**[190] **Gütestellen**, wobei wiederum Divergenzen hinsichtlich der Frage bestehen, ob auch einem Schlichtungsverfahren vor der **ICC** in Paris Hemmungswirkung beizumessen ist.[191] Vertreter einer restriktiveren Auslegung des Abs. 1 Nr. 4 wollen die Regelung demgegenüber strikt auf die obligatorische Streitschlichtung begrenzen.[192] Einigkeit scheint jedoch insoweit zu bestehen, als für **ad hoc-Gütestellen** Abs. 1 Nr. 4 in keinem Fall gelten soll.[193] Zu einer neben Abs. 1 Nr. 4 parallel bestehenden oder ggf auch vorgreifenden **Hemmung nach § 203** vgl § 203 Rn 14 f.

77 Nach dem bisherigen § 209 Abs. 2 Nr. 1 a aF wurde die Verjährung bereits durch die bloße Einreichung (Anbringung) des Güteantrags unterbrochen. Da aber grundsätzlich nur solche Rechtsverfolgungsmaßnahmen

183 Staudinger/*Peters/Jacoby*, § 204 Rn 54; *Vollkommer/Huber*, NJW 2009, 1105, 1006. Für vertragliche Schuldverhältnisse folgt aus Art. 32 Abs. 2 Nr. 4 EGBGB bzw Art. 12 Abs. 1 lit. d) Rom I-VO für außervertragliche Schuldverhältnisse aus Art. 15 lit. h) Rom II-VO, dass Fragen der Verjährung unter das jeweilige Statut fallen.

184 Zu beiden sprachlichen Änderungen s. BT-Drucks. 14/6040, S. 113 f.

185 LG Hamburg, Beschl. v. 23.4.2009 – 313 O 432/07 (unveröffentlicht); weitere Beispiele bei Zöller/*Heßler*, ZPO, § 15 a EGZPO Rn 21.

186 MüKo/*Grothe*, § 204 Rn 35; Bamberger/Roth/*Henrich*, § 204 Rn 23; Staudinger/*Peters/Jacoby*, § 204 Rn 59.

187 BT-Drucks. 14/6040, S. 114; *Friedrich*, NJW 2003, 1781.

188 *Eidenmüller*, SchiedsVZ 2003, 163, 165; *Friedrich*, NJW 2003, 1781; *ders.*, MDR 2004, 481, 483 (Fn 29); *Staudinger/Eidenmüller*, NJW 2004, 23, 24.

189 *Friedrich*, NJW 2003, 1781, 1782; MüKo/*Grothe*, § 204 Rn 35; Palandt/*Ellenberger*, § 204 Rn 19; Erman/*Schmidt-Räntsch*, § 204 Rn 16; ablehnend *Klose*, NJ 2010, 100, 101.

190 Palandt/*Ellenberger*, § 204 Rn 19; Erman/*Schmidt-Räntsch*, § 204 Rn 16; auch *Friedrich*, NJW 2003, 1781, 1782, sofern funktionale Gleichwertigkeit besteht.

191 Dafür: *Friedrich*, NJW 2003, 1781, 1782; MüKo/*Grothe*, § 204 Rn 35. Dagegen: Palandt/*Ellenberger*, § 204 Rn 19; Soergel/*Niedenführ*, § 204 Rn 62.

192 So *Eidenmüller*, SchiedsVZ 2003, 163, 168, 169; vgl auch *Staudinger/Eidenmüller*, NJW 2004, 23, 24, 25.

193 So ausdr. *Friedrich*, NJW 2003, 1781, 1783.

verjährungsrechtliche Wirkung entfalten können, die dem Schuldner bekannt werden, stellt Abs. 1 Nr. 4 jetzt abweichend vom alten Recht für den **Hemmungsbeginn** nicht mehr auf die Einreichung ab, sondern auf die **Veranlassung der Bekanntgabe** des Güteantrags.[194]

Abs. 1 Nr. 4 Hs 2 sieht ausdrücklich den Beginn der Verjährungshemmung schon im Zeitpunkt der **Einreichung des Güteantrags** vor, sofern die Veranlassung der Bekanntgabe des Antrags demnächst im Sinne von § 167 ZPO[195] nach dessen Einreichen erfolgt. Den Antragsteller treffen deshalb auch Nachfrageobliegenheiten, wenn die Bekanntgabe über einen längeren Zeitraum nach Einreichen des Antrags unterbleibt. Er ist allerdings nicht gehalten, das Mahnverfahren einzuleiten oder Klage zu erheben, wenn die angerufene Gütestelle wegen Überlastung den Antrag nicht zeitnah bekannt gibt.[196] Der zeitweilige Stillstand des Verfahrens in Folge **Arbeitsüberlastung der Gütestelle** verlangt von der antragstellenden Partei nicht, das Verfahren bei der Gütestelle in Erinnerung zu bringen oder auf die Vornahme von Maßnahmen zu dringen.[197] Das gilt aber nicht, wenn dem Anspruchsgläubiger greifbare Anhaltspunkte bekannt sind, dass das Verfahren bei der Gütestelle in Vergessenheit geraten ist.[198] 78

Ob eine **Bekanntgabe** „demnächst" nach Antragstellung erfolgt, ist entsprechend der Rechtsprechung zu § 167 ZPO, auch im Rahmen des Abs. 1 Nr. 4 Hs 2 nicht nach einer rein zeitliche Betrachtungsweise zu beurteilen. Nach der Rechtsprechung des BGH[199] sind die Parteien vor Nachteilen durch Verzögerungen innerhalb des Geschäftsbetriebs der Gütestelle zu bewahren, weil diese Verzögerungen von ihnen nicht beeinflusst werden können. Es gibt deshalb **keine absolute zeitliche Grenze**, nach deren Überschreitung eine Bekanntgabe nicht mehr als „demnächst" anzusehen ist. Dies gilt auch dann, wenn es zu mehrmonatigen Verzögerungen kommt. Denn Verzögerungen bei der Bekanntgabe, die durch eine fehlerhafte Sachbehandlung der Gütestelle verursacht sind, muss sich der Antragsteller grundsätzlich nicht zurechnen lassen.[200] Das OLG Brandenburg hält eine Bekanntgabe des Güteantrags gegenüber dem Antragsgegner mehr als 2 1/2 Jahre nach dessen Einreichung noch als „demnächst" veranlasst im Sinne der §§ 204 Abs. 1 Nr. 4 BGB, 167 ZPO, wenn die Verzögerungen allein auf die Überlastung der Gütestelle zurückzuführen sind.[201] In dem Umstand, dass ein Güteantrag allein zum Zwecke der Verjährungshemmung gestellt wird, liegt kein **Rechtsmissbrauch**. Anderes gilt, wenn der Antrag bewusst bei einer Gütestelle gestellt wurde, von der bekannt ist, dass die Bekanntgabe des Güteantrags Jahre beanspruchen würde.[202] 79

Auf die Bekanntgabe des Güteantrags – wie es der Regierungsentwurf noch vorsah[203] – konnte der Gesetzgeber nicht abstellen, weil eine Bekanntgabe durch förmliche Zustellung von § 15 a EGZPO nicht vorgeschrieben ist. Daher kann auch eine **formlose Bekanntgabe**, insbesondere durch einfachen Brief, erfolgen. In diesen Fällen ist jedoch zu besorgen, dass der Schuldner bestreitet, den Brief erhalten zu haben, was in der Praxis kaum zu widerlegen ist und die Hemmungsregelung untauglich werden ließe. Es erschien dem Rechtsausschuss des Deutschen Bundestags daher sachgerecht, auf das – aktenmäßig nachprüfbare – Vorgehen der Gütestelle abzustellen. Wenn die Gütestelle die Bekanntgabe des Güteantrags veranlasst, also beispielsweise den an den Schuldner adressierten Brief mit dem Güteantrag zur Post gibt, sollen die Voraussetzungen für die Hemmung erfüllt sein.[204] Nach Abs. 1 Nr. 4 kann somit weiterhin in rechtsstaatlich bedenklicher Weise eine Verjährungshemmung ohne Verfahrenskenntnis des Schuldners eintreten.[205] 80

Der Güteantrag muss durch den Berechtigten gestellt worden sein (vgl Rn 36 f); ein alleiniges Tätigwerden des Verpflichteten führt nicht zur Verjährungshemmung.[206] Der Antrag hat den geltend gemachten **Anspruch hinreichend genau** zu **bezeichnen**, um so die Bestimmung des Streitgegenstands zu ermöglichen.[207] Eine Hemmung der Verjährung sämtlicher zwischen den Parteien streitiger Forderungen kann nicht durch einen 81

194 Vgl hierzu MüKo/*Gruber*, ZPO, § 15 a EGZPO Rn 41.
195 Zur Auslegung dieses Begriffs ist auf die zu § 167 ZPO gewonnenen Grundsätze zurückzugreifen, BGHZ 182, 284 (= NJW 2010, 222 = BB 2010, 83 m.Anm. *Langen/Groß*) Tz. 14; OLG Hamburg NJW-RR 2008, 1090, 1091; OLG Saarbrücken OLGR Saarbrücken 2009, 792, 793 f; *Petersen*, JK 3/10 BGB § 204 Abs. 1 Nr. 4/3; *Klose*, NJ 2010, 100, 103; vgl auch OLG München WM 2008, 733, 735.
196 BGHZ 182, 284, 290, Tz. 18; *Petersen*, JK 3/10 BGB § 204 Abs. 1 Nr. 4/3.
197 BGHZ 182, 284, 291 f, Tz. 20.
198 Offengelassen von BGHZ 182, 284, 291 f, Tz. 20.
199 BGHZ 182, 284, 290, Tz. 16 ff.
200 BGHZ 182, 284, 290, Tz. 15 ff; OLG Brandenburg, Urt. v. 3.3.2010 – 4 U 40/09, BeckRS 2010, 07659 unter II 1 f dd.
201 OLG Brandenburg, Urt. v. 3.3.2010 – 4 U 40/09, BeckRS 2010, 07659, unter II 1 f dd.
202 OLG Brandenburg, Urt. v. 3.3.2010 – 4 U 40/09, BeckRS 2010, 07659, unter II 1 f dd.
203 BT-Drucks. 14/6040, S. 113 f.
204 BT-Drucks. 14/7052, S. 181; MüKo/*Gruber*, ZPO, § 15 a EGZPO Rn 41; aA Palandt/*Ellenberger*, § 204 Rn 19; Staudinger/*Peters/Jacoby*, § 204 Rn 60: Maßgeblich ist die Bekanntgabe, nicht deren Veranlassung.
205 Ebenso Bamberger/Roth/*Henrich*, § 204 Rn 24; *Staudinger/Eidenmüller*, NJW 2004, 23, 25.
206 Palandt/*Ellenberger*, § 209 Rn 19; Bamberger/Roth/*Henrich*, § 204 Rn 26; aA *Friedrich*, NJW 2003, 1781, 1783; MüKo /*Gruber*, ZPO, § 15 a EGZPO Rn 41.
207 OLG München, WM 2008, 733, 734; OLG Hamm, Urt. v. 26.4.2007 – 22 U 129/06, Juris-Dok.-Nr. JURE080007542, Tz. 152. Die strengen Anforderungen des § 253 ZPO gelten für die Antragstellung jedoch nicht.

unbestimmten Güteantrag erreicht werden. Zudem muss der Antrag den Anforderungen der Verfahrensordnung der angerufenen Gütestelle genügen, insbesondere deren **Formerfordernissen** entsprechen.[208] Verlangt die Verfahrensordnung die Übermittlung der anwaltlichen Vollmacht in Schriftform, genügt die Übersendung einer Kopie nicht.[209] Soweit die Verfahrensordnung des jeweiligen Güteverfahrens keine konkrete Antragstellung oder – bei Geldforderungen – Bezifferung vorschreibt, genügt der Lebenssachverhalt zur Feststellung der Identität des Streitgegenstands; der Güteantrag muss nicht in jeder Beziehung den Anforderungen des § 253 ZPO für eine Klageerhebung entsprechen.[210]

82 Ohne Bedeutung für den Hemmungseintritt nach Abs. 1 Nr. 4 ist nach überwiegender Rechtsprechung hingegen, ob der Güteantrag bei der **örtlich**[211] **und sachlich**[212] **zuständigen Gütestelle** eingereicht wird.[213]

83 Eine in der **Praxis** für Zwecke der Verjährungshemmung oft angerufene Gütestelle ist die **Öffentliche Rechtsauskunft- und Vergleichsstelle der Hansestadt Hamburg** (ÖRA), Die ÖRA kann in allen zivilrechtlichen Rechtskonflikten angerufen werden; ihre örtliche Zuständigkeit ist nicht auf Hamburg begrenzt; eine Streitwertgrenze ist nicht ersichtlich.[214] In der Rechtsprechung sind Fälle bekannt,[215] in welchen die Bekanntgabe des Güteantrags mehr als 2 1/2 Jahre nach Einreichen des Antrags erfolgte (siehe Rn 79).

84 **5. Aufrechnung im Prozess (Abs. 1 Nr. 5).** Abs. 1 Nr. 5 regelt die Hemmung der Verjährung bei Geltendmachung der Aufrechnung im Prozess.[216] Die Vorschrift entspricht mit der Maßgabe der bereits erläuterten Umstellung auf den Hemmungstatbestand (Rn 1 ff) dem bisherigen **§ 209 Abs. 2 Nr. 3 aF**; auf Rechtsprechung und Literatur zum bisherigen Recht kann daher im Grundsatz zurückgegriffen werden.

85 Hat die Aufrechnung Erfolg, so stellt sich die Verjährungsfrage nicht, da die Forderung, deren Verjährungshemmung nach Abs. 1 Nr. 5 zu bewirken wäre, erloschen ist (vgl § 389). Abs. 1 Nr. 5 erfasst daher nur solche Ansprüche, bei denen die Aufrechnung nicht durchgreift, etwa weil eine Eventualaufrechnung wegen Klageabweisung nicht berücksichtigt wurde[217] oder die Aufrechnung prozess- oder materiellrechtlich unzulässig war.[218] Gehemmt wird die Verjährung einer Forderung auch dann, wenn eine gerichtliche Entscheidung über die sie betreffende Aufrechnung von vorneherein nicht in Betracht kommt.[219] Die Aufrechnung muss allerdings gegenüber dem **richtigen Schuldner** erfolgen.[220] Die Aufrechnung gegen eine abgetretene Forderung hemmt die Verjährung wegen § 406 auch gegenüber dem Zedenten, wenn dieser Schuldner der zur Aufrech-

208 BGH NJW 2008, 506, Tz. 11–12; BGH v. 22.2.2008 – V ZR 87/07, BeckRS 2008, 04681, Tz. 10 ff. Die gegen die Entscheidung erhobene Verfassungsbeschwerde hat das BVerfG nicht zur Entscheidung angenommen (Nichtannahmebeschluss v. 22.10.2008 – 1 BvR 1218/08, BeckRS 2008, 40224; OLG Hamm, Urt. v. 26.4.2007 – 22 U 129/06, BeckRS 2008, 10486, Tz. 154–175; Prütting/Wegen/Weinreich/*Kessler*, § 204 Rn 11; kritisch *Schwintowski*, BKR 2009, 89, 98.

209 BGH, Urt. v. 22.2.2008 – V ZR 87/07, BeckRS 2008, 04681, Tz. 10–12.

210 OLG Brandenburg, Urt. v. 3.3.2010 – 4 U 40/09 unter II 1 f cc; OLG Hamm, Urt. v. 26.4.2007 – 22 U 117/06, BeckRS 2008, 10485, Tz. 152.

211 BGHZ 123, 337 (zum bisherigen Recht); OLG Brandenburg, Urt. v. 3.3.2010 – 4 U 40/09 unter II 1 f; OLG Hamm, Urt. v. 26.4.2007 – 22 U 129/06, BeckRS 2008, 10485, Tz. 148; OLG Saarbrücken OLGR Saarbrücken 2009, 792, 793; *Friedrich*, NJW 2003, 1781, 1782; Palandt/*Ellenberger*, § 204 Rn 19; Bamberger/Roth/*Henrich*, § 204 Rn 23; *Mansel/Budzikiewicz*, Das neue Verjährungsrecht, 2002, § 8 Rn 49.

212 Str., wie hier: OLG Hamm, Urt. v. 26.4.2007 – 22 U 129/06, BeckRS 2008, 10486, Tz. 148; *Friedrich*, NJW 2003, 1781, 1782; Bamberger/Roth/*Henrich*, § 204 Rn 23; *Mansel/Budzikiewicz*, Das neue Verjährungsrecht, 2002, § 8 Rn 49; ferner *Eidenmüller*, SchiedsVZ 2003, 163, 168; Palandt/*Ellenberger*, § 209 Rn 19, die allerdings solche Fälle ausschließen wollen, in denen der Gläubiger unredlich handelt.

213 OLG Brandenburg, Urt. v. 3.3.2010 – 4 U 40/09, BeckRS 2010, 07659, unter II 1 f; LG Hamburg, Beschl. v. 23.4.2009 – 313 O 432/07, S. 2 (unveröffentlicht); MüKo/*Gruber*, ZPO, § 15 a EGZPO Rn 41; krit. *Staudinger/Eidenmüller*, NJW 2004, 23 ff.

214 §§ 1, 6 Gesetz über die Öffentliche Rechtsauskunft- und Vergleichsstelle (ÖRA-Gesetz) vom 16.11.2010, Hamburger Gesetzes- und Verordnungsblatt 2010, 603.

215 OLG Brandenburg, Urt. v. 3.3.2010 – 4 U 40/09, BeckRS 2010, 07659.

216 Zu der analogen Anwendung der Vorschrift (iVm Abs. 1 Nr. 11) im Fall der Geltendmachung der Aufrechnung in einem (internationalen) Schiedsverfahren vgl *Köhne/Langner*, RIW 2003, 361, 365; Erman/*Schmidt-Räntsch*, § 204 Rn 18.

217 BGH NJW 1990, 2680, 2681 (noch zu § 209 Abs. 2 Nr. 3 aF).

218 BGHZ 176, 128, 132, Tz. 19; BGH NJW-RR 2009, 1169, 1171, Tz. 21; OLG Brandenburg, Urt. v. 29.8.2007 – 4 U 29/07, BeckRS 2008, 09571, Tz. 28; MüKo/*Grothe*, § 204 Rn 37; Jauernig/*Jauernig*, § 204 Rn 7; *Köhne/Langner*, RIW 2003, 361, 365; Soergel/*Niedenführ*, § 204 Rn 67; Staudinger/*Peters/Jacoby*, § 204 Rn 67; Erman/*Schmidt-Räntsch*, § 204 Rn 18. Zu Beispielen s. Palandt/*Ellenberger*, § 204 Rn 20; Bamberger/Roth/*Henrich*, § 204 Rn 27; Staudinger/*Peters/Jacoby*, § 204 Rn 67.

219 BGHZ 176, 128, 131 f, Tz. 18 (mwN zur Gegenansicht); OLG Brandenburg, Urt. v. 29.8.2007 – 4 U 29/07, BeckRS 2008, 09571, Tz. 28; Staudinger/*Peters/Jacoby*, § 204 Rn 65; aA OLG Köln NJW-RR 1989, 1079, 1080.

220 BGHZ 80, 222, 226; 176, 128, 132, Tz. 21; Staudinger/*Peters/Jacoby*, § 204 Rn 70.

nung gestellten Forderung ist. Der Zessionar wird, was die Aufrechnung angeht, dem Zedenten gleichgestellt.[221] Zur Aufrechnung mit einer die Klageforderung übersteigenden Forderung unten Rn 87.

Die Hemmung der (unverjährten) Gegenforderung **beginnt** mit der Erklärung der Aufrechnung im Prozess bzw mit dem Prozessvortrag der außerprozessualen Aufrechnung durch den aufrechnenden Beklagten oder (seltener) den Kläger.[222] Auf eine Zustellung oder Bekanntgabe der Aufrechnungserklärung ist nicht abzustellen. Ist die Aufrechnungserklärung in einem Schriftsatz enthalten, so bedarf dieser nach § 270 S. 1 ZPO nicht der Zustellung, da die Aufrechnung kein Sachantrag ist.[223] Der Lauf einer bereits eingetretenen Verjährung kann nicht rückwirkend über Abs. 1 Nr. 5 gehemmt werden; ist Verjährung eingetreten, kommt eine Aufrechnung mit dem betreffenden Anspruch nur noch unter den Voraussetzungen des § 215 in Betracht.[224] **86**

Die Hemmung nach Abs. 1 Nr. 5 tritt nur hinsichtlich des von der (erfolglosen) Aufrechnung erfassten Anspruchsteils ein; dieser kann (für jede der zur Aufrechnung gestellten Forderungen)[225] **maximal** die **Höhe der Klageforderung** erreichen.[226] Übersteigt die zur Aufrechnung gestellte Forderung die Höhe der Klageforderung, so richtet sich die Aufrechnung nicht gegen eine Forderung, die Gegenstand des Rechtsstreits ist, und erfolgt somit nicht „im Prozess", wie es Abs. 1 Nr. 5 verlangt.[227] **87**

Zur **Aufrechnung nach Eintritt der Verjährung** siehe § 215 und die dortige Kommentierung. **88**

6. Streitverkündung (Abs. 1 Nr. 6). Nach Abs. 1 Nr. 6 führt auch die wirksame Streitverkündung (§§ 72 ff ZPO; Rn 94) zur Hemmung der Verjährung. Mit dieser Regelung wird an den bisherigen **§ 209 Abs. 2 Nr. 4 aF** angeknüpft. Wie in den übrigen Fällen des Abs. 1 wird auch hier auf einen Hemmungstatbestand umgestellt. Für die Auslegung des Abs. 1 Nr. 6 können die Erkenntnisse zum bisherigen Recht jedoch unter Berücksichtigung der Besonderheiten dieser Umstellung[228] weiter herangezogen werden. **89**

Weggelassen wurde gegenüber dem bisherigen § 209 Abs. 2 Nr. 4 aF die irreführende Einschränkung auf die Streitverkündung „in dem Prozesse, von dessen Ausgange der Anspruch abhängt".[229] Die Verjährungswirkung der Streitverkündung war schon nach altem Recht – aus der Sicht der hM – nicht davon abhängig, dass die tatsächlichen Feststellungen des Vorprozesses für den späteren Prozess maßgebend sein müssen.[230] Entsprechend sieht die überwiegende Auffassung auch unter neuem Recht **Präjudizialität** nicht als Voraussetzung an für die Herbeiführung der Hemmungswirkung nach Abs. 1 Nr. 6.[231] **90**

Die Streitverkündung kann nach § 72 Abs. 1 ZPO bis zur rechtskräftigen Entscheidung des Rechtsstreits erfolgen.[232] Durch die Neuformulierung des Abs. 1 Nr. 6 wurde zudem der Anerkennung der Hemmungswirkung einer Streitverkündung im **selbständigen Beweisverfahren** in der bisherigen Rechtsprechung des BGH[233] Rechnung getragen.[234] Deren Gleichstellung mit der Streitverkündung im Prozess ist jetzt ebenso zwanglos möglich wie mit der **Streitverkündung im PKH-Verfahren**.[235] Zur Erforderlichkeit einer erneuten Streitverkündung, wenn das Verfahren nach zwischenzeitlichem Stillstand erneut betrieben wird siehe Rn 161. **91**

Keine Hemmungswirkung erkannte der BGH, jedenfalls unter altem Recht (§ 209 Abs. 2 Nr. 4 aF), der **Beiladung im Verwaltungsstreit** nach § 65 Abs. 1 VwGO zu; in der betreffenden Entscheidung hat das Gericht bereits angedeutet, keine Veranlassung zu sehen, diese Rechtsprechung unter neuem Recht aufzugeben.[236] **92**

221 BGHZ 176, 128, 132, Tz. 22; Bamberger/Roth/*Henrich*, § 204 Rn 27.

222 Zur Möglichkeit des Klägers, die Hemmung durch Aufrechnung herbeizuführen, s. BGHZ 176, 128, 131 f, Tz. 17–19 (auch Verjährung der hilfsweise zur Gegenaufrechnung gestellten Forderung gehemmt); MüKo/*Grothe*, § 204 Rn 37; Bamberger/Roth/*Henrich*, § 204 Rn 27; Staudinger/*Peters/Jacoby*, § 204 Rn 65; Erman/*Schmidt-Räntsch*, § 204 Rn 18; aA Soergel/*Niedenführ*, § 204 Rn 66.

223 BT-Drucks. 14/6040, S. 114.

224 Zu der Frage, in welchem Umfang die Voraussetzungen des § 387 vorliegen müssen, um eine Hemmung nach Abs. 1 Nr. 5 zu rechtfertigen, vgl Bamberger/Roth/*Henrich*, § 204 Rn 27; Jauernig/*Jauernig*, § 204 Rn 7; Staudinger/*Peters/Jacoby*, § 204 Rn 67 ff.

225 Vgl MüKo/*Grothe*, § 204 Rn 38; Palandt/*Ellenberger*, § 204 Rn 20; Bamberger/Roth/*Henrich*, § 204 Rn 27; Staudinger/*Peters/Jacoby*, § 204 Rn 73; Erman/*Schmidt-Räntsch*, § 204 Rn 18.

226 BGH NJW-RR 2009, 1169, 1170; BGH NJW 1990, 2680, 2681; MüKo/*Grothe*, § 204 Rn 38; Palandt/*Ellenberger*, § 204 Rn 20; Soergel/*Niedenführ*, § 204 Rn 66; Staudinger/*Peters/Jacoby*, § 204 Rn 73; Erman/*Schmidt-Räntsch*, § 204 Rn 18.

227 BGH NJW-RR 2009, 1169, 1171, Tz. 21.

228 BGH NJW 2010, 856, 857, Tz. 11 (zur Rückwirkung der Zustellung).

229 S. zum Folgenden BT/Drucks. 14/6040, S. 114.

230 BGHZ 36, 212, 214; 65, 127; 70, 187; 134, 190; gegen die hM (mit ausf. Nachw.) Staudinger/*Peters*, 13. Bearbeitung 1995, § 209 Rn 89 f.

231 Erman/*Schmidt-Räntsch*, § 204 Rn 19; MüKo/*Grothe*, § 204 Rn 40; ferner Palandt/*Ellenberger*, § 204 Rn 21; Bamberger/Roth/*Henrich*, § 204 Rn 29; Soergel/*Niedenführ*, § 204 Rn 71: Die Hemmung nach Abs. 1 Nr. 6 wird auch dann bewirkt, wenn der Streitverkünder im Vorprozess obsiegen sollte. AA Staudinger/*Peters/Jacoby*, § 204 Rn 78 ff.

232 Sie ist deshalb beispielsweise auch im Verfahren der Nichtzulassungsbeschwerde der Revision möglich, BGH WM 2010, 372; aA OLG Düsseldorf, BauR 2008, 2082, 2086–2088 (Vorinstanz).

233 BGHZ 134, 190.

234 BT-Drucks. 14/6040, S. 114.

235 Vgl OLG Hamm NJW 1994, 203 (noch zu § 209 Abs. 2 Nr. 4 aF); Palandt/*Ellenberger*, § 204 Rn 21; Soergel/*Niedenführ*, § 204 Rn 69.

236 BGH VersR 2003, 873, 874 f.

93 Zur Klarstellung verweist Abs. 1 Nr. 6 für den **Beginn** der Hemmung ausdrücklich auf die nach § 73 S. 2 ZPO erforderliche Zustellung der Streitverkündung; die Hemmung tritt jedoch bereits mit der Einreichung der Streitverkündungsschrift bei Gericht ein, sofern die Zustellung demnächst erfolgt (§ 167 ZPO).[237]

94 Um die Hemmungswirkung des Abs. 1 Nr. 6 herbeizuführen muss die **Streitverkündung** nach hM **zulässig** sein (vgl § 72 ZPO).[238] Dieses Zulässigkeitserfordernis wird nicht dadurch entbehrlich, dass der Streitverkündungsempfänger auf Seiten des Streitverkünders beitritt.[239] Wie auch sonst im Rahmen der Hemmungsgründe des Abs. 1 hemmt zudem nur die durch den **Berechtigten** vorgenommene Streitverkündung (vgl hierzu Rn 36 f).[240]

95 Nach § 73 S. 1 ZPO setzt eine wirksame Streitverkündung die **Angabe ihres Grundes** voraus, dh des in § 72 Abs. 1 ZPO beschriebenen potenziellen Anspruchs zwischen Streitverkünder und Streitverkündungsempfänger. Grund für eine Streitverkündung ist nach § 72 Abs. 1 ZPO zum einen ein Anspruch auf Gewährleistung oder Schadloshaltung gegen einen Dritten, den der Streitverkünder zu erheben können glaubt (1. Alt.) oder zum anderen die Besorgung des Anspruchs eines Dritten (2. Alt.). § 204 Abs. 1 Nr. 6 erfasst beide Streitverkündungsgründe.[241] Für die Zulässigkeit der Streitverkündung genügt es, dass der Streitverkünder glaubt, einen Anspruch gegen den Streitverkündungsempfänger zu haben. Ob dieser Anspruch tatsächlich besteht, ist für die Zulässigkeit der Streitverkündung unerheblich.[242] Die Angaben in der Streitverkündungsschrift müssen den Anspruch gegen den Streitverkündeten so genau bezeichnen, dass dieser in die Lage versetzt wird zu entscheiden, ob er dem Streit beitreten möchte.[243] Insbesondere ist offenzulegen, ob aus eigenem oder aus abgetretenem Recht vorgegangen wird.[244] Ist eine **Individualisierung** der gegen den Streitverkündeten gerichteten Ansprüche nicht möglich, kommt eine Hemmung nach Abs. 1 Nr. 6 nicht in Betracht.[245]

96 Anders als bei der Interventionswirkung wird die Verjährung durch die Streitverkündung auch für solche Ansprüche gem. Abs. 1 Nr. 6 gehemmt, für die ein **anderer Rechtsweg** (zB der Arbeitsgerichtsbarkeit), gegeben ist.[246] Der Eintritt der Hemmungswirkung nach Abs. 1 Nr. 6 setzt nicht voraus, dass dem Verpflichteten der Streit in einem inländischen Prozess verkündet wurde. Im Wege der Substitution[247] kann die Streitverkündung grundsätzlich auch in einem **ausländischen Prozess** erfolgen, sofern eine funktionale Äquivalenz zwischen dem deutschen und dem betreffenden ausländischen Rechtsinstitut besteht.[248] Aus den gleichen Gründen bezogen auf das Parallelproblem des Abs. 1 Nr. 1 (Rn 27 f) ist die Anerkennungsfähigkeit der im Ausland ergangenen Entscheidung nicht Voraussetzung für den Eintritt der Hemmungswirkung nach Abs. 1 Nr. 6.[249] Erforderlich ist – wie bei der Streitverkündung im Inlandsprozess – lediglich die Zulässigkeit der Einbeziehung des Dritten nach dem ausländischen Prozessrecht, die Vornahme der Einbeziehung durch den Berechtigten, die Individualisierung der gegen den Dritten behaupteten Ansprüche sowie die erwähnte Äquivalenz der Rechtsinstitute.[250]

97 Die **Wirkung der Hemmung** gem. Abs. 1 Nr. 6 bestimmt sich nach § 209 (vgl im Einzelnen die dortige Kommentierung). Erfasst wird der in der Streitverkündung bezeichnete Anspruch in dem Umfang, wie er sich

237 BGH NJW 2010, 856; aA OLG Rostock, Urt. v. 28.11.2007 – 2 U 38/06 BeckRS 2010 02261.

238 BGHZ 175, 1, 6, Tz. 20; BGH NJW 2009, 1488, 1489, Tz. 18; BGH WM 2010, 372, 373, Tz. 9; OLG Brandenburg NZBau 2006, 720, 722; *Grothe*, LM H. 7/2002 Bl. 1210, 1213; Palandt/*Ellenberger*, § 204 Rn 21; Bamberger/Roth/*Henrich*, § 204 Rn 29; *Mansel/Budzikiewicz*, Das neue Verjährungsrecht, 2002, § 8 Rn 54; Soergel/*Niedenführ*, § 204 Rn 70; Erman/*Schmidt-Räntsch*, § 204 Rn 19; aA *Althammer/Würdinger*, NJW 2008, 2620.

239 BGHZ 175, 1, 4, Tz. 14 (Beitritt ist weder notwendige noch hinreichende Bedingung); BGH NJW 2009, 1488, 1489, Tz. 21; aA *Althammer/Würdinger*, NJW 2008, 2620, 2621.

240 BGH NJW 1993, 1916; KG, NJW-Spezial 2009, 301; Palandt/*Ellenberger*, § 204 Rn 21; Bamberger/Roth/*Henrich*, § 204 Rn 29; Soergel/*Niedenführ*, § 204 Rn 69; Staudinger/*Peters/Jacoby*, § 204 Rn 77.

241 BGH NJW 2009, 1488, 1490, Tz. 28–33; aA KG ZMR 2006, 687, 690 f.

242 BGH VersR 2006, 533, 534; OLG Düsseldorf NJW-RR 1996, 532, 533; bedenklich deshalb OLG Brandenburg NZBau 2006, 720, 723, das eine Streitverkündung, die sich auf die vom Erstgericht vertretene Rechtsansicht stützt, für unzulässig erachtet, wenn diese Rechtsansicht von einer in Rechtsprechung und Schrifttum einhellig bewerteten Auffassung abweicht. Gerade bei einer solchen sich andeutenden Änderung der rechtlichen Beurteilung kann der Streitverkünder des Schutzes der Streitverkündung bedürfen.

243 BGHZ 175, 1, 10, Tz. 28; BGH NJW 2002, 1414, 1416 (noch zu § 209 Abs. 2 Nr. 4 aF); Bamberger/Roth/*Henrich*, § 204 Rn 28; Staudinger/*Peters/Jacoby*, § 204 Rn 77.

244 BGHZ 175, 1, 11, Tz. 31.

245 Vgl BGHZ 175, 1, 10, Tz. 28; BGH WM 2000, 1764.

246 LAG Nürnberg, Urt. v. 29.3.201 – 7 (4) Sa 702/07, BeckRS 2011, 72253.

247 Zur Substitution allg. s. *Mansel*, in: FS W. Lorenz, 1991, S. 689 ff.

248 Soergel/*Niedenführ*, § 204 Rn 71.

249 MüKo/*Grothe*, § 204 Rn 42; Bamberger/Roth/*Henrich*, § 204 Rn 29; Erman/*Schmidt-Räntsch*, § 204 Rn 19; vgl auch *Geimer*, Int. Zivilprozessrecht, 6. Aufl. 2009, Rn 2837; aA Palandt/*Ellenberger*, § 204 Rn 21; Staudinger/*Peters/Jacoby*, § 204 Rn 85; enger in den Voraussetzungen auch Wieczorek/Schütze/*Mansel*, Zivilprozeßordnung und Nebengesetze, 3. Aufl. 1994, § 68 ZPO Rn 21 ff.

250 S. dazu *Geimer*, Int. Zivilprozessrecht, 6. Aufl. 2009, Rn 2837.

aus den gesamten tatsächlichen und rechtlichen Grundlagen des Urteils ergibt; eine Beschränkung auf die mit der Urteilsformel ausgesprochene Entscheidung erfolgt nicht.[251] Denn der Streitverkündungsempfänger wird durch die Streitverkündung gewarnt, dass der Streitverkünder beabsichtigt, ihn in Regress zu nehmen. Diese Warnung rechtfertigt die Hemmung der Verjährung des potentiellen Regressanspruchs.[252] Daraus folgt weiter, dass die Verjährung des gesamten potentiellen Anspruchs des Streitverkünders gegen den Streitverkündungsempfänger gehemmt ist.[253] Insoweit reicht die Hemmungswirkung der Streitverkündung weiter als die Interventionswirkung.[254] Der Streitverkündungsempfänger wird nämlich hinsichtlich des gesamten potentiellen Regressanspruchs gewarnt. Diese Annahme wird auch von der Überlegung gestützt, dass der Streitverkünder in der Streitverkündungsschrift die Höhe des potentiellen Regressanspruchs nicht bezeichnen muss.[255] Dies ist insbesondere von Bedeutung, wenn die Streitverkündung in einem Prozess erfolgt, in dem der Kläger eine **Teilklage** erhoben hat: Die Streitverkündung hemmt den potentiellen Rückgriffsanspruch in voller Höhe, nicht nur in Höhe des durch die Teilklage betroffenen Teils.[256] In der Praxis kann es angebracht sein, vor der Verkündung des Streits eine negative Feststellungswiderklage über die Restforderung zu erheben, um so sicher die Interventionswirkung der nachfolgenden Streitverkündung auch hinsichtlich der Restforderung herzustellen.

Der Streitverkündung kommt hingegen keine verjährungsunterbrechende Wirkung zu, soweit der der Streitverkündung zu Grunde liegende vermeintliche Anspruch durch den Ausgang des Rechtsstreits nicht berührt werden kann.[257] Für die Hemmung erforderlich, aber auch hinreichend ist also, dass die Feststellungen des Erstprozesses im Folgeprozess in irgendeiner Weise Relevanz erlangen. **98**

Bei der Umstellung von der Unterbrechungs- auf die Hemmungswirkung der Zustellung der Streitverkündung hat der Gesetzgeber darauf verzichtet, eine dem **§ 215 Abs. 2 aF** entsprechende Regelung in das neue Recht aufzunehmen. Die Hemmung bleibt daher auch dann wirksam, wenn der Berechtigte nicht innerhalb von sechs Monaten nach Prozessbeendigung Klage auf Befriedigung oder Feststellung des in der Verjährung gehemmten Anspruchs erhebt. **99**

7. Selbständiges Beweisverfahren (Abs. 1 Nr. 7). Abs. 1 Nr. 7 übernimmt die bisher in den §§ 477 Abs. 2, 639 Abs. 1 aF für Gewährleistungsansprüche aus Kauf- und Werkvertrag vorgesehene Unterbrechungsregelung als einen **allgemeinen Hemmungstatbestand**, der alle der Verjährung unterworfenen Ansprüche erfassen kann. Der Antrag auf Durchführung eines selbständigen Beweisverfahrens (§§ 485 ff ZPO) unterbrach die Verjährung nach §§ 477 Abs. 2, 639 Abs. 2 aF nur für die Gewährleistungsansprüche des Käufers oder Bestellers, nicht jedoch für die Ansprüche des Verkäufers oder Unternehmers oder für die Ansprüche aus sonstigen Verträgen. Es war schon nach bisherigem Recht kein tragender Grund ersichtlich, weshalb der Antrag auf Beweissicherung allein bei Gewährleistungsansprüchen aus Kauf- und Werkvertrag und nicht bei anderen Ansprüchen Einfluss auf den Lauf der Verjährung haben sollte. Das gilt erst recht für das neue Recht, in welchem die Sonderbehandlung der kauf- und werkvertraglichen Gewährleistungsansprüche zurückgedrängt wurde.[258] **100**

Die Hemmung **beginnt** nach Abs. 1 Nr. 7 ausdrücklich erst mit der **Zustellung** des **Antrags** auf Durchführung des selbständigen Beweisverfahrens; es gilt die Vorwirkung des § 167 ZPO bei demnächst erfolgender Zustellung. Teilweise wird eine Zustellung für entbehrlich gehalten: Es genüge die formlose Mitteilung des Antrags[259] oder die Zustellung des auf den Antrag hin ergangenen Beweisbeschlusses.[260] Das ist abzulehnen. Die Hemmung der Verjährung nach Abs. 1 Nr. 7 kann grundsätzlich nur dann erfolgen, wenn der Antrag auf Durchführung eines selbständigen Beweisverfahrens iSv § 166 ZPO förmlich zugestellt worden ist.[261] Zwar **101**

251 BGHZ 36, 212, 215; BGH NJW 2002, 1414, 1416; Erman/*Schmidt-Räntsch*, § 204 Rn 19.
252 Vgl BGHZ 176, 361, 367, Tz. 20; Erman/*Schmidt-Räntsch*, § 204 Rn 19; Prütting/Wegen/Weinreich/*Kessler*, § 204 Rn 13.
253 OLG Celle NJOZ 2008, 3064, 3070.
254 Vgl BGH NJW 2009, 1488, 1491; zum Umfang der Interventionswirkung s. Wieczorek/Schütze/*Mansel*, Zivilprozeßordnung und Nebengesetze, 3. Aufl. 1994, § 67 Rn 86 ff.
255 BGH NJW 2002, 1414, 1416; Zöller/*Vollkommer*, ZPO, § 73 Rn 1. Bezüglich der Anspruchshöhe wird der Streitverkündungsempfänger daher nicht gewarnt.
256 BGH NJW 2002, 1414, 1416; Staudinger/*Peters/Jacoby*, § 204 Rn 83; Erman/*Schmidt-Räntsch*, § 204 Rn 19; Prütting/Wegen/Weinreich/*Kessler*, § 204 Rn 13; *Rosenberg/Schwab/Gottwald*, ZPO, 17. Aufl. 2010, § 51 Rn 24; nicht eindeutig MüKo/*Grothe*, § 204 Rn 39.
257 BGH NJW 2009, 1488, 1491; BGH NJW 2002, 1414, 1416; BGH NJW 1979, 264.
258 BT-Drucks. 14/6040, S. 114.
259 OLG Sachsen-Anhalt, Urt. v. 13.11.2008 – 6 U 80/08, Rn 16; OLG Karlsruhe NJW-RR 2008, 402 f; ablehnend LG Gießen BauR 2008, 881; *Seibel*, ZfBR 2008, 9, 13.
260 OLG Frankfurt am Main, Urt. v. 5.11.2009 – 3 U 45/08, BeckRS 2010, 01583.
261 BGH NJW 2011, 1965, 1967, Tz. 29 ff mwN zum Streitstand; s. auch LG Darmstadt, Urt. v. 12.9.2005 – 22 O 90/05, Juris-Dok.-Nr. KORE535932005; LG Gießen BauR 2008, 881; *Weyer*, NZBau 2008, 228; Erman/*Schmidt-Räntsch*, § 204 Rn 20; Palandt/*Ellenberger*, § 204 Rn 22; Prütting/Wegen/Weinreich/*Kessler*, § 204 Rn 14; differenzierend Staudinger/*Peters/Jacoby*, § 204 Rn 87.

mag der Warnfunktion für den Schuldner, dass der Gläubiger die Verjährung seines Anspruchs verhindern will, auch genügt sein, wenn keine Zustellung des Antrags erfolgt, sondern der Schuldner auf andere Weise vom angestrebten selbständigen Beweisverfahren Kenntnis erhält.[262] Abs. 1 Nr. 7 verlangt aber ausdrücklich die Zustellung.[263] Diese ermöglicht – im Gegensatz zu anderweitiger Kenntniserlangung – die zuverlässige Bestimmung des Beginns der Verjährungshemmung nach Abs. 1 Nr. 7 und dient so der Rechtssicherheit.[264] Soweit die Gegenmeinung[265] darauf rekurriert, dass der Gesetzgeber das Zustellungserfordernis in Abs. 1 Nr. 7 in der irrigen Annahme aufgenommen habe, eine Zustellung des Antrags auf Durchführung des selbständigen Beweisverfahrens sei nach § 270 S. 1 ZPO erforderlich,[266] kommt sie nicht über den Wortlaut von Abs. 1 Nr. 7 hinweg. Denn aus § 270 S. 1 ZPO ergibt sich kein Abs. 1 Nr. 7 entgegenstehendes Verbot, ein nicht ohnehin nach § 270 S. 1 ZPO zustellungspflichtiges Dokument dennoch zuzustellen – vielmehr ist über § 270 S. 1 ZPO hinaus eine Zustellung auch dann erforderlich, wenn sie Voraussetzung besonderer Rechtswirkungen ist.[267] Gestützt wird diese Annahme durch Abs. 1 Nr. 9: Auch ein Antrag auf Erlass eines Arrestes, einer einstweiligen Verfügung oder einer einstweiligen Anordnung ist nicht stets zuzustellen. Dennoch knüpft das Gesetz die Hemmungswirkung ausdrücklich an die Zustellung (näher Rn 117).

102 Es bleibt die Möglichkeit der **Heilung** durch rügeloses Einlassen nach § 295 ZPO[268] und nach § 189 ZPO.[269] Eines Rückgriffs auf § 203 bedarf es nach Heilung durch § 295 ZPO nicht.[270] Nach § 189 ZPO gilt ein Schriftstück, das unter Verletzung zwingender Zustellungsvorschriften zugegangen ist, in dem Zeitpunkt als zugestellt, in dem es der Person, an die die Zustellung dem Gesetz gemäß gerichtet war oder gerichtet werden konnte, tatsächlich zugegangen ist.

103 Dem **Gläubiger** ist in der **Praxis** zu empfehlen, bei Gericht auf die förmliche Zustellung des Antrags auf Durchführung des selbständigen Beweisverfahrens hinzuwirken.[271] Für Abs. 1 Nr. 14 hat der BGH[272] eine Verpflichtung des Gerichts angenommen, einem Antrag auf Bekanntgabe des Prozesskostenhilfeantrags zu entsprechen, wenn der Gläubiger durch den Antrag auch die Hemmung der Verjährung bezweckt (siehe Rn 133). Dieser Gedanke lässt sich auf die Zustellung des Antrags auf Durchführung eines selbständigen Beweisverfahrens übertragen. Der **Schuldner** hingegen sollte, falls ihm der Antrag nur formlos mitgeteilt wurde, die fehlende Zustellung rügen. Das Problem dürfte sich in der Praxis entschärfen, weil Gerichte aufgrund der nicht eindeutigen Rechtslage dazu übergehen, Anträge auf Durchführung des selbständigen Beweisverfahrens nicht mehr formlos mitzuteilen, sondern zuzustellen.[273]

104 Zu berücksichtigen ist, dass den Antrag auf Durchführung des Beweissicherungsverfahrens nach § 485 ZPO auch der Schuldner stellen kann. Es ist aber wegen der rechtserhaltenden Funktion des Verfahrens anerkannt, dass **nur** ein **vom Gläubiger beantragtes Verfahren** zugleich die Verjährung hemmt.[274] Erlangt der Antragsteller erst nach Verfahrensbeginn die Gläubigerstellung, tritt die Hemmungswirkung des Abs. 1 Nr. 7 *ex nunc* ein – vorausgesetzt, der betreffende Anspruch ist nicht bereits verjährt.[275] Umstritten ist, ob ein vom

262 OLG Frankfurt am Main, Urt. v. 5.11.2009 – 3 U 45/08, BeckRS 2010, 01583.
263 LG Gießen, Urt. v. 29.1.2008 – 2 O 388/07, Juris-Dok.-Nr. KORE534592008, Tz. 18.
264 LG Gießen, Urt. v. 29.1.2008 – 2 O 388/07, Juris-Dok.-Nr. KORE534592008, Tz. 22. Abzulehnen ist deshalb die Unterscheidung von Staudinger/*Peters/Jacoby*, § 204 Rn 87, die für die Erweiterung des Verfahrensgegenstands (Einbeziehung weiterer Mängel) eine formlose Mitteilung genügen lassen. Auch im Bezug auf die neu in das Verfahren einbezogenen Mängel lässt sich nur durch die Zustellung der Beginn der Hemmung sicher fixieren.
265 OLG Sachsen-Anhalt, Urt. v. 13.11.2008 – 6 U 80/08, Juris-Dok.-Nr. KORE544702009, Tz. 16. Diese Diskrepanz räumt auch LG Darmstadt, Urt. v. 12.9.2005 – 22 O 90/05, Juris-Dok.-Nr. KORE535932005, Tz. 37 ein.
266 BT-Drucks. 14/6040 v. 14.5.2001, S. 114.
267 *Rosenberg/Schwab/Gottwald*, ZPO, § 72 Rn 7; MüKo / *Becker-Eberhard*, ZPO, § 270 Rn 3 (§ 270 ZPO als Auffangvorschrift).
268 Palandt/*Ellenberger*, § 204 Rn 22; Staudinger/*Peters/Jacoby*, § 204 Rn 87; ähnlich LG Marburg, Urt. v. 30.1.2006 – 1 O 231/03 Juris-Dok.-Nr. KORE507442006 (§§ 189, 295 ZPO analog); aA LG Gießen, Urt. v. 29.1.2008 – 2 O 388/07, Juris-Dok.-Nr. KORE534592008, Tz. 20 (der Hinweis auf fehlendes Erklärungsbewusstsein für einen Verzicht ist nur für § 295 Abs. 1, 1. Alt. ZPO stichhaltig; § 295 Abs. 1, 2. Alt. ZPO lässt das Kennenmüssen des Verfahrensmangels genügen, vgl nur Zöller/*Greger*, ZPO, § 295 Rn 9); offengelassen bei BGH NJW 2011, 1965, 1967, Tz. 32.
269 BGH NJW 2011, 1965, 1967, Tz. 32 ff.
270 Für § 203 BGB hingegen Erman/*Schmidt-Räntsch*, § 204 Rn 20.
271 *Seibel*, ZfBR 2008, 9, 13.
272 BGH NJW 2008, 1939.
273 *Seibel*, ZfBR 2008, 9, 13.
274 BGH NJW 1993, 1916 (zum bisherigen Recht); s. ferner BGH NJW 1980, 1485; BGHZ 72, 23, 29; MüKo/*Grothe*, § 204 Rn 44; Bamberger/Roth/*Henrich*, § 204 Rn 30; Zöller/*Herget*, ZPO, Vor § 485 Rn 3; *Lenkeit*, BauR 2002, 196, 216.
275 MüKo/*Grothe*, § 204 Rn 44; Palandt/*Ellenberger*, § 204 Rn 22.

Unternehmer lediglich zum Zwecke der **Bestätigung der Mangelfreiheit** eingeleitetes selbständiges Beweisverfahren die Hemmungswirkung des Abs. 1 Nr. 7 herbeizuführen vermag.[276]

Der Antrag muss Angaben enthalten, die eine hinreichende Individualisierung des materiellrechtlichen Anspruchs enthalten, dessen Verjährung durch Zustellung des Antrags auf Durchführung des Beweissicherungsverfahrens gehemmt werden soll. Dieses Konkretisierungserfordernis ist eine Voraussetzung des materiellen Verjährungsrechts, nicht des Prozessrechtes. Nur ein individualisierter Anspruch kann Gegenstand von Hemmungswirkung sein. Die Hemmung tritt nur im Hinblick auf diejenigen Mängel oder sonstigen Angaben[277] ein, die durch den Antrag zum Gegenstand des selbständigen Beweisverfahrens gemacht werden[278] und Grundlage des im Antrag individualisierten Anspruchs sind. Sie bezieht sich daher nur auf solche Ansprüche, für deren Nachweis die Behauptung, die den Gegenstand des Beweisverfahrens bildet, von Bedeutung sein kann.[279] Die Wirkung des Abs. 1 Nr. 7 kann nur gegenüber dem als Gegner im Verfahren **benannten Schuldner** eintreten,[280] da die Hemmung – mit der Maßgabe des § 167 ZPO (vgl Rn 101) – erst mit der Zustellung des Antrags auf Verfahrensdurchführung beginnt. Zum Ende der Hemmungswirkung unten Rn 149. **105**

Im Wege der Substitution[281] kann bei funktionaler Vergleichbarkeit[282] auch ein **im Ausland durchgeführtes Beweissicherungsverfahren** zur Verjährungshemmung nach Abs. 1 Nr. 7 führen.[283] Auf die internationale Zuständigkeit des die Beweisanordnung treffenden ausländischen Gerichts kommt es dabei nicht an.[284] **106**

8. Begutachtungsverfahren (Abs. 1 Nr. 8). Durch Abs. 1 Nr. 8 werden von den Parteien vereinbarte Begutachtungsverfahren dem selbständigen Beweisverfahren, das nach § 485 ZPO gleichfalls die Begutachtung durch einen Sachverständigen zum Gegenstand haben kann, in ihrer verjährungsrechtlichen Wirkung gleichgestellt. **107**

Die Hemmung **beginnt** bei dem vereinbarten **Begutachtungsverfahren** mit dessen Beginn, um der Vielfältigkeit der Parteivereinbarungen Rechnung zu tragen. Die Kenntnis des Schuldners von der Hemmung ist unproblematisch, da nur vereinbarte und damit unter Mitwirkung des Schuldners erfolgende Begutachtungsverfahren die Hemmungswirkung auslösen.[285] Den Parteien ist zu empfehlen, bei der Regelung des vereinbarten Begutachtungsverfahrens auch den Beginn und das Ende der Hemmungswirkung nach Abs. 1 Nr. 8 zu **regeln** (zur Vertragsfreiheit im Verjährungsrecht siehe § 202). **108**

Unter das **parteivereinbarte Begutachtungsverfahren** fällt sowohl das Schiedsgutachten[286] als auch das von den Parteien gemeinsam oder von einer Partei mit Einverständnis der anderen Partei eingeholte Privatgutachten. Nicht ausreichend dürfte eine Begutachtung durch eine Partei selbst sein. Das kannte § 639 Abs. 2 aF; der Gesetzgeber sieht diese Norm in § 203 als aufgegangen an, nicht aber in § 204 Abs. 1 Nr. 8. **109**

§ 641 a wurde durch Art. 1 Nr. 4 des am 1.1.2009 in Kraft getretenen Forderungssicherungsgesetzes[287] aufgehoben. Deshalb hat der Gesetzgeber durch Art. 1 Nr. 1 a dieses Gesetzes auch den Verweis auf die Beauftragung des Gutachters in dem Verfahren nach § 641 a gestrichen. **110**

276 Dagegen: Prütting/Wegen/Weinreich/*Kessler*, § 204 Rn 14; *Lenkeit*, BauR 2002, 196, 216; *Weyer*, BauR 2001, 1807, 1810; OLG Saarbrücken NJW-RR 2006, 163, 164 f (unter Hinweis auf die Möglichkeit des Werkunternehmers, Zahlungsklage zu erheben oder einen Mahnbescheid zu beantragen, wenn er von der Mangelfreiheit des von ihm hergestellten Werks überzeugt sei), das aber übersieht, dass ein selbständiges Beweisverfahren auch der Sicherung von Beweisen für eine Zahlungsklage dienen kann. Dafür: Erman/*Schmidt-Räntsch*, § 204 Rn 20; *Klaft/Nossek*, BauR 2008, 1980, 1985; vgl auch MüKo/*Grothe*, § 204 Rn 40, der jedenfalls im Falle eines Gegenantrags des Schuldners ein Ende des Verfahrens iSd Abs. 2 S. 1 erst mit Zustellung des zweiten Gutachtens annimmt.

277 Ausführlich dazu *Helm*, NZBau 2011, 328.

278 OLG Hamm, Urt. v. 30.5.2011 – 17 U 152/10, BeckRS 2011, 16393; NJOZ 2009, 1196, 1197 f; OLG München NJW-RR 2007, 675, 676; LG Bremen, Urt. v. 28.5.2009 – 2 O 832/06, Juris-Dok.-Nr. KORE225812009, Tz. 33; jedoch keine „Aufteilung" in einzelne Beweisthemen, wenn die verschiedenen zu begutachtenden Tatsachen Phänomen eines zugrundeliegenden Mangels sind (vgl OLG München NJW-RR 2010, 826 f [grundlegender Planungsfehler eines Architekten]).

279 OLG Hamm, Urt. v. 30.5.2011 – 17 U 152/10, BeckRS 2011, 16393 unter Hinweis auf BGH NJW 2008, 1729, Tz. 30; BGH NJW 1976, 956.

280 BGH NJW 1980, 1485 (zum bisherigen Recht); MüKo/*Grothe*, § 204 Rn 44; Palandt/*Ellenberger*, § 204 Rn 22; Bamberger/Roth/*Henrich*, § 204 Rn 30; Erman/*Schmidt-Räntsch*, § 204 Rn 20.

281 Zur Substitution allg. s. *Mansel*, in: FS W. Lorenz, 1991, S. 689 ff.

282 Vgl hierzu auch *Mankowski*, WiR 1999, 345, 346; *Spickhoff*, IPRax 2001, 37, 39 f.

283 MüKo/*Grothe*, § 204 Rn 46; Staudinger/*Peters/Jacoby*, § 204 Rn 86; Erman/*Schmidt-Räntsch*, § 204 Rn 20.

284 MüKo/*Grothe*, § 204 Rn 46; *Spickhoff*, IPRax 2001, 37, 39; aA LG Hamburg IPRax 2001, 45, 47 (dort noch zum alten Recht).

285 BT-Drucks. 14/6040, S. 114.

286 Erman/*Schmidt-Räntsch*, § 204 Rn 21.

287 Gesetz zur Sicherung von Werkunternehmeransprüchen und zur verbesserten Durchsetzung von Forderungen (Forderungssicherungsgesetz – FoSiG) vom 23.10.2008, BGBl. I S. 2022, berichtigt S. 2582.

111 Gehemmt wird die Verjährung für **alle Ansprüche**, zu deren Klärung das Begutachtungsverfahren eingeleitet wurde.[288]

112 **9. Zustellung eines Antrags auf einstweiligen Rechtsschutz (Abs. 1 Nr. 9).** Nach **bisherigem Recht** waren Anträge auf Erlass einer einstweiligen Verfügung oder eines Arrestes ohne Einfluss auf den Lauf der Verjährungsfrist.[289] Allein soweit Anträge des einstweiligen Rechtsschutzes als Vollstreckungsmaßnahmen qualifiziert werden konnten,[290] haben sie nach § 209 Abs. 2 Nr. 5 aF die Verjährung unterbrochen. Umstritten war in diesem Zusammenhang die Qualifikation der mit in die einstweilige Verfügung aufgenommenen Strafandrohung (zu der Einstufung unter neuem Recht siehe Rn 113).[291] Abs. 1 Nr. 9 regelt nun allgemein die Hemmung infolge eines Antrags auf Erlass eines Arrestes, einer einstweiligen Verfügung oder einer einstweiligen Anordnung. Dieser eigenständige Hemmungsgrund ist **neu**.[292] Auf die Qualifikation als Vollstreckungsmaßnahme kommt es für Abs. 1 Nr. 9 nicht mehr an.

113 Soweit ein Antrag des einstweiligen Rechtsschutzes **zugleich** als Antrag auf Vornahme einer Vollstreckungshandlung zu qualifizieren ist, beginnt die Verjährung gem. **§ 212 Abs. 1 Nr. 2** neu (zum Zusammentreffen von Hemmung und Neubeginn vgl § 209 Rn 9). Wegen des neu geschaffenen Hemmungstatbestands des Abs. 1 Nr. 9 ist eine rein an verjährungsrechtlichen Zwecken und Zielen orientierte vollstreckungsrechtliche Qualifikation von Anträgen künftig auf jeden Fall abzulehnen; daher ist jedenfalls nach neuem Recht die einstweilige Verfügung mit Strafandrohungsbeschluss nicht als Vollstreckungsmaßnahme, die zum Neubeginn der Verjährung nach § 212 Abs. 1 Nr. 2 führt, einzustufen.[293]

114 Der Gesetzgeber begründet den neuen Hemmungstatbestand wie folgt:[294] Bislang fehlten diese Fälle bei der Aufzählung der gerichtlichen Maßnahmen in § 209 aF, da mit einem entsprechenden Antrag nicht der Anspruch selbst, sondern dessen Sicherung geltend gemacht wird. Der Gesetzgeber hat dennoch ein praktisches Bedürfnis der Verjährungshemmung für die Fälle anerkannt, in denen mit der einstweiligen Verfügung eine – wenn auch nur vorläufige – Befriedigung wegen eines Anspruchs erreicht werden kann. Dies sind die Fälle der so genannten **Leistungsverfügung**. Betroffen sind in erster Linie (wettbewerbsrechtliche) **Unterlassungsansprüche**.[295] Soweit in diesen Fällen der Anspruch selbst im Wege eines Antrags auf Erlass einer einstweiligen Verfügung geltend gemacht werden kann, wird in diesem Verfahren nicht nur über die Sicherung des Anspruchs, sondern über die vorläufige Befriedigung des Gläubigers entschieden. Der Gläubiger hat dann häufig kein Interesse mehr an dem Hauptsacheverfahren. Da jedoch die Unterlassungsansprüche nach § 11 Abs. 1 UWG einer sechsmonatigen Verjährungsfrist unterliegen, ist der Gläubiger mitunter gezwungen, ein Hauptsacheverfahren allein zur Verjährungsunterbrechung anhängig zu machen, um zu verhindern, dass während eines sich hinziehenden Verfahrens auf Erlass einer einstweiligen Verfügung die Verjährung eintritt. Entsprechendes gilt für den **presserechtlichen Gegendarstellungsanspruch**, der innerhalb der in den Landespressegesetzen bestimmten Aktualitätsgrenzen geltend gemacht sein muss. Der Arrest, die einstweilige Verfügung und die einstweilige Anordnung stehen in ihrer Rechtsschutzfunktion dem in Abs. 1 Nr. 7 geregelten selbständigen Beweisverfahren und den in Abs. 1 Nr. 8 geregelten Begutachtungsverfahren nicht nach. Auch dort ist der Anspruch selbst nicht unmittelbarer Verfahrensgegenstand.

115 Auf eine unterschiedliche Behandlung der einzelnen Arten der einstweiligen Verfügung, der einstweiligen Anordnung und des Arrestes – **sichernder einstweiliger Rechtsschutz/erfüllungsbezogener einstweiliger Rechtsschutz** – kann nach Auffassung des Gesetzgebers verzichtet werden, weil sie künftig nur eine Hemmung, nicht aber die Unterbrechung bewirken. Diese Wirkung ist weit weniger einschneidend.[296]

116 Nicht eindeutig geregelt ist, welche Ansprüche der Hemmungstatbestand des Abs. 1 Nr. 9 erfasst. Richtigerweise wird von der **Hemmung erfasst** der durch den Antrag des einstweiligen Rechtsschutzes zu **sichernde Anspruch**,[297] aber auch der im Wege der ausnahmsweise zulässigen Leistungsverfügung zu **erfüllende**

288 Palandt/*Ellenberger*, § 204 Rn 23; Bamberger/Roth/*Henrich*, § 204 Rn 31.
289 BGH NJW 1979, 217.
290 S. dazu Palandt/*Heinrichs*, 60. Aufl. 2001, § 209 Rn 21.
291 Qualifikation als Vollstreckungshandlung: OLG Hamm NJW 1977, 2319; abl.: BGH NJW 1979, 217; s. Palandt/*Heinrichs*, 60. Aufl. 2001, § 209 Rn 22.
292 Ausf. zu dem entsprechenden, nicht vollständig deckungsgleichen Normvorschlag des DiskE *Baronikians*, WRP 2001, 121; zur Fassung des RegE s. *Zimmermann/Leenen* u.a., JZ 2001, 684, 696, jeweils mN des Gutachtens *Peters/Zimmermann* und des Abschlussberichts.
293 Im Erg. ebenso zum bisherigen Recht: BGH NJW 1979, 217.
294 Zum Folgenden BT-Drucks. 14/6040, S. 115.
295 *Maurer*, GRUR 2003, 208, 211 f weist darauf hin, dass neben einem Unterlassungsanspruch möglicherweise gegebene, jedoch mit dem einstweiligen Verfügungsverfahren nicht verfolgte Auskunfts- oder Schadensersatzansprüche nicht von der Hemmung nach Abs. 1 Nr. 9 erfasst werden; eine Wirkungserstreckung über § 213 komme nicht in Betracht.
296 BT-Drucks. 14/6040, S. 115.
297 Nur den zu sichernden Anspruch erwähnend *Heinrichs*, BB 2001, 1417, 1421.

Anspruch.[298] Das ist sachgerecht, denn die Grenzen zwischen Sicherungsverfügung und Leistungsverfügung sind nicht selten fließend. Zudem können Umstände des Einzelfalls den Anwendungsbereich einer Leistungsverfügung ausweiten, wenn etwa der Gläubiger auf die Erfüllung unter besonderen Umständen unabweisbar angewiesen ist. Schließlich führen auch ein Feststellungsurteil (Abs. 1 Nr. 1), die Streitverkündung (Abs. 1 Nr. 6), das selbständige Beweissicherungsverfahren (Abs. 1 Nr. 7) und das Begutachtungsverfahren (Abs. 1 Nr. 8) nicht zur Anspruchserfüllung, sondern – im weiteren Sinne – zur Anspruchssicherung.

Die Hemmung **beginnt** grundsätzlich mit der **Zustellung** des jeweiligen Antrags.[299] Dies stellt sicher, dass **117** die Hemmung nicht eintritt, ohne dass der Schuldner hiervon Kenntnis erlangt. Aus § 167 ZPO ergibt sich die Rückwirkung der Hemmungswirkung auf den Zeitpunkt der Einreichung des Antrags.[300]

Vielfach wird jedoch über das Gesuch ohne mündliche Verhandlung entschieden und der Antrag daher nicht **118** zugestellt. Für diesen Fall sieht Abs. 1 Nr. 9 Alt. 2 vor, dass die Hemmungswirkung bereits mit der **Einreichung** des Antrags eintritt, jedoch unter der prozessualen Bedingung steht, dass der Arrestbefehl, die einstweilige Verfügung oder die einstweilige Anordnung innerhalb von einem Monat nach Erlass dem Antragsgegner zugestellt wird. Diese (auflösende) Bedingung vermeidet eine „heimliche" Hemmung, die beispielsweise zu besorgen wäre, wenn der Gläubiger von einem ohne Kenntnis des Schuldners ergangenen Sicherungsmittel keinen Gebrauch macht. Tritt die Bedingung nicht ein, weil das Gericht einen nicht zugestellten Antrag ablehnt und es daher überhaupt nicht zu einem Arrestbefehl usw kommt, der zugestellt werden könnte, ist die fehlende Hemmungswirkung unschädlich.[301] Der Regierungsentwurf hatte ursprünglich eine Dreimonatsfrist vorgesehen; sie wurde auf eine Einmonatsfrist reduziert, um die Zustellungsfrist an die Vollziehungsfrist des § 929 Abs. 2 ZPO anzugleichen.[302]

10. Anmeldung im Insolvenzverfahren (Abs. 1 Nr. 10). Abs. 1 Nr. 10 (Anmeldung des Anspruchs im **119** Insolvenzverfahren oder im Schifffahrtsrechtlichen Verteilungsverfahren) entspricht mit der Maßgabe der erläuterten Umstellung auf den Hemmungstatbestand (Rn 1 ff) dem bisherigen **§ 209 Abs. 2 Nr. 2 aF.** Dessen Fallmaterial kann daher zur Auslegung des Abs. 1 Nr. 10 unter Beachtung des genannten Rechtsfolgenunterschieds weiter benutzt werden.[303] Zu beachten ist, dass Abs. 1 Nr. 10 lediglich Forderungen iSv § 174 ff InsO erfasst, nicht aber Masseverbindlichkeiten.[304] Zudem kommt es nicht auf die Stellung des Insolvenzantrags, sondern (erst und nur) auf die Anmeldung der Forderung im bereits eröffneten Verfahren.[305]

11. Beginn des Schiedsverfahrens (Abs. 1 Nr. 11). Abs. 1 Nr. 11 greift hinsichtlich des schiedsrichterli- **120** chen Verfahrens gem. §§ 1025 ff ZPO den Gedanken des bisherigen **§ 220 Abs. 1 aF** auf. Diese Vorschrift behandelte die Unterbrechung der Verjährung von Ansprüchen, die vor einem Schiedsgericht geltend zu machen sind, durch Verweisung auf die für gerichtliche Maßnahmen geltenden Vorschriften. Jedoch wurde in Abs. 1 Nr. 11 nicht mehr lediglich die entsprechende Anwendung der für die Klageerhebung geltenden Vorschriften angeordnet, sondern eine eigene Hemmungsregelung aufgenommen; damit sollen Unklarheiten hinsichtlich der Frage vermieden werden, wann man im Schiedsverfahren von einer der Klageerhebung vergleichbaren Situation sprechen kann.

Abs. 1 Nr. 11 **erfasst alle Ansprüche**, die in einem schiedsrichterlichen Verfahren geltend gemacht werden.[306] **121**

Die Hemmung setzt mit dem **Beginn** des schiedsrichterlichen Verfahrens ein. Der Verjährungsbeginn ist in **122** § 1044 ZPO geregelt. Der Gesetzgeber hat jedoch ausdrücklich auf einen zunächst vorgesehenen Verweis auf § 1044 ZPO verzichtet, damit der Anwendungsbereich des Abs. 1 Nr. 11 nicht allein auf Schiedsverfahren in Deutschland beschränkt ist.[307] Welche **ausländischen Schiedsverfahren** unter Abs. 1 Nr. 11 fallen, ist eine Frage des Internationalen Privat- und Verfahrensrechts[308] und zugleich eine Substitutionsfrage.[309] Im Rahmen

298 So BT-Drucks. 14/6040, S. 115; *Harms*, TranspR 2000, 294, 295 (dort weiterführende Hinw.); Palandt/*Ellenberger*, § 204 Rn 24; *Maurer*, GRUR 2003, 208, 211; Erman/*Schmidt-Räntsch*, § 204 Rn 24. Nur die Leistungsverfügung erwähnend: *Willingmann*, S. 1, 35; tendenziell für eine Beschränkung auf Leistungsverfügungen *Zimmermann/Leenen u.a.*, JZ 2001, 684, 696.

299 LG Berlin, Urt. v. 13.9.2005 – 102 O 24/05, Juris-Dok.-Nr. KORE543182006, 2. Leitsatz. Der Antragsteller hat einen Anspruch darauf, dass das Gericht den Antrag zustellt, näher Staudinger/*Peters/Jacoby*, § 204 Rn 96.

300 BT-Drucks. 14/6040, S. 115; *Maurer*, GRUR 2003, 208, 209.

301 Zum Vorstehenden: BT-Drucks. 14/6040, S. 115. Krit. *Maurer*, GRUR 2003, 208, 210, der anmerkt, dass im Fall der Zurückweisung des Verfügungsantrags wegen fehlender Glaubhaftmachung des Verfügungsgrundes aufgrund Abs. 1 Nr. 9 Alt. 2 doch wieder Verjährung des zu sichernden Anspruchs droht.

302 BT-Drucks. 14/7052, S. 181; dazu, dass eine Angleichung dennoch nicht vollständig verwirklicht wurde, *Maurer*, GRUR 2003, 208, 209 (Fn 12).

303 Instruktiv *Wenner/Schuster*, BB 2006, 2649 (mit Checkliste 2652).

304 LG Stade ZInsO 2005, 367.

305 LG Göttingen NZI 2005, 395, 396.

306 Zu der analogen Anwendung der Vorschrift (iVm Abs. 1 Nr. 5) im Fall der Geltendmachung der Aufrechnung in einem (internationalen) Schiedsverfahren vgl *Köhne/Langner*, RIW 2003, 361, 365.

307 BT-Drucks. 14/7052, S. 181.

308 S. *Geimer*, Int. Zivilprozessrecht, 6. Aufl. 2009, Rn 3845 ff; *Junker*, KTS 1987, 45.

309 Zur Substitution allg. s. *Mansel*, in: FS W. Lorenz, 1991, S. 689 ff.

der Prüfung des Abs. 1 Nr. 11 ist für jedes Schiedsverfahren, das der Norm unterfällt, nach seinen eigenen Regeln der Beginn des Verfahrens festzustellen.[310] Soweit danach auch Parteiabreden über den Schiedsverfahrensbeginn zulässig sind – wie beispielsweise nach § 1044 Abs. 1 S. 1 Hs 1 ZPO –, sind dennoch rechtliche Unsicherheiten insoweit kaum zu befürchten; dies gilt insbesondere auch deshalb, weil sich die Parteien regelmäßig eines institutionalisierten Schiedsgerichts bedienen, dessen Schiedsverfahrensordnung die Frage des Verfahrensbeginns üblicherweise regelt.[311]

123 Der Übernahme des bisherigen **§ 220 Abs. 2 aF** (siehe § 197 Rn 46, 48) bedurfte es nicht.[312] Diese Vorschrift betraf den Fall, dass zur Durchführung des Schiedsverfahrens noch die Ernennung des oder der Schiedsrichter oder die Erfüllung sonstiger Voraussetzungen erforderlich war. Die Unterbrechung der Verjährung trat in diesen Fällen nach bisherigem Recht bereits dann ein, wenn der Berechtigte alles zur Erledigung der Sache seinerseits Erforderliche vorgenommen hatte. Damit sollte verhindert werden, dass die Unterbrechung der Verjährung durch Umstände verzögert wird, auf die der Berechtigte keinen Einfluss hat. Auf die Ernennung eines Schiedsrichters kommt es aber nach dem neuen § 1044 ZPO nicht mehr an. Auch die Erfüllung sonstiger Voraussetzungen ist für die Hemmung der Verjährung nicht ausschlaggebend.[313] Vielmehr liegt es – beim Fehlen anderer Parteiabsprachen im Sinne von § 1044 Abs. 1 S. 1 Hs 1 ZPO – allein in der Hand des Anspruchsberechtigten, den Empfang des Antrags, die Streitigkeit einem Schiedsgericht vorzulegen, zu bewirken.

124 **Schiedsgutachtenverträge** unterfallen Abs. 1 Nr. 8.

125 **12. Antragseinreichung bei einer Behörde (Abs. 1 Nr. 12).** In Abs. 1 Nr. 12 (Antragseinreichung bei der Behörde) wurde die erste Alternative des bisherigen **§ 210 S. 1 aF** übernommen. Wie auch in den anderen Fällen des Abs. 1 wurde dabei von einem Unterbrechungs- auf einen Hemmungstatbestand umgestellt. Anders als noch in § 210 S. 1 aF vorgesehen, wird indes nicht mehr an die Zulässigkeit des Rechtswegs, sondern an die der Klage angeknüpft. Schon bislang wurde § 210 aF allerdings immer dann angewendet, wenn eine behördliche Entscheidung oder ein behördliches Vorverfahren Zulässigkeitsvoraussetzung für die Erhebung der Klage war.[314] Nach überwiegender Auffassung in der Literatur soll die Hemmung nach Abs. 1 Nr. 12, ebenso wie jene nach Abs. 1 Nr. 13 (Rn 130), nur dann eintreten, wenn die Behörde über das Gesuch zur Entscheidung eine **Sachentscheidung** trifft.[315] Jedenfalls soweit Abs. 1 Nr. 13 betroffen ist, hat der BGH demgegenüber jüngst die Auffassung vertreten, dass die Verjährungshemmung nicht vom Erfolg des Antrags auf Bestimmung des zuständigen Gerichts abhängen kann.[316] Weder der Wortlaut des Abs. 1 Nr. 13 noch Sinn und Zweck der Vorschrift oder die Interessen der Beteiligten sollen danach den Schluss zulassen, dass eine Sachentscheidung erforderlich ist, um die Verjährungshemmung zu rechtfertigen. Der Vergleich mit den Hemmungsgründen in Abs. 1 Nr. 1–4 zeige im Gegenteil, dass die Hemmung der Verjährung durch Rechtsverfolgung iSd § 204 regelmäßig auch dann eintrete, wenn die angerufene Stelle keine Entscheidung treffe, zB weil der jeweilige Antrag im Laufe des Verfahrens zurückgenommen wird. Die Hemmung nach Abs. 1 Nr. 5 durch Aufrechnung des Anspruchs im Prozess greife darüber hinaus sogar ausschließlich dann ein, wenn die Aufrechnung unzulässig oder unmöglich sei, mithin gerade keine Sachentscheidung betreffend den zur Aufrechnung gestellten Anspruch ergehe. Angesichts dessen sei nicht ersichtlich, aus welchem Grund hinsichtlich der Hemmung nach Abs. 1 Nr. 13 eine Ausnahme von dem vorstehenden Grundsatz zu machen und eine Sachentscheidung zu fordern sein sollte. Im Übrigen entwerte ein derartiges Erfordernis den Hemmungsgrund des Abs. 1 Nr. 13 auch erheblich, da der Gläubiger immer damit rechnen müsse, dass das angerufene Gericht keine Sachentscheidung erlasse und damit einer Verjährungshemmung die Grundlage entzöge.

126 Die vorstehend dargestellte Argumentation überzeugt. Zwar betreffen die Ausführungen des BGH in erster Linie die Hemmung nach Abs. 1 Nr. 13; da sich die für Abs. 1 Nr. 13 ausgebreitete Problematik im Ergebnis von derjenigen im Rahmen des Abs. 1 Nr. 12 jedoch nicht unterscheidet, können die zu Abs. 1 Nr. 13 gemachten Ausführungen auf die Hemmung durch Einreichung des Antrags bei einer Behörde übertragen werden. Für die Bewirkung einer Hemmung nach Abs. 1 Nr. 12 ist daher ebenso wenig eine Sachentscheidung zu fordern wie für die vom BGH in Blick genommene Hemmung nach Abs. 1 Nr. 13.[317]

127 Der zweite Halbsatz des Abs. 1 Nr. 12 sieht die entsprechende Anwendung für bei einem Gericht oder bei einer Gütestelle iSd Abs. 1 Nr. 4 zu stellende Anträge, deren Zulässigkeit von der **Vorentscheidung einer Behörde** abhängt, vor. Schon in dem bisherigen § 210 aF war als Alternative zur Klage der Güteantrag genannt.

310 Ausführlich *Wilke*, RIW 2007, 189.
311 BT-Drucks. 14/6857, S. 8 und 44 f.
312 S. dazu und zum Folgenden BT-Drucks. 14/6040, S. 115 f.
313 BT-Drucks. 14/6040, S. 116; s. noch *Harms*, TranspR 2001, 294, 296.
314 Palandt/*Heinrichs*, 60. Aufl. 2001, § 210 Rn 1.
315 MüKo/*Grothe*, 4. Aufl. 2001, § 204 Rn 54; AnwK/*Mansel*, § 204 Rn 34; Soergel/*Niedenführ*, § 204 Rn 91; dagegen Staudinger/*Peters/Jacoby*, § 204 Rn 106.
316 BGH ZIP 2004, 2194 ff.
317 Anders noch die Vorauflage, AnwK/*Mansel*, § 204 Rn 34; wie hier auch MüKo/*Grothe*, § 204 Rn 58; Palandt/*Ellenberger*, § 204 Rn 27; Prütting/Wegen/Weinreich/*Kessler*, § 204 Rn 19.

Hinzu kommen bei Gericht zu stellende Anträge wie der Prozesskostenhilfeantrag nach Abs. 1 Nr. 14, dessen Zulässigkeit genauso von einer behördlichen Entscheidung abhängen kann wie die Klage, für die Prozesskostenhilfe begehrt wird.[318]

Um einer „heimlichen" Hemmung vorzubeugen, wird aus § 210 aF die (auflösende) **Bedingung** in Abs. 1 **128** Nr. 12 übernommen, dass innerhalb von drei Monaten nach Erledigung des Gesuchs die Klage erhoben werden muss. Zudem erscheint es bei einem Verfahren zur Herbeiführung der Zulässigkeit der Klage sachgerecht, die Hemmung nur dann vorzusehen, wenn der Gläubiger die Angelegenheit anschließend weiterbetreibt.[319] Die Dreimonatsfrist beginnt mit dem Zugang der Entscheidung bei dem Gläubiger.[320]

13. Antragseinreichung bei einem höheren Gericht (Abs. 1 Nr. 13). Abs. 1 Nr. 13 betrifft die Hemmung **129** der Verjährung durch Einreichung eines Antrags bei einem höheren Gericht, wenn dieses das zuständige Gericht zu bestimmen hat und innerhalb von drei Monaten nach Erledigung des Gesuchs die Klage erhoben oder der Antrag, für den die Gerichtsstandsbestimmung zu erfolgen hat, gestellt wird.[321] Dadurch wird der Unterbrechungstatbestand des **§ 210 S. 1 Alt. 2 aF** in das neue Recht als Hemmungsregelung übernommen.

Um auch hier einer „heimlichen" Hemmung vorzubeugen, wird – wie in § 210 aF – zur Vermeidung des **130** nachträglichen Wegfalls der Hemmung vorausgesetzt, dass innerhalb von **drei Monaten** nach Erledigung des Gesuchs die Klage erhoben bzw der Antrag, für welchen die Gerichtsstandsbestimmung zu erfolgen hatte, gestellt wird. Die Gerichtsstandsbestimmung nach § 36 ZPO ist nämlich nicht nur auf den Fall der Klageerhebung anzuwenden, sondern beispielsweise auch für den Fall, dass das für einen Mahnantrag zuständige Gericht bestimmt werden muss.[322] Wie bei Abs. 1 Nr. 12 beginnt die Dreimonatsfrist mit dem Zugang der Entscheidung bei dem Gläubiger.[323] Ebenso wie bei Abs. 1 Nr. 12 (vgl Rn 125) wird auch im Rahmen des Abs. 1 Nr. 13 **nicht** vorausgesetzt, dass es sich um eine **Sachentscheidung** handelt.[324]

14. Veranlassung der Bekanntgabe des Antrags auf Prozesskostenhilfe (Abs. 1 Nr. 14). Abs. 1 **131** Nr. 14 führt als **neuen Hemmungstatbestand** die Veranlassung der Bekanntgabe des erstmaligen Antrags auf Gewährung von Prozesskostenhilfe (§§ 114 ff ZPO) ein.[325] Dadurch wird sichergestellt, dass die bedürftige Partei zur Rechtsverfolgung ebenso viel Zeit hat wie diejenige, die das Verfahren selbst finanzieren muss.[326]

Nach **bisherigem Recht** war nicht gesetzlich geregelt, wie sich der Antrag auf Prozesskostenhilfe für die **132** Klage zur Geltendmachung eines Anspruchs auf dessen Verjährung auswirkt. Nach der Rechtsprechung hemmte der Prozesskostenhilfeantrag nach § 203 Abs. 2 aF die Verjährung, wenn er rechtzeitig vor Ablauf der Verjährung gestellt wurde. Allerdings musste der Antrag ordnungsgemäß begründet, vollständig und mit den erforderlichen Unterlagen versehen sein.[327] Zudem musste der Antragsteller davon ausgegangen sein, er sei im Sinne der Anforderungen an die Gewährung von Prozesskostenhilfe bedürftig.[328]

Anträge, deren **Bekanntgabe** von dem Gericht **nicht veranlasst** wird, bewirken keine Hemmung.[329] Dies ist **133** sachgerecht, denn dann handelt es sich entweder um von vorneherein aussichtslose Gesuche oder um solche, bei denen zugleich der Antrag auf Erlass eines Arrestes, einer einstweiligen Verfügung oder einer einstweiligen Anordnung gestellt wird und die Hemmung bereits durch Abs. 1 Nr. 9 sichergestellt ist.[330] Wird der Antrag auf Prozesskostenhilfe (auch) gestellt, um die Verjährung zu hemmen, sollte der Antragsteller bei Gericht darauf hinwirken, unabhängig von den Erfolgsaussichten des Prozesskostenhilfegesuchs dessen Bekanntmachung an die Gegenseite zu veranlassen. Einer solchen Bitte darf sich das Gericht nach Ansicht des BGH nicht verschließen.[331] Damit werden jedenfalls aus Sicht der Praxis weitergehende Überlegungen, etwa bei „Ver-

318 BT-Drucks. 14/6040, S. 116.
319 BT-Drucks. 14/6040, S. 116.
320 Palandt/*Ellenberger*, § 204 Rn 27.
321 Zu einer analogen Anwendung des Abs. 1 Nr. 13 bei Einreichung eines Antrags auf Feststellung der Zulässigkeit des Schiedsverfahrens gem. § 1032 Abs. 2 Alt. 1 ZPO vgl *Windthorst*, SchiedsVZ 2004, 230 ff.
322 BT-Drucks. 14/6040, S. 116.
323 Palandt/*Ellenberger*, § 204 Rn 28.
324 BGH ZIP 2004, 2194 ff; MüKo/*Grothe*, § 204 Rn 62; Staudinger/*Peters/Jacoby*, § 204 Rn 110; Palandt/*Ellenberger*, § 204 Rn 28; Prütting/Wegen/Weinreich/*Kessler*, § 204 Rn 19; aA MüKo/*Grothe*, Vorauflage (4. Aufl. 2001), § 204 Rn 57; Soergel/*Niedenführ*, § 204 Rn 91; ebenso noch die Voraufl. AnwK/*Mansel*, § 204 Rn 38.
325 Abs. 1 Nr. 14 stößt nicht auf verfassungsrechtliche Bedenken, BGH NJW 2008, 1939, 1940 f, Tz. 14–18.
326 BT-Drucks. 14/6040, S. 116.
327 BGHZ 70, 235, 237; BGH NJW 1989, 3149; OLG Hamm NJW-RR 1999, 1678; vgl auch OLG Bamberg OLGR Bamberg 2005, 712.
328 BGH VersR 1982, 41; OLG Düsseldorf WM 1998, 1628.
329 BGH NJW 2008, 1939, 1940, Tz. 11–12 (m.Anm. *Fischer*, LMK 2008, 258711); Prütting/Wegen/Weinreich/*Kessler*, § 204 Rn 20; aA *Smid/Böttger*, DZWIR 2005, 485, 491; zur Pflicht des angerufenen Gerichts, den PKH-Antrag bekannt zu geben, sowie zu einer möglichen Amtshaftung vgl *Peters*, JR 2004, 137, 138 f.
330 BT-Drucks. 14/6040, S. 116 f.
331 BGH NJW 2008, 1939, 1940, Tz. 17; *Fischer*, LMK 2008, 258711; vgl auch *Peters*, JR 2004, 137, 138. Sollte sich das Gericht dennoch ohne triftige Gründe weigern, den Antrag bekanntzumachen, soll nach *Smid/Böttger*, DZWIR 2005, 485, 490 eine Dienstaufsichtsbeschwerde möglich sein.

gessen" der Bekanntgabe durch das Gericht die Hemmungswirkung auf den Zeitpunkt der Antragseinreichung zu beziehen,[332] obsolet.

134 Die Hemmungswirkung kommt ausdrücklich **nur** dem **erstmaligen Antrag** zu.[333] Für die Frage, ob ein Antrag erstmalig gestellt wird, ist nur der Zeitraum ab dem 1.1.2002 zu berücksichtigen.[334] Durch das Erfordernis der Erstmaligkeit wird verhindert, dass sich der Gläubiger hinsichtlich eines Anspruchs durch gestaffelte Prozesskostenhilfeanträge eine mehrfache Verjährungshemmung verschafft.[335] Erstmaliger Antrag meint nicht den ersten gestellten Antrag, sondern den **ersten Antrag** (bezogen auf denselben Streitgegenstand; unerheblich ist, ob der Antrag in demselben oder in einem anderen Verfahren gestellt wurde, dh für die Frage der Erstmaligkeit sind auch frühere Verfahren zu berücksichtigen),[336] dessen **Bekanntgabe veranlasst** wurde.[337] Ansonsten könnte das „Hemmungsrecht" durch unzulässige Anträge, die das Gericht nicht zur Bekanntgabe auf den Weg bringt, „verbraucht" werden. Eine solche Rechtsfolge ist nicht beabsichtigt; es soll lediglich die mehrfach hintereinander geschaltete Hemmungsherbeiführung durch gestaffelte Anträge vermieden werden.

135 Nach der Gesetzesbegründung[338] ist es für die Hemmung **nicht erforderlich** – anders als nach der bisherigen Rechtsprechung zu § 203 Abs. 2 aF –, dass der Antrag **ordnungsgemäß begründet**, vollständig, von den erforderlichen Unterlagen begleitet[339] und von der subjektiven Ansicht der Bedürftigkeit (siehe Rn 131) getragen ist. Der Gesetzgeber begründet das damit, dass solche Einschränkungen nur dann zwingend seien, wenn man die Hemmung durch Antrag auf Prozesskostenhilfe aus § 203 Abs. 2 aF herleite und die Unfähigkeit, die erforderlichen Vorschüsse zu leisten, als höhere Gewalt ansehe, die auch durch zumutbare Maßnahmen nicht überwunden werden könne. Im Rahmen einer gesetzlichen Neuregelung erscheine es nicht angebracht, zum Nachteil des Bedürftigen für den Prozesskostenhilfeantrag besondere Anforderungen gesetzlich vorzugeben. Auf solche Vorgaben werde auch bei den in den übrigen Nummern genannten Hemmungstatbeständen verzichtet. Der insbesondere aus der Kostenfreiheit des Prozesskostenhilfeverfahrens resultierenden Missbrauchsgefahr werde dadurch begegnet, dass nur dem erstmaligen Antrag Hemmungswirkung zuerkannt wird. Die Frage der **Mindestanforderungen** an den Antrag überlässt der Gesetzgeber der Rechtsprechung.[340]

136 Für den Eintritt der Hemmung wird vorauszusetzen sein, dass der Antrag die Parteien individualisierbar benennt und das Streitverhältnis so ausreichend darstellt (§ 117 Abs. 1 S. 2 ZPO), dass die von der Verjährungshemmung erfassten Ansprüche dem Grunde nach identifiziert werden können. Im Übrigen setzt der Hemmungsbeginn die Veranlassung der Bekanntgabe des Antrags an den Gegner voraus (siehe sogleich Rn 137), die aber bei unzureichenden Anträgen regelmäßig nicht erfolgen wird, wenn nicht der Antragsteller das Gericht ausdrücklich darum ersucht.[341] Es besteht keine Pflicht des Gerichts, den Antrag von Amts wegen zu Zwecken der Verjährungsunterbrechung zuzustellen, wenn ein entsprechender Hinweis des Antragstellers fehlt.[342] Nicht erforderlich ist die tatsächliche Begründetheit des Antrags, dh es tritt auch Hemmung ein, wenn der Antrag mangels Bedürftigkeit des Antragstellers zurückgewiesen wird.[343]

137 Aus den gleichen Gründen wie bei dem Antrag an die Gütestelle (Abs. 1 Nr. 4, Rn 77) **beginnt** die **Hemmung** mit der Veranlassung der Bekanntgabe des Antrags auf Prozesskostenhilfe.[344] Wird die Bekanntgabe demnächst nach der Einreichung des Antrags veranlasst, so tritt die Hemmung der Verjährung bereits mit der Einreichung ein (Abs. 1 Nr. 14 letzter Hs).[345] Für die Bestimmung des Merkmals „demnächst" kann auf die zu § 167 ZPO entwickelten Grundsätze zurückgegriffen werden.[346]

V. Ende der Hemmung (Abs. 2)

138 **1. Allgemeines.** Abs. 2 bestimmt das Ende der Hemmung in den in Abs. 1 genannten Fällen. Der **Beginn** der Hemmung ist jeweils in Abs. 1 mitgeregelt (siehe aber zum erneuten Hemmungsbeginn bei Beendigung des Verfahrensstillstands Rn 159).

332 *Smid/Böttger*, DZWIR 2005, 485, 488.
333 Bei wiederholten Anträgen kann ggf ein Rückgriff auf § 206 in Betracht kommen; vgl *Peters*, JR 2004, 137, 139; s. aber OLG Thüringen FamRZ 2005, 1994, 1996 (*obiter dictum*: Die Klageerhebung hindernde Armut stelle keine höhere Gewalt dar, weil der Antrag auf Prozesskostenhilfe nach Abs. 1 Nr. 14 einmalig verjährungshemmend sei).
334 BGH NJW 2009, 1137 (m.Anm. *Fischer*, LMK 2009, 274185).
335 BT-Drucks. 14/6040, S. 116 f.
336 BGH NJW 2009, 1137, 1138, Tz. 16; OLG Celle NJW-RR 2007, 224, 225.
337 So auch *Smid/Böttger*, DZWIR 2005, 485, 487.
338 BT-Drucks. 14/6040, S. 116.
339 So kann der Antragsteller etwa die Erklärung zu seinen persönlichen und wirtschaftlichen Verhältnissen nachreichen, s. OLG Nürnberg, MDR 2010, 1079 (Leitsatz).
340 BT-Drucks. 14/6040, S. 116.
341 BGH NJW 2008, 1939, 1940, Tz. 17.
342 BVerfG NJW 2010, 3083.
343 OLG Brandenburg NJW-RR 2005, 871, 872.
344 BT-Drucks. 14/7052, S. 181.
345 Vgl hierzu AG Bad Iburg WuM 2003, 208.
346 Vgl OLG Brandenburg NJW-RR 2005, 871, 872 (§ 167 ZPO analog).

Abs. 2 ersetzt **§ 211 Abs. 1 aF** und die vergleichbaren oder auf ihn verweisenden Bestimmungen der **§§ 212 a–215, 220 aF** mit dem Unterschied, dass nicht die Beendigung der Unterbrechung, sondern der Verjährungshemmung geregelt wird. 139

2. Sechsmonatige Nachfrist (Abs. 2 S. 1). Die **Hemmung erstreckt sich** über das gesamte, durch einen Antrag im Sinne von Abs. 1 eröffnete Verfahren und über den Zeitraum von weiteren sechs Monaten nach der Verfahrensbeendigung. Die Gewährung der sechsmonatigen **Nachfrist** erklärt sich durch die Umstellung von der Unterbrechungs- auf die Hemmungswirkung und die dadurch bewirkte geringere Intensität der Einwirkung auf den Lauf der Verjährung. Insbesondere bei Verfahren, die nicht mit einer Sachentscheidung enden, muss dem Gläubiger noch eine Frist bleiben, in der er – verschont von dem Lauf der Verjährung – weitere Rechtsverfolgungsmaßnahmen einleiten kann. Dies ist beispielsweise der Fall bei der Geltendmachung der Aufrechnung, wenn über die Aufrechnungsforderung nicht entschieden wurde, bei einem selbständigen Beweisverfahren oder bei einem Prozesskostenhilfeverfahren. Die Sechsmonatsfrist entspricht verschiedenen vergleichbaren Regeln des bisherigen Rechts (§§ 211 Abs. 2 S. 1, 212 a–215, 220 aF). Sie ist ausreichend lang, damit sich der Gläubiger über die weitere Anspruchsprüfung und Rechtsverfolgung nach Verfahrensbeendigung klar werden kann,[347] sofern das beendete Verfahren den Anspruch nicht bereits erledigt oder infolge rechtskräftiger Entscheidung gem. § 197 Abs. 1 Nr. 3 eine neue, dreißigjährige Frist in Gang gesetzt hat. 140

Hat der Gläubiger einen **Titel im Sinne des § 197 Abs. 1 Nr. 3–5** erwirkt, dann läuft ab Rechtskraft des Titels (bzw des diesem Zeitpunkt durch § 201 gleichgestellten Moments) eine neue Verjährungsfrist für den rechtskräftig (oder anderweitig iSd § 197 Abs. 1 Nr. 3–5) festgestellten Anspruch. Die Hemmung nach Abs. 1, die den ursprünglichen, jetzt festgestellten Anspruch ergriffen hat und nach dem Gesetzestext des Abs. 2 noch sechs Monate andauern soll, ist obsolet geworden. Das bringt das Gesetz allerdings nicht zum Ausdruck. 141

Zweifelhaft ist, ob die Sechsmonatsfrist auch für die gehemmten Ansprüche gelten soll, deren Verjährungsfrist **weniger als sechs Monate** beträgt, wie das beispielsweise bei der Dreimonatsfrist der §§ 61 Abs. 2 und 113 Abs. 3 HGB der Fall ist. Doch sieht Abs. 2 für solche Ausnahmefälle keine Reduzierung der sechsmonatigen Nachfrist vor. Das ist unbillig (vgl auch §§ 210 Abs. 1 S. 2 und 211 S. 2, die den hier angesprochenen Gedanken für die Ablaufhemmung nach §§ 210 Abs. 1 S. 1 und 211 S. 1 umgesetzt haben). Es bleibt abzuwarten, ob die Rechtsprechung im Einzelfall hier Abhilfe über § 242 schaffen kann. 142

Die **Kürze der Nachfrist** führt dazu, dass der Gläubiger in den Fällen, in welchen er die Hemmung durch solche Verfahren herbeigeführt hat, die nicht mit einer „Feststellung" im Sinne des § 197 Abs. 1 Nr. 3–5 (welche die dreißigjährige Verjährung eröffnet) enden, derartige Verfahren nach Hemmungsfortfall einleiten muss.[348] Das kann im Ergebnis zu einem erhöhten Klageanfall führen. Daher kann die Umwandlung zahlreicher Unterbrechungstatbestände in Hemmungstatbestände aus rechtspraktischer Sicht nicht uneingeschränkt begrüßt werden. 143

3. Beginn der Nachfrist (Abs. 2 S. 1). Die sechsmonatige Nachfrist, deren Ablauf das Ende der Hemmung markiert, beginnt mit der rechtskräftigen Entscheidung oder – falls eine solche Entscheidung im konkreten Einzelfall nicht ergeht oder nach Verfahrenstypus nicht ergehen kann – mit der anderweitigen Beendigung des Verfahrens. 144

a) Rechtskräftige Entscheidung. Entscheidend ist nach Abs. 2 S. 1 Hs 1 der **Eintritt** der formellen **Rechtskraft** der Entscheidung, die das Verfahren abschließt, welches durch den die Hemmung begründenden (Klage-)Antrag eröffnet wurde. 145

Nach dem aufgehobenen § 219 aF (siehe auch bei § 197) standen rechtskräftige **Vorbehaltsurteile** nach den §§ 302 und 599 ZPO dem rechtskräftigen Urteil iSd § 211 Abs. 1 aF gleich. Damit sollte klargestellt werden, dass die nach bisherigem Recht durch die Erhebung der Klage bewirkte Unterbrechung bis zum Erlass des Vorbehaltsurteils und nicht noch bis zum Abschluss eines Nachverfahrens andauerte. Auf diese Klarstellung verzichtet das Gesetz jetzt. Dass es hinsichtlich des Endes der Hemmungswirkung allein auf den Eintritt der formellen Rechtskraft des Vorbehaltsurteils ankommt und nicht auf die erst mit dem Abschluss des Nachverfahrens eintretende Rechtskraft, sieht der Gesetzgeber als selbstverständlich an.[349] 146

b) Anderweitige Beendigung. Sofern ein Verfahren ohne abschließende rechtskräftige Entscheidung endet, ist für den Beginn der Nachfrist die Verfahrensbeendigung entscheidend (Abs. 2 S. 1 Hs 2). Auf die Beendigung (und nicht die Erledigung) ist abzustellen, weil manche Verfahren ohne einen besonderen Erledigungsakt enden. Die **Beendigung** ist für jedes der in Abs. 1 genannten Verfahren anhand seiner eigenen Regeln zu ermitteln.[350] 147

347 Zum Vorstehenden s. BT-Drucks. 14/6040, S. 117.
348 Vgl auch *Krämer*, ZGS 2003, 379, 383, der in diesem Zusammenhang von einer „potenziellen Verjährungsfalle" spricht.
349 BT-Drucks. 14/6040, S. 99 f.
350 Krit. zu der Vorgängernorm des § 204 Abs. 2 vor allem hinsichtlich des einstweiligen Rechtsschutzes insb. *Baronikians*, WRP 2001, 122; *Zimmermann/Leenen* u.a., JZ 2001, 684, 696.

148 Die Beendigung eines **Schlichtungsverfahrens (Abs. 1 Nr. 4)** erfolgt durch den Abschluss eines Vergleichs, die Rücknahme des Güteantrags oder durch die Einstellung des Verfahrens wegen Scheiterns des Einigungsversuchs. Das Nichtbetreiben des Verfahrens durch die Gütestelle in Folge Arbeitsüberlastung fällt nicht darunter.[351]

149 Ohne eigentlichen Erledigungsakt endet regelmäßig das **selbständige Beweisverfahren**[352] (Abs. 1 Nr. 7). Auch in § 477 Abs. 2 aF wurde auf die Beendigung des selbständigen Beweisverfahrens (nicht eines sich eventuell anschließenden Prozesses; für diesen kommt eine eigenständige Hemmung durch Klageerhebung nach Abs. 1 Nr. 1 in Betracht) abgestellt. Insoweit können Rechtsprechung und Lehre zu § 477 Abs. 2 aF zur Auslegung des Abs. 2 S. 1 Hs 2 bezogen auf das selbständige Beweisverfahren herangezogen werden. Entscheidend ist die **sachliche Erledigung** des Verfahrens.[353] Diese tritt ein durch die Erstattung oder Erläuterung des im selbständigen Beweisverfahren erstellten Gutachtens, die Verlesung oder Vorlage des Protokolls[354] oder – sofern keine mündliche Verhandlung stattfindet – mit Zugang des schriftlichen Gutachtens bei den Parteien oder mit Zurückweisung oder Zurücknahme des Antrags.[355] Das Verfahren ist aber noch nicht sachlich erledigt, wenn die Parteien zulässige[356] Einwendungen, Anträge oder ergänzende Fragen iSd § 411 Abs. 4 S. 1 ZPO vorbringen.[357] Für die Praxis wichtig ist, dass nach der Rechtsprechung des BGH die **bloße Ankündigung** von Einwendungen, Anträgen oder Fragen nicht geeignet ist, die Erledigung des selbständigen Beweisverfahrens und damit den Eintritt des Endes der Hemmungswirkung zu verhindern.[358]

150 Hat das Gericht in dem selbständigen Beweisverfahren nach § 41 Abs. 4 S. 2, Hs 1 ZPO eine Frist gesetzt, so endet die Hemmung jetzt sechs Monate nach fruchtlosem Verstreichen der Frist, nicht etwa mit Ablauf der Frist selbst.[359] Sind Gegenstand des selbständigen Beweisverfahrens **mehrere Mängel**, ist die Hemmung der Verjährung für jeden Mangel gesondert zu beurteilen.[360] Wird nach Einholung des Gutachtens das Verfahren nicht hinsichtlich aller Mängel weiter betrieben, entfällt die Hemmung in Bezug auf die Mängel, die nicht mehr Gegenstand des weiteren Verfahrens sind.[361]

151 Haben die Parteien rechtzeitig **Einwendungen gegen** das im selbständigen Beweisverfahren erstattete **Gutachten** erhoben, ist – sofern nicht eine weitere Beweisaufnahme stattfindet – das selbständige **Beweisverfahren** nach der Rechtsprechung des BGH jedenfalls dann **beendet**, wenn der mit der Beweisaufnahme befasste Richter zum Ausdruck bringt, dass eine weitere Beweisaufnahme nicht stattfindet und dagegen innerhalb angemessener Frist keine Einwände erhoben werden.[362]

152 Bei dem **vereinbarten Begutachtungsverfahren** entscheiden die Parteivereinbarungen über die Beendigung des Begutachtungsverfahrens, hilfsweise die Grundsätze, die für die Auslegung des § 641 a aF entwickelt wurden. Danach ist der Gutachter verpflichtet, eine Bescheinigung zu erteilen, wenn er die Freiheit von Mängeln festgestellt hat. Liegen Mängel vor, wird sich in der Regel aus der Beauftragung ergeben, dass er den Unternehmer über das Ergebnis zu unterrichten hat. Dies ist dann die Beendigung des Verfahrens.[363]

153 Das **Prozesskostenhilfeverfahren** (Abs. 1 Nr. 14) ist mit der unanfechtbaren Entscheidung über den Antrag beendet. In diesem Zeitpunkt beginnt die Nachfrist des Abs. 2 S. 1. Die einfache unbefristete Beschwerde ist durch das ZPO-Reformgesetz mit Wirkung zum 1.1.2002 durch die sofortige Beschwerde ersetzt, für die eine Beschwerdefrist von zwei Wochen gilt (§ 569 Abs. 1 S. 1 ZPO),[364] sodass auch im Prozesskostenhilfeverfahren Entscheidungen unanfechtbar werden können.[365]

154 Die Regelung des **§ 214 Abs. 3 und 4 aF**, welche für die Dauer der Verjährungsunterbrechung bei der Anmeldung des Anspruchs im **Insolvenzverfahren** oder im Schifffahrtsrechtlichen Verteilungsverfahren (Abs. 1

351 BGHZ 182, 284, 291 f, Tz. 20; OLG Brandenburg, Urt. v. 3.3.2010 – 4 U 40/09, BeckRS 2010, 07659 unter II 1 f dd.
352 BT-Drucks. 14/7052, S. 181.
353 BGH NJW-RR 2009, 1243, Tz. 4; NJW 2002, 1640, 1641 (st. Rspr); OLG Düsseldorf NJW-RR 1996, 1527, 1528; *Rosenberg/Schwab/Gottwald*, ZPO, § 117 Rn 18.
354 BGH NJW-RR 2009, 1243, Tz. 4–5; vgl auch BGHZ 150, 55, 58–60.
355 So zur Erledigung BT-Drucks. 14/6040, S. 117; Gleiches gilt für die Beendigung des Verfahrens: BT-Drucks. 14/7052, S. 181.
356 OLG München NJW-Spezial 2008, 236.
357 OLG Frankfurt ZGS 2004, 398; AG Schöneberg MM 2003, 299; *Schreiber*, JR 2004, 201 f (Anm. zu BGHZ 150, 55, dort noch zu § 477 Abs. 2 aF Zu § 477 aF s. etwa BGHZ 150, 55; 53, 43; 60, 212; BGH NJW 1993, 851; *Weyer*, BauR 2001, 1807, 1811.
358 BGH NJW-RR 2009, 1243, Tz. 6.
359 So aber die Rspr zum bisherigen Recht: OLG Düsseldorf BauR 2001, 675.
360 OLG Hamm NJOZ 2009, 1196, 1197 f; OLG München NJW-RR 2007, 675; OLG Dresden BauR 2009, 551; s. auch BGH NJW 1993, 851.
361 OLG Hamm, NJOZ 2009, 1196, 1198; Staudinger/*Peters/Jacoby*, § 204 Rn 90.
362 BGH NJW 2011, 594.
363 So zur Erledigung: BT-Drucks. 14/6040, S. 117; gleiches gilt für die Beendigung des Verfahrens: BT-Drucks. 14/7052, S. 181.
364 S. *Hartmann*, NJW 2001, 2577, 2595.
365 Zur fehlenden Fristgebundenheit der Beschwerde im Prozesskostenhilfeverfahren vor dem 1.1.2002 s. Zöller/*Philippi*, ZPO, 22. Aufl. 2001, § 127 Rn 31; zum daraus erwachsenden Problem der Verfahrensbeendigung nach bisherigem Recht s. BT-Drucks. 14/6040, S. 117.

Nr. 10) galt, wurde nicht in das neue Recht übernommen, da hierfür kein Bedürfnis bestand. Der Gläubiger wird anderweitig, insbesondere durch Abs. 1 Nr. 10, vor der Verjährung geschützt.[366] Für das Ende der Hemmung nach Anmeldung im Insolvenzverfahren ist auf das Ende des Insolvenzverfahrens abzustellen. Ein eigenes „Forderungsanmeldungsverfahren" kennt die InsO nicht, so dass der Zugang der Mitteilung des Insolvenzverwalters über das Bestreiten der Forderung, mit dem die Anmeldung der Forderung durch den Gläubiger ihren Abschluss findet, verjährungsrechtlich nicht von Bedeutung ist.[367]

4. Verfahrensstillstand (Abs. 2 S. 2 und 3). a) Verfahrensuntätigkeit (Abs. 2 S. 2). Abs. 2 S. 2 und 3 regelt den Fall, dass die Parteien das Verfahren nicht mehr betreiben und das Verfahren infolge der Untätigkeit der Parteien zum Stillstand kommt. In diesem Fall wird die Hemmung beendet, um eine dauerhafte Verjährungshemmung zu vermeiden. Die Regelung lehnt sich an **§ 211 Abs. 2 aF** an, der für die Fälle der §§ 212 a–215 und 220 aF galt. Angesichts der großen Zahl der rechtshängig gemachten, aber anschließend nicht weiter betriebenen Prozesse entspricht die Regelung einem praktischen Bedürfnis, da sonst zahlreiche Forderungen nie verjähren würden.[368] 155

Vorausgesetzt wird erstens eine **Verfahrensuntätigkeit** beider Parteien,[369] die vorliegt, wenn die Parteien ohne triftigen Grund untätig bleiben (näher unten Rn 162). Zweitens muss die Untätigkeit **Ursache** des Verfahrensstillstands sein. Drittens bedarf es eines **Verfahrensstillstands.**[370] Er ist gegeben, wenn das Gericht gem. §§ 251 S. 1, 251 a Abs. 3 ZPO das Ruhen des Verfahrens angeordnet hat oder das Verfahren faktisch zum Stillstand gekommen ist.[371] Jede zur Förderung des Verfahrens bestimmte und geeignet erscheinende Handlung einer Partei verhindert dessen Stillstand.[372] 156

Aus dem Erfordernis der Ursächlichkeit der Verfahrensuntätigkeit der Parteien für den Verfahrensstillstand folgt indirekt eine vierte Voraussetzung. Der Verfahrensstillstand darf **nicht** auf die **Untätigkeit des Gerichts** zurückzuführen sein, sofern es von Amts wegen tätig sein müsste. Insbesondere fällt der zeitweilige Stillstand des Verfahrens in Folge von Arbeitsüberlastung des Gerichts nicht unter Abs. 2 S. 2.[373] Wie im bisherigen Recht[374] ist die Beendigung der Hemmung daher nicht gerechtfertigt, wenn es Amtspflicht des Gerichts ist, das Verfahren in Gang zu halten.[375] Daher ist kein Hemmungsende gegeben, wenn etwa eine Partei gerichtliche Auflagen nicht erfüllt.[376] 157

Sind diese vier Voraussetzungen erfüllt, dann tritt für die Zwecke des Abs. 2 S. 1 an die Stelle der Verfahrensbeendigung die **letzte Verfahrenshandlung** einer der Parteien oder des Gerichts[377] bzw der sonst mit dem Verfahren befassten Stelle im Falle der außergerichtlichen Verfahren des Abs. 1 (wie etwa dem Begutachtungsverfahren nach Abs. 1 Nr. 8). Bei gerichtlichen Verfahrenshandlungen kommt es nach dem BGH[378] auf die letzte tatsächliche Verfahrenshandlung an, auch wenn deren Notwendigkeit auf Umstände zurückzuführen ist, die in der Sphäre des Gläubigers liegen. Zwar verlangt Abs. 2 S. 2 dass das Verfahren dadurch in Stillstand gerät, dass es die Parteien nicht mehr betreiben. Anknüpfungspunkt für den Stillstand ist jedoch die letzte Verfahrenshandlung des Gerichts. Um Rechtssicherheit zu gewährleisten kann keine weitergehende Differenzierung dahingehend erfolgen, welche Umstände das Gericht zur Vornahme der Verfahrenshandlung veranlasst haben. Mit dieser letzten Verfahrenshandlung beginnt dann die **sechsmonatige Nachfrist** des Abs. 2 S. 1, mit deren Ablauf die Hemmung endet. Durch die Nachfrist erhalten die Parteien ausreichend 158

366 Näher BT-Drucks. 14/6040, S. 117 f.
367 BGH NZBau 2010, 426, 430, Tz. 44 f; KG BauR 2007, 1896, 1898.
368 BT-Drucks. 14/6040, S. 118.
369 Betrieben werden müssen iSd Abs. 2 S. 2 allerdings nur solche Verfahren, für die der Beibringungsgrundsatz gilt; auf das sozialrechtliche Verwaltungsverfahren, das von der Offizialmaxime beherrscht wird, ist die Regelung daher nicht entspr. anwendbar; BSGE 92, 159.
370 Zur Frage des Verfahrensstillstands bei einer Stufenklage, in deren Rahmen der Auskunftsanspruch vollstreckt wird s. BGH NJW-RR 2006, 948, 949 f, Tz. 14–18.
371 S. dazu näher BGH NJW-RR 1988, 279 (zum bisherigen Recht); Palandt/*Ellenberger*, § 204 Rn 48; Bamberger/Roth/*Henrich*, § 204 Rn 73.
372 BGHZ 73, 8, 10 f; BGH NJW-RR 2006, 948, 950, Tz. 16. Jedenfalls genügend sind Prozessanträge, vgl OLG Frankfurt am Main, Urt. v. 30.5.2007 – 17 U 276/06, Juris-Dok.-Nr. KORE233932007, Tz. 30 (Stellung eines Antrags auf Klageabweisung).
373 BGHZ 182, 284, 291 f, Tz. 20 (zum Verfahren vor einer Gütestelle); OLG Brandenburg, Urt. v. 3.3.2010 – 4 U 40/09, BeckRS 2010, 07659 unter II 1 f dd (zum Verfahren vor einer Gütestelle); Erman/*Schmidt-Räntsch*, § 204 Rn 54.
374 OLG Karlsruhe OLGR Karlsruhe 2008, 58, 61; Palandt/*Heinrichs*, 60. Aufl. 2001, § 211 Rn 4.
375 LG Stendal, Urt. v. 14.12.2005 – 23 O 303/05, Juris-Dok.-Nr. KORE547282006, Tz. 27; *Saerbeck*, in: FS Thode, 2005, S. 139, 150; zust. erwähnt auch in BT-Drucks. 14/6857, S. 45; nicht ausdr. abl. BT-Drucks. 14/7052, S. 181; Bamberger/Roth/*Henrich*, § 204 Rn 72 mit Beispielen.
376 BGH NJW 2000, 132; OLG Hamm NJW-RR 1999, 575.
377 Bei gerichtlichen Verfügungen ist auf das Datum des Zugangs der Verfügung abzustellen, BGHZ 134, 487; BGH NJW-RR 1998, 954; OLG Oldenburg BauR 2006, 1314 f; Palandt/*Ellenberger*, § 204 Rn 49; Prütting/Wegen/Weinreich/*Kessler*, § 204 Rn 22; ausführlich MüKo/*Grothe*, § 204 Rn 80.
378 BGH NJW 2010, 1662, Tz. 9–11; aA die Vorinstanz OLG Dresden, Urt. v. 29.7.2008 – 9 U 1889/07, BeckRS 2010, 05327.

Gelegenheit, sich zu vergewissern, ob der Prozess tatsächlich in Stillstand geraten ist.[379] Wird daher ein Mahnverfahren infolge eines Widerspruchs nicht mehr weiter betrieben, so endet die Hemmungswirkung nach Ablauf der Nachfrist.[380]

159 **b) Weiterbetreiben (Abs. 2 S. 3).** Nach Abs. 2 S. 3 beginnt die Hemmung erneut, wenn eine der Parteien das Verfahren weiter betreibt. Auch das Weiterbetreiben durch den **Schuldner** kann daher die erneute Verjährungshemmung auslösen.

160 Es genügt **jede (Prozess-)Handlung**, die darauf abzielt und dafür geeignet ist, das Verfahren erneut in Gang zu bringen, selbst wenn die Handlung erfolglos bleibt.[381] Ausreichend hierfür sind – auch unzulässige – Terminsanträge, Prozesskostenhilfeanträge, die Einlegung von Rechtsbehelfen, die Zahlung eines weiteren Kostenvorschusses[382] etc. Die bloße Mitteilung, das Verfahren solle fortgesetzt werden, ist nicht hinreichend, da darin noch kein erneutes Betreiben des Verfahrens liegt.[383] Ebenso wenig genügt die bloße Ankündigung eines Antrags.[384] Deshalb ist etwa die Einreichung einer Mandatsanzeige zu den Akten, verbunden mit einem Akteneinsichtsgesuch, nicht hinreichend.[385] Kein Weiterbetreiben ist ferner die Beantragung eines selbständigen Beweisverfahrens, denn dieses ist ein eigenständiges Verfahren.[386]

161 Eine **Kenntniserlangung** des Verfahrensgegners von der das Verfahren weiter betreibenden Handlung ist für die Zwecke des Abs. 2 S. 3 nicht erforderlich.[387] Anderes soll jedoch für den nicht beigetretenen[388] Streitverkündungsempfänger gelten: In einem zum Stillstand gekommenen selbständigen Beweisverfahren soll ihm der Antrag auf Verfahrensfortsetzung zuzustellen sein, um die erneute Hemmung der Verjährung ihm gegenüber zu erreichen. Denn nur bei nochmaliger Zustellung erlange der Dritte sicher Kenntnis von der Fortsetzung des Verfahrens.[389] Dies überzeugt nicht. Tritt der Streitverkündungsempfänger nicht bei, wird das Verfahren nach § 74 Abs. 2 ZPO gerade ohne Rücksicht auf ihn fortgesetzt. Er hat kein Recht auf Teilnahme an der Verhandlung, wird nicht zu den Terminen geladen und Schriftsätze werden ihm nicht zugestellt oder mitgeteilt.[390] Das Gesetz nimmt den Dritten in seinem Desinteresse am Verfahren Ernst. Bei einer Weiterführung nach Verfahrensstillstand – die nicht zur Einleitung eines neuen Verfahrens führt[391] – kann nicht zu Lasten des Streitverkünders entgegen § 74 Abs. 2 ZPO eine Pflicht zur erneuten Streitverkündung angenommen werden.[392]

162 **c) Verfahrensstillstand aus triftigem Grund, insbesondere Musterprozesse.** Der Gesetzgeber hat – trotz einer entsprechenden Prüfbitte des Bundesrats und einer zustimmenden Äußerung der Bundesregierung[393] – im letzten Stadium des Gesetzgebungsverfahrens (im Rechtsausschuss des Deutschen Bundestages)[394] auf die Einschränkung verzichtet, wonach ein Stillstand durch Nichtbetreiben des Verfahrens dann die Hemmung nicht beendet, wenn das Nichtbetreiben auf einem „triftigen Grund“ beruht. Seinen **Regelungsverzicht** begründet er nicht inhaltlich. Der Gesetzgeber sieht zwar die Sachgerechtigkeit dieser Einschränkung,

379 BT-Drucks. 14/6040, S. 118.
380 S. Henssler/von Westphalen/*Bereska*, Praxis der Schuldrechtsreform, 2. Aufl. 2003, § 204 Rn 83.
381 BGH NJW 2001, 218, 220; NJW-RR 1994, 514; OLG Thüringen FamRZ 2005, 1994, 1995; OLG Frankfurt ZGS 2004, 398.
382 Vgl OLG Frankfurt ZGS 2004, 398 f.
383 OLG Nürnberg NJW-RR 1995, 1091.
384 OLG Thüringen FamRZ 2005, 1994, 1995; OLG Nürnberg NJW-RR 1995, 1091, 1092; Prütting/Wegen/Weinreich/*Kessler*, § 204 Rn 23.
385 OLG Nürnberg MDR 2010, 72.
386 BGH NJW 2001, 218, 220.
387 Palandt/*Ellenberger*, § 204 Rn 50.
388 Ist der Streitverkündungsempfänger beigetreten, so sind ihm wegen §§ 74 Abs. 1, 67 ZPO Schriftsätze und Terminsbestimmungen in gleicher Weise wie den Parteien zu übermitteln; näher Wieczorek/Schütze/*Mansel*, Zivilprozeßordnung und Nebengesetze, 3. Aufl. 1994, § 67 Rn 72–73. Einer Zustellung des Antrags auf Verfahrensfortsetzung bedarf es deshalb nicht.
389 OLG München BauR 2008, 1929, 1930. Die gegen das Urteil gerichtete Nichtzulassungsbeschwerde hat der BGH (ohne Begründung gem. § 544 Abs. 4 S. 2, 2. Hs ZPO) zurückgewiesen, BGH, Beschl. v. 14.2.2008 – VII ZR 134/07, Juris-Dok.-Nr. KORE536222008.
390 *Rosenberg/Schwab/Gottwald*, ZPO, § 51 Rn 28; s. auch MüKo /*Schultes*, ZPO, § 74 Rn 5 (keine Befugnisse und Funktionen des nicht beigetretenen Streitverkündungsempfängers im laufenden Prozess).
391 Anders liegt es, wenn nach der Streitverkündung der Verfahrensgegenstand erweitert wird, im selbständigen Beweisverfahren etwa weitere Mängel zur Begutachtung gestellt werden. Dann ist eine Streitverkündung im Hinblick auf diese neuen Mängel erforderlich, um die Verjährung etwaiger Ansprüche des Streitverkünders gegen den Streitverkündungsempfänger bezüglich dieser neuen Mängel zu hemmen. Einer nochmaligen Streitverkündung hinsichtlich der im Moment der ersten Streitverkündung bereits verfahrensgegenständlichen Mängel bedarf es aber nicht.
392 Etwas anderes ergibt sich auch nicht aus dem Wesen des selbständigen Beweisverfahrens, in dem mit Abschluss der Begutachtung das „normale Ende“ des Verfahrens eintritt (so aber OLG München BauR 2008, 1929, 1930). Eins von beiden: Entweder ist das Verfahren beendet, dann bedarf es eines neuen Verfahrens und einer neuen Streitverkündung um die Verjährung während des zweiten Verfahrens zu hemmen. Oder das Verfahren ist nicht beendet, sondern stand nur still. Dann kann es fortgesetzt werden, ohne dass eine erneute Streitverkündung erforderlich ist. Ein „eigentlich“ beendetes Verfahren, das trotzdem fortgesetzt werden kann, existiert nicht.
393 BT-Drucks. 14/6857, S. 8 f, 45.
394 BT-Drucks. 14/7052, S. 181.

die bereits durch die Rechtsprechung zum bisherigen Recht entwickelt wurde. Doch meint er, dass die Aufnahme dieses durch die Rechtsprechung geprägten, unbestimmten Rechtsbegriffs keine Erleichterung in der Rechtsanwendung bringen würde.[395]

Daher ist – mit der bisherigen Rechtsprechung[396] und der Gesetzesbegründung – auch für Abs. 2 davon auszugehen, dass eine **teleologische Reduktion** der Vorschrift zu erfolgen hat: Die Hemmung endet nicht, wenn die Untätigkeit des Berechtigten einen **triftigen Grund** hat.[397] Liegt kein triftiger Grund vor, sind im Übrigen die Motive, aus denen der Berechtigte untätig bleibt, nicht von Bedeutung.[398] 163

Die Anhängigkeit eines Musterprozesses oder das Betreiben von außergerichtlichen Vergleichsverhandlungen[399] ist jedoch noch kein triftiger Grund.[400] Hinzuweisen ist allerdings darauf, dass die Parteien gem. § 202 Abs. 2 in einer **Musterprozessvereinbarung**[401] die Hemmung der Verjährung bis zum Abschluss eines Musterprozesses vereinbaren können; dies ist auch stillschweigend möglich. 164

VI. Hemmung der Monatsfristen des Abs. 1 Nr. 9, 12 und 13 (Abs. 3)

Nach Abs. 3 finden auf die Dreimonatsfristen des Abs. 1 Nr. 12 und 13 und auf die einmonatige Frist des Abs. 1 Nr. 9 die Vorschriften über die Hemmung bei höherer Gewalt (§ 206), die Ablaufhemmung bei nicht voll Geschäftsfähigen (§ 210) und die Ablaufhemmung in Nachlassfällen (§ 211) entsprechende Anwendung. Hinsichtlich der Fälle des Abs. 1 Nr. 12 und 13 entspricht dies § 210 S. 2 aF; die Regelung wird nun auf den neuen Hemmungstatbestand des Abs. 1 Nr. 9 ausgedehnt.[402] 165

VII. Übergangsrecht

Der intertemporale Geltungsbereich der Hemmungsregelungen des zum 1.1.2002 in Kraft getretenen § 204 wird durch Art. 229 § 6 Abs. 1 S. 1 EGBGB bestimmt. Danach findet die Neuregelung auf alle Ansprüche Anwendung, die an diesem Tag bestehen und noch nicht verjährt sind.[403] Von der Überleitungsvorschrift erfasst sind sowohl die Fälle, in denen altes und neues Recht inhaltlich identisch sind (vgl Art. 229 § 6 EGBGB Rn 25) als auch die Vorschriften, in denen neue Hemmungsvorschriften durch das SchuldRModG statuiert wurden (zB § 204 Abs. 1 Nr. 9 sowie § 204 Abs. 1 Nr. 7, soweit andere als die in §§ 477 Abs. 2, 548 Abs. 3 und 639 Abs. 1 aF genannten Fälle erfasst sind; vgl Art. 229 § 6 EGBGB Rn 34). Eine eigenständige Übergangsregelung enthält Art. 229 § 6 Abs. 2 für die Umwandlung von Unterbrechungstatbeständen des alten Rechts in neurechtliche Hemmungstatbestände (vgl Art. 229 § 6 EGBGB Rn 30 ff); die Vorschrift wird ergänzt durch Art. 229 § 6 Abs. 1 S. 3 EGBGB, der die Fortwirkung des § 212 aF in Übergangsfällen vorgibt (vgl Art. 229 § 6 EGBGB Rn 26 ff). 166

C. Weitere praktische Hinweise

Darlegungs- und beweispflichtig für das Vorliegen der in Abs. 1 Nr. 1–14 aufgeführten Hemmungsgründe ist nach allgemeiner Ansicht derjenige, der sich auf den jeweiligen Hemmungsgrund beruft.[404] Die Beweislast 167

395 BT-Drucks. 14/7052, S. 181.

396 S. dazu BGH NJW 2001, 218, 219; BGH NJW 1999, 1101, 1102; BGH NJW 1999, 3774; BGHZ 106, 295, 299; BGH NJW 1998, 2274 und ferner BT-Drucks. 14/6857, S. 8 f, 45.

397 BGH NJW 2009, 1598, 1600, Tz. 27 mwN; OLG Frankfurt am Main, Urt. v. 21.4.2010 – 4 U 93/03, Juris-Dok.-Nr. KORE543542010, Tz. 34; OLG Thüringen FamRZ 2005, 1994, 1995; OLG Frankfurt NZBau 2004, 338, 339 (dort zum Abwarten der Berufungsentscheidung bei Honorarteilklage eines Architekten); Staudinger/*Peters/Jacoby*, § 204 Rn 130; MüKo/*Grothe*, § 204 Rn 67; *Ebert*, NJW 2003, 732, 733; Palandt/*Ellenberger*, § 204 Rn 47; Bamberger/Roth/*Henrich*, § 204 Rn 74 ff; aA Erman/*Schmidt-Räntsch*, § 204 Rn 55.

398 BGH NJW 1983, 2496, 2497; BGH NJW 2001, 218, 219; OLG Karlsruhe OLGR Karlsruhe 2008, 58, 61; Staudinger/*Peters/Jacoby*, § 204 Rn 130.

399 BGH NJW 2009, 1598, 1600, Tz. 28; für eine weite Auslegung des „triftigen Grunds" hingegen OLG Frankfurt am Main, Urt. v. 21.4.2010 – 4 U 93/03, Juris-Dok.-Nr. KORE543542010, Tz. 35 (Abwarten eines anderen Prozesses zur Schaffung einer Einigungsgrundlage hinreichend [Nichtzulassungsbeschwerde beim BGH (Az XI ZR 189/10) eingelegt]); *Saerbeck*, in: FS Thode, 2005, S. 139, 153 f.

400 BGH NJW 2001, 218, 220; BGH NJW 1998, 2274, 2277 f mwN.

401 Zum bisherigen Recht s. *Wagner*, NJW 2001, 182, 183 f; zum neuen Recht: Erman/*Schmidt-Räntsch*, § 204 Rn 55.

402 BT-Drucks. 14/6040, S. 118.

403 Vgl OLG Oldenburg BauR 2007, 1428, 1429.

404 Vgl nur Henssler/von Westphalen/*Bereska*, Praxis der Schuldrechtsreform, 2. Aufl. 2003, Vor §§ 203–213 Rn 5; Palandt/*Ellenberger*, § 204 Rn 55; Soergel/*Niedenführ*, Vor § 203 Rn 12.

für das Vorliegen der Ereignisse, welche den Beginn der sechsmonatigen Nachfrist und damit das Ende der Hemmung auslösen, insb. der Stillstand des Verfahrens (Abs. 2 S. 2),[405] soll dann beim Schuldner liegen.[406]

§ 205 Hemmung der Verjährung bei Leistungsverweigerungsrecht

Die Verjährung ist gehemmt, solange der Schuldner auf Grund einer Vereinbarung mit dem Gläubiger vorübergehend zur Verweigerung der Leistung berechtigt ist.

Literatur: *Haas/Schulze*, Urteilsvertretendes Anerkenntnis und Verjährung, FS Graf von Westphalen, 2010, S. 253; *Lakkis*, Die Verjährungsvereinbarung nach neuem Recht, AcP 203 (2003), 763; *Lehmacher*, Das neue Verjährungsrecht unter besonderer Berücksichtigung der Teilungsabkommen, die BG 2003, 384.

A. Allgemeines

1 Die Regelung des § 205 beruht auf **§ 202 Abs. 1 aF**;[1] die Vorschriften decken sich jedoch nur zum Teil. Nach § 205 hemmen nur Leistungsverweigerungsrechte die Verjährung, die vorübergehend sind[2] und zugleich auf einer Vereinbarung beruhen. Vorübergehende **gesetzliche Leistungsverweigerungsrechte** (zB §§ 273, 1000, § 369 HGB) hemmen die Verjährung jedenfalls nicht nach § 205.[3]

2 Die **Differenzierung** zwischen **vereinbarten und gesetzlichen Leistungsverweigerungsrechten** mag zunächst überraschen, ist der Gläubiger doch in beiden Fällen in derselben Lage, seinen Leistungsanspruch vorübergehend nicht durchsetzen zu können. Die Unterscheidung ist jedoch eine Konzession an den Umstand, dass die **rechtspolitische Rechtfertigung** des § 202 aF umstritten war. Die Gutachter *Peters/Zimmermann*[4] sprachen sich sogar für die ersatzlose Streichung der Norm aus, da alle Anwendungsfälle über andere rechtliche Konstruktionen mit gleichem Ergebnis gelöst werden könnten, insbesondere durch Rückgriff auf das vielfach in einer Stundung enthaltene **Anerkenntnis** (das unter altem und neuem Recht zum Verjährungsneubeginn führt, vgl § 212 Abs. 1 Nr. 1) oder durch parteiautonome Manipulation der Anspruchsentstehung (regelmäßig ab Fälligkeit; vgl § 199 Rn 15 f). Im bisherigen[5] wie im neuen Recht[6] bestimmt die Anspruchsentstehung allein oder zusammen mit anderen Umständen den Verjährungsbeginn. Vereinbaren die Parteien daher noch vor der Entstehung (Fälligkeit) des Anspruchs, dass der Gläubiger seine Rechte aus dem Anspruch nicht vor einem bestimmten Datum verfolgen kann, entspricht dies zumeist einer Verschiebung des Fälligkeitstermins und damit einer **Disposition über den Verjährungsbeginn** (vgl zur Zulässigkeit einer solchen Vereinbarung auch § 202 Rn 11, 13). Die in § 205 (bzw § 202 Abs. 1 aF) statuierte Hemmung aufgrund des Leistungsverweigerungsrechts würde in diesem Fall mangels einer bereits laufenden Verjährungsfrist leer laufen. Auch das bislang unter § 202 aF subsumierte pactum de non petendo konnte nach Ansicht der Gutachter befriedigend durch §§ 852 Abs. 2, 225 aF (jetzt: §§ 202, 203) erfasst werden. § 202 aF habe daher vor allem Bedeutung für Ausweichversuche dort, wo strenger formulierte Unterbrechungs- oder Hemmungstatbestände nicht eingriffen.[7] Der Abschlussbericht[8] teilte diese Auffassung grundsätzlich. Es wurde aber bezweifelt, dass tatsächlich alle nachträglichen Vereinbarungen, die dem Schuldner einen Aufschub gewähren, als Anerkenntnis gewertet werden könnten.

3 Um einen **Auffangtatbestand** für verjährungsrelevante Parteivereinbarungen zu schaffen, die nicht bereits durch andere Tatbestände des Verjährungsrechts erfasst werden, ist § 202 Abs. 1 aF in der reduzierten Form

405 Staudinger/*Peters/Jacoby*, § 204 Rn 135; vgl auch MüKo/*Grothe*, Vor § 194 Rn 25.
406 Henssler/von Westphalen/*Bereska*, Praxis der Schuldrechtsreform, 2. Aufl. 2003, Vor §§ 203–213 Rn 5; Palandt/*Ellenberger*, § 204 Rn 55; Soergel/*Niedenführ*, Vor § 203 Rn 12.
1 BT-Drucks. 14/6040, S. 118.
2 Zum Grund für diese Differenzierung zwischen vorübergehenden und dauerhaften Leistungsverweigerungsrechten s. Staudinger/*Peters/Jacoby*, § 205 Rn 4.
3 OLGR Celle 2008, 760 (zur Verjährung des Zahlungsanspruchs der Justizkasse gegen den Kostenzweitschuldner).
4 *Peters/Zimmermann*, Der Einfluß von Fristen auf Schuldverhältnisse, in: Bundesministerium der Justiz (Hrsg.), Gutachten und Vorschläge zur Überarbeitung des Schuldrechts, Band I, 1981, S. 253, 308, 324.
5 § 198 S. 1 aF.
6 § 199 Abs. 1 Nr. 1 und § 200 S. 1.
7 *Peters/Zimmermann*, Der Einfluß von Fristen auf Schuldverhältnisse, in: Bundesministerium der Justiz (Hrsg.), S. 253, 308, 324.
8 Bundesministerium der Justiz (Hrsg.), Abschlußbericht der Kommission zur Überarbeitung des Schuldrechts, 1992, S. 88.

des § 205 aufrechterhalten worden.[9] Soweit neben den Voraussetzungen des § 205 auch jene des § 212 Abs. 1 Nr. 1 (vgl Rn 2) oder weiterer Hemmungstatbestände erfüllt sind (zB des § 203), überlagert sich die Wirkung der betreffenden Vorschriften.[10]

Ist der Gläubiger nicht aus rechtlichen, sondern aus **tatsächlichen Gründen** an der Geltendmachung seines Anspruchs gehindert, kommt nicht § 205, sondern allenfalls § 206 (Verjährungshemmung bei höherer Gewalt) zur Anwendung.[11] 4

In den **Grundregeln des Europäischen Vertragsrechts**[12] (dazu Vor §§ 194–218 Rn 20 ff), die allgemeine Verjährungsregeln enthalten, findet sich eine dem § 205 entsprechende Vorschrift nicht. Die Grundregeln beschränken sich auf die allgemeine Statuierung einer Ablaufhemmung bei Verhandlungen (Art. 14:304) sowie eines Verjährungsneubeginns im Fall des Anerkenntnisses (Art. 14:401). 5

B. Regelungsgehalt

I. Anwendungsbereich

Der Hemmungstatbestand des § 205 findet grundsätzlich auf **alle verjährbaren Ansprüche** Anwendung, vorausgesetzt, diese unterliegen zumindest in Bezug auf die Frage der Hemmung vollständig oder ergänzend den Regelungen des allgemeinen Verjährungsrechts.[13] Zu beachten ist allerdings, dass die Anwendung des § 205 in einigen Sondergesetzen für geringfügige Ansprüche **eingeschränkt** ist (vgl § 5 Abs. 3 S. 4 GKG; § 17 Abs. 3 S. 3 KostO; § 8 Abs. 3 S. 4 GvKostG; § 2 Abs. 4 S. 2 JVEG iVm § 5 Abs. 3 S. 4 GKG: Bei Beträgen unter 25 EUR wird die Verjährung nicht gehemmt.). Vollständig **ausgeschlossen** wird die Anwendung der allgemeinen Hemmungstatbestände (und folglich auch des § 205) in § 759 Abs. 3 S. 2 HGB. 6

Über § 939 Abs. 2 erstreckt sich die Wirkung des § 205 auch auf die **Ersitzung**. Ist die Verjährung des Herausgabeanspruchs gegen den Eigenbesitzer oder den sein Besitzrecht von diesem ableitenden Besitzmittler gem. § 205 gehemmt, wird zugleich das Ende der Ersitzungszeit (§ 937 Abs. 1) hinausgeschoben. 7

Entsprechend heranzuziehen sein soll die Vorschrift auf den Lauf einer **Klagefrist**, wenn der mit der Klage verfolgte Anspruch (zB Gehaltsforderungen) in einem zuvor geführten Kündigungsschutzprozess bereits Gegenstand eines Prozessvergleichs war. In diesem Fall spricht nach Ansicht der Rechtsprechung vieles dafür, eine Hemmung der Klagefrist analog § 205 bis zum Widerruf des Prozessvergleichs anzunehmen.[14] 8

Auf **Gestaltungsrechte** (insb. Rücktritt und Minderung) findet die Vorschrift keine unmittelbare Anwendung. Die Hemmung nach § 205 kann sich jedoch indirekt über § 218 auch auf diese auswirken (vgl die dortige Kommentierung). 9

II. Voraussetzungen

§ 205 setzt ein **vorübergehendes** vereinbartes Leistungsverweigerungsrecht des Schuldners voraus. Ist der Schuldner auf Dauer berechtigt, die Leistung zu verweigern, greift § 205 nicht ein. In diesem Fall könnte eine Hemmung der Ansprüche des Gläubigers seine Rechtsposition kaum verbessern; ein entsprechender Tatbestand würde regelmäßig leer laufen.[15] 10

9 S. Abschlußbericht der Kommission zur Überarbeitung des Schuldrechts, 1992, S. 88; BT-Drucks. 14/6040, S. 118.

10 Krit. zu der möglichen Parallelität von Hemmung und Neubeginn nach §§ 205 und 212 Abs. 1 Nr. 1 *Peters*, JZ 2003, 838, 839: Der durch § 205 gewährte Schutz sei im Fall eines mit dem Leistungsverweigerungsrecht verbundenen Anerkenntnisses unverhältnismäßig, da die nach § 212 Abs. 1 Nr. 1 neu in Lauf gesetzte Verjährungsfrist zusätzlich durch § 205 gehemmt werde und nach Ende der Hemmung wieder in voller Länge zur Verfügung stehe.

11 Soergel/*Niedenführ*, § 205 Rn 3; Staudinger/*Peters/Jacoby*, § 205 Rn 1, 7 (dort auch zur Abgrenzung zwischen § 205 und § 206).

12 In deutscher Sprache veröffentlicht in ZEuP 2003, 895 ff.

13 Zur grundsätzlichen Anwendbarkeit des § 205 auch im öffentlichen Recht vgl *Guckelberger*, Die Verjährung im Öffentlichen Recht, 2004, S. 601 f; Bamberger/Roth/*Henrich*, § 205 Rn 1; Staudinger/*Peters/Jacoby*, § 205 Rn 27. Soweit allerdings die dem § 62 S. 2 VwVfG entsprechenden Regelungen der Landesgesetze auf die Vorschriften des BGB verweisen, hält *Guckelberger* diese für verfassungswidrig und votiert für die Fortgeltung der §§ 194 ff aF (ebd, S. 634 f).

14 LAG Berlin LAGE § 309 BGB 2002 Nr. 5. Vgl aber auch Staudinger/*Peters/Jacoby*, § 205 Rn 22: keine direkte Anwendung des § 205 auf die Verjährung des Lohnanspruchs, wenn zuvor Kündigungsschutzklage zu erheben war; MüKo/*Grothe*, § 205 Rn 11: keine direkte Hemmung nach § 205 bei Abschluss eines Vergleichs.

15 Vgl auch MüKo/*Grothe*, § 205 Rn 2.

11 Das Leistungsverweigerungsrecht muss auf einer (ausdrücklichen oder stillschweigenden)[16] **Vereinbarung** zwischen Schuldner und Gläubiger beruhen. § 205 erfasst daher vor allem, aber nicht ausschließlich,[17] die **Stundung**[18] und das sog. pactum de non petendo (Stillhalteabkommen).[19]

12 Ein **Stillhalteabkommen** liegt vor, wenn die Parteien sich (ausdrücklich oder stillschweigend) einigen, dass der Schuldner vorübergehend, dh für einen beschränkten Zeitraum, berechtigt sein soll, die Leistung zu verweigern, und entsprechend dem Gläubiger vorübergehend die Möglichkeit genommen wird, seinen Anspruch gerichtlich zu verfolgen.[20] Stundung und pactum de non petendo wurden schon unter altem Recht als wesentliche Anwendungsfälle des § 202 Abs. 1 aF erachtet. Die hierzu im Rahmen des alten Rechts gewonnenen Erkenntnisse können daher auf das neue Recht grundsätzlich übertragen werden;[21] allerdings wird jeweils kritisch zu überprüfen sein, ob die Änderungen des neuen Rechts, insb. die Ausweitung der Parteiautonomie in § 202 und die Schaffung neuer Hemmungstatbestände in § 204 Abs. 1, ggf eine Neubewertung erforderlich machen. Nicht ausreichend für die Annahme eines pactum de non petendo ist jedenfalls die schlichte Vereinbarung des **Ruhens eines Verfahrens**, sofern es an der für ein Stillhalteabkommen erforderlichen zeitlichen Beschränkung fehlt.[22] Ebenfalls nicht von § 205 erfasst ist die anfängliche **Fälligkeitsvereinbarung**. Eine solche „anfängliche Stundung" begründet kein Leistungsverweigerungsrecht, sondern schiebt originär die Fälligkeit und damit den Beginn der Verjährung hinaus (s. auch Rn 2).[23]

13 Soweit der BGH unter altem Recht die Ansicht vertreten hatte, bei Zinsen aus **Sicherungsgrundschulden** sei die Verjährung nicht in entsprechender Anwendung des § 202 Abs. 1 aF bis zum Eintritt des Sicherungsfalls gehemmt,[24] hindert ihn der Wortlaut des neuen § 205 nicht, diese Rechtsprechung fortzusetzen.[25]

14 Wird ein vorübergehendes Leistungsverweigerungsrecht vereinbart, welches mit einem gesetzlichen Leistungsverweigerungsrecht identisch ist (und nur **vertraglich nachvollzogen** wird), so liegt kein vereinbartes Leistungsverweigerungsrecht iSv § 205 vor.[26] Hatten die Parteien bei der Vereinbarung jedoch den Willen, durch diese Einfluss auf die Verjährungshemmung nach § 205 zu nehmen, so kann die Vereinbarung unter den Voraussetzungen des § 202 Abs. 2 als verjährungserschwerende Vereinbarung qualifiziert werden.[27]

15 ZT wird eine **analoge Anwendung** des § 205 befürwortet, wenn sich ein gesetzliches Leistungsverweigerungsrecht in der Wirkung von einem vereinbarten nicht unterscheidet.[28] Dies erscheint nicht unproblematisch. Die für den Schuldner nachteilige Hemmungswirkung rechtfertigt sich in den von § 205 erfassten Fällen nicht zuletzt dadurch, dass der Schuldner an der Begründung des Leistungsverweigerungsrechts mitgewirkt hat. Dieses Argument trägt bei gesetzlichen Leistungshindernissen jedenfalls nicht. Vor allem aber wurde im Tatbestand des § 205 bewusst nur auf rechtsgeschäftlich begründete Leistungsverweigerungsrechte abgestellt.

16 Vgl BGH NJW 2002, 1488, 1489 (noch zu § 202 Abs. 1 aF); Staudinger/*Peters/Jacoby*, § 205 Rn 9 (dort zur stillschweigenden Vereinbarung einer Stundung, mit Beispielen) und Rn 17 (dort zum konkludenten Abschluss eines pactum de non petendo, mit Beispielen).

17 Zu weiteren Beispielen vgl MüKo/*Grothe*, § 205 Rn 8 ff; Bamberger/Roth/*Henrich*, § 205 Rn 6 (Kontokorrent, Ausschluss von Gewährleistungsansprüchen gegen den Leasinggeber bei gleichzeitiger Abtretung entsprechender Ansprüche gegen den Lieferanten); Staudinger/*Peters/Jacoby*, § 205 Rn 19 ff; Erman/*Schmidt-Räntsch*, § 205 Rn 4 (Inzahlungnahme eines Wechsels) und 7 (Kontokorrent).

18 S. näher Staudinger/*Peters/Jacoby*, § 205 Rn 8 ff.

19 Allg. M., vgl nur BGH ZNER 2009, 249 (zum pactum de non petendo); OLG Sachsen-Anhalt JAmt 2008, 52 (zur Stundung); Palandt/*Ellenberger*, § 205 Rn 2; *Ott*, MDR 2002, 1, 5; Erman/*Schmidt-Räntsch*, § 205 Rn 5; Staudinger/*Peters/Jacoby*, § 205 Rn 14 ff (zum pactum de non petendo). Zur Abgrenzung gegenüber einem urteilsvertretenden privaten Anerkenntnis s. *Haas/Schulze, FS Graf von Westphalen, 2010,* S. 253, 266.

20 BGH NJW-RR 2011, 208, 209; ZNER 2009, 249; OLG Düsseldorf NJW-RR 2007, 13, 14; OLG Saarbrücken NJW-RR 2006, 163; LG Karlsruhe v. 11.2.2009 – 1 S 91/07, Rn 16.

21 Soergel/*Niedenführ*, § 205 Rn 8 (zum pactum de non petendo); explizit zu der Bewertung des Teilungsabkommens als pactum de non petendo durch die Rspr (vgl BGH VersR 2003, 1547): *Lehmacher*, die BG 2003, 384, 389.

22 LG Karlsruhe, Urt. v. 11.2.2009 – 1 S 91/07, Rn 16 unter Hinweis auf Staudinger/*Peters/Jacoby*, § 205 Rn 18; ebenso MüKo/*Grothe*, § 205 Rn 11.

23 OLG Düsseldorf NJW-RR 2007, 13, 14; MüKo/*Grothe*, § 205 Rn 1, 3; Bamberger/Roth/*Henrich*, § 205 Rn 2; Erman/*Schmidt-Räntsch*, § 205 Rn 3; aA Staudinger/*Peters/Jacoby*, § 205 Rn 6.

24 BGH NJW 1999, 3705, 3707; s. dazu näher § 202 Rn 58.

25 Darauf weist hin BT-Drucks. 14/6040, S. 118; ebenso MüKo/*Grothe*, § 205 Rn 10; Palandt/*Ellenberger*, § 205 Rn 2; Soergel/*Niedenführ*, § 205 Rn 15; Erman/*Schmidt-Räntsch*, § 205 Rn 5. Insoweit zust. auch *Lakkis*, AcP 203 (2003), 763, 780, die jedoch die Rspr des BGH im Erg. ablehnt (ebd, S. 777 ff, 782); krit. auch Staudinger/*Peters/Jacoby*, § 205 Rn 24.

26 Ebenso MüKo/*Grothe*, § 205 Rn 2; PWW/*Kesseler*, § 205 Rn 1; Erman/*Schmidt-Räntsch*, § 205 Rn 2; *Haas/Schulze, FS Graf von Westphalen, 2010,* S. 253, 265.

27 Ebenso *Birr*, Verjährung und Verwirkung, 2003, Rn 90; MüKo/*Grothe*, § 205 Rn 2.

28 So Palandt/*Ellenberger*, § 205 Rn 3; Bamberger/Roth/*Henrich*, § 205 Rn 7 (jeweils unter Hinw. auf die unrichtige Abtretungsanzeige, § 409 Abs. 1); ebenso OLG München ZIP 2009, 1310, 1311; aA MüKo/*Grothe*, § 205 Rn 2; Erman/*Schmidt-Räntsch*, § 205 Rn 8.

Für eine analoge Anwendung der Regelung auf **gesetzliche Leistungsverweigerungsrechte** fehlt es daher bereits an der erforderlichen planwidrigen Regelungslücke (s. auch Rn 1).

Unter altem Recht unterschied § 202 aF sachgerecht[29] zwischen **hinzunehmenden** (§ 202 Abs. 1 aF) und den anderen, von dem Gläubiger **beseitigbaren** (§ 202 Abs. 2 aF) vorübergehenden **Leistungshindernissen**. Diese Unterscheidung nimmt § 205 seinem Wortlaut nach nicht mehr auf. Im Zweifel wird diese Differenzierung bei der Auslegung der vereinbarten Leistungsverweigerungsrechte durch **ergänzende Vertragsauslegung** aber wieder aufzunehmen sein. Die vorübergehenden Leistungsverweigerungsrechte, welche der Gläubiger selbst beseitigen kann (wie zB solche, die mit § 320 vergleichbar, wenn auch nicht damit identisch – s. Rn 14 – sind), sollen im Zweifel nicht die Verjährung hemmen, weil der Gläubiger ansonsten einseitig den Hemmungseintritt und die Hemmungsdauer steuern könnte.[30] **16**

III. Wirkung der Hemmung

Die Wirkung der Hemmung richtet sich nach § 209 (vgl die dortige Kommentierung). Die **Hemmungsdauer** ist von der jeweiligen Parteivereinbarung abhängig und ggf im Wege der Auslegung zu ermitteln. Im Rahmen des § 202 aF gestand die Rechtsprechung in den Fällen, in denen der Schuldner auf die Geltendmachung der Verjährungseinrede zunächst auf unbestimmte Zeit verzichtet hatte, später jedoch erklärte, sich an diesen Verzicht nicht mehr gebunden zu fühlen, eine kurze **Überlegungsfrist** zu, innerhalb derer der Gläubiger über eine eventuelle Klageerhebung befinden konnte (vgl zu dieser Rechtsprechung und deren Bewertung unter neuem Recht auch § 203 Rn 8).[31] Diese Rechtsprechung wird in der Literatur zT auf die Hemmung nach § 205 übertragen.[32] Eine derartige Karenzfrist wird man dem Gläubiger jedoch nur dann zugestehen können, wenn (a.) das Ende der Hemmung für ihn überraschend kam und (b.) unmittelbar nach Ende der Hemmung Verjährung eintreten würde. Treffen beide Umstände zusammen, kann dem Gläubiger gem. § 242 in Anlehnung an die vorstehende Rechtsprechung auch nach Ablauf der Verjährungsfrist ein kurzer Zeitrahmen zugestanden werden, um sich über das weitere Vorgehen Klarheit zu verschaffen. **17**

IV. Übergangsrecht

Zum Übergangsrecht s. Art. 229 § 6 EGBGB Rn 24 f. **18**

C. Weitere praktische Hinweise

Darlegungs- und **beweispflichtig** für das Vorliegen eines Leistungsverweigerungsrechts im Sinne des § 205 ist nach allg. Ansicht der sich auf den Eintritt der Hemmung berufende Gläubiger.[33] Ist der Hemmungseintritt unstreitig oder dessen Voraussetzungen bewiesen, soll es nach herrschender Auffassung stets Sache des Schuldners sein, die Tatsachen darzulegen und ggf zu beweisen, die zum Ende der Hemmung führen.[34] Vorliegend würde danach der Schuldner die Beweislast für die Behauptung des Fortfalls des Leistungsverweigerungsrechts tragen. Diese Ansicht ist jedoch nicht unbestritten. Ein Teil der Literatur tritt dafür ein, dass dann, wenn der Schuldner das Vorliegen der den Hemmungsfortbestand tragenden Tatsachen substantiiert bestreitet, der Gläubiger auch die Beweislast dafür trägt, dass das Leistungsverweigerungsrecht während des von ihm geltend gemachten Zeitraums andauerte.[35] Zur Begründung wird vorgetragen, dass die mit dem Bestehen (Eintritt und Fortbestand) eines Leistungsverweigerungsrechts verbundene Hemmungswirkung eine für den Gläubiger vorteilhafte Rechtsfolge darstelle und daher nach allgemeinen Beweislastregeln von diesem zu belegen sei. Ebenfalls auf die allgemeinen Regeln verweist allerdings auch die herrschende Ansicht, nach welcher der Schuldner die Tatsachen darzulegen und zu beweisen hat, aus denen sich die Beendigung der Hemmung ergibt.[36] **19**

29 Staudinger/*Peters*, 13. Bearb. 1995, § 202 Rn 5.

30 Ebenso MüKo/*Grothe*, § 205 Rn 2; aA jurisPK-BGB/*Lakkis*, § 205 Rn 4.

31 BGH WM 1983, 472, 474 (dort ca. dreieinhalb Monate); OLG Düsseldorf NJW 2002, 2265 (dort fünfeinhalb Wochen).

32 Erman/*Schmidt-Räntsch*, § 205 Rn 5 aE.

33 BGH NJW-RR 2011, 208, 209; LG Karlsruhe, Urt. v. 11.2.2009 – 1 S 91/07, Rn 16; Staudinger/*Peters/Jacoby*, § 205 Rn 28; ferner Henssler/von Westphalen/*Bereska*, Praxis der Schuldrechtsreform, 2. Aufl. 2003, Vor §§ 203–213 Rn 5; MüKo/*Grothe*, § 203 Rn 1; Soergel/*Niedenführ*, Vor § 203 Rn 12, die allgemein die Beweislast für den Beginn der Hemmung dem Gläubiger auferlegen.

34 Henssler/von Westphalen/*Bereska*, Praxis der Schuldrechtsreform, 2. Aufl. 2003, Vor §§ 203–213 Rn 5; Soergel/*Niedenführ*, Vor § 203 Rn 12; ebenso noch zum alten Recht Baumgärtel/*Laumen*, Handbuch der Beweislast im Privatrecht, 2. Aufl. 1991, § 202 aF Rn 2 im Anschluss an BGH WM 1977, 823 f.

35 Staudinger/*Peters/Jacoby*, § 205 Rn 28; ferner MüKo/*Grothe*, § 203 Rn 1.

36 So ausdr. Henssler/von Westphalen/*Bereska*, Praxis der Schuldrechtsreform, 2. Aufl. 2003, Vor §§ 203–213 Rn 5.

20 Die von den Vertretern beider Ansichten in Anspruch genommene allgemeine Grundregel sieht vor, dass die Beweislast für rechtshemmende Tatsachen (zu denen auch die die Verjährung stützenden Tatsachen zählen) der Anspruchsgegner trägt, während dem Anspruchsteller die Beweislast für die Tatsachen obliegt, welche die Hemmung des Anspruchs hindern. Einwendungen gegen die Hemmungshinderung hat dann wiederum der Anspruchsgegner zu beweisen, etc.[37]

21 Die Beantwortung der Frage, wer die Beweislast für den Fortbestand bzw die Aufhebung des Leistungsverweigerungsrechts trägt, hängt davon ab, wie der Begriff der Hinderung der Anspruchshemmung im Hinblick auf § 205 verstanden wird. Sieht man als die Einrede der Verjährung hindernd nicht nur den Eintritt, sondern auch den Fortbestand der Verjährungshemmung an, so stützt die allgemeine Beweislastregelung die Auffassung, nach der der Gläubiger den Eintritt und (im Bestreitensfalle) den Fortbestand des Leistungsverweigerungsrechts zu beweisen hat. Indes ist dieser Ansatz keineswegs zwingend. Ebenfalls vertretbar erscheint es, bereits innerhalb der Regelung des § 205 eine Aufteilung der Beweislast in der Weise vorzunehmen, dass lediglich der Eintritt der Hemmung und damit die Vereinbarung eines Leistungsverweigerungsrechts vom Gläubiger zu beweisen ist, die Aufhebung dieses Rechts jedoch als die Verjährungshemmung hindernd im Sinne der allgemeinen Beweislastregelung betrachtet wird und daher vom Schuldner darzulegen und zu beweisen ist. Im Einzelnen kann hinsichtlich beider Ansätze auf die ausführliche Darlegung der Parallelproblematik in § 203 Rn 59 verwiesen werden.

§ 206 Hemmung der Verjährung bei höherer Gewalt

Die Verjährung ist gehemmt, solange der Gläubiger innerhalb der letzten sechs Monate der Verjährungsfrist durch höhere Gewalt an der Rechtsverfolgung gehindert ist.

Literatur: *Peters*, Der Bürge und die Einrede der Verjährung der Hauptschuld, NJW 2004, 1430.

A. Allgemeines

1 § 206 ordnet die Hemmung der Verjährung an, solange der Gläubiger innerhalb der letzten sechs Monate der Verjährungsfrist durch höhere Gewalt an der Rechtsverfolgung gehindert ist. Die Vorschrift entspricht in ihrem sachlichen Gehalt **§ 203** aF; eine inhaltliche Änderung war durch die Neuformulierung nicht beabsichtigt. Der in § 203 Abs. 1 aF noch ausdrücklich erwähnte Fall des **Stillstands der Rechtspflege** hat im neuen Recht keine gesonderte Regelung mehr erfahren, sondern ist nunmehr als ein Unterfall der höheren Gewalt anzusehen.[1]

Zur Auslegung des § 206 können die Ergebnisse herangezogen werden, die Rechtsprechung und Lehre im Hinblick auf § 203 Abs. 1 und 2 aF erzielt haben.[2]

2 Unter altem Recht wurde auch die Einreichung eines vollständigen und ordnungsgemäß begründeten **Gesuchs um Prozesskostenhilfe** als Fall des § 203 Abs. 2 aF qualifiziert (s. auch § 204 Rn 132).[3] Diese Rechtsprechung hat mit Inkrafttreten des SchuldRModG an Bedeutung verloren. Die Hemmung infolge Beantragung von Prozesskostenhilfe richtet sich nunmehr, jedenfalls soweit der **erstmalige Antrag** betroffen ist, nach dem neu eingefügten § 204 Abs. 1 Nr. 14 (näher § 204 Rn 131 ff).[4] Der Gläubiger steht sich damit im Regelfall besser als dies nach § 203 Abs. 2 aF der Fall war bzw nach § 206 der Fall wäre. Zum einen kommt die Hemmung nach § 204 Abs. 1 nicht nur innerhalb der letzten sechs Monate vor Verjährungseintritt, sondern zu jedem Zeitpunkt des Fristlaufes zum Tragen, zum anderen wird das Ende der Hemmungsfrist nach § 204 Abs. 2 stets um volle sechs Monate hinausgeschoben. Bei **wiederholten Anträgen**, die nicht mehr von § 204 Abs. 1 Nr. 14 erfasst werden, kann aber ggf auch weiterhin ein Rückgriff auf § 206 angezeigt sein.[5]

37 Vgl nur BGH NJW 1999, 352, 353; Zöller/*Greger*, ZPO, Vor § 284 Rn 17; Stein/Jonas/*Leipold*, ZPO, § 286 Rn 62; Thomas/Putzo/*Reichold*, ZPO, Vor § 284 Rn 23.

1 BT-Drucks. 14/6040, S. 118 f.

2 Ebenso Henssler/von Westphalen/*Bereska*, Praxis der Schuldrechtsreform, 2. Aufl. 2003, § 206 Rn 2; Soergel/*Niedenführ*, § 206 Rn 1.

3 BGH FamRZ 2004, 177; BGH NJW 2001, 2545, 2546; 1994, 3360, 3361; OLG Köln NJW 1994, 3360, 3361.

4 Staudinger/*Peters/Jacoby*, § 206 Rn 19; ferner Erman/*Schmidt-Räntsch*, § 206 Rn 8.

5 Ausf. hierzu Staudinger/*Peters/Jacoby*, § 206 Rn 19 ff.

Nicht gefolgt worden ist bei der Neukonzeption des § 206 dem Vorschlag,[6] die Hemmung in Fällen höherer Gewalt auf alle Situationen, in welchen der Gläubiger in den letzten sechs Monaten der ablaufenden Verjährungsfrist **ohne** sein **Verschulden** an der Rechtsverfolgung gehindert ist, auszudehnen. Der Gesetzgeber weist u.a. darauf hin, dass die Gründe dafür, einen Anspruch nicht rechtzeitig einzuklagen, sehr vielfältig sein können. Dennoch habe die zum alten Recht ergangene Rechtsprechung in den Fällen bloß fehlenden Verschuldens keine Hemmung angenommen.[7] Der Gesetzgeber hat diese Wertung übernommen.[8] De lege lata ist die gesetzgeberische Entscheidung zu akzeptieren. 3

§ 206 findet auf sonstige Fristen, insb. auf einige **gesetzliche Ausschlussfristen,** kraft Verweisung entsprechende Anwendung. Hierzu zählen §§ 124 Abs. 2 S. 2, 204 Abs. 3, 802 S. 3, 939 Abs. 2, 1002 Abs. 2, 1317 Abs. 1 S. 3, 1600 b Abs. 6 S. 2, 1762 Abs. 2 S. 3, 1944 Abs. 2 S. 3, 1954 Abs. 2 S. 2, 2082 Abs. 2 S. 2, 2283 Abs. 2 S. 2 sowie sondergesetzlich §§ 26 Abs. 1 S. 3, 160 Abs. 1 S. 3 HGB, §§ 45 Abs. 2 S. 2, 133 Abs. 4 S. 2, 157 Abs. 2 S. 2, 224 Abs. 3 S. 2 UmwG und § 327 Abs. 4 S. 3 AktG. 4

Außerhalb ausdrücklicher Verweisungen ist bei der Übertragung des § 206 auf (gesetzliche oder vereinbarte) Fristen Zurückhaltung geboten. Im Regelfall hat die Verhinderung des Betroffenen aufgrund höherer Gewalt keine Auswirkungen auf den Lauf von Ausschluss- oder sonstigen Fristen.[9]

In der Literatur auf Kritik gestoßen war der durch das SchuldRModG in § 1997 aF (bis 14.12.2004) erfolgte Austausch des § 203 Abs. 1 aF (bis 31.12.2001) durch § 206.[10] Aufgrund der Neuregelung kam es nicht mehr nur bei dem Stillstand der Rechtspflege zu einer **Hemmung des Laufs der Inventarfrist** (wie noch in §§ 1997, 203 Abs. 1 aF [bis 31.12.2001] vorgesehen), sondern in allen Fällen höherer Gewalt. Diese Ausweitung führte zu Friktionen im Verhältnis zu § 1996 aF (bis 14.12.2004), der die Hinderung des Erben an der Inventarerrichtung durch höhere Gewalt gleichfalls, jedoch mit gänzlich anderen Konsequenzen regelte.[11] Durch das am 15.12.2004 in Kraft getretene Gesetz zur Anpassung von Verjährungsvorschriften an das Gesetz zur Modernisierung des Schuldrechts ist schließlich eine Änderung der §§ 1996 und 1997 aF (bis 14.12.2004) erfolgt: Der Verweis in § 1997 auf § 206 wurde aufgegeben; zugleich wurden die Voraussetzungen des § 1996 Abs. 1 gelockert. Dementsprechend kann der Erbe jetzt nicht nur dann eine neue Inventarfrist beantragen, wenn er durch höhere Gewalt an der Inventarerrichtung gehindert war, sondern in allen Fällen fehlenden Verschuldens. 5

§ 206 entspricht im Wesentlichen Art. 14:303 der **Principles of European Contract Law** (*Lando*-Principles; zu diesen s. Vor § 194–218 Rn 20 ff).[12] Anders als § 206 verwendet Art. 14:303 Abs. 1 PECL allerdings nicht nur den abstrakten Begriff der höheren Gewalt, sondern fordert konkreter, dass der Gläubiger durch einen Hinderungsgrund von der Geltendmachung seines Anspruchs abgehalten werden muss, der außerhalb seines Einflussbereiches liegt und dessen Vermeidung oder Überwindung von ihm vernünftigerweise nicht erwartet werden konnte. 6

B. Regelungsgehalt

I. Anwendungsbereich

1. Höhere Gewalt. Der Gesetzgeber hat auf eine Legaldefinition der höheren Gewalt verzichtet. Rechtsprechung und Literatur zu § 203 Abs. 2 aF haben den Begriff in Anlehnung an den Terminus des unabwendbaren Zufalls iSd § 233 Abs. 1 ZPO aF allerdings dahin gehend konkretisiert, dass ein Ereignis eingetreten sein muss, durch das der Gläubiger an der Verfolgung seiner Rechte selbst unter Wahrung der äußersten, billigerweise 7

6 *Peters/Zimmermann*, Der Einfluss von Fristen auf Schuldverhältnisse, in: Bundesministerium der Justiz (Hrsg.), Gutachten und Vorschläge zur Überarbeitung des Schuldrechts, Band I, 1981, S. 252, 308; abl. BT-Drucks. 14/6040, S. 118 f.

7 BGH NJW 1975, 1466 (zu spät behobene Beweisschwierigkeiten); KG und OLG Hamm NJW 1980, 242 ff, 244, 246 (verfassungswidriges Gesetz); BAG NJW 1962, 1077 f gegen BGH DB 1961, 1257 (geänderte Rspr).

8 BT-Drucks. 14/6040, S. 119.

9 MüKo/*Grothe*, § 206 Rn 2; Palandt/*Ellenberger*, § 206 Rn 3; Soergel/*Niedenführ*, § 206 Rn 3; Staudinger/*Peters/Jacoby*, § 206 Rn 31 unter Hinw. auf die entspr. Rspr unter § 203 aF zu §§ 586 Abs. 2 S. 2, 958 Abs. 2 ZPO und Art. 8 Finanzvertrag v. 30.3.1955. Für eine entspr. Anwendung des § 206 auf tarifvertragliche Ausschlussfristen aber *Krause*, RdA 2004, 106, 110; vgl auch LAG Berlin LAGE § 309 BGB 2002 Nr. 5, dort aber letztlich offengelassen.

10 *Siegmann*, ZEV 2003, 179, 180 f; ferner Staudinger/*Marotzke*, § 1996 Rn 2, 4, 8.

11 Eindrücklich *Siegmann*, ZEV 2003, 179, 180.

12 In deutscher Sprache veröffentlicht in ZEuP 2003, 895 ff. Art. 14:303 PECL entspricht Art. 17:107 PECL der vorherigen Fassung, abgedruckt in ZEuP 2001, 400, 401.

zu erwartenden Sorgfalt und Anstrengung gehindert worden wäre.[13] Diese Voraussetzungen sind nunmehr auf § 206 zu übertragen.[14]

8 Bereits leichte Fahrlässigkeit des Anspruchsberechtigten oder seines (gesetzlichen oder rechtsgeschäftlichen) Vertreters, insb. auch seines Prozessbevollmächtigten,[15] steht der Annahme höherer Gewalt entgegen.[16] Anzulegen ist dabei der **Sorgfaltsmaßstab**, der von der jeweiligen Person in der betreffenden sozialen Situation und des jeweiligen Bildungsstandes erwartet werden kann.[17] **Fehlende Rechtskenntnis** oder ein **Rechtsirrtum** sind regelmäßig keine Fälle höherer Gewalt.[18] Wurde die Fehlvorstellung des Gläubigers jedoch durch eine Behörde oder ein Gericht hervorgerufen oder verstärkt, ist der Berechtigte dann entlastet, wenn er das Verschulden der betreffenden Organe auch bei ihm zumutbarer angemessener Sorgfalt nicht hätte erkennen können.[19] Gleiches gilt bei fehlerhaftem **Verhalten eines Notars**.[20]

9 Die Annahme höherer Gewalt ist nicht davon abhängig, dass das betreffende Ereignis außerhalb der Einflusssphäre des Gläubigers liegt (zB **Verzögerung der Briefbeförderung**, sofern diese auch eine Wiedereinsetzung nach § 233 ZPO rechtfertigen würde)[21] oder nicht in dessen Person begründet ist.[22] Auch eine unerwartete schwere **Krankheit**[23] oder die **Entführung** des Anspruchsberechtigten oder seines gesetzlichen Vertreters können daher die Rechtsfolge des § 206 zeitigen.[24]

10 Der **Stillstand der Rechtspflege**, der in § 203 Abs. 1 aF noch einen eigenständigen Hemmungsgrund bildete, ist unter neuem Recht als ein Fall höherer Gewalt iSd § 206 zu qualifizieren (vgl Rn 1). Dieser liegt vor, wenn der Gläubiger an der Verfolgung seiner Rechte deshalb gehindert ist, weil die Organe der Rechtspflege, auf deren Tätigkeit der Gläubiger bei der Durchsetzung seines Anspruchs angewiesen ist, ihre Tätigkeit eingestellt haben, sei es aufgrund faktischer Zwänge (zB Schließung des Gerichts wegen Hochwassers, Epidemien, terroristischer Anschläge etc.), sei es aufgrund einer Verweigerung des Tätigwerdens im konkreten Fall.[25]

11 Keine Fälle höherer Gewalt sollen ausweislich der Gesetzesbegründung[26] hingegen zu spät behobene **Beweisschwierigkeiten**,[27] die fehlerhafte Einschätzung der Erfolgsaussichten wegen Zugrundelegung eines **verfas-**

13 St. Rspr, vgl statt vieler BAG NJW 2003, 2849, 2850; BGH NJW 1997, 3164; 1994, 2752, 2753, jeweils mwN.

14 OLG Jena AuR 2003, 157; *Birr*, Verjährung und Verwirkung, 2003, Rn 91; MüKo/*Grothe*, § 206 Rn 3; Palandt/*Ellenberger*, § 206 Rn 4; *Larenz/Wolf*, BGB AT, § 17 Rn 53; Soergel/*Niedenführ*, § 206 Rn 4; Staudinger/*Peters/Jacoby*, § 206 Rn 26; Erman/*Schmidt-Räntsch*, § 206 Rn 4. Nach *Peters*, NJW 2004, 1430 f, soll § 206 auch in dem Fall Wirkung zeitigen, in dem der Gläubiger eine durch Bürgschaft gesicherte Forderung gegenüber dem Hauptschuldner nicht mit den in § 204 Abs. 1 aufgeführten Instituten verfolgen kann. Hier soll die Verjährung nach § 206 innerhalb der letzten sechs Monate der Verjährungsfrist gehemmt sein, um dem Bürgen die Berufung auf die Verjährung der Hauptschuld (vgl § 768 Abs. 1 S. 1) zu versagen.

15 BGH NJW 1997, 3164; 1994, 2752, 2753; KG NJW-RR 2004, 941, 944; OLG Hamm NJW-RR 1994, 522, 523; MüKo/*Grothe*, § 206 Rn 4; Palandt/*Ellenberger*, § 206 Rn 4; Soergel/*Niedenführ*, § 206 Rn 4; Staudinger/*Peters/Jacoby*, § 206 Rn 27.

16 BGH NJW 1997, 3164; OLG Celle FamRZ 2010, 1824; KG NJW-RR 2004, 941, 944; BayObLG ZIP 2005, 205, 208; MüKo/*Grothe*, § 206 Rn 3; Bamberger/Roth/*Henrich*, § 206 Rn 3; Erman/*Schmidt-Räntsch*, § 206 Rn 4.

17 BayObLG 1989, 116, 122; Staudinger/*Peters/Jacoby*, § 206 Rn 27.

18 BGH NJW 1997, 3164; OLG Celle FamRZ 2010, 1824; OLG Koblenz FamRZ 2007, 2098; BayObLG ZIP 2005, 205, 208; KG NJW-RR 2004, 941, 944; *Birr*, Verjährung und Verwirkung, 2003, Rn 91; MüKo/*Grothe*, § 206 Rn 6; Palandt/*Ellenberger*, § 206 Rn 6; Bamberger/Roth/*Henrich*, § 206 Rn 4; Soergel/*Niedenführ*, § 206 Rn 8; Erman/*Schmidt-Räntsch*, § 206 Rn 5.

19 BAG NJW 2003, 2849, 2850; 1997, 3164; 1994, 2752, 2753; OLG Koblenz FamRZ 2007, 2098; BayObLG ZIP 2005, 205, 208.

20 KG NJW-RR 2004, 941, 944; OLG Hamm NJW-RR 1994, 522, 523; Palandt/*Ellenberger*, § 206 Rn 4; Soergel/*Niedenführ*, § 206 Rn 4; Erman/*Schmidt-Räntsch*, § 206 Rn 4.

21 OLG Jena AUR 2003, 157; OLG Karlsruhe NJW 2001, 3557.

22 MüKo/*Grothe*, § 206 Rn 3; Staudinger/*Peters/Jacoby*, § 206 Rn 3 f; aA Bamberger/Roth/*Henrich*, § 206 Rn 3, der ein von außen kommendes Ereignis verlangt.

23 *Birr*, Verjährung und Verwirkung, 2003, Rn 91; Staudinger/*Peters/Jacoby*, § 206 Rn 17.

24 Weitere Beispiele aus der Rspr zu § 203 Abs. 2 aF bei MüKo/*Grothe*, § 206 Rn 8; Palandt/*Ellenberger*, § 206 Rn 5; Soergel/*Niedenführ*, § 206 Rn 6; Erman/*Schmidt-Räntsch*, § 206 Rn 7.

25 BAG NJW 2003, 2849, 2850; MüKo/*Grothe*, § 206 Rn 7; Palandt/*Ellenberger*, § 206 Rn 4; Bamberger/Roth/*Henrich*, § 206 Rn 5; Erman/*Schmidt-Räntsch*, § 206 Rn 6.

26 BT-Drucks. 14/6040, S. 119.

27 Vgl auch Staudinger/*Peters/Jacoby*, § 206 Rn 7.

sungswidrigen Gesetzes[28] sowie die **Änderung der Rechtsprechung**[29] sein.[30] Die Verjährung ist mithin auch dann nicht nach § 206 gehemmt, wenn der Anspruch vor dem Hintergrund der höchstrichterlichen Rechtsprechung zuvor keine Aussicht auf gerichtliche Durchsetzung hatte.[31] Nichts anderes gilt, wenn durch richterliche Rechtsfortbildung neues Recht geschaffen wurde[32] oder die Zulässigkeit der Rechtsverfolgung in einem bestimmten Verfahren höchstrichterlich noch nicht geklärt war.[33] Der Gläubiger kann sich in diesen Fällen nicht darauf berufen, ihm sei das Risiko der Rechtsverfolgung weniger zumutbar gewesen als demjenigen, der tatsächlich aktiv geworden ist und der damit die Rechtsprechungsänderung letzten Endes herbeigeführt hat.[34]

2. Erfasste Ansprüche. § 206 findet auf alle verjährbaren Ansprüche Anwendung, sofern diese zumindest in Bezug auf die Frage der Hemmung vollständig oder ergänzend den Regelungen des allgemeinen Verjährungsrechts in §§ 203 ff unterfallen. Die Anwendbarkeit des § 206 ist dabei nicht auf zivilrechtliche Ansprüche beschränkt. Soweit die Vorschriften des allgemeinen Verjährungsrechts auch auf öffentlich-rechtliche Ansprüche erstreckt werden – sei es infolge ausdrücklicher Verweisung (vgl § 62 S. 2 VwVfG),[35] sei es durch richterrechtlich legitimierte Analogie (vgl § 194 Rn 19 ff) – kommt der Tatbestand der Hemmung wegen höherer Gewalt dort gleichfalls zum Tragen.[36] **12**

Auf Gestaltungsrechte (insb. Rücktritt und Minderung) findet die Vorschrift keine unmittelbare Anwendung. **13**
Die Hemmung nach § 206 wirkt sich jedoch indirekt über § 218 auch auf diese aus (vgl die dortige Kommentierung).

II. Rechtsfolgen

Der Verjährungslauf ist gehemmt, sofern die höhere Gewalt innerhalb der letzten sechs Monate der Verjährungsfrist vorliegt. Die Wirkung der Hemmung richtet sich dabei nach § 209; der Zeitraum, während dessen die Verjährung gehemmt ist, wird in die Verjährungsfrist mithin nicht eingerechnet (näher zur Berechnung des Hemmungszeitraumes § 209 Rn 7 f). Nach dem Ende der Hemmung läuft die restliche Verjährungsfrist weiter. **14**

Sollten die Parteien im Rahmen des § 202 Abs. 1 eine **Verjährungsfrist von weniger als sechs Monaten** vereinbart haben, tritt an die Stelle der in § 206 vorgesehenen Sechsmonatsfrist diese kürzere Frist.[37] **15**

Dem Hemmungstatbestand des § 206 kann frühestens mit Beginn (0.00 Uhr; vgl § 187 Abs. 2) des ersten Tages der sechsmonatigen Restfrist[38] der Verjährung Wirkung zukommen. Selbst dann, wenn der Hemmungsgrund der höheren Gewalt bereits vor diesem Zeitpunkt vorlag, kommt eine frühere Hemmung nicht in Betracht.[39] Kam es weniger als sechs Monate vor Eintritt der Verjährung zu der Hinderung durch höhere Gewalt, ist die Verjährung ab diesem Zeitpunkt gehemmt. Die Hemmungswirkung dauert an, solange die höhere Gewalt **16**

28 Vgl auch Staudinger/*Peters/Jacoby*, § 206 Rn 9; unzutreffend ist allerdings der dortige Hinweis auf eine gegenteilige Ansicht bei AnwK-BGB/*Mansel/Budzikiewicz*, § 206 Rn 11.

29 Vgl näher MüKo/*Grothe*, § 206 Rn 5; Palandt/*Ellenberger*, § 206 Rn 7; Soergel/*Niedenführ*, § 206 Rn 9 f; Staudinger/*Peters/Jacoby*, § 206 Rn 8 ff. Dies schließt auch jene Fälle ein, in denen die st. Rspr einen Anspruch zunächst einer längeren Verjährungsfrist unterstellt hat, von dieser Ansicht dann aber abgegangen ist und nunmehr eine kürzere Frist zugrundelegt; vgl Palandt/*Ellenberger*, § 206 Rn 8; MüKo/*Grothe*, § 206 Rn 5 f; Bamberger/Roth/*Henrich*, § 206 Rn 6; Staudinger/*Peters/Jacoby*, § 206 Rn 11; aA BGH NJW 1960, 283.

30 Weitere Beispiele für die Ablehnung höherer Gewalt aus der Rspr zu § 203 Abs. 2 aF bei MüKo/*Grothe*, § 206 Rn 8; Bamberger/Roth/*Henrich*, § 206 Rn 6; Soergel/*Niedenführ*, § 206 Rn 7; Erman/*Schmidt-Räntsch*, § 206 Rn 7.

31 OLG Hamm, Urt. v. 9.1.2006 – 5 U 60/05, Rn 33 (zur Unwirksamkeit von Treuhandverträgen bei Bauherrenmodellen wegen Verstoßes gegen Art. 1 § 1 RBerG: keine Hemmung des Rückforderungsanspruchs nach § 812 Abs. 1 S. 1 Alt. 1 bis zur Entscheidung des BGH, Urt. v. 28.9.2000, NJW 2001, 70); Palandt/*Ellenberger*, § 206 Rn 7; MüKo/*Grothe*, § 206 Rn 5; Staudinger/*Peters/Jacoby*, § 206 Rn 8.

32 BayObLG ZIP 2005, 205, 208; Staudinger/*Peters/Jacoby*, § 206 Rn 9; zweifelnd Palandt/*Ellenberger*, § 206 Rn 7.

33 BayObLG ZIP 2005, 205, 208 (Spruchverfahren in Delistingfällen).

34 BayObLG ZIP 2005, 205, 208; Staudinger/*Peters/Jacoby*, § 206 Rn 8; vgl auch OLG Hamm v. 9.1.2006 – 5 U 60/05, Rn 33.

35 S. zu der Annahme einer dynamischen Verweisung in § 62 VwVfG auf die neuen Verjährungsregelungen des BGB auch *Guckelberger*, Die Verjährung im Öffentlichen Recht, 2004, S. 617 f. Soweit die dem § 62 S. 2 VwVfG entsprechenden Regelungen der Landesgesetze auf die Vorschriften des BGB verweisen, hält *Guckelberger* diese allerdings für verfassungswidrig und votiert für die Fortgeltung der §§ 194 ff aF (ebd, S. 634 f).

36 Für die Anwendbarkeit des § 206 im öffentlichen Recht ausdrücklich *Guckelberger*, Die Verjährung im Öffentlichen Recht, 2004, S. 601.

37 Bamberger/Roth/*Henrich*, § 206 Rn 2; aA Staudinger/*Peters/Jacoby*, § 206 Rn 2.

38 Zu deren Berechnung vgl das Beispiel bei OLG Köln NJW 1994, 3360, 3361.

39 Bamberger/Roth/*Henrich*, § 206 Rn 2; Soergel/*Niedenführ*, § 206 Rn 2.

vorliegt. Nach verbreiteter Ansicht soll der Hemmungszeitraum jedoch **maximal sechs Monate** umfassen.[40] Die Hemmung soll spätestens mit Ablauf des Tages beendet sein, zu dem ohne die Anwendung des § 206 Verjährung eingetreten wäre.[41] Würde etwa der Gläubiger am 5.7. einen schweren Unfall erleiden, der ihn während der folgenden vier Wochen an der Verfolgung seiner Rechte hindert, so wäre die Verjährung eines Anspruchs, die grds. am 10.7. eingetreten wäre, lediglich vom 5.7. (0.00 Uhr) bis zum 10.7. (24.00 Uhr) gehemmt. Die Restfrist von sechs Tagen liefe am 11.7. (0.00 Uhr) an und wäre am 16.7. (24.00 Uhr) abgelaufen – ohne dass der Gläubiger noch die Möglichkeit gehabt hätte, seinen Anspruch zu verfolgen. Die dieser Lösung zugrunde liegende Auslegung des § 206 setzt voraus, dass unter den "letzten sechs Monaten der Verjährungsfrist" die fiktive ungehemmte Restfrist gemeint ist. Der Wortlaut der Norm gibt dies indes nicht zwingend vor. Die Regelung stellt ohne weitere Einschränkungen darauf ab, dass die höhere Gewalt innerhalb der letzten sechs Monate der Verjährungsfrist vorliegen muss. Ob damit die fiktive ungehemmte oder die reale gehemmte Frist gemeint ist, bleibt unklar. Mit der Formulierung des § 206 zu vereinbaren wäre jedenfalls auch die zweite Lösung. Da in jedem Fall in dem Moment des fiktiven Verjährungseintritts immer noch die nicht abgelaufene, maximal sechsmonatige Restfrist zur Verfügung steht, liegt die höhere Gewalt (sollte sie denn fortbestehen) auch nach diesem Zeitpunkt weiterhin "innerhalb der letzten sechs Monate der Verjährungsfrist" vor.

III. Übergangsrecht

17 Zum Übergangsrecht s. Art. 229 § 6 EGBGB Rn 24 f.

C. Weitere praktische Hinweise

18 **Darlegungs-** und **beweispflichtig** für das Vorliegen höherer Gewalt ist nach allg. und zu befürwortender Ansicht der sich auf die Hemmungswirkung des § 206 berufende Gläubiger.[42] Sind die Tatsachen, aus denen sich die Hemmung nach § 206 ergibt, unstreitig oder hat der Gläubiger hierfür den Beweis erbracht, soll nach herrschender Auffassung in Literatur und Rechtsprechung der Schuldner die Darlegungs- und Beweislast dafür tragen, dass bzw wann die Verjährungshemmung beendet worden ist.[43] Zur Begründung wird vorgebracht, dass die Beendigung der Hemmungswirkung eine für den Schuldner vorteilhafte Rechtsfolge darstelle und daher nach allgemeinen Beweislastregeln von Letzterem zu beweisen sei.[44] Ebenfalls auf die allgemeinen Regeln verweist allerdings auch die Gegenansicht, nach welcher der Gläubiger nicht nur für die den Hemmungsbeginn auslösenden Tatsachen (hier: Eintritt der höheren Gewalt), sondern auch für deren Fortbestand beweisbelastet ist, sollte der Schuldner die den Hemmungsfortbestand tragenden Tatsachen substantiiert bestreiten.[45]

19 Die von den Vertretern beider Ansichten in Anspruch genommene allgemeine Grundregel sieht vor, dass die Beweislast für rechtshemmende Tatsachen (zu denen auch die die Verjährung stützenden Tatsachen zählen) der Anspruchsgegner trägt, während dem Anspruchsteller die Beweislast für die Tatsachen obliegt, welche die Hemmung des Anspruchs hindern. Einwendungen gegen die Hemmungshinderung hat dann wiederum der Anspruchsgegner zu beweisen, etc.[46]

20 Die Beantwortung der Frage, wer die Beweislast für die Dauer bzw das Ende der höheren Gewalt trägt, hängt davon ab, wie der Begriff der Hinderung der Anspruchshemmung im Hinblick auf § 206 verstanden wird. Sieht man als die Einrede der Verjährung hindernd nicht nur den Eintritt, sondern auch den Fortbestand der Verjährungshemmung an, so stützt die allgemeine Beweislastregelung die Auffassung, nach welcher der Gläubiger sowohl für den Eintritt als auch für die Dauer der höheren Gewalt beweisbelastet ist. Legt man den Tatbestand des § 206 hingegen so aus, dass lediglich der Eintritt der höheren Gewalt als die Anspruchshemmung hindernd vom Anspruchsteller zu beweisen ist, die Beendigung der höheren Gewalt jedoch als ihrerseits die Verjährungshemmung hindernd vom Anspruchsgegner, so vermag die allgemeine Beweislastregel auch

40 S. nur Bamberger/Roth/*Henrich*, § 206 Rn 2; Staudinger/*Peters/Jacoby*, § 206 Rn 2.

41 Bamberger/Roth/*Henrich*, § 206 Rn 2.

42 BAG NJW 2003, 2849, 2850; BGH NJW 1994, 2752, 2754 (beide noch zu § 203 aF); ferner Henssler/von Westphalen/*Bereska*, Praxis der Schuldrechtsreform, 2. Aufl. 2003, Vor §§ 203–213 Rn 5; MüKo/*Grothe*, § 203 Rn 1; Soergel/*Niedenführ*, Vor § 203 Rn 12, die allg. die Beweislast für den Beginn der Hemmung dem Gläubiger auferlegen.

43 BGH NJW 1994, 2752, 2754 (zu § 203 aF). Allg. die Beweislast für die Beendigung der Hemmung dem Schuldner auferlegend: Henssler/von Westphalen/*Bereska*, Praxis der Schuldrechtsreform, 2. Aufl. 2003, Vor §§ 203–213 Rn 5; Soergel/*Niedenführ*, Vor § 203 Rn 12.

44 So ausdr. Henssler/von Westphalen/*Bereska*, Praxis der Schuldrechtsreform, 2. Aufl. 2003, Vor §§ 203–213 Rn 5.

45 MüKo/*Grothe*, § 203 Rn 1.

46 Vgl nur BGH NJW 1999, 352, 353; Zöller/*Greger*, ZPO, Vor § 284 Rn 17; Stein/Jonas/*Leipold*, ZPO, § 286 Rn 62; Thomas/Putzo/*Reichold*, ZPO, Vor § 284 Rn 23.

die Ansicht zu stützen, nach welcher die Beweislast für den Zeitpunkt der Beendigung der höheren Gewalt dem Schuldner aufzuerlegen ist. Überzeugender erscheint gleichwohl der erste Ansatz. Die Darlegungs- und Beweislast für den Eintritt und die Fortdauer der höheren Gewalt ist danach dem Gläubiger aufzuerlegen. Zu Einzelheiten kann auf die ausführliche Darstellung der Parallelproblematik in § 203 Rn 59 verwiesen werden.

§ 207 Hemmung der Verjährung aus familiären und ähnlichen Gründen

(1) [1]Die Verjährung von Ansprüchen zwischen Ehegatten ist gehemmt, solange die Ehe besteht. [2]Das Gleiche gilt für Ansprüche zwischen

1. Lebenspartnern, solange die Lebenspartnerschaft besteht,
2. dem Kind und
   a) seinen Eltern oder
   b) dem Ehegatten oder Lebenspartner eines Elternteils
   bis zur Vollendung des 21. Lebensjahres des Kindes,
3. dem Vormund und dem Mündel während der Dauer des Vormundschaftsverhältnisses,
4. dem Betreuten und dem Betreuer während der Dauer des Betreuungsverhältnisses und
5. dem Pflegling und dem Pfleger während der Dauer der Pflegschaft.

[3]Die Verjährung von Ansprüchen des Kindes gegen den Beistand ist während der Dauer der Beistandschaft gehemmt.

(2) § 208 bleibt unberührt.

Literatur: *Löhnig*, Das neue familien- und erbrechtliche Verjährungsrecht, FamRZ 2009, 2053; *Peters*, Die Verjährung im Familien- und Erbrecht, AcP 208 (2008), 37.

A. Allgemeines

§ 207 regelt die Verjährungshemmung aus familiären oder personenbezogenen Gründen.[1] Nach Abs. 1 S. 1 unterliegt die Verjährung von Ansprüchen zwischen Ehegatten der Hemmung, solange die Ehe besteht.[2] Das Gleiche gilt nach Abs. 1 S. 2 für Ansprüche zwischen Lebenspartnern, solange die Lebenspartnerschaft besteht, zwischen dem Kind und seinen Eltern und dem Kind und dem Ehegatten oder Lebenspartner eines Elternteils bis zur Vollendung des 21. Lebensjahres des Kindes, dem Vormund und dem Mündel während der Dauer des Vormundschaftsverhältnisses, dem Betreuten und dem Betreuer während der Dauer des Betreuungsverhältnisses, und dem Pflegling und dem Pfleger während der Dauer der Pflegschaft. Zudem ist in Abs. 1 S. 3 die Hemmung der Verjährung von Ansprüchen des Kindes gegen den Beistand während der Dauer der Beistandschaft vorgesehen. 1

Soweit die Vorschrift die Ansprüche zwischen Ehegatten, Lebenspartnern, Eltern und Kindern, die das 21. Lebensjahr noch nicht vollendet haben, sowie Vormund und Mündel in Blick nimmt, soll die Hemmung den auf gegenseitige Rücksichtnahme gegründeten Familienfrieden vor Störungen durch die klageweise Geltendmachung von Ansprüchen bewahren.[3] Ein vergleichbares Näheverhältnis existiert im Fall der Betreuung, 2

1 BT-Drucks. 14/6040, S. 119; teilweise krit. *Mansel*, Die Reform des Verjährungsrechts, in: Ernst/Zimmermann (Hrsg.), Zivilrechtswissenschaft und Schuldrechtsreform, 2001, S. 333, 398 f (bezogen auf Ansprüche unter Ehegatten); grds. krit. Staudinger/*Peters/Jacoby*, § 207 Rn 2 f; *Peters*, AcP 208 (2008), 37, 53 ff (jeweils zu § 207 Abs. 1 S. 1 und S. 2 Nr. 2); s. auch *Zimmermann/Leenen u.a.*, JZ 2001, 684, 695.

2 Das LG Mainz hat durch Beschl. v. 23.4.2002 – 4 O 149/01 die Frage der Vereinbarkeit des § 204 S. 1 aF (jetzt § 207 Abs. 1 S. 1) mit Art. 6 GG dem BVerfG vorgelegt.

3 BT-Drucks. 14/6040, S. 119; BT-Drucks. 14/6857, S. 9; LAG Stuttgart, Urt. v. 26.2.2007 – 4 Sa 63/06, Rn 41; BGH NJW 2006, 3561, 3562; vgl auch BT-Drucks. 16/8954, S. 12 (zur Änderung des § 207 Abs. 1 S. 2 Nr. 2 aF [Fassung vor dem 1.1.2010] durch das ErbVerjÄndG).

Pflegschaft oder Beistandschaft im Regelfall nicht. Hier wird durch die Hemmung jedoch der zumeist vorhandenen strukturellen Überlegenheit des Betreuers, Pflegers oder Beistands Rechnung getragen.[4]

3 Die Hemmungsregelung des § 207 beruht im Wesentlichen auf **§ 204 aF** (Fassung vor dem 1.1.2002). § 207 Abs. 1 S. 1 regelt die Hemmung unter **Ehegatten**. Die Vorschrift ist wortgleich mit § 204 S. 1 aF. § 207 Abs. 1 S. 2 Nr. 3 entspricht § 204 S. 2 letzter Hs aF und betrifft die Hemmung der Ansprüche zwischen dem **Vormund** und dem Mündel (§§ 1773 ff). § 207 Abs. 1 S. 2 Nr. 2 a) deckt sich weitgehend mit § 204 S. 2 erster Hs aF und statuiert die Hemmung der Ansprüche zwischen **Eltern und Kindern**. Die durch das SchuldRModG zum 1.1.2002 eingefügte Fassung des § 207 Abs. 1 S. 2 Nr. 2 entsprach in der 1. Alternative (Ansprüche zwischen Eltern und Kindern) noch vollständig § 204 S. 2 erster Hs aF. Beide Regelungen beschränkten die Hemmung der Verjährung von Ansprüchen zwischen Eltern und Kindern auf die Zeit der Minderjährigkeit des Kindes. Die Hemmung nach § 207 Abs. 1 S. 2 Nr. 2 aF endete mithin spätestens mit dem Erreichen der Volljährigkeit (§ 2; zu weiteren Beendigungsgründen s. Rn 12). Das **ErbVerjÄndG**[5] hat diese Regelung mit **Wirkung zum 1.1.2010** geändert und die Verjährungshemmung in Abs. 1 S. 2 Nr. 2 bis zur Vollendung des 21. Lebensjahres des Kindes verlängert. In der Begründung des Regierungsentwurfes wird hierzu ausgeführt: Die Neuerung sei in Anbetracht der Aufhebung des § 197 Abs. 1 Nr. 2 aF (Fassung vor dem 1.1.2010) erforderlich geworden, der für familien- und erbrechtliche Ansprüche noch eine dreißigjährige Verjährungsfrist statuierte. Da an die Stelle der Sonderverjährung nach § 197 Abs. 1 Nr. 2 aF zum 1.1.2010 die kurze dreijährige Regelverjährungsfrist des § 195 getreten sei, wäre unter Beibehaltung der Hemmungsregelung in § 207 Abs. 1 S. 2 Nr. 2 aF die Verjährung familienrechtlicher Ansprüche, die während der Minderjährigkeit des Kindes fällig geworden seien, regelmäßig bereits mit Vollendung des 21. Lebensjahres des Kindes eingetreten. In den Jahren zwischen dem vollendeten 18. und dem vollendeten 21. Lebensjahr bestehe jedoch in der Regel noch eine enge emotionale und wirtschaftliche Verbundenheit von Kindern und Eltern. Diese Übergangsphase der Ablösung solle nicht durch den Zwang zur gerichtlichen Geltendmachung von Ansprüchen gestört werden. Die Hemmung der Verjährung von Ansprüchen zwischen Eltern und Kindern sei daher bis zum 21. Geburtstag des Kindes zu verlängern; Eltern und Kind blieben damit weitere drei Jahre, um die Ansprüche gegeneinander vor Eintritt der Verjährung zu verfolgen.[6]

4 Der Anwendungsbereich des Hemmungstatbestandes des § 207 umfasst – anders als § 204 aF – auch Ansprüche zwischen **Lebenspartnern** (Abs. 1 S. 2 Nr. 1), zwischen **Stiefeltern** und Stiefkindern (Ehegatten oder Lebenspartner eines Elternteils und dessen Kindern; Abs. 1 S. 2 Nr. 2 b), Fälle der **Betreuung** (Abs. 1 S. 2 Nr. 4) und der **Beistandschaft** (Abs. 1 S. 3).

5 Die **Grundregeln des Europäischen Vertragsrechts** (dazu Vor §§ 194–218 Rn 20 ff) enthalten keine dem § 207 entsprechende Vorschrift. In Art. 14:305 Abs. 2 der Principles of European Contract Law (PECL)[7] findet sich aber zumindest eine partiell ähnliche Regelung. Die Norm statuiert eine Ablaufhemmung im Hinblick auf Ansprüche zwischen einer geschäftsunfähigen oder in der Geschäftsfähigkeit beschränkten Person und ihrem Vertreter. Derartige Ansprüche sollen nicht vor dem Ende eines Jahres nach dem Zeitpunkt ablaufen, in dem die Person unbeschränkt geschäftsfähig wird oder ein Vertreter bestellt worden ist.

B. Regelungsgehalt

I. Anwendungsbereich (Abs. 1 S. 1 und S. 2)

6 **1. Einbezogener Personenkreis.** Nach Abs. 1 S. 1 ist die Verjährung von Ansprüchen zwischen **Ehegatten** während der Dauer der Ehe gehemmt. Die Voraussetzungen der Hemmungsregelung sind mit der wirksamen Eheschließung erfüllt. Auch eine **aufhebbare Ehe** (vgl §§ 1313 ff) ist eine wirksame Ehe in diesem Sinn und bewirkt daher die Hemmung nach Abs. 1 S. 1, solange die Ehe nicht durch Aufhebungsurteil beendet wurde.[8] Nicht erfasst ist hingegen die **Nichtehe**.[9] In grenzüberschreitenden Fällen ist die sogenannte Vorfrage des Bestehens der Ehe nach dem durch Art. 13 EGBGB ermittelten anwendbaren Eherecht zu bestimmen.[10] Eine bereits vor der Eheschließung angelaufene Verjährungsfrist wird mit dem Beginn des Tages der Eheschließung (0.00 Uhr; vgl zur Berechnung des Hemmungszeitraumes § 209 Rn 7 f) ex nunc gehemmt. Der bereits abgelaufene Teil der Verjährungsfrist bleibt dabei allerdings unberührt, so dass nach Wegfall des Hemmungsgrundes lediglich die noch nicht abgelaufene Restfrist weiterläuft. Die Verjährung von Ansprü-

4 BT-Drucks. 14/6040, S. 119.
5 BGBl 2009 I S. 3142.
6 BT-Drucks. 16/8954, S. 12, 14.
7 In deutscher Sprache veröffentlicht in ZEuP 2003, 895 ff.
8 Palandt/*Ellenberger*, § 207 Rn 2; Bamberger/Roth/*Henrich*, § 207 Rn 2; Soergel/*Niedenführ*, § 207 Rn 6; Staudinger/*Peters/Jacoby*, § 207 Rn 9; PWW/*Kesseler*, § 207 Rn 2; Erman/*Schmidt-Räntsch*, § 207 Rn 5.
9 MüKo/*Grothe*, § 207 Rn 4; Bamberger/Roth/*Henrich*, § 207 Rn 2; PWW/*Kesseler*, § 207 Rn 2; Soergel/*Niedenführ*, § 207 Rn 6; Staudinger/*Peters/Jacoby*, § 207 Rn 9; Erman/*Schmidt-Räntsch*, § 207 Rn 5.
10 S. *Nordmeier*, ZZP 124 (2011) 95, 110 f.

chen, die erst während der Ehe entstehen oder deren Verjährung zumindest erst nach der Eheschließung beginnt (zB aufgrund der Jahresendverjährung nach § 199 Abs. 1), unterliegt hingegen gem. Abs. 1 S. 1 unmittelbar der Hemmung; die vollständige Frist kann frühestens mit der Beendigung der Ehe anlaufen.

Ebenfalls gehemmt sind nach Abs. 1 S. 2 Nr. 1 die Ansprüche zwischen **Lebenspartnern**, solange die Lebenspartnerschaft besteht. Die Hemmungswirkung des § 207 setzt in diesem Fall mit der Erklärung nach § 1 Abs. 1 S. 1 LPartG ein. Ob auch eine wegen Verstoßes gegen § 1 Abs. 2 oder § 1 Abs. 1 S. 4 iVm § 6 Abs. 1 LPartG unwirksame Lebenspartnerschaft Hemmungswirkung entfalten kann, ist streitig.[11] Im Übrigen gilt das unter Rn 6 Gesagte. 7

Ansprüche zwischen **Eltern und Kindern** und dem Ehegatten oder Lebenspartner eines Elternteils und dessen Kindern sind bis zur Vollendung des 21. Lebensjahres des Kindes gehemmt (Abs. 1 S. 2 Nr. 2). Voraussetzung der Hemmungswirkung ist im Fall **leiblicher Kindschaft** allein die Feststellung der Abstammung (vgl §§ 1591, 1592);[12] eine Unterscheidung zwischen ehelicher und nichtehelicher Kindschaft erfolgt nicht.[13] Bei **nichtehelicher Vaterschaft** ist die Verjährung allerdings nur dann gehemmt, wenn die Abstammung nach § 1592 Nr. 2 bzw Nr. 3 auch tatsächlich formell anerkannt oder festgestellt wurde.[14] § 207 Abs. 1 verlangt für den Eintritt der Hemmungswirkung nicht mehr als das formale Vorliegen der betreffenden Rechtsverhältnisse (vgl Rn 11); doch ist dies auch unabdingbare Voraussetzung der Hemmung. So wenig wie ein sonstiges familiäres Näheverhältnis (nichteheliche Lebensgemeinschaft, Zusammenleben von Geschwistern, Enkeln und Großeltern etc.) die Hemmung nach § 207 Abs. 1 bewirken kann (vgl Rn 22 ff), ist dies bei einer nicht nach § 1592 Nr. 2 oder Nr. 3 formell anerkannten oder festgestellten nichtehelichen Vaterschaft der Fall. Wollte man dies anders sehen, wären erhebliche Unsicherheiten die Folge – so nicht zuletzt, wenn mehrere Männer für sich die genetische Vaterschaft reklamierten oder das Kind seinem Schuldner die rechtlich nicht bestätigte Vaterschaft „antrüge“. Das **Zusammenleben** des jeweiligen (rechtlichen) Elternteils mit dem Kind ist dagegen für die Bewirkung der Hemmung nach Abs. 1 S. 2 Nr. 2 a) ebenso wenig erforderlich wie die **Übertragung des Sorgerechts**.[15] Ist das Kind **adoptiert** worden, besteht das nach Abs. 1 S. 2 Nr. 2 für die Hemmung erforderliche Eltern-Kind-Verhältnis ausschließlich zu den Adoptiveltern;[16] mit der Adoption ist das Verwandtschaftsverhältnis zu den bisherigen Eltern erloschen (§ 1755) und damit auch der Rechtsgrund für die Hemmung der in diesem Verhältnis begründeten Ansprüche.[17] 8

Abs. 1 S. 2 Nr. 2 b) erfasst neben den Ansprüchen zwischen dem Kind und dem Ehegatten eines Elternteils nunmehr ausdrücklich auch die Ansprüche zwischen dem Kind und dem Lebenspartner des Vaters oder der Mutter. In der durch das SchuldRModG eingefügten Fassung des § 207 Abs. 1 S. 2 Nr. 2 waren zunächst nur jene Kinder in den persönlichen Anwendungsbereich der Vorschrift einbezogen worden, die Schuldner oder Gläubiger des **Ehegatten eines Elternteils** sind. Das ErbVerjÄndG hat mit Wirkung zum 1.1.2010 klargestellt, dass sich die Hemmungswirkung auch auf Ansprüche zwischen dem Kind und dem **eingetragenen Lebenspartner eines Elternteils** erstreckt. Bereits vor Inkrafttreten des ErbVerjÄndG wurde überwiegend die Ansicht vertreten, dass Abs. 1 S. 2 Nr. 2 Alt. 2 aF auf die Lebenspartner der Eltern ausgedehnt werden sollte.[18] Das ErbVerjÄndG hat diese Auffassung als der geltenden Rechtslage entsprechend bestätigt.[19] 9

Nach Abs. 1 S. 2 Nr. 3, 4 und 5 unterliegen der Hemmung schließlich auch Ansprüche zwischen **Vormund** (einschließlich des Gegenvormundes, § 1792)[20] und Mündel (vgl §§ 1773 ff) während der Dauer des Vormundschaftsverhältnisses,[21] zwischen dem Betreuten und dem **Betreuer** (§§ 1896 ff) während der Dauer des Betreuungsverhältnisses[22] sowie zwischen dem Pflegling und dem **Pfleger** (§§ 1909 ff) während der Dauer der Pflegschaft. Zudem sieht Abs. 1 S. 3 die Hemmung der Verjährung von Ansprüchen des Kindes gegen den **Beistand** (vgl §§ 1712 ff) während der Dauer der Beistandschaft vor. 10

11 Gegen eine Hemmung: Erman/*Schmidt-Räntsch*, § 207 Rn 6 (bei Verstoß gegen § 1 Abs. 2 LPartG). Für eine Hemmung: Bamberger/Roth/*Henrich*, § 207 Rn 3.
12 S. zur Feststellung der Abstammung ausf. *Budzikiewicz*, Materielle Statuseinheit und kollisionsrechtliche Statusverbesserung, 2007, Rn 37 f (Mutterschaft), 69 ff (Vaterschaft).
13 Bamberger/Roth/*Henrich*, § 207 Rn 4; Erman/*Schmidt-Räntsch*, § 207 Rn 9.
14 AA ohne Begründung Staudinger/*Peters/Jacoby*, § 207 Rn 11.
15 MüKo/*Grothe*, § 207 Rn 7; Erman/*Schmidt-Räntsch*, § 207 Rn 9.
16 MüKo/*Grothe*, § 207 Rn 7 f.
17 Staudinger/*Peters/Jacoby*, § 207 Rn 11; Erman/*Schmidt-Räntsch*, § 207 Rn 9.
18 Vgl AnwK-BGB/*Mansel/Budzikiewicz*, § 207 Rn 9 und die dortigen Nachw..
19 Vgl den Hinweis in der Gesetzesbegründung, BT-Drucks. 16/8954, S. 14.
20 Bamberger/Roth/*Henrich*, § 207 Rn 5; Soergel/*Niedenführ*, § 207 Rn 12; Staudinger/*Peters/Jacoby*, § 207 Rn 13; Erman/*Schmidt-Räntsch*, § 207 Rn 11.
21 Die Hemmung erfasst nicht Vergütungsansprüche und Ansprüche auf Aufwendungsersatz des Vormunds gegen die Staatskasse; LG München FamRZ 1998, 323, 324 (zu § 204 aF).
22 Die Hemmung erfasst nicht Vergütungsansprüche und Aufwendungsersatz des Betreuers gegen die Staatskasse, LG München FamRZ 1998, 323, 324 (zu § 204 aF).

11 Abs. 1 S. 1 und S. 2 Nr. 1–5 stellen rein **formal** auf das Vorliegen der dort aufgeführten Rechtsverhältnisse ab. Ob sich der einzelne Gläubiger tatsächlich in seiner Entscheidungsfreiheit beeinträchtigt fühlt oder das Verhältnis zum Schuldner durch eine Rechtsverfolgung Belastungen ausgesetzt wäre, ist für die Anwendbarkeit der Regelung ohne Bedeutung.[23] Die Hemmung beginnt vielmehr ungeachtet der Umstände des Einzelfalles, sobald die in Abs. 1 aufgeführten Voraussetzungen **objektiv** gegeben sind.[24]

12 Die Hemmung dauert an, solange das prägende Rechtsverhältnis besteht. Sie **endet**:
- im Fall der Ehe (Abs. 1 S. 1): durch Rechtskraft des (auch ausländischen)[25] Scheidungs- oder Aufhebungsurteils, Tod eines Ehegatten, Wiederverheiratung nach Todeserklärung (§ 1319 Abs. 2);[26]
- im Fall der Lebenspartnerschaft (Abs. 1 S. 2 Nr. 1): durch Aufhebung (§ 15 LPartG), Tod eines Lebenspartners;
- im Fall des Eltern-Kind-Verhältnisses (Abs. 1 S. 2 Nr. 2 a)): durch Vollendung des 21. Lebensjahres des Kindes, Adoption hinsichtlich der Hemmung im Verhältnis zu den leiblichen Eltern[27] (vgl § 1755), Aufhebung der Adoption hinsichtlich der Hemmung im Verhältnis zu den Adoptiveltern (vgl § 1764 Abs. 2 und 3), rechtskräftige Anfechtung der Vaterschaft;[28]
- wenn das Kind das 21. Lebensjahr noch nicht vollendet hat und eine Ehe oder Lebenspartnerschaft eines Elternteils mit einem Stiefelternteil besteht (doppelte Voraussetzung, Abs. 1 S. 2 Nr. 2 b): wie vorstehend; zudem: Beendigung der Ehe[29]/Lebenspartnerschaft der Eltern;[30]
- bei Vormundschaft (Abs. 1 S. 2 Nr. 3): gem. den Vorgaben der §§ 1882, 1884;
- bei Betreuung (Abs. 1 S. 2 Nr. 4): gem. den Vorgaben der §§ 1908 b, 1908 d;
- bei Pflegschaft (Abs. 1 S. 2 Nr. 5): gem. den Vorgaben der §§ 1918, 1919;
- bei Beistandschaft (Abs. 1 S. 3): gem. § 1715.

13 Sollten die in Abs. 1 S. 1 und S. 2 bezeichneten Rechtsverhältnisse zunächst aufgehoben bzw beendet, zu einem späteren Zeitpunkt aber **wieder neu begründet** worden sein (zB erneute Eheschließung,[31] Aufhebung der Adoption[32] etc.), so wird die Verjährungsfrist, die nach Wegfall der Hemmungsgründe zunächst weitergelaufen ist, nach erneuter Erfüllung der Tatbestandsvoraussetzungen des Abs. 1 ein weiteres Mal gehemmt – vorausgesetzt, das Kind hat in der Zwischenzeit nicht das 21. Lebensjahr vollendet.

14 **2. Erfasste Ansprüche.** Die Hemmung nach Abs. 1 schließt **alle der Verjährung unterliegenden Ansprüche** zwischen den in der Vorschrift genannten Personen ein.[33] Aus welchem Schuldverhältnis der Anspruch resultiert, ist ohne Belang.[34] Erfasst sind rechtsgeschäftliche (dh insb. vertragliche[35]) ebenso wie auf Gesetz beruhende Ansprüche (neben familienrechtlichen Ansprüchen [etwa auf Zugewinnausgleich[36] oder Unterhalt[37]] zB auch solche aus c.i.c. bzw § 311 Abs. 2, GoA, Delikt[38] oder ungerechtfertigter Bereicherung), Ansprüche aus mehrseitigen ebenso wie aus einseitig begründeten Rechtsverhältnissen (zB Vermächtnis). Die

23 MüKo/*Grothe*, § 207 Rn 2; Staudinger/*Peters/Jacoby*, § 207 Rn 5.

24 Vgl auch LG Nürnberg-Fürth, Teilurt. v. 3.9.2009 – 8 O 673/09, Rn 24: Für die Hemmung nach § 207 Abs. 1 S. 2 Nr. 4 ist es ohne Bedeutung, ob eine Betreuung tatsächlich erforderlich war. Die Norm setzt lediglich das *formale* Bestehen eines Betreuungsverhältnisses voraus.

25 Str. ist die Beendigung der Hemmung im Fall ausländischer Scheidungsurteile; vgl OLG Celle NJW 1967, 783: Aufhebung der Wirkung des § 204 aF auch ohne Durchführung eines Anerkennungsverfahrens; ebenso MüKo/*Grothe*, § 207 Rn 5; Bamberger/Roth/*Henrich*, § 207 Rn 2; Soergel/*Niedenführ*, § 207 Rn 8; ähnlich Erman/*Schmidt-Räntsch*, § 207 Rn 5 (auch nicht anerkennungsfähige Scheidungen beenden die Hemmung nach Abs. 1 S. 1); ferner Palandt/*Ellenberger*, § 207 Rn 2 (Beendigung der Hemmung auch bei fehlender Anerkennung, sofern sich der Gläubiger dauernd im Ausland aufhält). AA Staudinger/*Peters/Jacoby*, § 207 Rn 9 (Anerkennung erforderlich).

26 MüKo/*Grothe*, § 207 Rn 5; Bamberger/Roth/*Henrich*, § 207 Rn 2; Staudinger/*Peters/Jacoby*, § 207 Rn 9; Erman/*Schmidt-Räntsch*, § 207 Rn 5; *Bergschneider*, in: FS Schwab, 2005, S. 459, 463.

27 Soergel/*Niedenführ*, § 207 Rn 11.

28 MüKo/*Grothe*, § 207 Rn 8; Bamberger/Roth/*Henrich*, § 207 Rn 4.

29 OLG Schleswig NJW-RR 2007, 1017, 1018; Soergel/*Niedenführ*, § 207 Rn 11.

30 MüKo/*Grothe*, § 207 Rn 8.

31 Vgl AG Biedenkopf FamRZ 2003, 1392 (Hemmung des aus der ersten Ehe resultierenden Zugewinnausgleichsanspruchs nach erneuter Eheschließung).

32 MüKo/*Grothe*, § 207 Rn 8.

33 BGH NJW-RR 1987, 407 (zu § 204 S. 1 aF); LG Nürnberg-Fürth, Teilurt. v. 3.9.2009 – 8 O 673/09, Rn 22 (zu § 207 Abs. 1 S. 2 Nr. 4); MüKo/*Grothe*, § 207 Rn 2; Soergel/*Niedenführ*, § 207 Rn 5.

34 Palandt/*Ellenberger*, § 207 Rn 1; Bamberger/Roth/*Henrich*, § 207 Rn 1; Erman/*Schmidt-Räntsch*, § 207 Rn 3; vgl auch LG Nürnberg-Fürth, Teilurt. v. 3.9.2009 – 8 O 673/09, Rn 23 (§ 207 Abs. 1 S. 2 Nr. 4: Ansprüche müssen nicht aus dem spezifischen Betreuungsverhältnis resultieren).

35 LAG Stuttgart, Urt. v. 26.2.2007 – 4 Sa 63/06, Rn 30 (Arbeitsvertrag).

36 AG Biedenkopf FamRZ 2003, 1392 (zu § 204 aF).

37 OLG Brandenburg v. 16.8.2007 – 10 WF 202/07, Rn 7 (Kindesunterhalt).

38 Vgl BGH NJW-RR 1987, 407 ff; OLG Celle OLGR 2001, 185: § 204 S. 1 aF (jetzt § 207 Abs. 1 S. 1) ist selbst dann anwendbar, wenn der geschädigte Ehepartner statt des unfallverursachenden Partners auch dessen Versicherung unmittelbar in Anspruch nehmen könnte; ebenso zu § 204 S. 2 aF (jetzt § 207 Abs. 1 S. 2 Nr. 2) OLG Hamm VersR 1998, 1392, 1393 f.

Hemmung nach § 207 kommt auch dann zum Tragen, wenn die betreffenden Ansprüche bereits vor Eintritt der in Abs. 1 aufgeführten familiären oder personenbezogenen Hemmungsgründe entstanden sein sollten.[39] In diesem Fall zeitigt § 207 allerdings erst nach Erfüllung der Voraussetzungen des Abs. 1 S. 1 bzw S. 2 Wirkung (vgl Rn 6); zudem darf der Anspruch bei Begründung des hemmungsbedingenden Näheverhältnisses noch nicht verjährt sein. Nicht erforderlich ist, dass der Anspruch in der Person des nach Abs. 1 von der Hemmung begünstigten Gläubigers entstanden ist. Der Anwendungsbereich des § 207 ist auch dann eröffnet, wenn der privilegierte Gläubiger den Anspruch erst durch **Rechtsnachfolge** (zB Abtretung oder Erbschaft) erwirbt.[40] In diesem Fall ist die Verjährung des (noch unverjährten) Anspruchs mit dem Erwerb der Gläubigerstellung gehemmt.

Auf **Gestaltungsrechte** (insb. Rücktritt und Minderung) findet die Vorschrift keine unmittelbare Anwendung. **15**
Die Hemmung nach § 207 wirkt sich jedoch indirekt über § 218 auch auf diese aus (vgl die dortige Kommentierung).

Nach **§ 213** erstreckt sich die Wirkung einer Hemmung auch auf die Ansprüche, die aus demselben Grund **16**
wahlweise neben dem von der Hemmung erfassten Anspruch oder an seiner Stelle gegeben sind. Für die Hemmung nach Abs. 1 hat diese Regelung indes keine eigenständige Bedeutung, da dieser bereits sämtliche gegen oder für die in Abs. 1 S. 1 und 2 genannten Personen laufenden Fristen erfasst. Einer Wirkungserstreckung gem. § 213 bedarf es daher nicht.[41]

Bei einer analogen Anwendung des § 207 auf **Ausschlussfristen** ist Zurückhaltung geboten. Dies gilt jeden- **17**
falls dann, wenn die Ausschlussfrist lediglich eine formlose oder schriftliche Geltendmachung des Anspruchs erfordert.[42]

II. Rechtsfolgen

Ist der Anspruch bei Begründung der in Abs. 1 S. 1 und 2 aufgeführten Rechtsverhältnisse noch nicht verjährt, **18**
so wird der Fristlauf ausgesetzt, sobald und solange der Hemmungstatbestand der Regelung erfüllt ist. Die Wirkung der Hemmung richtet sich nach § 209; der Zeitraum, während dessen die Verjährung gehemmt ist, wird in die Verjährungsfrist mithin nicht eingerechnet (näher zur Berechnung des Hemmungszeitraumes § 209 Rn 7 ff).

Beendet ist die Hemmung spätestens dann, wenn die in Abs. 1 bezeichneten familiären oder personenbezo- **19**
genen Beziehungen nicht mehr vorliegen (vgl Rn 12). Die Hemmungswirkung kann aber auch schon vor diesem Zeitpunkt aufgehoben werden. Dies ist der Fall, wenn die Forderung durch Rechtsgeschäft oder kraft Gesetzes[43] **auf einen sonstigen**, nicht von Abs. 1 privilegierten **Gläubiger übergeht** (zB infolge Abtretung oder Rechtsnachfolge von Todes wegen).[44] Mit dem Wechsel der Gläubigerstellung endet dann auch die Hemmung;[45] der in der Vergangenheit liegende Hemmungszeitraum bleibt unberührt (vgl § 209 Rn 5). Sollte zu einem späteren Zeitpunkt eine Rückübertragung (zB durch erneute Zession, Rechtsnachfolge des Zedenten in die Stellung des Zessionars etc.) stattfinden, wird die noch nicht abgelaufene Verjährungsfrist erneut gehemmt.[46] Die Hemmung nach Abs. 1 S. 2 Nr. 2 a) (Eltern-Kind-Verhältnis) endet auch in den Fällen, in denen der Unterhaltsanspruch des minderjährigen Kindes gegen einen Elternteil nach **§ 1607 Abs. 2** oder **Abs. 3** auf einen ersatzweise leistenden Verwandten oder einen Dritten (Ehegatten des anderen Elternteils oder Scheinvater) übergeht. Abs. 1 S. 2 Nr. 2 a) schützt den Familienfrieden lediglich im Verhältnis zwischen dem Minderjährigen und dem unterhaltspflichtigen Elternteil. Mit dem Übergang des Anspruchs auf den Zessionar wird die Hemmungswirkung aufgehoben.[47] Dies gilt auch dann, wenn die Unterhaltsleistungen durch einen Stiefelternteil oder den Scheinvater erbracht wurden. Relevant für die (weitere) Anwendbarkeit des § 207 ist ausschließlich das Verhältnis zwischen (neuem) Gläubiger und Unterhaltsschuldner, nicht dasjenige zwischen Minderjährigem und Zessionar (Stief- oder Scheinvater).[48]

§ 207 kann im Einzelfall – wenn die betreffenden Rechtsverhältnisse lebenslang andauern (zB Ehe oder **20**
Lebenspartnerschaft) – zu während der Lebenszeit des Schuldners unverjährbaren Ansprüchen führen. Das

39 Soergel/*Niedenführ*, § 207 Rn 7; Staudinger/*Peters/Jacoby*, § 207 Rn 8; Erman/*Schmidt-Räntsch*, § 207 Rn 3.
40 Staudinger/*Peters/Jacoby*, § 207 Rn 8; Erman/*Schmidt-Räntsch*, § 207 Rn 3.
41 Vgl Staudinger/*Peters/Jacoby*, § 213 Rn 10.
42 LAG Stuttgart, Urt. v. 26.2.2007-4 Sa 63/06, JURIS Rn 37 ff (einstufige arbeitsvertragliche Ausschlussfrist).
43 BGH NJW 2006, 3561, 3562.
44 OLG Brandenburg NJW-RR 2002, 362, 363 (zu § 204 aF).
45 Palandt/*Ellenberger*, § 207 Rn 1; Soergel/*Niedenführ*, § 207 Rn 5; Staudinger/*Peters/Jacoby*, § 207 Rn 6; Erman/*Schmidt-Räntsch*, § 207 Rn 4.
46 MüKo/*Grothe*, § 207 Rn 2; Palandt/*Ellenberger*, § 207 Rn 1; Bamberger/Roth/*Henrich*, § 207 Rn 1; Soergel/*Niedenführ*, § 207 Rn 5; Staudinger/*Peters/Jacoby*, § 207 Rn 6; Erman/*Schmidt-Räntsch*, § 207 Rn 4.
47 Erman/*Hammermann*, § 1607 Rn 18.
48 Nicht berücksichtigt von OLG Schleswig NJW-RR 2007, 1017, 1018.

BGB kennt – anders als zB in Art. 14:307 PECL vorgesehen – **keine** allgemein geltende **Höchstdauer** der Hemmung (vgl Vor §§ 203–213 Rn 10).

21 Die Hemmung ist **beidseitig**, dh es ist grundsätzlich unbeachtlich, welcher der Beteiligten Gläubiger des gehemmten Anspruchs ist. Der Gesetzgeber geht davon aus, dass stets ein ausreichendes Näheverhältnis der Beteiligten untereinander besteht, das eine beidseitige Hemmung rechtfertigt.[49] Lediglich bei der **Beistandschaft** ist die Hemmung **einseitig** (Abs. 1 S. 3); nur Ansprüche des Kindes gegen den Beistand werden gehemmt, nicht aber umgekehrt Ansprüche des Beistands gegen das Kind.

III. Analoge Anwendung auf nichteheliche Lebensgemeinschaften

22 Der Gesetzgeber hat die Erweiterung der Vorschrift auf die Partner einer **nichtehelichen Lebensgemeinschaft** sowie auf das Verhältnis des Kindes und des **Lebensgefährten des Elternteils** ausdrücklich abgelehnt.[50] Die Bundesregierung führte hierzu in ihrer Gegenäußerung aus, die Verhältnisse nichtehelicher Lebensgefährten sollten nicht punktuell, sondern im Rahmen einer umfassenden Betrachtung geregelt werden. Solange der Gesetzgeber an seiner bisherigen Grundsatzentscheidung festhielte, die ehe- oder familienähnlichen Verhältnisse nicht mit einem besonderen rechtlichen Rahmen auszustatten, sei es nicht opportun, eine vereinzelte Regelung in Form einer Verjährungshemmung zu statuieren. Der Rechtsprechung bleibe es allerdings unbenommen, im Einzelfall in entsprechender Anwendung des § 207 eine Verjährungshemmung anzunehmen, wenn ein der Ehe oder Familie vergleichbares Näheverhältnis bestehe.[51] Bisher standen die Gerichte derartigen richterlichen Ausweitungen des Anwendungsbereichs des § 204 aF (jetzt § 207) wegen des Grundsatzes der Rechtssicherheit indes kritisch gegenüber.[52]

23 In der Literatur wird die Frage der analogen Anwendung des Abs. 1 auf nichteheliche Lebensgemeinschaften streitig diskutiert. Zum Teil wird eine Analogie grds. befürwortet mit dem Argument, die Zielsetzung der Hemmung nach Abs. 1 erfasse diese Form des partnerschaftlichen Zusammenlebens in gleicher Weise wie die Ehe oder die Lebenspartnerschaft. Die Belastung, die eine Durchsetzung der Ansprüche innerhalb der Lebensgemeinschaft mit sich bringe, unterscheide sich regelmäßig nicht von derjenigen, die bei den gesetzlich begünstigten Näheverhältnissen zu befürchten stünde.[53]

24 Wollte man der aus dem Vorstehenden postulierten Analogiefähigkeit des Abs. 1 folgen, würde dies allerdings erhebliche **Abgrenzungsschwierigkeiten** mit sich bringen. So stellt sich bereits die Frage, wann eine nichteheliche Lebensgemeinschaft ein der Ehe oder Lebenspartnerschaft vergleichbares Näheverhältnis aufweist, so dass die Hemmung analog Abs. 1 gerechtfertigt wäre.[54] Es mangelt insofern an objektivierbaren Merkmalen, da ein der Eheschließung oder der Eintragung der Lebenspartnerschaft vergleichbarer Akt fehlt. Auch die Bestimmung des Endes der Hemmung wäre kaum trennscharf möglich – ein punktuelles Ereignis wie jenes der Rechtskraft eines Scheidungsurteils oder der gerichtlichen Aufhebung der Lebenspartnerschaft liegt im Fall der Beendigung einer nichtehelichen Lebensgemeinschaft regelmäßig nicht vor.

25 Darüber hinaus könnten mit der gleichen Berechtigung, mit der die Partner einer nichtehelichen Lebensgemeinschaft in den Anwendungsbereich des Abs. 1 einbezogen werden sollen, auch in einem Haushalt lebende Geschwister, Enkel und Großeltern, Schwäger etc. auf eine analoge Anwendung des Abs. 1 verweisen.[55] Es stellt sich die Frage, wo die Grenze der Analogiefähigkeit gezogen werden sollte. In jedem Fall verlöre die Regelung des § 207 durch eine fallbezogene und wertungsabhängige Ausweitung ihre klare Struktur. Voraussehbarkeit der Verjährungsgrenzen und damit Rechtssicherheit sind jedoch wesentliche Charakteristika des Verjährungsrechts.[56] Angesichts der aufgezeigten, mit einer Analogie verbundenen Unwägbarkeiten, aber auch vor dem Hintergrund der Ausnahmestellung, die die Regelung einnimmt,[57] sollte von einer Übertragung

49 Zu dem teilweisen Meinungswechsel im Gesetzgebungsverfahren hinsichtlich der Ausgestaltung des Hemmungstatbestandes als ein- oder beidseitig s. BT-Drucks. 14/6040, S. 119; BT-Drucks. 14/6857, S. 9, 45 f; BT-Drucks. 14/7052, S. 181.

50 S. die Prüfbitte des Bundesrats und die ablehnende Gegenäußerung der Bundesregierung: BT-Drucks. 14/6857, S. 9, 45 f.

51 BT-Drucks. 14/6857, S. 46.

52 S. OLG Köln NJW-RR 2000, 558; auch OLG Rostock ZIP 2007, 735, 736 (sonstiges Näheverhältnis zwischen Schädiger und Geschädigtem genügt nicht).

53 Erman/*Schmidt-Räntsch*, § 207 Rn 7; für eine Analogie bei Vorliegen eines der Ehe oder Lebenspartnerschaft entsprechenden Näheverhältnisses auch MüKo/*Grothe*, § 207 Rn 10.

54 Bamberger/Roth/*Henrich*, § 207 Rn 7 hält eine Analogie bei besonderer Intensität und Länge der Beziehung für möglich. Indes sind auch diese Kriterien unscharf und lassen eine konkrete Fristenbestimmung nicht zu.

55 Gegen die Einbeziehung anderer Gemeinschaften als jener der nichtehelichen Lebensgemeinschaft allerdings auch Erman/*Schmidt-Räntsch*, § 207 Rn 8.

56 Vgl auch BGH NJW-RR 1987, 407, 409, der aus denselben Gründen eine Reduktion des Anwendungsbereichs des § 204 S. 1 aF abgelehnt hat.

57 Vgl Bamberger/Roth/*Henrich*, § 207 Rn 7.

der Hemmung nach Abs. 1 auf nicht in der dortigen Aufzählung genannte, lediglich faktisch enge Beziehungen einschließlich der nichtehelichen Lebensgemeinschaft kein Gebrauch gemacht werden.[58]

IV. Hemmung nach § 208 (Abs. 2)

Abs. 2 stellt klar, dass im Fall von Ansprüchen wegen Verletzung der sexuellen Selbstbestimmung das Vorliegen der Hemmungsvoraussetzungen des § 207 eine weitere Hemmung nach § 208 nicht ausschließt.[59] Die beiden Tatbestände können nebeneinander zur Anwendung gebracht werden. In Betracht kommt dies etwa dann, wenn einem Kind gegen einen Elternteil oder den Ehegatten oder Lebenspartner eines Elternteils ein Anspruch iSd § 208 zusteht. In diesem Fall ist die Hemmung nach § 207 Abs. 1 S. 2 Nr. 2 mit Vollendung des 21. Lebensjahres beendet; die Hemmung nach § 208 S. 1 läuft bis zur Vollendung des 21. Lebensjahres parallel zu jener nach Abs. 1 S. 2 Nr. 2, im Fall fortgesetzter häuslicher Gemeinschaft mit dem Schädiger dauert sie darüber hinaus bis zu deren Beendigung an (§ 208 S. 2). **26**

Die Nennung des § 208 in Abs. 2 besitzt lediglich **exemplarischen Charakter**; es handelt sich nicht um eine abschließende Aufzählung der neben § 207 anwendbaren Hemmungsregelungen. Vielmehr können weitere Tatbestände der Hemmung, der Ablaufhemmung oder auch des Neubeginns parallel herangezogen werden. So steht es dem Gläubiger frei, seine Rechte zu verfolgen und neben der Hemmung gem. § 207 auch eine solche nach § 204 Abs. 1 herbeizuführen oder aber im Wege der Verhandlungen mit dem Schuldner über § 203 zu einer Anspruchshemmung zu gelangen. Entsprechendes gilt in Bezug auf den Verjährungsneubeginn. Erkennt der Schuldner den in der Verjährung nach § 207 gehemmten Anspruch an, so beginnt die Verjährung nach § 212 Abs. 1 Nr. 1 neu, wird jedoch erst nach Ende der gem. § 207 bewirkten Hemmung wieder in Lauf gesetzt. **27**

V. Übergangsrecht

1. SchuldRModG. Gem. Art. 229 § 6 Abs. 1 S. 1 EGBGB finden die durch das SchuldRModG eingefügten verjährungsrechtlichen Neuregelungen – und damit auch § 207, soweit dieser über den Tatbestand des § 204 aF hinausgeht – ab dem 1.1.2002 auf alle an diesem Tag bestehenden und noch nicht verjährten Ansprüche Anwendung (näher Art. 229 § 6 EGBGB Rn 5 ff, 24 f, 34). Bereits vor dem 1.1.2002 angelaufene, bislang von § 204 aF nicht erfasste und damit ungehemmte Verjährungsfristen werden folglich ex nunc ab dem 1.1.2002 gehemmt.[60] Kam es bei Ansprüchen, die zwar nicht unter § 204 aF fielen, wohl aber die Voraussetzungen des § 207 Abs. 1 erfüllen, bereits vor dem Stichtag zu einer Hemmung (zB aufgrund von Verhandlungen nach § 852 Abs. 2 aF) oder zu einem Neubeginn (zB nach § 208 aF infolge Anerkenntnisses), bleiben die betreffenden Hemmungs- bzw Neubeginntatbestände für die Zeit bis zum 31.12.2001 weiter wirksam (Art. 229 § 6 Abs. 1 S. 2 EGBGB); danach kommt § 207 Abs. 1 S. 2 Nr. 1, Nr. 2, Nr. 4 und Abs. 1 S. 3 (evtl neben § 203 oder § 212 Abs. 1 Nr. 1) zum Tragen. Soweit § 207 den Hemmungstatbestand des § 204 aF fortsetzt, kommt es für Altansprüche am 1.1.2002 lediglich zu einem Normenwechsel; die unter altem Recht initiierte Hemmung wird ohne Unterbrechung nach § 207 fortgesetzt. **28**

2. ErbVerjÄndG. Nach Art. 229 § 23 Abs. 1 S. 1 EGBGB finden die durch das ErbVerjÄndG eingefügten Vorschriften über die Verjährung – und damit auch § 207 Abs. 1 S. 2 Nr. 2 a) und b) – ab dem 1.1.2010 auf alle an diesem Tag bestehenden und noch nicht verjährten Ansprüche Anwendung. Für den Zeitraum vor dem 1.1.2010 kommen gem. Art. 229 § 23 Abs. 3 EGBGB weiterhin die alten Hemmungsregelungen zum Tragen. Ansprüche zwischen dem Kind und seinen Eltern oder zwischen dem Kind und seinen Stiefeltern unterliegen damit bis zum 31.12.2009 unverändert der Hemmungsregelung des § 207 Abs. 1 S. 2 Nr. 2 aF. Erst ab dem 1.1.2010 kann auf § 207 Abs. 1 S. 2 Nr. 2 in der durch das ErbVerjÄndG eingefügten Fassung rekurriert werden. Der Regelung kommt **keine Rückwirkung** zu. Waren die Ansprüche bis zum 31.12.2009 nach § 207 Abs. 1 S. 2 Nr. 2 aF gehemmt, kommt es zum 1.1.2010 lediglich zu einem Normenwechsel. Die Hemmung verlängert sich dann auch für solche Ansprüche, die vor dem 1.1.2010 entstanden sind, nach Maßgabe des § 207 Abs. 1 S. 2 Nr. 2 a) und b) bis zur Vollendung des 21. Lebensjahres des Kindes. Erst danach läuft die Verjährungsfrist an. War das Kind bereits vor dem 1.1.2010 volljährig geworden, endete die Hemmung nach § 207 Abs. 1 S. 2 Nr. 2 aF zu diesem Zeitpunkt (vgl Art. 229 § 23 Abs. 3 EGBGB). Griffen im Anschluss nicht andere Regelungen der Hemmung oder des Verjährungsneubeginns ein (zB nach §§ 203, 205 oder 212 Abs. 1 Nr. 1), begann die Verjährungsfrist am Tag nach dem 18. Geburtstag des Kindes zu laufen. Hatte das betreffende Kind allerdings am 1.1.2010 das 21. Lebensjahr noch nicht vollendet, wurde die Verjährung am 1.1.2010 nach § 207 Abs. 1 S. 2 Nr. 2 in der Fassung des ErbVerjÄndG ex nunc erneut gehemmt (Art. 229 **29**

58 Ebenso OLG Brandenburg, Urt. v. 8.5.2007 – 11 U 142/06, JURIS Rn 22 (nichteheliche Lebensgemeinschaft); Palandt/*Ellenberger*, § 207 Rn 2; Soergel/*Niedenführ*, § 207 Rn 6; Staudinger/*Peters/Jacoby*, § 207 Rn 7.

59 BT-Drucks. 14/7052, S. 181.

60 Staudinger/*Peters/Jacoby*, § 207 Rn 10, 11.

§ 23 Abs. 1 S. 1 EGBGB)[61] – vorausgesetzt die Ansprüche waren am 1.1.2010 noch nicht verjährt. Auf bereits verjährte Ansprüche findet die Neuregelung selbst dann keine Anwendung, wenn das Kind am 1.1.2010 das 21. Lebensjahr noch nicht vollendet hatte.

C. Weitere praktische Hinweise

30 **Darlegungs-** und **beweispflichtig** für das Vorliegen der Tatsachen, die den **Beginn der Hemmung** nach §§ 203–208 auslösen, ist nach allgemeiner und zu befürwortender Ansicht der Anspruchsteller.[62] Im Rahmen des § 207 folgt daraus, dass jeweils der sich auf die Hemmung berufende Gläubiger vorzutragen und ggf zu beweisen hat, dass das in Abs. 1 S. 1 bzw S. 2 benannte, die Hemmung begründende Rechtsverhältnis entstanden ist.

31 Wer den Fortbestand bzw den **Wegfall der** die **Hemmung** tragenden Tatsachen zu beweisen hat, ist losgelöst von § 207 für alle Hemmungstatbestände streitig. Vertreten werden die folgenden Ansichten: Sind die Voraussetzungen eines der Hemmungstatbestände der §§ 203–208 unstreitig oder bewiesen, so soll es nach herrschender Auffassung dem Schuldner obliegen, die Tatsachen darzulegen und ggf zu beweisen, die zum Ende der Hemmung führen.[63] Konkretisiert auf die Fälle des § 207 würde danach der Schuldner die Beweislast für die Behauptung der Aufhebung bzw Beendigung der in Abs. 1 S. 1 und S. 2 aufgeführten Rechtsverhältnisse tragen. Ein anderer Teil der Literatur vertritt demgegenüber die überzeugendere Ansicht, dass der Gläubiger dann, wenn der Schuldner das Vorliegen der den Hemmungsfortbestand tragenden Tatsachen substantiiert bestreitet, auch die Beweislast dafür trägt, dass der Hemmungsgrund während des gesamten von ihm geltend gemachten Zeitraums vorlag.[64] Zu Einzelheiten sowie der Auseinandersetzung mit beiden Ansätzen kann auf die ausführliche Darstellung der Parallelproblematik in § 203 Rn 59 verwiesen werden.

§ 208 Hemmung der Verjährung bei Ansprüchen wegen Verletzung der sexuellen Selbstbestimmung

[1]Die Verjährung von Ansprüchen wegen Verletzung der sexuellen Selbstbestimmung ist bis zur Vollendung des 21. Lebensjahrs des Gläubigers gehemmt. [2]Lebt der Gläubiger von Ansprüchen wegen Verletzung der sexuellen Selbstbestimmung bei Beginn der Verjährung mit dem Schuldner in häuslicher Gemeinschaft, so ist die Verjährung auch bis zur Beendigung der häuslichen Gemeinschaft gehemmt.

Literatur: *Hoffmann*, Materielle Entschädigung nach sexuellem Missbrauch, JAmt 2003, 222; *Keiser*, Mehr Opferschutz durch veränderte Verjährungsvorschriften für deliktische Ansprüche?, FPR 2002, 1; *Kleinschmidt*, Verjährung vorsätzlich begangener torts, ZEuP 2009, 827; *Krämer*, Verjährungshemmung bei Ansprüchen wegen Verletzung der sexuellen Selbstbestimmung gem. § 208 BGB, ZFE 2003, 363; *Zimmermann/Kleinschmidt*, Verjährung: Grundgedanken und Besonderheiten bei Ansprüchen auf Schadensersatz, in: FS Bucher, 2009, S. 861.

61 Vgl auch *Löhnig*, FamRZ 2009, 2053, 2055.

62 Henssler/von Westphalen/*Bereska*, Praxis der Schuldrechtsreform, 2. Aufl. 2003, Vor §§ 203–213 Rn 5; MüKo/*Grothe*, § 203 Rn 1; Soergel/*Niedenführ*, Vor § 203 Rn 12.

63 So allg. und ohne ausdr. Bezug zu § 207: Henssler/von Westphalen/*Bereska*, Praxis der Schuldrechtsreform, 2. Aufl. 2003, Vor §§ 203–213 Rn 5; Soergel/*Niedenführ*, Vor § 203 Rn 12; ebenso noch zum alten Recht Baumgärtel/*Laumen*, Handbuch der Beweislast im Privatrecht, 2. Aufl. 1991, § 202 aF Rn 2 unter Berufung auf BGH WM 1977, 823 f.

64 So allg. und ohne ausdr. Bezug zu § 207: MüKo/*Grothe*, § 203 Rn 1.

A. Allgemeines

I. Normzweck

1. Grundsatz. Mit Einführung des § 208 durch das SchuldRModG hat der Gesetzgeber einen neuen Hemmungstatbestand in Bezug auf die Verjährung von Ansprüchen wegen Verletzung der sexuellen Selbstbestimmung geschaffen. Diese Ansprüche sind nach S. 1 nunmehr bis zur Vollendung des 21. Lebensjahres des Gläubigers gehemmt. Lebt der Gläubiger bei Beginn der Verjährung mit dem Schuldner in häuslicher Gemeinschaft, so dauert nach S. 2 die Hemmung bis zur Beendigung der häuslichen Gemeinschaft an. 1

§ 208 ist einer teilparallelen strafrechtlichen Hemmungsvorschrift (§ 78 b Abs. 1 Nr. 1 StGB aF)[1] nachgebildet. Nach der Intention des Gesetzgebers soll sie den Schutz von Minderjährigen, die Opfer von Verletzungen ihrer sexuellen Selbstbestimmung geworden sind (S. 1), und von Personen, die in der gleichen Weise durch Schädiger verletzt wurden, die mit ihnen in häuslicher Gemeinschaft leben (S. 2), verbessern.[2] 2

Die **Grundregeln des Europäischen Vertragsrechts** (dazu Vor §§ 194–218 Rn 20 ff), die allgemeine Verjährungsregeln enthalten, haben auf eine § 208 entsprechende Vorschrift verzichtet, da die Problematik nicht punktuell allein im Verjährungsrecht geregelt werden könne.[3] 3

§ 208 ist eine von verschiedenen **gesetzgeberischen Maßnahmen** zum Schutz der sexuellen Selbstbestimmung. Durch das Zweite Gesetz zur Änderung schadensrechtlicher Vorschriften vom 19.7.2002 wurde mit § 825[4] ein Schadensersatzanspruch wegen Verletzung der sexuellen Selbstbestimmung mit Schmerzensgeldfolge (§ 253 Abs. 2) eingefügt.[5] Zu dem Entwurf der Bundesregierung für das Gesetz zur Stärkung der Rechte von Opfern sexuellen Missbrauchs (StORMG)[6] s. Vor §§ 194–218 Rn 16. Der Gesetzentwurf sieht u.a. in seinem Art. 4 vor, dass für Schadensersatzansprüche, die auf der vorsätzlichen Verletzung des Lebens, des Körpers, der Gesundheit, der Freiheit oder der sexuellen Selbstbestimmung beruhen, künftig eine dreißigjährige Verjährungsfrist gelten soll. Für die Hemmungsregelung des § 208 wird infolgedessen kein Bedürfnis mehr gesehen; die Norm soll aufgehoben werden. 4

2. Regelung des S. 1. Die **Gesetzesbegründung** zu S. 1[7] weist darauf hin, dass der bis zum 31.12.2001 bestehende zivilrechtliche Schutz Lücken aufwies. Nicht selten verzichteten die zur Vertretung der Kinder berufenen Eltern auf die Verfolgung der zivilrechtlichen Ansprüche der verletzten Kinder. Die Motive hierfür seien vielfältig; sie reichten von einer Beschützung der Kinder vor den mit der Rechtsverfolgung einhergehenden, insbesondere seelischen Belastungen bis hin zu den eher zweifelhaften Motiven der „Rücksichtnahme" auf den Täter oder der Angst vor einem „Skandal". Die deliktischen Ansprüche aus § 823 wegen Verletzung der sexuellen Selbstbestimmung eines Kindes verjähren – wenn keine Hemmung nach § 207 Abs. 1 S. 2 Nr. 2 eintritt – gem. §§ 195, 199 Abs. 1 in drei Jahren, beginnend mit dem Schluss des Jahres, in dem der Anspruch entstanden ist und Kenntniserlangung im Sinne des § 199 Abs. 1 Nr. 2 vorliegt, wobei es auf die Kenntnis des gesetzlichen Vertreters ankommt (s. § 199 Rn 74).[8] So könnten ohne eine Hemmungsregelung Ansprüche noch während der Minderjährigkeit des Opfers verjähren. Mit § 208 soll dies ausgeschlossen werden. Nach Erreichen der Volljährigkeit kann das Opfer selbst entscheiden, ob es seine unverjährten Ansprüche verfolgen will oder nicht, sofern – so ist zu ergänzen – die gesetzlichen Vertreter des Kindes nicht wirksam auf den Anspruch gegen den Schädiger namens des Kindes verzichtet haben. 5

Die Hemmung dauert bis zur **Vollendung des 21. Lebensjahres** des Opfers, da minderjährige Opfer von Verletzungen der sexuellen Selbstbestimmung auch nach Erlangung der vollen Geschäftsfähigkeit mit 18 Jahren häufig emotional nicht in der Lage sind, ihre Ansprüche wegen solcher Taten selbst zu verfolgen. Im Interesse des Opferschutzes wird deshalb nicht auf die Volljährigkeit, sondern auf das 21. Lebensjahr abgestellt. Dieser Zeitpunkt ist den Grenzen des § 105 JGG entlehnt.[9] Eine darüber hinaus reichende Verjährungsfrist bzw Hemmungsdauer wurde in der Literatur befürwortet,[10] konnte sich aber nicht durchsetzen. 6

1 Die Vorschrift ist mit Wirkung vom 1.4.2004 geändert worden (BGBl. I 2003 S. 3007).
2 S. BT-Drucks. 14/6040, S. 97, 119; 14/7052, S. 179. Krit. hinsichtlich des Erfolges dieser Zielsetzung *Keiser*, FPR 2002, 1, 3.
3 *Zimmermann/Leenen* u.a., JZ 2001, 684, 697.
4 Vgl hierzu *Haas/Horcher*, DStR 2001, 2118, 2121.
5 Am 1.4.2004 ist zudem das Gesetz zur Änderung der Vorschriften über die Straftaten gegen die sexuelle Selbstbestimmung und zur Änderung anderer Vorschriften v. 27.12.2003 (BGBl. I S. 3007) in Kraft getreten. Vgl hierzu *Duttge/Hörnle/Renzikowski*, NJW 2004, 1065 ff.
6 BR-Drucks. 213/11; vgl dazu auch die Stellungnahme des Bundesrates v. 27.5.2011, BR-Drucks. 213/11 (Beschluss).
7 BT-Drucks. 14/6040, S. 119.
8 Henssler/von Westphalen/*Bereska*, Praxis der Schuldrechtsreform, 2. Aufl. 2003, § 208 Rn 3; Erman/*Schmidt-Räntsch*, § 208 Rn 1.
9 BT-Drucks. 14/6040, S. 119.
10 S. dazu ausf. *Egermann*, ZRP 2001, 343 ff; s. allg. auch *Mansel*, in: Ernst/Zimmermann (Hrsg.), Zivilrechtswissenschaft und Schuldrechtsreform, 2001, S. 333, 396 f.

7 **3. Regelung des S. 2.** Nach S. 2, der erst während des Gesetzgebungsverfahrens nachträglich eingefügt wurde, soll die Verjährung auch während der Zeit gehemmt sein, in der Gläubiger und Schuldner zusammen in häuslicher Gemeinschaft leben. Das Opfer von Ansprüchen wegen Verletzung der sexuellen Selbstbestimmung ist – so die Gesetzesbegründung[11] – oftmals wegen der Rücksichtnahme auf eine häusliche Gemeinschaft mit dem Täter nicht in der Lage, seine Ansprüche zu verfolgen (s. noch Rn 19). Es ist sachgerecht, dass die Ansprüche des Geschädigten so lange gehemmt sind, bis die häusliche Gemeinschaft beendet ist und er die für eine Verfolgung seiner Ansprüche notwendige Ungebundenheit von den Zwängen der Hausgemeinschaft erlangt.

II. Opfer nicht sexuell motivierter Gewalt

8 Kritisch ist zu sehen, dass der Hemmungstatbestand des § 208 nur für Ansprüche wegen der Verletzung der sexuellen Selbstbestimmung gilt, nicht aber bei vorsätzlicher widerrechtlicher Verletzung des Körpers, der Gesundheit und der Freiheit.[12] Damit werden die Opfer **nicht sexuell motivierter Gewalt** weniger stark geschützt als die Opfer sexuell motivierter Gewalt.[13] Diese Wertung ist kaum nachvollziehbar,[14] insbesondere wenn man die gesetzgeberischen Aktivitäten zum Schutz vor (häuslicher) Gewalt in die Betrachtung einbezieht.[15] Die Entwurfsfassung vom 7.2.2001[16] behandelte in § 214 beide Opfergruppen noch gleich und sah die Hemmung für entsprechende Ansprüche beider Gruppen vor.

B. Regelungsgehalt

I. Hemmung bis zum 21. Lebensjahr (S. 1)

9 **1. Erfasste Ansprüche. a) Anspruchsgrundlagen.** Der Hemmung des S. 1 unterliegen **alle Ansprüche** wegen Verletzung der sexuellen Selbstbestimmung. Dabei ist nicht erforderlich, dass die Anspruchsgrundlage ausschließlich eine Vorschrift zum Schutze dieses Rechtsgutes ist.[17] Eine derartige Einschränkung sah eine frühere Entwurfsfassung (§ 214 Abs. 1 Nr. 2 in der Fassung v. 7.2.2001, s. Rn 8) noch vor. Im Laufe des Gesetzgebungsverfahrens ist der sachliche Anwendungsbereich der in § 208 getroffenen Regelung dann jedoch ohne nähere Begründung erweitert worden. Auch **allgemeine Anspruchsgrundlagen** wie § 823 Abs. 1[18] oder **vertragliche Anspruchsgrundlagen** wie insb. §§ 241 Abs. 2, 280 Abs. 1[19] werden jetzt von der Hemmung des § 208 erfasst, sofern der im konkreten Einzelfall erhobene Anspruch nach Überzeugung des mit der Hemmungsprüfung befassten Gerichts auf einer Verletzung der sexuellen Selbstbestimmung beruht.[20]

10 **In erster Linie** in Betracht kommen § 823 Abs. 1 und § 823 Abs. 2 in Verbindung mit §§ 174 ff StGB (auch in den Fällen der §§ 26, 27 und 30 StGB)[21] sowie der zum 1.8.2002 neugefasste § 825 (vgl Rn 4). § 823 Abs. 1 schützt Teilbereiche der sexuellen Selbstbestimmung durch den Schutz der Rechtsgüter Leben, Körper, Gesundheit, Freiheit und durch den Schutz des allgemeinen Persönlichkeitsrechts. Die sexuelle Selbstbestimmung ist als Teil des allgemeinen Persönlichkeitsrechts vom Schutzbereich des § 823 Abs. 1 erfasst.[22] Der Gesetzgeber sieht die sexuelle Selbstbestimmung zudem als eigenständiges Rechtsgut. Das wird deutlich in § 253 Abs. 2, der die sexuelle Selbstbestimmung eigens als geschütztes Rechtsgut erwähnt und den Anspruch

11 BT-Drucks. 14/7052, S. 181.

12 Vgl auch Henssler/von Westphalen/*Bereska*, Praxis der Schuldrechtsreform, 2. Aufl. 2003, § 208 Rn 7; MüKo/*Grothe*, § 208 Rn 4; *Krämer*, ZFE 2003, 363; Staudinger/*Peters/Jacoby*, § 208 Rn 2.

13 *Krämer*, ZFE 2003, 363 (Fn 7) weist zudem darauf hin, dass eine exakte Trennung oft nur schwer möglich ist.

14 Krit. deshalb auch *Dauner-Lieb/Arnold*, Anm. zur neuesten Fassung des Verjährungsrechts in der konsolidierten Fassung eines Diskussionsentwurfs eines Schuldrechtsmodernisierungsgesetzes, zu § 209 BGB-NF; *Zimmermann/Leenen u.a.*, JZ 2001, 684, 696 f.

15 S. das Gesetz zur Ächtung der Gewalt in der Erziehung und zur Änderung des Kindesunterhaltsrechts v. 2.11.2000 (BGBl. I S. 1479); ferner das Gesetz zur Verbesserung des zivilgerichtlichen Schutzes bei Gewalttaten und Nachstellungen sowie zur Erleichterung der Überlassung der Ehewohnung bei Trennung v. 11.12.2001 (BGBl. I Nr. 63 S. 3513).

16 Sog. neue Fassung 1; zu dieser Entwurfsfassung s. *Zimmermann/Leenen* u.a., JZ 2001, 684, 685.

17 Soergel/*Niedenführ*, § 208 Rn 3. Vgl auch MüKo/*Grothe*, § 208 Rn 4; Henssler/von Westphalen/*Bereska*, Praxis der Schuldrechtsreform, 2. Aufl. 2003, § 208 Rn 7; Staudinger/*Peters/Jacoby*, § 208 Rn 3 (es ist nicht erforderlich, dass zugleich eine Straftat nach §§ 176 ff StGB vorliegt).

18 Die Gesetzesbegründung nennt Ansprüche aus § 823 beispielhaft als von § 208 erfasst; BT-Drucks. 14/6040, S. 119.

19 Zust. MüKo/*Grothe*, § 208 Rn 4; Bamberger/Roth/*Henrich*, § 208 Rn 2; Staudinger/*Peters/Jacoby*, § 208 Rn 3; Erman/*Schmidt-Räntsch*, § 208 Rn 2.

20 Krit. zu dieser Erweiterung *Zimmermann/Leenen* u.a., JZ 2001, 684, 697; zust. dagegen *Krämer*, ZFE 2003, 363.

21 MüKo/*Grothe*, § 208 Rn 4; Palandt/*Ellenberger*, § 208 Rn 2; Staudinger/*Peters/Jacoby*, § 208 Rn 3.

22 *Haas/Horcher*, DStR 2001, 2118, 2121; Staudinger/*Peters/Jacoby*, § 208 Rn 3; vgl auch Palandt/*Sprau*, § 825 Rn 1.

auf ein Schmerzensgeld bei dessen Verletzung eröffnet, sowie durch § 825, der vorsieht, dass derjenige, der einen anderen durch Hinterlist, Drohung oder Missbrauch eines Abhängigkeitsverhältnisses zur Vornahme oder Duldung sexueller Handlungen bestimmt, diesem zum Ersatz des daraus entstehenden Schadens verpflichtet ist.

§ 208 setzt **keine besondere Rechtsfolge** der gehemmten Ansprüche voraus. Die Norm gilt daher für Schadensersatz-, Schmerzensgeld- und Unterlassungsansprüche gleichermaßen.[23] 11

b) Schuldner und Gläubiger. S. 1 setzt voraus, dass die Verletzung der sexuellen Selbstbestimmung vor Vollendung des **21. Lebensjahrs** des Verletzten erfolgte; die Minderjährigkeit des verletzten Gläubigers zur Zeit der Verletzungshandlung wird nicht verlangt.[24] Die Hemmung nach S. 1 kommt sowohl zum Zuge, wenn die Tat an einem minderjährigen Opfer verübt wird, als auch, wenn die Tat zwischen der Vollendung des 18. und des 21. Lebensjahrs des Opfers geschieht.[25] Ein besonderes Verwandtschafts- oder Näheverhältnis oder das Vorliegen einer häuslichen Gemeinschaft zwischen Gläubiger und Schuldner fordert S. 1 für den Eintritt der Hemmungsfolge nicht.[26] 12

2. Hemmung. a) Beginn. Die Hemmung nach S. 1 beginnt vor der Vollendung des 21. Lebensjahrs des Verletzten für den Normalfall, dass sich die Verjährung nach der **allgemeinen Frist** der §§ 195, 199 Abs. 1 richtet, mit dem Schluss des Jahres, in dem der Anspruch entstanden ist und Kenntniserlangung iSd § 199 Abs. 1 Nr. 2 vorliegt. Da die allgemeine Verjährungsfrist erst zu diesem Zeitpunkt beginnt, kann auch die Hemmung nicht früher einsetzen. Anderes gilt regelmäßig hinsichtlich der parallel zu der Frist der §§ 195, 199 Abs. 1 laufenden **Verjährungshöchstfristen** nach § 199 Abs. 2 und 3. Da diese bereits von dem Zeitpunkt des den Schaden auslösenden Ereignisses (§ 199 Abs. 2 und Abs. 3 S. 1 Nr. 2) bzw der Entstehung der Schadensersatzansprüche (§ 199 Abs. 3 S. 1 Nr. 1) oder im Fall eines Anspruchs auf Unterlassen von der Zuwiderhandlung (§ 199 Abs. 5) an zu berechnen sind, setzt auch die Hemmung dieser Fristen schon mit der Erfüllung der jeweiligen Tatbestandsmerkmale ein.[27] 13

Problematisch im Rahmen der von § 208 erfassten Ansprüche ist allerdings, welche der **Verjährungshöchstfristen** des § 199 Abs. 2 und 3 heranzuziehen sind. Soweit die Verletzung der sexuellen Selbstbestimmung auch als Verletzung des Körpers, des Lebens, der Gesundheit oder der Bewegungsfreiheit[28] des Geschädigten qualifiziert werden kann, gilt die Frist des **§ 199 Abs. 2**. Soweit nicht diese, sondern allein andere Rechtsgüter wie das allgemeine Persönlichkeitsrecht und das daraus hervorgehende Recht auf sexuelle Selbstbestimmung (vgl Rn 10) verletzt sind, verbleibt es bei der Verjährungshöchstfrist des **§ 199 Abs. 3**.[29] Es erscheint de lege lata nicht möglich, den Kreis der durch § 199 Abs. 2 geschützten Rechtsgüter um die des allgemeinen Persönlichkeitsrechts und des Rechts auf sexuelle Selbstbestimmung zu erweitern,[30] auch wenn das im Hinblick auf das Recht der sexuellen Selbstbestimmung in der Logik des § 825 BGB läge. Die Verjährungshöchstfrist für einen Schadensersatzanspruch, der allein auf eine Verletzung des eigenständigen Schutzguts des Rechts der sexuellen Selbstbestimmung (oder des umfassenderen allgemeinen Persönlichkeitsrechts) gestützt werden kann, beträgt daher nach § 199 Abs. 3 S. 1 zehn Jahre ab Anspruchsentstehung (§ 199 Abs. 3 S. 1 Nr. 1) bzw dreißig Jahre ab anspruchsbegründender Handlung (§ 199 Abs. 3 S. 1 Nr. 2). Abzustellen ist dann auf die Frist, die früher zur Verjährung führt, § 199 Abs. 3 S. 2. Der **Regierungsentwurf** eines Gesetzes zur Stärkung der Rechte von Opfern sexuellen Missbrauchs sieht eine Neuregelung der Verjährungsfrist für Schadensersatzansprüche vor, die auf der Verletzung der sexuellen Selbstbestimmung beruhen: Eingeführt werden soll eine dreißigjährige Verjährungsfrist, beginnend mit der Entstehung des Anspruchs (vgl Rn 4). 14

Werden die **Ansprüche** des Gläubigers **tituliert**, unterliegen diese mit der Rechtskraft der Entscheidung oder der Errichtung des vollstreckbaren Titels (§ 201) der dreißigjährigen Frist des § 197 Abs. 1 Nr. 3 bzw Nr. 4. Es stellt sich die Frage, ob für den Fall, dass der nach § 201 zu bestimmende Fristbeginn vor der Vollendung des 21. Lebensjahrs des Gläubigers liegt, die neue Verjährungsfrist ebenfalls nach § 208 gehemmt ist. Der Wortlaut der Regelung schließt die Anwendung auf die Titelverjährung jedenfalls nicht aus. Dennoch sollte die Wirkung des § 208 auf bereits titulierte Ansprüche nicht erstreckt werden. Da sich die Gefahr, der die Regelung entgegenwirken möchte, nämlich eine durch die Untätigkeit des Gläubigers bzw seines Vertreters verursachte Verjährung noch während der Minderjährigkeit bzw vor der Vollendung des 21. Lebensjahres des Opfers, auch ohne eine Hemmung keinesfalls realisieren könnte, widerspräche eine Ausdehnung des § 208 15

23 Staudinger/*Peters/Jacoby*, § 208 Rn 3 mit Beispielen.
24 Erman/*Schmidt-Räntsch*, § 208 Rn 4.
25 BT-Drucks. 14/6040, S. 119.
26 OLG Hamm NJW 2006, 2498, 2499; Palandt/*Ellenberger*, § 208 Rn 3; PWW/*Kesseler*, § 208 Rn 2.
27 Bamberger/Roth/*Henrich*, § 208 Rn 5. Zu der parallelen Hemmung der allg. Verjährungsfrist nach §§ 195, 199 Abs. 1 und der jeweils maßgeblichen Verjährungshöchstfristen des § 199 Abs. 2–4 s. auch *Mansel/Budzikiewicz*, Das neue Verjährungsrecht, 2002, § 3 Rn 71; *Fischinger*, VersR 2006, 1475 ff.
28 Dazu, dass auf die Bewegungsfreiheit abzustellen ist, s. *Mansel/Budzikiewicz*, Das neue Verjährungsrecht, 2002, § 3 Rn 151.
29 *Mansel/Budzikiewicz*, Das neue Verjährungsrecht, 2002, § 8 Rn 133.
30 S. *Mansel/Budzikiewicz*, Das neue Verjährungsrecht, 2002, § 3 Rn 152.

auf die dreißigjährige Verjährungsfrist nach § 197 Abs. 1 Nr. 3 und 4 klar dem Normzweck. Nach der Ratio des § 208 soll die Hemmung vor einem vorzeitigen Rechtsverlust infolge Passivität schützen, nicht jedoch eine zusätzliche Verzögerung des Verjährungseintritts trotz Rechtsverfolgung gewähren.

16 **b) Ende.** Die Hemmung nach S. 1 **endet** mit der Vollendung des 21. Lebensjahres des Opfers.[31] Danach läuft die Verjährungsfrist, dh im Regelfall die Frist der §§ 195, 199 Abs. 1, erstmals an, sofern nicht andere Hemmungsgründe (zB §§ 204 Abs. 1 Nr. 1 bzw Abs. 2, 207 Abs. 1, 208 S. 2) vorliegen. Ist der Gläubiger vor Vollendung des 21. Lebensjahres **verstorben**, tritt die Beendigung der Hemmung bereits zu diesem Zeitpunkt ein.[32]

II. Hemmung während der häuslichen Gemeinschaft (S. 2)

17 **1. Erfasste Ansprüche. a) Anspruchsgrundlage.** Hinsichtlich der von S. 2 erfassten Ansprüche gilt das zu S. 1 Gesagte (Rn 9 ff).

18 **b) Schuldner und Gläubiger.** Anders als S. 1 stellt S. 2 **kein Alterserfordernis** für den verletzten Gläubiger auf.[33] Die Hemmung des S. 2 greift auch bei der Verletzung des Rechts auf sexuelle Selbstbestimmung eines Volljährigen, der mit dem Täter in häuslicher Gemeinschaft lebt. Der Normzweck stellt im Gegensatz zu S. 1 nicht auf altersbedingte Rücksichtnahmen (Rn 7) ab.

19 **2. Häusliche Gemeinschaft.** § 208 will die **Entschließungsfreiheit** zur Rechtsverfolgung schützen (Rn 7). Diese Freiheit ist durch die Rücksichtnahmen und faktischen Herrschaftsverhältnisse bedroht, die in dem Näheverhältnis der ständig zusammenlebenden Personen wurzeln.

20 **a) Begriffsbestimmung.** Der Begriff der häuslichen Gemeinschaft wird im BGB mit unterschiedlichen Inhalten verwendet, vgl §§ 617 Abs. 1 S. 1, 1567 Abs. 1, 2028 Abs. 1, s. auch § 1969 Abs. 1 S. 1 (Hausstand). Für die Zwecke des § 208 S. 2 ist das **gemeinsame Wohnen** von Opfer und Schädiger in derselben Wohnung[34] zu fordern.[35] Es ist unschädlich, wenn auch andere Personen zur häuslichen Gemeinschaft gehören.[36] Nicht vorausgesetzt wird, dass die häusliche Gemeinschaft im Melderegister nach Melderecht dokumentiert ist, denn der Begriff der häuslichen Gemeinschaft stellt allein auf die tatsächlichen Verhältnisse ab.[37] Maßgeblich ist, ob die Parteien gemeinsamen Wohnraum teilen und in einem Näheverhältnis leben, das geeignet ist, die Rechtsverfolgung zu erschweren. Ein gemeinsames Wohnen kommt daher auch dann in Betracht, wenn die gemeinsame Wohnung von Schädiger und Opfer nicht die einzige Wohnung eines der beiden ist, aber beide im Wesentlichen in der gemeinsamen Wohnung leben.[38]

21 **b) Zeitpunkt.** S. 2 setzt voraus, dass die häusliche Gemeinschaft **bei Beginn** der Verjährung besteht, andernfalls kommt die Hemmung nach S. 2 nicht in Betracht. Im Regelfall, in dem der nach § 208 zu hemmende Anspruch der allgemeinen Verjährungsfrist nach §§ 195, 199 Abs. 1 unterliegt, bedeutet dies, dass Täter und Opfer sowohl im Moment der Anspruchsentstehung iSd § 199 Abs. 1 Nr. 1 und der Anspruchskenntnis iSd § 199 Abs. 1 Nr. 2[39] als auch bei Beginn der Verjährung zum Schluss des Jahres, in dem die Voraussetzungen des § 199 Abs. 1 erstmals erfüllt sind, ununterbrochen in häuslicher Gemeinschaft gelebt haben müssen. In der Kommentarliteratur wird regelmäßig als ausreichend erachtet, dass die Parteien an dem nach § 199 Abs. 1 bestimmten Jahresende in häuslicher Gemeinschaft lebten. Ein Zusammenleben im Zeitpunkt der Schädigung wird nicht gefordert.[40] Die gegenteilige, hier vertretene Auffassung stelle eine unzulässige teleologische Reduktion des § 208 dar, da es sich hierbei, gegen den Wortlaut des § 208, um eine einschränkende Auslegung zulasten des Opfers handele.[41] Tatsächlich widerspricht die Forderung des Zusammenlebens im Moment der Anspruchsentstehung jedoch weder dem Wortlaut noch dem Zweck des § 208. Es wird übersehen, dass zwar die Frist der §§ 195, 199 Abs. 1 als Ultimo-Verjährung ausgestaltet ist, nicht jedoch jene der Verjährungshöchstfristen des § 199 Abs. 2 und 3. Die Hemmung dieser Fristen setzt voraus, dass Gläubiger und

31 Zur Berechnung s. Henssler/von Westphalen/*Bereska*, Praxis der Schuldrechtsreform, 2. Aufl. 2003, § 208 Rn 10.

32 Bamberger/Roth/*Henrich*, § 208 Rn 4; Staudinger/*Peters/Jacoby*, § 208 Rn 4.

33 MüKo/*Grothe*, § 208 Rn 6; Soergel/*Niedenführ*, § 208 Rn 6.

34 S. BT-Drucks. 14/7052, S. 181.

35 Näher Staudinger/*Peters/Jacoby*, § 208 Rn 5.

36 Henssler/von Westphalen/*Bereska*, Praxis der Schuldrechtsreform, 2. Aufl. 2003, § 208 Rn 4; MüKo/*Grothe*, § 208 Rn 6; Palandt/*Ellenberger*, § 208 Rn 4.

37 MüKo/*Grothe*, § 208 Rn 6; *Krämer*, ZAP 2004, 117, 122; Erman/*Schmidt-Räntsch*, § 208 Rn 5.

38 Zust. *Birr*, Verjährung und Verwirkung, 2003, Rn 94; *Krämer*, ZFE 2003, 363, 364; aA Soergel/*Niedenführ*, § 208 Rn 7.

39 Vgl *Mansel/Budzikiewicz*, Das neue Verjährungsrecht, 2002, § 8 Rn 138.

40 Henssler/von Westphalen/*Bereska*, Praxis der Schuldrechtsreform, 2. Aufl. 2003, § 208 Rn 5; MüKo/*Grothe*, § 208 Rn 7; Bamberger/Roth/*Henrich*, § 208 Rn 5; Palandt/*Ellenberger*, § 208 Rn 4; *Krämer*, ZFE 2003, 363, 364; Staudinger/*Peters/Jacoby*, § 208 Rn 6; *Zimmermann/Kleinschmidt*, Verjährung: Grundgedanken und Besonderheiten bei Ansprüchen auf Schadensersatz, in: FS Bucher, S. 861, 918 (Fn 320); wie hier aber wohl auch PWW/*Kesseler*, § 208 Rn 3.

41 So Henssler/von Westphalen/*Bereska*, Praxis der Schuldrechtsreform, 2. Aufl. 2003, § 208 Rn 5.

Schuldner tatsächlich schon in dem Zeitpunkt zusammengelebt haben, in dem die Verletzungshandlung erfolgte (§ 199 Abs. 2 und Abs. 3 S. 1 Nr. 2) bzw die Schadensersatzansprüche entstanden sind (§ 199 Abs. 3 S. 1 Nr. 1); [42] vgl Rn 13 f. Der von § 208 in Bezug genommene Beginn der Verjährung liegt damit nicht erst am Jahresende, sondern bereits mit der Tathandlung vor. Bestand in diesem Moment keine häusliche Gemeinschaft zwischen Täter und Opfer, kommt eine Hemmung daher auch dann nicht in Betracht, wenn die Parteien noch vor dem Jahresende zusammenziehen sollten. Eine andere Auslegung wäre nur dann gerechtfertigt, wenn grundsätzlich auch ein Zusammenleben erst nach dem Verjährungsbeginn die Hemmungswirkung des § 208 auslösen würde. Dies ist jedoch nach überwiegender Auffassung nicht der Fall (s. Rn 23).

Ein Auseinanderfallen des Zeitpunkts der Verletzungshandlung und der Begründung der häuslichen Gemeinschaft hindert die Hemmung nach S. 2 allerdings dann nicht, wenn der Anspruch des Opfers erst nach der schädigenden Tat entstanden ist, etwa dann, wenn ein unvorhersehbarer Spätschaden (zB Kosten einer überraschend notwendig gewordenen besonderen Therapie) auftritt. Die Verjährung des Anspruch, mit dem dieser Schaden geltend gemacht wird, beginnt nach den Regeln der Schadenseinheit (s. bei §§ 195, 199) nicht vor dem Eintritt des unvorhersehbaren Spätschadens. Leben die Parteien im Zeitpunkt des Schadenseintritts weiterhin (oder nunmehr) in häuslicher Gemeinschaft, wird der Anspruch unmittelbar nach S. 2 gehemmt.[43] **22**

c) Analoge Anwendung. Aus dem Wortlaut des § 208, der klar auf das Bestehen einer häuslichen Gemeinschaft zu Beginn der Verjährung abstellt, ist zu folgern, dass eine **analoge Anwendung** der Norm auf Personen, die nicht in häuslicher Gemeinschaft leben, nicht möglich ist, selbst wenn ein enges Näheverhältnis zwischen ihnen das Opfer an der Rechtsverfolgung hindern sollte.[44] Auch kommt nach dem Gesetzeswortlaut eine Anwendung des S. 2 nicht in Betracht, wenn die häusliche Gemeinschaft erst nach dem Verjährungsbeginn begründet wurde[45] oder die Parteien nach deren Beendigung erneut zusammenleben.[46] Das erscheint wenig sachgerecht, hindert doch das durch die häusliche Gemeinschaft begründete (oder gegebenenfalls intensivierte) Näheverhältnis auch in diesem Fall die Entschließungsfreiheit und damit die Rechtsverfolgung. Offenbar soll S. 2 jedoch – soweit es wie im Regelfall um Schadensersatz geht – nur die in der (ersten) häuslichen Gemeinschaft erkennbar gewordenen (Rn 21 f) Schadensersatzansprüche erfassen.[47] **23**

3. Hemmungsdauer. Die Hemmung des S. 2 **beginnt** mit der Verletzung der sexuellen Selbstbestimmung während der häuslichen Gemeinschaft (näher Rn 20 ff). Sie **endet** mit deren Beendigung durch Trennung der Parteien.[48] Nach dem Ende der Hemmung steht dem Gläubiger noch die gesamte Verjährungsfrist zur Verfügung; liegen die Voraussetzungen anderer Hemmungsgründe vor (zB §§ 204 Abs. 1 Nr. 1 bzw Abs. 2, 207 Abs. 1) kann der Fristlauf aber auch weiterhin ausgesetzt sein. Hinsichtlich der Hemmung titulierter Ansprüche durch S. 2 gelten die Ausführungen unter Rn 15 entsprechend. **24**

Die Hemmung nach S. 2 ist zum einen eine **Anschlussregelung** zu der Verjährungshemmung nach S. 1. Lebt der durch S. 1 begünstigte Gläubiger bereits bei Verjährungsbeginn (s. Rn 21 f) und über die Vollendung des 21. Lebensjahres hinaus in häuslicher Gemeinschaft mit dem Schuldner, dauert die Hemmung bis zur Beendigung der häuslichen Gemeinschaft fort.[49] **25**

Zum anderen wirkt die Hemmung nach S. 2 aber auch in anderen als den von S. 1 erfassten Fällen: Kommt es beispielsweise zu Verletzungen der sexuellen Selbstbestimmung innerhalb einer **nichtehelichen Lebensgemeinschaft** von zwei volljährigen Partnern, so ist auch hier die Verjährung gehemmt, bis die häusliche Gemeinschaft endet, also einer der Partner aus der gemeinsamen Wohnung auszieht.[50] **26**

42 Insoweit zustimmend Bamberger/Roth/*Henrich*, § 208 Rn 5.

43 Ein Problem erblickt *Krämer*, ZFE 2003, 363, 365, darin, dass die häusliche Gemeinschaft bei Spätschäden bereits vor deren Eintritt aufgehoben sein kann und es dann nicht mehr zu einer Hemmung nach S. 2 kommt. Eine Hemmung der Verjährung ist jedoch nicht mehr erforderlich, wenn sich das Opfer aufgrund der Trennung vom Schuldner nicht länger in der von S. 2 in Blick genommenen Zwangslage befindet. Wird der Spätschaden erkennbar, steht dem Gläubiger die gesamte Verjährungsfrist zur Verfolgung seiner Ansprüche zur Verfügung, ohne dass er dem belastenden Einfluss des Schädigers ausgesetzt wäre.

44 Henssler/von Westphalen/*Bereska*, Praxis der Schuldrechtsreform, 2. Aufl. 2003, § 208 Rn 8; MüKo/*Grothe*, § 208 Rn 6; Staudinger/*Peters/Jacoby*, § 208 Rn 2 (keine Anwendbarkeit bei Belästigungen am Arbeitsplatz); Erman/*Schmidt-Räntsch*, § 208 Rn 6.

45 Palandt/*Ellenberger*, § 208 Rn 4; Bamberger/Roth/*Henrich*, § 208 Rn 5; Soergel/*Niedenführ*, § 208 Rn 7; Staudinger/*Peters/Jacoby*, § 208 Rn 6; Erman/*Schmidt-Räntsch*, § 208 Rn 5.

46 Staudinger/*Peters/Jacoby*, § 208 Rn 5. AA Bamberger/Roth/*Henrich*, § 208 Rn 7 (erneute Hemmung im Fall der Wiederaufnahme der häuslichen Gemeinschaft).

47 AA MüKo/*Grothe*, § 208 Rn 7, der für eine analoge Anwendung des S. 2 votiert, wenn die häusliche Gemeinschaft erst nach Verjährungsbeginn begründet wurde.

48 Näher hierzu Bamberger/Roth/*Henrich*, § 208 Rn 6. Vgl auch Erman/*Schmidt-Räntsch*, § 208 Rn 6 (nicht erforderlich ist die Beendigung des Rechtsverhältnisses, das der häuslichen Gemeinschaft zugrunde lag).

49 BT-Drucks. 14/7052, S. 181.

50 BT-Drucks. 14/7052, S. 181.

27 § 208 kann im Einzelfall, wenn die häusliche Gemeinschaft lebenslang andauert, zu – während der Lebenszeit des Geschädigten – unverjährbaren Ansprüchen führen. Das erscheint rechtspolitisch zweifelhaft.[51] Es wäre sachgerecht gewesen, eine Höchstgrenze der Verjährungshemmung vorzusehen (zur Höchstgrenze der Verjährung s. Vor §§ 203–213 Rn 10).

III. Hemmungshindernde Vereinbarungen

28 § 208 ist wegen seines Schutzcharakters (Rn 5 f, 7, 19) nach der hier vertretenen Ansicht als **zwingendes Recht** anzusehen; er ist nicht durch verjährungserleichternde Abreden nach § 202 abänderbar.[52]

IV. Übergangsrecht

29 Gem. Art. 229 § 6 Abs. 1 S. 1 EGBGB finden die durch das SchuldRModG eingefügten verjährungsrechtlichen Neuregelungen – und damit auch § 208 – ab dem 1.1.2002 auf alle an diesem Tag bestehenden und noch nicht verjährten Ansprüche Anwendung (näher Art. 229 § 6 EGBGB Rn 5 ff). Bereits vor dem 1.1.2002 angelaufene, bislang ungehemmte Verjährungsfristen werden damit ex nunc am 1.1.2002 bis zur Vollendung des 21. Lebensjahres des Gläubigers (S. 1) bzw bis zur Beendigung der häuslichen Gemeinschaft (S. 2) gehemmt.[53] Kam es bereits vor dem Stichtag zu einer Hemmung, zB nach § 204 aF oder ggf im Fall von Verhandlungen nach § 852 Abs. 2 aF, bleiben die betreffenden Hemmungstatbestände für die Zeit bis zum 31.12.2001 weiter wirksam (Art. 229 § 6 Abs. 1 S. 2 EGBGB); danach kommt § 208 (evtl neben § 203) zum Tragen.[54]

C. Weitere praktische Hinweise

30 Die **Darlegungs-** und **Beweislast** für das Vorliegen der Tatsachen, die den **Beginn der Hemmung** auslösen, trägt nach allg. Ansicht der Anspruchsteller.[55] Dieser ohne Differenzierung für sämtliche Hemmungstatbestände der §§ 203–208 vertretenen Auffassung ist für die Hemmung nach § 208 zu entnehmen, dass der Gläubiger vorzutragen und ggf zu beweisen hat, dass er im Fall des S. 1 zu Beginn des reklamierten Hemmungszeitraumes das 21. Lebensjahr noch nicht vollendet hatte. Im Fall des S. 2 obliegt ihm die Darlegungs- und Beweislast zumindest dafür, dass er im Moment der Anspruchsentstehung in häuslicher Gemeinschaft mit dem Schuldner lebte. Ob er auch beweisbelastet ist hinsichtlich der Fortdauer der Hemmung, dh insbesondere bei Eingreifen der Regelverjährung nach §§ 195, 199 Abs. 1 für das ununterbrochene Zusammenleben vom Zeitpunkt der Anspruchsentstehung bis zum Verjährungsbeginn (vgl Rn 21), wird in Literatur und Rechtsprechung nicht gesondert problematisiert. Diskutiert wird lediglich allgemein und losgelöst von § 208, wer den Fortbestand bzw den **Wegfall der** die **Hemmung** tragenden Tatsachen zu beweisen hat. Hierzu werden folgende Ansichten vertreten: Nach herrschender Auffassung soll es, wenn die Voraussetzungen eines der Hemmungstatbestände der §§ 203–208 unstreitig oder durch den Gläubiger bewiesen sind, stets Aufgabe des Schuldners sein, die Tatsachen darzulegen und ggf zu beweisen, die zum Ende der Hemmung führen.[56] Im Rahmen des § 208, vor allem des S. 2, würde dieser Ansatz zur Folge haben, dass der Schuldner darlegen und beweisen müsste, wann der Gläubiger das 21. Lebensjahr vollendet hatte (S. 1) bzw wann die häusliche Gemeinschaft beendet wurde (S. 2).

31 Die vorstehende Wertung ist jedoch nicht unstreitig. Ein Teil der Literatur vertritt abweichend die Ansicht, dass der Gläubiger dann, wenn der Schuldner das Vorliegen der den Hemmungsfortbestand tragenden Tatsachen substantiiert bestreitet, auch die Beweislast dafür trägt, dass der Hemmungsgrund während des gesamten von ihm geltend gemachten Zeitraums vorlag.[57] Vorliegend würde dies bedeuten, dass der Gläubiger auch dafür beweisbelastet ist, dass die Voraussetzungen des S. 1 bzw des S. 2 jedenfalls so lange andauerten, dass dem Schuldner die Berufung auf die Verjährung zu versagen ist. Zu Einzelheiten sowie der Auseinandersetzung mit beiden Ansätzen kann auf die ausführliche Darstellung der Parallelproblematik in § 203 Rn 59 verwiesen werden.

51 Vgl auch *Derleder/Meyer*, KJ 2002, 325, 336.
52 Zust. Henssler/von Westphalen/*Bereska*, Praxis der Schuldrechtsreform, 2. Aufl. 2003, § 208 Rn 11; Soergel/*Niedenführ*, § 208 Rn 10; Erman/*Schmidt-Räntsch*, § 208 Rn 8. AA Staudinger/*Peters/Jacoby*, § 208 Rn 7.
53 S. hierzu auch *Budzikiewicz*, AnwBl 2002, 394, 399.
54 Vgl OLG Hamm NJW 2006, 2498, 2499; s. hierzu auch *Hoffmann*, JAmt 2003, 222, 224.
55 Henssler/von Westphalen/*Bereska*, Praxis der Schuldrechtsreform, 2. Aufl. 2003, Vor §§ 203–213 Rn 5; MüKo/*Grothe*, § 203 Rn 1; Soergel/*Niedenführ*, § 203 Rn 12.
56 So allg.: Henssler/von Westphalen/*Bereska*, Praxis der Schuldrechtsreform, 2. Aufl. 2003, Vor §§ 203–213 Rn 5; Soergel/*Niedenführ*, Vor § 203 Rn 12; ebenso noch zum alten Recht Baumgärtel/*Laumen*, Handbuch der Beweislast im Privatrecht, 2. Aufl. 1991, § 202 aF Rn 2 unter Berufung auf BGH WM 1977, 823 f.
57 So allg. MüKo/*Grothe*, § 203 Rn 1.

§ 209 Wirkung der Hemmung

Der Zeitraum, während dessen die Verjährung gehemmt ist, wird in die Verjährungsfrist nicht eingerechnet.

A. Allgemeines

I. Normzweck

Die Vorschrift beschreibt die Auswirkungen der Hemmung auf den Lauf der Verjährungsfrist: Sind die Voraussetzungen eines Hemmungstatbestandes erfüllt, so wird nach § 209 der **Fristlauf** während des Zeitraums der Hemmung **ausgesetzt** (näher Rn 7 f). War die Verjährungsfrist im Zeitpunkt der Hemmung schon angelaufen, läuft nach dem Wegfall des Hemmungsgrundes lediglich die noch offene Restfrist weiter. Kommt es schon vor dem Verjährungsbeginn zu einer Hemmung (verhandeln die Parteien zB im Fall der Verjährung nach §§ 195, 199 Abs. 1 bereits vor dem Jahresende oder erhebt der Gläubiger vor diesem Zeitpunkt Klage), steht dem Gläubiger nach Beendigung der Hemmung die volle, da bislang noch nicht angelaufene Verjährungsfrist zur Verfügung. Diese beginnt (auch im Fall der Regelverjährung) unmittelbar nach dem Ende der Hemmung, sofern der Verjährungsbeginn in die Zeit der Hemmung gefallen wäre,[1] ansonsten im Zeitpunkt des gesetzlich oder vertraglich vorgesehenen Fristbeginns (die Hemmung wirkt sich in diesem Fall letztlich nicht aus). 1

§ 209 findet auf sämtliche zivilrechtlichen Hemmungsvorschriften Anwendung, unabhängig davon, ob diese innerhalb des BGB oder sondergesetzlich kodifiziert sind.[2] Soweit außerhalb des BGB in zivilrechtlichen oder öffentlich-rechtlichen Vorschriften auf die Hemmungsregelungen der §§ 203 ff verwiesen wird, schließt dies § 209 mit ein. 2

II. Sonderfall: Ablaufhemmung

Nicht von der Regelung erfasst wird die Ablaufhemmung (zB §§ 210, 211, 438 Abs. 3 S. 2, 479 Abs. 2, 634 a Abs. 3 S. 2, 2031 Abs. 1 S. 2). Zwar stellt diese einen Unterfall der Hemmung dar, ihr liegt jedoch eine andere Methodik zugrunde. Anders als in § 209 für die Fälle der Hemmung vorgesehen, ruht bei der Ablaufhemmung nicht der Lauf der Verjährung, sondern es wird ein bestimmter Zeitpunkt festgesetzt, zu dem die Verjährung frühestens eintreten kann (vgl Vor §§ 203–213 Rn 1, 4). Hemmung und Ablaufhemmung können nebeneinander zur Anwendung kommen. Partiell ist eine Kombination beider Institute bereits von Gesetzes wegen vorgesehen (vgl § 203); im Übrigen kann eine gesetzlich in ihrem Ablauf gehemmte Frist aber auch durch die Handlung einer oder beider Parteien zusätzlich gehemmt werden (zB durch Verhandlungen oder Klageerhebung; vgl hierzu auch § 211 Rn 12). 3

III. Sachliche und persönliche Reichweite der Hemmung

Durch § 209 geregelt werden ausschließlich die Folgen der Hemmung für die Berechnung des Laufs der Verjährungsfrist. Nicht beantwortet wird die Frage des **sachlichen** und **persönlichen Anwendungsbereichs** der Hemmungstatbestände. Die sachliche Reichweite wird in erster Linie durch die einzelnen Hemmungsvorschriften selbst bestimmt (s. auch § 213 Rn 6). Für die Fälle elektiver oder alternativer Anspruchskonkurrenz findet sich zudem eine gesetzliche Erweiterung des sachlichen Anwendungsbereichs in § 213 (vgl die dortige Kommentierung). 4

Persönlich von der Hemmung begünstigt bzw belastet werden grds. nur der Gläubiger und der Schuldner, in deren Person der Hemmungsgrund verwirklicht ist. Bei einer Gesamtschuld gilt der **Grundsatz der Einzelwirkung** (§ 425 Abs. 1 und 2). Eine Ausweitung der gegen einen Schuldner erwirkten Hemmung auf weitere Verpflichtete ist nur in Ausnahmefällen vorgesehen (so zB nach § 115 Abs. 2 S. 4 VVG, § 129 Abs. 1 HGB). 5

1 Vgl Bamberger/Roth/*Henrich*, § 209 Rn 2; s. auch OLG Sachsen-Anhalt, Urt. v. 23.10.2008 – 9 U 19/08, Rn 49 (Beginn der allgemeinen Verjährung nach §§ 195, 199 Abs. 1 fällt in den Hemmungszeitraum; der Fristlauf beginnt auch hier unmittelbar nach dem Ende der Hemmung, es kommt nicht zu einer [erneuten] Verschiebung des Verjährungsbeginns auf das Jahresende).

2 MüKo/*Grothe*, § 209 Rn 1.

Entsprechendes gilt im Fall der Gesamtgläubigerschaft (§ 429 Abs. 3 iVm § 425) sowie in den von § 432 erfassten Fällen (vgl § 432 Abs. 2). Gehemmt wird jeweils nur die Verjährung der Ansprüche des Gläubigers, der die Voraussetzungen des betreffenden Hemmungstatbestandes persönlich erfüllt. Kommt es auf Gläubiger- oder auf Schuldnerseite zur **Rechtsnachfolge** in einen in der Verjährung gehemmten Anspruch, so bleibt der in der Vergangenheit verstrichene Hemmungszeitraum unangetastet.[3] Eine Fortsetzung der Hemmung für oder gegen den Rechtsnachfolger setzt dann allerdings voraus, dass sich der Hemmungsgrund auch auf diesen persönlich erstreckt.[4]

6 Wird bei einer durch **Bürgschaft** gesicherten Forderung die Verjährung des Anspruchs des Gläubigers gegen den Hauptschuldner gehemmt, so hat dies keine unmittelbaren Auswirkungen auf den Lauf der Verjährungsfrist gegen den Bürgen.[5] Beide Ansprüche verjähren völlig unabhängig voneinander.[6] Entsprechend bleibt umgekehrt das Schicksal der Bürgschaftsforderung (zB Hemmung nach § 204 Abs. 1 Nr. 1) ohne Einfluss auf die Verjährung der Hauptforderung.[7] Trotz der verjährungsrechtlichen Autarkie kann die Verzögerung des Verjährungseintritts im Verhältnis Gläubiger und Hauptschuldner für den Bürgen allerdings insoweit Konsequenzen haben, als dieser die **Einrede der Verjährung der Hauptschuld** nach **§ 768 Abs. 1 S. 1** gegebenenfalls erst nach Ablauf der gehemmten Verjährungsfrist geltend machen kann.[8] Der BGH zieht hier unter Berufung auf **§ 768 Abs. 2** gleichwohl enge Grenzen. Die Hemmung der Verjährung der Hauptforderung soll den Bürgen nur dann belasten, wenn der verzögerte Verjährungseintritt nicht durch rechtsgeschäftliches Handeln des Hauptschuldners herbeigeführt wurde. Auszuschließen seien daher jene Fälle, in denen der Hauptschuldner ohne Zutun des Bürgen eine **neue Verjährungsfrist schafft** oder die **bestehende Frist verlängert**.[9] Der Bürge soll sich insbesondere dann auf § 768 Abs. 2 berufen können, wenn der Hauptschuldner im Prozess auf die Erhebung der Verjährungseinrede verzichtet hat, so dass nach rechtskräftiger Verurteilung die dreißigjährige Verjährungsfrist des § 197 Abs. 1 Nr. 3 zum Tragen kommt, oder er die Hauptschuld anerkennt mit der Folge des Verjährungsneubeginns (§ 212 Abs. 1 Nr. 1).[10] Hier könne der Bürge die Einrede der Verjährung der Hauptforderung bereits ab dem Zeitpunkt geltend machen, ab dem ohne das rechtsgeschäftliche Eingreifen des Hauptschuldners die Verjährung der Hauptforderung eingetreten wäre. Nicht als Einredeverzicht iSd § 768 Abs. 2 wertet der BGH hingegen **Verhandlungen** iSd § 203 S. 1: Wird die Verjährung der Hauptschuld durch Verhandlungen zwischen Hauptschuldner und Gläubiger gehemmt, kann auch der Bürge die Einrede der Verjährung der Hauptschuld erst nach Ablauf der gem. § 203 S. 1 gehemmten Verjährungsfrist geltend machen. Anders als beim Verzicht auf die Einrede der Verjährung handele es sich bei Verhandlungen iSd § 203 S. 1 nicht um eine Verfügung des Hauptschuldners über die Einrede. Die Hemmung trete vielmehr von Gesetzes wegen ein. Zudem würde die Regelung ihren Zweck verfehlen, müsste der Gläubiger trotz der Verhandlungen mit dem Hauptschuldner jeweils auch gerichtliche Schritte iSd § 204 Abs. 1 gegen diesen einleiten, um dem Bürgen die Möglichkeit zu nehmen, sich auf die Verjährung der Hauptschuld zu berufen. Verhandlungen zwischen Hauptschuldner und Gläubiger, die nicht lediglich zum Schein geführt werden, müsse der Bürge daher gegen sich gelten lassen.[11] Ebenfalls gesetzlich vorgegeben ist die Hemmung im Fall der **Vereinbarung eines Leistungsverweigerungsrechts** zwischen Hauptschuldner und Gläubiger (§ 205). Ob der BGH auch diesen Fall – wie den der Verhandlungen – unter Hinweis auf die gesetzliche Anordnung der Hemmungsfolge aus dem Anwendungsbereich des § 768 Abs. 2 ausschließen oder – wie bei einem Anerkenntnis – von einem Verstoß gegen das Verbot der Fremddisposition ausgehen würde, ist noch offen. In der obergerichtlichen Rechtsprechung wurde die Vereinbarung eines Stillhalteabkommens jedenfalls als unzulässige Haftungsverschärfung zulasten des Bürgen gewertet,[12] die diesem gegenüber analog § 768 Abs. 2 keine Wirkung zeitigt.[13] Erhebt der Bürge die **Einrede der Vorausklage**, so ist nach § 771 S. 2 die Verjährung des Anspruchs des Gläubigers gegen den Bürgen gehemmt, bis der Gläubiger eine Zwangsvollstreckung gegen den Hauptschuldner ohne Erfolg versucht hat.[14] Verhindert der Gläubiger in diesem Fall den Eintritt der Verjährung des Hauptanspruchs zB durch Klageerhebung (vgl § 204 Abs. 1 Nr. 1), so ist sowohl die Verjäh-

3 Bamberger/Roth/*Henrich*, § 209 Rn 3; Soergel/*Niedenführ*, § 209 Rn 3; Erman/*Schmidt-Räntsch*, § 209 Rn 4.
4 Staudinger/*Peters/Jacoby*, § 209 Rn 4.
5 Staudinger/*Peters/Jacoby*, § 209 Rn 4.
6 MüKo/*Grothe*, § 209 Rn 2; *Hohmann*, WM 2004, 757, 761.
7 OLG Saarbrücken, Urt. v. 21.2.2008 – 8 U 109/07, Rn 39; *Einsiedler*, MDR 2010, 603, 604.
8 MüKo/*Grothe*, § 209 Rn 2; Bamberger/Roth/*Henrich*, § 209 Rn 3; Staudinger/*Peters/Jacoby*, § 209 Rn 4; Erman/*Schmidt-Räntsch*, § 209 Rn 4.
9 BGHZ 182, 76, 82 (Rn 20, 22).
10 BGH WM 2007, 2230, 2231 f (Rn 18); ebenso hinsichtlich § 212 Abs. 1 Nr. 1 *Tiedtke/Holthusen*, WM 2007, 93, 94 ff; Palandt/*Ellenberger*, § 212 Rn 8; aA MüKo/*Grothe*, § 212 Rn 4; Staudinger/*Peters/Jacoby*, § 212 Rn 16.
11 BGHZ 182, 76, 81 ff (Rn 19 ff) m.Anm. *Budzikiewicz*, NJ 2010, 32; ebenso Urt. v. 26.1.2010 – XI ZR 12/09, Rn 11. AA OLG München, Urt. v. 20.12.2007 – 19 U 3675/07, Rn 42 unter Aufgabe der Auffassung in WM 2006, 684, 687; OLG Saarbrücken, Urt. v. 21.2.2008 – 8 U 109/07, Rn 46, 53.
12 OLG Saarbrücken, Urt. v. 21.2.2008 – 8 U 109/07, Rn 47; OLG Karlsruhe v. 4.9.2007 – 17 U 351/05, Rn 40.
13 OLG Saarbrücken, Urt. v. 21.2.2008 – 8 U 109/07, Rn 45 ff; aA Erman/*Schmidt-Räntsch*, § 209 Rn 4.
14 Vgl auch *Peters*, NJW 2004, 1430, 1431.

rung des Anspruchs gegen den Bürgen über § 771 S. 2 gehemmt als auch dessen Möglichkeit, sich auf § 768 Abs. 1 S. 1 zu berufen, hinausgezögert. Sollte der Gläubiger jedoch die Ergreifung verjährungshemmender Maßnahmen gegenüber dem Hauptschuldner versäumen, so nützt ihm die nach § 771 S. 2 bewirkte Hemmung des Anspruchs gegen den Bürgen dann nichts mehr, wenn sich dieser nach Verjährung des Anspruchs gegen den Hauptschuldner auf § 768 Abs. 1 S. 1 beruft.[15]

B. Regelungsgehalt

I. Berechnung des Hemmungszeitraumes

Die Berechnung des Zeitraumes, um den der Eintritt der Verjährung aufgrund der Hemmung hinausgeschoben wird, erfolgt unter Einschluss sowohl des Tages, an dem der Hemmungsgrund eingetreten ist, als auch des Tages, an dem dieser weggefallen ist.[16] Da es sich bei der Hemmung **nicht** um eine **Frist** iSd **§ 186** handelt, finden die Auslegungsvorschriften der §§ 187 ff, insb. der §§ 187 Abs. 1, 188, grds. keine Anwendung.[17] Der Verjährungslauf wird vielmehr mit Ablauf des vor dem hemmenden Ereignis liegenden Tages (24.00 Uhr) angehalten und zu Beginn des Tages (0.00 Uhr), der auf den Tag der Beendigung der Hemmung folgt, wieder mit der noch ausstehenden Restfrist in Lauf gesetzt.[18] Heranzuziehen sind die §§ 187 f allerdings, sofern der Gesetzgeber die zunächst unbestimmte Hemmungsdauer um eine statische Frist ergänzt oder durch eine solche konkretisiert hat. So sieht etwa § 204 Abs. 2 eine Verschiebung des Endes der Hemmung um sechs Monate vor. Beginn und Ende dieser Zeitspanne werden, obwohl Teil des Hemmungszeitraumes (es handelt sich nicht um eine Ablaufhemmung),[19] nach §§ 187 Abs. 1, 188 Abs. 2 und 3 bestimmt.[20] Auch die Berechnung der für die Hemmung bei höherer Gewalt nach § 206 maßgeblichen letzten sechs Monate der Verjährungsfrist erfolgt nach §§ 187 f (vgl § 206 Rn 16). 7

Beispiel: Für einen der allgemeinen Verjährung nach §§ 195, 199 Abs. 1 unterliegenden Anspruch beginnt der Lauf der Verjährungsfrist am 31.12.2003 (24.00 Uhr). Am 21.9.2004 erhebt der Gläubiger Klage, so dass die Verjährung gem. §§ 204 Abs. 1 Nr. 1, 209 gehemmt ist. Das Verfahren gerät wegen Untätigkeit der Parteien in Stillstand; die letzte Verfahrenshandlung iSd § 204 Abs. 2 S. 2 erfolgt am 14.1.2005. In diesem Fall ist die Verjährung, beginnend mit dem 21.9.2004 (0.00 Uhr), bis zum 14.7.2005 (24.00 Uhr) gehemmt (die ergänzende Sechsmonatsfrist des § 204 Abs. 2 beginnt gem. § 187 Abs. 1 am 15.1.2005 und endet gem. § 188 Abs. 2 mit Ablauf des 14.7.2005). Die dreijährige Verjährungsfrist des § 195, die vor der Hemmung bereits bis zum 20.9.2004 (24.00 Uhr) gelaufen war, läuft am 15.7.2005 (0.00 Uhr) weiter,[21] so dass die Verjährung, die ohne die Hemmung am 31.12.2006 (24.00 Uhr) eingetreten wäre, nunmehr am 23.10.2007 (24.00 Uhr) eintritt. Berechnet wird dieses neue Fristende durch Addition des Hemmungszeitraums von insgesamt 297 Tagen (gerechnet einschließlich des 21.9.2004 und des 14.7.2005) zu der noch ausstehenden Restfrist (hier von 832 Tagen). Nicht möglich wäre demgegenüber eine abstrakte Berechnung des neuen Verjährungszeitpunktes unter Zugrundelegung des § 191.[22] Die Verjährungsfrist ist ungeachtet der Hemmung ein zusammenhängender Zeitraum (tempus continuum), auf den § 191, der lediglich das tempus utile in Blick nimmt,[23] keine Anwendung findet. 8

Die Verjährung eines Anspruchs kann sowohl nacheinander **mehrmals gehemmt** werden als auch gleichzeitig **gehemmt und dem Neubeginn unterworfen** sein. Liegen **zur gleichen Zeit** mehrere **unterschiedliche Hemmungsgründe** vor, addieren sich die Hemmungszeiträume allerdings nicht;[24] der Lauf der Verjährungsfrist ist lediglich im gleichen Zeitraum aus verschiedenen Gründen gehemmt. Maßgebend für den Beginn der Hemmung ist in diesem Fall der Eintritt des ersten Hemmungsgrundes; die Hemmung dauert an, bis der letzte Hemmungsgrund weggefallen ist. Kommt es während einer noch andauernden Hemmung zu einem Verjährungsneubeginn (vgl § 212), so steht dem Gläubiger nach dem Ende der Hemmung (die von dem Neubeginn 9

15 Krit. zu der Frage, ob sich auch der selbstschuldnerische Bürge stets auf die Verjährung der Hauptschuld berufen kann, wenn der Anspruch zwar ihm gegenüber gehemmt ist, nicht jedoch gegenüber dem Hauptschuldner, *Peters*, NJW 2004, 1430, 1431.

16 BGH NJW 2009, 1488, 1491; MüKo/*Grothe*, § 209 Rn 4; Palandt/*Ellenberger*, § 209 Rn 1; im Erg. auch *Kirchhof*, WM 2002, 2037, 2038 (mit Fn 6), allerdings unter missverständlichem Hinweis auf § 187 Abs. 1.

17 MüKo/*Grothe*, § 209 Rn 4; Soergel/*Niedenführ*, § 209 Rn 2; Staudinger/*Peters/Jacoby*, § 209 Rn 7; Erman/*Schmidt-Räntsch*, § 209 Rn 1.

18 *Kirchhof*, WM 2002, 2037, 2038 weist darauf hin, dass damit im Fall der Hemmung am letzten Tag der Verjährungsfrist dem Gläubiger nach Beendigung der Hemmung erneut ein voller Tag zur Verfügung steht.

19 Staudinger/*Peters/Jacoby*, § 209 Rn 8.

20 Palandt/*Ellenberger*, § 204 Rn 33.

21 Es kommt nicht zu einer erneuten Verschiebung des Fristbeginns auf das Jahresende; § 199 Abs. 1 findet in diesem Zusammenhang keine Anwendung; MüKo/*Grothe*, § 209 Rn 4; Bamberger/Roth/*Henrich*, § 209 Rn 2; Staudinger/*Peters/Jacoby*, § 209 Rn 7; Erman/*Schmidt-Räntsch*, § 209 Rn 2.

22 MüKo/*Grothe*, § 209 Rn 4; Bamberger/Roth/*Henrich*, § 209 Rn 2; Soergel/*Niedenführ*, § 209 Rn 2; Staudinger/*Peters/Jacoby*, § 209 Rn 7.

23 HKK/*Hermann*, §§ 186–193 Rn 8.

24 MüKo/*Grothe*, § 209 Rn 1.

unberührt bleibt) erneut die gesamte Verjährungsfrist zur Verfügung.[25] Eine **Höchstdauer** der Hemmung (wie auch der Ablaufhemmung) ist grds. nicht vorgesehen,[26] so dass der Verjährungseintritt ggf auch über Jahrzehnte hinausgeschoben werden kann (vgl Vor §§ 203–213 Rn 10; zu der Begrenzung vertraglich vereinbarter Hemmungs- oder Ablaufhemmungstatbestände nach § 202 Abs. 2 s. aber § 202 Rn 37 ff). Lediglich in speziellen Tatbeständen findet sich ein maximaler Hemmungszeitraum für einzelne Sonderfälle, so beispielsweise in § 497 Abs. 3 S. 3 für die Hemmung bei Ansprüchen auf Darlehensrückerstattung und Zinszahlung beim Verbraucherdarlehen (zehn Jahre).

II. Übergangsrecht

10 Die Anwendbarkeit des neuen Hemmungsrechts in Übergangssituationen regelt Art. 229 § 6 Abs. 1 und 2 EGBGB (vgl hierzu die dortige Kommentierung).

§ 210 Ablaufhemmung bei nicht voll Geschäftsfähigen

(1) [1]Ist eine geschäftsunfähige oder in der Geschäftsfähigkeit beschränkte Person ohne gesetzlichen Vertreter, so tritt eine für oder gegen sie laufende Verjährung nicht vor dem Ablauf von sechs Monaten nach dem Zeitpunkt ein, in dem die Person unbeschränkt geschäftsfähig oder der Mangel der Vertretung behoben wird. [2]Ist die Verjährungsfrist kürzer als sechs Monate, so tritt der für die Verjährung bestimmte Zeitraum an die Stelle der sechs Monate.
(2) Absatz 1 findet keine Anwendung, soweit eine in der Geschäftsfähigkeit beschränkte Person prozessfähig ist.

A. Allgemeines

1 § 210 enthält eine Ablaufhemmung für **Ansprüche von und gegen geschäftsunfähige oder beschränkt geschäftsfähige Personen**. Die Vorschrift entspricht – bis auf wenige sprachliche Veränderungen – § 206 aF, mit einer sachlichen Änderung: Die Ablaufhemmung der Verjährung von Ansprüchen, die gegen den Geschäftsunfähigen oder beschränkt Geschäftsfähigen gerichtet sind, kannte § 206 Abs. 1 aF nicht.[1] § 206 aF war eine Schutznorm für Personen ohne volle Geschäftsfähigkeit. Dieser Normcharakter hat sich verändert. § 210 sieht jetzt auch eine Ablaufhemmung zulasten des bezeichneten Personenkreises vor. Damit sollen Anwendungsschwierigkeiten des § 57 ZPO ausgeglichen werden.[2] Davon abgesehen können die bisherigen Ergebnisse der Rechtsprechung und Lehre zu § 206 aF jedoch für die Auslegung des § 210 ohne weiteres herangezogen werden.[3]

2 Die Vorschrift findet auf einige **gesetzliche Ausschlussfristen** kraft Verweisung entsprechende Anwendung. Hierzu zählen §§ 124 Abs. 2 S. 2, 204 Abs. 3, 802 S. 3, 939 Abs. 2, 1002 Abs. 2, 1317 Abs. 1 S. 3, 1600 b

25 OLG Zweibrücken, Urt. v. 24.5.2007 – 4 U 104/06, Rn 27, 31; Bamberger/Roth/*Henrich*, § 209 Rn 4; Staudinger/*Peters/Jacoby*, § 209 Rn 5; vgl auch Erman/*Schmidt-Räntsch*, § 209 Rn 3.
26 Palandt/*Ellenberger*, § 209 Rn 1; Bamberger/Roth/*Henrich*, § 209 Rn 1; Staudinger/*Peters/Jacoby*, § 209 Rn 7; Erman/*Schmidt-Räntsch*, § 209 Rn 1.

1 S. nur BGH NJW 1979, 1983 f.
2 Dazu BGH NJW 1979, 1983 f; näher BT-Drucks. 14/6040, S. 120.
3 Ebenso: *Birr*, Verjährung und Verwirkung, 2003, Rn 98; Soergel/*Niedenführ*, § 210 Rn 1.

Abs. 6 S. 2,[4] 1762 Abs. 2 S. 3, 1944 Abs. 2 S. 3,[5] 1954 Abs. 2 S. 2, 1997, 2082 Abs. 2 S. 2,[6] 2283 Abs. 2 S. 2 sowie sondergesetzlich §§ 26 Abs. 1 S. 3, 27 Abs. 2 S. 2, 139 Abs. 3 S. 2, 160 Abs. 1 S. 3 HGB, §§ 45 Abs. 2 S. 2, 133 Abs. 4 S. 2, 157 Abs. 2 S. 2, 224 Abs. 3 S. 2 UmwG und, eingefügt durch das Gesetz zur Anpassung von Verjährungsvorschriften an das Gesetz zur Modernisierung des Schuldrechts, § 327 Abs. 4 AktG.[7] Außerhalb derartiger ausdrücklicher Verweisungen ist bei der Übertragung des § 210 auf gesetzliche Ausschluss- und sonstige Fristen Zurückhaltung geboten. Angesichts der detaillierten Regelung dieser Frage im BGB sowie in den o.g. Sondergesetzen ist grundsätzlich **keine Analogiefähigkeit** gegeben.[8] Bejaht wurde allerdings die entsprechende Anwendung des § 206 aF (u.a.) im Fall der Ausschlussfrist des § 12 StrEG (Entschädigungsanspruch für Strafverfolgungsmaßnahmen)[9] und des § 1290 Abs. 2 RVO[10] (vgl jetzt § 99 Abs. 1 SGB VI). Gleiches dürfte nunmehr für § 210 gelten.[11] Offengelassen worden ist die Anwendbarkeit des § 206 aF auf § 314 RVO (vgl jetzt § 191 Nr. 3 SGB V).[12] Gegen eine Ausweitung des Anwendungsbereichs des § 210 auf **vertragliche Ausschlussfristen** (sofern angesichts der mangelnden Geschäftsfähigkeit überhaupt wirksam vereinbart) bestehen hingegen keine grundsätzlichen Bedenken.[13]

§ 210 entspricht weitgehend Art. 14:305 Abs. 1 der **Principles of European Contract Law** (PECL, *Lando*-Principles; dazu Vor §§ 194–218 Rn 20 ff).[14] Abweichend von § 210 sieht Art. 14:305 Abs. 1 PECL allerdings eine erheblich längere Mindestfrist bis zum Eintritt der Verjährung vor. Die Verjährungsfrist läuft danach nicht vor dem Ablauf eines Jahres nach dem Zeitpunkt ab, in dem die ursprünglich geschäftsunfähige oder in der Geschäftsfähigkeit beschränkte Person unbeschränkt geschäftsfähig wird oder ein Vertreter bestellt worden ist. Eine Einschränkung entsprechend Abs. 1 S. 2 findet sich in Art. 14:305 Abs. 1 PECL nicht. Dies erklärt sich vor dem Hintergrund, dass die Principles of European Contract Law eine unter einem Jahr liegende gesetzliche oder vertraglich vereinbarte Verjährungsfrist nicht vorsehen,[15] eine Verkürzung der einjährigen Ablaufhemmung durch im Einzelnen maßgebliche kürzere Fristen mithin nicht in Betracht kommt. Nicht in Art. 14:305 PECL aufgenommen wurde zudem eine dem § 210 Abs. 2 entsprechende Ausnahmeregelung. 3

B. Regelungsgehalt

I. Anwendungsbereich

1. Mangelnde oder beschränkte Geschäftsfähigkeit (Abs. 1 S. 1). Die Ablaufhemmung nach Abs. 1 S. 1 setzt zunächst voraus, dass der Schuldner oder der Gläubiger eines der Verjährung unterliegenden Anspruchs nicht oder nur beschränkt geschäftsfähig ist. Wann diese Voraussetzungen erfüllt sind, geben § 104 (für die Geschäftsunfähigkeit) und § 106 (für die beschränkte Geschäftsfähigkeit Minderjähriger) vor. Bedingung für die Anwendbarkeit des Abs. 1 ist, dass sich die fehlende unbeschränkte Geschäftsfähigkeit auch konkret auf den in Rede stehenden Anspruch bezieht. Ist eine Person lediglich partiell geschäftsunfähig, so kommt Abs. 1 nicht zum Tragen, wenn der fragliche Anspruch nicht in den Kreis der Angelegenheiten fällt, zu deren Wahrnehmung der Betroffene außerstande ist.[16] Gleiches gilt für beschränkt geschäftsfähige Min- 4

4 Zur intertemporalen Anwendbarkeit des § 1600 b Abs. 6 S. 2 iVm § 210 vgl OLG Celle, Beschl. v. 12.3.2002 – 15 WF 44/02. Das Gericht lehnt die Anwendung des § 210 auf bereits angelaufene Fristen ab; vgl dagegen Art. 229 § 6 EGBGB Rn 36, 67.

5 Vgl hierzu BGH WM 2000, 2246, 2248 (zu § 206 aF).

6 Vgl zur Hemmung der Anfechtungsfrist des § 2082 Abs. 1, Abs. 2 S. 1 nach §§ 2082 Abs. 2 S. 2, 210 Abs. 1 im Fall der Übergehung eines Minderjährigen *Joussen*, ZEV 2003, 181, 184.

7 Das Gesetz ist am 15.12.2004 in Kraft getreten; ausf. zu den Neuerungen *Thiessen*, ZHR 168 (2004), 503 ff.

8 MüKo/*Grothe*, § 210 Rn 7; Soergel/*Niedenführ*, § 210 Rn 6; Staudinger/*Peters/Jacoby*, § 210 Rn 9; vgl auch BSG NJW 1964, 124; OLG Schleswig FamRZ 2007, 1902; SG Chemnitz, Urt. v. 23.10.2008 – S 10 KR 41/04, Rn 24 ff (keine analoge Anwendung auf die Ausschlussfrist des § 9 Abs. 2 SGB V); Bay. LSG, Urt. v. 4.9.2008 – L 4 KR 387/07, Rn 30 ff (keine Anwendbarkeit auf § 189 Abs. 2 SGB V); aA Palandt/*Ellenberger*, § 210 Rn 2; Erman/*Schmidt-Räntsch*, § 210 Rn 10 (§ 210 ist für gesetzliche Ausschlussfristen grds. entspr. heranzuziehen).

9 BGHZ 79, 1, 2 ff.

10 BSG NJW 1974, 519, 520. Ebenfalls entspr. angewandt wurde § 206 aF auf die Frist zur Anzeige der Weiterversicherung gem. § 313 Abs. 2 S. 1 RVO (BSG NJW 1964, 124, 125) sowie auf die Ausschlussfristen des § 1418 RVO und der Art. 2 § 44 S. 4, Art. 2 § 51 a Abs. 3 S. 1 ArVNG (vgl die Nachweise bei BSG SozR 3–2200 § 314 Nr. 1).

11 Soergel/*Niedenführ*, § 210 Rn 6; vgl auch Hess. LSG NZS 2009, 224, 225 f (zu § 99 Abs. 1 SGB VI).

12 BSG SozR 3–2200 § 314 Nr. 1. Der Geschäftsunfähigkeit des Betroffenen wurde dann allerdings aus allg. Erwägungen Rechnung getragen. Ähnlich BSG SozR 3–5420 § 24 Nr. 1 in Bezug auf § 24 Abs. 1 Nr. 2 KVLG 1989.

13 MüKo/*Grothe*, § 210 Rn 7; Staudinger/*Peters/Jacoby*, § 210 Rn 10; Erman/*Schmidt-Räntsch*, § 210 Rn 10; aA Soergel/*Niedenführ*, § 210 Rn 6.

14 In deutscher Sprache veröffentlicht in ZEuP 2003, 895 ff. Art. 14:305 Abs. 1 PECL entspricht Art. 17:109 Abs. 1 PECL der vorherigen Fassung, abgedruckt in ZEuP 2001, 400, 401.

15 Vgl *Mansel/Budzikiewicz*, Das neue Verjährungsrecht, 2002, § 1 Rn 35.

16 MüKo/*Grothe*, § 210 Rn 2; Bamberger/Roth/*Henrich*, § 210 Rn 2; Staudinger/*Peters/Jacoby*, § 210 Rn 4; Erman/*Schmidt-Räntsch*, § 210 Rn 6.

derjährige, sofern diese Gläubiger oder Schuldner eines Anspruchs sind, der aus einem Rechtsgeschäft resultiert, für das der Minderjährige nach §§ 112, 113 unbeschränkt geschäftsfähig ist (vgl auch § 210 Abs. 2 iVm § 52 ZPO).[17]

5 Nach § 1903 Abs. 1 S. 2 kommt § 210 entsprechend zur Anwendung, wenn für einen Betreuten ein **Einwilligungsvorbehalt** angeordnet wurde. Dies gilt unabhängig davon, ob der Betroffene zugleich die Voraussetzungen des § 104 Nr. 2 erfüllt. Ist der unter Einwilligungsvorbehalt stehende Betreute allerdings auch geschäftsunfähig, findet § 210 nicht nur über § 1903 Abs. 1 S. 2 entsprechend, sondern nach Abs. 1 S. 1 auch unmittelbar Anwendung. Ungeachtet dessen kann sich aber auch in diesem Fall der Rückgriff auf § 1903 Abs. 1 S. 2 empfehlen, wenn der Beweis der Geschäftsunfähigkeit schwierig zu führen sein sollte (vgl Rn 22 f). Hier vermag ggf der Hinweis auf die Anordnung des Einwilligungsvorbehalts über die Beweisschwierigkeiten hinwegzuhelfen.

6 Nicht übertragbar ist die Regelung des Abs. 1 auf **juristische Personen**. Der fehlenden Vertretung ist hier auf anderem Wege (zB durch die Bestellung eines Notvorstandes gem. § 29) Rechnung zu tragen.[18] Unter altem Recht wurde eine entsprechende Anwendung des § 206 aF auch auf die Fälle abgelehnt, in denen ein Anspruch auf Übertragung des Eigentums gepfändet wurde und gem. **§ 848 ZPO ein Sequester** zu bestellen war[19] oder in denen Maßnahmen zur Sicherung gem. **§ 21 InsO** in Rede standen. Ob diese Ansicht auch unter neuem Recht aufrechtzuerhalten ist, ist in der Literatur streitig.[20] Letztlich ist die Situation in den beiden genannten Fällen jedoch auch nach der Neuregelung des § 210 nicht mit den dort erfassten Konstellationen vergleichbar. Die Erweiterung auf Ansprüche gegen einen nicht voll geschäftsfähigen Schuldner wurde eingefügt, um zu verhindern, dass der Gläubiger sich nur deswegen veranlasst sehen könnte, Maßnahmen zur Klärung der Geschäftsfähigkeit zu ergreifen, weil der Eintritt der Verjährung droht. Sowohl § 848 ZPO als auch § 21 InsO sollen dagegen den Gläubiger primär davor bewahren, dass sich die Vermögenslage aus sonstigen Gründen zu seinen Lasten verschlechtert.[21] Soweit § 848 ZPO betroffen ist, steht es dem Gläubiger zudem frei, die Bestellung eines Sequesters zu beantragen und damit den zu seinen Lasten bestehenden Mangel der Vertretung zu beheben. Eine analoge Anwendung des § 210 erscheint vor diesem Hintergrund auch weiterhin nicht angezeigt.

7 **2. Ausnahme: Prozessfähigkeit (Abs. 2).** Nach Abs. 2 findet Abs. 1 keine Anwendung, wenn eine Person trotz beschränkter Geschäftsfähigkeit prozessfähig ist. Die Regelung ist von geringer Bedeutung. Soweit über § 52 ZPO hier die Fälle der §§ 112, 113 erfasst sind,[22] hätte es der Regelung nicht bedurft, da schon die Auslegung des Abs. 1 S. 1 zu demselben Ergebnis geführt hätte (vgl Rn 4).[23] Entsprechendes gilt für die von § 9 Abs. 1 Nr. 2 FamFG erfassten Fälle. Von praktischer Relevanz ist Abs. 2 daher allenfalls in den Konstellationen, in denen dem beschränkt Geschäftsfähigen über § 52 ZPO hinaus Prozessfähigkeit zuerkannt wird; vgl etwa § 9 Abs. 1 Nr. 3 und 4 FamFG sowie § 125 Abs. 1 FamFG (Ehesachen).[24]

8 **3. Mangel der gesetzlichen Vertretung (Abs. 1 S. 1).** Zum Tragen kommt die Ablaufhemmung nach Abs. 1 S. 1 nur dann, wenn ein gesetzlicher Vertreter des nicht oder beschränkt Geschäftsfähigen fehlt. Gesetzlicher Vertreter eines **Minderjährigen** sind in der Regel die Eltern; übernehmen können diese Aufgabe aber auch ein Vormund (§§ 1773 ff), ein Pfleger (§ 1909) oder ein Beistand (§§ 1712 ff). Für **Volljährige**, die entweder geschäftsunfähig iSd § 104 Nr. 2 sind oder für die ein Einwilligungsvorbehalt angeordnet wurde (vgl Rn 5), ist gesetzlicher Vertreter der Betreuer (§§ 1896 ff). Bereits unter altem Recht wurde eine analoge Anwendung des § 206 aF bei Fehlen eines **Insolvenzverwalters** (§§ 56 ff InsO) angenommen, Letzterer mithin als gesetzlicher Vertreter der Insolvenzmasse angesehen. Dem ist auch unter neuem Recht zu folgen.[25]

9 Der **gesetzliche Vertreter fehlt**, wenn dieser entweder überhaupt nicht existiert (zB Tod der Eltern, fehlende Betreuung eines geschäftsunfähigen Volljährigen) oder rechtliche Hinderungsgründe einer Vertretung entgegenstehen.[26] Aus rechtlichen Gründen ausgeschlossen ist die Vertretung etwa in den Fällen der §§ 1629 Abs. 2 S. 1, 1795, 181 oder nach Entziehung der Vertretungsmacht für bestimmte Angelegenheiten gem. §§ 1629 Abs. 2 S. 3, 1796 sowie stets bei fehlender Geschäftsfähigkeit (§ 104 Nr. 2) des Vertreters.[27] Vor-

17 MüKo/*Grothe*, § 210 Rn 2; Palandt/*Ellenberger*, § 210 Rn 3; Bamberger/Roth/*Henrich*, § 210 Rn 2; Soergel/*Niedenführ*, § 210 Rn 7; Staudinger/*Peters/Jacoby*, § 210 Rn 4; Erman/*Schmidt-Räntsch*, § 210 Rn 6.

18 MüKo/*Grothe*, § 210 Rn 2; Palandt/*Ellenberger*, § 210 Rn 1; Staudinger/*Peters/Jacoby*, § 210 Rn 2; Erman/*Schmidt-Räntsch*, § 210 Rn 8.

19 BGH WM 1967, 657, 658.

20 Gegen eine Analogie: Staudinger/*Peters/Jacoby*, § 210 Rn 4; MüKo/*Grothe*, § 210 Rn 2. Für eine Analogie zumindest im Hinblick auf § 848 Abs. 2 ZPO: Erman/*Schmidt-Räntsch*, § 210 Rn 11.

21 Vgl zu § 848 ZPO die Ausführungen in BGH WM 1967, 657, 658.

22 Vgl Staudinger/*Peters/Jacoby*, § 210 Rn 8.

23 Erman/*Schmidt-Räntsch*, § 210 Rn 9.

24 MüKo/*Grothe*, § 210 Rn 2.

25 MüKo/*Grothe*, § 210 Rn 3; *Kirchhof*, WM 2002, 2037, 2039; Staudinger/*Peters/Jacoby*, § 210 Rn 5; Erman/*Schmidt-Räntsch*, § 210 Rn 7.

26 MüKo/*Grothe*, § 210 Rn 4; Soergel/*Niedenführ*, § 210 Rn 7; Erman/*Schmidt-Räntsch*, § 210 Rn 7.

27 MüKo/*Grothe*, § 210 Rn 4; Staudinger/*Peters/Jacoby*, § 210 Rn 6.

aussetzung für die Anwendbarkeit des Abs. 1 S. 1 ist im Fall lediglich partieller Vertretungsbefugnis, dass die Vertretung gerade für den in Rede stehenden Anspruch rechtlich ausgeschlossen ist. Bei bloß tatsächlicher Verhinderung an der Wahrnehmung der übertragenen Aufgaben kommt die Ablaufhemmung nach Abs. 1 nicht zum Tragen (zB Auslandsreise, Erkrankung, Arbeitsüberlastung);[28] im Einzelfall kann allerdings § 206 heranzuziehen sein (vgl § 206 Rn 9). Ebenfalls ausgeschlossen ist die Anwendung des Abs. 1, wenn es zu einem (übergangslosen) Wechsel in der Vertretung kommt und der neue Vertreter sich erst einen Überblick über die rechtlichen Verhältnisse des Schuldners verschaffen muss.[29] Denn Abs. 1 S. 1 ist bereits dann unanwendbar, wenn ein gesetzlicher Vertreter für den konkret betroffenen Anspruch rein faktisch vorhanden ist; ob dieser arbeitsfähig oder arbeitswillig ist, ist ohne Bedeutung.[30]

§ 210 enthält über das Vorstehende hinaus keine weiteren Einschränkungen. Daher greift die Vorschrift zugunsten des Gläubigers eines geschäftsunfähigen oder beschränkt geschäftsfähigen Schuldners auch dann ein, wenn der Gläubiger sich nicht im Rahmen des § 57 ZPO darum bemüht hat, den Mangel der Vertretung zu beseitigen.[31] Der Gläubiger soll nicht veranlasst werden, möglicherweise zum Nachteil des Schuldners, Maßnahmen zur Klärung der Geschäftsfähigkeit nur deswegen zu ergreifen, um die drohende Verjährung abzuwenden. Die Ablaufhemmung kann nach Abs. 1 selbst dann eintreten, wenn der Gläubiger die **fehlende volle Geschäftsfähigkeit** seines Schuldners **nicht erkannt** hat.[32] 10

4. Erfasste Ansprüche. § 210 findet auf alle verjährbaren Ansprüche Anwendung, sofern diese zumindest in Bezug auf die Frage der Hemmung, der Ablaufhemmung und des Neubeginns vollständig oder ergänzend den Regelungen des allgemeinen Verjährungsrechts in §§ 203 ff unterfallen. Die Anwendbarkeit des § 210 ist dabei nicht auf zivilrechtliche Ansprüche beschränkt. Soweit die Vorschriften des allgemeinen Verjährungsrechts auch auf öffentlich-rechtliche Ansprüche erstreckt werden – sei es infolge ausdrücklicher Verweisung (vgl § 62 S. 2 VwVfG),[33] sei es durch richterrechtlich legitimierte Analogie (s. § 194 Rn 19 ff) – kommt der Tatbestand der Ablaufhemmung wegen fehlender Geschäftsfähigkeit gleichfalls zum Tragen. 11

Auf **Gestaltungsrechte** (insb. Rücktritt und Minderung im Falle kauf- oder werkvertraglicher Ansprüche des nicht voll Geschäftsfähigen gegen Dritte sowie umgekehrt) findet die Vorschrift keine unmittelbare Anwendung. Die Ablaufhemmung wirkt sich jedoch indirekt über § 218 auch auf diese aus (vgl die dortige Kommentierung). 12

Nach **§ 213** erstreckt sich die Wirkung einer Ablaufhemmung auf die Ansprüche, die aus demselben Grund wahlweise neben dem oder anstelle des in seinem Ablauf gehemmten Anspruch(s) gegeben sind. Für die Ablaufhemmung nach § 210 hat diese Regelung indes keine eigenständige Bedeutung, da Abs. 1 S. 1 bereits sämtliche gegen oder für den nicht voll Geschäftsfähigen laufenden Fristen erfasst. Einer Wirkungserstreckung gem. § 213 bedarf es daher nicht.[34] 13

II. Rechtsfolgen (Abs. 1 S. 1 und 2)

1. Grundsatz. Nach Abs. 1 S. 1 tritt die Verjährung nicht vor dem Ablauf von **sechs Monaten** nach dem Zeitpunkt ein, in dem der Betreffende unbeschränkt geschäftsfähig oder der Mangel der Vertretung behoben wird. Ansprüche, die nicht schon verjährt waren, als der in Abs. 1 S. 1 bezeichnete Zustand (fehlende Geschäftsfähigkeit, mangelnde Vertretung) eingetreten ist, verjähren danach unabhängig von der in diesem Moment noch zur Verfügung stehenden Restfrist frühestens sechs Monate nach den genannten Zeitpunkten. Ohne Bedeutung ist in diesem Zusammenhang, wie lange der Mangel der gesetzlichen Vertretung andauerte; selbst eine wenige Tage oder Stunden andauernde Verhinderung löst die Rechtsfolgen des Abs. 1 aus.[35] 14

Relevant ist die Ablaufhemmung des S. 1 allerdings nur dann, wenn zu Beginn der Berechnung der Sechsmonatsfrist die restliche Verjährungsfrist weniger als sechs Monate umfasst und es zu einer entsprechenden Verjährungsverzögerung auch weder durch eine (Ablauf-)Hemmung noch durch einen Neubeginn der Verjährung nach anderen Vorschriften kommt oder gekommen ist (vgl hierzu auch Rn 20). In diesem Fall wird der Eintritt der Verjährung, der grds. vor dem nach Abs. 1 S. 1 (iVm §§ 187 Abs. 1, 188 Abs. 2) zu errechnenden 15

28 MüKo/*Grothe*, § 210 Rn 4; Palandt/*Ellenberger*, § 210 Rn 3; Bamberger/Roth/*Henrich*, § 210 Rn 4; Soergel/*Niedenführ*, § 210 Rn 7; Staudinger/*Peters/Jacoby*, § 210 Rn 6; Erman/*Schmidt-Räntsch*, § 210 Rn 7.

29 Staudinger/*Peters/Jacoby*, § 210 Rn 6.

30 MüKo/*Grothe*, § 210 Rn 4; Soergel/*Niedenführ*, § 210 Rn 7.

31 OLG Schleswig FamRZ 2007, 1902.

32 BT-Drucks. 14/6040, S. 120; OLG Schleswig FamRZ 2007, 1902.

33 Staudinger/*Peters/Jacoby*, § 210 Rn 11; s. zu der Annahme einer dynamischen Verweisung in § 62 VwVfG auf die neuen Verjährungsregelungen des BGB auch *Guckelberger*, Die Verjährung im Öffentlichen Recht, 2004, S. 617 f. Soweit die dem § 62 S. 2 VwVfG entspr. Regelungen der Landesgesetze auf die Vorschriften des BGB verweisen, hält *Guckelberger* diese allerdings für verfassungswidrig und votiert für die Fortgeltung der §§ 194 ff aF (ebd, S. 634 f).

34 Vgl Staudinger/*Peters/Jacoby*, § 213 Rn 10; aA Bamberger/Roth/*Henrich*, § 210 Rn 1.

35 MüKo/*Grothe*, § 210 Rn 6; Bamberger/Roth/*Henrich*, § 210 Rn 6; Staudinger/*Peters/Jacoby*, § 210 Rn 6.

Termin läge, auf den Tag hinausgeschoben, der sechs Monate nach der Erlangung der unbeschränkten Geschäftsfähigkeit oder der Behebung des Mangels der Vertretung liegt.[36]

16 Ist die Verjährungsfrist des Anspruchs (gemeint ist die ursprüngliche Frist, nicht die Restfrist) kürzer als sechs Monate, so wird nach Abs. 1 S. 2 die Zeitspanne von sechs Monaten durch diese **kürzere Frist** ersetzt. Dem Gläubiger soll nicht mehr Zeit zur Verfügung stehen, als dies der Fall wäre, wenn nach Eintritt der gem. Abs. 1 S. 1 die Ablaufhemmung auslösenden Ereignisse die volle Verjährungsfrist neu anlaufen würde.[37] Im Übrigen gilt das in Rn 14 f Ausgeführte entsprechend.

17 **2. Beginn der Frist des Abs. 1 S. 1 bzw Abs. 1 S. 2.** Die in Abs. 1 S. 1 bzw in Abs. 1 S. 2 vorgesehene Ablaufhemmung beginnt, nachdem der Betroffene unbeschränkt geschäftsfähig geworden oder der Mangel der Vertretung behoben ist. Gem. § 187 Abs. 1 wird die Frist am Tag nach dem für den Beginn der Ablaufhemmung maßgeblichen Ereignis um 0.00 Uhr in Lauf gesetzt.

18 **Beispiel:** Verstirbt der gesetzliche Vertreter eines Minderjährigen eine Woche, bevor ein gegen diesen gerichteter Anspruch mit einer Verjährungsfrist von mehr als sechs Monaten verjährt, und wird ein neuer Vertreter am 15.6. bestellt, so beginnt die sechsmonatige Ablaufhemmung des Abs. 1 S. 1 gem. § 187 Abs. 1 am 16.6. (0.00 Uhr) und endet gem. § 188 Abs. 2 am 15.12. (24.00 Uhr). Da die Verjährung ohne die Ablaufhemmung bereits vor diesem Zeitpunkt eingetreten wäre, kommt ein Fristlauf über den 15.12. hinaus nicht mehr in Betracht; der Anspruch ist vielmehr mit Ablauf dieses Tages verjährt.

19 **3. Erneuter Beginn der Ablaufhemmung.** Der Verjährungseintritt nach Ablauf der Frist des Abs. 1 S. 1 bzw des Abs. 1 S. 2 setzt voraus, dass während des Fristlaufs der Mangel der Vertretung nicht erneut eintritt. Sollten die Voraussetzungen des Abs. 1 S. 1 während der maßgeblichen Frist zu irgendeinem Zeitpunkt ein weiteres Mal erfüllt sein, etwa weil der Vertreter verstorben ist oder der Geschäftsunfähige nach einer lichten Phase wieder in den Zustand des § 104 Nr. 2 verfällt, läuft die Frist nicht weiter. Sie wird vielmehr erneut in Lauf gesetzt, sobald wiederum unbeschränkte Geschäftsfähigkeit eintritt bzw der Mangel der Vertretung behoben wird.[38]

III. Konkurrenzen

20 Die Ablaufhemmung nach § 210 schließt die parallele (Ablauf-)Hemmung oder den Neubeginn nach anderen Vorschriften nicht aus. Erhebt beispielsweise der gesetzliche Vertreter innerhalb der Sechsmonatsfrist des Abs. 1 S. 1 (oder der nach Abs. 1 S. 2 zu berechnenden kürzeren Frist) Klage oder kommt es zu Verhandlungen zwischen dem Vertreter und dem Anspruchsgegner, stehen die Wirkung des Abs. 1 und jene des § 203 bzw des § 204 Abs. 1 Nr. 1, Abs. 2 zunächst nebeneinander. Sollte die ursprüngliche Verjährungsfrist im Zeitpunkt der Erfüllung des weiteren Hemmungstatbestandes noch nicht abgelaufen sein, wird der Fristlauf gem. § 209 ausgesetzt. Abs. 1 kommt dann nur noch in den Fällen Bedeutung zu, in denen die Hemmungswirkung vor Ablauf der Frist des Abs. 1 S. 1 oder des Abs. 1 S. 2 aufgehoben wird und es ohne die Ablaufhemmung des § 210 zu einem Verjährungseintritt vor dem danach bestimmten Zeitpunkt käme. Tritt die Verjährung hingegen auch ohne § 210 später als nach Ablauf der dort bestimmten Ablaufhemmung ein, läuft die Vorschrift leer. Entsprechendes gilt, wenn im Zeitpunkt der Hemmung die Verjährungsfrist ohne § 210 bereits abgelaufen wäre. In diesem Fall führt die Hemmung zwar nicht zu einer Aussetzung der noch laufenden Frist, der Eintritt der Verjährung ist aber dennoch so lange aufgeschoben, bis der Hemmungsgrund wegfällt und ggf eine sich anschließende gesonderte Ablaufhemmungsfrist abgelaufen ist (vgl etwa § 203 S. 2). Ist in diesem Zeitpunkt auch die Frist des Abs. 1 S. 1 bereits überschritten, tritt in dem Moment Verjährung ein; ansonsten bleibt es bei dem nach Abs. 1 S. 1 bestimmten Verjährungseintritt.

IV. Übergangsrecht

21 Zum Übergangsrecht s. Art. 229 § 6 EGBGB Rn 36, 38.

C. Weitere praktische Hinweise

I. Beweislast

22 **1. Voraussetzungen des Abs. 1 S. 1. Darlegungs-** und **beweispflichtig** für das Vorliegen der Voraussetzungen des Abs. 1 S. 1 soll nach allgemeiner Ansicht jeweils der sich auf die Ablaufhemmung berufende

36 Erman/*Schmidt-Räntsch*, § 210 Rn 3.
37 MüKo/*Grothe*, § 210 Rn 6.
38 Soergel/*Niedenführ*, § 210 Rn 8; Erman/*Schmidt-Räntsch*, § 210 Rn 4.

Gläubiger sein.[39] Da Abs. 1 S. 1 kumulativ mangelnde Geschäftsfähigkeit sowie fehlende gesetzliche Vertretung voraussetzt, muss der Gläubiger darlegen und ggf beweisen, dass zumindest für einen bestimmten Zeitpunkt vor dem Eintritt der Verjährung beide Umstände vorlagen. Wer die Beweislast dafür trägt, dass der Betroffene wieder unbeschränkt geschäftsfähig geworden ist oder der Mangel der Vertretung behoben wurde, wird in Schrifttum und Rechtsprechung zumeist nicht problematisiert. Doch sollte auch insoweit dem Gläubiger die Beweislast auferlegt werden.[40] Eine Vermutung dahingehend, dass die fehlende oder beschränkte Geschäftsfähigkeit bzw der Mangel der Vertretung fortbesteht, so dass das Gegenteil die Ausnahme darstellte und daher vom Schuldner zu beweisen wäre, ist dem Gesetz nicht zu entnehmen. Vgl zur Problematik auch die Ausführungen in § 203 Rn 59.

2. Voraussetzungen des Abs. 2. Macht der Schuldner die Ausnahmeregelung des Abs. 2 geltend, so trägt 23
er diesbezüglich die Darlegungs- und Beweislast.

II. Vermeidung von Beweisschwierigkeiten

Die Ablaufhemmung nach Abs. 1 kommt dem Gläubiger eines nicht voll geschäftsfähigen Schuldners nur 24
dann zugute, wenn dieser im Falle eines Rechtsstreits tatsächlich die mangelnde Geschäftsfähigkeit nachweisen kann. Bestehen Zweifel an der Beweisbarkeit der Voraussetzungen des Abs. 1 S. 1, so ist zu erwägen, trotz der rechtlich vorgesehenen Begünstigung, zur Wahrung der eigenen Rechte gegen den Schuldner – ggf unter Heranziehung des § 57 ZPO – innerhalb der Frist vorzugehen, die zur Verfügung stünde, wenn die Ablaufhemmung des Abs. 1 nicht zum Tragen käme.[41]

§ 211 Ablaufhemmung in Nachlassfällen

[1]Die Verjährung eines Anspruchs, der zu einem Nachlass gehört oder sich gegen einen Nachlass richtet, tritt nicht vor dem Ablauf von sechs Monaten nach dem Zeitpunkt ein, in dem die Erbschaft von dem Erben angenommen oder das Insolvenzverfahren über den Nachlass eröffnet wird oder von dem an der Anspruch von einem oder gegen einen Vertreter geltend gemacht werden kann. [2]Ist die Verjährungsfrist kürzer als sechs Monate, so tritt der für die Verjährung bestimmte Zeitraum an die Stelle der sechs Monate.

Literatur: *Müller*, Ablaufhemmung nach § 211 BGB bei der Vorlegungsfrist für Inhaberschuldverschreibungen (§ 801 BGB), WM 2006, 13.

A. Allgemeines

§ 211 regelt die Ablaufhemmung der Verjährung von Ansprüchen, die zu einem Nachlass gehören oder sich 1
gegen einen Nachlass richten. Die Vorschrift soll verhindern, dass die betreffenden Ansprüche verjähren, ohne dass dem jeweiligen Gläubiger ausreichend Zeit zur Verfügung gestanden hätte, seine Rechte zu verfolgen.[1] Erben und Nachlassgläubiger sollen gleichermaßen davor bewahrt werden, ihre Ansprüche allein deswegen nicht mehr durchsetzen zu können, weil in unverjährter Zeit aufgrund des Erbfalls eine Verfolgung der Ansprüche nicht oder nicht mehr möglich war. Diese Gefahr besteht u.a. deshalb, weil nach § 1958 ein gegen den Nachlass gerichteter Anspruch nicht vor der Annahme der Erbschaft gegen den Erben gerichtlich geltend gemacht werden kann. Umgekehrt wäre ohne die Ablaufhemmung nach § 211 ein in den Nachlass fallender

39 MüKo/*Grothe*, § 210 Rn 1, 5; Staudinger/*Peters/Jacoby*, § 210 Rn 1; PWW/*Kesseler*, § 210 Rn 1; Erman/*Schmidt-Räntsch*, § 210 Rn 2. Zur Ablaufhemmung bei Ansprüchen gegen einen nicht voll Geschäftsfähigen zudem: *Birr*, Verjährung und Verwirkung, 2003, Rn 97. Zur Ablaufhemmung bei Ansprüchen des nicht voll Geschäftsfähigen: SG Chemnitz, Urt. v. 23.10.2008 – S 10 KR 41/04, Rn 27; BGH WM 2000, 2246, 2248 (dort noch zu § 206 aF).

40 Ebenso MüKo/*Grothe*, § 210 Rn 1. Vgl in allg. Zusammenhang auch Stein-Jonas/*Leipold*, ZPO, § 286 Rn 70, wonach bei Nachweis der Geschäftsunfähigkeit in einem konkreten Moment das Vorliegen eines lucidum intervallum von demjenigen zu beweisen ist, der seine Rechte darauf stützt.

41 *Birr*, Verjährung und Verwirkung, 2003, Rn 97; MüKo/*Grothe*, § 210 Rn 5; Palandt/*Ellenberger*, § 210 Rn 1; Staudinger/*Peters/Jacoby*, § 210 Rn 6.

1 *Amend*, JuS 2002, 743, 745; Soergel/*Niedenführ*, § 211 Rn 2.

Anspruch durch den Erben nicht mehr durchsetzbar, wenn der erstberufene Erbe die Erbschaft ausschlüge und die Verjährung noch vor der Ausschlagung eingetreten wäre. Die Ablaufhemmung nach § 211 **entspricht** sachlich **§ 207 aF**. Bedenken gegen § 211 oder besondere Probleme waren im Gesetzgebungsverfahren nicht aufgetreten.[2] § 207 aF wurde daher, von geringfügigen sprachlichen Überarbeitungen abgesehen, als neuer § 211 beibehalten. Rechtsprechung und Literatur zum bisherigen Recht können dementsprechend für die Auslegung des § 211 auch weiterhin ergänzend herangezogen werden.[3]

2 Die Vorschrift findet auf einige gesetzliche **Ausschlussfristen** kraft Verweisung entsprechende Anwendung. Hierzu zählen §§ 124 Abs. 2 S. 2, 204 Abs. 3, 802 S. 3, 939 Abs. 2, 1002 Abs. 2, 1954 Abs. 2 S. 2, 2082 Abs. 2 S. 2 sowie sondergesetzlich §§ 26 Abs. 1 S. 3, 160 Abs. 1 S. 3 HGB, §§ 45 Abs. 2 S. 2, 133 Abs. 4 S. 2, 157 Abs. 2 S. 2, 224 Abs. 3 S. 2 UmwG und § 327 Abs. 4 AktG. Die entsprechende Anwendbarkeit des § 207 aF ist unter altem Recht zudem im Fall der Ausschlussfrist des § 89 b Abs. 4 S. 2 HGB (Ausgleichsanspruch des Handelsvertreters) angenommen worden.[4] Gleiches dürfte nunmehr für § 211 gelten.[5] Umstritten ist die Anwendbarkeit des § 211 auf die Vorlegungsfrist des § 801 Abs. 1 S. 1.[6] Die bewusste Unterscheidung zwischen Verjährungs- und Ausschlussfristen in § 801 sowie die ausdrückliche Verweisung auf § 211 in § 802 S. 3 (nicht jedoch in § 801) spricht allerdings gegen die analoge Anwendbarkeit des § 211 auf § 801 Abs. 1 S. 1. Bei der Übertragung des § 211 auf (gesetzliche oder vereinbarte) Ausschlussfristen ist auch ansonsten Zurückhaltung geboten. Im Regelfall hat der Erbfall keine Auswirkungen auf den Lauf von Ausschluss- oder sonstigen Fristen.[7] Eine eigene Ablaufhemmung besteht für den **Herausgabeanspruch des fälschlicherweise für tot Erklärten** in § 2031 (vgl hierzu die Kommentierung dort).

3 Die Ablaufhemmung des § 211 erfasst nach § 213 auch jene Ansprüche, die zu den in § 211 genannten in **elektiver** (oder alternativer) **Konkurrenz** stehen.[8]

4 § 211 entspricht im Wesentlichen Art. 14:306 der **Principles of European Contract Law** (PECL, *Lando*-Principles; dazu Vor §§ 194–218 Rn 20 ff).[9] Anders als § 211 sieht Art. 14:306 PECL allerdings eine deutlich längere Mindestfrist bis zum Eintritt der Verjährung vor. Die Verjährung tritt danach nicht vor dem Ablauf eines Jahres nach dem Zeitpunkt ein, in dem der Anspruch hätte geltend gemacht werden können. Eine Einschränkung entsprechend S. 2 findet sich in Art. 14:306 PECL nicht. Dies beruht auf dem Umstand, dass die Principles of European Contract Law eine unter einem Jahr liegende gesetzliche oder vertraglich vereinbarte Verjährungsfrist nicht vorsehen,[10] eine Verkürzung der einjährigen Ablaufhemmung durch im Einzelnen maßgebliche kürzere Fristen mithin nicht in Betracht kommt.

B. Regelungsgehalt

I. Anwendungsbereich (S. 1)

5 § 211 erfasst zunächst alle **zum Nachlass gehörenden** Ansprüche. Hierzu zählen sowohl die in den Nachlass gefallenen Forderungen des Erblassers gegen Dritte als auch solche Ansprüche, die erst nach dem Tod des Erblassers entstanden sind, jedoch gleichfalls als zum Nachlass gehörig betrachtet werden (zB Ansprüche nach § 857 iVm § 861; § 1959 Abs. 1 iVm §§ 681 S. 2, 667; § 2018).[11]

6 In den Anwendungsbereich des § 211 einbezogen sind des Weiteren die **gegen den Nachlass gerichteten** Ansprüche. Nach der Definition des § 1967 Abs. 2 fallen hierunter neben den vom Erblasser begründeten Schulden (Erblasserschulden) auch die den Erben als solchen treffenden Verbindlichkeiten (Erbfallschul-

2 BT-Drucks. 14/6040, S. 120.

3 Henssler/von Westphalen/*Bereska*, Praxis der Schuldrechtsreform, 2. Aufl. 2003, § 211 Rn 1; *Birr*, Verjährung und Verwirkung, 2003, Rn 99; Soergel/*Niedenführ*, § 211 Rn 1.

4 BGHZ 73, 99, 102 f.

5 Im Zeitpunkt der vorstehenden Entscheidung (1978) sah die Regelung des § 89 b Abs. 4 S. 2 HGB aF noch eine Frist von drei Monaten vor. Zwischenzeitlich wurde sie auf ein Jahr erhöht. Die damals tragenden Gründe sind dadurch jedoch nicht überholt, sondern können auf die Neufassung des § 89 b Abs. 4 S. 2 HGB übertragen werden; ebenso Erman/*Schmidt-Räntsch*, § 211 Rn 6.

6 Gegen die Anwendung des § 211 auf § 801 Abs. 1 S. 1: Palandt/*Sprau*, § 801 Rn 1; MüKo/*Habersack*, § 801 Rn 1, 3; Staudinger/*Marburger*, § 801 Rn 5; für eine Analogie *Müller*, WM 2006, 13, 16 ff.

7 Vgl *Reiter*, BB 2006, 42, 46 f (keine Anwendung auf tarifliche Ausschlussfristen); Staudinger/*Peters/Jacoby*, § 211 Rn 6 (grds. keine Anwendung auf vertragliche Ausschlussfristen).

8 Bamberger/Roth/*Henrich*, § 211 Rn 1; aA wohl Staudinger/*Peters/Jacoby*, § 213 Rn 10.

9 In deutscher Sprache veröffentlicht in ZEuP 2003, 895 ff; Art. 14:306 PECL entspricht Art. 17:110 PECL der vorherigen Fassung, abgedruckt in ZEuP 2001, 400, 401.

10 Vgl *Mansel/Budzikiewicz*, Das neue Verjährungsrecht, 2002, § 1 Rn 35.

11 MüKo/*Grothe*, § 211 Rn 2; Bamberger/Roth/*Henrich*, § 211 Rn 2; Staudinger/*Peters/Jacoby*, § 211 Rn 2; Erman/*Schmidt-Räntsch*, § 211 Rn 2.

den).[12] In erster Linie sind dies die Verbindlichkeiten aus Pflichtteilsrechten, Vermächtnissen und Auflagen, aber auch Ansprüche nach § 1959 Abs. 1 iVm § 683, § 1968 oder § 2022.[13] Obwohl nicht in § 1967 Abs. 2 aufgeführt, gelten als Nachlassverbindlichkeiten zudem Nachlasskosten- oder Nachlassverwaltungsschulden sowie Nachlasserbenschulden (zB Ansprüche aus §§ 812 ff wegen überzahlter Rentenleistungen).[14]

Auf **Gestaltungsrechte** (insb. Rücktritt und Minderung im Falle kauf- oder werkvertraglicher Ansprüche des Erblassers gegen Dritte sowie vice versa) findet die Vorschrift keine unmittelbare Anwendung. Die Ablaufhemmung wirkt sich jedoch indirekt über § 218 auch auf diese aus (vgl die dortige Kommentierung).

II. Rechtsfolgen (S. 1 und 2)

1. Grundsatz. Nach S. 1 tritt die Verjährung eines der dort genannten Ansprüche nicht vor dem Ablauf von **sechs Monaten** nach der Annahme der Erbschaft, der Eröffnung des Insolvenzverfahrens oder der Einsetzung eines Vertreters ein. Ansprüche, die im Moment des Erbfalls noch nicht verjährt waren, verjähren danach unabhängig von der noch zur Verfügung stehenden Restfrist frühestens sechs Monate nach den genannten Zeitpunkten. Von Bedeutung ist die Ablaufhemmung des S. 1 immer dann, wenn zu Beginn der Berechnung der Sechsmonatsfrist die restliche Verjährungsfrist weniger als sechs Monate umfasst und es zu einer entsprechenden Verjährungsverzögerung auch weder durch eine (Ablauf-)Hemmung noch durch einen Neubeginn der Verjährung nach anderen Vorschriften kommt oder gekommen ist (vgl hierzu auch Rn 12). In diesem Fall wird der Eintritt der Verjährung, der grds. vor dem nach S. 1 (iVm §§ 187 Abs. 1, 188 Abs. 2) zu errechnenden Termin läge, auf den Tag hinausgeschoben, der sechs Monate nach der Erbschaftsannahme etc. liegt. 7

Beispiel: Verstirbt der Gläubiger eines Anspruchs eine Woche vor Ablauf einer mehr als sechs Monate betragenden Verjährungsfrist und nimmt der Erbe am 15.6. die Erbschaft an, so beginnt die sechsmonatige Ablaufhemmung des S. 1 gem. § 187 Abs. 1 am 16.6. (0.00 Uhr) und endet gem. § 188 Abs. 2 am 15.12. (24.00 Uhr). Da die Verjährung ohne die Ablaufhemmung bereits vor diesem Zeitpunkt eingetreten wäre, kommt ein Fristlauf über den 15.12. hinaus nicht mehr in Betracht; der Anspruch ist vielmehr mit Ablauf dieses Tages verjährt. 8

Sollte die Verjährungsfrist des Anspruchs (gemeint ist die ursprüngliche Frist, nicht die Restfrist) kürzer sein als sechs Monate, wird nach S. 2 die Zeitspanne von sechs Monaten durch diese **kürzere Frist** ersetzt. Dem Gläubiger soll nicht mehr Zeit zur Verfügung stehen, als dies der Fall wäre, wenn nach der Aufhebung der durch den Erbfall bedingten Hindernisse die volle Verjährungsfrist neu anlaufen würde. Im Übrigen gilt das unter Rn 7 Gesagte entsprechend. 9

2. Beginn der Frist des S. 1 bzw des S. 2. Die Karenzfrist von sechs Monaten nach S. 1 bzw die kürzere nach S. 2 zu bestimmende Frist beginnt (a.) mit der **Annahme der Erbschaft** (§§ 1943 ff).[15] Wurde ein Erbschein erteilt, ist die Annahme der Erbschaft dadurch zumindest indiziert[16] (vgl zur Beweislast im Übrigen Rn 14). Sind mehrere Personen erbberechtigt, beginnt die Frist nicht vor der Annahme durch den letzten Miterben.[17] (b.) Den Fristbeginn löst ebenfalls die **Eröffnung des Nachlassinsolvenzverfahrens** (§§ 315 ff InsO) aus. Wird nach der Verfahrenseröffnung ein Anspruch gegen den Nachlass zur Nachlass-Insolvenztabelle angemeldet, so führt dies gem. § 204 Abs. 1 Nr. 10 zu einer zusätzlichen Verjährungshemmung einschließlich der nach § 204 Abs. 2 vorgesehenen sechsmonatigen Nachfrist.[18] Die Hemmung nach § 204 und die Ablaufhemmung nach § 211 ergänzen sich in diesem Fall (vgl auch Rn 12). (c.) Schließlich wird die Frist des § 211 auch durch das Vorhandensein eines **Nachlassvertreters** ausgelöst. Als solche können agieren der Abwesenheitspfleger (§ 1911), der Nachlasspfleger (§§ 1960 ff), der Nachlassverwalter (§§ 1981 ff) sowie der Testamentsvollstrecker (§ 2197). Voraussetzung für eine wirksame Vertretung des Nachlasses durch den Testamentsvollstrecker ist allerdings die Annahme des Amtes (§ 2202 Abs. 1). Dementsprechend kann auch die Frist des § 211 erst von diesem Zeitpunkt an gerechnet werden.[19] In den übrigen Fällen kommt es auf die gerichtliche Bestellung an.[20] 10

12 Bamberger/Roth/*Henrich*, § 211 Rn 2; Staudinger/*Peters/Jacoby*, § 211 Rn 3; Erman/*Schmidt-Räntsch*, § 211 Rn 2.
13 Weitere Beispiele bei § 1967 Rn 46 ff.
14 Vgl hierzu§ 1967 Rn 54 f und 56 ff.
15 Zum Sonderfall der Vor- und Nacherbschaft vgl Staudinger/*Peters/Jacoby*, § 211 Rn 4.
16 LAG Köln v. 4.3.2005 – 4 Sa 1198/04, Rn 24; vgl auch OLG Rostock NJW-RR 2007, 69.
17 MüKo/*Grothe*, § 211 Rn 3; Palandt/*Ellenberger*, § 211 Rn 1; Bamberger/Roth/*Henrich*, § 211 Rn 3; Soergel/*Niedenführ*, § 211 Rn 3; Erman/*Schmidt-Räntsch*, § 211 Rn 5; differenzierend Staudinger/*Peters/Jacoby*, § 211 Rn 4: Bei Ansprüchen gegen den Nachlass kommt es auf den letzten Miterben an; bei Ansprüchen des Nachlasses gegen Dritte genügt bereits die Annahme durch einen Erben.
18 *Krug*, Die Auswirkungen der Schuldrechtsreform auf das Erbrecht, 2002, Rn 137 (S. 49); Erman/*Schmidt-Räntsch*, § 211 Rn 5.
19 RGZ 100, 279, 281.
20 MüKo/*Grothe*, § 211 Rn 5; Palandt/*Ellenberger*, § 211 Rn 1; Bamberger/Roth/*Henrich*, § 211 Rn 3; Soergel/*Niedenführ*, § 211 Rn 3; Staudinger/*Peters/Jacoby*, § 211 Rn 5; Erman/*Schmidt-Räntsch*, § 211 Rn 5.

11 **3. Erneuter Beginn der Ablaufhemmung.** Der Verjährungseintritt nach Ablauf der Frist des S. 1 bzw des S. 2 setzt voraus, dass der Erbe bzw der Nachlassgläubiger während des Laufes der Frist ohne den erneuten Eintritt der durch den Erbfall bedingten Hindernisse die Möglichkeit hatte, seine Ansprüche geltend zu machen. Sollte der Nachlass während der maßgeblichen Frist zu irgendeinem Zeitpunkt wiederum nicht vertreten sein, etwa weil die Annahme der Erbschaft angefochten wird oder ein Vertreter nicht mehr zur Verfügung steht, läuft die Frist nicht weiter. Sie wird vielmehr erneut in Lauf gesetzt, sobald wiederum eines der in § 211 aufgeführten Ereignisse (Erbschaftsannahme, Eröffnung des Nachlassinsolvenzverfahrens, Nachlassvertretung) eintritt.[21]

III. Konkurrenzen

12 Die Ablaufhemmung nach § 211 schließt die parallele (Ablauf-)Hemmung oder den Neubeginn nach anderen Vorschriften nicht aus. Erhebt etwa der Erbe oder ein Nachlassgläubiger innerhalb der Sechsmonatsfrist des S. 1 (oder der nach S. 2 zu berechnenden kürzeren Frist) Klage oder kommt es zu Verhandlungen zwischen den Parteien, stehen die Wirkung des § 211 und jene des § 203 bzw § 204 Abs. 1 Nr. 1, Abs. 2 zunächst nebeneinander. Sollte die ursprüngliche Verjährungsfrist im Zeitpunkt der Erfüllung der Hemmungstatbestände der §§ 203, 204 (oder anderer) noch nicht abgelaufen sein, wird der Fristlauf gem. § 209 ausgesetzt. § 211 kommt dann nur noch in den Fällen Bedeutung zu, in denen die Hemmungswirkung vor Ablauf der Frist des S. 1 oder des S. 2 aufgehoben wird und es ohne die Ablaufhemmung des § 211 zu einem Verjährungseintritt vor dem nach S. 1 bzw nach S. 2 zu bestimmenden Zeitpunkt käme. Tritt die Verjährung hingegen auch ohne § 211 später als nach Ablauf der dort bestimmten Ablaufhemmung ein, ist die Vorschrift bedeutungslos. Wäre im Zeitpunkt der Hemmung (nach §§ 203, 204 etc.) die Verjährungsfrist hingegen ohne § 211 bereits abgelaufen (ist es mithin allein der Wirkung des § 211 zu verdanken, dass der Anspruch noch nicht verjährt ist), führt eine etwaige Hemmung nach §§ 203, 204 etc. nicht zur Aussetzung der noch laufenden Verjährungsfrist (diese ist ja bereits vollständig abgelaufen). Die Hemmung steht vielmehr neben der Ablaufhemmung nach § 211 und verhindert den Eintritt der Verjährung so lange, bis der Hemmungsgrund wegfällt und ggf eine sich anschließende gesonderte Ablaufhemmungsfrist (zB nach § 203 S. 2) abgelaufen ist. Ist in diesem Zeitpunkt auch die Frist des § 211 bereits überschritten, tritt in dem Moment Verjährung ein; ansonsten bleibt es bei dem nach § 211 bestimmten Verjährungseintritt.

IV. Übergangsrecht

13 Zum Übergangsrecht s. Art. 229 § 6 EGBGB Rn 36 f.

C. Weitere praktische Hinweise

14 **Darlegungs-** und **beweispflichtig** für das Vorliegen eines Nachlassfalles in unverjährter Zeit ist nach den allgemeinen Beweislastregeln (vgl hierzu § 203 Rn 59) der sich auf die Ablaufhemmung des S. 1 berufende Gläubiger. Ist dieser Beweispflicht Genüge getan oder ist der Eintritt des Erbfalls unstreitig, schließt sich die Frage an, wer die Beweislast dafür trägt, dass die in S. 1 genannten Ereignisse eingetreten sind, die den Beginn der in der Vorschrift vorgesehenen Sechsmonatsfrist (oder der nach S. 2 zu berechnenden kürzeren Frist) bedingen (Annahme der Erbschaft, Eröffnung des Insolvenzverfahrens, Vorhandensein eines Nachlassvertreters). Da die ungestört fortlaufende Verjährungsfrist den Regelfall, die Hemmung dagegen die Ausnahme darstellt, obliegt es im Streitfall dem Gläubiger, auch die Nichtannahme der Erbschaft, die Nichteröffnung des Insolvenzverfahrens und das Fehlen eines Nachlassvertreters zu beweisen.[22] Vgl zur Problematik auch die Ausführungen in § 203 Rn 59.

§ 212 Neubeginn der Verjährung

(1) Die Verjährung beginnt erneut, wenn

1. **der Schuldner dem Gläubiger gegenüber den Anspruch durch Abschlagszahlung, Zinszahlung, Sicherheitsleistung oder in anderer Weise anerkennt oder**

21 MüKo/*Grothe*, § 211 Rn 5; Bamberger/Roth/*Henrich*, § 211 Rn 3; Soergel/*Niedenführ*, § 211 Rn 5; Staudinger/*Peters/Jacoby*, § 211 Rn 5; Erman/*Schmidt-Räntsch*, § 211 Rn 5.

22 Ebenso MüKo/*Grothe*, § 211 Rn 2 iVm § 210 Rn 1. Ohne Auseinandersetzung mit der Problematik dagegen LAG Köln, Urt. v. 4.3.2005 – 4 Sa 1198/04, Rn 24; in der Entscheidung wird lediglich pauschal darauf verwiesen, dass die Voraussetzungen des § 211 vom Gläubiger darzulegen sind.

2. eine gerichtliche oder behördliche Vollstreckungshandlung vorgenommen oder beantragt wird.

(2) Der erneute Beginn der Verjährung infolge einer Vollstreckungshandlung gilt als nicht eingetreten, wenn die Vollstreckungshandlung auf Antrag des Gläubigers oder wegen Mangels der gesetzlichen Voraussetzungen aufgehoben wird.

(3) Der erneute Beginn der Verjährung durch den Antrag auf Vornahme einer Vollstreckungshandlung gilt als nicht eingetreten, wenn dem Antrag nicht stattgegeben oder der Antrag vor der Vollstreckungshandlung zurückgenommen oder die erwirkte Vollstreckungshandlung nach Absatz 2 aufgehoben wird.

Literatur: *Arnold*, Verjährung und Nacherfüllung, in: FS Eggert, 2008, S. 41; *Auktor/Möch*, Nacherfüllung – nur noch auf Kulanz?, NJW 2005, 1686; *Gramer/Thalhofer*, Hemmung oder Neubeginn der Verjährung bei Nachlieferung durch den Verkäufer, ZGS 2006, 250; *Haas/Schulze*, Urteilsvertretendes Anerkenntnis und Verjährung, in: FS Graf von Westphalen, 2010, S. 253; *Menges*, Vertraglicher Ausschluss der Kettengewährleistung zulässig, ZGS 2008, 457; *Peters*, Das Anerkenntnis des Schuldners im System des Verjährungsrechts, JZ 2003, 838; *Schulze-Osterloh*, Erneuter Beginn der Verjährung von Ansprüchen gegen Gesellschafter durch Feststellung des Jahresabschlusses, in: FS Westermann, 2008, S. 1487; *Tiedtke/Holthusen*, Auswirkungen eines Anerkenntnisses der Hauptschuld durch den Hauptschuldner auf die Haftung des Bürgen, WM 2007, 93.

A. Allgemeines

I. Normgeschichte und Normzweck

Seit Inkrafttreten des SchuldRModG ist in den §§ 203 ff ein Neubeginn der Verjährung nur noch gem. § 212 für die Fälle des Anerkenntnisses des Anspruchs (Abs. 1 Nr. 1) sowie der Vornahme oder Beantragung einer gerichtlichen oder behördlichen Vollstreckungshandlung (Abs. 1 Nr. 2) vorgesehen. Im **alten Recht** war die nicht als Neubeginn, sondern als Unterbrechung bezeichnete Rechtsfigur (abgesehen von vereinzelten Sonderbestimmungen) mit zahlreichen unterschiedlichen Tatbeständen in den §§ 208–217 aF geregelt. Die meisten dieser früheren Unterbrechungsgründe sind seit dem 1.1.2002 nur noch Hemmungsgründe und werden jetzt durch §§ 204, 209 erfasst. Der Gesetzgeber entschied sich für eine Umwandlung in Hemmungsgründe, da die Unterbrechungstatbestände des bisherigen Verjährungsrechts im Einzelnen schwer zu rechtfertigende Differenzierungen enthielten. Darüber hinaus sah das bisherige Recht zahlreiche Fälle vor, in denen eine bestimmte Maßnahme die Verjährung unterbrach, ohne dass die daraus sich ergebende Folge – nämlich die Ingangsetzung einer neuen Verjährungsfrist – immer sachlich gerechtfertigt erschien.[1] 1

Der Einleitungssatz des Abs. 1 **definiert** den Neubeginn und übernimmt den sachlichen Gehalt des § 217 aF. Der Neubeginn bewirkt danach, dass die bereits angelaufene, aber noch nicht abgelaufene (vgl Rn 30) Verjährungszeit nicht beachtet wird und die Verjährungsfrist in voller Länge erneut zu laufen beginnt. Dabei ist wiederum die **ursprünglich** für den Anspruch kraft Gesetzes oder kraft vertraglicher Abrede (s. § 202) **geltende Verjährungsfrist** zur Anwendung zu bringen.[2] 2

Verjährt der Anspruch in der allgemeinen Verjährungsfrist der §§ 195, 199 Abs. 1, so läuft nicht nur die Dreijahresfrist des § 195 neu an, sondern auch die **Verjährungshöchstfristen** des § 199 Abs. 2–4.[3] Dem wird 3

1 BT-Drucks. 14/6040, S. 91.
2 Vgl KG Berlin, Beschl. v. 1.7.2009 – 12 U 87/09, Rn 36 ff (das Anerkenntnis der Forderung führt nicht dazu, dass nunmehr die dreißigjährige Frist des § 197 Abs. 1 Nr. 3 für rechtskräftig festgestellte Ansprüche gilt). S. allerdings zu dem Sonderfall, dass der Unternehmer seine Pflicht zur Mängelbeseitigung anerkennt, nachdem der Besteller eines Bauwerkes Beseitigung der Mängel gem. § 13 Nr. 5 Abs. 1 S. 1 VOB/B idF von Juli 1990 nach Ablauf der Gewährleistungsfrist von mehr als drei, aber weniger als fünf Jahren verlangt hat, OLG Celle, Urt. v. 18.12.2003 – 6 U 121/03, Rn 33 ff. Nach Auffassung des Gerichts läuft in diesem Fall nicht die vereinbarte fünfjährige Frist erneut an, sondern die zweijährige Regelfrist des § 13 Nr. 4 VOB/B.
3 S. hierzu auch *Fischinger*, VersR 2006, 1475 ff.

zwar zumeist keine Bedeutung zukommen, da die Voraussetzungen des § 199 Abs. 1 sowohl bei einer Anerkennung durch den Schuldner (Abs. 1 Nr. 1) als auch bei der Beantragung oder Vornahme einer Vollstreckungshandlung (Abs. 1 Nr. 2) regelmäßig vorliegen. Sollte es allerdings aufgrund einer Schädigung zu Spätschäden kommen, die nicht von dem Grundsatz der Schadenseinheit[4] erfasst werden und damit nicht bereits dann als entstanden gelten, wenn sich die Vermögenslage des Geschädigten durch das schadenstiftende Ereignis verschlechtert und sich diese Verschlechterung dem Grunde nach verwirklicht hat, kann namentlich der Neubeginn der Verjährungshöchstfrist des § 199 Abs. 2 doch einmal relevant werden. Voraussetzung ist in diesem Fall allerdings, dass der Neubeginntatbestand auch den Anspruch auf Ersatz dieser Spätschäden mit umfasst.

4 Unterwirft sich der Schuldner mit dem Anerkenntnis zugleich der Zwangsvollstreckung in einer notariellen Urkunde (vgl § 794 Abs. 1 Nr. 5 ZPO), kommt es ggf zu einem doppelten Neubeginn der Verjährung. Fallen der Zeitpunkt des Anerkenntnisses und jener der Errichtung des vollstreckbaren Titels zeitlich auseinander, wird die Verjährung zunächst nach Abs. 1 Nr. 1 neu in Lauf gesetzt. Mit der Titulierung beginnt die Frist dann wiederum erneut zu laufen; allerdings ist dies jetzt nicht mehr die ursprünglich für die Verjährung maßgebliche Frist, sondern die dreißigjährige Frist des § 197 Abs. 1 Nr. 4. Fallen Anerkenntnis und Titelerrichtung zusammen, verdrängt § 197 Abs. 1 Nr. 4 die Regelung des Abs. 1 Nr. 1.

5 Der Regelungsgehalt des § 212 entspricht auch in seinen Voraussetzungen dem bisherigen Recht. Die Regelung des Neubeginns der Verjährung infolge eines **Anerkenntnisses** in Abs. 1 Nr. 1 ist mit § 208 aF inhaltsgleich, mit der Ausnahme, dass in Abs. 1 Nr. 1 nun von „Schuldner" und „Gläubiger" statt „Verpflichteter" und „Berechtigter" die Rede ist.[5] Der Unterbrechungsgrund des § 209 Abs. 2 Nr. 5 aF (**Vollstreckungshandlung** bzw **Vollstreckungsantrag**) wird jetzt in Abs. 1 Nr. 2 geregelt. Dabei wurde der Normtext gestrafft und auch inhaltlich verändert. Diese Änderungen dienen aber allein der Anpassung des Normtextes an das heutige Verständnis der Zwangsvollstreckung und der erleichterten Rechtsanwendung (Rn 20). Andere Normanwendungsergebnisse ergeben sich daraus nicht und waren auch nicht beabsichtigt.[6] Abs. 2 und Abs. 3 decken sich inhaltlich mit § 216 Abs. 1 und Abs. 2 aF.

Insgesamt kann für die Anwendung des § 212 daher auf die zu den genannten Normen des bisherigen Rechts ergangene Rechtsprechung und die dazugehörige Lehre verwiesen werden.

II. Europäisches Vertragsrecht

6 § 212 entspricht im Grundsatz Art. 14:401 und Art 14:402 der Principles of European Contract Law (zu diesen s. Vor §§ 194–218 Rn 20 ff).[7]

III. Weitere Neubeginntatbestände

7 Außerhalb der §§ 203 ff finden sich **weitere Tatbestände des Neubeginns**, so etwa in § 5 Abs. 3 S. 2 GKG, § 17 Abs. 3 S. 2 KostO, § 7 Abs. 3 S. 2 FamGKG, § 8 Abs. 3 S. 2 GvKostG, § 2 Abs. 4 S. 2 JVEG iVm § 5 Abs. 3 S. 2 GKG.[8]

IV. Ausschluss des Neubeginns

8 Einige **Sonderregeln** schließen für ihren Anwendungsbereich unter bestimmten Umständen den Neubeginn (und die Hemmung) aus. So findet bei **geringfügigen Ansprüchen** ein solcher Ausschluss durch § 5 Abs. 3 S. 4 GKG, § 17 Abs. 3 S. 3 KostO, § 8 Abs. 3 S. 4 GvKostG und § 2 Abs. 4 S. 2 JVEG iVm § 5 Abs. 3 S. 4 GKG statt.

9 Einen vollständigen Ausschluss des Neubeginns (und der Hemmung) sieht § 759 Abs. 3 S. 2 HGB vor. Der Ausschluss betrifft allerdings nicht die Verjährung eines Anspruchs, sondern eine **Ausschlussfrist**. § 759 HGB regelt, dass das **Pfandrecht eines Schiffsgläubigers** nach Ablauf eines Jahres seit der Entstehung der gesicherten Forderung erlischt. § 759 Abs. 2 HGB benennt Ausnahmen davon. So erlischt das Pfandrecht zB nicht, wenn der Gläubiger innerhalb der Jahresfrist die Beschlagnahme des Schiffes wegen des Pfandrechts erwirkt und das Schiff später im Wege der Zwangsvollstreckung veräußert wird, ohne dass das Schiff in der Zwischenzeit von einer Beschlagnahme zugunsten dieses Gläubigers frei geworden ist. Das SchuldRModG hat

4 Vgl hierzu *Mansel/Budzikiewicz*, Das neue Verjährungsrecht, 2002, § 3 Rn 80 ff; *Zimmermann/Kleinschmidt*, in: FS Bucher, 2009, S. 861, 877 ff, 883 ff.

5 Zur Kritik an der Begriffsauswechslung s. *Zimmermann/Leenen u.a.*, JZ 2001, 684, 698.

6 BT-Drucks. 14/6040, S. 121.

7 In deutscher Sprache veröffentlicht in ZEuP 2003, 895 ff. Die Art. 14:401 und 14:402 PECL entsprechen Art. 17:112 PECL der vorherigen Fassung, abgedruckt in ZEuP 2001, 400, 401 f.

8 Weitere Beispiele bei MüKo/*Grothe*, § 212 Rn 27 f; Staudinger/*Peters/Jacoby*, § 212 Rn 2.

die Beschränkung hinzugefügt, dass (eine Hemmung, eine Ablaufhemmung oder) ein Neubeginn der Erlöschensfrist aus anderen als den in § 759 Abs. 2 HGB genannten Gründen nicht stattfindet.

Auch sonst ist bei der Übertragung des § 212 Abs. 1 Nr. 1 auf Ausschlussfristen grds. Zurückhaltung geboten. **10**
Im Regelfall hat das Anerkenntnis keine Auswirkungen auf den Lauf von Ausschluss- oder sonstigen Fristen.[9]

B. Regelungsgehalt

I. Anerkenntnis (Abs. 1 Nr. 1)

1. Sachlicher Anwendungsbereich. Erkennt der Schuldner dem Gläubiger gegenüber den Anspruch an, **11**
so beginnt nach Abs. 1 Nr. 1 die Verjährungsfrist erneut zu laufen. Dabei setzt die Regelung nicht voraus, dass es sich bei dem Anerkenntnis um ein Schuldanerkenntnis iSd § 781 handelt.[10] Unter Anerkenntnis im Sinne von Abs. 1 Nr. 1 ist vielmehr – wie nach bisherigem Recht (§ 208 aF) – **jedes**, auch rein tatsächliche, **Verhalten zu verstehen**, durch das der Schuldner sein Bewusstsein vom Bestehen des Anspruchs zumindest dem Grunde nach[11] unzweideutig zum Ausdruck bringt.[12] Dabei kann ein Anerkenntnis auch aus einem schlüssigen Verhalten, ggf sogar aus bloßem Stillschweigen zu folgern sein.[13] Ob eine Erklärung oder ein Verhalten des Schuldners ein Anerkenntnis darstellt, ist nach §§ 133, 157 analog auszulegen.[14] Das Gesetz nennt lediglich beispielhaft die Abschlagszahlung,[15] Zinszahlung und Sicherheitsleistung als Anerkenntnisakte.

Weitere Beispiele: Als Anerkenntnis gewertet wurden in der Rechtsprechung u.a. die Erklärung des Schuldners, über den Bestand des Nachlasses **Auskunft zu erteilen** und dementsprechend den Pflichtteilsanspruch zu befriedigen (Anerkenntnis dem Grunde nach);[16] Zahlungen auf der Grundlage einer **Einziehungsermächtigung**;[17] eine **Forderungsabtretung** an den Gläubiger, wenn zwischen Schuldner und Gläubiger nur eine einzige Forderung offen steht;[18] eine **Kostenerstattungszusage**;[19] die Mitteilung an einen Beamten, dass die Oberfinanzdirektion angewiesen wurde, den vom Beamten geforderten Ausgleich zu zahlen sowie die anschließende **Aufforderung**, die **Lohnsteuerkarte zu übersenden**;[20] der Abschluss einer **Ratenzahlungsvereinbarung**;[21] die erklärte Bereitschaft, ein **notarielles Schuldanerkenntnis abzugeben**;[22] die **Vereinbarung über die Stundung** der titulierten Unterhaltsforderung;[23] die **Bitte um Stundung**.[24] Ein Anerkenntnis kann auch dann anzunehmen sein, wenn der Schuldner eines Schadensersatzanspruchs auf einzelne Schadenspositionen Zahlungen leistet. Jedenfalls für den Fall, dass ausschließlich Ersatz für einen Personenschaden gefordert ist (Heilungskosten, Erwerbsschaden, Mehrbedarf etc.), wird durch **Zahlung auf einzelne Scha-**

9 BGH NJW 2008, 2258, 2259 (Unanwendbarkeit des § 212 Abs. 1 Nr. 1 auf die Frist des § 556 Abs. 2 S. 2); BGH MDR 2004, 26; MüKo/*Grothe*, § 212 Rn 1; Erman/*Schmidt-Räntsch*, § 212 Rn 3; Staudinger/*Peters/Jacoby*, § 212 Rn 34 (gesetzliche Ausschlussfristen). Erfüllt der Schuldner die Voraussetzungen, die an das Vorliegen eines Anerkenntnisses gestellt werden, so soll nach BGH MDR 2004, 26 die Vorschrift jedoch in reduzierter Form jedenfalls insofern Geltung zukommen, als die in Rede stehende Ausschlussfrist (in casu § 7 Abs. 8 S. 2 VermG) zwar nicht neu anläuft, der Ablauf der Frist aber für eine gewisse Zeit keine Berücksichtigung findet.

10 Vgl BGH VersR 1972, 372, 373 (zu § 208 aF); *K. Schmidt*, NZG 2009, 361, 364.

11 Vgl hierzu ausf. Staudinger/*Peters/Jacoby*, § 212 Rn 20; ferner Bamberger/Roth/*Henrich*, § 212 Rn 7 (wird dem Grunde nach anerkannt, führt dies zum Verjährungsneubeginn des gesamten Anspruchs ungeachtet etwaiger Einwendungen betreffend die Anspruchshöhe).

12 BGH NJW-RR 2009, 455, 458; NJW 2007, 2843; NJW-RR 2005, 1044, 1047; NJW 2002, 2872, 2873; 1999, 1101, 1103; 1997, 516, 517; NJW-RR 1994, 373; OLG Köln VersR 1998, 1389; OLG Düsseldorf, Urt. v. 9.12.2003 – 23 U 179/02, Rn 26; Bamberger/Roth/*Henrich*, § 212 Rn 2.

13 BGH NJW-RR 2005, 1044, 1047; OLG Celle NJW 2008, 1088; MüKo/*Grothe*, § 212 Rn 6.

14 BGH NJW 2002, 2872, 2873 f; LG Offenburg NJW-RR 2003, 345; Palandt/*Ellenberger*, § 212 Rn 2; Staudinger/*Peters/Jacoby*, § 212 Rn 7 aE, 12.

15 Vgl hierzu Soergel/*Niedenführ*, § 212 Rn 16; Staudinger/*Peters/Jacoby*, § 212 Rn 25 f; Erman/*Schmidt-Räntsch*, § 212 Rn 9. Zur Reichweite der Anerkennungswirkung von Abschlagszahlungen bei Vorliegen mehrerer Forderungen vgl OLG Oldenburg NJW-RR 1998, 1283 (analoge Anwendung von § 366 Abs. 1); OLG Köln VersR 1998, 1388, 1389 (analoge Anwendung von § 366 Abs. 2); OLG Koblenz NJW-RR 2008, 1503 (Anwendung von § 366 Abs. 2). Nach BGH NJW 2007, 2843 f ist von einem Saldoanerkenntnis jedenfalls dann auszugehen, wenn den Abschlagszahlungen eine Mitteilung des Schuldsaldos vorangegangen ist sowie die Aufforderung, diesen Saldo durch zusätzliche Zahlungen zurückzuführen.

16 BGH NJW 1975, 1409.

17 OLG Brandenburg, Urt. v. 11.7.2007 – 4 U 173/06, Rn 19 ff (Neubeginn mit jedem Zahlungseingang, da aus dem Umstand, dass die Einziehungsermächtigung nicht widerrufen wurde, ein konkludentes Einverständnis mit der Abbuchung abzuleiten sei).

18 LG Köln, Urt. v. 16.9.2008 – 33 O 42/08, Rn 17.

19 VG Würzburg v. 24.11.2004 – W 6 K 04.1352, Rn 15.

20 VG Koblenz v. 18.9.2007 – 6 K 1319/07.KO, Rn 17 f.

21 LG Kleve, Urt. v. 30.5.2007 – 2 O 24/07, Rn 33 ff.

22 KG Berlin MDR 2011, 287, 288.

23 OLG Sachsen Anhalt, Beschl. v. 6.9.2007 – 8 WF 215/07, Rn 3.

24 BGH NJW 1978, 1014.

densteile zugleich ein Anerkenntnis des Gesamtanspruchs vorliegen.[25] Ist der Schuldner verpflichtet, in jährlichen Raten eine bestimmet Ware abzunehmen, liegt ein Anerkenntnis der Gesamtverpflichtung vor, wenn der Schuldner wiederholt geringe Mengen abnimmt, ohne eine zeitlich konkretisierte Tilgungsbestimmung vorzunehmen.[26]

Umstritten ist, ob in der Abstimmung über die **Bilanzfeststellung** bei Außen-Personengesellschaften, atypischer stiller Gesellschaft und bei der GmbH ein Anerkenntnis der in der Bilanz ausgewiesenen ausstehenden Einlageforderung gegen die Gesellschafter zu sehen ist.[27]

12 Im Übrigen kann für die Auslegung des Abs. 1 Nr. 1 auf die zu § 208 aF ergangene Rechtsprechung und die zugehörige Literatur zurückgegriffen werden.[28]

13 Ein Anerkenntnis kann in (wirksamen oder nichtigen) Willenserklärungen enthalten sein.[29] Gibt der Schuldner ein **konstitutives Schuldanerkenntnis** iSd **§ 781** ab, erfüllt dies grds. zugleich die Voraussetzungen eines Anerkenntnisses im Sinne von Abs. 1 Nr. 1.[30] Zu beachten ist dabei allerdings, dass das konstitutive Schuldanerkenntnis nur dann auch zu einem Neubeginn der Verjährung des Grundgeschäftes führt, wenn dieses tatsächlich besteht und noch nicht verjährt ist (vgl Rn 30). Liegt eine dieser Voraussetzungen nicht vor, so berührt dies zwar die Wirksamkeit des Schuldanerkenntnisses nicht, der Gläubiger kann jedoch lediglich aus § 781 gegen den Schuldner vorgehen. Sichert das Schuldanerkenntnis hingegen eine bestehende, unverjährte Schuld, so stehen dem Gläubiger der Anspruch aus dem Grundgeschäft und jener aus § 781 nebeneinander zur Verfügung. Das Grundgeschäft verjährt in diesem Fall beginnend mit dem Anerkenntnis erneut in der für dieses maßgeblichen Frist (vgl Rn 2); die Forderung aus § 781 unterliegt demgegenüber unabhängig von dem Grundgeschäft der allgemeinen Verjährung nach §§ 195, 199 Abs. 1. Auch ein **deklaratorisches Schuldanerkenntnis** erfüllt ohne Weiteres die Voraussetzungen, die Abs. 1 Nr. 1 an ein Anerkenntnis stellt, ist jedoch gleichfalls nicht Bedingung für einen Verjährungsneubeginn.[31]

14 In der Gesetzesbegründung wird ausdrücklich klargestellt, dass dem Vorschlag, die **Aufrechnung** als Unterfall des Anerkenntnisses zu behandeln, nicht gefolgt wird. Wer gegen einen gegen ihn geltend gemachten Anspruch aufrechne, erkenne diesen in der Regel gerade nicht an, sondern bestreite ihn.[32] Die Gesetzesbegründung verweist insoweit auch auf die bisherige Rechtsprechung.[33] Es sei – wie bisher[34] – eine von der Rechtsprechung im Einzelfall individuell zu entscheidende Frage, unter welchen Voraussetzungen eine Aufrechnungserklärung ausnahmsweise zugleich als verjährungserneuerndes Anerkenntnis zu qualifizieren sei.[35]

15 Ausnahmsweise kann auch in einem **Nachbesserungsversuch** ein Anerkenntnis der Mängelgewährleistungsansprüche liegen (vgl auch § 203 Rn 38). Dies ist der Fall, wenn der Nachbessernde aus der Sicht des anderen Teils nicht nur aus Kulanz oder zur gütlichen Streiterledigung nachbessert, sondern sein Verhalten dahin ausgelegt werden kann, dass er in Anerkennung seiner Pflicht zur Nachbesserung handelt.[36] Umfang, Dauer und Kosten der Nachbesserungsarbeiten sind hier Indizien, die für bzw gegen ein Anerkenntnis aus der Sicht

25 BGH NJW-RR 2009, 455, 458; OLG Celle NJW 2008, 1088 f; vgl aber auch OLG Koblenz NZV 2007, 198 f, demzufolge kein Anerkenntnis des Gesamtanspruchs vorliegt, wenn der Schuldner deutlich zu erkennen gibt, dass er die Schuld nur in bestimmter Höhe oder nur hinsichtlich bestimmter Schadensteile (hier: Schmerzensgeldanspruch) anerkennt.

26 LG Offenburg NJW-RR 2003, 345.

27 Vgl *K. Schmidt*, NZG 2009, 361, 363 f: Jedenfalls dann, wenn der betreffende Gesellschafter der Bilanz ausdrücklich zustimmt oder zumindest in sonstiger Weise zu erkennen gibt, dass er sich nicht gegen die Einlageforderung verwahrt, ist von einem Anerkenntnis iSd Abs. 1 Nr. 1 auszugehen. Zustimmend Staudinger/*Peters/Jacoby*, § 212 Rn 22. AA *Schulze-Osterloh*, in: FS Westermann, 2008, S. 1487, 1499 ff.

28 Vgl die Beispiele für und gegen die Annahme eines Anerkenntnisses iRd § 208 aF bei MüKo/*Grothe*, § 212 Rn 15 ff; Palandt/*Ellenberger*, § 212 Rn 3 f; Bamberger/Roth/*Henrich*, § 212 Rn 4 f; Soergel/*Niedenführ*, § 212 Rn 18 ff; Staudinger/*Peters/Jacoby*, § 212 Rn 11 ff und 22 ff.

29 Palandt/*Ellenberger*, § 212 Rn 2; ferner Soergel/*Niedenführ*, § 212 Rn 8; Staudinger/*Peters/Jacoby*, § 212 Rn 8.

30 Erman/*Schmidt-Räntsch*, § 212 Rn 6; PWW/*Kesseler*, § 212 Rn 2.

31 Palandt/*Ellenberger*, § 212 Rn 2; *Mansel/Budzikiewicz*, Das neue Verjährungsrecht, 2002, § 3 Rn 55; Staudinger/*Peters/Jacoby*, § 212 Rn 6; *v. Waldstein/Holland*, TranspR 2003, 387, 395; PWW/*Kesseler*, § 212 Rn 2. Zu den Unterschieden zwischen einem urteilsvertretenden Anerkenntnis und einem Anerkenntnis im Sinne des Abs. 1 Nr. 1 s. *Haas/Schulze*, 253, 266 f, 267.

32 Nach Staudinger/*Peters/Jacoby*, § 212 Rn 27 soll in der Aufrechnung mit einer Gegenforderung allerdings stets das Anerkenntnis der Hauptforderung des Gläubigers gegen den Schuldner zu sehen sein; ebenso *Larenz/Wolf*, BGB AT, § 17 Rn 61.

33 BT-Drucks. 14/6040, S. 120 unter Hinw. auf OLG Celle OLGZ 1970, 5, 6; BGHZ 58, 103, 105; OLG Koblenz VersR 1981, 167, 168.

34 S. insb. BGHZ 107, 395, 397.

35 Zust. MüKo/*Grothe*, § 212 Rn 16; Soergel/*Niedenführ*, § 212 Rn 22; Erman/*Schmidt-Räntsch*, § 212 Rn 10; vgl auch Bamberger/Roth/*Henrich*, § 212 Rn 4.

36 BGH NJW 2006, 47, 48; 1999, 2961 f; zust. *Arnold*, in: FS Eggert 2008, S. 41, 45; Palandt/*Ellenberger*, § 212 Rn 4; Bamberger/Roth/*Henrich*, § 212 Rn 4; Erman/*Schmidt-Räntsch*, § 212 Rn 6, 11; vgl auch MüKo/*Grothe*, § 212 Rn 16; OLG Köln, Urt. v. 2.3.2007 – 19 U 180/06, Rn 8 (Anerkenntnis des Schuldners durch den Hinweis auf sein wegen unstreitig vorliegender Mängel bestehendes Nachbesserungsrecht).

des Gläubigers sprechen können.[37] Letztlich wird aber nur in besonders gelagerten Ausnahmesituationen tatsächlich von einem Anerkenntnis auszugehen sein, da jeder, der eine Nachbesserung unternimmt, seine Rechtsstellung über die Nachbesserung hinaus nicht wird verschlechtern wollen.[38] Von der Frage des Neubeginns nach Abs. 1 Nr. 1 zu trennen ist im Fall der kaufrechtlichen Nacherfüllung ein möglicher **Neubeginn der Verjährung gem. § 438**.[39] Insofern wird auf § 438 verwiesen. Ein vertraglicher Ausschluss der Kettenverjährungsfrist bei mangelbedingter Nacherfüllung wird diskutiert.[40] Zur Kumulation von Neubeginn gem. Abs. 1 Nr. 1 und Hemmung gem. § 203 im Fall des Anerkenntnisses der Nachbesserungspflicht vgl § 203 Rn 38.

2. Persönlicher Anwendungsbereich. a) Schuldner. Nach Abs. 1 Nr. 1 muss das Anerkenntnis durch 16
den Schuldner für eine ihn selbst verpflichtende Forderung abgegeben worden sein. Persönliches Handeln ist allerdings nicht erforderlich; der Schuldner **kann vertreten werden**.[41] Verhandlungsvollmacht des rechtsgeschäftlichen Vertreters ist in diesem Fall ausreichend.[42]

Erkennt ein Sozius einer **BGB-Gesellschaft** (Erwerbsgesellschaft) einen gegen die Gesamtheit der Gesellschafter gerichteten Anspruch an, so wirkt diese Erklärung sowohl gegenüber der Gesamthand als auch gegenüber den persönlich haftenden Gesellschaftern.[43]

Ein Anerkenntnis durch den **Haftpflichtversicherer** bindet regelmäßig zugleich den Versicherten (Halter und berechtigten Fahrer); vgl § 10 Abs. 5 AKB.[44] Dies gilt auch dann, wenn die anerkannten Ansprüche wegen Überschreitung der Deckungssumme den Versicherten persönlich treffen würden,[45] es sei denn, der Versicherer machte deutlich, dass er die Ansprüche nicht über die Deckungssumme hinaus anerkennen möchte.[46] Fehlt es an einer derartigen Beschränkung seitens des Versicherers, führt allein der Umstand, dass der Gläubiger selber nicht davon ausgegangen ist, dass die Zahlungen des Versicherers zu einem Verjährungsneubeginn des Anspruchs über die Deckungssumme hinaus geführt hat, nicht zu einer Beschränkung der Anerkenntniswirkung. Die Reichweite eines Anerkenntnisses bestimmt sich nicht in Abhängigkeit von der subjektiven Sicht des Geschädigten; die Erklärung oder das Verhalten des Anerkennenden ist vielmehr stets nach dem objektiven Empfängerhorizont auszulegen.[47]

Es bedarf wegen der den Schuldner belastenden Verjährungsfolge des Neubeginns der **Geschäftsfähigkeit** 17
des anerkennenden Schuldners für ein wirksames Anerkenntnis.[48] Doch ist das verjährungsrechtliche Anerkenntnis keine rechtsgeschäftliche Willenserklärung, sondern eine geschäftsähnliche Handlung.[49] Die gesetzlichen Beispiele zeigen bereits deutlich, dass die Rechtsfolge des Neubeginns nicht deshalb eintritt, weil sie von dem Schuldner gewollt ist, sondern weil ein Schuldner durch ein solches Verhalten typischerweise das **Vertrauen des Gläubigers weckt**, der Schuldner werde sich der Forderungserfüllung nicht entziehen, so dass der Gläubiger von Zwangsmaßnahmen der Anspruchsdurchsetzung (noch) absieht.[50] Die Rechtsfolge des Verjährungsneubeginns tritt daher auch unabhängig davon ein, ob dem Schuldner überhaupt bewusst ist, dass er mit seinem Verhalten den Neubeginn des Fristlaufs auslöst.[51]

Unterlag der Schuldner bei Abgabe des Anerkenntnisses einem **Irrtum** oder wurde er durch den Gläubiger 18
arglistig getäuscht, so kann er die Erklärung nach §§ 119, 123 analog innerhalb der Fristen der §§ 121, 124

37 St. Rspr, zB BGH NJW 2006, 47, 48; 1999, 2961; OLG Frankfurt, Urt. v. 25.8.2008 – 16 U 200/07, Rn 22; vgl auch LG Koblenz NJW-RR 2007, 272, 273; ebenso *Auktor/Mönch*, NJW 2005, 1686, 1687 mwN.

38 Ebenso *Arnold*, in: FS Eggert 2008, S. 41, 46. S. hierzu auch OLG München, Urt. v. 29.1.2008 – 13 U 4811/07, Rn 42; OLG Sachsen-Anhalt, Urt. v. 28.3.2007 – 6 U 83/06, Rn 57 (kein Anerkenntnis, wenn die Mängelbeseitigung von der Erteilung eines Zusatzauftrages abhängig gemacht wurde); OLG Celle NJW 2006, 2643, 2644.

39 Zum Streitstand vgl Bamberger/Roth/*Faust*, § 438 Rn 59; *Arnold*, in: FS Eggert 2008, S. 41, 47 ff; zum Problem s. auch *Menges*, ZGS 2008, 457 ff.

40 *Menges*, ZGS 2008, 457 ff.

41 BGH WM 1996, 33, 35 (zu § 208 aF); MüKo/*Grothe*, § 212 Rn 10; Palandt/*Ellenberger*, § 212 Rn 6; Bamberger/Roth/*Henrich*, § 212 Rn 9; Staudinger/*Peters/Jacoby*, § 212 Rn 10.

42 MüKo/*Grothe*, § 212 Rn 10; Staudinger/*Peters/Jacoby*, § 212 Rn 10, jeweils mit dem Hinw., dass vollmachtlose Stellvertretung nicht genehmigt werden kann, eine eventuelle Genehmigung jedoch als eigenes Anerkenntnis wirkt.

43 BGH WM 1996, 33, 35 (Steuerberatersozietät).

44 BGH NJW-RR 2004, 1475, 1476 (Anerkenntnis durch Zahlung des Versicherers); BGH VersR 1972, 372, 373 (zu § 208 aF); ebenso allg. für ein Anerkenntnis des Haftpflichtversicherers BGH NJW 2007, 69, 71.

45 BGH NJW 2007, 69, 71; NJW-RR 2004, 1475, 1476; VersR 1972, 398, 399; 1964, 1199, 1200 (zu § 208 aF); Palandt/*Ellenberger*, § 212 Rn 6; Bamberger/Roth/*Henrich*, § 212 Rn 9; Staudinger/*Peters/Jacoby*, § 212 Rn 10.

46 BGH NJW 2007, 69, 71; NJW-RR 2004, 1475, 1476.

47 BGH NJW-RR 2004, 1475, 1476.

48 Palandt/*Ellenberger*, § 212 Rn 2; Bamberger/Roth/*Henrich*, § 212 Rn 2; Staudinger/*Peters/Jacoby*, § 212 Rn 9.

49 MüKo/*Grothe*, § 212 Rn 6; Palandt/*Ellenberger*, § 212 Rn 2; Staudinger/*Peters/Jacoby*, § 212 Rn 8.

50 Vgl auch *Ehmann*, WM 2007, 329, 330.

51 OLG Frankfurt, Urt. v. 25.8.2008 – 16 U 200/07, Rn 21.

anfechten.[52] Ggf steht dem Gläubiger in diesem Fall ein Schadensersatzanspruch entsprechend § 122 Abs. 1 zu.[53]

19 **b) Gläubiger.** Das Anerkenntnis des Schuldners muss gegenüber dem (aktuellen) Gläubiger des anerkannten Anspruchs erfolgen. Im Fall der **Abtretung** führt daher grds. nur ein gegenüber dem Zessionar, nicht ein gegenüber dem Zedenten abgegebenes Anerkenntnis zum Neubeginn nach Abs. 1 Nr. 1.[54] Allerdings kann das Anerkenntnis auch gegenüber einem **Stellvertreter** oder einer sonstigen Person erklärt werden, die mit Wirkung für und gegen den Gläubiger zu handeln berufen ist (zB Testamentsvollstrecker, Insolvenzverwalter).[55] Hat der Schuldner einen Dritten irrtümlich für den tatsächlichen Gläubiger gehalten, so führt das Anerkenntnis dennoch zu einem Verjährungsneubeginn, sofern dem Gläubiger das Verhalten des Schuldners demnächst zugetragen wird und der Schuldner sich letztlich gegenüber dem Berechtigten erklären wollte.[56] Ein Zugang des Anerkenntnisses gem. § 130 ist nicht erforderlich.[57] Auch die erbetene Übermittlung des Anerkenntnisses durch einen Boten genügt den Anforderungen des Abs. 1 Nr. 1, sofern dem Gläubiger die Nachricht wirklich überbracht wurde.[58] Erfüllt jedoch das Verhalten oder die Erklärung des Schuldners zwar objektiv die Voraussetzungen eines Anerkenntnisses, soll dieses aber nicht dem Gläubiger gegenüber abgegeben werden (zB Äußerungen, die im Vertrauen gegenüber Dritten gemacht werden), kommt es selbst dann nicht zu einem Neubeginn der Verjährung, wenn der Gläubiger hiervon Kenntnis erhält.[59]

II. Vollstreckungsmaßnahmen (Abs. 1 Nr. 2)

20 **1. Grundsatz.** Jeder Antrag des Gläubigers auf Zwangsvollstreckung[60] und jede gerichtliche oder behördliche Vollstreckungshandlung[61] lassen nach Abs. 1 Nr. 2 die Verjährung neu beginnen. Zur Auslegung des Abs. 1 Nr. 2 kann dabei die zu § 209 Abs. 2 Nr. 5 aF bestehende Rechtsprechung und Literatur herangezogen werden, auch wenn der Gesetzgeber durch die Neuformulierung in Abs. 1 Nr. 2 den Tatbestand des § 209 Abs. 2 Nr. 5 aF sprachlich verändert hat. Der Gesetzgeber wollte durch die Umformulierung keine inhaltlichen Änderungen vornehmen, sondern die Vorschrift nur an das moderne Vollstreckungsverständnis anpassen.[62] Abs. 1 Nr. 2 bringt nunmehr klar zum Ausdruck,[63] dass der Antrag, eine gerichtliche oder behördliche Vollstreckungshandlung vorzunehmen, und – davon losgelöst – zusätzlich auch die Vornahme einer solchen gerichtlichen oder behördlichen Vollstreckungshandlung die Verjährung jeweils neu beginnen lassen. Das bisherige Recht war bereits in diesem Sinne auszulegen – auch wenn diese Auslegung nicht zweifelsfrei war.[64] Die Neufassung des § 209 Abs. 2 Nr. 5 aF in Abs. 1 Nr. 2 hat die Fragen im Sinne der bisher hM geklärt.[65]

21 Bereits unter altem Recht (§ 209 Abs. 2 Nr. 5 aF) wurde einer Vollstreckungshandlung die **Zahlung durch den Drittschuldner** gleichgestellt.[66] Dem wird auch unter der Neuregelung in Abs. 1 Nr. 2 zu folgen sein.[67] Ebenfalls zum Neubeginn der Verjährung kommt es, wenn sich der Gläubiger eines titulierten Anspruchs gegenüber der vom Schuldner erhobenen **Vollstreckungsgegenklage** (§ 767 ZPO) und der mit dieser verbundenen **vorläufigen Einstellung der Zwangsvollstreckung** (§ 769 ZPO) verteidigt.[68] Zu Recht geht der BGH davon aus, dass es reiner Formalismus wäre, den Gläubiger trotz der vorläufigen Einstellung der Zwangsvollstreckung darauf zu verweisen, einen Antrag auf Zwangsvollstreckung zu stellen, um den Neubeginn der Verjährung nach § 212 Abs. 1 Nr. 2 herbeiführen zu können. Abzustellen sein soll stattdessen auf die „Abwehr" der Klage aus § 767 ZPO, da der Gläubiger damit ausreichend zum Ausdruck bringe, dass er

52 MüKo/*Grothe*, § 212 Rn 12; Bamberger/Roth/*Henrich*, § 212 Rn 2; Staudinger/*Peters/Jacoby*, § 212 Rn 9; aA Palandt/*Ellenberger*, § 212 Rn 2 (im Falle der Arglist allerdings kann sich der Gläubiger gem. § 242 auf das Anerkenntnis nicht berufen); Soergel/*Niedenführ*, § 212 Rn 6; Erman/*Schmidt-Räntsch*, § 212 Rn 12.

53 MüKo/*Grothe*, § 212 Rn 12; Bamberger/Roth/*Henrich*, § 212 Rn 2; Staudinger/*Peters/Jacoby*, § 212 Rn 9.

54 BGH NJW-RR 2009, 455, 458; NJW 2008, 2776, 2778; s. auch Staudinger/*Peters/Jacoby*, § 212 Rn 16.

55 BGH NJW 2008, 2776, 2778; MüKo/*Grothe*, § 212 Rn 11; Bamberger/Roth/*Henrich*, § 212 Rn 10; Staudinger/*Peters/Jacoby*, § 212 Rn 30, jeweils mit Beispielen.

56 BGH NJW 2008, 2776, 2778; MüKo/*Grothe*, § 212 Rn 11; Bamberger/Roth/*Henrich*, § 212 Rn 11; Soergel/*Niedenführ*, § 212 Rn 12.

57 BGH NJW 2008, 2776, 2778.

58 Palandt/*Ellenberger*, § 212 Rn 7.

59 MüKo/*Grothe*, § 212 Rn 11; Palandt/*Ellenberger*, § 212 Rn 7; Bamberger/Roth/*Henrich*, § 212 Rn 12; Staudinger/*Peters/Jacoby*, § 212 Rn 30; Erman/*Schmidt-Räntsch*, § 212 Rn 5.

60 Die Regelung setzt nicht voraus, dass der Antrag auch zugestellt wird; Palandt/*Ellenberger*, § 212 Rn 9; *Larenz/Wolf*, BGB AT, § 17 Rn 63.

61 Vgl hierzu die Beispiele bei MüKo/*Grothe*, § 212 Rn 21; Palandt/*Ellenberger*, § 212 Rn 10; Soergel/*Niedenführ*, § 212 Rn 24 ff; Staudinger/*Peters/Jacoby*, § 212 Rn 41 ff; Erman/*Schmidt-Räntsch*, § 212 Rn 14.

62 Vgl BT-Drucks. 14/6040, S. 121.

63 S. dazu BT-Drucks. 14/6040, 120 f; s. die entspr. Kritik am bisherigen Recht insb. von Staudinger/*Peters*, 13. Bearbeitung 1995, § 209 Rn 94–96.

64 S. zu den Auslegungsfragen und ihrer Lösung in dem Sinne, der jetzt in Abs. 1 Nr. 2 Gesetz wurde, Staudinger/*Peters*, 13. Bearbeitung 1995, § 212 Rn 96.

65 S. nur MüKo/*Grothe*, § 212 Rn 20.

66 BGH NJW 1998, 1058, 1059.

67 Ebenso Erman/*Schmidt-Räntsch*, § 212 Rn 15.

68 BGH WM 2006, 1398, 1400; BGHZ 122, 287, 295.

die titulierten Ansprüche weiterhin verfolgen möchte.[69] Auch wenn nähere Ausführungen hierzu in der Rspr fehlen, wird man wohl auf den Eingang der Verteidigungsanzeige bei Gericht als für die Verjährungsunterbrechung maßgeblichen Zeitpunkt abzustellen haben. Unterbrochen ist die Verjährung dann bis zu dem Zeitpunkt, zu dem die Zwangsvollstreckung wieder betrieben werden kann. Regelmäßig (wenn auch nicht zwingend) wird dies mit dem Abschluss des Verfahrens der Vollstreckungsgegenklage der Fall sein.[70] Dass es sich hier ausnahmsweise nicht um eine Augenblicksunterbrechung (vgl Rn 27), sondern um eine **Dauerunterbrechung** (vgl Rn 35) handelt, folgt aus dem Umstand, dass der Gläubiger an der Durchsetzung seiner Ansprüche gehindert ist, solange die Anordnung nach § 769 ZPO wirkt.

2. Maßgebliche Fristen. Unterliegt der titulierte Anspruch, für den eine Vollstreckungshandlung beantragt oder vorgenommen wird, der Frist des § 197 Abs. 1 Nr. 3–5, so wird mit der Vollstreckungsmaßnahme erneut die dort vorgesehene Dreißigjahresfrist in Lauf gesetzt; in den von § 197 Abs. 2 erfassten Fällen künftig fällig werdender regelmäßig wiederkehrender Leistungen gilt Entsprechendes für die regelmäßige Verjährungsfrist des § 195. 22

Die ursprünglich für die Verjährung des Anspruchs maßgebliche Frist ist dagegen heranzuziehen, wenn sich der Vollstreckungsversuch lediglich auf einen **vermeintlich titulierten Anspruch** bezieht. Zwar führt das Betreiben der Vollstreckung auch in diesem Fall zu einem Verjährungsneubeginn nach Abs. 1 Nr. 2, sofern der Anspruch noch nicht verjährt war;[71] mangels wirksamer Titulierung kam es jedoch nicht zu einer Unterstellung des Anspruchs unter das Verjährungsregime der §§ 197 Abs. 1 Nr. 3–5, 201 bzw §§ 197 Abs. 2, 195, 201, so dass nur die Ursprungsfristen erneut in Lauf gesetzt werden können. 23

III. Aufhebung der Vollstreckungshandlung, Zurückweisung des Vollstreckungsantrags (Abs. 2 und 3)

Zur Regelung der Frage, wann der Verjährungsneubeginn nach Abs. 1 Nr. 2 wegen Mängeln der Zwangsvollstreckung oder Rücknahme des Antrags rückwirkend wieder entfällt, hat der Gesetzgeber mit Abs. 2 und 3 den bisherigen § 216 aF übernommen. Insoweit kann daher auf die Rechtsprechung und Lehre zu § 216 aF verwiesen werden.[72] Änderungen erfolgten nur terminologisch: „Gläubiger" statt „Berechtigter"; „Vollstreckungshandlung" statt „Vollstreckungsmaßregel". 24

Die dem bisherigen Recht[73] eigene Unterscheidung danach, dass der Neubeginn (die Unterbrechung) nur entfällt, wenn die Voraussetzungen für die Zwangsvollstreckung (Titel, Klausel oder Zustellung) schlechthin fehlen,[74] und nicht schon dann, wenn die Vollstreckungshandlung etwa wegen Unpfändbarkeit der Sache (§ 811 ZPO) oder aufgrund einer Drittwiderspruchsklage (§ 771 ZPO) aufgehoben wird, gilt auch im neuen Recht,[75] und zwar sowohl in den Fällen des Abs. 2[76] als auch in jenen des Abs. 3.[77] 25

Abs. 2 kennt ebenso wenig wie der als Vorbild dienende § 216 Abs. 1 aF eine **Heilungsvorschrift** entsprechend § 212 Abs. 2 aF; im bisherigen Recht war zunehmend die analoge Anwendung des für die Unterbrechung durch Klageerhebung geltenden § 212 Abs. 2 aF auf die Fälle des § 216 Abs. 1 aF als zutreffend erachtet worden.[78] § 212 Abs. 2 aF wurde in das neue Recht infolge der Umgestaltung des Unterbrechungsgrundes der Klageerhebung (§ 209 Abs. 1 aF) in einen Hemmungsgrund (§ 204 Abs. 1 Nr. 1) nicht übernommen. Damit ist die Analogiebasis weggefallen. Eine Heilung entsprechend § 212 Abs. 2 aF findet im Falle des Verjährungsneubeginns infolge Zwangsvollstreckung nicht statt.[79] Dieses Ergebnis deckt sich im Übrigen mit dem Gesetzeswortlaut des bisherigen Rechts. 26

69 BGH WM 2006, 1398, 1400.
70 Vgl Zöller/*Herget*, § 769 ZPO Rn 9 f.
71 OLG Köln WM 1995, 597, 600 (zu § 209 Abs. 2 Nr. 5 aF); vgl auch Staudinger/*Peters/Jacoby*, § 212 Rn 38.
72 Henssler/von Westphalen/*Bereska*, Praxis der Schuldrechtsreform, 2. Aufl. 2003, § 212 Rn 4 f.
73 Staudinger/*Peters*, 13. Bearbeitung 1995, § 216 Rn 3 mwN.
74 Nach OLG Jena NJW-RR 2001, 1648 ist dies nicht schon dann der Fall, wenn die Klausel nach Erinnerung des Vollstreckungsschuldners mangels hinreichender Bestimmtheit aufgehoben wird.
75 BT-Drucks. 14/6040, S. 121.
76 Vgl Saarl. OLG, Beschl. v. 18.3.2010 – 9 WF 25/10, Rn 26 ff, 32: Kein Fall des Abs. 2, wenn gegen die Sollvorschrift des § 5 Abs. 2 JBeitrO verstoßen wurde.
77 Staudinger/*Peters/Jacoby*, § 212 Rn 48; aA MüKo/*Grothe*, § 212 Rn 26 unter Hinweis auf OLG Hamm FamRZ 2005, 795, 797 (Abs. 3 kommt schon dann zum Tragen, wenn die konkret beantragte Maßnahme an einem Mangel leidet); wie hier aber hinsichtlich Abs. 2.
78 BGHZ 122, 287, 296; Palandt/*Heinrichs*, 60. Aufl. 2001, § 216 Rn 1; Soergel/*Niedenführ*, 13. Aufl. 1999, § 216 Rn 2; abl. im Erg. Staudinger/*Peters*, 13. Bearbeitung 1995, § 216 Rn 2.
79 Zust. MüKo/*Grothe*, § 212 Rn 24; Staudinger/*Peters/Jacoby*, § 212 Rn 49; Erman/*Schmidt-Räntsch*, § 212 Rn 16; PWW/*Kesseler*, § 212 Rn 8. AA *Böckmann*, InVo 2003, 345, 347; Palandt/*Ellenberger*, § 212 Rn 12; Soergel/*Niedenführ*, § 212 Rn 33: Die Wirkung des Abs. 1 Nr. 2 bleibt nach § 204 Abs. 2 analog erhalten, sofern der Gläubiger innerhalb von sechs Monaten die in Abs. 1 Nr. 2 vorgesehenen Handlungen wiederholt.

IV. Rechtsfolgen

27 **1. Zeitpunkt des Neubeginns. a) Grundsatz.** Sind die Voraussetzungen des Abs. 1 Nr. 1 oder Nr. 2 erfüllt, so wird die Verjährungsfrist in voller Länge erneut in Lauf gesetzt (vgl Rn 2). Die Neubeginntatbestände des Abs. 1 sind Fälle einer **Augenblicksunterbrechung**.[80] Danach beginnt die Verjährungsfrist unmittelbar mit dem den Neubeginn auslösenden Ereignis (also dem Anerkenntnis, dem Vollstreckungsantrag oder der Vollstreckungshandlung) erneut von Anbeginn zu laufen.[81] Allerdings ist die infolge des Neubeginns erneut anlaufende Verjährungsfrist in Anwendung des § 187 Abs. 1 erst von dem auf die Verwirklichung des Neubeginntatbestands folgenden Tag (0.00 Uhr) an zu berechnen.[82]

28 Führt Abs. 1 zum Neubeginn der **allgemeinen Verjährungsfrist** nach § 195, so gilt nichts anderes; insbesondere beginnt die neu anlaufende Verjährung nicht erst mit dem Schluss des Jahres, wie es § 199 Abs. 1 anordnet.[83] § 199 Abs. 1 kommt in diesem Fall nicht erneut zur Anwendung, weil der Beginn des neuen Fristlaufs bereits durch den insoweit spezielleren § 212 Abs. 1 geregelt wird.[84]

29 Werden allerdings die Voraussetzungen des Neubeginns schon vor dem gesetzlichen Verjährungsbeginn erfüllt (erkennt der Schuldner zB im Fall der Verjährung nach §§ 195, 199 Abs. 1 bereits vor dem Jahresende seine Verpflichtung an oder wird der Anspruch noch vor diesem Zeitpunkt tituliert), bleibt es bei dem gesetzlich oder vertraglich vorgesehenen späteren Fristbeginn (Abs. 1 Nr. 1 bzw 2 wirkt sich in diesem Fall nicht aus).[85]

30 Wirkung zeitigen die Anerkennung bzw die Beantragung oder Vornahme der Vollstreckungshandlung allerdings nur dann, wenn diese noch **vor Eintritt der Verjährung** vorgenommen werden. Abs. 1 führt nicht dazu, dass bei einem bereits verjährten Anspruch die Verjährungsfrist erneut in Lauf gesetzt wird.[86] Erkennt der Schuldner den Anspruch nach Ablauf der Verjährungsfrist an, kann darin aber ein **Verzicht auf die Erhebung der Verjährungseinrede** liegen.[87]

31 **b) Anerkenntnis.** Erkennt der Schuldner den Anspruch an, so ist für den Neubeginn der Zeitpunkt maßgeblich, in dem der Schuldner die entsprechende Erklärung abgibt oder sich so verhält, dass ein Rückschluss auf ein Anerkenntnis iSd Abs. 1 Nr. 1 möglich ist.[88] Hat der Gläubiger erst zu einem späteren Zeitpunkt von dem Verhalten oder der Äußerung des Schuldners Kenntnis erlangt, so bleibt dennoch der Moment der **Abgabe des Anerkenntnisses** für die Berechnung der neu anlaufenden Verjährungsfrist entscheidend.[89] Maßgeblich für die Berechnung des neuen Verjährungslaufs ist die Frist, die vor dem Anerkenntnis zum Tragen kam (s. Rn 2). Das Anerkenntnis hat grundsätzlich keinen Einfluss auf die **Länge der Verjährungsfrist**, insbesondere führt das Anerkenntnis nicht zur Anwendbarkeit der dreißigjährigen Frist für rechtskräftig festgestellte Ansprüche (§ 197 Abs. 1 Nr. 3).[90]

32 Wird der Anspruch **mehrfach anerkannt** – etwa mit jeder monatlichen Teilzahlung oder durch Zahlung auf einzelne Schadenspositionen[91] –, so liegt darin jeweils ein weiterer Fall des Neubeginns,[92] der sich grds. auf den gesamten Anspruch (zB aus Vertragsverletzung oder unerlaubter Handlung) bezieht (vgl Rn 11).[93]

33 Mit der Abgabe des Anerkenntnisses ist nicht ohne weiteres zugleich ein (konkludenter) **Verzicht auf die Erhebung der Verjährungseinrede** verbunden. Ob der Schuldner bereit ist, auch nach Ablauf der durch das Anerkenntnis neu in Lauf gesetzten Frist auf die Verjährungseinrede zu verzichten, ist in jedem Einzelfall im Wege der Auslegung (§§ 133, 157 analog) zu ermitteln.[94]

80 S. *Mansel/Budzikiewicz*, Das neue Verjährungsrecht, 2002, § 7 Rn 19.

81 RGZ 128, 76, 80; BGH NJW 1979, 217; BGHZ 93, 287, 295; 122, 287, 293; 137, 193, 198.

82 MüKo/*Grothe*, § 212 Rn 23; Bamberger/Roth/*Henrich*, § 212 Rn 14; Palandt/*Ellenberger*, § 212 Rn 8; Staudinger/*Peters/Jacoby*, § 212 Rn 7; Erman/*Schmidt-Räntsch*, § 212 Rn 2; vgl aus der Rspr: LSG Berlin-Brandenburg v. 8.10.2009 – L 15 SO 144/08, Rn 38 (Anerkenntnis); LSG Sachsen-Anhalt, Urt. v. 14.11.2007 – L 3 RJ 191/04, Rn 78 (Anerkenntnis).

83 MüKo/*Grothe*, § 212 Rn 23; Soergel/*Niedenführ*, § 212 Rn 29; Erman/*Schmidt-Räntsch*, § 212 Rn 2. Zum bisherigen Recht (§ 201 aF) ebenso: BGHZ 86, 103; 93, 294; BAG NJW 1997, 3461, 3462.

84 Vgl auch *Peters*, JZ 2003, 838.

85 Erman/*Schmidt-Räntsch*, § 212 Rn 2.

86 BGH NJW 1997, 516, 517; OLG Celle BauR 2011, 265; Urt. v. 7.5.2009 – 5 U 163/08, Rn 21; MüKo/*Grothe*, § 212 Rn 1; Palandt/*Ellenberger*, § 212 Rn 2; Bamberger/Roth/*Henrich*, § 212 Rn 3.

87 Palandt/*Ellenberger*, § 212 Rn 2; Bamberger/Roth/*Henrich*, § 212 Rn 3; Soergel/*Niedenführ*, § 212 Rn 28; Erman/*Schmidt-Räntsch*, § 212 Rn 4.

88 OLG Celle, Urt. v. 18.12.2003 – 6 U 121/03, Rn 31.

89 MüKo/*Grothe*, § 212 Rn 6; Palandt/*Ellenberger*, § 212 Rn 8; Bamberger/Roth/*Henrich*, § 212 Rn 14; Soergel/*Niedenführ*, § 212 Rn 6, 29; Staudinger/*Peters/Jacoby*, § 212 Rn 30 f. AA KG Berlin NJW-RR 1990, 1402, 1403 zu § 208 aF (Rechtsgedanke des § 130 bei Abgabe einer strafbewehrten Unterlassungserklärung).

90 KG Berlin, Beschl. v. 1.7.2009 – 12 U 87/09, Rn 36 ff.

91 Vgl OLG Düsseldorf, Urt. v. 9.12.2003 – 23 U 179/02, Rn 20 f (zu § 208 aF).

92 MüKo/*Grothe*, § 212 Rn 2.

93 Soergel/*Niedenführ*, § 212 Rn 10; Erman/*Schmidt-Räntsch*, § 212 Rn 7; vgl auch OLG Düsseldorf, Urt. v. 9.12.2003 – 23 U 179/02, Rn 21.

94 Vgl KG Berlin v. 1.7.2009 – 12 U 87/09, Rn 40 ff.

c) Vollstreckungshandlung. Im Falle des Abs. 1 Nr. 2 erfolgt der Neubeginn nicht erst mit Abschluss des Zwangsvollstreckungsverfahrens, sondern bereits unmittelbar mit Vornahme oder der Beantragung der Vollstreckungshandlung.[95] **Weitere Vollstreckungshandlungen** oder **-anträge** lassen die Verjährung ab diesem Zeitpunkt jeweils erneut beginnen.[96] 34

d) Dauerunterbrechung. Sofern außerhalb des BGB einzelne Vorschriften eine dauerhafte Unterbrechung, also keine Augenblicksunterbrechung anordnen, wird man auf den Rechtsgedanken des § 217 Hs 2 aF zurückgreifen müssen, um die Wirkung einer dauerhaften Unterbrechung zu bestimmen. Bei einer Dauerunterbrechung beginnt die Verjährungsfrist (Neubeginn) danach erst mit der tatbestandlich bestimmten Beendigung der Unterbrechung erneut zu laufen. 35

2. Sachliche Reichweite des Neubeginns. Der Neubeginn betrifft den **Anspruch** oder den **abgrenzbaren Anspruchsteil**, für den der Tatbestand des Abs. 1 Nr. 1 bzw Nr. 2 erfüllt ist.[97] Soweit der Neubeginn nach Abs. 1 Nr. 1 in Rede steht, entscheidet ausschließlich der Schuldner darüber, ob er den Anspruch nur zT oder insgesamt anerkennt und ob lediglich ein bestimmter Anspruch erfasst ist oder ob auch die in elektiver oder alternativer Konkurrenz stehenden Ansprüche mit einbezogen sein sollen. Fehlt es an einer ausdrücklichen Äußerung des Schuldners, ist im Wege der Auslegung (§§ 133, 157 analog) zu bestimmen, welche Ansprüche in welchem Umfang von dem Anerkenntnis erfasst sein sollen. Der Umfang des Neubeginns nach Abs. 1 Nr. 2 erfasst alle, aber auch nur die Ansprüche, auf die sich die Vollstreckungshandlung bezieht.[98] Betreibt der Gläubiger zB die Zwangsversteigerung aufgrund einer ihm vom Schuldner zur Sicherung seiner Darlehensforderung bestellten Grundschuld, führt dies nicht zum Neubeginn der Verjährung des Darlehensrückzahlungsanspruchs.[99] Auch eine Wirkungserstreckung über § 213 kommt hier nicht in Betracht, da die Ansprüche nicht aus demselben Grund gegeben sind (vgl § 213 Rn 8).[100] Ohne Bedeutung ist, ob der Vollstreckungsversuch zum Erfolg führt. Den Neubeginn löst bereits der Antrag oder die Vornahme der Vollstreckungshandlung aus; ein erfolgreicher Abschluss ist nicht erforderlich.[101] 36

§ 213 findet im Rahmen des Abs. 1 Nr. 1, über dessen Reichweite allein der Schuldner bestimmt, keine Anwendung (vgl auch § 213 Rn 7),[102] wohl aber im Hinblick auf die Reichweite des Neubeginns nach Abs. 1 Nr. 2. 37

3. Persönliche Reichweite des Neubeginns. Von dem Neubeginn der Verjährungsfrist begünstigt bzw belastet werden grds. nur der Gläubiger und der Schuldner, in deren Person die Voraussetzungen des Abs. 1 Nr. 1 oder Nr. 2 erfüllt sind. Bei einer Gesamtschuld gilt der **Grundsatz der Einzelwirkung** (§ 425 Abs. 1 und 2);[103] zur Wirkungserstreckung des Anerkenntnisses eines Gesellschafters auf die Mitglieder einer BGB-Gesellschaft vgl aber Rn 16. Eine Ausweitung des gegen einen Schuldner erwirkten Neubeginns auf weitere Verpflichtete ist nur in Ausnahmefällen vorgesehen (so zB nach § 115 Abs. 2 S. 4 VVG, § 129 Abs. 1 HGB).[104] Entsprechendes gilt im Fall der Gesamtgläubigerschaft (§ 429 Abs. 3 iVm § 425)[105] sowie in den von § 432 erfassten Fällen (vgl § 432 Abs. 2). Kommt es auf Schuldnerseite zu einer **Rechtsnachfolge** in einen Anspruch, dessen Verjährung nach Abs. 1 Nr. 1 oder Nr. 2 neu in Lauf gesetzt wurde, so muss der Rechts- 38

95 RGZ 128, 76, 80; BGH NJW 1979, 217; BGHZ 93, 287, 295; 122, 287, 293; 137, 193, 198; Henssler/von Westphalen/*Bereska*, Praxis der Schuldrechtsreform, 2. Aufl. 2003, § 212 Rn 6; Bamberger/Roth/*Henrich*, § 212 Rn 13; Soergel/*Niedenführ*, § 212 Rn 30. AA Staudinger/*Peters/Jacoby*, § 212 Rn 35, die bis zur Befriedigung des Gläubigers von einem andauernden Erneuerungstatbestand ausgehen.

96 LG Essen, Beschl. v. 12.10.2005 – 10 T 174/05, Rn 4; MüKo/*Grothe*, § 212 Rn 2; Erman/*Schmidt-Räntsch*, § 212 Rn 14 mit dem Hinw., dass es bei Pfändung durch den Gerichtsvollzieher regelmäßig zu einem zweimaligen Neubeginn, zunächst durch den Antrag und dann nochmals durch Vornahme der Vollstreckungshandlung, kommt.

97 Vgl hierzu auch AG Karlsruhe, Urt. v. 19.12.2002 – 6 F 244/02, Rn 19, demzufolge ein Anerkenntnis, das sich zunächst auf den (vorgeschalteten) Auskunftsanspruch bezieht, nur dann zugleich den Leistungsanspruch umfasst, wenn sich das Anerkenntnis zumindest dem Grunde nach auch auf diesen richtet.

98 Vgl Palandt/*Ellenberger*, § 212 Rn 9; Erman/*Schmidt-Räntsch*, § 212 Rn 14.

99 OLG Nürnberg ZIP 2009, 751, 752.

100 Vgl OLG Frankfurt aM NJW 2008, 379, 380 (keine Wirkungserstreckung über § 213 bei Vollstreckung aus notariell beurkundetem Schuldversprechen und Darlehensforderung); aA *Deter/Burianski/Möllenhoff*, BKR 2008, 281, 282 f.

101 Staudinger/*Peters/Jacoby*, § 212 Rn 46.

102 Ebenso *Arnold*, in: FS Eggert 2008, S. 41, 47; Erman/*Schmidt-Räntsch*, § 213 Rn 1. AA MüKo/*Grothe*, § 212 Rn 5; Staudinger/*Peters/Jacoby*, § 212 Rn 17 (anders allerdings bei § 213 Rn 9).

103 MüKo/*Grothe*, § 212 Rn 4; Palandt/*Ellenberger*, § 212 Rn 8; Soergel/*Niedenführ*, § 212 Rn 15; Staudinger/*Peters/Jacoby*, § 212 Rn 16; Erman/*Schmidt-Räntsch*, § 212 Rn 8.

104 MüKo/*Grothe*, § 212 Rn 4; Staudinger/*Peters/Jacoby*, § 212 Rn 16.

105 Staudinger/*Peters/Jacoby*, § 212 Rn 16.

nachfolger den Neubeginn der Verjährung gegen sich gelten lassen.[106] Streitig ist, ob das Anerkenntnis des Anspruchs auf den Pflichtteil durch den **Vorerben** auch zulasten des Nacherben wirkt.[107]

39 Kommt es bei einer durch **Bürgschaft** gesicherten Forderung zum Neubeginn der Verjährung des Anspruchs des Gläubigers gegen den Hauptschuldner, so hat dies entsprechend dem vorstehenden Grundsatz (Rn 38) keine unmittelbaren Auswirkungen auf den Lauf der Verjährungsfrist des Anspruchs gegen den Bürgen. Beide Ansprüche verjähren völlig unabhängig voneinander.[108] Konsequenzen hat der Verjährungsneubeginn im Verhältnis Gläubiger und Hauptschuldner für den Bürgen nur insoweit, als dieser die Einrede der Verjährung der Hauptschuld (§ 768 Abs. 1 S. 1) erst nach dem Ende der für diese neu angelaufenen Frist geltend machen kann (§ 767 Abs. 1 S. 3 und § 768 Abs. 2 sind in diesem Fall nicht heranzuziehen).[109] Vgl zur Problematik auch § 209 Rn 6.

40 **Entsprechendes** gilt, wenn es im **Verhältnis Gläubiger und Bürge** zu einem **Neubeginn der Verjährung** kommen sollte. In diesem Fall hat ein Anerkenntnis oder eine Vollstreckungshandlung allein Auswirkungen auf den Lauf der Verjährungsfrist des Anspruchs gegen den Bürgen. Möchte der Gläubiger ebenfalls die Unterbrechung der Verjährung der Hauptschuld herbeiführen, muss er (auch) gegen den Hauptschuldner vorgehen.[110] Ergreift der Gläubiger lediglich Maßnahmen gegen den Bürgen, und kommt es daher zur Verjährung der Hauptschuld, begründet der Verjährungseintritt nicht nur für den Hauptschuldner, sondern auch für den Bürgen das Recht, die Leistung unter Berufung auf die Verjährung zu verweigern (§ 768 Abs. 1 S. 1). Dies gilt selbst dann, wenn die Verjährung der Hauptforderung erst nach Erhebung der Bürgschaftsklage eingetreten sein sollte.[111] Eine **Ausnahme von dem vorstehenden Grundsatz** ist allerdings dann zu machen, wenn der **Hauptschuldner** durch Löschung im Handelsregister vor dem Eintritt der Verjährung **untergegangen** ist, so dass hemmende oder unterbrechende Maßnahmen gegen diesen nicht mehr ergriffen werden können. In diesem Fall bewirkt ausnahmsweise bereits eine gegenüber dem Bürgen herbeigeführte Hemmung oder Unterbrechung der Verjährung unmittelbar auch die Hemmung oder den Neubeginn der Verjährung der Hauptforderung.[112] Dies gilt allerdings nur dann, wenn die für die Hauptforderung maßgebliche Frist bei der Ergreifung der verjährungsrelevanten Maßnahmen gegen den Bürgen noch nicht abgelaufen war. War die Hauptforderung bereits verjährt, bleibt das Recht des Bürgen, sich auf die Verjährung der Hauptforderung zu berufen, von den gegen ihn eingeleiteten Maßnahmen unberührt.

41 **4. Zusammentreffen von Neubeginn und Hemmung oder Ablaufhemmung.** Auch eine **gehemmte Verjährung** kann grundsätzlich durch die Anordnung des Neubeginns in ihrem Ablauf beeinflusst werden[113] und umgekehrt.[114] Wird bei einer (zB nach § 203 S. 1 oder nach § 204 Abs. 1 und 2) gehemmten Verjährung der Neubeginn durch § 212 angeordnet, dann beginnt die Verjährungsfrist erst mit Beendigung der Hemmung erneut von Anfang an zu laufen.[115] Maßgeblicher Zeitpunkt für den Neubeginn wäre im Fall des § 203 S. 1 der Beginn (0.00 Uhr) des Tages nach der Beendigung der Verhandlungen (die Ablaufhemmung nach § 203 S. 2 ist nicht mehr Teil des Hemmungszeitraumes, sondern markiert nur den frühestmöglichen Verjährungszeitpunkt; vgl § 203 Rn 52); im Fall der Hemmung gem. § 204 Abs. 1 und 2 würde die Verjährungsfrist am Tag nach dem gem. § 204 Abs. 2 zu bestimmenden Ende der Hemmung erneut in Lauf gesetzt.

Fällt die Erfüllung der tatbestandlichen Voraussetzungen des Abs. 1 Nr. 1 oder Nr. 2 mit einer **Ablaufhemmung** zusammen (zB Anerkenntnis während des Laufs der Frist der §§ 203 S. 2, 210 Abs. 1 oder des § 211), so gilt das unter Rn 27 ff Gesagte: Die Frist beginnt ohne weitere Verzögerung unmittelbar mit dem den Neubeginn auslösenden Ereignis.[116]

106 Palandt/*Ellenberger*, § 212 Rn 8; Soergel/*Niedenführ*, § 212 Rn 14; Staudinger/*Peters/Jacoby*, § 212 Rn 16.
107 Für eine Wirkungserstreckung: Palandt/*Ellenberger*, § 212 Rn 6; Soergel/*Niedenführ*, § 212 Rn 14; Staudinger/*Peters/Jacoby*, § 212 Rn 10; dagegen: MüKo/*Grothe*, § 212 Rn 10.
108 MüKo/*Grothe*, § 212 Rn 4; *Hohmann*, WM 2004, 757, 761; Soergel/*Niedenführ*, § 212 Rn 15; Saarl. OLG, Urt. v. 5.4.2007 – 8 U 169/06, Rn 21, 23.
109 MüKo/*Grothe*, § 212 Rn 4; Staudinger/*Peters/Jacoby*, § 212 Rn 16; aA *Tiedtke/Holthusen*, WM 2007, 93, 94 ff; Palandt/*Ellenberger*, § 212 Rn 8. Vgl ferner *Geldmacher*, NZM 2003, 502, 504 f, der auch dann von der Unanwendbarkeit der §§ 767 Abs. 1 S. 3, 768 Abs. 2 ausgeht, wenn das Anerkenntnis in einer vollstreckbaren Urkunde aufgenommen wurde, so dass sich zugleich die Verjährungsfrist gem. § 197 Abs. 1 Nr. 4 auf 30 Jahre verlängert hat; aA MüKo/*Grothe*, § 212 Rn 4.
110 Saarl. OLG, Urt. v. 5.4.2007 – 8 U 169/06, Rn 21; vgl auch BGHZ 139, 214, 216 ff.
111 BGHZ 139, 214, 216 ff; *Einsiedler*, MDR 2010, 603, 604.
112 Saarl. OLG, Urt. v. 5.4.2007 – 8 U 169/06, Rn 22 ff (Verjährungsneubeginn durch Vollstreckungshandlung gegenüber dem Bürgen, § 212 Abs. 1 Nr. 2); *Einsiedler*, MDR 2010, 603, 604 f.
113 Palandt/*Ellenberger*, § 212 Rn 2.
114 Soergel/*Niedenführ*, § 212 Rn 31.
115 Soergel/*Niedenführ*, § 212 Rn 31; OLG Zweibrücken, Urt. v. 24.5.2007 – 4 U 104/06, Rn 27. Zum Verhältnis von Hemmung und Neubeginn (Unterbrechung) und umgekehrt s. auch BGHZ 109, 220, 223; BGH NJW 1995, 3380, 3381; ferner BGH NJW-RR 1988, 730, 731.
116 Zu den Problemen bei einem Neubeginn im Fall des Vorliegens einer Ablaufhemmung nach § 438 Abs. 3 S. 2 s. *Mansel/Budzikiewicz*, Das neue Verjährungsrecht, 2002, § 5 Rn 119 ff.

Solange der betreffende Anspruch nicht verjährt ist, kann der Tatbestand des Neubeginns beliebig oft erneut erfüllt werden, so dass es zu ganzen Abfolgen aneinander gereihter Verjährungsneubeginne kommen kann.[117] Eine allgemeine **Höchstgrenze** der Verjährungsverlängerung durch Neubeginn nach § 212 oder infolge anderer Tatbestände des Neubeginns besteht nicht[118] (zur Höchstgrenze der Verjährung s. auch Vor §§ 203–213 Rn 10; zu der Begrenzung vertraglich vereinbarter Neubeginntatbestände nach § 202 Abs. 2 s. aber § 202 Rn 37 ff). 42

C. Weitere praktische Hinweise

Darlegungs- und Beweispflichtig für das Vorliegen eines Anerkenntnisses iSd Abs. 1 Nr. 1 oder der Beantragung oder Vornahme einer Vollstreckungshandlung iSd Abs. 1 Nr. 2 ist der sich auf den Neubeginn berufende Gläubiger.[119] Macht der Schuldner den Nichteintritt des Neubeginns nach Abs. 2 oder 3 geltend, trägt er für diesen Vortrag die Beweislast.[120] 43

§ 213 Hemmung, Ablaufhemmung und erneuter Beginn der Verjährung bei anderen Ansprüchen

Die Hemmung, die Ablaufhemmung und der erneute Beginn der Verjährung gelten auch für Ansprüche, die aus demselben Grunde wahlweise neben dem Anspruch oder an seiner Stelle gegeben sind.

Literatur: *Lau*, Die Reichweite der Verjährungshemmung bei Klagerhebung, 2008; *Peters*, Der Beginn der Verjährung bei Regressansprüchen, ZGS 2010, 154; *Wolf*, Die Befreiung des Verjährungsrechts vom Streitgegenstandsdenken, in: FS Schumann 2001, S. 579.

A. Allgemeines

§ 213 erweitert den sachlichen Anwendungsbereich eines Hemmungs-, Ablaufhemmungs- oder Neubeginntatbestands auf die Ansprüche, die mit dem in seiner Verjährung unmittelbar beeinträchtigten Anspruch in **elektiver Konkurrenz** oder einem vergleichbaren Verhältnis stehen. Die Vorschrift nimmt den Regelungsgehalt der §§ 477 Abs. 3, 639 Abs. 1 aF in sich auf und verallgemeinert ihn. Erfasst sind nicht mehr nur die kauf- und werkvertraglichen Gewährleistungsrechte, sondern auch alle sonstigen Ansprüche, unabhängig davon, ob diese in oder außerhalb des BGB geregelt sind. Der Gesetzgeber hat sich damit der bisherigen Rechtsprechung angeschlossen, die bereits vor Inkrafttreten des SchuldRModG am 1.1.2002 den Rechtsgedanken der §§ 477 Abs. 3, 639 Abs. 1 aF auf andere Ansprüche ausgedehnt hatte (Rn 12 f). 1

Die Gesetzesbegründung erläutert den **Normzweck** des § 213 wie folgt: Der Gläubiger, der ein bestimmtes Interesse mit einem bestimmten Anspruch verfolgt, solle davor geschützt werden, dass inzwischen andere Ansprüche auf dasselbe Interesse verjähren, die von vornherein wahlweise neben dem geltend gemachten Anspruch gegeben seien oder auf die er stattdessen übergehen könne. Der Gläubiger solle nicht gezwungen werden, mit Hilfsanträgen im Prozess oder durch andere Maßnahmen den Ablauf der Verjährungsfrist der weiteren Ansprüche abzuwenden. Der Schuldner sei insoweit nicht schutzbedürftig, da er durch den Neubeginn, die Ablaufhemmung oder die Hemmung hinsichtlich des einen Anspruchs hinreichend gewarnt sei und sich auf die Rechtsverfolgung des Gläubigers hinsichtlich der übrigen Ansprüche einstellen könne.[1] 2

Neben § 213 findet sich auch in einigen **Sondergesetzen** eine Ausdehnung des Anwendungsbereichs der Hemmungs-, Ablaufhemmungs- und Neubeginntatbestände des allgemeinen und besonderen Verjährungsrechts, vgl etwa § 159 Abs. 4 HGB oder § 115 Abs. 2 S. 4 VVG. Die vorgenannten Regelungen behandeln 3

117 Palandt/*Ellenberger*, § 212 Rn 8.
118 *Mansel/Budzikiewicz*, Das neue Verjährungsrecht, 2002, § 7 Rn 7; ebenso LG Essen, Beschl. v. 12.10.2005 – 10 T 174/05, Rn 4; OLG Celle NJW 2008, 1088, 1089.
119 Für den Beweis des Anerkenntnisses: BGH NJW 1997, 516, 517; OLG Sachsen-Anhalt, Urt. v. 7.12.2006 – 2 W 69/06, Rn 25; MüKo/*Grothe*, § 212 Rn 13; Soergel/*Niedenführ*, § 212 Rn 34; Staudinger/*Peters/Jacoby*, § 212 Rn 33. Für den Beweis der Beantragung oder Vornahme einer Vollstreckungshandlung: Soergel/*Niedenführ*, § 212 Rn 34.
120 Soergel/*Niedenführ*, § 212 Rn 34.
1 BT-Drucks. 14/6040, S. 121.

allerdings den von § 213 nicht erfassten Fall einer Ausdehnung der (Ablauf-)Hemmungs- oder Neubeginnswirkung auf einen anderen Schuldner. Aufgrund der unterschiedlichen Rechtsfolgen schließen sich § 213 und § 159 Abs. 4 HGB, § 115 Abs. 2 S. 4 VVG nicht gegenseitig aus, sondern können ggf kumulativ zur Anwendung gebracht werden.

B. Regelungsgehalt

I. Hemmung, Ablaufhemmung und Neubeginn

4 § 213 findet Anwendung auf alle Tatbestände der Hemmung, der Ablaufhemmung und des Neubeginns der Verjährung.[2] In erster Linie erfasst sind damit die Regelungen der §§ 204–212 (§ 203 findet iRd § 213 keine Anwendung, s. Rn 6). Herangezogen werden kann § 213 aber auch hinsichtlich solcher (Ablauf-)Hemmungs- oder Unterbrechungstatbestände, die außerhalb des allgemeinen Verjährungsrechts geregelt sind (zB § 115 Abs. 2 S. 3 VVG hinsichtlich des Umfangs der Hemmungswirkung bei Schadensersatzansprüchen). In der Praxis die größte Bedeutung kommt jedoch (wie bereits unter altem Recht) der Erstreckung einer nach § 204 Abs. 1 Nr. 1 durch Klageerhebung erwirkten Hemmung auf **streitgegenstandsfremde Ansprüche** zu.

5 Die Anwendbarkeit des § 213 ist nicht auf zivilrechtliche Tatbestände beschränkt. Die Regelung kann im **öffentlichen Recht** entsprechend herangezogen werden.[3]

II. Erfasste Ansprüche

6 **1. Grundsatz.** Grundsätzlich wirkt ein Hemmungs-, Ablaufhemmungs- oder Neubeginntatbestand nur für die materiellrechtlichen Ansprüche, die er tatbestandlich erfasst.[4] So bezieht sich § 204 Abs. 1 Nr. 1 nur auf die Ansprüche, die der Streitgegenstand der erhobenen Klage erfasst.[5] Die Hemmung nach § 203 betrifft die Ansprüche oder Anspruchsteile, welche Gegenstand der Verhandlung waren (§ 203 Rn 14 ff),[6] der Neubeginn nach § 212 Abs. 1 Nr. 1 gilt nur für die Ansprüche, die der Schuldner auch anerkennt (§ 212 Rn 36 f)[7] etc. Jede dieser Hemmungs-, Ablaufhemmungs- oder Neubeginnsnormen bestimmt selbst ihren gegenständlichen Anwendungsbereich. Dieser legt fest, welche Ansprüche durch die Norm in dem Lauf ihrer Verjährungsfrist beeinflusst werden.[8]

7 **2. Erweiterung des gegenständlichen Anwendungsbereichs von Hemmungs-, Ablaufhemmungs- oder Neubeginnsnormen.** § 213 macht eine **Ausnahme** von dem Grundsatz (Rn 6), wonach jede verjährungsbeeinflussende Norm ihren gegenständlichen Anwendungsbereich selbst regelt. Ansprüche (künftig: miterfasste Ansprüche), die aus demselben Grund neben oder wahlweise an der Stelle des in der Verjährung gehemmten, ablaufgehemmten oder vom Neubeginn betroffenen Anspruchs (künftig: betroffener Anspruch) gegeben sind, werden von der Hemmungs-, Ablaufhemmungs- bzw Neubeginnswirkung gleichfalls umfasst. Bedeutung kommt § 213 immer dann zu, wenn sich die Erstreckung der (Ablauf-)Hemmung oder des Neubeginns nicht schon aus anderen Gründen ergibt (zB Ausdehnung der Hemmungswirkung nach § 204 Abs. 1 Nr. 1 auf alle vom Streitgegenstand umfassten materiellrechtlichen Anspruchsgrundlagen, parteiautonome Bestimmung des Verhandlungsumfangs iRd § 203).[9]

2 Palandt/*Ellenberger*, § 213 Rn 1; Soergel/*Niedenführ*, § 213 Rn 3.

3 VG Wiesbaden, Urt. v. 10.5.2006 – 8 E 2503/03, Rn 99.

4 S. dazu grundlegend *Henckel*, JZ 1962, 335 ff.

5 Vgl hierzu BGH NJW 2000, 3492, 3493; Staudinger/*Peters/Jacoby*, § 213 Rn 1.

6 Ebenso Staudinger/*Peters/Jacoby*, § 213 Rn 9; vgl auch Brandenburg. OLG, Urt. v. 10.10.2007 – 3 U 33/07, Rn 12.

7 *Mansel/Budzikiewicz*, Das neue Verjährungsrecht, 2002, § 7 Rn 23; Staudinger/*Peters/Jacoby*, § 213 Rn 9 (anders *dies.* allerdings in § 212 Rn 17). AA *Ritzmann*, MDR 2003, 430, 431 (§ 213 erfasst auch das Anerkenntnis).

8 Ungenau in ihrer Verallgemeinerung die Ausführungen in BT-Drucks. 14/6040, S. 121, wonach der Neubeginn oder die Hemmung der Verjährung den Anspruch im Sinne des Prozessrechts erfasst, unabhängig davon, ob er aus einer oder mehreren Anspruchsgrundlagen des materiellen Rechts hergeleitet wird. Diese allgemeine Aussage ist etwa für § 203 nicht zutr., weil dort der Umfang der Verhandlungen den Umfang der Hemmung bestimmt. Der Regelung des § 213 kommt im Hinblick auf § 203 keine Bedeutung zu, da ausschließlich die Parteien entscheiden, inwieweit sich die Hemmung nach § 203 auch gegenüber weiteren Ansprüchen auswirken soll. Vgl hierzu auch Staudinger/*Peters/Jacoby*, § 213 Rn 9.

9 Vgl MüKo/*Grothe*, § 213 Rn 2; Soergel/*Niedenführ*, § 213 Rn 4; Erman/*Schmidt-Räntsch*, § 213 Rn 1.

Um den Anwendungsbereich des § 213 zu eröffnen,[10] müssen folgende Voraussetzungen erfüllt sein: 8

a. Erfasst sind nur solche Ansprüche, die dem Gläubiger **gegen denselben Schuldner** zustehen.[11] Stellt sich etwa nachträglich heraus, dass gegen die falsche Person geklagt wurde, ist der Anspruch gegen den wahren Schuldner nicht gehemmt. Für den Fall der Gesamtschuld ergibt sich die Unanwendbarkeit des § 213 bereits aus § 425 Abs. 2.

b. Die miterfassten Ansprüche und der betroffene Anspruch müssen aufgrund der gesetzlichen Regelung von vornherein dem Gläubiger **zur Wahl stehen**, oder es muss ihm gestattet sein, in Verfolgung seiner Interessen von einem zum anderen Anspruch überzugehen. Ein solches Verhältnis liegt nach der Gesetzesbegründung nicht vor zwischen dem Erfüllungsanspruch und dem Anspruch auf Ersatz des Verzögerungsschadens (s. hierzu auch Rn 9).[12] Nach der Gesetzesbegründung sollen gleichfalls **Wahlschuldverhältnisse** (§ 262) nicht erfasst sein,[13] da hier nur ein einziger Anspruch mit alternativem Inhalt vorliegt.[14] Die Rechtsprechung hat sich zu dieser Frage noch nicht geäußert. Scheidet man Wahlschulden mit der Gesetzesbegründung aus dem Anwendungsbereich des § 213 aus, so löst das Folgefragen aus, s. dazu § 204 Rn 45.

c. Die Ansprüche müssen **aus demselben Grund** gegeben sein, dh aus demselben Lebenssachverhalt resultieren.[15] Dieses Tatbestandsmerkmal wurde erst während des Gesetzgebungsverfahrens zur Klarstellung[16] eingefügt.[17] Um die befürchteten Abgrenzungsschwierigkeiten iRd § 213 zumindest zu vermindern, sollte im Normtext verdeutlicht werden, dass nur diejenigen Ansprüche von der Wirkungserstreckung betroffen werden, die auf das gleiche Interesse gerichtet sind (vgl Rn 2).[18] Da jedoch dem Begriff des Interesses im Gesetz an verschiedenen Stellen unterschiedliche Bedeutung zukommt, wurde letztendlich die Formulierung „aus demselben Grund" vorgezogen.[19] In der Literatur wird daraus geschlossen, es genüge, wenn der Rechtsgrund der jeweiligen Ansprüche „im Kern" identisch sei.[20] Hiervon sei etwa auszugehen bei allen in § 437 bzw in § 634 aufgeführten Rechten.[21] Dass die in diesen Vorschriften benannten Rechte auf demselben Grund beruhen, erscheint nicht fraglich. Alle Gewährleistungsrechte des Kauf- oder Werkvertragsrechts gründen letztlich auf dem Umstand, dass die Leistung des Käufers oder Unternehmers mangelhaft war.[22] Dies gilt jedoch auch für den Anspruch auf Ersatz des Mangelfolgeschadens, der nach §§ 437 Nr. 3, 280 Abs. 1 ebenfalls zu ersetzen ist. Letzterer steht jedoch nicht wahlweise neben den übrigen in § 437 genannten Rechten, sondern kann jeweils zusätzlich geltend gemacht werden (vgl Rn 10).[23] Daraus folgt, dass ein Abstellen auf den gleichen Grund zwar notwendiges, aber nicht hinreichendes Kriterium ist, um die in § 213 geforderte Alternativität der Ansprüche zu konkretisieren. Tatsächlich muss auch das angestrebte Interesse im weitesten Sinne das gleiche sein.[24] Damit ist nicht notwendig das gleiche wirtschaftliche Interesse gemeint, auch wenn dies häufig vorliegen wird. Vielmehr muss der Gläubiger durch den miterfassten Anspruch nach Wertung des Gesetzes in ähnlicher Weise befriedigt werden. Hingegen kritisieren *Peters/Jacoby* die Forderung nach einem die Identität des Grundes ergänzenden Tatbestandsmerkmals des vergleichbaren (wirtschaftlichen) Interesses mit dem Hinweis auf den von § 213 erfassten Übergang von kauf- bzw werkvertraglichem Nachbesserungsan-

10 Zu einigen der folgenden Punkte s. BT-Drucks. 14/6040, S. 121 f; BT-Drucks. 6857, S. 10, 44.

11 Bamberger/Roth/*Henrich*, § 213 Rn 2; Soergel/*Niedenführ*, § 213 Rn 6; Staudinger/*Peters/Jacoby*, § 213 Rn 2; Erman/*Schmidt-Räntsch*, § 213 Rn 2; *Wolf*, in: FS Schumann 2001, S. 579, 587.

12 BT-Drucks. 14/6040, S. 121 f; BT-Drucks. 14/6857, S. 10, 44; BT-Drucks. 14/7052, S. 182.

13 Vgl. den Gesetzesentwurf der Bundesregierung vom 31.8.2001, BT-Drucks. 14/6857, S. 46, wo sie dem Einwand entgegentritt, die Formulierung „wahlweise" deute zu sehr auf die Einbeziehung von Wahlschuldverhältnissen hin.

14 BT-Drucks. 14/6857, S. 46; vertiefend NK-BGB/*Arnold* § 263 Rn 5; aA *Wolf*, in: FS Schumann 2001, S. 579, 591 (entsprechende Anwendung des § 213); MüKo/*Grothe*, § 213 Rn 4 (Anwendung des § 213 nur, sofern dem Gläubiger das Wahlrecht zusteht); wohl auch *Lau*, Die Reichweite der Verjährungshemmung bei Klagerhebung, 2008, S. 129 ff.

15 Staudinger/*Peters/Jacoby*, § 213 Rn 3. Nach OLG Frankfurt aM NJW 2008, 379, 380 fehlt es "an demselben Grund" bei Ansprüchen aus einem Darlehensvertrag und einem abstrakten Schuldversprechen; aA *Deter/Burianski/Möllenhoff*, BKR 2008, 281, 282 f (Ansprüche aus Hypothek und gesicherte Forderung sind aus demselben Grund gegeben).

16 S. die Kritik bei *Zimmermann/Leenen u.a.*, JZ 2001, 684, 697; Prüfbitte des Bundesrats, BT-Drucks. 14/6857, S. 10.

17 S. BT-Drucks. 14/6857, S. 44; BT-Drucks. 14/7052, S. 182.

18 BT-Drucks. 14/6857, S. 10.

19 Nach Erman/*Schmidt-Räntsch*, § 213 Rn 3 ist dadurch der Fokus weniger auf die Entsprechung der Anspruchsziele als vielmehr auf den durch sie geprägten Sachverhalt gelegt worden.

20 Palandt/*Ellenberger*, § 213 Rn 2; Bamberger/Roth/*Henrich*, § 213 Rn 2; *Lau*, Die Reichweite der Verjährungshemmung bei Klagerhebung, 2008, S. 125.

21 Palandt/*Ellenberger*, § 213 Rn 2.

22 Staudinger/*Peters/Jacoby*, § 213 Rn 3.

23 Staudinger/*Peters/Jacoby*, § 213 Rn 7; s.auch *Arnold*, in: FS Eggert 2008, S. 41, 44.

24 Vgl MüKo/*Grothe*, § 213 Rn 3; Bamberger/Roth/*Henrich*, § 213 Rn 3; aA Erman/*Schmidt-Räntsch*, § 213 Rn 2; *Lau*, Die Reichweite der Verjährungshemmung bei Klagerhebung, 2008, S. 123 f.

spruch auf den Rücktritt, dem ersichtlich nicht das gleiche wirtschaftliche Interesse zugrunde liege.[25] Dabei wird jedoch übersehen, dass es sich bei dem Rücktritt (ebenso wie bei der Minderung) nicht um Ansprüche, sondern um Rechte handelt. Diese unterfallen nicht der Verjährung (und damit auch nicht der Regelung des § 213), sondern können von dieser allenfalls indirekt über § 218 Abs. 1 iVm §§ 438 Abs. 4 und 5, 634 a Abs. 4 und 5 beeinflusst werden.

9 Von § 213 erfasst werden sollen jedenfalls die Fälle **elektiver** (oder auch alternativer) **Anspruchskonkurrenz.**[26] Mit Ansprüchen, die neben den betroffenen Anspruch treten, sind somit **keine Nebenleistungsansprüche** wie etwa Zinsansprüche gemeint, die neben dem Hauptanspruch bestehen; für Nebenleistungsansprüche gilt § 217.[27] Bei elektiver Konkurrenz gibt es keine Haupt- und Nebenansprüche, sondern nur nebeneinander bestehende Ansprüche, bei welchen der Gläubiger (nach seiner Wahl) endgültig nur den einen oder den anderen verwirklichen kann. Kennzeichen der elektiven Konkurrenz ist somit, dass die alternativ nebeneinander gegebenen Ansprüche erlöschen, wenn einer von ihnen endgültig gewählt wird. Nicht in die Wirkungserstreckung des § 213 einbezogen sind daher der Leistungsanspruch und der Anspruch auf Schadensersatz wegen Verzögerung der Leistung, da diese sich nicht gegenseitig ausschließen, sondern **kumulativ** geltend gemacht werden können (vgl auch Rn 8).[28] Gleiches gilt für die nebeneinander verfolgbaren Ansprüche auf Ersatz des **materiellen** und des **immateriellen Schadens** oder des Erfüllungsanspruchs und des Anspruchs aus §§ 241 Abs. 2, 280 Abs. 1 (früher pVV).[29] Auch wenn die Ansprüche auf **unterschiedliche Pflichtverletzungen**[30] oder, insb. im Kauf- und Werkvertragsrecht, auf **verschiedene Mängel** gestützt werden,[31] kommt eine Wirkungserstreckung über § 213 nicht in Betracht. Hier fehlt es an dem Merkmal des gleichen Grundes. Dies ist gleichermaßen der Fall, wenn die Ansprüche aus **unterschiedlichen Schäden** resultieren.[32] Auch der Anspruch auf **Erstattung zu Unrecht geleisteter Arbeitslosenversicherungsbeiträge** nach § 26 Abs. 2 S. 1 SGB IV und der Anspruch auf Gewährung von Arbeitslosengeld gem. § 117 SGB III stehen nicht in elektiver Konkurrenz.[33] Zwar schließen sich die Ansprüche wechselseitig aus, der Gläubiger kann jedoch weder zwischen ihnen wählen noch kann er von einem Anspruch zum anderen übergehen. Vielmehr steht von vornherein fest, dass tatbestandlich nur der eine oder der andere Anspruch erfüllt sein kann. Derartige Fälle wechselseitigen Ausschlusses sind von § 213 nicht erfasst.[34] Handelt es sich um denselben prozessualen Streitgegenstand, hemmt eine Rechtsverfolgung iSd § 204 Abs. 1 aber auch ohne Rückgriff auf die Wirkungserstreckung des § 213 die Verjährung aller vom Streitgegenstand erfasster Ansprüche, selbst wenn diese sich materiellrechtlich gegenseitig ausschließen (zB hemmt die Klage auf Zahlung von Werklohn nach § 631 Abs. 1 zugleich die Verjährung des Anspruchs aus § 812 im Falle der Nichtigkeit des Vertrages[35]).[36] Zur Frage, ob eine Hemmungswirkung über den **Streitgegenstand** der betreffenden Klage hinaus nach § 204 eintreten kann, s. § 204 Rn 45.

10 § 213 gilt hingegen jeweils für die einzelnen in § 437[37] geregelten **kaufvertraglichen Ansprüche** (Nacherfüllung, Schadensersatz statt der Leistung)[38] oder jeweils für die einzelnen in § 634 geregelten **werkvertrag-**

25 Staudinger/*Peters/Jacoby*, § 213 Rn 5 gegen AnwK-SchuldR/*Mansel*, § 213 Rn 5.

26 BT-Drucks. 14/6857, S. 46. Zur elektiven Konkurrenz s. *Larenz/Wolf*, BGB AT, 8. Aufl. 1997, § 18 III 2 (Rn 24 f); *Medicus/Lorenz*, Schuldrecht I, AT, 18. Auflage 2008, Rn 209: Die Konkurrenz kann auch zwischen Ansprüchen und Gestaltungsrechten bestehen (beachte aber, dass die Gestaltungsrechte des Rücktritts und der Minderung nur indirekt über § 218 von der Verjährung betroffen sind; näher § 218 Rn 12 ff).

27 MüKo/*Grothe*, § 213 Rn 4; Bamberger/Roth/*Henrich*, § 213 Rn 3. Missverständlich Staudinger/*Peters/Jacoby*, § 213 Rn 8, die ausführen, der zweite Anspruch sei einschließlich etwaiger Verzugszinsen gehemmt. Die Wirkungserstreckung der Hemmung auf den Zinsanspruch ergibt sich nicht aus § 213, sondern aus § 217 aufgrund der Hemmung des Hauptanspruchs.

28 MüKo/*Grothe*, § 213 Rn 4; Soergel/*Niedenführ*, § 213 Rn 10; Staudinger/*Peters/Jacoby*, § 213 Rn 7; Erman/*Schmidt-Räntsch*, § 213 Rn 5.

29 Staudinger/*Peters/Jacoby*, § 213 Rn 7.

30 Vgl BGH NJW 2000, 2678, 2679; dazu Henssler/von Westphalen/*Bereska*, Praxis der Schuldrechtsreform, 2. Aufl. 2003, § 213 Rn 9; Bamberger/Roth/*Henrich*, § 213 Rn 6.

31 MüKo/*Grothe*, § 213 Rn 5; Palandt/*Ellenberger*, § 213 Rn 2; Erman/*Schmidt-Räntsch*, § 213 Rn 3; vgl auch Brandenburg. OLG v. 10.10.2007 – 3 U 33/07, Rn 12.

32 Staudinger/*Peters/Jacoby*, § 213 Rn 3.

33 AA SG Kassel, Urt. v. 26.9.2007 – S 7 AL 223/06, Rn 20.

34 AA *Lau*, Die Reichweite der Verjährungshemmung bei Klagerhebung, 2008, S. 174 ff.

35 Vgl die entsprechende Fallgestaltung bei BGH NJW 2000, 3492, 3493.

36 Staudinger/*Peters/Jacoby*, § 213 Rn 1, 3; vgl auch *Lau*, Die Reichweite der Verjährungshemmung bei Klagerhebung, 2008, S. 48 ff.

37 S. zum Verhältnis elektiver Konkurrenz der kaufvertraglichen Gewährleistungsansprüche nach bisherigem Recht Soergel/*Huber*, § 477 Rn 67–69.

38 OLG München ZGS 2007, 80; AG Hamburg, Urt. v. 25.10.2006 – 7 c C 31/06, Rn 4. Dass der Anspruch auf Schadensersatz zumeist noch eine vorhergehende Fristsetzung erfordert, hindert die Anwendung des § 213 nicht; Staudinger/*Peters/Jacoby*, § 213 Rn 3.

lichen Ansprüche,[39] soweit diese alternativ gegeben sind[40] und aus demselben Mangel resultieren;[41] bei Hemmung durch Rechtsverfolgung gem. § 204 Abs. 1 jedoch nur in Höhe des geltend gemachten Betrages.[42] Gleiches gilt für die von § 651 g erfassten **reiserechtlichen Ansprüche**.[43] Sofern die gewährleistungsrechtlichen Ansprüche nebeneinander stehen (zB Nachbesserungsanspruch und Ersatz des Mangelfolgeschadens, Rn 8) kommt eine Wirkungserstreckung verjährungsverzögernder Tatbestände indes nicht in Betracht.[44] Hier fehlt es an dem Merkmal der Alternativität. Auch ein **deliktischer Anspruch**, der aus einem Sachverhalt resultiert, welcher zugleich zu einem Sachmangelanspruch aus Kauf-, Werk- oder Reisevertrag führt, steht zu diesem insoweit nicht in elektiver Konkurrenz, als der eine nicht erlischt, wenn der andere gewählt wird.

Erfasst sind hingegen der Anspruch auf Erfüllung und der **Schadensersatzanspruch statt der Leistung** gem. **11** § 281 (einschließlich des Anspruchs aus § 284),[45] die wahlweise zur Verfügung stehenden Ansprüche bei **Haftung des Vertreters ohne Vertretungsmacht** gem. § 179 Abs. 1,[46] der Erfüllungsanspruch und der **Anspruch auf Vertragsstrafe** gem. § 340,[47] der Anspruch auf Schadensersatz und der Anspruch auf das **stellvertretende Commodum** gem. § 285[48] sowie der Anspruch auf Naturalrestitution und auf Zahlung des hierfür erforderlichen Geldbetrages gem. § 249.[49]

Weitere Einzelfälle aus der **Rechtsprechung zum bisherigen Recht**:[50] Das alte Recht kannte keine allgemeine **12** Regelung, welche § 213 entsprochen hätte, sondern nur die punktuellen Vorschriften der §§ 477 Abs. 3, 639 Abs. 1 für das Kauf- und Werkvertragsrecht, deren Rechtsgedanke aber erweiternd angewandt wurde. Eine **Wirkungserstreckung wurde bejaht**: für den Anspruch auf **Kapitalabfindung** im Verhältnis zum Anspruch auf Geldrente;[51] für den Anspruch auf **Herausgabe** einer Sache im Verhältnis zum Anspruch auf Schadensersatz wegen Unmöglichkeit der Herausgabe;[52] für die Klage auf Schadensersatz wegen **Verschweigens eines Mangels** hinsichtlich der Minderung[53] (beachte, dass die Minderung jetzt ein Gestaltungsrecht ist, das – wie alle Gestaltungsrechte – nicht der Verjährung unterliegt; zu den zeitlichen Grenzen der Geltendmachung s. § 218); für die Klage auf Ersatz der **Mängelbeseitigungskosten** hinsichtlich des Anspruchs auf Schadensersatz;[54] für die Zahlungsklage auf Schadensersatz wegen Belastung mit einer Verbindlichkeit im Verhältnis zum **Freistellungsanspruch**[55] wie allgemein im Verhältnis von Freistellungsanspruch und nachfolgendem Zahlungsanspruch;[56] für die Klage gegen den beschenkten Erben auf Pflichtteilsergänzung (§ 2325) hinsichtlich des **Pflichtteilsanspruchs**[57] oder des **Duldungsanspruchs nach § 2329**;[58] für die Klage auf Zahlung von Werklohn hinsichtlich des im Falle der Nichtigkeit des Vertrages gegebenen Anspruchs aus **Bereicherung**;[59] für die Inanspruchnahme verwaltungsgerichtlichen Rechtsschutzes hinsichtlich des zivilrechtlichen

39 *Lenkeit*, BauR 2002, 196, 220.
40 MüKo/*Grothe*, § 213 Rn 4; Soergel/*Niedenführ*, § 213 Rn 7.
41 BGH, Urt. v. 8.12.2009 – XI ZR 183/08, Rn 48; Urt. v. 8.12.2009 – XI ZR 182/08, Rn 49; Urt. v. 8.12.2009 – XI ZR 181/08, Rn 49 (jeweils im Hinblick auf werkvertragliche Ansprüche); MüKo/*Grothe*, § 213 Rn 5; Erman/*Schmidt-Räntsch*, § 213 Rn 3 f; *Wolf*, in: FS Schumann 2001, S. 579, 590.
42 Brandenburg. OLG, Urt. v. 10.10.2007 – 3 U 33/07, Rn 11.
43 *Wolf*, in: FS Schumann 2001, S. 579, 591.
44 Ebenso *Arnold*, in: FS Eggert 2008, S. 41, 44.
45 Henssler/von Westphalen/*Bereska*, Praxis der Schuldrechtsreform, 2. Aufl. 2003, § 213 Rn 6; Staudinger/*Peters/Jacoby*, § 213 Rn 3; Erman/*Schmidt-Räntsch*, § 213 Rn 5.
46 Henssler/von Westphalen/*Bereska*, Praxis der Schuldrechtsreform, 2. Aufl. 2003, § 213 Rn 5; MüKo/*Grothe*, § 213 Rn 4; Bamberger/Roth/*Henrich*, § 213 Rn 4; *Wolf*, in: FS Schumann 2001, S. 579, 591.
47 Henssler/von Westphalen/*Bereska*, Praxis der Schuldrechtsreform, 2. Aufl. 2003, § 213 Rn 5; Bamberger/Roth/*Henrich*, § 213 Rn 4; *Wolf*, in: FS Schumann 2001, S. 579, 591.
48 *Wolf*, in: FS Schumann 2001, S. 579, 591. Zur Herausgabe des stellvertretenden Commodums im Kaufrecht sowie zur Frage der Verjährung vgl auch *Mansel/Budzikiewicz*, Jura 2003, 1, 9 f.
49 *Wolf*, in: FS Schumann 2001, S. 579, 591.
50 S. *Henckel*, JZ 1962, 335 ff. Die folgende Zusammenstellung ist teilweise BT-Drucks. 14/6040, S. 121 f = Abschlussbericht, 96 entnommen; s. dazu noch *Peters/Zimmermann*, 260 f, 323 (§ 209). Weitere Beispiele finden sich bei Palandt/*Ellenberger*, § 213 Rn 2 f; Bamberger/Roth/*Henrich*, § 213 Rn 5.
51 RGZ 77, 213 ff mit umstr. Begründung, s. *Henckel*, JZ 1962, 335, 337.
52 RGZ 109, 234 ff.
53 RGZ 134, 272.
54 BGHZ 58, 30.
55 BGH NJW 1985, 1152; BGHZ 104, 268, 271 f (Unterbrechung einer Klage – heute Hemmung – beim Schadensersatzanspruch betrifft die Pflicht zum Schadensersatz als solche und beschränkt sich nicht auf die einzelnen Ausprägungen in Abhängigkeit von dem Stand der Schadensentwicklung). Ebenso für § 213: Jauernig/*Jauernig*, § 204 Rn 3.
56 *Peters*, ZGS 2010, 154, 155.
57 BGH NJW 1983, 388, 389.
58 BGH NJW 1974, 1327; 1983, 388, 389.
59 BGH NJW 2000, 3492, 3493, allerdings unter Hinw. auf die Identität des Streitgegenstandes; dennoch als Beispiel für ein Alternativverhältnis iSd § 213 aufgeführt bei MüKo/*Grothe*, § 213 Rn 3 (Fn 4), 4; Palandt/*Ellenberger*, § 213 Rn 2; Bamberger/Roth/*Henrich*, § 213 Rn 5. Zutr. von nur einem prozessualen Anspruch und damit von einem allein über § 204 Abs. 1 zu erfassenden Fall gehen dagegen Staudinger/*Peters/Jacoby*, § 213 Rn 1, 3, aus.

Amtshaftungsanspruchs.[60] Diese Fälle führen auch nach § 213 zu einer Wirkungserstreckung der (Ablauf-)Hemmung oder des Neubeginns.[61]

13 Die Abgrenzung im Einzelnen war im **bisherigen Recht** unsicher und nicht immer stringent. **Keine Erstreckung** der Unterbrechungswirkung wurde nach bisherigem Recht etwa zugestanden für die – mangels Vorliegens der Voraussetzung des bisherigen § 326 aF unbegründete – Klage auf Schadensersatz hinsichtlich des Anspruchs auf Erfüllung,[62] für die Klage auf Leistung hinsichtlich des Schadensersatzanspruchs wegen Verzögerung der Leistung[63] und für die Klage auf den großen Pflichtteil hinsichtlich des Anspruchs auf Zugewinnausgleich.[64] Diese Wertungen können unter **neuem Recht** nur im Hinblick auf den Erfüllungsanspruch im Verhältnis zum Anspruch auf Ausgleich des Verzugsschadens aufrechterhalten werden (vgl Rn 8). Der Fall der sich gegenseitig ausschließenden Ansprüche auf Leistung auf der einen und Schadensersatz wegen Nichterfüllung auf der anderen Seite erfüllt ohne weiteres die Voraussetzungen des § 213.[65] Gleiches gilt hinsichtlich des Anspruchs auf den großen Pflichtteil im Hinblick auf den Zugewinnausgleichsanspruch.[66]

III. Rechtsfolge

14 Liegen die Voraussetzungen des § 213 vor, erstrecken sich die Hemmung, die Ablaufhemmung oder der Neubeginn auf die Verjährung aller von der Regelung einbezogenen Ansprüche. Dies führt allerdings nicht zu einer Parallelisierung aller Verjährungsläufe. Die Hemmung oder der Neubeginn greifen bei jedem Anspruch in dem Verjährungsstadium ein, in dem sich dieser im Zeitpunkt des hemmenden oder den Neubeginn auslösenden Ereignisses befindet. Verjährungsbeginn, frühere Hemmungszeiträume etc. bleiben unberührt.[67] Entsprechendes gilt, sofern einer der von § 213 erfassten Ansprüche schon vor der in Rede stehenden Hemmung bzw vor dem Neubeginn verjährt sein sollte.[68] § 213 hebt eine bereits eingetretene Verjährung nicht wieder auf.

C. Weitere praktische Hinweise

15 Zurzeit ist noch nicht vollständig absehbar, in welchem Umfang die Rechtsprechung § 213 tatsächlich zur Anwendung bringen wird. Es erscheint daher ratsam, zumindest in den Fällen, in denen unter altem Recht nicht von einer Wirkungserstreckung ausgegangen wurde,[69] nicht unbesehen auf die Anwendung der Vorschrift zu vertrauen.[70] Bestehen Zweifel an dem Umfang eines Hemmungs- oder Neubeginntatbestandes, sollte sicherheitshalber die verjährungsrelevante Handlung für alle infrage kommenden Ansprüche wiederholt werden.

Titel 3 Rechtsfolgen der Verjährung

§ 214 Wirkung der Verjährung

(1) Nach Eintritt der Verjährung ist der Schuldner berechtigt, die Leistung zu verweigern.

(2) [1]Das zur Befriedigung eines verjährten Anspruchs Geleistete kann nicht zurückgefordert werden, auch wenn in Unkenntnis der Verjährung geleistet worden ist. [2]Das Gleiche gilt von einem vertragsmäßigen Anerkenntnis sowie einer Sicherheitsleistung des Schuldners.

60 BGHZ 138, 247, 251; zust. *Guckelberger*, Die Verjährung im Öffentlichen Recht, 2004, S. 602. AA *Dötsch*, NWVBl 2001, 385, 388 (Analogie zu § 204 Abs. 1 Nr. 1, Nr. 12).
61 Soergel/*Niedenführ*, § 213 Rn 9; Erman/*Schmidt-Räntsch*, § 213 Rn 5; ferner Henssler/von Westphalen/*Bereska*, Praxis der Schuldrechtsreform, 2. Aufl. 2003, § 213 Rn 4.
62 BGHZ 104, 6, 12. Krit. zu dieser Entscheidung *Wolf*, in: FS Schumann 2001, S. 579, 586 f
63 BGH VersR 1959, 701 und OLG Hamm VersR 1981, 947.
64 BGH NJW 1983, 388.
65 Palandt/*Ellenberger*, § 213 Rn 3; Erman/*Schmidt-Räntsch*, § 213 Rn 5; aA Soergel/*Niedenführ*, § 213 Rn 11.
66 Staudinger/*Peters/Jacoby*, § 213 Rn 5. AA ohne Begründung: Bamberger/Roth/*Henrich*, § 213 Rn 6; Erman/*Schmidt-Räntsch*, § 213 Rn 5. Die weite Formulierung des § 213 lässt jedoch nicht erkennen, aus welchem Grund der Anspruch auf den großen Pflichtteil und jener auf Zugewinnausgleich nicht von der Wirkungserstreckung erfasst sein sollen. Beide Ansprüche beruhen auf demselben Grund (gesetzlicher Güterstand, Tod eines Ehegatten), richten sich gegen denselben Schuldner (Erbe), stehen wahlweise nebeneinander und sollen dem gleichen Interesse dienen.
67 Staudinger/*Peters/Jacoby*, § 213 Rn 10.
68 Erman/*Schmidt-Räntsch*, § 213 Rn 4.
69 Vgl die Beispiele bei Bamberger/Roth/*Henrich*, § 213 Rn 6.
70 Vgl auch Henssler/von Westphalen/*Bereska*, Praxis der Schuldrechtsreform, 2. Aufl. 2003, § 213 Rn 7.

Literatur: *Harke*, Privatautonomie und Verjährung: Verjährungsvereinbarungen, in: Remien (Hrsg.), Verjährungsrecht in Europa, S. 107; *Meller-Hannich*, Die Einrede der Verjährung, JZ 2005, 656; *Götz Schulze*, Die Naturalobligation, 2008.

A. Allgemeines

1 § 214 regelt die Wirkung der Verjährung. Die Vorschrift hat sich in der Praxis bewährt. Sie ist in ihrem sachlichen Gehalt nicht umstritten. Der Reformgesetzgeber des Jahres 2002 sah deshalb keinen Anlass zu grundlegenden Änderungen gegenüber der Vorgängernorm des § 222 aF Er hat lediglich **geringe Anpassungen** an den heutigen Sprachgebrauch vorgenommen.[1] Art. 14:501 der Grundregeln des Europäischen Vertragsrechts (zu diesen Vor §§ 194–218 Rn 20 ff) ist nahezu wortgleich mit § 214.

B. Regelungsgehalt

I. Dauerndes Leistungsverweigerungsrecht (Abs. 1)

2 Der Eintritt der Verjährung beseitigt den Anspruch als solchen nicht, gibt dem Schuldner aber ein dauerndes Leistungsverweigerungsrecht in Form einer Einrede (**Abs. 1**). Daher bleibt es dem Schuldner überlassen, ob er sich auf die Verjährung beruft oder trotz Bestehens der Einrede erfüllt. Bei Eintritt der Verjährung wandelt sich die Forderung in eine Naturalobligation um. Mit Einredeerhebung wird die Forderung gehemmt.[2] Ein Verzicht auf die Einrede ist möglich. Er hat zur Folge, dass die Forderung durchsetzbar bleibt. Ein bloßes Fallenlassen der Einrede ist kein Einredeverzicht,[3] s. näher § 202.

3 Eine ausdrückliche Berufung auf die Verjährung ist nicht erforderlich; es genügt, wenn sich aus den **Umständen** ergibt, dass der Schuldner aufgrund Zeitablaufs endgültig die Leistung verweigern will.[4] Die Verjährungseinrede ist geschäftsähnliche Handlung mit gestaltender Wirkung; sie braucht daher nur einmal erhoben zu werden[5] und wirkt im Prozess für die nächste Instanz fort.[6] Wird die Verjährungseinrede erstmals in der Berufungsinstanz erhoben, so ist sie unabhängig von den Voraussetzungen des § 531 Abs. 2 ZPO jedenfalls dann beachtlich, wenn sowohl die die Verjährung begründenden Tatsachen als auch die Erhebung der Einrede selbst zwischen den Parteien unstreitig sind.[7]

4 Ob im Prozess ein **richterlicher Hinweis** auf die mögliche Verjährung zulässig oder sogar geboten ist, ist umstritten.[8] Auszugehen ist vom **Grundsatz der Parteiherrschaft** im Zivilprozess, nach dem es den Parteien zukommt, die entscheidungserheblichen Gesichtspunkte vorzutragen. Im Rahmen der materiellen Prozessleitungspflicht des § 139 ZPO hat der Richter die Parteien zu vollständiger Aufklärung über alle entscheidungserheblichen prozessualen und materiellen Tatsachen zu veranlassen.[9] Von dieser richterlichen Hinweispflicht wird aber die Einrede der Verjährung jedenfalls dann nicht erfasst, wenn der bisherige Parteivortrag keinerlei Ansatzpunkte dafür gegeben hat, dass sich der Beklagte hiermit verteidigen will.[10] Etwas anderes kann aber dann gelten, wenn das Gericht auf von den Parteien bislang nicht berücksichtigte Umstände hinweist, aus denen sich allerdings zumindest für die anwaltlich vertretene Partei ohne weiteres mittelbar ergeben muss, dass der geltend gemachte Anspruch verjährt ist.[11]

Eine erhobene Verjährungseinrede hat das Gericht erst zu prüfen, wenn feststeht, dass die Erfüllung des zugrunde liegenden Anspruchs möglich ist, ein Unmöglichkeitseinwand also nicht durchgreift. Denn solange

1 BT-Drucks. 14/6040, S. 122.
2 Klärend *Schulze*, S. 516 f; zum Streitstand hinsichtlich der Qualifikation als Naturalobligation ebenda S. 509 f.
3 S. dazu *Schulze*, S. 515 f.
4 Staudinger/*Peters/Jacoby*, § 214 Rn 8.
5 *Schlosser*, JuS 1966, 263.
6 BGH NJW 1990, 326, 327.
7 BGH GrZS, BGHZ 177, 212. Der Große Senat für Zivilsachen hat damit eine Klärung dieser zwischen einzelnen Senaten des BGH umstrittenen Frage herbeigeführt, vgl bisher BGHZ 161, 138, 142 (IX. ZS); ebenso BGHZ 166, 29 (III. ZS) einerseits sowie BGH GRUR 2006, 401 (X. ZS) andererseits, wonach die Verjährungseinrede nur bei Vorliegen der Voraussetzungen des § 531 Abs. 2 ZPO zugelassen wurde. Nachweise zur bislang ebenfalls divergierenden obergerichtlichen Rechtsprechung finden sich in BGHZ 177, 212; s. dazu auch *H. Roth*, JZ 2009, 106; *Jacoby*, ZZP 122 (2009), 358 sowie *Kroppenberg*, NJW 2009, 642.
8 Dazu mit Nachweisen *Meller-Hannich*, Die Einrede der Verjährung, JZ 2005, 656, 662.
9 Vgl nur Thomas/Putzo/*Reichold*, ZPO, § 139 Rn 3.
10 So nun BGH NJW 2004, 164 m. zust. Anm. *Becker-Eberhard*, LMK 2004, 32; krit. *Wernicke*, JA 2004, 331, 332–334; genauso ein Teil der Rspr und Lit., vgl die Übersicht bei Staudinger/*Peters/Jacoby*, § 214 Rn 15–17; aA noch KG NJW 2002, 1732 (bereits zu § 139 ZPO nF); BayObLG NJW 1999, 1875 (zu § 139 ZPO aF).
11 BGH NJW 1998, 612.

einem Anspruch der Einwand zumindest vorübergehender Unmöglichkeit entgegensteht, ist eine Klage „**zur Zeit unbegründet**" und der Anspruch auch nicht im Sinne des § 199 Abs. 1 Nr. 1 entstanden.[12]

5 Ein **Verzicht** auf die Einrede der Verjährung ist im Rahmen des § 202 möglich, s. näher dort Rn 43 ff.

6 Die Erhebung der Einrede der Verjährung kann unter besonderen Umständen gem. **§ 242** ausgeschlossen sein. Dies kann nur dann in Betracht kommen, wenn der Gläubiger aufgrund des Schuldnerverhaltens darauf vertraute und vertrauen durfte, dieser werde die Einrede nicht mehr erheben.[13] Hat der Schuldner den Gläubiger also durch sein Verhalten[14] von der Erhebung der verjährungshemmenden (§ 204 Abs. 1 Nr. 1) Klage abgehalten, so stellt es **rechtsmissbräuchliches Verhalten** dar, wenn er die Einrede der Verjährung im späteren Prozess dennoch erhebt. [15, 16] Die Erhebung der Einrede der Verjährung kann sich auch als treuwidrig erweisen, wenn der Schuldner zuvor durch vertragswidriges Verhalten den Eintritt der Verjährungshemmung verhindert hat.[17] Kein Rechtsmissbrauch liegt allerdings vor, wenn sich der Beklagte gegenüber einem Kläger auf Verjährung beruft, der selbst die Unwirksamkeit der erfolgten öffentlichen Zustellung eines Versäumnisurteils verursacht hat, zB weil er vor seinem Antrag auf öffentliche Klagezustellung keinen aktuellen Handelsregistereinzug eingeholt hat.[18]

II. Keine Rückforderung (Abs. 2)

7 Hat der Schuldner die Forderung trotz eingetretener Verjährung erfüllt, so kann er das Geleistete nicht über Bereicherungsrecht zurückfordern, **Abs. 2 S. 1**. Abs. 2 S. 1 beruht auf der Überlegung, dass bei verjährten Forderungen das **öffentliche Interesse** an Gerichtsentlastung, Rechtssicherheit[19] und Rechtsfrieden gegenüber dem privaten Interesse des Gläubigers an der Anspruchsdurchsetzung **überwiegt**. Gleichermaßen muss er sich an einem formgültigen Anerkenntnis (§ 781, beachte die Ausnahme des § 782 und des § 350 HGB) und an einer geleisteten Sicherheitsleistung festhalten lassen (**Abs. 2 S. 2**). Dies gilt unabhängig davon, ob der Schuldner vom Eintritt der Verjährung wusste oder nicht. Ist die Leistung jedoch **nicht freiwillig** erfolgt, etwa dann, wenn zur Abwendung der Zwangsvollstreckung geleistet wurde, oder dann, wenn wegen einer verjährten Forderung vollstreckt wurde, so bleibt eine Rückforderung nach § 813 Abs. 1 S. 1 möglich.[20]

8 Eine entsprechende Anwendung des Abs. 2 S. 1 auf Forderungen, die durch **Ablauf einer Ausschlussfrist** erloschen sind, kommt mangels Vergleichbarkeit des Regelungskontextes grundsätzlich (zu möglichen Ausnahmen s. Vor §§ 194–218 Rn 40 f) nicht in Betracht: Während die Verjährung eines Anspruchs dem Schuldner lediglich eine Einrede gewährt, (Abs. 1) führt der Ablauf der Ausschlussfrist ohne Weiteres zu dessen Erlöschen.[21]

§ 215 Aufrechnung und Zurückbehaltungsrecht nach Eintritt der Verjährung

Die Verjährung schließt die Aufrechnung und die Geltendmachung eines Zurückbehaltungsrechts nicht aus, wenn der Anspruch in dem Zeitpunkt noch nicht verjährt war, in dem erstmals aufgerechnet oder die Leistung verweigert werden konnte.

Literatur: *Kiehnle*, Unmöglichkeit nach Verjährung, Jura 2010, 481; s. ferner Vor §§ 194–218.

12 BGH NZG 2010, 1436, 1439 Rn 22.

13 St. Rspr, vgl etwa BGH NJW-RR 1993, 1059, 1061 mwN; ausführlich Staudinger/*Peters/Jacoby*, § 214 Rn 18–25.

14 Bloßes Schweigen und Untätigkeit des Gläubigers genügen hingegen regelmäßig nicht, vgl BAG DB 2008, 301 mwN.

15 S. auch Kommentierung bei § 242; ferner: MüKo/*Grothe*, vor § 194 Rn 19; Palandt/*Ellenberger*, vor § 194 Rn 17; Erman/*Hohloch*, § 242 Rn 202; Jauernig/*Jauernig*, §§ 214–217 Rn 2; Jauernig/*Mansel*, § 242 Rn 51.

16 Dazu ist nicht unbedingt Arglist erforderlich, vgl BGH WM 2002, 1842, 1843.

17 So in einem Fall, in dem der Schuldner seinen Wohnsitz ohne Mitteilung einer neuen Anschrift in dem Bewusstsein verlegte, dass der Gläubiger alsbald ein Mahnverfahren einleiten würde, vgl BGH NJW-RR 2005, 415. Nach neuem Recht hätte in diesem Fall der Lauf der Verjährung mangels Kenntnis der Anschrift des Schuldners noch gar nicht begonnen (s. dazu § 199 Rn 50). Bedeutung hätte der Wohnsitzwechsel daher allenfalls bei Verstreichen der Maximalfrist erlangen können.

18 OLG München VersR 2010, 1244.

19 Zum überwiegenden öffentlichen Interesse s. *Harke* in: Remien, Verjährungsrecht in Europa, S. 107, 117 f.

20 BGH NJW 1993, 3318, 3320; Bamberger/Roth/*Henrich*, § 214 Rn 6; Staudinger/*Peters/Jacoby*, § 214 Rn 37; MüKo/*Grothe*, § 214 Rn 9 mwN; näher *Schulze*, S. 512 ff.

21 BGH NJW 2006, 903 für den bereicherungsrechtlichen Rückforderungsanspruch des Mieters gegenüber der wegen Versäumung der Abrechnungsfrist des § 556 Abs. 3 S. 2 nach § 556 Abs. 3 S. 3 ausgeschlossenen Betriebskostennachforderung des Vermieters.

A. Allgemeines

§ 215 beabsichtigt **keine Änderung** gegenüber dem bisherigen Recht.[1] Soweit § 215 die **Aufrechnung** auch mit verjährten Ansprüchen zulässt, wenn nur die Aufrechnungslage noch in unverjährter Zeit bestanden hat, entspricht § 215 der Vorschrift des **§ 390 S. 2 aF**; diese Norm wurde in § 215 ohne inhaltliche Änderung übernommen.[2] 1

Die Grundregeln des **Europäischen Vertragsrechts** (s. Vor §§ 194–218 Rn 20 ff) kennen mit Art. 14:503 eine § 215 vergleichbare Vorschrift, die aber einige andere Regelungen trifft. Art. 14:503 gelingt ein besserer Ausgleich zwischen den Schuldner- und den Gläubigerinteressen als § 215. Art. 14:503 lautet: „„Auch nach Eintritt der Verjährung kann mit einem Anspruch aufgerechnet werden, sofern nicht der Schuldner die Einrede der Verjährung zuvor geltend gemacht hat oder er sie innerhalb von zwei Monaten geltend macht, nachdem ihm die Erklärung der Aufrechnung zugegangen ist." 2

B. Regelungsgehalt

I. Aufrechnung

§ 215 bildet eine **Ausnahme** zum Verbot der Aufrechnung mit einer einredebehafteten Forderung, § 390. Mit einer verjährten Forderung kann danach noch aufgerechnet werden, wenn diese bei Eintritt der Aufrechnungslage noch unverjährt war. Dies gilt auch dann, wenn die Forderung, mit der aufgerechnet werden soll, vom Schuldner zuvor eingeklagt worden war und die Klage wegen Eintritts der Verjährung rechtskräftig abgewiesen worden war.[3] 3

II. Zurückbehaltungsrecht

Im Gegensatz zu § 390 S. 2 aF stellt § 215 der Aufrechnung die Geltendmachung eines Zurückbehaltungsrechts ausdrücklich gleich. Bereits von der bisherigen Rechtsprechung wurde § 390 S. 2 aF auf die Geltendmachung eines Zurückbehaltungsrechts entsprechend angewandt.[4] Voraussetzung ist allerdings, dass die Verjährung derjenigen Forderung, auf die das Zurückbehaltungsrecht gestützt wird, zur Zeit der Entstehung der Gegenforderung noch nicht verjährt war. Dagegen ist es unschädlich, dass sich der Schuldner nicht bereits zu diesem Zeitpunkt auf das Zurückbehaltungsrecht berufen hat.[5] 4

§ 215 gilt auch für den Fall, dass die Einrede des nichterfüllten Vertrags (**§ 320**) erhoben wird, auch wenn strittig ist, ob § 320 ein Zurückbehaltungsrecht oder ein Leistungsverweigerungsrecht begründet.[6] Doch bestand im bisherigen Recht Einvernehmen, dass die Einrede des § 320 BGB auch bei Verjährungseintritt erhalten bleiben soll.[7] § 215 wollte daran nichts ändern.[8] Voraussetzung ist im Falle von synallagmatischen Ansprüchen lediglich, dass der Gegenanspruch bei Eintritt der Verjährung entstanden ist.[9] Im Falle des § 273 ist hingegen Fälligkeit des Gegenanspruchs erforderlich. 5

III. Unanwendbarkeit

Keine Anwendung findet § 215 auf einen gem. § 1613 Abs. 1 ausgeschlossenen **Unterhaltsanspruch**.[10] 6

1 BT-Drucks. 14/6040, S. 122.
2 Krit. zu vorausgegangenen Entwurfsfassungen *Haug*, S. 180 ff; *Bydlinski*, S. 381, 400; tendenziell positiv aber *Piekenbrock*, S. 309, 337 ff. Krit. zu § 390 S. 2 aF *Peters/Zimmermann*, S. 266; *Bydlinski*, AcP 196 (1996), 293; *Zimmermann*, in: FS Dieter Medicus 1999, S. 721 ff.
3 BGH WM 1971, 1366, 1367; Staudinger/*Peters/Jacoby*, § 215 Rn 8; MüKo/*Grothe*, § 215 Rn 3.
4 BGHZ 48, 116 f; 53, 122, 125; BGH NJW 2006, 2773; s. ferner Soergel/*Zeiss*, § 390 Rn 1 mwN.
5 BGHZ 53, 122, 125; Palandt/*Ellenberger*, § 215 Rn 2; Staudinger/*Peters/Jacoby*, § 215 Rn 12; Bamberger/Roth/*Henrich*, § 215 Rn 3; aA *Canaris*, JZ 1967, 756, 758.
6 S. nur Soergel/*Gsell*, § 320 Rn 5, 52 ff; *Kiehnle*, Jura 2010, 481, 484 mwN.
7 S. nur – mit unterschiedlicher dogmatischer Begründung – Soergel/*Wiedemann*, § 320 Rn 46; MüKo/*Grothe* § 215 Rn 4, beide jew. mN; *Ernst*, AcP 199 (1999), 485, 496 f.
8 *Zimmermann/Leenen/Mansel/Ernst*, JZ 2001, 684, 697.
9 BGH NJW 2006, 2773 mwN.
10 BGH NJW 1984, 2158, 2160.

7 Auf wegen Ablaufs einer **Ausschlussfrist erloschene Ansprüche** ist § 215 nicht entsprechend anwendbar.[11]

§ 216 Wirkung der Verjährung bei gesicherten Ansprüchen

(1) Die Verjährung eines Anspruchs, für den eine Hypothek, eine Schiffshypothek oder ein Pfandrecht besteht, hindert den Gläubiger nicht, seine Befriedigung aus dem belasteten Gegenstand zu suchen.

(2) [1]Ist zur Sicherung eines Anspruchs ein Recht verschafft worden, so kann die Rückübertragung nicht auf Grund der Verjährung des Anspruchs gefordert werden. [2]Ist das Eigentum vorbehalten, so kann der Rücktritt vom Vertrag auch erfolgen, wenn der gesicherte Anspruch verjährt ist.

(3) Die Absätze 1 und 2 finden keine Anwendung auf die Verjährung von Ansprüchen auf Zinsen und andere wiederkehrende Leistungen.

Literatur: *Kreikenbohm/Niederstetter*, Zur Verjährung von durch Grundschulden gesicherten Darlehen, WM 2008, 718.

A. Allgemeines

1 Abs. 1, Abs. 2 S. 1 und Abs. 3 haben – bei geringfügigen sprachlichen Änderungen – denselben Inhalt wie **§ 223 Abs. 1, Abs. 2 und Abs. 3 aF.**[1] Die zu § 223 aF bestehende Rechtsprechung und Literatur kann für die Auslegung und Anwendung des § 216 herangezogen werden.

2 Abs. 2 S. 2 ist eine neue Gesetzesnorm. Sie ist kodifiziertes Richterrecht, da durch die Vorschrift die hM[2] zum bisherigen Recht, welche § 223 aF auf den **Eigentumsvorbehalt** analog angewandt hat,[3] im neuen Recht gesetzlich festgeschrieben wurde. Auch zur Anwendung des Abs. 2 S. 2 kann somit im Grundsatz[4] auf die einschlägige Rechtsprechung zum bisherigen Recht zurückgegriffen werden.

Auf das in einer notariellen Grundschuldbestellungsurkunde abgegebene **abstrakte Schuldversprechen** gem. § 780 findet Abs. 2 S. 1 **analoge** Anwendung,[5] s. § 194 Rn 17.

3 Die Vorschrift hat keine Entsprechung in den Grundregeln des **Europäischen Vertragsrechts** (s. dazu Vor §§ 194–218 Rn 20 ff). Sie ist technisch nicht geglückt, rechtspolitisch fragwürdig und war schon bisher insgesamt starker **Kritik** ausgesetzt.[6]

B. Regelungsgehalt

I. Akzessorische Sicherungsrechte

4 Hypothek und Pfandrecht sind akzessorische Sicherungsrechte. **Abs. 1** macht für diese eine ausdrückliche Ausnahme von diesem Grundsatz, so dass die Sachhaftung fortbesteht, auch wenn der gesicherten Forderung die Einrede der Verjährung entgegensteht. Erfasst sind sowohl vertragliche als auch gesetzliche Pfandrechte,[7] das Pfändungspfandrecht,[8] die Hypothek, die Schiffshypothek (§ 8 SchiffsRG), die Arresthypothek (§ 932 ZPO)[9] und das Registerpfandrecht an Flugzeugen (§ 98 Abs. 2 LuftfzRG).

11 So der GemS der Obersten Gerichte des Bundes, DB 1974, 586 unter Aufgabe von BGHZ 26, 304, 308; umfangreiche Nachweise bei Staudinger/*Peters/Jacoby*, § 215 Rn 15.

1 Ausf. dazu BT-Drucks. 14/6040, S. 122 ff.

2 S. dazu BGHZ 34, 191, 195; 70, 96, 98; BGH NJW 1979, 2195, 2196; Erman/*Schmidt-Räntsch*, § 216 Rn 4 mwN; nach neuem Recht nunmehr auch Staudinger/*Peters/Jacoby*, § 216 Rn 7; aA zum alten Recht *van Look/Stoltenberg*, WM 1990, 661 ff.

3 Ausf. Erörterungen dazu in BT-Drucks. 14/6040, S. 123 f.

4 Zum Umfang der Verwertungsbefugnis auf der Grundlage des Abs. 2 S. 2 s. aber *Stehle*, Jura 2005, 78, 79 f; Palandt/*Ellenberger*, § 216 Rn 4.

5 BGH ZIP 2010, 23, 25 f = DNotZ 2010, 620 mit kritischer Anm. *Eickelberg* ebenda 625 ff; ebenso bereits OLG Frankfurt aM NJW 2008, 379, jeweils mwN, auch zur Gegenansicht; noch offen gelassen in BGH WM 2007, 588.

6 S. *Zimmermann/Leenen/Mansel/Ernst*, JZ 2001, 684, 698; *Habersack*, Diskussionsbeitrag, in: Ernst/Zimmermann, S. 427; *Mansel*, S. 333, 402; zum bisherigen Recht s. die Nachw. von *van Look/Stoltenberg*, WM 1990, 661 ff.

7 OLG Celle WM 1985, 547; Palandt/*Ellenberger*, § 216 Rn 3; Soergel/*Niedenführ*, § 216 Rn 6; Erman/*Schmidt-Räntsch*, § 216 Rn 3.

8 Staudinger/*Peters/Jacoby*, § 216 Rn 4 mwN.

9 OLG Celle WM 1985, 547, 548; OLG Dresden OLG-Rep. 2002, 422; Erman/*Schmidt-Räntsch*, § 216 Rn 2.

II. Nicht-akzessorische Sicherungsrechte

Abs. 2 S. 1 erweitert die Regel des Abs. 1 auf nicht-akzessorische Sicherungsrechte. Die Verjährung einer Forderung hat danach auf die für sie bestellten abstrakten Sicherheiten keine Auswirkung. Darunter fallen insbesondere die Sicherungsübereignung und Sicherungsabtretung, aber auch Grundschulden[10] sowie das Sicherungsrecht, das auf einer vereinbarten Hinterlegung beim Notar beruht.[11] 5

Auch der **Eigentumsvorbehalt** (§ 449) wird durch die Verjährung der Kaufpreisforderung nicht wirkungslos (**Abs. 2 S. 2**). Ein Rücktritt bleibt daher in Abweichung von § 218 auch bei Verjährung möglich (§ 218 Abs. 1 S. 3 iVm Abs. 2 S. 2). 6

III. Nicht erfasste Sicherheiten

Keine Anwendung findet § 216 auf die **Vormerkung** (§ 883). Nach § 886 kann der Schuldner die Beseitigung der Vormerkung verlangen, wenn dem durch sie gesicherten Anspruch eine peremptorische Einrede entgegensteht. Dies gilt auch für die Verjährung.[12] 7

Auch die **Bürgschaft** fällt nicht unter § 216, da § 768 ausdrücklich anordnet, dass sich der Bürge auf die Verjährung der Hauptforderung berufen kann. Für eine analoge Anwendung ist kein Raum, da § 216 sich nur auf dingliche Sicherheiten bezieht.[13] Dies gilt nach § 768 Abs. 2 selbst dann, wenn der Hauptschuldner auf die Einrede verzichtet hat. 8

IV. Wiederkehrende Leistungen

Abs. 3 will verhindern, dass sich durch die Aufsummierung von Zinsen und anderen wiederkehrenden Leistungen (zum Begriff vgl § 197 Rn 65 ff) eine für den Schuldner erdrückende Last bildet, und schränkt die Abs. 1 und 2 daher ein. Ist der Anspruch hierauf verjährt, so kann sich der Gläubiger auch nicht mehr aus der hierfür gestellten Sicherheit befriedigen; dies gilt genauso für dingliche Sicherheiten.[14] Dem Schuldner steht dann ein Anspruch auf Rückgabe der Sicherheit zu.[15] Ist diese bereits verwertet, so kann er Auskehrung des Erlöses verlangen, soweit dieser auf die Zinsen anzurechnen wäre.[16] 9

Nicht erfasst von Abs. 3 sind die als Zuschlag zu den Zinsen zu entrichtenden **Tilgungs- und Amortisationsbeträge**.[17] 10

§ 217 Verjährung von Nebenleistungen

Mit dem Hauptanspruch verjährt der Anspruch auf die von ihm abhängenden Nebenleistungen, auch wenn die für diesen Anspruch geltende besondere Verjährung noch nicht eingetreten ist.

Literatur: *Müller/Hempel*, Nebenpflichten des Verkäufers unter besonderer Berücksichtigung der Verjährung, AcP 205 (2005), 246.

A. Allgemeines

§ 217 entspricht – von geringfügigen sprachlichen Änderungen abgesehen – dem **§ 224 aF**; die Gesetzesbegründung[1] macht deutlich, dass die bisherige Auslegung des § 224 aF auf § 217 übertragen werden soll. Somit können die Ergebnisse von Rechtsprechung und Lehre zu § 224 für die Auslegung des § 217 nutzbar gemacht werden. 1

10 BGH NJW 1993, 3318; Soergel/*Niedenführ*, § 216 Rn 8.

11 BGH NJW 2000, 1331; Palandt/*Ellenberger*, § 216 Rn 4; Erman/*Schmidt-Räntsch*, § 216 Rn 4; aA Staudinger/*Peters/Jacoby*, § 216 Rn 5 und *Peters*, JZ 2000, 892 f.

12 Soergel/*Niedenführ*, § 216 Rn 12; Erman/*Schmidt-Räntsch*, § 216 Rn 5; MüKo/*Grothe*, § 216 Rn 3; Staudinger/*Peters/Jacoby*, § 216 Rn 4.

13 BGH NJW 1998, 981, 982; MüKo/*Grothe*, § 216 Rn 3.

14 BGH NJW 1993, 3318, 3320; MüKo/*Grothe*, § 216 Rn 5.

15 Staudinger/*Peters/Jacoby*, § 216 Rn 9; Soergel/*Niedenführ*, § 216 Rn 14.

16 BGH NJW 1993, 3318, 3319 f; Staudinger/*Peters/Jacoby*, § 216 Rn 9.

17 MüKo/*Grothe*, § 216 Rn 5 mwN; *Hohmann*, WM 2004, 757, 759.

1 BT-Drucks. 14/6040, S. 124.

2 § 217 ist von der Wirkungserstreckung von Hemmungs-, Ablaufhemmungs- und Neubeginnstatbeständen auf Ansprüche in **elektiver Konkurrenz** zu dem betroffenen Anspruch abzugrenzen (s. dazu § 213 Rn 9).

3 Inhaltsgleich mit § 217, aber klarer und prägnanter formuliert, ist Art. 14:502 der Grundregeln des **Europäischen Vertragsrechts** (zu diesen s. Vor §§ 194–218 Rn 20 ff).

B. Regelungsgehalt

I. Gleichlauf von Haupt- und Nebenleistung

4 § 217 bestimmt, dass Ansprüche auf Nebenleistungen mit dem Hauptanspruch verjähren, auch wenn die für sie geltende besondere Verjährung noch nicht vollendet ist. Dadurch wird gewährleistet, dass Ansprüche auf Nebenleistungen **spätestens** mit dem Hauptanspruch verjähren. Unabhängig davon kann die Verjährung für Ansprüche auf Nebenleistungen auch schon früher verjähren. Ansprüche auf Ersatz von Verzugsschäden unterfallen wie bisher ebenfalls dieser Regelung.[2] § 217 dient damit dem Schutz der Dispositionsfreiheit des Schuldners; dieser soll sich nicht gegen einen Nebenanspruch verteidigen müssen, wenn der Hauptanspruch bereits verjährt ist.[3] Aus diesem Schutzzweck folgt aber auch, dass eine Verjährung des Nebenanspruchs nicht eingreift, wenn dieser eingeklagt ist, bevor der Hauptanspruch verjährt ist.[4] Gleiches gilt bei einem Anerkenntnis.[5]

II. Abhängige Nebenleistungen

5 Dabei handelt es sich um solche Nebenleistungen, die zusätzlich zur Hauptschuld zu erbringen sind und mit dieser in **Zusammenhang** stehen, insbesondere vertragliche und gesetzliche Zinsen, auch solche aus Verzug,[6] sowie Ansprüche auf Früchte, Nutzungen und Kosten.

6 **Keine** abhängigen Nebenleistungen sind daher alle selbständig wiederkehrenden Leistungen wie Unterhaltszahlungen, Renten oder die einzelnen Ansprüche aus einem Dauerschuldverhältnis.[7]

§ 218 Unwirksamkeit des Rücktritts

(1) [1]Der Rücktritt wegen nicht oder nicht vertragsgemäß erbrachter Leistung ist unwirksam, wenn der Anspruch auf die Leistung oder der Nacherfüllungsanspruch verjährt ist und der Schuldner sich hierauf beruft. [2]Dies gilt auch, wenn der Schuldner nach § 275 Abs. 1 bis 3, § 439 Abs. 3 oder § 635 Abs. 3 nicht zu leisten braucht und der Anspruch auf die Leistung oder der Nacherfüllungsanspruch verjährt wäre. [3]§ 216 Abs. 2 Satz 2 bleibt unberührt.

(2) § 214 Abs. 2 findet entsprechende Anwendung.

Literatur: *Kiehnle*, Unmöglichkeit nach Verjährung, Jura 2010, 481; s. ferner Vor §§ 194–218.

A. Allgemeines

1 Der Rücktritt ist als **Gestaltungsrecht** ausgeformt. Da nach § 194 Abs. 1 nur Ansprüche verjähren (näher § 194 Rn 2 ff), musste ein Weg gefunden werden, den ansonsten wegen Unverjährbarkeit des Rücktrittsrechts zeitlich unbegrenzt möglichen Rücktritt zu verhindern. Diese Aufgabe hat § 218 übernommen, der die Unwirksamkeit des Rücktritts regelt, wenn die zu dem Gestaltungsrecht des Rücktritts parallel bestehenden Leistungs- und Nacherfüllungsansprüche verjährt sind. Bedeutsam wird § 218 vor allem deswegen, weil der

2 S. zum früheren Recht BGH NJW 1995, 252.

3 BGH NJW 1995, 252, 253; Bamberger/Roth/*Henrich*, § 217 Rn 1.

4 BGH NJW 1995, 252, 253; Soergel/*Niedenführ*, § 217 Rn 3.

5 Soergel/*Niedenführ*, § 217 Rn 5; MüKo/*Grothe*, § 217 Rn 3.

6 BT-Drucks. 14/6040, S. 124; Palandt/*Ellenberger*, § 217 Rn 1; Erman/*Schmidt-Räntsch*, § 217 Rn 1; MüKo/*Grothe*, § 217 Rn 1.

7 Staudinger/*Peters/Jacoby*, § 217 Rn 10; MüKo/*Grothe*, § 217 Rn 4.

Rücktritt im Kaufrecht (§ 437 Nr. 2) und im Werkvertragsrecht (634 Nr. 3) die Institute der Wandelung (§§ 462, 465, 467 aF bzw § 634 aF) und der Minderung (§§ 462, 472 aF bzw § 634 aF) ersetzt hat, die als Ansprüche ausgestaltet und daher ohne weiteres verjährbar waren.

B. Regelungsgehalt

I. Gesetzliches Rücktrittsrecht (Abs. 1)

1. Anwendungsbereich. Die Vorschrift erfasst den gesetzlichen Rücktritt wegen Pflichtverletzung aufgrund Nichtleistung oder nicht vertragsgemäßer Leistung. Der Anwendungsbereich der Vorschrift deckt sich mit dem des § 323. Hauptanwendungsbereich sind die Ansprüche wegen **Mängelgewährleistung** im Kaufrecht (§§ 437 Nr. 2, 438 Abs. 4 S. 1) und im Werkvertragsrecht (§§ 634 Nr. 3, 634 a Abs. 4 S. 1). Ausdrücklich gleichgestellt ist die **Minderung** (§§ 438 Abs. 5, 634 a Abs. 5). Daneben ist die Vorschrift anwendbar auf Rücktrittsrechte wegen verspäteter Leistung wie zB § 376 Abs. 1 S. 1 HGB. Zweifelhaft ist hingegen ihre Anwendbarkeit bzgl § 30 VerlG. 2

Eine **Ausnahme** gilt nach **Abs. 1 S. 3** iVm § 216 Abs. 2 S. 2 für den Kauf unter **Eigentumsvorbehalt** (§ 449). Tritt der Verkäufer hier nach §§ 449 Abs. 2, 323 wegen Nichtzahlung des Kaufpreises zurück, so steht dem der Eintritt der Verjährung bezüglich des Kaufpreisanspruchs nicht entgegen. Damit wurde die bereits vor der Reform von der hM für diese Konstellation durch analoge Anwendung des § 223 aF[1] erreichte Lösung kodifiziert. Zum Bestand von dinglichen Sicherungsrechten bei Verjährung der gesicherten Forderung s. § 216 Rn 4 ff. 3

Bei einem **vertraglich vereinbarten Rücktrittsrecht** führt der bloße Fristablauf zur Unwirksamkeit der Rücktrittserklärung. Für eine Anwendung von Abs. 1 besteht hier kein Bedarf, da der Rücktrittsgegner auch für den Fall, dass keine Ausschlussfrist vereinbart wurde, über § 350 ausreichend geschützt ist.[2] Dies gilt auch dann, wenn zwischen den Parteien vereinbart ist, dass bei Leistungsstörungen ein Rücktrittsrecht entstehen soll. Auch dann ist Abs. 1 nur für den Fall anwendbar, dass gleichzeitig die Voraussetzungen eines gesetzlichen Rücktrittsrechts vorliegen.[3] 4

Da Abs. 1 ein Rücktrittsrecht wegen Pflichtverletzung des (Nach-)Erfüllungsanspruchs voraussetzt, ist er auf den Rücktritt wegen Verletzung einer vertraglichen Nebenpflicht nach **§ 324 unanwendbar**.[4] 5

2. Keine Analogiefähigkeit. § 218 kann nicht analog auf andere Gestaltungsrechte angewandt werden. Hierfür besteht auch kein Bedarf, da insoweit meist in Spezialregelungen Ausschlussfristen bestehen, wie zB für die Anfechtung in §§ 121, 124 oder für die Kündigung in den §§ 314 Abs. 3, 543 Abs. 2, 561 Abs. 1 S. 1, 569 Abs. 3; 626, 723. Auch auf das rechtsähnliche Widerrufsrecht (vgl § 357 Abs. 1 S. 1) kann Abs. 1 nicht angewendet werden, da auch hier mit § 355 Abs. 1 S. 2 eine eigene Regelung für die Dauer der Geltendmachung geschaffen wurde. Im Übrigen ist § 218 aufgrund seines Charakters als speziell für den gesetzlichen Rücktritt geschaffene Sondervorschrift einer Analogie ohnehin nicht zugänglich.[5] 6

3. Verjährung des Hauptanspruchs. Abs. 1 S. 1 setzt voraus, dass der Hauptleistungsanspruch oder der wegen Vorliegens eines Mangels gem. §§ 437 Nr. 1, 439 bzw §§ 634 Nr. 1, 635 entstandene Nacherfüllungsanspruch verjährt sind. Dabei richtet sich die Verjährungsfrist für den Anspruch auf Erfüllung nach den §§ 195, 199; für den Nacherfüllungsanspruch gelten § 438 bzw § 634 a. 7

Die Rücktritts- und Minderungsrechte sind nach **Abs. 1 S. 2** auch für den Fall unwirksam, dass der Verkäufer nach §§ 275 Abs. 1–3, 439 Abs. 3 bzw 635 Abs. 3 nicht zu leisten braucht, der Anspruch auf die Leistung oder auf Nacherfüllung aber verjährt wäre, wenn er bestehen würde. Diese Regelung wurde in das Gesetz aufgenommen, um zu verhindern, dass der Käufer bei unbehebbaren Sach- und Rechtsmängeln sein Rücktritts- oder Minderungsrecht zeitlich unbefristet ausüben kann.[6] Braucht der Verkäufer nämlich nach § 275 Abs. 1 wegen eines unbehebbaren Mangels nicht zu leisten, etwa weil der als unfallfrei verkaufte Gebrauchtwagen letztlich doch vor Gefahrübergang in einen Unfall verwickelt war,[7] scheidet ein Anspruch auf Leistung oder (im konkreten Fall) auf Nacherfüllung aus. Fehlt es aber an einem solchen Anspruch, kann dieser auch nicht verjähren, so dass bei wörtlicher Auslegung des Abs. 1 S. 1 das Rücktritts- oder Minderungsrecht des Käufers nach §§ 437 Nr. 2, 326 Abs. 5, 323 zeitlich unbegrenzt ausgeübt werden könnte. Damit würde dem Käufer zugleich die Möglichkeit eröffnet, den gezahlten Kaufpreis noch nach Jahren zurückzufordern. Der durch den Rücktritt 8

1 BGHZ 70, 96, 98 ff; BGH NJW 1979, 2196; *Zimmermann/Leenen/Mansel/Ernst*, JZ 2001, 684, 697.
2 Soergel/*Niedenführ*, § 218 Rn 3; MüKo/*Grothe*, § 218 Rn 2.
3 MüKo/*Grothe*, § 218 Rn 2; aA Erman/*Schmidt-Räntsch*, § 218 Rn 3; Palandt/*Ellenberger*, § 218 Rn 2; Bamberger/Roth/*Henrich*, § 218 Rn 2.
4 Erman/*Schmidt-Räntsch*, § 218 Rn 3; Bamberger/Roth/*Henrich*, § 218 Rn 2.
5 Vgl MüKo/*Grothe*, § 218 Rn 3; Soergel/*Niedenführ*, § 218 Rn 5.
6 Vgl *Knütel*, NJW 2001, 2519.
7 Beispiel nach BT-Drucks. 14/6857, S. 27 (Nr. 93).

begründete Anspruch auf Rückzahlung nach § 346 Abs. 1 entsteht schließlich erst mit der Erklärung des Rücktritts, der das vertragliche Schuldverhältnis in ein Rückgewährschuldverhältnis umgestaltet. Dabei kommt es ausschließlich auf den **Zeitpunkt** der Erklärung des Rücktritts an; dieser muss vor Ablauf der Verjährungsfrist liegen.[8] Eine klageweise Geltendmachung der Rückgewähransprüche ist hingegen nicht erforderlich. Da der Rückzahlungsanspruch gem. §§ 195, 199 aber erst drei Jahre nach dem Schluss des Jahres, in dem der Anspruch entstanden ist und der Käufer hiervon Kenntnis hatte oder haben musste, verjährt, hätte es der Käufer in der Hand, die Rückzahlung beliebig hinauszuschieben.

9 Dogmatisch nicht zwingend ist bei der Formulierung des Abs. 1 S. 2, dass die Regelung auch die Fälle umfasst, in denen sich der Schuldner lediglich auf ein **Leistungsverweigerungsrecht** nach §§ 275 Abs. 2 und 3, 439 Abs. 3 und 635 Abs. 3 beruft. Im Gegensatz zu § 275 Abs. 1 ist hier der Anspruch nicht ausgeschlossen und somit grundsätzlich einer Verjährung zugänglich. Aufgrund der auch sonst erfolgten Gleichbehandlung aller Fälle des § 275 und aus Gründen der Rechtsklarheit hielt es der Gesetzgeber jedoch für zweckmäßig, eine ausdrückliche Normierung vorzunehmen.[9]

10 **4. Berufung auf Verjährung.** Die Unwirksamkeit des Rücktritts tritt nicht automatisch ein; vielmehr muss sich der Schuldner auf die Verjährung des Leistungs- oder Nacherfüllungsanspruchs berufen. Auf diese Weise wird ein Gleichlauf der Anspruchsverjährung und der zeitlichen Begrenzung des Gestaltungsrechts im Prozess erreicht.[10] Bei der Berufung des Schuldners auf die Verjährung handelt es sich aber nicht um eine Einrede, sondern um ein **Gestaltungsrecht sui generis**, weil die Ausübung nicht anspruchshemmend wirkt, sondern sich gegen das Gestaltungsrecht des Rücktritts richtet.[11]

11 Eine **Frist** zur Geltendmachung **besteht nicht**.[12] Der Schuldner kann sich im Prozess daher bis zum Ende der letzten mündlichen Verhandlung auf die Unwirksamkeit des Rücktritts berufen. Auch insoweit besteht ein Gleichlauf mit der Einrede der Verjährung. Darin liegt keine ungerechtfertigte Benachteiligung des Käufers bzw Bestellers: Ist das Schuldverhältnis zu diesem Zeitpunkt bereits rückabgewickelt, so bleibt die Berufung auf die Unwirksamkeit des Rücktritts für ihn wegen Abs. 2 iVm § 214 Abs. 2 ohne Konsequenzen (s. dazu Rn 14). Wenn hingegen noch keine Rückabwicklung erfolgt ist, so stellt die Unsicherheit darüber, ob sich der Verkäufer bzw Unternehmer auf die Unwirksamkeit des Rücktritts beruft, keine unbillige Benachteiligung des Käufers bzw Bestellers dar, da es allein in seiner Hand liegt, den Rücktritt zu erklären und so den Gegner zur Äußerung zu zwingen. Eine Verwirkung des Rechts aus Abs. 1 (allgemein dazu Vor §§ 194–218 Rn 42) ist daher in aller Regel nicht denkbar.[13]

II. Rechtsfolgen

12 **1. Rücktritt nach Eintritt der Verjährung.** Beruft sich der Schuldner auf die Verjährung des (Nach-)Erfüllungsanspruchs, so werden Rücktritt bzw Minderung dadurch mit Wirkung **ex nunc wirkungslos**.[14] Hierfür spricht die Wertung des Gesetzgebers in Abs. 2, wonach eine bereits begonnene Rückabwicklung nicht mehr verändert werden soll (dazu sogleich Rn 14). Die gegenteilige Auffassung, die von einer ex-tunc-Wirkung ausgeht,[15] führt aber – bei richtiger Anwendung des Abs. 2 – nicht zu abweichenden Ergebnissen.

13 Das ursprüngliche Schuldverhältnis lebt dadurch wieder auf: Ansprüche aus §§ 346, 347 fallen weg; die Minderung wird wirkungslos, so dass der Anspruch auf Zahlung des vollen Kaufpreises bzw Werklohns wieder entsteht.

14 Haben die Parteien bereits mit der Rückabwicklung begonnen oder wurde aufgrund der Minderung bereits ein Teil des Kaufpreises oder Werklohns zurückgezahlt, so ordnet **Abs. 2 iVm § 214 Abs. 2** an, dass bereits erfolgte Leistungen nicht zurückgefordert werden können. Dadurch wird der Bestand der bereits begonnenen Rückabwicklung bereicherungsfest gestellt. Für eine Anwendung von § 813 ist schon begrifflich kein Raum, da keine Einrede vorliegt.[16] Aus dem Zweck des § 214 Abs. 2 folgt auch, dass der Ausschluss der Rückgängigmachung sowohl für die Leistung als auch für die **Gegenleistung** gilt. Hat der Gläubiger also sein Rücktrittsrecht ausgeübt und die mangelhafte Kaufsache bzw das mangelhafte Werk bereits zurückgegeben, so kann er diese auch bei Vorliegen der Voraussetzungen des § 218 nicht zurückverlangen.[17] Hierfür spräche

8 BGHZ 168, 64, 76; BGHZ 170, 31, 44.
9 Vgl Rechtsausschuss, BT-Drucks. 14/7052, S. 182.
10 BT-Drucks. 14/6040, S. 124; Soergel/*Niedenführ*, § 218 Rn 1; MüKo/*Grothe*, § 218 Rn 6.
11 AnwK-SchuldR/*Büdenbender*, § 218 Rn 9; MüKo/*Grothe*, § 218 Rn 6; Staudinger/*Peters/Jacoby*, § 218 Rn 3; Soergel/*Niedenführ*, § 218 Rn 7 und wohl auch Palandt/*Ellenberger*, § 218 Rn 1. AA Erman/*Schmidt-Räntsch*, § 218 Rn 5 (Einrede).
12 Soergel/*Niedenführ*, § 218 Rn 1; Palandt/*Ellenberger*, § 218 Rn 5; Erman/*Schmidt-Räntsch*, § 218 Rn 5.
13 Vgl Staudinger/*Peters/Jacoby*, § 218 Rn 3. Zur Verwirkung Erman/*Schmidt-Räntsch*, § 218 Rn 5.
14 AnwK-SchuldR/*Büdenbender*, § 218 Rn 23; Bamberger/Roth/*Henrich*, § 218 Rn 10; Palandt/*Ellenberger*, § 218 Rn 6; MüKo/*Grothe*, § 218 Rn 7; Jauernig/*Jauernig*, § 218 Rn 2.
15 Staudinger/*Peters/Jacoby*, § 218 Rn 4.
16 Vgl MüKo/*Grothe*, § 218 Rn 8.
17 Dafür aber Palandt/*Ellenberger*, § 218 Rn 6.

allenfalls der Wortlaut des § 214 Abs. 2, der nur den verjährten Anspruch erwähnt, nicht aber die Gegenleistung. Für eine Privilegierung des Zurücktretenden gibt es aber keinen Grund, zumal § 218 gerade dem Schutz des Schuldners dient.[18]

Auch ist eine Reduzierung des Anwendungsbereichs von Abs. 2 auf die Fälle, in denen die beiderseitig erbrachten Leistungen bereits vollständig rückabgewickelt wurden,[19] weder mit dem Wortlaut noch mit dem Zweck der Norm zu vereinbaren. Soweit wegen dem unterschiedlichen Stand der **Rückabwicklung** eine der Parteien benachteiligt wird, ist dies aber nach dem klaren Wortlaut des Abs. 2 hinzunehmen. Hat der Käufer also nach Ablauf der Verjährungsfrist den Rücktritt erklärt und die mangelhafte Kaufsache bereits zurückgegeben, bevor der Rücktrittsgegner sich auf § 218 beruft, so hat er weder einen Anspruch auf Rückzahlung des Kaufpreises noch kann er wegen Abs. 2 den Kaufgegenstand wieder zurückfordern. Der Verkäufer hingegen hat es in der Hand, durch die Geltendmachung des § 218 die ihm jeweils günstigere Rechtsfolge herbeizuführen. 15

2. Rücktritt vor Eintritt der Verjährung. Der Anspruch auf Rückgewähr (§ 346 Abs. 2) unterliegt nach der **Rechtsprechung des BGH** der regelmäßigen Verjährung aus §§ 195, 199;[20] gleiches gilt auch für die Minderung. Diese Rechtsprechung führt dazu, dass es der Käufer oder Besteller in der Hand hätte, durch bloße Ausübung eines Gestaltungsrechts die Verjährungsfrist um mindestens drei Jahre zu erhöhen. Darin läge aber ein **Wertungswiderspruch** zu den anderen Gewährleistungsrechten Nacherfüllung und Schadensersatz: Hier kann eine vergleichbare Hinauszögerung des Verjährungseintritts nur durch Klageerhebung oder Einleitung eines anderen förmlichen Verfahrens erreicht werden (§ 204).[21] Der Gesetzgeber hat lediglich den Vorrang der Nacherfüllung statuiert (§§ 281 Abs. 1 S. 1, 323 Abs. 1, 440). Es ist aber kein Grund ersichtlich, der die Durchbrechung des verjährungsrechtlichen Gleichlaufs der Gewährleistungsrechte durch diese verdeckte Privilegierung des Rücktritts und der Minderung rechtfertigen könnte;[22] vielmehr handelt es sich um einen unbeabsichtigten Nebeneffekt der Konstruktion als Gestaltungsrecht. Trotz dieser Bedenken konnte sich die Auffassung, dass mit der Erklärung des Rücktritts keine neue Verjährungsfrist des Anspruchs auf Rückgewähr (§ 346 Abs. 1) beginnt und die alte Frist des § 438 weiterläuft,[23] nicht durchsetzen. 16

Dogmatisch folgt diese von der Rechtsprechung nicht vertretene Lösung aus einer **ergänzenden Auslegung** des § 218.[24] Dessen ratio ist es, den Schuldner den Konsequenzen des Rücktritts nicht länger auszusetzen als denen des Leistungs- oder Nacherfüllungsverlangens (s. Rn 1). Daraus folgt, dass die durch den Rücktritt begründeten Ansprüche nur innerhalb der für die Verjährung des (Nach-)Erfüllungsanspruchs maßgeblichen Frist geltend gemacht werden können. Diese Wertung kann über die Verweisungen der §§ 438 Abs. 4 S. 1, Abs. 5 bzw 634 a Abs. 4 S. 1, Abs. 5 auch ins Kauf- und Werkvertragsrecht übertragen werden. Folglich sind die speziellen Verjährungsvorschriften der §§ 438, 634 a auch auf die durch Rücktritt oder Minderung begründeten Ansprüche anzuwenden. Zur Vermeidung des Rechtsverlusts stehen dem Schuldner die allgemeinen verjährungshemmenden und -unterbrechenden Maßnahmen zur Verfügung. 17

III. Mängeleinrede

Nach § 438 Abs. 4 S. 2 und Abs. 5 Alt. 2 bzw § 634 a Abs. 4 S. 2 und Abs. 5 Alt. 2 kann der Käufer bzw Besteller trotz Unwirksamkeit des Rücktritts oder der Minderung nach Abs. 1 die Zahlung des Kaufpreises insoweit **verweigern**, als er aufgrund des Rücktritts oder der Minderung hierzu berechtigt sein würde (Mängeleinrede). Eine Mängelanzeige vor Ablauf der Verjährungsfrist ist für die Geltendmachung der Einrede nicht erforderlich. 18

Von Bedeutung ist die Möglichkeit der Mängeleinrede für den Käufer bzw Besteller in den Fällen, in denen sich der Verkäufer bzw Unternehmer nach Abs. 1 auf die Unwirksamkeit von Rücktritt oder Minderung berufen kann, sein eigener Anspruch auf Kaufpreiszahlung jedoch gem. §§ 195, 199 noch nicht verjährt ist. Dadurch wird der **Fristenunterschied** zwischen der Verjährung der Mängelgewährleistung und der Regelverjährung ausgeglichen.[25] 19

Wenn der Verkäufer bzw Unternehmer allerdings von seinem Recht auf Leistungsverweigerung Gebrauch macht, soll er auch nicht besser stehen, als dies bei fristgerechter Geltendmachung des Rücktrittsrechts der 20

18 Ausf. MüKo/*Grothe*, § 218 Rn 8.
19 So Staudinger/*Peters/Jacoby*, § 218 Rn 4.
20 BGHZ 170, 31, 35 ff; ebenso MüKo/*Grothe*, § 218 Rn 4; Palandt/*Ellenberger*, § 218 Rn 7; *Kiehnle*, Jura 2010, 481, 486 mit umfassenden Nachweisen zum Streitstand; vgl auch *Reinking*, ZGS 2002, 140, 141.
21 *Wagner*, ZIP 2002, 789, 791 f.
22 AA MüKo/*Grothe*, § 218 Rn 4: Dieses Ergebnis sei als Entscheidung des Gesetzgebers hinzunehmen.
23 *Wagner*, ZIP 2002, 789, 791 f; *Reinking*, ZGS 2002, 140, 142; Staudinger/*Peters/Jacoby*, § 218 Rn 6; *Mansel/Budzikiewicz*, Jura 2003, 1, 9; *Peters*, NJW 2008, 119 ff.
24 Vgl *Mansel/Budzikiewicz*, Jura 2003, 1, 9.
25 Ausf. zur Mängeleinrede *Mansel/Budzikiewicz*, § 5 Rn 29–43 (Kaufrecht) und § 5 Rn 216–223 (Werkvertragsrecht).

Fall gewesen wäre. §§ 438 Abs. 4 S. 3 bzw 634 a Abs. 4 S. 3 eröffnen dem Verkäufer bzw Unternehmer daher die Möglichkeit, vom Vertrag zurückzutreten und die Rückgabe der Kaufsache zu verlangen.

§§ 219 bis 225 (weggefallen)

Abschnitt 6
Ausübung der Rechte, Selbstverteidigung, Selbsthilfe

§ 226 Schikaneverbot

Die Ausübung eines Rechts ist unzulässig, wenn sie nur den Zweck haben kann, einem anderen Schaden zuzufügen.

Literatur: Merz, Vom Schikaneverbot zum Rechtsmißbrauch, ZfRV 1977, 162.

A. Allgemeines

§ 226 betrifft eine gesetzlich geregelte Fallgruppe des Verbots der unzulässigen Rechtsausübung. Die praktische Bedeutung der Vorschrift ist im Hinblick auf den sehr eng gefassten Tatbestand gering, nachdem nach der Rechtsprechung des Bundesgerichtshofs jeder andere Zweck als eine Schadenszufügung objektiv ausgeschlossen sein muss.[1] **1**

B. Regelungsgehalt

I. Anwendungsbereich

Die Vorschrift gilt im Bereich der gesamten Privatrechtsordnung, darüber hinaus auch im öffentlichen Recht und im Prozessrecht.[2] **2**

II. Art des ausgeübten Rechts

§ 226 betrifft subjektive Rechte aller Art, also neben Ansprüchen im Sinne von § 194 Abs. 1 auch Gestaltungsrechte, absolute Rechte und Gegenrechte.[3] **3**

III. Zweckbestimmung der Schadenszufügung

1. Objektiver Tatbestand. § 226 setzt voraus, dass die Rechtsausübung **objektiv** keinen anderen Zweck haben kann, als den, einem anderen Schaden zuzufügen.[4] Es genügt somit nicht, dass jemand von seinem Recht in missbilligender Absicht Gebrauch macht; vielmehr muss feststehen, dass die Rechtsausübung keinerlei Vorteil zu bringen vermag, sondern lediglich zur Schädigung eines anderen taugt.[5] Jedes objektiv erkennbare Interesse an der Rechtsausübung, dem die Berechtigung nicht abgesprochen werden kann, schließt den Schikaneeinwand aus.[6] **4**

2. Subjektiver Tatbestand. Die objektiv bezweckte Schadensstiftung muss in **subjektiver** Hinsicht vom Vorsatz des Rechtsausübenden erfasst sein. Der Vorsatz muss sich sowohl auf die Schädigungshandlung beziehen als auch die Schadenszufügung erfassen.[7] Die Absicht der Schadenszufügung (Schikaneabsicht) ist jedoch nicht erforderlich.[8] **5**

1 Vgl BGH NJW 1975, 1314.
2 Soergel/*Fahse*, § 226 Rn 2; Bamberger/Roth/*Dennhardt*, § 226 Rn 3; Palandt/*Ellenberger*, § 226 Rn 1.
3 Bamberger/Roth/*Dennhardt*, § 226 Rn 4.
4 Staudinger/*Repgen*, § 226 Rn 15; MüKo/*Grothe*, § 226 Rn 3; BGH NJW 1975, 1314.
5 Soergel/*Fahse*, § 226 Rn 5.
6 MüKo/*Grothe*, § 226 Rn 4.
7 MüKo/*Grothe*, § 226 Rn 5; aA Staudinger/*Repgen*, § 226 Rn 20; Soergel/*Fahse*, § 226 Rn 8.
8 MüKo/*Grothe*, § 226 Rn 5; Staudinger/*Repgen*, § 226 Rn 20; aA Erman/*Wagner*, § 226 Rn 5.

6 **3. Alle denkbaren Schäden.** Jede Art von **Schaden** wird von § 226 erfasst, also sowohl materielle als auch immaterielle Schäden. Der Schaden muss nicht eingetreten sein.[9]

IV. Rechtsfolgen

7 **1. Unzulässigkeit der Rechtsausübung ohne Eingriff in Bestand des Rechts.** Die Ausübung des Rechts ist unzulässig, sein Bestand wird jedoch nicht berührt. Sofern zu einem späteren Zeitpunkt die schikanösen Umstände entfallen sind, kann das Recht wieder ausgeübt werden.[10]

8 **2. Notwehr gegen schikanöse Rechtsausübung.** Die schikanöse Rechtsausübung ist rechtswidrig und damit im Sinne von § 227 notwehrfähig, sofern die weiteren Voraussetzungen dieser Vorschrift vorliegen.

9 **3. Schadensersatz.** § 226 ist ein **Schutzgesetz** iSv **§ 823 Abs. 2**.[11] Der Gegner kann daher einen etwa eingetretenen Schaden liquidieren und, sofern Wiederholungsgefahr gegeben ist, analog § 1004 Abs. 1 S. 2 auf Unterlassung klagen.[12]

V. Einzelfälle

1. Unzulässige Rechtsausübung bejaht:

10
- Aufrechterhaltung einer werktitelverletzenden Domain durch den Inhaber mit dem alleinigen Ziel, diese für den Verletzten zu sperren.[13]
- Registrierung eines fremden, mit der Marke eines Unternehmens gleich lautenden Internet-Domain-Namens ohne nachvollziehbares eigenes Interesse.[14]
- Blockierung der einzigen Einfahrt zu einem Waldgrundstück ohne Verfolgung von Eigentümerinteressen.[15]
- Ausschluss eines Einzelnen ohne triftigen Grund von der allgemein gestatteten Benutzung eines Grundstücksteils als Weg.[16]
- Vollstreckungsmaßnahmen wie die Vollstreckung eines Haftbefehls wegen einer Forderung über 2,10 DM mit dem Ziel, den Schuldner zu schikanieren.[17]
- Verweigerung der Zahlung eines Vollstreckungsschuldners, der einen Geldbetrag Zug um Zug gegen Übergabe einer nahezu wertlosen Couch zahlen soll, mit der Behauptung, es handle sich nicht um die geschuldete Couch.[18]
- Beseitigungsverlangen nach Löschung einer für ein Stromversorgungsunternehmen bestellten Grunddienstbarkeit bezüglich eines Restbetonfundaments in 1,5 m Tiefe, welche lediglich eine Beeinträchtigung der Vegetation auf 0,0083 % der Ackerfläche befürchten lässt, aber Beseitigungskosten von mindestens 25.000 EUR erfordern würde.[19]
- Die Forderung des einzelnen Wohnungseigentümers gegenüber dem Verwalter, gegen Kostenerstattung alle Belege eines Wirtschaftsjahres kopiert und zugesandt zu bekommen, kann im Einzelfall gegen das Schikane- und Missbrauchsverbot verstoßen.[20]
- Missbräuchliche Verfahrenstrennung durch Verfolgung von Unterlassungsansprüchen nach dem UWG gegen eine GmbH und deren Geschäftsführer in getrennten Verfahren ohne sachliche Gründe für eine getrennte Geltendmachung.[21]
- Handstreichartige Einladung zu einer Vollversammlung einer Aktiengesellschaft nach § 20 AktG zum Zwecke der Sicherung der Stimmenmehrheit.[22]

2. Unzulässige Rechtsausübung verneint:

11
- Geltendmachung der Blockposition durch einen Mitgesellschafter bei der Übertragung von Geschäftsanteilen im Wege vorweggenommener Erbfolge durch einen anderen Mitgesellschafter auf dessen Sohn.[23]
- Kündigung des Girokontos der NPD durch die kontoführende Bank.[24]

9 Soergel/*Fahse*, § 226 Rn 9.
10 MüKo/*Grothe*, § 226 Rn 14; Staudinger/*Repgen*, § 226 Rn 34.
11 Bamberger/Roth/*Dennhardt*, § 226 Rn 9; Soergel/*Fahse*, § 226 Rn 11; Palandt/*Ellenberger*, § 226 Rn 4.
12 Bamberger/Roth/*Dennhardt*, § 226 Rn 9.
13 KG NJOZ 2003, 2773.
14 OLG Frankfurt MDR 2000, 1268 f.
15 OLG Düsseldorf NJW-RR 2001, 162 f.
16 OLG Düsseldorf NJW RR 2001, 162.
17 LG Köln DGVZ 1991, 75.
18 LG Berlin NJW-RR 1989, 638 f (Anm: wohl sehr weit gehend).
19 OLG Celle NZM 2005, 39 = OLGR Celle 2004, 496.
20 BayObLG NZM 2006, 512 = OLGR München 2006, 653.
21 KG KGR Berlin 2007, 79 = AGS 2007, 216.
22 BGH NJW 2009, 2458.
23 OLG Brandenburg NZG 2002, 872 f.
24 OLG Brandenburg NJW 2001, 450; OLG Köln NJW 2001, 452; LG Köln NJW 2001, 82.

- Kündigung des Postbank-Girokontos der Scientology Mission e.V.[25]
- Geltendmachung des Rechts des Wohnungseigentümers auf Einsicht in die der Jahresabrechnung zugrunde liegenden Belege, auch wenn der Verwalter einer Großanlage hierdurch in praktische Nöte gerät.[26]
- Geltendmachung der Nichtigkeit eines durch unangefochtenen Mehrheitsbeschluss begründeten Sondernutzungsrechts, für welchen ausschließlich vernünftige Gründe sprechen, während das Anliegen des einzelnen Wohnungseigentümers deutlich weniger gewichtig erscheint.[27]
- Nichtausübung des Rechts eines Wohnungseigentümers für die Dauer von 15 Jahren auf Beseitigung einer baulichen Anlage, sofern der Inhaber des Rechtes nicht gewusst hat, dass ihm dieses zusteht.[28]
- Aufenthalt auf einem, die Spielbahn eines Golfplatzes kreuzenden öffentlichen Feldwirtschaftsweges, auch wenn hierdurch das Golfspiel gezielt gestört werden soll.[29]
- Inanspruchnahme des Kommanditisten statt der KG für Gesellschaftsschulden.[30]

C. Weitere praktische Hinweise

§ 226 ist im Prozess von Amts wegen zu beachten. Die **Beweislast** für die Voraussetzungen des § 226, einschließlich der Tatsachen, aus denen sich ergibt, dass ein anderer Zweck als der Schädigungszweck nicht möglich ist, trägt derjenige, der sich auf die Vorschrift beruft.[31] 12

Weil der Bestand des Rechts unberührt bleibt, erschöpft sich die **Rechtskraftwirkung** eines auf § 226 gestützten klageabweisenden Urteils in der Feststellung, dass die Rechtsausübung in dem zur Entscheidung gelangten Fall unzulässig war.[32] 13

§ 227 Notwehr

(1) Eine durch Notwehr gebotene Handlung ist nicht widerrechtlich.

(2) Notwehr ist diejenige Verteidigung, welche erforderlich ist, um einen gegenwärtigen rechtswidrigen Angriff von sich oder einem anderen abzuwenden.

Literatur: *Alwart*, Zum Begriff der Notwehr, JuS 1996, 953; *Braun*, Subjektive Rechtfertigungselemente im Zivilrecht?, NJW 1998, 941; *Edenfeld*, Der Schuldner am Pranger – Grenzen zivilrechtlicher Schuldbeitreibung, JZ 1998, 645 ff.; *v. Feldmann*, Selbsthilfe im Rechtssystem, NJW 1987, 119; *Horst*, Der Nachbar als „Big Brother" – Grenzen zulässiger Videoüberwachung, NZM 2000, 937; *Löwisch*, Besitzwehr zur Durchsetzung eines Hausverbots, NJW 1994, 2596; *Mitsch*, Notwehr gegen fahrlässig provozierten Angriff, JuS 2001, 751; *Pelz*, Notwehr- und Notstandsrechte und der Vorrang obrigkeitlicher Hilfe, NStZ 1995, 305; *Schmidhäuser*, Die Begründung der Notwehr, GA 1991, 97; *Schreiber*, Die Rechtfertigungsgründe des BGB, Jura 1997, 29; *Simon*, Einschränkung des Notwehrrechts bei unvermeidbar irrendem Angreifer, JuS 2001, 639.

25 LG Ulm NJW 1996, 3347.
26 BayObLG NJW-RR 2000, 1466 ff.
27 OLG Köln NJW-RR 2001, 1304 ff.
28 BayObLG NJW 1997, 1492 ff.
29 Saarländisches Oberlandesgericht Saarbrücken OLGR Saarbrücken 2004, 497.
30 BGH NJW–RR 2007, 1676.
31 Soergel/*Fahse*, § 226 Rn 13, 14.
32 Soergel/*Fahse*, § 226 Rn 15.

A. Allgemeines

1 Die Notwehrbegriffe des § 227 und des § 32 StGB stimmen überein.[1] Sie beruhen auf dem Gedanken, dass das Recht dem Unrecht nicht zu weichen braucht. Beide Vorschriften dienen dem Schutz des angegriffenen Rechtsguts und zugleich der Bewährung der Rechtsordnung.[2]

B. Regelungsgehalt

I. Notwehrlage (Abs. 2)

2 **1. Angriff.** Angriff ist die **von einem Menschen drohende Verletzung** rechtlich geschützter Interessen. Da ein **Verschulden nicht erforderlich** ist, kann der Angriff auch von einem Kind, einem Bewusstlosen oder einem Geisteskranken ausgehen.[3] Daher sind auch die Angriffe durch diese Personen notwehrfähig. Der von einem Tier oder einer Sache ausgehenden Gefahr kann gemäß § 228 durch eine Notstandshandlung begegnet werden.

3 Ein Angriff setzt **aktives Verhalten** voraus. Bloße Untätigkeit stellt keinen Angriff dar, selbst wenn eine gesetzliche oder vertragliche Pflicht zum Handeln besteht. Es muss jedoch geprüft werden, ob tatsächlich ein Unterlassen vorliegt oder ob sich das Verhalten bei wertender Betrachtung nicht doch als aktives Tun darstellt.[4]

4 **2. Angriffsobjekt. a) Allgemein.** Objekt eines Angriffs können **sämtliche Rechtsgüter** sein, so vor allem Leben, Gesundheit Freiheit, aber auch das Eigentum, die Ehre, das Allgemeine Persönlichkeitsrecht, das Hausrecht,[5] das Recht am eigenen Bild u.a.[6]

5 **Nicht geschützt** ist das **Recht am eigenen Arbeitsplatz.**[7] Die **Ehe** ist zwar ein vom Gesetz geschütztes Rechtsgut, gleichwohl sind ehewidrige Handlungen nicht notwehrfähig.[8]

6 Rechtsgüter von Staat und Allgemeinheit sind grundsätzlich notwehrfähig, soweit es den Staat als Fiskus anbelangt. Die Rechtsordnung als Ganzes ist dagegen ebenso wenig notwehrfähig wie Rechtsgüter der Allgemeinheit bzw die öffentliche Sicherheit und Ordnung.[9]

b) Einzelfälle

aa) Notwehr bejaht:

7
- **Verletzungen des Persönlichkeitsrechts** durch unerlaubtes Fotografieren dürfen grundsätzlich durch Festhalten der Kamera zur Verhinderung weiterer Aufnahmen sowie durch Wegnahme des darin befindlichen Films zur Unterbindung dessen missbräuchlicher Verwendung abgewehrt werden.[10]
- Auch der **Bordgewalt des Flugkapitäns** ist neben gewissen hoheitlichen Ergänzungen im Kerngehalt ein zivilrechtlicher Gehalt eigen. Er übt nicht nur den Besitz und damit das „Hausrecht" bezüglich des Flugzeuges und die damit verbundenen Besitzschutzpositionen aus, sondern kann zu Selbsthilfe, Notwehr und Nothilfe greifen und im Notstandsfall auf fremde Sachen einwirken.[11]
- Auch die Verletzung des **Jagdausübungsrechts** begründet die Notwehr. Das Aufscheuchen von Enten während der Jagd verletzt das Jagdausübungsrecht und die daraus abgeleitete Jagdausübungsbefugnis als sonstige Rechte im Sinne von § 823. Der Grundstückseigentümer ist bei einer unmittelbaren Gefährdung von Leben, Gesundheit und Eigentum durch Munition, die anlässlich einer nahebei durchgeführten Entenjagd auf sein Grundstück abgeschossen wird, nicht auf die Möglichkeit zivilgerichtlicher Abwehrmaßnahmen oder verwaltungsgerichtlicher Verfahren gegen die Entscheidung der Jagdbehörde beschränkt; er darf vielmehr bei Inanspruchnahme des ihm zustehenden Notwehrrechts die geeigneten und notwendigen Maßnahmen ergreifen, um der Gefahr unmittelbar entgegenzuwirken, etwa auch die Jagd ganz unterbinden. Bei der Abwehr von Besitz- oder Eigentumsstörungen ist vom Grundstückseigentümer das Übermaßverbot zu beachten.[12]
- Greifen mehrere Personen einen nach einem vorangegangenen Streit in seinen Pkw geflüchteten Dritten an, indem sie ihn bedrohen und auf sein Fahrzeug einschlagen, um ihn zum Aussteigen zu nötigen, so

1 Palandt/*Ellenberger*, § 227 Rn 1; Soergel/*Fahse*, § 227 Rn 1, einschr. MüKo/*Grothe*, § 227 Rn 1-3.
2 Palandt/*Ellenberger*, § 227 Rn 1.
3 BayObLG NJW 1991, 2031.
4 Vgl Bamberger/Roth/*Dennhardt*, § 227 Rn 6.
5 AA OLG Frankfurt NJW 1994, 946 f.
6 Vgl Palandt/*Ellenberger*, § 227 Rn 3.
7 BAG NJW 1979, 236 f.
8 OLG Köln NJW 1975, 2344 f.
9 MüKo/*Grothe*, § 227 Rn 8.
10 OLG Düsseldorf NJW 1994, 1971 ff.
11 OLG Celle NJW 1982, 770 f.
12 OLG Hamm OLGR Hamm 1992, 83 ff.

haftet der Dritte mangels Widerrechtlichkeit nicht, wenn er bei dem Versuch, sich der für ihn bedrohlichen Situation durch schnelles Rückwärtsfahren zu entziehen, einen der Angreifer verletzt.[13]

bb) Notwehr verneint:

- Eine nicht von der Gewerkschaft getragene **Arbeitsniederlegung** der Arbeitnehmer eines Betriebes mit dem Ziel der Wiedereinstellung von Arbeitnehmern, denen aus betriebsbedingten Gründen gekündigt wurde, ist eine rechtswidrige Arbeitsniederlegung. Sie ist nicht durch Notwehr gerechtfertigt.[14] 8
- Die **Überwachung einer gemeinsamen Hauseinfahrt** zweier zerstrittener Nachbarn durch einen der beiden Nachbarn stellt einen Eingriff in das Persönlichkeitsrecht des anderen (nicht zustimmenden) Nachbarn dar. Sie ist auch nicht durch Notwehr gerechtfertigt, um eventuelle Übergriffe durch den anderen Nachbarn zu verhindern und Benutzern des Weges, insbesondere Familienangehörigen, ein „gewisses Sicherheitsgefühl" zu vermitteln.[15]
- Die Einrichtung einer dauerhaften Videoüberwachung in einem Briefverteilungszentrum stellt einen schwerwiegenden Eingriff in das Persönlichkeitsrecht der dort beschäftigten Arbeitnehmer dar. Sie ist nicht durch eine Notwehrsituation oder einer notwehrähnliche Lage der Arbeitgeberin gerechtfertigt. Notwehr ist gem. § 227 Abs. 2 diejenige Verteidigung, welche erforderlich ist, um einen gegenwärtigen rechtswidrigen Angriff von sich oder einem anderen abzuwehren. Sie ist, auch wenn eine solche Lage bestehen sollte, nur gegenüber dem Angreifer zulässig. Durch die Videoaufzeichnungen würden jedoch auch die ganz überwiegend „unschuldigen" Teile der Belegschaft betroffen.[16]

3. Gegenwärtigkeit des Angriffs. Gegenwärtig ist ein Angriff, der bereits stattfindet oder der unmittelbar bevorsteht, also auch schon dann, wenn das geschützte Rechtsgut noch nicht verletzt ist, sich aber unmittelbar eine Verletzungshandlung entwickeln kann.[17] So stellt nicht erst das Anlegen der Waffe, sondern bereits der Griff zu ihr den gegenwärtigen Angriff dar. Nicht ausreichend ist jedoch eine innere Willenshaltung des vermutlichen Angreifers, welcher noch keine nach außen gerichtete Betätigung entspricht.[18] Begehrt jemand über mehrere Stunden in aggressiver Weise Einlass in ein Jugendzentrum, obwohl ihm seit Jahren bekannt ist, dass er dort Hausverbot hat, und schreckt er dabei auch nicht vor körperlichen Angriffen gegen Sachen und gegen die ihm den Zutritt verwehrenden ehrenamtlichen Helfer zurück, steht ein rechtswidriger Angriff unmittelbar bevor. Gegen diesen als gegenwärtig anzusehenden Angriff ist körperliche Gewalt in Form eines oder mehrerer gezielter Faustschläge, um diese Angriffsbereitschaft endgültig zu beenden, eine erforderliche Verteidigung iSv § 227 Abs. 2.[19] 9

Der **Angriff dauert an**, bis die Gefährdung bzw Verletzung des geschützten Rechtsguts nicht mehr besteht. 10
Es genügt für die Fortdauer, dass weitere Tätlichkeiten des Angreifers ernsthaft zu besorgen sind. Gegen den flüchtenden Dieb darf daher so lange Notwehr geübt werden, wie er noch bestrebt ist, sich die Beute zu sichern.[20] **Nicht mehr gegenwärtig** ist ein abgeschlossener, aufgegebener oder fehlgeschlagener Angriff.[21] Daher wurde eine Restitutionsklage, welche auf durch Hausfriedensbruch und Verstoß gegen das Briefgeheimnis erlangte Beweismittel gestützt wurde, als unzulässig verworfen, da die so erlangten Beweismittel unverwertbar seien. Die vom Restitutionskläger begangenen Straftaten seien auch dann nicht durch Notwehr gerechtfertigt, wenn die Gegenseite zuvor einen Prozessbetrug begangen habe, denn eine solche Straftat sei bereits beendet.[22] Die Bezeichnung eines Gegners als „geisteskrank" in einem Zivilprozess ist nicht zulässig, wenn sie nur der Diffamierung der Person gilt und keinen sachlichen Bezug zur Rechtsverfolgung oder -verteidigung hat. Sie ist auch dann nicht durch Notwehr gerechtfertigt, wenn der Gegner seinerseits beleidigende Schriftsätze verfasst hat, weil es schon an der Gegenwärtigkeit des Angriffs fehlt.[23]

4. Rechtswidrigkeit des Angriffs. Rechtswidrig ist jeder Angriff, zu dessen Duldung der Angegriffene nicht verpflichtet ist; die Rechtsgutverletzung indiziert die Rechtswidrigkeit.[24] Die Rechtswidrigkeit des Angriffs fehlt, wenn dem Angreifer seinerseits ein erfolgsbezogener Rechtfertigungsgrund zur Seite steht. Notwehr gegen Notwehr ist daher nicht möglich.[25] Bei einer einverständlichen Rauferei liegen keine wechselseitigen Notwehrlagen vor.[26] 11

Eine **Amtshandlung** ist ein rechtswidriger Angriff, wenn es an den rechtlichen Voraussetzungen für das Handeln im konkreten Fall fehlt.[27] Das Rechtsstaatsprinzip erlaubt Notwehr gegen nichtige Amtshandlungen. 12

13 OLG Zweibrücken VersR 2007,1088.
14 BAG AP GG Art. 9 Arbeitskampf Nr. 58.
15 LG Berlin NJW 1988, 346 f.
16 BAG NJOZ 2005, 2708 = RDV 2005, 216.
17 Soergel/*Fahse*, § 227 Rn 13.
18 MüKo/*Grothe*, § 227 Rn 9.
19 OLGR Köln 2001, 7–8 (red. Leitsatz und Gründe).
20 RGZ 111, 370, 371.
21 Staudinger/*Repgen* § 227 Rn 21.
22 Schleswig-Holsteinisches Oberlandesgericht Urt. v. 27.7.2009; 15 UF 30/09.
23 OLG Köln NJW-RR 1992, 1247 ff.
24 Soergel/*Fahse*, § 227 Rn 15.
25 MüKo/*Grothe*, § 227 Rn 11.
26 BGH NJW 1990, 2263 f.
27 Soergel/*Fahse*, § 227, Rn 15.

Die durch ein Gericht willkürlich vorgenommene Verneinung einer Notwehrsituation im Zusammenhang mit der Festnahme durch einen Polizeibeamten kann die Verfassungsbeschwerde begründen.[28] Der Geschädigte muss im Rahmen eines gegen ihn gerichteten Polizeieinsatzes beweisen, dass der Polizeibeamte das rechtsstaatliche Prinzip der Verhältnismäßigkeit der Mittel oder die Grenzen einer erforderlichen Abwehrhandlung überschritten hat.[29]

13 Im Übrigen können sich auch **Polizeibeamte** auf § 227 berufen. Der Auffassung, dass die Überschreitung der landesrechtlichen Bestimmungen über den **Schusswaffengebrauch** ungeachtet etwaiger Notrechtsverweisungen ein rechts- und amtswidriges Verwaltungshandeln gegen den betroffenen Bürger begründet, ist im Bereich der Staatshaftung jedenfalls dann nicht zu folgen, wenn es um die Abwehr eines rechtswidrigen Angriffs auf Leib und Leben eines Beamten geht. Hat ein Beamter im Wege der Notwehr oder Nothilfe rechtmäßig den Angreifer verletzt, kann nicht dieselbe Handlung wegen Verstoßes gegen die vom allgemeinen Notwehrrecht abweichenden landesrechtlichen Regelungen über den Schusswaffengebrauch als rechtswidrige Amtspflichtverletzung oder rechtswidrige Maßnahme der Polizei eingestuft werden.[30]

II. Verteidigungshandlung

14 **1. Verteidigungswille.** Die Verteidigungshandlung muss von einem Verteidigungswillen getragen sein. Der Notwehrausübende muss den Schutz der angegriffenen Rechtsgüter bezwecken.[31] Der Umstand, dass sein Handeln daneben durch andere Motive wie etwa Wut und Rache mitbestimmt wird, ist unbeachtlich.[32]

15 **2. Erforderlichkeit der Verteidigungshandlung.** Die Erforderlichkeit der Verteidigungshandlung ist ex ante nach objektiven Gesichtspunkten zu beurteilen. Erforderlich ist jede Verteidigung, die zur Abwehr des Angriffs zumindest teilweise geeignet ist und zugleich das mildeste Gegenmittel darstellt.[33] Maßgebend sind Stärke und Hartnäckigkeit des Angriffs sowie die dem Angegriffenen zur Verfügung stehenden Verteidigungsmittel.[34] Erforderlich kann danach sowohl die rein defensive Abwehr des Angriffs (sog. **Schutzwehr**) als auch die Abwehr in Gestalt eines Gegenangriffs (sog. **Trutzwehr**) sein.[35] Schusswaffengebrauch ist nur in ernster Gefahrenlage gerechtfertigt. Für ihn gilt grundsätzlich die Abfolge: Drohung, Warnschuss, Schuss in die Beine.[36]

III. Einschränkungen des Notwehrrechts

16 **1. Unzulässige Rechtsausübung.** Das Notwehrrecht steht unter dem anerkannten Vorbehalt der unzulässigen Rechtsausübung, es kann daher in besonderen Einzelfällen als rechtsmissbräuchlich bewertet und eingeschränkt oder sogar ausgeschlossen werden.[37] Danach ist etwa eine außer allem Verhältnis zu dem angegriffenen Rechtsgut stehende Verteidigungsmaßnahme ungerechtfertigt.[38] So rechtfertigt das widerrechtliche Betreten eines Grundstücks nicht die Verteidigung des Hausrechts durch Schusswaffengebrauch. Dieses Verhalten stellt sich als Missbrauch des Notwehrrechts dar.[39]

17 Die **schweren Folgen** einer durch Notwehr gebotenen Handlung führen jedoch nicht zur Rechtswidrigkeit. Selbst wenn es durch eine (leichte) Körperverletzung (hier: Stoß gegen die Brust) zum Tod des (64-jährigen) Verletzten gekommen ist (infolge eines bei einem Sturz zugezogenen schweren Schädel-Hirn-Traumas mit Subduralhämatom), kann sich der Schädiger uU auf rechtfertigende Notwehr berufen, so dass (auf den Alleinerben übergegangene) Schadensersatz- und Schmerzensgeldansprüche zu verneinen sind. Dieser Fall ist gegeben, wenn der Schädiger als Reaktion auf eine nachhaltige Verletzung seiner Ehre und der Ehre seiner Partnerin (hier: Bezeichnung als „Ausländerschlampe") versucht hat, weitere verbale Angriffe mit einer leichten Tätlichkeit zu unterbinden.[40]

18 **2. Notwehrprovokation.** Das Notwehrrecht des Provokateurs erfährt eine deutliche Einschränkung. Diese Einschränkungen zeichnen sich insbesondere dadurch aus, dass an das Merkmal der Erforderlichkeit der Verteidigungshandlung strengere Anforderungen zu stellen sind. Der in eine Notwehrlage geratene Provokateur ist verpflichtet, jeden anderen möglichen, für die Rechtsgüter des Angreifers weniger gefährlichen Weg zu benutzen. Solange ihm Schutzwehr Aussicht auf Erfolg bieten kann, darf er nicht zur Trutzwehr übergehen. Er muss dabei sogar geringe Beeinträchtigungen und Verletzungen hinnehmen. Ihm wird ferner zugemutet, dem Angriff auch dann auszuweichen, wenn dies als Flucht angesehen werden könnte.

28 BVerfG NJW 1991, 3023 ff.
29 OLG Düsseldorf NJW-RR 1996, 22.
30 OLG Celle NJW-RR 2001, 1033 ff.
31 Bamberger/Roth/*Dennhardt*, § 227 Rn 13. Gegen die hM *Braun*, NJW 1998, 941.
32 Vgl BGH NStZ 2000, 365 f.
33 MüKo/*Grothe*, § 227 Rn 13.
34 Bamberger/Roth/*Dennhardt*, § 227 Rn 15.
35 MüKo/*Grothe*, § 227 Rn 13.
36 Vgl BGH NStZ 87, 322.
37 Bamberger/Roth/*Dennhardt*, § 227 Rn 19.
38 Soergel/*Fahse*, § 227 Rn 39.
39 OLG Karlsruhe RuS 1979, 143 f = VersR 1979, 453 f.
40 OLGR Hamm 2001, 43–46 (red. Leitsatz und Gründe).

Im Falle der **Absichtsprovokation**, also der zielgerichteten Herbeiführung der Notwehrlage, ist das Notwehrrecht gänzlich zu versagen, da in Wirklichkeit eine Notwehrlage auf Seiten des „Angreifers" vorliegt.[41] 19

3. Angriffe schuldlos Handelnder. Gegenüber Angriffen schuldlos Handelnder (Kinder, Geisteskranke, Betrunkene) ist die Notwehr zwar nicht ausgeschlossen, aber eingeschränkt. Kann der Angegriffene ausweichen, so ist eine über die bloße Schutzwehr hinausgehende Verteidigung unzulässig. Ist ein Ausweichen nicht möglich, darf der Angegriffene zur Trutzwehr übergehen, die durch die Verteidigung herbeigeführte Verletzung darf aber nicht außer Verhältnis zu dem drohenden Schaden stehen.[42] 20

IV. Nothilfe

Auch die Verteidigung fremder Rechtsgüter fällt als Nothilfe unter Abs. 2. Die Erforderlichkeit der Nothilfehandlung beurteilt sich nach den Grundsätzen der Eigenwehr unter Berücksichtigung der Beteiligung des Nothelfers, dem unter Umständen ein milderes Mittel zur Verfügung steht.[43] Das Recht der Nothilfe zum Schutz privater Bürger steht auch Polizeibeamten zu. Was der normale Bürger darf, kann den zu seinem Schutz tätigen Hoheitsorganen nicht verwehrt werden.[44] **Eine Verteidigung nur der öffentliche Ordnung im Wege der Nothilfe ist nicht zulässig**. Daher ist es beispielsweise nicht zulässig, einen Motorradfahrer, der seine Kinder in ordnungswidriger Weise auf seinem Motorrad mitnimmt, mit Gewalt an der Weiterfahrt zu hindern.[45] 21

V. Rechtsfolgen (Abs. 1)

1. Rechtmäßigkeit der Notwehrhandlung. Die zur Abwehr einer Notwehrlage erforderliche Verteidigung ist rechtmäßig. Der Verteidiger ist daher nicht zum Schadensersatz verpflichtet. Sein Handeln ist weder widerrechtlich noch strafbar. Daher ist es auch nicht notwehrfähig. Sie stellt auch keine verbotene Eigenmacht iSv § 869 dar. Dies gilt jedoch nur so lange, als sich der Handelnde innerhalb der Grenzen erlaubter Notwehr bewegt. So begehrt der Vermieter, der gegen den erklärten Willen des Mieters dessen Balkon betritt, zwar einen Hausfriedensbruch, der für den Vermieter eine Notwehrsituation schafft. Dessen Drohung, er werde den Vermieter sogleich vom Balkon werfen, stellt jedoch einen Notwehrexzess dar, der dem Vermieter seinerseits ein Notwehrrecht gibt (s. Rn 23). Dieser begeht jedoch seinerseits wegen der schuldhaften Provokation der Notwehrlage einen Notwehrexzess, wenn er dem Mieter mittels einer mitgeführten Eisenstange einen mit voller Wucht auf den Kopf geführten Schlag versetzt.[46] 22

2. Notwehrexzess. Überschreitet der Verteidiger das zulässige Maß der Abwehr (intensiver Notwehrexzess) oder ist der Angriff zum Zeitpunkt der Verteidigung nicht mehr gegenwärtig (extensiver Notwehrexzess), ist das Handeln nicht gemäß § 227 gerechtfertigt. Er haftet daher für von ihm angerichtete Schäden nach Delikt, wobei sein Verschulden zu prüfen ist. Seine Haftung ist danach zB ausgeschlossen, wenn er über die Stärke des Angriffs ohne Vorwerfbarkeit irrte und deshalb Angriffsmaßnahmen ergriffen hat, die objektiv nicht erforderlich waren.[47] 23

VI. Putativnotwehr

Glaubt sich der Handelnde irrtümlich angegriffen, liegen jedoch die Voraussetzungen einer Notwehr überhaupt nicht vor (Putativnotwehr), so wird das Verhalten nicht durch § 227 gedeckt, eine dem Angreifer zugefügte Rechtsgutsverletzung bleibt daher rechtswidrig. Ansprüche aus unerlaubter Handlung hängen in diesen Fällen davon ab, ob der Irrtum zumindest auf Fahrlässigkeit beruhte. Ist das Verhalten entschuldbar, entfällt die Schadensersatzpflicht.[48] 24

Bedrängt bei einem Flirt ein junger Mann ein sechzehnjähriges Mädchen dergestalt, dass er seine beiden Arme links und rechts von ihr über ihren Kopf an die Wand hält, wo sie eingeklemmt steht und diese äußert: „Hör auf, lass mich in Ruhe! Geh weg!", so kann ein Dritter daraus schuldlos eine Privatnothilfesituation ableiten, die es ihm erlaubt, dem vermeintlichen Angreifer des Mädchens einen Faustschlag ins Gesicht zu geben, um das Mädchen zu befreien.[49] 25

Der Bewohner eines einsam gelegenen Gutshofes, der bemerkt, dass ein Fremder zu mitternächtlicher Stunde das Haus umschleicht, handelt in einem entschuldigten Irrtum über das Vorliegen einer Notwehrlage, wenn er daraufhin mit einer Schrotflinte bewaffnet den Hof betritt und damit einen Warnschuss in die Luft abgibt, 26

41 BGH NJW 1983, 2267; 2001, 1075.
42 Soergel/*Fahse*, § 227 Rn 40.
43 Bamberger/Roth/*Dennhardt*, § 227 Rn 23.
44 MüKo/*Grothe*, § 227 Rn 15 mwN; ebenso OLG Celle NJW-RR 2001, 1033.
45 OLG Koblenz ORGR Koblenz 2006, 759 = SVR 2007, 296.
46 OLG Karlsruhe RuS 1990, 233 ff.
47 RGZ 84, 306, 308; 118, 120.
48 Soergel/*Fahse*, § 227 Rn 49.
49 OLG Koblenz RuS 1998, 111 f.

weil der aus dem Garten herauskommende Fremde trotz mehrfacher Aufforderung nicht stehen bleibt, sondern sich bis auf 1 1/2 bis 2 m nähert. Dem Fremden steht daher für angeblich durch den Schuss verursachte Hörschäden kein Schadensersatzanspruch zu.[50]

27 Auch im Rahmen der Putativnotwehr ist der Gesichtspunkt der Notwehrprovokation zu berücksichtigen. Reagiert der Provozierte mit einem Faustschlag in das Gesicht des Provozierenden und tritt danach eine gewisse zeitliche Zäsur ein, so ist die Wirkung der Provokation beendet.[51]

28 Da infolge der irrtümlichen Annahme einer Notwehrsituation der Vorsatz des Schädigers entfällt, erhält dieser von seiner **Haftpflichtversicherung Versicherungsschutz**. Der Vorsatzausschluss des § 4 Abs. 2 Nr. 1 AHB greift nicht ein, wenn eine Putativnotwehrsituation festgestellt werden kann. Die Herbeiführung des Versicherungsfalls kann dann nicht mehr als vorsätzlich gewertet werden, da der Vorsatz auch das Wissen um die Rechtswidrigkeit umfassen muss, eine solche Kenntnis aber bei der irrigen Annahme einer Notwehrsituation nicht gegeben ist.[52]

C. Weitere praktische Hinweise

29 Notwehr begründet eine rechtshindernde Einwendung, deren tatsächliche Voraussetzungen nach allgemeinen Regeln derjenige darlegen und beweisen muss, der sich darauf beruft.

30 Die Darlegungs- und Beweislast dafür, dass der Verteidiger die Grenzen der Notwehr überschritten hat, obliegt dem Angreifer. Insofern geht ein non liquet zulasten desjenigen, dem ein rechtswidriger Angriff nachgewiesen worden ist.[53]

31 Bei mehreren Schädigungshandlungen trifft den Verteidiger für jede einzelne die Beweislast, dass die Voraussetzungen einer Notwehrlage vorlagen. Ist streitig, welche Schadensfolgen die einzelnen Verletzungshandlungen nach sich gezogen haben, und sind nur einige dieser Handlungen durch Notwehr gerechtfertigt, muss der Geschädigte beweisen, dass gerade die Verletzungshandlung für die Entstehung seines Schadens ursächlich war, deretwegen sich der Verteidiger nicht auf Notwehr berufen kann.[54]

§ 228 Notstand

[1]Wer eine fremde Sache beschädigt oder zerstört, um eine durch sie drohende Gefahr von sich oder einem anderen abzuwenden, handelt nicht widerrechtlich, wenn die Beschädigung oder die Zerstörung zur Abwendung der Gefahr erforderlich ist und der Schaden nicht außer Verhältnis zu der Gefahr steht. [2]Hat der Handelnde die Gefahr verschuldet, so ist er zum Schadensersatz verpflichtet.

Literatur: *Allgaier*, Zum Verhältnis und zur Abgrenzung von defensivem und aggressivem Notstand, VersR 1989, 788 ff.; *Braun*, Subjektive Rechtfertigungselemente im Zivilrecht?, NJW 1998, 941; *Eberbach*, Heimliche Aids-Tests, NJW 1987, 1470; *Foerste*, Lauschzeugen im Zivilprozess, NJW 2004, 262; *Janker*, Heimliche HIV-Antikörpertests – strafbare Körperverletzung?, NJW 1987, 2897; *Joerden, Jan C.*, Interessenabwägung im rechtfertigenden Notstand bei mehr als einem Eingriffsopfer, GA 1993, 245 ff.; *Kaufmann*, Die Radbruchsche Formel vom gesetzlichen Unrecht und vom übergesetzlichen Recht in der Diskussion um das im Namen der DDR begangene Unrecht, NJW 1995, 81; *Pawlik*, Der rechtfertigende Defensivnotstand im System der Notrechte, GA 2003, 12 ff.; *Pelz*, Notwehr- und Notstandsrechte und der Vorrang obrigkeitlicher Hilfe, NStZ 1995, 305; *Schwintowski*: Äußerungen zur Kredit(un)würdigkeit in der Medienöffentlichkeit, NZG 2003, 810.

50 OLG Düsseldorf NJW-RR 1996, 1112 f.
51 OLG Düsseldorf VersR 1999, 857 f = MDR 1998, 1227 f.
52 OLG Karlsruhe RuS 1995, 9; ebenso OLG Düsseldorf VersR 1994, 850–852.
53 MüKo/*Grothe*, § 227 Rn 27.
54 BGH NJW 2008, 571.

A. Allgemeines

Die Vorschrift regelt den so genannten **Verteidigungsnotstand** im Gegensatz zu dem in **§ 904** geregelten **Angriffsnotstand**. Während im Fall des **§ 228** die drohende Gefahr von der geschädigten bzw zerstörten Sache selbst ausgeht, stellt die fremde Sache in **§ 904** nicht die Gefahrenquelle dar. Dort wird die Sache lediglich als Mittel dazu verwendet, einer von anderer Seite ausgehenden (gegenwärtigen) Gefahr zu begegnen, die einen unverhältnismäßig hohen Schaden zu verursachen droht.[1] Im Fall des § 904 bedarf es der Abwägung, ob dem an der Gefahrenentstehung Unbeteiligten eine Aufopferung seines Sachinteresses zuzumuten ist – dies erklärt den engeren Tatbestand dieser Vorschrift und den dort normierten verschuldensunabhängigen Schadensersatzanspruch[2] –, während der Handelnde im Rahmen des defensiven Notstands nur zum Schadensersatz verpflichtet ist, wenn er die Gefahr verschuldet hat. 1

B. Regelungsgehalt

I. Notstandslage

1. Drohende Gefahr. Diese liegt vor, wenn nach den tatsächlichen Umständen die **Wahrscheinlichkeit eines schädigenden Ereignisses** besteht und die Gefahr jederzeit in einen Schaden umschlagen kann oder wenn der Schaden zwar erst später einzutreten droht, eine wirksame Abwehr aber nur durch sofortiges Handeln möglich ist.[3] **Nicht notwendig** ist, dass die **Gefahr gegenwärtig** sein muss, wie dies § 34 StGB und § 904 voraussetzen. § 228 erfordert damit einen geringeren Wahrscheinlichkeitsgrad für das Eintreten der Gefahr.[4] Die **Möglichkeit eines bloß künftigen Gefahreneintritts genügt** jedoch **nicht**, es müssen vielmehr **konkrete Anhaltspunkte für eine zeitnahe Gefahrverwirklichung** gegeben sein.[5] 2

2. Geschütztes Rechtsgut. Notstandsfähig ist jedes geschützte Rechtsgut, einschließlich Besitz und Nutzung fremder Sachen.[6] Unter Umständen kommen auch Rechtsgüter der Allgemeinheit in Betracht, da – im Unterschied zum Notwehrtatbestand – keine gleichzeitige Verfolgung von Individualinteressen gefordert ist; erfasst sind auch bloße Vermögensinteressen oder Konflikte im Straßenverkehr.[7] 3

3. Gefahrverursachende fremde Sache. a) Die Sache selbst. Die Gefahr muss von der Sache (§ 90) selbst ausgehen, welche durch die Notstandshandlung beschädigt bzw zerstört wird. Ausreichend ist es jedoch, wenn bereits der Zustand der Sache die Gefahr erzeugt (zB ein gefährlicher Stoff).[8] § 228 regelt daher den **Fall des defensiven Notstands,** während § 904 den Fall des aggressiven Notstands regelt. Gemäß **§ 90 a S. 3** sind auf Tiere die für Sachen geltenden Vorschriften entsprechend anzuwenden, soweit nicht etwas anderes bestimmt ist. Daher gilt § 228 auch bei Gefahren, welche durch Tiere ausgehen. 4

b) Kausalität. Unstreitig sind die Voraussetzungen des § 228 erfüllt, wenn die beschädigte Sache ohne Zwischenschaltung einer weiteren Gefahrenquelle als Gefahrenquelle wirkt (**unmittelbare Kausalität**).[9] Streitig ist jedoch, ob die Notstandshandlung auch gerechtfertigt ist, wenn die beschädigte Sache ein Medium bildet, welches die Gefährlichkeit einer anderen Sache lediglich vermittelt, ohne selbst die eigentliche Gefahrenquelle darzustellen (**mittelbare Kausalität**).[10] Nach früher herrschender Ansicht war in diesen Fällen die Notstandshandlung lediglich nach § 904 gerechtfertigt. Nach nunmehr herrschender Ansicht[11] genügt mittelbare Kausalität. 5

Um Wertungswidersprüche mit der gesetzgeberischen Regelung in § 904 zu vermeiden, wird zumindest zu fordern sein, dass sich in diesem Fall ein latentes Bedrohungspotenzial der betreffenden Sache verwirklicht hat.[12] 6

c) Fremdheit der Sache. Über den Wortlaut des § 228 hinaus ist die Vorschrift entsprechend anwendbar auf Fälle, in denen die Gefahr durch eine herrenlose Sache droht.[13] 7

1 NKK-BGB/*Ring*, § 904 Rn 3.
2 Vgl Bamberger/Roth/*Dennhardt*, § 228 Rn 1.
3 Soergel/*Fahse*, § 228 Rn 3.
4 Bamberger/Roth/*Dennhardt*, § 228 Rn 4; Soergel/*Fahse*, § 228 Rn 12; MüKo/*Grothe*, § 228 Rn 7.
5 Erman/*Wagner*, § 228 Rn 3.
6 Erman/*Wagner*, § 228 Rn 3.
7 Bamberger/Roth/*Dennhardt*, § 228 Rn 4.
8 Staudinger/*Repgen*, § 228 Rn 16.
9 So schon RGZ 71, 240; 88, 211, 214.
10 ZB ein brennendes Schiff, dessen Öl vernichtet werden muss, damit sich der Brand nicht weiter ausbreitet, vgl RGZ 143, 382, 387.
11 Soergel/*Fahse*, § 228 Rn 13; Staudinger/*Repgen*, § 228 Rn 18; aA MüKo/*Grothe*, § 228 Rn 8.
12 Erman/*Wagner*, § 228 Rn 4; für eine krit. Kausalitätsbetrachtung auch Bamberger/Roth/*Dennhardt*, § 228 Rn 6.
13 Bamberger/Roth/*Dennhardt*, § 228 Rn 7, aA Soergel/*Fahse*, § 228 Rn 15, welcher einen Schutz des Notstandstäters in diesen Fällen nicht für erforderlich erachtet.

II. Notstandshandlung

8 **1. Begriff.** Die Notstandshandlung besteht in dem Beschädigen oder Zerstören der die Gefahr verursachenden fremden Sache. Begrifflich umfasst sind jedoch auch Einwirkungen geringerer Intensität auf die Sache, wie etwa deren kurzfristige Inbesitznahme.[14]

9 **2. Erforderlichkeit der Notstandshandlung.** Die Erforderlichkeit der Notstandshandlung ist ex ante nach objektiven Gesichtspunkten zu beurteilen. Der **Grundsatz des geringstmöglichen Eingriffs** ist zu beachten, dh unter mehreren gleich geeigneten Abwehrmöglichkeiten ist die am wenigsten schädigende auszuwählen; der Handelnde hat gegebenenfalls ein weniger eingriffsintensives Abwehrmittel auszuprobieren[15] und wird, soweit dies im Einzelfall möglich ist, auch darauf verwiesen werden können, der Gefahr durch Flucht auszuweichen oder staatliche Hilfspersonen herbeizurufen.[16]

10 **3. Verhältnismäßigkeit der Notstandshandlung.** Der durch die Beschädigung oder Zerstörung der fremden Sache verursachte Schaden darf nicht außer Verhältnis zur abgewendeten Gefahr stehen. Der drohende Schaden kann geringer sein als der durch die Notstandshandlung zugefügte Schaden.

11 So sind etwa Stockschläge des Besitzer eines Dackels auf einen Boxerhund, welcher den Dackel angegriffen und ihm bereits mehrere **Bisswunden** beigebracht hat, auch dann gerechtfertigt, wenn sie dazu dienten, die beiden Hunde zu trennen, und der Boxer an den Stockschlägen stirbt. Hieran ändert auch der Umstand nichts, dass der Boxer ein wertvoller Rassehund war und als Spielgefährte eines behinderten Kindes diente.[17]

12 Wird ein **Briefträger** in Ausübung seines Dienstes von Hunden angefallen und gebissen (hier: drei Dackel) und reagieren die Hunde weder auf Kommandos des Hundehalters, noch sind sie sonst zu beruhigen, liegt eine Notstandslage vor, in der er sich mit einem Knüppel wehren darf. Der Schutz von Leben und Gesundheit des Briefträgers geht dem Interesse an der Unversehrtheit der Hunde vor.[18]

13 Auch die Tötung eines in eine **Schafherde** eingedrungenen Schäferhundes, der sich in ein Schaf verbissen hat, ist gerechtfertigt, selbst wenn das Schaf wirtschaftlich weit weniger wert ist als ein ausgebildeter Schäferhund.[19] Die in der Rechtsgemeinschaft herrschenden Wertanschauungen bilden die Grundlage der vorzunehmenden Abwägung.[20]

14 **Höchstpersönliche Rechtsgüter** des Handelnden, insbesondere Leben und körperliche Unversehrtheit stehen danach im Rang über jedwedem materiellen oder ideellen Interesse des Eigentümers der Sache. So kann etwa die Beschädigung eines abstürzenden Privatflugzeuges gerechtfertigt sein, um hierdurch die eigene Überlebenschance zu erhöhen.[21] Eine Einschränkung ist jedoch uU angebracht, wenn die Zerstörung einer extrem wertvollen Sache erforderlich wäre, um eine geringfügige Beeinträchtigung der körperlichen Integrität abzuwenden. In diesem Fall kann die Berufung auf § 228 gemäß § 242 rechtsmissbräuchlich sein.[22]

15 Stehen sich Sachgüter gegenüber, müssen die wirtschaftlichen Werte gegeneinander abgewogen werden, wobei die gefährdete Sache nicht gleichwertig sein muss. Der **Wert der gefährdeten Sache** ist **im unbedrohten Zustand** zu ermitteln.[23] Demgegenüber kann der Wert der Sache, von der die Gefahr ausgeht, durch die gefahrbegründenden Umstände (zB Ausbruch eines Feuers) bereits gemindert sein.[24]

16 Ein berechtigtes Affektionsinteresse des Eigentümers der bedrohten Sache ist zu berücksichtigen.[25]

17 **4. Subjektiver Tatbestand.** § 228 setzt voraus, dass der Handelnde bei der Gefahrenabwehr mit **Verteidigungswillen** handelt, also zum Zwecke der Abwehr der Gefahr. Der Verteidigungswille ist kein rechtsgeschäftlicher Wille, setzt somit keine Geschäftsfähigkeit, sondern lediglich einen natürlichen Handlungswillen voraus.[26] Er muss nicht alleiniges Motiv des Handelns sein.[27]

III. Rechtsfolgen

18 **1. Rechtfertigung der Notstandshandlung.** Die Beschädigung oder Zerstörung der fremden Sache ist gerechtfertigt. Die Tat ist weder widerrechtlich noch strafbar. Daher ist sie auch nicht notwehrfähig. Sie stellt auch keine verbotene Eigenmacht im Sinne von § 869 dar.

14 Soergel/*Fahse*, § 226 Rn 16.
15 MüKo/*Grothe*, § 228 Rn 9.
16 Bamberger/*Roth/Dennhardt*, § 228 Rn 8.
17 OLG Koblenz NJW-RR 1989, 541 ff.
18 OLG Hamm NJW-RR 1997, 467 f.
19 OLG Hamm NJW-RR 1995, 279 ff.
20 Soergel/*Fahse*, § 226 Rn 19.
21 OLG Hamm NJW-RR 2001, 237 ff.
22 Bamberger/Roth/*Dennhardt*, § 228 Rn 9; Palandt/*Ellenberger*, § 228 Rn 8; Soergel/*Fahse*, § 228 Rn 19; Erman/*Wagner*, § 228 Rn 7.
23 Staudinger/*Repgen*, § 228 Rn 30; Bamberger/Roth/*Dennhardt*, § 228 Rn 10.
24 MüKo/*Grothe*, § 228 Rn 8.
25 OLG Koblenz NJW-RR 1989, 541: Tötung eines wertvollen Rassehundes zur Rettung der eigenen „Promenadenmischung".
26 Staudinger/*Repgen*, § 228 Rn 32.
27 Staudinger/*Repgen*, § 228 Rn 32; Soergel/*Fahse*, § 228 Rn 22; aA MüKo/*Grothe*, § 228 Rn 11.

Schadensersatzansprüche aus Delikt sind mangels Rechtswidrigkeit nicht gegeben. Auch Inhaber öffentlich-rechtlicher Befugnisse können sich auf § 228 BGB berufen. So sind etwa die öffentlich-rechtlichen Befugnisse der Feuerwehr nach Art. 24 und 25 BayFwG abschließend. Ergänzende Befugnisse können sich aus den Bestimmungen über den zivil- und strafrechtlichen Notstand (§§ 228, 904 BGB, §§ 34, 35 StGB) ergeben, wobei die Vorschriften über den zivilrechtlichen Notstand zur Ergänzung der öffentlich-rechtlichen Regelung der Befugnisse der Feuerwehr entsprechend anzuwenden sind.[28] 19

2. Schadensersatzpflicht bei Verschulden. Nach § 228 S. 2 ist der Handelnde zum Schaden verpflichtet, wenn er die Gefahr verschuldet hat. Das Verschulden muss sich auf die Herbeiführung der Gefahr beziehen, nicht auf die Zerstörung der Sache. Als Verschulden genügt die Außerachtlassung der im Verkehr erforderlichen Sorgfalt.[29] § 254 ist anwendbar.[30] Die Schadensersatzpflicht setzt nach hM Deliktsfähigkeit analog §§ 828, 829 voraus.[31] 20

IV. Putativnotstand

Der Handelnde haftet im Übrigen nach Delikt, sofern die Voraussetzungen des § 228 S. 1 nicht erfüllt waren, also entweder die Notstandshandlung nicht erforderlich war, der angerichtete Schaden außer Verhältnis zur drohenden Gefahr stand oder eine Notstandslage überhaupt nicht vorlag (sog. Putativnotstand) und der Täter sich hierüber in fahrlässiger Weise im Irrtum befand. War der Irrtum unvermeidbar, haftet der Handelnde nicht. Eine analoge Anwendung des § 904 S. 2 auf Fälle, in denen der Irrtum unvermeidbar war, ist nicht angezeigt. Für einen verallgemeinerungsfähigen verschuldensunabhängigen Schadensersatzanspruch, der das System der §§ 823 ff durchbricht, fehlt in § 904 jede Grundlage.[32] 21

C. Weitere praktische Hinweise

I. Beweislast

Die Beweislast für die Voraussetzungen des Notstandes trägt derjenige, der den Notstand geltend macht. 22

Im Fall des S. 2 trägt allerdings der Inhaber des Eingriffsgutes die Darlegungs- und Beweislast für das Verschulden des Handelnden.[33] 23

II. Anspruch auf Aufwendungsersatz

Im Fall der **Beschädigung der eigenen Sache** zum Zwecke der Schonung der fremden Sache, von der die Gefahr ausgeht, führt der Handelnde ein fremdes Geschäft und erlangt unter den Voraussetzungen der §§ 667 ff (Geschäftsführung ohne Auftrag) einen Aufwendungsersatzanspruch gegen den Eigentümer dieser Sache.[34] 24

§ 229 Selbsthilfe

Wer zum Zwecke der Selbsthilfe eine Sache wegnimmt, zerstört oder beschädigt oder wer zum Zwecke der Selbsthilfe einen Verpflichteten, welcher der Flucht verdächtig ist, festnimmt oder den Widerstand des Verpflichteten gegen eine Handlung, die dieser zu dulden verpflichtet ist, beseitigt, handelt nicht widerrechtlich, wenn obrigkeitliche Hilfe nicht rechtzeitig zu erlangen ist und ohne sofortiges Eingreifen die Gefahr besteht, dass die Verwirklichung des Anspruchs vereitelt oder wesentlich erschwert werde.

Literatur: *Bernsmann*, Zur strafrechtlichen Beurteilung der eigenmächtigen "In-Pfand-Nahme", NJW 1982, 2214; *Bongartz*, Selbsthilfe nach § 229 BGB trotz diplomatischer Immunität?, MDR 1995, 780; *Braun*, Subjektive Rechtfertigungselemente im Zivilrecht?, NJW 1998, 94; *v. Feldmann*, Selbsthilfe im Rechtssystem, NJW 1987, 119; *Haurand/Vahle*, Eigenmächtige Durchsetzung von Rechten, DVP 2002, 223 ff.; *Horst*, Selbsthilfemöglichkeiten bei der Abwicklung beendeter Mietverhältnisse, NZM 1998, 1391; *Knoche/Biersack*, Das zwangsvollstreckungsrechtliche Prioritätsprinzip und seine Vereitelung in der Praxis, NJW 2003, 476; *Krüger*, Grund und Grenzen der Festnahmebefugnis des Betreibers einer SB-Tankstelle gegenüber zahlungsunwilligen und/oder -unfähigen Kunden, NZV 2003, 218.

28 BayObLGZ 2002, 35 ff.
29 Soergel/*Fahse*, § 228 Rn 26.
30 Soergel/*Fahse*, § 228 Rn 26; MüKo/*Grothe*, § 226 Rn 13.
31 Soergel/*Fahse*, § 228 Rn 28; MüKo/*Grothe*, § 226 Rn 13; Palandt/*Ellenberger*, § 228 Rn 9; Staudinger/*Repgen*, § 228 Rn 40.
32 MüKo/*Grothe*, § 228 Rn 15; wohl auch Soergel/*Fahse*, § 228 Rn 30.
33 Bamberger/Roth/*Dennhardt*, § 228 Rn 14.
34 Soergel/*Fahse*, § 228 Rn 31.

A. Allgemeines

1 Die Vorschrift gestattet ausnahmsweise ein angreifendes Verhalten gegen fremde Rechtsgüter zur Durchsetzung eines eigenen Rechts. Grundsätzlich ist es Aufgabe des Staates, seinen Bürgern Rechtsschutz zu bieten, damit sich das Recht und nicht das „Recht des Stärkeren" durchsetzt. Grundgedanke der Selbsthilfe ist, dass jemand berechtigt ist, selbst zu handeln, weil er bei drohender Rechtsgefährdung die Hilfe des Staates nicht rechtzeitig erlangen kann. Selbsthilfe darf den Anspruch nur vorläufig sichern.[1]

B. Regelungsgehalt

I. Voraussetzungen der Selbsthilfe

2 **1. Bestehen eines Anspruchs.** Die Vorschrift setzt das Bestehen eines bürgerlich-rechtlichen Anspruchs voraus, wonach der Berechtigte von einem anderen ein Tun, Dulden oder Unterlassen verlangen kann (§ 194 Abs. 1). Sämtliche bürgerlich-rechtlichen Ansprüche kommen in Betracht, etwa aus § 1 UWG.[2] § 299 gibt jedoch nicht die generelle Berechtigung zum gewaltsamen Einschreiten gegen das rechtswidrige Verhalten Dritter. So ist etwa das eigenmächtige Entfernen eines „wild" angebrachten Plakats durch ein anderes Plakatierungsunternehmen von einem nicht im Eigentum dieses Plakatierungsunternehmens stehenden Zaunes rechtswidrig.[3] Von § 229 sind nur klagbare und vollstreckbare Ansprüche erfasst, so dass Wettschulden (§ 762) und persönliche Dienstleistungen (§ 888 Abs. 3 ZPO) nicht erzwungen werden können. Bedingte und betagte Ansprüche sind selbsthilfefähig.[4]

3 Vermeintliche Ansprüche können nicht im Wege der Selbsthilfe durchgesetzt werden. So ist etwa das Personal eines Supermarktes zur Kontrolle der von den Kunden mitgeführten Taschen nur dann berechtigt, wenn ein konkreter Diebstahlsverdacht vorliegt. Eine Hinweistafel auf beabsichtigte Taschenkontrollen für die Fälle, in denen die Kunden der Bitte, die Taschen vor Betreten der Geschäftsräume abzugeben, nicht nachkommen, stellt weder eine rechtsverbindliche Ausgestaltung des Hausrechts noch eine Allgemeine Geschäftsbedingung dar und kann eine Taschenkontrolle nicht rechtfertigen.[5]

4 **2. Gefährdung der Anspruchsverwirklichung durch Fehlen des staatlichen Rechtsschutzes. a) Obrigkeitliche Hilfe.** Obrigkeit im Sinne von § 229 sind alle zuständigen Staatsorgane, also Gerichte, Gerichtsvollzieher, Polizei. Ein materiellrechtlicher Räumungs- und Herausgabeanspruch von Wohnraum kann in aller Regel nur durch Räumungsklage und Räumungsvollstreckung auf Grundlage eines Räumungstitels nach § 885 ZPO durch den Gerichtsvollzieher durchgesetzt werden. Der Vermieter darf bei Zahlungsverzug des Mieters oder bei beendetem Mietverhältnis weder die Heizung abstellen, die Versorgung mit Strom und Gas unterbrechen[6] noch gar die gemietete Wohnung eigenmächtig ausräumen.[7] Daher ist Selbsthilfe nicht erlaubt, wenn dem Anspruchsinhaber zuzumuten ist, einstweiligen Rechtsschutz (Arrest, einstweilige Verfügung, einstweilige Anordnung) zu beantragen, ein Vollstreckungsorgan hinzuziehen (§§ 887, 890, 892, 892 a ZPO) oder vor dem Abschleppen eines die Grundstückseinfahrt versperrenden Fahrzeugs die Polizei hinzuzuziehen.[8]

5 **b) Gefahr der Vereitelung oder Erschwerung der Anspruchsverwirklichung.** Ein Zuwarten muss die Gefahr in sich bergen, dass die Verwirklichung des Anspruchs aus objektiver Sicht vereitelt oder wesentlich erschwert wird. Nachdem es der Zweck der Vorschrift ist, den Gläubiger vor einem unlauteren Verhalten des Schuldners zu schützen, genügt es nicht, wenn sich der Schuldner in einer schlechten Vermögenslage befindet,

1 Vgl Soergel/*Fahse*, § 229 Rn 1.
2 OLG Stuttgart NJW-RR 1996, 1515 ff (Beseitigung eines Wettbewerbsverstoßes durch hälftiges Überkleben des Plakates des Mitbewerbers).
3 OLG Karlsruhe GRUR-RR 2008, 350.
4 Palandt/*Ellenberger*, § 229 Rn 1, 2; Bamberger/Roth/*Dennhardt*, § 228 Rn 3, 4; Soergel/*Fahse*, § 228 Rn 7.
5 BGH NJW 1994, 188 ff.
6 OLG Köln NZM 2005, 67.
7 *Horst*, NZM 1998,139.
8 Soergel/*Fahse*, § 229 Rn 10.

dem Gläubiger Beweisschwierigkeiten drohen oder die Gefahr der Anspruchsbeeinträchtigung durch den drohenden Zugriff anderer Gläubiger auf des Vermögen des Schuldners besteht.[9]

Der Anspruchsgefährdung steht die Möglichkeit, Schadensersatz zu erlangen, nicht entgegen; der Berechtigte braucht seinen Anspruch nicht für einen Ersatz hingeben, der in der Regel den Erfüllungswert unterschreitet.[10] Bei einer Geldforderung kann hingegen eine dingliche oder sonst taugliche Sicherheitsleistung (§ 232) genügen, um den Gläubiger ausreichend zu sichern und das Selbsthilferecht auszuschließen.[11] 6

II. Mittel der Selbsthilfe

1. Wegnahme einer Sache des Schuldners. Ausgenommen von der Wegnahme sind Sachen des Schuldners, welche der Pfändung nicht unterliegen (§ 811 ZPO).[12] Die Selbsthilfe darf nicht dazu führen, dass die dem Schuldnerschutz dienenden zwangsvollstreckungsrechtlichen Vorschriften unterlaufen werden. 7

2. Zerstörung oder Beschädigung der Sache. Diese Handlungen sind – anders als die Wegnahme – endgültige, nicht nur vorläufige Maßnahmen. Sie sind nach Sinn und Zweck der Selbsthilfe nur als subsidiäre Hilfsmaßnahmen zur Ermöglichung der Wegnahme einer Sache, Festnahme des Verpflichteten oder Erzwingung der Duldung einer Handlung zulässig.[13] 8

3. Festnahme des Schuldners. Die Festnahme ist nur bei **Fluchtverdacht** zulässig. Weil der Berechtigte im Falle der Festnahme gemäß § 239 Abs. 2 den persönlichen Sicherungsarrest beantragen muss, ist die Festnahme auch nur zulässig, wenn die Voraussetzungen für deren Erlass (vgl §§ 916, 918 ZPO) erfüllt sind.[14] Das Festnahmerecht deckt die damit verbundenen Eingriffe in die Rechtsgüter des Festgenommenen, weshalb diesem ein Notwehrrecht nicht zusteht und im Falle der Gegenwehr der Gläubiger seinerseits zur Notwehr berechtigt ist. So handelt etwa die Bedienung eines Lokals rechtmäßig, wenn sie den Gast, der das Lokal ohne Zahlung eines von ihm beanstandeten Essens verlassen will, zurückhält, um dessen Personalien zur Klärung der bestehenden Rechtslage festzustellen. Dem Gast steht gegen diesen Angriff auf seine Fortbewegungsfreiheit kein Notwehrrecht zu.[15] Auch wenn die Voraussetzungen eines Festnahmerechts gemäß § 127 StPO nicht vorliegen, kann die Festnahme eines zahlungsunwilligen Taxigastes zwecks Feststellung der Personalien durch die Polizei gerechtfertigt sein.[16] Dasselbe gilt für den Betreiber einer SB-Tankstelle bzw dessen Hilfspersonal gegenüber einem zahlungsunwilligen und/oder unfähigen Kunden[17]bzw für den Fahrausweisprüfer gegenüber einem Schwarzfahrer.[18] 9

III. Beweislast

Die Beweislast für die Voraussetzungen der berechtigten Selbsthilfe trägt der Handelnde, denn er beruft sich auf einen rechtshindernden Einwand.[19] 10

IV. Irrtumsfälle

Wer irrtümlich annimmt, in berechtigter Selbsthilfe zu handeln, haftet gemäß § 231 verschuldensunabhängig für die hierdurch verursachten Schäden. 11

V. Rechtsfolgen

Die von § 229 gedeckte Selbsthilfe ist rechtmäßig und stellt keine verbotene Eigenmacht dar. Dem Schuldner stehen wegen der im Rahmen der Selbsthilfe erfolgten Verletzung seiner Rechtsgüter weder Ansprüche aus positiver Vertragsverletzung noch Ansprüche aus Delikt zu. Notwehr ist gegen sie nicht zulässig. 12

9 Bamberger/Roth/*Dennhardt*, § 228 Rn 6.
10 MüKo/*Grothe*, § 229 Rn 5.
11 Bamberger/Roth/*Dennhardt*, § 228 Rn 6.
12 Soergel/*Fahse*, § 229 Rn 17; Bamberger/Roth/*Dennhardt*, § 229 Rn 7.
13 Soergel/*Fahse*, § 229 Rn 19.
14 Bamberger/Roth/*Dennhardt*, § 229 Rn 9; Soergel/*Fahse*, § 229 Rn 20; aA MüKo/*Grothe*, § 229 Rn 8.
15 BayObLG NJW 1991, 934.
16 OLG Düsseldorf NJW 1991, 2716 ff.
17 *Krüger*, NZV 2003, 218.
18 *Schauer/Wittig*, JuS 2004,107.
19 Palandt/*Ellenberger*, § 229 Rn 9 unter Verweis auf § 227 Rn 13.

§ 230 Grenzen der Selbsthilfe

(1) Die Selbsthilfe darf nicht weiter gehen, als zur Abwendung der Gefahr erforderlich ist.

(2) Im Falle der Wegnahme von Sachen ist, sofern nicht Zwangsvollstreckung erwirkt wird, der dingliche Arrest zu beantragen.

(3) Im Falle der Festnahme des Verpflichteten ist, sofern er nicht wieder in Freiheit gesetzt wird, der persönliche Sicherheitsarrest bei dem Amtsgericht zu beantragen, in dessen Bezirk die Festnahme erfolgt ist; der Verpflichtete ist unverzüglich dem Gericht vorzuführen.

(4) Wird der Arrestantrag verzögert oder abgelehnt, so hat die Rückgabe der weggenommenen Sachen und die Freilassung des Festgenommenen unverzüglich zu erfolgen.

Literatur: *Schünemann*, Selbsthilfe im Rechtssystem – Eine dogmatische Studie am Beispiel der §§ 227, 228 ff, 1985.

A. Allgemeines

1 Während § 229 die Voraussetzungen der Selbsthilfe regelt, bestimmt § 230, in welchem Umfang diese zulässig ist, und weiter, wie derjenige, der sich zulässiger Selbsthilfe bedient hat, im Weiteren vorgehen muss.

B. Regelungsgehalt

I. Erforderlichkeit (Abs. 1)

2 Die Selbsthilfe darf nur so weit gehen, als dies – aus objektiver Sicht – zur Abwendung der Gefahr für die Anspruchsverwirklichung erforderlich ist, sonst ist die Maßnahme rechtswidrig. Hierfür trägt derjenige, der sich auf Selbsthilfe beruft, die Beweislast.[1]

II. Verhalten nach Ausübung der Selbsthilfe

3 **1. Im Falle der Wegnahme einer Sache (Abs. 2).** Die Selbsthilfe ist eine der Staatsgewalt vorauseilende, vorläufige, private Vollstreckung.[2] Deshalb hat der Handelnde im Falle der Wegnahme einer Sache, sofern er nicht bereits über einen Vollstreckungstitel verfügt, mit welchem er die Zwangsvollstreckung betreiben kann, gemäß §§ 916, 917 ZPO den dinglichen Arrest zu beantragen bzw für den Fall, dass er über einen nicht auf Zahlung von Geld gerichteten Anspruch verfügt, den Erlass einer einstweiligen Verfügung gemäß §§ 935, 936 ZPO.[3]

4 **2. Im Falle der Festnahme des Verpflichteten (Abs. 3).** Der vorläufig vom Gläubiger festgenommene Schuldner ist gemäß Abs. 3 unverzüglich, dh spätestens am Tage nach der Festnahme[4] dem Amtsgericht vorzuführen. Örtlich zuständig ist das Amtsgericht, in dessen Bezirk die Festnahme erfolgt ist.

5 Zugleich hat der Gläubiger den persönlichen Arrest gemäß §§ 916, 918 ZPO bzw die Haftanordnung im Wege der einstweiligen Verfügung gemäß §§ 935, 940 ZPO zu beantragen.

III. Folgen der Verzögerung bzw Ablehnung des Arrestantrags (Abs. 4)

6 Der Gläubiger ist verpflichtet, unverzüglich in das Verfahren über die Gewährung einstweiligen Rechtsschutzes überzugehen. Kommt er dieser Pflicht nicht unverzüglich nach bzw wird ihm dieser Rechtsschutz nicht gewährt, hat er die weggenommene Sache unverzüglich zurückzugeben bzw den Festgenommenen unverzüglich freizulassen. Den Instanzenzug kann er nicht abwarten. Bereits bei Ablehnung seines Antrags in der ersten Instanz hat er gemäß Abs. 4 vorzugehen.[5]

1 Soergel/*Fahse*, § 230 Rn 2.
2 Soergel/*Fahse*, § 230 Rn 3.
3 Bamberger/Roth/*Dennhardt*, § 230 Rn 3.
4 Vgl § 128 Abs. 1 S. 1 StPO.
5 Bamberger/Roth/*Dennhardt*, § 230 Rn 5; Staudinger/*Repgen*, § 230 Rn 5.

IV. Rechtsfolgen

Sofern die gemäß § 229 zulässigerweise vorgenommene Selbsthilfe sich innerhalb der Grenzen des § 230 bewegt, ist sie rechtmäßig. Sofern dies nicht der Fall ist, ist sie rechtswidrig und löst, da § 230 Schutzgesetz im Sinne von § 823 Abs. 2 ist, Schadensersatzansprüche nach dieser Vorschrift aus.[6] 7

§ 231 Irrtümliche Selbsthilfe

Wer eine der im § 229 bezeichneten Handlungen in der irrigen Annahme vornimmt, dass die für den Ausschluss der Widerrechtlichkeit erforderlichen Voraussetzungen vorhanden seien, ist dem anderen Teil zum Schadensersatz verpflichtet, auch wenn der Irrtum nicht auf Fahrlässigkeit beruht.

A. Allgemeines

1 § 231 begründet eine **schuldunabhängige Schadensersatzpflicht** in Form einer gesetzlichen Risikozurechnung, welche an die besondere Gefährlichkeit der erlaubten Selbsthilfe anknüpft.[1] Der Rechtsgedanke des § 254, der eine Konsequenz des Grundsatzes von Treu und Glauben ist, gilt auch für den Schadensersatzanspruch aus § 231.[2]

B. Regelungsgehalt

I. Widerrechtliche Selbsthilfe

2 Diese liegt sowohl dann vor, wenn die in § 229 normierten Voraussetzungen der Selbsthilfe nicht vorgelegen haben (Putativselbsthilfe), als auch dann, wenn der zur Selbsthilfe Berechtigte die Grenzen der Selbsthilfe überschritten hat (Selbsthilfeexzess).

II. Verschuldensunabhängige Haftung

3 Hat der Täter schuldhaft (vorsätzlich oder fahrlässig) ein durch § 823 Abs. 1 geschütztes Rechtsgut verletzt, haftet er bereits nach dieser Vorschrift. § 231 erweitert die Haftung desjenigen auf sämtliche Fälle, in denen die Selbsthilfe nicht durch § 229 gedeckt war, ohne dass ein Verschulden des Handelnden zu prüfen wäre. Liegen die Voraussetzungen beider Vorschriften vor, gelangen sie nebeneinander zur Anwendung.[3]

III. Deliktsfähigkeit

4 Nach herrschender Meinung[4] ist Deliktsfähigkeit nicht erforderlich. Dies ist abzulehnen. Die Vorschrift des § 231 geht, wie sich aus der Formulierung ergibt, davon aus, dass der Handelnde grundsätzlich zurechnungsfähig ist[5] und der gesetzgeberische Zweck der Risikozurechnung (Rn 1) bei einem Minderjährigen (§ 828 Abs. 1) bzw einem gemäß § 827 Deliktsunfähigen ersichtlich verfehlt wäre.

IV. Schadensersatzanspruch

5 Sind die vorgenannten Voraussetzungen erfüllt, schuldet der Handelnde Ersatz des Schadens in vollem Umfang. § 254 BGB ist allerdings anwendbar.[6]

6 Palandt/*Ellenberger*, § 230 Rn 3; Bamberger/Roth/*Dennhardt*, § 230 Rn 5.

1 MüKo/*Grothe*, § 231 Rn 2; Staudinger/*Repgen*, § 231 Rn 4; aA Palandt/*Ellenberger*, § 231 Rn 1, der von einer gesetzlichen Gefährdungshaftung ausgeht.

2 Staudinger/*Repgenr*, § 231 Rn 4.

3 MüKo/*Grothe*, § 231 Rn 1.

4 Staudinger/*Repgen*, § 231 Rn 4; MüKo/*Grothe*, § 231 Rn 2; Erman/*Wagner*, § 231 Rn 2; Soergel/*Fahse*, § 231 Rn 3; zu Recht aA Bamberger/Roth/*Dennhardt*, § 231 Rn 1.

5 Bamberger/Roth/*Dennhardt*, § 231 Rn 1.

6 BGH NJW 1977, 1818; Bamberger/Roth/*Dennhardt*, § 231 Rn 1; MüKo/*Grothe*, § 231 Rn 2.

V. Verjährung

6 Der Anspruch verjährt gemäß der Neuregelung des § 195 in drei Jahren.

Abschnitt 7
Sicherheitsleistung

Vorbemerkungen zu §§ 232–240

A. Materiellrechtliche Sicherheitsleistungen

Die §§ 232 ff BGB finden Anwendung, wenn ein Schuldner nach gesetzlichen Vorschriften (zB §§ 468, 843 Abs. 2 S. 1, 1039 Abs. 1 S. 2, 1051, 1067 Abs. 2, 2128 Abs. 1 BGB; § 753 HGB; § 54 InvG; § 9 b KAGG, § 7 AbfVerbrG; §§ 225, 303, 321 AktG; § 213 InsO) oder behördlicher Anordnung (zB nach § 82 AuslG) verpflichtet oder befugt ist, Sicherheit zu leisten. Darüber hinaus finden sie Anwendung, wenn ein Gläubiger als Sicherungsnehmer und sein Schuldner oder ein Dritter als Sicherungsgeber durch Rechtsgeschäft die Pflicht oder auch das Recht zur Sicherheitsleistung begründen.[1] 1

B. Sondervorschriften

I. Prozessuale Sicherheitsleistungen

Für prozessuale Sicherheiten gilt der Katalog des § 232 nicht. Vielmehr kann das Gericht gemäß § 108 Abs. 1 S. 1 ZPO nach freiem Ermessen bestimmen, in welcher Art und Höhe Sicherheit zu leisten ist. Die Vorschriften des § 234 Abs. 2 und des § 235 sind jedoch gemäß § 108 Abs. 2 ZPO entsprechend anwendbar. Im Falle der Sicherheitsleistung durch Hinterlegung von Geld oder Wertpapieren nimmt § 108 Abs. 1 S. 2 ZPO Bezug auf § 234 Abs. 1 und 3. § 239 ist im Falle der Sicherheitsleistung durch Stellung eines Bürgen ebenfalls analog anwendbar.[2] 2

II. Sicherheitsleistung des Steuerpflichtigen

§§ 232 ff gelten nicht. Die Sicherheitsleistung bestimmt sich nach §§ 241 ff AO 1977. 3

III. Sicherheitsleistung im Rahmen der Zwangsvollstreckung

§ 69 ZVG enthält hierzu eine von § 232 abweichende eigenständige Regelung. 4

IV. Sicherheitsleistung nach dem Börsengesetz

Die Leistung der Sicherheit bestimmt sich nach § 19 Abs. 1 BörsG iVm der Börsenordnung. 5

C. Anderweitige Vereinbarungen über die Art der Sicherheitsleistung

Die Regelungen der §§ 232 ff sind nicht zwingend. Durch vertragliche Vereinbarung kann von ihnen abgewichen werden.[3] 6

§ 232 Arten

(1) Wer Sicherheit zu leisten hat, kann dies bewirken
durch Hinterlegung von Geld oder Wertpapieren,

1 BGH NJW 1986, 1038.
2 Zöller/*Herget*, ZPO, § 108 Rn 7.
3 Soergel/*Fahse*, Vor § 232 Rn 10.

durch Verpfändung von Forderungen, die in das Bundesschuldbuch oder in das Landesschuldbuch eines Landes eingetragen sind,

durch Verpfändung beweglicher Sachen,

durch Bestellung von Schiffshypotheken an Schiffen oder Schiffsbauwerken, die in einem deutschen Schiffsregister oder Schiffsbauregister eingetragen sind,

durch Bestellung von Hypotheken an inländischen Grundstücken,

durch Verpfändung von Forderungen, für die eine Hypothek an einem inländischen Grundstück besteht, oder

durch Verpfändung von Grundschulden oder Rentenschulden an inländischen Grundstücken.

(2) Kann die Sicherheit nicht in dieser Weise geleistet werden, so ist die Stellung eines tauglichen Bürgen zulässig.

Literatur: *Kobler*, Die Fälle der Sicherheitsleistung im Bürgerlichen Gesetzbuch, ZZP 102 (1989), 58; *Kohler*, Die Fälle der Sicherheitsleistung im Bürgerlichen Gesetzbuch – Normgründe, Erfüllungszwang, ZZP 102 (1989), 58–79; *Kotzur*, Sicherheitsleistung durch Beibringung einer Prozeßbürgschaft mit befreiender Hinterlegungsklausel?, DGVZ 1990, 161; *Kraemer*, Kaution und Mietbürgschaft nach der Mietrechtsreform, NZM 2001, 737; *Liebelt-Westphal*, Die gesetzliche Deckungsgrenze bei der Gewährung von Sicherheiten, ZIP 1997, 230.

A. Allgemeines

1 Die Vorschrift stellt demjenigen, der gemäß Rechtsgeschäft, Gesetz oder gerichtlicher Anordnung Sicherheit zu leisten hat, einen Katalog der zugelassenen Sicherungsmittel zur Verfügung.

2 **Für prozessuale Sicherheiten gilt der Katalog des § 232 nicht**. Vielmehr kann das Gericht gemäß § 108 Abs. 1 S. 1 ZPO nach freiem Ermessen bestimmen, in welcher Art und Höhe Sicherheit zu leisten ist. Die Vorschriften des § 234 Abs. 2 und des § 235 sind jedoch gemäß § 108 Abs. 2 ZPO entsprechend anwendbar. Im Falle der Sicherheitsleistung durch Hinterlegung von Geld oder Wertpapieren nimmt § 108 Abs. 1 S. 2 Bezug auf § 234 Abs. 1 und 3. § 239 ist im Falle der Sicherheitsleistung durch Stellung eines Bürgen ebenfalls analog anwendbar.[1]

3 Der Katalog des § 232 **gilt ferner nicht** für die Sicherheitsleistung des **Steuerpflichtigen**, welche sich nach §§ 241 ff AO 1977 bestimmt, für die Sicherheitsleistung im Rahmen der **Zwangsvollstreckung** welche in § 69 ZVG geregelt ist, sowie für die Sicherheitsleistung nach dem **Börsengesetz**, welche sich nach § 19 Abs. 1 BörsG iVm der Börsenordnung bestimmt.

4 Die Vorschrift findet auch dann keine Anwendung, wenn die Parteien eine abweichende Regelung getroffen haben. Die Regelungen der §§ 232 ff sind nicht zwingend. Durch vertragliche Vereinbarung kann von ihnen abgewichen werden.[2]

B. Regelungsgehalt

I. Grundsatz der Realsicherheit

5 **1. Katalog des 232 Abs. 1.** Grundsätzlich hat der Sicherungsgeber seine Sicherungsmittel aus dem Katalog der Realsicherheiten des Abs. 1 zu wählen, die **Sicherheitsleistung durch Stellung eines tauglichen Bürgen** (vgl § 239) ist gemäß Abs. 2 **subsidiär**.

6 **2. Hinterlegung von Geld oder Wertpapieren.** Die Hinterlegung von Geld oder Wertpapieren regeln die §§ 233–235. Hinterlegungsfähig sind gemäß § 234 Inhaberpapiere. Diese müssen gemäß § 234 Abs. 1 S. 1 mündelsicher im Sinne des § 1807 Abs. 1 Nr. 4 sein. Der Kurswert der Wertpapiere muss den zu sichernden Betrag gemäß § 234 Abs. 3 um ein Drittel übersteigen. Im Falle eines Kursrückgangs entsteht eine Ergänzungspflicht gemäß § 240. Die Hinterlegung hat nach den Regeln der Hinterlegungsordnung zu erfolgen. Die Aufgaben der Hinterlegungsstellen sind den Amtsgerichten übertragen (§ 1 Abs. 2 HinterlO). Hinterlegungs-

1 Zöller/*Herget*, ZPO, § 108 Rn 7.
2 Soergel/*Fahse*, Vor § 232 Rn 10.

kasse ist die Kasse der jeweiligen Justizverwaltung (§ 1 Abs. 3 HinterlO). § 235 ermöglicht dem Hinterleger die Realisierung eines eingetretenen Kursgewinns, indem er ihm das Recht einräumt, hinterlegte Wertpapiere gegen andere Wertpapiere oder gegen Geld umzutauschen.

3. Verpfändung von Forderungen. Die Sicherheitsleistung durch Verpfändung von Forderungen ist in **§ 236** geregelt. Danach kann Sicherheit ausschließlich durch börsennotierte Schuldbuchforderungen, die in das Bundesschuldbuch[3] (Abs. 1 Fall 1) oder in das Schuldbuch eines Landes (Abs. 1 Fall 2) eingetragen sind, geleistet werden. Weil deren Wert infolge der Abhängigkeit vom Wert der hinterlegten Wertpapiere schwankt, ist der Sicherungswert auf drei Viertel des Kurswertes begrenzt. 7

4. Verpfändung beweglicher Sachen. **§ 237** regelt die Verpfändung beweglicher Sachen. Sicherheit kann danach nur bis zur Höhe von zwei Dritteln des Schätzwertes geleistet werden. Sachen, deren Verderb zu besorgen ist oder deren Aufbewahrung mit besonderen Schwierigkeiten verbunden ist, können zurückgewiesen werden (§ 237 S. 2). 8

5. Bestellung von Hypotheken, Grund- und Rentenschulden. Die Bestellung von Hypotheken, Grund- und Rentenschulden ist in **§ 238** geregelt. Die genannten Sicherungsmittel sind nur dann zur Sicherheitsleistung geeignet, wenn sie **mündelsicher** sind. Die Mündelsicherheit bestimmt sich nach § 1807 Abs. 1 Nr. 1, Abs. 2. Danach kommen nur **sichere** Hypotheken, Grundschulden oder Rentenschulden an einem **inländischen Grundstück** in Betracht. 9

II. Wahlrecht des Sicherungsgebers

Der Sicherungsgeber kann unter den Sicherungsmitteln des Abs. 1 **wählen**.[4] Er kann verschiedene Sicherungsmittel **kombinieren**.[5] Die Auswahlberechtigung begründet kein Wahlschuldverhältnis zwischen den Beteiligten. Dies bedeutet, dass die Wahl nicht durch Erklärung gegenüber dem anderen Teil ausgeübt wird, sie ist vielmehr erst erfolgt, wenn die Sicherheit tatsächlich bestellt ist.[6] 10

III. Subsidiäre Bestellung einer Personalsicherheit (Abs. 2)

Die Stellung eines im Sinne von § 239 tauglichen Bürgen ist gemäß Abs. 2 nur zulässig, wenn der Sicherungsgeber zur Leistung von Sicherheiten im Sinne von Abs. 1 nicht in der Lage ist, was er im Bestreitensfall beweisen muss.[7] 11

C. Weitere praktische Hinweise

Der **Klageantrag auf Leistung einer Sicherheit** richtet sich auf Leistung einer nach Maßgabe des § 232 Abs. 1 zu erbringenden hinreichenden Sicherheit nach Wahl des Schuldners. Eine bestimmte Leistung aus dem Katalog des Abs. 1 kann der Kläger im Hinblick auf die Wahlfreiheit des Sicherungsgebers nicht fordern.[8] 12

§ 233 Wirkung der Hinterlegung

Mit der Hinterlegung erwirbt der Berechtigte ein Pfandrecht an dem hinterlegten Geld oder an den hinterlegten Wertpapieren und, wenn das Geld oder die Wertpapiere in das Eigentum des Fiskus oder der als Hinterlegungsstelle bestimmten Anstalt übergehen, ein Pfandrecht an der Forderung auf Rückerstattung.

Literatur: *Walker*, Sicherheitsleistung durch Hinterlegung von Geld beim Notar, EWiR 2000, 465.

3 § 7 des Bundeswertpapierverwaltungsgesetzes – BwpVerWG – v. 11.12.2001 (BGBl. I S. 3519).
4 Palandt/*Ellenberger*, § 232 Rn 1; MüKo/*Grothe*, § 232 Rn 2.
5 Bamberger/Roth/*Dennhardt*, § 232 Rn 5; MüKo/*Grothe*, § 232 Rn 2.
6 Staudinger/*Repgen*, § 232 Rn 13.
7 Bamberger/Roth/*Dennhardt*, § 232 Rn 7; Soergel/*Fahse*, § 232 Rn 13; Palandt/*Ellenberger*, § 232 Rn 4.
8 MüKo/*Grothe*, § 232 Rn 2; Bamberger/Roth/*Dennhardt*, § 232 Rn 5; Palandt/*Ellenberger*, § 232 Rn 1.

A. Allgemeines

1 Die Vorschrift dient dem Schutz des Sicherungsnehmers vor sicherungswidrigen Verfügungen des Sicherungsgeber sowie vor Zugriffen Dritter, indem sie ihm bei Hinterlegung ein Pfandrecht gemäß § 1257 einräumt.

B. Regelungsgehalt

I. Hinterlegung

2 Die Hinterlegung hat nach den Regeln der Hinterlegungsordnung zu erfolgen.[1] Die Aufgaben der Hinterlegungsstellen sind den Amtsgerichten übertragen (§ 1 Abs. 2 HinterlO). Hinterlegungskasse ist die Kasse der jeweiligen Justizverwaltung (§ 1 Abs. 3 HinterlO). Die Hinterlegung erfolgt durch gesetzliche (seit 1.1.2002 in Euro) oder gesetzlich zugelassene Zahlungsmittel (§ 7 Abs. 1 HinterlO) oder durch Wertpapiere, Urkunden oder Kostbarkeiten (§ 9 Abs. 1 HinterlO). Die Hinterlegungsstelle darf nur dann eine Annahmeanordnung erlassen, wenn die Hinterlegung gerechtfertigt ist, etwa wenn dem Hinterleger eine gesetzliche Vorschrift zur Seite steht, die ihn zur Hinterlegung berechtigt oder verpflichtet. Ist eine Vollmacht notwendig, weil der Hinterlegende für Dritte handelt, so ist die Hinterlegung nicht möglich, solange diese Vollmacht nicht nachgewiesen wird.[2]

3 **Gesetzliche Zahlungsmittel** gehen in das Eigentum des Landesfiskus über (§ 7 Abs. 1 HinterlO). Sie werden nach Maßgabe des § 8 HinterlO **verzinst**. Das gesetzliche Pfandrecht des Berechtigten entsteht in diesem Fall an der Forderung auf Rückerstattung.

4 Andere Zahlungsmittel (gültige ausländische Münzen und Banknoten) sowie Wertpapiere, Urkunden oder Kostbarkeiten werden unverändert aufbewahrt (§§ 7 Abs. 2 S. 1, 8 Abs. 1 HinterlO).

5 Der **Sicherungswert gesetzlicher Zahlungsmittel** entspricht ihrem **Nennwert**, bei **anderen Zahlungsmitteln** ist ein **Abschlag von einem Viertel des Kurswertes** vorzunehmen.[3]

II. Wirkung der Hinterlegung

6 **1. Pfandrecht.** Der Sicherungsnehmer erwirbt ein **gesetzliches Pfandrecht** an der Forderung auf Rückerstattung bzw an den unverändert aufzubewahrenden Gegenständen.

7 **2. Eintritt des Sicherungsfalls.** Der Berechtigte kann im Fall des Eintritts des Sicherungsfalls die Befriedigung aus dem Pfandrecht verfolgen (§§ 1228 Abs. 1, 1231, 1282 Abs. 2, 1288 Abs. 2). Die Herausgabe durch die Hinterlegungsstelle erfolgt bei Nachweis der Berechtigung (§ 13 Abs. 1 HinterlO) durch Vorlage einer Freigabeerklärung des Hinterlegers oder durch Vorlage einer rechtskräftigen Entscheidung gegen den Hinterleger, durch welche die Berechtigung des Sicherungsnehmers zum Empfang der hinterlegten Sicherheit rechtskräftig festgestellt ist (§ 13 Abs. 2 HinterlO).

C. Weitere praktische Hinweise

8 Der Sicherungsberechtigte kann auf die Einhaltung des § 232 verzichten. Die Beteiligten können im Rahmen der Vertragsfreiheit von den Regelungen der §§ 232 ff abweichen.[4]

§ 234 Geeignete Wertpapiere

(1) [1]Wertpapiere sind zur Sicherheitsleistung nur geeignet, wenn sie auf den Inhaber lauten, einen Kurswert haben und einer Gattung angehören, in der Mündelgeld angelegt werden darf. [2]Den Inhaberpapieren stehen Orderpapiere gleich, die mit Blankoindossament versehen sind.

1 HinterlO v. 10.3.1937 (RGBl I S. 285; BGBl. III S. 300–315), zuletzt geändert durch Gesetz zur Änderung der Bundesgebührenordnung für Rechtsanwälte v. 20.8.1990 (BGBl. I S. 1765), Abdruck in Schönfelder Nr. 121.
2 OLG Frankfurt OLGR 2006, 747.
3 Bamberger/Roth/*Dennhardt*, § 233 Rn 3.
4 MüKo/*Grothe*, § 232 Rn 1.

(2) Mit den Wertpapieren sind die Zins-, Renten-, Gewinnanteil- und Erneuerungsscheine zu hinterlegen.

(3) Mit Wertpapieren kann Sicherheit nur in Höhe von drei Vierteln des Kurswerts geleistet werden.

A. Allgemeines

§ 232 Abs. 1 erlaubt die Sicherheitsleistung durch Hinterlegung von Wertpapieren. § 234 regelt einschränkend, welche Wertpapiere zur Hinterlegung geeignet sind. 1

B. Regelungsgehalt

I. Inhaberpapiere

Hinterlegungsfähig sind Inhaberpapiere. Das sind solche Papiere, bei denen der Aussteller dem jeweiligen Inhaber die Leistung verspricht. Die Durchsetzbarkeit ist also an die Innehabung (nicht notwendig den unmittelbaren Besitz) des Papiers geknüpft, die Inhaberschaft begründet die widerlegbare Vermutung der materiellen Berechtigung.[1] Inhaberpapiere sind Inhaberschuldverschreibungen (§§ 793 ff) und Inhaberaktien (§ 10 AktG).[2] Neben den Inhaberpapieren sind gemäß Abs. 1 S. 2 Orderpapiere mit Blankoindossament hinterlegungsfähig. 2

II. Kurswert

Eine amtliche Kurswertfestsetzung ist nicht erforderlich. Es reicht aus, dass ein nach Angebot und Nachfrage bestimmbarer Marktpreis besteht.[3] 3

III. Mündelsicherheit

Die Mündelsicherheit ist in § 1807 Abs. 1 Nr. 4 geregelt. Erforderlich ist danach, dass die Wertpapiere von der Bundesregierung mit Zustimmung des Bundesrates zur Anlegung von Mündelgeld für geeignet erklärt worden sind. Darlegungs- und beweispflichtig für die Mündelsicherheit ist der Schuldner, denn er beruft sich auf die Erfüllungswirkung.[4] 4

IV. Ergänzungspapiere (Abs. 2)

Mit den Wertpapieren müssen die in Abs. 2 bezeichneten Ergänzungspapiere hinterlegt werden. 5

V. Wertgrenze (Abs. 3)

Der Kurswert der Wertpapiere muss den zu sichernden Betrag demnach um ein Drittel übersteigen. Im Falle eines Kursrückgangs entsteht eine Ergänzungspflicht gemäß § 240. 6

§ 235 Umtauschrecht

Wer durch Hinterlegung von Geld oder von Wertpapieren Sicherheit geleistet hat, ist berechtigt, das hinterlegte Geld gegen geeignete Wertpapiere, die hinterlegten Wertpapiere gegen andere geeignete Wertpapiere oder gegen Geld umzutauschen.

Literatur: *Treber, J.*, Der Austausch von prozessualen Sicherheitsleistungen, WM 2000, 343.

1 Palandt/*Sprau*, Einf. v. § 793 Rn 3.
2 Vgl Palandt/*Ellenberger*, § 234 Rn 1.
3 Staudinger/*Repgen*, § 234 Rn 1; Soergel/*Fahse*, § 234 Rn 3.
4 Vgl LG Berlin NJW-RR 1998, 10.

A. Allgemeines

1 Die Vorschrift soll es dem Hinterleger ermöglichen, entweder über hinterlegtes Geld oder über hinterlegte Wertpapiere zu verfügen, indem sie dem Sicherungsgeber das Recht zum einseitigen Austausch von ihrer Natur her gleichwertigen Sicherheiten einräumt.[1] Damit schafft sie eine Ausnahme vom Prinzip der Bindung an das einmal gewählte Sicherungsmittel.[2] Praktische Bedeutung gewinnt § 235 in den Fällen, in denen der Sicherungsgeber einen zwischenzeitlich eingetretenen Kursgewinn durch Verkauf der hinterlegten Wertpapiere realisieren will.

B. Regelungsgehalt

I. Anwendungsbereich

2 § 235 gestattet nur den Tausch zwischen den genannten Sicherungsmitteln. Ein Umtausch anderer Werte ist nicht möglich. Hierzu bedarf es der Zustimmung des Sicherungsnehmers,[3] wobei die Verweigerung der Zustimmung im Einzelfall gegen Treu und Glauben verstoßen kann.[4]

II. Geeignetheit des Tauschobjekts

3 Weil der Sicherungsnehmer gleichwertig abgesichert werden muss, ist Sicherheit in der Höhe zu leisten, welche dem aktuellen Wert der zunächst hinterlegten Gegenstände entspricht. § 234 Abs. 3 ist zu beachten.[5]

C. Weitere praktische Hinweise

4 In den übrigen Fällen des § 232 Abs. 1 ist ein Austausch nur mit Zustimmung des Berechtigten möglich. Ein Anspruch auf Erteilung der Zustimmung besteht grundsätzlich nicht. Im Einzelfall kann jedoch geprüft werden, ob die Verweigerung der Zustimmung gegen Treu und Glauben (§ 242) verstößt. Dies kann unter Umständen im Falle des Eintritts einer erheblichen Übersicherung angenommen werden.[6] Für den Fall der Verweigerung des Austausches einer gleichwertigen Prozessbürgschaft hat der Bundesgerichtshof dies bejaht.[7]

§ 236 Buchforderungen

Mit einer Schuldbuchforderung gegen den Bund oder ein Land kann Sicherheit nur in Höhe von drei Vierteln des Kurswerts der Wertpapiere geleistet werden, deren Aushändigung der Gläubiger gegen Löschung seiner Forderung verlangen kann.

Literatur: *Keller*, Das Bundeswertpapierverwaltungsgesetz – Abschied vom Reichsschuldbuchrecht sowie den reichsrechtlichen Depotverordnungen der Jahre 1940–1942, BKR 2002, 49; *Löber*, Der Entwurf einer Richtlinie für Finanzsicherheiten, BKR 2001, 118.

A. Allgemeines

1 Die Vorschrift regelt, in welchem Umfang mit Schuldbuchforderungen gegen den Bund bzw ein Land Sicherheit geleistet werden kann.

1 Soergel/*Fahse*, § 235 Rn 1.
2 MüKo/*Grothe*, § 235 Rn 1.
3 Erman/*Schmidt-Räntsch*, § 235 Rn 3.
4 MüKo/*Grothe*, § 235 Rn 1.
5 Vgl Bamberger/Roth/*Dennhardt*, § 235 Rn 1.
6 Bamberger/Roth/*Dennhardt*, § 235 Rn 2; Soergel/*Fahse*, § 235 Rn 2.
7 BGH NJW 1994, 1351.

B. Regelungsgehalt

I. Börsennotierte Schuldbuchforderungen

Die Vorschrift betrifft ausschließlich börsennotierte Schuldbuchforderungen, die in das Bundesschuldbuch[1] oder in das Schuldbuch eines Landes (§ 232 Abs. 1) eingetragen sind. Staatsschuldenbücher bestehen in den Bundesländern Baden-Württemberg, Bayern, Berlin, Bremen, Hamburg, Hessen, Niedersachsen, Nordrhein-Westfalen, Rheinland-Pfalz, Sachsen-Anhalt und Schleswig-Holstein.[2] Weil deren Wert der Forderungen infolge der Abhängigkeit vom Wert der hinterlegten Wertpapiere schwankt, ist der Sicherungswert auf drei Viertel des Kurswertes begrenzt.[3] Eine entsprechende Regelung enthält § 234 Abs. 3 für Wertpapiere im Sinne von § 234 Abs. 1. 2

Buchforderungen gegen eine Gemeinde sind zur Sicherheitsleistung nicht geeignet.[4] 3

II. Keine entsprechende Anwendbarkeit auf nicht börsennotierte Schuldbuchforderungen

Die Vorschrift ist auf nicht börsennotierte Schuldbuchforderungen (zB Bundesschatzbriefe) nicht anwendbar. Der Sicherungswert dieser Forderungen entspricht dem Nennwert.[5] 4

§ 237 Bewegliche Sachen

¹Mit einer beweglichen Sache kann Sicherheit nur in Höhe von zwei Dritteln des Schätzungswerts geleistet werden. ²Sachen, deren Verderb zu besorgen oder deren Aufbewahrung mit besonderen Schwierigkeiten verbunden ist, können zurückgewiesen werden.

Literatur: *Canaris*, Voraussetzungen und Inhalt des Anspruchs auf Freigabe von Globalsicherheiten gemäß § 242 BGB, ZIP 1997, 813; *Grönwoldt*, Anmerkung zur Entscheidung des Großen Senats des BGH zur Freigabe bei revolvierenden Globalsicherheiten, DB 1998, 364; *Schwab, M.*, Globalsicherheiten und Freigabeklauseln vor dem Großen Senat, WM 1997, 1883.

A. Allgemeines

§ 232 Abs. 1 gestattet die Sicherheitsleistung durch Verpfändung beweglicher Sachen. § 237 dient dem Interesse des Sicherungsnehmers, der sich in der Regel keine verderblichen oder schwer aufzubewahrenden Sachen aufdrängen lassen will. Die Vorschrift berücksichtigt auch den schwankenden Wert beweglicher Sachen. 1

B. Regelungsgehalt

I. Zur Sicherheitsleistung geeignete Sachen

1. Unbedingte Eignung. Unbedingt geeignet sind nur **bewegliche Sachen,** bei denen die Voraussetzungen des S. 2 nicht zutreffen. 2

2. Bedingte Eignung (S. 2). Sachen im Sinne von S. 2 sind bedingt geeignet, der Sicherungsnehmer kann sie zurückweisen. Wenn er der Sicherheitsleistung ausdrücklich zustimmt, kann er diese Zustimmung unter den Voraussetzungen des § 119 Abs. 2 anfechten. Das Unterlassen der Zurückweisung aufgrund Unkenntnis der Regelung des § 237 kann nicht angefochten werden, da insoweit lediglich ein Rechtsirrtum vorliegt. Der Sicherungsnehmer kann jedoch etwa bei eingetretenem Verderb der beweglichen Sachen gemäß § 240 vorgehen.[1] 3

Gemäß § 1218 Abs. 2 hat der Pfandgläubiger dem Verpfänder von dem **drohenden Verderb unverzüglich Anzeige** zu machen, sofern die Anzeige nicht untunlich ist. Die Anzeigepflicht gilt in erweiterter Auslegung des § 1218 Abs. 2 auch für den Fall, dass der Verpfänder die drohende Wertminderung nicht kennt und der 4

1 § 7 des Bundeswertpapierverwaltungsgesetzes – BwpVerWG – v. 11.12.2001 (BGBl. I S. 3519).
2 Vgl MüKo/*Säcker*, Art. 97 EGBGB § 97 Rn 2.
3 Soergel/*Fahse*, § 236 Rn 1.
4 Palandt/*Ellenberger*, § 236 Rn 1.
5 Vgl Bamberger/Roth/*Dennhardt*, § 236 Rn 2.
1 Staudinger/*Repgen*, § 237 Rn 3.

Pfandgläubiger dies weiß oder wissen musste. Umgekehrt besteht in einschränkender Auslegung des § 1218 Abs. 2 keine Anzeigepflicht, wenn sich die Sache gemäß § 1206 im Mitbesitz des Verpfänders befindet, weil der Pfandgläubiger dann den drohenden Verderb selbst erkennen kann.[2] Die **Anzeige** ist namentlich bei unbekanntem Wohnort des Verpfänders **untunlich**, die Beweislast für die Untunlichkeit trägt der Pfandgläubiger.[3]

II. Wertobergrenze

5 Der Sicherheitswert ist auf zwei Drittel des – notfalls vom Sicherungsgeber zu beweisenden – Schätzwertes begrenzt; zu ermitteln ist dabei der gewöhnliche Verkaufswert (**Verkehrswert**), so dass individuelle und ideelle Bewertungen außer Ansatz bleiben.[4]

III. Vornahme der Sicherheitsleistung

6 Die Sicherheitsleistung erfolgt durch Verpfändung gemäß § 1205, bei Luftfahrzeugen durch Bestellung eines Registerpfandrechts, bei Schiffen durch Bestellung einer Schiffshypothek.

§ 238 Hypotheken, Grund- und Rentenschulden

(1) Eine Hypothekenforderung, eine Grundschuld oder eine Rentenschuld ist zur Sicherheitsleistung nur geeignet, wenn sie den Voraussetzungen entspricht, unter denen am Orte der Sicherheitsleistung Mündelgeld in Hypothekenforderungen, Grundschulden oder Rentenschulden angelegt werden darf.

(2) Eine Forderung, für die eine Sicherungshypothek besteht, ist zur Sicherheitsleistung nicht geeignet.

A. Allgemeines

1 Nach § 232 kann Sicherheit u.a. durch Verpfändung von Hypothekenforderungen bzw von Grund- oder Rentenschulden geleistet werden. § 238 bestimmt hierzu einschränkend, dass die genannten Sicherungsmittel nur dann zur Sicherheitsleistung geeignet sind, wenn sie **mündelsicher** sind.

B. Regelungsgehalt

I. Mündelsicherheit

2 Die Mündelsicherheit bestimmt sich nach § 1807 Abs. 1 Nr. 1, Abs. 2. Danach kommen nur **sichere** Hypotheken, Grundschulden oder Rentenschulden an einem **inländischen Grundstück** in Betracht.

3 Nach **§ 1807 Abs. 2** können die **Landesgesetze** für die innerhalb ihres Geltungsbereichs belegenen Grundstücke die Grundsätze bestimmen, nach denen die Sicherheit einer Hypothek, einer Grundschuld oder einer Rentenschuld festzustellen ist. Soweit einschlägige Regelungen bestehen, wird für die Mündelsicherheit eines Grundpfandrechts zumeist verlangt, dass es innerhalb der ersten Hälfte oder der ersten sechs Zehntel des Grundstückswertes (Verkehrswertes, gemeinen Werts) liegt. Wenn keine landesrechtliche Regelung besteht (so etwa in Niedersachsen, Rheinland-Pfalz und Schleswig-Holstein), liegt es nahe, sich an dieser Grenze zu orientieren.[1]

II. Keine Sicherheitsleistung für Forderungen, für die eine Sicherungshypothek besteht (§ 238 Abs. 2)

4 Sicherungshypotheken (§§ 1184 ff) sind wegen ihrer Abhängigkeit von der zu sichernden Forderung kein geeignetes Sicherungsmittel.[2]

2 NK-BGB/*Bülow*, § 1218 Rn 16.
3 NK-BGB/*Bülow*, § 1218 Rn 17.
4 Bamberger/Roth/*Dennhardt*, § 237 Rn 1.

1 MüKo/*Schwab*, § 1817 Rn 1.
2 Palandt/*Ellenberger*, § 238 Rn 1.

C. Weitere praktische Hinweise

Die Sicherheitsleistung erfolgt gemäß § 232 durch Verpfändung nach §§ 1291, 1280, 1273. 5

Die Sicherheitsleistung durch Bestellung von Schiffshypotheken bzw die Bestellung von Registerpfandrechten an Luftfahrzeugen regelt § 237. 6

§ 239 Bürge

(1) Ein Bürge ist tauglich, wenn er ein der Höhe der zu leistenden Sicherheit angemessenes Vermögen besitzt und seinen allgemeinen Gerichtsstand im Inland hat.
(2) Die Bürgschaftserklärung muss den Verzicht auf die Einrede der Vorausklage enthalten.

Literatur: *Beuthien*, Bürgschaft einer Kreditgenossenschaft als Sicherheit i.S.v. § 108 ZPO, NJW 1994, 2070; *Ehricke*, Der taugliche Bürge gem. § 239 BGB auf dem Prüfstand des Gemeinschaftsrechts, EWS 1994, 259; *Fuchs, A.*, Sicherheitsleistung durch Bürgschaften ausländischer Banken?, RIW 1996, 280; *Horsch/Hänsel*, Konzernbürgschaften – taugliche Sicherungsmittel nach § 648 a BGB?, BauR 2003, 462; *Klawikowski, H.*, Die Sicherheitsleistung im Zwangsversteigerungsverfahren, Rpfleger 1996, 265; *Kleine-Möller*, Die Sicherung bauvertraglicher Ansprüche durch Bankbürgschaft und Bankgarantie, NZBau 2002, 585; *Ralle*, Bürgertauglichkeit i.S. des § 239 Abs. 1 BGB, WiB 1996, 87; *Zeller*, Bestellung einer prozessualen Sicherheit durch Bürgschaft einer französischen Bank ohne allgemeinen Gerichtsstand in Deutschland, EWiR 1995, 1139.

A. Allgemeines

Die Vorschrift regelt die Fälle, in denen der Sicherungsgeber gemäß § 232 Abs. 2 ausnahmsweise Sicherheit durch die Stellung eines tauglichen Bürgen leisten darf, weil ihm die Mittel zur Leistung der Sicherheit gemäß § 232 Abs. 1 fehlen. 1

B. Regelungsgehalt

I. Unfähigkeit zur Sicherheitsleistung gemäß § 232 Abs. 1

Der Sicherungsgeber darf zur Sicherheitsleistung gemäß § 232 Abs. 1 nicht in der Lage sein. 2

II. Tauglichkeit des Bürgen

1. Vermögen. Der Bürge ist nur tauglich, wenn die Summe seiner geldwerten Güter unter Abzug der Schulden einschließlich der unpfändbaren Gegenstände die Höhe der zu leistenden Sicherheit übersteigt.[1] Verlangt ist daher ein hinreichendes Eigenkapital, das die jederzeitige Zahlung und notfalls Vollstreckbarkeit der Bürgschaftsschuld gewährleistet.[2] 3

2. Allgemeiner Gerichtsstand im Inland. Bei Verlegung des Gerichtstandes des Bürgen ins Ausland verliert dieser seine Bürgentauglichkeit. Dies löst die Ergänzungspflicht des Sicherungsgebers gemäß § 240 aus. Die Vorschrift ist „europafreundlich" auszulegen. Unter Inland ist daher auch das sog. EU-Inland zu verstehen (s. Rn 7).[3] 4

III. Verzicht des Bürgen auf die Einrede der Vorausklage

Der Bürge muss in der Bürgschaftserklärung auf sein Recht aus § 771 S. 1 verzichten. Die gesamte Bürgschaftserklärung einschließlich des Verzichts auf die Einrede der Vorausklage bedarf außer im Fall des § 350 HGB der Schriftform (§ 766 S. 1). Im Fall des § 349 HGB ist der Verzicht auf die Einrede der Vorausklage 5

1 Soergel/*Fahse*, § 239 Rn 2.
2 BayObLG DB 1988, 1846.
3 Staudinger/*Repgen*, § 239 Rn 3; Palandt/*Ellenberger*, § 239 Rn 1; Soergel/*Fahse*, § 239 Rn 4; MüKo/*Grothe*, § 239 Rn 1; aA Bamberger/Roth/*Dennhardt*, § 239 Rn 2, der eine Änderung des § 239 für erforderlich hält.

entbehrlich. Eine Prozessbürgschaft muss gemäß § 108 Abs. 1 S. 2 ZPO grundsätzlich zudem unwiderruflich, unbefristet und unbedingt sein.

C. Weitere praktische Hinweise

I. Beweispflicht

6 Für die Voraussetzung des § 232 Abs. 2 sowie für die Tauglichkeit des Bürgen ist der Sicherungsgeber beweispflichtig.[4] Wenn ein Sicherungsgeber die im Zwangsversteigerungstermin gemäß § 70 Abs. 2 ZVG zu leistende sofortige Sicherheit durch einen Bürgen erbringen will, ist dies möglich, der Bonitätsnachweis muss jedoch bis zum Schluss der Versteigerung erbracht werden.[5] Das Registergericht kann in dem Fall, dass sich bei einer Einmanngründung einer GmbH für die restliche, nicht eingezahlte Stammeinlage die 100%ige Tochtergesellschaft der Gründungsgesellschaft verbürgt hat, einen Bonitätsnachweis verlangen und für den Fall, dass dieser nicht erbracht wird, die Eintragung der Gesellschaft ablehnen.[6]

II. Sicherheitsleistung gemäß § 108 Abs. 1 ZPO

7 Die Vorschrift des § 239 ist im Rahmen der Bestimmung der prozessualen Sicherheitsleistung gemäß § 108 Abs. 1 ZPO nicht entsprechend anwendbar. Daher kann das Gericht im Rahmen der Entscheidung gemäß § 711 iVm § 108 ZPO eine im EU-Ausland als Zollbürgin zugelassene Bank zur Sicherheitsleistung durch Bürgschaft zulassen, wenn ein hinreichender EU-Auslandsbezug besteht, sich die Bank in der Bürgschaftsurkunde der Geltung deutschen Rechts und der internationalen Zuständigkeit eines deutschen Gerichts unterwirft sowie einen in Deutschland ansässigen Zustellungsbevollmächtigten benennt.[7] Die Gegenmeinung[8] berücksichtigt nicht, dass der Gesetzgeber in § 108 Abs. 2 ZPO ausdrücklich nur die entsprechende Anwendung der §§ 234 Abs. 2 und 235 anordnet, weshalb eine planwidrige Lücke des Gesetzes, welche durch die analoge Anwendung des Abs. 1 geschlossen werde müsste, nicht vorliegt.

§ 240 Ergänzungspflicht

Wird die geleistete Sicherheit ohne Verschulden des Berechtigten unzureichend, so ist sie zu ergänzen oder anderweitige Sicherheit zu leisten.

Literatur: *Heide*, Anspruch auf nachträgliche Erhöhung der Kreditsicherung, Grundeigentum 2002, 711.

A. Allgemeines

1 Die Vorschrift ordnet für den Fall einer **nachträglich** unzureichend gewordenen Sicherheit eine Ergänzungs- bzw Erneuerungspflicht des zur Leistung der Sicherheit Verpflichteten an.

B. Regelungsgehalt

I. Unzureichende Sicherheit

2 Sie kann eintreten durch **Wertminderung der geleisteten Sicherheit**, etwa durch Untergang der verpfändeten Sache, Kursfall bei hinterlegten Wertpapieren, Vermögensverschlechterung bei Bürgen oder durch **Erhöhung des Sicherungsbedarfs** etwa bei Erhöhung der zu sichernden Forderung.[1]

4 Staudinger/*Repgen*, § 232 Rn 11.
5 OLG Hamm NJW-RR 1987, 1016 ff.
6 Vgl BayObLG DNotZ 1989, 390 ff.
7 OLG Hamburg NJW 1995, 2859 ff.
8 Zöller/*Herget*, ZPO, § 108 Rn 7; wohl auch Thomas/Putzo/*Hüßtege*, ZPO, § 108 Rn 7.
1 Soergel/*Fahse*, § 240 Rn 1, 2.

II. Nachträglich eingetretene Umstände

War die Sicherheit von vornherein unzureichend, ist § 240 nicht – auch nicht entsprechend – anwendbar. In diesem Fall kann sich ein Anspruch auf Ergänzung nur unmittelbar aus der gesetzlichen oder vertraglichen Pflicht zur Sicherheitsleistung ergeben, die Auslegung kann jedoch ergeben, dass der Schuldner seine Pflicht zur Sicherheitsleistung bereits vollständig erfüllt hat.[2] 3

III. Fehlendes Verschulden des Sicherungsnehmers

Eine Ergänzungspflicht besteht nicht, wenn die Sicherheit durch Verschulden des Sicherungsnehmers unzureichend geworden ist.[3] Bei Mitverschulden kann der Sicherungsnehmer keine Rechte herleiten, wenn ihn insofern ein **Verschulden** trifft. Fällt beiden Teilen ein Verschulden zur Last, so kommt eine nach **§ 254** eingeschränkte Ergänzungspflicht aus dem Gesichtspunkt der positiven Vertragsverletzung in Betracht.[4] 4

IV. Ausnahmen

Haben die Parteien Sicherheitsleistung durch einen bestimmten Gegenstand vereinbart, begründet dessen Wertminderung im Zweifel keine Ergänzungspflicht.[5] Nach § 551 Abs. 3 S. 2 können Mieter und Vermieter durch übereinstimmende Vereinbarung anstelle der Anlage der Mietkaution als Sparanlage eine andere, unter Umständen auch riskantere Anlageform wählen. Hierbei sollen beide Vertragsparteien ihr jeweils bewusst eingegangenes Verlustrisiko tragen, weshalb eine Ergänzungspflicht des Mieters bei Verlust der Kaution ausscheidet.[6] 5

V. Beweislast

Der Sicherungsnehmer trägt die Beweislast für seine Behauptung, die Sicherheitsleistung sei nachträglich unzureichend geworden. Die Beweislast für das anspruchsausschließende Verschulden trägt der Sicherungsgeber. 6

VI. Wahlrecht des Verpflichteten

Der gemäß § 240 Verpflichtete hat die Wahl, ob er statt der unzureichend gewordenen Sicherheit eine neue, gemäß §§ 232 ff zugelassene Sicherheit leistet oder die unzureichend gewordene Sicherheit ergänzt.[7] 7

VII. Verjährung

Die Verjährung des Anspruchs aus § 240 bestimmt sich nach dem zugrunde liegenden Schuldverhältnis.[8] 8

2 Vgl BGH LM Nr. 1 zu § 240; Staudinger/*Repgen*, § 240 Rn 2; Soergel/*Fahse*, § 240 Rn 3.
3 Soergel/*Fahse*, § 240 Rn 3.
4 MüKo/*Grothe*, § 240 Rn 1.
5 BGH LM Nr. 1 zu § 240.
6 *Krämer*, NZM 2001, 737, 739.
7 Staudinger/*Repgen*, § 240 Rn 3.
8 Bamberger/Roth/*Dennhardt*, § 240 Rn 3.

Einführungsgesetz zum Bürgerlichen Gesetzbuche

In der Fassung der Bekanntmachung vom 21. September 1994[1] (BGBl. I S. 2494, ber. BGBl. 1997 I S. 1061)
(FNA 400-1)
zuletzt geändert durch Art. 2 G zur Anpassung der Vorschriften über den Wertersatz bei Widerruf von Fernabsatzverträgen und über verbundene Verträge vom 27. Juli 2011 (BGBl. I S. 1600, ber, S. 1942)

Erster Teil
Allgemeine Vorschriften

Erstes Kapitel
Inkrafttreten. Vorbehalt für Landesrecht. Gesetzesbegriff

Art. 1 EGBGB [Inkrafttreten des BGB; Vorbehalt für Landesrecht]

(1) Das Bürgerliche Gesetzbuch tritt am 1. Januar 1900 gleichzeitig mit einem Gesetz, betreffend Änderungen des Gerichtsverfassungsgesetzes, der Zivilprozeßordnung und der Konkursordnung, einem Gesetz über die Zwangsversteigerung und die Zwangsverwaltung, einer Grundbuchordnung und einem Gesetz über die Angelegenheiten der freiwilligen Gerichtsbarkeit in Kraft.

(2) Soweit in dem Bürgerlichen Gesetzbuch oder in diesem Gesetz die Regelung den Landesgesetzen vorbehalten oder bestimmt ist, daß landesgesetzliche Vorschriften unberührt bleiben oder erlassen werden können, bleiben die bestehenden landesgesetzlichen Vorschriften in Kraft und können neue landesgesetzliche Vorschriften erlassen werden.

Art. 2 EGBGB [Begriff des Gesetzes]

Gesetz im Sinne des Bürgerlichen Gesetzbuchs und dieses Gesetzes ist jede Rechtsnorm.

Zweites Kapitel
Internationales Privatrecht

Erster Abschnitt
Allgemeine Vorschriften

Art. 3 EGBGB Anwendungsbereich; Verhältnis zu Regelungen der Europäischen Gemeinschaft und zu völkerrechtlichen Vereinbarungen

Soweit nicht

1. **unmittelbar anwendbare Regelungen der Europäischen Gemeinschaft in ihrer jeweils geltenden Fassung, insbesondere**
   a) **die Verordnung (EG) Nr. 864/2007 des Europäischen Parlaments und des Rates vom 11. Juli 2007 über das auf außervertragliche Schuldverhältnisse anzuwendende Recht (Rom II) (ABl. L 199 vom 31. 7. 2007, S. 40),**
   b) **die Verordnung (EG) Nr. 593/2008 des Europäischen Parlaments und des Rates vom 17. Juni 2008 über das auf vertragliche Schuldverhältnisse anzuwendende Recht (Rom I) (ABl. L 177 vom 4.7.2008, S. 6), sowie**
   c) **der Beschluss des Rates vom 30. November 2009 über den Abschluss des Haager Protokolls vom 23. November 2007 über das auf Unterhaltspflichten anzuwendende Recht durch die Europäische Gemeinschaft (ABl. L 331 vom 16.12.2009, S. 17) oder**

1 Neubekanntmachung des EGBGB v. 18. 8. 1896 (RGBl. S. 604) in der ab 1. 10. 1994 geltenden Fassung.

2. **Regelungen in völkerrechtlichen Vereinbarungen, soweit sie unmittelbar anwendbares innerstaatliches Recht geworden sind,**

maßgeblich sind, bestimmt sich das anzuwendende Recht bei Sachverhalten mit einer Verbindung zu einem ausländischen Staat nach den Vorschriften dieses Kapitels (Internationales Privatrecht).

Literatur: *Aden*, Revisibilität des kollisionsrechtlich berufenen Rechts, RIW 2009, 475; *Bachler*, Situ-Regel, innerdeutsche und innneramerikanische Nachlassspaltung, 2007; *Basedow*, Der kollisionsrechtliche Gehalt der Produktionsfreiheiten im europäischen Binnenmarkt: favor offerentis, RabelsZ 59 (1995), 1; *Bernitt*, Die Anknüpfung von Vorfragen im europäichen Kollisionsrecht, 2010; *Bonomi*, Prime coniderazioni sulla proposta di regolamento sulle successioni, Riv. dir. int. priv. e proc. 2010, 875; *Brechmann*, Die richtlinienkonforme Auslegung, 1994; *Bruinier*, Der Einfluss der Grundfreiheiten auf das internationale Privatrecht; *Busse*, Staatenabspaltung und kollisionsrechtliche Verweisung, IPRax 1998, 155; *Coester-Waltjen*, Das Anerkennungsprinzip im Dornröschenschlag, FS Jamye I (2004), 445; *dies.*, Anerkennung im Internationalen Personen-, Familien- und Erbrecht und das Europäische Kollisionsrecht, IPRax 2006, 392; *Dörner*, Moderne Anknüpfungstechniken im internationalen Personen- und Familienrecht, StAZ 1990, 1, 4; *Dohrn*, Die Kompetenzen der Europäischen Gemeinschaft im Internationalen Privatrecht, 2004; *Drasch*, Das Herkunftslandprinzip im internationalen Privatrecht, 1997; *Ebenroth/Eyles*, Der Renvoi nach der Novellierung des deutschen Internationalen Privatrechts, IPRax 1989, 1; *Eichel*, Die Revisibilität ausländischen Rechts nach der Neufassung von § 545 I ZPO, IPRax 2009, 389; *Freitag*, Der Einfluss des Europäischen Gemeinschaftsrechts auf das internationale Produkthaftungsrecht, 2000; *Funken*, Das Anerkennungsprinzip im IPR, 2009; *Graue*, Rück- und Weiterverweisung (renvoi) in den Haager Abkommen, RabelsZ 57 (1993), 26; *Großerichter/Bauer*, Unwandelbarkeit und Staatenzerfall, RabelsZ 65 (2001), 201; *Grundmann*, Qualifikation gegen die Sachnorm, 1985; *Heinze*, Bausteine eine Allgemeinen Teils des europäischen Internationalen Privatrechts, FS Kropholler (2008), 105; *Heiss/Loacker*, Die Vergemeinschaftung des Kollisionsrechts der außervertraglichen Schuldverhältnisse durch Rom II, JBL 2007, 613; *Henrich*, Zur Frage der Auslegung von Artikel 12 und Artikel 17 EGV im Hinblick auf das Namensänderungsrecht von minderjährigen Kindern mit doppelter Staatsangehörigkeit, FamRZ 2004, 173; *ders.*, Das internationale Namensrecht auf dem Prüfstand des EuGH, FS Heldrich (2004), 667; *ders.*, Anerkennung statt IPR: Eine Grundsatzfrage, IPRax 2005, 422; *Heß/Hübner*, Die Revisibilität ausländischen Rechts nach der Neufassung des § 545 ZPO, NJW 2009, 3132, 3135; *Heyn*, Die „Doppel-" und „Mehrfachqualifikation" im IPR, 1986; *Höpping*, Auswirkungen der Warenverkehrsfreiheit auf das IPR, 1997; *v. Hoffmann/Thorn*, Internationales Privatrecht, 9. Aufl. 2007; *Hug*, Die Substitution im IPR, 1983; *Jayme/Hausmann*, Internationales Privat- und Verfahrensrecht, 14. Aufl. 2009; *Jayme/Kohler*, Europäisches Kollisionsrecht 2001 – Anerkennungsprinzip statt IPR?, IPRax 2001, 501; *dies.*, Europäisches Kollisionsrecht 2004: Territoriale Erweiterung und methodische Rückgriffe, IPRax 2004, 481; *Junker*, Die Rom II-Verordnung: Neues Internationales Deliktsrecht auf europäischer Grundlage, NJW 2007, 3675; *Kahn*, Gesetzeskollision – Ein Beitrag zur Lehre des internationalen Privatrechts; *Kieninger*, Mobiliarsicherheiten im Europäischen Binnenmarkt, 1996; *Kondring*, Haager Übereinkommen und Staatensukzession in Osteuropa, IPRax 1996, 161; *Kratzke*, Renvoi und Sinn der Verweisung, IPRax 1988, 8; *Kreuzer*, Einheitsrecht als Ersatzrecht – Zur Frage der Nichtermittelbarkeit fremden Rechts, NJW 1983, 2943; *ders.*, Einheitsrecht als Ersatzrecht. Zur Frage der Nichtermittelbarkeit fremden Rechts, NJW 1983, 1943; *Kroll*, Hinkende Namensverhältnisse im Fokus der gemeinschaftsrechtlichen Freizügigkeit, ZVglRWiss 107 (2008), 320; *Kropholler*, Der Renvoi im vereinheitlichten Kollisionsrecht, in: FS Henrich 2000, 393; *Kühne*, Der Anwendungsbereich des Renvoi Lichte der Entwicklung des IPR, in: FS Ferid 1988, S. 251; *Lagarde*, Développements futurs du droit international privé dans une Europe en voie d'unification: quelques conjectures, RabelsZ 68 (2004), 225; *Leible/Lehmann*, Die neue EG-Verordnung über das auf außervertragliche Schuldverhältnisse anzuwendende Recht („Rom II"), RIW 2007, 721; *Leifeld*, Das Anerkennungsprinzip im Kollisionsrechtssystem des internationalen Privatrechts, 2010; *Mäsch*, Der Renvoi – Plädoyer für die Begrenzung einer überflüssigen Rechtsfigur, RabelsZ 61 (1997), 285; *Mankowski*, Privatgutachten über ausländisches Recht – Erstattungsfähigkeit der Kosten, MDR 2001, 194; *Mansel*, Anerkennung als Grundprinzip des Europäischen Rechtsraums, RabelsZ 70 (2006), 651; *ders.*, Kritisches zur „Urkundsinhaltsanerkennung, IPRax 2011, 341; *Mansel/Coester-Waltjen/Henrich/Kohler*, Stellungnahme zum Grünbuch der Kommission – Weniger Verwaltungsaufwand für EU-Bürger, IPRax 2011, 335 ff; *Max-Planck-Institut für ausländisches und internationales Privatrecht*, Comments on the European Commission's Proposal for a Regulation [...] on jurisdiction, applicable law, recognition and enforcement of decisions and authentic instruments in matters of succession [...], RabelsZ 74 (2010), 522; *Mayer*, Les méthodes de le reconnaissance en droit international privé, Mélanges en l'honneur de Paul Lagarde (2005), 547; *Meyer-Sparenberg*, Staatsvertragliche Kollisionsnormen, 1990; *Michaels*, Der Abbruch der Weiterverweisung im deutschen internationalen Privatrecht, RabelsZ 61 (1997), 685; *Mistelis*, Charakterisierungen und Qualifikation im internationalen Privatrecht, 1999; *Moersdorf-Schulte*, Europäische Impulse für Namen und Statuts des Mehrstaaters, IPRax 2004, 315; *Müller*, Zur Nichtfeststellbarkeit des kollisionsrechtlich berufenen ausländischen Rechts, NJW 1981, 481; *Ohler*, Die Kollisionsordnung des Allgemeinen Verwaltungsrechts (2005); *Otto*, Die Bedeutung des Art. 4 Abs 3 bei der Verweisung auf das Recht eines Mehrrechtsstaates, IPRax 1994, 1; *Rauscher*, Die Ausschaltung fremden interlokalen Rechtes durch Art. 4 Abs 3 Satz 1 EGBGB, IPRax 1987, 206; *ders.*, Sachnormverweisungen aus dem Sinn der Verweisung, NJW 1988, 2151; *Reithmann/Martiny*, Internationales Vertragsrecht, 7. Aufl. 2009; *W.-H. Roth*, Der Einfluß des Europäischen Gemeinschaftsrechts auf das IPR, RabelsZ 55 (1991), 641; *ders.*, Methoden der Rechtsfindung und Rechtsanwendung im Europäischen Kolliionsrecht, IPRax 2006, 338; *Scherer*, Le nom en droit international privé, 2004; *Schilken*, Zur Rechtsnatur der Ermittlung ausländischen Rechts nach § 293 ZPO, FS Schumann (2001), 373; *Schinkels*, Normsatzstruktur des IPR, 2007; *Schmidt*, Die Sinnklausel der Rück- und Weiterverweisung im Internationalen Privatrecht nach Artikel 4 Abs 1, Satz 1 EGBGB, 1998; *J. Schröder*, Vom Sinn der Verweisung im internationalen Schuldvertragsrecht, IPRax 1987, 90; *V. Schröder*, Die Verweisung auf Mehrrechtsstaaten im deutschen Internationalen Privatrecht, 2007; *Schurig*, Kollisionsnorm und Sachrecht, 1981; *Siehr*, Internationales Privatrecht, 2001; *ders.*, Engste Verbindung und Renvoi, FS Sonnenberger (2004), 667; *Sommer*, Der Einfluss der Freizügigkeit auf Namen und Status von Unionsbürgern, 2009; *Sonnenberger*, Europarecht und Internationales Privatrecht, ZVglRWiss 95 (1996), 3; *ders.*, Randbemerkungen zum Allgemeinen Teil eines eurpäisierten IPR, FS Kropholler (2008), 227; *ders.*, Grenzen der Verweisung durch europäisches internationales Vertragsrecht, IPRax 2011, 325 ff; *Sonnentag*, Der Renvoi im Internationalen Privatrecht, 2001; *Spickhoff*, Die engste Verbindung im interlokalen und internationalen Familienrecht, JZ 1993, 336; *Stern*, Das Staatsangehörigkeitsprinzip in Europa, 2008; *Stoll*, Kollisionsrechtliche Fragen bei räumlicher Spaltung des anwendbaren Rechts, in: FS Keller (1989),

511; *ders.*, Ausländische Vermögensstatute im deutschen internationalen Privatrecht, FS Kropholler (2008), 247; *Thoms*, Einzelstatut bricht Gesamtstatut, 1996; *van Veenroy*, Internationalprivatrechtliche Substitution, 1999; *Voit*, „Heilung durch Statutenwechsel" im internationalen Eheschließungsrecht, 1997; *Wagner*, Anerkennung von Personenstandsurkunden - was heißt das?, DNotZ 2011, 176; *Weber*, Die Theorie der Qualifikation, 1986; *Wengler*, Der deutsche Richter vor unaufklärbarem und unbestimmtem ausländischem Recht, JR 1983, 221; *Wissenschaflicher Beirat des Bundesverbandes Deutscher Standesbeamtinnen und Standesbeamten e.V.*, Stellungnahme zum Grünbuch „Weniger Verwaltungsaufwand für EU-Bürger", StAZ 2011, 165.

A. Überblick

I. Funktion des Art. 3

1 Art. 3 kommt im Wesentlichen **erläuternde und klarstellende Funktion** in zweierlei Hinsicht zu: Der letzte Satzteil des Art. 3 enthält eine Legaldefinition des Begriffs des „Internationalen Privatrechts"(IPR) und führt damit zugleich in die Art. 3 a–47 ein. Zum anderen weisen Art. 3 Nr. 1 und Nr. 2 deklaratorisch auf den Vorrang spezieller kollisionsrechtlicher Regelungen hin, die sich in unmittelbar anwendbaren Rechtsakten der Europäischen Gemeinschaft (Nr. 1) bzw in völkerrechtlichen Verträgen der Bundesrepublik Deutschland (Nr. 2) finden. Diese an sich entbehrliche Klarstellung ist deshalb zu begrüßen, weil sie die Rechtsanwender auf die immer zahlreicheren Bestimmungen des Europäischen Internationalen Privatrechts (EuIPR) sowie das (sehr disparate) Regelwerk völkerrechtlicher Kollisionsnormen hinweist, die in zunehmendem Maße das im EGBGB kodifizierte autonome IPR verdrängt haben bzw künftig verdrängen werden. Dies gilt insbesondere für die noch nicht in Art. 3 erwähnte EU-Scheidungsverordnung 1259/2010 (Rom III-VO).[1] Insb. das EuIPR trägt den Kern der gänzlichen Ersetzung der Kollisionsnormen des EGBGB in sich (ausf. dazu Rn 53 ff).

II. Entstehungsgeschichte

2 Die Art. 3 und Art. 3 a gehen im Ausgangspunkt zurück auf das **IPR-Gesetz von 1986**,[2] das die zuvor an systematisch wenig überzeugender Stelle stehenden Bestimmungen des „Allgemeinen Teils" des deutschen

1 Verordnung (EU) Nr. 1259/2010 des Rates v. 20.12.2010 zur Durchführung einer Verstärkten Zusammenarbeit im Bereich des auf die Ehescheidung und Trennung ohne Auflösung des Ehebandes anzuwendenden Rechts, ABl Nr. L 343/10. Die Verordnung „gilt" nach ihrem Art. 21 erst ab dem 21.6.2012.

2 Gesetz zur Neuregelung des Internationalen Privatrechts vom 25.7.1986, BGBl. I, 1142.

IPR in den Art. 3–6 erstmals an prominenter Stelle kohärent kodifizierte.[3] Art. 3 idF von 1986 fasste die heute auf die Art. 3 und Art. 3 a aufgeteilten Regelungen in einer Vorschrift zusammen: Der Gegenstand des heutigen Art. 3 fand sich in Bezug auf die Legaldefinition des IPR in Art. 3 Abs. 1 S. 1 aF und hinsichtlich des Vorrangs völkerrechtlicher Vereinbarungen in Art. 3 Abs. 2 S. 1 aF. Der Hinweis auf den Vorrang des Gemeinschaftsrechts war in Art. 3 Abs. 2 S. 2 aF enthalten, der allerdings erst durch den Rechtsausschuss eingefügt worden war, um auch dieser Rechtsquelle die nötige Aufmerksamkeit zu verschaffen;[4] und zwar trotz des Umstandes, dass das Gemeinschaftsrecht zu dieser Zeit noch keinerlei unmittelbar geltende Kollisionsnormen enthielt, sondern die Mitgliedstaaten lediglich durch Richtlinien zur Schaffung kollisionsrechtlicher Bestimmungen nationalen Rechts verpflichtete.

Durch das **Rom II-Anpassungsgesetz von 2008**[5] wurde Art. 3 aF in die heutigen Art. 3 und Art. 3 a aufgespalten, wobei Art. 3 Nr. 1 idF des Rom II-Anpassungsgesetzes lediglich den Verweis des heutigen Art. Nr. 1 lit. a auf die Rom II-VO enthielt. Der Gesetzgeber wollte mit der Neufassung der absehbar **zunehmenden Vergemeinschaftung des Kollisionsrechts**,[6] die er zu Recht als „Paradigmenwechsel" bezeichnete, durch einen prominenten Hinweis im EGBGB Rechnung tragen.[7] Weitergehende inhaltliche Änderungen der sonstigen Bestimmungen des Art. 3 aF waren weder beabsichtigt noch wurden sie unfreiwillig vorgenommen. Art. 3 Nr. 1 nF wurde als allgemeiner Platzhalter konzipiert, der im Zuge des weiteren Erlasses unmittelbar geltender Bestimmungen des EuIPR jeweils ergänzt werden soll. Die erste derartige Ergänzung erfolgte durch das Rom I-Anpassungsgesetz von 2009,[8] durch das Art. 3 Nr. 1 lit. b eingefügt und die 27–37 mit Wirkung zum 17.12.2009 aufgehoben wurden. Die zweite Ergänzung wurde im Zuge der Umsetzung der EU-Unterhaltsverordnung[9] sowie des in Art. 3 Nr. 1 lit. c genannten Beschlusses des Rates vorgenommen.[10] Darüber hinaus wird das deutsche IPR in Kürze an die EU-ScheidungsVO (Rom III-VO) anzupassen sein, die ab dem 21.6. 2012 „gelten" wird.[11] Weiterhin liegen bereits Kommissionsentwürfe für Verordnungen über das anwendbare Recht, die internationale Zuständigkeit sowie die Anerkennung und Vollstreckung von Entscheidungen in Erbschaftssachen[12] sowie in Güterrechtsangelegenheiten[13] vor (näher Rn 63 ff). 3

B. Aufbau der Kommentierung

Der Aufbau der nachstehenden Ausführungen orientiert sich an den Funktionen des Art. 3. Zunächst werden einleitend die Grundzüge des in Deutschland geltenden IPR dargestellt (Rn 5 ff). Sodann ist auf die Besonderheiten des EuIPR (dazu Rn 53 ff) sowie völkervertraglicher Regelungen auf dem Gebiet des Kollisionsrechts einzugehen (Rn 70 ff). 4

C. Grundzüge des Internationales Privatrechts, Art. 3 aE

I. Allgemeines

1. Begriff und Aufgabe des IPR, Art. 3 aE. Gem. Art. 3 befasst sich das IPR als übergeordnetes Kollisionsrecht (Metarecht) mit der Bestimmung des auf einen Sachverhalt mit Verbindung zum Recht (mindestens) eines ausländischen Staates anzuwendenden Rechts. In diesem Sinne enthält es für sämtliche Bereiche des 5

3 Begründung des Gesetzentwurfs, BT-Drucks. 10/504, 20, 35.
4 BT-Drucks. 10/5632, 30.
5 Gesetz zur Anpassung der Vorschriften des Internationalen Privatrechts an die Verordnung (EG) Nr. 864/2007 des Europäischen Parlaments und des Rates v. 11.7.2007 über das auf außervertragliche Schuldverhältnisse anzuwendende Recht (Rom II) v. 10.12.2008, BGBl. I 2008, 2401.
6 Ausf. dazu Rn 53 ff.
7 Regierungsbegründung BT-Drucks. 16/9995, S. 7.
8 BGBl. 2009 I, 1574.
9 Verordnung (EG) Nr. 4/2009 des Rates v. 18.12.2008 über die Zuständigkeit, das anwendbare Recht, die Anerkennung und Vollstreckung von Entscheidungen und die Zusammenarbeit in Unterhaltssachen, ABl Nr. L 7/1.
10 Gesetz v. 23.5.2011 zur Durchführung der Verordnung (EG) Nr. 4/2009 und zur Neuordnung bestehender Aus- und Durchführungsbestimmungen auf dem Gebiet des internationalen Unterhaltsverfahrensrechts, BGBl. I 898.
11 S. Rn 53 ff. Zur zeitlichen „Geltung" der Verordnung vgl Fn 1.
12 Vorschlag für eine Verordnung (EU) über die Zuständigkeit, das anzuwendende Recht, die Anerkennung und die Vollstreckung von Entscheidungen und öffentlichen Urkunden in Erbsachen sowie zur Einführung eines Europäischen Nachlasszeugnisses v 14.10.2009 („Rom V"), KOM(2009) 154 endg.
13 Vorschlag für eine Verordnung des Rates über die Zuständigkeit, das anzuwendende Recht, die Anerkennung und die Vollstreckung von Entscheidungen im Bereich des Ehegüterrechts v. 16.03.2011 („Rom IVa"), KOM(2011) 126 endg, sowie Vorschlag für eine Verordnung des Rates über die Zuständigkeit, das anzuwendende Recht, die Anerkennung und die Vollstreckung von Entscheidungen im Bereich des Güterrechts eingetragener Partnerschaften („Rom IVb"), KOM(2011) 127 end.

materiellen Zivilrechts Regelungen, die vorgeben, welche (in- oder ausländische) Rechtsordnung zur Anwendung auf einen Sachverhalt berufen ist.

6 Das IPR hat dabei auch die Funktion eines **Anerkennungsrechts im weiteren Sinne**. Allerdings ist die Anerkennung ausländischer Entscheidungen (im Sinne verbindlicher Anordnungen unabhängiger ausländischer Spruchkörper), dh die Anerkennung ieS, unbestritten Aufgabe des Internationalen Zivilprozessrechts (IZPR) und nicht des IPR. Doch beruht die vom IPR angeordnete Anwendung ausländischen Rechts zunächst auf der Anerkennung des ausländischen Rechts als dem inländischen grundsätzlich gleichwertig.[14] Darüber hinaus werden durch den vom IPR ausgesprochenen Rechtsanwendungsbefehl im Ausland erworbene Rechte und Rechtserscheinungen mit Wirkung für das Inland anerkannt, wenn etwa die ausländische Eheschließung gem. Art. 13, ein ausländisches dingliches Sicherungsrecht gem. Art. 43 oder eine ausländische Gesellschaft nach den ungeschriebenen Grundsätzen des Internationalen Gesellschaftsrechts anerkannt werden. Die „Anerkennung" ausländischer Rechte und Rechtserscheinungen im geschilderten Sinne beruht im klassischen IPR grundsätzlich auf der Anwendung nationaler Kollisionsnormen, bei denen der inländische Gesetzgeber durch autonome Festlegung von Qualifikations- und Anknüpfungsregeln darüber entscheidet, welche ausländischen Rechtserscheinungen er unter welchen Voraussetzungen anerkennt.[15] Diese Grundsätze werden in Bezug auf Sachverhalte mit innergemeinschaftlichem Bezug immer stärker überlagert durch das Europäische Gemeinschaftsrecht, das die Mitgliedstaaten zu einer Anerkennung ausländischer Rechte und Rechtserscheinungen zum Teil auch dann zwingt, wenn das nationale IPR eine derartige Anerkennung ablehnt (ausf. dazu Rn 55 ff).

7 Das „klassische" IPR ist entgegen seiner missverständlichen Bezeichnung grundsätzlich **nationales Recht**, da jeder Staat (vorbehaltlich völkerrechtlicher oder supranationaler Vorgaben) autonom festlegt, ob und welche Kollisionsnormen er schafft. Demzufolge finden die Vorschriften des deutschen IPR nur Anwendung, wenn entweder über den Sachverhalt vor deutschen Gerichten gestritten wird oder in einem Rechtsstreit vor ausländischen Gerichten das Kollisionsrecht des angerufenen Gerichts im Sinne einer Gesamtverweisung (ausführlich dazu Art. 4 Rn 2 ff) auf deutsches Recht einschließlich des hiesigen IPR verweist. Allerdings wird das autonome deutsche IPR zunehmend von **kollisionsrechtlichen Bestimmungen des Völker- und Europarechts** überlagert, für die die Art. 3–6 nur insoweit gelten, als sie nicht durch derartige vorrangige Vorgaben verdrängt werden. IPR völker- oder gemeinschaftsrechtlichen Ursprungs ist im Inland unmittelbar anwendbar und zählt dann zum „in Deutschland geltenden IPR", ohne deutsches IPR ieS zu sein, wenn es entweder in einer gemeinschaftsrechtlichen Verordnung enthalten ist oder aufgrund Umsetzung ins nationale Recht hier gilt.

8 **2. Auslandsberührung.** Gem. Art. 3 aE erfordert eine Anwendung des Kollisionsrechts einen Auslandsbezug des Sachverhaltes, während „reine Inlandssachverhalte" offenbar unmittelbar dem deutschen Sachrecht unterliegen sollen. Vergleichbare Regelungen finden sich für das EuIPR in den Art. 1 Abs. 1 UA Rom I-VO, Art. 1 Abs. 1 S. 1 Rom II-VO. Eine abstrakte Definition des erforderlichen Auslandsbezuges ist allerdings nicht möglich und die Formulierung des Art. 3 aE daher insoweit ebenso wenig hilfreich wie diejenige der vergleichbaren Bestimmungen von Rom I-VO und Rom II-VO. Denn die Prüfung der Frage, ob der Sachverhalt einen relevanten Auslandsbezug aufweist, kann nur anhand sämtlicher Bestimmungen des in Deutschland geltenden IPR erfolgen, die wiederum die Berücksichtigung sämtlicher denkbaren Anknüpfungsgegenstände und -punkte daraufhin erfordert, ob sie im konkreten Einzelfall von Bedeutung sind.[16] Ein Auslandsbezug kann sich selbst bei einem scheinbaren reinen Inlandssachverhalt insb. aus der ausländischen Staatsangehörigkeit, dem Wohnsitz oder dem gewöhnlichen Aufenthalt der Parteien ergeben, aber auch aus dem ausländischen Ort der Vornahme des Geschäfts, der Belegenheit des Geschäftsgegenstandes, dem Vorliegen einer Rechtswahl etc. ergeben.

9 **3. Geschichte und Systematik des deutschen IPR (EGBGB). Geschichte des EGBGB.** Das am 1.1.1900 gemeinsam mit dem BGB in Kraft getretene EGBGB enthielt urspünglich lediglich einseitige Kollisionsnormen, die sich im Wesentlichen auf die Bereiche des Familien- und Erbrechts sowie das allgemeine Personenrecht und den ordre public beschränkten.[17] Rechtsprechung und Lehre bauten diese Vorschriften im Laufe der Zeit vorsichtig zu allseitigen Kollisionsnormen aus und entwickelten zudem richter- und gewohnheitsrechtliche Anknüpfungskritierien für die gesetzlich nicht geregelten Materien. Am 1.9.1986 trat das Gesetz zur Neuregelung des Internationalen Privatrechts[18] in Kraft, das erstmals die allgemeinen Lehren des IRR sowie – im Zuge der Umsetzung des Römischen EWG-Übereinkommens über das auf vertragliche Schuldverhältnisse anzuwendende Recht[19] – das Internationale Vertragsrecht (in den ehemaligen Art. 27–37)

14 Etwa *Schurig*, Kollisionsnorm und Sachrecht, 51 ff, 54.
15 Zum grundsätzlich nationalen Charakter des IPR sogleich Rn 7.
16 MüKo/*Sonnenberger*, Art. 3 Rn 2 f; Staudinger/*Hausmann* (2003), Art. 3 Rn 4 ff mwN zur teilw. abweichenden untergerichtlichen Rspr. Wie hier auch BT-Drucks. 10/504, S. 35. Zur Rom I-VO etwa Reithmann/Martiny/*Martiny*, Rn 45.
17 Näher *v. Bar/Mankowski*, IPR I, § 6 Rn 75 ff.
18 BGBl. 1986 I, 1142.
19 BGBl. 1986 II, 810.

normierten. Durch das am 1.6.1999 in Kraft getretene Gesetz zum Internationalen Privatrecht für außervertragliche Schuldverhältnisse und für Sachen[20] wurden sodann erstmals das Internationale Privatrecht der außervertraglichen Schuldverhältnisse (Art. 38–42) sowie das Internationale Sachenrecht (Art. 43–46) gesetzlich geregelt. Durch das Fernabsatzgesetz[21] wurde der das Internationale Verbrauchervertragsrecht ergänzende, am 30.6.2000 in Kraft getretene Art. 29 a (heute: Art. 46 b), durch das Lebenspartnerschaftsgesetz 2001 der am 1.8.2001 in Kraft getretene Art. 17 b über die kollisionsrechtliche Behandlung gleichgeschlechtlicher Partnerschaften und, durch das Gewaltschutzgesetz 2001[22] der am 1.1.2002 in Kraft getretene Art. 17 a über die Zuweisung von Ehewohnung und Hausrat im Zusammenhang mit Betretungs-, Näherungs- und Kontaktverboten eingefügt. Anlässlich des Inkrafttretens der in Art. 3 Nr. 1 lit. a genannten Rom II-VO wurde sodann Art. 3 neu gefasst und 3 a eingeführt (Nachw. dazu Rn 2 f), während das Gesetz zur Anpassung des EGBGB an die in Art. 3 Nr. 1 lit. b genannte Rom I-VO insbesondere zur Ergänzung des Art. 3 Nr. 1, zur Aufhebung der Art. 27–37 sowie zur Verschiebung des früheren Art. 29 a in Art. 46 b führte.

Vorschriften des **IPR** finden sich auch **außerhalb des EGBGB**, zu nennen sind insbesondere die Art. 90–96 WG und die Art. 60–66 ScheckG. Aufgrund der Harmonisierung der Internationalen Schuldvertragsrechts durch die Rom-Verordnungen sind die ehemaligen versicherungsvertragsrechtlichen Spezialvorschriften der Art. 7–15 EGVVG durch Art. 7 Rom I-VO abgelöst worden. **10**

Da es weder sachgerecht noch möglich ist, für jede Vorschrift des Sachrechts eine eigenständige Kollisionsnorm zu bilden, fasst das IPR regelmäßig größere sachrechtliche Normgruppen kollisionsrechtlich zusammen, sog. **System-** oder **Normgruppenbildung**.[23] Entsprechend der Grobgliederung des deutschen materiellen Zivilrechts enthält das EGBGB zunächst allgemeine Vorschriften (Art. 3–12), ferner Regelungen des Internationalen Familienrechts (Art. 13–24), des Internationalen Erbrechts (Art. 25, 26), der gesetzlichen Schuldverhältnisse (Art. 38–42) – allerdings nur, soweit diese nicht in den Anwendungsbereich der Rom II-VO fallen, und des Internationalen Sachenrechts (Art. 43–46). **11**

4. Rechtsquellen des in Deutschland geltenden IPR. Aufgrund der in den Jahren 1986 und 1999 erfolgten weitgehenden Kodifikation des deutschen IPR[24] findet sich der überwiegende Korpus des deutschen IPR in den Art. 3 ff. Demzufolge hat die Bedeutung **gewohnheits- und richterrechtlichen Kollisionsrechts** erheblich abgenommen. Ihm kommt praktische Bedeutung dennoch insbesondere für Rechtsfälle aus der Zeit vor den IPR-Reformen sowie dort zu, wo gesetzliche Kollisionsnormen fehlen. Das betrifft insb. das Internationale Gesellschaftsrecht, das seit jeher durch die deutsche, in letzter Zeit durch die europäische Judikatur geprägt wurde,[25] für die Bestimmung des auf Vollmachten anwendbaren Rechts,[26] sowie für das internationale Wertpapierrecht (s. ausf. Anhang zu Art. 46 c, Internationa-es Wertpapierrecht, Rn 1 ff) sowie insgesamt für die Auslegung des europäischen bzw des auf der Grundlage europäischer Richtlinien ergangenen nationalen Rechts (dazu Rn 54 ff). **12**

Das **Verfassungsrecht** selbst enthält keine eigenständigen internationalprivatrechtlichen Kollisionsnormen. Doch lässt sich aus dem in Art. 3 Abs. 1 GG enthaltenen Verbot, ungleiche Sachverhalte ohne Rechtfertigung gleich zu behandeln, folgern, dass ein gänzlicher Verzicht auf die Berücksichtigung der Auslandsbeziehung eines Sachverhaltes verfassungswidrig wäre. Insoweit lässt sich Art. 3 GG als Geltungsgrund des IPR verstehen.[27] Die Verfassung kann ferner, insbesondere durch die Grundrechte, Vorgaben für die Ausgestaltung einfachrechtlicher Kollisionsnormen machen. So sind zahlreiche Kollisionsnormen insbesondere des Internationalen Familienrechts bzw deren Anwendung als mit den Grundrechten, insbesondere dem Gleichheitssatz, für unvereinbar erklärt worden, weil sie Männer und Frauen ohne hinreichende Rechtfertigung ungleich behandelten, auf die Einzelheiten ist an dieser Stelle nicht einzugehen.[28] **13**

Das **Völkerrecht** ist Quelle des IPR, soweit die Bundesrepublik bi- und multilaterale völkerrechtliche Abkommen auf dem Gebiet des IPR abgeschlossen hat. Einzelstaatliches IPR begrenzende Funktion kommt dem Völkerrecht anders als dem Verfassungsrecht dagegen praktisch nur in Form der EMRK zu.[29] Näher zu staatsvertraglichen Kollisionsnormen Rn 70 ff. Geradezu dramatisch zunehmende Bedeutung erlangen ausdrückliche oder ungeschriebene Kollisionsnormen in Rechtsakten der Europäischen Gemeinschaft und in der Rechtsprechung des EuGH (zum **EuIPR** Rn 53 ff). **14**

20 BGBl. 1999 I, 1026.
21 BGBl. 2000 I, 897, in Kraft getreten am 30.6.2000.
22 BGBl. 2002 I, 3513.
23 Vgl MüKo/*Sonnenberger*, Einl. IPR Rn 458 ff.
24 Dazu Rn 9.
25 Ausf. dazu *Hoffmann*, IntGesR Rn 1 ff.
26 Ausf. dazu MüKo/*Spellenberg*, Vor Art. 11 EGBGB Rn 46 ff.
27 Ausf. MüKo/*Sonnenberger*, Einl. IPR Rn 322 ff; Bamberger/Roth/S. *Lorenz*, Einl. IPR Rn 21 ff.
28 Etwa die „Spanierentscheidung" BVerfGE 31, 58 ff = NJW 1971, 2121 = FamRZ 1972, 16 m.Anm. *Sturm* = JZ 1974, 661 m.Anm. *Fischer*: Verfassungswidrigkeit der Anwendung spanischen Eheschließungsrechts, das einer geschiedenen Frau die Wiederverheiratung untersagte.
29 *Kropholler*, IPR, § 8 I; Staudinger/*Sturm/Sturm* (2003), Einl. IPR Rn 431 ff.

15 **5. Abgrenzungsfragen.** Abzugrenzen ist das Internationale Privatrecht vom **Internationalen Zivilprozessrecht** (IZPR). Während sich das IPR allein mit der Ermittlung des anzuwendenden materiellen Rechts befasst, regelt das IZPR die prozessualen Besonderheiten von Rechtsfällen mit Auslandsberührung. IPR und IZPR sind eng miteinander verzahnt, da jedes staatliche Gericht stets sowohl nur sein eigenes IZPR als auch sein eigenes IPR anwendet. In der Folge determiniert die Internationale Zuständigkeit häufig auch das anwendbare Recht und damit gegebenenfalls den Ausgang des Rechtsstreits. Ferner hängt in vielen Rechtsordnungen die Anerkennung ausländischer Urteile davon ab, dass das Gericht, dessen Urteil anzuerkennen ist, seine Entscheidung auf diejenige Rechtsordnung gestützt hat, die auch von den Gerichten des Anerkennungsstaates angewandt worden wäre (sog. kollisionsrechtliche Konformität). Im Übrigen geht das IZPR in seiner Spielart der Anerkennung ausländischer Urteile dem IPR vor: Hat ein auländisches Gericht über einen Sachverhalt entschieden und ist diese Entscheidung nach den Regeln der Urteilsanerkennung im Inland anzuerkennen, so verbietet sich im Umfang der Rechtskraft des ausländischen Urteils eine erneute kollisionsrechtliche Beurteilung des Sachverhalts nach Maßgabe des deutschen IPR.

16 **Internationales öffentliches Recht** und **internationales Strafrecht** bestimmen den Anwendungsbereich der nationalen Verwaltungs- bzw Strafrechtsordnungen. Eine gewisse Nähe des IPR zum öffentlichen Recht folgt daraus, dass das IPR den internationalen Anwendungsbereich des deutschen Rechts festlegt. Anders als das internationale öffentliche Recht bestimmt es aber ausschließlich für Rechtsfragen aus dem Bereich des materiellen Zivilrechts die anwendbare Rechtsordnung.[30]

17 Aufgabe des **interlokalen, interpersonalen und interreligiösen Privatrechts** (ILR) ist es, in Staaten mit mehreren Teilrechtsordnungen das jeweils anwendbare Partikularrecht zu ermitteln, diesbezüglich ist auf die Kommentierung zu Art. 4 Abs. 3 zu verweisen (Art. 4 Rn 29 ff). **Internationales Einheitsrecht** basiert auf staatsvertraglichen Vorschriften, die unmittelbar geltendes Sachrecht enthalten, zu nennen ist insbesondere das UN-Kaufrechtsübereinkommen (CISG). Im sachlichen Anwendungsbereich des Einheitsrechts findet grundsätzlich keine kollisionsrechtliche Prüfung statt, um die effektive Geltung des Einheitsrechts sicherzustellen, da andernfalls die Gefahr drohte, dass das IPR der Mitgliedstaaten des jeweiligen Abkommens auf das Recht eines Nichtvertragsstaates verweist. Allerdings kommt es durchaus vor, dass das betreffende Abkommen den Rückgriff auf das nationale IPR ausdrücklich vorsieht, wobei etwa Art. 1 Abs. 1 lit. b CISG eine derartige Vorschaltung des IPR nur zu dem Zweck gestattet, die Anwendung des Abkommens zu befördern. Eine Rolle spielt das IPR im Zusammenhang mit Internationalem Einheitsrecht ferner dort, wo das einheitsrechtliche Abkommen Regelungslücken enthält, die von seinem sachlichen Anwendungsbereich nicht gedeckt sind und daher nur durch Rückgriff auf ein nationales Recht geschlossen werden können. Der Begriff des **Fremdenrechts** bezeichnet Sondervorschriften des inländischen materiellen Rechts, die nach ihrem Tatbestand ausschließlich für Ausländer gelten (insb. Art. 86, 88 EGBGB, AuslG).[31] Nahe damit verwandt sind sonstige **sachrechtlichen Vorschriften mit internationalen Tatbestandsmerkmalen** (etwa §§ 1944 Abs. 3, 1954 Abs. 3, 2251 BGB, § 92 c HGB), die als Bestandteil des erst durch das IPR zur Anwendung berufenen materiellen deutschen Rechts den Besonderheiten der Auslandsbeziehung des Sachverhalts Rechnung tragen sollen. Bei sog. **selbstbeschränkten Sachnormen** handelt es sich um Vorschriften in sachrechtlichem Kontext, die ihren internationalen Anwendungsbereich selbst bestimmen, ohne dass es eines Rückgriffs auf das IPR bedarf (vgl etwa §§ 449 Abs. 3, 451 h Abs. 3, 466 Abs. 4 HGB). Derartige Vorschriften enthalten damit sowohl einen sach- wie einen kollisionsrechtlichen Teil.[32] **International zwingende Normen** oder Eingriffsnormen sind Vorschriften des Sachrechts (regelmäßig aus dem Bereich des öffentlichen Rechts oder des Sozialrechts), die unabhängig von bzw sogar entgegen dem nach allgemeinen kollisionsrechtlichen Grundsätzen ermittelten Sachstatut Geltung verlangen.[33] Zwischen Kollisions- und Sachrecht angesiedelt sind die geschriebenen oder ungeschriebenen Regelungen, die nicht die Anwendung, sondern die bloße **Beachtung ausländischen Rechts** anordnen, vgl etwa Art. 12 Abs. 2 Rom I-VO sowie die Grundsätze zur Beachtung ausländischer Verhaltensvorschriften im Rahmen des Deliktsstatuts gem. Art. 17 Rom II-VO. Es handelt sich in diesen Fällen regelmäßig um die sachrechtliche Berücksichtigung der Auslandsbeziehung des Sachverhalts, nicht um Kollisionsnormen im engeren Sinne, da die betreffenden Bestimmungen nicht das anwendbare Recht festlegen, sondern lediglich den Inhalt des anwendbaren Rechts modifizieren.[34]

II. Internationaler und interner Entscheidungseinklang

18 Zu den Idealvorstellungen des IPR zählt, dass ein Sachverhalt von allen Gerichten weltweit nach derselben Rechtsordnung und damit auch in der Sache identisch beurteilt wird (sog. **internationaler Entscheidungs-**

30 MüKo/*Sonnenberger*, Einl. IPR Rn 388 ff mwN. Ausf. zum Internationalen Öffentlichen Recht *Ohler*, Die Kollisionsordnung des Allgemeinen Verwaltungsrechts (2005).

31 Dazu Bamberger/Roth/*Lorenz*, Einl. IPR Rn 11; Staudinger/*Sturm/Sturm*, Einl. IPR Rn 465 ff.

32 *V. Bar/Mankowski*, IPR, § 4 Rn 7 ff.

33 Reithmann/Martiny/*Freitag*, Rn 491 ff.

34 Näher Rauscher/*Freitag*, Art. 12 Rom I-VO Rn 10 ff.

einklang).[35] Dieses Ziel ließe sich allerdings nur durch eine umfassende Vereinheitlichung des Sach- oder zumindest des Kollisionsrechts sämtlicher Staaten dieser Welt vollständig realisieren. In Ermangelung einer derartigen Harmonisierung entscheidet aufgrund des nationalen Charakters des IPR (Rn 7) die internationale Zuständigkeit der nationalen Gerichte auch über das anzuwendende IPR und damit mittelbar über das anzuwendende Recht. Die Herstellung internationalen Entscheidungseinklangs verhindert insbesondere die Entstehung sog. „hinkender Rechtsverhältnisse", die in einem Staat als wirksam, in einem anderen hingegen als unwirksam betrachtet werden. Namentlich im Internationalen Familienrechts wäre es zB besonders misslich, wenn zwei Personen nach ausländischem Recht als wirksam verheiratet (oder geschieden) anzusehen sind, im Inland hingegen als nicht verheiratet oder nicht geschieden gelten. Denn derartige Statutsverhältnisse werden besonders intensiv gelebt und haben für das Verständnis der betroffenen Personen von ihrer Persönlichkeit eine gravierende Bedeutung. Dem Ziel des internationalen Entscheidungseinklages dienen insbesondere der in Art. 4 Abs. 1 S. 1 normierte Grundsatz der Beachtlichkeit von Rück- oder Weiterverweisungen (Renvoi) durch ausländisches IPR (ausf. zum Renvoi Art. 4 Rn 3 ff) sowie die unselbständige Anknüpfung von Vorfragen (ausf. hierzu Rn 26 ff).

Vom äußeren zu unterscheiden ist der sog. **interne Entscheidungseinklang**, dh die einheitliche rechtliche Beurteilung eines Sachverhalts durch die inländischen Gerichte und Behörden.[36] Die Einheit der inländischen Rechtsordnung wäre bedroht, wenn ein Gericht bzw eine Behörde ein und dieselbe Rechtsfrage in unterschiedlichen rechtlichen Kontexten unterschiedlich beurteilen müsste. Hierzu kann es insbesondere im Zusammenhang mit der „Vorfragenproblematik" (dazu ausführlich Rn 26 ff) kommen, dh wenn unterschiedliche Kollisionsnormen für unterschiedliche Teilsaspekte eines Lebenssachverhaltes unterschiedliche Anknüpfungen verwenden. So erscheint es zum Beispiel auf den ersten Blick wenig plausibel, eine im Ausland geschlossene Ehe als im Inland wirksam zu behandeln, weil die Eheleute iSd Art. 13 nach ihren jeweiligen Heimatrechten sämtliche Eheschließungsvoraussetzungen und auch die gem. Art. 11 maßgeblichen Formanforderungen beachtet haben, die Scheidung dieser wirksamen Ehe durch deutsche Gerichte aber deswegen zu verweigern, weil das gem. Art. 17 iVm Art. 14 ermittelte Scheidungsstatut (Recht der gemeinsamen Staatsangehörigkeit, des gemeinsamen gewöhnlichen Aufenthalts der Eheleute bzw der engsten Verbindung) nicht mit dem Eheschließungsstatut übereinstimmt und von einer Nicht-Ehe ausgeht, die folglich auch nicht geschieden werden kann. Es versteht sich von selbst, dass internationaler und interner Entscheidungseinklang in einem evidenten Spannungsverhältnis zueinander stehen, da das eine Ideal notwendig nur auf Kosten des anderen realisiert werden kann. Nach richtiger Auffassung ist trotz der gravierenden Nachteile hinkender Rechtsverhältnisse dem Wunsch nach einer einheitlichen Beurteilung der Rechte und Rechtsverhältnisse im Inland, dh dem internen Entscheidungeinklang, grundsätzlich Vorrang einzuräumen.[37] 19

Das deutsche IPR geht von der grundsätzlichen **Gleichwertigkeit der Privatrechtsordnungen** sämtlicher Staaten der Welt aus.[38] Kollisionsnormen des deutschen IPR bestimmen daher bewusst[39] nicht einseitig den Anwendungsbereich deutschen Rechts, sondern können gleichberechtigt auch zur Anwendung ausländischen Rechts führen, dh das deutsche IPR ist als **allseitiges Kollisionsrecht** ausgestaltet. Hiervon bestehen indes Ausnahmen: So setzen sich insbesondere international zwingende Bestimmungen oder Eingriffsnormen (spezielle Normierungen der Problematik finden sich in Art. 9 Rom I-VO, Art. 16 Rom II-VO) auch gegen das an sich anwendbare Recht durch. Auch der Vorbehalt des ordre public gem. Art. 6 EGBGB schränkt die Akzeptanz des ausländischen Rechts durch das deutsche IPR ein, indem er eine Kontrolle des Ergebnisses der Anwendung fremden Rechts gestattet (ausf. dazu die Kommentierung zu Art. 6). 20

III. Aufbau der Kollisionsnorm. Qualifikation. Anknüpfung. Erstfrage. Vorfrage

Vollständige Kollisionsnormen sind regelmäßig dergestalt in Tatbestand und Rechtsfolge unterteilt, dass sie bei Erfüllung der jeweiligen Tatbestandsvoraussetzungen als Rechtsfolge das anzuwendende Recht bestimmen. Anderes gilt für sog. Hilfsnormen, die der Ausfüllung oder Ergänzung anderer Kollisionsnormen dienen und wie etwa die Art. 3, 3 a, 4, 5 Abs. 3, 6 keinen eigenen Verweis auf eine bestimmte Rechtsordnung aussprechen. 21

1. Qualifikation. Für jede Kollisionsnorm ist zunächst im Wege der sog. Qualifikation ihr Anwendungsbereich zu bestimmen, dh festzustellen, auf welche Rechts- bzw Sachverhaltsfragen als sog. Anknüpfungsgegenstand sie anzuwenden ist. Da das deutsche IPR Bestandteil des deutschen Rechts ist, sind bei der Qualifikation grundsätzlich die Kriterien des deutschen, nicht dagegen diejenigen des möglicherweise erst über die betreffende Kollisionsnorm zu berufenden Rechts (sog. Sachstatut oder lex causae), maßgeblich (sog. **Qua-** 22

35 Vgl BT-Drucks. 10/504, S. 38. *Kegel/Schurig*, IPR, S. 122 f; *Kropholler*, IPR, § 6.
36 *Kegel/Schurig*, IPR, S. 141 f; *v. Bar/Mankowski*, IPR I, § 7 Rn 194.
37 Näher Rn 27.
38 *Kegel/Schurig*, IPR, § 2; MüKo/*Sonnenberger*, Einl. IPR Rn 441.
39 Vgl BT-Drucks. 10/504, S. 29.

lifikation nach der **lex fori**).[40] Hierbei bieten die Normkategorien des deutschen Sachrechts ein wichtiges Indiz. Streitigkeiten über Sachverhalte, die nach deutschem Sachrecht etwa dem Familienrecht zuzuordnen sind, werden in der Regel auch dem Internationalen Familienrecht der Art. 13 ff unterfallen. Es kann aber geboten sein, für die Zwecke des Kollisionsrechts von den Kategorien des nationalen Sachrechts abzuweichen und auf spezifische Besonderheiten des Auslandsbezugs und der Wertungen anderer Rechtsordnungen Rücksicht zu nehmen.[41] Soweit ausländische Rechtsinstitute, die dem deutschen Recht unbekannt sind, kollisionsrechtlich zu würdigen sind, ist diejenige inländische Kollisionsnorm anzuwenden, die der Regelung inländischer Rechtsverhältnisse dient, die dem ausländischen Institut funktionell vergleichbar sind.[42] So ist etwa die in lateinischen Rechtsordnungen bekannte Trennung der Eheleute von Tisch und Bett als Vorstufe zur Ehescheidung iSd Lockerung des Ehebandes im deutschen Kollisionsrecht nach Art. 17,[43] die im US-amerikanischen Recht prozessual qualifizierte Verjährung nach deutschem Verständnis als Teil des jeweiligen Sachstatuts zu behandeln.[44] Umstritten, aber ohne praktische Bedeutung ist der **Gegenstand der Qualifikation**, dh die Frage, ob der jeweilige Lebenssachverhalt oder aber Rechtsfragen unter die einschlägigen Kollisionsnormen zu subsumieren sind; zu folgen ist der erstgenannten Auffassung.[45]

23 Auf der Ebene des **EuIPR** sowie des **völkerrechtlichen IPR** stellt sich das Qualifikationsproblem gleichsam zweifach und in besonderer Weise: Europa- und völkerrechtliche Rechtsakte definieren stets zunächst ihren eigenen sachlichen Anwendungsbereich (ebenso wie ihren räumlichen und intertemporalen Geltungsanspruch), bevor sie sich auf der Ebene der einzelnen Kollisionsnorm der eigentlichen Anknüpfung und damit auch der Qualifikation ieS widmen. Bereits die Beantwortung der Frage, ob ein Sachverhalt bzw eine Rechtsfrage in den sachlichen Anwendungsbereich des jeweiligen Instruments fällt, erfordert eine Qualifikation, so zum Beispiel die Beantwortung der Frage, ob ein Rechtsverhältnis dem Schuldrecht iSd Verordnungen Rom I oder Rom II zuzuordnen oder vertraglicher Natur iSd Rom I-VO oder außervertraglicher Art. iSd Rom II-VO ist. Ist der sachliche Anwendungsbereich des jeweiligen Instruments eröffnet, muss sodann auf der Ebene der konkreten Kollisionsnorm deren Anwendungsbereich im Wege eines weiteren Qualifikationsvorgangs geprüft werden. Nach allgemeiner Auffassung hat die Qualifikation gemeinschafts- und völkerrechtlicher Kollisionsnormen einschließlich der Bestimmung des sachlichen Anwendungsbereichs des jeweiligen Rechtsaktes nicht nach nationalen, sondern anhand genuin gemeinschafts- bzw völkerrechtlichen Wertungen (**autonom gemeinschafts-** bzw **völkerrechtliche Qualifikation**) zu erfolgen.[46]

24 **Hinweis für die Praxis**: Der zur Beurteilung stehende Sachverhalt ist stets vorab summarisch nach allen in Betracht kommenden Rechtsordnungen sowohl sach- als auch kollisionsrechtlich zu würdigen. Aus den gefundenen Resultaten ergibt sich, welche Rechts- bzw Sachverhaltsfrage kollisionsrechtlich problematisch sein könnte. Sodann ist am Maßstab des eigenen IPR zu fragen, welche Kollisionsnorm des deutschen Rechts diesbezüglich einschlägig ist.

25 **2. Anknüpfung. a) Allgemeines.** Auf der Rechtsfolgenseite schreibt die Kollisionsnorm unter Bezugnahme auf einen oder mehrere rechtliche oder tatsächliche Merkmale, die sog. Anknüpfungspunkte, fest, welche Rechtsordnung anzuwenden ist. So bestimmt sich etwa gem. Art. 18 Abs. 1 S. 1 das Unterhaltsstatut nach dem gewöhnlichen Aufenthalt des Unterhaltsberechtigten, während Art. 11 Abs. 1 die Form des Rechtsgeschäfts an das für das Rechtsgeschäft geltende Recht (akzessorisch) anknüpft.

26 **b) Erstfrage. Vorfrage.** Häufig setzen in- oder ausländische Kollisionsnormen ausdrücklich oder implizit das (Nicht-)Bestehen präjudizieller Rechtsverhältnisse voraus. So erfordert Art. 17, der das auf die Scheidung anwendbare Recht festlegt, zwingend das Bestehen einer Ehe, da nur eine solche überhaupt im Wege der Scheidung aufgelöst werden kann. Das präjudizielle Rechtsverhältnis Ehe wird in diesem Fall als **Erstfrage** bzw kollisionsrechtliche Vorfrage bezeichnet, deren Beantwortung für die Beurteilung der sog. Hauptfrage, diejenige nach der Scheidbarkeit der Ehe, relevant ist. Hier bedarf der Klärung, welches Recht darüber bestimmt, ob eine zu scheidende Ehe überhaupt besteht, wobei zwei unterschiedliche Lösungsmöglichkeiten in Betracht kommen: Erstens wäre es iSd „unselbständigen Anknüpfung" denkbar, die Existenz der zu scheidenden Ehe dem Scheidungsstatut zu entnehmen. Zweitens könnte das Ehestatut selbständig ermittelt werden, dh anhand von Art. 13 bestimmt werden. Ähnliche Probleme stellen sich in Bezug auf präjudizielle Rechtsverhältnisse, die im Rahmen in- oder ausländischer Sachnormen sowie in ausländischen Kollisionsnormen

40 Ganz hM, BGHZ 29, 137, 139 = NJW 1959, 717; BGHZ 44, 121, 124 = NJW 1963, 593 m.Anm. *Wengler*; BGHZ 47, 324, 332 = NJW 1967, 2109. Zu anderen Ansätzen Erman/*Hohloch*, Einl. Art. 3 Rn 39 f.

41 Ausf. *Schurig*, Kollisionsnorm und Sachnorm; *Grundmann*, Qualifikation gegen die Sachnorm. Beispiele bei *v. Bar/Mankowski*, IPR I, § 7 Rn 169.

42 BGHZ 29, 137, 139 = NJW 1959, 717; Soergel/*Kegel*, Vor Art. 3 Rn 120; MüKo/*Sonnenberger*, Einl. IPR Rn 464 ff.

43 Näher *Gruber*, Art. 17 Rn 48 ff.

44 BGH NJW 1960, 1721 f.

45 Ausf. *Heyn*, Die „Doppel-" und „Mehrfachqualifikation" im IPR; *Weber*, Die Theorie der Qualifikation; *Mistelis*, Charakterisierungen und Qualifikation im internationalen Privatrecht.

46 Statt aller Bamberger/Roth/*Lorenz*, Einl. IPR Rn 62; MüKo/*Sonnenberger*, Einl. IPR Rn 527 ff.

eine Rolle spielen (sog. **Vorfragen ieS**; zu den Hintergründen der Unterscheidung zwischen Vor- und Erstfragen sogleich Rn 28). Verweist etwa Art. 17 für die Scheidung auf ausländisches Recht, so werden dessen materiellrechtliche Bestimmungen eine Scheidung nur zulassen, wenn eine Ehe vorliegt. Auch hier bedarf der Klärung, ob die Existenz der zu scheidenden Ehe dem Scheidungs- oder dem Ehestatut entstammt.

Die Behandlung von Vor- und Erstfragen ist seit jeher umstritten. Rechtsprechung und herrschende Meinung gehen vom **Grundsatz der selbständigen Anknüpfung der Erst- und Vorfragen** aus. Demzufolge bestimmen sie das auf die Erst- bzw Vorfrage anwendbare Recht nach derjenigen Kollisionsnorm des inländischen IPR, die zur Anwendung käme, wenn man das betreffende präjudizielle Recht bzw Rechtsverhältnis einer isolierten kollisionsrechtlichen Betrachtung unterzöge, dh es als Hauptfrage beurteilte.[47] Diese Vorgehensweise liegt nahe, da nur die selbständige Anknüpfung sicherstellt, dass das präjudizielle Recht bzw Rechtsverhältnis aus Sicht des inländischen Rechts einheitlich beurteilt und damit innerer Entscheidungseinklang hergestellt wird. Andernfalls könnte es zum einen sein, dass das betreffende Recht bzw Rechtsverhältnis je nachdem unterschiedlich beurteilt wird, ob es als Haupt- oder als Vorfrage relevant wird, zum anderen, dass bei seiner Relevanz als Vorfrage diese im Rahmen unterschiedlicher Kollisionsnormen, die unterschiedlich anknüpfen, wiederum abweichend beurteilt wird. So erscheint es a priori etwa in Bezug auf die Ehescheidung nur schwer erklärlich, dass Parteien zwar gem. Art. 13 im Inland als nicht verheiratet gelten, ihnen allerdings gleichwohl die Scheidung erlaubt sein soll, weil das Scheidungsstatut vom Bestand einer Ehe ausgeht – und umgekehrt.[48] Ebenso wenig leuchtet es jedenfalls auf den ersten Blick ein, eine Ehe für die Zwecke der Scheidung (Art. 17) als existent, für diejenige der Unterhaltsberechtigung (Art. 15) hingegen als nicht bestehend anzusehen. Allerdings zeigt das geschilderte Beispiel bei näherer Betrachtung zugleich, dass eine schematische Anwendung des Grundsatzes der selbständigen Anknüpfung von Vor- und Erstfragen alles andere als zwingend ist. Denn Parteien, die zwar nicht im Inland, aber etwa in ihrem gemeinsamen ausländischen Herkunftsstaat als verheiratet gelten, können durchaus daran interessiert sein, sich hier scheiden zu lassen, um auch in ihrem Heimatstaat als rechtlich getrennt anerkannt zu werden.[49] Ferner folgt nach einhelliger Auffassung aus der Formulierung des Art. 13 Abs. 2, dass jedenfalls für die Zwecke der Eheschließung im Inland die Vorfrage des Bestehens einer Vorehe nach dem Heimatrecht des betreffenden Nupturienten zu beurteilen und folglich unselbständig anzuknüpfen ist.[50] Weiterhin ist zu bedenken, dass die selbständige Anknüpfung der Vorfrage zwar den internen Entscheidungseinklang herstellt, die unselbständige hingegen dem internationalen Entscheidungseinklang dient, weil wir das präjudizielle Recht bzw Rechtsverhältnis exakt so beurteilen wie das auf die Hauptfrage anwendbare Recht. Aus diesem Grund wird von Teilen des Schrifttums auch der unselbständigen Anknüpfung der grundsätzliche Vorzug gegeben.[51] Wägt man zwischen internem und internationalem Entscheidungseinklang ab, ist indes der Einschätzung[52] zu folgen, dass die Einheit der in Deutschland geltenden Rechtsordnung schwerer wiegt als der Gleichlauf zwischen inländischem und ausländischem Recht – und dies trotz des Umstands, dass eine Bevorzugung des internen Entscheidungseinklangs gegebenenfalls äußerst missliche hinkende Rechtsverhältnisse zur Folge hat. Insbesondere wäre es nur schwer erträglich, wenn sich natürliche Personen in extremis im Inland von ein und derselben Behörde (namentlich dem Standesbeamten bzw dem Gericht) in unterschiedlichen Zusammenhängen als verheiratet oder als unverheiratet behandeln lassen müssten.[53] 27

Zum Teil wird die selbständige Anknüpfung von **Erstfragen**, die bereits auf der Ebene des Tatbestands der inländischen Kollisionsnorm zu beantworten sind, damit begründet, es handele sich insoweit um die Auslegung des Tatbestandes der inländischen Kollisionsnorm, die notwendigerweise nach den Vorstellungen der lex fori, dh im Wege der selbständigen Anknüpfung zu erfolgen habe.[54] Dem ist im Ergebnis letztlich deswegen die Gefolgschaft zu verweigern, weil der inländische Gesetzgeber durchaus dazu berechtigt und in der Lage ist, auch in Bezug auf das Verständnis einzelner Tatbestandsmerkmale inländischer (Kollisions-)Normen auf ausländisches Recht zu verweisen.[55] Es geht daher bei Vor- und Erstfrage gleichermaßen um die **Bestimmung des Umfangs der Verweisung** durch die einschlägige Kollisionsnorm, der nur durch Auslegung im Einzelnen ermittelt werden kann: Die inländische Kollisionsnorm kann sowohl die Beantwortung von Erst- als auch 28

47 BGHZ 43, 213, 218 = NJW 1965, 1129; BGH NJW 1981, 1900 ff = IPRax 1982, 198 m.Anm. *Denzler*; BGH NJW 1997, 2114 = JuS 1997, 850 m.Anm. *Hohloch*; Erman/*Hohloch*, Einl. IPR Rn 42 f; Bamberger/Roth/*Lorenz*, Einl. IPR Rn 71 f; Staudinger/*Sturm*/*Sturm* (2003), Einl. IPR Rn 229 ff, 240 ff; Palandt/*Thorn*, Einl. IPR Rn 29 f; *v. Bar/Mankowski*, IPR I, § 7 Rn 211 f.

48 Vgl etwa MüKo/*v. Mohrenfels*, Art. 17 Rn 77 ff.

49 Was wiederum die Frage aufwirft, ob wir das inländische Gerichtssystem für Ehescheidungen zur Verfügung stellen wollen, derer es für den inländischen Rechtsverkehr an sich nicht bedarf.

50 Statt aller MüKo/*Coester*, Art. 13 Rn 75; Staudinger/*Mankowski* (2010), Art. 13 Rn 121 ff mwN.

51 Etwa *Melchior*, Die Grundlagen des deutschen IPR (1932), 245 ff.

52 Bamberger/Roth/*Lorenz*, Einl. IPR Rn 72.

53 Für eine selbständige Anknüpfung der Vorfrage der Ehe iRd Art. 17 daher auch BGHZ 169, 240, 243; näher *Gruber*, Art. 17 Rn 53.

54 Insb. *v. Bar/Mankowski*, IPR I, § 7 Rn 186.

55 Ausf. wie hier MüKo/*Sonnenberger*, Einl. IPR Rn 537 ff.

Vorfragen sowohl dem deutschen Recht als auch der lex causae überantworten.[56] Dass dennoch auch für Erstfragen im Grundsatz von der selbständigen Anknüpfung auszugehen ist, liegt nach dem in Rn 27 Gesagten daran, dass der interne Entscheidungseinklang grundsätzlich einen höheren Stellenwert genießt als der internationale.

29 Im Übrigen ist gänzlich unbestritten und von **praktisch entscheidender Bedeutung**, dass stets die konkrete Kollisionsnorm daraufhin zu überprüfen ist, ob sie eine selbständige oder eine unselbständige Anknüpfung von Vorfragen erfordert (nach hier vertretener Auffassung ist im Zweifelsfall Ersteres und nur ausnahmsweise Letzeres anzunehmen). Demzufolge kann an dieser Stelle grundsätzlich auf die Kommentierung der einzelnen Kollisionsnormen verwiesen werden und ist nur in Bezug auf generelle Aspekte eine weitergehende Analyse geboten:

30 So wird in Bezug auf **staatsvertragliche Kollisionsnormen** häufig postuliert, der mit dem Vertrag erwünschte Vereinheitlichungseffekt lasse sich nur erreichen, wenn Vorfragen nach der einheitlich bestimmten lex causae und nicht nach der vom Gerichtsstand abhängigen lex fori beantwortet würden.[57] Dem ist zu widersprechen.[58] Letztlich ist der Umfang der Geltung des Staatsvertrages und damit auch derjenige der Verweisung durch die staatsvertragliche Kollisionsnorm nach völkerrechtlichen Auslegungsgrundsätzen zu bestimmen. Diese Auslegung wird in der Regel zu dem Resultat führen, dass die Vertragsstaaten nur die Anknüpfung der im Vertrag explizit normierten Hauptfragen harmonisieren wollen und demzufolge die Beurteilung der Vorfragen dem nationalen Recht überlassen bleibt, das daher insoweit **selbständig** anknüpfen kann.

31 Demgegenüber entspricht es einhelliger Auffassung, dass Vor- bzw Erstfragen im Rahmen der Anknüpfung der Hauptfragen **Staatsangehörigkeit** unselbständig anzuknüpfen sind. Dies gründet darin, dass das deutsche IPR nicht in die Entscheidung darüber eingreifen will, ob und unter welchen Voraussetzungen andere Staaten natürliche Personen als ihre eigenen Staatsangehörigen ansehen.[59] Soweit daher beispielsweise die Staatsangehörigkeit einer Person von der Wirksamkeit einer geschlossenen Ehe abhängt, obliegt es dem Recht des Staates, um dessen Nationalität es geht, darüber zu entscheiden, ob es die betreffende Ehe für wirksam erachtet. Gleiches gilt nach hM für die Anknüpfung von Vorfragen, soweit diese sich auf den zivilrechtlichen **Namen** einer Person auswirken.[60]

32 Aufgrund vergleichbarer Erwägungen wie im autonomen deutschen IPR sind Vorfragen, die sich im Rahmen der Anwendung des **EuIPR** stellen, grundsätzlich selbständig anzuknüpfen, falls sich aus dem betreffenden Gemeinschaftsrechtsakt nicht ausnahmsweise anderes ergeben sollte.[61] Für die Rom III-VO zum Internationalen Scheidungsrecht (Nachw. in Fn 1) ist der Grundsatz der selbständigen Anknüpfung nunmehr ausdrücklich in Art. 1 Abs. 2 sowie Erwägungsgrund 10 festgeschrieben.

33 **c) Anknüpfungspunkte.** Durch Festlegung der in der Kollisionsnorm genannten rechtlichen oder tatsächlichen Anknüpfungspunkte versucht der Gesetzgeber, das für die Entscheidung der Rechtsfrage bzw des Sachverhalts maßgebliche Recht bestmöglich zu bestimmen. In Bezug auf die Einzelheiten der jeweiligen Anknüpfungspunkte ist auf die Kommentierungen zu den einzelnen Kollisionsnormen zu verweisen. Gelegentlich verwendet der Gesetzgeber sog. **kumulative Anknüpfungen**, bei denen das betroffene Recht bzw Rechtsverhältnis nur besteht bzw wirksam ist, wenn es die Anforderungen sämtlicher Rechtsordnungen erfüllt, die kumulativ berufen sind (vgl etwa Art. 13 Abs. 1, 17 Abs. 3, 18 Abs. 3, 23). Im Ergebnis setzt sich damit das „strengste" Recht durch, das in der Logik der Kumulativanknüpfung auch über die Rechtsfolgen der Unwirksamkeit bestimmt.[62] **Alternative Anknüpfungen** (etwa gem. Art. 11 oder Art. 40 Abs. 1) verweisen ebenfalls auf mehrere Rechte, von denen indes nur eines zur Anwendung gelangt. Die Entscheidung zwischen den relevanten Rechten wird jeweils nach dem Inhalt der befragten Rechte und damit in aller Regel nach sachrechtlichen Kriterien getroffen, wobei die Kollisionsnorm vorgibt, ob das „strengere" oder „mildere"

56 MüKo/*Sonnenberger*, Einl. IPR Rn 535.

57 OLG Karlsruhe FamRZ 2003, 956; Erman/*Hohloch*, Einl. Art. 3 Rn 44; Staudinger/*Sturm/Sturm* (2003), Einl. IPR Rn 249; Palandt/*Thorn*, Einl. IPR Rn 30.

58 Wie hier *Meyer-Sparenberg*, Staatsvertragliche Kollisionsnormen, S. 146; *Solomon*, in: FS Spellenberg (2010), S. 355, 366 ff; *Bernitt*, Die Anknüpfung von Vorfragen im europäischen Kollisionsrecht, S. 101 ff, 139 f; *v. Bar/Mankowski*, IPR I, § 7 Rn 208; MüKo/*Sonnenberger*, Einl. IPR Rn 570; Staudinger/*Sturm/Sturm* (2003), Einl. IPR Rn 249.

59 Etwa *G. Schulz*, Art. 5 Rn 7 (zur Staatsangehörigkeit); Erman/*Hohloch*, Einl. IPR Rn 43; PWW/*Mörsdorf-Schulte*, Art. 3 Rn 48; MüKo/*Sonnenberger*, Einl. IPR Rn 552; Palandt/*Thorn*, Einl. IPR Rn 30.

60 Nachw. aaO (obige Fn), AA *Mankowski*, Art. 10 Rn 16 f mwN.

61 *Heinze*, in: FS Kropholler (2008), S. 105, 111 ff; *Solomon*, in: FS Spellenberg (2010), S. 355, 369 f; *Bernitt*, Die Anknüpfung von Vorfragen im europäischen Kollisionsrecht, S. 101 ff, 140 ff; *Max-Planck-Institut für ausländisches und internationales Privatrecht*, RabelsZ 74 (2010), 522, 526 f (Rn 8). Ähnlich *Sonnenberger*, in: FS Kropholler (2008), S. 227, 240 f, der die selbständige Anknüpfung jedenfalls in Bezug auf solche Vorfragen favorisiert, die der betreffende Gemeinschaftsrechtsakt von seinem sachlichen Anwendungsbereich ausklammert.

62 BGH FamRZ 1991, 300, 303 = JuS 1992, 261 m.Anm. *Hohloch*. Vgl auch Bamberger/Roth/*Lorenz*, Einl. IPR Rn 38.

Recht berufen wird (so genügt hinsichtlich von Formanforderungen gem. Art. 11 Abs. 1 die Einhaltung der Vorgaben entweder des Geschäftsstatuts oder des Ortsrechts, bei Art. 40 Abs. 1 hat der Geschädigte die Wahl zwischen dem Recht des Handlungs- und demjenigen des Erfolgsortes). Bei der sog. **akzessorischen Anknüpfung** wird eine Rechtsfrage nach demjenigen Recht beruteilt, das für einen anderen Anknüpfungsgegenstand ermittelt wurde. Zu den unterschiedlichen Anknüpfungen vgl die Kommentierungen der einzelnen Kollisionsnormen sowie im Hinblick auf die Problematik des Renvoi Art. 4 Rn 28.

d) Wechsel der Anknüpfung (Statutenwechsel). Es kann vorkommen, dass sich im Laufe des Bestandes eines Rechts oder Rechtsverhältnisses der tatsächliche oder rechtliche Anknüpfungspunkt ändert. So führt Art. 43 Abs. 1, wonach eine Mobilie dem Recht ihres jeweiligen Belegenheitsstaates unterliegt, dazu, dass bei einer Verbringung der Sache über die Grenze das auf sie anwendbare Recht wechselt. Ebenso führt ein Wechsel der Nationalität zu einem Statutenwechsel in Bezug auf solche Kollsionsnormen, die an die Nationalität anknüpfen. Es hängt von der Auslegung der jeweiligen Kollisionsnorm ab, ob die Veränderung des Anknüpfungspunktes einen Wechsel des anwendbaren Rechts bewirkt (sog. Statutenwechsel), oder ob der Sachverhalt bereits unwandelbar an das Recht angeknüpft war, das sich bei seiner erstmaligen Beurteilung ergab. Allerdings ist davon auszugehen, dass für den Fall, dass ein Recht bzw Rechtsverhältnis bereits nach einer Rechtsordnung endgültig wirksam entstanden ist, diese Rechtsposition nicht mehr durch spätere Statutenwechsel beeinträchtigt werden kann (Schutz wohlerworbener Rechte), was Art. 43 Abs. 2 für das deutsche Internationale Sachenrecht klarstellt.[63] Anderes gilt nur, wenn das im Ausland wohlerworbene Recht im Inland gegen den ordre public verstößt. Art. 47 enthält eine Sonderregelung für den Statutenwechsel im Namensrecht für den Fall, dass für die betreffende Person nunmehr deutsches Namensrecht gilt. Vom Statutenwechsel zu unterscheiden sind **Änderungen im anwendbaren Recht selbst**. Hier sind die allgemeinen Grundsätze des intertemporalen Rechts der jeweiligen Rechtsordnung anzuwenden. 34

Umstritten ist, ob ein Statutenwechsel dazu führen kann, dass ein Recht bzw Rechtsverhältnis, das unter dem alten Statut nicht wirksam erworben bzw begründet worden ist, nach dem infolge Statutenwechsels nunmehr anwendbaren neuen Recht als wirksam anzusehen ist, dh ob der Statutenwechsel den bisherigen Mangel zumindest mit Wirkung ex nunc heilt („**Heilung durch Statutenwechsel**"). Nach richtiger Auffassung ist danach zu unterscheiden, ob die betreffende inländische Kollisionsnorm statisch auf den Zeitpunkt des erstmaligen Versuchs der Begründung des betreffenden Rechts bzw der Vornahme des Rechtsgeschäfts abstellt oder ob sie eine zeitlich dynamische Verweisung ausspricht. Grundsätzlich ist in Bezug auf unter Geltung des alten Statuts bereits abgeschlossene und „gescheiterte" Vorgänge von Ersterem auszugehen, während lediglich noch nicht vollendete Vorgänge auch unter dem neuen Statut noch vollendet werden können. Dies folgt für das Internationale Sachenrecht aus der „Anrechnungsregelung" des Art. 43 Abs. 3.[64] Demgegenüber wird für das Internationale Eherecht überwiegend vertreten, dass der nachfolgende Statutenwechsel einen ursprünglichen Ehemangel heile, was im Wesentlichen der Anerkennung der real und sozial gelebten Ehe dient.[65] 35

IV. Verweisungstechnik (Überblick)

1. Einseitige und allseitige Kollisionsnormen. Auf der Rechtsfolgenseite enthält die Kollisionsnorm einen Verweis auf das anzuwendende Recht. Dieser ist bestenfalls in der Form neutral formuliert, dass je nach Sachverhalt in- oder ausländisches Recht zur Anwendung kommt (sog. allseitige Kollisionsnormen). Häufig kommt es indes vor, dass sich Kollisionsnormen auf die Bestimmung des Anwendungsbereichs des eigenen Rechts beschränken (sog. einseitige Kollisionsnormen), was sodann die Frage aufwirft, welches Recht das betreffende IPR beruft, falls die Voraussetzungen für die Geltung des inländischen Rechts nicht vorliegen.[66] Das EGBGB folgt erfreulicherweise grundsätzlich der Technik allseitiger Kollisionsnormen.[67] 36

2. Sach- und Gesamtnormverweisung, Art. 4, Art. 3 a Abs. 1. Der von Kollisionsnormen ausgesprochene Verweis auf ausländisches Recht kann einen unterschiedlichen Umfang haben: Berufen die Kollisionsnormen das Recht des betreffenden ausländischen Staates in seiner Gesamtheit, dh einschließlich des dortigen Kollisionsrechts, handelt es sich um einen sog. Gesamtverweis. Denkbar ist aber auch, dass das deutsche IPR direkt das ausländische Sachrecht unter Ausschluss des lokalen IPR beruft, dh eine in Art. 3 a Abs. 1 legaldefinierte Sachnormverweisung ausspricht. Ob eine Sachnorm- oder eine Gesamtverweisung vorliegt, ist 37

63 AllgM, BGHZ 63, 107, 111 f; BGH NJW 1996, 2096 f = IPRax 1998, 211 m.Anm. *Michaels*; Erman/*Hohloch*, Einl. IPR Rn 32; PWW/*Mörsdorf-Schulte*, Art. 3 Rn 40; MüKo/*Sonnenberger*, Einl. IPR Rn 668; Palandt/*Thorn*, Einl. IPR Rn 23; vgl auch § 7 österr. IPRG.

64 Dazu MüKo/*Wendehorst*, Art. 43 Rn 166 ff.

65 Vgl *Andrea*, Art. 13 Rn 13 mwN; Bamberger/Roth/*Mörsdorf-Schulte*, Art. 13 Rn 51 ff; AA insb. *Voit*, Heilung durch Statutenwechsel im internationalen Eheschließungsrecht, S. 86 ff.

66 Zu den hiermit zusammenhängenden Fragen des „versteckten renvoi" vgl Art. 4 Rn 10 ff.

67 Näher *Kegel/Schurig*, IPR, 301 f; *v. Bar/Mankowski*, IPR I, § 1 Rn 17.

für jede Kollisionsnorm gesondert zu ermitteln, wobei Art. 4 Abs. 1, Abs. 2 wichtige allgemeine Grundsätze enthalten (ausf. dazu Art. 4 Rn 2 ff).

38 **3. Angleichung, Anpassung.** Die gleichzeitige Anwendung unterschiedlicher Rechtsordnungen auf einen Sachverhalt kann zu **Normmangel** bzw **-häufung** führen. Das betrifft insbesondere, aber keinesfalls ausschließlich das Internationale Erbrecht, wenn das ausländische Erbstatut den Nachlass anders als das deutsche Recht nicht einheitlich behandelt, sondern zwischen der Vererbung von Mobilien und Immobilien unterscheidet. Unterliegen unterschiedliche Teile des Nachlasses danach unterschiedliche Rechten, können diese zu jeweils unterschiedlichen Erbquoten kommen. Die auftretenden Spannungen sind dadurch zu beseitigen, dass möglichst bereits auf der kollisionsrechtlichen Ebene der Umfang der Verweisung bzw zumindest das sachrechtliche Resultat angepasst und damit ein Ergebnis gesucht wird, das den in Betracht kommenden Rechtsordnungen am ehesten entspricht.[68]

39 **4. Substitution. Handeln unter falschem Recht.** Es kommt vor, dass Sachverhalte bzw Rechtsverhältnisse dem Recht eines Staates unterliegen, die Parteien jedoch auf dem Territorium eines anderen Staates und damit auch nach dessen Vorschriften gehandelt haben. Hier ist die Sachnorm der vom inländischen IPR berufenen lex causae zu befragen, ob sie Auslandsvorgänge überhaupt gestattet bzw erfasst. Ist dies – anders als etwa bei der Auflassungsform des § 925 BGB[69] – der Fall, kommt es weiter darauf an, ob der Auslandsvorgang dem an sich vorgesehenen inländischen **gleichwertig** ist. Dies ist im Wege einer wertenden Betrachtung unter Berücksichtigung der jeweiligen Regelungszwecke und inhaltlichen Anforderungen der in- und ausländischen Vorschriften festzustellen.[70] Vgl im Einzelnen dazu die Kommentierungen bei den entsprechenden Kollisionsnormen, insb. bei Art. 11.

40 Mit der Substitution verwandt, von dieser aber zu unterscheiden ist das sog. **Handeln unter falschem Recht**. Hierbei wird ein Rechtsgeschäft vollständig oder teilweise an einem kollisionsrechtlich nicht berufenen Recht ausgerichtet. Dies hat Bedeutung insbesondere im Erbrecht, etwa wenn ein Erblasser in Verkennung des Umstandes, dass Art. 25 die Rechtsnachfolge von Todes wegen an die Staatsangehörigkeit anknüpft, inhaltlich gemäß den Vorschriften seines Aufenthaltsstaates testiert. In derartigen Fällen ist zunächst zu überlegen, ob die erkennbare Ausrichtung des Rechtsgeschäfts an dem an sich nicht berufenen Recht eine (konkludente) Rechtswahl beinhaltet. Scheitert dies, etwa weil die Materie der Rechtswahl nicht zugänglich ist (so kann im Erbrecht gem. Art. 25 Abs. 2 lediglich deutsches Recht für inländische Immobilien gewählt werden), so ist zu versuchen, dem Missverständnis im Rahmen des berufenen Sachrechts, insbesondere durch Auslegung und Anwendung zivilrechtlicher Generalklauseln, Rechnung zu tragen.[71]

41 **5. Gesetzesumgehung (fraus legis).** Anders als zahlreiche ausländische Rechte enthalten weder das kodifizierte deutsche IPR noch das EuIPR allgemeine Regelungen, die sich mit den Folgen missbräuchlicher kollisionsrechtlicher Gestaltungen (fraus legis, fraude à la loi) befassten.[72] Zu denken ist an Konstellationen, in denen von Rechtswahlbefugnissen in fraudulöser Weise Gebrauch gemacht oder durch Manipulation insbesondere tatsächlicher aber auch rechtlicher Anknüpfungspunkte das anwendbare Recht beeinflusst wird, etwa indem eine Partei ihren Wohnsitz in das In- oder Ausland verlegt bzw ihre Staatsangehörigkeit wechselt, um dort eine Scheidung zu erreichen, die ihr sonst nicht möglich wäre etc. In aller Regel besteht nach zutreffender Ansicht kein Bedürfnis für eine allgemeine kollisionsrechtliche Missbrauchskontrolle, da sich die meisten Problemfälle bereits im Rahmen der Anwendung der jeweiligen Kollisionsnorm erfassen lassen. So ist etwa bei einer nur zum Schein erfolgten Verlegung des Wohnsitzes bzw gewöhnlichen Aufenthaltsortes der fehlende tatsächliche Wille zur Begründung des neuen Wohnsitzes bzw gewöhnlichen Aufenthalts zu Lasten der betreffenden Partei zu berücksichtigen und der alte Wohnsitz bzw gewöhnliche Aufenthalt weiterhin für maßgeblich zu erachten. Bei unerträglichen Ergebnissen der Anwendung ausländischen Rechts hilft zudem der ordre public des Art. 6. Nur ganz ausnahmsweise sind kollisionsrechtliche Gestaltungen, die **ausschließlich** der **Umgehung** berechtigter inländischer Wertungen dienen, dh vorsätzlich erfolgen, nicht anzuerkennen;[73] praktische Bedeutung hat das Phänomen bislang nicht erlangt.

68 BGH DtZ 1993, 278, 280 = ZIP 1993, 948; BayObLGZ 1995, 366 f = FamRZ 1996, 694; PWW/*Freitag*, Art. 25 Rn 40.

69 BGH WM 1968, 1170, 1171; KG MDR 1987, 56 = NJW-RR 1986, 1462.

70 BGHZ 80, 76, 78 = NJW 1981, 400 = IPRax 1983, 79 m.Anm. *Firsching*; BGHZ 105, 324, 338 = NJW-RR 1989, 160; Erman/*Hohloch*, Vor Art. 3 Rn 47; Bamberger/Roth/*Lorenz*, Einl. IPR Rn 91; ausf. zur Thematik *Hug*, Die Substitution im IPR; *van Veenroy*, Internationalprivatrechtliche Substition; *v. Bar/Mankwoski*, IPR, § 7 Rn 239 ff.

71 Näher Soergel/*Kegel*, Vor Art. 3 Rn 165; *v. Bar/Mankowski*, IPR I, § 7 Rn 247 f; Bamberger/Roth/*Lorenz*, Einl. IPR Rn 93; MüKo/*Sonnenberger*, Einl. IPR Rn 611 ff.

72 Ausf. zur Problematik *Heeder*, Fraus legis, 1996.

73 BGHZ 78, 318, 325 f = NJW 1981, 522 = IPRax 1981, 130 m.Anm. *Großfeld*; MüKo/*Sonnenberger*, Einl. IPR Rn 746 ff; Palandt/*Thorn*, Einl. IPR Rn 25 f Ausf. Nachw. auch zum Schrifttum bei *v. Bar/Mankowski*, § 7 Rn 128 ff.

6. Anwendung und Ermittlung ausländischen Recht. a) Anwendung ausländischen Rechts. Die deutschen Gerichte haben die Verweisungen des deutschen IPR von **Amts wegen** zu beachten und damit das ausländische Recht ebenfalls von Amts wegen und nicht nur auf Rüge einer Partei (oder beider) **anzuwenden.**[74] Das fremde Recht ist dabei von den deutschen Gerichten soweit als möglich ebenso anzuwenden, wie es von den Gerichten des betreffenden ausländischen Staates praktiziert wird.[75] Das gilt auch für Bestimmungen des **religiösen Rechts**, die nach ausländischem Veständnis Bestandteil des dortigen Rechts sind, selbst wenn sie im Ausland allein von religiösen Gerichten angewandt werden.[76] Allerdings ist in derartigen Fällen stets sorgfältig zu prüfen, ob das betreffende religiöse Recht mit dem inländischen ordre public vereinbar ist. Selbstredend sind die deutschen Gerichte bei der Anwendung des ausländischen Rechts an das inländische Verfahrensrecht gebunden, das sie freilich aufgrund seiner dienenden Funktion gegebenenfalls an die Besonderheiten des ausländischen Rechts anzupassen haben. 42

b) Ermittlung ausländischen Rechts. Das inländische Gericht kann und muss den Inhalt fremder Rechte nicht ex officio kennen, dh der Grundsatz „cura novit iura" gilt insoweit nicht. Das inländische Gericht ist allerdings verpflichtet, den Inhalt des ausländischen Rechts gem. § 293 ZPO hinreichend genau zu ermitteln.[77] Die **Ermittlung** des Inhalts **ausländischen Rechts** erfolgt in der ordentlichen Gerichtsbarkeit gem. § 293 ZPO, in Verfahren der Freiwilligen Gerichtsbarkeit gem. § 29 FamFG im **Freibeweisverfahren.**[78] Keine besonderen Maßnahmen sind erforderlich, wenn das Gericht den Inhalt des ausländischen Rechts selbst hinreichend genau kennt.[79] Auch das Recht der ehem. DDR haben die deutschen Gerichte selbst zu erforschen und zu kennen.[80] 43

Ist dem Gericht das ausländische Recht nicht bzw nicht genügend bekannt, stehen ihm unterschiedliche Mittel zur Verfügung. Es kann sich der Hilfe der Parteien bedienen, Gutachten bei in- oder ausländischen Gutachtern in Auftrag geben oder im Wege der Rechtshilfe von Behörden ausländischer Staaten anfordern. Rechtsauskünfte werden innerhalb der EU im Rahmen des Europäischen Justiziellen Netzes erteilt.[81] Große Bedeutung kommt der gerichtlichen Bestellung insbesondere **inländischer Gutachter** zu. Soweit ein Gutachten zum fremden Recht eingeholt wird, ist das Gericht an dessen Inhalt nicht gebunden, sondern hat das Gutachten nach allgemeinen Grundsätzen frei zu würdigen. Stellungnahmen des Gutachtens zum deutschen Recht einschließlich der kollisionsrechtlichen Ausgangspunkte sind zwar zulässig, für das Gericht aber ohne Bedeutung. 44

Die **Beanspruchung der Parteien** bei der Ermittlung des fremden Rechts kann insbesondere dadurch erfolgen, dass das Gericht den Vortrag der im ausländischen Recht kundigen bzw beratenen Partei heranzieht oder sich auf von den Parteien in Auftrag gegebene Gutachten stützt. Die Einschaltung der Parteien bei der Ermittlung ausländischen Rechts macht dessen hinreichende Erforschung nicht entbehrlich. Auch ist bei mangelnder Mitwirkung der zur Ermittlung aufgeforderten Partei ein **non liquet unzulässig.**[82] Hier ist entweder anderweitig nachzuforschen oder nach den Grundsätzen der Nichtermittelbarkeit des ausländischen Rechts vorzugehen (s. dazu Rn 48). Allerdings kann die fehlende Befolgung einer gerichtlichen Aufforderung zur Mitwirkung bei der Ermittlung fremden Rechts gleichwohl Rechtsnachteile zur Folge haben, etwa wenn die Partei die für sie günstigen Hinweise auf eine bestimmte ausländische Rechtspraxis zu spät, unvollständig bzw gar nicht beibringt.[83] Hinsichtlich der **Erstattungsfähigkeit** der für **Privatgutachten** zum ausländischen Recht aufgewendeten Kosten ist zu unterscheiden: Soweit die Partei vom Gericht zur Beibringung eines Gutachtens aufgefordert wurde, bestehen gegen die Erstattungsfähigkeit keine Bedenken. Gleiches gilt, wenn die Beauftragung des Gutachters erforderlich war, um den Klageanspruch schlüssig vortragen zu können oder um umgekehrt die Schlüssigkeit/Richtigkeit des gegnerischen Vorbringens zum ausländischen Recht zu widerlegen. Dagegen sind Gutachten zum deutschen Kollisionsrecht keinesfalls erstattungsfähig, da dieses auch vom inländischen Gericht von Amts wegen anzuwenden ist.[84] 45

74 Unstr., etwa BGHZ 36, 348, 353 = NJW 1962, 961; BGHZ 136, 380, 386 = NJW 1998, 1395; BGH NJW-RR 2002, 1359, 1360; Soergel/*Kegel*, Vor Art. 3 Rn 166; Bamberger/Roth/*Lorenz*, Einl. IPR Rn 79; MüKo/*Sonnenberger*, Einl. IPR Rn 618 ff.

75 Unstr., etwa BGH NJW 1991, 1418, 1419; BGH NJW 1992, 3106 f.

76 Grundlegend BGHZ 160, 332 ff = NJW-RR 2005, 81 = IPRax 2005, 346 (Anm. *Rauscher* 313) = FamRZ 2004, 1952 (Anm. *Henrich* 1958). Vgl auch *Andrae*, NJW 2007, 1730 ff.

77 Ausf. zum Folgenden insb. *Schilken*, in: FS Schumann (2001), S. 373.

78 BGH NJW 1961, 410 f; NJW 1963, 252, 253 = JZ 1963, 214 m.Anm. *Steindorff*; Musielak/*Huber*, § 293 ZPO Rn 5; MüKo-ZPO/*Prütting*, § 293 ZPO Rn 23.

79 Vgl BGH NJW 2002, 3335 ff (Anwendung des Rechts von Costa Rica durch den BGH).

80 BGH FamRZ 1997, 494, 496.

81 Näher dazu Rn 46.

82 BGH NJW 1961, 410 f; BGHZ 69, 387, 393 ff = NJW 1978, 496 = FamRZ 1978, 771 m.Anm. *Dilger*; BAG NZA 1996, 994, 996.

83 BGH NJW 1973, 1581, 1583 (keine Verletzung der Aufklärungspflicht des deutschen Gerichts iSd § 293 ZPO, wenn dieses dem nicht belegten Hinweis einer Partei auf die abweichende Rechtsprechung im Ausland nicht nachgeht und der Partei die Beibringung der behaupteten Entscheide zumutbar war).

84 Ausf. *Mankowski*, MDR 2001, 194 ff mwN.

46 Der Regelung der **Rechtshilfe** bei der Ermittlung ausländischen Rechts dient u.a. das praktisch wenig bedeutsame Londoner Europäische Abkommen betreffend Auskünfte über ausländisches Recht vom 7.6.1968[85] nebst Ausführungsgesetz.[86] In Angelegenheiten der grenzüberschreitenden Rechtshilfe werden die Gerichte unterstützt durch das Bundesamt für Justiz,[87] das auch als zentrale deutsche Kontaktstelle im **Europäischen Justiziellen Netz in Zivil- und Handelssachen** (EJN)[88] fungiert. Innerhalb des EJN werden die EG-Mitgliedstaaten (mit Ausnahme Dänemarks) ab dem 1.1.2011 u.a. gem. Art. 3 Abs. 2 lit. b der Entscheidung 2001/470/EG (idF der Entscheidung 568/2009/EG) auch verpflichtet sein, Gerichten anderer Mitgliedstaaten Rechtsauskünfte in Bezug auf ihr jeweiliges nationales Recht zu erteilen, soweit dies zur „wirksamen und praktischen Anwendung von Gemeinschaftsrechtsakten oder zwischen zwei oder mehreren Mitgliedstaaten geltenden Übereinkünften, vor allem im Falle der Anwendbarkeit des Rechts eines anderen Mitgliedstaats" erforderlich ist. Auf den Internetseiten des EJN sind darüber hinaus zahlreiche nützliche Informationen über die Gerichtssysteme und Rechtsordnungen der Mitgliedstaaten abrufbar.[89] Sachlich nicht einschlägig ist hingegen die Europäische Beweisverordnung (EG-BewVO).[90] Die EG-BewVO stellt lediglich eine Fortentwicklung des auf „klassische" Beweisaufnahmen im Ausland beschränkten Haager Übereinkommens vom 18.3.1970 über die Beweisaufnahme im Ausland in Zivil- und Handelssachen[91] dar und regelt damit die Rechtshilfe nur in Bezug auf die aktive und passive Rechtshilfe iRd Beweiserhebung.[92]

47 **c) Besonderheiten im Einstweiligen Rechtsschutz?** In **Verfahren des einstweiligen Rechtsschutzes** sind aufgrund der Eilbedürftigkeit der Sache und der zum Teil unverhältnismäßig langwierigen Ermittlung des ausländischen Rechts die Anforderungen an dessen Feststellung zwar reduziert, doch kommt ein pauschaler Rückgriff auf die lex fori außerhalb von Art. 24 Abs. 3 keinesfalls in Betracht. Im Übrigen ist umstritten, ob es genügt, wenn der Antragsteller den Inhalt des ausländischen Rechts glaubhaft macht[93] oder lediglich der Grad der Überzeugung des Gerichts vom Inhalt des fremden Rechts geringer sein muss.[94]

48 **d) Fehlende Ermittelbarkeit des ausländischen Rechts.** Es kann vorkommen, dass der Inhalt des ausländischen Rechts nicht ermittelbar ist, etwa weil der betreffende Staat untergegangen ist, keine Gutachter für die betreffende Rechtsordnung zur Verfügung stehen und auch im Wege der Rechtshilfe und auf sonstigem Wege der Inhalt des Rechts nicht herauszufinden ist. In diesen Ausnahmefällen ist nach der Rechtsprechung **deutsches Recht als Ersatzrecht** anzuwenden, weil dies besonders praktikabel und zeitsparend sei.[95] Zum Teil wird demgegenüber die Anwendung desjenigen Rechts gefordert, das dem nicht ermittelbaren am Nächsten steht.[96] Gegen diese Lösung spricht allerding ersichtlich, dass so ein Recht zur Anwendung käme, das von keiner Kollisionsnorm berufen ist und sich im Übrigen nicht zweifelsfall klären lässt, welche Rechtsordnung der an sich berufenen am nächsten steht. Denkbar erscheint dagegen der Rückgriff auf eine **Hilfsanknüpfung**, dh die Verwendung eines in der einschlägigen inländischen Kollisionsnorm nicht verwandten Anknüpfungspunktes, falls diese zu einem feststellbaren Recht führt. So wäre es etwa in personenrechtlichen Fragestellungen denkbar, das nicht feststellbare Recht der Staatsangehörigkeit gegen das ermittelbare am gewöhnlichen Aufenthalt auszutauschen – und umgekehrt.[97] Für diese Lösung spricht, dass die einzelfallbezogene Herausbildung von Hilfsanknüpfungen dem kollisionsrechtlichen Gerechtigkeitsideal der Anwendung eines besonders „passenden" Rechts besser entspricht als der pauschale Rückgriff auf deutsches Recht selbst dort, wo der Sachverhalt keine substantiellen Bezüge zum deutschen Recht aufweist.

49 **e) Revisibilität der Anwendung und Ermittlung des ausländischen Rechts.** Die fehlerhafte Anwendung ausländischen Rechts war bis zum 31.8.2009 gem. **§ 545 Abs. 1 ZPO aF** nicht revisibel, da nach dieser

85 BGBl. II 1974, S. 938. Zu den Vertragsstaaten vgl den jährlichen Fundstellennachw. B zum BGBl. II sowie *Jayme/Hausmann*, Internationales Privat- und Verfahrensrecht, Nr. 200.

86 BGBl. I 1974, S. 1433.

87 Weitere Informationen unter http://www.bundesjustizamt.de.

88 Eingerichtet aufgrund Entscheidung 2001/470/EG des Rates über die Einrichtung eines Europäischen Justiziellen Netzes für Zivil- und Handelssachen, ABl L 174/25. Ab dem 1.1 2011 ergeben sich substantielle Änderungen aufgrund der Entscheidung 568/2009/EG des Europäischen Parlaments und des Rates v. 18.6. 2009 zur Änderung der Entscheidung 2001/470/EG des Rates über die Einrichtung eines Europäischen Justiziellen Netzes für Zivil- und Handelssachen, ABl Nr. L 168/35.

89 Ausf. Informationen nach Ländern unter http://ec.europa.eu/civiljustice/index_de.htm sowie http://ec.europa.eu/justice_home/judicialatlascivil/html/index_de.htm.

90 Verordnung (EG) Nr. 1206/2001 des Rates v. 28.5.2001 über die Zusammenarbeit zwischen den Gerichten der Mitgliedstaaten auf dem Gebiet der Beweisaufnahme in Zivil- und Handelssachen, ABl. 2001 Nr. L 174/1.

91 BGBl. II 1977, S. 1472.

92 Näher *v. Hein*, in: Rauscher (Hrsg.), EuZPR, Bd. II, 2. Aufl. (2006), Art. 1 EG-BewVO Rn 11.

93 So OLG Hamburg IPRax 1990, 400 f m.Anm. *Mankowski* = RIW 1990, 225 f.

94 Näher *v. Bar/Makowski*, IPR Bd. I,Rn 102 ff; Bamberger/Roth/*Lorenz*, Einl. IPR Rn 79.

95 Etwa BGHZ 21, 155 f; BGHZ 69, 387 f = NJW 1978, 496 = FamRZ 1978, 771 m.Anm. *Dilger*.

96 *Wengler*, JR 1983, 221 f; *Müller*, NJW 1981, 481 ff; *Kreuzer*, NJW 1983, 1943 ff; Palandt/*Thorn*, Einl. IPR Rn 36.

97 *V. Hoffmann/Thorn*, IPR, § 3 Rn 145.

Vorschrift ausschließlich die Anwendung von Vorschriften des (deutschen) „Bundesrechts“ in der Revisionsinstanz überprüft werden durfte.[98] Allerdings konnte die Revision auf einen Verstoß gegen § 293 ZPO gestützt werden, wenn das Gericht seiner Verpflichtung zur Aufklärung des Inhalts des ausländischen Rechts nicht hinreichend nachgekommen war. Das Rechtsmittel hatte unter dem letztgenannten Aspekt bereits Erfolg, wenn nachgewiesen werden konnte, dass das Gericht den ersichtlichen Inhalt des ausländischen Rechts nicht zur Kenntnis genommen und damit nicht ermittelt hatte.[99] Im praktischen Ergebnis kam die Rüge der Verletzung des § 293 ZPO damit der auf eine Verletzung des ausländischen Rechts gestützten Revision sehr nahe.

In seiner am 1.9.2009 in Kraft getretenen Fassung durch das FGG-Reformgesetz von 2008[100] gestattet **§ 545** 50
Abs. **1 ZPO nF** (ebenso § 72 Abs. 1 FamFG für die Rechtsbeschwerde in Verfahren nach dem FamFG) die revisionsrechtliche Überprüfung jeder „Verletzung des Rechts“. Dieser Wortlaut erlaubt prima vista auch die Überprüfung der korrekten Anwendung ausländischen Rechts. Die Gesetzesänderung ist vom Gesetzgeber allerdings ausschließlich damit begründet worden, dass es auch der Revisibilität von Landesrecht bedürfe, während die einschlägigen Gesetzgebungsunterlagen die Revisibilität ausländischen Rechts nicht erwähnen und es daher nahe liegt, dass der Gesetzgeber insoweit keine Änderung gegenüber der bisherigen Rechtslage vornehmen wollte.[101] Andererseits steht die Gesetzesbegründung der Revision ausländischen Rechts auch nicht entgegen, so dass es überzeugender erscheint, nunmehr auch die fehlerhafte **Anwendung ausländischen Rechts** für **revisibel** zu halten.[102]

V. Innerdeutsches Kollisionsrecht

In **intertemporaler** Hinsicht spielen das Verhältnis des bundesdeutschen Rechts zu demjenigen der ehem. 51
DDR sowie die eventuelle Fortgeltung völkerrechtlicher Verträge der ehem. DDR (beschränkt auf das Gebiet der neuen Länder) insbesondere in Bezug auf die Abwicklung von Nachlässen noch immer eine Rolle.[103] Mit dem Wirksamwerden des Beitritts der ehem. DDR zur Bundesrepublik am 3.10.1990 wurde das bundesdeutsche **Privatrecht** nach Maßgabe der Art. 230–237 grundsätzlich auf das Beitrittsgebiet erstreckt. Praktische Bedeutung erlangt die Problematik wegen Art. 235 § 1 Abs. 1 vor allem für Erbfälle im Beitrittsgebiet aus der Zeit vor dem 3.10.1990.

Soweit nach intertemporalen Grundsätzen ein Altfall vorliegt, der Bezüge zum Gebiet der Bundesrepublik 52
und der ehem. DDR aufweist, ist festzustellen, ob das damalige Recht der Bundesrepublik oder dasjenige der ehem. DDR Anwendung findet. Eine ausdrückliche Regelung der Materie bestand (und besteht) nicht. Die Bundesrepublik hat die ehem. DDR nicht als eigenständiges Völkerrechtssubjekt anerkannt, so dass Sachverhalte mit Bezug zur ehem. DDR nicht unmittelbar nach dem IPR der Art. 3 ff (in ihrer damaligen Fassung), sondern nach **interlokalen** Grundsätzen zu behandeln waren. In Ermangelung eines speziellen interlokalen innerdeutschen Privatrechts wurden jedoch aus bundesdeutscher Sicht die Art. 3 ff (in der damaligen Fassung) entsprechend angewandt.[104] Die ehem. DDR betrachtete demgegenüber die Bundesrepublik und die ehem. DDR als selbständige Staaten, so dass für grenzüberschreitende Sachverhalte das im Rechtsanwendungsgesetz (RAG) vom 5.12.1975[105] normierte Kollisionsrecht der ehem. DDR anzuwenden war. Das RAG ist demnach anzuwenden, wenn die früheren Art. 3 ff (als interlokale Kollisionsnormen) eine Gesamtverweisung im Sinne des Art. 4 Abs. 1 auf das Recht der ehem. DDR enthalten.

98 BGHZ 3, 342, 346; BGHZ 118, 151, 163 = NJW 1992, 2026 = IPRax 1993 m.Anm. *Hanisch*; Bamberger/Roth/*Lorenz*, Einl. IPR Rn 87.

99 Etwa BGHZ 36, 348, 353 = NJW 1962, 961; BGH NJW 1991, 634, 635 = IPRax 1991, 345 m.Anm. *v. Hoffmann*; BGHZ 118, 151, 163 = NJW 1992, 2026 = IPRax 1993 m.Anm. *Hanisch*; BGH NJW-RR 2002, 1359, 1360. Näher dazu etwa *Pfeiffer*, NJW 2002, 3306 ff mwN.

100 Gesetz v. 17.12.2008 zur Reform des Verfahrens in Familiensachen und in den Angelegenheiten der freiwilligen Gerichtsbarkeit (FGG-Reformgesetz - FGG-RG), BGBl. 2008 I 2586. Zum Inkrafttreten vgl Art. 112 FGG-RG.

101 Vgl die Begründung des Rechtsausschusses, BT-Drucks. 16/9733, 301 f.

102 Wie hier u.a. *Aden*, RIW 2009, 475 ff; *Eichel*, IPRax 2009, 389 ff; *Heß/Hübner*, NJW 2009, 3132, 3135; *Geimer*, IZPR, Rn 2601; PWW/*Mörsdorf-Schulte*, Art. 3 Rn 58. AA etwa Saenger/*Kayser*, § 545 ZPO Rn 10 ff.

103 Ausf. *Bachler*, Situs-Regel, innerdeutsche und inneramerikanische Nachlassspaltung, 2007.

104 BGHZ 40, 32, 34; BGHZ 85, 16, 19 ff = NJW 1983, 279 = IPRax 1983, 184 m.Anm. *v. Bar*; BGHZ 124, 270, 272 ff = NJW 1994, 582 = IPRax 1995, 114 m.Anm. *Dörner*.

105 Gesetz über die Anwendung des Rechts auf internationale zivil-, familien- und arbeitsrechtliche Beziehungen sowie auf internationale Wirtschaftsverträge, GBl. 1975 I, 748, abgedruckt in: *Jayme/Hausmann*, Internationales Privat- und Verfahrensrecht, Nr. 3.

D. Gemeinschaftsrechtliches IPR (EuIPR), Art. 3 Nr. 1

I. Überblick

53 Der Einfluss des Rechts der Europäischen Gemeinschaft auf das IPR der Mitgliedstaaten einschließlich Deutschlands nimmt stetig zu. Gemeinschaftsrecht kann sowohl **Quelle** des IPR sein als auch mitgliedstaatliche Kollisionsnormen **beschränken**. In beiden Fällen zu beachten ist der **Vorrang des Gemeinschaftsrechts** vor den mitgliedstaatlichen Rechtsordnungen. Im Rahmen der **Anwendung des EuIPR** stellen sich grds. die gleichen allgemeinen Fragen der Kollisionsrechtstheorie wie bei Anwendung des autonomen deutschen IPR. Aus diesem Grund finden sich Aussagen zur Bedeutung der allgemeinen Lehren des IPR für das EuIPR jeweils am Ende der Kommentierung der betreffenden verweisungsrechtlichen Problemstellung.

II. Gemeinschaftsrecht als Quelle des IPR

54 **1. Primärrecht: Herkunftsland- und Anerkennungsprinzip.** Ob das europäische Primärrecht eigenständige Kollisionsnormen für Sachverhalte mit grenzüberschreitendem Bezug innerhalb des Binnenmarks enthält, ist noch immer umstritten. In Bezug auf **wirtschaftsrechtliche Sachverhalte** wird zum Teil aus den Grundfreiheiten die Geltung eines **Herkunftslandprinzips** auch in Bezug auf privatrechtliche Rechte und Rechtslagen abgeleitet.[106] Danach sollen insbesondere Rechtsgeschäfte über die Lieferung von Waren und die Erbringung von Dienstleistungen ebenso dem Heimatrecht des Anbieters unterliegen wie dessen Haftung etwa aus Delikt. Nur so lasse sich eine für die Schaffung eines echten Binnenmarktes unerlässliche zivilrechtliche Parallele zum öffentlich-rechtlichen Anerkennungsregime der Grundfreiheiten erzielen. Dieser Annahme eines primärrechtlich begründeten, kollisionrechtlich verstandenen Herkunftslandprinzips ist indes die Gefolgschaft zu verweigern. Der EuGH, der zunächst im Bereich des Internationalen Gesellschaftsrechts,[107] später auch im Internationalen Namensrecht[108] vielfach zu der Problematik Stellung nehmen musste, hat ein derartiges Postulat nie aufgestellt und im Gegenteil dem Herkunftslandprinzip (wenn auch in anderem Zusammenhang) explizit eine Absage erteilt.[109] Das erklärt sich letztlich daraus, dass sich die Funktion des Primärrechts und damit auch der EuGH-Rechtsprechung darin erschöpft, das nationale Recht auf seine Gemeinschaftsrechtskonformität zu überprüfen. Hierfür aber kommt es – ähnlich der ordre public-Kontrolle nach nationalem IPR – allein auf das Ergebnis der Rechtsanwendung durch die Mitgliedstaaten an, das im Bereich des Privatrechts naturgemäß auf der Anwendung einer aus inländischem Kollisionsrecht und in- oder ausländischem Sachrecht (im Fall der Gesamtverweisung auch auf ausländischem IPR) bestehenden „Gesamtnorm" beruht.[110] Der EuGH muss daher in aller Regel[111] nicht entscheiden, ob die nationale Kollisionsnorm oder das von ihr berufene Sachrecht gemeinschaftsrechtswidrig ist, sondern stellt gegebenenfalls allein den Gemeinschaftsrechtsverstoß der angewandten „Gesamtnorm" fest. Demzufolge obliegt es nach mittlerweile fast unbestrittener Auffassung grundsätzlich der autonomen Entscheidung der Mitgliedstaaten, wie sie einen Verstoß gegen das Primärrecht beseitigen, dh ob sie ihr Kollisionsrecht oder aber das angewandte Sachrecht umformen oder sonstige Wege beschreiten;[112] von einer zwingenden kollisionsrechtlichen Vorgabe des Primärrechts kann daher nicht gesprochen werden. Im Internationalen Gesellschaftsrecht stellt freilich eine kollisionsrechtliche Lösung den einzig gangbaren Weg dar, da nur die Anwendung des Gründungsrechts auf ausländische Gesellschaften überhaupt dazu in der Lage ist, ausländische Gesellschaften so anzuerkennen, wie sie im ausländischen Recht gelebt werden und so den Gemeinschaftsrechtverstoß zu beseitigen. Dagegen mag in anderen Rechtsgebieten (namentlich im Sachenrecht) ein kollisionsrechtlicher Ansatz einfacher zu handhaben sein als eine Umgestaltung des Sachrechts oder sonstige Lösungsansätze ohne indes zwingend zu sein. So lassen sich ausländische Rechtsinstitute im Inland nicht allein durch Anwendung ausländischen Sachenrechts, sondern häufig auch durch ihre Transposition in inländische Institute anerkennen.[113]

106 Insb. *Basedow*, RabelsZ 59 (1995), 1 ff; *Drasch*, Das Herkunftslandprinzip im Internationalen Privatrecht, S. 301 ff; *Kieninger*, Mobiliarsicherheiten im Europäischen Binnenmarkt; *Höpping*, Auswirkungen der Warenverkehrsfreiheit auf das IPR, S. 103 ff; *P. Chrocziel*, EWS 1991, S. 178 f; *H. Weyer*, DZWir 1993, S. 362.

107 Ausf. Nachw. bei *Hoffmann*, IntGesR Rn 1 ff.

108 Ausf. Nachw. bei *Mankowski*, Art. 10 Rn 163 ff.

109 EuGH 13.5.1997, Rs. C-233/94 Einlagensicherungssystem", Slg 1997, I-2405 Tz 63 f. Weitere Nachw. bei MüKo/*Sonnenberger*, Einl. IPR Rn 136.

110 Ausf. *Freitag*, Der Einfluss des Europäischen Gemeinschaftsrechts auf das Internationale Produkthaftungsrecht, 307 ff mwN.

111 Eine Ausnahme bildet der Fall „Garcia Avello", da der EuGH hier eine Kollisionsnorm (des belgischen Rechts) zu überprüfen hatte, die (ebenso wie Art. 5 Abs. 1 S. 2) die inländische Staatsangehörigkeit gegenüber sämtlichen sonstigen Nationalitäten der betreffenden natürlichen Person privilegierte.

112 Mittlerweile fast allgM, vgl *Mansel*, RabelsZ 70 (2006), 651, 671 ff; *Funken*, Das Anerkennungsprinzip im internationalen Privatrecht, S. 42 ff; *Sommer*, Der Einfluss der Freizügigkeit auf Namen und Statu von Unionsbürgern, S. 195 f; *Leifeld*, Das Anerkennungsprinzip im Kollisionsrechtssystem des internationalen Privatrechts, S. 20.

113 Wie hier *Mansel*, RabelsZ 70 (2006), 651, 677 ff mwN.

Dagegen hat der EuGH zunächst für das Internationale Gesellschaftsrecht, nunmehr aber auch für das Internationale Namensrecht den Bestimmungen von EWGV/EGV/AEUV über die Niederlassungsfreiheit und die Unionsbürgerschaft ein primärrechtliches **Anerkennungsprinzip** auch für privatrechtliche Rechtslagen entnommen, dessen Konturen freilich noch immer unklar sind:[114] Nach der Rechtsprechung des EuGH zum Internationalen Gesellschaftsrecht liegt ein Verstoß gegen die Niederlassungsfreiheit (Art. 49, 54 AEUV) vor, wenn eine Gesellschaft, die nach dem Recht eines Mitgliedstaates wirksam errichtet worden ist, von den anderen Mitgliedstaaten als nicht existent angesehen wird. Mit anderen Worten hat jeder Mitgliedstaat die Existenz jeder in einem anderen Mitgliedstaat wirksam gegründeten (und noch nicht wieder beendeten) Gesellschaft „anzuerkennen". Aus der Unionsbürgerschaft (Art. 18, 21 AEUV) wiederum folgt nach der Rechtsprechung in Sachen „Konstantinidis"[115] und „Garcia Avello",[116] insbesondere aber „Grunkin Paul"[117] sowie zuletzt „Sayn-Wittgenstein",[118] dass der Name, den eine natürliche Person, die in einem Mitgliedstaat einen Namen führen durfte, in allen anderen Mitgliedstaat anzuerkennen ist, dh dass die betreffende Person sich auch in den anderen Mitgliedstaaten entsprechend nennen darf und von den Behörden entsprechend zu bezeichnen ist. Trotz zum Teil heftiger **Kritik** des Schrifttums an dieser Anerkennungsrechtsprechung[119] ist dem im Grundsatz zuzutimmen. Jedenfalls in Zeiten (noch) fehlender vollständiger Kollisionsrechtsharmonisierung kann nur eine Anerkennung nicht allein von Entscheidungen, sondern auch von Rechtslagen einen echten einheitlichen euopäischen Rechtsraum herstellen. Es wäre schlicht unerträglich und in der Tat in Bezug auf wirtschaftliche Aktivitäten mit den Grundfreiheiten, im Übrigen mit der Unionsbürgerschaft unvereinbar, wenn zentrale, für wirtschaftliche Aktivitäten bzw die Persönlichkeit relevante Rechte und Statusverhältnisse der Markt- bzw Unionsbürger von Mitgliedstaat zu Mitgliedstaat unterschiedlich beurteilt würden und eine Person ggf unterschiedliche Namen führen müsste oder etwa teils als verheiratet, teils als unverheiratet gälte. Im Übrigen postuliert das Primärrecht auch in Art. 70 S. 1 AEUV einen allerdings nicht näher konturierten allgemeinen Grundsatz der möglichst umfassenden gegenseitigen Anerkennung im Bereich der justiziellen Zusammenarbeit. 55

Fraglich sind freilich Anwendungsbereich und -voraussetzungen der Anerkennungslösung sowie deren methodische Durchführung. In Bezug auf den **sachlichen Anwendungsbereich** der Anerkennungslösung ist für das **Internationale Gesellschaftsrecht** auf die diesbezügliche Kommentierung zu verweisen.[120] Im Übrigen fragt sich, ob sich das Anerkennungsprinzip, das der EuGH außerhalb des Gesellschaftsrechts bislang allein in Bezug auf die Führung von **Namen** entwickelt hat, auch auf **sonstige zentrale personen-** bzw **familienrechtliche Statutsverhältnisse** (insbesondere die Eheschließung und die Abstammung) der Unionsbürger zu erstrecken ist, die zuvor in anderen Mitgliedstaaten als wirksam erachtet wurden. Die Frage ist zu bejahen.[121] Denn trotz des Umstandes, dass allein der Name der Identifizierung einer Person im sozialen und rechtlichen Verkehr dient und dem Namen daher unbestreitbar eine herausgehobene persönlichkeitsrechtliche Relevanz zukommt, kann nicht ernstlich bestritten werden, dass etwa auch die von Mitgliedstaat zu Mitgliedstaat divergierende Beurteilung der Wirksamkeit einer Ehe oder verwandtschaftlichen Beziehungen ebenfalls eine dramatische Beeinträchtigung des Persönlichkeitsrechts und der Rechtssicherheit für die betroffenen Personen zur Folge hat. Ein Markt- bzw Unionsbürger dürfte vom Grenzübertritt innerhalb des Binnenmarkts durchaus abgehalten werden, wenn er sich in seinem neuen Aufenthaltsstaat ggf erneut verheiraten oder eine zuvor gesetzliche anerkannte Abstammung im Wege der Adoption neu begründen müsste. Nicht unter das primärrechtliche Anerkennungsregime fallen dagegen bloße familien- oder erbrechtliche Ansprüche etwa auf Unterhalt, weil die divergierende Beurteilung derartiger Folgefragen, die an das Vorliegen anerkennungspflichtiger Statutverhältnisse anknüpfen, keine hinreichend substantielle Beeinträchtigung der primärrechtlichen Rechte der Markt- und Unionsbürger darstellen. 56

114 Zum Anerkennungsprinzip u.a. *Lagarde*, RabelsZ 68 (2004), 225; *Coester-Waltjen*, in: FS Jayme I (2004), S. 122; *dies.* IPRax 2006, 392; *Henrich*, IPRax 2005, 422; *Mayer*, Mélanges Lagarde (2005), 547; *Mansel*, RabelsZ 70 (2006), 651 ff; *Funken*, Das Anerkennungsprinzip, 2009; *Sommer*, Der Einfluss der Freizügigkeit auf Namen und Stuts von Unionsbürgern, 2009; *Leifeld*, Anerkennung im Kollisionsrechtssystem, 2010.

115 EuGH 30.3.1993, Rs. C-168/91 „Konstandinidis", Slg 1993, I-1191.

116 EuGH 2.10.2003, Rs. C-148/02 „Garcia Avello", Slg 2993, I-11613.

117 EuGH 14.10.2008, Rs. C-353/06 „Grunkin Paul", Slg 2008, I-7639.

118 EuGH 22.12.2010, Rs. C-208/09 „Sayn-Wittgenstein", EuGRZ 2011, 25.

119 Etwa *Henrich*, FS Heldrich (2004), 667, 676 f; *ders.*, IPRax 2005, 422 f; *Kroll*, ZVglRWiss 107 (2008), 320, 332; *Sommer*, Der Einfluss der Freizügigkeit auf Namen und Statusverhältnisse von Unionsbürgern, 191 f; *Sonnenberger*, FS Spellenberg (2010), 371 ff.

120 Ausf. dazu die Kommentierung v. *Hoffmann* IntGesR Rn 1 ff.

121 Dafür wohl u.a. *Lagarde*, RabelsZ 68 (2004), 225, 230 f; *Henrich*, IPRax 2005, 422, 424; *Coester-Waltjen*, IPRax 2006, 392, 397; evtl *Mansel*, RabelsZ 70 (2006), 651, 710 f. Einschränkend *Funken*, Das Anerkennungsprinzip im internationalen Privatrecht, S. 173 ff: Nur bei besonders gravierenden Eingriffen. AA *Röthel*, IPRax 2006, 250, 253; *Sommer*, Der Einfluss der Freizügigkeit auf Namen und Statuts von Unionsbürgern, S. 277 ff.

57 Im Übrigen versteht sich von selbst, dass es einer primärrechtlichen „Anerkennung" ausländischer Namens- und Statusfragen nicht bedarf, soweit es um gerichtlich festgestellte bzw angeordnete Statusverhältnisse und -änderungen geht. Denn in Bezug auf gerichtliche Entscheidungen stellen in wohl sämtlichen Mitgliedstaaten bereits die **international-zivilprozessualen Anerkennungsregeln**, die in Bezug auf die Trennung und Lockerung des Ehebandes in der Brüssel IIa-VO enthalten sind, die Anerkennung sicher. Insoweit beschränkt sich die primärrechtliche Problematik auf die Frage, ob der Anerkennung einer für die Grundfreiheiten oder die Unionsbürgerschaft relevanten Gerichtsentscheidung im Einzelfall der nationale anerkennungsrechtliche ordre public entgegengehalten werden kann.

58 Nach ganz überwiegender und zustimmungswürdiger Ansicht sind allein solche Rechte und Rechtsverhältnisse anerkennungsfähig, die sich an einem behördlichen oder sonst mit besonderer öffentlicher Autorität versehenen „**Kristallisationspunkt**" festmachen lassen, insbesondere an Eintragungen in öffentliche Register und notariellen Urkunden.[122] Dagegen sind Vorgänge, Rechte und Rechtsverhältnisse, die keinerlei vergleichbare öffentliche Manifestation erfahren haben, vom Anerkennungsregime ausgeschlossen, weil es hier an einem schützenswerten Vertrauen der Parteien in die Wirksamkeit des Statutsverhältnisses im Ausgangsstaat und darüber hinaus an einem „anerkennungsfähigen Substrat" fehlt.

59 Ebenfalls unklar ist die **Bestimmung des Kreises der relevanten Rechtsordnungen**, deren rechtliche Beurteilung der statusrechtlichen Frage der gemeinschaftsweiten Anerkennungspflicht unterliegt. Das überwiegende Schrifttum räumt in Übereinstimmung mit den sekundärrechtlichen Anknüpfungskriterien der Rom-Verordnungen und des Zuständigkeit- und Anerkennungsrechts der Brüssel IIa-VO sowie der Unterhalts-VO ausschließlich den Rechten der Staatsangehörigkeit sowie des gewöhnlichen Aufenthalts der Parteien eine entsprechende „Regelungsbefugnis" ein.[123] Demgegenüber nimmt namentlich *W.-H. Roth* an, dass grundsätzlich sämtliche Mitgliedstaaten „zuständig" seien und es daher nur darauf ankomme, welcher Mitgliedstaat zeitlich vorrangig gehandelt (Prioritätsprinzip) bzw für welches Recht sich die Partei (bzw Parteien) entschieden habe (bzw haben).[124] Der letztgenannten Auffasung ist deswegen zustimmen, weil bereits in rechtstatsächlicher Hinsicht zweifelhaft ist, ob Mitgliedstaaten ohne hinreichenden Bezug des Sachverhalts zu ihrem Territorium statusbegründende Rechtsakte registrieren oder beurkunden lassen. Sollte dies gleichwohl der Fall sein, so gebietet es gerade der hinter Binnenmarkt und Unionsbürgerschaft stehende europäische Gedanke, dass derartige „Entscheidungen" hinzunehmen sind, auch wenn dies aus Sicht des anerkennungspflichtigen Staates in concreto unerwünscht sein mag. Auch ist zu bedenken, dass der EuGH im Internationalen Gesellschaft eine vergleichbare Einschränkung nicht vorgenommen hat und selbt die Gründung reiner „Briefkastengesellschaften" akzeptiert. Er hat den Mitgliedstaaten noch in keinem Fall gestattet, gegen derartige Praktiken den Einwand des ordre public oder des Rechtsmissbrauchs zu erheben.[125] Unbestreitbar birgt ein derart weites Verständnis das Risiko des „race to the bottom", doch könnte dies auch den Druck auf Kommission und Mitgliedstaaten erhöhen, eine sekundärrechtliche Regelung auf den Weg zu bringen.

60 Die potentiell konkurrierende Zuständigkeit mehrer mitgliedstaatlicher Rechte wirft die weitere Frage danach auf, wie ein etwaiger **Stichentscheid zwischen mehreren zuständigen Rechten** zu erfolgen hat, die die Rechtslage unterschiedlich beurteilen. Hier spricht in der Folge der EuGH-Entscheidung „Garcia Avello"[126] viel für ein Wahlrecht der betroffenen Person(en), das diese gegebenenfalls durch Stellung eines Registrierungsantrags bzw Veranlassung einer vergleichbaren öffenlichen Beurkundung ausüben kann (bzw können). Denn geht man davon aus, dass sämtliche parallel berufenen Rechtsordnungen gleichwertig sind (s. Rn 60), so kann nur der Betroffene selbst entscheiden, welche Rechtslage für ihn grundfreiheitlich bzw unionsbürgerrechtlich von Bedeutung ist. Ein Abstellen auf die zeitliche Priorität der unterschiedlichen Statusänderungen bzw ihrer Beurkundung oder Registrierung in den unterschiedlichen Mitgliedstaaten scheidet auch deswegen aus, weil andernfalls diejenigen Mitgliedstaaten, die die betreffende Änderung von Amts wegen registrieren, gegenüber solchen, die einen Antrag verlangen, ohne Grund bevorzugt würden.[127]

61 Der **persönliche Anwendungbereich** der Anerkennungsregeln ist naturgemäß auf denjenigen der Bestimmungen über die Unionsbürgerschaft bzw die Grundfreiheiten beschränkt und erfasst damit allein Marktbürger (in Bezug auf die Grundfreiheiten) bzw Staatsangehörige von Mitgliedstaaten (in Bezug auf die Unionsbürgerschaft, vgl Art. 20 Abs. 1 AEUV).

122 Etwa *Coester-Waltjen*, IPRax 2006, 392, 397; ausf. *Mansel*, RabelsZ 70 (2006), 651, 716; *Funken*, Das Anerkennungsprinzip im internationalen Privatrecht, 67 ff AA *Mayer*, Mélanges Lagarde (2005), 547, 562.

123 *Lagarde*, RabelsZ 68 (2004), 251, 235; *Mansel*, RabelsZ 70 (2006), 651, 700 ff; *Coester-Waltjen*, IPRax 2006, 392, 398; *Kroll*, ZVglRWiss 107 (2008), 320, 335 f; wN bei *Funken*, Das Anerkennungsprinzip im internationalen Privatrecht, S. 72 ff.

124 Insb. *W.-H. Roth*, IPRax 2006, 338, 343 f *Ähnlich Coester-Waltjen*, in: FS Jayme I (2004), S. 121, 126. Evtl. auch *Funken*, Das Anerkennungsprinzip im internationalen Privatrecht, S. 71 ff.

125 Ähnlich *Jayme/Kohler*, IPRax 2004, 481, 483.

126 EuGH 2.10.2003, Rs. C-148/02 „Garcia Avello", Slg 2003, I-11613.

127 Wie hier (alle zum Namensrecht) *Moersdorf-Schulte*, IPRax 2004, 315, 322; *Mansel*, RabelsZ 60 (2006), 651, 703; *Kroll*, ZVglRWiss 107 (2008), 320, 335 f.

Im Hinblick auf die **Rechtsfolgen der Anerkennung** ist weithin einhellige Auffassung, dass den nationalen Rechten die Entscheidung darüber obliegt, wie der Gemeinschaftsrechtsverstoß zu verhindern ist, dh ob insoweit auf kollisions-, verfahrens- oder sachrechtliche Institute zurückgegriffen wird, im Internationalen Gesellschaftsrecht ist freilich eine kollisionsrechtliche Lösung der einzig gangbare Weg.[128] Anders liegt es dagegen beispielsweise im Internationalen Namensrecht. Hier hat etwa der belgische Gesetzgeber einen sachrechtlichen Ansatz gewählt und gestattet den Betroffenen unter vereinfachten Voraussetzungen eine Namensänderung.[129] Im Internationalen Sachenrecht etwa erscheint auch eine Transposition ausländischer in inländische sachenrechtliche Institute denkbar, wobei allerdings eine kollisionsrechtliche Verweisung auf das ausländische Recht zielführender und passgenauer ist. Darüber hinaus ist grundsätzlich die Frage nach der **Methode der Anerkennung** zivilrechtlicher Rechtslagen im Binnenmarkt aufgeworfen. Nur begrenzt zur Problemlösung geeignet ist der zum Teil befürwortete kollisionsrechtliche Weg über eine „Blockverweisung" auf das ausländische Recht desjenigen Mitgliedstaates, dessen rechtliche Beurteilung des Sachverhalts anzuerkennen ist („Ausgangmitgliedstaat").[130] Allerdings ist unbestritten, dass der Ausgangsmitgliedstaat anhand seines eigenen IPR und des hierdurch berufenen Sachrechts über den Sachverhalt entscheidet.[131] Allerdings kann sich die Wirkung der Anerkennung nicht darin erschöpfen, auf den Sachverhalt das Recht anzuwenden, das nach dem ausländischen Recht auf diesen anzuwenden wäre. Denn die ausländische Beurteilung, so wie sie sich in einem „öffentlichen" Akt niedergeschlagen hat, ist auch dann grundsätzlich hinzunehmen, wenn sie versehentlich rechtsfehlerhaft erfolgt ist, wozu auch die Anwendung des aus Sicht des Ausgangsstaates falschen Rechts zählt. Das IPR des Ausgangsstaates kann daher nur insoweit eine Rolle spielen, als es dazu dient, die Grundlage der ausländischen Beurteilung näher zu bezeichnen und Inhalt und Umfang der anzuerkennenden rechtlichen Würdigung zu bestimmen. Andererseits impliziert bereits der Begriff der „Anerkennung", dass die anerkennungspflichtigen Mitgliedstaaten der rechtlichen Würdigung des Sachverhalts durch den Ausgangsstaat im Inland keine weitergehenden Wirkungen zukommen müssen als im Ausgangsstaat. Die etwaige Beweiswirkung einer im Ausland erfolgten Registrierung oder Beurkundung nach dortigem Recht kann daher im Inland unter den gleichen Voraussetzungen widerlegt werden wie im Ausgangsstaat. Man wird insoweit daher ebenso wie im Internationalen Verfahrensrecht von einer **Wirkungserstreckung** auszugehen haben.[132] Zu verneinen ist dagegen die von der EU-Kommission in ihrem Grünbuch „Weniger Verwaltungsaufwand für EU-Bürger" von 2010[133] aufgeworfene Frage nach einer unionsrechtlichen Verpflichtung zur **Anerkennung der in ausländischen Urkunden dokumentierten Statutsverhältnisse**. Eine (Personenstands-)Urkunde hat nur in den seltensten Fällen konstitutive Bedeutung für die in ihr dokumentierten Statusverhältnisse, so dass nicht die Urkunde als solche, sondern allenfalls das in ihr dokumentierte Verhältnis der Anerkennungspflicht unterliegen kann.[134] 62

2. Sekundärrecht, Art. 3 Nr. 1. Seit dem **Vertrag von Amsterdam**[135] verfügt die Gemeinschaft über eine explizite Kompetenz zum Erlass von Rechtsakten zur „Förderung der Vereinbarkeit der in den Mitgliedstaaten geltenden Kollisionsnormen". Diese Zuständigkeit stand allerdings bis zum Inkrafttreten des Vertrages von Lissabon unter dem Vorbehalt, dass die Kollisionsrechtsvereinheitlichung dem „reibungslosen Funktionieren des Binnenmarktes" dienen müsse (vgl ex-Art. 65 lit. b EGV). Ob die Gemeinschaft damit das gesamte Kollisionsrecht auch außerhalb des unmittelbar binnenmarktrelevanten internationalen Wirtschafts- und Verbraucherrechts angleichen konnte, war umstritten.[136] Die bejahende Antwort folgte daraus, dass ex-Art. 67 Abs. 5 EGV eine besondere Regelung für die Beschlussfassung im Bereich derjenigen Rechtsakte enthielt, die nach dem ehem. Titel IV erlassen werden sollten und „familienrechtliche Aspekte" enthielten – die naturgemäß als besonders „binnenmarktfern" anzusehen sind. Dementsprechend beschloss der Rat im sog. Haager Programm von 2004[137] unter anderem, den Erlass von Verordnungen zum Kollisionsrecht der vertraglichen 63

128 Nachw. Rn 54.

129 Grünbuch der Kommission „Weniger Verwaltungsaufwand für EU-Bürger: Den freien Verkehr öffentlicher Urkunden und die Anerkennung von der Rechtswirkungen von Personenstandsurkunden erleichtern" KOM(2010)747 endg.

130 Hierfür *Scherer*, Le nom en droit international privé, Rn 391; ausf. *Mansel*, RabelsZ 70 (2006), 651, 692 f.

131 Demzufolge macht das Anerkennungsprinzip das mitgliedstaatliche Kollisionsrecht auch keineswegs überflüssig, zumal dieses auch im Verhältnis zu Drittstaaten weiterhin anwendbar bleibt, vgl statt aller *Funken*, Das Anerkennungsprinzip im internationalen Privatrecht, 268 f.

132 Unklar *Coester-Waltjen*, FS Jayme I (2004), 121, 125 f: Einzelfallbetrachtung.

133 BGBl. II 1998, S. 387; BGBl. II 1999, S. 296.

134 Wie hier u.a. *Wagner*, DNotZ 2011, 176; *Wissenschaftlicher Beirat des Bundesverbandes der Deutschen Standesbeamtinnen und Standesbeamten e.V.*, StAZ 2011, 165, 171 ff (Rn 19 ff); *Mansel*,.IPRax 2011, 341 f; *Mansel/Coester-Waltjen/Henrich/Kohler*, IPRax 2011, 335, 338 ff, alle mwN.

135 BGBl. II 1998, S. 387; BGBl. II 1999, S. 296.

136 Dazu *Dohrn*, Die Kompetenzen der Europäischen Gemeinschaft im Internationalen Privatrecht (2004); Streinz/*Leible*, Art. 65 EGV Rn 1 ff m. zahlr. Nachw. Krit. zuletzt *Sonnenberger*, IPRax 2011, 325, 326 f mwN auch aus dem französischen Schrifttum.

137 Haager Programm zur Stärkung von Freiheit, Sicherheit und Recht in der Europäischen Gemeinschaft v. 5.11.2004, Ratsdokument 16054/04, abrufbar u.a. http://ec.europa.eu/justice_home/doc_centre/doc/hague_programme_de.pdf.

und außervertraglichen Schuldverhältnisse, zum Erbrecht, zum ehelichen Güterstandsrecht sowie zum Scheidungsrecht anzustreben. Auf der Grundlage der ex-Art. 65 lit. b, ex-Art. 67 EGV sind insbesondere die in Art. 3 Nr. 1 lit. a und lit. b genannten **Verordnungen Rom II und Rom I** ergangen. Zu nennen ist ferner die **EG-Unterhalts-VO** von 2008,[138] die in ihrem Art. 15 eine kollisionsrechtliche Regelung enthält, die am 18.6.2011 in Kraft getreten ist.[139]

64 Seit dem **Vertrag von Lissabon** findet sich die Kompetenz der Gemeinschaft zur Vereinheitlichung des Kollisionsrechts in **Art. 81** Abs. **2** lit. **c AEUV**. Danach kann die Gemeinschaft sämtliche Maßnahmen erlassen, die „die Vereinbarkeit der in den Mitgliedstaaten geltenden Kollisionsnormen" fördern, ohne dass sie dem reibungslosen Funktionieren des Binnenmarktes dienen müssten. Grundsätzlich gelten für den Erlass von Rechtsakten des EuIPR die allgemeinen Regeln des AEUV; allerdings sieht Art. 81 Abs. 3 AEUV für familienrechtliche Rechtsakte ein besonderes, von den allgemeinen Vorschriften abweichendes Gesetzgebungsverfahren vor. So besteht gem. Art. 81 Abs. 3 UA 1 AEUV eine ausschließliche Legislativzuständigkeit des Rates, der zudem mit Einstimmigkeit zu entscheiden und das Parlament lediglich anzuhören hat. Allerdings kann der Rat gem. Art. 81 Abs. 3 UA 2 AEUV auf Vorschlag der Kommission von diesem Verfahren abweichen und einstimmig diejenigen Maßnahmen auf dem Gebiet des Familienrechts bezeichnen, über die im ordentlichen Gesetzgebungsverfahren zu entscheiden ist. Auf der Grundlage des neuen Rechts erlassen worden ist bereits die Verordnung über das auf die **Ehescheidung** anwendbare Recht etc. (Rom III-VO bzw EU-ScheidungsVO).[140] Zu nennen sind ferner die in Rn 3 genannten Vorschläge für Verordnungen auf dem Gebiet des Internationalen Erbrechts sowie des Güterrechts der Eheleute und gleichgeschlechtlichen Partner.

65 Hinsichtlich der Form etwaiger sekundärrechtlicher Rechtsakte ist zu unterscheiden. Gem. **Art. 3 Nr. 1 lit. a** haben die Kollisionsnormen der Verordnungen „Rom II"[141] und „Rom I"[142] sowie des Haager Unterhaltsübereinkommens Vorrang vor den Bestimmungen des EGBGB. Obwohl Art. 3 Nr. 1 lit. a lediglich den Vorrang der genannten **Verordnungen** (bzw Rechtsakte) festschreibt, gilt Gleiches selbstredend auch für sonstige **unmittelbar anwendbare Rechtsakte** der Gemeinschaft, dh für sonstige Verordnungen, Entscheidungen und unmittelbar anwendbare völkerrechtliche Verträge der Gemeinschaft mit anderen Staaten, soweit diese Kollisionsnormen enthalten sollten. Da der Anwendungsvorrang des Gemeinschaftsrechts vor den mitgliedstaatlichen Rechten sowohl aus Sicht des europäischen wie des deutschen Rechts außer Frage steht, kommt Art. 3 Nr. 1 nur **deklaratorische Bedeutung** zu.[143]

66 In **Richtlinien** enthaltene Kollisionsnormen sind von den Mitgliedstaaten in ihr jeweiliges nationales Recht umzusetzen. Etwaige Umsetzungsfehler sind im Wege der richtlinienkonformen Auslegung des nationalen Rechts zu beheben. Sollte eine richtlinienkonforme Auslegung scheitern, kommt ein Anspruch des durch den Umsetzungsfehler Geschädigten nach den Grundsätzen der gemeinschaftsrechtlichen Haftung der Mitgliedstaaten für legislatives Unrecht in Betracht.[144] Demgegenüber wirkt Richtlinienkollisionsrecht wegen des **Verbots der horizontalen Drittwirkung** von Richtlinien im Verhältnis zwischen Privaten[145] – auch im Bereich des Verbraucherschutzrechts – nicht unmittelbar anspruchsbegründend, -ausschließend oder -modifizierend.[146]

67 Fragen zur **Auslegung des Gemeinschaftsrechts** sind von den mitgliedstaatlichen Gerichten gem. Art. 267 AEUV dem EuGH vorzulegen. Die unter Geltung des ex-Art. 68 Abs. 1 EGV bestehende Einschränkung des Vorlagerechts in Bezug auf Rechtsakte, die auf der Grundlage des ex-Art. 65 EGV ergangen sind,[147] ist mit Inkrafttreten des AEUV erfreulicherweise entfallen. Der AEUV enthält keine spezielle Übergangsregelung die klären würde, ob sich die unbeschränkte Vorlagebefugnis nach neuem Recht allein auf Rechtsakte bezieht, die unter Geltung des AEUV erlassen worden sind oder ob sie auch bereits unter dem alten Recht erlassene Rechtsakte erfasst. Dennoch ist von Letzterem auszugehen, so dass nunmehr auch nicht letztinstanzliche Gerichte Fragen zur Auslegung von auf der Grundlage des ex-Art. 65 EGV erlassenen Verordnungen vorlegen

138 Verordnung (EG) Nr. 4/2009 des Rates v. 18.12.2008 über die Zuständigkeit, das anwendbare Recht, die Anerkennung und Vollstreckung von Entscheidungen und die Zusammenarbeit in Unterhaltssachen, ABl 2009 Nr. L 7/1.
139 Vgl Art. 76.
140 Nachw. o Fn 1.
141 Verordnung (EG) Nr. 864/2007 des Europäischen Parlaments und des Rates v. 11.7.2007 über das auf außervertragliche Schuldverhältnisse anzuwendende Recht (Rom II), ABl L 199/40.
142 Verordnung (EG) Nr. 593/2008 des Europäischen Parlaments und des Rates v. 17.6.2008 über das auf vertragliche Schuldverhältnisse anzuwendende Recht (Rom I), ABl. L 177/6.
143 Unstr., vgl MüKo/*Sonnenberger*, Art 3 Rn 16 mwN.
144 Seit EuGH verb. Rs. C-6/90 u. C-9/90 „Frankovich u.a./Italien", Slg 1991, I-5357 = NJW 1992, 165.
145 EuGH Rs. C-91/92 „Facchini Dori/Recreb", Slg 1994, I-3325 Rn 22 ff = NJW 1994, 2423.
146 EuGH Rs. C-192/94 „El Corte Inglès", Slg 1996, I-1281 Rn 15 ff = NJW 1996, 1401. Zur kollisionsrechtlichen Durchsetzung materiellrechtlicher Verbraucherschutzvorschriften des nationalen Rechts, das auf Richtlinienvorgaben beruht Reithmann/Martiny/*Freitag*, Internationales Vertragsrecht, Rn 414 ff sowie BGHZ 135, 124, 136 = NJW 1997, 1697 = IPRax 1998, 285 m.Anm. *Ebke* = RIW 1997, 875 m.Anm. *Mankowski*.
147 Vorlageberechtigt waren danach allein letztinstanzliche Gerichte.

dürfen. Eine Perpetuierung der bereits unter altem Recht europa-verfassungrechtlich bedenklichen und erheblicher Kritik ausgesetzten Einschränkung des Vorlagerechts widerspräche ersichtlich dem Willen der Vertragsparteien des AEUV, da man den Bereich der justiziellen Zusammenarbeit nunmehr weitestgehend in das allgemeine Gefüge des Primärrechts einbinden und endgültig „vergemeinschaften“ wollte.

III. Gemeinschaftsrecht als Schranke des mitgliedstaatlichen IPR

Vorrangiges europäisches Recht beschränkt nationales Kollisionsrecht, wenn einzelne Normen oder ihre Anwendung **gegen das primäre oder sekundäre Gemeinschaftsrecht verstoßen**. Insbesondere ist bei der Wahl der Anknüpfungspunkte darauf zu achten, dass nicht unter Verstoß gegen das Diskriminierungsverbot des Art. 18 AEUV bzw die Grundfreiheiten EU-Ausländers anders (schlechter) als Deutsche behandelt werden. So wurden die deutschen Vorschriften des IZPR zur Prozesskostensicherheit für Ausländer im Anwendungsbereich des ehem. EG-Vertrages für unzulässig erklärt.[148] Ebenso dürfte aus der Entscheidung des EuGH „Garcia Avello“ folgen, dass Art. 5 Abs. 1 S. 2 wegen Verstoßes gegen das Diskriminierungsverbot des Art. 18 AEUV unanwendbar ist, als er zur einseitigen Bevorzugung der deutschen Staatsangehörigkeit auch dann zwingt, wenn ein Mehrstaater neben der deutschen auch über die Staatsangehörigkeit eines anderen Mitgliedstaates verfügt.[149] Dagegen verstößt es nicht per se gegen EG-Recht, wenn inländisches Kollisionsrecht überhaupt an die Staatsangehörigkeit anknüpft, solange dies in nicht diskriminierender Weise geschieht. Das wurde schon früher anerkannt[150] und folgt heute daraus, dass auch das EU-Sekundärrecht selbst (insbesondere im Internationalen Zuständigkeitsrecht) häufig an die Nationalität anknüpft. Eine andere Frage ist diejenige, ob natürliche Personen, die die Staatsangehörigkeit mehrerer Mitgliedstaaten besitzen, in Bezug auf personenrechtliche Fragestellungen (Statusfragen) dann im Sinne einer Alternativanknüpfung zwischen diesen unterschiedlichen Nationalitäten wählen dürfen; die Frage ist zu bejahen (näher Rn 54 ff, 60). 68

Kein Verstoß gegen den AEUV liegt dagegen per se darin, dass auf Sachverhalte mit Bezug zum EU-Ausland anderes Recht angewendet wird als auf reine Inlandssachverhalte. Denn die Gemeinschaft hat die unterschiedlichen Zivilrechtsordnungen der Mitgliedstaaten vorgefunden, so dass es bei grenzüberschreitenden Sachverhalten stets der Bestimmung des anwendbaren Rechts bedarf. 69

E. Vorrang staatsvertraglichen IPR, Art. 3 Nr. 2

I. Grundlagen

1. Allgemeines. Gem. Art. 3 Nr. 2 gehen in von der Bundesrepublik unterzeichneten völkerrechtlichen Verträgen enthaltene Kollisionsnormen dem autonomen deutschen IPR vor. Voraussetzung hierfür ist, dass der Bundestag die Bundesregierung zur Vertragsunterzeichnung nach Maßgabe der Art. 23, 59 GG durch Verabschiedung eines Ratifikationsgesetzes ermächtigt und das Abkommen anschließend von der Regierung ratifiziert wird. Regelmäßig weiterhin erforderlich ist zudem die Hinterlegung einer Ratifikationsurkunde bei der anderen Vertragspartei bzw einem Depositar, bei multilateralen Verträgen gegebenenfalls auch die Hinterlegung einer bestimmten Mindestzahl von Ratifikationsurkunden auch durch andere Vertragsstaaten. **Nachweise** zu den geltenden völkerrechtlichen Vereinbarungen der Bundesrepublik finden sich im jeweils zum Jahresende erscheinenden Fundstellennachweis B zum BGBl. II sowie den Textammlungen von *Jayme/Hausman, Bülow/Böckstiegel/Geimer/Schütze* und *Bergmann/Ferid*. 70

Ob ein Staatsvertrag überhaupt Kollisionsnormen enthält, ist durch Auslegung zu ermitteln. Erforderlich ist jedenfalls, dass die betreffende Vorschrift so **bestimmt** gefasst ist, dass Einzelne aus ihr Rechte herleiten können („self executing“), was bei explizit kollisionsrechtlichen Abkommen allerdings kaum Probleme bereiten wird. **Keine Anwendung** findet ein von der Bundesrepublik ratifizierter völkerrechtlicher Vertrag, wenn die Bundesrepublik seine innerstaatliche Anwendung durch einen entsprechenden Vorbehalt im Zustimmungsgesetz ausdrücklich ausschließt (so geschehen im Fall des Europäischen Übk. über das auf schuldrechtliche Verhältnisse anwendbare Recht von 1980 – EVÜ,[151] das mittlerweile allerdings durch die Rom I-VO ersetzt worden ist). Dagegen finden sich zwar die Kollisionsregeln des Haager Testamentsübk. von 1961[152] und des Haager Unterhaltsabkommen von 1973[153] in den Art. 18 bzw Art. 26 wider. Doch handelt es sich hierbei lediglich um eine klarstellende Übernahme des Konventionsrechts in das EGBGB, die die originär 71

148 EuGH Rs. C-20/92 „Hubbard/Hamburger“, Slg 1993-I, 3777 Rn 14 = NJW 1993, 2431 = IPRax 1994, 203 m.Anm. *Kaum*; EuGH Rs. C-323/95 „Hayes/Kronenberger“, Slg 1997-I, 1711 Rn 5 = RIW 1997, 419 m.Anm. *Schütze*.

149 Zweifelnd *Moersdorf-Schulte*, IPRax 2004, 315, 324.

150 Ausf. *Freitag*, Der Einfluss des Europäischen Gemeinschaftsrechts, 390 ff mwN.

151 BGBl. II 1986, S. 810.

152 BGBl. II 1965, S. 1145.

153 BGBl. II 1986, S. 837.

völkervertragsrechtliche Geltung der beiden Abkommen nicht in Frage stellt, auch wenn es auf diese wegen der weitgehenden Wortlautidentität zwischen EGBGB und den Abkommen kaum je ankommt.

72 **2. Besonderheiten staatsvertraglicher Kollisionsnormen.** Staatsvertragliche Kollisionsnormen sind zT abweichend vom autonomen IPR zu behandeln. Das betrifft zunächst ihre **Auslegung**. Völkerrechtliche Abkommen sind grundsätzlich autonom, dh. nach eigenen völkerrechtlichen Maßstäben namentlich der Wiener Vertragsrechtskonvention auszuegen, um die bezweckte Rechtsvereinheitlichung zu erreichen und zwar auch dann, wenn die vertraglichen Kollisionsnorm in deutsches Recht umgesetzt wurden.[154] Zu beachten ist, dass für die Auslegung nur die Fassungen der Abkommen in den sog. **„authentischen Vertragssprachen"** verbindlich sind. Diese werden im jeweiligen Vertrag definiert.

73 Ferner lassen staatsvertragliche Kollisionsnormen grundsätzlich **keine Rück- bzw Weiterverweise** im Sinne des Art. 4 Abs. 1 zu (s. hierzu Art. 4 Rn 22). **Vor- bzw Erstfragen** in staatsvertraglichen Kollisionsnormen sind nach den in Rn 30 dargelegten Grundsätzen selbständig anzuknüpfen.

74 Anlässlich von **Staatensukzessionen**, dh der Entstehung neuer Staaten bzw des Aufgehens bislang selbständiger Gebietseinheiten in anderen Staaten, stellt sich die allgemeine völkerrechtliche Frage nach dem Schicksal der von den jeweiligen Staaten geschlossenen völkerrechtlichen Verträge auf dem Gebiet des IPR. In Bezug auf die Besonderheiten dieser Materie ist auf das weiterführende Schrifttum zu verweisen.[155]

II. Art. 3 Nr. 2

75 Da die Ratifikation völkerrechtlicher Abkommen in Deutschland durch einfaches Bundesgesetze erfolgt, wäre ohne Art. 3 Nr. 2 daran zu denken, den Grundsatz des Vorrangs der lex posterior anzuwenden, so dass spätere einfache Gesetze die Abkommen ändern könnten. Dies wird durch Art. 3 Nr. 2 im Sinne des **Vorrangs des Abkkommens** ausgeschlossen. Ob Art. 3 Nr. 2 auch den Vorrang von Abkommen gegenüber solchen Vorschriften des EGBGB anordnet, die von der Bundesrepublik zwar ratifiziert sind, jedoch in das EGBGB inkorporiert wurden, ist zwar umstritten, aber wegen der inhaltsgleichen Umsetzung der Abkommen im EGBGB ohne praktische Bedeutung.[156]

Art. 3 a EGBGB Sachnormverweisung; Einzelstatut

(1) Verweisungen auf Sachvorschriften beziehen sich auf die Rechtsnormen der maßgebenden Rechtsordnung unter Ausschluss derjenigen des Internationalen Privatrechts.

(2) Soweit Verweisungen im Dritten und Vierten Abschnitt das Vermögen einer Person dem Recht eines Staates unterstellen, beziehen sie sich nicht auf Gegenstände, die sich nicht in diesem Staat befinden und nach dem Recht des Staates, in dem sie sich befinden, besonderen Vorschriften unterliegen.

Literatur: s. die Schrifttumsangaben bei Art. 3.

A. Überblick

1 Art. 3 a nF schreibt die zuvor in Art. 3 Abs. 2, Abs. 3 aF enthaltenen Regelungen wortlautidentisch fort (zur Entstehungsgeschichte vgl Art. 3 Rn 2) und dient gemeinsam mit Art. 4 der Normierung allgemeiner Grundsätze der kollisionsrechtlichen Verweisungstechnik. Art. 3 a Abs. 1 enthält eine (der Sache nach an sich selbstverständliche und daher entbehrliche) Legaldefinition der „Sachnormverweisung" und steht daher in unmittelbarem systematischem Zusammenhang mit Art. 4 Abs. 1, von dem er ohne Not räumlich getrennt wurde.[1] Demgegenüber befasst sich Art. 3 a Abs. 2 mit der Frage des Umfangs der Verweisung derjenigen familien- und erbrechtlichen Kollisionsnormen des EGBGB, die das Vermögen einer natürlichen Person als Ganzes adressieren. Derartige Verweisungen können mit solchen ausländischen Rechten kollidieren, die für einzelne

154 BGHZ 52, 216, 219 f = NJW 1969, 2083; BGH NJW 1976, 1583, 1584 (dazu *Geimer*, WM 1977, 66 ff).

155 Näher *Kondring*, IPRax 1996, 161 ff; *Busse*, IPRax 1998, 155 ff; *Großerichter/Bauer*, RabelsZ 65 (2001), 201 ff; MüKo/*Sonnenberger*, Einl. IPR Rn 122, 317; Staudinger/*Sturm/Sturm* (2003), Einl. Rn 463 ff; vgl auch *OLG Zweibrücken*, NJW 1995, 536 = IPRax 1996, 28 (*Kondring* 161).

156 Offen gelassen bei BGH NJW 2001, 2387, m.Anm. *Meyer-Mews* = IPRax 2001, 454 f m.Anm. *Matscher*; FamRZ 2001, 412.

1 Krit. zur Systematik auch PWW/*Mörsdorf-Schulte*, Art. 3 a Rn 1.

Vermögensgegenstände (insbesondere für unbewegliche Sachen), die in ihrem Hoheitsgebiet belegen sind, die Geltung des eigenen Rechts anordnen.

B. Sachnorm- und Gesamtverweisung, Abs. 1

Die Verweisung auf ausländisches Recht[2] kann einen unterschiedlichen Umfang haben: Manche Kollisions- 2
normen berufen das Recht des betreffenden ausländischen Staates in seiner Gesamtheit, dh einschließlich des dortigen Kollisionsrechts. Bei einer derartigen sog. Gesamtverweisung ist zunächst zu ermitteln, ob das ausländische IPR die Verweisung annimmt oder aufgrund abweichender kollisionsrechtlicher Wertungen auf die deutsche oder eine dritte Rechtsordnung zurück- bzw weiterverweist (sog. Renvoi). Denkbar ist aber auch, dass das inländische IPR direkt auf ausländisches Sachrecht verweist (sog. Sachnormverweisung). In Bezug auf die letztgenannte Kategorie von Kollisionsnormen stellt Art. 3 a Abs. 1 im Sinne einer Begriffsklärung fest, dass dann, wenn eine inländische Kollisionsnorm allein ausländische Sachvorschriften beruft, das ausländische IPR nicht zu prüfen ist. Dass das deutsche IPR das ausländische Kollisionsrecht ignorieren kann, versteht sich von selbst, da das ausländische Recht überhaupt nur aufgrund der Anordnung des inländischen Rechts zur Anwendung gelangt. Demgegenüber klärt Art. 3 a Abs. 1 nicht die praktisch wie auch theoretisch entscheidende und im Einzelfall häufig umstrittene Frage, ob eine Gesamt- oder Sachnormverweisung vorliegt. Diesbezüglich ist auf den Wortlaut der einschlägigen Kollisionsnorm sowie auf die ausführliche Kommentierung zu Art. 4 Abs. 1, Abs. 2 zu verweisen.

C. Einzel- und Gesamtstatut, Abs. 2

I. Allgemeines

Gem. Art. 3 a Abs. 2 gelten solche Verweisungen der das Internationale Familien- und Erbrecht regelnden 3
Art. 13–26, die sich auf das Vermögen einer Person als Ganzes beziehen, nicht für Vermögensgegenstände, die erstens nicht in dem Staat der vom deutschen IPR berufenen lex causae belegen sind und die zweitens nach dem Recht des Staates, in dem sie sich befinden, „besonderen Vorschriften" unterliegen. Die Vorschrift erklärt sich vor dem Hintergrund, dass die Art. 14, 15, 17, 21, 24, 25 im Sinne einer Globalverweisung das anwendbare Recht für das Vermögen einer Person als Ganzes bestimmen (zur Ablösung des Art. 17 durch die EuScheidungsVO bzw „Rom III-VO" ab Juni 2012 sowie zur geplanten europäischen Regelung des Güterrechts durch EU-Verordnungen vgl Art. 3 Rn 3). Art. 3 a Abs. 2 ordnet eine Ausnahme hiervon an, soweit der Staat der Belegenheit einzelner Vermögensgegenstände in Bezug auf diese eine abweichende Anknüpfung vorsieht; zumeist wird der Belegenheitsstaat unbewegliche, in manchen Fällen auch bewegliche Sachen oder Vermögensgegenstände (Forderungen und sonstige Rechte) zwingend seinem eigenen Recht unterstellen. Hauptanwendungsfall des Art. 3 a Abs. 2 ist die Rechtsnachfolge von Todes wegen in ausländisches Immobilienvermögen (zu den Einzelheiten sogleich Rn 5 ff).

Die **rechtspolitische Begründung** des Art. 3 a Abs. 2 ist **umstritten**, da die Vorschrift die Wertungen des 4
deutschen IPR zugunsten derjenigen des betreffenden Belegenheitsrechts aufgibt.[3] Zum Teil wird Art. 3 a Abs. 2 als Ausdruck von „Courtoisie" oder Rücksichtnahme gegenüber dem ausländischen Recht verstanden. Das kann freilich nicht recht überzeugen, da ein derartiges Zurückweichen der Vorstellungen des eigenen IPR vor den kollisionsrechtlichen Wertungen anderer Staaten im übrigen IPR nicht verbreitet ist – das inländische IPR will sich üblicherweise auch notfalls gegen andere Rechte durchsetzen und macht nur ausnahmsweise dort Konzessionen, wo diese gänzlich unvermeidlich sind. Der gleiche Einwand spricht gegen die These, die Vorschrift diene der Herbeiführung des internationalen Entscheidungseinklangs, dh in der Vermeidung von Normwidersprüchen zwischen deutschem und dem relevanten ausländischen Recht. Andere gehen davon aus, dass hinter der Vorschrift ein grundsätzlicher Vorrang des Einzel- vor dem Gesamtstatut stehe, ohne freilich den dogmatischen Grund dieses Prinzips zu erläutern, der allenfalls in der Skepsis des deutschen Rechts vor seinen eigenen Anknüpfungen bestehen könnte. Überzeugender erscheint die Annahme, dass Art. 3 a Abs. 2 dem ausländischen Recht deswegen Vorrang vor dem inländischen IPR einräumt, weil eine Durchsetzung der deutschen kollisionsrechtlichen Vorstellungen entgegen den zwingenden lokalen Vorgaben spätestens im Rahmen der Zwangsvollstreckung, die jedenfalls in Bezug auf (bewegliche und unbewegliche) Sachen notwendig im Staat ihrer Belegenheit stattfinden muss, in der Praxis ohnedies keinen Erfolg verspricht.[4] Auch

2 Verweise auf inländisches Recht sind kraft Natur der Sache als Sachnormverweise zu verstehen, vgl Art. 4 Rn 25.

3 Ausf. *Thoms*, Einzelstatut bricht Gesamtstatut, 53 ff; MüKo/*Sonnenberger*, Art. 3 a Rn 5 f; Staudinger/*Hausmann* (2003), Art. 3 aF Rn 41 ff.

4 BT-Drucks. 10/504, S. 36; BGHZ 131, 22, 29 f = IPRax 1997, 41 m.Anm. *Solomon*; Palandt/*Thorn*, Art. 3 a Rn 3; Erman/*Hohloch*, Art. 3 aF Rn 13; Bamberger/Roth/*Lorenz*, Art. 3 aF Rn 10; vgl auch MüKo/*Sonnenberger*, Art. 3 a Rn 6.

diese Deutung ist nicht frei von Bedenken, da immerhin deutsche Urteile im Belegenheitsstaat vollstreckt werden könnten, soweit das dortige Anerkennungsrecht die Geltung eines anderen Rechts als der lex rei sitae nicht als Anerkennungshindernis sieht, dh keine kollisionsrechtliche Konformität der deutschen Entscheidung mit den dortigen Grundsätzen verlangt. Jedenfalls aber werden zahlreiche Gläubiger bereits aus Zeit- und Kostengründen ihr Recht unmittelbar im Belegenheitsstaat suchen und sind in diesem Fall von Vornherein einer anderen Anknüpfung ausgesetzt als vor den deutschen Gerichten. Dass das deutsche Gericht sich dieser sehr praktischen Erkenntnis nicht verschließt, erscheint ebenso sinnvoll wie die durchaus vergleichbare Regelung des Art. 11 Abs. 4.

5 Ob das künftige **EuIPR** auf den Gebieten des Internationalen Familien- und Erbrechts eine dem Art. 3 a Abs. 2 vergleichbare Regelung enthalten wird, ist zweifelhaft. Jedenfalls enthält der Vorschlag der Kommission für eine Verordnung über die Zuständigkeit, das anzuwendende Recht, die Anerkennung und die Vollstreckung von Entscheidungen und öffentlichen Urkunden in Erbsachen sowie zur Einführung eines Europäischen Nachlasszeugnisses[5] keine entsprechende Regelung, insbesondere auch nicht in seinem Art. 21, der sich mit Sondervorschriften von Mitgliedstaaten befasst, in denen einzelne Nachlassgegenstände belegen sind. Den Mitgliedstaaten der Belegenheit ist es danach lediglich gestattet, bestimmte Formvorschriften für Annahme oder Ausschlagung der inländischen Erbschaft vorzusehen (Abs. 1) bzw den automatischen Anfall der inländischen Erbschaft von der Begleichung von Steuerschulden abhängig zu machen (Abs. 2 Nr. 2) oder den Übergang des inländischen Nachlasses auf den bzw die Erben an das Vorliegen einer Verfügung („Einantwortung") durch einen Nachlassverwalter oder eine vergleichbare Amtsperson zu knüpfen (Abs. 2 Nr. 1).

II. Einzelheiten

6 Welche Vermögensgegenstände in den **Anwendungsbereich** der Sonderregelungen des ausländischen Belegenheitsrechts fallen, bestimmt dieses selbst.[6] Es wird sich um unbewegliche oder bewegliche körperliche Gegenstände, aber auch um Forderungen etc. handeln.[7] Ob sich ein Vermögensgegenstand dagegen in dem betreffenden ausländischen Staat befindet, entscheidet nach herrschender Auffassung[8] das deutsche Recht. Dem ist in Anbetracht des Normzwecks (dazu Rn 4) zu folgen, da nur bei effektiver Belegenheit der Nachlassgegenstände im Ausland (im Sinne des deutschen Rechts) die Gefahr besteht, dass der ausländische Belegenheitsstaat die Durchsetzung der deutschen kollisionsrechtlichen Vorstellungen in der Praxis verhindern kann.

7 Zu den Sondervorschriften des ausländischen Rechts, die ein von der Globalverweisung abweichendes Sonderregime anordnen, zählen nur solche, die in Bezug auf einzelne Vermögensgegenstände wegen deren Belegenheit eine Sonderregelung treffen. Unter Art. 3 a Abs. 2 fallen unzweifelhaft Vorschriften, die ein **materiellrechtliches Sonderregime** für bestimmte Vermögensgegenstände begründen.[9] Dazu zählt insbesondere die Begründung von Sondervermögen, die vom Gesamtvermögen abgesondert sind, etwa bei der Sondernachfolge des Hoferben bei Anerbrechten betreffend land- und forstwirtschaftliche Anwesen iSd Art. 68,[10] sowie bei den Lehen und Fideikommissionen nach früherem Recht.[11] Umstritten ist die Anwendung von Art. 3 a Abs. 2 auf die erbrechtliche Nachfolge in deutsche Personengesellschaften. Allerdings spielt es im Ergebnis keine Rolle, ob man die Nachfolge in eine GbR, OHG oder KG (zu Recht) bereits im Wege der Qualifikation aus dem Anwendungsbereich der Art. 25, 26 ausklammert und dem Gesellschaftsstatut zuordnet[12] oder sie zwar (zu Unrecht) als vom Erbstatut grundsätzlich erfasst ansieht, den Vorrang des Gesellschaftsrechts aber über Art. 3 a Abs. 2 sicherstellt.[13]

5 KOM(2009) 154.
6 BayObLGZ 1998, 242, 247 = IPRax 2000, 309, 312 m.Anm. *Andrae*; KG FGPrax 2000, 244, 245; KG RPfleger 2001, 79, 80.
7 BayObLG aaO; PWW/*Mörsdorf-Schulte*, Art. 3 a Rn 11; MüKo/*Sonnenberger*, Art. 3 a Rn 22; Palandt/*Thorn*, Art. 3 a Rn 5; aA insb. *Stoll*, in: FS Kropholler (2008), S. 247, 249 Fn 11: Beschränkung des Art. 3 a Abs. 2 auf Immobilien.
8 BayObLG und KG aaO; wohl auch BGHZ 131, 22, 28 = ZIP 1995, 1775 = IPRax 1997, 41 m.Anm. *Solomon*; PWW/*Mörsdorf-Schulte*, Art. 3 a Rn 11; MüKo/*Sonnenberger* Art. 3 a Rn 22.
9 Palandt/*Thorn*, Art. 3 a Rn 5; Erman/*Hohloch* Art. 3 aF Rn 16; Staudinger/*Hausmann* (2003), Art. 3 aF Rn 58.
10 BGH MDR 1965, 818 f; OLG Oldenburg, IPRspr 1979 Nr. 135.
11 Ausf. Nachw. MüKo/*Sonnenberger*, Art. 3 a Rn 22 ff.
12 Ebenso PWW/*Mörsdorf-Schulte*, Art. 3 a Rn 5; MüKo/*Sonnenberger*, Art. 3 a Rn 23; Palandt/*Thorn*, Art. 25 Rn 15; Staudinger/*Hausmann* (2003), Art. 3 aF Rn 75; Bamberger/Roth/*Lorenz*, Art. 3 aF Rn 12.
13 So Erman/*Hohloch*, Art. 3 aF Rn 16.

Mittlerweile weithin anerkannt ist, dass Art. 3 a Abs. 2 auch auf **kollisionsrechtliche Sonderregelungen**, insb. in Bezug auf die Anknüpfung der erbrechtlichen Nachfolge in Immobilien, anwendbar ist.[14] Derartige Vorschriften ausländischer Rechte (insb. des anglo-amerikanischen Rechtskreises, aber auch Rumäniens[15] und wegen § 25 Abs. 2 RAG auch der ehem. DDR),[16] stellen den Großteil der Anwendungsfälle der Vorschrift. Soweit die Art. 25, 26 zur Geltung des Rechts eines Staates führen, der Nachlass aber auch Grundstücke in einem Staat etwa der USA umfasst, die nach dem Kollisionsrecht dieses Staates wegen ihrer Belegenheit zwingend dessen Recht unterliegen, ist dies zu beachten. Das führt im Ergebnis zur Nachlassspaltung. Nicht unter Art. 3 a Abs. 2 fallen demgegenüber ausländische Kollisionsregeln, die nicht an die Belegenheit der Vermögensgegenstände anknüpfen, sondern lediglich eine von der deutschen Anknüpfung abweichende Verweisung enthalten.[17] Ebenfalls unanwendbar ist Art. 3 a Abs. 2 auf im Wege der Gesamtrechtsnachfolge von Todes wegen übergegangene Ansprüche nach dem Vermögensgesetz, die daraus resultieren, dass Immobilienbesitz des Erblassers in der ehem. DDR enteignet wurde.[18] 8

Ob und inwieweit die aus dem Auseinanderfallen von Gesamtstatut und Einzelstatut resultierenden **Wertungswidersprüche** im Wege der Angleichung (s. dazu Art. 3 Rn 38) zu bewältigen sind, ist insbesondere unter Berücksichtigung von Inhalt und Zweck der deutschen Globalverweisung zu beurteilen. Insoweit ist auf die diesbezüglichen Kommentierungen zu verweisen. So ist etwa im Bereich der Art. 25, 26 die durch Art. 3 a Abs. 2 bewirkte Nachlassspaltung grundsätzlich zu beachten, dh die jeweiligen Teile des Nachlasses sind wie gesonderte Nachlässe („Spaltnachlässe") zu behandeln, ohne dass ein Ausgleich zwischen ihnen stattfinden würde, selbst wenn dies zur Reduzierung von Pflichtteilen führt,[19] falls nicht die Anwendung der beiden Rechte zu Resultaten führt, die dem Willen des Erblassers widersprechen (ausf. dazu die Kommentierung zu Art. 25). 9

Keine Anwendung findet Art. 3 a Abs. 2 auf **öffentlich-rechtliche Genehmigungserfordernisse** für den Grundstücksverkehr, da diesen allenfalls eingriffsrechtlicher Charakter eignet.[20] Insoweit sind daher die bei Art. 9 Rom I-VO dargestellten Grundsätze entsprechend heranzuziehen. Ebenfalls unanwendbar ist Art. 3 a Abs. 2 auf Regelungen über die **Zuweisung von Hausrat und Ehewohnung bei Getrenntleben** der Eheleute, insoweit gilt Art. 17 a, für den Versorgungsausgleich ist Art. 17 Abs. 3 vorrangig. 10

Art. 4 EGBGB Rück- und Weiterverweisung; Rechtsspaltung

(1) [1]Wird auf das Recht eines anderen Staates verwiesen, so ist auch dessen Internationales Privatrecht anzuwenden, sofern dies nicht dem Sinn der Verweisung widerspricht. [2]Verweist das Recht des anderen Staates auf deutsches Recht zurück, so sind die deutschen Sachvorschriften anzuwenden.

(2) Soweit die Parteien das Recht eines Staates wählen können, können sie nur auf die Sachvorschriften verweisen.

(3) [1]Wird auf das Recht eines Staates mit mehreren Teilrechtsordnungen verwiesen, ohne die maßgebende zu bezeichnen, so bestimmt das Recht dieses Staates, welche Teilrechtsordnung anzuwenden ist. [2]Fehlt eine solche Regelung, so ist die Teilrechtsordnung anzuwenden, mit welcher der Sachverhalt am engsten verbunden ist.

Literatur: s. die Schrifttumsangaben bei Art. 3.

14 BGH NJW 1993, 1920, 1921 = IPRax 1994, 375 m.Anm. *Dörner*; BayObLG NJW-RR 1990, 1033 = FamRZ 1990, 1223; BayObLGZ 2003, 68, 72 = FamRZ 2003, 1595; PWW/*Mörsdorf-Schulte*, Art. 3 a Rn 10; MüKo/*Sonnenberger*, Art. 3 a Rn 17; Palandt/*Thorn*, Art. 3 a Rn 6; Staudinger/*Hausmann* (2003), Art. 3 aF Rn 61 f; Erman/*Hohloch*, Art. 3 aF Rn 17; Bamberger/Roth/*Lorenz*, Art. 3 aF Rn 13. AA *Thoms*, Einzelstatut bricht Gesamtstatut, S. 53 ff.

15 BayObLGZ 1996, 165 ff = NJW-RR 1997, 201 = FamRZ 1997, 318.

16 Dazu etwa BGHZ 131, 22, 26 f = ZIP 1995, 1775 = IPRax 1997, 41 m.Anm. *Solomon*; BGHZ 146, 311, 313 f = NJW 2001, 2396; BayObLG NJW 2003, 216, 217 = FamRZ 2003, 121; BayObLG FamRZ 2003, 1327, 1330.

17 Unstr., BayObLGZ 2003, 68, 72 = FamRZ 2003, 1595; OLG Zweibrücken, FamRZ 1998, 263, 264 = IPRax 1999, 110 m.Anm. *Kartzke*; Palandt/*Thorn*, Art. 3 a Rn 6 aE; Erman/*Hohloch*, Art. 3 aF Rn 19.

18 BGHZ 131, 22 ff = ZIP 1995, 1775 = IPRax 1997, 41 m.Anm. *Solomon*; KG FamRZ 1996, 569 ff.

19 BGH NJW 1993, 1920, 1921 = IPRax 1994, 375 m.Anm. *Dörner*.

20 BGH NJW 1969, 369; PWW/*Mörsdorf-Schulte*, Art. 3 a Rn; MüKo/*Sonnenberger*, Art. 3 a Rn 17; Palandt/*Thorn*, Art. 3 a Rn 5; Erman/*Hohloch*, Art. 3 aF Rn 16.

A. Überblick

1 Art. 4 normiert gemeinsam mit Art. 3 a Grundfragen der Verweisungstechnik des deutschen IPR und behandelt zwei **zentrale Aspekte des Umfangs der Verweisung**. Die Art. 4 Abs. 1 und Abs. 2 befassen sich mit der Frage, ob im Fall der Verweisung auf ausländisches Recht aus deutscher Sicht auch ausländisches IPR zu beachten oder allein das dortige Sachrecht anzuwenden ist. Demgegenüber regelt Art. 4 Abs. 3 den Sonderfall, dass das Privatrecht des ausländischen Staates, auf das vom deutschen IPR verwiesen wird, territorial „zersplittert" ist, weil in unterschiedlichen Teilgebieten (Gliedstaaten, Provinzen etc.) unterschiedliche Privatrechte gelten.

B. Gesamt- und Sachnormverweisung, Abs. 1, Abs. 2

I. Allgemeines

2 **1. Rechtspolitische Hintergründe.** Nach Art. 4 Abs. 1 S. 1 Hs 1 gilt im autonomen deutschen IPR der **Grundsatz der Gesamt- oder Kollisionsnormverweisung**,[1] dh ausländisches Recht, auf das vom deutschen IPR aus verwiesen wird, ist grundsätzlich einschließlich seines IPR anzuwenden. Die Kollisionsnormen des ausländischen Rechts sind demnach daraufhin zu untersuchen, ob sie zur Geltung ihres eigenen Sachrechts führen (Annahme der Verweisung), oder ob sie ihrerseits auf ein drittstaatliches Recht weiter- bzw auf das deutsche Recht zurückverweisen (Renvoi). Von der Gesamtverweisung zu unterscheiden ist die von Art. 3 a Abs. 1 legaldefinierte Sachnormverweisung, bei der auf das ausländische Recht unter Ausschluss des Kollisionsrechts verwiesen wird.

3 **Rechtspolitisch** wird der Renvoi seit jeher **kontrovers** diskutiert.[2] Art. 4 Abs. 1 S. 1 Hs 1 beruht im Wesentlichen auf dem Gedanken des sog. „äußeren Entscheidungseinklangs". Danach ist es eines der Ziele des deutschen Kollisionsrechts, den Sachverhalt im Einklang mit den Wertungen der anderen Rechtsordnungen, die einen substantiellen Bezug zum Sachverhalt bzw zur Rechtsfrage aufweisen, zu entscheiden. So würde ein Gericht des Staates, dessen Recht vom deutschen IPR berufen wird, stets zunächst ebenfalls sein eigenes Kollisionsrecht befragen und anhand dessen Anknüpfungs- und Verweisungsregeln beurteilen, welchem Recht der Sachverhalt unterliegt. Sprechen deutsche Kollisionsnormen daher Gesamtverweisungen auf das ausländische Recht aus, so kommt es (vorbehaltlich der Sonderproblematik von Rückverweisungen, dazu Rn 17 f) im Ausland zur Beurteilung des Sachverhalts nach demselben Sachrecht wie im Inland.[3] Die Beachtung des Renvoi minimiert damit zugleich den Anreiz zum forum shopping, dh zur Beeinflussung des anwendbaren Rechts durch Wahl des angerufenen Gerichts. Verringert wird durch den Renvoi darüber hinaus insb. im internationalen Familien- und Erbrecht die Anzahl sog. „hinkender Rechtsverhältnisse", die nach dem Recht eines Staates als gültig, nach dem eines anderen als ungültig behandelt werden und damit für die Betroffenen mit zum Teil dramatischer Rechtsunsicherheit und Nachteilen behaftet sind. Die Beachtlichkeit jedenfalls von Rückverweisen erleichtert zudem die Rechtsfindung und -anwendung im Inland erheblich. Umgekehrt kann der Renvoi die Rechtsanwendung auch erschweren, da er gegebenenfalls die Prüfung weiterer ausländischer

1 Ausf. zum Nachfolgenden *Sonnentag*, Der Renvoi im Internationalen Privatrecht.

2 Ausf. *Sonnentag*, Der Renvoi im Internationalen Privatrecht; vgl auch *Kahn*, JherJb 30 (1891), 1, 32; *Mäsch*, RabelsZ 61 (1997), 285 mwN; *v. Bar/Mankowski*, IPR I, § 7 Rn 236 ff; MüKo/*Sonnenberger*, Art. 4 Rn 15 ff; Staudinger/*Hausmann* (2003), Art. 4 Rn 12 ff.

3 Ausf. *Sonnentag*, Der Renvoi im Internationalen Privatrecht, S. 116 ff mwN; MüKo/*Sonnenberger*, Art. 4 Rn 15 ff.

Rechtsordnungen erforderlich macht. Das kann auch die Fehleranfälligkeit der Rechtsfindung erhöhen, wenn etwa das Kollisionsrecht der betreffenden ausländischen Staaten schwer feststellbar ist. Insoweit ist allerdings zu bedenken, dass sich das IPR eines Staates häufig leichter wird feststellen lassen als das dortige Sachrecht, da das Kollisionsrecht auch rechtsvergleichend durchgängig einen geringeren Regelungsumfangs aufweist als das Sachrecht. Weiterhin zählt die in Art. 4 Abs. 1 S. 1 Hs 2 enthaltene Ausnahmeregelung, wonach ein Renvoi ausscheidet, wenn dies dem „Sinn der Verweisung" widerspricht, zu einer der umstrittensten des IPR überhaupt: Die Zahl der Ausnahmen vom Grundsatz der Gesamtverweisung ist groß und führt im Ergebnis dazu, dass Gesamtverweisungen eher die Ausnahme denn die Regel sind. Ebenfalls gegen den Renvoi spricht, dass er das mit ihm verfolgte Ziel des internationalen Entscheidungseinklangs allenfalls sehr unvollständig verwirklichen kann: Verweist ausländisches IPR aufgrund einer vom inländischen abweichenden Anknüpfung auf deutsches Recht zurück, muss es notwendig zu einem Abbruch der Verweisung und einer Entscheidung zwischen der Anwendung des in- oder des ausländischen Sachrechts kommen. In jedem Fall widerspricht das Ergebnis aber entweder der in- oder der ausländischen kollisionsrechtlichen Wertung – dem inländischen IPR, wenn man inländisches Sachrecht anwendet, da das deutsche IPR an sich gerade von einer „Unzuständigkeit" des deutschen Sachrechts ausgeht, dem ausländischen IPR, wenn man das dortige Sachrecht anwendet. Der zentrale Einwand gegen die Beachtlichkeit des Renvoi besteht freilich darin, dass durch Befolgung des von Rück- bzw Weiterverweisungen durch das ausländische IPR die kollisionsrechtlichen Wertungen des deutschen IPR konterkariert werden: Das deutsche IPR versucht generell, die aus hiesiger Sicht zur Streitentscheidung berufene Rechtsordnung bestmöglich zu bestimmen. Hierzu bedient es sich je nach Materie unterschiedlichster Anknüpfungspunkte, die den inländischen Gerechtigkeitsvorstellungen für Sachverhalte mit Auslandsbezug Rechnung tragen. Dem läuft es zuwider, wenn die kollisionsrechtlichen Gerechtigkeitsvorstellungen des Inlands hinter diejenigen des Auslands zurücktreten müssen. Ganz besonders eklatant zeigt sich dieses Manko bei der Annahme von Rückverweisen, da man so im Ergebnis zur Geltung deutschen Sachrechts selbst dort kommt, wo das deutsche Recht nach den Anknüpfungen des EGBGB (jedenfalls grundsätzlich) gerade nicht anwendbar sein soll.[4]

Dennoch können diese Einwände jedenfalls im **Internationalen Familienrecht**, in vermindertem Umfang aber auch im **Internationalen Erbrecht**, nicht entscheidend durchgreifen. In diesen Materien können hinkende Rechtsverhältnisse aufgrund der persönlichkeitsrechtsrelevanten Dimension der relevanten Fragestellungen so gravierende Nachteile haben, dass der in Art. 4 Abs. 1 S. 1 zum Ausdruck kommende Generalvorbehalt zu Gunsten abweichender Wertungen des ausländischen IPR gerechtfertigt ist.[5] Anders liegt es im **Internationalen Sachenrecht**, das ebenfalls überwiegend Gesamtverweise ausspricht (s. näher die Kommentierung zu Art. 43 ff). Hier kommt der Problematik des Renvoi aufgrund der weltweiten Verbreitung der auch Art. 43 ff zugrunde liegenden situs-Regel nur eine geringe praktische Bedeutung zu, da das ausländische Belegenheitsrecht eine Gesamtverweisung ganz überwiegend annehmen wird. Jedenfalls aber gäbe man den Parteien im Inland häufig Steine statt Brot, wenn man das Kollisionsrecht des ausländischen Belegenheitsstaates ignorierte. Denn Letzterer verfügt aufgrund seines alleinigen (vollstreckungsrechtlichen) Zugriffs auf die Sache über die tatsächliche Möglichkeit, seine eigenen kollisions- und sachrechtlichen Vorstellungen durchzusetzen, so dass inländische Urteile, die sich in Widerstreit hierzu setzen, im Belegenheitsstaat gegebenenfalls nicht anerkennungsfähig und vollstreckbar sind. Dagegen erscheint der Sachnormverweis im **Internationalen Schuldrecht** überzeugender, da hier vergleichbare Risiken von vornherein nicht bestehen: So können sich die Parteien im Internationalen Vertragsrecht aufgrund der fast weltweiten Anerkennung von Rechtswahlfreiheit ohnedies weitgehend ungefährdet über die anknüpfungsrechtlichen Vorstellungen von In- und Ausland hinwegsetzen. Auch im Bereich der außervertraglichen Schuldverhältnisse ist die divergierende kollisions- und sachrechtliche Beurteilung des Sachverhalts im In- und Ausland weniger einschneidend als im Internationalen Familien-, Erb- und Sachenrecht, weil letztlich „nur" das Vermögen der Person betroffen ist. 4

De lege lata hat der deutsche Gesetzgeber mit Art. 4 Abs. 1 S. 1 unbestritten den Grundsatz der Beachtlichkeit des Renvoi festgeschrieben.[6] Dieser wird freilich durch so zahlreiche Ausnahmen aufgeweicht, dass er kaum mehr als Regelfall bezeichnet werden kann.[7] Das gilt zuvörderst für das EuIPR und das staatsvertragliche IPR, da in beiden Materien, deren Bedeutung ständig zunimmt, der Renvoi üblicherweise ausgeschlossen ist.[8] Im Ergebnis befindet sich der **Renvoi** daher – auch rechtsvergleichend – **auf dem Rückzug**.[9] 5

4 *V. Bar/Mankowski*, IPR I, § 7 Rn 238.

5 Den Renvoi befürwortend daher etwa *v. Hoffmann/Thorn*, IPR Rn 90; MüKo/*Sonnenberger* Art. 4 Rn 6. Krit. u.a. *v. Bar/Mankowski*, IPR I, § 7 Rn 238 sowie *Sonnentag*, Der Renvoi im Internationalen Privatrecht (2001); *Kahn*, JherJb 30 (1891), 1 ff; *Mäsch*, RabelsZ 61 (1997), 285 ff. Unentschieden etwa Bamberger/Roth/*Lorenz* Art. 4 Rn 3; Staudinger/*Hausmann* (2003) Art. 4 Rn 48 f.

6 Statt aller Staudinger/*Hausmann* (2003) Art. 4 Rn 47; MüKo/*Sonnenberger*, Art. 4 Rn 15.

7 Näher *v. Hein*, ZVglRWiss. 99 (2000), 251.

8 Dazu unten Rn 23 f.

9 *Mankowsi*, IPRax 2010, 398, 399.

6 In jüngerer Zeit hat *Schinkels* die These aufgestellt, dass **Gesamtverweisungen** durch das deutsche IPR **verfassungsrechtlich** bedenklich seien und Art. 4 Abs. 1 S. 1 daher dahingehend auszulegen sei, dass im Zweifel eine Sachnormverweisung vorliege.[10] Der Bundesgesetzgeber, genauer: das Organ Bundestag, spreche mit Art. 4 Abs. 1 S. 1 auf der Ebene des einfachen Gesetzesrecht eine dynamische Delegation seiner auf dem Gebiet des Privatrechts bestehenden Gesetzgebungsbefugnisse an ausländische Legislativorgane aus, für die es an einer Ermächtigungsgrundlage im Grundgesetz (insbesondere in Art. 80 GG) fehle.[11] Ferner leide die Gesamtverweisung unter einem gegenüber der Sachnormverweisung qualifizierten Demokratiedefizit, das sich nicht rechtfertigen lasse.[12] Dem ist **zu widersprechen**,[13] insbesondere überzeugt die Unterscheidung zwischen Sachnorm- und Gesamtverweisung im Hinblick auf vermeintliche verfassungsrechtliche und demokratietheoretische Problemstellungen nicht. Denn der deutsche Gesetzgeber delegiert in jedem Fall, in dem das deutsche IPR auf ausländisches Recht verweist, die Sachentscheidung über den Anknüpfungsgegenstand an ein ausländisches Rechtssetzungsorgan. Demzufolge wird der unvollständige inländische Rechtssatz bei jeder Verweisung auf ausländisches Recht erst durch den dortigen Gesetzgeber komplettiert und anschließend in das deutsche Recht inkorporiert. Anders läge es nur, falls die deutsche Kollisionsnorm nicht etwa abstrakte und allseitige Anknüpfungspunkte verwendete, sondern lediglich bestimmte Rechte namentlich bezeichnete – das aber ist aus gutem Grund nicht der Fall. Im Hinblick auf die vermeintliche Delegation von Gesetzgebungsbefugnissen des Bundestages auf die in Art. 80 GG nicht genannten ausländischen Gesetzgebungsorgane ist zu bemerken, dass die rhetorische Gegenfrage lauten muss, wie ein verfassungsgemäßes Kollisionsrecht denn auszusehen hätte. Die Schaffung eines umfassenden „solipsistischen" Privatrechts durch die Bundesrepublik, das sämtlichen Auslandsberührungen aller denkbaren Sachverhaltsgestaltungen Rechnung trägt, ist ersichtlich nicht möglich. Weiterhin ist zu bedenken, dass der Vermeidung hinkender Rechtsverhältnisse durch die Beachtlichkeit des Renvoi durchaus ein grundrechtlich relevanter Gehalt zukommt, sind doch Ehe und Familie durch Art. 6 GG geschützt. Jedenfalls auf der Ebene des europäischen Gemeinschaftsrechts spricht viel dafür, dass es gegen die Grundfreiheiten bzw das Recht der Unionsbürgerschaft verstieße, wenn Statusverhältnisse von Unionsbürgern, die im Ausland als wirksam angesehen werden, im Inland als unwirksam gelten (ausführlich dazu Art. 3 Rn 55 ff).

7 **2. Praktischer Hinweis.** Im Einzelfall ist stets zunächst die einschlägige deutsche Kollisionsnorm (einschließlich der diesbezüglichen Kommentierungen) darauf zu untersuchen, ob sie eine Gesamt- oder eine Sachnormverweisung ausspricht. Erst in zweiter Linie, dh bei Vorliegen eines Zweifelsfalls, ist der Umfang der Verweisung anhand der nachstehenden allgemeinen Grundsätze zu ermitteln.[14]

II. Grundsatz der Gesamtverweisung, Abs. 1 S. 1 Hs 1

8 Das **deutsche IPR** spricht anders als das **EuIPR** und das **völkervertragliche IPR** (zu beiden Rn 22 f) grundsätzlich Gesamtverweisungen auf das ausländische Recht aus, so dass auch dessen Kollisionsrecht anzuwenden ist. Die Hauptschwierigkeit von Gesamtverweisen besteht in Bezug auf das deutsche IPR in der Beantwortung der Frage, wann ausnahmsweise entgegen der Grundregel des Art. 4 Abs. 1 S. 1 von einem bloßen Sachnormverweis auszugehen ist (ausführlich dazu Rn 19 ff). Liegt ein Gesamtverweis durch das deutsche IPR vor, so können sich indes auch im Rahmen der Auffindung und Anwendung des ausländischen IPR zahlreiche Zweifelsfragen stellen, die im Folgenden darzulegen sind. Ferner ist zu klären, wann eine Verweisungskette im Falle des Rückverweises auf eine bereits zuvor in der Kette angewandte Rechtsordnung abzubrechen ist.

9 **1. Rück- und Weiterverweisung durch in- und ausländisches Kollisionsrecht, Abs. 1 S. 1 Hs 1. a) Renvoi kraft Qualifikationsdifferenz.** Liegt eine Gesamtverweisung des deutschen IPR auf ein ausländisches Recht vor, ist das Kollisionsrecht des betreffenden Staates daraufhin zu untersuchen, ob es seinerseits auf deutsches Recht zurück- oder auf ein drittstaatliches Recht weiterverweist. Maßgeblich bei dieser Beurteilung sind die Auslegungsgrundsätze und rechtlichen Maßstäbe des betreffenden ausländischen Rechts. Daraus folgt, dass selbst dann, wenn das ausländische Recht die betreffende Rechtsfrage bzw den Sachverhalt anders qualifiziert als das deutsche, diese abweichende Qualifikation zu beachten ist.[15]

10 **b) Versteckte Rückverweisung.** Erhebliche Schwierigkeiten ergeben sich, wenn das **ausländische Recht** für den Anknüpfungsgegenstand **keine eigenen Kollisionsnormen** kennt, sondern die aus deutscher Sicht kollisionsrechtliche Problematik auf die zuständigkeitsrechtliche Ebene verlagert. Dies betrifft in der Praxis

10 *Schinkels*, Normsatzstruktur des IPR, S. 205 ff.
11 AaO, 215 ff.
12 AaO, 226 ff.
13 Krit. auch *Funke*, DÖV 2008, 567, 568.
14 Vgl auch die umfassende Übersicht zu den einzelnen Vorschriften bei Staudinger/*Hausmann* (2003) Art. 4 Rn 147–323.
15 AllgM, vgl BGHZ 24, 352, 355 = NJW 1957, 1316; BGH NJW 1980, 2016, 2017 m.Anm. *Samtleben* = IPRax 1981, 25 m.Anm. *Firsching*; *v. Bar/Mankowski* IPR I, § 7 Rn 220; Staudinger/*Hausmann* (2003) Art. 4 Rn 63 ff; Bamberger/Roth/*Lorenz*, Art. 4 Rn 12; MüKo/*Sonnenberger*, Art. 4 Rn 37 ff.

regelmäßig Rechte des anglo-amerikanischen Rechtskreises, die im Bereich des internationalen Familien- und Erbrechts häufig nur wenige echte Kollisionsnormen enthalten. Stattdessen verfahren sie häufig nach dem Grundsatz, dass ein Gericht, das nach seinem Prozessrecht für eine Klage zuständig ist, stets sein eigenes Familien- oder Erbrecht anzuwenden habe. Eine Zuständigkeit der Gerichte des betreffenden (Glied-)Staates besteht nur, wenn eine Partei (oder beide) ihren Aufenthalt (domicile) dort hat (bzw haben). Derartige, auf die internationale Zuständigkeit abstellende Regelungen ausländischer Rechte, werden von der deutschen Rechtsprechung[16] – in Übereinstimmung mit dem Willen des Gesetzgebers[17] und dem wohl herrschenden Schrifttum[18] – als sog. **versteckter Rückverweis** auf das deutsche Recht verstanden, wenn die für die Zuständigkeitsbegründung nach ausländischem Recht maßgeblichen Umstände in Deutschland verwirklicht werden. Im Ergebnis soll danach das ausländische Zuständigkeitsrecht spiegelbildlich im Inland angewandt werden und bei Bestehen einer entsprechenden hypothetischen Zuständigkeit der deutschen Gerichte nach ausländischem IZPR ein Rückverweis auf deutsches Recht (der gem. Art. 4 Abs. 1 S. 2 Sachnormverweis ist) vorliegen.

Dieses sicherlich praktikable Vorgehen ist allerdings erheblichen **Bedenken** ausgesetzt: Zwar ist nicht zu bezweifeln, dass dem ausländischen Zuständigkeitsrecht für den dortigen Rechtsverkehr zugleich die Funktion des IPR zukommt. Doch beschränkt sich dieses versteckte IPR ausschließlich auf Aussagen dazu, wann die dortigen Gerichte zuständig sind und nach welchen Recht sie über den Fall entscheiden sollen. Bereits daraus, dass kein Staat einem anderen vorschreiben kann, wann dessen Gerichte über einen Streit zu entscheiden haben, folgt, dass das Recht des betreffenden ausländischen Staates auch keine Aussage darüber macht, wann die deutschen Gerichte zuständig sind und welches Recht sie gegebenenfalls anzuwenden haben.[19] Mit anderen Worten handelt es sich ausschließlich um versteckte einseitige Kollisionsnormen. In derartigen Fällen beruht die Beantwortung der Frage, ob wir die ausländische Wertung spiegelbildlich übernehmen und deutsches Recht anwenden, wenn nach den ausländischen Zuständigkeitskriterien im Inland eine hypothetische Zuständigkeit bestünde, letztlich auf einer autonomen deutschen Kollisionsnorm, da sich das ausländische Recht zur Problematik gerade nicht verhält. Gleichwohl liegt es nahe, dem deutschen Gesamtverweis wie auch dem ausländischen Zuständigkeitsrecht gleichermaßen Rechnung zu tragen: Das deutsche IPR möchte durch Ausspruch des Gesamtverweises die ausländischen Vorstellungen beachten, denen trotz Schweigens des dortigen Rechts durch ihre spiegelbildliche Anwendung im Inland immerhin ansatzweise Rechnung getragen wird. Dieses Vorgehen hat ferner den Vorteil, dass die Anerkennung deutscher Urteile, die auf der Grundlage der genannten Lösung ergehen, im betreffenden Staat weitestgehend sichergestellt ist. Demgegenüber plädiert *Sonnenberger* für die Entwicklung von Ersatz-Kollisionsnormen ausschließlich anhand der Wertungen des deutschen IPR und damit in den relevanten familienrechtlichen Fällen für eine ersatzweise Anknüpfung an den gewöhnlichen Aufenthalt dort, wo die geschriebene deutsche Kollisionsnorm die Staatsangehörigkeit für maßgeblich erachtet und anhand dieser Anknüpfung die lückenhafte ausländische Rechtsordnung und damit das relevante Problem überhaupt erst auf den Plan ruft.[20] Dieser Ansatz hat zwar den Vorzug, die Lücke des deutschen IPR nach hiesigen Vorstellungen zu füllen, lässt aber den vom deutschen IPR primär ausgesprochen Verweis aus das ausländische IPR gänzlich außer Acht. 11

Differenziert zu beurteilen sind zwei **spezielle Konstellationen** des (möglicherweise) versteckten Renvoi: Zum einen kann es sein, dass das ausländische Recht Urteile, die auf der Grundlage eines bestimmten (aus seiner Sicht) fremden Rechts (bzw bestimmter mehrerer fremder Rechte) ergangen sind, anerkennt, dh keine „kollisonsrechtliche Konformität"[21] erfordert. Dem betreffenden **Anerkennungsrecht** ist in derartigen Fällen die verborgene Kollisionsnorm zu entnehmen, dass ein Rück- bzw Weiterverweis auf das (bzw die) die Anerkennung ermöglichende(n) ausländische(n) Recht(e) ausgesprochen wird.[22] Zum anderen fragt sich wie zu verfahren ist, wenn das ausländische Zuständigkeitsrecht erstens konkurrierende Zuständigkeiten anerkennt, es zweitens dem Grundsatz folgt, dass das zuständige Gericht stets seine lex fori anwendet und drittens die deutschen Gerichte für den (hypothetischen) Fall, dass sie ihre Zuständigkeit spiegelbildlich nach dem ausländischen Zuständigkeitsrecht bestimmten, zuständig wären.[23] Hier ließe sich an einen Rückverweis auf deutsches Recht denken, da das ausländische Zuständigkeitsrecht ersichtlich keine Bedenken gegen eine 12

16 KG NJW 1960, 248, 250 f (Adoption); OLG Bamberg FamRZ 1979, 930 (Scheidung); OLG Stuttgart IPRax 1987, 121, 122 m.Anm. *Adam* (Versorgungsausgleich); OLG Zweibrücken, NJW-RR 1999, 948 = JuS 1999, 1233 Anm. *Hohloch* = FamRZ 1999, 940 (Scheidung); OLG Hamburg, NJWE-FER 2001, 194 = IPRax 2002, 304 m.Anm. *Andrae/Essebier* = FamRZ 2001, 916 (Unterhalt).

17 BT-Drucks. 10/504, S. 38 f.

18 Soergel/*Kegel*, Art. 4 Rn 16; Erman/*Hohloch*, Art. 4 Rn 6; Staudinger/*Haussmann* (2003), Art. 4 Rn 75 ff mwN. Krit. Bamberger/Roth/*Lorenz*, Art. 4 Rn 12; *Mäsch*, RabelsZ 61 (1997), 285, 300 f; Palandt/*Thorn*, Art. 4 Rn 2.

19 Palandt/*Thorn* Art. 4 Rn 2 aE; *v. Bar/Mankowski* IPR I, § 7 Rn 218; ebenso *v. Hoffmann/Thorn*, IPR, § 6 Rn 84 f.

20 Ausf. MüKo/*Sonnenberger*, Art. 4 Rn 42 ff.

21 Zur Abschaffung dieser früher auch im deutschen Recht bekannten Anerkennungsvoraussetzung statt aller MüKo-ZPO/*Gottwald*, § 328 ZPO Rn 154 f.

22 Etwa *v. Bar/Mankowski*, IPR I, § 7 Rn 218; MüKo/*Sonnenberger*, Art. 4 Rn 53.

23 Hierzu *v. Bar/Mankowski*, IPR I, § 7 Rn 219.

Anwendung deutschen Rechts durch die deutschen Gerichte hegt. Allerdings unterscheidet sich diese letztgenannte Konstellation nicht von dem in Rn 11 geschilderten Grundfall der Problematik – das ausländische Zuständigkeitsrecht beschränkt sich auch hier auf die Bestimmung der (internationalen) Zuständigkeit seiner Gerichte und die einseitige Bestimmung des von diesen anzuwendenden Rechts, während es zur Anwendbarkeit fremden Rechts gerade schweigt. Daher ist auch hier nach den in Rn 11 geschilderten Grundsätzen zu verfahren.

13 **c) Qualifikationsverweis.** Es kann vorkommen, dass das ausländische Kollisionsrecht nicht selbst über die Qualifikation eines Anknüpfungsgegenstandes entscheidet, sondern insoweit auf ein anderes Recht verweist (sog. „**Qualifikationsverweis**"), etwa indem es das Recht des Lageortes darüber entscheiden lässt, ob eine Sache beweglich oder unbeweglich ist.[24] Das kommt häufig in Nachlassfällen vor, wenn der Erblasser im Zeitpunkt seines Todes die Staatsangehörigkeit eines Staates des anglo-amerikanischen Rechtskreises besaß. Hier verweist Art. 26 für die Erbfolge auf das betreffende ausländische Recht, das jedoch regelmäßig zwischen der Vererbung des beweglichen und der des unbeweglichen Nachlasses unterscheidet und die Erbfolge in bewegliche Sachen dem Recht am letzten Wohnsitz (domicile) unterstellt, diejenige in Immobilien hingegen dem Erbrecht des Belegenheitsstaates. In Bezug auf Immobilien wird sodann häufig dem Belegenheitsstaat auch die Entscheidung darüber überlassen, welche tatsächlich beweglichen Sachen aufgrund ihrer wirtschaftlichen Bedeutung für die Immobilie oder aufgrund ihrer physischen Verbindung mit dieser das rechtliche Schicksal des Grundes teilen sollen und daher als unbeweglich zu qualifizieren sind oder wie mit Sach- bzw Rechtsfrüchten zu verfahren ist. Gehört zu dem Nachlass Immobilienbesitz in Deutschland, so ist diese Unterscheidung für das deutsche Recht anhand der zu Art. 15 Abs. 2 Nr. 3 und 25 Abs. 2 entwickelten Kriterien vorzunehmen.[25]

14 **d) Anzahl der beachtlichen Weiterverweisungen.** Gem. Art. 4 Abs. 1 S. 1 ist ein Renvoi des vom deutschen IPR erstberufenen ausländischen Rechts auf das Recht eines Drittstaates beachtlich. Wegen der Seltenheit der Fälle bewusst[26] nicht geregelt wurde hingegen die Anzahl der darüber hinaus zu beachtenden Weiterverweisungen, falls das Recht des Drittstaates seinerseits einen Renvoi (auf das Recht eines vierten Staates) ausspricht etc. Es entspricht allerdings ganz hM, dass **sämtliche Renvois** zu beachten sind.[27] Sobald eines der betroffenen Rechte auf das Recht eines Staates weiter- oder rückverweist, der in der Verweisungskette bereits vorkam, stellt sich die Frage, an welcher Stelle die Verweisung abzubrechen ist, um ein endloses Hin und Her zu vermeiden. Die kollisionsrechtlichen Wertungen des ausländischen Rechts werden sicherlich am besten respektiert, wenn man im Sinne der „foreign court theory" auf die Abbruchregeln des IPR desjenigen Staates abstellt, auf dessen Recht der erste Rückverweis ausgesprochen wird.[28] Überzeugender ist es gleichwohl, die Verweisung in derartigen Fällen analog Art. 4 Abs. 1 S. 2 stets bei derjenigen Rechtsordnung abzubrechen, auf die erstmals zurückverwiesen wird. Dieses Vorgehen entspricht den in Art. 4 Abs. 1 S. 2 zum Ausdruck gebrachten Wertungen des deutschen Kollisionsrechts wie auch dem Gebot der Einfachheit der Rechtsfindung und -anwendung.[29]

15 **e) Teilrenvoi.** Grundsätzlich beachtlich ist auch ein **teilweiser Rück- bzw Weiterverweis** (Teilrenvoi).[30] Hierzu kommt es namentlich, wenn das ausländische Recht anders qualifiziert bzw anknüpft als das deutsche und etwa bei der kollisionsrechtlichen Behandlung der Rechtsnachfolge von Todes wegen zwischen dem beweglichen und dem unbeweglichen Nachlass differenziert oder in Formfragen, wenn das Recht, dem das Geschäft unterliegt, die Form anders als Art. 11 Abs. 1 prinzipiell einem anderen Recht unterstellt.

16 **f) Fehlende Ermittelbarkeit ausländischen Kollisionsrechts.** Sollte der Inhalt des ausländischen Kollisionsrechts nicht feststellbar sein (und nicht lediglich etwa aufgrund abweichender Qualifikation ein „versteckter Rückverweis" vorliegen), so sind nicht etwa die allgemeinen Grundsätze über die Nichtermittelbarkeit ausländischen Rechts (dazu Art. 3 Rn 48) entsprechend anzuwenden.[31] Vielmehr ist, da sich äußerer Ent-

24 Zu einem derartigen Fall etwa BGHZ 144, 251 = NJW 2000, 2421 = IPRax 2002, 40 m.Anm. *Umbeck* = JR 2001, 234 Anm. *Rauscher* (Qualifikation von Nachlassgegenständen als beweglich bzw unbeweglich nach dem Recht von Ohio/USA).

25 BGHZ 144, 251, 252 = NJW 2000, 2421 = IPRax 2002, 40 Anm. *Umbeck* = JR 2001, 234 Anm. *Rauscher*.

26 Vgl BT-Drucks. 10/504, S. 38.

27 MüKo/*Sonnenberger*, Art. 4 Rn 36; Palandt/*Thorn*, Art. 4 Rn 3; Erman/*Hohloch*, Art. 4 Rn 9; Soergel/*Kegel*, Art. 4 Rn 19; Bamberger/Roth/*Lorenz*, Art. 4 Rn 15. Ebenso etwa § 5 Abs. 2 Hs 2 des österreichischen IPRG und Art. 14 Abs. 1 des schweizerischen IPRG.

28 So insb. *Michaels*, RabelsZ 61 (1997), 685, 701 ff; Staudinger/*Haussmann* (2002) Art. 4 Rn 56; Erman/*Hohloch*, Art. 4 Rn 9; Palandt/*Thorn*, Art. 4 Rn 3.

29 Wie hier etwa Bamberger/Roth/*Lorenz*, Art. 4 Rn 15; wohl auch MüKo/*Sonnenberger*, Art. 4 Rn 36. Ebenso § 5 Abs. 2Hs 2 aE des österreichischen IPRG.

30 Staudinger/*Hausmann* (2003), Art. 4 Rn 60; Bamberger/Roth/*Lorenz*, Art. 4 Rn 16.

31 So aber *Kegel/Schurig*, IPR, § 10 VI; *Kreuzer*, NJW 1983, 1943, 1946 ff.

scheidungseinklang und damit der Zweck der Gesamtverweisung von vornherein nicht realisieren lässt, eine Sachnormverweisung anzunehmen.[32]

2. Abbruch der Verweisungskette, Abs. 1 S. 2. Art. 4 Abs. 1 S. 2 bricht die Verweisungskette ab, wenn das ausländische IPR auf deutsches Recht zurückverweist; in diesem Fall ist deutsches Sachrecht anzuwenden. Der Zweck der Vorschrift besteht unbestritten darin, „Endlosverweisungen" zwischen deutschem und ausländischem IPR dann zu vermeiden, wenn beide (ggf auch mehrere) Rechtsordnungen jeweils Gesamtverweise aussprechen und aufgrund unterschiedlicher Anknüpfungen wechselseitig aufeinander verweisen. Bedeutung hat die Vorschrift daher nur, wenn das ausländische IPR einen Gesamtverweis auf deutsches Recht ausspricht, da es andernfalls, dh bei Vorliegen eines Sachnormverweises durch das ausländische IPR, auch ohne Art. 4 Abs. 1 S. 2 zur Anwendung deutschen Sachrechts kommt. Dass ein Abbruch der Verweisungskette zur Verhinderung endloser Verweisungszirkel geboten ist, versteht sich von selbst. Allerdings ist Art. 4 Abs. 1 S. 2, der in einem derartigen Fall das deutsche Sachrecht beruft, an sich doppelt systemwidrig und demzufolge Gegenstand **rechtspolitischer Kritik**: Zum einen ignoriert der Befehl zur Anwendung deutschen Sachrechts die Wertung der einschlägigen deutschen Kollisionsnorm, die primär ein ausländisches Recht berufen hat und damit das deutsche Recht an sich für „unzuständig" hält. Zum anderen soll das ausländische Recht auch im Inland grundsätzlich so angewendet werden, wie es im Ausland praktiziert wird; es ist aber keineswegs gesagt, dass die ausländische Rechtsordnung den drohenden Verweisungszirkel ihrerseits beim deutschen Recht abbrechen würde,[33] ganz abgesehen davon, dass das ausländische Recht in den Fällen des Art. 4 Abs. 1 S. 2 gerade einen Gesamtverweis auf das deutsche Recht ausspricht, der durch Art. 4 Abs. 1 S. 2 in eine Sachnormverweisung „denaturiert" wird. Gleichwohl lässt sich Art. 4 Abs. 1 S. 2 gut rechtfertigen und ist daher zu begrüßen: Zu nennen ist zunächst das sehr praktische Argument, dass die Anwendung deutschen Sachrechts der zeitnahen und kostengünstigen Entscheidungsfindung durch die inländischen Gerichte dienlicher ist als diejenige einer fremden Rechtsordnung, die zudem in der Regel deutlich fehleranfälliger sein wird.[34] Hinzu kommt, dass die alternativen Lösungsansätze der Lehre vom „double renvoi" sowie die „foreign court theory" ebenfalls nicht durchgängig überzeugen können. Nach der Lehre vom double renvoi wäre in einem derartigen Fall ausländisches Recht anzuwenden – und zwar trotz des Umstandes, dass dieses an sich gerade nicht gelten will, sondern auf deutsches Recht verweist. Darüber hinaus ist zu beachten, dass dann, wenn sowohl Ausgangs- wie Empfangsstaat der Lehre vom double renvoi folgten, ein Endloszirkel entsteht, der in jedem Fall an einer Stelle willkürlich aufgelöst werden muss. Ähnliche Bedenken stehen auch der „foreign court theory" entgegen, die die Verweisungskette an derjenigen Stelle abbrechen will, an der sie von derjenigen Rechtsordnung abgebrochen würde, auf die als erste zurückverwiesen wird.[35] Schließlich ist zu bedenken, dass Art. 4 Abs. 1 S. 2 das ausländische IPR zwar durch die Umdeutung der Gesamt- in eine Sachnormverweisung „verformt",[36] aber doch immerhin dessen Wertung achtet, wonach der betreffende ausländische Staat sein Sachrecht gerade nicht für berufen hält. 17

In **Analogie zu Art. 4 Abs. 1 S. 2** ist die Verweisungskette ferner in den (sicherlich eher seltenen) Fällen abzubrechen, in denen im Rahmen einer Verweisungskette eines der berufenen Rechte auf ein früheres Glied der Kette zurückverweist, auch wenn es sich dabei nicht um das deutsche Recht handelt (näher dazu Rn 14). 18

III. Ausnahmsweise Sachnormverweisung, Abs. 1 S. 1 Hs 2, Abs. 2

Unter bestimmten Umständen spricht das deutsche IPR entgegen der Grundregel des Art. 4 Abs. 1 S. 1 lediglich **Sachnormverweise** aus. Wann dies der Fall ist, lässt sich nur zum Teil abstrakt entscheiden, so dass es in der Regel einer detaillierten Untersuchung der jeweiligen inländischen Kollisionsnorm bedarf. Demgegenüber ordnen **EuIPR** und **völkervertragliches Recht** von vornherein grundsätzlich Sachnormverweise an (Rn 22 f), so dass sich vergleichbare Probleme hier nicht stellen. 19

1. Ausdrückliche Sachnormverweise. Zahlreiche Kollisionsnormen des deutschen IPR enthalten **ausdrückliche Sachrechtsverweise** bzw schließen Gesamtverweisungen explizit aus. Zu nennen sind aus dem Bereich des deutschen Rechts die Art. 11 Abs. 1, Abs. 2, Abs. 4, Art. 12, Art. 15 Abs. 3, Art. 17 a Abs. 1, Art. 18 Abs. 1, Abs. 3, Art. 26; die Frage nach einem Sachnorm- bzw Gesamtverweis stellt sich hier von vornherein nicht.[37] 20

32 Staudinger/*Hausmann* (2002), Art. 4 Rn 112; *v. Bar/Mankowski*, IPR I Rn 7221. MüKo/*Sonnenberger*, Art. 4 Rn 71; Bamberger/Roth/*Lorenz*, Art. 4 Rn 17.

33 Dazu sogleich im Zusammenhang mit der „foreign court theory".

34 Etwa MüKo/*Sonnenberger*, Art. 4 Rn 35; Erman/*Hohloch*, Art. 4 Rn 7.

35 Wie hier ua *v. Bar/Mankowski*, IPR I, § 7 Rn 217; Bamberger/Roth/*Lorenz*, Art. 4 Rn 14; krit. gegenüber Art. 4 Abs. 1 S. 2 dagegen zB MüKo/*Sonnenberger*, Art. 4 Rn 35 f.

36 So die Kritik von MüKo/*Sonnenberger*, Art. 4 Rn 35.

37 In diesem Sinne auch BT-Drucks. 18/504, S. 38.

21 **2. Rechtswahl, Abs. 2.** Gem. Art. 4 Abs. 2 nicht in Betracht kommt eine Gesamtverweisung in allen Bereichen, in denen die Parteien das anwendbare Recht durch **Rechtswahl** bestimmen. Die Vorschrift betrifft insbesondere die parteiautonome Anknüpfung im Rahmen der Art. 10 Abs. 2, Abs. 3, Art. 14 Abs. 2, Abs. 3, Art. 15 Abs. 2, Abs. 3, Art. 17 Abs. 1 S. 1, Art. 25 Abs. 2, Art. 42 und Art. 46, aber auch das Bestimmungsrecht im nach Inkrafttreten der Rom II-VO verbleibenden Anwendungsbereich des Art. 40 Abs. 1 (näher dazu bei Art. 40). Für das Internationale Schuldrecht folgt der Grundsatz, dass eine Rechtswahl der Parteien nur auf ein Sachrecht verweisen darf, nicht aus Art. 4 Abs. 2, sondern aus den Art. 20 Rom I-VO sowie Art. 24 Rom II-VO, zu den Einzelheiten vgl die Kommentierung dort. Art. 4 Abs. 2 bezweckt ebenso wie die Parallelnormen des EuIPR die Schaffung von Rechtssicherheit, indem er bestimmt, dass sich das anwendbare Recht unmittelbar aus der Rechtswahlvereinbarung ergibt. Die Annahme eines Sachnormverweises wird in aller Regel dem Willen der Parteien entsprechen, da die Parteien andernfalls das anwendbare Recht nur vermittels des Kollisionsrechts der gewählten Rechtsordnung bestimmen und das in der Sache geltende Recht damit jedenfalls nicht unmittelbar ihrem Vertrag entnehmen könnten. Rechtspolitisch ist der gänzliche Ausschluss vertraglicher Gesamtverweisungen, der letztlich zu einer „Zwangsbeglückung" der Parteien führt, gleichwohl nicht nachvollziehbar, da die Parteien ganz ausnahmsweise auch ein Interesse daran haben könnten, eine Gesamtverweisung zu vereinbaren. De lege lata bleibt freilich das Verbot des Art. 4 Abs. 2 zu beachten.[38]

22 **3. Kollisionsnormen des EuIPR und des Völkervertragsrechts.** Weithin unbestritten ist, dass Kollisionsnormen, die in unmittelbar anwendbaren **völkerrechtlichen Vereinbarungen** bzw in den derartige Verträge umsetzenden Vorschriften des deutschen Rechts (etwa Art. 18, 26) enthalten sind, grundsätzlich Sachnormverweise aussprechen.[39] Dies folgt daraus, dass völkerrechtliche Verträge auf dem Gebiet des Kollisionsrechts die einheitliche Rechtsanwendung befördern wollen, die darunter litte, wenn manche Mitgliedstaaten Gesamt-, andere aber Sachnormenverweisungen anordneten. Nicht ausgeschlossen ist, dass entgegen der geschilderten Regel eine völkervertragliche Kollisionsnorm ausnahmsweise einen Gesamtverweis ausspricht, was allerdings in der Regel ausdrücklich geschieht.[40]

23 Gleiches wie für völkerrechtliche Verträge gilt für Kollisionsnormen des **EuIPR**. Die einschlägigen Verordnungen regeln ausdrücklich, dass sie ausschließlich Sach-, nicht aber Gesamtverweise aussprechen, vgl Art. 20 Rom I-VO, Art. 24 Rom II-VO sowie Art. 11 der (noch nicht in Art. 3 EGBGB genannten) ScheidungsVO 1259/2010[41]. Ebenso verfährt Art. 26 des Kommissionsvorschlags vom 14.10.2009 für eine Verordnung über die Zuständigkeit, das anzuwendende Recht, die Anerkennung und die Vollstreckung von Entscheidungen und öffentlichen Urkunden in Erbsachen sowie zur Einführung eines Europäischen Nachlasszeugnisses.[42] Zwar sind diese Regelungen bzw Regelungsvorschläge – jedenfalls im Verhältnis zu Drittstaaten – durchaus nicht unumstritten,[43] doch bleibt de lege lata zu konstatieren, dass das EuIPR dem Renvoi grundsätzlich kritisch gegenübersteht[44] und allenfalls im Bereich des Internationalen Personenstandsrechts mit teilweisen Ausnahmen zu rechnen ist.

24 **4. Sachnormverweisung „aus dem Sinn der Verweisung", Abs. 1 S. 1 Hs 2.** Äußerst schwierig festzustellen kann es sein, ob eine Gesamtverweisung im Sinne des Art. 4 Abs. 1 S. 1 Hs 2 „dem **Sinn der Verweisung** widerspricht" (sog. Sinnklausel) und die betreffende Kollisionsnorm daher als Sachnormverweisung zu verstehen ist.[45]

25 Unproblematisch ist allerdings zunächst der Fall, dass Vorschriften des deutschen Kollisionsrechts **auf deutsches Recht verweisen** (Art. 9 S. 2, 10 Abs. 2 Nr. 2, Abs. 3 Nr. 2, 13 Abs. 2, Abs. 3, 16, 17 Abs. 1 S. 2, 18 Abs. 2, Abs. 5, 24 Abs. 1 S. 2). Eine nochmalige Prüfung des deutschen IPR ist hier zur Vermeidung einer

38 Für Zulassung von Gesamtverweisen etwa *Schröder*, IPRax 1987, 90, 92 mwN; Erman/*Hohloch*, Art. 4 Rn 14; MüKo/*Martiny*, Bd. X, 4. 4. Aufl., Art. 35 Rn 5 f; *Soergel/ v. Hoffmann*, Art. 35 Rn 7. Diff. *Rauscher*, NJW 1988, 2151, 2153.

39 Erman/*Hohloch*, Art. 4 Rn 16; Bamberger/Roth/*Lorenz*, Art. 4 Rn 7; MüKo/*Sonnenberger*, Art. 4 Rn 66 ff mwN; Palandt/*Thorn*, Art. 4 Rn 11. Ausf. *Kropholler*, in: FS Henrich (2000), S. 393 ff und *Graue*, RabelsZ 57 (1993), 26 ff.

40 Aufzählung derartiger Regelungen bei *Kropholler*, in: FS Henrich (2000), S. 393, 394 ff.

41 Verordnung 1259/2010 zur Durchführung einer verstärkten Zusammenarbeit im Bereich des auf die Ehescheidung und Trennung ohne Auflösung des Ehebandes anzuwendenden Rechts, ABl L 343/10.

42 KOM(2009) 154 endg.

43 Vgl etwa *Heinze*, FS Kropholler (2008), 105, 118 f; *Sonnenberger*, in: FS Kropholler (2008), S. 227, 238; *Bonomi*, Riv. dir. int. priv. e proz. 2010, 875, 910 f; *Max-Planck-Institut für ausländisches und internationales Privatrecht*, RabelsZ 74 (2010), 522, 657 ff (Rn 233 ff); Weitere Nachw. zur Diskussion im Rahmen der Rom II-VO bei *Mankowski*, IPRax 2010, 389, 398 f.

44 Vgl nur *Leible/Lehmann*, RIW 2007, 721, 735; *Junker*, NJW 2007, 3675, 3681; *Heiss/Loacker*, JBL 2007, 613, 646; *Heinze*, in: FS Kropholler (2008), S. 105, 115; *Bernitt*, Die Anknüpfung von Vorfragen im europäischen Kollisionsrecht, S. 126.

45 Ausf. *Kühne*, in: FS Ferid 1988, S. 251 ff; *Rauscher*, NJW 1988, 2151; *Ebenroth/Eyles*, IPRax 1989, 1; *Kartzke*, IPRax 1988, 8.

sinnlosen „kollisionsrechtlichen Schleife", deren Ergebnis von vornherein feststeht, selbstverständlich entbehrlich.[46]

Teilweise umstritten ist der Umfang von Verweisungen im Rahmen von **Alternativanknüpfungen** gem. Art. 11 Abs. 1, 14 Abs. 4 S. 2 Hs 2, 15 Abs. 3, 19 Abs. 1 S. 2 u. 4, 20 Abs. 1, 26, Art. 40 Abs. 1, 4. Alternativanknüpfungen verfolgen das materiell-, dh sachrechtliche Ziel, entweder eine Partei kollisionsrechtlich dadurch zu bevorzugen, dass sie sich für das für sie günstigere Recht entscheiden kann (so etwa Art. 40) oder sie dienen objektiven, nicht zur Disposition der Parteien stehenden sachrechtlichen Wertungen, etwa indem die Alternativanknüpfung der Form gem. Art. 11 die (Form-)Wirksamkeit von Rechtsgeschäften befördern oder die alternative Berufung mehrerer Abstammungsrechte gem. Art. 19 dem Kind nach Möglichkeit zu (möglichst vielen sicher feststellbaren) rechtlichen Eltern verhelfen soll.[47] Dem Normzweck sämtlicher Alternativanknüpfungen widerspräche es nach einhelliger Ansicht, wenn die Auswahlentscheidung zwischen den alternativ berufenen Rechten deswegen entfiele, weil eine der beiden zu vergleichenden Rechtsordnungen unmittelbar oder mittelbar auf die andere rück- bzw weiterverweist und damit im Ergebnis überhaupt nur eine Rechtsordnung berufen würde.[48] Umstritten sind die verbleibenden Fälle, wobei im Wesentlichen drei Lösungsansätze denkbar sind:[49] Erstens ließe sich aus dem Gesagten folgern, dass Gesamtverweisungen bei Alternativanknüpfungen generell zu Gunsten von Sachnormverweisen zurücktreten müssen.[50] Zweitens könnte man Weiter- bzw Rückverweisungen solange beachten, wie sie nicht durch Rückverweise die Zahl der alternativ zur Verfügung stehenden Rechtsordnungen reduzieren. Drittens ließe sich daran denken, den Umfang der Verweisung in Abhängigkeit vom Telos der jeweiligen inländischen Kollisionsnorm zu bestimmen; die Entscheidung über die Beachtlichkeit des ausländischen Kollisionsrechts (und damit die Entscheidung über das Vorliegen eines Sach- oder Gesamtverweises) hängt dann vom Inhalt des ausländischen Sachrechts ab.[51] Entgegen der in der Vorauflage vertretenen Auffassung, die hiermit aufgegeben wird, ist davon auszugehen, dass die generelle Restriktion des Umfangs der Verweisung von alternativ anknüpfenden Kollisionsnormen auf Sachnormverweise dem Grundprinzip des Art. 4 Abs. 1 S. 1 Hs 1 widerspricht. Dass andererseits bei einer Alternativanknüpfung ein Gesamtverweis dann unbeachtlich ist, falls er zu einer Reduktion der Anzahl der zu vergleichenden Rechtsordnungen führt, versteht sich letztlich von selbst. Entscheidende Bedeutung kommt damit im Sinne der letztgenannten These dem Telos der jeweiligen inländischen Kollisionsnorm zu, die die Alternativanknüpfung ausspricht. In vielen Fällen wird dies zur Beachtlichkeit des renvoi nur dann führen, wenn er das sachrechtliche Begünstigungsinteresse der deutschen Kollisionsnorm fördert, dh zu einer Rechtsordnung führt, die für den Begünstigten vorteilhafter ist als die verweisende; in Bezug auf die Einzelheiten s. die Kommentierungen zu den die einschlägigen Alternativanknüpfungen aussprechenden Kollisionsnormen. 26

Umstritten ist die Anwendung der Sinnklausel ferner bei Kollisionsnormen, die eine **Anknüpfung an die engste Verbindung** vorsehen.[52] Allerdings hat die Problematik aufgrund des Inkrafttretens der Verordnungen Rom I und Rom II für das Kollisionsrecht der Schuldverhältnisse erheblich an praktischer Bedeutung verloren, da der engsten Verbindung als Anknüpfungspunkt hier die größte praktische Bedeutung zukommt (vgl Art. 4 Abs. 3, Abs. 4, Art. 5 Abs. 3, Art. 8 Abs. 3 Rom I-VO, Art. 4 Abs. 3, Art. 5 Abs. 2, Art. 10 Abs. 4, Art. 11 Abs. 4, Art. 12 Abs. 2 lit. c Rom II-VO) und beide Rom-Verordnungen nach dem oben Rn 2 Gesagten von vornherein ausschließlich Sachnormverweise aussprechen. Für das autonome deutsche IPR zu nennen sind heute insbesondere die Art. 14 Abs. 1 Nr. 3, Art. 41 Abs. 1 und Art. 46. Im Ausgangspunkt ist unbestritten, dass es keine engere als die engste Verbindung geben kann,[53] so dass es sinnwidrig wäre, die nach den Kriterien des deutschen (Kollisions-)Rechts als am besten zur Entscheidung des Sachverhaltes ermittelte Rechtsordnung über einen eventuellen Renvoi wieder auszuschalten.[54] Dennoch differenziert die wohl herrschende Auffassung zu Recht wie folgt:[55] Der Anknüpfung an eine besonders enge Verbindung der Eheleute zu einer 27

46 BT-Drucks. 10/504, S. 35; *Ebenroth/Eyles*, IPRax 1989, 1, 3; Erman/*Hohloch*, Art. 4 Rn 15.

47 Vgl zum Telos der Alternativanknüpfung im Rahmen des Art. 11 und Art. 19 die dortigen Kommentierungen.

48 BT-Drucks. 10/5632, S. 39. *Ebenroth/Eyles*, IPRax 1989, 1, 10; diff. Erman/*Hohloch*, Art. 4 Rn 19. AA wohl nur Soergel/*Kegel*, Art. 4 Rn 28.

49 Nachw. bei *Sonnentag*, Der Renvoi im Internationalen Privatrecht, S. 203 ff sowie im Folgenden.

50 So Voraufl. Rn 16; *Baum*, Alternativanknüpfungen (1985), 58, 257; *Schröder*, Das Günstigkeitsprinzip im internationalen Privatrecht (1996), 148 f; *Kühne*, in: FS Ferid 1988, S. 251, 258; *Ebenroth/Eyles*, IPRax 1989, 1, 10; *Kartzke*, IPRax 1988, 8; für das internationale Familienrecht auch *Rauscher*, NJW 1988, 2151, 2153.

51 Staudinger/*Hausmann* (2003), Art. 4 Rn 91 ff; Bamberger/Roth/*Lorenz*, Art. 4 Rn 8; MüKo/*Sonnenberger*, Art. 4 Rn 27; Palandt/*Thorn*, Art. 4 Rn 6.

52 Ausf. *Siehr*, in: FS Sonnenberger (2004), S. 667.

53 *Sonnentag*, Der Renvoi im Internationalen Privatrecht, S. 171.

54 AA *Kühne*, in: FS Ferid (1988), S. 251, 260 ff; *Kartzke*, IPRax 1988, 8, 9 f; *Rauscher*, NJW 1988, 2151, 2154; *Ebenroth/Eyles*, IPRax 1989, 1, 11; Bamberger/Roth/*Lorenz*, Art. 4 Rn 8; MüKo/*Sonnenberger*, Art. 4 Rn 28.

55 *Siehr*, in: FS Sonnenberger (2004), S. 667, 672 f; Staudinger/*Hausmann* (2003), Art. 4 Rn 97 ff mwN; Erman/*Hohloch*, Art. 4 Rn 18; MüKo/*Sonnenberger*, Art. 4 Rn 29; Palandt/*Thorn*, Art. 4 Rn 7.

bestimmtem Rechtsordnung im Rahmen des Art. 14 Abs. 1 Nr. 3 kommt die Funktion einer „Notlösung“ für den Fall zu, dass die vorrangigen Anknüpfungen an die gemeinsame Staatsangehörigkeit der Eheleute (Art. 14 Abs. 1 Nr. 1) bzw deren gemeinsamen gewöhnlichen Aufenthalt (Art. 14 Abs. 1 Nr. 2), die nach der Grundregel des Art. 4 Abs. 1 S. 1 Hs 1 als Gesamtverweise zu verstehen sind (ausführlich dazu bei Art. 14), scheitern. In Wirklichkeit knüpft Art. 14 Abs. 1 Nr. 3 daher gar nicht um an die engste Verbindung im engeren Sinne an, da diese nach deutschen kollisionsrechtlichen Vorstellungen gerade zum Recht der gemeinsamen Nationalität, allenfalls noch zu demjenigen des gemeinsamen gewöhnlichen Aufenthalts der Eheleute besteht. Es besteht daher kein Anlass, den Umfang der Verweisung des Art. 14 Abs. 1 Nr. 3 anders zu beurteilen als denjenigen gem. Art. 14 Abs. 1 Nr. 1 und 2. Geht es freilich um eine „echte“ Anknüpfung an die engste Verbindung, insbesondere um eine solche, die zu Abweichungen von einer Regelanknüpfung berechtigt, bewendet es bei der Feststellung, dass es dem Sinn einer derartigen Verweisung widerspräche, im Wege des Rück- oder Weiterverweises von diesem Recht abzuweichen.[56]

28 Ebenfalls diskutiert wird über die Anwendung der Sinnklausel auf **akzessorische Anknüpfungen** (etwa gem. Art. 41 Abs. 2 Nr. 1) und auf Anknüpfungen, die einen Verweis auf ein anderes Statut vorsehen (vgl Art. 15 Abs. 1, 17 Abs. 1, die auf Art. 14 verweisen). Auch diese Problematik ist durch das EuIPR teilweise entschärft worden, da die akzessorischen Anknüpfung von deliktischen, bereicherungsrechtlichen Ansprüchen und solchen aus GoA und c.i.c. an einen etwa bestehenden Vertrag oder ein sonstiges Rechtsverhältnis nunmehr durch die Rom-Verordnungen geregelt wird (vgl Art. 4 Abs. 3 S. 2, Art. 5 Abs. 2, Art. 10 Abs. 1, Art. 11 Abs. 1, Art. 12 Abs. 1 Rom II-VO, Art. 12 Abs. 1 lit. e Rom I-VO), die ohnedies nur Sachnormverweise kennen. Zum Teil wird vertreten, für das „akzessorisch“ anzuknüpfende Statut gelte das für die Hauptfrage ermittelte Sachrecht unter Ausschluss des Kollisionsrechts,[57] andere schließen eine Sachverweisung überhaupt aus.[58] Zutreffend ist demgegenüber eine Differenzierung:[59] Akzessorische Anknüpfungen im engeren Sinne, insbesondere gem. Art. 38 Abs. 1, 39 Abs. 2, 40 Abs. 4 und 41 Abs. 1 Nr. 1 (in deren nach Inkrafttreten der Rom II-VO verbleibenden schmalen Anwendungsbereich), beruhen auf dem Gedanken, dass die von der akzessorischen Anknüpfung betroffenen Materien aufgrund inhaltlicher, dh sachrechtlicher Zusammenhänge nach demselben Recht zu beurteilen sind wie die Hauptmaterie. In diesen Fällen scheidet nach deutschem IPR eine Gesamtverweisung aus, da sie den materiellrechtlichen Sinnzusammenhang der Materien zerreißen würde. Demgegenüber beruhen die Art. 15, 17 nicht auf dem Gedanken des inneren Zusammenhangs zwischen dem Gegenstand der Hauptanknüpfung (Ehewirkungsstatut) und den akzessorisch anzuknüpfenden Güterstands- und Scheidungsstatuten, vielmehr ist der pauschale Verweis der Art. 15, 17 auf das Ehewirkungsstatut im Wesentlichen lediglich Ersatz für die Schaffung eigener Kollisionsnormen. Soweit daher das IPR des Staates, der gem. Art. 14 das Ehewirkungsstatut stellt, eigenständige Kollisionsnormen für den Güterstand bzw die Ehescheidung enthält und diese einen Renvoi vorsehen, ist der Rück- bzw Weiterverweis zu beachten.

C. Rechtsspaltung, Abs. 3

I. Allgemeines

29 In sog. Mehrrechtsstaaten (insb. USA, Vereinigtes Königreich, Spanien, Mexiko, Kanada, Serbien-Montenegro, Australien)[60] gilt in unterschiedlichen Teilen des Territoriums ganz oder teilweise unterschiedliches Privatrecht (sog. Teil- oder Partikularrechtsordnungen). Vergleichbares galt in der Zeit vor dem 3.10.1990 für Sachverhalte mit Bezug zum Gebiet der Bundesrepublik und der ehem. DDR.[61] In Fällen einer derartigen **territorialen Rechtsspaltung** ist zu entscheiden, auf welche der Teilrechtsordnungen sich die vom deutschen Recht ausgesprochene Verweisung bezieht. Zur Problemlösung in Betracht kommen im Wesentlichen zwei diametral verschiedene Vorgehensweisen: Zum einen kann das deutsche IPR die Zuweisung der Rechtsfrage innerhalb des ausländischen Gesamtstaates dessen internen (Kollisions-)Recht (dem sog. interlokalen Privatrecht – „**ILR**“) überlassen, das dann im Wege einer Unteranknüpfung darüber zu entscheiden hat, welche seiner Teilrechtsordnungen zur Anwendung berufen ist. Zum anderen ist denkbar, dass die inländische Kollisionsnorm das ausländisch ILR ignoriert und unmittelbar diejenige Teilrechtsordnung bezeichnet, die aus inländischer Sicht berufen ist. In gewisser Weise ähnelt die erste Vorgehensweise der Gesamt-, die zweite der Sachnormverweisung. Vergleichbare Fragen wie bei der territorialen Rechtsspaltung stellen sich, wenn das

56 Vgl *Siehr*, in: FS Sonnenberger (2004), S. 667, 671.
57 Erman/*Hohloch*, Art. 4 Rn 14.
58 *Rauscher*, NJW 1988, 2151, 2154.
59 MüKo/*Sonnenberger*, Art. 4 Rn 28; Bamberger/Roth/Lorenz, Art. 4 Rn 9; *Rauscher*, NJW 1988, 2151, 2154; *Kartzke*, IPRax 1988, 8, 10 f; *Kühne*, in: FS Ferid 1988, S. 251, 262 ff; *Ebenroth/Eyles*, IPRax 1989, 1, 12; *Dörner* StAZ 1990, 1, 4. Widersprüchlich Palandt/*Thorn*, Art. 4 Rn 8 einerseits, Art. 15 Rn 1, Art. 17 Rn 1 andererseits.
60 *V. Schröder*, Die Verweisung auf Mehrrechtsstaaten im deutschen Internationalen Privatrecht, 176 ff, zum US-amerikanischen Recht 195 ff.
61 Ausf. *Bachler*, Situs-Regel, innerdeutsche und inneramerikanische Nachlassspaltung.

ausländische Recht für Personen unterschiedlicher ethnischer Abstammung oder religiöser Überzeugung unterschiedliche Rechtsregeln vorhält (sog. **interpersonale** bzw **interreligiöse Rechtsspaltung**, dazu Rn 36).

Art. 4 Abs. 3 S. 1 schreibt für das **autonome deutsche IPR** im Sinne der erstgenannten Lösungsvariante fest, dass im Grundsatz eine Unteranknüpfung anhand des ILR des betreffenden Mehrrechtsstaates durchzuführen ist. Ausnahmen enthalten Art. 4 Abs. 3 S. 2 für den Fall der Inexistenz eines ILR in dem betreffenden Staat sowie Art. 4 Abs. 3 S. 1 durch die äußerst problematische Formulierung, dass der Grundsatz der Unteranknüpfung unter dem Vorbehalt steht, dass das deutsche IPR nicht die maßgebliche Teilrechtsordnung unmittelbar bezeichnet. Für das **EuIPR** der vertraglichen und außervertraglichen Schuldverhältnisse ordnen die Art. 22 Abs. 1 Rom I-VO bzw Art. 25 Abs. 1 Rom II-VO an, dass die einzelnen Teilrechtsordnungen als selbständige Staaten zu betrachten sind. Demzufolge berufen die Rom I- und Rom II-VO durchgängig unmittelbar das betreffende Partikularrecht unabhängig davon, ob das ILR des betreffenden Gesamtstaats ein anderes Partikularrecht beriefe. Gleiches gilt grundsätzlich gem. Art. 14 ScheidungsVO[62] auch für das EuIPR der Ehescheidung bzw Lockerung des Ehebandes jedenfalls in Bezug auf die territoriale Rechtsspaltung (für die interpersonale bzw -religiöse Rechtsspaltung verweist Art. 15 ScheidungsVO hingegen auf das interne Kollisionsrecht des betreffenden ausländischen Staates, näher dazu Rn 36). Auch Art. 28 Abs. 1 des Kommissionsvorschlags für eine Verordnung über die Zuständigkeit, das anzuwendende Recht, die Anerkennung und die Vollstreckung von Entscheidungen und öffentlichen Urkunden in Erbsachen sowie zur Einführung eines Europäischen Nachlasszeugnisses[63] sieht einen direkten Durchgriff des EuIPR in interlokalen Fällen vor. Im Ergebnis ist im EuIPR demzufolge das Regel-Ausnahmeverhältnis zwischen Berufung des ausländischen ILR und inländischem Durchgriff auf die maßgebliche Teilrechtsordnung gegenüber Art. 4 Abs. 3 S. 1 umgekehrt. 30

II. Vorrang des in- und ausländischen IPR vor dem interlokalen Kollisionsrecht

Die Beachtlichkeit des ILR des Mehrrechtsstaates steht unter einem **kollisionsrechtlichen Vorbehalt**, dh die Anwendung des Art. 4 Abs. 3 hängt davon ab, ob das deutsche IPR eine Gesamt- oder Sachnormverweisung ausspricht. So ist Art. 4 Abs. 3 jedenfalls zu prüfen, wenn das deutsche IPR **eine Sachnormverweisung** auf das Recht des Mehrrechtsstaates ausspricht. Ebenso liegt es, wenn das deutsche IRP zwar eine **Gesamtverweisung** anordnet, diese aber vom IPR des Mehrrechtsstaates angenommen wird. In Bezug auf diese Konstellation ist allerdings danach zu differenzieren, ob der Mehrrechtsstaat über ein einheitliches gesamtstaatliches IPR verfügt, das für sämtliche Gliedstaaten im Verhältnis zu Drittstaaten verbindlich entscheidet, ob die Verweisung angenommen wird, oder ob der Mehrrechtsstaat nicht nur sach-, sondern **auch kollisionsrechtlich gespalten** ist. Verfügt der Mehrrechtsstaat über ein einheitliches gesamtstaatliches IPR, so entscheidet selbstverständlich dieses darüber, ob die Verweisung angenommen wird. Verneinendenfalls erübrigt sich eine Prüfung des Art. 4 Abs. 3, während sich bei Annahme der Verweisung durch das gesamtstaatliche IPR weiter gem. Art. 4 Abs. 3 fragt, welche Teilrechtsordnung innerhalb des Mehrrechtsstaates anzuwenden ist.[64] Problematischer gestaltet sich die Rechtslage in Bezug auf Mehrrechtsstaaten, die (wie etwa die USA) nicht nur sach-, sondern auch kollisionsrechtlich gespalten sind und die daher über kein gesamtstaatliches IPR verfügen. Das Recht der Gliedstaaten differenziert hier üblicherweise nicht zwischen der internationalprivatrechtlichen und der interlokalen Fragestellung, dh in den betreffenden Gliedstaaten besteht idR überhaupt nur ein einziges Set an Kollisionsnormen, dem eine Doppelfunktion als IPR (im Verhältnis zu Drittstaaten) und ILR (im Verhältnis zu den anderen Gliedstaaten des gemeinsamen Mehrrechtsstaates) zukommt. Spricht das deutsche IPR einen Gesamtverweis auf das Recht eines derartig auch kollisionsrechtlich gespaltenen Mehrrechtsstaates aus, so bedarf es in Ermangelung eines gesamtstaatlichen IPR notwendig der Anwendung des IPR eines Gliedstaates zur Beantwortung der Frage, ob die Gesamtverweisung angenommen wird oder nicht. Gem Art. 4 Abs. 3 S. 2 ist insoweit das IPR desjenigen Gliedstaats zu befragen, zu dem der Sachverhalt die engste Verbindung aufweist. Verweist das IPR dieses Gliedstaates auf das Recht eines Drittstaates weiter oder zurück auf deutsches Recht, erübrigt sich erneut die weitere Prüfung des Art. 4 Abs. 3. Andernfalls ist dagegen weiter gem. Art. 4 Abs. 3 zu prüfen, welches interlokale Recht nunmehr anzuwenden ist.[65] 31

Problematischer ist der Fall, dass das deutsche IPR erstens einen Gesamtverweis ausspricht, dabei aber zweitens lokalisierende Anknüpfungskriterien im Sinne der Ausnahmeklausel des Art. 4 Abs. 3 S. 1 verwendet (dazu sogleich Rn 33 f) und drittens ein gesamtstaatliches IPR besteht. Hier bedarf der Klärung, wie zu bestimmen ist, ob das ausländische Recht die Verweisung annimmt oder einen Rück- bzw Weiterverweis ausspricht. Insoweit ist nach wohl hM davon auszugehen, dass das gesamtstaatliche IPR Bestandteil der Rechtsordnung des Teilrechtsstaates und daher daraufhin zu befragen ist, ob der Verweis angenommen wird. Ist dies der Fall, scheidet eine Unteranknüpfung nach dem ILR des Mehrrechtsstaates aus, da das deutsche IPR bereits die 32

62 Zu dieser Fn 45.
63 KOM(2009) 154.
64 AllgM, vgl *Stoll*, in: FS Keller (1989), S. 511, 514; *Otto*, IPRax 1994, 1, 2; Bamberger/Roth/*Lorenz*, Art. 4 Rn 21; MüKo/*Sonnenberger*, Art. 4 Rn 91.
65 MüKo/*Sonnenberger*, Art. 4 Rn 91; Bamberger/Roth/*Lorenz*, Art. 4 Rn 21.

einschlägige Teilrechtsordnung bezeichnet hat.[66] Richtiger Auffassung nach kommt eine Anwendung der Ausnahmeklausel für besonders lokalisierende Anknüpfungen dagegen im Fall von Gesamtverweisen von vornherein nicht in Betracht (dazu Rn 33 f).

III. Unmittelbare Bezeichnung der Partikularrechtsordnung durch das deutsche Recht

33 Nach dem Wortlaut des Art. 4 Abs. 3 S. 1 („ohne die maßgebende zu bezeichnen") bedarf es einer Unteranknüpfung gem. Art. 4 Abs. 3 S. 1 nicht, wenn das **deutsche IPR** die anzuwendende Teilrechtsordnung im Sinne einer Direktverweisung selbst bestimmt.[67] Als typische Anwendungsfälle wurden vom Gesetzgeber Kollisionsnormen genannt, deren Anknüpfungspunkte auf räumlich lokalisierende Aspekte abstellen, indem sie etwa an den gewöhnlichen Aufenthalt einer Person, den Vornahme- oder den Tatort oder die Belegenheit einer Sache anknüpfen.[68] In diesem Fall soll die vom deutschen IPR bezeichnete Teilrechtsordnung selbst dann gelten, wenn der Mehrrechtsstaat über ein eigenes ILR verfügt, das zur Geltung eines anderen Partikularrechts führen würde. Diese Regelung ist nach fast allgemeiner Auffassung **rechtspolitisch missglückt**:[69] Zunächst ignoriert sie ohne Not die Wertungen des ausländischen Rechts. Weiterhin wird jedenfalls dann, wenn das Recht des Mehrrechtsstaates vom deutschen IPR aufgrund eines Gesamtverweises berufen wird, der Zweck des Gesamtverweises verfehlt. Denn Art. 4 Abs. 1 S. 1 bezweckt die Schaffung von Entscheidungseinklang (vgl Rn 3). Indem das deutsche IPR das ILR des ausländischen Mehrrechtsstaates indes ignoriert, wird über den Sachverhalt im Inland gegebenenfalls gerade nicht ebenso entschieden wie im Ausland. Doch auch darüber hinaus kollidiert der Durchgriff auf das ausländische Partikularrecht eklatant mit der zentralen Wertung des Art. 4 Abs. 1 S. 1, dass das deutsche IPR grundsätzlich Gesamtverweise ausspricht. Denn das deutsche IPR akzeptiert auch im Fall der Anknüpfung an die Belegenheit von Sachen oder den gewöhnlichen Aufenthalt von Personen grundsätzlich einen Rück- bzw Weiterverweis durch das IPR des ausländischen „Belegenheitsstaates" und misst den eigenen lokalisierenden Anknüpfungspunkten daher von vornherein nur eine vergleichsweise geringe Bedeutung bei. Vor diesem Hintergrund ist nicht erklärlich, warum Deutschland dann, wenn die ausländische Rechtsordnung den Verweis (zufällig) annehmen sollte, auf der Geltung eines bestimmten Partikularrechts entgegen dem ausländischen interlokalen Recht bestehen sollte.

34 Aus dem rechtspolitischen Missbehagen an der „Durchgriffslösung" werden unterschiedlich weit reichende Schlussfolgerungen gezogen und **Korrekturen** gefordert. Allerdings geht es nicht an, das ILR des Gesamtstaates als Teil des (scheinbar) direkt berufenen Partikularrechts gleichwohl anzuwenden, da man sich hiermit über den expliziten Willen des Gesetzgebers,[70] der sich auch im Gesetzeswortlaut niedergeschlagen hat, hinwegsetzte.[71] Zusätzlich in Widerspruch zur Gesetzessystematik steht die Auffassung, die Direktberufung des Partikularrechts sei auf Fälle einzuschränken, in denen es im ausländischen Mehrrechtsstaat an einem ILR fehlt.[72] Hiergegen streitet ersichtlich Art. 4 Abs. 3 S. 2, der gerade den Fall des fehlenden ILR adressiert. Letztlich ist de lege lata dem eindeutigen Gesetzeswortlaut und dem Willen des Gesetzgebers grundsätzlich Folge zu leisten.[73] Dies hindert indes nicht eine **teleologische Einschränkung** der Norm auf Fälle, in denen das deutsche Recht einen **Sachnormverweis** auf das Recht des Mehrrechtsstaates ausspricht.[74] Denn die Direktanknüpfung widerspricht nach dem in Rn 33 Gesagten fundamental nicht nur dem Telos jeder Gesamtverweisung, sondern ist auch in systematischer Hinsicht nicht stimmig.[75]

IV. Unteranknüpfung gem. Art. 4 Abs. 3 S. 1, 2

35 Ist eine Unteranknüpfung vorzunehmen, weil das deutsche Recht das anzuwendende Partikularrecht nicht nach den in Rn 33 f genannten Grundsätzen selbst bestimmt, entscheidet gem. **Art. 4 Abs. 3 S. 1** das ILR des aus-

66 Bamberger/Roth/*Lorenz*, Art. 4 Rn 21.

67 *Stoll*, in: FS Keller (1989), S. 511, 515; Erman/*Hohloch*, Art. 4 Rn 22; Bamberger/Roth/*Lorenz*, Art. 4 Rn 19; Palandt/*Thorn*, Art. 4 Rn 12.

68 Etwa Palandt/*Thorn*, Art. 4 Rn 12; ebenso Regierungsbegründung BT-Drucks. 10/504, S. 40.

69 Vgl etwa *V. Schröder*, Die Verweisung auf Mehrrechtsstaaten im deutschen Internationalen Privatrecht, S. 127 ff mwN; Staudinger/*Hausmann* (2003), Art. 4 Rn 335 ff mwN; MüKo/*Sonnenberger*, Art. 4 Rn 96 ff sowie das nachfolgende Schrifttum. Die Vorschrift in Schutz nehmend dagegen *v. Bar/Mankowski*, IPR I, § 4 Rn 155.

70 Vgl Regierungsbegründung, BT-Drucks. 10/504, S. 40.

71 Wie hier *Schröder*, Die Verweisung auf Mehrrechtsstaaten im deutschen Internationalen Privatrecht, S. 134 f.

72 Etwa *Spickhoff*, JZ 1993, 336, 337; wohl auch MüKo/*Sonnenberger*, Art. 4 Rn 98 ff.

73 Wie hier etwa Bamberger/Roth/*Lorenz*, Art. 4 Rn 20 aE; Palandt/*Thorn*, Art. 4 Rn 12.

74 Ebenso *Rauscher*, IPRax 1987, 206 ff; *Jayme*, IPRax 1989, 288; *ders.*, RabelsZ 55 (1991), 315; *Spickhoff*, JZ 1993, 336, 337; *Otto*, IPRax 1994, 1, 3 f.

75 AA etwa *Schröder*, Die Verweisung auf Mehrrechtsstaaten im deutschen Internationalen Privatrecht, 135 f unter Berufung auf den Willen des historischen Gesetzgebers.

ländischen Gesamtstaates, welche Teilrechtsordnung anzuwenden ist.[76] Fehlt es an einem gesamtstaatlichen ILR (zu dem Fall, dass in dem Mehrrechtsstaat kein einheitliches IPR existiert, vgl Rn 34), ist gem. **Art. 4 Abs. 3 S. 2** diejenige Teilrechtsordnung anzuwenden, zu der der Sachverhalt unter Würdigung aller Umstände des Einzelfalles die engste Beziehung aufweist. In dem für die Anwendung des Art. 4 Abs. 3 besonders relevanten Bereich des internationalen Familien- und Erbrechts ist regelmäßig auf den (letzten) gewöhnlichen Aufenthalt derjenigen Person(en) abzustellen, auf die es nach der deutschen Kollisionsnorm ankommt.[77] Da Art. 4 Abs. 3 S. 2 lediglich der ersatzweisen Bestimmung der anzuwendenden Teilrechtsordnung dient und nicht etwa einen Direktzugriff des deutschen IPR auf eine Teilrechtsordnung im Rn 33 f dargestellten Sinn enthält, ist ein **Renvoi** durch das benannte interlokale Privatrecht auf ein anderes Teilrecht des betreffenden Staates nicht ausgeschlossen.[78]

V. Analoge Anwendung bei interreligiöser oder interpersonaler Rechtsspaltung

Einige (insbesondere islamische und afrikanische) Staaten behandeln Angehörige unterschiedlicher Religions- **36**
oder Stammeszugehörigkeiten vor allem in familienrechtlichen Angelegenheiten unterschiedlich.[79] Insoweit sind im deutschen IPR die zu **Art. 4 Abs. 3** entwickelten Grundsätze **analog** anzuwenden.[80] Hat die Anwendung des ausländischen interreligiösen bzw interpersonalen Privatrechts nach deutschem Verständnis (Art. 3 GG) eine nicht gerechtfertigte diskriminierende Differenzierung zur Folge, ist ein Verstoß gegen den inländischen ordre public zu Art. 6 zu prüfen (näher dazu die Kommentierung bei Art. 6). Für das **EuIPR** der Ehescheidung bzw Lockerung des Ehebandes schreibt Art. 15 ScheidungsVO hingegen vor, dass im Fall der interpersonalen bzw -religiösen Rechtsspaltung das interpersonale bzw -religiöse Recht des vom EuIPR bezeichneten ausländischen Staates damit betraut ist, im Wege der Unteranknüpfung die maßgebliche Teilrechtsordnung zu bestimmen. Dahinter steht die Erwägung, dass das europäische Recht grds. keine derartigen Rechtsspaltungen kennt und daher auch nicht unmittelbar eine anwendbare interpersonale- bzw -religiöse Teilrechtsordnung bestimmen kann.

Art. 5 EGBGB Personalstatut

(1) [1]Wird auf das Recht des Staates verwiesen, dem eine Person angehört, und gehört sie mehreren Staaten an, so ist das Recht desjenigen dieser Staaten anzuwenden, mit dem die Person am engsten verbunden ist, insbesondere durch ihren gewöhnlichen Aufenthalt oder durch den Verlauf ihres Lebens. [2]Ist die Person auch Deutscher, so geht diese Rechtsstellung vor.

(2) Ist eine Person staatenlos oder kann ihre Staatsangehörigkeit nicht festgestellt werden, so ist das Recht des Staates anzuwenden, in dem sie ihren gewöhnlichen Aufenthalt oder, mangels eines solchen, ihren Aufenthalt hat.

(3) Wird auf das Recht des Staates verwiesen, in dem eine Person ihren Aufenthalt oder ihren gewöhnlichen Aufenthalt hat, und ändert eine nicht voll geschäftsfähige Person den Aufenthalt ohne den Willen des gesetzlichen Vertreters, so führt diese Änderung allein nicht zur Anwendung eines anderen Rechts.

Literatur: *Baetge*, Der gewöhnliche Aufenthalt im IPR, 1994; *v. Bar*, Exklusivnormen und deutsches Personalstatut, IPRax 1985, 272; *Basedow*, Das Staatsangehörigkeitsprinzip in der Europäischen Union, IPRax 2011, 109; *Benicke*, Auswirkungen des neuen Staatsangehörigkeitsrechts auf das IPR, IPRax 2000, 171; *Benicke/Zimmermann*, Internationales Namensrecht im Spannungsfeld zwischen Internationalem Privatrecht, Europäischem Unionsrecht und Europäischer Menschenrechtskonvention, IPRax 1995, 141; *Börner*, Palästina und die Palästinenser im IPR, IPRax 1997, 47; *Dethloff*, Doppelstaatsangehörigkeit und Internationales Privatrecht, JZ 1995, 64; *Dörner*, Moderne Anknüpfungstechniken im internationalen Personen- und Familienrecht, StAZ 1990, 1; *Fischer*, Unionsrecht und kollisionsrechtliches Staatsangehörigkeitsprinzip, in: v. Bar (Hrsg.), Europäisches Unionsrecht und IPR, 1991, S. 157; *Fuchs*, Neues Staatsangehörigkeitsrecht und Internationales Privatrecht, NJW 2000, 489; *Gaudemet-Tallon*, Nationalité, statut personnel et droits de l'homme, in: FS Erik Jayme 2004, S. 205; *Gruber*, Kollisionsrechtliche Implikationen des neuen Staatsangehörigkeitsrechts, IPRax 1999, 426; *Hailbronner/Renner/Maaßen*, Staatsangehörigkeitsrecht – Kommentar, 5. Auflage 2010; *Hailbronner*, Staatsangehörigkeit und Unionsrecht, StAZ 2011, 1; *Hellwig*, Die Staatsangehörigkeit als Anknüpfung im deutschen IPR, 2001; *Henrich*, Abschied vom Staatsangehörigkeitsprinzip?, in: FS Hans Stoll 2001, S. 437; *ders.*, Parteiautonomie, Privatautonomie und kulturelle Identität, in: FS Erik Jayme 2004, S. 321; *Jayme*, Kulturelle Identität und Internationales Privatrecht, in: ders., Kulturelle Identität

76 Zum ehem. jugoslawischen Recht OLG Düsseldorf FamRZ 1995, 1203; OLG Frankfurt, IPRax 2001, 140 m.Anm. *Henrich*. Zum US-amerikanischen Recht etwa OLG Zweibrücken, NJW-RR 1999, 948 = JuS 1999, 1233 m.Anm. *Hohloch*.

77 Ausf. Nachw. bei MüKo/*Sonnenberger*, Art. 4 Rn 102; Erman/*Hohloch*, Art. 4 Rn 24.

78 Erman/*Hohloch*, Art. 4 Rn 26 mwN; zum interlokalen Weiterverweis MüKo/*Sonnenberger*, Art. 4 Rn 104.

79 Zum iranischen Recht zB OLG Saarbrücken FamRZ 1992, 848 = IPRax 1993, 100 m.Anm. *Henrich*.

80 Unstr., Palandt/*Thorn*, Vor Art. 3 Rn 4; Soergel/*Kegel*, Art. 4 Rn 49; Bamberger/Roth/*Lorenz*, Art. 4 Rn 18.

und Internationales Privatrecht, 2003, S. 5; *ders.*, Nation und Staat im internationalen Privatrecht, in: Jayme/Mansel, Nation und Staat im internationalen Privatrecht, 1990, S. 3; *ders.*, Zur Ehescheidung von Doppelstaatern mit verschiedener effektiver Staatsangehörigkeit, IPRax 2002, 209; *F. K. Juenger*, The National Law Principle, in: Gerkens, u.a. (Hrsg.), Mélanges Fritz Sturm, Bd. II, Liège 1999, S. 1519; *Kindler*, Vom Staatsangehörigkeits- zum Domizilprinzip: das künftige internationale Erbrecht der Europäischen Union, IPRax 2010, 44; *Kohler*, Verständigungsschwierigkeiten zwischen europäischem Unionsrecht und IPR, in: Mansel u.a. (Hrsg.), FS Erik Jayme 2004, Bd. 1 S. 445; *Kropholler*, Der gewöhnliche Aufenthalt des Kindes und das Aufenthaltsbestimmungsrecht, in: FS Erik Jayme 2004, S. 471; *Mankowski*, Kulturelle Identität und Internationales Privatrecht, IPRax 2004, 282; *Mansel*, Personalstatut, Staatsangehörigkeit und Effektivität, 1988; *ders.*, Doppelstaater mit Drittstaatenaufenthalt und die Bestimmung ihrer effektiven Staatsangehörigkeit, IPRax 1985, 209; *ders.*, Vertragsautonome Mehrstaateranknüpfung und nicht feststellbare Effektivität, IPRax 1988, 22; *ders.*, Das Staatsangehörigkeitsprinzip im deutschen und unionsrechtlichen Internationalen Privatrecht, in: Jayme (Hrsg.), Kulturelle Identität und Internationales Privatrecht, 2003, S. 119; *Martiny*, Probleme der Doppelstaatsangehörigkeit im deutschen Internationalen Privatrecht, JZ 1993, 1145; *Rauscher*, Heimatlos in Europa? – Gedanken gegen eine Aufgabe des Staatsangehörigkeitsprinzips im IPR, in: FS Erik Jayme 2004, 719; *W.-H. Roth*, Der Einfluss der Grundfreiheiten auf das internationale Privatrecht, in: Baur/Mansel, Systemwechsel im europäischen Kollisionsrecht nach Amsterdam und Nizza, 2002, S. 47; *Schmid*, Auswirkungen des Zuwanderungsgesetzes auf den Ius-Soli-Erwerb der deutschen Staatsangehörigkeit nach § 4 Abs. 3 StAG, StAZ 2005, 65; *Spickhoff*, Grenzpendler als Grenzfälle: Zum „gewöhnlichen Aufenthalt" im IPR, IPRax 1995, 185; *ders.*, Asylbewerber und gewöhnlicher Aufenthalt, IPRax 1990, 225; *Sturm*, Geburtsbeurkundung bei ungeklärter Identität der Eltern, StAZ 2005, 281; *ders.*, Zur Identifizierung Schriftenloser, in: FS für Andreas Heldrich, 2005, 1324.

A. Allgemeines

I. Überblick

1 Die Anknüpfungen an die Staatsangehörigkeit und an den Aufenthalt werden unter der amtlichen Überschrift Personalstatut erfasst. Die Anknüpfung an die Staatsangehörigkeit bedarf der näheren Konkretisierung, wenn die betreffende Person mehreren Staaten angehört (Abs. 1), wenn sie keine Staatsangehörigkeit besitzt oder eine Staatsangehörigkeit nicht festgestellt werden kann (Abs. 2). Die Bedeutung des Abs. 2 ist aufgrund vorrangiger, allerdings inhaltsgleicher staatsvertraglicher Kollisionsnormen gering (vgl Anhang I zu Art. 5 Rn 1). Bei nicht voll geschäftsfähigen Personen ist die Anknüpfung an den gewöhnlichen oder schlichten Aufenthalt mit dem Willen des gesetzlichen Vertreters verknüpft (Abs. 3). Diese Sondervorschrift soll dem sog. legal kidnapping entgegenwirken. Sie wird vom Haager Kindesentführungsabkommen (MSA) verdrängt (vgl Anhang I zum III. Abschnitt EGBGB).

2 **1. Personalstatut.** Das Personalstatut umfasst die rechtlichen Fähigkeiten und die persönlichen Verhältnisse einer natürlichen Person, wie sie im internationalen Personen-, Familien- und Erbrecht näher erfasst sind.[1] Die Staatsangehörigkeit ist der bestimmende Anknüpfungspunkt, weshalb auch vom Staatsangehörigkeitsprinzip im deutschen IPR gesprochen wird. Daneben stehen der gewöhnliche oder der schlichte Aufenthalt. Auf die Staatsangehörigkeit verweisen Art. 7 Abs. 1 (Geschäftsfähigkeit), Art. 9 S. 1 (Todeserklärung), Art. 10 Abs. 1 (Name), Art. 13 Abs. 1 (Eheschließung), Art. 14 Abs. 1 Nr. 1 (Allgemeine Ehewirkungen), Art. 15 Abs. 1 (Güterstand), Art. 17 Abs. 1 (Ehescheidung), Art. 18 Abs. 4 (Scheidungsunterhalt), Art. 19 Abs. 1 S. 2 (Abstammung), Art. 22 (Adoption), Art. 24 (Betreuung, Vormundschaft, Pflegschaft), Art. 25 (Erbrecht). Ferner spielt die Staatsangehörigkeit dort eine Rolle, wo an die engste Beziehung angeknüpft wird und Berührungspunkte für ein Rechtsanwendungsinteresse festzustellen sind.

1 Der Begriff Personalstatut fasst die Anknüpfungsgegenstände untechnisch zusammen. Art. 5 ist aber keine Kollisionsnorm, sondern kollisionsrechtliche Hilfsnorm, vgl Bamberger/Roth/*Lorenz*, Art. 5 EGBGB Rn 1.

Der gewöhnliche Aufenthalt eines Menschen ist im Kindschaftsrecht (Art. 19–21) und alternativ zur Staatsangehörigkeit beim Unterhalt (Art. 18 Abs. 1 S. 1 u. 2) maßgeblich. Daneben gilt der gewöhnliche Aufenthalt subsidiär in Art. 5 Abs. 2 Hs 1; Art. 14 Abs. 1 Nr. 2. Der schlichte Aufenthalt ist eine Hilfsanknüpfung für den Fall, dass ein gewöhnlicher Aufenthalt nicht besteht (Abs. 2 Hs 2). Im staatsvertraglichen Kollisionsrecht wie im unionsrechtlichen Kollisionsrecht ist der gewöhnliche Aufenthalt als Anknüpfungsmoment von zentraler Bedeutung. Für ihn spricht die Praktikabilität und er vermeidet unmittelbare Diskriminierungen im Bereich des Personalstatutes. Im künftigen Familien- und Erbkollisionsrecht der EU wird die Staatsangehörigkeitsanknüpfung voraussichtlich nicht aufgegeben werden, aber doch zugunsten einer Rechtswahl und einer Anknüpfung an den gewöhnlichen Aufenthalt zurückgedrängt.[2] 3

2. Wohnsitz und domicile. Der Wohnsitz ist im deutschen IPR kein Anknüpfungsmerkmal.[3] Verwendet wird der Wohnsitzbegriff aber in Art. 12 Abs. 1 der Genfer Flüchtlingskonvention (GFK) und in Art. 12 Abs. 1 des UN-Übereinkommen über die Rechtsstellung der Staatenlosen. Der Wohnsitzbegriff ist dort im Kontext des jeweiligen Staatsvertrages auszulegen. Das führt zu einer Angleichung des Wohnsitzbegriffes an den des **gewöhnlichen Aufenthaltes**[4] (vgl Anhang I zu Art. 5 Rn 6; Anhang II zu Art. 5 Rn 26). Die inländischen Vorschriften über den Wohnsitz in §§ 7–11 BGB sind daher insoweit[5] ohne Bedeutung. 4

Dagegen ist die Anknüpfung an das „domicile" im angelsächsischen Recht verbreitet und spielt daher bei Gesamtverweisungen (Art. 4 Abs. 1 u. 3) eine beträchtliche Rolle. Die Auslegung des Begriffs ist nach dem jeweiligen ausländischen Recht zu bestimmen. In den Grundzügen ähnelt das domicile der Staatsangehörigkeit und weniger dem gewöhnlichen Aufenthalt, weil es von einer **Heimatverbundenheit** der Person ausgeht. Jede Person erwirbt mit der Geburt das domicile of origin des Vaters oder bei Nichtehelichkeit oder Vorversterben des Vaters das der Mutter.[6] Das domicile of origin drückt die Zugehörigkeit zu einem einheitlichen Rechtsgebiet aus,[7] es ist unwandelbar und unverlierbar. Es kann aber zeitweilig oder dauerhaft verdrängt werden durch ein domicile of choice. An seine Begründung werden besondere Anforderungen gestellt, wobei das englische Recht strenger ist als die US-amerikanischen Teilrechtsordnungen.[8] Die Niederlassung muss in der Absicht genommen werden, dort für immer oder auf unbestimmte Zeit zu bleiben. Dies kann für Soldaten auch der Stationierungsort sein.[9] 5

II. Staatsangehörigkeit

1. Staatsangehörigkeitsprinzip. Das deutsche autonome Internationale Privatrecht (Art. 3 ff) beruht maßgeblich auf dem Staatsangehörigkeitsprinzip.[10] Der Gesetzgeber geht mit der Anknüpfung an die Staatsangehörigkeit davon aus, dass die betreffende Person in Bezug auf den jeweiligen Anknüpfungsgegenstand (insb. Personen-, Familien- und Erbrecht) am engsten mit dem Staat verbunden ist, dessen Staatsangehörigkeit sie besitzt (sog. Heimatrecht). Die Richtigkeit dieser Annahme ist umstritten.[11] Neuere Rechtsentwicklungen auf internationaler und auf europäischer Ebene zeigen einen **Rückzug des Staatsangehörigkeitsprinzips** zuguns- 6

2 Vgl zum gegenwärtigen Stand und dem Entwurf der ErbrechtsVO *Kindler*, IPRax 2010, 44; insgesamt *R. Wagner*, NJW 2010, 1707; einen Vorschlag für ein europäisches Personalstatut macht *Rauscher*, in: FS Jayme 2004, S. 719, 728 ff, 738 ff.

3 Gleichbedeutend mit dem deutschsprachigen Begriff Domizil. Eine Ausnahme besteht im Hinblick auf die Testamentsform, Art. 26 Abs. 1 S. 1 Nr. 3 Alt. 1.

4 Mangels Auslegungshinweisen im Staatsvertrag ist auf den gewöhnlichen Aufenthalt, nicht dagegen auf das nationale Wohnsitzrecht (§§ 7 ff BGB) zurückzugreifen; Erman/*Hohloch*, Art. 5 EGBGB Rn 58.

5 Anders aber im Verfahrensrecht, wo der Wohnsitzbegriff entweder direkt oder indirekt auch über die nationalen Wohnsitzregeln bestimmt wird, vgl OLG Frankfurt aM FamRZ 2009, 796 f (Aufgabe des Wohnsitzes bei Auslandsstudium im Rahmen von Art. 5 Nr. 2 EuGVO und § 23 a ZPO).

6 Vgl Staudinger/*Mankowski*, Vor Art. 13 EGBGB Rn 20–27; *Dicey/Morris/Collins/McClean*, The Conflict of Laws, 14. Aufl. London 2010, S. 134 ff.

7 *V. Bar/Mankowski*, IPR I, § 7 Rn 25 f.

8 Vgl Staudinger/*Mankowski*, Vor Art. 13 EGBGB Rn 20 ff.

9 OLG Zweibrücken NJW-RR 1999, 948; AG Landstuhl FamRZ 2003, 1300; AG Heidelberg IPRax 1988, 113.

10 Damit wird nicht die völkerrechtliche Personalhoheit und das Schutzgebot der Staatsangehörigkeit angesprochen, vgl Staudinger/*Blumenwitz*, Anh. II zu Art. 5 EGBGB Rn 2 u. 13, sondern eine kollisionsrechtliche Wertung getroffen. Zur Entstehung des Staatsangehörigkeitsprinzips im europäischen Rechtsraum *Basedow* IPRax 2011, 109 ff.

11 Unter dem Blickwinkel der praktischen Parteiinteressen generell abl. und für ein fakultatives Kollisionsrecht, Staudinger/*Sturm/Sturm*, Einl. zum IPR Rn 183 ff; gegen eine Anknüpfung an die Staatsangehörigkeit ferner *F. K. Juenger*, The National Law Principle, in: Gerkens, u.a. (Hrsg.), Mélanges Fritz Sturm, Bd. II, S. 1519, 1526 ff; grds. sehr skeptisch auch *Mankowski*, IPRax 2004, 282, 285.

ten einer Anknüpfung an den gewöhnlichen Aufenthalt.[12] In der Anknüpfung an das Recht der Staatsangehörigkeit liegt aber grundsätzlich kein Verstoß gegen das allgemeine Diskriminierungsverbot (Art. 18 AEUV = 12 EGV aF)[13] oder gegen die besonderen Diskriminierungsverbote aus den Grundfreiheiten,[14] zumindest nicht ohne weiteres.[15] Auch das rechtspolitische Interesse nach Assimilierung rechtfertigt eine Abkehr vom Staatsangehörigkeitsprinzip nicht.[16] Für die Staatsangehörigkeit spricht die oftmals Identität stiftende **Verbundenheit der Person** zu ihrem Heimatstaat und dessen Kultur, die sich auch in den personenrechtlichen Wertungen widerspiegelt.[17] Ferner ist der Gleichlauf mit dem staatlichen Wahlrecht und die damit verbundene demokratische Legitimation des angewandten Rechts ein überzeugendes Argument zugunsten der Staatsangehörigkeitsanknüpfung.[18] Eine Flexibilisierung durch Einführung eines **Optionsrechts** entweder zugunsten des Aufenthaltsrechts oder zugunsten des Staatsangehörigkeitsrechts ist im Hinblick auf migrierende heterogene Bevölkerungsgruppen de lege ferenda aber zu befürworten.[19]

7 **2. Bestimmung der Staatsangehörigkeit.** Jeder Staat entscheidet selbst darüber, welche Personen ihm angehören. Die Staatsangehörigkeit einer Person wird daher allein nach dem Staatsangehörigkeitsrecht des betreffenden Staates[20] bestimmt.[21] Soweit Erwerb oder Verlust der Staatsangehörigkeit von privatrechtlichen Statusfragen abhängen (Eheschließung, Adoption usw), sind diese **Vorfragen** nach demselben Recht zu bestimmen wie die Staatsangehörigkeit, um die es geht (unselbständige Anknüpfung der Vorfrage).[22] Ausnahmsweise ist das ausländische Staatsangehörigkeitsrecht aber dann nicht anzuwenden, wenn etwa willkürlich oder aus politischen, religiösen oder rassischen Gründen die Staatsangehörigkeit entzogen wurde (Art. 6, ordre public).[23] Für die Anwendung des Staatsangehörigkeitsrechts kommt es auf die völkerrechtliche Anerkennung des betreffenden Staates oder auf die Völkerrechtskonformität geänderter Staatsgrenzen nicht an.[24] Es müssen aber die konstitutiven Merkmale eines Staates vorliegen (Staatsgewalt, Staatsvolk, Staatsgebiet), wobei die Staatsgewalt effektiv ausgeübt werden und eine eigene Rechtsordnung bestehen muss.[25]

8 Festzustellen ist das Staatsangehörigkeitsrecht in dem für den Erwerbstatbestand jeweils maßgebenden Zeitpunkt (Geburt, Annahme als Kind, ggf Eheschließung). Diese **intertemporale Bestimmung** des Staatsangehörigkeitsrechts kann aufgrund der häufig weit zurückreichenden Zeitpunkte und entsprechend veränderten Rechtslagen erhebliche Schwierigkeiten bereiten. Die **Unionsbürgerschaft** folgt aus dem Besitz der Staatsangehörigkeit eines Mitgliedstaates. Sie bedeutet nur einen komplementären Status und tritt zur Staatsange-

12 Im Hinblick auf das durch Staatsverträge und künftig durch Unionsrechtliche Normen geschaffene Kollisionsrecht, vgl dazu *Henrich*, in: FS Stoll 2001, S. 437 ff. Zu gegenläufigen Entwicklungen im Hinblick auf die osteuropäischen Transformationsstaaten s. *Mansel*, Staatsangehörigkeitsprinzip, S. 119, 124 ff ebenso aus französischer Sicht und der Menschenrechte, vgl *Gaudemet-Tallon*, in: FS Jayme 2004, S. 205, 214 ff; gegen eine Aufgabe der Staatsangehörigkeitsanknüpfung *Rauscher*, in: FS Jayme 2004, S. 719, 736 f.

13 Zur Vereinbarkeit des Staatsangehörigkeitsprinzips mit EU-Recht differenzierend *Basedow* IPRax 2011, 109, 111 ff, 116 (12 Thesen).

14 Wegen seiner unterschiedslosen Geltung generell kein Verstoß *Kegel/Schurig*, § 4 II, S. 224 (Gegenteil); *v. Bar/Mankowski*, IPR I, § 3 Rn 41 (Gegenteil; Ausnahmen aber bei Art. 5 Abs. 1 S. 1 und S. 2); MüKo/*Sonnenberger*, Einl. IPR Rn 160; das gilt ebenso bei einer Anknüpfung an die gemeinsame Staatsangehörigkeit von Ehegatten, etwa in Art. 14 Abs. 1 Nr. 1. Die Ungleichbehandlung knüpft hier nicht an den Besitz einer bestimmten Staatsangehörigkeit an, sondern an das Fehlen einer gemeinsamen Staatsangehörigkeit zutr. Staudinger/*Spellenberg*, Art. 3 IntVerfREhe Rn 32.

15 Staudinger/*Blumenwitz*, Anh. I zu Art. 5 EGBGB Rn 29; Erman/*Hohloch*, Einl. Art. 3 EGBGB Rn 62 und Art. 5 EGBGB Rn 6; restriktiver *Mansel*, Staatsangehörigkeitsprinzip, S. 119, 147 f (als Rechtfertigungstatbestand anzuerkennen); ähnlich *W.-H. Roth*, S. 47, 49; *Fischer*, S. 157, 161.

16 Vgl *v. Bar/Mankowski*, IPR I, § 7 Rn 19 ff.

17 *Jayme*, Kulturelle Identität, S. 5, 10; *Basedow* IPRax 2011, 109, 115 (soziale Nähe); *Kegel/Schurig*, § 13 II 3, S. 448; Staudinger/*Blumenwitz*, Anh. I zu Art. 5 EGBGB Rn 14; skeptisch dagegen *Henrich*, in: FS Jayme 2004, S. 321, 323; abl. *Mankowski*, IPRax 2004, 282, 285.

18 *Mansel*, Staatsangehörigkeitsprinzip, S. 119, 135 f.

19 So jeweils nach den Vorschlägen für eine EU-VO im Bereich Ehescheidung (v. 24.3.2010, KOM 2010, 105 endg.) und in Erbsachen (v. 24.10.2009, KOM 2009, 154 endg.); so bereits *Mansel*, Staatsangehörigkeitsprinzip, S. 119, 138 f (unter Hinweis auf Bikulturalität, Transnationalität und ethnische Kolonien als Globalisierungsphänomene); dem Optionsmodell zust. *Henrich*, in: FS Jayme 2004, S. 321, 327 f.

20 Eine Darstellung des Staatsangehörigkeitsrechts der meisten ausländischen Staaten bei Staudinger/*Blumenwitz*, Anh. III zu Art. 5.

21 Das folgt aus dem völkerrechtlichen Grundsatz der Personalhoheit, vgl Staudinger/*Blumenwitz*, Anh. I zu Art. 5 EGBGB Rn 13.

22 HM, MüKo/*Sonnenberger*, Einl. IPR Rn 699; Erman/*Hohloch*, Einl. Art. 3 EGBGB Rn 62; Staudinger/*Sturm/Sturm*, Einl. zum IPR Rn 246; Staudinger/*Blumenwitz*, Art. 5 EGBGB Rn 3.

23 Anders aber, wenn das so bewirkte Festhalten an der entzogenen Staatsangehörigkeit dem Interesse des Betroffenen ebenso widerspricht, Staudinger/*Sturm/Sturm*, Einl. zum IPR Rn 435.

24 Staudinger/*Sturm/Sturm*, Einl. zum IPR Rn 437.

25 Das ist im Hinblick auf eine palästinensische Staatsangehörigkeit fraglich. Abl. und auf eine israelische Aufenthaltsberechtigung abstellend, MüKo/*Sonnenberger*, Einl. IPR Rn 708; *Looschelders*, IPR, Art. 5 Rn 6; vgl ferner *Börner*, IPRax 1997, 47, 48 f.

hörigkeit hinzu (Art. 20 Abs. 1 AEUV). Die EU verfügt dementsprechend auch nicht über eine Regelungskompetenz zum Erwerb und Verlust der Unionsbürgerschaft. Es bleibt insoweit bei der ausschließlichen Kompetenz der Mitgliedstaaten. Bei Ausübung dieser Kompetenz sind die Mitgliedstaaten aber unionsrechtlichen Beschränkungen unterworfen. Der EuGH prüft, ob eine Beeinträchtigung der Grundfreiheiten und völkerrechtlicher Verpflichtungen besteht sowie die Verhältnismäßigkeit etwa einer Rücknahme- oder Versagungsentscheidung.[26]

3. Erwerb und Verlust der deutschen Staatsangehörigkeit. Erwerb und Verlust der deutschen Staats- **9**
angehörigkeit richten sich nach dem Staatsangehörigkeitsgesetz v. 22.7.1913 (StAG),[27] welches bis zur Reform 1999 Reichs- und Staatsangehörigkeitsgesetz, RuStAG, hieß. Die weitere Reformgesetzgebung durch das Zuwanderungsgesetz[28] brachte mit Wirkung zum 1.1.2005 wesentliche Änderungen.[29] In den Grundzügen gilt Folgendes:

a) Erwerbstatbestände. Erworben wird die deutsche Staatsangehörigkeit nach § 3 StAG durch Geburt, **10**
Erklärung, Annahme als Kind oder durch Einbürgerung. Die Eheschließung führt dagegen nur zu Erleichterungen bei der Einbürgerung (§ 9 StAG). Für den Erwerb durch Geburt (Abstammungs- oder **ius-sanguinis-Prinzip**) genügt es, wenn ein Elternteil Deutscher ist. Ist nur der Vater Deutscher und sind die Eltern nicht verheiratet, so ist Anerkennung oder Feststellung der Vaterschaft notwendig (§§ 4 Abs. 1 S. 2, 5 StAG).[30] Die Adoption durch einen Deutschen vermittelt dem minderjährigen Kind nach § 6 StAG ebenfalls die deutsche Staatsangehörigkeit. Auch eine Auslandsadoption genügt, sofern sie die wesentlichen Merkmale einer Inlandsadoption erfüllt (vgl Art. 22 EGBGB Rn 10). Der Staatsangehörigkeitserwerb durch Legitimation (Eheschließung der Eltern oder Ehelicherklärung) ist nur noch für vor dem 1.7.1993 geborene Kinder von Bedeutung. Sie können bis zum 23. Lebensjahr die deutsche Staatsangehörigkeit durch Erklärung erwerben (§ 5 StAG).

Die deutsche Staatsangehörigkeit können aber auch Kinder ausländischer Eltern erwerben und zwar entweder **11**
ipso iure, wenn das Kind nach dem 31.12.1999 im Inland geboren wurde, oder auf Antrag, wenn es nach dem 31.12.1989 geboren und zwischen dem 1.1. und dem 31.12.2000 einen Antrag auf befristete Einbürgerung nach § 40 b StAG gestellt hat. Der Erwerb setzt weiter voraus, dass ein Elternteil seit acht Jahren rechtmäßig seinen gewöhnlichen Aufenthalt im Inland hat[31] und ein unbefristetes Aufenthaltsrecht[32] oder, als Schweizer Staatsangehöriger oder dessen Familienangehöriger, eine Aufenthaltserlaubnis nach dem Freizügigkeitsabkommen zwischen Deutschland und der Schweiz besitzt[33] (§ 4 Abs. 3 StAG, Territorialitäts- oder ius-soli-Prinzip).[34] Die damit regelmäßig verbundene Mehrstaatigkeit wird durch den prinzipiellen Zwang zur Optionsausübung (§ 29 StAG) wieder beseitigt.[35] Das Ausländerkind muss zwischen dem 18. und 23. Lebensjahr eine Erklärung darüber abgeben, welche Staatsangehörigkeit es beibehalten möchte. Geht dadurch die deutsche Staatsangehörigkeit wieder verloren, so führt dies aufgrund von Art. 5 Abs. 1 S. 2 EGBGB regelmäßig zu einem Statutenwechsel. Ein Erwerb durch Einbürgerung richtet sich hingegen nach den Vorschriften der §§ 8 ff StAG in Verbindung mit den Bestimmungen des Aufenthaltsgesetzes.[36]

26 St.Rspr. EuGH Rs. C 135/08 – Rottmann StAZ 2010, 141 ff; vgl *Hailbronner*, StAZ 2011, 1, 3 ff.

27 Gesetz v. 15.7.1999 (BGBl. I S. 1618 ff). In Kraft getreten am 1.1.2000. Letzte Änderung durch Art. 1 des Gesetzes zur Änderung des StAG v. 5.2.2009 BGBl. I, S. 158.

28 Das Zuwanderungsgesetz v. 20.6.2002 (BGBl. I S. 1946) war durch Urt. des BVerfG v. 18.12.2002 (NJW 2003, 339 ff) aufgehoben worden. Das Verfahren über das erneut eingebrachte Gesetz, BT-Drucks. 15/420; BR-Drucks. 22/03, ist abgeschlossen durch das Gesetz zur Steuerung und Begrenzung der Zuwanderung und zur Regelung des Aufenthalts und der Integration von Unionsbürgern und Ausländern (ZuwanderungsG) v. 30.7.2004 (BGBl. I S. 1950, 1996 ff). Die Änderungen durch das ZuwanderungsG traten mit Wirkung zum 1.1.2005 in Kraft (Art. 15 Abs. 3 Nr. 4).

29 Zu den Auswirkungen der Reform auf das Internationale Privatrecht: *Gruber*, IPRax 1999, 426; *Benicke*, IPRax 2000, 171; *Zimmermann*, IPRax 2000, 180; *Fuchs*, NJW 2000, 489.

30 Das umfasst auch eine anzuerkennende Vaterschaftsfeststellung im Ausland, vgl Bamberger/Roth/*Lorenz*, Art. 5 EGBGB Rn 3.

31 Unterbrechung und Anrechnung von Aufenthaltszeiten werden in § 12 b StAG geregelt.

32 Sie wird auch erteilt für Angehörige von Unionsbürgern, die selbst nicht Unionsbürger sind (§ 2 des Freizügigkeitsgesetzes/EU). S. näher Hofmann/Hoffmann/*Oberhäuser*, HK-AuslR, 2008, § 4 StAG Rn 17 ff.

33 Nach Art. 2 des Anhangs I zum FreizügAbk/Schweiz (Abl. EU 2002 Nr. L 114/6 v. 30.4.2002, BGBl. 2001 II, S. 810). Zu den Rechten nach diesem Abkommen vgl *Benesch*, Das Freizügigkeitsabkommen zwischen der Schweiz und der Europäischen Gemeinschaft, 2008, S. 117 ff.

34 Vgl näher *Schmid*, Auswirkungen des Zuwanderungsgesetzes auf den Ius-Soli-Erwerb der deutschen Staatsangehörigkeit nach § 4 Abs. 3 StAG, StAZ 2005, 65.

35 Es sei denn eine Beibehaltungsgenehmigung wurde nach Maßgabe von § 29 Abs. 4 StAG erteilt. Zu den dazu erforderlichen Voraussetzungen vgl Hofmann/Hoffmann/*Möller*, HK-AuslR, 2008, § 29 StAG Rn 22 ff.

36 Die Voraussetzungen der Einbürgerung sind durch die §§ 10–12 b StAG weitgehend in das Staatsangehörigkeitsgesetz integriert worden. Zu den bis zum 31.12.2004 geltenden Anforderungen nach dem AusländerG vgl *Hailbronner/Renner*, §§ 7 ff; Staudinger/*Blumenwitz*, Anh. II zu Art. 5 EGBGB Rn 100 ff.

12 Eine nach dem Staatsbürgergesetz der früheren DDR[37] erworbene **DDR-Staatsangehörigkeit** hatte in den Grenzen des ordre public[38] auch den Erwerb der gesamtdeutschen Staatsangehörigkeit zur Folge.[39] Mit dem Einigungsvertrag vom 31.8.1990 ist die DDR-Staatsbürgerschaft untergegangen, während die (gesamt-)deutsche Staatsangehörigkeit erhalten blieb.

13 **b) Verlusttatbestände.** Der Verlust der deutschen Staatsangehörigkeit darf nach **Art. 16 Abs. 1 S. 2 GG** nicht ohne gesetzliche Grundlage und gegen oder ohne den Willen des Betroffenen nur dann eintreten, wenn der Betroffene dadurch nicht staatenlos wird. Die in Art. 17 Abs. 1 Nr. 1–6 StAG aufgezählten Verlustgründe sind danach abschließend. Die dort nicht erwähnte **Eheschließung** bewirkt daher auch dann keinen Staatsangehörigkeitsverlust, wenn dadurch ipso iure eine fremde Staatsangehörigkeit hinzu erworben wurde.[40] Der Verlust der deutschen Staatsangehörigkeit tritt ein durch Entlassung (§§ 18 ff StAG), Erwerb einer ausländischen Staatsangehörigkeit auf Antrag, sofern keine Genehmigung zur Beibehaltung der deutschen Staatsangehörigkeit erteilt wurde (§ 25 Abs. 1 StAG),[41] durch Verzicht (§ 26 StAG), durch Adoption durch einen Ausländer (§ 27 StAG), durch freiwilligen Eintritt in den Militärdienst eines anderen Staates (§ 28 StAG), durch Erklärung (§ 29 StAG) oder durch Rücknahme eines rechtswidrigen Einbürgerungsakts (§ 35 StAG).

14 Der Verlust der Staatsangehörigkeit durch Erklärung nach § 29 StAG soll die Mehrstaatigkeit wieder beseitigen, die durch die iure soli erworbene deutsche Staatsangehörigkeit nach § 4 Abs. 3 StAG regelmäßig eingetreten ist (Rn 11). Der Verlust tritt ein, wenn der Betroffene für die ausländische Staatsangehörigkeit **optiert** (§ 29 Abs. 1 und Abs. 2 S. 1 StAG). Der Verlust tritt ferner ein, wenn der Betroffene zwar für die deutsche Staatsangehörigkeit optiert, aber nicht fristgerecht die Aufgabe oder den Verlust der bisherigen Staatsangehörigkeit nachgewiesen hat oder eine Behaltensgenehmigung besitzt (§ 29 Abs. 3 S. 2 u. 3, Abs. 4 StAG). Der Verlust der nach § 4 Abs. 3 StAG erworbenen deutschen Staatsangehörigkeit tritt ferner ein, wenn der Betroffene bis zur Vollendung seines 23. Lebensjahres **keine Erklärung** abgegeben hat (§ 29 Abs. 2 S. 2). Hierüber ist er nach § 29 Abs. 5 StAG zu belehren. Bestand insoweit die Möglichkeit zur Einflussnahme für den Betroffenen, liegt auch in diesem Fall keine nach Art. 16 Abs. 1 S. 1 GG unzulässige Entziehung der deutschen Staatsangehörigkeit vor.[42]

15 Der Entzug der Staatsangehörigkeit durch **nationalsozialistisches Unrecht** wird nach Maßgabe des Art. 116 Abs. 2 GG für unwirksam erklärt. Ist früheren deutschen Staatsangehörigen die deutsche Staatsangehörigkeit aus politischen, rassischen oder religiösen Gründen entzogen worden, so sind sie auf Antrag wieder einzubürgern (Abs. 2 S. 1). Eines Antrags bedarf es nicht, wenn die Betroffenen ihren Wohnsitz nach dem 8.5.1945 in Deutschland mit Gebietsstand vom 31.12.1937 genommen und keinen gegen die Beibehaltung der deutschen Staatsangehörigkeit gerichteten Willen geäußert haben (Abs. 2 S. 2). Die Wohnsitznahme führt hier zu der rückwirkenden Fiktion der fortbestehenden Staatsangehörigkeit („gelten als nicht ausgebürgert“).[43] Kollisionsrechtlich sind jedoch aus Gründen des Vertrauensschutzes Ausnahmen von dieser Rückwirkung zuzulassen.[44]

37 Vgl dazu Staudinger/*Blumenwitz*, Anh. II zu Art. 5 EGBGB Rn 85 ff.

38 Nicht bei Einbürgerung einer Person, die ein Sicherheitsrisiko für die Bundesrepublik darstellt, vgl BVerwG NJW 1986, 1506 (Landesverräter).

39 Das in der Bundesrepublik geltende Staatsangehörigkeitsrecht ging stets von einer einheitlichen deutschen Staatsangehörigkeit aus; vgl BVerfG NJW 1988, 1313. Der Verlust des DDR-Staatsbürgerrechts blieb daher für eine erworbene (gesamt-) deutsche Staatsangehörigkeit ohne Bedeutung.

40 Anders nur, wenn der Erwerb der fremden Staatsangehörigkeit einen Antrag oder eine gesonderte Erklärung voraussetzt; dann hängt der Erhalt der deutschen Staatsangehörigkeit von der Genehmigung nach § 25 Abs. 2 StAG ab, vgl Erman/*Hohloch*, Art. 5 EGBGB Rn 25.

41 Dies gilt nach der Neuregelung ab dem 1.1.2000 auch bei einem bestehenden Inlandswohnsitz; vgl Staudinger/*Blumenwitz*, Anh. II zu Art. 5 EGBGB Rn 124 ff; die Verfassungsmäßigkeit des § 25 Abs. 1 StAG bzgl des Verlustes der deutschen Staatsangehörigkeit bei Erwerb einer ausländischen Staatsangehörigkeit bejaht BVerfG NVwZ 2007, 441 ff = FamRZ 2007, 267.

42 Die Möglichkeit der Einflussnahme genügt nach allg. Auffassung, vgl *Jarass/Pieroth*, GG, 10. Aufl. 2009, Art. 16 Rn 8.

43 *Jarass/Pieroth*, GG, 10. Aufl. 2009, Art. 116 Rn 14; *Maunz/Dürig*, GG, 57. Aufl. 2010, Art. 116 Rn 27–29; Staudinger/*Blumenwitz*, Anh. IV zu Art. 5 EGBGB Rn 24 ff.

44 So kann eine Eheschließung aufgrund der Rückwirkung nicht nachträglich als nichtig angesehen werden, BGHZ 27, 375, 380 ff. Ebenso soll ein einmal begründetes Güterrechtsstatut (gemeinsame Staatsangehörigkeit im Zeitpunkt der Eheschließung) nicht aufgrund der Rückwirkung geändert werden, vgl OLG Düsseldorf IPRax 1981, 219; Palandt/*Thorn*, Anh. II zu Art. 5 EGBGB Rn 13; Erman/*Hohloch*, Art. 5 EGBGB Rn 34.

III. Aufenthalt

16 **1. Der gewöhnliche Aufenthalt.** Das Anknüpfungsmerkmal „gewöhnlicher Aufenthalt" ist gesetzlich nicht näher bestimmt. Rechtsprechung[45] und Lehre[46] stellen auf den **Lebensmittelpunkt** einer Person ab. Dieser wird nach den tatsächlichen Lebensumständen (Beziehungen subjektiver und objektiver Art) bestimmt. Auch der untechnische Begriff „**faktischer Wohnsitz**"[47] ist berechtigt, weil es auf die Abgabe rechtswirksamer Willenserklärungen nicht ankommt und auch der gewöhnliche Aufenthalt von Kindern selbständig festgestellt wird, anstatt ihn von den Eltern abzuleiten. Der Wille zum dauerhaften oder unbestimmten Verbleib (animus manendi)[48] ist als tatsächlicher subjektiver Umstand nur von indizieller Bedeutung.[49] Dies gilt ebenfalls für den Elternwillen in Bezug auf den gewöhnlichen Aufenthalt des Kindes (Abs. 3). Der EuGH vermeidet eine einheitliche Begriffsbestimmung des gewöhnlichen Aufenthalts. Der gewöhnliche Aufenthalt ist ohne Rückgriff auf nationalstaatliche Begriffskonzepte autonom zu bestimmen. Dabei ist aber nach dem jeweiligen Kontext für die Rechtsakte getrennt zu entscheiden. Für Art. 8 Abs. 1 EuEheVO in Kindschaftsrechtssachen sind zur Bestimmung etwa die Bedürfnisse des Kindesschutzes (Kindeswohl) einzubeziehen.[50]

17 Der **tatsächliche Lebensmittelpunkt** ist danach zu bestimmen, wo der Schwerpunkt aller sozialen, kulturellen und wirtschaftlichen Beziehungen der Person liegt.[51] In erster Linie sind die familiären und beruflichen Beziehungen ausschlaggebend. Lässt sich feststellen, dass eine Ehe nur zum Schein geschlossen wurde, so folgt aus der Eheschließung auch kein Indiz für den gewöhnlichen Aufenthalt.[52] Bei Tagespendlern (Grenzgänger) und Wochenendheimfahrern wird daher der Wohnort der Familie, bei Familienbesuchern (Jahresurlaub und einzelne Wochenenden) der Arbeitsort regelmäßig den Schwerpunkt bilden.[53] Es können sich auch Pattsituationen ergeben (Wanderarbeitnehmer, Halbjahresurlauber) usw. Ein Teil der Lehre geht hier von der Möglichkeit aus, dass **mehrere Daseinsmittelpunkte** gleichzeitig oder alternierend[54] bestehen können, und fragt nach dem effektiveren gewöhnlichen Aufenthalt (Abs. 1 S. 1 analog).[55] Eine solche Differenzierung nach Effektivität lässt sich feiner bereits in die Schwerpunktbildung integrieren und erscheint daher unnötig.[56]

18 Eine **Änderung des gewöhnlichen Aufenthalts** und ein damit verbundener Statutenwechsel[57] tritt ein, wenn die betreffende Person ihren bisherigen Daseinsmittelpunkt aufgibt. Ob und ab welchem Zeitpunkt eine solche Aufgabe stattgefunden hat, ist nach den **Kriterien der Schwerpunktbildung** festzustellen. Bis zu dem Zeitpunkt der Verlagerung des Schwerpunktes bleibt der bisherige gewöhnliche Aufenthalt erhalten. Nach Ablauf von sechs bis zwölf Monaten[58] am neuen Aufenthaltsort ist von einem Aufenthaltswechsel im Regelfall aus-

45 BGH NJW 1975, 1068; BGHZ 78, 293, 295; BGH NJW 2002, 2955; 1993, 2047, 2048.

46 *Kegel/Schurig*, § 13 III 3 a, S. 471; *Raape/Sturm*, IPR, S. 130; *Kropholler*, IPR, § 39 II, S. 279 (mit Begriffsdifferenzierungen je nach Regelungszusammenhang); Staudinger/*Blumenwitz*, Art. 5 EGBGB Rn 43; Erman/*Hohloch*, Art. 5 EGBGB Rn 47.

47 BGHZ 78, 293, 295; *Kegel/Schurig*, § 13 III 3 a, S. 471; Palandt/*Thorn*, Art. 5 EGBGB Rn 10.

48 Vgl ebenso den tatsächlichen Willen hervorhebend *Baetge*, S. 133; MüKo/*Sonnenberger*, Einl. IPR Rn 725; *v. Bar/Mankowski*, IPR I, § 7 Rn 26.

49 OLG München FamRZ 2006. 1562, 1563 (objektive Bestimmung auch für Strafgefangenen bei Fehlen eines anderen Daseinsmittelpunktes).

50 EuGH Rs. C-523/07 - A, IPRax 2011, 76, Anm. *Pirrung* (50 ff). Der EuGH stellt hier auf die körperliche Anwesenheit des Kindes, die (beabsichtigte) Dauer des Aufenthalts des Kindes und die Absichten der Eltern ab, wobei ein Wanderleben in einem anderen als dem festen Wohnsitzstaat einen Aufenthaltswechsel nicht begründet (Rz. 38–43). Ergänzend stellt EuGH v. 22.12.2010 Rs. C-497/10 - PPU auf die geographische und familiäre Herkunft der Mutter eines Säuglings ab.

51 Erman/*Hohloch*, Art. 5 EGBGB Rn 47; Palandt/*Thorn*, Art. 5 EGBGB Rn 10.

52 Das gilt ebenso für Scheinehen, die einen aufenthaltsrechtlichen Status im Bereich des Ausländerrechts herbeiführen sollen. Voraussetzung ist die gelebte Ehegemeinschaft, vgl *Mörsdorf-Schulte*, Dänische Eheschließung vor dem OVG, NJW 2007, 1331, 1333, krit. Anm. zu OVG Münster NJW 2007, 314; MüKo/*Coester*, Art. 13 EGBGB Rn 61 mwN.

53 *Spickhoff*, IPRax 1995, 185, 187; Palandt/*Thorn*, Art. 5 EGBGB Rn 10.

54 *V. Bar/Mankowski*, IPR I, § 7 Rn 24 Fn 83: Sommer in Hamburg, Winter in Palma de Mallorca.

55 *Spickhoff*, IPRax 1995, 185, 189; *Raape/Sturm*, IPR, S. 130; Erman/*Hohloch*, Art. 5 EGBGB Rn 55; Soergel/*Kegel*, Art. 5 EGBGB Rn 49.

56 Für nur einen einzigen Daseinsmittelpunkt ebenso *Looschelders*, IPR, Art. 5 Rn 8; MüKo/*Sonnenberger*, Einl. IPR Rn 724; Palandt/*Thorn* Art. 5 EGBGB Rn 10; PWW/*Mörsdorf-Schulte*, Art. 5 Rn 31; ablehnend für die europäische Begriffsbildung auch *Pirrung* IPRax 2011, 50, 54.

57 So ausdrücklich etwa beim Aufenthaltswechsel des Unterhaltsberechtigten nach Art. 3 Abs. 2 des Haager Protokolls über das auf Unterhaltspflichten anzuwendende Recht v. 23.11.2007.

58 Die Dauer von 6 Monaten entspricht Art. 8 Abs. 1 des Europäischen Sorgerechtsübereinkommens v. 20.5.1980 (BGBl. 1990 II S. 220). 12 Monate sieht Art. 12 Haager Kindesentführungsübereinkommen v. 25.10.1980 (BGBl. 1990 II S. 206) vor.

zugehen.[59] Subjektive Momente wie der fehlende oder vorhandene Rückkehrwille sind hier bedeutsam.[60] Besteht ein Rückkehrwille, können **auch längerfristige Aufenthalte unbeachtlich** sein (Internat,[61] Auslandsstudium,[62] Stationierung,[63] Heilanstalt,[64] Strafhaft und Kriegsgefangenschaft).[65] Fehlt der Rückkehrwille, so wird auch ein sofortiger Aufenthaltswechsel bereits vor jeder sozialen Integration mit dem Umzug häufig zu bejahen sein. Insoweit spielt der Aufenthaltswille eine mitentscheidende Rolle. Anderes gilt aber, wenn der weitere Verbleib am neuen Aufenthaltsort praktisch ausgeschlossen ist. Hiervon ist etwa bei einem Asylbewerber auszugehen, der in absehbarer Zeit wieder abgeschoben werden wird. Auch in den Fällen eines unberechtigten Aufenthalts kann jedoch anhand objektiver Anhaltspunkte über eine bereits erfolgte Integration ein Wechsel des gewöhnlichen Aufenthalts eingetreten sein.[66]

19 Der selbständig zu bestimmende **Daseinsmittelpunkt des Kindes** ergibt sich in gleicher Weise aus dem Schwerpunkt seiner persönlichen Bindungen (etwa bei einer Trennung der Eltern).[67] Im Falle der Kindesentführung (Aufenthaltswechsel ohne den Willen des zur Aufenthaltsbestimmung berechtigten Elternteils) greift ergänzend Abs. 3 ein. Danach ist der objektive Aufenthaltswechsel nur ein (schwaches) Indiz für eine Änderung des gewöhnlichen Aufenthalts des Kindes (s. Rn 44).

20 **2. Der schlichte Aufenthalt.** Nicht jede Person muss einen gewöhnlichen Aufenthalt besitzen (Nichtsesshafte, Landfahrer, Flüchtlinge). Aber nur im Falle der **gesetzlichen Anordnung** ist ersatzweise auf diesen (schlichten) Aufenthalt abzustellen (Art. 5 Abs. 2 Hs 2; 24 Abs. 1 S. 2 Hs 2 sowie Art. 12 Abs. 1 GFK).[68] Ferner knüpfen die dem Verkehrsschutz dienenden Vorschriften der Art. 12 und 16 EGBGB an den schlichten Aufenthalt an. Der schlichte Aufenthalt ist jeder Ort, an dem sich die Person über eine gewisse Dauer hin aufhält. Nur flüchtige Kontakte (Durchreise, Ausflug usw) genügen grundsätzlich nicht.[69] Anders aber, wenn sich ein fixierbarer Lebensmittelpunkt für eine Person nicht finden lässt. Hier macht eine Differenzierung nach Flüchtigkeitsgraden keinen Sinn und es gilt die lex fori.[70] Ist die Ersatzanknüpfung an den schlichten Aufenthalt dagegen gesetzlich **nicht** vorgesehen, so ist jedoch nicht an **den letzten** gewöhnlichen Aufenthalt der Person anzuknüpfen, sondern an die lex fori.[71]

B. Regelungsgehalt

I. Doppel- und Mehrstaater (Abs. 1)

21 Besitzt eine Person zwei oder mehrere Staatsangehörigkeiten (Doppelstaater/Mehrstaater),[72] so ist zu entschieden, welche Staatsangehörigkeit maßgeblich sein soll. Die Vorschrift unterscheidet danach, ob die Person nur fremde Staatsangehörigkeiten (S. 2) oder daneben auch die deutsche Staatsangehörigkeit besitzt (S. 2).

59 Das gilt für Minderjährige als Faustregel, vgl *Kropholler*, IPR, § 39 II, S. 278; Palandt/*Thorn*, Art. 5 EGBGB Rn 10.

60 Das bedeutet jedoch nicht, dass stets ein entsprechender subjektiver Wille vorliegen muss (so die subjektive Theorie, *Raape/Sturm*, IPR, S. 130). Vielmehr kann bei einer langen Verweildauer der Wille unbeachtlich sein. Für die sog. objektive Theorie vgl Staudinger/*Blumenwitz*, Art. 5 EGBGB Rn 46, PWW/*Mörsdorf-Schulte*, Art. 5 Rn 29 f.

61 BGH NJW 1975, 1068; 1993, 2047, 2048.

62 OLG Hamm FamRZ 1989, 1331 = IPRax 1990, 58 m.Anm. *Henrich*. Ebenso OLG Frankfurt aM FamRZ 2009, 796 m.Anm. Gottwald (hier aber zum Wohnsitzbegriff in § 23 a ZPO und Art. 5 Nr. 2 EuGVO).

63 Umstände des Einzelfalls, vorgesehene Verweildauer: OLG Zweibrücken NJW-RR 1999, 948; AG Landstuhl FamRZ 2003, 1300.

64 Anders nur bei Bleibewillen nach Abschluss, *Kegel/Schurig*, § 13 III 3 a, S. 472.

65 In diesen Fällen wird meist auf das zwangsweise Verbringen oder Verbleiben abgestellt, welches die Begründung eines neuen gewöhnlichen Aufenthalts hindere, so etwa Palandt/*Thorn*, Art. 5 EGBGB Rn 10; ähnlich wie hier *Kropholler*, IPR, § 39 II, S. 282; aber bei fehlendem sonstigen Daseinsmittelpunkt außerhalb der Strafhaft, OLG München FamRZ 2006. 1562, 1563.

66 Die Aufenthaltsberechtigung und die Entscheidung über den Asylantrag sind als rechtliche Fakten nur ein Indiz für die Prognose des weiteren Verbleibs (bevorstehende Abschiebung), vgl *Spickhoff*, IPRax 1990, 225 ff; *Looschelders*, IPR, Art. 5 Rn 10; MüKo/*Sonnenberger*, Einl. IPR Rn 722; OLG Bremen FamRZ 1992, 962, 963; OLG Koblenz FamRZ 1998, 536; bejahend nur für den Fall, dass eine soziale Integration des Asylbewerbers bereits stattgefunden hat, Palandt/*Thorn*, Art. 5 EGBGB Rn 10.

67 BGH IPRax 2003, 145; BGH NJW 1981, 520; OLG Nürnberg IPRax 2003, 147, 148; OLG Bremen FamRZ 1992, 962, 963; KG FamRZ 1998, 440, 441; OLG Düsseldorf FamRZ 1999, 112.

68 *V. Bar/Mankowski*, IPR I, § 7 Rn 30.

69 *Kegel/Schurig*, § 13 III 3 a, S. 472.

70 Zu Recht *v. Bar/Mankowski*, IPR I, § 7 Rn 30; Soergel/*Kegel*, Art. 5 EGBGB Rn 50; KG FamRZ 1968, 489 (Fundort einer Leiche).

71 *Raape/Sturm*, IPR, Bd. 1, 6. Aufl. 1977, S. 131; dagegen für letzten gewöhnlichen Aufenthalt Staudinger/*Blumenwitz*, Art. 5 EGBGB Rn 50.

72 Zu den Gründen der zunehmenden Entstehung von Mehrstaatigkeit, vgl *v. Bar/Mankowski*, IPR I, § 7 Rn 114 ff; zu den Auswirkungen der Mehrstaatigkeit nach der Reform des StAG, vgl *Budzikiewicz*, (Tagungsbericht der deutsch-türkischen Juristenvereinigung), IPRax 2001, 493 ff; s. ferner Rn 10 f.

1. Ohne deutsche Staatsangehörigkeit (Abs. 1 S. 1). Gehört die Person mehreren Staaten an, so ist das Recht des Staates anzuwenden, mit dem die Person am engsten verbunden ist (**Grundsatz der engsten Verbindung**). Diese Staatsangehörigkeit wird als die „**effektive Staatsangehörigkeit**" bezeichnet.[73] Die verdrängte, nicht oder weniger effektive Staatsangehörigkeit wird hier nicht zurückgesetzt und lediglich formal anerkannt. Auch findet keine Kontrolle über fremde Staatsangehörigkeitsrechte statt.[74] Es geht allein um die kollisionsrechtliche Bestimmung des anwendbaren Rechts und daher um die Feststellung der stärkeren Verbundenheit der Person zu einem bestimmten Staat.[75] Das ist im Kern eine rechtssoziologische Fragestellung.[76] Zur Konkretisierung der engsten Verbindung der Person nennt das Gesetz den gewöhnlichen Aufenthalt oder den Verlauf des Lebens. Sämtliche weiteren Umstände, etwa die Sprache, die Religion und andere, die persönliche Identität ausbildende Faktoren (kulturelle Prägung,[77] persönliche Bindungen durch Beruf, Schule, Familie oder Freunde, staatsbürgerliche Rechte [Wahlen] und Pflichten [Wehrdienst]) sind zu berücksichtigen und insgesamt zu gewichten.[78] Als **Gewichtungsregel** gibt der gewöhnliche Aufenthalt im Zweifel den Ausschlag. Liegt dieser in einem Drittstaat, so erlangen der Lebensverlauf und damit auch die frühere Entwicklung und der vormalige gewöhnliche Aufenthalt hervorgehobene Bedeutung.[79] Dabei kann es auch eine Rolle spielen, welche von mehreren Staatsangehörigkeiten die betreffende Person zuletzt erworben hat.[80] Bei Kleinkindern soll auf die Staatsangehörigkeit des leiblichen Elternteils abzustellen sein, bei dem das Kind lebt.[81] Formalisierte Regeln[82] sind jedoch nicht sinnvoll. Entscheidend sollte das **Gesamtbild** sein. 22

Ebenfalls zu berücksichtigen ist im Rahmen des Lebensverlaufs auch die **Zukunftsplanung** und die Perspektiven der Person.[83] Der Wille ist für sich betrachtet dabei aber ohne eigenständige Bedeutung, denn eine (indirekte) Rechtswahlmöglichkeit sieht Art. 5 nicht vor.[84] Lässt sich dennoch kein klares Bild gewinnen oder sind die relevanten Umstände unaufklärbar, so ist **ersatzweise** an den gegenwärtigen gewöhnlichen Aufenthalt anzuknüpfen (Abs. 2 analog).[85] 23

Stellt die Kollisionsnorm auf eine gegenwärtige oder vergangene gemeinsame Staatsangehörigkeit zweier Personen ab (etwa für die Ehewirkungen in Art. 14 Abs. 1 Nr. 1), so ist für den ausländischen Mehrstaater ebenso allein seine effektive Staatsangehörigkeit maßgeblich.[86] Sind beide Personen Mehrstaater, so liegt eine gemeinsame Staatsangehörigkeit im Sinne dieser Vorschrift nur vor, wenn die effektive Staatsangehörigkeit 24

73 Vgl zur Begriffsgeschichte *Mansel*, Personalstatut, Staatsangehörigkeit und Effektivität, Rn 174 ff.

74 Vgl *v. Bar/Mankowski*, IPR I, § 7 Rn 117.

75 Ebenso gut lässt sich von der effektiveren Staatsangehörigkeit sprechen, *Jayme*, IPRax 1983, 222; *Mansel*, Personalstatut, Staatsangehörigkeit und Effektivität, Rn 226.

76 Die Effektivität der Staatsangehörigkeit als ein rechtliches Statusverhältnis verlangt eine Bestimmung der bestehenden Wirkungen des Statusverhältnisses auf die betreffende Person und deren Rechtserwartungen in Bezug auf das Statusverhältnis; vgl *M. Rehbinder*, Rechtssoziologie, 7. Aufl. 2009, Rn 4 ff (zur Bestimmung der faktischen Geltung von Rechtssätzen). Erman/*Hohloch*, Art. 5 EGBGB Rn 5 spricht treffend von einer „Individualerhebung" und MüKo/*Sonnenberger*, Art. 5 EGBGB Rn 4 von einer Tatfrage. Die dogmatische Struktur des Effektivitätsprinzips soll dagegen als ein sog. normativer Realtypus (wie etwa eine Durchschnittsperson) iSd Larenzschen Typenlehre zu verstehen sein, *Mansel*, Personalstatut, Staatsangehörigkeit und Effektivität, Rn 227 f. Das beschreibt zwar Art. 5 aus dem Blickwinkel einer Gesetzestypologie, verdeckt mE aber den Umstand, dass hier Rechtswirkungen individuell festzustellen sind und damit ein originär rechtssoziologischer Ansatz vorliegt.

77 Skeptisch dazu *Mankowski*, IPRax 2004, 282, 285 f; anerkennend noch Staudinger/*Mankowski*, Art. 14 EGBGB Rn 36; dieser weiche Faktor ist iÜ aber allg. anerkannt, wenngleich eine Abgrenzung zu den übrigen Merkmalen zu verschwimmen droht, vgl Staudinger/*Blumenwitz*, Art. 5 EGBGB Rn 15; Staudinger/*Weick*, Art. 9 EGBGB Rn 52; Palandt/*Thorn*, Art. 5 EGBGB Rn 2; *Looschelders*, IPR, Art. 5 Rn 22; und nachfolgende Fn.

78 Vgl BayObLG FamRZ 2005, 1704, 1705; AG Freiburg FamRZ 2002, 888 = IPRax 2002, 223; dazu *Jayme*, IPRax 2002, 209; OLG München FamRZ 1994, 634 (kulturelle Prägung); OLG Frankfurt FamRZ 1994, 715 f; *Mansel*, Personalstatut, Staatsangehörigkeit und Effektivität, Rn 304.

79 Für eine nur vergangenheitsbezogene Betrachtung des Lebenslaufs *Dörner*, StAZ 1990, 1, 2.

80 Das darf jedoch nicht als pauschale Regel gelten, vgl BayObLG FamRZ 2005, 1704, 1705.

81 AG Nürnberg FamRZ 2011, 308 (Adoption des leiblichen russisch-italienischen Kindes des italienischen Partners durch einen US-Amerikaner aus einer gleichgeschlechtlichen Ehe nach belgischem Recht).

82 Dafür Soergel/*Kegel*, Art. 5 EGBGB Rn 9; *Kegel/Schurig*, § 13 II 5, S. 454; abl. aber Staudinger/*Blumenwitz*, Art. 5 EGBGB Rn 15; Erman/*Hohloch*, Art. 5 EGBGB Rn 5; Palandt/*Thorn*, Art. 5 EGBGB Rn 2.

83 BayObLG 1984, 162, 164; krit. insoweit *Mansel*, IPRax 1985, 209, 212.

84 Ebenso Bamberger/Roth/*Lorenz*, Art. 5 EGBGB Rn 6; *Dethloff*, JZ 1995, 64, 69.

85 OLG Frankfurt FamRZ 1994, 715, 716; Erman/*Hohloch*, Art. 5 EGBGB Rn 5; *Looschelders*, IPR, Art. 5 Rn 22; MüKo/*Sonnenberger*, Art. 5 EGBGB Rn 6; Staudinger/*Blumenwitz*, Art. 5 EGBGB Rn 16; PWW/*Mörsdorf-Schulte*, Art. 5 Rn 25; diff. *Mansel*, IPRax 1988, 22, 23 (bei gleich effektiven Staatsangehörigkeiten gilt Aufenthaltsrecht nur, wenn beide Heimatrechte zu unterschiedlichen Ergebnissen gelangen).

86 Staudinger/*Mankowski*, Art. 14 EGBGB Rn 36.

jedes Einzelnen auch die gemeinsame Staatsangehörigkeit ist.[87] Anders bei einem auch deutschen Mehrstaater, dessen deutsche Staatsangehörigkeit auch dann Vorrang hat, wenn sie nicht effektiv ist, Abs. 1 S. 2 (s. Rn 27). Eine frühere gemeinsame Staatsangehörigkeit wird durch den späteren zusätzlichen Erwerb der deutschen Staatsangehörigkeit eines Partners nicht rückwirkend beseitigt.[88]

25 Besitzt der ausländische Mehrstaater eine nichteffektive Staatsangehörigkeit eines EU-Mitgliedstaates, so ist der Vorrang der effektiven Staatsangehörigkeit einzuschränken. Durch die Anwendung eines Drittstaatenrechts (hier dem Recht der effektiven Staatsangehörigkeit) dürfen dem Unionsbürger die Gewährleistungen des Unionsrechts (Wahrnehmung der Grundfreiheiten) nicht entzogen oder beschränkt werden. Liegt eine dahin gehende Einschränkung vor, weil die unionsrechtlichen Vorschriften für den Betroffenen günstiger sind, kann er sich insoweit auf das Unionsrecht berufen.[89] Rechtstechnisch kommt eine Rechtswahl,[90] die Sonderanknüpfung zugunsten des Unionsrechts nach Günstigkeit oder die Anwendung des Unionsrechts nach Maßgabe eines unionsrechtlichen ordre public in Betracht.[91]

26 **2. Auch die deutsche Staatsangehörigkeit (Abs. 1 S. 2).** Besitzt die Person neben einer oder mehreren ausländischen Staatsangehörigkeiten auch die deutsche, so ist sie allein maßgebend (Abs. 1 S. 2). Es kommt weder darauf an, ob die deutsche die effektive Staatsangehörigkeit ist, noch darauf, ob zu Deutschland sonst überhaupt irgendeine (aktuelle) Beziehung besteht. Der Gesetzgeber hat sich aus Gründen der Praktikabilität und Rechtssicherheit und in Kenntnis des Für und Wider für diese rechtspolitisch sehr zweifelhafte[92] Regelung entschieden.[93] Sie **widerspricht dem Grundgedanken** des IPR nach räumlicher Gerechtigkeit im Sinne der engsten Beziehung und verhindert den internationalen Entscheidungseinklang. Dennoch sehen viele Staaten eine solche pro domo-Regelung vor. Gefördert wird ferner die Entstehung hinkender Rechtsverhältnisse, dh Rechtsverhältnisse, die in einem Staat als wirksam, im anderen dagegen als unwirksam angesehen werden. Das Problem hat sich durch die Reform des Staatsangehörigkeitsgesetzes weiter verschärft, weil das Optionsmodell für Einwandererkinder (§ 29 StAG) bis zum Entscheidungszeitpunkt zur Anwendung des Abs. 1 S. 2 führt und der ggf eintretende Verlust der deutschen Staatsangehörigkeit automatisch einen Statutenwechsel bewirkt. Nur für **Altfälle** (vor Inkrafttreten des IPR-Reformgesetzes zum 1.9.1986) kommt daher die frühere Rechtsprechung des BGH noch zum Tragen, wonach sich eine wesentlich engere Beziehung zu dem ausländischen Heimatstaat als zu Deutschland[94] durchsetzt.[95] Abs. 1 S. 2 greift auch im deutsch-iranischen Verhältnis. Das Niederlassungsabkommen zwischen Deutschland und dem Königreich Persien v. 17.2.1929[96] gilt nur für Personen, die ausschließlich die deutsche oder die iranische Staatsangehörigkeit besitzen.[97]

27 Stellt das Kollisionsrecht auf eine gegenwärtige oder vergangene gemeinsame Staatsangehörigkeit zweier Personen ab (so für die Ehewirkungen in Art. 14 Abs. 1 Nr. 1), ist für den auch-deutschen Mehrstaater allein seine deutsche Staatsangehörigkeit maßgeblich (Abs. 1 S. 2). Sind beide Personen auch-deutsche Mehrstaater, so liegt darin die gemeinsame Staatsangehörigkeit ungeachtet der Frage, ob die deutsche Staatsangehörigkeit auch nur für einen von beiden die effektive Staatsangehörigkeit darstellt.[98] Anders bei Abs. 1 S. 1 (s. Rn 24).

28 Die in der Lehre verbreitet befürwortete Nichtanwendbarkeit des Abs. 1 S. 2 im Wege einer **teleologischen Reduktion**[99] ist bei der eindeutigen Gesetzeslage nicht zu begründen. Der von Abs. 1 S. 2 verfolgte Zweck (Praktikabilität und Rechtssicherheit) wird zwar in Fällen, in denen die deutsche Staatsangehörigkeit vollkommen ineffektiv ist, regelmäßig nicht gefährdet sein. Die Gesetzesanwendung steht aber nicht nach den-

87 AG Freiburg FamRZ 2002, 888 = IPRax 2002, 223; dazu *Jayme*, IPRax 2002, 209 (Doppelstaater mit doppelt gemeinsamer, aber jeweils nicht effektiver Staatsangehörigkeit haben nach diesen Grundsätzen keine (aktuelle) gemeinsame Staatsangehörigkeit iSv Art. 14 Abs. 1 Nr. 1 EGBGB); übersehen von AG Rastatt IPRax 2001, 152 m.Anm. *Jayme*; OLG Frankfurt FamRZ 1994, 715 f (Gründe für einen Staatsangehörigkeitserwerb).

88 OLG Hamm FamRZ 2011, 220 f zu Art. 14 Abs. 1 Nr. 1 Alt. 2 EGBGB.

89 *V. Bar/Mankowski*, IPR I, § 3 Rn 41.

90 Abdingbarkeit des Art. 5 Abs. 1 S. 1, PWW/*Mörsdorf-Schulte*, Art. 5 Rn 26 (für ein Wahlrecht beim Namensrecht).

91 Offen gelassen bei Staudinger/*Blumenwitz*, Anh. I zu Art. 5 EGBGB Rn 29 und 33.

92 Vgl *Benicke*, IPRax 2000, 171, 176 f; für eine Abschaffung de lege ferenda *Fuchs*, NJW 2000, 489, 491; mit Änderungsvorschlag *Gruber*, IPRax 1999, 426, 429.

93 BT-Drucks. 10/504, 40 f.

94 BGHZ 75, 32, 39 ff; BGH NJW 1980, 2016; für Altfälle vgl BayObIG 2000, 18, 22.

95 Zur geschichtlichen Entwicklung des Vorrangs der effektiven Staatsangehörigkeit auch gegenüber der deutschen Staatsangehörigkeit vgl *Hellwig*, S. 44 ff; daran anknüpfend auch nach der Reform *Benicke*, IPRax 2000, 171, 179.

96 Zur dessen Fortgeltung vgl BGH IPRax 2005, 346, 348.

97 BVerfG FamRZ 2007, 615 = NJW-RR 2007, 577, 578; OLG München, Beschl. vo. 1.2.2010, 31 Wx 37/09, Rn 11.

98 Staudinger/*Mankowski*, Art. 14 EGBGB Rn 36; Erman/*Hohloch*, Art. 5 EGBGB Rn 6; Palandt/*Thorn*, Art. 5 EGBGB Rn 3.

99 So *Mansel*, Personalstatut, Staatsangehörigkeit und Effektivität, Rn 272; *v. Bar/Mankowski*, IPR I, § 7 Rn 119; MüKo/*Sonnenberger*, Art. 5 EGBGB Rn 13 f; *Looschelders*, IPR, Art. 5 Rn 25; offen gelassen von Staudinger/*Blumenwitz*, Art. 5 EGBGB Rn 25.

selben Zweckmäßigkeitserwägungen zur Disposition des Rechtsanwenders, die auch der Gesetzgeber seiner Entscheidung zugrunde gelegt hat.[100] Auch die Voraussetzungen für eine gesetzesübersteigende Rechtsfortbildung liegen nicht vor.[101] Dies gilt gleichermaßen bezogen auf die iure soli erworbene deutsche Staatsangehörigkeit von Kindern ausländischer Eltern im Inland nach Art. 4 Abs. 3 StAG.[102] Verlieren diese die deutsche Staatsangehörigkeit nach § 29 StAG wieder, so tritt grundsätzlich[103] ein Statutenwechsel ein.

Der Vorrang der deutschen Staatsangehörigkeit nach Abs. 1 S. 2 wird aber als unzulässige Inländer-Diskriminierung durch das Unionsrecht in Binnenmarktsachverhalten verdrängt (Art. 18 AEUV = Art. 12 EGV aF).[104] Die sachfremde Ungleichbehandlung liegt in dem aufgezwungenen deutschen Personalstatut. Praktische Bedeutung erhält diese Reduktion etwa im Namensrecht[105] oder bei der Vaterschaftsanerkennung[106] (vgl zur Vereinbarkeit des Kollisionsrechts mit dem Unionsrecht Art. 3 EGBGB Rn 68 und oben Rn 6). **29**

3. Keine Anwendung des Abs. 1. Abs. 1 findet **ausdrücklich** keine Anwendung auf die Testamentsform im Falle des Art. 26 Abs. 1 Nr. 1 und bei einer **Rechtswahl** nach Art. 10 Abs. 2, 3; 14 Abs. 2. Gewählt werden kann also auch die nicht effektive und die nicht deutsche Staatsangehörigkeit.[107] Dies gilt entsprechend für die Rechtswahlmöglichkeit nach Art. 15 Abs. 2 Nr. 1 analog (str.). **30**

Auch für Alternativanknüpfungen (Art. 19 Abs. 1 S. 2 u. 3, 20, 23) wird im Interesse günstiger Ergebnisse nach teilweise vertretener Auffassung die Anwendung des Abs. 1 verneint.[108] Die durch Abs. 1 bewirkte Einengung der in Betracht kommenden Rechtsordnungen ist hier jedoch hinnehmbar, weil ohnehin mehrere Rechtsordnungen alternativ nebeneinander stehen.[109] **31**

Keine Anwendung findet Abs. 1 im Anwendungsbereich **staatsvertraglichen** Kollisionsrechts. Das ergibt sich bereits aus der Quellenlage und dem Vorrang der Staatsverträge nach Art. 3 Abs. 2. Eine entsprechende Anwendung des Abs. 1 ist aber auch bei fehlenden abkommenseigenen Regeln abzulehnen, weil sie die Entwicklung einer solchen einheitlichen Regel eher behindert.[110] Anders aber, wenn der Staatsvertrag den eigenen Staatsangehörigen lediglich ihre Rechte sichern soll, wie etwa das Niederlassungsabkommen zwischen Deutschland und dem Königreich Persien v. 17.2.1929. Es findet auf gemeinsame Mehrstaater keine Anwendung.[111] **32**

Keine Anwendung findet Abs. 1 schließlich im **Internationalen Verfahrensrecht**. Die Gleichwertigkeit aller Staatsangehörigkeiten lässt stets auch eine nicht effektive Staatsangehörigkeit genügen[112] und kennt keinen Vorrang der deutschen Staatsangehörigkeit. Dies gilt auch bei der Begründung einer internationalen Zustän- **33**

100 Bei der teleologischen Argumentation wird übersehen, dass das Gesetz nur dann teleologisch erweitert oder reduziert werden darf, wenn der Regelungsplan des Gesetzes diesen Eingriff erlaubt (sog. Lücke im Gesetz). Sie fehlt. Wie hier OLG Hamm IPRspr 1993 Nr. 77; *Martiny*, JZ 1993, 1145, 1147; *Martiny*, zit. nach *Budzikiewicz*, (Tagungsbericht der deutsch-türkischen Juristenvereinigung), IPRax 2001, 496 f; *Kegel/Schurig*, § 13 II 5, S. 456; Erman/*Hohloch*, Art. 5 EGBGB Rn 6; Palandt/*Thorn*, Art. 5 EGBGB Rn 3; ebenso wohl Bamberger/Roth/*Lorenz*, Art. 5 EGBGB Rn 7 (aber Rn 9).

101 Anerkannt nur in Fällen einer rechtsethischen Notwendigkeit, aufgrund der Natur der Sache geboten oder bei einem unabweisbaren Bedürfnis des Rechtsverkehrs; vgl *Larenz/Canaris*, Methodenlehre der Rechtswissenschaft, 3. Aufl. 1995, S. 232 ff.

102 Gegen die Anwendung des Art. 5 Abs. 1 S. 2 in Fällen der „deutschen Staatsangehörigkeit auf Zeit" aber LG Karlsruhe StAZ 2001, 111; generell gegen eine Anwendung des Art. 5 Abs. 1 S. 2 in diesen Fällen *Gruber*, IPRax 1999, 426, 429; abl. allgM, *Benicke*, IPRax 2000, 171, 177; *Looschelders*, IPR, Art. 5 Rn 26 mwN.

103 Nicht aber bei einer auf einen Zeitpunkt fixierten und darum unwandelbaren Anknüpfung, etwa der des Güterstandes, Art. 15 Abs. 1; zur Verfassungsmäßigkeit eines Staatsangehörigkeitsverlustes nach § 25 StAG, BVerfG FamRZ 2007, 267 ff.

104 *Basedow* IPRax 2011, 109, 112 (nicht aber im Drittstaatenverhältnis, 116).

105 Zu einer namensrechtlichen Inländerdiskriminierung, vgl *Benicke/Zimmermann*, IPRax 1995, 141, 144 ff; zust. *v. Bar/Mankowski*, IPR I, § 3 Rn 41; auch OLG Düsseldorf StAZ 2010, 110, vgl *Wall*, StAZ 2011, 37 ff (Lsg. über eine unselbständige Vorfragenanknüpfung); zu einer namensrechtlichen Diskriminierung durch Belgien in Bezug auf den Geburtsnamen von belgisch-spanischen Kindern EuGH v. 2.10.2003, Rs. C-148/02 – Garcia Avello; dazu *Henrich*, FamRZ 2004, 17; *Kohler*, Verständigungsschwierigkeiten zwischen europäischem Unionsrecht und IPR, in: Mansel u.a. (Hrsg.), FS Jayme 2004, S. 445, 454 f; PWW/*Mörsdorf-Schulte*, Art. 5 Rn 26.

106 Erwogen von *Mansel/Thorn/Wagner*, IPRax 2011, 1, 7 f zu KG IPRax 2011, 70.

107 OLG Stuttgart StAZ 2010, 265 (Namenswahl).

108 Palandt/*Thorn*, Art. 5 EGBGB Rn 4.

109 Vgl *Mansel*, Personalstatut, Staatsangehörigkeit und Effektivität, Rn 416; Erman/*Hohloch*, Art. 5 EGBGB Rn 7; *Looschelders*, IPR, Art. 5 Rn 28.

110 OLG München StAZ 2010, 208, 209 (dt-iran. Niederlassungsabk.); OLG Düsseldorf NJW-RR 1994, 5, 6 (zu Art. 3 MSA); offen gelassen von OLG Nürnberg IPRax 2003, 147, 148; für eine entspr. Anwendung aber Erman/*Hohloch*, Art. 5 EGBGB Rn 8; dagegen wie hier *Mansel*, Personalstatut, Staatsangehörigkeit und Effektivität, Rn 436 (zu Art. 18); *Looschelders*, IPR, Art. 5 Rn 30; Bamberger/Roth/*Lorenz*, Art. 5 EGBGB Rn 10; MüKo/*Sonnenberger*, Art. 5 EGBGB Rn 12.

111 BVerfG FamRZ 2007, 615 = NJW-RR 2007, 577, 578; OLG München, Beschluss vom 1.2.2010, Az 31 Wx 37/09, Rn 11.

112 BGH FamRZ 1997, 1070, 1071; Bamberger/Roth/*Lorenz*, Art. 5 EGBGB Rn 10; PWW/*Mörsdorf-Schulte*, Art. 5 Rn 28.

digkeit aufgrund der Staatsangehörigkeit (Art. 3 Abs. 1 lit. b EuEheVO; §§ 98 a Abs. 1, 100, 99, 152 Abs. 2 101, 186 FamFG) und ebenso wie für die Anerkennung und Vollstreckbarerklärung (§§ 108 Abs. 1, 109 FamFG, 328 Abs. 1 Nr. 1, 723 Abs. 2 S. 2 ZPO).[113]

II. Staatenlose und Personen mit nicht feststellbarer Staatsangehörigkeit (Abs. 2)

34 **1. Anknüpfung an den gewöhnlichen Aufenthalt.** Besitzt eine Person keine Staatsangehörigkeit oder ist diese nicht feststellbar, so ist an den gewöhnlichen Aufenthalt der Person (Rn 16 ff) oder hilfsweise an den (schlichten) Aufenthalt (Rn 20) anzuknüpfen. Die Verweisung bleibt auch in diesen Fällen eine Verweisung unter Einschluss des ausländischen Kollisionsrechts, wenn die Kollisionsnorm eine solche **Gesamtverweisung** ausspricht (Art. 4 Abs. 1 S. 1). Das Anknüpfungsmerkmal Staatsangehörigkeit wird durch das des gewöhnlichen Aufenthalts nach Abs. 2 lediglich ersetzt, ohne eine darüber hinausgehende kollisionsrechtliche Wertung einzuführen.[114]

35 Mit einem Aufenthaltswechsel der betreffenden Person tritt ein Statutenwechsel ein, sofern die Anknüpfung **wandelbar** ausgestaltet ist, dh nicht auf einen bestimmten Zeitpunkt abstellt. Stellt sie dagegen auf einen bestimmten Zeitpunkt ab (etwa Art. 15 Abs. 1 auf den Zeitpunkt der Eheschließung), so ist der gewöhnliche Aufenthalt zu diesem Zeitpunkt maßgeblich. Befindet sich eine Person auf der Durchreise und hat sie weder einen gewöhnlichen noch einen schlichten Aufenthalt, so kann nicht weiter ersatzweise an einen früheren (den letzten) gewöhnlichen Aufenthalt angeknüpft werden, weil Abs. 2 einen Vergangenheitsbezug nicht herstellen will.[115] In diesem Falle ist die lex fori anzuwenden.

36 **2. Feststellung der Staatenlosigkeit.** Die Ursachen für die Entstehung der Staatenlosigkeit sind vielfältig. Sie reichen von zufälligen Konstellationen bei der Geburt eines Kindes in einem Staat, welcher dem Abstammungsprinzip folgt und dessen Eltern einem Staat des ius soli angehören, bis hin zu Auswanderung und Ausbürgerung. Die Staatenlosigkeit ist von Amts wegen anhand der betreffenden Staatsangehörigkeitsrechte festzustellen (de-jure-**Staatenlosigkeit**). Vorgelagert ist dabei die Identitätsfeststellung.[116] Eine Bindung an Entscheidungen ausländischer Behörden besteht nicht.[117] Auf das Fehlen eines völkerrechtlichen Schutzes durch den festgestellten Heimatstaat (de-facto-Staatenlosigkeit) kommt es kollisionsrechtlich nicht an.[118]

37 Kann eine Staatsangehörigkeit **nicht positiv festgestellt** werden, so ist der Betroffene als Staatenloser zu behandeln.[119] Auf eine wahrscheinliche oder auf eine frühere entstandene, aber wieder verlorene Staatsangehörigkeit sollte nicht abgestellt werden.[120] Auch kommt es nicht auf die Gründe für die Nichtfeststellbarkeit der Staatsangehörigkeit an. Als staatenlos gelten daher auch solche Asylbewerber, die ihren Pass verloren oder vernichtet haben.[121] Staatenlosigkeit liegt ebenso vor, wenn die (völkerrechtliche) Existenz des betreffenden Staates zu verneinen ist.[122]

38 Staatenlose und die ihnen gleichgestellten Personen mit nicht feststellbarer Staatsangehörigkeit, die sich im Inland aufhalten, haben somit ein deutsches Personalstatut. Grundsätzlich gelten für sie daher auch all jene kollisionsrechtlichen Regelungen, die unmittelbar an die **Rechtsstellung als Deutscher** anknüpfen (etwa Art. 13 Abs. 2 u. 3, 17 Abs. 1 S. 2, 18 Abs. 5).[123] Abs. 2 läuft nach dieser Auffassung im praktischen Ergebnis auf eine Inländergleichbehandlung hinaus.[124] Eine Ausnahme ist nur für solche **Exklusivnormen** geboten, die eine besondere Privilegierung aufgrund der Staatsangehörigkeit aussprechen (Art. 38 aF).[125] Im geltenden Recht trifft dies praktisch nur noch auf Art. 91 Abs. 2 S. 2 WG und Art. 60 Abs. 2 S. 2 ScheckG zu.

113 Fachausschuss-Nr. 3833, StAZ 2008, 348, 349 zu § 35 b FGG.

114 Vgl die stattdessen in der Lit. vorgeschlagene Anknüpfung Staatenloser an ihre „Nation": *Jayme*, Nation und Staat, S. 3, 8; abl. jüngst *Mankowski*, IPRax 2004, 282, 286.

115 *Raape/Sturm*, IPR, S. 131 (unter Hinweis auf Flüchtlinge); *Looschelders*, IPR, Art. 5 Rn 31; aA Staudinger/*Blumenwitz*, Art. 5 EGBGB Rn 50.

116 Zu den praktischen Schwierigkeiten bei der Feststellung von Identität und Personenstand, vgl BayObLG FamRZ 2005, 825; OLG Hamm FamRZ 2006, 1215; LG Berlin StAZ 2005, 143 und *Sturm*, Geburtsbeurkundung bei ungeklärter Identität der Eltern, StAZ 2005, 281; *ders.*, Zur Identifizierung Schriftenloser, in: FS für Andreas Heldrich, 2005, S. 1324 ff.

117 BGH IPRspr 77 Nr. 110; BGH WM 1987, 217.

118 Staudinger/*Blumenwitz*, Art. 5 EGBGB Rn 33 f.

119 OLG Hamm FamRZ 1995, 1602, 1603; MüKo/*Sonnenberger*, Art. 5 EGBGB Rn 30 f.

120 Für ein bewegliches System von Hilfslösungen dagegen *Kegel/Schurig*, § 15 V 1, S. 511 f. Gegen diesen pragmatischen Lösungsweg spricht der klare Wortlaut des Art. 5 Abs. 2; abl. *Looschelders*, IPR, Art. 5 Rn 32; MüKo/*Sonnenberger*, Art. 5 EGBGB Rn 30.

121 Palandt/*Thorn*, Art. 5 EGBGB Rn 6.

122 Im Hinblick auf Palästina vgl Rn 7.

123 OLG Köln FamRZ 1996, 946, 947; BGH IPRax 1985, 292 (keine Anwendung, wenn Deutsche gerade wegen ihrer Staatsangehörigkeit begünstigt werden sollen).

124 Ähnlich *Looschelders*, IPR, Art. 5 Rn 33; MüKo/*Sonnenberger*, Art. 5 EGBGB Rn 29.

125 Ebenso gegen die Anwendung von Art. 5 Abs. 2 auf Exklusivnormen generell, Bamberger/Roth/*Lorenz*, Art. 5 Rn 11; Palandt/*Thorn*, Art. 5 EGBGB Rn 9; ähnlich Erman/*Hohloch*, Art. 5 EGBGB Rn 14 (Differenzierung im Einzelfall).

3. Keine Anwendung des Abs. 2. Der Anwendungsbereich von Abs. 2 ist aufgrund vorrangiger staatsvertraglicher Regelungen sehr begrenzt. Das **UN-Übereinkommen über die Rechtsstellung der Staatenlosen** (Anhang I zu Art. 5) besitzt gem. Art. 3 Abs. 2 Vorrang gegenüber Abs. 2. Ebenso gehen die **Genfer Flüchtlingskonvention** und die weiteren sondergesetzlichen Regelungen (vgl Anhang II zu Art. 5) Abs. 2 vor.[126] Abgestellt wird bei den vorrangigen Regelungen statt an den gewöhnlichen Aufenthalt zum Teil auf den Wohnsitz der staatenlosen Person. Aus deutscher Sicht wird der Wohnsitzbegriff aber im Sinne des gewöhnlichen Aufenthalts interpretiert (s. Rn 4),[127] so dass im praktischen Ergebnis keine Abweichungen bestehen. **39**

III. Aufenthaltswechsel ohne Willen des eingeschränkt Geschäftsfähigen (Abs. 3)

Nach der allgemeinen Regel kann bereits die Änderung des gewöhnlichen oder schlichten Aufenthalts zu einem Statutenwechsel führen (s. Rn 18). Abs. 3 erschwert diesen Statutenwechsel für nicht voll geschäftsfähige Personen. Bei ihnen ist ergänzend auch der Wille des gesetzlichen Vertreters zu berücksichtigen. Abs. 3 weist insoweit Parallelen zum abgeleiteten Wohnsitz des Kindes nach § 11 BGB auf. **40**

Die Sonderregel des Abs. 3 soll insbesondere **internationalen Kindesentführungen** entgegenwirken. Dabei stehen die Fälle des sog. legal kidnapping im Vordergrund. Der nicht oder nicht allein sorgeberechtigte Elternteil verbringt das Kind in ein Land, in dem er entweder eine für ihn günstigere Sorgerechtsentscheidung auf der Grundlage des dortigen Rechts erstrebt oder durch den Statutenwechsel aus inländischer Sicht zumindest das für ihn günstigere Recht zur Anwendung gelangen lassen will.[128] Diesem Bestreben wirkt Abs. 3 entgegen. Die Vorschrift ist aber nicht auf Kindesentführungen beschränkt, sondern allgemein auf Personen bezogen, die nicht voll geschäftsfähig sind. **41**

1. Voraussetzungen, Vorfragen (Abs. 3). Zunächst ist die fehlende oder beschränkte **Geschäftsfähigkeit** der betroffenen Person zu ermitteln; Art. 7 Abs. 1 spricht hierfür eine Gesamtverweisung auf das Heimatrecht aus (vgl Art. 7 Rn 6). **42**

Abs. 3 setzt ferner voraus, dass der Aufenthaltswechsel ohne den Willen des gesetzlichen Vertreters erfolgte. Die fehlende Zustimmung genügt. Danach ist zunächst wiederum im Wege der selbständig anzuknüpfenden **Vorfrage** zu klären, welche Person(en) gesetzlicher Vertreter des Betroffenen ist (sind). Art. 21 stellt für das **Eltern-Kind-Verhältnis** auf das Recht am Ort des gewöhnlichen Aufenthalts des Kindes ab.[129] Hier ist allerdings nach dem Schutzzweck der Vorschrift nicht auf den geänderten neuen, sondern auf den gewöhnlichen bisherigen Aufenthaltsort des Kindes **vor** dem fraglichen Aufenthaltswechsel abzustellen.[130] Besteht nach diesem Recht eine gemeinsame Vertretung des Kindes (wie etwa nach §§ 1626 f, 1631 Abs. 1 BGB), so genügt es bereits, wenn die Aufenthaltsänderung ohne oder gegen den Willen **eines** zur Aufenthaltsbestimmung berechtigten Elternteils erfolgte. Kindesentführungen durch einen nicht oder nicht allein sorgeberechtigten Elternteil begründen daher zunächst keinen Statutenwechsel. **43**

2. Rechtsfolge des Abs. 3. Die Rechtsfolge des Abs. 3 ist schwach formuliert. Danach führt der Aufenthaltswechsel ohne den Willen des gesetzlichen Vertreters „allein nicht" zur Anwendung eines anderen Rechts. Bezweckt ist mit dieser Aussage eine flexible Handhabung und Anpassung an die Rechtsprechung zu Art. 1 des Haager Minderjährigen Schutzabkommens (MSA; vgl Anhang II zu Art. 24 EGBGB). Ein Aufenthaltswechsel ohne den Willen des gesetzlichen Vertreters erschwert einen Statutenwechsel, schließt ihn aber nicht aus. Die auf einer tatsächlichen Integration beruhende Begründung eines gewöhnlichen Aufenthalts kann durch das Aufenthaltsbestimmungsrecht nicht verhindert werden. Ausgeschlossen ist regelmäßig[131] der sofortige Statutenwechsel durch Verbringung an einen anderen Ort.[132] Verlangt werden mithin zusätzliche, einen Statutenwechsel rechtfertigende Umstände. Liegt etwa eine feste und dauerhafte Eingliederung des Betroffenen in seine neue soziale Umgebung vor (Einschulung des Kindes, Integration in die Lebensumwelt), so kann ein Statutenwechsel zu bejahen sein. Der entgegenstehende Wille der oder des Sorgeberechtigten ist aber als **Indiz gegen die Eingliederung** zu berücksichtigen.[133] Dagegen führen ein fehlender Rückholwille und das **44**

126 Palandt/*Thorn*, Art. 5 EGBGB Rn 7, *Looschelders*, IPR, Art. 5 Rn 35.

127 BT-Drucks. 10/504, S. 41; Erman/*Hohloch*, Art. 5 EGBGB Rn 16; MüKo/*Sonnenberger*, Einl. IPR Rn 718.

128 Vgl etwa BGH IPRax 2003, 145; OLG Nürnberg IPRax 2003, 147 (jeweils im Anwendungsbereich des MSA).

129 Auch dabei handelt es sich um eine Gesamtnormverweisung (Art. 4 Abs. 1 S. 1). Es sind also Rück- und Weiterverweisungen zu beachten, vgl Staudinger/*Henrich*, Art. 21 EGBGB Rn 32–35; anders im Anwendungsbereich des MSA, vgl Anhang II zu Art. 24 EGBGB.

130 BT-Drucks. 10/504, S. 42; Palandt/*Thorn*, Art. 5 EGBGB Rn 11; Erman/*Hohloch*, Art. 5 EGBGB Rn 19.

131 Vgl aber BGH IPRax 2003, 145 (sofortiger Wechsel des gewöhnlichen Aufenthalts).

132 *Looschelders*, IPR, Art. 5 Rn 43; vgl *Kropholler*, in: FS Jayme 2004, S. 471, 474 f (umgekehrt kann aber durch das Aufenthaltsbestimmungsrecht ein gewöhnlicher Aufenthalt des Kindes sofort begründet werden).

133 BGH NJW 1981, 520; OLG Bamberg NJW-RR 1990, 774; OLG Celle FamRZ 1991, 1221; OLG Hamm NJW-RR 1997, 5, 6.

Unterlassen geeigneter Maßnahmen (Gerichtsschutz) eher zu einer Bejahung des Statutenwechsels.[134] Im Übrigen können die in den internationalen Übereinkommen zugrunde gelegten Zeitspannen (6 Monate/1 Jahr) als Anhaltspunkt dienen.[135]

45 **3. Keine Anwendung des Abs. 3.** Abs. 3 wird verdrängt, soweit der Anwendungsbereich des **Haager Minderjährigenschutzabkommens** von 1961 (MSA) eröffnet ist (vgl Anhang II zu Art. 24 EGBGB). Dort gelten in der Sache aber dieselben Grundsätze für Art. 1 und 3 MSA.[136] Vorrangige Bedeutung hat ferner das **Haager Kindesentführungsübereinkommen** von 1980 (HKÜ, vgl Anhang III zu Art. 24 EGBGB), nach dessen Art. 12 Abs. 1 u. 2 ein Rückgabeantrag nach Jahresfrist und Einleben des Kindes in die neue Umgebung zurückzuweisen ist. Das Luxemburger Europäische Sorgerechtsübereinkommen von 1980 schafft ferner verfahrensrechtliche Erleichterungen für die Rückführung unzulässig verbrachter Kinder (vgl Anhang V zu Art. 24 EGBGB).

46 Auch Art. 10 der für die EU-Mitgliedstaaten mit Ausnahme Dänemarks in Kraft befindlichen **EuEheVO**[137] erklärt den faktischen Aufenthaltswechsel im Falle einer Kindesentführung (widerrechtliches Verbringen oder Zurückhalten des Kindes) für unbeachtlich.

Anhang I zu Art. 5 EGBGB: New Yorker UN-Übereinkommen über die Rechtsstellung der Staatenlosen

Übereinkommen über die Rechtsstellung der Staatenlosen[1]

Vom 28. September 1954 (BGBl. 1976 II S. 474)

Kapitel I
Allgemeine Bestimmungen

StaatlÜbk Art. 1 Definition des Begriffs „Staatenloser“

(1) Im Sinne dieses Übereinkommens ist ein „Staatenloser“ eine Person, die kein Staat aufgrund seines Rechtes als Staatsangehörigen ansieht.

(2) Dieses Übereinkommen findet keine Anwendung

i) auf Personen, denen gegenwärtig ein Organ oder eine Organisation der Vereinten Nationen, mit Ausnahme des Hohen Flüchtlingskommissars der Vereinten Nationen, Schutz oder Beistand gewährt, solange sie diesen Schutz oder Beistand genießen;

ii) auf Personen, denen die zuständigen Behörden des Landes, in dem sie ihren Aufenthalt genommen haben, die Rechte und Pflichten zuerkennen, die mit dem Besitz der Staatsangehörigkeit dieses Landes verknüpft sind;

iii) auf Personen, bei denen aus schwerwiegenden Gründen die Annahme gerechtfertigt ist,

a) daß sie ein Verbrechen gegen den Frieden, ein Kriegsverbrechen oder ein Verbrechen gegen die Menschlichkeit im Sinne der internationalen Übereinkünfte begangen haben, die abgefaßt wurden, um Bestimmungen hinsichtlich derartiger Verbrechen zu treffen;

b) daß sie ein schweres nichtpolitisches Verbrechen außerhalb ihres Aufenthaltslands begangen haben, bevor sie dort Aufnahme fanden;

134 OLG Nürnberg IPRax 2003, 147, 148; Erman/*Hohloch*, Art. 5 EGBGB Rn 19.

135 Palandt/*Thorn*, Art. 5 EGBGB Rn 11.

136 BGH IPRax 2003, 145; OLG Nürnberg IPRax 2003, 147, 148 zu beiden Entscheidung *Bauer*, IPRax 2003, 135, 136 f.

137 Verordnung (EG) Nr. 2201/2003 des Rates über die Zuständigkeit und Anerkennung und Vollstreckung von Entscheidungen in Ehesachen und in Verfahren betreffend die elterliche Verantwortung und zur Aufhebung der VO (EG) Nr. 1347/2000 v. 27.11.2003 (ABl. EG 2003 L 338, S. 1); ausf. dazu Anhang I zum III. Abschnitt EGBGB.

1 In deutscher Übersetzung. Authentisch sind gleichberechtigt der englische, französische und spanische Text.

c) daß sie sich Handlungen zuschulden kommen ließen, die den Zielen und Grundsätzen der Vereinten Nationen zuwiderlaufen.

StaatlÜbk Art. 2–11 (nicht abgedruckt)

Kapitel II
Rechtsstellung

StaatlÜbk Art. 12 Personalstatut[2]

(1) Das Personalstatut eines Staatenlosen bestimmt sich nach den Gesetzen des Landes seines Wohnsitzes oder, wenn er keinen Wohnsitz hat, nach den Gesetzen seines Aufenthaltslandes.

(2) Die von einem Staatenlosen früher erworbenen, sich aus seinem Personalstatut ergebenden Rechte, insbesondere die aus der Eheschließung, werden von jedem Vertragsstaat vorbehaltlich der nach seinen Gesetzen gegebenenfalls zu erfüllenden Förmlichkeiten geachtet; hierbei wird vorausgesetzt, daß es sich um ein Recht handelt, das nach den Gesetzen dieses Staates anerkannt worden wäre, wenn der Berechtigte nicht staatenlos geworden wäre.

StaatlÜbk Art. 13–42 (nicht abgedruckt)

Literatur: *Börner*, Palästina und die Palästinenser im IPR, IPRax 1997, 47.

A. Allgemeines

1 Das Übereinkommen ist für die Bundesrepublik Deutschland am 24.1.1977 in Kraft getreten.[3] Das Übereinkommen verdrängt in seinem Anwendungsbereich Art. 5 Abs. 2. Nur für Staatenlose, für die das Abkommen nach Art. 1 Abs. 2 nicht gilt, bleibt Art. 5 Abs. 2 anwendbar. Das Übereinkommen wird für staatenlose Flüchtlinge seinerseits **verdrängt durch** die insoweit speziellere[4] **Genfer Flüchtlingskonvention (GFK)**. Aufgrund der praktisch wortgleichen Vorschrift des Art. 12 GFK bleibt dies aber ohne praktische Auswirkung. Auch die unionsrechtliche Mindestharmonisierung des Flüchtlingsrechts durch die Richtlinien des Rates v. 29.4.2004, 2004/83/EG[5] und v. 1.12.2005, 2005/85/EG[6] erfasst die staatenlosen Flüchtlinge. Sie lässt ebenso wie die Entwürfe für ihre Neufassung[7] das Personalstatut aus Art. 12 GFK unberührt (s. Anhang II zu Art. 5 Rn 25).

2 Das Personalstatut eines Staatenlosen im Sinne des Übereinkommens (Art. 1) ist das Recht seines Wohnsitz- oder ersatzweise seines Aufenthaltslandes (Art. 12 Abs. 1). Wohnsitz ist dabei im Sinne von gewöhnlicher Aufenthalt zu verstehen. Ferner werden durch das Übereinkommen die auf dieser Grundlage erworbenen Rechte des Staatenlosen geschützt (Art. 12 Abs. 2). Daneben enthält die Staatenlosenkonvention in Art. 16[8] eine prozessuale Schutzvorschrift über den Zugang zu den Gerichten.

2 Einen Vorbehalt zu Art. 12 haben Botsuana und Schweden erklärt. Die Vorschrift bindet beide Staaten nicht.

3 Ratifikation in BGBl. II 1976 S. 474; Bekanntmachung über das Inkrafttreten in BGBl. II 1977 S. 235. Zu den weiteren Mitgliedstaaten der Konvention vgl *Jayme/Hausmann*, Nr. 12 Fn 1 (Stand 1.5.2010) und Fundstellennachweis B zum BGBl. mit Länderübersicht im Registerteil 2010, S. 414.

4 *Raape/Sturm*, IPR, Bd. 1, S. 133; offen gelassen bei Staudinger/*Blumenwitz*, Art. 5 EGBGB Rn 61; Palandt/*Thorn*, Anh. zu Art. 5 Rn 2.

5 Richtlinie 2004/83/EG des Rates v. 29.4.2004 über Mindestnormen für die Anerkennung und den Status von Drittstaatsangehörigen oder Staatenlosen als Flüchtlinge oder als Personen, die anderweitig internationalen Schutz benötigen und über den Inhalt des zu gewährenden Schutzes, ABl. EU v. 30.9.2004 L 304 S. 12.

6 Richtlinie 2005/85/EG des Rates v. 1.12.2005 über Mindestnormen zur Zuerkennung und Aberkennung der Flüchtlingseigenschaft (Asylverfahrensrichtlinie), ABl. EU L 326 v. 13.12.2005 S. 13.

7 Zum materiellen Recht Vorschlag v. 21.10.2009, KOM (2009) 551 endg. und zum Verfahrensrecht der Vorschlag v. 22.10.2009 KOM (2009) 554 endg.

8 Abgedruckt bei *Jayme/Hausmann*, Nr. 214.

B. Regelungsgehalt

I. Anwendungsbereich (Art. 1 StaatlÜbk)

3 Der Begriff des Staatenlosen im Sinne von Art. 1 Abs. 1 der Staatenlosenkonvention entspricht jenem des Art. 5 Abs. 2 EGBGB. Maßgebend ist danach die festgestellte Staatenlosigkeit oder die nicht feststellbare Staatsangehörigkeit der betreffenden Person, wobei der Identitätsfeststellung[9] eine vorgelagerte Bedeutung zukommt (vgl Art. 5 EGBGB Rn 36). Für staatenlose Flüchtlinge gehen die spezielleren Vorschriften für Flüchtlinge vor (s. Rn 1).

4 Keine Anwendung findet das Abkommen auf Staatenlose, die eine bevorzugte Behandlung aufgrund einer besonderen Schutzstellung nach Art. 1 Abs. 2 i) und ii) erhalten. Den Schutz und Beistand der Vereinten Nationen (i) erhalten gegenwärtig nur **Palästina-Flüchtlinge** durch die *United Nations Relief and Works Agency for Palestine Refugees* (UNRWA).[10] Besonderen staatlichen Schutz (ii) erhalten bezogen auf Deutschland die staatenlosen **Volksdeutschen**. Auf sie ist Art. 116 GG anzuwenden (vgl Anhang II zu Art. 5 Rn 6).

5 Keine Anwendung findet das Abkommen ferner auf Staatenlose, die unter dem begründeten schwerwiegenden Verdacht stehen (iii), ein völkerrechtswidriges Verbrechen (a), ein schweres sonstiges Verbrechen im Ausland (b) oder eine „UN-widrige" Handlung (c) begangen zu haben. Dieser Ausnahmetatbestand hat bislang keine praktische Bedeutung erlangt. Als Verdachtsregel ist sie verfassungsrechtlich bedenklich.[11]

II. Personalstatut des Staatenlosen (Art. 12 Abs. 1 StaatlÜbk)

6 Art. 12 Abs. 1 ist loi uniforme und greift daher auch dann ein, wenn die staatenlose Person keinen Wohnsitz bzw (gewöhnlichen) Aufenthalt im Inland oder in einem Mitgliedstaat hat.[12] Der Wohnsitzbegriff in Art. 12 Abs. 1 ist aus deutscher Sicht im Sinne des gewöhnlichen Aufenthalts und der des Aufenthalts im Sinne des schlichten Aufenthalts zu verstehen (Art. 5 Abs. 2 EGBGB, vgl dort Rn 34). Diese **transformierende Gleichsetzung der Begriffe** Wohnsitz und gewöhnlicher Aufenthalt legitimiert sich aus der Überlegung, dass jeder Mitgliedstaat den Wohnsitzbegriff zur Erreichung der Abkommensziele und im Rahmen seiner völkerrechtlich zulässigen Auslegungskompetenz selbst interpretieren darf.[13] Die Interpretation im Sinne des gewöhnlichen Aufenthalts als dem faktischen Wohnsitz ist gegenüber einer bürgerlich-rechtlichen Wohnsitzbestimmung vorzugswürdig (vgl Art. 5 Rn 16 ff).

7 Art. 12 Abs. 1 entspricht funktional Art. 5 Abs. 2 EGBGB. Es handelt sich auch bei Art. 12 Abs. 1 nicht selbst um eine Kollisionsnorm, sondern um eine kollisionsrechtliche Hilfsnorm (Ersetzung des Anknüpfungsmerkmals Staatsangehörigkeit). **Rück- und Weiterweisungen** sind daher nach Maßgabe der kollisionsrechtlichen Verweisungsnorm beachtlich.[14]

8 Art. 12 Abs. 2 wiederholt einen allgemeinen kollisionsrechtlichen Grundsatz, wonach **wohlerworbene Rechte**, dh hier solche, die aufgrund des früheren Personalstatuts des Staatenlosen entstanden sind, bestehen bleiben.

Anhang II zu Art. 5 EGBGB: Sonderregelungen für Flüchtlinge, Verschleppte und Vertriebene

Literatur: *Bröcker,* Die externen Dimensionen des EU-Asyl- und Flüchtlingsrechts im Lichte der Menschenrechte und des Völkerrechts, 2010; *Börner*, Palästina und die Palästinenser im IPR, IPRax 1997, 47; *Henrich*, Parteiautonomie, Privatautonomie und kulturelle Identität, in: Mansel u.a. (Hrsg.), FS Jayme 2004, S. 321; *Jayme*, Zum Personalstatut der „Kontingentflüchtlinge", IPRax 1981, 73; *ders*., Neue Bestimmungen zum Personalstatut der Asylberechtigten, IPRax 1984, 114; *Lass*, Der Flüchtling im deutschen IPR, 1995; *Leninger*, Nationalsozialistische „Volkstumsarbeit" und Umsiedlungspolitik, Von der Minderheitenbetreuung zur Siedlerauslese, 2006; *Peters*, Die Entwicklung des Vertriebenen- und Ausländerrechts in den Jahren 1993–1999, NVwZ 2000, 1372; *Spickhoff*, Asylbewerber und gewöhnlicher Aufenthalt, IPRax 1990, 225; *Wendehorst*, Inzidentprüfung der Flüchtlingseigenschaft im Unterhaltsprozeß – Zur Bindung der Zivilgerichte an verwal-

9 Dazu *Sturm*, Geburtsbeurkundung bei ungeklärter Identität der Eltern, StAZ 2005, 281; *ders*., Zur Identifizierung Schriftenloser, in: FS für Andreas Heldrich, 2005, 1324.

10 *Börner*, IPRax 1997, 47, 52.

11 MüKo/*Sonnenberger*, Art. 5 EGBGB Anh. I Rn 2; Staudinger/*Blumenwitz*, Art. 5 EGBGB Rn 60.

12 MüKo/*Sonnenberger*, Art. 5 EGBGB Anh. I Rn 8; *Looschelders*, IPR, Anhang zu Art. 5 Rn 14.

13 Staudinger/*Blumenwitz*, Art. 5 EGBGB Rn 63–66; Erman/*Hohloch*, Art. 5 EGBGB Rn 58.

14 *Raape*/*Sturm*, IPR, Bd. 1, S. 132 f; Bamberger/Roth/*Lorenz*, Art. 5 EGBGB Rn 33; MüKo/*Sonnenberger*, Art. 5 EGBGB Anh. I Rn 11; Staudinger/*Hausmann*, Art. 4 EGBGB Rn 126; jetzt auch Staudinger/*Blumenwitz*, Art. 5 EGBGB Rn 70; aA Erman/*Hohloch*, Art. 5 EGBGB Rn 65 (Sachnormverweisung); diff. *Looschelders*, IPR, Anh. zu Art. 5 Rn 15 (renvoi im Einzelfall unbeachtlich).

tungsgerichtliche Feststellungen, IPRax 1999, 276; *Thym*, Europäischer Grundrechtsschutz und Familienzusammenführung, NJW 2006, 3249. S.a. die Literatur bei Art. 5 EGBGB.

A. Allgemeines

Die kollisionsrechtlichen Fragestellungen für Flüchtlinge und Vertriebene sind charakterisiert durch deren erzwungene Entwurzelung ebenso wie durch den Zerfall und die Neugliederung von Staaten und Rechtsordnungen. Das Schicksal von Flucht und Vertreibung rechtfertigt eine gesteigerte Solidarität und Unterstützung im Aufnahmestaat.[1] Der rechtliche Schutz und die staatliche Fürsorge für die davon betroffenen Personen sind Gegenstand einer Reihe von nationalen Gesetzen und völkerrechtlicher Abkommen. Diese lassen sich einteilen in staatenlose und ausländische Flüchtlinge einerseits und in volksdeutsche Flüchtlinge und ausgebürgerte Deutsche andererseits (Art. 116 GG; nachfolgend Rn 4). In der rechtspraktischen Bedeutung werden die Sonderregelungen des deutschen Staatsangehörigkeitsrechts (vgl dazu Art. 5 EGBGB Rn 15) als Bestandteil der rechtlichen Wiedergutmachung für das nationalsozialistische Unrecht aber bald hinter dem internationalen Flüchtlingsrecht zurücktreten. In dessen Mittelpunkt steht die **Genfer Flüchtlingskonvention (GFK)** vom 28.7.1951 mit dem Zusatzprotokoll vom 31.1.1967. Die unionsrechtlichen Harmonisierungsrichtlinien und die deutschen Gesetze betreffend ausländische Flüchtlinge und politisch Verfolgte (Art. 16 a Abs. 1 GG) gruppieren sich um die Konvention herum und erweitern deren Anwendungsbereich (nachfolgend Rn 10). Die – an sich nach wie vor mögliche – Anknüpfung an die Staatsangehörigkeit wurde mit der Verweisung in §§ 2 Abs. 1, 3 AsylVfG auf die GFK insgesamt zugunsten des gewöhnlichen Aufenthalts aufgegeben.[2] Soweit keine Sonderregeln eingreifen gelten aber die allgemeinen Regeln des Kollisionsrechts. Daher sind etwa Wirtschaftsflüchtlinge, Asylbewerber oder illegale Einwanderer nach dem Recht ihrer Staatsangehörigkeit zu beurteilen.[3] 1

Der Europäische Rat hat auf dem Gipfel von Tampere (1999) die Schaffung eines Gemeinsamen Europäischen Asylsystems für die Europäische Union zum Ziel erklärt und in der Folge eine Mindestharmonisierung durch zwei parallele Richtlinienvorhaben verfolgt.[4] In einer ersten Phase wurden Mindestnormen zum materiellen Flüchtlingsrecht[5] sowie für das Verfahren zur Anerkennung der Flüchtlingseigenschaft[6] geschaffen. Angestrebt werden die uneingeschränkte und umfassende Anwendung der GFK und insbesondere eine einheitliche Auslegung und Ausgestaltung des Flüchtlingsstatus. Die Richtlinien lassen die GFK (im Übrigen) aber unberührt (Art. 20 Ziff. 1 der materiellrechtlichen Flüchtlingsrichtlinie) und enthalten auch keine kollisionsrechtlichen Regelungen. Sie belassen ferner den Mitgliedstaaten die Möglichkeit, günstigere Regeln beizubehalten oder zu schaffen. In einer zweiten Phase auf der Grundlage des Haager Programms (2004) hat die Kommission Vorschläge für eine Neufassung und Verbesserung der bisherigen Richtlinien, insbesondere zur Präzisierung der Rechtsbegriffe und zur Straffung des Verfahrens, vorgelegt.[7] Auch von diesen werden die kollisionsrechtlichen Fragen nicht geregelt. 2

1 Zu den rechtlichen Rahmenbedingungen für eine Aufnahme in extraterritorialen Aufnahmeeinrichtungen vgl *Bröcker,* Die externen Dimensionen des EU-Asyl- und Flüchtlingsrechts im Lichte der Menschenrechte und des Völkerrechts, 135 ff.
2 HK-BGB/*Dörner*, Art. 5 EGBGB Rn 7.
3 Palandt/*Thorn*, Anh. zu Art. 5 Rn 5.
4 S. hierzu die Nachw. unter Rn 31.
5 Richtlinie 2004/83/EG des Rates v. 29.4.2004 über Mindestnormen für die Anerkennung und den Status von Drittstaatsangehörigen oder Staatenlosen als Flüchtlinge oder als Personen, die anderweitig internationalen Schutz benötigen und über den Inhalt des zu gewährenden Schutzes, ABl. EU L 304 v. 30.9.2004 S. 12.
6 Richtlinie 2005/85/EG des Rates v. 1.12.2005 über Mindestnormen zur Zuerkennung und Aberkennung der Flüchtlingseigenschaft (Asylverfahrensrichtlinie), ABl. EU L 326 v. 13.12.2005 S. 13.
7 Zum materiellen Recht Vorschlag v. 21.10.2009, KOM (2009) 551 endg., zum Verfahrensrecht der Vorschlag v. 22.10.2009 KOM (2009) 554 endg.

3 Die Anknüpfung an den **gewöhnlichen Aufenthalt** des Flüchtlings statt an seine Staatsangehörigkeit, führt bei Inlandsaufenthalt zu einem **deutschen Personalstatut**. Der Grundgedanke geht dahin, die Flüchtlinge nicht zu zwingen, weiterhin nach den Gesetzen eines Staates zu leben, aus dem sie geflohen sind, von dem sie sich endgültig abgewandt haben. Die rechtliche Eingliederung in ihrem Lebensumfeld (Umweltrecht) erleichtert dabei auch die Integration im Zufluchtsstaat und folgt einem mutmaßlichen Interesse nach Assimilierung. Dies trifft allerdings nicht auf alle Flüchtlingsgruppen in gleichem Umfang zu. Nicht selten ist das Aufnahmeland nur eine vorübergehende Zufluchtsstätte. Die Flüchtlinge wollen ihre kulturelle Identität nicht aufgeben und hoffen auf eine baldige Rückkehr. Es bietet sich de lege ferenda daher an, ein Optionsrecht einzuführen.[8]

B. Einzelregelungen

I. Volksdeutsche Flüchtlinge und Vertriebene (Art. 9 II Ziff. 5 FamRÄndG, Art. 116 GG)

FamRÄndG Art. 9 II Ziff. 5

1–4. (…)

5. [1]Soweit im deutschen bürgerlichen Recht oder im deutschen Verfahrensrecht die Staatsangehörigkeit einer Person maßgebend ist, stehen den deutschen Staatsangehörigen die Personen gleich, die, ohne die deutsche Staatsangehörigkeit zu besitzen, Deutsche im Sinne des Artikels 116 Abs. 1 des Grundgesetzes sind. [2]Rechtskräftige gerichtliche Entscheidungen bleiben unberührt.

6. (…)

GG Art. 116

(1) Deutscher im Sinne dieses Grundgesetzes ist vorbehaltlich anderweitiger gesetzlicher Regelung, wer die deutsche Staatsangehörigkeit besitzt oder als Flüchtling oder als Vertriebener deutscher Volkszugehörigkeit oder als dessen Ehegatte oder Abkömmling in dem Gebiete des Deutschen Reiches nach dem Stande vom 31. Dezember 1937 Aufnahme gefunden hat.

(2) [1]Frühere deutsche Staatsangehörige, denen zwischen dem 30. Januar 1933 und dem 8. Mai 1945 die Staatsangehörigkeit aus politischen, rassischen oder religiösen Gründen entzogen worden ist, und ihre Abkömmlinge sind auf Antrag wieder einzubürgern. [2]Sie gelten als nicht ausgebürgert, sofern sie nach dem 8. Mai 1945 ihren Wohnsitz in Deutschland genommen haben und nicht einen entgegengesetzten Willen zum Ausdruck gebracht haben.

4 **1. Grundgedanke und praktische Relevanz der Gleichstellung.** Art. 9 Abs. 2 Ziff. 5 FamRÄndG[9] erklärt die zivilrechtliche und damit auch die kollisionsrechtliche Gleichstellung volksdeutscher Flüchtlinge und Vertriebener mit deutschen Staatsangehörigen. Damit wird die von Art. 116 Abs. 1 GG angeordnete Gleichstellung, wonach neben deutschen Staatsangehörigen auch all jene Flüchtlinge und Vertriebene Deutsche im Sinne des Grundgesetzes sind, die als volkszugehörig gelten und Aufnahme im Reichsgebiet nach dem Gebietsstand vom 31.12.1937 gefunden haben[10] (sog. **Statusdeutsche**).

5 Die Gleichstellung durch Art. 116 Abs. 1 GG, Art. 9 Abs. 2 Ziff. 5 FamRÄndG hat künftig nur noch eine eingeschränkte praktische Bedeutung. Nach § 40 a S. 1 StAG erwarben Statusdeutsche kraft Gesetzes mit Wirkung zum 1.8.1999 die deutsche Staatsangehörigkeit („an diesem Tag"). Für Spätaussiedler, ihre Ehegatten und Abkömmlinge fand ein solcher übergeleiteter Staatsangehörigkeitserwerb statt, wenn ihnen vor dem 1.8.1999 eine Spätaussiedlerbescheinigung erteilt wurde (§ 40 a S. 2 StAG iVm § 15 BVFG).[11] Wurde und

8 Vgl zu dem Vorschlag, de lege ferenda Flüchtlingen ein Optionsrecht zugunsten ihres bisherigen Personalstatuts einzuräumen, *Henrich*, in: FS Jayme 2004, S. 321, 328.

9 Die Vorschrift ist durch das Familienrechtsänderungsgesetz v. 11.8.1961 (BGBl. I S. 1221) eingeführt worden. Sie hat nur deklaratorische Bedeutung und „wirkt" (daher) auf den Zeitpunkt des Inkrafttretens von Art. 116 GG am 24.5.1949 zurück, OLG Celle FamRZ 1995, 1228; vgl allgM, Palandt/*Thorn*, Anh. zu Art. 5 EGBGB Rn 12.

10 Das Aufnahmefinden setzt nach der Rechtsprechung (vgl BVerwG v. 1.8.2006, 5 B 37/06) voraus, „dass der Betroffene mit dem Zuzug einen ständigen Aufenthalt im Bundesgebiet erstrebt und aufgrund eines Tätigwerdens oder sonstigen Verhaltens der Behörden der Schluss berechtigt ist, dass ihm die Aufnahme nicht verweigert wird". Ferner zur Wendung „als Abkömmling Aufnahme gefunden", ebd.

11 Bundesvertriebenengesetz in der Fassung der Bekanntmachung v. 10.8.2007 (BGBl. I S. 1902), zuletzt geändert durch Art. 1 des Gesetzes v. 6.7.2009 (BGBl. I S. 1694).

wird diese Bescheinigung nach diesem Zeitpunkt erteilt, so tritt der Erwerb mit der Erteilung ein (§ 7 S. 1 StAG). Er erstreckt sich dann nur noch auf die Kinder, die ihre Deutscheneigenschaft von dem nach § 7 S. 1 StAG begünstigten Elternteil ableiten (§ 7 S. 2 StAG).[12] Die Deutscheneigenschaft kann dabei nicht auch durch eine Erwachsenenadoption vermittelt werden.[13] Die Gleichstellung ist damit **nur noch von Bedeutung**, soweit es bei der Anwendung der Kollisionsnormen auf die Deutscheneigenschaft vor dem Zeitpunkt 1.8.1999 ankommt (Altfälle) und danach, wenn keine Bescheinigung im Sinne von § 7 StAG vorliegt bzw bis zur Erteilung der Bescheinigung.

2. Art. 116 Abs. 1 GG. Art. 116 Abs. 1 GG verlangt für die Gleichstellung mit einem deutschen Staatsangehörigen, dass die betreffende Person Flüchtling oder Vertriebener im Sinne von § 1 BVFG ist, die zweitens eine deutsche Volkszugehörigkeit im Sinne von § 6 BVFG[14] aufweist und die drittens aufgrund von Flucht oder Vertreibung Aufnahme im Reichsgebiet mit Gebietsstand zum 31.12.1937 gefunden hat. 6

Seit dem Inkrafttreten des 2+4-Vertrages zum 3.10.1993 umfasst das Aufnahmegebiet durch die territoriale Veränderung (endgültige Nichtzugehörigkeit der Ostgebiete) das heutige Bundesgebiet.[15] Finden Ehegatten und Abkömmlinge des Statusdeutschen Aufnahme im deutschen Gebiet, so erwerben sie – falls sie nicht selbst Flüchtlinge oder Vertriebene sind – als personae coniunctae originär ebenfalls die Statusdeutscheneigenschaft. Auch ein derivativer Erwerb dieser Eigenschaft ist möglich bei Heirat oder Geburt nach Abschluss der Vertreibung oder Flucht und Aufnahme im Bundesgebiet. Es gelten die Erwerbsgründe des StAG analog.[16]

Eine Sonderregelung gilt für sog. **Spätaussiedler**, dh Volksdeutsche, die seit dem 1.3.1993 im Rahmen eines normalen Aufnahmeverfahrens nach Deutschland gekommen sind.[17] Sie werden nach § 4 Abs. 3 BVFG iVm Art. 116 Abs. 1 GG den deutschen Staatsangehörigen ebenfalls gleichgestellt. Das gilt für Ehegatten und Abkömmlinge des Spätaussiedlers nur unter der weiteren Voraussetzung, dass diese in den Aufnahmebescheid nach Maßgabe des neu geregelten § 27 Abs. 1 S. 2 BVFG mit einbezogen wurden. Eine Erwachsenenadoption vermittelt die Deutscheneigenschaft nicht.[18] 7

Rechtlicher Schutz in den Fällen der Ausbürgerung aufgrund nationalsozialistischen Unrechts[19] wird gewährleistet durch **Art. 116 Abs. 2 GG**. Die Ausbürgerung ist danach unwirksam und die deutsche Staatsangehörigkeit wird als fortbestehend behandelt, wenn die betroffene Person nach dem 8.5.1945 ihren tatsächlichen Wohnsitz im Bundesgebiet genommen und keinen entgegengesetzten Willen zum Ausdruck gebracht hat (Abs. 2 S. 2 GG). In jedem Falle besteht aber ein Wiedereinbürgerungsanspruch (Abs. 2 S. 1 GG; vgl näher Art. 5 EGBGB Rn 15). 8

3. Kollisionsrechtliche Gleichstellung nach Art. 9 Abs. 2 Ziff. 5 FamRÄndG, Art. 116 Abs. 1 GG. Soweit Kollisionsnormen an die Staatsangehörigkeit oder an die Eigenschaft als Deutscher anknüpfen, gelten die volksdeutschen Flüchtlinge und Vertriebenen im Sinne von Art. 116 Abs. 1 GG sowie deren Abkömmlinge und Ehegatten als Deutsche (**Statusdeutsche**).[20] Besitzt ein Statusdeutscher auch eine ausländische Staatsangehörigkeit, so gilt er als Mehrstaater und der Vorrang der deutschen Staatsangehörigkeit nach **Art. 5 Abs. 1 S. 2 EGBGB** (vgl dort Rn 26 ff) gilt auch für ihn. Der volksdeutsche Flüchtling oder Vertriebene erwirbt die Eigenschaft eines Statusdeutschen mit der Aufnahme im Reichsgebiet, jedoch frühestens mit dem Inkrafttreten des Grundgesetzes am 24.5.1949. Der Gleichstellung im Sinne von Art. 116 Abs. 1 GG kommt kollisionsrechtlich keine Rückwirkung zu. Sie wirkt ex nunc.[21] Die Rechtsstellung geht durch die Verlegung 9

12 *Fuchs*, NJW 2000, 489, 490; Palandt/*Thorn*, Anh. zu Art. 5 EGBGB Rn 11.

13 BVerwG v. 21.11.2006, NJW 2007, 937=BVerwGE 127,177.

14 Zu den Voraussetzungen vgl Erbs/Kohlhaas/*Wache*, Strafrechtliche Nebengesetze, Stand 10/2009, § 6 BVFG Rn 1; OVG Münster v. 25.2.2010, 12 A 1424/08; 18.2.2010, 12 A 1374/08; BVerwG NVwZ 2004, 753; 2007, 1087 (zur Sprachfähigkeit); *Peters*, NVwZ 2000, 1372 ff.

15 Palandt/*Thorn*, Anh. zu Art. 5 EGBGB Rn 11; MüKo/*Sonnenberger*, Art. 5 EGBGB Anh. II Rn 26 unter Hinw. auf BVerwG DÖV 1972, 238; BayObLG IPRspr 1975 Nr. 184. Diff. Staudinger/*Blumenwitz*, Anh. IV zu Art. 5 EGBGB Rn 15; Erman/*Hohloch*, Art. 5 EGBGB Rn 40.

16 BVerwGE 8, 340 ff; 71, 301; Palandt/*Thorn*, Anh. zu Art. 5 EGBGB Rn 11; Staudinger/*Blumenwitz*, Anh. IV zu Art. 5 EGBGB Rn 16; MüKo/*Sonnenberger*, Art. 5 EGBGB Anh. II Rn 29.

17 Zur Anerkennung als Spätaussiedler NrwOVG v. 26.10.2009, 12 A 2739/08.

18 BVerwG v. 21.11.2006, NJW 2007, 937=BVerwGE 127,177; ferner besteht keine Bindung an die Feststellung der Eigenschaft als Spätaussiedler im Verfahren der Erteilung einer Abkömmlingsbescheinigung, BVerwGE 123, 101.

19 Für die Zeit von 1933–1945 vgl *Leninger*, Nationalsozialistische „Volkstumsarbeit" und Umsiedlungspolitik, Von der Minderheitenbetreuung zur Siedlerauslese, 2006.

20 BGHZ 121, 305, 314; OLG Hamm FamRZ 2001, 918, 919.

21 BGHZ 121, 305, 314; BGH NJW 1993, 2244, 2245; OLG Hamm StAZ 1999, 75, 76; OLG Stuttgart StAZ 1999, 78; BayObLGZ 1999, 153, 157; vgl MüKo/*Sonnenberger*, Art. 5 EGBGB Anh. II Rn 28; Erman/*Hohloch*, Art. 5 EGBGB Rn 42; *Looschelders*, IPR, Anh. zu Art. 5 Rn 7. Das gilt auch für die Frage der Begründung eines Güterstandes nach Art. 15: keine rückwirkende Neuanknüpfung, passim.

des dauernden Aufenthalts in das Ausland als öffentlich-rechtlicher Status nicht verloren;[22] etwas anderes gilt nur bei Rückkehr in einen Staat des Vertreibungsgebietes oder bei Erwerb einer ausländischen Staatsangehörigkeit, die zum Verlust der deutschen Staatsangehörigkeit geführt hätte.[23]

II. Nichtdeutsche Flüchtlinge und Verschleppte

1. AHK-Gesetz Nr. 23 über die Rechtsverhältnisse verschleppter Personen und Flüchtlinge

Erster Teil
Allgemeine Vorschriften

AHKG Art. 1

Soweit das Einführungsgesetz zum Bürgerlichen Gesetzbuch bestimmt, daß die Gesetze des Staates, dem eine Person angehört, maßgebend sind, werden die Rechtsverhältnisse einer verschleppten Person oder eines Flüchtlings nach dem Recht des Staates beurteilt, in welchem die Person oder der Flüchtling zu der maßgebenden Zeit den gewöhnlichen Aufenthalt hat oder gehabt hat, oder, falls ein gewöhnlicher Aufenthalt fehlt, nach dem Recht des Staates, in welchem die Person oder der Flüchtling sich zu der maßgebenden Zeit befindet oder befunden hat.

AHKG Art. 2

Artikel 1 findet keine Anwendung auf die in Artikel 24 und 25 des Einführungsgesetzes zum Bürgerlichen Gesetzbuch[24] geregelten Gegenstände.

AHKG Art. 3–9 (nicht abgedruckt)

Dritter Teil
Schlußvorschriften

AHKG Art. 10

Im Sinne dieses Gesetzes bedeutet:

a) Der Ausdruck „verschleppte Personen und Flüchtlinge" Personen, die nicht die deutsche Staatsangehörigkeit besitzen oder deren Staatsangehörigkeit nicht festgestellt werden kann, sofern sie ihren Aufenthalt im Gebiet der Bundesrepublik haben und eine amtliche Bescheinigung darüber besitzen, daß sie der Obhut der internationalen Organisation unterstehen, die von den Vereinten Nationen mit der Betreuung der verschleppten Personen und Flüchtlinge beauftragt ist;

b) der Ausdruck „Deutschland" die Länder Baden, Bayern, Bremen, Brandenburg, Hansestadt Hamburg, Hessen, Niedersachsen, Mecklenburg-Pommern, Nordrhein-Westfalen, Rheinland-Pfalz, Sachsen, Sachsen-Anhalt, Schleswig-Holstein, Thüringen, Württemberg-Baden, Württemberg-Hohenzollern und Groß-Berlin.

10 Das AHK-Gesetz Nr. 23 über die Rechtsverhältnisse verschleppter Personen und Flüchtlinge im Bundesgebiet vom 17.3.1950[25] richtet sich an die im Zusammenhang mit dem Zweiten Weltkrieg stehenden Flüchtlinge und Verschleppten, die zumindest einen schlichten Aufenthalt in Deutschland haben (bzw im kollisionsrechtlich relevanten Zeitpunkt hatten), eine Obhutsbescheinigung der UN-Flüchtlingsbehörde besitzen und nicht unter Art. 116 Abs. 1 GG fallen, dh die weder deutsche Staatsangehörige noch Statusdeutsche sind. Erfasst werden damit ausländische Staatsangehörige, Staatenlose und Personen, deren Staatsangehörigkeit nicht feststellbar

22 Staudinger/*Blumenwitz*, Anh. IV zu Art. 5 EGBGB Rn 19 f und ebenso zur Möglichkeit des Verzichts.

23 Vgl MüKo/*Sonnenberger*, Art. 5 EGBGB Anh. II Rn 30 f.

24 Ausgeschlossen ist das internationale Erbrecht, jetzt Art. 25 EGBGB idF des IPR-G v. 25.7.1986.

25 ABl. AHK S. 140, in Kraft seit 1.4.1950 idF des AHKG Nr. 48 v. 1.3.1951 (ABl. AHK S. 808).

ist (Art. 10 a),[26] sowie jene Abkömmlinge oder Ehegatten, die ihren staatsangehörigkeitsrechtlichen Status von einer Person dieses Kreises ableiten.[27]

Die Vorschriften haben seit dem Inkrafttreten der GFK zum 24.12.1953 kaum noch eine praktische Bedeutung. **11**
Die Flüchtlingskonvention (Art. 12 Abs. 1) ist als lex posterior vorrangig.[28] Das AHK-Gesetz Nr. 23 **gilt daher nur** für verschleppte Personen, die nicht zugleich Flüchtlinge im Sinne der Konvention sind. Ferner gilt sie intertemporal für Flüchtlinge in der Zeit bis zum Inkrafttreten der GFK.[29]

Anknüpfungspunkte sind nach Art. 1 der gewöhnliche Aufenthalt, ersatzweise der schlichte Aufenthalt (die **12**
Anknüpfung erfolgt in Anlehnung an Art. 5 Abs. 2 EGBGB; s. dazu dort Rn 34 ff). Sie ersetzen die Staatsangehörigkeitsanknüpfung des IPR vollumfänglich.[30] Ausgenommen ist nach Art. 2 nur das Erbstatut (Art. 24, 25 EGBGB aF = Art. 25, 26 EGBGB nF).

2. Gesetz über die Rechtsstellung heimatloser Ausländer im Bundesgebiet (HeimatlAuslG)

HeimatlAuslG § 8 [Erworbene Rechte, Eheschließung]

[1]Hat ein heimatloser Ausländer vor Inkrafttreten dieses Gesetzes nach anderen als den deutschen Vorschriften Rechte erworben, so behält er diese, sofern die Gesetze des Ortes beobachtet sind, an dem das Rechtsgeschäft vorgenommen ist. [2]Dies gilt insbesondere für eine vor Inkrafttreten dieses Gesetzes geschlossene Ehe.

Das Gesetz über die Rechtsstellung heimatloser Ausländer im Bundesgebiet vom 25.4.1951 (Heimatl- **13**
AuslG)[31] enthält selbst keine Regelung über das Personalstatut.[32] Kollisionsrechtlich bedeutsam ist Art. 8 HeimatlAuslG nur insofern, als es das nach Art. 1 AHK-Gesetz Nr. 23 (vgl Rn 12) bestehende Personalstatut um ein Rückwirkungsverbot zum Schutz vormals erworbener Rechte ergänzt. Das entspricht bereits den allgemeinen Grundsätzen über die Tragweite eines Statutenwechsels (vgl Art. 3 Rn 34).

Art. 8 HeimatlAuslG stellt klar, dass das deutsche Personalstatut des heimatlosen Ausländers nach Art. 1 AHK- **14**
Gesetz nur für Vorgänge ab dem 1.4.1950 (Inkrafttreten des AHK-Gesetzes Nr. 23) gilt[33] und damit vor diesem Zeitpunkt unter anderem Recht erworbene Rechte oder Rechtsstellungen nicht beeinträchtigt werden. Art. 8 HeimatlAuslG wird im Anwendungsbereich der GFK von der entsprechenden Vorschrift des Art. 12 Abs. 2 verdrängt.

3. Genfer UN-Abkommen über die Rechtsstellung der Flüchtlinge vom 28.7.1951 nebst Zusatzpro- 15
tokoll vom 31.1.1967. a) Allgemeines. Das Genfer UN-Abkommen über die Rechtsstellung der Flüchtlinge vom 28.7.1951 (GFK) ist in der Bundesrepublik Deutschland am 24.12.1953 in Kraft getreten.[34] Es dient dem rechtlichen Schutz und der Eingliederung von ausländischen Flüchtlingen in Deutschland. Das Zusatzprotokoll über die Rechtsstellung der Flüchtlinge vom 31.1.1967[35] erweitert den Anwendungsbereich des Übereinkommens, indem es dessen räumliche und zeitliche Grenzen zur Bestimmung der Flüchtlingseigenschaft für nicht anwendbar erklärt. Kollisionsrechtlich regelt das Abkommen das Personalstatut durch Anknüpfung an den Wohnsitz (gewöhnlichen Aufenthalt) und den Schutz wohlerworbener Rechte des Flüchtlings (Art. 12 GFK).

26 Neben undurchsichtigen Staatsangehörigkeitsverhältnissen sollte auch den Schwierigkeiten der Rechtsanwendung des fremden Rechts vorgebeugt werden, so dass auch eine festgestellte ausländische Staatsangehörigkeit der Anwendung nicht entgegensteht, vgl Staudinger/*Blumenwitz*, Anh. IV zu Art. 5 EGBGB Rn 36 u. 38; anders Erman/*Hohloch*, Art. 5 EGBGB Rn 70.

27 Ein abgeleiteter Schutzstatus ist aus deutscher Sicht im Hinblick auf die gesetzliche Regelung in Art. 1 Abs. 2 HeimatlAuslG anzuerkennen; vgl MüKo/*Sonnenberger*, Art. 5 EGBGB Anh. II Rn 56.

28 *Raape/Sturm*, IPR, S. 154; Staudinger/*Blumenwitz*, Anh. IV zu Art. 5 EGBGB Rn 45; MüKo/*Sonnenberger*, Art. 5 EGBGB Anh. II Rn 20.

29 Palandt/*Thorn*, Anh. zu Art. 5 EGBGB Rn 14; MüKo/*Sonnenberger*, Art. 5 EGBGB Anh. II Rn 54 f und 20 f.

30 Unter Einschluss der sog. Exklusivnormen (vgl Art. 5 EGBGB Rn 38). So im Hinblick auf die geringe Bedeutung der Vorschrift MüKo/*Sonnenberger*, Art. 5 EGBGB Anh. II Rn 57; Erman/*Hohloch*, Art. 5 EGBGB Rn 70.

31 BGBl. I S. 269, zuletzt geändert durch Art. 7 des Zuwanderungsgesetzes v. 30.7.2004 (BGBl. I S. 1950, 2000 f).

32 Palandt/*Thorn*, Anh. zu Art. 5 EGBGB Rn 17; aA OLG Celle FamRZ 1987, 837.

33 Staudinger/*Blumenwitz*, Anh. IV zu Art. 5 EGBGB Rn 44; Soergel/*Kegel*, Anh. nach Art. 5 EGBGB Rn 22; Bamberger/Roth/*Lorenz*, Art. 5 EGBGB Rn 45.

34 Art. 2 des Gesetzes v. 1.9.1953 (BGBl. II S. 559). Völkerrechtlich gilt es für die Bundesrepublik Deutschland seit dem 22.4.1954 (BGBl. II S. 619). Das Abkommen gilt heute für 144 Staaten, vgl Fundstellennachweis B zum BGBl. mit Länderübersicht im Registerteil 2010, S. 391 (s. www.bundesgesetzblatt.de).

35 BGBl. II 1969 S. 1294. Vertragsstaaten des Zusatzprotokolls unter BGBl. II FN B 2010, S. 580 (s. www.bundesgesetzblatt.de).

b) Anwendungsbereich

Genfer UN-Abkommen über die Rechtsstellung der Flüchtlinge[36]

Kapitel I
Allgemeine Bestimmungen

GFK Art. 1 Definition des Begriffs „Flüchtling"

A.

Im Sinne dieses Abkommens findet der Ausdruck „Flüchtling" auf jede Person Anwendung:

1. Die in Anwendung der Vereinbarungen vom 12. Mai 1926 und 30. Juni 1928 oder in Anwendung der Abkommen vom 28. Oktober 1933 und 10. Februar 1938 und des Protokolls vom 14. September 1939 oder in Anwendung der Verfassung der Internationalen Flüchtlingsorganisation als Flüchtling gilt.

Die von der Internationalen Flüchtlingsorganisation während der Dauer ihrer Tätigkeit getroffenen Entscheidungen darüber, daß jemand nicht als Flüchtling im Sinne ihres Statuts anzusehen ist, stehen dem Umstand nicht entgegen, daß die Flüchtlingseigenschaft Personen zuerkannt wird, die die Voraussetzungen der Ziffer 2 dieses Artikels erfüllen;

2. Die infolge von Ereignissen, die vor dem 1. Januar 1951 eingetreten sind, und aus der begründeten Furcht vor Verfolgung wegen ihrer Rasse, Religion, Nationalität, Zugehörigkeit zu einer bestimmten sozialen Gruppe oder wegen ihrer politischen Überzeugung sich außerhalb des Landes befindet, dessen Staatsangehörigkeit sie besitzt, und die den Schutz dieses Landes nicht in Anspruch nehmen kann oder wegen dieser Befürchtungen nicht in Anspruch nehmen will; oder die sich als staatenlos infolge solcher Ereignisse außerhalb des Landes befindet, in welchem sie ihren gewöhnlichen Aufenthalt hatte, und nicht dorthin zurückkehren kann oder wegen der erwähnten Befürchtungen nicht dorthin zurückkehren will.

Für den Fall, daß eine Person mehr als eine Staatsangehörigkeit hat, bezieht sich der Ausdruck „das Land, dessen Staatsangehörigkeit sie besitzt" auf jedes der Länder, dessen Staatsangehörigkeit diese Person hat. Als des Schutzes des Landes, dessen Staatsangehörigkeit sie hat, beraubt, gilt nicht eine Person, die ohne einen stichhaltigen, auf eine begründete Befürchtung gestützten Grund den Schutz eines der Länder nicht in Anspruch genommen hat, deren Staatsangehörigkeit sie besitzt.

B.

1. Im Sinne dieses Abkommens können die im Artikel 1 Abschnitt A enthaltenen Worte „Ereignisse, die vor dem 1. Januar 1951 eingetreten sind" in dem Sinne verstanden werden, daß es sich entweder um

a) „Ereignisse, die vor dem 1. Januar 1951 in Europa eingetreten sind" oder

b) „Ereignisse, die vor dem 1. Januar 1951 in Europa oder anderswo eingetreten sind"

handelt. Jeder vertragschließende Staat wird zugleich mit der Unterzeichnung, der Ratifikation oder dem Beitritt eine Erklärung abgeben, welche Bedeutung er diesem Ausdruck vom Standpunkt der von ihm aufgrund dieses Abkommens übernommenen Verpflichtung zu geben beabsichtigt.[37]

2. Jeder vertragschließende Staat, der die Formulierung zu a) angenommen hat, kann jederzeit durch eine an den Generalsekretär der Vereinten Nationen gerichtete Notifikation seine Verpflichtungen durch Annahme der Formulierung b) erweitern.

C.

Eine Person, auf die die Bestimmungen des Absatzes A zutreffen, fällt nicht mehr unter dieses Abkommen,

1. wenn sie sich freiwillig erneut dem Schutz des Landes, dessen Staatsangehörigkeit sie besitzt, unterstellt; oder

2. wenn sie nach dem Verlust ihrer Staatsangehörigkeit diese freiwillig wiedererlangt hat; oder

36 V. 28.7.1951 (BGBl. II 1953 S. 560). Übersetzung; authentisch sind gleichberechtigt der englische und der französische Text.

37 Zur Auslegung des Abschnitts A hat *Burundi* keine Erklärung abgegeben. Eine Erklärung iSv von Abschnitt B Ziff. 1 a, haben Kongo, Madagaskar, Malta, Monaco und die Türkei abgegeben. Die Bundesrepublik Deutschland und alle übrigen Vertragsstaaten des Übk. legen den Abschnitt A iSv Abschnitt B Ziff. 1 b, dh ohne geographische Beschränkung auf Europa, aus.

3. wenn sie eine neue Staatsangehörigkeit erworben hat und den Schutz des Landes, dessen Staatsangehörigkeit sie erworben hat, genießt; oder
4. wenn sie freiwillig in das Land, das sie aus Furcht vor Verfolgung verlassen hat oder außerhalb dessen sie sich befindet, zurückgekehrt ist und sich dort niedergelassen hat; oder
5. wenn sie nach Wegfall der Umstände, aufgrund deren sie als Flüchtling anerkannt worden ist, es nicht mehr ablehnen kann, den Schutz des Landes in Anspruch zu nehmen, dessen Staatsangehörigkeit sie besitzt.
Hierbei wird jedoch unterstellt, daß die Bestimmung dieser Ziffer auf keinen Flüchtling im Sinne der Ziffer 1 des Abschnitts A dieses Artikels Anwendung findet, der sich auf zwingende, auf früheren Verfolgungen beruhende Gründe berufen kann, um die Inanspruchnahme des Schutzes des Landes abzulehnen, dessen Staatsangehörigkeit er besitzt;
6. wenn es sich um eine Person handelt, die keine Staatsangehörigkeit besitzt, falls sie nach Wegfall der Umstände, aufgrund deren sie als Flüchtling anerkannt worden ist, in der Lage ist, in das Land zurückzukehren, in dem sie ihren gewöhnlichen Wohnsitz hat. Dabei wird jedoch unterstellt, daß die Bestimmung dieser Ziffer auf keinen Flüchtling im Sinne der Ziffer 1 des Abschnitts A dieses Artikels Anwendung findet, der sich auf zwingende, auf früheren Verfolgungen beruhende Gründe berufen kann, um die Rückkehr in das Land abzulehnen, in dem er seinen gewöhnlichen Aufenthalt hatte.

D.

Dieses Abkommen findet keine Anwendung auf Personen, die zur Zeit den Schutz oder Beistand einer Organisation oder einer Institution der Vereinten Nationen, mit Ausnahme des Hohen Kommissars der Vereinten Nationen für Flüchtlinge, genießen.
Ist dieser Schutz oder diese Unterstützung aus irgendeinem Grunde weggefallen, ohne daß das Schicksal diese Personen endgültig gemäß den hierauf bezüglichen Entschließungen der Generalversammlung der Vereinten Nationen geregelt worden ist, so fallen diese Personen ipso facto unter die Bestimmungen dieses Abkommens.

E.

Dieses Abkommen findet keine Anwendung auf eine Person, die von den zuständigen Behörden des Landes, in dem sie ihren Aufenthalt genommen hat, als eine Person anerkannt wird, welche die Rechte und Pflichten hat, die mit dem Besitz der Staatsangehörigkeit dieses Landes verknüpft sind.[38]

F.

Die Bestimmungen dieses Abkommens finden keine Anwendung auf Personen, in bezug auf die aus schwerwiegenden Gründen die Annahme gerechtfertigt ist,
a) daß sie ein Verbrechen gegen den Frieden, ein Kriegsverbrechen oder ein Verbrechen gegen die Menschlichkeit im Sinne der internationalen Vertragswerke begangen haben, die ausgearbeitet worden sind, um Bestimmungen bezüglich dieser Verbrechen zu treffen;
b) daß sie ein schweres nichtpolitisches Verbrechen außerhalb des Aufnahmelandes begangen haben, bevor sie dort als Flüchtling aufgenommen wurden;
c) daß sie sich Handlungen zuschulden kommen ließen, die den Zielen und Grundsätzen der Vereinten Nationen zuwiderlaufen.

GFK Art. 2–11 (nicht abgedruckt)

38 S. dazu Art. 9 Abs. 2 Ziff. 5 FamRÄndG (Rn 4).

Genfer Protokoll über die Rechtsstellung der Flüchtlinge[39]

Art. I. Allgemeine Bestimmung

(1) Die Vertragsstaaten dieses Protokolls verpflichten sich, die Artikel 2 bis 34 des Abkommens auf Flüchtlinge im Sinne der nachstehenden Begriffsbestimmungen anzuwenden.

(2) Außer für die Anwendung des Absatzes 3 dieses Artikels bezeichnet der Ausdruck „Flüchtling" im Sinne dieses Protokolls jede unter die Begriffsbestimmung des Artikels 1 des Abkommens fallende Person, als seien die Worte „infolge von Ereignissen, die vor dem 1. Januar 1951 eingetreten sind, und..." sowie die Worte „... infolge solcher Ereignisse" in Artikel I, Abschnitt A, Absatz 2 nicht enthalten.

(3) Dieses Protokoll wird von seinen Vertragsstaaten ohne jede geographische Begrenzung angewendet; jedoch finden die bereits nach Artikel 1, Abschnitt B, Absatz 1, Buchstabe a) des Abkommens abgegebenen Erklärungen von Staaten, die schon Vertragsstaaten des Abkommens sind, auch aufgrund dieses Protokolls Anwendung, sofern nicht die Verpflichtungen des betreffenden Staates nach Artikel 1, Abschnitt B, Absatz 2 des Abkommens erweitert worden sind.[40]

Art. II.–VII. (nicht abgedruckt)

16 Der Flüchtlingsstatus (sog. Konventionsflüchtling) kann erstens auf der Entscheidung einer UN-Flüchtlingsorganisation beruhen. Dabei handelt es sich um Entscheidungen auf der Grundlage der in Art. 1 A Nr. 1 GFK genannten früheren Flüchtlingsabkommen. Er wird durch die Vorlage entsprechender Ausweisdokumente nachgewiesen (sog. Nansen- oder IRO-Flüchtlinge).[41]

17 Der Flüchtlingsstatus kann zweitens (das ist der Regelfall) nach Maßgabe des Art. 1 A Nr. 2–F, Art. I des Zusatzprotokolls GFK durch die Behörden und Gerichte der Mitgliedstaaten in den betreffenden staatlichen Verfahren festgestellt werden. Eine harmonisierte Anwendung des Begriffs „Flüchtling" wird im Rahmen der EU durch die „Richtlinie des Rates über Mindestnormen für die Anerkennung und den Status von Drittstaatsangehörigen oder Staatenlosen als Flüchtlinge oder als Personen, die anderweitig internationalen Schutz benötigen und über den Inhalt des zu gewährenden Schutzes" (Richtlinie des Rates v. 29.4.2004, 2004/83/EG) hergestellt werden[42] (vgl Rn 2).

18 Einer bestandskräftigen Entscheidung des Bundesamtes für Migration und Flüchtlinge (vormals Bundesamt für die Anerkennung ausländischer Flüchtlinge) kommt **keine Bindungswirkung** zu (vgl Rn 34).[43] Die behördliche Anerkennung hat aber eine starke Indizwirkung für die Flüchtlingseigenschaft.

39 V. 31.1.1967 (BGBl. II 1969 S. 1294). Übersetzung; authentisch sind gleichberechtigt der englische und der französische Text. Das Protokoll ist für die Bundesrepublik Deutschland am 5.11.1969 in Kraft getreten (Bek. v. 14.4.1970, BGBl. II, S. 194). Es gilt im Verhältnis zu den Vertragsstaaten des Genfer UN-Abk. v. 28.7.1951, mit Ausnahme von Madagaskar, Monaco, St. Kitts und Nevis, St. Vincent und den Grenadinen sowie Weißrussland. Vertragsstaaten nur des Protokolls sind Kap Verde, Venezuela und die Vereinigten Staaten.
S. hierzu die Anm. zu Art. 1, Abschnitt B des Genfer UN-Abk. v. 28.7.1951.

40 S. hierzu die Anm. zu Art. 1, Abschnitt B des Genfer UN-Abk. v. 28.7.1951.

41 *Fritjof Nansen* war der erste Hohe Kommissar des Völkerbundes für das Flüchtlingswesen. Man spricht daher auch von einem Nansen-Pass. IRO war die frühere und 1952 umgewandelte UN-Flüchtlingsbehörde; vgl eingehend mN MüKo/*Sonnenberger*, Art. 5 EGBGB Anh. II Rn 65.

42 ABl. EU v. 30.9.2004 L 304 S. 12. Zur Neufassung s. den Vorschlag v. 21.10.2009, KOM (2009) 551 endg. Die Begriffsbestimmung „Flüchtling" orientierte sich bereits bisher an dem allerdings rechtsunverbindlichen „Gemeinsamen Standpunkt betreffend die harmonisierte Anwendung des Begriffs ‚Flüchtling' in Art. 1 FlüchtlKonv" (ABl. EG 1996 L 63 S. 2).

43 Palandt/*Thorn*, Anh. zu Art. 5 EGBGB Rn 17; MüKo/*Sonnenberger*, Art. 5 EGBGB Anh. II Rn 65; Erman/*Hohloch*, Art. 5 EGBGB Rn 96; aA für eine Bindungswirkung anerkennender Entscheidungen aA für eine Bindungswirkung anerkennender Entscheidungen Hofmann/Hoffmann/*Möller*, HK-AuslR, 2008, § 4 AsylVfG Rn 16; wohl auch *Renner*, AuslR, 8. Aufl. 2005, § 4 AsylVfG Rn 11; *Wendehorst*, IPRax 1999, 276, 277; Bamberger/Roth/*Lorenz*, Art. 5 EGBGB Rn 38, unter der Einschränkung, dass das Gericht bei begründeten erheblichen Zweifeln an der Flüchtlingseigenschaft die Aufhebung des Anerkennensbescheids anregen und das Verfahren nach § 148 ZPO aussetzen könne. Für eine Bindung von Strafgerichten, etwa bei der Entscheidung über die Abschiebungshaft, auch Erbs/Kohlhaas/*Senge*, Strafrechtliche Nebengesetze, Stand: 10/2009, § 4 AsylVfG Rn 3.

Sofern nach § 2 Abs. 1 AsylVerfG die Asylberechtigung positiv anerkannt wurde steht auch die Anwendbarkeit der GFK fest. Darin liegt zugleich eine gesetzliche Ausweitung des Anwendungsbereichs der GFK in Deutschland.[44]

Das Durchlaufen eines Anerkennungsverfahrens ist keine Voraussetzung aus international-privatrechtlicher Sicht. Die Gerichte entscheiden **inzident** über die Flüchtlingseigenschaft. Auch behördliche Entscheidungen eines anderen Vertragsstaates sind nicht bindend, sondern nur als gewichtiges Indiz zu werten.[45] Eine Bindung ergibt sich jedoch aus Gerichtsentscheidungen aus anderen Mitgliedstaaten, sofern diese rechtskräftig über den Status des Flüchtlings entschieden haben[46] und diese Entscheidungen in Deutschland anzuerkennen sind (§ 328 ZPO). Der Flüchtling und die in seinem familiären Schutzbereich stehenden Personen besitzen insoweit auch einen klagbaren Anspruch auf Feststellung und Anerkennung des Status als Flüchtling. Das Asylverfahrensrecht ist EU-einheitlich auf der Grundlage von Mindeststandards durch die Richtlinien des Rates v. 29.4.2004, 2004/83/EG[47] und v. 1.12.2005, 2005/85/EG[48] harmonisiert. Die Vorschläge für die verbesserten Nachfolgerichtlinien[49] sind noch nicht angenommen. 19

Die festzustellende **Flüchtlingseigenschaft** wird von Art. 1 A Nr. 2–F GFK als Statusverhältnis definiert. Art. I Abs. 2 und 3 des Zusatzprotokolls GFK erweitert den Anwendungsbereich, indem es die räumlichen und die zeitlichen Begrenzungen des Art. 1 A und B GFK von der Anwendung ausnimmt. Damit fallen **weltweit** alle gegenwärtigen und auch künftigen Fluchtbewegungen in den Anwendungsbereich des Übereinkommens (etwa aus Afghanistan, Iran, Jugoslawien). Voraussetzung ist, dass die betroffene Person aus der begründeten **Furcht vor Verfolgung** wegen ihrer Rasse, Religion, Nationalität, Zugehörigkeit zu einer bestimmten sozialen Gruppe oder wegen ihrer politischen Überzeugung ihr Herkunftsland[50] verlassen hat bzw verfolgungsbedingt dorthin nicht zurückkehren kann oder will. Eine Flucht im engeren Sinne ist demnach nicht erforderlich (Exil). Die subjektive Furcht vor Verfolgung muss auf objektiven Beweggründen (Verfolgungsmaßnahme des Herkunftsstaates) beruhen.[51] 20

Das Übereinkommen erfasst staatenlose und auch Flüchtlinge, die eine oder mehrere Staatsangehörigkeiten besitzen (Doppel- und Mehrstaater). Besteht eine oder bestehen mehrere Staatsangehörigkeiten, so ist weitere Voraussetzung, dass der Flüchtling den Schutz keiner seiner Staatsangehörigkeiten in Anspruch nehmen kann oder will (Art. 1 A Nr. 2 Abs. 1 und 2 GFK). 21

Art. 1 GFK und Art. I des Zusatzprotokolls lassen offen, ob das Übereinkommen auch auf die Ehefrau und die Abkömmlinge des Flüchtlings anwendbar ist, sofern diese die Flüchtlingseigenschaft nicht in der eigenen Person erfüllen (sog. **abgeleiteter Flüchtlingsstatus**). Die Rechtsprechung und ein Teil der Lehre bejahen dies für minderjährige Kinder und die Ehefrau, wenn diese auch ihre Staatenlosigkeit oder ihre Staatsangehörigkeit von dem Flüchtling ableiten.[52] Richtigerweise ist das zu verneinen, denn die Konvention enthält hierfür keine Anhaltspunkte (anders dagegen im Rahmen des AHK-Gesetz Nr. 23 über die Rechtsverhältnisse verschleppter Personen und Flüchtlinge, s. Rn 10). Die Frage geht vielmehr dahin, ob die tatsächliche familiäre Verbundenheit der Ehefrau oder dem Abkömmling einen **eigenen Flüchtlingsstatus** vermittelt.[53] Diesen 22

44 Palandt/*Thorn*, Anh. zu Art. 5 EGBGB Rn 22.

45 Palandt/*Thorn*, Anh. zu Art. 5 EGBGB Rn 26; aus österreichischer Sicht OGH IPRax 1999, 260 mit Aufsatz *Wendehorst*, IPRax 1999, 276.

46 Eine nur inzident getroffene Anerkennungs- oder Ablehnungsentscheidung genügt dagegen nicht.

47 Richtlinie 2004/83/EG des Rates v. 29.4.2004 über Mindestnormen für die Anerkennung und den Status von Drittstaatsangehörigen oder Staatenlosen als Flüchtlinge oder als Personen, die anderweitig internationalen Schutz benötigen und über den Inhalt des zu gewährenden Schutzes, ABlEU v. 30.9.2004, L 304/12.

48 Richtlinie 2005/85/EG des Rates vom 1.12.2005 über Mindestnormen zur Zuerkennung und Aberkennung der Flüchtlingseigenschaft (Asylverfahrensrichtlinie), ABl. EU L 326 v. 13.12.2005 S. 13.

49 Zum materiellen Recht Vorschlag v. 21.10.2009, KOM (2009) 551 endg. und zum Verfahrensrecht der Vorschlag v. 22.10.2009 KOM (2009) 554 endg.

50 Vgl Art. 1 A Nr. 2 Abs. 2 FlüchtlKonv: Das ist das Land, dessen Staatsangehörigkeit die Person besitzt, dessen Schutz sie aber nicht in Anspruch nehmen kann oder will, oder, bei einer staatenlosen Person, das Land in dem sie ihren gewöhnlichen Aufenthalt hatte.

51 Das sind staatliche Maßnahmen gegen Leben, Freiheit, Gesundheit oder die materielle Existenzgrundlage. Auch die Verfolgung durch Untergrundorganisationen oder bei Kämpfen zwischen Volksgruppen kommt in Betracht; MüKo/*Sonnenberger*, Art. 5 EGBGB Anh. II Rn 67; Erman/*Hohloch*, Art. 5 EGBGB Rn 81 (Abwägung im Einzelfall); vgl Staudinger/*Blumenwitz*, Anh. IV zu Art. 5 EGBGB Rn 62–63 (sofern die legale Staatsgewalt den Opfern im eigenen Land keinen Schutz gewähren kann).

52 AG Schöneberg StAZ 1996, 209; BayObLGZ 1999, 27, 30 Anm. *Hohloch* JuS 2000, 297; Erman/*Hohloch*, Art. 5 EGBGB Rn 83; Palandt/*Thorn*, Anh. zu Art. 5 EGBGB Rn 22.

53 Ist dies nicht der Fall, besteht grundsätzlich auch kein Anlass, von der Regelanknüpfung abzuweichen, vgl zum Namensrecht AG Rottweil v. 30.9.2002, 4 GRI 12/99 – iuris; OLG Düsseldorf StAZ 1989, 281, 282; MüKo/*Sonnenberger*, Art. 5 EGBGB Anh. II Rn 71; Bamberger/Roth/*Lorenz*, Art. 5 EGBGB Rn 25; zweifelnd bereits *Jayme*, IPRax 1981, 73, 75; weiter gehend möchte *Lass*, Der Flüchtling im deutschen IPR, 1995, S. 51, in diesen Fällen den Tatbestand der indirekten Verfolgung etablieren; skeptisch *Sonnenberger*, passim.

Standpunkt nimmt auch die EG-Richtlinie 2004/83/EG v. 29.4.2004 zum materiellen Flüchtlingsrecht ein (Erwägungsgrund Nr. 27; Art. 1 c, 9 Abs. 1 u. 3, 10; vgl Rn 2).[54] Zur Wahrung des Familienverbands erhalten Familienangehörige, die die Flüchtlingseigenschaft selbst nicht besitzen, einen eigenen Schutzstatus. Erfasst werden Ehegatten, rechtlich anerkannte Lebenspartner (anerkannt nach Maßgabe des gemeinsamen Aufenthaltsstaates), leibliche und angenommene Kinder (Art. 2 h). Für diesen Personenkreis gilt das Personalstatut aus Art. 12 GFK mithin nicht. Die rechtliche Stellung einer Person im Sinne von Art. 2 h der Richtlinie wird kollisionsrechtlich dem Recht des Mitgliedstaates zugewiesen, in dem sie sich aufhalten.

23 Die Flüchtlingseigenschaft geht **verloren**, wenn der Flüchtling selbst wieder Beziehungen zu seinem Herkunftsland aufnimmt (Art. 1 C Nr. 1–4 GFK) oder die objektiven Gründe für die Flucht entfallen sind (Art. 1 C Nr. 5 GFK).

24 **Ausgenommen** von der Anwendung des Abkommens sind anderweitig durch die UN geschützte Personen (Art. 1 D GFK; etwa die Palästina-Flüchtlinge),[55] anderweitig durch den Aufenthaltsstaat geschützte Personen (Art. 1 E GFK; etwa die Statusdeutschen, dh die volksdeutschen Flüchtlinge und Vertriebenen gem. Art. 116 Abs. 1 GG) und Personen, bei denen aus schwerwiegenden Gründen der Verdacht besteht, dass sie ein Kriegsverbrechen, Verbrechen gegen die Menschlichkeit usw oder eine „UN-widrige" Handlung begangen haben (Art. 1 F GFK).[56]

c) Personalstatut

Genfer UN-Abkommen über die Rechtsstellung der Flüchtlinge (Forts.)

Kapitel II
Rechtsstellung

GFK Art. 12 Personalstatut

(1) Das Personalstatut jedes Flüchtlings bestimmt sich nach dem Recht des Landes seines Wohnsitzes oder, in Ermangelung eines Wohnsitzes, nach dem Recht seines Aufenthaltslandes.

(2) Die von einem Flüchtling vorher erworbenen und sich aus seinem Personalstatut ergebenden Rechte, insbesondere die aus der Eheschließung, werden von jedem vertragschließenden Staat geachtet, gegebenenfalls vorbehaltlich der Formalitäten, die nach dem in diesem Staat geltenden Recht vorgesehen sind. Hierbei wird jedoch unterstellt, daß das betreffende Recht zu demjenigen gehört, das nach den Gesetzen dieses Staates anerkannt worden wäre, wenn die in Betracht kommende Person kein Flüchtling geworden wäre.

GFK Art. 13–46 (nicht abgedruckt)

25 Das Personalstatut des Flüchtlings wird nach Art. 12 Abs. 1 GFK an seinen Wohnsitz ersatzweise an seinen Aufenthalt angeknüpft, um ihm eine rechtliche Heimat außerhalb des Fluchtstaates zu bieten. Es ersetzt damit kollisionsrechtlich das Anknüpfungsmerkmal der Staatsangehörigkeit[57] und ggf auch das des früheren gewöhnlichen Aufenthalts, falls dies zur Anwendung des Rechts des Fluchtstaates führen würde (Art. 14 Abs. 1 Nr. 2 Alt. 2 EGBGB).[58]

26 Der Wohnsitzbegriff in Art. 12 Abs. 1 GFK ist im Sinne des **gewöhnlichen Aufenthalts** und der Aufenthalt im Sinne des schlichten Aufenthalts zu verstehen. Diese Interpretation ist ebenso wie bei der parallelen Regelung in Art. 12 Abs. 1 des UN-Übereinkommens über die Rechtsstellung der Staatenlosen (vgl Anhang I zu

54 Auch der Vorschlag v. 21.10.2009, KOM (2009) 551 endg. hält an diesem Konzept fest, vgl Begründung der Kommission S. 10 und Erwägungsgrund (14) und (35).

55 Sie werden von der United Nations Relief and Works Agency for Palestine Refugees (UNRWA) betreut. Entfällt die Betreuung, wird die Konvention ipso facto wieder anwendbar, vgl dazu *Börner*, IPRax 1997, 47, 48 f.

56 Diese Außerschutzstellung hat bislang keine praktische Bedeutung erlangt und ist als Verdachtsregel verfassungsrechtlich bedenklich; Staudinger/*Blumenwitz*, Anh. IV zu Art. 5 EGBGB Rn 49; MüKo/*Sonnenberger*, Art. 5 EGBGB Anh. II Rn 73 u. Anh. I Rn 2; zur parallelen Problematik s. bereits Anhang I zu Art. 5 Rn 5.

57 Das kann leicht übersehen werden, vgl zutreffend OLG Rostock FamRZ 2006, 947.

58 Die Konvention sieht hierfür keine Ersatzanknüpfung vor. Die Lösung ist nach dem deutschen Kollisionsrecht zu suchen. Notfalls ist an die lex fori anzuknüpfen; vgl MüKo/*Sonnenberger*, Art. 5 EGBGB Anh. II Rn 75; *Looschelders*, IPR, Anh. zu Art. 5 Rn 22.

Art. 5 EGBGB Rn 6) zulässig, weil jeder Mitgliedstaat den Wohnsitzbegriff zur Erreichung der Abkommensziele und im Rahmen seiner völkerrechtlich zulässigen Auslegungskompetenz selbst interpretieren darf.[59] Für Konventionsflüchtlinge tritt mithin das Anknüpfungsmerkmal des gewöhnlichen Aufenthalts an die Stelle einer Anknüpfung an die Staatsangehörigkeit (s. Art. 5 EGBGB Rn 16 ff).

Rück- und Weiterweisungen sind als Gesamtverweisungen nach Maßgabe der kollisionsrechtlichen Verweisungsnorm zu beachten. Dies gilt ausnahmsweise dann nicht, wenn die Rück- oder Weiterverweisung zu dem Heimatstaat führt,[60] der gleichzeitig Fluchtstaat ist. Ein solcher renvoi widerspricht dem Zweck der Konvention, den Flüchtling von der Rechtsordnung des Verfolgerstaates zu entkoppeln und unter Schutz zu stellen.[61] **27**

Art. 12 Abs. 1 GFK kommt keine Rückwirkung zu. Es tritt beim Flüchtling ein Statutenwechsel ein, sobald der Flüchtlingsstatus de facto vorliegt. Art. 12 Abs. 2 S. 1 GFK wiederholt daher den allgemeinen kollisionsrechtlichen Grundsatz, wonach vorher **wohlerworbene Rechte** bestehen bleiben (etwa im Hinblick auf einen Namenserwerb[62] oder auf eine Heirat).[63] Dies gilt nicht, wenn die Beibehaltung des Rechts gegen den ordre public des Aufnahmelandes verstößt (Art. 12 Abs. 2 S. 2 GFK). **28**

Art. 12 der GFK findet ferner ergänzend Anwendung auf die Haager Vereinbarung über Flüchtlingsseeleute v. 23.11.1957 (sog. fliegende Holländer).[64] **29**

4. Asylverfahrensgesetz

AsylVfG § 1 Geltungsbereich

(1) Dieses Gesetz gilt für Ausländer, die Schutz als politisch Verfolgte nach Artikel 16 a Abs. 1 des Grundgesetzes oder Schutz vor Verfolgung nach dem Abkommen über die Rechtsstellung der Flüchtlinge vom 28. Juli 1951 (BGBl. 1953 II S. 559) beantragen.

(2)Dieses Gesetz gilt nicht für heimatlose Ausländer im Sinne des Gesetzes über die Rechtsstellung heimatloser Ausländer im Bundesgebiet in der im Bundesgesetzblatt Teil III, Gliederungsnummer 243-1, veröffentlichten bereinigten Fassung in der jeweils geltenden Fassung.

AsylVfG § 2 Rechtsstellung Asylberechtigter

(1) Asylberechtigte genießen im Bundesgebiet die Rechtsstellung nach dem Abkommen über die Rechtsstellung der Flüchtlinge.

(2) Unberührt bleiben die Vorschriften, die den Asylberechtigten eine günstigere Rechtsstellung einräumen.

(3) Ausländer, denen bis zum Wirksamwerden des Beitritts in dem in Artikel 3 des Einigungsvertrages genannten Gebiet Asyl gewährt worden ist, gelten als Asylberechtigte.

AsylVfG § 3 Zuerkennung der Flüchtlingseigenschaft

(1) Ein Ausländer ist Flüchtling im Sinne des Abkommens über die Rechtsstellung der Flüchtlinge, wenn er in dem Staat, dessen Staatsangehörigkeit er besitzt oder in dem er als Staatenloser seinen gewöhnlichen Aufenthalt hatte, den Bedrohungen nach § 60 Abs. 1 des Aufenthaltsgesetzes ausgesetzt ist.

(2) [1]Ein Ausländer ist nicht Flüchtling nach Absatz 1, wenn aus schwerwiegenden Gründen die Annahme gerechtfertigt ist, dass er

59 Staudinger/*Blumenwitz*, Anh. IV zu Art. 5 EGBGB Rn 67; Erman/*Hohloch*, Art. 5 EGBGB Rn 84; *Looschelders*, IPR, Anh. zu Art. 5 Rn 20.

60 *Raape*/*Sturm*, IPR, Bd. 1, 6. Aufl. 1977, S. 153; *Looschelders*, IPR, Anh. zu Art. 5 Rn 21; Bamberger/Roth/*Lorenz*, Art. 5 EGBGB Rn 33 (Fall des Art. 4 Abs. 1 S. 1 aE EG); MüKo/*Sonnenberger*, Art. 5 EGBGB Anh. II Rn 83 f; Staudinger/*Hausmann*, Art. 4 EGBGB Rn 125; Staudinger/*Blumenwitz*, Anh. IV zu Art. 5 EGBGB Rn 68.

61 Die Gegenauffassung gelangt zu einer Sachnormverweisung mit der Einschränkung, dass das Einzelstatut beachtlich bleibt (Art. 3 Abs. 3 EGBGB), Erman/*Hohloch*, Art. 5 EGBGB Rn 87; Palandt/*Thorn*, Anh. zu Art. 5 EGBGB Rn 25; Soergel/*Kegel*, Anh. nach Art. 5 EGBGB Rn 74.

62 BayObLG 68, 7; 71, 204; OLG Hamm OLGZ 1983, 46, 55.

63 OVG RhPf IPRspr 1993 Nr. 54.

64 Vgl mN Staudinger/*Blumenwitz*, Anh. IV zu Art. 5 EGBGB Rn 69 f.

1. ein Verbrechen gegen den Frieden, ein Kriegsverbrechen oder ein Verbrechen gegen die Menschlichkeit begangen hat im Sinne der internationalen Vertragswerke, die ausgearbeitet worden sind, um Bestimmungen bezüglich dieser Verbrechen zu treffen,
2. vor seiner Aufnahme als Flüchtling eine schwere nichtpolitische Straftat außerhalb des Bundesgebiets begangen hat, insbesondere eine grausame Handlung, auch wenn mit ihr vorgeblich politische Ziele verfolgt wurden, oder
3. den Zielen und Grundsätzen der Vereinten Nationen zuwidergehandelt hat.

[2]Satz 1 gilt auch für Ausländer, die andere zu den darin genannten Straftaten oder Handlungen angestiftet oder sich in sonstiger Weise daran beteiligt haben.

(3) [1]Ein Ausländer ist auch nicht Flüchtling nach Absatz 1, wenn er den Schutz oder Beistand einer Organisation oder einer Einrichtung der Vereinten Nationen mit Ausnahme des Hohen Kommissars der Vereinten Nationen für Flüchtlinge nach Artikel 1 Abschnitt D des Abkommens über die Rechtsstellung der Flüchtlinge genießt. [2]Wird ein solcher Schutz oder Beistand nicht länger gewährt, ohne dass die Lage des Betroffenen gemäß den einschlägigen Resolutionen der Generalversammlung der Vereinten Nationen endgültig geklärt worden ist, sind die Absätze 1 und 2 anwendbar.

(4) Einem Ausländer, der Flüchtling nach Absatz 1 ist, wird die Flüchtlingseigenschaft zuerkannt, es sei denn, er erfüllt die Voraussetzungen des § 60 Abs. 8 Satz 1 des Aufenthaltsgesetzes.

AsylVfG § 4 Verbindlichkeit asylrechtlicher Entscheidungen

[1]Die Entscheidung über den Asylantrag ist in allen Angelegenheiten verbindlich, in denen die Anerkennung als Asylberechtigter oder die Zuerkennung der Flüchtlingseigenschaft rechtserheblich ist. [2]Dies gilt nicht für das Auslieferungsverfahren sowie das Verfahren nach § 58 a des Aufenthaltsgesetzes.

30 § 2 Abs. 1 u. 3 und § 3 Abs. 1 des Asylverfahrensgesetzes vom 26.6.1992 (AsylVfG)[65] erweitern den Anwendungsbereich der GFK. **Anerkannten Asylberechtigten**, einschließlich jenen aus der früheren DDR (§ 2 Abs. 3 AsylVfG), und anerkannten sonstigen politisch Verfolgten wird danach unter den Einschränkungen des § 3 Abs. 2 und 3 AsylVfG die Rechtsstellung nach der GFK zuerkannt.[66] Anerkannte Asylberechtigte und die ihnen gleichgestellten politisch Verfolgten erhalten daher den Schutz der Konvention, auch wenn sie nicht zugleich als Konventionsflüchtling einzustufen sind.[67] Eine gesonderte Prüfung der Flüchtlingseigenschaft wird für diesen Personenkreis damit entbehrlich.

31 Das Asylverfahrensrecht ist EU-einheitlich durch die Richtlinie des Rates v. 1.12.2005 2005/85/EG[68] harmonisiert.[69] Die Neufassung über Mindestnormen für das Verfahren zur Anerkennung der Flüchtlingseigenschaft ist noch nicht angenommen[70] (vgl Rn 2).

32 Asylberechtigt sind nach Art. 16 a Abs. 1 GG[71] alle politisch verfolgten Ausländer. Nicht asylberechtigt sind Ausländer, die aus einem EU-Land oder einem anderen Drittstaat einreisen, in dem die Anwendung der FlüchtlingsKonv und der Europäischen Menschenrechtskonvention (EMRK) sichergestellt ist (Art. 16 a Abs. 2 GG).[72] Das Asylverfahrensgesetz findet darüber hinaus keine Anwendung auf heimatlose Ausländer im Sinne des HeimatlAuslG (§ 1 Abs. 2 AsylVfG; s. Rn 13 f). Der Status eines Asylberechtigten erlischt nach Maßgabe der §§ 72 u. 73 a Abs. 1 AsylVfG kraft Gesetzes. Ferner kann die Anerkennungsentscheidung zurückgenommen bzw widerrufen (§ 73 AsylVfG) oder bei Wegfall der Anerkennungsvoraussetzungen entzogen werden (§ 73 a Abs. 2 AsylVfG).

33 Kollisionsrechtlich ist Art. 12 GFK somit auf anerkannte Asylberechtigte und festgestellt politisch Verfolgte anwendbar. Die Anknüpfung des Personalstatuts an den Wohnsitz (Art. 12 Abs. 1 GFK), verstanden und interpretiert im Sinne des **gewöhnlichen Aufenthalts**, und ersatzweise die Anknüpfung an den schlichten

65 Asylverfahrensgesetz in der Fassung der Bekanntmachung v. 2.9.2008 (BGBl. I S. 1798), das durch Art. 18 des Gesetzes v. 17.12.2008 (BGBl. I S. 2586) geändert worden ist.
66 § 2 Abs. 1 AsylVfG meint anerkannte Asylberechtigte, vgl BGH FamRZ 1993, 47, 48; *Jayme*, IPRax 1984, 114, 115.
67 MüKo/*Sonnenberger*, Art. 5 EGBGB Anh. II Rn 85.
68 Richtlinie über Mindestnormen zur Zuerkennung und Aberkennung der Flüchtlingseigenschaft (Asylverfahrensrichtlinie), ABl. EU L 326 v. 13.12.2005 S. 13.
69 Die Grundlage bilden das Grünbuch über das künftige Gemeinsame Europäische Asylsystem, KOM (2007) 301 endg. sowie Künftige Asylstrategie, Ein integriertes Konzept für EU-weiten Schutz (Mitteilung der Kommission, KOM(2008) 360 endg.
70 Vorschlag v. 22.10.2009 KOM (2009) 554 endg. Ebenso der Vorschlag zum materiellen Flüchtlingsrecht Vorschlag v. 21.10.2009, KOM (2009) 551 endg.
71 Art. 16 a GG wurde durch Art. 1 Nr. 2 G v. 28.6.1993 I 1002 in das Grundgesetz aufgenommen. Vgl BVerfG NVwZ 1996, 700 (kein Verstoß gegen Art. 79 Abs. 3 GG).
72 Vgl etwa *Jarass*/*Pieroth*, GG, Art. 16 a Rn 4 ff.

Aufenthalt (vgl Rn 26), gelten daher auch für diesen Personenkreis. Die Anknüpfung tritt vollumfänglich an die Stelle der Anknüpfung an die Staatsangehörigkeit. Die – an sich nach wie vor mögliche – Anknüpfung an die Staatsangehörigkeit wurde aufgrund der Verweisung in §§ 2 Abs. 1, 3 AsylVfG somit aufgegeben.[73] § 2 Abs. 2 AsylVfG erlaubt aber eine kollisionsrechtliche Günstigkeitsregel, die einen Rückgriff auf das Heimatrecht im Einzelfall nach Maßgabe der einschlägigen allgemeinen Anknüpfungsregeln eröffnet.[74]

Die positiven Anerkennungsentscheidungen wie auch ablehnende Bescheide[75] des Bundesamtes für Migration und Flüchtlinge haben für eine gerichtliche Entscheidung über die kollisionsrechtliche Anknüpfung keine **Bindungswirkung**. Die bindende Verwaltungsentscheidung im Sinne von § 4 AsylVfG meint die behördliche Bindung sowie die des Beteiligten (str.)[76] (s. Rn 18). **34**

Familienangehörige (Ehefrauen und Kinder) können – außer in der eigenen Person – den Status eines Asylberechtigten auch abgeleitet erlangen (**Familienasyl**, § 26 AsylVfG). Allerdings erfordert auch diese abgeleitete Schutzstellung eine förmliche Anerkennungsentscheidung zugunsten des Angehörigen unter den Voraussetzungen des § 26 AsylVfG, so dass sich die Frage eines abgeleiteten Erwerbs ipso iure hier nicht stellt.[77] Zur eigenständigen Rechtsstellung von Familienangehörigen im Sinne von Art. 2 h der Richtlinie 2004/83/EG s. Rn 22. **35**

5. Gesetz über Maßnahmen für im Rahmen humanitärer Hilfsaktionen aufgenommene Flüchtlinge (KontingentG)

KontingentG § 1 Rechtsstellung

(1) Wer als Ausländer im Rahmen humanitärer Hilfsaktionen der Bundesrepublik Deutschland aufgrund der Erteilung einer Aufenthaltserlaubnis vor der Einreise in der Form des Sichtvermerks oder aufgrund einer Übernahmeerklärung nach § 33 Abs. 1 des Ausländergesetzes im Geltungsbereich dieses Gesetzes aufgenommen worden ist, genießt im Geltungsbereich dieses Gesetzes die Rechtsstellung nach den Artikeln 2 bis 34 des Abkommens über die Rechtsstellung der Flüchtlinge vom 28. Juli 1951 (BGBl. 1953 II S. 559).

(2) Auch ohne Aufenthaltserlaubnis oder Übernahmeerklärung genießt die Rechtsstellung nach Absatz 1, wer als Ausländer vor Vollendung des 16. Lebensjahres und vor dem Inkrafttreten des Gesetzes zur Neuregelung des Ausländerrechts im Rahmen humanitärer Hilfsaktionen der Bundesrepublik Deutschland im Geltungsbereich dieses Gesetzes aufgenommen worden ist.

(3) Dem Ausländer wird eine unbefristete Aufenthaltserlaubnis erteilt.

KontingentG § 2 a Erlöschen der Rechtsstellung

(1) [1]Die Rechtsstellung nach § 1 erlischt, wenn der Ausländer

1. sich freiwillig oder durch Annahme oder Erneuerung eines Nationalpasses erneut dem Schutz des Staates, dessen Staatsangehörigkeit er besitzt, unterstellt oder

2. nach Verlust seiner Staatsangehörigkeit diese freiwillig wiedererlangt hat oder

73 HK-BGB/*Dörner*, Art. 5 EGBGB Rn 7.

74 OLG Düsseldorf StAZ 1989, 281, 282; *Jayme*, IPRax 1984, S. 114, 115; Palandt/*Thorn*, Anh. zu Art. 5 EGBGB Rn 29; abl. MüKo/*Sonnenberger*, Art. 5 EGBGB Anh. II Rn 94; Erman/*Hohloch*, Art. 5 EGBGB Rn 94; *Looschelders*, IPR, Anh. zu Art. 5 Rn 26; Soergel/*Kegel*, Anh. nach Art. 5 EGBGB Rn 97; Bamberger/Roth/*Lorenz*, Art. 5 EGBGB Rn 41.

75 Die Flüchtlingseigenschaft ist unabhängig vom Asylverfahren und dessen negativen Ausgang vom Zivilgericht festzustellen, BGH NJW-RR 2007, 145 f = BGHZ 169, 240.

76 Vgl Palandt/*Thorn*, Anh. zu Art. 5 EGBGB Rn 17; MüKo/*Sonnenberger*, Art. 5 EGBGB Anh. II Rn 65; Erman/*Hohloch*, Art. 5 EGBGB Rn 96; aA für eine Bindungswirkung anerkennender Entscheidungen Hofmann/Hoffmann/*Möller*, HK-AuslR, 2008, § 4 AsylVfG Rn 16; wohl auch *Renner*, AuslR, 8. Aufl. 2005, § 4 AsylVfG Rn 11; *Wendehorst*, IPRax 1999, 276, 277; Bamberger/Roth/*Lorenz*, Art. 5 EGBGB Rn 38, unter der Einschränkung, dass das Gericht bei begründeten erheblichen Zweifeln an der Flüchtlingseigenschaft die Aufhebung des Anerkennensbescheids anregen und das Verfahren nach § 148 ZPO aussetzen könne. Für eine Bindung von Strafgerichten, etwa bei der Entscheidung über die Abschiebungshaft, auch Erbs/Kohlhaas/*Senge*, Strafrechtliche Nebengesetze, Stand: 10/2009, § 4 AsylVfG Rn 3.

77 Ebenso Bamberger/Roth/*Lorenz*, Art. 5 EGBGB Rn 39; MüKo/*Sonnenberger*, Art. 5 EGBGB Anh. II Rn 89; im Übrigen scheidet ein abgeleitetes Personalstatut aber aus, vgl zum Namensrecht AG Rottweil v. 30.9.2002, 4 GRI 12/99.

3. auf Antrag eine neue Staatsangehörigkeit erworben hat und den Schutz des Staates, dessen Staatsangehörigkeit er erworben hat, genießt.

(2) (...)

36 Das Gesetz über Maßnahmen für im Rahmen humanitärer Hilfsaktionen aufgenommene Flüchtlinge vom 22.7.1980 (KontingentG)[78] ist **mit Wirkung zum 1.1.2005 außer Kraft** getreten.[79] Es behält über diesen Zeitpunkt hinaus Bedeutung für die bis zum Außerkrafttreten aufgenommenen Flüchtlinge. Nach § 103 des AufenthaltsG gelten die §§ 2 a und 2 b (Erlöschen des Flüchtlingsstatus) fort. Daraus ergibt sich auch, dass der einmal erworbene Flüchtlingsstatus durch die Aufhebung des Gesetzes **nicht verloren** geht.

37 Das Gesetz erstreckt den Anwendungsbereich der GFK auf Ausländer, die im Rahmen humanitärer Hilfsaktionen in der Bundesrepublik Aufnahme gefunden haben. Einer weiter gehenden Feststellung der Flüchtlingseigenschaft bedarf es in diesen Fällen nicht.[80] Diese sog. **Kontingentflüchtlinge** werden aufgrund der vergleichbaren Interessenlage den Konventionsflüchtlingen gleichgestellt.[81]

38 § 1 Abs. 1 KontingentG setzte die Erteilung einer Aufenthaltserlaubnis vor der Einreise in der Form eines Sichtvermerks (§ 3 Abs. 1 u. 3 AuslG) oder eine Übernahmeerklärung (§ 33 Abs. 1 AuslG) voraus. Für Jugendliche unter 16 Jahren genügte die tatsächliche Aufnahme im Sinne einer Eingliederung durch die deutschen Behörden.[82] Ein abgeleiteter Flüchtlingsstatus aufgrund Abstammung oder Heirat wurde nicht anerkannt.[83] Die Bescheinigung nach § 2 KontingentG hat lediglich deklaratorischen Charakter (str.).[84]

39 Kollisionsrechtlich ist Art. 12 GFK anwendbar und ersetzt die Anknüpfung an die Staatsangehörigkeit. Der Wohnsitzbegriff (Art. 12 Abs. 1 GFK) ist zu verstehen und zu interpretieren im Sinne des **gewöhnlichen Aufenthalts**; ersatzweise ist an den schlichten Aufenthalt anzuknüpfen (vgl Rn 26). Die Kontingentflüchtlinge haben somit das deutsche Personalstatut.[85] Im Falle eines Statutenwechsels, etwa aufgrund des Erlöschens der Rechtsstellung nach § 2 a KontingentG, bleiben die erworbenen Rechte nach den allgemeinen kollisionsrechtlichen Grundsätzen bestehen (vgl Rn 28).

40 Die Aufhebung des KontingentG führte dazu, dass Ausländer in vergleichbarer Situation ihrem Heimatrecht unterstehen (Art. 5 Abs. 1 S. 1 EGBGB), sofern sie nicht als Flüchtlinge im Sinne der GFK anzusehen sind. Das betrifft insbesondere die zum vorübergehenden Schutz aufgenommenen Ausländer, denen ein Aufenthaltsrecht im Inland nach § 23 AufenthaltsG[86] zusteht.

Art. 6 EGBGB Öffentliche Ordnung (ordre public)

[1]Eine Rechtsnorm eines anderen Staates ist nicht anzuwenden, wenn ihre Anwendung zu einem Ergebnis führt, das mit wesentlichen Grundsätzen des deutschen Rechts offensichtlich unvereinbar ist. [2]Sie ist insbesondere nicht anzuwenden, wenn die Anwendung mit den Grundrechten unvereinbar ist.

Literatur: *Andrae*, Anwendung des islamischen Rechts im Scheidungsverfahren vor deutschen Gerichten, NJW 2007, 1730; *Andrae/Abbas*, Personenstandsrechtliche Behandlung einer gleichgeschlechtlichen Eheschließung, StAZ 2011, 97; *Basedow*, Die Verselbständigung des europäischen ordre public, in: Coester u.a. (Hrsg.), Privatrecht in Europa, FS Hans Jürgen Sonnenberger 2004, S. 291; *Behrens*, Die Bedeutung des Kollisionsrechts für die ‚Globalisierung' der Wirtschaft, in: Basedow u.a. (Hrsg.), Aufbruch nach Europa: 75 Jahre MPI (2001), S. 381; *Brüning*, Die Beachtlichkeit des fremden ordre public, 1997; *Dörner*, Bürgenhaftung und ordre public, in: Berger (Hrsg.), FS Otto Sandrock 2000, S. 205; *ders.*, Zur Beerbung eines in der Bundesrepublik Deutschland verstorbenen Iraners, IPRax 1994, 33; *Elwan/Menhofer*, Talaq nach iranischem Recht

78 BGBl. I 1980 S. 1057, zuletzt geändert durch Gesetz v. 29.10.1997 (BGBl. I S. 2584). Dem Gesetz kommt keine Rückwirkung zu (§ 6 KontingentG).

79 Art. 15 Abs. 3 Nr. 3 des Zuwanderungsgesetzes v. 30.7.2004 (BGBl. I S. 1950, 2009 f).

80 Betroffen waren bislang Personengruppen wie etwa die sog. „boat-people" aus dem südostasiatischen Raum sowie Flüchtlinge aus Argentinien, Chile und Uganda, vgl Staudinger/*Blumenwitz*, Anh. IV zu Art. 5 EGBGB Rn 78; eine Anerkennung als Asylberechtigte erfolgt hier regelmäßig nicht; Erman/*Hohloch*, Art. 5 EGBGB Rn 91.

81 Zur Gleichstellung der Kontingentflüchtlinge mit Inlandsdeutschen, AG Leverkusen FamRZ 2007, 1565.

82 Diese Regelung galt für Aufnahmen bis zum Inkrafttreten des AuslG zum 1.1.1991 (§ 15 Abs. 2). Die bloße Verbringung von Kindern ins Inland genügt für eine Aufnahme im Sinne einer Eingliederung nicht, vgl MüKo/*Sonnenberger*, 4. Aufl. 2006, Art. 5 EGBGB Anh. II Rn 96.

83 MüKo/*Sonnenberger*, 4. Aufl. 2006, Art. 5 EGBGB Anh. II Rn 97; aA *Jayme*, IPRax 1984, 114, 115; *ders.*, IPRax 1995 73, 74; Staudinger/*Blumenwitz*, Anh. IV zu Art. 5 EGBGB Rn 79; Erman/*Hohloch*, Art. 5 EGBGB Rn 91.

84 MüKo/*Sonnenberger*, 4. Aufl. 2006, Art. 5 EGBGB Anh. II Rn 96; Staudinger/*Blumenwitz*, Anh. IV zu Art. 5 EGBGB Rn 79; Bamberger/Roth/*Lorenz*, Art. 5 EGBGB Rn 42; aA, dh konstitutiven Charakter, Erman/*Hohloch*, Art. 5 EGBGB Rn 91; Palandt/*Thorn*, Anh. II zu Art. 5 EGBGB Rn 33.

85 Anders nur bei Aufnahme im Ausland.

86 Aufenthaltsgesetz v. 25.2.2008 (BGBl. I S. 162), zuletzt geändert durch Art. 4 Abs. 5 des Gesetzes v. 30.7.2009 (BGBl. I S. 2437).

und die wesensmäßigen Zuständigkeit deutscher Gerichte, StAZ 2005, 168 ff.; *dies.*, Scheidungswunsch versus in Syrien geltendes Recht der unierten Ostkirchen, StAZ 2007, 325; *Fetsch*, Eingriffsnormen und EG-Vertrag: die Pflicht zur Anwendung der Eingriffsnormen anderer EG-Staaten, 2001; *Fischer*, Abschied vom ordre public beim Abschluss von Börsentermingeschäften im Ausland, IPRax 1999, 450; *Freitag/Leible*, Internationaler Anwendungsbereich der Handelsvertreterrichtlinie – Europäisches Handelsvertreterrecht weltweit?, RIW 2001, 287; *Gebauer*, Gesamtverweisung und ordre public, in: Mansel u.a. (Hrsg.), FS Erik Jayme 2004, S. 413; *Girsberger*, Sittenwidrigkeit der Finanzierung von internationalen Waffengeschäften, IPRax 2003, 545; *Habermeier*, Neue Wege zum Wirtschaftskollisionsrecht, 1997; *Herrmann*, Die Anerkennung US-amerikanischer Urteile in Deutschland unter Berücksichtigung des ordre public, 2000; *Heß*, Urteilsfreizügigkeit und ordre public-Vorbehalt bei Verstößen gegen Verfahrensgrundrechte und Marktfreiheiten, IPRax 2001, 301; *Heßler*, Islamischrechtliche Morgengabe; vereinbarter Vermögensausgleich im deutschen Scheidungsfolgenrecht, IPRax 1988, 95; *Hüßtege*, Braucht die Verordnung über den europäischen Vollstreckungstitel eine ordre-public-Klausel?, in: Mansel u.a. (Hrsg.), FS Erik Jayme 2004, S. 371; *Jayme*, Methoden der Konkretisierung des ordre public im internationalen Privatrecht, 1989; *ders.*, Kulturelle Identität und Kindeswohl im internationalen Kindschaftsrecht, IPRax 1996, 237; *ders.*, Nationaler ordre public und europäische Integration, 2000 (Zweitabdruck in: Jayme, Wiener Vorträge, 2001, S. 265); *ders.*, Zum internationalen Geltungswillen der europäischen Regeln über den Handelsvertreterausgleich, IPRax 2001, 190; *ders.*, Pasquale Stanislao Mancini (1817–1888): Internationales Privatrecht und Völkerrecht, in: *ders.*, Internationales Privatrecht und Völkerrecht, Gesammelte Schriften Bd. 3, 2003, 9; *ders.*, Neue Wege im Internationalen Unterhaltsrecht: Parteiautonomie und Privatisierung des ordre public, IPRax 2010, 377; *Junker*, Das internationale Privat- und Verfahrensrecht im Zugriff der europäischen Union, in: Coester u.a. (Hrsg.), Privatrecht in Europa, FS Hans Jürgen Sonnenberger 2004, S. 418; *ders.*, Empfiehlt es sich, Art. 7 EVÜ zu revidieren oder aufgrund der bisherigen Erfahrungen zu präzisieren?, IPRax 2000, 65; *Kohler*, Verständigungsschwierigkeiten zwischen europäischem Unionsrecht und IPR, in: Mansel u.a. (Hrsg.), FS Erik Jayme 2004, Bd. 1, S. 445; *Kroll*, Scheidung auf europäisch?- Die (derzeit) nicht scheidbare Ehe im IPR, StAZ 2007, 330; *Kropholler/von Hein*, Spezielle Vorbehaltsklauseln im internationalen Privat- und Verfahrensrecht der unerlaubten Handlungen, in: FS Hans Stoll 2001, S. 553; *Leipold*, Der Anspruch aus Gewinnzusage (§ 661 a BGB) in dogmatischer Betrachtung, in: Heinrich (Hrsg.), FS Musielak 2004, S. 317; *St. Lorenz*, Deutscher Gleichbehandlungsgrundsatz und fremdes Kollisionsrecht – oder: Soll am deutschen (Grundrechts-)Wesen die Welt genesen?, in: Gerkens u.a. (Hrsg.), Mélanges Fritz Sturm, Bd. II, Liège 1999, S. 1559; *ders.*, „RGZ 106, 82 ff. revisited“: Zur Lückenfüllungsproblematik beim ordre public in „Ja/Nein-Konflikten“, IPRax 1999, 429; *ders.*, Renvoi und ausländischer ordre public, in: Schütze (Hrsg.), Einheit und Vielfalt des Rechts, FS Reinhold Geimer 2002, S. 555; *W. Lorenz*, Rechtsfolgen ausländischer Eingriffsnormen – Zur Lehre vom Vernichtungsstatut, in: Mansel u.a. (Hrsg.), FS Erik Jayme 2004, S. 549; *Looschelders*, Die Ausstrahlung der Grund- und Menschenrechte auf das Internationale Privatrecht, RabelsZ 65 (2001) 463; *Mäsch*, Der Pflichtvergessene Anwalt „und die hinkende Ausländerehe“ oder: Der BGH im Kampf mit der Verfassung, IPRax 2004, 421; *Mankowski*, Kulturelle Identität und Internationales Privatrecht, IPRax 2004, 282; *ders.*, Zur Obergrenze für das erstattungsfähige Honorar eines ausländischen Verkehrsanwalts, NJW 2005, 2346; *Martiny*, Spiel und Wette im Internationalen Privat- und Verfahrensrecht, in: Rauscher/Mansel (Hrsg.), FS W. Lorenz zum 80. Geburtstag, 2001, S. 375; *ders.*, Die Zukunft des europäischen ordre public, in: Coester u.a. (Hrsg.), Privatrecht in Europa, FS Hans Jürgen Sonnenberger 2004, S. 523; *Marx*, Der verfahrensrechtliche ordre public bei der Anerkennung und Vollstreckung ausländischer Schiedssprüche in Deutschland, 1994; *Mörsdorf*, Die Auswirkungen des neuen „Grundrechts auf Verbraucherschutz“ gemäß Art. 38 GR-Ch auf das nationale Privatrecht, JZ 2010, 759; *Matscher*, Der verfahrensrechtliche ordre public im Spannungsfeld von EMRK und Unionsrecht, IPRax 2001, 428; *Pfeiffer*, Eingriffsnormen und ihr sachlicher Regelungsgegenstand, in: Schütze (Hrsg.), Einheit und Vielfalt des Rechts, FS Reinhold Geimer 2002, S. 821; *ders.*, Die revisionsgerichtliche Kontrolle der Anwendung ausländischen Rechts, NJW 2002, 3306; *ders.*, Einheitliche unmittelbare und unbedingte Urteilsgeltung in Europa, in: Mansel u.a. (Hrsg.), FS Erik Jayme 2004, S. 675; *Rauscher*, Bis dass der Tod euch scheide?, IPRax 2006, 140; *Reich*, EuZW 2001, 51 (Anm. zu Rs. Ingmar); *Röthel*, Anerkennung gleichgeschlechtlicher Ehen nach deutschem und europäischen Recht, IPRax 2006, 250; *W.H. Roth*, Der Einfluss des Europäischen Unionsrechts auf das Internationale Privatrecht, RabelsZ 55 (1991) 623; *ders.*, Ausländische Eingriffsnormen und Reform des römischen EWG-Übereinkommens, in: Fuchs u.a., FS Ulrich Immenga 2004, S. 331; *ders.*, Zur Wählbarkeit nichtstaatlichen Rechts, in: Mansel u.a. (Hrsg.), FS Erik Jayme 2004, S. 757; *Sandrock*, „Scharfer“ ordre public interne und „laxer“ ordre public international? in: Coester u.a. (Hrsg.), Privatrecht in Europa, FS Hans Jürgen Sonnenberger 2004, S. 615; *Schilling*, Das Exequatur und die EMRK, IPRax 2011, 31; *A. Schnyder*, Wirtschaftskollisionsrecht, 1990; *ders.*, „Zwingendes“ Recht im internationalen Wirtschaftsrecht nach der neueren Rechtsprechung des EuGH, in: Baur/Mansel, Systemwechsel im Internationalen Privatrecht nach Amsterdam und Nizza, 2001, S. 81; *G. Schulze*, Bedürfnis und Leistungsfähigkeit im internationalen Unterhaltsrecht, 1998; *ders.*, Datum-Theorie und narrative Norm – zu einem Privatrecht für die multikulturelle Gesellschaft, in: Jayme (Hrsg.), Kulturelle Identität und Internationales Privatrecht, 2003, S. 155; *ders.*, Anerkennung einer ausländischen Entscheidung bei Einwand strukturell ungleicher Verhandlungsstärke und nicht wirksamer Vertretung im Erstverfahren (Art. 27 Nr. 1 und Nr. 2 EuGVÜ), IPRax 1999, 342; *ders.*, Die Zeitehe des iranischen Rechts – Rechtsfragen aus deutscher Sicht, StAZ 2009, 197; *ders.*, Moralische Forderungen und das IPR, IPRax 2010, 290; *Schurig*, Kollisionsnorm und Sachrecht, 1981; *ders.*, Zwingendes Recht, „Eingriffsnormen“ und neues IPR, RabelsZ 54 (1990), 217; *ders.*, Ingmar‘ und die ‚international zwingende‘ Handelvertreter-Richtlinie oder: Die Urzeugung einer Kollisionsnorm, in: Mansel u.a. (Hrsg.), FS Erik Jayme 2004, S. 837; *Schütze*, Überlegungen zur Anerkennung und Vollstreckbarerklärung US-amerikanischer Zivilurteile in Deutschland – Zur Kumulierung von Ordre-public-Verstößen –, in: Schütze (Hrsg.), Einheit und Vielfalt des Rechts, FS Reinhold Geimer 2002, S. 1025; *Schwark*, Ordre public und Wandel grundlegender Wertvorstellungen am Beispiel ausländischer Börsentermingeschäfte, in: Berger (Hrsg.), FS Otto Sandrock 2000, S. 881; *Sonnenberger*, Die Eingriffsnorm – ein internationalprivatrechtliches dkanialon?, in: FS Wolfgang Fikentscher 1998, S. 283; *Spickhoff*, Der ordre public im internationalen Privatrecht. Entwicklung – Struktur – Konkretisierung, 1989; *Stoll*, Fragen der Selbstbeschränkung des gemeinschaftlichen Rechts der internationalen Schuldverträge in Europa – Eine Skizze –, in: Mansel u.a. (Hrsg.), FS Erik Jayme 2004, S. 905; *M. Stürner*, Rechtsschutz gegen fehlerhafte Vollstreckungstitel, GPR 2010, 43; *F. Sturm*, Durchbruch der Grundrechte in Fällen mit Auslandsberührung, FamRZ 1972, 16; *R. Wagner/M.Beckmann*, Beibehaltung oder Abschaffung des Vollstreckbarerklärungsverfahrens in der EuGVVO?, RIW 2011, 44; *Völker*, Zur Dogmatik des ordre public. Die Vorbehaltsklauseln bei der Anerkennung fremder gerichtlicher Entscheidungen und ihr Verhältnis zum ordre public des Kollisionsrechts, 1998; *Voltz*, Menschenrechte und ordre public im Internationalen Privatrecht, 2002.

A. Allgemeines

I. Überblick

1 Art. 6 ermöglicht und verlangt eine Ergebniskontrolle (ordre-public-Vorbehalt) bevor die Rechtsfolgen einer ausländischen Rechtsnorm im Inland in Geltung gesetzt werden. Das auf der Grundlage ausländischen Rechts gefundene Ergebnis muss mit wesentlichen inländischen Rechtswertungen noch vereinbar sein. Die **Vereinbarkeitsrelation** ist aber vor dem Hintergrund des aus dem Völkerrecht stammenden Grundgedankens des Kollisionsrechts zu verstehen. Danach wird der eigene Staat als Teil der Staatengemeinschaft betrachtet und werden fremde Rechtsordnungen in ihrer Unterschiedlichkeit als gleichwertig anerkannt. Die Beachtung der Unterschiede des fremden Rechts ist das Ziel des Kollisionsrechts[1], weshalb unterschiedliche Wertungen und Vorstellungen hinzunehmen sind.[2] Die Anerkennung und Anwendung fremden Rechts beruht auch nicht lediglich auf einem Akt der Courteoisie (Comitas). Die Staaten können die Anerkennung und Anwendung ihres Rechts vielmehr aus Gründen der Staatengleichheit verlangen und die betroffenen Personen sind berechtigt, ihre darauf aufbauenden Identitätsansprüche unter dem Gesichtspunkt einer räumlichen Gerechtigkeit geltend zu machen.[3] Ferner gilt das räumlich beste Recht auch als das sachlich beste Recht. Das von den Kollisionsnormen ausgewählte und zur Anwendung berufene Recht darf daher nur in eng begrenzten Ausnahmefällen ausgeschlossen werden. Der Ausschluss einer ausländischen Rechtsnorm durch Art. 6 (sog. negative ordre-public-Funktion) ist erst gerechtfertigt, wenn das Ergebnis der Rechtsanwendung mit **wesentlichen** Grundsätzen des deutschen Rechts **offensichtlich unvereinbar** ist (S. 1). Das ist insbesondere der Fall, wenn sie mit den Grundrechten unvereinbar ist (S. 2). Ferner bilden die Art und die Intensität der Inlandsbeziehung des Falles maßgebliche Faktoren für die Vereinbarkeit.

2 In einem zweiten Schritt ist das **Ersatzrecht** zu bestimmen, welches stattdessen angewendet werden soll. Die Ersatzrechtsbildung (sog. positive ordre-public-Funktion) ist von Art. 6 **nicht geregelt**.[4] Das zeigt, dass bei der ordre-public-Kontrolle weniger die unverzichtbaren oder unantastbaren Grundlagen der heimischen

1 Vgl auch zur historischen Entwicklung dieses Grundgedankens *Jayme*, Pasquale Stanislao Mancini (1817–1888): Internationales Privatrecht und Völkerrecht, in: ders., Internationales Privatrecht und Völkerrecht, Gesammelte Schriften Bd. 3, 2003, 9.

2 Zutr. AG Halle v. 11.1.2011 Az. 65 III 19/10 – iuris (zum nigerianischen Namensrecht).

3 Aus dem völkerrechtlichen Grundsatz der Staatengleichheit ergibt sich auf privatrechtlicher Ebene ein Anspruch auf Anwendung des richtigen Rechts in auslandsverknüpften Fällen, *G. Schulze*, Moralische Forderungen und das IPR, IPRax 2010, 290, 295.

4 Die auf eine positive Funktion hinweisende Bezeichnung „ordre public" ist für Art. 6 insofern missverständlich, vgl MüKo/*Sonnenberger*, Art. 6 EGBGB Rn 9 u. 17.

Rechtsordnung im Vordergrund stehen[5] als vielmehr ein kollisionsrechtlicher Schutz. Der ordre public sichert räumlich relational einen rechtlichen Mindeststandard für ein gerechtes Ergebnis im Einzelfall. Dieser Schutzgedanke auf der Basis der inländischen Rechtswertungen erlaubt es zwar nicht, Art. 6 als (verdeckte) Vertrauensschutzregel einzusetzen oder als Ausweichklausel in Härtefällen zu nutzen.[6] Dennoch sind es die Personen und weniger das Staatsinteresse, die hier beim kollisionsrechtlichen „Sprung ins Dunkle"[7] geschützt werden. Die neuere Rechtsentwicklung zeigt auch, dass an die Stelle von ordre public-Klauseln individuelle Rechtsschutzarten, wie etwa Einrederechte zugunsten der Anwendung eines anderen Rechts und weiter gehende Rechtswahlmöglichkeiten treten.[8]

II. Begriffsabgrenzungen

1. Ordre public. Der deutsche Rechtsbegriff **ordre public** ist dem französischen Recht entlehnt. Dort steht er für die Summe aller französischen Rechtsnormen, die absolute Geltung im französischen Staatsgebiet beanspruchen. Gekennzeichnet ist damit der unverrückbare Kern, die Grundprinzipien der Rechtsordnung.[9] Das hat in französischer Lesart einerseits die vertragliche Unabdingbarkeit bestimmter Rechtssätze (ordre public interne) und darüber hinaus die international zwingende Geltung einzelner Rechtssätze (ordre public international) zur Folge.[10] Die international zwingenden Sachnormen werden ausgehend von der französischen Lehre verbreitet als lois d'application immédiate[11] oder als lois d'ordre public (positive ordre-public-Normen) bezeichnet.[12] Der Ausschluss des fremden und die Anwendung des eigenen Rechts fallen gewissermaßen in einen Akt zusammen. Dagegen ist der in Art. 6 definierte **deutsche ordre-public-Begriff** auf den Ausschluss des fremden Rechts beschränkt. Der Ausschluss ist von einer Unvereinbarkeitsrelation und dem Ergebnis der Rechtsanwendung im Einzelfall abhängig.[13] Die eigenen Rechtswertungen wirken allein bei der Frage nach dem Ausschluss des fremden Rechts und müssen nicht unbedingt in Gestalt der lex fori durchgesetzt werden..[14] 3

Im deutschen Sprachgebrauch zeigt der Begriff ordre public an, dass ein Fall des grenzüberschreitenden Rechtsverkehrs betroffen ist. Der Übersetzung in „öffentliche Ordnung" fehlt diese grenzüberschreitende (internationale) Konnotation, weshalb der amtlichen Überschrift des Art. 6 die Bezeichnung ordre public in Klammern angefügt wurde.[15] Die Rechtsprechung zur Vorgängernorm des Art. 30 aF kann aber weiterhin berücksichtigt werden, weil eine inhaltliche Änderung durch den Bezeichnungswechsel nicht eingetreten ist.[16] 4

2. International zwingende Sachnormen. a) Sachnormen des deutschen Rechts (inländische Eingriffsnormen). Die international zwingenden Sachnormen des deutschen Rechts, die den lois d'application 5

5 Das entspricht der (ganz überwiegend) auf hoheitliche Souveränitätsinteressen abstellenden traditionellen Sicht, *v. Bar/Mankowski*, IPR I, § 7 Rn 258, und wird auch von der Begründung des Regierungsentwurfs betont, BT-Drucks. 10/504, S. 42; Gerechtigkeitsvorstellungen stehen dagegen auch bei *Kegel/Schurig*, § 16 I, S. 520 f im Vordergrund.

6 *V. Bar/Mankowski*, IPR I, § 7 Rn 259; Bamberger/Roth/*St. Lorenz*, Art. 6 EGBGB Rn 4.

7 Mit dieser Metapher wird die ordre-public-Kontrolle klassischerweise legitimiert. Vgl *Raape/Sturm*, IPR, S. 199.

8 Vgl *Jayme* IPRax 2010, 377, 378 u. Fn 10 (sog. „Privatisierung des ordre public").

9 Vgl *Niboyet/de Geouffre de la Pradelle*, Droit international privé, Paris 2008, Rn 311 ff; das gilt aber nicht nur für den französischen Sprachgebrauch, sondern als genereller Bedeutungsgehalt des „ordre public", vgl *Basedow*, in: FS Sonnenberger 2004, S. 291; BVerfG NJW 2004, 3099; BGH NJW 2003, 2097, 2099 (zur Justiziabilität innerkirchlicher Maßnahmen).

10 Die Erweiterung des zwingenden Charakters vom nationalen (ordre public interne) auf den internationalen Bereich (ordre public international) geht auf den romanischen Einfluss auf das französische Recht zurück und ist *Mancini* zuzuschreiben, vgl *Jayme*, Methoden, S. 61 ff; ferner Staudinger/*Blumenwitz*, Art. 6 EGBGB Rn 11 mit Überblick über die verschiedenen ordre-public-Konzepte in anderen Rechtsordnungen, Rn 177 ff.

11 Die unmittelbare Geltung beruht auf der Vorstellung, dass diese Sachnormen von den Kollisionsnormen (lois de conflit) unabhängig sind und daher unmittelbar zur Anwendung gelangen. Der Rechtsanwendungsbefehl lässt sich aber nicht einfach wegdenken. Er folgt notwendig aus der Metaordnung des Kollisionsrechts. Diese Sachnormen enthalten daher jeweils einen (ungeschriebenen) auf sie bezogenen Rechtsanwendungsbefehl (einseitige einzelnormbezogene Kollisionsnorm); vgl Staudinger/*Sturm/Sturm*, Einl. zum IPR Rn 14 ff; *v. Bar/Mankowski*, IPR I, § 4 Rn 12.

12 Staudinger/*Sturm/Sturm*, Einl. zum IPR Rn 15.

13 Die negative Konzeption ist in allen modernen kollisionsrechtlichen Gesetzen Europas vorherrschend, vgl *Spickhoff*, S. 62 ff; gleichzeitig haben jedoch auch die international zwingenden Normen an Bedeutung gewonnen, *Basedow*, in: FS Sonnenberger 2004, S. 291, 298; *Martiny*, Die Zukunft des europäischen ordre public, in: FS Sonnenberger 2004, S. 523, 539.

14 Aufgrund der nur indirekten Bedeutung der lex fori kann man den negativen ordre public auch als eine Variante des positiven ordre public verstehen, vgl *Raape/Sturm*, IPR, S. 200; *Kegel/Schurig*, § 16 I, S. 518 f.

15 BT-Drucks. 10/504, S. 42; *Jayme*, Methoden, S. 10.

16 AllgM, vgl Staudinger/*Blumenwitz*, Art. 6 EGBGB Rn 2.

immédiate rechtstechnisch entsprechen, werden nicht über Art. 6 zur Anwendung gebracht. Ihnen liegt ein gesonderter Rechtsanwendungsbefehl zugrunde, der durch Auslegung der betroffenen Sachnorm ausgewiesen werden muss (sog. Sonderanknüpfung). Der international zwingende Charakter einer nationalen Sachnorm kann auf einer ausdrücklichen gesetzlichen Anordnung beruhen (etwa §§ 449 Abs. 3, 466 Abs. 4 HGB)[17] oder er ist – wie meist – durch Auslegung der Sachnorm konkret festzustellen.[18] Die Sonderanknüpfung der Sachnorm steht außerhalb des IP-rechtlichen Systems und geht den Verweisungen des geschriebenen und ungeschriebenen Regelkollisionsrechts einschließlich Art. 6 vor. Die auf diesem dogmatisch eigenständigen Wege (und insofern unmittelbar) zur Anwendung gebrachten Normen werden daher auch als **Eingriffsnormen** bezeichnet.[19] Der Vorrang der Eingriffsnormen gegenüber dem (an sich) berufenen Sachrecht wird auch in den EU-Verordnungen klargestellt (vgl Art. 9 Abs. 2 u. 3 Rom I-VO; Art. 16 Rom II-VO).[20] Art. 9 Abs. 1 Rom I-VO enthält eine verbindliche wenngleich nicht eindeutige Begriffsbestimmung in Anlehnung an die Rechtsprechung des EuGH[21]. Der Durchgriff ist grundsätzlich beschränkt auf Eingriffsnormen der lex fori, wobei im Schuldvertragsrecht auch Eingriffsnormen des Rechts am tatsächlichen Erfüllungsort durchgreifen können (vgl Art. 9 Abs. 3 Rom I-VO). Auch das Unionsrecht kann berührt sein, denn der Eingriff durch zwingende Sachnormen muss von den Schranken des Diskriminierungsverbots (Art. 25 EUV = Art. 12 EGV aF) und den Schranken der Grundfreiheiten gedeckt sein. Auf den damit verbundenen Problemen beruht die im Schrifttum verschiedentlich erhobene Forderung nach einer eigenen Systembildung für die Anwendung von Eingriffsnormen im Unionsrecht.[22]

6 Eingriffsnormen sind im Anwendungsbereich des Unionsprivatrechts legaldefiniert in Art. 9 Abs. 1 der Rom I-VO[23] und EU-einheitlich auszulegen (s. Erl. dort). Generell lässt sich sagen, dass sie öffentlich-rechtlicher oder privatrechtlicher Natur sind und einen besonderen wirtschafts- oder sozialpolitischen Ordnungsgehalt haben (Ausfuhrverbote, Preis- und Devisenvorschriften, Kartellbestimmungen, Urheberschutz, Mieter- und Verbraucherschutzvorschriften [str.], Kulturgüterschutzregeln usw). Erfasst werden diejenigen Vorschriften eines bestimmten Wirtschafts- oder Sozialsystems, die **überindividuellen staatlichen Interessen** dienen bzw eine systemregulierende Funktion übernehmen.[24] Dabei ist es unschädlich, wenn die betreffende Vorschrift

17 Ausdr. Hinw. auf Art. 34 EGBG (aF) in BT-Drucks. 13/8445, S. 88.

18 Umschrieben wird dies auch mit dem (internationalen) Anwendungsinteresse, bzw rechtspolitisch mit dem „Anwendungswillen" einer Norm; vgl krit. *Kegel/Schurig*, § 6 I 5, S. 308 f, der aus den Sachinteressen der betreffenden Norm die kollisionsrechtlichen Interessen ableitet und in eine (isolierte ungeschriebene) einseitige Kollisionsnorm für die Anwendung der Sachnorm überführt, vgl ‚Ingmar' und die ‚international zwingende' Handelvertreter-Richtlinie oder: Die Urzeugung einer Kollisionsnorm, in: Mansel u.a. (Hrsg.), FS Jayme 2004, S. 837, 845 (dort aber für eine allseitige Anknüpfung an den Tätigkeitsort).

19 „Eingriffsnorm" ist eine ältere Bezeichnung, die weitgehend synonym zum Begriff der „international zwingenden Norm" verwendet wird, krit. vgl *Jayme*, IPRax 2001, 190, 191 (voreuropäischer Begriff der Eingriffsnorm); *v. Bar/Mankowski*, IPR I, § 4 Rn 87.

20 Die Vorschriften klären nur die Konkurrenz zweier kollisionsrechtlicher Entscheidungen: Die Verweisungen des Regelkollisionsrechts treten gegenüber der Anwendungsentscheidung aus der Eingriffsnorm zurück. Der Vorrang der spezielleren Rechtsanwendungsentscheidung aus der Eingriffsnorm ergibt sich grundsätzlich bereits aus der allgemeinen lex-specialis-Regel. Zur Diskussion über die Funktion und Wirkungsweise des Art. 34 EGBGB aF (Art. 7 EVÜ), vgl *Schurig*, RabelsZ 54 (1990), 217, 221 ff, *Sonnenberger*, in: FS Fikentscher 1998, S. 283, 288; *v. Bar/Mankowski*, IPR I, § 4 Rn 86.

21 Nach der Arblade-Formel muss die Norm für die Wahrung des öffentlichen Interesses des Staates entscheidend sein, vgl EuGH v. 23.11.1999, Rs. C-369/96 u. C-376/96 (Arblade), Slg. 1999, I-8453 = NJW 2000, 1553; zur Diskussion im umstrittenen Bereich des Vertragsrechts vgl *Martiny*, ZEuP 2010, 747, 775–780.

22 Für ein Modell nach dem Marktauswirkungsprinzip etwa *Habermeier*, Neue Wege zum Wirtschaftskollisionsrecht, 1997, S. 90 ff; für ein bewegliches System zugunsten einer europäischen rule of reason *A. Schnyder*, „Zwingendes" Recht, in: Baur/Mansel, Systemwechsel im Internationalen Privatrecht nach Amsterdam und Nizza, 2001, S. 81, 83; *ders.*, Wirtschaftskollisionsrecht, S. 4 ff; ebenso für den Bereich des Unionsrechts *W.H. Roth*, RabelsZ 55 (1991), 623, 663 f, der aus den Freiheiten und der Gemeinschaftstreue eine Verpflichtung zur Durchsetzung des Eingriffsrechts anderer Mitgliedstaaten herleitet. Darauf aufbauend entwickelt *Fetsch*, S. 340 ff aus den (zu koordinierenden) Schranken der Grundfreiheiten ein allseitiges Kollisionssystem.

23 Die Formulierung ist aus der Entscheidung des EuGH v. 23.11.1999, C-369/96 und C-376/96, RIW 2000, 137 = Slg 1999, I-8453 – Arblade übernommen und lässt erheblichen Interpretationsspielraum, vgl Palandt/*Thorn* Art. 9 Rom I-VO Rn 5; *Nordmeier*, in: Gebauer/Wiedmann (Hrsg.), Zivilrecht unter europäischem Einfluss, 2. Aufl. 2010, Kap. 37 Rn 91 ff.

24 Eingriffsrecht dient der Korrektur von systemischem Marktversagen, nicht dagegen von immanentem Marktversagen (gestörter Interessenausgleich), vgl *Behrens*, S. 381, 387.

auch dem Interessenausgleich der beteiligten Parteien dient.[25] Eine Schwerpunktbildung[26] wird in Mischfällen häufig in vage Abwägungsmodelle münden.[27] In Pattsituationen sollte die Sachnorm nur dann eingreifen, wenn dies zur Erreichung ihres sachrechtlichen Regelungsziels zwingend erforderlich ist.[28] Relativierend kann ferner der Inlandsbezug des Falles berücksichtigt werden.[29]

Die §§ 138, 242 BGB sind lediglich **einfach zwingende** (dh durch Vertrag nicht abdingbare) Rechtsnormen. Sie gehören nicht zu den international zwingenden Vorschriften, weil sie allein dem Ausgleich von Parteiinteressen dienen.[30] Bei Anwendung fremden Rechts ist ihre Geltung deshalb nur als Folge einer Rechtswahlbeschränkung[31] oder indirekt als Wertungsgrundlage bei Anwendung des allgemeinen ordre-public-Vorbehalts des Art. 6 möglich. 7

Eine Sonderstellung nehmen zwingende inländische Sachnormen ein, die auf EU-rechtlicher Grundlage beruhen (bspw § 661 a BGB).[32] Nach Art. 46 b (= Art. 29 a aF) wird die Anwendung von **unionsrechtlich zwingenden Sachnormen** des Verbraucherrechts nach den dort aufgestellten räumlichen Anknüpfungsvoraussetzungen durchgesetzt. Zur Frage einer analogen Anwendbarkeit des Art. 46 b EGBGB s. dort). 8

b) International zwingende Sachnormen fremder Rechte (ausländische Eingriffsnormen). Vom Regelungsbereich des ordre public zu unterscheiden sind ferner die **ausländischen** international zwingenden Sachnormen. Die Anwendung wird im Schuldvertragsrecht[33] heute[34] durch Art. 9 Abs. 3 Rom I-VO zugelassen für Eingriffsnormen des faktischen Erfüllungsortes.[35] Berücksichtigung finden kann drittstaatliches Eingriffsrecht ferner bei der Sachrechtsanwendung, und zwar bei der Konkretisierung von Generalklauseln und unbestimmten Rechtsbegriffen. Ist deutsches Recht berufen, so werden im Rahmen von §§ 138, 242, 313 f BGB fremde Wertungen und faktische Rechtslagen im Ausland berücksichtigt.[36] 9

3. Ordre public international und ordre public interne. Gesetzgeber und Rechtslehre wollten mit der Übernahme des fremdsprachlichen ordre-public-Begriffs nicht auch die romanische Lehre vom ordre public 10

25 Entsprechend hat auch der EuGH den Ausgleichsanspruch des Handelsvertreters als Eingriffsnorm anerkannt, vgl EuGH NJW 2001, 2007, 2008 f (Ingmar).

26 Der Schwerpunkt muss danach in der Verfolgung eines staatlichen Interesses liegen, verneint etwa von BGHZ 135, 124, 129 (Rechtswahl bei Haustürgeschäften zugunsten des Rechts der Isle-of-Man). Die Eingriffsnormqualität der Firmenrechtsgrundsätze der §§ 17 ff HGB bejahen *Rehberg*, in: Eidenmüller (Hrsg.), Ausländische Kapitalgesellschaften im deutschen Recht, 2004, § 5 Rn 38 ff; vgl dazu LG Aachen IPRax 2008, 270 (ordre public), krit. *Lamsa*, IPRax 2008, 239, 246.

27 Krit. *Schurig*, RabelsZ 54 (1990), 217, 228 ff; nach der Rspr des BAG soll es genügen, dass eine dem privaten Interessenausgleich dienende Norm zumindest auch öffentliche Gemeinwohlinteressen verfolgt; BAG IPRax 2003, 258, 261; zust. *Looschelders*, Art. 34 Rn 21; zu Recht abl. *Stoll*, Fragen der Selbstbeschränkung des gemeinschaftlichen Rechts der internationalen Schuldverträge in Europa – Eine Skizze, in: Mansel u.a. (Hrsg.), FS Jayme 2004, S. 905.

28 Das überindividuelle Regelungsinteresse und der individuelle Interessenausgleich fallen hier in eins. Für eine solche positivistische Beschränkung ganz generell *Pfeiffer*, Eingriffsnormen, in: FS Geimer 2002, S. 821, 827; für einen zurückhaltenden Gebrauch auch Palandt/*Thorn* Art. 9 Rom I-VO Rn 5.

29 Das richtet sich nach der Sachnorm, vgl *v. Bar/Mankowski*, IPR I, § 4 Rn 86.

30 BGHZ 135, 124, 139; Palandt/*Thorn* Art. 9 Rom I-VO Rn 10; MüKo/*Martiny*, Art. 9 Rom I-VO Rn 60; Staudinger/*Magnus*, Art. 34 EGBGB Rn 85; aM: LG Tübingen NJW-RR 1995, 1142; LG Duisburg NJW-RR 1995, 883; LG Detmold NJW 1994, 3301, 3302.

31 Vgl *v. Bar/Mankowski*, IPR I, § 4 Rn 87.

32 Vgl zum Meinungsstand der ip-rechtlichen Einstufung des § 661 a BGB (Gewinnzusage) *Mankowski*, RIW 2004, 587, 592; zur materiellrechtlichen Qualifikation der Gewinnzusage BGH NJW 2004, 3039, 3040; *Piekenbrock/G. Schulze*, IPRax 2003, 328, 331 f.

33 Eine entsprechende Regelung enthält aber Art. VIII des Abkommens von Bretton-Woods über den Internationalen Währungsfonds v. 1./22.7.1944, der die Berücksichtigung ausländischer Devisenbestimmungen vorsieht (BGBl. II 1952 S. 637, 728).

34 Zur Rechtslage vor Inkrafttreten der Rom I-VO: Die Bundesrepublik Deutschland hatte sich die Anwendung des Art. 7 Abs. 1 EVÜ, die eine Anwendung drittstaatlicher Eingriffsnormen vorsieht, gem. Art. 22 Abs. 1 a EVÜ aus Gründen der Rechtssicherheit vorbehalten (vgl BT-Drucks. 10/504, S. 34, 83). Das sollte aber einer entsprechenden Anwendung dieser Norm oder des Art. 34 EGBGB aF nicht entgegenstehen, vgl MüKo/*Martiny*, 4. Aufl. 2006, Art. 34 EGBGB Rn 60 ff.

35 Kodifiziert wurde damit die sog. Machttheorie, vgl *Mankowski* IHR 2008, 133, 147, weil am tatsächlichen Erfüllungsort die Leistungshandlung unterbunden werden kann. Die sog. Einheitsanknüpfung (ieS Schuldstatutstheorie) hat sich unionsrechtlich nicht durchgesetzt. Vgl zum früheren Recht BGH NJW 1998, 2452, 2453; Palandt/*Thorn* Art. 34 EGBGB Rn 6; gegen die Einbeziehung von Eingriffsnormen in die allg. Verweisung *Schurig*, RabelsZ 54 (1990), 217, 244 ff; *v. Bar/Mankowski*, IPR I, § 4 Rn 120, S. 284; MüKo/*Martiny*, 4. Aufl. 2006, Art. 34 EGBGB Rn 55.

36 Vgl zu der in diesen Fällen vorzugswürdig anwendbaren Datum-Theorie *Jayme*, Ausländische Rechtsregeln und Tatbestand inländischer Sachnormen – Betrachtungen zu Ehrenzweigs Datum-Theorie, in: GS Albert A. Ehrenzweig 1976, S. 35, 49 ff; *v. Bar/Mankowski*, IPR I, § 4 Rn 124 ff, 286 ff; zust. *W. Lorenz*, Rechtsfolgen ausländischer Eingriffsnormen – Zur Lehre vom Vernichtungsstatut, in: Mansel u.a. (Hrsg.), FS Jayme 2004, S. 549, 559; dagegen keine Bedenken gegen eine kollisionsrechtliche Lösung über Art. 7 Abs. 1 EVÜ hat *Junker*, IPRax 2000, 65, 72; zur Rezeption der Datum-Theorie vgl *G. Schulze*, Datum-Theorie und narrative Norm, aaO, S. 155, 159 f.

übernehmen. Die von der französischen und der italienischen Doktrin stammende Unterscheidung zwischen dem ordre public international und dem ordre public interne (das sind die vertraglich nicht abdingbaren zwingenden Normen des nationalen Privatrechts, im deutschen Recht etwa §§ 104 ff, 134, 138, 242, 278 Abs. 3, 475 BGB usW) wird nicht zugrunde gelegt. Der ordre public im deutschen Sprachgebrauch ist immer „international". Soweit der BGH den Begriff „ordre public international" aus dem deutschen Internationalen Privatrecht hergeleitet hat,[37] beruht dies auf einem Missverständnis.[38]

11 Auch im Anerkennungsrecht sollte nicht von einem ordre public international zur Hervorhebung einer gegenüber Art. 6 abgeschwächten Kontrollintensität gesprochen werden.[39] Wiederum in Anlehnung an die französische Doktrin ist es insoweit präziser, von einem **ordre public atténu*e*** zu sprechen.[40] Die Bezeichnung „international" ist von daher nicht nur missverständlich, sondern vor allem entbehrlich.[41]

12 **4. Völkerrechtlicher, europäischer und unionsrechtlicher ordre public.** Wird das berufene Recht auf seine Vereinbarkeit mit Normen und Rechtswertungen des Völkerrechts hin überprüft, etwa im Hinblick auf Verstöße gegen die Europäische Menschenrechtskonvention (EMRK)[42] oder zur Beachtung der UN-Kinderrechtekonvention,[43] so lässt sich auch von einem **völkerrechtlichen** (menschenrechtlichen[44]) ordre public sprechen.[45] Aus der Stellung des Völkerrechts im innerstaatlichen Recht ergibt sich bereits, dass und inwieweit völkerrechtliche Normen zu den wesentlichen Grundsätzen des deutschen Rechts im Sinne von Art. 6 S. 1 zählen (Art. 25, Art. 59 Abs. 2 GG). Eine dogmatisch eigenständige Bedeutung besitzt das Völkerrecht insofern, als allgemeine Regeln des Völkerrechts nach Art. 25 S. 2 GG Vorrang gegenüber dem einfachen Recht und damit auch gegenüber Art. 6 S. 1 besitzen. Das ist bei der Konkretisierung des ordre public zu berücksichtigen und gebietet, etwa bei Verstößen gegen völkerrechtliches ius cogens, auf den Inlandsbezug des streitigen Sachverhalts ggf ganz zu verzichten. Das dennoch erforderliche relativierende Kriterium einer bestimmten Inlandsbeziehung ist hier – wie auch bei Grundrechtsverstößen (Art. 6 S. 2) – nach dem materiell vorrangigen Kontrollrecht selbst zu bestimmen[46] (s. Rn 51).

13 Stammen die rechtlichen Kontrollmaßstäbe aus dem Unionsrecht, so kann von einem **unionsrechtlichen (europäischen)** ordre public gesprochen werden. Dies gilt im Hinblick auf das innerstaatlich vorrangige und unmittelbar anwendbare primäre und sekundäre Unionsrecht sowie für die seit 1.12.2009 verbindliche Grundrechtecharta der EU.[47] Namentlich die Diskriminierungsverbote und Grundfreiheiten sowie die Verordnungen und Richtlinien mit Bedeutung für das Privatrecht haben Bedeutung als Bestandteil der innerstaatlichen Ordnung und gehören damit zu den wesentlichen Grundsätzen des deutschen Rechts im Sinne von Art. 6 S. 1. Sie

37 Die Entscheidungen betreffen in der Sache jedoch den anerkennungsrechtlichen ordre public: BGHZ 48, 327, 331 (zu § 328 Abs. 1 Nr. 4 ZPO); BGH NJW 1978, 1114, 1115 (zu Art. V Abs. 3 des Deutsch-britischen Abkommens v. 14.6.1960 über die gegenseitige Anerkennung und Vollstreckung von gerichtlichen Entscheidungen in Zivil- und Handelssachen); BGHZ 98, 70, 73 (§ 1044 ZPO aF); BGHZ 138, 331 (Art. 2 Abs. 1 des dt-österreichischen Vertrages v. 6.6.1959); BGH IPRax 1999, 371, 373 (Art. 27 Nr. 1 EuGVÜ); BGH IPRax 2001, 580 (§ 1061 ZPO).

38 Vgl *Sandrock*, in: FS Sonnenberger 2004, S. 615, 617 f.

39 S. Fn 250; abl. *Sandrock*, in: FS Sonnenberger 2004, S. 615, 648 f. In neueren Entscheidungen kommt der Begriff auch nicht mehr vor, vgl BGH NJW 2009, 3306, 3308; BGH NJW 2010, 153, 154.

40 Sog. „effet atténue de la reconnaissance" (abgeschwächte Wirkung der Anerkennung); entspr. für die Anerkennung ausländischer Entscheidungen BGHZ 138, 331; BGH IPRax 1999, 371, 372; hM Zöller/*Geimer*, ZPO, § 328 Rn 152 b; MüKo/*Sonnenberger*, Art. 6 EGBGB Rn 22; Staudinger/*Blumenwitz*, Art. 6 EGBGB Rn 100; krit. zu dieser Differenzierung *Völker*, S. 53; *G. Schulze*, IPRax 1999, 342, 344.

41 Staudinger/*Blumenwitz*, Art. 6 EGBGB Rn 62 u. 101.

42 Deren Rechtsstatus ändert sich, sobald die EU der EMRK beigetreten sein wird. Die EMRK wird dann Teil des Unionsrechts und nimmt an dessen Geltungsvorrang teil. Die Verhandlungen auf der Grundlage von Art. 6 EUV werden seit dem 7.6.2010 geführt und es ist mit einem erfolgreichen Abschluss zu rechnen.

43 AG Hamm IPRspr 2007, Nr. 87 (Auslandsadoption); zur Beachtung des Art. 20 Abs. 3 der UN-Kinderrechtskonvention bei ausländischem Adoptionsverbot im Rahmen der ordre-public-Kontrolle, OLG Karlsruhe FamRZ 1998, 56 (Kafala); *Jayme*, IPRax 1996, 237, 242.

44 Zu einem menschenrechtlichen Standard bei der Exequatur ausländischer Entscheidungen vgl *Schilling*, IPRax 2011, 31 ff.

45 Eine weiter gehende Unterscheidung zwischen international-privatrechtlichem und völkerrechtlichem ordre public stellt auf die unterschiedlichen Rechtsgebiete ab, innerhalb deren die Vorbehaltsklauseln Anwendung finden und als deren Rechtsbestandteil sie dann eigenständig geltend gemacht werden. Der völkerrechtliche ordre public ist danach Bestandteil des Völkerrechts und dient dem Schutz der zwischenstaatlichen Ordnung; vgl Staudinger/*Blumenwitz*, Art. 6 EGBGB Rn 64; *Girsberger*, IPRax 2003, 545, 548 f (bzgl Sittenwidrigkeit der Finanzierung von Waffengeschäften).

46 Die Auslegung der völkerrechtlichen Rechtsnorm muss danach ergeben, ob und inwieweit sie im konkreten Fall Geltung beansprucht. Dies lässt sich als Grundrechts- oder Völkerrechtskollisionsrecht bezeichnen, vgl *v. Bar/Mankowski*, IPR I, § 7 Rn 261 (Grundrechte).

47 ABl. EG C 364 v. 18.12.2000 S. 1. Diese hat mit Inkrafttreten des Lissabon-Vertrages zum 1.12.2009 über Art. 6 Abs. 1 S. 2 EUV unmittelbare Geltung als Primärrecht erlangt.

reichern den nationalen ordre public an.[48] EU-Richtlinien gehören erst mit ihrer innerstaatlichen Umsetzung bzw mit dem Ablauf der Umsetzungsfrist zum Kontrollmaßstab.[49]

Eigenständige Bedeutung besitzt der **europäische ordre public** soweit neben den materiellen Wertungsgrundlagen auch die Kontrollinstrumentarien aus dem Unionsrecht stammen[50] und durch die europäischen Gerichte ausgebildet werden.[51] Das unionsrechtliche Kollisionsrecht[52] einschließlich der damit untrennbar verbundenen Kontrolle so berufenen Sachrechts wird von den europäischen Gerichten selbständig entwickelt und den nationalen Gerichten zur Anwendung vorgegeben.[53] Funktional können daher Rechtssätze drittstaatlicher Rechtsordnungen und auch solche anderer Mitgliedstaaten der Gemeinschaft im Wege der ordre-public-Kontrolle abgewehrt werden, soweit sie gegen das Unionsrecht verstoßen. Dabei kann der Inlandsbezug als Kriterium der op-Prüfung grundsätzlich auch durch einen Binnenmarktbezug oder einen Bezug zu einem anderen Mitgliedstaat der EU ersetzt werden[54] (vgl dazu näher Rn 41). 14

Problematisch ist aber die Umkehrung des Art. 6 S. 1 dergestalt, dass nationales deutsches Recht von deutschen Gerichten an einem europäischen ordre-public zu messen ist.[55] Ein Verstoß deutschen Rechts gegen Unionsrecht führt auf der Grundlage des Vorrangs des Gemeinschaftsrechts zur Nichtanwendung der nationalen Norm. Ob ein Verstoß vorliegt; ist durch eine (europarechtskonforme) Auslegung der jeweiligen Normen einschließlich des Kollisionsrechts festzustellen. Nur wenn sich kein europarechtskonformes Ergebnis durch Auslegung oder Rechtsfortbildung erzielen lässt, kommt es zu einer Nichtanwendung der deutschen (Kollisions-)Norm.[56]

Besteht der Verstoß im Verhältnis zu einem anderen Mitgliedstaat darin, dass eine **Richtlinie nicht fristgerecht oder unionsrechtswidrig umgesetzt** wurde, und lässt sich dieser Mangel nicht durch eine unionsrechtskonforme Anwendung des fremden Rechts beseitigen, so ist streitig, ob das Unionsrecht im Wege des ordre public zur Anwendung gebracht werden darf oder gar muss.[57] ME sollte die Anwendung des Art. 6 auch hier möglich bleiben, jedoch im Einzelfall nach den allgemeinen Kriterien geprüft werden, ob die unionsrechtliche Wertung als ein „wesentlicher Grundsatz" des Unionsrechts[58] anzusehen ist, was keineswegs stets 15

48 BGHZ 123, 268, 278 (zu Art. 27 EuGVÜ); *Kropholler*, IPR, § 36 III, S. 244 f; MüKo/*Sonnenberger*, Art. 6 EGBGB Rn 19; Palandt/*Thorn*, Art. 6 EGBGB Rn 8; Erman/*Hohloch*, Art. 6 EGBGB Rn 23. Daraus können sich Verschärfungen wie auch Milderungen gegenüber einer rein nationalen ordre-public-Kontrolle ergeben. Zur Schrankenwirkung vgl EuGH C-7/98, Slg 2000 I-1935 Rn 22 – Krombach; *Jayme*, Nationaler ordre public und europäische Integration, aaO, S. 265, 275 ff; *v. Bar/Mankowski*, IPR I, § 7 Rn 272.

49 Die Umsetzungsverpflichtung als solche genügt noch nicht. Dem steht das prinzipielle Vorwirkungsverbot des Richtlinienrechts entgegen. Mit dem Ablauf der Umsetzungsfrist gehört die Richtlinie dagegen zum wertungsmäßigen Bestand der innerstaatlichen Ordnung. In diesem Sinne auch Erman/*Hohloch*, Art. 6 EGBGB Rn 23; *Looschelders*, Art. 6 Rn 15.

50 Also insbesondere die op-Vorbehalte der Art. 21 Rom I-VO sowie Art. 26 Rom II-VO. Von daher ist Art. 46 b EGBGB (Art. 29 a EGBGB aF) als Bestandteil eines eigenständigen europäischen ordre public zu verstehen.

51 *Basedow*, in: FS Sonnenberger 2004, S. 291, 294 und 319 (mit Vorschlag für eine gesetzliche Verankerung in Art. 34 der EuGVVO und Art. 20 EVÜ).

52 Zum ersten Mal verwendet und dargelegt bei *Jayme/Kohler*, Europäisches Kollisionsrecht 1994; Quellenpluralismus und offene Konflikte, IPRax 1994, 405 ff.

53 Die nationalen Gerichte wenden das so geschaffene Kontrollrecht vor einem nationalstaatlichen Hintergrund mit der Pflicht zur Durchsetzung des europäischen Rechts an. Die unterschiedliche Perspektive rechtfertigt die Distinktion; vgl *Basedow*, in: FS Sonnenberger 2004, S. 291, 294 und 319.

54 Vorsichtig bejahend für Rechtsgebiete, die mit der europäischen Integration zusammenhängen, Staudinger/*Blumenwitz*, Art. 6 EGBGB Rn 157; abl. dagegen, weil de lege lata keine Rechtsgrundlage besteht, Bamberger/Roth/*St. Lorenz*, Art. 6 EGBGB Rn 15; MüKo/*Sonnenberger*, Art. 6 EGBGB Rn 84.

55 Das LG Aachen IPRax 2008, 270, 271 lässt § 18 Abs. 1 HGB (Unterscheidungskraft einer Firmenbezeichnung) für die inländische Zweigniederlassung einer englischen Limited nach Maßgabe des Art. 6 S. 1 EGBGB unangewendet. Krit. *Lamsa*, IPRax 2008, 239, 246.

56 Vgl zum (kollisionsrechtlichen) Anerkennungsprinzip nach der Entscheidung EuGH v. 14.10.2008 Rs. C 353/06 – Grunkin-Paul, NJW 2009, 135, Anm. *Rieck* (125); ähnlich OLG München StAZ 2010, 76; vgl auch OLG Düsseldorf StAZ 2010, 110, Anm. *Wall*, StAZ 2011, 37 ff. (Lsg. über eine unselbständige Vorfragenanknüpfung).

57 Bezogen auf die Durchsetzung der Pflichten aus der EMRK wird dies einhellig bejaht; vgl Staudinger/*Blumenwitz*, Art. 6 EGBGB Rn 84 mwN (Kontrollpflicht beruht auf Art. 1 EMRK). Im Falle fehlerhafter oder unterbliebener Richtlinienumsetzung im fremden Recht wird zunächst ergänzend die Umsetzung der Richtlinie im Inland als Voraussetzung für ihre Durchsetzung angesehen, vgl Palandt/*Thorn*, Art. 6 EGBGB Rn 8; *Looschelders*, Art. 6 Rn 15 (hier jeweils ohne ausdrückliche Stellungnahme zu Binnensachverhalten); weit gehend und unabhängig von inländischer Umsetzung Brödermann/Iversen/*Iversen*, IPR, Rn 1052, 1063; wohl auch *Kropholler*, IPR, § 36 III, S. 244 f; Erman/*Hohloch*, Art. 6 EGBGB Rn 23; insgesamt abl., insb. wegen der dadurch erzwungenen horizontalen Drittwirkung, *Martiny*, in: FS Sonnenberger 2004, S. 523, 538; ebenso abl. *Looschelders*, Art. 29 a Rn 15; Staudinger/*Magnus*, Art. 29 a EGBGB Rn 22; mit anderer Begründung *Staudinger*, RIW 2000, 416, 417 (Verbraucherschutzrecht kann nicht allg. als grundlegende Wertung angesehen werden).

58 Im Unterschied zu „wesentlichen Grundsätzen des (europäisch angereicherten) deutschen Rechts".

der Fall sein wird. Im Verhältnis der Mitgliedstaaten untereinander tritt die ordre-public-Kontrolle im Prozess der Rechtsangleichung insgesamt aber immer stärker zurück.[59]

16 **5. Innerdeutscher ordre public.** Solange es im Verhältnis zur früheren DDR ein interlokales Kollisionsrecht gab, gab es aus beiderlei Sicht (jeweils) auch einen **innerdeutschen ordre public**. Die insoweit bejahte analoge Anwendung des Art. 6 in Bezug auf Regeln des DDR-Rechts ist mit dem Einigungsvertrag entfallen.[60] Soweit früheres DDR-Recht intertemporal noch berufen wird, ist es unter Berücksichtigung des mit der Wiedervereinigung eingetretenen Wertewandels und im Übrigen nun unmittelbar am Maßstab des Grundgesetzes zu messen.[61] Das nimmt eine entsprechende Anwendung des Art. 6 gleichsam vorweg und steht im Ergebnis einer ordre-public-Kontrolle zumindest nahe.[62]

III. Formen der ordre-public-Kontrolle

17 **1. Allgemeine, besondere und spezielle (staatsvertragliche) ordre-public-Klausel.** Neben Art. 6 gibt es Vorbehaltsklauseln für einzelne Rechtsgebiete oder auch nur Rechtsfragen. Man spricht hier von **besonderen Vorbehaltsklauseln**, wie beispielsweise Art. 13 Abs. 2 (Hindernisse bei der Eheschließung), Art. 17 Abs. 1 S. 2 (Hindernisse bei der Ehescheidung),[63] nicht aber Art. 17 Abs. 3 S. 2 EGBGB bei Versagung eines Versorgungsausgleichs,[64] wohl aber Art. 18 Abs. 7 (Unterhaltsbemessung)[65] oder Art. 40 Abs. 3 (Kappung übermäßiger und Ausschluss zweckverfremdeter Schadensersatzansprüche).[66] Sind die tatbestandlichen Voraussetzungen der besonderen Vorbehaltsklauseln nicht erfüllt, so kann regelmäßig auf die allgemeine Vorbehaltsklausel des Art. 6 zurückgegriffen werden, weil die besonderen Schutzklauseln nur einen Minimalschutz sicherstellen wollen.[67] Das gilt jedoch nicht für die speziell geregelten allgemeinen ordre public-Klauseln des Unions- oder Völkervertragsrechts. Sie sind in ihrem Anwendungsbereich abschließend (s. folgende Rn).

18 Vorbehaltsklauseln in Staatsverträgen gehen Art. 6 aufgrund der Vorrangregel des Art. 3 Nr. 2 vor Ihre Bezeichnung als **spezielle** (staatsvertragliche) **Vorbehaltsklausel** ist quellentheoretisch zu verstehen. Damit ist nicht notwendig eine inhaltlich speziellere Regelung gemeint. Fehlt eine entsprechende staatsvertragliche Vorbehaltsklausel, so muss durch Auslegung des Staatsvertrages zunächst geklärt werden, ob nationale Vorbehalte ausgeschlossen werden sollten, oder ob ein Rückgriff auf nationales Recht (Art. 6) zulässig ist.[68] So wird Art. 6 nicht durch Art. 8 Abs. 3 S. 2 des deutsch-iranischen Niederlassungsabkommens vom 17.12.1929[69] ausgeschlossen, sondern bleibt anwendbar,[70] während selbst bei Fehlen eines sondervertragli-

59 Im Anerkennungsrecht ist die Abschaffung der ordre-public-Kontrolle erwogen worden, vgl zust. *Heß*, IPRax 2001, 301, 305. Sie ist allg. bereits in das Rechtsmittelverfahren verschoben (Art. 41 S. 1, 45 Abs. 1 EuGVVO) und für bestimmte Segmente aufgegeben (Abschaffung der Exequatur für unbestrittene Forderungen zum 21.1.2005; Art. 5 EuVTVO (EG) Nr. 805/2004 v. 21.4.2004); zu den Gründen und ihren Vorteilen *A. Stein*, IPRax 2004, 181, 182 ff; zust. *Hüßtege*, in: FS Jayme 2004, S. 371, 385; für eine generelle Abschaffung noch zu früh, *Pfeiffer*, in: FS Jayme 2004, S. 675, 690.

60 BGHZ 127, 195, 204; 127, 297, 309; zust.: MüKo/*Sonnenberger*, 4. Aufl. 2006, Art. 6 EGBGB Rn 41; Palandt/*Thorn* Art. 34 EGBGB Rn 12; Bamberger/Roth/*St. Lorenz*, Art. 6 EGBGB Rn 6.

61 BGHZ 117, 135, 138: verfassungskonforme Auslegung; BGHZ 124, 270, 277: Korrektur nach elementaren Rechtsprinzipien wie den guten Sitten und Treu und Glauben.

62 BGHZ 127, 195, 204 f; damit bleiben Vorschriften und Auslegungskriterien, die spezifische Wertungen des totalitären Systems zum Ausdruck bringen, unberücksichtigt, vgl Staudinger/*Blumenwitz*, Art. 6 EGBGB Rn 87 f; Bamberger/Roth/*St. Lorenz*, Art. 6 EGBGB Rn 6; Erman/*Hohloch*, Art. 6 EGBGB Rn 25.

63 Vgl näher *Kroll*, Scheidung auf europäisch? – Die (derzeit) nicht scheidbare Ehe im IPR, StAZ 2007, 330, 332 ff.

64 Art. 17 Abs. 3 S. 2 hat damit keine ordre public Wirkung, BGH FamRZ 2005, 1666, 1667 = NJW-RR 2005, 1449 f; OLG Frankfurt a.M. FamRZ 2011, 1065.

65 Man kann diese Vorschrift auch als international-privatrechtliche Sachnorm einstufen, weil sie eine sachrechtliche Regelung (Bemessung des Unterhaltsbetrages nach Bedürfnis und Leistungsfähigkeit) unabhängig von dem kollisionsrechtlichen Verweisungsergebnis vorschreibt („selbst wenn das anzuwendende Recht etwas anderes bestimmt"); in diesem Sinne etwa *Jayme*, Methoden, S. 26 f; Palandt/*Thorn*, Art. 18 EGBGB Rn 20. Die sachrechtliche Vorgabe ist aber prinzipienartig abstrakt und inhaltlich nicht sinnvoll konkretisierbar. Sie lässt sich nur in Relation zu dem Unterhaltsstatut bestimmen und als Kontroll- und Korrekturinstrument einsetzen. Von daher ist es vorzugswürdig, sie insoweit als eine besondere Vorbehaltsklausel einzustufen. Daneben besitzt die Norm auf sachrechtlicher Ebene auch eine narrative Funktion, vgl *G. Schulze*, Bedürfnis und Leistungsfähigkeit, S. 335 f.

66 *Kropholler*, IPR, § 36 VIII, S. 253 f spricht hier von speziellen Vorbehaltsklauseln; *Kropholler/von Hein*, in: FS Stoll 2001, S. 553 ff.

67 Vgl *Jayme*, Methoden S. 23 f im Anschluss an *Ferid*, IPR, 3. Aufl. 1986, S. 3–30.

68 *Kropholler*, IPR, § 36 VI, S. 250 f.

69 RGBl II 1930 S. 1006; das Abkommen erfasst u.a. die Fragen der Geschäftsfähigkeit, Volljährigkeit, Vormundschaft, Pflegschaft, Entmündigung. Text abgedruckt bei *Jayme/Hausmann*, Nr. 23 mit Fn 2.

70 BGHZ 160, 332 = IPRax 2005, 346, 349; BGH NJW-RR 2005, 1449, 1450 Rn 9.

chen Vorbehalts der Rückgriff auf Art. 6 aufgrund der völkervertraglichen Bindung ausgeschlossen sein kann.[71] Die Frage des Verhältnisses kann sich auch im Verfahrensrecht stellen, so etwa für den Vorbehalt einer Inlandszustellung nach Art. 13 Abs. 1 Haager Zustellungsübereinkommens (HZÜ).[72] Der Vorrang des Unionsrechts wird in Art. 3 Nr. 1 deklaratorisch klargestellt. Die allgemeinen ordre public-Klauseln im Schuldvertragsrecht (Art. 21 Rom I-VO) sowie für die außervertraglichen Schuldverhältnisse (Art. 26 Rom II-VO) gehen Art. 6 vor und sind abschließend.

2. Erst- und zweitstaatliche ordre-public-Kontrolle. Art. 6 bezieht sich auf die Anwendung ausländischen Rechts, die die Kollisionsnormen des EGBGB anordnen (Art. 3 Abs. 1 S. 1). Dem steht der **anerkennungsrechtliche ordre public** gegenüber, der die Anerkennung und Vollstreckung ausländischer Urteile oder urteilsvertretender Erkenntnisse im Inland unter Vorbehalt stellt (etwa §§ 328 Abs. 1 Nr. 4, 723 Abs. 2 S. 2 ZPO, 108 Nr. 4 FamFG sowie Art. 34 Nr. 1, 45 Abs. 1 S. 1 EuGVO)[73]. Bei dieser zweitstaatlichen Anerkennung ist die ausländische Entscheidung in verfahrensrechtlicher Hinsicht (rechtliches Gehör, Vertretung im Erstverfahren, Unabhängigkeit des Gerichts usw) und in materiellrechtlicher Hinsicht auf ihre Vereinbarkeit mit inländischen Rechtswertungen zu überprüfen. Entsprechend wird im internationalen Zivilverfahrensrecht der **verfahrensrechtliche** ordre public von dem **materiellrechtlichen** ordre public unterschieden. Die Maßstäbe für eine materiellrechtliche ordre-public-Kontrolle im Anerkennungsrecht sind mit denen des Art. 6 praktisch identisch.[74] Dennoch entspricht es verbreiteter Auffassung im Schrifttum und in der Rechtsprechung des BGH, eine andere Gewichtung vorzunehmen und eine eigenständige Begrifflichkeit (ordre public attenué bzw gleichbedeutend ordre public international) für das internationale Verfahrensrecht zu entwickeln (s. Rn 11).[75] Eigenständig ist der verfahrensrechtliche ordre public im Anerkennungsrecht, der auf besonders schwere Verfahrensverstöße beschränkt ist.[76] Besondere Bedeutung erlangt hier auch ein **unionsrechtlicher** (europäischer und menschenrechtlicher) **Standard** bei der Urteilsanerkennung.[77] 19

Das gilt der Sache nach ebenso für den **schiedsverfahrensrechtlichen ordre public** bei der Anerkennung in- und ausländischer Schiedssprüche (§§ 1059 Abs. 2 Nr. 2 Buchst. b, 1060 Abs. 2 S. 1 ZPO sowie § 1061 Abs. 1 ZPO iVm Art. V Abs. 2 lit. b des New Yorker Übereinkommens über die Anerkennung und Vollstreckung ausländischer Schiedssprüche vom 10.6.1958).[78] 20

3. Beachtung eines ausländischen (fremden) ordre public. Der ordre-public-Vorbehalt einer ausländischen Rechtsordnung (ausländischer oder fremder ordre public) ist ausnahmsweise beachtlich, wenn er nach dem Grundsatz der kollisionsrechtlichen Gesamtverweisung (Art. 4 Abs. 1 S. 1) in den Verweisungsvorgang integriert ist. Als kollisionsrechtliche Regelung der berufenen Rechtsordnung gehört er zu deren Anwendung dazu.[79] Wird die Verweisung angenommen, so ist er funktionslos. Bedeutung erlangen kann der fremde ordre public nur, wenn das berufene Kollisionsrecht eine andere Rechtsordnung zur Anwendung beruft, mithin eine **Rück-**[80] oder **Weiterverweisung**[81] ausspricht, die aus der Sicht des erstberufenen Rechts zu einem anstößigen 21

71 Das wird etwa angenommen für den deutsch-amerikanischen Freundschafts-, Handels- und Schiffahrtsvertrag v. 29.10.1954 (BGBl. 1956 II, S. 488), vgl *Rehm*, JZ 2005, 304, 306; *M. Stürner*, IPRax 2005, 305, 307. Der Rückgriff auf Art. 6 ist dagegen zulässig bei Verstößen gegen Devisenbestimmungen im Rahmen des IWF-Übereinkommens von Bretton-Woods, vgl *Schefold*, IPRax 2007, 313, 317; Staudinger/*Ebke*, 12. Aufl. 2002, Anh. zu Art. 34 EGBGB Rn 14.

72 BVerfG IPRax 2009, 249 u. 253 dazu *Rogler*, IPRax 2009, 223, 225 ff.

73 Soweit die Exequatur im Rechtsraum der Union abgeschafft wurde, entfällt auch die ordre public-Kontrolle. Zu den verbleibenden Rechtsschutzmöglichkeiten gegen fehlerhafte Vollstreckungstitel im Rahmen der EuVTVO, vgl *M. Stürner*, GPR 2010, 43, 45 ff. Zur Diskussion über eine künftige Abschaffung auch für den Bereich der EuGVO vgl *R. Wagner*/*M. Beckmann*, RIW 2011, 44 ff.

74 Vgl etwa OLGR Hamburg 2009, 184, 186 (Anerkennung eines italienischen Zahlungsurteils über eine Entschädigung bei Verleumdung mit Mitteln der Presse).

75 Hierfür spricht, dass die Entscheidung Rechtswirkungen auch im Erststaat erlangt hat. Sie schafft ein fait accompli. Die Nichtanerkennung führt zu hinkenden Rechtsverhältnissen. Auch ist der Inlandsbezug der res iudicata meist schwächer; Zöller/*Geimer*, ZPO, § 328 Rn 152 b; MüKo/*Sonnenberger*, Art. 6 EGBGB Rn 22.

76 Vgl BGH NJW 2009, 3306, 3308 (Vaterschaftsfeststellung und Unterhaltspflicht aufgrund eines Zeugnisses vom Hörensagen durch ein polnisches Gericht); BGH NJW 2010, 153, 154 (Gehörsverletzung durch Ausschluss des beklagten Unterhaltsschuldners wegen Missachtung des Gerichts (contempt of court)).

77 Vgl *Heß*, IPRax 2001, 301, 305 f; *Matscher*, IPRax 2001, 428, 430 ff; *Junker*, in: FS Sonnenberger 2004, S. 418, 421 ff; zum menschenrechtlichen Standard *Schilling*, IPRax 2011, 31 ff.

78 *Marx*, S. 70 ff; vgl *Spickhoff*, IPRax 2006, 522, 523; zu einem kartellrechtlichen Schiedsspruch nach europäischen Grundsätzen vgl *Kasolowsky/Steup* IPRax 2011, 96 ff.

79 Das ist zu trennen von der ebenso zu bejahenden Frage, ob das ausländische Kollisionsrecht gegen den inländischen ordre public verstoßen kann und wie in diesen Fällen das Ersatzrecht zu bilden ist, vgl dazu *Gebauer*, in: FS Jayme 2004, S. 413, 414 ff (s. dazu ferner unten Rn 27).

80 OLG Karlsruhe IPRspr 1970, Nr. 83 (Verstoß des deutschen Rechts gegen algerischen ordre public bei Legitimation durch nachfolgende Eheschließung. IE wurde dies als Verstoß gegen den eigenen ordre public angesehen).

81 Beachtlichkeit bejaht von RGZ 132, 416, 418; OLG Frankfurt IPRax 2001, 403, 405.

Ergebnis führt. Decken sich die inländischen Wertungen mit den Wertungen des erstberufenen Rechts, so ist es sachgerecht, auf den fremden ordre public abzustellen, weil dies zur Anwendung des nach eigener kollisionsrechtlicher Wertung richtigen fremden Sachrechts führt. Die Anwendung der lex fori wäre hier reines Heimwärtsstreben.[82]

22 Verletzt das Anwendungsergebnis der lex causae die **Wertungen des weiterverweisenden Rechts**, nicht aber die eigenen, so ist die Beachtung des fremden ordre public ebenso zu befürworten, sofern dies nicht zu einem Verstoß gegen die eigenen Wertungen führt.[83] Verweist das erstberufene Recht zur deutschen Rechtsordnung zurück (renvoi), so kann es geboten sein, das eigene Recht unter Beachtung der fremden Wertung zu korrigieren.[84] Die fremde Sachnorm, die der ausländische ordre public ersatzweise beruft, bricht sich in diesen Fällen regelmäßig seinerseits an Art. 6 und den inländischen Gerechtigkeitsvorstellungen, so dass sie unbeachtet bleibt und der Rückverweisung zu folgen ist.[85]

23 Der ordre public eines Drittstaates, dessen Recht kein Glied in der Verweisungskette bildet, ist nicht zu beachten.[86] Für eine negative ordre-public-Kontrolle gibt es hier weder Bedarf noch einen Ansatzpunkt. Soweit sach- oder kollisionsrechtliche Wertungen des drittstaatlichen Rechts Geltung beanspruchen, kommt deren Berücksichtigung im Rahmen von Art. 3 a Abs. 2 (vorrangiges Einzelstatut) oder auf materiellrechtlicher Ebene als faktische Rechtslage (Datum) in Betracht. Die Anwendung drittstaatlichen Eingriffsrechts im Wege der Sonderanknüpfung scheidet dagegen aus (vgl Rn 9).

24 Eine Beachtung des ausländischen ordre public ergibt sich ferner im Bereich des internationalen Zuständigkeitsrechts. **§ 98 Abs. 1 Nr. 4 FamFG** macht die internationale Zuständigkeit deutscher Gerichte in Ehesachen von einer positiven Anerkennungsprognose abhängig, wenn nur einer der ausländischen Ehegatten seinen gewöhnlichen Aufenthalt im Inland hat. Hier wird der anerkennungsrechtliche ordre public[87] der jeweiligen Heimatstaaten der Ehegatten in die eigene Zuständigkeitsprüfung integriert.

B. Regelungsgehalt

I. Voraussetzungen für einen ordre-public-Verstoß

25 **1. Ausländische Rechtsnorm und Kontrolle des Anwendungsergebnisses.** Ansatzpunkt der ordre-public-Kontrolle ist die Anwendung einer ausländischen Rechtsnorm, wie sie sich aus dem internationalprivatrechtlichen Verweisungssystem ergibt. Dies setzt die kollisionsrechtliche Bestimmung der anzuwendenden Rechtsordnung und die sachrechtliche Lösung der aufgeworfenen Rechtsfrage voraus. Daher ist zunächst das anwendbare ausländische Recht nach den hierfür maßgebenden verfahrensrechtlichen Grundsätzen zu ermitteln. Das eigene Kollisionsrecht muss das Gericht kennen, das fremde Recht muss es von Amts wegen feststellen.[88] Ein ordre-public-Verstoß **auf Verdacht** ist unzulässig.[89] Bei **Nichtermittelbarkeit** des berufenen Rechts folgt dessen Nichtanwendung und die Ersatzrechtsbestimmung nicht aus Art. 6, sondern aus den von Rechtsprechung und Lehre hierfür eigens entwickelten Grundsätzen (grundsätzlich Anwendung der lex fori).[90] Bei Unklarheiten und Normwidersprüchen im fremden Recht sind diese im Wege der Anpassung zu beseitigen. Die Anpassung hat Vorrang gegenüber der ordre-public-Kontrolle.[91]

82 Die ordre-public-widrige lex causae ist dann unter Rückgriff auf die Sachnormen des erstberufenen Rechts zu korrigieren, *Gebauer*, in: FS Jayme 2004, S. 413, 421.

83 *Gebauer*, in: FS Jayme 2004, S. 413, 423; *Kegel/Schurig*, § 10 VI, S. 409; *Kropholler*, IPR, § 36 VII 2, S. 252; Staudinger/*Blumenwitz*, Art. 6 EGBGB Rn 90 f; Palandt/*Thorn*, Art. 6 EGBGB Rn 8; MüKo/*Sonnenberger*, Art. 6 EGBGB Rn 71.

84 Souveränitäts- und Zumutbarkeitsbedenken sind nicht berechtigt, vgl zutr. *Gebauer*, in: FS Jayme 2004, S. 413, 426; aA *St. Lorenz*, in: FS Geimer 2002, S. 555, 563 f (führt zu einer falschen Anwendung des deutschen Rechts).

85 MüKo/*Sonnenberger*, Art. 6 EGBGB Rn 71; *Looschelders*, Art. 6 Rn 14.

86 *Kropholler*, IPR, § 36 VII 2, S. 252; Palandt/*Thorn*, Art. 6 EGBGB Rn 8; anders dagegen *Brüning*, S. 283 ff, 285.

87 Nicht dagegen der materiellrechtliche ordre public, vgl Zöller/*Geimer*, ZPO, § 606 a Rn 65.

88 BGH NJW 2002, 3335; 1998, 1395, 1396; 1997, 324, 325; vgl eingehend Staudinger/*Sturm/Sturm*, Einl. zum IPR Rn 286; zur Ermittlung nach Maßgabe des § 293 ZPO, vgl Zöller/*Geimer*, ZPO, § 293 Rn 1 ff; zum revisionsrechtlichen Kontrollumfang vgl *Pfeiffer*, NJW 2002, 3306 ff.

89 Bamberger/Roth/*St. Lorenz*, Art. 6 EGBGB Rn 12; Palandt/*Thorn*, Art. 6 EGBGB Rn 5; *Spickhoff*, S. 79.

90 Staudinger/*Sturm/Sturm*, Einl. zum IPR Rn 297–299 mwN.

91 Staudinger/*Blumenwitz*, Art. 6 EGBGB Rn 60 u. 103; Palandt/*Thorn*, Art. 6 EGBGB Rn 5; *Looschelders*, Art. 6 Rn 12.

a) Ausländische Rechtsnorm. Kontrolliert wird das Ergebnis der Anwendung staatlicher[92] Rechtsnormen. Dazu gehören das geschriebene und ungeschriebene ausländische Recht sowie die allgemeinen Rechtsgrundsätze, wie sie in dem fremden forum (foro proprio) angewendet werden. Umfasst werden in Fällen einer Gesamtverweisung daher **auch die ausländischen Kollisionsnormen**, die von der inländischen Verweisungsnorm berufen sind (Art. 4 Abs. 1 S. 1). Die festzustellende Unvereinbarkeit kann sich sowohl auf eine konkrete ausländische Rechtsnorm beziehen als auch auf das Fehlen einer solchen Norm, die aber im deutschen Recht vorhanden ist.[93] 26

Streitig ist, ob die Befolgung einer anstößigen ausländischen Kollisionsnorm (etwa eine nach Art. 3 Abs. 2 GG gleichheitswidrige Rück- oder Weiterverweisung)[94] bereits ein ordre-public-widriges Anwendungsergebnis darstellt oder ob sich die Anstößigkeit erst aus dem sachrechtlichen Gesamtergebnis ergeben kann (so die hM).[95] Überzeugender ist es, auf das Anwendungsergebnis der Kollisionsnorm abzustellen und nicht erst auf das Ergebnis des materiellen Rechts. Hier werden wesentliche Grundsätze des deutschen Kollisionsrechts verletzt, nicht dagegen solche des materiellen Rechts. Auch wenn der Gleichheitssatz in beiden Segmenten des inländischen Rechts Geltung beansprucht, so ist es doch die **kollisionsrechtliche Ungleichbehandlung**, die in diesen Fällen in Rede steht und sich in der Anwendung des Rechts einer bestimmten Rechtsordnung manifestiert. Es ist daher nur konsequent auf das Ergebnis des Verweisungsbefehls (die gleichheitswidrige Berufung einer Rechtsordnung) zu schauen und nicht auf das sachrechtliche Anwendungsergebnis.[96] Damit wird auch nicht etwa abstrakt jede diskriminierende Verweisung zu einem ordre-public-Verstoß[97] und das ausländische Kollisionsrecht einer nicht zulässigen Grundrechtsbindung[98] unterworfen. Maßgebend ist, ob die Befolgung des Verweisungsbefehls aus der Sicht des deutschen Kollisionsrechts nicht mehr hinnehmbar erscheint, weil keine persönliche Verbindung zu der berufenen Rechtsordnung besteht und daher auch eine (hypothetische) Ersatzanknüpfung nicht zu demselben Anwendungsergebnis führen könnte.[99] 27

b) Kontrolle des Anwendungsergebnisses (Auswirkungsregel). Das Ergebnis der Rechtsanwendung ist auf seine Vereinbarkeit mit den inländischen Rechtswertungen zu überprüfen. Maßgebend ist nicht, ob die ausländische Rechtsnorm und die ihr zugrunde liegenden Wertungen für sich gesehen anstößig sind, sondern ob deren fallbezogene Anwendung zu einem Ergebnis führt, welches offensichtlich gegen wesentliche Grundsätze des deutschen Rechts verstößt (Auswirkungsregel). Hierzu ist eine **zweistufige Analyse** zunächst über die Anstößigkeit der berufenen ausländischen Rechtsnorm (oder über das Fehlen einer Regelung im fremden Recht)[100] und sodann über die daraus folgende Anstößigkeit ihres Ergebnisses im konkreten Fall einer reinen Ergebnisschau vorzuziehen. Das zweistufige Modell zwingt zu einer präziseren Fundierung des Eingriffs.[101] 28

Ein **Verstoß** bleibt danach **unbeachtlich, wenn** er **im Ergebnis nicht wirksam** wird, sei es, weil das deutsche Recht zu demselben[102] oder einem ähnlichen und damit noch hinnehmbaren Ergebnis führen würde, sei es, weil das anstößige fremde Recht den partiellen Rechtsverstoß an anderer Stelle im Ergebnis kompensiert.[103] So ist die Bevorzugung des Vaters im iranischen Sorgerecht hinzunehmen, wenn die väterliche Sorge im konkreten Fall dem Kindeswohl besser entspricht.[104] Das Adoptionsverbot des islamischen Rechts ist unschäd- 29

92 Nicht erfasst werden Normen, die etwa der lex mercatoria zugerechnet werden, oder andere nichtstaatlichen Rechtsregeln (wie UNIDROIT-Principles udgl. Für sie gilt das kollisionsrechtliche Anknüpfungssystem grundsätzlich nicht (Art. 3 Abs. 1 S. 1; ebenso nicht für verbandsrechtliche Regelwerke wie die FIS-Regeln des internationalen Skiverbandes, dazu OLG Hamm NJW-RR 2001, 1537, 1538) oder OLG Karlsruhe NJW-RR 2004, 1257 (zur Rechtsnormqualität von Wettsegelbestimmungen); einbezogen sind die nichtstaatlichen Normen aber, soweit die lex causae ihre Einbeziehung erlaubt; vgl *W. H. Roth*, Zur Wählbarkeit nichtstaatlichen Rechts, in: Mansel u.a. (Hrsg.), FS Jayme 2004, S. 757, 768 ff (befürwortet eine weiter gehende Öffnung); ebenso *Brödermann*, Die erweiterten UNIDROIT-Principles 2004, RIW 2004, 721, 726 f.

93 OLG Schleswig-Holstein FamRZ 2008, 1104, 1105 Rn 32; MüKo/*Sonnenberger*, Art. 6 EGBGB Rn 95.

94 *Raape/Sturm*, IPR, Bd. 1, S. 221 ff.

95 *St. Lorenz*, in: Mélanges Fritz Sturm 1999, Bd. II, S. 1559, 1570 f; zust. *v. Bar/Mankowski*, IPR I, § 7 Rn 276; *Kropholler*, IPR, § 24 II 2, S. 165 f (aber: Korrektur über Art. 4 Abs. 1 S. 1: keine Gesamtverweisung wegen Widerspruchs gegen den Sinn der Verweisung); Bamberger/Roth/*St. Lorenz*, Art. 6 EGBGB Rn 11 u. 23; Erman/*Hohloch*, Art. 6 EGBGB Rn 20; Staudinger/*Blumenwitz*, Art. 6 EGBGB Rn 104; MüKo/*Sonnenberger*, Art. 6 EGBGB Rn 42 u. 44; Palandt/*Thorn*, Art. 6 EGBGB Rn 7.

96 Art. 6 dient der Bewahrung und Durchsetzung inländischer Gerechtigkeitsvorstellungen, die sich entspr. dieser Wertung auch im materiellrechtlichen Erg. auswirken. Sie ist dagegen keine Regel zum Ausgleich materiellrechtlicher Nachteile.

97 So *Raape/Sturm*, IPR, Bd. 1, S. 221.

98 *Looschelders*, RabelsZ 65 (2001) S. 463, 478 u. 490.

99 *Gebauer*, in: FS Jayme 2004, S. 413, 420 f.

100 MüKo/*Sonnenberger*, Art. 6 EGBGB Rn 45 (fehlende Legitimationsmöglichkeit für nichteheliche Kinder). Das Beispiel ist nach Abschaffung der Legitimation heute überholt.

101 *Spickhoff*, S. 79 f; *Dörner*, IPRax 1994, 33, 35 f; *ders.*, in: FS Sandrock 2000, S. 205, 213 f; zustimmend *v. Bar/Mankowski*, IPR I, § 7 Rn 266 Fn 1128; *Looschelders*, IPRax 2009, 246, 247.

102 BVerfG NJW 2008, 2835, 2836 (bewusst wahrheitswidrig abgegebenes Vaterschaftsanerkenntnis nach togolesischem Recht).

103 Bamberger/Roth/*St. Lorenz*, Art. 6 EGBGB Rn 9.

104 BGH NJW-RR 1993, 962, 963.

lich, wenn ein Ersatzinstitut wie die Kafala (Schutzzusage) im konkreten Fall eine für das Kind förderliche Betreuung (ähnlich in einer Pflegefamilie) ermöglicht und dies dem Wohl des Kindes und der Entwicklung seiner kulturellen Identität besser entspricht als eine inländische Adoption.[105] Das einseitige Verstoßungsrecht des Mannes ist unbeachtlich, wenn die Frau darin eingewilligt hat oder die Scheidung auch nach dem deutschen Recht verlangt werden könnte.[106] Dasselbe gilt, wenn eine anstößige erbrechtliche Schlechterstellung durch einen güterrechtlichen Ausgleich oder einen Unterhaltsanspruch gegen die Erben im einheitlich berufenen fremden Recht ausgeglichen wird, so dass im konkreten Ergebnis die partielle Anstößigkeit beseitigt ist.[107] Zu berücksichtigen ist dabei ferner, ob der Erblasser gerade auf diese Schlechterstellung abzielte und im Hinblick auf die Rechtslage nach seinem Heimatrecht auf eine letztwillige Verfügung verzichtete. Das Anwendungsergebnis ist dann im Hinblick auf die Testierfreiheit des Erblassers schutzwürdig und kann nicht als ordre public-widrig eingestuft werden. Voraussetzung ist aber, dass sich der Erblasser konkrete Vorstellungen über die Erbfolge gemacht hat.[108]

30 Das Ergebnis einer Rechtsanwendung kann für sich genommen nicht gegen wesentliche Grundsätze des deutschen Rechts verstoßen. Als ein rechtlich generiertes Faktum (durch fallbezogene Rechtsanwendung) ist das Ergebnis dennoch nur mit Rücksicht auf die Wertung der anzuwendenden Norm zu verstehen.[109] Ein anstößiges Ergebnis beruht in Fällen einer nicht anstößigen Normaussage daher auf Friktionen, die durch das kollisionsrechtliche Verweisungssystem erst erzeugt worden sind.[110] Sie sind daher durch **Anpassung des ausländischen Rechts** (Angleichung) aufzulösen.[111]

31 Rechtsnormen, die zwar für sich genommen noch hinnehmbare Verstöße gegen wesentliche inländische Rechtgrundsätze erzeugen, aber in ihrer Summe ein insgesamt nicht mehr akzeptables Gesamtergebnis generieren, werden ebenfalls von Art. 6 ausgeschlossen. Im Anerkennungsrecht wird die **Kumulierung von ordre-public-Verstößen** befürwortet, weil die teilweise Nichtanerkennung (Teilanerkennung)[112] meist keine Lösung bietet.[113] Entsprechend kann aber auch auf der Ebene des Kollisionsrechts eine Häufung von minderen Verstößen in einer Gesamtbetrachtung zur Bejahung eines ordre public-Verstoßes nach Art. 6 führen.[114]

32 **2. Verstoß gegen wesentliche Grundsätze des deutschen Rechts (S. 1).** Art. 6 ist eine **eng auszulegende** Ausnahmevorschrift. Voraussetzung ist die offensichtliche Unvereinbarkeit mit wesentlichen Grundsätzen des deutschen Rechts. In ständiger Rechtsprechung konkretisiert der BGH den Verstoßtatbestand mit der Fragestellung, „ob das Ergebnis der Anwendung des ausländischen Rechts zu den Grundgedanken der deutschen Regelung und der in ihnen liegenden Gerechtigkeitsvorstellungen in so starkem Widerspruch steht, dass es von uns für untragbar gehalten wird“.[115]

33 **a) Wesentlicher Grundsatz des deutschen Rechts.** Die ordre-public-Kontrolle setzt bei der Bewertung und Analyse des eigenen Rechts an. Der Kontrollmaßstab ist nach der vorgenannten Formel des BGH nach den Grundgedanken und Gerechtigkeitsvorstellungen des deutschen Rechts auszurichten, die den einzelnen deutschen Sach- oder Kollisionsnormen zugrunde liegen. Betroffen sein muss ein Rechtsgrundsatz, der sich aus dem **Zweck** des betroffenen Gesetzes ergeben oder auch nur in Generalklauseln manifestieren oder aus

105 OLG Karlsruhe FamRZ 1998, 56, 57; vgl dazu *Jayme*, IPRax 1999, 49 f u. IPRax 1996, 237, 238; *Mankowski*, IPRax 2004, 282, 288.

106 BGH IPRax 2005, 346, 350; OLG Köln FamRZ 2002, 166; BayObLGZ 1998, 109; OLG Hamm IPRax 1995, 174, 175; zust. *Andrae*, FamRZ 2007, 1730, 1721 f; dagegen aber OLG Stuttgart IPRax 2000, 427 ff; OLG Düsseldorf FamRZ 1998, 1114.

107 OLG Düsseldorf IPRax 2009, 520, 521 zust. *Looschelders*, IPRax 2009, 505, 506 f.

108 Allgemeine Vorstellungen dahin, dass nach dem Heimatrecht „schon alles in Ordnung geht“, genügen nicht, OLG Düsseldorf IPRax 2009, 520, 521 zust. *Looschelders*, IPRax 2009, 505, 506; KG IPRax 2009, 263 zust. *Looschelders*, IPRax 2009, 246, 248 f; OLG Hamm IPRax 2006, 481, 486 f; zust. *Looschelders*, IPRax 2006, 462, 463; Bamberger/Roth/*St. Lorenz*, Art. 25 EGBGB Rn 58; Staudinger/*Dörner*, Art. 25 Rn 728.

109 Ähnlich *Dörner*, IPRax 1994, 33, 35.

110 Für eine Anwendung bei reinen Ergebnisverstößen aber Staudinger/*Blumenwitz*, Art. 6 EGBGB Rn 107 unter Hinweis auf RGZ 150, 283 (Rechtsschutzlosigkeit wegen wesenseigener Unzuständigkeit für einen Ausspruch über die Trennung von Tisch und Bett); ebenso Bamberger/Roth/*St. Lorenz*, Art. 6 EGBGB Rn 9; MüKo/*Sonnenberger*, Art. 6 EGBGB Rn 44 mwN.

111 *Looschelders*, Art. 6 Rn 12; *Spickhoff*, S. 80.

112 Teilbarkeit ist insb. bei Leistungsurteilen in Geld möglich. Art. 40 Abs. 3 Nr. 1 und 2 sieht dies für das internationale Deliktsrecht vor. Teilanerkennung im Vollstreckungsverfahren in Bezug auf punitive damages, BGHZ 118, 312, 330; Zöller/*Geimer*, ZPO, § 328 Rn 279.

113 Hier aber wegen der Unteilbarkeit von Verfahrensverstößen, *Schütze*, in: FS Geimer 2002, S. S. 1025, 1039 ff; gegen die Zulässigkeit der Kumulierung *Herrmann*, S. 274 ff.

114 Vgl zu einer Art Zwangsheirat AG Offenbach StAZ 2011, 155 f (Handschuhehe einer 16-jährigen Muslima). Die Ehefähigkeit mit Eintritt der Pubertät nach muslimischem Recht verbunden mit einer Stellvertretung in der Person bei der Eheschließung sowie die Auswahl des Ehegatten durch die Eltern der Braut führte insgesamt zu einem Verstoß gegen den op.

115 BGHZ 50, 370, 376; 75, 32, 43; 104, 240, 243; 123, 268, 270; BGH IPRax 2001, 586, 587.

vorrechtlichen Wertmaßstäben wie den **guten Sitten oder Treu und Glauben** folgen kann.[116] Bei den Grundrechten handelt es sich stets um wesentliche Rechtsgrundsätze (S. 2).

Die **Wesentlichkeit** eines Grundsatzes wird ausgehend von der reichsgerichtlichen Rechtsprechung[117] und den Gesetzesmaterialien[118] verbreitet dramatisierend umschrieben. Der „Kernbestand der inländischen Rechtsordnung" darf danach nicht „angetastet" werden oder die Rechtsanwendung darf nicht zu einer „schwerwiegenden, untragbaren und tief greifenden Abweichung von inländischen Grundsatznormen" führen.[119] Das Pathos zeigt an, dass dogmatische Grundsätze zur Bestimmung eines wesentlichen Rechtsgrundsatzes weitgehend fehlen. Jedenfalls muss der Begründungsaufwand gesteigert werden,[120] um den ordre-public-Verstoß gegenüber der akzeptierten Differenz unterscheidbar zu halten. 34

Ein deutliches Indiz gegen die Wesentlichkeit eines inländischen Rechtssatzes ist dessen rechtspolitische Erschütterung im Inland[121] und schon gar, wie etwa beim Börsentermineinwand, dessen Aufgabe.[122] Ein **Anschauungswandel** kann ebenso durch rechtspolitische Verstärkungen beeinflusst sein, die den einfachen Rechtssatz sukzessive zu einem Grundsatz aufwerten. Zweifelhaft ist aber, ob dies doktrinär vorgegeben werden kann, so etwa im Hinblick auf die Abschaffung der Legitimation (vgl Art. 21 EGBGB Rn 1) oder der Entmündigung im Inland (vgl Art. 7 EGBGB Rn 26). Diese gesetzgeberischen Entscheidungen dürften erst nach längerer Zeit und unter Abstützung rechtsvergleichender Standards auch zur Vermeidung von Glaubwürdigkeitsverlusten zum „unantastbaren Kernbestand" gehören. Anerkannt ist, dass zu diesem Kernbestand inländischer Rechtswertung ebenso europäische oder internationale (völkerrechtliche) Standards zählen und in die Konkretisierung einfließen.[123] Sie zu bilden und fallbezogen zu konkretisieren, bereitet zwar gegebenenfalls Schwierigkeiten, ist aber beim ordre public rechtsstaatliches Gebot. Dies gilt auch für Normen aus Rechtsquellen, die (noch) keine unmittelbare innerstaatliche Geltung besitzen, wie etwa die EMRK[124] oder unionsrechtliche Richtlinien. Auch EU-Richtlinienrecht, das im Inland nach Ablauf der Umsetzungsfrist und damit unionsrechtwidrig nicht oder fehlerhaft umgesetzt worden ist, beeinflusst daher die Wertungsgrundlage des ordre public (vgl Rn 15).[125] 35

b) Offensichtliche Unvereinbarkeit (Relativität des ordre public). Die Vereinbarkeitsrelation zwischen dem Anwendungsergebnis des ausländischen Rechts und den inländischen Gerechtigkeitsvorstellungen wird weit gezogen. Sie ist erst dann überschritten, wenn die Unvereinbarkeit unter einer räumlichen und zeitlichen Perspektive offensichtlich ist (Relativität des ordre public). Darin zeigt sich der Ausnahmecharakter des ordre-public-Vorbehalts. Er wird auf spezifisch kollisionsrechtliche Weise nach Kriterien der räumlichen Verbundenheit des Sachverhalts mit dem Forum sowie unter Berücksichtigung der Folgen der Entscheidung im Inland (Stärke der Inlandsbeziehung) umgesetzt. 36

aa) Offensichtlichkeit des Verstoßes (Schwere). Das Merkmal der Offensichtlichkeit meint nicht die einfache Erkennbarkeit des Rechtsverstoßes (beweisrechtliches Evidenzkriterium), sondern die materiellrechtliche Evidenz des Verstoßes im Sinne von Schwere („manifestement").[126] Der ordre-public-Vorbehalt 37

116 Beispielhaft OLG Schleswig-Holstein FamRZ 2008, 1104, 1105 Rn 38; In Fortsetzung der früheren Dichotomie des Art. 30 aF, der auf den Zweck des betroffenen Gesetzes und die guten Sitten abstellte; vgl *Looschelders*, Art. 6 Rn 13. Der Unterschied gegenüber den sachrechtlichen Vorschriften der §§ 138, 242 BGB ergibt sich aus der räumlichen Relativität (s. unten Rn 38); ebenso *Völker*, S. 162.

117 St. Rspr des RG, beginnend RGZ 60, 296, 300 bis RGZ 169, 240, 245, und des frühen BGH (BGHZ 22, 162, 167; 28, 375, 384 f; 35, 329, 337). Diese stellten auf die rechtliche und gesellschaftliche Integrität des Gemeinwesens ab und sprachen von einem Angriff auf die Grundlagen des deutschen staatlichen oder wirtschaftlichen Lebens; vgl krit. *Raape/Sturm*, IPR, Bd. 1, S. 211. Auch obergerichtliche Urteile neueren Datums verfolgen noch einen staatsautoritären Begründungsansatz, vgl OLG Bremen NJW-RR 1996, 1029, 1030; BayObLGZ 1993, 222, 223.

118 Begründung des Regierungsentwurfs BT-Drucks. 10/504, S. 43.

119 Staudinger/*Blumenwitz*, Art. 6 EGBGB Rn 117 mwN; das OLG Schleswig-Holstein FamRZ 2008, 1104, 1105 Rn 38 verlangt die „Grundwertehaltigkeit" der verletzten Norm.

120 *Jayme*, Methoden, S. 12.

121 *Jayme*, Methoden, S. 59 f (zur erbrechtlichen Stellung des Lebensgefährten im deutschen Recht und ihrer sukzessiven Veränderung durch die Rspr; hier die Gewährung des Dreißigsten nach § 1931 Abs. 1 BGB analog); vgl desgleichen zu den gewandelten Überzeugungen im Zusammenhang mit Börsentermingeschäften, *Schwark*, in: FS Sandrock 2000, S. 881, 885 ff; *Fischer*, IPRax 1999, 450 ff.

122 BGH NJW-RR 2005, 1071, 1073 (Börsentermineinwand nach § 764 BGB aF, §§ 52 ff BörsG aF).

123 Bamberger/Roth/*St. Lorenz*, Art. 6 EGBGB Rn 13; MüKo/*Sonnenberger*, Art. 6 EGBGB Rn 19 u. 65.

124 Die EMRK wird Geltungsvorrang durch den Beitritt der EU zur EMRK erlangen. Die offiziellen Beitrittsverhandlungen auf der Grundlage von Art. 6 EUV haben am 6.7.2010 begonnen.

125 Vgl Palandt/*Thorn*, Art. 6 EGBGB Rn 8; Erman/*Hohloch*, Art. 6 EGBGB Rn 23; einschränkend *Looschelders*, Art. 6 Rn 15; insgesamt abl., auch wegen der dadurch erzwungenen horizontalen Drittwirkung, *Martiny*, in: FS Hans Jürgen Sonnenberger 2004, S. 523, 538.

126 Das Merkmal der Offensichtlichkeit wurde übernommen von dem Europäischen Vertragsrechtsübereinkommen, Art. 16 EVÜ; vgl *Kegel/Schurig*, § 16 III 3, S. 529.

ist damit auf besonders schwere Verstöße beschränkt. Die Offensichtlichkeit des Verstoßes wird verbreitet als "schlechthin untragbar[127]" oder mit anderen, eher an das Rechtsgefühl appellierenden Formulierungen („nicht hinnehmbarer Widerspruch", „krasser Unterschied",[128] „besonders krasser Verstoß")[129] beschrieben. In der Sache wird auch hier ein gesteigerter Begründungsaufwand gefordert.[130] Ansatzpunkt ist der Sinn und Zweck der ausländischen Rechtsnorm. Durch eine funktionale Betrachtung können fremdartig wirkende Rechtsfiguren – wie etwa die Morgengabe des islamischen Rechts[131] oder das französische besitzlose Registerpfandrecht[132] – akzeptiert werden. Daneben kommt der Verankerung des ausländischen Rechtssatzes in seinem originären Geltungsbereich indizielle Bedeutung zu. Ist er dort selbst rechtspolitisch umstritten (erschüttert) und einem Anschauungswandel unterworfen oder bereits aufgegeben[133], so ist seine Durchsetzung im Inland eher als offensichtlich unvereinbar einzustufen und abzuwehren. Geht dieser Wandel bereits so weit, dass die fremde Anwendungsmethodik eine teleologische (restriktive oder erweiternde) Auslegung oder gar eine Fortbildung des ausländischen Rechtssatzes ermöglicht, ist der Wertungswiderspruch auf diesem Wege zu beseitigen. Es besteht die Pflicht zu authentischer Anwendung des berufenen Rechts. Auch ein entgegenstehender rechtsvergleichender oder internationaler Standard kann die Akzeptanz des fremden Rechtssatzes schwächen.[134]

38 **bb) Hinreichender Inlandsbezug (räumliche Nähe).** Die Vereinbarkeit des fremden Rechts mit den eigenen wesentlichen Rechtsgrundsätzen hängt maßgeblich von dem **ungeschriebenen Tatbestandsmerkmal** der **Inlandsbeziehung** des Sachverhalts ab. Die Intensität der Inlandsbeziehung steht in einem komparativen Wechselverhältnis zur Schwere des Rechtsverstoßes. Je geringer die Inlandsbeziehung ist, desto eher ist ein offensichtlicher Rechtsverstoß noch hinnehmbar. Je stärker der Inlandsbezug ist, desto eher begründet er die Unvereinbarkeit. Die Schwere des Rechtsverstoßes ist ebenfalls mit dem Inlandsbezug als Variable ausgestaltet. Je schwerer der Rechtsverstoß, desto geringer sind die Anforderungen an den Inlandsbezug.[135] Feste Regeln für diesen prozeduralisierten Abwägungsprozess lassen sich aber nicht angeben.[136]

39 Als Sachverhaltsmomente für die Inlandsbeziehung kommen grundsätzlich sämtliche Umstände in Betracht, die eine sinnvolle Verknüpfung mit dem Inland herstellen. Im Vordergrund stehen die **deutsche Staatsangehörigkeit** und der (gewöhnliche) **Inlandsaufenthalt** eines oder mehrerer Beteiligter. Daneben können die inländische Vermögensbelegenheit[137], der inländische Unternehmenssitz, der Ort einer Handlung, der Zahlungsort usw einbezogen werden.[138] In einem zweiten Schritt sind die Elemente zu bewerten und zu gewichten. Die deutsche Staatsangehörigkeit und der Inlandsaufenthalt haben besonderes Gewicht. Zu berücksichtigen ist ferner auch die **qualitative und quantitative Intensität des jeweiligen Inlandsbezuges**. So kann etwa der Grad der Assimilierung zugewanderter Ausländer zu berücksichtigen sein, ihre noch – oder nicht mehr – bestehende kulturelle Verbundenheit zu ihrem Heimatstaat durch Religion, Pflege von Brauchtum, die tatsächliche Aufenthaltsdauer im Inland[139] usw. Auch die Auswirkungen, die das Eingreifen des ordre public im Inland für die Beteiligten (etwa Kinder) haben würde, können berücksichtigt werden.[140]

40 Eine eher theoretische Frage ist es, ob in bestimmten Fällen (zB bei schwersten Menschenrechtsverletzungen) auf das Merkmal der Inlandsbeziehung verzichtet werden kann, etwa weil eine Pflicht zu ihrer Durchsetzung unabhängig von einer einfachgesetzlich bestimmten Inlandsbeziehung besteht. Ganz ohne Inlandsbeziehung

127 So die in st. Rspr vom BGH gebrauchte Formel, s. BGHZ 123, 268, 270.

128 *Jayme*, Methoden, S. 33.

129 Bamberger/Roth/*St. Lorenz*, Art. 6 EGBGB Rn 15.

130 *Jayme*, Methoden, S. 12.

131 BGH JZ 2010, 733 Anm. *Wurmnest* (736); BGH IPRax 1988, 109, 110 (Brautgabe mit vereinbarter Fälligkeit für den Zeitpunkt der Verstoßung), Anm. *Heßler*, IPRax 1988, 95 ff.

132 BGHZ 39, 173, 180 (funktionale Entsprechung im Sicherungseigentum); vgl *Rakob*, Ausländische Mobiliarsicherungsrechte im Inland, 2001, S. 38 ff.

133 KG FamRZ 2011, 1008 (das Fiskuserbrecht für Erben 4. Grades (Cousins u. Cousinen) war nach dem Erbfall abgeschafft worden) krit. *Nordmeier* IPRax 2011, im Erscheinen.

134 *Jayme*, Methoden, S. 44 ff; 49 ff. Ein solcher Standard ist durch rechtsvergleichende Umschau und nach dem Fallmaterial zu Art. 6 zu gewinnen, die Internationalität dagegen aus international vereinheitlichten Rechtssätzen oder sonstigen internationalen Regeln.

135 Die beiden Variablen werden meist in einem komparativen Satz miteinander verbunden: Je geringer die Inlandsbeziehung, desto schwerere Verstöße sind hinnehmbar, vgl BGHZ 28, 375, 385; 118, 312, 349; *Looschelders*, Art. 6 Rn 18.

136 KG FamRZ 2011, 1008, 1009; OLG Schleswig-Holstein FamRZ 2008, 1104, 1107, OLGR Hamburg 2005, 448.

137 KG FamRZ 2011, 1008, 1009 (verneint aber hinreichenden Inlandsbezug bei alleiniger Belegenheit einer Kontoforderung im Inland).

138 AllgM: MüKo/*Sonnenberger*, Art. 6 EGBGB Rn 81; Bamberger/Roth/*St. Lorenz*, Art. 6 EGBGB Rn 15.

139 Zurückhaltend für Grundrechtsverstöße, vgl BVerfGE 116, 243 = NJW 2007, 900, 903, das eine Grenze erst erreicht sieht, wenn der Betreffende etwa nach Deutschland einreist, um einen Antrag §§ 1, 8 TSG zu stellen, den ihm sein Heimatrecht versagt.

140 So hat der BGH bei der Frage, ob ein italienisches Legitimationshindernis gegen den deutschen ordre public verstößt, die nachteiligen Auswirkungen für die betroffenen im Inland lebenden Kinder berücksichtigt und einen Verstoß aus diesem Grund bejaht, vgl BGHZ 50, 370, 378; dazu *Jayme*, Methoden, S. 47.

tritt die Rechtfrage nach einem Verstoß gegen den inländischen ordre public nicht auf. Eine bestehende internationale Zuständigkeit deutscher Gerichte vermittelt stets den minimum contact.[141] Aber auch die Grund- oder Menschenrechte verlangen nach Durchsetzung nur in einer räumlichen Relation zum Inland. Diese Geltungsbeschränkung folgt allerdings nicht aus S. 2, sondern aus den Grundrechten selbst (sog. Grundrechtskollisionsrecht; vgl dazu näher Rn 48).[142]

Der **Bezug des Sachverhalts zu einem EU-Mitgliedstaat** oder ein sonstiger EU-Binnenbezug (vermittelt durch die Entscheidungsfolgen) können genügen und damit einen fehlenden Inlandsbezug des Sachverhalts ersetzen oder einen schwachen Bezug verstärken.[143] Der verletzte Rechtsgrundsatz muss aber auf innerstaatlich geltendem europäischem Recht beruhen, wozu auch die nationalen Vorschriften europäischen Ursprungs zählen (nationales Transformationsrecht zur Umsetzung von Unionsrecht). Der Gemeinschaftsbezug vermittelt den Geltungsanspruch nur für den konkreten Fall auf der Ebene der ordre-public-Kontrolle. Die betroffene Sachnorm erlangt nur indirekt (negative Ausschlusswirkung des fremden Rechts), ergebnisabhängig und subsidiär Geltung. 41

Für eine direkte Durchsetzung einer deutschen Vorschrift kommt vorrangig eine sachnormbezogene Sonderanknüpfung als Eingriffsnorm in Betracht. Liegen die Voraussetzungen hierfür nicht vor, etwa weil die Vorschrift keinen überwiegend ordnungspolitischen Gehalt aufweist (vgl Rn 6), so ist zunächst eine Anknüpfung durch eine besondere einseitige Kollisionsnorm in Betracht zu ziehen. Entsprechend ist unionsrechtliches Kollisionsrecht transformiert in Art. 46 b. Hier genügt der Bezug zu einem Mitgliedstaat der EU oder des EWR. Kommt eine analoge Anwendung dieser Vorschrift nicht in Betracht (vgl Rn 8), so ist letztlich Art. 6 einschlägig. Dabei ist einschränkend zu berücksichtigen, dass nicht die einfache Rechtsverletzung, sondern die Unvereinbarkeit mit einem wesentlichen Grundsatz des Unionsrechts festgestellt werden muss.[144] Die Frage steht damit insgesamt im Zusammenhang mit der Herausbildung eines eigenständigen europäischen ordre public (s. Rn 14). 42

cc) Gegenwartsbeziehung (zeitliche Nähe). Maßgeblicher Zeitpunkt für die Bestimmung der inländischen Rechtswertung ist die gerichtliche Entscheidung.[145] Der Zeitpunkt, an dem sich der infrage stehende Sachverhalt ereignet hat, ist nicht relevant. Überholte Wertungen können über Art. 6 nicht noch rückwirkend geltend gemacht werden. Gewandelte Grundanschauungen setzen sich durch. 43

Der ordre-public-Vorbehalt darf ferner nicht rückwirkend und unbesehen in Rechtsverhältnisse eingreifen, die im Ausland rechtswirksam begründet oder beseitigt worden sind. So ist etwa bei der Beurteilung einer im Ausland wirksam begründeten polygamen Ehe, bei einer lange zurückliegenden ausländischen Ehescheidung oder beim Eigentumserwerbs von Kunstgegenständen im Ausland trotz gegebener Anstößigkeit mit einer Korrektur durch den ordre public Zurückhaltung geboten.[146] 44

Keine eigenständige Bedeutung kommt dem Umstand zu, ob die Anwendung des ordre public eine Hauptfrage des Sachverhalts betrifft oder nur eine **Vorfrage**. Inlandsbeziehung und Gegenwartsberührung der Vorfrage sind in Bezug auf die Entscheidung in der Hauptfrage zu beantworten. Entscheidend ist daher stets, ob das Ergebnis insgesamt anstößig ist.[147] Dies wird etwa verneint, wenn der Anspruch auf Ehegattenunterhalt 45

141 Die bloße Befassung eines deutschen Gerichts oder einer Behörde mit dem Sachverhalt genügt insofern. Anders aber, soweit die Befassung nur die Zuständigkeitsprüfung des Gerichts und damit die Zulässigkeit der Klage betrifft. Ebenso Bamberger/Roth/*St. Lorenz*, Art. 6 EGBGB Rn 15 (bei besonders krassen Verstößen ist die internationale Zuständigkeit ausreichend); iE ebenso Staudinger/*Blumenwitz*, Art. 6 EGBGB Rn 154 u. 161 (bei völkerrechtlichen Verstößen); MüKo/*Sonnenberger*, Art. 6 EGBGB Rn 82 (eklatante Verstöße gegen die Menschenwürde u. bei Verletzung von Normen des Völkerrechts).

142 *V. Bar/Mankowski*, IPR I, § 7 Rn 261; Bamberger/Roth/*St. Lorenz*, Art. 6 EGBGB Rn 14.

143 Abl. MüKo/*Sonnenberger*, Art. 6 EGBGB Rn 84; Bamberger/Roth/*St. Lorenz*, Art. 6 EGBGB Rn 15.

144 Bedeutung erlangen könnte hier auch der in Art. 38 EU Grundrechte-Charta (GR-Ch) niedergelegte Grundsatz der Förderung der Rechte der Verbraucher und die Verpflichtung zu einem hohen Verbraucherschutzniveau. Zur rechtlichen Aufwertung der früheren Aufgabenzuweisung zu einem Verbrauchergrundrecht, vgl *Mörsdorf*, Die Auswirkungen des neuen „Grundrechts auf Verbraucherschutz" gem. Art. 38 GR-Ch auf das nationale Privatrecht, JZ 2010, 759, 763 ff.

145 AllgM: BGHZ 138, 331, 335; BGH NJW-RR 1993, 1519; Bamberger/Roth/*St. Lorenz*, Art. 6 EGBGB Rn 13; Soergel/*Kegel*, Art. 6 EGBGB Rn 29.

146 MüKo/*Sonnenberger*, Art. 6 EGBGB Rn 87; BSG IPRax 2003, S. 267 (auf mehrere Frauen aufgeteilte Witwenrente eines marokkanischen Versicherten, m.Anm. *Jayme*). Ebenso BVerfGE 62, 323 (Witwenrente trotz einer aus inländischer Sicht nicht wirksam geschlossenen Ehe im Ausland), wobei Korrektur auf der Ebene der Vorfragenanknüpfung möglich ist, vgl dazu *Kropholler*, IPR, § 32 II, S. 217 f; andere Beurteilung jetzt aber für eine im Inland (!) hinkend geschlossene Ehe vor einem griechisch-orthodoxen Geistlichen, BGH IPRax 2004, 438; zu Recht krit. und für Heilungsmöglichkeit (§ 1310 Abs. 3 BGB) *Pfeiffer*, LMK 2003, 128 f; Bedenken gegen die Entscheidung aus verfassungsrechtlicher Sicht von *Mäsch*, IPRax 2004, 421, 424.

147 *Spickhoff*, S. 100. Mitunter werden diese Zusammenhänge als sachliche Relativität von der räumlichen und zeitlichen Relativität unterschieden, vgl MüKo/*Sonnenberger*, Art. 6 EGBGB Rn 85; Staudinger/*Blumenwitz*, Art. 6 EGBGB Rn 159 u. 163.

(Hauptfrage) auf einer im Ausland zulässig geschlossenen polygamen Ehe (Vorfrage) beruht. Eine polygame Ehe lässt sich im Inland dagegen nicht begründen. Die Zurückhaltung bei der ordre-public-Kontrolle ist hier eine Folge des schwächeren Inlands- und Gegenwartsbezuges der für anstößig gehaltenen Polygamie.[148]

46 **3. Verstoß gegen Grundrechte (S. 2).** Nach S. 2 ist eine ausländische Rechtsnorm insbesondere dann nicht anzuwenden, wenn ihre Anwendung mit den Grundrechten unvereinbar ist. Es hätte keiner ausdrücklichen Hervorhebung bedurft, dass die Grundrechte zu den wesentlichen Grundsätzen des deutschen Rechts gehören. Klargestellt hat der Gesetzgeber damit aber, dass die Grundrechtsprüfung im Rahmen der ordre-public-Kontrolle zu erfolgen hat.[149] Bei Grundrechtsverstößen ist folglich ebenso auf das Ergebnis der Rechtsanwendung abzustellen[150] und nicht eine Überprüfung der ausländischen Rechtsnorm am Maßstab der Grundrechte durchzuführen.[151] Ferner findet damit die im „**Spanier-Beschluss**" des BVerfG ausgesprochene Grundrechtsbindung bei der Anwendung des Kollisionsrechts und des berufenen fremden Rechts gesetzliche Anerkennung.[152]

47 S. 2 stellt auf die (einfache) Unvereinbarkeit mit den Grundrechten ab. Das qualifizierende Merkmal „offensichtlich" fehlt. Darin liegt zunächst die Klarstellung, dass jeder Grundrechtsverstoß als offensichtlich (im Sinne von schwerwiegend, vgl Rn 37) einzustufen ist.[153] Darüber hinaus werden durch S. 2 die Parameter der op-Prüfung verschoben. Eine Unterscheidung zwischen tragbaren und untragbaren Grundrechtsverletzungen ist nicht möglich.[154] Die Schwere des Verstoßes kann deshalb **nicht als Variable** im Rahmen der Vereinbarkeitsrelation eingesetzt werden (vgl Rn 38).

48 **a) Grundrechtskollisionsrecht.** Nicht jedes Anwendungsergebnis, das bei einem reinen Inlandsfall als Grundrechtsverstoß einzustufen wäre, bedeutet einen Verstoß gegen den ordre public.[155] Die Auslandsverknüpfung des Sachverhalts ist auch bei Grundrechtsverstößen zu berücksichtigen. S. 2 zeigt dies an, indem er auf eine Unvereinbarkeit mit den Grundrechten und nicht auf einen Verstoß gegen die Grundrechte abstellt. Inhaltlich sagt S. 2 über die Methode zur Konkretisierung einer Unvereinbarkeit aber nichts aus. Abstrakt differenzierende Regeln über den internationalen Geltungsbereich der Grundrechte sind nur in Ansätzen vorhanden (sog. Grundrechtskollisionsrecht). Das betroffene Grundrecht ist danach für den konkret zu entscheidenden Fall auf seinen internationalen Geltungsanspruch hin auszulegen. Hierbei ist zu prüfen, ob das Grundrecht nach „Wortlaut, Inhalt und Funktion unter der Berücksichtigung der Gleichstellung anderer Staaten und der Eigenständigkeit ihrer Rechtsordnungen für auslandsbezogene Sachverhalte Geltung verlangt".[156] Diese fallbezogene Konkretisierung soll den **sachlich-persönlichen Besonderheiten** des Falles wie auch dem **Grad der Inlandsbeziehungen** Rechnung tragen.[157]

49 Die maßgeblichen Kriterien sind damit die **Inlandsbeziehung** und die **Gegenwartsberührung** des Sachverhalts. Das entspricht der Prüfung im Rahmen von S. 1. Je stärker der Inlandsbezug ist, desto eher ist ein ordre-public-Verstoß zu bejahen. Je schwächer die Inlandsbeziehung ist, desto eher ist ein Verstoß zu verneinen. Die Frage nach der Schwere des Grundrechtsverstoßes darf bei dieser Abwägung nicht in Ansatz gebracht werden (s. Rn 47). Sie wird aber verlagert in die Beurteilung, ob im konkreten Fall überhaupt ein Grundrechtsverstoß zu bejahen ist. Die „sachlich-persönlichen Besonderheiten" des Falles und der konkrete Geltungsanspruch des Grundrechts in Bezug auf den Sachverhalt ermöglichen die Berücksichtigung von relativierenden oder verschärfenden Umständen.[158]

50 Die Konkretisierung der Grundrechtsschranken nach der Funktion des Grundrechts als subjektives Abwehrrecht, objektive Institutsgarantie, allgemeine Wertentscheidung oder als soziales Leistungsrecht kann hier in

148 *G. Schulze*, Die Zeitehe des iranischen Rechts – Rechtsfragen aus deutscher Sicht, StAZ 2009, 197, 202 ff.

149 Eine unmittelbare Anwendung der Grundrechte als Schranke für die Anwendung ausländischen Rechts im Inland wird damit abgelehnt; vgl zur Entstehungsgeschichte *Jayme*, Methoden, S. 14 f. Dies entspricht auch der Lehre von der Drittwirkung der Grundrechte, vgl Staudinger/*Blumenwitz*, Art. 6 EGBGB Rn 136.

150 Bamberger/Roth/*St. Lorenz*, Art. 6 EGBGB Rn 14. Die Grundrechtsbindung nach Art. 1 Abs. 3 GG zwingt den inländischen Richter zu einer Ergebniskontrolle, berechtigt aber nicht zur Normenkontrolle, weil der ausländische Gesetzgeber der Grundrechtsbindung des Art. 1 Abs. 3 GG nicht unterliegt, vgl *Looschelders*, RabelsZ 65 (2001), 463, 478.

151 Das hindert nicht daran, in einer zweistufigen Analyse zunächst eine Prüfung auf Normebene und sodann im Hinblick auf das Erg. vorzunehmen, vgl oben Rn 28.

152 BVerfGE 31, 58 ff (gleichheitswidrige Anknüpfung an Mannesrecht); *Sturm*, FamRZ 1972, 16; Staudinger/*Sturm/Sturm*, Einl. zum IPR Rn 763 mwN.

153 Staudinger/*Blumenwitz*, Art. 6 EGBGB Rn 134 mwN.

154 *Spickhoff*, S. 124; *Looschelders*, RabelsZ 65 (2001), 463, 479 jeweils mN zum früheren Rechtszustand.

155 BGHZ 63, 219, 226; 120, 29, 34.

156 BVerGE 31, 58, 86 f. Aus dem Grundsatz der Staatengleichheit und aus der Anerkennung der fremden Rechtsordnungen als eigenständige Kulturleistung folgt das Gebot der Fremdrechtsanwendung und damit des IPR überhaupt, vgl dazu *G. Schulze*, Moralische Forderungen und das IPR, IPRax 2010, 290, 293 f.

157 BVerfGE 116, 243 = NJW 2007, 900, 903; BGHZ 63, 219, 226; 120, 29, 34; 169, 240, 251; OLG Düsseldorf FamRZ 1997, 882; *Dörner*, in: FS Otto Sandrock 2000, S. 205, 208.

158 Vgl OLG Hamm IPRax 2006, 481, 485, OLG Düsseldorf, IPRax 2009, 505, 508.

bestimmten Fällen zusätzliche Anhaltspunkte für die Vereinbarkeitsprüfung liefern. Führt etwa die Anwendung des fremden Rechts zu einer Einschränkung von subjektiven Freiheitsrechten eines Beteiligten, so wird diese Einschränkung durch dessen **Einwilligung** neutralisiert. Ein Verstoß liegt damit bezogen auf das Ergebnis der Rechtsanwendung (Auswirkungsregel) nicht vor. Ebenso ist es zum Schutz der betroffenen Frauen unbedenklich, wenn eine im Ausland geschlossene polygame Ehe, auch in Gestalt einer Zeitehe,[159] im Inland einvernehmlich fortgesetzt wird.[160] Bei objektiven Wertentscheidungen soll der Inlandsbezug im Vordergrund stehen und bei Schutz- und Beistandsansprüchen (wie etwa dem Vollstreckungsschutz) soll dem Maß der Inlandsbeziehung größte Bedeutung zukommen.[161] Allerdings wird auch hier die Unterscheidung nach der Schwere des Verstoßes im Verhältnis zur Intensität des Inlandsbezuges wieder durch eine Hintertür eingeführt.

b) Gleichstellung von EMRK und völkerrechtlich verbürgten Menschenrechten. Grundrechte im Sinne von S. 2 sind jene des Grundgesetzes und der Länderverfassungen[162] sowie die seit dem 1.12.2009 verbindliche EU-Grundrechtecharta.[163] Der Gesetzgeber hielt ferner die von der Europäischen Menschenrechtskonvention und die in anderen internationalen Übereinkommen geschützten Menschenrechte von S. 2 für erfasst.[164] Dagegen werden diese von Teilen des Schrifttums S. 1 zugeordnet, weil und soweit ihnen innerstaatlich nur einfacher Gesetzesrang zukommt.[165] Die Zuordnung zu S. 1 bedeutet, dass der Rechtsverstoß „offensichtlich" sein muss. Für die Einordnung unter S. 2 spricht dagegen die Autonomie dieser Grundnormen gegenüber dem nationalen Recht, ihr (indirekter) Vorrang gegenüber nationalen Wertungen nach Art. 1 Abs. 2 GG und nach dem Grundsatz der Völkerrechtsfreundlichkeit[166] sowie die Herausbildung eigenständiger kollisionsrechtlicher Kriterien in Bezug auf deren internationalen Geltungsbereich.[167] Sie gleichen damit eher Grundrechtsverstößen nach S. 2 als Verstößen gegen wesentliche Rechtsgrundsätze des materiellen Rechts nach S. 1. Die EMRK wird den gemeinschaftsrechtlichen Geltungsvorrang durch den Beitritt der EU zur EMRK[168] erlangen. Auch dies spricht insgesamt für eine Integration jeglicher Grundrechtsverbürgungen auf Ebene des Art. 6 S. 2. 51

II. Rechtsfolgen eines ordre-public-Verstoßes

1. Grundsatz. Liegt ein ordre-public-widriges Ergebnis im Sinne von S. 1 oder S. 2 vor, so sind diejenigen Rechtsnormen des berufenen Rechts nicht anzuwenden, auf denen der Verstoß beruht. Die **Ausschlusswirkung** (negative ordre-public-Wirkung) besagt nur, dass der ausländische Rechtssatz im konkreten Fall im Inland keine Geltung erlangt. Das berufene Recht bleibt im Übrigen anwendbar.[169] Das ergibt sich bereits aus dem Wortlaut des Art. 6 S. 1 und folgt dem Grundsatz möglichst weit gehender **Schonung des fremden Rechts**. Die Lücke im fremden Recht (Auswahl der ausgeschlossenen Rechtssätze) ist aus dem Blickwinkel des deutschen Rechts (lex fori) zu bestimmen. Das deutsche Recht gibt damit auch wertungsmäßig den äußeren 52

159 *G. Schulze*, Die Zeitehe des iranischen Rechts – Rechtsfragen aus deutscher Sicht, StAZ 2009, 197, 203.

160 Ordre public wird nicht mehr erwähnt von BSG IPRax 2003, S. 267 (auf mehrere Frauen aufgeteilte Witwenrente eines marokkanischen Versicherten, m.Anm. *Jayme*). Dasselbe gilt auch bei einer sonst unwirksamen Eheschließung im Ausland, vgl BVerfGE 62, 323 (Witwenrente trotz einer aus inländischer Sicht nicht wirksam geschlossenen Ehe im Ausland). Zur Korrektur auf der Ebene der Vorfragenanknüpfung vgl *Kropholler*, IPR, § 32 II, S. 217 f; Heilung abgelehnt dagegen in Bezug auf eine im Inland (!) hinkend geschlossene Ehe vor einem griechisch-orthodoxen Geistlichen, BGH IPRax 2004, 438; zu Recht krit. und für Heilungsmöglichkeit (§ 1310 Abs. 3 BGB) *Pfeiffer*, LMK 2003, 128 f; Bedenken gegen die Entscheidung aus verfassungsrechtlicher Sicht von *Mäsch*, IPRax 2004, 421, 424.

161 Vgl *Looschelders*, Art. 6 Rn 29 und 30; *Dörner*, in: FS Sandrock 2000, S. 205, 209; in Bezug auf den Vollstreckungsschutz des strukturell unterlegenen Bürgen BGH IPRax 1999, 371 (nur bei besonders krasser struktureller Unterlegenheit); krit. *G. Schulze*, IPRax 1999, 342, 345.

162 Die Grundrechte der Länderverfassungen werden ebenfalls erfasst, vgl Palandt/*Thorn*, Art. 6 EGBGB Rn 7; Erman/*Hohloch*, Art. 6 EGBGB Rn 21; *Looschelders*, Art. 6 Rn 22.

163 ABl. EG C 364 v. 18.12.2000 S. 1. Diese hat mit Inkrafttreten des Lissabon-Vertrages zum 1.12.2009 über Art. 6 Abs. 1 S. 2 EUV unmittelbare Geltung als Primärrecht erlangt.

164 BT-Drucks. 10/504, S. 44; ebenso Palandt/*Thorn*, Art. 6 EGBGB Rn 7.

165 MüKo/*Sonnenberger*, Art. 6 EGBGB Rn 47; *Looschelders*, Art. 6 Rn 22.

166 In Bezug auf die Frage, ob ausländische Normen, die vom EGMR für menschenrechtswidrig erklärt worden sind, aus deutscher Sicht noch angewendet werden dürfen (EGMR EuGRZ 1979, 454 – Marckx) vgl Staudinger/*Blumenwitz*, Art. 6 EGBGB Rn 82 f mwN.

167 *Voltz*, S. 96 ff.

168 Die offiziellen Beitrittsverhandlungen auf der Grundlage von Art. 6 EUV haben am 6.7.2010 begonnen.

169 OLG Frankfurt a.M. FamRZ 2011, 1065.

Rahmen vor, innerhalb dessen das ersatzweise anzuwendende Recht bestimmt oder gebildet werden kann. Die lex fori bildet den Ausgangspunkt für die Ersatzrechtslösung.[170]

53 **2. Lückenschließung.** Art. 6 ist eine Ausnahmevorschrift und stört den äußeren internationalen Entscheidungseinklang des kollisionsrechtlichen Verweisungssystems. Das **Ersatzrecht** zur Ausfüllung der Lücke soll deshalb – nach dem Schonungsgrundsatz – primär auf der Grundlage und nach den Wertungen im berufenen Recht gesucht werden. Diese von Rechtsprechung[171] etwa zur Anpassung einer Geldschuld[172] angewendete und von weiten Teilen der Lehre[173] befürwortete Lückenfüllung nach Maßgabe der lex causae ist nicht in allen Fällen sinnvoll durchführbar. Daher stellt die Gegenmeinung primär auf die Wertungen der lex fori ab und beschränkt die bestehenden Entscheidungsspielräume nach den Wertungen der lex causae. Sie genügt damit ebenfalls dem Grundsatz der Schonung des fremden Rechts.[174] Im Ergebnis führen beide Ansätze oftmals zu übereinstimmenden Lösungen. Überzeugender ist es, die Lösung aus dem **Blickwinkel der lex fori** zu suchen.

54 Lässt die Ausfüllung der Lücke – wie häufig – nur eine **Ja/Nein-Entscheidung** zu, so ist das Ergebnis bereits durch die Wertung der lex fori vorgegeben. Ein diskriminierendes Ehehindernis bleibt dann schlicht unbeachtet.[175] Die Zuerkennung eines erzwingbaren Anspruches aus Spiel- oder Wettschulden kann op-konform nur als Naturalobligation bestehen bleiben.[176] Die fehlende Möglichkeit einer Vaterschaftsanerkennung kann nur[177] durch das deutsche Recht geschaffen werden.[178] Ebenso kann die Versagung eines Unterhaltsanspruches durch die lex causae allein durch Gewährung eines Anspruches durch die lex fori ausgeglichen werden. Ob die Grundlage des Anspruches in einer eigens gebildeten Sachnorm der lex causae zu suchen ist, bleibt dabei für sich gesehen ohne Bedeutung. Erst bei der weiteren Frage nach der Höhe des zuzuerkennenden Unterhaltsbetrages können Wertungsdifferenzen austariert werden. Richtiger Ausgangspunkt bleibt das ggf zu modifizierende deutsche Unterhaltsrecht. Art. 18 Abs. 7 schafft in diesem Fall die Grundlage für einen angepassten und nach beiden Seiten verteilungsgerecht zu bestimmenden Unterhaltsbetrag.[179]

55 Vergleichbar liegt es, wenn eine **quantitative „Wie-Frage"** in anstößiger Weise entschieden wird. Ist die Höhe eines Zahlungsanspruches mit der lex fori unvereinbar, etwa im Falle eines unzulässigen anwaltlichen

170 KG Berlin NJW-RR 2008, 1109, 1110; *Looschelders* IPRax 2009, 246, 247, *ders.*, IPRax 2006, 462, 464; diesen Ausgangspunkt betonen auch *v. Bar/Mankowski*, IPR I, § 7 Rn 287; *St. Lorenz*, IPRax 1999, 429, 431; Bamberger/Roth/*St. Lorenz*, Art. 6 EGBGB Rn 17. Das wird leicht übersehen, wenn sogleich davon die Rede ist, dass die Lückenfüllung aus dem anwendbaren Recht selbst heraus erfolgen soll; so bereits in den Materialien BT-Drucks. 10/504, S. 44 f; ferner etwa Erman/*Hohloch*, Art. 6 EGBGB Rn 26; Palandt/*Thorn*, Art. 6 EGBGB Rn 13.

171 BGHZ 120, 29, 37; OLG Zweibrücken NJW-RR 2002, 581; OLG Schleswig NJW-RR 2001, 1372 f,; OLG Düsseldorf, IPRax 2009, 520, 521, zust. *Looschelders* IPRax 2009, 505, 508; OLG Düsseldorf FamRZ 1998, 1113.

172 OLG Bamberg v. 24.3.2010 / UF 275/08 (Herabsetzung einer Brautgabe), krit. *Mörsdorf-Schulte* FamRBint 2011, 25, 26 f.

173 Erman/*Hohloch*, Art. 6 EGBGB Rn 26; Palandt/*Thorn*, Art. 6 EGBGB Rn 13; nach Fallgruppen unterscheidend *Kropholler*, IPR, § 36 V, S. 248 f; ferner wird vorgeschlagen, für die Lückenschließung fallbezogene Sachnormen auszubilden, um so eine bestmögliche Schonung des fremden Rechts zu erreichen; Soergel/*Kegel*, Art. 6 EGBGB Rn 35; *Kegel/Schurig*, § 16 VI, S. 538.

174 *V. Bar/Mankowski*, IPR I, § 7 Rn 285 ff; *St. Lorenz* IPRax 1999, 429, 431; Bamberger/Roth/*St. Lorenz*, Art. 6 EGBGB Rn 17; so iE auch KG Berlin NJW-RR 2009, 263, 265.

175 Das bedeutet die Anwendung der lex fori, die das fragliche Ehehindernis nicht vorsieht.

176 Das entspricht sachlich § 762 BGB, vgl OLG Hamm NJW-RR 1997, 1007; *Martiny*, in: FS W. Lorenz 2001, S. 375, 389 ff.

177 Bei einer solchen Schlussfolgerung ist allerdings Vorsicht geboten. So kann etwa ein ausländisches generelles Adoptionsverbot wie im islamischen Recht zwar allein durch eine inländische Adoption überwunden werden. Im Einzelfall ist aber die lex causae vorrangig, wenn ein Ersatzinstitut wie die Kafala (Schutzzusage) im konkreten Fall eine für das Kind förderliche Betreuung (ähnlich in einer Pflegefamilie) ermöglicht und dies dem Wohl des Kindes und der Entwicklung seiner kulturellen Identität besser entspricht als eine inländische Adoption; OLG Karlsruhe FamRZ 1998, 56, 57; vgl dazu *Jayme*, IPRax 1996, 237, 238; insoweit im Ansatz zust. *Mankowski*, IPRax 2004, 282, 288.

178 Entspr. war nach früherem Rechtszustand die fehlende Legitimationsmöglichkeit nur durch Legitimation nach deutschem Recht zu erreichen, vgl Staudinger/*Blumenwitz*, Art. 6 EGBGB Rn 172 mwN.

179 BGH NJW 1991, 2212; vgl näher *G. Schulze*, Bedürfnis und Leistungsfähigkeit, S. 182; Soergel/*Kegel*, Art. 18 EGBGB Rn 22.

Erfolgshonorars,[180] so ist der Anspruch auf das nach inländischen Vorstellungen gerade noch erträgliche Maß zu kürzen, was aber keineswegs die Anwendung der Sätze des RVG bedeutet.[181]

Dies gilt in gleicher Weise im Falle **unterschiedlicher Verjährungsregeln**. Eine nach schweizerischem Recht unverjährbare Forderung ist danach auf das gerade noch erträgliche inländische Höchstmaß zu kürzen. Die Verjährungsfrage hätte vom Reichsgericht[182] somit und zum damaligen Zeitpunkt längstens 30 Jahre betragen dürfen (§ 195 BGB aF). Eine längere Frist (vielleicht 50 Jahre)[183] stünde der Unverjährbarkeit zwar wertungsmäßig näher, hat aber auch im fremden Recht keine Grundlage, sondern substituiert den anstößigen Rechtssatz in freirechtlicher Weise. Die Lösung des Reichsgerichts, die Verjährung auf die sonst längste Frist nach dem schweizerischen Verjährungsrecht (zehn Jahre) abzukürzen, war von der negativen Ausschlusswirkung des ordre public nicht gedeckt. Dieser schließt Fristenregeln im fremden Recht bis zu 30 Jahren jedenfalls nicht aus. Die lex fori legt mithin die Grenzen fest (und muss sie in der Entscheidungssituation festlegen),[184] bei deren Überschreitung die Unvereinbarkeit beginnt, und sie grenzt damit ebenso den Rahmen für die Ersatzrechtsbildung in dieser Richtung ein.[185] 56

C. Überblick nach Rechtsgebieten (Einzelfälle)

Die Rechtsprechung zu Art. 30 aF (galt bis zum 1.9.1986) kann weiterhin berücksichtigt werden. Art. 6 hat an dem sachlichen Rechtszustand nichts geändert. Da die Vorschrift auf das Ergebnis im Einzelfall abstellt, sind konkretisierende Aussagen über die ordre-public-Widrigkeit bestimmter ausländischer Rechtssätze oder Wertungen nicht möglich und auch nicht gewollt. Das Fallmaterial ist groß und den Erläuterungen der jeweils einschlägigen Kollisionsnormen zu entnehmen. Insbesondere sind die von den op-Vorbehalten der Art. 21 Rom I-VO und 26 Rom II-VO abgedeckten Sachbereiche des Schuldvertragsrechts sowie der außervertraglichen Schuldverhältnisse nicht mehr aufgeführt. Auf die dortigen Erläuterungen wird verwiesen. 57

I. Allgemeiner Teil

Der Verlust der Rechtsfähigkeit mit dem Eintritt ins Kloster („Klostertod")[186] begründet einen ordre-public-Verstoß. Ein Verstoß ist auch zu bejahen, wenn ein neunjähriges Mädchen von ihrem Heimatrecht für volljährig und geschäftsfähig erklärt wird.[187] Die Abschaffung von Adelsprädikaten im Ausland verstößt grundsätzlich nicht gegen den ordre public.[188] Ein ungewöhnlicher Vorname grundsätzlich ebenfalls nicht.[189] Das alleinige Namensbestimmungsrecht des Vaters kann ordre-public-widrig sein.[190] Dagegen begründet die fehlende Rechtsfähigkeit zum Abschluss von Außenhandelsverträgen keinen ordre-public-Verstoß,[191] gleichfalls nicht das fehlende Verbot des Selbstkontrahierens (§ 181 BGB)[192] oder die fehlende Ausrichtung der Auslegung von Willenserklärungen nach dem Empfängerhorizont.[193] Fristunterschiede bei der Verjährung sind unbeachtlich, die fehlende Verjährbarkeit dagegen anstößig.[194] 58

180 Erfolgshonorare sind heute nach Maßgabe des § 4 a RVG (§ 49 b Abs. 2 S. 1 BRAO) zulässig. Ein vergleichbares Problem kann aber entstehen, wenn die dortigen Voraussetzungen nicht erfüllt wurden. Das Erfolgshonorar muss insbesondere zur Sicherstellung der Rechtsverfolgung notwendig sein. Zum früheren Recht BGHZ 44, 183, 190 (Kürzung nach allgemeinen Billigkeitserwägungen); ähnlich BGHZ 118, 312, 333 f (Teilanerkennung bei Schadensersatz wegen punitive damages).

181 Zur Obergrenze für das erstattungsfähige Honorar eines ausländischen Verkehrsanwalts, *Mankowski* NJW 2005, 2346, 2347 zu BGH NJW 2005, 1373. Der BGH hatte sich nicht auf Art. 6 gestützt. Für Vertragsschlüsse ab dem 17.12.2009 gilt künftig der vorrangige Art. 21 Rom I-VO.

182 RGZ 106, 82.

183 *Kegel/Schurig*, § 16 VI, S. 539.

184 Es handelt sich daher auch nicht lediglich um ein Scheinproblem. So aber *St. Lorenz*, IPRax 1999, 429, 431; Bamberger/Roth/*St. Lorenz*, Art. 6 EGBGB Rn 17. Zutr. *v. Bar/Mankowski*, IPR I, § 7 Rn 286 Fn 1237.

185 Das schweizerische Verjährungsrecht war danach nur in dem Umfange von der Anwendung ausgeschlossen, als es eine Verjährungsfrist von länger als 30 Jahren vorsah. Weiter konnte die Ausschlusswirkung nicht reichen und daher auch nicht durch eine Ersatzrechtslösung begründet werden; vgl ähnlich *v. Bar/Mankowski*, IPR I, § 7 Rn 286; *St. Lorenz* IPRax 1999, 429, 432; Bamberger/Roth/*St. Lorenz*, Art. 6 EGBGB Rn 17.

186 RGZ 32, 173.

187 OLG Köln FamRZ 1997, 1240.

188 BVerwG NJW 1960, 452.

189 OLG Bremen NJW-RR 1996, 1029, 1030 (je nach Kindeswohl); OLG Düsseldorf NJW-RR 1989, 1033, 1034 (Vorname ohne geschlechtspezifische Zuordnung zulässig).

190 Dagegen verneint von AG Halle v. 11.1.2011 Az. 65 III 19/10 – iuris (nigerianischen Namensrecht) soweit das Bestimmungsrecht die Folge einer Namensrechtswahl nach Art. 10 Abs. 3 Nr. 1 EGBGB war,

191 BGH NJW 1998, 2452, 2453.

192 RG JW 1928, 2013.

193 OLG Hamm NJW-RR 1998, 1542.

194 RGZ 151, 193, 201 (Frist); RGZ 106, 82 (Unverjährbarkeit).

II. Schuldrecht

59 Verwiesen wird auf die Erl. zu Art. 21 Rom I-VO für die vertraglichen Schuldverhältnisse sowie auf Art. 26 Rom II-VO für die außervertraglichen Schuldverhältnisse.

III. Sachenrecht

60 Gegen den ordre public verstößt die entschädigungslose Enteignung von Vermögensgegenständen außerhalb des enteignenden Staates.[195] Der sachenrechtliche ordre public wird nicht verletzt durch das besitzlose Registerpfandrecht nach französischem Recht.[196] Die nach dem Territorialitätsprinzip eigenständig angeknüpfte staatliche Enteignung eines simbabweschen Kaffeefarmers verstößt nicht gegen den ordre public, wenn eine hinreichende Inlandsbeziehung fehlt.[197]

IV. Familienrecht

61 Im Internationalen Familienrecht ergeben sich ordre-public-Verstöße oftmals im Zusammenhang mit stark religiös geprägten Rechten. Aufgrund der sozio-kulturellen Bedeutung des Familienrechts kommt dem ordre-public aber auch generell eine gesteigerte Bedeutung zu. Soweit das **Unterhaltsrecht** betroffen ist, schließen die Art. 13 u. 14 des Haager Unterhaltsprotokolls[198] seit dem 18.6.2011[199] als vorrangige ordre-public-Regeln, einen Rückgriff auf Art. 6 EGBGB aus.

Im **Internationalen Verlöbnisrecht** wurde die Vereinbarung einer Vertragsstrafe bei Scheitern der Eheschließung für ordre-public-widrig gehalten (§ 1297 Abs. 2 BGB).[200] Die Versagung von Kranzgeld erschien früher ebenfalls ordre-public-widrig.[201] Im Bereich der **Eheschließung** werden Ehehindernisse, die auf rassischen, religiösen oder politischen Gründen beruhen, nicht beachtet (sie werden vorrangig von Art. 13 Abs. 2 erfasst und ausgeschlossen). Das Verbot der Mehrehe (§ 1306 BGB) verhindert eine Eheschließung im Inland, steht aber der Beachtung einer im Ausland geschlossenen polygamen Ehe nicht entgegen.[202] Das gilt ebenso für eine Zeitehe,[203] eine gleichgeschlechtliche „Ehe"[204] und eine eingetragene heterosexuelle Partnerschaft.[205] Die Stellvertretung bei der Eheschließung (sog. Handschuhehe) ist grundsätzlich nur ordre-public-widrig, wenn eine Vertretung im Willen vorlag.[206] Jedoch kann auch die Botenschaft unter Vorlage einer schriftlichen Genehmigung der Braut den ordre-public-Verstoß begründen, weil das Zustandekommen der Genehmigung im familiären Bereich eine selbstbestimmte Entscheidung nicht erwarten lässt, wenn die Eltern der minderjährigen Braut den Ehemann auswählen.[207] Im Bereich der **allgemeinen Ehewirkungen** verstößt auch die gesetzliche Vertretung der Ehefrau durch den Mann gegen den ordre public.[208] Die fehlende Möglichkeit der Wohnungszuweisung nach fremdem Recht[209] hat sich durch die Anknüpfung nach Art. 17 a an das deutsche Recht erledigt.

195 BGHZ 104, 240, 244; BVerfG NJW 1991, 1594 ff; 1996, 1666, 1671.
196 BGHZ 39, 173.
197 OLGR Hamburg 2005, 448.
198 Haager Protokoll über das auf Unterhaltspflichten anzuwendende Recht vom 23.11.2007, Abl. EU 2009 L 331, S. 19.
199 Ab diesem Datum wird die VO (EG) Nr. 4/2009 des Rates über die Zuständigkeit, das anwendbare Recht, die Anerkennung und Vollstreckung von Entscheidungen und die Zusammenarbeit in Unterhaltssachen v. 18.12.2008 (EuUnthVO), Abl. EU 2009 Nr. L 7, S. 1, verbindlich angewendet (Art. 76), die zur Bestimmung des anwendbaren Rechts in ihrem Art. 15 auf das Haager Protokoll verweist; vgl *Andrae*, Zum Beitritt der Europäischen Gemeinschaft zum Haager Protokoll über das Unterhaltskollisionsrecht, GPR 2010, 196 ff.
200 LG Bochum FamRZ 1990, 883.
201 BGHZ 28, 375, 385; aufgegeben von BGHZ 62, 283.
202 BVerwGE 71, 228 (entscheidend sei der Inlandsbezug); BSG IPRax 2003, S. 267 (auf mehrere Frauen aufgeteilte Witwenrente, m.Anm. *Jayme*); keine Witwenrente bei Tod der ersten von zwei Ehefrauen, *Jayme* zust. Anm. zu LSG Darmstadt IPRax 2005, 307.
203 *G. Schulze*, Die Zeitehe des iranischen Rechts – Rechtsfragen aus deutscher Sicht, StAZ 2009, 197, 202.
204 AG Nürnberg FamRZ 2011, 308 (gleichgeschlechtliche Ehe nach belgischem Recht); *Andrae/Abbas*, StAZ 2011, 97, 101; vgl dort auch zur ip-rechtlichen Qualifikation als Ehe oder als Lebenspartnerschaft im Sinne von Art. 17 b EGBGB (102 f), *Röthel*, Anerkennung gleichgeschlechtlicher Ehen nach deutschem und europäischen Recht, IPRax 2006, 250, 251 f.
205 Vgl auch zur Qualifikation unter Art. 13 EGBGB oder Art. 17 b EGBGB jeweils direkt oder analog, MüKo/*Coester*, Art. 17 b EGBGB Rn 128 ff; aA Fachausschuss-Nr. 3855 StAZ 2009, 187, 188 f (unwirksam nach Art. 13 EGBGB bei deutsch-niederländischen Partnern).
206 So AG Gießen StAZ 2001, 39; kein ordre public Verstoß bei gebundener Stellvertretung oder Botenschaft (Formfrage), BGHZ 29, 137, 143; KG FamRZ 1973, 313, 315; BayObLG StAZ 2001, 66, 67; KGR 2004, 326 f = IPRspr 2004, Nr. 206; das gilt auch dann, wenn sich die Ehegatten nicht kannten, OLG Zweibrücken 8.12.2010, Az. 3 W 175/10.
207 Zutr. AG Offenbach StAZ 2011, 155 f (Handschuhehe nach der Nikah-Zeremonie einer 16-jährigen Muslima).
208 LG Berlin FamRZ 1993, 198.
209 OLG Celle FamRZ 1999, 443; OLG Frankfurt FamRZ 1994, 633, 634.

Im Bereich des **Internationalen Scheidungsrechts** sind Privatscheidungen/Verstoßungen (talaq) im Inland wegen des gerichtlichen Scheidungsmonopols ausgeschlossen (Art. 17 Abs. 2). Das gilt ebenso für die „Scheidung" gleichgeschlechtlicher Partnerschaften. Hier kommt nur die Aufhebung der Partnerschaft in Betracht.[210] Scheidungshindernisse des berufenen ausländischen Rechts können unter bestimmten Voraussetzungen durch eine Scheidung nach deutschem Recht überwunden werden (Art. 17 Abs. 1 S. 2).[211] Ein einseitiges Scheidungsverbot und die einseitige Schlechterstellung der Frau sind op-widrig[212] ebenso wie der einseitige Verlust der vermögensrechtlichen Ansprüche bei Scheidung durch die Frau (Loskaufscheidung).[213] Einseitige Privatscheidungen im Ausland (etwa durch talaq) sind im Hinblick auf das rechtliche Gehör und wegen der Ungleichbehandlung der Frau bedenklich. Ein op-Verstoß scheidet aber aus, wenn die Frau zugestimmt hat oder die Voraussetzungen für die Scheidung nach deutschem Recht vorliegen.[214] Auch die erzwungene Mitwirkung an einer privaten „Get-Scheidung" in Israel würde gegen den ordre public verstoßen.[215] Ausländische Scheidungsverbote werden heute bei hinreichendem Inlandsbezug grundsätzlich als ordre-public-widrig angesehen,[216] nicht aber Scheidungen auf der Grundlage des Verschuldensprinzips.[217] 62

Die Versagung von Unterhalt bei Scheidungsverschulden des Unterhaltsberechtigten verstößt nicht gegen den ordre public,[218] ohne Verschulden bei betreuungsbedürftigen Kindern und in Härtefällen dagegen schon.[219] Das Versagen eines Versorgungsausgleichs ist nicht op-widrig.[220] Auch die Höhe einer geschuldeten Brautgabe kann ordre-public-widrig sein.[221]

Im **Kindschaftsrecht** ist mit der Einführung vielfältiger Alternativanknüpfungen (Art. 19 ff) der ordre public zurückgedrängt worden. Gegen den ordre public kann ein allein dem Vater zustehendes Sorgerecht nach dem iranischen Recht verstoßen, wenn im Einzelfall das Kindeswohl nicht gewahrt ist.[222] Auch die gerichtliche Anerkennung der Vaterschaft ohne Zustimmung des gesetzlichen Vertreters des Kindes kann op-widrig sein.[223] Eine Vaterschaftsanerkennung nach einer Leihmutterschaft stellt keinen ordre-public-Verstoß dar.[224] Die Adoptionsvoraussetzung der Kinderlosigkeit steht dem ordre public entgegen, wenn die Annahme dem Kindeswohl entspricht.[225] Die Adoptionsentscheidung durch ein ausländisches Gericht ist op-widrig, wenn das Kind von seinen leiblichen, im Ausland lebenden Eltern nur zum Zwecke der Weitergabe gezeugt und zur Welt gebracht worden ist.[226] Ein ordre-public-Verstoß soll bereits dann vorliegen, wenn eine Kindeswohlprüfung im ausländischen Adoptionsverfahren nicht stattgefunden hat.[227] Dagegen kann ein fehlender vorheriger Kontakt der Adoptiveltern zum Adoptivkind hingenommen werden, wenn eine positive Prognose über das Entstehen eines Eltern-Kind-Verhältnisses möglich ist.[228] Das Adoptionsverbot des islamischen Rechts ist nicht anstößig, wenn das berufene Recht ein Ersatzinstitut wie die Kafala (Schutzzusage) kennt, das im konkreten Fall eine für das Kind förderliche Betreuung (ähnlich in einer Pflegefamilie) ermöglicht.[229] Sieht

210 Vgl AG Münster und VG Berlin IPRax 2011, 269, 270 m.Anm. *Mankowski/Höffmann* (247).

211 Die Vorschrift gilt aber etwa nicht für eine nur vorübergehend nicht scheidbare Ehe, BGH StAZ 2007, 341 = FamRZ 2007, 113 Anm. *Henrich* (117); krit. *Kroll*, Scheidung auf europäisch? – Die (derzeit) nicht scheidbare Ehe im IPR, StAZ 2007, 330, 334 f.

212 OLG Stuttgart FamRZ 2004, 25, 26; OLG Rostock FamRZ 2006, 947, 948; OLG Hamm FamRZ 2010, 1563, 1564 (marokkanisches Scheidungsrecht in der Fassung 1993); OLG Hamm FamRZ 2011, 1056, 1057 (marokkanisches Scheidungsrecht nach der Reform 2004); OLG Frankfurt a.M. FamRZ 2011, 1065 (iranisches Scheidungsrecht).

213 OLG Stuttgart NJW-RR 2009, 585, 586 (offen gelassen).

214 BGHZ 160, 332 = IPRax 2005, 346, 349 m.Anm. *Rauscher* IPRax 2005, 313; *Elwan/Menhofer*, Talaq nach iranischem Recht und die wesensmäßigen Zuständigkeit deutscher Gerichte, StAZ 2005, 168 ff; vgl insgesamt *Andrae*, Anwendung des islamischen Rechts im Scheidungsverfahren vor deutschen Gerichten, NJW 2007, 1730 ff mN.

215 OLG Oldenburg FamRZ 2006, 950, 952.

216 Zum Scheidungsverbot nach can. 1141 CIC und can. 853 CCEO vgl BGHZ 169, 240 = FamRZ 2007, 109, 111 m.Anm. *Henrich*; auch *Elwan/Menhofer*, Scheidungswunsch versus in Syrien geltendes Recht der unierten Ostkirchen, StAZ 2007, 325 ff; anders die Vorinstanz OLG Karlsruhe IPRax 2006, 181 krit. *Rauscher*, Bis dass der Tod euch scheide?, IPRax 2006, 140, 141; früher ebenso noch BGH NJW 1972, 161; 1977, 1014 (zum portugiesischen Recht).

217 BGH IPRax 1983, 180, 182; OLG Oldenburg FamRZ 1990, 632; BayObLG FamRZ 1993, 1469; OLG Hamm FamRZ 2011, 220, 221 (Verschuldenserfordernis nach türkischem Recht).

218 OLG Bremen IPRax 1998, 366 f.

219 BGH FamRZ 1991, 925; OLG Hamm FamRZ 1999, 1142; OLG Zweibrücken FamRZ 2000, 32.

220 Art. 17 Abs. 3 S. 2 EGBGB hat damit keine ordre public Wirkung, BGH FamRZ 2005, 1666, 1667 = NJW-RR 2005, 1449 f.

221 OLG Bamberg v. 24.3.2010 / UF 275/08 (Herabsetzung einer Brautgabe nach afghanischem Recht), krit. *Mörsdorf-Schulte* FamRBint 2011, 25, 26 f.

222 BGHZ 120, 29; BGH NJW-RR 1993, 962, 963.

223 BVerfG NJW 2008, 2835, 2836.

224 AG Nürnberg StAZ 2010, 182 (russisches Abstammungsrecht).

225 OLG Zweibrücken NJW-RR 2001, 1372; AG Siegen IPRax 1993, 184 f; AG Heidenheim IPRspr 1996 Nr. 111; aA AG Weilheim IPRax 1982, 161.

226 AG Hamm ZKJ 2007, 369 f = IPRspr 2007, Nr. 87.

227 Keine Anerkennung nach § 16 a Nr. 4 FGG aF, OLG Hamm StAZ 2010, 368 f (Thailand).

228 AG Nürnberg StAZ 2010, 80 f (äthiopische Adoption).

229 OLG Karlsruhe FamRZ 1998, 56, 57.

das Adoptionsstatut keine Adoption vor und fehlen alternative Gestaltungen, so führt dies zur Anwendung des deutschen Rechts.[230]

V. Erbrecht

63 Der Ausschluss von Verwandten 4. Grades aus dem 3. Parentel (Cousins und Cousinen) von der gesetzlichen Erbfolge verstößt nicht gegen den op.[231] Beschränkungen der Testierfreiheit stellen keinen op-Verstoß dar,[232] während der vollständige Ausschluss einen solchen begründen kann.[233] Die Benachteiligung weiblicher gesetzlicher Erben (geringere Erbquote) nach islamischem Recht[234] ist bei genügendem Inlandsbezug[235] ordre-public-widrig und zwar sowohl zum Nachteil der Ehefrau[236] als auch zum Nachteil der Töchter gegenüber den Söhnen.[237] Dasselbe gilt für den Erbausschluss bei Religionsverschiedenheit.[238] Keinen Verstoß gegen den ordre public stellt ein gesetzliches Erbrecht des Lebensgefährten dar.[239] Nach der Entscheidung des BVerfG vom 19.4.2005[240] folgt aus der Erbrechtsgarantie der Art. 14 Abs. 1 S. 1, 6 Abs. 1 GG eine unentziehbare, bedarfsunabhängige Mindestbeteiligung am Nachlass. Danach ist das Fehlen eines Pflichtteils- oder Noterbrechts[241] ebenso wie die Versagung eines Pflichtteilsrechts[242] oder eines sonstigen Erbausgleiches für nichteheliche Kinder[243] heute ordre-public-widrig.[244]

Zweiter Abschnitt
Recht der natürlichen Personen und der Rechtsgeschäfte

Art. 7 EGBGB Rechtsfähigkeit und Geschäftsfähigkeit

(1) [1]Die Rechtsfähigkeit und die Geschäftsfähigkeit einer Person unterliegen dem Recht des Staates, dem die Person angehört. [2]Dies gilt auch, soweit die Geschäftsfähigkeit durch Eheschließung erweitert wird.

(2) Eine einmal erlangte Rechtsfähigkeit oder Geschäftsfähigkeit wird durch Erwerb oder Verlust der Rechtsstellung als Deutscher nicht beeinträchtigt.

Literatur: *Baetge*, Anfechtung der Rechtsfolgen bei fehlender Geschäftsfähigkeit, IPRax 1996, 185; *Basedow*, in: Gottwald (Hrsg.), Materielles Recht und Prozessrecht und die Auswirkungen der Unterscheidung im Recht der internationalen Zwangsvollstreckung, 1992, S. 131; *Benicke/Zimmermann*, Internationales Namensrecht im Spannungsfeld zwischen Internationalem Privatrecht, Europäischem Unionsrecht und Europäischer Menschenrechtskonvention, IPRax 1995, 141; *Danckwerts*, Persönlichkeitsrechtsverletzungen im deutschen, schweizerischen und US-amerikanischen internationalen Privatrecht – Ein Plädoyer für das Personalstatut, 1999; *Fischer*, Unionsrecht und kollisionsrechtliches Staatsangehörigkeitsprinzip, in: v. Bar (Hrsg.), Europäisches Unionsrecht und IPR, 1991, S. 157; *Grünberger*, Ein Plädoyer für ein zeitgemäßes Transsexuellengesetz, StAZ 2007, 357; *Jessurun d'Oliveira*, Transsexualität im internationalen Privatrecht, IPRax 1987, 189; *Kropholler/von Hein*, Der postmortale Persönlichkeitsschutz im geltenden und künftigen Internationalen Privatrecht, in FS für Andreas Heldrich 2005, S. 793; *Lipp*, Verkehrsschutz und Geschäftsfähigkeit im IPR, RabelsZ 63 (1999) 107; *ders.*, Geschäftsfähigkeit im europäischen IPR: Status oder Willensmangel, in: Baur, u.a. (Hrsg.), Festschrift für Gunther Kühne zum 70. Geburtstag, 2009, S. 765; *Oda*, Überlegungen zur Prozessfähigkeit von Ausländern, in FS Horst Konzen 2006,

230 OLG Schleswig FamRZ 2008, 1104, 1106 = StAZ 2008, 142, 144.
231 KG FamRZ 2011, 1008 (mit der Folge des Fiskuserbrechts zugunsten der früheren UDSSR); zu Recht krit. *Nordmeier* IPRax 2011, im Erscheinen.
232 LG Hamburg IPRspr 1991 Nr. 142, Bamberger/Roth/*St. Lorenz*, Art. 25 EGBGB Rn 61.
233 Staudinger/*Dörner*, Art. 25 Rn 726; zust. *Looschelders*, IPRax 2009, 246, 248 f.
234 Vgl näher *Pattar*, Islam inspiriertes Erbrecht und deutscher Ordre Public, 2007, 32 ff.
235 Den relativierenden Inlandsbezug lehnt *Looschelders*, IPRax 2006, 462, 465 f; IPRax 2009, 505, 506 f prinzipiell ab, gelangt aber zu vergleichbaren Ergebnissen durch die Annahme, dass das Grundrecht bei fehlendem Inlandsbezug keinen (uneingeschränkten) Geltungsanspruch habe.
236 OLG Düsseldorf IPRax 2009, 520 = ZEV 2009, 190; aA OLG Hamm FamRZ 1993, 111. Staudinger/*Dörner*, Art. 25 Rn 727; Palandt/*Thorn*, Art. 6 EGBGB Rn 30.
237 OLG Düsseldorf IPRax 2009, 520, 523 f = ZEV 2009, 190 (bei genügendem Inlandsbezug); aA LG Hamburg IPRspr 1991 Nr. 142.
238 OLG Düsseldorf IPRax 2009, 520 = ZEV 2009, 190 KG IPRax 2009, 263 zust. *Looschelders*, IPRax 2009, 246, 248 f; OLG Hamm IPRax 2006, 481, 486 f; zust. Looschelders, IPRax 2006, 462, 463 f.
239 BayObLG NJW 1976, 2076.
240 BVerfGE 112, 332, 348 ff = NJW 2005, 1561 = FamRZ 2005, 872.
241 Früher grundsätzlich kein op-Verstoß, BGH NJW 1993, 1920, 1921.
242 Früher grundsätzlich kein op-Verstoß, RG JW 12, 22; LG Köln FamRZ 1976, 170.
243 Früher grundsätzlich kein op-Verstoß, LG Stuttgart FamRZ 1998, 1627.
244 KG NJW-RR 2008, 1109 = IPRax 2009, 263 = FamRZ 2008, 1565, 1566 zust. Anm. *Rauscher*, FamRZ 2008, 1566, 1568.

S. 603; *Pagenstecher*, Werden die Partei- und Prozeßfähigkeit eines Ausländers nach seinem Personalstatut oder nach den Sachnormen der lex fori beurteilt?, ZZP 64 (1951), 249.

A. Allgemeines

I. Überblick

1 Der **zweite Abschnitt** des EGBGB enthält zum „Recht der natürlichen Personen und Rechtsgeschäfte" nur einzelne fragmentarische Regelungen (Art. 7–12). Zum Recht der natürlichen Personen gehören Art. 7 (Rechts- und Geschäftsfähigkeit), Art. 9 (Todeserklärung) und Art. 10 (Name). Art. 8 betraf die Entmündigung und ist mit dem BetreuungsG zum 1.1.1992 aufgehoben worden. Die Rechtsgeschäftslehre wird nur von Art. 11 EGBGB bzw Art. 11 Rom I-VO (Form der Rechtsgeschäfte) und von Art. 12 EGBGB bzw Art. 13 Rom I-VO (ergänzende Verkehrsschutzvorschrift für die Rechts-, Geschäfts- und Handlungsfähigkeit beim Vertragsschluss) gesetzlich geregelt, wobei für Schuldverträge, die ab dem 17.12.2009 geschlossen werden, die Rom I-VO gilt. Keine geschriebenen Kollisionsnormen bestehen zu den juristischen Personen und Personenvereinigungen (vgl dazu Anhang zu Art. 12 EGBGB) sowie zu Stellvertretung und Vollmacht (vgl dazu Anhang zu Art. 12 Rom I-VO). Andere Fragen der Rechtsgeschäfte wie etwa Vertragsschluss, Form, Willensmängel oder Verjährung werden vom internationalen Schuldvertragsrecht erfasst (vgl Art. 10-17 Rom I-VO).

2 **Art. 7 bestimmt**, nach welchem Recht die Rechtsfähigkeit und die Geschäftsfähigkeit einer natürlichen Person zu beurteilen ist. Abs. 1 S. 1 knüpft beide Fähigkeiten an die Staatsangehörigkeit der Person.[1] Das gilt nach Abs. 1 S. 2 auch für den Sonderfall, dass die Eheschließung den Umfang der Geschäftsfähigkeit erweitert. Abs. 2 dient dem Schutz wohlerworbener Rechte im Falle des Erwerbs oder des Verlustes der deutschen Staatsangehörigkeit oder der Rechtsstellung als Deutscher (im Sinne von Art. 116 Abs. 1 GG, dh als Statusdeutscher; vgl dazu Anhang II zu Art. 5 EGBGB Rn 9).

II. Vorrangiges Recht

3 Die Rechts-, Geschäfts- und Handlungsfähigkeit wird unionsrechtlich nicht geregelt (vgl Art. 1 Abs. 1 a Rom I-VO). Die Verkehrsschutzregel in Art. 13 Rom I-VO entspricht Art. 12 und ermöglicht eine Korrektur der Regelanknüpfung nach Art. 7. Ein Verstoß gegen besondere oder gegen das allgemeine Diskriminierungsverbot (Art. 25 EUV = 12 EGV aF) liegt in der Anknüpfung an die Staatsangehörigkeit grundsätzlich nicht (vgl zur Vereinbarkeit des Kollisionsrechts mit dem Unionsrecht Art. 3 EGBGB Rn 68, und in Bezug auf das Anknüpfungsmerkmal der Staatsangehörigkeit vgl Art. 5 EGBGB Rn 6). Das Haager Erwachsenenschutzabkommen vom 2.10.2000 (ESÜ)[2] mit seiner Grundsatzanknüpfung für Schutzmaßnahmen an die lex fori (Art. 13 Abs. 1) ist zum 1.1.2009 in Kraft getreten (s. Anm. Anh. zu Art. 8 EGBGB).

4 Art. 8 Abs. 3 S. 1 des Deutsch-Iranischen Niederlassungsabkommens vom 17.12.1929[3] verdrängt Abs. 1 (Vorrang des Staatsvertrages, Art. 3 Abs. 2). Danach gilt ebenfalls das jeweilige Heimatrecht der Person (die heimischen Gesetze). Es handelt sich aber um eine Sachnormverweisung. Rück- und Weiterverweisungen kommen daher, anders als bei Abs. 1, nicht in Betracht.[4] Art. 7 Abs. 2 (wohlerworbene Rechte) und Art. 12

1 Soweit Rechtsfähigkeit bereits für die Zuschreibung von Personalität (Person) für erforderlich angesehen wird, bedarf es des logischen Vorgriffs: Über die Rechtsfähigkeit entscheidet danach das Recht, welches – Rechtsfähigkeit vorausgesetzt – das Personalstatut wäre; vgl Staudinger/*Hausmann*, Art. 7 EGBGB Rn 11.

2 BGBl. 2007, II S. 323, vgl Text bei *Jayme/Hausmann*, Nr. 20 und Mitgliedsstaaten Fn 2; authentisch sind die englische und französische Sprachfassung, vgl RabelsZ 64 (2000) 752 u. Rev. crit. dr. int. pr. 1999, 877.

3 RGBl II 1930 S. 1006; das Abkommen erfasst u.a. die Fragen der Geschäftsfähigkeit, Volljährigkeit, Vormundschaft, Pflegschaft, Entmündigung. Text abgedruckt bei *Jayme/Hausmann*, Nr. 23 mit Fn 2.

4 Erman/*Hohloch*, Art. 7 EGBGB Rn 2.

bzw Art. 13 Rom I-VO (Verkehrsschutz beim Vertragsabschluss) bleiben im Verhältnis zum Iran als allseitige Regelung anwendbar (Art. 8 Abs. 3 S. 2 dt.-iran. Niederlassungsabk.).

III. Kollisionsrechtliche Regeln

5 Die Anknüpfung an die Staatsangehörigkeit gilt nicht für juristische Personen (zu deren Rechtsstatus vgl Anhang zu Art. 12 EGBGB). Art. 7 Abs. 1 S. 1 wird aus Verkehrsschutzgründen auch für natürliche Personen nach Kriterien des **Vertrauensschutzes** nach **Art. 12** bzw **Art. 13 Rom I-VO** verdrängt. Danach gilt beim Vertragsabschluss für die Rechts- und Geschäftsfähigkeit abweichend das Recht am Abschlussort.

6 Bei der Rechts- und Geschäftsfähigkeit nach Art. 7 handelt es sich um eine selbständig anzuknüpfende **Teilfrage.**[5] Das gilt ausnahmsweise nicht für die sog. besonderen Rechts- und Geschäftsfähigkeiten, die in einem unmittelbaren Sachzusammenhang zu der betroffenen Rechtsmaterie stehen (bspw die Deliktsfähigkeit; nachfolgend Rn 10). Sie unterstehen dem in der Hauptfrage anzuwendenden Recht (Wirkungsstatut).

7 Bei Abs. 1 handelt es sich um eine **Gesamtverweisung** (Art. 4 Abs. 1 S. 1). Rück- und Weiterverweisungen durch die Kollisionsnormen des Heimatrechts sind daher zu beachten. Besitzt die Person mehrere Staatsangehörigkeiten, so ist bei deutschen Mehrstaatern die deutsche Staatsangehörigkeit maßgebend (Art. 5 Abs. 1 S. 2), andernfalls ist nach Art. 5 Abs. 1 S. 1 die effektive Staatsangehörigkeit zu ermitteln. Besitzt die Person keine Staatsangehörigkeit oder ist diese nicht feststellbar,[6] so tritt an die Stelle der Anknüpfung an die Staatsangehörigkeit die Anknüpfung an den gewöhnlichen Aufenthalt, ersatzweise an den schlichten Aufenthalt (Art. 5 Abs. 2; ggf die vorrangigen Regelungen zum **Personalstatut**, vgl Art. 5 EGBGB Rn 39).

8 Das nach Abs. 1 berufene Recht kann in der konkreten Rechtsanwendung gegen den **ordre public** verstoßen (Art. 6). Das ist praktisch selten. Hiervon ist im Hinblick auf den Minderjährigenschutz aber etwa auszugehen, wenn das berufene Recht ein 9-jähriges Mädchen für volljährig und geschäftsfähig erklärt.[7] Ebenso begründet die Aberkennung der Geschäftsfähigkeit im Zusammenhang mit einem Strafurteil („bürgerlicher Tod"),[8] die Beschränkung der Geschäftsfähigkeit von Ehefrauen[9] oder unter besonderen Umständen eine Entmündigung einen ordre-public-Verstoß (s. Rn 26 f).

B. Regelungsgehalt

I. Rechtsfähigkeit natürlicher Personen (Abs. 1 S. 1)

9 Rechtsfähigkeit bedeutet die **allgemeine Fähigkeit** einer natürlichen Person, Träger von Rechten und Pflichten zu sein. Praktisch bedeutsam sind dabei die Fragen nach dem Beginn und dem Ende der Rechtsfähigkeit. Art. 9 enthält eine ergänzende Regelung für die Fälle, in denen der Tod oder der Zeitpunkt des Eintritts des Todes ungewiss sind (vgl Erl. zu Art. 9 EGBGB).

10 Nicht erfasst werden von Art. 7 die **besonderen Rechtsfähigkeiten**. Die Deliktsfähigkeit, dh die personalen Voraussetzungen für eine deliktische Verantwortlichkeit (vgl §§ 827 ff BGB) wie auch der Deliktsschutz (etwa der Schutz des nasciturus bei einer pränatalen Schädigung) sind nach dem Deliktsstatut zu beurteilen.[10] Ebenso untersteht die Fähigkeit zum Erwerb von Grundstücken nicht dem Heimatrecht des Erwerbers, sondern dem Belegenheitsrecht der Sache (lex rei sitae).[11] Ferner ist die Erbfähigkeit, etwa die des nasciturus (vgl § 1923 Abs. 2 BGB), nach dem Erbstatut zu bestimmen (Art. 25 EGBGB Rn 3) und auch die Adoptionsfähigkeit (Minderjährigkeit) fällt in das Adoptionsstatut.[12] Auch wird die Staatsangehörigkeitsfähigkeit durch das Staatsangehörigkeitsrecht bestimmt, um dessen Zuerkennung es geht.[13]

5 Bamberger/Roth/*Mäsch*, Art. 7 EGBGB Rn 1; *Looschelders*, IPR, Art. 7 Rn 1; iE gleich, aber mit abweichender Diktion, Palandt/*Thorn*, Art. 7 EGBGB Rn 1 (selbständig anzuknüpfende Vorfrage); zur Abgrenzung von Teil- und Vorfrage vgl Staudinger/Sturm/*Sturm*, Einl. zum IPR Rn 252.

6 Zu den praktischen Schwierigkeiten der Feststellung des Personenstandes s. die Nachw. bei Art. 5 Rn 36.

7 OLG Köln FamRZ 1997, 1240; zust. Staudinger/*Hausmann*, Art. 7 EGBGB Rn 23; *Looschelders*, IPR, Art. 7 Rn 5.

8 Bei lebenslänglicher Freiheitsstrafe nach dem Recht des Staates New York (Civil Death), in Gabun und Australien; vgl mit Nachw. *Kegel/Schurig*, § 17 I 1, S. 545; ebenso zu dem heute überholten Klostertod (Verlust der Rechtsfähigkeit durch Eintritt ins Kloster), vgl RGZ 32, 173.

9 Staudinger/*Hausmann*, Art. 7 EGBGB Rn 57 ff.

10 MüKo/*Birk*, Art. 7 EGBGB Rn 17 u. 18; Bamberger/Roth/*Mäsch*, Art. 7 EGBGB Rn 16.

11 Vgl Erman/*Hohloch*, Art. 7 EGBGB Rn 7. Ausländer werden fremdenrechtlich in einigen Staaten vom Grundstückserwerb ausgeschlossen. Diese fremdenrechtliche Beschränkung ist bereits als rechtliches Datum unabhängig von dem berufenen Recht zu beachten.

12 AA OLG Bremen v. 15.3.2006, BeckRS 2007, 03255 (gesonderte Anknüpfung nach Art. 7 EG).

13 Erwerb der deutschen Staatsangehörigkeit frühestens mit der Geburt, SächsOVG StAZ 2009, 380.

Die verfahrensrechtliche **Parteifähigkeit** einer natürlichen Person bestimmt sich, wie das Verfahrensrecht grundsätzlich, nach der lex fori. Stellt das deutsche Verfahrensrecht auf die Rechtsfähigkeit zur Bestimmung der Parteifähigkeit ab (§ 50 Abs. 1 ZPO), ist die Rechtsfähigkeit,[14] nach dem durch Art. 7 berufenen Personalstatut zu bestimmen[15] (zur Parteifähigkeit von Juristischen Personen und diesen gleichgestellten Personenvereinigungen vgl Anhang zu Art. 12 EGBGB Rn 12). 11

1. Beginn der Rechtsfähigkeit. Jede zivilisierte Rechtsordnung verleiht allen ihr unterworfenen Menschen Rechtsfähigkeit.[16] Unterschiede bestehen aber im **Zeitpunkt des Beginns** der Rechtsfähigkeit. Das Personalstatut entscheidet daher, ab wann ein Mensch im Rechtssinne existiert und ihm die Rechtsfähigkeit zuerkannt wird. Dies hat kollisionsrechtlich insbesondere Auswirkungen auf den Erbgang. So beginnt die Rechtsfähigkeit in Deutschland mit Vollendung der Geburt (§ 1 BGB), in Frankreich bereits mit der Lebensfähigkeit des Neugeborenen (Art. 725 franz. Code civil) oder in Spanien erst 24 Stunden nach der Geburt (Art. 30 des span. Código Civil: „mit menschlichem Antlitz"). 12

Auch die **Geschlechtszugehörigkeit** sowie die Anerkennung einer Geschlechtsumwandlung sind nach dem Personalstatut (Abs. 1 S. 1) zu entscheiden.[17] Bei deutschem Personalstatut gilt für Transsexuelle das Gesetz über die Änderung des Vornamens und die Festlegung der Geschlechtszugehörigkeit.[18] Ausländische Transsexuelle, die sich rechtmäßig und nicht nur vorübergehend im Inland aufhalten, können unter bestimmten Voraussetzungen nach § 1 Abs. 1 Nr. 3 d TSG ihren Vornamen ändern lassen, sofern deren Heimatrecht keine vergleichbaren Regeln kennen.[19] Entscheidungen des Heimatstaates eines Transsexuellen zum Vornamen und zur Geschlechtszugehörigkeit werden nach Maßgabe des § 109 FamFG anerkannt. Erfolgte eine Geschlechtsumwandlung einer verheirateten Person, so entscheidet das Scheidungsstatut über deren Auswirkungen auf den Bestand der Ehe.[20] 13

2. Ende der Rechtsfähigkeit. Das von Abs. 1 S. 1 berufene Heimatrecht regelt das Ende der Rechtsfähigkeit. Das ist der **Tod** im Rechtssinne. Die Feststellung des Todes und des Todeszeitpunktes richten sich als rechtserhebliche Tatsachen stets nach dem Ortsrecht und im Inland damit nach den geltenden medizinischen Erkenntnissen.[21] Zur Rechtslage bei Verschollenen vgl Art. 9 EGBGB Rn 7. 14

Verstorbenen kann mangels fortbestehender Rechtsträgerschaft nicht ohne weiteres eine nachwirkende Rechtsfähigkeit oder eine postmortale Teilrechtsfähigkeit zuerkannt werden. Der **postmortale Persönlichkeitsschutz** sollte aber dennoch dem Personalstatut (Abs. 1 S. 1) und nicht dem Delikts- oder dem Erbstatut unterstellt werden. Schutz und Andenken eines Verstorbenen sind weniger eine Frage der deliktischen Umweltbedingungen oder der vermögensrechtlichen Erbfolgeregelung. Die Stellung der Person im Gefüge der Rechtsordnung umfasst auch die Frage nach dem Schutz Verstorbener und die Befugnis zur Ausübung der Persönlichkeitsrechte eines Verstorbenen. Sie sind daher sachlich am besten dem Personalstatut zuzuweisen.[22] 15

14 Es geht mithin nicht um die kollisionsrechtliche Bestimmung der Parteifähigkeit nach dem Heimatrecht der betroffenen Partei, sondern um jene der Rechtsfähigkeit als verfahrensrechtliche Voraussetzung der Parteifähigkeit (Vorfrage), vgl *Basedow*, S. 131, 147.

15 Unter Beachtung von Rück- und Weiterverweisungen ebenso Erman/*Hohloch*, Art. 7 EGBGB Rn 25; Bamberger/Roth/*Mäsch*, Art. 7 EGBGB Rn 11; *Looschelders*, IPR, Art. 7 Rn 8; Palandt/*Thorn*, Art. 7 EGBGB Rn 2.

16 Vgl auch Art. 6 der Allgemeinen Erklärung der Menschenrechte v. 10.12.1948; Art. 16 des Internationalen Paktes über bürgerliche und politische Rechte v. 19.12.1966.

17 AllgM, OLG Karlsruhe StAZ 2003, 139; LG Stuttgart StAZ 1999, 15; MüKo/*Birk*, Art. 7 EGBGB Rn 16; Palandt/*Thorn*, Art. 7 EGBGB Rn 6 (Art. 7 analog); MüKo/*Coester*, Art. 13 EGBGB Rn 52.

18 Das Transsexuellengesetz in der Fassung v. 20.7.2007, BGBl. I S. 1566 (TSG) betrifft die Vornamensänderung (§ 1–7, sog. kleine Lösung) und die gerichtliche Feststellung der Geschlechtszugehörigkeit (§ 8, sog. große Lösung).

19 Insoweit wird die Anknüpfung an die Staatsangehörigkeit zugunsten des gewöhnlichen Aufenthalts durchbrochen, vgl MüKo/*Birk*, Art. 7 EGBGB Rn 16. Vgl AG Mannheim StAZ 2010, 50 (iE verneint); die Regelung geht auf BVerfGE 116, 243 = NJW 2007, 900 = IPRax 2007, 214 Anm. *Röthel* (204) zurück.

20 Fachausschuss-Nr. 3727, *Kissner*, StAZ 2005, 147, 148.

21 Staudinger/*Hausmann*, Art. 7 EGBGB Rn 30; aA Erman/*Hohloch*, Art. 7 EGBGB Rn 4 (Verfahrensrecht, daher lex fori).

22 Ebenso MüKo/*Birk*, Art. 7 EGBGB Rn 15; Staudinger/*Dörner*, Art. 25 EGBGB Rn 24; aA: *Kropholler/von Hein*, Der postmortale Persönlichkeitsschutz im geltenden und künftigen Internationalen Privatrecht, in: FS für Andreas Heldrich 2005, S. 793, 796; Staudinger/*Hausmann*, Art. 7 EGBGB Rn 68 (kumulative Anknüpfung von Personal- und Deliktsstatut); Erman/*Hohloch*, Art. 7 EGBGB Rn 5; Bamberger/Roth/*Mäsch*, Art. 7 EGBGB Rn 15 (jeweils Deliktsstatut).

II. Geschäftsfähigkeit natürlicher Personen (Abs. 1 S. 1)

16 **1. Anwendungsbereich.** Geschäftsfähigkeit bedeutet die Fähigkeit einer natürlichen Person, Rechtswirkungen durch Rechtsgeschäfte und Rechtshandlungen herbeizuführen.[23] Abs. 1 S. 1 erfasst zunächst die **Voraussetzungen der Geschäftsfähigkeit**. Das betrifft die verschiedenen Geschäftsfähigkeitsstufen (volle und beschränkte Geschäftsfähigkeit, Teilgeschäftsfähigkeit, Geschäftsunfähigkeit). Ebenso unterfällt die nur vorübergehende Geschäftsunfähigkeit dem Art. 7 (sog. natürliche Geschäftsunfähigkeit, Fall des § 105 Abs. 2 BGB). Nach deutschem Rechtsverständnis handelt es sich nicht um einen Willensmangel in Bezug auf ein konkretes Rechtsgeschäft, so dass eine Zuordnung zum Wirkungsstatut ausscheidet.[24]

Erfasst werden von Art. 7 ferner die Voraussetzungen einer erweiterten Geschäftsfähigkeit (vgl etwa §§ 110, 112, 113 BGB und auch § 105 a BGB) auch durch Eheschließung (Art. 7 Abs. 1 S. 2) sowie die Umstände, die zum Verlust oder zur Beschränkung der Geschäftsfähigkeit führen (geistige und körperliche Gebrechen und Behinderungen) und Entmündigung oder vergleichbare ausländische Rechtsinstitute.

17 Praktisch bedeutsam ist die Frage, ob auch die **rechtlichen Folgen fehlender Geschäftsfähigkeit** (Nichtigkeit, schwebende [Un-]Wirksamkeit, Anfechtbarkeit, Konvaleszenz durch Erfüllung, Genehmigung usf.) dem Personalstatut unterstellt werden. Die sachliche Verzahnung von Voraussetzungen und Folgen mangelnder Geschäftsfähigkeit ist naturgemäß eng und ihre Aufspaltung führt zu erheblichen Anpassungsproblemen. Zwar entstehen vergleichbare Anpasssungsprobleme ebenso dann, wenn das Wirkungsstatut andere Rechtsfolgen anordnet. Die Anwendung des Abs. 1 S. 1 ist aber aufgrund des starken sachlichen Konnexes dennoch mit der herrschenden Meinung zu bejahen.[25]

18 **2. Abgrenzung und ausgeschlossene Materien.** Abs. 1 S. 2 betrifft nur die Erweiterung der Geschäftsfähigkeit durch Heirat. Nicht zum Anwendungsbereich gehören **Beschränkungen** der Geschäftsfähigkeit durch **Heirat**. Sie unterfallen Art. 14 und 15 und sind ggf ordre-public-widrig (vgl Art. 6 EGBGB Rn 61).

19 Ob und inwieweit die Vornahme eines Rechtsgeschäfts **Geschäftsfähigkeit voraussetzt** (vgl bspw die Zulässigkeit eines minderjährigen Stellvertreters, § 165 BGB), ist nicht nach dem Personalstatut, sondern nach dem Wirkungsstatut zu beurteilen.[26] Wer gesetzlicher Vertreter eines nicht oder beschränkt Geschäftsfähigen ist, richtet sich nach dem Statut des Vertretungsverhältnisses, bei Minderjährigen nach dem Eltern-Kind-Verhältnis (Art. 1, 2 MSA, Art. 21 EGBGB). Voraussetzungen und Wirkungen der Betreuung sind nach Art. 24 zu beurteilen.

20 Ebenfalls nicht in den Anwendungsbereich des Abs. 1 S. 1 fällt die **Rückabwicklung** eines infolge fehlender Geschäftsfähigkeit unwirksamen (nichtigen) Vertrages. Nach Art. 12 Abs. 1 Nr. e Rom I-VO richtet sich die Rückabwicklung nach dem Geschäftsstatut.[27]

21 **Besondere geschäftliche Fähigkeiten** einer natürlichen Person in Teilrechtsgebieten sind selbständig kollisionsrechtlich geregelt (Wechsel- und Scheckrecht: Art. 91 WG; Art. 60 ScheckG) oder sind dem Wirkungsstatut zu entnehmen, bei deutschem Geschäftsrecht etwa die Termingeschäftsfähigkeit (§§ 50 ff BörsG aF). Die Deliktsfähigkeit untersteht dem Deliktsstatut (Art. 40 bzw 15 lit. a Rom II-VO), die Ehemündigkeit dem Eheschließungsstatut (Art. 13 Abs. 1), die güterrechtlichen Verfügungsbeschränkungen dem Güterrechtsstatut (Art. 15)[28] und die Testierfähigkeit untersteht dem Erbstatut (Art. 25).

22 Die **Prozessfähigkeit**, dh die Fähigkeit, Prozesshandlungen selbst oder als Vertreter wirksam vorzunehmen oder entgegenzunehmen (prozessuale Handlungsfähigkeit), bestimmt sich als verfahrensrechtliche Frage nach der lex fori. Vor inländischen Gerichten gelten daher die §§ 51 ff ZPO. Nach § 55 ZPO kann sich die Prozessfähigkeit alternativ nach dem Recht des Personalstatuts (Art. 7 Abs. 1 S. 1) oder nach deutschem Recht

23 Die Qualifikation des Begriffs „Geschäftsfähigkeit“ erfolgt nach der lex fori, wobei andere ausländische Begriffsverwendungen mit demselben Ordnungszweck ohne Rücksicht auf die Benennung (etwa Handlungsfähigkeit) oder die rechtstechnische Einordnung ebenso erfasst werden; vgl Erman/*Hohloch*, Art. 7 EGBGB Rn 8.

24 AA *Kegel/Schurig*, § 17 V 1, S. 614 und *Lipp*, in: Festschrift für Gunther Kühne, 2009, S. 765, 773 f, der selbst die dauerhafte Geschäftsunfähigkeit nach § 104 Nr. 2 dem Vertragsstatut (Wirkungsstatut) zuordnet.

25 OLG Hamm NJW-RR 1996, 1144; *Lipp*, in: Festschrift für Gunther Kühne, 2009, S. 765, 776; *Baetge*, IPRax 1996, 185, 187 f; *Reithmann/Martiny*, Internationales Vertragsrecht, 6. Aufl. 2003, Rn 2016; Staudinger/*Hausmann*, Art. 7 EGBGB Rn 71; Soergel/*Kegel*, Art. 7 EGBGB Rn 7; Erman/*Hohloch*, Art. 7 EGBGB Rn 14; Palandt/*Thorn*, Art. 7 EGBGB Rn 5; Bamberger/Roth/*Mäsch*, Art. 7 EGBGB Rn 28; *Looschelders*, IPR, Art. 7 Rn 15; aA OLG Düsseldorf IPRax 1996, 199; MüKo/*Birk*, Art. 7 EGBGB Rn 36 (jeweils Wirkungsstatut).

26 MüKo/*Birk*, Art. 7 EGBGB Rn 27; Erman/*Hohloch*, Art. 7 EGBGB Rn 13; *Looschelders*, IPR, Art. 7 Rn 14.

27 Palandt/*Thorn*, Art. 7 EGBGB Rn 5; Erman/*Hohloch*, Art. 7 EGBGB Rn 15; Staudinger/*Hausmann*, Art. 7 EGBGB Rn 73; aA *Lipp*, in: Festschrift für Gunther Kühne, 2009, S. 765, 776 f weil und soweit es sich um eine statusbedingte Geschäftsunfähigkeit handelt.

28 Soweit sie keinen güterrechtlichen Charakter haben oder es sich um Interzessionsbeschränkungen handelt (etwa Eingehung von Bürgschaften unter Ehegatten), richten sie sich nach dem Wirkungsstatut (Art. 14); Erman/*Hohloch*, Art. 7 EGBGB Rn 10.

richten (§ 52 ZPO iVm §§ 104 ff BGB).[29] Ein Ausländer besitzt danach die Prozessfähigkeit vor deutschen Gerichten, wenn er nach deutschem Recht oder nach seinem Heimatrecht zur Prozessführung befugt ist. Damit wird nicht fremdes Prozessrecht angewendet, sondern der verfahrensrechtliche Status des Ausländers in seinem Heimatland für das inländische Verfahren als ausreichend anerkannt.[30] Entsprechend zu beurteilen ist die Verfahrensfähigkeit in Verfahren der freiwilligen Gerichtsbarkeit[31] (zur Prozessfähigkeit von juristischen Personen und diesen gleichgestellten Personenvereinigungen vgl Anhang zu Art. 12 EGBGB).

Art. 7 findet keine Anwendung auf die **Kaufmannseigenschaft** einer Person. Diese ist eine Besonderheit des deutschen Handelsrechts. Für sie ist das Wirkungsstatut maßgebend, dh das Recht, dem das Rechtsgeschäft, für das die Kaufmannseigenschaft von Bedeutung ist, untersteht.[32] 23

Auch fallen Verletzungen des **Persönlichkeitsrechts** zu Lebzeiten des Betroffenen nicht unter Art. 7, sondern nach nahezu einhelliger Auffassung[33] in das Deliktsstatut (Art. 40 EGBGB),[34] während der postmortale Persönlichkeitsschutz von Art. 7 erfasst wird (s. Rn 15).

3. Beginn und Ende der Geschäftsfähigkeit (Entmündigung). Das von Abs. 1 S. 1 berufene Heimatrecht bestimmt, wann eine Person beschränkt oder voll geschäftsfähig wird. Das betrifft sowohl die zumeist maßgeblichen **Altersgrenzen** (nach deutschem Recht 7 und 18 Jahre)[35] als auch die vorzeitige Erweiterung der beschränkten Geschäftsfähigkeit zu einer partiellen Geschäftsfähigkeit im Sinne der §§ 112, 113 BGB. Ebenso entscheidet das Heimatrecht über eine mögliche vorzeitige Emanzipation (Milderung der Beschränkungen) oder Volljährigkeitserklärung.[36] Werden diese Rechtsakte von Behörden oder Gerichten ausgesprochen, so sind die ausländischen Entscheidungen nach § 108 FamFG anzuerkennen.[37] 24

Das Ende der Geschäftsfähigkeit untersteht ebenfalls nach Art. 7 dem Heimatrecht des Betroffenen. Daher entscheidet das Heimatrecht auch über das Ende der Minderjährigkeit (Altersgrenzen). Das kann im Anwendungsbereich des MSA zu einem Statutenwechsel führen, weil der Vorrang des MSA gegenüber dem EGBGB mit Vollendung des 18. Lebensjahres endet (Art. 12 MSA).[38] Kollisionsrechtlich gesondert geregelt sind aber der **Kindesunterhalt** in Art. 18. Das Unterhaltsstatut entscheidet auch über das Ende der Minderjährigkeit (Altersgrenzen) und über den Verlust der damit verbundenen Privilegien des Unterhaltsgläubigers.[39] Die **Betreuung** untersteht nach Art. 24 alternativ dem Heimatrecht des Betroffenen oder, bei Aufenthalt im Inland, dem deutschen Recht. Die danach praktisch häufige Anwendung des deutschen Betreuungsrechts (§§ 1896 ff BGB) führt bei Anordnung eines Einwilligungsvorbehalts zu einer beschränkten Geschäftsfähigkeit des Betreuten (§ 1903 BGB). 25

Die **Entmündigung** ist in Deutschland zum 1.1.1992 durch das BetreuungsG[40] abgeschafft worden. Gestrichen wurden dabei auch die kollisionsrechtliche Regelung (Art. 8: Entmündigung von Ausländern im Inland nach deutschem Recht) und die Vorschrift zur internationalen Zuständigkeit in Entmündigungssachen (§ 648 a ZPO). Die Entmündigung eines Ausländers ist im Inland danach auch auf der Grundlage seines Hei- 26

29 Bamberger/Roth/*Mäsch*, Art. 7 EGBGB Rn 33; Zöller/*Vollkommer*, ZPO, § 55 Rn 1; *Oda*, Überlegungen zur Prozessfähigkeit von Ausländern, in: FS für Horst Konzen, 2006, S. 603, 617.

30 Ebenso *v. Bar/Mankowski*, IPR I, § 5 Rn 92; Erman/*Hohloch*, Art. 7 EGBGB Rn 26; iE ebenso, aber unter modifizierender Anwendung von Art. 7, *Looschelders*, IPR, Art. 7 Rn 18; Soergel/*Kegel*, Art. 7 EGBGB Rn 9. AA: die Anwendung des Art. 7 befürworten Palandt/*Thorn*, Art. 7 EGBGB Rn 4; Bamberger/Roth/*Mäsch*, Art. 7 EGBGB Rn 33.

31 BayObLGZ 2002, 99, 101; *Kegel/Schurig*, § 17 I 2 b, S. 560.

32 Staudinger/*Hausmann*, Art. 7 EGBGB Rn 60 u. 62; MüKo/*Birk*, Art. 7 EGBGB Rn 45; Erman/*Hohloch*, Art. 7 EGBGB Rn 11; *Looschelders*, IPR, Art. 7 Rn 19; Bamberger/Roth/*Mäsch*, Art. 7 EGBGB Rn 40; aA *Ebenroth*, JZ 1988, 18, 19; Palandt/*Thorn*, Art. 7 EGBGB Rn 7 (jeweils das Recht am Ort der gewerblichen Niederlassung der betroffenen Person).

33 Vgl mN *Kropholler/von Hein*, Der postmortale Persönlichkeitsschutz im geltenden und künftigen Internationalen Privatrecht, in: FS für Andreas Heldrich 2005, S. 793, 795; Palandt/*Thorn*, Art. 40 EGBGB Rn 10; aA *Danckwerts*, Persönlichkeitsrechtsverletzungen im deutschen, schweizerischen und US-amerikanischen internationalen Privatrecht – Ein Plädoyer für das Personalstatut, 1999.

34 Keine Anwendung findet die Rom II-VO gem. Art. 1 Abs. 2 lit. g.

35 Übersichten zu den Altersgrenzen für die Volljährigkeit nach ausländischen Rechten bei Staudinger/*Hausmann*, Anh. Art. 7 EGBGB Rn 62 ff (Stand 2000); Bamberger/Roth/*Mäsch*, Anh. nach Art. 7 EGBGB Rn 57 (Stand 2003); *Brandhuber/Zeyringer*, Standesamt und Ausländer, Loseblatt 25. Lieferung, 2004.

36 Die Volljährigkeitserklärung war früher in §§ 3–5 BGB geregelt und ist mit Einführung des Volljährigkeitsalters von 18 Jahren abgeschafft worden, vgl *Hepting*, FamRZ 1975, 451.

37 Vgl zur Vornahme im Inland und zur Anerkennung ausländischer Entscheidungen, Erman/*Hohloch*, Art. 7 EGBGB Rn 27 ff.

38 OLG München FamRZ 2010, 1095; OLG München FamRZ 2010, 1096; OLG München BWNotZ 2009, 154 f.

39 OLG Hamm FamRZ 1999, 888; Palandt/*Thorn*, Art. 18 EGBGB Rn 16; aA: *Mäsch*, Die Bestimmung der Minderjährigkeit im internationalen Unterhaltsrecht zwischen Haupt-, Vor- und Teilfrage, in: FS Heldrich, S. 857, 861 f.

40 Gesetz v. 12.9.1990 (BGBl. I S. 2002).

matrechts praktisch nicht mehr möglich (Abs. 1 S. 1 oder Art. 24 Abs. 1 S. 1).[41] Art. 24 Abs. 1 S. 2 stellt in einem solchen Fall alternativ eine deutsche Betreuung zur Wahl („kann"). Gegenüber einer ausländischen Entmündigung ist eine Betreuung zum Wohl des Betroffenen immer vorzugswürdig. Dem Schutz der Würde und dem Schutz der allgemeinen Handlungsfreiheit des Betroffenen ist so in jedem Falle besser gedient als durch eine Entmündigung. Danach bleibt kein Raum mehr für eine Entmündigung im Inland.[42] Eines Rückgriffes auf den ordre public (Art. 6) bedarf es insoweit nicht.

27 **Ausländische Entmündigungsentscheidungen** sind im Inland nach Maßgabe des § 108 FamFG anzuerkennen. Auf die Form der Entscheidung als Beschluss oder Urteil kommt es nicht an.[43] Die Entmündigung kann ggf einen Verstoß gegen den ordre public bedeuten (§ 108 Nr. 4 FamFG). Ist ein Deutscher im Staat seines gewöhnlichen Aufenthalts entmündigt worden, so ist diese Entscheidung zwar ebenfalls anzuerkennen, jedoch grundsätzlich nur mit den Wirkungen einer Betreuung unter Einwilligungsvorbehalt nach dem deutschen Recht (§ 1903 BGB).[44] Der ordre-public-Verstoß muss aber auch in diesem Fall wie stets auf einer Einzelfallprüfung beruhen[45] (vgl Art. 6 EGBGB Rn 36 ff).

III. Erweiterung der Geschäftsfähigkeit durch Eheschließung (Abs. 1 S. 2)

28 Abs. 1 S. 2 weist die Erweiterung der Geschäftsfähigkeit durch Eheschließung dem Personalstatut (Anknüpfung an die Staatsangehörigkeit des Nupturienten) zu. Der Gesetzgeber hat sich damit gegen eine Zuordnung zum Recht der allgemeinen Ehewirkungen (Art. 14) entschieden. Knüpft eine Rechtsordnung an die Eheschließung Minderjähriger oder sonst beschränkt Geschäftsfähiger die sog. **Emanzipation** (erweiterte beschränkte Geschäftsfähigkeit) oder die **Volljährigkeit** (volle Geschäftsfähigkeit; „Heirat macht mündig"),[46] so sind diese Rechtsfolgen dem Heimatrecht der Person zugeordnet. Dagegen sind Beschränkungen der Geschäftsfähigkeit durch Heirat nach den Art. 14, 15 und Art. 6 zu beurteilen (s. Rn 18).

IV. Statutenwechsel (Abs. 2)

29 Ändert sich das Personalstatut der Person durch Erwerb oder Verlust einer Staatsangehörigkeit oder durch einen Aufenthaltswechsel (Art. 5 Abs. 1 oder 2), so beurteilt sich die Rechts- und Geschäftsfähigkeit mit sofortiger Wirkung (ex nunc) nach dem neuen Heimatrecht. Abs. 2 stellt für diesen Fall sicher, dass eine einmal erlangte Rechts- oder Geschäftsfähigkeit nicht verloren geht und die Person durch den Statutenwechsel keinen Rechtsverlust erleidet (**Schutz wohlerworbener Rechte**). Wer nach seinem bisherigen Heimatrecht volljährig war, bleibt dies auch nach seinem neuen („semel maior, semper maior"). Der Statutenwechsel kann also nur zum Erwerb der Rechts- oder Geschäftsfähigkeit führen, nicht aber zu ihrem Verlust.

30 Ausdrücklich wird der Schutz von Abs. 2 für den Fall des Erwerbs oder Verlusts der deutschen Staatsangehörigkeit ausgesprochen. Der Grund für die Beschränkung auf die deutsche Staatsangehörigkeit liegt in der Rücksichtnahme des Gesetzgebers. Der Eindruck sollte vermieden werden, man wolle in fremde Rechtsordnungen eingreifen.[47] Nach allgemeiner Meinung **gilt Abs. 2** aber in allen[48] anderen Fällen eines Statutenwechsels **entsprechend**.[49] Beim Wechsel einer ausländischen Staatsangehörigkeit wird durch den Schutz wohlerworbener Rechte nicht in eine der betroffenen Rechtsordnungen eingegriffen, sondern lediglich allgemein eine **allseitige** kollisionsrechtliche Entscheidung getroffen.

31 Knüpft das frühere Heimatrecht die Zuerkennung einer erweiterten Rechtsstellung an denselben Rechtsakt, der auch den Statutenwechsel auslöst (so bspw eine Eheschließung, die zur Emanzipation und zum Wechsel der Staatsangehörigkeit führt), so hat ein Erwerb unter dem alten Recht noch nicht stattgefunden. Maßgebend ist allein das neue Heimatrecht. § 7 Abs. 2 ist folglich nicht anwendbar.[50]

41 Dafür aber *Kegel/Schurig*, § 17 I 2 S. 564.

42 IE ebenso *Kropholler*, IPR, § 42 II, S. 313; Erman/*Hohloch*, Art. 8 EGBGB Rn 2; *Looschelders*, IPR, Art. 7 Rn 21; Bamberger/Roth/*Mäsch*, Art. 7 EGBGB Rn 50.

43 *Kegel/Schurig*, § 17 I 2, S. 564 u. S. 551.

44 *Kropholler*, IPR, § 42 II, S. 314; *v. Bar*, IPR II, Rn 48; Palandt/*Thorn*, Art. 7 EGBGB Rn 9; *Looschelders*, IPR, Art. 7 Rn 21; generell die Anerkennungsfähigkeit verneinend Erman/*Hohloch*, Art. 8 EGBGB Rn 3.

45 Kein Automatismus zutr. Bamberger/Roth/*Mäsch*, Art. 7 EGBGB Rn 50.

46 So etwa das türkische und das französische Recht, vgl Staudinger/*Hausmann*, Art. 7 EGBGB Rn 39.

47 BT-Drucks. 10/504, S. 45.

48 Auch wenn der Statutenwechsel durch einen Wohnsitz oder Aufenthaltswechsel ausgelöst wurde; vgl Bamberger/Roth/*Mäsch*, Art. 7 EGBGB Rn 46.

49 *Kegel/Schurig*, § 17 I 2, S. 560 f; *Kropholler*, IPR, § 42 I, S. 310 f; Staudinger/*Hausmann*, Art. 7 EGBGB Rn 81 u. 83; MüKo/*Birk*, Art. 7 EGBGB Rn 79; Palandt/*Thorn*, Art. 7 EGBGB Rn 8; *Looschelders*, IPR, Art. 7 Rn 26; Bamberger/Roth/*Mäsch*, Art. 7 EGBGB Rn 45; iE ebenso Erman/*Hohloch*, Art. 7 EGBGB Rn 22.

50 MüKo/*Birk*, Art. 7 EGBGB Rn 77; *Looschelders*, IPR, Art. 7 Rn 27.

Art. 8 EGBGB Entmündigung

(weggefallen)

Zu Entmündigungen nach ausländischem Recht in Deutschland und zur Anerkennung ausländischer Entmündigungsentscheidungen nach deutschem Recht s. Art. 7 Rn 26 und 27. Zur Anwendung des dt.-iranischen Niederlassungsabkommens auf die Entmündigung s. Art. 7 Rn 4. 1

Anhang zu Art. 8 EGBGB: Haager Übereinkommen über den internationalen Schutz von Erwachsenen vom 13.1.2000

Literatur: *Guttenberger*, Das Haager Übereinkommen über den internationalen Schutz von Erwachsenen, 2003; *Helms*, Reform des internationalen Betreuungsrechts durch das Haager Erwachsenenschutzabkommen, FamRZ 2008, 1995; *Jayme*, Die Patientenverfügung: Erwachsenenschutz und internationales Privatrecht, in: FS Ulrich Spellenberg 2010, 203; *Lagarde*, Erläuternder Bericht, dt.: BTDrucks. 16/3250, S. 28 ff.; *Ludwig*, Der Erwachsenenschutz im Internationalen Privatrecht nach Inkrafttreten des Haager Erwachsenenschutzabkommens, DNotZ 2009, 251; *Röthel*, Erwachsenenschutz in Europa: Von paternalistischer Bevormundung zu gestaltbarer Fürsorge, FamRZ 2004, 999; *Röthel/Woitge*, Das ESÜ-Ausführungsgesetz – effiziente Kooperation im internationalen Erwachsenenschutz, IPRax 2010, 409; *dies.*, Das Kollisionsrecht der Vorsorgevollmacht, IPRax 2010, 494; *Schnyder*, Auf dem Weg zu einem umfassenden schweizerischen Erwachsenenschutzrecht, FamRZ 2006, 1569; *A. Schulz*, Das Haager Übereinkommen über den internationalen Schutz von Erwachsenen, Archiv 2007, 48; *R. Wagner*, Die Regierungsentwürfe zur Ratifikation des Haager Übereinkommens vom 13.1.2000 zum internationalen Schutz Erwachsener, IPRax 2007, 11; *Wedemann*, Vorsorgevollmachten im internationalen Rechtsverkehr, FamRZ 2010, 785.

Das Haager Abkommen über die Entmündigung und gleichartige Fürsorgemaßnahmen vom 17.7.1905[1] ist von der Bundesrepublik Deutschland am 21.1.1992 gekündigt worden und zum 23.8.1992 außer Kraft getreten. Es galt bis zu diesem Zeitpunkt noch im Verhältnis zu Italien und war insoweit als vorrangiges staatsvertragliches Kollisionsrecht auch auf die Betreuung anzuwenden (Art. 13 Entmündigungs-Abk.). 1

An die Stelle des Entmündigungsabkommens ist das Haager Erwachsenenschutzabkommen vom 2.10.2000 (ESÜ)[2] getreten. Erfasst werden Personen, die das 18. Lebensjahr vollendet haben (Art. 2 ESÜ) und die aufgrund einer Beeinträchtigung oder Unzulänglichkeit ihrer persönlichen Fähigkeiten nicht in der Lage sind, ihre Interessen wahrzunehmen. Auf die Staatsangehörigkeit der Person kommt es nicht an. Das ESÜ ersetzt in seinem Anwendungsbereich Art. 24 EGBGB soweit die Person ihren gewöhnlichen Aufenthalt in Deutschland oder in einem der anderen Mitgliedstaaten[3] hat. Die Art. 15–17 ESÜ ersetzen ferner das ungeschriebene deutsche Kollisionsrecht für die Vorsorgevollmacht[4] (s. Rn 5). Das Übereinkommen gilt für die in Art. 3 ESÜ aufgelisteten Schutzmaßnahmen, wozu auch die deutsche Betreuung (§§ 1896 ff BGB) zählt.[5] Nicht erfasst werden die in Art. 4 ESÜ genannten Bereiche. Aus deutscher Sicht sind damit die Abwesenheitspflegschaft (§ 1911 BGB) sowie die Pflegschaft für unbekannte Beteiligte (§ 1913 BGB) ausgenommen.[6] 2

Das ESÜ verfolgt einen prinzipiellen Gleichlauf von forum und ius. Das Übereinkommen beruft in grenzüberschreitenden Fällen für behördliche oder gerichtliche Schutzmaßnahmen die lex fori (Art. 13 Abs. 1 ESÜ) und erlaubt nur ausnahmsweise ein Ausweichen auf das Recht mit dem der Sachverhalt eng verbunden ist (Art. 13 Abs. 2 ESÜ).[7] Dabei handelt es sich um eine Sachnormverweisung. Das angerufene Gericht kann ferner das fremde Recht anwenden oder auch nur berücksichtigen. Hintergrund ist Art. 14 ESÜ, der auch die Durchführung von Maßnahmen in einem anderen Vertragsstaat erlaubt, wozu dessen Recht nicht notwendig angewendet, sondern ggf nur berücksichtigt werden muss.[8] Im praktischen Ergebnis ergeben sich im Hinblick auf Art. 24 Abs. 1 S. 2 EGBGB kaum Unterschiede zur bisherigen Rechtslage[9] (s. Erl. zu Art. 24 EGBGB). 3

1 RGBl 1912 S. 463; abgedruckt bei Erman/*Arndt*, 8. Aufl., Anh. zu Art. 8 EGBGB.

2 BGBl. 2007, II S. 323, vgl *Wagner*, IPRax 2007, 11 ff; Text bei *Jayme/Hausmann*, Nr. 20 und Mitgliedsstaaten Fn 2 (Deutschland, Schweiz, Schottland, Frankreich); authentisch sind die englische und französische Sprachfassung, s. RabelsZ 64 (2000) 752 (engl.) und Rev. crit. dr. int. pr. 1999, 877 (franz.).

3 Es gilt seit dem 1.1.2009 im Verhältnis zu Frankreich und Schottland, seit dem 1.7.2009 zur Schweiz, seit 1.3.2011 zu Finnland und ab 1.9.2011 auch für Estland. Zum Ratifikationsstand vgl http://www.hcch.net / index_fr.php?act=conventions.status&cid=71 (15.7.2011).

4 *Ludwig*, DNotZ 2009, 251, 258; maßgeblich war bisher das Recht des Wirkungslandes der Vollmacht, Palandt/*Thorn*, Anh. zu Art. 10 EGBGB Rn 1.

5 *Helms*, FamRZ 2008, 1995; *Ludwig*, DNotZ 2009, 251, 263 f; *Röthel/Woitge* IPRax 2010, 409, 410.

6 *Helms*, FamRZ 2008, 1995, 1996.

7 Das muss nicht das Recht eines Vertragsstaates sein, vgl Art. 18 ESÜ; *v. Hein*, IPRax 2009, 173 (Anm. zu OGH v. 27.11.2007, IPRax 2009, 169); *A. Schulz*, Archiv 2007, 48, 50; *Siehr*, RabelsZ 2000, 715, 718.

8 Etwa bei der Veräußerung eines Gegenstands, das in dem fremden Land belegen ist, *Lagarde*, Erl. Bericht, Nr. 19; *Helms*, FamRZ 2008, 1995, 1999.

9 *Helms*, FamRZ 2008, 1995, 1998.

4 Nicht erfasst werden Schutzvorschriften, die ohne richterliche Anordnung ex lege gelten (im deutschen Recht etwa §§ 104 Nr. 2, 105 a BGB).[10] Ferner fällt die Frage nach der gesetzlichen Vertretungsmacht nicht in das ESÜ, denn hierfür existiert keine Regel. Insoweit gilt das nationale Kollisionsrecht.[11] Das deutsche Ausführungsgestz zum ESÜ (ErwSÜAG)[12] bestimmt als Zentrale Behörde iSv Art. 28 ESÜ das Bundesamt für Justiz in Bonn. Anerkennung und Vollstreckung ausländischer Schutzmaßnahmen und das Verfahren der Zusammenarbeit in Erwachsenenschutzsachen werden bundesweit einheitlich durchgeführt.

5 Die Vorsorgevollmacht ist in Art. 15 ESÜ eigenständig geregelt. Bestehen, Umfang und Beendigung richten sich nach dem von der betroffenen Person gewählten Recht (Abs. 2), sonst dem Recht am gewöhnlichen Aufenthaltsort der Person (Abs. 1). Die Rechtswahl muss ausdrücklich und schriftlich erfolgt sein. Gewählt werden kann das Heimatrecht, das Recht eines früheren gewöhnlichen Aufenthalts oder das Recht in dem sich Vermögen der Person befindet, beschränkt auf dieses Vermögen, Art. 15 Abs. 2 ESÜ. Die Form der Vorsorgevollmacht richtet sich ebenfalls nach dem von Art. 15 Abs. 1 u. 2 ESÜ bestimmten Recht[13] oder nach der Ortsform im Errichtungsstaat, Art. 11 Abs. 1 Alt. 2 EGBGB. Für die Art und Weise der Ausübung der Vertretungsmacht gilt das Recht am Gebrauchsort (Art. 15 Abs. 3 ESÜ). Das betrifft Rechnungslegungspflichten, Formerfordernisse speziell für die Einwilligung in einen ärztlichen Eingriff nicht aber auch etwaige Genehmigungserfordernisse.[14] Ggf kann ein Genehmigungserfordernis am Schutzort als Eingriffsnorm (Art. 20 ESÜ) anzuwenden sein oder der ordre public (Art. 21 ESÜ) eingreifen. Auf eine Vollmacht findet Art. 15 ESÜ erst ab dem Eintritt der Fürsorgebedürftigkeit Anwendung.[15] Ist die Vollmacht unabhängig von einer Fürsorgebedürftigkeit erteilt worden, so gelten die Art. 15 ff ESÜ nicht. Art. 13 ESÜ (lex fori) und nicht Art. 15 ESÜ unterfallen reine Betreuungs- und Patientenverfügungen[16] soweit durch sie keine Vertretungsmacht, sondern lediglich der (hypothetische) Willen des Betroffenen ausgedrückt wird (etwa über den Abbruch der medizinischen Behandlung unter bestimmten Umständen). Ist die Patientenverfügung mit der Vorsorgevollmacht verbunden gilt für sie Art. 15 Abs. 3 ESÜ.[17] Art. 16 ESÜ ermöglicht die Aufhebung und Änderung einer bestehenden Vertretungsmacht, um den Schutz der Person und seines Vermögens sicherzustellen.

6 Das Haager Erwachsenenschutzübereinkommen ist im Einzelnen im Anhang IV zu Art. 24 EGBGB abgedruckt und ausführlich kommentiert.

Art. 9 EGBGB Todeserklärung

[1]Die Todeserklärung, die Feststellung des Todes und des Todeszeitpunkts sowie Lebens- und Todesvermutungen unterliegen dem Recht des Staates, dem der Verschollene in dem letzten Zeitpunkt angehörte, in dem er nach den vorhandenen Nachrichten noch gelebt hat. [2]War der Verschollene in diesem Zeitpunkt Angehöriger eines fremden Staates, so kann er nach deutschem Recht für tot erklärt werden, wenn hierfür ein berechtigtes Interesse besteht.

Literatur: *Dörner*, Nachlaßspaltung – und die Folgen, IPRax 1994, 362; *Jayme/Haack*, Die Kommorientenvermutung im Internationalen Erbrecht bei verschiedener Staatsangehörigkeit der Verstorbenen, ZVglRWiss 84 (1985), 80; *Kühne*, Das internationale Personen- und Eherecht im Regierungsentwurf des Gesetzes zur Neuregelung des IPR, StAZ 1984, 3; *Vékas*, Zur Bindung an die Todesfeststellung durch ein ausländisches Gericht, IPRax 1982, 142.

10 *Lagarde*, Erl. Bericht, Nr. 19; *Guttenberger*, S. 67; *Helms*, FamRZ 2008, 1995, 1998; rechtsvergleichend *Röthel*, FamRZ 2004, 999, 1004 f.

11 *Ludwig*, DNotZ 2009, 251, 269; *Guttenberger*, S. 186 f. Für das Eltern-Kind-Verhältnis gilt Art. 21, s. Erl. dort.

12 Art. 1 des Gesetzes v. 13.7.2007, BGBl. I S. 314, vgl *Wagner* IPRax 2007, 11 ff; *Röthel/Woitge* IPRax 2010, 409, 411 ff.

13 *Lagarde*, Erl. Bericht, Nr. 93 f; *Guttenberger*, S. 155; *Helms*, FamRZ 2008, 1995, 2000; *Ludwig*, DNotZ 2009, 251, 274 ff; *Röthel/Woitge* IPRax 2010, 494, 495; *Wedemann*, FamRZ 2010, 785, 787.

14 Zutr. *Wedemann*, FamRZ 2010, 785, 789; Staudinger/*v. Hein*, Bearb. 2008, Voru Art. 24 EGBGB Rn 200 ff. Die Gegenauffassung weist Genehmigungserfordernisse wie §§ 1904 Abs. 2, 1906 Abs. 5 S. 2 BGB ebenfalls dem Art. 15 Abs. 3 ESÜ zu, vgl *Lagarde*, Erl. Bericht, Nr. 107; *Guttenberger*, S. 161 f; *Röthel/Woitge* IPRax 2010, 494, 496; *Helms*, FamRZ 2008, 1995, 2000.

15 Das gilt für die auf diesen Fall bedingten Vorsorgevollmachten und für die unbedingten aber mit einer dahin gehenden Ausübungsbeschränkung im Innenverhältnis versehene Vorsorgevollmachten. Vgl *Ludwig*, DNotZ 2009, 251, 271 ff; *Wedemann*, FamRZ 2010, 785, 786 f; *Röthel/Woitge* IPRax 2010, 494, 495.

16 *Lagarde*, Erl. Bericht, Nr. 97; *Guttenberger*, S. 162 f; *Helms*, FamRZ 2008, 1995, 1999 f; *Wedemann*, FamRZ 2010, 785, 786.

17 *Wedemann*, FamRZ 2010, 785, 786; *Jayme*, in: FS Ulrich Spellenberg 2010, 203, 208.

A. Allgemeines

Art. 9 betrifft zwei rechtliche Aspekte des Todes: Der Eintritt des Todes einer natürlichen Person ist ungewiss (Verschollenheit). Der Zeitpunkt des Todes einer verstorbenen Person ist ungewiss. Im materiellen Recht werden beide Fragen durch das Verschollenheitsgesetz beantwortet und in getrennten Verfahren abgehandelt (vgl Verfahren zur Todeserklärung nach §§ 1 Abs. 1, 2 ff, 13 ff. VerschG[1] und zur Feststellung der Todeszeit nach §§ 1 Abs. 2, 39, 44 VerschG). 1

Art. 9 S. 1 verweist für diese Fragen auf das Heimatrecht des Verschollenen zum Zeitpunkt des Eintritts der Verschollenheit bzw auf das Heimatrecht des Verstorbenen zum Zeitpunkt seines Todes. S. 2 ermöglicht bei berechtigtem Interesse hilfsweise eine Todeserklärung nach deutschem Recht. Die Verschollenheitsfragen werden somit gesondert angeknüpft (sog. selbständige Teilfragen, vgl ebenso Art. 7 EGBGB Rn 6) und nicht dem Wirkungsstatut unterstellt, in dessen Zusammenhang sie relevant werden (meist das Erb- oder Familienstatut). Ausnahmen gelten für die Sonderregelungen des deutschen Versorgungs- und Sozialversicherungsrechts,[2] die aufgrund der besonderen Sachnähe dem Wirkungsstatut zugeordnet werden.[3] 2

I. Vorrangiges Recht

Neben Art. 9 enthält **Art. 2 § 1 Abs. 4 S. 1 VerschÄndG**[4] eine ergänzende Sonderregelung für verschollene Personen mit ausländischem Personalstatut, die im Zusammenhang mit dem zweiten Weltkrieg verschollen sind. Eine Todeserklärung nach deutschem Recht ist für diesen Personenkreis insbesondere ohne den Nachweis eines besonderen Interesses (wie bei S. 2) möglich. Die Vorschrift lautet: 3

VerschÄndG Art. 2 § 1

(1) Wer vor dem 1. Juli 1948 im Zusammenhang mit Ereignissen oder Zuständen des letzten Krieges vermisst worden und seitdem unter Umständen, die ernstliche Zweifel an seinem Fortleben begründen, verschollen ist, kann für tot erklärt werden.

(2)–(3)…

(4) [1]Die Absätze 1–3 gelten auch für einen Verschollenen, der in dem letzten Zeitpunkt, in dem er nach den vorhandenen Nachrichten noch gelebt hat, Angehöriger eines fremden Staates oder staatenlos war,

a) wenn er in diesem Zeitpunkt seinen Wohnsitz oder seinen Aufenthalt im Geltungsbereich dieses Gesetzes hatte oder als Angehöriger der ehemaligen deutschen Wehrmacht am letzten Kriege teilgenommen hat, oder

b) wenn der Ehegatte, ein ehelicher oder ein diesem rechtlich gleichgestellter Abkömmling oder ein anderer nach § 16 des Verschollenheitsgesetzes antragsberechtigter Verwandter des Verschollenen seinen Wohnsitz oder seinen gewöhnlichen Aufenthalt im Geltungsbereich dieses Gesetzes hat und die Todeserklärung beantragt.

[2]§ 12 Abs. 2 und 3 des Verschollenengesetzes bleiben unberührt.

Unionsrechtliche Regelungen zu Fragen der Verschollenheit bestehen nicht. Die UN-Konvention über die Todeserklärung Verschollener vom 6.4.1950 ist für die Bundesrepublik Deutschland zum 24.1.1967 außer Kraft getreten.[5] Die Haager Konvention über das auf die Rechtsnachfolge von Todes wegen anwendbare Recht vom 1.8.1989 ist bislang nicht in Kraft getreten und von Deutschland auch nicht gezeichnet worden.[6] 4

1 Verschollenheitsgesetz v. 15.1.1951 (BGBl. I S. 63).

2 Vgl § 180 BEG (Bundesentschädigungsgesetz); § 49 SGB VI (entspr. §§ 597, 1271 RVO aF sowie § 48 AngVG aF); § 52 BVersG, § 29 BeamtVG.

3 Staudinger/*Weick*, Art. 9 EGBGB Rn 49; dagegen wollen Erman/*Hohloch*, Art. 9 EGBGB Rn 5, und MüKo/*Birk*, Art. 9 EGBGB Rn 10 den räumlichen Anwendungsbereich aus dem Geltungswillen der betreffenden Vorschriften entnehmen.

4 BGBl. I 1951 S. 59, 60 f.

5 BGBl. II 1955 S. 706; die Konvention galt v. 29.2.1956 bis zum 24.1.1967; vgl Soergel/*Kegel*, Art. 9 EGBGB Rn 41.

6 Zum Stand vgl *Jayme/Hausmann*, Vor Nr. 60 Fn 2 (eine nicht amtliche Übersetzung des Textes der Konvention ist abgedruckt in IPRax 2000, 53).

5 Art. 9 S. 1 wird durch Art. 8 Abs. 3 S. 1 des Deutsch-Iranischen Niederlassungsabkommen vom 17.12.1929[7] verdrängt (Art. 3 Nr. 2). Danach gilt zwar ebenfalls das jeweilige Heimatrecht der Person („die heimischen Gesetze"). Es handelt sich aber um eine Sachnormverweisung. Rück- und Weiterverweisungen kommen nicht in Betracht. Art. 9 S. 2 bleibt anwendbar (Art. 8 Abs. 3 S. 2 dt.-iran. Niederlassungs-Abk.).[8]

II. Allgemeine kollisionsrechtliche Fragen

6 Anknüpfungspunkt ist die Staatsangehörigkeit der Person, deren Leben oder Tod zweifelhaft ist. Art. 9 S. 1 ist Gesamtverweisung. Rück- und Weiterverweisungen sind beachtlich (Art. 4 Abs. 1 S. 1).[9] Für Mehrstaater, Staatenlose und Flüchtlinge gelten die Ersatzanknüpfungen an den gewöhnlichen Aufenthalt (vgl Anhänge I und II zu Art. 5 EGBGB). Bei deutschen Mehrstaatern gilt der Vorrang des deutschen Rechts (Art. 5 Abs. 1 S. 2).

B. Regelungsgehalt

I. Todeserklärung, Todesfeststellung, Todesvermutungen (S. 1)

7 Die Überschrift Todeserklärung ist dem deutschen System der Verschollenheit entlehnt, das nach Ablauf einer Verschollenheitsperiode die Todeserklärung durch gerichtlichen Beschluss vorsieht (§ 2 VerschG). Das Verfahren auf Feststellung der Todeszeit (§ 39 VerschG) sowie verfahrensunabhängige Vermutungsregeln (Lebensvermutung nach § 10 und Kommorientenvermutung nach § 11 VerschG) werden ebenfalls von Art. 9 S. 1 erfasst. Art. 9 gilt ebenso für die Verschollenheitsregelungen anderer Rechtsordnungen, die entweder nur Todesvermutungen (common law) oder vorläufige Verschollenheitserklärungen (déclaration d'absence in Frankreich und dem romanischen Rechtskreis) kennen.[10] Art. 9 umfasst daher **funktional den gesamten Bereich der Verschollenheit**. Das betrifft die Voraussetzungen und Wirkungen einer Todes- oder Verschollenheitserklärung, Voraussetzungen und Wirkungen einer bloßen Feststellung des Todes oder des Todeszeitpunktes sowie Lebens- und Todesvermutungen.

8 Maßgeblicher Zeitpunkt für die Anknüpfung an das Heimatrecht nach S. 1 ist derjenige, in dem die verschollene Person nach den vorhandenen Nachrichten noch gelebt hat. In Verfahren auf Feststellung der Todeszeit einer verstorbenen Person ist auf die Staatsangehörigkeit im Zeitpunkt des Todes abzustellen.

II. Kommorientenvermutung

9 Art. 9 S. 1 gilt für die Vermutungsregeln bei gemeinsamem Versterben (sog. Kommorientenvermutung). Insbesondere im Hinblick auf die Erbfolge kann die Frage der Reihenfolge des Versterbens Bedeutung erlangen (vgl § 1923 BGB). Von § 11 VerschG wird das gleichzeitige Versterben vermutet, wenn die beteiligten Personen verstorben sind oder für tot erklärt wurden und nicht festgestellt werden konnte, wer vor dem anderen starb. Diese Vermutung gilt unabhängig von einer gemeinsamen Gefahrensituation. Andere Rechtsordnungen entscheiden anders.[11]

10 Für **jeden Beteiligten** ist **gesondert** die Vermutungsregel seines Heimatrechts zu ermitteln. Kommt es bei verschiedenen Heimatrechten der Beteiligten zu einander widersprechenden Vermutungsregeln (überlebt bspw nach dem Heimatrecht des Ehemannes der Mann im Zweifel eine Frau, nach dem Heimatrecht der Ehefrau überlebt hingegen die Frau im Zweifel einen Mann) so ist der Widerspruch im Wege der **Anpassung** zu beseitigen (vgl zur Anpassung Art. 3 Rn 38). Nach einem Teil der Lehre soll das materielle Recht angepasst werden und von einem gleichzeitigen Versterben auszugehen sein.[12] Nach anderer Auffassung bedarf es einer Anpassung auf der Ebene des Kollisionsrechts. Die Ersatzanknüpfung folgt dann der Anknüp-

7 RGBl II 1930 S. 1006; das Abk. erfasst u.a. die Fragen der Geschäftsfähigkeit, Volljährigkeit, Vormundschaft, Pflegschaft, Entmündigung; Text abgedruckt bei *Jayme/Hausmann*, Nr. 23 mit Fn 2.

8 *Looschelders*, IPR, Art. 9 Rn 25.

9 Und zwar auch dann, wenn die Verschollenheit in dem jeweiligen Sachrechtsgebiet (Erbrecht, Familienrecht, Sozialrecht) punktuell mitgeregelt ist. Maßgebend ist dann die entsprechende Kollisionsnorm (sog. Qualifikationsrückverweisung).

10 Vgl Staudinger/*Weick*, Art. 9 EGBGB Rn 11 ff zu den nationalen Verschollenheitsregelungen für Österreich, Schweiz, Frankreich, England. *Kegel/Schurig*, § 17 I 1 e, f, S. 550, auch Spanien.

11 Nach Alter und Geschlecht differenziert das franz. Recht, Art. 720–722 Code civil; nach common law wird der Tod in der Reihe der Lebensalter vermutet; rechtsvergleichender Überblick bei *Jayme/Haack* ZVglRWiss 84 (1985), 80, 82.

12 *Dörner*, IPRax 1994, 362, 365; Staudinger/*Dörner*, Art. 25 EGBGB Rn 95; *Looschelders*, IPR, Art. 9 Rn 8; Bamberger/Roth/*St. Lorenz*, Art. 25 EGBGB Rn 23; PWW/*Mörsdorf-Schulte*, Art. 9 Rn 10.

fung an die familienrechtliche Beziehung der Betroffenen (Ehewirkungsstatut; Eltern-Kind-Verhältnis) oder wenn eine solche Beziehung fehlt der gemeinsam engsten Verbindung.[13]

III. Todeserklärung nach deutschem Recht (S. 2)

1. Anwendungsbereich. Art. 9 S. 2 ist **Ausnahmevorschrift** zu der Regelanknüpfung des S. 1. Sie ist trotz 11
ihres Ausnahmecharakters auch auf Verfahren zur Feststellung der Todeszeit (§§ 1 Abs. 2, 39, 44 VerschG) entsprechend anwendbar.[14] Ebenso ist die Formulierung „Angehörige eines fremden Staates" dahin auszulegen, dass auch Staatenlose und Flüchtlinge mit einem ausländischen Personalstatut erfasst werden (dh ihren gewöhnlichen Aufenthalt im Ausland haben, vgl Art. 5 EGBGB Rn 34 ff).

Art. 9 S. 2 führt auch zur Lebensvermutung des **§ 10 VerschG**. Sie bezieht sich auf die Zeit *vor* einer Todes- 12
erklärung. Enthält das Personalstatut des Verschollenen eine kürzere Lebensvermutung, so geht diese aus Gründen des Verkehrsschutzes vor.[15]

2. Berechtigtes Interesse an der Anwendung des deutschen Verschollenheitsrechts. Das berech- 13
tigte Interesse an der Anwendung des deutschen materiellen Verschollenheitsrechts ist in S. 2 **subjektlos formuliert**. Es kann sich daher sowohl um die berechtigten Interessen betroffener Personen (Ehegatten oder Angehörige des Verschollenen, Vertragspartner, Mitgesellschafter) als auch um Ordnungsinteressen aus der Sicht der Rechtspflege oder des Gesetzgebers handeln. Das Bestehen eines solchen Interesses wird unter Berücksichtigung aller Umstände des Einzelfalls bestimmt. Es genügt die Feststellung, dass der Sachverhalt einen ausreichenden Inlandsbezug besitzt. Ein Gleichlauf mit dem Merkmal des „berechtigten Interesses" zur Begründung der internationalen Zuständigkeit deutscher Gerichte nach Art. 12 Abs. 2 VerschG besteht nicht.[16]

Die **Kriterien** für das Interesse (Inlandsbezug) sind: der letzte gewöhnliche Aufenthalt des Verschollenen im 14
Inland,[17] die deutsche Staatsangehörigkeit oder der inländische gewöhnliche Aufenthalt des Ehegatten oder der betroffenen Angehörigen, im Inland belegenes Vermögen, ein nach deutschem Recht zu beurteilendes Rechtsverhältnis, für das die Todeserklärung relevant ist. Die Gewichtung der Kriterien ist uneinheitlich. Zumeist wird das Vorliegen **eines** dieser **Inlandsbezüge** für ausreichend angesehen.[18] Dafür sprechen insbesondere die Gesetzesmaterialien.[19] Einschränkungen sind angebracht, sofern die Belegenheit einzelner Vermögensgegenstände oder die Herrschaft des deutschen Rechts über ein tangiertes Rechtsverhältnis den einzigen Inlandsbezug darstellen. Das berechtigte Interesse besteht hier allein in einem Verkehrs- und Ordnungsinteresse. Das genügt für ein Abgehen des primär berufenen Heimatrechts des Verschollenen nach S. 1 nicht.[20] Erforderlich sind daher weitere, einen hinreichenden Inlandsbezug herstellende Momente.[21]

Ferner ist nach überwiegender Auffassung das berechtigte Interesse auch ohne einen relevanten Inlandsbezug 15
zu bejahen, wenn das primär berufene ausländische Recht weder eine Todeserklärung noch funktional gleichartige Rechtsinstitute kennt.[22]

13 *Jayme/Haack*, ZVglRWiss 84 (1985), 80, 96; *v. Bar/Mankowski*, IPR I, § 7 Rn 255; Palandt/*Thorn*, Art. 9 EGBGB Rn 2; Bamberger/Roth/*Mäsch*, Art. 9 EGBGB Rn 8; Staudinger/*Weick*, Art. 9 EGBGB Rn 61 (Angleichung über die Kollisionsnormen und subsidiär Angleichung über die Sachnormen); ähnlich Erman/*Hohloch*, Art. 9 EGBGB Rn 14 (primär kollisionsrechtlich zu lösen durch eine Ersatzanknüpfung an eine enge Beziehung, wozu bereits ein gemeinsamer Aufenthalt genügen soll; führt das zu keiner Lösung, so soll durch eine „natürlichere Sicht" das gleichzeitige Versterben im Sinne von Art. 11 VerschG anzunehmen sein).

14 Einhellige Meinung, vgl Staudinger/*Weick*, Art. 9 EGBGB Rn 63.

15 *Kegel/Schurig*, § 17 I 1 f, S. 553 (Verkehrsschutz bedeutet hier das Interesse an einer schnellen Bereinigung durch „Liquidierung des Verschollenen"). Insg. zust., aber gegen die Berücksichtigung einer kürzeren Vermutungsdauer nach dem Heimatrecht, Staudinger/*Weick*, Art. 9 EGBGB Rn 71.

16 Die Rechtsanwendungsfrage ist nach der Systematik des Art. 9 (primäre Anwendung des Heimatrechts nach S. 1) strenger zu beurteilen als die Zuständigkeitsfrage, Palandt/*Thorn*, Art. 9 EGBGB Rn 3; Erman/*Hohloch*, Art. 9 EGBGB Rn 7; Bamberger/Roth/*Mäsch*, Art. 9 EGBGB Rn 9.

17 Gegen die Berücksichtigung dieses Umstandes grds. aber Bamberger/Roth/*Mäsch*, Art. 9 EGBGB Rn 9 (ohne Relevanz für ein Interesse anderer Personen an der Todeserklärung nach dem deutschen Recht).

18 Palandt/*Thorn*, Art. 9 EGBGB Rn 3; *Looschelders*, IPR, Art. 9 Rn 13.

19 Danach soll das berechtigte Interesse in Anlehnung an die Ausnahmetatbestände des früheren Art. 12 Abs. 2–4 VerschG aF bestimmt werden können, BT-Drucks. 10/504, S. 46; krit. gegen die Tradierung dieses Kriterienkatalogs MüKo/*Birk*, Art. 9 EGBGB Rn 26 und Bamberger/Roth/*Mäsch*, Art. 9 EGBGB Rn 9.

20 Das genügte auch nach dem früheren Rechtszustand nur für eine territorial beschränkte Todeserklärung; Staudinger/*Weick*, Art. 9 EGBGB Rn 65 spricht sich daher in diesen Fällen für eine solche Beschränkungsmöglichkeit durch einschr. Auslegung des Art. 9 S. 2 aus.

21 Erman/*Hohloch*, Art. 9 EGBGB Rn 9 und MüKo/*Birk*, Art. 9 EGBGB Rn 26 verlangen allg. und ohne jede Schematisierung einen hinreichenden Inlandsbezug.

22 Staudinger/*Weick*, Art. 9 EGBGB Rn 69; Palandt/*Thorn*, Art. 9 EGBGB Rn 3; *Looschelders*, IPR, Art. 9 Rn 13; dagegen verlangt Bamberger/Roth/*Mäsch*, Art. 9 EGBGB Rn 9 auch in diesen Fällen einen hinreichenden Inlandsbezug.

C. Verfahrensrecht

VerschG § 12

(1) Für Todeserklärungen und Verfahren bei Feststellung der Todeszeit sind die deutschen Gerichte zuständig, wenn der Verschollene oder der Verstorbene in dem letzten Zeitpunkt, in dem er nach den vorhandenen Nachrichten noch gelebt hat,

1. Deutscher war oder

2. seinen gewöhnlichen Aufenthalt im Inland hatte.

(2) Die deutschen Gerichte sind auch dann zuständig, wenn ein berechtigtes Interesse an einer Todeserklärung oder Feststellung der Todeszeit durch sie besteht.

(3) Die Zuständigkeit nach den Absätzen 1 und 2 ist nicht ausschließlich.

I. Internationale Zuständigkeit, § 12 VerschG

16 Deutsche Gerichte sind international zuständig, wenn der Verschollene zum Zeitpunkt der letzten Nachricht bzw der Verstorbene bei seinem Tod Deutscher[23] war (Abs. 1 Nr. 1, **Heimatzuständigkeit**). Ferner dann, wenn der Verschollene/Verstorbene seinen gewöhnlichen Aufenthalt im Inland hatte. Erfasst werden damit die im Inland lebenden Ausländer, Flüchtlinge und Staatenlosen (Abs. 1 Nr. 2, **Aufenthaltszuständigkeit**). Ein dritter Zuständigkeitsgrund ist das Bestehen eines berechtigten Interesses an einer Todeserklärung, der Feststellung der Todeszeit oder den entsprechenden ausländischen Funktionsäquivalenten (Abs. 2, **Zuständigkeit kraft berechtigten Interesses**). Das berechtigte Interesse ist – wie bei S. 2 – nach den Umständen des Einzelfalls zu bestimmen.[24] Das Interesse ist hier aber auf eine Entscheidung im Inland und nicht auf eine Entscheidung nach deutschem Recht gerichtet. Daraus können sich Unterschiede zu S. 2 ergeben. So mag das Verfahren im Ausland für den Antragsteller unzumutbar sein, während die Anwendung seines Heimatrechts keine Schwierigkeiten bereitet. Ein Gleichlauf der Zuständigkeit und des anwendbaren Rechts ist aufgrund der gleich lautenden Formulierung in S. 2 und § 12 Abs. 2 VerschG jedenfalls nicht beabsichtigt. Nicht erforderlich ist das Bestehen eines rein objektiven Ordnungsinteresses des inländischen Rechtsverkehrs an einer Entscheidung.[25] § 12 Abs. 2 VerschG soll Zuständigkeitslücken schließen. Der Gedanke der **Fürsorgebedürfnis-Zuständigkeit**[26] dürfte daher vorzugswürdig sein. Aus diesem Grunde ist ein besonderer Inlandsbezug nicht zusätzlich zu fordern.[27]

17 Die nach § 14 VerschG sachlich zuständigen Amtsgerichte (Rechtspfleger, § 3 Nr. 1 lit. g RPflG)[28] entscheiden nach deutschem Verfahrensrecht (lex fori). Kommt es aufgrund der Verweisung in S. 1 zur Anwendung fremder Rechtsinstitute (etwa einer déclaration d'absence nach französischem Recht), so lassen sich die dadurch entstehenden Anpassungsprobleme durch eine sinngemäße Anwendung des deutschen Verfahrensrechts lösen.[29]

II. Anerkennung ausländischer Entscheidungen, § 108 FamFG, § 328 ZPO

18 Für die Anerkennung ausländischer Todeserklärungen oder anderer Verschollenheitsentscheidungen bedarf es keines gesonderten Anerkennungsverfahrens. Die Anerkennung erfolgt in jedem innerstaatlichen Verfahren inzident und richtet sich unabhängig von der Form der Entscheidung (Urteil, Beschluss, Verwaltungsakt) nach § 108 FamFG. Eine inhaltliche Überprüfung der ausländischen Entscheidung, etwa im Hinblick auf das angewandte Recht, findet außer im Rahmen der ordre-public-Kontrolle nicht statt.[30]

23 Deutscher Staatsangehöriger oder Statusdeutscher im Sinne von Art. 116 Abs. 1 GG, vgl Anhang II zu Art. 5 EGBGB Rn 9.

24 Palandt/*Thorn*, Art. 9 EGBGB Rn 3; *Looschelders*, IPR, Art. 9 Rn 15.

25 Erman/*Hohloch*, Art. 9 EGBGB Rn 7 und MüKo/*Birk*, Art. 9 EGBGB Rn 21.

26 *Kegel/Schurig*, § 17 I 1 f, S. 556.

27 Zu eng ist die von Bamberger/Roth/*Mäsch*, Art. 9 EGBGB Rn 13 vorgeschlagene Lösung, wonach ein besonderer Inlandsbezug das Einspringen gerade der deutschen Gerichte rechtfertigen soll. Das läuft auf eine forum-non-conveniens-Zuständigkeit hinaus, die das deutsche und kontinentaleuropäische Zuständigkeitsrecht nicht kennt.

28 Die örtliche Zuständigkeit ergibt sich nach §§ 15–15 b VerschG primär aus dem letzten Wohnsitz/gewöhnlichen Aufenthalt des Verschollenen im Inland, ersatzweise nach dem Wohnsitz/gewöhnlichen Aufenthalt des Antragstellers und dem Amtsgericht Berlin-Schöneberg.

29 Staudinger/*Weick*, Art. 9 EGBGB Rn 58; *Looschelders*, IPR, Art. 9 Rn 16.

30 Staudinger/*Weick*, Art. 9 EGBGB Rn 80.

Enthält das ausländische Urteil lediglich Feststellungen auf der Grundlage einer Todesvermutung (etwa nach common law), so richtet sich die Anerkennung nach § 328 ZPO.[31]

Von praktischer Bedeutung ist die Internationale Zuständigkeit der ausländischen Gerichte aus der Sicht des deutschen Zuständigkeitsrechts. Die Todeserklärung eines Deutschen im Ausland ist nach dem Spiegelbildprinzip anerkennungsfähig, wenn er im Entscheidungsstaat seinen letzten gewöhnlichen Aufenthalt hatte oder dort ein berechtigtes Interesse an einer Entscheidung bestand (§§ 12 Abs. 1 Nr. 2, 2 VerschG). Das deutsche Zuständigkeitsrecht beansprucht mithin **nicht die ausschließliche Zuständigkeit** für Todeserklärungen Deutscher (§ 12 Abs. 1 Nr. 1, Abs. 3 VerschG) und steht einer Anerkennung daher nicht entgegen.[32] 19

Anerkennungsfähig sind auch Entscheidungen, die eine bereits bestehende inländische oder ausländische Entscheidung nur abändern (etwa hinsichtlich des Todeszeitpunktes). Ein Anerkennungshindernis ergibt sich bei **konkurrierenden Todes- oder Verschollenheitsentscheidungen**. Nach § 109 Nr. 3 FamFG geht die inländische Entscheidung einer ausländischen vor.[33] Bei ausländischen Entscheidungen geht die zuerst ergangene vor. 20

Die Anerkennung bedeutet eine ipso iure eintretende **Wirkungserstreckung** der ausländischen Entscheidung im Inland. Der Anerkennungsrichter muss daher die Rechtswirkungen feststellen, die das ausländische Recht seiner Entscheidung gibt. Das betrifft allerdings nur jene Rechtswirkungen, die das Verschollenheitsrecht hervorbringt (Todes- oder Lebensvermutungen, Widerleglichkeit usw), nicht dagegen die sich hieran anschließenden Folgen in anderen Rechtsgebieten (etwa die Eheauflösung, Wiederheirat oder die Erbfolge). Sie ergeben sich aus den jeweiligen Wirkungsstatuten (hier dem Ehewirkungs- oder Erbstatut).[34] 21

Stellt sich eine ausländische Todeserklärung als unrichtig heraus, so ist die Aufhebung oder Abänderung durch deutsche Gerichte möglich.[35] 22

Art. 10 EGBGB Name

(1) Der Name einer Person unterliegt dem Recht des Staates, dem die Person angehört.

(2) [1]Ehegatten können bei oder nach der Eheschließung gegenüber dem Standesamt ihren künftig zu führenden Namen wählen

1. nach dem Recht eines Staates, dem einer der Ehegatten angehört, ungeachtet des Artikels 5 Abs. 1, oder

2. nach deutschem Recht, wenn einer von ihnen seinen gewöhnlichen Aufenthalt im Inland hat.

[2]Nach der Eheschließung abgegebene Erklärungen müssen öffentlich beglaubigt werden. [3]Für die Auswirkungen der Wahl auf den Namen eines Kindes ist § 1617 c des Bürgerlichen Gesetzbuchs sinngemäß anzuwenden.

(3) [1]Der Inhaber der Sorge kann gegenüber dem Standesamt bestimmen, daß ein Kind den Familiennamen erhalten soll

1. nach dem Recht eines Staates, dem ein Elternteil angehört, ungeachtet des Artikels 5 Abs. 1,

2. nach deutschem Recht, wenn ein Elternteil seinen gewöhnlichen Aufenthalt im Inland hat, oder

3. nach dem Recht des Staates, dem ein den Namen Erteilender angehört.

[2]Nach der Beurkundung der Geburt abgegebene Erklärungen müssen öffentlich beglaubigt werden.

Literatur: *Attlmayr,* Adelsaufhebung und das Gemeinschaftsrecht, JRP 2010, 1; *Benicke,* Aktuelle Probleme des internationalen Namensrechts unter besonderer Berücksichtigung deutsch-spanischer Fälle, StAZ 1996, 97; *Christof Böhmer,* Die Transliteration ausländischer Namen, IPRax 1994, 80; *Bungert,* Ausländische Adelstitel, Schutz deutscher Minderheiten und § 3 a Namensänderungsgesetz, IPRax 1994, 109; *Castellaneta,* Libera circolazione delle persone e norme statali sull'attribuzione del cognome, Dir. com. scambi int. 2009, 745; *dies.,* Lo Statò puo cancellare per rispetto dell'uguaglianza la parte del cognome che contiene un titolo nobilare, Guida dir. 2011 n. 4 S. 106; *Coester-Waltjen,* Das Anerkennungsprinzip im Dornröschenschlaf?, in: FS Erik Jayme, 2004, S. 121; *dies.,* Anerkennung im Internationalen Personen-, Familien- und Erbrecht und das Europäische Kollisionsrecht, IPRax 2006, 392; *Devers,* Non-reconnaissance dans l'État membre don't il

31 Anders und stets nach § 16 a FGG Staudinger/*Weick,* Art. 9 EGBGB Rn 78; wie hier *Looschelders,* IPR, Art. 9 Rn 17.

32 Zur Todeserklärung eines Deutschen in Polen vgl BGH FamRZ 1994, 498 m.Anm. *Bosch* (500 f); zur Todeserklärung eines Deutschen in Ungarn vgl BGH IPRax 1982, 155; dazu *Vékas,* IPRax 1982, 142.

33 Die Unvereinbarkeit kann sowohl im Ausspruch oder der Ablehnung einer Todeserklärung wie auch in unterschiedlichen Wirkungen einer im Übrigen übereinstimmenden Todeserklärung nach ausländischem Recht liegen, vgl MüKo/*Birk,* Art. 9 EGBGB Rn 39.

34 Erman/*Hohloch,* Art. 9 EGBGB Rn 3 u. 14; unzutr. daher MüKo/*Birk,* Art. 9 EGBGB Rn 36: Wird die Todeserklärung von einem ausländischen Ehescheidungsorgan ausgesprochen, so soll auch die Scheidungswirkung von der Anerkennung umfasst sein.

35 MüKo/*Birk,* Art. 9 EGBGB Rn 41; PWW/*Mörsdorf-Schulte,* Art. 9 Rn 12.

est ressortissant du nom acquis par l'enfant dans son État de naissance et de résidence, JCP G 2009 II 10071 = JCP G 15 avril 2009, 35; *Frank,* Die Entscheidung des EuGH in Garcia Avello und ihre Auswirkungen auf das deutsche internationale Namensrecht, StAZ 2005, 161; *Gaaz,* Zur Reichweite der Wahl eines gemeinsamen Familiennamens gemäß ausländischem Recht nach einem Statutenwechsel zum deutschen Recht, IPRax 2000, 115; *Henrich,* Die Namensführung von Ehegatten nach dem IPR-Gesetz oder: Was deutsche Gründlichkeit vermag, IPRax 1986, 333; *ders.,* Kollisionsrechtliche Aspekte der Neuordnung des Familiennamensrechts, IPRax 1994, 174; *ders.,* Die Vaterschaftsanerkennung mit Auslandsberührung und ihre Folgen für die Namensführung des Kindes, StAZ 1995, 284; *ders.,* Die Rechtswahl im internationalen Namensrecht und ihre Folgen, StAZ 1996, 129; *ders.,* Änderungen der internationalprivatrechtlichen Vorschriften im Regierungsentwurf zur Reform des Kindschaftsrechts, StAZ 1996, 353; *ders.,* Die Rück- und Weiterverweisung im Internationalen Privatrecht, vor allem bei der Namensführung in der standesamtlichen Praxis, StAZ 1997, 225; *ders.,* Das Kollisionsrecht im Kindschaftsrechtsreformgesetz, StAZ 1998, 1; *ders.,* Die Wirksamkeit der Adoption als Vorfrage für die Namensführung des Adoptierten, IPRax 1998, 96; *ders.,* Kindschaftsrechtsreformgesetz und IPR, FamRZ 1998, 1401; *ders.,* Namensrecht und Namensschutz im Dickicht der Qualifikation, in: FS Bernhard Großfeld 1999, S. 355; *ders.,* Wie soll unser Kind heißen? Ein Blick auf die Spielwiese des internationalen Namensrechts, in: GS Alexander Lüderitz 2000, S. 273; *ders.,* Das internationale Namensrecht auf dem Prüfstand des EuGH, in: FS Andreas Heldrich 2005, S. 667; *ders.,* Anerkennung statt IPR: eine Grundsatzfrage, IPRax 2005, 422; *ders.,* Die Angleichung im Internationalen Namensrecht – Namensführung nach Statutenwechsel, StAZ 2007, 197; *ders.,* Rückverweisung aufgrund abweichender Qualifikation im Internationalen Namensrecht, IPRax 2008, 121; *Henrich/Wagenitz/Bonrhofen,* Deutsches Namensrecht, 2004; *Hepting,* Das internationale Ehenamensrecht in der Reform, StAZ 1994, 1; *ders.,* Regelungszwecke und Regelungswidersprüche im Namensrecht, StAZ 1996, 1; *ders.,* Das IPR des Kindesnamens nach der Kindschaftsrechtsreform, StAZ 1998, 133; *ders.,* Angleichung im internationalen Namensrecht – Was tun bei fehlenden Vor- oder Familiennamen?, StAZ 2001, 257; *ders.,* Die Angleichung in Art. 47 EGBGB, StAZ 2008, 161; *ders.,* Deutsches und Internationales Familienrecht im Personenstandsrecht, 2010 (zitiert: *Hepting*); *Hepting/Martina Bauer,* Spanische Doppelnamen im deutschen Namensrecht – die letzte Kehrtwendung der Rechtsprechung?, IPRax 2000, 394; *Hochwald,* Namensführung eines russischen Staatsangehörigen nach Eheschließung mit einer Deutschen in der Russischen Föderation, StAZ 2008, 49; *dies.,* Adoption eines volljährigen indischen Staatsangehörigen durch ein deutsches Gericht; Anerkennung einer nachfolgenden Namensänderung in Indien, StAZ 2008, 115; *dies.,* Namensführung einer aus Sri Lanka stammenden Familie nach Einbürgerung, StAZ 2009, 49; *Homeyer,* Namensführung von Kindern aus einer deutsch-spanischen Ehe, StAZ 2004, 180; *dies.,* Namensführung eines spanischen Staatsangehörigen nach Wiederheirat, StAZ 2005, 183; *dies.,* Familienname des in Spanien geborenen Kindes spanischen Eltern, die einen Ehenamen nach deutschem Recht führen, StAZ 2005, 266; *dies.,* Namensführung einer georgischen Staatsangehörigen nach Scheidung in Georgien, StAZ 2006, 83; *dies.,* Namensführung von deutschen Staatsangehörigen, die aus Kasachstan nach Deutschland zugezogen sind, StAZ 2008, 86; *Honorati,* Free Circulation of Names for EU Citizens?, Dir. UE 2009, 379; *dies.,* La legge applicabile al nome tra diritto internazionale privato e diritto comunitario nelle conclusioni degli avvocati generali, Liber Fausto Pocar, Vol. I, Milano 2009, S. 473; *dies.,* I diritto al nome della moglie e di figlie nell'ordinamento italiano ed europeo: osservazioni generali, in: *Honorati* (a cura di), Diritto al nome e all'identità personale nell'ordinamento europeo, Milano 2010, S. 3; *Jauß,* Wirksamkeit der Ehenamensbestimmung in einer deutsch-italienischen Ehe, StAZ 2004, 274; *ders.,* Namensführung einer deutsch-polnischen Doppelstaaterin nach Eheschließung und Scheidung in Polen, StAZ 2005, 80; *ders.,* Namensführung einer irakischen Familie nach mehrfachem Statutenwechsel, StAZ 2006, 239; *Kampe,* Eheschließung eines Deutschen und einer in Deutschland geschiedenen Brasilianerin in Dänemark; Namensführung der Eltern und der gemeinsamen Kinder, StAZ 2007, 125; *dies.,* Können Ehegatten aufgrund einer Rechtswahl gem. Art. 10 Abs. 2 EGBGB zugunsten amerikanischen Rechts einen Ehedoppelnamen führen?, StAZ 2007, 149; *dies.,* Namensführung in der Ehe eines deutsch-polnischen Doppelstaaters und einer Polin nach Namensänderung des Mannes in Polen, StAZ 2009, 281; *Koritz,* Namensrecht und Unionsbürgerschaft – Oder die Frage, ob ein Doppelname europaweit anzuerkennen ist, FPR 2008, 213; *Kraus,* Namensführung einer Deutschen nach Scheidung der Ehe mit einem Türken; nachträgliche Option zugunsten des Heimatrechts, StAZ 2003, 88; *dies.,* Namensführung einer verheirateten philippinischen Staatsangehörigen; Schicksal des Mittelnamens nach Ehenamensbestimmung nach deutschem Recht, StAZ 2004, 138; *dies.,* Der Begriff des „Ehenamens" bei Sachverhalten mit Auslandsbezug, StAZ 2005, 110; *dies.,* Mehrmalige Rechtswahl nach Art. 10 Abs. 3 EGBGB für den Namen eines Kindes mit deutscher Mutter und spanischem Vater, StAZ 2006, 81; *dies.,* Auswirkung auf einen nach deutschem Recht geführten Ehenamen, wenn der Familienname des Ehemannes durch dessen Heimatbehörde geändert wird, StAZ 2007, 151; *dies.,* Namensführung eines deutsch-mazedonischen Ehepaares und seiner Kinder; Abwandlung von Familiennamen, StAZ 2010, 19; *Th. Kröll,* Adelsaufhebungsgesetz und Unionsbürgerschaft – oder: EuGH und Emotionen, ZfVw 2010, 177; *Krömer,* Gestattet eine nachträgliche Wahl zum Ehenamensstatut gem. Art. 10 Abs. 2 EGBGB namensrechtliche Erklärungen, die nach dem gewählten Recht an den Zeitpunkt der Eheschließung gebunden sind?, StAZ 2003, 116; *ders.,* Neubestimmung des Ehenamens und Übergang zu getrennter Namensführung nach Statutenwechsel, StAZ 2003, 229; *ders.,* Ermöglicht Art. 10 Abs. 3 EGBGB die Wahl eines Namensstatuts, welches keine Vor- und Familiennamen kennt?, StAZ 2006, 152; *ders.,* Namensführung in einer pakistanisch-deutschen Ehe nach Rechtswahl zugunsten deutschen Rechts und Angleichungserklärung gem. Art. 47 EGBGB, StAZ 2008, 48; *ders.,* Namensführung nach dem Heimatrecht in deutsch-türkischen Ehen; Rückverweisung durch das türkische IPR?, StAZ 2009, 280; *ders.,* Namensführung einer tschechischen Mutter nach Feststellung des Nichtbestehens der Vaterschaft eines Deutschen, StAZ 2010, 273; *ders.,* Vaterschaftsanerkenntnis eines minderjährigen Österreichers für das Kind einer minderjährigen Serbin; Familienname des Kindes, StAZ 2011, 257; *Kroll,* Hinkende Namensrechtsverhältnisse im Fokus der gemeinschaftsrechtlichen Freizügigkeit, ZvglRWiss 107 (2008), 320; *H. Krüger,* Neues zum türkischen internationalen Namensrecht, St AZ 2011, 179; *Kubicki,* Kurze Nachlese zur Rechtssache Grunkin-Paul – Art. 18 EG und die Rechtsfolgen eines Verstoßes, EuZW 2009, 366; *A. Lang,* Problemi di traslitterazione del nome di fronte alle corti europee i casi Konstantinidis e Mentzen, in: Honorati (a cura di), Diritto al nome e all'identità personale nell'ordinamento europeo, Milano 2010, S. 139; *M. Lehmann,* What's in a Name? Grunkin-Paul and Beyond, Yb. PIL 10 (2008), 135; *Lindemann,* Widersprüche in Art. 10 EGBGB, Diss. Mainz 1998; *Lipp,* Namensrecht und Europa, in: FS Rainer Frank 2008, S. 393; *ders.,* Namensrecht und Europarecht, StAZ 2009, 1; *Long,* La Corte di giustizia torna a pronunciarsi sul cognome di cittadini europei, NGCC 2009 I 272; *Mankowski,* Die Anknüpfung des Namensschutzes für natürliche Personen im Internationalen Privatrecht, STAZ 2011 (im Erscheinen); *Mansel,* Anerkennung als Grundprinzip des Europäischen Rechtsraums, RabelsZ 70 (2006), 651; *ders.,* The Impact of the European Unions' Prohibition of Discrimination and the Right of Free Movement of Persons on the Private International Law Rules of Member States – With

Comments on the Sayn-Wittgenstein Case before the European Court of Justice, in: Liber amicorum Kurt Siehr, 2010, S. 291; *Meeusen,* The Grunkin and Paul Judgment of the ECJ, or How to Strike a Delicate Balance between Conflict of Laws, Union Citizenship and Freedom of Movement in the EC, ZEuP 2010, 189; *Mörsdorf-Schulte,* Europäische Impulse für Namen und Status des Mehrstaaters, IPRax 2004, 315; *Nordmeier,* Unionsbürgerschaft, EMRK und ein Anerkennungsprinzip: Folgen der namensrechtlichen EuGH-Rechtsprechung für Statusentscheidungen, StAZ 2011, 129; *Picod,* Respect de l'interdiction des titres de noblesse, JCP G 2011 n°. 3 S. 111; *Pintens,* Name und Menschenrechtskonvention, in: FS Dieter Henrich 2000, S. 451; *Rauhmeier,* Namensänderung eines deutsch-brasilianischen Kindes nach Eheschließung der Eltern, StAZ 2011, 117; *Rieck,* Anerkennung des Familiennamens in Mitgliedstaaten, NJW 2009, 125; *Rossolillo,* La legge applicabile al nome alla luce delle convenzioni internazionali e di principi comunitari, in: *Honorati* (a cura di), Diritto al nome e all'identità personale nell'ordinamento europeo, Milano 2010, S. 91; *Scherer,* Le nom en droit international privé, 2004; *A.K. Schnyder,* Parteiautonomie im Internationalen Namensrecht, Liber amicorum Kurt Siehr 2000, S. 667; *Sommer,* Der Einfluss der Freizügigkeit auf Namen und Status von Unionsbürgern, 2009; *V. Stoll,* Die Rechtswahl im Namens-, Ehe- und Erbrecht, 1991; *F. Sturm,* Kann sich in der Praxis das Persönlichkeitsrecht auf die Namensführung auswirken?, StAZ 1994, 370; *ders.,* Namensführung in gemischtnationalen Ehen, StAZ 1995, 255; *ders.,* Der Kindesname national und international, in: FS Gerhard Lüke 1997, S. 809; *ders.,* Europäisches Namensrecht im dritten Jahrtausend, in: FS Dieter Henrich 2000, S. 611; *ders.,* Namenserklärungen Auslandsdeutscher vor Berliner Hürden?, in: FS Hans Jürgen Sonnenberger 2004, S. 711; *ders.,* Namenserklärungen: Auslandsdeutsche und Heiratstouristen, StAZ 2005, 253; *ders.,* Weshalb zeichnete Deutschland die CIEC-Konvention über die Anerkennung von Namen nicht?, in: FS Ulrich Spellenberg 2010, S. 523; *F. Sturm/G. Sturm,* Der renvoi im Namensrecht, in: FS Erik Jayme 2004, S. 919; *Tomasi,* Il diritto al nome tra libertà di circolazione e diritti fondamentali, in: *Honorati* (a cura di), Diritto al nome e all'identità personale nell'ordinamento europeo, Milano 2010, S. 111; *Tonolo,* Il riconoscimento di atti e provvedimenti stranieri concernenti il diritto al nome nell'ordinamento italiano: probleme e prospettive, in: *Honorati* (a cura di), Diritto al nome e all'identità personale nell'ordinamento europeo, Milano 2010, S. 151; *Trucco,* Ancora un „via libera" della Corte di Lussemburgo alla „circolazione" dei cognomi, Giur it. 2009, 301; *Wagenitz* (Hrsg.), Familiennamensrechtsgesetz, 1994; *Wall,* Die Vermeidung hinkender Namensverhältnisse in der EU, StAZ 2009, 261; *ders.,* Anerkennung rechtswidriger Namensregistrierungen in der EU?, StAZ 2010, 225; *ders.,* Enthält Art. 21 Abs. 1 AEUV eine „versteckte" Kollisionsnorm?, IPRax 2010, 433; *ders.,* Vermeidung „hinkender Namensverhältnisse" in der EU durch unselbständige Anknüpfung von Vorfragen, StAZ 2011, 37; *Wohlgemuth,* Vietnamesische Personennamen in Deutschland, StAZ 2008, 329.

A. Allgemeines

I. Systematische Einordnung

1 Mit Art. 10 wird der Name zu einem **eigenen Anknüpfungsgegenstand** erhoben und einem eigenen Namensstatut unterstellt. Er ist nicht Teil eines anderen Statuts. Insbesondere werden die Namen von Eheleuten nicht als Ehefolge oder Ehewirkung qualifiziert. Die Zuerkennung eines Namens ist keine Nebenfolge familienrechtlicher Statusverhältnisse, sondern etwas Eigenständiges.[1] Treffend ist Art. 10 in den Zusammenhang des Personalstatuts und derjenigen Anknüpfungsfragen, die eine Person allein betreffen, eingestellt.

2 Die kollisionsrechtliche Bewältigung von Namensfragen bewegt sich in einem **sachrechtlich bedingten Spannungsfeld**:[2] Dessen einer Pol ist die privatrechtliche Identifizierungs- und Kennzeichnungsfunktion des Namens für das Individuum, das persönliche Interesse am Namen als höchstpersönlichem Erkennungszeichen; dessen anderer Pol sind die Belange des öffentlichen Rechts, namentlich Kontrolle und Registrierung anhand der Identifizierungs- und Ordnungsfunktion des Namens. Außerdem gibt es die verfassungsrechtliche Dimension, dass der Name in Deutschland als Teil des allgemeinen Persönlichkeitsrechts durch Art. 2 Abs. 1 iVm Art. 1 Abs. 1 GG geschützt ist; diese Dimension gilt es auch in Fällen mit Auslandsbezug zu beachten.[3]

3 Hinzu treten **unterschiedliche Traditionen** und erhebliche Divergenzen in den Sachrechten. Das Internationale Namensrecht muss in hohem Maße Phänomene und Gestaltungen bewältigen, welche das deutsche Sachrecht nicht kennt (zB Vaternamen, Mittelnamen, Beinamen, persönliche Namen). Namen müssen so eindeutig wie möglich sein. Daher kennen viele Staaten formelle Registrierungs- und Eintragungsverfahren, andere indes nicht.

II. Praktische Bedeutung

4 Die praktische Bedeutung des Internationalen Namensrechts ist sehr hoch. Dies gilt vor allem für Standesbeamte, mit der Standesamtsaufsicht betraute Stellen und die Gerichte im Instanzenzug über den Standesämtern.[4] **Standesbeamte** sind die wahren Praktiker des Internationalen Namensrechts. Dessen Bedeutung wächst mit dem steigenden Anteil Nicht-Deutscher an der inländischen Wohnbevölkerung, mit der steigenden Zahl in Deutschland geschlossener Ehen mit Ausländerbeteiligung und mit der steigenden Zahl in Deutschland geborener Kinder mit ausländischer Staatsangehörigkeit oder aus gemischtnationalen Verbindungen. Das eigentliche **Registerrecht** des Personenstandsregisters ist allerdings prozessual zu qualifizieren und unterliegt der lex fori.[5]

III. Entstehungsgeschichte

5 Art. 10 ist eine vergleichsweise junge, aber trotzdem häufig geänderte Vorschrift. Er wurde erstmals mit dem **IPR-NeuregelungsG**[6] zum 1.9.1986 eingeführt. Die Grundregel des Abs. 1 kodifiziert den letzten Stand des früheren Richterrechts[7] und ist seither unverändert geblieben. Neben Abs. 1 wurden 1986 die damaligen Abs. 2–6 sowie Art. 220 Abs. 4, 5 als differenzierende Regeln eingefügt.

6 Wegen der Komplexität und der inneren Spannungen des Gesamtsystems strich schon das **FamNamRG** vom 16.12.1993[8] mit Wirkung vom 17.4.1994 die vorherigen Abs. 3 und 4 sowie Art. 220 Abs. 4, 5.[9] Weitere Vereinfachung brachte die Kindschaftsrechtsreform, indem Art. 12 **KindRG**[10] zum 1.7.1998 sachrechtlich induziert auch die kollisionsrechtliche Differenzierung zwischen der Namensführung ehelicher und der

1 *F. Sturm/G. Sturm,* in: FS Jayme 2004, S. 919.
2 *Looschelders,* IPR, Art. 10 Rn 1.
3 S. zB BVerfG StAZ 2001, 207 = NJWE-FER 2001, 193.
4 Natürlich gilt Art. 10 auch in Verfahren über die Berichtigung des Geburtseintrags und sonstigen Namensberichtigungsverfahren; OLG Hamm StAZ 2005, 262.
5 LG Traunstein StAZ 2008, 246, 247.
6 BGBl I 1986 S. 1042.
7 BGHZ 56, 193, 195; 63, 107, 109; anders zuvor BGHZ 44, 121, 124.
8 BGBl I 1993 S. 2054.
9 Dazu *Hepting,* StAZ 1994, 1; *Coester,* FuR 1994, 1; *Henrich,* IPRax 1994, 174; *Bornhofen,* StAZ 1994, 141.
10 BGBl I 1997 S. 2942.

Namensführung nichtehelicher Kinder entfallen ließ.[11] Mit Art. 47 hat Art. 10 zum 1.1.2009 eine für die Praxis wichtige Ergänzung erhalten, die sich indes auf der sach-, nicht der kollisionsrechtlichen Ebene bewegt. Art. 47 ist wegen dieser kategorialen Verschiedenheit keine lex specialis zu Art. 10 und schränkt Art. 10 nicht ein.[12]

Intertemporal richtet sich die Anwendbarkeit des Art. 10 nach Art. 220 Abs. 1. Er kommt also auf alle bei seinem Inkrafttreten noch nicht abgeschlossenen Vorgänge zur Anwendung. Umgekehrt findet altes IPR auf alle vor dem 1.9.1986 bereits abgeschlossenen Vorgänge Anwendung.[13] Die Änderungen durch das FamRNamG folgen intertemporal Art. 7 § 5 FamRNamG, jene durch das KindRG Art. 224 § 3. 7

IV. Zusammenspiel mit allgemeinen Fragen des IPR

1. Rück- und Weiterverweisung. Rück- und Weiterverweisung richten sich nach den allgemeinen Regeln des Art. 4. Für den Grundtatbestand in Abs. 1 greifen Rück- und Weiterverweisung.[14] Trotz der öffentlich-rechtlichen Bezüge des Namens und der gewünschten Parallelität mit dem öffentlichen Recht widerspricht dies nicht dem Sinne der Verweisung gem. Art. 4 Abs. 1 S. 1 Hs 2.[15] Auch eine sog. versteckte Rückverweisung ist gegebenenfalls zu beachten.[16] Bei Verweisung auf einen Mehrrechtsstaat hilft Art. 4 Abs. 3.[17] 8

Rück- und Weiterverweisung werden insbesondere dann relevant, wenn das Heimatrecht des Namensträgers seinerseits nicht an die Staatsangehörigkeit, sondern an das **domicile** oder an den gewöhnlichen Aufenthalt anknüpft.[18] Das IPR von Staaten, die ebenfalls dem Staatsangehörigkeitsprinzip folgen, nimmt die Verweisung dagegen an.[19] Möglich ist auch eine Rück- oder Weiterverweisung **kraft abweichender Qualifikation**, weil das berufene Recht den Namen eines Ehegatten als Ehewirkung oder den Namen eines Kindes als familienrechtliche Wirkung einordnet[20] und anders anknüpft.[21] Besonders relevant ist dies bei der Anknüpfung von Namen geschiedener Türken, weil das türkische IPR diese Frage dem Scheidungsstatut unterstellt.[22] Allerdings ist jeweils im Lichte des § 293 ZPO, der als Ermittlung ausländischen Rechts die Ermittlung des gelebten Rechts verlangt, zu kontrollieren, ob eine abweichende Qualifikation infolge Zuschlagens des Namens zu einem familienrechtlichen Statut in dem betreffenden Staat überhaupt wirklich praktiziert wird.[23] 9

Für **Rechtswahltatbestände** wie Abs. 2 und Abs. 3 gilt Art. 4 Abs. 2.[24] Dieser greift unabhängig davon, ob die Rechtswahlbefugnis nur von mehreren gemeinsam (wie bei Abs. 2) oder durch einen Berechtigten allein (wie bei Abs. 3) ausgeübt werden darf. Rück- und Weiterverweisung scheiden daher für Abs. 2 und Abs. 3 aus. Eines Rückgriffs auf die so genannte Sinnklausel des Art. 4 Abs. 1 S. 1 Hs 2 bedarf es auch für Abs. 3 nicht.[25] Die Möglichkeit eines renvoi begründet einen Unterschied zwischen Abs. 2, 3 und Abs. 1.[26] 10

2. Mehrstaater und Staatenlose. a) Grundsatz. Für Mehrstaater und Staatenlose gilt im Internationalen Namensrecht grundsätzlich Art. 5. Bei **Mehrstaatern** ohne deutsche Staatsangehörigkeit kommt es prinzipiell nach Art. 5 Abs. 1 S. 1 auf deren effektive Staatsangehörigkeit an; bei Mehrstaatern mit deutscher Staatsangehörigkeit setzt sich aus deutscher Sicht immer die deutsche Staatsangehörigkeit nach Art. 5 Abs. 1 S. 2 durch, 11

11 Dazu *Henrich,* StAZ 1996, 357; *F. Sturm,* in: FS G. Lüke 1997, S. 824; *Hepting,* StAZ 1998, 133.
12 Staudinger/*Hepting,* Art. 10 EGBGB Rn 156.
13 S. nur BayObLG StAZ 2000, 148, 149; OLG Zweibrücken StAZ 1999, 208; AG Rottweil FamRZ 2000, 57.
14 BGH FamRZ 1999, 570; BGH StAZ 2007, 344; BayObLGZ 1996, 6, 10; OLG Hamm StAZ 1991, 138, 141; OLG Frankfurt StAZ 2004, 198; OLG Hamm StAZ 2007, 175; OLG München StAZ 2009, 108; *Henrich,* StAZ 1997, 225; *ders.,* IPRax 2008, 121; *Jauß,* StAZ 2004, 274, 275; *Kampe,* StAZ 2007, 125, 126; *dies.,* StAZ 2009, 281 *Hochwald,* StAZ 2008, 49; *dies.,* StAZ 2008, 115; *Krömer,* StAZ 2009, 280; *ders.,* StAZ 2011, 157, 158; *ders,* StAZ 2011, 249 f.
15 *V. Bar,* IPR II, Rn 83; Palandt/*Thorn,* Art. 10 EGBGB Rn 3; *Looschelders,* IPR, Art. 10 Rn 5.
16 Vgl LG Traunstein StAZ 2008, 246, 247.
17 OLG München StAZ 2009, 108; LG Traunstein StAZ 2008, 246, 247.
18 *F. Sturm,* in: FS Henrich 2000, S. 611, 617; *F. Sturm/G. Sturm,* in: FS Jayme 2004, S. 919, 921.
19 S. nur OLG Hamm StAZ 2007, 175 (Verweisung für Kindesnamen auf türkisches IPR).
20 So zB das französische Recht; Cass. civ. Rev. crit. dr. int. pr. 87 (1998), 72 m.Anm. *Hammje.*
21 *Hepting* StAZ 1994, 1, 3; *Henrich,* StAZ 1997, 225, 228 f; *ders.,* in: GS Lüderitz 2000, S. 273, 274; *F. Sturm,* in: FS Henrich 2000, S. 611, 617; *F. Sturm/G. Sturm,* in: FS Jayme 2004, S. 919, 921; Palandt/*Thorn,* Art. 10 EGBGB Rn 3.
22 BGH StAZ 2007, 344; *Henrich,* IPRax 2008, 121; *Krömer,* StAZ 2009, 280 f; *H. Krüger,* StAZ 2011, 179, 180 unter Hinweis auf Yargitay (TürkOGH) v. 25.2.2009 – 3618/9413 (2. ZS); aA *F. Sturm,* Infobrief Dt.-Türk. JV 2/2010, 3, 4 f unter Hinweis auf Yargitay (TürkOGH) v. 25.2.1997 bei *Çelikel/Nomer,* Devletler Hususi Hukuku – Örnek Olaylar Mahkeme Kararlari, 7. Aufl. 2001, S. 473 sowie H. Krüger, IPrax 2008, 281, 283..
23 *F. Sturm/G. Sturm,* in: FS Jayme 2004, S. 919, 928 f: F. Sturm, Infobrief Dt.-Türk, JV 2/2010, 3, 4..
24 S. nur OLG Stuttgart StAZ 2010, 263, 264; LG Berlin StAZ 2000, 217; *Henrich,* in: GS Lüderitz 2000, S. 273, 275; *F. Sturm/G. Sturm,* in: FS Jayme 2004, S. 919, 920; Palandt/*Thorn,* Art. 10 EGBGB Rn 3; *Kampe,* StAZ 2007, 149, 150; *Kraus,* StAZ 2010, 19.
25 Entgegen Erman/*Hohloch,* Art. 10 EGBGB Rn 5.
26 Übersehen von AG München StAZ 2002, 147.

auch wenn sie nicht die effektive ist.[27] Für namensrechtlich relevante Vorgänge, die sich vor dem 1.9.1986 abgespielt haben, gilt Letzteres nicht; vielmehr muss sich bei ihnen auch die deutsche Staatsangehörigkeit einer Effektivitätsabwägung stellen.[28] Dies gilt auch, sofern sich der Vorgang zu einem Zeitpunkt abspielte, zu welchem die deutsche Rechtsprechung noch einen unbedingten Vorrang der deutschen Staatsangehörigkeit postulierte.[29]

12 Für **Staatenlose** tritt gem. Art. 5 Abs. 2 an die Stelle der Staatsangehörigkeit als Anknüpfungspunkt der gewöhnliche Aufenthalt. Das Kind von Elternteilen, die beide in Deutschland leben und anerkannte **Flüchtlinge** oder **Asylbewerber** sind, teilt mit seinen Eltern das deutsche Personalstatut.[30] Lässt sich die Staatsangehörigkeit nicht feststellen, so greift ebenfalls Art. 5 Abs. 2 EGBGB.[31]

13 **b) Ausnahme bei Rechtswahltatbeständen.** Gesetzlich vorgesehene Ausnahmen gelten für Mehrstaater bei den Rechtswahltatbeständen nach Abs. 2 Nr. 1 und Abs. 3 Nr. 1. Beide Tatbestände sehen ausdrücklich von einer Anwendung des Art. 5 Abs. 1 ab. Wählbar ist unter ihnen also jeweils auch das Recht einer nicht effektiven Staatsangehörigkeit. Bei deutsch-ausländischen Mehrstaatern ist auch die Wahl des betreffenden ausländischen Rechts erlaubt.

14 **3. Erst- und Vorfragen. a) Erstfragen.** Erstfragen sind Rechtsbegriffe im Tatbestand einer deutschen Kollisionsnorm.[32] Sie sind ihrerseits immer über die Kollisionsnormen des deutschen Internationalen Privatrechts anzuknüpfen.[33] Im Zusammenhang mit Art. 10 können sich zuvörderst zwei verschiedene Erstfragen stellen: Zum einen ist für Abs. 2 erforderlich, dass eine wirksame Ehe geschlossen wurde und noch besteht. Zum anderen ist für Abs. 3 ein Personensorgeverhältnis festzustellen.

15 **b) Vorfragen.** Folgende Vorfragen können sich im Namensrecht auf der sachrechtlichen Ebene ergeben: ob eine Ehe besteht; ob eine Ehe geschieden oder auf sonstige Weise aufgehoben wurde; von wem ein Kind abstammt bzw ob es von jemandem abstammt, der behauptet, seine Mutter oder sein Vater zu sein; ob eine Vaterschaft erfolgreich angefochten wurde; ob eine Adoption stattgefunden hat;[34] wer für ein Kind sorgeberechtigt ist.

16 Traditionell wird ganz vorherrschend eine **unselbständige Anknüpfung** namensrechtlicher Vorfragen bevorzugt.[35] Die Vorfrage würde danach gemäß dem Internationalen Privatrecht des Namensstatuts angeknüpft. Namensrechtliche Wirkungen soll ein deutsches Scheidungsurteil danach nur dann haben, wenn es im Staat des Namensstatuts anerkannt ist.[36] Nur für die (eheliche) Abstammung knüpft der BGH selbständig an.[37]

17 Vorzugswürdig ist die **selbständige Anknüpfung** von Vorfragen, dh dass die Vorfragen nach deutschem IPR angeknüpft werden.[38] Im Namensrecht geht es nahezu ausschließlich um Statusfragen als Vorfragen. Status-

27 S. nur BayObLG FamRZ 2000, 56; OLG Frankfurt OLGZ 1990, 139, 140 = StAZ 1990, 71; KG StAZ 1997, 175; OLG Hamm StAZ 1997, 325; OLG Frankfurt StAZ 2000, 238; OLG Hamm StAZ 2001, 331; OLG Frankfurt StAZ 2004, 388; OLG Stuttgart IPRspr 2004 Nr. 240 S. 472; OLG Frankfurt StAZ 2005, 14; OLG München StAZ 2007, 122; LG München I StAZ 1999, 174; LG Karlsruhe StAZ 2001, 111; AG Regensburg StAZ 2005, 234; AG Gießen StAZ 2005, 362; AG Augsburg StAZ 2008, 77; *Jauß,* StAZ 2001, 338, 339; *ders.,* StAZ 2004, 274, 275; *ders.,* StAZ 2005, 80, 81; *Homeyer,* StAZ 2008, 86; *Krömer,* StAZ 2006, 152; *ders.,* StAZ 2009, 115; *ders.,* StAZ 2010, 273; *Hochwald,* StAZ 2009, 381, 383.

28 BayObLG StAZ 2000, 148, 149; OLG Bremen StAZ 1986, 9, 10; OLG Hamm NJW-RR 1999, 874, 876.

29 Entgegen OLG Zweibrücken StAZ 1999, 208.

30 BayObLG StAZ 1999, 169; *Homeyer,* StAZ 2003, 115, 116, sowie LG Rostock IPRspr 2001 Nr. 10 S. 24 f; vgl aber auch LG Rottweil IPRspr 2003 Nr. 4 S. 16.

31 OLG Hamm StAZ 2011, 242 f.

32 S. nur *Jochem,* FamRZ 1964, 392, 393; *Neuhaus,* Die Grundbegriffe des internationalen Privatrechts, 2. Aufl. 1976, S. 140 (§ 16 IV); *Winkler v. Mohrenfels,* RabelsZ 51 (1987), 20 f; *v. Bar/Mankowski,* IPR I, § 7 Rn 186.

33 S. nur *Winkler v. Mohrenfels,* RabelsZ 51 (1987), 20 f; *Mankowski,* in: FS Herber 1999, S. 147, 149; *v. Bar/Mankowski,* IPR I, § 7 Rn 186.

34 Näher dazu *Henrich,* IPRax 1998, 96.

35 BGHZ 90, 129, 140; BayObLGZ 1986, 155, 162 BayObLG FamRZ 1990, 93, 94; StAZ 1991, 191, 192; NJW 1992, 632 = FamRZ 1991, 1352; StAZ 1996, 202; FamRZ 2000, 700; StAZ 2002, 143, 145; BayObLGZ 2002, 299 = StAZ 2003, 13; OLG Hamburg StAZ 1976, 100; KG StAZ 1979, 267; 1988, 325 m.Anm. *Hepting;* OLG Karlsruhe FGPrax 1997, 144; OLG Hamm StAZ 2004, 171; FGPrax 2004, 115, 116 (Vorlagebeschl.); *Jayme,* IPRax 1981, 160; *Hausmann/Trabucchi,* StAZ 1982, 128; *Wengler,* IPRax 1987, 164; *F. Sturm,* StAZ 1990, 350; *Henrich,* StAZ 1996, 353, 357; *ders.,* FamRZ 1998, 1401; *ders.,* IPRax 1998, 96; *Kampe,* StAZ 2007, 125, 126; Erman/*Hohloch,* Art. 10 EGBGB Rn 4; *Wall,* StAZ 2011, 37, 41; *Krömer,* StAZ 2011, 157, 158 sowie OLG Karlsruhe FamRZ 1999, 253.

36 BayObLGZ 2002, 299.

37 BGH NJW 1986, 3022, 3023 = StAZ 1987, 16 (dazu *F. Sturm,* IPRax 1987, 1); dem folgend zB AG München StAZ 2002, 147.

38 Soergel/*Schurig,* Art. 10 EGBGB Rn 87–89; *Hepting,* StAZ 1998, 133, 142 f; Staudinger/*Hepting,* Art. 10 EGBGB Rn 115-125; *Heldrich,* 50 Jahre BGH – FG aus der Wissenschaft, Bd. II, 2000, S. 733, 747 f; *Kegel/Schurig,* S. 331 (§ 9 II 2 b); *v. Bar/Mankowski,* IPR I, § 7 Rn 211 f; Palandt/*Thorn,* Art. 10 EGBGB Rn 2; *Looschelders,* IPR, Art. 10 Rn 10; jurisPK BGB/*Janal* Art. 10 EGBGB Rn 40; *Hepting* Rn IV-302 sowie OLG Düsseldorf FamRZ 1999, 328; *Kraus,* StAZ 2007, 151.

fragen verlangen aber eine einheitliche Antwort, unabhängig von dem Zusammenhang, in dem sie sich stellen. Dass jemand nur für namensrechtliche Zwecke sorgeberechtigt wäre, sonst aber nicht, wäre ein absurdes Ergebnis. Dass jemand nur für namensrechtliche Zwecke verheiratet ist, wäre nicht minder absurd. Besondere Gründe, die eine abweichende Behandlung spezifisch der namensrechtlichen Vorfragen zwingend gebieten würden, bestehen nicht. Im Gegenteil könnte eine unselbständige Vorfragenanknüpfung das unerwünschte Ergebnis zeitigen, dass das Kind einen Namen führt, den keiner der Elternteile führt.[39]

Angebliche Verwerfungen im Sachrecht des Namensstatuts als Folge selbständiger Vorfragenanknüpfung 18 entpuppen sich im Übrigen als nur scheinbare Probleme und lassen sich auf eben dieser Ebene des Sachrechts im Namensstatut lösen.[40] Verfehlte öffentlich-rechtliche Zuordnungsvorstellungen vom Namen, weil dieser ja in den öffentlichen Personalpapieren auftauche und ein öffentliches Ordnungsinteresse des Heimatstaates widerspiegele,[41] dürfen nicht durchschlagen.[42] Weder lässt sich Entscheidungseinklang garantieren, noch wäre die Passausstellung überhaupt eine taugliche Hauptfrage.[43] Ordnungsinteressen des Heimatstaates stellt das deutsche IPR durch die Wahlmöglichkeiten nach Abs. 2, 3 sowieso schon bei der Hauptfrage hintan; umso weniger vermögen sie eine Abweichung von der Regel der selbständigen Vorfragenanknüpfung zu begründen.[44] Auch das europäische Unionsrecht gebietet keine unselbständige Vorfragenanknüpfung.[45] Erstens kann die korrekte unselbständige Vorfragenanknüpfung keine Vermeidung hinkender Namensverhältnisse garantieren, und zweitens sind Vorfragen bereits im unionsrechtlichen Kollisionsrecht der Rom I- und Rom II-Verordnungen richtigerweise selbständig anzuknüpfen,[46] umso weniger dann unselbständig im nationalen IPR.

Die **Anerkennung ausländischer Entscheidungen** (zB von Ehescheidungsurteilen oder Adoptionsbeschlüssen) kann eine Vorfragenanknüpfung ersetzen.[47] Die Vorfrage wird dann schon über das Internationale Zivilprozessrecht beantwortet. Anerkennungsrecht ist insoweit ein zweites, vorrangiges Kollisionsrechtssystem.[48] Die Anerkennung eines ausländischen Scheidungsurteils in Deutschland über Art. 21 Brüssel IIa-VO bzw §§ 107; 109 FamFG entscheidet darüber, ob die Ehe aus deutscher Sicht als geschieden gilt oder nicht.[49] Ebenso entscheidet über ausgesprochene namensrechtliche Folgen eines deutschen Scheidungsurteils richtigerweise die deutsche lex fori.[50] 19

4. Statutenwechsel. a) Grundsätzliches. Das für den Namen maßgebliche Recht kann wechseln, indem 20 sich der Anknüpfungspunkt verändert. Unter Abs. 1 tritt dies ein, wenn der Namensträger seine Staatsangehörigkeit wechselt. Außerdem kann sich das Namensstatut verändern, wenn eine Rechtswahlbefugnis nach Abs. 2 oder 3 ausgeübt wird. In allen diesen Fällen entscheidet dann das neue, vom dem neuen Anknüpfungspunkt bezeichnete Recht über den Namen.[51] Es erfolgt also ein Statutenwechsel. Bei mehrmaligem Statutenwechsel entscheidet das jeweils für den betreffenden Zeitpunkt aktuelle Namensstatut.[52] Ob ein Statutenwechsel eintritt, kann im Einzelfall Zusatzüberlegungen auslösen, zB wenn der Namensträger seine Staatsangehörigkeit wechselt, aber zuvor die Wahl eines anderen rechts unter Abs. 2 oder 3 erfolgt war.[53]

Ob sich der Name als Folge des Statutenwechsels ändert, bestimmt das neue Namensstatut. Folgt dieses wie 21 das deutsche Recht dem Grundsatz der **Namenskontinuität**, so ändert sich der Name nicht, sondern wird in der Gestaltung übernommen, wie er unter dem alten Namensstatut bestand.[54] Allerdings richtet sich die Namensfunktion nach dem Statutenwechsel nur noch nach dem neuen Statut, während dieses den Namenswortlaut von dem unter altem Recht gebildeten Namen (vorbehaltlich einer Anpassung) übernimmt.[55]

39 *Krömer,* StAZ 2003, 219, 220.
40 Schönes Beispiel bei *Winkler v. Mohrenfels,* Jura 1992, 169, 174.
41 *Jayme,* IPRx 1981, 160, 161; *Hausmann,* StAZ 1982, 121, 128; *Beitzke,* StAZ 1984, 198; *F. Sturm,* StAZ 1990, 350; *v. Bar/Mankowski,* IPR I, § 7 Rn 212. Paraphrasiert bei Staudinger/*Hepting,* Art. 10 EGBGB Rn 112.
42 *Kegel/Schurig,* S. 331 (§ 9 II 2 b).
43 Näher *v. Bar,* IPR II, Rn 88.
44 Soergel/*Schurig,* Art. 10 EGBGB Rn 88; *Hepting,* StAZ 1998, 133, 142 f; Staudinger/*Hepting,* Art. 10 EGBGB Rn 118; *v. Bar/Mankowski,* IPR I, § 7 Rn 212; *Looschelders,* IPR, Art. 10 Rn 10; jurisPK BGB/*Janal* Art. 10 EGBGB Rn 40.
45 Gegen *Wall,* StAZ 2011, 37, 41.
46 Näher *Solomon,* in: FS Spellenberg 2010, S. 355; *Bernitt,* Die Anknüpfung von Vorfragen im europäischen Kollisionsrecht, 2010; *Gössl,* ZfRV 2011, 65.
47 Vgl OLG Karlsruhe FGPrax 1997, 144.
48 Eingehend *v. Bar/Mankowski,* IPR I, § 5 Rn 134–140.
49 KG StAZ 1994, 192; OLG Karlsruhe IPRax 1998, 110, 111; OLG Düsseldorf StAZ 1999, 114; OLG Hamm StAZ 2004, 171; LG Bonn StAZ 1988, 354; AG Bonn StAZ 1988, 354.
50 S. nur KG StAZ 1994, 192; OLG Düsseldorf StAZ 1999, 114; LG und AG Bonn StAZ 1988, 354; Staudinger/*Hepting,* Art. 10 EGBGB Rn 121; *Kraus,* StAZ 2003, 88; *Krömer,* StAZ 2003, 345; Palandt/*Thorn,* Art. 10 EGBGB Rn 2.
51 S. nur KG StAZ 1996, 301; AG Köln StAZ 2004, 173; *Rauhmeier,* StAZ 2010, 170.
52 *Jauß,* StAZ 2006, 239, 240.
53 Vgl *Hochwald,* StAZ 2009, 49, 50.
54 S. BGHZ 63, 107; 147, 159, 168; BayObLGZ 1989, 147, 150; OLG Hamm StAZ 1995, 238; KG StAZ 1996, 301 f; OLG Hamm FGPrax 1999, 55.
55 S. nur *Hochwald,* StAZ 2009, 49 f.

22 Indes muss das neue Recht dem Grundsatz der Namenskontinuität und der prinzipiellen Unveränderlichkeit des Namens nicht folgen. Es muss nicht anerkennen, was unter dem alten Namensstatut bestand. Es kann kraft eigener Entscheidung die Namensfrage von Grund auf neu stellen und ab ovo neu beantworten. Es kann auch ein Recht zur namensmäßigen Anpassung an die Umwelt gewähren.[56] Es entscheidet über jegliche Arten von Namenswahlrechten.[57]

23 **b) Statutenwechsel zum deutschen Recht.** Bei Wechsel zum deutschen Recht (sei es unter Abs. 1 durch Einbürgerung, sei es durch Wahl nach Abs. 2 oder 3) können sich Ausnahmen vom sachrechtlichen Grundsatz der Namenskontinuität ergeben, indem ehemals deutsche Familiennamen wiederhergestellt werden oder wenn Übersiedler eine deutsche Namensform annehmen (soweit dies nach deutschem Recht zulässig ist) oder wenn bei Übersiedlern aus slawischen Ländern der Frauenname als eigenständige Form entfällt.[58] Außerdem kann die Reihenfolge von Namen ein Problem sei, zudem der Umgang mit dem deutschen Recht eigentlich bekannten Namensbestandteilen wie Zwischennamen oder Vatersnamen.[59] Die Zahl der Betroffenen war so groß, dass der deutsche Gesetzgeber mehrfach zu Sonderregeln gegriffen hat.

24 Deren wichtigste ist heute Art. 47, geschaffen durch Art. 2 Abs. 15 lit. b Gesetz zur Reform des Personenstandsrechts (Personenstandsrechtsreformgesetz – PStRG) vom 19.2.2007 (BGBl. I 2007 122) und zum 24.5.2007 in Kraft gesetzt durch Art. 4 Abs. 1 lit. a 7. Gesetz zur Änderung des Bundesvertriebenengesetzes.[60]

25 **Aussiedler deutscher Volkszugehörigkeit** behalten daneben[61] bei Wechsel unter das deutsche Recht grundsätzlich ihren bisherigen Namen;[62] es findet keine rückwirkende Anwendung deutschen Rechts statt.[63] § 94 BVFG[64] erlaubt aber eine ex nunc wirkende sachrechtliche Anpassung an das deutsche Namensrecht, insbesondere durch Ablegen von Namensbestandteilen oder weiblichen Sonderformen oder positiv durch Annahme der männlichen oder der eingedeutschten Form des Familiennamens sowie durch Änderung des Vornamens. Dies gilt auch dann, wenn nur einer der Aussiedler-Ehegatten die Rechtsstellung eines Deutschen nach Art. 116 GG hat.[65] **Abkömmlinge** und **Ehegatten** können nach § 4 Abs. 3 S. 2 BVFG eine Statusdeutscheneigenschaft frühestens mit dem Entstehen des Spätaussiedlerstatus und einer darüber begründeten Statusdeutscheneigenschaft des Hauptbetroffenen ableiten.[66] Ein Statutenwechsel findet durch die bloße Aussiedlung noch nicht automatisch statt; vielmehr können auch Spätaussiedler weiterhin dem Recht einer beibehaltenen ausländischen Staatsangehörigkeit unterstehen.[67]

26 Außerdem stehen weiterhin die Rechtswahlmöglichkeiten aus Art. 10 offen, um über eine geeignete Rechtswahl die Grundlage für eine passende Namenslösung zu schaffen. Ehegatten steht weiterhin offen, nach Abs. 2 Nr. 1 für ihre Namensführung deutsches Recht zu wählen, um einen neuen Ehenamen nach § 1355 BGB zu bilden.[68] Dies ist auch möglich, wenn die Ehegatten unter dem früheren Statut bereits einen Ehenamen bestimmt hatten.[69] Der Statutenwechsel ist indes (insbesondere bei Flüchtlingen) bereits vorher erfolgt, nicht erst durch die Rechtswahl.[70] Die Rechtswahl wird eine „**Sicherheitsrechtswahl**".[71]

27 **5. Angleichung und Anpassung.** Statutenwechsel oder **abgeleitete Namen**, deren Träger einem anderen Recht als Namensstatut untersteht als derjenige Namensträger, von welchem der Name abgeleitet wird, können eine Angleichung oder Anpassung erforderlich machen.[72] Eine Angleichung steht dagegen nicht infrage, wenn alle beteiligten Personen dasselbe Namensstatut haben (zB bei gleicher ausländischer Staatsangehörigkeit von Eltern und Kind).[73] Eine Angleichung steht auch nicht in Rede, wenn zwar mehrere Namensstatute vorliegen, aber alle zu demselben Ergebnis bei der Namensführung kommen (zB für den Ehenamen bei gemischtnationaler Ehe).[74]

56 OLG Hamburg StAZ 1977, 224; AG Hagen FamRZ 1995, 1357.
57 OLG Frankfurt StAZ 2006, 263; OLG Frankfurt StAZ 2007, 146.
58 Erman/*Hohloch*, Art. 10 EGBGB Rn 6.
59 S. nur *Hochwald*, StAZ 2010, 335, 336.
60 V. 16.5.2007, BGBl. 2007 I 748.
61 S. Art. 47 Rn 59 f.
62 BGHZ 121, 305; BGH NJW 1993, 2244.
63 OLG Hamm StAZ 1994, 79; OLG Hamm FGPrax 1999, 55.
64 Heute idF durch das 7. Gesetz zur Änderung des Bundesvertriebenengesetzes v. 16.5.2007, BGBl. I 2007 748, in Kraft seit dem 1.1.2009, abgedr. in Art. 47 EGBGB Rn 59.
65 OLG Stuttgart StAZ 1999, 79 = FamRZ 1999, 1424; OLG Frankfurt StAZ 2000, 210.
66 *Ulrich Ott*, StAZ 2000, 343, 344.
67 S. nur *E. Jakob*, IPRax 2002, 577, 578; Palandt/*Thorn*, Anh. Art. 5 EGBGB Rn 12.
68 BGHZ 147, 159; BGH FamRZ 2001, 1291; BayObLGZ 1999, 153; OLG Stuttgart FGPrax 1999, 54; 1999, 57; OLG Frankfurt StAZ 2000, 209; OLG Karlsruhe StAZ 2002, 203.
69 BGH FamRZ 2001, 1291.
70 *Hepting*, StAZ 2001, 257, 262, gegen AG Hagen StAZ 1995, 150.
71 S. *Wachsmann*, StAZ 2000, 220, 221.
72 S. zB LG Tübingen StAZ 2004, 137 (isländischer Vatersname und deutsches Recht).
73 *Hepting*, StAZ 2001, 257, 258.
74 *Hepting* Rn III-655 f, III-663.

Bei einem **Konflikt zwischen materiellem Namensstatut und Personenstandsverfahrensrecht** geht im Zweifel das materielle Recht vor, weil das Verfahrensrecht nur dienende Funktion hat.[75] Das Verfahrensrecht soll die materielle Rechtslage abbilden helfen, sie aber nicht gestalten.[76] 28

a) Angleichungserklärung. Die in der Praxis (insbesondere bei einem Statutenwechsel zum deutschen Recht) üblich gewordene,[77] so genannte Angleichungserklärung ist keine Ausübung von wie auch immer gearteter Privat- oder Parteiautonomie seitens des Erklärenden, sondern nur ein mitwirkender Akt des Betroffenen, um die objektive Rechtsanwendung zu erleichtern.[78] Sie entfaltet keinerlei Bindungswirkung für die Standesämter und keinerlei Gestaltungswirkung.[79] Sie ist nur zweckmäßig, aber nicht erforderlich.[80] 29

Die Angleichungserklärung ist ein nützliches Hilfsmittel, um den Standesämtern die Arbeit zu erleichtern, die Kooperation des Betroffenen zu sichern und Rechtstreitigkeiten zu vermeiden.[81] Zumal bei mehreren gleichwertigen Optionen (einer von zwei Namen muss in einen Familien-, der andere in einen Vornamen transponiert werden) macht es Sinn und fördert den Rechtsfrieden, den Betroffenen mitbestimmen zu lassen.[82] Später kann eine langjährige Namensführung schutzwürdiges und verfassungsrechtlich geschütztes **Vertrauen** begründen.[83] 30

b) Statutenwechsel zum deutschen Recht. Ein Wechsel zum deutschen Recht begründet keine eigentliche Anpassungslage, da zwei Rechte hier nicht neben-, sondern nacheinander anwendbar sind; trotzdem sind die Wertungen der Anpassungen mit denen des hier gegebenen Falles der **Transposition** vergleichbar.[84] 31

Ein Statutenwechsel zum deutschen Recht berechtigt nicht dazu, den bisherigen fremdsprachigen Namen nun in einer deutschen Übersetzung, also eingedeutscht zu führen.[85] Vielmehr ist grundsätzlich weiter der bisherige Name **ohne Eindeutschung** zu führen. Bestand unter altem Recht ein Wahlrecht zwischen verschiedenen Formen des Namens,[86] so ist für das neue Recht die zum Zeitpunkt des Statutenwechsels maßgebliche Namensform entscheidend.[87] 32

Die mit Abstand häufigsten und wichtigsten Konstellationen bei einem Eingangsstatutenwechsel hin zum deutschen Recht regelt Art. 47 jetzt speziell. Dort sind vorrangig Antworten zu suchen. Für Konstellationen mit Anpassungsbedarf jenseits der von Art. 47 erfassten Fälle gelten aber die allgemeinen Anpassungsgrundsätze fort. Aus Art. 47 ist kein Umkehrschluss zu ziehen, dass ansonsten keine Anpassung möglich wäre. ZB regelt er nicht die Reihenfolge von Namen nach einem Eingangsstatutenwechsel zum deutschen Recht; im Wege der Anpassung kann nun eine grundsätzlich beliebige Reihenfolge bisheriger Namen hergestellt werden, solange dem deutschen Prinzip von Vor- und Familiennamen genügt ist.[88] 33

c) Zusammengesetzte Namen. Zusammengesetzte Namen des spanischen Rechtskreises (dazu Rn 74) werfen die Frage auf, ob beide Namensbestandteile (apellidos) zum Familiennamen gehören, also auch zum Ehenamen eines Partners oder zum Familiennamen eines Kindes unter deutschem Recht werden können. Diese Frage ist zu bejahen. Der funktionalen Gleichstellung des gesamten zusammengesetzten Namens mit einem deutschen Ehenamen steht die mangelnde Vererbbarkeit des zweiten Teils heute nicht mehr entgegen.[89] Wird deutsches Recht zum Ehenamensstatut gewählt und der Geburtsname der spanischen Ehefrau zum Ehenamen bestimmt, so wird der zweigliedrige Name Ehename.[90] 34

Erwirbt ein deutsches Kind den Familiennamen als Namen und ist Familienname ein zusammengesetzter Name, so werden beide Teile des zusammengesetzten Namens zum Geburtsnamen des Kindes.[91] Es gibt kein Verbot von **Doppelnamen als Geburtsnamen** mehr, das wesentlicher Bestandteil des deutschen Rechts wäre.[92] Dafür streitet spätestens die Möglichkeit der so genannten additiven Einbenennung[93] nach § 1618 Abs. 1 S. 2 BGB in der Fassung durch das KindRG.[94] 35

75 Staudinger/*Hepting,* Art. 10 EGBGB Rn 58; *Hepting,* StAZ 2001, 257, 259. Strenger: BayObLG StAZ 1996, 41.
76 *Hepting,* StAZ 2001, 257, 259.
77 S. nur *Marcks,* StAZ 1991, 292, 293; *Wachsmann,* StAZ 1998, 323, 324.
78 *Hepting,* StAZ 2001, 257, 263; *Homeyer,* StAZ 2003, 115, 116.
79 *Hepting,* StAZ 2001, 257, 263 f.
80 Offen gelassen von LG Frankfurt StAZ 2003, 113, 114.
81 *Hepting,* StAZ 2001, 257, 264.
82 *Hepting,* StAZ 2001, 257, 264.
83 BVerfG StAZ 2001, 207.
84 *Hepting,* StAZ 2001, 257, 259, 261.
85 OLG Hamburg OLGZ 1990, 25, 30.
86 Insoweit abl. für das ungarische Recht BayObLGZ 1989, 147; anders OLG Hamburg StAZ 1990, 135 m.Anm. *Beitzke*; näher *Silagi,* StAZ 1992, 133.
87 OLG Hamburg StAZ 1990, 135 m.Anm. *Beitzke* sowie OVG Koblenz IPRax 1984, 216 LS m.Anm. *Henrich.*
88 LG München I StAZ 2006, 168.
89 BGH FamRZ 1999, 570 unter Hinw. auf die deutsche Sachrechtslage nach BVerfGE 84, 9 = FamRZ 1991, 535; zust. insb. *Hepting/Bauer,* IPRax 2000, 394, 396 f. Anders zuvor BGHZ 109, 1; BayObLGZ 1987, 418 = StAZ 1998, 199.
90 AG Berlin-Schöneberg StAZ 1998, 180.
91 OLG Düsseldorf StAZ 1995, 41; *Hepting/Bauer,* IPRax 2000, 394, 398; Bamberger/Roth/*Mäsch,* Art. 10 EGBGB Rn 21; *Looschelders,* IPR, Art. 10 Rn 25.
92 BGH FamRZ 1999, 570; *Hepting/Bauer,* IPRax 2000, 394, 397 f.
93 Näher *Wagenitz,* FamRZ 1998, 1545, 1551.
94 *Hepting/Bauer,* IPRax 2000, 394, 398.

36 **d) Ehenamen.** Eine Anpassung kann für Ehenamen erforderlich werden, wenn das Namensstatut des einen Ehegatten automatisch einen Ehenamen vergibt, während das Namensstatut des anderen Ehegatten einen gemeinsamen Ehenamen von einer gemeinsamen Erklärung der Ehegatten abhängig macht (die konkret nicht erfolgt ist). Die Wahl des vom Namensstatut des ersten Ehegatten vorgegebenen Ehenamens wäre im Prinzip verwehrt, weil dieses Recht keine Privatautonomie kennt.[95]

37 So käme kein Ehename zustande, obwohl beide Rechte einen Ehenamen kennen und wollen. Richtigerweise ist daher im Wege der Anpassung dem ersten Ehegatten zu gestatten, entgegen seinem strikten Namensstatut an der Wahl seines Namens zum Ehenamen mitzuwirken. So erzielt man das vom ersten Recht vorgeschriebene und vom zweiten Recht erlaubte Ergebnis.[96] Dieser Weg ist aber nicht gangbar, wenn das Namensstatut des zweiten Ehegatten seinerseits strikt die Fortführung der bisherigen Namen vorschreiben sollte.

38 **e) Sonstige Fälle.** Denkbar ist auch, dass die Eintragung zwar dem tatsächlichen Vorgang und dem Wunsch der Beteiligten entspricht, aber keine im Staat des Namensstatuts zulässige Schreibweise darstellt. Dann eine Unrichtigkeit im Sinne von § 47 PStG zu verneinen[97] ist sehr formal und kann die Beteiligten in unnötige Schwierigkeiten bringen. Vielmehr ist eine Korrektur vorzunehmen. Das Verfahrensrecht muss hier seiner dienenden Funktion gerecht werden.

39 Ein **Änderungsverlangen einer ausländischen Stelle** allein ist noch kein anzuerkennender Hoheitsakt, der Wirkungen bei deutschem Namensstatut zeitigen würde, zumal dann, wenn er im Ergebnis nur eine andere Schreibweise des Namens nach der einschlägigen ISO-Transliterationsnorm wiedergibt.[98]

40 **6. Ordre public.** Auch die über ein ausländisches Namensstatut erzielten Ergebnisse unterliegen der Kontrolle durch den deutschen ordre public. Ordre-public-Verstöße können sich insbesondere aus **exzessiver Fremdbestimmung** des Namensträgers oder aus **fehlender Gleichberechtigung** der Geschlechter ergeben. Sachrechtlicher Mannesvorrang kann bei Inlandsaufenthalt von Ehegatten problematisch sein.[99]

41 Außerdem können nach dem Namensstatut zulässige **Vornamen** gegen den deutschen ordre public verstoßen, wenn sie den Namensträger der **Lächerlichkeit** preisgeben, anstößig sind oder den Namensträger belasten können.[100] Dies ist im Interesse des Kindeswohls geboten.[101] Namensänderungen Deutscher durch ausländische Gerichte sind nicht am materiellen ordre public zu kontrollieren (Namensstatut ist deutsches Recht), sondern am engeren anerkennungsrechtlichen ordre public des § 109 Abs. 1 Nr. 1 FamFG.[102] Bei hinreichendem Inlandsbezug kann eine **automatische Namenserstreckung auf Kinder** unabhängig von deren Alter und deren Zustimmung in Extremfällen zum Problem werden.[103]

42 Einige Rechtsordnungen, insbesondere von Bundesstaaten der USA und England, erlauben eine **private Namensänderung ohne besonderen Grund**. Bei starkem Inlandsbezug könnte man darin einen ordre-public-Verstoß sehen, weil es die Identifikationsfunktion des Namens aufstört.[104] Indes dürfte dies abzulehnen sein.[105] Auch nach der Namensänderung ist die betreffende Person über einen Namen identifizierbar. Dass jemand nun einen bestimmten Namen führt, also das Ergebnis der Rechtsanwendung, wird als solches kaum anstößig sein.[106] Nur der Erwerbsmodus ist anders. Behördliche Mitwirkung und Registrierung kann man aber kaum zu inländischen Rechtswerten erheben, die es mit dem ordre public zu schützen gälte. Versuchen, die eigene Identität durch Namenswechsel zu verschleiern und sich dadurch etwa dem Zugriff von Gläubigern zu entziehen, ist nicht über den Einsatz des ordre public im Namensrecht zu wehren, sondern über das Deliktsrecht. Dass der Böswillige faktisch den neuen Namen führt, vermöchte auch der namensrechtliche ordre public nicht zu verhindern. Das Schädigungspotenzial geht vom Faktischen aus, nicht von der Berechtigung zur Namensführung.

95 Staudinger/*Hepting,* Art. 10 EGBGB Rn 289.

96 Soergel/*Schurig,* Art. 10 EGBGB Rn 63 n; Staudinger/*Hepting,* Art. 10 EGBGB Rn 301; *Looschelders,* IPR, Art. 10 Rn 21.

97 So LG Bremen StAZ 2000, 239.

98 LG Rostock IPRspr 2001 Nr. 10 S. 25.

99 *Looschelders,* Art. 10 EGBGB Rn 8; PWW/*Mörsdorf-Schulte,* Art. 10 EGBGB Rn 19; MüKo/*Birk,* Art. 10 EGBGB Rn 31. Zurückhaltender LG Essen IPRspr 1998 Nr. 11 b = IPRax 1999, 50 m.Anm. *Jayme*; AG Essen IPRspr 1998 Nr. 11 a = IPRax 1998, 213 m.Anm. *Jayme*; *v. Bar,* IPR II, Rn 90; Staudinger/*Hepting,* Art. 10 EGBGB Rn 134.

100 *H. Dörner,* IPRax 1983, 287, 288 f; Soergel/*Schurig,* Art. 10 EGBGB Rn 92; MüKo/*Birk,* Art. 10 EGBGB Rn 32; PWW/*Mörsdorf-Schulte,* Art. 10 EGBGB Rn 19; jurisPK BGB/*Janal* Art. 10 EGBGB Rn 38. Beispiel: OLG Bremen StAZ 1996, 86 = NJW-RR 1996, 1029; LG Bremen StAZ 1996, 46: „Frieden Mit Gott Allein Durch Jesus Christus" nach südafrikanischem Recht (ordre public-Verstoß vom OLG verneint, vom LG bejaht).

101 Bamberger/Roth/*Mäsch,* Art. 10 EGBGB Rn 12.

102 Staudinger/*Hepting,* Art. 10 EGBGB Rn 138.

103 Staudinger/*Hepting,* Art. 10 EGBGB Rn 135.

104 So Erman/*Hohloch,* Art. 10 EGBGB Rn 13; s.a. LG Hagen IPRax 1985, 294; MüKo/*Birk,* Art. 10 EGBGB Rn 46.

105 Ebenso im Erg. BayObLG FamRZ 2000, 55; OLG Hamburg IPRspr 1980 Nr. 184.

106 Bamberger/Roth/*Mäsch,* Art. 10 EGBGB Rn 12; vgl auch LG Heidelberg IPRspr 1988 Nr. 6.

Trennt ein ausländisches Namensstatut für Kindesnamen noch zwischen ehelicher und **nichtehelicher Kindschaft**, so ist dies hinzunehmen und nicht ordre-public-widrig.[107] Nicht zum ordre public zählt auch der **Grundsatz der Geschlechtsoffenkundigkeit** für Vornamen.[108] Dem Erfordernis eines Familiennamens sollte man keinen ordre public-Charakter beilegen.[109] Unter ausländischen Namensstatuten sind vielmehr auch Einzelnamen in Gestalt von Eigennamen zu akzeptieren (zB unter dem Recht von Sri Lanka). 43

V. Eingrenzung auf natürliche Personen

Art. 10 gilt grundsätzlich nur für den Namen natürlicher Personen. Dies ergibt sich allerdings nur indirekt aus dem Wortlaut des Abs. 1. Dort geht es nur um den Namen einer Person. Gesellschaften, Vereinigungen oder juristische Personen werden nicht ausdrücklich genannt und nicht ausdrücklich mit einbezogen. Durch diese Nichtnennung werden sie ausgegrenzt. Der Gesetzgeber wollte nach der ganzen Genese nur den Namen natürlicher Personen regeln, wie auch die nur für natürliche Personen sinnvollen Abs. 2 und 3 belegen. 44

Die Wertungsaussage des Abs. 1, dass der Name Teil der Persönlichkeit ist und deshalb dem Personalstatut unterliegt, lässt sich aber auf die **Firma** von juristischen Personen, Gesellschaften und Vereinigungen übertragen: Die Firma einer Gesellschaft richtet sich grundsätzlich nach dem Gesellschaftsstatut als dem Personalstatut der Gesellschaft.[110] Methodisch ist dies als Analogie zu Abs. 1 einzuordnen.[111] Eine kennzeichenrechtsanaloge Einordnung mit Anwendung des Territorialitätsprinzips[112] ist abzulehnen.[113] Allerdings kommt eine überlagernde Sonderanknüpfung von Marktrecht etwa für Verpflichtungen zum Führen von Firmenzusätzen in Betracht.[114] 45

B. Regelungsgehalt

Art. 10 regelt die kollisionsrechtliche Anknüpfung der namensrechtlichen Fragen von natürlichen Personen. Eigene Regeln über die Namensführung selbst enthält er grundsätzlich nicht. Er bestimmt nur das Namensstatut, nicht den Namen. Sein Abs. 1 enthält die Grundregel. Abs. 2 enthält eine wichtige Zusatzregel für Verheiratete, Abs. 3 eine wichtige Zusatzregel für die Möglichkeiten des Namensstatuts bei Kindern. Die Rechtswahlmöglichkeiten der Abs. 2 und 3 schaffen Gestaltungspotenzial, um unerwünschte Ergebnisse zu vermeiden und erwünschte Ergebnisse herbeizuführen. 46

I. Namensführung nach dem Personalstatut (Abs. 1)

1. Name als Persönlichkeitsteil. Die Namensführung ist ein spezielles Persönlichkeitsrecht.[115] Sie macht einen wesentlichen Teil der Persönlichkeit aus und definiert die Person in ihren Außenbezügen. Daher ist die Anwendung einer mit der Person des Namensträgers verbundenen Rechtsordnung geboten, es sei denn, der Namensträger selber oder eine befugte Person an dessen Stelle habe anders optiert. Als Attribut der Persönlichkeit ist der Name Teil des Persönlichkeitsstatuts.[116] 47

2. Anwendung des Personalstatuts. Anknüpfungspunkt für das Namensstatut ist die **Staatsangehörigkeit des Namensträgers**. Das Namensstatut ist ein Teil des Personalstatuts, und die Anknüpfung des Personalstatuts folgt im deutschen IPR grundsätzlich dem Staatsangehörigkeitsprinzip. Mit Blick auf den Namen ist dies umso mehr gerechtfertigt, als in aller Regel amtliche Registrierungen im Heimatstaat erfolgen, schon um 48

107 Palandt/*Thorn*, Art. 10 EGBGB Rn 20.
108 Bamberger/Roth/*Mäsch*, Art. 10 EGBGB Rn 12.
109 AA *Krömer*, StAZ 2006, 152, 153.
110 S. nur RGZ 82, 164, 167 – Kyriazi Frères; RGZ 100, 182, 185 f – Gervais; RGZ 109, 213 – Kwatta = JW 1926, 367 m.Anm. *Kent*; RGZ 117, 215, 218 – Eskimo-Pie = GRUR 1927, 715 = JW 1927, 3045 m.Anm. *Allfeld* und *Rosenthal*; RGZ 117, 215, 218 – Eskimo Pie; BGH JZ 1958, 241, 242; BGH GRUR 1961, 294, 297 – Esde m.Anm. *Hefermehl* (insoweit nicht in BGHZ 34, 91); BGH GRUR 1971, 517, 519 – Swops = NJW 1971, 1522; BayObLGZ 1986, 61 = NJW 1986, 2029; KG IPRspr 1934 Nr. 13 S. 29 = HRR 1934 Nr. 1046; OLG Hamburg IPRspr 1958/59 Nr. 43 S. 177; BayObLG NJW 1986, 3029; *M. Wolff*, Das internationale Privatrecht Deutschlands, 3. Aufl. 1954, S. 112 f; *Raape*, Internationales Privatrecht, 5. Aufl. 1961, S. 652 f; *Beitzke*, in: *Lauterbach* (Hrsg.), Vorschläge und Gutachten zur Reform des deutschen internationalen Personen- und Sachenrechts, 1972, S. 94, 171; Staudinger/*Großfeld*, Int. GesR, Rn 319; *Geyrhalter/Gänßler*, NZG 2003, 409, 412; Palandt/*Thorn*, Anh. Art. 12 EGBGB Rn 6; *Mankowski/Knöfel*, in: Hirte/Bücker (Hrsg.), Handbuch des grenzüberschreitenden Gesellschaftsrechts, 2. Aufl. 2006, § 13 Rn 48.
111 OLG Köln DtZ 1991, 27, 28; Palandt/*Thorn*, Art. 10 EGBGB Rn 5; Erman/*Hohloch*, Art. 10 EGBGB Rn 3; *Mankowski/Knöfel*, in: Hirte/Bücker (Hrsg.), Handbuch des grenzüberschreitenden Gesellschaftsrechts, 2. Aufl. 2006, § 13 Rn 48.
112 Dafür *J. F. Baur*, AcP 167 (1967), 535, 553–557.
113 S. nur Soergel/*Kegel*, Anh. Art. 12 EGBGB Rn 13; Staudinger/*Großfeld*, Int. GesR, Rn 319.
114 Näher *Mankowski/Knöfel*, in: Hirte/Bücker (Hrsg.), Handbuch des grenzüberschreitenden Gesellschaftsrechts, 2. Aufl. 2006, § 13 Rn 51–63.
115 Eingehend *Pintens*, in: FS Henrich 2000, S. 451.
116 Palandt/*Thorn*, Art. 10 EGBGB Rn 1.

darüber staatsbürgerliche Rechte und Pflichten ansetzen zu können. Außerdem stellt in aller Regel der Heimatstaat die Ausweispapiere oder sonstigen Identifikationsdokumente für eine Person aus. Privatrechtliche und öffentlich-rechtliche Fragen werden im Prinzip (vorbehaltlich einer Rück- oder Weiterverweisung) nach demselben Recht beurteilt; dies fördert Rechtssicherheit und Rechtsklarheit.[117] Zweifel an der Identität des Namensträgers hindern eine Anwendung nur bei ernsthaftem Fehlerverdacht.[118]

49 Es kommt auf die Staatsangehörigkeit jedes einzelnen Namensträgers gesondert an. Bei einer Eheschließung kommt es auf die **Staatsangehörigkeit der Ehegatten vor der Eheschließung** an; dies gilt auch dann, wenn nach dem Staatsangehörigkeitsrecht eines betroffenen Staates dessen Staatsangehörigkeit durch die Eheschließung entweder erworben wird oder verloren geht.[119] Dass die Namensführung in die Ehezeit fällt und damit in den Zeitraum, zu welchem eine neu erworbene Staatsangehörigkeit bereits besteht, verschlägt nicht.[120] Namenserwerb und Namensführung sind zweierlei. Richtigerweise gilt dies auch bei Fortfall einer früheren Staatsangehörigkeit wegen Verlusts als Folge der Heirat mit einem Ausländer.[121] Kinder haben ihr eigenes Personalstatut; ihnen ist (auch zB bei Asylberechtigten als Eltern) nicht automatisch das Personalstatut ihrer Eltern zuzuschreiben.[122]

50 Anzuerkennende **Entscheidungen ausländischer Gerichte** entfalten nach ihrer inzident gem. §§ 108; 109 FamFG erfolgenden Anerkennung in Deutschland Gestaltungswirkung. Die **Gestaltungswirkung** erstreckt sich auch auf einen namensrechtlichen Ausspruch zB im Rahmen eines Adoptionsdekrets.[123] Sie bindet deutsche Standesbeamte, so dass auch im gerichtlichen Verfahren nach § 45 Abs. 2 PStG oder nach § 47 Abs. 1 S. 2 PStG eine Änderung des Adoptionsdekrets nicht möglich ist.[124] In Betracht kommt nur eine isolierte Anfechtung der Namensbestimmung, sofern man darin keinen Verstoß gegen das analog anzuwendende Veränderungsverbot des § 197 Abs. 3 S. 2 FamFG (zuvor § 56 e S. 3 FGG) sieht.[125]

51 **3. Umfang des Namensstatuts (Qualifikation). a) Name und Namensführung. aa) Namenserwerb und Namensführung.** Das Namensstatut regiert sowohl den Namenserwerb als auch die Namensführung. Eine unterschiedliche kollisionsrechtliche Behandlung beider wäre nicht zu rechtfertigen. Dass trotzdem unterschiedliche Rechte anwendbar sein können, ist keine Folge unterschiedlich ausgestalteter Anknüpfungstatbestände, sondern nur möglicherweise unterschiedlicher Anknüpfungszeitpunkte. Der **Namenserwerb** ist ein zeitlich fixierter Tatbestand, die **Namensführung** dagegen ein Dauertatbestand.[126] Eine „**Änderung der Namensführung**" ist freilich nichts anderes als der Erwerb eines neuen Namens.[127] Das jeweilige Namensstatut regiert auch die **Reihenfolge** der einzelnen Namen.[128] Die Eintragung von Namen in ein deutsches Register in einer Reihenfolge, welche dem ausländischen Namensstatut nicht entspricht, kann eine Persönlichkeitsrechtsverletzung sein.[129] Das Namensstatut entscheidet ebenfalls, ob es ein Recht zur **freien Namenswahl** kennt[130] (zB die sogenannte „deed poll" nach englischem Recht).[131] Die Möglichkeiten einer **Namenswahl**, deren Voraussetzungen und deren Grenzen richten sich nach dem Namensstatut.[132] Dies gilt zB für die Möglichkeit eines Ehegatten, einen Doppelnamen aus seinem Namen und dem Namen des anderen Ehepartners zu führen.[133]

52 **bb) Schreibweise.** Das Namensstatut regiert zudem die Schreibweise.[134] Eine **Transliteration** bei der Übertragung in deutsche Personenstandsbücher richtet sich aber als verfahrensrechtliche Frage nach deut-

117 Palandt/*Thorn,* Art. 10 EGBGB Rn 1.
118 OLG Hamm StAZ 2007, 18, 19 f.
119 BGH NJW 1979, 489, 490; AG Gießen StAZ 2002, 171, 172; MüKo/*Birk,* Art. 10 EGBGB Rn 64 f. Differenzierend aber Staudinger/*Hepting,* Art. 10 EGBGB Rn 271.
120 Entgegen Bamberger/Roth/*Mäsch,* Art. 10 EGBGB Rn 33.
121 Entgegen MüKo/*Birk,* Art. 10 EGBGB Rn 64.
122 S. nur LG Rottweil IPRspr 2003 Nr. 4 S. 16. Zumindest ungenau daher LG Leipzig StAZ 2011, 154.
123 BayObLG StAZ 1985, 202; OLG Karlsruhe FamRZ 1999, 252 = StAZ 1997, 278 = IPRax 1998, 110; AG Karlsruhe StAZ 1990, 264; *Henrich,* in: FS B. Großfeld 1999, S. 355, 358.
124 BayObLG StAZ 1985, 202; OLG Karlsruhe FamRZ 1999, 252 = StAZ 1997, 278 = IPRax 1998, 110.
125 S. OLG Köln StAZ 1982, 278 einerseits und OLG Hamm StAZ 1983, 200 andererseits.
126 BGHZ 63, 107; BayObLGZ 1983, 168, 174; BayObLGZ 1989, 147, 150.
127 Staudinger/*Hepting,* Art. 10 EGBGB Rn 108.
128 S. nur OLG Brandenburg StAZ 2008, 43; LG München I StAZ 2006, 168.
129 OLG Brandenburg StAZ 2008, 43.
130 OLG München StAZ 2009, 108.
131 Näher *Meyer-Witting,* Das Personennamensrecht in England, 1990.
132 S. nur OLG Frankfurt StAZ 2006, 263; OLG Frankfurt StAZ 2007, 146.
133 Vgl AG Hanau StAZ 2005, 19; *Sikorski,* StAZ 2005, 269 für das italienische Recht.
134 S. nur BGHZ 121, 311; OLG Karlsruhe StAZ 1970, 311; OLG Zweibrücken StAZ 1993, 12; OLG Rostock StAZ 1994, 288; LG Oldenburg StAZ 1990, 196; AG Bonn StAZ 1986, 106; AG Rottweil StAZ 1993, 194.

schem Recht.[135] Vorrangig ist indes als völkerrechtliche Sonderregelung das **CIEC-Abkommen** Nr. 14 über die Angabe von Familiennamen und Vornamen in den Personenstandsbüchern.[136]

Besteht der Name unter dem Namensstatut aus lateinischen Schriftzeichen, so ist er nach Art. 2 CIEC-Abk. ohne Änderung oder Übersetzung buchstabengetreu zu übernehmen, unter Einschluss der vom Namensstatut verwendeten **diakritischen Zeichen**.[137] Einzelne dem deutschen Alphabet nicht geläufige Buchstaben sind zu tolerieren und wie diakritische Zeichen zu behandeln.[138] Als Faustregel lässt sich formulieren: Was in den Sonderzeichensätzen der geläufigen Textverarbeitungssoftware als **Sonderzeichen zum lateinischen Alphabet** verwendet wird, ist als Ergänzung zum lateinischen Alphabet hinzunehmen und lässt sich auch in der Praxis ohne größere technische Probleme darstellen. **53**

Verwendet das Namensstatut ein anderes Alphabet oder Schriftzeichenreservoir als das lateinische Alphabet, so ist gem. Art. 3 CIEC-Abk. eine Transliteration nach Maßgabe der von der International Standard Organization (ISO) empfohlenen Regeln vorzunehmen. **ISO-Transliterationsnormen** existieren für arabische, griechische, kyrillische und hebräische Schrift. Eine **Transkription** nach dem phonetischen Lautwert ist dagegen nicht zulässig. **54**

Eine Transliteration ist nach Art. 2 Abs. 1 CIEC-Abk. entbehrlich, wenn der Name bereits in einer anderen Urkunde des Heimatstaates in lateinische Buchstaben übertragen worden ist. „Andere Urkunde" ist jede **öffentliche Urkunde aus dem Heimatstaat**, insbesondere neben Personenstandsurkunden ein Ausweisdokument wie ein Reisepass.[139] Die öffentliche Urkunde muss – entgegen früher in Deutschland vorherrschender Ansicht[140] – nicht von einem Standesbeamten ausgestellt sein.[141] § 49 Abs. 2 S. 3 DA stellt dies endgültig klar. Eine zu rigide und strikte Handhabung der ISO-Regelung würde zudem ein Hindernis für die **Niederlassungsfreiheit** innerhalb der EU darstellen und deshalb gegen Art. 49 AEUV (ex Art. 43 EGV) verstoßen.[142] Die Richtigkeit der Schreibweise wird aber insbesondere durch Auszüge aus einem ausländischen Personenstandsregister belegt.[143] **55**

cc) Behördliche Namensänderung. Voraussetzungen und Wirkungen einer behördlichen Namensänderung bestimmen sich grundsätzlich ebenfalls nach dem Namensstatut.[144] Die internationale Zuständigkeit für solche Änderungen ergibt sich im Verhältnis der Vertragsstaaten zueinander aus dem Istanbuler CIEC-Abkommen über die Änderung von Namen und Vornamen,[145] das nur geringe Bedeutung hat.[146] Behördliche Zuständigkeit und **Anerkennung behördlicher Änderungen** unterliegen im Übrigen den Grundsätzen des **Internationalen Öffentlichen Rechts**. Soweit es um behördliche Namensänderung durch Behörden in anderen Mitgliedstaaten der EU geht, heischt das Unionsrecht samt seinem Gebot, hinkende Namensverhältnisse zu vermeiden Vorrang; dann müssen sich die Voraussetzungen für eine Anerkennung nach dem Unionsrecht richten.[147] **56**

Eine **behördliche Namensänderung** kann **in Deutschland** ansonsten auf Antrag oder Anregung des Namensträgers erfolgen, insbesondere soweit es um den nach deutschem Recht gebildeten Familiennamen eines ausländischen Ehegatten geht.[148] Die internationale Zuständigkeit deutscher Behörden besteht für Deutsche (auch im Sinne von Art. 116 GG),[149] außerdem für heimatlose Ausländer, Asylberechtigte und Flüchtlinge, die ihren gewöhnlichen Aufenthalt bzw ihren Wohnsitz im Inland haben.[150] **57**

Eine **Namensänderung durch Behörden des Heimatstaates** ist in Deutschland grundsätzlich anzuerkennen,[151] sofern sie nicht den deutschen anerkennungsrechtlichen ordre public analog § 328 Abs. 1 Nr. 4 ZPO, **58**

135 S. nur BayObLGZ 1980, 409, 412–414; 1989, 360; 1989, 375; 1990, 221; OLG Hamburg StAZ 1977, 279; OLGZ 1981, 148, 149 f; OLG Hamm StAZ 2006, 166; OLG München StAZ 2009, 273; LG Hagen StAZ 2006, 166; AG Hagen StAZ 2005, 364. Weitere Nachw. bei Soergel/*Schurig,*, Art. 10 EGBGB Rn 6 Fn 31.
136 V. 13.9.1973 (BGBl. II 1976 S. 1473; 1977 S. 254).
137 BayObLGZ 1977, 287, 294; KG StAZ 1968, 251; OLG Oldenburg StAZ 1990, 196.
138 LG Stuttgart StAZ 1986, 168; Staudinger/*Hepting,* Art. 10 EGBGB Rn 56 f; strenger OLG Celle StAZ 1998, 176.
139 BGH FamRZ 1994, 225.
140 Insb. BayObLG StAZ 1984, 11; 1988, 203; OLG Hamm OLGZ 1982, 40; OLG Köln StAZ 1985, 209.
141 Einstimmiger Beschluss der Generalversammlung der CIEC v. 11.9.1992, zust. berichtet bei *Bornhofen,* StAZ 1993, 242; *C. Böhmer,* IPRax 1994, 80, 81.
142 EuGH Slg 1993, I-1191, I-1218 f Rn 12–17 – Christos Konstantinidis; näher *Streinz,* StAZ 1993, 243; *Ludwig,* StAZ 1993, 301; *C. Böhmer,* IPRax 1994, 80; *Benicke/A. Zimmermann,* IPRax 1995, 141; *Alessandra Lang,* in: Honorati (a cura di), Diritto al nome e all'identità personale nell'ordinamento europeo, Milano 2010, S. 139.
143 S. nur OLG Hamm StAZ 2004, 296 f.
144 S. nur *Kraus,* StAZ 2007, 151, 152; *Hochwald,* StAZ 2008, 115, 116.
145 Vom 4.9.1958 (BGBl. II 1961 S. 1055).
146 Kurze Darstellung bei MüKo/*Birk,* Art. 10 EGBGB Rn 41–44.
147 Unten Art. 10 EGBGB Rn 163.
148 BVerwG NJW 1986, 601; OVG Hamburg StAZ 1985, 45.
149 Bamberger/Roth/*Mäsch,* Art. 10 EGBGB Rn 27.
150 Nr. 2 Abs. 2 Allgemeine Verwaltungsvorschrift zum Gesetz über die Änderung von Familiennamen und Vornamen (NamÄndVwV) v. 11.8.1938 idF v. 18.4.1986 (BAnz 1986 Nr. 78).
151 OLG Bremen StAZ 1986, 9; Erman/*Hohloch,* Art. 10 EGBGB Rn 14.

§ 109 Abs. 1 Nr. 1 FamFG verletzt (also insbesondere nicht gegen den erklärten Willen des Namensträgers zwangsweise erfolgt ist). Verbürgung der Gegenseitigkeit ist nicht erforderlich.[152] Für eine Änderung des Namens eines Deutschen durch ausländische Behörden fehlt es aus deutscher Sicht dagegen prinzipiell an der internationalen Zuständigkeit jener Behörden.[153] Dies gilt selbst bei deutsch-ausländischen Mehrstaatern.[154] Zusammengefasst kann man von einem **Grundsatz der Heimatzuständigkeit** sprechen. Besteht allerdings bereits ein „hinkender" Name, welchen der Namensträger nur im Inland führt, so kann dieser Inlandsname durch eine deutsche Behörde geändert werden.[155]

59 Um die „Namenshoheit" des Heimatstaates zu respektieren[156] und Divergenzen mit den vom Heimatstaat ausgestellten Ausweisen oder Identitätsnachweisen zu vermeiden, sollte man Namensänderungen durch drittstaatliche Behörden auch im Inland anerkennen, wenn der Heimatstaat sie seinerseits anerkannt hat. Als Anerkennung durch den Heimatstaat ist eine entsprechende Eintragung oder Änderung in den amtlichen Dokumenten anzusehen.[157] Die Anerkennung durch den Heimatstaat wird ihrerseits zur hinreichenden Voraussetzung für die Anerkennung in Deutschland.

60 **b) Einzelne Namensarten. aa) Familienname.** Dem Namensstatut unterliegt zuvörderst der **Familienname**, den eine Person führen darf oder muss. Dies gilt sowohl für den **Geburtsnamen** eines Kindes (also dessen ersten Namen) als auch für spätere Namen, zB einen Familiennamen kraft Ehenamens.

61 Das Namensstatut entscheidet, ob es **geschlechtsspezifische Endungen** von Familiennamen gibt.[158] Ein Beispiel für die Existenz weiblicher Suffixe ist etwa das tschechische Recht (zB Neumannova). Erwirbt ein Deutscher seinen Namen von einer anderen Person, deren Name nach ihrem Namensstatut geschlechtsspezifisch ausgestaltet ist, so soll nach deutschem Recht die männliche Form ohne weibliches Suffix als erworben gelten.[159] Da es hier keine weibliche Namensform gebe, gelte dies selbst für eine nichteheliche Tochter, die ihren Namen von einer Statusdeutschen mit weiblicher polnischer Namensform erwerbe.[160] Eine andere Begründung sieht in dem weiblichen Suffix einen bloßen Namenszusatz, eine Konvention und Frage der bloßen Namensführung.[161] Die Alternative bestünde in einem Wahlrecht für den Namen der anderen Person, die ihren Namen ableitet.[162]

62 Das Namensstatut ist auch für die **Reihenfolge von Vor- und Familiennamen** maßgeblich. Es kann anordnen, dass der Vorname dem Familiennamen voransteht und umgekehrt. Diese rechtlichen Maßstäbe gelten natürlich nur für den offiziellen Namen, nicht für die inoffizielle Namensführung. Sprechkonventionen regelt das Recht nicht, ebenso wenig Schreibtraditionen im alltäglichen Verkehr.

63 Ob und wie eine Person ihren Familiennamen ändern kann und darf, bestimmt das Namensstatut.[163] Es legt Umfang und Zuschnitt sachrechtlicher **Änderungsmöglichkeiten** fest. Insbesondere kann es so liberal sein, eine Namensänderung schon durch einfache oder qualifizierte Erklärung gegenüber den zuständigen Behörden zu erlauben. So verfahren etwa das englische Recht und die Rechte der US-Bundesstaaten. Das Namensstatut kann auf der anderen Seite streng jede Namensänderung auf rein freiwilliger, willensgetragener Basis untersagen. So entspricht es kontinentaleuropäischer Tradition. Für die Form einer Namenserklärung gilt Art. 11.[164]

64 Fragen der **Namenserstreckung**, also der Erstreckung des Ehenamens der Eltern auf ein Kind, regelt das Statut des Kindesnamens.[165] Dieses muss entscheiden, ob es den einheitlichen Familiennamen kennt.[166] Außerdem beherrscht das Kindesnamensstatut die Frage nach der Erstreckung von Namensänderungen der Eltern: ob überhaupt und, wenn ja, unter welchen Zustimmungserfordernissen, wem gegenüber.[167] Davon zu

152 Bamberger/Roth/*Mäsch,* Art. 10 EGBGB Rn 28.
153 BVerwG StAZ 1960, 76; BayObLG StAZ 1993, 388; BayObLGZ 2000, 24; OLG Hamm StAZ 1999, 40; LG Hannover StAZ 1964, 250; LG Wiesbaden StAZ 1966, 87; *Gaaz,* StAZ 1989, 165, 168.
154 BayObLG StAZ 2000, 148, 150; OLG Hamm StAZ 1999, 40; *Gaaz,* StAZ 1994, 388; aA OVG Münster StAZ 1994, 195; Bamberger/Roth/*Mäsch,* Art. 10 EGBGB Rn 28 sowie OLG Bremen StAZ 1986, 9, 10.
155 *Henrich,* IPRax 1985, 273; *ders.,* StAZ 1996, 129, 134; Staudinger/*Hepting,* Art. 10 EGBGB Rn 72 f sowie OVG Hamburg StAZ 1985, 45; Nr. 2 Abs. 3 NamÄndVwV.
156 Vgl Staudinger/*Hepting,* Art. 10 EGBGB Rn 72 f.
157 AG Augsburg IPRspr 1977 Nr. 180; Staudinger/*Hepting,* Art. 10 EGBGB Rn 74.
158 S. nur BayObLGZ 1977, 287, 294; KG FamRZ 1968, 255; OLG Hamburg StAZ 1970, 52; KG StAZ 1977, 222; OLG Celle FamRZ 1991, 1100; *Kraus,* StAZ 2010, 19, 20. Weitere Nachw. bei Soergel/*Schurig,* Art. 10 EGBGB Rn 6 Fn 22.
159 OLG Hamm StAZ 1986, 10; LG Oldenburg StAZ 1992, 143; *Gaaz,* StAZ 1989, 171; *Kubitz,* StAZ 1985, 219.
Vgl aber auch LG Berlin StAZ 2000, 109; *Kraus,* StAZ 2010, 19, 20 f.
160 LG Oldenburg StAZ 1992, 143.
161 BayObLGZ 1977, 287, 294.
162 Dafür Soergel/*Schurig,* Art. 10 EGBGB Rn 6.
163 S. nur VG Gießen StAZ 2004, 298.
164 VG Oldenburg StAZ 2008, 82; *F. Sturm,* in: FS Sonnenberger 2004, S. 714, 714; *Homeyer,* StAZ 2006, 83.
165 S. nur BayObLG StAZ 1998, 284; Staudinger/*Hepting,* Art. 10 EGBGB Rn 518; *Hepting* Rn IV-307.
166 Eingehend *Hepting* Rn IV-315-IV-320.
167 Staudinger/*Hepting,* Art. 10 EGBGB Rn 518.

trennen ist die Namensänderung der Eltern; diese ist für den Kindesnamen eine Vorfrage und nach den Namensstatuten der Eltern zu beurteilen.[168]

Die **Form namensrechtlich relevanter Erklärungen** richtet sich nach Art. 11. Solche Erklärungen sind also dann formwirksam, wenn sie den Formanforderungen des Namensstatuts oder den Formanforderungen des Rechts jenes Ortes genügen, an welchem sie abgegeben werden; es reicht, wenn den Formanforderungen eines dieser Rechte genügt ist.[169] 65

bb) Vorname. Der Vorname richtet sich grundsätzlich nach dem Namensstatut. Das Namensstatut bestimmt darüber, welche Vornamen und wie viele Vornamen zulässig sind. Das Namensstatut gibt insbesondere dafür Maß, ob der Vorname einem Gebot der Geschlechtseindeutigkeit oder **Geschlechtsoffenkundigkeit** unterliegt. Es kann Positivlisten zulässiger oder Negativlisten nicht (oder zumindest nicht allein) zulässiger Vornamen aufstellen. Es kann auch bestimmte **Kombinationen** von Vornamen untersagen oder zulassen. 66

Wer zur **Vornamensgebung** berechtigt ist, bestimmt ebenfalls das Namensstatut.[170] Insoweit gilt es, eine Spaltung zwischen Namensgebung und Berechtigung dazu zu vermeiden.[171] Daher ist es nicht richtig, die Berechtigung von vornherein als Teil der Eltern-Kind-Beziehung zu qualifizieren und Art. 21 zu unterstellen.[172] Elternschaft kommt vielmehr mitsamt ihrer Anknüpfung im Wege der Vorfrage zum Zuge, wenn das Namensstatut die Berechtigung zur Namenserteilung den Elternteilen zuspricht. Die Vorfrage kann auch nach der Sorgeberechtigung lauten, sofern das Namensstatut darauf abstellt. 67

Das Namensstatut bestimmt auch darüber, welche aus seiner Sicht ausländischen Vornamen es zulässt.[173] Bei der Vornamensbildung kann ausnahmsweise eine zweite, kollisionsrechtlich verdrängte zweite Staatsangehörigkeit des Namensträgers eine Rolle spielen: Das Namensstatut kann darauf reagieren, indem es einen größeren Spielraum eröffnet, als es dies normalerweise täte, und auch Vornamen zulässt, die nach seinen normalen Regeln unzulässig wären. 68

Jedenfalls das deutsche Sachrecht soll so verfahren[174] und außerdem ausländische Vorstellungen und Gebräuche mitberücksichtigen.[175] Allerdings führt dies nicht notwendig dazu, dass etwa der Grundsatz der Geschlechtseindeutigkeit von Vornamen aufgegeben würde.[176] 69

cc) Mittelname, Beiname. Die skandinavischen Rechte erlauben die Wahl von **Mittelnamen**. Gleiches gilt jedenfalls für die meisten Namensrechte der US-Bundesstaaten.[177] Ob Mittelnamen zulässig sind und, wenn ja, aus welchem Kreis sie geschöpft werden dürfen, bestimmt das Namensstatut. Es kann insbesondere erlauben, dass der Familienname eines Vorfahren geführt wird, auch von mehreren Geschwistern.[178] Grenzen werden teilweise hinsichtlich des von einem Elternteil in der Ehe aktuell geführten Namens gezogen.[179] Mittelnamen können auch Ausdruck der kulturellen Verbundenheit mit einem weiteren Staat sein.[180] Das Namensstatut hat auch über die Einordnung des Mittelnamens als Vor- oder Familiennamen zu bestimmen.[181] Grundsätzlich dürfte der Mittelname, da frei gewählter und nicht vererblicher Name, als Vorname zu behandeln sein.[182] 70

dd) Zusammengesetzter Name, apellidos. Nach spanischem und portugiesischem Recht sowie den darauf aufbauenden lateinamerikanischen Rechten führen Personen einen **zusammengesetzten Namen** aus zwei Bestandteilen, den so genannten apellidos. Deren zweiter ist vom Namen der Mutter abgeleitet. Auf die nächste Generation geht dagegen nur der erste Bestandteil über. Inwieweit beide Teile Familienname sind, bestimmt das Namensstatut.[183] Das Namensstatut bestimmt auch über die Reihenfolge der Namensteile[184] und deren 71

168 Staudinger/*Hepting,* Art. 10 EGBGB Rn 519.
169 AG Berlin-Schöneberg StAZ 2002, 81, 82.
170 OLG Hamm IPRax 1983, 296; OLG Hamm StAZ 1985, 131; OLG Düsseldorf NJW-RR 1989, 1033 = StAZ 1989, 282; AG Schöneberg StAZ 1997, 39; AG Essen IPRax 1998, 213; *H. Dörner,* IPRax 1983, 287 f; *v. Bar,* IPR II, Rn 94; *Jayme,* IPRax 1999, 50; *Looschelders,* IPR, Art. 10 Rn 16; PWW/*Mörsdorf-Schulte,* Art. 10 EGBGB Rn 14. Differenzierend Staudinger/*Hepting,* Art. 10 EGBGB Rn 549 f.
171 *Looschelders,* IPR, Art. 10 Rn 16.
172 Dafür aber AG Duisburg IPRspr 1987 Nr. 80; MüKo/*Birk,* Art. 10 EGBGB Rn 36; Bamberger/Roth/*Mäsch,* Art. 10 EGBGB Rn 25; *Rauhmeier,* StAZ 2010, 170, 171.
173 S. nur OLG Hamm OLGZ 1985, 151; OLG Stuttgart StAZ 1988, 82; OLG Hamm StAZ 1988, 352; KG MDR 1991, 54; wN bei Soergel/*Schurig,* Art. 10 EGBGB Rn 6 Fn 32.
174 OLG Frankfurt StAZ 2000, 238; 2000, 267; OLG Stuttgart StAZ 2003, 141, 142.
175 OLG Celle StAZ 1989, 322; KG StAZ 1991, 45 = MDR 1991, 54; OLG Stuttgart StAZ 2003, 141, 142; AG Berlin-Schöneberg StAZ 1997, 16.
176 OLG Hamm StAZ 2001, 331; liberaler OLG Frankfurt StAZ 2000, 238.
177 Näher *M. Flessner,* StAZ 1993, 181.
178 OLG Frankfurt OLGZ 1976, 423 = StAZ 1976, 363; OLG Hamm OLGZ 1983, 42 = StAZ 1983, 71 m.Anm. *Drewello.*
179 KG StAZ 1999, 171.
180 *Kubitz,* StAZ 1993, 53; Staudinger/*Hepting,* Art. 10 EGBGB Rn 25.
181 *Kraus,* StAZ 2004, 138.
182 Staudinger/*Hepting,* Art. 10 EGBGB Rn 25.
183 Vgl *Homeyer,* StAZ 2005, 183.
184 LG München I StAZ 2006, 168.

eventuelle Änderung, zB nach dem Willen des Namensträgers.[185] Bei deutschem Namensstatut des Ehepartners oder Kindes sind richtigerweise beide Namensteile Teil des Familiennamens (näher Rn 37).

72 **ee) Vatername.** Viele Rechte kennen einen **Vaternamen** oder **Großvaternamen**, teilweise mit entsprechenden Zusätzen für Sohnes- oder sogar Enkelverhältnisse. Dies gilt namentlich für arabische Rechtsordnungen (Zusatz „ben" oder „ibn" plus Name des Vaters oder Großvaters). Das isländische Recht wiederum benutzt den Vaternamen wie das deutsche Recht einen Familiennamen; andererseits ist der Vatername dort ein persönlicher Name und wird nicht vererbt (zB Gunnarsdottir für Gunnars Tochter).[186]

73 Das **vietnamesische „Thi"** kennzeichnet das weibliche Geschlecht und lässt in Verbindung mit einem vorangestellten Vaternamen die Abstammung erkennen.[187] Es ist – entgegen der lange gebräuchlichen Praxis in Deutschland[188] – kein echter Vorname, weil es bei der Eheschließung grundsätzlich verloren geht.[189]

74 Der typische Vatername hat eine Familiennamenskomponente, indem er die Abstammung erkennen lässt; andererseits ist er wie ein Vorname mit der einzelnen Person verbunden und unvererblich.[190] Er unterliegt jedenfalls dem Namensstatut. **Materiellrechtliche Einordnungsprobleme**, ob er eher dem Familiennamen oder eher dem Vornamen zuzuschlagen ist, ergeben sich prinzipiell, wenn der Träger eines Vaternamens unter ein Namensstatut kommt, welches den Vaternamen als Institut nicht kennt.[191] Unter deutschem Recht erscheint es eher sinnvoll, ihn zum Bereich der Vornamen zu zählen.[192] Die Rechtsprechung behandelt ihn zumindest im Ergebnis jedenfalls nicht als Familiennamen.[193]

75 **ff) Individual- oder Eigenname.** Individual- oder Eigennamen sind höchstpersönliche Namen einer ganz bestimmten Person. Sie sind unvererblich und untrennbar mit ihrem Träger verbunden. Sie sind in einigen Rechtsordnungen (zB Indien, Pakistan) bekannt. Grundsätzlich unterliegen sie dem Namensstatut. Das deutsche Personenstandsverfahrensrecht muss sich insoweit einem ausländischen Namensstatut unterordnen. Teilweise wird ein ausdrücklicher Ausweis als Individualname gefordert,[194] teilweise wird der Individualname (zu Unrecht)[195] wie ein deutscher Familienname behandelt.[196]

76 Nach dem Namensstatut haftet der Individualname seinem Träger an. Es kann sich allerdings die Frage ergeben, inwieweit der Name anderen Personen, die einem anderen Recht als ihrem Namensstatut unterstehen, weitergegeben werden kann. Wenn das Namensstatut jener anderen Person die Übertragbarkeit bejaht, ist der Widerspruch aufzulösen, im Zweifel zugunsten der für jene andere Person freundlicheren Variante. Daher kann ein Name, der nach dem Namensstatut seines Trägers Individualname ist, bei einer gemischtnationalen Ehe zum Ehenamen gemacht werden.[197] Er kann dann auch als Begleitname hinzugefügt werden.[198]

77 **gg) Künstlername, Aliasname, Pseudonym.** Die Berechtigung, einen Künstlernamen, Aliasnamen oder ein Pseudonym zu führen (hierzu zählt auch der religiöse Ordensnamen,[199] zB Padre Guillermo, Mutter Isabella usw), richtet sich nach dem Namensstatut.[200] In allen drei Fällen geht es um Namensformen oder Namensersetzungen. Gerade weil von der eigentlichen zivilrechtlichen Namensordnung abgewichen wird, muss das Namensstatut maßgebend sein.[201]

78 Zwar kann es sich sachrechtlich um einen Ausfluss des Persönlichkeitsrechts handeln. Dies heißt aber nicht, dass nur die Anknüpfungsregeln für Persönlichkeitsschutz und damit eine deliktische Qualifikation zum Zuge käme. Spätestens dann, wenn ein Pseudonym, Aliasname oder Künstlername auch in die Ausweispapiere eingetragen wird, entfällt zudem jedes Argument, dass dessen Unterstellung unter das Namensstatut zu Divergenzen führen könnte.[202] Deliktisch zu qualifizieren sind vielmehr nur der Schutz des Pseudonyms usw und

185 Art. 109 Abs. 2 Codigó Civil in Spanien erlaubt dem Namensträger, nach dem Erreichen der Volljährigkeit die Reihenfolge seiner apellidos zu ändern.

186 Zum isländischen Namensrecht *Carsten,* StAZ 2010, 136.

187 Zum vietnamesischen Namensrecht *Wohlgemuth,* StAZ 2008, 329.

188 AG Köln StAZ 1981, 275; AG Bonn StAZ 1986, 252; *Drewello,* StAZ 1986, 259.

189 BezG Cottbus StAZ 1994, 194; Staudinger/*Hepting,* Art. 10 EGBGB Rn 13; näher *Jauß,* StAZ 1995, 153.

190 Staudinger/*Hepting,* Art. 10 EGBGB Rn 21.

191 Staudinger/*Hepting,* Art. 10 EGBGB Rn 23.

192 OLG Hamm OLGZ 1978, 129 = StAZ 1978, 65; Staudinger/*Hepting,* Art. 10 EGBGB Rn 24 sowie OLG Köln StAZ 1980, 92.

193 S. BGH NJW 1971, 1521 = FamRZ 1971, 429; OLG Hamm StAZ 1981, 190, 193; OLG Karlsruhe StAZ 1990, 72; LG Bonn StAZ 1984, 38; tendenziell anders LG Tübingen StAZ 2004, 137.

194 So KG StAZ 1993, 9.

195 Staudinger/*Hepting,* Art. 10 EGBGB Rn 27.

196 So BayObLG StAZ 1996, 41.

197 BayObLGZ 1987, 102, 107 = StAZ 1987, 168, 170; BayObLG StAZ 1993, 387; OLG Hamm StAZ 1978, 65, 67; OLG Köln StAZ 1980, 92 f; OLG Köln StAZ 1988, 296.

198 AG Augsburg StAZ 1986, 137; aA AG Augsburg StAZ 1989, 262.

199 Staudinger/*Hepting,* Art. 10 EGBGB Rn 3.

200 Soergel/*Schurig,* Art. 10 EGBGB Rn 5 mit Fn 20; aA *v. Bar,* IPR II, Rn 91; Bamberger/Roth/*Mäsch,* Art. 10 EGBGB Rn 24.

201 Gegen Staudinger/*Hepting,* Art. 10 EGBGB Rn 3.

202 Gegen Bamberger/Roth/*Mäsch,* Art. 10 EGBGB Rn 24.

die mögliche Schädigung Dritter durch Gebrauch des Aliasnamens oder Pseudonyms, die eine Identifizierung erschwert.[203]

hh) Namenszusätze. In manchen Staaten sind Namenszusätze gebräuchlich. Zu nennen sind insbesondere die USA. Dort begegnen als nachgestellte Namenszusätze **junior** (jr., jun.) und **senior** (sr., sen.) oder römische Ziffern (zB David Lowe III). Prominent ist auch der Namenszusatz „**Singh** " (= Löwe) für Männer und „**Kaur**" (= Schmuck) für Frauen bei den Sikhs. Dem korrespondiert bei Pakistanis „**Khan**" und „**Begum**". 79

Ob solche Namenszusätze Namensbestandteile sind, entscheidet das Namensstatut. Ihnen aus deutscher Sicht den Namenscharakter zu versagen[204] kann keine Allgemeingültigkeit verlangen.[205] Damit provozierte man nur hinkende Führungen. Zum Ehenamen oder zum Familiennamen eines Kindes können sie in Deutschland nach herrschender Praxis nicht bestimmt werden.[206] Allerdings genießen „Singh" und „Kaur" als Ausübung der Religionsfreiheit grundrechtlichen Schutz und sind in die Personenstandsbücher aufzunehmen.[207] Im Übrigen sollte es Sache des Namensstatuts sein, zu bestimmen, ob ein Namenszusatz Vor- oder Familiennamensfunktion hat (was zB beim vietnamesischen „Van" changieren kann).[208] 80

ii) Adelstitel. Ob jemand einen Adelstitel als Namensbestandteil führen darf, richtet sich nach dem Personalstatut.[209] Dies gilt auch für eventuelle **weibliche Sonderformen**.[210] Das Namensstatut entscheidet, ob Teile der Adelsbezeichnung Namensbestandteil werden und, wenn ja, welche.[211] 81

Ein von einem anderen Staat als jenem des Namensstatuts **qua behördlichem Akt verliehener Adelstitel** kann in Deutschland nur Beachtung finden, wenn der betreffende behördliche Akt in Deutschland anzuerkennen ist. Folgt man der Lehre von der selbständigen Vorfragenanknüpfung, so kommt es auf eine Anerkennung durch das Namensstatut nicht an. Wird einem Deutschen im Ausland ein angeblicher Adelstitel verliehen, so ist dieser Titel in Deutschland nicht anzuerkennen und darf in Deutschland nicht geführt werden.[212] Mit Blick auf die weit verbreiteten Praktiken des Titelhandels und des Titelkaufs müssen hier generalpräventive Aspekte durchschlagen. 82

Das vom Personalstatut bezeichnete Recht ist maßgeblich dafür, ob der Adel (wie zB seit 1919 in Österreich)[213] abgeschafft worden ist.[214] Das Namensstatut regiert die **Abschaffung des Adels**. Ein nach dem bisherigen Namensstatut verlorener Adelstitel lebt auch durch einen Wechsel unter deutsches Namensstatut nicht wieder auf; vielmehr bleiben Verlust oder Aberkennung wirksam.[215] 83

Insoweit kommt **nicht** das **Internationale Enteignungsrecht** in analoger Anwendung dergestalt zum Zuge, dass die Aberkennung des Adels territorial auf das Gebiet des aberkennenden Heimatstaats beschränkt wäre.[216] Namensführung verlangt nach Einheitlichkeit und grenzüberschreitender Wirkung.[217] Es geht nicht um einen Eingriff in Vermögenswerte, für den man territorial differenzieren könnte;[218] anders als bei Gesell- 84

203 Insoweit zutr. Bamberger/Roth/*Mäsch*, Art. 10 EGBGB Rn 24; jurisPK BGB/*Janal* Art. 10 EGBGB Rn 7.
204 So AG Coburg StAZ 1990, 106; AG Bad Kreuznach StAZ 1990, 107; Staudinger/*Hepting*, Art. 10 EGBGB Rn 11.
205 Vgl Soergel/*Schurig*, Art. 10 EGBGB Rn 9.
206 BayObLGZ 1987, 102 = StAZ 1987, 168; OLG Oldenburg StAZ 1991, 154; OLG Jena StAZ 1996, 172; OLG Hamm StAZ 1998, 258, 259.
207 BayObLGZ 1987, 102 = StAZ 1987, 168; OLG Hamm StAZ 1998, 258, 259.
208 *Wohlgemuth*, StAZ 1989, 37; Staudinger/*Hepting*, Art. 10 EGBGB Rn 13.
209 S. nur BayObLGZ 1971, 90; 1971, 204; 1989, 147; BayObLG StAZ 1991, 43.
210 OLG Hamm OLGZ 1982, 34; auch StAZ 1986, 10, 11.
211 Soergel/*Schurig*, Art. 10 EGBGB Rn 10.
212 IE ebenso, wenn auch mit anderer Begründung, *v. Bar*, IPR II, Rn 92; Bamberger/Roth/*Mäsch*, Art. 10 EGBGB Rn 28.
213 AdelsaufhebungsG. östStGBl. 211/1919 mit Verfassungsrang. §§ 1; 2 Nr. 4 verbieten österreichischen Staatsangehörigen auch das Führen nicht-österreichischer Adelstitel; östVfGH VfSlg 17.060; *Faber*, Juridicum 2004, 59. Zur unionsrechtlichen Konformität aufgrund schwerwiegender rechtfertigender Interessen Österreichs EuGH v. 22.12.2010 – Rs. C-208/09, StAZ 2011, 77 Rn 81–95 – Ilonka Sayn-Wittgenstein/Landeshauptmann von Wien; GAin *Sharpston*, Schlussanträge in der Rs. C-208/09 v. 14.10.2010, Nr. 59-68; *Castellaneta*, Guida dir. 2011 n. 4 S. 106; *Picod*, JCP G 2011 n°. 3 S. 111, auf die Vorlage östVwGH StAZ 2009, 312 = ABl. EU 2009 C 193/12 und dazu *Attlmayr*, JRP 2010, 1; *Wall*, StAZ 2011, 203, 209 f; *Thomas Kröll*, ZfVw 2010, 177. Die Vorlage konnte wegen mehrfacher Besonderheiten keine weiterreichende Klärung bringen; *Mansel/Thorn/R. Wagner*, IPRax 2010, 1, 4–6; *Wall*, StAZ 2010, 225, 228 f; *Mansel*, in: Liber amicorum Kurt Siehr, 2010, S. 291, 304–309; vgl auch GAin *Sharpston*, Schlussanträge in der Rs. C-208/09 v. 14.10.2010 Nr. 52–57.
214 BVerwGE 9, 323; 24, 126; BVerwG StAZ 1981, 277, 278; FamRZ 1994, 36; BayVGH StAZ 1989, 77, 78; BayObLGZ 1960, 418, 422; 1961, 305, 309, 311 f; 1964, 377, 379; 1968, 42; 1971, 204, 208, 214 und obiter BVerfGE 17, 199, 200. Gebilligt durch EuGH v. 22.12.2010 – Rs. C-208/09, StAZ 2011, 77 – Ilonka Sayn-Wittgenstein/Landeshauptmann von Wien.
215 BVerwG StAZ 1984, 103; BayObLGZ 1964, 377; 1971, 204; OVG Koblenz StAZ 1984, 105; *Bungert*, StAZ 1991, 273, 275; Palandt/*Thorn*, Art. 10 EGBGB Rn 10.
216 Dafür aber *Kegel/Schurig*, S. 532 (§ 17 IV 2).
217 Erman/*Hohloch*, Art. 10 EGBGB Rn 10.
218 Vgl *Bungert*, IPRax 1994, 109, 110; *Looschelders*, IPR, Art. 10 Rn 26.

schaften besteht auch keine Restpersönlichkeit im Ausland außerhalb des aberkennenden Heimatstaates. Zudem müsste man ansonsten umgekehrt fragen, ob die Verleihung eines Adelstitels nicht auch territorial begrenzt sein müsste.[219]

85 Bei **Wechsel unter das deutsche Recht** kommt nur unter Umständen eine Namensänderung nach § 3 a NamÄndG[220] in Betracht.[221] Ausländische Adelsprädikate werden grundsätzlich weder übersetzt[222] noch im Wege der Namensänderung eingedeutscht, also deutschen Adelsprädikaten angepasst.[223] Eine Ausnahme wurde teilweise für Deutschbalten gemacht;[224] diese kann aber keinesfalls für einen nicht titulierten russischen Adel gelten.[225] Bei fortbestehendem ausländischem Namensstatut ist eine Übersetzung vorzunehmen, wenn das Namensstatut diese (als Übersetzung in die Sprache des Landes des jeweiligen gewöhnlichen Aufenthalts) ausnahmsweise selber vorsieht.[226]

86 **jj) Akademische Grade.** Ob akademische Grade Namensbestandteil sind, ist grundsätzlich dem Namensstatut zu entnehmen. Ihnen mit Blick auf die Einstellung des deutschen Sachrechts[227] a priori Namensfunktion abzusprechen[228] würde der geforderten allseitigen Perspektive nicht gerecht. Namensähnlichen Charakter könnte man ihnen schon angesichts ihres rechtlichen Schutzes und ihrer Fähigkeit, in Personenstandsbücher eingetragen zu werden,[229] auch aus einer rein deutschen Perspektive nicht schlechterdings absprechen.

87 Die Berechtigung, akademische Grade zu führen, unterliegt als solche nicht dem Namensstatut. Vielmehr folgt sie zunächst dem Recht jenes Staates, nach welchem der Grad (angeblich) verliehen wurde. Insoweit greift das **Recht der (angeblich) verleihenden Institution**. Allerdings wird es überlagert vom Recht des Staates, in welchem der Rechtsverkehr von der Titelführung betroffen ist.[230] Dieses muss darüber entscheiden, ob und in welchem Umfang es akademische Grade anerkennt, die von Institutionen eines (aus seiner Sicht) anderen Staates verliehen wurden. Hier kommen in Deutschland die Gesetze der Länder über das **Führen ausländischer akademischer Grade** oder internationale Übereinkommen[231] zum Zuge.[232] Ihren internationalen Anwendungsbereich müssen sie selber definieren. Sie müssen selber festlegen, bei welcher Nähe des Sachverhalts zu ihrem Erlassstaat sie eingreifen wollen. Tun sie dies nicht ausdrücklich, so sind die entsprechenden Kriterien durch Auslegung aus ihnen zu ermitteln.

88 **kk) Ehename.** Der Name des einzelnen Ehegatten nach der Eheschließung unterliegt grundsätzlich dem Recht des Staates, welchem der betreffende Ehegatte angehört.[233] Es gibt kein einheitliches gesetzliches Ehenamensstatut, das für den Ehenamen[234] nach einem beiden Ehegatten verbundenen Recht suchen würde. Der Ehename ist gerade keine Ehewirkung und nicht nach Art. 14 anzuknüpfen. Vielmehr bleibt es bei den einzeln zu bestimmenden Personalstatuten. Die Ehegatten können aber eine namensrechtliche Rechtswahl nach Abs. 2 (dazu näher Rn 98–140) treffen, um ihrer beider Ehenamen einem für beide gemeinsamen Recht zu unterstellen oder zu entnehmen.

Für Abs. 1 kommt es grundsätzlich auf die Staatsangehörigkeit *vor* der Eheschließung an, während eine erst durch die Eheschließung dazuerworbene Staatsangehörigkeit unbeachtlich sein soll.[235] Verliert jedoch ein Ehegatte durch die Eheschließung seine alte Staatsangehörigkeit, so sollte es auf diese ankommen.[236] Mehrstaatigkeit infolge Eheschließung ist richtigerweise zugunsten der effektiven Staatsangehörigkeit über Art. 5 Abs. 1 aufzulösen.[237]

Treffen unterschiedliche Namensstatute aufeinander, deren eines enge und deren anderes weite Wahlmöglichkeiten zur Namenswahl für die Ehegatten eröffnet, so setzt sich für den Ehenamen letztlich das starrere Recht durch, das weniger Optionen bietet, wenn die Ehegatten denn das Führen eines gemeinsamen Ehenamens zur obersten Priorität erheben.[238]

219 Soergel/*Schurig,* Art. 10 EGBGB Rn 18.
220 IdF durch das Ergänzungsgesetz v. 29.8.1961 (BGBl. I S. 1261).
221 S. VGH Mannheim IPRax 1994, 136; *Bungert,* IPRax 1994, 109.
222 BayObLGZ 1989, 147; BayObLG StAZ 1991, 43. Anders aber OLG Hamburg StAZ 1990, 25.
223 BayVGH StAZ 1994, 13; Palandt/*Thorn,* Art. 10 EGBGB Rn 10.
224 OLG Bremen OLGZ 1967, 229.
225 S. LG Verden StAZ 1990, 143.
226 BayObLG StAZ 1989, 345; Staudinger/*Hepting,* Art. 10 EGBGB Rn 39; Bamberger/Roth/*Mäsch,* Art. 10 EGBGB Rn 19.
227 BVerwGE 5, 291.
228 So Staudinger/*Hepting,* Art. 10 EGBGB Rn 15; Bamberger/Roth/*Mäsch,* Art. 10 EGBGB Rn 21.
229 BGHZ 38, 380; *Gaaz,* StAZ 1985, 189.
230 S. nur *Looschelders,* IPR, Art. 10 Rn 27.
231 Insb. das Europäische Übereinkommen über die Anerkennung von akademischen Graden und Hochschulzeugnissen v. 14.9.1959 (BGBl. II 1969 S. 2057).
232 S. nur MüKo/*Birk,* Art. 10 EGBGB Rn 18.
233 S. nur BayObLG IPRax 2002, 405, 408; AG Berlin-Schöneberg StAZ 2002, 81, 82; *Hepting* Rn III-650; *Rauhmeier,* StAZ 2011, 117.
234 Zur Begriffsbildung beim Sachverhalt mit Auslandsbezug BGH StAZ 2001, 111 f; *Kraus,* StAZ 2005, 110.
235 S. nur BGH StAZ 1979, 63; OLG Hamm StAZ 1979, 147; KG StAZ 1982, 135.
236 *Hepting* Rn III-651.
237 *Soergel/Schurig* Art. 10 EGBGB Rn 27 Fn 1 a; *Henrich/Wagenitz/Bornhofen* Rn C-177; *Hepting* Rn III-651.
238 *Hepting* Rn III-665 f.

Dem Ehenamen gleichbehandelt wird kollisionsrechtlich der gemeinsame Name von Lebenspartnern. Für diesen gilt Abs. 2 ausweislich Art. 17 b Abs. 2 S. 1 entsprechend. 89

Für namensrechtliche Folgen einer Ehescheidung besteht keine Sonderregel. Sie richten sich daher für jeden bisherigen Ehegatten gem. Abs. 1 nach seinem eigenen Personalstatut.[239] Eine besondere Rechtswahlbefugnis besteht für ehemalige Ehegatten nicht mehr. Auch ein zuvor gewähltes Ehenamensstatut regiert nicht die namensrechtlichen Folgen einer Eheauflösung, zB durch Scheidung.[240] Vielmehr ist auch insoweit auf die allgemeinen Namensstatute umzuschwenken.[241] Der Anwendungsbereich des gewählten Ehenamensstatuts darf nicht weiter sein als jener des nicht gewählten. Allerdings besteht beim nicht gewählten Ehenamensstatut Kontinuität, da es durchgängig dem Heimatrecht jedes einzelnen Ehegatten folgt.

ll) Gebrauchsname, nom d'usage. In einigen Gesellschaften ist es üblich, dass die Ehefrau den Familiennamen des Mannes als so genannten Gebrauchsnamen oder nom d'usage mitbenutzt, obwohl sie dazu nach ihrem Namensstatut eigentlich nicht berechtigt ist, es sich beim Mannesnamen also nicht um den gemeinsamen Ehenamen handelt (zB wird in Spanien der Name des Ehemannes mit dem Bindewort „de“ dem ersten Namensteil der Ehefrau hinzugefügt).[242] Teilweise wird der Gebrauchsname einem Pseudonym gleichgestellt.[243] Richtigerweise ist nach dem Statut des benutzten Namens zu beurteilen, ob die benutzende Person berechtigt ist (im Sinne einer rechtlichen Anerkennung, nicht einer rechtlichen Anordnung), den betreffenden Namen zu gebrauchen.[244] 90

c) Recht am eigenen Namen und Namensschutz. Vom Namen und der Berechtigung, einen Namen zu führen, ist das Recht am eigenen Namen zu unterscheiden. Das **Recht am eigenen Namen** ist ein besonderes Persönlichkeitsrecht und ein Schutzgut gegen deliktische Verletzungen. Es ist ebenso wie der **Namensschutz** deliktisch zu qualifizieren und über die Art. 40–42 EGBGB anzuknüpfen.[245] Wegen des Ausschlusses von Persönlichkeitsrechtsverletzungen in Art. 1 Abs. 2 lit. g Rom II-VO ist die Rom II-VO sachlich nicht anwendbar.[246] Welchen Namen eine Person trägt, bestimmt sich als selbstständig,[247] dh über Art. 10 anzuknüpfende Vorfrage für den Deliktsschutz.[248] 91

II. Rechtswahlbefugnis bei oder nach Eheschließung (Abs. 2)

1. Rechtswahlbefugnis. a) Berechtigte. Zur Rechtswahl berechtigt sind die **Ehegatten**. Die Rechtswahlbefugnis steht nur beiden Ehegatten gemeinsam zu. Ein Ehegatte allein kann sie nicht wirksam ausüben. Die einseitige Unterstellung eines Ehegatten unter das deutsche Recht, wie sie Art. 10 Abs. 3, 220 Abs. 4 in der vor 1994 geltenden Fassung erlaubten, gibt es nicht mehr.[249] Den Ehegatten ausdrücklich gleichgestellt sind Partner einer eingetragenenen **Lebenspartnerschaft**. Für diese gilt Abs. 2 ausweislich Art. 17 b Abs. 2 S. 1 entsprechend. Was eingetragene Lebenspartnerschaft ist, bestimmt sich nach den bei Art. 17 b Abs. 1 obwaltenden Qualifikationsmaßstäben. 92

Der einzelne Ehegatte kann seinen Teil der Rechtswahlbefugnis prinzipiell delegieren. Die Rechtswahlbefugnis ist **kein höchstpersönliches Recht**, für das qua Sachentscheidung im Kollisionsrecht eine Stellvertretung ausgeschlossen wäre. 93

Anders verhält es sich nur, soweit man für die **Form der Rechtswahl** bei der Eheschließung an das Formstatut der Eheschließung selber anknüpft und dieses die persönliche Abgabe von Erklärungen verlangt (wie etwa das deutsche Recht in §§ 1310 f, 1355 Abs. 3 S. 1 BGB). 94

239 OLG Hamm StAZ 2004, 171; OLG Frankfurt StAZ 2004, 338; OLG Stuttgart StAZ 2006, 361 = FamRZ 2007, 149; OLG Frankfurt StAZ 2007, 276; AG Berlin-Schöneberg StAZ 1997, 39; AG Köln StAZ 2004, 173 = FamRZ 2004, 1201; AG Gießen StAZ 2005, 362; Palandt/*Thorn,* Art. 10 EGBGB Rn 12.

240 Dafür aber OLG Hamm StAZ 1999, 370, 371; OLG Dresden StAZ 2004, 170 f; OLG Frankfurt StAZ 2005, 47; *Stoll,* S. 70; *Homeyer,* StAZ 2006, 83; Staudinger/*Hepting,* Art. 10 EGBGB Rn 324; Bamberger/Roth/*Mäsch,* Art. 10 EGBGB Rn 54; *Hepting* Rn III-692.

241 *v. Bar,* IPR II, Rn 76 sowie *Henrich,* in: FS Großfeld 1999, S. 355, 362 f.

242 S. nur *Hepting/Bauer,* IPRax 2000, 394, 395.

243 So *v. Bar,* IPR II, Rn 91 Fn 348; Bamberger/Roth/*Mäsch,* Art. 10 EGBGB Rn 24; Palandt/*Thorn,* Art. 10 EGBGB Rn 12.

244 Soergel/*Schurig,* Art. 10 EGBGB Rn 6.

245 BVerfG DtZ 1991, 27, RegBegr. BT-Drucks. 14/343, 10; OLG Köln DtZ 1991, 27; OLG Stuttgart IPRspr 1988 Nr. 14; *J. F. Baur,* AcP 167 (1967), 535, 551; *R. Wagner,* Das deutsche internationale Privatrecht bei Persönlichkeitsrechtsverletzungen, 1986, S. 99 f; *ders.,* JZ 1993, 1034, 1040 f; *Looschelders,* ZvglRWiss 95 (1996), 48, 67; *ders.,* IPR, Art. 10 Rn 35; *Mankowski,* RabelsZ 63 (1999), 203, 280; *Henrich,* in: FS B. Großfeld 1999, S. 355, 358 f; jurisPK BGB/*Janal* Art. 10 EGBGB Rn 7; Palandt/*Thorn,* Art. 10 EGBGB Rn 11.

246 Eingehend *Mankowski,* StAZ 2011 (im Erscheinen).

247 Zur selbstständigen Anknüpfung von Vorfragen im unionsrechtlichen IPR eingehend *Mankowski,* in: v. Bar/Mankowski, IPR I, § 7 Rn 192–213.

248 *R. Wagner,* JZ 1993, 1034, 1036; *Looschelders,* ZvglRWiss 95 (1996), 48, 67; *ders.,* IPR, Art. 10 Rn 36; *Mankowski,* RabelsZ 63 (1999), 203, 279; *Henrich,* in: FS B. Großfeld 1999, S. 355, 359.

249 *Henrich,* IPRax 1994, 174, 175.

95 **b) Kreis wählbarer Rechtsordnungen. aa) Grundsätzliches.** Abs. 2 eröffnet **keine freie Rechtswahl**. Wählbar sind nicht alle Rechtsordnungen, sondern nur solche, die bestimmte objektive Verbindungen zum Sachverhalt haben. Die nötigen objektiven Verbindungen formuliert S. 1 Nr. 1–3 grundsätzlich abschließend.

96 Andererseits ist die Wahl unter den von Abs. 2 S. 1 zur Verfügung gestellten Rechtsordnungen nicht dadurch beschränkt, dass das gewählte Recht einen einheitlichen Familiennamen nach dem Vorbild des § 1355 Abs. 1 BGB verlangen würde.[250] Die Formulierung „*ihren* künftig zu führenden *Namen*" sollte insoweit keinen Anlass zu Missverständnissen geben. Wählbar ist vielmehr jedes Recht aus dem betreffenden Kreis, auch wenn es Namensverschiedenheit der Ehegatten kennt oder zulässt.[251] Darin liegt kein Widerspruch zu Art. 6 Abs. 1 GG.[252]

97 Für die Ehegatten steht regelmäßig die eigentliche Namenswahl im Vordergrund: Sie wollen als Ergebnis bestimmte Namen führen. Es steht ihnen frei, aus dem Kreis des Abs. 2 S. 1 dasjenige Recht zu wählen, das ihnen sachrechtlich erlaubt, den oder die von ihnen gewollten Namen zu führen. Vom sachrechtlichen Ergebnis her angelegte **Rechtswahlplanung** ist zulässig.[253] Die Rechtswahlmöglichkeit durchbricht Abs. 1.[254]

98 **bb) Heimatrecht eines Ehegatten.** Nach Abs. 2 S. 1 Nr. 1 können die Ehegatten das Heimatrecht jedes Ehegatten als Ehenamensstatut wählen. Bei Mehrstaatern ist das Recht jeder Staatsangehörigkeit, auch einer nicht effektiven, wählbar.[255] Wählbar ist natürlich auch das effektive Heimatrecht. Ehegatten wie Standesbeamten soll aber die Effektivitätsprüfung für die Staatsangehörigkeit hier erspart bleiben.[256] Divergierende Staatsangehörigkeiten der Ehegatten sind keine Voraussetzung für die Rechtswahlbefugnis.[257]

99 Ob das gewählte Heimatrecht vorher schon Namensstatut des betreffenden Ehegatten war, ist unerheblich. Die Rechtswahl kann auch zum nach Abs. 1 bezeichneten Heimatrecht führen.[258] Im Unterschied zu Abs. 1 ist dann eine Rück- oder Weiterverweisung ausgeschlossen, so dass die Rechtswahl auch für den betreffenden Ehegatten eine besondere Wirkung entfalten kann. Recht der Staatsangehörigkeit und Personalstatut können auseinanderfallen, soweit für letzteres eine Rück- oder Weiterverweisung sattfindet.[259]

100 Abs. 2 S. 1 Nr. 1 setzt keine Beziehung des anderen Ehegatten zum gewählten Recht voraus. Insbesondere muss der andere Ehegatte dem betreffenden Staat nicht ebenfalls angehören, denn sonst wäre Abs. 2 S. 1 Nr. 1 neben Abs. 1 eigentlich überflüssig. Ebenso wenig ist erforderlich, dass der andere Ehegatte im Staat des gewählten Rechts seinen gewöhnlichen oder auch nur einen schlichten Aufenthalt haben müsste. Handelt es sich um einen Staat mit territorial gespaltener Rechtsordnung (zB die USA), ist durch Auslegung zu ermitteln, welche Teilrechtsordnung die Ehegatten meinen, ansonsten kommt Art. 4 Abs. 3 zum Einsatz.[260]

101 **cc) Deutsches Aufenthaltsrecht (mindestens) eines Ehegatten.** Abs. 2 S. 1 Nr. 2 erlaubt die Wahl des deutschen Rechts, wenn mindestens einer der Ehegatten seinen **gewöhnlichen Aufenthalt in Deutschland** hat. Damit bildet er die Umweltbezogenheit des Namens ab und erlaubt eine Anpassung an die (gegebenenfalls neue) Umwelt, in welcher der Name geführt wird.[261] Es ist gleichgültig, welcher Ehegatte seinen gewöhnlichen Aufenthalt in Deutschland hat. Abs. 2 S. 1 Nr. 2 ist erst recht gegeben, wenn beide Ehegatten ihren gewöhnlichen Aufenthalt in Deutschland haben. Jedoch ist Gemeinsamkeit gerade nicht vorausgesetzt.[262] Ein bloß schlichter Aufenthalt oder ein bloßer Wohnsitz nur eines Ehegatten in Deutschland reicht aber in keinem Fall.

102 **dd) Ausländisches Aufenthaltsrecht (mindestens) eines Ehegatten.** Abs. 2 S. 1 Nr. 2 formuliert nur eine einseitige, keine allseitige Kollisionsnorm. Die Wahl eines ausländischen Aufenthaltsrechts erlaubt er nach seinem Wortlaut nicht. Daraus könnte man einen strikten **Umkehrschluss** ziehen und die Wahl eines ausländischen Aufenthaltsrechts schlechterdings ausschließen.[263] Immerhin spricht dafür, dass keine planwidrige, sondern zumindest bis 1994 eine „planvolle" Lücke vorlag, weil der deutsche Gesetzgeber Handlungsbedarf für deutsche Behörden nur bei einem Inlandsaufenthalt sah.[264] Eine Änderung des gesetzgeberischen Konzepts durch die 1994 erfolgte Änderung ist ebenfalls nicht ersichtlich.[265]

250 Erman/*Hohloch,* Art. 10 EGBGB Rn 25.
251 Palandt/*Thorn,* Art. 10 EGBGB Rn 16; Erman/*Hohloch,* Art. 10 EGBGB Rn 25.
252 BVerfG NJW 1988, 1577 f; BayObLGZ 1999, 158 = FamRZ 1999, 326; OLG Hamm FGPrax 1999, 55, 56; OLG Hamm FamRZ 1999, 1426; AG Rottweil FamRZ 2002, 391.
253 Ebenso Erman/*Hohloch,* Art. 10 EGBGB Rn 25.
254 *Kampe,* StAZ 2007, 149 f; *Kraus,* StAZ 2007, 151, 152.
255 S. nur *Rauhmeier,* StAZ 2011, 117.
256 *F. Sturm,* StAZ 1995, 255 Fn 1.
257 Bamberger/Roth/*Mäsch,* Art. 10 EGBGB Rn 38.
258 Palandt/*Thorn,* Art. 10 EGBGB Rn 15.
259 *Hepting* Rn III-684.
260 Ähnlich *Kampe,* StAZ 2007, 149, 150.
261 BGHZ 147, 159, 168; *Hepting* Rn III-675.
262 *Hepting* Rn III-686.
263 So Staudinger/*Hepting,* Art. 10 EGBGB Rn 314 f; Bamberger/Roth/*Mäsch,* EGBGB, Art. 10 Rn 43; Palandt/*Thorn,* Art. 10 EGBGB Rn 15.
264 Soergel/*Schurig,* Art. 10 EGBGB Rn 30; Bamberger/Roth/*Mäsch,* EGBGB, Art. 10 Rn 43.
265 Bamberger/Roth/*Mäsch,* EGBGB, Art. 10 Rn 43.

Sachgerechter erscheint jedoch eine **Analogie** zu Abs. 2 S. 1 Nr. 2.[266] Sie trägt einem als berechtigt anzuerkennenden Anpassungsinteresse der Ehegatten Rechnung. Außerdem vermeidet sie in der Sache nicht erklärliche Ungleichbehandlungen: Warum sollte einem in der Schweiz lebenden deutsch-italienischen Ehepaar die Wahl des Schweizer Rechts versagt sein (zumal sie nach Schweizer IPR eine entsprechende Wahlmöglichkeit hätten)?[267] Die Analogie zu Abs. 2 S. 1 Nr. 2 würde insbesondere **Auslandsdeutschen** helfen.[268] **103**

Ob ein ausländisches Recht, dessen Sicht unter Umständen für die Ehegatten interessant werden könnte (zB das Heimatrecht des anderen Ehegatten), der Rechtswahl ebenfalls Wirkung beimisst, ist für das deutsche IPR ohne Belang;[269] das deutsche IPR normiert seine Rechtswahltatbestände selber und erhebt nicht zur Voraussetzung, dass die von ihm zugleassene und beachtete Rechtswahl auch im Ausland anerkannt würde. Hinkende Rechtsverhältnisse zu vermeiden (dh eine Namenswahl nach dem gewählten Namensstatut, welche das Aufenthaltsrecht nicht anerkennt) ist Sache der Ehegatten. Wenn hinkende Rechtsverhältnisse drohen, werden gut beratene Ehegatten keine Rechtswahl treffen. Im Gegenteil birgt die Versagung der Rechtswahl die Gefahr hinkender Rechtsverhältnisse, wenn das Aufenthaltsrecht seinerseits die Rechtswahl gestattet. **104**

c) Ausübung. Die Rechtswahl bedarf des **Konsenses** zwischen beiden Ehegatten. Der Standesbeamte darf nur beraten und zB darauf hinweisen, unter welchem Recht ein bestimmter gewünschter Name möglich wäre; ihm aber die Wahl zu überlassen, weil er sachkundiger sei, ginge zu weit.[270] Eine einseitige Rechtswahl nur eines Ehegatten gibt es unter Abs. 2 nicht, sei es auch, dass sich nur für jenen Ehegatten namensrechtliche Änderungen ergeben würden.[271] Im Prinzip ist auch eine stillschweigende Rechtswahl möglich.[272] Eine **stillschweigende Rechtswahl** deutschen Rechts aber bereits in der Abgabe einer „Erklärung zur Namensführung in der Ehe unter Beachtung ausländischen Rechts" vor einem deutschen Standesamt zu sehen[273] drohte die unbedingt zu beachtenden Grenzen zwischen Rechts- und Namenswahl zu verwischen und zu geringe Anforderungen an das erforderliche Bewusstsein einer Rechtswahl, an den Rechtswahlwillen zu stellen. Die Ehegatten werden zwar vorrangig an einer bestimmten Namensführung als Endergebnis interessiert sein; sie sollten sich aber auch bewusst sein, wie viele und welche Schritte sie auf dem Weg dorthin gehen. Die Unterschrift mit einem Namen, der nur unter einem bestimmten (wählbaren) Recht möglich ist, ist nur, aber immerhin ein Indiz für eine in diese Richtung weisende Rechtswahl.[274] Eine konkludente Rechtswahl *allein* durch Namensbestimmung[275] erscheint problematisch und bedürfte weiterer Untermauerung des Rechtswahlwillens. Kann dieser Name unter mehreren Rechten geführt werden, so fehlt es jedenfalls an der Eindeutigkeit der Rechtswahl.[276] Kann der gewünschte Name dagegen so nur nach einem ganz bestimmten Recht gebildet und geführt werden, so ist die Namenswahl starkes Indiz für die Wahl ebendieses Rechts.[277] Namensführung ist keine Rechtswahl, wenn der Name auch nach Heimatrecht geführt werden kann.[278] **105**

Für Zustandekommen und rechtsgeschäftliche Wirksamkeit der Rechtswahl ist nach dem allgemeinen Rechtsgedanken[279] früher des Art. 27 Abs. 4 iVm Art. 31 Abs. 1 aF, heute Art. 3 Abs. 5 iVm Art. 10 Abs. 1 Rom I-VO, das in der Rechtswahl benannte Recht maßgebend.[280] Die Rechtswahlbefugnis ist eine kollisionsrechtliche Befugnis. Obwohl das deutsche IPR sie gewährt, richtet sich die rechtsgeschäftliche Wirksamkeit der Rechtswahl nicht etwa automatisch nach deutschem Sachrecht.[281] Dies würde unzulässig die Grenze zwischen Sach- und Kollisionsrecht verschieben. Fehlerhafte Beratung über die Folgen einer Rechtswahl kann ein Anfechtungsrecht wegen Irrtums nach dem gewählten Recht auslösen.[282] Besondere Einschränkungen der- **106**

266 So Soergel/*Schurig,* EGBGB, Art. 10 Rn 63 d; *F. Sturm,* StAZ 1995, 255, 258; *ders.,* in: FS D. Henrich 2000, S. 611, 616 mit Fn 31; *ders.,* StAZ 2005, 253, 257; *ders.,* StAZ 2009, 327, 329; *Henrich,* in: FS B. Großfeld 1999, S. 355, 362; vgl auch Staudinger/*Hepting,* Art. 10 EGBGB Rn 315; jurisPK BGB/*Janal* Art. 10 EGBGB Rn 23.
267 Anerkannt bei Bamberger/Roth/*Mäsch,* Art. 10 EGBGB Rn 43.
268 *F. Sturm,* StAZ 2005, 253, 257; *ders.,* StAZ 2009, 237, 239.
269 S. nur *Kraus,* StAZ 2004, 138, 139.
270 Missverständlich *F. Sturm,* StAZ 2005, 253, 254 f.
271 AG Köln StAZ 2004, 173; *F. Sturm,* StAZ 1995, 255, 258.
272 *Jauß,* StAZ 2004, 274, 275.
273 So *Jauß,* StAZ 2004, 274, 275.
274 *F. Sturm,* StAZ 2005, 253, 255.
275 Dafür OLG Düsseldorf StAZ 2010, 110, 112; *Jauß,* StAZ 2005, 80, 81; *Wall,* StAZ 2011, 37, 39.
276 Staudinger/*Hepting,* Art. 10 EGBGB Rn 312; vgl auch *F. Sturm,* StAZ 2005, 253, 256.
277 OLG Düsseldorf StAZ 2010, 110, 112.
278 *Kraus,* StAZ 2011, 218, 219 f.
279 *Mankowski,* TranspR 1991, 253, 256; MüKo/*Spellenberg,* vor Art. 11 EGBGB Rn 6, Art. 31 Rn 7; MüKo/*Siehr,* Art. 14 EGBGB Rn 58; *v. Bar/Mankowski,* IPR I, § 7 Rn 82; Staudinger/*Mankowski,* Art. 14 EGBGB Rn 138 sowie OLG Zweibrücken DNotZ 2002, 588, 589.
280 Eine Übertragung ausdrücklich ablehnend MüKo/*Birk,* Art. 10 EGBGB Rn 77.
281 So aber *F. Sturm,* StAZ 2005, 253, 257 f; Staudinger/*Hepting,* Art. 10 EGBGB Rn 316 f; Palandt/*Thorn,* Art. 10 EGBGB Rn 14; MüKo/*Birk,* Art. 10 EGBGB Rn 78; vgl auch LG Stuttgart StAZ 2002, 341.
282 Vgl LG Stuttgart StAZ 2002, 341; Palandt/*Thorn,* Art. 10 EGBGB Rn 14. Anders aber wohl Staudinger/*Hepting,* Art. 10 EGBGB Rn 164.

gestalt, dass nur ein offensichtlicher Irrtum, beruhend auf einem groben Verfahrensmangel, zur Anfechtung berechtigen würde,[283] oktroyiert das deutsche IPR nicht.

107 Eine wirksame Rechtswahl setzt auch voraus, dass die empfangszuständige (Amts-)Person überhaupt bereit ist, eine solche Erklärung entgegenzunehmen; solche Bereitschaft kann nicht unterstellt werden, wenn das IPR des Eheschließungsortes selber keine entsprechende Rechtswahl kennt.[284]

108 Die bloße **Unterzeichnung der Heiratsurkunde** mit einem bestimmten Namen ist noch keine Rechtswahl. Eine Rechtswahl liegt nicht vor, wenn die Ehegatten Namen, die ihnen vom Recht des Eheschließungsortes gesetzlich zugewiesen werden, widerspruchslos hinnehmen und in der Folgezeit führen; dann fehlt es am nötigen **Bewusstsein von Alternativen**.[285]

109 **d) Ort der Eheschließung.** Der Gesetzgeber hat die Inlandseheschließung als Normalfall des Abs. 2 vor Augen. Dies belegt schon die Kundgabe der Rechtswahl gegenüber dem Standesbeamten als einer typisch inländischen Erscheinung. Indes ist damit eine namensrechtliche Rechtswahl nach Abs. 2 für im Ausland geschlossene Ehen nicht ausgeschlossen. Zum einen ist die Rechtswahl schließlich noch jederzeit nach der Eheschließung möglich. Zum anderen differenziert Abs. 2 in seinem Wortlaut nicht ausdrücklich nach in- oder ausländischer Eheschließung und will deshalb beide erfassen.[286] Allerdings ist die Abgabe einer für deutsche Rechtsanwender verbindlichen Rechtswahlerklärung unter Abs. 2 allein im Ausland so nicht möglich.[287] Um im Inland wirksam zu sein, muss sie dem zuständigen deutschen Standesamt nach § 41 Abs. 2 PStG zugehen.[288]

110 **2. Zeitpunkt der Rechtswahl. a) Rechtswahl vor der Ehe.** Die Rechtswahl in einem vor der Ehe abgeschlossenen Ehevertrag entfaltet als solche, da vorzeitig getroffen, keine Wirkungen.[289] Anders verhält es sich aber, wenn sie dem Standesbeamten im Rahmen der Eheschließung mitgeteilt wird. Es darf keinen Unterschied machen, ob die Rechtswahl originär getroffen oder zuvor getroffen, jetzt aber in der Zeremonie mitgeteilt wird.[290] Anderenfalls wäre zu raten, den Rechtswahlakt an sich vor dem Standesbeamten zu wiederholen.

111 **b) Rechtswahl bei der Eheschließung.** Seinem Wortlaut nach erfasst Abs. 2 S. 1 nicht nur die nachträgliche Rechtswahl nach der Eheschließung, sondern auch die Rechtswahl unmittelbar bei der Eheschließung. Nur Abs. 2 S. 2 gilt allein für die nachträgliche Rechtswahl.

112 **c) Rechtswahl nach der Eheschließung.** Die Ehegatten können jederzeit während ihrer Ehe eine namensrechtliche Rechtswahl treffen.[291] Dies belegt Abs. 2 S. 2 eindeutig. Eine Änderung der objektiven Anknüpfungsverhältnisse ist nicht vorausgesetzt. Es bedarf keiner besonderen Voraussetzungen für eine nachträgliche Rechtswahl. Die Fristen des deutschen materiellen Namensrechts sind nicht analog anzuwenden.[292]

113 **d) Wiederholte oder neue Wahl.** Die Ehegatten können auch eine vorangegangene Rechtswahl durch **wiederholte oder neue Rechtswahl** beliebig ändern oder aufheben.[293] Die Rechtswahlbefugnis ist kein Recht, das sich durch einmalige Ausübung verbrauchen würde, sondern besteht fort. Die Ehegatten können also beliebig oft eine Rechtswahl treffen. Gerade bei mehrmaligem Wechsel des gewöhnlichen Aufenthalts während der Ehezeit würde sonst das durchaus anerkannte Anpassungsinteresse missachtet. Aus der Bindungswirkung der Rechtswahl auf deren Unabänderlichkeit zu schließen[294] wäre fehlerhaft und überspannte die Bindungswirkung. „Voraussetzungslose und unkontrollierbare Gestaltungsfreiheit"[295] hätte der Gesetzgeber verhindern müssen, wenn er es denn gewollt hätte.

114 Die Konsumtion der Rechtswahlbefugnis durch einmalige Ausübung wäre so ungewöhnlich und stünde in so starkem Widerstreit zu allen für sonstige Rechtswahltatbestände geltende Grundsätze, dass sie ausdrücklich hätte angeordnet werden müssen, wenn der Gesetzgeber sie wirklich gewollt hätte. An einer solchen Verbrauchsanordnung fehlt es aber. Im Gegenteil deutet das „jederzeit" im Wortlaut auf Ausübbarkeit nach dem Belieben der Ehegatten, soweit nicht die Grenzen gesprengt werden, die in Abs. 2 ausdrücklich gezogen sind.

115 Im Übrigen hilft die Möglichkeit der Neuwahl über Probleme hinweg, die entstehen können, wenn die Ehegatten dem zunächst gewählten Recht größere Namenswahlfreiheit unterstellten, als dieses tatsächlich

283 So aber LG München I StAZ 2006, 531; AG Gießen StAZ 2009, 207, 209.
284 BayObLGZ 1989, 363, 366 = StAZ 1990, 15; AG Gießen StAZ 2002, 171, 172; MüKo/*Birk,* Art. 10 EGBGB Rn 89; Staudinger/*Hepting,* Art. 10 EGBGB Rn 338.
285 AG Gießen StAZ 2002, 171, 172; *Stoll,* S. 72; Staudinger/*Hepting,* Art. 10 EGBGB Rn 340.
286 S. nur Staudinger/*Hepting,* Art. 10 EGBGB Rn 329.
287 § 245 Abs. 1 S. 5 DA; *Jauß,* StAZ 2005, 80, 81.
288 JurisPK BGB/*Janal* Art. 10 EGBGB Rn 18.
289 Ebenso *Gaaz/Bornhofen* PStG (2009) § 14 PStG Rn 20; *Hepting* Rn III-672.
290 Insoweit im Ergebnis anderer Ansicht, aber ohne das Problem zu erwähnen, *Hepting* Rn III-672.
291 S. nur AG Stuttgart FamRZ 2008, 181; *Hepting* Rn III-730.
292 Soergel/*Schurig* Art. 10 EGBGB Rn 63 g; MüKo/*Birk,* Art. 10 EGBGB Rn 87.
293 Ebenso *F. Sturm,* StAZ 2005, 253, 258.
294 So zB Bamberger/Roth/*Mäsch,* Art. 10 EGBGB Rn 48.
295 So Staudinger/*Hepting,* Art. 10 EGBGB Rn 357; *Hochwald,* StAZ 2009, 49, 51. Zurückhaltender *Hepting* Rn III-739 f.

gewährt, und deshalb zunächst enttäuscht wurden:[296] Eine neue Rechtswahl korrigiert dann im Ergebnis die Fehleinschätzung, wenn das neu gewählte Recht es erlaubt, den gewünschten Namen zu führen.

e) Erlöschen der Rechtswahlbefugnis mit dem Ende der Ehe. Eine zeitliche Grenze der Rechtswahlbefugnis zieht die Beendigung der Ehe. Nach dem Ende der Ehe, namentlich durch Scheidung oder Tod, können die Ehegatten keine Rechtswahl mehr treffen.[297] Dazu besteht auch kein Bedürfnis mehr, da eine Rechtswahl sowieso nur ex nunc wirken könnte. **116**

Eine analoge Anwendung des Abs. 2, um einem Ehegatten das Überwechseln zu seinem Heimatrecht zu gestatten,[298] steht mit der Zweiseitigkeit und Gemeinsamkeit der Rechtswahl für beide Ehegatten nicht in Einklang;[299] sie ist zudem überflüssig, wenn mit dem Ende der Ehe automatisch die jeweiligen Heimatrechte beider Ehegatten wieder die Namensstatute stellen (s. Rn 89). **117**

3. Form der Rechtswahl (Abs. 2 S. 2). Für die Form der **nachträglichen Rechtswahl** schreibt Abs. 2 S. 2 **öffentliche Beglaubigung** vor. Der Gesetzgeber hat dabei nur die Rechtswahl im Inland vor Augen und verlangt deshalb eine spezifische Form des inländischen Rechts. Öffentliche Beglaubigung meint die Form des § 129 BGB. Ein Schreiben der Eltern an das Standesamt mit dem Antrag, dass das Kind den Namen nach einem benannten Recht führen solle, genügt dem nicht.[300] Auf der anderen Seite kann nach § 15 d Abs. 1 S. 3 PStG auch der Standesbeamte die öffentliche Beglaubigung vollziehen. Abs. 2 S. 2 gilt nicht für die Rechtswahl bei Eheschließung; dort ist die Form bereits durch die Trauungszeremonie gedeckt.[301] **118**

Bei Vornahme der **Rechtswahl im Ausland** ergibt sich das **Substitutionsproblem**, ob gleichwertige Formen des ausländischen Ortsrechts die öffentliche Beglaubigung zu ersetzen vermögen. Es ist nach allgemeinen Substitutionsmaßstäben zu lösen. Funktionelle Gleichwertigkeit sollte genügen. Wesentliche Funktionselemente, zu denen Entsprechungen in der ausländischen Ausgestaltung existieren sollten, sind eindeutige Dokumentation und Authentifikation der jeweils eigenen Erklärung durch die Parteien und dokumentierte Bestätigung der Erklärungsabgabe durch eine unabhängige, Reputation genießende und Seriosität verbürgende Amtsperson oder einen Notar. Werden die Erklärung vor einem ausländischen Standesbeamten abgegeben, der funktionell einem deutschen entspricht, reicht dies aus.[302] **119**

Abs. 2 S. 2 hat im Prinzip sachrechtlichen Charakter, regelt aber die Form für die vom deutschen Recht gewährte namensrechtliche Rechtswahlbefugnis. Wie Art. 13 Abs. 3 verdrängt er daher die allgemeine Kollisionsnorm für die Formanknüpfung nach Art. 11.[303] **120**

Für die **Rechtswahl bei Eheschließung** stellt Abs. 2 S. 2 keine ausdrückliche Sonderregel auf. Diese wird daher dem Formstatut der Eheschließung selber unterworfen,[304] das seinerseits über Art. 13 Abs. 3 (Inlandsheirat) oder Art. 11 (Auslandsheirat) zu ermitteln ist. Dass eine dem Art. 3 Abs. 5 Rom I-VO, früher Art. 27 Abs. 4, vergleichbare Verweisung auf Art. 11 fehlt, stört nicht.[305] Art. 11 ist als allgemein gültige Kollisionsnorm aus sich selbst heraus anwendbar, soweit ihn Sonderregeln nicht verdrängen, und bedarf keiner Berufung durch eine spezielle Verweisung. **121**

4. Wirkung der Rechtswahl. a) Wirkung für den Ehenamen. Eine kollisionsrechtliche Wahl des Namensstatuts ist noch keine sachrechtliche Namenswahl. Wahl des Namensstatuts und Wahl des Namens sind zwei verschiedene Dinge. Die Rechtswahl bewirkt zunächst nur, dass der Name nach dem gewählten Recht zu bilden und zu führen ist.[306] Auch unter dem gewählten Ehenamensstatut können die Ehegatten ihren Ehenamen nur unter jenen Voraussetzungen und gegebenenfalls Einschränkungen wählen, die jenes gewählte Recht vorsieht.[307] Dass jenes Recht über eine Wahl berufen ist, ändert seinen materiellen Gehalt nicht. Sieht es zB überhaupt keine nachträgliche Wahl des Ehenamens vor, so bleibt es dabei. **122**

296 Auf solche Probleme macht *F. Sturm,* StAZ 1995, 255, 256 Fn 13 aufmerksam, will sie aber auf anderem Wege lösen.

297 Wagenitz/*Bornhofen,* Art. 10 EGBGB Rn 16; *F. Sturm,* StAZ 1995, 255, 256; *Jauß,* StAZ 2001, 118, 119.

298 Dafür OLG Hamm StAZ 1999, 370, 371; OLG Dresden StAZ 2004, 170, 171; OLG Frankfurt StAZ 2005, 47; AG Köln StAZ 2004, 173 = FamRZ 2004, 1201; *Henrich,* StAZ 1996, 129, 132; *Kraus,* StAZ 2003, 88; *Homeyer,* StAZ 2006, 83; *Kropholler,* IPR6 S. 329; MüKo/*Birk,* Art. 10 EGBGB Rn 96; jurisPK BGB/*Janal* Art. 10 EGBGB Rn 25. Ablehnend wie hier Soergel/*Schurig,* Art. 10 EGBGB Rn 61; Bamberger/Roth/*Mäsch,* Art. 10 EGBGB Rn 54.

299 Ebenso AG Köln StAZ 2004, 173.

300 BayObLG FamRZ 2000, 55 = StAZ 1999, 296.

301 *Rauhmeier,* StAZ 2011, 117.

302 OLG Düsseldorf StAZ 2010, 110, 112; *Wall,* StAZ 2011, 37, 38.

303 IE. ebenso Palandt/*Thorn,* Art. 10 EGBGB Rn 14; Erman/*Hohloch,* Art. 10 EGBGB Rn 22; jurisPK BGB/*Janal* Art. 10 EGBGB Rn 20; aA *Hepting,* StAZ 1996, 7; Staudinger/*Hepting,* Art. 10 EGBGB Rn 366; *Hepting* Rn III-716 f.

304 *Hepting,* StAZ 1994, 1, 7; Bamberger/Roth/*Mäsch,* Art. 10 EGBGB Rn 47.

305 Insoweit treffend Staudinger/*Hepting,* Art. 10 EGBGB Rn 366 gegen Palandt/*Thorn,* Art. 10 EGBGB Rn 14.

306 S. nur AG Berlin-Schöneberg StAZ 2000, 241.

307 S. nur OLG Hamm StAZ 1999, 75 mwN; *Hepting,* StAZ 1996, 235, 236; *Henrich,* IPRax 1997, 174, 175.

123 Eine wirksam getroffene Rechtswahl eröffnet alle Möglichkeiten, die Namen der Ehegatten so zu bilden, wie das gewählte Recht sie zur Verfügung stellt.[308] Sofern das gewählte Recht nur eine Art der Namensbildung kennt und zulässt, hat es bei genau dieser Art sein Bewenden.[309] Erlaubt das gewählte Recht den Ehegatten nicht den von diesen gewünschten Übergang von einem gemeinsamen Ehenamen zu getrennten Namen, so bleibt es bei dem gemeinsamen Ehenamen.[310] Stellt das gewählte Recht aber Wahlmöglichkeiten zur Auswahl, so können die Ehegatten ihre Auswahl in dem Rahmen und in den Grenzen treffen, wie das gewählte Recht sie vorsieht.[311] Bei Wahl deutschen Rechts und Wahl des Namens der Frau zum Ehenamen soll auch eine weibliche Sonderform, gebildet nach dem Recht der UdSSR, zum auch für den Ehemann gültigen Ehenamen werden können.[312] Neben der kollisionsrechtlichen Rechtswahlerklärung ist jedoch nach Maßgabe des gewählten Namensstatuts eine zweite, sachrechtliche Erklärung für die eigentliche Namenswahl erforderlich.[313]

124 Über den **Verbrauch von Namenswahlmöglichkeiten** entscheidet das gewählte Recht. Es kann den Ehegatten eine beliebig häufige Namenswahl freistellen.[314] Es kann insoweit aber auch Grenzen ziehen. Es kann insbesondere eine nur einmalige Wahl erlauben. Es kann sogar anordnen, dass die Befugnis zur einmaligen Wahl bereits durch eine frühere Namenswahl unter einem anderen Recht verbraucht ist, weil den Ehegatten nur eine Wahl pro Ehe gestattet ist. Letzteres ist die Rechtslage unter § 1355 Abs. 3 BGB,[315] allerdings nicht für Spätaussiedler.[316]

125 Das gewählte Recht bestimmt auch, in welchem **zeitlichen Abstand von der Eheschließung** eine Namenswahl möglich ist und ob eine Namenswahl nur bei der Eheschließung erlaubt ist.[317] Die vom deutschen IPR eingeräumte Rechtswahlmöglichkeit hat keine sachrechtsmodifizierende Wirkung dergestalt, dass über sie immer die Möglichkeiten eröffnet sein müssten, welche das gewählte Recht bei der Eheschließung eröffnet.[318] Das deutsche Sachrecht ist liberal; § 1355 Abs. 3 BGB ist so auszulegen, dass eine Namensanpassung insbesondere an eine neue deutsche Umwelt nach Übersiedlung möglich wird und die von Abs. 2 Nr. 1 für das deutsche IPR gewährte Möglichkeit nicht auf der sachrechtlichen Ebene konterkariert wird.[319]

126 Das gewählte Recht regiert Bilden, Führen und Verlust des Ehenamens.[320] Es beherrscht auch die Frage, ob ein Ehegatte einen Beinamen führen darf oder gar muss.[321] Es entscheidet ebenfalls darüber, wie Doppelnamen zu bilden sind oder welche Grenzen für Doppelnamen bestehen.[322]

127 Abs. 2 eröffnet die Rechtswahl nur für den Ehenamen bzw den in der Ehe geführten Namen der Ehegatten. Außerhalb dessen stehen das allgemeine Namensstatut jedes Ehegatten und das Namensschutzstatut.[323] Indes verdrängt das Ehenamensstatut für die Dauer der Ehe die allgemeinen Namensstatuten der Ehegatten. Eine Wahl nach Abs. 2 wirkt hinsichtlich des Ehenamens auch nach einem Ende der Ehe fort.[324] Selbst nach einer Scheidung kann das Namensstatut des einzelnen Ehegatten nun nicht einen anderen Namen spezifisch zum Ehenamen bestimmen. Der Ehename nach dem gewählten Statut bleibt der **Ehename**, auch wenn nach der Scheidung wieder Abs. 1 die Namensstatute der Ehegatten regiert. Man mag unter seinem Personalstatut nun einen anderen Namen führen, zB zum eigenen Geburtsnamen zurückkehren, aber seinen Ehenamen kann man nicht mehr verändern.

128 **b) Wirkung für den Namen eines (gemeinsamen) Kindes (Abs. 2 S. 3). aa) Grundsätzliches.** Nach Abs. 2 S. 3 ist für die Auswirkungen einer wirksamen[325] Wahl des Ehenamensstatuts auf den Namen eines Kindes § 1617 c BGB entsprechend anzuwenden. Dies dient dem Schutz des Kindes und dazu, die namensrechtliche Selbstbestimmung des Kindes so weit wie möglich zu wahren. Eine automatische Erstreckung einer Wahl nach Abs. 2 auf den Kindesnamen erfolgt gerade nicht.[326] Wollen die Eltern einen Gleichlauf zwischen Ehenamens- und Kindesnamensstatut herstellen, so müssen sie gegebenenfalls versuchen, diesen mit den Rechtswahlmöglichkeiten herzustellen.[327]

308 S. nur BayObLG FamRZ 2000, 55.
309 Erman/*Hohloch,* Art. 10 EGBGB Rn 25.
310 *Henrich,* IPRax 1994, 174, 175.
311 S. OLG Köln StAZ 1988, 296; FamRZ 1997, 942.
312 So LG Berlin NJW-RR 2000, 1247 = StAZ 2000, 109.
313 *Rauhmeier,* StAZ 2011, 117.
314 BayObLG StAZ 1991, 69; *Hepting* Rn III-691.
315 OLG Hamm FamRZ 1999, 1426 = FGPrax 1999, 55, 56; Soergel/*Schurig,* Art. 10 EGBGB Rn 63 h; Bamberger/Roth/*Mäsch,* Art. 10 EGBGB Rn 53.
316 BGHZ 147, 159, 166 f = FamRZ 2001, 903, 904; BayObLG StAZ 1999, 270; OLG Stuttgart StAZ 1999, 78, 79 = FamRZ 1999, 1425 = FGPrax 1999, 57, 58; OLG Frankfurt StAZ 2000, 209; LG Saarbrücken StAZ 1997, 306 = NJW-RR 1998, 583; AG Nürnberg StAZ 1997, 306; *Silagi,* StAZ 1999, 263, 265; *Gaaz,* IPRax 2000, 115, 116; aA OLG Hamm StAZ 1999, 75, 76 = FGPrax 1999, 55, 56; Bamberger/Roth/*Mäsch,* Art. 10 EGBGB Rn 53.
317 Erman/*Hohloch,* Art. 10 EGBGB Rn 25.
318 Entgegen *Krömer,* StAZ 2003, 116, 118 f.
319 BGHZ 147, 159, 166 f.
320 S. nur Erman/*Hohloch,* Art. 10 EGBGB Rn 26.
321 AG Berlin-Schöneberg StAZ 2002, 81.
322 OLG Karlsruhe FamRZ 1999, 160.
323 Erman/*Hohloch,* Art. 10 EGBGB Rn 26.
324 OLG Dresden StAZ 2004, 170, 171; OLG Frankfurt StAZ 2005, 47, 48; *Homeyer,* StAZ 2005, 183; MüKo/*Birk,* Art. 10 EGBGB Rn 95.
325 Vgl BayObLG StAZ 1998, 281 = FamRZ 1999, 326.
326 *Jauß,* StAZ 2005, 266.
327 *Jauß,* StAZ 2005, 266.

Seinem Wortlaut nach bezieht sich Abs. 2 S. 3 nicht nur auf gemeinsame Kinder der Ehegatten, sondern ist weiter formuliert. Wörtlich genommen erfasst er alle Kinder beider Ehegatten, seien diese gemeinsame oder nicht. Ebenso wenig unterscheidet er danach, ob ein Ehegatte ein Kind des anderen Ehegatten angenommen und damit zu einem gemeinsamen Kind gemacht hat. 129

bb) Deutsches Namensstatut des Kindes. Die sinngemäße Anwendung des § 1617 c BGB führt dazu, dass sich der neue Ehename, wie er nach dem gewählten Recht gebildet wird, nur dann auf das Kind erstreckt, wenn das Kind das fünfte Lebensjahr noch nicht vollendet hat oder eine Anschlusserklärung abgibt.[328] Die Altersgrenze wird rein faktisch bestimmt und rekurriert nicht tragend auf eine Art von Geschäftsfähigkeit, so dass keine Vorfragenanknüpfung erfolgt. 130

Für die **Anschlusserklärung des Kindes** ergibt sich die weitere Differenzierung aus § 1617 c Abs. 2 S. 1, Abs. 1 S. 1 BGB:[329] Ist das Kind bereits älter als vierzehn Jahre, so kann es jene Erklärung nur selber abgeben, bedarf aber dafür nach § 1617 c Abs. 1 S. 2 Hs 2 BGB wiederum der Zustimmung seiner gesetzlichen Vertreter. Ist das Kind älter als fünf, aber jünger als vierzehn Jahre, so können entweder die gesetzlichen Vertreter die Anschlusserklärung abgeben oder das Kind mit Zustimmung der gesetzlichen Vertreter. Wer gesetzlicher Vertreter ist, ist eine selbständig anzuknüpfende Vorfrage. 131

cc) Ausländisches Namensstatut des Kindes. Allgemeines Namensstatut eines Kindes kann ausländisches Recht sein. § 1617 c BGB ist weder direkt noch analog Teil dieses Namensstatuts. Man könnte ihn dann, wollte man der Anordnung des Abs. 2 S. 3 wörtlich folgen, nur im Wege der Sonderanknüpfung, dafür aber immer durchsetzen.[330] 132

Die Alternative besteht darin, das ausländische Namensstatut des Kindes über die Folgen der Rechts- und gegebenenfalls Namenswahl der Eltern auf den Kindesnamen entscheiden zu lassen.[331] Der Rechtsgedanke des Abs. 2 S. 3 lässt sich verallgemeinern, indem man die Regeln des Namensstatuts über die Folgen einer materiellrechtlichen Namenswahl der Eltern auf den Kindesnamen jedenfalls bei ex-lege-Änderung als Folge der Rechtswahl zur Anwendung bringt. 133

Eine allgemeine Anwendung des § 1617 c BGB bei ausländischem Namensstatut wäre letztlich ein zu starker kollisionsrechtlicher Eingriff und würde nicht wünschbare hinkende Kindesnamen provozieren. Allenfalls mag man einem Normenmangel im ausländischen Namensstatut durch behutsame Lückenfüllung anhand des § 1617 c BGB abhelfen, wenn dort überhaupt keine Normen für die Folgen beim Kindesnamen bestehen.[332] Die Altersgrenzen des § 1617 c BGB international zwingend zu machen, würde diese Norm viel zu stark aufwerten.[333] 134

III. Rechtswahlbefugnis des Personensorgeberechtigten für den Kindesnamen (Abs. 3)

1. Rechtswahlbefugnis. Abs. 3 erlaubt dem Sorgeberechtigten, für den Namen des seiner Sorge unterworfenen Kindes eine Rechtswahl zu treffen. Gegenstand der Rechtswahl ist das Statut des Kindesnamens. Der Kindesname selber ist dann nach Maßgabe des gewählten Rechts zu bilden. Er bewegt sich nur auf der sachrechtlichen Ebene. Eine Rechtswahl ist keine direkte Namenswahl.[334] Umgekehrt folgt aus einer Namenswahl keine Rechtswahl. 135

Der Zweck der Rechtswahl liegt darin, die Namenstradition anderer Rechts- und Kulturkreise einhalten zu können oder für das Kind eine namensrechtliche Annäherung an sein familiäres oder lokales Umfeld zu ermöglichen.[335] 136

a) Berechtigte. Wahlberechtigt ist der **Sorgeberechtigte**. Wer sorgeberechtigt ist, ist über Art. 21 zu ermitteln.[336] Sind nach dem Personensorgestatut mehrere Personen sorgeberechtigt, so entscheidet das Personensorgestatut auch darüber, ob diese Personen immer gemeinsam handeln müssen, ob Zusammenwirken ausreicht oder ob gar die Personensorge jeweils von jedem Sorgeberechtigten allein wahrgenommen werden 137

328 S. nur *Looschelders,* IPR, Art. 10 Rn 50.
329 Vorbildlich BayObLG StAZ 1998, 281 = FamRZ 1999, 326.
330 Dafür *F. Sturm,* StAZ 1994, 370, 372; *ders.,* in: FS G. Lüke 1997, S. 809, 822 f; Palandt/Thorn, Art. 10 EGBGB Rn 18; Erman/*Hohloch,* Art. 10 EGBGB Rn 27.
331 Dafür *Henrich,* IPRax 1994, 174, 178; Soergel/*Schurig,* Art. 10 EGBGB Rn 75 f; Staudinger/*Hepting,* Art. 10 EGBGB Rn 521; Bamberger/Roth/*Mäsch,* Art. 10 EGBGB Rn 57.
332 Soergel/*Schurig,* Art. 10 EGBGB Rn 75 f; Bamberger/Roth/*Mäsch,* Art. 10 EGBGB Rn 57.
333 Staudinger/*Hepting,* Art. 10 EGBGB Rn 521.
334 S. nur BayObLGZ 1997, 167 = StAZ 1997, 275.
335 LG Berlin StAZ 2000, 217, 218; *Henrich,* StAZ 1996, 129, 133; *Hepting,* StAZ 1998, 133, 137; MüKo/*Birk,* Art. 10 EGBGB Rn 103, 108; Bamberger/Roth/*Mäsch,* Art. 10 EGBGB Rn 60.
336 S. nur OLG Düsseldorf FamRZ 1999, 328, 329; *Henrich,* in: GS Lüderitz 2000, S. 273, 279; Staudinger/*Hepting,* Art. 10 EGBGB Rn 436; Bamberger/Roth/*Mäsch,* Art. 10 EGBGB Rn 63; *Hochwald,* StAZ 2009, 381, 383; PWW/*Mörsdorf-Schulte,* Art. 10 EGBGB Rn 14; *Hepting* Rn IV-344.

kann.[337] Bloße Elternschaft reicht nicht aus.[338] Wenn eine gerichtliche Entscheidung über die Sorgeberechtigung vorliegt, so ist diese maßgeblich, im Fall einer ausländischen Entscheidung mittels inländischer Anerkennung über die Brüssel IIa-VO oder über §§ 108; 109 FamFG.[339] Eine solche Entscheidung gibt dann für Person, Zahl und Art der Sorgeberechtigung maß, insbesondere auch für eine gemeinsame Sorgeberechtigung geschiedener Eltern. Ist dagegen nach dem Sorgerechtsstatut nur eine Person sorgeberechtigt, so kann diese Person die Rechtswahl treffen, ohne dass andere zustimmen müssten.[340]

138 Die Rechtswahlberechtigung ist nicht dergestalt beschränkt, dass ein zeitlicher Zusammenhang mit einer tatsächlichen Änderung der Anknüpfungsverhältnisse verlangt wäre.[341] Einer besonderen sachlichen Rechtfertigung im konkreten Einzelfall bedarf sie nicht.[342]

139 Ebenso wenig ist die Rechtswahlbefugnis auf Sachverhalte beschränkt, die einen Bezug zu Deutschland aufweisen.[343] Gesetzlicher Beleg dafür ist § 31 a Abs. 2 S. 3 PStG: Die örtliche Zuständigkeit des Standesbeamten für die Entgegennahme der Rechtswahlerklärung setzt weder einen Aufenthalt oder eine Geburt in Deutschland noch die deutsche Staatsangehörigkeit eines Beteiligten noch ein in Deutschland geführtes Familienbuch voraus.[344] Umgekehrt ist auch jede Beschränkung dergestalt, dass nur Nicht-Deutschen die Wahl gestattet würde, entfallen.[345]

140 **b) Kreis wählbarer Rechtsordnungen.** Abs. 3 gestattet keine freie Rechtswahl (die erlauben würde, jedes Recht der Erde zu wählen), sondern nur eine beschränkte Rechtswahl. Der Sorgeberechtigte darf nur aus dem Kreis jener Rechte auswählen, die in S. 1 Nr. 1–3 zur Auswahl gestellt werden. Die einzelnen Rechtswahltatbestände sind untereinander disjunktiv. Es reicht aus, wenn einer von ihnen gegeben ist. Maßgeblicher Zeitpunkt für das Vorliegen der erforderlichen Anknüpfungstatsachen ist der Zeitpunkt, zu welchem das Wahlrecht ausgeübt wird, nicht der Zeitpunkt der Kindesgeburt.[346] Beschränkungen aus einem deutschen Personalstatut des Kindes herzuleiten, etwa dass kein Recht gewählt werden dürfte, welches keine Vor- und Familiennamen kennt,[347] steht im Widerspruch zum Prinzip der Rechtswahl. Von welchem Personalstatut durch die Rechtswahl abgewichen wird, spielt keine Rolle. Eine allerletzte Grenze – zudem nur gegenüber den Ergebnissen, nicht gegenüber der Wahl als solcher – vermöchte erst der deutsche ordre public zu ziehen.[348]

141 **aa) Heimatrecht eines Elternteils.** Nach Abs. 3 S. 1 Nr. 1 kann das **Heimatrecht jedes Elternteils** gewählt werden. Wer Elternteil ist, ist eine Erstfrage. Insbesondere setzt die Wahl des Vaterrechts voraus, dass die Vaterschaft rechtlich feststeht.[349] Erkennt der Vater nach dem einschlägigen Anerkennungsstatut die Vaterschaft schon vor der Geburt wirksam an, so ist eine pränatale Rechtswahl möglich.[350]

142 Der Elternteil, welcher dem Staat des gewählten Rechts angehört, muss nicht sorgeberechtigt sein. Es kann sich auch um einen nicht sorgeberechtigten Elternteil handeln. Wählbar ist bei Mehrstaatern jedes Heimatrecht, auch ein nicht effektives; Art. 5 Abs. 1 gilt hier ausdrücklich nicht.

143 Eine deutsche Staatsangehörigkeit des Elternteils oder des Kindes hindert nicht, dass eine ausländische Staatsangehörigkeit desselben oder des anderen Elternteils gewählt werden könnte.[351] Auch Art. 5 Abs. 1 S. 2 gilt eben nicht.[352] Sind beide Eltern Deutsche, so ist es unerheblich, ob das Kind eine ausländische Staatsangehörigkeit hat,[353] da Abs. 3 S. 1 Nr. 1 nur auf die Heimatrechte der Eltern abstellt. Typischerweise besitzt das Kind dieselbe Staatsangehörigkeit wie zumindest einer seiner Elternteile, aber es ist möglich, dass das Kind namentlich wegen Geburt in einem Staat, welcher seine Staatsangehörigkeit nach der Geburt in seinem Gebiet verleiht und dem keiner der Elternteile angehört, eine Staatsangehörigkeit hat, die keiner seiner Elternteile besitzt.[354] Mit Abs. 3 S. 1 Nr. 1 ist es möglich, auf Doppelstaatigkeit beim Kind oder bei einem Elternteil namensrechtlich zu reagieren; dies genügt auch den aus dem Unionsrecht abzuleitenden Anforderungen für die Zulässigkeit von Doppelnamen bei Kindern.[355] Die Möglichkeit der Rechtswahl verhindert, dass Diskriminierungsvorwürfe durchschlagen können.[356]

337 Bamberger/Roth/*Mäsch,* Art. 10 EGBGB Rn 63.
338 S. nur LG Flensburg FamRZ 1996, 1500.
339 *Hepting* Rn IV-344.
340 *Krömer,* StAZ 2011, 157, 158.
341 So aber *Hepting,* StAZ 1998, 133, 140 f.
342 Bamberger/Roth/*Mäsch,* Art. 10 EGBGB Rn 62.
343 Bamberger/Roth/*Mäsch,* Art. 10 EGBGB Rn 64; Palandt/*Thorn,* Art. 10 EGBGB Rn 20; aA *Hepting,* StAZ 1998, 133, 141.
344 Bamberger/Roth/*Mäsch,* Art. 10 EGBGB Rn 64.
345 *Henrich,* IPRax 1994, 174, 176.
346 Bamberger/Roth/*Mäsch,* Art. 10 EGBGB Rn 68.
347 So *Krömer,* StAZ 2006, 152; *Hochwald,* StAZ 2009, 49, 51.
348 Vgl *Krömer,* StAZ 2006, 152, 153.
349 Staudinger/*Hepting,* Art. 10 EGBGB Rn 425.
350 Soergel/*Schurig,* Art. 10 EGBGB Rn 80; Staudinger/*Hepting,* Art. 10 EGBGB Rn 425.
351 Staudinger/*Hepting,* Art. 10 EGBGB Rn 422; Palandt/*Thorn,* Art. 10 EGBGB Rn 21.
352 Soergel/*Schurig,* Art. 10 EGBGB Rn 75 a.
353 BayObLG FamRZ 2000, 55, 56.
354 *Henrich,* in: FS Heldrich 2005, S. 667, 672.
355 *Henrich,* in: FS Heldrich 2005, S. 667, 671 f.
356 *Henrich,* in: FS Heldrich 2005, S. 667, 673.

Art. 5 Abs. 2 ist dagegen nicht ausgeschlossen. Bei **Flüchtlingen** tritt also an die Stelle der Staatsangehörigkeit der gewöhnliche Aufenthalt.[357] Gleiches gilt erst recht für **Staatenlose**. Das Aufenthaltsrecht ist hier als Recht des Personalstatuts an Stelle des Heimatrechts wählbar. 144

bb) Deutsches Aufenthaltsrecht eines Elternteils. Zweite Wahlmöglichkeit ist deutsches Recht, wenn ein Elternteil seinen gewöhnlichen Aufenthalt[358] in Deutschland hat. Wo das Kind oder der andere Elternteil seinen gewöhnlichen Aufenthalt hat, ist ohne Bedeutung.[359] Der inländische Aufenthalt des einen Elternteils reicht vollkommen aus. Dagegen ist unerheblich, ob der betreffende Elternteil im Inland seinen oder auch nur einen Wohnsitz hat. 145

Abs. 3 S. 1 Nr. 2 erlaubt nur die Wahl eines deutschen Umweltrechts, nicht dagegen die **Wahl eines ausländischen Umweltrechts**. Der Wortlaut der Norm ist eindeutig und wird durch den Umkehrschluss aus dem allseitig gefassten Abs. 3 S. 1 Nr. 1 untermauert. Gewollt ist die Möglichkeit zur Anpassung an eine deutsche Umwelt. Die Anpassung an die inländische Namensführung zu regeln, ist der deutsche Gesetzgeber befugt.[360] Die Wahl eines ausländischen Umweltrechts dagegen würde, da zugleich ein ausländischer Rechtsverkehr wesentlich betroffen wäre, die Gefahr einer hinkenden Rechtswahl, die von dem betreffenden ausländischen Staat nicht anerkannt würde, erhöhen.[361] Freilich würde dies wiederum nicht gelten, wenn jenes Umweltrecht seine eigene Wahl gestattete. Ein allseitiger Ausbau des Abs. 3 S. 1 Nr. 2 im Wege der **Analogie** müsste trotzdem die Hürde überwinden, dass es an einer planwidrigen Regelungslücke fehlen dürfte.[362] 146

cc) Heimatrecht eines Namenserteilenden. Abs. 3 S. 1 Nr. 3 erlaubt die Wahl des Heimatrechts einer Person, welche dem Kind den Namen erteilt. Gedacht ist insbesondere an die **Einbenennung** nach Art des § 1618 BGB mit Übernahme des Namens des Stiefelternteils. Ausnahmsweise sind hier kollisionsrechtliche Rechtswahl und sachrechtliches Ergebnis so eng miteinander verkoppelt, dass die Rechtswahl nur zuzulassen ist, wenn sie tatsächlich zu dem angestrebten sachrechtlichen Ergebnis (Namensangleichung mit dem Stiefelternteil) führt.[363] Im Gesetzeswortlaut kann man dies an der Namenserteilung (!) als Tatbestandsmerkmal festmachen. 147

Art. 5 Abs. 1 findet keine Anwendung.[364] Wählbar ist also auch ein nicht-effektives Heimatrecht des Namenserteilenden. Ob eine **Zustimmung seitens des Kindes** oder dessen Verwandten zur Namenserteilung notwendig ist und, wenn ja, unter welchen Kautelen und wie eine solche Zustimmung zu erteilen ist, ist zusätzlich, kumulativ nach Art. 23 gemäß dem Heimatrecht des Kindes zu beurteilen. 148

Für Abs. 3 S. 1 Nr. 3 muss der **Sorgeberechtigte** nicht zugleich Namenserteilender sein. Dies ist wichtig, denn es erlaubt für den Kindesnamen bei unverheirateten Eltern der sorgeberechtigten Mutter, das Heimatrecht eines späteren Ehemanns (der nicht der Vater ist) wählen und den Namen von diesem erteilen zu lassen.[365] 149

c) Ausübung. Der Sorgeberechtigte übt seine Rechtswahlbefugnis durch einseitige **Gestaltungserklärung** aus. Des Konsenses mit dem Kind bedarf er nicht. Entsprechendes gilt bei gemeinsam Sorgeberechtigten, welche die ihnen gemeinsam verliehene Gestaltungsmacht ausüben. Die rechtsgeschäftliche Wirksamkeit der Ausübung regiert analog Art. 27 Abs. 4 iVm Art. 31 Abs. 1 das in der Rechtswahlerklärung bezeichnete Recht. 150

2. Zeitpunkt der Rechtswahl. Die Rechtswahlbefugnis nach Abs. 3 ist **nicht fristgebunden**.[366] Mangels ausdrücklich normierter Ausschlussfrist ist eine Rechtswahl daher jederzeit und auch in zeitlichem Abstand von dem letzten namensrechtlich relevanten Ereignis oder dem Erlangen der Sorgebefugnis möglich.[367] Eine Analogie zu § 1617 b Abs. 1 BGB oder zu Art. 10 Abs. 3 S. 2; Abs. 4 S. 2 aF[368] ist mangels planwidriger Regelungslücke abzulehnen.[369] 151

Das **Ende der Sorgebefugnis** markiert auch das Ende der Rechtswahlbefugnis. Wird der Sorgeunterworfene nach seinem über Art. 7 Abs. 1 zu bestimmenden Personalstatut volljährig und entfällt nach diesem Recht die Sorge, so erlischt auch die Rechtswahlbefugnis.[370] 152

Die einmalige Ausübung verbraucht die Befugnis zur erneuten Rechtswahl nicht. Eine einmal getroffene Rechtswahl ist nicht unveränderlich und ein für alle Mal bindend.[371] Vielmehr entspricht es den allgemeinen Grundsätzen der Parteiautonomie, dass die Rechtswalbefugnis auch nach ihrer ersten (und jeder späteren) 153

357 Bamberger/Roth/*Mäsch,* Art. 10 EGBGB Rn 67.
358 Zum Begriff s. Art. 5 Rn 16.
359 Staudinger/*Hepting,* Art. 10 EGBGB Rn 423.
360 Staudinger/*Hepting,* Art. 10 EGBGB Rn 424.
361 Staudinger/*Hepting,* Art. 10 EGBGB Rn 424.
362 Vgl Soergel/*Schurig,* Art. 10 EGBGB Rn 68.
363 Soergel/*Schurig,* Art. 10 EGBGB Rn 78; Bamberger/Roth/*Mäsch,* Art. 10 EGBGB Rn 67.
364 *Looschelders,* IPR, Art. 10 Rn 63; Palandt/*Thorn,* Art. 10 EGBGB Rn 22.
365 S. *Henrich,* in: GS Lüderitz 2000, S. 273, 282.
366 S. nur LG Berlin StAZ 2003, 172, 173; Palandt/*Thorn,* Art. 10 EGBGB Rn 21; *Hepting* Rn IV-335.
367 LG Berlin StAZ 2003, 172, 173; *Jauß,* StAZ 2005, 266.
368 Dafür Staudinger/*Hepting,* Art. 10 EGBGB Rn 430 sowie *Hepting* Rn IV-335.
369 LG Berlin StAZ 2003, 172, 173.
370 Bamberger/Roth/*Mäsch,* Art. 10 EGBGB Rn 62.
371 AA Palandt/*Thorn,* Art. 10 EGBGB Rn 22.

Ausübung fortbesteht. Eine mehrmalige Rechtswahl ist unter Art. 10 Abs. 3 ohne weiteres möglich.[372] Jede neue abändernde Rechtswahl führt dann zu einem neuen Statutenwechsel.[373]

154 **3. Form der Rechtswahl.** Nach Abs. 3 S. 2 bedürfen **nach der Geburt bzw erstmaligen Registrierung abgegebene Erklärungen** einschließlich der Rechtswahlerklärung der öffentlichen Beglaubigung. Insoweit besteht eine Sachregelung im IPR. Der Gesetzgeber hat für die **öffentliche Beglaubigung** die Charakteristika der inländischen öffentlichen Beglaubigung gem. § 129 BGB vor Augen, beschränkt Abs. 3 S. 2 aber nicht auf die im Inland abgegebene Rechtswahlerklärung. Bei Abgabe der Rechtswahlerklärung im Ausland ist daher nach Möglichkeiten der Substitution durch funktionsäquivalente ausländische Erscheinungen zu suchen. Die Alternativanknüpfung der Form nach Art. 11 gilt jedenfalls nicht.

155 Für die Form einer bereits **vor oder bei der Geburt bzw der erstmaligen Registrierung vorgenommenen Rechtswahl** enthält Abs. 3 S. 2 keine direkte Regelung. Zwei Alternativen stehen zur Auswahl: entweder Abs. 3 S. 2 analog anzuwenden[374] oder dieselben formellen Anforderungen zu stellen, wie sie für eine materiellrechtliche Namenswahl bei der Geburt nach deutschem Recht bestehen, dh eine einfache formlose Erklärung gegenüber dem Standesbeamten genügen zu lassen.[375] Liberaler ist der zweite, methodisch vorzugswürdig der erste Ansatz. Er trennt zwischen Rechts- und Namenswahl, und er führt den Gedanken der spezifisch kollisionsrechtlichen Regelung weiter. Wenn man dem zweiten Ansatz folgt, ist eine persönliche Erklärung vor dem Geburtsstandesbeamten entsprechend § 17 Abs. 2 PStG zu verlangen.[376]

156 Keine eigentliche Formfrage ist die **Empfangsbedürftigkeit** der Rechtswahlerklärung. Amtsempfangsbedürftigkeit zur materiellen Voraussetzung analog § 130 Abs. 1 BGB zu erheben,[377] denkt einseitig von der Inlandsgestaltung her und verträgt sich nicht mit der richtigen Anwendung von Art. 3 Abs. 5 iVm Art. 10 Abs. 1 Rom I-VO bzw Art. 27 Abs. 4 iVm Art. 31 Abs. 1 EGBGB aF analog auf die materiellen Aspekte der Rechtswahl.

157 Soweit nach dem gewählten Recht **Amtsempfangsbedürftigkeit** besteht, besteht in Deutschland Empfangszuständigkeit nach § 31 a Abs. 2 PStG. Eine teleologische Reduktion des § 31 a Abs. 2 S. 3 PStG bei Auslandsgeburt eines ausländischen Kindes[378] ist abzulehnen, wenn man richtigerweise keinen Inlandsbezug für die Rechtswahl fordert.

158 **4. Wirkung der Rechtswahl.** Eine Rechtswahl nach Abs. 3 betrifft nach dem klaren Wortlaut des Gesetzes **nur den Familiennamen**, nicht aber den Vornamen des Kindes.[379] Richtigerweise sind den Familiennamen hier auch die Vater- und Zwischennamen zuzuordnen, die ein Abstammungsverhältnis ausdrücken, selbst wenn sie als persönliche Namen nicht an folgende Generationen weitergegeben werden.[380] Kennt ein Recht aber keinen Familiennamen selbst in diesem erweiterten Sinn, so kommt die Wahl dieses Rechts unter Abs. 3 Nr. 1 nicht in Betracht, und eine entsprechende Wahl ist nicht statthaft.[381]

159 Die Rechtswahlwirkung ist auf **Zwischennamen mit familiennamenähnlicher Funktion** auszudehnen, um zB zu verhindern, dass Geschwister verschiedene Namen führen, weil einem von ihnen im Gegensatz zu den anderen versagt wird, den Eigennamen des Vaters als weiteren Namen zu führen.[382]

160 Eine Rechtswahl entfaltet nur **Wirkung ex nunc.**[383] Rückwirkung entfaltet sie dagegen grundsätzlich nicht. Eine in zeitlichem Abstand von der Geburt und nach der Beurkundung der Geburt vorgenommene Rechtswahl bewirkt daher nur eine Änderung des Namens, beeinflusst aber nicht den Erwerb des ursprünglichen Geburtsnamens. Soweit die Rechtswahl Einfluss auf den Geburtsnamen haben soll, muss sie spätestens zeitgleich mit der Beurkundung der Geburt vorgenommen werden.[384] Dann entfaltet die Rechtswahl Rückwirkung auf den Zeitpunkt der Geburt.[385] Auf der sachrechtlichen Ebene entscheidet das gewählte Recht über eine etwaige Rückwirkung bei der Namensführung.[386]

372 S. nur *Kraus,* StAZ 2006, 81; *Kampe,* StAZ 2007, 125, 126; *Hochwald,* StAZ 2009, 49, 51. Kritisch *Krömer,* StAZ 1999, 46.
373 S. nur *Kraus,* StAZ 2006, 81; *Hochwald,* StAZ 2009, 49, 51.
374 Dafür *Hepting,* StAZ 1998, 133, 138.
375 Dafür Bamberger/Roth/*Mäsch,* Art. 10 EGBGB Rn 71 sowie BayObLG StAZ 1997, 174, 175; Palandt/*Thorn,* Art. 10 EGBGB Rn 21.
376 *Wachsmann,* StAZ 1999, 339; Staudinger/*Hepting,* Art. 10 EGBGB Rn 438.
377 So Staudinger/*Hepting,* Art. 10 EGBGB Rn 439.
378 So Staudinger/*Hepting,* Art. 10 EGBGB Rn 439.
379 BayObLG StAZ 2000, 235, 236; OLG Stuttgart StAZ 2010, 263, 264; LG Karlsruhe StAZ 2001, 111; *Krömer,* StAZ 2006, 152, 153. Anderer Ansicht *Henrich,* in: Henrich/Wagenitz/Bornhofen, Deutsches Namensrecht, 2004 ff, C Rn 247.
380 OLG Stuttgart StAZ 2010, 263, 264; *Henrich*, in: GS Lüderitz 2000, S. 273, 276 f; *Wachsmann,* StAZ 2000, 220 sowie *Kubitz,* StAZ 1997, 244; aA AG München StAZ 1992, 313.
381 *Hepting,* StAZ 2001, 257, 259 Fn 23; *Krömer,* StAZ 2006, 152, 153; Staudinger/*Hepting* Art. 10 EGBGB Rn 424 sowie OLG Stuttgart StAZ 2010, 263, 264.
382 AG Tübingen StAZ 2001, 112.
383 S. nur *Jauß,* StAZ 2001, 338, 339.
384 Staudinger/*Hepting,* Art. 10 EGBGB Rn 429.
385 Staudinger/*Hepting,* Art. 10 EGBGB Rn 442.
386 OLG Hamm StAZ 2011, 242, 243.

5. Mehrheit von Kindern. Haben Eltern **mehrere Kinder**, so kann für den Namen jedes einzelnen Kindes eine **eigene Rechtswahl** getroffen werden,[387] und die personelle Rechtsweite einer Rechtswahl ist für jedes Kind gesondert festzustellen.[388] Im deutschen IPR gibt es kein Pendant zu § 1617 Abs. 1 S. 3 BGB, demzufolge nur eine einheitliche Rechtswahl für alle Kinder gestattet wäre.[389] Vielmehr sind insoweit legitime Anpassungsinteressen anzuerkennen, namentlich bei Staatsangehörigkeits- oder Aufenthaltswechsel der Eltern oder eines Elternteils. Andererseits gibt es keine Beschränkung des Abs. 3 hinsichtlich nachgeborener Kinder auf Fälle, in denen sich die Anknüpfungsbedingungen geändert hätten.[390] 161

Unterschiedliche Namensstatute für mehrere Kinder bedingen nicht automatisch unterschiedliche Namen. Ist etwa deutsches Recht Namensstatut für das zweite Kind (sei es über Abs. 1, sei es kraft Rechtswahl nach Abs. 3), so ist auf der sachrechtlichen Ebene § 1617 Abs. 1 S. 3 BGB zu beachten: Der Name des zweiten Kindes ist **materiellrechtlich präjudiziert** durch den Namen des ersten Kindes, gleich unter welchem Recht der Name des ersten Kindes gebildet wird.[391] 162

IV. Überlagerung durch Unionsrecht

Art. 10 wird in erheblichem Umfang durch europäisches Unionsrecht überlagert und verdrängt. Aus der Unionsbürgerschaft aus Art. 20 AEUV (ex-Art. 17 EGV) und der **Freizügigkeit** von Unionsbürgern aus Art. 21 AEUV (ex-Art. 18 EGV) folgert der EuGH, dass diejenigen Namen anzuerkennen sind, die Unionsbürger in amtliche Register anderer Mitgliedstaaten haben eintragen lassen. Die Freizügigkeit wäre nicht effektiv und würde behindert, wenn keine Anerkennung registrierter Namen stattfände und sich in der Folge praktisch mit Grenzübertritt der zu führende Name einer Person ändere.[392] Aus hinkender Namensführung erwüchsen zwangsläufig Nachteile, sobald es im täglichen Leben darum gehe, die Identität im öffentlichen oder im privaten Bereich nachzuweisen.[393] Eine Namensspaltung betrifft die Persönlichkeitsrechte des Betroffenen[394] und kann ihn in seinem privaten und geschäftlichen Verkehr erheblich beeinträchtigen,[395] da er je nachdem, wo er sich aufhält, einen anderen Namen führen müsste.[396] Jede Identitätsangabe würde neue Identifizierungsnöte aufwerfen.[397] Aufgrund differierender Namensangaben könnte sogar der (unzutreffende) Verdacht von Falschangaben entstehen,[398] noch potenziert durch grenzüberschreitende Zusammenarbeit in Strafsachen.[399] Eine Nichtanerkennung hätte unter Umständen gar eine menschenrechtliche Dimension mit Blick auf Art. 8 EMRK;[400] dies hätte wiederum Bedeutung auch für das Unionsrecht, denn die Menschenrechte sind allgemeine Grundsätze des Unionsrechts nach Art. 6 Abs. 2 EUV. Art. 7 GR-Charta schützt als Teil der Identität und des Privatlebens einer Person ebenfalls den Namen.[401] 163

387 *Henrich,* StAZ 1996, 129, 134; Soergel/*Schurig,* Art. 10 EGBGB Rn 75 b; Bamberger/Roth/*Mäsch,* Art. 10 EGBGB Rn 73; Palandt/*Thorn,* Art. 10 EGBGB Rn 23.

388 *Homeyer,* StAZ 2004, 180.

389 *Homeyer,* StAZ 2004, 180.

390 So aber *Hepting,* StAZ 1998, 133, 139.

391 *Henrich,* StAZ 1996, 129, 134; Bamberger/Roth/*Mäsch,* Art. 10 EGBGB Rn 73; vgl aber auch *Rauhmeier,* StAZ 2010, 170, 171.

392 Ebenso zB *Kroll,* ZvglRWiss 107 (2008), 320, 324 f; *Honorati,* in: *Honorati* (a cura di), Diritto al nome e all'identità personale nell'ordinamento europeo, Milano 2010, S. 3, 12 f.

393 EuGH v. 14.10.2008 – Rs. C-353/06, Slg 2008, I-7639 Rn 23–27 – Verfahren auf Antrag von Stefan Grunkin und Dorothee Regina Paul; EuGH v. 22.12.2010 – Rs. C-208/09, StAZ 2011, 77, Rn 61, 66 – Ilonka Sayn-Wittgenstein/Landeshauptmann von Wien; GAin *Sharpston,* Schlussanträge in der Rs. C-353/06 v. 24.4.2008, Slg 2008, I-7641 Nr. 78.

394 GA *Jacobs,* Schlussanträge in der Rs. C-96/04 v. 30.6.2005, Slg 2006, I-3563 Nr. 55.

395 Teilweise drastische Beispiele bei *F. Sturm,* StAZ 2009, 237, 239.

396 EuGH v. 2.10.2003 – Rs. C-148/02, Slg 2003, I-11613 Rn 36 – Carlos Garcia Avello/Belgischer Staat; EuGH v. 14.10.2008 – Rs. C-353/06, Slg 2008, I-7639 Rn 23 – Verfahren auf Antrag von Stefan Grunkin und Dorothee Regina Paul; *Lipp,* StAZ 2009, 1, 5; *Kampe,* StAZ 2009, 281, 282.

397 EuGH v. 14.10.2008 – Rs. C-353/06, Slg 2008, I-7639 Rn 25 f – Verfahren auf Antrag von Stefan Grunkin und Dorothee Regina Paul; EuGH v. 22.12.2010 – Rs. C-208/09, StAZ 2011, 77, Rn 69 – Ilonka Sayn-Wittgenstein/Landeshauptmann von Wien; GAin *Sharpston,* Schlussanträge in der Rs. C-208/09 v. 14.10.2010, Nr. 13.

398 EuGH v. 14.10.2008 – Rs. C-353/06, Slg 2008, I-7639,Rn Rn 26, 28 – Verfahren auf Antrag von Stefan Grunkin und Dorothee Regina Paul; EuGH v. 22.12.2010 – Rs. C-208/09, StAZ 2011, 77, Rn 68 – Ilonka Sayn-Wittgenstein/Landeshauptmann von Wien; *Kampe,* StAZ 2009, 281, 282.

399 *Rieck,* NJW 2009, 125, 128.

400 EuGH v. 22.12.2010 – Rs. C-208/09, StAZ 2011, 77, Rn 52 – Ilonka Sayn-Wittgenstein/Landeshauptmann von Wien unter Hinweis auf EGMR v. 22.2.1994, Serie A Nr. 280-B S. 28 § 24 – Burghartz/Schweiz; EGMR v. 25.11.1994, Serie A Nr. 299-B S. 60 § 37 – Stjerna/Finnland sowie *Lagarde,* Rev. crit. dr. int. pr. 98 (2009), 86, 90 f unter Hinweis auf EGMR v. 1.7.2008 – no. 44378/05 – Daroczy/Ungarn.

401 EuGH v. 22.12.2010 – Rs. C-208/09, StAZ 2011, 77, Rn 52 – Ilonka Sayn-Wittgenstein/Landeshauptmann von Wien.

164 Dies kommt jedem Unionsbürger zugute. Eine wirtschaftliche Betätigung ist bei der Unionsbürgerschaft und der aus ihr fließenden Freizügigkeit ebenfalls nicht verlangt.[402] Die Unionsbürgerschaft ist „Grundfreiheit ohne Markt".[403] Eine Rechtfertigung für eine Beeinträchtigung der Freizügigkeit[404] sieht der EuGH auch nicht in der Gleichbehandlung eigener Staatsbürger, gleich wo diese geboren werden und gleich wo diese sich aufhalten.[405] Nicht verlangt ist der Nachweis einer konkreten Gefährdung der Freizügigkeit im Einzelfall;[406] vielmehr herrscht ein abstrakter und genereller Maßstab.[407] Sofern Art. 21 AEUV (ex-Art. 18 EGV) eine Erheblichkeitsschwelle überwinden muss, gilt dies aber auch hier.[408] Die Freizügigkeit ist eine eigenständige Grundfreiheit. Sie setzt keine Diskriminierung voraus.[409]

165 Hinkende Namensverhältnisse zu vermeiden wird so zu einem Gebot aus der unionsrechtlichen Freizügigkeit.[410] Dies soll auch dann gelten, wenn der Namensträger gar nicht Staatsangehöriger des Registrierungsstaats ist, wenn also der Registrierungsstaat eigentlich gar nicht berufen ist, für den Namensträger Ausweispapiere auszustellen. Entschieden wurde dies vom EuGH für Doppelnamen nach spanischem Recht, eingetragen in Belgien,[411] und für den Doppelnamen eines deutschen Kindes, gebildet aus den Namen seiner Eltern und eingetragen in Dänemark.[412] Ziel ist „Einnamigkeit" dergestalt, dass ein Unionsbürger denselben Namen überall in der Gemeinschaft führen kann.[413] Die besondere Ordnungsfunktion und der besondere Persönlichkeitsbezug des Namens werden so entsprechend besonders geschützt.[414] Das Kontinuitätsinteresse des Namensträgers an der Fortführung seines Namens wird zum dominierenden Moment.[415]

166 Das unionsrechtliche Anerkennungsprinzip verdrängt insoweit mit dem Anwendungsvorrang des Unionsrechts[416] gegenüber dem nationalen Recht die korrekte kollisionsrechtliche Anknüpfung.[417] Es verbietet deutschen Rechtsanwendern, über Art. 10 zu abweichenden Ergebnissen zu gelangen. Insbesondere müssen Namen übernommen werden, die Deutsche im EU-Ausland für sich haben registrieren lassen. Die Freizügigkeit fordert gebieterisch Vorrang vor dem IPR.[418] Dies destabilisiert das mitgliedstaatliche IPR nicht,[419] sondern überlagert es nur. Insbesondere wird Art. 10 Abs. 1 nicht für schlechterdings ungültig erklärt.[420] Vielmehr wird das mitgliedstaatliche IPR nur ausnahmsweise überlagert und überspielt.[421] Allerdings könnte sich das unionsrechtliche Anerkennungsprinzip vom Namensrecht ausgehend auf andere Materien ausdehnen.[422]

167 Eine Notwendigkeit zu einer eigenen Umsetzung der Verpflichtung[423] würde dem primärrechtlichen Charakter des Gebots nicht gerecht, das auch ohne spezifische Ventile in den Mitgliedstaaten greift.[424] Eine generelle Lösung durch den Gesetzgeber wäre zwar wünschenswert,[425] ist aber keine Voraussetzung für die Anwendung

402 S. nur EuGH v. 22.12.2010 – Rs. C-208/09, StAZ 2011, 77, Rn 41 – Ilonka Sayn-Wittgenstein/Landeshauptmann von Wien; *Mörsdorf-Schulte,* IPRax 2004, 315, 317; *Lipp,* StAZ 2009, 1, 7; *Kroll-Ludwigs,* JZ 2009, 153 f
Übersehen von MüKo/*Birk,* Art. 10 EGBGB Rn 158.

403 Eingehend *Wollenschläger,* Grundfreiheit ohne Markt, 2007.

404 Näher GAin *Sharpston,* Schlussanträge in der Rs. C-353/06 v. 24.4.2008, Slg 2008, I-7641 Nr. 80–87.

405 EuGH v. 14.10.2008 – Rs. C-353/06, Slg 2008, I-7639 Rn 30 f – Verfahren auf Antrag von Stefan Grunkin und Dorothee Regina Paul. Krit. dazu *Meeusen,* ZEuP 2010, 189, 195 f.

406 *Frank,* StAZ 2005, 161, 162.

407 Vgl aber auch *Funken,* FamRZ 2008, 1091.

408 *Kroll,* ZvglRWiss 107 (2008), 320, 331 f sowie *Mansel,* in: Liber amicorum Kurt Siehr, 2010, S. 291, 301 f.

409 S. nur GA *Jacobs,* Schlussanträge in der Rs. C-96/04 v. 30.6.2005, Slg 2006, I-3563 Nr. 53 f; *Kubicki,* EuZW 2009, 366, 367.

410 S. nur KG StAZ 2011, 148, 150; *Wall,* StAZ 2009, 261, 263; *dens.,* StAZ 2010, 225, 228; *dens.,* StAZ 2011, 37, 41.
Diskussion zB bei *Sommer* 164-169 et passim; *Perner,* JbJZRW 2009, 379, 385 f.

411 EuGH v. 2.10.2003 – Rs. C-148/02, Slg 2003, I-11613 – Carlos Garcia Avello/Belgischer Staat.

412 EuGH v. 14.10.2008 – Rs. C-353/06, Slg 2008, I-7639 – Verfahren auf Antrag von Stefan Grunkin und Dorothee Regina Paul.

413 *Wall,* StAZ 2009, 261, 262; *ders.,* StAZ 2010, 225, 228; *ders.,* IPRax 2010, 433, 435.

414 *Funken,* Das Anerkennungsprinzip im internationalen Privatrecht, 2009, S. 178.

415 *Tomasi,* in: Honorati (a cura di), Diritto al nome e all'identità personale nell'ordinamento europeo, Milano 2010, S. 111, 127.

416 Seit EuGH Slg 1964, 1251, 1279 – Costa/ENEL.

417 GAin *Sharpston,* Schlussanträge in der Rs. C-353/06 v. 24.4.2008, Slg 2008, I-7641 Nr. 91; OLG München NJW-RR 2010, 660, 661 f; *Kroll-Ludwigs,* JZ 2009, 153, 154; *Honorati,* Dir. UE 2009, 379, 389.

418 *Lagarde,* Rev. crit. dr. int. pr. 98 (2009), 86, 91.

419 So aber *d'Avout,* Clunet 136 (2009), 207, 215.

420 GAin *Sharpston,* Schlussanträge in der Rs. C-353/06 v. 24.4.2008, Slg 2008, I-7641 Nr. 49.

421 *Tomasi,* in: Honorati (a cura di), Diritto al nome e all'identità personale nell'ordinamento europeo, Milano 2010, S. 111, 135 f, 137 f.

422 KG StAZ 2011, 148 f; OLG Celle StAZ 2011, 150, 153; *Nordmeier,* StAZ 2011, 129, 134–138; *Mankowski/Höffmann,* IPRax 2011, 247, 253 f; vgl aber auch *Mansel/Thorn/R. Wagner,* IPRax 2011, 1, 7 f.

423 Das Bestehen sogar einer Verpflichtung bestreitet *Kubicki,* EuZW 2009, 366, 367.

424 Treffend OLG München NJW-RR 2010, 660, 662; *Wall,* IPRax 2010, 433, 436 f
Entgegen *Kohler,* in: FS Erik Jayme 2004, S. 445, 446; *Ackermann,* (2007) 44 CMLRev. 141, 153 f; *Lipp,* StAZ 2009, 1, 8; *Martiny,* DNotZ 2009, 453, 454.

425 *Lipp,* StAZ 2009, 1, 8; *Mansel/Thorn/Gerhard Wagner,* IPRax 2009, 1, 2.

des Anerkennungsprinzips.[426] Hinkende Namensverhältnisse resultieren aus dem Nebeneinander zweier verschiedener kollisionsrechtlicher Grundanknüpfungen in den Mitgliedstaaten, nämlich dem Nebeneinander von Staatsangehörigkeits- und Aufenthaltsprinzip.[427] Da das Unionsrecht auf der anderen Seite nicht in das IPR eingreift und genau eine dieser beiden Anknüpfungen gebietet,[428] muss es bei einem ipso iure greifenden überlagernden Anerkennungsmechanismus bleiben. Dies sollte in Deutschland jedenfalls den Weg zu einer Namensänderung nach § 3 NamÄndG frei machen,[429] obwohl auch eine solche Änderung nicht notwendig sein darf. Die *Möglichkeit* einer Anpassung beseitigt nämlich als solche die Beeinträchtigung nicht.[430]

Ob die Registrierung des Namens zu Recht oder zu Unrecht erfolgt ist, muss ohne Belang sein.[431] Anerkennung **168** übernimmt Ergebnisse, sie bietet insoweit gerade die Möglichkeit, auf Ermessensausübung zu reagieren[432] und vermeidet eine faktische Namensspaltung, die sich auch aus einer eigentlich falschen oder unzulässigen Registrierung ergeben könnte. Die Anerkennung schließt als Institut eine révision au fond, eine Prüfung, ob die ausländische Stelle das von ihr zugrunde zu legende Recht korrekt angewandt habe, prinzipiell aus.[433] Die Namensregistrierung ist erfolgt, und sie begründet einen Vertrauenstatbestand sowohl für den Betroffenen[434] als auch für den Rechtsverkehr. Eine deutsche Stelle könnte den vertrauensbegründenden Tatbestand selbst dann, wenn sie eine unrichtige Rechtsfindung im Ausland feststellen sollte, nicht zerstören und aus der Welt schaffen, da sie keine Eintragungen in ausländischen Registern ändern kann.[435] Außerdem wäre eine Kontrolle rein praktisch mit zu großem Aufwand, insbesondere bei der Ermittlung des korrekten Inhalts des im Ausland zugrunde zu legenden Rechts, verbunden.[436] Ebenso unerheblich ist, ob eine Namensänderung im Registrierungsstaat privatrechtlicher oder öffentlich-rechtlicher Art war, wenn nur eine amtliche Registrierung erfolgt ist.[437] Wann die anzuerkennende Namenseintragung erfolgte und aus welchem Anlass oder in welchem Zusammenhang ist unerheblich; insbesondere spielt ein zeitlicher Abstand etwa zur Geburt oder zur jetzt zu ändernden Erstbenennung keine Rolle.[438]

Weder eine engere Verbindung zum jetzigen Aufenthaltsstaat noch das Ziel der Integration in die dortige **169** Umwelt rechtfertigen eine Namensspaltung.[439] Höchstens der zweitstaatliche ordre public vermöchte eine Grenze zu ziehen.[440] **Namenstourismus** gilt es über das Erfordernis einer realen Verbindung zum Registrierungsstaat[441] zu wehren.[442] Als ultima ratio kann ihm das unionsrechtliche Verbot des Rechtsmissbrauchs entgegenstehen.[443] Auch das Unionsrecht eröffnet keine unbeschränkte de facto-Rechtswahl durch einfache faktische Gestaltung.[444] Eine nachfolgende Rechtswahl oder ein nachfolgend vom Namensträger bewusst herbeigeführter Namenswechsel gehen als Ausübung von kollisions- bzw sachrechtlicher Privatautonomie der Anerkennung in jedem Fall vor.[445]

Ob nur eine Namensregistrierung im Wohnsitz- oder Aufenthaltsstaat oder ob auch eine Namensregistrierung **170** in einem anderen Mitgliedstaat Anerkennung heischt, ist noch nicht ausjudiziert.[446] Daher erscheint eine Bezeichnung als **Herkunftslandprinzip**[447] weniger geeignet und weniger treffend. Eine Ausnahme von dem

426 OLG München NJW-RR 2010, 660, 662; *Wall,* IPRax 2010, 433, 43.
427 *Helms,* GPR 2005, 35, 38; *Wall,* StAZ 2009, 261, 263; *ders.,* StAZ 2010, 225, 226; *Sommer* 118-122.
428 GAin *Sharpston,* Schlussanträge in der Rs. C-353/06 v. 24.4.2008, Slg 2008, I-7641 Nr. 66; *Frank,* StAZ 2005, 161, 163; *Wall,* StAZ 2009, 261, 263 sowie *Mansel/Thorn/R. Wagner,* IPRax 2010, 1, 6.
429 Vgl *Mansel,* RabelsZ 51 (2006), 651, 693 f; jurisPK BGB/*Janal* Art. 10 EGBGB Rn 35; *Sommer* S. 207; *Wall,* IPRax 2010, 433, 436.
430 *Leifeld,* Das Anerkennungsprinzip im Kollisionsrechtssystem des internationalen Privatrechts, 2010, S. 84; *Wall,* IPRax 2010, 433, 437.
431 KG StAZ 2011, 148, 150; *F. Sturm,* StAZ 2010, 146, 147; *Wall,* StAZ 2010, 225, 228 (mit Einschränkung 229 f) sowie *Wall,* StAZ 2009, 261, 263; *ders.,* StAZ 2011, 37, 42.
Anderer Ansicht *Koritz,* FPR 2008, 213, 214; *Mansel/Thorn/G. Wagner,* IPRax 2009, 1, 3; *Krömer,* StAZ 2009, 150, 151 Fn 9.
432 *Foyer,* Trav. Com. fr. dr. int. pr. 2004-2005, 24; *M. Lehmann,* Yb. PIL 10 (2008), 135, 158.
433 Weniger kategorisch *Wall,* StAZ 2010, 225, 232 f, der mit einer Vermutung zugunsten der Rechtmäßigkeit der Ersteintragung helfen will.
434 *Wall,* StAZ 2010, 225, 227.
435 Vgl *Wall,* StAZ 2010, 225, 230 f (zu Hinweisen an die ausländische Registrierungsstelle und dortiger „Beratungsresistenz").
436 *Wall,* StAZ 2010, 225, 231.
437 *Kampe,* StAZ 2009, 281, 282.
438 OLG München NJW-RR 2010, 660, 662.
439 *Lagarde,* Rev. crit. dr. int. pr. 93 (2004), 192, 199 f; *Helms,* GPR 2005, 35, 38; *Frank,* StAZ 2005, 161, 162 f; *Ackermann,* (2007) 44 CMLRev. 141, 150 f; *Lipp,* StAZ 2009, 1, 7.
440 *Devers,* JCP G 2009 II 10071 = JCP G 15 Avril 2009, 35, 37 f.
441 Art. 10 EGBGB Rn 171.
442 GAin *Sharpston,* Schlussanträge in der Rs. C-353/06 v. 24.4.2008, Slg 2008, I-7641 Nr. 86.
443 *Devers,* JCP G 2009 II 10071 = JCP G 15 Avril 2009, 35, 38.
444 Tendenziell anders *Tomasi,* in: Honorati (a cura di), Diritto al nome e all'identità personale nell'ordinamento europeo, Milano 2010, S. 111, 127.
445 So nicht eingeordnet von *Kroll,* ZvglRWiss 107 (2008), 320, 337.
446 Vgl *Henrich,* IPRax 2005, 422, 423; *M. Lehmann,* Yb. PIL 10 (2008), 135, 158; *Martiny,* DNotZ 2009, 453, 455.
447 Dafür Staudinger/*Hepting,* Art. 10 EGBGB Rn 220 f; MüKo/*Birk,* Art. 10 EGBGB Rn 159; *Bogdan,* ET 2010, 709, 717.

Grundsatz, dass eine ineffektive Staatsangehörigkeiten bzw bei deutsch-ausländischen **Mehrstaatern** die nicht-deutsche Staatsangehörigkeit unbeachtlich ist, ist jedenfalls erzwungen: Art. 18; 20 AEUV (ex-Art. 12, 17 EGV) verwehren es einem Mitgliedstaat, seinen Angehörigen, die sowohl dessen Staatsangehörigkeit als auch die Staatsangehörigkeit eines anderen EU-Mitgliedstaates besitzen, die Namensführung nach dem Recht jenes zweiten Mitgliedstaates zu untersagen.[448] Einem entsprechenden Antrag auf Namensführung nach dem Recht des anderen Mitgliedstaates ist stattzugeben.[449] Die mehrfache Staatsangehörigkeit stellt als solche bereits den notwendigen Gemeinschaftsbezug her und nimmt dem Sachverhalt den Charakter eines internen Sachverhalts.[450] Den Grundsatz der Unveränderlichkeit von Familiennamen lässt das Unionsrecht als Rechtfertigungsgrund nicht gelten.[451]

171 Einer Parallele zur Anerkennung von Gerichtsentscheidungen würde zwar im Prinzip ein Erfordernis der indirekten internationalen Zuständigkeit entsprechen.[452] Jedoch ist ein solches Erfordernis gerade dem unionsrechtlichen Internationalen Zivilprozessrecht fremd, das indes in régulations doubles auch jeweils eigene einheitliche Zuständigkeitsregimes schafft. Daran fehlt es für die Namensregistrierung bisher. Verlangt man indes eine hinreichende Nahebeziehung, ein „real link" zum Registrierungsstaat, um diesem einen Kompetenz zur Registrierung mit gemeinschaftsweiter Wirkung zuzubilligen,[453] so erscheint es sachgerecht, nur Registrierungen aus einem Heimatstaat einerseits oder dem (seinerzeitigen) Aufenthaltsstaat andererseits, gegebenenfalls dem Geburtsstaat anzuerkennen.[454] Der EuGH hat eine Registrierung aus dem seinerzeitigen Aufenthaltsstaat sanktioniert und zwingt zur Anerkennung der darüber erzielten Ergebnisse. Die entschiedenen Fälle betrafen Unionsbürger, die keine Staatsangehörigen des Aufenthaltsstaates waren. Deshalb sind Registrierungen erst recht anzuerkennen, wenn der Namensträger sogar Staatsangehöriger des Aufenthalts- und Registrierungsstaates war.[455] Jede Erweiterung des Kreises drohte wiederum zu konfligierenden Namenszuschreibungen zu führen. Damit würde man das Problem der Namensspaltung nur auf eine andere Ebene verschieben und zudem die Vermeidung konfligierender Ergebnisse als zentrales Ziel des unionsrechtlichen Internationalen Zivilverfahrensrechts (insbesondere Art. 34 Nr. 3, 4 EuGVVO; 22 lit. c, d; 23 lit. e, f. Brüssel IIa-VO; 21 EuVTVO; 22 Abs. 1 Eu MahnVO; 22 Abs. 1 EuBagatellVO) missachten. Der im Prinzip verfahrensrechtliche Ansatz[456] des Anerkennungsprinzips würde im Kern solche Parallelen nahelegen. Eine Anerkennung über Verfahrensrecht (in Deutschland §§ 108; 109 FamFG) findet sowieso statt, wenn die namensrechtliche Regelung im Ausland in einer Gerichtsentscheidung getroffen wurde,[457] allerdings nur im Rahmen der erststaatlichen Rechtskraft. Namensführung verlangt prinzipiell nach Registrierung, Personenstandsurkunden oder Identitätspapieren, um faktisch Konflikte erschweren zu können.[458]

172 Sofern mehrere miteinander widerstreitende Registrierungen existieren, gilt das **Prioritätsprinzip**: Die frühere Registrierung geht vor.[459] In Extremfällen mag dies bei parallelen Anträgen auf Zufälligkeiten und unterschiedliche Schnelligkeit im Verwaltungsverfahren zurückfallen;[460] jedoch lassen sich solche Extremfälle vermeiden. Den Betroffenen ein Wahlrecht zuzubilligen, welche Namensregistrierung sie als die maßgebliche ansehen wollen,[461] würde eine Namensspaltung nicht vermeiden, sondern provozieren, nämlich zumindest mit dem Staat jeder Registrierung, die früher erfolgte als die gewählte. Wenn die Betroffenen eine frühere Registrierung nicht mehr wollen, dann müssen sie so konsequent, diese austragen zu lassen. Solange sie dies nicht tun, regiert im Fall konfligierender Registrierungen das objektive Prioritätsprinzip, kein subjektives Wahlrecht. Allerdings sei zugestanden, dass bei der Geltendmachung einer Registrierung in einem anderen als dem Registrierungsstaat in jenem Zweitstaat kaum je Informationen über eine frühere Registrierung in einem weiteren Staat vorliegen dürften, es sei denn, diese seien aus Ausweisdokumenten ersichtlich.

448 EuGH Slg 2003, I-11613 – M. Carlos Garcia Avello/Belgischer Staat.
449 EuGH Slg 2003, I-11613 Rn 35 – M. Carlos Garcia Avello/Belgischer Staat; s.a. *Palmeri*, Europa e dir. priv. 2004, 217, 229 f.
450 EuGH Slg 2003, I-11613 Rn 27 – M. Carlos Garcia Avello/Belgischer Staat.
451 EuGH Slg 2003, I-11613 Rn 40 – M. Carlos Garcia Avello/Belgischer Staat.
452 Vgl *Henrich,* in: FS Heldrich 2005, S. 667, 676.
453 GAin *Sharpston,* Schlussanträge in der Rs. C-353/06 v. 24.4.2008, Slg 2008, I-7641 Nr. 87; *Mansel,* RabelsZ 70 (2006), 651, 703; Staudinger/*Hepting,* Art. 10 EGBGB Rn 222; *O'Brien,* (2008) 33 E.L.Rev. 643, 659; *Lagarde,* in: Mélanges Gaudemet-Tallon 2008, S. 481, 493 f; *Meeusen,* ZEuP 2010, 189, 199.
454 *Lipp,* StAZ 2009, 1, 7; *Martiny,* DNotZ 2009, 453, 455 sowie *Bogdan,* ET 2010, 709, 719. Anders wohl *Gubbels,* FJR 2010, 323, 324: freie Rechtswahl.
455 *Kampe,* StAZ 2009, 281, 282.
456 *Trucco,* Giur. it. 2009, 301, 302.
457 *Wall,* StAZ 2010, 225, 228.
458 *Mansel/Thorn/G. Wagner,* IPRax 2010, 1, 5.
459 EuGH v. 14.10.2008 – Rs. C-353/06, Slg 2008, I-7639 Rn 22, 31, 39 – Verfahren auf Antrag von Stefan Grunkin und Dorothee Regina Paul; GAin *Sharpston,* Schlussanträge in der Rs. C-353/06 v. 24.4.2008, Slg 2008, I-7641 Nr. 68; *Hepting* Rn III-703. Kritisch *d'Avout,* Clunet 136 (2009), 207, 212. Unentschieden *Wall,* StAZ 2011, 203, 206.
460 *Mansel,* RabelsZ 70 (2006), 651, 691; *Sommer* 202.
461 Dafür *Moneger,* Trav. Com. fr. dr. int. pr. 2004-2005, 9, 13; *M. Lehmann,* Yb. PIL 10 (2008), 135, 159; *Sommer* 202 sowie *Mörsdorf-Schulte,* IPRax 2004, 315, 323 f.

Die Anerkennung des im Ausland registrierten Namens kann nicht ersetzt werden durch eine unter deutschem Namensstatut eingeräumte Möglichkeit zur **Namensänderung** für Doppelstaater.[462] Zwar wäre damit eine Anpassungsmöglichkeit eröffnet, jedoch würde weiterhin zunächst nach Grenzübertritt ein anderer Name gelten, jedenfalls bis zur Namensänderung. Weiterhin bestünde die Notwendigkeit, in jedem Staat aufs Neue den Namen ändern zu lassen, bis Gleichlauf erzielt ist. Auch diese prozeduralen Notwendigkeiten mit ihrem Aufwand an Zeit, Kosten und Mühe würden die Freizügigkeit beeinträchtigen. Daher sind Rundschreiben, welche Betroffene auf Namensänderungsverfahren verweisen,[463] rechtlich höchst bedenklich.[464] **173**

Ebenso wenig vermöchte eine Rechtswahlmöglichkeit den Anerkennungsmechanismus auszuschalten.[465] Gestattete „indirekte Rechtswahl" durch gestaltende Beeinflussung der Anknüpfungstatsachen ist etwas anderes als direkte Rechtswahl. Eine Rechtswahlmöglichkeit vermag sie nicht zu ersetzen. Die denkbaren Divergenzen beginnen bereits bei der zeitlichen Dimension: Der registrierte Name besteht ab Wirksamwerden der Registrierung. Eine notwendig nachlaufende Rechtswahlmöglichkeit im Anerkennungsstaat würde dagegen grundsätzlich nur ex nunc ab dem Zeitpunkt der Wahl, nicht aber ex tunc ab dem Zeitpunkt der Registrierung wirken können. Wollte man bereits in dem Antrag auf Registrierung eine Rechtswahl sehen, so müsste man erklären, wie dies eventuellen Formerfordernissen der öffentlichen Beglaubigung genügen soll. Zudem wäre eine Rechtswahl kein Automatismus, sondern würde Aktivität erfordern; erfolgt die Aktivität nicht, so hätte man einen Schwebezustand ohne Einnamigkeit. Die wichtigste Diskrepanz ergibt sich aber, wenn die Registrierung nach dem Recht des Registrierungsstaates nicht korrekt oder gar rechtswidrig war: Bei einer Anerkennungslösung ist dies grundsätzlich hinzunehmen, da dort die Rechtsanwendung im Registrierungsstaat erfolgt; bei einer Rechtswahllösung würde die Rechtsanwendung dagegen (auch) im „Anerkennungsstaat" stattfinden und eine falsche oder rechtswidrige Anwendung des gewählten Rechts dürfte vom Ansatz her nicht erfolgen. Anerkennung durch die Möglichkeit einer Rechtswahl zu ersetzen hätte zudem den konzeptionellen Nachteil, dass eine solche Rechtswahlmöglichkeit im Prinzip allen EU-Staaten zugeschrieben werden müsste, um letztlich Einnamigkeit ohne Namensdivergenz zu erzielen. **174**

Kein Unionsrecht ist das am 16.9.2005 verabschiedete **CIEC-Abkommen Nr. 31** über die Anerkennung von Namen.[466] Weder wird es vom Unionsrecht gedeckt, noch hat es Relevanz. Denn es ist völkerrechtlich nie in Kraft getreten und darf als gescheitert gelten. Bisher hat nur Portugal es gezeichnet, und es gibt keine einzige Ratifikation. Gegen das Übereinkommen bestehen unionsrechtlich sogar Bedenken.[467] Außerdem werden ihm Lücken, fehlende Zuständigkeiten von Behörden und Frauendiskriminierung vorgeworfen.[468] **175**

C. Weitere praktische Hinweise

Eine **internationalnamensrechtliche Rechtswahl** kann helfen, Komplikationen bei der Anknüpfung zu vermeiden; dies gilt insbesondere bei im Inland geborenen Kindern aus gemischtnationalen Ausländerehen. Praktisch bezeichnen die Eltern einen gewünschten Namen, und der Standesbeamte prüft, ob die gewünschte Namensführung nach einem der in Abs. 3 wählbaren Rechte möglich ist. Nachfolgend wählen die Eltern dann das (oder ein) Recht, nach welchem die gewünschte Namensführung möglich ist.[469] **176**

Allerdings birgt die namensrechtliche Rechtswahl eine große **Gefahr**: Da sie in ausländischen Kollisionsrechten zumeist unbekannt ist, kann sie dazu führen, dass die Namensführung einer Person aus deutscher Sicht einem anderen Recht unterliegt als aus der Sicht anderer Rechtsordnungen, insbesondere aus der Sicht des betreffenden Heimatstaates.[470] Misslichstes Ergebnis einer solchen Divergenz kann sogar eine so genannte **hinkende oder gespaltene Namensführung** sein, also dass aus der Sicht des einen Staates ein bestimmter Name zu führen ist, während aus deutscher Sicht ein anderer Name geführt werden darf.[471] Ein Standesbeamter soll die Wahlwilligen auf die mögliche Gefahr hinweisen.[472] **177**

462 Entgegen *Kohler,* in: FS Erik Jayme 2004, S. 445, 455; *Pintens,* StAZ 2004, 353, 359 sowie *Martiny,* DNotZ 2009, 453, 457. Wie hier *Wall,* IPRax 2010, 433, 437.

463 Rundschreiben des Innenministers des Landes Schleswig-Holstein v. 9.2.2009 (wenn auch unter Verzicht auf Gebühren für ein Namensänderungsverfahren) sowie Rundschreiben des Bundesministers des Inneren v. 30.1.2009.

464 *F. Sturm,* StAZ 2010, 146, 147.

465 OLG München NJW-RR 2010, 660, 662; MüKo/*Birk,* Art. 10 EGBGB Rn 160; *Finger,* FamFR 2010, 143; *Wall,* IPRax 2010, 433, 435. Anders *Frank,* StAZ 2005, 161, 164; jurisPK BGB/*Janal* Art. 10 EGBGB Rn 35.

466 Abrufbar unter http://www.ciec1.org/Conventions/Conv 31.pdf. Deutsche Übersetzung bei *Heussler,* ZZW 2006, 8. Zur ersten Fassung (Madrid 25.9.2003) *Frank,* in: FS Holzhauer 2005, S. 442.

467 *F. Sturm,* in: FS Spellenberg 2010, S. 523, 530-533.

468 *F. Sturm,* in: FS Spellenberg 2010, S. 523, 528-530, 533 f.

469 *Stoll* S. 204; *Henrich,* in: GS Lüderitz 2000, S. 273, 275.

470 S. nur *Krömer,* StAZ 2003, 229, 230.

471 *Henrich,* in: GS Lüderitz 2000, S. 273, 275.

472 *Krömer,* StAZ 2003, 229, 230.

178 Nur ausnahmsweise, namentlich bei deutsch-ausländischen Doppelstaatlern, kann eine Rechtswahl umgekehrt helfen, eine hinkende Namensführung zu vermeiden.[473] Dies gilt insbesondere, wenn die Eltern des Kindes nicht miteinander verheiratet sind: Dann erlaubt die Wahl des Heimatrechts des nicht-deutschen Elternteils, dass das Kind in beiden Pässen denselben Namen führt.[474]

179 In jedem Fall muss man zwischen einer **kollisionsrechtlichen Rechtswahl** des Namensstatuts einerseits und einer **sachrechtlichen Namenswahl** andererseits unterscheiden.[475] Die Rechtswahl als solche ist keine Namenswahl, sondern nur ein möglicher Zwischenschritt auf dem Weg zu einem gewünschten Namen. Das IPR des Namens dient der Feststellung des Namens, nicht unmittelbar der Erzielung eines bestimmten Ergebnisses.[476] Umgekehrt gilt: Eine Namenswahl allein ist keine Rechtswahl. Sie kann aber tragendes Indiz für eine Rechtswahl sein, wenn der gewählte Name nur unter einem ganz bestimmten Recht so geführt werden kann.[477]

Art. 11 EGBGB Form von Rechtsgeschäften

(1) Ein Rechtsgeschäft ist formgültig, wenn es die Formerfordernisse des Rechts, das auf das seinen Gegenstand bildende Rechtsverhältnis anzuwenden ist, oder des Rechts des Staates erfüllt, in dem es vorgenommen wird.

(2) Wird ein Vertrag zwischen Personen geschlossen, die sich in verschiedenen Staaten befinden, so ist er formgültig, wenn er die Formerfordernisse des Rechts, das auf das seinen Gegenstand bildende Rechtsverhältnis anzuwenden ist, oder des Rechts eines dieser Staaten erfüllt.

(3) Wird der Vertrag durch einen Vertreter geschlossen, so ist bei Anwendung der Absätze 1 und 2 der Staat maßgebend, in dem sich der Vertreter befindet.

(4) Ein Rechtsgeschäft, durch das ein Recht an einer Sache begründet oder über ein solches Recht verfügt wird, ist nur formgültig, wenn es die Formerfordernisse des Rechts erfüllt, das auf das seinen Gegenstand bildende Rechtsverhältnis anzuwenden ist.

Literatur: *Arnold*, Die Beglaubigungsverträge mit Frankreich und Italien, DNotZ 1975, 581; *Barmeyer*, Anerkennung ausländischer, insbesondere englischer Beurkundungen auf dem Gebiet des Gesellschaftsrechts, 1996; *Bausback*, Der dingliche Erwerb inländischer Grundstücke durch ausländische Gesellschaften, DNotZ 1996, 254; *Bayer*, Privatschriftliche Abtretungen deutscher GmbH-Anteile in der Schweiz?, DNotZ 2009, 887; *Biehler*, Multinationale Konzerne und die Abhaltung einer Hauptversammlung nach deutschem Recht im Ausland, NJW 2000, 1243; *Bindseil*, Konsularisches Beurkundungswesen, DNotZ 1993, 5; *Blumenwitz*, Zum Kollisionsrecht der notariellen Urkunde, DNotZ 1968, 712; *Bokelmann*, GmbH-Gesellschafterversammlung im Ausland und Beurkundung durch ausländische Notare, NJW 1972, 1729; *Böttcher*, Bekannte Probleme unter neuen Vorzeichen – Zur Wirksamkeit von Auslandsbeurkundungen bei der GmbH nach Inkrafttreten des MoMiG, ZNotP 2010, 6; *Böttcher/Blasche*, Die Übertragung von Geschäftsanteilen deutscher GmbHs in der Schweiz vor dem Hintergrund der Revision des Schweizer Obligationenrechts; NZG 2006, 766; *Brambring*, Zur Anerkennung der ausländischen Beurkundung bei Geltung deutschen Rechts, NJW 1975, 1255; *Bredthauer*, Zur Wirksamkeit gesellschaftsrechtlicher Beurkundungen im Kanton Zürich, BB 1986, 1864; *Bungert*, Der internationale Anwendungsbereich von § 15 Abs. 3 und 4 GmbHG, DZWiR 1993, 494; *ders.*, Hauptversammlungen deutscher Aktiengesellschaften und Auslandsbezug, AG 1995, 26; *Dignas*, Die Auslandsbeurkundung im deutschen GmbH-Recht, GmbHR 2005, 139; *Dutta*, Form follows function? Formfragen bei Schuldverträgen über ausländische Gesellschaftsanteile, RIW 2005, 41; *Ebenroth/Wilken*, Entwicklungstendenzen im deutschen Internationalen Gesellschaftsrecht – Teil 2, JZ 1991, 1061; *Ettinger/Wolff*, Veräußerung von Anteilen an einer deutschen GmbH & Co. KG im Rahmen grenzüberschreitender Unternehmenskäufe, GmbHR 2002, 890; *Ferid*, Im Ausland erfüllte Tatbestandsmerkmale inländischer Sachnormen, GRUR Int. 1973, 472; *Fetsch*, Zur Beurkundungbedürftigkeit von Kaufverträgen über eine englische Private Limited Company; GmbHR 2008, 133 ff; *Gärtner/Rosenbauer*, Formbedürftigkeit gem. § 15 Abs. 3 und 4 GmbHG bei Verkauf und Abtretung von Anteilen an ausländischer Gesellschaft mit beschränkter Haftung, DB 2002, 1871; *Gätsch/Schulte*, Notarielle Beurkundung bei der Veräußerung von Anteilen an ausländischen Gesellschaften mbH in Deutschland, ZIP 1999, 1909; *dies.*, Notarielle Beurkundung bei im Ausland erfolgenden GmbH-Anteilsveräußerungen, ZIP 1999, 1954; *Geimer*, Auslandsbeurkundungen im Gesellschaftsrecht, DNotZ 1981, 406; *Gerber*, Zur Frage der Formerfordernisse bei Übertragung und Verpfändung von GmbH-Geschäftsanteilen; GmbHR 2010, 97; *Geyrhalter*, Internationale Cross Border-Transaktionen, RIW 2002, 386; *Goette*, Auslandsbeurkundungen im Kapitalgesellschaftsrecht, DStR 1996, 709 (= FS Boujong 1996, S. 131); *Goette*, Auslandsbeurkundungen im Kapitalgesellschaftsrecht, MittRhNotK 1997, 1; *Großfeld/Berndt*, Die Übertragung von deutschen GmbH-Anteilen im Ausland, RIW 1996, 625; *Heckschen*, Auslandsbeurkundung und Richtigkeitsgewähr, DB 1990, 161; *Heinz*, Beurkundung von Erklärungen zur Auflassung deutscher Grundstücke durch bestellte Notare im Ausland, RIW 2001, 928; *Hermanns*, Die Auslandsbeurkundung bei Abtretung von GmbH-Geschäftsanteilen, RNotZ 2010, 38; *ders.*, Das Mysterium der Auslandsbeurkundung – Neues aus Düsseldorf, RNotZ 2011, 224; *Janßen/Robertz*, Die Formwirksamkeit des internationalen GmbH-Unternehmenskaufs, GmbHR 2003, 433; *Kindler*, Keine Geltung des Ortsstatuts für Geschäftsanteilsabtretungen im Ausland,

473 *Henrich*, in: GS Lüderitz 2000, S. 273, 275 f.
474 *Henrich*, in: GS Lüderitz 2000, S. 273, 280. Anderer Ansicht *F. Sturm*, in: FS Sonnenberger 2004, S. 714, 715; *ders.*, StAZ 2005, 253, 254.
475 OLG Frankfurt StAZ 2006, 263.
476 *Kroll-Ludwigs*, JZ 2009, 153 f.
477 OLG Düsseldorf StAZ 2010, 110, 112.

BB 2010, 74; *ders.*, Geschäftsanteilsabtretungen im Ausland und notarielle Pflicht zur Einreichung der Gesellschafterliste, RIW 2011, 257; *Knoche*, Wirksamkeit von Auslandsbeurkundungen im Gesellschaftsrecht, FS Rheinisches Notariat 1998, S. 297; *Köbl*, Die Bedeutung der Form im heutigen Recht, DNotZ 1983, 207; *König/Bormann*, Die Reform des Rechts der Gesellschaften mit beschränkter Haftung, DNotZ 2008, 652; *König/Götte/Bormann*, Das Formstatut für die dingliche Abtretung von GmbH-Geschäftsanteilen,| NZG 2009, 881; *Kröll*, Beurkundung gesellschaftsrechtlicher Vorgänge durch einen ausländischen Notar, ZGR 2000, 111; *Kropholler*, Auslandsbeurkundungen im Gesellschaftsrecht, ZHR 140 (1976), 394; *Kuntze*, Zum internationalen Beurkundungsrecht, DB 1975, 193; *Küppers*, Grunderwerb im Ausland, DNotZ 1973, 645; *Laeger*, Formwirksamkeit der Übertragung von GmbH-Anteilen in der Schweiz, BB 2010, 2647-2651; *Lerch*, Beurkundung durch ausländischen Notar, DB 1992, 670; *Lichtenberger*, Das Gesetz zur Neuregelung des Internationalen Privatrechts, DNotZ 1986, 644; *Löber*, Beurkundung von Gesellschafterbeschlüssen einer deutschen GmbH vor spanischen Notaren, RIW 1989, 94; *Lorenz*, Internationale Erwachsenenadoption und lex loci actus, IPRax 1984, 193; *Loritz*, Rechtsfragen der notariellen Beurkundung bei Verkauf und Abtretung von GmbH-Geschäftsanteilen, DNotZ 2000, 90; *Ludwig*, Zur Form der ausländischen Vollmacht für inländische Gegenstände, NJW 1983, 495; *ders.*, Polnische öffentliche Urkunden im deutschen Rechtsverkehr – Teil II, NotBZ 2003, 216; *Maier-Reimer*, Veräußerung von GmbH-Anteilen vor Schweizer Notaren, BB 1974, 1230; *Mankowski*, Änderungen bei der Auslandsbeurkundung von Anteilsübertragungen durch das MoMiG oder die Rom I.-VO?, NZG 2010, 201; *Mann*, Die Urkunde ausländischer Notare und der deutsche Rechtsverkehr, NJW 1955, 1177; *ders.*, Zur Auslegung des Art. 11, ZHR 138 (1974), 448; *Merkt*, Vertragsform beim Kauf von Anteilen an einer ausländischen Gesellschaft, ZIP 1994, 1417; *ders.*, Internationaler Unternehmenskauf durch Beteilungskauf, in: FS Sandrock 1995, S. 135; *Müller*, Abtretung eines GmbH-Anteils in der Schweiz und einzuhaltende Form, RIW 2010, 591-598; *Omlor*, Verkehrsschutz im Kapitalgesellschaftsrecht, WM 2009, 2105; *Olk*, Beurkundungserfordernisse nach deutschem GmbH-Recht bei Verkauf und Abtretung von Anteilen an ausländischen Gesellschaften; NJW 2010, 1639; *Olk/Nikoleyczik*, Zulässigkeit der Auslandsbeurkundung in der Schweiz bei Verkauf und Abtretung von GmbH-Geschäftsanteilen, DStR 2010, 1576-1582; *Peters*, Ist die Beurkundung von GmbH-Geschäftsanteilsübertragungen in der Schweiz Rechtsgeschichte? DB 2010, 97-100; *Pilger*, Die Unwirksamkeit der Beurkundung der Abtretung von Geschäftsanteilen in der Schweiz, BB 2005, 1285; *Rehm*, Wirksamkeit in Deutschland vorgenommener Akte ausländischer Urkundspersonen, RabelsZ 64 (2000), 104; *Reithmann*, Die Form ausländischer Vollmachten, DNotZ 1956, 469; *ders.*, Substitution bei Anwendung der Formvorschriften des GmbH-Gesetzes, NJW 2003, 385; *ders.*, Beurkundung, Beglaubigung, Bescheinigung durch inländische und ausländische Notare, DNotZ 1995, 360; *ders.*, Mitwirkung des ausländischen Notars bei der Geschäftsanteilsabtretung nach dem MoMiG, GmbHR 2009, 699; *Reuter*, Keine Auslandsbeurkundung im Gesellschaftsrecht?, BB 1998, 116; *Riedel*, Erklärung der Auflassung vor einem ausländischen Notar, DNotZ 1955, 521; *Riering*, Die Auslandsbeurkundung des deutschen Notars, IPRax 2000, 16; *Rodewald*, Gutgläubiger Erwerb von Geschäftsanteilen nach MoMiG, GmbHR 2009, 196; *Roth*, Legalisation und Apostille im Grundbuchverfahren, IPRax 1994, 86; *Scheftelowitz*, Das neue Notariatsgesetz in Israel, DNotZ 1978, 145; *Schervier*, Beurkundung GmbH-rechtlicher Vorgänge im Ausland, NJW 1992, 593; *H. Schmidt*, Beurkundungen im Ausland, DB 1974, 1216; *Schönwerth*, Die Form der Rechtsgeschäfte im IPR; *Sick/Schwarz*, Auslandsbeurkundungen im Gesellschaftsrecht, NZG 1998, 540; *Stürner*, Die notarielle Urkunde im europäischen Rechtsverkehr, DNotZ 1995, 343; *van Randenborgh/Kallmeyer*, Pro und Contra: Beurkundung gesellschaftsrechtlicher Vorgänge durch ausländische Notare?, GmbHR 1996, 908; *Weber*, Nochmals: Die Urkunde ausländischer, insbesondere englischer Notare und der deutsche Rechtsverkehr, NJW 1955, 1784; *Wicke*, Die GmbH-Gesellschafterliste im Fokus der Rechtsprechung, DB 2011, 255; *Wilhelmi*, Der Notar in der Hauptversammlung der Aktiengesellschaft, BB 1987, 1331; *Winkler*, Beurkundung gesellschaftlicher Akte im Ausland, NJW 1974, 1032; *ders.*, Übertragung eines GmbH-Geschäftsanteils im Ausland, Rpfleger 1978, 44; *Wolff*, Bestellung und Abberufung von GmbH-Geschäftsführern im Ausland, ZIP 1995, 1489; *Wolfsteiner*, Auslandsbeurkundung der Abtretung von Geschäftsanteilen an einer deutschen GmbH, DNotZ 1978, 532; *Wrede*, Nochmals: Zur Beurkundungspflicht bei der Übertragung von Anteilen an einer ausländischen Kapitalgesellschaft, GmbHR 1995, 365; *Zabel*, Zur Formwirksamkeit einer Auslandsbeurkundung der Abtretung und Verpfändung eines GmbH-Geschäftsanteils, DZWIR 2010, 127-132.

A. Allgemeines

I. Normgeschichte und Übergangsrecht

1 Art. 11 wurde im Rahmen der IPR-Reform 1986[1] neu gefasst. Inhaltlich entspricht er im Wesentlichen Art. 11 aF, insbesondere blieb die alternative Anknüpfung an Geschäftsrecht und Ortsrecht bestehen. Im Zuge der Reform wurde Art. 9 des EG-Schuldvertragsübereinkommens vom 19.6.1980 (EVÜ) eingearbeitet (vgl Rn 10).

2 Im Zuge des Inkrafttretens der Rom I-VO mit Wirkung zum 17.12.2009 ist Art. 11 EGBGB durch Art. 11 der Verordnung (EG) Nr. 593/2008 (Rom I-VO) weitgehend verdrängt worden. Art. 11 EGBGB findet nur insoweit Anwendung, als Art. 11 Rom I-VO nicht anwendbar ist. Art. 11 EGBGB findet somit keine Anwendung für nach dem 17.12.2009 geschlossene Schuldverträge und einseitige Rechtsgeschäfte, die sich auf einen Schuldvertrag beziehen.[2] Art. 11 EGBGB bleibt anwendbar auf Verträge, die vor diesem Datum geschlossen wurden sowie auf Rechtsgeschäfte, die keine Schuldverträge sind bzw nicht mit diesen in Zusammenhang stehen. Nicht vom Anwendungsbereich des Art. 11 Rom I-VO erfasst sind insbesondere Verfügungsgeschäfte über Mobilien und inländische Grundstücke. Hier gilt Art. 11 Abs. 4 EGBGB, ebenso wie für die Eheschließung und Scheidung im Ausland, Rechtsgeschäfte auf dem Gebiet des Ehegüterrechts, des Unterhalts- und Kindschaftsrechts sowie für Vollmachten und bestimmt erbrechtliche Geschäfte (Annahme und Ausschlagung der Erbschaft, Erbverzicht, Erbschaftskauf; zum Anwendungsbereich siehe auch unten Rn 6).[3] Art. 11 Rom I-VO entspricht – mit Ausnahme der Beschränkung auf Schuldverträge – im Wesentlichen Art. 11 EGBGB bzw Art. 9 EVÜ. Allerdings enthält er zusätzlich in Abs. 2 eine weitere alternative Anknüpfung an den gewöhnlichen Aufenthalt der Parteien zum Zeitpunkt des Vertragsabschlusses. Die Kommentierung dieser Norm erfolgt an anderer Stelle. Im Zuge des Inkrafttretens der Rom I-VO wurde Abs. 4 von Art. 11 EGBGB gestrichen, der bisherige Abs. 5 wurde zu Abs. 4.[4] Der bis dahin gültige Abs. 4 galt nur für Schuldverträge über Grundstücke oder Grundstücksrechte, die nunmehr ausschließlich in Art. 11 Rom I-VO geregelt sind.

3 Für das Übergangsrecht gilt Art. 220 Abs. 1. Dieser beruft für alle bis zum 1.9.1986 „abgeschlossenen Vorgänge" das bis zu diesem Datum geltende Kollisionsrecht. Probleme werfen die vor diesem Datum begründeten und über dieses Datum hinausreichenden Dauerschuldverhältnisse auf. Diese können nicht per se als „abgeschlossener Vorgang" angesehen werden. Vielmehr ist es heute unbestrittene Auffassung, dass sich die aus einem Dauerschuldverhältnis ergebenden Rechte und Pflichten aufspalten lassen in solche, die sich nach altem, und solche, die sich nach neuem (Kollisions-)Recht bestimmen.[5] Die Frage, ob das Dauerschuldverhältnis vor der IPR-Reform formgültig entstanden ist, ist hingegen als „abgeschlossener Vorgang" anzusehen und somit nach den alten Kollisionsnormen zu ermitteln. Zum zeitlichen Anwendungsbereich im Verhältnis zur Rom I-VO siehe oben Rn 2.

II. Normzweck, Normstruktur, Anwendungsbereich

4 **1. Normzweck.** Durch Art. 11 wird für die Frage der Formgültigkeit eine Kollisionsnorm bereitgestellt, die unabhängig von der Ermittlung des Geschäftsstatuts (auch Wirkungsstatut oder lex causae) ist. Das Formstatut ist also vom Geschäftsstatut streng zu unterscheiden. Die Form kann, muss aber nicht nach dem Geschäftsrecht beurteilt werden. Art. 11 hält neben dem Geschäftsrecht das Ortsstatut bereit. Beide Alternativen stehen gleichberechtigt nebeneinander.[6] Zweck dieser alternativen Anknüpfungsmöglichkeiten ist der favor negotii:[7] Die Formwirksamkeit eines Rechtsgeschäfts soll begünstigt werden. Die Anwendbarkeit des Ortsrechts gibt den Parteien darüber hinaus Rechtssicherheit, da sie sich am Ort der Vornahme des Rechtsgeschäftes am leichtesten über die dort geltenden Formerfordernisse informieren können. Dies dient den Verkehrsinteressen der Parteien (favor gerentis).[8] Die Parteien können auch – im Rahmen der in Abs. 4 gesetzten Grenzen und im Rahmen des Anwendungsbereiches von Art. 11[9] – durch Verlagerung des Ortes, an dem das Rechtsgeschäft vorgenommen wird, ein Recht zur Anwendung kommen lassen, das weniger strenge Formerfordernisse aufstellt. Art. 11 nimmt durch die alternative Anknüpfung an das Ortsrecht bewusst in Kauf, dass das die uU strengeren Formvorschriften des Geschäftsstatuts durch das mildere Ortsrecht zur Makulatur werden. Kritik begegnet der alternativen Anknüpfung dann, wenn durch sie die den Schutz einer Vertragspartei bezweckende

1 In Kraft seit dem 1.9.1986 (BGBl. I S. 1142).
2 MüKo/*Spellenberg*, 5. Aufl., Art. 11 EGBGB Rn 8.
3 Palandt/*Thorn*, Art. 11 EGBGB An 21.
4 Gesetz vom 25.6.2009, BGBl. I S. 1574.
5 Vgl für weitere Nachw. MüKo/*Sonnenberger*, Art. 220 EGBGB Rn 22; Staudinger/*Winkler von Mohrenfels*, Art. 11 EGBGB Rn 18.
6 *Goette,* MittRhNotK 1997, 1, 2.
7 BGHZ 57, 337, 340 f; Staudinger/*Winkler von Mohrenfels*, Art. 11 EGBGB Rn 34 f.
8 Dazu ausdr. der Regierungsentwurf BT-Drucks. 10/504, S. 48; Staudinger/*Winkler von Mohrenfels*, Art. 11 EGBGB Rn 34; MüKo/*Spellenberg*, Art. 11 EGBGB Rn 1.
9 So ist dies zB für Verbraucherverträge wegen Art. 29 Abs. 3 aF nicht möglich.

Warn-, Beweis- und Belehrungsfunktion der Formvorschriften konterkariert wird.[10] Der Wortlaut des Art. 11 ist aber trotz der Kritik eindeutig: Das mildere Formstatut setzt sich durch.

2. Normstruktur. Abs. 1 stellt die Grundregel auf, dass sich die Formgültigkeit nach dem **Geschäftsrecht** oder alternativ nach dem Recht desjenigen Ortes richtet, an dem das Rechtsgeschäft vorgenommen wird (**Ortsrecht**). Da das Ortsrecht bei sog. Distanzverträgen, bei denen sich die beiden Parteien bei Vertragsschluss in verschiedenen Staaten befinden, nach Abs. 1 nicht ermittelt werden könnte, stellt **Abs. 2** klar, dass sich die Formgültigkeit des Vertrages aus den Ortsrechten beider Parteien ergeben kann. Da zusätzlich auch das Geschäftsstatut herangezogen werden kann, kommen bis zu drei verschiedene Rechtsordnungen in Betracht. Abs. 2 gilt ausdrücklich nur für Verträge, während Abs. 1 für alle Rechtsgeschäfte gilt. **Abs. 3** behandelt den Fall, in dem ein Vertreter bei einem Vertragsschluss mitwirkt. Hier kommt es für die Bestimmung des Ortsrechts iSv Abs. 1 und 2 nicht auf den Standort des Vertretenen, sondern auf denjenigen des Vertreters an. Dies dient der Rechtssicherheit: Ein Vertragspartner, der mit einem Vertreter einen Vertrag schließt, kann unter Umständen nicht feststellen, wo sich der Vertretene befindet. Es soll vermieden werden, dass ein Recht zur Bestimmung der Formgültigkeit herangezogen wird, das bei Vertragsschluss nicht erkennbar ist. Abs. 4 schränkt den favor negotii wieder ein. Sachenrechtliche Rechtsgeschäfte sind nach **Abs. 4** nur formgültig, wenn die Formvorschriften desjenigen Rechts eingehalten werden, das auf die Sache Anwendung findet. Auch hier müssen die Formvorschriften der nach Art. 43 Abs. 1 maßgeblichen lex rei sitae eingehalten werden. Die Berufung der lex rei sitae durch Abs. 4 rechtfertigt sich durch den engen Bezug zum Belegenheitsstaat. 5

3. Anwendungsbereich. Art. 11 findet auf (einseitige und zweiseitige) Rechtsgeschäfte aller Art Anwendung,[11] ist also – anders als das EVÜ – nicht auf vertragliche Schuldverhältnisse beschränkt. Zur Abgrenzung der Anwendungsbereiche von Art. 11 Rom I-VO und Art. 11 EGBGB s.o. Rn 2. **Besondere Formanknüpfungsvorschriften** bestehen jedoch für Verfügungen von Todes wegen (dann Art. 26 bzw Haager Testamentsformabkommen[12]),[13] für die Eheschließung im Inland (dann Art. 13 Abs. 3,[14], für die Begründung einer eingetragenen Lebenspartnerschaft (dann Art. 17 b Abs. 1, , für die Rechtswahl bei Eheverträgen (dann Art. 14 Abs. 4) und Art. 15 Abs. 3, für die Rechtswahl bei Schuldverträgen (dann Art. 27 Abs. 4 aF bzw Art. 3 Abs. 1 S. 3 Rom I-VO) und für Verbraucherverträge (dann Art. 29 Abs. 3 und Art. 29 a Abs. 1 aF bzw Art. 6 Rom I-VO). Besondere Formvorschriften bestehen auch für Gerichtsstandsvereinbarungen (dann Art. 23 EuGVVO[15] bzw §§ 38 ff ZPO[16]), Schiedsvereinbarungen (§ 1031 ZPO), im Scheck- und Wechselrecht (Art. 92 Abs. 1 und 97 WG bzw Art. 62 Abs. 1 und 66 ScheckG), im internationalen Transportrecht,[17] im FernAbsG (§ 2 Abs. 3) und im TzWrG (§ 3).[18] 6

Art. 11 gilt auch für die Form von **Zustimmungen und Genehmigungen** von Privaten (zB schriftlich oder öffentlich beglaubigt),[19] auch wenn sich deren Erfordernis aus dem Geschäftsstatut ergibt, und für die Form von rechtsgeschäftsähnlichen Handlungen (zB Mahnung).[20] Er gilt auch für die Erteilung von Vollmach- 7

10 Vgl zB *Kropholler*, ZHR 140 (1976), 394, 399; Staudinger/*Winkler von Mohrenfels*, Art. 11 EGBGB Rn 37 ff.

11 Art. 11 gilt auch für Rechtswahlverträge, vgl MüKo/*Spellenberg*, Art. 11 EGBGB Rn 22; aA Bamberger/Roth/*Mäsch*, Art. 11 EGBGB Rn 18.

12 Vom 5.10.1961 (BGBl. II 1965 S. 1145), abgedruckt auch in: *Jayme/Hausmann*, Nr. 60.

13 Für alle sonstigen erbrechtlichen Rechtsgeschäfte (zB Erbverzichtsvertrag, Erbausschlagung) gilt Art. 11, vgl BayObLG FamRZ 1994, 1354, 1356; MüKo/*Spellenberg*, Art. 11 EGBGB Rn 22.

14 Für im Ausland geschlossene Ehen gilt uneingeschränkt Art. 11; vgl Bamberger/Roth/*Mäsch*, Art. 11 EGBGB Rn 3.

15 Verordnung (EG) Nr. 44/2001 des Rates vom 22.12.2000 (ABl. EG L 12 v. 16.1.2001, S. 1).

16 BGHZ 59, 23, 29 = NJW 1972, 1622, 1624; BGH IPRax 1987, 107; für die Beurteilung der Formwirksamkeit von Gerichtsstandsvereinbarungen sind nur diese Vorschriften anwendbar, vgl MüKo/*Spellenberg*, Art. 11 EGBGB Rn 30; Staudinger/*Winkler von Mohrenfels*, Art. 11 EGBGB Rn 91; krit. *Lorenz*, IPRax 1985, 256, 259 f.

17 CMR vom 19.5.1956 (BGBl. II 1961 S. 1119 und BGBl. II 1980 S. 733); CIM idF vom 7.2.1970 und CIV idF vom 7.2.1970, beide Bestandteil des COTIF (BGBl. II 1985 S. 130).

18 Zur Anwendbarkeit der letztgenannten Vorschriften s. Bamberger/Roth/*Mäsch*, Art. 11 EGBGB Rn 6.

19 KG IPRax 1994, 217; S. *Lorenz*, IPRax 1994, 193 f; MüKo/*Spellenberg*, Art. 11 EGBGB Rn 24.

20 MüKo/*Spellenberg*, Art. 11 EGBGB Rn 24; Staudinger/*Winkler von Mohrenfels*, Art. 11 EGBGB Rn 68 und 92; Bamberger/Roth/*Mäsch*, Art. 11 EGBGB Rn 17.

ten,[21] für die Abtretung,[22] für die eidesstattliche Versicherung (zB im Erbscheinsantrag),[23] für die Bürgschaft,[24] für familienrechtliche Rechtsgeschäfte[25] und für nicht von Art. 26 bzw dem Haager Testamentsübereinkommen[26] erfasste erbrechtliche Rechtsgeschäfte.[27]

8 **Art. 11 gilt nicht** für die Frage, welches Recht für die Form von **Verfahrenshandlungen** und gerichtlichen Entscheidungen maßgeblich ist. Deren Formgültigkeit bestimmt die lex fori,[28] ebenso die Frage, wie ein Rechtsgeschäft im Prozess **bewiesen** werden muss.[29] Für die Zulässigkeit der Beweismittel bei Schuldverträgen gilt Art. 18 Rom I-VO). Demnach können für den Beweis der Vornahme eines Rechtsgeschäfts neben den Beweismitteln der lex fori auch die in den Formstatuten genannten verwandt werden, sofern sie der Art nach der lex fori bekannt sind[30]. Einige ausländische Beweisvorschriften sind (nach der deutschen lex fori) als Formvorschriften zu qualifizieren und unterfallen dann Art. 11.[31]

9 Bestritten ist, dass Art. 11 uneingeschränkt auch auf gesellschaftsrechtliche Vorgänge anwendbar ist.[32] Dies sollte nach der Begründung des Regierungsentwurfs[33] für Rechtsakte, die die Verfassung von Gesellschaften betreffen, nicht der Fall sein. Allerdings ergibt sich aus dem Wortlaut des Gesetzes keine Ausklammerung dieses Bereiches aus dem Anwendungsbereich des Art. 11. Dieser und die Überschrift des 2. Abschnitts sprechen von Rechtsgeschäften. Aus diesem Grund findet – wie auch schon vor der IPR-Reform – Art. 11 grundsätzlich auch hier Anwendung[34] (zur Ausnahme beim Ortsstatut siehe Rn 38 ff).

III. Staatsvertragliche Regelungen

10 In Art. 11 wurde im Zuge der IPR-Reform 1986 (vgl Rn 1 f) das **EG-Schuldvertragsübereinkommen vom 19.6.1980** (EVÜ)[35] eingearbeitet. Die Regelungen des Art. 9 des Übk. entsprechen im Wesentlichen Art. 11.[36] Allerdings ist der Anwendungsbereich des Art. 11 weiter gefasst. Er gilt für Rechtsgeschäfte aller Art, während Art. 9 des EVÜ nur auf vertragliche Schuldverhältnisse anwendbar ist (vgl Art. 1 EVÜ). Das EVÜ wurde für Verträge ab dem 17.12.2009 durch die Rom I-VO ersetzt (s.o. Rn 2). Auch nach Wegfall von Art. 36 sollte Art. 11 europäisch einheitlich ausgelegt werden sollte. Probleme können sich aufgrund des geringfügig unterschiedlichen Wortlauts von Art, 11 EGBGB und Art. 11 Rom I-VO ergeben. Da die notarielle

21 Auch für eine Adoptionsvollmacht, vgl LG Augsburg FamRZ 1973, 160, 161.

22 Die Form des Abtretungsvertrages gehört zu den „Voraussetzungen, unter denen die Übertragung dem Schuldner entgegengehalten werden kann" iSv Art. 33 Abs. 2 (BGHZ 87, 19, 23 = NJW 1983, 1487, 1488; *v. Bar*, IPRax 1992, 20, 22; Staudinger/*Winkler von Mohrenfels*, Art. 11 EGBGB Rn 78 mwN); maßgeblich für das Geschäftsstatut ist also das Forderungsstatut. Art. 11 Abs. 5 ist auch nicht analog anwendbar. Bei der Abtretung ist aber immer fraglich, ob eine bestimmte Voraussetzung als Formfrage oder als materielle Voraussetzung zu qualifizieren ist (zB der „Signifikation" nach französischem Recht vgl *Sonnenberger*, IPRax 1987, 221 ff und Staudinger/*Winkler von Mohrenfels*, Art. 11 EGBGB Rn 80).

23 Staudinger/*Winkler von Mohrenfels*, Art. 11 EGBGB Rn 95 ordnet eine solche Versicherung als rechtsgeschäftsähnliche Handlung ein.

24 Der Bürgschaftsvertrag ist von der zu sichernden Forderung unabhängig, beurteilt sich folglich nach dem selbständig auf den Bürgschaftsvertrag anwendbaren Vertragsstatut (Staudinger/*Magnus*, Art. 28 EGBGB Rn 496 ff). Die Bürgschaft kann also auch in Deutschland formfrei (trotz § 766 BGB) erklärt werden, wenn der Bürgschaftsvertrag durch Rechtswahl einem Recht unterstellt wird, das Formfreiheit vorsieht.

25 ZB Verlöbnis (BGH FamRZ 1959, 105, 106); Eheschließung (BGHZ 29, 137 = NJW 1959, 717; beachte hier aber Art. 13 Abs. 3); Eheverträge (BayObLG IPRax 1986, 379, 380); Trennungsvereinbarungen (OLG Zweibrücken IPRax 1988, 357, vgl dazu *Rauscher*, IPRax 1988, 343, 346); Vaterschaftsanerkenntnisse (BGH NJW 1975, 1069; s. dazu auch die Kommentierung bei Art. 19 EGBGB Rn 51); Adoptionseinwilligungen (zB KG IPRax 1994, 217).

26 Vom 5.10.1961 (BGBl. II 1965 S. 1145), abgedruckt auch in: *Jayme/Hausmann*, Nr. 60.

27 Wie Annahme und Ausschlagung der Erbschaft (BayObLG FamRZ 1994, 1354, 1356); Erbverzicht, Erbschaftskauf und Erbteilsabtretung (Staudinger/*Winkler von Mohrenfels*, Art. 11 EGBGB Rn 84).

28 MüKo/*Spellenberg*, Art. 11 EGBGB Rn 29.

29 Palandt/*Thorn*, Art. 11 EGBGB Rn 7.

30 MüKo/*Spellenberg*, Art. 11 EGBGB Rn 36.

31 So zB im US-amerikanischen Recht (Sec. 2–201 UCC) die Unklagbarkeit eines Kaufvertrages, bei dem der Kaufpreis 500 USD überschreitet und der Kaufvertrag nicht schriftlich geschlossen wurde, noch Teilleistungen erbracht wurden (so OLG Oldenburg RIW 1996, 66; Palandt/*Thorn*, Art. 11 EGBGB Rn 7).

32 LG Augsburg NJW-RR 1997, 420; Staudinger/*Großfeld*, Int. GesR, Rn 467 und 498; *Großfeld/Berndt*, RIW 1996, 625 ff; *Geimer*, DNotZ 1981, 406 ff; *Schervier*, NJW 1992, 593, 594; *Ebenroth/Wilken*, JZ 1991, 1061, 1064; s. ausf. zur Entwicklung und Diskussion Staudinger/*Winkler von Mohrenfels*, Art. 11 EGBGB Rn 84 ff.

33 BT-Drucks. 10/504, S. 49.

34 Soergel/*Kegel*, Art. 11 EGBGB Rn 24; Erman/*Hohloch*, Art. 11 EGBGB Rn 3; *Reuter*, BB 1998, 116, 118; *Bauer*, NZG 2001, 45; aA zB *Lichtenberger*, DNotZ 1986, 644, 653; *Heckschen*, DB 1990, 161 ff; *Schervier*, NJW 1992, 593, 594; *Goette*, MittRhNotK 1997, 1, 3 (für Rechtsakte, die die Verfassung der Gesellschaft betreffen); *Knoche*, in: FS Rheinische Notariat 1998, S. 297, 301; *Kröll*, ZGR 2000, 111, 115.

35 Für Deutschland in Kraft getreten am 1.4.1991 (BGBl. II S. 871); abgedruckt auch in *Jayme/Hausmann*, Nr. 171.

36 Zu den Abweichungen vgl Staudinger/*Winkler von Mohrenfels*, Art. 11 EGBGB Rn 15 ff.

Beurkundung als Ausübung öffentlicher Gewalt in die Bereichsausnahme des Art. 45 EGV fällt, bestehen keine europarechtlichen Vorgaben für die Anknüpfung des Formstatuts.[37]

IV. Qualifikation

Art. 11 bestimmt das maßgebliche Recht, das auf die Formerfordernisse anwendbar ist. Dabei kann sich aber die Frage stellen, ob eine bestimmte Regel als Formvorschrift zu qualifizieren ist (dann Art. 11) oder ob es sich um eine Wirksamkeitsvoraussetzung des Rechtsgeschäfts handelt (dann Wirkungsstatut). Die Qualifikation einer Norm ist nach der lex fori, grundsätzlich also nach deutschem Recht vorzunehmen.[38] Eine Formvorschrift ist demnach eine Norm, die die Art und Weise der Äußerung einer Willenserklärung regelt (schriftlich, mündlich, eigenhändig, notariell beurkundet, beglaubigt, Zuziehung von Zeugen oder Amtspersonen).[39] Zudem haben Formvorschriften im deutschen Recht verschiedene Zwecke (Übereilungsschutz, Beratungsfunktion, Beweisfunktion, Richtigkeitsgewähr). Nach diesen Kriterien lässt sich ermitteln, ob eine bestimmte Norm als Formvorschrift zu qualifizieren ist. Die Grenzfragen sind zahlreich und nicht immer einfach zu beantworten.[40] Von großer praktischer Relevanz ist das Verbot von gemeinschaftlichen Testamenten und Erbverträgen in anderen Rechtsordnungen. Hier ist darauf abzustellen, ob das Verbot dem Zweck dient, die Testierfreiheit bis zum Tode zu erhalten (dann Inhalt des Rechtsgeschäftes)[41] oder ob es dazu dient, die richtige Wiedergabe des Erblasserwillens zu erreichen (dann Form des Rechtsgeschäfts).[42] **11**

V. Substitution

Stellt das berufene Recht bestimmte Formerfordernisse auf (zB notarielle Beurkundung), so stellt sich die Frage, ob diese Erfordernisse auch außerhalb des räumlichen Geltungsbereichs dieses Statuts erfüllt werden können. Man spricht hier von Substitution.[43] Ob eine solche Substitution zulässig ist, hängt davon ab, ob der Auslandssachverhalt gleichwertig zu dem von der inländischen Sachnorm geforderten Erfüllungstatbestand ist. Dies ist letztlich eine Frage der Subsumtion: Kann dasjenige, was tatsächlich außerhalb des räumlichen Geltungsbereichs des Statuts stattgefunden hat, unter die Tatbestandsvoraussetzungen der Formvorschrift des Statuts subsumiert werden? Die Beantwortung der Frage hängt entscheidend vom Sinn und Zweck der Formvorschrift ab.[44] Konkret stellt sich die Frage der Substitution zum einen bei Eheschließungen vor einem unzuständigen ausländischen Standesbeamten[45] und bei Beurkundungen von Rechtsgeschäften, für die das deutsche (Geschäfts-)Recht eine notarielle Beurkundung vorsieht (siehe dazu Rn 19 ff). **12**

VI. Renvoi

Ein renvoi ist im gesamten Bereich des Art. 11 ausgeschlossen. Ist die Formwirksamkeit eines (bis zum 17.12.2009 geschlossenen; für danach abgeschlossene gilt Art. 20 Rom I-VO) **Schuldvertrages** nach dem Geschäftsstatut zu beurteilen, so ist die Beachtlichkeit eines renvoi schon wegen Art. 35 Abs. 1 aF ausge- **13**

37 Zur Möglichkeit der Beeinträchtigung der Grundfreiheiten durch Formvorschriften vgl *Fetsch*, Eingriffsnormen und EG-Vertrag, 2002, S. 188 ff.

38 BGHZ 29, 137, 139 = NJW 1959, 717; Palandt/*Thorn*, Art. 11 EGBGB Rn; MüKo/*Spellenberg*, Art. 11 EGBGB Rn 140 ff; Bamberger/Roth/*Mäsch*, Art. 11 EGBGB Rn 20; krit. Staudinger/*Winkler von Mohrenfels*, Art. 11 EGBGB Rn 43.

39 Erman/*Hohloch*, Art. 11 EGBGB Rn 13; Bamberger/Roth/*Mäsch*, Art. 11 EGBGB Rn 20.

40 Formfrage ist die Zulässigkeit einer Handschuhehe (BGHZ 29, 137), ebenso das Verbot der Errichtung privatschriftlicher Testamente im Ausland (BGH NJW 1967, 1177), die Hinzuziehung von Zeugen oder Amtspersonen bei Heirat und Testament (OLG Düsseldorf, FamRZ 1992, 1078). Keine Formfrage ist das Verbot der Stellvertretung, die Registerpflichtigkeit (*Köbl*, DNotZ 1983, 207, 209; MüKo/*Spellenberg*, Art. 11 EGBGB Rn 158, Bamberger/Roth/*Mäsch*, Art. 11 EGBGB Rn 25), das im anglo-amerikanischen Recht existierende Erfordernis der *consideration* (str., so auch Soergel/*Kegel*, Art. 11 EGBGB Rn 29; aA MüKo/*Spellenberg*, Art. 11 EGBGB Rn 150 mwN), das Erfordernis von Zugang und Empfang einer Willenserklärung (Bamberger/Roth/*Mäsch*, Art. 11 EGBGB Rn 21); fraglich ist zB, wie Vorschriften über die Vertragsprache einzuordnen sind: für Zuordnung zu Art. 11 MüKo/*Spellenberg*, Art. 11 EGBGB Rn 149; *Downes/Heiss*, ZVglRWiss 1999, 28, 41; *Freitag*, IPRax 1999, 142, 146.

41 So in Italien (OLG Frankfurt IPRax 1986, 111) und in den Niederlanden (OLG Düsseldorf NJW 1963, 2227, 2228).

42 So in Frankreich (MüKo/*Spellenberg*, Art. 11 EGBGB Rn 154 Fn 381) und in Portugal (*Jayme*, IPRax 1982, 210).

43 Grundsätzlich zur Substitution: *Reithmann*, NJW 2003, 385; *Mansel*, Substitution im deutschen Zwangsvollstreckungsrecht, in: FS Lorenz 1991, S. 688; *Hug*, Die Substitution im IPR, 1983; *Schulz*, Die Subsumtion ausländischer Rechtstatsachen, 1997; *van Venrooy*, Internationalprivatrechtliche Substitution, 1999.

44 *Reithmann*, NJW 2003, 385 ff

45 S. Staudinger/*Winkler von Mohrenfels*, Art. 11 EGBGB Rn 198.

schlossen.[46] Auch ein renvoi des Ortsrechts ist unbeachtlich.[47] Denn anders als in anderen Kollisionsregeln wird nicht auf das „Recht", sondern auf die „Formerfordernisse" des Vornahme- bzw Aufenthaltsortes verwiesen. Aus diesem Wortlaut kann nur auf eine Sachnormverweisung geschlossen werden.[48] Dieses Ergebnis wird auch vom Normzweck gestützt. Denn es würde dem Interesse des favor gerentis widersprechen, wenn statt der den Parteien geläufigen Ortsform das Recht eines Drittstaates anwendbar wäre, auf den das Ortsrecht verweist.

14 Ist die Formwirksamkeit von **Rechtsgeschäften, die keine Schuldverträge sind**, zu beurteilen, so gilt für das Ortsrecht das oben (Rn 13) Gesagte: Ein renvoi ist unbeachtlich. Ist das Rechtsgeschäft hingegen nach dem Wirkungsstatut zu beurteilen, so wäre ein vom berufenen Recht ausgesprochener renvoi beachtlich.[49] Ein solcher renvoi hätte mittelbare Auswirkungen auf das Formstatut.[50] Dies wird zwar, teils unter Hinweis auf den Wortlaut des Abs. 1 („Formerfordernisse"),[51] teils unter Hinweis auf das Günstigkeitsprinzip[52] angezweifelt. Die Zweifel können aber nicht überzeugen, da das Geschäftsrecht erst ermittelt werden muss, bevor die Einhaltung der Formerfordernisse dieses Rechts überprüft werden kann. Würde man einen renvoi für das Formstatut nicht zulassen, so würde dies, wenn das Geschäftsstatut einen renvoi anordnet, zu einer „Spaltung" des Geschäftsstatuts führen (erstberufenes Geschäftsstatut für Formerfordernisse, durch renvoi berufenes Geschäftsrecht für alle sonstigen Fragen). Eine solche Aufspaltung wäre dem Bedürfnis nach einem einheitlichen Geschäftsstatut abträglich.[53] Aus diesem Grund ist auch ein Teil-renvoi, für das Formstatut, wie ihn manche Rechtsordnungen vorsehen, nach ganz überwiegender Auffassung[54] unbeachtlich. Dies muss auch im Rahmen von Abs. 4 gelten. Verweist etwa die lex rei sitae auf die Formvorschriften desjenigen Rechts, in dem das Rechtsgeschäft vorgenommen wurde, so wäre dies unbeachtlich.[55] Denn es ist ja gerade der Zweck des Abs. 4, dass die Formvorschriften des Belegenheitsstaates zwingend zur Anwendung kommen.

VII. Ordre public

15 Das durch Art. 11 gewonnene Recht steht grundsätzlich unter dem Vorbehalt des ordre public (Art. 6).[56] Allerdings ist dessen Anwendungsbereich denkbar gering,[57] da durch die Alternativität des Art. 11 deutlich wird, dass die deutschen Formvorschriften nicht zu den wesentlichen Grundsätzen des deutschen Rechts gehören.[58] So verstößt zB eine vor einem schweizerischen Notar vorgenommene Übertragung von GmbH-Geschäftsanteilen nicht gegen die guten Sitten.[59] Gleiches gilt für einen in Deutschland formlos abgeschlossenen Erwerbsvertrag über ein Grundstück, welches in einem Land belegen ist, das keine Formerfordernisse für derartige Verträge aufstellt.[60] Ebenso ist eine im Ausland nach den dortigen Formvorschriften (privatschriftlich[61] bzw notariell beglaubigt) erteilte unwiderrufliche Vollmacht zur Veräußerung deutschen Grundbesitzes nicht ordre-public-widrig. Auch verstößt ein im Ausland nach den dortigen Formvorschriften wirksam geschlossener (schuldrechtlicher) Kaufvertrag nicht gegen den ordre public, da der durch § 311 b Abs. 1 BGB verfolgte Zweck nicht zu den wesentlichen Grundsätzen des deutschen Rechts gehört[62] (zur Abwicklung eines solchen Kaufvertrages siehe Rn 31). Selbiges gilt für vergleichbare Formvorschriften, zB §§ 518, 766 BGB.[63] Generell wird man die „Formerschleichung" nicht als Verstoß gegen den ordre public ansehen können,[64] da Art. 11 durch die Alternativität zu erkennen gibt, dass auch mildere als die deutschen Formvorschriften ausreichen (siehe dazu auch Rn 4).

46 BT-Drucks. 10/503, S. 33, 62; Staudinger/*Winkler von Mohrenfels*, Art. 11 EGBGB Rn 45.
47 KG IPRspr 1972 Nr. 6; Staudinger/*Winkler von Mohrenfels*, Art. 11 EGBGB Rn 53; Erman/*Hohloch*, Art. 11 EGBGB Rn 5; aA MüKo/*Spellenberg*, Art. 11 EGBGB Rn 15, der eine Verweisung des Ortsrechts zulassen möchte, wenn sie zur Formgültigkeit führt. Dies ist mE aber mit dem Wortlaut nicht vereinbar.
48 BT-Drucks. 10/504, S. 48.
49 MüKo/*Spellenberg*, Art. 11 EGBGB Rn 13; Staudinger/*Winkler von Mohrenfels*, Art. 11 EGBGB Rn 46; Palandt/*Thorn*, Art. 11 EGBGB Rn 3.
50 OLG Hamm StAZ 1991, 315, 317; Palandt/*Thorn*, Art. 11 EGBGB Rn 3.
51 *Kartzke*, IPRax 1988, 8.
52 *Ebenroth/Eyles*, IPRax 1989, 1, 10.
53 Staudinger/*Winkler von Mohrenfels*, Art. 11 EGBGB Rn 46.
54 *V. Bar*, IPR II, Rn 596; Staudinger/*Winkler von Mohrenfels*, Art. 11 EGBGB Rn 51; Erman/*Hohloch*, Art. 11 EGBGB Rn 5; aA MüKo/*Spellenberg*, Art. 11 EGBGB Rn 14.
55 Staudinger/*Winkler von Mohrenfels*, Art. 11 EGBGB Rn 52.
56 MüKo/*Spellenberg*, Art. 11 EGBGB Rn 17; Staudinger/*Winkler von Mohrenfels*, Art. 11 EGBGB Rn 54; Erman/*Hohloch*, Art. 11 EGBGB Rn 6.
57 Palandt/*Thorn*, Art 11 EGBGB Rn 3; MüKo/*Spellenberg*, Art. 11 EGBGB Rn 17; Erman/*Hohloch*, Art. 11 EGBGB Rn 6.
58 OLG Stuttgart IPRspr 1981 Nr. 12; MüKo/*Spellenberg*, Art. 11 EGBGB Rn 17; Staudinger/*Winkler von Mohrenfels*, Art. 11 EGBGB Rn 54.
59 OLG Frankfurt DB 1981, 1456, 1457.
60 RGZ 63, 18 ff; OLG Köln IPRspr 1974 Nr. 15.
61 ZB OLG Stuttgart IPRspr 1981 Nr. 12 (Liechtenstein).
62 RGZ 121, 154, 156 f.
63 Staudinger/*Winkler von Mohrenfels*, Art. 11 EGBGB Rn 61.
64 Staudinger/*Winkler von Mohrenfels*, Art. 11 EGBGB Rn 61; MüKo/*Spellenberg*, Art. 11 EGBGB Rn 116.

Denkbar wäre eine Verstoß gegen den *ordre public* bei geschlechtlichen, rassischen oder religiösen Formendiskriminierungen, wenn zB Frauen andere Formvorschriften einhalten müssten als Männer.[65] **16**

B. Regelungsgehalt

I. Anknüpfung an das Geschäftsrecht oder Ortsrecht (Abs. 1)

1. Grundsätzliches. Abs. 1 gilt für alle Rechtsgeschäfte[66] und rechtsgeschäftsähnliche Handlungen (vgl Rn 6 f), beispielsweise auch bei der Adoptionseinwilligung[67] und beim Vaterschaftsanerkenntnis.[68] Das Rechtsgeschäft muss nur nach einem der beiden von Abs. 1 genannten Rechte formwirksam sein. Ist es nach einem dieser beiden Rechte formunwirksam, so kann sich die Formgültigkeit auch aus dem anderen Recht ergeben. Dieses ist dann nicht gesperrt. Zum Zweck der Alternativität[69] siehe Rn 4. Auf die Kenntnis der Parteien von der Alternativität kommt es nicht an.[70] Faktisch entfällt aber die Alternativität, wenn das Ortsrecht das vorgenommene Rechtsgeschäft überhaupt nicht kennt (Normenleere).[71] Umgekehrt ist dies beim Geschäftsstatut logisch nicht denkbar. Die völlige Unkenntnis des Ortsrechts ist aber selten gegeben. Es kommt nämlich nicht darauf an, dass die rechtliche Ausgestaltung des Rechtsgeschäfts im Geschäftsstatut und im Ortsrecht vollständig übereinstimmt. Das Ortsrecht kann also auch dann zur Anwendung kommen, wenn lediglich eine Übereinstimmung in den wesentlichen Zügen vorliegt.[72] **17**

Die **Rechtsfolgen einer etwaigen Formunwirksamkeit** (einschließlich die Frage der Heilungsmöglichkeit[73]) ergeben sich aus demjenigen Recht, welches zur Formunwirksamkeit führt.[74] Führen beide Rechte zur Formunwirksamkeit, so kann nach Sinn und Zweck der Alternativität (u.a. favor negotii) wiederum auch dasjenige angewendet werden, das die milderen Folgen der Formungültigkeit vorsieht (zB Heilungsmöglichkeit bzw schwebende Unwirksamkeit statt Nichtigkeit).[75] **18**

2. Geschäftsrecht. Das Geschäftsrecht bestimmt sich nach den Anknüpfungsregeln, die für dieses maßgeblich sind.[76] Bei der Prüfung, ob die Formerfordernisse des Geschäftsrechts eingehalten wurden, stellt sich häufig die Frage der Substitution (siehe grundlegend dazu Rn 12). Diese ist im Rahmen des Geschäftsstatuts nicht zu verwechseln mit der Anwendung der Ortsform. Denn bei der Substitution gelten die Formerfordernisse des Geschäftsrechts. Lediglich die Erfüllung dieser Formerfordernisse findet an einem anderen Ort als an demjenigen statt, an dem das Geschäftsrecht gilt.[77] Das Problem der Substitution stellt sich in der Regel, wenn das (deutsche) Geschäftsrecht notarielle Beurkundung vorsieht und diese im Ausland vorgenommen werden soll. Es kann sich umgekehrt aber auch stellen, wenn ausländisches Geschäftsstatut gilt und der formgebundene Vorgang in Deutschland erfüllt wird (zB Verkauf von Anteilen an einer ausländischen Gesellschaft in Deutschland), vgl dazu Rn 34 ff. **19**

a) Gleichwertigkeit bei Erfüllung des Formerfordernisses im Ausland. Die Substitution eines nach dem Geschäftsrecht geforderten Formerfordernisses im Ausland ist nur dann möglich, wenn der Tatbestand, durch den das Formerfordernis im Ausland erfüllt wird, der deutschen Form gleichwertig ist.[78] Praktisch stellt sich diese (sachrechtliche) Frage nur, wenn entweder die Ortsform nicht eingehalten wurde oder ein Rückgriff auf diese nicht möglich ist. Sie stellt sich in erster Linie bei Auslandsbeurkundungen (zu Beglaubigungen siehe Rn 29); hier bedeutet dies, dass die Urkundsperson und das Beurkundungsverfahren den Anforderungen **20**

65 Staudinger/*Winkler von Mohrenfels*, Art. 11 EGBGB Rn 54; MüKo/*Spellenberg*, Art. 11 EGBGB Rn 17.

66 Der Begriff „Rechtsgeschäft" ist nach der lex fori zu qualifizieren, so auch Erman/*Hohloch*, Art. 11 EGBGB Rn 11; aA Staudinger/*Winkler von Mohrenfels*, Art. 11 EGBGB Rn 68.

67 KG FamRZ 1993, 1363.

68 AG Karlsruhe DAVorm 1990, 391.

69 Die Alternativität kann entfallen, wenn das Geschäftsrecht dem Ortsrecht entspricht, wenn eines der beiden Rechte keine Formvorschriften für das zu beurteilende Rechtsgeschäft bereithält oder wenn das IPR des Geschäftsrechts alleine das Ortsrecht beruft.

70 MüKo/*Spellenberg*, Art. 11 EGBGB Rn 69.

71 BGH, NZG 2005, 41; OLG Bamberg FamRZ 2002, 1120; KG FamRZ 1993, 1363; *Bokelmann*, NJW 1972, 1729, 1731; *Lorenz*, IPRax 1994, 193, 196; Palandt/*Thorn*, Art. 11 EGBGB Rn 12; MüKo/*Spellenberg*, Art. 11 EGBGB Rn 137.

72 Gesetzesbegründung BT-Drucks. 10/504, S. 49; OLG Düsseldorf RIW 1989, 225; AG Bln-Schöneberg, StAZ 2002, 81; Palandt/*Thorn*, Art. 11 EGBGB Rn 12.

73 MüKo/*Spellenberg*, Art. 11 EGBGB Rn 74 ff.

74 RGZ 133, 161, 165 f; OLG Celle NJW 1963, 2235 f; MüKo/*Spellenberg*, Art. 11 EGBGB Rn 72 ff.

75 MüKo/*Spellenberg*, Art. 11 EGBGB Rn 72, Palandt/*Thorn*, Art. 11 EGBGB Rn 17.

76 Denkbar ist, dass beim Geschäftsrecht mehrere Rechtsordnungen maßgeblich sind (zB bei Art. 13 Abs. 1, Eheschließung, wenn nicht Art. 13 Abs. 3 S. 1 greift). In diesem Fall ergeben sich die Formerfordernisse aus der kumulativen Anwendung dieser Statute, vgl Palandt/*Thorn*, Art. 11 EGBGB Rn 8; MüKo/*Spellenberg*, Art. 11 EGBGB Rn 79.

77 Davon zu unterscheiden sind Urkunden, die von deutschen Konsularbeamten im Ausland aufgenommen werden. Diese stehen gem. § 10 Abs. 2 KonsularG inländischen Urkunden gleich.

78 ZB Staudinger/*Winkler von Mohrenfels*, Art. 11 EGBGB Rn 320.

des (deutschen) Geschäftsstatuts entsprechen müssen.[79] Die Gleichwertigkeit ist unter dem Aspekt von Sinn und Zweck der deutschen Formvorschrift zu beurteilen.

21 Zunächst ist es Voraussetzung, dass die ausländische **Urkundsperson** nach Vorbildung und Stellung im Rechtsleben eine der Tätigkeit des deutschen Notars entsprechende Funktion ausübt, also deren Unabhängigkeit und Zuverlässigkeit gesichert ist.[80] Eine Gleichstellung wird im Bereich des lateinischen Notariats[81] als möglich erachtet.[82] So wurde von der Rechtsprechung explizit die **Gleichwertigkeit der Urkundsperson bejaht** bei einem österreichischen Notar,[83] bei einem spanischen Notar[84] und teilweise bei schweizerischen Notaren. Bei schweizerischen Notaren ist zu beachten, dass das Notariatswesen von Kanton zu Kanton unterschiedlich ausgestaltet ist.[85] Eine Gleichwertigkeit[86] wurde explizit für die Notare der Kantone Basel-Stadt,[87] Bern,[88] Zürich,[89] Zug[90] und Luzern[91] bejaht.[92] Explizit **abgelehnt** wurde die Gleichwertigkeit (für Beurkundungen) bei einem US-amerikanischen notary public.[93] Dieser hat lediglich die Funktion eines offiziellen Zeugen. Dies gilt auch für den dänischen Notar.[94] Von der Literatur wird für die englischen[95] und israelischen,[96] polnischen[97] und niederländischen[98] Notare die Gleichwertigkeit zwar erwogen. Sie ist aber wegen der unterschiedlichen Stellung dieser Beurkundungspersonen zu verneinen. Teilweise wird für die Gleichwertigkeit gefordert, dass der ausländische Notar nach der BNotO haftet.[99] Nur so könne die – nicht verzichtbare – materielle Richtigkeitsgewähr geleistet werden.

22 Weitere Voraussetzung der Gleichwertigkeit ist, dass das ausländische **Beurkundungsverfahren** den Zweck der Formvorschrift in gleicher Weise wie ein deutsches Beurkundungsverfahren erfüllt,[100] es also den tragenden Grundsätzen des deutschen Beurkundungsrechts entspricht. Die Beurkundung dient der Beweissicherung, der materiellen Richtigkeitsgewähr[101] sowie der Gewährleistung einer Prüfung und Belehrung durch den Notar.[102] Widerspricht das ausländische Beurkundungsverfahren zwingenden Vorschriften des Beurkundungsgesetzes (zB Erstellung einer Niederschrift, die vom Notar unterzeichnet wird, vgl §§ 8, 13 Abs. 3 BeurkG), muss eine Gleichwertigkeit verneint werden. So kann auch eine Beurkundung bei einem Interessenkonflikt des Notars (§§ 6, 7, 27 BeurkG) nicht anerkannt werden.[103] Des Weiteren zählt das nach deutschem

79 ZB BGHZ 80, 76, 78 = DNotZ 1981, 451, 452; OLG Hamm NJW 1974, 1057; OLG Düsseldorf RIW 1989, 225; OLG München RIW 1998, 147; OLG Bamberg FamRZ 2002, 1120; MüKo/*Spellenberg*, Art. 11 EGBGB Rn 87.

80 *Stürner*, DNotZ 1995, 343, 347; MüKo/*Spellenberg*, Art. 11 EGBGB Rn 89; Staudinger/*Winkler von Mohrenfels*, Art. 11 EGBGB Rn 321.

81 Zum lateinischen Notariat allgemein vgl *Fessler*, in: FS Rheinisches Notariat 1998, S. 451; *Stürner*, DNotZ 1995, 343 ff; *Basedow*, RabelsZ 55 (1991), 409 ff.

82 *Basedow*, RabelsZ 55 (1991), 409, 428; *Stürner*, DNotZ 1995, 343, 347 f; MüKo/*Spellenberg*, Art. 11 EGBGB Rn 89; Palandt/*Thorn*, Art. 11 EGBGB Rn 9.

83 LG Kiel DB 1997, 1223; dazu tendierend BayObLG NJW 1978, 500.

84 *Löber*, RIW 1989, 94 m. Hinw. auf AG Groß-Gerau, Urt. v. 13.4.1988 – 6 AR 25/1988 – n.v.

85 Vgl dazu *Santschi*, DNotZ 1962, 626 ff; *Carlen*, Das Notariatsrecht der Schweiz, 1976.

86 Generell an der pauschalen Gleichwertigkeit – auch nur für bestimmte Kantone – zweifelnd: *Pilger*, BB 1285, 1287.

87 OLG Frankfurt, GmbHR 2005, 764; OLG München NJW-RR 1998, 758; LG Nürnberg NJW 1992, 633.

88 OLG Hamburg IPRspr 1979 Nr. 9.

89 ZB RGZ 88, 227; BGHZ 80, 76, 78 = NJW 1981, 1160; OLG Frankfurt WM 1981, 946, 947; OLG Frankfurt IPRax 1983, 79, 80; LG Köln RIW 1989, 990; aA LG Augsburg DB 1996, 1666; *Pilger*, BB, 1285, 1287; *Geimer*, DNotZ 1981, 406, 410; *Heckschen*, DB 1990, 161 ff; *Bredthauer*, BB 1986, 1864 ff; Staudinger/*Winkler von Mohrenfels*, Art. 11 EGBGB Rn 329 bezweifelt die Gleichwertigkeit der Urkundsperson, da die Notare in Zürich nicht zwingend eine juristische Ausbildung haben müssen.

90 LG Stuttgart IPRspr 1976 Nr. 5 a.

91 LG Koblenz IPRspr 1970 Nr. 144; diese ist Entscheidung ist jedoch krit. zu sehen, da der Kanton Luzern nicht zum Bereich des lateinischen Notariats gehört.

92 LG München RIW 1998, 147, 148 (Basel); für eine Gleichwertigkeit Genfer Notare: Staudinger/*Winkler von Mohrenfels*, Art. 11 EGBGB Rn 327; krit. *Schervier*, NJW 1992, 593, 596; *Knoche*, in: FS Rheinisches Notariat 1998, S. 297, 313 ff.

93 OLG Stuttgart DB 2000, 1218, 1219, dazu *Biehler*, NJW 2000, 1243, 1245; Bamberger/Roth/*Mäsch*, Art. 11 EGBGB Rn 36; die ältere Rspr hat zwar die Beurkundung einer eidesstattlichen Versicherung im Rahmen eines Erbscheinsantrags (LG Mainz NJW 1958, 1496) und die Beurkundung einer unwiderruflichen Grundstücksvollmacht (LG Berlin IPRspr 1960/61 Nr. 144) vor einem notary public für zulässig erachtet. Dies ist jedoch im Hinblick auf die neue Rspr zur Gleichwertigkeit (zB BGHZ 80, 76, 78) abzulehnen, so auch MüKo/*Spellenberg*, Art. 11 EGBGB Rn 49. Etwas anderes kann für Notare des Staates Louisiana gelten, die denjenigen des lateinischen Notariates entsprechen, vgl MüKo/*Spellenberg*, Art. 11 EGBGB Rn 89 (mwN).

94 *Randszus*, DNotZ 1977, 516, 527; *Cornelius*, DNotZ 1996, 352 ff.

95 ZB *Mann*, NJW 1955, 1177.

96 *Scheftelowitz*, DNotZ 1978, 145 ff.

97 *Ludwig*, NotBZ 2003, 216 ff.

98 *Luijten*, DNotZ 1965, 12 ff; nur tendenziell: OLG Düsseldorf RIW 1989, 225.

99 *Schervier*, NJW 1992, 593, 595; *Pilger*, BB 1285, 1287; aA Staudinger/*Winkler von Mohrenfels*, Art. 11 EGBGB Rn 3124

100 MüKo/*Spellenberg*, Art. 11 EGBGB Rn 91.

101 BGHZ 105, 324, 338; OLG Karlsruhe RIW 1979, 567, 568; LG Augsburg DB 1996, 1666.

102 BGHZ 105, 324, 338; Staudinger/*Winkler von Mohrenfels*, Art. 11 EGBGB Rn 321.

103 MüKo/*Spellenberg*, Art. 11 EGBGB Rn 102.

Beurkundungsrecht (§ 13 BeurkG) erforderliche Vorlesen einer Urkunde zu denjenigen Erfordernissen, die im ausländischen Beurkundungsverfahren eingehalten werden müssen.[104] Ohne Vorlesen läge eine Beglaubigung und keine Beurkundung vor.

Anderes muss grundsätzlich gelten für **Soll-Vorschriften des Beurkundungsgesetzes**,[105] deren Nichteinhaltung auch nach deutschem Recht die Beurkundung nicht unwirksam macht, sondern nur zu einer Amtspflichtverletzung des Notars führt.[106] Bei Nichteinhaltung der Soll-Vorschriften kann die Gleichwertigkeit nicht pauschal verneint werden. Angezweifelt werden muss aber, ob dies auch für den Verzicht auf die **Prüfungs- und Belehrungspflicht** des Notars gem. § 17 BeurkG (Soll-Vorschrift), einem wesentlichen Element des deutschen Beurkundungsverfahrens,[107] gilt. Nur bei Prüfung und Belehrung kann eine notarielle Beurkundung die dem Schutz der Parteien und Dritter dienende materielle Richtigkeitsgewähr bieten. Ansonsten könnte gleich beglaubigt und nicht beurkundet werden. Aus diesem Grund ist die Prüfung und Belehrung ein grundsätzlich unverzichtbares Merkmal des Beurkundungsverfahrens. Teilweise wird vertreten, sie sei verzichtbar.[108] Ein solcher Verzicht könne konkludent schon dadurch erklärt werden, dass der ausländische Notar herangezogen werde.[109] Dem kann aus den oben genannten Gründen (Richtigkeitsgewähr) nicht zugestimmt werden.[110] Die vom BGH in der Entscheidung vom 16.2.1981[111] vorgenommene Gleichsetzung von Beurkundung und Beglaubigung[112] trägt dem Umstand keine Rechnung, dass das deutsche (Geschäfts-)Recht bewusst für einige Vorgänge eine Beurkundung, und keine Beglaubigung vorsieht. Damit hat der Gesetzgeber klar gemacht, dass es für gewisse Vorgänge gerade nicht ausreicht, lediglich die Identität der unmittelbar Beteiligten zu prüfen. Nichts anderes kann aber der ausländische Notar, da er nicht notwendigerweise eine Ausbildung im deutschen Recht genossen hat und daher über die rechtliche Tragweite der Erklärungen in der Regel nicht zuverlässig belehren kann. Dass die ausländischen Notare dies selbst so sehen, zeigt sich an den Haftungsfreizeichnungen. Soweit die Beurkundung nur Folgen für die unmittelbar Beteiligten hat, mag dies noch hinnehmbar sein und die Belehrung und Prüfung als verzichtbar angesehen werden. Sobald aber auch Interessen von an der konkreten Beurkundung Unbeteiligten betroffen sind, kann auf Prüfung und Belehrung nicht verzichtet werden.[113] Dies wäre ein Verzicht zulasten Dritter. Der ausländische Notar muss also immer dann prüfen und belehren, wenn die Richtigkeitsgewähr auch Personen dient, die an der Urkunde nicht primär beteiligt sind.[114] 23

Auch wenn nach den vorgenannten Kriterien für den konkreten Fall keine Substitution möglich ist, kann sich gleichwohl die Formwirksamkeit aus der Einhaltung des Ortsrechts ergeben. Dazu und wann die Beachtung des Ortsrechts alleine nicht ausreicht, siehe Rn 36 ff. 24

b) Gesellschaftsrechtliche Vorgänge. Die Frage der Gleichwertigkeit einer Auslandsbeurkundung stellt sich insbesondere bei der Beurkundung gesellschaftsrechtlicher Vorgänge. Teilweise wird hier die Anwendbarkeit des Art. 11 gänzlich bestritten und die Form allein nach dem Gesellschaftsstatut beurteilt.[115] Dies hätte zunächst nur zur Folge, dass die Ortsform nicht anwendbar ist (siehe dazu Rn 38), wohl aber das Geschäftsstatut, das dem Gesellschaftsstatut entspricht. Innerhalb dieser Auffassung gibt es darüber hinaus Stimmen, die eine Substitution durch Auslandsbeurkundung bei Geltung des Geschäftsrechts grundsätzlich ausschließen.[116] Richtigerweise ist jedoch zu unterscheiden zwischen Rechtsgeschäften, die die Verfassung der Gesellschaft, also deren Kernbereich betreffen (Rn 26) und Geschäftsanteilsabtretungen (Rn 27). 25

104 *Brambring*, NJW 1975, 1255, 1258; *Heckschen*, GmbHR 1991, 25 f; *Schervier*, NJW 1992, 593, 596; *Knoche*, in: FS Rheinisches Notariat 1998, S. 297, 315; *Reithmann*, NJW 2003, 385, 388; aA OLG Hamburg IPRspr 1979 Nr. 9.

105 BGHZ 80, 76, 79 f = NJW 1981, 1160.

106 ZB §§ 10 Abs. 2, 16 Abs. 2 S. 2 BeurkG.

107 *Schmidt*, DB 1974, 1216, 1218; *Winkler*, Rpfleger 1978, 44, 45.

108 BGHZ 80, 76, 78 = NJW 1981, 1160; so auch das OLG Düsseldorf RIW 1989, 225; zust. MüKo/*Spellenberg*, Art. 11 EGBGB Rn 93 ff; Staudinger/*Winkler von Mohrenfels*, Art. 11 EGBGB Rn 323 ff.

109 BGHZ 80, 76, 78 = NJW 1981, 1160.

110 GroßKomm-AktG/*Röhricht*, § 23 Rn 53; *Lerch*, DB 1992, 670, 671; *Knoche*, in: FS Rheinisches Notariat 1998, S. 297, 316; ähnlich *Brambring*, NJW 1975, 1255, 1259; *Goette*, DStR 1996, 709, 713 und MittRhNotK 1997, 1, 5 (für Vorgänge, die die Verfassung der Gesellschaft betreffen).

111 BGHZ 80, 76, 78 = NJW 1981, 1160.

112 So *Goette*, MittRhNotK 1991, 1, 4.

113 So auch *Goette*, MittRhNotK 1991, 1, 5.

114 So auch OLG Hamm NJW 1974, 1057, 1058; OLG Karlsruhe RIW 1979, 567; OLG Hamburg NJW-RR 1993, 1317; LG Augsburg DB 1996, 1666; LG München DNotZ 1976, 501, 504 m. Anm. *Brambring*; Staudinger/*Großfeld*, Int. GesR, Rn 468 ff; *Geimer*, DNotZ 1981, 406 ff; *Reithmann*, DNotZ 1956, 469, 471 und 476; *H. Schmidt*, DB 1974, 1216, 1219; ähnlich (Belehrungspflicht immer als erforderlich erachtend) *Weber*, NJW 1955, 1784, 1786, *Brambring*, NJW 1975, 1259, 1260 f.

115 LG Augsburg NJW-RR 1997, 420; Staudinger/*Großfeld*, Int. GesR, Rn 467 und 498; *Geimer*, DNotZ 1981, 406 ff; *Ebenroth/Wilken*, JZ 1991, 1061, 1064.

116 LG Augsburg NJW-RR 1997, 420; Staudinger/*Großfeld*, Int. GesR, Rn 467 ff und 497; *Knoche*, in: FS Rheinisches Notariat 1998, S. 297, 302 ff; *Geimer*, DNotZ 1981, 406 ff; in diese Richtung geht auch das Urteil des OLG Hamburg (NJW-RR 1993, 1317), nach dem eine Satzungsbestimmung, nach der die Abhaltung der Hauptversammlung einer AG auch im Ausland möglich sein soll, unzulässig ist.

26 **aa) Beurkundungen, die die Gesellschaft in ihrem Bestand und ihrer Verfassung selbst betreffen.** Bei Beurkundungen, die die Gesellschaft in ihrem Bestand und ihrer Verfassung selbst betreffen, ist die Substitution durch eine ausländische Beurkundung nach den oben (Rn 20 ff) genannten Grundsätzen nicht möglich.[117] Zweck der Beurkundung nach deutschem Recht ist u.a. die materielle Richtigkeitsgewähr, die auch Personen schützt, die nicht unmittelbar an der Urkunde beteiligt sind.[118] Diese Richtigkeitsgewähr kann hier nicht gewährleistet werden, da der beurkundende Auslandsnotar keine fundierten Rechtskenntnisse im deutschen Gesellschaftsrecht hat. Diese Rechtskenntnisse sind aber zur Gewährung der Richtigkeit der Urkunde notwendig.[119] Selbstverständlich gilt dies nur in den Fällen, in denen eine Beurkundung zwingend vorgeschrieben ist (nicht also bei vielen Vorgängen im Personengesellschaftsrecht). Zu den beurkundungspflichtigen und nicht substituierbaren Vorgängen gehören beispielsweise die Gründung, Satzungsänderung[120] und Auflösung einer GmbH oder Aktiengesellschaft mit Sitz in Deutschland.[121] Des Weiteren sind alle Umwandlungsvorgänge bei deutschen Gesellschaften beurkundungspflichtig (§§ 13 Abs. 2, 125, 176, 193 Abs. 3 UmwG) und nicht substituierbar.[122] Für das Substitutionsverbot bei Vorgängen, die den Bestand der Gesellschaft betreffen, spricht das öffentliche Interesse an der Rechtssicherheit, soweit es um den Bestand und die Verfassung der Gesellschaft geht. Dafür spricht weiter, dass es die Aufgabe des deutschen Notars auf dem Gebiet der vorsorgenden Rechtspflege ist, die Handelsregister zu entlasten; ihm kommt die Rolle einer Vorprüfungsinstanz zu.[123] Sein Auftrag beschränkt sich nicht nur auf Prüfung zugunsten und Belehrung gegenüber den Parteien. Gerade seine Vorprüfung vor und während der Beurkundung, bevor also ein bestimmter gesellschaftsrechtlicher Vorgang zur Eintragung angemeldet wird, erleichtert die Arbeit der Registergerichte erheblich. Würde man die notarielle Beurkundung im Ausland auch für eintragungspflichtige Vorgänge zulassen, so würde dies die Arbeit der Freiwilligen Gerichtsbarkeit erheblich erschweren und – da der ausländische Notar des deutschen Rechts nicht hinreichend kundig sein kann – zu vielen Beanstandungen und Abweisungen von Eintragungsanträgen führen.

27 **bb) Abtretung bzw Verpfändung von GmbH-Geschäftsanteilen.** In weit größerem Maße umstritten ist die Frage, ob die **Abtretung** bzw **Verpfändung von GmbH-Geschäftsanteilen**, die gem. §§ 15 Abs. 3 und 4 GmbHG der notariellen Form bedarf, vor einem ausländischen Notar beurkundet und diese das Formerfordernis durch die Auslandsbeurkundung substituiert werden kann. Während einige Stimmen[124] die Substitution durch Auslandsbeurkundung auch in diesem Fall nicht zulassen wollen, sieht sie der überwiegende Teil der Rechtsprechung[125] – jedenfalls bisher – als möglich an, wenn die notarielle Beurkundung im Ausland gleichwertig ist. Zu Recht wird eine generelle Unzulässigkeit der Substitution im Gesellschaftsrecht verneint.[126] Die Anteilsabtretung greift selbst nicht in den Bestand und die Verfassung der Gesellschaft ein und betrifft damit nicht Interessen von Personen, die an der Beurkundung nicht beteiligt sind. Sie kann daher anders als die oben unter (1) behandelten Beurkundungen beurteilt werden. Von der Rechtsprechung wurde explizit die Gleich-

117 So deutlich auch *Goette*, MittRhNotK 1991, 1, 5; LG Augsburg NJW-RR 1997, 1057 m. zust. Anm. *Wilken*, EWiR 1996, 1666; Staudinger/*Großfeld*, IntGesR, Rn 467 ff; Scholz/*Priester*, GmbHG, § 53 Rn 71 ff; s. zu weiteren Nachw. auch die vorige Fn; aA BGHZ 80, 76; Lutter/*Hommelhoff*, GmbHG, § 53 Rn 16; Michalski/*Hoffmann*, GmbHG, 2002, § 53 Rn 78 ff; jeweils mwN; *Knoche*, in: FS Rheinisches Notariat 1998, S. 297, 302; *Gemer*, DNotZ 1981, 406 ff; nachdem eine Satzungsbestimmung, nach der die Abhaltung der Hauptversammlung einer AG auch im Ausland möglich sein soll, unzulässig ist. Der BGH hat zwar in seiner vom 16.2.1981 (BGHZ 80, 76) die Möglichkeit der Substitution auch in diesen Fällen bejaht. Ob diese Auffassung aber bei einer erneuten Entscheidungen immer noch vertreten würde, ist aufgrund der Ausführungen von *Goette* (s.o.) fraglich.

118 BGHZ 105, 324, 338; OLG Karlsruhe RIW 1979, 567, 568; LG Augsburg DB 1996, 1666.

119 OLG Karlsruhe RIW 1979, 567, 568; aA Staudinger/*Winkler von Mohrenfels*, Art. 11 EGBGB Rn 329.

120 Bei Aktiengesellschaften kommt hinzu, dass gem. § 121 Abs. 4 AktG die Hauptversammlung nur am Sitz der Aktiengesellschaft stattfinden soll. Zwar kann durch eine Satzungsbestimmung auch ein anderer Ort bestimmt werden, doch wird die Auswahl des Ortes von der hM auf das Inland beschränkt (OLG Hamm NJW 1974, 1057; OLG Hamburg IPRax 1994, 291 = NJW-RR 1993, 1317, 1318; LG Augsburg DB 1996, 1666; KölnerKomm/*Zöllner*, AktG, 2. Aufl. 1992, § 121 Rn 34; *Wilhelmi*, BB 1987, 1331; krit. MüKo/*Spellenberg*, Art. 11 EGBGB Rn 84).

121 OLG Hamm NJW 1974, 1057; OLG Karlsruhe RIW 1979, 567 (Sitzverlegung); LG Augsburg NJW-RR 1997, 420; LG Mannheim IPRspr 99 Nr. 23 (Kapitalherabsetzung); AG Köln RIW 1989, 990 (Gewinnabführungsvertrag); *Goette*, MittRhNotK 1997, 1, 4; *Knoche*, in: FS Rheinisches Notariat 1998, S. 297, 302.

122 LG Augsburg DB 1996, 1666 (Verschmelzungen); aA LG Nürnberg-Fürth NJW 1992, 633; OLG Köln RIW 1989, 990.

123 Scholz/*Priester*, GmbHG, § 53 Rn 75 a; *Bredthauer*, BB 1986, 1864, 1868.

124 LG München DNotZ 1976, 501; *Knoche*, FS Rheinisches Notariat 1998, S. 297, 306 ff.

125 BGHZ 80, 76, 78 = NJW 1981, 1160; BGH RIW 1989, 649; OLG Frankfurt, GmbHR 2005, 764.

126 OLG Köln WM 1988, 1749 f; LG Köln RIW 1989, 990; LG Kiel DB 1997, 1223; *Loritz*, DNotZ 2000, 90, 108; *Bungert*, AG 1995, 26, 29 f; *Ettinger/Wolff*, GmbHR 2002, 890, 893; *Kröll*, ZGR 2000, 111, 125: *Reuter*, BB 1998, 116 ff; *Sick/Schwarz*, NZG 1998, 540 ff; Palandt/*Heldrich*, Art. 11 EGBGB Rn 8.

wertigkeit der Urkundsperson bejaht bei einem österreichischen Notar,[127] bei einem spanischen Notar[128] und – in der Vergangenheit – teilweise bei schweizerischen Notaren. Bei schweizerischen Notaren ist zu beachten, dass das Notariatswesen von Kanton zu Kanton unterschiedlich ausgestaltet ist.[129] Eine Gleichwertigkeit wurde in der Vergangenheit explizit für die Notare der Kantone Basel,[130] Bern,[131] Zürich,[132] Zug[133] und Luzern[134] bejaht.[135] Explizit abgelehnt wurde die Gleichwertigkeit (für Beurkundungen) bei einem US-amerikanischen notary public.[136] Dieser hat lediglich die Funktion eines offiziellen Zeugen. Dies gilt auch für den dänischen Notar.[137]

Geht man bisher von der grundsätzlichen Möglichkeit der Substituierbarkeit aus, stellt sich die Frage, ob auch nach Inkrafttreten des MoMiG eine Gleichwertigkeit der Beurkundung der Anteilsabtretung durch ausländische (idR Schweizer) Notare weiterhin angenommen und damit die Tatbestandsvoraussetzung dieser Norm (die Beurkundung) substituiert werden kann. Die Substituierbarkeit, die in der Vergangenheit für Anteilsabtretungen überwiegend als möglich angesehen wurde,(siehe oben Rn 27) wird durch das MoMiG entschieden in Frage gestellt. Bereits die Gesetzesbegründung wirft Zweifel an der Wirksamkeit von Auslandsbeurkundungen überhaupt auf.[138] Deutlicher wird der Zweifel an der Gleichwertigkeit, wenn man die dem Notar zugedachte Rolle bei Anteilsabtretungen betrachtet. Ihm wird in § 40 Abs. 2 GmbHG die Pflicht auferlegt, dem Handelsregister eine Gesellschafterliste einzureichen, die die Bescheinigung enthält, dass die geänderten Eintragungen den Veränderungen entsprechen, an denen er mitgewirkt hat. Die Einrichtung einer solchen Liste ist ausländischen Notaren nicht möglich, denn § 40 Abs. 2 GmbHG stellt eine öffentlich-rechtliche Amtspflicht dar, deren Adressat nur ein inländischer Notars sein kann.[139] Ein ausländischer Notar kann diese Pflicht, da nicht erfasst, nicht erfüllen. Da somit der ausländische Notar nicht das leisten kann, was einer deutscher Notar zu leisten im Stande und verpflichtet ist, bestehen erhebliche Zweifel an der Gleichwertigkeit der Urkundsperson und – wenn man das Einreichen der Gesellschafterliste als Teil des Beurkundungsverfahrens ansieht – auch erhebliche Zweifel an der Gleichwertigkeit des Beurkundungsverfahrens. Dem wird man auch nicht mit dem Argument, die Pflicht zur Einreichung der Gesellschafterliste stände zur Disposition der Parteien und sei verzichtbar, entgegentreten können, da § 40 Abs. 2 GmbHG ja gerade den späteren gutgläubigen Erwerb durch eine andere Partei schützen möchte. Im Verhältnis zur Schweiz, die neuerdings Schriftform ausreichen lässt (Art. 785 OR, siehe dazu auch unten Rn 42), ist zudem festzustellen, dass die Gleichwertigkeit des Urkundsverfahrens bereits deshalb nicht gegeben ist, weil die Anteilsabtretung lediglich durch Vereinbarung der Parteien in Schriftform möglich ist. Damit wäre der Kernpunkt der Gleichwertigkeit, nämlich das die ausländische Urkundsperson ein Verfahren, dass dem deutschen Beurkundungsverfahren entspricht, (zwingend) zu beachten hat,[140] nicht erfüllt.[141] Im Ergebnis wird man daher davon ausgehen müssen, dass unter Geltung der jetzigen 28

127 LG Kiel DB 1997, 1223; dazu tendierend BayObLG NJW 1978, 500.

128 *Löber*, RIW 1989, 94 mit Hinweis auf AG Groß-Gerau, Urt. v. 13.4.1988 – 6 AR 25/1988 – (n.v.).

129 Vgl dazu *Santschi*, DNotZ 1962, 626 ff; *Carlen*, Das Notariatsrecht der Schweiz 1976.

130 OLG München NJW-RR 1998, 758; LG Nürnberg NJW 1992, 633.

131 OLG Hamburg IPRspr 1979 Nr. 9.

132 ZB RGZ 88, 227; BGHZ 80, 76, 78 = NJW 1981, 1160; OLG Frankfurt aM WM 1981, 946, 947; OLG Frankfurt aM IPRax 1983, 79, 80; LG Köln RIW 1989, 990; aA LG Augsburg DB 1996, 1666; *Geimer*, DNotZ 1981, 406, 410; *Heckschen*, DB 1990, 161 ff; *Bredthauer*, BB 1986, 1864 ff; Staudinger/*Winkler von Mohrenfels*, Art. 11 EGBGB Rn 329 bezweifelt die Gleichwertigkeit der Urkundsperson.

133 LG Stuttgart IPRspr 1976 Nr. 5 a.

134 LG Koblenz IPRspr 1970 Nr. 144; diese ist Entscheidung ist jedoch kritisch zu sehen, da der Kanton Luzern nicht zum Bereich des lateinischen Notariats gehört.

135 LG München RIW 1998, 147, 148 (Basel); für eine Gleichwertigkeit Genfer Notare: Staudinger/*Winkler von Mohrenfels*, Art. 11 EGBGB Rn 327; kritisch *Schervier*, NJW 1992, 593, 596; *Knoche*, FS Rheinisches Notariat, 1998, S. 297, 313 ff.

136 OLG Stuttgart DB 2000, 1218, 1219, dazu *Biehler*, NJW 2000, 1243, 1245; Bamberger/Roth/*Mäsch*, Art. 11 EGBGB Rn 36; die ältere Rechtsprechung hat zwar die Beurkundung einer eidesstattlichen Versicherung im Rahmen eines Erbscheinsantrags (LG Mainz NJW 1958, 1496) und die Beurkundung einer unwiderruflichen Grundstücksvollmacht (LG Berlin IPRspr 1960/61 Nr. 144) vor einem notary public für zulässig erachtet. Dies ist jedoch im Hinblick auf die neue Rechtsprechung zur Gleichwertigkeit (zB BGHZ 80, 76, 78) abzulehnen, so auch MüKo/*Spellenberg*, Art. 11 EGBGB Rn 49. Etwas anderes kann für Notare des Staates Louisiana gelten, die denjenigen des lateinischen Notariates entsprechen, vgl MüKo/*Spellenberg*, Art. 11 EGBGB Rn 48 (mwN).

137 *Randszus*, DNotZ 1977, 516, 527; *Cornelius*, DNotZ 1996, 352 ff.

138 In BT-Drucks. 16/6140 heißt es auf Seite 37: „Die Bestimmungen zur Gesellschafterliste sind bereits durch das Handelsrechtsreformgesetz … nachgebessert und verschärft worden. Es bestehen noch weitere Lücken, zB bei der Auslandsbeurkundung, die nunmehr geschlossen werden."; aA OLG Düsseldorf, NJW 2011, 1370; kritisch zu diesem Beschluss *Kindler*, RIW 2011, 257; *Gerber*, EWiR 2011, 255; *Wicke*, DB 2011, 2037; *Hermanns*, RNotZ 2011, 224; dem Beschluss zustimmend *Ulrich/Marniok*, GmbHR 2011, 420.

139 *Bayer*, DNotZ 2009, 887, 888; *Rodewald*, GmbHR 2009, 196, 197; *Böttcher*, ZNotP 2010, 6, 9; *König/Götte/Bormann*, NZG 2009, 881.

140 BGHZ 80, 76, 78.

141 *Hermanns*, RNotZ 2010, 38, 41.

Fassung des § 40 Abs. 2 GmbHG ein Mangel an Gleichwertigkeit nicht nur möglich, sondern sogar wahrscheinlich ist[142].

29 **c) Sonstige Vorgänge.** Bei **Unterschriftsbeglaubigungen** ist die Gleichwertigkeit wesentlich eher anzunehmen als bei Beurkundungen. Zwar muss auch hier Gleichwertigkeit bestehen, allerdings ist diese anders zu beurteilen als bei der Beurkundung.[143] Die Beglaubigung der Unterschrift dient lediglich der Identitätsfeststellung und der Bezeugung, dass die Unterschrift von der identifizierten Person stammt. Eine inhaltliche Prüfungs- und Belehrungspflicht besteht, jedenfalls wenn der Notar die Urkunde nicht selbst entworfen hat, nicht. Eine Beglaubigung kann demnach von Notaren der meisten Kulturstaaten vorgenommen werden.[144]

30 **Anmeldungen zum Handelsregister** müssen in öffentlich beglaubigter Form, also mit Unterschriftsbeglaubigung (§§ 39, 40 BeurkG), erfolgen (§ 12 Abs. 1 HGB). Es ist allgemein anerkannt, dass auch die Beglaubigung durch einen (gleichwertigen) ausländischen Notar ausreicht[145] (siehe Rn 29). Enthält die Registeranmeldung jedoch eine Versicherung gem. § 8 Abs. 3 GmbHG bzw § 37 Abs. 2 AktG, so ist sicherzustellen, dass der versichernde Geschäftsführer oder Vorstand zuvor über seine unbeschränkte Auskunftspflicht gem. § 52 Abs. 2 BZRG belehrt wurde.[146]

31 Bei **Verträgen über die Veräußerung eines Grundstücks** kann der schuldrechtliche Vertrag, der – wenn er deutschem Recht untersteht – gem. § 311 b BGB der notariellen Beurkundung bedarf, vor einem ausländischem Notar beurkundet werden, sofern die Beurkundung gleichwertig ist (oder die Ortsform erfüllt ist[147]). Die Auflassung kann hingegen nicht vor einem ausländischen Notar, sondern muss vor einem deutschen Notar erklärt werden.[148] Dies ergibt sich aus § 925 BGB. Die Vorschrift spricht zwar nicht ausdrücklich von einem deutschen Notar. Zweck dieser Vorschrift und deren Auslegung ist es jedoch, die Schaffung nach deutschem Recht einwandfreier und unzweideutiger Unterlagen als Grundlage für den Vollzug der Eigentumsumschreibung im Grundbuch zu gewährleisten.[149]

32 Die Errichtung einer **vollstreckbaren Urkunde** ist gem. § 794 Nr. 5 ZPO nur vor einem deutschen Notar möglich. Unterwirft sich also bei einem im Ausland geschlossenen Kaufvertrag der Käufer hinsichtlich der Zahlung des Kaufpreises der sofortigen Zwangsvollstreckung, so wäre diese Urkunde in Deutschland nur nach Maßgabe des Art. 57 EUGVVO[150] bzw der entsprechenden Vorschrift des Luganer Übereinkommens[151] möglich.[152]

33 **d) Erfüllung ausländischer Formerfordernisse im Inland; Inlandsbeurkundung.** Umgekehrt können die vom ausländischen Geschäftsrecht aufgestellten Formerfordernisse – jedenfalls aus der Sicht des deutschen Rechts (ob eine Substitution möglich ist, bestimmt dann ausschließlich das jeweilige ausländische Recht) – wirksam in Deutschland erfüllt werden, insbesondere Notare Vorgänge beurkunden, die ausländischem Recht unterliegen, zB Verträge über ausländische Grundstücke und über Geschäftsanteilsabtretungen. Dies ergibt sich indirekt aus § 17 Abs. 3 S. 2 BeurkG. Schließen die Parteien einen **Kaufvertrag über ein im Ausland belegenes Grundstück** und unterstellen sie diesen Vertrag dem deutschen Recht (was aus dessen Sicht nach Art. 27 möglich ist), so findet auch § 311 b Abs. 1 BGB Anwendung: Der Vertrag bedarf der notariellen Form.[153] Wird diese nicht eingehalten, so kann eine Heilung in entsprechender Anwendung von § 311 b Abs. 1 S. 2 BGB dadurch erfolgen, dass eine wirksame Eigentumsübertragung nach dem Recht des Belegenheitsstaates erfolgt, etwa dadurch, dass der Belegenheitsstaat bereits durch eine privatschriftliche Einigung

142 AA OLG Düsseldorf, NJW 2011, 1370; *Peters,* DB 2010, 97; *Laeger*, BB 2011, 2647; *Olk/Nikoleyczik*, DStR 2010, 2576; wie hier (auch nach der Entscheidung des OLG Düsseldorf) *Kindler*, RIW 2011, 257; *Gerber*, EWiR 2011, 255; *Wicke*, DB 2011, 2037; *Hermanns*, RNotZ 2011, 224; LG Frankfurt, GmbHR 2010, 96, 97.

143 Vgl umfassend dazu *Reithmann*, DNotZ 1995, 360 ff.

144 *Blumenwitz*, DNotZ 1968, 712, 737; MüKo/*Spellenberg*, Art. 11 EGBGB Rn 49; OLG Köln RIW 1989, 565 (Belgien); OLG Zweibrücken FGPrax 1999, 86 (Kanada, Provinz Ontario).

145 OLG Naumburg NJW-RR 2001, 1183; *Reithmann*, NJW 2003, 386; Palandt/*Thorn*, Art. 11 EGBGB Rn 10.

146 Zur Abgabe dieser Versicherung und zur Belehrung s. Eckhardt/Hermanns/*Bischoff*, Kölner Handbuch Gesellschaftsrecht, 6. Kap. Rn 40.

147 Hier wäre allerdings die Beurkundung der Auflassung wegen § 925 a BGB problematisch, da dieser die Vorlage eines der Form des § 311 b BGB entsprechenden (oder gleichwertigen) schuldrechtlichen Vertrages verlangt.

148 OLG Köln DNotZ 1972, 489; BayObLG DNotZ 1978, 58; KG DNotZ 1987, 44; LG Ellwangen BWNotZ 2000, 45; *Kropholler*, ZHR 140 (1976), 394, 410; *Riedel*, DNotZ 1955, 521; Palandt/*Thorn*, Art. 11 EGBGB Rn 10; *Bausback*, DNotZ 1996, 254; Staudinger/*Winkler von Mohrenfels*, Art. 11 EGBGB Rn 323; *Schotten*, Das internationale Privatrecht in der notariellen Praxis, 1995, S. 174 mwN; MüKo/*Kanzleiter*, § 925 BGB Rn 14; aA *Mann*, NJW 1955, 1177; MüKo/*Spellenberg*, Art. 11 EGBGB Rn 83; Staudinger/*Winkler von Mohrenfels*, Art. 11 EGBGB Rn 331; *Heinz*, RIW 2001, 928.

149 MüKo/*Kanzleiter*, § 925 BGB Rn 14.

150 Verordnung (EG) Nr. 44/2001 v. 22.12.2000. (Abl. EG L 12 v. 16.1.2001, S. 1).

151 Art. 50 (BGBl. II 1994 S. 2660).

152 Näheres dazu *Riering*, IPRax 2000, 16, 17 f.

153 ZB BGHZ 52, 239; 53, 189, 194; 57, 337, 339; 73, 391.

das Eigentum übergehen lässt.[154] Dies gilt auch dann, wenn das Recht des Belegenheitsortes keine Auflassung und keine Grundbucheintragung kennt[155] oder wenn es die Eintragung in ein dem Grundbuch ähnliches Register in das Belieben der Parteien stellt.[156]

Umstritten ist die Beachtung deutscher Formvorschriften, wenn sich der (schuldrechtliche) Kaufvertrag über **Geschäftsanteile an einer ausländischen Gesellschaft** nach deutschem Recht richtet. Dies ist wegen § 15 Abs. 4 GmbHG nur bei einer der deutschen GmbH vergleichbaren ausländischen Gesellschaftsform relevant, da nur hier Beurkundungspflicht besteht. Zu Recht wird überwiegend die Auffassung vertreten, dass die nach deutschem Recht bestehende Beurkundungspflicht jedenfalls dann besteht, wenn die ausländische Gesellschaft im Wesentlichen der deutschen GmbH entspricht.[157] Der durch § 15 Abs. 4 GmbHG bezweckte Schutz der Anleger vor einem leichtfertigen und spekulativen Handel mit Geschäftsanteilen muss auch für ausländische Gesellschaften gelten. Die Gegenmeinung will den Anwendungsbereich von § 15 Abs. 4 GmbHG auf deutsche Gesellschaften beschränken.[158] Der BGH hat die Frage noch nicht endgültig entschieden, deutet jedoch in einer Entscheidung an, dass auf einen deutschem Orts- und Geschäftsrecht unterliegenden Treuhandvertrag über einen polnischen GmbH-Anteil § 15 Abs. 4 GmbHG anwendbar sein könnte[159]. 34

Für die **dingliche Abtretung** gelten andere Erwägungen: Da Art. 11 Abs. 4 hier analog anwendbar ist, müssen zwingend die Formvorschriften des Gesellschaftsstatuts eingehalten werden. Deutsches Recht kann für die dingliche Abtretung gar nicht gewählt werden. Hier ist lediglich eine Substitution möglich, wenn das ausländische Recht dies zulässt. Sieht zB das ausländische Recht nur einfache Schriftform vor, so wäre die Abtretung in dieser Form in Deutschland möglich. Dieses Ergebnis erscheint zunächst widersinnig, da für das dingliche Rechtsgeschäft uU mildere Formvorschriften zu erfüllen sind als für das schuldrechtliche Rechtsgeschäft. Die Parteien haben es jedoch in der Hand: Nur wenn sie das deutsche Recht wählen und den Kaufvertrag deutschen (Form-)Vorschriften unterstellen wollen, kommt Art. 15 Abs. 4 GmbH zur Anwendung. 35

3. Ortsrecht. a) Allgemeines. Es reicht auch aus, wenn das Rechtsgeschäft die Formerfordernisse desjenigen Ortes erfüllt, an dem es vorgenommen wird, ohne dass es auf die Aufenthaltsdauer des Erklärenden ankäme. Es gibt jedoch keinen Erfahrungssatz, dass bei Zuziehung eines ausländischen Notars die Formerfordernisse eingehalten wurden.[160] Zur Alternativität siehe Rn 17, zu den Einschränkungen durch Abs. 4 aF und 4 nF (der frühere Abs. 5) siehe Rn 49 ff Da die Beachtung der Ortsform unabhängig von der Form des Geschäftsstatuts ist, kann die sie auch dann herangezogen werden, wenn das Geschäftsrecht dies nicht zulässt.[161] Auf die Gleichwertigkeit von Urkundsperson und Beurkundungsverfahren kommt es bei der Ortsform nicht an;[162] das Ortsrecht muss also nicht den Formerfordernissen des Geschäftsrechts entsprechen. Dies spielt nur bei der Substitution eine Rolle (vgl dazu Rn 19). Die **„Formerschleichung“**, also das Aufsuchen eines anderen Landes gerade aufgrund der milderen Formvorschriften oder der geringeren Kosten, wird nicht wegen etwaiger Gesetzesumgehung sanktioniert.[163] Art. 11 lässt bewusst die Ortsform zu, ohne auf die Motivation eines Aufenthaltswechsels abzustellen (vgl auch zum ordre public Rn 15). Für eine teleologische Reduktion, welche die durch Artikel 11 eröffneten Möglichkeiten wieder einschränkt, ergeben sich keine Anhaltspunkte.[164] Auch (schuldrechtliche) **Grundstückskaufverträge** über ein im Inland belegenes Grundstück können im Ausland entsprechend den geltenden Formvorschriften – also auch formlos – abgeschlossen werden (siehe auch Rn 31).[165] 36

154 BGHZ 73, 391; OLG München OLGZ 1974, 19.
155 OLG München OLGZ 1974, 19.
156 BGHZ 73, 391; das OLG Düsseldorf (NJW 1981, 529 f) lehnt hingegen beim Verkauf einer spanischen Ferienimmobilie die Heilung nach § 311 b Abs. 1 S. 2 BGB wegen der unvollständigen Erfüllung nach spanischem Recht ab (nur Übergang des Miteigentums an dem Grundstück, kein Übergang des Eigentums an der Eigentumswohnung).
157 OLG Celle NJW-RR 1992, 1126, 1127; Soergel/*Kegel*, Art. 11 EGBGB Rn 17; Staudinger/*Winkler von Mohrenfels*, Art. 11 EGBGB Rn 318; MüKo/*Spellenberg*, Art. 11 EGBGB Rn 79 (Fn 165); *Merkt*, ZIP 1994, 1417, 1424; Bamberger/Roth/*Mäsch*, Art. 11 EGBGB Rn 40; *Dutta*, RIW 2005, 98; Fetsch, GmbHR 2008 133 ff.
158 OLG München NJW-RR 1993, 998, 999; *Bungert*, DZWiR 1993, 494, 497; *Gätsch/Schulte*, ZIP 1999, 1909, 1911 ff; *Wrede*, GmbHR 1995, 365, 367 f; *Gärtner/Rosenbauer*, DB 2002, 1871 ff.
159 BGH GmbHR 2005, 53.
160 So auch Palandt/*Thorn*, Art. 11 EGBGB Rn 15; aA OLG Wiesbaden Rpfleger 1988, 17; OLG Zweibrücken FGPrax 1999, 86.
161 BGH NJW 1967, 1177; Palandt/*Thorn*, Art. 11 EGBGB Rn 12.
162 *Bokelmann*, NJW 1972, 1729, 1731; MüKo/*Spellenberg*, Art. 11 EGBGB Rn 138; *Janßen/Robertz*, GmbHR 2003, 433, 434; Palandt/*Thorn*, Art. 11 EGBGB Rn 14.
163 OLG Frankfurt OLGZ 1967, 374 (zur Formerleichterung); RGZ 62, 379, 380 f (zu Kostenüberlegungen); OLG Stuttgart Rpfleger 1982, 137; OLG Düsseldorf RIW 1989, 225; *Müller-Gindullis*, RabelsZ 38 (1974), 640, 644; *Maier-Reimer*, BB 1974, 1230, 1234; *Kropholler*, ZHR 76 (1976), 394, 399; krit. *Bredthauer*, BB 1986, 1864, 1865; aA *Reithmann*, DNotZ 1956, 469, 476; *Wolfsteiner*, DNotZ 1978, 532, 536; *Geimer*, DNotZ 1981, 406, 410.
164 MüKo/*Spellenberg*, Art. 11 EGBGB Rn 116.
165 RGZ 121, 154, 155 f; BayOLG DNotZ 1978, 58 f.

37 **b) Lokalisierung des Vornahmeortes.** Hinsichtlich der Frage, wo der Vornahmeort liegt, ist zu differenzieren: Bei einseitigen Rechtsgeschäften ist der Vornahmeort dort, wo die Erklärung abgegeben wurde,[166] und zwar unabhängig davon, ob die Erklärung empfangsbedürftig ist oder nicht.[167] Auf den Zugang der Erklärung kommt es insofern nicht an. Bei Abgabe von Erklärungen über das **Internet** ist in der Regel der Ort „des Mausklicks" der Vornahmeort.[168] Bei zweiseitigen Rechtsgeschäften (Verträgen) kommt es auf denjenigen Ort an, an dem diejenige Erklärung abgegeben wird, die das Rechtsgeschäft wirksam werden lässt (Annahme).[169] Auch hier kommt es nicht auf die Empfangsbedürftigkeit an. Unabhängig davon ergeben sich bei Distanzgeschäften Erleichterungen aus Abs. 2 (siehe Rn 46 f). Bei Vertretergeschäften ist gem. Abs. 3 der Ort maßgebend, an dem sich der Vertreter befindet.

38 **c) Einschränkungen bei gesellschaftsrechtlichen Vorgängen.** Die Ortsform kann allerdings nicht immer herangezogen werden. So reicht die Einhaltung der Ortsform bei der Beurkundung gesellschaftsrechtlicher Vorgänge grundsätzlich nicht aus[170] (zur vom Ortsrecht zu unterscheidenden Möglichkeit der Substitution bei Geltung des Geschäftsrechts, diese bleibt möglich; siehe Rn 19). Art. 11 ist hier nicht uneingeschränkt anwendbar.[171] Einige Stimmen in der Literatur schränken diesen Grundsatz dahin gehend ein, dass nur bei eintragungspflichtigen Vorgängen, also solchen, die die Verfassung der Gesellschaft betreffen,[172] die Ortsform nicht möglich sein soll.[173] Für diese Einschränkung spricht die Begründung des Regierungsentwurfs,[174] nach dem Art. 11 „nicht die Form von Vorgängen regelt, die sich auf die Verfassung von Gesellschaften und juristischen Personen beziehen".

39 Diejenigen Stimmen hingegen, die – teils nur bezogen auf GmbH-Anteilsabtretungen – die Einhaltung der Ortsform dann als zulässig ansehen, wenn diese überhaupt eine Form bereithält,[175] vernachlässigen die mit Abs. 4 vergleichbare Interessenlage.[176] Nach dieser Vorschrift sind Verfügungen über Sachen nur gültig, wenn sie die Formerfordernisse des Wirkungsstatuts erfüllen. Für (dingliche) Anteilsabtretungen kann diese Vorschrift nicht direkt gelten, da Geschäftsanteile keine Sachen iSd § 90 BGB sind.[177] Aber eine **analoge Anwendung des Abs. 4** ist möglich und auch geboten. Die Voraussetzungen für eine Analogie (Regelungslücke, Regelungsbedarf, vergleichbare Interessenlage) liegen hier vor. Wenn die Begründung für die Existenz von Abs. 4 das Interesse der Allgemeinheit an einer klaren dinglichen Rechtslage und die Nähe zu Grundbuch-

166 MüKo/*Spellenberg*, Art. 11 EGBGB Rn 125.

167 Die Frage, ob eine Erklärung empfangsbedürftig ist, gehört nicht zur Form, vgl AG Berlin-Schöneberg StAZ 2002, 81; Palandt/*Thorn*, Art. 11 EGBGB Rn 15.

168 Bamberger/Roth/*Mäsch*, Art. 11 EGBGB Rn 43.

169 RGZ 62, 379; Palandt/*Thorn*, Art. 11 EGBGB Rn 15.

170 OLG Hamm NJW 1974, 1057; OLG Karlsruhe RIW 1979, 567, 568; LG Augsburg NJW-RR 1997, 420 = DB 1996, 1666; LG Mannheim IPRspr 1999 Nr. 23; Scholz/*Priester*, GmbHG § 53 Rn 71 ff; *Großfeld/Berndt*, RIW 1996, 625, 630; *H. Schmidt*, DB 1974, 1216 ff; *van Randenborgh*, BB 1974, 483 ff; *Winkler*, NJW 1974, 1032 f; *van Randenborgh/Kallmeyer*, GmbHR 1996, 908, 909; *Brambring*, NJW 1974, 1255 ff; *König/Götte/Bormann*, NZG 2009, 881; *Laeger, BB 2010, 2647*; *Kuntze*, DB 1975, 193, 194; *Barmeyer*, S. 74 ff; *Hermanns*, RNotZ 2011, 224; *Kindler*, RIW 2011, 257; *Knoche*, in: FS Rheinisches Notariat 1998, S. 297, 303; *Janssen/Robertz*, GmbHR 2003, 433, 437; *Schervier*, NJW 1992, 593, 594 ff; Geßler/Hefermehl/Eckhardt/Kropff/*Eckhardt*, AktG, § 23 Rn 29; Staudinger/*Großfeld*, Int. GesR, Rn 466 f und 497; *Geimer*, DNotZ 1981, 406 ff; *Ebenroth/Wilken*, JZ 1991, 1061, 1064 f; *Dignas*, GmbHR 2005, 139; *Pilger*, BB 2005, 1285; *Löber*, RIW 1989, 94, 95; *König/Bormann*, DNotZ 2008, 652; *Bayer*, DNotZ 2009, 887; *Rodewald*, GmbHR 2009, 196; *Böttcher*, ZNotP 2010, 6; *Hermanns*, RNotZ 2010, 38; *Reithmann*, GMbHR 2009, 699; *Gerber*, GmbHR 2010, 97; *Omlor*, WM 2009, 2105; Mauch, EWiR 2010, 79; Kindler BB 2010, 74, 77; der BGH hat in seiner Entscheidung vom 16.2.1981 (BGHZ 80, 76 ff) die Frage, ob Ortsrecht anwendbar sei, ausdrücklich offengelassen, da in dem entschiedenen Fall jedenfalls die Formerfordernisse des Wirkungsstatuts im Wege der Substitution erfüllt waren). Auch das OLG Düsseldorf (NJW 2011, 1370) äußert sich nicht klar zur Ortsform, die Ausführungen fußen jedoch auf der Prämisse, dass die (unstreitig eingehaltene Ortsform) nicht ausreicht (so auch *Hermanns*, RNotZ 2011, 224).

171 AA OLG Frankfurt DNotZ 1982, 186 ff (für GmbH-Anteilsabtretung); OLG Düsseldorf RIW 1989, 225 = GmbHR 1990, 169 (zur Satzungsänderung vor einem niederländischen Notar); *Maier-Reimer*, BB 1974, 1230 ff (für GmbH-Anteilsabtretung); Palandt/*Thorn*, Art. 11 EGBGB Rn 13; *Böttcher/Blasche*, NZG, 2006, 766; *Müller*, RIW 2010, 591; *Mankowski*, NZG 2010, 201.

172 *Goette*, MittRhNotK 1997, 1, 3 f; Scholz/*Westermann*, GmbHG, 9. Aufl. 2002, Einl. Rn 93.

173 *Kropholler*, ZHR 140 (1976), 394, 402 f; *Mann*, ZHR 138 (1974), 448, 452 f; *Bredthauer*, BB 1986, 1864 f; Scholz/*Westermann*, GmbHG, Einl. Rn 94; Groß-Komm-AktG/*Röhricht*, § 23 Rn 48; *Goette*, Mitt-RhNotK 1997, 1, 3; *Wolff*, ZIP 1995, 1489, 1491; *Geyrhalter*, RIW 2002, 386, 389; *Kröll*, ZGR 2000, 111, 122 ff.

174 BT-Drucks. 10/504, S. 49.

175 BayObLG NJW 1978, 500; OLG Frankfurt DB 1981, 1456; OLG Stuttgart NJW 1981, 1176; OLG Düsseldorf RIW 1989, 225 = DB 1989, 169 (Satzungsänderung); *Merkt*, in: FS Sandrock 1995, S. 135, 156 (für Anteilsabtretung); *Reuter*, BB 1998, 116 ff; Sick/Schwarz, NZG 1998, 540; *Loritz*, DNotZ 2000, 90, 105 f; *Gätsch/Schulte*, ZIP 1999, 1954, 1956; *Bauer*, NZG 2001, 45, 46; Palandt/*Thorn*, Art. 11 EGBGB Rn 13; MüKo/*Spellenberg*, Art. 11 EGBGB Rn 172 ff; *Olk/Nikoleyczik*, DStR 2010, 1576.

176 *Kropholler*, ZHR 140 (1976), 402; *Schervier*, NJW 1992, 593, 598; *Bredthauer*, BB 1986, 1864; aA MüKo/*Spellenberg*, 5. Aufl., Art. 11 EGBGB Rn 183.

177 *Maier-Reimer*, BB 1974, 1230, 1233.

ämtern oder vergleichbaren Registern[178] ist, so gilt dies ebenso für die registrierungs- bzw anzeigepflichtigen gesellschaftsrechtlichen Vorgänge. Auch hier besteht eine Nähe zu den Registergerichten und ein erhebliches Interesse des Rechtsverkehrs an einer klaren und sicheren Rechtslage.[179] Dies hat der Gesetzgeber für die Anteilsabtretung durch die Erschwerung der Fungibilität von GmbH-Geschäftsanteilen (§ 15 Abs. 3, 4 GmbHG) zum Ausdruck gebracht.

Gleiches gilt für die beurkundungspflichtigen Vorgänge, die die Verfassung und den Bestand der Gesellschaft betreffen. Der Vorgang wirkt sich weit über den Kreis der unmittelbar Betroffenen hinaus aus, es besteht ein besonderes Interesse an der Richtigkeitsgewähr. Diesem Interesse wäre nicht entsprochen, wenn (nur) die Einhaltung einer ausländischen Ortsform ausreichend wäre (Stichwort: mündliche Errichtung einer deutschen Aktiengesellschaft im Ausland); des Weiteren kann auf die oben unter Rn 26 zum Geschäftsrecht aufgeführten Argumente verwiesen werden. Die Registerpflichtigkeit ist ein Indiz dafür, dass die juristische Umwelt genauso berührt ist wie bei Grundstücksverfügungen.[180] 40

Der Registerrichter kann häufig nicht prüfen, welches die Ortsformvorschriften sind und wie sie eingehalten wurden. Eine starke Rechtsunsicherheit entstünde. Der Einwand, der Registerrichter könne sich im Wege des Amtsermittlungsgrundsatzes (§ 12 FGG) von der Wirksamkeit überzeugen, ist ein in der Praxis wenig verfängliches Argument. Die Amtsermittlung würde zu einer Vielzahl von externen Begutachtungen führen, die nicht nur teuer, sondern auch zeitraubend sind und somit die Spanne zwischen Antragstellung und Eintragung vergrößern würden. Das dies weder im Interesse der Gesellschaft noch des Rechtsverkehrs ist, liegt auf der Hand. Zunächst gilt dies für alle diejenigen Fälle, in denen die Eintragung in Handelsregister konstitutiv ist. Aber auch für Anteilsabtretungen (auch hier muss die Anteilsabtretung angezeigt werden, vgl § 40 GmbHG) gilt das oben (Rn 39) Gesagte entsprechend. Denn der Rechtsverkehr hat ein Interesse daran zu wissen, wer Anteilsinhaber ist. Hier ist lediglich eine Substitution der vom Geschäftsstatut aufgestellten Formerfordernisse möglich (vgl Rn 27). Bei juristischen Personen kann darüber hinaus das Personalstatut vorsehen, dass bestimmte Vorgänge im Inland stattfinden müssen (str. für die Hauptversammlung einer deutschen Aktiengesellschaft, wenn nichts anderes in der Satzung bestimmt ist,[181] und für die Gesellschafterversammlung einer GmbH[182]). 41

Die jahrzehntelange Diskussion, ob auch die Ortsform für gesellschaftsrechtliche Beurkundungen überhaupt möglich ist und unter welchen Voraussetzungen die Gleichwertigkeit einer Auslandsbeurkundung für die Erfüllung der Geschäftsform überhaupt gegeben ist, wurde jüngst durch zwei parallele Entwicklungen wiederbelebt. So hat zum einen der Gesetzgeber mit dem MoMiG das Beurkundungserfordernis aufgewertet, weil er hieran die Einreichung einer notariell bescheinigten Gesellschafterliste geknüpft hat (§ 40 Abs. 2 GmbHG), die Grundlage für den gutgläubigen Erwerb von GmbH-Geschäftsanteilen und Legitimationsbasis für die Ausübung der Gesellschafterrechte ist.[183] Zum anderen hat die Schweiz im Jahr 2007 ihr in Art. 772 ff OR kodifiziertes GmbH-Recht grundlegend reformiert und für die GmbH, die in der Schweiz als „schwachbrüstige Schwester der AG" angesehen wird,[184] das Beurkundungserfordernis zugunsten einer privatschriftlich möglichen Anteilsabtretung aufgegeben (Art. 785 OR). Die Aufhebung des Beurkundungserfordernisses in der Schweiz bedeutet, dass – würde man die **Ortsform** als ausreichend erachten – die Abtretung von Anteilen an einer deutschen GmbH künftig privatschriftlich in der Schweiz erfolgen könnte, was eine erhebliche Missbrauchsgefahr mit sich brächte. Dieser Befund stände diametral der vom Gesetzgeber vorgenommenen erheblichen Aufwertung der Gesellschafterliste mit Blick auf deren Legitimationsfunktion für die Ausübung der Gesellschafterrechte und den gutgläubigen Erwerb entgegen.[185] Aufgrund dieser Aufwertung muss aus Sicht des Gesetzgebers,[186] aber auch bereits aus verfassungsrechtlichen Gründen[187] eine erhöhte Richtigkeitsgewähr gegeben sein.[188] Diese Richtigkeitsgewähr wird nach dem Konzept des GmbH-Gesetzes dadurch gewährleistet, dass bei der Darstellung und Einreichung gem. § 40 Abs. 2 GmbHG der Notar für den Regelfall mit eingebunden wird und die Übereinstimmung der beurkundeten Änderungen zu bescheinigen hat. Würde nun die Ortsform als zulässig erachtet, stände das Beurkundungserfordernis in internationalen Fällen letztlich zur Disposition der Parteien.[189] Diese würden zur missbräuchlichen Umgehung des § 15 Abs. 3 GmbHG geradezu 42

178 *Kropholler*, ZHR 140 (1976), 400 f (mwN); *Kegel*, in: FS Lewald 1953, S. 259, 274 ff.
179 *Schervier*, NJW 1992, 593, 598.
180 *Kropholler*, ZHR 140 (1976), 402.
181 OLG Hamburg IPRax 1994, 291 = NJW-RR 1993, 1317 hat sich allerdings gegen die Möglichkeit ausgesprochen, eine derartige Satzungsbestimmung aufzunehmen; ebenso AG Köln, RIW 1989, 990; aA MüKo/*Spellenberg*, Art. 11 EGBGB Rn 84 (diskutiert dies bei der Frage der Gleichwertigkeit im Rahmen der Substitution); *Biehler*, NJW 2000, 1243, 1244.
182 Wird überwiegend als zulässig angesehen: BGH NJW 1980, 1160; dazu auch MüKo/*Spellenberg*, Art. 11 EGBGB Rn 85 mwN; *Schervier*, NJW 1992, 593, 597.
183 *Mauch*, EWiR 2010, 79.
184 Es gab Ende 2005 nur halb so viele GmbHs wie Aktiengesellschaften, vgl *Forstmoser/Peyer/Schott*, Das neue Recht der GmbH, 2006, S. 19 Fn 5.
185 *Mauch*, EWiR 2010, 79.
186 BT-Drucks. 16/140, S. 44.
187 *Omlor*, WM 2009, 2105, 2107 f.
188 *König/Bormann*, DNotZ 2008, 652, 667; *Mauch*, EWiR 2010, 79.
189 *Kindler*, BB 2010, 74, 75.

eingeladen, da sie etwa in den Abtretungsvertrag unkontrolliert den ausländischen Abschlussort einsetzen können und überdies auch den Zeitpunkt der Abtretung nach Belieben noch vor- oder rückdatieren könnten.[190] Dies ist aber gerade vor dem Hintergrund der durch das MoMiG erfolgten Aufwertung des in§ 15 Abs. 3 GmbHG statuierten Beurkundungserfordernisses nicht mit in Einklang zu bringen. Das Beurkundungserfordernis unterfällt daher nicht dem Form,- sondern dem Gesellschaftsstatut, § 15 Abs. 3, 4 GmbHG findet stets Anwendung.[191]

43 **4. Rechtswahl.** Die beiden in Abs. 1 genannten Alternativen sind nicht zwingend, sie können durch die Parteien modifiziert werden. Eine (Form-)Rechtswahl spielt allerdings nur dort eine Rolle, wo sie möglich ist, dh bei Schuldverträgen. Insofern gilt hier für alle nach dem 17.12.2009 geschlossene (Formwahl-)Verträge Art. 3 Abs. 1 S. 3 Rom I-VO, für alle davor geschlossenen Art. 27 ff EGBGB aF. Eine solche (Form-)Rechtswahl ist daher zum einen indirekt dadurch möglich, dass die Parteien das maßgebliche Geschäftsrecht entsprechend Art. 27 ff EGBGB aF bzw Art. Abs. 1 S. 3 Rom I-VO selbst wählen. Soweit Art. 11 Abs. 1 EGBGB bzw Rom I-VO auf das Geschäftsrecht verweist, käme dann das von den Parteien gewählte Recht zur Anwendung. Die Parteien können aber nach der herrschenden Meinung auch direkt entweder das Ortsrecht oder das Geschäftsrecht als für die Form maßgebliches Recht abbedingen[192] oder wählen.[193] Wenn sich diese Rechtswahl nur auf die Form bezöge, wäre dies eine zulässige Teilrechtswahl.[194] So kann zB die Maßgeblichkeit der Ortsform ausgeschlossen werden.[195] Der BGH hat in der Wahl des deutschen Vertragsstatuts (= Geschäftsrecht) zugleich die stillschweigende Abwahl des Ortsrechts für die Form angenommen.[196] Ein anderes Mal hat er hingegen bei einer Wahl deutschen Geschäftsstatuts auch die Geltung von Art. 11 Abs. 1 als vereinbart angenommen.[197] Was von den Parteien gemeint ist, ist eine Frage des Parteiwillens und somit der Auslegung der Vereinbarung.[198] In der Regel wollen die Parteien mit der Rechtswahl das Ortsrecht ausschließen, wenn dieses nicht mit dem Geschäftsrecht übereinstimmt. Bei Verbraucherverträgen (Art. 29 Abs. 3 EGBGB aF bzw Art. 11 Abs. 4 Rom I-VO) und bei den vom Anwendungsbereich des Art. 11 ausgenommenen Rechtsgeschäften (siehe Rn 6 ff) ist die Rechtswahlmöglichkeit hingegen eingeschränkt. Von der kollisionsrechtlichen Rechtswahl ist die materiellrechtliche Formvereinbarung zu unterscheiden (nach deutschem Recht zB § 127 BGB). Deren Zulässigkeit und Voraussetzungen richten sich nach dem Geschäftsstatut.[199]

44 Wählen die Parteien bei einem Schuldvertrag gem. Art. 27 EGBGB aF bzw Art. 3 Abs. 1 Rom I-VO eine bestimmte Rechtsordnung, so ist die **Formgültigkeit des Rechtswahlvertrages** unabhängig von der Formgültigkeit des materiellen Vertrages (dann nur Art. 11) zu beurteilen.[200]

45 Wird bei Schuldverträgen die **Rechtswahl nachträglich** getroffen und stellt das neue Geschäftsstatut andere Formerfordernisse auf, so gilt mit dem Grundsatz des favor negotii dasjenige Recht mit den milderen Formvorschriften.[201] Ein ursprünglich ungültiger Vertrag kann also durch Formrechtswahl rückwirkend geheilt werden. Umgekehrt bleibt die ursprünglich vorhandene Formwirksamkeit auch dann erhalten, wenn das neu gewählte Recht Formunwirksamkeit annimmt.

II. Distanzgeschäfte (Abs. 2)

46 Abs. 2 eröffnet die Möglichkeit eines zusätzlichen Formstatuts. Bei Verträgen, bei denen sich die beiden Vertragsparteien in unterschiedlichen Staaten befinden (auf den Aufenthalt oder den gewöhnlichen Aufenthalt kommt es insofern nicht an) kann sich die Formgültigkeit des Vertrages – neben dem Geschäftsstatut – auch nach den Rechten beider Staaten richten. Es kommt nicht darauf an, wo der Vertrag rechtswirksam – etwa durch Zugang der Annahmeerklärung – zustande kommt.[202] Nach Inkrafttreten der Rom I-VO kommt Abs. 2 nur noch ein Anwendungsbereich für Verträge, die bis zum 17.12.2009 geschlossen wurden, zu. Abs. 2 spricht ausdrücklich nur von Verträgen. Andere Rechtsgeschäfte sind demnach vom Anwendungsbereich ausgeschlossen. So kann zB die Formwirksamkeit einer Willenserklärung, die in einem Staat abgegeben wird und

190 *Gerber*, GmbHR 2010, 97, 98.

191 *Kindler*, BB 2010, 74, 75; MüKo/*Kindler*, IntGesR, (5. Aufl., im Erscheinen) Rn 558 f ff (zitiert nach *Kindler*, BB 2010, 74, 75); Staudinger/*Großfeld*, IntGesR, Rn 497; *König/Götte/Bormann*, NZG 2009, 881, 993; *Mauch*, EWiR 3/2010; ebenso *Böttcher*, ZNotP 2010, 6 ff; *Gerber*, GmbHR 2010, 97 ff; *Bayer*, DNotZ 2009, 887 ff.

192 BGHZ 57, 337, 339 = NJW 1972, 385; OLG Brandenburg RIW 1997, 424, 425; MüKo/*Spellenberg*, Art. 11 Rom I-VO Rn 39; Palandt/*Thorn* Art. 11 Rn 2; einschränkend Staudinger/*Winkler von Mohrenfels*, Art. 11 EGBGB Rn 213 ff (mwN); aA Bamberger/Roth/*Mäsch*, Art. 11 EGBGB Rn 10.

193 MüKo/*Spellenberg*, Art. 11 EGBGB Rn 68.

194 MüKo/*Spellenberg*, Art. 11 EGBGB Rn 68 .

195 BGHZ 57, 337, 339 = NJW 1972, 385; aA *Jayme*, NJW 1972, 1618.

196 BGH, GmbHR 2005, 53; BGHZ 57, 337, 3399 = NJW 1972, 385; krit. Bamberger/Roth/*Mäsch*, Art. 11 EGBGB Rn 10.

197 BGH NJW 1971, 323, 324.

198 So auch MüKo/*Spellenberg*, Art. 11 Rom I-VO Rn 41 ff.

199 MüKo/*Spellenberg*, Art. 11 Rom I-VO Rn 47.

200 BGHZ 73, 391, 394.

201 *Spickhoff*, IPRax 1998, 462, 464; Bamberger/Roth/*Mäsch*, Art. 11 EGBGB Rn 31.

202 MüKo/*Spellenberg*, Art. 11 EGBGB Rn 132.

im anderen Staat zugeht, nicht nach den Rechten beider Staaten beurteilt werden, sondern nur nach dem Recht des Staates, in dem die Willenserklärung abgegeben wurde. Auf die Art des Vertrages kommt es hingegen nicht an. So fallen auch einseitig verpflichtende Verträge, etwa ein Schenkungsvertrag[203] oder ein Bürgschaftsvertrag,[204] unter Abs. 2. Bei Letzterem genügt auch die Einhaltung des milderen, keine besondere Form verlangenden Ortsrechts einer Partei, auch wenn das Ortsrecht der anderen Partei eine besondere Form verlangt.[205]

Ist der Vertrag nach beiden Ortsrechten (und nach dem Geschäftsrecht) ungültig, so gilt hinsichtlich der Rechtsfolgen das zu Abs. 1 Gesagte (siehe Rn 18). Die Folgen der Formunwirksamkeit beurteilen sich nach dem milderen Recht. 47

III. Vertretergeschäfte (Abs. 3)

Abs. 3 stellt klar, dass es bei Vertretergeschäften für die Bestimmung des Ortes, an dem das Rechtsgeschäft vorgenommen wird, nicht auf den Aufenthalt des Vertretenen, sondern auf den des Vertreters ankommt. Dieser Absatz hat somit eine Hilfsfunktion für die Bestimmung des Ortsrechts. Trotz der Eingrenzung des Wortlauts auf „Verträge" muss Abs. 3 auch auf einseitige Rechtsgeschäfte durch einen Vertreter entsprechend angewendet werden.[206] Er gilt auch für Bürgschaftsverträge.[207] Für durch Boten (zB per Post) übermittelte Erklärungen gilt Abs. 3 nicht, hier muss auf den Ort der Abgabe der Erklärung abgestellt werden. Von der Frage der Formwirksamkeit des durch den Vertreter geschlossenen Hauptgeschäftes ist die Formwirksamkeit der Bevollmächtigung zu unterscheiden, hier kommt es auf die Formvorschriften des für die Vollmacht geltenden Geschäftsrechts oder auf die Formvorschriften desjenigen Ortes an, an dem die Vollmacht erklärt wird. 48

IV. Schuldrechtliche Grundstücksgeschäfte (Abs. 4 aF)

Bis zum 17.12.2009 galt Art. 11 Abs. 4 mit folgendem Wortlaut: „*Verträge, die ein dingliches Recht an einem Grundstück oder ein Recht zur Nutzung eines Grundstücks zum Gegenstand haben, unterliegen den zwingenden Formvorschriften des Staates, in dem das Grundstück belegen ist, sofern diese nach dem Recht dieses Staates ohne Rücksicht auf den Ort des Abschlusses des Vertrags und auf das Recht, dem er unterliegt, anzuwenden sind.*" Diese Bestimmung findet sich jetzt sinngemäß ausschließlich in Art. 11 Abs. 5 Rom I-VO mit folgenden Wortlaut wieder: „*Abweichend von den Absätzen 1 bis 4 unterliegen Verträge, die ein dingliches Recht an einer unbeweglichen Sache oder die Miete oder Pacht einer unbeweglichen Sache zum Gegenstand haben, den Formvorschriften des Staates, in dem die unbewegliche Sache belegen ist, sofern diese Vorschriften nach dem Recht dieses Staates a) unabhängig davon gelten, in welchem Staat der Vertrag geschlossen wird oder welchem Recht dieser Vertrag unterliegt, und b) von ihnen nicht durch Vereinbarung abgewichen werden darf.*" Art. 11 Abs. 4 ist demnach nur noch für bis zum 17.12.2009 geschlossene Verträge anwendbar und bezieht sich nur auf schuldrechtliche Grundstücksgeschäfte. Solche können zum einen Verträge sein, die ein dingliches Recht zum Gegenstand haben, und zum anderen solche, die ein Recht zur Nutzung eines Grundstücks zum Gegenstand haben. Auf die dinglichen Grundstücksgeschäfte selbst ist Abs. 4 nF (früher Abs. 5) anwendbar, zur Auflassung siehe auch Rn 31. Nach Abs. 4 aF sind die Formvorschriften des Rechts desjenigen Landes, in dem das vertragsgegenständliche Grundstück belegen ist, immer dann anwendbar, wenn das Belegenheitsrecht ausschließliche Geltung beansprucht.[208] Das deutsche Recht tut dies grundsätzlich nicht[209] (siehe auch Rn 15), so dass Abs. 1–3 uneingeschränkt anwendbar sind.[210] Ausnahmen werden nur für den Bereich des Mietrechts erwogen.[211] Ein Vertrag über ein deutsches Grundstück ist demnach auch im Ausland nach den dort geltenden Formvorschriften möglich (vgl Rn 30). Ausländische Rechte können jedoch ausschließliche Geltung beanspruchen, zB das schweizerische Recht bei Kaufverträgen über schweizerische Grundstücke.[212] Sinn von Abs. 4 aF ist es, auf den Geltungsanspruch dieses Rechts Rücksicht zu nehmen, nicht zuletzt deshalb, weil man sich dagegen nicht durchsetzen könnte.[213] 49

Der Anwendungsbereich des Abs. 5 aF umfasst zunächst solche Geschäfte, die ein dingliches Recht zum Gegenstand haben, also nicht nur Veräußerungsgeschäfte. Somit unterfallen dem Anwendungsbereich auch die Übertragung und Einräumung beschränkter dinglicher Rechte (Grundpfandrechte, Nießbrauch, Woh- 50

203 Krit. dazu *v. Hoffmann*, IPR, § 7 Rn 41, S. 277.
204 BGHZ 121, 224, 235 = NJW 1993, 1126, 1128.
205 BGHZ 121, 224, 235 = NJW 1993, 1126, 1128.
206 MüKo/*Spellenberg*, Art. 11 EGBGB Rn 126; Bamberger/Roth/*Mäsch*, Art. 11 EGBGB Rn 52.
207 BGH NJW 1993, 1126, 1128.
208 OLG Brandenburg RIW 1997, 424, 425.
209 S. die Gesetzesbegründung in BT-Drucks. 10/504, S. 49; Bamberger/Roth/*Mäsch*, Art. 11 EGBGB Rn 56.
210 *Mankowski*, RIW 1995, 1034, 1037 (mwN).
211 Vgl Bamberger/Roth/*Mäsch*, Art. 11 EGBGB Rn 56 (mwN).
212 § 119 Abs. 3 S. 2 IPRG; hier gilt zwingend die Form der öffentlichen Beurkundung gem. § 216 Abs. 1 OR.
213 MüKo/*Spellenberg*, 3. Aufl., Art. 11 EGBGB Rn 88.

nungsrecht etc.). Unter Verträgen über die Nutzung eines Grundstücks sind Miete, Pacht und Nießbrauch[214] (auf Letzteren kann auch Abs. 4 nF (Abs. 5 aF) zur Anwendung kommen) zu verstehen.

V. Dingliche Rechtsgeschäfte (Abs. 4)

51 **1. Allgemeines.** Abs. 4 fand sich bis zum 17.12.2009 in Abs. 5 und wurde durch die Streichung von Abs. 4, der sich nunmehr ausschließlich in Art. 11 Abs. 5 Rom I-VO findet (s.o. Rn 49), zu Abs. 4. Die Rom I-VO ist hier nicht anzuwenden. Abs. 4 schränkt die durch die alternativen Anknüpfungsmöglichkeiten der Abs. 1 und 2 eröffnete Formenvielfalt dadurch ein, dass für dingliche Rechtsgeschäfte die Formwirksamkeit nur durch dasjenige Recht bestimmt wird, das auf das seinen Gegenstand bildende Rechtsverhältnis anzuwenden ist. De facto ergibt sich daraus, dass bei Verfügungsgeschäften die lex rei sitae für die Beurteilung der Formwirksamkeit heranzuziehen ist, wenn nicht gem. Art. 46 ausnahmsweise ein anderes Recht Anwendung findet. Die Anwendbarkeit des Belegenheitsrechts folgt aus Art. 43. Der Grund für diese Sonderregelung liegt bei Grundstücken im Interesse der Allgemeinheit an einer klaren dinglichen Rechtslage und an der Nähe zu Grundbuchämtern oder vergleichbaren Registern.[215] Für Mobilien greift diese Rechtfertigung in Deutschland nicht, doch ist in anderen Ländern eine (quasi-)konstitutive Wirkung einer Registrierung – etwa bei Eigentumsvorbehaltsregistern – möglich. Die Anwendbarkeit des nach Abs. 4 berufenen Rechts ist zwingend, eine – auch einvernehmliche – Wahl eines anderen Rechts ist nicht möglich.

52 **2. Anwendungsbereich des Abs. 4.** Der gegenständliche Anwendungsbereich des Abs. 4 umfasst nicht nur Grundstücke (zur Auflassung, die zwingend vor einem deutschen Notar erklärt werden muss, siehe Rn 31) und grundstücksgleiche Rechte, sondern auch Sachenrechtsgeschäfte über Mobilien. Da der Wortlaut von „Sache" spricht und Sachen im deutschen Recht gem. § 90 BGB nur körperliche Gegenstände sind,[216] gilt Abs. 4 unbestritten nicht für Immaterialgüterrechte.[217] Umstritten ist, ob die Regelung auch entsprechend auf die Übertragung von Geschäftsanteilen (siehe dazu Rn 39) und Erbteilen anwendbar[218] ist. Dies ist zu bejahen. Denn Abs. 4 bezweckt Rechtssicherheit bei denjenigen Verfügungsgeschäften, die eine bestimmte Nähe zu Registern haben. Zu weiteren Argumenten siehe Rn 39 ff. Die Form kann dabei jedoch im Wege der Substitution erfüllt werden (vgl Rn 19 ff). Denn auch hier werden die Formvorschriften des Geschäftsrechts erfüllt. Nur der tatsächliche Vorgang findet im Ausland statt.

53 Der lex rei sitae unterliegen sowohl Rechtsgeschäfte, durch die ein Recht an einer Sache begründet wird, als auch solche, mit denen über ein solches Recht verfügt wird.[219] Die schuldrechtlichen (Verpflichtungs-)Geschäfte sind davon jedoch nicht betroffen, auch wenn sie der Rechtsgrund für die Rechtsbegründung/ Verfügung sind. Problematisch ist dabei die Behandlung solcher ausländischen Rechtsgeschäfte, die ein sachenrechtliches Vollzugsgeschäft als entbehrlich erachten. So bewirkt im französischen Recht der Abschluss des Kaufvertrages zugleich den Eigentumsübergang. In einem solchen Fall ist Abs. 4 wohl nicht anwendbar.[220] Von Abs. 4 wird nach hM nicht die Erteilung einer Vollmacht umfasst,[221] auch wenn diese unwiderruflich ist. Eine Grundstücksveräußerungs- oder Erwerbsvollmacht für ein inländisches Grundstück kann demnach im Ausland formfrei, also ohne Beachtung von § 311 b BGB erteilt werden, wenn das ausländische Recht dies zulässt.

C. Weitere praktische Hinweise

I. Formfragen im Zusammenhang mit dem Beurkundungsverfahren

54 Ist nach dem Formstatut die Mitwirkung einer bestimmten Person bei dem Abschluss des Rechtsgeschäfts erforderlich, so sind auch die Regeln über die Beurkundungszuständigkeit von Behörden und Urkundsperso-

214 MüKo/*Spellenberg*, 3. Aufl., Art. 11 EGBGB Rn 89.
215 *Kropholler*, ZHR 140 (1976), 400 f (mwN); *Kegel*, in: FS Lewald 1953, S. 274 ff; krit. (da in manchen Ländern keine konstitutive Grundbuchwirkung existiert) MüKo/*Spellenberg*, 3. Aufl., Art. 11 EGBGB Rn 84.
216 Die Qualifikation, was eine Sache ist, obliegt dem deutschen Recht, wobei der Zweck der Anknüpfungsregel zu beachten ist, vgl MüKo/*Spellenberg*, Art. 11 EGBGB Rn 140.
217 MüKo/*Spellenberg*, Art. 11 EGBGB Rn 167.
218 Dafür *Ludwig*, NJW 1983, 496; dagegen MüKo/*Spellenberg*, Art. 11 EGBGB Rn 137; Palandt/*Thorn*, Art. 11 EGBGB Rn 20.
219 Unter dem Begriff Verfügung, der grundsätzlich nach deutschem Recht zu qualifizieren ist, wird bekanntlich die Übertragung, inhaltliche Änderung, Belastung und Aufhebung eines Rechtes verstanden.
220 BGHZ 73, 391; OLG Köln OLGZ 77, 201; *Küppers*, DNotZ 1973, 645, 666; MüKo/*Spellenberg*, Art. 11 EGBGB Rn 166; aA Soergel/*Kegel*, Art. 11 EGBGB Rn 16.
221 OLG Stuttgart MDR 1981, 405; Palandt/*Thorn*, Art. 11 EGBGB Rn 2; aA *Ludwig*, NJW 1983, 495; Staudinger/*Winkler von Mohrenfels*, Art. 11 EGBGB Rn 71.

nen (Standesbeamte, Notare)[222] und die Vorschriften über das Beurkundungsverfahren[223] diesem Recht zu entnehmen.[224] Dabei ist zu beachten, dass die Hoheitsbefugnisse eines deutschen Notars auf das deutsche Staatsgebiet beschränkt sind.[225] Gilt also deutsches Formstatut, so ist eine Auslandsbeurkundung durch einen deutschen Notar nicht möglich.[226]

Streitig ist, ob dies auch dann gilt, wenn sich die **Tätigkeit der Urkundsperson** in **zwei Vorgänge** aufspalten lässt. So besteht der Vorgang der Unterschriftsbeglaubigung nach § 40 BeurkG aus der Sinneswahrnehmung (der Unterschriftszeichnung bzw Anerkennung) und aus der Fertigung des Beglaubigungsvermerks. Kann in diesem Fall der Notar die Unterschrift im Ausland entgegennehmen und innerhalb Deutschlands den Beglaubigungsvermerk wirksam fertigen? Dies wird teilweise im Hinblick auf die Soll-Vorschrift des § 40 BeurkG für möglich erachtet.[227] Nach dieser Vorschrift soll eine Unterschrift nur dann beglaubigt werden, wenn die Unterschrift in Gegenwart des Notars vollzogen oder anerkannt wurde. Ein Verstoß führt nicht zur Unwirksamkeit, auch eine Fernbeglaubigung (zB telefonische Bestätigung des Unterzeichners, dass dies seine Unterschrift sei) ist wirksam, wenngleich amtspflichtswidrig. Gegen die Möglichkeit der Tätigkeit im Ausland, und sei diese Tätigkeit auch nur auf die Sinneswahrnehmung beschränkt, spricht richtigerweise jedoch, dass der Notar hoheitliche Befugnisse ausübt und eine hoheitliche Tätigkeit nicht in einem anderen Staatsgebiet ausüben darf.[228] Unstreitig hingegen ist, dass ein deutscher Notar nicht eine Hauptversammlung im Ausland aufnehmen, das Protokoll hingegen im Inland erstellen darf.[229] 55

Wirksame deutsche Urkunden können im Ausland auch die deutschen Konsularbeamten errichten (§ 10 KonsG). Deutsche Konsularbeamte sind insbesondere befugt, Auflassungen entgegenzunehmen und eidesstattliche Versicherungen (wie sie beispielsweise im Erbscheinsverfahren erforderlich sind) abzunehmen (§ 12 KonsG).[230] 56

II. Gebührenerwägungen bei Auslandsbeurkundungen

Gelegentlich – insbesondere bei sehr hohen Gegenstandswerten – wird erwogen, die Beurkundung des **schuldrechtlichen Grundstückskaufvertrages** oder sonstigen Übertragungsgeschäftes im Ausland in einem gleichwertigen Beurkundungsverfahren vorzunehmen und anschließend die Auflassung[231] vor einem deutschen Notar zu erklären. Ob sich damit tatsächlich Gebühren sparen lassen, hängt davon ab, wie das Oberlandesgericht, in dessen Bezirk die Auflassung erklärt werden soll, zu der Gebührenerhebung für die Auflassung steht. Während einige Oberlandesgerichte[232] von einer 5/10-Gebühr gem. § 38 Abs. 2 Nr. 6 a KostO ausgehen, sehen andere[233] eine 20/10-Gebühr gem. § 36 Abs. 2 KostO ausgelöst. Nach § 38 Abs. 2 Nr. 6 a KostO fällt die 5/10-Gebühr an, wenn „das zugrunde liegende Rechtsgeschäft bereits beurkundet ist“. Legt man den Wortlaut so aus, dass es sich bei der vorangegangenen Beurkundung um eine solche im Sinne des Beurkundungsgesetzes im Geltungsbereich der Kostenordnung, also vor einem deutschen Notar, handeln muss, so wäre § 38 Abs. 2 KostO nicht einschlägig und somit eine 20/10-Gebühr zu erheben. Dafür spricht, dass bei einem vorausgegangenen inländischen Schuldvertrag der Prüfungsaufwand für den die Auflassung beurkundenden Notar in der Regel geringer ist als bei einem ausländischen Schuldvertrag. Dies rechtfertigt auch die höhere Gebühr. Zu den reinen Beurkundungsgebühren für die Auflassung kommen aber noch weitere Gebühren hinzu. Der deutsche Notar muss zum einen prüfen, ob das Verpflichtungsgeschäft formgerecht in einem gleichwertigen Beurkundungsverfahren errichtet worden ist. Diese Pflicht trifft ihn wegen § 925 a 57

222 OLG Zweibrücken StAZ 1979, 242; OLG Stuttgart FamRZ 1990, 559, 560.

223 ZB das Erfordernis einer ausreichenden Namensunterschrift, BGH FamRZ 2003, 675.

224 Bamberger/Roth/*Mäsch*, Art. 11 EGBGB Rn 24.

225 BGHZ 138, 359, 361 = NJW 1998, 2830, 2831; *Riering*, IPRax 2000, 16, 17; *Biehler*, NJW 2000, 1243, 1245; Palandt/*Thorn*, Art. 11 EGBGB Rn 7; Staudinger/*Winkler von Mohrenfels*, Art. 11 EGBGB Rn 282 f, mwN.

226 Nehmen hingegen ausländische Urkundspersonen Beurkundungen in Deutschland vor, so führt dies nicht zwingend zur Unwirksamkeit. Es ist dann anhand des ausländischen Rechts zu prüfen, ob dieses eine solche Beurkundung zulässt und eine Substitution ermöglicht; vgl dazu *Rehm*, RabelsZ 64 (2000), 104 ff.

227 *Winkler*, BeurkG, Einl. Rn 46 und § 40 Rn 35; Schippel/*Schippel*, BNotO, § 11 a Rn 2.

228 Wie hier Staudinger/*Winkler von Mohrenfels*, Art. 11 EGBGB Rn 278 f; *Arndt/Lerch/Sandkühler*, BNotO, 5. Aufl. 2003, § 11 Rn 12; *Blumenwitz*, DNotZ 1968, 712, 720.

229 OLG Hamburg NJW-RR 1993, 1317; Staudinger/*Winkler von Mohrenfels*, Art. 11 EGBGB Rn 288.

230 Allgemein zum konsularischen Beurkundungswesen vgl *Bindseil*, DNotZ 1993, 5 ff.

231 Diese ist notwendigerweise vor einem deutschen Notar zu erklären, s. oben Rn 30.

232 OLG Köln RNotZ 2002, 239; OLG Karlsruhe JurBüro 1998, 155; OLG Jena NJW-RR 1998, 645; OLG Celle JurBüro 1997, 207; OLG Zweibrücken DNotZ 1997, 245 f; OLG Düsseldorf DNotZ 1991, 410; OLG Stuttgart DNotZ 1991, 411; zust. *Hartmann*, Kostengesetze, 32. Aufl. 2003, § 38 KostO Rn 24 ff.

233 OLG Hamm ZNotP 1998, 301 ff = NJW-RR 1999, 77; BayObLG DNotZ 1978, 58; so auch Notarkasse, Streifzug durch die Kostenordnung, 5. Aufl. 2002, S. 18; *Assenbacher/Mathias*, KostO, 15. Aufl. 2004, S. 66; *Bengel*, in: Korintenberg/Lappe/Bengel/Reimann, KostO, 15. Aufl. 2002, § 38 Rn 50; *Lappe*, DNotZ 1991, 413 ff; *Knoche*, RNotZ 2002, 241 ff.

BGB,[234] wonach der Notar die Auflassung nur beurkunden soll, wenn ein nach § 311 b BGB wirksamer Vertrag vorgelegt wird. Hierfür müsste – jedenfalls für den Fall, dass lediglich 5/10-Gebühr für die Auflassung angesetzt wird – eine 5/10-Gebühr gem. § 147 Abs. 2 KostO anzusetzen sein. Da der Notar des Weiteren die Urkunde vollzieht, dh sämtliche erforderliche Genehmigungen und Bescheinigungen einholt und den Antrag einreicht, ist eine weitere Vollzugsgebühr gem. § 147 Abs. 2 KostO (5/10) anzusetzen.

58 Das keine einheitliche Rechtsprechung zum Gebührensatz in diesen Fällen vorliegt, liegt daran, dass eine Divergenzbeschwerde zum BGH bislang nicht möglich war. Dies ist aber seit Änderung der KostO zum 1.1.2002 gem. § 28 Abs. 2 FGG iVm § 156 Abs. 4 S. 4 KostO möglich. Eine klarstellende Entscheidung des BGH ist demnach zu erwarten.

III. Registerrecht

59 Welche Wirkungen Registereintragungen (zB Handelsregister und Grundbuch) haben, ob sie also konstitutiv oder rein deklaratorisch wirken, entscheidet das Geschäftsrecht, nicht das Formstatut.[235] Dieses wird bei registerpflichtigen Vorgängen wegen Abs. 4 in den meisten Fällen mit dem Geschäftsstatut übereinstimmen (siehe zur entsprechenden Anwendung auf gesellschaftsrechtliche Vorgänge Rn 39). Das Registerverfahren, die Wirkungen der Registereintragung[236] und die Frage, wie bestimmte Nachweise zu erbringen sind (zB durch öffentliche Urkunden), regelt das Recht des Registerortes.[237] Zur Beglaubigung von Handelsregisteranmeldungen durch einen ausländischen Notar und zur Belehrung gem. § 8 Abs. 3 GmbHG siehe Rn 30, zur Legalisation siehe Rn 60.

IV. Legalisation, Apostille und befreiende Abkommen

60 Neben der materiellen Formwirksamkeit eines Rechtsgeschäfts stellt sich bei öffentlichen Urkunden die Frage des Gebrauchs außerhalb des Errichtungsstaates. Dies ist keine Frage des Art. 11.[238] Die Frage stellt sich sowohl für ausländische öffentliche Urkunden, die im Inland gebraucht, als auch für inländische öffentliche Urkunden, die im Ausland gebraucht werden sollen. Ausländische Urkunden werden in Deutschland grundsätzlich als öffentlich anerkannt, wenn sie die äußeren Merkmale einer öffentlichen Urkunde enthalten.[239] Deren Echtheit muss jedoch häufig nachgewiesen werden, insbesondere wenn die Urkunde im Zivilprozess (§ 415 ZPO), bei einem öffentlichen Register (zB Handelsregister (§ 12 HGB) oder Grundbuchamt (§ 29 GBO) vorgelegt wird. Zum Echtheitsnachweis bedarf die ausländische öffentliche Urkunde grundsätzlich der **Legalisation**, vgl § 438 Abs. 2 ZPO.[240] Dies bedeutet, dass die Echtheit der Urkunde durch die Auslandsvertretung (für Deutschland die Konsulate, vgl § 13 KonsularG) desjenigen Staates bestätigt wird, in dem die Urkunde verwendet werden soll. Soll eine ausländische Urkunde in Deutschland verwendet werden, so kann ein deutscher Konsul (im Ausland) diese legalisieren. Legalisation bedeutet nicht Prüfung der materiellen Formwirksamkeit. Es wird lediglich deren Echtheit bestätigt, gegebenenfalls durch Angabe, ob die Person, die die Urkunde aufgenommen hat, zuständig war und ob die Urkunde in der den Gesetzen des Ausstellungsstaates entsprechenden Form aufgenommen worden ist, § 13 Abs. 4 KonsularG.[241] Soll umgekehrt eine deutsche Urkunde für den Gebrauch im Ausland legalisiert werden, so bedarf es in vielen Fällen einer vorherigen Zwischenbeglaubigung durch den Präsidenten des zuständigen Landgerichts, uU auch einer weiteren Zwischenbeglaubigung durch den Bundesjustizminister und Endbeglaubigung durch das Auswärtige Amt, das diese Befugnisse auf das Bundesverwaltungsamt im Köln übertragen hat.[242]

61 Von dem teilweise aufwendigen Verfahren der Legalisation kann abgesehen werden, wenn die **Apostille** ausreicht. Dies ist immer dann der Fall, wenn zwischen Deutschland und dem anderen Staat das Haager Übereinkommen zur Befreiung von der Legalisation[243] gilt.[244] An die Stelle der Legalisation tritt dann die

234 *Knoche*, RNotZ 2002, 241, 242.
235 MüKo/*Spellenberg*, Art. 11 EGBGB Rn 61; Erman/*Hohloch*, Art. 11 EGBGB Rn 13; Bamberger/Roth/*Mäsch*, Art. 11 EGBGB Rn 25.
236 Hinzukommen muss jedoch, dass für das Recht, dem das Folgegeschäft unterliegt, der gute Glaube an eine (nicht) bestehende Registereintragung überhaupt Bedeutung zukommt, vgl MüKo/*Spellenberg*, Art. 11 EGBGB Rn 63.
237 Bamberger/Roth/*Mäsch*, Art. 11 EGBGB Rn 25; MüKo/*Spellenberg*, Art. 11 EGBGB Rn 66.
238 BayObLG DNotZ 1993, 397 = IPRax 1994, 122; dazu *Roth*, IPRax 1994, 86.
239 *Huhn/v. Schuckmann*, BeurkG, § 1 Rn 58; *Zimmermann*, in: Beck'sches Notarhandbuch, Abschn. D. Rn 237.
240 Diese Vorschrift gilt entsprechend im Verfahren der Freiwilligen Gerichtsbarkeit, vgl Bamberger/Roth/*Mäsch*, Art. 11 EGBGB Rn 72.
241 *Zimmermann*, in: Beck'sches Notarhandbuch, Abschn. D. Rn 239.
242 *Zimmermann*, in: Beck'sches Notarhandbuch, Abschn. D. Rn 250.
243 Vom 5.10.1961 (BGBl. II 1965 S. 876); in Deutschland in Kraft seit dem 13.2.1966 (BGBl. II S. 106); abgedruckt auch in *Jayme/Hausmann*, Nr. 250.
244 Zur Liste der beigetretenen Staaten s. *Jayme/Hausmann*, Nr. 250 Fn 1 und *Zimmermann*, in: Beck'sches Notarhandbuch, Abschn. D: Rn 249.

Apostille als Echtheitsnachweis, die insofern einfacher zu erlangen ist, als sie von den zuständigen Behörden des Errichtungsstaates erteilt wird.[245] Die Zuständigkeit ist in Deutschland nicht bundeseinheitlich geregelt,[246] in der Regel ist der Präsident des jeweiligen Landgerichts zuständig.[247]

Ganz von dem Erfordernis der Echtheitsbestätigung befreit sind Urkunden für den Rechtsverkehr zwischen Deutschland und Staaten, mit denen ein entsprechendes **bilaterales Abkommen** besteht. So ist es – teils mit großen Einschränkungen[248] – im Verhältnis zu Belgien,[249] Dänemark,[250] Frankreich,[251] Griechenland,[252] Italien,[253] Österreich[254] und der Schweiz.[255] Des Weiteren sind Befreiungen vorgesehen für Urkunden von Konsuln,[256] Auszüge aus Personenstandsbüchern[257] und Personenstandsurkunden.[258] **62**

Anhang zu Art. 11 EGBGB: Vollmachtsstatut

Literatur: *Ackmann*, Zur Geltung des „Wirkungsstatuts" im Fall des Handelns eines Vertreters von seiner ausländischen Niederlassung aus, IPRax 1991, 220; *v. Caemmerer*, Die Vollmacht für schuldrechtliche Geschäfte im deutschen internationalen Privatrecht, RabelsZ 24 (1959), 201; *Claßen*, Rechtswahl im internationalen Stellvertretungsrecht, 1998; *Dorsel*, Stellvertretung und Internationales Privatrecht, MittRhNotK 1997, 6; *Ebenroth*, Kollisionsrechtliche Anknüpfung kaufmännischer Vollmachten, JZ 1983, 821; *Leible*, Vertretung ohne Vertretungsmacht, Genehmigung und Anscheinsvollmacht, IPRax 1998, 257; *Lüderitz*, Prinzipien im internationalen Vertretungsrecht, in: FS Coing, Bd. 2, 1982, S. 305; *Mankowski*, Internationalprivatrechtliche Aspekte der IoC-Problematik, TranspR 1991, 233; *Müller-Freienfels*, Vertretung beim Rechtsgeschäft, 1955; *Reithmann/Martiny*, Internationales Vertragsrecht, 6. Auflage 2004; *Ruthig*, Vollmacht und Rechtsschein im IPR, 1996; *Sandrock*, Handbuch der Internationalen Vertragsgestaltung, Bd. 2, 1980; *Schäfer*, Das Vollmachtsstatut im deutschen IPR – einige neuere Ansätze in kritischer Würdigung, RIW 1996, 189; *Schwarz*, Das Internationale Stellvertretungsrecht im Spiegel nationaler und supranationaler Kodifikationen, RabelsZ 71 (2007), 729; *Seibold/Groner*, Die Vollmacht in internationalen M&A- und Finanzierungstransaktionen, NZG 2009, 126; *Spellenberg*, Geschäftsstatut und Vollmacht im IPR, 1979; *Steding*, Die Anknüpfung der Vollmacht im IPR, ZVglRWiss 86 (1987), 25.

A. Herleitung des Vollmachtsstatuts

I. Allgemeines

Das internationale Privatrecht der Vollmacht, dh der gewillkürten oder rechtsgeschäftlich erteilten Vertretungsmacht, ist **nicht kodifiziert**.[1] Art. 1 Abs. 2 lit. g) Rom I-VO bestimmt – wie früher schon Art. 37 Nr. 3 **1**

245 Eine Übersicht der zuständigen ausländischen Stellen findet sich bei *Bülow/Böckstiegel/Geimer/Schütze*, Int. Rechtsverkehr, Bd. 2 D. II 1 f.

246 Gem. Art. 2 Abs. 1 des deutschen Zustimmungsgesetzes v. 21.6.1965 (BGBl. II S. 875) bestimmen die Bundesregierung und die Landesregierungen oder die von diesen ermächtigten obersten Bundes- oder Landesbehörden in ihrem jeweiligen Geschäftsbereich die zuständigen Behörden. Als zuständige Behörde kann auch der Präsident eines Gerichts bestimmt werden. Vgl auch die Verordnung vom 27.6.1970 (BGBl. I S. 905).

247 Für Nordrhein-Westfalen bspw ergibt sich das aus der Rechtsverordnung zur Regelung der Zuständigkeit für die Erteilung der Apostille vom 8.2.1966 (GV NW 1966, S. 36).

248 S. dazu *Zimmermann*, in: Beck'sches Notarhandbuch, Abschn. D. Rn 241.

249 Abk. v. 13.5.1975 (BGBl. II 1980 S. 813). Deutschland sieht das Übk. als verbindlich an, Belgien wegen eines Fehlers im Ratifikationsverfahren hingegen nicht.

250 Abk. v. 17.6.1936 (BGBl. II 1953 S. 186).

251 Abk. v. 13.9.1971 (BGBl. II 1974 S. 1074); dazu auch *Arnold*, DNotZ 1975, 581 ff.

252 Abk. v. 11.5.1938 (RGBl II 1939 S. 848).

253 Abk. v. 7.6.1969 (BGBl. II 1974 S. 1069).

254 Abk. v. 21.6.1923 (RGBl II 1924 S. 61).

255 Abk. v. 14.2.1907 (RGBl II S. 411).

256 Europäisches Übereinkommen v. 7.6.1968 (BGBl. II 1971 S. 86).

257 Abk. v. 27.9.1956 (BGBl. II 1961 S. 1056).

258 Abk. v. 3.6.1982 (BGBl. II 1983 S. 699) und Abk. v. 26.9.1957 (BGBl. II 1961 S. 1067).

1 Das Rechtsanwendungsgesetz der DDR kannte demgegenüber in § 15 eine eigene Regelung zur Vollmacht, die für Altverträge von Bestand bleibt (Art. 236 § 1 EGBGB). Rechtsvergleichender Überblick bei Sandrock/*Müller*, § 14; *Ruthig*, S. 67 ff; *Claßen*, S. 115 ff; *Spellenberg*, S. 21 ff; *Steding*, ZVglRWiss 86 (1987), 25, 32 ff.

EGBGB bzw Art. 1 Abs. 2 lit. f EVÜ – ausdrücklich, dass die Vorschriften des internationalen Vertragsrechts nicht auf die Frage anzuwenden sind, ob ein Vertreter die Person, für deren Rechnung er zu handeln vorgibt,[2] Dritten gegenüber verpflichten kann. Staatsvertragliche Regelungen, wie das Haager Übereinkommen über das auf die Stellvertretung anzuwendende Recht von 1978[3] oder das Genfer Übereinkommen über die Vertretung beim internationalen Warenkaufvertrag von 1983[4] entfalten gegenüber der Bundesrepublik Deutschland ebenfalls keine Geltung. Maßgeblich sind deshalb allein die in Rechtsprechung und Schrifttum entwickelten Grundsätze des autonomen Kollisionsrechts, die im Wesentlichen darin übereinstimmen, die Vollmacht **selbständig anzuknüpfen**[5] – dh unabhängig vom Geschäftsstatut des Vertretergeschäfts[6] oder dem der Vertretung zugrunde liegenden Rechtsverhältnis (zB Dienst-, Geschäftsbesorgungs- oder Agenturvertrag).[7] Andernfalls hätten es Vollmachtgeber und Vertreter in der Hand, das Grundverhältnis und damit auch die Vollmacht einem Recht zu unterstellen, das der Drittkontrahent nicht kennen würde. Ebenso wenig wäre der Schutz des Vertretenen garantiert, wenn Vertreter und Geschäftspartner eine Rechtsordnung für das Hauptgeschäft auswählen und damit zugleich Voraussetzung und Reichweite der Vollmacht durch Festlegung des Geschäftsstatuts selbst bestimmen würden. Der Vollmacht würde hierdurch möglicherweise eine Konsequenz beigemessen, die vom Vollmachtgeber so nie bedacht wurde.

2 Um den mit der Sonderanknüpfung bezweckten Verkehrsschutz nicht zu unterlaufen, insbesondere den Vertretenen vor einem *renvoi* auf das Geschäftsstatut zu bewahren, sind etwaige **Rück- oder Weiterverweisungen** (Art. 4) für deutsche Gerichte **unbeachtlich**.[8]

II. Anknüpfung

3 **1. Grundsatz.** Rechtsprechung und herrschende Literatur bestimmen das Vollmachtsstatut im Grundsatz **objektiv** nach dem **Recht des Wirkungslandes**, also nach demjenigen Land, in dem von der Vollmacht Gebrauch gemacht wird.[9] Diese Aussage soll selbst dann gelten, wenn das Recht am Sitz des Vertretenen für den Drittkontrahenten günstiger wäre.[10] Das sog. Gebrauchs- oder Wirkungsstatut hat vor allem den Schutz des Drittkontrahenten im Auge, der sich bei der Prüfung der Wirksamkeit und des Umfangs der Vollmacht an das an seinem Wohnsitz- oder Niederlassungsstaat geltende materielle Vertretungsrecht verlassen können muss. Die im Schrifttum wiederholt erhobene Forderung, stattdessen allein vom Wohnsitzrecht des Vollmachtgebers[11] bzw vom Recht am Ort das Satzungssitzes der bevollmächtigenden Kapitalgesellschaft[12] auszugehen oder die so ermittelten Rechtsordnungen zumindest kumulativ neben der des Wirkungslandes mit zu berücksichtigen,[13] wurde von deutschen Gerichten zu Recht nicht aufgegriffen, denn es ist gerade der Vollmachtgeber, der durch die Einschaltung eines Vertreters seinen Geschäftskreis erweitert und die Person des Vertreters auswählt. Infolgedessen muss auch der Vollmachtgeber das Risiko tragen, dass die Vollmacht im

2 Der ursprüngliche Verordnungsentwurf der Kommission vom 15.12.2005 sah noch eine Regelung des Rechts der internationalen Vollmacht vor, KOM (2005) 650 endg. Eingehend hierzu *Schwarz*, RabelsZ 71 (2007), 729, 746 ff.

3 *Freienfels*, RabelsZ 43 (1979), 80; *Basedow*, RabelsZ 81, 196. Das Übereinkommen wurde allerdings von Argentinien, Frankreich, den Niederlanden und Portugal gezeichnet und gilt dort als staatsvertragliche Kollisionsnorm für sämtliche Fälle mit Auslandsbezug (*loi uniforme*). Da ein renvoi bei der Ermittlung des Vollmachtsstatuts ausscheidet (vgl Rn 1 aE), kommt dem Übereinkommen für den deutschen Rechtsanwender keine Bedeutung zu.

4 *Stöcker*, WM 1983, 778. Das Abkommen ist bislang in keinem Staat in Kraft getreten.

5 RGZ 38, 194; 78, 55, 60; 134, 67, 69; BGHZ 43, 21, 26 = NJW 1965, 487; BGHZ 64, 183, 192 = WM 1975, 610; BGH NJW 1954, 1561; 1982, 2733; OLG Frankfurt IPRax 1986, 373, 375; OLG München IPRax 1990, 320 m. Anm. *Spellenberg*, S. 295; Staudinger/*Magnus*, Anh. II zu Art. 1 Rom I-VO Rn 10 mwN; Soergel/*Lüderitz*, Anh. Art. 10 EGBGB Rn 93 mwN; *v. Bar*, IPR II, Rn 586 f.

6 So freilich *Spellenberg*, S. 225 f; MüKo/*Spellenberg*, vor Art. 11 EGBGB Rn 145 ff; ähnlich *Müller-Freienfels*, S. 210 ff; *ders.*, RabelsZ 43 (1979), 80, 102 f; RGRK/*Wengler*, Internationales Privatrecht, S. 572; dagegen zu Recht Reithmann/Martiny/*Hausmann*, Rn 2429 mwN; Staudinger/*Magnus*, Anh. II zu Art. 1 Rom I-VO Rn 11; *Schäfer*, RIW 1996, 189, 190.

7 Anders als bei gesetzlichen oder organschaftlichen Vertretungen besteht demnach kein Gleichlauf von Innen- und Außenverhältnis, vgl Bamberger/Roth/*Mäsch*, Anh. Art. 10 EGBGB Rn 78. Zur gesetzlichen Vertretung minderjähriger Kinder vgl Art. 21 EGBGB Rn 24 sowie Art. 24 EGBGB Rn 10 ff; zur Vertretung von Gesellschaften Anhang zu Art. 12 EGBGB Rn 16.

8 Staudinger/*Magnus*, Anh. II zu Art. 1 Rom I-VO Rn 67 mwN; *v. Bar*, IPR II, Rn 589; *Kropholler*, IPR, § 41 I 4; aA Sandrock/*Müller*, Rn D 101.

9 RGZ 78, 55, 60; 134, 67, 69; BGHZ 43, 21, 26; 64, 183, 192 f; 128, 41, 47; BGH NJW 1990, 3088; BayObLGZ 1987, 363 = NJW-RR 1988, 873; OLG Düsseldorf IPRax 1996, 423, 425; LG Karlsruhe RIW 2002, 153, 155; Reithmann/Martiny/*Hausmann*, Rn 2431 mwN; Palandt/*Thorn*, Anh. Art. 10 EGBGB Rn 1; im Erg. ebenso Soergel/*Lüderitz*, vor Art. 10 EGBGB Rn 101; *ders.*, in: FS Coing II, 1982, S. 305, 319 ff; *Schwarz*, RabelsZ 71 (2007), 745, 757 mwN.

10 RG SeuffA 66 Nr. 73; zust. *v. Caemmerer*, RabelsZ 24 (1959), 201, 211.

11 *Kegel/Schurig*, § 17 V 2 a; *Dorsel*, MittRhNotK 1997, 6, 9 ff; *Ebenroth*, JZ 1983, 821; *Müller*, RIW/AWD 1979, 377, 382.

12 *Seibold/Groner*, NZG 2009, 126, 128 f.

13 *Luther*, RabelsZ 38 (1974), 421, 436 f.

Ausland nicht die beabsichtigten Wirkungen nach sich zieht. Das Vertrauen des Drittkontrahenten, sich hinsichtlich Wirksamkeit und Umfang der Vollmacht auf diejenige Rechtsordnung verlassen zu dürfen, die an demjenigen Ort gilt, wo von der Vollmacht Gebrauch gemacht wird, mag zwar bei internationalen Unternehmenskäufen oder Finanzierungstransaktionen kaum mehr vorhanden und damit nur noch in geringem Umfang schützenswert sein.[14] Dies liegt neben der komplexen Struktur solcher internationaler Transaktionen gewiss auch daran, dass die betreffenden Verträge durch die – meist anwaltlichen – Bevollmächtigten mitunter in Ländern abgeschlossen werden, denen die beteiligten Vertragsparteien gar nicht zugehören (so etwa bei der uU kostengünstigeren Beurkundung der Veräußerung oder Verpfändung von GmbH-Geschäftsanteilen durch Basler Notare).[15] Es besteht allerdings kein Grund, wegen dieser Ausnahmekonstellationen vom richtigen Ansatz der Rechtsprechung und herrschenden Literatur abzurücken.[16] Vielmehr wird man gerade bei internationalen Unternehmenskäufen und Finanzierungstransaktionen von den beteiligten Rechtsanwälten, die als rechtsgeschäftliche Bevollmächtigte der involvierten Parteien bei den betreffenden Vertragsabschlüssen regelmäßig auftreten, zu erwarten haben, dass sie zuvor eingehend prüfen, ob die auf sie ausgestellte Vollmacht tatsächlich auch in demjenigen Land, in dem sie die Vollmacht ausüben werden, die rechtlich gewünschte Wirkung erzeugen kann. In Anbetracht der referierten herrschenden Meinung dürfte jedenfalls die verbreitete Praxis, Vollmachten zum Teil jenseits der Grenzen einer zulässigen Rechtswahl (dazu unten Rn 6) einer bestimmten Rechtsordnung zu unterlegen und sodann von ihnen (unbesehen) in verschiedenen Ländern Gebrauch zu machen, den Anforderungen an eine ordnungsgemäße und transaktionssichere Rechtsberatung nicht gerecht werden.[17]

Die von Seiten der Rechtsprechung gewöhnlich verwendete Formel, wonach das Recht des Landes maßgeblich sei, in dem die Vollmacht (nach dem Willen des Vollmachtgebers) **ihre Wirkung entfalten soll**,[18] steht mit dem beabsichtigten Schutz des Drittkontrahenten nur scheinbar in Widerspruch. Tatsächlich darf aus Gründen des Verkehrsschutzes der Wille des Vollmachtgebers nur dann beachtlich sein, wenn der Drittkontrahent entsprechend dem Rechtsgedanken des Art. 12 die Abweichung vom intendierten Gebrauchsort kannte oder kennen musste.[19] 4

2. Ermittlung des Wirkungslandes. Um das Recht des Landes zu ermitteln, in dem die Vollmacht mangels Rechtswahl ihre Wirkung entfalten soll, ist auf den **tatsächlichen Gebrauchsort** abzustellen. Maßgeblich ist stets diejenige Örtlichkeit, an der der Vertreter eine Willenserklärung für einen anderen **abgibt oder entgegennimmt**. Bei Distanzgeschäften ist demnach der Ort des Zugangs oder des Nachweises der Vollmacht unbeachtlich.[20] Solange der Bevollmächtigte die Vollmacht **noch nicht ausgeübt** hat, ist freilich der vom Vollmachtgeber intendierte Gebrauchsort bestimmend. Die punktuelle Anknüpfung am (realen oder beabsichtigten) Gebrauchsort gilt selbstverständlich auch dann, wenn die Vollmacht in mehreren Ländern – einschließlich solcher Staaten mit mehreren Teilrechtsordnungen (Art. 22 Abs. 1 Rom I-VO) – verwendet werden soll. 5

3. Ausnahmen. a) Rechtswahl. Ob eine Rechtswahl im Hinblick auf das Vollmachtsstatut möglich ist, wurde von Seiten der Gerichte noch nicht entschieden. Um das Risiko des Vollmachtgebers zu minimieren, je nach Gebrauchsort mit einer ihm fremden Rechtsordnung konfrontiert zu werden, lässt das Schrifttum allerdings in engen Grenzen eine Rechtswahl des Vollmachtsstatuts zu.[21] Teilweise wird die Rechtswahl von vornherein nur dann für möglich gehalten, wenn die Vollmacht auf den Abschluss von Geschäften gerichtet ist, die ihrerseits eine Rechtswahl ermöglichen, also vor allem Schuldverträge. Die Rechtswahl für Vollmachten, aufgrund derer dingliche Rechtsgeschäfte (etwa die Abtretung oder Verpfändung von GmbH-Geschäftsanteilen) abgeschlossen werden, wäre damit nicht vereinbar.[22] Lehnt man allerdings mit der hM eine akzessorische Anknüpfung des Vollmachtsstatuts an das Geschäftsstatut ab, so spricht in der Tat nichts dagegen, die Rechtswahl auch dort zuzulassen, wo sie für das Verkehrsgeschäft ausgeschlossen ist.[23] 6

14 *Seibold/Groner*, NZG 2009, 126, 128 f.

15 Zu weiteren Besonderheiten bei M&A- und Finanzierungstransaktionen *Seibold/Groner*, NZG 2009, 126, 128.

16 AA *Seibold/Groner*, NZG 2009, 126, 128 f.

17 *Seibold/Groner*, NZG 2009, 126, 130.

18 BGHZ 64, 183, 192 f; 128, 41, 47; BGH NJW 1982, 2733; OLG Frankfurt IPRax 1986, 373, 375 m. Anm. *Ahrens*, S. 355; OLG München IPRax 1990, 320, 322; OLG Koblenz IPRax 1994, 302, 304; auf den tatsächlichen Gebrauchsort abstellend BGH NJW 1990, 3088.

19 Reithmann/Martiny/*Hausmann*, Rn 2439; Staudinger/*Magnus*, Anh. II zu Art. 1 Rom I-VO Rn 23 f.

20 Reithmann/Martiny/*Hausmann*, Rn 2433; ebenso schon *Lüderitz*, JZ 1963, 169, 171.

21 Reithmann/Martiny/*Hausmann*, Rn 2435 f mwN; ausf. *Claßen*, S. 131 ff; zu den Voraussetzungen einer stillschweigenden Rechtswahl Staudinger/*Magnus*, Anh. II zu Art. 1 Rom I-VO Rn 12; gegen die Rechtswahl *v. Caemmerer*, RabelsZ 24 (1959), 201, 208; *Ruthig*, Vollmacht und Rechtsschein im IPR, 1998, 126 ff.

22 MüKo/*Spellenberg*, vor Art. 11 EGBGB Rn 92; Prütting/Wegen/Weinreich/*Mörsdorf-Schulte*, Vor Art. 7 bis 12 EGBGB Rn 9.

23 So zutreffend Reithmann/Martiny/*Hausmann*, Rn 2435 Fn 2; ebenso *Seibold/Groner*, NZG 2009, 126, 129.

7 Aus Gründen des Verkehrsschutzes muss der Vollmachtgeber allerdings zweifelsfrei zu erkennen geben, die Vollmacht einer bestimmten Rechtsordnung zu unterwerfen, damit der Geschäftsgegner den Geschäftsabschluss noch ablehnen kann. Dies kommt im Ergebnis denjenigen Strömungen gleich, die eine Rechtswahl nur unter der Voraussetzung einer entsprechenden Vereinbarung zwischen Vollmachtgeber und Drittkontrahenten zulassen wollen, die bei entsprechendem Einverständnis des Vertretenen auch durch den Vertreter abgeschlossen werden kann.[24]

8 Schließlich wird man mit Blick auf das Risiko des Vertreters, bei Überschreiten der Vertretungsmacht als falsus procurator in Anspruch genommen zu werden, auch dessen Kenntnis von der Rechtswahl einzufordern haben. Die Wirksamkeit der Rechtswahl richtet sich im Übrigen nach Art. 3 Abs. 5, 10 Rom I-VO analog.

9 Da sich die Rechtsprechung bislang nicht zur Zulässigkeit von Rechtswahlklauseln geäußert hat, sollte vorsorglich mit der Rechtswahlklausel auch eine salvatorische Klausel in die Vollmacht aufgenommen werden. Ferner ist die Vorlage der Vollmachtsurkunde bei Unterzeichnung des Hauptvertrags ebenso wie die Aufnahme einer Klausel in diesen Vertrag anzuraten, wonach der Vertragspartner und der Vertreter die Rechtswahl zur Kenntnis genommen haben und ihr ausdrücklich zustimmen.[25]

10 **b) Vertreterbezogene Abweichungen.** Eine – vom oben Rn 2 genannten Grundsatz her – **abweichende objektive Anknüpfung** kommt dann in Betracht, wenn für den Partner des Hauptgeschäfts erkennbar ist, dass die Person des Vertreters zu einer anderen – vom Gebrauchsort abweichenden – Rechtsordnung engere Bindungen unterhält. Dieser Gesichtspunkt tritt insbesondere bei einem **Prokuristen** hervor, der etwa durch Briefkopf oder Geschäftskarte zu erkennen gibt, dass sein Handeln dem Ort der Geschäftsleitung zugeordnet werden soll.[26] Dieser Gedanke lässt sich auf weitere bevollmächtigte, **unselbständige Firmenvertreter** ausdehnen, die in das Unternehmen – für den Rechtsverkehr ersichtlich – eingegliedert sind.

11 Die Vollmacht **ständiger Vertreter** (Handelsvertreter, Agenten) mit eigener Niederlassung sowie nichtständiger Vertreter, die eine selbständige Berufstätigkeit aufgrund kaufmännischer Vertretungsmacht ausüben, unterliegt hingegen dem am Ort ihrer Niederlassung geltenden Recht.[27] Diese Anknüpfung führt gegenüber dem allgemeinen Wirkungsstatut allerdings nur dann zu abweichenden Ergebnissen, wenn der Vertreter von der Vollmacht außerhalb seines Niederlassungsstaats Gebrauch macht und für den Geschäftsgegner ersichtlich ist, dass der Vertreter gewöhnlich von dieser Niederlassung aus handelt.[28] Vergleichbares gilt für die Vollmacht des **Schiffskapitäns**, die sich nicht etwa nach dem Recht des Hafens richtet, an dem sie ausgeübt wird, sondern regelmäßig dem Recht der Flagge des Schiffs unterfällt.[29] **Börsen-, Markt- und Messevollmachten** folgen überdies dem Ortsrecht der jeweiligen Börse, Messe oder des betreffenden Marktes, so dass es wiederum nicht darauf ankommt, an welchem Ort die Vollmacht tatsächlich verwendet wurde.[30] Ein weiteres, hierher gehörendes Beispiel ist schließlich die **Dauervollmacht zwischen Ehegatten**, die kollisionsrechtlich an den gemeinsamen gewöhnlichen Aufenthaltsort der Ehegatten anzuknüpfen ist.[31]

12 **c) Hauptgeschäftsbezogene Abweichungen.** Abweichungen vom Grundsatz des Wirkungslandes ergeben sich außerdem, wenn das vom Bevollmächtigten durchzuführende Hauptgeschäft seinen Schwerpunkt an einem Ort hat, der vom Gebrauchsort der Vollmacht offenkundig abweicht. Zu denken ist hier in erster Linie an Bevollmächtigungen, die zu **Verfügungen über Grundstücke oder Immobiliarrechte** legitimieren. Sie folgen uneingeschränkt dem Recht desjenigen Staates, in dem sich das Grundstück befindet (lex rei sitae), und zwar auch dann, wenn von der Vollmacht in einem anderen als dem Belegenheitsort Gebrauch gemacht wird.[32] Ob von diesen Grundsätzen auch die Vollmacht für das zugrunde liegende schuldrechtliche Geschäft erfasst wird, ist nach zutreffender Auffassung abzulehnen, so dass es hierfür bei den allgemeinen Regeln (Wirkungsstatut) verbleibt.[33] Ebenfalls der lex rei sitae soll allerdings die Vollmacht zur **Verwaltung** von

24 *Lüderitz*, in: FS Coing II 1982, S. 305, 319; hierauf verzichtend *Seibold/Groner*, NZG 2009, 126, 129.

25 Hierzu und zu weiteren praktisch wertvollen Hinweisen für die Gestaltung von Rechtswahlklauseln in Vollmachten *Seibold/Groner*, NZG 2009, 126, 129 f.

26 OLG Frankfurt IPRax 1986, 373, 375; LG Bielefeld IPRax 1990, 315 m. Anm. *Reinhart*, S. 289; Reithmann/Martiny/*Hausmann*, Rn 2442; eine Gleichstellung mit der organschaftlichen Vertretung juristischer Personen kommt hingegen wegen des rechtsgeschäftlichen Charakters der Prokura nicht in Betracht, vgl Sandrock/*Müller*, D 18 mwN.

27 RGZ 38, 194, 196; 51, 147, 149; 134, 67, 69; BGH NJW 1954, 1561; BGHZ 64, 183, 192; BGH NJW 1990, 3088; OLG Frankfurt AWD 1969, 415; LG Bielefeld IPRax 1990, 315; *Ackmann*, IPRax 1991, 220, 222.

28 Staudinger/*Magnus*, Anh. II zu Art. 1 Rom I-VO Rn 26; ebenso Reithmann/Martiny/*Hausmann*, Rn 2446; *v. Caemmerer*, RabelsZ 24 (1959), 201, 207; aA OLG Köln, IPRspr 1966/67 Nr. 25; *Steding*, ZVglRWiss 86 (1987), 25, 45; Sandrock/*Müller*, D Rn 31 (stets Gebrauchsstatut).

29 Reithmann/Martiny/*Hausmann*, Rn 2449.

30 BGH JZ 1963, 167, 168 m. Anm. *Lüderitz* = MDR 1962, 400 (LS) = DB 1962, 197.

31 Vgl BGH NJW-RR 1980, 248, 250; Bamberger/Roth/*Mäsch*, Art. 10 EGBGB Anh. Rn 105.

32 RGZ 149, 93, 94; BGH NJW 1963, 46, 47; OLG München IPRax 1990, 320; OLG Stuttgart DNotZ 1981, 746 = Rpfleger 1981, 145; *v. Caemmerer*, RabelsZ 24 (1959), 201, 209 mwN.

33 BGH NJW 1963, 47; NJW-RR 1990, 250; Reithmann/Martiny/*Hausmann*, Rn 2454; aA *Müller*, RIW/AWD 1979, 377, 378 f.

Grundstücken unterliegen.[34] Das Recht der **Prozessvollmacht** richtet sich ausschließlich nach dem Recht des Landes, vor dessen Gerichten sie verwendet wird oder werden soll (lex fori).[35] Entsprechendes gilt für Vollmachten, die zur Vertretung vor Schiedsgerichten oder innerhalb sonstiger Verfahren berechtigen.[36] Die Bevollmächtigung zur Ausstellung eines **Konnossements** ist schließlich stets an das am Ort der Ausstellung geltende Recht anzuknüpfen.[37]

B. Reichweite des Vollmachtsstatuts

I. Entstehen, Umfang und Beendigung der Vollmacht

Das Vollmachtsstatut entscheidet über alle Fragen, die mit der Befugnis des Bevollmächtigten zusammenhängen, den Vollmachtgeber gegenüber dem Drittkontrahenten wirksam zu vertreten. Dieser Grundsatz bestimmt zunächst **Erteilung und Gültigkeit** der Vollmacht,[38] auch wenn der Bundesgerichtshof bislang noch keine Gelegenheit sah, seine frühere Rechtsprechung zur Anknüpfung des Bestehens der Vollmacht an das gemeinsame Heimatrecht von Prinzipal und Vertreter sowie den Ort der Erteilung[39] ausdrücklich zu revidieren.[40] Das Vollmachtsstatut ist demnach zu befragen, ob für die Erteilung eine einseitige Willenserklärung ausreicht oder ein Vertrag zu fordern ist, wer als Adressat der Bevollmächtigung in Betracht kommt, inwieweit Willensmängel in der Person des Vertretenen Einfluss auf die Wirksamkeit der Bevollmächtigung haben und ob eine beschränkt geschäftsfähige Person Vertreter sein kann.[41] Nach Art. 7 richtet sich freilich die Frage, unter welchen Voraussetzungen Vollmachtgeber oder Bevollmächtigter geschäftsfähig sind.[42] 13

Dem Vollmachtsstatut unterliegen ferner **Auslegung und Umfang** der Vollmacht. Die oben gewonnenen Anknüpfungskriterien bestimmen daher, anhand welcher Auslegungsprinzipien der Inhalt der Vollmacht zu ermitteln ist,[43] ob die Vollmacht zur Einzel- oder Gesamtvertretung berechtigt, inwieweit das vom Vertreter mit dem Drittkontrahenten abgeschlossene Geschäft durch die Vollmacht gedeckt ist[44] oder der Vertreter seine Vertretungsmacht gar missbraucht hat.[45] Letzteres gilt insbesondere für die Frage, ob die Vollmacht die Erteilung einer Untervollmacht[46] oder das Selbstkontrahieren[47] bzw die Mehrfachvertretung einschließt. 14

Dauer und Erlöschen der Vollmacht (etwa durch Widerruf, Ablauf der Gültigkeitsdauer, Rückgabe der Vollmachtsurkunde sowie Tod, Insolvenz oder Geschäftsunfähigkeit des Vollmachtgebers) unterliegen ebenfalls dem Vollmachtsstatut,[48] selbst mit Blick auf die Frage, ob die Beendigung des zugrunde liegenden Rechtsverhältnisses auch die Vollmacht zum Erlöschen bringt. Unter welchen Voraussetzungen das Innenverhältnis zwischen Vertreter und Vertretenem beendet wird, entscheidet hingegen das darauf anzuwenden Recht. 15

II. Form der Vollmacht

Besonderheiten gelten für die Form der Vollmacht. Sie ist formgültig, wenn sie die Anforderungen des Vollmachtstatuts, also des Rechts des Gebrauchslandes (Art. 11 Abs. 1 Alt. 1), oder desjenigen Ortes einhält, an dem sie vorgenommen, dh ausgestellt wird (Art. 11 Abs. 1 Alt. 2). Die uU schwächere Form einer im Ausland wirksam erteilten Vollmacht reicht demnach für inländische, formgebundene Rechtsgeschäfte aus, selbst wenn nach deutschem Recht die Vollmacht die Form des Hauptgeschäfts teilen sollte, wie etwa bei einer unwiderruflichen Auflassungsvollmacht. Das Kollisionsrecht kennt keinen Formverbund von Vollmacht und Haupt- 16

34 BGH JZ 1955, 702 m. Anm. *Gamillscheg*; OLG Frankfurt WM 1963, 872, 875; *v. Caemmerer*, RabelsZ 24 (1929), 201, 208.

35 BGH WM 1958, 557, 559 = JZ 1958, 351; BGH NJW 1990, 3088 = IPRax 1991, 247 m. Anm. *Ackmann*, 220; OLG München, WM 1969, 731.

36 Reithmann/Martiny/*Hausmann*, Rn 2457; vgl auch BFH RIW 1987, 635; BPatG GRUR 1988, 685.

37 *Mankowski*, TranspR 1991, 253, 258 ff.

38 Implizit vorausgesetzt in BGH JZ 1963, 167, 168; BGHZ 64, 183, 192; BGH NJW 1982, 2733; OLG Koblenz RIW 1996, 151, 152; OLG Köln NJW-RR 1996, 411.

39 BGH JZ 1955, 702, 703; dagegen zu Recht *v. Caemmerer*, RabelsZ 24 (1959), 201, 211; *Steding* ZVglRWiss 86 (1987), 25, 28.

40 Offengelassen in BGHZ 43, 21, 27; 64, 183, 192 f; beiläufig bejaht wurde das Vollmachtsstatut in BGH JZ 1963, 167, 168; eindeutig indes OLG Hamburg IPRspr 1964/65 Nr. 46.

41 *v. Caemmerer*, RabelsZ 24 (1959), 201, 215.

42 BGH NJW 2004, 1315, 1316.

43 BGH JZ 1955, 702, 703; *Luther*, RabelsZ 38 (1974), 435.

44 RGZ 78, 55, 60; BGHZ 64, 183, 192; BGH NJW 1954, 1561.

45 RGZ 134, 67, 69, 71 f.

46 OLG Frankfurt WM 1963, 872, 875; LG Karlsruhe RIW 2002, 153, 155.

47 BGH NJW 1992, 618 = JZ 1992, 581 m. Anm. *v. Bar*; OLG Koblenz RIW 1996, 151, 152; OLG Düsseldorf IPRax 1996, 423, 425.

48 Vgl BGH WM 1958, 557, 559; BGHZ 64, 183, 193.

geschäft,[49] so dass die Wirksamkeit der Vollmacht im Inland von den in Art. 11 Abs. 4 und Abs. 5 gezogenen Schranken nicht betroffen wird. Unberührt bleiben die Formerfordernisse des § 29 GBO bzw. § 12 Abs. 1 S. 2 HGB, denen jedoch durch öffentliche Beglaubigung eines ausländischen Notars[50] und – soweit von Seiten des Grundbuchamts oder Handelsregisters gefordert – durch Hinzufügung einer Apostille oder – außerhalb des Haager Übereinkommen zur Befreiung ausländischer öffentlicher Urkunden von der Legalisation vom 5. Oktober 1961 – durch Legalisation einer deutschen Auslandsvertretung genügt werden kann.[51] Praktisch bietet sich in solchen Fällen oftmals auch die Konsultation deutscher Auslandsvertretungen an, welche (im Ausland) eine inländische öffentliche Urkunde durch Beglaubigung der Grundbuch- oder Handelsregistervollmacht herbeiführen können (§ 10 Abs. 1 Nr. 2 KonsularG).

III. Rechtsscheinsvollmacht

17 Soweit sich aus dem Vollmachtsstatut keine wirksame Bevollmächtigung herleiten lässt, unterliegt die Frage, ob die Vertretungsmacht zumindest aus dem Rechtsschein einer Vollmacht folgt, nach höchstrichterlicher Rechtsprechung dem Ort, an dem „der Rechtsschein entstanden ist und sich ausgewirkt hat.“[52] Diese Formel bringt allerdings wenig Klarheit, denn sie umfasst scheinbar auch denjenigen Ort, an dem der Dritte dem Rechtsschein Glauben schenkt.[53] Richtigerweise unterliegen Rechtsscheinsvollmachten uneingeschränkt dem mutmaßlichen Vollmachtsstatut, also dem Recht, das im Falle einer tatsächlichen Bevollmächtigung anwendbar wäre.[54] Es ist kein Grund ersichtlich, weshalb der Verkehrs- und Vertrauensschutz des Drittkontrahenten eine Anknüpfung der Vollmacht am tatsächlichen Gebrauchsort auslöst, beim Rechtsschein einer Vollmacht hingegen der Ort maßgeblich sein soll, an dem sich der Rechtsschein in der Person des Drittkontrahenten auswirkt. Analog Art. 10 Abs. 2 Rom I-VO ist der Vertretene jedoch befugt, sich auf das an seinem gewöhnlichen Aufenthalt geltende Recht zu berufen, soweit es keine Rechtsscheinshaftung vorsieht und der Gebundene mit der Anwendung einer anderen Rechtsordnung auch nicht rechnen musste.[55]

C. Eingreifen des Geschäftsstatuts

18 Das Geschäftsstatut und nicht das Vollmachtsstatut ist maßgeblich, soweit nicht die Vollmacht selbst im Mittelpunkt der Betrachtung steht, sondern weitere Voraussetzungen berührt werden, die erst zusammen mit der Vollmacht eine Bindung des Vertretenen an das Vertretergeschäft begründen. Folglich ist anhand des Geschäftsstatuts zu entscheiden, ob die Vertretung etwa wegen der **Höchstpersönlichkeit** des beabsichtigten Vertretergeschäfts ausgeschlossen ist[56] oder besonderen Anforderungen genügen muss (ausdrückliche Vollmacht, Spezialvollmacht etc.).[57] Gleiches gilt für die Frage, ob der Stellvertreter das Vertretungsverhältnis nach außen hin **offenlegen** muss, um den Vollmachtgeber gegenüber dem Drittkontrahenten zu berechtigen und zu verpflichten.[58] Namentlich die Zulässigkeit einer verdeckten Stellvertretung, des Geschäfts „für den, den es angeht“[59] sowie das Handeln unter fremdem Namen[60] werden von diesem Grundsatz erfasst. Auch die Auswirkungen von **Willensmängeln** oder die **Kenntnis** oder das **Kennenmüssen** gewisser Umstände auf das Vertretergeschäft entscheiden sich nach dem Geschäftsstatut, weil hiervon die Vollmacht von vornherein nicht berührt wird. Anhand des Vollmachtsstatuts bleibt allerdings zu überprüfen, ob es für die Zurechnung auf die Person des Vertreters oder des Vertretenen ankommt.[61]

49 Reithmann/Martiny/*Hausmann*, Rn 2471 mwN; Soergel/*Lüderitz*, Anh. zu Art. 10 EGBGB Rn 110; *v. Caemmerer*, RabelsZ 24 (1959), 201, 213 f; aA *Ludwig* NJW 1983, 495, 496.

50 OLG Zweibrücken Rpfleger 1999, 326 = FGPrax 1999, 86 = MittBayNot 1999, 480.

51 Im Verhältnis zu einzelnen Staaten ist kraft völkerrechtlicher Verträge keine Legalisation notwendig, vgl Reithmann/Martiny/*Hausmann*, Rn 2472, 706 ff; *Demharter*, GBO, 24. Aufl. 2002, § 29 Rn 52 ff.

52 BGHZ 43, 21, 27; vgl auch BGHZ 64, 183, 193; BGH WM 1968, 440; NJW 2004, 1315, 1316; OLG Karlsruhe IPRax1987, 237, 239 m. Anm. *Weitnauer*, 221; OLG Frankfurt AWD 1969, 415; offen gelassen in BGH NJW-RR 1990, 248, 250.

53 So im Erg. Staudinger/*Magnus*, Anh. II zu Art. 1 Rom I-VO Rn 39.

54 *Leible*, IPRax 1998, 257, 260; Bamberger/Roth/*Mäsch*, Art. 10 EGBGB Anh. Rn 117; Reithmann/Martiny/*Hausmann*, Rn 2480; *v. Bar*, IPR II, Rn 587; ebenso schon *Lüderitz*, JZ 1963, 169, 172.

55 Reithmann/Martiny/*Hausmann*, Rn 2480; Palandt/*Thorn*, Anh. Art. 10 EGBGB Rn 3; einschr. Bamberger/Roth/*Mäsch*, Anh. Art. 10 EGBGB Rn 118; aA Erman/*Hohloch*, Art. 37 EGBGB Anh. I Rn 19.

56 *V. Caemmerer*, RabelsZ 24 (1959), 201, 217.

57 *V. Caemmerer*, RabelsZ 24 (1959), 201, 219.

58 OLG Hamburg IPRspr 1964/65 Nr. 46; Staudinger/*Magnus*, Anh. II zu Art. 1 Rom I-VO Rn 44; aA *Steding*, ZVglRWiss 86 (1987), 25, 47.

59 Staudinger/*Magnus*, Anh. II zu Art. 1 Rom I-VO Rn 44.

60 *Lüderitz*, in: FS Coing II 1982, S. 305, 320.

61 RGZ 78, 55, 60; 134, 67, 71 f; LG Essen RIW 1992, 227; Staudinger/*Magnus*, Anh. II zu Art. 1 Rom I-VO Rn 48.

D. Vertretung ohne Vertretungsmacht

Besondere Schwierigkeiten bereitet schließlich das Kollisionsrecht des Vertreters ohne Vertretungsmacht. Die Rechtsprechung und das überwiegende Schrifttum verknüpfen die Frage, ob der Vertretene mittels Genehmigung das Geschäft an sich ziehen kann, mit dem Geschäftsstatut, weil die Heilung des abgeschlossenen Hauptgeschäfts in Rede stehe.[62] Dieser Ansatz erscheint allerdings wenig überzeugend, denn durch die Genehmigung ist das Geschäft gerade so anzusehen, als habe der Vertreter bereits bei dessen Vornahme die erforderliche Vertretungsmacht gehabt.[63] Hinzu kommt, dass der Drittkontrahent die Voraussetzungen und Wirkungen der Genehmigung – ebenso wie die einer wirksamen Bevollmächtigung – leicht überprüfen und feststellen können muss.[64] Dies spricht für eine Anknüpfung der Genehmigung an das Recht des grundsätzlich am Wirkungsland anknüpfenden **Vollmachtsstatuts**. Entsprechendes gilt – konsequent weitergedacht – für die Frage nach der Befugnis des Geschäftsgegners, dass Hauptgeschäft zu widerrufen.[65] Aufgrund des engen Zusammenhangs zwischen dem Fehlen der Vollmacht und den daraus erwachsenden Folgen richtet sich die Haftung des vermeintlichen Vertreters als falsus procurator ebenfalls nach dem Vollmachtsstatut.[66] Dem Geschäftsstatut unterliegt hingegen die Frage, ob der Vertretene unter dem Gesichtspunkt der culpa in contrahendo für das Fehlverhalten des vollmachtlosen Vertreters einzustehen hat.[67] 19

Art. 12 EGBGB Schutz des anderen Vertragsteils

[1]Wird ein Vertrag zwischen Personen geschlossen, die sich in demselben Staat befinden, so kann sich eine natürliche Person, die nach den Sachvorschriften des Rechts dieses Staates rechts-, geschäfts- und handlungsfähig wäre, nur dann auf ihre aus den Sachvorschriften des Rechts eines anderen Staates abgeleitete Rechts-, Geschäfts- und Handlungsunfähigkeit berufen, wenn der andere Vertragsteil bei Vertragsabschluß diese Rechts-, Geschäfts- und Handlungsunfähigkeit kannte oder kennen mußte. [2]Dies gilt nicht für familienrechtliche und erbrechtliche Rechtsgeschäfte sowie für Verfügungen über ein in einem anderen Staat belegenes Grundstück.

Literatur: *Fischer*, Verkehrsschutz im Internationalen Privatrecht, 1990; *Lipp*, Verkehrsschutz und Geschäftsfähigkeit im IPR, RabelsZ 63 (1999), 107; *Schotten*, Schutz des Rechtsverkehrs im Internationalen Privatrecht, DNotZ 1994, 670.

A. Allgemeines

I. Normgeschichte, Übergangsrecht und Rom I-VO

Art. 12 wurde im Rahmen der IPR-Reform 1986[1] eingeführt und entspricht inhaltlich im Wesentlichen Art. 11 des EG-Schuldvertragsübereinkommens vom 19.6.1980 (EVÜ), vgl Rn 6. Vor der Reform befand sich 1

62 BGHZ 128, 41, 48 = NJW 1995, 250 = IPRax 1996, 332; BGH NJW 1992, 618, 619; BGH WM 1965, 868, 869; KG IPRax 1998, 283; OLG Celle WM 1984, 494, 495; OLG Düsseldorf IPRax 1996, 423, 426; OLG Koblenz RIW 1996, 151; Reithmann/Martiny/*Hausmann*, Rn 2488; *Fischer*, IPRax 1996, 332, 335; *v. Bar*, JZ 1992, 582; *v. Caemmerer*, RabelsZ 24 (1959), 201, 217 f.

63 *Leible*, IPRax 1998, 257, 259; Staudinger/*Magnus*, Anh. II zu Art. 1 Rom I-VO Rn 61; *Steding*, ZVglRWiss 86 (1987), 25, 47; *Ruthig*, S. 170 f; Bamberger/Roth/*Mäsch*, Art. 10 EGBGB Anh. Rn 94.

64 *Leible*, IPRax 1998, 257, 259; im Erg. ebenso BGH NJW-RR 1990, 248, 250.

65 *Steding*, ZVglRWiss 86 (1987), 25, 47; *Kegel/Schurig*, § 17 V 2 c; *Kayser*, Vertretung ohne Vertretungsmacht im deutschen internationalen Privatrecht, 1967, S. 103 ff; aA Reithmann/Martiny/*Hausmann*, Rn 2490 mwN.

66 Str., wie hier OLG Hamburg VersR 1987, 1216; Palandt/*Thorn*, Anh. Art. 10 EGBGB Rn 3; *Steding*, ZVglRWiss 86 (1987), 25, 47; *Fischer*, IPRax 1996, 332, 335; *Kropholler*, IPR, § 41 I 3; für das Geschäftsstatut Bamberger/Roth/*Mäsch*, Anh. Art. 10 EGBGB Rn 94; *v. Bar*, IPR II, Rn 593; *v. Hoffmann*, IPR, § 10 Rn 13; *v. Caemmerer*, RabelsZ 24 (1959), 205, 217 f; Reithmann/Martiny/*Hausmann*, Rn 2491.

67 Bamberger/Roth/*Mäsch*, Anh. Art. 10 EGBGB Rn 94; Sandrock/*Müller*, D Rn 83.

1 In Kraft seit dem 1.9.1986 (BGBl. I S. 1142).

die entsprechende Regelung in Art. 7 Abs. 3 aF, der nach Art. 220 für alle bis zum 1.9.1986 „abgeschlossenen Vorgänge" gilt. Art. 12 unterscheidet sich von Art. 7 Abs. 3 aF dadurch, dass nun der gute Glaube des Vertragspartners („kennen musste") von Bedeutung ist.

2 **Art. 12** ist mit Wirkung zum 17.12.2009 durch Art. 13 der Verordnung (EG) Nr. 593/2008 (Rom I-VO) weitgehend ersetzt worden. Art. 13 Rom I-VO enthält ebenfalls eine – weitgehend gleichförmige – Verkehrsschutzregelung für vertragliche Schuldverhältnisse. Die Verordnung hat nach Art. 3 Nr. 1 EGBGB Vorrang vor Art. 12 EGBGB und aufgrund der Geltung für vertragliche Schuldverhältnisse eine deutlich größere Bedeutung. Diese bleibt aber weiter bestehen und behält noch einen – kleinen – Anwendungsbereich. Denn Art. 13 Rom I-VO gilt lediglich für vertragliche Schuldverhältnisse (der Wortlaut spricht daher auch von „Verträgen"), Art. 12 ist hierauf nicht beschränkt (der Wortlaut spricht daher von „Rechtsgeschäften"). Allerdings umfasst Art. 13 Rom I-VO entgegen dem Wortlaut auch einseitige Erklärungen, sofern sie sich auf Schuldverträge beziehen, so zB Kündigung eines Vertragsverhältnisses.[2] Ebenfalls wird angenommen, dass Art. 13 Rom I-VO auch auf unentgeltliche Verträge (zB Schenkung und Auftrag) sowie auf Mängel der gesetzlichen Vertretungsmacht von Betreuern Geschäftsunfähiger und auf die Rechtsfähigkeit von Gesellschaften und die Vertretungsbefugnisse ihrer Organe entsprechend anwendbar ist[3]. **Folgt man dieser** Auffassung nicht, so bliebe Art. 12 EGBGB hier anwendbar. Nicht vom Anwendungsbereich des Art. 13 Rom I-VO erfasst sind und bleiben Verfügungsgeschäfte über Mobilien und inländische Grundstücke.

II. Normzweck, Normstruktur, Anwendungsbereich

3 **1. Normzweck.** Art. 12 bezweckt den Schutz des Rechtsverkehrs. Der Vertragspartner wird vor dem zusätzlichen Risiko geschützt, das dadurch entsteht, dass er mit einem Ausländer kontrahiert, der nach seinem Recht (Personalstatut) nicht oder nur beschränkt geschäftsfähig (bzw handlungs- oder rechtsfähig) ist. Dieser Schutz wird durch eine (allseitige) Alternativanknüpfung bewerkstelligt. Von der allgemeinen Regel des Art. 7 Abs. 1 wird eine Ausnahme gemacht: Unter der Voraussetzung, dass der andere Vertragsteil die nach Art. 7 Abs. 1 (Personalstatut) bestimmte Rechts-, Geschäfts- oder Handlungsunfähigkeit (vgl Art. 7) nicht kannte bzw nicht kennen musste, kann sich der Unfähige nicht darauf berufen, wenn nach dem Recht des Abschlussortes keine solche Unfähigkeit bestand. Im Mittelpunkt steht also der Schutz des Vertrauens, nicht – wie in Art. 11 – der favor negotii.[4] Dieser Vertrauensschutz, der am Abschlussort gelten muss, setzt sich gegenüber den (Schutz-)Regeln des Personalstatuts des (Geschäfts-)Unfähigen durch. Nach deutschem Sachrecht ist zwar der gute Glaube in die Geschäftsfähigkeit nicht geschützt. Die Existenz des Art. 12 rechtfertigt sich aber dadurch, dass durch die Ausländereigenschaft einer Vertragspartei ein zusätzliches (Minderjährigen-)Risiko geschaffen wird (zB durch eine andere Altersgrenze bei der Geschäftsfähigkeit). Da der inländische Vertragspartner die ausländischen Bestimmungen in der Regel nicht kennt, muss er sich nur an den Regeln festhalten lassen, die am Abschlussort gelten und denen er sich durch die Teilnahme am Rechtsverkehr unterworfen hat.[5]

4 **2. Normstruktur.** S. 1 stellt die allgemeine Regel auf, von der S. 2 für bestimmte Rechtsgeschäfte eine Ausnahme macht. Diese Ausnahme ist notwendig, weil Art. 12 grundsätzlich alle Verträge umfasst, während Art. 13 Rom I-VO für „familien- und erbrechtliche Rechtsgeschäfte" sowie für Verfügungen nicht gilt.

5 **3. Persönlicher Anwendungsbereich.** Art. 12 gilt nur für natürliche Personen, deren nach Art. 7 bestimmtes Personalstatut einem anderen Recht als dem des Abschlussortes unterliegt.[6] Möglich ist die analoge Anwendung auf ausländische juristische Personen.[7] Zur Anwendung des Art. 12 im Internationalen Gesellschaftsrecht siehe Anhang zu Art. 12.

6 **4. Sachlicher Anwendungsbereich.** Art. 12 spricht in S. 1 von Verträgen, in S. 2 hingegen von Rechtsgeschäften. Daraus folgert die herrschende Meinung, dass der gesamte Art. 12 auf alle empfangsbedürftigen Rechtsgeschäfte – also auch einseitige Rechtsgeschäfte – anwendbar ist.[8] Auch Verfügungsgeschäfte sind von S. 1 umfasst. Denn S. 2 stellt klar, dass nur Verfügungen über Grundstücke besonderen Regeln unterliegen. Für die Schlüsselgewaltgeschäfte enthält Art. 16 Abs. 2 eine Sonderregel. Verfügungs- und Verpflichtungs-

2 MüKo/*Spellenberg*, Art. 12 EGBGB Rn 9.
3 MüKo/*Spellenberg*, Art. 12 EGBGB Rn 9.
4 MüKo/*Spellenberg*, Art. 12 EGBGB Rn 17.
5 *Lipp*, RabelsZ 63 (1999) 107, 137.
6 Art. 12 gilt auch für Vertragspartner gleicher Nationalität, wenn sie sich an einem anderen Abschlussort befinden. Allerdings wird hier der gute Glaube an vorhandene Geschäftsfähigkeit aufgrund der Kenntnis der eigenen Rechtsordnung in der Regel fehlen.
7 BGH NJW 1998, 2452; *Bausback*, DNotZ 1994, 254, 259; Palandt/*Thorn*, Anh. Art. 12 EGBGB Rn 11; Staudinger/*Großfeld*, Int. GesR, Rn 281; *Fischer*, S. 211 ff; *Kalign*, DB 1985, 1449, 1452; MüKo/*Spellenberg*, Art. 12 EGBGB Rn 26; das LG München (ZIP 1999, 1680) hat Art. 12 auf eine nach ausländischem Recht nicht rechtsfähige Vorgesellschaft mit dem Ergebnis angewendet, dass deutsches Recht anwendbar war; aA Palandt/*Thorn*, Art. 13 Rom I-VO Rn 2.
8 MüKo/*Spellenberg*, Art. 12 EGBGB Rn 9; *Fischer*, S. 42 ff; *Lichtenberger*, DNotZ 1986, 644, 652; Bamberger/Roth/*Mäsch*, Art. 12 EGBGB Rn 11.

beschränkungen (im deutschen Recht zB §§ 1365, 1369 BGB) unterfallen Art. 12.[9] Für die Bestimmung der Partei- und Prozessfähigkeit ist Art. 12 nicht anwendbar.[10] Ob Geschäftsfähigkeit überhaupt erforderlich ist, richtet sich nach der lex causae. Art. 12 kann auch für den Umfang und die Beschränkung gesetzlicher Vertreter Minderjähriger bzw Geschäftsunfähiger **analog** angewendet werden.[11] Eine analoge Anwendung des Art. 12 in Bezug auf den guten Glauben an das Bestehen und den Umfang einer Vollmacht ist hingegen nicht angezeigt.[12] Dies regelt sich allein nach dem Vollmachtsstatut.

III. Staatsvertragliche Regelungen und Auslegung

Art. 12 entspricht im Wesentlichen Art. 11 EVÜ.[13] Das EVÜ wurde durch die Rom I-VO abgelöst. Zur Abgrenzung der Anwendungsbereiche von Art. 12 EGBGB und Art. 13 Rom I-VO s.o. Rn 2. **7**

Zur Beachtung des EVÜ bei der Auslegung vgl Art. 11 Rn 10. Auch nach Wegfall von Art. 36 sollte Art. 12 europäisch einheitlich ausgelegt werden sollte[14]. Probleme können sich aufgrund des geringfügig unterschiedlichen Wortlauts von Art, 12 EGBGB und Art. 13 Rom I-VO ergeben. So verweigert Art. 12 den Verkehrsschutz bei „Kennenmüssen", während Art. 13 Rom I-VO von „Fahrlässigkeit" spricht. **8**

IV. Renvoi, ordre public

Das durch Art. 12 berufene Recht des Abschlussortes ist ausweislich des Wortlauts eine Sachnormverweisung. Ein renvoi ist also nicht zu beachten.[15] Die Alternativanknüpfung des Art. 12 kommt aber nur zum Tragen, wenn sich die Rechts-, Geschäfts- oder Handlungsunfähigkeit nicht schon aus Art. 7 ergibt. Dieser wiederum lässt einen renvoi zu. **9**

Das durch Art. 12 gewonnene Recht steht grundsätzlich unter dem Vorbehalt des ordre public (Art. 6). Die am Recht des ausländischen Abschlussortes geltenden Sachvorschriften gelten also dann nicht, wenn sie gegen den deutschen ordre public verstoßen. Insoweit gilt dasselbe wie bei Art. 7. **10**

B. Regelungsgehalt

I. Abschlussort

Voraussetzung für die Anwendbarkeit von Art. 12 ist zunächst, dass sich bei Vertragsschluss (bzw Vornahme des Rechtsgeschäfts) beide Parteien im selben Staat befinden. Das bedeutet nicht, dass die Parteien beide persönlich am selben Ort anwesend sein müssen. Es darf sich lediglich nicht um ein Distanzgeschäft (also Anwesenheit in verschiedenen Staaten) handeln. Bei einer Willenserklärung unter Abwesenden kommt es auf den Zeitpunkt der Abgabe und nicht auf den des Zugangs an.[16] Auch die zufällige, kurze Anwesenheit reicht aus. Dem Gesetzeswortlaut ist keine gegenteilige Einschränkung zu entnehmen. So kann Art. 12 auch gelten bei Geschäften unter Mitgliedern einer Reisegruppe im Ausland,[17] man wird dann aber fragen müssen, ob Gutgläubigkeit des Vertragspartners vorhanden war. Irrt sich der andere Vertragsteil über den Aufenthaltsort des (geschäfts-)unfähigen Vertragspartners, so hat dies keine Auswirkungen auf die Anwendbarkeit der Norm. Art. 12 stellt lediglich auf den tatsächlichen Aufenthaltsort ab.[18] **11**

9 Palandt/*Thorn*, Art. 13 Rom I-VO Rn 6 mwN; aA Bamberger/Roth/*Mäsch*, Art. 12 EGBGB Rn 41 und MüKo/*Spellenberg*, Art. 12 EGBGB Rn 5 (für die Anwendung von Art. 16 EGBGB).

10 Dies gilt auch, wenn das anwendbare Prozessrecht hinsichtlich der Parteifähigkeit auf die Rechtsfähigkeit abstellt, vgl Bamberger/Roth/*Mäsch*, Art. 12 EGBGB Rn 17 und 20.

11 Bamberger/Roth/*Mäsch*, Art. 12 EGBGB Rn 39; Palandt/*Heldrich*, Art. 13 Rom I-VO Rn 6.

12 Bamberger/Roth/*Mäsch*, Art. 12 EGBGB Rn 40.

13 Für Deutschland in Kraft getreten am 1.4.1991 (BGBl. II S. 871); abgedruckt auch in *Jayme/Hausmann*, Nr. 171; rein sprachlich gibt es eine Abweichung: Art. 12 spricht von „Kennenmüssen", Art. 11 EVÜ hingegen von „Fahrlässigkeit".

14 Staudinger/*Hausmann*, Art. 12 Rn 3; MüKoSpellenberg, Art. 12 Rn 11.

15 HM, vgl zB MüKo/*Spellenberg*, Art. 12 EGBGB Rn 41; Bamberger/Roth/*Mäsch*, Art. 12 EGBGB Rn 6; aA Soergel/*Kegel*, Art. 12 EGBGB Rn 26.

16 Bamberger/Roth/*Mäsch*, Art. 12 EGBGB Rn 30.

17 So auch Bamberger/Roth/*Mäsch*, Art. 12 EGBGB Rn 24, offen MüKo/*Spellenberg*, Art. 12 EGBGB Rn 38; aA *Lipp*, RabelsZ 63 (1999), 107, 134 f.

18 *Fischer*, S. 53 f, ist hingegen der Ansicht, dass in dem Fall, in dem der Vertragspartner irrig annimmt, der Erklärende befinde sich im Ausland, Art. 12 keine Anwendung findet. Ein solches Abstellen auf den Rechtsschein weicht aber mE von dem Wortlaut des Art. 12 ab, der gerade keine Rechtsscheinhaftung verkörpert; so auch Bamberger/Roth/*Mäsch*, Art. 12 EGBGB Rn 31.

12 Wird der Vertrag auf der geschäftsunfähigen Seite durch einen Stellvertreter geschlossen, so kommt es – entsprechend Art. 11 Abs. 3 – auf den Aufenthaltsort des Stellvertreters an.[19] Denn auch hier verlässt sich der andere Vertragsteil darauf, dass das Recht des Abschlussortes gilt. Abschlussort ist der Ort, an dem inländische Vertragspartner und der Stellvertreter des ausländischen Vertragsteils anwesend sind, denn an diesem Ort werden die Willenserklärungen abgegeben. Ist der Vertreter selbst (geschäfts-)unfähig, so kommt es auf ebenfalls auf dessen Aufenthaltsort an.[20]

II. Fehlende Fähigkeit

13 Die Partei muss nach ihrem Personalstatut rechts-, geschäfts- oder handlungsunfähig sein, nach dem Ortsrecht diese Fähigkeit aber besitzen. Die **Rechtsfähigkeit** wird fast immer vorhanden sein. Sollte dies bei einer natürlichen Person nicht der Fall sein, dürfte dies gegen den ordre public verstoßen.[21] Sollte eine ausländische juristische Person nicht rechtsfähig sein, so dürfte in den meisten Fällen auch das deutsche Recht im Ergebnis zu einer Rechtsunfähigkeit kommen, so dass Art. 12 tatbestandlich nicht einschlägig wäre.

14 In der Praxis kommt der **Geschäftsfähigkeit**, also der Fähigkeit, Rechte und Pflichten zu begründen oder zu gestalten, eine herausgehobene Bedeutung zu. Sie bestimmt sich nach dem Personalstatut gem. Art. 7 (siehe dort) und hängt in der Regel vom Alter oder von bestimmten geistigen Eigenschaften ab. Besondere Geschäftsfähigkeiten für bestimmte Sachbereiche (zB Testierfähigkeit) werden – wie bei Art. 7– von Art. 12 nicht umfasst, sondern richten sich nach dem Wirkungsstatut.[22] Wird das Rechtsgeschäft in Deutschland vorgenommen, gelten die §§ 104 ff BGB, also auch § 113 BGB (Teilgeschäftsfähigkeit bei Dienst- oder Arbeitsverhältnis). Art. 12 ist auch anwendbar, wenn der Ausländer in seinem Heimatstaat entmündigt wurde.[23] Ob aus der Sicht des Vornahmestaates eine solche Entmündigung zu beachten ist, hängt von der Anerkennungsfähigkeit der Entmündigungsentscheidung ab. Das deutsche Recht ist dann bei Beurteilung der Geschäftsfähigkeit insofern milder, als es keine vollständige Entmündigung kennt, sondern gem. § 1903 BGB allenfalls einen Einwilligungsvorbehalt des Betreuers vorsieht.

15 Der weiter in Art. 12 aufgeführte Begriff der **Handlungsfähigkeit** existiert im deutschen materiellen Recht nicht. Er wird in der Literatur zumeist als Oberbegriff für Geschäfts- und Deliktsfähigkeit verwendet.[24] Da sich die Deliktsfähigkeit nach dem Deliktsstatut bestimmt und die Geschäftsfähigkeit bereits in Art. 12 aufgeführt ist, kommt der Handlungsfähigkeit keine besondere Bedeutung zu.[25] Dass dieser Begriff in Art. 12 zu finden ist, basiert wohl eher auf der wörtlichen Übernahme des französischen Begriffes „capacité" aus dem EVÜ.[26]

III. Fehlende Kenntnis und keine fahrlässige Unkenntnis

16 Der (geschäfts-)unfähige Ausländer kann sich auf die fehlende Fähigkeit nur dann berufen, wenn der Vertragspartner diese nicht kannte und auch nicht kennen musste. Aufgrund der Anlehnung an die in § 122 Abs. 2 BGB verwendete Terminologie ist als Fahrlässigkeitsmaßstab § 276 BGB heranzuziehen.[27] Die Beweislast für die bewusste Kenntnis oder fahrlässige Unkenntnis des Vertragspartners trägt der Geschäftsunfähige.[28] Der Vertragspartner ist dann durch die Anwendung des Ortsrechts geschützt, wenn er entweder nicht von der ausländischen Staatsangehörigkeit des Geschäftsunfähigen wusste oder wenn er zwar davon Kenntnis hatte, ihm aber die von dem Ortsrecht abweichenden Regeln zur Geschäftsfähigkeit nicht bekannt waren. Der Vertragspartner kann sich jedoch nicht darauf berufen, er habe das Alter des Ausländers nicht gekannt,[29] ebenso nicht darauf, dass er nicht gewusst habe, dass überhaupt ausländisches Recht zur Anwendung kommt.[30]

19 Wie hier *Liessem*, NJW 1989, 497, 501; Palandt/*Thorn*, Art. 13 Rom I-VO Rn 3; Erman/*Hohloch*, Art. 12 EGBGB Rn 9; *Schotten*, DNotZ 1994, 670, 671; Bamberger/Roth/*Mäsch*, Art. 12 EGBGB Rn 26.
20 Bei einem Boten stellt sich diese Frage nicht, da dieser selbst keine eigene Willenserklärung abgibt.
21 Bamberger/Roth/*Mäsch*, Art. 12 EGBGB Rn 16.
22 Eine dem Art. 12 entspr. Norm gibt es für die Wechselfähigkeit (Art. 91 Abs. 2 WG) und die Scheckfähigkeit (Art. 60 Abs. 2 ScheckG).
23 Bamberger/Roth/*Mäsch*, Art. 12 EGBGB Rn 21; Palandt/*Thorn*, Art. 13 Rom I-VO Rn 5.
24 MüKo/*Spellenberg*, Art. 12 EGBGB Rn 7; Erman/*Hohloch*, Art. 12 EGBGB Rn 10.
25 *Schotten*, DNotZ 1994, 670; Bamberger/Roth/*Mäsch*, Art. 12 EGBGB Rn 22; aA Erman/*Hohloch*, Art. 12 EGBGB Rn 11 und Palandt/*Thorn*, Art. 13 Rom I-VO Rn 6, die diesen Begriff auf familienrechtliche Handlungsbeschränkungen anwenden wollen.
26 Bamberger/Roth/*Mäsch*, Art. 12 EGBGB Rn 22; Erman/*Hohloch*, Art. 12 EGBGB Rn 10.
27 Bamberger/Roth/*Mäsch*, Art. 12 EGBGB Rn 32.
28 *Wolfsteiner*, DNotZ 1987, 67, 82; Bamberger/Roth/*Mäsch*, Art. 12 EGBGB Rn 14.
29 Bamberger/Roth/*Mäsch*, Art. 12 EGBGB Rn 32.
30 *V. Bar*, IPR II, Rn 59; Bamberger/Roth/*Mäsch*, Art. 12 EGBGB Rn 32.; differenzierend Staudinger/*Hausmann*, Art. 12 EGBGB Rn 66 (nur Irrtum über eigenes Kollisionsrecht unbeachtlich).

Problematisch ist es, zu bestimmen, wann die **Unkenntnis vorwerfbar** ist. Hier kommt es darauf an, worauf sich die Unkenntnis bezieht. Die Unkenntnis des Vertragspartners hilft diesem nicht, wenn er in Ausübung seiner gewerblichen Tätigkeit eine grenzüberschreitende Reise („Kaffeefahrt") des Geschäftsunfähigen veranlasst hat (vgl auch Art. 29 Abs. 1 Nr. 3).[31] Liegt ein solcher Fall nicht vor, wird man abwägen müssen. Hätte sich der Vertragspartner auch bei einem rein nationalen Geschäft Gedanken über die Geschäftsfähigkeit machen müssen, so gilt dies entsprechend bei internationalen Fällen. Geht es beispielsweise um ein Geschäft von großer wirtschaftlicher Bedeutung, gilt ein strengerer Fahrlässigkeitsmaßstab als bei alltäglichen Geschäften.[32] Wird das Geschäft notariell beurkundet, prüft der Notar die Geschäftsfähigkeit, vgl § 11 BeurkG. Bei Zweifeln über die Geschäftsfähigkeit eines Ausländers soll er darauf gem. § 17 Abs. 3 BeurkG hinweisen. Kennt der Vertragspartner die Ausländereigenschaft des Geschäftsunfähigen, so ist dies allein nicht ausreichend, fahrlässige Unkenntnis zu begründen.[33] Allerdings wird dem Vertragspartner bei Belehrung des Notars über die Anwendbarkeit ausländischen Rechts fahrlässige Unkenntnis vorgeworfen werden können, wenn dieser auf Beurkundung bestand, bevor die Auslandsrechtsfrage geklärt ist.[34] Der Vertragspartner ist aber dann nicht geschützt, wenn er das ausländische Recht kennen müsste, etwa weil er im Staat des Geschäftsunfähigen seinen gewöhnlichen Aufenthalt hat oder (auch) dieselbe Staatsangehörigkeit besitzt. 17

IV. Rechtsfolge

Liegen die tatbestandlichen Voraussetzungen des Art. 12 vor, kann sich der geschäftsunfähige Ausländer nicht auf seine Geschäftsunfähigkeit berufen. Das Rechtsgeschäft ist also dann wirksam zustande gekommen, wenn es unter Inländern ebenfalls wirksam wäre. Bei Kenntnis oder fahrlässiger Unkenntnis des Vertragspartners richtet sich die Wirksamkeit des Rechtsgeschäfts nach dem Personalstatut des Geschäftsunfähigen.[35] Dass der Geschäftsunfähige sich auf die Unfähigkeit „berufen" kann, bedeutet nicht, dass es sich dabei um eine Einrede handelt, die nur bei aktivem Vorbringen im Prozess berücksichtigt wird. Diese Frage bestimmt sich vielmehr nach dem Personalstatut, das zur Geschäftsunfähigkeit führt.[36] Beurteilen Heimatrecht und Ortsrecht die Geschäftsunfähigkeit unterschiedlich, so setzt sich das günstigere Recht, welches die Geschäftsfähigkeit annimmt, durch. Es besteht aber kein Wahlrecht des Vertragspartners.[37] Kommen sowohl das Ortsrecht als auch das Heimatrecht zum Ergebnis, dass das Rechtsgeschäft mangels Geschäftsfähigkeit ungültig ist, so bestimmen sich die Rechtsfolgen nach dem milderen Recht, also demjenigen Recht, das dem Rechtsgeschäft am ehesten zur Wirksamkeit verhilft (vgl auch Art. 11 Rn 18).[38] 18

V. Ausgenommene Rechtsgeschäfte (S. 2)

S. 1 gilt nicht für **familien- und erbrechtliche Rechtsgeschäfte**. So sind vom Anwendungsbereich ausgeschlossen das Verlöbnis, die Adoption, der Ehevertrag, die Vaterschaftsanerkennung, die Errichtung und die Aufhebung von Testamenten und Erbverträgen, die Erbausschlagung und der Erbverzicht. Hier handelt es sich nicht um Verkehrsgeschäfte, also nicht um solche Geschäfte, bei denen ein Verkehrsschutz erforderlich ist.[39] Auch **Verfügungen**[40] **über ausländische Grundstücke**[41] unterfallen nicht S. 1. Hier kommt dem Verkehrsschutz ein geringeres Gewicht zu. Für den Verfügenden ist das Geschäft aber von gesteigerter Bedeutung.[42] Nicht zu vernachlässigen ist auch das Durchsetzungsmonopol des Belegenheitsstaates. Art. 12 unterfallen aber sämtliche schuldrechtlichen Grundstücksgeschäfte. In allen Fällen des S. 2 richtet sich die (Geschäfts-)Fähigkeit allein nach Art. 7 (selbständige Anknüpfung der Vorfrage). 19

Anhang zu Art. 12 EGBGB: Juristische Personen und Gesellschaften

Literatur: *Altmeppen*, Parteifähigkeit, Sitztheorie und „Centros", DStR 2000, 1061; *ders.*, Schutz vor „europäischen" Kapitalgesellschaften, NJW 2004, 97; *Altmeppen/Wilhelm*, Gegen die Hysterie um die Niederlassungsfreiheit der Scheinauslandsgesellschaften, DB 2004, 1083; *Andersen/Sorensen*, Free Movement of Companies from a Nordic Perspective, 6 Maastricht Journal (1999), 55; *Anton/Beaumont*, Private International Law, 2nd Ed. 1990; *Balmes*, Societas Privata Europaea

31 Bamberger/Roth/*Mäsch*, Art. 12 EGBGB Rn 32.
32 *Schotten*, DNotZ 1994, 670, 672.
33 *Schotten*, DNotZ 1994, 670, 672; *Liessem*, NJW 1989, 497, 501.
34 *Schotten/Schmellenkamp*, Das IPR in der notariellen Praxis, S. 78.
35 Palandt/*Thorn*, Art. 13 Rom I-VO Rn 4.
36 Erman/*Hohloch*, Art. 12 EGBGB Rn 13; Bamberger/Roth/*Mäsch*, Art. 12 EGBGB Rn 36.
37 Dies ist umstritten, wie hier: Bamberger/Roth/*Mäsch*, Art. 12 EGBGB Rn 37; Soergel/*Kegel*, Art. 12 EGBGB Rn 3; Staudinger/*Hausmann*, Art. 12 EGBGB Rn 70; aA *Fischer*, S. 115 ff; *Schotten*, DNotZ 1994, 670, 672.
38 Bamberger/Roth/*Mäsch*, Art. 12 EGBGB Rn 35.
39 BT-Drucks. 10/504, S. 50.
40 Der Begriff der Verfügung ist nach deutschem Recht zu qualifizieren.
41 Der Begriff des Grundstücks folgt der lex rei sitae.
42 BT-Drucks. 10/504, S. 50.

(Europäische Privatgesellschaft) – laufende Besteuerung und ausgewählte steuerliche Sonderfragen, DStR 2009, 1557; *Barkalova/Barth*, Nationale Beschränkungen des Wegzugs von Gesellschaften innerhalb der EU bleiben zulässig, DB 2009, 213; *Basedow*, Das internationale Privatrecht in den Zeiten der Globalisierung, in: FS Stoll 2001, 405; *Baudenbacher/Buschle*, Niederlassungsfreiheit für EWR-Gesellschaften nach Überseering, IPRax 2004, 26; *Bausback*, Der dingliche Erwerb inländischer Grundstücke durch ausländische Gesellschaften, DNotZ 1996, 254; *Bayer*, Ein Blick in die deutsche SE-Landschaft 5 Jahre nach Inkrafttreten der SE-VO, AG 2009, R 480; *ders.*, Die EuGH-Entscheidung Inspire Art und die deutsche GmbH im Wettbewerb der europäischen Rechtsordnungen, BB 2003, 2357; *ders.*, Auswirkungen der Niederlassungsfreiheit nach den EuGH-Entscheidungen Inspire Art und Überseering auf die deutsche Mitbestimmung, Die AG 2004, 534; *Bayer/Schmidt*, Aktuelle Entwicklungen im Europäischen Gesellschaftsrecht (2004-2007), BB 2008, 454; *dies.*, Der Schutz der grenzüberschreitenden Verschmelzung durch die Niederlassungsfreiheit, ZIP 2006, 210; *dies.*, Die neue Richtlinie über die grenzüberschreitende Verschmelzung von Kapitalgesellschaften, NJW 2006, 401; *dies.*, Der Regierungsentwurf zur Änderung des Umwandlungsgesetzes, NZG 2006, 841; *dies.*, Grenzüberschreitende Sitzverlegung und grenzüberschreitende Restrukturierungen nach MoMiG, Cartesio und Trabrennbahn, ZHR 173 (2009), 735; *Bechtel*, Parteifähigkeit trotz Verlegung des Gesellschaftssitzes nach Deutschland, NZG 2001, 21; *Becker*, Baldiges neues Gründungsverfahren in Frankreich: die französische „Blitz-S.A.R.L.", GmbHR 2003, 706; *Behme*, Der Weg deutscher Aktiengesellschaften ins Ausland – Goldene Brücke statt Stolperpfad, BB 2008, 70; *Behme/Nohlen*, BB-Kommentar, BB 2009, 13; *dies.*, Zur Wegzugsfreiheit von Gesellschaften – Der Schlussantrag von Generalanwalt Maduro in der Rechtssache Cartesio (C-210/06), NZG 2008, 497; *Behrens*, Niederlassungsfreiheit und internationales Gesellschaftsrecht, RabelsZ 52 (1988), 498; *ders.*, Anerkennung, internationale Sitzverlegung und grenzüberschreitende Umstrukturierung von Gesellschaften nach dem Centros-Urteil des EuGH, JBl 2001, 341; *ders.*, Das Internationale Gesellschaftsrecht nach dem Centros-Urteil des EuGH, IPRax 1999, 323; *ders.*, Die grenzüberschreitende Sitzverlegung von Gesellschaften in der EWG, IPRax 1989, 354; *ders.*, Das internationale Gesellschaftsrecht nach dem Überseering-Urteil des EuGH und den Schlussanträgen zu Inspire Art, IPRax 2003, 193; *ders.*, Die GmbH im ausländischen und internationalen Recht, 1997; *ders.*, Die Umstrukturierung von Unternehmen durch Sitzverlegung oder Fusion über die Grenze im Lichte der Niederlassungsfreiheit im Europäischen Binnenmarkt, ZGR 1994, 1; *ders.*, EuGH entscheidet über Sitzverlegung von Gesellschaften, EuZW 2000, 385; *ders.*, EuGH klärt Niederlassungsfreiheit von Gesellschaften, EuZW 2002, 737; *ders.*, Gemeinschaftsrechtliche Grenzen der Anwendung inländischen Gesellschaftsrechts auf Auslandsgesellschaften, IPRax 2004, 20; *ders.*, Gesellschaften sollen Niederlassungsberechtigte gleichen Rechts werden, EuZW 1998, 353; *ders.*, Identitätswahrende Sitzverlegung einer Kapitalgesellschaft von Luxemburg in die Bundesrepublik Deutschland, RIW 1986, 590; *ders.*, Reaktionen mitgliedstaatlicher Gerichte auf das Centros-Urteil des EuGH, IPRax 2000, 384; *Beitzke*, Internationalrechtliches zur Gesellschaftsfusion, in: FS Hallstein 1966, 14; *Berndt*, Die Rechtsfähigkeit US-amerikanischer Kapitalgesellschaften im Inland, JZ 1996, 187; *Berner/Klöhn*, Insolvenzantragspflicht, Qualifikation und Niederlassungsfreiheit, ZIP 2007, 106; *Bernstorff*, Das Betreiben einer englischen Limited in Deutschland, RIW 2004, 498; *Beul*, Zulässigkeit internationaler Fusionen, IStR 2003, 737; *Binchy*, Irish Conflicts of Law, 1988; *Binz*, Die Rechtsstellung von Kapitalgesellschaften aus Nicht-EU/EWR/USA-Staaten mit Verwaltungssitz in Deutschland, BB 2005, 2361; *Binge/Thölke*, Everything goes!?, DNotz 2004, 21; *Binz/Mayer*, Die ausländische Kapitalgesellschaft & Co KG im Aufwind?, GmbHR 2003, 249; *Bleckmann*, Europarecht, 6. Aufl. 1997, Rn. 1619; *Bogdan*, Restrictions Limiting the Right of Foreigners to acquire real Property in Sweden, RabelsZ 41 (1977), 536; *Bollacher*, Referentenentwurf zur Regelung des Internationalen Gesellschaftsrechts, RIW 2008, 200; *Bonanni/Müntefering*, Grenzüberschreitende Verschmelzung ohne Arbeitnehmerbeteiligung? – Anwendungsbereich und Beteiligungsverfahren des MgVG, NJW 2009, 2347; *Borges*, Die Sitztheorie in der Centros-Ära: Vermeintliche Probleme und unvermeidliche Änderungen, RIW 2000, 167; *ders.*, Gläubigerschutz bei ausländischen Gesellschaften mit inländischem Sitz, ZIP 2004, 733; *Brakalova/Barth*, Nationale Beschränkungen des Wegzugs von Gesellschaften innerhalb der EU bleiben zulässig, DB 2009, 213; *Breuninger/Krüger*, Die abnehmende Lokalisierung von Unternehmen als Rechtsproblem im internationalen Steuer- und Gesellschaftsrecht, in: FS Rädler 1999, 79; *Bruns*, Zur Reichweite der Haftung wegen existenzvernichtenden Eingriffs, NZG 2004, 409; *Bungert*, Deutsch-amerikanisches internationales Gesellschaftsrecht, ZVglRWiss 93 (1994), 117; *ders.*, Zur Rechtsfähigkeit US-amerikanischer Kapitalgesellschaften ohne geschäftlichen Schwerpunkt in den USA, WM 1995, 2125; *ders.*, Konsequenzen der Centros-Entscheidung des EuGH für die Sitzanknüpfung des deutschen internationalen Gesellschaftsrechts, DB 1999, 1841; *ders.*, Grenzüberschreitende Verschmelzungsmobilität – Anmerkung zur Sevic-Entscheidung des EuGH, BB 2006, 53; *Busekist*, „Umwandlung einer GmbH in eine im Inland ansässige EU-Kapitalgesellschaft am Beispiel der englischen Ltd., GmbHR 2004, 650; *Calliess/Ruffert/Bröhmer*, EUV/EGV, 2. Aufl. 2002, Art. 48 Rn 7; *Campos Nave*, Das Ende der gegenwärtigen Wegzugsbesteuerung – Der zweite Blick auf Cartesio, BB 2009, 870; *ders.*, Die Liberalisierung der Wegzugsfreiheit in Europa, BB 2008, 1410; *Casper/Weller*, Mobilität und grenzüberschreitende Umstrukturierung der SE, NZG 2009, 681; *Charlesworth/Morse*, Company Law, 15th Ed. 1995; *Cheshire and North's*, Private International Law, 13th Ed. 1999; *Cohnen*, Spanisches Internationales Gesellschaftsrecht: Stand 2004, IPRax 2005, 467; *Crawford*, International Private Law in Scotland, 1998; *Dautzenberg*, Verwerfung der Sitztheorie, FR 1999, 451; *Däubler*, Mitbestimmung und Betriebsverfassung im Internationalen Privatrecht, RabelsZ 39 (1975), 444; *Deininger*, Körperschaftsteuerrechtliche Auswirkungen der Überseering-Entscheidung des EuGH, IStR 2003, 214; *Dicey/Morris*, Conflict of Laws, 13th Ed. 2009; *Diwan*, Private International Law – Indian and English, 1988; *Dobson/Schmitthoff*, Charlesworth's Business Law, 1991; *Doralt*, Österreichischer OHG zur verschmelzenden Umwandlung über die Grenze nach Deutschland, NZG 2004, 396; *Dorr/Stukenborg*, „Going to the Chapel": Grenzüberschreitende Ehen im Gesellschaftsrecht – Die ersten transnationalen Verschmelzungen nach dem UmwG 1994, DB 2003, 647; *Dötsch*, Körperschaftsteuerliche Behandlung der Verlegung des Sitzes bzw. der Geschäftsleitung einer Kapitalgesellschaft über die Grenze, BB 1998, 1029; *Drobnig*, Gemeinschaftsrecht und Internationales Gesellschaftsrecht: „Daily Mail" und die Folgen, in: v. Bar, Europäisches Gesellschaftsrecht und IPR, 1991, 185; *Drygala*, Die Mauer bröckelt – Bemerkungen zur Bewegungsfreiheit deutscher Unternehmen in Europa, ZIP 2005, 1995; *ders.*, Stand und Entwicklung des europäischen Gesellschaftsrechts, ZEuP 2004, 337; *ders.*, Zur grenzüberschreitenden Verschmelzung, EWiR 2006, 25; *Dübeck*, Einführung in das dänische Recht, 1996; *Ebenroth*, Die Anerkennungsproblematik im Internationalen Gesellschaftsrecht, NJW 1988, 2137; *Ebenroth/Auer*, Internationales Gesellschaftsrecht: Anmerkung zum Beschluß des BayObLG, 7.5.1992, JZ 1993, 375; *Ebenroth/Bippus*, Die staatsvertragliche Anerkennung ausländischer Gesellschaften in Abkehr von der Sitztheorie, DB 1988, 842; *Ebenroth/Einsele*, Gründungstheorie und Sitztheorie in der Praxis – zwei vergleichbare Theorien?, ZVglRWiss 87 (1989), 218; *Ebenroth/Eyles*, Die innereuropäische Verlegung des Gesellschaftssitzes als Ausfluß der Niederlassungsfreiheit, DB 1989, 363; *Ebenroth/Kemner/Willburger*, Die Auswirkungen des genuine-link-Grundsatzes auf die Anerkennung US-amerikanischer Gesellschaften in Deutschland, ZIP 1995, 972; *Ebenroth/Offenloch*, Kollisionsrechtliche Untersuchung grenzüberschreitender Ausgliederungen, RIW 1997, 1; *Eberspächer*, Unternehmerische Mitbestimmung in zugezogenen Auslandsgesellschaften – Regelungsmöglichkeiten des deutschen Gesetzgebers?, ZIP 2008, 1951; *Ebert/Levedag*, Die zugezogene „private company limited by shares (Ltd.)" nach dem Recht von England und Wales als Rechtsformalternative für in- und ausländische Investoren in Deutschland, GmbHR 2003, 1337; *Ebke*, Das Schicksal der Sitztheorie nach dem Centros-Urteil des EuGH, JZ 1999, 656; *ders.*, Unternehmensrecht und Binnenmarkt – E pluribus unum?, RabelsZ 62 (1998), 195; *ders.*, Gesellschaften aus Delaware auf dem Vormarsch: Der BGH macht es möglich, RIW 2004, 740; *Eckert*, Internationales Gesellschaftsrecht, 1. Aufl. 2010; *van Efferink/Ebert/Levedag*, Die zugezogene niederländische B.V. als Rechtsformalternative zur deutschen GmbH für in- und ausländische Investoren in Deutschland, GmbHR 2004, 880; *Eidenmüller*, Ausländische Kapitalgesellschaften im deutschen Recht, 2004; *ders.*, Beurteilung der Rechtsfähigkeit einer ausländischen Gesellschaft nach dem Recht des Gründungsstaats, JZ 2003, 526; *ders.*, Die GmbH im Wettbewerb der Rechtsformen, ZGR 2007, 168; *ders.*, Geschäftsleiter- und Gesellschafterhaftung bei europäischen Auslandsgesellschaften mit tatsächlichem Inlandssitz, NJW 2005, 1618; *ders.*, Mobilität und Restrukturierung von Unternehmen im Binnenmarkt, JZ 2004, 24; *ders.*, Wettbewerb der Gesellschaftsrechte in Europa, ZIP 2002, 2233; *Eidenmüller/Rehm*, Niederlassungsfreiheit versus Schutz des inländischen Rechtsverkehrs: Konturen des Europäischen Internationalen Gesellschaftsrechts, ZGR 2004, 159; *Einsele*, Kollisionsrechtliche Behandlung des Rechts verbundener Unternehmen, ZGR 1996, 40; *Elser/Dürrschmidt*, Die deutsche Immobilien-GmbH mit Geschäftsleitung im Ausland, IStR 2010, 79; *Embid Irujo*, Eine spanische „Erfindung" im Gesellschaftsrecht: Die „Sociedad limitada nueva empreas" – die neue unternehmerische GmbH, RIW 2004, 760; *Emmerich*, Anmerkungen zu der Vulkan-Doktrin, Die AG 2004, 423; *Emmerich/Sonnenschein/Habersack*, Konzernrecht, 9. Aufl. 2008; *Europäische Kommission*, Studie über die Verlegung des Sitzes einer Gesellschaft von einem Mitgliedstaat in einen anderen, Luxemburg, 1993; *Fingerhuth/Rumpf*, MoMiG und die grenzüberschreitende Sitzverlegung – Die Sitztheorie ein (lebendes) Fossil?, IPRax 2008, 90; *Fischer*, Verkehrsschutz im internationalen Vertragsrecht, 1990; *Fleischer*, Der Rechtsmissbrauch zwischen Gemeineuropäischem Privatrecht und Gemeinschaftsprivatrecht, JZ 2003, 865; *Floer*, Internationale Reichweite der Prospekthaftung, 2002; *Forde*, Company Law, 1992, 45 (2.32); *Forsthoff*, EuGH fördert Vielfalt im Gesellschaftsrecht, DB 2002, 2471; *ders.*, Rechts- und Parteifähigkeit ausländischer Gesellschaften mit Verwaltungssitz in Deutschland? – Die Sitztheorie vor dem EuGH, DB 2000, 1109; *Fränkel*, Der Irrgarten des internationalen Privatrechts, RabelsZ 4 (1930), 239; *Franz*, Internationales Gesellschaftsrecht und deutsche Kapitalgesellschaften im In- bzw. Ausland, BB 2009, 1250; *ders.*, Internationales Gesellschaftsrecht und deutsche Kapitalgesellschaften im In- bzw. Ausland, BB 2009, 1250; *Franz/Laeger*, Die Mobilität deutscher Kapitalgesellschaften nach Umsetzung des MoMiG unter Einbeziehung des Referentenentwurfs zum int. GesR, BB 2008, 678; *Freitag*, Der Wettbewerb der Rechtsordnungen im internationalen Gesellschaftsrecht, EuZW 1999, 267; *ders.*, Zur Ermittlung des Gesellschaftsstatuts bei Nichtexistenz eines effektiven Verwaltungssitzes, NZG 2000, 357; *Frenzel*, Immer noch keine Wegzugsfreiheit für Gesellschaften im Europäischen Binnenmarkt – die Cartesio-Entscheidung des EuGH, EWS 2009, 158; *Fritz/Herrmann*, Die plc in Deutschland, 2006; *Frobenius*, "Cartesio": Partielle Wegzugsfreiheit für Gesellschaften in Europa, DStR 2009, 487; *Fröhlingsdorf*, Die neue spanische GmbH: Neues Unternehmen, RIW 2003, 584; *Gehrlein*, Die Existenzvernichtungshaftung im Wandel der Rechtsprechung, WM 2008, 761; *Germelmann*, Konkurrenz von Grundfreiheiten und Missbrauch von Gemeinschaftsrecht – Zum Verhältnis von Kapitalverkehrs- und Niederlassungsfreiheit in der neueren Rechtsprechung, EuZW 2008, 596; *Geyrhalter*, Niederlasungsfreiheit contra Sitztheorie – Good Bye Daily Mail, EWS 1999, 201; *Geyrhalter/Gänßler*, „Inspire Art" – Briefkastengesellschaft „on the move", DStR 2003, 2167; *Geyrhalter/Weber*, Die Schlussanträge des Generalanwalts in Sachen SEVIC Systems AG, NZG 2005, 837; *Göttsche*, Das Centros-Urteil des EuGH und seine Auswirkungen, DStR 1999, 1403; *Görk*, Zur Vereinbarkeit der Sitztheorie mit dem Gemeinschaftsrecht, MittBayNot 1999, 300; *Gower's*, Principles of Modern Company Law, 5th Ed. 1992; *Grabitz/Hilf/Randelzhofer/Forsthoff*, EGV, Art. 48 Rn. 22 f.; *Grasmann*, System des internationalen Gesellschaftsrechts, 1970; *Greulich*, Zur Insolvenzverursachungshaftung des Geschäftsleiters einer Auslandsgesellschaft mit Inlandsverwaltungssitz, NZG 2008, 565; *Grohmann*, Grenzüberschreitende Mobilität von Gesellschaften nach der Rechtsprechung des EuGH – von Daily Mail bis Cartesio, DZWiR 2009, 322; *Grohmann/Gruschinske*, Die identitätswahrende grenzüberschreitende Satzungssitzverlegung in Europa – Schein oder Realität?, GmbHR 2008, 27; *Großerichter*, Ausländische Kapitalgesellschaften im deutschen Rechtsraum: Das deutsche Internationale Gesellschaftsrecht und seine Perspektiven nach der Entscheidung „Überseering", DStR 2003, 159; *ders.*, Vom Umgang mit ausländischen Zivilrechtsklagen im Bereich EG-vertraglicher Grundfreiheiten: Eine Zwischenbilanz der Diskussion um Niederlassungsfreiheit und Sitzanknüpfung, in: FS Sonnenberger 2004, 369; *Großfeld*, Internationales Umwandlungsrecht, Die AG 1996, 302; *Großfeld/Erlinghagen*, Internationales Unternehmensrecht und deutsche unternehmerische Mitbestimmung, JZ 1993, 224; *Großfeld/Jasper*, Identitätswahrende Sitzverlegung und Fusion von Kapitalgesellschaften in die Bundesrepublik Deutschland, RabelsZ 53 (1989), 52; *Großfeld/König*, Das Internationale Gesellschaftsrecht in der Europäischen Gemeinschaft, RIW 1992, 433; *Grundmann*, Europäisches Gesellschaftsrecht, 2004, Rn 778; *Guillaume/v. Kraack-Blumenthal*, How to set up a private limited company, oder: Wie gründe ich eine „britische GmbH"?, Steueranwaltsmagazin 2003, 99; *Haase*, Über Sinn und Unsinn von § 12 Abs. 3 KStG, BB 2009, 1448; *ders.*, Zwangsliquidation einer GmbH bei im Ausland ansässigem Geschäftsführer?, DZWIR 2006, 57; *Habersack*, Europäisches Gesellschaftsrecht, 2. Aufl. 2003; *ders.*, Trihotel – Das Ende der Debatte?, ZGR 2008, 533; *Habersack/Verse*, Wrongful Trading – Grundlage einer europäischen Insolvenzverschleppungshaftung?, ZHR 168 (2004), 174; *Handelsrechtsausschuss des DAV*, Stellungnahme zum Referentenentwurf eines Gesetzes zur Modernisierung des GmbH-Rechts und zur Bekämpfung von Missbräuchen (MoMiG), NZG 2007, 211; *Happ/Holler*, „Limited" statt GmbH? – Risiken und Kosten werden gern verschwiegen, DStR 2004, 730; *Hasselmann*, Die Beurkundung von GmbH-Anteilsübertragungen im Ausland, ZIP 2010, 2486; *Heckschen*, Ist das deutsche Umwandlungsrecht gemeinschaftsrechtswidrig?, NotBZ 2005, 315; *Heckschen/Köklü/Maul*, Private Limited Company, 2006; *Heidenhain*, Ausländische Gesellschaften mit Verwaltungssitz in Deutschland, NZG 2002, 1141; *Heinz*, Die englische Limited – Eine Darstellung des Gesellschafts- und Steuerrechts mit Gesetzesauszügen und Mustern, 2 Aufl. 2006; *Heinze*, Die Europäische Aktiengesellschaft, ZGR 2002, 66; *ders.*, Probleme der Mitbestimmung und Betriebsverfassung bei einer grenzüberschreitenden Umstrukturierung von Unternehmen im Binnenmarkt, ZGR 1994, 47; *Hellgardt*, Wiederauferstehung der Sitztheorie, NZG 2009, 94; *Hennrichs/Klavina/Pöschke/Laage*, Die Niederlassungsfreiheit der Gesellschaften in Europa, WM 2009, 2009; *Herrler*, Gewährleistung des Wegzugs von Gesellschaften durch Art. 43, 48 EG nur in Form der Herausumwandlung, DNotZ 2009, 484; *Herrler/Schneider*, Go ahead, come back – von der Limited (zurück) zur GmbH – Zivil- und steuerrechtliche Grundlagen mit Erfahrungsbericht, DStR 2009, 2433; *Heuschmid/Däubler*, Cartesio und MoMiG – Sitzverlagerung ins Ausland und Unternehmensmitbestimmung, NZG 2009, 493; *Hirsch/Britain*, Artfully Inspired – Werden deutsche Gesellschaften englisch?, NZG 2003, 1100; *Hirte*, Die Auswirkungen der grenzüberschreitenden Sitzverlegung, EWS 2002, 573; *ders.*, Die Entwicklung des Unternehmens- und Gesellschaftsrechts in Deutschland in den Jahren 2000 bis 2002, NJW 2003, 1090; *ders.*, Die "Große GmbH-Reform" – Ein Überblick über das Gesetz zur Modernisierung des GmbH-Rechts und zur Bekämpfung von Missbräuchen (MoMiG), NZG 2008, 761; *Höfling*, Die Sitztheorie, Centros und der österreichische OGH, EuZW 2000, 145; *Hoffmann*, Das Anknüpfungsmoment der Gründungstheorie, ZVglRWiss 101 (2002), 283; *ders.*, Die stille Bestattung der Sitztheorie durch den Gesetzgeber, ZIP 2007, 1581; *ders.*, Die Bildung der Aventis S.A. – Ein Lehrstück des Europäischen Gesellschaftsrechts, NZG 1999, 1077; *ders.*, Die Niederlassungsfreiheit der Gesellschaften im Europäischen Binnenmarkt nach Überseering und Inspire Art: Auswirkungen auf die grenzüberschreitende Verschmelzung, EuR 2004, Beiheft 3, 127; *ders.*, in: Heiderhoff/Zmij, Tort Law in Poland, Germany and Europe, 2009, 151; *ders.*, Neue Möglichkeiten zur identitätswahrenden Sitzverlegung in Europa?, ZHR 164 (2000), 43; *Horn*, Deutsches und europäisches Gesellschaftsrecht und die EuGH-Rechtsprechung zur Niederlassungsfreiheit – Inspire Art, NJW 2004, 893; *ders.*, Internationale Unternehmenszusammenschlüsse, ZIP 2000, 473; *Jaeger*, Kapitalgesellschaften in der EU – dauerhaft Niederlassungsberechtigte 2. Klasse?, NZG 2000, 918; *Jänsch*, Der grenzüberschreitende Formwechsel vor dem Hintergrund der Rechtsprechung des EuGH, EWS 2007, 97; *Jayme*, Neues Gesellschaftsrecht in Portugal – Internationales Privatrecht und Fremdenrecht, IPrax 1987, 46; *Jung*, Hereinverschmelzung zur Aufnahme und Niederlassungsfreiheit, GPR 2004, 87; *ders.*, Anwendung der Gründungstheorie auf Gesellschaften schweizerischen Rechts?, NZG 2008, 681; *ders.*, Welche SPE braucht Europa? – Eine Analyse und Bewertung der Verordnungsentwürfe von Kommission, Parlament und Präsidentschaft, DStR 2009, 1700; *Just*, Die englische Limited in der Praxis, 3. Aufl. 2008; *Kallmeyer*, Grenzüberschreitende Verschmelzungen und Spaltungen?, ZIP 1996, 535; *ders.*, Tragweite des Überseeringurteils vom EuGH vom 5.11.2002 zur grenzüberschreitenden Sitzverlegung, DB 2002, 2521; *ders.*, Umwandlungsgesetz, 2. Aufl. 2001; *ders.*, Vor- und Nachteile der englischen Limited im Vergleich zur GmbH oder GmbH & Co. KG, DB 2004, 636; *ders.*, Der gemeinsame Verschmelzungsplan für grenzüberschreitenden Verschmelzungen, AG 2006, 472; *Kallmeyer/Kappes*, Grenzüberschreitende Verschmelzungen und Spaltungen nach SEVIC Systems und der EU-Verschmelzungsrichtlinie, AG 2006, 224; *Kanzleiter*, „Inspire Art" – die Konsequenzen, DNotZ 2003, 885; *Kasolowsky/Schall*, in: Hirte/Bücker, Grenzüberschreitende Gesellschaften, 2. Aufl. 2006; *Kaulen*, Zur Bestimmung des Anknüpfungsmoments unter der Gründungstheorie, IPRax 2008, 389; *Kegel/Schurig*, Internationales Privatrecht, 2004; *Kern*, Überseering – Rechtsangleichung und gegenseitige Anerkennung, 2004; *Kersting*, Rechtswahlfreiheit im Europäischen Gesellschaftsrecht nach „Überseering" – Ein Richtlinienvorschlag, NZG 2003, 9; *Kersting/Schindler*, Die EuGH-Entscheidung "Inspire Art" und ihre Auswirkungen auf die Praxis, RdW 2003, 621; *Kiem*, Die Ermittlung der Verschmelzungswertrelation bei der grenzüberschreitenden Verschmelzung, ZGR 2007, 542; *ders.*, Die Regelung der grenzüberschreitenden Verschmelzung im deutschen Umwandlungsgesetz, WM 2006, 1091; *Kieninger*, The Law Applicable to Corporations in the EC, RabelsZ 2009, 607; *dies.*, Wettbewerb der Privatrechtsordnungen im Europäischen Binnenmarkt, 2002; *dies.*, Niederlassungsfreiheit als Rechtswahlfreiheit, ZGR 1999, 724; *dies.*, Internationales Gesellschaftsrecht nach „Centros", „Überseering" und „Inspire Art": Antworten, Zweifel und offene Fragen, ZEuP 2004, 685; *Kindler*, Auf dem Weg zur Europäischen Briefkastengesellschaft, NJW 2003, 1073; *ders.*, Anerkennung der Scheinauslandsgesellschaft und Niederlassungsfreiheit, IPrax 2003, 41; *ders.*, Die „Aschenputtel"-Limited und andere Fälle der Mehrfachqualifikation im Schnittfeld des internationalen Gesellschafts-, Delikts- und Insolvenzrechts, in: FS Jayme 2004, 409; *ders.*, Die Begrenzung der Niederlassungsfreiheit durch das Gesellschaftsstatut, NJW 2007, 1785; *ders.*, Ende der Diskussion über die so genannte Wegzugsfreiheit, NZG 2009, 130; *ders.*, GmbH-Reform und internationales Gesellschaftsrecht, AG 2007, 721; *ders.*, Grundzüge des neuen Kapitalgesellschaftsrechts, NJW 2008, 3249; *ders.*, „Inspire Art" – Aus Luxemburg nichts Neues zum internationalen Gesellschaftsrecht, NZG 2003, 1086; *ders.*, Internationales Gesellschaftsrecht 2009: MoMiG, Trabrennbahn, Cartesio und die Folgen, IPRax 2009, 189; *ders.*, „Cadbury-Schweppes": Eine Nachlese zum internationalen Gesellschaftsrecht, IPRax 2010, 272; *ders.*, Internationales Gesellschaftsrecht am Scheideweg, RIW 2000, 649; *ders.*, Italienisches Handels- und Wirtschaftsrecht, 2002; *ders.*, Neue Offenlegungspflichten für Zweigniederlassungen ausländischer Kapitalgesellschaften, NJW 1993, 3301; *ders.*, Niederlassungsfreiheit für Scheinauslandsgesellschaften, NJW 1999, 1993; *ders.*, Status: Recht 2008, 68; *Kleinert/Probst*, Endgültiges Aus für Sonderanknüpfungen bei (Schein-)Auslandsgesellschaften, DB 2003, 2217; *dies.*, Scheinauslandsgesellschaften – Erneute Betonung der Niederlassungsfreiheit durch den EuGH, MDR 2003, 1265; *Kloster*, EU-grenzüberschreitende Verschmelzung sind (steuerneutral) durchführbar, GmbHR 2003, 1413; *Knapp*, Am Vorabend zur Anerkennung grenzüberschreitender Umwandlungen, DNotZ 2005, 723; *ders.*, Überseering: Zwingende Anerkennung von ausländischen Gesellschaften, DNotZ 2003, 85; *Knobbe-Keuk*, Niederlassungsfreiheit: Diskriminierungs- oder Beschränkungsverbot, DB 1990, 2573; *ders.*, Umzug von Gesellschaften in Europa, ZHR 154 (1990), 325; *Knof/Morck*, Das MoMiG und die Auslandsinsolvenz haftungsbeschränkter Gesellschaften, GmbHR 2007, 852; *dies.*, Niederlassungsfreiheit und Wegzugsbeschränkungen, ZIP 2009, 30; *Knop*, Die Wegzugsfreiheit nach dem Cartesio-Urteil des EuGH, DZWir 2009, 147; *Kobelt*, Internationale Optionen deutscher Kapitalgesellschaften nach MoMiG, „Cartesio" und „Trabrennbahn" – zur Einschränkung der Sitztheorie, GmbHR 2009, 808; *Koch*, Freie Sitzwahl für Personenhandelsgesellschaften, ZHR 173 (2009), 101; *Koch/Eickmann*, Gründungs- oder Sitztheorie? Eine „never ending story"?, AG 2009, 73; *Köster*, Die Kodifizierung des Internationalen Gesellschaftsrechts – Bedeutung für die Unternehmensmitbestimmung, ZRP 2008, 214; *Koppensteiner*, Centros und die Folgen, VGR 2 (2000), 151; *ders.*, Internationale Unternehmungen im deutschen Gesellschaftsrecht, 1971; *Korn/Thaler*, Das Urteil des EuGH in der Rs. Centros: Ein Meilenstein für das europäische Gesellschaftskollisionsrecht, WBl 1999, 247; *Korner*, Das Kollisionsrecht der Kapitalgesellschaften in den Vereinigten Staaten von Amerika unter besonderer Berücksichtigung der Pseudo-Foreign Corporations, 1989; *Krauel/Mense/Wind*, Praxisfragen der grenzüberschreitenden Verschmelzung, Der Konzern 2010, 541; *Kraus*, Die Auswirkungen des Welthandelsrechts auf das Internationale Kollisionsrecht, 2008; *Krause*, Grenzüberschreitende Verschmelzungen und Arbeitnehmermitbestimmung, BB 2007, 2194; *Krause/Kulpa*, Grenzüberschreitende Verschmelzungen, ZHR 171 (2007), 38; *Kronke*, Deutsches Gesellschaftsrecht und grenzüberschreitende Strukturänderungen, ZGR 1994, 26; *Kropholler*, Internationales Privatrecht, 6. Auflage, 2006; *Krupski*, Zur Spaltung des auf ausländische Kapitalgesellschaften mit Sitz in Spanien anzuwendenden Rechts, ZVglRWiss 96 (1997), 406; *Kuntz*, Die Insolvenz der Limited mit deutschem Verwaltungssitz – EU-Kapitalgesellschaften in Deutschland nach Inspire Art, NZI 2005, 424; *ders.*, Internationales Umwandlungsrecht – zugleich eine Besprechung des Urteils „Sevic Systems" -, IStR 2006, 224; *ders.*, Zur Möglichkeit grenzüberschreitender Fusionen, EuZW 2005, 524; *Laeger*, Deutsch-Amerikanisches Internationales Gesellschaftsrecht, 2008; *Lamsa*, Allgemeinbegriffe in der Firma einer inländichen Zweigniederlassung einer EU-Auslandsgesellschaft, IPRax 2008, 239; *ders.*, Die Firma der Auslandsgesellschaft, 1. Aufl. 2011; *Lange*, Zur Niederlassungsfreiheit im Zusammenhang mit der Eintragung einer inländischen Zweigniederlassung einer ausländischen Gesellschaft, DNotz 1999, 599; *Lanzius*, Die Directors Disqualification des englischen Rechts – ein Baustein zum Schutz des deutschen Rechtsverkehrs vor Scheinauslandsgesellschaften, ZInsO 2004, 296; *Lehmann*, Fällt die Sitztheorie jetzt auch international?, RIW 2004, 816; *ders.*, Registerrechtliche Anmeldepflicht für EU-Auslandsgesellschaften – ein zahnloser Tiger?, NZG 2005, 580; *Lehner*, Die steuerliche Ansässigkeit von Kapitalgesellschaften, RIW 1998, 201; *Leible*, Kollisionsrechtlicher Verbraucherschutz im EVÜ und in EG-Richtlinien, in: Schulte-Nölke/Schulze, Rechtsangleichung und nationale Privatrechte, 1999, 353; *ders.*, Niederlassungsfreiheit und Sitzverlegungsrichtlinie, ZGR 2004, 531; *ders.*, Parteiautonomie im IPR – Allgemeines Anknüpfungsprinzip oder Verlegenheitslösung, in: FS Jayme 2004, 485; *ders.*, Niederlassungsfreiheit und Verweigerung der Eintragung einer Zweigniederlassung, NZG 1999, 300; *Leible/Hoffmann,* Cartesio – fortgeltende Sitztheorie, grenzüberschreitender Formwechsel und Verbot materiellrechtlicher Wegzugsbeschränkungen, BB 2009, 58; *dies.*, Die Grundbuchfähigkeit der Scheinauslandsgesellschaft – (teilweise) Aufgabe der Sitztheorie?, NZG 2003, 259; *dies.*, Grenzüberschreitende Verschmelzungen im Binnenmarkt nach Sevic, RIW 2006, 161; *dies.*, „Überseering" und das deutsche Gesellschaftskollisionsrecht, ZIP 2003, 925; *dies.*, Überseering und das (vermeintliche) Ende der Sitztheorie, RIW 2002, 925; *dies.*, Vom „Nullum" zur Personengesellschaft – Die Metamorphose der Scheinauslandsgesellschaft im deutschen Recht, DB 2002, 2203; *dies.*, Wie inspiriert ist „Inspire Art"?, EuZW 2003, 677; *Leitzen,* Die GmbH mit Verwaltungssitz im Ausland, NZG 2009, 728; *Lennerz*, Die internationale Verschmelzung und Spaltung unter Beteiligung deutscher Gesellschaften, 2001; *Lenz/Erhardt*, EG-Vertrag, 2. Aufl. 1999, Art. 48 Rn. 4; *Leuering,* Von Scheinauslandsgesellschaften hin zu Gesellschaften mit Migrationshintergrund, *ZRP 2008, 73; Lieder,* Die Haftung der Geschäftsführer und Gesellschafter von EU-Auslandsgesellschaften mit tatsächlichem Verwaltungssitz in Deutschland, DZWIR 2005, 399; *Lieder/Kliebisch,* Nichts Neues im Internationalen Gesellschaftsrecht: Anwendbarkeit der Sitztheorie auf Gesellschaften aus Drittstaaten?, BB 2009, 338; *Louven,* Umsetzung der Verschmelzungsrichtlinie, ZIP 2006, 2021; *Lutter*, Überseering und die Folgen, BB 2003, 7; *ders.*, Umstrukturierung von Unternehmen über die Grenze: Versuch eines Resümees, ZGR 1994, 87; *Lutter/Bayer,* Umwandlungsgesetz, 4. Aufl. 2009; *Mankowski*, Entwicklungen im Internationalen Privat- und Prozessrecht 2003/2004, RIW 2004, 481; *ders.*, Zur grenzüberschreitenden Verschmelzung, EWiR 2004, 139; *Martin-Ehlers*, Gemeinschaftsrechtliche Aspekte der Urteile von Centros bis Inspire Art: Der „verständige Gläubiger", in: Sandrock/Wetzler (Hrsg.), Deutsches Gesellschaftsrecht im Wettbewerb der Rechtsordnungen, 2004, 1; *Mäsch,* Der renvoi – Plädoyer für die Begrenzung einer überflüssigen Rechtsfigur, RabelsZ 61 (1997), 285; *Maul*, Probleme im Rahmen von grenzüberschreitenden Unternehmensverbindungen, NZG 1999, 741; *Maul/Schmidt*, Inspire Art – Quo vadis Sitztheorie?, BB 2003, 2297; *Maul/Teichmann/Wenz*, Der Richtlinienvorschlag zur grenzüberschreitenden Verschmelzung von Kapitalgesellschaften, BB 2003, 2633; *Meilicke*, Die Niederlassungsfreiheit nach Überseering – Rückblick und Ausblick nach Handelsrecht und Steuerrecht, GmbHR 2003, 793; *ders.*, Sitztheorie versus Niederlassungsfreiheit?, GmbHR 2000, 693; *ders.*, Niederlassungsrecht von Zweigniederlassungen unter Umgehung des nationalen Rechts, DB 1999, 625; *Merkt*, US-amerikanisches Gesellschaftsrecht, 1991; *ders.*, Die Pluralisierung des europäischen Gesellschaftsrechts, RIW 2004, 1; *ders.*, Die Gründungstheorie gewinnt an Einfluss, RIW 2003, 458; *ders.*, Die Pluralisierung des europäischen Gesellschaftsrechts, RIW 2004, 1; *McLeod*, The Conflict of Laws, 1983; *Michalski*, Grundzüge des internationalen Gesellschaftsrechts, NZG 1998, 762; *Mock/Schildt*, in: Hirte/Bücker Grenzüberschreitende Gesellschaften, 2. Aufl. 2006, § 17, Rn 80; *Morris*, Conflict of Law, 5th Ed. 2000; *Mörsdorf,* Beschränkung der Mobilität von EU-Gesellschaften im Binnenmarkt – eine Zwischenbilanz, EuZW 2009, 97; *Mülbert/Schmolke*, Die Reichweite der Niederlassungsfreiheit von Gesellschaften – Anwendungsgrenzen der Artt. 43 ff. EGV bei kollisions- und sachrechtlichen Niederlassungshindernissen, ZVglRWiss 100 (2001), 272; *Müller,* Die englische Limited in Deutschland, BB 2006, 837; *ders.,* Insolvenz ausländischer Kapitalgesellschaften mit inländischem Verwaltungssitz, NZG 2003, 414; *ders.*, Internationalisierung des deutschen Umwandlungsrechts – Die Regelung der grenzüberschreitenden Verschmelzung, ZIP 2007, 1081; *Müller-Bonanni,* in: Hirte/Bücker, Grenzüberschreitende Gesellschaften, § 14, Rn. 17; *ders.*, Unternehmensmitbestimmung nach „Überseering" und „Inspire Art", GmbHR 2003, 1235; *Müller-Bonanni/Müntefering*, Grenzüberschreitende Verschmelzung ohne Arbeitnehmerbeteiligung?, NJW 2009, 2347; *Nagel*, Die Richtlinie zur grenzüberschreitenden Verschmelzung, NZG 2006, 97; *ders.*, Das Gesetz über die Mitbestimmung der Arbeitnehmer bei grenzüberschreitenden Verschmelzungen (MgVG), NZG 2007, 57; *Nappenbach,* Parteiautonomie im internationalen Gesellschaftsrecht, 2002; *Neuling*, Deutsche GmbH und englische private company, 1997; *Neye*, Zur europarechtlichen Zulässigkeit der Eintragung einer Zweigniederlassung einer Gesellschaft in einem Mitgliedstaat bei Gründung der Gesellschaft in einem anderen Mitgliedstaat, EWiR 1999, 259; *ders.*, Zur Vereinbarkeit der Sitztheorie mit Gemeinschaftsrecht, EWiR 2002, 1003; *Nygh*, Conflict of Laws in Australia, 3rd Ed. 1976; *Oechsler*, Die Richtlinie 2005/56/EG über die Verschmelzung von Kapitalgesellschaften aus verschiedenen Mitgliedstaaten, NZG 2006, 161; *Ott*, Die rechtsüberschreitende Verschmelzung nach Centros, Überseering und Inspire Art, in: Sandrock/Wetzler (Hrsg.), Deutsches Gesellschaftsrecht im Wettbewerb der Rechtsordnungen, 2004, 199; *Otte,* Folgen der Trennung von Verwaltungs- und Satzungssitz für die gesellschaftsrechtliche Praxis, BB 2009. 344; *Otte/Rietschel,* Freifahrschein für den grenzüberschreitenden Rechtsformwechsel nach „Cartesio"?, GmbHR 2009, 983; *Ottersbach*, Rechtsmissbrauch bei den Grundfreiheiten des europäischen Binnenmarktes, 2001; *Paefgen*, Auslandsgesellschaften und Durchsetzung deutscher Schutzinteressen nach Überseering, DB 2003, 487; *ders.*, Cartesio: Niederlassungsfreiheit minderer Güte, WM 2009, 529; *ders.*, Gezeitenwechsel im Gesellschaftskollisionsrecht, WM 2003, 561; *ders.*, Handelndenhaftung bei europäischen Auslandsgesellschaften, GmBHR 2005, 957; *ders.*, Umwandlung, europäische Grundfreiheiten und Kollisionsrecht, GmbHR 2004, 463; *ders.*, Umwandlung über die Grenze – ein leichtes Spiel, IPRax 2004, 132; *Paulus*, Änderungen des deutschen Insolvenzrechts durch die Europäische Insolvenzverordnung, ZIP 2002, 729; *Picot/Land*, Der internationale Unternehmenskauf, DB 1998, 1601; *Peterhoff,* Die tatsächliche Verlagerung des Gesellschaftssitzes während der Liquidation – auch ein Problem „post" MoMiG?, DZWIR 2008, 359; *Peters,* Grenzenlose gesellschaftsrechtliche Flexibilität – die Societas Privata Europaea (SPE), NZG 2008, 807; *ders.,* Verlegung des tatsächlichen Verwaltungssitzes der GmbH ins Ausland, GmbHR 2008, 245; *Pluskat*, Der neue Entwurf für eine europäische Verschmelzungsrichtlinie – Transnationale Fusionen in Europa damit in greifbare Nähe gerückt?, EWS 2004, 1; *Recq/S. Hoffmann*, Die französische S.A.R.L. als GmbH-Ersatz?, GmbHR 2004, 1070; *Redeker*, Die Haftung für wrongful trading im englischen Recht, 1. Aufl. 2007; *Rehberg*, in: Eidenmüller (Hrsg.), Ausländische Kapitalgesellschaften im deutschen Recht, § 6, Rn. 1; *ders.*, Internationales Gesellschaftsrecht im Wandel, IPRax 2003, 175; *Rehm*, Haftung der Gesellschafter für Verbindlichkeiten einer in den USA nach dortigen Vorschriften gegründeten Gesellschaft, JZ 2005, 304; *Reichert/Brandes*, Mitbestimmung der Arbeitnehmer in der SE: Gestaltungsfreiheit und Bestandsschutz, ZGR 2003, 767; *Ressos*, Zur Haftung des

Geschäftsführers einer private limited company nach § 11 Abs 2 GmbHG analog, DB 2005, 1048; *Richter,* Verlegung des Sitzes einer Gesellschaft in einen anderen Mitgliedstaat als den Gründungsmitgliedstaat, IStR 2009, 59; *Riedemann*, Das Auseinderfallen von Gesellschafts- und Insolvenzstatut, GmbHR 2004, 345; *Riegger*, Centros – Überseering – Inspire Art: Folgen für die Praxis, ZGR 2004, 510; *Ries,* „Rule Britannia" – Betrachtungen zur SPE aus der Sicht eines deutschen Registerrichters, NZG 2009, 1052; *Ringe,* Überseering im Verfahrensrecht, IPRax 2007, 388; *ders.,* Verstoß gegen die Niederlassungsfreiheit durch Verbot grenzüberschreitender Verschmelzungen, DB 2005, 2806; *ders.*, Zur Frage der Bestimmung der Rechtsfähigkeit einer Gesellschaft, die nicht unter die europäische Niederlassungsfreiheit oder sonstige Freizügigkeitsabkommen fällt, GmbHR 2007, 769; *Ringe/Willemer,* Zur Anwendung von § 64 GmbHG auf eine englische Limited, NZG 2010, 56; *Risse,* Zum Eintrag einer Zweigniederlassung einer ausländischen Gesellschaft ohne Geschäftstätigkeit im Gründungsstaat, MDR 1999, 752; *Roth*, Centros: Viel Lärm um Nichts?, ZGR 2000, 311; *ders.*, Die Sitzverlegung vor dem EuGH, ZIP 2000, 1597; *ders.*, Internationales Gesellschaftsrecht nach Überseering, IPRax 2003, 117; *ders.*, Die Bedeutung von Cadbury-Schweppes für die Centros-Judikatur des EuGH, EuZW 2010, 607; *ders.*, Vorgaben der Niederlassungsfreiheit für das Kapitalgesellschaftsrecht, 2010; *Rotheimer,* Referentenentwurf zum Internationalen Gesellschaftsrecht, NZG 2008, 181; *Sack*, Auswirkungen der Artt. 52, 58 EWGV auf das internationale Gesellschaftsrecht, JuS 1990, 352; *Sandrock*, Centros: Ein Etappensieg für die Überlagerungstheorie, BB 1999, 1337; *ders.*, Die Konkretisierung der Überlagerungstheorie in einigen zentralen Einzelfragen, in: FS Beitzke 1979, 669; *ders.*, Die multinationalen Kooperationen im Internationalen Privatrecht, BerGesVR 18 (1978), 169; *ders.*, Die Schrumpfung der Überlagerungstheorie, ZVglRWiss 102 (2003), 447; *ders.*, Ein amerikanisches Lehrstück für das Kollisionsrecht der Kapitalgesellschaften, RabelsZ 42 (1978), 227; *ders.*, Gehören die deutschen Regelungen über die Mitbestimmung auf Unternehmensebene wirklich zum deutschen ordre public?, Die AG 2004, 57; *ders.*, Sitztheorie, Überlagerungstheorie und EWG-Vertrag: Wasser, Öl und Feuer, RIW 1989, 505; *Sandrock/Austmann*, Das Internationale Gesellschaftsrecht nach der Daily Mail-Entscheidung des EuGH: Quo vadis?, RIW 1989, 249; *Schack*, Das IPR – Ein Buch mit sieben Siegeln, reif für das moderne Antiquariat?, in: Liber Amicorum Kegel, 2002, 179; *Schall*, Anspruchsgrundlage gegen Direktoren und Gesellschafter einer Limited nach englischem Recht, DStR 2006, 1229; *Schanze*, Gesellschafterhaftung für unlautere Einflussnahme nach § 826 BGB – Die Trihotel-Doktrin des BGH, NZG 2007, 681; *Schanze/Jüttner*, Anerkennung und Kontrolle ausländischer Gesellschaften – Rechtslage und Perspektiven nach der Überseering-Entscheidung des EuGH, Die AG 2003, 30; *dies.*, Die Entscheidung für Pluralität: Kollisionsrecht und Gesellschaftsrecht nach der EuGH-Entscheidung „Inspire Art", Die AG 2003, 661; *Schaumburg*, Steuerliche Restriktionen bei internationalen Umwandlungen, GmbHR 2010, 1341; *Schiessl*, Leitungs- und Kontrollstrukturen im internationalen Wettbewerb, ZHR 167 (2003), 235; *Schmidt*, Gesellschaftsrecht, 2002; *ders.*, Sitzverlegungsrichtlinie, Freizügigkeit und Gesellschaftsrechtspraxis, ZGR 1999, 20; *Schmidt/Maul*, Zur Frage der Zulässigkeit einer Eintragung einer grenzüberschreitenden Verschmelzung in das nationale Handelsregister, BB 2006, 13; *Schmidt-Kessel*, Verbot des Rechtsmissbrauchs im Gemeinschaftsprivatrecht, Jahrbuch Junger Zivilrechtswissenschaftler 2000 (2001), 61; *Schmidtbleicher,* Verwaltungssitzverlegung deutscher Kapitalgesellschaften in Europa: 'Sevic' als Leitlinie für 'Cartesio'?, BB 2007, 613; *Schneider,* Internationales Gesellschaftsrecht vor der Kodifizierung, BB 2008, 566; *Schohe*, Die Haftung juristischer Personen für ihre Organe im internationalen Privatrecht, 1991; *Schön*, Der Rechtsmissbrauch im Europäischen Gesellschaftsrecht, in: FS Wiedemann 2002, 1271; *Schulze/Sester*, Höchstrichterliche Harmonisierung der Kollisonsregeln im europäischen Gesellschaftsrecht, EWS 2002, 545; *Schumann*, Die englische Limited mit Verwaltungssitz in Deutschland: Kapitalaufbringung, Kapitalerhaltung und Haftung bei Insolvenz, DB 2004, 743; *Schwark*, Globalisierung, Europarecht und Unternehmensmitbestimmung im Konflikt, Die AG 2004, 173; *Schwarz*, Europäisches Gesellschaftsrecht, 2000; *ders.*, Sitzverlegung einer GmbH in das EU-Ausland, NZG 2001, 613; *Schwarze/Müller-Huschke*, EU-Kommentar, 2000, Art. 49 Rn. 11 f.; *Schwimann*, Internationales Privatrecht, 2001; *Sedemund/Hausmann*, Niederlassungsfreiheit contra Sitztheorie – Abschied von Daily Mail?, BB 1999, 810; *Semler/Stengel/Drinhausen*, Umwandlungsgesetz, 2. Aufl. 2007; *Sethe/Winzer,* Der Umzug von Gesellschaften in Europa nach dem Cartesio-Urteil, WM 2009, 536; *Seydel,* Konzernbildungskontrolle bei der AG, 1995; *Siems,* SEVIC der letze Mosaikstein im Internationalen Gesellschaftsrecht der EU?, EuZW 2006, 135; *Sinewe*, Eintragungsfähigkeit grenzüberschreitender Verschmelzungen, DB 2005, 2061; Smith´s, Conflict of Laws, 2nd Ed. 1999; *Sonnenberger,* Französisches Handels- und Wirtschaftsrecht, 1991; *Sonnenberger/Großerichter*, Konfliktlinien zwischen internationalem Gesellschaftsrecht und Niederlassungsfreiheit, RIW 1999, 721; *Spahlinger/Wegen*, Internationales Gesellschaftsrecht in der Praxis, 2005; *Spellenberg*, Geschäftsstatut und Vollmacht im internationalen Privatrecht, 1979; *Spindler/Berner*, Inspire Art – Der europäische Wettbewerb um das Gesellschaftsrecht ist endgültig eröffnet, RIW 2003, 949; *dies.*, Der Gläubigerschutz im Gesellschaftsrecht nach Inspire Art, RIW 2004, 7; *Steiger*, Grenzüberschreitende Fusion und Sitzverlegung nach spanischem und portugiesischem Recht, 1996; *ders.*, Identitätswahrende Sitzverlegung von Gesellschaften aufgrund bilateraler Staatsverträge?, RIW 1999, 169; *Steindorff*, Centros und das Recht auf die günstigste Rechtsordnung, JZ 1999, 1140; *ders.*, Einzelfragen zur Reichweite des Mitbestimmungsgesetzes, ZHR 141 (1977), 457; *Stieb*, Die Verlegung des Sitzes einer GmbH ins Ausland kann nicht ins Handelsregister eingetragen werden, GmbHR 2004, 429; *Sykes/Pryles*, Australian Private International Law, 2nd Ed. 1987; *Teichmann,* Cartesio: Die Freiheit zum formwechselnden Wegzug, ZIP 2009, 393; *Teichmann,* Binnenmarktkonformes Gesellschaftsrecht, 2006; *Terlau*, Das internationale Privatrecht der Gesellschaft bürgerlichen Rechts, 1999; *Thüsing*, Deutsche Unternehmensmitbestimmung und europäische Niederlassungsfreiheit, ZIP 2004, 381; *Timme/Hülk*, Das Ende der Sitztheorie im Internationalen Gesellschaftsrecht?, JuS 1999, 1055; *Timmerman*, Sitzverlegung von Kapitalgesellschaften nach niederländischem Recht und die 14. EU-Richtlinie, ZGR 1999, 148; *Timmermanns*, Die europäische Rechtsangleichung im Gesellschaftsrecht, RabelsZ 48 (1984), 1; *Trautrims*, Das Kollisionsrecht der Personengesellschaften, 2009; *Triebel/von Hase*, Wegzug und grenzüberschreitende Umwandlung deutscher Gesellschaften nach „Überseering" und „Inspire Art", BB 2003, 2409; *Ulmer*, Die Anerkennung US-amerikanischer Gesellschaften in Deutschland, IPRax 1996, 100; *ders.*, Gläubigerschutz bei Scheinauslandsgesellschaften, NJW 2004, 1201; *Unzicker*, Niederlassungsfreiheit der Kapitalgesellschaften in der EU nach der Centros- und der Überseering-Entscheidung des EuGH, 2004; *Veit/Wichert*, Unternehmerische Mitbestimmung bei europäischen Kapitalgesellschaften mit Verwaltungssitz in Deutschland nach „Überseering" und „Inspire Art", AG 2004, 14; *Vetter*, Die Regelung der grenzüberschreitenden Verschmelzung im UmwG?, AG 2006, 613; *Vietz,* Verabschiedung des Gesetzes über die neue Blitz-GmbH in Spanien, GmbHR 2003, 523; *Voge*, Zur Erlaubnispflicht grenzüberschreitend betriebener Bank- und Finanzdienstleistungsgeschäfte, WM 2007, 381; *von der Groeben/Schwarze/Tiedje/Troberg*, EUV/EGV, Art. 43, Rn. 89 f.; *von Halen*, Das internationale Gesellschaftsrecht nach dem Überseering-Urteil des EuGH, WM 2003, 571 *Vossestein,* Cross-Border Transfer of Seat and Conversion of Companies under the EC-Treaty Provisions on Freedom of Establishment, CMLR 2009, 115; *Wachter*, Auswirkungen des EuGH-Urteils in Sachen Inspire Art Ltd. auf Beratungspraxis und Gesetzgebung, GmbHR 2004, 88; *ders.*, Errichtung, Publizität, Haftung und Insolvenz von Zweigniederlassungen ausländischer Kapitalgesellschaften nach „Inspire Art", GmbHR 2003, 1254; *ders.*, Zur grenzüberschreitenden Verschmelzung, EWiR 2005, 581; *Wackerbarth*, Grenzen der Leitungsmacht in der internationalen Unternehmensgruppe, 2001; *Wagner/Timm*, Der Referentenentwurf eines Gesetzes zum Internationalen Privatrecht der Gesellschaften, Vereine und juristischen Personen, IPRax 2008, 81; *Walden*, Das Kollisionsrecht der Personengesellschaften im deutschen, europäischen und US-amerikanischen Recht, 2001; *ders.*, Niederlassungsfreiheit, Sitztheorie und der Vorlagebeschluss des VII. Zivilsenats des BGH vom 30.3.2000, EWS 2001, 256; *Waldenmaier,* Konzernmitbestimmung: Satzungssitz in Deutschland, Verwaltungssitz im Ausland, BB 2009, 1694; *Wand,* Zur Frage der persönlichen Haftung des Geschäftsführers einer private limited company mit Verwaltungssitz in Deutschland, BB 2005, 1017; *Weiss/Herrmann*, Welthandelsrecht, 2003; *Weiss/Seifert*, Der europarechtliche Rahmen für ein „Mitbestimmungserstreckungsgesetz", ZGR 2009, 543; *Weller*, „Inspire Art": Weitgehende Freiheiten beim Einsatz ausländischer Briefkastengesellschaften, DStR 2003, 1800; *ders.*, Das Internationale Gesellschaftsrecht in der neuesten BGH-Rechtsprechung, IPRax 2003, 324; *ders.*, Einschränkung der Gründungstheorie bei missbräuchlicher Auslandsgründung?, IPRax 2003, 520; *ders.*, Scheinauslandsgesellschaften nach Centros, Überseering und Inspire Art: Ein neues Anwendungsfeld für die Existenzvernichtungshaftung, IPRax 2003, 207; *ders.,* Die Verlegung des Center of Main Interest von Deutschland nach England, ZGR 2008, 835; *ders.*, Zum identitätswahrenden Wegzug deutscher Gesellschaften, DStR 2004, 1218; *ders.*, Internationales Unternehmensrecht 2010, ZGR 2010, 679; *Wenglorz*, Die grenzüberschreitende Heraus-Verschmelzung einer deutschen Kapitalgesellschaft: Und es geht doch!, BB 2004, 1061; *Werlauff*, Ausländische Gesellschaften für inländische Aktivitäten, ZIP 1999, 867; *Werner,* Das deutsche Internationale Gesellschaftsrecht nach „Cartesio" und Trabrennbahn, GmbHR 2009, 191; *Wernicke,* Die Niederlassung der ausländischen Gesellschaft als Hauptniederlassung: Zwangsweise Durchsetzung ihrer Eintragung als Zweigniederlassung widerspricht der Rechtsfähigkeit, BB 2006, 843; *ders.,* EuGH: Rechtsfähigkeit niederländischer Gesellschaft in Deutschland, EuZW, 2002, 758; *Wessel/Ziegenhain*, Sitz- und Gründungstheorie im internationalen Gesellschaftsrecht, GmbHR 1988, 423; *Westhoff*, Die Gründung einer britischen Kapitalgesellschaft mit Verwaltungssitz im Inland und die Pflichten ihrer laufenden Geschäftstätigkeit – „How to set up a Limited?", ZInsO 2004, 289; *Wetzler*, Rechtspolitische Herausforderungen, in: Sandrock/Wetzler (Hrsg.), Deutsches Gesellschaftsrecht im Wettbewerb der Rechtsordnungen, 2004, 129; *Wicke*, Mobilität europäischer Kapitalgesellschaften am Vorabend der 14. gesellschaftsrechtlichen Richtlinie über die grenzüberschreitenden Sitzverlegung, GPR 2010, 238; *Wiedemann*, Internationales Gesellschaftsrecht, in: FS Kegel 1977, 187; *Wilhelmi*, Der Wegzug von Gesellschaften im Lichte der Rechtsprechung des EuGH zur Niederlassungsfreiheit, DB 2008, 1511; *Windbichler/Bachmann*, Corporate Governance und Mitbestimmung als „wirtschaftsrechtlicher ordre public", in: FS Bezzenberger 2000, 797; *Wöhlert,* Umzug von Gesellschaften innerhalb Europas – Systematische Darstellung unter Auswertung der Entscheidungen Cartesio und Trabrennbahn, GWR 2009, 161; *Worms,* Insolvenzverschleppung bei der „deutschen" Limited, 2009; *Wowerka*, Polnisches internationales Gesellschaftsrecht im Wandel, IPRax 2011, 299; *Wymeersch,* The transfer of the companys seat in the european company law, CMLR 2003, 661; *Zerres,* Deutsche Insolvenzantragspflicht für die englische Limited mit Inlandssitz, DZWIR 2006, 356; *Ziemons*, Freie Bahn für den Umzug von Gesellschaften nach Inspire Art?!, ZIP 2003, 1913; *Zimmer*, Internationales Gesellschaftsrecht und Niederlassungsfreiheit: Das Rätsel vor der Lösung, BB 2000, 1361; *ders.*, Internationales Gesellschaftsrecht, 1996; *ders.*, Mysterium Centros, ZHR 164 (2000), 23; *ders.*, Nach „Inspire Art": Grenzenlose Gestaltungsfreiheit für deutsche Unternehmen?, NJW 2003, 3585; *ders.*, Von Debraco bis DaimlerChrysler: Alte und neue Schwierigkeiten bei der internationalgesellschaftsrechtlichen Sitzbestimmung, in: Baums/Hopt/Horn, Corporations, Capital Markets and Business in the Law, 2000, 655; *ders.*, Wie es euch gefällt? Offene Fragen nach dem Überseering-Urteil des EuGH, BB 2003, 1; *ders.*, in: FS Schmidt, 2009; *Zimmer/Naendrup*, Das Cartesio-Urteil des EuGH: Rück- oder Fortschritt für das internationale Gesellschaftsrecht?, NJW 2009, 545; *dies.*, For Whom the Bells Tolls – Folgen einer Nichtbeachtung englischer Publizitätsgebote durch in Deutschland aktive Limited Companies, ZGR 2007, 789; *Zimmermann*, Das Rechtsmissbrauchsverbot im Recht der Europäischen Gemeinschaften, 2002. *Zöllner*, Konkurrenz für inländische Kapitalgesellschaften durch ausländische Rechtsträger, insbesondere durch die englische Private Limited Company, GmbHR 2006, 1.

A. Grundlagen

I. Der Regelungsbereich des Internationalen Gesellschaftsrechts

1 **1. Überblick.** Das Internationale Gesellschaftsrecht regelt als Teil des nationalen Kollisionsrechts die Frage, „nach welcher Rechtsordnung gesellschaftsrechtliche Beziehungen zu beurteilen sind."[1] Wie stets bei Fragen

1 Staudinger/*Großfeld*, Int. GesR, Rn 1; Michalski/*Leible*, GmbHG, Bd. 1, 2. Aufl. 2010, Syst. Darst. 2 Rn 1; MüKo/*Kindler*, Bd. 11, 5. Aufl. 2010, IntGesR, Rn 1 ff; Ulmer/Habersack/*Behrens*, GmbHG, Einl. Rn B 1.

des Internationalen Privatrechts erfolgt diese Anknüpfung aus der Sicht des Kollisionsrechts des Forumstaates, der Richter wendet daher das Internationale Gesellschaftsrecht seines Heimatstaates an und ermittelt mit dessen Hilfe und ggf unter Beachtung von **Rück- und Weiterverweisungen** (Rn 47) das Gesellschaftsstatut. Grundsätzlich handelt es sich bei den Verweisungen des Internationalen Gesellschaftsrechts um **Gesamtverweisungen**, also Verweisungen auch auf das Internationale Privatrecht des Staates, auf dessen Recht verwiesen wird.[2]

Das Gesellschaftsstatut ist für die Entscheidung über alle Fragen berufen, die das Innenverhältnis der Gesell- 2
schaft zu ihren Gesellschaftern, das Verhältnis unter den Gesellschaftern, soweit es unmittelbar aus der Gesellschaftszugehörigkeit resultiert, sowie Stellung und Auftreten der Gesellschaft im Außenverhältnis betreffen. Darüber hinaus wird aber auch das **Verhältnis Dritter** zu den Gesellschaftern vom Gesellschaftsstatut geregelt, sofern die Frage sich gerade auf die Stellung als Gesellschafter bezieht. Letztere Fallgruppe betrifft insbesondere die Frage der Haftung des Gesellschafters für Verbindlichkeiten der Gesellschaft. Das Bestehen oder die Durchbrechung eines Haftungsprivilegs der Gesellschafter, das typischerweise bei Kapitalgesellschaften mit eigener Rechtspersönlichkeit vorliegt, bemisst sich daher grundsätzlich nach dem Gesellschaftsstatut.

2. Die Anerkennung als zentrale gesellschaftskollisionsrechtliche Fragestellung. Eine zentrale Pro- 3
blematik des Internationalen Gesellschaftsrechts ist die Anerkennung des Status und ggf der Rechtspersönlichkeit einer Gesellschaft im Inland. Insbesondere die Rechtspersönlichkeit, aber auch eine Teilrechtsfähigkeit kann grundsätzlich nur von der zur Anwendung berufenen Rechtsordnung gewährt werden. Beruft sich die Gesellschaft im Inland, etwa zur Begründung ihrer Parteifähigkeit vor inländischen Gerichten, auf ihren Status, wird dieser nur dann anerkannt, wenn die aus Sicht des inländischen Kollisionsrechts berufene Rechtsordnung ihn verliehen hat. **Nichtanerkennung** bedeutet, dass die im Inland angewendete Gesellschaftskollisionsnorm nicht zur Anwendung der Rechtsordnung führt, die den Status verliehen hat. Anerkannt wird dann nur der Status, den die Gesellschaft nach dem so ermittelten Gesellschaftsstatut hat.

Unter der Anerkennung einer Gesellschaft ist also heute[3] nichts anderes zu verstehen als die **Ermittlung und** 4
Anwendung des Gesellschaftsstatuts. Bedeutung hat dies vor allem für die Frage, ob die Gesellschaft als juristische Person mit eigener **Rechtspersönlichkeit** anerkannt wird: Hierzu ermittelt der Rechtsanwender zunächst das Gesellschaftsstatut mit Hilfe seines eigenen Kollisionsrechts. Sodann prüft er, ob die Voraussetzungen der Verleihung der Rechtspersönlichkeit gerade dieses Rechts erfüllt sind. Ist das der Fall, wird die Gesellschaft auch im Inland als juristische Person anerkannt. Es wird also nicht notwendigerweise die Erfüllung der inländischen Gründungsvoraussetzungen verlangt. Ist allerdings eine fremde Rechtsordnung als Gesellschaftsstatut ermittelt worden, erfolgt die Anerkennung mit der von diesem Recht gewährten Rechtspersönlichkeit und in der fremden Rechtsform. Fehlt es dagegen an den Voraussetzungen, von denen das Gesellschaftsstatut die Verleihung der Rechtspersönlichkeit abhängig macht, wird die Gesellschaft auch dann nicht als juristische Person anerkannt, wenn die Gründungsvoraussetzungen des Forumstaates oder eines dritten Staates erfüllt sind. Praktisch bedeutet die Nichtanerkennung vor allem, dass den Gesellschaftern und Organmitgliedern das der juristischen Person verliehene Haftungsprivileg nicht zugutekommen kann.

Die Anerkennungsproblematik kann allerdings auch bei **Personengesellschaften** eine bedeutende Rolle spie- 5
len. Besonders deutlich zeigt sich dies an dem Haftungsprivileg des Kommanditisten, das nur bei Anerkennung als Gesellschaft der Rechtsordnung, nach deren Recht die Voraussetzungen der Haftungsbeschränkung gegeben sind, besteht, spielt aber auch für Bestehen und Reichweite einer Teilrechtsfähigkeit der Gesellschaft eine Rolle.

Dagegen bedeutet die Nichtanerkennung eines bestimmten Status (insbesondere als juristische Person) nicht, 6
dass das betroffene Gebilde nicht als Gesellschaft anerkannt würde. Vielmehr ist auch die der Fiktion der Rechtspersönlichkeit entkleidete Personenvereinigung als solche zu betrachten und ihr die Rechtsform des berufenen Gesellschaftsrechts zuzuerkennen, deren Voraussetzungen sie objektiv erfüllt. So wird eine nach ausländischem Recht gegründete Körperschaft, die aus kollisionsrechtlicher Sicht dem deutschen Gesellschaftsstatut unterliegt, vor deutschen Gerichten zutreffend als Gesellschaft bürgerlichen Rechts oder, bei Vorliegen der Voraussetzungen, als offene Handelsgesellschaft aufgefasst.[4] Trotz Nichtanerkennung der Rechtspersönlichkeit kann daher im Inland zumindest eine **Teilrechtsfähigkeit** gegeben sein. Eine völlige

2 OLG Hamm NJW 2001, 2183; OLG Frankfurt NJW 1990, 2204; Ulmer/Habersack/*Behrens*, GmbHG, Einl. Rn B 20; Michalski/*Leible*, GmbHG, Bd. 1, 2. Aufl. 2010, Syst. Darst. 2 Rn 67; *Kegel/Schurig*, Internationales Privatrecht, § 17 II 1; MüKo/*Kindler*, Bd. 11, 5. Aufl. 2010, Int. GesR, Rn 506; aA aber *Mäsch*, RabelsZ 61 (1997), 285, 291 (für Sachnormverweisung, zumindest bei Anwendung der Sitztheorie).

3 Zur Entwicklung des Begriffs der Anerkennung vgl Michalski/*Leible*, GmbHG, Bd. 1, 2. Aufl. 2010, Syst. Darst. 2 Rn 82; MüKo/*Kindler*, Bd. 11, 5. Aufl. 2010, IntGesR, Rn 316 ff; Staudinger/*Großfeld*, Int. GesR, Rn 162 ff.

4 BGH DB 2002, 2039; dazu ausf. *Leible/Hoffmann*, DB 2002, 2203 ff.

Nichtanerkennung als Gesellschaft tritt daher nur ein, wenn die objektiven Voraussetzungen keiner Gesellschaftsform vorliegen, insbesondere bei nur einem Beteiligten. Zum Eingriff der Niederlassungsfreiheit in das autonome Gesellschaftskollisionsrecht der EU-Mitgliedstaaten vgl aber sogleich Rn 50 ff.

7 Es zeigt sich somit, dass die kollisionsrechtliche Anknüpfung von größter Bedeutung für die Gesellschaft und ihre Gesellschafter ist, da von ihr die Anerkennung des für die gesellschaftsrechtlichen Verhältnisse von den Beteiligten zugrunde gelegten Status abhängt. Insbesondere bei den **Körperschaften** ist mit einer vom Gründungsrecht abweichenden Anknüpfung, also bei Annahme eines Statutenwechsels, die Folge der Nichtanerkennung der Rechtspersönlichkeit verbunden, da die Gründungsvoraussetzungen typischerweise nur in einem Staat erfüllt werden. Insoweit muss man nur darauf hinweisen, dass für die Entstehung der juristischen Person regelmäßig eine konstitutive **Registereintragung** erforderlich ist, die nur im Gründungsstaat bewirkt werden kann. Wird dessen Recht kollisionsrechtlich nicht (mehr) als Gesellschaftsstatut berufen, folgt hieraus ohne weiteres die Nichtanerkennung der Körperschaft. Die Anerkennung hängt daher wesentlich von der Kollisionsnorm ab, die der Forumstaat zur Anwendung bringt: Verweist das Kollisionsrecht unveränderlich auf das **Gründungsrecht**, kommt eine Nichtanerkennung schon nicht in Betracht. Nur wenn ein tatsächliches, nicht notwendig auf den Gründungsstaat verweisendes und insbesondere **veränderliches Anknüpfungsmoment** zur Anwendung kommt, kann die Folge der Nichtanerkennung überhaupt eintreten.

8 Hieraus könnte man nun schließen, dass das Kollisionsrecht der Gesellschaft in diesen Fällen die Anerkennung entzieht und insbesondere die Sitztheorie, nach der allein die Annahme eines Statutenwechsels in Betracht kommt, dadurch die Mobilität der Gesellschaften beschränkt. Wichtig für das Verständnis internationalgesellschaftsrechtlicher Fragestellungen erscheint dagegen die Erkenntnis, dass das Kollisionsrecht die Anerkennung weder bewirken noch verhindern kann. Insoweit ist zu beachten, dass **kollisions- und sachrechtliche Fragestellungen** nicht vermischt werden dürfen.[5] Kollisionsrechtlichen Charakter hat nur die Frage nach dem anwendbaren Recht, dem Gesellschaftsstatut, während sich die Zuerkennung von Rechtspersönlichkeit und -fähigkeit allein nach dem materiellen Gesellschaftsrecht bemisst. Die **Kollisionsnorm** gibt nur vor, ob die Anerkennungsfrage wegen der Anwendung eines anderen als des Gründungsrechts überhaupt problematisch werden kann. Die Entscheidung über die Anerkennung liegt aber allein beim **materiellen Recht**, das durchaus so gestaltet werden kann, dass auch in den Fällen eines Statutenwechsels die Identität und damit die im Ausland verliehene Rechtspersönlichkeit anerkannt wird.

9 **3. Innenverhältnis der Gesellschaft.** Das Gesellschaftsstatut beherrscht zunächst unstreitig alle Fragen des Innenverhältnisses der Gesellschaft. Hierzu gehört zunächst die **Organisation** der Gesellschaft selbst, also die **Organstruktur**, die **Kompetenzverteilung** einschließlich der Geschäftsführungsbefugnis, das **Satzungsrecht** sowie die **Kapitalverfassung** (Kapitalaufbringung einschließlich der Wirksamkeit von Sacheinlagen, Kapitalschutz, Kapitaländerungen). Ebenfalls zum Innenverhältnis zählen die Beziehungen der Gesellschaft zu ihren Gesellschaftern, insbesondere die Rechtsstellung der Gesellschafter sowie die unmittelbar aus dem Gesellschaftsverhältnis resultierenden Rechte und Pflichten (**Einlage- und Beitragspflichten, Treuepflichten, Gewinnansprüche, Teilhabe- und Mitverwaltungsrechte einschließlich der Klage- und Anfechtungsbefugnis**) und die aus der Verletzung solcher Pflichten resultierenden Schadensersatzansprüche. Dies betrifft insbesondere die Haftung wegen sorgfaltswidriger Geschäftsführung.

10 Auch in den Fällen der Fremdorganschaft gilt nichts anderes für die **Haftung der Geschäftsführer oder Organmitglieder** gegenüber der Gesellschaft, soweit diese an die Organstellung anknüpft, nicht an den Anstellungsvertrag. Dagegen unterliegen außergesellschaftsrechtliche Beziehungen (insbes. Austauschverträge) zwischen Gesellschaft und Gesellschaftern nicht dem Gesellschaftsstatut, sondern sind eigenständig anzuknüpfen. Die Verbindung zum Gesellschaftsverhältnis kann aber insbesondere im Rahmen von Art. 4 Abs. 3 der Rom I-VO[6] zu berücksichtigen sein.

11 Ebenfalls dem Gesellschaftsstatut unterliegen die Beziehungen zwischen den Gesellschaftern, soweit diese sich aus dem Gesellschaftsverhältnis (zB in Form der auch zwischen den Gesellschaftern wirkenden **Treuepflicht**) ergeben oder sich unmittelbar hierauf beziehen. Letzteres betrifft vertragliche Nebenabreden, durch die die Ausübung der Gesellschafterrechte geregelt wird (insbesondere **Stimmbindungsverträge**), nicht aber solche, durch die lediglich schuldrechtliche Ansprüche zwischen Gesellschaftern begründet werden, auch wenn diese einen (dann im Rahmen des Art. 4 Abs. 4 Rom I-VO zu berücksichtigenden) Bezug zum Gesellschaftsverhältnis aufweisen. Soweit die Anknüpfung an das Gesellschaftsstatut reicht, scheidet eine Rechtswahl der Parteien auch bei solchen Nebenabreden aus.

12 Als Teil der Innenbeziehungen unterliegen zuletzt auch die **Änderungen des Gesellschafterbestandes** dem Gesellschaftsstatut. Dies gilt allerdings nur für die gesellschaftsrechtliche Seite, also Möglichkeit, Voraus-

5 Hierzu grundlegend *Behrens*, RIW 1986, 590 ff; ausf. *K. Schmidt*, ZGR 1999, 22 f; *Hoffmann*, ZHR 164 (2000), 43 ff.

6 VO (EG) 593/2008 über das auf vertragliche Schuldverhältnisse anzuwendende Recht, ABl. EG 2008 L 177, S. 6 ff.

setzungen und Verfahren des Ausscheidens oder Hinzutretens eines Gesellschafters, seiner Ausschließung oder der Übertragung eines Gesellschaftsanteils. Besteht darüber hinaus ein **schuldrechtliches Kausalverhältnis** (zB ein Anteilskauf), ist dieses gesondert nach vertragsrechtlichen Grundsätzen anzuknüpfen (Art. 4 Abs. 2 Rom I-VO). Lediglich der gesellschaftsrechtliche Vollzug des Vertrages unterliegt dann dem Gesellschaftsstatut. Oftmals wird allerdings auch das Kausalverhältnis gesellschaftsrechtlich zu qualifizieren sein, etwa der Zeichnungsvertrag bei Kapitalerhöhung oder die Aufnahme in eine Personengesellschaft, die unmittelbar im Gesellschaftsvertrag geregelt wird.

4. Außenverhältnis der Gesellschaft. Beim Außenverhältnis ist zunächst zu differenzieren zwischen den **Außenbeziehungen der Gesellschaft** selbst und der **Außenhaftung** der Gesellschafter für die Verbindlichkeiten der Gesellschaft. 13

a) Außenbeziehungen. Für die Außenbeziehungen der Gesellschaft selbst ist zunächst die Frage der **Rechtsfähigkeit** relevant. Diese richtet sich grundsätzlich nach dem Gesellschaftsstatut, das also darüber entscheidet, ob und ggf durch welche Rechtsgeschäfte das Gesellschaftsvermögen wirksam verpflichtet werden kann.[7] Soweit sich die für die Gesellschaft handelnden Personen bei Abschluss des entsprechenden Vertrages allerdings physisch außerhalb des Staates des Gesellschaftsstatuts befunden haben, kommt nach ganz hM eine **Sonderanknüpfung** der Rechtsfähigkeit analog Art. 12 in Betracht.[8] Dies bedeutet, dass der Gesellschaft im Interesse des Verkehrsschutzes dieselbe Rechtsfähigkeit zugebilligt wird wie der äquivalenten Gesellschaftsform des Rechts des Vertragsschlussstaates. Voraussetzung ist allerdings, dass der Vertragspartner sich einerseits ebenfalls physisch im Vertragsschlussstaat befunden hat, andererseits dessen **Gutgläubigkeit** in Hinblick auf die fehlende Rechtsfähigkeit (näher zu den Voraussetzungen vgl die Kommentierung zu Art. 12 EGBGB Rn 11 ff). Art. 13 Rom I-VO ist dagegen in Hinblick auf Art. 1 Abs. 2 f Rom I-VO nicht anwendbar und steht dem Rückgriff auf Art. 12 daher nicht entgegen.[9] 14

Kernproblem hierbei ist die Frage, wann von **fahrlässiger Unkenntnis** ausgegangen werden kann, sofern dem Vertragspartner zumindest bekannt ist, mit einer Auslandsgesellschaft zu kontrahieren.[10] Eine entsprechende Erkundigungsobliegenheit, an deren Verletzung man den Vorwurf der Fahrlässigkeit knüpfen könnte, wird man nur dann annehmen können, wenn sich Zweifel bezüglich der Rechtsfähigkeit aufdrängen oder bereits im Raum stehen (wenn etwa die Frage von einem Verhandlungsbeteiligten aufgeworfen worden ist) oder wenn die Hinnahme einer rechtlichen Unsicherheit als **unvernünftig** erscheint. Letzteres ist dann der Fall, wenn die ökonomische Bedeutung des Vertrages im Verhältnis zu dem mit der rechtlichen Prüfung verbundenen Aufwand eine Prüfung als angezeigt erscheinen lässt. Daher wird bei den meisten Verträgen des internationalen Handels- und Wirtschaftsverkehrs, die typischerweise erhebliche ökonomische Bedeutung haben, eine Sonderanknüpfung ausscheiden. 15

Von der Rechtsfähigkeit zu trennen ist die Frage der **Geschäftsfähigkeit** der Gesellschaft. Anders als bei natürlichen Personen geht es hierbei um die Frage der Vertretungsmacht der Organe, also das rechtliche Vermögen, die Gesellschaft im Außenverhältnis zu verpflichten. Grundsätzlich kommt auch insoweit das Gesellschaftsstatut zur Anwendung, dieses entscheidet über **Organstellung, Umfang und Mängel der Vertretungsmacht**.[11] Fehlt es danach an einer wirksamen Verpflichtung der Gesellschaft, kommt Art. 12 analog zur Anwendung.[12] Befinden sich also Gesellschaftsorgan und Geschäftspartner im selben Staat und wäre nach dem Recht des Vertragsschlussstaates bei einer vergleichbaren Gesellschaft die Vertretungsmacht zu bejahen gewesen, kommt dieses **günstigere Ortsrecht** zur Anwendung. Zum Erfordernis der Gutgläubigkeit des Vertragspartners gelten die Ausführungen zur Rechtsfähigkeit entsprechend. Das Gesellschaftsstatut regelt indes nur die organschaftliche, nicht dagegen die rechtsgeschäftlich begründete Vertretungsmacht einschließlich 16

7 Scergel/*Lüderitz*, Anh. Art. 10 EGBGB Rn 17 ff; MüKo/*Kindler*, Bd. 11, 5. Aufl. 2010, IntGesR, Rn 564; Michalski/*Leible*, GmbHG, Bd. 1, 2. Aufl. 2010, Syst. Darst. 2 Rn 109.

8 Michalski/*Leible*, GmbHG, Bd. 1, 2. Aufl. 2010, Syst. Darst. 2 Rn 110; *Fischer*, Verkehrsschutz im internationalen Vertragsrecht, 1990, S. 213 f; MüKo/*Kindler*, Bd. 11, 5. Aufl. 2010, IntGesR, Rn 566; OLG Stuttgart NJW 1974, 1627 = RIW 1975, 108; krit. *Kropholler*, IPR, § 55 II 1; abl. Soergel/*Lüderitz*, Anh. Art. 10 EGBGB Rn 20.

9 Näher MüKo/*Spellenberg*, Bd. 10, 5. Aufl. 2010, Art. 13 Rom I-VO Rn 51 ff.

10 Allein die Kenntnis, mit einer Auslandsgesellschaft zu kontrahieren, genügt jedenfalls nicht für die Annahme fahrlässiger Unkenntnis, vgl MüKo/*Kindler*, Bd. 11, 5. Aufl. 2010, IntGesR, Rn 569; Bamberger/Roth/*Mäsch*, Art. 12 EGBGB Anh. Rn 78; wohl auch Staudinger/*Großfeld*, Int. GesR, Rn 281; wohl enger Soergel/*Lüderitz*, Anh. Art. 10 EGBGB Rn 39.

11 Allg. Ansicht: Bamberger/Roth/*Mäsch*, Art. 12 EGBGB Anh. Rn 73; Michalski/*Leible*, GmbHG, Bd. 1, 2. Aufl. 2010, Syst. Darst. 2 Rn 127 mwN; *Kegel/Schurig*, Internationales Privatrecht, § 17 II 1; Staudinger/*Großfeld*, Int. GesR, Rn 289; Soergel/*Lüderitz*, Anh. Art. 10 EGBGB Rn 28 ff; BGHZ 32, 256, 258; 40, 197; 128, 41, 44.

12 Allg. Ansicht *Kegel/Schurig*, Internationales Privatrecht, § 17 II 2; *Fischer*, Verkehrsschutz im internationalen Vertragsrecht, S. 201 f, 228 f; Staudinger/*Großfeld*, Int. GesR, Rn 264; Michalski/*Leible*, GmbHG, Bd. 1, 2. Aufl. 2010, Syst. Darst. 2 Rn 127; krit. Soergel/*Lüderitz*, Anh. Art. 10 EGBGB Rn 39.

der Vertretungsmacht kaufmännischer Hilfspersonen.[13] Diese richtet sich grundsätzlich nach dem **Vollmachtstatut** (dazu näher Anhang zu Art. 32 EGBGB Rn 1 ff).

17 Nicht unter das Gesellschaftsstatut fällt dagegen die Frage der **Deliktsfähigkeit**, also der Haftung für unerlaubte Handlungen der für die Gesellschaft handelnden natürlichen Personen. Diese Frage richtet sich vielmehr nach dem **Deliktsstatut** (Art. 4 Rom II-VO).[14]

18 Ebenfalls nach dem Gesellschaftsstatut bestimmen sich **Partei- und Prozessfähigkeit** der Gesellschaft vor deutschen Gerichten. Dies ergibt sich für die Parteifähigkeit richtigerweise jedoch nicht aus einer Anwendung von § 50 Abs. 1 ZPO, sondern aus einer besonderen **prozessualen Kollisionsnorm**, die auf das Gesellschaftsstatut verweist.[15] Fehlt es danach an der Prozessfähigkeit, kommt jedoch zusätzlich § 50 Abs. 1 ZPO zur Anwendung, so dass die Parteifähigkeit vor deutschen Gerichten stets zu bejahen ist, wenn die Gesellschaft nach ihrem Gesellschaftsstatut **entweder Partei- oder Rechtsfähigkeit** genießt.[16] Ähnliches gilt für die **Prozessfähigkeit**, also Fähigkeit und Vertretungsmacht zur Abgabe prozessualer Erklärungen. Auch insoweit gilt zunächst das Gesellschaftsstatut, fehlt es danach aber an der Prozessfähigkeit, ist auf § 55 ZPO zurückzugreifen. Ist die ausländische Gesellschaft also einer prozessfähigen deutschen Gesellschaftsform vergleichbar, ist sie vor deutschen Gerichten unter denselben Voraussetzungen prozessfähig.[17] Dies bedeutet vor allem, dass die **organschaftliche Vertretungsmacht** die Abgabe prozessualer Erklärungen vor deutschen Gerichten auch dann umfasst, wenn sie nach dem Gesellschaftsstatut fehlt, aber bei einer vergleichbaren deutschen Gesellschaft vorliegen würde.

19 **b) Haftung der Gesellschafter.** Die Haftung der Gesellschafter für Gesellschaftsschulden im Außenverhältnis richtet sich ebenfalls nach dem Gesellschaftsstatut.[18] Die Anerkennung der Gesellschaft bedeutet vor allem, dass die Haftungsverfassung des Statuts und damit auch ein **Haftungsprivileg** (im Sinne einer Beschränkung auf das Gesellschaftsvermögen) zur Anwendung kommt. Andererseits gilt dies natürlich auch für Vorschriften, die eine gesellschaftsrechtliche Haftung gerade anordnen, was insbesondere im Personengesellschaftsrecht große Bedeutung hat (zB § 128 HGB). Irrelevant für die Anknüpfung der Haftungsverfassung ist hingegen die Frage, aus welchem Rechtsgrund heraus die Gesellschaftsschuld entstanden ist.

20 Als problematisch erscheint lediglich die **Qualifikation** verschiedener Anspruchsgrundlagen: Nur gesellschaftsrechtlich zu qualifizierende Ansprüche unterliegen dem Gesellschaftsstatut, nicht hingegen insolvenz-, vertrags- oder deliktsrechtliche. Schon bisher standen insoweit die Fälle der **Durchgriffshaftung** im Mittelpunkt, die überwiegend gesellschaftsrechtlich einzuordnen waren.[19] In jüngster Zeit hat die Frage in Bezug auf die Haftungsverfassung der inländischen Auslandsgesellschaft stark an Bedeutung gewonnen, wobei aus deutscher Sicht die Fragen der zutreffenden Qualifikation der Existenzvernichtungs- sowie der Insolvenzverschleppungshaftung, aber auch der Möglichkeit einer Sonderanknüpfung von Haftungsnormen im Vordergrund stehen (näher Rn 116 ff).

21 **5. Handelsrechtliche Fragen.** Handelsrechtliche Fragen sind grundsätzlich vom Gesellschaftsstatut zu trennen und eigenständig anzuknüpfen. Dies gilt insbesondere für die Frage, ob eine Gesellschaft als **Kaufmann** zu behandeln ist, was sich ausschließlich nach dem **Geschäftsstatut** des Rechtsgeschäfts bemisst, in dessen Zusammenhang die Kaufmannseigenschaft Bedeutung hat.[20]

13 Hinzuweisen ist in diesem Zusammenhang indes auf die Entscheidung BGH NJW 1992, 618, wonach die Vertretungsmacht des Prokuristen anhand der Sitztheorie anzuknüpfen ist. Hierin wird man aber keine Erstreckung des Gesellschaftsstatuts auf die Prokura zu sehen haben, sondern vielmehr die Herbeiführung eines Gleichlaufs der Kollisionsnormen, vgl dazu MüKo/*Kindler*, Bd. 11, 5. Aufl. 2010, IntGesR, Rn 266; Michalski/*Leible*, GmbHG, Bd. 1, 2. Aufl. 2010, Syst. Darst. 2 Rn 130; *Spellenberg*, Geschäftsstatut und Vollmacht im internationalen Privatrecht S. 225.

14 Michalski/*Leible*, GmbHG, Bd. 1, 2. Aufl. 2010, Syst. Darst. 2 Rn 117; *Schohe*, Die Haftung juristischer Personen für ihre Organe im internationalen Privatrecht, 1991, S. 25 ff, 53 f; Soergel/*Lüderitz*, Anh. Art. 10 EGBGB Rn 26.

15 Staudinger/*Großfeld*, Int. GesR, Rn 292; Soergel/*Lüderitz*, Anh. Art. 10 EGBGB Rn 35; aA Michalski/*Leible*, GmbHG, Bd. 1, 2. Aufl. 2010, Syst. Darst. 2 Rn 118 (bemisst sich unmittelbar nach dem Gesellschaftsstatut).

16 OLG Frankfurt IPRax, 1982, 201; im Ergebnis ebenso Michalski/*Leible*, GmbHG, Bd. 1, 2. Aufl. 2010, Syst. Darst. 2 Rn 118; Soergel/*Lüderitz*, Anh. Art. 10 EGBGB Rn 29.

17 Michalski/*Leible*, GmbHG, Bd. 1, 2. Aufl. 2010, Syst. Darst. 2 Rn 121; Staudinger/*Großfeld*, Int. GesR, Rn 295; Soergel/*Lüderitz*, Anh. Art. 10 EGBGB Rn 34.

18 BGHZ 25, 127; BGH NJW 1959, 1873; OLG Düsseldorf IPRax 1996, 128, 130; OLG München NJW 1986, 2197; MüKo/*Kindler*, Bd. 11, 5. Aufl. 2010, IntGesR, Rn 632 ff; Michalski/*Leible*, GmbHG, Bd. 1, 2. Aufl. 2010, Syst. Darst. 2 Rn 142; Staudinger/*Großfeld* Int. GesR, Rn 348; aA *Grasmann*, System des internationalen Gesellschaftsrechts, Rn 928.

19 BGHZ 78, 318, 334; BGH NJW 1957, 1435; MüKo/*Kindler*, Bd. 11, 5. Aufl. 2010, IntGesR, Rn 635; Michalski/*Leible*, GmbHG, Bd. 1, 2. Aufl. 2010, Syst. Darst. 2 Rn 147.

20 Heute ganz hM: OLG München NJW, 1967, 1326, 1328; Michalski/*Leible*, GmbHG, Bd. 1, 2. Aufl. 2010, Syst. Darst. 2 Rn 136; zu den umstrittenen Einzelheiten vgl MüKo/*Kindler*, Bd. 11, 5. Aufl. 2010, IntGesR, Rn 157 ff; Staudinger/*Großfeld*, Int. GesR, Rn 326.

Lediglich in Bezug auf das **Firmenrecht** (einschließlich des bürgerlich-rechtlichen Namensrechts) gilt insoweit eine Ausnahme, als das Gesellschaftsstatut darüber entscheidet, welche Firma bzw welcher Name der Gesellschaft zusteht.[21] Dies gilt insbesondere für den **Rechtsformzusatz**, der nicht nur die Rechtsform selbst anzeigt, sondern auch einen Hinweis auf das Gesellschaftsstatut gibt.[22] Begrenzt ist die Anwendung des ausländischen Firmenrechts aber durch den inländischen ordre public, der verletzt ist, soweit die Firmierung zu wesentlichen Fehlvorstellungen über die Rechtsverhältnisse der Gesellschaft führt. Jedenfalls der **Kerngehalt des deutschen Firmenrechts** gehört somit zum ordre public, soweit der Verkehrsschutz dies erfordert.[23] Zum Sonderfall der Firmierung inländischer EU-Auslandsgesellschaften vgl Rn 125 ff. **22**

6. Unternehmerische Mitbestimmung. Nach dem Gesellschaftsstatut bemisst sich auch die dem internen Organisationsrecht der Gesellschaft zuzurechnende unternehmerische Mitbestimmung, also die Frage der Vertretung von Arbeitnehmern in den Gesellschaftsorganen.[24] Dies gilt auch bei Tochtergesellschaften ausländischer Unternehmen, soweit sie deutschem Recht unterliegen, während auf Tochtergesellschaften deutscher Gesellschaften, die ausländischem Recht unterliegen, deutsches Mitbestimmungsrecht grundsätzlich nicht anzuwenden ist. **23**

Aufgrund des hohen Mitbestimmungsniveaus geht es insoweit praktisch vor allem um die Anwendbarkeit deutschen Rechts, deren „Umgehung" durch Nutzung ausländischer Rechtsformen im Inland möglichst ausgeschlossen werden soll. Diesem Zweck dient die Erhebung der Mitbestimmung zum ordre public.[25] Da aber Art. 6 EGBGB lediglich die Nichtanwendung ausländischen Rechts, nicht aber die Anwendung inländischen Rechts entgegen der kollisionsrechtlichen Anknüpfung ermöglicht, wurden in der Vergangenheit Ansätze zur **Erweiterung der Mitbestimmung** entwickelt. Als problematisch wurde vor allem der Fall inländischer Zweigniederlassungen von Auslandsgesellschaften angesehen, die schon für sich oberhalb der Mitbestimmungsgrenzen liegen. Teilweise wurde vertreten, in diesen Fällen wäre eine **zwangsweise Einbringung** des Betriebs in eine Tochtergesellschaft deutschen Rechts erforderlich,[26] ferner sollte eine **„Auflösungssperre"**[27] bei Erreichen der Mitbestimmungsgrenze die **Flucht in die Zweigniederlassung** verhindern. Diese rein rechtspolitisch motivierten Versuche der Ausdehnung der deutschen Mitbestimmung über den vom Gesetzgeber angeordneten Anwendungsbereich hinaus sind abzulehnen, ihre Begründung de lege lata ist wenig überzeugend.[28] **24**

Die Diskussion um den Schutz der deutschen Mitbestimmung gegen „Umgehungen", also die legitime Nutzung kollisionsrechtlicher Gestaltungsmöglichkeiten, hat sich inzwischen allerdings ganz auf die Frage der **Sonderanknüpfung des Mitbestimmungsrechts** bei EU-Auslandsgesellschaften verschoben (dazu ausführlich Rn 122 ff). Soweit man eine solche für die inländische Auslandsgesellschaft anerkennt, ist auch der Weg für die Anwendung auf sonstige Zweigniederlassungen geebnet. **25**

Von dieser gesellschaftskollisionsrechtlichen Fragestellung zu trennen ist indes die **territoriale Reichweite** des Mitbestimmungsrechts, etwa bei Ermittlung der Arbeitnehmerzahl, des Stimmrechts oder für Zwecke der Konzernmitbestimmung. Dies ist keine kollisionsrechtliche Frage, sondern eine Frage des Regelungsanspruchs des materiellen Mitbestimmungsrechts. Grundsätzlich gilt die Aussage von *Koppensteiner*, wonach „die Reichweite der Regeln über die Konzernmitbestimmung an den Landesgrenzen endet".[29] Für andere Teile des Mitbestimmungsrechts gilt richtigerweise nichts anderes.[30] **26**

7. Gründung, Auflösung und Liquidation. Voraussetzungen und Verfahren der **Gründung** einer Gesellschaft unterliegen selbstverständlich dem Gesellschaftsstatut. Schließlich ist es gerade die wirksame Gründung unter dem anwendbaren Recht, die zur Anerkennung der Gesellschaft führt. Hierzu gehören etwa die Anforderungen an den **Gesellschaftsvertrag**, aber auch die **Registereintragung** und die Rechtsfolgen der Grün- **27**

21 RGZ 117, 215 (218); BGH NJW 1958, 17 f; BayObLG NJW 1986, 3029; *Baumbach/Hopt*, HGB, 34. Aufl. 2010, § 17 Rn 48; *Michalski*, NZG 1998, 762, 763; Michalski/*Leible*, GmbHG, Bd. 1, 2. Aufl. 2010, Syst. Darst. 2 Rn 133; aA MüKo/*Kindler*, Bd. 11, 5. Aufl. 2010, IntGesR, Rn 232 ff.

22 EuGH EuZW 2003, 687 ff; dazu näher: *Leible/Hoffmann*, EuZW 2003, 677, 680 f.

23 MüKoHGB/*Heidinger*, 2. Aufl. 2005, Vor § 17 Rn 70; Michalski/*Leible*, GmbHG, Bd. 1, 2. Aufl. 2010, Syst. Darst. 2 Rn 134; iE MüKo/*Kindler*, Bd. 11, 5. Aufl. 2010, IntGesR, Rn 236 (der dieses Ergebnis indes durch eine gebietsbezogene Anknüpfung ohne Rückgriff auf den ordre public erreicht).

24 BGHZ 82, 188 ff; BGH DB 1982, 42; Staudinger/*Großfeld*, Int. GesR, Rn 510; MüKo/*Kindler*, Bd. 11, 5. Aufl. 2010, IntGesR, Rn 590; *Steindorff*, ZHR 141 (1977), 457 ff; *Heinze*, ZGR 1994, 47 ff.

25 Vor allem Staudinger/*Großfeld*, Int. GesR, Rn 510; kritisch Michalski/*Leible*, GmbHG, Bd. 1, 2. Aufl. 2010, Syst. Darst. 2 Rn 155 mwN.

26 *Däubler*, RabelsZ 39 (1975), 444, 474.

27 Staudinger/*Großfeld*, Int. GesR, Rn 522.

28 Zur Reichweite der unternehmerischen Mitbestimmung bei Konzernsachverhalten vgl ausführlich MüKo/*Kindler*, Bd. 11, 5. Aufl. 2010, IntGesR, Rn 598 ff; Michalski/*Leible*, GmbHG, Bd. 1, 2. Aufl. 2010, Syst. Darst. 2 Rn 156 ff.

29 *Koppensteiner*, Internationale Unternehmen, S. 135; Michalski/*Leible*, GmbHG, Bd. 1, 2. Aufl. 2010, Syst. Darst. 2 Rn 157; Staudinger/*Großfeld*, Int. GesR, Rn 511 f.

30 Näher zu dieser Problematik Soergel/*Lüderitz*, Anh. Art. 10 EGBGB Rn 44 mwN; MüKo/*Kindler*, Bd. 11, 5. Aufl. 2010, IntGesR, Rn 599.

dung. Ebenfalls unstreitig unterliegt die **echte Vorgesellschaft** bereits dem Statut der in Aussicht genommenen Gesellschaft,[31] was insbesondere für Fragen der Haftung der Beteiligten große Relevanz hat. Dagegen sind **Vorgründungsgesellschaft** und **unechte Vorgesellschaft** (bei der die Eintragung nicht mehr ernstlich verfolgt wird)[32] nach ihrem objektiven Charakter anzuknüpfen. Dieser kann – je nach Ausgestaltung und Sichtweise der *lex fori* – gesellschaftsrechtlicher oder schuldrechtlicher Art sein,[33] jedenfalls unterliegen derartige Beziehungen nicht dem Recht der zu gründenden Gesellschaft.

28 Spiegelbildlich zur Gründung unterliegen auch **Auflösung und Liquidation** dem Gesellschaftsstatut. Dies betrifft die **Auflösungsgründe**, das einzuhaltende **Verfahren** sowie die Rechtsfolgen der Auflösung, sowie Bestellung, Befugnisse und Vertretungsmacht der **Liquidatoren** bis hin zum Vorgang der **Abwicklung** selbst. Ebenso wie bei der werbenden Gesellschaft kommt bei Rechtsgeschäften mit den Liquidatoren eine analoge Anwendung des Art. 12 in Betracht (zu den Voraussetzungen Rn 14 f).

29 **8. Formvorschriften.** Die **Form** von Rechtsgeschäften wird grundsätzlich gemäß Art. 11 alternativ nach dem **Wirkungsstatut** oder nach dem Recht des Vornahmeorts (**Ortsform**) angeknüpft. Bei gesellschaftsrechtlichen Rechtsgeschäften genügt daher jedenfalls die vom Gesellschaftsstatut vorgeschriebene Form. Dies betrifft etwa Abschluss und Änderung des Gesellschaftsvertrags, Beschlussfassung oder die Anteilsübertragung. Umstritten ist in diesem Zusammenhang jedoch, ob auch im Gesellschaftsrecht die Beurkundung nach der Ortsform anzuerkennen ist oder ob es einer **teleologischen Reduktion des Art. 11** bedarf (ausführlich Art. 11 EGBGB Rn 38 ff). Umstritten ist ferner, ob und unter welchen Voraussetzungen die vom deutschen Gesellschaftsstatut vorgeschriebene notarielle Form auch durch **Beurkundung einer ausländischen Urkundsperson** gewahrt werden kann (ausführlich Art. 11 EGBGB Rn 25 ff).[34] Die Zugehörigkeit der Formvorschriften für gesellschaftsrechtliche Rechtsgeschäfte zum Gesellschaftsstatut ist allerdings unstrittig. Das MoMiG hat sich auf die Wirksamkeit einer Auslandsbeurkundung richtigerweise nicht ausgewirkt.[35]

II. Die anzuwendende Kollisionsnorm: Traditionelle Anknüpfungslehren

30 **1. Überblick.** Bezüglich der anzuwendenden Kollisionsnorm besteht international traditionell keine Einigkeit. Im Wesentlichen wird zwischen der **Sitz- und der Gründungstheorie** unterschieden.[36] Die Sitztheorie gilt innerhalb der Europäischen Union zunächst in Deutschland, darüber hinaus aber auch in Polen,[37] Österreich, Frankreich, Portugal, Belgien, Luxemburg und Griechenland.[38] In Italien gilt die Sitztheorie insoweit, als die Anknüpfung von Gesellschaften mit Verwaltungssitz oder „Hauptgegenstand" in Italien anhand der Sitztheorie erfolgt, während andernfalls auf das Gründungsrecht verwiesen wird.[39] Dagegen wird in Europa für Kapitalgesellschaften die Gründungstheorie im Vereinigten Königreich, Irland, den Niederlanden, Spanien, Dänemark und Schweden zugrunde gelegt.[40] Zu den Personengesellschaften vgl Rn 158 ff.

31 **2. Sitztheorie.** Nach der Sitztheorie ist das Anknüpfungsmoment des Gesellschaftsstatuts allein der **reale Sitz** der Gesellschaft, also der Ort, der den **räumlichen Schwerpunkt der gesellschaftlichen Leitungstätigkeit** darstellt. Die Feststellung dieses – oftmals ausdrücklich als **„Hauptverwaltung"**[41] oder **„Verwaltungssitz"**[42] bezeichneten – Sitzes kann mitunter schwierig sein, insbesondere, wenn ein Unternehmen über

31 BGHZ 134, 333; OLG München NZG 1998, 181; BayOLGZ 1965, 294; OLG München IPRspr 1966/67 Nr. 15; OLG Nürnberg IPRspr 1966/67 Nr. 17; Staudinger/*Großfeld*, Int. GesR, Rn 261; MüKo/*Kindler*, Bd. 11, 5. Aufl. 2010, IntGesR, Rn 550; Bamberger/Roth/*Mäsch*, Art. 12 EGBGB Anh. Rn 76.

32 Zum Begriff vgl statt vieler *K. Schmidt*, GesR, 4. Aufl. 2002, S. 290 f, 1016 f.

33 Michalski/*Leible*, GmbHG, Bd. 1, 2. Aufl. 2010, Syst. Darst. 2 Rn 88, weist zutr. darauf hin, dass gerade nach deutschem Recht die Vorgründungsgesellschaft regelmäßig als BGB-Gesellschaft aufzufassen ist, so dass vor deutschen Gerichten eine gesellschaftsrechtliche Qualifikation nahe liegt; ebenso MüKo/*Kindler*, Bd. 11, 5. Aufl. 2010, IntGesR, Rn 547; aA Bamberger/Roth/*Mäsch*, Art. 12 EGBGB Anh. Rn 77 (Vertragsstatut).

34 Die – von der in diesem Kommentar vertretenen Meinung erheblich abweichende – Sichtweise des Verfassers zu diesen Streitfragen ist nachzulesen bei Michalski/*Hoffmann*, GmbHG, Bd. 2, 2. Aufl. 2010, § 53 Rn 74 ff; vgl ferner Michalski/*Leible*, GmbHG, Bd. 1, 2. Aufl. 2010, Syst. Darst. 2 Rn 90 ff.

35 OLG Düsseldorf NZG 2011, 388; *Hasselmann*, ZIP 2010, 2486; aA LG Frankfurt ZIP 2010, 88

36 Zu weiteren Theorien, die sich meist als Spielarten der Sitz- oder der Gründungstheorie darstellen, vgl die Überblicke bei Staudinger/*Großfeld*, Int. GesR, Rn 26 ff; MüKo/*Kindler*, Bd. 11, 5. Aufl. 2010, IntGesR, Rn 387 ff; *Grasmann*, System des internationalen Gesellschaftsrechts, 1970, S. 114 ff, 244 ff.

37 *Wowerka*, IPRax 2011, 299.

38 Vgl die Nachw. bei *Hoffmann*, ZHR 164 (2000), 43, 44; ferner den Überblick in Status: Recht 2008, S. 71.

39 Vgl Art. 25 ital. IPRG; dazu näher *Kindler*, Italienisches Handels- und Wirtschaftsrecht, 2002, § 7 Rn 38 ff.

40 Vgl die Nachw. bei *Hoffmann*, ZHR 164 (2000), 43, 45; ferner den Überblick in Status: Recht 2008, S. 71.

41 Vgl den Wortlaut von § 10 des österreichischen IPRG („tatsächlicher Sitz seiner Hauptverwaltung"); näher: *Eckert*, Internationales Gesellschaftsrecht, 2010, S. 29 ff.

42 Vgl BGHZ 97, 269 („tatsächlicher Verwaltungssitz"); Art. 3 Abs. 1 portugiesisches CSC („hauptsächlicher und effektiver Sitz der Verwaltung"); Art. 25 ital. IPRG („Verwaltungssitz").

mehrere Niederlassungen verfügt. Zur Abgrenzung des für die Anknüpfung relevanten Sitzes von einfachen Niederlassungen oder Betriebsstätten wird von der deutschen Rechtsprechung darauf abgestellt, an welchem Ort „die grundlegenden Entscheidungen der Unternehmensleitung effektiv in laufende Geschäftsführungsakte umgesetzt werden."[43] Es geht also nicht etwa um den Ort, an dem das maßgebliche Gremium (Haupt- oder Gesellschafterversammlung) tagt, sondern um den Ort, von dem aus die **wesentlichen Verwaltungsfunktionen im Tagesgeschäft** regelmäßig ausgeübt werden, was am „Tätigkeitsort der Geschäftsführung und der dazu berufenen Vertretungsorgane" [44] der Fall ist. Ebenso wenig kann auf den wirtschaftlichen Schwerpunkt des Unternehmens abgestellt werden, da es gerade auf die Ausübung der Leitungsfunktionen ankommt, nicht die gesamte wirtschaftliche Betätigung.

Im Gegensatz zur Rechtslage in Deutschland ist die Sitztheorie in **Österreich** sogar gesetzlich verankert. Nach § 10 IPRG kommt es für die Anknüpfung des Gesellschaftsstatuts auf den „tatsächlichen Sitz der Hauptverwaltung" an. Für die Bestimmung dieses tatsächlichen oder „wahren"[45] Sitzes stellt die österreichische Lehre und Rechtsprechung auf dieselben Merkmale wie die deutsche Rechtsprechung ab, insbesondere den „Ort, an dem die grundlegenden Entscheidungen der Unternehmensführung effektiv in laufende Geschäftsführungakte umgesetzt werden."[46] Inhaltlich dürfte sich dieser Begriff wohl nicht von dem in Deutschland verwendeten unterscheiden.[47] Allerdings wurde die Anwendung der Sitztheorie auf nach EU-ausländischem Recht gegründete Gesellschaften vom OGH bereits im Jahr 1999 aufgrund der Niederlassungsfreiheit eingeschränkt.[48] 32

Für **Frankreich** bestimmt Art. 1837 des Code Civil, dass alle Gesellschaften französischem Recht unterworfen sind, die ihren Sitz auf französischem Territorium haben. Zwar können sich Dritte auch auf den Satzungssitz („siège statutaire") berufen, nicht jedoch die Gesellschaft, wenn sich der tatsächliche Sitz („siège reel") an einem anderen Ort befindet. Der danach für die Anknüpfung ausschlaggebende Gesellschaftssitz (auch als „siège social" bezeichnet) ist der Ort, an dem durch Vermittlung ihrer Verwaltungsmitglieder („dirigeants") die grundlegenden Manifestationen ihrer rechtlichen Existenz herbeigeführt werden.[49] Dies wird man nur so verstehen können, dass es ebenfalls auf den Ort der laufenden Geschäftsführung durch die „dirigeants" ankommt.[50] Zu unterscheiden ist der *„siège social"* ferner vom *„siège d'exploitation"*, an dem die eigentliche wirtschaftliche Tätigkeit von den untergeordneten Personen ausgeübt wird.[51] Auch insoweit wird also auf die tatsächliche Tätigkeit der Leitungsorgane abgestellt, nicht aber auf den Schwerpunkt der wirtschaftlichen Tätigkeit der Gesellschaft. Ganz ähnlich verweist das portugiesische Kollisionsrecht auf den „hauptsächlichen und effektiven Sitz der Verwaltung" der Gesellschaft, wobei sich aber die Gesellschaft nicht auf ein abweichendes Personalstatut berufen kann, wenn sich der Satzungssitz in Portugal befindet.[52] Für die Anknüpfung kommt es somit ebenfalls auf den Ort der Geschäftsleitung, nicht der wirtschaftlichen Tätigkeit an. 33

Diese kurze, rechtsvergleichende Bestandsaufnahme hat gezeigt, dass unter den europäischen Sitztheoriestaaten über ihr Anknüpfungsmoment weitgehende Einigkeit besteht. Es kommt entscheidend auf den Ort an, wo die Personen tätig werden, die die tatsächliche Leitungsfunktion bezüglich des Tagesgeschäfts ausüben, wo also die **Verwaltungstätigkeit auf höchster Ebene** ausgeübt wird. Dieser Ort ist auch dann als **Hauptverwaltung** der Gesellschaft anzusehen, wenn der Schwerpunkt der wirtschaftlichen Tätigkeit (etwa der produzierende Betrieb) sich an anderer Stelle befindet. Irrelevant ist auch, wo die Personen tätig werden, die lediglich die wesentlichen strategischen Entscheidungen für die Gesellschaft treffen, nicht aber das Tagesgeschäft bestimmen. 34

Somit zeigt sich, dass das **Anknüpfungsmoment der Sitztheorie** unzweifelhaft keinen rechtlichen, sondern einen rein **tatsächlichen Charakter** hat. Hieraus ergibt sich, dass es grundsätzlich als wandelbar anzusehen ist, bei Anwendung der Sitztheorie also das Gesellschaftsstatut infolge von tatsächlichen Veränderungen wechseln kann. Diese von der Sitztheorie eröffnete Möglichkeit des Statutenwechsels steht aber nicht als solche einer Verlegung des Verwaltungssitzes entgegen, da erst das **materielle Gesellschaftsrecht** des bisherigen und des neuen Statuts über seine gesellschaftsrechtlichen Folgen und den Fortbestand der Gesellschaft entscheidet. So finden sich etwa im portugiesischen Recht Vorschriften über einen identitätswahrenden, sta- 35

43 Statt vieler: BGHZ 97, 269, 272; Staudinger/*Großfeld*, Int. GesR, Rn 228; MüKo/*Kindler*, Bd. 11, 5. Aufl. 2010, IntGesR, Rn 420; Michalski/*Leible*, GmbHG, Bd. 1, 2. Aufl. 2010, Syst. Darst. 2 Rn 72 ff.

44 BGHZ 97, 269, 272 = NJW 1986, 2194.

45 öOGH RdW 1999, 719 = NZG 2000, 36, 37.

46 öOGH WBl. 1998, 136 (unter ausdr. Verweis auf BGHZ 97, 269); ebenso *Schwimann*, IPR, S. 56; *Koppensteiner/Rüffler*, GmbHG, 3. Aufl. 2007, Allg. Einl. Rn 17.

47 Ausführlich *Eckert*, internationales Gesellschaftsrecht, 2010, S. 29 ff.

48 öOGH RdW 1999, 719 = NZG 2000, 36 m. Anm. *Kieninger*; dazu krit. *Schwimann*, NZG 2000, 230; *Nowotny*, RdW 1999, 697; zustimmend *Eckert*, Internationales Gesellschaftsrecht, 2010, S. 98 ff.

49 Vgl *Dalloz*, Code Civil, 1997, Nr. 1 zu Art. 1837 CC.

50 *Sonnenberger*, Französisches Handels- und Wirtschaftsrecht, 1991, Rn VIII 63 („Ort, an dem sich die Geschäftsleitung befindet").

51 *Dalloz*, Code Civil, 1997, Nr. 1 zu Art. 1837 CC.

52 Art. 3 Abs. 1 CSC; deutsche Übersetzung bei *Jayme*, IPrax 1987, 46; dazu näher *Steiger*, Grenzüberschreitende Fusion und Sitzverlegung nach spanischem und portugiesischem Recht, 1996, S. 260 ff.

tutenwechselnden Zuzug ausländischer Kapitalgesellschaften, die lediglich zu bestimmten Anpassungen an das neue Gesellschaftsstatut verpflichtet werden.[53] Dies bedeutet, dass eine tatsächlich nach **Portugal** zuziehende Gesellschaft als Körperschaft ohne Neugründung anerkannt wird, sofern nicht das materielle Gesellschaftsrecht des Wegzugstaats zwingend die Auflösung vorsieht.[54] Gleichzeitig wird die Gesellschaft aber dem neuen Recht unterstellt, nach dem sich seine Rechtsverhältnisse zukünftig bemessen. Dies zeigt: Die Möglichkeit einer statutenändernden Verlegung des tatsächlichen Sitzes über die Grenze ist mit der kollisionsrechtlichen Sitztheorie also nicht nur vereinbar, sondern eine notwendige Folge ihrer Anwendung, während rechtliche Beschränkungen des Vorgangs allein dem materiellen Recht entspringen können (näher zur Behandlung der Sitzverlegung vgl Rn 51 ff).

36 **3. Gründungstheorie.** Die **Gründungstheorie** knüpft das Gesellschaftsstatut dagegen anhand eines rein rechtlichen, nicht tatsächlichen Umstands an. Zwischen den einzelnen Gründungstheoriestaaten sind allerdings gewisse Differenzierungen zu beachten.[55]

37 **a) Common Law.** Im Rechtskreis des Common Law ist als Anknüpfungsmoment das „domicile" der Gesellschaft anzusehen, worunter allein der **Ort der ursprünglichen Inkorporation** zu verstehen ist.[56] „The domicile of a corporation is in the country under whose law it is incorporated".[57] Es geht also um das Recht, unter dem die Gründer die Gesellschaft errichtet und dessen Gründungsvoraussetzungen sie erfüllt haben. Dabei geht das Kollisionsrecht davon aus, dass für die Errichtung von Gesellschaften mit eigener Rechtspersönlichkeit regelmäßig eine Registrierung oder Eintragung der Gesellschaft im Inkorporationsstaat erforderlich ist. Die Errichtung der Gesellschaft unter einer bestimmten Rechtsordnung wird demnach durch diese Registrierung nach außen sichtbar, so dass der Ort der Registrierung praktisch als Anknüpfungsmoment herangezogen werden kann. Die Anknüpfung des Gesellschaftsstatuts erfolgt demnach an das Recht des Staates, in dem die Gesellschaft registriert worden ist,[58] weil die Gründer die Wahl des Inkorporationsrechts durch die Wahl des Registrierungsortes ausüben. Nur wenn es an einer Registrierung fehlt, wird man auf anderem Wege das Inkorporationsstatut ermitteln müssen.[59]

38 Dieses Gründungsstatut ist **grundsätzlich unwandelbar**, da die ursprüngliche Inkorporation als historische Tatsache keiner nachträglichen Änderung zugänglich ist. Während es den natürlichen Personen offen steht, ihr „domicile" durch Begründung eines „domicile of choice" (und damit ihr Personalstatut) zu verändern,[60] wird den Körperschaften eine derartige Möglichkeit nicht eingeräumt. Diese sind vielmehr während ihrer gesamten Existenz an das „domicile of origin" gebunden. In diesem Sinn ist vor allem der Kernsatz des

53 Vgl Art. 3 Abs. 2 CSC; deutsche Übersetzung bei *Jayme*, IPRax 1987, 46; dazu bereits *Leible/Hoffmann*, DB 2002, 2205.

54 Dies nahmen etwa Rspr und hL in Deutschland vor der EuGH-Entscheidung „Cartesio" (u. Rn 68) und dem MoMiG (u. Rn 137 ff) an, vgl Staudinger/*Großfeld*, Int. GesR, Rn 608 ff, Rn 634; *Zimmer*, Internationales Gesellschaftsrecht, 1996, S. 199; aus der Rspr zuletzt OLG Hamm NZG 2001, 562; OLG Düsseldorf NZG 2001, 506; ferner BGHZ 25, 134, 144; BayObLGZ 1992, 113, 116; RGZ 7, 68; 88, 53; 107, 94.

55 Ausf. zum Anknüpfungsmoment der Gründungstheorie (unter Berücksichtigung auch der USA und der Schweiz) *Hoffmann*, ZVglRWiss 101 (2002), 283 ff.

56 Gasque v. Inland Revenue Commissioners, [1940] 2 K.B. 80, 84; Todd v. Egyptian Delta Land and Investment Company Ltd. [1928] 1 K.B. 152, 173; Kuenigl v. Donnersmarck [1955] 1 Q.B. 515, 535; *Dicey/Morris*, Conflict of Laws, 13th Ed., 30–002; ***Smith's***, Conflict of Laws, 2nd Ed. 1999, S. 85; *Morris*, Conflict of Laws, 5th Ed. (McClean), S. 43 f; *Cheshire and North's*, Private International Law, 13th Ed. 1999, S. 175; für Irland: *Binchy*, Irish Conflicts of Law, 1988, S. 484; für Australien: *Nygh*, Conflict of Laws in Australia, 3rd Ed. 1976, S. 392; *Sykes/Pryles*, Australian Private International Law, 2nd Ed. 1987, S. 355 f; für Schottland: *Carse v. Coppen*, 1951 S.C. 233, 243 f; *Anton/Beaumont*, Private International Law, 2nd Ed. 1990, Ch. 28; *Crawford*, International Private Law in Scotland, 1998, 7.02; für Kanada: *McLeod*, Conflict of Laws, 1983, S. 459; für Indien: *Diwan*, Private International Law – Indian and English, 1988, S. 382; ausf. zum Anknüpfungsmoment der Gründungstheorie vgl *Hoffmann*, ZVglRWiss 101 (2002), 283 ff.

57 *Dicey/Morris*, Conflict of Laws, 13th Ed., Rule 152 (1); ebenso für das kanadische Recht: *McLeod*, The Conflict of Laws, 1983, Rule 144; für das schottische Recht: *Crawford*, International Private Law in Scotland, 1998, 7.02; für das australische Recht: *Nygh*, Conflict of Laws in Australia, 1976, S. 392 („place of incorporation"); für das indische Recht: *Diwan*, Private International Law – Indian and English, 1988, S. 381 f („country where it has been created, i.e. the place or country of its incorporation").

58 So ausdr. Gasque v. Inland Revenue Commissioners, [1940] 2 K.B. 80, 84, 80: („place of its registration"); Kuenigl v. Donnersmarck, [1955] 1 Q.B. 535; *Dicey/Morris*, Conflict of Laws, 13th Ed., 30–002; für Schottland: Carse v. Coppen, 1951 S.C. 233, 243 f: „A company's domicile is created by registration", zitiert nach: *Anton/Beaumont*, Private International Law, 2nd Ed. 1990, Ch. 28; ebenso *Crawford*, International Private Law in Scotland, 1998, 7.02.

59 Vgl *Anton/Beaumont*, Private International Law, 2nd Ed. 1990, Ch. 28: „the domicile of a company is simply the place where it is formed, in the case of a registered company, the place of its registration and formal incorporation"; vgl ferner Kuenigl v. Donnersmarck, [1955] 1 Q.B. 535 (Anknüpfung an Registrierung, nur wenn diese nicht erforderlich Anknüpfung an Inkorporation).

60 Erforderlich ist dafür die Begründung eines neuen festen Aufenthalts, der von dem Willen getragen wird, dort nachhaltig und zeitlich unbegrenzt zu verbleiben, vgl *Dicey/Morris*, Conflict of Laws, 13th Ed., 6–033 ff (Rule 10, S. 117 ff).

englischen „leading case" Gasque v. Inland Revenue Commissioners[61] zu verstehen, wo festgestellt wird: „The domicile of origin… clings to it [the company] throughout its existence." Dieser Standpunkt wird auch in der Literatur einhellig geteilt[62] und lässt sich praktisch in allen Common-Law-Rechtsordnungen nachweisen.[63] Während also das „domicile" bei natürlichen Personen eine tatsächliche Komponente hat und daher veränderlich ist, stellt es bei Gesellschaften ein rechtliches Konstrukt dar, dass von der Gründungstheorie des Common Law grundsätzlich als unabänderlich angesehen wird. Lediglich auf spezialgesetzlicher Grundlage, durch die das kollisionsrechtliche Common Law verdrängt wird, käme die Anerkennung einer Änderung des „domicile" einer Körperschaft in Betracht.[64]

b) Kontinentaleuropäische Gründungstheorien. Ähnliches gilt für die Gründungstheorie des **niederländischen Rechts**, wo im Ergebnis ebenfalls allein der (unveränderliche) Ort der ursprünglichen Inkorporation für die Anknüpfung maßgeblich ist. Dies ergibt sich aus Art. 2 des Gesetzes über das Kollisionsrecht der Körperschaften vom 17.12.1997, wonach es für die Anknüpfung auf den Sitz nach dem Gründungsvertrag oder der Gründungsurkunde (Gründungssitz) ankommt, sofern dieser auf dem Gebiet des Staates liegt, nach dessen Recht die Gesellschaft errichtet worden ist.[65] Schon die zweite Bedingung deutet darauf hin, dass es maßgeblich allein auf den Ort der ursprünglichen Inkorporation ankommt. Außerdem wird – wie ein Vergleich mit dem Sachrecht zeigt – schon terminologisch zwischen dem Gründungssitz („ingevolge de oprichtingsovereenkomst of akte van oprichting haar zetel") und dem Satzungssitz („statutaire zetel") unterschieden. Dies zeigt, dass nur der ursprüngliche Sitz kollisionsrechtliche Bedeutung hat, und insbesondere eine Verweisung auf das Recht des aktuellen Satzungssitzes nicht angeordnet wird. Insoweit ist auch zu beachten, dass nach materiellem Gesellschaftsrecht die Gründungurkunde („akte van oprichting") u.a. die Satzung („statuten") der Gesellschaft enthalten muss,[66] der nachträglichen Änderung aber nur die Satzung zugänglich ist.[67] Im Ergebnis zeigt dies, dass auch in den Niederlanden das Gesellschaftskollisionsrecht grundsätzlich auf den unveränderlichen Ort der ursprünglichen Inkorporation abstellt und ein Statutenwechsel (zumindest für niederländische Gesellschaften) nicht vorgesehen ist.[68] 39

Dagegen beschreitet das **dänische Kollisionsrecht** einen etwas anderen Weg, wobei man die Verweisungsnorm treffender als **Registrierungstheorie** charakterisieren kann. Dies bedeutet, dass bei eintragungspflichtigen Gesellschaften als maßgebliches Anknüpfungsmoment die Registrierung angesehen wird.[69] Dem dänischen Recht unterliegt daher eine Gesellschaft, die bei dem „Erhvervs- o.g. Selskabsstyrelsen" eingetragen ist.[70] Zwar hat jede dänische Gesellschaft auch einen dänischen Satzungssitz, doch wird dieser dadurch nicht zum Anknüpfungsmoment.[71] Vielmehr ist der inländische Satzungssitz nach dem Gesellschaftssachrecht Eintragungsvoraussetzung. Bemerkenswert ist ferner, dass nach materiellem Gesellschaftsrecht der Satzungssitz 40

61 [1940] 2 K.B. 80, 84; ebenso: Todd v. Egyptian Delta Land and Investment Company Ltd. [1928] 1 K.B. 152, 173; Kuenigl v. Donnersmarck [1955] 1 Q.B. 515, 535.

62 *Dicey/Morris*, Conflict of Laws, 13th Ed., 30–002; *Smith's* Conflict of Laws, 2nd Ed. 1999, S. 85; *Morris*, Conflict of Laws, 5th Ed. (McClean), S. 43 f; *Cheshire and North's*, Private International Law, 13th. Ed. 1999, S. 175.

63 Vgl für Irland: *Binchy*, Irish Conflicts of Law, 1988, S. 484; für Australien: *Nygh*, Conflict of Laws in Australia, 3rd Ed. 1976, S. 392; *Sykes/Pryles*, Australian Private International Law, 2nd Ed. 1987, S. 355 f; für Schottland: Carse v. Coppen, 1951 S.C. 233, 243 f; *Anton/Beaumont*, Private International Law, 2nd Ed. 1990, Ch. 28; *Crawford*, International Private Law in Scotland, 1998, 7.02; für Kanada: *McLeod*, Conflict of Laws, 1983, S. 459; für Indien: *Diwan*, Private International Law, 1988, S. 382.

64 Solche Regelungen können im U.S.-amerikanischen und australischen Recht gefunden werden, nach Kenntnis des Verfassers indes weder im Vereinigten Königreich noch in Irland, vgl hierzu ausf. *Hoffmann*, ZVglRWiss 101 (2002), 283, 291 f, 297 ff.

65 Wet van 17 december 1997, houdende regels van internationaal privaatrecht met betrekking tot corporaties (Wet conflictenrecht corporaties), Staatsblad 1997, S. 699; auszugsweise Übersetzung bei *Timmerman*, ZGR 1999, 148, 154.

66 Vgl Art. 66 Abs. 1 B.W. (für die N.V.); Art. 177 Abs. 1 B.W. (für die B.V.).

67 Vgl Art. 121 Abs. 1 B.W. (für die N.V.); Art. 231 Abs. 1 B.W. (für die B.V.).

68 Eine Abweichung besteht nach Art. 4 des Gesetzes lediglich für die Sitzverlegung ausländischer Gesellschaften, bei denen auch das niederländische Recht den (von beiden betroffenen Rechten ermöglichten) Statutenwechsel anerkennt. Dies ist aber schon insoweit eine Selbstverständlichkeit, als Gesellschaftskollisionsnormen grundsätzlich als Gesamtverweisungen anzusehen sind und die Sitzverlegung im Rahmen einer Weiterverweisung beachtlich ist. Praktische Folge des Art. 4 ist daher lediglich eine Umkehr der Verweisungskette, die sich im Erg. nur in einem engen Ausnahmefall auswirkt, vgl hierzu näher *Hoffmann*, ZVglRWiss 101 (2002), 302 f.

69 *Andersen/Sorensen*, 6 Maastricht Journal (1999), 55 f mit Verweis auf ein Urteil des Hoge Rad, Ugeskrift for Retsvaesen (1998), S. 1071 und Nachw. aus der nordischen Lit.; *Werlauff*, ZIP 1999, 867, 874; Behrens/*Carsten*, Die GmbH im ausländischen und internationalen Recht, Rn DK 49; für das schwedische Recht ferner *Bogdan*, RabelsZ 41 (1977), 536, 539.

70 Vgl zur Registrierung etwa § 11 des Gesetzes über Anteilsgesellschaften vom 2.5.1996, abgedruckt bei *Behrens*, Die GmbH im ausländischen und internationalen Recht, S. 782 ff, 793.

71 Jedenfalls im schwedischen Recht ist der Satzungssitz aber subsidiäres Anknüpfungsmoment bei nicht eintragungspflichtigen Gesellschaften, vgl *Bogdan*, RabelsZ 41 (1977), 536, 539.

nur am Ort der Hauptverwaltung genommen werden darf.[72] Registrierung, Satzungs- und tatsächlicher Sitz im Sinne der Sitztheorie fallen dadurch für dänische Gesellschaften notwendig zusammen. Die allseitige Kollisionsnorm, die schließlich auch die Anknüpfung von Gesellschaften ermöglichen muss, die diese sachrechtlichen Voraussetzungen nicht erfüllen, stellt dennoch allein auf die Registrierung ab.

41 Dies bedeutet aber auch, dass das Anknüpfungsmoment keine unveränderliche historische Tatsache ist, sondern zumindest theoretisch einer **Veränderung** zugänglich ist. Wenn dennoch der Wechsel des Gesellschaftsstatuts vom dänischen zum zB schwedischen Recht derzeit nicht möglich ist,[73] liegt dies daran, dass das materielle Gesellschaftsrecht Dänemarks diese Möglichkeit nicht vorsieht. Nichts spricht aber gegen die Berücksichtigung eines nach anderen Rechten verlegten Eintragungssitzes schon bei Anwendung der Kollisionsnorm, nicht erst im Rahmen einer etwaigen Weiterverweisung.

42 Ähnlich wie das dänische Recht knüpft auch das **spanische Recht** an einen zwar rechtlichen, aber nicht unveränderlichen Umstand an. Nach Art. 5 Abs. 1 des Gesetzes über Aktiengesellschaften und Art. 6 Abs. 1 des Gesetzes über Gesellschaften mit beschränkter Haftung kommt es vielmehr auf das „domicilio" der Gesellschaft an, also den Satzungssitz.[74] Allerdings ist die Kollisionsnorm einseitig formuliert, regelt also nur die Anknüpfung des spanischen Gesellschaftsstatuts. Welches Recht bei ausländischem Satzungssitz zur Anwendung kommt, ist vielmehr in Art. 15 des Handelsgesetzbuchs normiert, der der Gründungstheorie folgt: Anknüpfungspunkt ist hier nicht der Satzungssitz, sondern die **Gründung im Ausland**.[75]

43 Konsequenz der Anknüpfung zumindest inländischer Gesellschaften anhand des Satzungssitzes ist, dass – ähnlich der dänischen Rechtslage – eine Veränderung des Anknüpfungsmoments und damit ein Statutenwechsel grundsätzlich denkbar ist. Allerdings ist es den Gesellschaften spanischen Rechts materiellrechtlich nicht möglich, sich durch Satzungssitzverlegung dem spanischen Gesellschaftsstatut zu entziehen.[76] Zulässig ist dagegen der Erwerb der spanischen Nationalität durch eine Auslandsgesellschaft, wenn diese sowohl ihren Satzungssitz nach Spanien verlegt als auch ihr sonstiges Satzungsrecht an das neue Gesellschaftsstatut anpasst.[77] Dieser – auch nur eine enge Fallgruppe betreffende – Statutenwechsel ist im Recht der Gründungstheoriestaaten eine Ausnahme und Besonderheit des spanischen Rechts. Kollisionsrechtlich möglich, allerdings materiellrechtlich untersagt,[78] sind auch die Verlegung des tatsächlichen Verwaltungssitzes in das Ausland sowie der Zuzug der Hauptverwaltung einer Auslandsgesellschaft.[79]

44 **c) Gründungstheorie und Statutenwechsel.** Es zeigt sich somit, dass die Gründungstheorie regelmäßig an ein **unveränderliches Moment** anknüpft und dadurch einem Statutenwechsel grundsätzlich ablehnend gegenübersteht. Selbst in den Gründungstheoriestaaten, deren Kollisionsrecht formal an einen veränderlichen Umstand anknüpfen, wird die Änderung des Anknüpfungsmoments auf der materiellrechtlichen Ebene in den meisten Fällen verhindert. Soweit auf spezialgesetzlicher Grundlage ein Statutenwechsel ermöglicht wird, ist

72 Vgl § 5 Nr. 2 des Gesetzes über Anteilsgesellschaften vom 2.5.1996, abgedruckt bei *Behrens*, Die GmbH im ausländischen und internationalen Recht, S. 782 ff, sowie Behrens/*Carsten*, Die GmbH im ausländischen und internationalen Recht, Rn DK 49.

73 So ausdr. *Andersen/Sorensen*, 6 Maastricht Journal (1999), 54 f: Statutenwechsel nur durch Auflösung und Neugründung möglich.

74 Vgl hierzu ausf. *Steiger*, Grenzüberschreitende Fusion und Sitzverlegung nach spanischem und portugiesischem Recht, 1996, S. 162 ff; *Cohnen*, IPRax 2005, 467 ff.

75 Vgl den Wortlaut der Vorschrift: „... las Companias constituidas en el extranjero podran ejercer el comercio en Espana con sujecion a las Leyes de su pais".

76 Die Verlegung des Satzungssitzes in das Ausland ist nach Art. 149 Abs. 2 des Gesetzes über Aktiengesellschaften, Art. 72 Abs. 2 des Gesetzes über GmbH nur zulässig, wenn dies von einem besonderen völkerrechtlichen Abkommen mit dem Zuzugsstaat ermöglicht wird. Hieran fehlt es bisher im Verhältnis zu den anderen EU-Mitgliedstaaten.

77 *Steiger*, Grenzüberschreitende Fusion, S. 200 ff.

78 Nach Art. 5 Abs. 2 des Gesetzes über Aktiengesellschaften und Art. 6 Abs. 2 des Gesetzes über GmbH muss der Satzungssitz einer Gesellschaft, deren Hauptniederlassung sich in Spanien befindet, ebenfalls in Spanien genommen werden.

79 Ausf. *Steiger*, Grenzüberschreitende Fusion, S. 188, 195 f.

dieser im Rahmen der Gründungstheorie ein **das Kollisionsrecht modifizierender Fremdkörper**.[80] Lediglich im spanischen Recht, das für die einseitige Anknüpfung der spanischen Kapitalgesellschaften auch nicht der klassischen Gründungstheorie folgt, sondern ein abweichendes Anknüpfungsmoment zugrunde legt, ist der nachträgliche Erwerb des spanischen Gesellschaftsstatuts anerkannt.

Dies bedeutet, dass die Gründungstheorie zwar die **tatsächliche Mobilität** im Sinne einer Verwaltungssitzverlegung, nicht aber die **rechtliche Mobilität** ermöglicht. Während das Kollisionsrecht der Gründungstheoriestaaten an die Verlegung der Hauptverwaltung keine Rechtsfolgen knüpft,[81] verhindert es die nachträgliche Änderung des Gesellschaftsstatuts. Eine Art Rechtswahlfreiheit wird nur den Gründern eingeräumt, die in der Tat ohne Rücksicht auf den Ort der geplanten Geschäftstätigkeit zwischen verschiedenen Gesellschaftsrechten wählen können. Ist der Gründungsvorgang aber abgeschlossen, wird die Gesellschaft für die Dauer ihrer Existenz an die getroffene Wahl gebunden, eine Änderung setzt die Auflösung und Neugründung voraus. Der **„Wettbewerb der Gesetzgeber"** im Gesellschaftsrecht[82] kann daher auch unter Geltung der Gründungstheorie nur sehr bedingt funktionieren. Im Gegensatz zu den Beschränkungen in den Sitztheoriestaaten ist diese Einschränkung der rechtlichen Mobilität schon auf das Kollisionsrecht zurückzuführen, nicht erst auf die materiellrechtliche Ebene. 45

4. Weitere Anknüpfungslehren. In der Literatur wurden außer den beiden traditionellen Anknüpfungslehren einige weitere Konzeptionen entwickelt, die sich als Modifikationen oder **Mischformen** der traditionellen Kollisionsnormen darstellen.[83] Hervorzuheben ist insoweit die von *Sandrock*[84] entwickelte **Überlagerungstheorie**, die eine Modifizierung der Gründungstheorie darstellt und zwischen Innen- und Außenstatut unterscheidet: Die Gründungsanküpfung gilt danach uneingeschränkt für die Fragen der Gründung, der Anerkennung und des Innenverhältnisses. Zwar gilt auch für das Außenstatut, also Fragen des Verhältnisses zu „unmittelbaren privatrechtlichen Gesellschaftsinteressenten", zunächst die Gründungsanknüpfung, der Sitzstaat (im Sinne des tatsächlichen Verwaltungssitzes) ist aber befugt, sein zwingendes Recht auf Verlangen dieser Interessenten (zB Gläubiger, Minderheitsgesellschafter oder Arbeitnehmer, auch für Frage der Mitbestimmung) auf die Auslandsgesellschaft anzuwenden und so das Gründungsrecht zu überlagern und damit zu verdrängen.[85] Diese Theorie konnte sich zwar im deutschen Internationalen Gesellschaftsrecht zunächst nicht durchsetzen, hat dann aber durch die Rechtsprechung des EuGH in den Rechtssachen „Überseering" und „Inspire Art" (näher Rn 60 ff) ihre Renaissance erlebt, da sie trotz der nunmehr europarechtlich verankerten Gründungsanknüpfung für EU-Auslandsgesellschaften den Weg zu einer Berücksichtigung der Interessen im Sitzstaat weist. Wie *Sandrock*[86] selbst herausgearbeitet hat, bedarf es dazu allerdings einer **„Schrumpfung" der** 46

80 *Hoffmann*, ZVglRWiss 101 (2002), 283 ff mit ausf. Auseinandersetzung; ebenso bereits *ders.*, ZHR 164 (2000), 43 ff; 55; aA dagegen *Mülbert/Schmolke*, ZVglRWiss 100 (2001), 272; sowie *Grundmann*, Europäisches Gesellschaftsrecht, Rn 775 (in Fn 62) unter Verweis auf die Entscheidung Hughes v. Hannover Rückversicherungs-Aktiengesellschaft (1997), 1 B.C.L.C. 497 (C.A.) = [1997] EWCA Civ 857 (unter www.bailii.org): Diese Entscheidung betraf die „redomestication" einer Gesellschaft, die nach dem Recht des U.S.-Bundesstaates Massachusetts gegründet worden war, und ihr „domicile" statutenändernd nach Bermuda verlegt hat. Aus Sicht des englischen Kollisionsrechts ging es also um eine *Weiterverweisung*, während zunächst das Gründungsrecht befragt wurde! Schon deshalb kann man dieser Entscheidung nicht entnehmen, dass der Statutenwechsel im Recht des Vereinigten Königreichs verankert wäre – ein nach ausländischem Recht vorgesehener Statutenwechsel wird lediglich im Rahmen der Weiterverweisung anerkannt (dazu bereits *Hoffmann*, ZVglRWiss 101 (2002), 290 f mwN). Aus Sicht des U.S.-amerikanischen Kollisionsrechts ist aber festzustellen, dass die Verlegung des „domicile" nicht aufgrund des Common Law, sondern – ganz in Übereinstimmung mit der hier vertretenen Sichtweise – auf spezialgesetzlicher Grundlage erfolgte, vgl dazu die Sachverhaltsdarstellung: „The second principal step was to ‚redomesticate' itself to Bermuda. This step involved transferring its domicile as permitted by s.49A Massachusetts Insurance Code and being ‚continued' into Bermuda as an, exempted Company' in accordance with Part XA Bermudian Companies Act 1981."

81 Dagegen setzt auch das materielle Recht vieler Gründungstheoriestaaten voraus, dass Satzungssitz und Hauptverwaltung am selben Ort bzw beide im Inland genommen werden müssen, wogegen durch eine isolierte Verwaltungssitzverlegung zwingend verstoßen würde, vgl etwa für Spanien: Art. 5 Abs. 2, 6 Abs. 1 des Gesetzes über Aktiengesellschaften, Art. 6 Abs. 2, 7 Abs. 1 des Gesetzes über GmbH; für Dänemark: § 5 Nr. 2 des Gesetzes über Anteilsgesellschaften, abgedruckt bei *Behrens*, Die GmbH im ausländischen und internationalen Recht, S. 782 ff, 793.

82 Hierzu umfassend *Kieninger*, Wettbewerb der Privatrechtsordnungen im Europäischen Binnenmarkt, S. 105 ff; *Teichmann*, Binnenmarktkonformes Gesellschaftsrecht, .S. 330 ff.

83 Zu nennen sind etwa die auf *Zimmer*, Internationales Gesellschaftsrecht, 1996, zurückgehende Kombinationslehre, oder die von *Grasmann*, S. 343 ff, vertretene Differenzierungslehre. Bei *Grasmann*, S. 116 ff, findet sich auch ein Überblick über die älteren Varianten der Sitzanknüpfung.

84 Grundlegend *Sandrock*, BerGesVR 18 (1978), S. 169 ff; weiterentwickelt in: *ders.*, in: FS Beitzke 1979, S. 669 ff; *ders.*, RIW 1989, 505 ff; abschließend dann auf das europarechtlich zulässige Maß geschrumpft in: *ders.*, ZVglRWiss 102 (2003), 447 ff.

85 Vgl die Ausformulierung der Überlagerungstheorie bei *Sandrock*, BerGesVR 18 (1978), S. 169 ff, 251 f.

86 *Sandrock*, ZVglRWiss 102 (2003), 447 ff.

Überlagerungstheorie auf das europarechtlich zulässige Maß der Überlagerung des Gründungsstatuts (näher Rn 113 ff).

47 **5. Rück- und Weiterverweisung.** Da es sich bei den Verweisungen des Internationalen Gesellschaftsrechts um **Gesamtverweisungen** handelt[87] (Rn 1), sind **Rück- und Weiterverweisungen** bei der Anknüpfung zu beachten. Auch aus Sicht der Sitztheorie ist also nicht immer das Sitzrecht berufen. So unterliegt etwa eine nach deutschem Recht gegründete Gesellschaft mit Verwaltungssitz in den Niederlanden weiterhin dem deutschen Gesellschaftsstatut, da das Sitzrecht zurückverweist (zur materiellrechtlichen Folge der Auflösung der Gesellschaft vgl aber Rn 54). Eine nach holländischem Recht gegründete Gesellschaft mit Verwaltungssitz in England wäre auch aus Sicht der Sitztheorie als holländische Gesellschaft zu behandeln, da das Sitzrecht weiterverweist und das Gründungsrecht die Verweisung annimmt.[88] Bei einer französischen Gesellschaft, die ihren Verwaltungssitz in den Niederlanden hat, käme es aus Sicht der Sitztheorie darauf an, welche Rechtsordnung die Verweisungskette abbricht: Das Sitzrecht folgt der Gründungstheorie und verweist daher auf das französische Gründungsrecht weiter, welches wiederum auf das Sitzrecht zurückverweist. Da kein Recht die Verweisung annimmt, bedarf es des Abbruchs der Verweisungskette, was in Deutschland etwa durch die Vorschrift des Art. 4 Abs. 1 S. 2 EGBGB erfolgt. Dies zeigt, dass die unterschiedlichen Anknüpfungen in den verschiedenen Staaten die Kollisionsrechtslage nicht unerheblich verkomplizieren.

48 **6. Stand und Bedeutung der Diskussion in Deutschland.** Trotz vielfältiger gegenteiliger Stimmen in der Literatur hat die Rechtsprechung über mehr als ein Jahrhundert für das **autonome deutsche Gesellschaftskollisionsrecht** an der Sitztheorie festgehalten. Spätestens seit den 1980er Jahren hat sich die Diskussion daher auch zu der Frage hin verlagert, ob die Auswirkungen der Sitztheorie mit der von Art. 49, 54 AEUV gewährleisteten **Niederlassungsfreiheit** vereinbar sind. Dieser, vor allem von der EuGH-Entscheidung „Daily Mail" aus dem Jahr 1988 geprägte Streit erreichte im Anschluss an die Entscheidung „Centros" von 1999 seinen Höhepunkt.

49 Seit den Entscheidungen „Überseering" von 2002, „Inspire Art" von 2003 und „Cartesio" von 2008 haben diese Diskussionen indes nur noch rechtshistorische Bedeutung. Trotz einiger Bewertungsunterschiede steht nunmehr fest, dass sich aus der **Niederlassungsfreiheit konkrete gesellschaftskollisionsrechtliche Vorgaben** ergeben, die zu einer Gründungsanknüpfung der betroffenen Gesellschaften führen (näher Rn 60 ff). Ebenso steht jedoch fest, dass es neben diesem europarechtlich vorgeprägten Bereich weiterhin ein autonomes Internationales Gesellschaftsrecht geben wird, das für im Inland oder außerhalb der EU gegründete Gesellschaften Geltung beansprucht (näher Rn 137 ff). Durch diese Entwicklung hat die Diskussion um die im deutschen Recht anzuwendende Kollisionsnorm einen ganz neuen Akzent erhalten. Es geht nicht mehr darum, aus mehreren möglichen Lehren eine auszuwählen, sondern darum, ein in sich **konsistentes gesellschaftskollisionsrechtliches System** zu entwerfen. Eine solche, der Vermeidung von Wertungswidersprüchen und unnötiger Überkomplexität der Anknüpfung verpflichtete Lösung kann sicher nicht dadurch erreicht werden, dass man kritiklos an der traditionellen Sitzanknüpfung festhält. Der Gesetzgeber hat die Problematik mit dem MoMiG (näher Rn 137 ff) zwar aufgegriffen, jedoch eine unklare und (wohl) auf die GmbH und die AG deutschen Rechts beschränkte Regelung getroffen. Der BGH hat demgegenüber in der Entscheidung „Trabrennbahn"[89] sein Festhalten an der Sitztheorie zum Ausdruck gebracht, bis der Gesetzgeber den allgemeinen Übergang zu einer Gründungsanknüpfung anordnet. Dies ist momentan indes nicht absehbar, da ein entsprechender Gesetzesentwurf (Rn 140) seit Anfang 2008 noch nicht einmal den Weg in das Gesetzgebungsverfahren gefunden hat. Die bereits in der Vorauflage angemahnte neue Entscheidung über die Kollisionsnorm des deutschen Rechts und damit für eine einheitliche, an der Gründungstheorie orientierte und die derzeitige Zersplitterung des internationalen Gesellschaftsrechts überwindende Anknüpfung steht damit auch im Jahr 2011 weiterhin aus. Es scheint dem Verfasser an der Zeit, dass der BGH nunmehr diese Aufgabe übernimmt. Nimmt man die Aussage aus dem Urteil „Trabrennbahn" vom 27.10.2008 ernst, wonach der BGH lediglich nicht der „Willensbildung des Gesetzgebers"[90] vorgreifen wollte, scheint die Zeit nunmehr für eine neue Bewertung reif zu sein. Denn von einem laufenden Willensbildungsprozess des Gesetzgebers kann nach über drei Jahren, in denen der Entwurf nicht vorangetrieben wurde (und in denen auch die zuständige Ministerin gewechselt hat), nicht mehr die Rede sein. Ohnehin erscheint die Änderung einer richterrechtlichen Norm als ureigenste Aufgabe der Rechtsprechung. Der Appell für einen Übergang zur Gründungstheorie bleibt somit auch im Jahr 2011 aktuell.

87 OLG Hamm NJW 2001, 2183; OLG Frankfurt NJW 1990, 2204; Michalski/*Leible*, GmbHG, Bd. 1, 2. Aufl. 2010, Syst. Darst. 2 Rn 67; *Kegel/Schurig*, Internationales Privatrecht, § 17 II 1; MüKo/*Kindler*, Bd. 11, 5. Aufl. 2010, IntGesR, Rn 506; aA aber *Mäsch*, RabelsZ 61 (1997), 285, 291 (für Sachnormverweisung, zumindest bei Anwendung der Sitztheorie).

88 Dies entspricht der Konstellation in OLG Frankfurt NJW 1990, 2204 (unter Beteiligung anderer Gründungstheoriestaaten).

89 BGH NJW 2009, 289, 291.

90 BGH, NJW 2009, 289, 291 .

III. Gesellschaftskollisionsrecht, Sitzverlegung und Niederlassungsfreiheit

Wie bereits angedeutet wird das Gesellschaftskollisionsrecht innerhalb der EU inzwischen maßgeblich von der Anwendung der **Niederlassungsfreiheit** der Art. 49, 54 AEUV geprägt. Diese Rechtslage ist das Resultat einer längeren Entwicklung, die in den Entscheidungen „Überseering", „Inspire Art" und „Cartesio" ihren vorläufigen Abschluss gefunden hat. Um die Bedeutung dieser Entscheidungen überhaupt erfassen zu können, ist im Folgenden in der gebotenen Kürze die Entwicklung zu skizzieren. Ausgangspunkt ist dabei die Fallgruppe der **grenzüberschreitenden Sitzverlegung**, die im Zentrum der Frage des Verhältnisses von Sitztheorie und Niederlassungsfreiheit steht. 50

1. Frühere Behandlung der grenzüberschreitenden Sitzverlegung im deutschen Recht. Unter der Fallgruppe der grenzüberschreitenden Sitzverlegung soll hier nur die Verlegung des tatsächlichen Sitzes einer Gesellschaft verstanden werden, also der **Hauptverwaltung**. Ob diese mit der Verlegung auch des **Satzungssitzes** einhergeht, ist irrelevant.[91] 51

Das frühere deutsche Recht nahm bezüglich der Sitzverlegung eine äußerst **restriktive Sichtweise** ein, die auf einer Kombination von kollisionsrechtlicher Sitztheorie und materiellem Gesellschaftsrecht beruhte. Wie gezeigt (Rn 35), ordnet die Sitztheorie im Fall der grenzüberschreitenden Verlegung des Verwaltungssitzes einen **Statutenwechsel** an, so dass der Gesellschaft ihr bisheriges Statut entzogen wird und fortan dem Zuzugsrecht untersteht. Fehlen besondere Vorschriften für die Ermöglichung eines solchen Vorgangs, wird das Zuzugsrecht die Frage stellen, ob die Gesellschaft die nach nationalem Recht bestehenden Gründungsvoraussetzungen erfüllt. Regelmäßig setzt zumindest die Gründung einer mit dem Haftungsprivileg ausgestatteten juristischen Person eine inländische Registereintragung voraus. Da die zuziehende Gesellschaft diese Voraussetzung nicht erfüllen kann, wenn es an einem besonderen Transferverfahren für die Registrierung fehlt, setzte der Zuzug in einen Sitztheoriestaat früher meist eine **Neugründung** voraus. Die dadurch neu entstehende Gesellschaft war aber nicht mit der zugezogenen Auslandsgesellschaft identisch, vielmehr konnte auf sie nur unter **Abwicklung im Heimatstaat** (und einer eventuellen Schlussbesteuerung der stillen Reserven) das Vermögen der Gesellschaft übertragen werden. Eine **identitätswahrende Sitzverlegung** in einen Sitztheoriestaat hinein konnte daher nur auf der Grundlage spezieller Zuzugsvorschriften gelingen.[92] 52

Im deutschen materiellen Gesellschaftsrecht fehlen derartige Vorschriften bis heute, so dass ein identitätswahrender, aber statutenändernder Zuzug jedenfalls bis zur EuGH-Entscheidung „Cartesio" von 2008 (Rn 68) nicht als möglich angesehen wurde.[93] Aber auch die Anerkennung als juristische Person setzte die Erfüllung aller Gründungsvoraussetzungen des deutschen Rechts voraus, so dass ein statutenwahrender tatsächlicher Zuzug ebensowenig möglich war. Die Rechtsprechung ging bis zur EuGH-Entscheidung „Überseering" davon aus, „dass eine im Ausland wirksam gegründete, in der Bundesrepublik zunächst als rechtsfähig anerkannte Gesellschaft ihre Rechtsfähigkeit verliert, wenn sie ihren ständigen Verwaltungssitz in der Bundesrepublik Deutschland nimmt."[94] Lange Zeit wurde die zugezogene Auslandsgesellschaft als „rechtlich inexistent"[95] und daher ohne Rücksicht auf ihren tatsächlichen Charakter als nicht rechts- und parteifähig angesehen, letztlich also als ein **juristisches Nullum**.[96] Erst im Jahr 2002 konnte sich der BGH[97] dazu durchringen, das zugezogene Gebilde zumindest als **rechtsfähige Personengesellschaft** der Rechtsform, deren Voraussetzungen objektiv erfüllt werden (OHG, BGB-Gesellschaft), anzuerkennen. Diese Rechtsprechung bedeutet letztlich nur, dass „die zugezogene Gesellschaft ist, was sie nach deutschem Gesellschaftsrecht ist."[98] Es handelt sich aber nicht mehr um die ursprüngliche Gesellschaft ausländischen Rechts, sondern um eine Neugründung in Deutschland, die lediglich von den weniger formalen Gründungsvoraussetzungen des Personengesellschaftsrechts profitiert. Rechtspersönlichkeit und Haftungsprivileg gehen durch den Zuzug jedenfalls verloren. Obwohl diese die im Ausland verliehene Rechtspersönlichkeit ignorierende Rechtsprechung im Anwen- 53

91 Vgl näher *Hoffmann*, ZHR 164 (2000), 43, 45 ff.

92 Solche Vorschriften existieren zB in Portugal, vgl Art. 3 Abs. 2 Codigo das Sociedades Comerciais (CSC), übersetzt bei *Jayme*, IPrax 1987, 46; dazu bereits *Leible/Hoffmann*, DB 2002, 2203, 2205; vgl ferner die umfassende Untersuchung der *Europäischen Kommission*, Studie über die Verlegung des Sitzes einer Gesellschaft von einem Mitgliedstaat in einen anderen, Luxemburg, 1993.

93 Vorschläge in der Literatur, durch analoge Anwendung des Umwandlungsrechts derartige Normen bereitzustellen, konnten sich in der Rechtsprechung nicht durchsetzen. Vgl *Behrens*, RIW 1986, 590 ff; ferner: *K. Schmidt*, ZGR 1999, 28; *Großfeld/Jasper*, RabelsZ 53 (1989), 52, 58 ff; Behrens/*Behrens*, Die GmbH im ausländischen und internationalen Recht, IPR Rn 65 mwN.

94 BGH IPRax 2000, 423 = EuZW 2000, 412 (Vorlagebeschluss zum Verfahren „Überseering"); ähnlich bereits BGHZ 97, 269, 272.

95 OLG München, NJW-RR 1995, 703, 704; ähnlich LG Aurich IPRspr 1968/69, Nr. 14.

96 Näher Staudinger/*Großfeld*, Int. GesR, Rn 427 ff; s.a. BGH DB 2000, 1114.

97 BGH IPRax 2003, 62 = NJW 2002, 3539 = BB 2002, 2031 mit Anm. *Gronstedt* = MDR 2002, 1382 m. Anm. *Haack* = EWiR 2002, 971 (*Emde*) = JuS 2003, 88 (*Hohloch*); vgl dazu die Besprechungsaufsätze von *Kindler*, IPrax 2003, 41; *Leible/Hoffmann*, DB 2002, 2203.

98 *Leible/Hoffmann*, DB 2002, 2203, 2204.

dungsbereich der Niederlassungsfreiheit überholt ist, hält der BGH an ihr für drittstaatliche Gesellschaften bis heute fest. So wurde im Urteil „Trabrennbahn"[99] noch 2008 eine nach schweizerischem Recht gegründete AG als rechtsfähige Personengesellschaft deutschen Rechts angesehen, nachdem diese ihre Hauptverwaltung ins Inland verlegt hatte.

54 Ähnliches galt für die Verlegung der Hauptverwaltung aus Deutschland heraus, da diese **„Flucht" aus dem Gesellschaftsstatut** nach deutschem materiellem Gesellschaftsrecht unabhängig von der Anerkennung im Zuzugsstaat oder einer Rückverweisung auf deutsches Recht zur Auflösung der Gesellschaft führte.[100] Gesellschaftsrechtlich wurde dies üblicherweise damit begründet, dass der Verlegungsbeschluss als **Auflösungsbeschluss** interpretiert wurde.[101] Erst durch das MoMiG 2008 hat der Gesetzgeber diese mobilitätsfeindliche Sichtweise zumindest für AG und GmbH aufgegeben und erstmals Gesellschaften deutschen Rechts die identitäts- und statutenwahrende Verlegung des Verwaltungssitzes ins Ausland eröffnet.[102]

55 Zusammenfassend lässt sich also festhalten, dass das materielle deutsche Recht früher sowohl den Zuzug als auch den Wegzug von Gesellschaften mit der Nichtanerkennung bzw der Auflösung sanktioniert hat und so in Zusammenwirken mit der Sitztheorie grenzüberschreitende Mobilität von Gesellschaften auch im Verhältnis zu anderen EU-Staaten effektiv verhindert hat. Diese ausgesprochen mobilitätsfeindliche Situation wurde erst durch den Einfluss der Rechtsprechung des EuGH zur Reichweite der Niederlassungsfreiheit (Art. 49, 54 AEUV) aufgebrochen – direkt für die niederlassungsberechtigten Auslandsgesellschaften, indirekt durch die Reaktion des Gesetzgebers auf den durch diese Rechtsprechung eröffneten Wettbewerb der Gesellschaftsrechtsordnungen.

56 **2. Vereinbarkeit mit der Niederlassungsfreiheit des AEUV. a) Vorgeschichte.** Die skizzierten (Rn 52 f) früheren Konsequenzen der Anwendung der Sitztheorie wurden schon seit langem als nicht mit der Niederlassungsfreiheit konform angesehen.[103] Die Kombination aus Sitzanknüpfung und Nichtermöglichung des Statutenwechsels sorgte dafür, dass die Gesellschaft nicht nur in ihrem Gründungsstatut, sondern – zumindest in Bezug auf die Hauptverwaltung – auch physisch in ihrem **Gründungsstaat festgehalten** wurde. Darüber hinaus wurde auch Gesellschaften aus anderen Mitgliedstaaten der **tatsächliche Zuzug** unmöglich gemacht, soweit in dem Sitztheoriestaat keine materiellrechtliche Zuzugsregelung bestand. Den Gesellschaften wurde demnach entgegen Art. 49, 54 AEUV die durch die Niederlassungsfreiheit vermittelte **tatsächliche Freizügigkeit** verweigert. Welche Konsequenzen indes aus der Niederlassungsfreiheit für die Anwendung der Sitztheorie zu ziehen sind, war in der reichhaltigen Literatur bis zur Entscheidung „Überseering" heftig umstritten.[104]

57 Erst in jüngster Zeit ist durch entsprechende Vorgaben aus Luxemburg eine gewisse Klärung eingetreten. Ausgangspunkt der Rechtsprechung des EuGH war die berühmte **„Daily Mail"**-Entscheidung aus dem Jahr 1988, wo es um ein steuerrechtliches Genehmigungserfordernis für den Wegzug der Hauptverwaltung einer Gesellschaft aus einem Gründungstheoriestaat (Vereinigtes Königreich) in einen anderen Gründungstheoriestaat (Niederlande) ging. Der die Diskussion für mehr als ein Jahrzehnt prägende Kernsatz der Entscheidung bestimmte, dass die Niederlassungsfreiheit „beim derzeitigen Stand des Gemeinschaftsrechts einer Gesellschaft, die nach dem Recht eines Mitgliedstaats gegründet ist und in diesem ihren satzungsmäßigen Sitz hat, nicht das Recht (gewährt), den Sitz ihrer Geschäftsleitung in einen anderen Mitgliedstaat zu verlegen."[105] Auch wenn die Entscheidung nicht in einem gesellschaftsrechtlichen Zusammenhang erging, wurde hieraus geschlossen, dass der EuGH auch die mobilitätsfeindlichen Konsequenzen der Anwendung der Sitztheorie als mit der Niederlassungsfreiheit vereinbar ansah.[106]

99 BGH NJW 2009, 289; dazu: *Hellgardt*, NZG 2009, 94; *Werner*, GmbHR 2009, 191; *Lieder/Kliebisch*, BB 2009, 338; *Kindler*, IPRax 2009, 189.

100 Staudinger/*Großfeld*, Int. GesR, Rn 608 ff, 634; *Zimmer*, Internationales Gesellschaftsrecht, 1996, S. 199; *Kegel/Schurig*, Internationales Privatrecht, § 17 II; MüKo/*Kindler*, Bd. 11, 5. Aufl. 2010, IntGesR, Rn 415; aus der Rspr zuletzt OLG Hamm NZG 2001, 562; OLG Düsseldorf NZG 2001, 506; ferner BGHZ 25, 134, 144; BayObLGZ 1992, 113, 116; RGZ 7, 68; 88, 53; 107, 94.

101 *Schwarz*, NZG 2001, 613; Staudinger/*Großfeld*, Int. GesR, Rn 631; *Ebenroth/Auer*, JZ 1993, 375.

102 Näher Rn 131 ff sowie Michalski/*Hoffmann*, GmbHG, Bd. 2, 2. Aufl. 2010, § 53 Rn 118.

103 Grundlegend *Behrens*, RabelsZ 52 (1988), 499; *ders.*, ZGR 1994, 1; *Knobbe-Keuk*, DB 1990, 2573; *dies.*, ZHR 154 (1990), 325; *Sandrock*, RIW 1989, 505; *v. Bar/Drobnig*, Europäisches Gemeinschaftsrecht und IPR, 1991, S. 185; *Koppensteiner*, Internationale Unternehmen im deutschen Gesellschaftsrecht, 1971, S. 116 f; *Wiedemann*, in: FS Kegel 1977, S. 187; *Timmermanns*, RabelsZ 48 (1984), 1.

104 Zum Streitstand unmittelbar vor der Entscheidung „Überseering" vgl mit umfassenden Nachw. Michalski/*Leible*, GmbHG, Bd. 1, 1. Aufl. 2001, Syst. Darst. 2 Rn 15 ff; ferner MüKo/*Kindler*, Bd. 11, 5. Aufl. 2010, IntGesR, Rn 117 ff mwN.; Ulmer/Habersack/*Behrens*, GmbHG, Einl. Rn B 28 ff.

105 EuGH, Rs. 81/87, Slg 1988, 5483 ff, 5512, Tz 12 – „Daily Mail"; dazu: *Behrens*, IPRax 1989, 354; *Ebenroth/Eyles*, DB 1989, 363 und 413; *Sack*, JuS 1990, 352; *Sandrock/Austmann*, RIW 1989, 249.

106 *Behrens*, ZGR 1994, 1, 20 f; *Ebenroth/Eyles*, DB 1989, 363, 372; Staudinger/*Großfeld*, Int. GesR, Rn 123; *Großfeld/König*, RIW 1992, 433, 435; *Kindler*, NJW 1999, 1993, 1997.

b) „Centros". Erst die „Centros"-Entscheidung[107] aus dem Jahr 1999 hat wieder Bewegung in die Frage gebracht. Hierbei ging es um die Begründung einer Zweigniederlassung einer Gesellschaft aus einem Gründungstheoriestaat (Vereinigtes Königreich) in einem anderen Gründungstheoriestaat (Dänemark), wobei die Gesellschaft ihre gesamte Geschäftstätigkeit über diese Zweigniederlassung abwickeln sollte und die Gründer dänische Staatsangehörige waren. Im Gründungsstaat verblieb lediglich eine Zustelladresse. Das dänische Registeramt wollte die Eintragung der Zweigniederlassung als rechtsmissbräuchlich verweigern, da die Gründung im Vereinigten Königreich offenbar in erster Linie der Umgehung des dänischen Mindestkapitalerfordernisses diente. Der EuGH hielt die Verweigerung der Eintragung indes für einen **Verstoß gegen die sekundäre Niederlassungsfreiheit**, da es nicht rechtsmissbräuchlich sei, „wenn ein Staatsangehöriger eines Mitgliedstaats, der eine Gesellschaft gründen möchte, diese in dem Mitgliedstaat errichtet, dessen gesellschaftsrechtlichen Vorschriften ihm die größte Freiheit lassen, und in anderen Mitgliedstaaten Zweigniederlassungen gründet."[108] 58

Im Anschluss an die „Centros"-Entscheidung wurde intensiv über die Frage diskutiert, ob der EuGH damit von den Aussagen der „Daily Mail"-Entscheidung abgerückt ist. Insbesondere die Tatsache, dass wiederum nur Gründungstheoriestaaten betroffen waren und die Sitztheorie somit wieder nicht direkt angesprochen werden musste, aber auch die Anwendung der sekundären anstelle der primären Niederlassungsfreiheit, obwohl im Gründungsstaat keine Hauptniederlassung bestand, gab Anlass zu Spekulationen über die Reichweite der Entscheidung und ihre Auswirkungen auf die Sitztheoriestaaten.[109] Die weitestgehenden Auswirkungen entnahm wohl der österreichische OGH der Entscheidung, da dieser sie bereits zum Anlass nahm, die Anwendung der in § 10 öIPRG gesetzlich verankerten Sitztheorie auf niederlassungsberechtigte Gesellschaften aufzugeben und so der von „Überseering" geforderten Auslegung bereits vorzugreifen.[110] In jüngerer Zeit wird ferner – in Hinblick auf eine Entscheidung des EuGH auf dem Gebiet des Steuerrechts[111] – diskutiert, ob der EuGH seine Sichtweise der „Centros"-Entscheidung, wonach die Niederlassungsfreiheit gerade keine wirtschaftliche Tätigkeit im Gründungsstaat der Gesellschaft voraussetzt, wieder aufgegeben hat.[112] Tatsächlich hat sich der EuGH in der genannten Entscheidung **„Cadbury-Schweppes"** zwar mit dem Problem der „Briefkastenfirma" befasst,[113] aber – wie nicht verkannt wird[114]- gerade mit der umgekehrten Konstellation einer fehlenden „tatsächlichen Ansiedlung im Aufnahmemitgliedstaat" (aufgrund derer eine Beschränkung durch den Gründungsmitgliedstaat erfolgt), nicht der fehlenden wirtschaftlichen Tätigkeit im Gründungsstaat wie in „Centros". Ferner sind die Aussagen in einem ganz anderen rechtlichen Zusammenhang erfolgt, da der EuGH eine Beschränkung der Niederlassungsfreiheit auch in „Cadbury-Schweppes" unproblematisch bejaht hat[115] und die Aussagen zur **„Briefkastenfirma"** lediglich in Hinblick auf eine Rechtfertigung zur „Bekämpfung missbräuchlicher Praktiken"[116] erfolgt sind. Diese einen spezifisch steuerrechtlichen Zusammenhang betreffenden Aussagen dürften richtigerweise ohne Relevanz für das internationale Gesellschaftsrecht sein, da schon die zugrunde liegende Konstellation international-gesellschaftsrechtlich unproblematisch ist, da der Gründung von ausländischen Tochtergesellschaften regelmäßig keine gesellschaftsrechtlichen Hindernisse entgegen stehen.[117] 59

107 EuGH, Slg 1999, I-1459 ff = IPRax 1999, 364 = NJW 1999, 2027 = NZG 1999, 297 mit Anm. *Leible*.

108 EuGH, Slg 1999, I-1459 ff, Tz 27 – „Centros"; aus der umfangreichen Lit. zu dieser Entscheidung sind hervorzuheben: *Freitag*, EuZW 1999, 267; *Kieninger*, ZGR 1999, 724; *Steindorff*, JZ 1999, 1140; *Ebke*, JZ 1999, 656; *Zimmer*, ZHR 164 (2000), 23; *Behrens*, IPRax 1999, 323; *W.-H. Roth*, ZGR 2000, 311; *Kindler*, NJW 1999, 1993; umfassende Nachw. bei: Michalski/*Leible*, GmbHG, Bd. 1, 2. Aufl. 2010, Syst. Darst. 2 Rn 20.

109 Vgl einerseits (keine Bedeutung für Sitztheoriestaaten): *Ebke*, JZ 1999, 656, 658; *Görk*, MittBayNot 1999, 300, 302; *Kindler*, NJW 1999, 1993, 1997; *Lange*, DNotZ 1999, 599, 606; *Sonnenberger/Großerichter*, RIW 1999, 721, 726; *Timme/Hülk*, JuS 1999, 1055, 1058; *Hoffmann*, ZHR 164 (2000), 43, 48 f; wohl auch *W.-H. Roth*, ZGR 2000, 311, 326 f, andererseits (Entscheidung schränkt Anwendung der Sitztheorie ein): *Behrens*, IPRax 1999, 323, 325 ff; *Bungert*, DB 1999, 1841, 1843; *Dautzenberg*, FR 1999, 451, 452; *Freitag*, EuZW 1999, 267, 269; *Göttsche*, DStR 1999, 1403, 1406; *Kieninger*, ZGR 1999, 724, 746; *Koppensteiner*, VGR 2 (2000), 151, 182 f; *Korn/Thaler*, WBl 1999, 247, 254; *Sandrock*, BB 1999, 1337, 1341; *Leible*, NZG 1999, 300, 301; *Steindorff*, JZ 1999, 1140, 1141; *Geyrhalter*, EWS 1999, 201, 203; *Meilicke*, DB 1999, 625, 627 f; *Neye*, EWiR 1999, 259, 260; *Risse*, MDR 1999, 752, 753; *Sedemund/Hausmann*, BB 1999, 810.

110 OGH NZG 2000, 156; dazu *Behrens* IPRax 2000, 384; *Höfling*, EuZW 2000, 145.

111 EuGH EuZW 2006, 663 – „Cadbury-Schweppes".

112 Hierfür insbesondere *Roth*, EuZW 2010, 607; *ders.*, Vorgaben der Niederlassungsfreiheit für das Kapitalgesellschaftsrecht, 2010; *Kindler*, IPRax 2010, 272.

113 EuGH EuZW 2006, 663, Tz 68 – „Cadbury-Schweppes".

114 Vgl etwa *Roth*, EuZW 2010, 607, 608 f.

115 EuGH EuZW 2006, 663, Tz 41 ff – „Cadbury-Schweppes".

116 EuGH EuZW 2006, 663, Tz 55 – „Cadbury-Schweppes".

117 So auch *Eckert*, Internationales Gesellschaftsrecht, 2010, S. 68 ff.

60 **c) „Überseering".** Erst im Jahr 2002 trat mit der Entscheidung in der Rechtssache „Überseering"[118] eine gewisse Klärung der Frage ein. Das Urteil betraf die Rechtsstellung einer nach niederländischem Recht gegründeten Gesellschaft nach der Verlegung ihrer Hauptverwaltung in die Bundesrepublik Deutschland.[119] Der EuGH hielt es für nicht mit der Niederlassungsfreiheit vereinbar, einer derartig zugezogenen Auslandsgesellschaft die **Rechts- und Parteifähigkeit** aufgrund des von der Sitztheorie angeordneten Statutenwechsels abzuerkennen und die Gesellschaft so zur Neugründung zu zwingen. Allerdings anerkannte der EuGH, dass „ein Mitgliedstaat die Möglichkeit hat, einer nach seiner Rechtsordnung gegründeten Gesellschaft Beschränkungen hinsichtlich der Verlegung ihres tatsächlichen Verwaltungssitzes aus seinem Hoheitsgebiet aufzuerlegen, damit sie die nach dem Recht dieses Staates zuerkannte Rechtspersönlichkeit beibehalten kann."[120] Er bestätigte somit das Recht der Mitgliedstaaten, für die ihrem Recht unterliegenden Gesellschaften **Wegzugsbeschränkungen** bis hin zur Auflösung bei Grenzübertritt zu errichten. Für zuziehende Gesellschaften verlangte er dagegen aufgrund der Niederlassungsfreiheit ihre Anerkennung in allen Mitgliedstaaten, in denen sie sich niederlassen wollen,[121] und zwar gerade **als Gesellschaft ihres Gründungsrechts**, da sie „jenseits der nationalen Rechtsordnung, die ihre Gründung und ihre Existenz regelt, keine Realität hat."[122] Die Mitgliedstaaten haben daher wegen Art. 49, 54 AEUV gerade „die Rechtsfähigkeit […] zu achten, die diese Gesellschaft nach dem Recht ihres Gründungsstaats besitzt."[123]

61 Der EuGH hat somit einerseits nur den Zuzug in einen Mitgliedstaat der Niederlassungsfreiheit unterstellt, nicht aber auch den Wegzug, und andererseits nicht die materiellrechtlichen Auswirkungen der Sitztheorie, sondern bereits die **Anwendung der Sitztheorie** selbst als mit Art. 49, 54 AEUV inkompatibel angesehen. Letzteres zeigt, dass die Entscheidung unmittelbar in das Gesellschaftskollisionsrecht der Mitgliedstaaten eingreift und diesen nicht die Wahl überlässt, ob sie auf **kollisions- oder materiellrechtlichem Wege** die Zuzugsmöglichkeit schaffen wollen.[124] Die **Rechtfertigung von Beschränkungen** wird zwar grundsätzlich als möglich angesehen, nicht aber in Bezug auf die grundsätzliche Anerkennung der Gesellschaft.[125]

62 **d) „Inspire Art".** Beschränkungen der Niederlassungsfreiheit in Form von **Überlagerungen des Gesellschaftsstatuts** waren dann im Jahr 2003 Gegenstand der Entscheidung „Inspire Art".[126] Darin ging es um ein niederländisches Gesetz, durch das Gesellschaften ausländischen Rechts, die ihre gesamte Geschäftstätigkeit von den Niederlanden aus entfalten („**formal ausländische Gesellschaft**"), besondere Pflichten auferlegt und besonderen Sanktionen unterworfen wurden.[127] In der Entscheidung hat der EuGH zunächst zwischen Regelungen innerhalb und außerhalb des Anwendungsbereichs der Zweigniederlassungsrichtlinie[128] differenziert und Erstere am Maßstab des (abschließenden) Richtlinienrechts gemessen. Insbesondere der Erlass weiter gehender **Offenlegungsvorschriften** ist den Mitgliedstaaten damit verwehrt.

118 EuGH, Slg 2002, I-9919 („Überseering") = IPrax 2003, 65 = NJW 2002, 3614 = EuZW 2002, 754 m. Anm. *Wernicke* = IStR 2002, 809 m. Anm. *Sedemund* und *Schnitger* = EWS 2002, 569 m. Anm. *Hirte* = MDR 2003, 96 m. Anm. Haack = JA 2003, 267 m. Anm. *Timme/Hülk*; Vgl auch die Besprechungsaufsätze von *Binz/Mayer*, GmbHR 2003, 249; *Deininger*, IStR 2003, 214; *Eidenmüller*, ZIP 2002, 2233; *Forsthoff*, DB 2002, 2471; *Großerichter*, DStR 2003, 159; *von Halen*, WM 2003, 571; *Heidenhain*, NZG 2002, 1141; *Kallmeyer*, DB 2002, 2521; *Kersting*, NZG 2003, 9; *Kindler*, NJW 2003, 1073; *Knapp*, DNotZ 2003, 85; *Leible/Hoffmann*, RIW 2002, 925; *Lutter*, BB 2003, 7; *Paefgen*, DB 2003, 487; *ders.*, WM 2003, 561; *Roth*, IPRax 2003, 117; *Schanze/Jüttner*, AG 2003, 30; *Schulze/Sester*, EWS 2002, 545; *Zimmer*, BB 2003, 1; Monographisch nunmehr *Kern*, Überseering – Rechtsangleichung und gegenseitige Anerkennung, 2004; *Unzicker*, Niederlassungsfreiheit der Kapitalgesellschaften, 2004.

119 Die Entscheidung ging auf einen Vorlagebeschluss des BGH zurück, vgl BGH IPRax 2000, 423 = EuZW 2000, 412 = NZG 2000, 926 m. Anm. *Bous*, NZG 2000, 1025; dazu *Altmeppen*, DStR 2000, 1061; *Bechtel*, NZG 2001, 21; *Behrens*, EuZW 2000, 385; *ders.*, IPRax 2000, 384; *Forsthoff*, DB 2000, 1109; *Jaeger*, NZG 2000, 918; *Kindler*, RIW 2000, 649; *Meilicke*, GmbHR 2000, 693; *W.-H. Roth*, ZIP 2000, 1597; *Walden*, EWS 2001, 256; *Zimmer*, BB 2000, 1361.

120 EuGH, NJW 2002, 3614, Tz 70.

121 EuGH, NJW 2002, 3614, Tz 59.

122 EuGH, NJW 2002, 3614, Tz 81.

123 EuGH, NJW 2002, 3614, Tz 95.

124 Näher und insoweit krit.: *Leible/Hoffmann*, RIW 2002, 925 ff; nach wie vor kritisch in Hinblick auf eine kollisionsrechtliche Bedeutung der Rechtsprechung bleibt MüKo/*Kindler*, Bd. 11, 5. Aufl. 2010, IntGesR, Rn 132 ff; ferner *Kindler*, IPRax 2009, 189.

125 EuGH, NJW 2002, 3614, Tz 92 f.

126 EuGH, IPRax 2004, 46 = NJW 2003, 3331. Dazu: *Altmeppen*, NJW 2004, 97; *Behrens*, IPRax 2004, 20; *Bayer*, BB 2003, 2357; *Eidenmüller/Rehm*, ZGR 2004, 159; *Geyrhalter/Gänßler*, DStR 2003, 2167; *Hirsch/Britain*, NZG 2003, 1100; *Horn*, NJW 2004, 893; *Kanzleiter*, DNotZ 2003, 885; *Kersting/Schindler*, RdW 2003, 621; *Kindler*, NZG 2003, 1086; *Kleinert/Probst*, DB 2003, 2217; *dies.*, MDR 2003, 1265; *Leible/Hoffmann*, EuZW 2003, 677; *Maul/Schmidt*, BB 2003, 2297; *Müller-Bonanni*, GmbHR 2003, 1235; *Sandrock*, ZVglRWiss 102 (2003), 447; *Schanze/Jüttner*, Die AG 2003, 661; *Spindler/Berner*, RIW 2003, 949; *Triebel/v. Hase*, BB 2003, 2409; *Ulmer*, NJW 2004, 1201; *Wachter*, GmbHR 2003, 1254; *Weller*, DStR 2003, 1800; *Ziemons, ZIP 2003, 1913; Zimmer*, NJW 2003, 3585.

127 Näher *Leible/Hoffmann*, EuZW 2003, 677.

128 Richtlinie 89/666/EWG, ABl. EG L 395, S. 36 ff.

Hieraus wird deutlich, dass der EuGH zugezogene Auslandsgesellschaften auch dann als **Zweigniederlassungen** im Sinne des europäischen Rechts betrachtet, wenn keine Hauptniederlassung im Ausland besteht. In Bezug auf die Niederlassungsfreiheit liegt die Bedeutung des Urteils darin, dass der EuGH feststellte, dass allein die Anerkennung der Gesellschaft nicht geeignet ist, das Vorliegen eines Beschränkungstatbestands zu verneinen (Tz 99 ff). Denn die Anerkennung ändert nichts daran, dass das Gesellschaftsstatut durch zwingende Vorschriften des niederländischen Gesellschaftsrechts überlagert wird, sofern eine in einem anderen Mitgliedstaat wirksam gegründete Gesellschaft ihre Tätigkeiten ausschließlich oder nahezu ausschließlich im Staat der Zweigniederlassung ausübt. Bereits das ist Beschränkung genug. Schon „Überseering" hat deutlich gemacht, dass die Gesellschaft so anzuerkennen ist, wie sie ist, dh einschließlich der nach dem Gründungsrecht gewährten Haftungsprivilegien etc. 63

Jede **Durchbrechung des Gesellschaftsstatuts**, und sei es auch „nur" durch Sonderanknüpfungen, beschränkt die Gesellschaft in der Ausübung ihrer Niederlassungsfreiheit und bedarf der Rechtfertigung.[129] Dafür müssten die überlagernden Regelungen in **nicht diskriminierender Weise** angewandt werden, ausnahmsweise aus **zwingenden Gründen des Allgemeininteresses** gerechtfertigt sein, sofern sie zur Erreichung des verfolgten Zieles **geeignet, erforderlich und verhältnismäßig** ieS sind. Der EuGH lässt offen, ob Vorschriften über das Mindestkapital einer Gesellschaft überhaupt zur Gewährung von Gläubigerschutz geeignet sind,[130] da potenzielle Gläubiger bereits durch das Auftreten der Inspire Art Ltd. „als Gesellschaft englischen Rechts und nicht als niederländische Gesellschaft" hinreichend darüber unterrichtet sind, dass sie anderen Rechtsvorschriften als denen des niederländischen Rechts unterliegt (Tz 135). 64

e) SEVIC Systems. In der Entscheidung „SEVIC Systems" aus dem Jahr 2005[131] hatte der EuGH erstmals Gelegenheit, sich auch zu den Auswirkungen der Niederlassungsfreiheit auf das Umwandlungsrecht, insbesondere in Hinblick auf **grenzüberschreitende Umwandlungen** zu äußern. Die deutsche SEVIC Systems AG schloss im Jahr 2002 mit einer luxemburgischem Recht unterliegenden Aktiengesellschaft (SA) einen Verschmelzungsvertrag, in dem eine Verschmelzung zur Aufnahme (§ 2 Nr. 1 UmwG) der Auslandsgesellschaft in die deutsche AG vereinbart wurde. Das Amtsgericht Neuwied wies den Antrag auf Eintragung der Verschmelzung in das Handelsregister mit der Begründung zurück, dass § 1 Abs. 1 Nr. 1 UmwG nur die Verschmelzung von Rechtsträgern mit Sitz in Deutschland vorsehe. Das LG Koblenz legte dem EuGH im Rahmen des Beschwerdeverfahrens die Frage zur Vorabentscheidung vor, ob die Artikel 49 und 54 AEUV dahin auszulegen sind, dass es im Widerspruch zur Niederlassungsfreiheit für Gesellschaften steht, wenn einer ausländischen europäischen Gesellschaft die Eintragung ihrer angestrebten Verschmelzung mit einer deutschen Gesellschaft in das deutsche Handelsregister versagt wird, weil § 1 Abs. 1 UmwG nur eine Umwandlung von Rechtsträgern mit Sitz im Inland vorsieht.[132] Zu entscheiden war somit die Frage, ob ein genereller Ausschluss grenzüberschreitender Verschmelzungen (als Konsequenz einer restriktiven Auslegung des § 1 Abs. 1 UmwG)[133] mit der Niederlassungsfreiheit vereinbar ist, wenn eine vergleichbare Inlandsumwandlung (also hier die Verschmelzung zweier deutscher Aktiengesellschaften) zugelassen wird. 65

Etwas überraschend stellte der EuGH für die Beantwortung der Frage nicht auf die Beschränkung der Mobilität selbst, sondern auf die **Diskriminierung** im Vergleich zu den Inlandsumwandlungen ab. Der EuGH ging davon aus, dass die unterschiedliche Behandlung der Auslandsgesellschaften, denen die grenzüberschreitenden Umwandlungsmöglichkeiten mit deutschen Gesellschaften nicht zur Verfügung stehen, diese davon abhalten können, von der Niederlassungsfreiheit Gebrauch zu machen.[134] Dieser ausdrückliche Hinweis auf die unterschiedliche Behandlung macht deutlich, dass der EuGH hier (nur) eine Gleichbehandlung fordert, so dass die Niederlassungsfreiheit es nicht gebietet, bestimmte Umwandlungsmöglichkeiten erstmals einzuführen. Jedoch dürfen die im Inland bestehenden gesetzlichen Möglichkeiten nicht auf Inlandsumwandlungen beschränkt werden, vielmehr sind diese auf grenzüberschreitende Sachverhalte zu erstrecken. Allerdings gilt auch dies nur insoweit, als die Ungleichbehandlung nicht anhand **zwingender Gründe des Allgemeininteresses** gerechtfertigt werden kann und die Maßnahme geeignet und erforderlich für die Erreichung des ver- 66

129 So bereits *Leible/Hoffmann*, EuZW 2003, 677, 681.

130 Abl. hingegen GA *Alber*, NZG 2003, 262 Rn 141 ff; deutlich außerdem bereits EuGH, Slg 1999, I-1459 Rn 35 – „Centros".

131 EuGH, NJW 2006, 425 = BB 2006, 11. – Sevic; vgl dazu auch *Leible/Hoffmann*, RIW 2006, 161; *Bayer/Schmidt*, ZIP 2006, 210; *Bungert*, BB 2006, 53; *Drygala*, EWiR 2006, 25; *Ringe*, DB 2005, 2806; *Schmidt/Maul*, BB 2006, 13; *Kuntz*, IStR 2006, 224; *Eckert*, Internationales Gesellschaftsrecht, 2010, S. 60 ff. Vgl auch die ausführlichen Schlussanträge des GA Poiares Maduro v. 7.7.2005, ZIP 2005, 1227; dazu *Drygala*, ZIP 2005, 1995; *Geyrhalter/Weber*, NZG 2005, 837; *Heckschen*, NotBZ 2005, 315; *Knapp*, DNotZ 2005, 723; *Kuntz*, EuZW 2005, 524; *Sinewe*, DB 2005, 2061; *Wachter*, EWiR 2005, 581.

132 LG Koblenz, NZG 2003, 1124; vgl dazu *Beul*, IStR 2003, 737; *Jung*, GPR 2004, 87; *Kloster*, GmbHR 2003, 1413; *Mankowski*, EWiR 2004, 139.

133 Zu dieser Auslegungsfrage vgl ausführlich *Drinhausen*, in: Semler/Stengel, UmwG, 2. Aufl. 2007, Einl. C Rn 21 ff; *Lutter/Drygala*, in: Lutter, UmwG, 4. Aufl. 2009, § 1 Rn 4 ff

134 EuGH, NJW 2006, 425, 426, Tz 22.

folgten Ziels ist.[135] Hiermit bedurfte es indes keiner näheren Auseinandersetzung, da sich der EuGH auf die Aussage beschränken konnte, dass eine Rechtfertigung anhand zwingender Gründe des Allgemeininteresses (zB Gläubiger- und Minderheitenschutz, Arbeitnehmerinteressen, Wirksamkeit der Steueraufsicht) zwar denkbar ist, zumindest die hier betroffene generelle Verhinderung grenzüberschreitender Verschmelzungen aber keinesfalls als erforderlich angesehen werden kann. Es ist darauf hinzuweisen, dass der EuGH in der Entscheidung trotz der Diskriminierung bezüglich der Rechtfertigung nicht auf Art. 52 AEUV, sondern auf das Vorliegen zwingender Gründe des Allgemeininteresses abstellt. Damit dürfte sich der EuGH von der traditionellen Differenzierung auf der Rechtfertigungsebene und dem Erfordernis einer „nichtdiskriminierenden Anwendung" als Rechtfertigungsvoraussetzung[136] entfernt haben.

67 Für die **grenzüberschreitende Verschmelzung** von Kapitalgesellschaften ist das „SEVIC"-Urteil heute nur noch von begrenztem Interesse, da durch die Umsetzung der Richtlinie über die Verschmelzung von Kapitalgesellschaften aus verschiedenen Mitgliedstaaten inzwischen eine spezielle gesetzliche Regelung für diese Fälle geschaffen worden ist (§§ 122 a ff. UmwG, s.a. unten Rn 189 ff). Allerdings lässt sich die (auch in den Formulierungen sehr allgemein gehaltene) Argumentation des EuGH auch auf andere Arten von Umwandlungen übertragen, so dass „SEVIC Systems" letztlich gebietet, dass alle Umwandlungsmöglichkeiten des UmwG auch grenzüberschreitend eröffnet werden. Lediglich zum Schutz genau bestimmter zwingender Gründe des Allgemeininteresses können in diesen Fällen besondere Verpflichtungen vorgesehen werden, keinesfalls aber die Umwandlung gänzlich ausgeschlossen werden. Praktische Bedeutung hat dies heute einerseits für die Verschmelzung von Personengesellschaften (die nicht von der Richtlinie erfasst werden), andererseits für die grenzüberschreitende Spaltung (dazu noch unten Rn 192 f) und den grenzüberschreitenden Formwechsel (dazu sogleich Rn 68). Die zunächst in der Literatur diskutierte Frage,[137] ob die „SEVIC"-Entscheidung die Mitgliedstaaten nur dazu verpflichtet, eine **Hineinumwandlung** auf einen inländischen Rechtsträger zuzulassen, oder ob auch den nach eigenem Recht gegründeten Gesellschaften die Herausumwandlung auf einen Rechtsträger ausländischen Rechts zu erlauben ist, dürfte sich in Hinblick auf die Entscheidung „Cartesio" (dazu sogleich Rn 68) erledigt haben, da der EuGH hierin auch den statutenwechselnden Wegzug einer Inlandsgesellschaft als von der Niederlassungsfreiheit umfasst angesehen hat – letztlich also den grenzüberschreitenden Formwechsel. Für ein Verbot der **Herausumwandlung** bleibt vor diesem Hintergrund kein Raum mehr.

68 **f) Cartesio.** Das vorerst letzte Puzzleteil fügte der EuGH seiner Rechtsprechung zur Niederlassungsfreiheit der Gesellschaften mit der Entscheidung „Cartesio" vom 16. 12. 2008 hinzu.[138] Der Sachverhalt betraf eine Kommanditgesellschaft ungarischen Rechts, die ihren tatsächlichen Sitz, also ihre Hauptverwaltung, unter Beibehaltung des ungarischen Gesellschaftsstatuts von Ungarn nach Italien verlegen wollte und die Eintragung dieser Sitzänderung in das Handelsregister begehrte. Das ungarische Gericht legte dem EuGH die Frage vor, ob die Niederlassungsfreiheit der Verweigerung einer solchen Sitzverlegung entgegensteht. Damit war die **Fortgeltung der „Daily Mail"-Doktrin** (Rn 57) unmittelbar angesprochen, also die Frage, ob die Unterbindung des Wegzugs durch den Gründungsstaat auch nach der Neuorientierung der EuGH-Rechtsprechung noch immer als europarechtskonform eingestuft wird. Insbesondere nach einer entsprechenden Stellungnahme des Generalanwalts[139] war in Fachkreisen eine Abkehr von dieser mobilitätsfeindlichen Doktrin erwartet worden. Dennoch entschied sich der EuGH für eine Beibehaltung der bisherigen Sichtweise und hielt eine solche „Einmauerung" für zulässig, soweit die betroffene Gesellschaft an ihrem Personalstatut festhalten will. In einem (wiederum etwas überraschenden) obiter dictum führte der EuGH darüber hinaus jedoch aus, dass die Niederlassungsfreiheit dagegen sehr wohl die **Sitzverlegung unter Änderung des anwendbaren Rechts** erfasst, so „dass der Gründungsmitgliedstaat die Gesellschaft dadurch, dass er ihre Auflösung und Liquidation

135 EuGH, NJW 2006, 425, 426, Tz 23, 28 ff.

136 Nach bisherigem Verständnis, das insbesondere der sog. „Gebhard-Formel" zugrunde liegt, setzte eine Rechtfertigung außerhalb des Art. 52 AEUV die nichtdiskriminierende Anwendung der Beschränkung voraus, vgl EuGH NJW 1996, 579 – „Gebhard". Näher zu diesem Aspekt der „SEVIC"-Entscheidung vgl *Leible/Hoffmann*, RIW 2006, 161.

137 Vgl etwa *Leible/Hoffmann*, RIW 2006, 161.

138 EuGH NJW 2009, 569 = BB 2009, 11; vgl dazu *Knop*, DZWir 2009, 147; *Frobenius*, DStR 2009, 487; *Sethe/Winzer*, WM 2009, 536; *Heuschmid/Däubler*, NZG 2009, 493; *Campos Nave*, BB 2009, 870; *Leible/Hoffmann*, BB 2009, 58; *Zimmer/Naendrup*, NJW 2009, 545; *Paefgen*, WM 2009, 529; *Grohmann*, DZWiR 2009, 322; *Kindler*, NZG 2009, 130; *ders.* IPRax 2009, 189; *Teichmann*, ZIP 2009, 393; *Otte/Rietschel*, GmbHR 2009, 983; *Behme/Nohlen*, BB 2009, 13; *Bayer/Schmidt*, ZHR 173 (2009), 735; *Mörsdorf*, EuZW 2009, 97; *Hennrichs/Klavina/Pöschke/Laage*, WM 2009, 2009; *Kobelt*, GmbHR 2009, 808; *Brakalova/Barth*, DB 2009, 213; *Frenzel*, EWS 2009, 158; *Werner*, GmbHR 2009, 191; *Herrler*, DNotZ 2009, 484; *Eckert*, Internationales Gesellschaftsrecht, 2010, S. 62 ff.

139 Schlussanträge des GA Poiares Maduro, NZG 2008, 498 (in Tz 36); vgl hierzu *Wilhelmi*, DB 2008, 1611; *Grohmann/Gruschinske*, EuZW 2008, 496; *Behme/Nohlen*, NZG 2008, 496.

verlangt" nicht daran hindern darf, „sich in eine Gesellschaft nach dem nationalen Recht dieses anderen Mitgliedstaats umzuwandeln, soweit dies nach diesem Recht möglich ist."[140]

Die Konsequenzen der Entscheidung beschränken sich für das internationale Gesellschaftsrecht zunächst darauf, dass infolge der Bestätigung der „Daily Mail"-Doktrin die Anwendung der Sitztheorie durch die Mitgliedstaaten auf Gesellschaften, die nach eigenem Recht gegründet worden sind, weiterhin zulässig bleibt. Die Niederlassungsfreiheit steht also einer **Entziehung des Gesellschaftsstatuts** infolge des tatsächlichen Grenzübertritts der Hauptverwaltung nicht entgegen. Nicht zulässig ist dagegen eine über den Entzug des Statuts hinausgehende materiellrechtliche Zwangsauflösung, da dies eine Fortführung als Gesellschaft ausländischen Rechts verhindern würde. In der Eröffnung der Möglichkeit einer **identitätswahrenden Umwandlung** in eine Auslandsgesellschaft liegt denn auch die eigentliche Bedeutung der Entscheidung: Soweit die Zuzugsrechtsordnung dies ermöglicht, muss auch das bisherige Gesellschaftsstatut einen solchen grenzüberschreitenden Formwechsel hinnehmen. Beschränkungen müssen sich am Maßstab zwingender Gründe des Allgemeininteresses, der Geeignetheit und der Erforderlichkeit messen lassen, so dass ein genereller Ausschluss jedenfalls ausscheidet. Die üblichen umwandlungsrechtlichen Schutzinstrumente (insbes. zum Minderheiten- und Gläubigerschutz) können dagegen regelmäßig gerechtfertigt werden. Da diese Umwandlungsmöglichkeit auch ohne gesetzliche Regelung anzuerkennen ist, müssen derartige Schutzinstrumente (bis zu einer Regelung durch den Gesetzgeber) im Wege der Rechtsfortbildung aus dem geltenden Recht heraus entwickelt werden (unten Rn 193). Da der EuGH somit der Niederlassungsfreiheit ein Recht auf das Verlassen der Gründungsrechtsordnung entnommen hat, bleibt auch in Hinblick auf die Entscheidung „SEVIC" für eine Differenzierung zwischen **Hinein- und Hinausumwandlungen** (Rn 67) kein Raum mehr. Da eine materiellrechtliche Auflösung „an der Grenze" von der Niederlassungsfreiheit untersagt wird, ergibt sich als weitere Konsequenz, dass ein Wegzug in einen Gründungstheoriestaat auch ohne formwechselnde Umwandlung möglich ist: Hier kommt es aus Sicht des Sitztheoriestaates zu einer Rückverweisung, die – soweit sie angenommen wird – einem Statutenwechsel auch aus Sicht des Sitztheoriestaates entgegensteht. Auch diesen Vorgang wird man nunmehr als von der Niederlassungsfreiheit gedeckt anzusehen haben.[141] 69

Da der EuGH ausdrücklich darauf abgestellt hat, dass der Zuzugsstaat die formwechselnde Umwandlung in eine Gesellschaft des Zuzugsrechts ermöglicht, kann man „Cartesio" keine Verpflichtung des Zuzugsstaats entnehmen, diese Möglichkeit zu schaffen.[142] Allerdings ist zu bedenken, dass nach der Entscheidung „SEVIC" (Rn 65) die Mitgliedstaaten grenzüberschreitende Umwandlungsmöglichkeiten im selben Umfang zu eröffnen haben wie sie innerstaatliche Umwandlungen zulassen. Da der Wechsel des Gesellschaftsstatuts einem innerstaatlichen Formwechsel vergleichbar ist, kann man die EuGH-Rechtsprechung durchaus so interpretieren, dass auch die grenzüberschreitende Hinein-Umwandlung eröffnet werden muss, wenn im nationalen Recht der **Formwechsel** in einer vergleichbaren Konstellation (zB zwischen zwei verschiedenen Formen der Kapitalgesellschaft) zugelassen wird.[143] Die „SEVIC" –Entscheidung zwingt dann also den Zuzugsstaat zur Schaffung der Hinein-Umwandlungsmöglichkeit, während „Cartesio" den Vorgang im Verhältnis zum Wegzugsstaat eröffnet. Dies zeigt, dass grenzüberschreitende Formwechsel auch dann bereits in weitem Umfang von der Niederlassungsfreiheit erfasst werden, wenn spezielle Vorschriften für ihre Durchführung weder im Wegzugs- noch im Zuzugsstaat bestehen. Dagegen lässt sich der Entscheidung nicht entnehmen, dass die Niederlassungsfreiheit auch einen grenzüberschreitenden Formwechsel ohne Verlegung des Verwaltungssitzes erfassen würde.[144] Die Mitgliedstaaten können diese also zur Voraussetzung des Herausformwechsel machen – ohne dass sie freilich bei einem Wechsel in das Recht eines Gründungstheoriestaates die sofortige Rückkehr nach den „Überseering"-Grundsätzen verhindern könnten. 70

g) Fazit. Zusammenfassend lässt sich also festhalten, dass aufgrund der skizzierten Entwicklung heute das Gesellschaftskollisionsrecht der Mitgliedstaaten wesentlich von den Vorgaben der Niederlassungsfreiheit der Art. 49, 54 AEUV geprägt wird. Dies gilt nicht nur für die anzuwendende **Kollisionsnorm** selbst, sondern auch für die Möglichkeit der **Anwendung zwingenden Rechts** des Sitzstaates, die Ermöglichung grenzüberschreitender Umwandlungen sowie die Möglichkeit, den Gründungsstaat statutenwechselnd zu verlassen. Die folgende Darstellung des in Deutschland geltenden Internationalen Gesellschaftsrechts wird sich an diesen Vorgaben orientieren, den verbleibenden Spielraum für Überlagerungen abstecken und das daraus resultierende Erfordernis einer Fortentwicklung des autonomen deutschen Gesellschaftskollisionsrechts aufzeigen. 71

140 EuGH EuZW 2009, 75, 80, Tz 112.

141 Ausf. *Leible/Hoffmann*, BB 2009, 58, 61.

142 Zur Frage, ob der Aufnahmemitgliedstaat aufgrund der Niederlassungsfreiheit die formwechselnde Hineinumwandlung ermöglichen muss, ist derzeit ein Vorlageverfahren beim EuGH anhängig, vgl. EuGH, Rs. C-378/10, ZIP 2010, 1956 – „VALE", dazu *Neye*, EWiR 2010, 625.

143 *Teichmann*, ZIP 2009, 393, 402; *Zimmer/Naendrup*, NJW 2009, 545, 548; *Otte/Rietschel*, GmbHR 2009, 983, 984; *Frobenius*, DStR 2009, 487, 490; *Behme/Nohlen*, BB 2009, 13, 14; *Michalski/Leible*, GmbHG, 2. Aufl. 2010, Syst. Darst. 2 Rn 35.

144 *Michalski/Leible*, GmbHG, 2. Aufl. 2010, Syst. Darst. 2 Rn 35; *Ringe* ZIP 2008, 1072, 1074; aA *Teichmann*, ZIP 2009, 392, 404.

Trotz eines Anfang 2008 publizierten Referentenentwurfs zur Neuordnung des Rechtsgebietes auf Grundlage der Gründungstheorie[145] ist der Reformbedarf bis heute zu konstatieren, ist dieser Entwurf bislang doch noch nicht einmal ins Gesetzgebungsverfahren gelangt.

IV. Notwendige Differenzierungen der Fragestellung

72 Das frühere deutsche Gesellschaftskollisionsrecht war von **Einheitlichkeit** geprägt. Bei der Anwendung der Sitztheorie wurde weder zwischen Körperschaften und Personengesellschaften noch nach dem Gründungsstaat der Gesellschaft differenziert. Aufgrund der nunmehr zu beachtenden europarechtlichen Vorgaben bedarf es allerdings einer Unterscheidung zwischen Sachverhalten innerhalb und außerhalb des Anwendungsbereichs dieser Vorgaben. Dem soll in der folgenden Darstellung durch eine doppelte Differenzierung Rechnung getragen werden: Einerseits wird zwischen dem Kollisionsrecht der **Körperschaften** und dem der **Personengesellschaft** unterschieden, andererseits zwischen nach **inländischem Recht**, nach **EU-ausländischem Recht** und nach **drittstaatlichem Recht** gegründeten Gesellschaften.

73 Mit der Differenzierung der Darstellung ist aber nicht gesagt, dass im Ergebnis keine **einheitlich anzuwendende Kollisionsnorm** gefunden werden kann. Diese könnte sich allerdings nicht an der traditionellen Sitztheorie orientieren, sondern nur aus einer **Verallgemeinerung der kollisionsrechtlichen Vorgaben der Niederlassungsfreiheit** resultieren. Ob der Gesetzgeber sich zu einer solchen einheitlichen Lösung mit ihren unbestreitbaren Vorteilen einer Vermeidung der Zersplitterung und Überkomplizierung des Gesellschaftskollisionsrechts wird durchringen können, wird erst das weitere Schicksal des genannten (Rn 71) RefE zeigen. Auf den BGH braucht man insoweit wegen seines weiteren Beharrens auf der Sitztheorie[146] wohl nicht zu hoffen.

B. Juristische Personen

I. Europarechtliche Gründungstheorie

74 **1. Grundlagen. a) Kollisionsrechtliche und materiellrechtliche Lösung.** Wie bereits erwähnt hat der EuGH durch die Entscheidung „Überseering" einen tiefen Eingriff zumindest in das Kollisionsrecht derjenigen Mitgliedstaaten vorgenommen, die bisher der Sitztheorie folgten. Nach Ansicht des EuGH liegt die Beschränkung der Niederlassungsfreiheit der Überseering B.V. nicht erst in der Verweigerung der aktiven Parteifähigkeit vor deutschen Gerichten, sondern bereits in der **Nichtanerkennung** der vom niederländischen Recht verliehenen und danach weiter bestehenden **Rechtspersönlichkeit**. Die Art. 49, 54 AEUV verpflichten daher die Mitgliedstaaten nicht nur dazu, auf der sachrechtlichen Ebene die Prozessfähigkeit der zugezogenen Gesellschaft sicherzustellen, sondern bereits zur **Anerkennung der Gesellschaft** auf der kollisionsrechtlichen Ebene. Letzteres bedeutet nichts anderes, als dass die Auslandsgesellschaft das Recht genießt, ihr Gesellschaftsstatut auch nach der Verlegung des Verwaltungssitzes beizubehalten. Das nationale Kollisionsrecht darf also keinen Statutenwechsel anordnen, sondern ist verpflichtet, die Auslandsgesellschaft als solche im Inland zu akzeptieren und damit die Anknüpfung des Gesellschaftsstatuts an das Gründungsrecht vorzunehmen.[147]

75 Diese kollisionsrechtliche Bedeutung der Entscheidung „Überseering" ist indes weder unkritisch zu sehen noch in der Literatur unumstritten.[148] Grundsätzlich ist davon auszugehen, dass das Ziel der Zuerkennung von Rechts- und Parteifähigkeit auf unterschiedlichen Wegen erreicht werden kann. Einerseits ist es möglich, durch eine Anwendung der **Gründungsanknüpfung** die im Ausland verliehene Rechtsfähigkeit anzuerkennen. Andererseits kann aber auch unter Geltung der Sitztheorie der zugezogenen Gesellschaft nach inländischem Recht die Rechts- und Parteifähigkeit zuerkannt werden. In diese Richtung ging etwa das angesprochene

145 RefE vom 7.1.2008; erhältlich unter www.bmj.de; der Entwurf basiert wesentlich auf einem Vorschlag des Deutschen Rates für IPR, abgedruckt bei *Sonnenberger/Bauer*, RIW 2006, Beil. 1.

146 BGH NJW 2009, 289; dazu: *Hellgardt*, NZG 2009, 94; *Werner*, GmbHR 2009, 191; *Lieder/Kliebisch*, BB 2009, 338; *Kindler*, IPRax 2009, 189.

147 Dies ergibt sich insb. aus Tz 95 sowie aus den Randziffern 59, 80, 81 und 84 des Urteils „Überseering", hierzu ausf.: *Leible/Hoffmann*, RIW 2002, 925, 928.

148 Ablehnend ggü. jeglichem kollisionsrechtlichen Charakter der Niederlassungsfreiheit weiterhin *Kindler*, NZG 2009, 130, 131, der meint, dass der EuGH in „Cartesio" der gegenteiligen Literaturmeinung eine klare Absage erteilt hätte. Dort ging es aber nur um die Anknüpfung des eigenen Gesellschaftsrechts, während der kollisionsrechtliche Gehalt der Niederlassungsfreiheit gerade die Anknüpfung der nach EU-ausländischem Recht gegründeten Gesellschaften betrifft. Ausführlich zur abweichenden Sicht vgl insbes. MüKo/*Kindler*, Bd. 11, 5. Aufl. 2010, IntGesR, Rn 136 ff.

(Rn 6) Urteil der BGH,[149] der noch kurz vor der „Überseering"-Entscheidung die zugezogene Auslandsgesellschaft als **Personengesellschaft** behandeln und ihr auf diesem Weg die (inzwischen auch für die Gesellschaft bürgerlichen Rechts anerkannte)[150] Rechts- und Parteifähigkeit zuerkennen wollte – freilich ohne ihre vom Ausland verliehene Rechtspersönlichkeit und das damit verbundene Haftungsprivileg anzuerkennen. Darüber hinaus könnte aber das **materielle Gesellschaftsrecht** so gestaltet werden, dass es durch eine spezielle Zuzugsregelung auf die Erfüllung der Gründungsvoraussetzungen verzichtet und so die im Ausland verliehene Rechtspersönlichkeit unter Anpassung der Satzung an das neue Gesellschaftsstatut in das Inland überführt. An den Statutenwechsel würde dann nicht mehr die Sanktion des Erfordernisses von Auflösung und Neugründung geknüpft. Eine solche materiellrechtliche Lösung lag etwa dem Vorentwurf für eine europäische **Sitzverlegungsrichtlinie**[151] zugrunde, so dass man davon ausgehen sollte, dass eine solche Lösung den Anforderungen der Niederlassungsfreiheit genügt und die Entscheidung darüber, welcher Weg eingeschlagen wird, den Mitgliedstaaten zusteht.[152] Interessanterweise führt die EuGH-Rechtsprechung seit „Cartesio" dazu, dass beide Lösungen nebeneinander stehen und die Mitgliedstaaten nur für die Gesellschaften eigenen Rechts entscheiden können, welche Lösung sie für das Verlassen ihres Gebietes eröffnen wollen.

b) Kollisionsrechtliche Lösung des EuGH. Dennoch hat der EuGH in der „Überseering"-Entscheidung ausgesprochen, „dass in dem Fall, dass eine Gesellschaft, die nach dem Recht des Mitgliedstaats gegründet worden ist, in dessen Hoheitsgebiet sie ihren satzungsmäßigen Sitz hat, in einem anderen Mitgliedstaat von ihrer Niederlassungsfreiheit Gebrauch macht, dieser andere Mitgliedstaat nach den Art. 43 und 48 EGV (heute: Art. 49 und 54 AEUV) verpflichtet ist, die Rechtsfähigkeit und damit die Parteifähigkeit zu achten, die diese Gesellschaft nach dem **Recht ihres Gründungsstaats** besitzt."[153] Ob diese Aussage tatsächlich bedeutet, dass der EuGH den Mitgliedstaaten die Gründungsanknüpfung vorschreibt, war in der deutschen Literatur zunächst heftig umstritten. Teilweise wurde insoweit vertreten, dass diesen Anforderungen bereits die Anerkennung als Personengesellschaft im Sinne der BGH-Rechtsprechung genügt, da Rechts- und Parteifähigkeit nur zu „achten" seien. Eine Anerkennung der vom Gründungsrecht gewährten und ausgestalteten Rechts- und Parteifähigkeit sei daher nicht zwingend, sondern bereits ihre Zuerkennung nach dem vom Gesellschaftsstatut des Zuzugsstaats bestimmten Recht ausreichend. Überwiegend wurde allerdings schon „Überseering" für sich als **Eingriff in das Kollisionsrecht** interpretiert.[154] 76

Auch die deutsche Rechtsprechung ist – angeführt vom BayObLG[155] und dem OLG Zweibrücken[156] – alsbald auf diese Linie eingeschwenkt.[157] Eine höchstrichterliche Klärung durch den BGH, der vor allem aufgrund der **fehlenden Identität** zwischen einer inländischen Personen- und einer ausländischen Kapitalgesellschaft und dem mit der Niederlassungsfreiheit unvereinbaren **Verlust des Haftungsprivilegs** eine kollisionsrechtliche Bedeutung annahm, erfolgte bereits im März 2003.[158] Durch die Entscheidung „Inspire Art" wurde der Streit obsolet, da darin ausgesprochen wurde (Tz 99 ff), dass schon jede Überlagerung des Gesellschaftsstatuts 77

149 BGH IPRax 2003, 62 = NJW 2002, 3539 = BB 2002, 2031 mit Anm. *Gronstedt* = MDR 2002, 1382 m. Anm. *Haack* = EWiR 2002, 971 (*Emde*) = JuS 2003, 88 (*Hohloch*); vgl dazu die Besprechungsaufsätze von *Kindler*, IPrax 2003, 41; *Leible/Hoffmann*, DB 2002, 2203.

150 BGHZ 146, 341.

151 Vorentwurf der Kommission zu einer Richtlinie über die Verlegung des Gesellschaftssitzes innerhalb der EU vom 22.4.1997; abgedruckt in ZIP 1997, 1721, ZGR 1999, 157; dazu ausf. *Hoffmann*, ZHR 164 (2000), 43; *Leible*, ZGR 2004, 531. Aktuell soll die Arbeit an der Richtlinie wohl wieder aufgenommen werden, vgl näher *Wicke*, GPR 2010, 238.

152 Zur Kritik an der „Überseering"-Entscheidung aus diesem Gesichtspunkt: *Leible/Hoffmann*, RIW 2002, 925, 928 f.

153 EuGH, NJW 2002, 3614, Tz 95 („Überseering").

154 Vgl einerseits (Behandlung als rechtsfähige Personengesellschaft genügt den Anforderungen des EuGH): *Großerichter*, DStR 2003, 159, 166; MüKo/*Kindler*, Bd. 11, 5. Aufl. 2010, IntGesR, Rn 136 ff; *Kindler*, NJW 2003, 1073, 1076 f; *Neye*, EWiR 2002, 1003, 1004; *Wernicke*, EuZW 2002, 758, 760; *Roth*, IPRax 2003, 117, 122 ff, andererseits (Eingriff in das Kollisionsrecht der Mitgliedstaaten): *Leible/Hoffmann*, RIW 2003, 925, 928 ff; *dies.*, NZG 2003, 259, 260; *dies.*, BB 2003, 543; *Binz/Mayer*, GmbHR 2003, 249, 254; *Deininger*, IStR 2003, 214; *Eckert*, Internationales Gesellschaftsrecht, 2010, S. 54 ff; *Eidenmüller*, ZIP 2002, 2233, 2241; *Forsthoff*, DB 2002, 2471, 2475; *von Halen*, WM 2003, 571, 575; *Heidenhain*, NZG 2002, 1141, 1143; *Hirte*, EWS 2002, 573, 574; *ders.*, NJW 2003, 1090, 1091 f; *Kallmeyer*, DB 2002, 2521, 2522; *Kersting*, NZG 2003, 9; *Lutter*, BB 2003, 7, 9; *Paefgen*, WM 2003, 561, 563 ff; *ders.*, DB 2003, 487; *Rehberg*, IPRax 2003, 175, 180; *Schanze/Jüttner*, AG 2003, 30, 33; *Schulze/Sester*, EWS 2002, 545, 549; *Sedemund*, IStR 2002, 816; *Teichmann*, Binnenmarktkonformes Gesellschaftsrecht, 2006, S. 415 ff; Ulmer/Habersack/*Behrens*, GmbHG, Einl. Rn B 30 ff; *Zimmer*, BB 2003, 1, 3; ausf. zum Meinungsstand: *Leible/Hoffmann*, ZIP 2003, 925 ff.

155 ZIP 2003, 398 = NZG 2003, 290 mit Bespr. *Leible/Hoffmann*, NZG 2003, 259.

156 BB 2003, 864; aA aber noch die Vorinstanz LG Frankenthal, NJW 2003, 762 = BB 2003, 542 mit Anm. *Leible/Hoffmann*.

157 Ausf. zur frühen Rspr nach „Überseering": *Leible/Hoffmann*, ZIP 2003, 925, 926 f.

158 BGHZ 154, 185 = NJW 2003, 1461; dazu *Leible/Hoffmann*, ZIP 2003, 925; *Merkt*, RIW 2003, 458; *Eidenmüller*, JZ 2003, 525; *Weller*, IPRax 2003, 324; inzwischen ständige Rspr: BGHZ 164, 148 = NJW 2005, 3351; BGH NJW 2005, 1648.

und insbesondere jeder Eingriff in die Haftungsverfassung Beschränkungen der Niederlassungsfreiheit darstellen. Die Annahme einer kollisionsrechtlichen Neutralität der Niederlassungsfreiheit ist damit erkennbar unvereinbar.[159]

78 Somit ist davon auszugehen, dass in den von dem Urteil „Überseering" erfassten Fallgruppen vorrangig eine vom EuGH unmittelbar Art. 49, 54 AEUV entnommene Kollisionsnorm anzuwenden ist, die man nach der Diktion des Urteils wohl nur als **Gründungstheorie** bezeichnen kann. Anwendung findet danach die „nationale Rechtsordnung, die ihre Gründung und ihre Existenz regelt" (Tz 81), ferner ist gerade die Rechtsfähigkeit „zu achten, die diese Gesellschaft nach dem Recht ihres Gründungsstaates besitzt" (Tz 95).

79 **c) Europarechtliche Gründungstheorie: Die Kollisionsnorm der Niederlassungsfreiheit.** Der genaue Inhalt der so definierten Verweisungsnorm, die man zur Abgrenzung von den Anknüpfungen der nationalen Rechtsordnungen wohl am besten als **europarechtliche Gründungstheorie** bezeichnet, bedarf näherer Betrachtung. Festzuhalten ist zunächst, dass die Norm nicht in die übliche Unterscheidung von Sachnorm- und Gesamtverweisung (dazu Art. 4 EGBGB Rn 8 ff) einzuordnen ist. Schließlich hat der Gründungsstaat die Möglichkeit, aufgrund des Wegzugs der Gesellschaft die Zuordnung zu seinem Recht als Gesellschaftsstatut zu entziehen. Dies ergibt sich aus der Bestätigung der „Daily Mail"-Grundsätze und der damit verbundenen Nichtanerkennung eines Rechts auf Wegzug aus dem Gründungsstaat. Macht der Gründungsstaat hiervon durch die Gestaltung seines materiellen Rechts oder seines Kollisionsrechts Gebrauch, lässt er keine Rechtspersönlichkeit bestehen, die der Zuzugsstaat anerkennen müsste. Dies zeigt sich etwa in der Formulierung in Tz 81 des Urteils „Überseering", es gehe um die nationale Rechtsordnung, die die „Existenz regelt", sich also weiterhin für anwendbar hält. Um eine Sachnormverweisung kann es sich somit nicht handeln.

80 Es bedarf vielmehr einer Prüfung, ob die Verweisung vom Gründungsrecht angenommen wird oder ob das Kollisionsrecht des Gründungsstaates der Gesellschaft ihr Statut entzogen hat. Aber auch um eine klassische Gesamtverweisung handelt es sich nicht, da die Mitgliedstaaten nur dazu verpflichtet werden, die nach dem Gründungsrecht bestehende Rechtsfähigkeit anzuerkennen, nicht aber auch eine Rechtsfähigkeit, die sich erst aufgrund einer Weiterverweisung auf das Recht eines dritten Mitgliedstaates ergibt, selbst wenn dieses auf das Gründungsrecht zurückverweist. Auch in diesen Fällen hat das Gründungsrecht durch Nichtannahme der Verweisung der Gesellschaft das Statut entzogen und damit der zwingenden Anerkennung durch die anderen Mitgliedstaaten die Grundlage genommen. Dies bedeutet, dass die Verweisungskette bei Nichtannahme durch das Gründungsrecht unmittelbar abgebrochen wird. Es handelt sich folglich um eine **Gesamtverweisung, die keinen *renvoi* anerkennt**. Schon hierdurch unterscheidet sie sich von den Gründungstheorien nationalen Rechts.

81 Dieser Charakter zeigt, dass es sich nur um eine **vorrangige Verweisungsnorm** handelt, die der Ergänzung durch **subsidiäres nationales Kollisionsrecht** bedarf. Schließlich lässt die Norm keine Anknüpfung zu, wenn das Gründungsrecht die Verweisung nicht annimmt. Da die Mitgliedstaaten in dieser Situation nicht mehr zur Anerkennung verpflichtet sind, können sie insoweit auf ihr autonomes Kollisionsrecht zurückgreifen.

82 **d) Anknüpfungsmoment.** Zu klären ist nunmehr, was als genaues Anknüpfungsmoment der europarechtlichen Gründungstheorie anzusehen ist. Wie gesehen, verweist der EuGH ausdrücklich auf das Recht des Gründungsstaates, das „Gründung und Existenz" der Gesellschaft regelt. Ebenso wie von den nationalen Gründungstheorien[160] wird damit auf das von den Gründern gewählte, grundsätzlich unabänderliche[161] Statut der **ursprünglichen Inkorporation** abgestellt. Dieses Statut fällt aufgrund materiellrechtlicher Vorschriften regelmäßig mit dem (grundsätzlich nur innerstaatlich veränderlichen)[162] **Satzungssitz** zusammen. Letzterer ist aber nicht als Anknüpfungsmoment relevant. Wenn der EuGH mehrfach darauf abstellt, dass sich im Gründungsstaat auch der Satzungssitz der Überseering B.V. befindet, spielt das nur für die **Voraussetzungen des Art. 54 AEUV** eine Rolle, nicht aber für die formulierte Kollisionsnorm. Praktisch tritt das Gründungsstatut vor allem dadurch zu Tage, dass die erforderliche Registrierung im Gründungsstaat vorzunehmen ist.

159 So konzediert nunmehr etwa *Altmeppen*, NJW 2004, 97, 100 zumindest, dass die Sitztheorie zugunsten der Gründungstheorie aufzugeben ist, soweit die aus der Sitztheorie abgeleiteten Ergebnisse gegen die Niederlassungsfreiheit verstoßen. Insb. *Altmeppen/Wilhelm*, DB 2004, 1083, 1086, wollen aber offenbar keine Kollisionsnorm aus der Niederlassungsfreiheit, sondern eine neu gestaltete „Sitztheorie" anwenden, die mit der bisherigen „nichts zu tun hat" und sich aus der „Natur der Sache" ergibt. Weiterhin eine kollisionsrechtliche Relevanz der Rspr leugnet indes *Kindler*, NJW 2003, 1073, 1076 f (zu „Überseering"); NZG 2003, 1086, 1089 (zu „Inspire Art") und NZG 2009, 130 (zu „Cartesio").

160 Zu deren Anknüpfungsmoment vgl rechtsvergleichend *Hoffmann*, ZVglRWiss 101 (2002), 283.

161 Vgl zB Gasque v. Inland Revenue Commissioners, [1940] 2 K.B. 80, 84 (für das englische Recht); rechtsvergleichend: *Hoffmann*, ZVglRWiss 101 (2002), 287, 300 ff.

162 Vgl für das britische Recht: Sec. 86 f Companies Act 2006, wo kein Verfahren für die Verlegung des „registered office" aus der Gründungsjurisdiktion vorgesehen ist. Auch die Vorschriften zur „re-registration" sehen diese Form des Statuswechsels nicht vor, vgl Sec. 89 ff Companies Act 2006.

Man kann also für die Ermittlung des Statuts auf den Ort der ursprünglichen (nicht immer der aktuellen) **Registereintragung** der Gesellschaft abstellen.[163]

2. Reichweite. Die Reichweite der Anknüpfung anhand der europarechtlichen Gründungstheorie richtet sich nach dem in Art. 54 AEUV niedergelegten Anwendungsbereich der **Niederlassungsfreiheit** bei Gesellschaften und wird für inländische Gesellschaften durch die „Daily Mail"-Doktrin begrenzt. Da es sich nur um eine vorrangige Anknüpfungsnorm handelt, bleibt es im Übrigen bei der Anwendung des **autonomen Kollisionsrechts** der Mitgliedstaaten (dazu dann Rn 137 ff, 185 f). Im Einzelnen sind folgende Fallgruppen zu unterscheiden: 83

a) Nach dem Recht eines anderen Mitgliedstaates gegründete juristische Personen mit tatsächlichem Sitz oder Hauptniederlassung in der EU. Diese Fallgruppe ist der direkte Anwendungsfall der Entscheidung „Überseering". Es besteht kein Zweifel daran, dass diese Gesellschaften nach der Formulierung des Art. 54 AEUV in den Anwendungsbereich der Niederlassungsfreiheit fallen und daher aufgrund der europarechtlichen Gründungstheorie als Gesellschaften ausländischen Rechts anzuerkennen sind, solange das ausländische Recht selbst der Gesellschaft die Anerkennung nicht wieder entzogen hat, also insbesondere die Verweisung annimmt. Anzumerken ist dabei, dass es auf den **tatsächlichen Sitz** oder die **Hauptniederlassung** vor der Verlegung ins Inland ankommt, weil sich danach bemisst, ob sich die Gesellschaft für den Zuzug auf die Niederlassungsfreiheit berufen kann. War schon der Zuzug nicht von der Niederlassungsfreiheit gedeckt, besteht auch kein Anspruch auf Anerkennung im Inland. Schließlich will die Gesellschaft gerade zu diesem Zeitpunkt von ihrer Niederlassungsfreiheit „Gebrauch machen" (Tz 80 des Urteils „Überseering"). 84

Aus der beschriebenen Ausgestaltung der nunmehr vorrangig anzuwendenden Kollisionsnorm ergibt sich, dass auch bezüglich dieser Gesellschaften der Unterschied zwischen **Sitz- und Gründungstheoriestaaten** noch eine große Rolle spielt. Handelt es sich um eine Gesellschaft aus einem Gründungstheoriestaat (wie im Fall der niederländischen Überseering B.V.), wird die Verweisung ohne weiteres angenommen. Handelt es sich aber um eine Gesellschaft aus einem Sitztheoriestaat, ist das nicht der Fall, sofern dieser auch weiterhin für inländische Gesellschaften an der Sitzanknüpfung festhält (Fallgruppe d, Rn 92 ff). Da Rück- und Weiterverweisungen unter der europarechtlichen Gründungstheorie unbeachtlich sind, ist eine Anknüpfung mit ihrer Hilfe nicht möglich. Daher ist nun subsidiär auf die **autonome Kollisionsnorm** des nationalen Rechts abzustellen. Die Niederlassungsfreiheit steht der Sitzanknüpfung jetzt nicht mehr entgegen, weil das Gründungsrecht selbst der Gesellschaft die Anerkennung entzogen hat. 85

Im praktischen Ergebnis steht damit der **grenzüberschreitende Zuzug** nur Gesellschaften aus Gründungstheoriestaaten offen, während Gesellschaften aus Sitztheoriestaaten auch dann nicht anerkannt werden müssen, wenn das Gründungsstatut keine materiellrechtliche Auflösung der Gesellschaft „an der Grenze" anordnet (dazu Rn 54). 86

b) Nach dem Recht eines anderen Mitgliedstaates gegründete juristische Personen mit Satzungssitz in der Gemeinschaft und tatsächlicher und dauerhafter Verbindung zur Wirtschaft eines Mitgliedstaates. Der Anwendungsbereich der Niederlassungsfreiheit setzt nicht voraus, dass ein tatsächlicher Sitz oder eine Hauptniederlassung in der Gemeinschaft belegen sind. Vielmehr genügt nach dem Wortlaut des Art. 54 AEUV auch die alleinige Existenz eines **Satzungssitzes** in einem Mitgliedstaat. Als unstreitig kann man die Niederlassungsberechtigung dieser Gesellschaften jedenfalls dann ansehen, wenn eine tatsächliche und dauerhafte wirtschaftliche Verbindung zum Gemeinschaftsgebiet besteht. In diesem Fall haben sie das Recht, durch Zuzug auch den tatsächlichen Sitz in die Gemeinschaft zu verlegen und als Gesellschaft des Gründungsstaates unter denselben Voraussetzungen anerkannt zu werden wie Gesellschaften in den unter Rn 84 behandelten Fällen. 87

c) Nach dem Recht eines anderen Mitgliedstaates gegründete juristische Personen nur mit Satzungssitz in der Gemeinschaft. Schwieriger ist die Frage zu beantworten, ob auch bei Fehlen einer solchen tatsächlichen und dauerhaften Verbindung zur Wirtschaft eines Mitgliedstaates allein aufgrund des **Satzungssitzes** bereits die Niederlassungsfreiheit zu gewähren ist. Problematisch ist insoweit, dass es sich hierbei eigentlich nur um „pseudo-EU-corporations" handelt, die außer dem Inkorporationsstatut keinen Bezug zur Gemeinschaft aufweisen, also ihrer wirtschaftlichen Tätigkeit lediglich außerhalb des Gemeinschaftsgebiets nachgehen. Der Satzungssitz vermittelt keine tatsächliche Beziehung, sondern dient insbesondere in den Ländern des Common-Law-Rechtskreises („registered office") nur als inländische **Zustelladresse**.[164] Dessen „Belegenheit" in der Gemeinschaft ist also nur eine Formalie, eine verpflichtende Angabe in der Gründungsurkunde ohne größere Bedeutung für die Gesellschaft. Insbesondere ist in den Gründungstheoriestaaten ohne 88

163 So ausdr. für das englische Recht: Gasque v. Inland Revenue Commissioners, [1940] 2 K.B. 80 („place of its registration"); weitere Nachw. bei Rn 37 f.

164 Vgl § 86 Companies Act 2006; *Charlesworth & Morse*, Company Law, 15th Ed. 1995, S. 62 f; ähnlich in Irland: *Forde*, Company Law, 1992, S. 45 (2.32); näher *Hoffmann*, ZVglRWiss 101 (2002), 283, 292 ff.

inländischen Satzungssitz aber eine Inkorporation nicht möglich,[165] so dass das Merkmal keinen **zusätzlichen Gemeinschaftsbezug** vermittelt. Auch die nachträgliche Verlegung aus dem Gründungsstaat heraus ist gesellschaftsrechtlich nicht möglich.[166]

89 Betrachtet man den Wortlaut des Art. 54 AEUV, fällt auf, dass die Inkorporation unter dem Statut eines Mitgliedstaates allein nicht ausreichen soll, sondern es eines zusätzlichen verbindenden Merkmals bedarf. Dennoch soll der Satzungssitz, der gerade keine zusätzliche Verbindung herstellt, hierfür bereits genügen. Das erscheint als inhaltlich widersprüchlich. In der Literatur wird daher teilweise die Ansicht vertreten, Art. 54 AEUV enthalte für diese Fälle die aus dem Allgemeinen Niederlassungsprogramm[167] entnommene **ungeschriebene Voraussetzung** der „tatsächlichen und dauerhaften **Verbindung zur Wirtschaft** eines Mitgliedstaates".[168]

90 Auch wenn in der Sache viel für eine derart einschränkende Interpretation der Niederlassungsfreiheit spricht, hat der EuGH schon im Urteil „Überseering" durch den Verweis auf „Centros"[169] gegenteilig Stellung bezogen (Tz 75). Dort ging er eindeutig von einer **Gleichwertigkeit** von satzungsmäßigem Sitz, Hauptverwaltung und Hauptniederlassung für die Bestimmung der „Zugehörigkeit zur Rechtsordnung eines Mitgliedstaates" aus[170] und sah die Centros Ltd. als Gesellschaft mit „Sitz in einem anderen Mitgliedstaat" an, obwohl dort nur der Satzungssitz belegen war.[171] Nochmals bestätigt wurde dies in Tz 97 des Urteils „Inspire Art". Dem kann man entnehmen, dass der EuGH sich in konsequenter Anwendung des Wortlauts des Art. 54 AEUV mit dem **Satzungssitz ohne wirtschaftliche Verbindung** zum Gemeinschaftsgebiet zufrieden gibt. Ganz auf dieser Linie liegt es, wenn der EuGH in „Inspire Art" (Tz 95) bekräftigt, dass „es für die Anwendung der Vorschriften über die Niederlassungsfreiheit ohne Bedeutung ist, dass eine Gesellschaft in einem Mitgliedstaat nur errichtet wurde, um sich in einem zweiten Mitgliedstaat niederzulassen, in dem die Geschäftstätigkeit im Wesentlichen oder ausschließlich ausgeübt werden soll." Dies zeigt, dass den Anforderungen des Art. 54 AEUV auch dann genügt ist, wenn zum Zeitpunkt der Ausübung des Niederlassungsrechts noch gar keine wirtschaftliche Verbindung zu einem Mitgliedstaat besteht, weil die wirtschaftliche Tätigkeit erst nach dem Zuzug aufgenommen wird. Demnach greift die Niederlassungsfreiheit auch ein, wenn bereits bei **Gründung** der tatsächliche Verwaltungssitz im **Zuzugsstaat** liegt.[172]

91 Auch aus dem Kriterium der **Ansässigkeit** in Art. 49 S. 2 AEUV, dem der EuGH weder in „Centros" noch in „Inspire Art" eigenständige Bedeutung beigemessen hatte,[173] lässt sich für die hier interessierenden Fälle keine zusätzliche Voraussetzung herleiten, da es nur für die sekundäre Niederlassungsfreiheit Bedeutung hat.[174] Konsequenz hieraus ist, dass auch *„pseudo-EU-corporations"* im Inland anhand der europarechtlichen Gründungstheorie anzuknüpfen und demnach analog der Fallgruppe a) (Rn 84) zu behandeln sind.

92 **d) Nach inländischem Recht gegründete juristische Personen.** Ganz im Gegensatz zur Behandlung der ausländischen Gesellschaften stehen die Auswirkungen des Urteils auf die Anknüpfung des Gesellschaftsstatuts bei einer Verlegung des tatsächlichen Verwaltungssitzes **inländischer Gesellschaften**. Wie bereits angesprochen (Rn 60) hat der EuGH zunächst in „Überseering" die „Daily Mail"-Doktrin insoweit bestätigt, als dem Gründungsstaat das Recht zuerkannt wird, den Gesellschaften „Beschränkungen hinsichtlich der Verlegung ihres tatsächlichen Verwaltungssitzes aus seinem Hoheitsgebiet aufzuerlegen, damit sie die ihr nach dem Recht dieses Staates zuerkannte Rechtspersönlichkeit beibehalten" können (Tz 70). Hieran hat der EuGH nochmals in „Cartesio" ausdrücklich festgehalten und hat festgestellt, dass ein Mitgliedstaat „sowohl die Anknüpfung bestimmen" kann, „die eine Gesellschaft aufweisen muss, um als nach seinem innerstaatlichen Recht gegründet angesehen" zu werden, „als auch die Anknüpfung, die für den Erhalt dieser Eigenschaft verlangt wird" (Tz 110). Der Gründungsstaat kann daher die Gesellschaft bei Grenzübertritt **auflösen** und ist nicht verpflichtet, die von ihm verliehene Rechtspersönlichkeit nach der Sitzverlegung weiterhin anzuerken-

165 Für das britische Recht: Sec. 9 (2) Companies Act 2006.

166 Vgl für das britische Recht: Sec. 86 f. Companies Act 2006, wo kein Verfahren für die Verlegung des „registered office" aus der Gründungsjurisdiktion vorgesehen ist. Auch die Vorschriften zur „re-registration" sehen diese Form des Statuswechsels nicht vor, vgl Sec. 89 ff. Companies Act 2006.

167 ABl. 1962, Nr. 2, S. 36.

168 Dafür etwa Lenz/*Ehrhardt*, EG-Vertrag, 2. Aufl. 1999, Art. 48 Rn 4; *Bleckmann*, Europarecht, 6. Aufl. 1997, Rn 1619; dagegen aber Schwarze/*Müller-Huschke*, EU-Kommentar, 2000, Art. 48 Rn 11 f; Calliess/Ruffert/*Bröhmer*, EUV/EGV, 2. Aufl. 2002, Art. 48 Rn 7; Grabitz/Hilf/*Randelzhofer/Forsthoff*, EGV, Art. 48 Rn 22 f.

169 EuGH, Slg 1999, I-1459 – „Centros".

170 EuGH, Slg 1999, I-1459, 1491, Tz 20 – „Centros", unter Verweis auf die Urteile „Segers", Slg 1986, 2375, 2387, Tz 13; „Kommission/Frankreich", Slg 1986, 273, 304, Tz 18; „Commerzbank", Slg 1993, I-4017, 4043, Tz 13; „ICI", Slg 1998, I-4695, 4721, Tz 20.

171 EuGH, Slg 1999, I-1459, 1492, Tz 21 – „Centros".

172 In diesem Sinne bereits *Leible/Hoffmann*, ZIP 2003, 925, 929.

173 Dazu näher *Kieninger*, ZGR 1999, 724 ff.

174 Vgl den Wortlaut des Art. 49 S. 2 AEUV.

nen. Die Niederlassungsfreiheit ist in diesen Konstellationen nach Ansicht des EuGH offenbar schon nicht anwendbar. Ein Recht auf den **identitätswahrenden Wegzug** wird nicht anerkannt.[175]

Kollisionsrechtlich bedeutet dies, dass dem nationalen Recht keine Vorgaben für die Behandlung der nach inländischem Recht gegründeten Gesellschaften gemacht werden. Insoweit bleibt die Anwendung der Sitztheorie weiterhin zulässig, und zwar auch nach der Sitzverlegung aus dem Gründungsstaat heraus. Führt die Anknüpfung dazu, dass aus Sicht des Gründungsstaates ein fremdes Recht als Gesellschaftsstatut zur Anwendung kommt, ist das mit dem **Entzug der** vom Gründungsrecht verliehenen **Rechtspersönlichkeit** gleichzusetzen. Die Auswirkungen einer beschränkten Fortgeltung der Sitztheorie wurden bereits in Rn 86 aufgezeigt: Im Ergebnis bedeutet dies, dass die Verpflichtung zur Anerkennung der ausländischen Rechtspersönlichkeit praktisch nur gegenüber den **Gesellschaften aus Gründungstheoriestaaten** besteht. Den Umzug von einem Sitztheoriestaat in einen anderen Sitztheoriestaat ermöglicht die Niederlassungsfreiheit dagegen nicht. Soweit **materiellrechtliche Wegzugsbeschränkungen** wie die Auflösung „an der Grenze" bestehen, kommt eine Sitzverlegung auch unabhängig vom Kollisionsrecht nicht in Betracht, da das Gründungsrecht dann keine Rechtsfähigkeit bestehen lässt, die vom Zuzugsstaat anerkannt werden könnte. 93

Erkennbar wird eine wenig zufrieden stellende Folge der Konstruktion des EuGH. Auch nach „Überseering" und „Cartesio" sind nur Gesellschaften aus Gründungstheoriestaaten **„Niederlassungsberechtigte gleichen Rechts"**.[176] Dagegen bleiben Gesellschaften aus Staaten, die weiterhin im autonomen Kollisionsrecht der Sitztheorie folgen, praktisch denselben Restriktionen unterworfen, die ihre grenzüberschreitende Mobilität schon bisher in höchst bedenklicher Weise beschränkt haben. Das führt zu einer rechtspolitisch kaum zu rechtfertigenden **Ungleichbehandlung** zwischen den europäischen Gesellschaften und verdeutlicht das weiterhin bestehende Bedürfnis nach einer materiellrechtlichen Harmonisierung der grenzüberschreitenden Sitzverlegung durch eine 14. gesellschaftsrechtliche Richtlinie.[177] Die Konstruktion ist seit längerer Zeit Gegenstand vielfältiger Kritik in der Literatur,[178] die nach der „Cartesio"-Entscheidung nochmals bekräftigt worden ist.[179] Schließlich ist es auch sonst in der EuGH-Rechtsprechung anerkannt, dass die Niederlassungsfreiheit nicht nur den Zugang zu anderen Mitgliedstaaten und ihren Märkten schützt, sondern ebenso ein Recht darauf gewährt wird, den **Heimatstaat zu verlassen**.[180] Durch die „Cartesio"-Entscheidung wird dieses Recht nun zumindest dann gewährt, wenn die Gesellschaft bereit ist, ihr Statut und damit ihre Rechtsform zu wechseln. Die Mobilität hat also einen hohen Preis – und setzt zusätzlich voraus, dass der Zuzugsstaat bei dem Formwechsel mitwirkt. Einer im Vergleich zu natürlichen Personen gleichwertigen Niederlassungsfreiheit entspricht das nicht, schließlich würde man es auch nicht als vereinbar mit der Niederlassungsfreiheit ansehen, wenn ein Mitgliedstaat von seinen Bürgern bei einem Umzug in einen anderen Mitgliedstaat verlangen würde, die eigene Staatsangehörigkeit abzulegen und diejenige des Zuzugsstaats zu erwerben. Dem ähnelt indes die durch „Cartesio" geschaffene Situation der Gesellschaften.[181] 94

Zu betonen ist jedoch, dass jeder Mitgliedstaat das Maß an **Freizügigkeit seiner Gesellschaften** durch die Gestaltung des autonomen Kollisionsrechts selbst in der Hand hat. Aus deutscher Sicht ist daher zu hoffen, dass Gesetzgeber und Rechtsprechung den eingeschlagenen Weg in Richtung eines allgemeinen Übergangs zur Gründungsanknüpfung (Rn 138 ff) zu Ende gehen werden. 95

e) Nach drittstaatlichem Recht gegründete juristische Personen. Schon nach dem eindeutigen Wortlaut des Art. 54 AEUV können Gesellschaften, die nicht nach dem Recht eines Mitgliedstaates gegründet worden sind, sich auch nicht auf die Niederlassungsfreiheit berufen. Eine Anknüpfung nach der europarechtlichen Gründungstheorie ist selbst dann nicht erforderlich, wenn ein starker tatsächlicher Bezug zur Gemeinschaft, sei es aufgrund der Geschäftstätigkeit, sei es aufgrund der Nationalität der Gesellschafter, vorhanden ist. Derartige Gesellschaften sind daher ausschließlich nach **autonomem nationalem Kollisionsrecht** zu 96

175 Sehr deutlich EuGH EuZW 2009, 75, 80 (Tz 110) – „Cartesio": „Diese Befugnis umfasst die Möglichkeit für diesen Mitgliedstaat, es einer Gesellschaft seines nationalen Rechts nicht zu gestatten, diese Eigenschaft zu behalten, wenn sie sich durch die Verlegung ihres Sitzes in einem anderen Mitgliedstaat dort neu organisieren möchte und damit die Anknüpfung löst, die das nationale Recht des Gründungsmitgliedstaats vorsieht."

176 Diese Formulierung stammt von *Behrens*, EuZW 1998, 353.

177 Zum möglichen Inhalt einer solchen Richtlinie vgl *Leible*, ZGR 2004, 531. Zur Wiederaufnahme der Arbeit an der 14. Richtlinie vgl näher *Wicke*, GPR 2010, 238.

178 Vgl zB *Bayer*, BB 2003, 2357, 2363; *Behrens*, IPRax 2003, 193, 197 f; *Grundmann*, Europäisches Gesellschaftsrecht, Rn 778; *Kieninger*, ZEuP 2004, 685, 694 ff; *Mankowski*, RIW 2004, 481, 484; *Horn*, NJW 2004, 893, 897; *Maul/Schmidt*, BB 2003, 2297, 2300; *Meilicke*, GmbHR 2003, 793, 803; *Stieb*, GmbHR 2004, 492, 493; *Triebel/v. Hase*, BB 2003, 2409, 2411.

179 *Leible/Hoffmann*, BB 2009, 58, 59; *Hennrichs/Pöschke/von der Laage/Klavina*, WM 2009, 2009, 2012 ff; *Bayer/Schmidt*, ZHR 173 (2009), 735, 743 f; *Sethe/Winzer*, WM 2009, 536, 540; *Paefgen*, WM 2009, 529, 533 f.

180 EuGH, Slg 1979, 399 – „Knoors"; Slg 1979, 437 – „Auer"; Slg 1981, 2311 – „Broekmeulen"; näher: v.d.Groeben/Schwarze/*Tiedje/Troberg*, EUV/EGV, Art. 43 Rn 89 f.

181 *Leible/Hoffmann*, BB 2009, 58, 59.

behandeln, ihnen kann grundsätzlich zB die Rechts- und Parteifähigkeit auch vollständig vorenthalten werden. Auch aus der Kapitalverkehrsfreiheit (Art. 63 AEUV) ergibt sich kein anderes Ergebnis. Zwar kann man eine Sitzverlegung, da diese notwendigerweise mit einem Transfer von Vermögenswerten in den Zuzugsstaat verbunden ist, regelmäßig auch als Vorgang des **Kapitalverkehrs** auffassen. Auch ist daran zu erinnern, dass Art. 63 AEUV nicht nur den innereuropäischen Kapitalverkehr, sondern auch den Kapitalverkehr mit Drittstaaten liberalisiert, so dass auch Angehörige von Drittstaaten sich unmittelbar auf die Norm berufen können. Allerdings ist zu berücksichtigen, dass der EuGH beim Zusammentreffen von Niederlassungs- und Kapitalverkehrsfreiheit heute eine restriktive Position einnimmt: So hat der EuGH (zum Verhältnis von Dienstleistungs- und Kapitalverkehrsfreiheit) entschieden, dass er „die in Rede stehende Maßnahme grundsätzlich nur im Hinblick auf eine dieser beiden Freiheiten (prüft), wenn sich herausstellt, dass unter den Umständen des Einzelfalls eine der beiden Freiheiten der anderen gegenüber völlig zweitrangig ist und ihr zugeordnet werden kann."[182] Dieses Prinzip nutzte der EuGH in „Fidium Finanz AG" insbesondere, um zu verhindern, dass eine drittstaatliche Gesellschaft, die sich nur auf die Kapitalverkehrs-, nicht aber die Dienstleistungsfreiheit berufen kann, Finanzdienstleistungen ohne Inlandsniederlassung in den Binnenmarkt hinein erbringt, indem der Kapitalverkehr bei der Darlehensgewährung als völlig zweitrangig gegenüber der Dienstleistungskomponente angesehen worden ist. Es ist zu erwarten, dass der EuGH im Fall von gesellschaftsrechtlichen Niederlassungsvorgängen ebenso den Aspekt des Kapitalverkehrs als völlig zweitrangig gegenüber der Niederlassungsfreiheit einstufen wird, so dass eine Berufung auf die Kapitalverkehrsfreiheit ausscheidet. Nur so kann die vom AEUV offensichtlich beabsichtigte Differenzierung zwischen den niederlassungsberechtigten mitgliedstaatlichen Gesellschaften und den drittstaatlichen Gesellschaften, die gerade nicht dasselbe Maß an Freiheit in der EU genießen sollen, aufrecht erhalten werden.[183] Zu Sonderfällen aufgrund völkerrechtlicher Verträge vgl Rn 152 ff.

97 **3. Zusammenfassung.** Zusammenfassend bedeutet die „Überseering"-Entscheidung, dass den Sitztheoriestaaten die Anwendung ihrer Kollisionsnorm im Anwendungsbereich der Niederlassungsfreiheit untersagt wird. Vielmehr entnimmt der EuGH unmittelbar den Art. 49, 54 AEUV eine eigenständige europäische Kollisionsnorm, die als **„europarechtliche Gründungstheorie"** bezeichnet werden kann und die auf mitgliedstaatliche Kapitalgesellschaften zwingend vorrangig anzuwenden ist. Diese Kollisionsnorm verweist für die Anknüpfung des Gesellschaftsstatuts immer dann auf das **Recht des Inkorporationsstaates**, wenn die betroffene Gesellschaft

– nach dem Recht eines anderen Mitgliedstaates **wirksam gegründet** worden ist,
– zumindest ihren **Satzungssitz** in der Gemeinschaft hat,
– nach ihrem Gründungsrecht als **juristische Person** ausgestaltet ist und
– ihr vom Gründungsrecht nicht aufgrund ihres Wegzugs die Rechtspersönlichkeit wieder **aberkannt** worden ist.

98 Liegt auch nur eine dieser Voraussetzungen nicht vor, kann der Mitgliedstaat die Anknüpfung anhand seines eigenen Kollisionsrechts vornehmen, für das das Gemeinschaftsrecht keine Vorgaben macht.[184] Bedeutsam ist dies vor allem für die nach dem **eigenen Recht** gegründeten Gesellschaften: Ihnen kann beim Wegzug ohne weiteres das Gründungsstatut entzogen werden, insbesondere durch Anwendung der Sitztheorie. Dies würde auch eine Anerkennung durch die anderen Mitgliedstaaten verhindern. In solchen Fällen verbleibt den Gesellschaften nur die in Urteil „Cartesio" anerkannte Möglichkeit eines grenzüberschreitenden Formwechsels in eine dem Recht des Zuzugsstaats unterliegende Rechtsform. Zu den Personengesellschaften vgl Rn 158 ff. Sind hingegen sämtliche Voraussetzungen erfüllt, müssen Auslandsgesellschaften auch nach Sitzverlegung ins Inland ohne Annahme eines Statutenwechsels als solche, dh als holländische BV, englische Ltd. etc., anerkannt werden. Letztlich handelt es sich um nichts anderes als die Anwendung des **Herkunftslandsprinzips** im Gesellschaftsrecht.[185]

II. Behandlung der nach EU-mitgliedstaatlichem Recht gegründeten Körperschaften im Inland

99 Aufgrund der veränderten kollisionsrechtlichen Situation ergaben sich nach „Überseering" völlig neuartige Fragestellungen für das deutsche Recht. Die wohl wichtigste Frage ist die Behandlung von Gesellschaften, die nach EU-ausländischem Recht gegründet worden sind, im Inland. Insoweit bedarf es auch heute noch einer **Differenzierung** zwischen Gesellschaften, die lediglich in Deutschland tätig sind, und solchen, die ihren **tatsächlichen Sitz**, also ihre Hauptverwaltung im Inland haben. Für Letztere hatte sich unter Geltung der Sitztheorie der Begriff der **„Scheinauslandsgesellschaft"** eingebürgert, da es sich nur scheinbar um Aus-

182 EuGH EuZW 2006, 689, 690, Tz 35 – „Fidium Finanz AG"; dazu *Voge*, WM 2007, 381.
183 In diesem Sinne auch *Germelmann*, EuZW 2008, 596.
184 Ausf. *Leible/Hoffmann*, RIW 2002, 925, 930 f.
185 *Leible/Hoffmann*, RIW 2002, 925, 932.

landsgesellschaften handelte, tatsächlich aber deutsches Recht Gesellschaftsstatut war.[186] Der Begriff hat durch die Anwendung der europarechtlichen Gründungstheorie auf diese Gesellschaften seine Berechtigung verloren. Es empfiehlt sich daher, in Zukunft die Gesellschaft ausländischen Rechts mit Sitz in Deutschland als **inländische Auslandsgesellschaft** zu bezeichnen.[187]

1. Anknüpfung des Gesellschaftsstatuts. Schon aus dem bisher Gesagten ergibt sich, dass die Anknüpfung des Gesellschaftsstatuts aufgrund der „Überseering"-Grundsätze nicht mehr anhand des autonomen deutschen Kollisionsrechts erfolgt, sondern anhand der europarechtlichen Gründungstheorie.[188] Nur außerhalb von deren Anwendungsbereich kann das deutsche Recht frei über die Anknüpfung entscheiden und könnte noch die Sitztheorie anwenden. Das danach ermittelte Gesellschaftsstatut regelt die Rechtsverhältnisse auch nicht nur punktuell, sondern grundsätzlich für den gesamten, oben (Rn 3 ff) dargelegten Regelungsbereich. Teilweise wird zwar geltend gemacht, dass die europarechtlich vorgegebene Anknüpfung nur die **Grundlagen der Gesellschaft**, insbesondere das Gründungsrecht, erfasst. Für die weiter gehenden Fragen, insbesondere des **Kapital- und Gläubigerschutzes**, bestünden dagegen keine Vorgaben, so dass es insoweit in Deutschland bei einer Sitzanknüpfung bleiben soll.[189] Diese Aufteilung des einheitlichen Gesellschaftsstatuts hätte zur Folge, dass es – anders als bei Annahme einer Sonderanknüpfung von Einzelfragen (dazu Rn 114 ff) – nicht einmal einer Rechtfertigung am Maßstab der Niederlassungsfreiheit bedürfte. Die damit verbundene weitgehende Erstreckung der deutschen Haftungsverfassung auf die Auslandsgesellschaft ist mit dem Urteil „Inspire Art" wohl kaum vereinbar,[190] da dort eine haftungsrechtlich relevante Überlagerung des Gesellschaftsstatuts gerade als Beschränkung der Niederlassungsfreiheit aufgefasst worden ist.[191] Es bleibt daher auch für die inländische Auslandsgesellschaft dabei, dass die Anknüpfung anhand der europarechtlichen Gründungstheorie zu einem **einheitlichen Gesellschaftsstatut** führt und innerhalb von dessen Regelungsbereich eine Anwendung von Vorschriften des Sitzstaates nur aufgrund einer gesondert am Maßstab der Niederlassungsfreiheit zu rechtfertigenden **Sonderanknüpfung** möglich ist (Rn 114 ff). 100

2. Sitzverlegung. Aus der Anwendung der europarechtlichen Gründungstheorie ergibt sich ferner unmittelbar die Zulässigkeit von **Sitzverlegungen**, soweit diese vom Gründungsrecht ermöglicht werden. Die Sitzverlegung nach Deutschland ist danach uneingeschränkt möglich, sofern das Gründungsrecht die Gesellschaft nicht aufgrund der Sitzverlegung als aufgelöst behandelt oder ihr durch Anwendung der Sitztheorie ihr Statut an der Grenze entzieht. In beiden Fällen gewährt das Gründungsrecht keine Rechtsfähigkeit mehr, die das Zuzugsrecht anerkennen könnte, so dass das autonome Kollisionsrecht über die Anknüpfung befindet. Bei Zuzug einer Gesellschaft aus einem Sitztheoriestaat kommt dabei übrigens stets inländisches Recht zur Anwendung, unabhängig von der im Inland geltenden Kollisionsnorm: Unter der Sitztheorie ergibt sich dies unmittelbar aus dem inländischen Verwaltungssitz, unter der Gründungstheorie ergäbe sich dieselbe Folge aus einer Rückverweisung auf das Sitzrecht, die vom deutschen Recht nach Art. 4 Abs. 1 S. 2 angenommen wird. Bezüglich zuziehender Gesellschaften aus Sitztheoriestaaten (etwa österreichische GmbHs)[192] behält also die Rechtsprechung des BGH zur Behandlung als **rechtsfähige Personengesellschaft**[193] ihre Bedeutung. 101

Ebenfalls möglich ist die Sitzverlegung einer in Deutschland **ansässigen Auslandsgesellschaft** in einen **Drittstaat**. Da Wegzugsbeschränkungen nur für die nach eigenem Recht gegründeten Gesellschaften erlassen werden können, werden inländische Auslandsgesellschaften hiervon nicht erfasst. Die mit der europarechtlichen Gründungstheorie verbundene Mobilitätsgarantie gilt also nicht nur für das Verlassen des Gründungsstaates, sondern auch für weitere Sitzverlegungen. Nur das Gründungsrecht kann diese Umzugsfreiheit beschränken. 102

3. Status in Deutschland als Zweigniederlassung. a) Auslandsgesellschaft als Zweigniederlassung. Aus Sicht des deutschen Rechts stellt sich vor allem die Frage, welcher **Status** der inländischen Auslandsgesellschaft einzuräumen ist. Die Entscheidung „Inspire Art" gibt insoweit wichtige Hinweise, als der 103

186 Zuletzt noch verwendet zB von *Ulmer*, NJW 2004, 1201; *Altmeppen/Wilhelm*, DB 2004, 1083.

187 Neuerdings findet mitunter auch der Begriff der „Gesellschaften mit Migrationshintergrund" Verwendung, vgl *Leuering*, ZPR 2008, 73.

188 Davon, dass die Entscheidungen „Überseering" und „Inspire Art" keinerlei kollisionsrechtliche Bedeutung haben, geht vor allem noch aus: *Kindler*, NJW 2003, 1073, 1076 f; *ders.*, NZG 2003, 1086, 1089; *ders.*, NZG 2009, 130, 131; MüKo/*Kindler*, Bd. 11, 5. Aufl. 2010, IntGesR, Rn 136 ff; In diesem Sinne auch *Großerichter*, in: FS Sonnenberger 2004, S. 369 ff.

189 Hierfür vor allem *Altmeppen*, NJW 2004, 97, 100 ff; ähnlich *Altmeppen/Wilhelm*, DB 2004, 1083; MüKo/*Kindler*, Bd. 11, 5. Aufl. 2010, IntGesR, Rn 134.

190 So im Erg. auch *Ulmer*, NJW 2004, 1201, 1206.

191 EuGH, NJW 2003, 3331, Tz 142.

192 In Österreich gilt nach § 10 IPRG im autonomen Kollisionsrecht die Sitztheorie. Im österreichischen Schrifttum wird neuerdings indes eine teleologische Reduktion des § 10 IPRG zur Gewährleistung von Mobilität österreichischer Gesellschaften in der EU vertreten, vgl. *Eckert*, Internationales Gesellschaftsrecht, 2010, S. 114 ff.

193 BGH IPRax 2003, 62 = NJW 2002, 3539 = BB 2002, 2031 mit Anm. *Gronstedt* = MDR 2002, 1382 m. Anm. *Haack* = EWiR 2002, 971 (*Emde*) = JuS 2003, 88 (*Hohloch*); vgl dazu die Besprechungsaufsätze von *Kindler*, IPrax 2003, 41; *Leible/Hoffmann*, DB 2002, 2203.

EuGH darin vorgibt, dass die Gesellschaft auch dann der Zweigniederlassungsrichtlinie[194] (Elfte Richtlinie) unterliegt, wenn die gesamte Geschäftstätigkeit vom Zuzugsstaat aus entfaltet wird. Der europarechtliche Begriff der Zweigniederlassung setzt also keine ausländische Hauptniederlassung im wirtschaftlichen Sinne voraus, sondern greift auch bei einem ausländischen Satzungssitz. Die inländische Auslandsgesellschaft genießt somit im Inland den rechtlichen Status einer **Zweigniederlassung** und ist dementsprechend anhand der nationalen Umsetzungsvorschriften zur **Elften Richtlinie** zu behandeln.[195] Da deren Vorschriften abschließend sind, also gerade in Bezug auf die Offenlegung nicht nur eine Mindest-, sondern eine **Vollharmonisierung** enthalten,[196] sind die Mitgliedstaaten auch daran gehindert, in deren Regelungsbereich weiter gehende Vorschriften zu erlassen.

104 **b) Anwendung der §§ 13 d ff HGB.** Im deutschen Recht war man bisher davon ausgegangen, dass die Eintragung einer Zweigniederlassung im Sinne der §§ 13 d ff HGB eine Hauptniederlassung (§ 13 d Abs. 1 HGB) bzw den Gesellschaftssitz (§§ 13 d Abs. 1, 13 e Abs. 1, 13 f Abs. 1 HGB) im Ausland voraussetzt. Dabei wurde unter dem **„Sitz“** allein die **Hauptverwaltung** im Sinne der Sitztheorie verstanden,[197] so dass die Vorschriften auf Niederlassungen aller Gesellschaften anwendbar waren, die aus Sicht des deutschen Kollisionsrechts nicht dem deutschen Gesellschaftsstatut unterlagen. Geht man von dieser Begriffsbestimmung aus, müsste man eigentlich annehmen, dass das deutsche Recht für die Eintragung des Zuzugs der Hauptverwaltung einer Auslandsgesellschaft gar kein Verfahren bereitstellt – und demnach auch keine Eintragungspflicht begründet. Schließlich handelt es sich bei der inländischen Auslandsgesellschaft um eine solche mit **Sitz und Hauptniederlassung im Inland**, so dass §§ 13 d ff HGB schon nicht anwendbar wären. Die Vorschriften über die Eintragung von Zweigniederlassungen inländischer Gesellschaften passen schon wegen des Umfangs der Offenlegung und des Verfahrensablaufs gar nicht auf die Situation des Zuzugs. Und als Neugründung kann die Gesellschaft aufgrund der Niederlassungsfreiheit gerade nicht behandelt werden.

105 Schon in Hinblick auf „Centros“ und „Überseering“ war davon auszugehen, dass die Eintragung als Zweigniederlassung nicht wegen des Fehlens einer ausländischen Hauptniederlassung verweigert werden kann.[198] Nach der Entscheidung „Inspire Art“ wird man nun den Schluss ziehen müssen, dass die Vorschriften – **richtlinienkonform ausgelegt** – auch auf die zugezogene **Hauptverwaltung** einer Auslandsgesellschaft anzuwenden sind, und zwar unabhängig davon, ob diese als **Zweigniederlassung deklariert** wird.[199] Hieraus ergibt sich nicht nur, dass das Eintragungsverfahren der §§ 13 d ff HGB auch für inländische Auslandsgesellschaften zur Verfügung stehen muss, sondern auch, dass die Auslandsgesellschaft nach ihrem Zuzug der **Publizitätspflicht** unterliegt.[200] Nur so kann der europarechtlich vorgegebenen **Gleichstellung von Zweigniederlassung und Sitzverlegung** im deutschen Recht Rechnung getragen werden.

106 Demnach erfasst der Begriff der „Zweigniederlassung“ iSd §§ 13 d ff HGB jede inländische Niederlassung einer Gesellschaft im Sinne von Art. 54 AEUV, die unter Berücksichtigung der „Überseering“-Grundsätze nicht deutschem Recht unterliegt. Dies kann man vor allem dadurch erreichen, dass man den Begriff des „Sitzes“ (§§ 13 d Abs. 1, 13 e Abs. 1, 13 f. Abs. 1 HGB) so auslegt, dass er in Übereinstimmung mit Art. 54 AEUV alternativ den „satzungsmäßigen Sitz“, die „Hauptverwaltung“ oder die „Hauptniederlassung“ bezeichnet. Hierin kann man eine **europarechtliche Sitzdefinition** sehen, die für die Zwecke der Anwendung von Normen, die der Umsetzung einer Richtlinie dienen, der nationalen Sitzdefinition vorgeht. Nur so wird gewährleistet, dass das Registerverfahren allen niederlassungsberechtigten Gesellschaften offen steht und für Gesellschaften, die dem „Recht eines anderen Mitgliedstaats unterliegen“ (Art. 1 Abs. 1 Elfte Richtlinie) bei Niederlassung in Deutschland in jedem Fall Publizitätspflicht besteht. Denn gerade Letzteres scheint Sinn und Zweck der Konstruktion des EuGH zu sein: „Publizitätslose Niederlassungen kann es somit nicht geben.“[201]

107 **c) Sanktionierung der Anmeldepflicht.** Von der Frage der Publizitätspflicht zu trennen ist indes die Frage der Sanktionierung der darauf bezogenen Anmeldepflicht. Dieser kommt zentrale Bedeutung zu, da die Publizität praktisch das einzige Instrument zum Schutz der inländischen Verkehrskreise ist. Verstößt die inländische Auslandsgesellschaft gegen die Anmeldepflicht, vereitelt sie praktisch das vom EuGH verfolgte Schutzkonzept. Will man aber den Status als Zweigniederlassung von der Erfüllung der Anmeldepflicht abhängig machen, kann dies nur über deren Sanktionierung erfolgen. Richtigerweise sollte dieser also erhebliche **statusrechtliche Bedeutung** zukommen. Wird lediglich ein Verfahren zur Erzwingung der Anmeldung vorgesehen, kann die Gesellschaft evtl jahrelang im Zuzugsstaat tätig sein, bevor das Registergericht auf sie aufmerksam wird und die Anmeldung durchsetzt. Mit dem beabsichtigten Schutz inländischer Verkehrskreise,

194 Richtlinie 89/666/EWG, ABl. EG L 395, S. 36 ff.
195 *Behrens*, IPRax 2004, 20, 24.
196 EuGH, IPRax 2004, 46 = NJW 2003, 3331, Tz 69 – „Inspire Art“.
197 Näher *Kindler*, NJW 1993, 3301, 3304; *Wernicke*, BB 2006, 843, 844; ferner MüKo/*Kindler*, Bd. 11, 5. Aufl. 2010, IntGesR, Rn 933 ff.
198 Vgl die Nachw. aus der Rspr bei *Leible/Hoffmann*, ZIP 2003, 925, 926 f.
199 OLG Frankfurt, ZIP 2008, 1286; *Baumbach/Hopf*, HGB, § 13 e Rn 1; MüKo/*Kindler*, Bd. 11, 5. Aufl. 2010, IntGesR, Rn 933; *Ulmer/Behrens*, GmbHG, Einl. B Rn 166; *Wernicke*, BB 2006, 843.
200 In diesem Sinne auch *Riegger*, ZGR 2004, 510.
201 *Behrens*, IPRax 2004, 20, 24.

denen die erforderliche Informationsquelle über die Gesellschaftsverhältnisse vorenthalten wird, ist das kaum vereinbar. Es soll hier nicht problematisiert werden, ob das Zwangsgeldverfahren nach § 14 HGB vor diesem Hintergrund überhaupt als hinreichend wirksam und abschreckend anzusehen ist, um den Anforderungen des Art. 12 der Elften Richtlinie zu genügen.[202] Denn jedenfalls aus Sicht des Schutzes inländischer Interessen sollte das deutsche Recht einen **zusätzlichen Sanktionsmechanismus** auf der privatrechtlichen Ebene installieren, um das rechtswidrige **Informationsdefizit** zu kompensieren und die inländischen Auslandsgesellschaften effektiv zur Erfüllung der Anmeldepflicht zu zwingen.

Zu berücksichtigen ist insoweit, dass diese Sanktionierung **diskriminierungsfrei** erfolgen muss.[203] Das bedeutet, dass die Rechtsfolgen der Nichteintragung nicht über diejenigen der Nichteintragung einer deutschen GmbH bei Geschäftsaufnahme hinausgehen dürfen. Die Feststellung einer Diskriminierung setzt voraus, dass man einen Vergleichsfall des nationalen Rechts ermittelt. In Betracht kommen insoweit nur die ursprüngliche Anmeldung der GmbH oder aber die Anmeldung der Zweigniederlassung einer Inlandsgesellschaft. Da gerade der erstmaligen Offenlegung in einem Mitgliedstaat auch nach der Elften Richtlinie[204] besondere Bedeutung zukommt, kann man als zutreffenden **Vergleichsfall** wohl nur die erstmalige Anmeldung der GmbH bei Geschäftsaufnahme ansehen.[205] **108**

Dies bedeutet, dass nach der hier vertretenen Ansicht die nicht in das deutsche Handelsregister eingetragene inländische Auslandsgesellschaft haftungsrechtlich einer **Vor-GmbH** gleichgestellt werden kann, ohne dass darin eine Diskriminierung oder ein Verstoß gegen die Elfte Richtlinie zu sehen wäre. Insbesondere kann eine **Handelndenhaftung** nach dem Vorbild des § 11 Abs. 2 GmbHG für inländische Rechtshandlungen im deutschen Recht verankert werden, die mit dem Zuzug der Zweigniederlassung bzw Hauptverwaltung beginnt und mit der Eintragung ins Handelsregister endet.[206] Es ist allerdings festzustellen, dass der BGH[207] und die heute ganz hM[208] eine derartige Handelndenhaftung als Verstoß gegen die Niederlassungsfreiheit ansehen, da dies einer Nichtanerkennung der im Ausland erfolgten Eintragung entspricht. Der BGH führt ferner an, dass das deutsche Recht als Sanktion für Verstöße gegen die Publizitätspflicht allein das Zwangsgeld vorsieht, nimmt also § 11 Abs. 2 GmbHG nicht als eine solche Sanktion in den Blick. Die Praxis wird sich hierauf einzurichten haben. **109**

Nur auf der Grundlage der hier vertretenen Ansicht stellt sich die Frage, ob es hierfür eines Tätigwerdens des Gesetzgebers bedarf oder man diese Folge nicht auch aus einer **analogen Anwendung des § 11 Abs. 2 GmbHG** schon de lege lata herleiten kann. Hierfür müsste man zunächst auf der kollisionsrechtlichen Ebene dazu kommen, dass die Frage der Handelndenhaftung nicht nach dem Gesellschaftsstatut, sondern dem Sitzrecht bestimmt wird. Es bedürfte also einer **Sonderanknüpfung** dieser Frage anhand des Niederlassungsortes, was man damit begründen kann, dass es gerade um den Schutz der dortigen Verkehrskreise und die Sanktionierung einer am Niederlassungsort bestehenden Verpflichtung geht. Derartige Sonderanknüpfungen sind im Zweigniederlassungsrecht nicht unbekannt, durch sie wird etwa bezüglich der Rechnungslegung der engen Beziehung zum Niederlassungsstaat Rechnung getragen.[209] Eine Beschränkung der Niederlassungsfreiheit liegt bei einer solchen Sonderanknüpfung schon deshalb nicht vor, weil es sich gerade um die **Ausfüllung des Sanktionierungsgebots** des Art. 12 der Elften Richtlinie handelt. **110**

Auch die Voraussetzungen einer Analogie zwischen Vor-GmbH und inländischer Auslandsgesellschaft vor Eintragung können als gegeben angesehen werden. Die Regelungslücke ergibt sich daraus, dass wegen der Nichtanwendbarkeit der Sitztheorie eine **Lücke in der Schutzkonzeption** des deutschen Rechts aufgetreten ist, während die vergleichbare Interessenlage schon der Erwägung zu entnehmen ist, dass die Gewährung des Haftungsprivilegs bei der Neugründung ebenso wie beim Zuzug nur aufgrund der Offenlegung am Tätigkeitsort der Gesellschaft gerechtfertigt ist. Demnach erscheint die analoge Anwendung des § 11 Abs. 2 GmbHG auf die nicht eingetragene inländische Auslandsgesellschaft als möglich. **111**

Auf der Grundlage der genannten Entscheidung des BGH bleibt es dagegen bei der Möglichkeit der Registergerichte, nach § 14 HGB **Zwangsgelder** zu verhängen. Die Effektivität einer solchen Sanktion hängt davon **112**

202 Die Publizitätswirkungen des § 15 HGB sind bei völlig fehlender Eintragung wenig einschneidend. Krit. zur Wirksamkeit des Durchsetzungsverfahrens nach § 14 HGB mit Hinweis auf die fehlende Möglichkeit der Durchsetzung gegenüber Personen, die sich nicht im Inland aufhalten, auch MüKo/*Kindler*, Bd. 11, 5. Aufl. 2010, IntGesR, Rn 991; Kritisch auch *Wachter*, GmbHR 2004, 96, 99; etwas optimistischer *Lehmann*, NZG 2005, 580, 582.

203 So ausdr. EuGH, IPRax 2004, 46 = NJW 2003, 3331 – „Inspire Art".

204 Vgl. Art. 5 der ZweigniederlassungsRL (Richtlinie 89/566/EWG, ABl. EG L 395, S. 36 ff).

205 Näher: *Leible/Hoffmann*, EuZW 2003, 677, 678 f.

206 Wie hier: *Leible/Hoffmann*, EuZW 2003, 677, 678 f; MüKo/*Kindler*, Bd. 11, 5. Aufl. 2010, IntGesR, Rn 933; *Paefgen*, GmbHR 2005, 957 (mit ausführlicher Begründung der Europarechtskonformität).

207 BGH NJW 2005, 1648.

208 *Lehmann*, NZG 2005, 580; *Eidenmüller*, NJW 2005, 1618; *Wand*, BB 2005, 1017; *Ressos*, DB 2005, 1048; *Eckert*, Internationales Gesellschaftsrecht, 2010, S. 396.

209 Näher Michalski/*Leible*, Syst. Darst. 2 Rn 226 ff.

ab, ob hinreichende Ressourcen für die Feststellung und Verfolgung von Verstößen zur Verfügung gestellt werden. Da europarechtlich eine wirksame Sanktionierung gefährdet ist, wird man auf der Grundlage der Ansicht des BGH zu verlangen haben, dass die Registergerichte der Sanktion Wirksamkeit verleihen. Es ist zu bezweifeln, dass die Gerichte für diese Aufgabe gerüstet – oder auch nur besonders geeignet wären. Eine unregelmäßige Anwendung der Norm nur bei Zufallsfunden dürfte dem Maßstab der Wirksamkeit kaum genügen.

113 **d) Zusammenfassung.** Zusammenfassend genießt somit die inländische Auslandsgesellschaft den **Status einer Zweigniederlassung** im Sinne der Elften Richtlinie, so dass die deutschen Umsetzungsvorschriften in § 13 d ff HGB im Wege der **richtlinienkonformen Auslegung** auf diese anzuwenden sind. Bei Verstoß gegen die Offenlegungspflicht kann und sollte das inländische Recht – entgegen der hM – schon de lege lata eine **Handelndenhaftung** analog § 11 Abs. 2 GmbHG annehmen und so den Genuss des Haftungsprivilegs des Gründungsrechts von der Publizität im Inland abhängig machen.

114 **4. Reichweite zulässiger Überlagerungen des Gesellschaftsstatuts.** Die Frage, der im Anschluss an die Entscheidung „Inspire Art" sicherlich die meiste Aufmerksamkeit im Schrifttum gewidmet wurde, ist die nach Zulässigkeit und Grenzen von **Sonderanknüpfungen** einzelner Fragen, insbesondere des Haftungsrechts. Insoweit geht es um nichts anderes als den Grundgedanken der von *Sandrock* begründeten **Überlagerungstheorie**, wonach auch bei grundsätzlicher Maßgeblichkeit des Gründungsrechts spezifische Interessen im Sitzstaat durch Inlandsrecht zu schützen sind (dazu schon Rn 46). Da solche Überlagerungen aber grundsätzlich als **Beschränkungen der Niederlassungsfreiheit** anzusehen sind,[210] können sie nur anerkannt werden, soweit sie anhand des Maßstabs der **zwingenden Allgemeininteressen** gerechtfertigt werden können.[211]

115 Von der Überlagerung im Wege der Sonderanknüpfung ist indes die Frage der **Qualifikation** von Haftungstatbeständen zu unterscheiden. Unter Qualifikation ist die Zuordnung eines rechtlichen Tatbestandes zu den Systembegriffen zu verstehen, an die das Kollisionsrecht anknüpft (näher Art. 3 EGBGB Rn 22 ff). Es geht konkret um die **Abgrenzung** der Reichweite des Gesellschaftsstatuts im Verhältnis etwa zum Delikts- oder zum Insolvenzstatut, bezüglich derer auch die Auslandsgesellschaft den allgemeinen Gesetzen und Kollisionsnormen unterliegt. Bedeutung hat auch dies vor allem für einzelne Haftungstatbestände: Soweit diese gesellschaftsrechtlich zu qualifizieren sind, müsste ihre Anwendung auf die Auslandsgesellschaft als Überlagerung am Maßstab der Niederlassungsfreiheit gemessen werden. Soweit sie aber dem Insolvenz- oder Deliktsstatut unterliegen und deren Anknüpfungsnormen auf das Sitzrecht verweisen, befindet sich der Sitzstaat bei deren Anwendung in Bezug auf Art. 49, 54 AEUV im „sichersten Hafen".[212] Bei der Diskussion einzelner Regelungen sind beide Aspekte zu berücksichtigen, da eine Sonderanknüpfung anhand der Überlagerungstheorie überhaupt nur aufgrund einer **gesellschaftsrechtlichen Qualifikation** in Betracht kommt. Dennoch sind beide Aspekte aber zu trennen, da die Anwendung des allgemeinen rechtlichen Rahmens auf Auslandsgesellschaften keiner Rechtfertigung bedarf. Die Vorgaben der Niederlassungsfreiheit wären aber zu beachten, wenn man durch Qualifikation das Gesellschaftsstatut gezielt verengen und so gesellschaftsrechtsspezifische Regelungen in das Delikts- oder Insolvenzstatut überführen wollte.[213]

116 **a) Haftungstatbestände.**[214] Bei der Diskussion um die Anwendung von **Haftungstatbeständen** des deutschen Rechts auf inländische Auslandsgesellschaften ist zunächst daran zu erinnern, dass in erster Linie das Gesellschaftsstatut darüber bestimmt, ob und unter welchen Voraussetzungen Gesellschafter und Geschäftsleiter persönlich für die Gesellschaftsschulden haften. Wendet man diese konsequent an, wozu natürlich auch der deutsche Richter bei entsprechender Anknüpfung berechtigt und verpflichtet ist, sind in den meisten Fällen die Schutzlücken nicht so groß, dass eine Korrektur angezeigt wäre.[215] Denn auch zB das englische Gesellschaftsrecht verfügt durchaus über wirksame Instrumente zur **Verhinderung des Missbrauchs** der „Limited", etwa in Form des Tatbestandes des *„wrongful trading"* oder der Durchgriffshaftung („piercing the corporate veil"). Näher Rn 202.

210 EuGH, IPRax 2004, 46 = NJW 2003, 3331 – „Inspire Art".
211 *Sandrock*, ZVglRWiss 102 (2003), 447 ff, bezeichnet die darauf beruhende Beschränkung als „Schrumpfung" der Überlagerungstheorie.
212 Den Begriff verwendet *Ulmer*, NJW 2004, 1201, 1207, in diesem Zusammenhang.
213 In diese Richtung deuten manche Qualifikationslösungen in der Lit., zB die Anwendung von „Mehrfachqualifikationen" bei *Kindler*, in: FS Jayme 2004, S. 409 ff.
214 *Eidenmüller*, in: Eidenmüller, Ausländische Kapitalgesellschaften, § 4 Rn 7 ff; *Eckert*, Internationales Gesellschaftsrecht, 2010, S. 338 ff, S. 356 ff (aus österreichischer Persepektive).
215 Zutr. *Behrens*, IPRax 2004, 20, 24.

Die Insolvenzverschleppungshaftung ist zunächst trotz ihrer delikts- und insolvenzrechtlichen Bezugspunkte[216] gesellschaftsrechtlich zu qualifizieren.[217] Allerdings hat der Gesetzgeber durch die Verlagerung der Insolvenzantragspflicht von § 64 GmbHG und § 92 AktG in den neuen § 15 a InsO[218] versucht, eine insolvenzrechtliche Qualifikation nicht nur der Insolvenzantragspflicht, sondern auch der an die Verletzung dieser Pflicht geknüpften Haftungsregeln durchzusetzen.[219] Bei der international-privatrechtlichen Qualifikation kommt es indes nicht auf die materiellrechtliche Einordnung im Recht des Formstaats an, sondern auf eine funktionale Auslegung der Systembegriffe des Kollisionsrechts. Gerade im hier existierenden Kontext kann der Ausgestattung durch den deutschen Gesetzgeber keine entscheidende Bedeutung zukommen, da die Qualifikation im Rahmen europarechtlicher Kollisionsnormen und somit auch nach Maßstäben des europäischen Rechts zu erfolgen hat. Es ist zu bedenken, dass alle drei in Betracht kommenden Qualifikationen zu in europäischen Verordnungen enthaltenen (EuInsVO,[220] Rom II-VO)[221] oder direkt aus dem Primärrecht abgeleiteten („Überseering"-Grundsätze, Rn 74 ff) Kollisionsnormen führen. Die Auslegung dieser europarechtlichen Systembegriffe kann nur funktional und rechtsvergleichend, keinesfalls unter Rückgriff auf die lex fori erfolgen. Vor diesem Hintergrund vermag bei genauer Betrachtung weder eine deliktsrechtliche noch eine insolvenzrechtliche Qualifikation zu überzeugen.[222] Nur eine gesellschaftsrechtliche Qualifikation vermag es richtigerweise, ein einheitliches Statut für alle relevanten Aspekte einschließlich der Insolvenzantragspflicht zu bestimmen und so kollisionsrechtliche Gemengelagen zu vermeiden. Trotz der Verschiebung der Problematik in das nationale Insolvenzrecht durch den deutschen Gesetzgeber ist somit an einer gesellschaftsrechtlichen Qualifikation festzuhalten.[223] Auch eine Überlagerung des Gesellschaftsstatuts durch das Sitzrecht ist abzulehnen, da man diese nicht auf die Antragspflicht selbst beschränken könnte: Die Antragspflicht führt zur Überwachungspflicht, die Überwachungspflicht zum Erfordernis der Erstellung der Überschuldungsbilanz, die sinnvollerweise nur nach Maßgabe des deutschen Rechts erstellt werden könnte. Dies zeigt, dass die Sonderanknüpfung der Antragspflicht zu einer sehr weitgehenden Überlagerung des Innenrechts der Gesellschaft bis hin zu einer gesonderten Bilanzierung führen würde, die sich in Hinblick auf die Niederlassungsfreiheit kaum rechtfertigen ließe.[224] **117**

Gesellschaftsrechtlich zu qualifizieren sind ferner die Fälle der Durchgriffshaftung einschließlich der **Existenzvernichtungshaftung**.[225] Im Hinblick auf die „Trihotel"-Entscheidung des BGH[226] wird indes neuerdings häufiger eine deliktsrechtliche Qualifikation[227] angenommen. Durch diese Entscheidung hat der BGH für das deutsche materielle Recht die Existenzvernichtungshaftung als eigenständige gesellschaftsrechtliche Haftungsfigur aufgegeben und durch eine deliktsrechtliche, in § 826 BGB verankerte Innenhaftung ersetzt. Funktional handelt es sich jedoch weiterhin um ein gesellschaftsrechtlich zu qualifizierendes Rechtsinstitut, da schon die Ausgestaltung als Innenhaftung erkennen lässt, dass es sich um eine Haftung für die Verletzung gesellschaftsinterner Verpflichtungen handelt, die auf die gesellschaftsrechtlichen Anspruchsgrundlagen abgestimmt werden muss. Im Hinblick auf Art. 1 Abs. 2 lit. d Rom II-VO wird man festzustellen haben, dass derartige Ansprüche weiterhin gesellschaftsrechtlich zu qualifizieren sind.[228] Bezüglich dieser Ansprüche ist **118**

216 Anspruchsgrundlage dieser Haftung ist im deutschen Recht § 823 Abs. 2 BGB iVm 15 a InsO.

217 Zutr. *Ulmer*, NJW 2004, 1201, 1207; *Eckert*, IntGesR, 2010, S. 366 ff; *Mock/Schildt*, in: Hirte/Bücker, Grenzüberschreitende Gesellschaften, 2. Auflage, 2006, § 17 Rn 80 ff; *Altmeppen/Wilhelm*, DB 2004, 1083, 1088; *Spindler/Berner*, RIW 2004, 7, 12; *Berner/Klöhn*, ZIP 2007, 106; *Zimmer*, NJW 2003, 3585, 3590; für eine insolvenzrechtliche Qualifikation: KG ZIP 2009, 2156; *Borges*, ZIP 2004, 733, 739; Spindler/Stilz/*Müller*, AktG, 2. Aufl. 2010, IntGesR, Rn 36; *Müller*, NZG 2003, 414, 417; MüKo/*Kindler*, Bd. 11, 5. Aufl. 2010, IntGesR, Rn 669; *Eidenmüller*, in Eidenmüller, Ausländische Kapitalgesellschaften, § 4 Rn 28; *Kuntz*, NZI 2005, 424, 428; Michalski/*Leible*, GmbHG, Syst. Darst. 2 Rn 146; MüKo GmbHG/*Weller*, Einl. Rn 425; *Worms*, Insolvenzverschleppung bei der deutschen Limited, 2009, S. 127 ff; für eine deliktsrechtliche Qualifikation: Ulmer/Habersack/*Behrens*, GmbHG, Einl. B Rn 106; *Bayer*, BB 2003, 2357, 2365; *Schanze/Jüttner*, AG 2003, 661, 670.

218 Dieser wurde durch das MoMiG (BGBl. 2008 I S. 2026) eingefügt.

219 BT-Drucks. 16/6140, S. 17.

220 VO (EG) Nr. 1346/2000, ABl. EG L 160, S. 1 ff.

221 VO (EG) Nr. 864/2007, ABl. EG L 199, S. 40 ff.

222 Ausführlich *Hoffmann*, in: Heiderhoff/Zmij (Eds.), Tort Law in Poland, Germany and Europe, 2009, S. 151, S. 160 ff.

223 So auch *Mock/Schildt*, in: Hirte/Bücker, Grenzüberschreitende Gesellschaften, 2. Aufl. 2006, § 17 Rn 80 ff.

224 Ulmer/Habersack/*Behrens*, GmbhG, Einl. Rn B 105; *Eckert*, Internationales Gesellschaftsrecht, 2010, S. 366 ff; aA *Borges*, ZIP 2004, 733, 740, der aber ganz isoliert auf die Antragspflicht abstellt, ohne die angesprochenen Weiterungen für das Innenrecht in den Blick zu nehmen.

225 *Ulmer*, NJW 2004, 1201, 1208; *Sandrock*, ZVglRWiss 102 (2003), 447, 484 f; *Spindler/Berner*, RIW 2004, 7, 11; *Eckert*, Internationales Gesellschaftsrecht, 2010, S. 338 ff.

226 BGHZ 173, 246 = NJW 2007, 2689; dazu: *Habersack*, ZGR 2008, 533; *Schanze*, NZG 2007, 681; *Gehrlein*, WM 2008, 761.

227 *Schanze/Jüttner*, Die AG 2003, 665, 669 f; *Zimmer*, NJW 2003, 3585, 3588 f; *Kindler*, in: FS Jayme 2004, S. 409, 416 f.

228 Näher zu dieser Problematik MüKoGmbHG/*Weller*, Einl. Rn 415 ff.

mit der hM[229] grundsätzlich die Möglichkeit einer **Überlagerung** des Gesellschaftsstatuts anzuerkennen. Voraussetzung ist allerdings, dass die damit verbundene Beschränkung der Niederlassungsfreiheit im konkreten Fall **gerechtfertigt** werden kann. Insoweit kommen zwei unterschiedliche Begründungen in Betracht: Zunächst könnte das vom EuGH anerkannte **Missbrauchsverbot** eingreifen. Der Anwendungsbereich der Niederlassungsfreiheit ist ausnahmsweise nicht eröffnet, wenn sich Staatsangehörigen unter Missbrauch der durch den AEUV geschaffenen Möglichkeiten der Anwendung des nationalen Rechts entziehen, also sich missbräuchlich oder in betrügerischer Absicht auf Gemeinschaftsrecht berufen.[230] Allein die Wahl eines laxeren Gesellschaftsstatuts zur Umgehung strengerer Gründungsvorschriften im Staat der Zweigniederlassung ist freilich nicht zur Begründung eines solchen Missbrauchs geeignet. Erforderlich wäre vielmehr ein **konkreter Missbrauch**, der insbesondere in den Fällen der **Existenzvernichtungshaftung** – die ja letztlich nichts anderes als Haftung für den Missbrauch der juristischen Person enthält[231] – in Betracht kommt.[232] Der Missbrauch muss konkret nachgewiesen werden.[233]

119 Daneben kommt aber auch eine Rechtfertigung nach den allgemeinen Grundsätzen in Betracht: Mitgliedstaatliche Maßnahmen, die die Niederlassungsfreiheit beschränken, sind nicht per se verboten, sondern können, wenn sie in nichtdiskriminierender Weise angewandt werden, ausnahmsweise aus **zwingenden Gründen des Allgemeininteresses** gerechtfertigt sein, sofern sie zur Erreichung des verfolgten Zieles geeignet, erforderlich und verhältnismäßig ieS sind.[234] Zwar ist insbesondere der **Gläubigerschutz** grundsätzlich als ein derartiges zwingendes Allgemeininteresse anerkannt, die Rechtsprechung des EuGH deutet allerdings auf eine sehr **restriktive Handhabung** hin.[235] Soweit die Gläubiger bereits durch das Auftreten als Auslandsgesellschaft geschützt sind, also das fremde Gesellschaftsstatut offensichtlich war, kommt eine Beschränkung zum Zwecke des Gläubigerschutzes nicht in Betracht.[236] Die Information der Gläubiger, die sich dann selbst schützen können, geht also der Überlagerung vor. Innerhalb dieses engen Rahmens ist es allerdings durchaus denkbar, dass im **Einzelfall** gläubigerschützende Überlagerungen zu rechtfertigen sind, beispielsweise zugunsten von Deliktsgläubigern[237] materiell unterkapitalisierter Gesellschaften. Der Nachweis, dass nach dem Gesellschaftsstatut hinreichende Schutzinstrumente nicht gegeben sind, dürfte im Rahmen der Erforderlichkeit nicht zu verlangen sein.[238]

120 **b) Kapitalschutzrecht.** Im Bereich des Rechts der **Kapitalaufbringung und -erhaltung** sowie des **Eigenkapitalersatzrechts** können nur in ganz engen Grenzen Überlagerungen angenommen werden. Insoweit ist zunächst festzustellen, dass der EuGH ein vorgeschriebenes **Mindestkapital** schon nicht als geeignet ansieht, die Gesellschaftsgläubiger zu schützen.[239] Vorschriften, die an den Schutz eines solchen Mindestkapitals anknüpfen und dessen Entzug sanktionieren, dürften im Wesentlichen dieses Schicksal teilen.[240] Wie *Sandrock* treffend bemerkt, verletzen die Vorschriften über Kapitalaufbringung und -erhaltung „nahezu sämtliche Schranken, die das Europarecht gegenüber Eingriffen in die Niederlassungsfreiheit aufgerichtet hat."[241] Dies gilt richtigerweise auch für **Rückzahlungsansprüche** aus §§ 30, 31 GmbHG, die bei Fehlen eines festen Stammkapitals schon keinen Sinn machen und die für den Gläubigerschutz ebenso ungeeignet sind, wie das

229 *Sandrock*, ZVglRWiss 102 (2003), 447, 484 ff; *Ulmer*, NJW 2004, 1201, 1208; *Bayer*, BB 2003, 2357, 2364 f; *Eidenmüller*, ZIP 2002, 2233, 2242; *Weller*, IPRax 2003, 207; *Eidenmüller/Rehm*, ZGR 2004, 159, 182; *Zimmer*, NJW 2003, 3585, 3589; aA *Kieninger*, ZEuP 2004, 685, 699.

230 Zum Rechtsmissbrauch im Gemeinschaftsrecht vgl *Fleischer*, JZ 2003, 865; *Ottersbach*, Rechtsmissbrauch bei den Grundfreiheiten des euopäischen Binnenmarktes, 2001; *Schmidt-Kessel*, Verbot des Rechtsmissbrauchs im Gemeinschaftsprivatrecht, 2000; *Schön*, in: FS Wiedemann 2002, S. 1271; *Zimmermann*, Das Rechtsmissbrauchsverbot im Recht der europäischen Gemeinschaft, 2002.

231 Vgl BGHZ 151, 181, 187. Auf den Zusammenhang weist zutr. *Borges*, ZIP 2004, 733, 742 hin; ferner *Drygala*, ZEuP 2004, 337, 347; Allerdings knüpft der BGH seit BGHZ 173, 246 („Trihotel") die Haftung nicht mehr an den „Missbrauch der Rechtsform", sondern an die „missbräuchliche Schädigung des Gesellschaftsvermögens", was im Hinblick auf die Missbräuchlichkeit aber keinen Unterschied macht.

232 Ähnlich *Spindler/Berner*, RIW 2004, 7, 9, die aber einen solchen „konkreten Missbrauch" nur bei „betrügerischer Absicht" anerkennen; kritisch *Greulich/Rau*, NZG 2008, 565, 568.

233 Zu einem solchen Missbrauchsfall, der nach Ansicht des AG Hamburg die Aberkennung des Haftungsprivilegs einer englischen Ltd. rechtfertigte, vgl AG Hamburg, IPRax 2003, 534 = NJW 2003, 2835 = NZI 2003, 442 mit Anm. *Mock/Schildt* = DStR 2003, 1763 mit Anm. *Lürken*; dazu auch *Weller*, IPRax 2003, 520.

234 EuGH, IPRax 2004, 46 = NJW 2003, 3331 – „Inspire Art"; Slg 1999, I-1459, Rn 34 – „Centros"; Slg 1995, I-4165, Tz 37 – „Gebhard".

235 In diesem Sinne auch *Ziemons*, ZIP 2003, 1913, 1917; vgl ferner die eingehende Analyse bei *Teichmann*, Binnenmarktkonformes Gesellschaftsrecht, 2006, S. 456 ff.

236 EuGH, IPRax 2004, 46 = NJW 2003, 3331 – „Inspire Art".

237 *Spindler/Berner*, RIW 2004, 7, 14.

238 Näher *Ulmer*, NJW 2004, 1201, 1208 f; *Borges*, ZIP 2004, 733, 741 f; aA *Spindler/Berner*, RIW 2004, 7, 14; *Kieninger*, ZEuP 2004, 685, 700 ff; *Eckert*, IntGesR, 2010, S. 343.

239 EuGH, Slg 1999, I-1459, Tz 35 – „Centros".

240 So auch *Eidenmüller/Rehm*, ZGR 2004, 159, 181.

241 ZVglRWiss 102 (2003), 447, 479.

Mindestkapital selbst.[242] Soweit die Auszahlungen zur Insolvenz der Gesellschaft führen, ist aus dem Aspekt des Missbrauchs vielmehr eine **Existenzvernichtungshaftung** in den Blick zu nehmen. Schutzlücken können daher mit diesem Instrument geschlossen werden.

Die Problematik eigenkapitalersetzender Gesellschafterleistungen regelt das deutsche Recht heute nur noch in insolvenzrechtlichem Zusammenhang. Die §§ 39 Abs. 1 Nr. 5, 135 InsO knüpfen direkt an die Durchführung des **Insolvenzverfahrens** an und entfalten ihre Rechtsfolgen gerade innerhalb dieses Verfahrens. Diese sind daher insolvenzrechtlich zu qualifizieren und unterliegen als Teil der lex fori concursus der Anknüpfung nach der EuInsVO.[243] 121

c) Mitbestimmungsrecht. Erwartungsgemäß kontrovers verläuft die Diskussion bezüglich der Überlagerung des Gesellschaftsstatuts für die Zwecke der unternehmerischen Mitbestimmung. Im Grundsatz ist es unstrittig, dass die unternehmerische Mitbestimmung dem Gesellschaftsstatut unterliegt,[244] so dass die Diskussion lediglich die Frage einer Sonderanknüpfung des Sitzrechts und deren europarechtliche Zuverlässigkeit betrifft. Man wird wohl behaupten können, dass sich hierin die rechtspolitische Haltung der Autoren zur Mitbestimmungsfrage widerspiegelt. Ob die Mitbestimmung zwingenden Gründen des Allgemeininteresses dient und demnach eine Sonderanknüpfung des Mitbestimmungsrechts vor dem Hintergrund der Niederlassungsfreiheit gerechtfertigt werden kann, ist letztlich eine ebensolche **Glaubensfrage** wie diejenige nach der Vereinbarkeit der Mitbestimmung mit Art. 14 GG, an der sich die deutsche Rechtswissenschaft in den 1970er Jahren aufgerieben hat. Ebenso wie damals wird es auch heute einer expliziten höchstrichterlichen Entscheidung bedürfen, um die Frage zu klären – damals durch das BVerfG,[245] heute durch den EuGH. 122

Der politische Charakter der Fragestellung macht eine Prognose dieser Entscheidung schwierig, wenn nicht sogar unmöglich. Auch wenn sicherlich viele gute Gründe gegen eine solche Überlagerung sprechen,[246] darf man doch nicht vergessen, dass gerade die Mitbestimmungsfrage die Entwicklung des europäischen Gesellschaftsrechts fast 30 Jahre lang paralysiert hat – und die letztlich gefundene Lösung die Mitbestimmung in großem Umfang berücksichtigt.[247] Ob der EuGH vor diesem Hintergrund bereit sein wird, explizit einen **mitbestimmungsfreien Zuzug** primärrechtlich zu gewährleisten, erscheint schon deshalb als fraglich, weil er dadurch den Spielraum für eine sekundärrechtliche Lösung des Problems in einer zukünftigen **Sitzverlegungsrichtlinie**[248] verengen würde. Andererseits sind die praktischen Probleme, die mit einer **Überlagerung der Organisationsverfassung** einer fremden Rechtsform durch Mitbestimmungsrecht verbunden wären, nicht von der Hand zu weisen – wenn diese, wie die Europäische Aktiengesellschaft und die grenzüberschreitende Verschmelzung zeigen, grundsätzlich auch lösbar sind. Fraglich ist nur, ob sie auch ohne spezifisch auf diese Situation zugeschnittene Normen lösbar sind. 123

An dieser Stelle genügt es wohl, die **Frage** als **offen** zu kennzeichnen und eine baldige Vorlage der Frage an den EuGH anzuregen. Anbieten würde sich dies innerhalb eines **Statusverfahrens** nach § 98 AktG, sobald in Deutschland eine inländische Auslandsgesellschaft mit mehr als 500 Arbeitnehmern auftritt. Dieses Verfahren ist bei einer Ungewissheit über das Erfordernis der Bildung eines Aufsichtsrats, die bei der GmbH regelmäßig auftritt, analog heranzuziehen.[249] Praktisch kommt dies derzeit wohl vor allem bei Mischformen wie der Ltd. 124

242 AA wohl *Ulmer*, NJW 2004, 1201, 1209.

243 *Ulmer*, NJW 2004, 1201, 1207; *Paulus*, ZIP 2002, 729, 734; *Kindler*, NZG 2003, 1086, 1090.

244 BGH NJW 1982, 939; Michalski/*Leible*, GmbHG, Syst. Darst. 2 Rn 154; MüKo/*Kindler*, Bd. 11, 5. Aufl. 2010, IntGesR Rn 590; MüKoGmbHG/*Weller*, Einl. Rn 474; Ulmer/Habersack/*Behrens*, GmbHG, Einl. B Rn 98.

245 BVerfGE 50, 290.

246 Man kann wohl behaupten, dass die weiterhin überwiegende Meinung in der Lit. sich gegen die Zulässigkeit einer Überlagerung mit Mitbestimmungsrecht ausspricht, vgl: *Sandrock*, Die AG 2004, 57; *Sandrock*, ZVglRWiss 102 (2003), 447, 493 ff; *Windbichler/Bachmann*, in: FS Bezzenberger 2000, S. 799 ff; *Schiessl*, ZHR 167 (2003), 235, 239 ff; *Eidenmüller/Rehm*, ZGR 2004, 159, 184 f; *Mankowski*, RIW 2004, 481, 483; *Martin-Ehlers*, in: Sandrock/Wetzler, S. 1, S. 30 f; *Müller-Bonanni*, GmbHR 2003, 1235, 1237 f; *Schanze/Jüttner*, Die AG 2003, 661, 668; *Schwark*, Die AG 2004, 173, 177 ff; *Horn*, NJW 2004, 893, 900; *Ziemons*, ZIP 2003, 1913, 1917 f; *Eberspächer*, ZIP 2008, 1951, 1953; Michalski/*Leible*, GmbHG, Syst. Darst. 2 Rn 156; *Veit/Wichert*, AG 2004, 14, 17; *Müller-Bonanni*, in: Hirte/Bücker, Grenzüberschreitende Gesellschaften, 2. Auflage, 2006, § 14 Rn 17 ff; *Zöllner*, GmbHR 2006, 1, 10; Ulmer/Habersack/*Behrens*, GmbHG, Einl. B Rn 98; aA (für Möglichkeit der Überlagerung): *Altmeppen/Wilhelm*, DB 2004, 1083, 1089; *Bayer*, Die AG 2004, 534; *Drygala*, ZEuP 2004, 337, 348 f; *Bayer*, BB 2003, 2357, 2365; *Roth*, ZGR 2000, 311, 333; *Thüsing*, ZIP 2004, 381; MüKo/*Kindler*, Bd. 11, 5. Aufl. 2010, IntGesR, Rn 590 ff; MüKoGmbHG/*Weller*, Einl. Rn 476 ff; *Weiss/Seifert*, ZGR 2009, 543; differenzierend: *Rehberg*, in: Eidenmüller (Hrsg.), Ausländische Kapitalgesellschaften im deutschen Recht, § 6 Rn 1 ff.

247 Zur Mitbestimmungslösung, die sich zunächst in der Mitbestimmungsrichtlinie zur Europäischen Aktiengesellschaft niedergeschlagen hat (Richtlinie 2001/86/EG, ABl. EG L 294, S. 22 ff) und durch Art. 16 der Richtlinie 2005/56/EG auf die grenzüberschreitende Verschmelzung von Kapitalgesellschaften erstreckt worden ist; vgl näher *Heinze*, ZGR 2002, 66; *Reichert/Brandes*, ZGR 2003, 767.

248 Hierzu näher *Leible*, ZGR 2004, 531.

249 Michalski/*Heyder*, GmbHG, Bd. 2, § 52 Rn 41 mwN.

& Co. KG in Betracht, da hier die Arbeitnehmer der deutschen KG nach § 5 MitbestG der Komplementär-Ltd. zuzurechnen sind. Hat die Komplementär-Ltd. ihren tatsächlichen Sitz in Deutschland (was bei Unternehmen wie der Müller Ltd. & Co. KG mit Konzernzentrale in Deutschland zu vermuten ist), läge es nahe, das Erfordernis der Bildung eines mitbestimmten Aufsichtsrats der Ltd. nach § 6 MitbestG in einem solchen Verfahren zu klären.

125 **d) Firmenrecht. aa) Informationsmodell und Offenlegung des Gesellschaftsstatuts.** Das Firmenrecht regelt, unter welchem Namen eine Gesellschaft im Rechtsverkehr auftritt, und bestimmt sich einschließlich des Rechtsformzusatzes grundsätzlich nach dem Gesellschaftsstatut[250] (Rn 22). Der EuGH misst der Firmierung unter dem **Rechtsformzusatz** offenbar große Bedeutung bei, beruht doch gerade hierauf die **Information** der potenziellen Gläubiger bezüglich des fremden Gesellschaftsstatuts. In der Entscheidung „Inspire Art" führte er aus, Beschränkungen zum Zwecke des Gläubigerschutzes kämen schon deshalb nicht in Betracht, weil „Inspire Art als Gesellschaft englischen Rechts und nicht als niederländische Gesellschaft auftritt." (Tz 135). Der Gerichtshof geht also offenbar davon aus, dass Auslandsgesellschaften unter **Angabe ihres Personalstatuts** „auftreten", vor allem also entsprechend firmieren und es auf Geschäftsbriefen (sowie wohl auch im Register) offenlegen.[251]

126 Die Elfte Richtlinie[252] sieht eine derartige Pflicht aber gerade nicht vor: Nach Art. 2 Buchst. d bedarf es lediglich der Offenlegung der **„Firma** und der **Rechtsform** der Gesellschaft", nicht aber der Angabe des Gesellschaftsstatuts. Im Umkehrschluss zu Art. 8 Buchst. c der Richtlinie, der nur für Gesellschaften aus Drittstaaten eine solche Offenlegung explizit vorschreibt, ergibt sich für Gesellschaften aus den Mitgliedstaaten, dass sie nicht zur Angabe ihres Gesellschaftsstatuts verpflichtet werden können – schließlich ist die Regelung der Publizitätsgegenstände in Art. 2 abschließend.[253]

127 Angesichts dessen drängt sich natürlich die Frage auf, wieso der EuGH gleichwohl meint, dass die Auslandsgesellschaft stets als Gesellschaft ihres Personalstatuts auftritt. Der Grund dürfte einerseits darin zu sehen sein, dass das offen zu legende und auf den Geschäftsbriefen anzugebende Register (Art. 2 Buchst. c und Art. 6 Elfte Richtlinie iVm Art. 4 Publizitätsrichtlinie)[254] auf das nach der „Überseering"-Entscheidung regelmäßig maßgebliche Gründungsrecht schließen lässt.[255] Ebensolche Indizwirkung hat auch der auf den Geschäftsbriefen anzugebende **Satzungssitz**. Eine explizite Angabe ist aber nicht vorgesehen. Wer also aufmerksam das Kleingedruckte auf dem Briefkopf liest oder gleich Einsicht in das Handelsregister nimmt, kann unschwer das Personalstatut der Gesellschaft ermitteln. Man wird dem EuGH aber kaum unterstellen können, dass er in Anbetracht dieser Informationsmöglichkeiten eines problembewussten und rechtskundigen Dritten davon ausgeht, dass „potenzielle Gläubiger hinreichend darüber unterrichtet [sind], dass [die Gesellschaft] anderen Rechtsvorschriften als denen unterliegt", die im Inland für die Gründung einer Kapitalgesellschaft gelten (Tz 135 des Urteils „Inspire Art"). Vielmehr dürfte der Gerichtshof damit meinen, dass sich bereits aus der Firma, unter der die Gesellschaft im Inland auftritt, ergibt, dass die Gesellschaft ausländischem Recht unterliegt.

128 **bb) Verwechselungsgefahr bei den Rechtsformzusätzen.** Im konkreten Fall der „Inspire Art Ltd." im niederländischen Rechtsverkehr mag das stimmen. Verallgemeinern lässt sich dieser Gedanke jedoch nur in begrenztem Maße. Es ist Vorsicht geboten. Denn das Firmenrecht ist in Europa nicht harmonisiert. Selbst der Rechtsformzusatz des Heimatrechts erlaubt nicht immer eine **eindeutige Zuordnung** zu einer bestimmten Rechtsordnung: So kann etwa eine „S.A." alternativ dem französischen, belgischen, luxemburgischen, portugiesischen oder spanischen Recht unterliegen. Ähnliche Probleme treten bei der „S.A.R.L." (Frankreich, Luxemburg) oder sogar der „GmbH" (Deutschland, Österreich) auf. Selbst bei der „Ltd." („private limited company") kann man nicht erkennen, ob sie englischem, schottischem oder irischem Recht unterliegt.[256] Dennoch spielt der Aspekt der Erkennbarkeit des ausländischen Gesellschaftsstatuts eine **zentrale Rolle** in der Argumentation des EuGH, schließt er doch allein damit eine Rechtfertigung aufgrund des Gläubigerschutzes aus.

129 Eine in sich schlüssige Lösung ergibt sich nur, wenn der EuGH implizit davon ausgeht, dass die Mitgliedstaaten die Möglichkeit haben, den Gesellschaften ein **eindeutiges Auftreten** als Auslandsgesellschaft vorzuschreiben, indem er insbesondere dem Sitzrecht die Befugnis zubilligt, europarechtskonform die **Firmenbildung**

250 RGZ 117, 215 (218); BGH NJW 1958, 17 f; BayObLG NJW 1986, 3029; OLG München, GmbHR 2007, 979; *Baumbach/Hopt*, HGB, 33. Aufl. 2010, § 17 Rn 48; *Michalski*, NZG 1998, 762, 763; Michalski/*Leible*, GmbHG, Bd. 1, Syst. Darst. 2 Rn 133; aA MüKo/*Kindler*, Bd. 11, 5. Aufl. 2010, IntGesR, Rn 232; ausführlich zur gesamten Problematik *Lamsa*, Die Firma der Auslandsgesellschaft, 2010, S. 366 ff.

251 Zu diesem „Informationsmodell" des EuGH vgl auch *Merkt*, RIW 2004, 1, 6.

252 Zweigniederlassungsrichtlinie 89/666/EWG, ABl. EG L 395, S. 36 ff.

253 EuGH IPRax 2004, 46 = NJW 2003, 3331 – „Inspire Art".

254 Richtlinie 68/151/EWG, ABl. EG L 64, S. 8 ff.

255 Näher *Leible/Hoffmann*, RIW 2002, 925, 930 f.

256 Eine Übersicht über die abgekürzten Rechtsformzusätze innerhalb der EU findet sich bei *Schwarz*, Europäisches Gesellschaftsrecht, 2000, S. 169 ff.

zu überlagern.[257] Gleichzeitig ist es dem nationalen Recht aber verwehrt, zusätzliche Verpflichtungen bezüglich der Offenlegung der Gesellschaften zu begründen. Beides lässt sich nur schwer voneinander trennen, wie insbesondere die im Fall „Inspire Art" streitgegenständliche Angabe als „formal ausländische Gesellschaft" zeigt: Verpflichtet man die Gesellschaft dazu, diese Angabe in ihre Firma aufzunehmen, wird sie einerseits als Firmenbestandteil offen gelegt, andererseits müsste die Gesellschaft unter dieser Angabe im Rechtsverkehr auftreten und sie daher auch auf ihren Geschäftsbriefen angeben.[258] Derselbe Erfolg, der vom EuGH als richtlinienwidrig betrachtet wurde, hätte also auch über das Firmenrecht erreicht werden können. Dies zeigt, dass Vorschriften über die Firmierung der Auslandsgesellschaft ebenfalls an der Elften Richtlinie zu messen sind und daher **keine zusätzliche Offenlegung** insbesondere des Gesellschaftsstatuts vorgeschrieben werden kann.[259]

cc) Zulässiges Maß der Überlagerung der Firmenbildung.[260] Das nationale Recht muss also befugt sein, den Auslandsgesellschaften ein eindeutiges Auftreten als Auslandsgesellschaft vorzuschreiben, darf aber zu diesem Zweck keine zusätzliche Offenlegung verlangen. Betrachtet man Tz 135 des Urteils „Inspire Art" genauer, kommt es dem EuGH nicht darauf an, dass die potenziellen Gläubiger gerade darüber unterrichtet sind, dass es sich bei der Inspire Art Ltd. um eine Gesellschaft englischen Rechts handelt. Entscheidend ist vielmehr, dass sie „hinreichend darüber unterrichtet [sind], dass sie anderen Rechtsvorschriften als denen unterliegt, die in den Niederlanden die Gründung von Gesellschaften mit beschränkter Haftung regeln" (Tz 135). Dafür genügt die Firmierung als „Ltd.", obwohl sich daraus nicht ergibt, ob die Gesellschaft englischem, schottischem oder irischem Recht unterliegt. 130

Das bedeutet: Die Mitgliedstaaten können von den Auslandsgesellschaften nur verlangen, so zu firmieren, dass zweifelsfrei ersichtlich ist, dass es sich nicht um eine Gesellschaft inländischen Rechts handelt. Kommt es dem so gewarnten potenziellen Gläubiger darauf an, das Gesellschaftsstatut in Erfahrung zu bringen, müsste er entsprechende Nachforschungen anstellen – etwa durch einen Blick auf die Angabe des Gründungsregisters. Eine Firmierung unter dem **Rechtsformzusatz des Heimatstaats**[261] wird daher regelmäßig den vom EuGH zugrunde gelegten Anforderungen an den Verkehrsschutz genügen. Nur in den Fällen, in denen eine **Verwechselungsgefahr** mit inländischen Rechtsformzusätzen besteht, sind die Mitgliedstaaten befugt, im Interesse des Verkehrsschutzes eine Überlagerung der Firmenbildung vorzunehmen und zu verlangen, dass sich die Eigenschaft als ausländische Gesellschaft zweifelsfrei aus der Firmierung ergibt.[262] Der Inspire Art Ltd. könnte demnach in Irland vorgeschrieben werden als „Ltd. (England)" zu firmieren, nicht aber in den Niederlanden. Ganz ähnlich könnte das deutsche Recht eine Firmierung als „GmbH österreichischen Rechts" verlangen, während deutsche und österreichische GmbH in Frankreich denselben Rechtsformzusatz verwenden können. Dagegen wäre das deutsche Recht (im Gegensatz zum französischen) daran gehindert, bei der Firmierung einer S.A. zusätzliche Anforderungen zu stellen. Nur so kann das Spannungsverhältnis zwischen abschließender Offenlegung und Erkennbarkeit der Eigenschaft als ausländische Gesellschaft schlüssig aufgelöst werden.[263] 131

De lege lata lässt sich eine solche Pflicht zur Firmierung als Auslandsgesellschaft bereits dem **Grundsatz der Firmenwahrheit** (§ 18 Abs. 2 HGB) entnehmen.[264] Als tragender Grundsatz des deutschen Firmenrechts ist dieser besonders geeignet, durch **Überlagerung** des Gesellschaftsstatuts in dem europarechtlich nicht nur zulässigen, sondern sogar geforderten Maße die Erkennbarkeit des fremden Gesellschaftsstatuts sicherzustellen. Auch wenn die Firma selbst daher nach ausländischem Gründungsrecht zu bilden ist, folgt der Schutz inländischer Verkehrskreise vor irreführenden Firmen zumindest insoweit deutschem Sitzrecht, als die Irreführung das Gesellschaftsstatut betrifft. Auch darüber hinaus ist inzwischen anerkannt, dass der Grundsatz der Firmenwahrheit als Teil des inländischen ordre public das ausländische Firmenrecht überlagert, soweit 132

257 So auch *Rehberg*, in: Eidenmüller (Hrsg.), Ausländische Kapitalgesellschaften im deutschen Recht, § 5 Rn 57 ff; noch weitergehend MüKo/*Kindler*, Bd. 11, 5. Aufl. 2010, IntGesR, Rn 238 f.

258 Die Angabe der Firma auf den Geschäftsbriefen ist zwar weder in der Ersten noch in der Elften Richtlinie vorgesehen, dürfte aber wohl als selbstverständlich vorausgesetzt worden sein.

259 AA *Rehberg*, in: Eidenmüller (Hrsg.), Ausländische Kapitalgesellschaften im deutschen Recht, § 5 Rn 64 f; MüKo/*Kindler*, Bd. 11, 5. Aufl. 2010, IntGesR, Rn 240; *Lamsa*, Die Firma der Auslandsgesellschaft, 2010, S. 156 ff.

260 Ausführlich zum Meinungsstand: *Lamsa*, Die Firma der Auslandsgesellschaft, 2010, S. 377 ff.

261 Es wird hier davon ausgegangen, dass europaweit kein Recht existiert, dass eine Firmierung von Körperschaften ohne Rechtsformzusatz erlaubt. Wäre das der Fall, müsste man konsequenterweise den Sitzstaaten auch erlauben, die Verwendung eines unterscheidungsfähigen Rechtsformzusatzes überhaupt vorzuschreiben.

262 Weitergehend insbes. MüKo/*Kindler*, Bd. 11, 5. Aufl. 2010, IntGesR, Rn 239 ff (für Nationalitätshinweis, der im Hinblick auf die Offenlegung des Registers der Hauptniederlassung nicht richtlinienwidrig sein soll, da er demgegenüber „einen geringeren potentiellen Eingriff" enthält).

263 So bereits *Leible/Hoffmann*, EuZW 2003, 677, 680 f; zust. *Eidenmüller/Rehm*, ZGR 2004, 159, 183.

264 Im Ergebnis auch MüKo/*Kindler*, IntGesR, Rn 216 (allerdings einer ordnungsrechtlichen Qualifikation).

dies am Maßstab der Niederlassungsfreiheit gerechtfertigt werden kann.[265] Insoweit bestehen keine Bedenken gegen eine generelle Anwendung des Verbots der Irreführung, während die Rechtsprechung im Hinblick auf die Niederlassungsfreiheit geringere Anforderungen an die Unterscheidungskraft der Firma einer inländischen Auslandsgesellschaft stellt, soweit die Firma den Anforderungen des Gesellschaftsstatuts entspricht.[266]

133 **dd) Sanktionierung der irreführenden Firmierung.** Zentrale Bedeutung kommt ferner der **Sanktionierung** dieser Anforderungen an die Firmierung zu. Rechtsfolgen eines Verstoßes gegen den Grundsatz der Firmenwahrheit treffen grundsätzlich den unter der Firma Auftretenden, nicht aber die dahinterstehenden natürlichen Personen. Nur soweit diesen selbst ein Fehlverhalten sowie Verschulden nachzuweisen ist, kommt im Einzelfall eine deliktsrechtliche Haftung in Betracht. In dem hier interessierenden Fall der Irreführung über das Gesellschaftsstatut beseitigt die falsche Firmierung aber gerade den Kern des **Gläubigerschutzes durch Information**, auf dem die Konzeption des EuGH beruht. Die Verhängung einer weit reichenden Haftungssanktion durch das Sitzrecht ist daher europarechtlich nicht nur unter dem Gesichtspunkt des Missbrauchsverbots zur Bekämpfung von Betrug gerechtfertigt, sondern geradezu geboten. Auch insoweit bedarf es allerdings nicht unbedingt eines gesetzgeberischen Tätigwerdens, vielmehr kann durch Rechtsfortbildung eine angemessene Sanktion erreicht werden.

134 Konkret geht es hier um den Fall des Auftretens einer ausländischen Gesellschaft als „GmbH" oder ganz ohne Rechtsformzusatz, der die Eigenschaft als Körperschaft anzeigt. Nach den **Grundsätzen der Rechtsscheinhaftung**[267] muss sich der Handelnde, dem der Gebrauch der unzulässigen Firma zuzurechnen ist, den von ihm gesetzten Schein entgegenhalten lassen. Tritt die Auslandsgesellschaft im Inland **als „GmbH"** auf, muss sich der Handelnde so behandeln lassen, als wäre er tatsächlich für eine deutsche GmbH aufgetreten. Da diese GmbH aber nicht in das Handelsregister eingetragen ist, haftet er persönlich für die von ihm eingegangene Verbindlichkeit **analog § 11 Abs. 2 GmbHG**. Tritt die Auslandsgesellschaft dagegen ganz **ohne Rechtsformzusatz** auf, wird dadurch der Rechtsschein erzeugt, dass Unternehmensträger jedenfalls nicht eine beschränkt haftende Körperschaft ist, da eine Haftungsbeschränkung firmenrechtlich stets deutlich zu machen ist (Rechtsgedanke des § 19 Abs. 2 HGB). Auch insoweit ist also eine **persönliche Haftung nach Rechtsscheinsgrundsätzen** anzuerkennen,[268] soweit der Handelnde selbst betroffen ist oder der Rechtsschein den Gesellschaftern zurechenbar ist.[269] Die Entwicklung der Haftungssanktion aus allgemeinen Grundsätzen des deutschen Rechts zeigt auch, dass es sich hierbei um eine **nichtdiskriminierende Sanktion** handelt, der europarechtlich keine Bedenken entgegenstehen.[270]

135 **e) Minderheitenschutz.** Nicht in Betracht kommt eine Überlagerung des Gesellschaftsstatuts bezüglich Vorschriften, die das **Innenverhältnis** der Gesellschaft betreffen, auch soweit Regelungen zum Schutz von **Minderheitsgesellschaftern** betroffen sind. Wenn schon den Belangen des Gläubigerschutzes weitgehend dadurch genügt wird, dass diese über das fremde Gesellschaftsstatut informiert werden, gilt dies erst recht für die Gesellschafter selbst. Wer sich an einer Gesellschaft beteiligt, muss sich über seine rechtliche Position in dem Unternehmen informieren und seine Anlageentscheidung hieran ausrichten. Dies gilt auch für den Fall späterer Änderungen im Gesellschafterbestand und eine daraus resultierende Veränderung der rechtlichen Position des Minderheitsgesellschafters. Denn auch mit solchen Veränderungen muss man rechnen und sich ggf im Rahmen des Gesellschaftsstatuts absichern.[271] Zwingende Gründe des Allgemeininteresses streiten jedenfalls nicht dafür, dem Gesellschafter eine vorteilhaftere Position zu sichern, als er sie aufgrund seiner **privatautonomen Anlageentscheidung** beanspruchen kann.[272]

136 Während also der gesellschaftsrechtliche Minderheitenschutz keine Sonderanknüpfung rechtfertigen kann, ist darauf hinzuweisen, dass es auch **kapitalmarktrechtlich** zu qualifizierende Schutzinstrumente gibt, die eigenen Kollisionsnormen folgen. Paradigma ist etwa das Übernahmerecht, das eigenen europarechtlich determinierten Kollisionsnormen folgt (§ 1 Abs. 1-3 WpÜG). Soweit derartige Schutzinstrumente an kapitalmarktrechtliche Umstände wie etwa die Zulassung zum Börsenhandel im Inland anknüpfen, steht die Niederlassungsfreiheit einer Anwendung auf Gesellschaften ausländischen Rechts nicht entgegen.

265 OLG München, GmbHR 2007, 979; NZG 2011, 157; OLG Frankfurt, DB 2008, 1488; Michalski/*Leible*, GmbHG, Syst. Darst. 2 Rn 134; *Lutter/Hommelhoff/Bayer*, GmbHG, Anh. II zu § 4 a Rn 18; MüKo HGB/*Heidinger*, Vor § 17 Rn 75.

266 OLG München, GmbHR 2007, 979; KG Berlin, GmbHR 2008, 146; LG Aachen, NZG 2007, 600; dazu näher *Lamsa*, IPRax 2008, 239.

267 Allgemein: *Baumbach/Hopt*, HGB, § 5 Rn 9 ff; näher im hier interessierenden Kontext: *Lamsa*, Die Firma der Auslandsgesellschaft, 2010, S. 397 ff.

268 BGH NJW 1996, 2645; NJW 1991, 2627.

269 AA BGH NJW 2007, 1529 (Haftung trifft grundsätzlich allein den Handelnden, während eine Haftung der Gesellschafter nur in Extremfällen aus dem Deliktsrecht in Betracht kommt).

270 So ausdrücklich (für den Fall einer im Inland ohne Rechtsformzusatz aufgetretenen B.V.) BGH NJW 2007, 1529; dazu *Kindler*, NJW 2007, 1785; *Lamsa*, Die Firma der Auslandsgesellschaft, 2010, S. 400 f.

271 AA *Sandrock*, ZVglRWiss 102 (2003), 447, 481 f.

272 Ebenso: *Eidenmüller/Rehm*, ZGR 2004, 159, 182 f; Michalski/*Leible*, GmbHG, Syst. Darst. 2 Rn 139.

III. Nach deutschem Recht gegründete Körperschaften

1. Anknüpfung des Gesellschaftsstatuts. Wie bereits dargelegt (Rn 92) enthält die Rechtsprechung des EuGH zur Niederlassungsfreiheit keine Vorgaben für die kollisionsrechtliche Behandlung von Gesellschaften, die nach eigenem Recht gegründet worden sind. Insoweit bleibt es also bei der Maßgeblichkeit des **autonomen deutschen Gesellschaftskollisionsrechts**. 137

Damit ist aber noch nichts darüber gesagt, welcher Kollisionsnorm das autonome deutsche Recht heute folgt. Traditionell gilt in Deutschland die **Sitztheorie** (Rn 31). Die Konsequenzen dieser Anknüpfung innerhalb eines von den „Überseering"-Grundsätzen geprägten Europa wurden aber bereits aufgezeigt: Die autonome Sitzanknüpfung entzieht der Gesellschaft bei Verlassen des bisherigen Sitzstaates das Gesellschaftsstatut, so dass keine Grundlage für eine Anerkennung im Zuzugsstaat mehr besteht. Soweit die deutsche Rechtsprechung also im autonomen Recht weiterhin die Sitztheorie anwenden wollte, beraubte sie die deutschen Gesellschaften der **Vorteile der grenzüberschreitenden Mobilität,** die sie aufgrund der Niederlassungsfreiheit eigentlich genießen sollten. Die durch „Cartesio" nunmehr anerkannte Möglichkeit des grenzüberschreitenden Formwechsels (Rn 68 ff) stellt insoweit kein gleichwertiges Substitut dar, fehlt es doch im deutschen Recht an direkt anwendbaren umwandlungsrechtlichen Vorschriften, die in Hinblick auf die Voraussetzungen des Formwechsels Rechtssicherheit schaffen würden. Anders als die tatsächliche Mobilität nach den „Überseering"-Grundsätzen setzt diese rechtliche Mobilität außerdem die Mitwirkung des Zuzugsrechts voraus, und auch der mit dem Statutenwechsel verbundene Aufwand wird regelmäßig erheblich sein. Auch weiterhin ist also daran festzuhalten, dass internationale Mobilität der Gesellschaften in Europa effektiv nur durch die Gründungsanknüpfung erreicht werden kann. 138

Ein weiteres Festhalten an der Sitztheorie hätte aber weitere Nachteile:[273] Es ist unschwer zu erkennen, dass die europarechtlichen Vorgaben bei Beibehaltung der Sitztheorie im autonomen Recht zu einer für den Rechtsanwender **kaum mehr überschaubaren Rechtslage** führt. Es entsteht ein **gespaltenes Kollisionsrecht**, das nicht nur danach differenziert, ob der Sachverhalt Bezüge zu EU- und Nicht-EU-Staaten aufweist, sondern weiterhin danach unterscheidet, ob der in der Gemeinschaft belegene Staat, in dem die Gesellschaft wirksam gegründet worden ist, der Gründungs- oder Sitztheorie folgt. Die ohnehin oft gescholtene Komplexität des Kollisionsrechts wird weiter erhöht.[274] Das Internationale Gesellschaftsrecht wird immer mehr zum **Irrgarten**,[275] in dem sich der kollisionsrechtlich oft ungeübte Rechtsanwender hoffnungslos verlaufen kann. 139

Angesichts dieser Situation stellt sich die Frage immer dringender, ob es nicht an der Zeit ist, auch im deutschen Kollisionsrecht grundsätzlich die **Gründungs- an die Stelle der Sitztheorie** treten zu lassen. Hierfür lassen sich in der Tat einige Argumente ins Feld führen. Zum einen kann nur so die mit „Überseering" entstandene Komplexität des deutschen Internationalen Gesellschaftsrechts auf ein für den Rechtsanwender erträgliches Maß zurückgeführt werden. Recht muss verständlich sein, damit es seine Gestaltungs-, Steuerungs- und Stabilisierungsfunktion entfalten kann. Für eine Zuwendung zur Gründungstheorie spricht zum anderen aber auch die damit einhergehende verstärkte Beachtung der Parteiautonomie, die auch in anderen Bereichen des Kollisionsrechts zunehmend Bedeutung gewinnt.[276] Hinzu kommt der mit der Gründungstheorie verbundene Gewinn an **Rechtssicherheit**. Sie schafft eindeutigere Anknüpfungspunkte als die Sitztheorie, da sich Inkorporations- und Registrierungsort einer Gesellschaft meist leichter feststellen lassen als ihr tatsächlicher Verwaltungssitz.[277] Das ist gerade angesichts der zunehmenden Möglichkeit einer Verbindung von Unternehmensteilen mittels der Telekommunikation („**virtuelle Unternehmen**") und des Trends zu **transnationalen Unternehmen** von besonderer Bedeutung.[278] Und schließlich bewahrt sie den Rechtsverkehr vor **Schein- oder hinkenden Gesellschaften**, da alle einmal wirksam gegründeten Gesellschaften ohne Wenn und Aber als existent behandelt werden.[279] Insoweit hat der Übergang zur Gründungsanknüpfung für deutsche Gesellschaften sogar Rückwirkungen auf das EU-Ausland, da den dortigen Rechtsanwendern beim Verkehr mit deutschen GmbHs die Notwendigkeit einer Überprüfung des Verwaltungssitzes abgenommen würde. Gerade 140

273 Dazu bereits *Leible/Hoffmann*, RIW 2002, 925, 932.

274 Dabei handelte es sich allerdings um kein originär international-gesellschaftsrechtliches Problem, wie etwa ein Blick auf das Verbraucherkollisionsrecht deutlich macht; vgl dazu *Leible*, in: Schulte-Nölke/Schulze, Rechtsangleichung und nationale Privatrechte, 1999, S. 353 ff.

275 Vgl den Beitrag „Der Irrgarten des internationalen Privatrechts" von *Fränkel*, RabelsZ 4 (1930), 239, 241.

276 Zur Bedeutung der Parteiautonomie im Internationalen Gesellschaftsrecht vgl *Nappenbach*, Parteiautonomie im internationalen Gesellschaftsrecht, 2002.

277 Vgl dazu exemplarisch OLG Frankfurt NZG 1999, 1097 = GmbHR 1999, 1254 m. Anm. *Borges* = RIW 2000, 56 m. Anm. *Haack* = EWiR § 50 ZPO 2/99 (*Kindler*), sowie die Besprechungsaufsätze von *Bechtel*, NZG 2001, 21; *Borges*, RIW 2000, 167; *Freitag*, NZG 2000, 357.

278 Vgl dazu *Borges*, RIW 2000, 167, 171 ff; *Breuninger/Krüger*, in: FS Rädler 1999, S. 79 ff; *Zimmer*, in: Baums/Hopt/Horn, Corporations, Capital Markets and Business in the Law, 2000, S. 655 ff

279 Michalski/*Leible*, GmbHG, Bd. 1, 2010, Syst. Darst. 2 Rn 8.

der ausländische Rechtsverkehr würde also vor nach deutschem Recht gegründeten, aber tatsächlich aufgelösten bzw fremdem Recht unterliegenden Gesellschaften geschützt werden.

141 Der deutsche Gesetzgeber hat auf die vielfältigen Anregungen in der Literatur[280] in Hinblick auf eine Aufgabe der Sitztheorie durch die Vorlage eines **Referentenentwurfs** eines Gesetzes zum Internationalen Privatrecht der Gesellschaften, Vereine und juristischen Personen vom 8. Januar 2008 reagiert.[281] Dieser Entwurf, der erstmals eine Kodifikation des internationalen Gesellschaftsrechts in das EGBGB einfügen soll, beruht wesentlich auf einem Vorschlag des Deutschen Rates für IPR aus dem Jahr 2006.[282] Inhaltlich soll er den **Übergang zur Gründungsanknüpfung** vollziehen, wobei allerdings als Anknüpfungsmoment nicht (wie im Common Law – oben Rn 37 f) auf das Recht der ursprünglichen Gründung abgestellt wird, sondern primär auf den Ort der Registereintragung, nur subsidiär (etwa bei den nicht einzutragenden Gesellschaften bürgerlichen Rechts) auf das Recht, nach dem die Gesellschaft organisiert ist (Art. 10 EGBGB-E). Dieses Anknüpfungsmoment erscheint grundsätzlich als wandelbar, so dass der Entwurf auch eine Regelung für den Wechsel des anwendbaren Rechts enthält (Art. 10 b EGBGB-E). Die Rechtslage ähnelt also eher der Registrierungstheorie des skandinavischen Rechts (Rn 39 ff) als der Gründungstheorie des Common Law. Ein neuer Art. 11 Abs. 6 EGBGB-E soll ferner die Anwendung der Ortsform auf Rechtsgeschäfte in Hinblick auf die „Verfassung" der Gesellschaft ausschließen, so dass etwa die Beurkundung der Satzungsänderung nur noch nach Maßgabe des Gesellschaftsstatuts als Wirkungsstatut wirksam wäre. Die Initiative ist sicher zu begrüßen, eine nähere Auseinandersetzung mit den Einzelheiten erscheint derzeit indes nicht als angezeigt, da das zukünftige Schicksal des Referentenentwurfs (der in den vergangenen über 3 Jahren offenbar den Weg in das Bundeskabinett noch nicht gefunden hat) noch völlig offen ist. Zwar hört man aus dem BMJ, dass der Entwurf noch einmal überarbeitet und sodann wieder vorangetrieben werden soll, bisher ist aber weder ersichtlich, welcher Art die geplanten Modifikationen sein werden, noch wann mit einem Fortgang zu rechnen ist. Vor diesem Hintergrund sollte die Rechtsprechung nicht weiter abwarten, sondern die überfällige **grundsätzliche Neuorientierung** bezüglich der autonomen Gesellschaftskollisionsnorm durch eine Abkehr von der Sitztheorie nunmehr selbst vornehmen.

142 Betrachtet man indes die neuere Rechtsprechung sind derzeit keine Anzeichen für eine solche Neuorientierung im autonomen Gesellschaftskollisionsrecht zu erkennen. So hat das BayObLG im Jahr 2004 explizit bestätigt, dass ein **Wegzug deutscher Gesellschaften** von der Rechtsprechung auch nach „Überseering" nicht toleriert wird.[283] Insbesondere der BGH hat in der Entscheidung „Trabrennbahn"[284] vom 27.10.2008 eine Rechtsprechungsänderung als Vorgriff auf die „Willensbildung des Gesetzgebers" abgelehnt und für die Anknüpfung drittstaatlicher Gesellschaften (für die ebenfalls die autonome Gesellschaftskollisionsnorm gilt, Rn 147 ff) an der Sitztheorie festgehalten. Dies deutet darauf hin, dass der BGH an der Sitztheorie als autonomer Kollisionsnorm weiterhin festhalten möchte, bis die Frage vom Gesetzgeber geklärt wird. Offenbar veranlasst auch die mehrjährige Untätigkeit des Gesetzgebers in Hinblick auf den Referentenentwurf nicht zu einem Umdenken, hat doch der BGH (wenn auch nicht der für das Gesellschaftsrecht zuständige II. Zivilsenat, sondern der IX.) zuletzt im Oktober 2009 bestätigt, dass er die „Sitztheorie nur für die Bereiche aufgegeben (hat), in denen nach ausländischem Recht gegründete Kapitalgesellschaften im Inland Niederlassungsfreiheit genießen."[285] Nimmt man das wörtlich, lässt sich dieser Aussage auch ein Festhalten an der Sitztheorie für inländische Gesellschaften entnehmen. Die Reichweite der Fortgeltung der Sitztheorie ist insoweit aber anhand der Frage zu bestimmen, ob sich den Vorschriften des MoMiG bereits heute eine gesetzgeberische Entscheidung zugunsten einer Gründungsanknüpfung (zumindest) der deutschen Kapitalgesellschaften entnehmen lässt (Rn 142).

143 **2. (Eingeschränkter) Übergang zur Gründungstheorie durch das MoMiG?** Durch das **MoMiG von 2008**[286] hat der Gesetzgeber – soweit für das internationale Gesellschaftsrecht von Interesse – in § 4 a GmbHG und § 5 AktG jeweils den früheren Absatz 2 gestrichen, so dass das deutsche Recht nicht mehr verlangt, dass bei GmbH, AG und KGaA der Satzungssitz einen Bezug zu einem tatsächlichen Tätigkeitsort der Gesellschaft aufweist. Auf den ersten Blick hat diese Änderung rein materiellrechtliche Bedeutung, setzt sie doch die

280 In diesem Sinne etwa *Leible/Hoffmann*, RIW 2002, 925, 932; *Hoffmann*, ZIP 2007, 1581, 1589; *Bayer/Schmidt*, ZHR 173 (2009), 735, 772 f.; Eidenmüller, ZIP 2002, 2233, 2244; *Rehm*, JZ 2005, 304, 306; *Kieninger*, ZEuP 2004, 685, 702 f; *Ringe*, GmbHR 2007, 769, 770; *Wetzler*, in: Sandrock/Wetzler, S. 129 ff

281 Dazu näher: *Leuering*, ZRP 2008, 73; *Wagner/Timm*, IPRax 2008, 81; *Schneider*, BB 2008, 566; *Bollacher*, RIW 2008, 200; *Kindler*, Status: Recht 2008, 68. Der Entwurf selbst ist über den Internetauftritt des BMJ (www.bmj.de) verfügbar.

282 Abgedruckt bei: *Sonnenberger/Bauer*, RIW 2006, Beil. 1.

283 BayObLG GmbHR 2004, 490 m. Anm. Stieb.

284 BGH NJW 2009, 289; dazu: *Hellgardt*, NZG 2009, 94; *Werner*, GmbHR 2009, 191; *Lieder/Kliebisch*, BB 2009, 338; *Kindler*, IPRax 2009, 189.

285 BGH GmbHR 2010, 211 (zu einer Gesellschaft singapurischen Rechts).

286 Gesetz zur Modernisierung des GmbH-Rechts und zur Verhinderung von Missbräuchen, BGBl. 2008 I S. 2026.

Anwendbarkeit deutschen Gesellschaftsrechts bereits voraus. Aus den Gesetzesmaterialien[287] ergibt sich indes deutlich, dass der Gesetzgeber durch die Änderung das Ziel verfolgte, es auch deutschen Gesellschaften zu ermöglichen, ihre Geschäftstätigkeit ausschließlich im Rahmen einer (Zweig-) Niederlassung außerhalb des deutschen Hoheitsgebiets zu entfalten, ohne dabei ihren Status als deutsche GmbH oder AG zu verlieren. Das bedeutet nicht weniger, als dass der Gesetzgeber deutschen Gesellschaften die tatsächliche Sitzverlegung ohne Änderung des anwendbaren Rechts erlauben will. Dieses Ziel lässt sich indes nur erreichen, wenn man der Änderung nicht nur materiellrechtliche (im Sinne einer Aufhebung materiellrechtlicher Wegzugsbeschränkungen), sondern auch eine **kollisionsrechtliche Bedeutung** zuerkennt: Da das wesentliche Hindernis der grenzüberschreitenden Sitzverlegung in dem von der Sitztheorie grundsätzlich angenommenen Statutenwechsel zu sehen ist, würde ohne eine kollisionsrechtliche Interpretation die statutenwahrende Sitzverlegung nur aufgrund einer Rückverweisung, also bei einer Sitzverlegung in einen Gründungstheoriestaat, ermöglicht.[288] Dem Ziel des Gesetzgebers, eine weitgehende Mobilität zu gewährleisten, wie sie auch die englische Ltd. genießt, würde eine rein materiellrechtliche Auslegung indes nicht Rechnung tragen. Es bedürfte hierfür der Anerkennung eines kollisionsrechtlichen Gehalts der Gesetzesänderung.[289]

In Hinblick auf die deutliche Diskrepanz zwischen dem Wortlaut der Änderung (dem sich ein kollisionsrechtlicher Gehalt zugegebenermaßen nicht direkt entnehmen lässt) und den hiermit vom Gesetzgeber verfolgten Zielen ist die Auslegung der neu gefassten Vorschriften der §§ 4 a GmbHG, 5 AktG höchst umstritten. Der Verfasser hat insoweit 3 unterschiedliche denkbare **Auslegungsmöglichkeiten** aufgezeigt.[290] Zunächst könnte man unter Hinweis auf den Wortlaut jede kollisionsrechtliche Aussage negieren, womit man aber den Willen des Gesetzgebers ignorieren und Sitzverlegungen nur in Rückverweisungsfällen eröffnen würde. Auch in Hinblick darauf, dass die Schaffung einer eindeutigen kollisionsrechtlichen Regelung durch den Referentenentwurf nur kurze Zeit später auf den Weg gebracht werden sollte und man daher die Änderung im MoMiG auch als Schaffung der materiellrechtlichen Rahmenbedingungen für das in Aussicht genommene neue Kollisionsrecht ansehen könnte, erfreut sich eine derart restriktive, die Sitztheorie weiterhin verteidigende Sichtweise in der Literatur erheblicher Gefolgschaft.[291] Bejaht man dagegen eine kollisionsrechtliche Relevanz, kann man in Hinblick auf die Reichweite der Änderung zwei unterschiedliche Positionen vertreten. Der Verfasser hatte dafür plädiert, die Änderung als Ausdruck des allgemeinen Rechtsgedankens der Gründungsanknüpfung zu verstehen und diese daher zum Anlass zu nehmen, von der Sitztheorie im deutschen Recht insgesamt abzurücken und so die Rückkehr zu einer einheitlichen Gesellschaftskollisionsnorm schon de lege lata zu erreichen.[292] Dieser erkennbar rechtspolitisch motivierte, in seinen Wirkungen über den zum Ausdruck gebrachten gesetzgeberischen Willen hinausgehende Ansatz wurde in der Literatur indes als zu weit gehend verworfen,[293] und auch der BGH hat in seiner „Trabrennbahn"-Entscheidung[294] festgestellt, dass § 4 a GmbHG idF des MoMiG „keine Regelung über die Anerkennung ausländischer Gesellschaften mit Verwaltungssitz im Inland" enthält. Einer Interpretation als allgemeinen Rechtsgedanken, der auch die Anknüpfung der Auslandsgesellschaften betroffen hätte, wurde damit implizit eine Absage erteilt. Die inzwischen wohl hM[295] billigt den §§ 4 a GmbHG, 5 AktG daher den Charakter einer **versteckten einseitigen rechtsformspezifischen Kollisionsnorm** zu, die eine Anknüpfung anhand des Satzungssitzes vorschreibt. Als einseitige Kollisionsnormen sind sie nur für die Frage heranzuziehen, ob eine Gesellschaft als AG, KGaA oder GmbH deutschen Rechts anzusehen ist, wofür neben dem inländischen Satzungssitz auch alle weiteren Gründungsvoraussetzungen des deutschen Aktien- oder GmbH-Rechts erfüllt sein müssen. Sind diese Voraussetzungen nicht erfüllt (also auch dann, wenn es sich um eine andere Körperschaft deutschen Rechts handelt) bleibt es bei der Sitz- 144

287 BR-Drucks. 345/07, S. 65.
288 Für eine derartige Interpretation insbesondere *Kindler*, AG 2007, 721, 722.
289 Hierzu ausführlich: *Hoffmann*, ZIP 2007, 1581, 1584 ff.
290 *Hoffmann*, ZIP 2007, 1581, 1584 ff.
291 *Kindler*, AG 2007, 721, 722; *ders.*, NJW 2008, 3249, 3251; *ders.*, IPRax 2009, 189; *ders.*, NZG 2009, 130, 132; Michalski/*Funke*, GmbHG, § 4 a Rn 34; *Scholz/Emmerich*, GmbHG, Nachtrag MoMiG § 4 a Rn 7; MüKo GmbHG/*Weller*, Einl. Rn 384; *Peters*, GmbHR 2008, 245; *Werner*, GmbHR 2009, 191, 195; *Lieder/Kliebisch*, BB 2009, 338, 343; *Franz/Laeger*, BB 2008, 678, 681 f; *Franz*, BB 2009, 1250, 1251.
292 *Hoffmann*, ZIP 2007, 1581, 1586 f
293 Vgl etwa *Paefgen*, WM 2009, 529, 531.
294 BGH NJW 2009, 289, 291.
295 Michalski/*Leible*, GmbHG, Syst. Darst. 2 Rn 177; Lutter/Hommelhoff/*Bayer*, GmbHG, § 4 a Rn 15; *Hüffer*, AktG, § 5 Rn 3; Baumbach/Hueck/*Fastrich*, GmbHG, § 4 a Rn 12; MüKoGmbHG/*Mayer*, § 4 a Rn 74; Spindler/Stilz/*Müller*, AktG, 2. Aufl. 2010, IntGesR, Rn 9; Spindler/Stilz/*Drescher*, AktG, 2. Aufl. 2010, § 5 Rn 10; Bamberger/Roth/*Mäsch*, BGB, Art. 12 EGBGB Rn 91; Michalski/*Hoffmann*, § 53 Rn 118; *Wicke*, GmbHG, § 4 a Rn 13; Ring/Grziwotz/*Ring*, GmbHG, § 4 a Rn 5 ff; Handelsrechtsausschuss des DAV, NZG 2007, 211, 212; *Bayer/Schmidt*, ZHR 173 (2009), 735, 746 ff; *Knof/Morck*, GmbHR 2007, 852, 856; *dies.*, ZIP 2009, 30, 32; *Elser/Dürrschmidt*, IStR 2010, 79; *Leitzen*, NZG 2009, 728; *Fingerhuth/Rumpf*, IPRax 2008, 90; *Däubler/Heuschmid*, NZG 2009, 493, 494; *Kobelt*, GmbHR 2009, 808, 811; *Leible/Hoffmann*, BB 2009, 58, 62; *Paefgen*, WM 2009, 529, 531; *Sethe/Winzer*, WM 2009, 536, 540; *Barkalova/Barth*, DB 2009, 213, 216; *Koch/Eickmann*, AG 2009, 73; *Behme*, BB 2008, 70, 72; *Campos Nave*, BB 2008, 1410; *Wicke*, GPR 2010, 238; wohl auch *Hirte*, NZG 2008, 761, 766.

theorie als fortgeltender autonomer Gesellschaftskollisionsnorm. Die erfassten Gesellschaftsformen werden hingegen auch dann anhand ihres Satzungssitzes angeknüpft („**Satzungssitztheorie**") und damit weiterhin deutschem Recht unterstellt, wenn ihr tatsächlicher Sitz ins Ausland verlegt wird oder von Anfang an die Gesellschaft ihre wirtschaftlichen Aktivitäten ausschließlich im Ausland verfolgt. Den inländischen Verkehrsinteressen wird durch das – ebenfalls durch das MoMiG eingeführte – Erfordernis einer inländischen Zustellungsadresse („Geschäftsanschrift") Rechnung getragen (§§ 8 Abs. 4 Nr. 1 GmbHG, 37 Abs. 3 Nr. 1 AktG).[296] Auch wenn sich der genannten BGH-Entscheidung hierzu keine Aussage entnehmen lässt, beginnt sich dieser Standpunkt auch in der Rechtsprechung durchzusetzen.[297] Daher ist nunmehr davon auszugehen, dass die Anknüpfung von GmbH, AG und KGaA nicht mehr anhand der Sitztheorie erfolgt, sondern aufgrund einer einseitigen Kollisionsnorm, die an den **inländischen Satzungssitz** anknüpft und den §§ 4 a GmbHG, 5 AktG entnommen wird.

145 **3. Sitzverlegung.** Durch die Änderungen der §§ 4 a GmbHG, 5 AktG (Rn 143 f) ist inzwischen unstreitig, dass einer **Verlegung des Verwaltungssitzes** einer deutschen AG, KGaA oder GmbH keine materiellrechtlichen Hindernisse mehr entgegenstehen. Dies gilt nicht nur in Hinblick auf das Erfordernis eines Bezugs des Satzungssitzes zur Geschäftstätigkeit des Unternehmens, sondern auch bezüglich einer Auflösung bei Grenzübertritt[298] oder eine Interpretation des Verlegungsbeschlusses als Auflösungsbeschluss.[299] Für diese frühere restriktive Sichtweise des deutschen Rechts, die niemals im Gesetz verankert gewesen ist, gibt es angesichts der eindeutigen Stellungnahme des Gesetzgebers auch bei einer rein materiellrechtlichen Interpretation der MoMiG-Änderungen keine Grundlage mehr.[300] Eine Verlegung des Verwaltungssitzes ist somit für inländische AG, KGaA und GmbH möglich und führt weder zur Auflösung der Gesellschaft noch (aus deutscher Sicht) nach hier vertretener Ansicht zu einem Statutenwechsel (Rn 137). Für andere Körperschaften deutschen Rechts ist die Rechtslage indes derzeit unklar, richtigerweise sollte man zumindest die materiellrechtlichen Hindernisse (insbesondere die Auflösung aufgrund des Grenzübertritts) im Vorgriff auf einen allgemeinen Übergang zur Gründungsanknüpfung durch den Gesetzgeber (Rn 141) auch für die nicht direkt vom MoMiG erfassten Körperschaften als aufgehoben ansehen. Diese kämen (bei Fortgeltung der Sitztheorie für diese Körperschaften) so zumindest in den Rückverweisungsfällen schon jetzt in den Genuss der Wegzugsfreiheit.

146 Dagegen wird die **Verlegung des Satzungssitzes** auch durch das MoMiG nicht eröffnet. Aufgrund der Entscheidung „Cartesio" (Rn 68 ff) gebietet es indes die Niederlassungsfreiheit (Art. 49, 54 AEUV), den Inlandsgesellschaften einen statutenändernden und dadurch formwechselnden Wegzug zu ermöglichen, soweit der Zuzugsstaat einen solchen identitätswahrenden Zuzug zulässt. Dabei kommt es notwendigerweise auch zu einer Verlegung des Satzungssitzes, was allerdings nicht durch eine einfache Satzungsänderung möglich ist, sondern nur durch ein Umwandlungsverfahren in analoger Anwendung der Vorschriften des UmwG (näher unten Rn 193).

IV. Nach drittstaatlichem Recht gegründete Gesellschaften

147 **1. Grundsätzliche Behandlung.** Vorbehaltlich auf völkerrechtlichen Verträgen beruhender Ausnahmen (Rn 152 ff) kann das deutsche Recht frei darüber entscheiden, welche Kollisionsnorm es auf Gesellschaften anwendet, die nach dem Recht von Staaten gegründet worden sind, die nicht der EU angehören. Nach traditionellem Verständnis bedeutet dies, dass insoweit die **Sitztheorie** zur Anwendung kommt und insbesondere bei Zuzug ins Inland nach der Rechtsprechung des BGH (Rn 53) von einer **rechtsfähigen Personengesellschaft** auszugehen ist.

148 Nach der hier vertretenen Ansicht sollte im Interesse einer einheitlichen Kollisionsnorm dagegen auch auf derartige drittstaatliche Gesellschaften in Deutschland die **Gründungstheorie** angewendet werden. Dadurch wird die **Rechtssicherheit** gefördert, da die inländischen Verkehrskreise nur schwer überblicken können, wo sich die Hauptverwaltung einer Gesellschaft befindet. Unerträglich wird die Unsicherheit vor allem bei **„mobilen" Gesellschaften** mit minimaler organisatorischer Struktur, bei denen sich der Verwaltungssitz praktisch mit dem Aufenthaltsort der dahinter stehenden natürlichen Personen verändert. Dass bei derartigen Gesellschaften die Sitztheorie keine überzeugenden Ergebnisse liefert, hat auch die deutsche Rechtsprechung eingesehen.[301] Dennoch hält der BGH bis heute an der Anwendung der Sitztheorie für drittstaatliche Gesell-

296 Näher zu dieser Konzeption als einseitiger Kollisionsnorm: *Hoffmann*, ZIP 2007, 1581, 1585 f.

297 Vgl insbesondere OLG Düsseldorf, NZG 2009, 678, wo es unter ausdrücklichem Hinweis auf die Neufassung des § 4 a GmbHG heißt: „Nunmehr kann eine deutsche GmbH ihren Verwaltungssitz an jeden beliebigen Ort im Ausland verlegen, mithin ihre Geschäfte auch vollständig im Ausland oder aus dem Ausland tätigen."

298 Zur früheren Rechtslage vgl näher: Staudinger/*Großfeld*, IntGesR, Rn 608 ff.

299 Michalski/*Hoffmann*, GmbHG, § 53 Rn 118; ebenso wohl *Kindler*, AG 2007, 721, 722 (der nur zur Klarstellung eine Regelung der Frage anregt).

300 MüKo GmbHG/*Weller*, Einl. Rn 380; *Wicke*, GmbHG, § 4 a Rn 11.

301 OLG Frankfurt NZG 1999, 1097 = GmbHR 1999, 1254.

schaften fest.[302] In der Entscheidung „Trabrennbahn" verwies er auf den bereits angesprochenen (Rn 49) Referentenentwurf aus dem BMJ, der in Art. 10 EGBGB-E auch für drittstaatliche Gesellschaften den Übergang zur Gründungstheorie anordnet. Um der „Willensbildung des Gesetzgebers" nicht vorzugreifen, hält der BGH dennoch an seiner bisherigen Sichtweise fest. Auch die Neufassung der §§ 4 a GmbHG, 5 AktG (Rn 49) nimmt der BGH nicht zum Anlass für eine Neubewertung. Dies wäre durchaus – auf Grundlage einer Interpretation als Ausdruck eines allgemeinen Rechtsgedankens der Gründungsanknüpfung[303] – möglich gewesen. Derzeit deutet jedenfalls nichts auf eine Rechtsprechungsänderung hin, so dass weiterhin davon auszugehen ist, dass eine schweizerische AG mit tatsächlichem Inlandssitz von der Rechtsprechung als Personengesellschaft angesehen wird.[304]

Auch nach einer Neuordnung der Frage durch den Gesetzgeber kann die Gründungstheorie indes nicht ohne **Einschränkungen** gelten. Sie muss vielmehr auch schützenswerten Interessen des Staates, mit dem die Gesellschaft aufgrund ihres tatsächlichen Verwaltungssitzes eng verbunden ist, Rechnung tragen. Einer schrankenlosen Heranziehung des Gründungsrechts redet niemand das Wort. Schließlich gilt selbst in den USA – insbesondere nach den negativen Erfahrungen mit den sog. „pseudo-foreign corporations" – die Gründungstheorie nicht in reiner Form.[305] Im Zentrum der kommenden Diskussion sollten daher nicht das Anknüpfungsmoment, sondern die Zulässigkeit und Reichweite von die Anknüpfung an den Gründungssitz durchbrechender Sonderanknüpfungen stehen. Der Referentenentwurf berücksichtigt diese Frage nicht, so dass die Grundsätze zur Überlagerung des Gesellschaftsstatuts auch nach einer Kodifikation des internationalen Gesellschaftsrechts von der Rechtsprechung herauszuarbeiten wären. Wenn Differenzierungen zwischen Sachverhalten inner- und außerhalb des Anwendungsbereichs der Niederlassungsfreiheit möglich und angezeigt sind, dann hier. Von einer Briefkastengesellschaft oder „Offshore Corporation" aus Saint Kitts and Nevis oder Vanuatu[306] wird man in stärkerem Maße die **Beachtung deutscher Schutznormen** verlangen können als von einer englischen Ltd.[307] **149**

Das Entscheidende ist dabei, dass das deutsche Recht die **Reichweite der Überlagerung** mit Sitzrecht in diesen Fällen autonom bestimmen kann. Es ist also nicht gehindert, weit reichende Überlagerungen der Haftungsverfassung und des Firmenrechts vorzunehmen, die weit über das am Maßstab der Niederlassungsfreiheit zu Rechtfertigende hinausgehen könnten. Die Diskussion über die Frage, welche Überlagerungen in diesem Zusammenhang notwendig oder zumindest zweckmäßig sind, ob dies insbesondere nur zum Gläubiger- und Verkehrsschutz oder auch zum Zweck des Minderheitenschutzes erfolgen sollte, hat noch nicht einmal begonnen. Ausgangspunkt kann aber nur die von *Sandrock*[308] vor mehr als einem Vierteljahrhundert ausgearbeitete „ungeschrumpfte"[309] **Überlagerungstheorie** sein, die bereits ein vollständiges Konzept für die sinnvolle Reichweite von Sonderanknüpfungen enthielt. Sicher scheint zu sein, dass man die inländischen Interessen, deren Schutz die Sitztheorie bezweckt, auch auf diesem Wege berücksichtigen kann. **150**

Bisher lässt sich keinerlei Bereitschaft der deutschen **Rechtsprechung** erkennen, die Sitztheorie für Gesellschaften aus Drittstaaten aufzugeben. Vielmehr wurde noch bis in die jüngste Zeit die Sitztheorie auf Gesellschaften sambesischen,[310] schweizerischen[311] und singapurischen[312] Rechts angewendet. Die nachfolgend aufzuzeigenden völkerrechtlichen Ausnahmen, die bereits heute in erheblichem Umfang die Anwendung der Gründungstheorie auch auf drittstaatliche Gesellschaften vorgeben, sollten ein weiteres Argument dafür sein, dass nur durch einen umfassenden Wechsel zur Gründungstheorie eine überschaubare Rechtslage erreicht wird. **151**

2. Ausnahmen aufgrund völkerrechtlicher Verträge. a) EWR/EFTA/EU-Assoziationsgebiete. Völkervertragliche Sonderregelungen für das Gesellschaftskollisionsrecht ergeben sich zunächst aus dem **EWR-Abkommen**. Gesellschaften aus den EWR/EFTA-Staaten genießen gemäß den Art. 31, 34 EWR-Abkommen, **152**

302 BGH NJW 2009, 289 – „Trabrennbahn"; dazu: *Ebenroth/Einsele*, ZVglRWiss 87 (1989), 218, 218 ff; *Korner*, Das Kollisionsrecht der Kapitalgesellschaften in den Vereinigten Staaten, 1989; *Merkt*, Rn 156 ff; *Sandrock*, RabelsZ 42 (1978), 227, 246 ff; ferner: BGH GmbHR 2010, 211 (zu einer Gesellschaft singapurischen Rechts).

303 Dazu: *Hoffmann*, ZIP 2007, 1581, 1586 f.

304 So der Sachverhalt in BGH NJW 2009, 289.

305 Vgl dazu zB *Ebenroth/Einsele*, ZVglRWiss 87 (1989), 218, 218 ff; *Korner*, Das Kollisionsrecht der Kapitalgesellschaften in den Vereinigten Staaten, 1989; *Sandrock*, RabelsZ 42 (1978), 227, 246 ff.

306 Derartige Offshore-Jurisdiktionen verfügen oftmals über eigenständige Gesellschaftsrechte für „Offshore Corporations", die überhaupt nur für die Geschäftstätigkeit mit Gebietsfremden zur Verfügung stehen und die in steuer-, aufsichts- und gesellschaftsrechtlicher Hinsicht privilegiert sind.

307 So bereits *Leible/Hoffmann*, RIW 2002, 925, 935.

308 Grundlegend *Sandrock*, BerGesVR 18 (1978), S. 169 ff; weiterentwickelt in: *ders.*, in: FS Beitzke 1979, S. 669 ff

309 Die von *Sandrock* inzwischen vorgenommene „Schrumpfung" der Überlagerungstheorie (ZVglRWiss 102 (2003), 447) beruhte auf der Reduzierung auf das nach Art. 49, 54 AEUV zulässige Maß, die im hier interessierenden Zusammenhang aber gerade nicht zu beachten sind.

310 BayObLG RIW 2003, 387.

311 BGH NJW 2009, 289.

312 BGH GmbHR 2010, 211.

die weitestgehend den Art. 49, 54 AEUV nachgebildet sind, in vergleichbarer Weise **Niederlassungsfreiheit** wie die EU-Gesellschaften. Praktisch betrifft dies Gesellschaften aus **Liechtenstein, Island** und **Norwegen**. Nach ständiger Rechtsprechung des EFTA-Gerichtshofes sind diese Vorschriften ebenso auszulegen wie die korrespondierenden Vorschriften des AEUV, so dass insbesondere die Rechtsprechung des EuGH übertragen werden kann.[313] Der BGH hat daher zutreffend die für die Anerkennung von EU-Auslandsgesellschaften geltenden Grundsätze auch als für die in einem EFTA-Staat gegründeten Kapitalgesellschaften gültig angesehen.[314] Demnach sind auch Gesellschaften aus EWR/EFTA-Staaten anhand der **europarechtlichen Gründungstheorie** anzuknüpfen und keinen weiter gehenden Sonderanknüpfungen auszusetzen als EU-Gesellschaften.[315] Dasselbe gilt ferner für Gesellschaften aus den EU-Assoziationsgebieten, die in Anhang II zum AEUV genannt sind (Art. 199 Abs. 5 AEUV).[316] Praktische Bedeutung kann dies insbesondere für Gesellschaften aus den Steueroasen Caiman Islands, Bermuda oder Niederländische Antillen erlangen, während der Inkorporationstourismus in die Französischen Antarktisgebiete bislang ausgeblieben ist.

153 **b) Bilaterale Verträge, insbesondere mit den USA.** Vorrangiges Gesellschaftskollisionsrecht ist mitunter auch in bilateralen völkerrechtlichen Verträgen verankert. Während die **gegenseitige Anerkennung** von Gesellschaften häufiger Gegenstand von Niederlassungs-, Handels- und Freundschaftsverträgen ist, haben diese doch meist keine kollisionsrechtliche Bedeutung.[317] Eine Ausnahme gilt vor allem für das Verhältnis zu den **USA**. Nach Art. XXV Abs. 5 S. 2 des **Freundschafts-, Handels- und Schifffahrtsvertrags** zwischen der Bundesrepublik Deutschland und den Vereinigten Staaten von Amerika vom 29.10.1954[318] gelten „Gesellschaften, die entsprechend den Gesetzen und sonstigen Vorschriften des einen Vertragsteils in dessen Gebiet errichtet sind, [...] als Gesellschaften dieses Vertragsteils; ihr rechtlicher Status wird in dem Gebiet des anderen Vertragsteils anerkannt". Ob es sich dabei um eine kollisionsrechtliche Regelung handelt, die gem. Art. 3 Nr. 2 EGBGB als **völkervertragliches IPR** dem autonomen IPR vorgeht, war lange Zeit umstritten.[319] Der BGH hat sich in inzwischen gefestigter Rechtsprechung für eine kollisionsrechtliche Bedeutung und damit für eine **Gründungsanknüpfung** US-amerikanischer Gesellschaften entschieden.[320] Ob das Vorliegen eines in der Literatur verschiedentlich verlangten[321] „genuine link" Voraussetzung der Gründungsanknüpfung ist, hat der BGH dabei ausdrücklich offen gelassen. Selbst wenn man ein solches Erfordernis annehmen wollte, lässt der BGH jedenfalls minimale wirtschaftliche Bezugspunkte in den USA genügen, die weit hinter einer Präsenz zurückbleiben.[322] Praktisch hat die Fragestellung daher nur geringe Bedeutung. Bei der Bestimmung des Gesellschaftsstatuts ist daher zumindest im Verhältnis zu den USA in Abkehr von der Sitztheorie an die Gründung der Gesellschaft nach dem Recht eines **Einzelstaates der USA** anzuknüpfen.[323] Bisher weitgehend ungeklärt ist dagegen die Frage, inwieweit die Anerkennung des „rechtlichen Status" die **Überlagerung** des Gesellschaftsstatuts zulässt.[324] Insoweit wird man dem Sitzrecht wohl einen **größeren Spielraum** einräumen müssen, als dies unter Geltung der Niederlassungsfreiheit der Fall ist. Bislang hat der BGH indes die Haftungsverfassung einer inländischen US-Gesellschaft ausschließlich nach dem Delawarer Gründungsrecht bestimmt.[325]

313 Ausf. und mit Nachw. aus der Rspr des EFTA-Gerichtshofes: *Baudenbacher/Buschle*, IPRax 2004, 26, 27.

314 BGHZ 164, 148 = NJW 2005, 3551; vgl auch OLG Frankfurt, IPRax 2004, 56.

315 Heute allg. Meinung, vgl näher: *Baudenbacher/Buschle*, IPRax 2004, 26 ff.

316 Vgl. BGH ZIP 2010, 1233; ZIP 2004, 2095, 2096 (jeweils zu Ltd.'s von den British Virgin Islands).

317 Zu weiteren Verträgen vgl umfassend MüKo/*Kindler*, Bd. 11, 5. Aufl. 2010, IntGesR, Rn 326 ff; Michalski/*Leible*, GmbHG, Syst. Darst. 2 Rn 61 ff.

318 BGBl. II 1956 S. 487. In Kraft seit dem 14.7.1956 (BGBl. II 1956 S. 763).

319 Für eine kollisionsrechtliche Sichtweise OLG Zweibrücken NJW 1987, 2168; OLG Celle WM 1992, 1703, 1706; OLG Düsseldorf NJW-RR 1995, 1124; RIW 1996, 859; *Ebenroth/Bippus*, DB 1988, 842, 843; *Ebenroth*, NJW 1988, 2137; *Großfeld/Erlinghagen*, JZ 1993, 224; dagegen OLG Hamm NJOZ 2002, 2723, 2725; *Berndt*, JZ 1996, 187; *Ebke*, RabelsZ 62 (1998), 195, 211; Staudinger/*Großfeld*, Int. GesR, Rn 211; *Lehner*, RIW 1998, 201, 208 f.

320 Vgl BGH ZIP 2002, 1155 = NJW-RR 2002, 1359, 1360; BGH ZIP 2003, 720 = BB 2003, 810; BGH NZG 2004, 1001; BGH NZG 2005, 44; BGH GmbHR 2005, 51.

321 OLG Düsseldorf NJW-RR 1995, 1124, 1125; *Bausback*, DNotZ 1996, 254, 258; *Ebenroth/Bippus*, DB 1988, 842, 844 ff; *Ebenroth*, NJW 1988, 2137; *Ebenroth/Kemner/Willburger*, ZIP 1995, 972; *Ebenroth/Offenloch*, RIW 1997, 1, 2; *Picot/Land*, DB 1998, 1601, 1606. Gegen das Erfordernis eines „genuine link" hingegen *Bungert*, WM 1995, 2125, 2128 ff; Michalski/*Leible*, GmbHG, Bd. 1, 2. Aufl. 2010, Syst. Darst. 2 Rn 65; *Ulmer*, IPRax 1996, 100, 101; *Wessel/Ziegenhain*, GmbHR 1988, 423, 431.

322 Näher MüKo GmbHG/*Weller*, Einl. Rn 370; Spindler/Stilz/*Müller* AktG, IntGesR, Rn 21; Michalski/*Leible*, GmbHG, Syst. Darst. 2 Rn 64 f.

323 Hierzu ausführlich *Laeger*, Deutsch-Amerikanisches Internationales Gesellschaftsrecht, 2008; *Kaulen*, IPRax 2008, 389.

324 Ausf. Überlegungen hierzu finden sich bei *Bungert*, ZVglRWiss 93 (1994), 117, der von einem gespaltenen Gesellschaftsstatut ausgeht und gerade das Innenrecht der Gesellschaft dem Sitzrecht unterstellen will. Dies widerspricht erkennbar der hier vertretenen Einheitlichkeit der Kollisionsnorm.

325 BGH RIW 2004, 787; dazu näher *Ebke*, RIW 2004, 740.

c) GATS. Eine neuere Fragestellung[326] bezieht sich darauf, ob auch das unter dem Dach der WTO geschlossene **General Agreement on Trade in Services (GATS)** insoweit kollisionsrechtliche Vorgaben macht, als es den Marktzugang fremder Dienstleistungserbringer gewährt und somit auch deren **Anerkennung** verlangt. Soweit ersichtlich ist die vom Verfasser in der Vorauflage geäußerte Ansicht die fast einzige Stimme in der Literatur, die eine solche kollisionsrechtliche Bedeutung des GATS annehmen will. Trotz der hieran geäußerten Kritik[327] soll an der Auffassung festgehalten werden. Betrachtet man zunächst die welthandelsrechtlichen Grundlagen, ergibt sich aus Art. XXVIII (m) (i) GATS, dass die **Zurechnung juristischer Personen** anhand der Gründung unter dem Recht eines Mitglieds erfolgt, sofern nur in irgendeinem WTO-Mitgliedstaat eine **erhebliche Geschäftstätigkeit** ausgeübt wird.[328] Der Entzug von Handelsvorteilen ist nur möglich, wenn die Gesellschaft in diesem Sinne nicht einem anderen WTO-Mitglied zuzurechnen ist (Art. XXVII c GATS). 154

Die Verbindung zum Gesellschaftskollisionsrecht ergibt sich aus der auch niederlassungsrechtlichen Bedeutung des Abkommens, das sich nach Art. I Abs. 2 c GATS auch auf die Erbringung von Dienstleistungen mittels **„kommerzieller Präsenz" (Modus 3)** bezieht. Soweit in diesem Modus gemäß Art. XVI GATS Marktzugangsverpflichtungen in den entsprechenden Listen begründet und keine spezifischen Vorbehalte erklärt wurden,[329] können die Mitglieder nach Art. XVI Abs. 2 e GATS die Wahl **„bestimmter Arten rechtlicher Unternehmensformen"** nicht beschränken. Hieraus folgt, dass einer Gesellschaft, die aufgrund ihres Gründungsrechts einem WTO-Mitglied zuzurechnen ist und die im Inland von einem in der Verpflichtungsliste[330] eingeräumten Recht auf Marktzugang in Modus 3 Gebrauch machen will, weder die Gründung eines inländischen Tochterunternehmens vorgeschrieben noch die Erbringung unter der Rechtsform des Heimatrechts verweigern, so dass insbesondere auch Zweigniederlassungen der Zugang zu gewähren ist. Da aber die Zurechnung der Nationalität der Gesellschaft nach Maßgabe der Gründungstheorie erfolgt, gibt es im GATS keine Grundlage dafür, einer Gesellschaft die Handelsvorteile zu entziehen, nur weil sie bei Begründung ihrer kommerziellen Präsenz im Inland auch ihre **Hauptverwaltung im Inland** genommen hat. Eine Einordnung als deutsche Personengesellschaft aufgrund der Anwendung der Sitztheorie würde der Gesellschaft nicht nur entgegen Art. XVI GATS die **Rechtsform** vorschreiben, sondern mangels Identität von inländischer Personen- und ausländischer Kapitalgesellschaft der „juristischen Person des anderen Mitglieds" die **Handelsvorteile vollständig entziehen**.[331] Hieraus ist zu folgern, dass die Anwendung der Sitztheorie auf Gesellschaften, die nach dem Recht eines WTO-Mitglieds gegründet worden sind, schon vor ihrem Zuzug eine „Geschäftstätigkeit von erheblichem Umfang" innerhalb der WTO ausgeübt haben[332] und im Inland Dienstleistungen in Form der kommerziellen Präsenz im Rahmen der spezifischen Verpflichtungen der Bundesrepublik Deutschland erbringen wollen, gegen das GATS verstößt. Diesen Gesellschaften ist vielmehr in der von ihnen durch Inkorporation gewählten Rechtsform im Inland Marktzugang zu gewähren, so dass es kollisionsrechtlich der Anwendung der **Gründungstheorie** bedarf. Für die Zulässigkeit von **Überlagerungen** des Gesellschaftsstatuts ist darauf abzustellen, ob die konkrete Rechtsanwendung zu einem **Entzug von Handelsvorteilen** führt, also den Marktzugang beeinträchtigt oder einen Verstoß gegen das Gebot der Inländerbehandlung (Art. XVII GATS) oder der Meistbegünstigung (Art. II GATS) enthält. Auch insoweit wird man davon ausgehen können, dass dieser Maßstab **weniger streng** ist als die Niederlassungsfreiheit des AEUV. 155

Es trifft sicherlich zu, dass nicht damit zu rechnen ist, dass die Bundesrepublik Deutschland in absehbarer Zeit von der WTO, insbesondere im Rahmen eines **Streitbeilegungsverfahrens**, dazu gezwungen wird, die kollisionsrechtlichen Schlüsse aus ihren Marktzugangsverpflichtungen zu ziehen.[333] Das ändert aber nichts daran, dass die deutsche Rechtsprechung aufgrund der **Völkerrechtsfreundlichkeit** der deutschen Rechtsordnung dazu verpflichtet ist, die Verpflichtungen aus dem GATS bei der innerstaatlichen Rechtsanwendung zu berücksichtigen. Jedenfalls bei fehlender widersprechender nationaler Gesetzesnorm gibt es keine Rechtfertigung dafür, einen gültigen völkerrechtlichen Vertrag bei der Rechtsanwendung zu ignorieren. Diese Verpflichtung zur völkerrechtskonformen Auslegung des nationalen Rechts beruht letztlich auf der Grundent- 156

326 Soweit ersichtlich erstmals aufgeworfen wurde die Frage von *Leible*, ZGR 2004, 531. Ausf. *Lehmann*, RIW 2004, 816.

327 Abl. BGH NJW 2009, 289; MüKo/*Kindler*, Bd. 11, 5. Aufl. 2010, IntGesR Rn 503; *Lehmann*, RIW 2004, 816; *Jung*, NZG 2008, 681; *Weller*, ZGR 2010, 679, 699; ausf. *Kraus*, Die Auswirkungen des Welthandelsrechts auf das internationale Kollisionsrecht, S. 188 ff (vorsichtig zustimmend für bestimmte Konstellationen der Sitzverlegung insbes. S. 206 ff).

328 Zu Art. XXVIII (m) als Zurechnungsnorm vgl *Weiss/Herrmann/Ohler*, Welthandelsrecht, 2003, Rn 848.

329 Zur Struktur der spezifischen Verpflichtungen nach dem GATS vgl *Weiss/Herrmann/Ohler*, Welthandelsrecht, 2003, Rn 872 ff.

330 Die von der EU/Deutschland eingegangenen Verpflichtungen gehen auch in Modus 3 sehr weit und enthalten keinen allgemeinen Vorbehalt bezüglich der zulässigen Rechtsformen.

331 *Kraus*, Die Auswirkungen des Welthandelsrechts auf das internationale Kollisionsrecht, 2008, S. 206 ff.

332 Dieses Erfordernis ergibt sich aus der Zurechnungsregel des Art. XXVIII (m) (i) GATS und schließt den Marktzugang durch Briefkastengesellschaften aus.

333 Dazu näher *Lehmann*, RIW 2004, 816.

scheidung des Art. 25 GG und ist scharf von der Frage einer unmittelbaren Anwendbarkeit des GATS[334] zu unterscheiden. Auch eine nicht unmittelbar anwendbare Norm eines völkerrechtlichen Vertrags genießt schließlich im Inland Gesetzeskraft und muss sich – mangels entgegenstehenden Gesetzesrechts – gegenüber der Anwendung richterrechtlicher Grundsätze durchsetzen.

157 Der BGH hat diese auf völkerrechtskonformer Auslegung beruhende Argumentation in der Entscheidung „Trabrennbahn"[335] folgendermaßen zurückgewiesen: „Eine völkerrechtsfreundliche Auslegung des nationalen Rechts (…) im Sinne einer Gewährleistung auch der Niederlassungsfreiheit für Gesellschaften scheitert bereits daran, dass das Übereinkommen international nicht so verstanden wird." Wie gezeigt geht es aber gar nicht darum, dem GATS eine dem AEUV vergleichbare umfassende Niederlassungsfreiheit zu entnehmen, sondern nur darum zu verhindern, dass ein im Rahmen der spezifischen Marktzugangsverpflichtungen zugesagter Handelsvorteil in Modus 3 durch das Gesellschaftskollisionsrecht entzogen wird. Auch eine **völkerrechtskonforme Auslegung** ist daher nur erforderlich, soweit eine Gesellschaft in einem derart liberalisierten Sektor tätig ist. Dem BGH ist zuzugeben, dass das GATS international nicht so verstanden wird, dass es eine umfassende Niederlassungsfreiheit im Sinne von Art. 49, 54 AEUV gewährleistet – dies hat der Verfasser aber gerade nicht behauptet. Erforderlich wäre im Fall des BGH die Prüfung gewesen, ob die schweizerische AG in Deutschland Dienstleistungen erbringt, für die eine spezifische Marktzugangsverpflichtung besteht – nur dann wäre eine Gründungsanknüpfung erforderlich.[336]

C. Personengesellschaften

I. Ausgangslage bezüglich der Anknüpfungslehren

158 **1. Bedeutung der Anknüpfung.** Während bisher nur von juristischen Personen, also Gebilden mit eigener Rechtspersönlichkeit, ausgegangen wurde, stellt sich die Frage, inwieweit diese Grundsätze auch auf **Personenvereinigungen ohne eigene Rechtspersönlichkeit** zu übertragen sind. Betroffen sind von der Fragestellung vor allem die Personenhandelsgesellschaften, die Gesellschaften bürgerlichen Rechts und die nichtrechtsfähigen Vereine. Diesen kommt nach deutschem Recht zwar (Teil-)Rechtsfähigkeit zu,[337] sie sind aber nicht durch eine eigene Rechtspersönlichkeit gegenüber ihren Gesellschaftern verselbständigt. Trotzdem ist es zumindest im bisherigen deutschen Recht anerkannt, dass auch diese Vereinigungen nicht nach schuldrechtlichen Grundsätzen anzuknüpfen sind, sondern ein **einheitliches Gesellschaftsstatut** in Anwendung der Sitztheorie zu ermitteln ist.[338] Auch wenn im Personengesellschaftsrecht ein generelles Haftungsprivileg fehlt, ist die Anknüpfung auch praktisch von höchster Relevanz, wie allein schon die **beschränkte Kommanditistenhaftung** deutlich macht: Verlegt eine ausländische Kommanditgesellschaft ihren tatsächlichen Sitz nach Deutschland, haften alle Gesellschafter nach § 176 HGB unbeschränkt für Verbindlichkeiten, die bis zur Eintragung der Haftungsbeschränkung in das Handelsregister begründet worden sind.[339]

159 **2. Anwendbarkeit der Sitz- und Gründungstheorien.** Aus Sicht der **Sitztheorie** steht also einer Übertragung der Grundsätze des Körperschaftsrechts auf die Anknüpfung der Personengesellschaft nichts entgegen. Allerdings würde dies dazu führen, dass in Anwendung der „Überseering"-Grundsätze zumindest die europarechtliche Gründungstheorie in weitem Umfang auf die Personengesellschaft anzuwenden wäre. Diese Schlussfolgerung stößt nun allerdings auf Bedenken, da die **Gründungstheorie** allein die Anknüpfung von Körperschaften betrifft. Sie stellt auf die **Inkorporation** der Gesellschaft ab. Betrachtet man die wichtigsten europäischen Gründungstheoriestaaten, lässt sich dies zweifelsfrei nachweisen.

334 Es ist heute (im Anschluss an EuGH, Slg 1999, I-8395, Tz 36 ff) weitgehend unstreitig, dass GATT und GATS im nationalen Recht nicht unmittelbar anwendbar sind.

335 BGH NJW 2009, 289, 290.

336 In diesem Sinn dürften auch die (vom BGH für seine Auffassung herangezogenen) Ausführungen von *Jung*, NZG 2008, 681, 683, zu verstehen sein, der nur eine umfassende Niederlassungsfreiheit, nicht aber eine begrenzte kollisionsrechtliche Bedeutung des GATS ablehnt.

337 Dies gilt aufgrund des Verweises auf das Recht der BGB-Gesellschaft in § 54 BGB seit Anerkennung von deren Rechtsfähigkeit (BGHZ 146, 341) sogar für den „nichtrechtsfähigen" Verein, der nunmehr zutreffender als Verein ohne Rechtspersönlichkeit bezeichnet werden sollte.

338 Ausf.: *Walden*, Das Kollisionsrecht der Personengesellschaften, S. 55 ff; *Trautrims*, Das Kollisionsrecht der Personengesellschaften, 2009, S. 107 ff; Staub/*Schäfer*, HGB, 5. Aufl. 2009, Vor § 105 Rn 27 ff; ferner: Staudinger/*Großfeld*, Int. GesR, Rn 746 ff; MüKo/*Kindler*, Bd. 11, 5. Aufl. 2010, IntGesR, Rn 282 ff, jew. mit umfassenden Nachw.

339 So im Erg. Staudinger/*Großfeld*, Int. GesR, Rn 767.

So gilt etwa die gesetzliche Regelung der Gründungstheorie in den **Niederlanden** ausdrücklich nur für „Körperschaften".[340] Für die in **Dänemark** geltende Registrierungstheorie[341] ergibt sich dies bereits daraus, dass nur für Körperschaften ein konstitutives Registrierungserfordernis besteht, während Personengesellschaften allein bei Betrieb eines Unternehmens und zudem nur deklaratorisch in das Handelsregister einzutragen sind.[342] Die Registrierungstheorie würde bei dänischen Personengesellschaften also ins Leere gehen. Im Rechtskreis des Common Law fällt auf, dass sowohl in der Literatur als auch in der Rechtsprechung zur Gründungstheorie stets ausdrücklich auf die Eigenschaft als Körperschaft und den Vorgang der Inkorporation abgestellt wird[343] (näher Rn 37 f mwN). Auch die Zuschreibung eines „domicile of origin", also die personenrechtliche Analogie, auf der die Gründungstheorie beruht,[344] setzt die eigenständige Rechtspersönlichkeit voraus. Schließlich kann nur eine Person ein „domicile" besitzen. Allerdings wird das Kollisionsrecht der „partnership" praktisch nicht diskutiert. Nur im Rahmen des Internationalen Sachenrechts werden die Anteile an der „partnership" als am tatsächlichen Unternehmenssitz belegen angesehen, während bei Anteilen an Körperschaften auf den Inkorporationsort abzustellen ist.[345] Dies ist ein deutlicher Hinweis auf die Nichtgeltung der Gründungstheorie für Personengesellschaften. 160

Im Ergebnis ist daher festzuhalten, dass die Anknüpfung des Statuts von Personengesellschaften anhand der Gründung in Europa unbekannt ist und mangels eines formalisierten Gründungsvorgangs mit konstitutiver Registereintragung auch wenig Sinn macht. Auf welches Recht sollte denn bei einer konkludenten Gründung einer Gelegenheitsgesellschaft auch verwiesen werden? Zu erinnern ist insoweit daran, dass das Anknüpfungsmoment der Gründungstheorie gerade nichts mit dem Ort der Gründungshandlung zu tun hat (ausführlich Rn 36 ff). 161

3. Anknüpfung nach vertragsrechtlichen Grundsätzen: Rechtswahlfreiheit statt Gründungstheorie. Die Tatsache, dass die Gründungstheorie für die Anknüpfung der Personengesellschaft nicht zur Verfügung steht, bedeutet indes nicht, dass mangels Alternative die Sitztheorie anzuwenden wäre und dass die daraus resultierenden Folgen ohne weiteres europarechtskonform wären. Vielmehr ist die Alternative zu einer gesellschaftsrechtlichen Anknüpfung der Personengesellschaft in einer **vertragsrechtlichen Anknüpfung** zu sehen: Jedenfalls im Rechtskreis des Common Law wird die Personengesellschaft („partnership") nicht als rechtsfähiges, von ihren Mitgliedern rechtlich verselbständigtes Gebilde angesehen, sondern lediglich als eine Form eines Vertrages, eine **relative „Beziehung"**[346] zwischen Personen: „A company is a legal entity distinct from the members forming the company, while a partnership has no legal existence apart from its individual members."[347] Aus praktischen Gründen kann sie zwar unter ihrer Firma klagen oder Eigentum erwerben, eine rechtliche Verselbständigung, wie sie etwa bei der deutschen OHG besteht, ist ihr aber fremd. Die Haftung der Gesellschafter für die Schulden der partnership beruht daher auch auf der Ausübung rechtsgeschäftlicher **Vertretungsmacht**, hat also ebenfalls eine vertragsrechtliche, keine gesellschaftsrechtliche Grundlage.[348] Dieses Verständnis der Personengesellschaft lässt es als nachvollziehbar erscheinen, dass auch die Anknüpfung vertragsrechtlichen Regeln folgt. Insbesondere das U.S.-amerikanische Restatement (2nd) stellt als Standpunkt des Common Law daher auf eine Anknüpfung des Innenverhältnisses nach **vertragsrechtlichen** 162

340 Art. 1 Wet van 17 december 1997, houdende regels van internationaal privaatrecht met betrekking tot corporaties (Wet conflictenrecht corporaties), Staatsblad 1997, S. 699; erhältlich über www.overheid.nl; Übersetzung bei *Timmerman*, ZGR 1999, 148 (in Fn 1); Näher hierzu *Hoffmann*, ZVglRWiss 101 (2002), 283, 301 ff.

341 *Andersen/Sorensen*, 6 Maastricht Journal (1999), 55 f mit Verweis auf ein Urteil des Hoge Rad, Ugeskrift for Retsvaesen (1998), S. 1071 und Nachw. aus der nordischen Lit.; *Werlauff*, ZIP 1999, 867, 874; Behrens/*Carsten*, Rn DK 49; für das schwedische Recht ferner *Bogdan*, RabelsZ 41 (1977), 536, 539.

342 Vgl *Dübeck*, Einführung in das dänische Recht, 1996, S. 272 ff.

343 Gasque v. Inland Revenue Commissioners, [1940] 2 K.B. 80, 84.

344 Gasque v. Inland Revenue Commissioners, [1940] 2 K.B. 80, 84; *Dicey/Morris*, Conflict of Laws, 13th Ed. 2000, 30–002; *Nygh*, Conflict of Laws in Australia, S. 392; *Crawford*, International Private Law in Scotland, 7.02.; näher *Hoffmann*, ZVglRWiss 101 (2002), 283, 289.

345 *Dicey/Morris*, The Conflict of Laws, 13th Ed. 2000, Vol. 2, 22–044 (für companies), 22–049 (für partnerships).

346 Vgl Sec. 1 des britischen Partnership Act 1890: „relation".

347 *Dobson/Schmitthoff*, Charlesworth's Business Law, 15th Ed., S. 282. Anders ist dies aber bei *partnerships* nach schottischem Recht, vgl Sec. 4 (2) Partnership Act 1890.

348 *Dobson/Schmitthoff*, Charlesworth's Business Law, 15th Ed., S. 287 ff.

Grundsätzen ab, während die Frage der Haftung der Gesellschaft und der Partner für im Namen der Gesellschaft vorgenommene Handlungen sich nach dem **Vollmachtstatut** bestimmt.[349]

163 **4. Qualifikation der Kommanditgesellschaft.** Die Kommanditgesellschaft (Limited Partnership) wird im Gegensatz dazu als eine „Mischung" zwischen partnership und Körperschaft angesehen.[350] Nach Sec. 5 und Sec. 8 des britischen Limited Partnership Act 1907 bedarf diese Gesellschaftsform der Registrierung in einer der Körperschaft vergleichbaren Weise. Bevor diese Registrierung erfolgt ist, gelangt die Limited Partnership als solche nicht zur Entstehung, sondern wird nach Sec. 5 als einfache partnership und die Kommanditisten als „general partners" (Komplementäre) behandelt. Bezüglich dieser Gesellschaftsform wäre also tatsächlich eine Anknüpfung anhand der Gründungstheorie möglich. Diese Nähe einer Form der Personengesellschaft zur Körperschaft stellt indes die Aussage, dass es sich bei der Gründungstheorie um eine rein körperschaftsrechtliche Norm handelt, nicht infrage. Vielmehr bedarf es aufgrund des **Mischcharakters** einer **Qualifikation** der konkret betrachteten Gesellschaftsform: Soweit die Ausgestaltung überwiegend körperschaftlich ist, sollte man sie auch als Körperschaft behandeln, andernfalls konsequent als nur vertragsrechtliche Personengesellschaft.[351] Jedenfalls das US-amerikanische Recht scheint sich für eine **Qualifikation als Körperschaft** und damit eine Anwendung der Gründungstheorie entschieden zu haben.[352] Ist eine Gesellschaft körperschaftlich organisiert, zumindest teilrechtsfähig, besteht ein Haftungsprivileg und ist dieses an eine konstitutive Registereintragung gebunden, steht einer körperschaftlichen Qualifikation nichts entgegen. Diese Gesellschaften, die eine der deutschen KG vergleichbare Struktur aufweisen, sind demnach entsprechend der oben entwickelten **Grundsätze für juristische Personen** zu behandeln.[353] Auch die EuGH-Entscheidung „Cartesio"[354] lässt sich in diesem Sinn interpretieren, da der EuGH hier die für juristische Personen entwickelten Grundsätze ohne jegliche Auseinandersetzung auf eine KG angewendet hat.[355]

164 **5. Fragestellungen aus Sicht der Niederlassungsfreiheit.** Da das Internationale Vertragsrecht auf dem **Grundsatz der Parteiautonomie** beruht,[356] führt eine vertragsrechtliche Anknüpfung der Personengesellschaft[357] zu ganz ähnlichen Ergebnissen wie die Gründungstheorie im Kapitalgesellschaftsrecht: Die Wahl des Statuts liegt in der Hand der Gründer, ohne dass es auf den Ort der Geschäftstätigkeit ankäme. Vor dem Hintergrund der Entscheidung „Überseering" stellt sich daher zunächst die Frage, inwieweit sich der **Niederlassungsfreiheit** des AEUV auch Vorgaben für das **Kollisionsrecht der Personengesellschaft** entnehmen lassen. Im Anschluss sind dann die Konsequenzen für das deutsche Gesellschaftskollisionsrecht zu ziehen.

II. Niederlassungsfreiheit und Personengesellschaft

165 **1. Anwendungsbereich der Niederlassungsfreiheit.** Zunächst ist festzuhalten, dass sich auch Personengesellschaften grundsätzlich auf die **Niederlassungsfreiheit** berufen können. Denn nach allgemeiner Auffassung[358] fallen trotz der Formulierung „sonstige juristische Personen" nicht nur Körperschaften, sondern zumindest auch teilrechtsfähige Gebilde in deren Anwendungsbereich, soweit sie nur einen **Erwerbszweck** verfolgen. Die deutsche Fassung verwendet hierfür das Wort „Gesellschaften" als Oberbegriff. In der engli-

349 ALI, Restatement (2nd) of Conflicts of Law, § 294 iVm §§ 187 f; § 295 iVm § 292. Während das Restatement das Common Law abbildet, hat in den letzten Jahren eine einheitliche Anknüpfung des Gesellschaftsstatuts anhand der Sitztheorie, nämlich dem Ort des „chief executive office", (vgl § 106 Revised Uniform Partnership Act 1994; dazu ausf. *Terlau*, Das internationale Privatrecht der Gesellschaft bürgerlichen Rechts, 1999, S. 48 ff) an Bedeutung gewonnen. Auch insoweit kommt also gerade nicht die Gründungstheorie zur Anwendung. Zur Entwicklung des Kollisionsrechts der partnership in den USA vgl die ausf. Darstellung bei *Walden*, Das Kollisionsrecht der Personengesellschaften, S. 287 ff.

350 *Dobson/Schmitthoff*, Charlesworth's Business Law, 15th Ed., S. 305 („cross between a partnership and a limited company").

351 In diesem Sinne: ALI, Restatement (2nd) of Conflicts of Law, Chapter 13 („Business Corporations"), Introductory Note: „These attributes are also enjoyed in varying degrees by limited partnerships, joint stock associations and business trusts… to the extent that they enjoy the same attributes as business corporations, the choice of law rules stated in this Chapter should usually be applicable to them."

352 Vgl die Darstellung bei *Walden*, Das Kollisionsrecht der Personengesellschaften, S. 312 ff.

353 Zuzugeben ist, dass eine Qualifikation nach der deutschen lex fori dieses Erg. nicht stützen kann, sondern es hierfür einer international-privatrechtlichen Qualifikation bedarf, näher: *Kegel/Schurig*, Internationales Privatrecht, 2004, S. 296 ff.

354 EuGH EuZW 2009, 75.

355 Vgl *Leible/Hoffmann*, BB 2009, 58.

356 Zur Parteiautonomie insb. bei der partnership nach US-Recht vgl *Walden*, Das Kollisionsrecht der Personengesellschaften, S. 292 ff.

357 Anzumerken ist, dass die Rom I-Verordnung auch bei einer Anknüpfung nach vertragsrechtlichen Grundsätzen wegen Art. 1 lit. f. Rom I-VO nicht anwendbar ist. Ähnlich wie die europarechtliche Gründungstheorie muss der Grundsatz der Parteiautonomie im Personengesellschaftsrecht daher der Niederlassungsfreiheit selbst entnommen werden.

358 Streinz/*Müller-Graff*, EUV/EGV, 2001, Art. 48 Rn 4; Grabitz/Hilf/*Randelzhofer/Forsthoff*, EGV, Art. 58 Rn 7, Schwarze/*Müller-Huschke*, EGV, Art. 48 Rn 3; Calliess/Ruffert/*Bröhmer*, EUV/EGV, Art. 48 Rn 4.

schen Fassung ist dagegen von „companies and firms" die Rede, da unter „companies" im englischen Recht nur inkorporierte Gesellschaften verstanden werden, während „firm" die Bezeichnung für ein als Personengesellschaft („partnership") geführtes Unternehmen ist.[359] Schon dies zeigt, dass der Anwendungsbereich mehr umfassen muss als allein Körperschaften.

2. Mangelnde Übertragbarkeit der „Überseering"-Entscheidung. Auf den ersten Blick mag man daher meinen, auch **Personengesellschaften** hätten aufgrund der Niederlassungsfreiheit ein Recht auf Anerkennung als **Gesellschaft ausländischen Rechts**. Gleichwohl kann man der Entscheidung **„Überseering"**[360] wohl keine dahin gehende Aussage entnehmen. Zwar ist dort durchgängig von „Gesellschaften" die Rede, was zumindest in der deutschen Fassung so allgemein formuliert ist, dass man es als Verweis auf den Anwendungsbereich des Art. 54 AEUV verstehen kann. Aber schon ein Blick in die englische Urteilsfassung zeigt, dass der EuGH sich wohl allein mit der Niederlassungsfreiheit von Körperschaften befasst hat. Dort wird nämlich durchgängig nur der Begriff der „companies" benutzt, während die „firms" keine Erwähnung finden. Auf den Wortlaut des Art. 54 AEUV wird also gerade nicht abgestellt. Zu bedenken ist außerdem, dass der EuGH grundsätzlich von der **Anerkennung der Rechtsfähigkeit** spricht. Es ist aber kaum zu erwarten, dass der EuGH hiermit die Trennung zwischen rechtsfähigen und nicht rechtsfähigen Personengesellschaften vornehmen will, weil diese Unterscheidung als recht willkürlich erscheint und nicht annähernd so trennscharf ist wie die Abgrenzung nach der Eigenständigkeit der Rechtspersönlichkeit. So wäre die BGB-Gesellschaft noch vor zehn Jahren nicht erfasst gewesen, wohl aber unter Zugrundelegung der heutigen Sichtweise des BGH.[361] Noch gravierender ist aber, dass etwa eine „partnership" englischen Rechts keine Rechtsfähigkeit genießt, wohl aber die (im selben Gesetz geregelte) „partnership" schottischen Rechts.[362] Nennenswerte materiellrechtliche Unterschiede sind hiermit indes nicht verbunden. Ferner stellt der EuGH an mehreren Stellen des Urteils „Überseering" nicht nur auf die Rechtsfähigkeit, sondern auf die **„Rechtspersönlichkeit"** ab (Tz 62, 65, 70, 71, 73). Auch dies deutet darauf hin, dass eine Aussage zu den Personengesellschaften nicht beabsichtigt ist.[363] 166

Auch in der Sache ist eine Erstreckung der vom EuGH Art. 49, 54 AEUV entnommenen **europarechtlichen Gründungstheorie** auf Personengesellschaften nicht angezeigt. Die Anerkennung der im Ausland verliehenen Rechtsfähigkeit korrespondiert mit den stark formalisierten Gründungsvoraussetzungen der Körperschaften und insbesondere mit der Registrierung im Gründungsstaat. Hiermit ist die Gründung einer Personengesellschaft, die grundsätzlich sogar konkludent erfolgen kann und jedenfalls keine konstitutive Registereintragung kennt, nicht vergleichbar. Ferner passt die Argumentation, die Gesellschaft hätte „jenseits der nationalen Rechtsordnung, die ihre Gründung und Existenz regelt, keine Realität", schon nicht auf Personengesellschaften. Gemeint ist damit, dass die **Fiktion der Rechtspersönlichkeit** juristischer Personen zwingend an das Gründungsrecht gebunden ist. Fehlt es aber schon an dieser Fiktion, hat die Aussage keine Bedeutung. Schließlich ist das **Zusammenwirken in der Personengesellschaft** keine Fiktion, sondern Realität, die auch außerhalb des Gründungsstaates nicht geleugnet werden kann. Die Personengesellschaft mag bei der Sitzverlegung im Einzelfall ihre Rechtsfähigkeit verlieren, nicht aber ihre im Zusammenwirken der Gesellschafter fußende Existenz. 167

Entscheidend gegen eine Erstreckung der Gründungsanknüpfung spricht aber, dass diese im Internationalen Privatrecht der Personengesellschaft ein **Fremdkörper** wäre. Eine Gründungstheorie für Personengesellschaften gibt es, wie gezeigt (Rn 159 ff), nicht. Jedenfalls kann man dem EuGH nicht unterstellen, er wolle entgegen der Rechtstradition der Mitgliedstaaten die Personengesellschaft in die verpflichtende Gründungsanknüpfung einbeziehen. Die Entscheidung „Überseering" hat daher keine Bedeutung für Personengesellschaften, der EuGH hat sich darin – trotz der allgemeinen Diktion zumindest der deutschen Sprachfassung – **ausschließlich mit Körperschaften** beschäftigt.[364] Auch die zu einer Kommanditgesellschaft ergangene Entscheidung „Cartesio" ändert hieran nichts, da man dieses Indikat besser als körperschaftsrechtliche Qualifikation der KG (Rn 163) denn als Aussage zur Personengesellschaft interpretieren kann.[365] 168

Damit soll allerdings nicht gesagt werden, dass in der Sache eine **uneingeschränkte Anwendung der Sitzanknüpfung auf Personengesellschaften** keinen Verstoß gegen die Niederlassungsfreiheit darstellen würde. Der auch die Personengesellschaften erfassende Art. 54 AEUV zeigt, dass die Wirkungen dieser Rechtsprechung – wenn auch auf anderem Wege – auf die Personengesellschaften zu erstrecken sind. Nur aus „Überseering" ergibt sich dies nicht.[366] 169

359 Vgl Sec. 4 (1) Partnership Act 1890.
360 EuGH, Slg 2002, I-9919 („Überseering") = IPrax 2003, 65 = NJW 2002, 3614.
361 Sog. „Weißes Roß"-Doktrin, vgl BGHZ 146, 341.
362 Vgl Sec. 4 (2) Partnership Act 1890.
363 AA *Binge/Thölke*, DNotZ 2004, 21, 24; für einheitliche Behandlung von Kapital- und Personengesellschaften auch MüKo/*Kindler*, Bd. 11, 5. Aufl. 2010, IntGesR, Rn 282 ff.
364 So bereits *Leible/Hoffmann*, RIW 2002, 925, 932.
365 Vgl *Leible/Hoffmann*, BB 2009, 58.
366 Die Äußerung bei *Leible/Hoffmann*, RIW 2002, 925, 932, wonach bei Personengesellschaften „weiterhin eine Sitzanknüpfung zulässig bleibt", ist in diesem Sinne zu verstehen.

170 **3. Realisierung der Niederlassungsfreiheit im Personengesellschaftsrecht. a) Personengesellschaft ist keine Fiktion.** Sieht man einmal von den Fällen der beschränkten Kommanditistenhaftung ab (die nach hier vertretener Ansicht ohnehin körperschaftsrechtlich einzuordnen ist), sind die Auswirkungen der Sitztheorie im Personengesellschaftsrecht nicht so einschneidend wie bei den Körperschaften. Wie bereits angesprochen fußt die Personengesellschaft im Zusammenwirken der Gesellschafter, nicht in einer an ein bestimmtes Verfahren geknüpften Fiktion. Aus diesem Grund hängt die Anerkennung einer Personengesellschaft auch nicht von besonderen Gründungsvoraussetzungen ab, die nach dem Gesellschaftsstatut zu ermitteln wären. Vielmehr entsteht – und das nicht nur nach deutschem Verständnis – die Gesellschaft bereits durch das einen konkludenten Vertragsschluss enthaltende **zweckgerichtete Zusammenwirken**. Anders als bei Körperschaften wird eine real existierende Gesellschaft unabhängig von ihrer Anknüpfung also stets anerkannt, in Deutschland zumindest als rechts- und parteifähige **Gesellschaft deutschen Rechts**.[367] Da die Personengesellschaft auch keine eigenständige Rechtspersönlichkeit hat, ist die im Inland anerkannte Gesellschaft selbst dann mit der ursprünglich ausländischen Gesellschaft **identisch**, wenn sie dem inländischen Recht unterstellt wird. Eine Neugründung, deren Erfordernis der EuGH geradezu als „Negierung der Niederlassungsfreiheit"[368] ansah, ist also keinesfalls erforderlich. Insoweit genügt hier die Zuerkennung der Rechts- und Parteifähigkeit nach inländischem Recht, da – wie gezeigt (Rn 166 f) – die Pflicht zur Achtung dieser Fähigkeiten, „die diese Gesellschaft nach dem Recht ihres Gründungsstaates besitzt" (Tz 95 des Urteils „Überseering"), schon aus kollisionsrechtlichen Gründen nicht übertragbar ist.

171 **b) Pflicht zur Achtung der Rechtsform.** Es stellt sich somit bezüglich der Personengesellschaft die in „Überseering" aufgeworfene Frage nach einer **Pflicht zur Anerkennung** schon nicht. Bezüglich der Niederlassungsfreiheit ist vielmehr zu fragen, ob diese eine allgemeine Pflicht zur **Achtung der Rechtsform** enthält, deren körperschaftsrechtliche Ausformung die europarechtliche Gründungstheorie ist.[369] Hinweise hierfür kann man eher der Entscheidung **„Inspire Art"**[370] entnehmen: Geht man von der in Art. 54 AEUV verankerten niederlassungsrechtlichen **Gleichstellung von Personen- und Kapitalgesellschaften** aus, bedeutet die Aussage, dass die Verpflichtung, das Recht des Zuzugsstaates zu beachten, ohne weiteres die Ausübung der Niederlassungsfreiheit behindert (Tz 101 des Urteils „Inspire Art"), dass auch Personengesellschaften nicht ohne weiteres ein abweichendes Recht übergestülpt werden kann. Denn die Anwendung der **Sitztheorie** hat auf Personengesellschaften eine ganz ähnliche **Wirkung** wie **Sonderanknüpfungen** im Körperschaftsrecht: In beiden Fällen steht nicht die grundsätzliche Anerkennung zur Disposition, sondern nur die rechtliche Stellung der Beteiligten, vor allem in Bezug auf die Haftung. Auch bei grundsätzlich unbeschränkter Haftung der Gesellschafter kann diese doch ganz unterschiedlich ausgestaltet sein (zB akzessorische, gesamtschuldnerische, quotale oder subsidiäre Haftung) und auch in ihrer Reichweite (etwa bei Eintritt und Ausscheiden) Unterschiede aufweisen. Diese die Außenhaftung betreffenden Fragen sind auch typischerweise nicht privatautonom durch die Gesellschafter zu regeln, sondern zwingend. Die Sitzanknüpfung der Personengesellschaft führt also zu vergleichbaren Folgen wie die Überlagerung des Körperschaftsrechts und sollte daher in Übereinstimmung mit der Wertung des Urteils „Inspire Art" ebenfalls als **Beschränkung der Niederlassungsfreiheit** aufgefasst werden.[371]

172 **c) Anforderungen des Art. 54 AEUV bei Personengesellschaften.** Hieraus folgt, dass auch die Personengesellschaft das Recht hat, in der von ihr gewählten **Rechtsform** im Inland behandelt zu werden. Auch für diese stellt es keinen Missbrauch dar, das Recht eines Staates zu wählen, obwohl die Geschäftstätigkeit in einem anderen Mitgliedstaat ausgeübt werden soll.[372] Voraussetzung ist allerdings, dass die Personengesellschaft niederlassungsberechtigt ist, also den **Anforderungen des Art. 54 AEUV** genügt. Insoweit sind indes die Anforderungen erheblich höher als im Körperschaftsrecht. Erforderlich sind die **Gründung** nach den Rechtsvorschriften eines Mitgliedstaats sowie der zusätzliche **territoriale Bezug** zum Gemeinschaftsgebiet, vermittelt durch satzungsmäßigen Sitz, Hauptverwaltung oder Hauptniederlassung. Die Gründung nach dem mitgliedstaatlichen Recht setzt natürlich voraus, dass dieses Recht kollisionsrechtlich überhaupt zur Verfügung steht. Soweit ein Mitgliedstaat der Personengesellschaft nach vertragsrechtlichen Grundsätzen **Parteiautonomie** gewährt, steht das nicht infrage. Die Anknüpfung ergibt sich dann – ganz unabhängig vom Ort des Vertragsschlusses oder der Tätigkeit – schon aus der Rechtswahl.

367 Illustriert wird dies durch die Entscheidung BGH IPRax 2003, 62: Soll schon eine zuziehende Körperschaft ohne weiteres als Personengesellschaft anerkannt werden, kann für ausländische Personengesellschaften nichts anderes gelten.

368 EuGH Slg 2002, I-9919 („Überseering") = IPrax 2003, 65 = NJW 2002, 3614.

369 Wohl für eine solche Pflicht auch in Bezug auf Personengesellschaften: *Terlau*, Das internationale Privatrecht der Gesellschaft bürgerlichen Rechts, S. 142; dagegen aber *Walden*, Das Kollisionsrecht der Personengesellschaften, S. 247 f (allerdings noch auf der Grundlage der „Daily Mail"-Rspr).

370 EuGH, IPRax 2004, 46 = NJW 2003, 3331 – „Inspire Art".

371 So im Ergebnis auch *Koch* ZHR 173 (2009), 101, 113.

372 EuGH, IPRax 2004, 46 = NJW 2003, 3331 – „Inspire Art"; EuGH, Slg 1999, I-1459 = NJW 1999, 2027 – „Centros".

Schwieriger ist dagegen die Herstellung des territorialen Bezugs: Geht man davon aus, dass der **„satzungsmäßige Sitz“**, also das „registered office“ der englischen Sprachfassung, eine spezifische verfahrensrechtliche Bedeutung für den Inkorporationsvorgang hat, kann man dem nicht einfach jede in eine Satzung aufgenommene Sitzbestimmung gleichstellen. Dafür spricht auch, dass etwa der britische Partnership Act von 1890 weder eine Satzung noch einen Sitz vorsieht. Gerade die ganz spezifische Bedeutung, die dem Terminus „registered office“ im britischen Recht zukommt und den der AEUV übernommen hat, deutet darauf hin, dass dieser nur bei **Körperschaften** (oder den gleichgestellten Kommanditgesellschaften)[373] vorliegen kann – nicht aber bei Personengesellschaften. Ähnlich ist die Situation im deutschen Personengesellschaftsrecht, da der Sitzbegriff des § 106 HGB ebenfalls nicht auf eine Satzungsbestimmung abstellt. Diese sind also nur dann als niederlassungsberechtigt anzusehen, wenn sie schon vor der Ausübung ihrer Freiheit im Gemeinschaftsgebiet ihre **Hauptverwaltung** oder **Hauptniederlassung** hatten. Anders als bei den Körperschaften ist daher zwar die Sitzverlegung einer existierenden, bereits wirtschaftlich tätigen Gesellschaft von der Niederlassungsfreiheit gedeckt, nicht aber eine **erstmalige Tätigkeitsaufnahme**. Insoweit besteht also ein erheblicher Unterschied in der Reichweite der Niederlassungsfreiheit für Personen- und Kapitalgesellschaften, der sich aber unmittelbar aus dem Wortlaut des Art. 54 AEUV ergibt. 173

Beschränkt wird die Reichweite der Niederlassungsfreiheit ferner durch die „Daily Mail“-Doktrin, also dem Recht des Staates, dessen Recht die Gesellschaft unterliegt, dieser das Statut auch wieder zu entziehen und damit auch der Anwendung seines Gesellschaftsrechts durch andere Mitgliedstaaten die Grundlage zu entziehen.[374] Diese Aussage des EuGH ist auch auf Personengesellschaften zu übertragen, da ihre Niederlassungsfreiheit nicht weiter gehen kann als die der Körperschaften. Ferner ist zu gewährleisten, dass auch Personengesellschaften das Recht auf statutenändernden, aber **identitätswahrenden Formwechsel** nach Maßgabe der Entscheidung „Cartesio“[375] genießen – was bei der Gewährung von Rechtswahlfreiheit ohne Weiteres der Fall ist. 174

d) Zusammenfassung. Zusammenfassend unterliegt die Anknüpfung der Personengesellschaft damit zwar nicht der europarechtlichen Gründungstheorie, wohl aber einer **beschränkten europarechtlichen Rechtswahlfreiheit**: Die Rechtswahl der Gesellschafter ist auch im Inland beachtlich, sofern die Gesellschaft einem Recht unterstellt wurde, das diese Freiheit gewährt, und zumindest der ursprüngliche Verwaltungssitz oder die Hauptniederlassung in einem Staat genommen wurde, der diese Rechtswahl akzeptiert (insbesondere im Staat des gewählten Rechts). Letzteres fehlt immer dann, wenn das autonome Kollisionsrecht dieses Mitgliedstaates der Sitztheorie folgt. Denn die erstmalige Etablierung im Gemeinschaftsgebiet gewährt die Niederlassungsfreiheit gerade nicht, und eine Anwendung der Sitztheorie würde die Gesellschaft dem Recht dieses Staates unterwerfen und so die Wirkung der Rechtswahl beseitigen. Soweit die europarechtliche Rechtswahlfreiheit reicht, sind bei einer Sitzverlegung ins Inland **Überlagerungen** des Gesellschaftsstatuts nur insoweit zulässig, wie diese anhand der Niederlassungsfreiheit gerechtfertigt werden können. 175

III. Kollisionsrechtliche Behandlung niederlassungsberechtigter Personengesellschaften

1. Anknüpfung. Die aufgezeigte europarechtliche Situation muss somit – ähnlich wie im Bereich der Körperschaften – bei der Anknüpfung des Gesellschaftsstatuts berücksichtigt werden. Bevor die Kollisionsnorm des autonomen Rechts angewendet werden kann, bedarf es der Prüfung, ob es nach Art. 49, 54 AEUV der **Anerkennung einer Rechtswahl** bedarf. Lässt sich keine Rechtswahl feststellen, kann ohne weiteres das autonome Kollisionsrecht angewendet werden. Besteht eine – auch konkludente, etwa durch Ausrichtung der Gesellschaft anhand eines bestimmten Rechts – Rechtswahl der Gesellschafter, ist zunächst das Bestehen von **Parteiautonomie** im gewählten (mitgliedstaatlichen) Recht zu prüfen.[376] Ist dies zu bejahen, ist festzustellen, ob die Gesellschaft **Sitz** oder **Hauptniederlassung** innerhalb der Gemeinschaft hat. Ist auch dies zu bejahen, ist danach zu fragen, ob dieser Staat nach seinem autonomen Recht die **Rechtswahl akzeptiert**, also keine zwingende Sitzanknüpfung vornimmt. Hat die Gesellschaft seit ihrer Gründung ihren Sitz innerhalb des Gemeinschaftsgebiets verlegt, genügt es, wenn im **ursprünglichen Sitzstaat** die Voraussetzung gegeben war. 176

373 Hinzuweisen ist darauf, dass bei der Limited Partnership zwar kein „registered office“ existiert, aber der „principal place of business“ (der auch die Zuständigkeit bestimmt) ins Register einzutragen ist, vgl Sec. 8 (c) Limited Partnership Act 1907.

374 EuGH, IPRax 2004, 46 = NJW 2003, 3331 – „Inspire Art“; EuGH, Slg 2002, I-9919 („Überseering“) = IPrax 2003, 65 = NJW 2002, 3614; EuGH EuZW 2009, 75 („Cartesio“).

375 EuGH EuZW 2009, 75 („Cartesio“).

376 *Trautrims*, Das Kollisionsrecht der Personengesellschaften, 2009, S. 144 ff, nimmt dagegen eine Geltung der Gründungstheorie auch für Personengesellschaften an. Die Ausgestaltung dieser an die Erfordernisse bei Personengesellschaften angepassten Gründungstheorie (insbes. S. 149 ff) soll nur auf objektive Umstände abstellen, jedoch können diese uneingeschränkt von den Gesellschaften herbeigeführt werden. Von der hier vertretenen, auf eine Rechtswahl der Gesellschaften abstellenden Ansicht unterscheidet sich dieses Konzept wohl nur terminologisch, aber nicht im Ergebnis.

Denn bei allen nachfolgenden Sitzverlegungen konnte sich die Gesellschaft dann ja bereits auf die europarechtliche Rechtswahlfreiheit berufen.

177 Sofern diese Voraussetzungen bezüglich der Personengesellschaft erfüllt sind, ist die Gesellschaft auch im Inland aufgrund der vorrangigen, unmittelbar aus der Niederlassungsfreiheit abgeleiteten **europarechtlichen Rechtswahlfreiheit** anhand der Rechtswahl der Gesellschafter anzuknüpfen. Maßgeblich ist die jeweils aktuelle Rechtswahl, so dass auch den Personengesellschaften die von der Entscheidung „Cartesio“ geforderte Möglichkeit des Formwechsels unter Änderung des Gesellschaftsstatuts eingeräumt wird. Fehlt es an einer der Voraussetzungen, erfolgt die Anknüpfung anhand der autonomen Kollisionsnorm des nationalen Rechts (zur in Deutschland anzuwenden Norm Rn 186).

178 **2. Sitzverlegung.** Bereits aus diesen Grundsätzen folgt, dass auch Personengesellschaften grundsätzlich das Recht haben, ihren **tatsächlichen Sitz** innerhalb der EU zu verlegen, ohne dadurch ihr Gesellschaftsstatut zu verlieren. Die Voraussetzungen ergeben sich aus den Ausführungen zur Anknüpfung (Rn 176). Anzumerken bleibt, dass die „Daily Mail“-Doktrin auch hier ein Recht auf Verlegung des tatsächlichen Sitzes aus dem Staat, dessen Gesellschaftsstatut zur Anwendung kommt, ausschließt. Soweit also die Voraussetzungen der europarechtlichen Rechtswahlfreiheit nicht vorliegen, insbesondere bei Personengesellschaften eines im autonomen Kollisionsrecht an der Sitztheorie festhaltenden Staates, ist das Herkunftsrecht nicht daran gehindert, ihr bei **Wegzug** kollisionsrechtlich das Statut zu entziehen. Allerdings hat das Herkunftsrecht einen grenzüberschreitenden Formwechsel durch Satzungsänderung nach Maßgabe der Entscheidung „Cartesio“[377] zu dulden. Im Hinblick auf die zur Wahrung von Gläubigen-, Minderheiten- und Arbeitnehmerinteressen gerechtfertigten Beschränkungen ist auf Rn 193 f zu verweisen.

179 **3. Status in Deutschland.** Im Gegensatz zur Körperschaft (Rn 103 ff) ist die zugezogene Personengesellschaft im Inland **nicht als Zweigniederlassung** zu behandeln. Dies wäre sinnlos, da für Personengesellschaften keine europäischen Sekundärrechtsvorschriften existieren, die diesen Status vergleichbar der Elften Richtlinie[378] ausgestalten würden. Die Gesellschaft hat schlicht den **Status einer Gesellschaft ausländischen Rechts** mit Sitz im Inland, die zunächst einmal keinen speziellen Vorschriften unterliegt und nach ihrem Heimatrecht zu behandeln ist. Inländische Verkehrsschutzinteressen sind daher allein durch Überlagerungen zu berücksichtigen, deren Zulässigkeit am Maßstab der „zwingenden Gründe des Allgemeininteresses“ zu messen ist.

180 **4. Überlagerung.** Eine wesentliche Rolle nimmt somit die Frage der Reichweite zulässiger Überlagerungen des Gesellschaftsstatuts ein. Zentraler Aspekt ist auch hier der **Gläubigerschutz**, der nach dem Konzept des EuGH vor allem durch **Information** zu gewährleisten ist. Zentrale Punkte sind insoweit **Publizität** und **Firmierung**. Will man einen der Rechtslage im Kapitalgesellschaftsrecht vergleichbaren Schutz erreichen, bedarf es einer Anerkennung von **Sonderanknüpfungen** für die Frage der Offenlegung, insbesondere der **Registereintragung** am Ort des tatsächlichen Sitzes. Nur so lässt sich das Fehlen einer Harmonisierung dieser Frage kompensieren. Zu prüfen wäre konkret aber noch die Erforderlichkeit des Umfangs der Offenlegung. Insoweit kann die Erste Richtlinie (Publizitätsrichtlinie) als europarechtlicher Maßstab[379] dienen: Das darin vorgeschriebene Maß an Offenlegung wird man (soweit übertragbar) grundsätzlich auch bei Personengesellschaft vorsehen dürfen. Erforderlich ist aber die **Diskriminierungsfreiheit**, es darf also nur die Publizität verlangt werden, die auch für inländische Gesellschaften gilt. Gerade dies wird gewährleistet, wenn man lediglich die Vorschriften des inländischen Gesellschaftsstatuts durch Sonderanknüpfung anwendet, also keine Sondervorschriften schafft. Bezüglich der **Sanktionierung** wird man allerdings nicht einfach auf die wenig einschneidenden Sanktionen des Rechts der OHG zurückgreifen können, da diese nur vor dem Hintergrund der ohnehin bestehenden Haftung aus § 128 HGB verständlich sind: Eine zusätzliche Haftungssanktion wäre daher sinnlos. Ebenso wie im Körperschaftsrecht sollte daher die Berufung auf eine demgegenüber **verminderte Haftung** von der Erfüllung der Publizitätspflicht abhängig gemacht werden: Besteht also im deutschen Recht eine Pflicht zur Eintragung, ist diese durch eine **Sonderanknüpfung des deutschen Haftungsrechts** zu sanktionieren.

181 Bezüglich der **Firmierung** ist auf die Ausführungen in Rn 125 ff zu verweisen: Zwar ist die Firma nach Maßgabe des Gesellschaftsstatuts zu bilden, doch bleibt es dem Sitzstaat unbenommen, durch eine Sonderanknüpfung des **Grundsatzes der Firmenwahrheit** zumindest sicherzustellen, dass der Charakter als Gesellschaft ausländischen Rechts deutlich wird. Andernfalls haften diejenigen, denen der so gesetzte **Rechtsschein** zurechenbar ist, wie die Gesellschafter einer deutschen OHG oder GbR.

377 EuGH EuZW 2009, 75.

378 Zweigniederlassungsrichtlinie 89/666/EWG, ABl. EG L 395, S. 36 ff; Deren Vorschriften sind lediglich auf Kapitalgesellschaften anwendbar.

379 Die Elfte Richtlinie ist dagegen kein geeigneter Maßstab, da sie von einer bereits erfolgten Offenlegung im Heimatstaat ausgeht, an der es hier typischerweise fehlen wird.

Ansonsten dürften im Personengesellschaftsrecht Überlagerungen in noch geringerem Umfang zulässig sein als im Körperschaftsrecht. Aufgrund der zumindest im Grundsatz bestehenden **persönlichen Haftung** der Gesellschafter ist die Notwendigkeit gerade bezüglich des Gläubigerschutzes erheblich geringer. Eine Überlagerung der Haftungsverfassung wird – außer in den genannten Fällen (Rn 180 f) – wohl allenfalls in **Missbrauchs- oder Betrugsfällen** in Betracht kommen, wenn etwa in betrügerischer Absicht eine Rechtsordnung gewählt wurde, die einen bestimmten Haftungsaspekt nicht kennt. Grundsätzlich gilt aber auch hier, dass die Wahl eines vorteilhaften Statuts keinen Missbrauch darstellt. **182**

Auch bezüglich des **Innenverhältnisses** ist im Wesentlichen auf die Ausführungen zur Körperschaft zu verweisen, so dass sich eine Überlagerung regelmäßig nicht rechtfertigen lassen wird. Im Personengesellschaftsrecht gilt noch stärker als im Körperschaftsrecht, dass die Information über die Rechtsverhältnisse der Gesellschaft in der eigenen Verantwortung des Gesellschafters liegt. Missbrauchsfälle sind wohl allenfalls in Bezug auf **Publikumspersonengesellschaften** denkbar.[380] **183**

Es kann hier nicht der Anspruch erhoben werden, die möglichen Überlagerungen bereits umfassend aufzuzeigen. Die Diskussion ist noch immer ganz am Anfang. Jedenfalls ergibt sich ein schlüssiges Konzept nur, wenn man die weitgehende Gleichstellung von Personen- und Kapitalgesellschaften in Art. 54 AEUV ernst nimmt und die **Wertungen des EuGH** konsequent auf das Personengesellschaftsrecht überträgt. **184**

IV. Kollisionsrechtliche Behandlung anderer, insbesondere deutscher Personengesellschaften

Außerhalb des Anwendungsbereichs der europarechtlichen Rechtswahlfreiheit, insbesondere für Gesellschaften, die mit **tatsächlichem Sitz in Deutschland** gegründet werden, erfolgt die Anknüpfung allein nach der **autonomen Kollisionsnorm** des deutschen Rechts. Soweit also die oben begründeten, doch recht engen Voraussetzungen (Rn 176) nicht gegeben sind, kann ohne weiteres an der Sitzanknüpfung festgehalten werden. Dasselbe gilt – vorbehaltlich der bereits erörterten (Rn 152 ff) völkerrechtlichen Verträge[381] – für Personengesellschaften aus **Drittstaaten**. Verlegen diese ihren Verwaltungssitz ins Inland, käme deutsches Recht ohne weiteres zur Anwendung. **185**

Die Parallele zwischen **Gründungstheorie** und **Rechtswahlfreiheit** ist nicht zu übersehen. Auch soweit in der Literatur teilweise davon ausgegangen wird, dass die Niederlassungsfreiheit der Personengesellschaften durch Anwendung der Gründungstheorie zu realisieren ist, sind die Unterscheide zu dem hier entwickelten Konzept daher auch marginal.[382] Die Auswirkungen des Festhaltens an der Sitztheorie im autonomen Recht ist hier indes ebenso schädlich wie im Körperschaftsrecht. Hält die Rechtsprechung hieran fest, verweigert sie den Gesellschaften, die ihren Sitz in Deutschland nehmen wollen, nicht nur die Rechtswahlfreiheit, sondern auch die **Möglichkeit nachträglicher Sitzverlegung** unter Mitnahme ihres Gesellschaftsstatuts. Die Argumentation soll hier nicht noch einmal wiederholt werden. Jedenfalls erscheint es als angebracht, im Rahmen der nach „Überseering" und „Inspire Art" fälligen Neuorientierung des deutschen Gesellschaftskollisionsrechts auch über die Behandlung von Personengesellschaften neu nachzudenken. Die Einräumung von Rechtswahlfreiheit wäre nur konsequent, sofern man sich auch im Körperschaftsrecht zur Gründungstheorie bekennen würde. Über Ausgestaltung und Überlagerungen zugunsten inländischer Verkehrsinteressen wären ebenfalls in vergleichbarer Weise Lösungen zu finden. Der **Parteiautonomie** als allgemeinem und grundlegendem **Anknüpfungsprinzip** des IPR[383] kann nur so auch im Internationalen Gesellschaftsrecht der gebührende Raum eingeräumt und die zwingende Anknüpfung auf rechtfertigungsbedürftige Ausnahmefälle[384] reduziert werden. Zugleich würden die umstrittenen Problemfälle, in denen eine zwingende gesellschaftsrechtliche Anknüpfung als unpassend angesehen wird (und diese gerade bei internationalen Partnern auch auf völliges Unverständnis stößt, so dass sie in der Praxis ohnehin ignoriert wird), einer einfachen und überzeugenden **186**

380 Allerdings unterliegt die Prospekthaftung ohnehin nicht der Anknüpfung anhand des Gesellschaftsstatuts, sondern folgt kapitalmarktrechtlichen Grundsätzen, vgl dazu näher *Floer*, Internationale Reichweite der Prospekthaftung, 2002.

381 Die hier vertretene kollisionsrechtliche Bedeutung des GATS (Rn 146 ff) lässt sich wohl nur im Ansatz auf Personengesellschaften übertragen: Zwar ist in Art. XXVIII l) GATS von juristischen Personen die Rede, diese werden aber als „rechtsfähige Organisationseinheiten" unter ausdrücklichem Einschluss von „Personengesellschaften" definiert. Da bei der Personengesellschaft indes die Anerkennung selbst nicht infrage steht, wäre – ebenso wie bei den Überlagerungen des Statuts der Körperschaft – zu prüfen, ob die Anwendung des Sitzrechts zu einem Entzug der Handelsvorteile führt.

382 Eine solche Lösung hat *Trautrims*, Das Kollisionsrecht der Personengesellschaften, 2009, insbes. S. 144 ff, entwickelt.

383 Dazu zuletzt *Leible*, in: FS Jayme 2004, S. 485 ff, speziell zum Int. Gesellschaftsrecht S. 497 ff; *Nappenbach*, Parteiautonomie im Internationalen Gesellschaftsrecht, 2002.

384 Für eine solche Reduzierung der objektiven Anknüpfung insb. *Schack*, in: Liber Amicorum Kegel 2002, S. 179, S. 196; ferner: *Basedow*, in: FS Stoll 2001, S. 405, 413; *Leible*, in: FS Jayme 2004, S. 485, 503.

Lösung zugeführt. Angesprochen sind somit einerseits die Innengesellschaften, andererseits aber die (als Außengesellschaften konzipierten) internationalen Konsortien, insbesondere im Bereich der Finanzdienstleistungen. Die wirtschaftliche Relevanz solcher Erscheinungsformen zeigt, dass das autonome Kollisionsrecht gut beraten wäre, insoweit Rechtssicherheit zu schaffen.[385]

D. Sonderfragen

I. Grenzüberschreitende Umwandlungen

187 **1. Kombinationslehre als Kollisionsnorm des Umwandlungsrechts.** Bei grenzüberschreitenden **Umwandlungsvorgängen**, insbesondere der **Verschmelzung**, ist zunächst das Gesellschaftsstatut beider Beteiligten bezüglich Zulässigkeit, Voraussetzungen und Verfahren zu befragen.[386] Für jede Gesellschaft ist also getrennt zu ermitteln, welche Voraussetzungen für die Durchführung der Verschmelzung zu erfüllen sind, welche Minderheits- und Gläubigerrechte zu beachten sind und ob der Vorgang überhaupt zugelassen wird. Nach dieser **Kombinationslehre** (oder **Vereinigungstheorie**) ist also ein Zusammenwirken beider Rechtsordnungen erforderlich, wobei der Vorgang nur gelingen kann, wenn er auf beiden Seiten materiellrechtlich zugelassen wird, entsprechende Vorschriften bereitgestellt werden und diese nicht zueinander inkompatibel sind, etwa durch völlig unterschiedliche Wirkungen. Es bedarf also zumindest auf der Rechtsfolgenseite einer **Mindestübereinstimmung der Rechtsordnungen**.[387] Dieser Ansatz liegt sowohl dem Referentenentwurf zur Kodifikation des deutschen internationalen Gesellschaftsrechts (Rn 49) als auch der Richtlinie 2005/56/EG zugrunde.[388]

188 **2. Zulässigkeit nach dem UmwG.** Für das deutsche Recht war die **Zulässigkeit der grenzüberschreitenden Umwandlung** lange Zeit streitig, da man § 1 Abs. 1 UmwG so auslegen kann, dass das UmwG für grenzüberschreitende Vorgänge nicht zur Verfügung steht und somit das deutsche Recht seine Mitwirkung verweigert.[389] Zwingend war eine solche Auslegung nie, vielmehr erschließt sie sich überhaupt erst aus der Gesetzgebungsgeschichte des UmwG 1994.[390] Während der Gesetzgeber zum damaligen Zeitpunkt grenzüberschreitende Umwandlungsvorgänge zivilrechtlich noch nicht für durchführbar hielt, hat er inzwischen durch Einfügung der Normen zur grenzüberschreitenden Verschmelzung (§§ 122 a ff UmwG) ohne Anpassung des Wortlauts des § 1 Abs. 1 UmwG deutlich gemacht, dass ein Ausschluss grenzüberschreitender Umwandlungen nicht mehr beabsichtigt ist, sondern das UmwG auch in solchen Fällen Anwendung finden soll. Aus den Materialien zu dieser Gesetzesänderung ergibt sich deutlich, dass der Gesetzgeber dies nicht auf die grenzüberschreitende Verschmelzung beschränken wollte, sondern vielmehr eine kollisionsrechtliche Lösung für „alle im Anwendungsbereich des Artikel 48 EG (heute: Art. 54 AEUV) europaweit denkbaren Umwandlungen" anstrebt.[391] Eine solche kollisionsrechtliche Lösung – gemeint ist letztlich eine Kodifikation der Kombinationslehre, wie sie dem Referentenentwurf zugrunde liegt (Art. 10 a EGBGB-E) – setzt voraus, dass das UmwG auf grenzüberschreitende Umwandlungen anwendbar ist, soweit der Vorgang sich kollisionsrechtlich nach deutschem Recht bemisst. Daher lässt sich festhalten, dass § 1 Abs. 1 UmwG heute so auszulegen ist, dass die Vorschrift einer Anwendung des UmwG auf deutsche Gesellschaften auch dann nicht entgegen steht, wenn an dem Vorgang Rechtsträger ausländischen Rechts beteiligt sind. Unzweifelhaft ist dieses Ergebnis jedenfalls, soweit die Niederlassungsfreiheit des AEUV (dazu sogleich Rn 189) die Zulässigkeit eines Umwandlungsvorgangs gebietet, da insoweit auch das Gebot der **europarechtskonformen Auslegung** ein solches Ergebnis fordert. In Hinblick auf die durch das MoMiG eingeführte Möglichkeit eines ausländischen Verwaltungssitzes unter Beibehaltung des deutschen Gesellschaftsstatuts (Rn 137 ff) ist § 1 Abs. 1 UmwG heute so auszulegen, dass mit dem dort genannten „Sitz" ausschließlich der Satzungssitz

385 Insbesondere zur umstr. Rechtslage bei Konsortien vgl *Spahlinger/Wegen*, Internationales Gesellschaftsrecht in der Praxis, Rn B 118 ff.

386 So grundlegend *Beitzke*, in: FS Hallstein 1966, S. 14 ff; *Koppensteiner*, Internationale Unternehmungen im deutschen Gesellschaftsrecht, 1971, S. 255 ff; ferner: Michalski/*Leible*, GmbHG, Bd. 1, 2. Aufl. 2010, Syst. Darst. 2 Rn 204; MüKo/*Kindler*, Bd. 11, 5. Aufl. 2010, IntGesR, Rn 874 ff; Staudinger/*Großfeld*, Int. GesR, Rn 683; *Behrens*, ZGR 1994, 1, 13; *Horn*, ZIP 2000, 473, 477; *Hoffmann*, NZG 1999, 1077, 1078; *Dorr/Stukenborg*, DB 2003, 647, 648; *Picot/Land*, DB 1998, 1601, 1605 f.

387 öOGH, IPRax 2004, 128 (mit Nachw. aus der österreichischen Lit.); dazu *Doralt*, NZG 2004, 396; *Paefgen*, IPRax 2004, 132; ferner: MüKo/*Kindler*, Bd. 11, 5. Aufl. 2010, IntGesR, Rn 889; Staudinger/*Großfeld*, Int. GesR, Rn 685; Michalski/*Leible*, GmbHG, Bd. 1, 2. Aufl. 2010, Syst. Darst. 2 Rn 209; *Großfeld/Jasper*, RabelsZ 53 (1989), 52; *Behrens*, ZGR 1994, 1, 13 ff; *Grundmann*, Europäisches Gesellschaftsrecht, Rn 782.

388 Richtlinie 2005/56/EG vom 26.10.2005 über die Verschmelzung von Kapitalgesellschaften aus verschiedenen Mitgliedstaaten, ABl. EU L 310, S. 1 ff.

389 Zu den verschiedenen Meinungen im Schrifttum bezüglich der Bedeutung von § 1 Abs. 1 UmwG für grenzüberschreitende Verschmelzungen vgl statt vieler die Darstellung bei *Lennerz*, Die internationale Verschmelzung und Spaltung unter Beteiligung deutscher Gesellschaften, 2001, S. 39 ff mit umfassenden Nachw.

390 Ausf. *Hoffmann*, EuR 2004, Beiheft 3, 127, 131 f.

391 BR-Drucks. 548/06, S. 20.

gemeint ist, so dass gewährleistet wird, dass das UmwG auf alle Gesellschaften mit deutschem Gesellschaftsstatut anwendbar ist. Lediglich bei den Personengesellschaften kommt es auf den Sitz im Sinne von § 106 HGB an, da ein besonderer Satzungssitz hier nicht vorgesehen ist und durch das Festhalten an der Sitztheorie für die inländischen Personengesellschaften (Rn 185) auch durch diese Auslegung der Gleichlauf mit dem Kollisionsrecht hergestellt wird.

3. Grenzüberschreitende Verschmelzung und Niederlassungsfreiheit. Lange Zeit umstritten war ferner, ob die **restriktive Auslegung** des UmwG bezüglich grenzüberschreitender Verschmelzungen innerhalb der EU mit der **Niederlassungsfreiheit des AEUV** vereinbar ist. Vor allem *Lutter*[392] plädierte dafür, das UmwG europarechtskonform dahin auszulegen, dass es sowohl der Durchführung von Herein- wie auch von Herausverschmelzungen[393] nicht entgegensteht. Durch die EuGH-Entscheidungen „SEVIC Systems" (Rn 65 ff) und „Cartesio" (Rn 68 ff) ist in dieser Frage inzwischen eine weitgehende Klärung eingetreten. Wie oben dargelegt (Rn 65 ff mit umfangreichen Nachweisen) hat der EuGH durch diese Judikate zunächst die generelle Untersagung grenzüberschreitender Verschmelzungen als Verstoß gegen die Niederlassungsfreiheit angesehen, soweit eine vergleichbare Inlandsverschmelzung zugelassen wird. Dass hiervon auch die Herausverschmelzung erfasst wird, durch die sich die Gesellschaft ihrem bisherigen Gesellschaftsstatut entzieht und Teil eines Rechtsträgers ausländischen Rechts wird, wurde spätestens durch „Cartesio" deutlich. Der EuGH hat darin klargestellt hat, dass auch das Verlassen des Gründungsstaates unter Wechsel des Gesellschaftsstatuts von der Niederlassungsfreiheit erfasst wird, so dass für die Herausverschmelzung (die eine vergleichbare Wirkung hat) nichts anderes gelten kann. 189

Für die Praxis hat die Frage der Niederlassungsfreiheit ihre Bedeutung durch die Umsetzung der **Richtlinie 2005/56/EG über die Verschmelzung von Kapitalgesellschaften aus verschiedenen Mitgliedstaaten**[394] inzwischen allerdings weitgehend verloren, da §§ 122 a ff UmwG hierfür nunmehr spezielle Vorschriften enthält. Insbesondere für die Verschmelzung unter Beteiligung von Personengesellschaften bleiben die aus der Niederlassungsfreiheit abgeleiteten Grundsätze indes relevant, so dass auch insoweit von der grundsätzlichen Zulässigkeit und Durchführbarkeit nach Maßgabe der Kombinationslehre auszugehen ist, wobei Regelungslücken oder Inkompatibilitäten durch zurückhaltende analoge Anwendung der §§ 122 a ff UmwG zu schließen sind.[395] Die Richtlinie basiert prinzipiell auf der Kombinationslehre, regelt also die grenzüberschreitende Verschmelzung weitgehend kollisionsrechtlich, während einheitliche materiellrechtliche Regelungen nur ergänzend vorgesehen sind.[396] Zulässigkeit, Schutzvorschriften und „Formalitäten" der Verschmelzung bemessen sich nach Art. 4 Abs. 1 der Richtlinie nach dem Gesellschaftsstatut jeder beteiligten Gesellschaft, lediglich der Wirksamkeitszeitpunkt bemisst sich einheitlich nach dem Statut des aufnehmenden Rechtsträgers (Art. 12). Dabei enthält die Richtlinie keine Verpflichtung, die Verschmelzung aller Kapitalgesellschaften zuzulassen – nur wenn eine Gesellschaft innerstaatlich verschmelzungsfähig ist, muss auch die grenzüberschreitende Verschmelzung ermöglicht werden. Eine materiellrechtliche Harmonisierung ergänzt diesen kollisionsrechtlichen Ansatz insbesondere in Hinblick auf die Rechtsfolgen der Verschmelzung, die in Art. 14 der Richtlinie einheitlich geregelt werden, und die endgültige Wirksamkeit der Verschmelzung nach ihrer Eintragung. Darüber hinaus werden einzelne Aspekte des Verschmelzungsverfahrens harmonisiert (insbesondere bezüglich des Verschmelzungsplans, den Berichtspflichten und der Kontrolle). Durch die Umsetzung dieser Richtlinie[397] ist inzwischen gewährleistet, dass europaweit nicht nur die für die Kombinationslehre erforderliche Mindestübereinstimmung der Rechtsordnungen gegeben ist, sondern auch, dass ein spezifischer rechtlicher Rahmen für diese Vorgänge zur Verfügung steht und somit Rechtssicherheit geschaffen worden ist. 190

Die deutschen **Umsetzungsnormen** der grenzüberschreitenden Verschmelzungsrichtlinie finden sich in §§ 122 a ff UmwG. Der Gesetzgeber hat sich für eine Umsetzung entschieden, die auf den Anwendungsbereich der Richtlinie beschränkt ist, so dass die Vorschriften weder für eine Verschmelzung unter Beteiligung von 191

392 Lutter/*Lutter*, UmwG, 2. Aufl. 2000, Bd. 1, § 1 Rn 9 ff; *ders.*, ZGR 1994, 87, 90; ausf. *Lennerz*, Die internationale Verschmelzung und Spaltung unter Beteiligung deutscher Gesellschaften, 2001, S. 66 ff; ferner: *Kallmeyer*, UmwG, 2. Aufl. 2001, § 1 Rn 12 f; *ders.*, ZIP 1996, 535, 537; *Dorr/Stukenborg*, DB 2003, 647, 648; *Kronke*, ZGR 1994, 26, 30; *Horn*, ZIP 2000, 473, 477; *Bungert*, Die AG 1995, 489, 502; dagegen aber *Semler/Stengel*, UmwG, 2003, Einl. A Rn 114; auf der Grundlage der „Daily Mail"-Rspr noch *Hoffmann*, NZG 1999, 1077, 1083; MüKo/*Kindler*, Bd. 11, 5. Aufl. 2010, IntGesR, Rn 715; *Behrens*, ZGR 1994, 1, 20 ff; *ders.*, JBl 2001, 341, 355.

393 Unter einer Hereinverschmelzung ist eine Verschmelzung zu verstehen, bei der die überlebende Gesellschaft deutschem Recht unterliegt, unter der Herausverschmelzung ein Vorgang mit überlebender Auslandsgesellschaft.

394 ABl. EG 2005 L 310, S. 1 ff.

395 Hierzu näher *Bayer/Schmidt*, ZHR 173 (2009), 735, 765 ff.

396 Zu der Richtlinie vgl näher: *Neye*, ZIP 2005, 1893; *Kiem*, WM 2006, 1091; *Bayer/Schmidt*, NJW 2006, 401; *Kallmeyer/Kappes*, AG 2006, 224; *Kallmeyer*, ZIP 2007, 472; *Krause/Kulpa*, ZHR 171 (2007), 39; *Nagel*, NZG 2006, 97; *Oechsler*, NZG 2006, 161.

397 Zum Umsetzungsstand in den Mitgliedstaaten vgl *Winter*, GmbHR 2008, 532.

Personengesellschaften und Genossenschaften (§ 122 b Abs. 1, Abs. 2 Nr. 1 UmwG) noch für die grenzüberschreitende Spaltung (§ 125 UmwG, wo der zehnte Abschnitt des zweiten Buches gezielt ausgelassen wird) für anwendbar erklärt werden. Grundsätzlich unterliegt die grenzüberschreitende Verschmelzung den allgemeinen Vorschriften für Verschmelzungen (§ 122 a Abs. 2 UmwG), die lediglich für einzelne Aspekte des Verfahrens Sonderregelungen getroffen werden. Interessanterweise enthalten die Normen keine explizite Umsetzung der kollisionsrechtlichen Vorgaben, so dass die Kombinationslehre vom Gesetzgeber als ungeschriebenes geltendes Recht zugrunde gelegt wurde.[398] Andererseits enthält die Umsetzung neben eher technischen Umsetzungen einzelner Richtlinienvorschriften – etwa die Regelung des Verschmelzungsplans (§ 122 c UmwG), der an die Stelle des Verschmelzungsvertrags (§ 5 UmwG) tritt, sowie die Regelungen bezüglich des grenzüberschreitenden Eintragungsverfahrens (§§ 122 k f UmwG) – auch nicht durch die Richtlinie vorgegebene Modifikationen des Minderheiten- (§§ 122 h f UmwG) und des Gläubigerschutzrechts (§ 122 j UmwG). Ergänzt werden die Regelungen des UmwG noch um die Vorschriften des MgVG,[399] das Sondervorschriften für die unternehmerische Mitbestimmung bei der grenzüberschreitenden Verschmelzung enthält. Für die Einzelheiten ist auf das Spezialschrifttum zu verweisen.[400]

192 **4. Grenzüberschreitende Spaltung.** Von einer **grenzüberschreitenden** oder **internationalen Spaltung** kann gesprochen werden, wenn übertragender und (mindestens ein) übernehmender Rechtsträger unterschiedliche Gesellschaftsstatute haben. Kollisionsrechtlich ist auch hier die Kombinationslehre (Rn 187) maßgeblich, so dass sich Zulässigkeit, Voraussetzungen und Verfahren für jede Gesellschaft getrennt nach ihrem Gesellschaftsstatut bestimmen und es insbesondere in Hinblick auf die Rechtsfolgen einer Mindestübereinstimmung bedarf, die in Europa indes in Hinblick auf die Spaltungsrichtlinie regelmäßig gegeben ist.[401] Spezielle Regelungen für grenzüberschreitende Spaltungen kennt das deutsche Recht nicht, so dass – aufgrund der restriktiven Auslegung des § 1 Abs. 1 UmwG (Rn 188) – früher von einer Unzulässigkeit auch der grenzüberschreitenden Spaltung ausgegangen wurde. Heute ist dagegen grundsätzlich anerkannt, dass auch Spaltungen in den Anwendungsbereich der Niederlassungsfreiheit des AEUV fallen und die Mitgliedstaaten dementsprechend grenzüberschreitende Spaltungen innerhalb der EU nicht grundsätzlich untersagen dürfen.[402] Diese Auffassung beruht insbesondere auf der EuGH-Entscheidung „SEVIC Systems“,[403] die allerdings nicht direkt den Fall der Spaltung betrifft. Jedoch lassen sich die Erwägungen des EuGH weitgehend übertragen. Denn ebenso wie die Verschmelzung stellt auch die Spaltung „ein wirksames Mittel zur Umwandlung von Gesellschaften dar, das es im Rahmen eines einzigen Vorgangs ermöglicht, eine bestimmte Tätigkeit in neuer Form und ohne Unterbrechung auszuüben, so dass Komplikationen sowie Zeit- und Kostenaufwand verringert werden, die andere Formen der Umgestaltung von Gesellschaften mit sich bringen, etwa die […] Gründung einer neuen Gesellschaft unter Übertragung der einzelnen Vermögensgegenstände auf diese.“[404] Diese Erwägung des EuGH zeigt deutlich, dass die Grundsätze des „SEVIC“-Urteils auf andere Formen der Umwandlung zu übertragen sind. Die Beschränkung der Niederlassungsfreiheit liegt allerdings nicht bereits in der Verweigerung der grenzüberschreitenden Umwandlung, sondern in der „unterschiedlichen Behandlung“ gegenüber der innerstaatlichen Umwandlung. Das bedeutet letztlich, dass die Niederlassungsfreiheit es nicht gebietet, bestimmte Umwandlungsmöglichkeiten erstmals zu schaffen. Vielmehr müssen lediglich die für innerstaatliche Vorgänge bestehenden Vorschriften auch für die grenzüberschreitende Umwandlung zur Verfügung gestellt werden. Für das deutsche Recht folgt daraus, dass das breite Spektrum von Umwandlungsmöglichkeiten des UmwG auch für grenzüberschreitende Vorgänge zur Verfügung gestellt werden muss. Soweit also die Spaltung von Rechtsträgern im UmwG vorgesehen ist, sind dieselben Möglichkeiten auch in Hinblick auf die grenzüberschreitende Spaltung zu gewähren. Praktische Probleme, die sich aus dem Fehlen besonderer Verfahrensvorschriften ergeben, sind (trotz des Ausschlusses in § 125 UmwG) durch **analoge Anwendung der §§ 122 a ff UmwG zu lösen.**[405] Dies gilt nicht nur für Kapitalgesellschaften, sondern für alle niederlas-

398 Erst im Zuge der Kodifikation des internationalen Gesellschaftsrechts soll auch die Kombinationslehre in Art. 10 a EGBGB-E idF des Referentenentwurfs verankert werden.

399 Gesetz über die Mitbestimmung der Arbeitnehmer bei einer grenzüberschreitenden Verschmelzung (MgVG) vom 21.12.2006, BGBl. 2006 I S. 3332.

400 Vgl näher: *Krause/Kulpa*, ZHR 171 (2007), 39, insbes. 53 ff; *Müller*, ZIP 2007, 1081; *Bayer/Schmidt*, NZG 2006, 841; *Kiem*, WM 2006, 1091; *Krauel/Mense/Wind*, Der Konzern 2010, 541; *Schaumburg*, GmbHR 2010, 1341; *Louven*, ZIP 2006, 2021; *Vetter*, AG 2006, 613; insbes. zum MgVG: *Nagel*, NZG 2007, 57; *Krause*, BB 2007, 2194; *Müller-Bonanni/Müntefering*, NJW 2009, 2347; sowie die Kommentierungen bei Semler/Stengel/*Drinhausen*, UmwG, 2. Aufl. 2007; *Lutter/Bayer*, UmwG, 4. Aufl. 2009.

401 Sechste gesellschaftsrechtliche Richtlinie betreffend die Spaltung von Aktiengesellschaften 82/891/EWG v. 17.12.1982, ABl. EG L 378, S. 47. Es ist anzumerken, dass diese Richtlinie ausschließlich die innerstaatliche Spaltung betrifft, also keine Regelung der grenzüberschreitenden Spaltung enthält.

402 *Leible/Hoffmann*, RIW 2006, 161, 165; *Bayer/Schmidt*, ZHR 173 (2009), 735, 768; *Lutter/Lutter/Drygala*, UmwG, 4. Aufl. 2009, § 1 Rn 11; *Siems*, EuZW 2006, 135, 139; *Kallmeyer/Kappes*, AG 2006, 224, 234.

403 EuGH NJW 2006, 425; dazu näher Rn 65 ff mit umfangreichen Nachw.

404 EuGH NJW 2006, 425, Tz 21.

405 *Bayer/Schmidt*, ZHR 173 (2009), 735, 769.

sungsberechtigten Gesellschaften im Sinne von Art. 54 AEUV, sowie sowohl für die Herein- wie für die Herausspaltung.[406] Dagegen ist die Frage, inwieweit auch eine Spaltung unter Beteiligung drittstaatlicher Gesellschaften vom deutschen Recht zugelassen wird, bislang ungeklärt. Sofern die beteiligten Umwandlungsrechte miteinander kompatibel sind, so dass der Vorgang im Einzelfall als durchführbar erscheint, sollte das deutsche Recht seine Mitwirkung hieran nicht verweigern.

5. Grenzüberschreitender Formwechsel (Satzungssitzverlegung). Wie bereits dargelegt hat der EuGH in der Entscheidung „Cartesio“ (Rn 68 ff) ein Recht der Gesellschaften anerkannt, ihren Gründungsstaat unter Wechsel des Gesellschaftsstatuts zu verlassen, soweit der Zuzugsstaat dies identitätswahrend (also ohne Liquidation und Neugründung) ermöglicht. Da es bei einem solchen Vorgang einer Anpassung der Satzung bedarf und üblicherweise ein Satzungssitz im Zuzugsstaat erforderlich ist, kann man diesen Vorgang als **grenzüberschreitende Satzungssitzverlegung**, oder – wegen des damit verbundenen Erwerbs einer ausländischen Rechtsform – von einem **grenzüberschreitenden Formwechsel**. Zunächst bedeutet dies nur, dass der Herkunftsstaat den identitätswahrenden Wegzug nicht durch materiellrechtliche Hindernisse (wie etwa die Auflösung bei Grenzübertritt oder die Annahme der Nichtigkeit der Satzungssitzverlegung ins Ausland) unterbinden darf, wie es das deutsche Recht bisher getan hat.[407] Beschränkungen, etwa durch die Anwendung umwandlungsrechtlicher Vorschriften, bedürfen einer Rechtfertigung anhand **zwingender Gründe des Allgemeininteresses**, wobei insbesondere der Minderheiten- und der Gläubigerschutz hier als solche Allgemeininteressen in Betracht kommen und die Anwendung der typischen umwandlungsrechtlichen Schutzinstrumente grundsätzlich wird rechtfertigen können. Eine davon zu trennende Frage ist ferner, ob die Mitgliedstaaten dazu verpflichtet sind, nicht nur den Wegzug, sondern auch den identitätswahrenden Zuzug zu ermöglichen. Während sich der Entscheidung „Cartesio“ selbst keine Verpflichtung zur Schaffung einer Zuzugsmöglichkeit entnehmen lässt, ist zu beachten, dass die Satzungssitzverlegung zugleich als Formwechsel und damit als Umwandlung aufzufassen ist. Ebenso wie die Spaltung (Rn 192) unterliegt auch der Formwechsel dem in der Entscheidung „SEVIC Systems“ entwickelten Grundsatz, dass grenzüberschreitende Umwandlungen im selben Umfang zuzulassen sind wie entsprechende innerstaatliche Vorgänge vorgesehen sind.[408] Wenn also ein Mitgliedstaat den Formwechsel zwischen verschiedenen nationalen Kapitalgesellschaftsformen zulässt, muss zur Vermeidung einer Diskriminierung ausländischer Gesellschaften auch der Formwechsel einer ausländischen in eine inländische Kapitalgesellschaft zugelassen werden. 193

Für das deutsche Recht ergeben sich hieraus eine Reihe von Konsequenzen:[409] Erforderlich ist zunächst die Aufhebung **materiellrechtlicher Wegzugsbeschränkungen**, um deutschen Gesellschaften nicht nur (wie durch das MoMiG bereits geschehen, Rn 137 ff) die Verwaltungssitzverlegung, sondern auch den Formwechsel in die Rechtsform eines Mitgliedstaates zu ermöglichen, der dies ermöglicht. Zur Wahrung von **Minderheits-, Arbeitnehmer- und Gläubigerinteressen** bedarf es dabei der analogen Anwendung des UmwG, wobei grundsätzlich von den Vorschriften des Formwechsels (§§ 190 ff UmwG) auszugehen ist, diese indes – ähnlich wie im Fall der Spaltung – zur Berücksichtigung der besonderen Situation beim Wechsel in eine ausländische Rechtsform um Vorschriften der §§ 122 a ff UmwG vorsichtig zu ergänzen sind. Die Diskussion um die konkrete Ausgestaltung dieses Formwechsels und der Grenzen, die die Niederlassungsfreiheit der analogen Anwendung des UmwG zieht, steht noch ganz am Anfang.[410] Aus Gründen der Rechtssicherheit wäre jedenfalls eine gesetzliche Lösung vorzuziehen. Dasselbe gilt im Übrigen für den **formwechselnden Zuzug**: Da das deutsche Recht (§ 191 UmwG) den Formwechsel in die verschiedenen Kapitalgesellschaftsformen (aber auch in andere Rechtsformen) weitgehend zulässt, gebietet es die Niederlassungsfreiheit, auch ausländischen Gesellschaften den formwechselnden Zuzug zu ermöglichen. Auch insoweit sollten umwandlungsrechtliche Vorschriften des Formwechsels sowie – soweit erforderlich – der grenzüberschreitenden Verschmelzung analog angewendet werden,[411] wobei zu berücksichtigen ist, dass der Vorgang bis zur Wirksamkeit des Formwechsels allein dem bisherigen Gesellschaftsstatut unterliegt. Das deutsche Recht hat also das Verfahren und die Voraussetzungen des Erwerbs der deutschen Rechtsfähigkeit durch analoge Anwendung zu regeln, nicht aber für den Minderheits- und Gläubigerschutz zu sorgen. Letzteres ist vielmehr Sache des Herkunftsrechts, das entsprechende Schutzvorschriften vorsehen kann. Im Einzelnen sind diese Fragen indes noch ungeklärt. 194

406 Dies lässt sich deutlich der Entscheidung „Cartesio“ entnehmen, vgl Rn 68.

407 Vgl nur BayObLG DStR 2004, 1224 (wo die Eintragung einer Satzungssitzverlegung nach Portugal abgelehnt worden ist, obwohl dort ein identitätswahrender, statutenändernder Zuzug möglich ist).

408 *Zimmer/Naendrup*, NJW 2009, 545, 548; *Hennrichs/Pöschke/Laage/Klavina*, WM 2009, 2009, 2012; *Bayer/Schmidt*, ZHR 173 (2009), 735, 759 f.

409 Näher *Bayer/Schmidt*, ZHR 173 (2009), 735, 761 ff; *Leible/Hoffmann*, BB 2009, 58, 62 f; für das österreichische Recht vgl ausführlich *Eckert*, Internationales Gesellschaftsrecht, 2010, S. 554 ff.

410 Vgl nur *Hennrichs/Pöschke/Laage/Klavina*, WM 2009, 2009, 2015; *Bayer/Schmidt*, ZHR 173 (2009), 735, 762 f; *Paefgen*, WM 2009, 529, 533; *Teichmann*, ZIP 2009, 393, 403.

411 *Bayer/Schmidt*, ZHR 173 (2009), 735, 764.

II. Internationales Konzernrecht

195 Nur angedeutet werden können die Grundsätze des **Konzernkollisionsrechts**, bei denen es sich nicht um eigenständige Kollisionsnormen handelt, sondern um **Zuordnungsnormen** zu den Gesellschaftsstatuten der beteiligten Gesellschaften.[412] Grundsätzlich bestimmt sich der konzernrechtliche Schutz der **abhängigen Gesellschaft** nach deren Gesellschaftsstatut, ebenso die Fälle einer speziellen **konzernrechtlichen Durchgriffshaftung** der Gesellschaftsgläubiger auf das Vermögen eines Gesellschafters. Organisationsrechtliche Fragen, wie etwa Zuständigkeiten im Rahmen einer **Konzerneingangskontrolle** oder die Grenzen der **Einflussnahme des herrschenden Gesellschafters** auf die Gesellschaftsorgane, unterliegen dagegen dem Gesellschaftsstatut des jeweils betroffenen Rechtsträgers. Auch insoweit werden in der Regel die wesentlichen Fragen bezüglich der Untergesellschaft auftreten, aber auch in der Obergesellschaft können durchaus zB Hauptversammlungskompetenzen im Rahmen der Konzernbildung zu beachten sein.[413] Ähnliches gilt im **Vertragskonzernrecht**.[414] Während die Kompetenzen zu Abschluss oder Beendigung des Unternehmensvertrages sich nach dem jeweiligen Gesellschaftsstatut richten, unterliegen die Wirkungen des Vertrages jedenfalls insoweit dem Statut der abhängigen Gesellschaft, als der Vertrag den Schutz von Gesellschaft und außenstehenden Gesellschaftern sowie das Weisungsrecht des herrschenden Unternehmens und Ausschüttungen bzw die Gewinnabführung regelt.

196 In Bezug auf die **Niederlassungsfreiheit** stellt sich auch hier die Frage nach der Überlagerung des Gesellschaftsstatuts der abhängigen Gesellschaft anhand des Sitzrechts. Für die Fälle der Existenzvernichtung, die gerade in konzernrechtlichen Zusammenhängen große Bedeutung hat, kann auf die Ausführungen in Rn 118 verwiesen werden. Ob darüber hinaus die konzernrechtlichen Schutzvorschriften des AktG auf EU-Auslandsgesellschaften angewendet werden können, erscheint indes als fraglich. Die Missbrauchsfälle dürften von der **Existenzvernichtungshaftung** hinreichend erfasst sein, eine weiter gehende Überlagerung aus Gründen des Gläubigerschutzes erscheint kaum als erforderlich. Auch insoweit gilt, dass der Anwendungsbereich dieser Haftung bei Auslandsgesellschaften größer sein kann als speziell bei der deutschen AG, die bereits durch die vorrangig heranzuziehenden gesetzlichen Vorschriften (§§ 293 ff AktG) geschützt werden. Auch der Gesichtspunkt des **Minderheitenschutzes** in der abhängigen Gesellschaft kann grundsätzlich keine andere Sichtweise rechtfertigen, da auch der Schutz der Gesellschaft im Konzernzusammenhang grundsätzlich ein Umstand ist, den ein Gesellschafter bei seiner Anlageentscheidung zu berücksichtigen hat.[415] Ausnahmen dürften allenfalls bei konkreten Missbrauchs- oder Betrugsfällen in Betracht zu ziehen sein, wenn etwa über die Absicht der Konzerneinbindung oder den rechtlichen Schutz der Gesellschafter getäuscht worden ist.[416]

E. Praktische Hinweise zur internationalen Rechtsformwahl

I. Die englische Limited als Alternative zur GmbH

197 **1. Vorteile.** Ganz im Mittelpunkt des praktischen Interesses steht seit der Entscheidung „Überseering" die private limited company (abgekürzt plc oder Ltd.) englischen Rechts, die vielfältig, nicht zuletzt von professionellen Inkorporationsunternehmen als Alternative zur GmbH für die inländische Geschäftstätigkeit propagiert wird. Vor allem rechtlich unerfahrenen Unternehmern wird von derartigen Kreisen, aber auch von den Medien eine gefahrlose und kostengünstige Möglichkeit der Haftungsbeschränkung vorgespiegelt, so dass in der Beratungspraxis eine zunehmende **Nachfrage** nach dieser Rechtsform festzustellen ist. Es empfiehlt sich

412 Ausf. zum Konzernkollisionsrecht: *Wackerbarth*, Grenzen der Leitungsmacht in der internationalen Unternehmensgruppe, 2001, S. 101 ff; Staudinger/*Großfeld*, Int. GesR, Rn 556 ff; MüKo/*Kindler*, Bd. 11, 5. Aufl. 2010, IntGesR, Rn 756 ff; MüKo-AktG/*Altmeppen*, Einl. vor § 291 Rn 35 ff; Michalski/*Leible*, GmbHG, Bd. 1, 2. Aufl. 2010, Syst. Darst. 2 Rn 217 ff; *Einsele*, ZGR 1996, 40; *Maul*, NZG 1999, 741.

413 Statt vieler *Seydel*, Konzernbildungskontrolle bei der AG, 1995.*Emmerich/Sonnenschein/Habersack*, Konzernrecht, 9. Aufl. 2008, S. 118 ff mwN.

414 Ausf. *Wackerbarth*, S. 435 ff; Michalski/*Leible*, GmbHG, Bd. 1, 2. Aufl. 2010, Syst. Darst. 2 Rn 221 ff; MüKo/*Kindler*, Bd. 11, 5. Aufl. 2010, IntGesR, Rn 774 ff.

415 In diesem Sinne *Sandrock*, ZVglRWiss 102 (2003), 447, 482 ff.

416 Als Beispiel sei der Fall genannt, dass die Geltung des deutschen Vertragskonzernrechts vorgespiegelt wird, obwohl auch im Vertragskonzern die Anknüpfung objektiv anhand des Gesellschaftsstatuts der abhängigen Gesellschaft erfolgt (vgl MüKo-AktG/*Altmeppen*, Einl. vor § 291 Rn 50).

daher, sich zumindest mit den grundsätzlichen Vor- und Nachteilen der plc vertraut zu machen, was durch eine zunehmende an den Bedürfnissen der deutschen Praxis ausgerichtete Literatur erleichtert wird.[417]

Der gerade für Kleinunternehmen relevante Vorteil einer solchen Gesellschaftsform liegt darin, dass die plc **kein Mindestkapital**, und dementsprechend auch keine Regeln zur Kapitalaufbringung kennt. Nach der Einführung der UG durch das MoMiG hat dieser Aspekt jedoch an Relevanz verloren, da eine Inkorporation nunmehr auch in Deutschland ohne Mindestkapital möglich ist (§ 5 a GmbHG). Soweit sich dieser Umstand als der Hauptanreiz für die Gründung inländischer „Limiteds" erweist, sind die Auswirkungen auf die Kreditwürdigkeit dieser Gesellschaften absehbar.[418] Ein **Kostenvorteil** ist ferner die weitgehende **Formfreiheit**, die im Gegensatz zu den teuren Beurkundungserfordernissen des deutschen GmbH-Rechts steht.[419] Darüber hinaus ist es jedoch schwer, gerade für Kleinunternehmen interessante Vorteile der plc zu finden. Insbesondere die Ausgestaltung der inneren Struktur der Gesellschaft[420] kann zwar im Einzelfall zu bevorzugen sein, erscheint aber kaum als generell vorteilhaft.[421] 198

Am anderen Ende der Skala findet sich der nur für Großunternehmen relevante Vorteil des Fehlens einer **unternehmerischen Mitbestimmung**.[422] Inwieweit dieser Vorteil bei tatsächlichem Sitz in Deutschland gegenüber einer Sonderanknüpfung Bestand haben wird, muss erst die Zukunft zeigen. Verlassen kann man sich auf die Mitbestimmungsfreiheit noch immer nicht (Rn 122 ff). 199

Es bleibt der Vorteil, sich durch die Wahl ausländischen Rechts **unliebsamen Instrumenten** des deutschen Gesellschaftsrechts entziehen zu können. Als relevant sind insoweit vor allem die Haftungsgefahren aus den Kapitalaufbringungs- und erhaltungsregeln zu nennen. Bei dieser Motivation ist allerdings – gerade aus Sicht des Beraters – höchste Vorsicht geboten: Zu berücksichtigen sind nicht nur die skizzierten (Rn 114 ff) möglichen **Sonderanknüpfungen** des Sitzrechts und die verbreitet insolvenzrechtlich qualifizierten Anspruchsgrundlagen,[423] sondern auch die korrespondierenden **Schutzvorschriften des englischen Rechts**. Denn bei genauer Betrachtung ist dieses nicht so „liberal", wie es mitunter dargestellt wird.[424] 200

2. Nachteile und Gefahren. Nicht verschwiegen werden sollten daher in der Beratungspraxis die vielfältigen Nachteile und Gefahren, die mit einer plc verbunden sind. Zu nennen sind zunächst die **Kosten**:[425] Nimmt man einen Inkorporationsdienstleister in Anspruch, der nicht nur eine einmalige Gebühr veranschlagt, sondern laufende Kosten für das „registered office" usw in Rechnung stellt, ist innerhalb der ersten zehn Jahre mit Gesamtkosten von ca. 9.000 EUR zu rechnen[426] – trotz Formfreiheit der Errichtung! Hinzu kommt, dass die plc nicht nur in England, sondern zusätzlich als **Zweigniederlassung** im Inland anzumelden ist (Rn 103), was doppelten Verwaltungsaufwand sowie im Inland Beibringung und Übersetzung der ausländischen Urkunden erfordert. Die **Rechnungslegung** ist nach britischem Recht zu erstellen, was der heimische Steuerberater im Zweifel nicht ohne weiteres vermag.[427] Die Sanktion für die Nichteinreichung der Rechnungslegung ist drakonisch: Sie führt letztlich zur Löschung der Gesellschaft, und damit zum **Verlust des Haftungsprivilegs**.[428] Nicht zu unterschätzen ist auch der Aufwand, der aus der Unkenntnis des fremden Rechts und seiner 201

417 Dazu ausf. *Kasolowsky/Schall*, in: Hirte/Bücker, Grenzüberschreitende Gesellschaften, 2. Aufl. 2006, § 4; Lutter/Hommelhoff/*Bayer*, GmbHG, Anh. II zu § 4 a; *Just*, Die englische Limited in der Praxis, 3. Aufl. 2008; *Fritz/Herrmann*, Die plc in Deutschland, 2008; *Luke*, Die U.K. Limited, 2. Aufl. 2006; *Triebel/von Hase/Melerski*, Die Limited in Deutschland, 2006; *Heckschen/Köklü/Maul*, Private Limited Company, 2006; *Schall*, Companies Act 2006, 2011; *Rehm*, in: Eidenmüller (Hrsg.), Ausländische Kapitalgesellschaften im deutschen Recht, § 10; *Heinz*, Die englische Limited, 2006; ferner: *Kallmeyer*, DB 2004, 636; *Schumann*, DB 2004, 743; *Ebert/Levedag*, GmbHR 2003, 1337; *v. Busekist*, GmbHR 2004, 650; *Happ/Holler*, DStR 2004, 730; *Westhoff*, ZInsO 2004, 289; *Guillaume/ v. Kraack-Blumenthal*, Steueranwaltsmagazin 2003, 99; *von Bernstorff*, RIW 2004, 498; zu Einzelaspekten: *Redeker*, Die Haftung für wrongful trading im englischen Recht, 2008; *Schall*, DStR 2006, 1229; *Worms*, Insolvenzverschleppung bei der „deutschen" Limited, 2009; *Lanzius*, ZInsO 2004, 296; *Habersack/Verse*, ZHR 168 (2004), 174; *Riedemann*, GmbHR 2004, 345.

418 Zutr. *Kallmeyer*, DB 2004, 636.

419 Kostenvorteile ergeben sich daraus nicht nur bei der Gründung, sondern insbesondere bei der Anteilsübertragung und können daher ein wesentlicher Aspekt der Rechtsformwahl sein, wenn auf eine leichte und kostengünstige Übertragbarkeit, also ein Mindestmaß an Anteilsfungibilität, Wert gelegt wird, vgl *Kallmeyer*, DB 2004, 636, 638.

420 Näher *Heinz*, Die englische Limited, 2006, S. 25 ff; *Ebert/Levedag*, GmbHR 2003, 1337, 1340 ff.

421 Zum Steuerrecht vgl ausf. *Heinz*, Die englische Limited, 2006, S. 55 ff.

422 *Kallmeyer*, DB 2004, 636, 638.

423 So nimmt etwa das KG, NZG 2010, 71, an, dass der Ersatzanspruch aus § 64 GmbHG insolvenzrechtlich zu qualifizieren und damit auch auf Limiteds mit Tätigkeitsschwerpunkt im Inland anwendbar ist, dazu kritisch: *Ringe/Willemer*, NZG 2010, 56.

424 Ein ausf. Rechtsvergleich liegt vor von *Neuling*, Deutsche GmbH und englische private company, 1997.

425 Dazu MüKo GmbH/*Fleischer*, Einl. Rn 312.

426 Vgl *Ulmer*, NJW 2004, 1201 (in Fn 6); *Wachter*, GmbHR 2004, 88, 94.

427 Lutter/Hommelhoff/*Bayer*, GmbHG, Anh. II zu § 4 a Rn 49 ff.

428 *Kallmeyer*, DB 2004, 636, 637; *v. Bernstorff*, RIW 2004, 498, 502.

Vorgaben resultiert und erhöhten Beratungsbedarf nach sich zieht.[429] Diese Umstände zeigen, dass die deutsche GmbH (speziell als UG) gerade für das Kleinunternehmen in der Regel die billigere Rechtsform sein dürfte.

202 Aber auch die gesellschaftsrechtlichen **Haftungsgefahren** sind bei der plc nicht zu unterschätzen.[430] Zunächst ist darauf hinzuweisen, dass die **Vermögensbindung** erheblich strenger ist als im deutschen Recht, und somit der Zugriff auf das Gesellschaftsvermögen (über ausgewiesene Gewinne hinaus) nicht möglich ist.[431] Eine persönliche Haftung der Gesellschafter kommt in Betracht nach den Grundsätzen der **Durchgriffshaftung** („piercing the corporate veil"), etwa bei Strohmanngesellschaften, die nur eine „reine Fassade" darstellen, bei Sphärenvermischung oder sonstigen Missbrauchsfällen – wenn dieses Instrument auch sehr zurückhaltend angewendet wird.[432] Praktisch bedeutsam ist aber vor allem die insolvenzrechtliche Haftung wegen **„wrongful trading"**, nach der die Geschäftsleiter, faktischen Geschäftsleiter und „Schattendirektoren"[433] im Fall der Insolvenz der Gesellschaft auf Schadensersatz haften, soweit sie nach Eintritt einer negativen Fortführungsprognose nicht jeden vernünftigen Schritt eingeleitet haben, um den Gläubigerausfall zu minimieren.[434] Dieses Instrument erfüllt also Funktionen sowohl der deutschen Insolvenzschleppungshaftung als auch des Eigenkapitalersatzrechts. Die Haftungsgefahren hieraus sind nicht zu unterschätzen.

203 Diese Aspekte zeigen, dass die englische plc wohl entgegen der auf Hochglanz gedruckten Anpreisungen der Inkorporationsbranche doch nicht dem gelobten Land des Kapitalgesellschaftsrechts entsprungen ist. Jedem Existenzgründer ist zu raten, seine nunmehr um einen internationalen Aspekt bereicherten Alternativen bei der Rechtsformwahl sorgfältig abzuwägen und sich vorab über Kosten und Risiken zu informieren. Die Herausforderung, diesen Prozess auch mit international-privatrechtlicher und rechtsvergleichender Fachkompetenz zu begleiten, kommt jedenfalls auf die deutsche **Beratungspraxis** zu und sollte ob der **Haftungsrisiken** nicht auf die leichte Schulter genommen werden.

II. Gefahren weiterer Kapitalgesellschaftsformen

204 Hinzuweisen ist noch darauf, dass der viel zitierte **Wettbewerb der Gesetzgeber**[435] in Europa auch im Gesellschaftsrecht anderer Staaten schon jetzt zu massiven Liberalisierungen insbesondere bezüglich des Mindestkapitalerfordernisses geführt hat. Solche Gesetzesänderungen waren in letzter Zeit – neben dem deutschen MoMiG – in **Frankreich**[436] und **Spanien**[437] zu verzeichnen. Insoweit ist aber an die Grenzen der europarechtlichen Gründungstheorie zu erinnern: Ein Recht auf Anerkennung in Deutschland besteht nur, wenn das Heimatrecht der Gesellschaft nicht an der Grenze ihr Statut entzieht.[438] Will man eine bestimmte Gesellschaftsform nutzen, muss man sich aus Beratungssicht also nicht nur mit dem materiellen, sondern auch mit dem **Kollisionsrecht des jeweiligen Staates** befassen. Für die genannten Beispiele bedeutet dies: Die französische S.A.R.L. mit frei wählbarem Grundkapital kann in Deutschland wegen der in Frankreich geltenden Sitztheorie nicht genutzt werden.[439] Die „kleine GmbH" des spanischen Rechts kann dagegen wegen der dort geltenden Gründungsanknüpfung (Rn 42)[440] auch in Deutschland Bedeutung erlangen – sofern sich dies materiellrechtlich als vorteilhaft erweist.[441]

429 Hierzu MüKo GmbHG/*Fleischer*, Einl. Rn 312; *Wachter*, GmbHR 2004, 88.

430 Ausf. zu den Anspruchsgrundlagen nach englischem Recht: *Schall*, DStR 2006, 1229.

431 *Zimmer/Naendrup*, ZGR 2007, 789; *Kallmeyer*, DB 2004, 636, 637.

432 Ausf. *Gower*'s Principles of Modern Company Law, 5th Ed., S. 108 ff; ferner: *Neuling*, Deutsche GmbH und englische private company, 1997; S. 94 ff; *Heinz*, Die englische Limited, 2006, S. 45 f; *Ebert/Levedag*, GmbHR 2003, 1337, 1340; *v. Bernstorff*, RIW 2004, 498, 502; *Schall*, DStR 2006, 1229, 1235.

433 Hierunter sind Personen zu verstehen, deren Weisungen die Geschäftsleiter üblicherweise befolgen, so dass vor allem beherrschende Gesellschafter hiervon erfasst werden dürften, vgl näher *Habersack/Verse*, ZHR 168 (2004), 174, 189 ff.

434 Ausf. zu diesem Tatbestand *Habersack/Verse*, ZHR 168 (2004), 174; *Redeker*, Die Haftung für wrongful trading im englischen Recht, 2008; *Schall*, DStR 2006, 1229, 1234.

435 Dazu zuletzt *Eidenmüller*, ZGR 2007, 168; *Zimmer*, in: FS K. Schmidt, 2009, S. 1789 ff; MüKo GmbHG/*Fleischer*, Einl. Rn 217 ff.

436 Dazu *Wachter*, GmbHR 2003, R 377; *Becker*, GmbHR 2003, 706.

437 Dazu *Fröhlingsdorf*, RIW 2003, 584; *Vietz*, GmbHR 2003, 523.

438 Bedeutung kann daher etwa die niederländische B.V. erlangen, vgl hierzu näher *van Etterink/Ebert/Lovedag*, GmbHR 2004, 880.

439 Dies verkennen *Recq/S. Hoffmann*, GmbHR 2004, 1070. Gleiches gilt übrigens auch im Fall des Übergangs der deutschen Rspr auf eine Gründungsanknüpfung, da die in Frankreich geltende Sitztheorie auf das deutsche Recht zurückverweisen und das deutsche Recht die Rückverweisung annehmen würde.

440 Dies trifft trotz der dortigen Modifikationen zu, vgl näher *Steiger*, Grenzüberschreitende Fusion, S. 157 ff.

441 Zum neuen spanischen GmbH-Recht vgl näher *Embid Irujo*, RIW 2004, 760; *Müller*, GmbHR 2006, 583.

Dritter Abschnitt
Familienrecht

Art. 13 EGBGB Eheschließung

(1) Die Voraussetzungen der Eheschließung unterliegen für jeden Verlobten dem Recht des Staates, dem er angehört.

(2) Fehlt danach eine Voraussetzung, so ist insoweit deutsches Recht anzuwenden, wenn

1. ein Verlobter seinen gewöhnlichen Aufenthalt im Inland hat oder Deutscher ist,

2. die Verlobten die zumutbaren Schritte zur Erfüllung der Voraussetzung unternommen haben und

3. es mit der Eheschließungsfreiheit unvereinbar ist, die Eheschließung zu versagen; insbesondere steht die frühere Ehe eines Verlobten nicht entgegen, wenn ihr Bestand durch eine hier erlassene oder anerkannte Entscheidung beseitigt oder der Ehegatte des Verlobten für tot erklärt ist.

(3) [1]Eine Ehe kann im Inland nur in der hier vorgeschriebenen Form geschlossen werden. [2]Eine Ehe zwischen Verlobten, von denen keiner Deutscher ist, kann jedoch vor einer von der Regierung des Staates, dem einer der Verlobten angehört, ordnungsgemäß ermächtigten Person in der nach dem Recht dieses Staates vorgeschriebenen Form geschlossen werden; eine beglaubigte Abschrift der Eintragung der so geschlossenen Ehe in das Standesregister, das von der dazu ordnungsgemäß ermächtigten Person geführt wird, erbringt vollen Beweis der Eheschließung.

Literatur: *Andrae*, Internationales Familienrecht, 2. Auflage 2006; *Bergmann/Ferid/Henrich*, Internationales Ehe- und Kindschaftsrecht mit Staatsangehörigkeitsrecht, Loseblatt, 124 Lfg. 2009; *Böhmer/Finger*, Das gesamte Familienrecht, 73. Lfg. 2009; *Henrich*, Internationales Familienrecht, 2. Auflage 2000; *Gaaz/Bornhofen*, Personenstandsgesetz, 2008; *Jayme,* Die Wiederanwendung der Haager Familienrechtsabkommen von 1902 und 1905, NJW 1965, 13; *Lorenz/Unberath*, Nichteheliche Lebensgemeinschaft und Verlöbnis im Internationalen Privat- und Verfahrensrecht oder: „Was es nicht gibt, knüpf' ich nicht an!", IPRax 2005, 516; *Martiny*, Internationales Privatrecht, in: Hausmann/Hohloch (Hrsg.), Das Recht der nichtehelichen Lebensgemeinschaft, 2004, S. 773 ff; *Schulze*, Die Zeitehe des iranischen Rechts – Rechtsfragen aus deutscher Sicht, StAZ 2009, 197; *Schwimann*, Der rätselhafte Art. 13 Abs. 2 EGBGB nF, StAZ 1988, 35; *Striewe*, Ausländisches und Internationales Privatrecht der nichtehelichen Lebensgemeinschaft, 1986; *ders.*, Zum Internationalen Privatrecht der nichtehelichen Lebensgemeinschaft, IPRax 1983, 248; *Sturm*, Die Nichtehe und ihre Heilung im Alltag des Standesbeamten, StAZ 1999, 289; *ders.*, Eheschließung im Ausland, StAZ 2005, 1; *Wagner*, Das neue Internationale Privat- und Verfahrensrecht zur eingetragenen Lebenspartnerschaft, IPRax 2001, 281.

A. Allgemeines

I. Ehe

1 Gegenstand von Art. 13 ist das Eingehen einer Ehe. Der international-privatrechtliche **Begriff der Ehe** geht weiter als im materiellen deutschen Recht.[1] Die Abgrenzung, insbesondere zu den nichtehelichen Lebensgemeinschaften, ist nach der funktionalen Qualifikationsmethode vorzunehmen. Es ist nach der Stellung, dem Sinn und dem Zweck der Lebensgemeinschaft gemäß dem ausländischen Recht zu fragen und dann mit der Institution der Ehe im deutschen Recht zu vergleichen. Als Ehe ist anzusehen, „was in einem bestimmten Kulturkreis als die typische Normalform des Zusammenlebens der Geschlechter angesehen wird [… und dort] alle Rechtsfolgen einer Ehe hat".[2] Keine Ehe ist eine Verbindung, bei der die Partner gerade nicht den Willen haben, eine Ehe einzugehen, oder die in der betreffenden Rechtsordnung als Alternative zur Ehe begriffen wird.

In der Literatur wird kontrovers die Frage diskutiert, ob die Art. 13 ff oder Art. 17 b auf **gleichgeschlechtliche Ehen** Anwendung finden.[3] Die Frage gewinnt in der Rechtsprechung an Relevanz, von Bedeutung ist sie auch im öffentlichen Recht, wo die Wirksamkeit solcher Verbindungen als Vorfrage zu prüfen ist.[4] Zu unterscheiden sind verschiedene Ebenen und zwischen der Rechtslage de lege lata und einer (gewünschten) Rechtsentwicklung.

Im deutschen materiellen Recht ist de lege lata die **Geschlechtsverschiedenheit wesentliches Merkmal** der Ehe. Die Gleichgeschlechtlichkeit ist nicht nur ein Ehehindernis, sondern betrifft den Kern der Institution selbst. Diese Beschränkung ist mit dem Grundgesetz vereinbar[5] und widerspricht nicht der EMRK.[6] Von einem deutschen Standesbeamten wird keine Eheschließung gleichgeschlechtlicher Partner vorgenommen, auch wenn die Heimatrechte beider Partner dies ermöglichen. Die Eheschließungswilligen sind auf die Möglichkeit des Eingehens einer eingetragenen Lebenspartnerschaft verwiesen. Die Begründung kann dahingehend lauten, dass die gleichgeschlechtliche Ehe eine dem deutschen Recht unbekannte Rechtsinstitution ist, dem Standesbeamten fehlt es an der Kompetenz am Zustandekommen mitzuwirken.

Kann der Rechtsanwalt den Eheschließungswilligen raten, die **Ehe vor dem zuständigen Organ eines Staates einzugehen**, der **gleichgeschlechtliche Ehen ermöglicht**? Das hängt von **zwei Voraussetzungen** ab. Zum einen von der kollisionsrechtlichen Lösung in jenem Staat in Bezug auf die Zulässigkeit und die materiellen Voraussetzungen des Eingehens einer solchen Verbindung. Das zuständige ausländische Organ wird die Eheschließung nur vornehmen bzw registrieren, wenn nach der dortigen kollisionsrechtlichen Lösung eine Rechtsordnung Anwendung findet, die gleichgeschlechtliche Ehen zulässt oder ein ausländisches Verbot mittels des

1 Hierzu ausf. *Henrich*, § 1 I, S. 20 f.
2 *Henrich*, § 1 I, S. 21.
3 Überblick über ausländische Rechtsordnungen, die Ehen gleichgeschlechtlicher Partner zulassen bei *Mankowski/Höffmann*, IPRax 2011, 247 mit weiteren Literaturhinweisen.
4 S. etwa VG Münster 13.12.2007 – 3 K 1845/05.
5 U.a. BVerfG NJW 1993, 3058 = FamRZ 1993, 1419; BVerfGE 105, 313, 345 = NJW 2002, 2543, 2547; hierzu mwN *Wasmuth* in: FS Kegel 2002, S. 237; *Mankowski/Höffmann*, IPRax 2011, 247.
6 EGMR 24.6.2010, Application no. 30141/04 (Schalk and Kopf v. Austria).

ordre public ausgeschaltet wird. Geht es den Partnern auch darum, **Ehewirkungen in Deutschland zu erzielen**, so kommt es auf die Anerkennung im Inland an. Dies erfordert, dass die gleichgeschlechtliche Ehe materiell und formell nach dem gemäß deutschem Kollisionsrecht dafür maßgeblichen Recht wirksam zustande gekommen ist. Die Form bestimmt sich dabei nach Art. 11, im Übrigen ist die Qualifikationsfrage zugunsten des Art. 17 b zu entscheiden.[7] Dafür sprechen drei Faktoren: Zum einen ist der Begriff der Ehe im deutschen materiellen Recht (noch) der verschiedengeschlechtlichen Partnerschaft vorbehalten.[8] Funktionell vergleichbar ist die gleichgeschlechtliche Ehe durchaus mit der eingetragenen Lebenspartnerschaft; beide wollen rechtlich anerkannte gleichgeschlechtliche Verbindungen ermöglichen und sie ganz oder doch überwiegend mit der Ehe verschiedengeschlechtlicher Partner gleichstellen. Nur die Anknüpfung in Art. 17 b (Registrierungsort) und nicht die in Art. 13 (Staatsangehörigkeit) wird dem rechtspolitischen Ziel gerecht, die in anderen Staaten geschlossenen gleichgeschlechtlichen Ehen anzuerkennen, wenn sie die dortigen Voraussetzungen erfüllen (Hauptargument).[9] Die Anwendung von Art. 17 b kommt dem sog. Anerkennungsprinzip nahe.[10] Die Kappungsregelung des Art. 17 b Abs. 4 hindert die Anerkennung gleichgeschlechtlicher Ehen nach ausländischem Recht nicht, da sie sich auf deren bürgerlich-rechtliche Wirkungen und nicht auf die Begründung bezieht. Auch widerspricht die Anerkennung einer nach ausländischem Recht geschlossenen gleichgeschlechtlichen Ehe auch bei starkem Inlandsbezug wegen der Funktionsadäquanz zur eingetragenen Lebenspartnerschaft nicht dem ordre public.[11]

Im Übrigen weist Art. 17 b den Vorteil auf, dass **wesentliche Wirkungen der gleichgeschlechtlichen** Ehe **dem Recht unterstehen**, nach dem sie **begründet** sind. Maßgeblich sind dann die materiellrechtlichen Bestimmungen dieser Rechtsordnung, die nach dortiger Rechtsauffassung auf die gleichgeschlechtliche Ehe Anwendung finden, demnach die eherechtlichen Vorschriften. Der Vorbehalt des Art. 17 b ist zu beachten.[12] Unterhalt und Erbrecht eines Partners regeln sich jedoch primär nach den allgemeinen kollisionsrechtlichen Normen, so dass auch eine andere Rechtsordnung im konkreten Fall berufen sein könnte. Findet danach deutsches Recht Anwendung, so bleibt nichts anderes übrig, als die Bestimmungen für die eingetragene Lebenspartnerschaft entsprechend heranzuziehen. Das gilt auch für andere Bereiche des innerstaatlichen Rechts, in denen eine Ehe oder eingetragene Lebenspartnerschaft vorausgesetzt wird, entsprechend.[13] Die innerstaatliche Gleichstellung mit einer eingetragenen Lebenspartnerschaft nach dem LPartG bedeutet jedoch nicht, dass sie statusrechtlich in eine solche transponiert wird;[14] dies hindert die Anknüpfung der statusrechtlichen Fragen nach Art. 17 b an den Registrierungsort. Eine solche Verbindung ist deshalb auch unter Zugrundelegung des Rechts des registerführenden Staates durch ein deutsches Gericht zu scheiden, auch wenn sich die internationale Zuständigkeit und das Verfahren im Übrigen entsprechend nach den Vorschriften der lex fori für eingetragene Lebenspartnerschaften richten.[15] Die Lösung ist hier vergleichbar mit der für die Ehetrennung ohne Auflösung des Ehebandes nach ausländischem Recht durch ein deutsches Gericht.[16]

Das **europäische Kollisions- und Verfahrensrecht** und **Staatsverträge** auf diesem Gebiet sehen im sachlichen Anwendungsbereich und im Tatbestand einzelner Normen die Ehe, dagegen (noch) nicht die eingetragene Lebenspartnerschaft vor. Ob und wenn ja, welche Partnerschaften außerhalb der Ehe im herkömmlichen Sinne hierunter fallen, ist durch Auslegung im Kontext der jeweiligen Rechtsquelle zu entscheiden.[17]

7 U.a. OLG Zweibrücken StAZ 2011, 184; OLG München 6.7.2011, 31 Wx 103/11; AG Köln StAZ 2010, 114; *Henrich,* FamRZ 2002, 137, 138; *Wasmuth* in: FS Kegel 2002, S. 237, 242 ff; *Andrae*, § 10 Rn 60; *Dörner* in: FS Jayme 2004, S. 143, 151; *Mankowski/Höffmann*, IPRax 201, 247; MüKo/*Coester*, Art. 17 b Rn 145 ff; aA (Art. 13 direkt oder entsprechend u.a. *Röthel*, IPRax 2002, 496, 498; NK-BGB/*Gebauer*, Art. 17 b Rn 18; *Thorn* in: FS Jayme 2004, S. 955, 958; *Gebauer/Staudinger*, IPRax 2002, 275, 277.

8 Auf dieses Kriterium hauptsächlich abstellend *Mankowski/Höffmann*, IPrax 2011, 247.

9 Hierzu MüKo/*Coester*, Art. 17 b EGBGB Rn 147; *Mankowski/Höffmann*, IPRax 2011, 247.

10 MüKo/*Coester*, Art. 17 b EGBGB Rn 147.

11 Offen gelassen: VG Karlsruhe IPRax 2006, 284; VG Münster 13.12.2007 – 3 K 1845/05; ordre public-Verstoß angenommen: AG Köln StAZ 2010, 114.

12 *Andrae*, § 10 Rn 61; *Mankowski/Höffmann*, IPRax 2011, 247; *Bruns*, StAZ 2001, 187, 188.

13 In den Bereichen des öffentlichen Rechts wird sie der eingetragenen Lebenspartnerschaft gleichgesetzt bzw wird als eine solche angesehen, so BFH IPRax 2006, 287; VG Karlsruhe IPRax 2006, 284; VG Münster 13.12.2007 – 3 K 1845/05; VG Berlin 15.6.2010 – 23 A 242.08. Konsequent ist deshalb die Eintragung in das Lebenspartnerschaftsregister entsprechend § 35 PstG, OLG Zweibrücken StAZ 2011, 184; KG StAZ 2011, 181 hierzu auch *Andrae/Abbas*, STAZ 2011, 97, 104 f.

14 Wie hier AG Münster IPRax 2011, 269; anders jedoch OLG Zweibrücken StAZ 2011, 184; KG StAZ 2011, 181; AG Köln StAZ 2010, 114 (standesamtliche Eintragung als eingetragene Lebenspartnerschaft); *Mankowski/Höffmann*, IPRax 2011, 247.

15 Wie hier AG Münster IPRax 2011, 269; aA *Mankowski/Höffmann*, IPRax 2011, 247.

16 Grundlegend BGHZ 47, 324, 336.

17 Für die EheVO NK-BGB/*Gruber*, Anh. I zum III. Abschnitt EGBGB EheVO 2003 Art. 1 Rn 3 mwN. Für die UnthVO und das HUP Rauscher/*Andrae*, EuZPR, Art. 1 EG-UntVO Rn 3, 4 und Art. 5 HUntStProt Rn 6.

Die in islamischen Rechtsordnungen teilweise zugelassene **Zeitehe**[18] ist ebenfalls dem Art. 13 zuzuordnen. Zwar können hierfür erhebliche Bedenken hervorgebracht werden, denn zum einen stellt die Zeitehe – auch soweit sie zugelassen wird – nicht die typische Normalform des Zusammenlebens von Mann und Frau dar. Zum anderen dient sie zur Realisierung von Funktionen, die gerade nicht für die Ehe charakteristisch ist. Sieht man von verschleierter Prostitution und einem Konkubinat ab, ermöglicht sie eine legale Erprobungsphase einer Partnerschaft, die sonst nach ausländischem Recht – da außerhalb der Ehe – nicht gestattet wäre. Als solche verschafft sie einerseits der Frau eine Sicherheit und gleichzeitig als Ehe mit geringen Wirkungen mehr Freiraum für die Partner.[19] Für die Qualifikation als Ehe sprechen, dass die Zeitehe nach ausländischem Recht Statuswirkung hat und die Anknüpfungen in Art. 13 Abs. 1 funktional dem Rechtsinstitut am besten entsprechen. Sie sichert nämlich, dass eine geschlossene Zeitehe im Inland überhaupt nur Anerkennung finden kann, wenn die Heimatrechte beider Ehegatten sie kennen. Im Übrigen ist die Frage, ob im Inland eine Zeitehe eingegangen werden kann oder eine geschlossene Zeitehe Anerkennung findet, eine des ordre public und nicht eine Qualifikationsfrage.[20]

2 Auch sog. **postmortale Eheschließungen**, dh solche, die nach dem Tod eines Verlobten erfolgen, fallen nicht unter Art. 13, da eine Lebensgemeinschaft nicht begründet werden kann.[21] Dagegen erfasst Art. 13 die in ausländischen Rechtsordnungen zugelassenen **polygamen Ehen**.[22] Die Form der Eheschließung ist für die Qualifikation unerheblich. Auch formlose Eheschließungen – sog. faktische Ehen –, wie zB common law marriages in einigen Bundesstaaten der USA[23] und früher sog. faktische Sowjetehen, sind einbezogen.[24]

3 Art. 13 ist heranzuziehen sowohl für die Fragen, ob die Voraussetzungen für die Eheschließung im Inland bestehen, als auch dafür, ob eine Ehe wirksam zustande gekommen ist. Für die Formwirksamkeit einer im Ausland geschlossenen Ehe ist Art. 11 maßgeblich (Rn 96).

4 Art. 13 findet Anwendung auf Eheschließungen seit dem 1.9.1986.[25] Vorher geschlossene Ehen sind nach Art. 13 aF sowie § 15 a EheG (Art. 220 Abs. 1) zu beurteilen. Eine inhaltliche Änderung ist nicht eingetreten. Für die neuen Bundesländer ist für die vor dem 3.10.1990 geschlossenen Ehen Art. 236 § 1 zu beachten.[26]

II. Hinweise zum ausländischen Recht

5 Vorschriften des internationalen und des materiellen Eheschließungsrechts wichtiger Länder mit Erläuterungen sind in deutscher Übersetzung in der Loseblattsammlung von *Bergmann/Ferid/Henrich* (hrsg. vom Verlag für Standesamtswesen, Frankfurt/M.) abgedruckt. Wichtige Hinweise finden sich auch in den „Gutachten zum internationalen und ausländischen Privatrecht" (IPG) (hrsg. vom Alfred Metzner Verlag, Frankfurt/M.) und in Eherecht in Europa (Hrsg. Rembert *Süß*/Gerhard *Ring*, Angelbachtal 2006).

B. Regelungsgehalt

I. Sachliche Voraussetzungen (Abs. 1)

6 **1. Anwendungsbereich.** Unter den Voraussetzungen der Eheschließung sind die **sachlichen Voraussetzungen** zu verstehen, während die Formerfordernisse von Abs. 3 oder Art. 11 erfasst sind. Alles, was nicht zu den Formerfordernissen (hierzu Rn 103 ff) gehört und keinen verfahrensrechtlichen Charakter trägt, ist als sachliche Voraussetzung zu qualifizieren.[27] Hierzu gehören insbesondere: Ehefähigkeit, Zustimmung anderer Personen, Ehewille und Willensmängel, Ehehindernisse, Rechtsfolgen und Heilung von sachlichen Ehemängeln (im Einzelnen Rn 23 ff).

18 Zur Zulässigkeit und Verbreitung u.a. *Rohe*, Das islamische Recht – Geschichte und Gegenwart (2009) 82, 359; Scherpe/Yassari/*Yassari*, Die Rechtsstellung nichtehelicher Lebensgemeinschaften, S. 557 ff; *Schulze*, StAZ 2009, 197 ff.
19 Hierzu *Schulze*, StAZ 2009, 197, 201.
20 *Schulze*, StAZ 2009, 197, 202; anders *Rohe*, StAZ 2006, 93, 98 mwN, der einerseits die Qualifikation als Ehe ablehnt, andererseits jedoch Art. 13 für das Kollisionsrecht heranzieht.
21 MüKo/*Coester*, Art. 13 EGBGB Rn 8; iE Soergel/*Schurig*, Art. 13 EGBGB Rn 45, 47; aA (Zulässigkeit als materielle Ehevoraussetzung) u.a. OLG Karlsruhe StAZ 1990, 353; iE Erman/*Hohloch*, Art. 13 EGBGB Rn 24; Staudinger/*Mankowski*, Art. 13 EGBGB Rn 192 ff.
22 Erman/*Hohloch*, Art. 13 EGBGB Rn 13 mwN; MüKo/*Coester*, Art. 13 EGBGB Rn 5.
23 RGZ 138, 214, 216 f; AG Mainz IPRspr 1954/55 Nr. 83.
24 RGZ 157, 257, 259.
25 BGH FamRZ 1997, 542, 543 = NJW 1997, 2114 m.Anm. *Hohloch*, JuS 1997, 850; offen gelassen von BGH NJW 1991, 3088, 3090 = FamRZ 1991, 300; Soergel/*Schurig*, Art. 220 EGBGB Rn 18.
26 Erman/*Hohloch*, Art. 13 EGBGB Rn 11; MüKo/*Coester*, Art. 13 EGBGB Rn 170; Soergel/*Schurig*, Art. 13 EGBGB Rn 174 f.
27 *Kegel/Schurig*, IPR, § 20 IV 1 b, S. 798 f; MüKo/*Coester*, Art. 13 EGBGB Rn 10.

2. Anknüpfung. Die sachlichen Voraussetzungen bestimmen sich für jeden Verlobten gesondert nach seinem Heimatrecht. Wird sein **Personalstatut** durch ein anderes Recht bestimmt, tritt dieses an die Stelle des Heimatrechts. Das berufene Recht wird mit dem Begriff „**Eheschließungsstatut**" bezeichnet. Es kommt auf das Personalstatut zum Zeitpunkt der Eheschließung an – **Grundsatz der Unwandelbarkeit** (zu den Ausnahmen s. Rn 10 ff). Erwerb oder Verlust der Staatsangehörigkeit durch die Eheschließung bzw danach bleiben grundsätzlich außer Betracht.[28] Für **Mehrstaater** ist die maßgebliche Rechtsordnung iVm Art. 5 Abs. 1 zu bestimmen. Ist der Verlobte auch Deutscher, regeln sich die Ehevoraussetzungen nach deutschem Recht, ansonsten kommt es für Mehrstaater auf das Recht des Heimatstaates an, mit dem er am engsten verbunden ist (s. Art. 5 EGBGB Rn 21 ff).[29] 7

Die Identität und Staatsangehörigkeit ist durch die Vorlage von Urkunden bei der Anmeldung der Eheschließung nachzuweisen.[30] Der Nachweis der ausländischen Staatsangehörigkeit von Personen ist nach § 12 Abs. 2 Nr. 3 PStG durch Vorlage der hierfür geeigneten Urkunden (Personalausweis, Reisepass, Bescheinigung der zuständigen Behörde des Heimatstaates) zu führen. Ohne diese Vorlage kann die Anmeldung nicht erfolgen.[31] Der Nachweis kann in Ausnahmefällen nach § 9 Abs. 2 PStG auch auf andere Weise geführt werden, wenn die Beschaffung der üblichen Ausweispapiere oder Dokumente unmöglich oder nur unter erheblichen Schwierigkeiten oder mit unverhältnismäßigen Kosten durchführbar und deshalb unverhältnismäßig und unzumutbar ist.[32]

Bei Staatenlosen wird iVm Art. 12 Staatenlosenkonvention[33] auf das Recht des Wohnsitzstaates und mangels eines solchen auf das Recht des Aufenthaltsortes zur Zeit der Eheschließung verwiesen. Der Wohnsitz ist hierbei iSd gewöhnlichen Aufenthalts auszulegen (s. Art. 5 EGBGB Rn 6). Dasselbe gilt für Personen, deren Personalstatut sich zur Zeit der Eheschließung nach Art. 12 GFK[34] bestimmt. Hierzu gehören Asylberechtigte (§ 2 AsylVfG), internationale Flüchtlinge iSd Art. 1 GFK iVm dem Protokoll über die Rechtsstellung der Flüchtlinge vom 31.1.1967 sowie Personen, deren Rechtsstellung sich nach dem Gesetz über Maßnahmen für im Rahmen humanitärer Hilfsaktionen aufgenommene Flüchtlinge[35] (näher Art. 5 EGBGB Rn 1 ff) bestimmt. Die rechtskräftige Ablehnung eines Asylantrags oder die noch ausstehende Entscheidung darüber schließt nicht den Status eines Flüchtlings nach der GFK aus. Vielmehr ist in solchen Fällen die Flüchtlingseigenschaft eigenständig zu prüfen.[36] 8

Für Ehen, die vor dem Zeitpunkt des Erwerbs der Rechtsstellung nach der GFK geschlossen wurden, beurteilt sich die materielle Wirksamkeit nach dem Recht des Staates, dessen Staatsangehörigkeit der Ehegatte zur Zeit der Eheschließung besaß.

Für Personen, die nach ihrer Aufnahme in die Bundesrepublik den Status eines Deutschen iSd **Art. 116 Abs. 1 GG** besitzen (hierzu Art. 5 EGBGB Rn 6 ff), beurteilen sich die Ehevoraussetzungen iVm Art. 9 Abs. 2 Nr. 5 FamRÄndG nach deutschem Recht. Haben sie die Ehe vor ihrer Aufnahme geschlossen, kommt es auf ihr Personalstatut zum Eheschließungszeitpunkt an. 9

3. Allgemeine Fragen des IPR. a) Statutenwechsel. Aus dem **Grundsatz der Unwandelbarkeit** folgt, dass eine nach den Eheschließungsstatuten gültige Ehe durch späteren Wechsel der Personalstatuten nicht zu einer ungültigen oder vernichtbaren Ehe werden kann.[37] 10

An diesem Grundsatz wird jedoch nicht ausnahmslos festgehalten, wenn es um eine Ehe geht, der zur Zeit der Eheschließung Ehehindernisse nach dem Personalstatut eines oder beider Verlobten entgegenstanden, soweit die Eheleute zum Zeitpunkt der Entscheidung über die Wirksamkeit der Ehe gemeinsam das Personalstatut eines Staates besitzen, nach dessen Rechtsordnung die Ehe keinen Mangel aufweist.[38] 11

28 BGHZ 27, 375, 380 f = FamRZ 1958, 367 = NJW 1958, 1627 m.Anm. *Beitzke*, JZ 1959, 123 und *Pohle*, MDR 1959, 197; Soergel/*Schurig*, Art. 13 EGBGB Rn 32 mwN.

29 U.a. OLGR Nürnberg 1997, 278 = FamRZ 1998, 1109; OLG Saarbrücken FamRZ 2008, 275; Johannsen/Henrich/*Henrich*, Art. 13 EGBGB Rn 2.

30 OLG Frankfurt StAZ 2005, 322.

31 OLG Frankfurt StAZ 2005, 322.

32 KG InfAuslR 2002, 95; OLG Zweibrücken StAZ 1996, 268 f; OLG Frankfurt StAZ 2005, 322.

33 New Yorker UN-Übereinkommen über die Rechtsstellung der Staatenlosen v. 28.9.1954 (BGBl. II 1976 S. 474); Text s. Anh. I zu Art. 5 EGBGB und *Jayme/Hausmann*, Nr. 12.

34 Genfer UN-Abkommen über die Rechtsstellung der Flüchtlinge v. 28.7.1951 (BGBl. II 1953 S. 560); Protokoll v. 31.1.1967 (BGBl. II 1969 S. 1294); abgedruckt in Anh. II zu Art. 5 EGBGB Rn 15 und in *Jayme/Hausmann*, Nr. 10 bzw 11.

35 BGBl. I 1980 S. 1057, außer Kraft getreten durch Art. 15 Abs. 3 Nr. 3 ZuwanderungsG v. 30.7.2004 (BGBl. I 2004 S. 1950) mit Wirkung v. 1.1.2005, die vor dem 1.1.2005 erworbene Rechtsstellung gilt nach § 103 AufenthaltsG fort.

36 BGHZ 169, 240 = FamRZ 2007, 109 = NJW-RR 2007, 145.

37 U.a. BGHZ 27, 375, 380 f = FamRZ 1958, 367 = NJW 1958, 1627; KG IPRspr 1970 Nr. 57; *v. Bar*, IPR II, Rn 134.

38 Hierzu rechtsvergleichend *Siehr*, IPRax 2007, 30 ff.

12 Die **Rechtsprechung** hat sich verschiedentlich obiter dicta für eine **Heilung** ausgesprochen, wenn gemäß dem nach der Eheschließung erworbenen gemeinsamen Heimatrecht die Ehe materiell wirksam ist.[39] Zwei Entscheidungen sind in diesem Zusammenhang von Bedeutung. In RGZ 132, 416 ging es um das Ehehindernis der Religionsverschiedenheit nach dem Eheschließungsstatut. Das RG bestimmte das auf die Nichtigkeitsklage anwendbare Recht analog dem Scheidungsstatut u.a. mit der Begründung, dass der deutsche Richter keine Veranlassung hat, eine Ehe für nichtig zu erklären, die im Heimatstaat der Ehegatten als gültig behandelt wird.[40] Im zweiten, durch das KG[41] entschiedenen Fall, ging es um den Mangel der Doppelehe nach deutschem Recht bei einer Ehe zwischen einer Deutschen, die später die niederländische Staatsangehörigkeit unter Verlust der deutschen angenommen hatte, und einem Niederländer. Beide lebten vor und nach der Eheschließung in den Niederlanden. Die Vorehe des Ehemannes mit einer Deutschen war durch ein niederländisches Gericht geschieden worden, die Nichtanerkennungsfähigkeit der Scheidung war nach Art. 7 § 1 FamRÄndG (jetzt § 107 FamFG) festgestellt. Das KG hat in Bezug auf die deutsche Frau einen nachträglichen Statutenwechsel vom deutschen zum niederländischen Recht mit der Begründung angenommen, dass eine Ehe zu erhalten sei, die im Geltungsbereich eines Rechts geschlossen wurde, dem zum Zeitpunkt der Entscheidung beide Partner unterstanden und nach dem die Ehe mangelfrei ist, wenn zudem eine völlige und dauerhafte Lösung von der deutschen Rechtsordnung erfolgt war.[42] Die Entscheidung ist u.a. auf Kritik gestoßen, weil bei der Vorfragenproblematik das Weiterbestehen der Erstehe mit einer Deutschen vom Standpunkt des deutschen Rechts unberücksichtigt blieb.[43]

13 In der **Literatur** wird eine Heilung durch Statutenwechsel – mit unterschiedlichen Voraussetzungen – überwiegend für möglich angesehen.[44] Von einer Heilung ist nur dann auszugehen, wenn beide Ehegatten sich von der Rechtsordnung dauerhaft gelöst haben, nach der die Ehe nichtig oder vernichtbar ist. Die Eheleute müssen weiterhin in dem Staat, dessen Recht nunmehr gemeinsames Personalstatut ist, auch ihren Lebensmittelpunkt haben.[45] Bei der Abwägung sind Rechtspositionen Dritter, etwa des Partners einer Vorehe, zu berücksichtigen.[46] Bei einem ausländischen Eheschließungsstatut kommt dem ordre public Vorrang vor dem Statutenwechsel zu.[47] Wenn ein Ehehindernis nach dem ursprünglichen ausländischen Eheschließungsstatut gem. Abs. 2 oder Art. 6 nicht zu beachten ist, ist ein Statutenwechsel überflüssig. Bei dem Ehemangel der Doppelehe ist zudem die den Umständen des Einzelfalls gerecht werdende Lösung für die Anknüpfung der Vorfrage der Existenz der Erstehe dem Statutenwechsel für das Eheschließungsstatut insgesamt vorzuziehen (zu Vorfragen Rn 35 ff). Stellt sich die Frage der Wirksamkeit der Ehe als Vorfrage und unterliegt die Hauptfrage (zB die Rechtsnachfolge von Todes wegen) dem nach der Eheschließung erworbenen gemeinsamen Heimatrecht, kommt auch eine unselbständige Anknüpfung der Vorfrage in Betracht, was die Rechtsprechung bisher jedoch abgelehnt hat.[48] Liegen ausnahmsweise die Voraussetzungen eines Statutenwechsels zugunsten der Ehewirksamkeit vor (favor matrimonii), tritt die Heilung ex nunc, also mit dem Statutenwechsel ein.[49]

14 **b) Renvoi.** Rück- und Weiterverweisung sind nach Art. 4 Abs. 1 zu beachten. Sie kommen relativ häufig vor, weil andere Rechtsordnungen zT an den Eheschließungsort (bspw Südafrika, Argentinien, Paraguay, Uruguay)[50] oder den Wohnsitz (bspw Großbritannien, Peru)[51] anknüpfen. Bei der Anwendung ausländischen

39 RG JW 1938, 855; BGHZ 27, 375, 380 ff = FamRZ 1958, 367 = NJW 1958, 1627; KG IPRspr 1970 Nr. 57; aA LG Kiel IPRspr 1960/61 Nr. 92 (die Möglichkeit der Heilung nicht angesprochen).

40 RGZ 132, 416, 419; hierzu *Siehr*, in: FS Ehrenzweig 1976, S. 136 ff.

41 KG OLGZ 1987, 433 = IPRax 1987, 33 = FamRZ 1987, 950 m.Anm. *Siehr*, IPRax 1987, 19.

42 KG OLGZ 1987, 433, 435 = IPRax 1987, 33 = FamRZ 1987, 950 m.Anm. *Siehr*, IPRax 1987, 19.

43 Zur Entscheidung *Andrae*, § 1 Rn 120 f; *Siehr*, IPRax 1987, 19. Zur Heilung ungültiger Ehen durch Statutenwechsel s.a. MüKo/*Coester*, Art. 13 EGBGB Rn 17 ff.

44 U.a. *Beitzke*, JZ 1959, 125; *Siehr*, IPRax 1987, 19; *ders.*, in: FS Ehrenzweig 1976, S. 140 ff; MüKo/*Coester*, Art. 13 EGBGB Rn 17 ff; Staudinger/*Mankowski*, Art. 13 EGBGB Rn 90 ff; abl. *Henrich*, § 1 VII, S. 41, für den Status, jedoch für Anerkennung von Ehewirkungen bei hinkenden Ehen; auch abl. Soergel/*Schurig*, Art. 13 EGBGB Rn 33 f; *Kegel/Schurig*, IPR, § 20 IV 1 c, S. 808; *Siehr*, IPRax 2007, 30, 34.

45 Ausf. *Siehr*, in: FS Ehrenzweig 1976, S. 143 ff; *ders.*, IPRax 1987, 19 ff; MüKo/*Coester*, Art. 13 EGBGB Rn 19; nunmehr erweiternd *Siehr*, IPRax 2007, 30, 34, wonach eine geheilte Ehe nicht dadurch wieder ungültig wird, dass die Eheleute in einen Staat ziehen, nach dessen Recht die Ehe wiederum einen Mangel aufweist.

46 *Siehr*, IPRax 1987, 19, 21; MüKo/*Coester*, Art. 13 EGBGB Rn 20; entgegen KG OLGZ 1987, 433, 435 = IPRax 1987, 33.

47 BGH FamRZ 1997, 542, 543 = NJW 1997, 2114; *Hohloch*, JuS 1997, 850; *Siehr*, in: FS Ehrenzweig 1976, S. 140.

48 Für das Erbrecht BGH NJW 1981, 1900 m.Anm. *Hausmann*, FamRZ 1981, 833 und *Denzler*, IPRax 1982, 181; OLG Hamm FamRZ 1993, 607 m.Anm. *Haas*, FamRZ 1993, 610; differenziert LG Stuttgart FamRZ 1969, 542 (betrifft Formmangel); MüKo/*Birk*, Art. 25 EGBGB Rn 81; Palandt/*Thorn*, Art. 25 EGBGB Rn 17.

49 AA Staudinger/*Mankowski*, Art. 13 EGBGB Rn 98.

50 AG Tübingen IPRspr 1990 Nr. 73 a = ZfJ 1992, 48 m.Anm. *Coester*, S. 141; Staudinger/*Mankowski*, Art. 13 EGBGB Rn 62.

51 OLG Karlsruhe IPRspr 1994 Nr. 69 = StAZ 1994, 286 (Ghana); Staudinger/*Mankowski*, Art. 13 EGBGB Rn 60 f.

Kollisionsrechts ist eine eventuell vom deutschen Recht abweichende Qualifikation zu beachten (zB statt Beurteilung als materielle Ehevoraussetzung Qualifikation als Formproblem).[52]

c) Mehrrechtsstaaten. Abs. 1 kann zu der Rechtsordnung eines Staates führen, dessen Kollisionsrecht und/ oder materielles Recht für die Eheschließung territorial oder personal gespalten ist. Die maßgebliche Teilrechtsordnung ist gem. Art. 4 Abs. 3 zu bestimmen (näher Art. 4 EGBGB Rn 20 ff). 15

d) Gesetzesumgehung. Es wird zwischen echter und unechter Gesetzesumgehung unterschieden. Bei der **echten Gesetzesumgehung** führen ein oder beide Verlobte die Änderung ihres Personalstatuts herbei, um Ehehindernisse, die nach dem bisherigen Personalstatut bestehen, zu umgehen. Hierzu gehört auch die bewusste Herbeiführung einer Rück- oder Weiterverweisung, wenn das Heimatrecht an den Wohnsitz oder den Eheschließungsort anknüpft. Es bleibt in solchen Fällen bei der Anwendung von Abs. 1 und Art. 4 Abs. 1, die Gesetzesumgehungsabsicht wird toleriert.[53] Das schließt nicht aus, dass materiellrechtlich eine Korrektur mit Hilfe der ordre-public-Klausel erfolgt, wenn deren Voraussetzungen vorliegen. 16

Bei der **unechten Gesetzesumgehung** schließen die Eheleute vom Standpunkt des Rechts des Eheschließungsortes eine wirksame Ehe, ohne eine Änderung ihres Eheschließungsstatuts vom Standpunkt des deutschen Rechts herbeigeführt zu haben. Typische Beispiele sind die sog. Gretna-Green-Trauungen[54] und Tondern-Ehen.[55] Die materielle Wirksamkeit der Ehe wird gem. Abs. 1 für jeden Partner nach seinem Heimatrecht (Gesamtverweisung) beurteilt. 17

Haben die Verlobten den Eheschließungsort ins Ausland verlagert, um das Erfordernis der Beibringung eines Ehefähigkeitszeugnisses oder die Befreiung hiervon nach § 1309 BGB zu umgehen, berührt dies die materiellrechtliche Wirksamkeit nicht. Selbst eine ohne Ehefähigkeitszeugnis oder Befreiung hiervon im Inland geschlossene Ehe ist wirksam, wenn den Anforderungen der Eheschließungsstatuten Rechnung getragen ist (zum Ehefähigkeitszeugnis s. Rn 151 ff, 165 ff). 18

e) Ordre public. aa) Inländische Eheverbote. Art. 6 ist anzuwenden, wenn im ausländischen Recht Eheverbote, die das deutsche Recht vorsieht, fehlen und dies in Bezug auf die betreffende Eheschließung zu einer wirksamen Ehe führen würde, was im Ergebnis die Grundrechte oder wesentliche Grundprinzipien des deutschen Rechts verletzen würde.[56] Für Art. 6 ist maßgebend, ob es um eine Zulassung der Eheschließung im Inland geht oder ob die Wirksamkeit einer bereits (im Ausland) geschlossenen Ehe zu beurteilen ist. 19

Im ersteren Fall stellt bereits die Mitwirkung des Standesbeamten an einer solchen Eheschließung den hinreichenden Inlandsbezug für die Anwendung von Art. 6 dar, um das inländische Verbot der Kinderehe,[57] das Inzestverbot[58] und das Verbot der Doppelehe auch entgegen dem nach Abs. 1 maßgeblichen Recht zur Anwendung zu bringen (hierzu Rn 33 ff). 20

Ob der Wirksamkeit einer bereits geschlossenen Ehe, die den Erfordernissen ausländischen Sachrechts genügt, der ordre public entgegensteht, ist nicht abstrakt zu prüfen, sondern hängt davon ab, welche Rechtsfolgen dies für das konkret geltend gemachte Begehren hat. Es kommt für die Beurteilung auf den Zeitpunkt der Entscheidung an. Das gilt auch für den erforderlichen Inlandsbezug.[59] Geht es um die Rechtswirkungen einer unter der Herrschaft einer fremden Rechtsordnung begründeten Ehe – zB um den Unterhalt oder das Erbrecht –, ist Art. 6 nicht heranzuziehen, wenn lediglich die Begründung und nicht die Rechtswirkungen der Ehe den Grundsätzen des deutschen Eherechts widersprechen.[60] Zudem kann die Anwendung des ordre public auf eine bereits geschlossene Ehe keine weiter gehende Folge haben, als für die Verletzung dieses Eheverbotes nach inländischem Recht vorgesehen ist. So führt die Anwendung der ordre-public-Klausel auf eine im Ausland geschlossene Kinder- oder polygame Ehe nicht zu deren Nichtigkeit, sondern zu ihrer Aufhebbarkeit nach § 1314 BGB.[61] 21

bb) Ausländische Eheverbote. Wegen des Zusammenhangs zu Abs. 2 wird auf Rn 81 ff verwiesen. Inwieweit einzelne Ehehindernisse oder ihr Fehlen nach dem ausländischen Recht dem ordre public widersprechen, wird in den sachlichen Ehevoraussetzungen im Einzelnen behandelt (vgl Rn 23 ff). 22

4. Sachliche Ehevoraussetzungen im Einzelnen. a) Einseitige oder zweiseitige Ehemängel. Bei einer Eheschließung, bei der jeder Verlobte einem anderen Sachrecht unterliegt, ist zu prüfen, ob die Ehehindernisse einseitig oder zweiseitig ausgestaltet sind. Ein **einseitiges Ehehindernis** stellt nur dann ein Hindernis 23

52 *V. Bar*, IPR II, Rn 129; *v. Bar/Mankowski*, IPR I, § 7 Rn 149 f.
53 U.a. *v. Bar*, IPR II, Rn 130.
54 Eheschließung deutscher Minderjähriger in Schottland, nicht mehr möglich, dazu *Marcks*, StAZ 1985, 19.
55 Eheschließung vor allem italienischer Staatsangehöriger unter der Bedingung des Scheidungsverbots nach italienischem Recht, hierzu: *Jayme/Krause*, IPRax 1983, 307; Staudinger/*Mankowski*, Art. 13 EGBGB Rn 70 ff.
56 *V. Bar*, IPR II, Rn 151.
57 MüKo/*Coester*, Art. 13 EGBGB Rn 38.
58 AG Hanau FamRZ 2004, 949, 950; *v. Bar*, IPR II, Rn 151.
59 So OLG Hamm IPRspr 1960/61 Nr. 115; MüKo/*Sonnenberger*, Art. 6 EGBGB Rn 83 mwN.
60 IE LG Frankfurt FamRZ 1976, 217; MüKo/*Sonnenberger*, Art. 6 EGBGB Rn 85.
61 AG Hanau FamRZ 2004, 949, 950.

für die Eheschließung dar und führt zu Ehemängeln, wenn es auf den Verlobten zutrifft, dessen Eheschließungsstatut es vorschreibt. Bei **zweiseitigem Ehehindernis** fordert das Eheschließungsstatut, dass das Ehehindernis für beide Verlobten beachtet wird. Ob ein Ehehindernis ein- oder zweiseitig ist, entscheidet das anwendbare Sachrecht für jeden Verlobten.[62]

24 **b) Ehemündigkeit.** Die Ehemündigkeit bestimmt sich für jeden Ehegatten nach seinem Eheschließungsstatut.[63] Stellt dieses hierfür auf die Geschäftsfähigkeit ab, ist Art. 7 Abs. 1 anzuwenden (Vorfrage, selbständige Anknüpfung).[64] Steht nach ausländischem Recht der Ehefähigkeit eine Entscheidung über die Handlungsunfähigkeit entgegen, so ist zu prüfen, ob diese gem. § 109 FamFG anzuerkennen ist.[65] Das jeweilige Eheschließungsstatut entscheidet über die Befreiung von der Altersgrenze.[66] Das Verbot einer Kinderehe ist vom Standpunkt des deutschen Rechts als zweiseitiges Ehehindernis anzusehen, um solchen Ehen Deutscher entgegenzuwirken.[67] Die Altersgrenze wird zum Teil bei 14, nach überwiegender Ansicht bei 16 Jahren gesehen.[68] Der Schließung einer Kinderehe im Inland von Personen mit ausländischem Personalstatut steht Art. 6 entgegen. Die Wirksamkeit einer im Ausland geschlossenen Ehe kann bei ausreichendem Inlandsbezug gegen Art. 6 verstoßen. Die Rechtsfolgen der Anwendung von Art. 6 können nicht weiter als nach deutschem Recht (§§ 1314, 1315 BGB) gehen. Deshalb sollte Art. 6 nicht herangezogen werden, wenn der Minderjährige, nachdem er volljährig geworden ist, die Ehe bestätigt und mit dem anderen Partner eine Lebensgemeinschaft geführt hat (Rechtsgedanke des § 1315 Abs. 1 Nr. 1 BGB).[69]

25 In der Literatur wird vorgeschlagen, Art. 7 Abs. 2 analog auf die Ehemündigkeit anzuwenden.[70] Dem ist nicht zu folgen. Die Ehemündigkeit kann der Geschäftsfähigkeit nicht gleichgesetzt werden, da beide verschiedene Bedeutungen besitzen.

26 **c) Zustimmung Dritter.** Ob ein Verlobter der Zustimmung Dritter zur Eheschließung bedarf, ist nach seinem Eheschließungsstatut zu beurteilen. Dieses Recht bestimmt darüber, ob und durch wen die Zustimmung ersetzt oder hiervon befreit werden kann.[71] Die gesetzliche Vertretung Minderjähriger ist selbständig anzuknüpfen.[72]

27 Bei fehlender Zustimmung, die nach dem Eheschließungsstatut die Heirat eines Volljährigen hindert, ist Abs. 2 zu prüfen.[73] Das Erfordernis der Zustimmung des Vaters zur Eheschließung der volljährigen Tochter nach ausländischem Recht verstößt indessen gegen Art. 6, weil nicht nur das Grundrecht auf Eheschließungsfreiheit, sondern auch das Benachteiligungsverbot wegen des Geschlechts verletzt ist.[74] Einer Befreiung von diesem Ehehindernis bedarf es zur Eheschließung im Inland nicht, dem FamG fehlt für die Erteilung einer solchen Befreiung auf Antrag die wesenseigene Zuständigkeit.[75]

28 **d) Eheschließungswille.** Welche Anforderungen an den Eheschließungswillen zu stellen sind, bestimmt für jeden Verlobten sein Eheschließungsstatut. Es entscheidet auch darüber, ob bei der Eheschließung **Willensmängel** (wie fehlende Ernstlichkeit, Geistesstörung, Irrtum, Täuschung oder Drohung) vorliegen und welche Wirkungen diese auf die Wirksamkeit der Ehe (etwa Aufhebbarkeit, Nichtigkeit oder Anfechtbarkeit) haben.[76]

62 Etwa *v. Bar*, IPR II, Rn 148; Fachausschuss-Nr. 3789 StAZ 2006, 363.

63 So u.a. AG Hannover FamRZ 2002, 1116 f; OLG Köln FamRZ 1999, 1130; OLG Saarbrücken FamRZ 2008, 275; Fachausschuss-Nr. 3789 StAZ 2006, 363.

64 U.a. *Henrich*, § 1 II 7, S. 27; Erman/*Hohloch*, Art. 13 EGBGB Rn 24 mwN; MüKo/*Coester*, Art. 13 EGBGB Rn 10, 38.

65 Vorrang hat gegenüber Vertragsstaaten des Übereinkommens über den internationalen Schutz von Erwachsenen vom 13.1. 2000 (BGBl. II 2007 S. 323) dessen Art. 22 in Bezug der Entscheidungen, die nach Inkrafttreten des Übereinkommens in der Bundesrepublik (1.1.2009) und dem Erlassstaat zu ergänzen sind.

66 Erman/*Hohloch*, Art. 13 EGBGB Rn 24; MüKo/*Coester*, Art. 13 EGBGB Rn 38; OLG Saarbrücken FamRZ 2008, 275; Fachausschuss-Nr. 3789 StAZ 2006, 363.

67 *V. Bar*, IPR II, Rn 147 Fn 254; MüKo/*Coester*, Art. 13 EGBGB Rn 38; für einseitiges Ehehindernis Staudinger/*Mankowski*, Art. 13 EGBGB Rn 203.

68 *Henrich*, § 1 II 5, S. 26; MüKo/*Coester*, Art. 13 EGBGB Rn 38; Staudinger/*Mankowski*, Art. 13 EGBGB Rn 203; hierzu auch *Rohe*, StAZ 2006, 93, 95.

69 AG Hannover FamRZ 2002, 1116.

70 MüKo/*Coester*, Art. 13 EGBGB Rn 38; aA *Kegel/Schurig*, IPR, § 20 IV 1 b bb, S. 800; Staudinger/*Mankowski*, Art. 13 EGBGB Rn 79; nicht klar insoweit Staudinger/*Mankowski*, Art. 13 EGBGB Rn 79, 206.

71 MüKo/*Coester*, Art. 13 EGBGB Rn 40; BGH IPRspr 1964/65 Nr. 88; OLG Frankfurt MDR 1951, 299 = IPRspr 1950/51 Nr. 126; OLGR Nürnberg 1997, 278 = FamRZ 1998, 1109.

72 MüKo/*Coester*, Art. 13 EGBGB Rn 40; Staudinger/*Mankowski*, Art. 13 EGBGB Rn 214.

73 LG Kassel StAZ 1990, 169, 170 = IPRspr 1990 Nr. 66 m.Anm. *Kremer*, StAZ 1990, 171; MüKo/*Coester*, Art. 13 EGBGB Rn 40; aA Erman/*Hohloch*, Art. 13 EGBGB Rn 24.

74 Richtig LG Kassel StAZ 1990, 169, 171 = IPRspr 1990 Nr. 66 (Iran).

75 LG Kassel StAZ 1990, 169, 170 = IPRspr 1990 Nr. 66.

76 U.a. RG IPRspr 1931 Nr. 58; OLG Frankfurt FamRZ 1987, 155 = IPRspr 1986 Nr. 54; OLG München IPRspr 1950/51 Nr. 132; MüKo/*Coester*, Art. 13 EGBGB Rn 45; Staudinger/*Mankowski*, Art. 13 EGBGB Rn 432.

Bei Willensmängeln, wie Geschäftsunfähigkeit, Bewusstlosigkeit oder vorübergehender Störung der Geistesfähigkeit, kann es sich um ein zweiseitiges Ehehindernis handeln.[77] 29

Auch die Zulässigkeit und die Rechtsfolgen von Eheschließungserklärungen unter einer **Bedingung** oder einer **Befristung** unterliegen dem Eheschließungsstatut. Es handelt sich um Fragen, die als sachliche Ehevoraussetzungen zu qualifizieren sind.[78] Soweit für beide Verlobte ein ausländisches Eheschließungsstatut gilt, kann eine zeitlich befristete oder bedingte Ehe im Inland nicht eingegangen werden, weil sie im offensichtlichen Widerspruch zu den Grundvorstellungen über die Ehe im deutschen Recht steht.[79] Ob eine im Ausland unter ausländischem Eheschließungsstatut geschlossene Zeitehe – zB nach iranischem Recht – ordre-public-widrig ist, ist umstritten.[80] Ein genügender Inlandsbezug fehlt jedenfalls dann, wenn beide Partner ein ausländisches Eheschließungsstatut besitzen und zum Zeitpunkt der Eheschließung ihren gewöhnlichen Aufenthalt nicht in Deutschland haben.[81] 30

e) Scheinehe. In § 1310 Abs. 1 Hs 2 iVm § 1314 Abs. 2 Nr. 5 BGB ist mit dem Aufhebungsgrund der fehlenden Absicht beider Verlobten, eine eheliche Lebensgemeinschaft zu gründen, zugleich ein materielles Ehehindernis normiert.[82] Die Bestimmung ist anwendbar, wenn sich die materiellen Voraussetzungen für die Eheschließung wenigstens eines Verlobten nach deutschem Recht richten.[83] Allgemein bestimmen die Eheschließungsstatuten beider Ehegatten kumulativ, ob eine beabsichtigte Scheinehe ein Ehehindernis darstellt. Gilt für beide Ehepartner insoweit ausländisches Recht und besteht danach kein Ehehindernis, stellt sich die Frage, ob der Standesbeamte gleichwohl nach § 1310 Abs. 1 S. 2 Hs 2 BGB die Mitwirkung an der Eheschließung verweigern kann.[84] Erwogen wird, die Mitwirkung bei einer Eheschließung zu verweigern, wenn sie darauf zielt, einem Partner das Aufenthaltsrecht zu verschaffen (sog. Aufenthaltsehe). Gestützt werden diese Überlegungen auf Art. 6,[85] das allgemeine Verbot des Rechtsmissbrauchs oder auf die Qualifikation von § 1310 Abs. 1 S. 2 Hs 2 BGB als Annex zur Eheschließungsform bzw verfahrensrechtliche Vorschrift.[86] 31

Alle Begründungen rufen Widerspruch hervor. § 1310 Abs. 1 S. 2 Hs 2 BGB zielt auf die Verhinderung von Eheschließungen, die materiellrechtliche Ehemängel aufweisen. Solche sind jedoch dem Eheschließungsstatut, vorbehaltlich des ordre public, zu entnehmen. Liegt danach kein Ehehindernis vor, darf der Standesbeamte die Eheschließung nicht verweigern. Gegen die Heranziehung des ordre public spricht, dass die deutsche Regelung erst 1998 eingeführt wurde und sich nicht auf eine vorher allgemein anerkannte Rechtspraxis stützen konnte.[87] Gegen den Gedanken des allgemeinen Verbots des Rechtsmissbrauchs spricht, dass im Falle eines solchen die Korrektur über den ordre public erfolgt. Bei einer schon geschlossenen Ehe kann § 1314 Abs. 2 Nr. 5 BGB nicht über den ordre public herangezogen werden.[88] Das Kollisionsrecht kann nicht die Funktion übernehmen, die dem Aufenthaltsrecht zukommt. 32

f) Doppelehe. Hinsichtlich des Ehehindernisses der Doppelehe unterliegt jeder Verlobte seinem Eheschließungsstatut. Dieses bestimmt für ihn darüber, ob es sich um ein einseitiges oder zweiseitiges Ehehindernis handelt. In den Ländern, in denen das Prinzip der Einehe gilt, ist das Verbot der Mehrehe ein zweiseitiges Ehehindernis. In islamischen Rechtsordnungen ist es dem Mann vielfach – an bestimmte Voraussetzungen gebunden – gestattet, mehrere Frauen zu heiraten.[89] Aufgrund des Kumulationsprinzips des Abs. 1 setzt sich bezüglich des Verbots und der statusrechtlichen Folgen der Doppelehe das strengere Recht durch (vgl Rn 69). 33

77 RG JW 1937, 2039 (Geschäftsunfähigkeit bei Eheschließung); aA *Kegel/Schurig*, IPR, § 20 IV 1 b bb, S. 800 ff.

78 MüKo/*Coester*, Art. 13 EGBGB Rn 46, 124; Staudinger/*Mankowski*, Art. 13 EGBGB Rn 793; *Schulze*, StAZ 2009, 197, 202.

79 So iE, jedoch Doppelqualifikation auch als Formfrage MüKo/*Coester*, Art. 13 EGBGB Rn 46, 124; Staudinger/*Mankowski*, Art. 13 EGBGB Rn 794; *Rohe*, StAZ, 2006, 93, 98; *ders.*, StAZ 2000, S. 161, 167; wie hier *Schulze*, StAZ 2009, 197, 202, jedoch mit erheblichen Bedenken.

80 MüKo/*Coester*, Art. 13 EGBGB Rn 46 mwN bejahend; Staudinger/*Mankowski*, Art. 13 EGBGB Rn 793 abl. mwN.

81 Ähnlich *Schulze*, StAZ 2009, 197, 204.

82 KGR Berlin 2001, 165 = FamRZ 2001, 1610; AG Heilbronn StAZ 2000, 176, 177; MüKo/*Coester*, Art. 13 EGBGB Rn 58; aA OLG Düsseldorf StAZ 1996, 138, 139 (Qualifikation als Formfrage).

83 AG Heilbronn StAZ 2000, 176 = FamRZ 2000, 1364; *Hepting*, FamRZ 1998, 713, 721; Palandt/*Brudermüller*, § 1310 Rn 8; MüKo/*Coester*, Art. 13 EGBGB Rn 58.

84 Bejahend MüKo/*Müller-Gindullis*, § 1310 Rn 15; abl. *Gaaz*, StAZ 1998, 241, 242 f; *Henrich*, in: FS Rolland 1999, S. 170 f; *Hepting*, FamRZ 1998, 713, 721 f; *Wolff*, FamRZ 1998, 1477; Palandt/*Thorn*, Art. 13 EGBGB Rn 22.

85 *Henrich*, in: FS Rolland 1999, S. 172; *Hepting/Gaaz* (38. EL 2003), § 5 a PStG Rn 74 f, 93 und III-409 f.

86 KG KGR Berlin 2001, 165 = FamRZ 2001, 1610 (obiter); MüKo/*Müller-Gindullis*, § 1310 Rn 15.

87 Erman/*Roth*, § 1310 Rn 7; generell abl. *Kartzke*, Scheinehen zur Erlangung aufenthaltsrechtlicher Vorteile, Diss. 1990, S. 107; *Lüderitz* in: FS Oehler 1985, S. 490 mit Einschränkungen; Staudinger/*Mankowksi*, Art. 13 EGBGB Rn 341.

88 Anders *Henrich* in: FS Rolland 1999, S. 173; MüKo/*Müller-Gindullis*, § 1314 Rn 38; wie hier MüKo/*Coester*, Art. 13 EGBGB Rn 59; *Spellenberg*, IPRax 1992, 233, 237.

89 Aufzählung der Rechtsordnungen, nach denen Mehrehe erlaubt ist, bei Staudinger/*Mankowski*, Art. 13 EGBGB Rn 239 ff.

Der Eheschließung einer Frau, deren Eheschließungsstatut die Mehrehe verbietet, mit einem verheirateten Mann, dessen Eheschließungsstatut ihm die Eingehung einer weiteren Ehe gestattet, steht das Verbot der Mehrehe entgegen. Sehen beide Statuten kein Verbot vor, ist die Eheschließung im Inland durch Art. 6 gehindert.[90] Bei geschlossenen Ehen ist zu berücksichtigen, dass die Verletzung des Prinzips der Einehe im deutschen Recht lediglich zu einer aufhebbaren Ehe führt. Eine polygame Ehe, die im Ausland unter Beteiligung eines Verlobten mit deutschem Personalstatut geschlossen wurde, verletzt § 1306 BGB.[91] Solange die Ehe nicht für aufgehoben erklärt worden ist, kann sie auf Antrag im Eheregister beurkundet werden, wenn die sonstigen Voraussetzungen vorliegen (§ 34 PStG).[92] Art. 6 gebietet es nicht, eine im Ausland wirksam geschlossene polygame Ehe den Regeln des deutschen Rechts für die Doppelehe zu unterwerfen, selbst soweit einer der Beteiligten inzwischen ein deutsches Personalstatut erworben hat.[93]

34 Um eine potenziell polygame Ehe handelt es sich, wenn der Verlobte ledig ist und für ihn ein polygames Eheschließungsstatut zur Anwendung gelangt.[94] Ob dies ein Ehehindernis für die Frau darstellt, bestimmt das für sie geltende Eheschließungsstatut; für das deutsche Sachrecht trifft dies nicht zu.[95] Schließt der Ehemann später nach seinem Heimatrecht eine Zweitehe, unterliegt die Frage, ob dies zur Auflösung der Erstehe berechtigt, dem nach Art. 17 Abs. 1 maßgeblichen Recht, weil es sich um eine Störung der Ehe handelt, die erst nach der Eheschließung eingetreten ist (vgl Art. 17 EGBGB Rn 49 f).

35 **aa) Existenz der Vorehe als Vorfrage.** Der Grundsatz der Einehe ist nur verletzt, wenn eine Vorehe geschlossen wurde und diese zum Zeitpunkt der zweiten Eheschließung nicht aufgehoben ist. Die Frage nach der Begründung der Vorehe wird vom Standpunkt des deutschen Rechts entschieden (selbständige Anknüpfung der Vorfrage).[96] Das nach deutschem Kollisionsrecht maßgebliche Recht für die Vorehe bestimmt darüber, ob diese wirksam zustande gekommen ist und, soweit danach Ehemängel vorliegen, ob für den Fall der Wiederverheiratung von der Existenz der Ehe auszugehen ist.[97] Eine kollisionsrechtliche Prüfung entfällt, wenn die Ehe durch inländisches Urteil oder hier anerkannte ausländische Entscheidung aufgehoben, für nichtig erklärt oder ihre Nichtexistenz festgestellt worden ist (s. Rn 37).

36 **bb) Vorfrage der Auflösung der Vorehe. (1) Bei Eingehen einer Zweitehe.** Existiert eine Vorehe, die die Eheschließung hindern würde, stellt sich die Frage, ob diese Vorehe aufgelöst oder für nichtig erklärt worden ist. Bei Verlobten mit unterschiedlichem Personalstatut ist sie für jeden gesondert zu beantworten.

37 Für einen **Verlobten mit deutschem Eheschließungsstatut** (auch durch Rückverweisung) ist die Vorfrage vom Standpunkt des deutschen Rechts zu lösen. Das Ehehindernis der Doppelehe besteht nicht, wenn die Ehe durch ein deutsches rechtskräftiges Urteil, durch eine hier anerkannte ausländische Entscheidung oder Privatscheidung aufgelöst oder für nichtig erklärt wurde. Ausländische Eheauflösungen, die von § 107 FamFG erfasst werden, erfüllen diese Voraussetzung erst mit der förmlichen Feststellung der Anerkennungsfähigkeit durch die Landesjustizverwaltung (hierzu Anhang II zum III. Abschnitt, §§ 107, 108, 109 FamFG). Im Übrigen ist im Verfahren der Befreiung von der Beibringung des Ehefähigkeitszeugnisses oder durch den Standesbeamten selbst (bei Vorlage eines Zeugnisses) die Anerkennungsfähigkeit inzident zu prüfen. Betroffen sind Entscheidungen, die Art. 21 ff EheVO unterliegen (s. Anhang I zum III. Abschnitt, Art. 21 EheVO Rn 1 ff), sowie Entscheidungen eines Gerichts des Staates, dem beide Ehegatten angehören (§ 107 Abs. 1 S. 2 FamFG; näher Anhang II zum III. Abschnitt, §§ 107, 108, 109 FamFG Rn 15).

38 Wird die Nichtanerkennungsfähigkeit festgestellt, besteht das Ehehindernis der Doppelehe nach § 1306 BGB.[98] Fehlt die förmliche Feststellung, ist die Eheschließung gehindert[99] und die Erteilung eines Ehefähigkeitszeugnisses durch die deutsche Behörde für den inländischen Verlobten blockiert.

90 U.a. BFH NJW 1986, 2209; *v. Bar*, IPR II, Rn 140; MüKo/*Coester*, Art. 13 EGBGB Rn 68 mwN; Staudinger/*Mankowski*, Art. 13 EGBGB Rn 252; *Rohe*, StAZ 2000, 161, 166; *Spickhoff*, JZ 1991, 323, 327.

91 OLG Zweibrücken FamRZ 2004, 950.

92 AG Bremen StAZ 1991, 232 = IPRspr 1990 Nr. 69 (für Familienbuch nach altem Recht).

93 OLG Hamm StAZ 1986, 352 = IPRspr 1986 Nr. 53; LG Frankfurt FamRZ 1976, 217; *v. Bar*, IPR II, Rn 134. Nachzugerlaubnis für die zweite Ehefrau u.a. BVerwG IPRax 1985, 351 (Bericht *Henrich*); VG Gelsenkirchen FamRZ 1975, 338 m.Anm. *Jayme*, FamRZ 1975, 338 und *Cullmann*, FamRZ 1976, 313; aA OVG Münster IPRax 1985, 351 = IPRspr 1985 Nr. 2; hierzu auch *Rohe*, StAZ 2006, 93, 98.

94 *V. Bar*, IPR II, Rn 140.

95 MüKo/*Coester*, Art. 13 EGBGB Rn 67; *Spickhoff*, JZ 1991, 323, 327; zu ausländischen Rechtsordnungen Staudinger/*Mankowski*, Art. 13 EGBGB Rn 249 f mwN.

96 BGH FamRZ 1997, 542, 543 = NJW 1997, 2114; BGH FamRZ 1976, 336, 338; OLG Koblenz IPRax 1996, 278, 279 m.Anm. *Jayme*; Soergel/*Schurig*, Art. 13 EGBGB Rn 17; *Henrich*, § 1 II 7, S. 27; differenzierter *Hepting/Gaaz* (38. EL 2003), Bd. 2, Rn III-373.

97 OLGR Frankfurt 2001, 322 = FamRZ 2002, 705: Eine wegen Bigamie vorliegende Nichtehe nach philippinischem Recht hindert die Wiederverheiratung, solange die Nichtehe gerichtlich nicht festgestellt ist.

98 OLGR Nürnberg 1997, 278 = FamRZ 1998, 1109; Palandt/*Thorn*, Art. 13 EGBGB Rn 7.

99 BayObLGZ 1975, 44 = FamRZ 1975, 582 = NJW 1975, 1077 m.Anm. *Geimer*; Staudinger/*Mankowski*, Art. 13 EGBGB Rn 303 f.

Für **Verlobte mit ausländischem Eheschließungsstatut** ist die Lösung der Vorfrage von der Zielstellung geprägt, eine hinkende Zweitehe zu verhindern, die dadurch verursacht wird, dass das deutsche Recht und das ausländische Eheschließungsstatut die Frage der Auflösung der Vorehe unterschiedlich beantworten. Die Vorfrage der Auflösung der Vorehe ist jedenfalls dann positiv zu beantworten, wenn diese sowohl vom Standpunkt des deutschen Rechts als auch des auf die Hauptfrage anwendbaren Rechts aufgelöst ist.[100] 39

Auf die Auflösung der Vorehe aus der Sicht des Heimatrechts der Verlobten kommt es nur dann nicht an, wenn die Vorehe von Beginn an eine hinkende Inlandsehe ist, dh nur vom Standpunkt des deutschen Rechts existiert, zB weil das Verbot der Religionsverschiedenheit nach dem Heimatrecht der Ehegatten entgegensteht.[101] 40

Ist die Vorehe vom Standpunkt beider Rechtsordnungen oder nur des deutschen Rechts nicht aufgelöst, steht der Eheschließung das Verbot der Doppelehe nach dem Eheschließungsstatut entgegen. Ist die Vorehe nur nach dem ausländischen Recht nicht aufgelöst, ist das Ehehindernis der Doppelehe nach dem ausländischen Eheschließungsstatut unbeachtlich, wenn die Voraussetzungen des Abs. 2 vorliegen (s. Rn 83).[102] 41

(2) Bei Bestehen einer Zweitehe. Vom Grundsatz her ist der Mangel der Doppelehe für eine bereits geschlossene Ehe nach demselben Schema zu prüfen. In diesem Zusammenhang hat der BGH in einer Entscheidung, in der es um die Nichtigkeit der Ehe wegen Verletzung des Verbots der Doppelehe nach türkischem Recht ging, die Auffassung vertreten, dass sich die Vorfrage, ob die Vorehe durch ein Gericht eines Drittstaates wirksam aufgelöst worden ist, jedenfalls auch nach Art. 7 § 1 FamRÄndG (jetzt § 107 FamFG) mithin nach deutschem Recht, richtet.[103] In einer anderen Entscheidung, die eine Vorehe betraf, welche durch ein deutsches Gericht geschieden worden ist, wurde geprüft, ob dies zu ihrer Auflösung aus der Sicht des Heimatrechts des ausländischen Verlobten geführt hat.[104] 42

Das KG wich von der kumulativen Vorgehensweise bei der Prüfung der Auflösung der Vorehe ab, als es eine geschlossene Zweitehe nicht als Doppelehe ansah, obwohl die zuvor im Ausland durchgeführte Privatscheidung der Erstehe nach Art. 7 § 1 Abs. 1 FamRÄndG (jetzt § 107 FamFG) nicht anerkannt war.[105] 43

Das ausländische Recht ist für die Vorfrage dann unbeachtlich, wenn seine Anwendung gegen den durch die Grundrechte mitbestimmten ordre public bei hinreichendem Inlandsbezug verstößt (Abs. 2 bzw Art. 6; vgl Rn 81 ff). Kein Verstoß gegen den ordre public liegt jedoch vor, wenn das ausländische Recht die Anerkennung des deutschen Scheidungsurteils von einem förmlichen Verfahren abhängig macht.[106] 44

War die Erstehe nach ausländischem Recht zur Zeit der Schließung der Zweitehe bereits aufgelöst, jedoch ein Anerkennungsverfahren nach Art. 7 § 1 FamÄndG (jetzt § 107 FamFG) nicht durchgeführt worden, kann es auf Antrag nachgeholt werden. Die Feststellung der Anerkennungsfähigkeit wirkt auf den Zeitpunkt des Wirksamwerdens der Scheidung nach dem Recht des Erlassstaates (bei gerichtlicher Entscheidung) oder nach dem die Scheidung erfolgt ist (bei Privatscheidung) zurück. 45

Gegen das kumulative Herangehen an die Lösung des Vorfragenproblems sind bei bereits geschlossenen Zweitehen Bedenken angebracht. Es geht nicht mehr darum, hinkende Zweitehen zu verhindern und die Ehegatten dazu anzuhalten, alle zumutbaren Schritte zu unternehmen, damit die Erstehe nach deutschem Recht und ihrem Heimatrecht aufgelöst ist. Die Anforderungen an die Wirksamkeit der Zweitehe sollten nicht dadurch erhöht werden, dass für die Frage der Auflösung der Vorehe kumulativ sowohl die deutsche als auch die ausländische Rechtsordnung, eingeschränkt durch Abs. 2 und Art. 6, herangezogen werden. Diese Methode ist im Interesse des inneren und des internationalen Entscheidungseinklangs nur gerechtfertigt, wenn es darum geht, ob die Ehe im Inland geschlossen werden kann. 46

Da eine Kumulation interessenwidrig ist, muss man sich entweder für die prozessrechtliche oder für die materiellrechtliche Lösung der Vorfrage entscheiden. Der prozessrechtlichen Lösung kommt im Allgemeinen der Vorrang zu.[107] Eine Eheschließung nach einer in Deutschland durchgeführten oder anerkannten Nichtigkeits- 47

100 *Andrae*, § 1 Rn 47 ff; iE MüKo/*Coester*, Art. 13 EGBGB Rn 75 ff; Palandt/*Thorn*, Art. 13 EGBGB Rn 7.

101 KG OLGZ 1976, 149 = FamRZ 1976, 353 m. krit. Anm. *Görgens*, StAZ 1977, 79.

102 Palandt/*Thorn*, Art. 13 EGBGB Rn 7.

103 BGH FamRZ 2001, 991, 992; OLGR Nürnberg 1997, 278 = FamRZ 1998, 1109; so auch OLG Düsseldorf FamRZ 1975, 584 = NJW 1975, 1081 m.Anm. *Geimer*, FamRZ 1975, 586; Palandt/*Thorn*, Art. 13 EGBGB Rn 7.

104 BGH FamRZ 1997, 542, 543 = NJW 1997, 2114; vor der „Spanierentscheidung" des BVerfG BGHZ 41, 136 = FamRZ 1964, 188 = NJW 1964, 976 m.Anm. *Dieckmann*, JuS 1966, 99, 102; zum Streit *Hausmann*, FamRZ 1981, 833; für unselbständige Anknüpfung OLG München IPRax 1988, 354, 356 m.Anm. *Winkler v. Mohrenfels*, IPRax 1988, 341; für ausschließlich selbständige Anknüpfung (prozessuale Lösung) Erman/*Hohloch*, Art. 13 EGBGB Rn 31; *Kegel/Schurig*, IPR, § 20 IV 1 b bb, S. 801.

105 KG StAZ 1984, 309 = IPRspr 1984 Nr. 44 m.Anm. *Bürgle*, StAZ 1985, 104.

106 BGH FamRZ 1997, 542 = NJW 1997, 2114; iE MüKo/*Coester*, Art. 13 EGBGB Rn 76; Staudinger/*Mankowski*, Art. 13 EGBGB Rn 295 f.

107 Soergel/*Schurig*, Art. 13 EGBGB Rn 61; *Kegel/Schurig*, IPR, § 20 IV 1 b bb, S. 801.

erklärung oder Auflösung einer Vorehe ist grundsätzlich nicht deshalb fehlerhaft, weil das Heimatrecht eines Verlobten diese Auflösung nicht anerkennt.[108] Ob sich die Verlobten um eine Anerkennung oder um erneute Scheidung im Heimatstaat bemüht haben, muss deshalb als unerheblich angesehen werden. Im Einzelfall kann jedoch die materiellrechtliche Lösung interessengerechter sein, insbesondere dann, wenn die Vorehe oder die Zweitehe zum Zeitpunkt der Eheschließung keinen Inlandsbezug aufweist und die Zweitehe im Ausland geschlossen wurde, ohne dass eine Gesetzesumgehung vorliegt.[109] Damit wird dem Umstand Rechnung getragen, dass die Partner bei der Eheschließung nicht damit rechnen konnten, die Wirksamkeit ihrer Ehe werde von der Anerkennung der Scheidung der Vorehe in Deutschland abhängig gemacht. Solche Fälle treten in der Rechtspraxis jedoch kaum auf.[110]

48 **cc) Todeserklärung.** Bei der Todeserklärung des Partners aus erster Ehe wird nach hM zunächst nicht danach gefragt, ob die Erstehe dadurch aufgelöst ist, da dies zur Anknüpfung über Art. 17 Abs. 1 führen würde.[111] Vielmehr wird direkt geprüft, ob die Todeserklärung die Wiederverheiratungsfähigkeit des überlebenden Ehegatten bewirkt. Diese Frage untersteht dem Eheschließungsstatut.[112] Soweit das Heimatrecht beider Verlobten das Verbot der Mehrehe vorsieht, muss die Todeserklärung nach beiden gem. Abs. 1 maßgeblichen Rechtsordnungen die Eheschließungsfähigkeit herbeiführen. Die materiellrechtliche Vorfrage einer wirksamen Todeserklärung des Partners aus vorangegangener Ehe ist nach derselben Methode wie die Vorfrage der Eheauflösung zu beurteilen.[113]

49 Bei deutschem Eheschließungsstatut kommt es darauf an, ob eine Todeserklärung seitens des Amtsgerichts vorliegt oder eine ausländische Todeserklärung hier gem. § 109 FamFG anerkannt ist, was inzident zu prüfen ist. Bei ausländischem Eheschließungsstatut ist zusätzlich zu prüfen, ob auch vom Standpunkt dieser Rechtsordnung der Ehegatte aus der Vorehe für tot erklärt ist (Kumulation von prozessrechtlicher und materiellrechtlicher Lösung). Trifft Letzteres nicht zu oder kennt das ausländische Recht die Wiedererlangung der Ehefähigkeit durch Todeserklärung nicht, ist das Ehehindernis der Doppelehe nach dem Heimatrecht unbeachtlich, wenn die Voraussetzungen des Abs. 2 vorliegen.

50 **g) Geschlechtsverschiedenheit.** Die Eingehung einer rechtlich anerkannten gleichgeschlechtlichen Partnerschaft unterliegt nicht Art. 13, sondern Art. 17 b. Das gilt auch, soweit das Heimatrecht der Beteiligten die beabsichtigte Verbindung als Ehe ansieht. Maßgeblicher Zeitpunkt für die Geschlechtsverschiedenheit ist der Zeitpunkt der Eheschließung. Welches Geschlecht die Eheschließungswilligen haben und inwieweit eine rechtlich anzuerkennende Geschlechtsumwandlung vorliegt, bestimmt sich analog Art. 7 Abs. 1 nach dem jeweiligen Personalstatut.[114] Ist aufgrund der so festgestellten Geschlechtsverschiedenheit Abs. 1 für die materiellen Ehevoraussetzungen maßgeblich, bestimmt das Eheschließungsstatut für beide Partner, inwieweit die Transsexualität eines Partners ein Ehehindernis darstellt.

51 Verweigert ein ausländisches Eheschließungsstatut trotz rechtlich anerkannter Geschlechtsumwandlung die Eheschließung, ist dieses Ehehindernis unter den Voraussetzungen des Abs. 2 oder Art. 6 unbeachtlich.[115]

52 **h) Verwandtschaft, Schwägerschaft, Adoption.** Ehehindernisse der Verwandtschaft,[116] Schwägerschaft[117] und der Milchverwandtschaft[118] bestimmen sich für jeden Verlobten nach seinem Eheschließungsstatut. Die Anwendung von Art. 6 kommt in Betracht, wenn das ausländische Recht gegenüber Ehen von Blutsverwandten das Inzestverbot des § 1307 BGB nicht vorsieht.[119] Strengere Verbote sind grundsätzlich zu

108 Insoweit fehlerhaft Fachausschuss-Nr. 3787 StAZ 2007, 125, wonach eine in Dänemark zwischen einem Deutschen und einer Brasilianerin geschlossene Ehe den Mangel der Doppelehe nach brasilianischem Recht aufweist, weil die Scheidung der früheren Ehe des Mannes durch ein deutsches Gericht in Brasilien bisher nicht förmlich anerkannt ist.
109 ZB bei KG StAZ 1984, 309; hierzu *v. Bar*, IPR II, Rn 144.
110 Als Beispiel KG StAZ 1984, 309; LG Hamburg IPRspr 1976 Nr. 32; Staudinger/*Mankowski*, Art. 13 EGBGB Rn 312 f.
111 BSGE 65, 48; MüKo/*Winkler v. Mohrenfels*, Art. 17 EGBGB Rn 26; Palandt/*Thorn*, Art. 17 EGBGB Rn 15; Staudinger/*Mankowski*, Art. 13 EGBGB Rn 322.
112 MüKo/*Coester*, Art. 13 EGBGB Rn 78; Soergel/*Schurig*, Art. 13 EGBGB Rn 39; Staudinger/*Mankowski*, Art. 13 EGBGB Rn 321; nicht eindeutig BSGE 65, 48; AG Lüneburg IPRspr 1970 Nr. 1 a.
113 Staudinger/*Mankowski*, Art. 13 EGBGB Rn 323 f.
114 IE OLG Karlsruhe StAZ 2003, 139; KG StAZ 2002, 307, 308; LG Stuttgart StAZ 1999, 15, 16; AG Hamburg StAZ 1984, 42, 43; MüKo/*Coester*, Art. 13 EGBGB Rn 52; Erman/Hohloch, Art. 13 EGBGB Rn 27; Palandt/*Thorn*, Art. 7 EGBGB Rn 6.
115 BVerfG IPRax 2007, 217, 221 ff; AG Hamburg StAZ 1984, 42, 43; MüKo/*Coester*, Art. 13 EGBGB Rn 52 mwN; Staudinger/*Mankowski*, Art. 13 EGBGB Rn 185.
116 OLG Düsseldorf FamRZ 1969, 654.
117 OLGR Stuttgart 2000, 157 = FamRZ 2000, 821.
118 Hierzu Staudinger/*Mankowski*, Art. 13 EGBGB Rn 232.
119 MüKo/*Coester*, Art. 13 EGBGB Rn 54; Erman/*Hohloch*, Art. 13 EGBGB Rn 28.

beachten.[120] Bei den Ehehindernissen der Schwägerschaft oder sehr weiter Verwandtschaft kann Abs. 2 anwendbar sein.[121]

53 Ob eine Adoption die Eheschließung hindert, ist dem Eheschließungsstatut zu entnehmen.[122] Das vorausgesetzte Adoptionsverhältnis wird nach hM bei einer hinkenden Adoption, dh bei einer solchen, die nur nach deutschem Recht oder nur nach dem Eheschließungsstatut besteht, verneint.[123] Für bereits geschlossene Ehen sollte die Vorfrage dagegen allein gemäß dem Eheschließungsstatut entschieden werden, da nach deutschem Recht die Nichtbeachtung des Ehehindernisses der Adoption keine Auswirkungen auf die Wirksamkeit der Ehe hat.[124] Die Wirkung einer Eheschließung auf das Adoptionsverhältnis unterliegt jedoch dem Adoptionsstatut.[125]

54 **i) Ehehindernis der Religionsverschiedenheit.** Ehehindernisse der Religionsverschiedenheit sind in Rechtsordnungen anzutreffen, in denen das Eherecht durch religiöses Recht geprägt ist.[126] Bei Inlandstrauungen sind solche Verbote wegen Verletzung des ordre public (Art. 6, Grundrechtsverstoß gegen die Religionsfreiheit) sowie nach Abs. 2 unbeachtlich.[127]

55 Die Rechtsfolgen der Nichtbeachtung des Ehehindernisses der Religionsverschiedenheit nach dem Heimatrecht bleiben bei geschlossenen Ehen auch dann unbeachtlich, wenn der ausreichende Inlandsbezug erst nach Eheschließung herbeigeführt wird.[128] Von diesem ist stets auszugehen, wenn deutsche Gerichte/Behörden direkt oder inzident über die Wirksamkeit einer solchen Ehe zu entscheiden haben.[129]

56 **j) Ehehindernisse staatspolitischer Prägung.** Ehehindernissen der Rassenverschiedenheit, unterschiedlicher Staatsangehörigkeit und der Zugehörigkeit zu verschiedenen sozialen Schichten ist auf gleiche Weise wie Ehehindernissen der Religionsverschiedenheit zu begegnen. Ferner besteht die Möglichkeit, sie aufgrund ihres politisch diskriminierenden Charakters als ausländische Eingriffsnormen zu qualifizieren, die im Inland unbeachtet bleiben.[130]

57 Bedarf die Eheschließung nach dem Heimatrecht der staatlichen Genehmigung (etwa für Staatsbedienstete und Militärangehörige), ist diese beizubringen. Inwieweit bei fehlender staatlicher Genehmigung die Eheschließung im Inland wegen des Inlandsbezuges zulässig ist, beurteilt sich nach Abs. 2.[131]

58 **k) Sonstige Ehehindernisse. Wartefristen** oder **Eheverbote** als Scheidungsfolgen bestimmen sich für jeden Verlobten nach seinem Eheschließungsstatut. Sie bleiben wegen Verletzung der Eheschließungsfreiheit unbeachtet, wenn Abs. 2 oder Art. 6 eingreifen.[132]

59 Die **Morgengabe** nach islamischen Rechtsordnungen hat verschiedene Funktionen zu erfüllen, was ihre Qualifikation im Kollisionsrecht erschwert (vgl Art. 14 EGBGB Rn 82 ff). Soweit es um die Morgengabevereinbarung als Eheschließungsvoraussetzung geht, ist sie nach den Eheschließungsstatuten für beide Verlobte zu beurteilen.[133]

60 **5. Fehlen der sachlichen Eheschließungsvoraussetzungen. a) Beabsichtigte Inlandstrauung.** Bestehen nach dem gem. Abs. 1 unter Beachtung von Art. 4 Abs. 1 maßgeblichen Recht für einen oder

120 OLG Düsseldorf FamRZ 1969, 654; Erman/*Hohloch*, Art. 13 EGBGB Rn 28; MüKo/*Coester*, Art. 13 EGBGB Rn 54.
121 Erman/*Hohloch*, Art. 13 EGBGB Rn 28; Staudinger/*Mankowski*, Art. 13 EGBGB Rn 348.
122 Palandt/*Thorn*, Art. 13 EGBGB Rn 8; MüKo/*Coester*, Art. 13 EGBGB Rn 55; *Kegel/Schurig*, IPR, § 20 IV 1 b bb, S. 803.
123 MüKo/*Coester*, Art. 13 EGBGB Rn 55; Staudinger/*Mankowski*, Art. 13 EGBGB Rn 348 ff; aA (unselbständige Anknüpfung) MüKo/*Schwimann*, 2. Aufl. 1990, Art. 13 EGBGB Rn 41; Staudinger/*v. Bar/Gamillscheg*, 10. Aufl. 1978, Art. 13 EGBGB Rn 385.
124 Anders Staudinger/*Mankowski*, Art. 13 EGBGB Rn 351; *Dorenberg*, Hinkende Rechtsverhältnisse im internationalen Familienrecht, 1968, S. 170.
125 Staudinger/*Mankowski*, Art. 13 EGBGB Rn 351.
126 Zu ausländischen Rechtsordnungen u.a. *Elwan*, IPRax 1986, 124 (Iran); *Kropp*, StAZ 1984, 216 (Iran); *Krüger*, StAZ 1984, 336 (Iran); IPG 1967/68 Nr. 19 (jüdisches Recht); Übersicht bei Staudinger/*Mankowski*, Art. 13 EGBGB Rn 388 ff.
127 OLG Hamm IPRspr 1976 Nr. 33; BGHZ 56, 180 = FamRZ 1971, 366 = NJW 1971, 1519; *Krüger*, StAZ 1984, 337; *Zimmermann*, StAZ 1980, 139; MüKo/*Coester*, Art. 13 EGBGB Rn 86; Palandt/*Thorn*, Art. 13 EGBGB Rn 2, 8; Soergel/*Schurig*, Art. 13 EGBGB Rn 127; Staudinger/*Mankowski*, Art. 13 EGBGB Rn 395.
128 IE MüKo/*Coester*, Art. 13 EGBGB Rn 86; Staudinger/*Mankowski*, Art. 13 EGBGB Rn 397; *Krömer*, StAZ 2001, 43; *Strumpel*, StAZ 1972, 228.
129 KG KGR Berlin 2005, 668.
130 MüKo/*Coester*, Art. 13 EGBGB Rn 89.
131 Verstoß gegen ordre public bejahend OLG Köln FamRZ 1969, 335; *Wolff*, Das IPR Deutschlands, 3. Aufl. 1954, S. 190; MüKo/*Coester*, Art. 13 EGBGB Rn 90; Staudinger/*Mankowski*, Art. 13 EGBGB Rn 411 f.
132 Palandt/*Thorn*, Art. 13 EGBGB Rn 2, 8; MüKo/*Coester*, Art. 13 EGBGB Rn 82; Staudinger/*Mankowski*, Art. 13 EGBGB Rn 366.
133 OLG Köln IPRspr 1982 Nr. 43; OLG Düsseldorf FamRZ 1993, 188, 187; MüKo/*Coester*, Art. 13 EGBGB Rn 84; Erman/*Hohloch*, Art. 13 EGBGB Rn 33; *Heldrich*, IPRax 1983, 64; *Kutzur*, IPRax 1993, 305, 306; *Rohe*, StAZ 2002, 161, 167; *ders.*, StAZ 2006, 93, 99; Palandt/*Thorn*, Art. 13 EGBGB Rn 9.

beide Partner sachliche Ehehindernisse, kann die Ehe im Inland nicht geschlossen werden.[134] Etwas anderes gilt nur dann, wenn die Ehehindernisse nach Abs. 2 oder Art. 6 nicht zu beachten sind (hierzu Rn 81 ff). Der Eheschließung entgegen steht auch ein nach dem Eheschließungsstatut aufschiebendes Eheverbot, dessen Verletzung die Gültigkeit der gleichwohl geschlossenen Ehe nicht beeinträchtigen würde.[135]

61 **b) Erfolgte Eheschließung.** Ist eine Ehe im In- oder Ausland geschlossen worden, obwohl nach dem gem. Abs. 1 maßgeblichen Recht die sachlichen Ehevoraussetzungen nicht vorlagen, bestimmt das verletzte Recht über die Rechtsfolgen für den Bestand der Ehe. Das gilt dann nicht, wenn der Ehemangel, der sich aus einem ausländischen Recht ergibt, nach Abs. 2 oder Art. 6 nicht zu beachten ist. Maßgeblich ist also das Eheschließungsstatut, für das sich, bezogen auf diesen Teilkomplex, auch der Begriff **Ehebeseitigungsstatut** findet.[136] Die Zuordnung zum Eheschließungsstatut rechtfertigt sich, weil es um die Rechtsfolgen von Ehemängeln geht, die zum Zeitpunkt der Eheschließung vorlagen.

62 Dieses Recht entscheidet insbesondere darüber,

63
- ob der Mangel überhaupt Folgen für den Bestand der Ehe hat und – wenn dies zutrifft
- ob die Ehe deswegen aufhebbar, anfechtbar oder kraft Gesetzes nichtig ist.[137]

64 **aa) Gestaltungs- und Feststellungsklage.** Ist die Ehe nach dem Ehebeseitigungsstatut **aufhebbar** oder **anfechtbar**, bedarf es im Inland einer entsprechenden Gestaltungsklage.[138] Ob das Urteil ex tunc oder ex nunc auf den Bestand der Ehe wirkt, richtet sich ebenfalls nach dem Ehebeseitigungsstatut. Ihm wird auch insoweit gefolgt, als es die Rechtsfolgen des Mangels nicht in der Aufhebbarkeit oder Anfechtbarkeit der Ehe sieht, sondern ihn als einen Scheidungsgrund einstuft. Dementsprechend muss dann der Antrag lauten. Die unterschiedliche Qualifikation ist bereits für Art. 4 Abs. 1 zu beachten, denn die Verweisung erfolgt auf den Teil des ausländischen IPR, der nach den dortigen Auffassungen die Rechtsfolgen des betreffenden Ehemangels erfasst (Qualifikation nach anwendbarem IPR).

65 **bb) Nichtigkeit kraft Gesetzes.** Bei Nichtigkeit kraft Gesetzes bestimmt das Ehebeseitigungsstatut, ob es zu seiner Geltendmachung der gerichtlichen Feststellung bedarf oder die Nichtigkeit auch ohne entsprechenden gerichtlichen Ausspruch feststeht.[139] Dies war unter der Geltung des § 23 EheG umstritten. Nach herrschender Meinung besitzt das in der Vorschrift zum Ausdruck kommende Gestaltungsklageprinzip kein solches Gewicht im deutschen Eherecht, dass es mittels des ordre public gegenüber Lösungen ausländischer Rechtsordnungen, die vom Erfordernis des gerichtlichen Ausspruchs absehen, durchzusetzen wäre.[140] Eine Mindermeinung vertrat das Erfordernis einer Ehenichtigkeitsklage, gestützt auf den angenommenen ordre-public-Charakter von § 23 EheG und das Argument der Rechtssicherheit.[141]

66 **cc) Klagebefugnis.** Auch die Frage, wer zur Erhebung einer Gestaltungs- oder Feststellungsklage **aktivlegitimiert** ist, bestimmt das Ehebeseitigungsstatut.[142] Das betrifft sowohl die Klagebefugnis der Ehegatten als auch Dritter sowie des Ehegatten aus früherer Ehe und Erben. Ist deutsches Recht Ehebeseitigungsstatut, ergibt sich die Klagebefugnis der zuständigen inländischen Verwaltungsbehörde aus § 1316 BGB.[143] Bei ausländischem Ehebeseitigungsstatut stellt sich zunächst die Frage nach der Berechtigung der ausländischen Behörde zur Klageerhebung. Wegen des hoheitlichen Charakters – die Klage dient der Durchsetzung von staatlichen Ordnungsinteressen – wird sie verneint.[144] Klagebefugt ist allein die deutsche Verwaltungsbehörde. Umstritten ist, ob die deutsche Verwaltungsbehörde die Klage auf der Grundlage des Ehebeseitigungsstatuts (an Stelle der ausländischen Behörde) oder des deutschen Rechts erheben kann.[145] Die vermittelnde Auffassung – der zu folgen ist – will sowohl berücksichtigen, dass sich die statusrechtlichen Folgen aus dem ausländischen

134 U.a. OLG Hamburg IPRspr 1983 Nr. 50; MüKo/*Coester*, Art. 13 EGBGB Rn 108; Soergel/*Schurig*, Art. 13 EGBGB Rn 98; zu Beweisfragen BayObLGR 1997, 31 = FamRZ 1997, 817.

135 BGH StAZ 1971, 195.

136 S. etwa MüKo/*Coester*, Art. 13 EGBGB Rn 118, 119.

137 Aus der Rspr: BGH FamRZ 2001, 991; OLG Hamburg StAZ 1988, 132; LG Hamburg IPRspr 1974 Nr. 50; 1973 Nr. 34; 1973 Nr. 35; 1973 Nr. 37; RGZ 136, 142; RG JW 1938, 855; MüKo/*Coester*, Art. 13 EGBGB Rn 109 ff; Palandt/*Thorn*, Art. 13 EGBGB Rn 11.

138 Für die Frage der Aufhebbarkeit einer Ehe wendet die Rspr mitunter Art. 14 EGBGB an, so OLG Schleswig FamRZ 2007, 470; OLG Karlsruhe NJW-RR 2000, 737; offen gelassen von OLG Zweibrücken FamRZ 2006, 1201.

139 U.a. OLGR Frankfurt 2001, 322 = FamRZ 2002, 705; LG Kiel IPRspr 1960/61 Nr. 92; OLG Hamburg StAZ 1988, 132, 134; Palandt/*Thorn*, Art. 13 EGBGB Rn 11.

140 U.a. NJW 1991, 3088, 3090 = BGH FamRZ 1991, 300 (Doppelehe); OLG Köln IPRspr 1971 Nr. 63 = StAZ 1972, 140; Staudinger/*Mankowski*, Art. 13 EGBGB Rn 451.

141 *Ficker*, StAZ 1952, 117, 118; Staudinger/*Mankowski*, Art. 13 EGBGB Rn 451 f mwN.

142 U.a. BT-Drucks. 10/504, 52; LG München IPRspr 1952/53 Nr. 109; Erman/*Hohloch*, Art. 13 EGBGB Rn 36; Staudinger/*Mankowski*, Art. 13 EGBGB Rn 455; differenzierend Palandt/*Thorn*, Art. 13 EGBGB Rn 11.

143 U.a. AG Heidelberg IPRax 1986, 165.

144 *Beitzke*, RabelsZ 23 (1958), 708; *Dölle*, in: FS Boehmer 1954, S. 139; Staudinger/*Mankowski*, Art. 13 EGBGB Rn 462 ff.

145 Für Art. 13 Abs. 1 u.a. *Beitzke*, RabelsZ 23 (1958), 708, 726; *Dölle*, in: FS Boehmer 1954, S. 135; MüKo/*Coester*, Art. 13 EGBGB Rn 114; aA dargestellt in Staudinger/*Mankowski*, Art. 13 EGBGB Rn 465 mwN.

Recht ergeben, als auch, dass die Verwaltungsbehörde zur Wahrung inländischer öffentlicher Interessen tätig wird. Sie läuft auf eine Kumulation beider Rechtsordnungen hinaus. Die Grenze für die Klagebefugnis ist durch § 1316 BGB gesetzt. Sie besteht nur dann, wenn der Mangel zur Zeit der Antragstellung auch nach ausländischem Recht gegeben ist (zB darf der Mangel der Doppelehe nicht geheilt und nach ausländischem Recht die Klagebefugnis nicht auf Private beschränkt sein).[146]

Das Eheschließungsstatut ist auch für die **Fristen einer Klageerhebung** heranzuziehen. 67

dd) Heilung. Das Eheschließungsstatut, aus dem sich Mängel der Ehe ergeben, entscheidet über die Möglichkeiten und Voraussetzungen ihrer Heilung, zB bei Auflösung der Erstehe, Bestätigung oder Zeitablauf.[147] 68

ee) Grundsatz des ärgeren Rechts. Regeln sich die Voraussetzungen für die Eheschließung materiellrechtlich für jeden Ehegatten nach einer anderen Rechtsordnung und liegt nach dem Heimatrecht nur eines Partners ein Ehemangel vor, bestimmt dieses Recht über die statusrechtlichen Rechtsfolgen. Oft ist es jedoch so, dass nach dem Heimatrecht beider Partner ein Ehemangel besteht. Der in der Praxis häufig auftretende Fall ist der der Doppelehe, wenn beide Heimatrechte vom Prinzip der Einehe ausgehen. Nach dem sog. Grundsatz des ärgeren Rechts sind die statusrechtlichen Rechtsfolgen – wenn sie in beiden Rechtsordnungen unterschiedlich ausgestaltet sind – dem Recht zu entnehmen, das diesbezüglich die **strengeren Rechtsfolgen** vorsieht.[148] Ein nach beiden Rechtsordnungen vorliegender Mangel bei der Eheschließung ist folglich nur dann geheilt, wenn dies beide Rechtsordnungen vorsehen. Trifft das nicht zu, sind die Rechtsfolgen dem Recht zu entnehmen, nach dem keine Heilung eingetreten ist.[149] 69

Die Rechtsfolge der **Nichtehe** hat **Vorrang** vor der ipso iure nichtigen Ehe, die geltend gemacht werden muss; diese wiederum vor der vernichtbaren Ehe, bei Letzterer die Rechtsfolge der ex-tunc- vor der ex-nunc-Ehevernichtung.[150] Die Rechtsfolge der Nichtehe verstößt nicht gegen Art. 6.[151] Ist nach dem einen (ausländischen) Eheschließungsstatut die Nichtigkeits- bzw Aufhebungsklage unbegründet, weil der Mangel der Doppelehe nicht (mehr) besteht, und nach dem anderen (deutschen) Eheschließungsstatut unzulässig, weil rechtsmissbräuchlich, ist Letzteres das ärgere Recht.[152] Das Prinzip des ärgeren Rechts ist dadurch entschärft, dass es nur dann greift, wenn im konkreten Fall die Voraussetzungen für die statusrechtlichen Rechtsfolgen **nach beiden Rechtsordnungen** vorliegen. Hierzu gehört auch das Erfordernis der gerichtlichen Geltendmachung.[153] Stellt zB in einer gemischt-nationalen Ehe, bei der Abs. 1 für nur einen Partner zum deutschen Recht führt, ein Ehegatte den Antrag auf Aufhebung der Ehe wegen Verletzung des Verbots der Mehrehe, setzt sich das strengere ausländische Eheschließungsstatut nur dann durch, wenn die Ehe danach ipso iure ohne gerichtliche Geltendmachung nichtig ist. Bedarf es nach ausländischem Recht dagegen der gerichtlichen Geltendmachung, zB des Antrags auf Nichtigkeitserklärung, sind deren Voraussetzungen mit dem Antrag auf Aufhebung der Ehe nicht erfüllt. Der Antrag auf Aufhebung ist jedoch nicht abzuweisen, vielmehr ist ihm stattzugeben, wenn die Voraussetzungen nach deutschem Recht hierfür vorliegen.[154] 70

Die Gerichte waren verschiedentlich mit Eheanfechtungsklagen bzw Aufhebungsanträgen nach deutschem Recht als ärgerem Recht in den Fällen befasst, in denen nach ausländischem Recht der **Mangel der Doppelehe** nicht bestand oder geheilt war und die Ehe zum Zeitpunkt der Entscheidung auch aus der Sicht des deutschen Rechts aufgelöst war. In BGHZ 149, 357 wurde der Aufhebungsantrag des Ehegatten aus der ersten Ehe als missbräuchliche Rechtsausübung für unzulässig erklärt. Das OLG Nürnberg wies die Klage des Staatsanwalts nach § 24 EheG (nunmehr Antrag der Verwaltungsbehörde gem. § 1316 Abs. 3 BGB) als unzulässig zurück, weil die Zweitehe durch Art. 6 Abs. 1 GG geschützt ist.[155] 71

146 Staudinger/*Mankowski*, Art. 13 EGBGB Rn 462 f; Staudinger/*v. Bar/Gamillscheg*, 10. Aufl. 1978, Art. 13 EGBGB Rn 502.

147 AG Hannover FamRZ 2002, 1116, 1117; LG Hamburg FamRZ 1974, 96; Erman/*Hohloch*, Art. 13 EGBGB Rn 35.

148 BGH NJW 1991, 3088, 3090 = FamRZ 1991, 300 m.Anm. *Hohloch*, JuS 1992, 261; BayObLGZ 1993, 222; OLGR Frankfurt 2001, 322 = FamRZ 2002, 705; OLG Koblenz IPRax 1996, 278, 279; OLG Düsseldorf IPRax 1993, 251 = FamRZ 1992, 815 m.Anm. *Henrich*, IPRax 1993, 236; OLG Zweibrücken FamRZ 2004, 950; OLG Zweibrücken FamRZ 2006, 1201; OLG Stuttgart FamRZ 2011, 217; *Rauscher*, IPR, Rn 687. Für die Anwendung des Scheidungsstatuts *Lüderitz*, IPR, Rn 339.

149 BGHZ 149, 357, 360 ff = FamRZ 2002, 604 = NJW 2002, 1268; OLG Oldenburg IPRax 2001, 143, 144; OLGR Nürnberg 1997, 278 = FamRZ 1998, 1109 (jedoch Aufhebungsklage abgewiesen wegen unzulässiger Rechtsausübung); *Henrich*, § 1 VII, S. 39; Staudinger/*Mankowski*, Art. 13 EGBGB Rn 443.

150 Hierzu u.a. BGH NJW 1991, 3088, 3090 = FamRZ 1991, 300 m.Anm. *Hohloch*, JuS 1992, 261; BayObLGZ 1993, 222; OLG Düsseldorf IPRax 1993, 251 = FamRZ 1992, 815 m.Anm. *Henrich*, IPRax 1993, 236; OLG Hamburg OLGZ 1988, 151; OLG Zweibrücken FamRZ 2004, 950. Zur Nichtigkeit einer in Kanada geschlossenen Ehe brasilianischer Staatsangehöriger OLG Frankfurt v. 5.11.2009, 1 UF 30/08.

151 BGH NJW 1991, 3088, 3090 = FamRZ 1991, 300; OLGR Frankfurt 2001, 322 = FamRZ 2002, 705.

152 BGHZ 149, 357, 360 ff = FamRZ 2002, 604 = NJW 2002, 1268; OLGR Nürnberg 1997, 278 = FamRZ 1998, 1109 zur Klage des Staatsanwalts nach § 24 EheG, nunmehr § 1316 Abs. 3 BGB.

153 MüKo/*Coester*, Art. 13 EGBGB Rn 112.

154 So iE Staudinger/*Mankowski*, Art. 13 EGBGB Rn 444.

155 OLGR Nürnberg 1997, 278 = FamRZ 1998, 1108.

72 Zur Frage, ob der von einem Ehegatten erhobenen Eheaufhebungs- bzw Ehenichtigkeitsklage das ausländische Scheidungsurteil entgegensteht, s. Anhang I zum III. Abschnitt, Art. 21 EheVO Rn 39.

73 Welches Recht heranzuziehen ist, wenn die statusrechtlichen **Rechtsfolgen** in beiden Rechtsordnungen **gleichartig** sind, ist umstritten. Diese Frage ist von Bedeutung, weil auch die weiteren Folgewirkungen überwiegend dem Ehebeseitigungsstatut unterstellt werden (s. Rn 75 ff). Folgende Auffassungen werden hierzu vertreten:

- Anwendung des Rechts, das einschließlich der Folgewirkungen die strengeren Rechtsfolgen vorsieht[156]
- Anwendung des Heimatrechts der verletzten Person[157]
- Kumulierung beider Statuten für jede Einzelfrage[158]
- Anwendung des Prinzips der engsten Beziehung.[159]

74 Letztere Ansicht ist zu bevorzugen. Sie führt zu einer einheitlichen neutralen Anknüpfung. Maßgeblich ist das Eheschließungsstatut für den Ehegatten, zu dessen Gebiet beide Ehepartner bei Eheschließung oder danach, insbesondere durch den gemeinsamen gewöhnlichen Aufenthalt, die engste Beziehung hatten.[160]

75 **c) Folgewirkungen. Unterhaltsrechtliche Ansprüche regeln sich nach dem Haager Protokoll**[161] Die **namensrechtlichen Folgen** richten sich nach Art. 10.[162]

76 Die **persönlichen und vermögensrechtlichen Beziehungen** der Partner untereinander (wie Güterrecht und Versorgungsausgleich) unterstehen dem Recht, das auf die statusrechtlichen Folgen des Ehemangels Anwendung findet.[163] Die sozialrechtlichen Folgen von fehlerhaften Ehen, insbesondere bei Doppelehen, richten sich nach deutschem Recht.[164]

77 Rechtsprechung und Lehre haben vor Inkrafttreten des KindschaftsreformG den **Status der Kinder** aus fehlerhaften Ehen (Ehelichkeit/Nichtehelichkeit) überwiegend diesem Recht unterstellt.[165] Dies wird auch bis heute vertreten.[166] Nach aA war hierfür die Kollisionsnorm für die (eheliche) Abstammung heranzuziehen.[167] Das deutsche materielle Recht unterscheidet nicht mehr zwischen ehelichen und nichtehelichen Kindern. Die Frage nach dem Status kann sich nur noch als Vorfrage aus ausländischem Recht ergeben. Sie ist unselbständig anzuknüpfen, richtet sich folglich nach dem IPR des Staates, dessen Recht auf die Hauptfrage (etwa Erb-, Sorge- und Unterhaltsrecht) Anwendung findet. Eine Verneinung der Berechtigung des Kindes aufgrund von Mängeln der Ehe der Eltern kann im Widerspruch zum deutschen ordre public stehen.

78 **6. Abgrenzung zum Scheidungsstatut.** Die Abgrenzung zum Scheidungsstatut kann Probleme bereiten, wenn derselbe Ehemangel zu einer nichtigen bzw vernichtbaren Ehe nach dem gem. Abs. 1 anwendbaren Recht führt, er aber auch nach der gem. Art. 17 Abs. 1 maßgeblichen Rechtsordnung einen Scheidungsgrund darstellt bzw ein Umstand ist, der für die Zerrüttung der Ehe spricht (zB Geisteskrankheit oder Impotenz von Beginn an).

79 In solchen Fällen ist zu prüfen, ob überhaupt nach den Eheschließungsstatuten eine Ehe besteht, denn die Existenz der Ehe wird von Art. 17 Abs. 1 vorausgesetzt (als Erstfrage oder kollisionsrechtliche Vorfrage bezeichnet).[168] Weist die Ehe danach einen Mangel auf, kommt es auf die Rechtsfolgen für die Existenz der Ehe nach dem verletzten Recht an. Handelt es sich um eine von Beginn an nichtige Ehe, die nach dieser Rechtsordnung nicht scheidbar ist, hat ein Antrag auf Scheidung keinen Erfolg; ob eine Ehe besteht, ist im Scheidungsverfahren von Amts wegen zu ermitteln,[169] der Antragsteller ist auf eine Feststellungs- oder

156 Staudinger/*Mankowski*, Art. 13 EGBGB Rn 445.
157 OLG Düsseldorf IPRax 1993, 251, 252 = FamRZ 1992, 815 m.Anm. *Henrich*, IPRax 1993, 236; OLG Zweibrücken, FamRZ 2006, 1201.
158 Erman/*Hohloch*, Art. 13 EGBGB Rn 37; Palandt/*Thorn*, Art. 13 EGBGB Rn 14; Soergel/*Schurig*, Art. 13 EGBGB Rn 110.
159 OLG Stuttgart FamRZ 2011, 217; MüKo/*Coester*, Art. 13 EGBGB Rn 116; ähnlich *Henrich*, § 1 VII, S. 40 (gemeinsamer gewöhnlicher Aufenthalt bei oder unmittelbar nach Eheschließung); auch *ders.*, IPRax 1993, 236, 237.
160 MüKo/*Coester*, Art. 13 EGBGB Rn 116.
161 **Haager Protokoll über das auf Unterhaltspflichten anzuwendende Recht vom 23.11.2007, Abl. EU 2009 Nr. L 331, S. 19.**
162 *Kegel/Schurig*, IPR, § 20 IV 3, S. 813; MüKo/*Coester*, Art. 13 EGBGB Rn 119; Staudinger/*Mankowski*, Art. 13 EGBGB Rn 475.
163 AG Düsseldorf IPRax 1998, 41 m.Anm. *Jayme*; *Kegel/Schurig*, IPR, § 20 IV 3, S. 813; MüKo/*Coester*, Art. 13 EGBGB Rn 119; aA *Barth*, Vermögensrechtliche Eheungültigkeitsfolgen im reformierten deutschen IPR, Diss. 1997, S. 151 ff (für Scheidungsfolgenstatut mit ausf. Darstellung des Streitstandes).
164 U.a. BSozG IPRax 2003, 267 m.Anm. *Jayme*; Hessisches LSG IPRax 2005, 43 m.Anm. *Jayme*.
165 U.a. OLG Hamm FamRZ 1973, 456 m.Anm. *Bosal*; OLG Köln IPRspr 1971 Nr. 63 = StAZ 1972, 140; BayObLG FamRZ 1964, 45, 46.
166 Erman/*Hohloch*, Art. 13 EGBGB Rn 38; Palandt/*Thorn*, Art. 13 EGBGB Rn 13.
167 U.a. LG Siegen IPRspr 1966/67 Nr. 92 = StAZ 1967, 158 m.Anm. *Jayme*, StAZ 1967, 158, 161; *Neuhaus*, FamRZ 1965, 541; *Wengler*, JR 1963, 41; jetzt auch MüKo/*Coester*, Art. 13 EGBGB Rn 119.
168 U.a. BGH FamRZ 2003, 838, 842; BGH NJW-RR 2007, 145, 146 = FamRZ 2007, 109 = StAZ 2007, 337.
169 BGH NJW-RR 2007, 145, 146 = FamRZ 2007, 109 = StAZ 2007, 337; Zöller/*Philippi*, ZPO, § 127 FamFG Rn 2.

Gestaltungsklage nach dem Ehebeseitigungsstatut beschränkt (vgl Rn 64 ff). In den anderen Fällen einer aufhebbaren oder anfechtbaren Ehe kann der Antragsteller wählen, ob er die Scheidung (dann Art. 17 Abs. 1) oder die Aufhebung/Nichtigkeitserklärung (dann Abs. 1) beantragt.[170]

Es kann auch vorkommen, dass das nach Abs. 1 maßgebliche Recht den konkreten Ehemangel als Scheidungsgrund behandelt, das nach Art. 17 Abs. 1 maßgebliche Recht ihn als Nichtigkeits-, Anfechtungs- oder Aufhebungsgrund ansieht. Dieses Problem löst sich mittels der funktionellen Qualifikation. Zu Abs. 1 gehören Ehemängel, die bereits zur Zeit der Eheschließung vorhanden sind, während Art. 17 Abs. 1 Störungen erfasst, die sich im Verlauf der Ehe einstellen.[171] Die Verweisung ist eine kanalisierte Verweisung,[172] es wird auf den Teil des ausländischen Rechts in Gesamtverweisung verwiesen, der den konkreten Ehemangel betrifft. Insoweit wird bei Art. 4 Abs. 1 der Qualifikation des ausländischen IPR gefolgt. Durch Umqualifikation kann es zur Rückverweisung auf das deutsche Recht, zur Annahme der Verweisung und (selten) zur Weiterverweisung kommen. Materiellrechtlich findet am Ende der Verweisungsoperation immer der Teil des in- oder ausländischen Rechts Anwendung, der diesen ursprünglichen Ehemangel umfasst. Dementsprechend ist der Antrag auf Nichtigkeitserklärung/Aufhebung der Ehe oder Scheidung zu stellen. 80

II. Ordre public (Abs. 2)

1. Hintergrund, Zielstellung, Anwendungsbereich. In Abs. 2 sind die Grundsätze, die das BVerfG in seiner „Spanier-Entscheidung" vom 4.5.1971[173] aufgestellt hat, und die Konsequenzen, die daraus für die Eheschließung entwickelt wurden,[174] verallgemeinernd gesetzlich geregelt. Ziel ist es, eine Balance zwischen zwei Anliegen zu erreichen. Zum einen soll eine Grundrechtsverletzung ausgeschlossen werden, die dadurch entsteht, dass die Inlandstrauung wegen eines Ehehindernisses nach dem gem. Abs. 1 maßgeblichen ausländischen Recht abgelehnt wird. Zum anderen soll möglichst ein Statuseinklang mit dem ausländischen Recht erreicht werden, um eine sog. hinkende Ehe zu verhindern.[175] 81

Nach hM ist Abs. 2 sachlich nicht auf den Fall der im Heimatstaat nicht anerkannten Voreheauflösung beschränkt, sondern erstreckt sich auf alle Ehehindernisse, die das Grundrecht auf **Eheschließungsfreiheit** verletzen.[176] 82

Abs. 2 stellt eine **spezielle ordre-public-Vorschrift** dar.[177] Er betrifft unmittelbar die Zulässigkeit einer Eheschließung im Inland.[178] Die Entscheidung darüber, ob seine Voraussetzungen vorliegen, wird in der Rechtspraxis hauptsächlich im Rahmen der Befreiung von der Beibringung des Ehefähigkeitszeugnisses nach § 1309 BGB vom Präsidenten des Oberlandesgerichts getroffen.[179] 83

2. Voraussetzungen. Ein nach dem gem. Abs. 1 iVm Art. 4 Abs. 1 berufenen ausländischen Recht bestehendes materielles Ehehindernis ist unbeachtlich, wenn folgende Voraussetzungen **kumulativ** zutreffen: 84

- Das **ausländische Recht lässt die Eheschließung** im konkreten Fall aus Gründen **nicht zu**, die dem Anwendungsbereich des Abs. 1 zuzurechnen sind, bspw Doppelehe, Religionsverschiedenheit, fehlende Zustimmung Dritter. 85
- Das **Ehehindernis würde bei Anwendung des deutschen Sachrechts nicht bestehen**, entweder weil das deutsche Recht das Ehehindernis nicht kennt oder weil es im konkreten Fall die Voraussetzungen hierfür nicht als gegeben ansieht. 86
- Zumindest einer der Verlobten muss zum Zeitpunkt der Eheschließung Deutscher sein, ein **deutsches Personalstatut** aus anderem Grund besitzen (zB Flüchtling, Staatenloser) oder seinen **gewöhnlichen Aufenthalt in der Bundesrepublik Deutschland** haben (Nr. 1). Damit ist der notwendige Inlandsbezug für die Geltung des Grundrechts auf Eheschließungsfreiheit bei auslandsbezogenen Sachverhalten für eine Inlandstrauung bestimmt (s. jedoch Rn 94). 87

170 Vernichtbare bzw aufhebbare Ehe kann geschieden werden, Soergel/*Schurig*, Art. 13 EGBGB Rn 3; Staudinger/*Mankowski*, Art. 17 Rn 80.

171 MüKo/*Winkler v. Mohrenfels*, Art. 17 EGBGB Rn 24; MüKo/*Coester*, Art. 13 EGBGB Rn 10.

172 IE *Henrich*, § 1 VII, S. 38.

173 BVerfGE 31, 58 = FamRZ 1971, 414 = NJW 1971, 1509. Zu entscheiden war, ob die Nichtbefreiung eines Ausländers, der eine Deutsche heiraten will, von der Beibringung eines Ehefähigkeitszeugnisses das Grundrecht auf Eheschließungsfreiheit verletzt, wenn das Heimatrecht die Scheidung von bürgerlichen Ehen nicht zulässt und die Entscheidung des Gerichts eines anderen Staates als dem eigenen ordre public widersprechend die Anerkennung versagt.

174 So OLG Hamm FamRZ 1982, 166; 1977, 384; NJW 1977, 1014; OLG Hamburg IPRspr 1977 Nr. 54; BGH NJW 1972, 1619.

175 IE BT-Drucks. 10/504, 53; MüKo/*Coester*, Art. 13 EGBGB Rn 26; *Schwimann*, StAZ 1988, 35, 37.

176 U. MüKo/*Coester*, Art. 13 EGBGB Rn 27; Soergel/*Schurig*, Art. 13 EGBGB Rn 50; aA MüKo/*Schwimann*, 2. Aufl. 1990, Art. 13 EGBGB Rn 23 g.

177 AllgM, u.a. *v. Bar*, IPR II, Rn 150; *Schwimann*, StAZ 1988, 35, 36.

178 Soergel/*Schurig*, Art. 13 EGBGB Rn 55; *Andrae*, § 1 Rn 69.

179 BT-Drucks. 10/504, 52.

88 – Die Partner müssen **zumutbare Schritte** unternommen haben, um die Voraussetzungen für die Eheschließung nach dem gem. Abs. 1 maßgeblichen Recht zu erfüllen (Nr. 2). Mit diesem Erfordernis soll erreicht werden, dass in dem Heimatstaat die Ehe als wirksam anerkannt, demnach eine „hinkende Inlandsehe" (zum Begriff s. Rn 102) verhindert wird. Soweit das Eheverbot nach dem ausländischen Recht ohne Befreiungsmöglichkeit besteht, zB bei dem Eheverbot aufgrund unterschiedlicher Religionszugehörigkeit, entfällt Nr. 2 als Anwendungsvoraussetzung.[180]

In der Literatur finden sich Auffassungen, die Nr. 2 auf im Heimatstaat nicht anerkannte Eheauflösungen beschränken[181] oder gerade diese vom Anwendungsbereich ausnehmen wollen.[182] Die hM lehnt dies ab und kann dabei auf den Wortlaut der Regelung und ihren Zweck („Statuseinklang mit dem Heimatrecht") verweisen.[183]

Die Begründung des Regierungsentwurfs zur Neuregelung des IPR geht von einer strengen Auslegung der Nr. 2 aus. Nur wenn etwaige Schritte wegen der Praxis des Heimatstaates aussichtslos sind, sind sie den Verlobten als unzumutbar zu ersparen.[184] Beschwerlichkeit und lange Verfahrensdauer begründen danach keine Unzumutbarkeit.[185] Insgesamt ist eine Tendenz zur Auflockerung der Anforderungen zu verzeichnen.[186]

89 Zumutbar ist, die förmliche Anerkennung eines Eheurteils eines deutschen Gerichts oder des Gerichts eines Drittlandes im Heimatstaat zu betreiben[187] bzw, soweit es nicht aussichtslos ist,[188] im Heimatstaat die Auflösung der Erstehe herbeizuführen. Eine erneute Scheidung kann jedoch nur dann gefordert werden, wenn ihre Wiederholung relativ unproblematisch ist (zB je nach Ausgestaltung: Privatscheidung nach religiösem Recht oder Scheidung nach dem Zerrüttungsprinzip infolge längerer Trennung).

Bei Personen, die ihren Heimatstaat aus Verfolgungsgründen verlassen haben, ist zu prüfen, ob sie nicht ein deutsches Eheschließungsstatut besitzen; dann kommt es auf Verbote nach dem Heimatrecht nicht an. Die Frage nach der Zumutbarkeit von Schritten stellt sich jedoch bei zweiseitigen Ehehindernissen dann, wenn der andere Verlobte dieselbe Staatsangehörigkeit, aber nicht das Personalstatut eines internationalen Flüchtlings bzw Asylbewerbers besitzt. Während das OLG Köln trotz möglicher Nachteile für den asylberechtigten Verlobten Schritte nach Nr. 2 verlangte, ging das LG Kassel von einer Unzumutbarkeit aus.[189] Es bedarf der Bewertung des Einzelfalls, jedoch ist die Erreichung des äußeren Entscheidungseinklangs nicht ein so hohes Ziel, dass an die Unzumutbarkeit äußerst strenge Anforderungen zu stellen sind. Außerdem müssen die Schritte auf das Ehe- und Eheverfahrensrecht beschränkt sein und zB nicht Religionswechsel, Aufgabe politischer Tätigkeiten, Absolvierung des Militärdienstes oder die Befreiung vom Eheverbot der höheren Weihen betreffen.[190]

90 Schritte zur Beseitigung des Ehehindernisses sind auch dann nicht erforderlich, wenn diese selbst den Grundrechten widersprechen.[191] Das trifft auf das Erfordernis der Einholung der Zustimmung des Ehevormundes und deren Ersetzung durch das Gericht für die volljährige Frau zu;[192] nicht jedoch für Wartefristen[193] hinsichtlich einer erneuten Eheschließung, um eine mögliche Schwangerschaft der Frau aus vorangegangener Ehe abzuklären.

91 – Die **Versagung der Eheschließung** nach ausländischem Recht muss **mit** dem **Grundrecht auf Eheschließungsfreiheit unvereinbar** sein (Nr. 3). Von einer **Grundrechtsverletzung** ist stets auszugehen – ohne dass eine Wertung vorzunehmen ist –, wenn das ausländische Ehehindernis der Doppelehe auf der Annahme der Existenz einer Vorehe beruht, die nach deutschem Recht aufgelöst ist, weil (alternativ)
  - ein diesbezügliches deutsches Urteil ergangen oder eine ausländische Eheauflösung in der Bundesrepublik Deutschland anerkannt ist (eingehend Rn 36) oder
  - der Partner aus der Vorehe eines Verlobten durch eine diesbezügliche Entscheidung eines deutschen Gerichts oder eine hier anerkannte ausländische Entscheidung für tot erklärt wurde (näher Rn 48 ff).

180 S. KG KGR Berlin 2005, 668 Rn 29; Staudinger/*Mankowski*, Art. 13 EGBGB Rn 395.
181 *V. Bar*, IPR II, Rn 153–155.
182 *Lüderitz*, IPR, Rn 334.
183 U.a. MüKo/*Coester*, Art. 13 EGBGB Rn 28; *v. Bar*, IPR II, Rn 153; *Kropholler*, IPR, § 44 I, S. 332 f; *Spickhoff*, Der ordre public im IPR, 1989, S. 277; einschr. Böhmer/Finger/*Finger*, Art. 13 Rn 91.
184 BT-Drucks. 10/504, 53.
185 Hierzu *Schwimann*, StAZ 1988, 35, 37 mwN.
186 IE MüKo/*Coester*, Art. 13 EGBGB Rn 31; Soergel/*Schurig*, Art. 13 EGBGB Rn 54.
187 BT-Drucks. 10/504, 53; BGH NJW 1997, 2114, 2115 = FamRZ 1997, 542; OLGR Hamm 2003, 297, 298 = StAZ 2003, 169; OLG Köln NJW 1990, 644.
188 BGH NJW 1997, 2114, 2115 = FamRZ 1997, 542.
189 OLG Köln NJW 1990, 644, 645; LG Kassel StAZ 1990, 169 m.Anm. *Kremer*.
190 Nach altem Recht OLG Hamm DVBl 1974, 685, 687 = StAZ 1974, 66; *v. Bar*, IPR II, Rn 153; iE Staudinger/*Mankowski*, Art. 13 EGBGB Rn 132.
191 *Spickhoff*, JZ 1971, 323, 326.
192 LG Kassel StAZ 1990, 169 m.Anm. *Kremer*; *v. Bar*, IPR II, Rn 153 Fn 267.
193 Staudinger/*Mankowski*, Art. 13 EGBGB Rn 143.

Bei **anderen Ehehindernissen** nach ausländischem Recht bedarf es einer Wertung, ob ihre Beachtung zu einer Verletzung des Grundrechts auf Eheschließungsfreiheit führen würde. Sind die Voraussetzungen des Abs. 2 Nr. 1–3 erfüllt, ist das nach dem ausländischen Eheschließungsstatut bestehende Ehehindernis unbeachtlich. 92

3. Verhältnis zu Art. 6. Abs. 2 stellt eine spezielle Vorbehaltsklausel dar, die Vorrang vor Art. 6 hat.[194] Abs. 2 ist auf die Eheschließung im Inland gerichtet und erfasst den Fall, dass die Nichtzulassung der Eheschließung aufgrund der Eheverbote nach dem ausländischen Recht zur Verletzung der Eheschließungsfreiheit führen würde. 93

a) Beabsichtigte Inlandstrauung. Hier ist in erster Linie Abs. 2 anzuwenden. Wenn durch das Ehehindernis (auch) andere wesentliche Grundsätze des deutschen Rechts, insbesondere andere Grundrechte, wie die Religionsfreiheit oder der Grundsatz der Nichtdiskriminierung, verletzt werden, ist (daneben) Art. 6 heranzuziehen.[195] Dabei kann ein anderer Inlandsbezug (bspw die bloße Inlandstrauung) ausreichend sein und das Erfordernis von Abs. 2 Nr. 2 entfallen, um den ordre public zur Anwendung zu bringen. Dies wird einhellig auch für den Fall einer besonders gravierenden Verletzung der Eheschließungsfreiheit vertreten.[196] 94

b) Bereits geschlossene Ehen. Soweit die Voraussetzungen für die Anwendung von Abs. 2 im Zeitpunkt der Eheschließung vorlagen und danach ein ausländisches Ehehindernis nicht zu beachten war, ist die geschlossene Ehe materiellrechtlich fehlerfrei. Das trifft auch dann zu, wenn die Ehe im Ausland geschlossen wurde.[197] Im Übrigen ist Art. 6 zu prüfen, wenn die Wirksamkeit bereits geschlossener Ehen zu beurteilen ist. Abs. 2 Nr. 1 und 2 sind bezogen auf Art. 6 nicht zwingend Anwendungsvoraussetzungen. Im Rahmen des Art. 6 ist bei der Gesamtwürdigung zu berücksichtigen, inwieweit die Partner zumutbare Schritte zur Beseitigung von Ehehindernissen nach dem Heimatrecht unternommen haben. Soweit zur Zeit der Eheschließung die Voraussetzungen für die Anwendung des ordre public in Bezug auf das ausländische Ehehindernis vorlagen, bleibt es bei seiner Anwendung, auch wenn sich später das ausländische Recht geändert hat[198] oder der Inlandsbezug entfallen ist. Das folgt aus dem Grundsatz der Unwandelbarkeit der kollisionsrechtlichen Anknüpfung zugunsten der Wirksamkeit der Ehe.[199] Waren jedoch im Zeitpunkt der Eheschließung die Voraussetzungen für die Anwendung des ordre public nicht gegeben, liegen sie aber zur Zeit der Entscheidung vor (bspw nunmehr Inlandsbezug oder Wandlung der Anschauungen über tragende Rechtsgrundsätze), ist Art. 6 zugunsten der Ehewirksamkeit zur Anwendung zu bringen.[200] 95

III. Form der Eheschließung (Abs. 3, Art. 11 Abs. 1–3)

1. Inlands- und Auslandseheschließung. Für die Form wird zwischen Inlands- und Auslandseheschließung unterschieden. Während eine Ehe im Inland, soweit nicht die speziellen Voraussetzungen des Abs. 3 S. 2 vorliegen, ausschließlich nach deutschen Formvorschriften geschlossen werden kann (näher Rn 100 ff), ist eine im Ausland geschlossene Ehe nach den allgemeinen Vorschriften für die Form von Rechtsgeschäften gem. Art. 11 Abs. 1 formwirksam, wenn sie den Formerfordernissen des Orts- oder Geschäftsrechts entspricht (eingehend Rn 125 ff). 96

2. Ort der Eheschließung. Ort der Eheschließung ist der Ort, an dem die Verlobten ihre Willenserklärungen, gerichtet auf die Eingehung der Ehe, abgeben. Wird die Ehe im Rahmen **einer förmlichen Trauungszeremonie** unter Mitwirkung einer besonderen Trauungsperson (wie Standesbeamter, Bürgermeister oder Geistlicher) geschlossen, ist Eheschließungsort der Ort, an dem in Anwesenheit dieser Trauungsperson die Zeremonie stattfindet.[201] Das gilt auch dann, wenn ein oder beide Verlobten bei der Trauung nicht persönlich anwesend sind, sondern von Dritten vertreten werden.[202] 97

Bei **Konsens-Ehen ohne förmliche Trauungszeremonie** kommt es auf den Ort an, an dem sich die Verlobten zur Zeit der Abgabe ihrer Erklärungen befinden.[203] Bei **Eheschließungen unter Abwesenden** sind Eheschließungsorte die Orte, an denen sich die Eheschließenden zum Zeitpunkt der Abgabe ihrer Erklärung auf- 98

194 KG KGR Berlin 2005, 668 Rn 13; MüKo/*Coester*, Art. 13 EGBGB Rn 24; Soergel/*Schurig*, Art. 13 EGBGB Rn 73.
195 *V. Bar*, IPR II Rn 150; *Spickhoff*, JZ 1971, 323, 326; Soergel/*Schurig*, Art. 13 EGBGB Rn 73.
196 *Spickhoff*, JZ 1971, 323, 326; Soergel/*Schurig*, Art. 13 EGBGB Rn 73; *v. Bar*, IPR II, Rn 150.
197 KG KGR Berlin 2005, 668 Rn 14 ff; OLG München 7.2.2011, 31 Wx 278/10 (in Bezug auf die Eintragung in das Eheregister gem. § 34 PstG).
198 BGH NJW 1997, 2114, 2115 = FamRZ 1997, 542 m.Anm. *Hohloch*, JuS 1997, 850.
199 *V. Bar*, IPR II, Rn 134.
200 *V. Bar/Mankowski*, IPR I, § 7 Rn 268; *v. Bar*, IPR II, Rn 150; Soergel/*Schurig*, Art. 6 EGBGB Rn 29.
201 U.a. BGHZ 29, 137, 143 f = FamRZ 1959, 143 = NJW 1959, 717 mwN; OLG Bremen FamRZ 1975, 209 mwN; KG FamRZ 1958, 324, 325 f; MüKo/*Coester*, Art. 13 EGBGB Rn 131; Palandt/*Thorn*, Art. 13 EGBGB Rn 10; Soergel/*Schurig*, Art. 13 EGBGB Rn 80.
202 U.a. KG OLGZ 1973, 435, 438 f; KG FamRZ 1958, 324, 325; *Dieckmann*, Die Handschuhehe, 1959, S. 87.
203 MüKo/*Coester*, Art. 13 EGBGB Rn 131 mwN.

halten.[204] Gibt einer der Verlobten seine Konsenserklärung in Deutschland ab, handelt es sich (auch) um eine in Deutschland geschlossene Ehe, deren Formwirksamkeit nach Abs. 3 zu beurteilen ist.[205] Wegen Missachtung von § 1310 Abs. 1 BGB liegt eine Nichtehe vor (s. Rn 123).

99 Manche Rechtsordnungen (zB Korea, Japan) sehen zwar keine förmliche Trauungszeremonie vor, ordnen jedoch die **Registrierung des Ehekonsenses mit konstitutiver Wirkung** für die Eheschließung an.[206] Für den Eheschließungsort soll es in diesen Fällen auf den Amtssitz des Registerbeamten ankommen.[207] So wurde die Eheschließung zweier Koreaner, die den Ehekonsens in Deutschland erzielten und die Eheschließung per Post in Korea angemeldet hatten, als in Korea geschlossen angesehen.[208] Für diese Lösung spricht, dass der Eheschließungsort unzweifelhaft festgestellt werden kann und sie zugunsten der Formwirksamkeit der Ehe wirkt. Dagegen ist jedoch vorzubringen, dass Art. 11 Abs. 1–3 auf den Ort der Abgabe der Willenserklärungen und nicht des Wirksamwerdens des Rechtsgeschäfts abstellen. Zudem wird der Eheschließungsort dann von der Regelung der Eheschließung des Landes abhängig, das erst über die Anknüpfung an den Eheschließungsort ermittelt werden soll. Auch bei solchen Eheschließungen ist deshalb der Grundregel zu folgen.

100 **3. Inlandseheschließung. a) Inlandsform. aa) Grundsatz (S. 1).** Nach der Grundsatzregel (S. 1) kann eine Ehe im Inland lediglich in der hier vorgeschriebenen Form geschlossen werden (Ausnahme unter Rn 115 ff). Zulässig ist nur die obligatorische, vor dem deutschen Standesbeamten geschlossene Zivilehe. Eine Ehe kommt daher nicht wirksam zustande, wenn die Verlobten im Inland die Eheschließung unter Einhaltung der Formerfordernisse der ausländischen Rechte vornehmen, die gem. Abs. 1 über die materiellen Eheschließungsvoraussetzungen bestimmen. Das gilt auch für die Eheschließung iranischer Staatsangehöriger im Inland, Art. 8 Abs. 3 deutsch-iranisches Niederalssungsabkommen findet nur auf die materiellen Ehevoraussetzungen und nicht auf die Form Anwendung.[209]

101 Für Eheschließungen auf dem Gelände diplomatischer und konsularischer **Vertretungen ausländischer Staaten** sowie im **Stationierungsgebiet ausländischer Truppen** in Deutschland gilt S. 1, denn hierbei handelt es sich um inländisches Territorium. Eheschließungen nach ausländischen Formvorschriften sind nur formwirksam, soweit die gesetzlichen oder staatsvertraglichen Ausnahmeregelungen greifen (s. Rn 119, 121).

102 **bb) Hinkende Ehen.** Abs. 3 S. 1 führt unter Umständen zu „hinkenden" Ehen. Eine hinkende Ehe entsteht dadurch, dass

- die Eheleute den Formerfordernissen des deutschen Ortsrechts nachkommen, ihr Heimatrecht jedoch zwingend die Beachtung des eigenen Rechts vorschreibt („**hinkende Inlandsehe**"),[210] oder
- die Ehe in Deutschland nicht vor dem deutschen Standesbeamten, sondern in einer vom Heimatrecht anerkannten Form geschlossen wird (bspw konfessionelle oder bloße Konsens-Eheschließung), ohne dass das deutsche Recht oder staatsvertragliche Bestimmungen dies zulassen („**hinkende Auslandsehe**"; typische Beispiele: katholische,[211] griechisch-orthodoxe[212] und muslimische[213] Eheschließungen sowie Militärtrauungen).[214]

103 **cc) Reichweite.** Als **Formerfordernisse des deutschen Rechts** sind einzuordnen:

- die Erklärung des Ehekonsenses vor dem Standesbeamten (§ 1310 Abs. 1 BGB)
- die Eheschließung vor dem Scheinstandesbeamten (§ 1310 Abs. 2 BGB)
- die persönliche Abgabe der Erklärung bei gleichzeitiger Anwesenheit der Eheschließenden vor dem Standesbeamten (§ 1311 BGB)
- der Ablauf der Trauung, die Zeugen und die Eintragung der Eheschließung (§ 1312 BGB).

204 Erman/*Hohloch*, Art. 13 EGBGB Rn 58; MüKo/*Coester*, Art. 13 EGBGB Rn 131 mwN.

205 MüKo/*Coester*, Art. 13 EGBGB Rn 131.

206 Hierzu LG Hamburg IPRspr 1977 Nr. 51 = StAZ 1977, 342; *Beitzke*, StAZ 1964, 25; *Sakurada*, StAZ 1975, 85, 87; *Schurig*, StAZ 1971, 94, 95 f; *Suzuki*, RabelsZ 19 (1954) 104, 110 f.

207 LG Hamburg IPRspr 1977 Nr. 51 = StAZ 1977, 342; AG Tübingen IPRax 1989, 379; MüKo/*Coester*, Art. 13 EGBGB Rn 131 mwN; Erman/*Hohloch*, Art. 13 EGBGB Rn 58; Staudinger/*Mankowski*, Art. 13 EGBGB Rn 479 ff.

208 LG Hamburg IPRspr 1977 Nr. 51 = StAZ 1977, 342; LG Frankenthal FamRZ 1975, 698, 699; zust. MüKo/*Coester*, Art. 13 EGBGB Rn 131, 140 Fn 532; Staudinger/*Mankowski*, Art. 13 EGBGB Rn 481.

209 Fehlerhaft AG Leverkusen FamRZ 2008, 1758 = IPRspr 2007 Nr. 68.

210 U.a. BGHZ 73, 370 = FamRZ 1979, 467 = NJW 1979, 1775; KG OLGZ 1976, 149 = FamRZ 1976, 353; OLG Celle NJW 1962, 1160; BayObLGZ 1963, 265 = FamRZ 1964, 45; MüKo/*Coester*, Art. 13 EGBGB Rn 135; Soergel/*Schurig*, Art. 13 EGBGB Rn 84; Palandt/*Thorn*, Art. 13 EGBGB Rn 24.

211 BSGE 45, 180 = FamRZ 1978, 240 = NJW 1978, 2472; LSG Hamburg FamRZ 1986, 994; AG Karlsruhe IPRspr 1975 Nr. 39 a (Polen).

212 OLG Koblenz IPRspr 1975 Nr. 35 = StAZ 1976, 172; OLG Celle FamRZ 1965, 43 = NJW 1965, 224; LG Mannheim IPRspr 1952/53 Nr. 96.

213 AG Bonn StAZ 1982, 249.

214 BSG IPRax 1983, 126 = FamRZ 1981, 767 = NJW 1981, 2655; AG Pinneberg FamRZ 1978, 893.

Kein Formerfordernis ist die Beibringung des Ehefähigkeitszeugnisses nach § 1309 BGB. Die Erfüllung zusätzlicher, dem Heimatrecht entstammender Formerfordernisse steht der Formwirksamkeit der Eheschließung nach deutschem Recht ebenfalls nicht entgegen. **104**

Das deutsche Recht als Formstatut bestimmt auch über die Rechtsfolgen der Nichteinhaltung der Formvorschriften für das Zustandekommen der Ehe. Ehekonsenserklärungen im Inland, die nicht vor dem Standesbeamten abgegeben werden, führen zu einer Nichtehe. Die Verletzung des Gebots der persönlichen und gleichzeitigen Anwesenheit der Verlobten zieht die Rechtsfolge der aufhebbaren Ehe nach sich (§ 1314 Abs. 1 BGB), während die Verletzung von § 1312 BGB als Ordnungsvorschrift den Bestand der Ehe nicht berührt. **105**

dd) Heilung. Das inländische Recht als Formstatut bestimmt auch über die Möglichkeiten der Heilung von Formmängeln einer im Inland geschlossenen Ehe.[215] § 1315 Abs. 2 Nr. 2 BGB, der die Aufhebung einer Ehe, die unter Verletzung von § 1311 S. 1 BGB geschlossen wurde, unter bestimmten Voraussetzungen ausschließt, ist deshalb unabhängig von dem auf die sachlichen Eheschließungsvoraussetzungen anwendbaren Recht heranzuziehen, wenn sich die Form der Eheschließung nach deutschem Recht richtet. **106**

§ 1310 Abs. 3 BGB bestimmt, unter welchen Voraussetzungen eine nicht formwirksam geschlossene Ehe als geschlossen angesehen wird, wenn die Ehegatten den Ehekonsens erklärt haben. Zu seinem Anwendungsbereich werden unterschiedliche Auffassungen vertreten. Nach der einen ist die Vorschrift nur anwendbar, wenn beide Partner ein deutsches Personalstatut besitzen oder deutsches Recht durch Rückverweisung auf die materiellen Ehevoraussetzungen anwendbar ist.[216] Die andere Ansicht lehnt diese Voraussetzung ab.[217] Letzterer ist zuzustimmen. § 1310 Abs. 3 BGB ist keine ordre-public-Vorschrift, sondern eine des materiellen deutschen Rechts, die die Härte der Sanktion „Nichtehe" in engen Grenzen aufhebt.[218] Sie ist jedenfalls anzuwenden, wenn aufgrund von Abs. 3 S. 1 iVm § 1310 Abs. 1 BGB wegen nicht standesamtlicher Trauung eine Nichtehe vorliegen würde (s. Rn 98, 123).[219] **107**

§ 1310 Abs. 3 BGB ist am 1.7.1998 in Kraft getreten und findet auch auf die vor diesem Zeitpunkt geschlossenen Ehen Anwendung (Art. 226 Abs. 3). Vor dem Inkrafttreten der Vorschrift wurde in international gelagerten Fällen in Rechtsprechung und Lehre ausgiebig erörtert, ob und unter welchen Voraussetzungen die Rechtsfolge der Nichtehe bei nicht amtlicher inländischer Eheschließung, etwa im typischen Fall einer hinkenden Auslandsehe (bspw Trauung in religiöser Form; Rn 102), abzumildern ist. **108**

Die herrschende Rechtsprechung hat an der statusrechtlichen Folge der Nichtehe bei Verletzung von Abs. 3 S. 1 festgehalten.[220] In besonderen Härtefällen, die nunmehr meist unter § 1310 Abs. 3 BGB fallen würden, ließ die Rechtsprechung hinkenden Ehen einzelne Wirkungen zukommen. Das betraf insbesondere die Anerkennung von sozialrechtlichen Wirkungen (Hinterbliebenenrente).[221] So hat das BVerfG § 2264 RVO (jetzt § 46 SGB IV) unter Heranziehung des Art. 6 Abs. 1 GG dahin gehend ausgelegt, dass Witwer iSd Vorschrift auch ein hinterbliebener Ehegatte aus einer hinkenden Ehe ist.[222] Diese Rechtsprechung behält ihre Bedeutung in Fällen, die nicht vom § 1310 Abs. 3 BGB erfasst werden, weil die dort geforderten Tätigkeiten des Standesbeamten nicht vorliegen.[223] **109**

Der BGH hat die Auffassung vertreten, dass allein ein 26 Jahre dauerndes Zusammenleben der Partner und gemeinsame Kinder aus der Verbindung nicht ausreichen, um den Mangel der Eheschließung auszugleichen.[224] Ohne qualifizierte Mitwirkung eines Standesbeamten kommt danach eine Heilung nicht in Betracht.

215 MüKo/*Coester*, Art. 13 EGBGB Rn 161; *Henrich*, § 1 7, S. 39; Staudinger/*Mankowski*, Art. 13 EGBGB Rn 497; *v. Bar*, IPR II, Rn 166.

216 *Bosch*, FamRZ 1997, 138, 139; Erman/*Hohloch*, Art. 13 EGBGB Rn 45; Palandt/*Thorn*, Art. 13 EGBGB Rn 21.

217 *Sturm*, StAZ 1999, 285, 293 f.

218 *Hepting*, IPRax 1994, 355, 358.

219 BayObLG FamRZ 1995, 602, 604 f = BayObLGZ 1994, 227; AG Kassel StAZ 1998, 81; *Sturm*, StAZ 1999, 285, 293; iE MüKo/*Müller-Gindullis*, § 1310 Rn 25; *Coester*, in: FS Heldrich 2005, S. 537, 539.

220 BSG IPRspr 1989 Nr. 82 (jedoch keine Anwendung, wenn ein Partner zur Zeit der Eheschließung [auch] die deutsche Staatsangehörigkeit besitzt oder es sich nicht um eine hinkende Ehe handelt); BSGE 45, 180 = FamRZ 1978, 240 = NJW 1978, 2472; BSG IPRax 1983, 126 = FamRZ 1981, 767 = NJW 1981, 2655; anders OLG Köln OLGZ 1994, 195 = IPRax 1994, 371 = NJW 1993, 2755 m.Anm. *Hepting*, IPRax 1994, 355; OLG Nürnberg FamRZ 1965, 380; BGH FamRZ 2003, 838 = IPRax 2004, 438, m.Anm. *Borgmann*, FamRZ 2003, 844; *Mäsch*, IPRax 2004, 421. Nach KG FamRZ 1996, 944 = StAZ 1996, 204 ist solchen Ehen jedenfalls die personenrechtliche Anerkennung zu versagen, soweit es um Eintragungen in Personenstandsbücher mit Beweisfunktion hinsichtlich des Familienstandes geht (wie Heirats- und Familienbuch); bei der Eintragung des Familienstandes eines Verstorbenen in das Sterbebuch kann der Ehegatte nach § 37 Abs. 1 Nr. 2 PStG mit dem Zusatz vermerkt werden, dass die Ehe nach deutschem Recht nicht wirksam war.

221 BSGE 46, 104, 106 = FamRZ 1978, 587 = NJW 1979, 1792; LSG Stuttgart FamRZ 1974, 259; BSG FamRZ 1983, 251; BSGE 33, 219, 221 = FamRZ 1972, 131 = NJW 1972, 1021.

222 BVerfGE 62, 323 = IPRax 1984, 88 = NJW 1983, 511.

223 MüKo/*Müller-Gindullis*, § 1310 Rn 25; *Sturm*, StAZ 1999, 289, 295.

224 BGH FamRZ 2003, 838, 839 = IPRax 2004, 438 m.Anm. *Borgmann*, FamRZ 2003, 844; *Masch*, IPRax 2004, 421; s.a. *Coester*, in: FS Heldrich 2005, S. 537, 543 ff.

Die Entscheidungen des BSG und des BVerfG zur Wirkung solcher hinkenden Ehen im Sozialrecht, gestützt auf Art. 6 Abs. 1 GG, sind nach dem BGH nicht auf die zivilrechtlichen Beziehungen der Ehegatten übertragbar, denn hier handele es sich um einen besonderen Ehebegriff im Sozialrecht. Diese Ansicht ruft mit Recht Bedenken hervor, weil Art. 6 Abs. 1 GG nicht nur den sozialrechtlichen, sondern auch den familienrechtlichen Schutzmechanismus, wie den Versorgungsausgleich, umfasst.[225]

110 Entspricht eine in Deutschland geschlossene Ehe nicht den Anforderungen des § 1310 BGB, ist die Ehe formwirksam zustande gekommen, wenn die Ehegatten später die Eheschließung im Ausland nach dortigem Recht formwirksam wiederholen oder ein konstitutiv wirkendes Ehebestätigungsverfahren nach dem Ortsrecht durchgeführt wird.[226]

111 Die Rechtsprechung und – vor allem – die Lehre haben ferner kollisionsrechtliche Möglichkeiten der Auflockerung der zwingenden Inlandsform gesucht. Entgegen dem Grundsatz der Unwandelbarkeit wurde verschiedentlich eine **„Heilung durch Statutenwechsel"** angenommen.[227] Der Nachteil dieser Lösung besteht darin, dass sie nur für bestimmte Fallkonstellationen und nicht allgemein verwendbar ist.

112 Stellt sich die Existenz der Ehe als materiellrechtliche Vorfrage in Fällen, in denen die Hauptfrage ausländischem Recht unterliegt, kann erwogen werden, ob die **Vorfrage unselbständig anzuknüpfen** ist.[228] Die Formstrenge des deutschen Rechts bleibt unberücksichtigt, wenn das Kollisionsrecht des Rechts, das auf die Hauptfrage Anwendung findet, für die Form auf ein Recht verweist, nach dem die Ehe formwirksam zustande gekommen ist. Mögliche Anwendungsbereiche sind insbesondere Erb- und Namensrecht sowie Abstammung und Unterhalt. Es bedarf jeweils einer Einzelfallbewertung. Die Rechtsprechung steht bisher einer unselbständigen Anknüpfung reserviert gegenüber.[229]

113 Liegt eine „hinkende" Auslandsehe vor (hierzu Rn 102), könnte man daran denken, ein **Feststellungsurteil** über den Bestand der Ehe in dem Heimatstaat zu erwirken, nach dessen Recht die Ehe wirksam besteht. Ob eine solche Entscheidung in Deutschland anerkannt wird, ist allerdings fraglich. Rechtsprechung hierzu existiert nicht; die Literaturauffassungen gehen auseinander. Gegen eine Anerkennung wird vorgebracht, dass Abs. 3 S. 1 zum Kernbestand der deutschen IPR-Ordnung gehört.[230] Dafür spricht jedoch, dass Rechtsprechung und Lehre verschiedene Möglichkeiten erwogen haben, die strenge Rechtsfolge der Verletzung von Abs. 3 S. 1 einzuengen und nunmehr auch mit § 1310 Abs. 3 BGB eine gesetzliche Regelung existiert. Der ordre public steht der Anerkennung eines positiven Feststellungsurteils nicht entgegen, wenn eine tatsächlich gelebte Gemeinschaft von Mann und Frau betroffen ist.[231] Dieses Ergebnis folgt aus der Relativität des ordre public, der auch eine zeitliche Komponente enthält.

114 Ebenfalls umstritten ist der umgekehrte Fall, in dem es um die Anerkennung einer ausländischen Entscheidung geht, die eine nach deutschem Recht formgültig im Inland geschlossene Ehe („hinkende" Inlandsehe; s. Rn 102) für nichtig erklärt. Vorzuziehen ist hier die Auffassung, die die Anerkennung wegen des Verstoßes gegen den ordre public ablehnt,[232] vorausgesetzt, die ausländische Entscheidung führt im Ergebnis zur Einschränkung der Eheschließungsfreiheit im Inland,[233] weil hier lebende Eheschließungswillige die einzig zur Verfügung stehende Eheschließungsform nicht nutzen können.

115 **b) Auslandsform (S. 2). aa) Ursprung.** Das EGBGB aF enthielt keine Ausnahme zur Inlandsformregelung. 1947 ist durch den Kontrollrat § 15 a EheG eingeführt worden, der inhaltlich Abs. 3 S. 2 entspricht und weiterhin auf die vor dem 1.9.1986 geschlossenen Ehen Anwendung findet (Art. 220 Abs. 1). Die Vorschrift sollte den Staatsangehörigen der Besatzungsmächte ermöglichen, Ehen in Deutschland nach den Formvorschriften ihrer Heimatländer eingehen zu können.[234] Sie hat später in der Rechtspraxis für Eheschließungen von Ausländern in Deutschland allgemein breite Nutzung erfahren.[235]

116 **bb) Voraussetzungen. (1) Person des Verlobten.** Keiner der Verlobten darf unmittelbar vor der Eheschließung die deutsche Staatsangehörigkeit besitzen oder Deutscher iSd Art. 116 Abs. 1 GG sein. Der

225 *Mäsch*, IPRax 2004, 421, 424; hierzu auch *Coester*, in: FS Heldrich 2005, S. 537, 543 ff.
226 OLGR Hamm 2000, 93 = FamRZ 2000, 823 (marokkanisches Ehebestätigungsverfahren bei Eheschließung nach islamischem Recht in Deutschland).
227 OLG München RzW 1965, 169; OLG Koblenz IPRspr 1975 Nr. 39 a (Wiedergutmachungsfälle); KG OLGZ 1986, 433 = IPRax 1987, 33 m.Anm. *Siehr*; *Coester*, in: FS Heldrich 2005, S. 537, 542.
228 U.a. BayObLGZ 1990, 1 = FamRZ 1990, 797 = IPRax 1991, 119 (für die Legitimation nach ausländischem Recht); *Hepting*, IPRax 1994, 355, 357 ff; *Wengler*, NJW 1981, 2617 ff; *ders.*, IPRax 1984, 68 ff; *Böhmer*, in: FS Firsching 1985, S. 41 ff; aA *Bayer/Knorzer/Wandt*, FamRZ 1983, 770, 772 ff; Staudinger/*Mankowski*, Art. 13 EGBGB Rn 536 ff.
229 OLG Hamm FamRZ 1982, 166, 167 m.Anm. *Rau*.
230 Erman/*Hohloch* Art. 13 EGBGB Rn 46 mwN; MüKo/*Coester*, Art. 13 EGBGB Rn 166 f; *Coester*, in: FS Heldrich 2005, S. 537, 542.
231 Für eine Anerkennung *Bayer/Knorzer/Wandt*, FamRZ 1983, 770, 774 ff.
232 KG OLGZ 1976, 149 = FamRZ 1976, 353; *Bayer/Knorzer/Wandt*, FamRZ 1983, 770, 776; aA *Görgens*, StAZ 1977, 79; Palandt/*Thorn*, Art. 13 EGBGB Rn 21.
233 KG OLGZ 1976, 149 = FamRZ 1976, 353.
234 Eingehend BayObLGZ 1988, 86.
235 Hierzu Erman/*Hohloch*, Art. 13 EGBGB Rn 48.

Ausschluss betrifft auch Deutsche, die zu diesem Zeitpunkt zusätzlich noch eine oder mehrere ausländische Staatsangehörigkeiten besitzen.[236] Er bezieht sich auf Verlobte, die, ohne Deutsche zu sein, ein deutsches Personalstatut haben (insbesondere Staatenlose, internationale Flüchtlinge oder Asylberechtigte).[237]

Mindestens einer der Verlobten muss Angehöriger des Staates sein, dessen Regierung die Person, vor der die Ehe geschlossen wird, ermächtigt hat. Der andere Verlobte kann dieselbe Staatsangehörigkeit, die eines dritten Staates oder keine Staatsangehörigkeit besitzen. **117**

(2) Trauungsperson. Es muss eine ordnungsgemäße Ermächtigung der Trauungsperson erfolgt sein. Hierunter ist jede nach dem Recht des ermächtigenden Staates wirksame Verleihung der staatlichen Trauungsbefugnis speziell für das Ausland zu verstehen.[238] Die Ermächtigung kann sich entweder auf eine allgemeine Norm oder auf einen einzelnen Verwaltungsakt des Ermächtigungs-/Entsendestaates gründen. Die Trauungsperson muss nicht die Staatsangehörigkeit des ermächtigenden Staates besitzen.[239] **118**

Gründet sich die Ermächtigung auf eine allgemeine Rechtsvorschrift, muss sich aus der ausländischen Regelung die Befugnis eines solchen Funktionsträgers zur Auslandstrauung ergeben. Die die Trauung vornehmende Person muss in Übereinstimmung mit der ausländischen Rechtsordnung für dieses Amt bestellt sein. Einer individuellen Bekanntgabe bedarf es nicht.[240] In Frage kommt die Ermächtigung der Konsularbeamten und/oder diplomatischer Vertreter zur Eheschließung aufgrund einer Rechtsvorschrift des Entsendestaates oder eines Konsularvertrages zwischen dem Entsendestaat und der Bundesrepublik.[241] Die Befugnis lässt sich nicht unmittelbar aus Art. 5 Buchst. f Wiener Übereinkommen über konsularische Beziehungen vom 24.4.1963[242] ableiten.[243] Eine allgemeine gesetzliche Ermächtigung durch den ausländischen Staat wird auch für Truppenoffiziere mit standesamtlichen Befugnissen und andere Militärstandesbeamten angenommen.[244] **119**

Fehlt eine generelle gesetzliche Ermächtigung, bedarf es einer individuellen Benennung der Trauungsperson durch die Regierung des betreffenden Staates. Dies trifft auf Priester und andere Geistliche – einschließlich Militärgeistliche – zu,[245] weil ihre allgemeine Befugnis zur Eheschließung in den Heimatländern nicht auf einer staatlichen Bestellung, sondern auf der Hinnahme der religiösen Eheschließung durch diesen Staat beruht.[246] Die Rechtsprechung[247] ist vom Erfordernis der persönlichen Benennung durch die Regierung des Entsendestaates für Priester der griechisch-orthodoxen Kirche und katholische Priester (Italien, Polen, Spanien, lateinamerikanische Staaten) ausgegangen.[248] **120**

In der Verwaltungspraxis benennt die Botschaft des Entsendestaates die zur Eheschließung ermächtigte Person dem Auswärtigen Amt, das seinerseits der Botschaft den Eingang der Mitteilung mit Datum bestätigt. Über den Vorgang informiert die ausländische Botschaft ihre Konsule in Deutschland. Diese beglaubigen die Abschriften über vollzogene Eheschließungen, die als Grundlage für die Eintragung durch den deutschen Standesbeamten dienen, nur dann, wenn auf oben beschriebene Weise eine ordnungsgemäße Ermächtigung erfolgt ist.[249] Die Benennung hat keine Rückwirkung für Eheschließungen, die zuvor ohne die Ermächtigung vorgenommen wurden.[250] **121**

236 *Hepting/Gaaz* (38. EL 2003), § 11 EheG Rn 47; MüKo/*Coester*, Art. 13 EGBGB Rn 137; Erman/*Hohloch*, Art. 13 EGBGB Rn 49; Staudinger/*Mankowski*, Art. 13 EGBGB Rn 623.

237 Soergel/*Schurig*, Art. 13 EGBGB Rn 87; MüKo/*Coester*, Art. 13 EGBGB Rn 137; Staudinger/*Mankowski*, Art. 13 EGBGB Rn 621.

238 BGHZ 43, 213, 220 f = FamRZ 1965, 311 = NJW 1965, 1129; Erman/*Hohloch*, Art. 13 EGBGB Rn 50; MüKo/*Coester*, Art. 13 EGBGB Rn 138.

239 U.a. *Bornhofen*, StAZ 1981, 269, 271; Erman/*Hohloch*, Art. 13 EGBGB Rn 50; Staudinger/*Mankowski*, Art. 13 EGBGB Rn 628.

240 MüKo/*Coester*, Art. 13 EGBGB Rn 138 mwN.

241 BayObLGZ 1988, 86 (Türkei); *Hepting/Gaaz* (38. EL 2003), § 11 EheG Rn 72; MüKo/*Coester*, Art. 13 EGBGB Rn 138.

242 BGBl. II 1969 S. 1587.

243 U.a. *Hepting*, StAZ 1987, 154, 159; Staudinger/*Mankowski*, Art. 13 EGBGB Rn 630.

244 OLG Hamm OLGZ 1986, 135 = FamRZ 1986, 678 m.Anm. *Beitzke*, IPRax 1987, 17 und *Bosch*, FamRZ 1986, 679; *Bornhofen*, StAZ 1981, 269, 270 ff; *Henrich*, FamRZ 1986, 841, 842; *Hepting*, StAZ 1987, 154, 158; Staudinger/*Mankowski*, Art. 13 EGBGB Rn 633–635 mwN; zweifelnd Erman/*Hohloch*, Art. 13 EGBGB Rn 50.

245 U.a. BGHZ 43, 213, 220 f = FamRZ 1965, 311 = NJW 1965, 1129; BSG IPRspr 1975 Nr. 33 b; BSGE 33, 219, 221 = FamRZ 1972, 131 = NJW 1972, 1021; KG IPRspr 1966/67 Nr. 65; OLG Bremen NJW 1964, 1828.

246 BGHZ 43, 213, 225.

247 AA OLG Köln FamRZ 1964, 210; OLG Düsseldorf FamRZ 1965, 144 = NJW 1965, 1140.

248 U.a. BayObLGZ 1965, 450 = FamRZ 1966, 147, 148; BSGE 33, 219, 221; AG Karlsruhe IPRspr 1975 Nr. 39 a; mwN Staudinger/*Mankowski*, Art. 13 EGBGB Rn 639.

249 Im Einzelnen *Hepting/Gaaz* (38. EL 2003), § 11 EheG Rn 62 ff; Staudinger/*Mankowski*, Art. 13 EGBGB Rn 643. Listen ermächtigter Personen werden beim Bundesverwaltungsamt, Referat III A6 (Eupener Straße 125, 50993 Köln), aufbewahrt.

250 HM, u.a. BGH FamRZ 2003, 838, 839 = IPRax 2004, 438 m.Anm. *Borgmann*, FamRZ 2003, 844; *Mäsch*, IPRax 2004, 421; BGHZ 43, 213, 226; BayObLGZ 1994, 227 = FamRZ 1995, 602.

122 **cc) Formerfordernis.** Die Eheschließung hat in der nach dem ausländischen Recht vorgeschriebenen Form zu erfolgen. Nach diesem Recht richtet sich, ob eine Handschuhehe zulässig ist (zum Begriff s. Rn 143),[251] weiterhin bestimmt es über die Rechtsfolgen von Formverletzungen und Möglichkeiten ihrer Heilung.

123 Abs. 3 S. 2 sieht als eigenständiges sachrechtliches Formerfordernis des deutschen Rechts vor, dass die Eheschließung „vor" der Trauungsperson zu erfolgen hat. Probleme ergeben sich in Bezug auf Rechtsordnungen, die eine solche Mitwirkung bei der Abgabe der Willenserklärungen nicht vorsehen (so Japan, Korea, Vietnam, Ägypten; s.a. Rn 98 f). Wird der Ehekonsens in der im ausländischen Recht vorgeschriebenen Form (formlos, schriftlich, beurkundet uÄ) unter (nach ausländischem Recht nicht erforderlicher) Anwesenheit der ermächtigten Trauungsperson geschlossen, ist den Erfordernissen des S. 2 Rechnung getragen. Hiervon ist auch auszugehen, wenn die Partner eine bereits nach dem Heimatrecht erfolgte Eheschließung persönlich und gleichzeitig anwesend anmelden, weil die ermächtigte Person sich vom Eheschließungswillen überzeugen kann und damit dem Formzweck genüge getan ist.[252] Das trifft jedoch nicht mehr zu, wenn die Anmeldung bspw per E-Mail oder Post übersandt wird. Ist die Eheschließung nicht „vor" der ermächtigten Trauungsperson erfolgt, handelt es sich vom Standpunkt des deutschen Rechts um eine Nichtehe.[253]

124 **dd) Beweis der Eheschließung.** Vollen Beweis erbringt nach S. 2 Hs 2 eine beglaubigte Abschrift der Eintragung der Eheschließung in ein Register, das von der dazu ordnungsgemäß ermächtigten Person geführt wird. Zum Teil wird die Regelung dahin gehend verstanden, dass andere Beweismittel als der Nachweis der Eintragung nicht zulässig sind.[254] Damit würde der Eintragung faktisch die Bedeutung einer zusätzlichen Formwirksamkeitsvoraussetzung zukommen. Nach anderer Auffassung[255] – der zu folgen ist – bedeutet voller Beweis nicht ausschließlicher Beweis. Die Regelung des Hs 2 besagt lediglich, dass der Standesbeamte bei Vorlage der beglaubigten Abschrift keine weiteren Ermittlungen anzustellen hat. Zu prüfen bleibt jedoch, ob die Eheschließenden und die „ermächtigte" Person die Anforderungen von S. 2 Hs 1 erfüllen.[256]

Eine Eheschließung nach Abs. 3 S. 2 wird auf Antrag im standesamtlichen Eheregister beurkundet (§ 34 Abs. 1 PStG). Antragsberechtigt ist jeder Ehegatte, soweit beide verstorben sind, ihre Eltern oder Kinder. Zuständig ist das Standesamt am Wohnsitz oder gewöhnlichen Aufenthalt der antragstellenden Person. Fehlt es daran im Inland, ist das Standesamt I in Berlin zuständig (§ 34 Abs. 3 PStG). Die Beurkundungen beweisen die Eheschließung (§ 54 PStG).

125 **4. Auslandseheschließung. a) Grundsatz der alternativen Anknüpfung.** Nach Art. 11 Abs. 1 ist die Ehe formwirksam zustande gekommen, wenn sie den Formerfordernissen entweder des Rechts am Eheschließungsort oder des Rechts bzw der Rechte entspricht, die für die materiellrechtlichen Ehevoraussetzungen gelten (alternative Verweisung zugunsten der Formwirksamkeit auf das Orts- und das Geschäftsrecht). Es genügt, wenn die Formerfordernisse einer der beiden Rechtsordnungen erfüllt sind; ohne Belang ist, wenn die andere Rechtsordnung die Ehe nicht als formwirksam ansieht. Heiraten zB zwei deutsche Staatsangehörige jüdischen Glaubens in Israel nach Ortsform, ist die Ehe formwirksam, obgleich das deutsche Eherecht die obligatorische Zivileheschließung vorschreibt.

126 Weist die Eheschließung nach beiden Statuten Formmängel auf, die unterschiedlicher Art sein können, ist das Recht maßgeblich, das die weniger gravierenden Rechtsfolgen für den Bestand der Ehe vorsieht.[257]

127 **b) Rück- und Weiterverweisung. aa) Ortsrecht.** Die Verweisung auf das Ortsrecht ist Sachnormverweisung. Ist nach den Sachvorschriften des Rechts des Eheschließungsortes die Ehe formwirksam zustande gekommen, bleibt das Kollisionsrecht außer Betracht. Umstritten ist, ob zugunsten der Formwirksamkeit der renvoi zu beachten ist, wenn nach dem materiellen Ortsrecht die Eheschließung nicht formwirksam ist.[258] Es

251 Erman/*Hohloch*, Art. 13 EGBGB Rn 59; MüKo/*Coester*, Art. 13 EGBGB Rn 148; KG JuS 2005, 753 (Pakistan); aA *Rauscher*, StAZ 1985, 101, 102.

252 *Sakurada*, StAZ 1975, 85, 87 f; *Schurig*, StAZ 1971, 94; aA *Beitzke*, StAZ 1964, 25 f.

253 *Beitzke*, StAZ 1964, 25 f; MüKo/*Coester*, Art. 13 EGBGB Rn 140. S.a. *Rohe*, StAZ 2006, 93, 101.

254 So wohl BGHZ 43, 213, 226; *v. Bar*, IPR II, Rn 178; *Hepting/Gaaz* (38. EL 2003), § 11 EheG Rn 97; Staudinger/*Mankowski*, Art. 13 EGBGB Rn 648.

255 BayObLGZ 1988, 86; VG Stuttgart IPRspr 1991 Nr. 73; MüKo/*Coester*, Art. 13 EGBGB Rn 141; Palandt/*Thorn*, Art. 13 EGBGB Rn 29; Soergel/*Schurig*, Art. 13 EGBGB Rn 92.

256 Hierzu Staudinger/*Mankowski*, Art. 13 EGBGB Rn 650; BayObLGZ 1965, 450 = FamRZ 1966, 147; OLG Hamm FamRZ 1967, 570; OLG Oldenburg StAZ 1970, 74 f; § 241 Abs. 1 S. 1 Nr. 2 und § 188 a Abs. 1 Dienstanweisung für die Standesbeamten und ihre Aufsichtsbehörden (DA) idF v. 15.8.2007. Die Dienstanweisung für die Standesbeamten und ihre Aufsichtsbehörden idF v. 15.8.2007 bezieht sich noch auf das alte PStG, das bis zum 31.12.2008 in Kraft war. Die Verwaltungsvorschrift ist daher nicht auf das neue Personenstandsrecht abgestimmt. Zum neuen PStG v. 19.2.2007, das seit dem 1.1.2009 in Kraft ist, gibt es noch keine neue Verwaltungsvorschrift. Die angepasste Dienstanweisung wird voraussichtlich zum 1.7.2010 in Kraft treten. Im Folgenden werden deshalb die alten Bestimmungen zugrunde gelegt.

257 Staudinger/*Mankowski*, Art. 13 EGBGB Rn 763; Palandt/*Thorn*, Art. 13 EGBGB Rn 19.

258 Hierzu *v. Bar*, IPR II, Rn 159 ff; MüKo/*Coester*, Art. 13 EGBGB Rn 127; Soergel/*Schurig*, Art. 13 EGBGB Rn 124.

handelt sich hierbei um ein für die Praxis wenig relevantes Problem, weil das Ortsrecht die Verweisung stets annehmen wird. Sieht es außerdem eine alternative Anknüpfung vor und kommt es zur Rückverweisung auf das deutsche Recht, führt diese ins Leere, denn die deutsche standesamtliche Eheschließung findet im Ausland nicht statt (s. hierzu und zu den Ausnahmen Rn 133 ff). Übrig bleibt nur der Fall, dass eine Weiterverweisung zB auf das Recht des gemeinsamen domicile oder gewöhnlichen Aufenthalts erfolgt und dies nicht bereits das alternativ durch Art. 11 Abs. 1 S. 1 Alt. 1 berufene Recht ist. Dem der alternativen Anknüpfung zugrunde liegenden Günstigkeitszweck in Art. 11 Abs. 1 würde es nicht widersprechen, einer solchen Weiterverweisung zu folgen, wenn sie im Ergebnis zu einer formwirksamen Ehe führt.[259] Gefolgt wird auch einer Vorschrift des Ortsrechts, die die Eheschließung von Ausländern nach ausländischen Formvorschriften an bestimmte Sachvoraussetzungen knüpft.[260]

bb) Geschäftsrecht. Der Charakter der Verweisung auf das Geschäftsrecht leitet sich aus der streng akzessorischen Anknüpfung ab. Sinn und Zweck der Verweisung ist es, einen Gleichlauf von Sach- und Formstatut zu erreichen. Die Formgültigkeit richtet sich nach dem Recht/den Rechten, die auf die sachlichen Eheschließungsvoraussetzungen unter Beachtung des renvoi Anwendung finden.[261] Diesem Recht sind die materiellrechtlichen Formvorschriften zu entnehmen, insoweit ist die Verweisung in Bezug auf die Form selbst Sachnormverweisung.[262] **128**

c) Ort der Eheschließung. Art. 11 Abs. 2 lässt es für einen Vertrag unter Abwesenden genügen, dass der Vertrag formwirksam nach dem Recht eines der Staaten ist, in dem sich die Partner bei Abgabe ihrer Willenserklärungen befinden. Diese Vorschrift findet keine Anwendung auf die Ferntrauung, die dadurch charakterisiert ist, dass die Eheschließung vor der Trauungsperson in Abwesenheit eines oder beider Verlobten erfolgt. Die Formwirksamkeit richtet sich nach Art. 11 Abs. 1, weil nur der Ort, an dem der Trauungsvorgang stattfindet, als Eheschließungsort anzusehen ist (s. Rn 97). In der Lehre ist umstritten, ob Art. 13 Abs. 3 auf Konsens-Ehen, die unter Abwesenden geschlossen werden, anwendbar ist.[263] Jedenfalls ist Art. 13 Abs. 3 dann heranzuziehen, wenn sich einer der Erklärungsorte in Deutschland befindet (hierzu Rn 98). Bei Eheschließungen durch einen Stellvertreter für einen oder beide Verlobte ist Art. 11 Abs. 3 maßgebend. Für die Formwirksamkeit der Eheschließung kommt es nicht auf den Ort der Bevollmächtigung des Vertreters durch den Verlobten an, sondern auf den Ort, an dem der Vertreter die zur Ehe führende Erklärung (vor der Trauungsperson) abgibt (zum Ort der Eheschließung s. Rn 97 ff; zur Zulässigkeit der Vertretung s. Rn 142 ff). Hiervon ist die Formwirksamkeit der Vollmacht zu unterscheiden, die selbständig nach Art. 11 Abs. 1 anzuknüpfen ist. **129**

Bei der **Trauung auf Schiffen** in internationalen Gewässern kommt es auf das Recht des Flaggenstaates, bei **Flugzeugen** auf das Registrierungsland, wenn sich das Flugzeug auf einem den Luftraum eines Staates überschreitenden Flug befindet, an.[264] Nach dieser Rechtsordnung richtet sich auch, ob der Kapitän trauungsbefugt ist. **130**

d) Eheschließungsstatut. aa) Ausländisches Eheschließungsstatut. Haben die Ehegatten ein gemeinsames ausländisches Heimatrecht iSd Abs. 1, ist die Ehe wirksam zustande gekommen, wenn den Formerfordernissen dieses Rechts entsprochen ist (zB religiöse oder Konsens-Eheschließung nach dem Heimatrecht). Es kommt nicht darauf an, ob das Ortsrecht diese Ehe gleichfalls für formwirksam ansieht und ob das Heimatrecht die Verweisung für die Form der Eheschließung annimmt (s. Rn 127). **131**

Führt Abs. 1 für jeden Verlobten zu einem anderen ausländischen Eheschließungsstatut, ist die Ehe nur formwirksam zustande gekommen, wenn die Formerfordernisse beider Rechtsordnungen eingehalten worden sind (kumulative Anknüpfung). Weist die Ehe nach beiden Rechtsordnungen Formmängel auf, ist das Recht entscheidend, das die strengeren Rechtsfolgen für den Bestand der Ehe vorsieht.[265] Bei Heilung der Formmängel nach dem „ärgeren Recht" bleiben die Formmängel nach dem weniger strengen Recht zu beachten. **132**

bb) Deutsches Eheschließungsstatut. (1) Grundsatz. Regeln sich die sachlichen Voraussetzungen für die Eheschließung (auch) nach deutschem Recht, kann die Ehe nur nach der Ortsform (Art. 11 Abs. 1 Alt. 2) und nicht in der Form geschlossen werden, die das Geschäftsrecht (Art. 11 Abs. 1 Alt. 1) vorsieht. Die als **133**

259 Hierzu OLG Hamm FamRZ 1992, 351; *Kegel/Schurig*, IPR, § 10 V, S. 405 mwN; MüKo/*Coester*, Art. 13 EGBGB Rn 127.

260 ZB OLG Köln StAZ 1972, 140 (Eheschließung eines Kubaners mit einer Spanierin vor dem kubanischen Konsul in Frankreich nach kubanischen Formvorschriften).

261 Ua OLG Hamm FamRZ 1992, 351; MüKo/*Coester*, Art. 13 EGBGB Rn 146, 130; Staudinger/*Mankowski*, Art. 13 EGBGB Rn 496.

262 MüKo/*Coester*, Art. 13 EGBGB Rn 146, 130; OLG Hamm FamRZ 1992, 351; aA Staudinger/*Mankowski*, Art. 13 EGBGB Rn 495.

263 Für die Heranziehung Erman/*Hohloch*, Art. 13 EGBGB Rn 53 mwN; MüKo/*Coester*, Art. 13 EGBGB Rn 140: aA Soergel/*Schurig*, Art. 13 EGBGB Rn 79; *Ferid*, IPR, Rn 8–52.

264 Hierzu u.a. MüKo/*Coester*, Art. 13 EGBGB Rn 149; Soergel/*Schurig*, Art. 13 EGBGB Rn 81; Staudinger/*Mankowski*, Art. 13 EGBGB Rn 739.

265 MüKo/*Coester*, Art. 13 EGBGB Rn 146, 156; Soergel/*Schurig*, Art. 13 EGBGB Rn 112.

hoheitlich einzustufende Tätigkeit des Standesbeamten nach §§ 1310 und 1312 BGB ist auf das Inland beschränkt,[266] wodurch eine Eheschließung in dieser Form im Ausland ausgeschlossen ist.

134 **(2) Deutsche Konsularbeamte.** Mit Änderung des Konsulargesetzes durch Gesetz vom 17.12.2008[267] ist die Regelung entfallen, wonach ein dazu ermächtigter deutscher Konsularbeamter im Ausland Eheschließungen vornehmen kann, wenn mindestens ein Verlobter Deutscher und keiner von ihnen Angehöriger (auch) des Empfangsstaates ist. Dies hängt damit zusammen, dass Konsularbeamte keine Funktionen von Standesbeamten nach der Neuregelung ausüben. Ehen, die im Ausland nach dem KonsG aF geschlossen wurden, bleiben natürlich formwirksam, wenn die Formerfordernisse eingehalten wurden.[268]

135 **(3) Ermächtigte Trauungsperson eines Drittstaates.** Schließt ein Deutscher eine Ehe mit dem Angehörigen eines Drittstaates (nicht des Staates, in dem die Ehe geschlossen wird) vor der hierzu ermächtigten Trauungsperson durch die Regierung des Drittlandes, ist sie als formwirksam anzusehen, wenn

- das Recht des Eheschließungsortes unter Einschluss von Staatsverträgen mit dem Drittstaat diese Eheschließung auf seinem Territorium zulässt (insoweit Anwendung von Art. 11 Abs. 1 Alt. 2 verbunden mit einer Weiterverweisung auf das Recht des Drittstaates) und
- die Formvorschriften des Drittstaates für die Eheschließung im Ausland eingehalten sind

(Beispiel: Eheschließung in der schwedischen Botschaft in Portugal zwischen einer Deutschen und einem Schweden).[269]

136 Entsprechendes gilt für die Form der Eheschließung von Angehörigen dritter Staaten vor dem hierzu ermächtigten Vertreter der Regierung eines Drittstaates (Beispiel: Eheschließung einer Spanierin mit einem Kubaner im kubanischen Generalkonsulat in Frankreich).[270]

137 **e) Anwendungsbereich des Formstatuts.** Dem Formstatut unterliegen alle privatrechtlichen Fragen der äußeren Gestaltung des Eheschließungsaktes.[271] Es ist insbesondere auf folgende Fragen anwendbar:

- Eheschließung in staatlicher (ziviler) oder religiöser Form sowie die Möglichkeit ihrer Wahl durch die Eheleute;[272]
- Erfordernis eines Trauungsaktes;
- Form der Willenserklärung eines Verlobten (zB mündlich, notariell beurkundet, formlos);
- Trauungsperson (Person, vor der die Eheschließung erfolgt oder die die Trauung vornimmt, etwa Standesbeamter, Priester, Friedensrichter), ihre Ermächtigung und Zuständigkeiten;[273]
- Erfordernis von Zeugen und ihre persönlichen Voraussetzungen;[274]
- Erfordernis der persönlichen Anwesenheit der Verlobten vor der Trauungsperson, Zulässigkeit und Voraussetzungen von Ferntrauung und Handschuhehe (s. Rn 142 ff);
- Trauungsstätte (zB Kirche);
- Registrierung der Eheschließung/des Ehekonsenses und ihre konstitutive oder deklaratorische Wirkung für die Wirksamkeit der Ehe;[275]
- Wirkungen von Formverstößen für die Wirksamkeit der Ehe (so, ob die Ehe ipso iure unwirksam [Nichtehe], anfechtbar [nichtig im Sinne von vernichtbar] ist oder ein Formverstoß ohne Folgen für das Eheband vorliegt, sowie darüber, wie der Mangel geltend zu machen ist, einschließlich der Klagebefugnis;[276] für Nebenfolgen vgl Rn 75 ff);
- Möglichkeit der Heilung von Formmängeln;
- Die Frage, ob eine Vorschrift des fremden Rechts als Formvorschrift oder als sachlich-rechtliche Bestimmung anzusehen ist, ist vom Standpunkt des deutschen IPR zu entscheiden (funktionelle Qualifikation).[277] Auf die Einordnung nach ausländischem Recht kommt es nicht an.

138 Die **Heilung von Formmängeln** bestimmt sich nach dem Recht, dem die Formerfordernisse entnommen werden, einschließlich der Gesetze mit rückwirkender Heilung. In der Rechtspraxis erlangten die in der Türkei

266 AG Kassel StAZ 1998, 81; MüKo/*Coester*, Art. 13 EGBGB Rn 146; Soergel/*Schurig*, Art. 13 EGBGB Rn 83; LG Hamburg IPRspr 1977 Nr. 51 = StAZ 1977, 342.
267 BGBl. I 2008 S. 2586.
268 Hierzu näher AnwK-BGB/*Andrae*, 1. Aufl. 2005, Art. 13 EGBGB Rn 134–137.
269 *Könnecke*, StAZ 1993, 199.
270 OLG Köln StAZ 1972, 140, 141; hierzu auch *Bargen*, StAZ 1994, 325.
271 BGHZ 29, 137, 140 = FamRZ 1959, 143 = NJW 1959, 717; BayObLG StAZ 2000, 145, 146; MüKo/*Coester*, Art. 13 EGBGB Rn 120 mwN.
272 Überblick über einzelne Länder Staudinger/*Mankowski*, Art. 13 EGBGB Rn 659.
273 BGHZ 29, 137, 140; BayObLG StAZ 2000, 145, 146; Staudinger/*Mankowski*, Art. 13 EGBGB Rn 786 mwN.
274 OLG Düsseldorf IPRax 1993, 331 = FamRZ 1993, 187 (Marokko) m.Anm. *Börner*, StAZ 1993, 377 ff und *Kotzur*, IPRax 1993, 305, 306.
275 AG Hannover FamRZ 2002, 1116, 1118 mwN; KG FamRZ 2006, 1863; MüKo/*Coester*, Art. 13 EGBGB Rn 123; Staudinger/*Mankowski*, Art. 13 EGBGB Rn 797.
276 RGZ 133, 161, 164 ff; BayObLG StAZ 2000, 145, 146; OLG Düsseldorf FamRZ 1993, 1083, 1084 f; MüKo/*Coester*, Art. 13 EGBGB Rn 160.
277 BGHZ 29, 137, 139 = NJW 1959, 717; KG FamRZ 2006, 1863.

nach der Säkularisierung in islamisch-religiöser Traditionsform geschlossenen Ehen besondere Bedeutung, die durch die türkische Gesetzgebung zu verschiedenen Zeitpunkten rückwirkend als wirksam bestimmt wurden.[278]

Darüber hinaus kommt die Heilung von Formmängeln einer im Ausland geschlossenen Ehe nach deutschem Recht in Betracht. Die Rechtsfolge einer Nichtehe oder einer nichtigen Ehe wird überwunden, wenn die Voraussetzungen von § 1310 Abs. 3 BGB gegeben sind. Die Vorschrift ist anwendbar, wenn der deutsche Standesbeamte die vorgesehenen Handlungen vorgenommen hat.[279] Diese sind nicht nur Sachvoraussetzungen für die statusrechtliche Heilung, sondern bringen auch den notwendigen Inlandsbezug bei Auslandstrauung zum Ausdruck. § 1310 Abs. 3 BGB kann auch herangezogen werden, wenn die Formwirksamkeit der Eheschließung zweifelhaft, die Erklärung des Ehekonsenses jedoch zweifelsfrei ist.[280] Der BGH hat in einem Fall, in dem sich die Vorfrage der Formwirksamkeit einer im Ausland geschlossenen Ehe stellte, § 1310 Abs. 3 BGB in Bezug auf Parteien geprüft, die beide hinsichtlich der materiellen Eheschließungsvoraussetzungen ausländischem Recht unterlagen, zum Zeitpunkt der Hauptentscheidung jedoch beide eventuell den Status eines internationalen Flüchtlings hatten.[281] **139**

Vor Inkrafttreten von § 1310 Abs. 3 BGB ist die Heilung von Formmängeln einer Auslandstrauung in Bezug auf einzelne Rechtsfolgen aus dem allgemeinen Prinzip der Freiheit der Eheschließung oder aus Art. 6 Abs. 1 GG abgeleitet worden, sofern die Ehegatten langjährig als verheiratet zusammengelebt hatten. Einen besonderen Gesichtspunkt hierbei bildete die Unmöglichkeit oder Unzumutbarkeit der Nutzung der Ortsform zum Zeitpunkt der Eheschließung.[282] Diese Rechtsprechung hat in solchen Fällen weiterhin Bedeutung, in denen die Voraussetzungen für die Anwendung von § 1310 Abs. 3 BGB nicht vorliegen.[283] **140**
Nach Ansicht von *Coester* können die in § 13 Abs. 3 BGB vorgesehenen Verrichtungen des Standesbeamten durch vergleichbare Tätigkeiten ausländischer Standesbeamter substituiert werden.[284]

Vereinzelt wird auch die Heilung einer formunwirksamen Auslandstrauung durch „Statutenwechsel" vertreten, wobei die Formwirksamkeit nach dem Recht der gemeinsamen Staatsangehörigkeit beurteilt wird, die erst nach der Eheschließung erworben worden ist.[285] **141**

Besteht Zweifel an dem wirksamen Zustandekommen der Ehe im Ausland, so besteht die Möglichkeit einer erneuten Eheschließung im Inland, weil – selbst soweit die erste Eheschließung mangelfrei ist – bei denselben Partnern das Verbot der Doppelehe nach § 1306 BGB nicht greift.[286]

f) Übergreifende Probleme. aa) Handschuhehe und Stellvertretung im Willen. Wird die Ehe nicht persönlich, sondern durch Boten oder Stellvertreter geschlossen, kommt nach der funktionellen Qualifikationsmethode entweder eine Zuordnung zum Formstatut oder zum Sachstatut infrage.[287] **142**

Einerseits kann es um die Zulässigkeit der persönlichen Abwesenheit eines oder beider Verlobten bei der Eheschließung gehen. Bei dieser **Stellvertretung in der Erklärung** hat die Mittelsperson nur die vom Vertretenen vorgegebene Konsenserklärung vor dem Trauungsorgan abzugeben, ohne eigene Entscheidungsfreiheit über die Partnerwahl (Handschuhehe) zu besitzen. Zulässigkeit und Voraussetzungen der persönlichen Abwesenheit und die Erklärung durch Dritte unterliegen dem Formstatut.[288] Hierzu wird auch das Handeln unter fremdem Namen bei der Eheschließung gerechnet (verdeckte Stellvertretung).[289] Bei Eheschließung im Inland findet vorbehaltlich Abs. 3 deutsches Recht, also § 1311 BGB Anwendung. Bei Eheschließung im Ausland kommt die Ehe zustande, wenn entweder den diesbezüglichen Voraussetzungen des Vornahmeortes (zum Eheschließungsort s. Rn 97 ff) oder den Rechten Genüge getan ist, die die materiellen Ehevorausset- **143**

278 Hierzu *Ansay*, StAZ 1982, 70; *Arslan*, StAZ 1976, 99; Böhmer/Finger/*Finger*, Art. 13 Rn 96 a mwN; *Dilger*, StAZ 1976, 353.
279 Coester, in: FS Heldrich 2005, S. 537, 546.
280 Z.B. AG Hannover FamRZ 2002, 1116, 1118.
281 NJW-RR 2007, 145, 146 = FamRZ 2007, 109 = StAZ 2007, 337.
282 OLG München FamRZ 1968, 599; OLG Stuttgart FamRZ 1963, 39, 42 f.
283 Ob neben § 1310 Abs. 3 Heilungsmöglichkeiten bestehen, ist nicht unbestritten aufgrund der Entscheidung des BGH NJW-RR 2007, 145 = FamRZ 2007, 109 = StAZ 2007, 337; bejahend u.a. *Coester*, in: FS Heldrich 2005, S. 537, 540 f; *Borgmann*, FamRZ 2003, 844, 845 f.
284 *Coester*, in: FS Heldrich 2005, S. 537, 539; Substitution abl. OLG Karlsruhe StAZ 1994, 286.
285 OLG München StAZ 1993, 151, 152 m. krit. Anm. *Bungert*, StAZ 1993, 140, 146; SG Hamburg IPRax 2007, 47, 48; *Bayer/Körzer/Wandt*, FamRZ 1983, 770, 773 ff; *Coester*, in: FS Heldrich 2005, S. 537, 541 ff; Staudinger/*Mankowski*, Art. 13 EGBGB Rn 519 mwN; *Siehr*, IPRax 2007, 30, 34; eher abl. BGH FamRZ 1978, 232.
286 § 192 Abs. 2 DA.
287 Hierzu *Spellenberg*, in: FS Schwab 2005, S. 1279 ff.
288 U.a. BGHZ 29, 137, 139; OLG Karlsruhe StAZ 1994, 286; LG Stuttgart StAZ 1992, 379; OLG Hamm StAZ 1986, 134; rechtsvergleichender Gesamtüberblick *Coester-Waltjen/Coester*, International Encyclopedia of Comparative Law, Chapter 3, 1997, sec 129–133; Staudinger/*Mankowski*, Art. 13 EGBGB Rn 754 f; zum Kollisionsrecht umfassend *Dieckmann*, Die Handschuhehe deutscher Staatsangehöriger nach deutschem IPR, 1959.
289 OLG Karlsruhe StAZ 1994, 286; *Beitzke*, in: FS Dolle 1963, S. 244 ff.

zungen regeln.[290] Die Anerkennung einer im Ausland eingegangenen Handschuhehe ist jedoch bei genügendem Inlandsbezugs wegen Verletzung des ordre public dann ausgeschlossen, wenn sich die Eheschließenden zum Zeitpunkt der Eheschließung nachweisbar nicht persönlich gekannt haben.[291] Gestattet das auf die Form anwendbare Recht die Handschuhehe oder die verdeckte Stellvertretung nicht, sind die Rechtsfolgen für den Ehestatus diesem Recht zu entnehmen.[292]

144 Andererseits kann die (Un-)Zulässigkeit der **Stellvertretung im Willen** betroffen sein. Im Gegensatz zur Handschuhehe hat der Vertreter bei der Willenserklärung die (Mit-)Entscheidung über das „Ob" der Eheschließung oder über die Wahl des Partners.[293] Im deutschen Recht ist die Unzulässigkeit der Stellvertretung im Willen als zweiseitiges Ehehindernis ausgestaltet. Bei deutschem Personalstatut führt die Nichtbeachtung daher zur Nichtehe.[294] Der Schließung einer solchen Ehe im Inland zwischen Personen mit ausländischem Personalstatut steht Abs. 3 S. 1 iVm § 1311 S. 1 BGB entgegen, weil sie auch nicht das (Form-)Erfordernis der gleichzeitigen und persönlichen Anwesenheit vor dem Standesbeamten erfüllt.

145 Ob eine durch Stellvertretung im Willen nach dem Eheschließungsstatut wirksam geschlossene Ehe[295] wegen Verstoßes gegen Art. 6 nicht anzuerkennen ist, hängt vom Einzelfall ab.[296] Zu fragen ist insbesondere:

- In welchem Zusammenhang stellt sich die Frage der Wirksamkeit?
- Haben die Ehegatten nach Eheschließung eine eheliche Lebensgemeinschaft gewollt begründet?
- Wie lange besteht die Lebensgemeinschaft?
- Sind aus ihr Kinder hervorgegangen?

146 Lässt das auf die Form der Eheschließung anwendbare Ortsrecht sowohl die Handschuhehe als auch die Vertretung im Willen in Bezug auf die Eheschließung zu, kommt es für die Qualifikation auf die Ausgestaltung der Vollmacht und den Gebrauch durch den Bevollmächtigten an. Enthält die Vollmacht zur Eheschließung die konkrete Weisung hinsichtlich der Person des anderen Ehegatten und hält sich der Bevollmächtigte an diese Weisung, ohne von der in der Rechtsordnung des Eheschließungsortes vorgesehenen Möglichkeit des Abweichens Gebrauch zu machen, ist diese Eheschließung als Handschuhehe zu qualifizieren. Maßgeblich ist das auf die Form der Eheschließung anwendbare Recht.[297]

147 **bb) Aufgebot, Ehefähigkeitszeugnis.** Das **Aufgebot** wird überwiegend zur Form gerechnet.[298] Überzeugender ist jedoch die verfahrensrechtliche Zuordnung, weil das Aufgebot nicht die Konsenserklärung betrifft, sondern dem Trauungsorgan zur Ermittlung von Ehehindernissen dient. Entsprechendes gilt für das Ehefähigkeitszeugnis. Jedenfalls ergibt sich das Erfordernis eines Aufgebots und eines Ehefähigkeitszeugnisses aus dem Recht des Eheschließungsortes; das Heimatrecht beider Verlobten bleibt außer Betracht.

148 Ein **Ehefähigkeitszeugnis** ist gem. § 1309 BGB beizubringen, wenn die Ehe in Deutschland vor dem Standesbeamten oder vor einem deutschen Konsularbeamten im Ausland geschlossen werden soll und die Voraussetzungen für die Eheschließung ausländischem Recht unterliegen.

149 Die hM hält ein Ehefähigkeitszeugnis auch für erforderlich, wenn das ausländische Recht auf das deutsche zurückverweist.[299] Für eine Nichteinbeziehung spricht, dass das Ehefähigkeitszeugnis dem Aufspüren von materiellen Ehehindernissen dient. Wenn die Ehehindernisse dem deutschen Recht unterliegen, schafft das Ehefähigkeitzeugnis hierfür keine Erleichterung, sondern erschwert ohne ausreichenden Grund die Eheschließung. Dafür spricht, dass die Frage, ob eine Person mit ausländischer Staatsangehörigkeit dem inländischen oder ausländischen Eheschließungsrecht unterliegt, vom Kollisionsrecht des Heimatstaates abhängt. Dabei könnte zB zu beurteilen sein, wo vom Standpunkt dieser Rechtsordnungen der Verlobte seinen Wohnsitz hat.

290 U.a. BGHZ 29, 137, 143 f = FamRZ 1959, 143 = NJW 1959, 717; BayObLGZ 2000, 335 = StAZ 2001, 66; LG Stuttgart StAZ 1992, 379.

291 Ordre public-Problem nicht gesehen, OLG Zweibrücken NJW-RR 2011, 725.

292 OLG Karlsruhe StAZ 1994, 286.

293 U.a. BGHZ 29, 137, 140 ff (obiter); KG OLGZ 1973, 435, 439 f (obiter); KG IPRspr 2004 Nr. 206, 464 (obiter); *v. Bar*, IPR II, Rn 163; Erman/*Hohloch*, Art. 13 EGBGB Rn 24; Staudinger/*Mankowski*, Art. 13 EGBGB Rn 218 ff.

294 Fehlerhaft Art. 6 angewandt: AG Gießen StAZ 2001, 39; *Rauscher*, StAZ 1985, 101, 102; Staudinger/*Mankowski*, Art. 13 EGBGB Rn 219.

295 Teilweise in islamischen Rechtsordnungen, zB Pakistan, s. *Rauscher*, StAZ 1985, 101.

296 BGHZ 29, 137, 140 ff (obiter); KG OLGZ 1973, 435, 439 f (obiter); AG Gießen StAZ 2001, 39 (Anlegung eines Familienbuches gestützt auf Art. 6 [ordre public] abgelehnt); *Deuchler*, in: FS Raape 1948, S. 88; Erman/*Hohloch*, Art. 13 EGBGB Rn 24; Soergel/*Schurig*, Art. 13 EGBGB Rn 80; eher abl.: OLG Celle FamRZ 1958, 30.

297 BayObLGZ 2000, 335; KG FamRZ 1973, 313, 315; KG IPRspr 2004 Nr. 206, 464; Staudinger/*Mankowski*, Art. 13 EGBGB Rn 221.

298 U.a. BGHZ 29, 137, 149; RGZ 88, 191, 193; BayObLG StAZ 2000, 145, 146; BayObLG FamRZ 1997, 818, 819 (Heimat nach philippinischem Recht); Soergel/*Schurig*, Art. 13 EGBGB Rn 8; Staudinger/*Mankowski*, Art. 13 EGBGB Rn 772.

299 BT-Drucks. 13/4898, 15; *Hepting*, FamRZ 1998, 713, 718; Palandt/*Budermüller*, § 1309 Rn 6; Hepting/Gaaz/*Gaaz* (38. EL 2003), Bd. 1, § 5 a Rn 38; Erman/*Roth*, § 1309 Rn 3; aA Palandt/*Thorn*, Art. 13 EGBGB Rn 22. Für die Praxis vgl § 166 Abs. 3 S. 1 DA.

Da es sich um komplizierte Rechtsfragen handelt, ist die Einhaltung des Verfahrens nach § 1309 BGB zweckmäßig.

150 Keines Ehefähigkeitszeugnisses bedürfen Verlobte, die ein deutsches Personalstatut besitzen, ohne Deutsche zu sein (s. Rn 7 f; zu den Anforderungen an das Ehefähigkeitszeugnis, seinen Wirkungen, zur Zulässigkeit und den Voraussetzungen für die Befreiung von der Beibringung s. § 1309 BGB). Inwieweit Deutsche bei Eheschließung im Ausland ein Ehefähigkeitszeugnis ihrer Heimatbehörde vorlegen müssen, bestimmt sich nach dem Recht des Eheschließungsortes. Die Ausstellung in Deutschland regelt sich nach § 39 PStG (näher Rn 153 f).

C. Weitere praktische Hinweise (Personenstandsrecht)

I. Eheschließung im Inland

151 Der Standesbeamte hat bei Anmeldung der Eheschließung zu prüfen, ob der Eheschließung ein **Ehehindernis** entgegensteht. Zur Erleichterung dieser Prüfung haben Personen, die hinsichtlich der Voraussetzungen für die Eheschließung ausländischem Recht unterliegen, vorbehaltlich Abs. 2, dem Standesbeamten ein **Ehefähigkeitszeugnis** der inneren Behörde ihres Heimatstaates vorzulegen.[300] Vom Erfordernis der Beibringung kann der Präsident des zuständigen OLG nach § 1309 Abs. 2 BGB eine Befreiung erteilen.[301] Das Standesamt, bei dem die Eheschließung angemeldet wird, hat den Antrag auf Befreiung aufzunehmen und die Entscheidung vorzubereiten. Dazu haben die Eheschließenden auch die Nachweise zu erbringen, die die Prüfung der Eheschließungsvoraussetzungen nach ausländischem Recht ermöglichen (§ 12 Abs. 3 PStG).

152 Das beigebrachte Ehefähigkeitszeugnis enthebt den Standesbeamten nicht von der **Prüfung** des Vorliegens **der materiellen Voraussetzungen** für die Eheschließung nach dem hierfür maßgeblichen Recht.[302] Es bindet den Standesbeamten nicht.[303]

Dem Standesbeamten ist durch Urkunden der Nachweis über die Auflösung einer Vorehe zu erbringen. Bei ausländischen Entscheidungen in Ehesachen kommt es darauf an, nach welcher Rechtsquelle sich die Anerkennung richtet.[304] Handelt es sich um eine Entscheidung aus einem Mitgliedstaat der EU (außer Dänemark), die sachlich und zeitlich der EheVO unterliegt, so erfolgt die Anerkennung ipso iure, wenn die Anerkennungsvoraussetzungen nach Art. 21 EheVO vorliegen. Dies kann vom Standesbeamten im Rahmen der Prüfung der Ehevoraussetzungen geprüft werden.[305] Bei rechtskräftigen Entscheidungen in Ehesachen, die der EheVO unterliegen, gehen die Standesbeamten ohne Prüfung regelmäßig von ihrer Anerkennung aus, soweit eine Bescheinigung nach Art. 39 EheVO vorgelegt wird.[306] Soweit jedoch Umstände bekannt sind, die Zweifel an dem Vorliegen der Anerkennungsvoraussetzungen begründen, hat der Standesbeamte eine amtliche Übersetzung der Entscheidung zu fordern und eine Prüfung an die zuständige Verwaltungsbehörde zu übergeben. Eheschließungen aus anderen Staaten bedürfen der förmlichen Anerkennung durch die zuständige Landesjustizverwaltung oder den zuständigen Präsidenten des OLG nach § 107 FamFG. Ausgenommen sind nur gerichtliche oder behördliche Entscheidungen aus dem Heimatstaat beider Ehegatten.[307] Nur für diese kann die Anerkennung durch den Standesbeamten oder den Präsidenten des OLG im Befreiungsverfahren nach § 1309 Abs. 2 BGB geprüft werden.

II. Ausstellung eines Ehefähigkeitszeugnisses (§ 39 PStG)

153 Die Ausstellung eines Ehefähigkeitszeugnisses, das ein Deutscher für die Eheschließung im Ausland benötigt, erfolgt **auf Antrag durch das Standesamt**.[308] Ein solches Zeugnis erhalten auch Staatenlose, heimatlose Ausländer, Asylberechtigte und internationale Flüchtlinge mit gewöhnlichem Aufenthalt in Deutschland (§ 39 Abs. 3). Das Ehefähigkeitszeugnis wird nur erteilt, wenn der beabsichtigten Eheschließung für den deutschen Verlobten kein einseitiges oder zweiseitiges Ehehindernis **nach deutschem Recht** entgegensteht.[309] Für die Erteilung sind dieselben Unterlagen beizubringen wie bei der Anmeldung der Eheschließung in Deutschland. Das Ehefähigkeitszeugnis gilt für die Dauer von 6 Monaten. Im Verhältnis zu Italien, Luxemburg, den Niederlanden, Österreich, Portugal, der Schweiz, Spanien und der Türkei findet das Münchener

300 Ausf. u.a. MüKo/*Müller-Gindullis*, § 1309 Rn 2 ff.
301 Näher u.a. MüKo/*Müller-Gindullis*, § 1309 Rn 15 ff; *Schmitz-Justen*, StAZ 2007, 107 ff.
302 BayObLG StAZ 1998, 252, 253; Hepting/Gaaz/*Gaaz* (38. EL 2003), Bd. 1, § 5 Rn 15; Hepting/Gaaz/*Hepting* (38. EL 2003), Bd. 2, Rn III-321.
303 BGHZ 46, 87, 92 = NJW 1966, 1811; vgl § 172 Abs. 1 S. 1 DA.
304 § 159 Abs. 4 DA; s. u.a. Hepting/Gaaz/*Gaaz* (38. EL 2003), Bd. 1, § 5 Rn 45 f; Hepting/Gaaz/*Hepting* (38. EL 2003), Bd. 2, Rn III-590 ff.
305 Hierzu Anh. I zum III. Abschnitt EGBGB.
306 § 159 a Abs. 1 S. 2 DA.
307 Zu Einzelheiten Anh. II zum III. Abschnitt EGBGB.
308 Hierzu ausf. *Gaaz/Bornhofen*, PStG 2008, § 39.
309 Einzelheiten § 383 DA; *Gaaz/Bornhofen*, PStG 2008, § 39 Rn 13 ff.

CIEC-Übereinkommen über die Ausstellung von (mehrsprachigen) Ehefähigkeitszeugnissen vom 5.9.1980 Anwendung.[310] Vereinbarungen mit Luxemburg,[311] Österreich[312] und der Schweiz[313] enthalten darüber hinaus Regelungen, die die Beschaffung des Ehefähigkeitszeugnisses zusätzlich erleichtern.[314]

154 Die **örtliche Zuständigkeit** bestimmt sich nach dem Wohnsitz, subsidiär nach dem (letzten) gewöhnlichen Aufenthalt. Fehlt es an einem jetzigen und früheren gewöhnlichen Aufenthalt in Deutschland, ist der Standesbeamte des Standesamtes I Berlin zuständig.[315]

III. Standesamtliche Registrierung

155 Die vor einem deutschen Standesbeamten geschlossene Ehe wird seit dem 1.1.2009 in dem elektronisch geführten Eheregister eingetragen.

Ohne Bedeutung für die Anlegung ist die Staatsangehörigkeit der Eheleute und ob sie nach der Eheschließung ihren Wohnsitz oder gewöhnlichen Aufenthalt im Ausland haben.

156 Hat ein Deutscher im Ausland die Ehe geschlossen, so erfolgt auf Antrag die Beurkundung im Eheregister. Für den Besitz der deutschen Staatsangehörigkeit kommt es auf den Zeitpunkt der Antragstellung an.[316] Gleiches gilt für Staatenlose, heimatlose Ausländer, Asylberechtigte und internationale Flüchtlinge nach der GFK mit gewöhnlichem Aufenthalt[317] im Inland.[318] Die Beantragung kann auch auf die Beurkundung für eine Ehe, die nach Abs. 3 S. 2 geschlossen wurde, gerichtet sein (s. Rn 124). Antragsberechtigt sind die Ehegatten und, soweit diese verstorben sind, deren Kinder und Eltern. Zuständig für die Entgegennahme des Antrags ist das Standesamt am Wohnsitz oder gewöhnlichen Aufenthalt des Antragstellers, fehlt es daran im Inland, liegt die Zuständigkeit beim Standesamt I in Berlin.[319]

Der Antrag ist an keine Frist gebunden. Nicht erforderlich ist ferner, dass die Ehe noch besteht oder die Ehegatten noch leben.[320] Der Antragsteller muss die vom Standesbeamten zu beurkundenden Angaben durch Beurkundungen in anderen Personenstandsbüchern, in- oder ausländische Personenstandsurkunden oder andere öffentliche Urkunden, ersatzweise kirchliche oder andere beweiskräftige Bescheinigungen, notfalls durch Versicherungen an Eides statt nachweisen.[321] Die Würdigung ist unter Berücksichtigung der Gesamtheit der Umstände vorzunehmen.[322]

157 Der Standesbeamte hat zu prüfen, ob der Nachweis über eine förmliche Eheschließung erbracht ist und auch, ob eine nach materiellem Recht (form-)wirksame Ehe zustande gekommen ist.[323] Die Prüfung schließt die Frage ein, nach welchem Recht die Wirksamkeit der Eheschließung und die sonstigen Wirksamkeitsvoraussetzungen für die Ehe zu beurteilen sind.[324] Ist der Standesbeamte von der wirksamen Eheschließung im Ausland überzeugt, hat er die Eintragung vorzunehmen; bei Zweifeln darf und muss er den Sachverhalt durch Ermittlungen aufklären. Er kann hierüber die Entscheidung des AmtsG herbeiführen (§ 49 Abs. 2 PStG).

310 BGBl. II 1997 S. 1087; Bekanntmachung v. 25.5.1999 (BGBl. II S. 486). Ausgestellt wird das Ehefähigkeitszeugnis im Rahmen des CIEC-Übereinkommens durch die vom jeweiligen Vertragsstaat benannte Behörde (Art. 8) gem. dem vom Übereinkommen vorgeschriebenen Muster für Angehörige des Heimatstaates (Art. 1) sowie Flüchtlinge und Staatenlose, deren Personalstatut sich nach dem Recht dieses Staates richtet (Art. 2). Einer Beglaubigung des Ehefähigkeitszeugnisses (Legalisation) bedarf es nicht. Näher u.a. Böhmer/Finger/*Böhmer*, 6.5A1.

311 Deutsch-luxemburgisches Abkommen v. 3.6.1982 (BGBl. II 1983 S. 698; BGBl. II 1984 S. 188).

312 Deutsch-österreichischer Vertrag v. 18.11.1980 (BGBl. II 1981 S. 1050; BGBl. II 1982 S. 207 und S. 459).

313 Deutsch-schweizerische Vereinbarung v. 6.6.1956 (BGBl. II 1960 S. 453 und S. 2123).

314 Angehörige eines Vertragsstaates können den Antrag auf Ausstellung des beizubringenden Ehefähigkeitszeugnisses bei beabsichtigter Eheschließung im anderen Vertragsstaat auch bei dem Standesbeamten stellen, bei dem die Eheschließung angemeldet wird. Zudem muss das Ehefähigkeitszeugnis nicht legalisiert werden. Vgl in Bezug auf eine Eheschließung in Deutschland §§ 169, 169 a, 169 b DA; eingehend zu den Vereinbarungen u.a. Böhmer/Finger/*Böhmer*, 6.4.1 bis 6.4.3.

315 § 39 Abs. 1 PStG; Erklärung der Bundesregierung zum Beitritt zum CIEC-Übereinkommen (BGBl. II 1999 S. 486).

316 § 34 Abs. 1 S. 1 Hs 2 PStG.

317 Zum Begriff § 132 DA.

318 § 34 Abs. 1 S. 3 PStG.

319 § 34 Abs. 3 PStG; hierzu näher *Gaaz/Bornhofen*, PStG 2008, § 34.

320 Zur entsprechenden Regelung im PStG aF für die Anlegung des Familienbuchs BayObLG StAZ 2000, 296, 298 mwN; OLG Karlsruhe StAZ 1994, 286; Hepting/Gaaz/*Gaaz* (38. EL 2003), Bd. 1, § 15 a Rn 38.

321 § 9 Abs. 2 PStG.

322 Hierzu BayObLG StAZ 2000, 296; BayObLG IPRspr 1988 Nr. 93; Hepting/Gaaz/*Gaaz* (38. EL 2003), Bd. 1, § 5 Rn 24.

323 BGH FamRZ 1991, 300, 301 f = StAZ 1991, 187, 188 f; hierzu *Knauber*, StAZ 1993, 69 ff; KG KGR Berlin 2005, 668 ff (für das Familienbuch nach altem Recht); *Gaaz/Bornhofen*, PStG 2008, § 34 Rn 15.

324 OLG Karlsruhe StAZ 1994, 286 (für das Familienbuch nach altem Recht).

Die Beurkundung kann nicht erfolgen, wenn die im Ausland geschlossene Ehe nach ausländischem Recht wegen **Bigamie** eine Nichtehe ist.[325] Wird sie aus diesem Grund nach dem anwendbaren Recht dagegen durch Nichtigkeitsklage vernichtet, ist sie im Eheregister einzutragen.[326] **158**

IV. Ausländische Urkunden

Wird eine ausländische öffentliche Urkunde vorgelegt und erscheint die Echtheit dieser Urkunden zweifelhaft, so kann ihre Anerkennung von einer Legalisation durch die zuständige Vertretung der Bundesrepublik im Ausstellerstaat abhängig gemacht werden. Die Legalisation entfällt, soweit EU-Verordnungen oder internationale Vereinbarungen hiervon befreien.[327] Neben bilateralen Abkommen kommt hier insbesondere das Übereinkommen zur Befreiung ausländischer öffentlicher Urkunden vom 5.10.1961[328] zur Anwendung, wonach an die Stelle der Legalisation eine Apostille tritt (im Einzelnen hierzu § 114 DA). Bei einer Urkunde in ausländischer Sprache kann der Standesbeamte die Übersetzung verlangen, soweit er die betreffende Sprache nicht beherrscht. Diese Übersetzung soll möglichst durch einen öffentlich berechtigten oder anerkannten Übersetzer erfolgen (§ 110 DA). **159**

Ausländischen Personenstandsurkunden kommt nicht dieselbe Beweiskraft zu, wie sie § 54 PStG inländischen Personenstandsurkunden beimisst.[329] Gleiches gilt für kirchliche Heiratsurkunden.[330] Die in ihnen beurkundeten Tatsachen unterliegen der freien Beweiswürdigung und der Prüfung ihrer materiellen Richtigkeit.[331]

V. Rechtsmittel

Bei Ablehnung des Antrags auf Eheschließung, auf Erteilung eines Ehefähigkeitszeugnisses und auf Anlegung eines Familienbuches können die Beteiligten **beim zuständigen AG** beantragen,[332] den Standesbeamten anzuhalten, die Amtshandlung vorzunehmen (§ 49 Abs. 1 PStG). Einem vom Standesbeamten oder der Aufsichtsbehörde beantragten Verfahren können die Beteiligten in jedem Stadium dieses Verfahrens beitreten (§ 51 Abs. 2 PStG). Das Verfahren ist im Einzelnen in **§§ 45–50 PStG** geregelt. Es unterliegt im Übrigen dem **FamFG**. **160**

VI. Streitige Gerichtsbarkeit

1. Internationale Zuständigkeit. Die Internationale Zuständigkeit der deutschen Gerichte in Verfahren, die die Aufhebung oder Nichtigkeitserklärung der Ehe betreffen, bestimmt sich nach **Art. 3 ff EheVO**. Umstritten ist, ob Feststellungsverfahren erfasst werden. Die Frage ergibt sich daraus, dass in Art. 1 Abs. 1 lit. a EheVO nur Gestaltungsverfahren aufgezählt sind und Art. 22 EheVO für die Anerkennung nur solche erfasst, die zur Aufhebung der Ehe, zu ihrer Ungültigkeitserklärung oder zur förmlichen Trennung führen. Die Auffassungen reichen von dem Ausschluss von Feststellungsverfahren, über die Einbeziehung sog. negativer Feststellungsverfahren, dh in denen die Feststellung des Nichtbestehens begehrt wird, bis zur Erstreckung auf alle Feststellungsverfahren.[333] *Rauscher* will in den Begriff der Entscheidung Feststellungsverfahren hineinnehmen, ihn jedoch für die Anerkennung auf negative Feststellungsentscheidungen beschränken.[334] Funktionell lässt sich die Erstreckung auf Feststellungsverfahren unschwer begründen.[335] Dagegen spricht jedoch der Wortlaut von Art. 1 Abs. 1 EheVO mit einer Aufzählung von ausschließlich Gestaltungsverfahren, ohne einen solchen übergreifenden Begriff wie Eheverfahren zu verwenden. **161**

Zur Zuständigkeit nach der EheVO s. Anhang I zum III. Abschnitt EGBGB EheVO Art. 3 ff.

325 OLG Hamburg StAZ 1987, 311 (für das Familienbuch nach altem Recht).

326 OLG Karlsruhe StAZ 1994, 286, 287; AG Bremen StAZ 1991, 232 = IPRspr 1990 Nr. 69 (für das Familienbuch nach altem Recht).

327 § 109 DA.

328 BGBl. 1965 II S. 876.

329 BGHZ 121, 305, 310 Rn 16.

330 BGHZ 169, 240 ff Rn 13.

331 BGHZ 121, 305, 310 Rn 16; FamRZ 1991, 300, 301 zur Prüfungspflicht des Standesbeamten bei Anlegung des Familienbuches bei ausländischer Eheurkunde.

332 Zur Zuständigkeit s. § 50 PStG.

333 Für einen Ausschluss von Feststellungsverfahren: *Helms*, FamRZ 2001, 257, 259; *Simotta*, in: FS Geimer 2002, S. 1115, 1145 ff; Staudinger/*Spellenberg*, Art. 1 EheGVO Rn 2, 8. Für die Einbeziehung von Feststellungsverfahren: *Gruber*, FamRZ 2000, 1129, 1130; *Hau*, FamRZ 1999, 484, 485; *ders.*, FamRZ 2000, 1333; Thomas/Putzo/*Hüßtege*, Art. 1 EuEheVO Rn 2; *Wagner*, IPRax 2001, 73, 76 Fn 58. Für die Einbeziehung nur sog. negativer Feststellungsverfahren: MüKo/*Coester*, Art. 13 EGBGB Rn 171; Zöller/*Geimer*, ZPO, Anh. II Art. 1 EG-VO Ehesachen, Verfahren betr. elterl. Verantwortung Rn 1; *Vogel*, MDR 2000, 1045, 1046.

334 Rauscher/*Rauscher*, EuZPR, Art. 1 Brüssel IIa-VO Rn 7 f.

335 Hierzu Rauscher/*Rauscher*, EuZPR, Art. 1 Brüssel IIa-VO Rn 7.

Die Zuständigkeit für Verfahren, die nicht der EheVO unterliegen oder für die nach Art. 7 EheVO die Anwendung des einzelstaatlichen Rechts subsidiär möglich bleibt, richtet sich nach § 98 Abs. 1 FamFG. Letzteres betrifft Verfahren, für die nach der EheVO keine Zuständigkeit der Gerichte eines Mitgliedstaates besteht und der Antragsgegner weder die Staatsangehörigkeit eines anderen Mitgliedstaates besitzt, noch dort seinen gewöhnlichen Aufenthalt hat.[336] Der Begriff Mitgliedstaat umfasst nicht Dänemark.

162 **2. Verfahren.** Das Verfahren unterliegt dem deutschen Recht. Nachgewiesen werden können ausländische Eheschließungen mit jedem geeigneten Mittel (bspw Urkunden, eidesstattliche Versicherungen und Zeugenaussagen).[337]

Die Begründetheit des Antrags wird materiellrechtlich nach den Rechten geprüft, die aufgrund kollisionsrechtlicher Verweisung nach deutschem IPR berufen sind.

163 **3. Anerkennung ausländischer Entscheidungen.** Die Anerkennung von Entscheidungen der Gerichte der Mitgliedstaaten der EU (mit Ausnahme Dänemarks) über die Ungültigkeitserklärung einer Ehe richtet sich nach **Art. 21 ff EheVO** (näher hierzu Anhang I zum III. Abschnitt EGBGB EheVO Art. 21 ff). Soweit sich bilaterale Abkommen mit den Mitgliedstaaten der EU zur Anerkennung von Entscheidungen in Zivil- und Handelssachen auch auf Ehesachen beziehen,[338] finden sie nur noch Anwendung auf Entscheidungen über die Feststellung des Bestehens oder Nichtbestehens der Ehe. Von den bilateralen Abkommen mit den Nichtmitgliedstaaten erfassen das Abkommen mit der Schweiz[339] sowie der Vertrag mit Tunesien[340] Entscheidungen in Ehesachen.

164 Im Übrigen richtet sich die Anerkennung nach **§ 109 FamFG**. Im Verhältnis zwischen bilateralem Abkommen und § 109 FamFG gilt das **Günstigkeitsprinzip**.[341] Damit sie im Inland Wirkung entfalten, bedürfen alle ausländischen Entscheidungen mit Ausnahme der Entscheidungen, die der EheVO unterliegen und solcher von Gerichten des Staates, dem beide Ehegatten angehören, der förmlichen **Feststellung** ihrer **Anerkennungsfähigkeit durch die zuständige Landesjustizverwaltung** (§ 107 Abs. 1 FamFG); näher zur Anerkennung Anhang II zum III. Abschnitt, §§ 107, 108, 109 FamFG).

VII. Befreiung von Ehehindernissen

165 **1. Internationale Zuständigkeit.** Inwieweit von einem Hindernis für das Eingehen der Ehe befreit werden kann, ergibt sich aus dem Recht, das das Ehehindernis aufstellt.[342] Maßgeblich für das Hindernis und die Befreiungsmöglichkeiten ist das auf die materiellen Ehevoraussetzungen anwendbare Recht auf Seiten des vom Hindernis betroffenen Verlobten.[343]

166 **a) Inländische Ehehindernisse.** Das deutsche Recht kennt zwei Möglichkeiten der Befreiung durch das Familiengericht. Zum einen nach § 1303 Abs. 2 BGB – Befreiung vom Erfordernis der Ehemündigkeit – und zum anderen § 1308 BGB – Befreiung vom Ehehindernis der Adoption –, soweit durch diese eine Verwandtschaft in der Seitenlinie begründet wurde.

Die deutschen Gerichte sind für die Entscheidung über die Befreiung zuständig, wenn die materiellen Voraussetzungen für die Eheschließung dem deutschen Recht unterliegen.[344] Die Maßgeblichkeit deutschen Rechts kann sich aus der deutschen Staatsangehörigkeit des Eheschließungswilligen, seinem gewöhnlichen Aufenthalt im Inland, bei Staatenlosen und Personen, deren Personalstatut durch Art. 12 Genfer Flüchtlingskonvention geregelt wird, oder aufgrund der Rückverweisung des ausländischen IPR ergeben.[345]

336 Sog. Restzuständigkeit, hierzu näher Anh. I zum III. Abschnitt.

337 BayObLG IPRspr 1988 Nr. 59; MüKo/*Coester*, Art. 13 EGBGB Rn 172.

338 Hinsichtlich der Anerkennung von Entscheidungen in Zivil- und Handelssachen unter Einschluss der Ehesachen sind in Bezug auf die Mitgliedstaaten der EU für die Bundesrepublik Deutschland in Kraft: das Abkommen mit Belgien v. 30.6.1958 (BGBl. II 1959 S. 765); der Vertrag mit Griechenland v. 4.11.1961 (BGBl. II 1963 S. 109); das Abkommen mit Italien v. 9.3.1936 (RGBl II 1937 S. 145; BGBl. II 1952 S. 986); der Vertrag mit Spanien v. 14.11.1983 (BGBl. II 1987 S. 34); das Abkommen mit dem Vereinigten Königreich Großbritannien und Nordirland v. 14.7.1960 (BGBl. II 1961 S. 301). Für weitere Einzelheiten s.u.a. *Nagel/Gottwald*, Int. Zivilprozessrecht, 6. Aufl. 2007, § 13 V, S. 675 ff; Böhmer/Finger/*Finger*, 8.5.2–8.5.11.

339 Abkommen v. 2.11.1929 (RGBl II 1930 S. 1066). Näher u.a. *Nagel/Gottwald*, Int. Zivilprozessrecht, 6. Aufl. 2007, § 13 V 9, S. 684; Böhmer/Finger/*Finger*, 8.5.1.

340 Vertrag v. 19.7.1966 (BGBl. II 1969 S. 890). Näher u.a. *Nagel/Gottwald*, Int. Zivilprozessrecht, 6. Aufl. 2007, § 13 V 11, S. 685 ff; Böhmer/Finger/*Finger*, 8.5.9.

341 BGH IPRax 1989, 104, 106 = FamRZ 1987, 580, 582 = NJW 1987, 3083, 3084; *Geimer*, Int. Zivilprozessrecht, 6. Aufl. 2009, Rn 2766; *Andrae*, § 2 Rn 59, § 4 Rn 154 mwN.

342 U.a. *Kropholler*, IPR, § 44 I 1, S. 332; Staudinger/*Mankowski*, Art. 13 EGBGB Rn 160; OLG Stuttgart FamRZ 2000, 821, 822.

343 MüKo/*Coester*, Art. 13 EGBGB Rn 91.

344 U.a. *Kremer*, StAZ 1990, 171; Staudinger/*Mankowski*, Art. 13 EGBGB Rn 161.

345 Staudinger/*Mankowski*, Art. 13 EGBGB Rn 161.

Die deutschen Gerichte sind für die Erteilung der Befreiung auch dann zuständig, wenn die Ehe im Ausland geschlossen werden soll.

b) Ausländische Ehehindernisse. Den deutschen Gerichten fehlt die wesenseigene Zuständigkeit[346] von ausländischen Ehehindernissen zu befreien, die einen religiösen oder staatspolitischen Hintergrund haben. Von solchen Hindernissen nach ausländischem Recht wird bei inländischer Eheschließung nicht befreit, sondern es wird geprüft, ob solche Hindernisse nach Abs. 2 und/oder Art. 6 EGBGB unbeachtet bleiben. Hierzu gehören insbesondere: Ehehindernisse der unterschiedlichen Religions- oder Rassenzugehörigkeit, der höheren Weihen, mit staatspolitischem Hintergrund, wie Heiratsverbot vor Erfüllung der Wehrpflicht, Genehmigungserfordernis für das Eingehen der Ehe durch Beamte oder Militärpersonal oder die Eheschließung mit einem Ausländer. **167**

Dagegen können deutsche Familiengerichte Befreiungen von Ehehindernissen nach ausländischem Recht erteilen, wenn das Hindernis familienrechtlich motiviert ist, wie zB vom Fehlen der allgemeinen Ehemündigkeit und vom Ehehindernis der Verwandtschaft oder Schwägerschaft. Die Auffassung, dass die Befreiung in der ausschließlichen Kompetenz der Gerichte/Behörden liegt, deren Rechtsordnung das Hindernis aufgestellt hat, ist als überwunden anzusehen.[347]

Die Zuständigkeit ließ sich nach bisherigem Recht aus §§ 43 Abs. 1, 35 b FGG ableiten. Das FamFG weist hierfür eine Lücke auf, auch der Grundsatz der Doppelfunktionalität nach § 105 FamFG hilft nicht weiter, da es an einer passenden Bestimmung für die örtliche Zuständigkeit fehlt. Diese kann für die internationale Zuständigkeit durch die analoge Anwendung von § 99 Abs. 1 FamFG geschlossen werden, womit die bisherige Rechtslage beibehalten wird. Die deutschen Gerichte sind für eine Befreiung vom Ehehindernis nach ausländischem Recht auch zuständig, wenn der betroffene Ehegatte einen inländischen gewöhnlichen Aufenthalt hat oder ein besonderes Fürsorgebedürfnis[348] besteht. Die Befreiung vom Erfordernis der allgemeinen Ehemündigkeit unterliegt nicht den Zuständigkeitsvorschriften der EheVO und des KSÜ. Dies lässt sich daraus ableiten, dass die Ehemündigkeitserklärung als eine besondere Art der Volljährigkeitserklärung eingeordnet werden kann und Letztere ausdrücklich aus dem Regelungsbereich von EheVO und KSÜ ausgenommen ist.[349] Eine Befreiung durch inländischen Gerichtsbeschluss ist ausgeschlossen, wenn das Ehehindernis selbst ordre-public-widrig ist und deshalb sowieso unbeachtet bleiben muss.

Beispiel: Zustimmungserfordernis des Ehevormunds zur Eheschließung einer volljährigen weiblichen Person (hierzu Rn 27).

2. Ausländische Entscheidungen. Ausländische Entscheidungen über die Befreiung von Ehehindernissen sind als Akte der nicht streitigen Gerichtsbarkeit anerkennungsfähig. Über die Anerkennung kann inzident entschieden werden, eines förmlichen Anerkennungsfeststellungsverfahrens bedarf es nicht. Im Übrigen ist zu unterscheiden: **168**

a) Es geht darum, ob für die Eheschließung im Inland die materiellen Voraussetzungen vorliegen. Befreiung von Ehehindernissen bewirken Entscheidungen der Gerichte/Behörden des Staates, dessen Recht das Hindernis vorsieht und das nach deutschem IPR die Eheschließungsvoraussetzungen regelt sowie Befreiungen durch Gerichte und Behörden dritter Staaten, wenn sie nach dem berufenen Recht die Befreiung herbeiführen.

b) Die Ehe ist im Ausland geschlossen worden. Regeln sich die Ehevoraussetzungen vom Standpunkt des deutschen IPR nach deutschem Recht, so werden Befreiungen ausländischer Gerichte/Behörden in Bezug auf inländische Ehehindernisse, für die das deutsche Recht Befreiungsmöglichkeit vorsieht, anerkannt, wenn die Anerkennungsvoraussetzungen nach § 109 FamFG vorliegen. Für die internationale Zuständigkeit der ausländischen Gerichte/Behörden ist § 99 Abs. 1 FamFG entsprechend spiegelbildlich heranzuziehen.[350] In den übrigen Fällen sollten Befreiungen von Ehehindernissen mit der Wirkung beachtet werden, dass das Hindernis als nicht bestehend angesehen wird, wenn sich dies aus der Rechtsordnung ergibt, die nach dem IPR berufen ist und das Hindernis aufstellt.[351] Die Vorgehensweise resultiert daraus, dass die Wirksamkeit der Eheschließung materiellrechtlich auf der Grundlage des durch das Kollisionsrecht berufenen materiellen Rechts geprüft wird.

Nicht zu verwechseln ist das Problem der Befreiung von materiellen Ehehindernissen für eine inländische Eheschließung mit der Befreiung von der Beibringung eines Ehefähigkeitszeugnisses nach § 1309 Abs. 2

346 Weiterführend u.a. *Andrae*, § 2 Rn 68 ff; *Kropholler*, IPR, § 57 II, S. 602 ff; *Schack*, Int. Zivilverfahrensrecht, 4. Aufl. 2006, Rn 503 ff.

347 Hierzu *Henrich*, § 1 VI, S. 38; Staudinger/*Mankowski*, Art. 13 EGBGB Rn 163.

348 Einzelheiten mit Beispielen aus älterer Rechtsprechung bei Staudinger/*Mankowski*, Art. 13 EGBGB Rn 170, 171.

349 Art. 4 lit. d KSÜ, Art. 1 Abs. 3 lit. d EheVO.

350 Vorsichtig MüKo/*Coester*, Art. 13 EGBGB Rn 96; *Andrae*, § 1 Rn 87 mit jeweils Nachweisen der älteren Rechtsauffassungen.

351 IE MüKo/*Coester*, Art. 13 EGBGB Rn 96.

BGB. Letztere setzt das Fehlen bzw die Unbeachtlichkeit von Ehehindernissen nach ausländischem Recht voraus.[352]

Anhang I zu Art. 13 EGBGB: Verlöbnis

I. Begriff

1 Verlöbnis ist die Rechtsbeziehung zwischen zwei Personen unterschiedlichen Geschlechts, die durch das wechselseitige Eheversprechen begründet wird. Eine gesetzliche Regelung fehlt.

II. Anknüpfung der Verlobung

2 Die Voraussetzungen für eine wirksame Verlobung werden in **entsprechender Anwendung von Art. 13 Abs. 1** für jeden Partner nach seinem Personalstatut beurteilt.[1] **Rück- und Weiterverweisungen** sind zu beachten. Die Verlobung ist wirksam, wenn ihr nach den danach maßgebenden Rechten kein Hindernis entgegensteht. Ein Zustandekommen wird nicht dadurch gehindert, dass das Heimatrecht eines Partners das Verlöbnis als Rechtsinstitut nicht kennt und deshalb keine Bestimmungen für das Zustandekommen bereithält.[2]

3 Die **Form** richtet sich nach **Art. 11 Abs. 1 und 2**.[3] Die Verlobung ist formwirksam zustande gekommen, wenn sie entweder nach dem Heimatrecht beider Ehegatten oder nach dem Recht des Staates formwirksam vorgenommen ist, in dem sie stattfand.[4]

III. Anknüpfung der Rechtsfolgen der Auflösung

4 Bei den Rechtswirkungen des Verlöbnisses geht es in der Rechtspraxis ausschließlich um materielle Ansprüche bei Auflösung des Verlöbnisses. Haben die Verlobten ein **gemeinsames Personalstatut**, bestimmen sich die Rechtsfolgen der Auflösung im Verhältnis der Verlobten zueinander nach diesem Recht.

5 Bei **unterschiedlichem Personalstatut** hält die **Rechtsprechung** noch immer an der Anknüpfung an das **Heimatrecht des in Anspruch Genommenen** fest.[5] Auf diese Weise wird nach Ansicht des BGH der Natur des Verlöbnisses als eines die Ehe vorbereitenden familienrechtlichen Vertrages am besten entsprochen.[6] Die Verpflichtungen aus dem Verlöbnis und seiner Auflösung werden für jeden Partner gemäß dem ihm am nächsten stehenden Recht beurteilt. Für diese Anknüpfung wird weiter angeführt, dass Ausländerinnen, die durch deutsche Männer mit einem Eheversprechen in die Bundesrepublik Deutschland gelockt werden, dann dem Schutz des deutschen Verlöbnisrechts unterstehen.[7] In der älteren Rechtsprechung ist auch die kumulative Anknüpfung vertreten worden. Danach besteht ein Anspruch nur, wenn auch das Heimatrecht des anderen Partners einen gleichartigen Anspruch vorsieht (Rechtsgedanke des ärgeren Rechts analog Art. 13 Abs. 1).[8]

6 In der **Literatur** wird die Verweisung auf das Heimatrecht des in Anspruch Genommenen überwiegend abgelehnt.[9] Gegen sie spricht, dass sie zu einer Statutenspaltung führt, wenn die Verlobten unterschiedliche Personalstatute besitzen. Bei gleicher Handlungsweise kann dies dazu führen, dass der eine Partner in Anspruch

352 MüKo/*Coester*, Art. 13 EGBGB Rn 95.

1 U.a. BGHZ 28, 375, 376 f; OLG Hamm FamRZ 1971, 321; *Kropholler*, IPR, § 44 IV 1, S. 332; *Henrich*, § 1 VIII 1, S. 42; *v. Bar*, IPR II, Rn 111; Soergel/*Schurig*, Vor Art. 13 EGBGB Rn 14; Staudinger/*Mankowski*, Anh. Art. 13 EGBGB Rn 10; Palandt/*Thorn*, Art. 13 EGBGB Rn 30.

2 U.a. *Henrich*, § 1 VIII, S. 42; *v. Bar*, IPR II, Rn 111; Staudinger/*Mankowski*, Anh. Art. 13 EGBGB Rn 13; aA Erman/*Hohloch*, Vor Art. 13 EGBGB Rn 5 unter untreffendem Hinweis auf OLG Zweibrücken FamRZ 1986, 354, 355; differenzierter Soergel/*Schurig*, Vor Art. 13 EGBGB Rn 14.

3 U.a. *Kropholler*, IPR, § 44 IV 1, S. 332; *Henrich*, § 1 VIII 1, S. 43; Soergel/*Schurig*, Vor Art. 13 EGBGB Rn 14; zur Qualifikation *v. Bar*, IPR II, Rn 112.

4 Vorschriften, die den Schadensersatz wegen Auflösung des Verlöbnisses von der Wahrung einer bestimmten Form der Verlobung abhängig machen, sind kollisionsrechtlich den Rechtsfolgen der Auflösung zuzuordnen, vgl Staudinger/*Mankowski*, Anh. Art. 13 EGBGB Rn 16; *v. Bar*, IPR II, Rn 112.

5 BGHZ 28, 375, 378 ff; 132, 105 = IPRax 1997, 187, 190 = FamRZ 1996, 601, 604; OLG Düsseldorf FamRZ 1992, 1295; OLG Zweibrücken FamRZ 1986, 354, 355; Palandt/*Thorn*, Art. 13 EGBGB Rn 30.

6 BGHZ 28, 375, 378.

7 Vgl *Henrich*, § 1 VIII 1, S. 43.

8 LG Hamburg NJW 1955, 548, 549; IPRspr 1954/55, Nr. 76; KG IPRspr 1934 Nr. 41; OLG München Zeitschrift für Rechtspflege in Bayern 1929, 333; abl. BGHZ 28, 375, 380.

9 U.a. *Kropholler*, IPR, § 44 IV 3, S. 332 f; *Mankowski*, IPRax 1997, 173, 178 ff; Soergel/*Schurig*, Vor Art. 13 EGBGB Rn 18; *Gottwald*, JZ 1997, 92, 94; *Henrich*, § 1 VIII 1, S. 43; *v. Bar*, IPR II, Rn 115.

genommen werden kann, der andere aber nicht, weil sein Personalstatut spezielle Rechtsfolgen der Auflösung des Verlöbnisses nicht kennt. Das deutsche Kollisionsrecht vermeidet weitgehend eine Statutenspaltung. Auch der Schutzzweck der materiellrechtlichen Normen rechtfertigt diese Anknüpfung nicht. Er führt eher zu der Person, die auf das Verlöbnis vertraute. Schließlich hatte die Verweisung auf das Heimatrecht des in Anspruch Genommenen in der Rechtspraxis regelmäßig zur Folge, dass Ansprüche aus dem sog. Verlöbnisbruch dem Heimatrecht des Mannes unterstellt werden.[10]

Die **Lehre** bevorzugt bei unterschiedlichem Personalstatut in Anlehnung an Art. 14 Abs. 1 Nr. 2 überwiegend die Anknüpfung an den **gemeinsamen gewöhnlichen Aufenthalt** in einem Staat, was zu der Rechtsordnung führt, mit der die Verlobten gemeinsam am engsten verbunden sind.[11] Diese Anknüpfung rechtfertigt sich vor allem in den Fällen, in denen damit zugleich das Heimatrecht eines Verlobten berufen wird. Für die Anknüpfung ist auf den Zeitpunkt der Verlobung abzustellen; nur subsidiär auf einen späteren gemeinsamen gewöhnlichen Aufenthalt, soweit ihn ein Verlobter noch im Zeitpunkt der Aufhebung des Verlöbnisses innehat. 7

Bei fehlendem gemeinsamen gewöhnlichen Aufenthalt bevorzugt die Lehre wiederum die Anwendung des **Heimatrechts eines Verlobten**.[12] Aber auch die Kumulation beider Rechtsordnungen zugunsten des in Anspruch Genommenen[13] und das vorzugswürdige Prinzip der engsten Verbindung (analog Art. 14 Abs. 1 Nr. 3)[14] werden vertreten. 8

Die Verweisung ist eine **Gesamtverweisung**. In Betracht kommt auch eine Rückverweisung des ausländischen IPR auf das deutsche Recht kraft **abweichender Qualifikation**. Hauptbeispiel hierfür – und oft dargestellt – ist die Qualifikation im französischen und belgischen Recht als deliktsrechtlich.[15] 9

IV. Anwendungsbereich

Vom Verlöbnisstatut werden insbesondere erfasst: 10

- der Ersatz von Aufwendungen für die Vorbereitung der vereinbarten Ehe und
- der Ersatz eines Vertrauensschadens.
- Bisher sind Rechtsprechung und Literatur davon ausgegangen, dass das Verlöbnisstatut auch auf die Rückabwicklung von Schenkungen unter Verlobten nach Auflösung des Verlöbnisses Anwendung findet.[16] Solche Schenkungen stellen iSd Rom I-VO Schuldverträge dar, die nicht durch Art. 1 Abs. 2 lit. b ausgeschlossen sind. Das folgt bereits daraus, dass das Verlöbnis selbst nicht vom Begriff des Familienverhältnisses erfasst wird,[17] weil es keine der Ehe vergleichbare Wirkungen entfaltet.[18]

Wird der Anspruch auch auf **deliktsrechtliche Tatbestände** (wie Betrug oder Vorspiegelung der Heiratsabsicht mit dem Ziel, den anderen Partner zum Geschlechtsverkehr zu bewegen) gestützt, kommt zusätzlich eine Beurteilung der Ansprüche nach dem Deliktsstatut in Betracht.[19] Nunmehr ist hierfür das anwendbare Recht nach Art. 4 Rom II-VO zu bestimmen. Der BGH hat in einem Fall des Betruges die akzessorische Anknüpfung des Deliktsstatuts an das Verlöbnisstatut abgelehnt, was im Ergebnis richtig war, weil der Anspruch aus dem Verlöbnis dem Heimatrecht des in Anspruch Genommenen unterstellt wurde.[20] 11

Ansprüche Dritter auf Herausgabe der Verlobungsgeschenke und anderer Zuwendungen, insbesondere des Brautgeldes, wegen Auflösung des Verlöbnisses werden nach bisherigem Recht teils dem Verlöbnisstatut[21] 12

10 *V. Bar*, IPR II, Rn 114.

11 U.a. *Kropholler*, IPR, § 44 IV 3, S. 333; Soergel/*Schurig*, Vor Art. 13 EGBGB Rn 18; Erman/*Hohloch*, Vor Art. 13 EGBGB Rn 7; *Mankowski*, IPRax 1997, 173, 178 ff; Staudinger/*Mankowski*, Anh. Art. 13 EGBGB Rn 19 ff; *Schwimann*, ZfRV 1974, 198, 204; MüKo/*Coester*, Vor Art. 13 EGBGB Rn 4.

12 Recht des Anspruchstellers: *Schwimann*, ZfRV 1974, 198, 204; Recht des in Anspruch Genommenen: *Henrich*, § 1 VIII 1, S. 43.

13 Soergel/*Schurig*, Vor Art. 13 EGBGB Rn 18.

14 U.a. Staudinger/*Mankowski*, Anh. Art. 13 EGBGB Rn 32; *Mankowski*, IPRax 1997, 173, 180; iE wohl auch Erman/*Hohloch*, Vor Art. 13 EGBGB Rn 7.

15 *V. Bar*, IPR II, Rn 116 mwN; *Kropholler*, IPR, § 44 IV 3, S. 333; *Henrich*, § 1 VIII 1, S. 43; Staudinger/*Mankowski*, Anh. Art. 13 EGBGB Rn 35 ff; zur Qualifikation von Ansprüchen nach ausländischem Recht u.a. Soergel/*Schurig*, Vor Art. 13 EGBGB Rn 21.

16 U.a. BGHZ 28, 375, 378; BGHZ 132, 105, 116; BGH NJW-RR 2005, 1089, 1090; MüKo/*Coester*, Vor Art. 13 EGBGB Rn 3; Palandt/*Thorn*, Art. 13 EGBGB Rn 30; AnwK-BGB/*Andrae*, 1. Aufl. 2005, Anh. I zu Art. 13 EGBGB Rn 181; bereits differenzierend *Andrae*, § 9 Rn 18 ff.

17 Rechtsvergleichend zum Verlöbnis in den EU-Mitgliedstaaten Staudinger/*Mankowski*, Anh. zu Art. 13 EGBGB Rn 1 ff.

18 Zum Begriff Erwägungsgrund 8 Rom I-VO.

19 Erman/*Hohloch*, Vor Art. 13 EGBGB Rn 8; Staudinger/*Mankowski*, Anh. Art. 13 EGBGB Rn 35.

20 BGH FamRZ 1996, 601, 604 f; zust. MüKo/*Coester*, Vor Art. 13 EGBGB Rn 5; *Gottwald*, JZ 1997, 93; für akzessorische Anknüpfung *Kropholler*, IPR, § 44 IV 3, S. 333.

21 OLG Düsseldorf FamRZ 1992, 1295; KG FamRZ 1990, 45; OLG Hamm 13.1.2011, 18 U 88/10; Staudinger/*Mankowski*, Anh. Art. 13 EGBGB Rn 42; MüKo/*Coester*, Vor Art. 13 EGBGB Rn 5.

und teils dem Vertragsstatut[22] unterstellt. Bei schuldvertraglicher Qualifikation bestimmt sich – mangels Rechtswahl – das maßgebliche Recht nach Art. 4 Abs. 2 Rom I-VO, was regelmäßig zur Anknüpfung an den gewöhnlichen Aufenthalt des Zuwendenden führt. Nur wenn die Beteiligten eine gemeinsame Staatsangehörigkeit besitzen, kann diese den gewöhnlichen Aufenthalt aufgrund der Ausweichklausel des Art. 4 Abs. 3 Rom I-VO verdrängen, wenn sich aus dem Gesamtzusammenhang eine engere Beziehung zu dieser Rechtsordnung ergibt. Hat die Zuwendung den Charakter der Ausstattung des eigenen Kindes durch die Eltern, eingedenk der bevorstehenden Eheschließung aufgrund der Verlobung,[23] so ist die Anwendung der Rom I-VO ausgeschlossen. Es handelt sich dann um ein Schuldverhältnis sui generis, das kollisionsrechtlich als Eltern-Kind-Verhältnis zu qualifizieren ist und insofern dem Art. 17 KSÜ oder Art. 21 EGBGB unterliegt. Eine nach deutschem Sachrecht zu beurteilende Brautgeldabrede zwischen den Verwandten des Bräutigams und der Braut ist gem. § 138 Abs. 1 BGB sittenwidrig, denn sie ist mit der Freiheit der Eheschließung und der Menschenwürde nicht zu vereinbaren.[24] Der Wirksamkeit einer ausländischem Recht unterliegenden Brautgeldabrede steht bei hinreichendem Inlandsbezug der ordre public entgegen.

Anhang II zu Art. 13 EGBGB: Nichteheliche Lebensgemeinschaft

I. Allgemeines

1 **1. Einführung.** Die nichteheliche Lebensgemeinschaft ist in **Deutschland** im bürgerlichen Recht nicht gesondert geregelt, obwohl sie ein typisches soziales Phänomen darstellt. **In einer Reihe ausländischer Rechtsordnungen** sind dagegen Regelungen anzutreffen. Hier kann von einem eigenständigen Rechtsinstitut gesprochen werden.[1] Typisches Beispiel sind die Rechtsordnungen der Nachfolgestaaten des früheren Jugoslawiens, die die nichteheliche Lebensgemeinschaft in ihren Familiengesetzen und selbst im IPR-Gesetz regeln.[2] In Schweden existiert ein Gesetz über Zusammenlebende (Partner einer nichtehelichen Lebensgemeinschaft).[3]

2 Die Rechtsprechung hat sich zum **Kollisionsrecht** bisher nicht platziert.[4]

Der BGH hat es inzident abgelehnt, die nichteheliche Lebensgemeinschaft als eine familienrechtliche Gemeinschaftsbeziehung zu qualifizieren. Er hat die Ansprüche nach der Auflösung einer nichtehelichen Lebensgemeinschaft dem Statut unterstellt, das für die einzelne Zuwendung gilt. Bei ihrem Fehlen soll das Bereicherungsrecht zur Anwendung gebracht werden.[5] Damit hat er seine für das deutsche Sachrecht entwickelte

22 OLG Düsseldorf FamRZ 1983, 1229; OLG Köln FamRZ 1994, 1523, 1524 (Rückforderung des Brautgeldes).

23 Vgl im deutschen Recht § 1624 BGB.

24 OLG Hamm 13.1.2011, 18 U 88/10).

1 *Röthel*, ZRP 1999, 511, 514; *Striewe*, § 4, S. 138; *v. Bar*, IPR II, Rn 118; *Schotten/Schmellenkamp*, IPR, Rn 257.

2 Vgl Art. 39 des Gesetzes über die Regelung der Kollision von Gesetzen mit den Vorschriften anderer Staaten in bestimmten Verhältnissen v. 15.7.1982 (IPRG), der von den Teilrepubliken übernommen worden ist; eine deutsche Übersetzung findet sich in RabelsZ 1985, 544, 551; Bergmann/Ferid/Henrich/*Hrabar/Korać-Graovac*, Kroatien, S. 39 f; dazu u.a. *Striewe*, § 13 I, S. 350 ff; Neuregelungen haben Slowenien (Art. 41 Gesetz über das internationale Privat- und Verfahrensrecht v. 30.6.1999) und Mazedonien (Art. 45 Gesetz über internationales Privatrecht v. 4.7.2007) erlassen, die Art. 39 des IPRG v. 1982 entsprechen; deutsche Übersetzung jeweils bei Bergmann/Ferid/Henrich. Zur Regelung im materiellen Recht s. bspw Art. 4, 152 und 191 des **serbischen** Familiengesetzes v. 24.2.2005, Art. 12, 268–270 und 306 des **montenegrinischen** Familiengesetzes v. 29.12.2006 sowie Art. 1, 3, 222 ff, 258 des **kroatischen** Familiengesetzes v. 14.7.2003; deutsche Übersetzung jeweils bei Bergmann/Ferid/Henrich; dazu auch *Striewe*, § 4, S. 139 ff; *Siehr*, IPR, § 14 I, S. 79.

3 Eine deutsche Übersetzung ist abgedruckt in Bergmann/Ferid/Henrich/*Carsten*, Schweden, S. 110 ff; s.a. *Agell*, FamRZ 1990, 817 ff; *Heilmann*, JA 1990, 116 ff; *Radau*, MDR 1989, 703 ff; *Spindler*, FamRZ 1988, 913 ff.

4 OLG Zweibrücken FamRZ 1994, 982 = NJW-RR 1993, 1478 – Qualifikation offen gelassen, da die möglichen Qualifikationen alle zum deutschen Recht führen; *Kropholler*, IPR, § 46 V, S. 364; Erman/*Hohloch*, Vor Art. 13 EGBGB Rn 10.

5 S. BGH NJW-RR 2005, 1089, 1090 f = FamRZ 2005, 1151.

Sichtweise internationalprivatrechtlich durch eine reine lex fori Qualifikation umgesetzt.[6] Folgerichtig würden die Vermögensbeziehungen der Partner, insbesondere bei Auflösung der Gemeinschaft, den Kollisionsnormen der Rom I- und II-VO unterliegen.[7] Richtigerweise ist jedoch auch hier funktionell zu qualifizieren und durch die entsprechende Fortbildung des Kollisionsrechts auf die personen- und familienrechtlichen Regelungen für nichteheliche und nicht registrierte andere Lebensgemeinschaften in anderen Rechtsordnungen zu reagieren und sie kollisionsrechtlich als eigenständige familienrechtliche Verbindung anzuerkennen.[8]

In der Lehre werden unterschiedliche Auffassungen vertreten. Eine geht dahin, die nichteheliche Lebensgemeinschaft im Prinzip den Regeln des internationalen Schuldvertragsrechts zu unterstellen.[9] Nach anderer Auffassung untersteht eine vertraglich gestaltete nichteheliche Lebensgemeinschaft den Regeln des internationalen Vertragsrechts, soweit es sich nicht um typische ehe(güter)rechtliche Regelungen handelt.[10] Ob solche Vorschriften einbezogen werden können, soll sich nach den eherechtlichen Kollisionsnormen bestimmen.[11] Bei fehlender vertraglicher Vereinbarung soll sich die Rechtsanwendung nach der Art des geltend gemachten Anspruchs richten.[12] Eine zunehmend an Bedeutung gewinnende Auffassung will die nichteheliche Lebensgemeinschaft international familienrechtlich qualifizieren.[13] Hierfür sprechen sowohl tatsächliche als auch rechtliche Gründe. Die nichteheliche Lebensgemeinschaft kann sowohl eine Alternative zur Ehe als auch ein davor gelagertes Verhältnis sein. Den Interessen der Beteiligten wird am ehesten entsprochen, wenn die kollisionsrechtliche Lösung nicht von völlig anderen Prinzipien beherrscht wird. Dem personalen, in erster Linie nicht wirtschaftlichen Charakter der Beziehung wird weder eine schuldrechtliche noch eine gesellschaftsrechtliche Qualifikation gerecht. Für eine familienrechtliche Anknüpfung spricht auch, dass im deutschen Sachrecht der familienrechtliche Charakter der nichtehelichen Lebensgemeinschaft zunehmend an Gewicht gewinnt. Deutliches Beispiel hierfür ist die Reform des Kindschaftsrechts. Das IPR muss zudem der Rechtsentwicklung in anderen Ländern Rechnung tragen. Soweit die nichteheliche Lebensgemeinschaft geregelt ist, erfolgt dies im Rahmen des Familienrechts.[14]

2. Abgrenzung. Die Frage, ob die konkret betroffene Partnerschaft unter den Begriff nichteheliche Lebensgemeinschaft fällt, stellt auf der Ebene des Kollisionsrechts ein **Qualifikationsproblem** dar.[15] 3

Im Kern werden Beziehungen zwischen einem Mann und einer Frau erfasst, die miteinander nicht verheiratet sind und auf Dauer zusammenleben. Die Beziehung beruht auf dem freien Entschluss der Partner und kann von ihnen jederzeit ohne Rechtsgrund aufgehoben werden. Charakteristisch ist die gewollte Nichtehelichkeit der Beziehung.[16] Äußerlich muss die Lebensgemeinschaft in Erscheinung treten; regelmäßig durch einen gemeinsamen Haushalt. Deshalb wird stets ein gemeinsamer Lebensmittelpunkt vorhanden sein.[17] Das Statut für die nichteheliche Lebensgemeinschaft findet auch Anwendung, wenn im Heimatrecht der Partner die nichteheliche Lebensgemeinschaft als ein Rechtsinstitut ausgestaltet ist, das der Ehe weitgehend angenähert ist. Es erfasst auch die Lebensgemeinschaft von Verlobten. Nicht erfasst werden fehlerhafte Ehen. Deren Rechtswirkungen bestimmen sich nach dem Recht, nach dem sich die Eheschließung richtet und dessen Erfordernisse nicht eingehalten wurden (hierzu mit Nachweisen Art. 13 Rn 60 ff). 4

6 Prinz von Sachsen *Gessaphe*, LMK 2005, 154687; zur Entscheidung auch *Lorenz/Unberath*, IPRax 2005, 516, insb. 519. Anders *Schaal*, ZNotP 2009, 290, 291, der der Meinung ist, der BGH habe sich zur Qualifikationsfrage noch nicht geäußert.

7 Folgerichtig Palandt/*Thorn*, Art. 13 EGBGB Rn 3.

8 Hausmann/Hohloch/*Martiny*, S. 787; MüKo/*Sonnenberger*, Einl. IPR Rn 517.

9 Palandt/*Thorn*, Art. 13 EGBGB Rn 3, Art. 17 Rn 14; Erman/*Hohloch*, Vor Art. 13 EGBGB Rn 13 (für Vermögensbeziehungen, soweit nichteheliche Lebensgemeinschaft nicht bereits im Ausland begründet wurde und dort Sonderreglungen bestehen); *Siehr*, IPR, § 14 IV, S. 80 (für die Abwicklung).

10 *Henrich*, § 1 VIII 2 a, S. 44 ff; ohne Einschränkung *Siehr*, IPR, § 14 S. 79 ff.

11 *Henrich*, § 1 VIII 2 a, S. 46.

12 *Henrich*, § 1 VIII 2 b, S. 46 ff; *Siehr*, IPR, § 14 III und IV, S. 80, der für die Abwicklung und die Wirkungen jedoch das Recht des gewöhnlichen Aufenthalts heranzieht.

13 U.a. *Striewe*, IPRax 1983, 248, 250; Staudinger/*Mankowski*, Anh. Art. 13 EGBGB Rn 59 ff; *Hausmann*, in: FS Henrich 2000, S. 241, 249; *Andrae*, § 9 Rn 30; MüKo/*Coester*, Art. 17 b EGBGB Rn 153 f; *Kropholler*, IPR, § 46 V, S. 376; Hausmann/Hohloch/*Martiny*, S. 786 f; Prinz von Sachsen *Gessaphe*, LMK 2005, 154687.

14 *Striewe*, § 4, S. 151; *v. Bar*, IPR II, Rn 118; s.a. *Agell*, FamRZ 1990, 817 ff; *Heilmann*, JA 1990, 116 ff; *Radau*, MDR 1989, 703 ff; *Spindler*, FamRZ 1988, 913 ff sowie in Bezug auf die kanadische Provinz Neufundland *Wengler*, IPRax 1991, 72 f.

15 Zur Qualifikation s.u.a. *Kegel/Schurig*, IPR, § 7, S. 325 ff; *Siehr*, IPR, § 49 II, S. 29 ff; MüKo/*Sonnenberger*, Einl. IPR, Rn 480 ff.

16 Zu den „Ehen minderen Rechts" einiger südamerikanischer Staaten, die die deutsche Rechtspraxis bisher nicht beschäftigt haben, Soergel/*Schurig*, Art. 13 EGBGB Rn 6 mwN in Fn 17; Staudinger/*Mankowski*, Anh. Art. 13 EGBGB Rn 44 ff.

17 Näher Hausmann/Hohloch/*Martiny*, S. 788; zur begrifflichen Erfassung im deutschen materiellen Recht *Grziwotz*, FamRZ 1994, 1217 f; *ders.*, Nichteheliche Lebensgemeinschaft, 4. Aufl. 2006, § 3; zur Abgrenzung allg. *Striewe*, § 3, S. 44 ff; Staudinger/*Mankowski*, Anh. Art. 13 EGBGB Rn 75; Soergel/*Schurig*, Art. 13 EGBGB Rn 5 ff und 78.

5 Vom Anhang II nicht erfasst werden **registrierte (formalisierte) heterosexuelle Lebensgemeinschaften**, die nicht die Anforderungen der Ehe iSd Art. 13 erfüllen. Aufgrund ihres gewissen statusrechtlichen Charakters[18] wird vorgeschlagen, Art. 13–17 entsprechend heranzuziehen.[19] Wegen der internationalen Seltenheit dieser Erscheinung ist wohl eine Analogie zu Art. 17b Abs. 1–3 vertretbar.[20] Die Kappungsregelung des Art. 17b Abs. 4 ist jedoch nicht heranzuziehen.[21] Im Verhältnis zum gutgläubigen Dritten entfaltet eine solche Partnerschaft im inländischen Rechtsverkehr zudem keine weiteren Wirkungen als eine nichteheliche Lebensgemeinschaft nach deutschem Recht.

6 **Nichtregistrierte (nicht formalisierte) gleichgeschlechtliche Partnerschaften** sind kollisionsrechtlich entsprechend der nichtehelichen Lebensgemeinschaft zu behandeln.[22] Voraussetzung ist, dass die Merkmale der nichtehelichen Lebensgemeinschaft – von der Geschlechtsverschiedenheit abgesehen – gegeben sind. Auf **registrierte (formalisierte) gleichgeschlechtliche Partnerschaften** findet Art. 17b Anwendung.

II. Einzelne Probleme

7 **1. Begründung.** Für die Begründung der nichtehelichen Lebensgemeinschaft ist Art. 13 Abs. 1 nicht analog anwendbar,[23] da nach deutschem Recht die nichteheliche Lebensgemeinschaft wegen ihrer beliebigen Gestaltung und Aufhebbarkeit keine Statusbeziehung darstellt. Ob eine nichteheliche Lebensgemeinschaft besteht, stellt sich gegenwärtig nur als Vorfrage, bspw im Sorge-, Unterhalts- und Erbrecht sowie im öffentlichen Recht (etwa im Sozialrecht). In diesem Zusammenhang hat *Rauscher* zu Recht darauf hingewiesen, dass der Begriff der „nichtehelichen Lebensgemeinschaft" gegenwärtig im Gegensatz zur Ehe nicht wechselseitig zwischen den beteiligten Rechtsordnungen austauschbar ist.[24] Diese sehen andere tatsächliche Voraussetzungen vor, um eine die angeordneten Rechtsfolgen rechtfertigende Partnerbeziehung anzunehmen. Daher ist die Frage nach dem Bestehen der Gemeinschaft dem **Sachrecht** des Staates zu unterstellen, das auf die **Hauptfrage** Anwendung findet, und nicht erneut (selbständig oder unselbständig) kollisionsrechtlich anzuknüpfen.[25]

8 **2. Unterhalt.** Ob und inwieweit innerhalb der nichtehelichen Lebensgemeinschaft der eine Partner dem anderen **außerhalb eines Vertrages** Unterhalt schuldet, bestimmt sich nach dem Haager Protokoll. Das Haager Protokoll gestattet die **Rechtswahl**: Zum einen die Wahl des Rechts des Gerichts für einen bestimmten Prozess (Art. 7 Haager Protokoll); zum anderen die Wahl des Heimatrechts oder des Rechts des gewöhnlichen Aufenthalts eines Partners zum Zeitpunkt der Rechtswahl (Art. 8 Abs. 1 Haager Protokoll). Die Rechtswahl hat schriftlich oder auf einem Datenträger zu erfolgen, dessen Inhalt später zugänglich ist, und die Vereinbarung ist von beiden Parteien zu unterschreiben. **Mangels einer Rechtswahl** findet das **Recht des gewöhnlichen Aufenthalts** des Unterhaltsberechtigten Anwendung (Art. 3 Haager Protokoll). Der Inanspruchgenommene kann jedoch einwenden, dass er weder nach dem Recht des Staates des gewöhnlichen Aufenthalts der verpflichteten Person, noch – soweit gegeben – nach dem gemeinsamen Heimatrecht zum Unterhalt verpflichtet ist (Art. 6 Haager Protokoll), **kollisionsrechtliche Einrede**. Das Haager Protokoll regelt sowohl gesetzliche als auch vertraglich vereinbarte Unterhaltspflichten.

9 **3. Eltern-Kind-Beziehungen.** Auf die Eltern-Kind-Beziehungen innerhalb der nichtehelichen Lebensgemeinschaft sind nach dem Inkrafttreten des KSÜ die Art. 15 ff KSÜ anwendbar. Die **Elternschaft** bestimmt sich nach Art. 19 und 20.

18 Zum Unterschied zur nicht formalisierten Lebensgemeinschaft *Röthel*, IPRax 2000, 74, 75; Soergel/*Schurig*, Vor Art. 13 EGBGB Rn 34. In der Lit. erfolgt oft keine Differenzierung; vgl MüKo/*Coester*, Art. 13 EGBGB Rn 6; Erman/*Hohloch*, Vor Art. 13 EGBGB Rn 10 ff; aufgrund geringer Bedeutung für entbehrlich gehalten von Hausmann/Hohloch/*Martiny*, S. 788 f. Wichtigstes Beispiel für eine registrierte (formalisierte) heterosexuelle Lebensgemeinschaft ist der **französische** Lebenspartnerschaftsvertrag „pacte civil de solidarité" (PACS), der bei Gericht registriert wird (vgl Art. 515-1 bis 515-7 des französischen Code Civil); näher und mit deutscher Übersetzung u.a. Bergmann/Ferid/Henrich/*Chaussade-Klein/Henrich*, Frankreich, S. 47 f und 122 ff; *Röthel*, ZRP 1999, 511, 514 ff; weitere Beispiele bei *Striewe*, § 3 III, S. 92 ff.

19 Fachausschuss-Nr. 3855 StAZ 2009, 187, 189; So die hauptsächlich vertretene Auffassung vor Einführung von Art. 17b; dazu u.a. *Röthel*, IPRax 2000, 74, 76 ff; Soergel/*Schurig*, Vor Art. 34 mwN.

20 *Wagner*, IPRax 2001, 281, 292; *Rauscher*, IPR, Rn 840; MüKo/*Coester*, Art. 17b EGBGB Rn 131; Palandt/*Thorn*, Art. 17b EGBGB Rn 1, 12.

21 So auch *Wagner*, IPRax 2001, 281, 292.

22 So Hausmann/Hochloch/*Martiny*, S. 789.

23 Wie hier Palandt/*Thorn*, Art. 13 EGBGB Rn 3; *Lüderitz*, IPR, Rn 360; *Rauscher*, IPR, Rn 837; Erman/*Hohloch*, Vor Art. 13 EGBGB Rn 12; MüKo/*Coester*, Art. 13 EGBGB Rn 5, 9; *Siehr*, IPR, § 14 II, S. 81; *Schümann*, Nichteheliche Lebensgemeinschaften und ihre Einordnung im IPR, Diss. 2001, S. 107; Süß/Ring/*Süß*, EheR in Europa, Deutsches IFR, Rn 285; aA Staudinger/*Mankowski*, Anh. Art. 13 EGBGB Rn 79; *Striewe*, § 14, S. 411.

24 *Rauscher*, IPR, Rn 837.

25 *Rauscher*, IPR, Rn 837; *Schaal*, ZNotP 2009, 290, 293; Süß/Ring/*Süß*, EheR in Europa, Deutsches IFR, Rn 285; aA Erman/*Hohloch*, Vor Art. 13 EGBGB Rn 11; Staudinger/*Mankowski*, Anh. Art. 13 EGBGB Rn 79; *Striewe*, § 14, S. 411.

4. Gesetzliche Erben, Verfügungen von Todes wegen. Dem Erbstatut (Art. 25) ist zu entnehmen,[26] ob der nichteheliche Lebenspartner zum Kreis der gesetzlichen Erben gehört und inwieweit der Erblasser Verfügungen von Todes wegen zugunsten des Partners treffen konnte. Auch hier sind die Anforderungen, die an die nichteheliche Lebensgemeinschaft zu stellen sind, dem Hauptstatut zu entnehmen (s. Rn 7). 10

5. Innen-, insbesondere Vermögensbeziehungen. Die Partner können ausdrücklich oder mit hinreichender Sicherheit erkennbar für ihre Vermögensbeziehungen eine **vorrangige Rechtswahl** zumindest in analoger Anwendung des Art. 15 Abs. 2 treffen.[27] Zum Teil wird für eine unbeschränkte Rechtswahlmöglichkeit eingetreten.[28] Für ihre **Form** gelten nicht die Anforderungen des Art. 15 Abs. 3 iVm Art. 14 Abs. 4,[29] sondern allein die des Art. 11.[30] Das deutsche Recht schreibt keine Form vor.[31] 11

Die **Auffassungen zur Anknüpfung bei fehlender Rechtswahl** stimmen dahin gehend überein, dass der gemeinsame gewöhnliche Aufenthalt dann entscheidend ist, wenn die Partner kein gemeinsames Personalstatut besitzen. Dies wird je nach konzeptionellem Ausgangspunkt aus einer schuldrechtlichen Qualifikation, aus Art. 14 Abs. 1 Nr. 2 analog (familienrechtliche Qualifikation) oder einer eigenständigen Regel abgeleitet. 12

Ganz offen ist die Anknüpfung, wenn die Partner über ein gemeinsames Personalstatut und einen gemeinsamen gewöhnlichen Aufenthalt in einem anderen Staat verfügen. In diesem Fall wird überwiegend die Anknüpfung an das gemeinsame Heimatrecht in Analogie zu Art. 14 Abs. 1 Nr. 1 vertreten.[32] Nach anderer Ansicht kommt es auf den gemeinsamen gewöhnlichen Aufenthalt an.[33] Vertreten wird auch das Prinzip der engsten Verbindung, wobei gemeinsamer gewöhnlicher Aufenthalt und Staatsangehörigkeit Einzelfall bezogen angemessen Berücksichtigung finden sollen.[34] 13

Für den Vorrang der gemeinsamen Staatsangehörigkeit spricht, dass diese Anknüpfung nach deutschem Kollisionsrecht bei personalen Rechtsverhältnissen Vorrang hat und im Allgemeinen die engste Verbindung einer Person zu einer Rechtsordnung zum Ausdruck bringt. Bei der nichtehelichen Lebensgemeinschaft gilt danach ebenso wie bei der Ehe die Vermutung, dass das gemeinsame Heimatrecht das Innenverhältnis stärker als der gemeinsame gewöhnliche Aufenthalt prägt.[35] Ferner kann angeführt werden, dass grundsätzlich ein Gleichlauf in der Anknüpfung mit dem Verlöbnis und der Ehe erreicht wird. Andererseits gewinnt die Anknüpfung an den gewöhnlichen Aufenthalt auch im internationalen Familienrecht an Bedeutung. Sie herrscht im Unterhaltsrecht sowie im Abstammungs- und Kindschaftsrecht. Wesentliches Merkmal der nichtehelichen Lebensgemeinschaft ist die gemeinsame Haushaltsführung am gemeinsamen Lebensmittelpunkt. Sie unterscheidet sich durch ihren fehlenden statusrechtlichen Charakter und aufgrund der Freiheit der Gestaltung und der Beliebigkeit der Auflösung von der Ehe. Der Stetigkeit der Beziehung kommt eine geringere Bedeutung zu. Die eherechtlichen Bestimmungen passen zum Teil nicht auf die Gemeinschaft. Das betrifft insbesondere Art. 13 (Zustandekommen der Gemeinschaft) und Art. 15 (Unwandelbarkeit des Güterrechtsstatuts).[36] Insgesamt ist deshalb der Auffassung zu folgen, die eine dem Statutenwechsel zugängliche **einheitliche Anknüpfung an den gemeinsamen gewöhnlichen Aufenthalt der Partner** favorisiert.[37] Eine im Inland begründete und gelebte Lebensgemeinschaft richtet sich nach deutschem Recht. Bei Aufenthaltswechsel sind die allgemeinen Regeln für den Statutenwechsel heranzuziehen. Die rechtlichen Wirkungen der Beziehungen bestim- 14

26 BayObLG NJW 1976, 2076; *v. Bar*, IPR II, Rn 120; *Rauscher*, IPR, Rn 836; Erman/*Hohloch*, Vor Art. 13 EGBGB Rn 11; Staudinger/*Mankowski*, Anh. Art. 13 EGBGB Rn 55; *Striewe*, § 14 II 1, S. 361 ff.

27 *Schotten/Schmellenkamp*, IPR, Rn 259; *Henrich*, § 1 VIII 2 a, S. 45; *v. Bar*, IPR II, Rn 122; auch Hausmann/Hohloch/*Martiny*, S. 797 f; Staudinger/*Mankowski*, Anh. Art. 13 EGBGB Rn 85; *Schaal*, ZNotP 2009, 290, 296; Soergel/*Schurig*, Vor Art. 13 EGBGB Rn 31; Süß/Ring/*Süß*, EheR in Europa, Deutsches IFR, Rn 289.

28 *Lüderitz*, IPR, Rn 360; Palandt/*Thorn*, Art. 13 EGBGB Rn 12.

29 Soergel/*Schurig*, Vor Art. 13 EGBGB Rn 31; Staudinger/*Mankowski*, Anh. Art. 13 EGBGB Rn 86; *Lüderitz*, IPR, Rn 360; aA Süß/Ring/*Süß*, EheR in Europa, Deutsches IFR, Rn 290.

30 Hausmann/Hohloch/*Martiny*, S. 798.

31 Hausmann/Hohloch/*Martiny*, S. 798 für einfache Schriftform Staudinger/*Mankowski*, Anh. Art. 13 EGBGB Rn 86.

32 Für den Vorrang der gemeinsamen Staatsangehörigkeit u.a. *v. Bar*, IPR II, Rn 122; *Henrich*, § 1 VIII 2 b aa, S. 47; Soergel/*Schurig*, Vor Art. 13 EGBGB Rn 30; *Sarcevic*, ZVglRWiss 84 (1985), 274, 280; Hausmann/Hohloch/*Martiny*, S. 790; *Striewe*, § 14 II 2 d aa, S. 385; *ders.*, IPRax 1983, 248, 250.

33 *Siehr*, IPR, § 14 III, S. 80; *Andrae*, § 9 Rn 38; für ergänzende Anwendung schuld- und sachenrechtlicher Anknüpfungsregeln Erman/*Hohloch*, Vor Art. 13 EGBGB Rn 12 f.

34 Palandt/*Thorn*, Art. 17 b EGBGB Rn 12; *Henrich*, FamRZ 1986, 841 ff; aA *v. Bar*, IPR II, Rn 122.

35 Staudinger/*Mankowski*, Anh. Art. 13 EGBGB Rn 66.

36 S. hierzu *Lüderitz*, IPR, Rn 360; gegen eine unwandelbare Anknüpfung der güterrechtlichen Beziehungen *Henrich*, § 1 VIII 2 b aa, S. 47; aA Staudinger/*Mankowski*, Anh. Art. 13 EGBGB Rn 82 f; Hausmann/Hohloch/*Martiny*, S. 797.

37 *Lüderitz*, IPR, Rn 360; Ferid/*Böhmer*, IPR, Rn 8–197,1; *Dörner*, in: FS Jayme 2004, S. 143, 152; Erman/*Hohloch*, Vor Art. 13 EGBGB Rn 12 f, der jedoch die Vermögensordnung dem jeweiligen Einzel-(Sach-, Schuld- oder Gesellschafts-)statut unterstellt; gegen einen Statutenwechsel *Siehr*, IPR, § 14 III, S. 80; so für Frankreich Tribunal de Grande Instance de Paris 21.11.1983 Rev.crit.dr.int.priv. 73 (1984), 628 m. krit. Anm. *Lagard*. AA *Schaal*, ZNotP 2009, 290, 296.

men sich nach dem Recht des neuen gewöhnlichen Aufenthalts. Einen gemeinsamen gewöhnlichen Aufenthalt wird es regelmäßig geben. Hilfsweise ist auf den letzten gemeinsamen gewöhnlichen Aufenthalt bei Bestehen der Gemeinschaft abzustellen. Die Verweisung ist eine **Gesamtnormverweisung** (Art. 4 Abs. 1).

15 Das für die inneren Vermögensbeziehungen maßgebliche Recht bestimmt über die **Rechte und Pflichten der Partner zueinander**, auch über eine Haftungsbegrenzung und die Hemmung der Verjährung von Ansprüchen sowie die Ausgleichsansprüche im Innenverhältnis bei Inanspruchnahme durch Dritte. Wem **Vermögenswerte**, wie dingliche Rechte und Forderungen, zugeordnet sind, bestimmt sich nach dem betreffenden Einzelstatut.[38] Sieht das für die inneren Vermögensbeziehungen maßgebliche Recht eine **Sonderordnung für das Vermögen** vor (Gesamtstatut), hat dieses Vorrang.[39] Bei Statutenwechsel für das Gesamtstatut wird die nach bisherigem Statut erfolgte Zuordnung von bereits vorhandenen Vermögensgegenständen anerkannt.

16 **6. Auflösung.** Die **vermögensrechtliche Abwicklung** nach Auflösung der nichtehelichen Lebensgemeinschaft richtet sich nach dem für die Innenbeziehungen maßgeblichen Recht. Dieses Recht bestimmt darüber, ob hierfür eine Sonderordnung existiert oder davon abgesehen ist, und auch darüber, ob die Regelungen eines bestimmten Rechtsinstituts hierauf analog Anwendung finden. Hierzu gehört auch der im deutschen Recht herrschende Grundsatz, dass zwischen den Partnern bei Trennung grundsätzlich kein Ausgleich stattfindet. Das Gleiche gilt, soweit im Ausnahmefall materiellrechtlich auch ohne ausdrücklich oder stillschweigend geschlossenen Gesellschaftsvertrag ein Ausgleich nach den **Regeln der einfachen Gesellschaft** erfolgt.[40]

17 Ebenso sind Ansprüche zu behandeln, die sich auf den **Wegfall der Geschäftsgrundlage** oder auf **ungerechtfertigte Bereicherung** (hier auch über die akzessorische Anknüpfung nach Art. 41) stützen, soweit sie sich nicht auf besondere schuldrechtliche oder gesellschaftsrechtliche Vereinbarungen zwischen den Partnern beziehen.[41] Ansprüche der Partner aus einzelnen **schuldrechtlichen Sonderverbindungen** (Schenkung, Darlehen, Übernahme einer Bürgschaft oder vertraglich vereinbarte Innengesellschaft) unterliegen dem Statut dieser Beziehungen, das nach Art. 3 und 4 Rom I-VO zu bestimmen ist.[42] Sind die Schuldverträge zwischen den Parteien in die Gestaltung der nichtehelichen Lebensgemeinschaft eingebettet, wird bei fehlender Rechtswahl die Ausweichklausel von der offensichtlich engeren Verbindung nach Art. 4 Abs. 3 Rom I-VO oft zum Gleichlauf der Anknüpfungen führen. Werden verschiedene Rechtsordnungen berufen, hat bei Anpassungsproblemen das Statut der nichtehelichen Lebensgemeinschaft als Hauptbeziehung Vorrang. Dieses Statut entscheidet darüber, ob die Abwicklungsvorschriften für die Gemeinschaft abschließenden Charakter haben und inwieweit schuldrechtliche Ansprüche aus Sonderverbindungen zulässig sind. Entsprechendes gilt für das Verhältnis zu den Ausgleichs- und Rückforderungsansprüchen bei Auflösung des Verlöbnisses, wenn gleichzeitig eine nichteheliche Lebensgemeinschaft beendet wird.

18 **7. Beziehungen zu Dritten.** Für die Beziehungen zu Dritten wird zum Teil vorgeschlagen, die Rechtswirkungen der nichtehelichen Lebensgemeinschaft dem Recht zu unterstellen, dem die betreffende Beziehung mit dem Dritten unterliegt (zB Kauf, Kreditvertrag oder Bürgschaft).[43] Nach anderer Auffassung, der gefolgt werden sollte, richtet sich diese Frage nach dem **auf das Innenverhältnis anwendbaren Recht**. Zugunsten des inländischen Rechtsverkehrs ist jedoch der Rechtsgedanke der **Art. 16 Abs. 2, 17 b Abs. 2 S. 2** heranzuziehen.[44] Der Dritte kann darauf vertrauen, dass die deutschen Vorschriften Anwendung finden, wenn das Rechtsgeschäft hier vorgenommen wird und die Vermögensbeziehungen der Lebenspartner einem ausländischen Recht unterliegen, soweit dies für den Dritten günstiger ist. **§ 563 Abs. 2 BGB** ist anzuwenden, wenn die Mietwohnung im Inland belegen ist.

III. Weitere praktische Hinweise

19 **1. Rechtswahl.** Der Rechtsanwalt sollte seinem Mandanten wegen der Rechtsunsicherheit eine Rechtswahl mit seinem Lebenspartner empfehlen.[45] Da die Rechtswahl im Inland (Art. 11 Abs. 1 Alt. 2) **an keine Form**

38 Hausmann/Hohloch/*Martiny*, S. 796; für Rechte an Sachen gilt Art. 43.

39 Konzeptionell wie hier, aber ausgehend von einer Analogie zu Art. 15 Abs. 1, Hausmann/Hohloch/*Martiny*, S. 796.

40 Zum deutschen Sachrecht u.a. BGH NJW 1999, 2964; 1997, 3371; BGHZ 132, 141 = NJW-RR 1996, 1473; BGH NJW 1983, 1055; *Sandweg*, BWNotZ 1991, 61, 64 f; *Grziwotz*, FamRZ 1994, 1217, 1222 ff.

41 So auch Soergel/*Schurig*, Vor Art. 13 EGBGB Rn 30; aA *Henrich*, § 1 VIII 2 b cc, S. 50 (konnexes Vertragsstatut bzw Recht des Staates, in dem Bereicherung eingetreten ist). Zu dieser Anknüpfung für bereicherungsrechtliche Ansprüche führt Art. 41 auch bei schuldrechtlicher Qualifikation.

42 Soergel/*Schurig*, Vor Art. 13 EGBGB Rn 33; *Andrae*, § 9 Rn 42; *Hausmann*, in: FS Henrich 2000, S. 249; Hausmann/Hohloch/*Martiny*, S. 787; *Schaal*, ZNotP 2009, 290, 297; Süß/Ring/*Süß*, EheR in Europa, Deutsches IFR, Rn 291.

43 *Striewe*, § 14 I, S. 358; Staudinger/*Mankowski*, Anh. Art. 13 EGBGB Rn 56; Hausmann/Hohloch/*Martiny*, S. 806.

44 *Henrich*, § 1 VIII 2 c, S. 51; dagegen den Anknüpfungsgegenstand des Art. 16 Abs. 2 verneinend Staudinger/*Mankowski*, Anh. Art. 13 EGBGB Rn 56.

45 So auch *Schotten/Schmellenkamp*, IPR, Rn 258.

gebunden ist, braucht sie nicht notariell beurkundet zu werden. Für den Unterhalt ist sie nach Art. 7 (Wahl der lex fori) und Art. 8 Haager Protokoll (auf bestimmte Rechtsordnungen beschränkte Rechtswahl) möglich.. Für den Unterhalt ist sie nur außerhalb der gesetzlichen Unterhaltspflicht möglich.[46] In Sorgerechtssachen ist eine Rechtswahl gänzlich ausgeschlossen. Die Rechtswahl kann zu jeder Zeit erfolgen. Sie kann also auch noch im Zeitpunkt der Abwicklung getroffen, die Abwicklungsvereinbarung demnach mit einer Rechtswahl verbunden werden.

2. Internationale Zuständigkeit. Die internationale Zuständigkeit für Klagen der Partner gegeneinander richtet sich – von Sorgerechts- und Erbrechtssachen abgesehen – nach der **EuGVVO**,[47] da es sich um keine Statussache und kein eheliches Güterrecht handelt. Ist der räumliche Anwendungsbereich der EuGVVO nicht eröffnet, finden **§§ 12 ff ZPO** Anwendung. § 98 FamFG und die Verbundzuständigkeit in Ehesachen können nicht analog herangezogen werden.[48] Die Zuständigkeit in Unterhaltssachen richtet sich ausschließlich nach den Art. 3 ff EuUnthVO[49]. 20

Anhang III zu Art. 13 EGBGB: Haager Eheschließungsübereinkommen

I. Einführung

Mit dem Haager Eheschließungsübereinkommen (HEheSchlÜ)[1] wurde das Ziel verfolgt, Ehen unter den Angehörigen der Vertragsstaaten zu erleichtern und den Wirkungsbereich religiöser Ehehindernisse einzugrenzen. Dieses Anliegen ist in den innerstaatlichen gesetzlichen Regelungen der europäischen Staaten heute konsequenter als im Übereinkommen verwirklicht, so dass es inhaltlich teilweise keine Bedeutung hat. 1

II. Verhältnis zum autonomen Kollisionsrecht

In ihrem Anwendungsbereich verdrängen die Kollisionsnormen des HEheSchlÜ die Vorschriften des EGBGB.[2] Im Ergebnis besteht weitgehend Identität. 2

III. Zeitlicher Anwendungsbereich

Das HEheSchlÜ ist für das Deutsche Reich am 1.8.1904 in Kraft getreten.[3] Es gilt heute nur noch im Verhältnis zu **Italien**. 3

Für die Frage der Wirksamkeit früher geschlossener Ehen findet es aufgrund der Unwandelbarkeit der Anknüpfung Anwendung, wenn nach Art. 8 HEheSchlÜ der räumlich-personelle Anwendungsbereich des Übereinkommens zum Zeitpunkt der Eheschließung eröffnet war, dh die dort vorausgesetzte Beziehung zu einem Vertragsstaat bestand.[4] 4

46 Hierzu *Rauscher/Andrae*, EuZPR Art. 7, 8 HUntStProt 2007.
47 Anders wohl *Wagner*, IPRax 2001, 281.
48 So wohl auch *Wagner*, IPRax 2001, 281, 283.
49 Verordnung (EG) Nr. 4/2009 des Rates über die Zuständigkeit, das anwendbare Recht, die Anerkennung und Vollstreckung von Entscheidungen und die Zusammenarbeit in Unterhaltssachen vom 18.12.2008 (Abl. EU 2009 Nr. L 7 S. 1).
1 Haager Abkommen zur Regelung des Geltungsbereichs der Gesetze auf dem Gebiete der Eheschließung v. 12.6.1902 (RGBl 1904 S. 221), Text s. Rn 230.
2 U.a. *Jayme*, NJW 1965, 13, 16.
3 RGBl 1904 S. 221 und 249.
4 *Jayme*, NJW 1965, 13, 14.

5 Im Verhältnis zu folgenden Staaten gilt bzw galt das HEheSchlÜ:[5]

	Beginn	Suspendierung[6]	Wieder anwendbar[7]	Beendigung
Belgien	1.8.1904 (RGBl S. 240)			1.6.1919 Kündigung (RGBl S. 197)
Frankreich	1.8.1904 (RGBl S. 289)			1.6.1914 Kündigung (RGBl S. 9)
Italien[8]	19.9.1905 (RGBl S. 716) 22.7.1929 (RGBl II S. 635)	28.8.1916 (Krieg) 23.10.1943 (Krieg)	1.5.1952 (BGBl. II 1955 S. 188)	
Luxemburg	1.8.1904 (RGBl S. 249)	10.5.1943 (Krieg)	1.5.1953 (BGBl. I 1955 S. 188)	1.6.1983 (BGBl. II 1989 S. 69)
Niederlande	1.8.1904 (RGBl S. 249)	10.5.1940 (Krieg)	24.12.1954 (BGBl. II 1955 S. 1)	1.6.1979 (BGBl. II 1977 S. 448)
Polen	25.8.1929 (RGBl II S. 640)	1.9.1939 (Krieg)	nicht wieder für anwendbar erklärt	
Portugal	2.5.1907 (RGBl S. 84)			10.1.1920 (Art. 282 Versailler Vertrag)
Rumänien	1.8.1904 (RGBl S. 284)	10.1.1920 (Art. 282 Versailler Vertrag)	6.8.1940 (RGBl II S. 140)	2.8.1944 (Krieg)[9]
Schweden	1.8.1904 (RGBl S. 249)			1.6.1959 (BGBl. II S. 582)
Schweiz	16.9.1905 (RGBl S. 716)			1.6.1974 (BGBl. II 1977 S. 1028)
Ungarn	22.11.1911 (RGBl S. 119)			1.6.1974 (BGBl. II S. 42)

Die **DDR** erklärte die Wiederanwendbarkeit des HEheSchlÜ mit Wirkung vom 19.1.1958;[10] mit dem 3.10.1990 gilt es aufgrund von Art. 11 EinigungsV.[11]

IV. Räumlich-personeller Anwendungsbereich (Art. 8 HEheSchlÜ)

6 Das HEheSchlÜ ist nicht universell anwendbar, ersetzt also die Bestimmungen des EGBGB nicht allgemein (**keine loi uniforme**). Es findet vielmehr nur dann Anwendung, wenn die in Art. 8 HEheSchlÜ vorausgesetzten Berührungen zu einem Vertragsstaat im Zeitpunkt der Eheschließung vorliegen.

7 **1. Räumlich.** Die Ehe muss im europäischen Gebiet eines Vertragsstaates geschlossen worden sein (Art. 8 Abs. 1 und Art. 9 HEheSchlÜ). Das Übereinkommen findet demnach keine Anwendung auf eine 1970 zwi-

5 Gestützt auf Böhmer/Finger/*Böhmer*, 6.2 Rn 7 ff.
6 Zur Suspendierung u.a. *Jayme*, NJW 1965, 13, 14.
7 Zum Problem der Rückwirkung u.a. *Jayme*, NJW 1965, 13, 15.
8 Hierzu eingehend *Jayme*, NJW 1965, 13, 14.
9 Wie hier u.a. auch Staudinger/*v. Bar*, 12. Aufl., Vor Art. 13 EGBGB Rn 84 mwN; aA Soergel/*Kegel*, 10. Aufl., Art. 13 EGBGB Rn 115.
10 Bekanntmachung v. 16.9.1959 (BGBl. I 1959 S. 505).
11 BGBl. II 1990 S. 885.

schen einem Italiener und einer Deutschen in Dänemark geschlossene Ehe, denn Dänemark war zu keinem Zeitpunkt Vertragsstaat.[12] Das HEheSchlÜ würde jedoch Anwendung finden, wenn die Ehe in den Niederlanden geschlossen worden wäre, weil die Niederlande zum maßgeblichen Zeitpunkt ein Vertragsstaat waren. Nicht anzuwenden wäre das HEheSchlÜ dagegen bei gegenwärtiger Eheschließung, da die Niederlande das Übereinkommen gekündigt haben.

2. Personell. Mindestens einer der Eheschließenden muss Angehöriger eines Vertragsstaates sein. Das Übereinkommen findet demnach Anwendung, wenn es um die Wirksamkeit einer Ehe britischer Staatsangehöriger geht, die in Italien die Ehe geschlossen haben, einer der Ehegatten jedoch die deutsche oder die italienische Staatsangehörigkeit besitzt. Sind beide Eheschließenden staatenlos, findet das Übereinkommen keine Anwendung. Besitzt einer von ihnen die Staatsangehörigkeit eines Mitgliedstaates, ist es dagegen anzuwenden. In diesem Fall regeln sich die sachlichen Ehevoraussetzungen für den Staatenlosen nach dem Recht des gewöhnlichen Aufenthalts (vgl Art. 12 Staatenlosenkonvention).[13] **8**

V. Beziehung zu einem anderen Vertragsstaat

Räumlich oder personell muss nach hM eine Beziehung zu beiden Vertragsstaaten bestehen.[14] Bei Eheschließung in Deutschland muss daher mindestens einer der Verlobten die italienische Staatsangehörigkeit besitzen; bei Eheschließung in Italien wenigstens einer die deutsche. Das Übereinkommen ist jedoch auch anzuwenden, wenn ein deutsches Gericht die Wirksamkeit einer Ehe zu beurteilen hat, die in einem anderen Vertragsstaat durch einen Angehörigen dieses Staates mit einem Drittstaater geschlossen wurde. **9**

VI. Drittstaater (Art. 8 Abs. 2 HEheSchlÜ)

Die Vertragsstaaten sind nicht verpflichtet, auf der Grundlage der Kollisionsnormen des HEheSchlÜ das Recht eines Drittstaates anzuwenden. Da das Übereinkommen die sachlichen Ehevoraussetzungen dem Grundsatz nach an das Heimatrecht knüpft, folgt daraus, dass in Bezug auf Drittstaater das EGBGB Anwendung findet. **10**

Schließt zB ein Italiener mit einer Französin in Deutschland die Ehe, bestimmen sich die sachlichen Ehevoraussetzungen für den Italiener nach dem HEheSchlÜ, für die Französin gem. Art. 13 Abs. 1, 4 Abs. 1 EGBGB in Gesamtverweisung nach französischem Recht. Für die Form der Eheschließung ist wiederum auf das HEheSchlÜ abzustellen. **11**

VII. Sachliche Ehevoraussetzungen (Art. 1 Hs 1 HEheSchlÜ)

Verwiesen wird auf das Heimatrecht jedes Verlobten hinsichtlich seiner Ehevoraussetzungen. Die Vorschrift umfasst dieselben Fragen wie Art. 13 Abs. 1 EGBGB (vgl Art. 13 Rn 10 ff). **12**

Für Mehrstaater existiert keine Regelung. Wie bei anderen Haager Übereinkommen wird Streit darüber geführt, ob vom Grundsatz der effektiven Staatsangehörigkeit auszugehen (diese Ansicht ist zu bevorzugen)[15] oder ob Art. 5 Abs. 1 EGBGB entsprechend heranzuziehen[16] ist. **13**

VIII. Gesamtverweisung (Art. 1 Hs 2 HEheSchlÜ)

Das HEheSchlÜ geht vom Prinzip der Gesamtverweisung aus. Die Vorschrift des Art. 1 Hs 2 HEheSchlÜ hat jedoch keine praktische Bedeutung, da auch in Italien die Heimatrechtsanknüpfung gilt. Das Recht eines Drittstaates und damit ein Kollisionsrecht kommt über Art. 1 Hs 2 HEheSchlÜ nicht zur Anwendung, selbst soweit es auf das Recht eines Vertragsstaates zurückverweist (Art. 8 Abs. 2 HEheSchlÜ). **14**

12 BGH FamRZ 1997, 542, 543.
13 Böhmer/Finger/*Böhmer*, 6.2 Rn 28.
14 RGZ 78, 235; Böhmer/Finger/*Böhmer*, 6.2 Rn 15; Staudinger/*Mankowski*, Art. 13 EGBGB Rn 13 mwN; *Müller-Freienfels*, in: FS Ficker 1967, S. 303 und 308; aA KG JW 1937, 2039.
15 Soergel/*Kegel*, Vor Art. 19 EGBGB Rn 38 (MSA); Staudinger/*Kropholler*, 13. Aufl. 1994, Vor Art. 19 EGBGB Rn 339 mwN (MSA); *ders.*, IPR, § 37 II 1 b, S. 261; *Henrich*, § 7 II 1 b (3), S. 272.
16 Staudinger/*Mankowski*, Art. 13 EGBGB Rn 54; Böhmer/Finger/*Böhmer*, 6.2 Rn 28; Palandt/*Thorn*, Anh. zu Art. 24 Rn 19 (MSA); *Jayme*, NJW 1965, 13, 16.

IX. Vorfrage (Art. 1, 2 Abs. 2 und 3 HEheSchlÜ)[17]

15 Beim Ehehindernis der Doppelehe stellt sich die Frage, ob die Vorehe besteht. Die Vorfrage nach dem Fortbestand einer Vorehe ist nach hM vom Standpunkt des Heimatrechts des jeweiligen Verlobten aus zu beurteilen[18] (materiellrechtliche Lösung, die der unselbständigen Anknüpfung entspricht). Jedoch ist nach Art. 2 Abs. 3 S. 1 HEheSchlÜ kein Vertragsstaat verpflichtet, eine Ehe schließen zu lassen, die vom Standpunkt seiner Rechtsordnung wegen der Existenz einer Vorehe das Verbot der Doppelehe verletzen würde. Daraus folgt, dass für die Eheschließung im Inland die Vorfrage der Auflösung der Vorehe vom Standpunkt des ausländischen Heimatrechts und des deutschen Rechts zu prüfen ist. Nach erfolgter Eheschließung in einem anderen Vertragsstaat ist hingegen die Vorfrage allein aus der Sicht des jeweiligen Heimatrechts zu entscheiden (Art. 2 Abs. 3 S. 2 HEheSchlÜ).

X. Ordre public

16 Das HEheSchlÜ sieht keine allgemeine ordre-public-Klausel vor. Die Art. 2 und 3 HEheSchlÜ enthalten spezielle ordre-public-Klauseln, die die Anwendung des Rechts eines Vertragsstaates in einem anderen Vertragsstaat ausschließen. Art. 6 EGBGB ist nach hM nicht subsidiär heranzuziehen.[19]

XI. Eheverbote des Ortsrechts (Art. 2 HEheSchlÜ)

17 Vorgesehen ist die Möglichkeit, die Eheschließung abzulehnen, wenn nach dem Recht des Eheschließungsortes ein in **Abs. 1** bezeichnetes Ehehindernis besteht, soweit es das Heimatrecht nicht vorsieht. Die spezielle ordre-public-Klausel des Abs. 1 ist aufgrund der materiellrechtlichen Bestimmungen Deutschlands und Italiens zu den Eheverboten für die deutsche Rechtspraxis ohne Bedeutung. Das absolute Verbot der Verwandtenehe (ohne Befreiungsmöglichkeit) ist in beiden Rechtsordnungen deckungsgleich.[20] Für die Schwägerschaft gibt es im deutschen Recht kein Verbot mehr.[21] Das deutsche Recht kennt zudem kein Verbot der Eheschließung wegen (versuchten) Ehegattenmordes.[22] **Abs. 2** betrifft das Ehehindernis der Doppelehe und Hindernisse religiöser Natur. Letztere kommen in beiden Rechtsordnungen jedoch nicht vor.

18 **Abs. 3** hat in deutsch-italienischen Fällen in Bezug auf die Doppelehe seine Bedeutung aufgrund der Zulassung der Scheidung in Italien 1970 verloren (zur Vorfragenproblematik s. Rn 15).

XII. Eheverbote des Heimatrechts (Art. 3 HEheSchlÜ)

19 Die Vorschrift ist heute ohne sachlichen Anwendungsbereich, weil beide Vertragsstaaten keine Ehehindernisse ausschließlich aus Gründen religiöser Natur kennen.

XIII. Ehefähigkeitszeugnis (Art. 4 HEheSchlÜ)

20 Jeder Vertragsstaat ist gem. **Abs. 1** berechtigt, von den Angehörigen der anderen Vertragsstaaten ein Ehefähigkeitszeugnis zu verlangen. Im Verhältnis zu Italien ist die Ausstellung von Ehefähigkeitszeugnissen zwischenstaatlich im Münchener CIEC-Übereinkommen über die Ausstellung von Ehefähigkeitszeugnissen vom 5.9.1980[23] geregelt; Art. 4 Abs. 2 HEheSchlÜ ist gegenstandslos.

21 Bei Eheschließung Deutscher in Italien ergibt sich aus Art. 116 Abs. 1 CC die Pflicht der Vorlage eines Ehefähigkeitszeugnisses. Ein solches stellt der deutsche Standesbeamte aus. Die Zuständigkeit ist in § 39 PStG geregelt (s. hierzu Art. 13 Rn 153 f). Für die Eheschließung in Deutschland wird italienischen Staatsangehörigen das Ehefähigkeitszeugnis über die konsularischen Vertretungen durch den örtlich zuständigen (italienischen) Standesbeamten erteilt.[24]

17 Historisch – unter den Bedingungen des Verbots der Ehescheidung für Italiener nach ital. Recht vor 1970 – *Jayme*, NJW 1965, 13, 18 f.

18 Böhmer/Finger/*Böhmer*, 6.2 Rn 30; Staudinger/*v. Bar*, 12. Aufl. 1992, Vor Art. 13 EGBGB Rn 87; *Jayme*, FamRZ 1967, 197, 198; *ders.*, NJW 1965, 13, 18; umfassend und mwN Soergel/*Schurig*, Art. 13 EGBGB Rn 135 f, der allerdings für eine selbständige Anknüpfung eintritt.

19 U.a. OLG Hamm FamRZ 1974, 457, 458; Soergel/*Schurig*, Art. 13 EGBGB Rn 138 f. Im Einzelnen zu den Vorarbeiten zum Übereinkommen sowie der Rspr und den Literaturmeinungen *Jayme*, NJW 1965, 13, 17 f.

20 § 1307 BGB bzw Art. 87 Abs. 1 Nr. 1 und 2 CC; bei Onkeln, Tanten, Nichten und Neffen ist Befreiungsmöglichkeit gegeben, Art. 87 Abs. 1 Nr. 3, Abs. 4 CC.

21 Jedoch Art. 87 Abs. 1 Nr. 4 CC für Verschwägerte 1. Grades.

22 So aber Art. 88 CC.

23 BGBl. II 1997 S. 1087; Bekanntmachung v. 25.5.1999 (BGBl. II S. 486).

24 Böhmer/Finger/*Böhmer*, 6.2 Rn 41; vgl § 166 Abs. 4 DA.

XIV. Eheschließungen in Form des Ortsrechts (Art. 5 HEheSchlÜ)

Abs. 1 bestimmt, dass die Ehe als formwirksam anzuerkennen ist, wenn diese entsprechend dem Recht am Ort der Eheschließung formwirksam geschlossen wurde. 22

Der Ort der Eheschließung ist wie im autonomen IPR auszulegen (s. Art. 13 Rn 97 ff). Dasselbe gilt für den Anwendungsbereich des Formstatuts und die Abgrenzung zum Sachstatut (vgl Art. 13 Rn 103 ff). 23

Abs. 2 hat keine Bedeutung mehr, da das italienische Recht neben der religiösen auch eine zivile Eheschließung zulässt[25] und die zwingend religiöse Eheschließung im Heimatstaat gerade Voraussetzung für die Anwendung des Abs. 2 ist. 24

Der Verweis auf das Ortsrecht schließt bei Eheschließung in Deutschland die Formwirksamkeit der Ehe nach Art. 13 Abs. 3 S. 2 EGBGB unter der Beteiligung eines italienischen Staatsangehörigen ein; zB Eheschließung eines Italieners mit einer Griechin vor dem ordnungsgemäß ermächtigten Archimandriten in Deutschland.[26] Entsprechendes gilt für die Eheschließung in Italien, soweit das italienische Recht die Eheschließung durch dazu ermächtigte Personen anderer Staaten zulässt.[27] 25

XV. Aufgebot (Art. 5 Abs. 3 HEheSchlÜ)

Nach dieser Bestimmung muss dem deutschen Standesbeamten bei Eheschließung eines italienischen Staatsangehörigen die Durchführung des Aufgebots, das nach Art. 115 Abs. 2 CC bei Eheschließung im Ausland vorgeschrieben ist, nachgewiesen werden. In der Rechtspraxis stellen die italienischen Behörden das Ehefähigkeitszeugnis nur aus, wenn diesem Erfordernis nachgekommen worden ist. 26

Die Nichtbeachtung von Art. 115 Abs. 2 CC hat in Deutschland keine Auswirkungen auf die Wirksamkeit der Ehe, und auch das italienische Recht knüpft an die Verletzung dieser Bestimmung keine Nichtigkeitsfolgen.[28] 27

XVI. Diplomatische und konsularische Ehe (Art. 6 HEheSchlÜ)

Abs. 1 hat für die Eheschließung im Inland keine über Art. 13 Abs. 3 S. 2 EGBGB hinausgehende Bedeutung. Umstritten ist, ob Art. 6 HEheSchlÜ auch auf Eheschließungen vor konsularischen und diplomatischen Vertretungen eines Drittstaates in einem Vertragsstaat Anwendung findet.[29] 28

XVII. Eheschließung in der Form des Heimatrechts (Art. 7 HEheSchlÜ)

Die Vorschrift behandelt den Fall, dass die Ortsform bei der Eheschließung nicht eingehalten wurde, jedoch das Heimatrecht beider Eheschließenden die gewählte Form zulässt. Aus Art. 7 HEheSchlÜ ergibt sich, dass die Ehe als formwirksam anzusehen ist, wenn nach dem Kollisionsrecht der lex fori die Beachtung der Heimatrechte ausreichend ist. Das trifft nach der Vorschrift selbst dann zu, wenn das Recht des Eheschließungsortes die Einhaltung der Ortsform zwingend vorschreibt. Insoweit nimmt Art. 7 HEheSchlÜ hinkende Ehen in den Vertragsstaaten in Kauf. Schließen zwei Italiener oder ein Italiener und eine Spanierin in Deutschland nur kirchlich die Ehe, liegt nach deutschem Recht eine Nichtehe vor (vgl Art. 13 Abs. 3 S. 1 EGBGB, § 1310 Abs. 1 BGB; s. Art. 13 Rn 107). Das italienische Recht betrachtet die Ehe dagegen auf der Grundlage von Art. 7 HEheSchlÜ iVm Art. 28 ital. IPRG und Art. 82 f CC sowie dem jeweiligen Sondergesetz als formwirksam.[30] 29

25 U.a. Staudinger/*Mankowski*, Art. 13 EGBGB Rn 10; *Jayme*, FamRZ 1976, 361, 362; *Luther*, StAZ 1970, 33, 34; insoweit fehlerhaft OLG Stuttgart FamRZ 1976, 359, 360 = IPRspr 1975 Nr. 77.

26 OLG Stuttgart FamRZ 1976, 359, 360 = IPRspr 1975 Nr. 77; Staudinger/*Mankowski*, Art. 13 EGBGB Rn 10; Staudinger/*v. Bar*, 12. Aufl. 1992, Vor Art. 13 EGBGB Rn 89.

27 AG Memmingen IPRax 1983, 300 mit zust. Anm. *Jayme*, jedoch Anwendung von Art. 6.

28 Vgl Staudinger/*v. Bar*, 12. Aufl. 1992, Vor Art. 13 EGBGB Rn 90 mwN; Art. 5 Abs. 3 Hs 2 HEheSchlÜ.

29 Bejahend AG Memmingen IPRax 1983, 300; *Jayme* ebenda; aA wohl Staudinger/*Mankowski*, Art. 13 EGBGB Rn 13.

30 Hierzu Böhmer/Finger/*Böhmer*, 6.2 Rn 48.

30 **XVIII. Haager Eheschließungsübereinkommen (Text)**

Haager Abkommen zur Regelung des Geltungsbereichs der Gesetze auf dem Gebiete der Eheschließung[31] (HEheSchlÜ)

Art. 1 HEheSchlÜ

Das Recht zur Eingehung der Ehe bestimmt sich in Ansehung eines jeden der Verlobten nach dem Gesetz des Staates, dem er angehört (Gesetz des Heimatstaats), soweit nicht eine Vorschrift dieses Gesetzes ausdrücklich auf ein anderes Gesetz verweist.

Art. 2 HEheSchlÜ

(1) Das Gesetz des Ortes der Eheschließung kann die Ehe von Ausländern untersagen, wenn sie verstoßen würde gegen seine Vorschriften über

1. **die Grade der Verwandtschaft und Schwägerschaft, für die ein absolutes Eheverbot besteht;**
2. **das absolute Verbot der Eheschließung zwischen den des Ehebruchs Schuldigen, wenn auf Grund dieses Ehebruchs die Ehe eines von ihnen aufgelöst worden ist;**
3. **das absolute Verbot der Eheschließung zwischen Personen, die wegen gemeinsamer Nachstellung nach dem Leben des Ehegatten eines von ihnen verurteilt worden sind.**

(2) Ist die Ehe ungeachtet eines der vorstehend aufgeführten Verbote geschlossen, so kann sie nicht als nichtig behandelt werden, falls sie nach dem im Artikel 1 bezeichneten Gesetz gültig ist.

(3) [1]Unbeschadet der Bestimmungen des Artikel 6 Abs. 1 dieses Abkommens ist kein Vertragsstaat verpflichtet, eine Ehe schließen zu lassen, die mit Rücksicht auf eine vormalige Ehe oder auf ein Hindernis religiöser Natur gegen seine Gesetze verstoßen würde. [2]Die Verletzung eines derartigen Ehehindernisses kann jedoch die Nichtigkeit der Ehe in einem anderen Lande als in dem, wo die Ehe geschlossen wurde, nicht zur Folge haben.

Art. 3 HEheSchlÜ

(1) Das Gesetz des Ortes der Eheschließung kann, ungeachtet der Verbote des im Artikel 1 bezeichneten Gesetzes, die Ehe von Ausländern gestatten, wenn diese Verbote ausschließlich auf Gründen religiöser Natur beruhen.

(2) Die anderen Staaten sind berechtigt, einer unter solchen Umständen geschlossenen Ehe die Anerkennung als einer gültigen Ehe zu versagen.

Art. 4 HEheSchlÜ

(1) Die Ausländer müssen zum Zwecke ihrer Eheschließung nachweisen, daß sie den Bedingungen genügen, die nach dem im Artikel 1 bezeichneten Gesetz erforderlich sind.

(2) Dieser Nachweis kann durch ein Zeugnis der diplomatischen oder konsularischen Vertreter des Staates, dem die Verlobten angehören, oder durch irgendein anderes Beweismittel geführt werden, je nachdem die Staatsverträge oder die Behörden des Landes, in welchem die Ehe geschlossen wird, den Nachweis als genügend anerkennen.

31 Vom 12.6.1902 (RGBl 1904 S. 221) – Übersetzung, authentisch ist allein der französische Text.

Art. 5 HEheSchlÜ

(1) In Ansehung der Form ist die Ehe überall als gültig anzuerkennen, wenn die Eheschließung dem Gesetz des Landes, in welchem sie erfolgt ist, entspricht.

(2) Doch brauchen die Länder, deren Gesetzgebung eine religiöse Trauung vorschreibt, die von ihren Angehörigen unter Nichtbeachtung dieser Vorschrift im Ausland eingegangenen Ehen nicht als gültig anerzukennen.

(3) Die Vorschriften des Gesetzes des Heimatstaates über das Aufgebot müssen beachtet werden; doch kann das Unterlassen dieses Aufgebots die Nichtigkeit der Ehe nur in dem Lande zur Folge haben, dessen Gesetz übertreten worden ist.

(4) Eine beglaubigte Abschrift der Eheschließungsurkunde ist den Behörden des Heimatlandes eines jeden der Ehegatten zu übersenden.

Art. 6 HEheSchlÜ

(1) [1]In Ansehung der Form ist die Ehe überall als gültig anzuerkennen, wenn sie vor einem diplomatischen oder konsularischen Vertreter gemäß seiner Gesetzgebung geschlossen wird, vorausgesetzt, daß keiner der Verlobten dem Staat, wo die Ehe geschlossen wird, angehört und dieser Staat der Eheschließung nicht widerspricht. [2]Ein solcher Widerspruch kann nicht erhoben werden, wenn es sich um eine Ehe handelt, die mit Rücksicht auf eine vormalige Ehe oder ein Hindernis religiöser Natur gegen seine Gesetze verstoßen würde.

(2) Der Vorbehalt des Artikel 5 Abs. 2 findet auf die diplomatischen oder konsularischen Eheschließungen Anwendung.

Art. 7 HEheSchlÜ

Eine Ehe, die in dem Land, in welchem sie geschlossen wurde, in Ansehung der Form nichtig ist, kann gleichwohl in den anderen Ländern als gültig anerkannt werden, wenn die durch das Gesetz des Heimatstaats eines jeden der Verlobten vorgeschriebene Form beobachtet worden ist.

Art. 8 HEheSchlÜ

(1) Dieses Abkommen findet nur auf solche Ehen Anwendung, welche im Gebiet der Vertragsstaaten zwischen Personen geschlossen sind, von denen mindestens eine Angehöriger eines dieser Staaten ist.

(2) Kein Staat verpflichtet sich durch dieses Abkommen zur Anwendung eines Gesetzes, welches nicht dasjenige eines Vertragsstaats ist.

Art. 9–12 HEheSchlÜ (nicht abgedruckt)

Art. 14 EGBGB Allgemeine Ehewirkungen

(1) Die allgemeinen Wirkungen der Ehe unterliegen

1. **dem Recht des Staates, dem beide Ehegatten angehören oder während der Ehe zuletzt angehörten, wenn einer von ihnen diesem Staat noch angehört, sonst**
2. **dem Recht des Staates, in dem beide Ehegatten ihren gewöhnlichen Aufenthalt haben oder während der Ehe zuletzt hatten, wenn einer von ihnen dort noch seinen gewöhnlichen Aufenthalt hat, hilfsweise**
3. **dem Recht des Staates, mit dem die Ehegatten auf andere Weise gemeinsam am engsten verbunden sind.**

(2) Gehört ein Ehegatte mehreren Staaten an, so können die Ehegatten ungeachtet des Artikels 5 Abs. 1 das Recht eines dieser Staaten wählen, falls ihm auch der andere Ehegatte angehört.

(3) [1]Ehegatten können das Recht des Staates wählen, dem ein Ehegatte angehört, wenn die Voraussetzungen des Absatzes 1 Nr. 1 nicht vorliegen und

1. kein Ehegatte dem Staat angehört, in dem beide Ehegatten ihren gewöhnlichen Aufenthalt haben, oder

2. die Ehegatten ihren gewöhnlichen Aufenthalt nicht in demselben Staat haben.

[2]Die Wirkungen der Rechtswahl enden, wenn die Ehegatten eine gemeinsame Staatsangehörigkeit erlangen.

(4) [1]Die Rechtswahl muß notariell beurkundet werden. [2]Wird sie nicht im Inland vorgenommen, so genügt es, wenn sie den Formerfordernissen für einen Ehevertrag nach dem gewählten Recht oder am Ort der Rechtswahl entspricht.

Literatur: *Andrae*, Internationales Familienrecht, 2. Auflage 2006; *Heldrich*, Das juristische Kuckucksei aus dem Morgenland, IPRax 1983, 64; *Henrich*, Internationales Familienrecht, 2. Auflage 2000; *ders.*, Das internationale Eherecht nach der Reform, FamRZ 1986, 841; *Kühne*, Die außerschuldvertragliche Parteiautonomie im neuen Internationalen Privatrecht, IPRax 1987, 69; *Spickhoff*, Die engste Verbindung im interlokalen und internationalen Familienrecht, JZ 1993, 336; *Wurmnest*, Die Brautgabe im Bürgerlichen Recht, FamRZ 2005, 1878; *ders.*, Die Mär von der *mahr*, RabelsZ 71 (2007), 527.

A. Allgemeines

I. Deutsch-Iranisches Niederlassungsabkommen

1 Vorrang vor Art. 14 hat Art. 8 Abs. 3 Deutsch-Iranisches Niederlassungsabkommen[1] (vgl Art. 3 Abs. 2 S. 1). Die Kollisionsnorm ist auf Ehen zwischen Ehegatten gemeinsamer deutscher Staatsangehörigkeit im Iran und gemeinsamer iranischer Staatsangehörigkeit in Deutschland anwendbar, jedoch ausgeschlossen, wenn wenigstens einer der Eheleute die Staatsangehörigkeit beider Vertragsstaaten besitzt.[2] Darüber hinaus ist das Abkom-

1 Niederlassungsabkommen zwischen dem Deutschen Reich und dem Kaiserreich Persien v. 17.2.1929 (RGBl II 1930 S. 1006, II 1931 S. 9 und BGBl. II 1955 S. 829).

2 BGH IPRax 1986, 382, 383 = FamRZ 1986, 344, 345; BGHZ 60, 68, 74; OLG Bremen IPRax 1985, 296, 297; Erman/*Hohloch*, Art. 14 EGBGB Rn 5; Soergel/*Kegel*, Vor Art. 3 EGBGB Rn 46; *Looschelders*, Art. 14 EGBGB Rn 39; *Schotten/Wittkowski*, FamRZ 1995, 264, 265 f.

men nicht einschlägig, wenn das Personalstatut eines oder beider Ehegatten sich nicht nach der Staatsangehörigkeit richtet. Das trifft zu, wenn mindestens einer von ihnen anerkannter Asylberechtigter in der Bundesrepublik oder internationaler Flüchtling iSd GFK[3] ist.[4]

Die Vorschrift führt für die Ehe zweier iranischer Staatsangehöriger zum iranischen Recht. Vom Anwendungsbereich erfasst sind insbesondere allgemeine Ehewirkungen,[5] eheliches Güterrecht und Scheidung,[6] Versorgungsausgleich[7] und Unterhalt.[8] Sie wird für den Unterhalt nicht durch das Haager Protokoll verdrängt (vgl Art. 19 Abs. 1 Haager Protokoll). 2

Die Vorschrift enthält selbst keine ordre-public-Klausel. Über Art. 8 Abs. 3 S. 2 Deutsch-Iranisches Niederlassungsabkommen, wonach Einschränkungen der Verweisung auf das Heimatrecht zulässig sind, soweit sie allgemein gegenüber jedem Staat erfolgen, ist Art. 6 anwendbar.[9] Daher setzt sich auch Art. 17 Abs. 3 S. 2 (Versorgungsausgleich) im Rahmen des Abkommens durch.[10] Zudem ist Art. 17 a (Ehewohnung und Hausrat) als eine Einschränkung in diesem Sinne anzusehen.[11] 3

II. Funktionen

Das allgemeine Ehewirkungsstatut nach Art. 14 ist sowohl **Grundkollisionsnorm**[12] als auch **Auffangregelung**. Grundkollisionsnorm ist die Vorschrift deshalb, weil andere Kollisionsnormen des Eherechts auf Art. 14 verweisen.[13] Für das Kindschaftsrecht hat die Norm hingegen seit der Neufassung von Art. 19–21 durch das Kindschaftsreformgesetz[14] ihre zentrale Bedeutung verloren. Verwiesen wird lediglich noch auf das gesetzliche Ehewirkungsstatut bei der Abstammung eines Kindes (Art. 19 Abs. 1 S. 3) und bei der Annahme als Kind (Art. 22 Abs. 1 S. 2); für das Eltern-Kind-Verhältnis ist die Relevanz entfallen. Infolgedessen sollte man insoweit nicht mehr von einem einheitlichen Familienstatut,[15] sondern eher von einem Ehestatut sprechen. Eine einheitliche Anknüpfung erleichtert die Rechtsanwendung, insbesondere werden die Qualifikationsprobleme entschärft, wenn die infrage kommenden Kollisionsnormen im konkreten Fall zur selben Rechtsordnung führen. Ein einheitliches Statut besteht jedoch nur im Idealfall. Nicht selten sind in der Rechtspraxis für die einzelnen Probleme unterschiedliche Rechtsordnungen heranzuziehen. So sind wichtige Ehewirkungen und Scheidungsfolgen Gegenstand spezieller Kollisionsnormen.[16] Zudem wird zwar in Art. 15 Abs. 1, 17 Abs. 1 S. 1, 19 Abs. 1 S. 3 und 22 Abs. 1 S. 2 auf Anknüpfungen des Art. 14 verwiesen, jedoch jeweils auf bestimmte unterschiedliche Zeitpunkte abgestellt, während Art. 14 selbst eine wandelbare Anknüpfung vorsieht. 4

Die **Wandelbarkeit der Anknüpfung** bedeutet, dass es auf den Zeitpunkt während des Bestehens der Ehe ankommt, zu dem das Ereignis stattfand, um dessen rechtliche Beurteilung es geht. Ändern sich die Berührungen der Eheleute zu der Rechtsordnung, auf die es für die Anknüpfung ankommt, führt dies zum Wechsel der anwendbaren Rechtsordnung. Fragen des Statutenwechsels sind in der Rechtspraxis bisher nicht aufgetreten, zu lösen sind sie nach den allgemeinen Grundsätzen für den Statutenwechsel.[17] Verbietet zB das ursprüngliche Ehewirkungsstatut die Schenkung unter Ehegatten, wird eine unter diesem Statut vorgenommene Schenkung nicht nachträglich wirksam, weil für die Ehe nunmehr ein anderes Recht gilt. Im umgekehrten 5

3 Genfer UN-Abkommen über die Rechtsstellung der Flüchtlinge v. 28.7.1951 (BGBl. II 1953 S. 560).

4 BGH IPRax 1991, 54 = NJW 1990, 636; BayObLGZ 2000, 335, 338; KG NJW-RR 1994, 199; MüKo/*Siehr*, Art. 14 EGBGB Rn 4; Staudinger/*Mankowski*, Art. 14 EGBGB Rn 5 a; *Schotten/Wittkowski*, FamRZ 1995, 264, 266.

5 MüKo/*Siehr*, Art. 14 EGBGB Rn 4; detailliert dazu Böhmer/Finger/*Finger*, 5.4 Rn 42 ff.

6 Vgl dazu die „einen Teil des Abkommens selbst" bildende Erklärung (Schlussprotokoll, RGBl II 1930 S. 1012); Erman/*Hohloch*, Art. 14 EGBGB Rn 35; Staudinger/*Mankowski*, Art. 14 EGBGB Rn 5.

7 OLG Köln FamRZ 2002, 613; OLG Oldenburg FamRZ 1995, 1590; Böhmer/Finger/*Finger*, 5.4 Rn 70.

8 BGH IPRax 1986, 382, 384 = FamRZ 1986, 344; OLG Oldenburg IPRax 1981, 136, 137; OLG Celle 15.8.2011, 10 WF 73/11; AG Kerpen FamRZ 2001, 1526; *Schotten/Wittkowski*, FamRZ 1995, 264, 268; verkannt von OLG Zweibrücken FamRZ 2001, 920, 921.

9 BGHZ 120, 29, 32 = IPRax 1993, 102; OLG Bremen FamRZ 1999, 1520, 1521; OLG Düsseldorf FamRZ 1998, 1113, 1114; MüKo/*Sonnenberger*, Art. 6 EGBGB Rn 28; Soergel/*Kegel*, Vor Art. 3 EGBGB Rn 46; *Schotten/Wittkowski*, FamRZ 1995, 264, 267; aA Staudinger/*Blumenwitz*, Art. 6 EGBGB Rn 52; *Beitzke*, IPRax 1981, 122, 123 (zu Art. 30 aF).

10 So auch OLG Oldenburg FamRZ 1995, 1590; Palandt/*Thorn*, Art. 17 EGBGB Rn 21; MüKo/*Winkler von Mohrenfels*, Art. 17 EGBGB Rn 232; *Schotten/Wittkowski*, FamRZ 1995, 264, 267; aA BGH FamRZ 2005, 1666; OLG Frankfurt a.M. FamRZ 2011, 1065; OLG Köln FamRZ 2002, 613, 614 mwN.

11 Böhmer/Finger/*Finger*, 5.4 Rn 69.

12 Andere sprechen von „**Grundsatzkollisionsnorm**" (Palandt/*Thorn*, Art. 14 EGBGB Rn 1), „**Grundnorm**" (Staudinger/*Mankowski*, Art. 14 EGBGB Rn 2; *Schotten/Schmellenkamp*, IPR Rn 128; *Henrich*, FamRZ 1986, 841, 843) bzw „**Zentralnorm**" (Erman/*Hohloch*, Art. 14 EGBGB Rn 2).

13 Vgl insb. Art. 15 Abs. 1 und Art. 17 Abs. 1 S. 1.

14 V. 16.12.1997 (BGBl. I 1997 S. 2942), in Kraft seit 1.7.1998.

15 So Palandt/*Thorn*, Art. 14 EGBGB Rn 1; *Looschelders*, Art. 14 EGBGB Rn 1.

16 Für das Unterhaltsrecht Art. 18 und für das Namensrecht Art. 10.

17 Vgl dazu *Kropholler*, IPR, § 27, S. 187 ff.

Fall des Wechsels zu einer Rechtsordnung, die die Schenkung verbietet, behält die Schenkung, die nach dem alten Statut zulässig war, ihre Wirkung.

III. Altehen

6 Nach Art. 220 Abs. 2 (für die alten Bundesländer) unterliegen die Wirkungen von Ehen, die vor dem Inkrafttreten des EGBGB nF geschlossen wurden, für die Zeit vom 1.9.1986 an den neuen Regelungen. Entsprechendes gilt nach Art. 236 § 2 seit dem 3.10.1990 auch für die neuen Bundesländer.

B. Regelungsgehalt

I. Überblick

7 In erster Linie bestimmt das Gesetz das Ehewirkungsstatut durch eine stufenweise Anknüpfung (vgl Abs. 1), auch Kegel'sche Leiter genannt. Mit ihr soll einerseits der Gleichberechtigung der Geschlechter und andererseits der engsten gemeinsamen Verbindung der Eheleute zu einer bestimmten Rechtsordnung Rechnung getragen werden.[18] **Anknüpfungsleiter** bedeutet, dass der Reihenfolge der in Abs. 1 genannten Anknüpfungen bei der Prüfung zu folgen ist. Sind die Voraussetzungen für die vorrangig bezeichnete Anknüpfung erfüllt, sind die nachfolgenden Stufen ausgeschlossen.[19]

8 Die Ehepartner haben die Möglichkeit, das auf die allgemeinen Ehewirkungen anwendbare Recht unter eng begrenzten Voraussetzungen zu wählen (vgl Abs. 2–4). Eine wirksame **Rechtswahl** verdrängt das gemäß objektiver Anknüpfung anwendbare Recht. In der Rechtspraxis spielt die Rechtswahl für das Ehewirkungsstatut wegen der äußerst eingeschränkten Möglichkeiten eine untergeordnete Rolle.[20]

9 Soweit andere Kollisionsnormen auf die Anknüpfung nach Art. 14 verweisen, ist darauf zu achten, ob der Verweis nur die objektive Anknüpfung erfasst (wie Art. 19 Abs. 1 S. 3, 22 Abs. 1 S. 2) oder auch die subjektive Anknüpfung mit einbezieht (wie Art. 15 Abs. 1, 17 Abs. 1 S. 1).

II. Gesetzliches Ehewirkungsstatut (Abs. 1)

10 **1. Gemeinsames Personalstatut (Nr. 1).** Angeknüpft wird an das gemeinsame Heimatrecht der Ehegatten, vorrangig an die aktuell gemeinsam bestehende (Alt. 1) und nachrangig an die letzte gemeinsame Staatsangehörigkeit (Alt. 2); bei dem Verweis durch andere Kollisionsnormen auf das Ehewirkungsstatut zu den dort bestimmten Zeitpunkten.

11 Hat einer oder haben beide Ehepartner **mehrere ausländische Staatsangehörigkeiten**, ist von einer gemeinsamen Staatsangehörigkeit nur auszugehen, wenn diese für beide Ehepartner die effektive Staatsangehörigkeit iSd Art. 5 Abs. 1 S. 1 ist.[21] Besitzt zB der eine Ehegatte die Staatsangehörigkeit der Staaten A und B und der andere die der Staaten A und C, dann wird durch Nr. 1 das Recht des Staates A nur berufen, wenn für beide die Staatsangehörigkeit des Staates A die effektive ist. Selbst soweit die Ehegatten dieselben mehrfachen Staatsangehörigkeiten besitzen, also beide die der Staaten A und B, bestimmt sich das maßgebliche Recht nach Nr. 1 nur, wenn für beide Eheleute dieselbe Staatsangehörigkeit die effektive iSv Art. 5 Abs. 1 S. 1 ist.[22]

12 Besitzt einer der Eheleute auch die **deutsche Staatsangehörigkeit**, kommt es für die Anknüpfung nur auf diese an (Art. 5 Abs. 1 S. 2).[23] Art. 14 Abs. 1 Nr. 1 Alt. 1 ist nicht anwendbar, wenn der eine Ehegatte eine ausländische Staatsangehörigkeit besitzt, der andere Ehegatte dieselbe ausländische, zugleich aber auch die deutsche Staatsangehörigkeit innehat.[24] Wie in Bezug auf Art. 5 Abs. 1 S. 2 ist ebenso für das Ehewirkungsstatut in der Literatur kritisch bewertet worden, dass dies im Ergebnis zur Anwendung des deutschen Rechts

18 Vgl BT-Drucks. 10/504, 54.
19 BGH IPRax 1995, 111, 113; OLG Zweibrücken FamRZ 1999, 940; MüKo/*Siehr*, Art. 14 EGBGB Rn 12; Staudinger/*Mankowski*, Art. 14 EGBGB Rn 27; Böhmer/Finger/*Finger*, Art. 14 EGBGB Rn 8; *Andrae*, Internationales Familienrecht, 2. Aufl. 2006, § 3 Rn 42.
20 Erman/*Hohloch*, Art. 14 EGBGB Rn 12, 15; Soergel/*Schurig*, Art. 14 EGBGB Rn 16; *Henrich*, Internationales Familienrecht, 2. Aufl. 2000, § 2 I 1, S. 58; gegen eine solche Verallgemeinerung wendet sich *Schotten/Schmellenkamp*, IPR Rn 126.
21 OLG München FamRZ 1994, 634; OLG Frankfurt FamRZ 1994, 715, 716; Palandt/*Thorn*, Art. 14 EGBGB Rn 7; MüKo/*Siehr*, Art. 14 EGBGB Rn 20; *Looschelders*, Art. 14 EGBGB Rn 17; *Henrich*, § 2 I 1, S. 57.
22 AG Freiburg IPRax 2002, 223, 224 = FamRZ 2002, 888 (französische und libanesische Staatsangehörigkeit); Staudinger/*Mankowski*, Art. 14 EGBGB Rn 38.
23 BGH IPRax 1995, 111, 113 = FamRZ 1994, 434; BayObLG FamRZ 1998, 1594, 1596; AG Leverkusen FamRZ 2002, 1484, 1485; AG Hamburg FamRZ 2000, 958; Palandt/*Thorn*, Art. 14 EGBGB Rn 7; Böhmer/Finger/*Finger*, Art. 14 EGBGB Rn 9; Soergel/*Schurig*, Art. 14 EGBGB Rn 5; Staudinger/*Mankowski*, Art. 14 EGBGB Rn 34; *Dethloff*, JZ 1995, 64, 67.
24 BayObLG IPRax 1995, 324, 325 mwN; *Dethloff*, JZ 1995, 64, 67.

führen kann, obwohl keiner der Beteiligten eine tatsächlich gelebte Beziehung zu Deutschland hat.[25] Zum Teil wird daher bei Nr. 1 für eine Einschränkung von Art. 5 Abs. 1 S. 2 eingetreten,[26] andere lehnen dies ab.[27] Letzterem ist wegen der eindeutigen gesetzlichen Anordnung und aus Gründen der Rechtssicherheit zu folgen (vgl Art. 5 Rn 27 ff).

Deutsche iSd Art. 116 Abs. 1 GG,[28] die bis zum 1.8.1999 nicht die deutsche Staatsangehörigkeit besaßen, haben an diesem Tag gem. § 40 a StAG[29] die deutsche Staatsangehörigkeit erworben. Geht es um das Ehewirkungsstatut vor diesem Zeitpunkt, ergibt sich aus Art. 9 Abs. 2 Nr. 5 FamRÄndG,[30] dass sie für die Anknüpfung nach Art. 14 den deutschen Staatsangehörigen ab dem Zeitpunkt gleichgestellt sind, zu dem sie den Status nach Art. 116 Abs. 1 GG erwarben.[31] Das deutsche Personalstatut hat dann Vorrang vor einer eventuell daneben bestehenden ausländischen Staatsangehörigkeit.[32] **13**

Wird das Personalstatut eines oder beider Ehegatten durch den gewöhnlichen Aufenthalt bestimmt, wird teilweise[33] die Anwendung von Nr. 1 abgelehnt. Dies betrifft hauptsächlich **Staatenlose** (vgl Art. 12 Abs. 1 Staatenlosenkonvention[34] und Art. 5 Abs. 2), internationale **Flüchtlinge** (vgl Art. 12 Abs. 1 GFK),[35] **Asylberechtigte** (vgl § 2 Abs. 1 AsylVfG;[36] auch abgelehnte Asylbewerber können Flüchtlinge iSd GFK sein)[37] sowie **Ausländer**, deren Rechtsstellung sich nach § 1 Abs. 1 des Gesetzes über Maßnahmen für im Rahmen humanitärer Hilfsaktionen aufgenommene Flüchtlinge[38] richtet. Das Ehewirkungsstatut für die Ehe solcher Personen bestimmt sich nach dieser Auffassung primär nach Nr. 2. Dogmatisch kann dem nicht gefolgt werden.[39] Der Begriff „Staatsangehörigkeit" (Synonym für Personalstatut nach deutschem IPR) sollte für die Anknüpfung im EGBGB, insbesondere jedoch im Verhältnis von Art. 13 und Art. 14, nicht unterschiedlich ausgelegt werden. Zudem stehen Art. 5 Abs. 2 bzw die staatsvertraglichen Bestimmungen zum Personalstatut entgegen. Bei der konkreten Rechtsanwendung kommen beide Auffassungen in der Regel zur selben Rechtsordnung. Das trifft jedoch dann nicht zu, wenn der betreffende Ehegatte keinen gewöhnlichen Aufenthalt hat und sich deshalb sein Personalstatut nach dem schlichten Aufenthalt gemäß den oben genannten Bestimmungen bemisst. **14**

Haben die Eheleute zum maßgeblichen Zeitpunkt **keine** gemeinsame Staatsangehörigkeit,[40] dann kommt es nach **Abs. 1 Nr. 1 Alt. 2** darauf an, ob sie während der Ehe eine hatten, die einer von ihnen ununterbrochen beibehalten hat.[41] Diese Stufe der Leiter entfällt für Art. 15 Abs. 1, weil hier auf den Zeitpunkt der Eheschließung abgestellt wird (vgl Art. 15 EGBGB Rn 11).[42] Entscheidend ist, dass es ein gemeinsames Personalstatut während der Ehe gab und einer der Eheleute es noch ununterbrochen bis zu dem für die Anknüpfung maß- **15**

25 Vgl vor allem MüKo/*Siehr*, Art. 14 EGBGB Rn 22; *ders.*, IPR, S. 14; *ders.*, in: FS Ferid 1988, S. 433, 443; ferner krit. Staudinger/*Mankowski*, Art. 14 EGBGB Rn 34; Böhmer/Finger/*Finger*, Art. 14 EGBGB Rn 9 a.

26 MüKo/*Siehr*, Art. 14 EGBGB Rn 22 aE; *Benicke*, IPRax 2000, 171, 178 iVm 176 f.

27 OLG Düsseldorf FamRZ 1994, 1261, 1262 = NJW-RR 1994, 1221; Erman/*Hohloch*, Art. 14 EGBGB Rn 13; *Looschelders*, Art. 14 EGBGB Rn 17; Reithmann/Martiny/*Hausmann*, Rn 5881.

28 Grundgesetz für die Bundesrepublik Deutschland v. 23.5.1949 (BGBl. S. 1).

29 Staatsangehörigkeitsgesetz v. 22.7.1913 (RGBl S. 583), geändert d. Gesetz v. 15.7.1999 (BGBl. I S. 1618).

30 Gesetz zur Vereinheitlichung und Änderung familienrechtlicher Vorschriften (Familienrechtsänderungsgesetz) v. 11.8.1961 (BGBl. I S. 1221).

31 Vgl BGHZ 121, 305, 314 = FamRZ 1993, 935 = NJW 1993, 2241; OLG Köln NJW 1993, 336 (zu Art. 10); Bamberger/Roth/*Lorenz*, Art. 5 EGBGB Rn 50; Palandt/*Thorn*, Anh. zu Art. 5 EGBGB Rn 12; MüKo/*Sonnenberger*, Art. 5 Anh. II EGBGB Rn 28.

32 OLG Köln NJW 1993, 336; BayObLGZ 1991, 400, 403 (jeweils zu Art. 10); Palandt/*Thorn*, Art. 5 EGBGB Rn 3; MüKo/*Sonnenberger*, Art. 5 Anh. II EGBGB Rn 28.

33 OLG Nürnberg FamRZ 2002, 324, 325; Erman/*Hohloch*, Art. 14 EGBGB Rn 14; MüKo/*Siehr*, Art. 14 EGBGB Rn 26.

34 New Yorker UN-Übereinkommen über die Rechtsstellung der Staatenlosen v. 28.9.1954 (BGBl. II 1976 S. 474).

35 Genfer UN-Abkommen über die Rechtsstellung der Flüchtlinge v. 28.7.1951 (BGBl. II 1953 S. 560).

36 Asylverfahrensgesetz idF der Bekanntmachung v. 27.7.1993 (BGBl. I S. 1361).

37 OLG Nürnberg FamRZ 2002, 324, 325, jedoch übersehen, dass bei nicht verdrängter Staatsangehörigkeit durch Flüchtlingsstatus das Deutsch-Iranische Niederlassungsabkommen dem Art. 14 vorgeht; Palandt/*Thorn*, Anh. zu Art. 5 EGBGB Rn 28 aE; Soergel/*Kegel*, Art. 5 EGBGB Rn 87.

38 V. 22.7.1980 (BGBl. I S. 1057), aufgehoben durch § 23 AufenthaltsG idFv. 30.7.2004 (BGBl. I S. 1950), nicht berührt von der Aufhebung wird die Rechtsstellung der nach dem Gesetz aufgenommenen Flüchtlinge, OLG Celle 20.7.2011, 10 WF 219/11, AG Leverkusen FamRZ 2007, 1565, 1566.

39 Wie hier u.a. OLG Celle 20.7.2011, 10 WF 219/11, OLG Köln FamRZ 1999, 1517; OLG Celle FamRZ 1998, 757 f; OLG Hamm FamRZ 1992, 1181; Palandt/*Thorn*, Art. 14 EGBGB Rn 2, 7; Staudinger/*Mankowski*, Art. 14 EGBGB Rn 33; *Looschelders*, Art. 14 EGBGB Rn 20; Böhmer/Finger/*Finger*, Art. 14 EGBGB Rn 11; *Schotten/Schmellenkamp*, IPR Rn 111; BGHZ 169, 240, 243, 248 = FamRZ 2007, 109.

40 Bei Staatenlosen etc. tritt an die Stelle der Staatsangehörigkeit ihr durch den gewöhnlichen Aufenthalt bestimmtes Personalstatut; vgl auch OLG Köln FamRZ 1999, 1517; OLG Celle FamRZ 1998, 757, 758; OLG Karlsruhe FamRZ 1996, 1146, 1147.

41 OLG Celle 15.8.2011, 10 WF 73/11.

42 Palandt/*Thorn*, Art. 15 EGBGB Rn 17; Soergel/*Schurig*, Art. 15 EGBGB Rn 7 mwN.

geblichen Zeitpunkt beibehalten hat.[43] Ziel der Regelung ist es, eine Kontinuität der Anknüpfung zu erreichen und einen Statutenwechsel, der nur von einem Ehegatten verursacht wird, zu vermeiden.[44] Ist etwa ein Ehepaar mit der Staatsangehörigkeit des Staates X in Deutschland eingereist und hat nur einer von ihnen mit der Einreise oder danach ein deutsches Personalstatut erworben, der andere aber die Staatsangehörigkeit des Staates X beibehalten, ist das Recht des Staates X Ehewirkungsstatut, auch wenn beide ihren gewöhnlichen Aufenthalt in Deutschland haben.[45] Erwirbt einer der Eheleute eine weitere Staatsangehörigkeit und behält der andere die bisherige gemeinsame Staatsangehörigkeit bei, trifft auf jeden Fall Nr. 1 zu, entweder weil die gemeinsame Staatsangehörigkeit die relevante[46] für beide oder die übereinstimmende die letzte gemeinsame relevante ist, die einer noch innehat. Erwerben beide eine weitere (jeweils andere) Staatsangehörigkeit, trifft Nr. 1 nur zu, wenn entweder für beide oder für einen die gemeinsame ursprüngliche Staatsangehörigkeit ununterbrochen iSd Art. 5 Abs. 1 die relevante ist. Soweit beide dieselbe Staatsangehörigkeit hinzuerwerben, kommt es darauf an, ob die neuerworbene für beide die relevante Staatsangehörigkeit iSd Art. 5 Abs. 1 ist. Wenn dies der Fall ist, richtet sich das Ehewirkungsstatut ab dem Zeitpunkt des Erwerbs durch beide nach dem hinzugekommenen Heimatrecht, auch wenn später bei Verlegung des Lebensmittelpunktes die ersterworbene Staatsangehörigkeit für einen der Ehepartner wieder die relevante wird.

Galt für das Ehewirkungsstatut zunächst ausländisches Recht aufgrund der übereinstimmenden ausländischen Staatsangehörigkeit, so erfolgt ein Wechsel zum deutschen Recht, wenn der eine Partner zwischenzeitlich die deutsche Staatsangehörigkeit erworben hat und der andere Partner als internationaler Flüchtling anerkannt ist und in Deutschland seinen gewöhnlichen Aufenthalt hat. Das gilt selbst, soweit einer oder beide noch die ausländische Staatsangehörigkeit besitzen.[47]

16 **2. Gemeinsamer gewöhnlicher Aufenthalt (Nr. 2). a) Anknüpfungsgrundsätze.** Mangels eines (letzten) gemeinsamen Heimatrechts ist der gemeinsame gewöhnliche Aufenthalt (Alt. 1) und, fehlt ein solcher, der letzte gemeinsame gewöhnliche Aufenthalt entscheidend, sofern ein Ehegatte dort noch diesen hat (Alt. 2). Bei den anderen zu Art. 14 führenden Normen kommt es auf den dort konkret bezeichneten Zeitpunkt für den gemeinsamen gewöhnlichen Aufenthalt an. Folgerichtig findet Nr. 2 Alt. 2 im Rahmen der Verweisung des Art. 15 Abs. 1 keine Anwendung.[48]

17 Die Voraussetzungen sind erfüllt, wenn jeder Ehegatte an **einem beliebigen Ort in demselben Staat** seinen gewöhnlichen Aufenthalt hat.[49] Für jeden Ehegatten ist getrennt der gewöhnliche Aufenthalt festzustellen und danach zu prüfen, ob beide sich im selben Staat befinden.

18 Haben die Ehepartner zum maßgebenden Zeitpunkt keinen gemeinsamen gewöhnlichen Aufenthalt, kommt es auf den letzten gemeinsamen gewöhnlichen Aufenthalt während der Ehe an. Voraussetzung ist, dass einer der Ehepartner diesen gewöhnlichen Aufenthalt ununterbrochen beibehalten hat.[50] Zunächst ist hierfür festzustellen, in welchem Staat die Ehegatten zu dem für die Anknüpfung maßgeblichen Zeitpunkt ihren gewöhnlichen Aufenthalt haben, denn einer davon kommt nur für die Anknüpfung infrage. Danach ist zu prüfen, ob sie in einem dieser Staaten in der davorliegenden Ehezeit beide ihren gewöhnlichen Aufenthalt hatten. Trifft das zu, darf der Ehegatte, der in diesem Staat seinen gewöhnlichen Aufenthalt hat, diesen seit dem letzten Zeitpunkt des gemeinsamen gewöhnlichen Aufenthalts nicht aufgegeben haben. Es reicht nicht aus, wenn dieser Ehegatte zwischenzeitlich den gewöhnlichen Aufenthalt in diesem Land verloren hatte und ihn später wieder begründet hat. Sofern einer der Ehegatten den gemeinsamen gewöhnlichen Aufenthalt nicht mehr innehat und nicht bekannt ist, ob der andere Ehegatte ihn beibehalten hat, scheidet diese Anknüpfungsstufe gleichsam aus.[51]

19 **b) Begriff des gewöhnlichen Aufenthalts.** Der gewöhnliche Aufenthalt ist weder im staatsvertraglichen noch im autonomen deutschen IPR legal definiert. Rechtsprechung[52] und Literatur[53] beziehen sich für die

43 Krit. *Kropholler*, IPR, § 45 II 3 b, S. 347; MüKo/*Siehr*, Art. 14 EGBGB Rn 17 aE, aber Rückgriff auf freiwillige Aufgabe beschränkt; dagegen zu Recht Staudinger/*Mankowski*, Art. 14 EGBGB Rn 49; Böhmer/Finger/*Finger*, Art. 14 EGBGB Rn 10 und 14.

44 Vgl BT-Drucks. 10/504, 55; Staudinger/*Mankowski*, Art. 14 EGBGB Rn 40.

45 Vgl LG Hamburg FamRZ 1999, 253, 254; AG Lebach IPRspr 1999, Nr. 92 = DAVorm 2000, 435.

46 Auch im Rahmen dieser Stufe der Anknüpfung gilt Art. 5, vgl Soergel/*Schurig*, Art. 14 EGBGB Rn 8; Staudinger/ *Mankowski*, Art. 14 EGBGB Rn 46; aA AG Hamburg FamRZ 2000, 958.

47 AG Leverkusen FamRZ 2005, 1684, 1685.

48 Palandt/*Thorn*, Art. 15 EGBGB Rn 18; Soergel/*Schurig*, Art. 15 EGBGB Rn 11 mwN.

49 Erman/*Hohloch*, Art. 14 EGBGB Rn 16; MüKo/*Siehr*, Art. 14 EGBGB Rn 29; Soergel/*Schurig*, Art. 14 EGBGB Rn 11; *Looschelders*, Art. 14 EGBGB Rn 21; Böhmer/Finger/*Finger*, Art. 14 EGBGB Rn 17; *Schotten/Schmellenkamp*, IPR Rn 112; *v. Bar/Mankowski*, IPR I, § 7 Rn 23 Fn 77.

50 BGH IPRax 1994, 131, 133 = FamRZ 1993, 798 = NJW 1993, 2047; KG FamRZ 2002, 840, 841; *v. Bar*, IPRax 1994, 100, 102; MüKo/*Siehr*, Art. 14 EGBGB Rn 30; Staudinger/*Mankowski*, Art. 14 EGBGB Rn 63; Soergel/*Schurig*, Art. 14 EGBGB Rn 13.

51 AG Leverkusen FamRZ 2002, 1484, 1485.

52 Vgl zB BGH IPRax 1994, 131, 133.

53 Vgl Staudinger/*Blumenwitz*, Art. 5 EGBGB Rn 464; *v. Bar/Mankowski*, IPR I, § 7 Rn 23; *Kropholler*, IPR, § 39 II 1 c, S. 282.

Begriffsbestimmung auch auf eine Empfehlung des Europarates zur Vereinheitlichung der Rechtsbegriffe „Wohnsitz" und „Aufenthalt" aus dem Jahre 1972.[54] Danach setzt der gewöhnliche Aufenthalt zunächst einen Aufenthalt in dem betreffenden Land voraus. Einen Aufenthalt hat eine Person in einem Land, wenn sie dort während eines gewissen Zeitraums faktisch wohnt. Die Anwesenheit muss nicht notwendigerweise ununterbrochen andauern. Für die weitere Frage, ob ein Aufenthalt als gewöhnlicher Aufenthalt anzusehen ist, sind vor allem die objektiven Merkmale der Dauer und die Beständigkeit des Aufenthalts sowie andere Umstände zu berücksichtigen, die dauerhafte Beziehungen zwischen einer Person und ihrem Aufenthalt anzeigen.[55] Demgemäß wird von dem gewöhnlichen Aufenthalt einer Person in einem Staat gesprochen, in dem sich ihr **Daseinsmittelpunkt** befindet.[56] Es ist der Ort, an dem sie sich nicht nur vorübergehend aufhält, an dem der **Schwerpunkt ihrer Bindungen**, insbesondere in persönlicher und beruflicher Hinsicht, besteht.[57] Der gewöhnliche Aufenthalt wird durch eine zeitweilige Abwesenheit, auch von längerer Dauer, normalerweise nicht aufgehoben, sofern die Absicht besteht, an den früheren Aufenthalt zurückzukehren.[58]

c) Begründung des gewöhnlichen Aufenthalts. Der gewöhnliche Aufenthalt kann sich auf zweifache Weise ergeben.[59] Einerseits wird er durch einen tatsächlich nicht nur geringen Aufenthalt in einem Staat und die dadurch entstandenen Bindungen der verschiedensten Art begründet.[60] Bei dieser **faktischen** Begründung ist der subjektive Wille der Person, ihren Lebensmittelpunkt in diesem Staat zu errichten, nicht erforderlich. Notwendig ist eine gewisse Integration in die dortigen gesellschaftlichen Verhältnisse und die Aufnahme objektiv feststellbarer sozialer Beziehungen, was bei längerem Aufenthalt regelmäßig anzunehmen ist.[61] Letzteres trifft jedoch nicht zu, wenn der Aufenthalt von Beginn an unfreiwillig ist, zB Gefangenschaft oder Geiselnahme.[62] Hier kann von einer sozialen Integration nicht ausgegangen werden.[63] Allerdings kann sich ein vormals zwangsweiser Aufenthalt später in einen freiwilligen Aufenthalt mit der Möglichkeit der Begründung eines gewöhnlichen Aufenthalts entwickeln.[64] **20**

Andererseits wird der gewöhnliche Aufenthalt auch ohne eine längere Aufenthaltsdauer begründet, wenn von vornherein ein langfristiges Verweilen und die Integration in die gesellschaftlichen Beziehungen in diesem Land **beabsichtigt** sind.[65] Aus den Umständen muss sich ergeben, dass zukünftig dieser Ort Lebensmittelpunkt sein soll.[66] Ein Aufenthalt muss jedoch auch hier begründet sein. **21**

Ob eine Person in Bezug auf die kollisionsrechtliche Anknüpfung einen gewöhnlichen Aufenthalt gleichzeitig[67] in verschiedenen Staaten haben kann, ist umstritten.[68] Die ablehnende Auffassung ist vorzugswürdig, weil der Daseinsmittelpunkt schlichtweg auf einen Ort verweist. **22**

Der gewöhnliche Aufenthalt kann ausnahmsweise ganz fehlen.[69] Der BGH hat dies für den Fall angenommen, dass ein Ehegatte mit dem anderen Ehegatten in ein anderes Land umzieht, sich jedoch nicht sicher ist, ob er am neuen Aufenthalt bleiben wird oder wieder zurückkehrt. Hier kann ein neuer gewöhnlicher Aufenthalt **23**

54 S. *Loewe*, ÖJZ 1974, 144 ff (mit Einleitung und Motiven); in Auszügen auch bei Staudinger/*Blumenwitz*, Art. 5 EGBGB Rn 464.
55 U.a. BGH IPRax 1994, 131, 133; KG FamRZ 2002, 840, 841; Staudinger/*Blumenwitz*, Art. 5 EGBGB Rn 465.
56 St. Rspr, vgl BGH FamRZ 1975, 272, 273; *Henrich*, § 2 I 2 b, S. 60.
57 BGH IPRax 1994, 131, 133; Palandt/*Thorn*, Art. 5 EGBGB Rn 10; Staudinger/*Mankowski*, Art. 14 EGBGB Rn 52; Soergel/*Kegel*, Art. 5 Rn 44 f mit umfangreichen Verweisen auf weitere Rspr.
58 BGH IPRax 1994, 131, 133; *Kropholler*, IPR, § 39 II 4, 5, S. 284 f; MüKo/*Sonnenberger*, Einl. IPR Rn 722; Palandt/*Thorn*, Art. 5 EGBGB Rn 10; Böhmer/Finger/*Finger*, Art. 14 EGBGB Rn 15; Soergel/*Kegel*, Art. 5 EGBGB Rn 46 mwN.
59 Deutlich *Andrae*, § 2 Rn 35; *Kilian*, IPRax 1995, 9, 10; *Spickhoff*, JZ 1993, 336, 342; *ders.*, IPRax 1990, 225, 227; *Henrich*, FamRZ 1986, 841, 846.
60 Hierzu BGH IPRax 1994, 131, 133; BGHZ 78, 293, 295 = FamRZ 1981, 135; *v. Bar/Mankowski*, IPR I, § 7 Rn 23.
61 Vgl Staudinger/*Mankowski*, Art. 14 EGBGB Rn 54.
62 Vgl OLG Koblenz FamRZ 1998, 756, 757; OLG Köln FamRZ 1996, 946 f; *Henrich*, § 2 I 2 b, S. 62.
63 Hierzu mit weiteren Literaturangaben MüKo/*Sonnenberger*, Einl. IPR Rn 725.
64 *Henrich*, § 2 I 2 b, S. 62.
65 BGHZ 78, 293, 295; OLG Rostock IPRax 2001, 588, 589; *Andrae*, § 2 Rn 35; Soergel/*Kegel*, Art. 5 EGBGB Rn 54 mwN; *v. Bar/Mankowski*, IPR I, § 7 Rn 23; *Henrich*, § 2 I 2 b, S. 61; *Spickhoff*, JZ 1993, 336, 342.
66 BGH IPRax 1994, 131, 133; Palandt/*Thorn*, Art. 5 EGBGB Rn 10; Staudinger/*Mankowski*, Art. 14 EGBGB Rn 53.
67 Ein alternierender Aufenthalt ist möglich, vgl *v. Bar/Mankowski*, IPR I, § 7 Rn 24 Fn 83.
68 Befürwortend: BayObLGZ 1996, 122, 124; KG FamRZ 1987, 603, 605 = NJW 1988, 328; Erman/*Hohloch*, Art. 14 EGBGB Rn 16 iVm Art. 5 EGBGB Rn 55; Soergel/*Kegel*, Art. 5 EGBGB Rn 49 iVm 75; *v. Hoffmann/Thorn*, IPR, § 5 Rn 80; Staudinger/*Blumenwitz*, Art. 5 EGBGB Rn 469 mwN; *Spickhoff*, IPRax 1995, 185, 189. Differenzierend: *Kropholler*, IPR, § 39 II 6 a, S. 287 f. Ablehnend: Böhmer/Finger/*Finger*, Art. 14 EGBGB Rn 15; Palandt/*Thorn*, Art. 5 EGBGB Rn 10; MüKo/*Sonnenberger*, Einl. IPR Rn 724; Staudinger/*Mankowski*, Art. 14 EGBGB Rn 53; *Henrich*, § 2 I 2 b, S. 62.
69 BGH IPRax 1994, 131, 133; krit. *Kropholler*, IPR, § 39 II 6 b, S. 288.

nicht von Beginn an angenommen werden, der alte gewöhnliche Aufenthalt ist jedoch aufgegeben, wenn der Aufenthalt im anderen Staat nicht nur als vorübergehend angezeigt ist.[70]

24 **d) Verhältnis zum Aufenthaltsrecht.** Eine illegal in Deutschland eingereiste Person kann auch ohne Aufenthaltserlaubnis einen gewöhnlichen Aufenthalt in Deutschland im kollisionsrechtlichen Sinne begründen; jedoch nur durch längeren Aufenthalt und soziale Integration.[71] Der Wille, in Deutschland zu bleiben, reicht bei erst kurzem Aufenthalt nicht aus, wenn dem subjektiven Wollen des längerfristigen Aufenthalts fremdenrechtliche Bestimmungen offensichtlich entgegenstehen.[72] Der einmal entstandene gewöhnliche Aufenthalt entfällt nicht dadurch, dass der Asylantrag abgelehnt und die Ausreise angeordnet wurde.[73] Die Faktizität wiegt hier schwerer als die rechtliche Situation.[74]

25 **3. Grundsatz der engsten Verbindung (Nr. 3).** Versagt auch die Anknüpfung an einen (früheren) gemeinsamen Aufenthalt, ist das Recht zu ermitteln, mit dem die Ehepartner auf andere Weise gemeinsam am engsten verbunden sind. Diese generalklauselartige Anknüpfung erfordert eine Einzelfallentscheidung.[75]

26 **a) Kriterien für die Abwägung.** Das Gesetz gibt keinen Hinweis, welche Faktoren einzubeziehen sind. Die im Regierungsentwurf enthaltene beispielhafte Aufzählung „insbesondere durch den Verlauf der ehelichen Lebensgemeinschaft oder durch den Ort der Eheschließung"[76] wurde zu Recht weggelassen. Sie hätte von vornherein den Blickwinkel der vielgestaltigen Möglichkeiten eingeengt. Daneben wären wieder neue Zweifelsfragen aufgetaucht (Verlauf der Ehe?).[77] Außerdem ist der Ort der Eheschließung nicht selten zufällig und für sich allein wenig kennzeichnend für eine Ehe.[78]

27 In die Konkretisierung sind – ohne Rangfolge, Gewichtung oder Vollständigkeit – einzubeziehen:[79] die gemeinsame soziale Bindung der Ehegatten an einen Staat durch Herkunft (iwS), Kultur, Sprache oder berufliche Tätigkeit; der gemeinsame einfache Aufenthalt, allerdings nicht nur ganz vorübergehender Natur; der letzte gemeinsame gewöhnliche Aufenthalt, wenn zwar beide Ehegatten ihn aufgegeben haben, aber einer von ihnen dem betreffenden Staat noch angehört; der beabsichtigte Erwerb einer gemeinsamen Staatsangehörigkeit; die beabsichtigte Begründung eines gemeinsamen gewöhnlichen Aufenthalts;[80] letztlich auch der Ort der Eheschließung, soweit die Verbindung zu dem betreffenden Staat nicht rein zufällig ist und durch weitere Indizien verstärkt wird,[81] insbesondere wenn ein Ehegatte die Staatsangehörigkeit dieses Staates besitzt (bzw besaß) und/oder dort seinen gewöhnlichen Aufenthalt hat (bzw hatte).[82] Auch eine gemeinsame Erklärung der Ehegatten, sie seien mit einer bestimmten Rechtsordnung gemeinsam am engsten verbunden, ist ein deutliches Indiz.[83] Weitere Faktoren sind der Geburts- bzw Aufenthaltsort von gemeinsamen Kindern.[84]

28 Fraglich ist, ob die **Zugehörigkeit beider Ehegatten zu einer Religionsgemeinschaft** (regelmäßig Islam) bei unterschiedlicher Staatsangehörigkeit eine engste Verbindung iSd Nr. 3 zu dem Heimatrecht eines der Ehegatten, das durch diese Religion im Eherecht geprägt ist, zum Ausdruck bringt. Zwar wird dies als eine zulässige Anknüpfungsmöglichkeit bei im Wesentlichen übereinstimmenden Rechtssystemen in beiden Heimatstaaten angesehen, selbst wenn die Ehegatten ihren Aufenthalt getrennt in verschiedenen Staaten haben.[85] Voraussetzung hierfür ist aber, dass beide Ehegatten mit dem Rechtssystem eines dieser Staaten hinreichend eng verbunden sind. Hierfür kann sprechen, dass die Ehegatten sonstige soziale und kulturelle Verbindungen zu diesem Staat gemeinsam gepflegt haben. Ist einer der Ehegatten (auch) Deutscher, ist hiervon nicht auszugehen.[86] Zusätzliche Gesichtspunkte, die bei deutscher Staatsangehörigkeit (beachte Art. 5 Abs. 1 S. 2) gegen die besondere Berücksichtigung der Zugehörigkeit zu derselben Religionsgemeinschaft sprechen,

70 BGH IPRax 1994, 131, 133; zust. *v. Bar*, IPRax 1994, 100, 102.

71 OLG Bremen FamRZ 1992, 962; OLG Hamm IPRax 1990, 247, 248; Palandt/*Thorn*, Art. 5 EGBGB Rn 10; *Kilian*, IPRax 1995, 9, 11.

72 OLG Koblenz FamRZ 1998, 756; OLG Köln FamRZ 1996, 946; OLG Bremen FamRZ 1992, 962, 963; Palandt/*Thorn*, Art. 5 EGBGB Rn 10; Böhmer/Finger/*Finger*, Art. 14 EGBGB Rn 16; *Kilian*, IPRax 1995, 9, 11; aA *v. Hoffmann/Thorn*, IPR, § 5 Rn 83; *Spickhoff*, IPRax 1990, 225, 228.

73 OLG Nürnberg FamRZ 2002, 324; MüKo/*Sonnenberger*, Einl. IPR Rn 722; Böhmer/Finger/*Finger*, Art. 14 EGBGB Rn 16.

74 *Henrich*, § 2 I 2 b, S. 62.

75 Palandt/*Thorn*, Art. 14 EGBGB Rn 10; Staudinger/*Mankowski*, Art. 14 EGBGB Rn 64; Soergel/*Schurig*, Art. 14 EGBGB Rn 14.

76 Vgl BT-Drucks. 10/504, 9 und 55.

77 BT-Drucks. 10/5632, 41 (Bericht des Rechtsausschusses).

78 OLG Düsseldorf FamRZ 2003, 381; AG Hannover FamRZ 2000, 1576; Palandt/*Thorn*, Art. 14 EGBGB Rn 9; MüKo/*Siehr*, Art. 14 EGBGB Rn 37; Staudinger/*Mankowski*, Art. 14 EGBGB Rn 66.

79 Vgl allg. dazu den Bericht des Rechtsausschusses, BT-Drucks. 10/5632, 41, hierzu auch KG FamRZ 2007, 1561, 1562.

80 OLG Köln FamRZ 1998, 1590; AG Hannover NJWE-FER 2001, 279, 280 = IPRspr 2001 Nr. 64 und FamRZ 2000, 1576; KG FamRZ 2007, 1561, 1562 (geplanter gemeinsamer ehelicher Wohnsitz).

81 BGH IPRax 1994, 131, 133; OLG Celle FamRZ 1998, 686, 687; *Looschelders*, Art. 14 EGBGB Rn 25.

82 OLG Düsseldorf FamRZ 2003, 381.

83 MüKo/*Siehr*, Art. 14 EGBGB Rn 37.

84 AG Würzburg FamRZ 1998, 1591; MüKo/*Siehr*, Art. 14 EGBGB Rn 37.

85 So auch KG FamRZ 2002, 840, 841; MüKo/*Siehr*, Art. 14 EGBGB Rn 37.

86 Hierzu insgesamt KG FamRZ 2002, 840, 841.

liegen vor, wenn die Ehe niemals in dem anderen Heimatstaat gelebt wurde und/oder der deutsche Ehepartner im zeitlichen Zusammenhang zur Eheschließung zum Islam übergetreten ist.[87]

Die Häufung von Kontakten der Eheleute zu einer Rechtsordnung verstärkt deren Gewicht für die Anknüpfung im Verhältnis zu anderen.[88] 29

b) Fallkonstellationen. In der Rechtspraxis haben sich verschiedene Fallkonstellationen herausgebildet. In der **ersten Gruppe** hatten die Eheleute zwar zu einem Zeitpunkt in der Vergangenheit eine gemeinsame Staatsangehörigkeit bzw einen gemeinsamen gewöhnlichen Aufenthalt, aber beide haben die Verbindungen zu dem betreffenden Recht abgebrochen.[89] Für beide wird das Personalstatut nicht mehr durch die Staatsangehörigkeit, sondern durch den gewöhnlichen Aufenthalt bestimmt, der in unterschiedlichen Drittstaaten liegt. Haben sich die Ehegatten aus Verfolgungsgründen vom Heimatstaat abgewandt, sind sie jedoch weiterhin u.a. kulturell, sprachlich, familiär und/oder durch die Religion mit der Gesellschaft ihres Heimatstaates verbunden, kommt über Nr. 3 die Anwendung des Rechts dieses Staates in Betracht, soweit sich der Widerspruch zum Machtsystem nicht auch auf das Familienrecht erstreckt.[90] 30

Eine **zweite Fallsituation** ist gegeben, wenn die Eheleute verschiedene Staatsangehörigkeiten haben und gemeinsam in einem Drittstaat ihren Lebensmittelpunkt hatten, den beide zum maßgeblichen Zeitpunkt von Nr. 2 nicht mehr innehaben.[91] Hier gewinnt ein früherer gemeinsamer gewöhnlicher Aufenthalt von längerer Dauer besonderes Gewicht, es sei denn, beide Eheleute sind mit einem anderen Kulturkreis verbunden und das dort geltende Recht weicht grundlegend von den übereinstimmenden Vorstellungen zum Eherecht ihrer Heimatländer ab.[92] 31

Fallgruppe drei hat zum Gegenstand, dass ein gemischtnationales Ehepaar von Beginn der Ehe an keinen gemeinsamen gewöhnlichen Aufenthalt hat. Diese Situation tritt relativ häufig bei der Bestimmung des Ehewirkungsstatuts im Zeitpunkt der Eheschließung für das Güterrechtsstatut auf (hierzu Art. 15 EGBGB Rn 13), ist aber auch für das Scheidungsstatut anzutreffen.[93] In die Abwägung einzubeziehen sind Planungen der Ehegatten über einen zukünftigen gemeinsamen Lebensmittelpunkt sowie eventuell über den Erwerb einer gemeinsamen Staatsangehörigkeit, insbesondere wenn ein Ehegatte mit dem betreffenden Staat eng verbunden ist, auch soweit diese Vorstellungen nicht verwirklicht wurden.[94] Zu beachten ist auch ein gemeinsamer schlichter Aufenthalt.[95] Dem Eheschließungsort kommt dann Gewicht zu, wenn ein Ehegatte die Staatsangehörigkeit dieses Staates besitzt (bzw besaß) und/oder dort seinen gewöhnlichen Aufenthalt hat (bzw hatte).[96] 32

c) Keine engste Verbindung. Lässt sich bei Abwägung aller Umstände eine engste Verbundenheit nicht feststellen, ist deutsches Recht maßgeblich.[97] Dies rechtfertigt sich daraus, dass aufgrund der Vorschriften über die Zuständigkeit die deutschen Gerichte mit der konkreten Ehe nur befasst sind, wenn ein ausreichender Inlandsbezug die internationale Zuständigkeit eröffnet.[98] 33

III. Gewähltes Ehewirkungsstatut (Abs. 2–4)

1. Gemeinsames Heimatrecht (Abs. 2). Die Ehegatten können das gemeinsame Heimatrecht wählen, auch soweit es für die objektive Bestimmung des Ehewirkungsstatuts außer Betracht bleibt,[99] weil die Vorschrift Art. 5 Abs. 1 ausdrücklich ausnimmt. Der typische Fall ist der, dass ein deutscher Staatsangehöriger, der auch die Staatsangehörigkeit des Staates A besitzt, einen Angehörigen des Staates A heiratet. Nach Abs. 1 wäre das 34

87 Vgl KG FamRZ 2002, 840, 841.

88 BGH IPRax 1994, 131, 133 f; Staudinger/*Mankowski*, Art. 14 EGBGB Rn 79.

89 Bsp: Iranische Ehegatten flüchten aus ihrer Heimat, der Mann nach Deutschland, die Frau in die USA; vgl OLG München IPRax 1989, 238.

90 Vgl dazu *Andrae*, § 3 Rn 55 f.

91 Bsp: Eine Deutsche und ein Franzose lebten gemeinsamen in New York, etwa wegen eines mehrjährigen beruflichen Aufenthaltes.

92 Bsp wie eben, allerdings gemeinsamer Lebensort im Iran; vgl auch Staudinger/*Mankowski*, Art. 14 EGBGB Rn 77.

93 AG Hannover NJWE-FER 2001, 279 = IPRspr 2001 Nr. 64; Staudinger/*Mankowski*, Art. 14 EGBGB Rn 72.

94 OLG Köln FamRZ 1998, 1590; AG Hannover NJWE-FER 2001, 279, 280 = IPRspr 2001 Nr. 64; AG Hannover FamRZ 2000, 1576; *v. Bar*, IPR II, Rn 206.

95 Vgl Staudinger/*Mankowski*, Art. 14 EGBGB Rn 74; *v. Bar*, IPR II, Rn 206.

96 OLG Düsseldorf FamRZ 2003, 381; Staudinger/*Mankowski*, Art. 14 EGBGB Rn 73.

97 KG FamRZ 2002, 840, 842; OLG Schleswig, FamRZ 2007, 470; Palandt/*Thorn*, Art. 14 EGBGB Rn 10; MüKo/*Siehr*, Art. 14 EGBGB Rn 38; Erman/*Hohloch*, Art. 14 EGBGB Rn 18; Böhmer/Finger/*Finger*, Art. 14 Rn 23; *Spickhoff*, JZ 1993, 336, 341 f, offengelassen, da beide Rechtsordnungen zum selben materiellrechtlichen Ergebnis kommen; AG Leverkusen, FamRZ 2006, 1384, 1385.

98 AA Staudinger/*Mankowski*, Art. 14 EGBGB Rn 81 (ohne eine andere Anknüpfung aufzustellen); Soergel/*Schurig*, Art. 14 EGBGB Rn 15 sowie *Kegel/Schurig*, IPR, § 20 V 1 a, S. 833 (kumulative Berufung der beiden Heimatrechte nach dem Grundsatz des schwächeren Rechts).

99 Wenn diese Staatsangehörigkeit nach Art. 5 Abs. 1 S. 1 (nicht effektive Staatsangehörigkeit) oder Art. 5 Abs. 1 S. 2 (Vorrang der deutschen Staatsangehörigkeit) nicht zu berücksichtigen ist.

Recht ihres gemeinsamen Aufenthalts (Nr. 2) maßgeblich, denn Nr. 1 findet keine Anwendung, weil es für den Doppelstaater nach Art. 5 Abs. 1 S. 2 allein auf seine deutsche Staatsangehörigkeit ankommt. Abs. 2 eröffnet für dieses Ehepaar die Möglichkeit, das Recht des Staates A als gemeinsames Heimatrecht zu wählen.

35 Umstritten ist, ob die Rechtswahl zugunsten eines gemeinsamen Heimatrechts zulässig ist, das bereits gesetzliches Ehewirkungsstatut nach Abs. 1 Nr. 1 ist. Besitzen oder erwerben beide Ehepartner zusätzlich zur Staatsangehörigkeit des Staates A auch die des Staates B und ist Letztere für die objektive Anknüpfung wegen Art. 5 Abs. 1 entscheidend, können sie das Recht des Staates A wählen und damit erreichen, dass das gesetzliche Ehewirkungsstatut (Recht des Staates B) nicht zur Anwendung kommt.

36 Können die Ehegatten jedoch auch das bereits nach Abs. 1 Nr. 1 maßgebliche Recht des Staates B wählen? Die ablehnende Auffassung[100] meint, dass es dafür keinen Anlass gibt. Die Rechtswahl sei nur in engen Grenzen zulässig und der Wunsch nach Ausschluss des renvoi legitimiere dies nicht, zumal die Vorschrift nur das Problem der Mehrstaater regeln wolle.[101] Die Gegenmeinung[102] – der zu folgen ist – kann darauf verweisen, dass Abs. 2 im Unterschied zu Abs. 3 nicht den einschränkenden Bezug auf Abs. 1 Nr. 1 vorsieht. Auch die Ausschaltung des renvoi ist legitim, denn den Ehegatten geht es regelmäßig um die Anwendung eines bestimmten Sachrechts. Zudem beugt eine solche Rechtswahl einem Statutenwechsel vor, denn es kann durchaus sein, dass bei identischen Doppelstaatern die relevante Staatsangehörigkeit durch Verlegung des ehelichen Daseinsmittelpunktes wechselt. Die Rechtswahl schafft Rechtssicherheit und macht die Anknüpfung unabhängig vom Wechsel des gewöhnlichen Aufenthalts, kommt also dem Interesse nach Stetigkeit der Anknüpfung entgegen. Sie befreit die Ehegatten von einer Effektivitätsprüfung.[103]

37 Die Wirkungen der Rechtswahl nach Abs. 2 enden, wenn die Ehegatten sie aufheben; dann erfolgt die Bestimmung des maßgebenden Rechts objektiv.[104] Die Eheleute können die Rechtswahl auch ändern, indem sie ein anderes zulässiges Recht wählen.[105] Aufgrund des kollisionsrechtlichen Charakters von Aufhebung und Änderung der Rechtswahl unterliegen diese den Formerfordernissen des Abs. 4.[106] Fraglich ist, ob die Rechtswahl analog Abs. 3 S. 2 endet. Dies wird zum Teil vertreten.[107] Die zutreffende Gegenauffassung[108] weist darauf hin, dass ein solcher Tatbestand nach den Grundsätzen der Parteiautonomie und aus Gründen des Vertrauensschutzes ausdrücklich normiert sein muss.[109] Zudem ist diese Lösung konsequent, weil die Ehegatten im Rahmen des Abs. 2 bereits die gemeinsame relevante Staatsangehörigkeit wählen können.[110] Weiterhin spricht der Wille des Gesetzgebers dafür.[111] Hätte er Abs. 3 S. 2 als allgemeinen Beendigungsgrund für die Rechtswahl setzen wollen, hätte er es rechtstechnisch anders lösen müssen. Aus der Vorschrift ergibt sich gerade im Wege eines Umkehrschlusses die vorzuziehende Meinung. Letztlich endet die Rechtswahl nicht, wenn später ihre Voraussetzungen wegfallen.[112]

38 **2. Heimatrecht eines Ehegatten (Abs. 3).** Nach S. 1 können die Eheleute das Heimatrecht eines Partners wählen. Die Rechtswahl ist nach dem Wortlaut der Vorschrift ausgeschlossen, wenn sich das anwendbare Recht bereits aus Abs. 1 Nr. 1 ergibt; die Ehegatten dürfen also weder eine gemeinsame Staatsangehörigkeit noch eine frühere gemeinsame Staatsangehörigkeit besitzen, die einer noch innehat, wobei für Doppelstaater Art. 5 Abs. 1 zu beachten ist.

39 Weiterhin knüpft die Norm die Zulässigkeit der Rechtswahl an zusätzliche Voraussetzungen. Haben die Ehegatten einen gemeinsamen gewöhnlichen Aufenthalt, ist die Rechtswahl nur statthaft, wenn keiner der Ehegatten die Staatsangehörigkeit dieses Staates besitzt (**Abs. 3 S. 1 Nr. 1**). Dabei meint Staatsangehörigkeit die iSd Art. 5 Abs. 1 relevante, weil nur diese anknüpfungsbedeutend ist und zusammen mit dem gemeinsamen gewöhnlichen Aufenthalt zu einer solch starken Verbindung führt, die den Ausschluss der Rechtswahl recht-

100 Palandt/*Thorn*, Art. 14 EGBGB Rn 12; Erman/*Hohloch*, Art. 14 EGBGB Rn 20; Soergel/*Schurig*, Art. 14 EGBGB Rn 19; *Looschelders*, Art. 14 EGBGB Rn 30; Böhmer/Finger/*Finger*, Art. 14 EGBGB Rn 26; *Schotten/Schmellenkamp*, IPR Rn 118; *v. Bar*, IPR II, Rn 199 Fn 459; *Lichtenberger*, in: FS Ferid 1988, S. 269, 273.

101 Vgl *Looschelders*, Art. 14 EGBGB Rn 30.

102 MüKo/*Siehr*, Art. 14 EGBGB Rn 42; Staudinger/*Mankowski*, Art. 14 EGBGB Rn 172; Reithmann/Martiny/*Hausmann*, Rn 5886; *Kühne*, IPRax 1987, 69, 70 f.

103 Ausf. dazu Staudinger/*Mankowski*, Art. 14 EGBGB Rn 171 ff.

104 Palandt/*Thorn*, Art. 14 EGBGB Rn 16; MüKo/*Siehr*, Art. 14 EGBGB Rn 45.

105 Soergel/*Schurig*, Art. 14 EGBGB Rn 21; Erman/*Hohloch*, Art. 14 EGBGB Rn 26; *Looschelders*, Art. 14 EGBGB Rn 31.

106 Staudinger/*Mankowski*, Art. 14 EGBGB Rn 149; Reithmann/Martiny/*Hausmann*, Rn 5890; *Schotten/Schmellenkamp*, IPR Rn 123.

107 *Schotten/Schmellenkamp*, IPR Rn 122; *Kühne*, IPRax 1987, 69, 72.

108 Palandt/*Thorn*, Art. 14 EGBGB Rn 15; MüKo/*Siehr*, Art. 14 EGBGB Rn 44; Soergel/*Schurig*, Art. 14 EGBGB Rn 20; Staudinger/*Mankowski*, Art. 14 EGBGB Rn 177; *Looschelders*, Art. 14 EGBGB Rn 31; Böhmer/Finger/*Finger*, Art. 14 Rn 27.

109 Staudinger/*Mankowski*, Art. 14 EGBGB Rn 176.

110 MüKo/*Siehr*, Art. 14 EGBGB Rn 44; Soergel/*Schurig*, Art. 14 EGBGB Rn 20.

111 Vgl BT-Drucks. 10/504, 56.

112 Vgl MüKo/*Siehr*, Art. 14 EGBGB Rn 44; Böhmer/Finger/*Finger*, Art. 14 EGBGB Rn 27; aA Soergel/*Schurig*, Art. 14 EGBGB Rn 20.

fertigt.[113] Heiratet die Staatsangehörige des Staates A den Staatsangehörigen des Staates B und leben sie in Deutschland, können sie das Recht des Staates A oder B wählen. Hat jedoch einer von ihnen (auch) die deutsche Staatsangehörigkeit, ist die Rechtswahl nicht zulässig.

Die Rechtswahl ist alternativ gem. **Abs. 3 S. 1 Nr. 2** möglich, wenn die Ehegatten ihren gewöhnlichen Aufenthalt in unterschiedlichen Staaten haben. Es kommt nicht darauf an, ob beide oder einer von ihnen die Staatsangehörigkeit des jeweiligen Aufenthaltsstaates besitzen. **40**

Umstritten ist, ob die Möglichkeit der Wahl des Heimatrechts bei einem **Mehrstaater** sich nur auf dessen relevante Staatsangehörigkeit iSd Art. 5 Abs. 1 bezieht[114] oder ob auch das Recht der nichtrelevanten Staatsangehörigkeit gewählt werden kann.[115] In der Rechtspraxis ist das Problem bisher nicht aufgetreten. Vorzugswürdig ist die Beschränkung, denn die Wahl der nichtrelevanten Staatsangehörigkeit nur eines Partners weist nicht die für die Rechtswahl erforderliche und vom Gesetzgeber gewollte enge Beziehung zu der gewählten Rechtsordnung auf. **41**

Die getroffene Rechtswahl können die Ehegatten jederzeit aufheben oder durch eine neue Rechtswahl ändern;[116] für die Form gilt auch hier Abs. 4. Darüber hinaus enden die Wirkungen der Rechtswahl gem. Abs. 3 S. 2, wenn die Eheleute eine gemeinsame Staatsangehörigkeit – relevante iSd Art. 5 Abs. 1[117] – erwerben. Das bedeutet, dass sich das Ehewirkungsstatut dann nach Abs. 1 Nr. 1 richtet. Dagegen berührt die Begründung eines gemeinsamen gewöhnlichen Aufenthalts in einem Land, dessen Staatsangehörigkeit einer der Ehegatten besitzt, die Wirkungen der Rechtswahl nicht. **42**

3. Weitere übergreifende Fragen zur Rechtswahl. a) Form (Abs. 4). Für eine **im Inland** vorgenommene Rechtswahl ist zwingend die notarielle Beurkundung vorgeschrieben (**Abs. 4 S. 1**). Ist das Erfordernis nicht eingehalten, ist die Rechtswahl (form-)nichtig; das maßgebliche Recht bestimmt sich nach Abs. 1.[118] Umstritten ist, ob den Anforderungen des § 1410 BGB[119] in Bezug auf die Anwesenheit beider Teile zur Niederschrift des Notars Rechnung zu tragen ist. Die Argumente dafür[120] und dagegen[121] halten sich die Waage. Das Problem entsteht in der Rechtspraxis kaum, da die Rechtswahlklausel regelmäßig im Ehevertrag Aufnahme findet. Aus Gründen der Rechtssicherheit sollte in der Vertragspraxis auch für die Rechtswahlklausel auf die Einhaltung von § 1410 BGB geachtet werden. **43**

Werden die Erklärungen **im Ausland** abgegeben, genügt es gem. **Abs. 4 S. 2**, wenn für die Rechtswahl die Formerfordernisse für einen Ehevertrag nach dem gewählten Recht oder am Ort der Rechtswahl eingehalten worden sind (Sachnormverweisung).[122] Es schadet also nicht, dass das gewählte Recht oder das am Ort der Rechtswahl geltende Recht eine Rechtswahl für die Ehewirkungen nicht kennen.[123] Daneben ist zu berücksichtigen, dass die Rechtswahl ein eigenständiger (kollisionsrechtlicher) Vertrag ist. Es kommt demnach nicht darauf an, ob es sich bei der Urkunde, in der die Rechtswahlklausel enthalten ist, um einen Ehevertrag handelt.[124] Entscheidend ist, dass die Rechtswahl[125] – bei der konkludenten Rechtswahl die Bestimmungen, aus denen auf die Rechtswahl geschlossen wird – den Formerfordernissen eines Ehevertrags nach diesem Recht entspricht. Eine Gleichwertigkeit der ausländischen mit der inländischen Form ist nicht erforderlich.[126] **44**

Versteckt enthält Abs. 4 S. 2 noch eine weitere Möglichkeit für die Form aufgrund einer Gesamtbetrachtung mit S. 1. Eine Beurkundung durch einen ausländischen Notar ist ausreichend, soweit der ausländische Notar dem deutschen Notar und der Beurkundungsvorgang dem im deutschen Recht vorgeschriebenen gleichwertig **45**

113 So auch Staudinger/*Mankowski*, Art. 14 EGBGB Rn 191 f; *Looschelders*, Art. 14 EGBGB Rn 32; *Kühne*, IPRax 1987, 69, 71; MüKo/*Siehr*, Art. 14 EGBGB Rn 49; aA Soergel/*Schurig*, Art. 14 EGBGB Rn 24; Böhmer/Finger/*Finger*, Art. 14 EGBGB Rn 32.

114 Erman/*Hohloch*, Art. 14 EGBGB Rn 22; Staudinger/*Mankowski*, Art. 14 EGBGB Rn 182 ff; Palandt/*Thorn*, Art. 14 EGBGB Rn 13; *Looschelders*, Art. 14 EGBGB Rn 34; MüKo/*Siehr*, Art. 14 EGBGB Rn 49 für Art. 14 Abs. 3 Nr. 1; Böhmer/Finger/*Finger*, Art. 14 EGBGB Rn 32; Reithmann/Martiny/*Hausmann*, Rn 5887; *v. Bar*, IPR II, Rn 200; *Kühne*, IPRax 1987, 69, 71; *Wegmann*, NJW 1987, 1740, 1741.

115 Soergel/*Schurig*, Art. 14 EGBGB Rn 22; MüKo/*Siehr*, Art. 14 EGBGB Rn 50 für Art. 14 Abs. 3 Nr. 2; *Schotten/Schmellenkamp*, IPR Rn 119; *Lichtenberger*, in: FS Ferid 1988, S. 269, 273; *Kegel/Schurig*, IPR, § 20 V 1 b, S. 834.

116 Vgl MüKo/*Siehr*, Art. 14 EGBGB Rn 52.

117 Erman/*Hohloch*, Art. 14 EGBGB Rn 26; MüKo/*Siehr*, Art. 14 EGBGB Rn 51; Soergel/*Schurig*, Art. 14 EGBGB Rn 26; *Wegmann*, NJW 1987, 1740, 1741; *Kühne*, IPRax 1987, 68, 72; aA Palandt/*Thorn*, Art. 14 EGBGB Rn 15; *v. Hoffmann/Thorn*, IPR, § 8 Rn 28.

118 OLG Düsseldorf FamRZ 1995, 932; Palandt/*Thorn*, Art. 14 EGBGB Rn 14; Staudinger/*Mankowski*, Art. 14 EGBGB Rn 118.

119 Bürgerliches Gesetzbuch idF der Bekanntmachung v. 2.1.2002 (BGBl. I S. 42).

120 Vgl Staudinger/*Mankowski*, Art. 14 EGBGB Rn 120 mwN.

121 Soergel/*Schurig*, Art. 14 EGBGB Rn 32 mwN.

122 MüKo/*Siehr*, Art. 14 EGBGB Rn 61; Erman/*Hohloch*, Art. 14 EGBGB Rn 6 und 24; *Looschelders*, Art. 14 EGBGB Rn 36.

123 BayObLG FamRZ 1998, 1594, 1596; MüKo/*Siehr*, Art. 14 EGBGB Rn 61; *Börner*, IPRax 1995, 309, 312.

124 Übersehen von BayObLG FamRZ 1998, 1594, 1596.

125 Vgl BayObLG FamRZ 2003, 381, 383.

126 Staudinger/*Mankowski*, Art. 14 EGBGB Rn 132; aA *Börner*, IPRax 1995, 309, 312.

ist.[127] Zulässig ist ferner die Beurkundung durch den Konsularbeamten einer deutschen Auslandsvertretung.[128]

46 **b) Art der Rechtswahl.** Die Rechtswahl kann **ausdrücklich**, aber auch **konkludent**[129] erfolgen, wenn sie sich mit hinreichender Sicherheit aus der Vereinbarung der Partner und den Umständen ergibt, die zur Vereinbarung führten.

47 In der Rechtspraxis hat die **konkludente Rechtswahl** vor allem Bedeutung im Hinblick auf Eheschließungen nach religiösem Recht erlangt. Von einer solchen ist nicht auszugehen, wenn angesichts des ausländischen Eheschließungsorts die Klauseln im Ehevertrag nur als Hinweis auf den Eheschließungsritus nach religiösem Recht oder als bloße Feststellung der Geltung des Rechts des Eheschließungsorts zu verstehen sind.[130] Eine Rechtswahl erfordert einen nach außen tretenden realen Parteiwillen, sich dem Recht eines bestimmten Staates zu unterstellen. Dieser kann auch in der ehevertraglichen Vereinbarung eines für eine Rechtsordnung charakteristischen Rechtsinstituts ihren Ausdruck finden. Die Vereinbarung einer Morgengabe im Rahmen einer islamischen Trauung ohne weitere deutliche Hinweise reicht für die Annahme einer Rechtswahl jedoch nicht aus, zumal damit allgemein den im Islam verbreiteten Vorstellungen und den zwingenden Voraussetzungen für die Eheschließung Rechnung getragen wird, ohne dass damit zugleich eine Unterstellung der gesamten Ehewirkungen unter das Recht des Eheschließungsorts gewollt ist (vgl auch Rn 82 ff). Dagegen liegt eine Rechtswahl vor, wenn die Eheleute mit der Vereinbarung festlegen wollten, dass angesichts ihres künftigen gemeinsamen Lebensmittelpunkts in Deutschland für ihre Ehe und ihre Ehewirkungen das ausländische Recht gelten soll, mit dem sie gemeinsam durch Religion, Sprache, Familie usw verbunden sind.[131] Auch in der Heranziehung von Bestimmungen derselben Rechtsordnung durch beide Parteien im Verfahren kann eine konkludente Wahl dieser Rechtsordnung liegen.[132] Der Bezugnahme der Parteien auf das nach der Gesetzeslage anwendbare Recht kommt jedoch ohne weitere Anhaltspunkte kein rechtsgeschäftlicher Erklärungswert dahingehend zu, dass die Parteien insgesamt ihre Ehe diesem Recht unterstellen wollen.[133] Eine wirksame Rechtswahl liegt in einem solchen Fall schon deshalb nicht vor, weil den Formerfordernissen des Abs. 4 nicht entsprochen wird.

48 Ein ausschließlich güterrechtliche Fragen unter Einschluss des Versorgungsausgleichs regelnder Ehevertrag indiziert keine Rechtswahl für das Ehewirkungsstatut.[134]

49 **c) Zeitpunkt der Rechtswahl.** Da das Ehewirkungsstatut wandelbar ist, ist auch die Rechtswahl an keinen Zeitpunkt gebunden. Sie ist bereits vor der Eheschließung möglich und kann auch zu einer Zeit erfolgen, in der die Bedingungen für eine Rechtswahl nicht gegeben sind (vorsorgliche Rechtswahl).[135] Allerdings treten die Wirkungen der Rechtswahl erst ein, wenn die gesetzlichen Voraussetzungen hierfür erfüllt sind.[136] Die Rechtswahl kann auch noch im Rahmen einer Scheidungsvereinbarung bzw zur Vorbereitung der Scheidung getroffen werden; nur muss sie sich auf die Ehewirkungen und nicht nur auf die Scheidung beziehen.[137]

50 **d) Zustandekommen, Wirksamkeit und Auslegung der Rechtswahl.** Art. 3 Abs. 4, 10 Abs. 1 Rom I-VO (vor Inkrafttreten der Verordnung: Art. 27 Abs. 4, 31 Abs. 1 EGBGB) bringen den allgemeinen Grundsatz zum Ausdruck, dass das Zustandekommen und die rechtsgeschäftliche Wirksamkeit der Rechtswahl nach dem gewählten Recht zu beurteilen sind. Diese kollisionsrechtliche Regel ist auch auf die Rechtswahl im Eherecht anwendbar.[138] Erfasst sind grundsätzlich Zustandekommen, Willensmängel und Auslegung.[139] Die Zulässig-

127 So auch Staudinger/*Mankowski*, Art. 14 EGBGB Rn 126; Soergel/*Schurig*, Art. 14 EGBGB Rn 32; *Looschelders*, Art. 14 EGBGB Rn 36; *Wagner*, IPRax 2000, 512, 513. Das Problem ist in der Rspr zum Eherecht bisher nicht aufgetreten; vorhandene Rspr bezieht sich auf das Gesellschaftsrecht; weiterführend Staudinger/*Mankowski*, aaO Rn 127 ff.

128 S. dazu das Konsulargesetz v. 11.9.1974 (BGBl. I S. 2317), insb. §§ 10, 11.

129 Vgl BayObLG FamRZ 2003, 381, 383 und FamRZ 1998, 1594, 1596; OLG Karlsruhe, FamRZ 2006, 948; Staudinger/*Mankowski*, Art. 14 EGBGB Rn 143; Böhmer/Finger/*Finger*, Art. 14 EGBGB Rn 36.

130 Vgl BayObLG FamRZ 2003, 381, 383; *Börner*, IPRax 1995, 309, 313 Fn 41.

131 BayObLG FamRZ 1998, 1594: Ehe eines deutsch-syrischen Staatsangehörigen mit einer Syrierin bei Eheschließung in Syrien, Abschluss eines Ehevertrages nach islamrechtlichen und gesetzlichen Grundsätzen mit der Sonderbedingung, dass die Ehefrau mit dem Mann im dauernden Aufenthalt im Ausland, insb. Deutschland lebt.

132 OLG Karlsruhe FamRZ 2006, 948, 949.

133 OLG Karlsruhe FamRZ 2006, 948, 949.

134 Staudinger/*Mankowski*, Art. 14 EGBGB Rn 144.

135 Palandt/*Thorn*, Art. 14 EGBGB Rn 11; Erman/*Hohloch*, Art. 14 EGBGB Rn 23; Soergel/*Schurig*, Art. 14 EGBGB Rn 29; Staudinger/*Mankowski*, Art. 14 EGBGB Rn 145; Böhmer/Finger/*Finger*, Art. 14 EGBGB Rn 25.

136 BT-Drucks. 10/504, 56; MüKo/*Siehr*, Art. 14 EGBGB Rn 58; Soergel/*Schurig*, Art. 14 EGBGB Rn 29 mwN.

137 KG IPRax 2000, 544, 544 f mwN; Staudinger/*Mankowski*, Art. 14 EGBGB Rn 146.

138 Erman/*Hohloch*, Art. 14 EGBGB Rn 23; MüKo/*Siehr*, Art. 14 EGBGB Rn 59; Staudinger/*Mankowski*, Art. 14 EGBGB Rn 138; *Looschelders*, Art. 14 EGBGB Rn 37; aA Palandt/*Thorn*, Art. 14 EGBGB Rn 14 aE; *Börner*, IPRax 1995, 309, 313 f.

139 Vgl Staudinger/*Mankowski*, Art. 14 EGBGB Rn 138 ff mwN.

keit der Rechtswahl als solche, die wählbare Rechtsordnung und der Umfang der Rechtswahl sind hiervon jedoch abzugrenzen; sie bestimmen sich stets nach inländischem Recht.[140]

e) Sonstiges. Von der Rechtswahl erfasst sind die Rechtsfragen, die unmittelbar dem Ehewirkungsstatut unterliegen. Sie erstreckt sich auch auf die Bereiche, für die in gesonderten Kollisionsnormen auf das gesamte Ehewirkungsstatut von Art. 14 (Art. 15 Abs. 1,[141] 17 Abs. 1 S. 1) verwiesen wird. Die Rechtswahl gilt jedoch nicht für diejenigen Vorschriften, die nur auf das objektive Ehewirkungsstatut verweisen (Art. 19 Abs. 1 S. 3, 22 Abs. 1 S. 2). 51

IV. Allgemeine Fragen des Internationalen Privatrechts

1. Renvoi. Die Verweisung auf ausländisches Recht durch eine **wirksame Rechtswahl** der Ehepartner ist immer eine Sachnormenverweisung (vgl Art. 4 Abs. 2). 52

Im Gegensatz dazu sind für das **gesetzliche Ehewirkungsstatut** Rück- und Weiterverweisung zu beachten (Art. 4 Abs. 1 S. 1). Besondere Bedeutung haben die Rück- und Weiterverweisungen des ausländischen IPR aufgrund des Wohnsitzprinzips oder des domicile-Prinzips.[142] Umstritten ist, ob die Anknüpfung an die gemeinsame engste Verbindung der Ehepartner gem. Abs. 1 Nr. 3 eine Verweisung auf die Sachvorschriften ausspricht.[143] Nach einer Auffassung ist der renvoi zu beachten, weil für den Abs. 1 insgesamt das Prinzip der Gesamtverweisung gelte.[144] Nach anderer Auffassung – der gefolgt wird – widerspricht eine Gesamtverweisung hier dem Sinn und Zweck kollisionsrechtlicher Verweisung (Art. 4 Abs. 1 S. 1 aE).[145] Die Anknüpfung beruht auf der Würdigung aller Umstände und den daraus resultierenden Rechtsanwendungsinteressen für den konkreten Einzelfall. Ausländisches Recht wird aufgrund dieser Anknüpfung nur berufen, wenn die Ehepartner weder eine gemeinsame deutsche Staatsangehörigkeit noch einen gemeinsamen gewöhnlichen Aufenthalt in Deutschland haben oder zuletzt hatten und auch keine sonstigen Umstände vorliegen, die eine Verweisung auf deutsches Recht sachgerecht erscheinen lassen. Der renvoi ist deshalb hier überflüssig (vgl Art. 4 EGBGB Rn 17). 53

Qualifiziert das **fremde Kollisionsrecht** das betreffende materiellrechtliche Problem anders als das deutsche IPR, wird im Rahmen der Prüfung des renvoi auf die Kollisionsnorm des ausländischen Rechts verwiesen, die nach der dortigen Rechtsauffassung diesen Gegenstand erfasst.[146] 54

In ausländischen Rechtsordnungen sind **gleichberechtigungswidrige Anknüpfungen** im Ehe(wirkungs)recht immer seltener anzutreffen. Soweit im konkreten Fall die Verweisung nach Abs. 1 zu einer solchen Rechtsordnung führt, ist zu prüfen, ob die Anwendung des ausländischen Kollisionsrechts durch Art. 6 ausgeschlossen ist. Art. 6 bezieht sich nicht nur auf das ausländische Sach-, sondern auch auf das Kollisionsrecht.[147] Entscheidend ist, ob durch die Anwendung gleichberechtigungswidriger Kollisionsnormen eine Verletzung des Grundrechts nach Art. 3 Abs. 2 GG vorliegt. Die Grundrechte verbieten die Anwendung ausländischen Rechts jedoch nur, soweit sie wegen genügend enger Inlandsbeziehungen Geltung beanspruchen und die Anwendung im konkreten Fall zu einem verfassungswidrigen Ergebnis führt. Für den Ausschluss des renvoi reicht es nicht aus, abstrakt einen Verstoß des ausländischen Kollisionsrechts gegen den Gleichberechtigungsgrundsatz festzustellen. Verweist das ausländische IPR, zB durch Anknüpfung an das Heimatrecht des Ehemannes, auf das deutsche Recht zurück, ist diese Rückverweisung grundsätzlich anzunehmen, weil die Anwendung deutschen Sachrechts die Ehefrau regelmäßig nicht benachteiligt, das Ergebnis der Anwendung folglich nicht gleichberechtigungswidrig ist. Verweist das ausländische Recht auf sich selbst, dann ist das Ergebnis gleichfalls nicht grundrechtswidrig, denn dieses Recht ist gemäß den in Art. 14 festgelegten, die Gleichheit der Geschlechter beachtenden, Anknüpfungsregeln bestimmt worden. 55

2. Vorfragen. Art. 14 setzt voraus, dass zwischen den Partnern zum maßgeblichen Zeitpunkt eine Ehe besteht; dh die Ehe muss wirksam geschlossen worden und darf noch nicht beendet sein (kollisionsrechtliche Vorfrage 56

140 So auch Staudinger/*Mankowski*, Art. 14 EGBGB Rn 139; *Börner*, IPRax 1995, 309, 312 f.

141 Die Rechtswahl für das Ehewirkungsstatut erfasst das Ehegüterrechtsstatut nur, wenn sie vor oder bei Eheschließung erfolgt ist. Dies folgt aus der Verweisung des Art. 15 Abs. 1 auf das Recht der allgemeinen Ehewirkungen zum Zeitpunkt der Eheschließung. Außerdem hat eine gesonderte Rechtswahl für das Ehegüterrechtsstatut Vorrang (vgl Art. 15 Abs. 2).

142 Zum domicile nach common law s. KG EuLF 2007; II-120; IPG 1996, Nr. 32, S. 426; KG FamRZ 2007, 1561, 1563.

143 Vgl dazu ausf. *Sonnentag*, Der Renvoi im internationalen Privatrecht, Diss. 2001, S. 171 ff.

144 AG Hannover, FamRZ 2000, 1576; AG Leverkusen FamRZ 2006, 950; KG FamRZ 2007, 1561, 1562; Palandt/*Thorn*, Art. 14 EGBGB Rn 3; MüKo/*Sonnenberger*, Art. 4 EGBGB Rn 29; Soergel/*Schurig*, Art. 14 EGBGB Rn 70; Staudinger/*Hausmann*, Art. 4 EGBGB Rn 99; *Looschelders*, Art. 14 EGBGB Rn 9; *Schotten/Schmellenkamp*, IPR Rn 114.

145 MüKo/*Siehr*, Art. 14 EGBGB Rn 119; Erman/*Hohloch*, Art. 14 EGBGB Rn 6, 18; Böhmer/Finger/*Finger*, Art. 14 EGBGB Rn 5; *Henrich*, § 2 I 2 d, S. 64.

146 U.a. BGHZ 24, 352, 355; BGH NJW 1980, 2016, 2017.

147 Palandt/*Thorn*, Art. 6 EGBGB Rn 9; *Andrae*, § 3 Rn 71.

oder Erstfrage). Die Frage nach dem wirksamen Zustandekommen der Ehe ist **selbständig** nach Art. 13, bei Eheschließung im Ausland für die Form zusätzlich nach Art. 11, zu prüfen. Die Ehe ist aufgelöst, wenn ein entsprechendes deutsches Urteil ergangen ist oder eine diesbezügliche ausländische Entscheidung hier anerkannt wird.

57 Die Prüfung kann einerseits dazu führen, dass die Ehe nach dem deutschen internationalen Eheschließungsrecht nicht wirksam eingegangen ist. Dann treten keine Wirkungen der Ehe ein.[148]

58 Andererseits kann die Prüfung ergeben, dass eine Ehe nur vom Standpunkt des deutschen Rechts, nicht aber aus der Sicht der ausländischen Rechtsordnung besteht, die nach Art. 14 berufen ist (sog. **hinkende** [Inlands-]**Ehe**). Die hM beurteilt die Ehewirkungen in diesem Fall ohne Differenzierung nach dem gem. Art. 14 maßgeblichen ausländischen Recht.[149] Jedoch wendet sie in Bezug auf die Scheidung und die Scheidungsfolgen einer solchen Ehe deutsches Recht an.[150] Dies wird damit begründet, dass die Ehe nach ausländischem Recht nicht gelebt würde und zudem beim Ehehindernis der Religionsverschiedenheit regelmäßig auch keine adäquaten Normen dieses Rechts für die Scheidung zur Verfügung stünden (hierzu und zu den entgegenstehenden Auffassungen Art. 17 EGBGB Rn 45 ff). Konsequent ist es deshalb, soweit die Scheidung und die Scheidungsfolgen wegen Nichtanerkennung der Ehe nicht dem gem. Art. 17 Abs. 1 S. 1 iVm Art. 14 Abs. 1 maßgeblichen Recht, sondern dem deutschen Recht unterstellt werden, dies auch für die Ehewirkungen zu vertreten. Sehen das deutsche und das ausländische Recht die Ehe zwar als wirksam an, ist sie aber vom Standpunkt des Ehewirkungsstatuts bereits aufgelöst, aus der Sicht des deutschen Rechts jedoch nicht, da die Scheidung hier nicht anerkannt ist, dann bestimmen sich die Wirkungen dieser hinkenden Ehe nach dem gem. Art. 14 maßgeblichen Ehewirkungsstatut. Das ist deshalb gerechtfertigt, weil die Ehe in einem solchen Fall auch gemäß dem ausländischen Recht gelebt wurde und einem Statutenwechsel begegnet wird.

59 **3. Ordre public.** Bisweilen sind im anzuwendenden ausländischen materiellen Recht die Ehewirkungen betreffende **gleichberechtigungswidrige Bestimmungen** anzutreffen, zB die Minderung der Geschäftsfähigkeit der Ehefrau als Folge der Eheschließung, das Abhängigmachen der Aufnahme einer Berufstätigkeit von der Zustimmung des Mannes, die Verpflichtung zur alleinigen Führung des Haushalts oder die gesetzliche Vertretung der Ehefrau durch den Ehemann in bestimmten Prozessen.[151] Bei hinreichendem Inlandsbezug sind sie nach Art. 6 S. 2 iVm Art. 3 Abs. 2 GG unbeachtlich.[152]

60 **4. Rechtsspaltung, Mehrrechtsstaat.** Wird für das Ehewirkungsstatut auf das Heimatrecht verwiesen, das für diesen Regelungsbereich kein einheitliches Recht bereithält, ist die maßgebliche Rechtsordnung gemäß Art. 4 Abs. 3 zu bestimmen (vgl Art. 4 EGBGB Rn 20 ff). In Betracht kommt eine territoriale (zB USA), eine personale (zB Israel) oder eine sowohl räumliche als auch personale Rechtsspaltung (zB Malaysia). Auch bei dem Verweis auf die Rechtsordnung eines Mehrrechtsstaates ist zunächst der renvoi zu prüfen, sofern er beachtlich ist (s. Rn 52 ff). Hat die ausländische Rechtsordnung ein einheitliches IPR, ist dieses heranzuziehen. Fehlt es daran, ist bei Anknüpfung an die gemeinsame Staatsangehörigkeit nach Abs. 1 Nr. 1 das Kollisionsrecht der Teilrechtsordnung heranzuziehen, mit der die Eheleute am engsten verbunden sind. In erster Linie kommt es hierbei auf ihren gegenwärtigen oder früheren gemeinsamen gewöhnlichen Aufenthalt an. Im Übrigen sind die Kriterien für Abs. 1 Nr. 3 entsprechend heranzuziehen.

61 Nimmt das ausländische Recht die Verweisung an, gilt nach Art. 4 Abs. 3: In erster Linie bestimmt sich die anwendbare Teilrechtsordnung nach dem hierfür vorgesehenen (interlokalen bzw interpersonalen) Kollisionsrecht des Gesamtstaates. Fehlt es daran, ist die maßgebende Teilrechtsordnung nach dem Grundsatz der engsten Verbindung auszuwählen; es kommt auf die gemeinsame engste Verbindung der Eheleute an (analog Abs. 1 Nr. 3). Problematisch sind Fälle, in denen keine gemeinsame engste Verbindung zu einer bestimmten Teilrechtsordnung (etwa einem US-amerikanischen Bundesstaat) existiert und die Teilrechtsordnungen in der Lösung nicht übereinstimmen. Zu favorisieren ist hier die Anknüpfung an den gemeinsamen gewöhnlichen Aufenthalt nach Abs. 1 Nr. 2, weil der Verweis auf das gemeinsame Heimatrecht gescheitert ist.[153]

148 Erman/*Hohloch*, Art. 14 EGBGB Rn 9; Staudinger/*Mankowski*, Art. 14 EGBGB Rn 23.

149 So bereits KG NJW 1963, 51, 53; Palandt/*Thorn*, Art. 14 EGBGB Rn 17; Erman/*Hohloch*, Art. 14 EGBGB Rn 9; *Looschelders*, Art. 14 EGBGB Rn 8; Staudinger/*Mankowski*, Art. 14 EGBGB Rn 19 mwN; MüKo/*Siehr*, Art. 14 EGBGB Rn 119; Soergel/*Schurig*, Art. 14 EGBGB Rn 69 mit Nachw. für die aA, die die Wirkungen einer solchen Ehe dem deutschen Recht entnimmt.

150 OLG Zweibrücken FamRZ 2001, 920, 921; OLG Koblenz FamRZ 1994, 1262, 1263 = NJW-RR 1994, 647; OLG Hamm FamRZ 1994, 1182; BT-Drucks. 10/504, 60.

151 LG Berlin FamRZ 1993, 198.

152 Staudinger/*Mankowski*, Art. 14 EGBGB Rn 232; Soergel/*Schurig*, Art. 14 EGBGB Rn 75; *Looschelders*, Art. 14 EGBGB Rn 11.

153 *Kropholler*, IPR, § 29 II 1 c, S. 201 f; aA *Hay*, IPRax 1988, 267 (Recht des US-Bundesstaates, dessen Gerichte aus bundesverfassungsrechtlicher Sicht der USA für die Streitsache zuständig sind); *Bungert*, IPRax 1993, 16 (Recht der Hauptstadt – hier Washington).

5. Staatensukzession. Hatten die Ehegatten die gemeinsame Staatsangehörigkeit eines Staates, der inzwischen zerfallen ist oder von dem sich Teile als Staaten abgespalten haben (zB Sowjetunion, Jugoslawien, Tschechoslowakei), gilt für das Ehewirkungsstatut aufgrund seiner Wandelbarkeit Folgendes: Haben die Ehegatten nunmehr eine gemeinsame Staatsangehörigkeit, dann kommt es auf diese an. Dagegen kann die frühere gemeinsame Staatsangehörigkeit nicht als Anknüpfungspunkt dienen, wenn beide nunmehr die Staatsangehörigkeit unterschiedlicher Staaten besitzen, die sich auf dem Territorium des zerfallenen Staates befinden. Das gilt selbst dann, wenn einer der Staaten rechtlich mit dem Altstaat identisch ist. In diesen Fällen kommt es für die Anknüpfung auf den gemeinsamen gewöhnlichen Aufenthalt oder den letzten gemeinsamen gewöhnlichen Aufenthalt an (Abs. 1 Nr. 2).[154] Letzterer führt jedoch dann nicht zur maßgeblichen Rechtsordnung, wenn dieser Aufenthalt zeitlich vor der Staatensukzession lag. In diesem Fall wird über diesen gewöhnlichen Aufenthalt keine enge Verbindung der Ehegatten zur Rechtsordnung eines der nunmehr bestehenden Staaten zum Ausdruck gebracht. Die Anknüpfung ist in diesem Fall nach dem Prinzip der engsten Verbindung (Abs. 1 Nr. 3) vorzunehmen. Soweit eine engste Verbindung nicht festgestellt werden kann, ist deutsches Recht anzuwenden (s. Rn 33). 62

V. Anwendungsbereich

1. Grundsätzliches. Der unmittelbare Anwendungsbereich des Ehewirkungsstatuts ist eingeschränkt, weil es keine Anwendung findet, soweit die betreffende Rechtsfrage als güterrechtlich (dann Art. 15), als unterhaltsrechtlich (dann UntÜ,[155] Art. 18) oder als Scheidungsfolge (dann Art. 17 Abs. 1) qualifiziert wird. Zudem richtet sich der Versorgungsausgleich nach Art. 17 Abs. 3, die Nutzungsbefugnis für die im Inland belegene Ehewohnung und den im Inland befindlichen Hausrat nach Art. 17 a. Vom Ehewirkungsstatut erfasst werden (lediglich) die Rechtsbeziehungen der Ehepartner zueinander, die sich auf die Ehe als solche beziehen und keinen Sonderregelungen[156] unterliegen. 63

2. Einzelne Problemfelder. a) Herstellung der ehelichen Lebensgemeinschaft, Getrenntleben. Dem Art. 14 unterliegen die Klagen auf Herstellung der ehelichen Lebensgemeinschaft oder umgekehrt auf Feststellung des Rechts auf Getrenntleben bzw deren (Un-)Klagbarkeit.[157] 64

b) Lebensmittelpunkt. Dem Ehewirkungsstatut unterfällt außerdem die materiellrechtliche (familienrechtliche) Frage, ob ein Ehegatte den Lebensmittelpunkt mit dem anderen teilen muss. Soweit die danach berufene Vorschrift das Problem gleichberechtigungswidrig löst, gilt das unter Rn 55 Ausgeführte. 65

c) Gegenseitige Unterstützung und Hilfeleistung. Zum Ehewirkungsstatut gehört die Pflicht zur gegenseitigen Unterstützung und Hilfeleistung,[158] was auch die Obligation zur Mitwirkung bei der Verfolgung von Rechtsangelegenheiten, zB durch Auskunftserteilung, einschließt.[159] Das maßgebliche Recht bestimmt zudem darüber, ob der Auskunftsanspruch auch nach Beendigung der Ehe geltend gemacht werden kann. Demgegenüber unterliegen Auskunftsansprüche, die der Aufklärung des Umfangs der Ansprüche der Ehegatten zueinander dienen, dem Recht, das auf den betreffenden Anspruch Anwendung findet.[160] 66

d) Unerlaubte Handlung. Ansprüche zwischen Ehegatten wegen Ehestörungen (Unterlassung/Schadensersatz) sind ebenfalls Art. 14 unterstellt,[161] während Ansprüche von Ehegatten gegen Dritte als deliktsrechtlich zu qualifizieren sind.[162] Die sonstige deliktische Haftung der Ehegatten untereinander richtet sich allerdings nach Art. 4 Rom II-VO.[163] Im Rahmen des Art. 4 Abs. 3 Rom II-VO kommt eine akzessorische Anknüpfung 67

154 OLG Düsseldorf FamRZ 1995, 932, 933; AG Heidelberg IPRax 1999, 386 (LS mit Anm. *Jayme*); *Jayme*, IPRax 1992, 333 (Anm. zu AG Böblingen, ebd).

155 Haager Übereinkommen über das auf Unterhaltspflichten anzuwendende Recht v. 2.10.1973 (BGBl. II 1986 S. 837). Das Übereinkommen wird in der Europäischen Union durch das Haager Protokoll über das auf Unterhaltspflichten anzuwendende Recht v. 23.11.2007 ersetzt, welches am 18.6.2011 in Kraft tritt (vgl Beschluss des Rates, 2009/941/EG).

156 Neben den gerade genannten Vorschriften gilt zB für das Ehenamensrecht Art. 10.

157 BGH NJW 1976, 1028 = FamRZ 1976, 202; OLG München FamRZ 1986, 807; KG FamRZ 1968, 646; Palandt/*Thorn*, Art. 14 EGBGB Rn 18; Erman/*Hohloch*, Art. 14 EGBGB Rn 29; Staudinger/*Mankowski*, Art. 14 EGBGB Rn 243 und 245; MüKo/*Siehr*, Art. 14 EGBGB Rn 80 und 83; Soergel/*Schurig*, Art. 14 EGBGB Rn 40; *Henrich*, § 2 II 1, S. 66.

158 BGH NJW 1976, 1588, 1589; Staudinger/*Mankowski*, Art. 14 EGBGB Rn 253; MüKo/*Siehr*, Art. 14 EGBGB Rn 98; Böhmer/Finger/*Finger*, Art. 14 EGBGB Rn 51.

159 BGH FamRZ 1984, 465, 466 = NJW 1984, 2040; Palandt/*Thorn*, Art. 14 EGBGB Rn 18; Staudinger/*Mankowski*, Art. 14 EGBGB Rn 253; *Henrich*, § 2 II 1, S. 66.

160 Palandt/*Thorn*, Art. 14 EGBGB Rn 18; Böhmer/Finger/*Finger*, Art. 14 EGBGB Rn 48.

161 Wie hier BGH NJW 1990, 706, 707; OLG Hamm NJW-RR 1998, 1542; Palandt/*Thorn*, Art. 14 EGBGB Rn 18; Erman/*Hohloch*, Art. 14 EGBGB Rn 29; Staudinger/*Mankowski*, Art. 14 EGBGB Rn 262; Soergel/*Schurig*, Art. 14 EGBGB Rn 45.

162 Insoweit allg. Auffassung, vgl Erman/*Hohloch*, Art. 14 EGBGB Rn 29; Staudinger/*Mankowski*, Art. 14 EGBGB Rn 262; MüKo/*Siehr*, Art. 14 EGBGB Rn 85; Böhmer/Finger/*Finger*, Art. 14 EGBGB Rn 54 a.

163 MüKo/*Siehr*, Art. 14 EGBGB Rn 112; Soergel/*Schurig*, Art. 14 EGBGB Rn 45.

an das Ehewirkungsstatut infrage, wenn es um Ansprüche wegen der Verletzung spezifisch familien- und ehebezogener Pflichten geht.[164] Die Rechtsprechung hat aber eine Berücksichtigung des Familienstatuts abgelehnt, soweit es die Haftung wegen Verletzung allgemeiner Verhaltenspflichten (zB im Verkehr) und allgemeiner Straftatbestände (wie Betrug) betrifft.[165] Dem Deliktsstatut unterliegt zudem der allgemeine Haftungsmaßstab, wohingegen dem nach Art. 14 berufenen Recht zu entnehmen ist, ob davon abweichend für die Eheleute zueinander ein besonderer Haftungsmaßstab gilt.[166] Das Ehewirkungsstatut entscheidet also darüber, ob Ehegatten einander besondere Sorgfalt schulden, ob ihre Haftung gemildert, aufgehoben oder verschärft ist. Dagegen ist das Deliktsstatut für die Frage heranzuziehen, inwieweit eine Haftungsmilderung für den Ehegatten auch auf die Haftpflichtversicherung zurückwirkt.

68 **e) Wohnsitz/Domicile.** Es gibt immer noch Rechtsordnungen, in denen die Ehefrau einen vom Ehemann abhängigen Wohnsitz besitzt,[167] der Ehemann ein diesbezügliches einseitiges Bestimmungsrecht hat; mitunter ist der Familienwohnsitz auch durch gegenseitiges Einverständnis festzulegen.[168] Für das Ehewirkungsstatut hat ein ausländischer Wohnsitz-/domicile-Begriff im Kollisionsrecht im Rahmen der Gesamtverweisung Bedeutung, weil sich die Auslegung des fremden Kollisionsrechts nach dortigem Recht richtet.[169] Eine sich daraus ergebende gleichberechtigungswidrige Anknüpfung ist nach dem unter Rn 55 Dargelegten zu behandeln.[170] Besteht allerdings keine enge Verbindung zum deutschen Recht oder kommt das deutsche Kollisionsrecht bei anderer Anknüpfung zum selben Ergebnis, liegt keine ordre-public-Widrigkeit vor.[171] Entsprechendes gilt bei Relevanz des Wohnsitzes im ausländischen materiellen Recht.[172]

69 **f) Hausratverteilung und Zuweisung der Ehewohnung.** Über die Qualifikation des Anspruchs auf Hausratverteilung und auf Zuweisung der Ehewohnung herrscht Streit.[173] Einerseits wird die Zuordnung zu den allgemeinen Ehewirkungen bzw im Falle einer Scheidung zum Scheidungsstatut nach Art. 17 Abs. 1 S. 1 befürwortet,[174] andererseits sollen diese Fragen dem Unterhaltsstatut[175] entnommen werden.[176] Mit der Einführung des Art. 17 a ist der Problematik im Wesentlichen die praktische Bedeutung entzogen worden, da die Gerichte regelmäßig mit Streitfällen über Hausrat und Wohnung befasst sind, die im Inland belegen sind. Befinden sich diese jedoch im Ausland, ist eine Qualifikationsentscheidung erforderlich. Hier ist die Unterstellung unter Art. 14, im Scheidungsfall unter Art. 17 Abs. 1 S. 1, zu bevorzugen, weil eine unterhaltsrechtliche Qualifikation nicht überzeugt.[177] Dagegen spricht, dass die Hausratverteilung die Versorgung beider Ehepartner mit diesen Gütern sicherstellen soll. Auch bei der Zuweisung der Ehewohnung fehlt es an der für den Unterhalt typischen Konstellation der Leistungsfähigkeit eines Partners, weil es um die Aufteilung bisher gemeinsamer materieller Grundlagen geht.

70 **g) Verpflichtungs- und Verfügungsbeschränkungen.** Diese können Art. 14 oder Art. 15 zugeordnet sein. Dienen sie dem Schutz der ehelichen Lebensgemeinschaft unabhängig vom Güterstand, sind sie den allgemeinen Ehewirkungen zuzurechnen; sind sie jedoch Ausfluss eines bestimmten Güterstandes oder dienen seiner Sicherung, sind sie als güterrechtlich zu qualifizieren.[178] Einen Hinweis hierfür gibt die Stellung der Regelung im Eherecht, die endgültige Entscheidung ist jedoch entsprechend der Funktion der Regelung zu treffen. Eventuell kommt auch eine doppelte Zuordnung infrage.

164 MwN Staudinger/*Mankowski*, Art. 14 EGBGB Rn 279; MüKo/*Siehr*, Art. 14 EGBGB Rn 112.
165 ZB BGH IPRax 1997, 187, 191 = NJW 1996, 1411 (zur Verlobung); BGHZ 119, 137, 144 f.
166 Vgl Erman/*Hohloch*, Art. 14 EGBGB Rn 31; Staudinger/*Mankowski*, Art. 14 EGBGB Rn 279; *Henrich*, § 2 II 1, S. 66.
167 So in Indien, vgl OLG Hamburg IPRax 2002, 304 m.Anm. *Andrae/Essebier*, IPRax 2002, 294, 297.
168 S. dazu die rechtsvergleichenden Ausführungen bei Staudinger/*Mankowski*, Art. 14 EGBGB Rn 218 ff.
169 Erman/*Hohloch*, Art. 14 EGBGB Rn 30; MüKo/*Siehr*, Art. 14 EGBGB Rn 88; Soergel/*Schurig*, Art. 14 EGBGB Rn 43 und 56.
170 S.a. Palandt/*Thorn*, Art. 14 EGBGB Rn 18; Soergel/*Schurig*, Art. 14 EGBGB Rn 43 und 56; Staudinger/*Mankowski*, Art. 14 EGBGB Rn 229; Böhmer/Finger/*Finger*, Art. 14 EGBGB Rn 56.
171 So in Bezug auf das abhängige domicile der Ehefrau nach indischem Recht *Andrae/Essebier*, IPRax 2002, 294, 297 (Anm. zu OLG Hamburg IPRax 2002, 304).
172 *Henrich*, § 2 II 10, S. 75.
173 Vgl zuletzt ausf. *Finger*, FuR 2000, S. 1 ff und 64 ff.
174 OLG Celle FamRZ 1999, 443; OLG Stuttgart FamRZ 1998, 1321, 1322; Palandt/*Thorn*, Art. 14 EGBGB Rn 18, Art. 17 EGBGB Rn 17; Soergel/*Schurig*, Art. 14 EGBGB Rn 50; Staudinger/*Mankowski*, Art. 14 EGBGB Rn 272, 292; *Rausch*, NJW 1994, 2120, 2128.
175 OLG Koblenz IPRax 1991, 263 = NJW-RR 1991, 522; OLG Hamm IPRax 1990, 114, 114 f; AG Kerpen FamRZ 1997, 893, 894; *Henrich*, § 2 II 2, S. 67; *Kegel/Schurig*, IPR, § 20 V 3, S. 837; *Kropholler*, IPR, § 45 II 1, S. 346; *Brudermüller*, FamRZ 1999, 193, 204; *Weber*, IPRax 1990, 95, 98 (zugleich Besprechung von OLG Hamm, aaO); ausf. *Banse*, Qualifikation der Zuweisung der Ehewohnung, 1995, S. 72 ff.
176 Teilweise wird nach dem Zusammenhang differenziert, vgl MüKo/*Siehr*, Art. 14 EGBGB Rn 105 f. Daneben werden vereinzelt die Maßgeblichkeit der lex rei sitae und der lex fori vertreten, vgl mit Nachw. Erman/*Hohloch*, Art. 14 EGBGB Rn 33.
177 Staudinger/*Mankowski*, Art. 14 EGBGB Rn 272; *Looschelders*, Art. 14 EGBGB Rn 5.
178 Palandt/*Thorn*, Art. 14 EGBGB Rn 18; MüKo/*Siehr*, Art. 14 EGBGB Rn 117; *Henrich*, § 2 II 8, S. 73 ff.

Besonders umstritten ist die Qualifikation bei Beschränkungen, die den **Hausrat und die Ehewohnung** betreffen,[179] weil im deutschen Recht hierzu eine Regelung nur für die Zugewinngemeinschaft, in ausländischen Rechtsordnungen eine solche Einschränkung oft unabhängig vom Güterstand, getroffen ist.[180] Als Lösung bietet sich eine Doppelqualifikation an.[181] Dem Ehewirkungsstatut sind Beschränkungen zu entnehmen, die unabhängig vom Güterstand eingreifen. Sieht das Ehewirkungsstatut keine derartigen Regelungen vor oder bindet es sie an einen bestimmten Güterstand, wie bei § 1369 BGB, ist das Güterrechtsstatut gefragt. Regelt dieses das Problem nicht für die einzelnen Güterstände gesondert, sondern unabhängig vom Güterstand als régime primaire, dann ist die Verweisung auch darauf zu erstrecken. Ein solches Vorgehen rechtfertigt sich aus zwei Gründen. Zum einen besitzen derartige Normen auch den Charakter einer Sonderordnung für das Vermögen der Ehegatten, eine Aufnahme in die einzelnen Güterstände ist entbehrlich, wenn die Regelung für alle Güterstände gleichermaßen erfolgt. Zum anderen wird ein durch Verweisung hervorgetretener Normenmangel durch Anpassung beseitigt. 71

Manche Rechtsordnungen beschränken zum Schutz der ehelichen Lebensgemeinschaft die **Kündigung der Ehewohnung** durch einen Ehepartner. Dogmatisch ist eine Qualifikation als Ehewirkung angezeigt.[182] Jedoch sollte wegen der Parallele zur Hausrats- und Wohnungszuweisung bei Belegenheit im Inland Art. 17 a entsprechende Anwendung finden. 72

h) Verpflichtungsermächtigung (Schlüsselgewalt). Inwieweit Ehegatten gesetzlich in Bezug auf den anderen Ehegatten eine Vertretungsmacht und/oder eine (Mit-)Verpflichtungsermächtigung besitzen, bestimmt sich, soweit sich die Regelung nicht auf einen einzelnen Güterstand bezieht, nach dem durch Art. 14 berufenen Recht.[183] § 1357 ist also anwendbar, wenn deutsches Recht Ehewirkungsstatut ist.[184] Das Ehewirkungsstatut entscheidet über die Voraussetzungen, den Umfang und die Widerspruchsrechte sowie den Ausschluss der Verpflichtungsermächtigung. Zum Schutz des inländischen Rechtsverkehrs ist jedoch bei ausländischem Ehewirkungsstatut Art. 16 Abs. 2 zu beachten, wenn sich der Dritte auf § 1357 BGB beruft. 73

i) Unbenannte Zuwendungen. Ehebedingte/unbenannte Zuwendungen werden nicht vom Geltungsbereich der Rom I-VO erfasst.[185] Es handelt sich um ein Rechtsgeschäft sui generis, das familienrechtlichen Charakter trägt und dessen Zweck nach dem übereinstimmenden Willen der Parteien ein Beitrag zur Ausgestaltung/Erhaltung oder Sicherung der ehelichen Lebensgemeinschaft ist.[186] Nicht auszuschließen ist, dass die Rechtsprechung im Anschluss an die Entscheidung des BGH zur Morgengabe die ehebedingten/unbenannten Zuwendungen der wandelbaren Anknüpfung des Art. 14 EGBGB unterstellt.[187] Für das Ehewirkungsstatut spricht der Zweck der Zuwendung. Es handelt sich um einen Vermögensbeitrag eines Ehegatten zugunsten des anderen Partners, die um der ehelichen Lebensgemeinschaft willen getätigt wird. Mit ihr soll keine Sonderordnung des Vermögens zwischen den Ehegatten geschaffen oder aufrechterhalten werden. Aber auch bei einer solchen Qualifikation ist für die einzelne Zuwendung unwandelbar auf den Zeitpunkt der Vereinbarung abzustellen, ungeachtet eines möglicherweise inzwischen eingetretenen Statutenwechsels (Rn 5). 74

Vorzuziehen ist rechtspraktisch jedoch eine Zuordnung zum Güterrechtsstatut, da sie funktionsadäquater ist.[188] Hierfür spricht der vermögensrechtliche Charakter der Zuwendung, die selbst, auch wenn sie nicht als Güterrechtsvertrag angesehen wird, im unmittelbaren Zusammenhang zur güterrechtlichen Rahmenordnung steht. Im materiellen Recht hängen die Zuwendung und ihre mögliche Rückabwicklung bei Auflösung der Ehe von der güterrechtlichen Ordnung ab. Es gibt keine für alle Güterstände gleichermaßen geltenden Regelungen. Diesem Zusammenhang wird durch die Zuordnung zum Güterrechtsstatut Rechnung getragen.

Weiter kann für diese Lösung die breitere Rechtswahlmöglichkeit nach Art. 15 angeführt werden, die auch dann die ehebedingten Zuwendungen erfasst.

179 Für Art. 14: *v. Bar*, IPR II, Rn 241; grds. auch Staudinger/*Mankowski*, Art. 14 EGBGB Rn 303. Für Art. 15: Soergel/*Schurig*, Art. 15 EGBGB Rn 33 mwN.

180 Vgl dazu die Hinw. bei Staudinger/*Mankowski*, Art. 14 EGBGB Rn 302.

181 So auch Staudinger/*Mankowski*, Art. 14 EGBGB Rn 303; *Henrich*, § 2 II 8, S. 74.

182 Palandt/*Thorn*, Art. 14 EGBGB Rn 18; *Henrich*, § 2 II 9, S. 75.

183 OLG Celle IPRax 1993, 96; Erman/*Hohloch*, Art. 14 EGBGB Rn 31; MüKo/*Siehr*, Art. 14 EGBGB Rn 116; Soergel/*Schurig*, Art. 14 EGBGB Rn 44; Staudinger/*Mankowski*, Art. 14 EGBGB Rn 297; *Henrich*, § 2 II 1, S. 66; *Jayme*, IPRax 1993, 80, 81.

184 So iE – trotz falscher IPR-Prüfung – BGH IPRax 1993, 97 m.Anm. *Jayme* = JR 1992, 498 m.Anm. *Böhmer*.

185 Der BGH hat nach altem Recht eine schuldvertragsrechtliche Qualifikation vorgenommen, BGHZ 119, 392, 395 = FamRZ 1993, 289 = IPRax 1995, 399, 400; so auch *Lorenz*, FamRZ 1993, 393, 396; *Looschelders*, Art. 15 EGBGB Rn 6; Staudinger/*Mankowski*, Art. 14 EGBGB Rn 294 aE, Art. 15 EGBGB Rn 414 ff.

186 BGHZ 142, 137, 147 ff = NJW 1999, 2960, 2965; BGHZ 116, 167, 169 f.

187 BGH FamRZ 2010, 533.

188 *Andrae*, § 3 Rn 158; Reithmann/Martiny/*Hausmann*, Rn 6041; *Winkler v. Mohrenfels*, IPRax 1995, 379, 381.

75 **j) Verträge zwischen Ehegatten.** Ausländische Rechtsordnungen beschränken mitunter die Zulässigkeit von bestimmten Verträgen zwischen den Ehegatten, wie Schenkung und Kauf.[189] Hierzu sind auch Sondervorschriften über den Widerruf und die Anfechtung solcher Verträge unter Ehegatten zu zählen. Beschränkungen, die sich auf alle Güterstände beziehen, richten sich nach dem Ehewirkungsstatut.[190] Sie sind nur dann als güterrechtlich zu qualifizieren, wenn sie Ausfluss und Folge eines bestimmten Güterstandes sind.[191] Für die praktische Rechtsanwendung bedeutet dies, dass zunächst das Ehewirkungsstatut zu befragen ist, ob es Einschränkungen dieser Art für die Ehe im Allgemeinen kennt, und zusätzlich das Ehegüterrechtsstatut, jedoch nur soweit es Einschränkungen für den Güterstand vorsieht, in dem die Ehegatten leben.

76 Inwieweit Verbote von **Gesellschaftsverträgen** zwischen Ehegatten bestehen, ist nach hM dem Güterrechtsstatut zu entnehmen.[192] Diesem Recht sollen auch Beschränkungen unterliegen, die sich auf **Ehegattenarbeitsverträge** beziehen.[193] Dagegen spricht jedoch, dass diese im Kontext der Verpflichtung der Ehegatten stehen, zum Familienunterhalt beizutragen oder sogar im Unternehmen des anderen Ehepartners mitarbeiten zu müssen.[194] Deshalb ist die Anwendung von Art. 14 vorzugswürdig, soweit sich das Verbot nicht auf einen bestimmten Gütestand bezieht. Das maßgebliche Recht für Schuldverträge selbst bestimmt sich nach den Kollisionsnormen der Rom I-VO, speziell für einen Arbeitsvertrag nach Art. 8. Ein Gesellschaftsvertrag unterliegt dem Gesellschaftsstatut. Haben die Schuldverträge einen starken familiären Bezug, zB bei Schenkung oder unentgeltlicher Darlehensgewährung, kommt mangels Rechtswahl eine akzessorische Anknüpfung an das Ehewirkungsstatut infrage, wenn sich gem. Art. 4 Abs. 3 Rom I-VO eine offensichtliche engere Verbindung zu dieser Rechtsordnung durch die Einbettung in die ehelichen Beziehungen ergibt.

77 **k) Bürgschaft, Schuldbeitritt, Garantie.** Ausländische Rechtsordnungen erfordern mitunter die Zustimmung des anderen Ehegatten für den Abschluss solcher Rechtsgeschäfte.[195] Die Rechtsprechung qualifiziert diese sog. Interzessionsverbote für Ehegatten nicht ehewirkungsrechtlich. Der BGH hat das Zustimmungserfordernis des Ehegatten zur Bürgschaftserklärung als eine besondere Schuldnerschutzvorschrift angesehen und dem Vertragsstatut unterstellt;[196] das OLG Köln folgt dem für den Schuldbeitritt.[197] Gegen diese Zuordnungen sind in der Literatur Bedenken erhoben worden. Es handelt sich um Schutzvorschriften für die eheliche Lebensgemeinschaft. Mit ihnen soll verhindert werden, dass ein Ehepartner ohne Zustimmung des anderen durch Übernahme derartiger Verpflichtungen die Vermögensgrundlage der Familie gefährdet und je nach Güterstand auch eine Inanspruchnahme des anderen Ehepartners infrage kommt. Deshalb ist eine familienrechtliche Qualifikation angezeigt und die Zuordnung zum Ehewirkungsstatut zu bevorzugen, soweit die Regelung für alle Güterstände gleichermaßen gilt.[198] Zu berücksichtigen ist im Rahmen der Prüfung des renvoi freilich eine abweichende Qualifikation der ausländischen Rechtsordnung. Außerdem ist der inländische Verkehrsschutz (analog Art. 12 bzw 16 Abs. 2) zu beachten.[199]

78 **l) Rückgabeansprüche von Verlobungs- und Hochzeitsgeschenken.** Die Rechtsprechung ist verschiedentlich mit Rückgabeansprüchen von Verlobungs- und Hochzeitsgeschenken bei Scheitern der Ehe insbesondere mit Bezug zur Türkei befasst worden.[200] Ein familienrechtlicher Anspruch, wonach jeder Ehegatte sein persönliches Vermögen bei Scheidung zurückerhält, soweit er unabhängig vom Güterstand ist, unterliegt als Scheidungsfolge dem Ehewirkungsstatut zur Zeit der Rechtshängigkeit des Scheidungsantrags. Den bereicherungsrechtlichen Herausgabeanspruch eines Ehegatten gegen den anderen wird man akzessorisch an dieses Statut knüpfen können (Art. 41 Abs. 1 und 2 Nr. 1 bzw Art. 10 Abs. 4 Rom II-VO). Die eigentumsrechtliche Zuordnung bestimmt sich nach der lex rei sitae zum Zeitpunkt des Vollzugsgeschäfts. Ob ein Ehegatte oder beide Eigentümer der Geschenke geworden sind, ist jedoch dem nach Art. 14 zum Zeitpunkt der Schenkung

189 Rechtsvergleichende Ausführungen bei Staudinger/*Mankowski*, Art. 14 EGBGB Rn 290 f; *Henrich*, § 2 II 5, S. 72.

190 Palandt/*Thorn*, Art. 14 EGBGB Rn 18; Erman/*Hohloch*, Art. 14 EGBGB Rn 32; MüKo/*Siehr*, Art. 14 EGBGB Rn 111; Soergel/*Schurig*, Art. 14 EGBGB Rn 63; Böhmer/Finger/*Finger*, Art. 14 EGBGB Rn 68; *v. Bar*, IPR II, Rn 192.

191 Böhmer/Finger/*Finger*, Art. 14 EGBGB Rn 68; *Kühne*, FamRZ 1969, 371, 376 ff; aA (stets ehewirkungs-rechtlich) Staudinger/*Mankowski*, Art. 14 EGBGB Rn 293 und – nur die Vorfrage des Güterstandes dem Art. 15 unterstellend – *Henrich*, § 2 II 5, S. 72.

192 OLG Stuttgart NJW 1958, 1972; Palandt/*Thorn*, Art. 14 EGBGB Rn 18; Erman/*Hohloch*, Art. 14 EGBGB Rn 32; Soergel/*Schurig*, Art. 14 EGBGB Rn 63; Staudinger/*Mankowski*, Art. 14 EGBGB Rn 312; Böhmer/Finger/*Finger*, Art. 14 EGBGB Rn 68 a.

193 FG Düsseldorf RIW 1987, 644; Erman/*Hohloch*, Art. 14 EGBGB Rn 32; wohl auch *v. Bar*, IPR II, Rn 192 Fn 429.

194 Staudinger/*Mankowski*, Art. 14 EGBGB Rn 294.

195 Vgl die Beispiele bei Staudinger/*Mankowski*, Art. 14 EGBGB Rn 234.

196 BGH NJW 1977, 1011, 1012 m.Anm. *Jochem*, NJW 1977, 1012 f und *Kühne*, JZ 1977, 439 ff.

197 OLG Köln RIW 1998, 148, 149.

198 Palandt/*Thorn*, Art. 14 EGBGB Rn 18; Erman/*Hohloch*, Art. 14 EGBGB Rn 30; Staudinger/*Mankowski*, Art. 14 EGBGB Rn 237; MüKo/*Siehr*, Art. 14 EGBGB Rn 92; *Henrich*, § 2 II 7, S. 73.

199 *Kegel/Schurig*, IPR, § 20 V 3, S. 839 Fn 253.

200 ZB OLG Köln NJW-RR 1994, 200; LG Tübingen FamRZ 1992, 1437; LG Berlin FamRZ 1993, 198; zu Zuständigkeitsfragen vgl OLG Köln FamRZ 1994, 1476; OLG Hamm FamRZ 1993, 211.

maßgeblichen Recht zu entnehmen.[201] Möglich ist auch ein sachenrechtlicher Herausgabeanspruch, der sich nach dem Lageort der Geschenke zum Zeitpunkt der Geltendmachung richtet.[202] Ein sich auf den Widerruf der Schenkung stützender Herausgabeanspruch unterliegt dem auf die Schenkung anwendbaren Recht.[203]

Zu prüfen ist für die Schenkung (auch) eine stillschweigende Rechtswahl. Soweit diese verneint wird, kommt – aufgrund der Ausweichklausel in Art. 4 Abs. 3 Rom I-VO – wegen des familienrechtlichen Einschlags eine akzessorische Anknüpfung an das Ehewirkungsstatut in Frage. Voraussetzung ist, dass der Schenker mit einem Ehegatten eng verwandt ist und Schenker wie Beschenkte die gemeinsame ausländische Staatsangehörigkeit besitzen.[204] Für die Anknüpfung kommt es auf den Zeitpunkt der Schenkung an.

m) Eigentumsvermutungen. Dem nach Art. 14 maßgeblichen Recht sind Eigentumsvermutungen zu entnehmen, die unabhängig vom Güterstand bestehen (zB § 1362 BGB). Für im Inland belegene bewegliche Sachen ist bei ausländischem Ehewirkungsstatut die Verkehrsschutzvorschrift des Art. 16 Abs. 2 zu beachten.[205] **79**

n) Verjährung. Eine Teilanknüpfung für Sonderbestimmungen, die die Verjährung von Ansprüchen der Ehegatten gegeneinander abweichend vom allgemeinen Verjährungsrecht regeln, findet nicht statt. Wie die Verjährung im Allgemeinen sind sie dem Recht zu entnehmen, das auf den betreffenden Anspruch Anwendung findet.[206] **80**

o) Zwangsvollstreckung. Verbote oder Beschränkungen der Zwangsvollstreckung wegen Ansprüchen der Ehegatten gegeneinander gehören zum Anwendungsbereich des Art. 14, während sich die Zwangsvollstreckung im Übrigen nach der lex fori richtet.[207] **81**

3. Sonderfall Morgengabe. Besondere Schwierigkeiten treten im Zusammenhang mit der dem deutschen Recht unbekannten Morgengabe[208] auf, die ein zentrales Rechtsinstitut im islamischen Eherecht darstellt.[209] Die Ehegatten treffen in der Eheschließungsurkunde, die nach islamischem Recht aufgesetzt ist, oder in einem gesonderten Vertrag eine Vereinbarung über die Leistung einer Morgengabe des Mannes an die Frau. Ein Teilbetrag wird meist bei der Heirat geleistet, der andere ist je nach Vereinbarung auf Verlangen der Frau sofort zahlbar oder erst bei Auflösung der Ehe durch Tod oder Scheidung.[210] Die Morgengabe hat eine Vielzahl von Funktionen zu erfüllen, wobei auch der Zusammenhang zu den islamischrechtlichen Traditionen zu beachten ist (u.a. die Zulassung der Polygamie, die Aufhebung der Ehe durch [grundlose] Verstoßung [talaq], das weitgehende Fehlen eines nachehelichen Unterhaltsanspruchs und die geringe Erbberechtigung der Ehefrau).[211] In einigen Staaten wird das Versprechen als Gültigkeitsvoraussetzung für die Ehe angesehen, in den meisten Ländern wird sie für eine Ehewirkung gehalten.[212] **82**

a) Qualifikation. Wie aus den vorstehenden Ausführungen bereits deutlich wird, ist eine eindeutige internationalprivatrechtliche Zuordnung zum Anwendungsbereich einer deutschen Kollisionsnorm problematisch. Aus diesem Grund gehen die Meinungen auseinander. Einigkeit besteht noch darüber, dass sich die Frage, ob eine Morgengabevereinbarung bzw die Leistung der Morgengabe Voraussetzung für eine wirksame Eheschließung ist, nach dem gem. Art. 13 Abs. 1 anwendbaren Recht bestimmt.[213] Im Übrigen kommt eine Zuordnung zum Unterhalts-, Güterrechts-, Ehewirkungs- (bzw Scheidungs-) und Erbstatut in Betracht. Eine **83**

201 LG Berlin FamRZ 1993, 198; *Henrich*, § 2 II 4, S. 71.

202 OLG Köln NJW-RR 1994, 200.

203 AA *Henrich*, § 2 II 4, S. 71, der eine familienrechtliche Qualifikation befürwortet.

204 Vgl auch OLG Köln NJW-RR 1994, 200; LG Tübingen FamRZ 1992, 1437.

205 Palandt/*Thorn*, Art. 14 EGBGB Rn 18; Erman/*Hohloch*, Art. 14 EGBGB Rn 32; MüKo/*Siehr*, Art. 14 EGBGB Rn 118; Staudinger/*Mankowski*, Art. 14 EGBGB Rn 304; Soergel/*Schurig*, Art. 14 EGBGB Rn 65; Böhmer/Finger/*Finger*, Art. 14 EGBGB Rn 61; *Andrae*, § 3 Rn 78; *Henrich*, § 2 II 1, S. 66 f.

206 MüKo/*Siehr*, Art. 14 EGBGB Rn 114; Staudinger/*Mankowski*, Art. 14 EGBGB Rn 283; *Henrich*, § 2 II 6, S. 72.

207 Erman/*Hohloch*, Art. 14 EGBGB Rn 32; MüKo/*Siehr*, Art. 14 EGBGB Rn 115; Böhmer/Finger/*Finger*, Art. 14 EGBGB Rn 62 und 68 b.

208 Arabisch „mahr", türkisch „mehir". Daneben finden sich die Begriffe „Brautgabe" und „Heiratsgeld". Zu Bezeichnungen in anderen Sprachen *Krüger*, FamRZ 1977, 114 Fn 2.

209 Von *Heldrich*, IPRax 1983, 64 stammt der Begriff „das juristische Kuckucksei aus dem Morgenland".

210 BGH FamRZ 2010, 533; OLG München IPRspr 1985 Nr. 67; *Henrich*, § 2 II 3, S. 69, näher zur Funktion auch *Wurmnest*, RabelsZ 2007, 527 ff; *Yassari*, StAZ 2003, 198 ff.

211 S. *Andrae*, § 3 Rn 141; *Rauscher*, DEuFamR 1999, 194, 196; *Heldrich*, IPRax 1983, 64; *Krüger*, FamRZ 1977, 114; *Wurmnest*, FamRZ 2005, 1878 f.

212 Nach *Henrich*, § 2 II 3, S. 69 sehen die Morgengabe als Ehewirkung Syrien, Libyen und Kuwait an; wohl auch Jordanien, vgl KG FamRZ 1980, 470, 471; s.a. *Krüger*, FamRZ 1977, 114, 115.

213 Palandt/*Thorn*, Art. 13 EGBGB Rn 9; Erman/*Hohloch*, Art. 13 EGBGB Rn 33; *v. Hoffmann/Thorn*, IPR, § 6 Rn 9. Regelmäßig ist aber die Morgengabevereinbarung in den islamischen Rechtsschulen keine Wirksamkeits-voraussetzung für die Gültigkeit einer Ehe, vgl AG Würzburg FamRZ 1998, 1591; *Öztan*, FamRZ 1998, 624; *Heldrich*, IPRax 1983, 64.

Entscheidung ist nur dann erforderlich, wenn dies im konkreten Fall zu verschiedenen Rechtsordnungen führt.[214] Für die Lösung des Qualifikationsproblems werden zwei Auffassungen vertreten.

84 Eine Meinung bevorzugt eine **Mehrfachqualifikation**;[215] die Zuweisung der Morgengabe zum Anwendungsbereich einer Kollisionsnorm ist von ihrer überwiegenden Funktion im Zeitpunkt der Fälligkeit oder Geltendmachung abhängig.[216] Wird die Morgengabe während des Bestehens der Ehe geltend gemacht, wird sie überwiegend als allgemeine Ehewirkung[217] qualifiziert, ferner güterrechtlich.[218] Im Zusammenhang mit der Geltendmachung bzw Fälligkeit der Morgengabe bei Ehescheidung, der in der Rechtspraxis am häufigsten auftretende Fall, wird mehrheitlich eine unterhaltsrechtliche Qualifikation vertreten.[219]Daneben findet sich die Qualifikation als Scheidungsfolge; abgestellt wird hier auf das Ehewirkungsstatut zum Zeitpunkt der Rechtshängigkeit des Scheidungsantrags.[220] Anzutreffen ist auch eine güterrechtliche Qualifikation.[221] Wird die Morgengabe erst bei Auflösung der Ehe infolge des Todes des Ehemannes verlangt, findet eine erbrechtliche Qualifikation statt.[222]

85 Nach anderer, vorzuziehender Auffassung ist eine **Einheitsqualifikation** vorzunehmen und die Einordnung des Versprechens einer Morgengabe nicht vom Zeitpunkt der Geltendmachung abhängig zu machen.[223] Dass die Morgengabe verschiedene Funktionen im materiellen Recht erfüllt, befreit nicht von der Aufgabe einer eindeutigen kollisionsrechtlichen Zuordnung, die den spezifischen internationalprivatrechtlichen Interessen in Bezug auf dieses Rechtsinstitut Rechnung tragen muss.[224] Eine schuldvertragliche Qualifikation lässt unberücksichtigt, dass die Morgengabe zwar in der Regel, aber nicht notwendig, auf einer vertraglichen Grundlage beruht.[225] Als ehevertragliche Vereinbarung ist sie nach Art. 1 Abs. 2 lit. b Rom I-VO von deren Anwendungsbereich ausgeschlossen. Gegen eine unterhaltsrechtliche Qualifikation spricht, dass die Morgengabe nicht von der Bedürfnislage der Ehefrau abhängig ist, der Ehemann während der Ehe eine umfassende Unterhaltspflicht hat und auch nach der Scheidung – wenn auch äußerst eingegrenzt – ein von der Morgengabe zu unterscheidender nachehelicher Unterhaltsanspruch besteht.[226] Die Entscheidung kann deshalb nur zwischen dem Ehewirkungsstatut und dem Güterrechtsstatut fallen. Für die Zuordnung zum Güterrechtsstatut spricht, dass „die Morgengabe in einem Ehevertrag festgelegt wird, der – wie das Ehegüterrecht – die Ehe stabilisiert und die Ehefrau – wie durch den Zugewinnausgleich – für die Zeit nach Auflösung der Ehe finanziell sichern soll“ [227] Sie wird dem Interesse der Partner an der Stabilität der Anknüpfung gerecht. Die Ehegatten wissen, welchem Recht die Morgengabe bei Vertragsabschluss und auch zukünftig untersteht.

86 Der BGH hat nunmehr eine **Qualifikation als Ehewirkung** vorgenommen und eine güterrechtliche Qualifikation abgelehnt.[228] Er argumentiert dahingehend, dass die Verpflichtung zur Zahlung einer Morgengabe für sich genommen keinen Güterstand begründet, sie generell auf der Grundlage der wirtschaftlichen Verhältnisse vor der Eheschließung berechnet wird und deshalb keinen güterrechtlichen Ausgleich des Vermögenszuwachs während der Ehe bewirkt. Weil die Morgengabe von spezielleren Familienstatuten nicht erfasst wird, sei sie dem Auffangtatbestand des Art. 14 EGBGB zuzuordnen. Der BGH sieht den Vorteil dieser Anknüpfung vor allem in der Wandelbarkeit, mit der Folge, dass dann, wenn beide Ehegatten die deutsche Staatsangehörigkeit erwerben, und in ein grundlegend anderes soziales und rechtliches Umfeld eingebunden werden, eben auch

214 So hat die Rspr letztlich die Frage offen gelassen, weil jede Lösung zum gleichen Recht geführt hat, vgl BGH FamRZ 1999, 217 = NJW 1999, 574, und IPRax 1988, 109, 110 = FamRZ 1987, 463; OLG Hamm FamRZ 1991, 1319, 1320; OLG München IPRspr 1985 Nr. 67.

215 Zum Begriff vgl MüKo/*Sonnenberger*, Einl. IPR Rn 519 ff.

216 Palandt/*Thorn*, Art. 13 EGBGB Rn 9; wohl auch *Kegel/Schurig*, IPR, § 7 III 3 b cc aaa, S. 350; Böhmer/Finger/*Finger*, Art. 14 EGBGB Rn 72; *Hohloch*, JuS 1999, 707; *Heldrich*, IPRax 1983, 64.

217 OLG Nürnberg FamRZ 2001, 1613; Palandt/*Thorn*, Art. 14 EGBGB Rn 18 u. Art. 13 EGBGB Rn 9; Erman/*Hohloch*, Art. 14 EGBGB Rn 34; Staudinger/*Mankowski*, Art. 14 EGBGB Rn 294; *v. Bar*, IPR II, Rn 192; *Heldrich*, IPRax 1983, 64, 65.

218 *Henrich*, § 5 IV 2 b, S. 188; *Heßler*, IPRax 1988, 95, 96.

219 KG FamRZ 1988, 296 u. FamRZ 1980, 470, 471; AG Fürth FPR 2002, 450, 451; AG Kerpen FamRZ 1999, 1429; Palandt/*Thorn*, Art. 13 EGBGB Rn 9; *Henrich*, § 5 IV 2 b, S. 188; *Heßler*, IPRax 1988, 95, 97; tendenziell auch OLG Celle FamRZ 1998, 374, 375.

220 *V. Bar*, IPR II, Rn 192; *Heldrich*, IPRax 1983, 64, 65.

221 OLG Frankfurt FamRZ 1996, 1478, 1479; OLG Düsseldorf FamRZ 1998, 623, 624; OLG Köln IPRax 1983, 73 und OLG Bremen FamRZ 1980, 606, 607 (die letzten beiden Gerichte wohl die Einheitsqualifikation zugrunde legend).

222 Palandt/*Thorn*, Art. 13 EGBGB Rn 9; *v. Hoffmann/Thorn*, IPR, § 6 Rn 9; *Kropholler*, IPR, § 17 I, S. 128; *Heldrich*, IPRax 1983, 64, 65.

223 OLG Köln IPRax 1983, 73; OLG Bremen FamRZ 1980, 606, 607 (beide nicht eindeutig); MüKo/*Siehr*, Art. 15 EGBGB Rn 97; *Rauscher*, DEuFamR 1999, 194, 195; *Wurmnest*, RabelsZ 2007, 527, 549.

224 IdS auch MüKo/*Siehr*, Art. 15 EGBGB Rn 97; *Rauscher*, DEuFamR 1999, 194, 195.

225 BGH FamRZ 2010, 533.

226 BGH FamRZ 2010, 533; *Wurmnest*, RabelsZ 2007, 527, 551; Staudinger/*Mankowski*, BGB Art. 14 EGBGB Rn 275; *Henrich*, § 2 II 3, S. 70.

227 MüKo/*Siehr*, Art. 15 EGBGB Rn 97; idS auch Soergel/*Schurig*, Art. 15 EGBGB Rn 35; Bamberger/Roth/*Moersdorf-Schulte*, Art. 13 EGBGB Rn 44; *Wurmnest*, RabelsZ 2007, 527, 533 ff; *ders.*, JZ 2010, 736, 737.

228 BGH FamRZ 2010, 533; für Qualifikation als Ehewirkung auch *Henrich*, § 2 II 3, S. 69; Staudinger/*Mankowski*, Art. 14 EGBGB Rn 274.

die Morgengabe dem deutschen Recht unterstellt wird. Die Begründung des BGH zeigt, dass es nicht nur um das Qualifikationsproblem der Zuordnung der Morgengabe zu Art. 14 oder 15 geht, sondern auch darum, ob sie wandelbar oder unwandelbar angeknüpft wird. Auch bei einer Anwendung von Art. 14 finden sich Argumente, sie dem Statut zum Zeitpunkt der Eheschließung zu unterstellen. Dafür spricht, dass sie ein Versprechen des Ehemannes beinhaltet, eine bestimmte, einmalige Leistung zu erbringen und dass der Anspruch bereits mit der Eheschließung entsteht, auch wenn er rechtspraktisch vertraglich auf den Zeitpunkt der Eheauflösung gestundet sein kann. Insoweit ist die Morgengabevereinbarung dann durchaus mit einem Schenkungsversprechen vergleichbar, das unwandelbar dem maßgeblichen Recht zum Zeitpunkt des Vertragsabschlusses unterstellt wird.[229] Die unwandelbare Anknüpfung entspricht den kollisionsrechtlichen Interessen beider Ehegatten nach Rechtssicherheit und Verlässlichkeit hinsichtlich eines bereits entstandenen Anspruchs.[230]

Die Argumentation des BGH überzeugt auch deshalb nicht, weil das deutsche Recht für die Morgengabevereinbarung keine adäquaten Regelungen zur Verfügung stellt. Hinzu kommt, dass es trotz eines grundlegend anderen sozialen und rechtlichen Umfelds bei dem ausländischen Güterrechtsstatut verbleibt. Durch die Lösung wird nicht dem engen Zusammenhang zwischen dem gesetzlichen Güterstand nach islamischem Recht und der Morgengabe Rechnung getragen.[231] **87**

b) Anwendung deutschen Rechts. Die kollisionsrechtliche Verweisung kann zur Folge haben, dass die Morgengabevereinbarung dem deutschen Recht unterliegt. Materielle Wirksamkeit, Anfechtungsrechte, Erfüllungsanspruch, Wegfall der Geschäftsgrundlage usw bestimmen sich unter Berücksichtigung der ausländischen Vorschriften und Vorstellungen über die Morgengabe nach den deutschen Sachnormen.[232] Ist die Vereinbarung in Deutschland geschlossen worden, muss sie zudem nach deutschem Recht formwirksam sein, bei Abschluss im Ausland genügt die Einhaltung der Ortsform (Art. 11 Abs. 1). **88**

Der BGH hat die Annahme eines abstrakten Leistungsversprechens zu Recht abgelehnt, wenn die Vereinbarung ausdrücklich als Morgengabe bezeichnet worden ist und bestimmte – dem islamischen Recht entlehnte – Voraussetzungen aufgeführt sind, an die die Verpflichtungen des Ehemannes geknüpft sind.[233] Bisher hat er den Standpunkt vertreten, dass die Vereinbarung – gegebenenfalls ergänzend – in Abhängigkeit davon auszulegen ist, welcher Funktion der Morgengabe die Parteien ein Schwergewicht beimessen wollen.[234] Ergibt die Auslegung, dass die Partner die güterrechtlichen Verhältnisse gestalten wollten, so unterliegt der Vertrag nach deutschem Recht der Form des § 1410 BGB. Ist er im Ausland geschlossen worden, so kann sich die Formwirksamkeit aus dem Ortsrecht ergeben.[235] Die einen formwirksamen güterrechtlichen Inhalt aufweisende Morgengabevereinbarung muss der Wirksamkeitskontrolle nach § 138 Abs. 1 BGB sowie der Ausübungskontrolle nach § 242 BGB standhalten.[236] Wird durch Vereinbarung der gesetzliche Güterstand weder abgewählt noch modifiziert, so kann die Morgengabe neben dem Zugewinnausgleich verlangt werden.[237] **89**

In der Rechtsprechung findet sich die Auffassung, dass, soweit die Vereinbarung am Formerfordernis des § 1410 BGB scheitert, sie im Sinne des § 1585 c BGB als Unterhaltsvereinbarung (Abfindungsvertrag) anzusehen ist. Dies ist insoweit zweifelhaft, als im Allgemeinen – zumindest der Erklärung der Frau – sowohl subjektiv, als auch vom objektivierten Empfängerhorizont nicht die Bedeutung des Verzichts auf einen darüber hinausgehenden gesetzlichen Unterhaltsanspruch beigemessen werden kann.[238] Außerdem verhilft diese Auffassung der Vereinbarung nicht zur Formwirksamkeit, da nunmehr Vereinbarungen über den Unterhalt nach der Scheidung vor ihrer Rechtskraft der notariellen Beurkundung bedürfen.[239]

In seiner neuesten Entscheidung charakterisiert der BGH die Morgengabe vom Standpunkt des deutschen Sachrechts nunmehr als ehevertragliche Zusage des Ehemannes ohne nähere Eingrenzung.[240] Die Morgengabevereinbarung ist am ehesten als eine spezifische Art versprochener ehebedingter (sog. unbenannter) Zuwendungen zu charakterisieren, auf die die durch Rechtsprechung entwickelten Grundsätze, gegebenenfalls modifiziert, anwendbar sind.[241] Eine solche sachrechtliche Einordnung führt zu einer Übereinstimmung mit der Qualifikation im IPR. Die Frage nach der Formbedürftigkeit des Versprechens gemäß deutschem Sachrecht

229 Ähnlich auch *Wurmnest*, JZ 2010, 736, 738; *Moersdorf-Schulte*, ZfRV 2010, 166, 167.
230 Hierzu auch *Yassari*, IPRax 2011, 63, 66.
231 So auch *Moersdorf-Schulte*, ZfRV 2010, 166, 168.
232 Vgl auch *Heßler*, IPRax 1988, 95, 97; *Wurmnest*, FamRZ 2005, 1878, 1879 ff.
233 BGH FamRZ 1999, 217, 218 = NJW 1999, 574; so auch *Rauscher*, DEuFamR 1999, 194; aA OLG Hamm FamRZ 1988, 516, 518; Staudinger/*Mankowski*, Art. 14 EGBGB Rn 294.
234 BGH FamRZ 1999, 217, 218 = NJW 1999, 574.
235 MüKo/*Siehr*, Art. 15 EGBGB Rn 88; Staudinger/*Mankowski*, Art. 15 EGBGB Rn 315; *Wurmnest*, FamRZ 2005, 1878, 1881.
236 *Wurmnest*, FamRZ 2005, 1879, 1881. Ist ausländisches Recht maßgeblich, so kommt bei einer extensiv über dem Üblichen liegenden Höhe die Anwendung des ordre public in Frage, OLG Bamberg 24.3.2010, 7 UF 275/08.
237 BGH FamRZ 1987, 463, 465; *Wurmnest*, FamRZ 2005, 1879, 1881; *ders.*, JZ 2010, 736, 738.
238 So auch *Yassari*, IPRax 2011, 63, 66.
239 Hierzu *Wurmnest*, JZ 2010, 736, 738.
240 BGH FamRZ 2010, 533.
241 Ehebedingte Zuwendungen stellen keine Schenkung dar und unterliegen daher nicht der Formvorschrift des § 518 BGB, Palandt/*Weidenkaff*, § 516 BGB Rn 10.

ist als nicht geklärt anzusehen.[242] Gegen das Erfordernis der notariellen Beurkundung spricht vor allem, dass durch die indifferente Haltung von Literatur und Rechtsprechung zu dieser Frage ein Vertrauenstatbestand hinsichtlich der Formwirksamkeit anlässlich religiöser Eheschließung getroffener Vereinbarungen geschaffen worden ist. Sollte sich der Gesetzgeber oder der BGH dazu durchringen, die notarielle Beurkundung für erforderlich zu halten – wofür es gewichtige Argumente gibt –, so kann das nur für ab einem bestimmten Datum zukünftig abgeschlossener Morgengabenvereinbarungen gelten.

90 **c) Beziehung zur Türkei.** Besonderheiten gelten für eine Morgengabe dann, wenn die Partner (ein Partner) die türkische Staatsangehörigkeit haben oder türkischer Abstammung sind.[243] Im türkischen bürgerlichen Recht ist die „Mehir" als Institution nicht mehr vorhanden und auch gewohnheitsrechtlich nicht anerkannt.[244] Ungeachtet dessen wird bei einer islamischen Trauung, die neben der vorausgegangenen zivilen Eheschließung erfolgt, vielfach eine „Mehir" vereinbart. Ihre rechtliche Einordnung ist in der Türkei umstritten. Sie wird wohl überwiegend als Schenkungsversprechen,[245] u.a. auch als Schuldversprechen oder als Parteienvereinbarung über die Nebenfolgen der Scheidung qualifiziert.[246] Diesen Unterschied zu islamisch geprägten Rechtsordnungen haben die deutschen Gerichte mitunter nicht beachtet.[247] Aus ihm folgt, dass die Morgengabe in Fällen mit Bezug zur Türkei durchaus als Schuldvertrag qualifiziert werden kann.[248] Die Rom I-VO ist aufgrund ihres Art. 1 Abs. 2 lit. b – Ausschluss von Schuldverhältnissen aus einem Familienverhältnis – nicht direkt anwendbar. Zu prüfen ist eine (auch stillschweigende) Rechtswahl (Art. 3 Abs. 1 Rom I-VO analog) und, mangels einer solchen, Art. 4 Rom I-VO analog, wobei wegen des Bezugs zum Eherecht eine akzessorische Anknüpfung an ein türkisches Ehewirkungsstatut zum Zeitpunkt der Schenkungsvereinbarung (Prinzip der engsten Verbindung) in Betracht kommt.[249] Die Form der Vereinbarung bestimmt sich nach Art. 11 alternativ nach dem Schenkungsstatut oder dem Ortsrecht.[250]

Findet auf die Morgengabe deutsches Recht Anwendung, gelten die unter Rn 88, 89gemachten Ausführungen entsprechend.

Art. 15 EGBGB Güterstand

(1) Die güterrechtlichen Wirkungen der Ehe unterliegen dem bei der Eheschließung für die allgemeinen Wirkungen der Ehe maßgebenden Recht.

(2) Die Ehegatten können für die güterrechtlichen Wirkungen ihrer Ehe wählen

1. das Recht des Staates, dem einer von ihnen angehört,
2. das Recht des Staates, in dem einer von ihnen seinen gewöhnlichen Aufenthalt hat, oder
3. für unbewegliches Vermögen das Recht des Lageorts.

(3) Artikel 14 Abs. 4 gilt entsprechend.

(4) Die Vorschriften des Gesetzes über den ehelichen Güterstand von Vertriebenen und Flüchtlingen bleiben unberührt.

Literatur: *Andrae*, Internationales Familienrecht, 2. Aufl. 2006; *Bergmann/Ferid*, Internationales Ehe- und Kindschaftsrecht, Loseblatt; *Clausnitzer/Schotten*, Zur Anwendbarkeit des § 1371 Abs. 1 BGB bei ausländischem Erb- und deutschem Güterrechtsstatut, MittRhNotK 1987, 15; *Hausmann*, Ausgleichsansprüche zwischen Ehegatten aus Anlass der Scheidung im internationalen Privatrecht – zur Abgrenzung zwischen Vertragsstatut, Ehewirkungsstatut und Ehegüterstatut, in: FS Jayme Bd. I 2004, S. 305; *Henrich*, Internationales Familienrecht, 2. Auflage 2000; *Jayme*, Intertemporales und Internationales Ehegüterrecht – einige vorläufige Betrachtungen, IPRax 1987, 95; *Jeremias/Schäper,* Zugewinnausgleich nach § 1371 BGB bei Geltung ausländischen Erbrechts, IPRax 2005, 521; *Kleinheisterkamp,* Rechtswahl und Ehevertrag: Zum Formerfordernis nach Art. 15 Abs. 3 EGBGB, IPRax 2004, 399; *Ludwig*, Zur Anwendbarkeit des Art. 3 Abs. 3 EGBGB im Internationalen Ehegüterrecht bei der Berechnung des Zugewinnausgleichs nach deutschem Recht, DNotZ 2000, 663; *ders.,* Anwendung des § 1371 Abs. 1 BGB bei ausländischem Erbstatut?, DNotZ 2005, 586; *Mäsch/Gotsche,* Friktionen zwischen Erb- und Güterstatut, ZErb 2007, 43; *Mankowski/Osthaus*, Gestaltungsmöglichkeiten durch Rechtswahl beim Erbrecht des überlebenden Ehegatten in internationalen Fällen, DNotZ 1997, 10; *Nordmeier,* Die Reform des brasilianischen Ehegüterrechts und ihre Bedeutung für deutsch-brasilianische Sachverhalte, insbesondere in Scheidungsfällen, StAZ 2009, 71; *Pintens,* Ehegüterstände in Europa, ZEuP 2009, 268; *Reiß,* Das Zusammenwirken von Güterstatut und Erbstatut bei Beendigung von deutsch-italienischen Ehen durch Tod eines Ehegatten, ZErb 2005, 306; *Schotten/Schmellenkamp*, Das Internationale

242 Hierzu *Wurmnest*, JZ 2010, 736, 738, 739; *Yassari*, IPRax 2011, 63, 67.
243 Dazu ausf. *Öztan*, FamRZ 1998, 624 ff.
244 *Öztan*, FamRZ 1998, 624, 624 f.
245 So OLG Nürnberg FamRZ 2001, 1613; OLG Köln NJW-RR 1994, 200.
246 Näher *Öztan*, FamRZ 1998, 624, 625 f.
247 So OLG Düsseldorf FamRZ 1998, 623, 624.
248 AA Böhmer/Finger/*Finger*, Art. 14 EGBGB Rn 72 aE, der die ausländische Sicht nicht beachtet, eine Morgengabe annimmt und wohl die familienrechtliche Anknüpfung befürwortet.
249 OLG Köln NJW-RR 1994, 200.
250 Nach türkischem Recht genügt für eine Schenkung die Schriftform ohne notarielle Beurkundung, s. OLG Nürnberg FamRZ 2001, 1613; *Öztan*, FamRZ 1998, 624, 625.

Privatrecht in der notariellen Praxis, 2. Aufl. 2007; *dies.*, Der Vorrang des Gesellschaftsrechts vor dem Güterrecht, DNotZ 2007, 729; *V. Stoll*, Die Rechtswahl im Namens-, Ehe- und Erbrecht, 1991; *Siehr*, Internationalprivatrechtliche Probleme des Ehegüterrechts im Verhältnis zur Türkei, IPRax 2007, 353; *Tersteegen*, Pauschalierter Zugewinnausgleich bei ausländischem Erbstatut, NotBZ 2005, 351; *R. Wagner*, Konturen eines Gemeinschaftsinstruments zum internationalen Güterrecht unter besonderer Berücksichtigung des Grünbuchs der Europäischen Kommission, FamRZ 2009, 269; *Wegmann*, Rechtswahlmöglichkeiten im Internationalen Familienrecht, NJW 1987, 1740; *Wurmnest*, Die Mär von der mahr – Zur Qualifikation von Ansprüchen aus Brautgabevereinbarungen, RabelsZ 71 (2007) 527.

A. Allgemeines

I. Normzweck

Art. 15 bestimmt das auf die güterrechtlichen Wirkungen einer Ehe anwendbare Recht. Gemeint ist damit die Summe der Rechtssätze, die sich mit der ehebedingten Sonderordnung der Vermögensverhältnisse der Eheleute befassen. Kennzeichnend für die Anknüpfung sind vier Charakteristika, die jedoch nicht ausnahmslos gelten. Erstens der Gleichlauf mit dem allgemeinen Ehewirkungsrecht. Zweitens die Unwandelbarkeit des Statuts. Drittens die Einheit des Güterstatuts. Viertens die Möglichkeit einer Rechtswahl. 1

II. Staatsverträge

2 Der einzige bilaterale Staatsvertrag, der Art. 15 vorgeht, ist das **Niederlassungsabkommen zwischen dem Deutschen Reich und dem Kaiserreich Persien** vom 17.2.1929.[1] Es unterwirft im Anwendungsbereich seines Art. 8 Abs. 3 die Angehörigen der Vertragsstaaten den Vorschriften ihres Heimatrechtes und gilt nach dem zugehörigen Schlussprotokoll[2] ausdrücklich auch für das eheliche Güterrecht. Allerdings greift das Niederlassungsabkommen hier nur dann ein, wenn beide Ehegatten ausschließlich und gemeinsam entweder die iranische oder die deutsche Staatsangehörigkeit besitzen.[3] Es regelt das Güterstatut deshalb nur für rein iranische Ehepaare und rein deutsche Ehepaare, aber nicht, wenn mindestens einer der Eheleute die Staatsangehörigkeit beider Vertragsstaaten besitzt.[4] Im Rahmen dieses persönlichen Anwendungsbereiches des Staatsvertrages ist den Ehegatten eine parteiautonome Bestimmung des Güterstatuts verwehrt.[5] Bei einer rein iranischen Ehe ist damit jegliche Möglichkeit einer Rechtswahl nach Abs. 2 ausgeschlossen.[6] Ein wichtiger Unterschied zu Art. 15 besteht auch darin, dass das durch das deutsch-iranische Niederlassungsabkommen bestimmte Güterrechtsstatut wandelbar ist, da es keinen maßgeblichen Zeitpunkt für die Anknüpfung festlegt.[7] Eine Veränderung der Staatsangehörigkeit eines oder beider Eheleute kann daher insbesondere dazu führen, dass statt des Abkommens das autonome Kollisionsrecht nunmehr zur Anwendung kommt und umgekehrt (im Falle eines solchen Statutenwechsels gelten die unter Rn 58 dargelegten Grundsätze entsprechend).[8]

3 Deutschland ist dem **Haager Übereinkommen über das auf Ehegüterstände anzuwendende Recht** vom 14.3.1978[9] bisher nicht beigetreten. Gegenwärtig ist es nur in Frankreich, Luxemburg und den Niederlanden in Kraft (jeweils seit 1.9.1992). Es spielt deshalb aus deutscher Sicht nur dann eine Rolle, wenn eine Gesamtverweisung auf das Recht eines dieser Staaten stattfindet.[10]

4 Die **Europäische Union** hat Bestrebungen in Gang gesetzt, im Rahmen einer Europäisierung des internationalen Familien- und Erbrechts auch die internationale Zuständigkeit, das anwendbare Recht, die Anerkennung und Vollstreckung in Güterstandssachen zu regeln (sog. Rom IV-VO). Die Kommission hat dazu am 16.3.2011 Entwürfe für eine Verordnung über die Zuständigkeit, das anzuwendende Recht, die Anerkennung und Vollstreckung von Entscheidungen im Bereich des Ehegüterrechts[11] und im Bereich des Güterrechts eingetragener Partnerschaften[12] vorgelegt. Nach dem Vorschlag für das Ehegüterrecht ist Güterstatut in erster Linie das von den Ehegatten gewählte Recht. Wählbar ist das Recht, dem ein Ehegatte angehört oder in dem einer der Ehegatten seinen gewöhnlichen Aufenthalt hat. Mangels Rechtswahl soll unwandelbar das Recht des ersten gemeinsamen gewöhnlichen Aufenthalts maßgebend sein (Sachnormverweisung).[13] Im Rahmen der deutsch-französischen Zusammenarbeit ist auf staatsvertraglicher Ebene ein **deutsch-französischer Wahlgüterstand** ausgearbeitet worden. Das Abkommen ist am 4.2.2010 unterzeichnet worden und bedarf noch der Umsetzung durch einfaches Gesetz. Dazu liegt ein Gesetzentwurf der Bundesregierung vor,[14] welcher das BGB um einen § 1519 erweitern will, in dem auf die Vorschriften des Abkommens verwiesen wird. Dieses

1 RGBl II 1930 S. 1006; Bekanntmachung RGBl II 1931 S. 9 iVm der Bekanntmachung über die Wiederanwendung der deutsch-iranischen Vorkriegsverträge v. 15.8.1955 (BGBl. II 1955 S. 829).

2 RGBl II 1930 S. 1012.

3 Im Bereich des Familienrechts gilt dies allg. hinsichtlich der am jeweiligen Rechtsverhältnis Beteiligten, vgl BGHZ 60, 68, 74 (für die elterliche Sorge); BGH IPRax 1986, 382, 383 f (für elterliche Sorge und Unterhalt); OLG Hamm IPRax 1994, 49, 53; OLG München IPRax 1989, 238, 240 (für Scheidungsstatut); OLG Oldenburg IPRax 1981, 136, 137 (für Ehegattenunterhalt); AG Hamburg IPRspr 1992 Nr. 122 (für Anspruch auf Morgengabe); *Schotten/Wittkowski*, FamRZ 1995, 264, 265; *Dörner*, IPRax 1994, 33, 34; Staudinger/*Mankowski*, Art. 15 EGBGB Rn 4; MüKo/*Siehr*, Art. 14 EGBGB Rn 4, Art. 15 EGBGB Rn 5; Soergel/*Kegel*, Vor Art. 3 EGBGB Rn 46.

4 *Schotten/Wittkowski*, FamRZ 1995, 264, 265; MüKo/*Siehr*, Art. 14 EGBGB Rn 4; noch nicht gerichtlich entschieden ist offenbar die Konstellation, dass etwa bei gemeinschaftlicher iranischer Staatsangehörigkeit bei mindestens einem Ehegatten noch die Angehörigkeit zu einem Drittstaat hinzukommt; Palandt/*Thorn*, Anh. zu Art. 24 EGBGB Rn 49 und auch *v. Bar*, IPR II, Rn 210, stellen auf die (effektiv) iranische Staatsangehörigkeit ab; demgegenüber gehen *Schotten/Wittkowski*, FamRZ 1995, 264, 265, Fn 27 offensichtlich davon aus, dass die iranische Staatsangehörigkeit vorgeht, und zwar unabhängig davon, ob sie effektiv ist.

5 *Schotten/Wittkowski*, FamRZ 1995, 264, 268; Staudinger/*Mankowski*, Art. 15 EGBGB Rn 4; anders allerdings für die Rechtswahl gem. Art. 25 Abs. 2 im Bereich des internationalen Erbrechts Staudinger/*Dörner*, Vor Art. 25 f EGBGB Rn 151 (unter Hinweis auf LG Hamburg IPRspr 1991 Nr. 142, das zwar Art. 25 Abs. 2 anwendet, aber auf die Problematik nicht eingeht).

6 *Schotten/Wittkowski*, FamRZ 1995, 264, 268 mwN.

7 *Schotten/Wittkowski*, FamRZ 1995, 264, 267 f; *Schotten/Schmellenkamp*, Rn 134.

8 Wobei beim Wechsel vom Niederlassungsabkommen zum Art. 15 Abs. 1, wie dort festgelegt, der Zeitpunkt der Eheschließung entscheidet und nicht etwa der Zeitpunkt des Statutenwechsels, vgl *v. Bar*, IPR II, Rn 210.

9 Abgedruckt in RabelsZ 41 (1977), 554 ff (französischer und englischer Text), ausf. dazu *v. Bar*, RabelsZ 57 (1993), 63, 80 f, 108 ff.

10 Vgl zB OLG Düsseldorf FGPrax 2000, 5.

11 KOM (2011) 126 endg.

12 KOM (2011) 127/2.

13 Ausf. zB *Schaal*, BWNotZ 2011, 142, 145.

14 BR-Drs. 67/11 v. 4.2.2011

schafft einen eigenständigen Wahlgüterstand, der gleichberechtigt neben die im deutschen bzw französischen Recht bestehenden Güterstände tritt.[15] Dieser Wahlgüterstand wird in einem Ehevertrag gewählt. Voraussetzung dafür ist, dass die güterrechtlichen Wirkungen der Ehe nach dem anwendbaren Kollisionsrecht dem deutschen bzw französischen materiellen Recht unterliegen.

B. Regelungsgehalt

I. Die Anknüpfung des Ehegüterstatuts

1. Vorrang des Einzelstatuts, Art. 3 a Abs. 2. Grundsätzlich bestimmt das Güterstatut als Gesamtstatut, ob und inwieweit ein bestimmter Gegenstand durch das Ehegüterrecht in seiner Zuordnung beeinflusst wird.[16] Art. 3 a Abs. 2 (s. ausführlich zu dieser Vorschrift Art. 3 EGBGB Rn 66 ff) gebietet den Vorrang des Einzelstatuts jedoch für solche Gegenstände, die sich nicht in dem Staat befinden, dessen Recht Güterrechtsstatut ist, wenn sie nach dem Recht desjenigen Staates, in dem sie sich befinden, besonderen Vorschriften unterliegen. Insoweit sind diese Sondervorschriften anzuwenden. 5

Einigkeit besteht dabei darüber, dass Art. 3 a Abs. 2 solche **materiellrechtlichen Vorschriften** meint, die von der allgemeinen Grundregel der Zuordnung zum Ehegut für spezielle Fälle aus politischen oder wirtschaftspolitischen Gründen abweichen, etwa im Falle von Fideikommissen, Lehen, Stiftungsgütern, Stammgütern und ähnlichen Sondervermögen, die politischen oder wirtschaftspolitischen Zwecken dienen und bestimmte Personen vor anderen begünstigen.[17] Nicht darunter fallen güterrechtliche Vorschriften, die bei gewissen Güterständen für verschiedene Vermögensmassen, zB Sondergut, Vorbehaltsgut, Gesamtgut, bestimmte Regeln aufstellen, sondern nur solche Vorschriften, die für ein Sondervermögen eine spezielle güterrechtliche Regelung vorschreiben.[18] Die Bedeutung des Art. 3 a Abs. 2 ist insofern in der Praxis jedoch sehr eingeschränkt.[19] In Deutschland gibt es keine Gegenstände, die in diesem Sinne güterrechtlich anders behandelt würden als andere Gegenstände der Eheleute, so dass im Bereich des Güterrechts der Vorrang des Einzelstatuts nur für Gegenstände im Ausland Bedeutung haben kann.[20] 6

Es ist umstritten, ob als besondere Vorschriften auch **kollisionsrechtliche Regelungen** anzusehen sind, die eine Vermögensspaltung vorsehen. Die hM, die dies bejaht,[21] eröffnet dem Art. 3 a Abs. 2 damit seinen praktisch eigentlichen Anwendungsbereich.[22] Wenn und soweit das IPR des Belegenheitsstaates auf sein Sachrecht gerade als lex rei sitae für die dort belegenen Gegenstände verweist, wird dies als Einzelstatut anerkannt. Bedeutung hat dies vor allem dann, wenn Grundbesitz in einem Staat belegen ist, dessen IPR eine Spaltung des Güterstatuts derart vornimmt, dass für unbewegliches Vermögen an die Belegenheit angeknüpft wird, für bewegliches hingegen an die Staatsangehörigkeit, den Wohnsitz oder das Domizil.[23] Beschränkt auf die in diesem Staat belegenen unbeweglichen Sachen setzt sich somit dessen Güterrecht unabhängig davon durch, ob Art. 15 auf das Recht dieses Staates verweist. 7

Umstritten ist auch das **Verhältnis von Art. 3 a Abs. 2 zu Art. 15 Abs. 2**. Richtiger Ansicht nach kann das Einzelstatut auch nicht durch eine **Rechtswahl** gem. Abs. 2 überwunden werden.[24] Damit bleiben wiederum 8

15 Ausf. zB *Stürner,* JZ 2011, 545 ff; *Klippstein,* FPR 2010, 510 ff; *Meyer,* FamRZ 2010, 612 ff; *Finger,* FuR 2010, 481 ff; zu den Auswirkungen auf das Grundbuchverfahren *Sengl,* Rpfleger 2011, 125 ff.

16 Staudinger/*Mankowski*, Art. 15 EGBGB Rn 18.

17 *Ludwig*, DNotZ 2000, 663, 669; MüKo/*Siehr*, Art. 15 EGBGB Rn 134.

18 MüKo/*Siehr*, Art. 15 EGBGB Rn 134; Staudinger/*Mankowski*, Art. 15 EGBGB Rn 19.

19 *Ludwig*, DNotZ 2000, 663, 669.

20 MüKo/*Siehr*, Art. 15 EGBGB Rn 23, 135; vgl auch Soergel/*Schurig*, Art. 15 EGBGB Rn 66.

21 ZB Staudinger/*Mankowski*, Art. 15 EGBGB Rn 20; MüKo/*Siehr*, Art. 15 EGBGB Rn 136; die Rspr, die insoweit mit der hM konform geht, bezieht sich, soweit ersichtlich, allerdings bisher nur auf das Erbstatut; aA Soergel/*Schurig*, Art. 15 EGBGB Rn 66; *Wochner*, in: FS Wahl 1973, S. 161, 184; *Ludwig*, DNotZ 2000, 663 ff, folgt der hM jedenfalls insoweit nicht, als es um die Einbeziehung im Ausland belegenen Vermögens in die Berechnung des Zugewinnausgleichs nach §§ 1373 ff BGB geht, insoweit gelte Art. 3 a Abs. 2 nicht; dagegen ausdr. Palandt/*Thorn*, Art. 3 a EGBGB Rn 6.

22 Staudinger/*Mankowski*, Art. 15 EGBGB Rn 20.

23 Vgl das Beispiel bei *Schotten/Schmellenkamp,* Rn 150, 399: Englisches IPR knüpft im Falle des Fehlens einer Rechtswahl die güterrechtlichen Wirkungen der Ehe für bewegliches Vermögen an das Domizil, für unbewegliches Vermögen an die lex rei sitae des jeweiligen Grundbesitzes.

24 Staudinger/*Mankowski*, Art. 15 EGBGB Rn 21; *Ludwig*, DNotZ 2000, 663, 674 ff; Gutachten DNotI-Report 1993, Heft 6, S. 4; aA *Stoll*, S. 106 f; der einen Vorrang der Rechtswahl gegenüber kollisionsrechtlichen Sonderanknüpfungen vertritt; *Schotten/Schmellenkamp,* Rn 155, 165, gehen zwar von einem Vorrang des Art. 3 a Abs. 2 vor einem durch Rechtswahl bestimmten Güterrechtsstatut aus, lassen aber eine Rechtswahl gerade im Hinblick auf das Einzelstatut zu; vgl auch MüKo/*Siehr*, Art. 15 EGBGB Rn 137 f, der ausführt, dass eine Rechtswahl, die ausdr. das ganze, also auch das Art. 3 a Abs. 2 unterfallende Vermögen erfasst, diesem Artikel vorgeht, wenn es um ausländische Kollisionsnormen als „besondere Vorschriften" geht, nicht jedoch, soweit es um besondere Vorschriften für gewisse Sondervermögen geht.

insbesondere am Belegenheitsort geltende kollisionsrechtliche Vorschriften, die Grundbesitz der lex rei sitae unterwerfen, gegen eine Rechtswahl resistent, es sei denn, sie lassen selbst eine parteiautonome Anknüpfung des Güterstatuts zu.[25] Nur so kann den Gedanken, die Art. 3 a Abs. 2 zugrunde liegen, nämlich dem Interesse an der Anwendung der sachnäheren Rechtsordnung und dem Interesse an einer am Lageort durchsetzbaren anwendbaren Rechtsordnung, Rechnung getragen werden.[26]

9 **2. Objektive Anknüpfung nach Abs. 1. a) Normzweck.** Aus Abs. 1 werden drei Grundsätze für die Anknüpfung der güterrechtlichen Wirkungen einer Ehe erkennbar, deren Durchführung jedoch im internationalen Ehegüterrecht insgesamt durch mannigfache Ausnahmen gekennzeichnet ist. Erstens geht es um die **Einheit des Güterstatuts** (vgl dazu ausführlich Rn 106). Zweitens strebt die Kollisionsnorm durch die Verweisung auf Art. 14 den **Gleichlauf mit dem allgemeinen Ehewirkungsstatut** im Interesse einer möglichst einheitlichen Anknüpfung aller Rechtsbeziehungen zwischen den Ehegatten und im Verhältnis zu ihren Kindern (Familienstatut) an.[27] Dabei soll auch eine verfassungskonforme, dem Gleichberechtigungsgrundsatz des Art. 3 Abs. 2 GG genügende objektive Anknüpfung des Ehegüterrechts gewährleistet werden. Drittens, und dies durchbricht sogleich auch wieder den Gleichlauf mit dem grundsätzlich wandelbaren allgemeinen Ehewirkungsstatut, schreibt Abs. 1 die **Unwandelbarkeit** des objektiven Ehegüterstatuts als Ausgangspunkt fest.[28] Damit soll das Kontinuitätsinteresse der Ehegatten wie auch des Rechtsverkehrs gewahrt bleiben.[29] Hintergrund ist der sachenrechtliche Bezug der güterrechtlichen Verhältnisse. Außerdem werden Schwierigkeiten vermieden, die im Falle der Überleitung des Güterstandes auftreten, wenn der Anknüpfungspunkt sich verändert. Ein Güterstandswechsel ohne den Willen der Ehegatten findet damit regelmäßig nicht statt. Der Unwandelbarkeitsgrundsatz[30] hält dadurch die Eheleute an einem Recht fest, ohne dass die Rechtsordnung von sich aus auf spätere Veränderungen der Lebensverhältnisse reagieren kann, selbst wenn sie dazu führen, dass die Eheleute keinerlei Beziehungen zum Ehegüterstatut mehr haben.

10 **b) Objektive Anknüpfungsgrundsätze nach Art. 14 Abs. 1. aa) Gemeinsame Staatsangehörigkeit, Art. 14 Abs. 1 Nr. 1.** Die Verweisung auf Art. 14 Abs. 1 Nr. 1 bewirkt, dass es in erster Linie auf ein gemeinsames Heimatrecht der Ehegatten im Zeitpunkt der Eheschließung ankommt (Art. 14 Abs. 1 Nr. 1 Alt. 1). Bei Mehrstaatern zählt insoweit eine etwaige deutsche, ansonsten die effektive Staatsangehörigkeit, Art. 5 Abs. 1.[31] Die Effektivität muss schon zur Zeit der Eheschließung vorliegen, wobei sie jedoch ex post im Lichte der erst danach offenbar gewordenen Umstände beurteilt werden darf.[32] Für Staatenlose ist statt auf die Staatsangehörigkeit auf den gewöhnlichen Aufenthalt, ersatzweise den einfachen Aufenthalt abzustellen, Art. 5 Abs. 2 (zu Flüchtlingen und Asylberechtigten s. Art. 5 EGBGB Rn 37 ff).

11 Da Abs. 1 auf den Zeitpunkt der Eheschließung abstellt, kann die vergangenheitsbezogene zweite Alternative des Art. 14 Abs. 1 Nr. 1 keine Rolle spielen, denn sie bezieht sich auf Gemeinsamkeiten „während der Ehe".[33]

12 Angesichts des Wortlauts des Abs. 1 ist es evident, dass eine erst nach der Eheschließung erworbene Staatsangehörigkeit im Zusammenhang mit Art. 14 Abs. 1 Nr. 1 ohne Bedeutung ist, selbst wenn bereits bei der

25 *Stoll*, S. 107 Fn 173, weist darauf hin, dass etwa im US-amerikanischen Recht die Maßgeblichkeit der lex rei sitae für unbewegliches Vermögen hinter eine Rechtswahl des Güterstatutes zurücktritt; dadurch relativiert sich die Praxisrelevanz des erörterten Problems.

26 *Ludwig*, DNotZ 2000, 663, 676.

27 Palandt/*Thorn*, Art. 15 EGBGB Rn 1.

28 Zu den rechtshistorischen Hintergründen *Gamillscheg*, in: FS Bötticher 1969, S. 143 ff.

29 Staudinger/*Mankowski*, Art. 15 EGBGB Rn 45.

30 Er ist rechtspolitisch umstr., vgl zB *Schurig*, JZ 1985, 559 ff; *Basedow*, NJW 1986, 2971, 2976; er ist auch rechtsvergleichend keinesfalls die Regel, so knüpft etwa das schweizerische Recht den internen, also zwischen den Ehegatten geltenden Güterstand bei objektiver Anknüpfung an den jeweiligen gemeinsamen Wohnsitz, wobei ein etwaiger Statutenwechsel sogar auf den Zeitpunkt der Eheschließung zurückwirkt (Art. 55 Abs. 1 IPRG; vgl *Schwenzer*, DNotZ 1991, 419, 430; *Jametti Greiner/Geiser*, ZBernJV 127 [1991], 1, 18), in Italien ist das Ehegüterstatut gem. Art. 30 Abs. 1 IPRG wandelbar (vgl *Maglio/Thorn*, ZVglRWiss 96 [1997], 347, 360), im englischen Common Law wird für Immobilien das Recht des Lageortes, für Mobilien (wohl) wandelbar das Recht des ehelichen Domizils herangezogen (vgl Staudinger/*Mankowski*, Art. 15 EGBGB Rn 52).

31 AG Pankow/Weißensee FamRZ 2004, 1501, 1503; MüKo/*Siehr*, Art. 15 EGBGB Rn 17, will dann, wenn eine nicht effektive deutsche Staatsangehörigkeit (zB Deutsch-Italiener mit gewöhnlichem Aufenthalt in Italien) mit einer ausschließlichen deutschen Staatsangehörigkeit (Auslandsdeutsche mit gewöhnlichem Aufenthalt in Italien) zusammentrifft, im Wege einer teleologischen Reduktion die nicht effektive deutsche Staatsangehörigkeit ganz oder zumindest dann unbeachtet lassen, wenn die Eheleute im Ausland geheiratet haben und nach dem dort geltenden IPR keine Wahlmöglichkeit hatten (Italien kennt inzwischen eine Rechtwahl, vgl Art. 30 italienisches IPRG); diese Einschränkung ist jedoch contra legem.

32 MüKo/*Siehr*, Art. 15 EGBGB Rn 16.

33 Soergel/*Schurig*, Art. 15 EGBGB Rn 7; Palandt/*Thorn*, Art. 15 EGBGB Rn 16; *Schotten/Schmellenkamp*, Rn 136.

Eheschließung die Absicht eines entsprechenden Staatsangehörigkeitserwerbes bestand.[34] Schwierigkeiten bereitet hingegen der automatische Erwerb der **Staatsangehörigkeit durch die Heirat** selbst. Richtigerweise ist eine solche Staatsangehörigkeit nicht zu berücksichtigen.[35] Anderenfalls würde diejenige Rechtsordnung bevorzugt, deren Staatsangehörigkeitsrecht einen solchen automatischen Erwerb vorsieht.[36] Ist die neue gemeinsame Staatsangehörigkeit die effektive, so wird sich ohnehin regelmäßig über Abs. 1 iVm Art. 14 Abs. 1 Nr. 2 dasselbe Ergebnis zeigen.[37] Die Instanzrechtsprechung, die zum alten IPR für die Beachtlichkeit der erworbenen Staatsangehörigkeit sich aussprach, kann nicht ohne weiteres übernommen werden, da es ihr häufig darum ging, durch die Beachtung einer solchermaßen begründeten gemeinsamen Staatsangehörigkeit die verfassungswidrige Anknüpfung des Art. 15 aF zu vermeiden.[38]

bb) Gemeinsamer gewöhnlicher Aufenthalt, Art. 14 Abs. 1 Nr. 2. Liegt, auch unter Beachtung des Art. 5, keine gemeinsame Staatsangehörigkeit der Eheleute bei Eheschließung vor, so kommt es gemäß der Verweisung auf Art. 14 Abs. 1 Nr. 2 Alt. 1 auf den gemeinsamen gewöhnlichen Aufenthalt (s. ausführlich zum Begriff Art. 5 EGBGB Rn 16 ff) in diesem Zeitpunkt an. Probleme entstehen auch bei der Anwendung dieser Norm infolge der unwandelbaren Zugrundelegung des Zeitpunkts der Heirat. Dabei ist wiederum unbestritten, dass auch insoweit die vergangenheitsbezogene Variante des Art. 14 Abs. 1 Nr. 2 Alt. 2 keine Rolle spielen kann.[39] Für die Anwendung des Art. 14 Abs. 1 Nr. 2 Alt. 1 genügt der gemeinsame Aufenthalt im selben Staat, Aufenthalt auch am selben Ort ist nicht erforderlich.[40] Ebenso wenig muss zum gemeinsamen gewöhnlichen Aufenthalt im selben Staat eine entsprechende Staatsangehörigkeit hinzukommen.[41] Einem bei Heirat noch nicht bestehenden gemeinsamen Aufenthalt kann nicht durch Art. 14 Abs. 1 Nr. 2, sondern nur durch Art. 14 Abs. 1 Nr. 3 zum Durchbruch verholfen werden.[42] Diese Konstellation wird sich häufig ergeben, weil Ehegatten unterschiedlicher nationaler Herkunft nicht selten erst nach der Eheschließung einen gemeinsamen Lebensmittelpunkt begründen. Haben sie dagegen bereits bei der Heirat einen gemeinsamen gewöhnlichen Aufenthalt und beabsichtigen von vornherein nur, diesen später zu verlegen, so muss es gem. Abs. 1 iVm Art. 14 Abs. 1 Nr. 2 bei der Verweisung auf das Recht des Staates des gemeinsamen gewöhnlichen Aufenthalts bei der Eheschließung verbleiben.[43] Die Eheleute müssen sich in diesem Fall mit einer Rechtswahl behelfen. 13

cc) Gemeinsame engste Verbindung, Art. 14 Abs. 1 Nr. 3. Führt weder die Nr. 1 noch die Nr. 2 des Art. 14 Abs. 1 zum Ziel, so kommt es gem. dem Auffangtatbestand des Art. 14 Abs. 1 Nr. 3 auf eine sonstige gemeinsame engste Verbindung der Ehegatten an. Auch hier bedingt der in Abs. 1 niedergelegte Grundsatz der Unwandelbarkeit Modifikationen dahin gehend, dass diese gemeinsame engste Verbindung gerade bei der Eheschließung vorhanden sein muss. 14

34 BGH NJW 1988, 638; *Jayme*, IPRax 1986, 95; aA zu § 19 iVm § 18 Abs. 1 Nr. 1 österreichisches IPRG *Schwimann*, JBl 1979, 341, 351: Zeitpunkt der Eheschließung sei für die Herstellung der erforderlichen Gemeinsamkeit nicht zu eng zu fassen, Staatsangehörigkeitserwerb einige Wochen nach Eheschließung kann ausreichen.

35 Vgl BGHZ 72, 163, 165 f, zur Anknüpfung des Ehenamens nach altem IPR; ausf. Staudinger/*Mankowski*, Art. 15 EGBGB Rn 32 ff; Palandt/*Thorn*, Art. 15 EGBGB Rn 17; aA zum alten IPR OLG Düsseldorf MittRhNotK 1984, 62, 63, und OLG Karlsruhe NJW 1984, 570 f, sowie BayObLGZ 1975, 153 ff; MüKo/*Siehr*, Art. 15 EGBGB Rn 12 f, will eine durch Heirat hinzuerworbene Staatsangehörigkeit dann beachten, wenn die frühere Staatsangehörigkeit dadurch nicht verloren geht und die erworbene gemeinsame Staatsangehörigkeit effektiv ist; in dem Fall, dass ein Ehegatte die Staatsangehörigkeit des anderen erwirbt und gleichzeitig seine bisherige verliert oder vorher staatenlos war, neigt er zur Berücksichtigung der erworbenen Staatsangehörigkeit, wenn der fragliche Ehepartner schon vor diesem Erwerb eine enge Beziehung zum neuen Heimatstaat hatte; ebenso *Mansel*, Personalstatut, Staatsangehörigkeit und Effektivität, 1988, Rn 281; ähnlich Soergel/*Schurig*, Art. 15 EGBGB Rn 5, der es sogar genügen lassen will, dass die neu erworbene Staatsangehörigkeit bald nach der Heirat zur „effektiven" geworden ist; vgl auch *Schurig*, JZ 1985, 559 (561); zum schweizerischen Recht, wo in Art. 54 Abs. 2 IPRG in bestimmten Fällen subsidiär ebenso das gemeinsame Heimatrecht der Ehegatten eine Rolle spielt, entscheiden hingegen *Schwenzer*, DNotZ 1991, 419, 430, und *Jametti Greiner/Geiser*, ZBernJV 127 (1991), 1, 16, wie hier.

36 MüKo/*Siehr*, Art. 15 EGBGB Rn 13, für den Fall, dass der Ehegatte, der die Staatsangehörigkeit neu hinzuerwirbt, gleichzeitig seine alte verliert bzw vorher staatenlos war und er außerdem keine enge Beziehung zum neuen Heimatstaat hatte.

37 MüKo/*Siehr*, Art. 15 EGBGB Rn 12.

38 Vgl OLG Karlsruhe NJW 1984, 570, 571; OLG Düsseldorf MittRhNotK 1984, 62, 63; vgl auch *Schurig*, JZ 1985, 559.

39 Statt aller Staudinger/*Mankowski*, Art. 15 EGBGB Rn 28; *Schotten/Schmellenkamp*, Rn 136; Palandt/*Thorn*, Art. 15 EGBGB Rn 16, 18.

40 Palandt/*Thorn*, Art. 15 EGBGB Rn 18.

41 Palandt/*Thorn*, Art. 15 EGBGB Rn 18; MüKo/*Siehr*, Art. 15 EGBGB Rn 19.

42 Soergel/*Schurig*, Art. 15 EGBGB Rn 9; MüKo/*Siehr*, Art. 15 EGBGB Rn 20; Staudinger/*Mankowski*, Art. 15 EGBGB Rn 29 f; Palandt/*Thorn*, Art. 15 EGBGB Rn 18; Begründung BT-Drucks. 10/504, S. 58.

43 MüKo/*Siehr*, Art. 15 EGBGB Rn 20; aA Soergel/*Schurig*, Art. 15 EGBGB Rn 9, der hier Art. 14 Abs. 1 Nr. 2 verneinen und zu Art. 14 Abs. 1 Nr. 3 übergehen will und damit das Rangverhältnis von Art. 14 Abs. 1 Nr. 2 und Nr. 3 in diesem Fall ins Gegenteil verkehrt.

15 Bedeutsam sind hier vor allem zu diesem Zeitpunkt bereits bestehende gemeinsame **Zukunftspläne**, die sich auf die in Art. 14 Abs. 1 Nr. 1 und 2 niedergelegten Anknüpfungspunkte beziehen, also die bereits bei der Heirat bestehende Absicht, später eine gemeinsame Staatsangehörigkeit oder einen gemeinsamen gewöhnlichen Aufenthalt zu erwerben.[44] Überwiegend wird dafür gefordert, dass diese Planung später auch tatsächlich realisiert wird.[45] Darauf, ob die Absicht verwirklicht wurde, kann es jedoch nicht entscheidend ankommen.[46] Auch die bloße gemeinsame Absicht verbindet nämlich bereits die Ehegatten miteinander, wenngleich in dem Falle, dass sie nicht zur Realisierung kommt, diese Verbindung schwer beweisbar sein wird. Überhaupt birgt natürlich das Abstellen auf bloße Zukunftspläne im Zeitpunkt der Heirat nicht unerhebliche Beweisschwierigkeiten.[47] Wenn versucht wird, dem dadurch zu begegnen, dass objektive Anzeichen und Ansätze bereits zum Zeitpunkt der Eheschließung (beispielsweise dass einer der Ehegatten das gemeinsam zu bewohnende Haus schon erworben hat) gefordert werden,[48] so ist die Einordnung dieses Diktums als materiellrechtliches Erfordernis des Abs. 1 iVm Art. 14 Abs. 1 Nr. 3 zweifelhaft, denn es scheint sich letztendlich diesbezüglich um die Frage nach Beweisbarkeit der Zukunftspläne zu handeln. Führen solche gemeinsamen Zukunftspläne nicht (allein) zur engsten gemeinsamen Verbindung, so sind andere Gemeinsamkeiten zu berücksichtigen, die vor Eheschließung bestanden haben, insbesondere gemeinsame soziale Bindungen an einen Staat durch Herkunft, Kultur, Sprache oder berufliche Tätigkeit, gemeinsamer schlichter Aufenthalt sowie der Ort der Eheschließung.[49]

16 Der Fall, dass zum maßgeblichen Zeitpunkt **überhaupt keine gemeinsamen Verbindungen** zu einem Staat bestehen, kann nur selten und nach sorgfältiger Überprüfung aller Umstände des Einzelfalles angenommen werden. In der Literatur wird dann als äußerste Hilfslösung die kumulative Berufung der beiden Heimatrechte nach dem Grundsatz des schwächeren Rechts befürwortet,[50] dh es kommen nur die Wirkungen zum Tragen, die beiden Rechten gemeinsam sind. Ein solches Vorgehen ist jedoch für das Güterstatut ungeeignet, da angesichts der unterschiedlichen, komplizierten und strukturabhängigen Regelungszusammenhänge der Güterstände schon die Vergleichbarkeit der jeweiligen Rechtspositionen auf unüberwindliche Grenzen stoßen kann.[51] Damit verbleibt als letzte Möglichkeit nur die ebenfalls unbefriedigende[52] Zugrundelegung des Ortes der Eheschließung, so zufällig dieser auch manchmal sein mag.[53]

17 **c) „Mittelbare Rechtswahl" über Art. 14 Abs. 2–4.** Da Abs. 1 auf Art. 14 in seiner Gesamtheit verweist, ist auch ein zum Zeitpunkt der Eheschließung nach Art. 14 Abs. 2 oder Abs. 3 gewähltes allgemeines Ehewirkungsstatut (s. dazu Art. 14 EGBGB Rn 34 ff) für die Bestimmung des Ehegüterstatuts zu berücksichtigen. Nachdem sich in dieser Situation das allgemeine Ehewirkungsstatut nach dieser Rechtswahl richtet, kann hier Art. 14 Abs. 1 Nr. 1–3 keine Rolle spielen. Haben die Eheleute gleichzeitig mit der Wahl des allgemeinen Ehewirkungsstatuts oder später gem. Abs. 2 auch hinsichtlich des Ehegüterstatuts eine parteiautonome Bestimmung getroffen, so geht in güterrechtlicher Hinsicht die Rechtswahl nach Abs. 2, sobald sie getroffen wurde, der Verweisung des Abs. 1 auf Art. 14 Abs. 2 und 3 vor.

18 Außerdem bedingt die Unwandelbarkeit des Ehegüterstatuts, dass die Rechtswahl gem. Art. 14 Abs. 2 oder 3 **vor oder bei der Eheschließung** getroffen sein muss, um im Rahmen des Abs. 1 beachtlich sein zu können.[54] Andererseits kann auch eine spätere Aufhebung oder Änderung einer bei Heirat bereits bestehenden ehewirkungsrechtlichen Rechtswahl sich nicht auf das Ehegüterrecht auswirken,[55] es sei denn sie beinhaltet auch eine wirksame Rechtswahl bzgl des Ehegüterstatuts gem. Abs. 2. Entsprechendes gilt, wenn eine Rechtswahl gem. Art. 14 Abs. 3 S. 1, die vor der Heirat getroffen wurde, später nach Art. 14 Abs. 3 S. 2 endet.[56]

44 Vgl BGH NJW 1988, 638; KG FamRZ 2007, 1561, 1562; Soergel/*Schurig*, Art. 15 EGBGB Rn 12; Bamberger/Roth/*Mörsdorf-Schulte*, Art. 15 EGBGB Rn 55 ff; Staudinger/*Mankowski*, Art. 15 EGBGB Rn 37; MüKo/*Siehr*, Art. 15 EGBGB Rn 21; Palandt/*Thorn*, Art. 15 EGBGB Rn 19.

45 Vgl Soergel/*Schurig*, Art. 15 EGBGB Rn 12; wohl auch MüKo/*Siehr*, Art. 15 EGBGB Rn 21; Staudinger/*Mankowski*, Art. 15 EGBGB Rn 37 f.

46 So auch Palandt/*Thorn*, Art. 15 EGBGB Rn 19.

47 *Basedow*, NJW 1986, 2971, 2976; Staudinger/*Mankowski*, Art. 15 EGBGB Rn 38.

48 Vgl Staudinger/*Mankowski*, Art. 15 EGBGB Rn 37 f.

49 Palandt/*Thorn*, Art. 15 EGBGB Rn 19, hinsichtlich des gemeinsamen schlichten Aufenthalts mit der Einschränkung, dass dieser nicht ganz vorübergehender Natur sein darf, und hinsichtlich des Eheschließungsortes, dass er nicht ganz zufällig gewählt ist.

50 Soergel/*Schurig*, Art. 15 EGBGB Rn 13; Bamberger/Roth/*Mörsdorf-Schulte*, Art. 15 EGBGB Rn 56.

51 Das gibt *Schurig*, JZ 1985, 559 mwN, selbst zu, wenngleich bezogen auf die Frage nach der Kumulation der Staatsangehörigkeiten als Hauptanknüpfungspunkt für das Ehegüterstatut.

52 Das ist *Schurig*, JZ 1985, 559, 564, einzuräumen.

53 Im Regierungsentwurf zu Art. 14 Abs. 1 Nr. 3 war ursprünglich der Nachsatz vorgesehen: „insbesondere durch den Verlauf der ehelichen Lebensgemeinschaft oder durch den Ort der Eheschließung" (BT-Drucks. 10/504, S. 9); aus der Streichung dieses Nachsatzes im Gesetzgebungsverfahren ergibt sich jedoch nichts gegen die hier vertretene Lösung.

54 ZB *Jayme*, IPRax 1986, 265, 266; MüKo/*Siehr*, Art. 15 EGBGB Rn 22; *Schotten/Schmellenkamp*, Rn 136; Staudinger/*Mankowski*, Art. 15 EGBGB Rn 79.

55 *V. Bar*, IPR II, Rn 212 Fn 511.

56 *Kühne*, IPRax 1987, 69, 73; Soergel/*Schurig*, Art. 15 EGBGB Rn 15.

Wenn *Schurig*[57] davon ausgeht, eine Rechtswahl nach Art. 14 Abs. 2 oder 3 im unmittelbaren Zusammenhang mit der Eheschließung solle auch im Rahmen des Abs. 1 beachtlich sein, so kann dies nur für eine Rechtswahl unmittelbar vor der Eheschließung oder gleichzeitig mit der Eheschließung gelten. Eine unmittelbar **nach der Eheschließung** getroffene Rechtswahl muss darauf überprüft werden, ob sie auch eine Rechtswahl iSd Abs. 2 beinhaltet.[58] 19

d) Die Durchbrechungen der Unwandelbarkeit. Die Unwandelbarkeit wird in mehreren Konstellationen derart durchbrochen, dass hier das Güterstatut doch wandelbar ist (zum deutsch-iranischen Abkommen vgl Rn 2; für innerdeutsche Fälle vgl Art. 236 § 3). 20

aa) Wandelbarkeit infolge Rück- oder Weiterverweisung. Da und soweit für Abs. 1 der Grundsatz der Gesamtverweisung gem. Art. 4 Abs. 1 S. 1 gilt (s. insoweit Rn 26 ff) und das sonach zu befragende IPR der verwiesenen Rechtsordnung seinerseits das Ehegüterstatut anders als das deutsche Recht wandelbar anknüpft, so wird solchen „wandelnden" fremden Kollisionsnormen Folge geleistet, denn die Durchführung des renvoi hat insoweit Vorrang.[59] Ändert sich hier der nach dem fraglichen fremden IPR maßgebliche Anknüpfungspunkt, so ist der daraus folgende Statutenwechsel als Ergebnis des renvoi anzuerkennen.[60] Im Rahmen einer etwaigen Rück- oder Weiterverweisung sind auch nach der Eheschließung erfolgende Änderungen im internationalen Güterrecht der verwiesenen Rechtsordnung bedeutsam.[61] Ob dies zu einer Änderung des anwendbaren Sachrechts auf die güterrechtlichen Verhältnisse führt, muss dann von den intertemporalen Regelungen des fraglichen IPR beantwortet werden.[62] 21

bb) Rechtswahl gem. Abs. 2. Die wichtigste Durchbrechung des Unwandelbarkeitsgrundsatzes bringt Abs. 2 (s. dazu ausführlich Rn 35 ff), der durch die Eröffnung der Rechtswahl den Eheleuten gerade ermöglicht, auf Veränderungen der Lebensverhältnisse zu reagieren.[63] 22

cc) Art. 220 Abs. 3 und Art. 15 Abs. 4. Eine nachträgliche Änderung des Güterstatuts kann sich auch ergeben aus Art. 220 Abs. 3 (s. dazu Anh. III zu Art. 15) sowie aus dem in Abs. 4 vorbehaltenen Gesetz über den ehelichen Güterstand von Vertriebenen und Flüchtlingen (s. dazu Anhang II zu Art. 15). 23

dd) Keine Unwandelbarkeit des Sachrechts („Versteinerung"). Der Grundsatz der Unwandelbarkeit bezieht sich nur auf die kollisionsrechtliche Ebene. Er bedeutet nicht, dass die Eheleute innerhalb des so gefundenen Güterrechtsstatuts an die sachrechtliche Gesetzeslage zum Zeitpunkt der Eheschließung gebunden wären. Ändern sich die materiellen Rechtssätze des Güterrechtsstatuts, so können die neuen Rechtssätze auch für im Zeitpunkt der Änderung bereits bestehende Ehen gelten; dies richtet sich nach den Überleitungsvorschriften und intertemporalen Regeln dieser Sachrechtsordnung, da das Güterstatut auch über die Folgen einer **Veränderung der sachrechtlichen Vorschriften** zu entscheiden hat.[64] 24

Davon ging jedoch die sog. **Versteinerungslehre** in bestimmten Fällen ab.[65] Anlass hierfür waren die nach dem Zweiten Weltkrieg einsetzenden umfassenden Migrationsbewegungen. Hatten die Eheleute durch Änderung ihrer Staatsangehörigkeit und des gewöhnlichen Aufenthalts jegliche Beziehung zu dem Staat des Güterstatuts verloren, so sollte auf ihre güterrechtlichen Verhältnisse das Sachrecht in der Gestalt fortgelten, in der es bei Emigration, Vertreibung oder Flucht bestanden hat. Sie sollten so vor den Rechtsänderungen eines Staates, mit dem sie nichts mehr zu tun haben wollten, geschützt werden.[66] Die Problematik der Versteinerungslehre ist durch das Gesetz über den ehelichen Güterstand von Vertriebenen und Flüchtlingen vom 25

57 Soergel/*Schurig*, Art. 15 EGBGB Rn 14.

58 Soergel/*Schurig*, Art. 15 EGBGB Rn 14, erkennt an, dass es hier darum geht, dass im Zweifel die Ehegatten auch und gerade eine Wahl des Güterrechts gewollt haben werden, so dass jedenfalls im Wege der Auslegung oder der ergänzenden Auslegung die Rechtswahl auf das Güterstatut erstreckt werden kann.

59 OLG Hamm MittBayNot 2010, 223, 224 m.Anm. *Süß*; *Schurig*, JZ 1985, 559, 562; MüKo/*Siehr*, Art. 15 EGBGB Rn 125; Staudinger/*Mankowski*, Art. 15 EGBGB Rn 51; Soergel/*Schurig*, Art. 15 EGBGB Rn 64; *Schotten/Schmellenkamp*, Rn 144; vgl zum alten IPR auch KG IPRspr 1934 Nr. 45; OLG Hamm IPRspr 1974 Nr. 62; unzutreffenderweise teilweise einschr. AG Dortmund FamRZ 1999, 1507.

60 Erman/*Hohloch*, Art. 15 EGBGB Rn 11.

61 OLG Hamm MittBayNot 2010, 223, 224 m.Anm. *Süß*; Soergel/*Schurig*, Art. 15 EGBGB Rn 29; Staudinger/*Mankowski*, Art. 15 EGBGB Rn 56; unter den Voraussetzungen der sog. Versteinerungslehre (s. dazu ausf. Rn 25) wurde in der älteren Rspr teilweise davon ausgegangen, dass auch das ausländische IPR versteinere; vgl OLG Stuttgart NJW 1958, 1972; OLG Hamm NJW 1977, 1591.

62 OLG Hamm MittBayNot 2010, 223, 224 m.Anm. *Süß*; Staudinger/*Mankowski*, Art. 15 EGBGB Rn 56; Soergel/*Schurig*, Art. 15 EGBGB Rn 29.

63 Staudinger/*Mankowski*, Art. 15 EGBGB Rn 46.

64 Vgl zB KG FamRZ 2005, 1676, 1677; OLG Hamm FamRZ 2006, 1383, 1384; AG Frankfurt IPRspr 1985 Nr. 65a/OLG Frankfurt IPRspr 1985 Nr. 65 b; OLG Karlsruhe IPRax 1990, 122, 124 mit Aufsatz *Jayme*, S. 102; OLG Frankfurt NJW-RR 1994, 72, 73; BayObLGZ 1992, 85; *Gamillscheg*, in: FS Bötticher 1969, S. 143, 147 f; *Henrich*, IPRax 2001, 113, 114; MüKo/*Siehr*, Art. 15 EGBGB Rn 63; Soergel/*Schurig*, Art. 15 EGBGB Rn 29; *Nordmeier*, StAZ 2009, 71, 72.

65 Vgl zB BGHZ 40, 32, 35; BayObLGZ 1959, 89, 102; OLG Hamm NJW 1977, 1591; LG Wuppertal IPRspr 1987 Nr. 54.

66 Staudinger/*Mankowski*, Art. 15 EGBGB Rn 59.

4.8.1969 (s. dazu Anhang II zu Art. 15) wesentlich entschärft.[67] Die Lehre wird im Übrigen heutzutage zu Recht abgelehnt, vor allem, weil sie zu einer Petrifizierung veralteter Rechtszustände führen kann.[68] Allerdings mag für sie in Ausnahmefällen ein Bedürfnis dann weiterbestehen, wenn es darum geht, Rechtsänderungen im Güterstatut abzuwehren, die in vorgefundene, wenngleich unabgeschlossene subjektive Rechtspositionen beeinträchtigend eingreifen wollen.[69] Dogmatisch richtig und, um den Ausnahmecharakter solcher Versteinerungen klarzulegen, sinnvoll sind solche Konstellationen als Fälle des ordre public einzuordnen.[70]

26 **e) Rück- und Weiterverweisung, Art. 4. aa) Anknüpfung nach Abs. 1 iVm Art. 14 Abs. 1.** Für die Verweisung aufgrund Abs. 1 iVm Art. 14 Abs. 1 Nr. 1–3 gilt der Grundsatz der **Gesamtverweisung** des Art. 4 Abs. 1. Rück- und Weiterverweisungen des IPR der berufenen Rechtsordnung sind deshalb beachtlich. Relevant ist dies dann, wenn das fremde IPR in der Anknüpfung zwischen allgemeinen Ehewirkungen sowie Ehegüterrecht unterscheidet[71] und die dortige Anknüpfung des Güterstatuts von der deutschen abweicht.

27 Deshalb kann es vor allem dann zu einem renvoi kommen, wenn das gemeinsame Heimatrecht der Ehegatten dem Aufenthalts- oder Domizilprinzip folgt oder wenn die verwiesene Rechtsordnung Mobilien und Immobilien des Ehevermögens trennt, regelmäßig dahin gehend, dass Immobilien der jeweiligen lex rei sitae unterworfen werden, während die Mobilien dem Aufenthalts- bzw Domizilrecht oder dem (gemeinsamen) Heimatrecht unterliegen.[72] Einer solchermaßen begründeten Güterrechtsspaltung (**partielle Rück-** bzw **Weiterverweisung**) folgen wir. Das gilt auch, wenn und soweit die verwiesene Rechtsordnung anders als Abs. 1 wandelbar anknüpft (s. Rn 21) oder wenn sie eine Rechtswahl im weiteren Umfange als Abs. 2 zulässt (s. dazu Rn 64).

28 Ein anzuerkennender renvoi kann seinen Grund auch darin haben, dass die ausländische Kollisionsrechtsordnung den aus unserer Sicht güterrechtlich zu bewertenden Tatbestand anders einordnet und nicht ihre güterrechtliche Kollisionsnorm, sondern eine andere zur Anwendung beruft (**Rück- oder Weiterverweisung infolge abweichender Qualifikation**). Dann wenden auch wir im Rahmen des Art. 4 Abs. 1 diese andere Kollisionsnorm an.[73] Da die Auslegung der fremden Kollisionsnormen auf der Grundlage der betreffenden ausländischen Rechtsordnung erfolgt,[74] entscheidet diese Rechtsordnung nicht nur über die Qualifikation, sondern auch über den Inhalt der Begriffe, die den Anknüpfungspunkt bilden, zB Wohnsitz, Domizil, wie auch die sonstigen Tatbestandsmerkmale der Kollisionsnorm. Das ist vor allem dann relevant, wenn das fremde IPR bewegliches und unbewegliches Vermögen unterscheidet und es um die Bestimmung geht, welche Gegenstände jeweils darunter fallen. Gerade hier kann es dann aber häufig sein, dass diese Rechtsordnung die Begriffsbestimmung wiederum einer anderen Rechtsordnung überlässt, zB die Bestimmung des Begriffs des unbeweglichen Vermögens der lex rei sitae. Auch eine solche Qualifikationsrück- oder -weiterverweisung ist zu beachten.

29 Die nach wie vor heftig umstrittene Frage, ob auch eine Verweisung auf das Recht der engsten Verbindung gem. **Abs. 1** iVm **Art. 14 Abs. 1 Nr. 3** als Gesamtverweisung aufzufassen ist oder ob dies nicht dem Sinn der Verweisung widerspräche (Art. 4 Abs. 1 S. 1 letzter Hs), wird man in dem Sinne zu beantworten haben, dass es auch hier beim Grundsatz der Gesamtverweisung verbleibt.[75] Dies vor allem deshalb, weil die vorgängigen Anknüpfungen nach Abs. 1 iVm Art. 14 Abs. Nr. 1 und 2 unzweifelhaft Gesamtverweisungen sind und für die hilfsweise Anknüpfung an die engste Verbindung nichts anderes gelten sollte[76] und außerdem die akzessori-

67 Vgl *Gamillscheg*, in: FS Bötticher 1969, S. 143, 147 ff.

68 Vgl MüKo/*Siehr*, Art. 15 EGBGB Rn 66; Staudinger/*Mankowski*, Art. 15 EGBGB Rn 60: „zeitbedingte Erscheinung des Ost-West-Konflikts“; Palandt/*Thorn*, Art. 15 EGBGB Rn 3; Soergel/*Schurig*, Art. 15 EGBGB Rn 29.

69 Vgl MüKo/*Sonnenberger*, Einl. IPR Rn 652.

70 Vgl OLG Hamm MittBayNot 2010, 223, 224 m.Anm. *Süß*; ausf. MüKo/*Sonnenberger*, Einl. IPR Rn 638 ff; Staudinger/*Mankowski*, Art. 15 EGBGB Rn 61.

71 MüKo/*Siehr*, Art. 15 EGBGB Rn 123; zu prüfen ist dann natürlich an dieser Stelle die ausländische Kollisionsnorm für das Güterrecht, während die Kollisionsnorm, die dort für die allgemeinen Ehewirkungen besteht, bereits eine Stufe vorher im Rahmen der Verweisung des Art. 14 Abs. 1 zu beachten ist.

72 Staudinger/*Mankowski*, Art. 15 EGBGB Rn 39 f; vgl zB OLG Hamburg IPRax 2002, 304, 306: nach englischem Recht gilt, wenn ein Ehevertrag fehlt, für das bewegliche Vermögen als Regel das Recht des Staates, in dem die Ehegatten ihr „matrimonial domicile“ haben, für unbewegliches Vermögen dagegen die lex rei sitae.

73 Lehrreich insoweit OGH IPRax 1995, 42 mit ausf. Aufsatz *St. Lorenz*, S. 47: Der OGH unterwirft, was jedoch in der österreichischen Lehre sehr umstr. ist, die Übertragung der Ehewohnung als Bestandteil des ehelichen Gebrauchsvermögens anlässlich der Scheidung dem Scheidungsstatut; vgl auch IPG 1980/81 Nr. 29 (München), wonach insoweit aus deutscher Sicht das Güterstatut gilt; AG Emmendingen IPRspr 2000 Nr. 54: für Vermögensaufteilung im Fall der Scheidung nach englischem Kollisionsrecht ist auf die Kollisionsregel für die Ehescheidung zurückzugreifen.

74 Vgl BGHZ 24, 352, 355.

75 KG FamRZ 2007, 1651, 1652; *v. Bar/Mankowski*, IPR I, Rn 229; *Rauscher*, NJW 1988, 2151, 2154; MüKo/*Siehr*, Art. 15 EGBGB Rn 123.

76 *V. Bar/Mankowski*, IPR I, Rn 229; *Rauscher*, NJW 1988, 2151.

sche Anknüpfung an das Ehewirkungsstatut ohnehin nicht den Gleichlauf beider Statute (Ehewirkungs- und Güterstatut) zum Hauptziel haben kann, weil Art. 14 Abs. 1 wandelbar anknüpft.[77]

Teilweise[78] wird angenommen, die Beachtung einer Rück- oder Weiterverweisung widerspreche dann iSd Art. 4 Abs. 1 S. 1 letzter Hs dem Sinn der Verweisung, wenn das fremde IPR **nicht geschlechtsneutral**, also insbesondere an das Mannesrecht anknüpft, es sei denn, der andere Ehepartner erfüllt zufällig in casu dieselben Anknüpfungsmerkmale. Richtigerweise handelt es sich hierbei jedoch um eine Frage des ordre public (Art. 6; s. ausführlich Rn 110).[79] **30**

bb) Anknüpfung nach Abs. 1 iVm Art. 14 Abs. 2 und 3. Die Einordnung der Anknüpfung nach Abs. 1 iVm Art. 14 Abs. 2 und 3 in das System des Art. 4 ist seit der Schaffung dieser Vorschriften umstritten.[80] Dieser Problematik muss im jeweiligen Einzelfall gedanklich die Frage vorweggestellt werden, ob nicht die Ehegatten sowohl eine ehewirkungs- als auch eine ehegüterrechtliche Rechtswahl getroffen haben.[81] Nur wenn keine güterrechtliche Rechtswahl nach Abs. 2 vorliegt, kann das Problem im Rahmen der Verweisung nach Abs. 1 iVm Art. 14 Abs. 2 bzw 3 zum Tragen kommen. Dann stellt sich zunächst die Frage, ob diese letztere Verweisung nicht ihrerseits eine Rechtswahl des Güterstatuts iSd Art. 4 Abs. 2 ist, so dass auf dieser Grundlage ein renvoi auszuschließen wäre.[82] **31**

Allerdings hat hier die Rechtswahl nach Art. 14 Abs. 2 bzw 3 nur mittelbare Geltung für das Güterstatut, die auf gesetzlicher Anordnung und nicht auf dem Parteiwillen beruht.[83] Es liegt gerade keine unmittelbare Wahl des Ehegüterstatuts vor.[84] Damit ist zwar eine Sachnormverweisung nach Art. 4 Abs. 2 ausgeschlossen, zur Bejahung einer Gesamtnormverweisung muss jedoch noch die Hürde des Art. 4 Abs. 1 S. 1 letzter Hs (Sachnormverweisung aufgrund des Sinns der Verweisung) genommen werden.[85] Eine Gesamtverweisung ist aber hier nicht deswegen ausgeschlossen, weil die akzessorische Anknüpfung des Abs. 1 an das Ehewirkungsstatut dies gebieten würde, denn damit sollte nicht der Hauptzweck eines einheitlichen Familienstatuts verfolgt werden.[86] Es ist auch nicht ersichtlich, warum hier ein stärkeres Interesse an der Voraussehbarkeit des anwendbaren Ehegüterrechts bestehen sollte.[87] Da hier ebenso wie bei der Verweisung nach Abs. 1 iVm Art. 14 Abs. 1 keine Rechtswahl des Ehegüterstatuts vorliegt, haben die Eheleute gerade keine Vorausschau bzgl des Güterstatuts getroffen, obwohl sie wegen der Rechtswahl des Ehewirkungsstatuts dazu umso mehr Anlass gehabt hätten. Demnach ist auch bei einer Verweisung nach Abs. 1 iVm Art. 14 Abs. 2 und 3 ein etwaiger renvoi zu beachten.[88] **32**

f) Mehrrechtsstaaten, Art. 4 Abs. 3; Staatenzerfall. Gerade im Bereich des Güterrechtes ist das Phänomen nicht selten, dass in einem Staat insoweit **Rechtszersplitterung** herrscht. So gibt es etwa in den USA[89] verschiedene Güterrechtsordnungen in den Einzelstaaten (interlokale Rechtsspaltung). Ähnliches gilt in Kanada[90] und auch in Spanien, wo in bestimmten Foralrechtsgebieten vom gemeinspanischen Codigo civil abweichende Güterrechte bestehen.[91] Andere Staaten spalten das anwendbare Güterrecht personell, insbesondere nach religiösen oder stammesrechtlichen Aspekten auf, so häufig in Asien und Afrika.[92] Im Falle der Verweisung auf einen Staat mit Rechtszersplitterung ist die anwendbare Teilrechtsordnung über Art. 4 Abs. 3 zu bestimmen (s. Art. 4 EGBGB Rn 20 ff). **33**

Die Grundsätze des Art. 4 Abs. 3 wird man auch dann anwenden, um die Nachfolgerechtsordnung festzustellen, wenn nach dem maßgeblichen Zeitpunkt der Eheschließung derjenige **Staat**, auf dessen Rechtsordnung verwiesen wird, in Einzelstaaten **zerfällt**.[93] Demgegenüber neigt die Rechtsprechung unter Berufung auf den **34**

77 *Rauscher*, NJW 1988, 2151, 2154.
78 BGH NJW 1988, 638; MüKo/*Siehr*, Art. 15 EGBGB Rn 126.
79 *Rauscher*, NJW 1988, 2151, 2152; *Eule*, MittBayNot 2003, 335, 340.
80 Für Einordnung als Sachnormverweisung zB Staudinger/*Mankowski*, Art. 15 EGBGB Rn 84 ff; MüKo/*Siehr*, Art. 15 EGBGB Rn 129; Palandt/*Thorn*, Art. 15 EGBGB Rn 2; *Kartzke*, IPRax 1988, 8, 10 f; Erman/*Hohloch*, Art. 15 EGBGB Rn 7; Bamberger/Roth/*Mörsdorf-Schulte*, Art. 15 EGBGB Rn 57, 90.
81 Staudinger/*Mankowski*, Art. 15 EGBGB Rn 87; *Kühne*, IPRax 1987, 69, 73.
82 Dafür Palandt/*Thorn*, Art. 15 EGBGB Rn 2; *Kartzke*, IPRax 1988, 8, 11; Erman/*Hohloch*, Art. 15 EGBGB Rn 7.
83 *Kühne*, IPRax 1987, 69, 73; Staudinger/*Mankowski*, Art. 15 EGBGB Rn 84.
84 *Rauscher*, NJW 1988, 2151, 2154.
85 Für eine Sachnormverweisung gem. Art. 4 Abs. 1 S. 1 letzter Hs Staudinger/*Mankowski*, Art. 15 EGBGB Rn 87 ff.
86 *Rauscher*, NJW 1988, 2151, 2154.
87 So aber *Kartzke*, IPRax 1988, 8, 11; Staudinger/*Mankowski*, Art. 15 EGBGB Rn 87.
88 Ebenso *Kühne*, IPRax 1987, 69, 73; *Rauscher*, NJW 1988, 2151, 2154; *Schotten/Schmellenkamp,* Rn 166.
89 *Henrich/Rieck*, in: Bergmann/Ferid/Henrich, Internationales Ehe- und Kindschaftsrecht, USA, 1994, S. 63 ff.
90 *Mayr*, in: Bergmann/Ferid/Henrich, Internationales Ehe- und Kindschaftsrecht, Kanada, 2008, S. 24.
91 Vgl den Beispielsfall bei *Kropholler*, IPR, § 29 II 2; sowie *Daum*, in: Bergmann/Ferid/Henrich, Internationales Ehe- und Kindschaftsrecht, Spanien, 2008, S. 29.
92 Vgl MüKo/*Sonnenberger*, Art. 4 EGBGB Rn 85 ff.
93 Vgl *Großerichter/Bauer*, RabelsZ 65 (2001), 201, 213 ff: Bestimmung der Nachfolgerechtsordnung im Falle Jugoslawiens mit Hilfe der engsten Verbindung entspr. Art. 4 Abs. 3 S. 2.

Grundsatz der Unwandelbarkeit dazu, das Statut nach der Rechtslage festzustellen, die vor dem Staatenzerfall bestanden hat, mit der Folge, dass eine Anwendung des neuen IPR des infolge des Zerfalls entstandenen neuen Staates nicht mehr zu erfolgen hat.[94] Das läuft aber auf eine auch mit dem Unwandelbarkeitsgrundsatz nicht verfolgte kollisionsrechtliche „Versteinerung" hinaus.[95]

35 **3. Unmittelbare Rechtswahl des Ehegüterstatuts. a) Rechtswahl nach Abs. 2 und 3. aa) Normzweck.** Die Zulässigkeit einer parteiautonomen Festlegung des Güterstatuts ist eine Neuerung im deutschen internationalen Güterrecht, die mit der IPR-Reform von 1986 eingeführt wurde. Den Eheleuten soll auf diesem Wege unter bewusster Durchbrechung des Unwandelbarkeitsgrundsatzes die Möglichkeit gegeben werden, das anwendbare Güterrecht an veränderte Lebens- bzw Vermögensverhältnisse anzupassen.[96] Demgemäß ist eine freie Rechtswahl nicht gestattet, sondern es werden nur bestimmte Rechtsordnungen zur Auswahl gestellt, wenngleich darüber hinaus keine weiteren Voraussetzungen für die Rechtswahl erforderlich sind und die Parteiautonomie erheblich weiter geht als die in Art. 14 Abs. 2 und 3 gewährte. Dabei ist es auch unerheblich, wie die gewählte oder abgewählte ausländische Rechtsordnung sowie das Statut der allgemeinen Ehewirkungen zur Rechtswahl des Güterstatuts stehen.[97] Damit birgt die gem. Abs. 2, 3 zulässige Rechtswahl das Risiko in sich, dass sie im Ausland nicht anerkannt wird. Sie kann deshalb, wenn die fragliche ausländische Rechtsordnung aufgrund objektiver Anknüpfung zu einem anderen Sachrecht gelangt, zu „hinkenden" Güterrechtsverhältnissen führen.[98]

36 **bb) Die wählbaren Rechte (Abs. 2). (1) Heimatrecht eines Ehegatten (Abs. 2 Nr. 1).** Die Eheleute haben die Möglichkeit, das Heimatrecht eines von ihnen zum Ehegüterstatut zu wählen. Bei Mehrstaatern kommt es nicht darauf an, welche Staatsangehörigkeit die maßgebende iSd Art. 5 Abs. 1 ist, sondern jedes der Heimatrechte steht für die Parteiautonomie zur Auswahl.[99] Nicht Voraussetzung ist, dass beide Eheleute diesem Staat angehören. Gehören sie ihm beide an, so schließt dies nicht aus, das Recht dieses Staates zu wählen, selbst wenn es schon über Abs. 1 iVm Art. 14 Abs. 1 Nr. 1 zur Anwendung berufen ist.[100] Eine solche Rechtswahl kann sinnvoll sein, um eine etwaige Rück- oder Weiterverweisung auf der Basis des Abs. 1 auszuschalten.

37 **(2) Gewöhnlicher Aufenthalt eines Ehegatten (Abs. 2 Nr. 2).** Gleichrangig neben einem Heimatrecht steht den Ehegatten gem. Abs. 2 Nr. 2 das Recht des gewöhnlichen Aufenthaltes eines von ihnen zur Auswahl. Dies gilt auch dann, wenn sie dieselbe Staatsangehörigkeit haben, denn die Parteiautonomie nach Abs. 2 Nr. 2 hat gerade den Sinn, eine Anpassung des Güterrechts an das tatsächliche Umweltrecht zu ermöglichen.[101] Deshalb wird auch nicht vorausgesetzt, dass beide Eheleute ihren gewöhnlichen Aufenthalt in verschiedenen Staaten haben.[102]

38 **(3) Recht des Lageortes für unbewegliches Vermögen (Abs. 2 Nr. 3).** Mit der Möglichkeit, für unbewegliches Vermögen das Recht der jeweiligen lex rei sitae zu wählen, wird es den Eheleuten an die Hand gegeben, auch eine gegenständlich beschränkte Rechtswahl vorzunehmen. Dies steht im Gegensatz zu Abs. 2 Nr. 1 und 2, wo sich die Rechtswahl auf alle güterrechtlichen Beziehungen auswirkt. Eine dem Abs. 2 Nr. 3 ähnliche beschränkte Rechtwahl kennt Art. 25 Abs. 2 für das internationale Erbrecht. Allerdings handelt es sich dort nur um eine einseitige Rechtswahlmöglichkeit beschränkt auf das deutsche Belegenheitsrecht, während Abs. 2 Nr. 3 eine **allseitige Rechtswahlmöglichkeit** auch auf ausländische Belegenheitsrechte beinhaltet.

39 Die auf die lex rei sitae bezogene Rechtswahl führt zur **Spaltung des Güterstatuts** (vgl Rn 106 ff). Soweit sie nicht eingreift, richtet sich hinsichtlich der anderen Vermögensgegenstände das Güterstatut grundsätzlich entweder nach der objektiven Anknüpfung des Abs. 1 oder aber nach einer Rechtswahl gem. Abs. 2 Nr. 1 oder 2, soweit die Eheleute auch davon Gebrauch gemacht haben. Sie haben also die Möglichkeit, die Rechtswahlmöglichkeiten in Abs. 2 Nr. 1, 2 einerseits und Abs. 2 Nr. 3 andererseits zu kombinieren.[103]

94 Vgl OLG Frankfurt IPRax 2001, 140, 141; BayObLG DNotZ 1992, 575, 577.

95 *Großerichter/Bauer*, RabelsZ 65 (2001), 201, 206.

96 Regierungsbegründung BT-Drucks. 10/504, S. 58.

97 MüKo/*Siehr*, Art. 15 EGBGB Rn 36; Staudinger/*Mankowski*, Art. 15 EGBGB Rn 127.

98 Soergel/*Schurig*, Art. 15 EGBGB Rn 16; Staudinger/*Mankowski*, Art. 15 EGBGB Rn 127; *Schotten*, in: FS Geimer 2002, S. 1013, 1020, der jedoch davon ausgeht, dass es bei einer Rechtswahl im Güterrecht nur selten der Fall sei, dass sie in einem anderen Staat nicht anerkannt wird.

99 Sehr strittig; wie hier *Mansel*, Personalstatut, Staatsangehörigkeit und Effektivität, 1988, Rn 412; Soergel/*Schurig*, Art. 15 EGBGB Rn 18; *Siehr*, in: FS Geimer 2002, S. 1097, 1110; Bamberger/Roth/*Mörsdorf-Schulte*, Art. 15 EGBGB Rn 65; *Schotten/Schmellenkamp*, Rn 154 b; aA ausf. Staudinger/*Mankowski*, Art. 15 EGBGB Rn 133 ff; Palandt/*Thorn*, Art. 15 EGBGB Rn 22; *Henrich*, S. 97 f.

100 Staudinger/*Mankowski*, Art. 15 EGBGB Rn 140 ff.

101 *Schotten/Schmellenkamp*, Rn 156; *Wegmann*, NJW 1987, 1740, 1742.

102 AllgA, zB Bamberger/Roth/*Mörsdorf-Schulte*, Art. 15 EGBGB Rn 66.

103 Beispiel nach *Schotten/Schmellenkamp*, Rn 159: Eheleute, Ehemann Deutscher, Ehefrau Italienerin, haben Grundbesitz in Deutschland, Italien und Frankreich; sie können zB wählen für den Grundbesitz das jeweilige Lagerecht nach Art. 15 Abs. 2 Nr. 3 und für das übrige Vermögen nach Art. 15 Abs. 2 Nr. 1 italienisches bzw deutsches Recht.

40 Es dürfte keinem Zweifel unterliegen, dass es den Ehegatten offen steht, unbewegliche Vermögensgegenstände, die sich **in verschiedenen Staaten** befinden, auch entsprechend unterschiedlich zu behandeln.[104] Es steht ihnen frei, für im Staat A belegenen Grundbesitz das dortige Güterrecht zu wählen, für im Staat B belegenes unbewegliches Vermögen es dagegen bei der im Übrigen, grundsätzlich gem. Abs. 1 oder Abs. 2 Nr. 1 bzw 2 zu bestimmenden Güterrechtsordnung zu belassen.

41 Eine ganz andere, sehr umstrittene Frage ist, ob auch innerhalb des in einem bestimmten Staat belegenen unbeweglichen Vermögens differenziert und die Wahl der lex rei sitae entsprechend gegenständlich auf einzelne oder mehrere Gegenstände des Immobiliarvermögens in diesem Staat beschränkt werden kann. Richtigerweise wird man eine solche **partielle Rechtswahl** innerhalb des Abs. 2 Nr. 3 zulassen, da in diese Richtung schon der Wortlaut des Gesetzes geht und sie außerdem keine größeren Schwierigkeiten aufwirft, denn die Rechtswahl nach Abs. 2 Nr. 3 als solche führt bereits zu einer Spaltung des Güterstatuts und eine partielle Rechtswahl würde nur die vermögensbezogenen Grenzen zwischen den Statuten anders setzen.[105]

42 Ein wiederum gänzlich anderes, vom jeweiligen Sachrecht zu entscheidendes Problem ist, ob dann, wenn aufgrund Rechtswahl für mehrere unbewegliche Vermögensgegenstände das Lagegüterrecht bestimmt wurde, für diese Gegenstände **verschiedene Güterstände** vereinbart werden können. Soweit deutsches Recht gewählt wurde, ist dies wegen des Gebots der Einheitlichkeit des Güterstandes nicht möglich.[106]

43 Der **Begriff des „unbeweglichen Vermögens"** bedarf der näheren Ausfüllung. Hierüber entscheidet das deutsche Recht, und zwar für kollisionsrechtliche Zwecke eigenständig.[107] Die Ausfüllung des Begriffs sollte parallel zu Art. 25 Abs. 2 erfolgen. Im Einzelnen gilt Folgendes: Zum unbeweglichen Vermögen gehören zB:

- Grundstücke, Gebäude und sonstige wesentliche Bestandteile,
- Zubehör,[108]
- grundstücksgleiche Rechte wie Erbbaurecht, Wohnungseigentum, Teileigentum, Bergwerkseigentum, Stockwerkseigentum, Fischereirechte nach Landesrecht,
- Rechte, die mit dem Eigentum am Grundstück verbunden sind (vgl § 96 BGB),
- dingliche Rechte am Grundbesitz, auch Grundpfandrechte.[109]

44 **Nicht zum unbeweglichen Vermögen gehören** zB:

- schuldrechtliche Ansprüche auf Übertragung unbeweglichen Vermögens im vorstehenden Sinne, zB Grundstücke oder Grundstücksrechte, auch wenn die Ansprüche vormerkungsgesichert sind,[110]
- auf unbewegliches Vermögen bezogene Miet- und Pachtforderungen,[111]
- Anteile an Gesamthandsgemeinschaften wie Erbengemeinschaft und Personengesellschaft, auch wenn ihr Vermögen ausschließlich aus Grundbesitz besteht,[112]
- Rechte an Schiffen und Schiffsbauwerken, auch wenn diese registriert sind,[113]
- abgetrennte Bestandteile und Früchte,[114]
- Surrogate von unbeweglichem Vermögen;[115] die Wirkung einer Rechtswahl gem. Abs. 2 Nr. 3 endet daher, wenn alle betreffenden Gegenstände des unbeweglichen Vermögens am Lageort aus dem ehelichen Vermögen ausscheiden, insbesondere weil sie an einen Dritten veräußert werden.[116]

45 **cc) Die Rechtswahlvereinbarung. (1) Rechtsnatur, Inhalt, Zustandekommen und Wirksamkeit.** Die Rechtswahlvereinbarung ist ein **kollisionsrechtlicher Verweisungsvertrag** und als solcher ein Vertrag sui

104 *Kühne*, IPRax 1987, 69, 73; Staudinger/*Mankowski*, Art. 15 EGBGB Rn 217.

105 Für die partielle Rechtswahl auch die einzig bekannte Gerichtsentscheidung LG Mainz NJW-RR 1994, 73, 74, und zB *Böhringer*, BWNotZ 1987, 104, 109; *Andrae*, § 3 Rn 91; Palandt/*Thorn*, Art. 15 EGBGB Rn 22; Soergel/*Schurig*, Art. 15 EGBGB Rn 21; Bamberger/Roth/*Mörsdorf-Schulte*, Art. 15 EGBGB Rn 68; aA zB *Schotten/Schmellenkamp*, Rn 163; *Kühne*, IPRax 1987, 69, 73; *Langenfeld*, BWNotZ 1986, 153; problematisch würde allerdings eine zeitliche Staffelung mehrerer partieller Wahlen des deutschen Rechts bei Zugewinngemeinschaft, vgl Staudinger/*Mankowski* Art. 15 EGBGB Rn 223.

106 LG Mainz NJW-RR 1994, 73, 74; Staudinger/*Mankowski*, Art. 15 EGBGB Rn 228 mwN; aA *Lichtenberger*, in: FS Ferid 1988, S. 269, 280.

107 MüKo/*Siehr*, Art. 15 EGBGB Rn 32; *Andrae*, § 3 Rn 91; Palandt/*Thorn*, Art. 15 EGBGB Rn 22; *Böhringer*, BWNotZ 1987, 104, 109; die Gegenmeinung will dagegen die Begriffsbildung dem Recht des Lageortes entnehmen, vgl Soergel/*Schurig*, Art. 15 EGBGB Rn 22; Staudinger/*Mankowski*, Art. 15 EGBGB Rn 162 ff; *Kühne*, IPRax 1987, 69, 73; *Schotten/Schmellenkamp,* Rn 160.

108 AA *Schotten/Schmellenkamp,* Rn 162.

109 AA Soergel/*Schurig*, Art. 15 EGBGB Rn 22.

110 AA *Wegmann*, NJW 1987, 1740, 1743; *Dörner*, DNotZ 1988, 67, 96 (zu Art. 25 Abs. 2); *Lichtenberger*, in: FS Ferid 1988, S. 269, 285.

111 AA *Dörner*, DNotZ 1988, 67, 96 (zu Art. 25 Abs. 2).

112 AA MüKo/*Siehr*, Art. 15 EGBGB Rn 34; *Dörner*, DNotZ 1988, 67, 95 f (zu Art. 25 Abs. 2); *Reithmann*, DNotZ 1996, 227, 228; eine entspr. kollisionsrechtliche Aufspaltung von Nachlässen, in denen sich Grundbesitz befindet, schlägt *Krzywon*, BWNotZ 1986, 154, 160 und 1987, 4, 5, für Art. 25 Abs. 2 vor.

113 MüKo/*Siehr*, Art. 15 EGBGB Rn 34.

114 Staudinger/*Mankowski*, Art. 15 EGBGB Rn 177.

115 Staudinger/*Mankowski*, Art. 15 EGBGB Rn 178.

116 Staudinger/*Mankowski*, Art. 15 EGBGB Rn 150.

generis.[117] Sie entfaltet nur Wirkungen auf der kollisionsrechtlichen Ebene[118] und muss daher streng von einem etwa gleichzeitig und auch in derselben Urkunde geschlossenen Ehevertrag, der nur der sachrechtlichen Ebene zugeordnet werden kann, unterschieden werden.[119] Deshalb ist die Wahl deutschen Rechts grundsätzlich auch dann gültig, wenn aus einem anderen Grunde der Ehevertrag teilweise unwirksam sein sollte.[120] Außerdem ist es demzufolge auch nicht möglich, in einem unmittelbaren Zugriff einen bestimmten Güterstand des gewünschten Rechtes zu wählen.[121] Geschieht dies dennoch, so muss durch Auslegung geklärt werden, ob darin sowohl der kollisionsrechtliche Rechtswahlvertrag als auch der sachrechtliche Ehevertrag liegen.

46 Das Zustandekommen und die rechtsgeschäftliche Wirksamkeit der zur Rechtswahl erforderlichen **Einigung** sind nach dem gewählten Recht zu beurteilen (Rechtsgedanke der Art. 3 Abs. 5, 10 Abs. 1 Rom I-VO).[122]

47 Die Rechtswahl muss **nicht ausdrücklich** erfolgen, obwohl im Interesse der Rechtssicherheit dies natürlich dringend geraten werden muss.[123] Vor allem dann, wenn eine solche ausdrückliche Erklärung fehlt, kommt es zu Auslegungszweifeln. Hier muss dann geklärt werden, ob tatsächlich ein Wille beider Ehegatten bezogen auf eine kollisionsrechtliche Bestimmung des anwendbaren Güterrechts vorliegt.[124]

48 Hierzu seien folgende **Beispiele aus Rechtsprechung und Literatur** genannt, wenngleich nie vergessen werden darf, dass die Auslegung im Einzelfall zu entscheiden hat:

- Die ehevertraglich getroffene Vereinbarung einer Morgengabe im Rahmen der Eheschließung und entsprechend der islamischen Tradition am Eheschließungsort stellt keine Rechtswahl des Güterstatuts dar.[125]
- Vereinbaren Ehegatten als Käufer im Rahmen eines Grundstückkaufvertrages mit dem Verkäufer, dass der Kaufvertrag deutschem Recht unterliegen soll, so liegt hierin selbstverständlich nur eine Rechtswahl bezüglich des Kaufvertrages und nicht auch eine hinsichtlich des auf die Ehe der Käufer anwendbaren Güterrechts.[126]
- Aus einer Rechtswahl für eine Scheidungsfolgenvereinbarung kann sich eine ehegüterrechtliche Rechtswahl ergeben.[127]
- Wird im unmittelbaren Zusammenhang mit der Eheschließung eine Rechtswahl nach Art. 14 Abs. 2 oder 3 vorgenommen, so sollte mit der Annahme, dass damit auch und gerade die Wahl des Güterrechts gewollt sein soll, vorsichtig umgegangen werden, vor allem dann, wenn die Eheleute juristisch beraten wurden.[128]
- Ebenso ist Vorsicht bei der Auslegung geboten, wenn Eheleute mit gewöhnlichem Aufenthalt im Ausland einen Ehevertrag auf der Grundlage des dort geltenden Sachrechts abschließen; hier muss geprüft werden, ob sie sich des versteckten kollisionsrechtlichen Gehalts ihrer Vereinbarung hinreichend bewusst waren oder nur irrtümlich ein falsches Recht ihrem Ehevertrag zugrunde gelegt haben.[129]

49 Die Rechtswahl wird im Normalfall **wirksam**, sobald sie formgerecht erklärt ist.[130] Sie kann allerdings auch unter einer **Bedingung oder Befristung** vorgenommen werden.[131] Letztendlich stellt es auch nichts anderes als eine aufschiebende Bedingung dar, wenn die Rechtswahl getroffen wird vor der Eheschließung oder vor dem Vorliegen der in Abs. 2 genannten Voraussetzungen.

117 *Schotten/Schmellenkamp*, Rn 168.
118 *Schotten/Schmellenkamp*, Rn 168; Staudinger/*Mankowski*, Art. 15 EGBGB Rn 126.
119 *Schotten/Schmellenkamp*, Rn 169; *Lichtenberger*, in: FS Ferid 1988, S. 269, 272.
120 OLG Frankfurt NJW-RR 1990, 582; MüKo/*Siehr*, Art. 15 EGBGB Rn 38.
121 *Schotten*, DNotZ 1999, 326, 330.
122 Staudinger/*Mankowski*, Art. 15 EGBGB Rn 104; *Stoll*, S. 200; *Andrae*, § 3 Rn 95.
123 Bamberger/Roth/*Mörsdorf-Schulte*, Art. 15 EGBGB Rn 72; anders möglicherweise Palandt/*Thorn*, Art. 15 EGBGB Rn 23: muss ausdr. erfolgen; OLG Hamm FamRZ 2002, 459: muss ausdr. beurkundet werden.
124 Soergel/*Schurig*, Art. 15 EGBGB Rn 16; vgl auch OLG München IPRspr 2005 Nr. 46: eindeutiger Wille auf die bestimmte Rechtsfolgenwahl des Güterrechts; beachtlich ist außerdem die bei formgebundenen Erklärungen maßgebliche sog. Andeutungstheorie, vgl dazu BGHZ 80, 242, 244 ff; 86, 41, 46 f; BGH FamRZ 2002, 26, 27.
125 OLG München IPRspr 2005 Nr. 46: auch nicht, wenn der deutsche Ehegatte zum Islam übertritt; OLG Frankfurt FamRZ 1996, 1478, 1479; *Henrich*, in: FS Sonnenberger 2004, S. 389, 395; vgl aber auch BayObLG NJW-RR 1998, 1538, 1539.
126 LG Augsburg MittBayNot 1995, 233 m. zust. Anm. *Geimer*.
127 Restriktiver dagegen OLG Hamm FamRZ 2002, 459.
128 Anders Soergel/*Schurig*, Art. 15 EGBGB Rn 14: im Zweifel auch Wahl des Güterrechts gewollt.
129 Staudinger/*Mankowski*, Art. 15 EGBGB Rn 106; vgl auch Soergel/*Schurig*, Art. 15 EGBGB Rn 16; MüKo/*Siehr*, Art. 15 EGBGB Rn 42, sieht, da der Wille der Ehegatten klar zum Ausdruck komme, nach dem Ehegüterrecht ihres Aufenthaltsstaates leben zu wollen, in einem solchen Ehevertrag zugleich eine gültige Rechtswahl diesbezüglich; *Sonnenberger*, in: FS Geimer 2002, S. 1241, 1246, sieht bei einem vor einem französischen Notar abgeschlossenen Ehevertrag, in dem ausdr. die „universelle Gütergemeinschaft" nach Art. 1526 französischer C.c. gewählt wurde, eine Rechtswahl zugunsten des französischen Rechts.
130 Soergel/*Schurig*, Art. 15 EGBGB Rn 23.
131 *Mankowski/Osthaus*, DNotZ 1997, 10, 19.

Die Rechtswahl kann in das deutsche **Güterrechtsregister** eingetragen werden (vgl Art. 16). Die Eintragung hat jedoch keine konstitutive Bedeutung.[132] 50

Ob die Rechtswahl im Ausland **Anerkennung** findet, bemisst sich natürlich nach dem dortigen Recht, so dass die Gefahr hinkender Güterrechtsverhältnisse besteht.[133] 51

(2) Form (Abs. 3 iVm Art. 14 Abs. 4). Die Rechtswahlvereinbarung muss die in Art. 14 Abs. 4 vorgeschriebene Form wahren (s. ausführlich Art. 14 EGBGB Rn 43 ff). Über den Wortlaut hinaus ist es dann, wenn das gewählte Recht oder das Recht des Staates, in dem die Rechtswahl vorgenommen wird (Ortsrecht), eine Rechtswahl des Güterstatuts zulassen, ausreichend, wenn diese Form eingehalten wird (Übertragung des Rechtsgedankens des **Art. 11 Abs. 1** auf die Ebene des Kollisionsrechts und dort bezogen auf die rechtsgeschäftliche Rechtswahlvereinbarung).[134] Dies gilt jedoch nur, wenn die Rechtswahl im Ausland vorgenommen wird. Für im Inland vorgenommene Rechtswahl verbleibt es in jedem Falle bei Abs. 3 iVm Art. 14 Abs. 4 S. 1. 52

Trotz des Formerfordernisses muss die Rechtswahl zwar nicht ausdrücklich erfolgen, jedoch wird man entsprechend der so genannten **Andeutungstheorie**[135] verlangen müssen, dass der Wille zur Rechtswahl in der entsprechenden Form irgendeinen Ausdruck gefunden hat. Auch in formeller Hinsicht gilt, dass Rechtswahlvereinbarung und etwa gleichzeitig abgeschlossener sachrechtlicher **Ehevertrag getrennt** auf die Einhaltung ihrer jeweiligen Formerfordernisse geprüft werden müssen.[136] 53

(3) Zeitpunkt. Die Rechtswahlvereinbarung kann jederzeit getroffen werden, auch während der Ehe, und auch schon davor. Im letzteren Falle wird sie mit der Eheschließung wirksam. Bei Rechtswahl während der Ehe ist es nicht erforderlich, dass sich Umstände zwischen dem Zeitpunkt der Eheschließung und dem der Rechtswahl geändert haben.[137] Von der Rechtswahlmöglichkeit kann auch bereits Gebrauch gemacht werden, bevor die nach Abs. 2 Nr. 1 bis 3 maßgeblichen Erfordernisse vorliegen.[138] Auch hier entfaltet sie ihre Wirksamkeit jedoch erst dann, wenn diese Erfordernisse gegeben sind. Entsprechendes gilt bei aufschiebend bedingter oder aufschiebend befristeter Rechtswahl, denn entscheidend ist, dass die Voraussetzungen für die Rechtswahl nur im Zeitpunkt des beabsichtigten Eintritts ihrer Wirkungen vorliegen müssen.[139] 54

Haben die Eheleute ein Recht gewählt, für das die Voraussetzungen des Abs. 2 Nr. 1 bis 3 im Zeitpunkt ihrer Erklärung noch nicht vorliegen, und haben sie aber nicht ausdrücklich klargestellt, dass es sich dabei um eine parteiautonome Regelung handelt, die unter einer entsprechenden aufschiebenden Bedingung des Eintritts dieser Voraussetzungen steht, so entscheidet die Auslegung, ob die Vereinbarung als entsprechende vorgreifliche Wahl zu verstehen ist. Im Zweifel wird hiervon jedoch auszugehen sein.[140] 55

Wirkungslos ist eine Rechtswahl, die sich auf im Zeitpunkt ihrer Vornahme nicht mehr bestehende Voraussetzungen, also ein früheres Heimatrecht eines Ehegatten oder einen vergangenen gewöhnlichen Aufenthalt, stützt.[141] 56

(4) Wirkungen. Die Rechtswahl hat zur Folge, dass die güterrechtlichen Wirkungen der Ehe vom Zeitpunkt der Wirksamkeit der Rechtswahl an dem gewählten Recht unterliegen.[142] Erfasst wird dabei von Abs. 2 Nr. 1 und 2 grundsätzlich das gesamte Vermögen, da dort die Rechtswahl nicht territorial oder gegenständlich beschränkt werden darf.[143] Hingegen kommt es bei der Rechtswahl im Falle des Abs. 2 Nr. 3 regelmäßig zur Güterrechtsspaltung (s. Rn 107). Treffen die Eheleute nicht zusätzlich auch noch **sachrechtliche Regelungen**, so kommt der gesetzliche Güterstand der gewählten Rechtsordnung zum Tragen.[144] Wollen die Eheleute von diesem gesetzlichen Güterstand abweichen, so bedürfen sie zusätzlich zur kollisionsrechtlichen Rechtswahl eines sachrechtlichen Ehevertrages.[145] 57

Eine Rechtswahl während der Ehe führt zum **Statutenwechsel**, es sei denn es wird die Rechtsordnung gewählt, die schon aufgrund objektiver Anknüpfung zur Anwendung kam. Ein solcher Statutenwechsel bewirkt 58

132 *Schotten/Schmellenkamp,* Rn 178.

133 *Mankowski/Osthaus*, DNotZ 1997, 10, 24.

134 Vgl zB Art. 53 Abs. 1 S. 1 schweizerisches IPRG: Schriftform für die Rechtswahlvereinbarung; Staudinger/*Mankowski*, Art. 15 EGBGB Rn 101 f; MüKo/*Siehr*, Art. 15 EGBGB Rn 41; Bamberger/Roth/*Mörsdorf-Schulte*, Art. 15 EGBGB Rn 72; aA *Kleinheisterkamp,* IPRax 2004, 399; solange allerdings eine bestätigende Rspr fehlt, ist es ohnehin für die Praxis zu empfehlen, bei der Form der Rechtswahl nach dem Wortlaut des Art. 14 Abs. 4 zu verfahren, vgl Staudinger/*Mankowski*, aaO, Rn 102.

135 Vgl BGHZ 63, 359, 362; 80, 242, 246; 86, 41; 87, 150, 154; *Rudolf*, Handbuch Testamentsauslegung und -anfechtung, 2000, Rn 33 ff.

136 MüKo/*Siehr*, Art. 15 EGBGB Rn 40.

137 MüKo/*Siehr*, Art. 15 EGBGB Rn 37.

138 Soergel/*Schurig*, Art. 15 EGBGB Rn 23.

139 Vgl BT-Drucks. 10/504 S. 59; *Mankowski/Osthaus*, DNotZ 1997, 10, 18.

140 Staudinger/*Mankowski*, Art. 15 EGBGB Rn 110.

141 MüKo/*Siehr*, Art. 15 EGBGB Rn 37; *Mankowski/Osthaus*, DNotZ 1997, 10, 18.

142 *Schotten*, DNotZ 1999, 326, 327.

143 MüKo/*Siehr*, Art. 15 EGBGB Rn 52; *Böhringer*, BWNotZ 1987, 104, 109.

144 Bei der Wahl deutschen Rechts also die Zugewinngemeinschaft, wobei Stichtag für die Berechnung des Anfangsvermögens gem. § 1374 Abs. 1 BGB dann der Zeitpunkt des Wirksamwerdens der Rechtswahl ist; *Schotten*, DNotZ 1999, 326, 327.

145 *Schotten/Schmellenkamp,* Rn 169.

gezwungenermaßen auch eine Änderung des Güterstandes der Eheleute. Der alte Güterstand muss also in den neuen übergeleitet werden. Die Abwicklung des alten Güterstandes, nämlich seine Beendigung und deren Folgen, dh die daraus resultierenden Rechte, Ansprüche und Pflichten, unterliegen dem alten Güterstatut.[146] Die Abwicklung eines Güterstandes ist eine letzte Wirkung des alten Güterrechts und das neue Güterrecht kann diese Aufgabe nicht übernehmen, zumal es den bisherigen Güterstand vielleicht gar nicht kennt.[147] Die solchermaßen nach dem alten Recht zu definierenden Rechte und Pflichten, insbesondere zB Auseinandersetzungsansprüche, werden nunmehr, da sie als Aktiva bzw Passiva zu dem Vermögen der Eheleute gehören, vom neuen Güterrecht übernommen.[148] Der Wechsel des anwendbaren Güterrechts zeitigt Rechtsfolgen nur für die Zukunft. Eine echte **Rückwirkung** auf kollisionsrechtlicher Ebene kann es hier **nicht** geben.[149] Nur auf sachrechtlicher Ebene besteht die Möglichkeit zu prüfen, ob das neue Güterrechtsstatut es zulässt, dass die Eheleute sich güterrechtlich so stellen, als ob der neue Güterstand von Anfang an gegolten hätte.[150]

59 Fallen, nachdem die Rechtswahl einmal wirksam geworden ist, ihre tatbestandlichen Voraussetzungen gem. Abs. 2 später wieder weg, so bleibt die Rechtswahl dennoch wirksam.[151]

60 Eine **Versteinerung** des gewählten Sachrechts (vgl Rn 24 f) auf dem Stand zum Zeitpunkt der Rechtswahl gibt es als solche **nicht**. Ändern sich die sachrechtlichen Normen, so ist es Aufgabe des zugehörigen intertemporalen Rechts, die Auswirkungen auf bereits bestehende Ehen zu regeln.[152]

61 **(5) Änderung, Aufhebung.** Die Folgen der Rechtswahl, die Bindung an sie und die sonstigen Wirkungen, enden, sobald sie aufgehoben oder geändert wird. Die Aufhebung ist jederzeit zulässig. Dasselbe gilt im Grundsatz für die Änderung der Rechtswahlvereinbarung, wobei sie jedoch den Erfordernissen des Abs. 2 Nr. 1 bis 3 entsprechen muss. Sowohl die Aufhebung wie auch die Änderung wirken nur für die Zukunft.[153] Die Aufhebung bedarf als actus contrarius zur bisherigen Rechtswahl der Form des Abs. 3,[154] die Änderung, da sie eine neue Rechtswahl beinhaltet, sowieso. Die Aufhebung bewirkt, dass ab ihrer Wirksamkeit wieder das objektive Güterstatut nach Abs. 1 zur Anwendung gelangt, allerdings unwandelbar bezogen nicht auf den Zeitpunkt der Eheschließung, sondern den der Aufhebung.[155] Da dieser letztgenannte zeitliche Aspekt jedoch sehr umstritten und gerichtlich nicht geklärt ist, mag es sich regelmäßig empfehlen, keine reine Aufhebung vorzunehmen, sondern sie mit einer neuen Rechtswahl zu verbinden.

62 **dd) Rück- oder Weiterverweisung.** Aufgrund der Rechtswahl kommt das Sachrecht der gewählten Rechtsordnung zur Geltung; ein etwaiger renvoi ist unbeachtlich, Art. 4 Abs. 2. Wollen die Ehegatten bei ihrer Rechtswahlvereinbarung das IPR der gewählten Rechtsordnung in irgendeiner Form mitberücksichtigen, so steht ihnen hier nur das Instrument entsprechend bedingter Rechtswahlvereinbarungen zur Verfügung.[156]

63 **ee) Mehrrechtsstaaten.** Wählen die Ehegatten das Recht eines Staates, der für das Güterrecht mehrere Teilrechtsordnungen kennt, und ist die Frage, welche der Teilrechtsordnungen gemeint ist, auch nicht durch Auslegung zu lösen, so ist mit Hilfe des Art. 4 Abs. 3 die maßgebende Teilrechtsordnung zu bestimmen.[157] Ist dabei eine territoriale Rechtsspaltung gegeben, so kann bei einer Rechtswahl auf der Grundlage des Abs. 2 Nr. 2 nur die Teilrechtsordnung gemeint sein, wo sich der gewöhnliche Aufenthalt befindet, im Falle des Abs. 2 Nr. 3 diejenige Teilrechtsordnung, wo das unbewegliche Vermögen belegen ist. Die Wahl einer anderen Teilrechtsordnung ist hier grundsätzlich ausgeschlossen.

64 **b) Rechtswahl nach ausländischem Recht.** Lässt das von Abs. 1 berufene ausländische objektive Güterstatut eine Rechtswahl zu, so kann auch davon Gebrauch gemacht werden. Natürlich handelt es sich dann nicht um eine Rechtswahl gem. Abs. 2, sondern um eine solche aufgrund des ausländischen Rechts, welcher über die Beachtlichkeit des renvoi auch aus unserer Sicht Anerkennung zukommt.[158] Bedeutung hat dies vor allem dann, wenn die Rechtsordnung, auf die Abs. 1 verweist, eine freie, dh nicht auf bestimmte Rechtsordnungen beschränkte Rechtswahl kennt, so zB Österreich (§ 19 IPRG), Rumänien (Art. 21 Abs. 2 IPRG) und wohl auch

146 *Schotten*, DNotZ 1999, 326, 331 ff; Soergel/*Schurig*, Art. 15 EGBGB Rn 24; *Wegmann*, NJW 1987, 1740, 1744; *Kropholler*, IPR, § 45 III 3 d; aA Staudinger/*Mankowski*, Art. 15 EGBGB Rn 120 ff; Bamberger/Roth/*Mörsdorf-Schulte*, Art. 15 EGBGB Rn 62; *Mankowski/Osthaus*, DNotZ 1997, 10, 23 f.
147 MüKo/*Siehr*, Art. 15 EGBGB Rn 55.
148 Ausf. *Schotten*, DNotZ 1999, 331 ff, sowie *Schotten/Schmellenkamp*, Rn 173.
149 *Schotten/Schmellenkamp*, Rn 167; *Schotten*, DNotZ 1999, 326, 327; Soergel/*Schurig*, Art. 15 EGBGB Rn 24; aA *Mankowski/Osthaus*, DNotZ 1997, 10, 21 f; Staudinger/*Mankowski*, Art. 15 EGBGB Rn 116.
150 Soergel/*Schurig*, Art. 15 EGBGB Rn 24; ausf. *Schotten*, DNotZ 1999, 326, 329 f.
151 Bamberger/Roth/*Mörsdorf-Schulte*, Art. 15 EGBGB Rn 63.
152 MüKo/*Siehr*, Art. 15 EGBGB Rn 45.
153 Bamberger/Roth/*Mörsdorf-Schulte*, Art. 15 EGBGB Rn 19; *Schotten/Schmellenkamp*, Rn 167.
154 *Lichtenberger*, DNotZ 1986, 644, 658; *v. Bar*, IPR II, Rn 203.
155 Sehr str.; *Stoll*, S. 84 Fn 90; *Wegmann*, NJW 1987, 1740, 1744; MüKo/*Siehr*, Art. 15 EGBGB Rn 58; Staudinger/*Mankowski*, Art. 15 EGBGB Rn 113; aA Soergel/*Schurig*, Art. 15 EGBGB Rn 25; *Schotten/Schmellenkamp*, Rn 167 Fn 174.
156 Ausf. Staudinger/*Mankowski*, Art. 15 EGBGB Rn 125.
157 MüKo/*Siehr*, Art. 15 EGBGB Rn 133.
158 *Mankowski/Osthaus*, DNotZ 1997, 10, 13 f; *Schotten/Schmellenkamp*, Rn 153.

England, Schottland, Australien, die meisten Einzelstaaten der USA sowie Belgien.[159] Beschränkte Rechtswahlmöglichkeiten existieren etwa in der Schweiz (Art. 52 IPRG), der Türkei (Art. 14 Abs. 1 IPRG), Spanien (Art. 9 Abs. 2, 3 C.c.), Portugal (Art. 53 C.c.), Italien (Art. 30 Abs. 1 S. 2 IPRG),[160] Schweden[161] sowie auf der Basis des Haager Übereinkommens über das auf eheliche Güterstände anzuwendende Recht auch in Frankreich, den Niederlanden und Luxemburg.

II. Der Umfang des Ehegüterstatuts

1. Allgemeines. Der Begriff „**güterrechtliche Wirkungen** der Ehe" bezieht sich auf diejenigen materiellen Rechtssätze, die mit der Schaffung, Änderung, Aufhebung und Abwicklung von Sonderordnungen des Vermögens beider Ehegatten zu tun haben.[162] Dazu gehören aber auch solche Vorschriften, die von einer Sonderordnung des Vermögens von Mann und Frau während und aufgrund der Ehe eigens absehen („restlose" Gütertrennung).[163] Bei den güterrechtlichen Normen lässt sich, je nachdem, ob die vermögensbezogenen Wirkungen einem gemeinsam geäußerten rechtsgeschäftlichen Willen der Beteiligten entspringen oder ganz einfach kraft Gesetzes eintreten, das vertragliche Güterrecht vom gesetzlichen Güterrecht unterscheiden.[164] 65

Im Falle der Qualifikation ausländischer Normen ist die Prüfung nicht eng an den güterrechtlichen Begriffen und Konstruktionen des deutschen Rechts auszurichten, vielmehr sind auch solche Beziehungen zwischen den Ehegatten einzubeziehen, die sich im Verständnis des deutschen Güterrechts funktionell als Regelung der Vermögensordnung in der Ehe einordnen lassen.[165] Dabei ist davon auszugehen, dass es fast immer einen Hinweis auf die Zugehörigkeit zum Güterrecht bedeutet, wenn die ausländische Norm nicht unabhängig vom Güterstand, sondern nur bei einem bestimmten Güterstand eingreift.[166] 66

Für **eheähnliche Gemeinschaften** gilt Art. 15 grundsätzlich nicht. Ihre vermögensrechtlichen Folgen regeln das Vertrags- oder Gesellschaftsstatut bzw für die dingliche Rechtslage das Sachenrechtsstatut.[167] Geht es jedoch um eine ausländische Rechtsordnung, die solchen Gemeinschaften, gegebenenfalls unter bestimmten Voraussetzungen, eine besondere vermögensrechtliche Ordnung zuweist, die vom allgemeinen Schuld-, Gesellschafts- oder Sachenrecht abweicht, so wird man diesbezüglich wohl Art. 15 entsprechend anwenden können.[168] 67

2. Gesetzliches Güterrecht. a) Entstehung des Güterstandes. Das Güterstatut entscheidet, ob und wie sich die güterrechtlichen Verhältnisse der Eheleute infolge ihrer Eheschließung gestalten.[169] Es befindet dabei insbesondere darüber, welcher von mehreren Güterständen der betreffenden Rechtsordnung als gesetzlicher maßgebend ist.[170] 68

b) Wirkungen des Güterstandes. Das Güterstatut regelt die Wirkungen des maßgeblichen Güterstandes, insbesondere, welche **Gütermassen** zu unterscheiden sind und wie diese im Einzelnen ausgestaltet sind, zB Gesamt-, Vorbehalts-, Sonder-, Gemeinschafts- oder Eigengut. Das Güterstatut entscheidet damit auch, welche Art Beteiligung bei gemeinschaftlich gehaltenen Gegenständen vorliegt.[171] Das Gleiche gilt beim Erwerb eines Gegenstandes für die Frage, welcher Masse dieser Gegenstand zugehört, insbesondere ob ein Erwerb zum Alleineigentum möglich ist oder ob er in ein Gesamtgut fällt,[172] wobei es auch eine Rolle spielen kann, mit welchen Mitteln (Eigen- oder gemeinschaftliche Mittel) der Gegenstand erworben wurde (zu den Auswirkungen auf die Verfügungsgeschäfte und den Grundbuchverkehr bei Immobilien s. Rn 98 ff). Hiermit hängt es eng zusammen, dass auch **Erwerbs- und Verfügungsbefugnisse** sowie Beschränkungen derselben dem 69

159 Vgl *Mankowski/Osthaus*, DNotZ 1997, 10, 14 f.
160 *Maglio/Thorn*, ZVglRWiss 96 (1997), 347, 361.
161 *Mankowski/Osthaus*, DNotZ 1997, 10, 15.
162 *Niewöhner*, MittRhNotK 1981, 219.
163 Soergel/*Schurig*, Art. 15 EGBGB Rn 32; Staudinger/*Mankowski*, Art. 15 EGBGB Rn 231.
164 *Niewöhner*, MittRhNotK 1981, 219.
165 OLG Hamm NJW-RR 1992, 1220, 1222, zum Anspruch auf Herausgabe des persönlichen Vermögens nach türkischem Recht im Falle der Scheidung.
166 Staudinger/*Mankowski*, Art. 15 EGBGB Rn 233.
167 Palandt/*Thorn*, Art. 15 EGBGB Rn 24; aA *Striewe*, IPRax 1983, 248, 250.
168 Vgl *Henrich*, in: FS Beitzke 1979, S. 507, 513; MüKo/*Siehr*, Art. 15 EGBGB Rn 199; *Andrae*, § 9 Rn 38, will auf den gemeinsamen gewöhnlichen Aufenthalt der Partner abstellen.
169 MüKo/*Siehr*, Art. 15 EGBGB Rn 70.
170 Vgl zu den gesetzlichen Güterständen in Europa *Pintens*, FamRZ 2003, 329, 333 f; ein rechtsvergleichender Überblick über die verschiedenen Möglichkeiten (zB Gütertrennung, allgemeine Gütergemeinschaft, Fahrnisgemeinschaft, Errungenschaftsgemeinschaft, aufgeschobene Gütergemeinschaft, Zugewinngemeinschaft) findet sich bei Staudinger/*Mankowski*, Art. 15 EGBGB Rn 235 ff; Länderübersicht über den gesetzlichen Güterstand bei *Süß*, Rpfleger 2003, 53, 60 ff.
171 Vgl zB LG Frankfurt IPRspr 1975 Nr. 53: gemeinsames Bankkonto.
172 Z.B. RGZ 96, 96, 97: Erwerb eines Schmerzensgeldanspruches; BayObLG IPRax 1986, 379; BayObLGZ 1992, 85, 86; OLG Oldenburg Rpfleger 1991, 412; *Riering*, IPRax 1998, 322: dingliche Berechtigung an Gesellschaftsanteilen bei in Gütergemeinschaft lebenden Ehegatten; die Frage der Übertragbarkeit der Mitgliedschaftsrechte an einer Gesellschaft (zB § 717 BGB) ist jedoch eine Frage des Gesellschaftsstatuts, so RG JW 1938, 1718, 1719.

Güterstatut unterfallen.[173] Gemeint sind etwa Zustimmungserfordernisse oder gerichtliche Genehmigungserfordernisse. Das Gleiche gilt für **Verwaltungsbefugnisse** und für **Nutzungsbefugnisse** bezogen auf das Vermögen. Dabei sind jeweils auch die zu beachtenden Sorgfaltspflichten dem Ehegüterstatut zu entnehmen.[174] Voraussetzung für die güterrechtliche Qualifikation solcher Befugnisse bzw Beschränkungen ist jeweils, dass sie integraler Bestandteil des maßgebenden Güterstandes sind und nicht etwa ohne Rücksicht auf diesen generell für Eheleute gelten.[175] Deshalb sind die Verfügungsbeschränkungen nach §§ 1365, 1369 BGB der güterrechtlichen Anknüpfung zu unterwerfen, da sie nur für die Zugewinngemeinschaft angeordnet sind.[176]

70 Zu den güterrechtlichen Wirkungen gehört auch, ob und inwieweit ein Ehegatte aus güterrechtlichen Gründen für Schulden des anderen **haftet**[177] und welche Ausgleichs- bzw Regressmöglichkeiten im Innenverhältnis zwischen den Ehegatten in einem solchen Falle zur Verfügung stehen.[178]

71 Als **güterrechtliche Wirkungen** sind **außerdem** noch zu nennen:

- Besonderheiten der Geschäftsfähigkeit, soweit sie vom Güterstand abhängen;[179]
- Befugnisse, die zur Geltendmachung von Rechten, deren eigentlicher Inhaber der andere Ehegatte ist, berechtigen,[180] wie auch allgemein Fragen der Klagebefugnis und Passivlegitimation des einzelnen Ehegatten hinsichtlich der ehelichen Güter auch im Verhältnis zu Dritten (die Prozessfähigkeit und Prozessstandschaft ist dem gegenüber prozessrechtlich zu qualifizieren);[181]
- auf das eheliche Vermögen bzw dessen Verwaltung bzw die güterrechtlichen Ansprüche bezogene Auskunftsansprüche;[182]
- die Auseinandersetzung des ehelichen Vermögens samt zugehöriger Auskunftspflichten und Ansprüche auf Sicherheitsleistung;[183]
- Modifikationen des Unterhaltsrechts oder von Prozesskostenvorschussansprüchen in Abhängigkeit von bestimmten Güterständen;[184]
- Schenkungsverbote zwischen Ehegatten, wenn sie Ausfluss bzw Folge eines bestimmten Güterstandes sein sollten;[185]
- Verbote von Gesellschaftsverträgen zwischen Ehegatten.[186]

173 Vgl OLG Düsseldorf IPRspr 1978 Nr. 55; BayObLG JZ 1954, 441; LG Aurich NJW 1991, 642; BayObLG NJW-RR 1992, 1235.

174 MüKo/*Siehr*, Art. 15 EGBGB Rn 75.

175 MüKo/*Siehr*, Art. 15 EGBGB Rn 73; deshalb fällt die für alle Güterstände geltende Verfügungsbeschränkung des Art. 194 Abs. 1 türkisches ZGB unter das allgemeine Ehewirkungsstatut, aA *Milzer*, RNotZ 2003, 514 f.

176 BayObLGZ 1976, 15; BayObLG JZ 1954, 441; Palandt/*Thorn*, Art. 15 EGBGB Rn 25; Soergel/*Schurig*, Art. 15 EGBGB Rn 33; *Jayme*, in: FS Henrich 2000, S. 335, 340, betont dabei zu Recht, dass § 1365 BGB bei Geltung deutschen Güterrechtes auch auf bereits eine Bindung erzeugende Vorverträge anzuwenden ist, wie sie im romanischen Rechtskreis bei Grundstücksveräußerungen häufig anzutreffen sind; aA für § 1369 BGB Staudinger/*Mankowski*, Art. 15 EGBGB Rn 261: Anknüpfung über Art. 14.

177 BGH FamRZ 1998, 905, 906.

178 LG Hamburg IPRspr 1977 Nr. 65, differenzierend zwischen dem Regress aus dem familienrechtlichen Innenverhältnis und einem etwaigen Forderungsübergang; geht es hingegen um den Ausgleich von Fehlbeträgen auf einem gemeinsamen Bankkonto, das unabhängig vom Güterstand eingerichtet wurde, so ist dies nicht güterrechtlich zu qualifizieren, vgl LG Stuttgart IPRax 1996, 140 m. zust. Anm. *Jayme*; vgl zum Gesamtschuldnerausgleich zwischen Ehegatten auch IPG 2000/2001 Nr. 23.

179 Staudinger/*Mankowski*, Art. 15 EGBGB Rn 266.

180 Vgl LG Berlin FamRZ 1993, 198.

181 RGZ 96, 96, 97; Staudinger/*Mankowski*, Art. 15 EGBGB Rn 270.

182 OLG Stuttgart FamRZ 2005, 1676; OLG Hamm IPRax 1988, 108 mit Aufsatz *Jayme/Bissias*, S. 94.

183 BGH FamRZ 1986, 1200; OLG Hamburg FamRZ 2001, 916; OLG Stuttgart FamRZ 2002, 1032; fehlt im ausländischen Güterrecht trotz Ausschöpfung von Auslegungs- und Analogiemöglichkeiten (vgl zum griechischen Recht *Kerameus*, IPRax 1990, 228) ein Auskunftsanspruch, so ist er durch Anpassung herzustellen, OLG Frankfurt NJW-RR 1991, 583; OLG Karlsruhe FamRZ 1995, 738, 740; OLG Stuttgart FamRZ 2003, 1749, wonach die Abgabe einer eidesstattlichen Versicherung auf diesem Wege aber nicht verlangt werden kann; nach AG Dortmund FamRZ 1999, 1507, kann dann, wenn ein Auskunftsanspruch zur Durchführung des Zugewinnausgleichs nach deutschem Recht eingeklagt wurde, aber englisches Güterrecht Anwendung findet, der Auskunftsanspruch nicht in einen Auskunftsanspruch umgedeutet werden, der die Übertragung bestimmter Vermögensgegenstände durch die andere Seite nach englischem Recht zum Ziel hat.

184 Staudinger/*Mankowski*, Art. 15 EGBGB Rn 272.

185 *Kühne*, FamRZ 1969, 371, 376; Staudinger/*Mankowski*, Art. 15 EGBGB Rn 267; der eigentliche Schenkungsvertrag ist gem. Art. 3 ff Rom I-VO anzuknüpfen; vgl *Kühne*, aaO, S. 375; *Gamillscheg*, FamRZ 1969, 79, 80; anders jedoch BGH FamRZ 1969, 28, 30: Anknüpfung über Art. 15.

186 RGZ 163, 367, 376; OLG Stuttgart NJW 1958, 1972; *Andrae*, § 3 Rn 124; konsequenterweise wird man hier ebenfalls voraussetzen müssen, dass das Verbot Ausfluss bzw Folge eines bestimmten Güterstandes ist und demgemäß nicht zu den allgemeinen Ehewirkungen rechnet; nach OLG Stuttgart, aaO, soll auch der Gesellschaftsvertrag dem Güterstatut unterliegen; dagegen zu Recht Palandt/*Thorn*, Art. 15 EGBGB Rn 25: Gesellschafts- bzw Schuldvertragsstatut.

c) Beendigung des Güterstandes. Das Güterstatut befindet auch über die Beendigung des Güterstandes, insbesondere über die **Gründe** dafür. Dazu rechnet in erster Linie die Scheidung, aber auch die Folgen von dem deutschen Recht nicht bekannten Phänomenen, wie etwa der Trennung von Tisch und Bett,[187] richten sich nach dem Güterstatut (vgl Rn 85 f). Kennt dieses Recht keine Trennung von Tisch und Bett, so sind seine Regeln über die Abwicklung nach Scheidung (oder sonstiger Eheauflösung) entsprechend anzuwenden.[188] In den Bereich des Art. 15 fallen auch Möglichkeiten, den Güterstand vor Auflösung der Ehe aufzuheben, zB der vorzeitige Ausgleich des Zugewinns nach deutschem Recht (§§ 1385 ff BGB)[189] oder andere vorzeitige Beendigungsmöglichkeiten.[190] **72**

Nicht nur die Gründe, sondern auch die **Folgen** der Beendigung sind güterrechtlich einzuordnen, also vor allem die güterrechtliche Auseinandersetzung.[191] Hier sind zu nennen etwa Zugewinnausgleichsansprüche,[192] Ansprüche eines Ehegatten auf Nießbrauchseinräumung am Vermögen des anderen,[193] Nutzungsersatzansprüche,[194] Verwendungsersatzansprüche und Herausgabeansprüche (vgl Rn 103), zB hinsichtlich einer Mitgift[195] oder auf Herausgabe persönlicher Vermögensgegenstände.[196] Güterrechtlich sind insoweit auch zu qualifizieren die in manchen Rechtsordnungen den Gerichten eingeräumten Verteilungsbefugnisse.[197] Die güterrechtliche Einordnung der schuldrechtlichen Auseinandersetzungsansprüche teilen dazugehörige Nebenfragen wie die Verjährung,[198] der Einwand der Arglist,[199] Ansprüche auf vorläufige Sicherung des Ausgleichsanspruchs[200] und Auskunftsansprüche, vor allem soweit sie sich auf die Ermittlung des Vermögens des Anspruchsgegners richten.[201] **73**

Endet der Güterstand vor der Auflösung der Ehe, so gehört es zum Güterstatut zu entscheiden, welcher Güterstand an die Stelle tritt und wie die Überleitung erfolgt; endet der Güterstand durch den Tod, ist die Frage güterrechtlich zu qualifizieren, ob es einen fortgesetzten Güterstand (vgl §§ 1483 ff BGB) gibt.[202] In gleicher Weise unterliegen dem Güterstatut Verträge zwischen den Ehegatten, die die Auseinandersetzung des güterrechtlichen Vermögens zum Gegenstand haben,[203] wobei solche güterrechtlichen Auseinandersetzungsverträge vor allem von Unterhaltsverträgen scharf getrennt werden müssen.[204] **74**

3. Eheverträge. a) Begriff des Ehevertrages. Das Ehegüterstatut erfasst auch die ehevertragliche Regelung güterrechtlicher Beziehungen. Der Begriff des Ehevertrages, der in den einzelnen Sachrechten verschieden ausgelegt wird, muss im Rahmen des Art. 15 vom deutschen Kollisionsrecht ausgehend qualifiziert werden.[205] Vereinbarungen über den Versorgungsausgleich und Verträge mit Dritten sind danach kollisionsrechtlich keine Eheverträge.[206] Für die Abgrenzung zu gesellschaftsrechtlichen Verträgen wird die Faustformel vertreten, dass es sich bei dem Vertrag dann um einen Ehevertrag handelt, wenn er das gesamte Gütervermögen und nicht nur einzelne Vermögenswerte erfasst.[207] **75**

b) Abschluss. Zu den „güterrechtlichen Wirkungen der Ehe" iSv Art. 15 zählt auch die **Zulässigkeit** eines Ehevertrages und dessen **Gültigkeitsvoraussetzungen**.[208] Demgemäß unterfallen dem Güterstatut: **76**

187 OLG Hamm NJW 1981, 2648, 2649; OLG Frankfurt IPRax 1986, 239, 240.
188 Staudinger/*Mankowski*, Art. 15 EGBGB Rn 289.
189 *Ludwig*, DNotZ 2000, 663, 664.
190 KG JW 1938, 1244; IPG 1973 Nr. 20 (Freiburg); zB die Beendigung der Gütergemeinschaft nach §§ 1469 f BGB, ausf. *Nordmeier*, StAZ 2009, 71, 75 f.
191 BGH NJW 1980, 2643, 2644; OLG Koblenz NJW-RR 1994, 648.
192 Vgl BGH NJW 1980, 2643; FamRZ 1982, 358.
193 AG Frankfurt IPRspr 1991 Nr. 80.
194 OLG München IPRspr 1993 Nr. 59.
195 OLG Karlsruhe IPRax 1988, 294, wenn sie güterrechtliche Funktion hat; OLG Hamm NJW-RR 1992, 1220, 1222 betont, dass diesbezüglich hinsichtlich der Ausgestaltung des für die Ehe maßgeblichen Güterstandes nicht zu differenzieren sei, da es insoweit um die Beendigung des Güterstandes gehe.
196 OLG Hamm NJW-RR 1992, 1220, 1221, zum türkischen Recht; insoweit muss allerdings ggf danach differenziert werden, ob der Anspruch eine güterrechtliche Grundlage hat oder, ähnlich § 985 BGB, sachenrechtlicher Natur und demgemäß nach der lex rei sitae anzuknüpfen ist, vgl OLG Hamm, aaO.
197 Vgl AG Dortmund FamRZ 1999, 1507: „transfer of property" nach sec. 24, 24 A und 25 englischer Matrimonial Causes Act 1973; ausf. Staudinger/*Mankowski*, Art. 15 EGBGB Rn 282.
198 OLG Frankfurt FamRZ 1987, 1147: Verjährungsfristen für Zugewinnausgleich; BGH NJW-RR 2002, 937.
199 Vgl LG Ulm IPRspr 1964/65 Nr. 104.
200 OLG Düsseldorf NJW-RR 1994, 453.
201 BGH IPRspr 1979 Nr. 183 b; FamRZ 1986, 1200; OLG Karlsruhe FamRZ 1995, 738, 740; OLG Stuttgart FamRZ 2002, 1032; s. Rn 71.
202 Staudinger/*Mankowski*, Art. 15 EGBGB Rn 275.
203 KG JW 1936, 2466 m.Anm. *Maßfeller*; OLG Stuttgart NJW 1958, 1972.
204 Staudinger/*Mankowski*, Art. 15 EGBGB Rn 291.
205 Staudinger/*Mankowski*, Art. 15 EGBGB Rn 299, 301.
206 Staudinger/*Mankowski*, Art. 15 EGBGB Rn 302 f.
207 OLG Stuttgart NJW 1958, 1972; Staudinger/*Mankowski*, Art. 15 EGBGB Rn 303.
208 Die Form richtet sich allerdings nach Art. 11 Abs. 1–3 (s. Rn 105).

- zeitliche Einschränkungen für den Abschluss eines Ehevertrages.[209] In manchen Rechtsordnungen kann ein Ehevertrag nach der Eheschließung nicht mehr vereinbart werden oder nur bei bestimmter Dauer der Ehe;[210]
- etwaige Genehmigungserfordernisse, insbesondere von Seiten der Gerichte;[211]
- notwendige Registrierungen, insbesondere Eintragungen in ein Güterrechtsregister;[212]
- eine besondere, eigens geregelte Geschäftsfähigkeit zum Abschluss von Eheverträgen (vgl § 1411 BGB).[213] Soweit sich der Abschluss nach der allgemeinen Geschäftsfähigkeit richtet, verbleibt es bei Art. 7. Einen besonderen Vertrauensschutz bezüglich der Geschäftsfähigkeit nach Art. 12 S. 1 gibt es wegen Art. 12 S. 2 nicht;
- die Beurteilung von Willensmängeln (Voraussetzungen, Folgen, Heilungsmöglichkeiten).[214]

77 Anzuwenden ist jeweils das zum **Zeitpunkt** des Abschlusses des Ehevertrages geltende Güterstatut. Wird der Ehevertrag bereits vor der Heirat abgeschlossen, so ist maßgeblich das erste Ehegüterstatut während der Ehezeit.[215]

78 **c) Inhalt und Wirkungen.** Zu den Aufgaben des durch Art. 15 bestimmten Statuts gehört auch die Regelung des Inhalts und der Wirkungen eines Ehevertrages.[216] **Beispielhaft** seien hier insoweit genannt:

- die Zulässigkeit bzw das Verbot bestimmter Arten von Eheverträgen, zB ein Verbot so genannter **Stichwortverträge** wie es in § 1409 BGB enthalten ist, wonach der Güterstand nicht durch Verweisung auf nicht mehr geltendes oder ausländisches Recht bestimmt werden kann;[217]
- die Zulässigkeit der Aufnahme von **Verfügungen von Todes wegen** in einen Ehevertrag;[218]
- Regelungen über einzelne **Gütermassen**, zB Vorbehaltsgut, Gesamtgut, samt deren Teilung;[219]
- Zulässigkeit einer **fortgesetzten Gütergemeinschaft**;[220]
- Vereinbarungen über die **Verwaltung** und **Nutznießung**;[221]
- Modifizierungen der güterrechtlichen **Haftung** des einen Ehegatten für Schulden des anderen im Innen- und Außenverhältnis.

79 Große Schwierigkeiten bereitete seit jeher die Qualifikation der nach islamischem Recht vor, bei oder nach der Eheschließung im Rahmen eines „Ehevertrages" versprochene Braut- oder **Morgengabe** („mahr"). Teilweise wird eine erbrechtliche Einordnung vertreten, wenn der Anspruch beim Tod des Mannes geltend gemacht wird.[222] Tritt die Frage im Rahmen der Scheidung auf, so wird von manchen eine scheidungsrechtliche Qualifikation gem. Art. 17 befürwortet,[223] andere betrachten die Morgengabe dann jedoch als Scheidungsunterhalt (Art. 18 Abs. 4).[224] Im Übrigen soll es sich regelmäßig um eine allgemeine Ehewirkung nach Art. 14 handeln.[225] Aber auch die Unterwerfung unter das Güterstatut findet sich in Rechtsprechung[226] und Literatur.[227] Tatsächlich kann eine Entscheidung nur danach erfolgen, welche Funktion die Morgengabe im jeweiligen Zusammenhang haben soll und wie sie ausgestaltet ist.[228] Soweit von ihr die Wirksamkeit der Ehe-

209 HM; aA *Grundmann*, FamRZ 1984, 445, der für die Frage nach der Zulässigkeit von Eheverträgen während der Ehe das Ehewirkungsstatut für sachgerecht hält.
210 BayObLGZ 1979, 89; zB Frankreich: Änderung der güterrechtlichen Rechtslage frühestens nach zweijährigem Bestand des ersten Güterstandes, Art. 1397 Abs. 1 C.c., vgl *Sonnenberger*, in: FS Geimer 2002, S. 1241, 1250.
211 BayObLGZ 1979, 89; zB Frankreich: gerichtliche Bestätigung, sog. Homologation, der notariellen Änderungsurkunde bei Ehevertrag während der Ehe, Art. 1397 Abs. 1 C.c., vgl *Sonnenberger*, in: FS Geimer 2002, S. 1241, 1250.
212 *Schotten/Schmellenkamp*, Rn 209; aA IPG 2000/2001 Nr. 22 für Registrierungserfordernis nach dänischem Recht: Formfrage.
213 MüKo/*Siehr*, Art. 15 EGBGB Rn 87; Staudinger/*Mankowski*, Art. 15 EGBGB Rn 309; aA *Firsching*, DNotZ 1954, 229, 246 f.
214 Staudinger/*Mankowski*, Art. 15 EGBGB Rn 313.
215 RG Recht 1908 Nr. 2683.
216 Vgl RG JW 1938, 1718, 1719; zur Einordnung der französischen „clause d'attribution" ausf. *Gottschalk*, ZEV 2006, 99 ff.
217 Staudinger/*Mankowski*, Art. 15 EGBGB Rn 306; MüKo/*Siehr*, Art. 15 EGBGB Rn 95; § 1409 BGB ist sachrechtlicher Natur, was *v. Bar*, IPR II, Rn 209, zu Recht hervorhebt.
218 Staudinger/*Mankowski*, Art. 15 EGBGB Rn 306 (s.a. Rn 91).
219 RG JW 1938, 1718, 1719.
220 Staudinger/*Mankowski*, Art. 15 EGBGB Rn 306.
221 MüKo/*Siehr*, Art. 15 EGBGB Rn 98.
222 *Heldrich*, IPRax 1983, 64, 65; Palandt/*Thorn*, Art. 13 EGBGB Rn 9; aA zB Soergel/*Schurig*, Art. 15 EGBGB Rn 35.
223 *V. Bar*, IPR II, Rn 192, 269, 297.
224 KG FamRZ 1988, 296.
225 KG FamRZ 1980, 470; OLG Nürnberg FamRZ 2001, 1613; OLG Zweibrücken FamRZ 2007, 1555, 1557; Soergel/*Schurig*, Art. 15 EGBGB Rn 35, für den Fall, dass die Morgengabe von unbedeutendem Wert oder nur symbolisch ist oder eindeutig ausschließlich der Sicherung des laufenden Unterhalts dienen soll.
226 OLG Bremen FamRZ 1980, 606; LG Frankfurt IPRspr 1987 Nr. 52; OLG Köln NJW-RR 1994, 200.
227 Bamberger/Roth/*Mörsdorf-Schulte*, Art. 15 EGBGB Rn 44; MüKo/*Siehr*, Art. 15 EGBGB Rn 97, auch für die „ketubah" des jüdischen Rechts; Soergel/*Schurig*, Art. 15 EGBGB Rn 35, wenn die Morgengabe ein Ausgleich für die fehlende Beteiligung an vom Mann erworbenem Vermögen ist; *Andrae*, § 3 Rn 149; *Wurmnest*, RabelsZ 71 (2007) 527, 550 ff.
228 MüKo/*Winkler v. Mohrenfels*, Art. 17 EGBGB Rn 173.

schließung abhängt, gilt Art. 13.[229] Wird der Anspruch vor Eingehung der Ehe geltend gemacht, findet das Verlöbnisstatut Anwendung.[230] Regelmäßig ist die Morgengabe als allgemeine Ehewirkung (Art. 14) zu betrachten.[231] In jedem Falle kann jedoch die Morgengabevereinbarung grundsätzlich nicht dahin gehend verstanden werden, dass im Übrigen auf unterhaltsrechtliche bzw güterrechtliche Ansprüche verzichtet wird.[232]

Haben sich die Eheleute bei der Regelung in ihrem Ehevertrag irrtümlich an einer anderen Rechtsordnung orientiert als dem tatsächlich anwendbaren Güterstatut, so bestimmt selbstverständlich Letzteres über die Wirkungen des Vertrages. Bei solchem **Handeln unter falschem Recht** ist der im Ehevertrag niedergelegte Wille der Parteien soweit wie zulässig und möglich nach dem anwendbaren Güterrecht zu verwirklichen.[233] Nur dann, wenn wesentliche Vertragsteile danach unwirksam sind und deshalb anzunehmen ist, dass die Eheleute ohne diese den gesamten Vertrag nicht abgeschlossen hätten, ist er ungültig.[234] **80**

Ein solches Handeln unter falschem Recht kann sich auch nachträglich infolge eines **Statutenwechsels** ergeben. Ändert sich das Güterstatut, vor allem wegen Rechtswahl gem. Abs. 2, so richten sich die Wirkungen des Ehevertrages fortan nach dem neuen Güterrecht. Gemäß dem Rechtsgedanken des Art. 26 Abs. 5 bleibt jedoch für die Frage nach der Wirksamkeit der Errichtung des Ehevertrages das Güterstatut zum Zeitpunkt seines Abschlusses maßgeblich. **81**

d) Aufhebung und Änderung. Die Abänderung und Aufhebung eines Ehevertrages unterliegt denselben Regeln wie der Abschluss.[235] Auch hier entscheidet das Güterstatut über die Zulässigkeit wie auch die Wirkungen einer solchen Maßnahme, insbesondere die etwaige Überleitung des bisherigen Güterstandes in den neu vereinbarten. **82**

4. Abgrenzung zu anderen Statuten. a) Eheschließungsstatut. Eine Nichtehe bringt keine güterrechtlichen Ehewirkungen hervor.[236] Diese Vorfrage nach der **Gültigkeit der Ehe** ist selbständig anzuknüpfen, also was die materiellen Eheschließungsvoraussetzungen angeht nach Art. 13 Abs. 1, 2 und was die einzuhaltende Form der Eheschließung betrifft nach Art. 13 Abs. 3 bzw Art. 11. Wie das anzuwendende Ehegüterstatut die Wirksamkeit der Ehe betrachtet, ist grundsätzlich ohne Bedeutung. Folglich kann es zu hinkenden Ehen kommen. Auch wenn die Ehe nur im Inland, nicht jedoch vom Güterstatut als wirksam angesehen wird, wird das Güterstatut nach den allgemeinen Regeln bestimmt.[237] **83**

Wird eine Ehe wegen Eheschließungsmängeln für **nichtig erklärt, aufgehoben oder angefochten**, so richten sich die güterrechtlichen Wirkungen nach Art. 13 Abs. 1 und nicht nach Art. 15.[238] **84**

b) Scheidungsstatut. Die Scheidung als Vorfrage beurteilt sich nach dem Scheidungsstatut (Art. 17 Abs. 1, 2) bzw bei ausländischen Entscheidungen dem Anerkennungsrecht (EheVO; §§ 107, 109 FamFG), die Auswirkungen dieses Tatbestandes auf den Güterstand jedoch nach dem Güterstatut.[239] Andere vermögensbezogene Folgen der Scheidung, wie Hausratsverteilung, Zuweisung der Ehewohnung und Versorgungsausgleich, unterliegen nicht Art. 15, sondern ihren eigenen Statuten.[240] **85**

Entsprechendes gilt für die Folgen für das Güterrecht aus einer **Trennung von Tisch und Bett**. Freilich stellt sich bei Geltung deutschen Güterstatuts das Problem, dass das deutsche Recht eine Trennung von Tisch und Bett nicht vorsieht und deshalb auch keine auf diesen Fall besonders zugeschnittenen güterrechtlichen Regelungen kennt. Insoweit müssen im Wege der Anpassung diejenigen Vorschriften des deutschen Güterrechts angewendet werden, die im Fall der Scheidung gelten, und nur, soweit diese keine passenden Regelungen vorsehen, ist im Wege der Angleichung auch das Trennungsstatut zu berücksichtigen.[241] **86**

229 OLG Düsseldorf FamRZ 1993, 187, 188; *Heldrich*, IPRax 1983, 64; krit. *Henrich*, in: FS Sonnenberger 2004, S. 389, 392: Formstatut.
230 LG Bochum FamRZ 1990, 882, 883; Palandt/*Thorn*, Art. 13 EGBGB Rn 9.
231 BGHZ 183, 287; OLG Stuttgart NJW-RR 2009, 585; OLG Köln FamRZ 2006, 1380; ausf. *Henrich*, in: FS Sonnenberger 2004, S. 389 ff.
232 Vgl OLG Frankfurt FamRZ 1996, 1478, 1479; BGH NJW 1987, 2161; OLG Hamm FamRZ 1981, 875, 877; *Henrich*, in: FS Sonnenberger 2004, S. 389, 395; ausf. zu den Konsequenzen der Morgengabe-Vereinbarung bei Anwendbarkeit deutschen Sachrechts *Wurmnest*, FamRZ 2005, 1878 ff sowie *ders.*, RabelsZ 71 (2007) 527, 555 ff.
233 MüKo/*Siehr*, Art. 15 EGBGB Rn 96.
234 MüKo/*Siehr*, Art. 15 EGBGB Rn 96.
235 MüKo/*Siehr*, Art. 15 EGBGB Rn 91.
236 MüKo/*Siehr*, Art. 15 EGBGB Rn 101.
237 MüKo/*Siehr*, Art. 15 EGBGB Rn 120; OLG Stuttgart FamRZ 1978, 507; vgl auch OLG Frankfurt StAZ 1969, 154 m.Anm. *Lüderitz*; aA LG Düsseldorf MDR 1952, 623; LG Wuppertal StAZ 1964, 52.
238 AG Düsseldorf IPRspr 1995 Nr. 64; MüKo/*Coester*, Art. 13 EGBGB Rn 119; Palandt/*Thorn*, Art. 13 EGBGB Rn 13; aA wohl OLG Nürnberg IPRspr 1978 Nr. 16; Erman/*Hohloch*, Art. 15 EGBGB Rn 35.
239 ZB OLG Frankfurt IPRax 1986, 239 mit Aufsatz *Jayme*, S. 227.
240 Zum Problem der nachehelichen Aufteilung der ehelichen Ersparnisse nach österreichischem Recht vgl OGH IPRax 1995, 42 mit Aufsatz *St. Lorenz*, S. 47, sowie Soergel/*Schurig*, Art. 15 EGBGB Rn 43 Fn 75.
241 Ähnlich Staudinger/*Mankowski*, Art. 15 EGBGB Rn 289 f; anders Soergel/*Schurig*, Art. 15 EGBGB Rn 44: güterrechtliche Wirkungen der Trennung von Tisch und Bett grundsätzlich dem Trennungsstatut zu entnehmen.

87 **c) Statut der allgemeinen Ehewirkungen.** Zum Statut der allgemeinen Ehewirkungen (Art. 14) gehören etwa die Hausratsverteilung und Wohnungszuweisung während bestehender Ehe,[242] Fragen zu Geschäften zur Deckung des Lebensbedarfs (vgl § 1357 BGB)[243] sowie infolge der Ehe sich ergebende geminderte Verwaltungs-, Verfügungs- und Klagebefugnisse wie auch etwaige hierauf beruhende Einschränkungen der Geschäftsfähigkeit.[244]

88 Allgemein gilt für die Abgrenzung zwischen allgemeinen Ehewirkungen und ehelichem Güterrecht, dass nach **Funktion und Zweck** der zu beurteilenden Erscheinung zu urteilen ist.[245] Regelungen, die für jede Ehe unabhängig vom Güterstand bestehen, unterliegen in der Regel dem Ehewirkungsstatut, während Vorschriften, die einen bestimmten Güterstand voraussetzen, nach dem Güterrechtsstatut zu beurteilen sind.[246] Gibt es in der fraglichen Rechtsordnung allerdings nur einen einzigen Güterstand, verbleibt es bei der funktionellen Qualifikation der jeweiligen Vorschrift in ihrem Sachzusammenhang unter Heranziehung rechtsvergleichender Gesichtspunkte.[247]

89 An der Schnittstelle zwischen Ehewirkungs- und Güterstatut muss nicht selten eine **Anpassung** vorgenommen werden. Beispielhaft[248] ist die Situation, dass die als allgemeines Ehewirkungsstatut heranzuziehende Rechtsordnung keine allgemeine **Verfügungsbeschränkung** kennt, sondern solches nur für bestimmte Güterstände vorsieht (zB § 1365 BGB), während das Güterstatut allgemein für alle Ehen und unabhängig vom Güterstand die Verfügungsbefugnis einschränkt (zB Art. 235 Abs. 1 brasilianischer C.c., der die Verfügungsmacht beschränkt, wenn ein Grundstück veräußert werden soll).[249] Ein solcher Normenmangel lässt sich dadurch lösen, dass man beispielsweise die Verfügungsbeschränkung nach dem an sich nicht anwendbaren Ehewirkungsrecht des Güterrechtsstatuts (im Beispiel also Art. 235 Abs. 1 brasilianischer C.c.) mit heranzieht.[250]

90 **d) Erbstatut.** Wird die Ehe durch den Tod eines Ehegatten aufgelöst, so treten im Grenzbereich zwischen Güter- und Erbrecht dann, wenn beide Materien nicht von derselben Rechtsordnung beherrscht werden, die Probleme auf, wie Erscheinungen der deutschen oder ausländischen Rechtsordnung zu qualifizieren sind und wie zwischen den einzelnen Rechtsordnungen eine etwaige Disharmonie durch Anpassung zu beseitigen ist.[251]

91 Werden ein **Ehe- und** ein **Erbvertrag** im Zusammenhang miteinander, insbesondere in einer Urkunde, geschlossen, so beurteilen sich die einzelnen Teile nach ihrem jeweiligen Statut.[252] Entscheidend ist nicht die Bezeichnung, sondern der materielle Inhalt der Vereinbarungen.[253] Dabei ist das Erbstatut auch dafür maßgebend, inwieweit durch Vertrag zwischen den Ehegatten das Pflichtteilsrecht dritter Personen beschränkt werden kann.[254] Das Gleiche (Geltung des Erbstatuts) gilt für die Frage, ob letztwillige Verfügungen in einem Ehevertrag enthalten sein dürfen.[255]

92 Im Übrigen ist Ausgangspunkt für die Qualifikation der grundsätzliche **Vorrang des Güterrechts** dahin gehend, dass es der Maßgabe des Güterstatuts unterliegt, wie der Güterstand aufgelöst wird und was davon als Anteil des Erblassers in dessen Nachlass fällt, während es vom Erbstatut bestimmt wird, wie die Rechtsnachfolge in den so bestimmten Nachlass erfolgt.[256] Folglich obliegt es insbesondere dem Güterstatut, zu entscheiden, wie gemeinschaftliche Gütermassen abgewickelt werden bzw ob sie auch nach dem Tod fortzusetzen sind.[257]

93 Besondere Schwierigkeiten bereitet die im deutschen Recht gegebene Verzahnung der Berechtigung des überlebenden Ehegatten in den §§ 1371 und 1931 BGB. Dabei ist man sich weitgehend einig, dass **§ 1371**

242 *St. Lorenz*, IPRax 1995, 47.
243 Bamberger/Roth/*Mörsdorf-Schulte*, Art. 15 EGBGB Rn 40.
244 Soergel/*Schurig*, Art. 15 EGBGB Rn 33.
245 MüKo/*Siehr*, Art. 15 EGBGB Rn 102; *Schotten/Schmellenkamp,* Rn 127 a.
246 *Schotten/Schmellenkamp,* Rn 127 a; *Süß*, Rpfleger 2003, 53, 64.
247 Soergel/*Schurig*, Art. 15 EGBGB Rn 32.
248 Vgl Soergel/*Schurig*, Art. 15 EGBGB Rn 33.
249 *Jayme*, in: FS Henrich 2000, S. 335, 337.
250 Soergel/*Schurig*, Art. 15 EGBGB Rn 33; *Henrich*, S. 74, und ihm folgend *Jayme*, in: FS Henrich 2000, S. 335, 339, wollen dagegen Art. 235 Abs. 1 brasilianischer C.c. von vornherein güterrechtlich qualifizieren.
251 Lösungsvorschläge bei *Braga*, in: FS Wengler Bd. II 1973, S. 191, 196 ff.
252 HM, BayObLGZ 1981, 178; *Schotten/Schmellenkamp,* Rn 212.
253 LG München I FamRZ 1978, 364 m.Anm. *Jayme*; Staudinger/*Mankowski*, Art. 15 EGBGB Rn 339.
254 *Henrich*, in: FS Schippel 1996, S. 905, 916; Staudinger/*Mankowski*, Art. 15 EGBGB Rn 339.
255 S.a. Staudinger/*Mankowski*, Art. 15 EGBGB Rn 306.
256 MüKo/*Siehr*, Art. 15 EGBGB Rn 109.
257 Ausf. Staudinger/*Mankowski*, Art. 15 EGBGB Rn 330 ff, insbesondere auch zur Anwachsung des Anteils des Verstorbenen an der Gütergemeinschaft an den überlebenden Teil, der güterrechtlich zu qualifizieren ist, wenn er außerhalb des Nachlasses erfolgt, vgl OLG Hamburg NiemZ 18 (1908) 146.

Abs. 2 Hs 1 BGB güterrechtlich[258] und **§ 1371 Abs. 2 Hs 2 und Abs. 3 BGB** erbrechtlich[259] zu qualifizieren sind.

In hohem Maße umstritten ist dagegen die Behandlung des güterrechtlichen Viertels nach **§ 1371 Abs. 1 BGB** sowie des Ausbildungsanspruchs nach **§ 1371 Abs. 4 BGB**, der als inhärente Belastung des erhöhten Ehegattenerbrechts genauso behandelt werden muss.[260] Zu Recht hat sich nunmehr weitgehend eine güterrechtliche Qualifizierung durchgesetzt, so dass das güterrechtliche Viertel zu gewähren ist, wenn deutsches Güterrecht berufen ist.[261] Freilich birgt das Zusammentreffen von deutschem Güterrecht mit ausländischem Erbrecht geradezu klassische Anpassungsprobleme in sich. Dabei ist in einem ersten Schritt für jede Rechtsordnung getrennt zu prüfen, welche Ansprüche der überlebende Ehegatte hätte, wenn ausschließlich diese Rechtsordnung, also sowohl güter- als auch erbrechtlich, zur Anwendung käme. Ein Anpassungsbedarf besteht nur dann, wenn man in einem zweiten Schritt feststellt, dass durch das von unserem IPR angeordnete Nebeneinander des einen Güterrechts mit dem anderen Erbrecht der überlebende Ehegatte mehr bekäme als nach der für ihn günstigeren der beiden Rechtsordnungen (Normenhäufung) oder er weniger bekäme als nach der für ihn ungünstigeren der beiden Rechtsordnungen (Normenmangel). Bewegt sich sein Anspruch hingegen wertmäßig dazwischen, so besteht kein Anpassungsbedarf.[262] Überwiegend wird vorgeschlagen, die Anpassung derart vorzunehmen, dass der Ehegatte im Fall des Normenmangels mindestens bzw im Fall der Normenhäufung höchstens das erhält, was ihm nach jedem der beiden Rechte für sich betrachtet zustünde, dh es ist in die aus dem Normenmangel bzw der Normenhäufung sich ergebende Rechtslage im geringstmöglichen Umfang einzugreifen, um den nach den Einzelrechten „zulässigen Bereich" zu erreichen.[263] 94

Die den Erbteil des überlebenden Ehegatten zu seinen Gunsten erhöhende Vorschrift des **§ 1931 Abs. 4 BGB** ist dem Erbrecht zuzuordnen und setzt demgemäß die Berufung deutschen Rechtes als Erbstatut voraus; bei Anwendung ausländischen Güterrechts fordert sie jedoch, dass die dort vorgesehene Gütertrennung der deutschen funktionell vergleichbar ist,[264] und zwar vor allem im Hinblick auf die güterrechtlichen Ansprüche des überlebenden Ehegatten beim Tod des anderen. 95

e) Statut des einzelnen Schuldverhältnisses. Einzelne Schuldverhältnisse der Ehegatten untereinander oder zu Dritten, insbesondere Schuldverträge, auch Gesellschaftsverhältnisse, werden grundsätzlich nicht vom Güterrechtsstatut beherrscht, sondern von der Rechtsordnung, die auf das einzelne Rechtsverhältnis Anwendung findet, also zB Schuldvertrags- oder Gesellschaftsstatut.[265] Das Güterrechtsstatut entscheidet jedoch darüber, ob und inwieweit für solche Rechtsverhältnisse güterrechtliche Tatbestände und Rechtsfolgen erheblich sind.[266] Solche speziellen güterrechtlichen Tatbestände bzw Rechtsfolgen können etwa sein güterrechtliche Schenkungs- oder Gesellschaftsverbote,[267] Erwerbs- oder Verfügungsbeschränkungen aufgrund des Güterstandes, aber auch Haftungs- und Berechtigungsfragen, zB die Haftung eines Gesamtgutes für von einem 96

258 BayObLGZ 1980, 276, 284; Erman/*Hohloch*, Art. 15 EGBGB Rn 38; Staudinger/*Mankowski*, Art. 15 EGBGB Rn 365.

259 *Thiele*, FamRZ 1958, 393, 398; Erman/*Hohloch*, Art. 15 EGBGB Rn 38; Staudinger/*Mankowski*, Art. 15 EGBGB Rn 365.

260 Staudinger/*Mankowski*, Art. 15 EGBGB Rn 367.

261 OLG Hamm IPRspr 1995 Nr. 119; LG Mosbach ZEV 1998, 489; OLG Karlsruhe NJW 1990, 1420, 1421 – jedenfalls, wenn auch deutsches Erbrecht gilt; Erman/*Hohloch*, Art. 15 EGBGB Rn 37; LG Bonn IPRspr 1984 Nr. 115; Soergel/*Schurig*, Art. 15 EGBGB Rn 38, 40; *Derstadt*, IPRax 2001, 84, 89; *Mäsch/Gotsche,* ZErB 2007, 43, 45; für erbrechtliche Einordnung sprach sich zB aus *Bärmann*, AcP 157 (1958/59), 145, 198; eine Anwendung des § 1371 Abs. 1 BGB nur dann, wenn deutsches Recht als Güter- und Erbstatut berufen ist, befürworten zB OLG Düsseldorf IPRspr 1987 Nr. 105; *Schotten/Schmellenkamp,* Rn 212, 284 ff, nach denen andernfalls nur der Zugewinnausgleich gem. § 1371 Abs. 2 BGB verlangt werden könne; iE ähnlich OLG Stuttgart IPRax 2005, 549, 550; OLG Frankfurt FamRZ 2010, 767: keine Erhöhung gem. § 1371 Abs. 1 BGB, sofern das anwendbare ausländische Erbrecht eine solche Quotenregelung nicht kennt; vgl auch OLG Düsseldorf NJW-RR 2009, 732, 734 f; vgl weiterhin MüKo/*Siehr*, Art. 15 EGBGB Rn 117, der § 1371 Abs. 1 BGB auch bei ausländischem Erbstatut anwenden will, wenn insoweit im Einzelfall eine Substitution deutschen Erbrechts durch das ausländische möglich ist; ähnlich Palandt/*Thorn*, Art. 15 EGBGB Rn 26; vgl ferner *Ludwig,* DNotZ 2005, 586, 592 ff, der ggf einen pauschalierten schuldrechtlichen Zugewinnausgleichsanspruch in der Höhe des § 1371 Abs. 1 BGB gewähren will.

262 *Dörner*, IPRax 1994, 33, 34 f; Staudinger/*Mankowski*, Art. 15 EGBGB Rn 378; anders MüKo/*Siehr*, Art. 15 EGBGB Rn 111: keine Anpassung, wenn Ehegatte infolge des Auseinanderfallens von Ehegüter- und Erbstatut mehr als bei Identität beider Statute erhält.

263 Staudinger/*Mankowski*, Art. 15 EGBGB Rn 378; Palandt/*Thorn*, Art. 15 EGBGB Rn 26; LG Mosbach ZEV 1998, 489, 490; *Jeremias/Schäper,* IPRax 2005, 521, 526; *Mäsch/Gotsche,* ZErB 2007, 43, 47; im Erg. auch *Krug*, ZErB 2002, 221, 223; aA MüKo/*Siehr*, Art. 15 EGBGB Rn 118: das Recht, das dem Ehegatten die stärkere vermögensrechtliche Position gibt, soll verwirklicht werden; andere detaillierte Lösungsvorschläge bei Soergel/*Schurig*, Art. 15 EGBGB Rn 39 f.

264 HM, OLG Düsseldorf FamRZ 2010, 72; *Riering*, in: Reimann/Bengel/Mayer, Testament und Erbvertrag, 5. Aufl. 2006, B Rn 53; *Jayme*, in: FS Ferid 1978, S. 221, 232; aA: Soergel/*Schurig*, Art. 15 EGBGB Rn 41.

265 BGHZ 119, 392, 394; RG JW 1938, 1718, 1719.

266 Soergel/*Schurig*, Art. 15 EGBGB Rn 37.

267 BGHZ 119, 392, 394.

Ehegatten begründete Verbindlichkeiten sowie die Zugehörigkeit von Ansprüchen zu einer bestimmten Gütermasse. Das Güterstatut befindet beispielsweise auch über die Frage der dinglichen Berechtigung von in Güter- oder Errungenschaftsgemeinschaft lebenden Ehegatten an einer Gesellschaft.[268] Allerdings kann auch das Gesellschaftsrecht auf die Art der Berechtigung einwirken. Beansprucht etwa bei Anwendbarkeit deutschen Gesellschaftsrechts ein ausländisches Güterrecht, dass ein nicht oder nur mit Zustimmung eines Dritten übertragbarer Gesellschaftsanteil eines Ehegatten mit dinglicher Wirkung dem Gesamtgut zugeordnet werden soll, so gebührt dem deutschen Gesellschaftsrecht der Vorrang; der Gesellschaftsanteil fällt also nicht mit dinglicher Wirkung in das Gesamtgut.[269]

97 Vorstehende Grundsätze gelten auch für **unbenannte Zuwendungen**. Diese sind in erster Linie dem Schuldvertragsstatut nach Art. 3 ff Rom I-VO zu unterwerfen.[270] Auch die Ausgleichsregeln beim Scheitern der Ehe sind diesem Statut zu entnehmen.[271] Diese Rechtsordnung kann aber vorsehen, dass dabei das Güterrecht eine Rolle spielt. Sie entscheidet dann auch, ob eine Substitution erfolgen soll oder ob der Güterstand echte Vorfrage ist, die dann selbständig nach Art. 15 angeknüpft werden muss.[272]

98 **f) Sachstatut der Einzelgegenstände.** Das Güterstatut muss auch gegenüber den Rechtsordnungen, die die vom Güterrecht beeinflussten Einzelgegenstände in dinglicher Hinsicht beherrschen, abgegrenzt werden, also bei Sachen vom insoweit maßgeblichen Recht des Lageortes (lex rei sitae) und bei Forderungen sowie Rechten vom Statut dieses betreffenden Gegenstandes. Das Güterrecht nimmt hier in vielfacher Weise Einfluss, etwa auf die Art gemeinschaftlichen Eigentums, die Zuordnung zu den Gütermassen, Regelungen über Verfügungsbefugnisse oder die Besitzlage. Als **Grundsatz** lässt sich für diese Abgrenzung formulieren:[273] Das Güterstatut bestimmt nicht nur, welche Gütermassen überhaupt zu unterscheiden sind, sondern auch, ob der einzelne Gegenstand überhaupt in die Gütermasse fällt, wenn ja, in welche Gütermasse er gehört und welche Lasten und Beschränkungen kraft Güterrechts an ihm entstehen sollen. Ob diese Rechtsänderungen tatsächlich eintreten können, entscheidet das Statut des Einzelgegenstandes. Das Güterstatut sagt also, welche vermögensrechtlichen Folgen die Eheschließung oder ein Ehevertrag, grundsätzlich auch gegenüber Dritten, hervorruft.[274] Das Statut des Einzelgegenstandes befindet darüber, ob es eine solche vom Güterrecht vorgesehene dingliche Änderung auch vollzieht. Ihm obliegt beispielsweise die Ausgestaltung des Inhalts dinglicher Rechte und Pflichten, die Festsetzung, wie über sie verfügt wird sowie das Aufstellen von Publizitätserfordernissen.[275] Geraten Güterstatut und Einzelstatut in Konflikt, weil sich das anwendbare Güterrecht beispielsweise am Lageort der Sache nicht durchsetzen lässt, so gebührt dem **Einzelstatut** regelmäßig der **Vorrang**.[276]

99 Welche Anforderungen an eine vom Güterstatut angeordnete oder vorausgesetzte rechtsgeschäftliche **Verfügung** über eine Sache zu stellen sind, wie sich insbesondere der Eigentumserwerb vollzieht, unterliegt daher in sachenrechtlicher Hinsicht der lex rei sitae.[277] Das gilt ebenso für die Frage eines etwaigen gutgläubigen Erwerbs Dritter.[278] Auch eine güterrechtlich erzwungene automatische Vergemeinschaftung eines Gegenstandes ist darauf zu überprüfen, ob sie dem Einzelstatut nicht fremd ist. Das Güterrechtsstatut kann keine Rechtsfolgen anordnen, die dem Einzelgegenstandsstatut nach ihrer Art unbekannt sind, insbesondere kann ein Gemeinschaftseigentum nicht in einem Staat entstehen, in dem es diese Eigentumsform überhaupt nicht gibt.[279] Dabei ist nicht erforderlich, dass dem Einzelstatut der das gemeinschaftliche Eigentum begründende Güterstand genau in der Form auch bekannt ist, wie ihn das Güterstatut vorsieht. Demgemäß kann unproblematisch auch eine in Deutschland belegene Sache zu einem Gesamtgut nach ausländischem Recht, etwa der Errungenschaftsgemeinschaft nach italienischem Recht, erworben werden, weil dem deutschen Recht ein Gesamthandseigentum als solches bekannt ist.[280] Auflassungen in einem unzutreffenden Gemeinschaftsverhältnis bleiben grundsätzlich wirksam.[281]

100 Es ist außerdem Sache der lex rei sitae, bei **beschränkt dinglichen Rechten** die Frage zu beantworten, wie und mit welchem Inhalt sie entstehen können.[282] Verlangt das Recht des Lageortes für die Entstehung des

268 *Riering*, IPRax 1998, 322; vgl auch RG JW 1938, 1718, 1719.
269 Ausf. *Schotten/Schmellenkamp,* DNotZ 2007, 729, 735 ff.
270 Vgl – allerdings aus der Zeit vor der Rom I-VO – BGHZ 119, 392, 394 f; *St. Lorenz*, FamRZ 1993, 393, 394; Staudinger/*Mankowski*, Art. 15 EGBGB Rn 414 ff; aA *Winkler v. Mohrenfels*, IPRax 1995, 379, 381 f; *Jayme/Kohler*, IPRax 1993, 357, 369; *Hausmann,* in: FS Jayme Bd. I 2004, S. 305, 314.
271 BGHZ 119, 392, 395 ff.
272 Staudinger/*Mankowski*, Art. 15 EGBGB Rn 417.
273 Staudinger/*Mankowski*, Art. 15 EGBGB Rn 388.
274 MüKo/*Siehr*, Art. 15 EGBGB Rn 105.
275 *Niewöhner*, MittRhNotK 1981, 219, 221.
276 *Niewöhner*, MittRhNotK 1981, 219, 221.
277 KG NJW 1973, 428.
278 Staudinger/*Mankowski,* Art. 15 EGBGB Rn 259.
279 Soergel/*Schurig*, Art. 15 EGBGB Rn 36.
280 Vgl Staudinger/*Mankowski*, Art. 15 EGBGB Rn 395; *Süß*, Rpfleger 2003, 53, 60, hält aber die deutsche Grundbuchpraxis, ggf Ehegatten „in Gütergemeinschaft niederländischen Rechts“ einzutragen, für bedenklich.
281 *Schöner/Stöber*, Grundbuchrecht, 14. Aufl. 2008, Rn 3416; *Bader*, MittRhNotK 1994, 161, 166.
282 Vgl BGH NJW 1995, 58, zum Vindikationslegat; KG NJW 1973, 428.

dinglichen Rechts eine Übertragungshandlung, während das Güterstatut darauf verzichtet, so sind die Eheleute zur Vornahme der Übertragung verpflichtet.[283] Nach deutschem Recht als Einzelstatut nicht anerkannt werden können (ehe-)vertragliche Verfügungsbeschränkungen, da sie dem **§ 137 BGB** widersprechen.[284]

Ist deutsches Recht außerdem Sachrechtsstatut für ein Grundstück, so ist die Vermutung des **§ 891 BGB** auch auf den güterrechtlich relevanten eingetragenen Rechtsinhalt des Grundbuchs zu beziehen.[285] **101**

Zum Art. 15 gehört der Einfluss des Güterstandes auf die Besitzverhältnisse, während der **Besitz** selbst und sein Schutz der lex rei sitae bzw dem Deliktsstatut unterfallen.[286] **102**

Herausgabeansprüche sind danach einzuordnen, wo sie ihre Grundlage haben. Liegt diese im Eigentum, so gilt das Sachstatut.[287] Beruht der Anspruch dagegen auf dem güterrechtlichen Verhältnis der Ehegatten, gilt das Güterstatut.[288] **103**

Geht es um Grundstücke, so kommt neben dem Güterstatut und dem Sachenrechtsstatut auch noch das **Grundbuchverfahrensrecht**, das der lex fori unterliegt, zum Tragen. Die sich aus einer Einbindung eines deutschen Grundstückes in ein gemeinschaftliches Gut nach ausländischem Güterrecht ergebende Bindung ist nach § 47 GBO als gemeinschaftliches Rechtsverhältnis zu bezeichnen.[289] Auch hier gilt, dass eine Gesamtberechtigung aus einem fremden Güterstand, die dem deutschen Recht vollends wesensfremd ist, nicht eingetragen werden kann.[290] Ein bloßer Wechsel eines ausländischen gesetzlichen Güterstandes wegen einer dortigen Gesetzesänderung berechtigt nicht automatisch zur Eintragung eines Amtswiderspruchs gegen die nach früherem Güterstand erfolgte Eintragung, sondern die Überleitung in das neue Recht bestimmt sich nach den im ausländischen Güterrecht vorgesehenen Vorschriften.[291] Hat das Grundbuchamt den Verdacht, dass die Eintragung eines Ehegatten als Alleineigentümer das Grundbuch unrichtig machen würde, weil nach dem ausländischen Güterrecht der andere Ehegatte eine Mitberechtigung erlangt, so reicht dies nicht, um die Eintragung als Alleineigentümer abzulehnen; vielmehr darf dies nur im Falle einer sicheren Kenntnis seitens des Grundbuchamts erfolgen.[292] In gleicher Weise darf das Grundbuchamt bei Eintragung von Auflassungsvormerkungen ohne konkrete Anhaltspunkte nicht prüfen, ob dem späteren Alleinerwerb ein güterrechtliches Hindernis entgegenstehen könnte.[293] Wird daraufhin die Vormerkung für nur einen Ehegatten eingetragen, fällt jedoch der gesicherte Anspruch aufgrund des Güterrechtes auch dem anderen, zB als Gesamtgut der italienischen „comunione dei beni“ zu, so ist das Grundbuch unrichtig.[294] Einen vormerkungsfähigen Alleinübertragungsanspruch des erwerbenden Ehegatten unabhängig vom Güterstand gibt es (auch) hier nicht.[295] **104**

g) Formstatut. Die Teilfrage der Form eines Ehevertrages unterliegt Art. 11 Abs. 1 bis 3, so dass der Ehevertrag formell entweder dem Güterstatut oder dem Ortsrecht entsprechen muss.[296] Das gilt auch, wenn die verwiesene Rechtsordnung den formfreien Abschluss zulässt.[297] Kennt die verwiesene Rechtsordnung das Institut des Ehevertrages nicht und sieht deshalb auch keine Formregelung vor, so geht die Verweisung insoweit ins Leere und es gelten die Folgen, die diese Rechtsordnung bei Formmängeln vorschreibt, dh der Ehevertrag wird nach dieser Rechtsordnung regelmäßig formunwirksam sein.[298] **105**

III. Spaltung des Ehegüterstatuts

1. Grundsatz der Einheit des Güterstatuts und Entstehungsgründe der Spaltung. Das deutsche internationale Güterrecht wird vom Grundsatz der **Einheit des Güterstatuts** beherrscht, wonach die güter- **106**

283 RG JW 1903, 250; Staudinger/*Mankowski*, Art. 15 EGBGB Rn 390.
284 KG NJW 1973, 428, 429; *Jayme/v. Olshausen*, FamRZ 1973, 281, 284.
285 KG NJW 1973, 428; Palandt/*Thorn*, Art. 15 EGBGB Rn 25.
286 LG München I IPRspr 1962/63 Nr. 88; Staudinger/*Mankowski*, Art. 15 EGBGB Rn 391.
287 Staudinger/*Mankowski*, Art. 15 EGBGB Rn 393; vgl OLG Köln NJW-RR 1994, 200.
288 OLG Hamm NJW 1995, 133.
289 OLG Oldenburg IPRspr 1991 Nr. 81; vgl auch OLG Zweibrücken DNotZ 2008, 529: Bezeichnung als „Eigentümer gemäß dem gesetzlichen Güterstand des Rechts des Staates Türkei“ ungenügend, weil unklar, ob Bruchteilsgemeinschaft oder Gemeinschaftsverhältnis.
290 Vgl KG NJW 1973, 428; *Rauscher*, Rpfleger 1985, 52.
291 OLG Frankfurt NJW-RR 1994, 72, 73.
292 BayObLG NJW-RR 1992, 1235; OLG Hamm NJW-RR 1996, 530, 531; OLG Karlsruhe Rpfleger 1994, 948; Entsprechendes gilt, wenn die Ehegatten als Bruchteilseigentümer eingetragen werden sollen und das Grundbuchamt den Verdacht eines Gemeinschaftsverhältnisses hegt, ausf. OLG München NJW-RR 2009, 806; OLG Schleswig FGPrax 2010, 19; ebenso für die Eintragung der Vormerkung OLG Düsseldorf FamRZ 2010, 1564.
293 BayObLG IPRax 1986, 301; AG Schwabach Rpfleger 1983, 429 m. zust. Anm. *Ertl*; aA *Rauscher*, Rpfleger 1985, 52 ff.
294 AA BayObLG IPRax 1986, 301.
295 *Jayme*, IPRax 1986, 290; aA *Amann*, Rpfleger 1986, 117 ff.
296 OLG Zweibrücken FamRZ 1988, 623, 624; *Siehr*, IPRax 2007, 353, 357.
297 Staudinger/*Mankowski*, Art. 15 EGBGB Rn 320.
298 Staudinger/*Mankowski*, Art. 15 EGBGB Rn 321 ff; vgl zum Parallelproblem bei Versorgungsausgleichsregelungen OLG Bamberg NJW-RR 2002, 1153, 1154.

rechtlichen Verhältnisse sowohl in zeitlicher als auch in gegenständlicher Hinsicht einer einzigen Rechtsordnung unterliegen. Anders als nach zahlreichen ausländischen Kollisionsrechten gilt damit eine einheitliche Rechtsordnung als Gesamtstatut für alle Vermögensgegenstände der Eheleute, gleichgültig, wo sich diese Gegenstände befinden und welcher Art sie sind.

107 Der Grundsatz vom Gesamtstatut wird jedoch mehrfach durchbrochen. Als **Ursachen** hierfür kommen in Betracht:

- die Beachtlichkeit einer Rück- oder Weiterverweisung im Rahmen des Abs. 1 (s. Rn 27). Folgt die verwiesene ausländische Rechtsordnung in ihrem Kollisionsrecht dem Grundsatz der Einheit nicht, sondern spaltet nach verschiedenen Vermögensmassen, insbesondere nach Mobilien und Immobilien, so werden diese Vermögensmassen den entsprechend unterschiedlichen Rechtsordnungen unterworfen. Eine Spaltung des Güterstatuts kann dabei im Wege des renvoi auch dadurch entstehen, dass das ausländische IPR wandelbar anknüpft und im Falle eines solchen Wandels das neue Statut nur das künftig zu erwerbende Vermögen erfasst, so dass dadurch unterschiedlich angeknüpfte Vermögensmassen entstehen;[299]
- Art. 3 a Abs. 2 (s. Rn 5 ff). Diese Vorschrift führt zur Anwendung der güterrechtlichen Vorschriften des Belegenheitsrechts abweichend vom Gesamtstatut;[300]
- die Rechtswahl nach Abs. 2 Nr. 3 (s. Rn 38 ff). Hier richtet sich das unbewegliche Vermögen nach dem gewählten Recht, für das übrige Vermögen gilt das gem. Abs. 1 oder Abs. 2 Nr. 1 oder 2 zu bestimmende Güterstatut.

108 **2. Folgen der Spaltung.** Güterrechtsspaltung bedeutet Unterwerfung verschiedener Teile des Vermögens der Ehegatten unter verschiedenartiges Ehegüterrecht.[301] Jede Vermögensmasse ist nach den dafür maßgebenden güterrechtlichen Vorschriften **gesondert zu beurteilen**, und zwar grundsätzlich so, als wäre die jeweils andere Vermögensmasse nicht vorhanden.[302] So kann es sich etwa bei der einen Masse um Gesamthandsvermögen handeln, während für die andere ein Zugewinnausgleich bei Beendigung erforderlich ist.[303] Auch nach Verfügungsbeschränkungen ist entsprechend getrennt zu fragen.[304] Für die Anwendung des § 1365 BGB gilt die dem deutschen Recht unterliegende Vermögensmasse als ganzes Vermögen.[305]

109 Das Nebeneinander unterschiedlicher Güterrechte kann jedoch vor allem bei der Abwicklung und Auseinandersetzung zu **Anpassungsproblemen** führen.[306] Widersprüchliche Ergebnisse können sich zB zeigen, wenn isoliert auf einen Teil des Vermögens das Zugewinnausgleichsverfahren nach deutschem Recht durchzuführen ist.[307] Kennt das beim Tod eines Ehegatten anzuwendende Erbstatut, so wie das deutsche Recht, nur einheitliche Erbquoten für einen Nachlass und ist das deutsche Güterrecht und damit auch § 1371 Abs. 1 BGB (s. Rn 94) infolge Spaltung nur auf einen Teil des güterrechtlichen Vermögens anzuwenden, so ergibt sich die Schwierigkeit, dass das „güterrechtliche Viertel" bezogen auf den Gesamtnachlass nicht beziffert werden kann.[308] Beruht die Spaltung auf einer Rechtswahl nach Abs. 2 Nr. 3, so mag man solche Schwierigkeiten gegebenenfalls durch zusätzliche erbrechtliche Rechtswahl nach Art. 25 Abs. 2 vermeiden können.[309] Dennoch sind Anpassungsprobleme bei der Statutenspaltung grundsätzlich nie vollständig auszuschließen. Eine Möglichkeit, die Spaltung von vornherein zu vermeiden (außer in Fällen des Art. 3 a Abs. 2, vgl Rn 8), bieten die umfänglichen Rechtswahltatbestände des Abs. 2 Nr. 1 und 2. Außerdem können auf sachrechtlicher Ebene durch entsprechende (ehevertragliche) Vereinbarungen die Güterstände einander angenähert werden.

110 **3. Ordre public, Art. 6.** Da auch fremdes Kollisionsrecht dem ordre public widersprechen kann, sind vor allem gegen den Gleichberechtigungsgrundsatz verstoßende Anknüpfungen des **ausländischen IPR** dem

299 Vgl *Niewöhner*, MittRhNotK 1981, 219, 222; *Maglio/Thorn*, ZVglRWiss 96 (1997), 347, 360 f (für Italien).
300 Stellvertretend für alle Staudinger/*Mankowski*, Art. 15 EGBGB Rn 70.
301 *Niewöhner*, MittRhNotK 1981, 219, der auch betont (S. 220), dass dieses kollisionsrechtliche Phänomen von der etwaigen Möglichkeit auf der Ebene des Sachrechts, Eheverträge gegenständlich zu beschränken, unterschieden werden muss.
302 Palandt/*Thorn*, Art. 15 EGBGB Rn 22; *Schotten/Schmellenkamp*, Rn 151.
303 *Schotten/Schmellenkamp*, Rn 151; Palandt/*Thorn*, Art. 15 EGBGB Rn 22.
304 *Schotten/Schmellenkamp*, Rn 151; Palandt/*Thorn*, Art. 15 EGBGB Rn 22.
305 *Süß*, ZNotP 1999, 385, 387.
306 *Schotten/Schmellenkamp*, Rn 151.
307 Ausf. *Süß*, ZNotP 1999, 385, 388 ff, mit Vorschlägen, diese im Vereinbarungswege zu vermeiden; *Ludwig*, DNotZ 2000, 663 ff, der für den Fall des Art. 3 a Abs. 2 versucht, der Aufspaltung möglichst von vornherein zu entgehen; *Schotten/Schmellenkamp*, Rn 50; *Henrich*, FamRZ 1986, 841, 847; *Wegmann*, NJW 1987, 1740, 1744.
308 *Süß*, ZNotP 1999, 385, 392 f, nach dem sich hier eine entsprechende Anwendung von § 1371 Abs. 2 BGB anbietet.
309 *Süß*, ZNotP 1999, 385, 393.

Verdikt des Art. 6 verfallen.[310] In manchen Rechtsordnungen bestehen noch solche Anknüpfungen an das Mannesrecht, wenngleich deutlich seltener als früher.

Etwa anwendbares **ausländisches Sachrecht** ist ebenfalls in erster Linie an dem verfassungsrechtlichen Grundsatz der Gleichberechtigung zu messen. Zwar ist in der deutschen Rechtsprechung bisher kein Fall eines Verstoßes veröffentlicht worden,[311] jedenfalls könnte das deutsche Recht aber eine Quasi-Entmündigung der Frau durch ausschließliche Verwaltungs- und Verfügungsbefugnisse des Mannes nicht hinnehmen.[312] Hiergegen schützt die Möglichkeit im ausländischen Recht, einen anderen, gleichberechtigungskonformen Güterstand zu wählen, nicht, weil dafür beide Ehegatten bereit sein müssten.[313] Da das deutsche Güterrecht selbst die Gütertrennung kennt, kann es einen zu geringen Vergemeinschaftungsgrad im Rahmen des Art. 6 nicht geben,[314] so dass eine ausländische Gütertrennung nicht anstößig ist.[315] **111**

Voraussetzung für einen Verstoß gegen Art. 6 ist natürlich immer der dort geforderte entsprechende **Inlandsbezug** (vgl Art. 6 EGBGB Rn 38 ff).[316] **112**

C. Weitere praktische Hinweise

I. Einfluss und Feststellung des anwendbaren Güterrechts

Für die Praxis ist von Bedeutung, vor allem auch dann an das internationale Güterrecht zu denken, wenn **nur ein Ehegatte** an einem Rechtsgeschäft **beteiligt** werden soll. Beispiele sind etwa der Erwerb, sei es bei Gründung der Gesellschaft oder später durch Abtretung, eines Gesellschaftsanteils durch nur einen Ehegatten. Hier kann das Güterrecht ggf zu einer Vergemeinschaftung dieses Gegenstandes führen, obwohl dies von den Beteiligten nicht gewollt ist.[317] **113**

Vergessen darf auch nicht werden, dass selbst in vermeintlich „offensichtlich inländischen" Fällen sich aufgrund der Anknüpfung an die Umstände zur **Zeit der Eheschließung** (Abs. 1) ein ausländischer Güterstand ergeben kann, so dass bei entsprechenden Anzeichen es sich empfiehlt, nicht nur die aktuelle Staatsangehörigkeit zu erfragen.[318] **114**

II. Die Rechtswahl nach Abs. 2

1. Allgemeines. Die durch Abs. 2 ermöglichte Rechtswahl ist als Instrumentarium vorsorgender Rechtspflege von unschätzbarem Wert, zB aus folgenden Gründen: **115**

- die Wahl deutschen Ehegüterrechts eröffnet die Anwendung der vollen Ehevertragsfreiheit des BGB;[319]
- durch Rechtswahl kann gerade bei gemischt-nationalen Ehen die Frage nach dem anwendbaren Güterrecht auf eine verlässliche Grundlage gestellt werden;[320]
- sie ermöglicht die Anpassung an ein, gegebenenfalls auch neues oder zukünftiges Umweltrecht der Ehegatten; deshalb sollte bei der Rechtswahl beachtet werden, in welchem Staat die Ehe gegenwärtig oder auch später tatsächlich geführt wird bzw werden soll;[321]
- sie ist interessant insbesondere auch für Ehen, die vor dem 1.4.1953 geschlossen wurden und daher gem. Art. 220 Abs. 3 S. 6 weiterhin nach dem Mannesrecht (Art. 15 aF) angeknüpft werden;[322]

310 AA *Kartzke*, IPRax 1988, 8, 11 f; *Ebenroth/Eyles*, IPRax 1989, 1, 11; *Henrich*, S. 103; *St. Lorenz*, in: FS Sturm Bd. II 1999, S. 1559, 1563 ff; wie hier *Kropholler*, IPR, § 24 II 2 b; Bamberger/Roth/*Mörsdorf-Schulte*, Art. 15 EGBGB Rn 95; allerdings wird dies dann nicht gelten, wenn der „benachteiligte" Ehegatte zufällig dieselben Anknüpfungsmerkmale wie von der fremden Kollisionsnorm vom anderen Ehegatten vorausgesetzt erfüllt, vgl MüKo/*Siehr*, Art. 15 EGBGB Rn 126.

311 MüKo/*Siehr*, Art. 15 EGBGB Rn 140; Staudinger/*Mankowski*, Art. 15 EGBGB Rn 73, die LG Berlin FamRZ 1993, 198 f, richtigerweise dem Bereich des Art. 14 zuordnen, da die dortige Beschränkung der Aktivlegitimation der Ehefrau unabhängig vom Güterstand war.

312 Staudinger/*Mankowski*, Art. 15 EGBGB Rn 72.

313 MüKo/*Siehr*, Art. 15 EGBGB Rn 142.

314 Staudinger/*Mankowski*, Art. 15 EGBGB Rn 72.

315 OLG Düsseldorf FamRZ 1981, 50, 51; OLG Karlsruhe IPRax 1990, 122, 124, mit Aufsatz *Jayme*, S. 102.

316 Vgl auch BR-Drucks. 319/68, S. 5: ausländische, kraft Unwandelbarkeit weiter geltende Bestimmungen, welche die Frau benachteiligen, verstoßen auf jeden Fall dann gegen den ordre public, wenn die Ehegatten Deutsche mit dem gewöhnlichen Aufenthalt im Inland geworden sind; dagegen dürfte wohl allein das Vorhandensein von Vermögen in Deutschland nicht genügen, unentschieden insoweit *Eule*, MittBayNot 2003, 335, 340.

317 Praktisch bedeutsam ist zB der Erwerb durch einen Ehegatten, der im italienischen gesetzlichen Güterstand der „comunione dei beni" lebt, die der Sache nach eine Errungenschaftsgemeinschaft darstellt.

318 *Süß*, ZNotP 1999, 385, 393.

319 *Langenfeld*, BWNotZ 1986, 153.

320 *Basedow*, NJW 1986, 2971, 2976.

321 Bamberger/Roth/*Mörsdorf-Schulte*, Art. 15 EGBGB Rn 59.

322 Bamberger/Roth/*Mörsdorf-Schulte*, Art. 15 EGBGB Rn 64.

- es kann auch sinnvoll sein, diejenige Rechtsordnung zum Güterstatut nochmals vorsorglich zu wählen, die schon aufgrund objektiver Anknüpfung zur Anwendung kommt.[323] Unsicherheiten der Anknüpfung nach Abs. 1, insbesondere auch die im Wege eines renvoi eventuell bedeutsame Anknüpfung nach ausländischem Recht, können auf diese Weise ausgeräumt werden.

116 Allerdings löst eine Rechtswahl nicht automatisch alle Rechtsanwendungsprobleme. Liegen mögliche Gerichtsstände im Ausland, sind dort etwa Gegenstände belegen oder die Ehegatten haben dort ihren gewöhnlichen Aufenthalt, so muss bedacht werden, dass die infrage kommende ausländische Rechtsordnung die Rechtswahl möglicherweise nicht **anerkennt**. Vor- und Nachteile der Rechtswahl sind gegebenenfalls im Einzelfall gegeneinander abzuwägen.[324]

117 Machen die Ehegatten von **Art. 14 Abs. 2–4** Gebrauch und wählen das Statut der allgemeinen Ehewirkungen, so sollten sie gleichzeitig auch ihr Ehegüterstatut nach Abs. 2 wählen. Andernfalls können Auslegungszweifel entstehen, ob die Rechtswahl des allgemeinen Ehewirkungsstatuts auch die des Güterstatuts enthält, und es kann auf die höchstrichterlich noch ungeklärte Frage ankommen, ob im Rahmen der Anknüpfung nach Abs. 1 iVm Art. 14 Abs. 2 und 3 ein etwaiger renvoi beachtlich ist (vgl Rn 31 f).[325]

118 Da Anpassungs- und Koordinationsschwierigkeiten vor allem im Verhältnis von Ehegüter- und **Erbstatut** auftreten können, sollten die Eheleute ihr Ehegüterstatut auch im Hinblick auf das anwendbare Erbrecht sorgsam wählen.[326] Eine, in ihrer Reichweite allerdings nur beschränkte Option eröffnen dabei Abs. 2 Nr. 3 hinsichtlich des Güterstatuts und Art. 25 Abs. 2 hinsichtlich des Erbstatuts, nach denen für inländisches unbewegliches Vermögen beide Statute in Richtung auf das deutsche Sachrecht harmonisiert werden können.[327] Teilweise wird der Versuch unternommen, beide Statute dadurch vollständig zu koordinieren, dass eine auf den Tod bedingte Rechtswahl des Güterstatuts derart vorgenommen werden soll, dass anwendbares Güterrecht das dann als Erbstatut anzuwendende Recht sein soll.[328] Da hierbei die Rechtswahl auf den Tag vor dem bedingungsauslösenden Tod des erstversterbenden Ehegatten zurückwirken soll,[329] die Zulässigkeit einer solchen Rückwirkung jedoch rechtlich mehr als unsicher ist (vgl Rn 58), kann zu dieser Gestaltung nicht geraten werden.

119 Neben der auf kollisionsrechtlicher Ebene gegebenen Gestaltungsmöglichkeit des Abs. 2 darf in Fällen mit Auslandsberührung auch nicht vergessen werden, die sachrechtlichen Möglichkeiten eines **Ehevertrages** auszuschöpfen. Vor allem dann, wenn bei Spaltung des Ehegüterstatuts deutsches Güterrecht mit einem fremden zusammentrifft, kann auf ehevertraglichem Wege, zB durch Übergang von der Zugewinngemeinschaft zur Gütertrennung mit ausführlichen Regelungen zu einem Vermögensausgleich bei Beendigung der Ehe, das deutsche Güterrecht dem im Übrigen anzuwendenden ausländischen Güterstand angepasst werden und so Koordinationsschwierigkeiten verhindert werden.[330]

120 **2. Rechtswahl nach Abs. 2 Nr. 3 im Besonderen.** Die auf unbewegliches Vermögen beschränkte Rechtswahl des Lagerechtes gem. Abs. 2 Nr. 3, die vor allem einen Weg eröffnen sollte, um die praktische Rechtsanwendung beim Erwerb in Deutschland belegenen Grundbesitzes durch ausländische Ehegatten zu erleichtern,[331] ist nicht nur vorteilhaft, sondern auch mit **Unsicherheiten** bzw **Nachteilen** behaftet:

- Wird diese Rechtswahl mit einem ehevertraglichen Güterstand des gewählten Sachrechts verbunden, der von der Einheitlichkeit des Güterstandes ausgeht, und unterliegt aber das restliche Vermögen der Ehegatten aufgrund objektiver Anknüpfung schon demselben Güterstatut und herrscht insoweit der gesetzliche Güterstand, so würde hier gegen das sachrechtliche Gebot der Einheitlichkeit des Güterstandes verstoßen;[332] es muss deswegen das Augenmerk auch darauf gerichtet werden, welches Güterrecht im Übrigen Anwendung findet;
- die (weitere) Begrenzung der Rechtswahl auf einzelne Gegenstände des Immobiliarvermögens im Belegenheitsstaat ist höchstrichterlich nicht geklärt (vgl Rn 41);
- Abs. 2 Nr. 3 führt regelmäßig zur Vermögensspaltung; dadurch verkompliziert sich die Rechtslage,[333] gerade mit Blick auf das Zusammentreffen verschiedener sachrechtlicher Güterstände, so dass es sich gegebenenfalls empfehlen kann, durch ehevertragliche Modifikation die unterschiedlichen anwendbaren Güterstände einander anzunähern.

323 Vgl *Langenfeld*, BWNotZ 1986, 153.
324 Staudinger/*Mankowski*, Art. 15 EGBGB Rn 128.
325 MüKo/*Siehr*, Art. 15 EGBGB Rn 130.
326 MüKo/*Siehr*, Art. 15 EGBGB Rn 118.
327 *Mankowski/Osthaus*, DNotZ 1997, 10, 12 f; *Henrich*, FamRZ 1986, 841, 847.
328 Ausf. *Mankowski/Osthaus*, DNotZ 1997, 10, 16 ff.
329 *Mankowski/Osthaus*, DNotZ 1997, 10, 27.
330 Vgl *Süß*, ZNotP 1999, 385, 393.
331 BT-Drucks. 10/5632, S. 42; *Schotten/Schmellenkamp*, Rn 157.
332 *Langenfeld*, BWNotZ 1986, 153.
333 Ein Teil der Lit. steht deshalb der gegenständlich beschränkten Rechtswahl skeptisch gegenüber; vgl *Basedow*, NJW 1986, 2971, 2976: zu Art. 15 Abs. 2 Nr. 3 nur zu raten, wenn besonderes Bedürfnis; *Langenfeld*, BWNotZ 1986, 153: Zugewinngemeinschaft nur für den Grundbesitz in Deutschland unpraktikabel; *Süß*, ZNotP 1999, 385, 393: Rechtslage würde langfristig uU noch weiter kompliziert.

121 **3. Formulierungsbeispiele. a) Rechtswahl nach Abs. 2 Nr. 1 oder 2.** Eine **unbeschränkte Rechtswahl** kann etwa wie folgt formuliert werden:[334]

1. Sachstand

(*Angaben der Eheleute insbesondere zu Staatsangehörigkeit und gewöhnlichem Aufenthalt bei Eheschließung und heute* bzw *Planungen für die Zukunft;* ggf *frühere Rechtswahl und Angaben über Belegenheit des Vermögens*)

2. Rechtswahl

Wir wählen für die gesamten güterrechtlichen Wirkungen unserer Ehe das deutsche Recht. Die Rechtswahl soll nach Möglichkeit auch im Ausland wirken.

Wir beantragen die Eintragung der Rechtswahl in das Güterrechtsregister des zuständigen deutschen Amtsgerichts. Wir weisen den Notar jedoch an, den Eintragungsantrag hierzu nur auf besondere schriftliche Anweisung eines von uns zu stellen.

Der Notar hat insbesondere auf Folgendes hingewiesen:

Es ist fraglich, ob die Rechtswahl im Ausland anerkannt wird;

durch die Rechtswahl wird das bisher evtl geltende ausländische Güterrecht abgewählt;

es gehört nicht zu den Amtspflichten eines deutschen Notars, ausländisches Recht zu kennen oder darüber zu belehren und beraten;

es kann Klarheit über Fragen des ausländischen Rechts geschaffen werden durch Einholung eines Gutachtens eines Universitäts- oder sonstigen Institutes oder ein ausländischer Rechtsberater um Rat ersucht werden.

Der Notar hat insbesondere über die Grundzüge des gewählten Güterrechts belehrt.

Ein Verzeichnis über den Bestand und den Wert des einem jedem von uns gehörenden Vermögens wollen wir zurzeit nicht aufstellen; die Bedeutung eines solchen Verzeichnisses ist uns bekannt.

3. (Ggf *ehevertragliche Regelungen* bzgl *der Auseinandersetzung des bisherigen Güterstandes und Regelungen gemäß dem nunmehr geltenden Sachrecht,* zB *Rückbeziehung des Zugewinnausgleichs auf den Zeitpunkt der Eheschließung*).

122 **b) Rechtswahl nach Abs. 2 Nr. 3.** Formulierungsmöglichkeit einer **gegenständlich beschränkten Rechtswahl**:[335]

1. Sachstand

(*Grundsätzlich wie unter Rn 121; aber auch Darlegungen zum unbeweglichen Vermögen*)

2. Rechtswahl

Wir wählen für die güterrechtlichen Wirkungen unserer Ehe für unser gesamtes in Deutschland belegenes jetziges und zukünftiges unbewegliches Vermögen das deutsche Recht.

(*Im Übrigen grundsätzlich entsprechend Rn 121; allerdings können die Hinweise noch um Folgendes ergänzt werden:*)

Durch die Rechtswahl entsteht grundsätzlich eine Güterrechtsspaltung, die zu rechtlichen Problemen führen kann;

es können insbesondere Abgrenzungsprobleme entstehen, welche Gegenstände der einen, welche der anderen Gütermasse zuzurechnen sind.

3. (*Grundsätzlich wie unter Rn 121;* ggf *dabei auch Koordinierung der verschiedenen durch die Rechtsspaltung aufeinander treffenden Güterstände*).

III. Feststellung des ausländischen Rechts

123 Für die Klärung, welchen Inhalt das ausländische Güterrecht, und zwar IPR wie auch Sachrecht, hat, können zB folgende Darstellungen hilfreich sein:

- *Bergmann/Ferid/Henrich*, Internationales Ehe- und Kindschaftsrecht, Loseblatt (IPR und Sachrecht)
- *Schotten/Schmellenkamp*, Das Internationale Privatrecht in der notariellen Praxis, 2. Aufl. 2007, Rn 389 ff (IPR und Sachrecht)
- *Süß/Ring* (Hrsg.), Eherecht in Europa, 2006 (IPR und Sachrecht)

334 Teilweise nach *Schotten/Schmellenkamp,* Rn 230; weiteres Formulierungsbeispiel bei *Langenfeld*, Handbuch der Eheverträge und Scheidungsvereinbarungen, 5. Aufl. 2005, Rn 820.

335 Nach *Schotten/Schmellenkamp,* Rn 231; weitere Formulierungsbeispiele bei *Langenfeld*, Handbuch der Eheverträge und Scheidungsvereinbarungen, 5. Aufl. 2005, Rn 828; *Brambring*, Ehevertrag und Vermögenszuordnung unter Ehegatten, 6. Aufl. 2008, Rn 136.

- Bauer/von Oefele/*Schaub*, GBO, 2. Aufl. 2006, Internationale Bezüge Rn 319 ff (IPR und Sachrecht)
- DNotI (Hrsg.), Notarielle Fragen des internationalen Rechtsverkehrs, 1995 (Sachrecht)
- Beck'sches Notarhandbuch/*Zimmermann*, 5. Auflage 2009, H Rn 132 f (Sachrecht)
- Meikel/*Hertel*, GBO, 10. Aufl. 2009, Einl. L Rn 198 ff (Sachrecht)
- Kuntze/Ertl/Herrmann/Eickmann/*Sieghörtner,* Grundbuchrecht, 6. Aufl. 2006, Einl. U Rn 252 ff (IPR und Sachrecht).

Anhang I zu Art. 15 EGBGB: Haager Ehewirkungsabkommen

Haager Ehewirkungsabkommen vom 17.7.1905[1]

1 Das Haager Ehewirkungsabkommen vom 17.7.1905 hat die Bundesrepublik Deutschland mit Wirkung zum 23.8.1987 **gekündigt**.[2] Das Abkommen hat jedoch noch Einfluss auf diejenigen Ehen mit oder zwischen ausländischen Partnern, die zu einem Zeitpunkt geschlossen worden sind, zu dem die Heimatstaaten noch Vertragsstaaten des Abkommens waren (vgl Art. 10 des Abkommens).[3]

2 Allerdings ist die Anwendbarkeit des **Art. 2** des Abkommens, der in Ermangelung eines Ehevertrages für die **güterrechtlichen Wirkungen** der Ehe auf das Recht des Heimatstaates des Ehemannes zur Zeit der Eheschließung verwies, erheblich eingeschränkt. Diese Vorschrift war wegen Verstoßes gegen Art. 3 Abs. 2 GG verfassungswidrig.[4] Die daraus sich ergebenden Übergangsprobleme sind durch entsprechende Anwendung des Art. 220 Abs. 3 EGBGB zu lösen.[5] Deshalb gilt Art. 2 Abs. 1 des Abkommens grundsätzlich nur noch für vor dem 1.4.1953 geschlossene Ehen.[6] Auch für diese „Uraltehen" besteht jedoch die Rechtswahlmöglichkeit entsprechend Art. 220 Abs. 3 S. 6 Hs 2 EGBGB.[7]

3 Dem Verdikt der Verfassungswidrigkeit verfällt auch Art. 5 Abs. 1 Alt. 1 des Abkommens, wonach für Inhalt und Wirkungen eines nicht während der Ehe geschlossenen **Ehevertrages** das Heimatrecht des Mannes zur Zeit der Eheschließung maßgeblich sein soll.[8] Wie in Art. 4 Abs. 1 des Abkommens für die Ehevertragszulässigkeit (nicht aber die Ehevertragsfähigkeit, vgl Art. 3 des Abkommens) sowie für Inhalt und Wirkungen eines während der Ehe geschlossenen Ehevertrages gem. Art. 5 Abs. 1 Alt. 2 des Abkommens muss es demnach auch hier auf die gemeinsame Staatsangehörigkeit der Eheleute zum maßgeblichen Zeitpunkt (im Falle des Art. 5 Abs. 1 Alt. 1 die Eheschließung) ankommen. Gemischt-nationale Ehen fallen somit nicht unter diese den Ehevertrag betreffenden Vorschriften.[9] Bei Doppelstaatern kommt es auf die effektive Staatsangehörigkeit an.[10]

Anhang II zu Art. 15 EGBGB: GüterstG

Gesetz über den ehelichen Güterstand von Vertriebenen und Flüchtlingen[1]

§ 1 GüterstG

(1) [1]Für Ehegatten, die Vertriebene oder Sowjetzonenflüchtlinge sind (§§ 1, 3 und 4 des Bundesvertriebenengesetzes), beide ihren gewöhnlichen Aufenthalt im Geltungsbereich dieses Gesetzes haben und im

1 RGBl 1912 S. 453, 475.
2 BGBl II 1986 S. 505; das Abkommen galt am Schluss nur noch im Verhältnis zu Italien; es ist abgedruckt bei Staudinger/*Mankowski*, Art. 14 EGBGB Rn 6; Soergel/*Schurig*, Anh. Art. 16 EGBGB Rn 3.
3 *Schotten/Schmellenkamp*, Das IPR in der notariellen Praxis, 2. Aufl. 2007, Rn 133; Staudinger/*Mankowski*, Art. 15 EGBGB Rn 4; ausf. zu den Vertragsstaaten *v. Bar*, RabelsZ 57 (1993), 63, 77 ff.
4 BGH NJW 1987, 583; 1988, 638; FamRZ 1988, 40, 41.
5 BGH NJW 1987, 583, 584; 1988, 638; FamRZ 1988, 40, 41; mit erheblichen Modifikationen Soergel/*Schurig*, Anh. Art. 16 EGBGB Rn 5 ff.
6 *Jayme*, IPRax 1987, 95; *Ultsch*, MittBayNot 1994, 279, 280.
7 Staudinger/*Mankowski*, Art. 15 EGBGB Rn 4.
8 *Jayme*, IPRax 1986, 361, 362; *Schotten/Schmellenkamp*, Das IPR in der notariellen Praxis, 2. Aufl. 2007, Rn 133 Fn 108.
9 BayObLG IPRax 1986, 379, 380 mit Aufsatz *Jayme*, S. 361, 362.
10 BayObLG IPRax 1986, 379, 381 mit Aufsatz *Jayme*, S. 361, 362.
1 Vom 4.8.1969 (BGBl. I 1969 S. 1067).

gesetzlichen Güterstand eines außerhalb des Geltungsbereiches dieses Gesetzes maßgebenden Rechts leben, gilt vom Inkrafttreten dieses Gesetzes an das eheliche Güterrecht des Bürgerlichen Gesetzbuches. [2]Das gleiche gilt für Ehegatten, die aus der sowjetischen Besatzungszone Deutschlands oder dem sowjetisch besetzten Sektor von Berlin zugezogen sind, sofern sie im Zeitpunkt des Zuzugs deutsche Staatsangehörige waren oder, ohne die deutsche Staatsangehörigkeit zu besitzen, als Deutsche im Sinne des Artikels 116 Abs. 1 des Grundgesetzes Aufnahme gefunden haben.

(2) Die Vorschriften des Absatzes 1 gelten nicht, wenn im Zeitpunkt des Inkrafttretens der bisherige Güterstand im Güterrechtsregister eines Amtsgerichts im Geltungsbereich dieses Gesetzes eingetragen ist.

(3) [1]Für die Berechnung des Zugewinns gilt, wenn die in Absatz 1 genannten Voraussetzungen für die Überleitung des gesetzlichen Güterstandes in das Güterrecht des Bürgerlichen Gesetzbuches bereits damals vorlagen, als Anfangsvermögen das Vermögen, das einem Ehegatten am 1. Juli 1958 gehörte. [2]Liegen die Voraussetzungen erst seit einem späteren Zeitpunkt vor, so gilt als Anfangsvermögen das Vermögen, das einem Ehegatten in diesem Zeitpunkt gehörte. [3]Soweit es in den §§ 1374, 1376 des Bürgerlichen Gesetzbuches auf den Zeitpunkt des Eintritts des Güterstandes ankommt, sind diese Vorschriften sinngemäß anzuwenden.

§ 2 GüterstG

(1) [1]Jeder Ehegatte kann, sofern nicht vorher ein Ehevertrag geschlossen worden oder die Ehe aufgelöst ist, bis zum 31. Dezember 1970 dem Amtsgericht gegenüber erklären, daß für die Ehe der bisherige gesetzliche Güterstand fortgelten solle. [2]§ 1411 des Bürgerlichen Gesetzbuches gilt entsprechend.

(2) Wird die Erklärung vor dem für die Überleitung in das Güterrecht des Bürgerlichen Gesetzbuches vorgesehenen Zeitpunkt abgegeben, so findet die Überleitung nicht statt.

(3) [1]Wird die Erklärung nach dem Zeitpunkt der Überleitung des Güterstandes abgegeben, so gilt die Überleitung als nicht erfolgt. [2]Aus der Wiederherstellung des ursprünglichen Güterstandes können die Ehegatten untereinander und gegenüber einem Dritten Einwendungen gegen ein Rechtsgeschäft, das nach der Überleitung zwischen den Ehegatten oder zwischen einem von ihnen und dem Dritten vorgenommen worden ist, nicht herleiten.

§ 3 GüterstG

[1]Tritt von den in § 1 Abs. 1 genannten Voraussetzungen für die Überleitung des Güterstandes die Voraussetzung, dass beide Ehegatten ihren gewöhnlichen Aufenthalt im Geltungsbereich dieses Gesetzes haben, erst nach dem Inkrafttreten des Gesetzes ein, so gilt für sie das Güterrecht des Bürgerlichen Gesetzbuches vom Anfang des nach Eintritt dieser Voraussetzung folgenden vierten Monats an. § 1 Abs. 2, 3 Satz 2, 3 ist entsprechend anzuwenden. [2]Die Vorschriften des § 2 gelten mit der Maßgabe, dass die Erklärung binnen Jahresfrist nach dem Zeitpunkt der Überleitung abgegeben werden kann.

§ 4 GüterstG

(1) [1]Für die Entgegennahme der in den §§ 2, 3 vorgesehenen Erklärung ist jedes Amtsgericht zuständig. [2]Die Erklärung muß notariell beurkundet werden.

(2) Haben die Ehegatten die Erklärung nicht gemeinsam abgegeben, so hat das Amtsgericht sie dem anderen Ehegatten nach den für Zustellungen von Amts wegen geltenden Vorschriften der Zivilprozessordnung bekanntzumachen. Für die Zustellung werden Auslagen nach § 137 Nr. 2 der Kostenordnung nicht erhoben.

(3) Wird mit der Erklärung ein Antrag auf Eintragung in das Güterrechtsregister verbunden, so hat das Amtsgericht den Antrag mit der Erklärung an das Registergericht weiterzuleiten.

(4) [1]Der aufgrund der Erklärung fortgeltende gesetzliche Güterstand ist, wenn einer der Ehegatten dies beantragt, in das Güterrechtsregister einzutragen. [2]Wird der Antrag nur von einem Ehegatten gestellt, so soll das Registergericht vor der Eintragung den anderen Ehegatten hören. [3]Besteht nach Lage des Falles begründeter Anlass zu Zweifeln an der Richtigkeit der Angaben über den bestehenden Güterstand, so hat das Registergericht die erforderlichen Ermittlungen vorzunehmen.

§ 5 GüterstG

Für die Beurkundung der Erklärung nach § 2 Abs. 1, für die Aufnahme der Anmeldung zum Güterrechtsregister und für die Eintragung in das Güterrechtsregister beträgt der Geschäftswert 3000 Deutsche Mark.

§ 6 GüterstG

Dieses Gesetz gilt nach Maßgabe des § 13 des Dritten Überleitungsgesetzes vom 4. Januar 1952 (Bundesgesetzbl. I S. 1) auch im Land Berlin.

§ 7 GüterstG

Dieses Gesetz tritt am 1. Oktober 1969 in Kraft; die §§ 2, 4 und 5 treten jedoch am Tage nach der Verkündung in Kraft.

Literatur: *Bürgel*, Die Neuregelung des ehelichen Güterstandes von Vertriebenen und Flüchtlingen, NJW 1969, 1838; *Firsching*, Zum Güterstandsgesetz vom 4.8.1969, FamRZ 1970, 452; *Henrich*, Zum Güterstand deutsch-österreichischer Sowjetzonenflüchtlinge, IPRax 1981, 162; *ders.*, Nochmals: Staatsangehörigkeit und Güterstand deutsch/österreichischer Sowjetzonenflüchtlinge, IPRax 1983, 25; *Hohloch*, Ehegattenerbrecht und § 1371 Abs. 1 BGB bei Erbfällen „Vertriebener" – Zur heutigen Bedeutung von Art. 15 Abs. 4 EGBGB und § 1 VFGüterstandsG, FamRZ 2010, 1216; *Scheugenpflug*, Güterrechtliche und erbrechtliche Fragen bei Vertriebenen, Aussiedlern und Spätaussiedlern, MittRhNotK 1999, 372; *Silagi*, Zu Güterstand und Staatsangehörigkeit deutsch-österreichischer Sowjetzonenflüchtlinge, IPRax 1982, 100; *Wandel*, Kuckuckseier nicht nur zur Osterzeit – Zum Güterrecht der Spätaussiedler, BWNotZ 1994, 85; *Wassermann*, Die güterrechtlichen Beziehungen von Übersiedlern aus der DDR, FamRZ 1990, 333.

A. Allgemeines

1 Der kollisionsrechtliche Grundsatz der Unwandelbarkeit des Güterstatuts war unbefriedigend für Millionen deutscher Staats- oder Volkszugehöriger, die in den Jahrzehnten nach dem zweiten Weltkrieg aus den Gebieten bzw Staaten, die östlich der alten Bundesrepublik Deutschland lagen, flüchteten oder vertrieben wurden. Ihre Erwartung, dass güterrechtlich für sie das Recht des Staates gelte, in dem sie als Flüchtlinge oder Vertriebene von vorne neu angefangen haben, wurde durch die Unwandelbarkeit enttäuscht und auch die so genannte Versteinerungslehre (vgl Art. 15 EGBGB Rn 25) konnte dem nicht effizient abhelfen. Der Gesetzgeber hat hierauf mit dem Gesetz über den ehelichen Güterstand von Vertriebenen und Flüchtlingen vom 4.8.1969 reagiert, welches in Art. 15 Abs. 4 ausdrücklich vorbehalten ist. Es überführt den Güterstand der von ihm erfassten Personen in den Güterstand der Zugewinngemeinschaft. Die Unwandelbarkeit des Art. 15 Abs. 1 wird hier also nach dem Prinzip durchbrochen: einmalige Wandlung, nicht generelle Wandelbarkeit.[2]

2 Staudinger/*Mankowski*, Art. 15 EGBGB Rn 422.

B. Regelungsgehalt

I. Voraussetzungen der Überleitung des Güterstatuts

1. Betroffener Personenkreis. Das Vertriebenengüterstandsgesetz gilt nach seinem § 1 Abs. 1 für Vertriebene, Flüchtlinge und gewisse andere Personen. Soweit dabei auf das BVFG Bezug genommen wird, ist entscheidend, dass dessen gesetzliche Voraussetzungen tatsächlich erfüllt sind, was im jeweiligen Fall zu prüfen ist; eine etwaige behördliche Anerkennung als Vertriebener oder Flüchtling ist insoweit nur deklaratorisch, kann jedoch bei der Prüfung nach dem Vertriebenengüterstandsgesetz als Ermittlungsbehelf verwendet werden.[3] 2

a) Vertriebene iSd § 1 BVFG (§ 1 Abs. 1 S. 1). § 1 Abs. 1 S. 1 betrifft zunächst die Vertriebenen wie sie in § 1 BVFG definiert sind:[4] 3

§ 1 BVFG – Vertriebener

(1) [1]Vertriebener ist, wer als deutscher Staatsangehöriger oder deutscher Volkszugehöriger seinen Wohnsitz in den ehemals unter fremder Verwaltung stehenden deutschen Ostgebieten oder in den Gebieten außerhalb der Grenzen des Deutschen Reiches nach dem Gebietsstande vom 31. Dezember 1937 hatte und diesen im Zusammenhang mit den Ereignissen des zweiten Weltkrieges infolge Vertreibung, insbesondere durch Ausweisung oder Flucht, verloren hat. [2]Bei mehrfachem Wohnsitz muss derjenige Wohnsitz verlorengegangen sein, der für die persönlichen Lebensverhältnisse des Betroffenen bestimmend war. [3]Als bestimmender Wohnsitz im Sinne des Satzes 2 ist insbesondere der Wohnsitz anzusehen, an welchem die Familienangehörigen gewohnt haben.

(2) Vertriebener ist auch, wer als deutscher Staatsangehöriger oder deutscher Volkszugehöriger

1. **nach dem 30. Januar 1933 die in Absatz 1 genannten Gebiete verlassen und seinen Wohnsitz außerhalb des Deutschen Reiches genommen hat, weil aus Gründen politischer Gegnerschaft gegen den Nationalsozialismus oder aus Gründen der Rasse, des Glaubens oder der Weltanschauung nationalsozialistische Gewaltmaßnahmen gegen ihn verübt worden sind oder ihm drohten,**
2. **auf Grund der während des zweiten Weltkrieges geschlossenen zwischenstaatlichen Verträge aus außerdeutschen Gebieten oder während des gleichen Zeitraumes auf Grund von Maßnahmen deutscher Dienststellen aus den von der deutschen Wehrmacht besetzten Gebieten umgesiedelt worden ist (Umsiedler),**
3. **nach Abschluss der allgemeinen Vertreibungsmaßnahmen vor dem 1. Juli 1990 oder danach im Wege des Aufnahmeverfahrens vor dem 1. Januar 1993 die ehemals unter fremder Verwaltung stehenden deutschen Ostgebiete, Danzig, Estland, Lettland, Litauen, die ehemalige Sowjetunion, Polen, die Tschechoslowakei, Ungarn, Rumänien, Bulgarien, Jugoslawien, Albanien oder China verlassen hat oder verlässt, es sei denn, dass er, ohne aus diesen Gebieten vertrieben und bis zum 31. März 1952 dorthin zurückgekehrt zu sein, nach dem 8. Mai 1945 einen Wohnsitz in diesen Gebieten begründet hat (Aussiedler),**
4. **ohne einen Wohnsitz gehabt zu haben, sein Gewerbe oder seinen Beruf ständig in den in Absatz 1 genannten Gebieten ausgeübt hat und diese Tätigkeit infolge Vertreibung aufgeben musste,**
5. **seinen Wohnsitz in den in Absatz 1 genannten Gebieten gemäß § 10 des Bürgerlichen Gesetzbuchs durch Eheschließung verloren, aber seinen ständigen Aufenthalt dort beibehalten hatte und diesen infolge Vertreibung aufgeben musste,**
6. **in den in Absatz 1 genannten Gebieten als Kind einer unter Nummer 5 fallenden Ehefrau gemäß § 11 des Bürgerlichen Gesetzbuchs keinen Wohnsitz, aber einen ständigen Aufenthalt hatte und diesen infolge Vertreibung aufgeben musste.**

(3) Als Vertriebener gilt auch, wer, ohne selbst deutscher Staatsangehöriger oder deutscher Volkszugehöriger zu sein, als Ehegatte eines Vertriebenen seinen Wohnsitz oder in den Fällen des Absatzes 2 Nr. 5 als Ehegatte eines deutschen Staatsangehörigen oder deutschen Volkszugehörigen den ständigen Aufenthalt in den in Absatz 1 genannten Gebieten verloren hat.

(4) Wer infolge von Kriegseinwirkungen Aufenthalt in den in Absatz 1 genannten Gebieten genommen hat, ist jedoch nur dann Vertriebener, wenn es aus den Umständen hervorgeht, dass er sich auch nach

3 BGH NJW 1982, 1937, 1938; *Henrich*, IPRax 1983, 25, 26; ausf. zur Bedeutung des „Vertriebenenausweises" – auch im Falle seiner Wiedereinziehung – *Hohloch*, FamRZ 2010, 1216, 1219 f.

4 Wiedergegeben ist hier die aktuelle Fassung des § 1 BVFG; sie weicht von der Fassung, die beim Inkrafttreten des Vertriebenengüterstandsgesetzes galt, nur unerheblich ab.

dem Kriege in diesen Gebieten ständig niederlassen wollte, oder wenn er diese Gebiete nach dem 31. Dezember 1989 verlassen hat.

4 Das nach dem BVFG bedeutsame Kriterium der „deutschen Volkszugehörigkeit" bemisst sich nach § 6 BVFG. Von Interesse ist im vorliegenden Zusammenhang außerdem, dass nach § 1 Abs. 3 BVFG als Vertriebener auch der Ehegatte gilt, wenn er nicht selbst deutscher Staatsangehöriger oder Volkszugehöriger ist. Erfasst sind über § 1 Abs. 2 Nr. 2 und 3 BVFG außerdem die so genannten Umsiedler und Aussiedler.

5 **b) Sowjetzonenflüchtlinge iSd § 3 BVFG (§ 1 Abs. 1 S. 1).** Erfasst werden von § 1 Abs. 1 weiterhin die Sowjetzonenflüchtlinge des **§ 3 BVFG**:[5]

§ 3BVFG – Sowjetzonenflüchtling

(1) [1]Sowjetzonenflüchtling ist ein deutscher Staatsangehöriger oder deutscher Volkszugehöriger, der seinen Wohnsitz in der sowjetischen Besatzungszone oder im sowjetisch besetzten Sektor von Berlin hat oder gehabt hat und von dort vor dem 1. Juli 1990 geflüchtet ist, um sich einer von ihm nicht zu vertretenden und durch die politischen Verhältnisse bedingten besonderen Zwangslage zu entziehen. [2]Eine besondere Zwangslage ist vor allem dann gegeben, wenn eine unmittelbare Gefahr für Leib und Leben oder die persönliche Freiheit vorgelegen hat. [3]Eine besondere Zwangslage ist auch bei einem schweren Gewissenskonflikt gegeben. [4]Wirtschaftliche Gründe sind als besondere Zwangslage anzuerkennen, wenn die Existenzgrundlage zerstört oder entscheidend beeinträchtigt worden ist oder wenn die Zerstörung oder entscheidende Beeinträchtigung nahe bevorstand.

(2) Von der Anerkennung als Sowjetzonenflüchtling ist ausgeschlossen,

1. **wer dem in der sowjetischen Besatzungszone und im sowjetisch besetzten Sektor von Berlin herrschenden System erheblich Vorschub geleistet hat,**
2. **wer während der Herrschaft des Nationalsozialismus oder in der sowjetischen Besatzungszone oder im sowjetisch besetzten Sektor von Berlin durch sein Verhalten gegen die Grundsätze der Menschlichkeit oder Rechtsstaatlichkeit verstoßen hat,**
3. **wer die freiheitliche demokratische Grundordnung der Bundesrepublik Deutschland einschließlich des Landes Berlin bekämpft hat.**

(3) § 1 Abs. 1 Satz 2 und 3, Abs. 2 Nr. 4 bis 6, Abs. 3 und 4 ist sinngemäß anzuwenden.

6 Auch hier gilt gem. § 3 Abs. 3 BVFG die Gleichstellung des Ehegatten nach § 1 Abs. 3 BVFG. Außerdem muss zumindest deutsche Volkszugehörigkeit (§ 6 BVFG) vorliegen. Diese setzt im hier interessierenden Zusammenhang voraus, dass die betreffenden Personen einer deutschen Minderheit in einem Staat mit fremdnationaler Mehrheit angehört haben, was bei Personen mit österreichischer Staatsangehörigkeit, die aus der DDR kommen, zu verneinen ist.[6] Eine solche Person kann daher allenfalls als Ehegatte gem. § 3 Abs. 3 iVm § 1 Abs. 3 BVFG in den Anwendungsbereich des § 1 Abs. 1 S. 1 fallen.

7 **c) Sowjetzonenflüchtlingen gleichgestellte Personen iSd § 4 BVFG aF (§ 1 Abs. 1 S. 1).** Das BVFG und insbesondere sein § 4 ist mit Wirkung vom 1.1.1993 neu gefasst worden. § 4 BVFG erfasste in seiner vorherigen Fassung solche Personen, die Sowjetzonenflüchtlingen gleichgestellt waren. Der Inhaltswechsel dieser Vorschrift soll gewiss nichts daran ändern, dass dieser Personenkreis weiterhin unter § 1 Abs. 1 S. 1 fällt, so dass **§ 4 BVFG** aF insoweit von Bedeutung bleibt.[7] Diese Vorschrift hatte folgenden Wortlaut:

§ 4BVFG aF – Sowjetzonenflüchtlingen gleichgestellte Personen

(1) Einem Sowjetzonenflüchtling wird gleichgestellt ein deutscher Staatsangehöriger oder deutscher Volkszugehöriger, der im Zeitpunkt der Besetzung seinen Wohnsitz in der sowjetischen Besatzungszone oder im sowjetisch besetzten Sektor von Berlin gehabt und sich außerhalb dieser Gebiete aufgehalten hat, dorthin jedoch nicht zurückkehren konnte, ohne sich offensichtlich einer von ihm nicht zu vertretenden und unmittelbaren Gefahr für Leib und Leben oder die persönliche Freiheit auszusetzen.

(2) § 1 Abs. 1 Satz 2 und 3, Abs. 2 Nr. 1, 4 bis 6, Abs. 3 und 4 sowie § 3 Abs. 2 Nr. 2 und 3 sind sinngemäß anzuwenden.

5 Wiedergegeben ist hier die aktuelle Fassung des § 3 BVFG; sie weicht von der Fassung, die beim Inkrafttreten des Vertriebenengüterstandsgesetzes galt, nur unerheblich ab.

6 BGH NJW 1982, 1937, 1938; *Henrich*, IPRax 1983, 25, 26.

7 Soergel/*Schurig*, Art. 15 EGBGB Rn 73.

d) Spätaussiedler iSd § 4 BVFG nF (§ 1 Abs. 1 S. 1). § 4 BVFG nF definiert nunmehr die sogenannten Spätaussiedler: 8

§ 4BVFG nF – Spätaussiedler

(1) Spätaussiedler ist in der Regel ein deutscher Volkszugehöriger, der die Republiken der ehemaligen Sowjetunion nach dem 31. Dezember 1992 im Wege des Aufnahmeverfahrens verlassen und innerhalb von sechs Monaten im Geltungsbereich des Gesetzes seinen ständigen Aufenthalt genommen hat, wenn er zuvor

1. seit dem 8. Mai 1945 oder
2. nach seiner Vertreibung oder der Vertreibung eines Elternteils seit dem 31. März 1952 oder
3. seit seiner Geburt, wenn er vor dem 1. Januar 1993 geboren ist und von einer Person abstammt, die die Stichtagsvoraussetzung des 8. Mai 1945 nach Nummer 1 oder des 31. März 1952 nach Nummer 2 erfüllt, es sei denn, dass Eltern oder Voreltern ihren Wohnsitz erst nach dem 31. März 1952 in die Aussiedlungsgebiete verlegt haben,

seinen Wohnsitz in den Aussiedlungsgebieten hatte.

(2) Spätaussiedler ist auch ein deutscher Volkszugehöriger aus den Aussiedlungsgebieten des § 1 Abs. 2 Nr. 3 außer den in Absatz 1 genannten Staaten, der die übrigen Voraussetzungen des Absatzes 1 erfüllt und glaubhaft macht, dass er am 31. Dezember 1992 oder danach Benachteiligungen oder Nachwirkungen früherer Benachteiligungen aufgrund deutscher Volkszugehörigkeit unterlag.

(3) [1]Der Spätaussiedler ist Deutscher im Sinne des Artikels 116 Abs. 1 des Grundgesetzes. [2]Ehegatten oder Abkömmlinge von Spätaussiedlern, die nach § 27 Abs. 1 Satz 2 in den Aufnahmebescheid einbezogen worden sind, erwerben, sofern dieEinbeziehung nicht unwirksam geworden ist, diese Rechtsstellung mit ihrer Aufnahme im Geltungsbereich des Gesetzes.

Spätaussiedler soll nur sein oder werden können, wer vor dem 1.1.1993 geboren wurde.[8] Eine etwaige deutsche Staatsangehörigkeit soll für diesen Status unerheblich sein.[9] Anders als nach § 1 Abs. 3 BVFG erhält der Ehegatte keinen eigenen Status mehr, ist jedoch unter den Voraussetzungen des § 4 Abs. 3 BVFG nF als Deutscher iSd Art. 116 Abs. 1 GG anzusehen.[10] 9

An dieser Stelle wirkt sich die Neufassung des BVFG zum 1.1.1993 auf § 1 Abs. 1 S. 1 aus. Begreift man § 1 Abs. 1 als eine analogiefeindliche Ausnahmeregelung, die auf die zur Zeit des Inkrafttretens des Vertriebenengüterstandsgesetzes geltende Fassung des BVFG verweist, so können konsequenterweise hierin die Spätaussiedler iSd § 4 BVFG nF nicht einbezogen werden.[11] Der Gesetzeszweck der Integrationsförderung würde durch einen solchen Ausschluss der Spätaussiedler jedoch verfehlt.[12] Das hätte der Gesetzgeber nicht gewollt, wenn er sich der insoweit bestehenden Regelungslücke bewusst gewesen wäre.[13] Die Spätaussiedler sind deshalb im Wege der Analogie in das Vertriebenengüterstandsgesetz mit einzubeziehen.[14] Beachtet werden muss dabei allerdings, dass § 4 BVFG nF nicht die Regelung für den Ehegatten in § 1 Abs. 3 BVFG einbezieht. Deshalb gilt das Vertriebenengüterstandsgesetz hier nur für Ehen, bei denen beide Ehegatten Spätaussiedler sind, oder wenn die Voraussetzungen der §§ 4 Abs. 3 S. 2 iVm 27 Abs. 1 S. 2 BVFG vorliegen.[15] 10

e) Übersiedler aus der SBZ und dem Sowjetsektor Berlins (§ 1 Abs. 1 S. 2). Einbezogen werden in das Vertriebenengüterstandsgesetz gemäß dessen § 1 Abs. 1 S. 2 Ehegatten, die aus der sowjetischen Besatzungszone oder dem sowjetisch besetzten Sektor von Berlin zugezogen sind. Hier müssen beide Ehegatten zum Zeitpunkt des Zuzugs die deutsche Staatsangehörigkeit oder zumindest die Eigenschaft als Deutsche nach 11

8 *Scheugenpflug*, MittRhNotK, 1999, 372, 375.
9 *Scheugenpflug*, MittRhNotK, 1999, 372, 375; *Gaa-Unterpaul*, NJW 1993, 2080, 2081.
10 *Scheugenpflug*, MittRhNotK, 1999, 372, 375; *Gaa-Unterpaul*, NJW 1993, 2080, 2081.
11 So Palandt/*Thorn*, Anhang zu Art. 15 EGBGB Rn 2; MüKo/*Siehr*, Art. 16 EGBGB Anh. Rn 9.
12 Staudinger/*Mankowski*, Art. 15 EGBGB Rn 440.
13 *Scheugenpflug*, MittRhNotK 1999, 372, 376.
14 *Wandel*, BWNotZ 1994, 85, 87 f; *Scheugenpflug*, MittRhNotK 1999, 372, 376; Staudinger/*Mankowski*, Art. 15 EGBGB Rn 439 ff; *Hohloch*, FamRZ 2010, 1216, 1219; Soergel/*Schurig*, Art. 15 EGBGB Rn 74, ist der Auffassung, dass die Spätaussiedler unmittelbar unter das Vertriebenengüterstandsgesetz fallen, weil sie ohne die Änderung des BVFG weiterhin von § 1 Abs. 2 Nr. 3 BVFG erfasst würden und der Gesetzgeber außerdem die Verweisung auf § 4 BVFG stehen gelassen hat; offen lassend OLG Hamm MittBayNot 2010, 223, 224 m.Anm. *Süß*.
15 Vgl dazu *Wandel*, BWNotZ 1994, 85, 87 Fn 18; Staudinger/*Mankowski*, Art. 15 EGBGB Rn 441; aA *Scheugenpflug*, MittRhNotK 1999, 372, 376: analoge Anwendung des Vertriebenengüterstandsgesetzes auf alle Spätaussiedlerehen unabhängig davon, ob beide Ehegatten den Spätaussiedlerstatus innehaben oder nur einer.

Art. 116 Abs. 1 GG besessen haben.[16] § 1 Abs. 1 S. 2 gilt auch für Übersiedler, die nach Öffnung der innerdeutschen Grenze am 9.11.1989 und vor der Wiedervereinigung am 3.10.1990 in die Bundesrepublik Deutschland zugezogen sind.[17] Für die Zeit danach finden dagegen die Vorschriften des Einigungsvertrages, insbesondere Art. 234 § 4, Anwendung.[18]

12 **2. Gewöhnlicher Aufenthalt in der Bundesrepublik Deutschland; maßgeblicher Zeitpunkt (§§ 1 Abs. 1, 3 S. 1).** Die Ehegatten müssen ihren gewöhnlichen Aufenthalt in der Bundesrepublik Deutschland genommen haben, und zwar entweder zum Zeitpunkt des Inkrafttretens des Vertriebenengüterstandsgesetzes (§ 1 Abs. 1) oder danach (§ 3 S. 1). Der Aufenthaltserwerb der Ehegatten muss dabei nicht gleichzeitig, sondern kann auch nacheinander erfolgen.[19] Für Ehen, die vor dem maßgeblichen Zeitpunkt bereits beendet waren, zB durch Scheidung[20] oder durch Tod,[21] gilt das Vertriebenengüterstandsgesetz nicht, da es grundsätzlich keine Rückwirkung entfaltet.[22]

13 **3. Fremdes Güterstatut (§ 1 Abs. 1 S. 1).** Die Eheleute müssen „im gesetzlichen Güterstand eines außerhalb des Geltungsbereichs dieses Gesetzes maßgebenden Rechts leben". Diese Voraussetzung ist nicht erfüllt, wenn bereits nach unserem Kollisionsrecht bundesrepublikanisches Güterrecht zur Anwendung berufen ist.[23] „Außerhalb des Geltungsbereichs dieses Gesetzes maßgebendes Recht" ist auch das Güterrecht, das in der DDR galt.[24]

14 Als problematisch hat sich die Konstellation erwiesen, in der der anzuwendende gesetzliche Güterstand zwar einer anderen Rechtsordnung entstammte, aber als **deutsches Partikularrecht** berufen war und wegen seiner Gleichheitssatzwidrigkeit gem. Art. 3 Abs. 2, 117 Abs. 1 GG zum 1.4.1953 in einen Güterstand der Gütertrennung überführt worden ist. Hierunter fällt einmal das österreichische ABGB, das im so genannten Protektorat Böhmen und Mähren als deutsches Partikularrecht vor allem für die Sudetendeutschen galt,[25] sowie der ehemals preußische Teil Polens, der nach 1918 das Güterrecht des BGB beibehalten hatte.[26] In beiden Rechten wurde der Ehemann derart bevorzugt, dass gem. Art. 3 Abs. 2, 117 Abs. 1 GG ex constitutione mit dem 1.4.1953 Gütertrennung an die Stelle des bisherigen Güterstandes trat.[27] Insoweit ist man sich wohl in Rechtsprechung und hL einig, dass auch für solche Vertriebene bzw Flüchtlinge bzw Aus- oder Übersiedler, insbesondere Sudetendeutsche, eine Weiterleitung in den Güterstand der Zugewinngemeinschaft nach BGB erfolgt ist, soweit kein Ehegatte widersprochen hat; umstritten ist jedoch der Weg dahin.[28] Nahe liegt hier eine entsprechende Anwendung des Art. 8 Abschnitt I Nr. 3 Gleichberechtigungsgesetz. Diese Vorschrift spricht zwar nur vom Güterstand der Verwaltung und Nutznießung und meint damit unmittelbar nur den alten gesetzlichen Güterstand des BGB.[29] Dass daneben am 31.3.1953 auch andere gesetzliche Güterstände als deutsches Partikularrecht bestanden und wegen Verfassungswidrigkeit überleitungsbedürftig waren, hat der Gesetzgeber hierbei offensichtlich übersehen.

15 **4. Gesetzlicher Güterstand (§ 1 Abs. 1 S. 1).** Die Eheleute dürfen keinen Ehevertrag geschlossen haben, sondern müssen im gesetzlichen Güterstand leben.

16 **5. Keine Eintragung im Güterrechtsregister (§§ 1 Abs. 2, 3 S. 2).** Der bisherige gesetzliche Güterstand darf nicht in einem bundesrepublikanischen Güterrechtsregister eingetragen sein. Lag eine solche Eintragung vor, so soll das alte Güterrecht in versteinerter Form ohne Beachtung von Wandlungen des maßgeblichen Sachrechts fortgelten.[30]

17 **6. Keine Erklärung der Fortgeltung des bisherigen Güterstandes (§§ 2, 3 S. 3, §§ 4, 5).** Die Überleitung des Güterstandes wird verhindert, wenn auch nur ein Ehegatte in gehöriger Form erklärt, dass der bisherige

16 BGH NJW 1982, 1937, 1939.
17 *Schotten/Schmellenkamp*, Das IPR in der notariellen Praxis, 2. Aufl. 2007, Rn 143.
18 *V. Bar*, IPR II, Rn 218; *Schotten/Schmellenkamp*, Das IPR in der notariellen Praxis, 2. Aufl. 2007, Rn 143.
19 Vgl AG Wolfratshausen IPRax 1982, 23; MüKo/*Siehr*, Art. 16 Anh. EGBGB Rn 11.
20 Vgl IPG 1971 Nr. 18.
21 OLG Hamm NJW 1977, 1591, 1593.
22 MüKo/*Siehr*, Art. 16 Anh. EGBGB Rn 6; Soergel/*Schurig*, Art. 15 EGBGB Rn 79, will jedoch aus allg. Flüchtlingsüberlegungen für vor dem 1.10.1969 bereits beendete Ehen Wandelbarkeit annehmen.
23 Soergel/*Schurig*, Art. 15 EGBGB Rn 78; Staudinger/*Mankowski*, Art. 15 EGBGB Rn 423; ausf. *Hohloch*, FamRZ 2010, 1216, 1217 f.; aA *Wassermann*, FamRZ 1990, 333, 337, für die Konstellation, dass Übersiedler aus der DDR dem Güterrecht der Bundesrepublik deswegen unterlagen, weil sie ihre DDR-Staatsangehörigkeit verloren hatten und deshalb das wandelbar anknüpfende RAG der DDR auf westdeutsches Recht verwies.
24 MüKo/*Siehr*, Art. 16 Anh. EGBGB Rn 15.
25 BGH FamRZ 1976, 612, 613.
26 Staudinger/*Mankowski*, Art. 15 EGBGB Rn 428 f.
27 Staudinger/*Mankowski*, Art. 15 EGBGB Rn 428 ff; BGH FamRZ 1976, 612, 613.
28 Vgl BGH FamRZ 1976, 612, 614: Analogie zu Art. 8 Abschnitt I Gleichberechtigungsgesetz oder zum Vertriebenengüterstandsgesetz liege nahe; ebenso MüKo/*Siehr*, Art. 16 Anh. EGBGB Rn 16; Staudinger/*Mankowski*, Art. 15 EGBGB Rn 432 ff, neigt der Anwendung des Vertriebenengüterstandsgesetzes zu; Soergel/*Schurig*, Art. 15 EGBGB Rn 78, verfolgt einen völlig anderen Weg und nimmt Wandelbarkeit bei Flüchtlingen an.
29 Soergel/*Schurig*, Art. 15 EGBGB Rn 78.
30 Staudinger/*Mankowski*, Art. 15 EGBGB Rn 422.

Güterstand fortgelten soll. Die Erklärung muss, wenn die Überleitung mit dem Inkrafttreten des Gesetzes erfolgt ist, bis zum 31.12.1970 abgegeben werden (§ 2 Abs. 1 S. 1), ansonsten binnen Jahresfrist nach dem Zeitpunkt der Überleitung (§ 3 S. 3).

II. Rechtsfolgen

1. Überleitung in die Zugewinngemeinschaft (§§ 1 Abs. 1 S. 1, 3 S. 1). Rechtsfolge des Vertriebenengüterstandsgesetzes ist die Überleitung des bisherigen Güterstandes in das Güterrecht des BGB, und zwar, da das Gesetz bei Vorliegen eines Ehevertrages keine Anwendung findet, in den Güterstand der Zugewinngemeinschaft. Art. 15 Abs. 1 EGBGB wird dadurch verdrängt.[31] Diese Überleitung nach dem Vertriebenengüterstandsgesetz gilt im Übrigen ohne Differenzierung nach Art, Herkunftsland und sonstiger Vorgeschichte des mitgebrachten Güterstandes.[32] Die Überleitung erfolgt zeitlich zum Inkrafttreten des Vertriebenengüterstandsgesetzes (§ 1 Abs. 1 S. 1). Nehmen die Ehegatten erst nach diesem Zeitpunkt ihren gewöhnlichen Aufenthalt in der Bundesrepublik Deutschland, so kommt es zur Überleitung mit dem Anfang des nach Eintritt dieser Voraussetzung folgenden vierten Monats (§ 3 S. 1). Begründen die Ehegatten dabei nicht gleichzeitig ihren gewöhnlichen Aufenthalt in der Bundesrepublik, sondern zeitlich versetzt, kommt es für den Beginn dieser Viermonatsfrist auf das Eintreffen des zuletzt kommenden Ehegatten an.[33] 18

Die Überleitung vollzieht sich entsprechend den Regelungen beim Statutenwechsel im Falle einer Rechtswahl nach Art. 15 Abs. 2 EGBGB (vgl Art. 15 EGBGB Rn 58). Der bisherige Güterstand wird also nach seinen Regeln abgewickelt. Daraus resultierende Ansprüche und Rechte fallen in das Anfangsvermögen im Sinne der Zugewinngemeinschaft.[34] 19

2. Besonderheiten des Zugewinnausgleichs. Die Regelungen des Zugewinnausgleiches werden dahin gehend modifiziert, dass als Anfangsvermögen das Vermögen gilt, das einem Ehegatten am 1.7.1958 gehörte (§ 1 Abs. 3 S. 1). Liegen die Voraussetzungen erst später vor, so gilt als Anfangsvermögen das Vermögen des jeweiligen Ehegatten in diesem Zeitpunkt (§§ 1 Abs. 3 S. 2, 3 S. 2). 20

C. Weitere praktische Hinweise

Die Einzelheiten des Vertriebenengüterstandsgesetzes sind, sowohl was die Voraussetzungen als auch was die Rechtsfolgen angeht, höchstrichterlich nicht geklärt. Eine Rechtswahl gem. Art. 15 Abs. 2 EGBGB kann im Einzelfall helfen. Dies mag gerade für die praktisch häufigen Spätaussiedler gelten, weil die grundlegende Frage nach deren Einordnung in den personellen Anwendungsbereich des Gesetzes bisher nicht entschieden ist (vgl Rn 10). 21

Anhang III zu Art. 15 EGBGB: Art. 220 Abs. 3 EGBGB

Art. 220 EGBGB Übergangsvorschrift zum Gesetz vom 25. Juli 1986 zur Neuregelung des Internationalen Privatrechts

(1)–(2) (nicht abgedruckt)

(3) [1]Die güterrechtlichen Wirkungen von Ehen, die nach dem 31. März 1953 und vor dem 9. April 1983 geschlossen worden sind, unterliegen bis zum 8. April 1983

1. dem Recht des Staates, dem beide Ehegatten bei der Eheschließung angehörten, sonst
2. dem Recht, dem die Ehegatten sich unterstellt haben oder von dessen Anwendung sie ausgegangen sind, insbesondere nach dem sie einen Ehevertrag geschlossen haben, hilfsweise
3. dem Recht des Staates, dem der Ehemann bei der Eheschließung angehörte.

[2]Für die Zeit nach dem 8. April 1983 ist Artikel 15 anzuwenden. [3]Dabei tritt für Ehen, auf die vorher Satz 1 Nr. 3 anzuwenden war, an die Stelle des Zeitpunkts der Eheschließung der 9. April 1983. [4]Soweit sich allein aus einem Wechsel des anzuwendenden Rechts zum Ablauf des 8. April 1983 Ansprüche wegen der Beendigung des früheren Güterstands ergeben würden, gelten sie bis zu dem in Absatz 1 genannten Tag als gestundet. [5]Auf die güterrechtlichen Wirkungen von Ehen, die nach dem 8. April

31 MüKo/*Siehr*, Art. 16 Anh. EGBGB Rn 20.
32 BGH NJW 1982, 1937, 1938.
33 AG Wolfratshausen IPRax 1982, 23, 24.
34 MüKo/*Siehr*, Art. 16 Anh. EGBGB Rn 19; Staudinger/*Mankowski*, Art. 15 EGBGB Rn 425; vgl auch OLG Brandenburg DtZ 1997, 204, Palandt/*Thorn*, Anh. zu Art. 15 EGBGB Rn 3.

1983 geschlossen worden sind, ist Artikel 15 anzuwenden. [6]Die güterrechtlichen Wirkungen von Ehen, die vor dem 1. April 1953 geschlossen worden sind, bleiben unberührt; die Ehegatten können jedoch eine Rechtswahl nach Artikel 15 Abs. 2 und 3 treffen.

(4)–(5) (...)

Literatur: *Eule*, Fortgeltung des nach Art. 220 Abs. 3 S. 1 Nr. 2 EGBGB angeknüpften Ehegüterrechtsstatut über den 8.4.1983 hinaus teilweise verfassungswidrig – was nun?, MittBayNot 2003, 335; *Henrich,* Internationales Familienrecht, 2. Auflage 2000; *St. Lorenz,* Das intertemporale internationale Ehegüterrecht nach Art. 220 III EGBGB und die Folgen des Statutenwechsels, 1991; *Mansel,* Das „Ausgehen" von der Geltung österreichischen Ehegüterrechts sowie dessen „Weiterwirken" und die Verfassungsmäßigkeit des Art. 220 Abs. 3 EGBGB – Eine Fallskizze –, in: FS Geimer 2002, S. 625; *Rauscher,* Art. 220 III EGBGB verfassungswidrig?, NJW 1987, 531; *Schotten/Schmellenkamp,* Das Internationale Privatrecht in der notariellen Praxis, 2. Aufl. 2007; *dies.,* Die Übergangsregelung des Art. 220 Abs. 3 EGBGB zur Bestimmung der güterrechtlichen Wirkungen einer gemischt-nationalen Ehe – eine weithin gegenstandslose Regelung?, DNotZ 2009, 518.

A. Allgemeines

1 **Art. 15 Abs. 1 und Abs. 2 Hs 1 aF** knüpften in ihrer Interpretation als allseitige Kollisionsnorm die güterrechtlichen Verhältnisse nach dem Heimatrecht des Ehemanns zur Zeit der Eheschließung an. Trotz Art. 3 Abs. 2 GG gingen Rechtsprechung und Lehre überwiegend von der Verfassungsmäßigkeit und damit Fortgeltung dieser Anknüpfung aus,[1] bis das BVerfG durch Beschluss vom 22.2.1983 gegenteilig entschied. Durch diese Nichtigerklärung des Art. 15 Abs. 1, 2 Hs 1 aF war klargestellt, dass es seit dem 1.4.1953 (zu diesem Datum trat gem. Art. 117 Abs. 1 GG dem Art. 3 Abs. 2 GG entgegenstehendes Recht außer Kraft) an einer Kollisionsnorm für die entsprechenden Konstellationen fehlte.[2] Die erwähnte Entscheidung des BVerfG wurde der Öffentlichkeit am 8.4.1983 in BGBl. I S. 525 bekannt gemacht. Die Neuregelung des Art. 15 nF ist schließlich am 1.9.1986 in Kraft getreten.

2 Das hochkomplizierte Regelungswerk des Art. 220 Abs. 3 unternimmt den Versuch, für die vor der Neuregelung geschlossenen Ehen **Übergangsbestimmungen** zu schaffen und dabei die Folgen der Nichtigkeit von Art. 15 aF für die Vergangenheit zu neutralisieren.[3] Vor allem wollte der Gesetzgeber die Vertrauenslage der Eheleute schützen, also Rechtssicherheit durch Beibehaltung eines Rechtszustandes, von dem alle Betroffenen ausgehen konnten, wahren.[4] Die Übergangsregelung schafft deshalb drei Gruppen von Ehen, unterschieden nach dem Eheschließungsdatum, und zwar jeweils bezogen auf die unterschiedlichen Vertrauenssituationen, die sich aus der vorstehend aufgeführten verfassungsrechtlichen Historie des internationalen Güterrechts ergeben.

3 Es ist selbstverständlich, dass für Ehen, die **nach** Inkrafttreten des Gesetzes zur Neuregelung des Internationalen Privatrechts am **1.9.1986 geschlossen** wurden, Art. 15 nF gilt. Dies ergibt sich schon aus Art. 220 Abs. 1; Art. 220 Abs. 3 muss hierzu nichts regeln.

1 Vgl BGH NJW 1980, 2643; 1982, 1937, 1938.
2 *Mansel*, in: FS Geimer 2002, S. 625.
3 *St. Lorenz*, in: FS Sturm Bd. II 1999, S. 1559, 1562.
4 *Böhringer*, BWNotZ 1987, 104, 105.

Für Ehen, die **vor** dem **1.9.1986** bereits **aufgelöst** worden sind, insbesondere durch Tod oder Scheidung, spielt Art. 220 Abs. 3 nur eine Rolle, soweit sie güterrechtlich noch nicht vollständig abgewickelt waren,[5] zB weil fortgesetzte Gütergemeinschaft bestand oder noch Verfahren anhängig waren oder wurden. 4

B. Regelungsgehalt

I. Eheschließung vor dem 1.4.1953 (Art. 220 Abs. 3 S. 6)

1. Objektive Anknüpfung (Art. 220 Abs. 3 S. 6 Hs 1). Für vor dem 1.4.1953 geschlossene Ehen bleibt alles beim Alten. Gem. Art. 15 aF wird hier auf das Recht des Staates, dem der Ehemann zur Zeit der Eheschließung angehörte, für die güterrechtlichen Wirkungen verwiesen. Das ist **verfassungsgemäß**.[6] Dies ergibt sich zum einen aus Art. 117 Abs. 1 GG, der gegen Art. 3 Abs. 2 GG verstoßendes Recht bis zum 31.3.1953 in Kraft gelassen hat.[7] Es liegt damit auch keine unzulässige Ungleichbehandlung der vor und nach dem 1.4.1953 eingegangenen Ehen vor.[8] Zum anderen folgt dies aus dem auch im alten internationalen Ehegüterrecht gültigen Unwandelbarkeitsgrundsatz. Dieser begegnet jedoch keinen verfassungsrechtlichen Bedenken.[9] 5

Eine etwaige **Rück- oder Weiterverweisung** ist im Rahmen des Art. 15 aF zu beachten,[10] vgl Art. 27 aF. 6

War der Ehemann zum maßgeblichen Zeitpunkt **Doppelstaater**, so entscheidet die effektive Staatsangehörigkeit, und zwar selbst dann, wenn er auch Deutscher gewesen sein sollte; Art. 5 Abs. 1 S. 2 nF gilt nicht.[11] 7

2. Rechtswahl (Art. 220 Abs. 3 S. 6 Hs 2). Seit 1.9.1986 können die Ehegatten für die güterrechtlichen Wirkungen ihrer Ehe eine Rechtswahl nach Art. 15 Abs. 2, 3 treffen. Eine vorher getroffene ist unwirksam.[12] Auch diese Regelung ist verfassungsrechtlich unbedenklich, da nur mit Willen beider Eheleute von der kollisionsrechtlichen Bestimmung ihres Güterrechtsstatuts nach Art. 15 aF abgewichen wird.[13] Die Voraussetzungen der Rechtswahl müssen jetzt vorliegen.[14] Die Rechtswahl liegt etwa nahe für eine vor dem 1.4.1953 geschlossene Ehe einer deutschen Frau mit einem Ausländer, wenn diese Ehe in güterrechtlicher Hinsicht in deutsches Recht überführt werden soll.[15] 8

II. Eheschließung nach dem 31.3.1953 und vor dem 9.4.1983 (Art. 220 Abs. 3 S. 1–4)

1. Wirkungen bis zum 8.4.1983 (Art. 220 Abs. 3 S. 1). a) Allgemeines. Art. 220 Abs. 3 S. 1–4 betrifft die Ehen, die in dem Zeitraum geschlossen wurden, in dem Art. 15 aF außer Kraft gewesen ist, man aber weitgehend noch von seiner Fortgeltung ausging. In Ersetzung der Anknüpfung an das Mannesrecht nach altem EGBGB werden solche Ehen rückwirkend nach der stufenweisen Anknüpfung des Art. 220 Abs. 3 S. 1 Nr. 1–3 behandelt. Dies gilt allerdings nur mit Wirkung bis zum 8.4.1983, da Art. 220 Abs. 3 S. 1–4 zwischen der Zeit bis zum 8.4.1983, für die S. 1 gilt, und der Zeit nach dem 8.4.1983, für die die S. 2–4 gelten, unterscheidet.[16] 9

b) Gemeinsame Staatsangehörigkeit (Art. 220 Abs. 3 S. 1 Nr. 1). Nach Art. 220 Abs. 3 S. 1 Nr. 1 soll in erster Linie das Recht des Staates, dem beide Ehegatten bei der Eheschließung angehören, maßgeblich sein. **Verfassungsrechtliche Bedenken** gegen die Rückwirkung der Vorschrift sind schon deshalb gegenstandslos, weil die in Art. 220 Abs. 3 S. 1 Nr. 1 enthaltene Anknüpfung zu keinem anderen Güterrechtsstatut führt, als es nach Art. 15 Abs. 1 iVm 14 Abs. 1 Nr. 1 der Fall wäre.[17] 10

Für die Festlegung des gemeinsamen **Heimatrechts** gelten dieselben Grundsätze wie im Rahmen des Art. 15 Abs. 1 iVm 14 Abs. 1 Nr. 1, insbesondere auch was die Behandlung von Staatenlosen, Flüchtlingen, Verschleppten, Asylberechtigten usw betrifft. Demnach genügt auch hier ein Staatsangehörigkeitserwerb im Zeitpunkt der Heirat nicht;[18] ebenso wenig die bloße, bei der Eheschließung bestehende Absicht eines Ehegatten, die Staatsangehörigkeit des anderen zu erwerben, da das Ehegüterrecht nach eindeutigen Verhältnissen im 11

5 Ausf. Staudinger/*Dörner*, Art. 220 EGBGB Rn 95; MüKo/*Siehr*, Art. 15 EGBGB Rn 147 f; Soergel/*Schurig*, Art. 220 EGBGB Rn 57 f.

6 Palandt/*Thorn*, Art. 15 EGBGB Rn 6; MüKo/*Siehr*, Art. 15 EGBGB Rn 150; *Schotten/Schmellenkamp*, Rn 180; zweifelnd *Schurig*, IPRax 1988, 88, 89; aA *St. Lorenz*, S. 53 ff; *Rauscher*, NJW 1987, 531, 534, sieht Verfassungswidrigkeit darin, dass für vor dem 1.4.1953 geschlossene Ehen unwandelbar angeknüpft wird, während für zwischen 31.3.1953 und 9.4.1983 geschlossene Ehen ein Statutenwechsel vorgesehen ist.

7 Staudinger/*Dörner*, Art. 220 EGBGB Rn 94; MüKo/*Siehr*, Art. 15 EGBGB Rn 150.

8 MüKo/*Siehr*, Art. 15 EGBGB Rn 150; aA *Rauscher*, NJW 1987, 531, 534.

9 Vgl BVerfG NJW 1989, 1081.

10 *Schotten/Schmellenkamp*, Rn 180; Staudinger/*Dörner*, Art. 220 EGBGB Rn 139.

11 Vgl BGHZ 75, 32, 41; BGH NJW 1980, 2016, 2017.

12 AA für Rechtswahl zwischen 8.4.1983 und 1.9.1986 Soergel/*Schurig*, Art. 220 EGBGB Rn 38.

13 MüKo/*Sonnenberger*, Art. 220 EGBGB Rn 26.

14 *Schotten/Schmellenkamp*, Rn 180; vgl genauer Art. 15 EGBGB Rn 54 ff.

15 *Langenfeld*, BWNotZ 1986, 153.

16 Vgl BGH NJW 1988, 638.

17 MüKo/*Sonnenberger*, Art. 220 EGBGB Rn 29.

18 AA Staudinger/*Dörner*, Art. 220 EGBGB Rn 100.

Einsatzzeitpunkt verlangt.[19] Dieser Umstand kann aber ggf im Rahmen des Art. 220 Abs. 3 S. 1 Nr. 2 Bedeutung erlangen.[20] Bei Doppelstaatern gilt Art. 5 Abs. 1, und zwar einschließlich dessen S. 2, so dass eine etwaige deutsche Staatsangehörigkeit einer anderen, auch effektiven, vorgeht.[21]

12 Die Verweisung nach Art. 220 Abs. 3 S. 1 Nr. 1 ist **Gesamtverweisung**, so dass ein etwaiger renvoi zu beachten ist.[22] Im Anwendungsbereich dieser Vorschrift war eine Rechtswahl vor dem 9.4.1983 wirkungslos.[23]

13 **c) Unterstellen unter ein Recht oder Ausgehen von der Anwendung eines Rechtes (Art. 220 Abs. 3 S. 1 Nr. 2). aa) Allgemeines.** Führt Art. 220 Abs. 3 S. 1 Nr. 1 nicht zum Ziel, so erhebt der Gesetzgeber hilfsweise den subjektiven Willen bzw die subjektiven Vorstellungen der Eheleute zum Anknüpfungspunkt, Art. 220 Abs. 3 S. 1 Nr. 2. Anzuwenden ist hiernach das Recht, dem sie sich unterstellt haben oder von dessen Anwendung sie ausgegangen sind, insbesondere nach dem sie einen Ehevertrag geschlossen haben. Diese Regelung ist in höchstem Maße unklar und umstritten.

14 Eine besondere **Form** erfordert die Willens- bzw Vorstellungsäußerung nicht,[24] so dass sie durchaus konkludent erfolgen kann. Hat sich der Wille bzw die Vorstellung der Parteien geändert, kommt es auf das Recht an, dem sie sich vor dem 9.4.1983 **zuletzt gemeinsam** unterstellt haben oder von welchem sie zuletzt übereinstimmend ausgegangen sind.[25] Ein nur einseitiger Sinneswandel eines Ehegatten ist aber unbeachtlich.[26] Eine Beschränkung in der Auswahl der nach Art. 220 Abs. 3 S. 1 Nr. 2 **berufbaren Rechte** gibt es angesichts des eindeutigen Wortlauts nicht.[27] Möglich ist zB auch die Berufung des Rechts des Lageorts für unbewegliches Vermögen.[28]

15 Das „Unterstellen" bzw „Ausgehen" iSd Art. 220 Abs. 3 S. 1 Nr. 2 führt unmittelbar zum fraglichen Sachrecht, auch wenn dieses ein ausländisches ist; ein etwaiger renvoi ist unbeachtlich, Art. 4 Abs. 1 S. 1 letzter Hs oder Abs. 2.[29] Wenn hiergegen eingewandt wird, dies sei in den Fällen unrichtig, in denen die Anwendung des Art. 220 Abs. 3 S. 1 Nr. 2 darauf beruht, dass die Eheleute über den Inhalt des Art. 15 aF beraten wurden, da diese Verweisung auf das Mannesrecht Gesamtverweisung war,[30] so handelt es sich insoweit um ein Scheinproblem. War den Eheleuten nämlich bekannt, dass es sich dabei um eine IPR-Verweisung handelt, so wussten sie entweder, wo die Verweisungskette endet, und haben ihre Vorstellung dann auf das Ende dieser Verweisungskette bezogen, oder aber sie wussten über die Tatsache hinaus, dass ein etwaiger renvoi beachtlich sein würde, nicht, wie das ausländische Recht anknüpft; in diesem Falle kann Art. 220 Abs. 3 S. 1 Nr. 2 gar nicht eingreifen, weil keine Vorstellung der Eheleute über das tatsächlich anwendbare Sachrecht bestanden hat.

16 **bb) Begriffsbestimmungen. (1) Unterstellen unter ein Recht (Art. 220 Abs. 3 S. 1 Nr. 2 Alt. 1).** Ein Unterstellen iSd Art. 220 Abs. 3 S. 1 Nr. 2 erfordert eine ausdrückliche oder konkludente **Rechtswahl**.[31] Vorausgesetzt wird deshalb ein entsprechendes Erklärungsbewusstsein,[32] also der Wille zur Anwendung einer ganz bestimmten Rechtsordnung.[33] Da es sich um eine rechtsgeschäftliche Vereinbarung handelt, bedarf es eines übereinstimmenden Handelns, das objektiv geäußert, also irgendwie nach außen, wenn auch nur zwischen den Parteien, getreten sein muss.[34] Da nach altem Recht eine Rechtswahl als unzulässig angesehen wurde, dürfte ein solches Unterstellen nur selten vorgekommen sein.[35] Im Wesentlichen kommt es ausschließlich in Betracht, wenn die Eheleute den Inhalt des früheren Kollisionsrechts nicht gekannt oder verkannt haben – darüber werden sich Rechtsunkundige im Normalfall allerdings überhaupt keine Gedanken gemacht

19 BGH NJW 1988, 638, 640; *Jayme*, IPRax 1987, 95; Palandt/*Thorn*, Art. 15 EGBGB Rn 8; aA KG IPRax 1987, 117, 119 f; *Schurig*, IPRax 1988, 88, 90, wenn die Absicht auch verwirklicht wird.

20 BGH NJW 1988, 638, 640.

21 BGH NJW 1987, 583, 585; OLG Karlsruhe, IPRax 1990, 122, 123; Palandt/*Thorn*, Art. 15 EGBGB Rn 8; aA *Jayme*, IPRax 1987, 95, 96; MüKo/*Siehr*, Art. 15 EGBGB Rn 158; *Schotten/Schmellenkamp*, Rn 183.

22 Palandt/*Thorn*, Art. 15 EGBGB Rn 8; Staudinger/*Dörner*, Art. 220 EGBGB Rn 139.

23 Soergel/*Schurig*, Art. 220 EGBGB Rn 40.

24 BGH NJW 1987, 583, 584; 1988, 638; *Henrich*, IPRax 1987, 93; *Sonnenberger*, in: FS Geimer 2002, S. 1241, 1246.

25 BGH FamRZ 1988, 40, 41; BGHZ 119, 392, 400.

26 Staudinger/*Dörner*, Art. 220 EGBGB Rn 114; vgl auch BGHZ 119, 392, 400.

27 *Henrich*, IPRax 1987, 93; *Rauscher*, NJW 1987, 531, 534; aA *Böhringer*, BWNotZ 1987, 104, 106: Beschränkung des Art. 15 Abs. 2 gilt; ebenso *Lichtenberger*, DNotZ 1987, 297, 300, der dies zu Unrecht BGH NJW 1987, 583, entnehmen will; *Mansel*, in: FS Geimer 2002, S. 625, 631 f, will nur diejenigen Rechtsordnungen zulassen, welche nach ihren eigenen Regeln einen ehegüterrechtlichen Gerichtsstand für die Ehegatten eröffnet hätten.

28 *Böhringer*, BWNotZ 1987, 104, 106; Staudinger/*Dörner*, Art. 220 EGBGB Rn 117.

29 BGH NJW 1988, 638, 640; *Sonnenberger*, in: FS Geimer 2002, S. 1241, 1246; *Jayme*, IPRax 1987, 95, 96; aA *St. Lorenz*, S. 76, 91; *Rauscher*, NJW 1988, 2151, 2154.

30 So *Rauscher*, NJW 1988, 2151, 2154.

31 Vgl BT-Drucks. 10/5632, S. 46; BGH NJW 1987, 583, 584; OLG Hamburg IPRax 2002, 304, 306; *Mansel*, in: FS Geimer 2002, S. 625, 629; *Schotten/Schmellenkamp*, Rn 185; aA Soergel/*Schurig*, Art. 220 EGBGB Rn 43 f.

32 *Mansel*, in: FS Geimer 2002, S. 625, 629.

33 KG IPRax 1988, 106; *Lichtenberger*, DNotZ 1987, 297, 298.

34 Vgl KG IPRax 1988, 106; *Böhringer*, BWNotZ 1987, 104, 106; Staudinger/*Dörner*, Art. 220 EGBGB Rn 104.

35 *Henrich*, S. 109; *Schotten/Schmellenkamp*, Rn 185.

haben –, wenn sie auf der Basis eines fremden Kollisionsrechts gehandelt haben oder wenn sie die Hoffnung hatten, der Gesetzgeber werde später eine solche Wahl rückwirkend sanktionieren.[36] Deshalb liegt der tatsächliche Schwerpunkt des Art. 220 Abs. 3 S. 1 Nr. 2 auf der Alt. 2.

(2) Ausgehen von der Anwendung eines Rechts (Art. 220 Abs. 3 S. 1 Nr. 2 Alt. 2). Anders als das Unterstellen setzt das Ausgehen von der Anwendung einer bestimmten Rechtsordnung keinen zielgerichteten Willen zur Wahl eines bestimmten Güterrechtsstatuts voraus.[37] Es wird vom Gesetz jedoch einer (schlüssigen) Rechtswahl gleichgestellt.[38] Vom tatsächlichen Erscheinungsbild her gehen die solchermaßen fingierte Rechtswahl und die schlüssige Rechtswahl ineinander über.[39] Dennoch überschneiden sich die beiden Alternativen des Art. 220 Abs. 3 S. 1 Nr. 2 nicht, sondern sind juristisch voneinander zu unterscheiden, eben durch das für die Rechtswahl erforderliche Erklärungsbewusstsein.[40] Anders als beim Unterstellen setzen bei Art. 220 Abs. 3 S. 1 Nr. 2 Alt. 2 die Eheleute die Geltung eines bestimmten Güterrechts als gegeben voraus.[41] Ausreichend ist eine bloße Meinung der Ehegatten über die Anwendbarkeit einer bestimmten Rechtsordnung (ein Inkaufnehmen, Billigen, Hinnehmen, ein gewisses Wollen, sich damit Abfinden).[42] Die Ehegatten müssen willentlich, oder vielleicht besser: bewusst, eine bestimmte Güterrechtsordnung in das Konzept ihrer Ehe einbezogen haben.[43] Einer Vereinbarung wie bei der Rechtswahl bedarf es also nicht, wohl aber einer gleichgerichteten subjektiven Vorstellung beider Eheleute.[44] 17

Die Vorstellung der Parteien muss sich **eindeutig feststellen** lassen.[45] Dem genügt es jedenfalls, wenn im fraglichen, von Art. 220 Abs. 3 S. 1 betroffenen Zeitraum, das Ausgehen nach außen irgendwie erkennbar in Erscheinung getreten ist, wenn auch nur zwischen den Parteien und sei es auch nur durch Erklärungen oder Handlungen, die eine bestimmte Rechtsordnung voraussetzen oder diese hinnehmen oder die ohne diese nicht denkbar wären.[46] Ist die Bewusstseinslage nicht solchermaßen nach außen getreten, so wird es auch ausreichen müssen, wenn beide Eheleute übereinstimmend später erklären, seinerzeit nach einem bestimmten Ehegüterstatut gelebt zu haben, solange keine objektiven Indizien gegen die Richtigkeit dieser Erklärung sprechen.[47] Der Wortlaut der Norm schränkt insoweit nicht ein und außer ihm spricht für eine weite Ausdehnung des Begriffs des „Ausgehens" die Rechtsprechung des BGH,[48] der das Gebot aufgestellt hat, Art. 220 Abs. 3 S. 1 Nr. 2 möglichst weit auszudehnen, um den Anwendungsbereich des verfassungsrechtlich problematischen Art. 220 Abs. 3 S. 1 Nr. 3 einzuschränken. 18

cc) Einzelfälle. Für die Entscheidung, ob die Ehegatten eine Vorstellung vom anwendbaren Güterrecht hatten, bedarf es einer Gesamtbetrachtung, in die alle äußeren Umstände einzubeziehen sind.[49] Allerdings darf es sich dabei nicht ausschließlich um rein objektive, nicht **güterrechtsspezifische** Vorgänge handeln, etwa Eheschließungsort, gewöhnlichen Aufenthalt, Erwerbstätigkeit, Vermögensbelegenheit.[50] 19

36 Soergel/*Schurig*, Art. 220 EGBGB Rn 43; Staudinger/*Dörner*, Art. 220 EGBGB Rn 104.

37 OLG Hamburg IPRax 2002, 304, 306; KG IPRax 1988, 106, 107; *Mansel*, in: FS Geimer 2002, S. 625, 629; *Lichtenberger*, DNotZ 1987, 297, 298 f.

38 Vgl BT-Drucks. 10/5632, S. 46; BGH NJW 1987, 583, 584; 1988, 638, 640; Staudinger/*Dörner*, Art. 220 EGBGB Rn 105; *Schotten/Schmellenkamp*, Rn 186: fingierte Rechtswahl.

39 BGH NJW 1988, 638, 640; *v. Bar*, IPR II, Rn 230; *Mansel*, in: FS Geimer 2002, S. 625, 635.

40 *Schotten/Schmellenkamp*, Rn 186 a; *dies.*, DNotZ 2009, 518, 523; anders BGH NJW 1988, 638, 640: „werden sich in der Praxis vielfach nicht zuverlässig unterscheiden lassen"; *Eule*, MittBayNot 2003, 335, 337: „Abgrenzung kaum möglich".

41 Staudinger/*Dörner*, Art. 220 EGBGB Rn 105.

42 *Böhringer*, BWNotZ 1987, 104, 106; *Lichtenberger*, DNotZ 1987, 297, 299.

43 OLG Hamburg IPRax 2002, 304, 306; *Mansel*, in: FS Geimer 2002, S. 625, 629; wenn teilweise geäußert wird, die Ehegatten müssten nach ihren gesamten Lebensumständen unbewusst wie selbstverständlich von einer Rechtsordnung ausgegangen sein, vgl BGHZ 119, 392, 400; BGH FamRZ 1993, 289, 292; Palandt/*Thorn*, Art. 15 EGBGB Rn 9, so kann sich diese Unbewusstheit nur auf die Hintergründe der Geltung der angenommenen Rechtsordnung, insbesondere auf den juristischen Grund deren Geltung, beziehen, da das Ausgehen als solches zumindest eine irgendwie geartete geistige Vorstellung erfordert.

44 Vgl OLG Karlsruhe IPRax 1990, 122, 123; Palandt/*Thorn*, Art. 15 EGBGB Rn 9.

45 *Henrich*, FamRZ 1986, 841, 848; *Böhringer*, BWNotZ 1987, 104, 106.

46 KG IPRax 1988, 106, 107; OLG Karlsruhe IPRax 1990, 122, 123; *Lichtenberger*, DNotZ 1987, 297, 299.

47 So Staudinger/*Dörner*, Art. 220 EGBGB Rn 106 f; MüKo/*Siehr*, Art. 15 EGBGB Rn 167; Rspr liegt insoweit, soweit ersichtlich, allerdings noch nicht vor.

48 NJW 1987, 583, 585.

49 BGHZ 119, 392, 400; OLG Köln FamRZ 1996, 1479, 1480; OLG Karlsruhe IPRax 1990, 122, 123.

50 OLG Karlsruhe IPRax 1990, 122, 124; Staudinger/*Dörner*, Art. 220 EGBGB Rn 112; zumindest missverständlich BGHZ 119, 392, 400; unrichtig daher OLG Frankfurt FamRZ 1987, 1147, 1148: deutsches Recht, weil hier gewöhnlicher Aufenthalt und auch Erwerbstätigkeit samt Rentenversicherung; OLG Köln FamRZ 1996, 1479, 1480: deutsches Recht wegen Zuzugs nach Deutschland, (fast) keinem Auslandsvermögen, Schulbesuch der Tochter in Deutschland und, weil die Parteien sich stets an deutsche Behörden wandten; ebenso unrichtig FG Düsseldorf RIW 1987, 644.

20 Ein Fall von Art. 220 Abs. 3 S. 1 Nr. 2 kann zB in folgenden Situationen gegeben sein:

- Vom Gesetz selbst erwähnt ist der Abschluss eines **Ehevertrages**. Die Eheleute müssen dabei aber erkennbar eine bestimmte Rechtsordnung zugrunde gelegt haben,[51] etwa indem ausdrücklich die Geltung eines Rechts vorausgesetzt oder auf einzelne Rechtsvorschriften oder typische Rechtsinstitute einer Rechtsordnung Bezug genommen wird.[52] Bei entsprechendem Rechtswahlwillen kann im (seltenen) Einzelfall sogar ein Unterstellen iSd Alt. 1 vorliegen.[53] Der Ehevertrag muss nicht wirksam sein.[54] Auch aus dem Unterlassen eines Ehevertrages kann unter Umständen auf die Vorstellung der Beteiligten geschlossen werden.[55] Ist der Ehevertrag neutral gefasst, so dass er keinen Rückschluss auf eine Rechtsordnung zulässt, hilft er nicht weiter.[56] Die anlässlich der Eheschließung in einem islamisch geprägten Staat ehevertraglich getroffene Vereinbarung einer Morgengabe genügt grundsätzlich für ein Ausgehen iSd Art. 220 Abs. 3 S. 1 Nr. 2 Alt. 2 nicht.[57]
- Unter denselben Voraussetzungen wie beim Ehevertrag kann man auch eine gemeinschaftliche **Verfügung von Todes wegen** (Erbvertrag, gemeinschaftliches Testament) als Indiz für die güterrechtliche Vorstellung heranziehen.[58]
- Auch Erklärungen der Eheleute **gegenüber Dritten** können Indizien für Art. 220 Abs. 3 S. 1 Nr. 2 liefern. Hier können insbesondere Äußerungen gegenüber Grundbuchämtern, Notaren, auch gegenüber Kreditgebern[59] relevant sein. Gemeinsame Auflassungen, Vormerkungen bzw entsprechende Eintragungen im Grundbuch können eine entscheidende Rolle spielen. Der entsprechende Tatbestand muss aber auf eine bestimmte Rechtsordnung schließen lassen.[60] Deshalb gibt die Eintragung in Bruchteilsgemeinschaft regelmäßig keinen Aufschluss, weil selbst beim Güterstand der Gütergemeinschaft ein Erwerb von Miteigentum durch Eheleute nicht ausgeschlossen sein muss.[61] Anders wäre es etwa, wenn die Beteiligten zunächst die Eintragung in einer fremden Gütergemeinschaft beantragt hatten und dies vom Grundbuchamt mit der Begründung zurückgewiesen wurde, deutsches Recht sei maßgeblich, und die Ehegatten hierauf mit dem Übergang zum Miteigentum reagiert haben; dies spricht für ein Ausgehen von deutschem Recht.[62] Da Art. 220 Abs. 3 S. 1 Nr. 2 einen gemeinsamen Willen bzw ein gemeinsames Bewusstsein der Eheleute voraussetzt, hilft ein einseitiges Verhalten eines von ihnen grundsätzlich nicht weiter. Somit genügen die Eintragung einer Auflassungsvormerkung zugunsten eines Ehegatten, die Auflassung nur durch einen bzw die Eintragung von Alleineigentum nicht, es sei denn, es kommen Indizien hinzu, die anzeigen, dass auch der andere Ehegatte eine Vorstellung vom anwendbaren Recht hatte, etwa weil der Alleinerwerb auf einer bestimmten Absprache mit dem Ehegatten beruhte.[63]
- Kein ausreichendes Indiz stellt der Umstand dar, dass die **Eintragung** eines bestimmten ausländischen Güterstandes im deutschen **Güterrechtsregister unterblieben** ist, da keine Eintragungspflicht besteht und das Unterlassen ganz unterschiedliche Gründe haben kann.[64]

21 **dd) Verfassungsrechtlich gebotene Einschränkungen.** Die Zivilgerichte haben verfassungsrechtliche Bedenken gegenüber Art. 220 Abs. 3 S. 1 Nr. 2 stets verworfen.[65] Sie wollen im Gegenteil der Vorschrift einen möglichst weiten Anwendungsbereich zumessen, um den Anwendungsbereich des Art. 220 Abs. 3 S. 1 Nr. 3 einzuschränken.[66]

22 Tatsächlich verstößt die Vorschrift nicht gegen das verfassungsrechtliche **Rückwirkungsverbot**, auch wenn sie durch die nachträgliche Anknüpfung an die subjektive Einstellung der Ehegatten die Rechtslage rückwirkend verändert (echte Rückwirkung).[67] Die Rechtslage war vor der gesetzlichen Neuregelung unklar und unsicher und der Gesetzgeber hat anstelle der verfassungswidrigen Norm keine Regelung gesetzt, mit der auf

51 *St. Lorenz*, S. 93 f; MüKo/*Siehr*, Art. 15 EGBGB Rn 164.
52 Staudinger/*Dörner*, Art. 220 EGBGB Rn 108; zB OLG Stuttgart FamRZ 1991, 708, 709: Erklärung, wonach bisher gesetzlicher Güterstand der Zugewinngemeinschaft; ebenso *Mansel*, in: FS Geimer 2002, S. 625, 630; *Sonnenberger*, in: FS Geimer 2002, S. 1241, 1245 f: Gütertrennung vereinbart und später Änderungen nach französischem Recht vorgenommen.
53 Staudinger/*Dörner*, Art. 220 EGBGB Rn 108.
54 OLG Stuttgart FamRZ 1991, 708, 709; Staudinger/*Dörner*, Art. 220 EGBGB Rn 108.
55 Staudinger/*Dörner*, Art. 220 EGBGB Rn 108.
56 MüKo/*Siehr*, Art. 15 EGBGB Rn 165.
57 OLG Frankfurt FamRZ 1996, 1478, 1479.
58 *Schotten/Schmellenkamp*, Rn 187; MüKo/*Siehr*, Art. 15 EGBGB Rn 166.
59 MüKo/*Siehr*, Art. 15 EGBGB Rn 168; Staudinger/*Dörner*, Art. 220 EGBGB Rn 109.
60 Z.B. BGH IPRax 1988, 103, 104: Eintragung im Grundbuch als Miteigentümer in niederländischer Gütergemeinschaft; ebenso *Henrich*, IPRax 1987, 93, 94.
61 *Henrich*, IPRax 1987, 93, 94; Staudinger/*Dörner*, Art. 220 EGBGB Rn 109.
62 *Böhringer*, BWNotZ 1987, 104, 107: allerdings ohne weiteres nur gegenständlich beschränkt für das betreffende unbewegliche Vermögen.
63 Staudinger/*Dörner*, Art. 220 EGBGB Rn 111; MüKo/*Siehr*, Art. 15 EGBGB Rn 170.
64 Staudinger/*Dörner*, Art. 220 EGBGB Rn 110.
65 BGH NJW 1987, 583, 584; 1988, 638; FamRZ 1988, 40, 41.
66 Grundlegend BGH NJW 1987, 583, 585.
67 BGH NJW 1988, 638, 639; Palandt/*Thorn*, Art. 15 EGBGB Rn 9; Staudinger/*Dörner*, Art. 220 EGBGB Rn 84; aA *Rauscher*, NJW 1987, 531, 533 f.

keinen Fall zu rechnen war, sondern vielmehr Vertrauensgesichtspunkten in besonderem Maße Rechnung getragen.[68]

23 Gewichtiger ist hingegen der Einwand des Verstoßes gegen den **Gleichheitssatz** des Art. 3 Abs. 2 GG. Häufig, wenn nicht sogar regelmäßig, werden die Eheleute ihre Vorstellung vom anwendbaren Güterrecht aus entsprechenden Informationen über die geltende Rechtslage, hinsichtlich derer man damals mehrheitlich von der Verfassungsmäßigkeit des Art. 15 aF ausging, geschöpft haben, zB durch Auskünfte von Richtern, Notaren oder Rechtsanwälten.[69] Mit einer solchen Erkenntnis eines ihnen unerkannt verfassungswidrigen Zustandes werden sich die Ehegatten in aller Regel abgefunden haben.[70] Unter dem Deckmantel des Art. 220 Abs. 3 S. 1 Nr. 2 bleibt es damit in Wirklichkeit bei der verfassungswidrigen Regelung des Art. 15 aF, so dass die Anknüpfung an das Mannesrecht perpetuiert wird, umso mehr, als nach der bisherigen Rechtsprechung der Zivilgerichte entgegen Art. 220 Abs. 3 S. 2 die Anknüpfung nach Art. 220 Abs. 3 S. 1 Nr. 2 über den 8.4.1983 hinaus wirken soll (vgl Rn 36).[71]

24 Freilich zielt diese Kritik von vornherein nicht auf die **Alt. 1** des Art. 220 Abs. 3 S. 1 Nr. 2, denn eine etwaige echte Rechtswahl wird in aller Regel unbeeinflusst von Art. 15 aF sein, da dieser eine solche gar nicht zuließ, und sie auf einer bewussten Entscheidung beider Ehegatten beruht, die auch das Bewusstsein, Alternativen zu haben, voraussetzt.[72]

25 Die verfassungsrechtlich problematischen Konstellationen können nur im Anwendungsbereich des Ausgehens nach Art. 220 Abs. 3 S. 1 Nr. 2 **Alt. 2** auftreten. Insoweit hat das BVerfG[73] die Rechtslage etwas erhellt. Soweit die nach Art. 220 Abs. 3 S. 1 Nr. 2 Alt. 2 erfolgte Berufung des Heimatrechts des Ehemanns unbeschadet der Vorschrift des Art. 220 Abs. 3 S. 2 und unter Verdrängung des hierdurch bedingten Statutenwechsels auch für den Zeitraum nach dem 8.4.1983 als maßgeblich angesehen wird, verstößt dies gegen Art. 3 Abs. 2 GG. Der Beschluss des BVerfG bezieht sich also nur auf die Anknüpfung für die Zeit nach dem 8.4.1983, vgl Art. 220 Abs. 3 S. 2. Ob die Anknüpfung an das „Ausgehen von der Anwendung" eines Rechts für den Übergangszeitraum bis zum 8.4.1983 einen Verstoß gegen Art. 3 Abs. 2 GG beinhalte, ließ das BVerfG offen.[74] Die Begründung des Gerichts spricht jedoch dafür, auch insoweit, dh für den hier interessierenden Zeitraum, den Verfassungsverstoß zu bejahen: ansonsten würde das alte, verfassungswidrige Kollisionsrecht aufrechterhalten; seit dem 31.3.1953 (!) ist ein schutzwürdiges Vertrauen in das Fortbestehen der früheren Rechtslage nicht mehr anzuerkennen.[75] Für die Entscheidung dieser Problematik spielt es natürlich auch eine Rolle, wie man den in Art. 220 Abs. 3 S. 2 angeordneten Anknüpfungswechsel versteht (vgl ausführlich Rn 32 ff).

26 Somit ist **Art. 220 Abs. 3 S. 1 Nr. 2** entgegen der bisherigen Zivilrechtsprechung und der bisherigen herrschenden Lehre wie folgt **einzuschränken**: die Vorstellung der Eheleute, das Güterrecht des Staates, dem der Ehemann angehört, sei als solches zur Anwendung berufen, kann nicht unter Art. 220 Abs. 3 S. 1 Nr. 2 Alt. 2 subsumiert werden. Art. 220 Abs. 3 S. 1 Nr. 2 bleibt damit anwendbar auf alle Fälle des „Unterstellens" iSd Alt. 1 sowie auf diejenigen Situationen, in denen die Eheleute tatsächlich nicht vom Mannesrecht ausgehen, sondern zB vom gemeinsamen gewöhnlichen Aufenthalt oder einer anderen gleichheitssatzgemäßen Anknüpfungsregel.[76] Damit wird natürlich der Anwendungsbereich der Nr. 2 entgegen der Rechtsprechung des BGH nicht ausgeweitet (vgl Rn 21), sondern vielmehr erheblich eingeengt. Außerdem werden der Praxis Differenzierungen abgefordert, die im Einzelfall nicht einfach sein werden. Dies betrifft zum einen die Abgrenzung zwischen der unbedenklichen Alt. 1 und der Alt. 2, zum anderen innerhalb der Letzteren die Klärung der Frage, ob im Einzelfall vom verfassungswidrigen Art. 15 aF ausgegangen wurde oder nicht. Diese Unterscheidungen sind jedoch möglich.[77]

27 **d) Staatsangehörigkeit des Ehemannes (Art. 220 Abs. 3 S. 1 Nr. 3).** Führen Art. 220 Abs. 3 S. 1 Nr. 1 und 2 zu keinem Ergebnis, so soll es gem. Nr. 3 bei dem Recht des Staates, dem der Ehemann bei der Eheschließung angehörte, verbleiben.[78] Dieser „kollisionsrechtliche Wiedergänger"[79] des Art. 15 aF soll nach der

68 BGH NJW 1988, 638, 639; Staudinger/*Dörner*, Art. 220 EGBGB Rn 84.
69 *Schurig*, IPRax 1988, 88, 91; Staudinger/*Dörner*, Art. 220 EGBGB Rn 78.
70 *Rauscher*, NJW 1987, 531, 534.
71 Staudinger/*Dörner*, Art. 220 EGBGB Rn 78; *Schotten/Schmellenkamp,* Rn 192.
72 Staudinger/*Dörner*, Art. 220 EGBGB Rn 79; Soergel/*Schurig,* Art. 220 EGBGB Rn 48; *Henrich*, IPRax 1987, 93, 95.
73 NJW 2003, 1656; zu Unrecht geht *Eule*, MittBayNot 2003, 335, 336 f, davon aus, dass der Beschluss sich auf beide Alternativen der Nr. 2 beziehe.
74 BVerfG NJW 2003, 1656, 1657.
75 BVerfG NJW 2003, 1656, 1657.
76 Ähnlich *Puttfarken*, RIW 1987, 834, 840; weiter gehend *Winkler v. Mohrenfels*, IPRax 1995, 379, 383 f, der zusätzlich fordert, dass das anzuwendende Recht bei Beendigung des Güterstandes noch vom gemeinsamen Willen der Ehegatten getragen wird.
77 Vgl Soergel/*Schurig*, Art. 220 EGBGB Rn 50; aA BGH NJW 1988, 638, 640: „kaum überwindliche praktische Schwierigkeiten"; vgl auch *Eule*, MittBayNot 2003, 335, 337: Abgrenzung Alt. 1/Alt. 2 kaum möglich.
78 Gesamtverweisung; Bamberger/Roth/*Heiderhoff*, Art. 220 EGBGB Rn 23.
79 *Schurig*, IPRax 1988, 88, 93.

Rechtsprechung verfassungsgemäß sein.[80] Der Versuch des BGH,[81] dies damit zu begründen, dass die Vorschriften nurmehr in einer relativ kleinen und ständig kleiner werdenden Zahl eine Rolle spiele, geht fehl. Dies ergibt sich schon aus der hier vertretenen Ansicht (vgl Rn 26), wonach eine weite Auslegung des Art. 220 Abs. 3 S. 1 Nr. 2 nicht möglich ist. Außerdem bliebe im jeweiligen Einzelfall, auf den Nr. 3 doch anzuwenden wäre, die Ehefrau benachteiligt, so selten solche Fälle auch sein würden.[82] Ein schutzwürdiges Vertrauen in die Anknüpfung an das Mannesrecht ist seit 31.3.1953 nicht mehr anzuerkennen.[83] Die Vorschrift ist **verfassungswidrig**.[84] Der Gesetzgeber hat hier teilweise eine Regelung in Kraft gesetzt, die rückwirkend wiederum die Grundsätze des Art. 15 aF festschreibt.[85]

28 An die Stelle des Art. 220 Abs. 3 S. 1 Nr. 3 tritt als **Ersatzanknüpfung** Art. 15 Abs. 1 iVm Art. 14 Abs. 1 Nr. 2 und 3.[86] Diese Regelung war als Ersatz für den verfassungswidrigen Art. 15 aF entwickelt worden[87] und ist trotz ihrer Rückwirkung auf den Eheschließungszeitpunkt verfassungsgemäß.[88]

29 **2. Wirkungen ab 9.4.1983 (Art. 220 Abs. 3 S. 2–4). a) Allgemeines.** Ehen, die nach dem 31.3.1953 und vor dem 9.4.1983 geschlossen worden sind, werden vom Gesetz zeitlich aufgespalten. Die Anknüpfung gem. Art. 220 Abs. 3 S. 1 gilt nur bis zum 8.4.1983. Für die Zeit danach ist gem. Art. 220 Abs. 3 S. 2 Art. 15 nF anzuwenden. Für Ehen, auf die vorher Art. 220 Abs. 3 S. 1 Nr. 3 anzuwenden war, tritt dabei an die Stelle des Zeitpunkts der Eheschließung der 9.4.1983, Art. 220 Abs. 3 S. 3.

30 Die Regelung ist **verfassungsrechtlich** unbedenklich, obwohl sie eine echte Rückwirkung beinhaltet, da sie den kollisionsrechtlichen Grundsatz der Unwandelbarkeit durchbricht, und obwohl sie eine Verschiedenbehandlung gegenüber Ehen, die vor dem 1.4.1953 geschlossen wurden, vorsieht, was aber nicht gegen Art. 3 Abs. 1 GG verstößt.[89]

31 Infolge des Anknüpfungswechsels kommt es auf Art. 15 Abs. 1 iVm Art. 14 Abs. 1 Nr. 1 bis 3 an. Soweit gem. Art. 220 Abs. 3 S. 3 Stichtag hierfür der 9.4.1983 ist, können auch die jeweiligen Alt. 2 des Art. 14 Abs. 1 Nr. 1 und 2 relevant werden, weil hier der Anknüpfungszeitpunkt der Eheschließung nachfolgt. Im Rahmen des Art. 220 Abs. 3 S. 2 iVm Art. 15 Abs. 1 iVm Art. 14 Abs. 1 Nr. 1 ist bei Mehrstaatern Art. 5 Abs. 1 S. 2 (Vorrang der etwaigen deutschen Staatsangehörigkeit) zu beachten.[90]

32 **b) Bedeutung des Anknüpfungswechsels.** Es ist sehr umstritten, wie der zum 9.4.1983 angeordnete Wechsel in den Anknüpfungsbestimmungen konstruktiv zu bewältigen ist. Die ganz hM hat von Anfang an den Gedankengang verworfen, aufgrund entsprechend gespaltenen Güterrechts zwei Vermögensmassen zu bilden und demgemäß zwei Güterrechtsordnungen nebeneinander auf Dauer anzuwenden, so dass Vermögen, das am 9.4.1983 bereits vorhanden war, dem alten Güterstand als „Sondervermögen" weiterhin unterstehen würde, und später hinzugekommenes jedoch dem neuen.[91] Ein solches dauerndes Nebeneinander unterschiedlicher Rechte wäre wenig sachgerecht, auch wegen möglicher Komplikationen im Rechtsverkehr mit Dritten, und wird durch den Gesetzeswortlaut auch nicht erfordert.[92]

33 Die Rechtsprechung hebt in eigenartiger Weise darauf ab, wann der zu beurteilende **güterrechtliche Vorgang** sich abspielt, worunter nicht der Vermögenserwerb, sondern insbesondere die Beendigung der Ehe oder des Güterstandes, etwa durch Tod oder Scheidung, zu verstehen sei.[93] Vor dem 9.4.1983 unterlag ein solcher Vorgang dem nach Art. 220 Abs. 3 S. 1 unterfallenden Recht, insbesondere für danach erfolgende Abwicklungen bzw Auseinandersetzungen entscheidet Art. 220 Abs. 3 S. 2, und zwar für das ganze Vermögen, auch das am 9.4.1983 bereits vorhandene.[94] Eine gesonderte Auseinandersetzung des bis (einschließlich) 8.4.1983

80 BGH NJW 1987, 583, 584 f; 1988, 638, 639; ebenso *St. Lorenz*, in: FS Sturm Bd. II 1999, S. 1559, 1562 Fn 16; Palandt/*Thorn*, Art. 15 EGBGB Rn 10.

81 NJW 1987, 583, 585.

82 Vgl Soergel/*Schurig*, Art. 220 EGBGB Rn 52.

83 BVerfG NJW 2003, 1656, 1657; vgl auch *Rauscher*, NJW 1987, 531, 536; aA BGH NJW 1987, 583, 584 f: schutzwürdige Vertrauenstatbestände; MüKo/*Siehr*, Art. 15 EGBGB Rn 174, hält Nr. 3 für verfassungsgemäß, wenn konkretes Vertrauen eines Ehegatten nachgewiesen ist; dagegen zu Recht Staudinger/*Dörner*, Art. 220 EGBGB Rn 88 f.

84 *Basedow*, NJW 1986, 2971, 2974; *Rauscher*, NJW 1987, 531, 536; *Schurig*, IPRax 1988, 88, 93; *Schotten/Schmellenkamp*, DNotZ 2009, 518, 526.

85 Vgl *v. Bar/Ipsen*, NJW 1985, 2849, 2854; aA BGH NJW 1987, 583, 585.

86 *Dörner*, IPRax 1994, 33, 34; Staudinger/*Dörner*, Art. 220 EGBGB Rn 118.

87 *Puttfarken*, NJW 1987, 834, 840.

88 Das lässt sich mittelbar BVerfG NJW 1989, 1081, entnehmen.

89 BVerfG NJW 1989, 1081; BGH NJW 1988, 638, 639; aA *Rauscher*, NJW 1987, 531, 533 f.

90 BGH NJW 1987, 583, 585; 1988, 638, 640; aA *Mansel*, in: FS Geimer 2002, S. 625, 634; Staudinger/*Dörner*, Art. 220 EGBGB Rn 122, für den Fall, dass ursprünglich gem. S. 1 Nr. 1 angeknüpft wurde, und wie hier jedoch, wenn vorher S. 1 Nr. 3 gegolten hat (aaO, Rn 128).

91 BGH NJW 1987, 583, 584; *Rauscher*, NJW 1987, 531, 532; Staudinger/*Dörner*, Art. 220 EGBGB Rn 134.

92 BGH NJW 1987, 583, 584; *Rauscher*, NJW 1987, 531, 532; MüKo/*Siehr*, Art. 15 EGBGB Rn 189.

93 BGH NJW 1987, 583, 584; 1988, 638, 639; BGHZ 119, 392, 398; OLG Hamm IPRax 1994, 49, 53; dem folgen zB Palandt/*Thorn*, Art. 15 EGBGB Rn 12; Erman/*Hohloch*, Art. 15 EGBGB Rn 48; *Kropholler*, IPR, § 45 III 4 b; *Henrich*, IPRax 1987, 93, 94.

94 BGH NJW 1988, 638, 639; OLG Hamm IPRax 1994, 49, 53; Palandt/*Thorn*, Art. 15 EGBGB Rn 13.

vorhandenen Vermögens ist nicht vorzunehmen.[95] Diese Rechtsprechung muss so interpretiert werden, dass sie eine **Rückwirkung** des neuen Güterstatuts anordnet, so dass etwa in dem Fall, dass gem. Art. 220 Abs. 3 S. 2 iVm Art. 15 Abs. 1 deutsches Recht berufen wäre, als Anfangsvermögen im Rahmen des Zugewinnausgleichs auf den Zeitpunkt der bereits vor dem Statutenwechsel erfolgten Eheschließung abzustellen wäre.[96] Grundbuchrechtlich wird sonach eine Grundbuchberichtigung erforderlich, wenn sich Gesamthandseigentum in Miteigentum wandelt oder umgekehrt.[97] Verfassungsrechtlich hat die Lösung der Rechtsprechung den Vorteil, dass sie den als problematisch empfundenen Art. 220 Abs. 3 S. 1 Nr. 3 durch die Rückwirkung intertemporal fast völlig zum Verschwinden bringt.[98] Andererseits bleibt erstens unklar, was der BGH genau unter dem Begriff „zu beurteilender güterrechtsrelevanter Vorgang" versteht.[99] Zweitens geht Art. 220 Abs. 3 S. 4 von einer Überleitung der Güterstände ex nunc zum 9.4.1983 aus, und nicht davon, dass der neue Güterstand dem bisherigen Zeitraum ex tunc gewissermaßen „übergestülpt" wird.[100] Ziel des S. 4 ist es, die Verjährung der Ansprüche zu verhindern, die mit der IPR-Reform rückwirkend zum 9.4.1983 entstanden sind, da die Eheleute von diesen Ansprüchen erst nach der Reform Kenntnis erlangt haben.[101]

Richtigerweise findet deshalb im Falle des Art. 220 Abs. 3 S. 2 ein **Statutenwechsel** statt, der demjenigen **34** vergleichbar ist, der bei einer Rechtswahl während der Ehe gem. Art. 15 Abs. 2 stattfindet. Beide Fälle sind gleich zu behandeln (vgl Art. 15 EGBGB Rn 58). Der bisherige Güterstand ist nach seinen Regeln aufzulösen; die hieraus sich ergebenden Rechte, Ansprüche usw werden vom neuen Güterstand als jeweilige Rechtspositionen der Eheleute übernommen.[102] Nach S. 4 gilt ein etwaiger Ausgleichsanspruch, der durch die Abwicklung des alten Güterstandes zum 9.4.1983 entsteht, als bis zum 1.9.1986 gestundet.[103]

c) Differenzierung nach den Tatbeständen des Art. 220 Abs. 3 S. 1 Nr. 1–3. Hat für die Ehe vor dem **35** 9.4.1983 **Art. 220 Abs. 3 S. 1 Nr. 1** gegolten, so ist danach Art. 15 anzuwenden, und zwar hinsichtlich Art. 15 Abs. 1 bezogen auf den Zeitpunkt der Eheschließung. Art. 220 Abs. 3 S. 3 ist nicht analog anzuwenden.[104] Ein Statutenwechsel findet in dieser Situation deshalb nicht statt, weil die Anknüpfungen des Art. 220 Abs. 3 S. 1 Nr. 1 und S. 2 iVm Art. 15 Abs. 1 iVm Art. 14 Abs. 1 Nr. 1 übereinstimmen.[105] Anders wäre es nur dann, wenn man hier die Frage nach der Anwendbarkeit des Art. 5 Abs. 1 S. 2 unterschiedlich beantworten würde (vgl Rn 11, 31).

Es besteht grundsätzliche Einigkeit, dass die Fälle nach **Art. 220 Abs. 3 S. 1 Nr. 2** entgegen dem Wortlaut des **36** Art. 220 Abs. 3 S. 2 auch über den dort hinaus genannten Zeitpunkt weiterwirken.[106] Ein Statutenwechsel findet nicht statt. Dem steht auch die Formvorschrift des Art. 15 Abs. 3 nicht entgegen.[107] Entgegen der Rechtsprechung der Zivilgerichte macht jedoch ein großer Teil der Literatur in den Fällen, in denen die Eheleute in verfassungsrechtlich bedenklicher Weise von der Geltung des Mannesrechts ausgegangen waren (vgl Rn 23 ff), eine Ausnahme und lässt hier einen Statutenwechsel gem. Art. 220 Abs. 3 S. 2 stattfinden, für den

95 BGH NJW 1988, 638, 639; BGHZ 119, 392, 399; OLG Hamm IPRax 1994, 49, 53; Palandt/*Thorn*, Art. 15 EGBGB Rn 13.

96 Vgl BGH NJW 1987, 583, 584; 1988, 638, 639: „vorhandenes und künftiges Vermögen"; Palandt/*Thorn*, Art. 15 EGBGB Rn 13; MüKo/*Sonnenberger*, Art. 220 EGBGB Rn 29; dagegen meint *Lichtenberger*, DNotZ 1987, 297, 301, man dürfe den BGH nicht im Sinne eines „rückwirkenden Statutenwechsels" derart missverstehen, dass rückwirkend ab Eheschließung der Zugewinn ausgeglichen werden müsste.

97 Palandt/*Thorn*, Art. 15 EGBGB Rn 13.

98 Soergel/*Schurig*, Art. 220 EGBGB Rn 53.

99 MüKo/*Sonnenberger*, Art. 220 EGBGB Rn 29.

100 *Rauscher*, NJW 1987, 531, 532.

101 BT-Drucks. 10/5632, S. 46; Staudinger/*Dörner*, Art. 220 EGBGB Rn 135; BGH NJW 1988, 638, 639, will dagegen Art. 220 Abs. 3 S. 4 nur darauf beziehen, dass die Ehe nach dem 8.4.1983, jedoch vor dem Inkrafttreten der Neuregelung geschieden worden ist und sich erst aufgrund der Neuregelung ein güterrechtlicher Anspruch ergibt; Palandt/*Thorn*, Art. 15 EGBGB Rn 14, will die Norm auf Ehen beschränken, die zwischen 8.4.1983 und 1.9.1986 geschlossen worden sind; hiergegen spricht jedoch die systematische Stellung des S. 4, Staudinger/*Dörner*, Art. 220 EGBGB Rn 135.

102 Staudinger/*Dörner*, Art. 220 EGBGB Rn 133 ff; *Rauscher*, NJW 1987, 531, 532, der allerdings eine Überleitung einer Gütertrennung in eine Gütergemeinschaft, die nach ihrer materiellen Ausgestaltung auch Altvermögen erfasst, im Hinblick auf Art. 14 Abs. 1 GG für problematisch hält; Soergel/*Schurig*, Art. 220 EGBGB Rn 56; *Schotten/Schmellenkamp,* Rn 199; MüKo/*Sonnenberger*, Art. 220 EGBGB Rn 29: Eheleute so zu behandeln, als ob sie bis zum 8.4.1983 eine erste Ehe geführt haben und ab 9.4.1983 eine zweite eingegangen sind; *St. Lorenz*, S. 119 ff.

103 Staudinger/*Dörner*, Art. 220 EGBGB Rn 133.

104 Vgl OLG Frankfurt NJW-RR 1994, 72, 73; Staudinger/*Dörner*, Art. 220 EGBGB Rn 121; Soergel/*Schurig*, Art. 220 EGBGB Rn 40; teilweise abweichend MüKo/*Siehr*, Art. 15 EGBGB Rn 178.

105 Soergel/*Schurig*, Art. 220 EGBGB Rn 40; *Puttfarken*, RIW 1987, 834, 836.

106 BGH NJW 1987, 583, 584; 1988, 638, 639; BGHZ 119, 392, 398; BT-Drucks. 10/5632, S. 46.

107 BGH NJW 1987, 583, 584; Staudinger/*Dörner*, Art. 220 EGBGB Rn 124.

Art. 220 Abs. 3 S. 3 entsprechend gelten soll.[108] Diese Meinung hat durch das BVerfG[109] im Ergebnis Unterstützung gefunden (vgl Rn 25). Nach der hier vertretenen Meinung (vgl Rn 26) ergibt sich in diesen verfassungsrechtlich problematischen Fällen ohnehin kein Statutenwechsel, weil insoweit Art. 220 Abs. 3 S. 1 Nr. 2 bereits vor dem 9.4.1983 nicht angewendet werden durfte, sondern nach Art. 15 nF anzuknüpfen war.

37 Nach dem Gesetz soll bei bisheriger Geltung des Mannesrechtes (**Art. 220 Abs. 3 S. 1 Nr. 3**) regelmäßig ein Statutenwechsel gem. Art. 220 Abs. 3 S. 2–4 stattfinden. Geht man jedoch mit der hier vertretenen Ansicht von der Verfassungswidrigkeit des S. 1 Nr. 3 aus (vgl Rn 27), so ändert sich die Anknüpfung nicht, und zwar auch deswegen, weil mit S. 1 Nr. 3 auch S. 3 fällt und insoweit nichtig ist.[110]

38 Nach den hier vertretenen Auffassungen findet ein Statutenwechsel gem. Art. 220 Abs. 3 S. 2–4 sonach in keinem Falle statt.

39 **d) Rechtswahl nach Art. 220 Abs. 3 S. 2 iVm Art. 15 Abs. 2, 3.** Hat vor dem 9.4.1983 kein „Unterstellen" oder „Ausgehen" von einer bestimmten Rechtsordnung stattgefunden, so ist danach die Rechtswahl nach Art. 15 Abs. 2, 3 möglich. Dabei sind die Einschränkungen des Art. 15 Abs. 2 ebenso zu beachten wie die Formvorschriften des Art. 15 Abs. 3.[111]

III. Eheschließung nach dem 8.4.1983 (Art. 220 Abs. 3 S. 5)

40 Für nach dem 8.4.1983 geschlossene Ehen gilt gem. Art. 220 Abs. 3 S. 5 in vollem Umfang Art. 15 nF. Die damit verbundene Rückwirkung ist verfassungsrechtlich unbedenklich wegen der zweifelhaften Rechtslage nach dem 8.4.1983.[112] Bedeutung hat die Norm nur für Eheschließungen bis zum Inkrafttreten des IPR-Neuregelungsgesetzes am 1.9.1986.[113] Insbesondere gilt, dass bei Mehrstaatern gegebenenfalls Art. 5 Abs. 1 S. 2 zu beachten ist[114] und neben den Voraussetzungen des Art. 15 Abs. 2 eine Rechtswahl auch die Form des Art. 15 Abs. 3 wahren muss.[115]

C. Weitere praktische Hinweise

41 Angesichts der Kompliziertheit der Regelung des Art. 220 Abs. 3, die durch verfassungsrechtliche Probleme noch verschärft wird, mag es sich im Einzelfall empfehlen, durch eine **Rechtswahl** gem. Art. 15 Abs. 2, 3 jedenfalls ex nunc die Frage des anwendbaren Güterrechtes zu klären. Das gilt vor allem für Ehen, die nach dem 31.3.1953 und vor dem 9.4.1983 geschlossen worden sind.

42 Teilweise wird für solche Ehen auch empfohlen, mit Wirkung auch für die Vergangenheit zu **bestätigen**, dass die Ehegatten sich gem. Art. 220 Abs. 3 S. 1 Nr. 2 einem bestimmten Recht unterstellt hatten bzw von dessen Anwendung ausgegangen waren.[116] Dabei wird vorsichtshalber geraten, diese Erklärung im Rahmen des Art. 15 Abs. 2 zu halten und zu beurkunden.[117] Die Möglichkeit einer solchen Bestätigung wird allerdings teilweise bestritten[118] und sie widerspricht möglicherweise der häufig getroffenen Aussage, dass das „Ausgehen" iSd Art. 220 Abs. 3 S. 1 Nr. 2 Alt. 2 nach außen irgendwie erkennbar in Erscheinung getreten sein muss (vgl Rn 18). Der Erfolg einer solchen Bestätigung ist also nicht gewiss.

Artikel 16 EGBGB Schutz Dritter

(1) Unterliegen die güterrechtlichen Wirkungen einer Ehe dem Recht eines anderen Staates und hat einer der Ehegatten seinen gewöhnlichen Aufenthalt im Inland oder betreibt er hier ein Gewerbe, so ist § 1412 des Bürgerlichen Gesetzbuchs entsprechend anzuwenden; der fremde gesetzliche Güterstand steht einem vertragsmäßigen gleich.

108 Vgl *Henrich*, IPRax 1987, 93, 94 f; Soergel/*Schurig*, Art. 220 EGBGB Rn 48 ff; Staudinger/*Dörner*, Art. 220 EGBGB Rn 126 f; ähnlich auch MüKo/*Siehr*, Art. 15 EGBGB Rn 181 ff; aA *Mansel*, in: FS Geimer 2002, S. 625, 636; *Eule*, MittBayNot 2003, 335, 339, will nach dem 8.4.1983 nicht S. 3 analog anwenden, sondern Wandelbarkeit annehmen.

109 NJW 2003, 1656.

110 Staudinger/*Dörner*, Art. 220 EGBGB Rn 129 f.

111 Vgl BGH NJW 1987, 583, 584; *Schotten/Schmellenkamp*, Rn 196; *Böhringer*, BWNotZ 1987, 104, 106.

112 *Rauscher*, NJW 1987, 531, 536; Staudinger/*Dörner*, Art. 220 EGBGB Rn 92.

113 Staudinger/*Dörner*, Art. 220 EGBGB Rn 137.

114 Vgl BGH NJW 1987, 583, 584; OLG Karlsruhe IPRax 1990, 122, 123 f; aA *Schurig*, IPRax 1988, 88, 89; Staudinger/*Dörner*, Art. 220 EGBGB Rn 138.

115 Staudinger/*Dörner*, Art. 220 EGBGB Rn 138; *Böhringer*, BWNotZ 1987, 104, 105; zweifelnd *Henrich*, IPRax 1987, 93, 95, MüKo/*Sonnenberger*, Art. 220 EGBGB Rn 28.

116 Jeweils mit Formulierungsbeispielen: *Schotten/Schmellenkamp*, Rn 207 ff; *Böhringer*, BWNotZ 1987, 104, 108; *Lichtenberger*, DNotZ 1987, 297, 299 f.

117 *Lichtenberger*, DNotZ 1987, 297, 300; *Böhringer*, BWNotZ 1987, 104, 108.

118 Soergel/*Schurig*, Art. 220 EGBGB Rn 49 Fn 57.

(2) Auf im Inland vorgenommene Rechtsgeschäfte ist § 1357, auf hier befindliche bewegliche Sachen § 1362, auf ein hier betriebenes Erwerbsgeschäft sind die §§ 1431 und 1456 des Bürgerlichen Gesetzbuchs sinngemäß anzuwenden, soweit diese Vorschriften für gutgläubige Dritte günstiger sind als das fremde Recht.

Literatur: *Bader*, Der Schutz des guten Glaubens in Fällen mit Auslandsberührung, MittRhNotK 1994, 161; *Liessem*, Guter Glaube beim Grundstückserwerb von einem durch seinen Güterstand verfügungsbeschränkten Ehegatten?, NJW 1989, 497; *Reithmann/Martiny* (Hrsg.), Internationales Vertragsrecht, 7. Auflage 2010; *Schotten*, Der Schutz des Rechtsverkehrs im Internationalen Privatrecht, DNotZ 1994, 670; *ders./Schmellenkamp*, Das Internationale Privatrecht in der notariellen Praxis, 2. Aufl. 2007.

A. Allgemeines

1 Als Exklusivnorm, dh einseitige Kollisionsnorm zum **Schutz des inländischen Rechtsverkehrs,** erklärt Art. 16 bestimmte Vorschriften des deutschen Eherechts für anwendbar.[1] Das Vertrauen des Geschäftsverkehrs in die Anwendung des deutschen Rechts wird insoweit geschützt vor den abweichenden Vorschriften des nach allgemeinen Grundsätzen (Art. 14, 15) an sich anwendbaren ausländischen Güterrechts bzw Rechts der allgemeinen Ehewirkungen. Dadurch sollen Gefahren für den Rechtsverkehr, die sich aus dem ausländischen Recht ergeben können, abgewehrt werden, insbesondere Beschränkungen der Handlungsfreiheit der einzelnen Ehegatten etwa in Form von Zustimmungserfordernissen, anderen Einschränkungen der Verfügungsbefugnis oder im Vergleich zu § 1357 BGB eingeschränkte Mitverpflichtungsbefugnisse nach ausländischem Recht.[2] Da es um das Handeln, vor allem um die Haftung gegenüber dem Rechtsgeschäftsgegner geht, betrifft Art. 16 nur das Außenverhältnis zu Dritten, aber nicht das Innenverhältnis zwischen den Ehegatten.[3] Für dieses gelten weiterhin Art. 14 und 15 bzw vorrangige Staatsverträge.[4]

2 Eine (stillschweigende) **Rechtswahl** zur Herbeiführung der in Art. 16 genannten Verkehrsschutzregeln des deutschen Rechts zwischen dem Dritten und den Ehegatten gibt es nicht.[5] Wenn der BGH[6] anderes angenommen hat, kann dies nur so verstanden werden, dass die Beteiligten sich in schuldrechtlicher Weise haben so stellen wollen, als seien die Vorschriften anwendbar.

3 Im Vergleich zu **Art. 16 aF** enthält die gegenwärtige Fassung einige Abänderungen im Detail. Die alte Fassung ist nur noch heranzuziehen für Sachverhalte, die vor dem 1.9.1986 liegen.[7] Rechtsprechung zu Art. 16 aF/nF gibt es nur vereinzelt.[8] Angesichts der Häufigkeit, in der auf die allgemeinen Ehewirkungen oder das Güterrecht ausländisches Recht berufen ist, wird dies der tatsächlichen **Bedeutung** der Vorschrift nicht gerecht. Hintergrund ist wohl, dass die von Art. 16 geregelten Fragen nur selten streitig werden.[9]

4 **Staatsverträge** gehen gem. Art. 3 Nr. 2 dem Art. 16 vor. Das insoweit einzig interessante deutsch-iranische Niederlassungsabkommen gestattet gemäß seinem Art. 8 Abs. 3 S. 2 jedoch die Anwendung des Art. 16, so dass tatsächlich keine Verdrängung durch internationale Übereinkommen stattfindet.[10]

In Bezug auf Grundstücke kann in seinem Anwendungsbereich **§ 892 BGB** helfen.[11] **Art. 6** wird durch Art. 16, soweit dieser eingreift, verdrängt.[12]

1 Staudinger/*Mankowski*, Art. 16 EGBGB Rn 1, 5; Bamberger/Roth/*Mörsdorf-Schulte*, Art. 16 EGBGB Rn 2.
2 Vgl Staudinger/*Mankowski*, Art. 16 EGBGB Rn 2.
3 Staudinger/*Mankowski*, Art. 16 EGBGB Rn 1, 3; *Schotten/Schmellenkamp,* Rn 220; Palandt/*Thorn*, Art. 16 EGBGB Rn 3.
4 Bamberger/Roth/*Mörsdorf-Schulte*, Art. 16 EGBGB Rn 2.
5 Staudinger/*Mankowski*, Art. 16 EGBGB Rn 52; *Böhmer*, JR 1992, 500; *Jayme*, IPRax 1993, 80, 81.
6 NJW 1992, 909, zu Art. 16 Abs. 2.
7 MüKo/*Siehr*, Art. 16 EGBGB Rn 47.
8 ZB BGH NJW 1992, 909; LG Aurich NJW 1991, 642; KG DNotZ 1933, 112; OLG Breslau JW 1930, 1880; AG Wedel IPRspr 1972 Nr. 54.
9 MüKo/*Siehr*, Art. 16 EGBGB Rn 22.
10 MüKo/*Siehr*, Art. 16 EGBGB Rn 5; *Schotten/Wittkowski*, FamRZ 1995, 264, 267; Bamberger/Roth/*Mörsdorf-Schulte*, Art. 16 EGBGB Rn 9.
11 Reithmann/Martiny/*Hausmann*, Internationales Vertragsrecht, Rn 5937, 6069; *Bader*, MittRhNotK 1994, 161, 164.
12 Bamberger/Roth/*Mörsdorf-Schulte*, Art. 16 EGBGB Rn 7; Staudinger/*Mankowski*, Art. 16 EGBGB Rn 2.

B. Regelungsgehalt

I. Güterrechtliche Wirkungen (Abs. 1)

5 **1. Voraussetzungen. a) Fremdes Güterrechtsstatut.** Es muss ein ausländisches Güterstatut (einschließlich des Rechts der früheren DDR) berufen sein, wobei es gleichgültig ist, ob dies auf einer objektiven Verweisung oder einer entsprechenden Rechtswahl beruht.[13] Ebenso wenig spielt es eine Rolle, ob die Eheleute in einem gesetzlichen oder vertragsmäßigen Güterstand dieses Güterstatutes leben.[14] Art. 16 ist auch anwendbar, soweit fremdes Güterrecht nur für Vermögensteile gilt.[15]

6 **b) Inlandsbezug.** Als Inlandsbezug erfordert der Wortlaut des Abs. 1, dass **ein Ehegatte** seinen gewöhnlichen Aufenthalt in Deutschland hat oder hier ein Gewerbe betreibt. Dabei muss es sich nicht um den Ehegatten handeln, der im Außenverhältnis gegenüber dem Dritten auftritt, sondern es genügt zB auch, dass der Inlandsbezug beim nichtkontrahierenden Ehegatten gegeben ist.[16] Eine Kenntnis des Dritten vom inländischen gewöhnlichen Aufenthalt bzw Gewerbebetrieb fordert der Wortlaut des Gesetzes auch hier nicht.

7 Der Begriff des **Gewerbes** hat sich grundsätzlich an der GewO zu orientieren.[17] Vorausgesetzt ist demnach eine selbständige, erlaubte, auf Gewinnerzielung gerichtete und auf gewisse Dauer ausgeübte Tätigkeit im wirtschaftlichen Bereich mit Ausnahme der Urproduktion, der freien Berufe, der öffentlichen Unternehmen und der bloßen Verwaltung und Nutzung eigenen Vermögens.[18] Die Tätigkeit muss, um „inländisch" zu sein, von einem Ort im Inland ausgehen und nicht nur vom Ausland her hier einwirken.[19] Deshalb reichen reine Messevertretungen oder Kundenbesuche mit Vertragsabschluss im Inland nicht aus.[20] Andererseits muss der inländische Betrieb weder einziger noch überwiegender Ausgangspunkt der Tätigkeit des Gewerbes sein.[21] Kein Gewerbebetrieb eines Ehegatten liegt vor, wenn Träger des Gewerbes eine Gesellschaft mit eigener Rechtsfähigkeit, uU also auch eine BGB-Gesellschaft, ist und der Ehegatte nur für diese Gesellschaft (als Geschäftsführer oder Gesellschafter) handelt.[22] Bei ausländischen Gesellschaften richtet es sich nach deren Gesellschaftsstatut, ob sie selbst Träger von Rechten und Pflichten sind.[23]

8 Auf Seiten des Dritten ist ein Inlandsbezug, beispielsweise gewöhnlicher Aufenthalt in Deutschland oder deutsche Staatsangehörigkeit, ohne Bedeutung.[24] Auch im Ausland belegene Immobilien werden grundsätzlich von Abs. 1 erfasst.[25] Da Art. 16 jedoch den inländischen Rechtsverkehr schützen soll, wird man fordern müssen, dass das Rechtsgeschäft, um das es gem. § 1412 Abs. 1 Hs 1 BGB geht, **im Inland vorgenommen** worden ist.[26] Handelt es sich dabei um ein Distanzgeschäft, so muss in diesem Sonderfall der Dritte seinen gewöhnlichen Aufenthalt bei der Vornahme im Inland gehabt haben.[27]

9 Geht es um **Urteile** iSd Abs. 1 iVm § 1412 Abs. 1 Hs 2 BGB, so ist Inlandsbezug jedenfalls bei inländischen Erkenntnisprozessen gegeben.[28] Nach inzwischen wohl überwiegender Meinung kann jedoch auch ein ausländischer Rechtsstreit darunter fallen, wenn der Dritte infolge eines hinreichenden Inlandsbezuges ein konkretes Vertrauen auf die Geltung deutschen Güterrechts entwickelt hat.[29] Dabei wird man wieder Rückgriff nehmen können darauf, ob das Rechtsgeschäft, auf das sich der Rechtsstreit bzw das Gerichtsurteil bezieht, im Inland vorgenommen wurde. Es kommt dann auf die Anhängigkeit im ausländischen Verfahren als Zeitpunkt für Abs. 1 iVm § 1412 Abs. 1 Hs 2 BGB an.[30]

13 *V. Bar*, IPR II, Rn 234; Erman/*Hohloch*, Art. 16 EGBGB Rn 7.
14 MüKo/*Siehr*, Art. 16 EGBGB Rn 8; *Schotten/Schmellenkamp*, Rn 213.
15 Soergel/*Schurig*, Art. 16 EGBGB Rn 3.
16 Staudinger/*Mankowski*, Art. 16 EGBGB Rn 20 ff; Bamberger/Roth/*Mörsdorf-Schulte*, Art. 16 EGBGB Rn 26.
17 Staudinger/*Mankowski*, Art. 16 EGBGB Rn 23; aA Soergel/*Schurig*, Art. 16 EGBGB Rn 4.
18 Staudinger/*Mankowski*, Art. 16 EGBGB Rn 23.
19 Soergel/*Schurig*, Art. 16 EGBGB Rn 4.
20 Bamberger/Roth/*Mörsdorf-Schulte*, Art. 16 EGBGB Rn 30; MüKo/*Siehr*, Art. 16 EGBGB Rn 14.
21 Bamberger/Roth/*Mörsdorf-Schulte*, Art. 16 EGBGB Rn 30.
22 Ausf. Staudinger/*Mankowski*, Art. 16 EGBGB Rn 26 ff.
23 Staudinger/*Mankowski*, Art. 16 EGBGB Rn 28.
24 *Schotten/Schmellenkamp*, Rn 214; Staudinger/*Mankowski*, Art. 16 EGBGB Rn 29; Reithmann/Martiny/*Hausmann*, Internationales Vertragsrecht, Rn 6074; differenzierend Erman/*Hohloch*, Art. 16 EGBGB Rn 11.
25 Gegenschluss aus Art. 12 S. 2; Staudinger/*Mankowski*, Art. 16 EGBGB Rn 72; aA *Gerfried Fischer*, Verkehrsschutz im internationalen Vertragsrecht, 1990, S. 161 f.
26 Staudinger/*Mankowski*, Art. 16 EGBGB Rn 30 ff; *Schotten/Schmellenkamp*, Rn 213, 217; aA Soergel/*Schurig*, Art. 16 EGBGB Rn 4; MüKo/*Siehr*, Art. 16 EGBGB Rn 15.
27 Vgl Staudinger/*Mankowski*, Art. 16 EGBGB Rn 32; Bamberger/Roth/*Mörsdorf-Schulte*, Art. 16 EGBGB Rn 27.
28 MüKo/*Siehr*, Art. 16 EGBGB Rn 21; Staudinger/*Mankowski*, Art. 16 EGBGB Rn 34.
29 Staudinger/*Mankowski*, Art. 16 EGBGB Rn 36; MüKo/*Siehr*, Art. 16 EGBGB Rn 21.
30 MüKo/*Siehr*, Art. 16 EGBGB Rn 21 spricht von „Rechtshängigkeit".

c) Keine Eintragung und keine Kenntnis. Gem. Abs. 1 iVm § 1412 BGB wird der Verkehrsschutz versagt, wenn der ausländische Güterstand im deutschen **Güterrechtsregister eingetragen** ist. Dass der Dritte dies wusste oder dass er das Register gar nicht einsehen konnte, ist irrelevant.[31] Die Zuständigkeit des Registergerichts ergibt sich aus §§ 105, 177 Abs. 3 FamFG, vgl auch §§ 1558, 1559 BGB, Art. 4 EGHGB. Nicht explizit geregelt ist darin der Fall, dass ein Ehegatte im Inland ein Gewerbe betreibt, ohne hier gewöhnlichen Aufenthalt zu haben und ohne Kaufmann zu sein. Hier ist international und örtlich zuständig das Gericht, in dessen Bezirk das Gewerbe betrieben wird.[32] Im Übrigen ergibt sich aus Abs. 1 letzter Hs, dass auch ein ausländischer gesetzlicher Güterstand eintragungsfähig sein muss.[33] 10

Schädlich ist außerdem positive **Kenntnis** davon, dass die Eheleute in einem ausländischen Güterstand leben. Dabei ist nicht erforderlich, dass der Dritte weiß, welcher ausländische Güterstand genau zur Anwendung kommt.[34] Fahrlässigkeit – selbst grobe – reicht ebenso wenig aus wie etwa die Kenntnis davon, dass es sich um ausländische Staatsangehörige handelt. Eine Nachforschungs- oder Ermittlungspflicht hat der Dritte nicht.[35] 11

2. Rechtsfolgen. Die Rechtsfolgen des Abs. 1 ergeben sich aus der angeordneten Anwendung des § 1412 BGB, wobei zu beachten ist, dass Ansprüche aus Gesetz hierunter nicht fallen, zB Prozesskostenforderungen,[36] Bereicherungsansprüche, Deliktsansprüche.[37] Die Ehegatten können aus ihrem ausländischen Güterstand dem Dritten gegenüber **keine Einwendungen** gegen ein Rechtsgeschäft bzw Urteil herleiten, das zwischen einem von ihnen und dem Dritten vorgenommen worden bzw ergangen ist.[38] Vielmehr wird der Dritte derart geschützt, dass ihm gegenüber die Eheleute so behandelt werden, als gelte das deutsche Güterrecht, und zwar mit allen, auch für den Dritten negativen, Konsequenzen, insbesondere Einwendungen der Ehegatten gegen ihn aus §§ 1363 ff BGB, etwa § 1365 BGB.[39] Unerheblich ist, ob der im ausländischen Güterstand lebende Ehegatte auf Veräußerer- oder Erwerberseite auftritt.[40] 12

An sich ist Abs. 1 von Amts wegen zu berücksichtigen, der Dritte hat jedoch auch die Möglichkeit, auf dessen Schutz zu **verzichten** und sich stattdessen auf die Anwendung des ausländischen Ehegüterstatuts zu berufen.[41] Dann gilt das ausländische Güterrecht insgesamt. Die „Rosinen herauszupicken" aus jeder der beiden Rechtsordnungen, steht dem Dritten nicht zu.[42] 13

II. Verkehrsschutz nach Abs. 2

1. Voraussetzungen. a) Fremdes Statut. Auch bei Abs. 2 ist zunächst Voraussetzung, dass hinsichtlich des fraglichen Aspektes ausländisches Recht zur Anwendung berufen wäre. 14

b) Inlandsbezug. Gemäß dem Wortlaut des Art. 16 ist für Abs. 2 nicht der gewöhnliche Aufenthalt oder Gewerbebetrieb eines Ehegatten im Inland erforderlich.[43] Vielmehr wird für jede Alternative des Abs. 2 der Inlandsbezug gesondert bestimmt. Hinsichtlich § 1357 BGB kommt es auf die Vornahme des Rechtsgeschäfts im Inland an. Entsprechend Art. 12 S. 1 müssen sich dabei beide Vertragspartner im Inland befinden.[44] Bei Stellvertretung ist entsprechend Art. 11 Abs. 3 auf den Vertreter abzustellen. 15

c) Guter Glaube. Der Dritte muss iSd § 932 Abs. 2 BGB gutgläubig sein, dh er darf keine Kenntnis oder grob fahrlässige Unkenntnis davon haben, dass ausländisches Recht zur Anwendung gelangt. Maßgeblicher Zeitpunkt ist der Abschluss des Rechtsgeschäfts.[45] Um grobe Fahrlässigkeit annehmen zu können, müssen starke Anhaltspunkte vorliegen.[46] 16

d) Günstigkeit. Die in Abs. 2 genannten Normen des BGB werden nur für maßgeblich erklärt, soweit sie dem Dritten günstiger sind als das ausländische Recht. Entscheidend ist dabei nicht eine abstrakte Beurteilung, sondern ein konkreter Vergleich anhand einer Gesamtbetrachtung im Einzelfall.[47] Günstiger ist dabei grund- 17

31 *Schotten/Schmellenkamp,* Rn 215.
32 Soergel/*Schurig*, Art. 16 EGBGB Rn 5.
33 BayObLGZ 1959, 89, 100 f; OLG Köln DNotZ 1972, 182.
34 MüKo/*Siehr*, Art. 16 EGBGB Rn 23; *Schotten/Schmellenkamp,* Rn 216; *Liessem*, NJW 1989, 497, 500; aA Palandt/*Thorn*, Art. 16 EGBGB Rn 2; *Amann*, MittBayNot 1986, 222, 226.
35 *Schotten/Schmellenkamp,* Rn 216.
36 OLG Breslau JW 1930, 1880.
37 Soergel/*Schurig*, Art. 16 EGBGB Rn 6.
38 *Schotten/Schmellenkamp,* Rn 220.
39 *Schotten/Schmellenkamp,* Rn 220; Bamberger/Roth/*Mörsdorf-Schulte*, Art. 16 EGBGB Rn 22 ff; vgl auch LG Aurich NJW 1991, 642, 643.
40 *Amann*, MittBayNot 1986, 222, 224; *Bader*, MittRhNotK 1994, 161, 163.
41 *Schotten*, DNotZ 1994, 670, 678; *Amann*, MittBayNot 1986, 222, 224.
42 Staudinger/*Mankowski*, Art. 16 EGBGB Rn 16.
43 Staudinger/*Mankowski*, Art. 16 EGBGB Rn 53, 61; aA Soergel/*Schurig*, Art. 16 EGBGB Rn 9.
44 MüKo/*Siehr*, Art. 16 EGBGB Rn 35; Staudinger/*Mankowski*, Art. 16 EGBGB Rn 61; aA Palandt/*Thorn*, Art. 16 EGBGB Rn 3: Art. 11 Abs. 2 Rom I-VO entspr.
45 Bamberger/Roth/*Mörsdorf-Schulte*, Art. 16 EGBGB Rn 48.
46 Staudinger/*Mankowski*, Art. 16 EGBGB Rn 54; Erman/*Hohloch*, Art. 16 EGBGB Rn 22.
47 MüKo/*Siehr*, Art. 16 EGBGB Rn 29; Staudinger/*Mankowski*, Art. 16 EGBGB Rn 55.

sätzlich das Recht, das zur Wirksamkeit des Rechtsgeschäfts bzw zur Zulässigkeit einer Vollstreckungshandlung führt, weil Abs. 2 dem Dritten kein Wahlrecht einräumen und ihm insbesondere auch keine Möglichkeit eröffnen will, sich von Rechtsgeschäften, die ihn nachträglich reuen, wieder zu lösen.[48] Nur wenn objektiv zweifelhaft ist, was für den Dritten günstiger ist, wird man diesem ein Wahlrecht einräumen.[49]

18 **2. Rechtsfolgen.** Rechtsfolge des Abs. 2 ist, dass die §§ 1357, 1362, 1431 bzw 1456 BGB für anwendbar erklärt werden, wenn diese für den Dritten jeweils günstiger sind als das ausländische Recht.[50] Die Vorschrift bleibt außer Betracht, wenn bereits Abs. 1 ausreichenden Schutz gewährleistet.[51]

19 Abs. 2 Alt. 1 führt zu der dem Recht der allgemeinen Ehewirkungen zuzuordnenden Schlüsselgewalt des **§ 1357 BGB** einschließlich deren Beschränkungen oder Ausschließungen und ihrer Aufhebung.[52] Dabei geht es nur um die damit verbundene Verpflichtungsbefugnis, nicht um die in § 1357 BGB auch enthaltene Mitberechtigung zugunsten des nichtkontrahierenden Ehegatten.[53] Da gem. § 1357 Abs. 2 S. 2 iVm § 1412 BGB gegenüber einem unwissenden Dritten eine Beschränkung oder Ausschließung der Schlüsselgewalt nur gültig ist, wenn sie im Güterrechtsregister eingetragen ist, darf ein Antrag auf entsprechende Eintragung nicht wegen Geltung ausländischen Rechts abgelehnt werden.[54]

20 Abs. 2 Alt. 3 ordnet auf im Inland betriebene Erwerbsgeschäfte, wofür auch eine Zweigniederlassung ausreicht,[55] die Geltung der **§§ 1431, 1456 BGB** an. Der Begriff des Erwerbsgeschäfts ist wie in diesen Vorschriften zu verstehen (vgl NK-BGB/*Völker*, § 1431 Rn 3 ff).[56] Weitere Inlandsverknüpfungen, wie der Abschlussort des Geschäftes, werden nicht vorausgesetzt.[57] Alt. 3 soll sicherstellen, dass ein Geschäft mit einem unternehmerisch tätigen Ehegatten, das sich aus dem Betrieb des Erwerbsgeschäfts ergibt, nicht der Zustimmung des anderen Ehegatten bedarf.[58] Da es sich um eine güterrechtliche Frage handelt, spielt die Norm nur eine Rolle, wenn dem Dritten der ausländische Güterstand bekannt oder dieser eingetragen war; andernfalls greift bereits Abs. 1.[59] Alt. 3 überwindet im ausländischen Güterrecht vorgesehene Beschränkungen, die den in §§ 1431, 1456 BGB genannten gleich oder ähnlich wirksam sind, unabhängig davon, aus welchem Güterstand sie resultieren.[60] Nach dem Günstigkeitsprinzip gilt natürlich das ausländische Recht, wenn es keine Zustimmungsvorbehalte kennt oder noch geringere Anforderungen im Zusammenhang mit der Begründung des Erwerbsgeschäfts aufstellt.[61]

Soweit §§ 1357, 1431, 1454 BGB auf **§ 1412 BGB** Bezug nehmen und dieser hinsichtlich einer Tatsache auf Kenntnis abstellt, bleibt es dabei; insoweit reicht grob fahrlässige Unkenntnis nicht aus.[62]

III. Analoge Anwendung des Art. 16

21 Eine analoge Anwendung des Abs. 1 wie auch Abs. 2 zum Schutze **ausländischen Rechtsverkehrs** wird dann von der hM bejaht, sofern der jeweilige fremde Staat seinen Verkehr in ähnlicher Weise schützt wie Art. 16.[63]

22 Eine Analogie zu Abs. 2 ist außerdem in Betracht zu ziehen, soweit es um Wirkungen ausländischen Rechts geht, die nicht güterrechtlich, sondern als **allgemeine Ehewirkungen** zu qualifizieren sind, und nicht unter Abs. 2 direkt fallen, aber zu Beschränkungen des inländischen Geschäftsverkehrs führen, zB ehebedingte Verminderungen der Geschäftsfähigkeit und Verbote, sich zugunsten des anderen Ehegatten zB zu verbürgen.[64]

23 Analogie zu Art. 16 wird schließlich erwogen, soweit fremdes Recht eine **rückwirkende Ehenichtigkeit oder Eheaufhebung** vorsieht, um den Rechtsverkehr vor den Folgen der Rückwirkung zu schützen.[65]

48 Staudinger/*Mankowski*, Art. 16 EGBGB Rn 55 f; aA Bamberger/Roth/*Mörsdorf-Schulte*, Art. 16 EGBGB Rn 41.
49 MüKo/*Siehr*, Art. 16 EGBGB Rn 28; Staudinger/*Mankowski*, Art. 16 EGBGB Rn 57 f.
50 Soergel/*Schurig*, Art. 16 EGBGB Rn 9.
51 Bamberger/Roth/*Mörsdorf-Schulte*, Art. 16 EGBGB Rn 38; Soergel/*Schurig*, Art. 16 EGBGB Rn 16.
52 Palandt/*Thorn*, Art. 16 EGBGB Rn 3.
53 Staudinger/*Mankowski*, Art. 16 EGBGB Rn 60; Bamberger/Roth/*Mörsdorf-Schulte*, Art. 16 EGBGB Rn 49.
54 MüKo/*Siehr*, Art. 16 EGBGB Rn 33 Fn 27.
55 Soergel/*Schurig*, Art. 16 EGBGB Rn 18; Staudinger/*Mankowski*, Art. 16 EGBGB Rn 78.
56 Staudinger/*Mankowski*, Art. 16 EGBGB Rn 77.
57 Soergel/*Schurig*, Art. 16 EGBGB Rn 18.
58 Staudinger/*Mankowski*, Art. 16 EGBGB Rn 80.
59 Bamberger/Roth/*Mörsdorf-Schulte*, Art. 16 EGBGB Rn 54; Reithmann/Martiny/*Hausmann*, Internationales Vertragsrecht, Rn 6079.
60 Soergel/*Schurig*, Art. 16 EGBGB Rn 17; Bamberger/Roth/*Mörsdorf-Schulte*, Art. 16 EGBGB Rn 53; zu eng MüKo/*Siehr*, Art. 16 EGBGB Rn 41: „Ehegütergemeinschaft".
61 Staudinger/*Mankowski*, Art. 16 EGBGB Rn 81.
62 Soergel/*Schurig*, Art. 16 EGBGB Rn 16; Bamberger/Roth/*Mörsdorf-Schulte*, Art. 16 EGBGB Rn 54; aA MüKo/*Siehr*, Art. 16 EGBGB Rn 42.
63 BT-Drucks. 10/504, S. 59; Soergel/*Schurig*, Art. 16 EGBGB Rn 22; MüKo/*Siehr*, Art. 16 EGBGB Rn 44 f; Bamberger/Roth/*Mörsdorf-Schulte*, Art. 16 EGBGB Rn 57; aA Staudinger/*Mankowski*, Art. 16 EGBGB Rn 48 ff, 89 f.
64 Staudinger/*Mankowski*, Art. 16 EGBGB Rn 87 f; Soergel/*Schurig*, Art. 16 EGBGB Rn 21; *Bader*, MittRhNotK 1994, 161, 163, wendet hier Art. 16 Abs. 1 analog an.
65 Soergel/*Schurig*, Art. 16 EGBGB Rn 25 f.

C. Weitere praktische Hinweise

Die Registereintragung des ausländischen Güterrechts kann sich aus Sicht der Ehegatten empfehlen, um die Wirkung des Abs. 1 auszuschließen. Dies gilt vor allem, wenn sie ausländisches Recht zum Güterstatut wählen. Diesbezüglich wird in der Literatur auch vertreten, dass der Notar dabei über Abs. 1 belehren müsse.[66] **24**

Zu Hinweisen, die bei eventueller Geltung ausländischen Güterrechts im Zusammenhang mit Rechtsgeschäften mit Dritten erteilt werden können, gibt es Vorschläge bei *Amann*,[67] *Bader*[68] und *Schotten/Schmellenkamp*.[69] **25**

Art. 17 EGBGB Scheidung

(1) ¹Die Scheidung unterliegt dem Recht, das im Zeitpunkt des Eintritts der Rechtshängigkeit des Scheidungsantrags für die allgemeinen Wirkungen der Ehe maßgebend ist. ²Kann die Ehe hiernach nicht geschieden werden, so unterliegt die Scheidung dem deutschen Recht, wenn der die Scheidung begehrende Ehegatte in diesem Zeitpunkt Deutscher ist oder dies bei der Eheschließung war.

(2) Eine Ehe kann im Inland nur durch ein Gericht geschieden werden.

(3) ¹Der Versorgungsausgleich unterliegt dem nach Absatz 1 Satz 1 anzuwendenden Recht; er ist nur durchzuführen, wenn danach deutsches Recht anzuwenden ist und ihn das Recht eines der Staaten kennt, denen die Ehegatten im Zeitpunkt des Eintritts der Rechtshängigkeit des Scheidungsantrags angehören. ²Im Übrigen ist der Versorgungsausgleich auf Antrag eines Ehegatten nach deutschem Recht durchzuführen,

1. wenn der andere Ehegatte in der Ehezeit eine inländische Versorgungsanwartschaft erworben hat oder

2. wenn die allgemeinen Wirkungen der Ehe während eines Teils der Ehezeit einem Recht unterlagen, das den Versorgungsausgleich kennt,

soweit seine Durchführung im Hinblick auf die beiderseitigen wirtschaftlichen Verhältnisse auch während der nicht im Inland verbrachten Zeit der Billigkeit nicht widerspricht.

Literatur: *Andrae*, Anwendung des islamischen Rechts im Scheidungsverfahren vor deutschen Gerichten, NJW 2007, 1730; *Andrae/Essebier*, Zur Scheidung einer Ehe zwischen einer deutschen Christin und einem indischen Schiiten, IPRax 2002, 294; *Beitzke*, Scheidung sunnitischer Libanesen, IPRax 1993, 231; *Carstensen*, Kindergeld, Kindesunterhalt und Versorgungsausgleich im grenzüberschreitenden Rechtsverkehr mit Dänemark, SchlHA 2008, 117; *Coester-Waltjen*, Das religiöse jüdische Recht im internationalen Privat- und Verfahrensrecht, FS Kühne 2009, S. 669; *Dopffel*, Die Voraussetzungen der Ehescheidung im neuen Internationalen Privatrecht, FamRZ 1987, 1205; *Elwan/Menhofer*, Scheidungswunsch versus in Syrien geltendes Recht der unierten Ostkirchen?, StAZ 2007, 325; *Finger*, Versorgungsausgleich mit Auslandsbezug – Art. 17 Abs. 3 EGBGB, FamRBint 2010, 18; *Gottwald*, Deutsche Probleme Internationaler Familienverfahren, in: FS Nakamura 1996, S. 187; *Hay*, Die Anwendung US-amerikanischer Jurisdiction-Regeln als Verweisungsnorm bei Scheidung von in Deutschland wohnhaften Amerikanern, IPRax 1988, 265; *Henrich*, Das internationale Eherecht nach der Reform, FamRZ 1986, 841; *Herfarth*, Die Scheidung nach jüdischem Recht im internationalen Zivilverfahrensrecht, 2000; *ders.*, Scheidung nach religiösem Recht durch deutsche Gerichte, IPRax 2000, 101; *Hohloch/Klöckner*, Versorgungsausgleich mit Auslandsberührung – vom alten zum neuen Recht – Korrektur eines Irrwegs, IPRax 2010, 522; *Jayme*, Scheidung gemischtnationaler Ehen und Auslegung des Art. 17 Abs. 1 S. 2 EGBGB, IPRax 1987, 167; *Klattenhoff*, Das Internationale Privatrecht und der Versorgungsausgleich, FuR 2000, 49; *Kersting*, Der Anwendungsbereich des Art. 17 Abs. 1 S. 2 EGBGB, FamRZ 1992, 268; *Kohler*, Zur Gestaltung des europäischen Kollisionsrechts für Ehesachen: Der steinige Weg zu einheitlichen Vorschriften über das anwendbare Recht für Scheidung und Trennung, FamRZ 2008, 1673; *Kroll*, Scheidung auf europäisch? – Die (derzeit) nicht scheidbare Ehe im IPR, StAZ 2007, 330; *Lüderitz*, Die Ehescheidung nach dem Gesetz zur Neuregelung des Internationalen Privatrechts, IPRax 1987, 74; *ders.*, Talaq vor deutschen Gerichten, in: FS Baumgärtel 1990, S. 333; *Mansel/Thorn/Wagner*, Europäisches Kollisionsrecht 2009: Hoffnungen durch den Vertrag von Lissabon, IPRax 2010, 1; *dies.*, Europäisches Kollisionsrecht 2008: Fundamente der Europäischen IPR-Kodifikation, IPRax 2009, 1; *Mörsdorf-Schulte*, Anknüpfungszeitpunkt und Anpassung bei der Morgengabe, ZfRV 2010, 166; *Odendahl*, Zum Scheidungs-IPR der in Deutschland lebenden Migranten aus der Türkei, IPRax 2005, 320; *Piltz*, Internationales Scheidungsrecht, 1988; *Pintens*, Harmonisierung im europäischen Familien- und Erbrecht, FamRZ 2005, 1597; *Rieck*, Ehescheidung bei ausländischen Ehepartnern, FPR 2007, 251; *Rigaux*, „Versorgungsausgleich" und Art. 12 EC: Discriminations based on the nationality and German private international law, IPRax 2000, 287; *H. Roth*, Übersehener Schuldausspruch und der Grundsatz der Einheitlichkeit der Entscheidung im Scheidungsverfahren, IPRax 2000, 292; *G. Wagner*, Scheidung von EU-Auslandsdeutschen nach Inlandsrecht – europarechtswidrig?, IPRax 2000, 512; *R. Wagner*, Versorgungsausgleich mit Auslandsberührung, 1996; *ders.*, Überlegungen zur Vereinheitlichung des Internationalen Privatrechts in Ehesachen in der Europäischen Union, FamRZ 2003, 803; *ders.*, Versorgungsausgleich bei deutsch/US-amerikanischer Ehe, IPRax 1999, 94; *Winkler v. Mohrenfels*, Hinkende Doppelehe, Vorfragenanknüpfung und Gestaltungswirkung inländischer Scheidungsurteile, IPRax 1988, 341; *Wurm-*

66 *Schotten/Schmellenkamp*, Rn 178 Fn 303; MüKo/*Siehr*, Art. 16 EGBGB Rn 9; aA Beck'sches Notarhandbuch/*Zimmermann*, 5. Aufl. 2009, H Rn 126.

67 MittBayNot 1986, 222, 227 f.

68 MittRhNotK 1994, 161, 165.

69 Rn 226 und DNotZ 1994, 670, 682 f.

nest, Die Mär von der mahr, RabelsZ 71 (2007), 527; *Yassari*, Die islamische Brautgabe im deutschen Kollisions- und Sachrecht, IPRax 2011, 63.

A. Allgemeines

1 Abs. 1 S. 1 verweist für die Fragen der **Scheidung** auf das von Art. 14 bestimmte **Ehewirkungsstatut**. Es liegt also eine im Grundsatz einheitliche Anknüpfung von allgemeinen Ehewirkungen und den Regelungsfragen der Scheidung vor. Diese Koppelung von Scheidungs- und Ehewirkungsstatut lässt sich nur noch bedingt damit rechtfertigen, dass die Scheidung häufig die Verletzung von Pflichten voraussetzt, die dem allgemeinen Ehewirkungsstatut zu entnehmen sind.[1] Zunehmend setzt die Scheidung in vielen Staaten lediglich die Zer-

1 So noch die Begründung zum Regierungsentwurf, BT-Drucks. 10/504, S. 60.

rüttung der Ehe und nicht mehr die Verletzung konkreter ehelicher Pflichten voraus. Auf der Ebene des materiellen Rechts ist damit – auch in Deutschland – eine weitgehende Entkoppelung des Scheidungs- vom allgemeinen Ehewirkungsrecht eingetreten.[2] Vor diesem Hintergrund lässt sich die in Art. 17 enthaltene Verweisung auf Art. 14 am besten damit erklären, dass die in Art. 14 enthaltenen Anknüpfungsmomente (insbesondere die Staatsangehörigkeit, hilfsweise der gemeinsame gewöhnliche Aufenthalt) auch für die Scheidung als angemessen erachtet werden.[3] Die Bezugnahme auf Art. 14 stellt damit nur eine redaktionelle Verkürzung einer eigenständigen scheidungsrechtlichen Anknüpfung dar.[4]

Abs. 1 S. 2 sieht – abweichend von der einheitlichen Anknüpfung der Scheidungs- und Ehewirkungsfragen – eine zusätzliche Möglichkeit der **Anwendung des deutschen Scheidungsrechts** vor. Voraussetzung ist, dass der die Scheidung begehrende Ehegatte im Zeitpunkt der Eheschließung bzw bei Rechtshängigkeit des Scheidungsantrags Deutscher war und die Ehe nach dem gem. Abs. 1 S. 1 iVm Art. 14 eigentlich anwendbaren ausländischen Recht nicht geschieden werden kann. 2

Art. 17 enthält nicht nur die Anknüpfung für die Voraussetzungen der Scheidung, sondern betrifft auch die Anknüpfung einiger wichtiger **scheidungsrechtlicher Nebenfolgen**. Art. 17 kam wegen der in Art. 18 Abs. 4 enthaltenen Verweisung bei der wichtigen Frage des **Nachscheidungsunterhalts** zur Anwendung; mittlerweile ist in dem nunmehr maßgeblichen Haager Protokoll eine derartige Sonderanknüpfung aber nicht mehr vorgesehen (vgl Anh. 1 zu Art. 18 Vorbem. Rn 16). Für güterrechtliche Fragen (Art. 15), die Verteilung der elterlichen Sorge (insb. KSÜ) sowie das Namensrecht (Art. 10) gelten ebenfalls abweichende Sonderanknüpfungen. Abs. 3 enthält schließlich eine Regelung für den **Versorgungsausgleich**. Auch für den Versorgungsausgleich ist grundsätzlich das Scheidungsstatut maßgeblich (Abs. 3 S. 1 Hs 1). Allerdings ist diese Regel in Abs. 3 S. 1 Hs 2, S. 2 durch verschiedene komplizierte Sonderregeln durchbrochen. 3

Art. 17 ist als deutsche Kollisionsnorm dann heranzuziehen, wenn der Scheidungsantrag bzw der Versorgungsausgleich durch deutsche Gerichte zu behandeln ist. Daneben ist Art. 17 dann anzuwenden, wenn ausländisches Kollisionsrecht im Wege einer Gesamtverweisung deutsches Recht beruft. Die Sonderanknüpfung für deutsche Antragsteller nach Abs. 1 S. 2 gilt allerdings nur dann, wenn deutsche Gerichte über den Scheidungsantrag befinden. 4

Gegenüber Art. 17 vorrangige Staatsverträge spielen gegenwärtig kaum eine Rolle. Zu beachten ist allerdings das **deutsch-iranische Niederlassungsabkommen** vom 17.2.1929 (vgl dazu Rn 160 ff).[5] 5

Auf der Ebene der **europäischen Gemeinschaft** ist durch die **EheVO 2003** eine Vereinheitlichung in Fragen der internationalen Zuständigkeit sowie der Anerkennung ausländischer Scheidungsurteile erreicht worden (vgl insoweit die ausf. Kommentierung der EheVO 2003 in Anhang I zum III. Abschnitt EGBGB). Die EheVO 2003 führt aber keine Vereinheitlichung des Kollisionsrechts der Mitgliedstaaten herbei. Das aktuell somit jeweils nach wie vor anwendbare Kollisionsrecht der einzelnen Mitgliedstaaten weicht weiterhin erheblich voneinander ab.[6] Da ausländische Scheidungsurteile nach Maßgabe der Art. 21 ff EheVO 2003 unabhängig davon anzuerkennen sind, welches Sachrecht im konkreten Fall angewendet worden ist, und die Art. 3 ff EheVO 2003 überdies zahlreiche konkurrierende Zuständigkeiten verschiedener Gerichte vorsehen, ergibt sich aus den Unterschieden der Kollisionsrechtsordnungen ein Anreiz zum sog. forum shopping (vgl Rn 164 ff und Anhang I zum III. Abschnitt, Art. 3 EheVO Rn 4 f).[7] Dementsprechend ist auf der Ebene des europäischen Gemeinschaftsrechts eine Vereinheitlichung des Kollisionsrechts der Mitgliedstaaten durch eine 6

2 Vgl etwa *Pintens*, FamRZ 2003, 329, 335.

3 Allerdings ist in der Literatur zunehmend die Frage gestellt worden, ob der Anknüpfung an die gemeinsame Staatsangehörigkeit nicht die Anknüpfung an den (gemeinsamen) gewöhnlichen Aufenthalt vorgezogen werden sollte. Insb. führt die Anknüpfung an die gemeinsame Staatsangehörigkeit dazu, dass eine Integration in Deutschland lebender ausländischer Staatsangehöriger erschwert (etwa *Andrae*, NJW 2007, 1730, 1732 f) bzw einer „Konservierung von Sondermilieus" Vorschub geleistet wird (*Mankowski*, IPRax 1997, 173, 179).

4 *Kropholler*, IPR, § 46 I 1; vgl auch *Kersting*, FamRZ 1992, 268, 270; *Lüderitz*, IPRax 1987, 74 f.

5 Vgl BGH FamRZ 2005, 1666; 2004, 1952; OLGR Frankfurt 2003, 303 (zum Versorgungsausgleich).

6 Vgl die Länderberichte in *Heidel/Ring*, Eherecht in Europa, 2006 und *Bergmann/Ferid/Henrich*, Internationales Ehe- und Kindschaftsrecht, Loseblatt, sowie den Überblick bei *Wagner*, FamRZ 2003, 803, 805 mwN.

7 Krit. dazu u.a. *Kohler*, FamRZ 2008, 1673, 1674 f.

neue EU-Verordnung (Projekt „**Rom III**") betrieben worden.[8] Die Schaffung einer europaweit geltenden Verordnung ist allerdings vor allem am Veto Schwedens[9] gescheitert.[10] Verschiedene Mitgliedstaaten[11] - darunter auch Deutschland – haben auf das Scheitern des Verordnungsentwurfs im Rat mit einem Antrag auf Vorgehen im Wege der **verstärkten Zusammenarbeit** nach Maßgabe von Art. 20 EUV und Art. 326 ff AEUV reagiert.[12] Im Zuge dessen ist die **Verordnung (EU) Nr. 1259/2010** des Rates vom 20.12.2010 zur Durchführung einer Verstärkten Zusammenarbeit im Bereich des auf die Ehescheidung und Trennung ohne Auflösung des Ehebandes anzuwendenden Rechts verabschiedet worden (sog. **Rom III-VO**).[13] Die Verordnung gilt nur für die Mitgliedstaaten, die sich an dieser Verordnung beteiligen. Sie gilt in zeitlicher Hinsicht für Verfahren und Rechtswahlvereinbarungen, die ab dem **21.6.2012** eingeleitet bzw geschlossen werden (Art. 18 Abs. 1 Unterabs. 1 Rom III-VO). Eine Rechtswahlvereinbarung, die vor dem 21.6.2012 geschlossen wurde, ist ab dem 21.6.2012 ebenfalls als wirksam anzusehen, wenn sie noch vor diesem Datum geschlossen wurde, soweit die die Voraussetzungen nach Art. 6, 7 Rom III-VO erfüllt (Art. 18 Abs. 1 Unterabs. 2 Rom III-VO). Die Rom III-VO wird im Anhang zu dieser Kommentierung abgedruckt und in ihren Grundzügen besprochen.

B. Regelungsgehalt

I. Anknüpfung des Scheidungsstatuts (Abs. 1)

7 **1. Verweisung auf das allgemeine Ehewirkungsstatut (Abs. 1 S. 1). a) Die Anknüpfung im Einzelnen.** Im Einzelnen kommt es nach Art. 17 für die Anknüpfung auf alle Anknüpfungen des Ehewirkungsstatuts nach Art. 14 Abs. 1 Nr. 1–3 an. Zu beachten sind daneben auch die Möglichkeiten der Rechtswahl nach Art. 14 Abs. 2 und Abs. 3. Soweit bei der Anknüpfung nach Art. 14 **Rück- und Weiterverweisungen** zu beachten sind (Art. 4), gilt dies auch für die Anknüpfung des Scheidungsstatuts (vgl dazu Rn 23 ff).

8 Maßgebend ist damit im Rahmen der objektiven Anknüpfung zunächst die **gemeinsame Staatsangehörigkeit** der Ehegatten (Art. 14 Abs. 1 Nr. 1 Alt. 1). Bei Mehrstaatern kommt es grundsätzlich auf die sog. effektive Staatsangehörigkeit an (Art. 5 Abs. 1 S. 1).[14] Die effektive Staatsangehörigkeit ist für jeden Ehegatten getrennt festzustellen.[15] Hat ein Mehrstaater auch die deutsche Staatsangehörigkeit, so ist allein diese maßgeblich

8 Vorschlag für eine Verordnung des Rates vom 17.7.2006 zur Änderung der Verordnung (EG) Nr. 2201/2003 im Hinblick auf die Zuständigkeit in Ehesachen und zur Einführung von Vorschriften betreffend das anwendbare Recht in diesem Bereich, KOM (2006) 399 endg., vgl *Kohler*, FamRZ 2008, 1673 ff. Dem voraus ging ein Grünbuch über das anwendbare Recht und die gerichtliche Zuständigkeit in Scheidungssachen, KOM (2005) 82 endg. (dazu *Pintens*, FamRZ 2005, 1597, 1600 f). Zu den Vorarbeiten s. *Wagner*, FamRZ 2003, 803, 805 f mwN; *Hohloch*, in: FS Stoll 2001, S. 533 f; *Henrich*, in: FS Hausheer 2002, S. 235, 240 ff. Ob der Europäischen Gemeinschaft überhaupt die Kompetenz zur Schaffung eines einheitlichen Kollisionsrechts zusteht, erscheint zweifelhaft, dürfte aber letztlich zu bejahen sein, vgl hierzu ausf. *Wagner*, RabelsZ 68 (2004), 119 f. Die Kompetenz ergibt sich aus Art. 67 Abs. 1, 81 Abs. 1, 2 lit. a, c Vertrag über die Arbeitsweise der Europäischen Union (AEUV), früher Art. 61 lit. c, 65 EGV. Da der Verordnungsvorschlag als familienrechtlich iSd Art. 81 Abs. 3 Unterabs. 1 AEUV zu qualifizieren ist, wäre eine einstimmige Entscheidung im Rat notwendig gewesen.

9 Hauptbefürchtung Schwedens war die Anwendung eines möglicherweise restriktiveren Scheidungsrechts in internationalen Sachverhalten anstelle der eigenen lex fori; vgl *Kohler*, FamRZ 2008, 1673, 1678; MüKo/*Winkler v. Mohrenfels*, Art. 17 EGBGB Rn 6. Auch das Vereinigte Königreich und Irland haben sich von Anfang an nicht an den Arbeiten beteiligt (zur Kritik an dem Verordnungsentwurf vgl. *Fiorini*, International Journal of Law, Policy and the Family 2008, 178 ff.).

10 Der Rat hat deshalb festgestellt, dass keine einhellige Bereitschaft zur Weiterarbeit an der Verordnung Rom III besteht und dass es unüberwindbare Schwierigkeiten gibt, die in absehbarer Zeit eine einmütige Zustimmung unmöglich machen, Pressemitteilung der Ratssitzung vom 5./6.6.2008, abrufbar unter http://europa.eu/rapid/pressReleasesAction.do?reference=PRES/08/146&format=HTML&aged=0&language=DE&guiLanguage=en (Stand: 23.2.2010).

11 Es handelte sich um Belgien, Bulgarien, Deutschland, Griechenland, Spanien, Frankreich, Italien, Lettland, Luxemburg, Ungarn, Malta, Österreich, Portugal, Rumänien und Slowenien. Griechenland hat seinen Antrag am 3.3.2010 zurückgezogen (vgl Erwägungsgrund 6 zur Rom III-VO (Verordnung (EU Nr. 1259/2010 des Rates vom 20.12.2010 zur Durchführung einer Verstärkten Zusammenarbeit im Bereich des auf die Ehescheidung und Trennung ohne Auflösung des Ehebandes anzuwendenden Recht (ABl. L 343/10).

12 Pressemitteilung der Ratssitzung vom 24./25.7.2008, abrufbar unter http://europa.eu/rapid/pressReleasesAction.do?reference=PRES/08/205&format=HTML&aged=0&language=DE&guiLanguage=en (Stand: 23.2.2010); vgl dazu auch *Mansel/Thorn/Wagner*, IPRax 2010, 1, 9 f; *dies.*, IPRax 2009, 1, 2, 9.

13 ABl. L 343/10 vom 29.12.2010.

14 OLG München FamRZ 1994, 634; *Jayme*, IPRax 2002, 209.

15 *Jayme*, IPRax 2002, 209.

(Art. 5 Abs. 1 S. 2).[16] Für **Staatenlose** (unter dem Geltungsbereich des New Yorker Übereinkommens) ist auf den gewöhnlichen bzw einfachen Aufenthalt abzustellen. Dasselbe gilt für **Flüchtlinge** (mit Flüchtlingsstatus unter dem Genfer Abkommen) sowie ihnen gleichgestellte **Asylberechtigte**. Die Staatsbürgerschaft wird hier durch die Eigenschaft als Flüchtling bzw Asylberechtigter verdrängt (vgl näher Anhang II zu Art. 5 Rn 1 ff).[17] **Volksdeutsche Flüchtlinge**, **Vertriebene** und ihnen gleichgestellte Personen (**Spätaussiedler**) sind nach Art. 116 GG deutsche Staatsangehörige.[18]

Besteht im maßgeblichen Zeitpunkt der Rechtshängigkeit des Scheidungsantrags keine aktuell gemeinsame, nach Art. 5 zu berücksichtigende Staatsangehörigkeit der Ehegatten, so kommt es auf die **letzte gemeinsame Staatsangehörigkeit** an, soweit zumindest einer der Ehegatten diese Staatsangehörigkeit noch besitzt (Art. 14 Abs. 1 Nr. 1 Alt. 2).[19] Art. 14 Abs. 1 Nr. 1 Alt. 2 kommt zunächst in den Fällen zur Anwendung, in denen einer der Ehegatten die Staatsangehörigkeit zwischenzeitlich gewechselt bzw verloren hat.[20] Die Vorschrift gilt aber auch dann, wenn bei einem Mehrstaater – etwa deshalb, weil er seinen gewöhnlichen Aufenthalt in einen anderen Staat verlegt hat – zwischenzeitlich ein Wechsel der als iSd Art. 5 Abs. 1 S. 1 effektiv anzusehenden Staatsangehörigkeit stattgefunden hat. Bei verheirateten Mehrstaatern reicht es für Art. 14 Abs. 1 Nr. 1 Alt. 2 aus, dass sie, wenn auch ggf nur für einen kurzen Zeitraum, im Verlauf ihrer Ehe einmal eine gemeinsame effektive Staatsangehörigkeit hatten.[21] Auch bei Art. 14 Abs. 1 Nr. 1 Alt. 2 sind iÜ die Hilfs- und Sonderanknüpfungen für Staatenlose, Flüchtlinge und Asylbewerber sowie Art. 5 Abs. 1 S. 2 zu beachten.[22] 9

Führt die Anknüpfung an die Staatsangehörigkeit nicht weiter, so ist auf das Recht des Staates abzustellen, in dem beide Ehegatten im Zeitpunkt der Rechtshängigkeit des Scheidungsantrags ihren **gewöhnlichen Aufenthalt** haben. Haben beide Ehegatten ihren gewöhnlichen Aufenthalt in verschiedenen Staaten, so ist das Recht des Staates maßgeblich, in dem sie zuletzt ihren gemeinsamen gewöhnlichen Aufenthalt hatten, sofern ein Ehegatte in diesem Staat noch seinen gewöhnlichen Aufenthaltsort hat.[23] Bezüglich des Begriffes des gewöhnlichen Aufenthalts bestehen bei Art. 17 keine Besonderheiten. Maßgeblich ist also, in welchem Staat die Ehegatten ihren **faktischen Lebensmittelpunkt**, also den Schwerpunkt ihrer familiären und beruflichen Bindungen haben (vgl näher Art. 5 EGBGB Rn 16 ff).[24] 10

Schlägt auch diese Anknüpfung fehl, so ist auf das Recht des Staates abzustellen, mit dem die Ehegatten auf andere Weise am **engsten verbunden** sind (Art. 14 Abs. 1 Nr. 3). Hierbei ist auf sämtliche Umstände des Einzelfalls abzustellen. Auch in der Vergangenheit liegende Umstände sind zu berücksichtigen.[25] In dem (seltenen) Fall der Nichtfeststellbarkeit eines engsten Bezugs greift die Praxis idR auf das deutsche Recht zurück.[26] 11

Haben die Parteien unter den Voraussetzungen des Art. 14 Abs. 2–4 das Ehewirkungsstatut gewählt, so ist diese **Rechtswahl** auch für das Scheidungsstatut maßgeblich. Die Wirksamkeit der Rechtswahl beurteilt sich nach den tatsächlichen Verhältnissen im Zeitpunkt der Vereinbarung.[27] Bei Altehen ist das für die Vereinbarung einschlägige Übergangsrecht zu beachten.[28] Wählen die Ehegatten ein bestimmtes Recht mit dem Ziel, 12

16 BGH IPRax 1995, 111, 113 = FamRZ 1994, 435; OLG Hamm FamRZ 1997, 1228, 1229; BayOblG IPRax 1995, 324 = FamRZ 1994, 1263 = NJW-RR 1994, 771; OLG Düsseldorf FamRZ 1994, 1261, 1262; AG Leverkusen FamRZ 2005, 1684, 1685.

17 BGH FamRZ 2007, 109; OLG Nürnberg FamRZ 2002, 324, 325; OLG Karlsruhe FamRZ 1996, 1147; 1991, 83; OLG Hamm FamRZ 1992, 1181 m.Anm. *Henrich*, IPRax 1992, 390; AG Leverkusen FamRZ 2007, 1565; FamRZ 2005, 1684, 1685; AG Weilburg FamRZ 2000, 169, 170 = NJW-RR 1999, 1382.

18 OLG Celle FamRZ 1998, 757; OLG Karlsruhe FamRZ 1996, 1147; 1991, 83; OLG Hamm FamRZ 1992, 1181 m.Anm. *Henrich*, IPRax 1992, 390.

19 BGH IPRax 1995, 111, 113 = FamRZ 1994, 434; OLG Karlsruhe FamRZ 1996, 1146, 1147.

20 OLG Karlsruhe FamRZ 1996, 1146 (deutsches Personalstatut als letztes gemeinsames Personalstatut bei Verzicht eines der beiden Ehegatten auf Status als anerkannter Asylberechtigter).

21 *Jayme*, IPRax 2002, 209 zu AG Freiburg IPRax 2002, 223; *Johannsen/Henrich*, Art. 17 Rn 5.

22 OLG Karlsruhe FamRZ 1996, 1146, 1147 (für Asylberechtigte); aA (eine Anwendung von Art. 5 Abs. 1 S. 2 allerdings ohne nähere Begründung abl.) AG Hamburg FamRZ 2000, 958.

23 Vgl hierzu AG Freiburg IPRax 2002, 223 mit abl. Anm. *Jayme*, S. 209 = FamRZ 2002, 888.

24 Etwa BGH NJW 1993, 2047, 2048 f = FamRZ 1993, 798; zur Problematik des mehrfachen gewöhnlichen Aufenthalts s. OLG Oldenburg FamRZ 2010, 1565.

25 Staudinger/*Mankowski*, Art. 17 EGBGB Rn 138; *Kersting*, FamRZ 1992, 268, 269 f; aA MüKo/*Winkler v. Mohrenfels*, Art. 17 EGBGB Rn 43.

26 OLG Schleswig StAZ 2006, 297; KG FamRZ 2002, 804 f = KGR Berlin 2002, 23 = FPR 2002, 304 (entgegen dem KG war allerdings ein engster Bezug zu Marokko festzustellen, da die Ehefrau marokkanische Staatsbürgerin mit gewöhnlichem Aufenthalt in Marokko war, der Eheschließungsort ebenfalls in Marokko lag und der Ehegatte zum islamischen Glauben übergetreten war und schließlich die Privatscheidung ebenfalls in Marokko vorgenommen hatte); abw. AG Leverkusen FamRZ 2006, 1384 (der Scheidungsantrag dürfe in diesem Fall alternativ nach den jeweiligen Heimatrechten entschieden werden); zurückhaltend auch Erman/*Hohloch*, Art. 17 EGBGB Rn 9, Art. 14 Rn 18.

27 BayObLG IPRax 1995, 324, 326 = FamRZ 1994, 1263 = NJW-RR 1994, 771.

28 BayObLG IPRax 1995, 324, 326 = FamRZ 1994, 1263 = NJW-RR 1994, 771.

auf diese Weise ein abweichendes Scheidungsstatut zu erlangen, ist diese Rechtswahl nicht mit dem Argument einer Gesetzesumgehung infrage zu stellen.[29] Auf die Möglichkeit einer Rechtswahl sollte auch in der Beratungspraxis hingewiesen werden. Die Rechtswahl muss vor der Rechtshängigkeit des Scheidungsantrags erfolgen (vgl Rn 169).

13 Eine inhaltlich von vornherein nur auf das **Scheidungsstatut beschränkte isolierte Rechtswahl** ist nach hM allerdings unzulässig und unbeachtlich.[30] Zulässig ist nach hM nur eine Wahl des Ehewirkungsstatuts, die dann auch auf das Scheidungsstatut ausstrahlt. Dem ist entgegenzuhalten, dass die Freiheit zu einer auf das Scheidungsstatut beschränkten Rechtswahl im Wege eines argumentum a maiore ad minus aus Abs. 1 S. 1 iVm Art. 14 Abs. 2–4 abgeleitet werden kann.[31] Im Übrigen ist nicht ersichtlich, warum etwa Ehegatten, die an der Fortführung der ehelichen Gemeinschaft kein Interesse mehr haben und denen es daher nur noch auf die baldmöglichst durchzuführende Scheidung ankommt, ihre Rechtswahl nicht auf das für sie praktisch allein interessante Scheidungsstatut beschränken dürfen. Das Argument, dass ein Gleichlauf zwischen dem allgemeinen Ehewirkungs- und dem Scheidungsstatut hergestellt werden soll, kann – gerade angesichts der Entkoppelung des materiellen Scheidungsrechts vom Recht der allgemeinen Ehewirkungen (Rn 1) – nicht mehr überzeugen. Auch die Rom III-VO sieht Möglichkeiten der auf die Scheidung beschränkten Rechtswahl vor, was ebenfalls für eine „rechtswahlfreundliche" Auslegung des gegenwärtig noch bestehenden nationalen Scheidungskollisionsrechts spricht (vgl noch Anh. zu Art. 17 Rn 6 ff).

14 In der Literatur wird allerdings vielfach vorgeschlagen, eine isolierte Rechtswahl jedenfalls idR durch Auslegung zu einer Wahl auch des Ehewirkungsstatuts zu machen, die erst in der letzten Sekunde vor Rechtshängigkeit des Scheidungsantrags wirksam wird.[32] Dadurch lässt sich eine Unwirksamkeit der Rechtswahl vielfach abwenden. Hierfür spricht, dass nach allgemeinen Interpretationsmaximen im Zweifel diejenige Auslegung zu wählen ist, die die Nichtigkeit des Rechtsgeschäfts vermeidet.[33] Eine derartige Auslegung dürfte selbst dann möglich sein, wenn sich die Vereinbarung ihrem Wortlaut nach explizit nur auf das Scheidungsstatut bezieht.

15 **b) Maßgeblicher Zeitpunkt.** Die Scheidung unterliegt nach Abs. 1 S. 1 dem Recht, das im **Zeitpunkt des Eintritts der Rechtshängigkeit** des Scheidungsantrags gem. Art. 14 maßgeblich ist. Wird das Scheidungsverfahren in Deutschland durchgeführt, kommt es auf den Zeitpunkt der Zustellung der Antragsschrift an (§ 113 Abs. 1 FamFG iVm §§ 261, 253 Abs. 1 ZPO). Wird das Scheidungsverfahren vor einem ausländischen Gericht durchgeführt – und verweist das ausländische Kollisionsrecht im Wege einer Gesamtverweisung auf das deutsche Recht –, so kommt es darauf an, wann nach der ausländischen lex fori Rechtshängigkeit eintritt bzw ein der deutschen Rechtshängigkeit (Klagesperre) vergleichbarer Zustand erreicht wird.[34] Entsteht also nach dem anwendbaren ausländischen Verfahrensrecht der Rechtshängigkeitseinwand bereits mit Einreichung (nicht erst mit Zustellung) der Antragsschrift, so ist auf den Zeitpunkt der Einreichung abzustellen.[35] Entsteht nach dem ausländischen Verfahrensrecht der Rechtshängigkeitseinwand erst mit Zustellung oder uU erst nach Durchführung eines Gütetermins (Versöhnungsverfahrens), ist dieser Zeitpunkt maßgeblich.[36]

16 Fraglich ist, ob für die Bestimmung des Rechtshängigkeitszeitpunkts anstelle der § 113 Abs. 1 FamFG iVm §§ 261, 253 Abs. 1 ZPO auf **Art. 16 EheVO 2003** abzustellen ist.[37] Hiernach käme es auf den früher verwirklichten Akt – entweder die Anhängigkeit oder die Zustellung – an, wenn der noch fehlende Akt zeitig nachgeholt wird (vgl näher Anhang I zum III. Abschnitt, Art. 16 EheVO Rn 1 ff). Art. 16 EheVO 2003 müsste in der Konsequenz nicht nur für die Rechtshängigkeit bei den Gerichten anderer EU-Mitgliedstaaten, sondern auch für die Rechtshängigkeit bei deutschen Gerichten gelten. Bei Anwendung des Art. 16 EheVO 2003 würde man vielfach zu einer Vorverlagerung des Anknüpfungszeitpunkts gelangen und nachträgliche Entwicklungen – zwischen Klageeinreichung und -zustellung – von vornherein ausblenden. Art. 16 EheVO 2003 ist seinem sachlichen Anwendungsbereich nach aber nur eine Norm, die sich auf die Regelung einzelner ausgewählter prozessualer Fragen wie insb. der konkurrierenden Litispedenz bei Anrufung von Gerichten verschie-

29 Die Gesetzesumgehung nicht gänzlich ausschließend Erman/*Hohloch*, Art. 17 EGBGB Rn 21.

30 KG IPRax 2000, 544; BayOblG IPRax 1995, 324, 326 = FamRZ 1994, 1263 = NJW-RR 1994, 771; ebenso Erman/*Hohloch*, Art. 17 EGBGB Rn 21; Staudinger/*Mankowski*, Art. 17 EGBGB Rn 139; *Looschelders*, Art. 17 Rn 23; Soergel/*Schurig*, Art. 17 EGBGB Rn 21; *Kropholler*, IPR, § 46 I 1; *Wegmann*, NJW 1987, 1740, 1741; krit. hierzu *Wagner*, IPRax 2000, 512, 513 f.

31 Vgl *Wagner*, IPRax 2000, 512, 514, der zutr. darauf hinweist, dass das Gesetz die Wahl des Ehewirkungsstatuts auch noch in „letzter Sekunde vor dem Scheidungsverfahren" zulasse, was der Wahl des Scheidungsstatuts praktisch gleichkomme.

32 *Wagner*, IPRax 2000, 512, 514; auch Staudinger/*Mankowski*, Art. 17 EGBGB Rn 139 a.

33 *Wagner*, IPRax 2000, 512, 514.

34 Bamberger/Roth/*Heiderhoff*, Art. 17 EGBGB Rn 183; Erman/*Hohloch*, Art. 17 EGBGB Rn 17.

35 *Rauscher*, IPR, S. 185.

36 *Rauscher*, IPR, S. 185.

37 Grundsätzlich bejahend wohl Bamberger/Roth/*Heiderhoff*, Art. 17 EGBGB Rn 183; vgl auch Erman/*Hohloch*, Art. 17 EGBGB Rn 17.

dener Mitgliedstaaten bezieht und iÜ keinen Einfluss auf die kollisionsrechtliche Anknüpfung nehmen will. Insoweit dürfte es unabhängig von Art. 16 EheVO 2003 bei den oben dargestellten Regeln verbleiben.

Bei einer **Privatscheidung** kommt es nach hM auf den Zeitpunkt an, in dem der Antragsgegner erstmals förmlich mit der Scheidung befasst wird.[38] Bei der Scheidung durch Übergabe eines Scheidebriefs ist daher auf den Zeitpunkt der Übergabe abzustellen, bei der einvernehmlichen Vertragsscheidung auf den Zugang des Scheidungsangebots.[39] Etwas anderes gilt aber, wenn die Scheidung sogar gänzlich ohne förmliche Befassung des Scheidungsgegners wirksam wird. Wird also zB die Verstoßung nach dem islamischen Recht bereits mit der bloßen Abgabe der Verstoßungserklärung wirksam – ohne dass die Erklärung der Ehefrau zugehen muss[40] –, so ist auf den Zeitpunkt der Abgabe der Erklärung abzustellen.[41] 17

Änderungen, die nach dem dargestellten Zeitpunkt eintreten, sind für die kollisionsrechtliche Anknüpfung ohne Bedeutung. Das Scheidungsstatut ist also während des laufenden Scheidungsverfahrens **unwandelbar.**[42] Dies gilt allerdings nach hL dann nicht, wenn das ausländische Kollisionsrecht, auf das im Wege einer Gesamtverweisung verwiesen wird, seinerseits Änderungen der Anknüpfungstatsachen auch noch nach Rechtshängigkeit (etwa dem Wechsel der Staatsangehörigkeit oder des gewöhnlichen Aufenthalts) Bedeutung beimisst.[43] Dem ist nicht zuzustimmen, da auf diese Weise die mit Abs. 1 S. 1 angestrebte Unwandelbarkeit des Scheidungsstatuts praktisch doch wieder preisgegeben würde.[44] Das ausländische Kollisionsrecht ist also bei der Prüfung einer Rück- oder Weiterverweisung so anzuwenden, wie es in dem durch Abs. 1 S. 1 bestimmten Zeitpunkt – nach deutschem Recht der Rechtshängigkeit – aus Sicht eines ausländischen Richters anzuwenden wäre. Änderungen des anzuwendenden materiellen Sachrechts, die sich nach Eintritt der Rechtshängigkeit ergeben, sind allerdings auch nach Rechtshängigkeit nach Maßgabe der vom jeweiligen Sachrecht vorgesehenen Übergangsregeln zu berücksichtigen.[45] Abs. 1 S. 1 bewirkt mit anderen Worten keine „Versteinerung" des anzuwendenden Sachrechts.[46] 18

Die Unwandelbarkeit des Scheidungsstatuts kann für ein in Deutschland anhängiges Scheidungsverfahren u.a. dann praktische Bedeutung erlangen, wenn ein ausländisches Ehepaar in Deutschland die Einbürgerung beantragt hat. Soweit bei Rechtshängigkeit auf ausländisches Recht verwiesen wurde, bleibt es bei dieser Verweisung auf das ausländische Recht auch dann, wenn beide Ehegatten noch vor der letzten mündlichen Verhandlung die deutsche Staatsbürgerschaft erlangen.[47] Entspricht eine Scheidung nach deutschem Recht – etwa im Hinblick auf den Versorgungsausgleich (Abs. 3) – dem Interesse der Scheidungswilligen und liegt keine Rückverweisung des ausländischen auf das deutsche Recht vor, sollte daher der Scheidungsantrag erst nach der erfolgten Einbürgerung gestellt werden (vgl auch Rn 171). 19

c) Unteranknüpfung bei Mehrrechtsstaaten. Verweist Abs. 1 iVm Art. 14 auf einen Staat mit mehreren Teilrechtsordnungen, so ist nach Maßgabe des Art. 4 Abs. 3 eine Unteranknüpfung vorzunehmen. Eine Teilrechtsordnung liegt insbesondere dann vor, wenn für verschiedene Gebiete unterschiedliches Recht gilt, aber auch dann, wenn lediglich für einzelne Personen – etwa nach Maßgabe ihrer Religionszugehörigkeit – unterschiedliches Recht angewendet wird.[48] 20

38 So bereits die Formulierung in der Begründung zum Regierungsentwurf, BT-Drucks. 10/504, S. 60; vgl hieran anschließend BGHZ 110, 267, 273 f = NJW 1990, 2195, 2196 = FamRZ 1990, 607 (zur einvernehmlichen Privatscheidung einer in Thailand geschlossenen Ehe); OLG Celle FamRZ 1998, 686 (Scheidung nach dem japanischen Recht durch Vereinbarung).

39 Staudinger/*Mankowski*, Art. 17 EGBGB Rn 147.

40 Etwa auch OLG Frankfurt NJW 1990, 646.

41 *Rauscher*, IPR, S. 185. Nach dem BayObLG (IPRax 1995, 324, 325 = FamRZ 1994, 1263, 1264 = NJW-RR 1994, 771, 772) ist demgegenüber entweder auf den Zeitpunkt des Zugangs der Scheidungserklärung oder den Zeitpunkt der Registrierung abzustellen.

42 OLG Hamm FamRZ 1995, 933; vgl bereits Begründung zum Regierungsentwurf, BT-Drucks. 10/504, S. 60.

43 Erman/*Hohloch*, Art. 17 EGBGB Rn 11; Soergel/*Schurig*, Art. 17 EGBGB Rn 161; Staudinger/*Mankowski*, Art. 17 EGBGB Rn 157. Aus BGH NJW 1982, 1940, 1941 = FamRZ 1982, 795, 796 = IPRax 1983, 190 ergibt sich für diese Frage nichts, weil der BGH dort lediglich feststellt, dass es im konkreten Fall nach dem französischen Kollisionsrecht für die Beurteilung der maßgeblichen Staatsangehörigkeit (ebenfalls) auf den Zeitpunkt der Klageerhebung ankomme.

44 So wohl auch Bamberger/Roth/*Heiderhoff*, Art. 17 EGBGB Rn 50. Vgl in einem anderen Zusammenhang (intertemporales Kollisionsrecht) BGH NJW 1990, 636, 637. Es solle durch Art. 17 verhindert werden, dass das Gericht „Gefahr läuft, bei einem Statutenwechsel während des weiteren Verfahrens mit einem Wechsel des Sachrechts und den sich daraus ergebenden, möglicherweise weitreichenden Konsequenzen für das Verfahren konfrontiert zu werden".

45 OLG Hamm NJW 1991, 3099 = FamRZ 1991, 1306; FamRZ 1989, 1191.

46 Staudinger/*Mankowski*, Art. 17 EGBGB Rn 130.

47 Krit. hierzu MüKo/*Winkler v. Mohrenfels*, Art. 17 EGBGB Rn 40.

48 Vgl etwa zur interreligiösen Spaltung des syrischen Familienrechts BGHZ 169, 240, 245 = FamRZ 2007, 109 = StAZ 2007, 337; *Rauscher*, IPRax 2006, 140 f; zum libanesischen Familienrecht OLG Zweibrücken NJW-RR 2002, 581; zum pakistanischen Recht OLG Köln FamRZ 2002, 1481 = IPRax 2003, 358 (Leitsatz) m.Anm. *Jayme*; zum ägyptischen Familienrecht *Bälz*, IPRax 1996, 353; zum jordanischen Recht *Elwan/Ost*, IPRax 1996, 389.

21 Vorrangig ist zu prüfen, ob durch die Anknüpfung das maßgebende Recht nicht bereits als maßgebend bezeichnet wird (Art. 4 Abs. 3 S. 1). Dies kann bei einer Verweisung gem. Abs. 1 iVm Art. 14 Abs. 1 Nr. 2 dann angenommen werden, wenn die Ehegatten ihren gemeinsamen bzw letzten gemeinsamen gewöhnlichen Aufenthalt in derselben räumlichen Teilrechtsordnung – etwa einem Bundesstaat der Vereinigten Staaten – haben.[49] Die unmittelbare Verweisung auf die Teilrechtsordnung, in der die Ehegatten den gemeinsamen bzw letzten gemeinsamen gewöhnlichen Aufenthalt haben, gilt nach hL selbst dann, wenn der betreffende Staat über ein interlokales Privatrecht verfügt und ggf eine andere Teilrechtsordnung für maßgeblich halten würde.[50]

22 Wird – etwa im Falle der Anknüpfung an die Staatsangehörigkeit – keine Teilrechtsordnung als die maßgebende bezeichnet, so ist zu prüfen, ob der Staat selbst die maßgebende Teilrechtsordnung benennt (Art. 4 Abs. 3 S. 1). Im Falle der Vereinigten Staaten wird dies überwiegend verneint, da dort keine bundesrechtliche interlokale Kollisionsnorm existiere.[51] Liegt keine Bezeichnung der maßgeblichen Teilrechtsordnung vor, so ist das Recht der Teilrechtsordnung anzuwenden, mit welcher der Sachverhalt am engsten verbunden ist (Art. 4 Abs. 3 S. 2). Die Bestimmung der maßgeblichen Teilrechtsordnung kann in der Praxis dahingestellt bleiben, wenn alle in Betracht kommenden Teilrechtsordnungen eine Rückverweisung auf das deutsche Recht aussprechen. Eine derartige Vorgehensweise kommt vor allem im Verhältnis zu den Common-Law-Staaten in Betracht.[52]

23 **d) Rück- und Weiterverweisung. aa) Allgemeine Grundsätze.** Soweit nach Art. 14 **Rück- und Weiterverweisungen** zu beachten sind (Art. 4), gilt dies mittelbar auch für die Anknüpfung des Scheidungsstatuts. Verweist das ausländische Recht auf das deutsche Recht zurück, wird diese Verweisung angenommen (Art. 4 Abs. 1 S. 2).

24 Art. 17 stellt ungeachtet dessen, dass er auf den Inhalt des Art. 14 Bezug nimmt, eine eigenständige Kollisionsnorm dar. Für die Frage der Rück- und Weiterverweisung bedeutet dies, dass die **ausländischen Kollisionsnormen des Scheidungsrechts** und nicht die ausländischen Kollisionsnormen des allgemeinen Ehewirkungsrechts heranzuziehen sind.[53] Das ausländische Kollisionsrecht ist hierbei so anzuwenden, wie es selbst angewendet sein will. Das ausländische Kollisionsrecht bestimmt auch, zu welchem Zeitpunkt bestimmte Anknüpfungstatsachen vorliegen müssen, damit es zu einer Rückverweisung kommt.[54] Grenze ist aber der in Abs. 1 S. 1 bestimmte Zeitpunkt der Rechtshängigkeit (vgl Rn 18). Denkbar ist auch, dass das ausländische Kollisionsrecht bestimmte Scheidungsnebenfolgen anders qualifiziert als das deutsche Recht und daher nur partiell auf das deutsche Recht zurückverweist. Auch diese **abweichende Qualifikation** durch das ausländische Kollisionsrecht ist nach allgemeinen Grundsätzen zu beachten.[55]

25 Allgemein kommt einer Rückverweisung insbesondere dann Bedeutung zu, wenn Abs. 1 iVm Art. 14 Abs. 1 Nr. 1 auf das Heimatrecht der Ehegatten verweist und das Kollisionsrecht des Heimatstaates dem **Domizilprinzip** folgt.[56] Eine Rückverweisung aufgrund des Domizilprinzips ist u.a. bei der Verweisung auf Staaten des anglo-amerikanischen Rechtskreises und Südamerika sowie auf Dänemark und Norwegen und ferner – bei gemischtnationalen Ehen – auf Frankreich, Österreich und Polen angenommen worden.[57] Eine Rückver-

49 Vgl hierzu MüKo/*Sonnenberger*, Art. 4 EGBGB Rn 96 f mwN.

50 Palandt/*Thorn*, Art. 4 EGBGB Rn 12; Erman/*Hohloch*, Art. 4 EGBGB Rn 22; *Looschelders*, Art. 4 Rn 33; so auch Begründung zum RegE, BT-Drucks. 10/504, S. 40; abw. *Rauscher*, IPR, S. 89 f; *ders.*, IPRax 1987, 206, 209; *Spickhoff*, JZ 1993, 336, 337.

51 So etwa OLG Zweibrücken FamRZ 1999, 940 mwN; *Henrich*, Int. Familienrecht, § 4 I 1 c (S. 134); MüKo/*Winkler v. Mohrenfels*, Art. 17 EGBGB Rn 60; abw. MüKo/*Sonnenberger*, Art. 4 EGBGB Rn 81 (das gesamtstaatliche Verfassungsrecht weise den Gliedstaaten die Jurisdiktionsgewalt zu und setze dabei voraus, dass die jeweilige *lex fori* angewendet werde); Staudinger/*Hausmann*, Art. 4 Rn 328; *Hay*, IPRax 1988, 265 f.

52 *Henrich*, Int. Familienrecht, § 4 I 1 c (S. 134).

53 *Johannsen/Henrich*, Art. 17 Rn 15 ff; *Looschelders*, Art. 17 Rn 11; *Lüderitz*, IPRax 1987, 74, 76.

54 BGH NJW 1982, 1940, 1941 = FamRZ 1982, 795, 796 = IPRax 1983, 190; Staudinger/*Mankowski*, Art. 17 EGBGB Rn 157; Soergel/*Kegel*, Art. 17 Rn 161.

55 MüKo/*Winkler v. Mohrenfels*, Art. 17 EGBGB Rn 162 mwN.

56 Erman/*Hohloch*, Art. 17 EGBGB Rn 6; Zweifel bei *Andrae/Essebier*, IPRax 2002, 294, 297, für den Fall, dass die Ehegatten ihr jeweiliges domicile in unterschiedlichen Staaten haben.

57 OLG Hamm NJW 1991, 1301; LG Frankfurt FamRZ 1976, 640, 641 (England); OLG Köln IPRax 1989, 297 (Irland) m.Anm. *Coester-Waltjen*, S. 289; OLG Stuttgart FamRZ 2005, 911 (Sri Lanka); OLG Schleswig SchlHA 1982, 27 (Dänemark, Island); AG Hamburg IPRax 1987, 120 m.Anm. *Samtleben*, S. 96 = NJW-RR 1986, 374 (Peru); AG Detmold IPRspr 1989 Nr. 100, 233 = IPRax 1990, 415 (LS); AG Freiburg IPRax 1989, 108; AG Bonn IPRax 1989, 108 m.Anm. *Jayme* (alle zu Argentinien); OLG Stuttgart FamRZ 1979, 1022 (Polen); BGH NJW 1982, 1940, 1941 = FamRZ 1982, 795, 796 = IPRax 1983, 190 (Frankreich); OLG München FamRZ 1986, 807 (Österreich); OLG Zweibrücken FamRZ 1999, 940 = NJW-RR 1999, 948; OLG Bamberg FamRZ 1979, 930; AG Heidelberg IPRspr 1989 Nr. 93, S. 221 = IPRax 1990, 126 (Leitsatz) m.Anm. *Jayme*; IPRspr 1987 Nr. 134, S. 329 = IPRax 1988, 113 m.Anm. *Jayme* (alle zu US-amerikanischen Bundesstaaten).

weisung kommt nach der bisherigen deutschen Rechtsprechung auch durch das türkische Recht in Betracht, wenn die Ehegatten mit Wohnsitz in Deutschland zunächst eine gemeinsame türkische Staatsangehörigkeit hatten, aber einer der Ehegatten während der Ehe die türkische Staatsangehörigkeit aufgegeben und die deutsche angenommen hat.[58] Eine Rückverweisung ist nach Art. 4 Abs. 2 ausgeschlossen, wenn die Ehegatten das Scheidungsstatut durch **Rechtswahl** bestimmt haben.[59]

bb) „Versteckte Rückverweisung". Gerade im Scheidungsrecht kommt der Rechtsfigur der sog. „versteckten Rückverweisung" erhebliche Bedeutung zu.[60] Viele Staaten – insbesondere solche aus dem angloamerikanischen Rechtskreis – sehen keine gesonderten Kollisionsnormen vor, sondern regeln nur die internationale Zuständigkeit ihrer Gerichte, die dann, wenn eine internationale Zuständigkeit besteht, stets ihr eigenes Recht anwenden. Eine Rückverweisung wird hier nicht aus bestehenden Kollisionsnormen, sondern aus den Vorschriften des ausländischen Zuständigkeitsrechts abgeleitet. **26**

Eine versteckte Rückverweisung durch zB das englische bzw irische Recht oder das Recht eines US-amerikanischen Bundesstaates kann nach allgemeiner Auffassung dann angenommen werden, wenn den deutschen Gerichten im Falle einer Anwendung der englischen, irischen bzw US-amerikanischen Vorschriften die **alleinige jurisdiction** zukäme, was insbesondere der Fall ist, wenn das domicile und der gewöhnliche Aufenthalt der Ehegatten in Deutschland liegen.[61] Umstritten ist, ob eine versteckte Rückverweisung auch dann angenommen werden kann, wenn nach den englischen, irischen bzw US-amerikanischen Vorschriften lediglich eine **konkurrierende jurisdiction** bestünde, insbesondere dann, wenn für die internationale Zuständigkeit auch das domicile bzw der gewöhnliche Aufenthalt nur eines der Ehegatten im Inland als zuständigkeitsbegründend angesehen wird.[62] Überwiegend wird eine versteckte Rückverweisung bejaht, da die Zuständigkeit und Rechtsmacht zur Entscheidung des Rechtsstreits nicht allein deshalb entfalle, weil daneben auch andere Gerichte zuständig gewesen wären.[63] Eine nur nach dem deutschen (nicht dem ausländischen) Zuständigkeitsrecht begründete Zuständigkeit führt aber nicht zur Annahme einer versteckten Rückverweisung.[64] Eine versteckte Rückverweisung wird verschiedentlich auch dann abgelehnt, wenn sich das domicile der Ehepartner in dem Staat befindet, auf dessen Rechtsordnung verwiesen wird, und nur der gewöhnliche Aufenthalt eines oder beider Ehepartner in Deutschland liegt. Dies lässt sich damit begründen, dass das domicile nach der Auffassung des anglo-amerikanischen Rechts einen stärkeren Bezug zu einer Rechtsordnung begründet als **27**

58 Art. 17 Abs. 1, 14 Abs. 1 Nr. 1 EGBGB verweisen in diesem Fall wegen der letzten gemeinsamen türkischen Staatsangehörigkeit auf das türkische Recht. Art. 13 Türk. IPRG knüpft an die gemeinsame Staatsangehörigkeit im Zeitpunkt der Klageerhebung an. Ist hiernach aus türkischer Sicht eine gemeinsame türkische Staatsangehörigkeit zu diesem Zeitpunkt nicht gegeben, wird an den gemeinsamen Wohnsitz angeknüpft (etwa *Krüger/Nomer-Ertan,* IPRax 2008, 281 f). Deutsche Gerichte haben deshalb in diesem Fall eine Rückverweisung auf das deutsche Recht angenommen (KG FamRZ 2005, 1678; OLG Stuttgart FamRZ 2005, 913; OLG Düsseldorf FamRZ 2005, 912; OLG Frankfurt FamRZ 2004, 953 = IPRax 2005, 353 m. Bespr. *Odendahl* 320). Es bleibt allerdings abzuwarten, ob nicht aus der maßgeblichen türkischen Sicht nach einer Änderung des türkischen Staatsangehörigkeitsrechts zum 6.7.2004 und der Neufassung des türkischen Staatsangehörigkeitsgesetzes vom 29.5.2009, Gesetz Nr. 5901, auch ehemalige türkische Staatsangehörige als aktuelle türkische Staatsangehörige zu behandeln sind (Art. 28 türkisches StAG). Dies hätte zur Folge, dass das türkische Recht doch die Verweisung annähme (ausf. *Odendahl,* IPRax 2005, 320, 324 f m. Nachw.; zum neuen türkischen Staatsangehörigkeitsgesetz *Schneider*, ZAR 2009, 296). Um diese Sonderstellung zu erhalten müssen sich die Betroffenen allerdings eine sog. Mavi Kartı (früher Pembe Kartı) ausstellen lassen (*Schneider*, ZAR 2009, 296, 302; *Carlitz,* ZAR 347, 348).

59 *Johannsen/Henrich*, Art. 17 Rn 24; *Henrich*, Int. Familienrecht, § 4 I 1 b (S. 127 f).

60 Vgl hierzu OLG Stuttgart FamRZ 2005, 911 (Sri Lanka); OLG Hamburg IPRax 2002, 304 = FamRZ 2001, 916 (Indien); OLG Zweibrücken FamRZ 1999, 940 = NJW-RR 1999, 948 (USA); OLG Hamm NJW 1991, 3101 (englisches Recht); OLG Stuttgart IPRax 1987, 121, 122 = FamRZ 1986, 687 (Großbritannien zum Versorgungsausgleich); AG Leverkusen FamRZ 2002, 1484, 1486 (Kasachstan); Staudinger/*Mankowski*, Art. 17 EGBGB Rn 154 f; *Johannsen/Henrich*, Art. 17 Rn 18; *Rieck*, FPR 2007, 251, 255.

61 OLG Zweibrücken FamRZ 1999, 940, 941 = NJW-RR 1999, 948; MüKo/*Winkler v. Mohrenfels*, Art. 17 EGBGB Rn 49; *Andrae*, § 4 Rn 46 ff.

62 Zum unvereinheitlichten englischen Zuständigkeitsrecht vgl zB *Andrae*, § 4 Rn 42.

63 Staudinger/*Mankowski*, Art. 17 EGBGB Rn 155; MüKo/*Winkler v. Mohrenfels*, Art. 17 EGBGB Rn 54; grundsätzlich auch *Andrae/Essebier*, IPRax 2002, 294, 297 (allerdings zumindest nicht in dem Fall, in dem beide Ehegatten ihr domicile in dem Staat haben, auf den verwiesen wird, selbst wenn die deutschen Gerichte vom Standpunkt des ausländischen Rechts dessen ungeachtet eine konkurrierende internationale Zuständigkeit haben sollten); vgl auch OLG Hamburg FamRZ 2001, 916, 917; KG NJW 1960, 248, 250 f; OLG Stuttgart IPRax 1987, 121, 122 = FamRZ 1986, 687 (zum Versorgungsausgleich); AG Stuttgart IPRspr 1996 Nr. 64.

64 OLG Zweibrücken FamRZ 1999, 940 = NJW-RR 1999, 948 m.Anm. *Hohloch*, JuS 1999, 1233.

der gewöhnliche Aufenthalt.[65] Auf die voraussichtliche Anerkennung der deutschen Entscheidung im Ausland kommt es dagegen nach hL nicht an.[66]

28 Neu zu überlegen ist, ob eine versteckte Rückverweisung im Verhältnis zu Großbritannien und Irland noch angenommen werden kann, nachdem sich die internationale Zuständigkeit nunmehr einheitlich nach der **EheVO 2003** und nicht mehr nach dem unvereinheitlichten nationalen Recht richtet. Für eine grundsätzliche Beibehaltung der Lehre von der „versteckten Rückverweisung" spricht, dass sie nur eine Hilfskonstruktion des deutschen IPR ist, um eine Lückenhaftigkeit des ausländischen IPR zu überwinden.[67] Diese Lückenhaftigkeit des ausländischen IPR besteht auch nach Inkrafttreten der EheVO fort, da die EheVO selbst keine kollisionsrechtlichen Aussagen trifft.

29 Hiervon zu unterscheiden ist die Frage, ob die Lehre von der „versteckten Rückverweisung" nunmehr an den Zuständigkeitsregeln der EheVO oder aber nach wie vor an den (an sich verdrängten) Zuständigkeitsregeln des autonomen Zuständigkeitsrechts in Großbritannien bzw Irland festzumachen ist. Nach der hier vertretenen Ansicht dürfte – wie bisher – auf die Regeln des autonomen Zuständigkeitsrechts Großbritanniens bzw Irlands zurückzugreifen sein.[68] Diese Regeln enthalten nach wie vor eine Aussage darüber, wann – nach der Auffassung des durch das deutsche IPR für anwendbar erklärten Rechts – ein hinreichender Bezug zu einer bestimmten Rechtsordnung besteht. Zöge man schlicht die Regeln der EheVO heran, würde man dem englischen bzw irischen Recht eine Rückverweisung zuschreiben, die es, näher betrachtet, gar nicht aussprechen will.[69] Dem lässt sich nicht entgegenhalten, dass die unvereinheitlichten Regeln über die internationale Zuständigkeit von der EheVO weitgehend verdrängt werden (vgl Anhang I zum III. Abschnitt, Art. 6, 7 EheVO). Denn vorliegend geht es nicht um eine zuständigkeitsrechtliche, sondern um eine (von der EheVO 2003 nicht berührte) kollisionsrechtliche Fragestellung. Größere praktische Unterschiede dürften sich hieraus allerdings nicht ergeben, da eine versteckte Rückverweisung durch das englische Recht bislang vielfach bereits dann angenommen wurde, wenn nur einer der Ehegatten seinen gewöhnlichen Aufenthalt in Deutschland hat und auch Art. 3 EheVO 2003 vornehmlich auf den gewöhnlichen Aufenthalt der Ehegatten abstellt.[70]

30 **2. Regelwidrige Anwendung des deutschen Rechts. a) Die Regelung des Abs. 1 S. 2. aa) Unmittelbare Anwendung der Vorschrift. (1) Kollisionsrechtliche Voraussetzungen.** Ist die Scheidung nach dem von Abs. 1 S. 1 iVm Art. 14 zur Anwendung berufenen Recht nicht möglich, so kann die Scheidung unter den Voraussetzungen von Abs. 1 S. 2 nach dem **deutschen Recht** vorgenommen werden. Abs. 1 S. 2 führt dazu, dass die Scheidung – sowohl im Hinblick auf ihre Voraussetzungen als auch ihre Folgen – umfassend nach dem deutschen Sachrecht beurteilt wird.[71] Deutsches Sachrecht gilt sodann auch für die Scheidungsfolgen.[72] Der Versorgungsausgleich richtet sich nach Abs. 3 S. 1 aber weiterhin nach dem Scheidungsstatut des Abs. 1 S. 1.[73] Abs. 1 S. 2 verstößt nach hL nicht gegen das Diskriminierungsverbot des Art. 18 AEUV (ex Art. 12 EG).[74] Der BGH hat zwar die Norm als „rechtspolitisch fragwürdig" bezeichnet und sich um eine enge Auslegung bemüht; eine mögliche Europarechtswidrigkeit der Norm hat er aber nicht in Erwägung gezogen.[75] Gerade die enge Auslegung der Norm durch den BGH dürfte, da sie letztlich die Norm auf einen speziellen ordre public-Vorbehalt reduziert bzw diesem jedenfalls annähert (ausf. unten Rn 32),[76] einen Verstoß gegen das Diskriminierungsverbot des Art. 18 AEUV wohl ausschließen.

31 Im Ausgangspunkt kommt es für die Anwendung der Vorschrift darauf an, ob der im konkreten Einzelfall gestellte Scheidungsantrag nach dem ausländischen Scheidungsstatut zu einer Scheidung führt oder nicht.[77] Die Scheidung ist auch dann iSd Art. 17 Abs. 1 S. 2 nicht möglich, wenn die Ehe lediglich auf Antrag des

65 *Andrae*, § 4 Rn 52; aA *Henrich*, Int. Familienrecht, § 4 I 1 b (S. 131).

66 MüKo/*Winkler v. Mohrenfels*, Art. 17 EGBGB Rn 54; *Andrae*, § 4 Rn 52; *Kegel/Schurig*, § 10 VI (S. 412); aA (differenzierend) *Henrich*, Int. Familienrecht, § 4 I 1 b (S. 131 f).

67 Vgl etwa MüKo/*Sonnenberger*, Art. 4 Rn 42; *Adam*, IPRax 1987, 98, 101; *Schwimann*, NJW 1976, 1000, 1002.

68 *Andrae/Essebier*, IPRax 2002, 294, 297; auch *Henrich*, Int. Familienrecht, § 4 I 1 b (S. 131); aA *Andrae*, § 4 Rn 53 ff, die das Problem durch Zusammenfügen der Zuständigkeitsordnung der EheVO mit den Grundsätzen des ausländischen IPR lösen will; MüKo/*Sonnenberger*, Art. 4 EGBGB Rn 50, der eine versteckte Rückverweisung unter der EheVO generell ablehnt.

69 *Andrae/Essebier*, IPRax 2002, 294, 297.

70 *Henrich*, Int. Familienrecht, § 4 I 1 b (S. 131 f).

71 Palandt/*Thorn*, Art. 17 EGBGB Rn 9 aE; Erman/*Hohloch*, Art. 17 EGBGB Rn 25; Bamberger/Roth/*Heiderhoff*, Art. 17 EGBGB Rn 62.

72 Erman/*Hohloch*, Art. 17 EGBGB Rn 25; *Looschelders*, Art. 17 Rn 31; *Rauscher*, IPR, S. 186; *Jayme*, IPRax 1987, 167, 168.

73 AG Mainz NJW-RR 1990, 779; Erman/*Hohloch*, Art. 17 EGBGB Rn 25; *Lüderitz*, IPRax 1987, 74, 78; *Jayme*, IPRax 1987, 167, 168.

74 KG IPRax 2000, 544, 545 m. Bespr. *Wagner* 512, 518 f; Erman/*Hohloch*, Art. 17 EGBGB Rn 23; *Rauscher*, IPR, S. 186; abw. *Kroll*, StAZ 2007, 330, 332; Bamberger/Roth/*Heiderhoff*, Art. 17 EGBGB Rn 66.

75 BGHZ 169, 328, 335 = FamRZ 2007, 113.

76 Wie hier *Looschelders*, FS Kropholler (2008), S. 329, 334.

77 Etwa *Kroll*, StAZ 2007, 330, 332.

anderen Ehegatten geschieden werden könnte.[78] Dasselbe gilt, wenn das nach Abs. 1 S. 1 iVm Art. 14 anwendbare Recht im konkreten Fall nur eine **Trennung von Tisch und Bett** zulässt.[79]

Nach bisher hM reichte es für die Anwendung von Abs. 1 S. 2 ferner aus, wenn eine Scheidung nach dem ausländischen Recht **derzeit nicht möglich** war, etwa deshalb, weil es eine längere Trennungs- oder Wartefrist vorsah als das deutsche Recht.[80] Dies ließ einigen Raum für taktische Überlegungen aufseiten des Antragstellers. Dieser konnte durch den Zeitpunkt der Antragseinreichung bestimmen, ob nach dem nach Abs. 1 S. 1 anwendbaren Recht die Ehe bereits scheidbar war oder nicht. Damit konnte er mittelbar auch Einfluss auf die Frage nehmen, ob – bei Scheidbarkeit der Ehe nach dem ausländischen Recht – dieses ausländische Recht oder aber über Abs. 1 S. 2 das deutsche Recht zur Anwendung gelangte. Der BGH hat allerdings in einer neueren Entscheidung die Voraussetzungen für eine Anwendung des Art. 17 Abs. 1 S. 2 erheblich **enger ausgelegt** und sich damit einer bislang in der Literatur vertretenen Mindermeinung angenähert. Der BGH begründet seine Auffassung u.a. damit, dass es sich bei Abs. 1 S. 2 um eine grundsätzlich eng auszulegende Ausnahmevorschrift handele, die überdies – da sie den ausländischen Ehegatten benachteilige – rechtspolitisch fragwürdig sei.[81] 32

Im Einzelnen ist die Vorschrift nach der neuen Auffassung des BGH nicht anwendbar, wenn die Ehe im Zeitpunkt der mündlichen Verhandlung „noch nicht“ scheidbar ist, etwa dann, wenn nach dem ausländischen Scheidungsstatut gewisse **Warte- oder Trennungsfristen** noch nicht abgelaufen sind. Dies gelte jedenfalls dann, wenn das primär berufene ausländische Scheidungsrecht für eine nicht einverständliche Scheidung eine gleich lange Trennungsfrist von drei Jahren vorsehe wie das deutsche, die Trennungsfrist nach dem ausländischen Recht aber mangels Einleitung eines förmlichen Trennungsverfahrens noch nicht zu laufen begonnen habe.[82] Darüber hinaus sei Abs. 1 S. 2 nicht einschlägig, wenn der Antragsteller einen nach dem ausländischen Recht vorhandenen Scheidungsgrund (zB Ehebruch) nicht geltend mache – oder den für eine Beweisaufnahme erforderlichen Kostenvorschuss nicht zahle – bzw es unterlasse, die ihm zumutbaren Schritte für eine Scheidung nach dem ausländischen Recht einzuleiten.[83] Insgesamt ist daher davon auszugehen, dass Abs. 1 S. 2 aufgrund der angeführten Entscheidung des BGH einen Großteil seines Anwendungsbereichs verloren hat. Eine im ausländischen Recht vorgesehene längere Trennungs- oder Wartefrist dürfte nur noch in Ausnahmefällen – ggf dann, wenn sie außergewöhnlich lang ist – für eine Anwendung von Abs. 1 S. 2 ausreichen;[84] selbst wenn das ausländische Recht (nur) eine Verschuldensscheidung vorsieht, muss der Antragsteller erst einmal diesen Weg beschreiten und kann sich nur auf Abs. 1 S. 2 berufen, wenn dieser Weg nicht gangbar ist.[85] Die Entscheidung des BGH birgt auch gewisse Haftungsrisiken für den Rechtsanwalt: Versäumt es dieser, die für die Scheidung nach dem ausländischen Recht notwendigen Schritte einzuleiten – also etwa entsprechende Anträge zu stellen oder zu den im ausländischen Recht vorgesehenen Scheidungsgründen vorzutragen –, so kann dies nicht nur die Scheidung nach dem ausländischen Recht, sondern auch die Scheidung nach dem deutschen Recht über Abs. 1 S. 2 ausschließen. Zu einem weiteren Bedeutungsverlust der Vorschrift aufgrund der Zuständigkeitsvorschriften der EheVO 2003 s. Rn 40 ff. 33

Die Undurchführbarkeit der Scheidung nach dem gem. Abs. 1 S. 1 maßgebenden Recht muss **positiv festgestellt** werden.[86] Es kann also nicht einfach deutsches Recht angewandt werden mit der Begründung, die Ehe sei jedenfalls nach dem deutschen Recht scheidbar.[87] Dies ergibt sich insbesondere daraus, dass bei Anwendung des Abs. 1 S. 2 auch die Nebenfolgen nach dem deutschen Recht zu beurteilen sind und sich hier erhebliche Abweichungen vom Scheidungsstatut des Abs. 1 S. 1 iVm Art. 14 ergeben können. Abs. 1 S. 2 kann auch nicht bereits deshalb angewendet werden, weil das für die Scheidung maßgebliche Sachrecht nicht bzw gegenwärtig **nicht ermittelbar** ist. Vielmehr ist hier zunächst nach den allgemeinen Lösungsmöglichkeiten 34

78 Staudinger/*Mankowski*, Art. 17 EGBGB Rn 167; *Kersting*, FamRZ 1992, 268; *Dopffel*, FamRZ 1987, 1205, 1213.

79 Staudinger/*Mankowski*, Art. 17 EGBGB Rn 167; *Kersting*, FamRZ 1992, 268, 269.

80 OLG Zweibrücken IPRspr 2002 Nr. 77, S. 168; KG IPRax 2000, 544; OLG Celle FamRZ 1987, 159, 160 m.Anm. *Jayme*, IPRax 1987, 176; OLG Köln FamRZ 1996, 946, 947; AG Mainz NJW-RR 1990, 779; AG Mannheim IPRspr 1997 Nr. 75, S. 140; *Henrich*, Int. Familienrecht, § 4 I 1 d (S. 135); *Wagner*, IPRax 2000, 512, 515 f.

81 BGHZ 169, 328, 335 = JZ 2007, 691; der Argumentation zustimmend *Jayme*, JZ 2007, 695, 696; abl. *Kroll*, StAZ 2007, 330, 332 f; zuvor bereits OLG Stuttgart, FamRZ 2006, 43 (betr. Trennungsfrist von vier Jahren nach griechischem Recht).

82 BGHZ 169, 328, 338; OLG Hamm FamRZ 2011, 220, 221.

83 BGHZ 169, 328, 338.

84 Etwa *Looschelders*, FS Kropholler (2008), S. 329, 334 (4-jährige Trennungszeit nach griechischem Recht grundsätzlich zumutbar).

85 Etwas vorsichtiger *Jayme*, JZ 2007, 695 (was iSd BGH für den Antragsteller „zumutbar“ sei, müsse sich die Judikatur im Anschluss an die BGH-Entscheidung erst noch mühsam erarbeiten).

86 Bamberger/Roth/*Heiderhoff*, Art. 17 EGBGB Rn 58; *Johannsen/Henrich*, Art. 17 Rn 27; *Rauscher*, IPR, S. 186.

87 *Johannsen/Henrich*, Art. 17 Rn 27.

im Falle der Nichtfeststellbarkeit des anwendbaren Sachrechts zu verfahren, wobei allerdings nach vielfach vertretener Ansicht jedenfalls im Zweifel auf deutsches Recht zu rekurrieren ist (vgl Art. 3 EGBGB Rn 50).[88]

35 Für die Frage der Scheidbarkeit nach dem ausländischen Recht kommt es nach dem BGH auf den Zeitpunkt der **letzten mündlichen Verhandlung** an, nicht auf den Zeitpunkt der Rechtshängigkeit des Scheidungsantrags.[89] Der BGH beruft sich auch insoweit auf den Ausnahmecharakter der Vorschrift sowie den Gesichtspunkt, dass die Norm kein Vertrauen des Antragstellers auf die Scheidbarkeit der Ehe gerade nach dem deutschen Recht schütze. Da Abs. 1 S. 2 nach der unter Rn 32 dargestellten neuen Entscheidung des BGH ohnehin kaum mehr anwendbar ist, wenn im ausländischen Recht vorgesehene Trennungs- oder Wartefristen (noch) nicht abgelaufen sind, hat die Frage nach dem maßgeblichen Zeitpunkt erheblich an Bedeutung verloren.[90] Relevant kann sie aber zB dann noch werden, wenn das anwendbare ausländische Scheidungsrecht während des in Deutschland anhängigen Scheidungsverfahrens geändert wird und nach den anwendbaren ausländischen Übergangsregeln auch den aktuellen Scheidungsfall (noch) erfasst.[91]

36 Voraussetzung für eine Anwendung des Abs. 1 S. 2 ist ferner, dass der die Scheidung begehrende Ehegatte bei Eintritt der Rechtshängigkeit des Scheidungsantrags **Deutscher** ist oder es bei der Eheschließung war. Bei mehrfacher Staatsangehörigkeit gilt Art. 5 Abs. 1 S. 2.[92] Die entsprechende Anwendung bei Staatenlosen, Asylbewerbern oder Flüchtlingen mit deutschem Personalstatut ist statthaft.[93] Einer Differenzierung danach, nur die erste Variante des Abs. 1 S. 2 (deutsche Staatsangehörigkeit bei Rechtshängigkeit), nicht aber die zweite Variante des Abs. 1 S. 2 (deutsche Staatsangehörigkeit bei Eheschließung) auf Flüchtlinge mit deutschem Personalstatut anzuwenden, ist nicht zuzustimmen.[94] Bereits der Wortlaut von Abs. 1 S. 2 lässt hierfür keinen Raum.

37 Der Verlust der deutschen Staatsangehörigkeit bzw des deutschen Personalstatuts nach Rechtshängigkeit ist unerheblich. Umgekehrt reicht ein Erwerb der deutschen Staatsangehörigkeit erst **nach Rechtshängigkeit** nach Wortlaut und Systematik der Vorschrift nicht aus. Hier kommt nur ein erneuter Scheidungsantrag in Betracht. In Teilen der Rechtsprechung und Literatur wird allerdings darauf hingewiesen, dass der Zweck von Abs. 1 S. 2 – die Ermöglichung der Scheidung dann, wenn diese nach dem gem. Abs. 1 S. 1 maßgeblichen Statut ausscheidet – in diesem Fall verfehlt würde. Entgegen dem Wortlaut der Vorschrift und abweichend von der Begründung zum Regierungsentwurf[95] reiche es daher aus, wenn die deutsche Staatsangehörigkeit bis zum Zeitpunkt der letzten mündlichen Verhandlung erworben werde.[96]

38 Dem steht die Überlegung entgegen, dass es nach Abs. 1 S. 1 iVm Art. 14 selbst dann nicht zu einer Anwendung deutschen Rechts kommt, wenn beide Ehegatten nach Rechtshängigkeit die deutsche Staatsbürgerschaft erwerben. In diesem Fall über Abs. 1 S. 2 deutsches Recht nur deshalb anzuwenden, weil (lediglich) der Antragsteller nach Rechtshängigkeit die deutsche Staatsangehörigkeit erworben hat, erscheint widersprüchlich.[97] Weiterhin ist festzustellen, dass das Scheidungsverfahren auch dann, wenn der Antrag nach Prüfung des gem. Abs. 1 S. 1 maßgeblichen Rechts abgewiesen wird, aus Sicht des Antragstellers seinen Zweck erfüllt.

88 Bamberger/Roth/*Heiderhoff*, Art. 17 EGBGB Rn 64; *Looschelders*, Art. 17 Rn 30; MüKo/*Winkler v. Mohrenfels*, Art. 17 EGBGB Rn 71, 117; *Kersting*, FamRZ 1992, 268, 271; aA Palandt/*Thorn*, Art. 17 EGBGB Rn 9; allg. zu den Lösungsmöglichkeiten bei der Nichtfeststellbarkeit des anwendbaren Rechts s. *K. Müller*, NJW 1981, 481 f; zur Ersatzanknüpfung bei Art. 14 *Galster*, StAZ 1988, 160, 163.

89 BGHZ 169, 328, 332 = JZ 2007, 691 mit insoweit abl. Anm. *Jayme;* aus der Lit. wie der BGH Palandt/*Thorn*, Art. 17 EGBGB Rn 9; Staudinger/*Mankowski*, Art. 17 EGBGB Rn 179 f; Erman/*Hohloch*, Art. 17 EGBGB Rn 24; Soergel/*Schurig*, Art. 17 EGBGB Rn 42; *Kroll,* StAZ 2007, 330, 333 f.

90 Insoweit ist es überraschend, dass der BGH dieser Frage derart großen Raum widmet (vgl auch *Jayme*, JZ 2007, 695 f).

91 BGHZ 169, 328, 333 = JZ 2007, 691.

92 OLG Celle FamRZ 1987, 159, 160; Staudinger/*Mankowski*, Art. 17 EGBGB Rn 171; Soergel/*Schurig*, Art. 17 EGBGB Rn 27; *Looschelders*, Art. 17 Rn 25; *Kersting*, FamRZ 1992, 268, 272.

93 OLG Zweibrücken NJW-RR 2002, 581, 582; OLG Köln FamRZ 1996, 946, 947; Staudinger/*Mankowski*, Art. 17 EGBGB Rn 172; *v. Bar*, IPR II, Rn 254; *Kersting*, FamRZ 1992, 268, 272 f; *Lass*, Der Flüchtling im deutschen Internationalen Privatrecht, 1995, S. 169.

94 So aber *Kersting*, FamRZ 1992, 268, 272; Rahm/Künkel/*Breuer*, VIII Rn 207; zu Recht abl. Staudinger/*Mankowski*, Art. 17 EGBGB Rn 174.

95 Vgl Begründung zum Regierungsentwurf, BT-Drucks. 10/504, S. 60: „Ist die Scheidung nach Satz 1 nicht möglich und war der die Scheidung begehrende Ehegatte bei der Eheschließung oder ist er bei Eintritt der Rechtshängigkeit des Scheidungsantrags Deutscher, so ist nach Satz 2… deutsches Recht anzuwenden."

96 OLG Köln FamRZ 1996, 946, 947; auch OLG Zweibrücken NJW-RR 2002, 581; MüKo/*Winkler v. Mohrenfels*, Art. 17 EGBGB Rn 70; *Kropholler*, IPR, § 46 I 2; *Kersting*, FamRZ 1992, 268, 274 f; *Lüderitz*, IPRax 1987, 74, 76; aA (für den Zeitpunkt der Rechtshängigkeit) Staudinger/*Mankowski*, Art. 17 EGBGB Rn 176; Palandt/*Thorn*, Art. 17 EGBGB Rn 7; *Looschelders*, Art. 17 Rn 27; Bamberger/Roth/*Heiderhoff*, Art. 17 EGBGB Rn 61; Erman/*Hohloch*, Art. 17 EGBGB Rn 23; Soergel/*Schurig*, Art. 17 EGBGB Rn 41; *Henrich*, Int. Familienrecht, § 4 I 1 d (S. 135); *v. Hoffmann/Thorn*, IPR, § 8 Rn 51; *Rauscher*, IPR, S. 186; krit. auch *Dopffel*, FamRZ 1987, 1205, 1212; ohne Diskussion auf den Zeitpunkt der Rechtshängigkeit abstellend auch OLG Celle FamRZ 1987, 159, 160.

97 Soergel/*Schurig*, Art. 17 EGBGB Rn 41.

Die Anwendung von Abs. 1 S. 2 setzt nämlich stets die Feststellung der Undurchführbarkeit der Scheidung nach dem gem. Abs. 1 S. 1 maßgebenden Recht voraus (vgl Rn 33), so dass die Ergebnisse des ersten – erfolglosen – Scheidungsverfahrens für das zweite Verfahren Verwendung finden können. Eine Abweichung vom Wortlaut des Abs. 1 S. 2 und ein Abstellen auf einen Erwerb der deutschen Staatsangehörigkeit bis zum Zeitpunkt der letzten mündlichen Verhandlung hätte daher letztlich nur den positiven Effekt, dass die Kosten eines zweiten Scheidungsverfahrens vermieden werden könnten. Diese Kosten kann der Antragsteller aber auch dadurch vermeiden, dass er vorprozessual überprüft, ob die Ehe nach dem ausländischen Recht scheidbar ist und – für den Fall, dass er zum Ergebnis der Unscheidbarkeit kommt – mit der Antragstellung bis zum späteren Erwerb der deutschen Staatsangehörigkeit wartet. Schließlich ist darauf hinzuweisen, dass der Antragsteller möglicherweise nicht nach dem deutschen Recht geschieden werden will – etwa im Hinblick auf die dann ebenfalls dem deutschen Recht unterliegenden Nebenfolgen – und es bevorzugt, die Scheidbarkeit der Ehe nach dem ausländischen Recht abzuwarten (s. dazu sogleich Rn 39).

Noch nicht näher behandelt wurde die Frage, ob der Antragsteller **auf die Anwendung von Abs. 1 S. 2 verzichten** kann mit der Folge, dass es bei der Anwendung des ausländischen Rechts und der Abweisung des Scheidungsantrags sein Bewenden hat. Für einen derartigen Verzicht kann im Einzelfall ein Interesse bestehen. Dies gilt etwa dann, wenn die Anwendung deutschen Rechts zu einer Nichtanerkennung der Scheidung in einem ausländischen Staat und damit zu einer hinkenden Ehe führen würde. Ferner kann dem Antragsteller daran gelegen sein, dass die Scheidungsnebenfolgen nicht nach dem deutschen Recht beurteilt werden. Abs. 1 S. 2 wird vielfach als spezielle ordre-public-Norm aufgefasst, die die Scheidungsfreiheit des Antragstellers schützt.[98] Insoweit erscheint es konsequent, dass der Antragsteller auf diesen Schutz auch verzichten kann. Praktisch kommt der Frage aber nur dann Bedeutung zu, wenn der Antragsteller den Antrag nicht nach § 113 Abs. 1 S. 2 FamFG iVm § 269 ZPO zurücknehmen kann. 39

(2) Einfluss der EheVO 2003. Zu beachten ist allerdings, dass die Regelung des Abs. 1 S. 2 auch deshalb an Bedeutung verloren hat, weil in den von der Vorschrift erfassten Fällen vielfach keine Zuständigkeit deutscher Gerichte mehr besteht.[99] Für Fragen der internationalen Zuständigkeit ist auf die EheVO 2003[100] zurückzugreifen, die – vorbehaltlich nur der Art. 6, 7 EheVO 2003 – das unvereinheitlichte nationale Zuständigkeitsrecht und damit insbesondere auch § 98 FamFG verdrängt (vgl näher Anhang II zum III. Abschnitt, § 98 FamFG, Rn 1 ff). Nach Art. 3 Abs. 1 lit. b EheVO 2003 wirkt (anders als nach dem grundsätzlich verdrängten § 98 Abs. 1 Nr. 1 FamFG) die deutsche Staatsangehörigkeit des Antragstellers allein nicht mehr zuständigkeitsbegründend. Vielmehr bedarf es einer gemeinsamen deutschen Staatsangehörigkeit beider Ehegatten. Im Übrigen kommt es nach Art. 3 Abs. 1 lit. a EheVO 2003 auf den gewöhnlichen Aufenthalt des Antragsgegners bzw den (durch eine gewisse Aufenthaltsdauer qualifizierten) gewöhnlichen Aufenthalt des Antragstellers oder den gegenwärtigen bzw auch vormaligen gewöhnlichen Aufenthalt beider Ehegatten in Deutschland an. Ist demnach eine internationale Zuständigkeit nach Art. 3 Abs. 1 EheVO 2003 gegeben, und ist der Antragsteller deutscher Staatsangehöriger, so kommt das deutsche Scheidungsrecht in aller Regel bereits über die allgemeine Anknüpfung nach Abs. 1 iVm Art. 14 zur Anwendung. 40

Dass nach Art. 3 Abs. 1 EheVO 2003 eine internationale Zuständigkeit deutscher Gerichte besteht und nicht ohnehin (eine deutsche Staatsangehörigkeit des Antragstellers vorausgesetzt) über Abs. 1 iVm Art. 14 deutsches Sachrecht zur Anwendung gelangt, ist nur noch im Ausnahmefall denkbar. Zu nennen ist etwa der Fall, dass der letzte gemeinsame gewöhnliche Aufenthalt der Ehegatten im Ausland liegt, zugleich aber (nur) einer der Ehegatten einen gewöhnlichen Aufenthalt nach Deutschland verlegt hat (vgl iE Art. 3 lit. a Spiegelstrich 3–6 EheVO 2003) und das nach Abs. 1 iVm Art. 14 Abs. 1 Nr. 2 Alt. 2 maßgebliche ausländische Recht keine Rückverweisung auf das deutsche Recht ausspricht. Daneben kommt eine Anwendung von Abs. 1 S. 2 in Betracht, wenn die Art. 6, 7 EheVO 2003 ausnahmsweise einen Rückgriff auf das unvereinheitlichte nationale Zuständigkeitsrecht und damit auch auf § 98 Abs. 1 Nr. 1 FamFG (Staatsangehörigkeit nur des Antragstellers) zulassen. Dies ist vor allem dann der Fall, wenn der Antragsgegner seinen gewöhnlichen Aufenthalt außerhalb der EG hat, er auch nicht die Staatsangehörigkeit eines EU-Mitgliedstaates besitzt (ausgenommen sind hierbei Großbritannien und Irland) und er auch nicht sein domicile in Großbritannien oder Irland hat. Ferner darf sich darüber hinaus aus den Art. 3, 4, 5 EheVO 2003 keine Zuständigkeit irgendeines anderen EU-Mitgliedstaates ergeben (vgl hierzu iE Anhang I zum III. Abschnitt, Art. 6, 7 EheVO Rn 1 ff; Anhang II zum III. Abschnitt, § 98 FamFG, Rn 1 ff).[101] Insgesamt wird deutlich, dass Abs. 1 S. 2 auch durch das Zuständigkeitsregime der 41

98 S. – einen Vergleich mit dem allgemeinen ordre public anstellend – BGHZ 169, 328, 335 = FamRZ 2007, 113; *Looschelders*, Art. 17 Rn 24; MüKo/*Winkler v. Mohrenfels*, Art. 17 EGBGB Rn 73; *Rauscher*, in: FS Geimer 2002, S. 883, 892 f; in der Tendenz auch Begründung zum Regierungsentwurf, BT-Drucks. 10/504, S. 61.

99 Rauscher/*Rauscher*, Art. 2 Brüssel IIa-VO Rn 3; *Wagner*, IPRax 2000, 512, 519.

100 Text und Kommentierung in Anhang I zum III. Abschnitt.

101 Dänemark gilt in diesem Zusammenhang nicht als Mitgliedstaat (Art. 2 Nr. 3 EheVO).

EheVO 2003 erheblich an praktischer Wirksamkeit verloren hat (vgl auch Anhang I zum III. Abschnitt, Art. 3 EheVO Rn 3).[102]

42 **bb) Analoge Anwendung, allseitiger Ausbau.** Nach hL kann Abs. 1 S. 2 auch dann (entsprechend) Anwendung finden, wenn ein Ehegatte mit deutscher Staatsangehörigkeit zwar nicht die Scheidung selbst beantragt, ihr aber im Laufe des Verfahrens **zustimmt**.[103] Hierfür spricht, dass es häufig nur vom Zufall abhängt, welcher der beiden scheidungswilligen Ehegatten den Antrag stellt. Die Frage ist aber in der Rechtsprechung noch nicht behandelt worden. Daher empfiehlt es sich, in Zweifelsfällen den Scheidungsantrag stets durch den deutschen Ehegatten stellen zu lassen (vgl Rn 174).

43 In der Literatur wird darüber hinaus vorgeschlagen, Abs. 1 S. 2 Alt. 2 zu einer **allseitigen Kollisionsnorm** auszubauen.[104] Demnach wäre dann, wenn nach dem an sich einschlägigen Scheidungsstatut eine Scheidung nicht zulässig ist, generell auf das bei Eheschließung maßgebliche Heimatrecht des antragstellenden Ehegatten zurückzugreifen.[105] In der Rechtsprechung hat dieser Vorschlag keine Gefolgschaft gefunden. Ihm ist aus der Sicht des deutschen Rechts auch nicht zuzustimmen. Zwar ist die Bevorzugung deutscher Staatsangehöriger rechtspolitisch zweifelhaft. Dies allein reicht für eine gesetzesübersteigende Fortbildung des Abs. 1 S. 2 zu einer allseitigen Kollisionsnorm aber nicht aus.[106] Entsprechende Vorschläge, Abs. 1 S. 2 zu einer allseitigen Kollisionsnorm auszubauen, wurden bereits vor und während des laufenden Gesetzgebungsverfahrens unterbreitet.[107] Sie haben aber keinen Eingang in das Gesetz gefunden, so dass von einer bewussten gesetzgeberischen Entscheidung ausgegangen werden kann. Haben in einer gemischtnationalen Ehe beide Ehegatten die Scheidung beantragt und stellte man sodann analog Abs. 1 S. 2 auf die bei Eheschließung bestehenden Heimatrechte beider Ehegatten ab, so entstünde überdies das Problem, dass sich die beiden Heimatrechte inhaltlich widersprechen können.[108] Dies könnte insbesondere im Hinblick auf die scheidungsrechtlichen Nebenfolgen bedeutsam sein.[109] Ein allseitiger Ausbau der Vorschrift wird schließlich auch nicht durch den Gleichheitssatz (Art. 3 Abs. 1 GG) erzwungen.[110]

44 Eher denkbar ist, dass das europäische Diskriminierungsverbot (Art. 18 AEUV = ex Art. 12 EGV) zu einem allseitigen Ausbau der Norm zwingt.[111] Tatsächlich ist zu berücksichtigen, dass das internationale Scheidungsrecht potentieller Gegenstand einer Harmonierung auf EU-Ebene ist, was für eine Aktivierung des Art. 18 AEUV grundsätzlich ausreichen dürfte.[112] Allerdings legt der BGH Abs. 1 S. 2 mittlerweile sehr eng aus (Rn 32). Versteht man die Norm vor diesem Hintergrund nicht mehr als generelles „Deutschenprivileg", sondern als spezielle Ausprägung des allgemeinen ordre public-Gedankens,[113] dürfte ein Verstoß gegen Art. 18 AEUV wohl zu verneinen sein (vgl oben Rn 30, 32 f). Überdies dürfte die richtige Lösung dann, wenn man einen Verstoß gegen Art. 18 AEUV für gegeben hält, wohl nicht in einer Erstreckung des Abs. 1 S. 2 auf weitere Fälle liegen, sondern in der vollständigen Nichtanwendung der den Antragsgegner diskriminierenden Norm.

102 *Wagner*, IPRax 2000, 512, 519; scharfe rechtspolitische Kritik hieran, weil dies zu einer Einschränkung der durch Art. 17 Abs. 1 S. 2 EGBGB gewährleisteten Scheidungsfreiheit nach deutschem Recht führe, bei Rauscher/*Rauscher*, Art. 2 Brüssel IIa-VO Rn 3; *ders.*, in: FS Geimer 2002, S. 883 f.

103 *Looschelders*, Art. 17 Rn 26; Bamberger/Roth/*Heiderhoff*, Art. 17 EGBGB Rn 60; Erman/*Hohloch*, Art. 17 EGBGB Rn 23; *v. Bar*, IPR II, Rn 254; *Andrae*, § 4 Rn 21.

104 *Kegel/Schurig*, § 20 VII 2 a (1) bb (S. 866).

105 So Soergel/*Schurig*, Art. 17 EGBGB Rn 32; *Kegel/Schurig*, § 20 VII 2 a (1) bb (S. 866); abl. Bamberger/Roth/*Heiderhoff*, Art. 17 EGBGB Rn 65; Staudinger/*Mankowski*, Art. 17 EGBGB Rn 164, 181; *Looschelders*, Art. 17 Rn 32; *v. Hoffmann/Thorn*, IPR, § 8 Rn 51; *Andrae*, § 4 Rn 21; *Kersting*, FamRZ 1992, 268, 273 f; *Jayme*, IPRax 1987, 167, 168.

106 Staudinger/*Mankowski*, Art. 17 EGBGB Rn 164, 181.

107 Vgl Begründung zum Regierungsentwurf, BT-Drucks. 10/504, S. 60 zu einem Vorschlag des Deutschen Rats; aus der Lit. s. ferner *Makarov*, RabelsZ 17 (1952), 382, 390; *Gamillscheg*, RabelsZ 33 (1969), 654, 687 und 38 (1974), 507, 511; *Habscheid*, FamRZ 1975, 76, 78.

108 Vgl zu diesem Argument auch die Begründung zum Regierungsentwurf, BT-Drucks. 10/504, S. 61.

109 *Kersting*, FamRZ 1992, 268, 274. Hierzu wird von Vertretern der Gegenansicht vorgeschlagen, auf das jeweils schwächere der beiden Rechte abzustellen. Es soll m.a.W. eine bestimmte Nebenfolge nicht angeordnet werden können, wenn sie von einem Heimatrecht eines der Ehegatten nicht vorgesehen wird, Soergel/*Schurig*, Art. 17 EGBGB Rn 32; *Kegel/Schurig*, § 20 VII 2 a (1) bb (S. 866). Diesem Lösungsvorschlag ist zunächst entgegenzuhalten, dass ein „schwächeres" Recht uU nicht oder jedenfalls nur unter Schwierigkeiten feststellbar ist. Denkbar ist etwa, dass das eine Heimatrecht zwar einen zunächst niedrigeren Nachscheidungsunterhalt, das andere aber eine kürzere Laufzeit des Unterhaltsanspruchs vorsieht. Im Übrigen gelangte man bei der Berufung des jeweils „schwächeren" Rechts zu einer Kombination zweier Rechtsordnungen, die letztlich dem Inhalt keiner der beiden Heimatrechtsordnungen (voll) entspricht.

110 So BGHZ 75, 241, 254 = NJW 1980, 47, 50 unter Hinw. auf BVerfGE 31, 58, 78 = NJW 1971, 1509, 1512; *Jayme*, IPRax 1987, 167, 168.

111 So Staudinger/*Mankowski*, Art. 17 EGBGB Rn 165 a; Bamberger/Roth/*Heiderhoff*, Art. 17 EGBGB Rn 66; *Kroll*, StAZ 2007, 330, 332; aA noch *Wagner* IPRax 2000, 512, 518 f.

112 *Kroll*, StAZ 2007, 330, 332; Staudinger/*Mankowski*, Art. 17 EGBGB Rn 165 a; Bamberger/Roth/*Heiderhoff*, Art. 17 EGBGB Rn 66.

113 Vgl *Jayme*, JZ 2007, 695.

b) Ehe mit beschränktem Wirkungskreis (hinkende Ehe). Nicht selten kommt es vor, dass eine geschlossene Ehe zwar von dem gem. Art. 13, 11 maßgeblichen Eheschließungsstatut, nicht aber von dem an sich anwendbaren Scheidungsstatut als wirksam angesehen wird (sog. **hinkende Ehe**, vgl dazu Art. 13 EGBGB Rn 102). Denkbar ist etwa, dass das ausländische Scheidungsstatut zwingend eine religiöse Trauung vorschreibt, aber nur eine – nach dem gem. Art. 13 Abs. 3, 11 anwendbaren Recht formwirksame – standesamtliche Trauung stattgefunden hat.[114] Die Rechtsprechung wendet in diesem Fall Abs. 1 S. 2 analog an. Die Scheidung einer derartigen hinkenden Ehe erfolgt (unabhängig von der Staatsangehörigkeit des Antragstellers) also nach **deutschem Recht**, soweit die Ehe nach dem maßgeblichen ausländischen Scheidungsstatut im Zeitpunkt der letzten mündlichen Verhandlung nicht als wirksam angesehen wird.[115] Auch auf die Scheidungsnebenfolgen soll in diesem Fall das deutsche Sachrecht anwendbar sein.[116] 45

Die dargestellte Lösung enthält auch nach der hier vertretenen Ansicht einen richtigen Kern. Es besteht kein Anlass, die Ehegatten an die (möglicherweise) strengeren Vorschriften eines ausländischen Scheidungsstatuts zu binden, wenn dieses Scheidungsstatut selbst – weil es die Ehe ohnehin von vornherein für unwirksam hält – kein Interesse an der Aufrechterhaltung der Ehe hat.[117] Allerdings wird mit der generellen Anwendung des deutschen Scheidungsrechts der Schwerpunkt des Rechtsverhältnisses verfehlt. Nach der hier vertretenen Ansicht erscheint es aus diesem Grund vorzugswürdig, **primär das an sich einschlägige ausländische Scheidungsstatut anzuwenden** und hierbei entsprechend dem Ergebnis der selbständigen Anknüpfung der Vorfrage von einem wirksamen Zustandekommen der Ehe auszugehen.[118] Auf das deutsche Recht ist nur hilfsweise zu rekurrieren – nämlich dann, wenn das ausländische Scheidungsrecht (ein wirksames Bestehen der Ehe unterstellt) eine Scheidung nicht zulässt.[119] Die Anwendung des ausländischen Scheidungsstatuts auf die Hauptfrage der Scheidung entspricht einer konsequenten Durchführung des Grundsatzes, dass Vorfragen – hier die Vorfrage nach dem wirksamen Zustandekommen der Ehe – gesondert anzuknüpfen sind, aber im Übrigen auf die Anknüpfung der Hauptfrage keinen Einfluss haben. Auch bezüglich der **Nebenfolgen** sollte es bei der Anwendung des ausländischen Scheidungsstatuts sein Bewenden haben.[120] Gerade hier werden sich die Ehegatten vielfach auf die Geltung eines ausländischen Rechts eingestellt haben. Besonders störend ist die Anwendung deutschen Sachrechts dann, wenn außer dem für die internationale Zuständigkeit erforderlichen Inlandsbezug – etwa dem gewöhnlichen Aufenthalt (nur) einer der Ehegatten, vgl Anhang I zum III. Abschnitt, Art. 3 Abs. 1 lit. a EheVO – keine engere Beziehung zum deutschen Recht besteht. 46

Eine mit der skizzierten Problematik vergleichbare Frage stellt sich dann, wenn eine Ehe nach dem gem. Art. 17 anwendbaren ausländischen Recht zunächst wirksam zustande gekommen, sodann aber durch ein ausländisches Gericht geschieden worden ist und das **Scheidungsurteil im Inland nicht anerkannt** wird. Auch hier handelt es sich um eine nach dem Scheidungsstatut nicht (mehr) bestehende, aber im Inland (weiterhin) wirksame Ehe.[121] Die hL befürwortet hier – anders als bei einer von Anfang an unwirksamen Eheschließung – eine Anwendung des ausländischen Rechts.[122] Hierfür spricht, dass das ausländische (wenn auch 47

114 Geblieben ist diese Problematik insbesondere gegenüber Israel, Jordanien, Zypern und Marokko, Erman/*Hohloch*, Art. 13 EGBGB Rn 47 mwN Zum Wandel des griechischen Rechts vgl insoweit Staudinger/*Mankowski*, Art. 17 EGBGB Rn 89.

115 OLG Zweibrücken FamRZ 2001, 920, 921; OLG Koblenz FamRZ 1994, 1262 = NJW-RR 1994, 647; OLG Hamm FamRZ 1994, 1182 = StAZ 1994, 221; OLG Karlsruhe IPRax 1990, 52, 52; OLG Stuttgart FamRZ 1980, 783, 784; dahingestellt von BGH, DAVorm 1982, 925; zust. Palandt/*Thorn*, Art. 17 EGBGB Rn 10; Bamberger/Roth/*Heiderhoff*, Art. 17 EGBGB Rn 72; MüKo/*Winkler v. Mohrenfels*, Art. 17 EGBGB Rn 92 f; *Kropholler*, IPR, § 35 IV 2; abw. Staudinger/*Mankowski*, Art. 17 EGBGB Rn 97; *Johannsen/Henrich*, Art. 17 Rn 34; *Galster*, StAZ 1988, 160, 164; Erman/*Hohloch*, Art. 17 EGBGB Rn 26. Die Anwendung deutschen Rechts entspricht auch der deutschen Rechtspraxis vor Inkrafttreten des Art. 17 nF; vgl hierzu die Nachw. bei Staudinger/*Mankowski*, Art. 17 EGBGB Rn 88. Im Regierungsentwurf wird die Lösung der Frage bewusst offen gelassen (BT-Drucks. 10/504, S. 59 f).

116 OLG Koblenz FamRZ 1994, 1262, 1263 = NJW-RR 1994, 647; auch OLG Zweibrücken FamRZ 2001, 920, 921; bzgl des Versorgungsausgleichs abl. OLG Stuttgart FamRZ 1980, 783, 784.

117 Staudinger/*Mankowski*, Art. 17 EGBGB Rn 90, 92; Soergel/*Schurig*, Art. 17 EGBGB Rn 34.

118 Abw. *Looschelders*, Art. 17 Rn 10, nach dessen Ansicht zwar das ausländische Scheidungsrecht, aber unter Ausschluss der der Scheidung entgegenstehenden Vorschriften anzuwenden ist. Damit gelangte man aber praktisch dazu, dass die Scheidung der (aus deutscher Sicht ja wirksam zustande gekommenen und damit in ihrem Bestand grundsätzlich schutzwürdigen) Ehe an überhaupt keine materiellen Voraussetzungen mehr geknüpft wäre.

119 IE wie hier Staudinger/*Mankowski*, Art. 17 EGBGB Rn 97.

120 Vgl OLG Stuttgart FamRZ 1980, 783; im Erg. auch – mit der Begründung, dass eine kollisionsrechtliche Anpassung durchzuführen sei – *Johannsen/Henrich*, Art. 17 Rn 34; abw. Soergel/*Schurig*, Art. 17 EGBGB Rn 34 (es sollen im Vergleich des ausländischen Scheidungsstatuts zum deutschen Recht stets die schwächeren Scheidungsfolgen gewählt werden).

121 Vgl Soergel/*Schurig*, Art. 17 EGBGB Rn 35.

122 *Andrae*, § 4 Rn 30; *Kersting*, FamRZ 1992, 268, 272; auch MüKo/*Winkler v. Mohrenfels*, Art. 17 EGBGB Rn 96 f; *Beitzke*, IPRax 1993, 231, 234 (die umgekehrt bei einer ungültigen Eheschließung nur deutsches Scheidungsrecht anwenden wollen).

im Inland nicht anerkennungsfähige) Urteil nicht nur über die Scheidung als solche, sondern über die Scheidungsnebenfolgen befunden hat und hierbei auf dem (aus der Sicht des ausländischen Kollisionsrechts) einschlägigen Sachrecht beruht. Möglicherweise handelt es sich um ausländisches Sachrecht, das auch bei Anwendung von Abs. 1 S. 1 iVm Art. 14 von deutschen Gerichten heranzuziehen gewesen wäre. Dass die generelle Anwendung deutschen Rechts in diesem Fall gegen das Prinzip des engsten Bezugs verstoßen würde, ist offensichtlich. Die Anwendung deutschen Rechts könnte hier im Einzelfall zu erheblichen Widersprüchen zwischen dem deutschen und dem ausländischen Urteil führen und hinsichtlich der Nebenfolgen, wenn das deutsche Urteil seinerseits im Ausland nicht anerkannt wird, uU ein „Vollstreckungskarussell" in Gang setzen. Auf das deutsche Recht ist nur hilfsweise zu rekurrieren, wenn nach dem ausländischen Recht die Ehe – ihr Bestehen unterstellt – nicht scheidbar wäre. Bezüglich der Nebenfolgen sollte es in jedem Fall einheitlich bei dem gem. Abs. 1 S. 1 iVm Art. 14 anwendbaren ausländischen Recht verbleiben. Dieselben Grundsätze gelten schließlich für die Scheidung von Ehen, welche zuvor durch eine Privatscheidung aufgelöst worden sind, die im Inland wegen eines ordre-public-Verstoßes oder wegen einer Unvereinbarkeit mit Abs. 2 keine Wirkungen entfaltet.[123]

II. Anwendungsbereich des Scheidungsstatuts

48 **1. Begriff der Scheidung. a) Nachträgliche Auflösung oder Lockerung des Ehebandes.** Abs. 1 gilt zunächst für jede **Entscheidung**, die die nachträgliche Auflösung der Ehe zum Gegenstand hat, unabhängig davon, ob sie nach dem anzuwendenden Verfahrensrecht durch ein **Gericht**, eine **Behörde** oder durch ein **geistliches Gericht** erfolgt. Die Vorschrift gilt schließlich auch für die **Privatscheidung** durch einvernehmliches Rechtsgeschäft sowie für die einseitige **Verstoßung** nach dem islamischen Recht (vgl hierzu Rn 67 ff, 83 ff, 93 ff).

49 Erfasst werden aber auch sonstige Arten der nachträglichen Eheauflösung, die ipso iure eintreten. Zu nennen sind hier etwa die Eheauflösung aufgrund einer lebenslangen Freiheitsstrafe, der Wiederheirat eines der beiden Ehegatten oder eines Religionswechsels.[124] Insbesondere im zuletzt genannten Fall dürfte allerdings ein ordre-public-Verstoß (Art. 6) anzunehmen sein.[125] Erfasst wird ferner die **Eheauflösung durch Tod** oder Todeserklärung.[126] Die Todeserklärung sowie Lebens- und Todesvermutungen sind als Vorfragen nach Art. 9 gesondert anzuknüpfen. Ausländische Todeserklärungen sind nach Maßgabe von §§ 108, 109 FamFG anzuerkennen. Das Scheidungsstatut entscheidet auch darüber, ob die Ehe im Falle der Rückkehr eines für tot Erklärten und ggf der Auflösung einer zwischenzeitlich eingegangenen Ehe wieder auflebt.[127]

50 Nicht anzuwenden ist Art. 17 auf die **anfängliche Unwirksamkeit der Eheschließung**. Insoweit ist Art. 13 heranzuziehen. Art. 13 gilt auch dann, wenn die Ehe wegen einer sonstigen Fehlerhaftigkeit der Eheschließung nachträglich aufgehoben werden soll. In Betracht kommen Formfehler bei der Eheschließung, aber auch Willensmängel oder sonstige Hinderungsgründe in der Person eines Ehegatten. Bei der Qualifikation ist auf das konkrete Antragsziel des Antragstellers abzustellen: Soweit er, gestützt auf die Fehlerhaftigkeit der Eheschließung, die nachträgliche Aufhebung der Ehe begehrt, gelten die Art. 13, 11. Strebt der Antragsteller demgegenüber die Scheidung an, gilt Art. 17.[128] Soweit Abs. 1 iVm Art. 14 eine Gesamtverweisung auf ausländisches Recht ausspricht, sind im Rahmen der Anwendung des ausländischen Kollisionsrechts nach allgemeinen internationalprivatrechtlichen Grundsätzen allein die dortigen Qualifikationsvorstellungen maßgebend.[129] Hiervon zu unterscheiden ist schließlich die Frage, ob nach dem letztlich anzuwendenden Sachrecht eine nachträgliche Aufhebung der Ehe überhaupt möglich ist bzw ob die Fehlerhaftigkeit der Eheschließung zu einer nachträglichen Aufhebbarkeit oder (nur) Scheidbarkeit der Ehe führt.

51 Art. 17 gilt entsprechend für die bloße Lockerung des Ehebandes. Insbesondere ist Art. 17 auf die im ausländischen Recht zT noch vorhandene **Trennung von Tisch und Bett** anwendbar.[130] Dies ist damit zu rechtfertigen, dass die Trennung von Tisch und Bett, wenn auch nur eingeschränkt, die Funktionen übernimmt, die in Deutschland der Scheidung zufallen.[131] Die Trennung von Tisch und Bett ist mit dem deutschen ordre public vereinbar.[132] Auch die Umwandlung einer Trennung von Tisch und Bett in eine Scheidung ist nach Art. 17 zu

123 *Unberath*, IPRax 2004, 515, 516 f; *Andrae*, § 4 Rn 30.
124 MüKo/*Winkler v. Mohrenfels*, Art. 17 EGBGB Rn 26, 148; *Looschelders*, Art. 17 Rn 5.
125 Staudinger/*Mankowski*, Art. 17 EGBGB Rn 246; MüKo/*Winkler v. Mohrenfels*, Art. 17 EGBGB Rn 148.
126 Staudinger/*Mankowski*, Art. 17 EGBGB Rn 243 ff; *Looschelders*, Art. 17 Rn 5.
127 Bamberger/Roth/*Heiderhoff*, Art. 17 EGBGB Rn 21; Staudinger/*Mankowski*, Art. 17 EGBGB Rn 244; *Kegel/Schurig*, § 20 VII 1 (S. 864); vgl zum alten Recht auch BGHZ 42, 99.
128 MüKo/*Winkler v. Mohrenfels*, Art. 17 EGBGB Rn 34.
129 Vgl MüKo/*Winkler v. Mohrenfels*, Art. 17 EGBGB Rn 31, 44.
130 BGHZ 47, 324 = NJW 1967, 2109 (zum italienischen Recht); BGH NJW 1988, 636, 637 = IPRax 1988, 173 = FamRZ 1987, 793; OLG Hamm FamRZ 1990, 61 = NJW-RR 1989, 1346; OLG Stuttgart NJW-RR 1989, 261; AG Lüdenscheid FamRZ 2002, 1486; *Rauscher*, IPRax 2006, 140, 144.
131 BGHZ 47, 324, 333.
132 So bereits BGHZ 47, 324, 333 f.

beurteilen.[133] Ist zwischenzeitlich ein Statutenwechsel eingetreten, kann diese Umwandlungsentscheidung nach einem anderen Recht ergehen als die Entscheidung über die Trennung von Tisch und Bett.[134] In prozessualer Hinsicht ist die besondere Zuständigkeit nach Art. 5 EheVO 2003 zu beachten (vgl Anhang I zum III. Abschnitt, Art. 5 EheVO Rn 1 ff). Eine zwischen den Ehegatten abgeschlossene Trennungsvereinbarung, die auf eine Trennung von Tisch und Bett gerichtet ist, kann durch Urteil des Familiengerichts nach Maßgabe des anwendbaren ausländischen Rechts bestätigt werden.[135] Dagegen ist die **Berechtigung zum Getrenntleben** während einer ansonsten unverändert fortbestehenden Ehe nach Art. 14 zu beurteilen.[136]

Für die **Auflösung eingetragener Lebenspartnerschaften** trifft Art. 17b eine kollisionsrechtliche Sonderregelung. Umstritten ist, ob die Auflösung sonstiger **nichtehelicher Partnerschaften** nach Art. 17 (analog) zu beurteilen ist. Verbreitet wird dies – auch unter Hinweis auf die familienrechtliche Qualifikation durch ausländische Rechte – in der Tat befürwortet.[137] Güterrechtliche Ansprüche sollen dementsprechend analog Art. 15 angeknüpft werden.[138] Zu beachten ist allerdings, dass vertragliche, gesellschaftsrechtliche bzw deliktsrechtliche Ansprüche jedenfalls nach den jeweils einschlägigen Kollisionsnormen anzuknüpfen sind. Für Unterhaltsansprüche zwischen den Partnern einer nichtehelichen Lebensgemeinschaft gilt Art. 18 (vgl Art. 18 EGBGB Rn 49) bzw zukünftig das Haager Protokoll (vgl Anh. 1 zu Art. 18 EGBGB Art. 1 Haager Protokoll Rn 2 ff). 52

b) Vorfrage nach dem Bestehen einer Ehe. aa) Selbständige Anknüpfung. Art. 17 setzt den wirksamen Bestand einer Ehe voraus. Die Vorfrage des Bestehens der Ehe ist selbständig anzuknüpfen.[139] Die **Wirksamkeit der Eheschließung** bestimmt sich nach Art. 11, 13. Ein inländisches Urteil, das über eine Nichtigkeitsklage ergeht, klärt die Vorfrage nach dem wirksamen Zustandekommen der Ehe endgültig. Dasselbe gilt für ein entsprechendes ausländisches Urteil, das im Inland anerkannt wird.[140] 53

Ist bereits ein **ausländisches Scheidungsurteil** ergangen, so hängt dessen Wirksamkeit von seiner Anerkennung im Inland ab. Bei Urteilen von anderen EU-Mitgliedstaaten (mit Ausnahme Dänemarks) sind hierbei die Art. 21 ff EheVO 2003 anzuwenden. Urteile der Gerichte von Drittstaaten sind nach Maßgabe der §§ 108, 109 FamFG anzuerkennen. Hierbei ist das besondere **Anerkennungsverfahren vor den Landesjustizbehörden** nach § 107 FamFG zu beachten. Ein inländisches Scheidungsverfahren ist bis zur Klärung der Anerkennung im Anerkennungsverfahren ggf nach § 113 Abs. 1 FamFG iVm § 148 ZPO auszusetzen,[141] wenn damit für die Parteien des inländischen Verfahrens keine unzumutbaren Rechtsschutzbeeinträchtigungen verbunden sind.[142] Nach Ansicht des BGH kann bei einer offensichtlich nicht anerkennungsfähigen Auslandsscheidung das inländische Verfahren aber auch fortgesetzt und damit inzident über die Nichtanerkennung der ausländischen Scheidung entschieden werden.[143] 54

Geschieden werden können neben den fehlerfrei zustande gekommenen Ehen auch solche Ehen, die aufgrund einer Fehlerhaftigkeit bei der Eheschließung nicht unwirksam, sondern – etwa durch Nichtigkeitsklage – lediglich vernichtbar sind.[144] Scheidbar sind schließlich auch solche Ehen, die anfänglich unwirksam waren, aber – nach dem gem. Art. 13, 11 anwendbaren Recht – zwischenzeitlich Wirksamkeit erlangt haben.[145] Schließlich kann auch eine Scheidung ergehen, wenn bereits eine gerichtliche Entscheidung über die Trennung von Tisch und Bett vorliegt.[146] 55

Nicht einfach zu beurteilen ist die Frage, welche Folgen ein deutsches Scheidungsurteil hat, das die Vorfrage nach dem Bestehen einer wirksamen Ehe zu Unrecht bejaht. Hierbei ist zu unterscheiden zwischen der Schei- 56

133 Bamberger/Roth/*Heiderhoff*, Art. 17 EGBGB Rn 13.
134 Bamberger/Roth/*Heiderhoff*, Art. 17 EGBGB Rn 15.
135 OLG Karlsruhe FamRZ 1991, 1308, 1309; OLG Düsseldorf FamRZ 1981, 146, 147; OLG Karlsruhe IPRax 1982, 75.
136 MüKo/*Winkler v. Mohrenfels*, Art. 17 EGBGB Rn 29.
137 Vgl auch OLG Zweibrücken FamRZ 1994, 982, 983 = NJW-RR 1993, 1478 (die dort abgeschlossene Unterhaltsvereinbarung hätte aber richtigerweise nach dem Unterhaltsstatut beurteilt werden müssen); Bamberger/Roth/*Heiderhoff*, Art. 17 EGBGB Rn 16; *v. Bar*, IPR II, Rn 122.
138 Bamberger/Roth/*Heiderhoff*, Art. 17 EGBGB Rn 17.
139 Etwa BGHZ 169, 240, 243 = FamRZ 2007, 109 m. zust. Anm. *Henrich* = JZ 2007, 738; krit. zur Anknüpfung der Vorfrage durch den BGH aaO: im Detail *Rauscher*, JZ 2007, 741, 742 f; BGH FamRZ 2003, 838, 840; OLG Zweibrücken FamRZ 1998, 1115; Staudinger/*Mankowski*, Art. 17 EGBGB Rn 73; *Unberath*, IPRax 2004, 515, 516.
140 Staudinger/*Mankowski*, Art. 17 EGBGB Rn 80.
141 BGH NJW 1983, 514 = IPRax 1983, 292 = FamRZ 1982, 1203; OLG Köln FamRZ 1998, 1303.
142 BGH NJW 1983, 514 = IPRax 1983, 292 m.Anm. *Basedow*, S. 278 und *Bürgle*, S. 281 = FamRZ 1982, 1203; FamRZ 1991, 92, 93.
143 BGH NJW 1983, 514 = IPRax 1983, 292 = FamRZ 1982, 1203.
144 Staudinger/*Mankowski*, Art. 17 EGBGB Rn 80.
145 OLG Zweibrücken FamRZ 1998, 1115 f; AG Freiburg FamRZ 1991, 1304 (Legalisierung einer zunächst unwirksamen Imam-Ehe durch ein türk. Amnestiegesetz); Staudinger/*Mankowski*, Art. 17 EGBGB Rn 80; vgl hierzu auch BGH FamRZ 2003, 838 f (keine Heilung einer in Deutschland nicht vor einem Standesbeamten geschlossenen Ehe nach deutschem Recht) mit krit. Anm. *Pfeiffer*, LMK 2003, 128.
146 OLG Frankfurt FamRZ 1975, 632 m.Anm. *Wirth*; vgl auch AG Rüsselsheim IPRspr 1985 Nr. 74, S. 210 = IPRax 1985, 229 (Leitsatz) m.Anm. *Jayme*.

dung der Ehe und der Entscheidung über Scheidungsnebenfolgen. Materiellrechtlich gesehen kann eine **Scheidung einer Nichtehe** keinerlei Wirkungen hervorrufen. Die mit dem Scheidungsausspruch intendierte materiellrechtliche Gestaltungswirkung geht ins Leere.[147] Auch bei verfahrensrechtlicher Betrachtung ergibt sich kein anderes Ergebnis. Das Scheidungsurteil enthält – soweit man ihm als Gestaltungsurteil überhaupt eine Feststellungswirkung beimisst – jedenfalls keine rechtskräftige Feststellung über die Vorfrage nach dem Bestehen der Ehe.[148] Hinsichtlich der Scheidungsnebenfolgen entfaltet das (fälschlicherweise von einer wirksamen Ehe ausgehende) Urteil hingegen grundsätzlich Rechtskraft- und Gestaltungswirkung. Es ist insoweit zu behandeln wie sonstige unrichtige Urteile auch. Dies betrifft insbesondere Fragen des Unterhalts oder des Versorgungsausgleichs.[149]

57 **bb) Scheidbarkeit bei Nichtanerkennung des ersten Scheidungsurteils im Ausland.** Nach hM kommt ein zweites Scheidungsurteil im Inland auch dann nicht in Betracht, wenn ein zuvor im Inland ergangenes Scheidungsurteil im Heimatstaat der Ehegatten nicht anerkannt wird.[150] Umstritten ist, ob dies auch in dem (speziellen) Fall gilt, in dem eine Zweitscheidung im Heimatstaat nunmehr anerkennungsfähig wäre. In der Literatur wird die Möglichkeit einer erneuten Scheidung mit dem Hinweis darauf befürwortet, dass die Ehegatten nicht gezwungen werden dürften, auf Dauer in einer hinkenden Ehe zu leben.[151] Indes steht einem erneuten Scheidungsantrag die Rechtskraft des ersten Scheidungsurteils entgegen.[152] Durch die Annahme des Prozesshindernisses der Rechtskraft wird der Gefahr vorgebeugt, dass die Ehegatten das rechtskräftige Scheidungsurteil nachträglich inhaltlich infrage stellen können – etwa mit dem Vortrag, das Urteil weise kollisionsrechtliche oder sachliche Fehler auf und werde nur deshalb im Heimatstaat nicht anerkannt. Die Ehegatten können iÜ, um den Zustand der hinkenden Ehe zu vermeiden, idR den Scheidungsantrag nochmals vor den Gerichten ihres Heimatstaates stellen. Sie sind also auch bei Verweigerung eines zweiten Scheidungsverfahrens im Inland zumeist nicht gezwungen, auf Dauer eine „hinkende Ehe" zu führen.[153]

58 **2. Materielle Scheidungsvoraussetzungen. a) Voraussetzungen im Einzelnen.** Nach dem von Art. 17 berufenen Scheidungsstatut beurteilt sich zunächst, ob die Ehe überhaupt geschieden werden kann. Im Übrigen richten sich die **Scheidungs- und Ehetrennungsgründe** nach dem anwendbaren Recht.[154] Hierzu zählen etwa die Verschuldensvoraussetzungen, die Zerrüttung,[155] die Bedeutung eines Widerspruchs des Antragsgegners gegen den Scheidungsantrag[156] sowie die Einhaltung bestimmter Trennungs- oder Wartefristen.[157] Trennungs- oder Wartefristen gehören nach den Grundsätzen der Qualifikation nach der *lex fori* auch dann zum Scheidungsstatut des Art. 17, wenn sie nach dem ausländischen Recht im Prozessrecht geregelt sein sollten.[158] Besteht der Scheidungsgrund in einer **Unterhaltspflichtverletzung** – wie vielfach im islamischen Recht für die Frau[159] –, so ist die Vorfrage nach dem Bestehen und dem Umfang von Unterhaltsansprüchen selbständig anzuknüpfen.[160] In den Anwendungsbereich des Art. 17 fällt auch die im türkischen Recht vorgesehene, für den späteren Scheidungsausspruch erforderliche gerichtliche Aufforderung, in die eheliche Lebensgemeinschaft zurückzukehren (sog. **Rückkehraufforderung**). Auch deutsche Gerichte können eine solche Rückkehraufforderung aussprechen; sie sind hieran nicht nach den Grundsätzen über die wesenseigene

147 Wie hier Staudinger/*Mankowski*, Art. 17 EGBGB Rn 77.

148 BGH FamRZ 2003, 838, 840 mit zust. Anm. *Borgmann*, FamRZ 2003, 844, 846; LG Bonn IPRax 1985, 353 mit zust. Anm. *Henrich*, IPRax 1985, 353; Staudinger/*Mankowski*, Art. 17 EGBGB Rn 78.

149 BGH FamRZ 2003, 838, 842; MüKo/*Winkler v. Mohrenfels*, Art. 17 EGBGB Rn 84; ausf. *Schwind*, RabelsZ 38 (1974), 523, 528 ff.

150 LG Wuppertal FamRZ 1972, 143; Soergel/*Schurig*, Art. 17 EGBGB Rn 10; *K. Müller*, RabelsZ 36 (1972), 60, 63; *Winkler v. Mohrenfels*, IPRax 1988, 341, 342.

151 Staudinger/*Mankowski*, Art. 17 EGBGB Rn 82.

152 Abw. Staudinger/*Mankowski*, Art. 17 EGBGB Rn 82; vgl auch *Hausmann*, Kollisionsrechtliche Schranken der Gestaltungskraft von Scheidungsurteilen, 1980, S. 106–112.

153 Soergel/*Schurig*, Art. 17 EGBGB Rn 10.

154 BGH NJW 1982, 1940, 1941; vgl etwa AG Esslingen IPRax 1993, 250 m.Anm. *Beitzke*, S. 233.

155 Zum englischen Recht OLG Hamm NJW 1991, 3101; zum türkischen Recht OLG Stuttgart FamRZ 2006, 22; OLG Frankfurt FamRZ 2005, 1681; OLG Hamm NJW 1991, 3099 = FamRZ 1991, 1306; NJW 1989, 2203 = FamRZ 1989, 991; FamRZ 1989, 1191; zum griechischen Recht OLG Stuttgart FamRZ 1992, 945; FamRZ 1994, 383; zum kroatischen Recht OLG Frankfurt FamRZ 2001, 293; zum pakistanischen Recht AG Kulmbach FamRZ 2004, 631.

156 Zum türkischen Recht: OLG Frankfurt FamRZ 1994, 1112; FamRZ 1993, 329 = NJW-RR 1993, 650; OLG Hamm FamRZ 1992, 946; 1992, 1436; NJW 1991, 3099 = FamRZ 1991, 1306; OLG Oldenburg NJW-RR 1994, 1222; FamRZ 1990, 632 = NJW-RR 1990, 262; OLG Düsseldorf FamRZ 1992, 946; Bamberger/Roth/*Heiderhoff*, Art. 17 EGBGB Rn 25.

157 OLG Hamm NJW 1991, 3099 = FamRZ 1991, 1306; AG Stuttgart-Bad Cannstatt IPRax 1986, 248.

158 LG Berlin StAZ 1960, 175 m.Anm. *Henrich*; Staudinger/*Mankowski*, Art. 17 EGBGB Rn 227.

159 Zu Art. 1129 des iranischen ZBG s. etwa *Mansel*, FS Kropholler (2008), S. 353, 355.

160 OLG Hamm IPRax 1995, 174, 176; Staudinger/*Mankowski*, Art. 17 EGBGB Rn 217; aA OLG Stuttgart FamRZ 1997, 882; ferner OLG Frankfurt OLGR 2001, 252; *Henrich*, IPRax 1995, 166; *Rauscher*, IPRax 2005, 313, 315; wohl auch (ohne Behandlung der Vorfragenproblematik) OLG Düsseldorf FamRZ 1998, 1113, 1114; für eine unselbständige Anknüpfung der Vorfrage nach der Unterhaltspflicht *Mansel*, FS Kropholler (2008), S. 353, 354 ff (mit ausf. Begr. und Ausf. zur Substitutionsproblematik).

Unzuständigkeit gehindert.[161] Die Rückkehraufforderung hat – wie auch im türkischen Recht – auf Antrag hin ohne Sachprüfung zu erfolgen;[162] es besteht kein Grund dafür, das türkische Recht insoweit modifiziert anzuwenden.[163] Auf die fehlende Sachprüfung sollte in der Entscheidung über die Rückkehraufforderung – um eine evtl Rechtskraftwirkung zu vermeiden – eigens hingewiesen werden.

Auch das Einvernehmen sowie die **Einigung über bestimmte einzelne Scheidungsfolgen** sind materiellrechtlich zu qualifizieren. Das Scheidungsstatut legt fest, über welche Scheidungsfolgen eine Einigung vorliegen muss.[164] Die Vorfrage nach dem wirksamen Zustandekommen der Vereinbarung ist – soweit sie gesondert angeknüpfte Regelungsgegenstände wie etwa den Unterhalt oder das Sorgerecht betrifft – nach dem jeweiligen Statut zu beurteilen.[165] Formfragen sind nach Art. 11 anzuknüpfen. Ungeachtet der systematischen Stellung der Vorschrift sind auch die in § 134 FamFG vorgesehenen Einigungen und Erklärungen, soweit sie zur Erleichterung der Scheidung führen, materiellrechtlich zu qualifizieren. Dies ergibt sich schon daraus, dass § 134 FamFG ausdrücklich auf § 1565 iVm § 1566 Abs. 1 BGB Bezug nimmt.[166] Als Formvorschrift anzusehen ist allerdings § 134 Abs. 1 FamFG, der also immer dann zur Anwendung gelangt, wenn Art. 11 auf das deutsche Recht als Ortsrecht verweist.[167] 59

Schließlich unterfallen auch das **Erlöschen eines Scheidungsgrunds** sowie sonstige Gegeneinwände des anderen Ehegatten dem Scheidungsstatut. In Betracht kommen hier u.a. ein Mitverschulden des anderen Ehegatten[168] oder eine Fristverstreichung.[169] Die Notwendigkeit eines **gerichtlichen Sühneversuchs** ist demgegenüber prozessual zu qualifizieren. Maßgeblich ist also insoweit die lex fori (vgl Rn 89 f).[170] 60

Auch die Voraussetzungen für eine Auflösung der Ehe durch Vertrag oder einseitige **Verstoßung** richten sich nach dem von Art. 17 bestimmten Scheidungsstatut. Dem Scheidungsstatut ist auch zu entnehmen, welche Umstände **kraft Gesetzes** zu einer Eheauflösung führen. In Betracht kommen etwa der Tod eines Ehegatten,[171] die Todeserklärung sowie die Verurteilung zu einer lebenslangen Freiheitsstrafe.[172] Liegt eine Verurteilung zu einer lebenslangen Freiheitsstrafe durch ein aus der Sicht des Scheidungsstatuts ausländisches Gericht vor, ist durch Auslegung bzw im Wege der Substitution zu klären, ob auch diese Verurteilung zu einer Auflösung der Ehe kraft Gesetzes führt.[173] Ein möglicher Grund für eine Auflösung der Ehe kraft Gesetzes ist daneben die Wiederheirat nach einem Wechsel der Religions- oder Staatszugehörigkeit. Hier kommt allerdings ein Verstoß gegen den deutschen ordre public in Betracht.[174] 61

b) Ordre public. Geht das anwendbare Recht für den konkreten Fall von einer **Unscheidbarkeit** der Ehe aus, so ist dann, wenn der die Scheidung begehrende Ehegatte bei Eheschließung oder Rechtshängigkeit des Scheidungsantrags Deutscher war, auf Abs. 1 S. 2 zurückzugreifen. In diesem Fall ist daher nicht zu prüfen, ob die Unscheidbarkeit der Ehe nach dem ausländischen Recht zu einem Verstoß gegen den allgemeinen deutschen ordre public führt (Art. 6). 62

Allerdings steht die – von der vorherigen Scheidung abhängige – Eheschließungsfreiheit nicht nur deutschen, sondern auch ausländischen Ehegatten zu.[175] Insoweit kommt eine Prüfung des ausländischen Rechts nach Maßgabe des ordre public in Betracht. Nach bisher herrschender Auffassung war die generelle Unscheidbarkeit der Ehe nach dem anwendbaren ausländischen Recht noch kein hinreichender Grund, einen ordre public-Verstoß anzunehmen.[176] Der BGH hat diese (restriktive) Rechtsprechung mittlerweile ausdrücklich aufgege- 63

161 Vgl OLG Stuttgart, IPRax 2007, 131 mit Bespr. *Heiderhoff* 118.
162 Überzeugend *Heiderhoff*, IPRax 2007, 118, 119; anders – insoweit einen ordre-public-Verstoß annehmend – OLG Stuttgart, IPRax 2007, 131. Ein ordre-public-Verstoß liegt jedoch dann nicht vor, wenn der Entscheidung (wie auch im türkischen Recht) keine Rechtskraftwirkung in Bezug auf die Scheidungsgründe zukommt.
163 Dies wäre, worauf *Heiderhoff* aaO hinweist, auch nicht effizient; denn ob überhaupt ein Scheidungsantrag gestellt wird, steht im Zeitpunkt der Rückkehraufforderung nicht fest.
164 Staudinger/*Mankowski*, Art. 17 EGBGB Rn 229.
165 Staudinger/*Mankowski*, Art. 17 EGBGB Rn 231.
166 *Johannsen/Henrich*, Art. 17 Rn 41 a; *Henrich*, Int. Familienrecht, § 4 I 2 c dd (S. 145); MüKo/*Winkler v. Mohrenfels*, Art. 17 EGBGB Rn 137; *Andrae*, § 4 Rn 73; vgl auch *Jayme*, IPRax 1986, 248, 249.
167 *Andrae*, § 4 Rn 73.
168 BGH NJW 1982, 1940, 1941 = FamRZ 1982, 795, 796 = IPRax 1983, 190; OLG Frankfurt IPRax 1982, 22.
169 OLG Karlsruhe FamRZ 1990, 168, 169 = NJW-RR 1990, 777 (Verfall des Klagerechts nach portugiesischem Recht).
170 OLG Frankfurt FamRZ 2001, 293; OLG München IPRax 1989, 238, 241; OLG Bamberg IPRspr 1979 Nr. 61; *Johannsen/Henrich*, Art. 17 Rn 38; aA LG Hamburg StAZ 1977, 339.
171 OLG Köln IPRspr 1982 Nr. 43; Bamberger/Roth/*Otte*, Art. 17 EGBGB Rn 71; Staudinger/*Mankowski*, Art. 17 EGBGB Rn 243 ff; *Looschelders*, Art. 17 Rn 5.
172 MüKo/*Winkler v. Mohrenfels*, Art. 17 EGBGB Rn 26; *Looschelders*, Art. 17 Rn 5.
173 Staudinger/*Mankowski*, Art. 17 EGBGB Rn 215.
174 MüKo/*Winkler v. Mohrenfels*, Art. 17 EGBGB Rn 148.
175 BVerfGE 31, 58 = NJW 1971, 1509 = FamRZ 1971, 414.
176 BGHZ 41, 136, 147 = FamRZ 1964, 188; BGHZ 42, 7 = FamRZ 1964, 496; OLG Hamm NJW 1975, 2145, 2146; OLG Karlsruhe NJW 1973, 425; *Johannsen/Henrich*, Art. 17 Rn 28; *Henrich*, Int. Familienrecht, § 4 I 1 e (S. 136); *v. Bar*, IPR II, Rn 255.

ben und sich für eine weitere Anwendung des ordre-public-Vorbehalts ausgesprochen.[177] Hierzu hat er sich u.a. auf den Spanier-Beschluss des BVerfG[178] sowie die mittlerweile gewandelten Vorstellungen von der Scheidbarkeit der Ehe berufen.[179] Nach dem BGH kommt ein Verstoß gegen den ordre public dann in Betracht, wenn „das ausländische Recht Ehegatten an einer **unheilbar zerrütteten Ehe lebenslänglich festhält**".[180] Der Entscheidung des BGH lag ein Scheidungsverfahren zwischen zwei syrischen Staatsangehörigen zugrunde, das ggf nach dem kanonischen Recht zu entscheiden war. Die gewandelte Auffassung des BGH hat damit zunächst für diejenigen Scheidungsbegehren Bedeutung, in denen das anwendbare Recht eine Scheidbarkeit der Ehe generell ausschließt.[181] Der ordre public-Vorbehalt richtet sich jedoch nicht abstrakt gegen das anwendbare Recht an sich, sondern gegen ein konkretes Ergebnis der Anwendung ausländischen Rechts. Soweit also das ausländische Recht zwar unter bestimmten Voraussetzungen eine Scheidung vorsieht (etwa Verschuldensscheidung), aber diese Voraussetzungen im konkreten Fall nicht vorliegen und auch vom Antragsteller nicht zumutbar hergestellt werden können, kommt ein ordre-public-Verstoß in Fortentwicklung der neuen BGH-Entscheidung immer dann in Betracht, wenn im praktischen Ergebnis die Ehegatten an einer unheilbar zerrütteten Ehe lebenslänglich festgehalten würden.[182] Voraussetzung ist nach dem BGH ferner ein **hinreichender Inlandsbezug**; in der angeführten Entscheidung hielt der BGH einen zeitweiligen bzw ungesicherten Aufenthalt der Parteien in Deutschland offenkundig für ausreichend.[183]

64 Noch näher zu klären ist, ob eine im ausländischen Recht vorgesehene besonders lange **Warte- oder Trennungsfrist** im Ergebnis zu einem ordre-public-Verstoß führen kann. Diese Frage ist im Lichte der neueren Rechtsprechung des BGH zu Abs. 1 S. 2 zu beurteilen. Hiernach reicht allein der Umstand, dass eine im ausländischen Recht vorgesehene Trennungsfrist noch nicht abgelaufen ist, für eine Anwendung des Abs. 1 S. 2 („Deutschenprivileg") nicht aus (s. im Einzelnen Rn 32 f). Diese Rechtsprechung setzt für die Anwendung des ordre public – auch bei einem starken Inlandsbezug – gewissermaßen eine Untergrenze. In den Fällen, in denen nach der (allerdings in den Einzelheiten noch ungeklärten) neueren Rechtsprechung des BGH eine Anwendung von Abs. 1 S. 2 ausscheidet, liegt entsprechend (dann, wenn der Antragsteller ausländischer Staatsangehöriger ist) auch kein ordre-public-Verstoß vor. Denn es erschiene widersprüchlich, wenn die spezielle Vorbehaltsklausel des Abs. 1 S. 2 hinter dem allgemeinen ordre-public-Vorbehalt zurückbliebe. Offen bleibt aber, ob ein ordre-public-Verstoß in den Fällen angewendet werden kann, in denen das ausländische Recht eine außergewöhnlich lange oder jedenfalls **deutlich längere Trennungsfrist** vorsieht als das deutsche Recht; denn hier hat der BGH auch die Anwendung des Abs. 1 S. 2 noch nicht gänzlich ausgeschlossen (vgl Rn 33). Nach der hier vertretenen Auffassung dürfte entscheidend darauf abzustellen sein, ob zu der vorgesehenen Trennungsfrist noch weitere Umstände hinzutreten, die dem Antragsteller das Festhalten an der Ehe unzumutbar machen.[184] Soweit dem ausländischen Recht keine dem deutschen Rechtsverständnis entsprechende äquivalente Lösung zu entnehmen ist, ist grundsätzlich **deutsches Recht als Ersatzrecht** anzuwenden (vgl noch Rn 70).[185]

65 Sieht das ausländische Recht eine **leichtere Scheidbarkeit** der Ehe vor als das deutsche Recht, verstößt dies hingegen nicht gegen den ordre public.[186] Ein ordre-public-Verstoß liegt selbst dann nicht vor, wenn die Scheidung lediglich ein Einvernehmen der Ehegatten voraussetzt und keine weiteren Voraussetzungen wie etwa die Einhaltung von Trennungsfristen vorschreibt.[187] In der Literatur wird aber ein ordre public-Verstoß dann angenommen, wenn ein ausländisches Recht eine Scheidung auf einseitigen Antrag eines Ehegatten ohne

177 BGHZ 169, 240 = FamRZ 2007, 109 m. zust. Anm. *Henrich* = JZ 2007, 738 m. zust. Anm. *Rauscher* = StAZ 2007, 337 m. zust. Anm. *Elwan/Menhofer*, S. 325; *Kroll*, S. 330; Bamberger/Roth/*Heiderhoff*, Art. 17 EGBGB Rn 67 f; Erman/*Hohloch*, Art. 17 EGBGB Rn 9; anders noch als Vorinstanz OLG Karlsruhe IPRax 2006, 181 m. abl. Bespr. *Rauscher* 140.

178 BVerfGE 31, 58; dazu auch bereits *Rauscher*, IPRax 2006, 140, 142.

179 BGHZ 169, 240, 251 ff = FamRZ 2007, 109.

180 BGHZ 169, 240, 253 = FamRZ 2007, 109.

181 Vollständige Scheidungsverbote existieren nur noch in wenigen Staaten, vgl etwa Bamberger/Roth/*Heiderhoff*, Art. 17 EGBGB Rn 68.1.

182 Vgl auch – noch weiter gehend – *Rauscher*, JZ 2007, 741, 744.

183 Die Antragstellerin lebte aufgrund einer ausländerrechtlichen Duldung in Deutschland; sie wurde aber während des Revisionsverfahrens nach Syrien abgeschoben. Der Antragsgegner hielt sich in Deutschland auf; das von ihm eingeleitete Asylverfahren war zum Zeitpunkt der Entscheidung des BGH noch nicht abgeschlossen.

184 Abw. *Rauscher*, JZ 2007, 741, 744 (eine schon mehr als dreijährige Verzögerung der Scheidung einer gescheiterten Ehe könne – vorbehaltlich von Härtefällen für den Antragsgegner – den ordre public verletzen).

185 BGHZ 169, 240, 255 = FamRZ 2007, 109.

186 Staudinger/*Mankowski*, Art. 17 EGBGB Rn 108; MüKo/*Winkler v. Mohrenfels*, Art. 17 EGBGB Rn 116; *Johannsen/Henrich*, Art. 17 Rn 31; Erman/*Hohloch*, Art. 17 EGBGB Rn 24; *Looschelders*, Art. 17 Rn 14; *Dopffel*, FamRZ 1987, 1205, 1213; aus der Rspr vgl OLG Hamm FamRZ 1997, 881 (kein Verstoß gegen den deutschen ordre public, wenn die Ehe nach dem anwendbaren türkischen Recht wegen Zerrüttung auch ohne Einhaltung eines Trennungsjahres geschieden werden kann).

187 *Johannsen/Henrich*, Art. 17 Rn 31; *Henrich*, Int. Familienrecht, § 4 I 1 e (S. 137).

weitere Prüfung ermöglicht.[188] Denkbar ist ein ordre public-Verstoß auch dann, wenn das ausländische Recht gewisse Härtegründe gänzlich unberücksichtigt lässt.[189]

Ein Verstoß gegen den ordre public liegt ferner grundsätzlich nicht darin, dass das Scheidungsstatut dem deutschen Recht **unbekannte Scheidungsgründe** vorsieht. Knüpft das Scheidungsstatut die Scheidung aber an rassische, politische oder religiöse Gründe – etwa den Abfall vom Islam –, kommt nach Lage des Einzelfalls ein ordre-public-Verstoß in Betracht.[190] Im Falle einer Verschuldensscheidung muss dem Ehegatten, der mit einem Schuldvorwurf überzogen wird, nach Ansicht des BGH eine angemessene Möglichkeit zur Verfügung stehen, ein Mitverschulden des anderen Ehegatten zur Geltung zu bringen und dadurch den – ihn uU psychisch oder sozial belastenden – Schuldvorwurf abzumildern.[191] 66

Eine Unvereinbarkeit mit dem ordre public kommt ferner dann in Betracht, wenn das anwendbare Scheidungsrecht die **Ehefrau diskriminiert**. Ein ordre-public-Verstoß liegt daher nahe, wenn das anwendbare Scheidungsrecht eine an keine wesentlichen Voraussetzungen gebundene einseitige **Verstoßung (talaq)** der Ehefrau durch den Ehemann vorsieht. Die Diskriminierung der Ehefrau liegt im Fall der Verstoßung darin, dass die Ehefrau zum Objekt einer bloßen Willkürentscheidung gemacht wird. Nach herrschender Auffassung ist die Verstoßung selbst dann mit Art. 6 unvereinbar, wenn beide Ehepartner ausländische Staatsangehörige sind und der Bezug zum deutschen Recht nur über den gewöhnlichen Aufenthalt eines der beiden Ehegatten hergestellt wird.[192] 67

Anders verhält es sich nach BGH und hL allerdings dann, wenn die **Ehefrau mit der Verstoßung einverstanden** ist, also praktisch eine einverständliche Scheidung vorliegt.[193] Dem ist zuzustimmen, da es nach Art. 6 nicht auf den Inhalt des ausländischen Rechts als solchen, sondern auf das praktische Ergebnis der Anwendung ausländischen Rechts im jeweiligen Einzelfall ankommt. Aufgrund ihrer Zustimmung ist die Frau nicht mehr als bloßes Objekt der männlichen Verstoßungsentscheidung anzusehen. Stets bedarf es aber der genauen Prüfung, ob tatsächlich eine auf Freiwilligkeit beruhende Zustimmung der Ehefrau vorliegt. Verbleiben Zweifel an der Freiwilligkeit, sollte nach der hier vertretenen Ansicht von einem ordre-public-Verstoß ausgegangen werden. Bei einer im Ausland ausgesprochenen Verstoßung reicht es aus, wenn die Ehefrau von der beabsichtigten Verstoßung vorab konkret Kenntnis erhält und diese zuvor, aber uU auch erst nachträglich billigt.[194] 68

Nach dem BGH ist eine Verstoßung sogar dann mit dem deutschen ordre public vereinbar, wenn die verstoßene Ehefrau nicht ihre Zustimmung erklärt, aber die Ehe – wegen einer Zerrüttung des ehelichen Verhältnisses – 69

188 MüKo/*Winkler v. Mohrenfels*, Art. 17 EGBGB Rn 112; *Looschelders,* FS Kropholler (2008), S. 329, 335.

189 Zutr.; *Looschelders,* FS Kropholler (2008), S. 329, 335.

190 Staudinger/*Mankowski*, Art. 17 EGBGB Rn 109; vgl hierzu *Müller-Freienfels*, in: FS Max Rheinstein II 1969, S. 890; zur Zwangsscheidung auf Popularklage wegen Abfalls vom Islam *Bälz*, IPRax 1996, 353.

191 BGH NJW 1982, 1940, 1942 = FamRZ 1982, 795, 796 = IPRax 1983, 190; zust. Staudinger/*Mankowski*, Art. 17 EGBGB Rn 110; Soergel/*Schurig*, Art. 17 EGBGB Rn 168.

192 OLG Rostock FamRZ 2006, 947, 948 (algerische Staatsangehörige mit gewöhnlichem Aufenthalt in Deutschland); OLG München IPRax 1989, 238, 241 (gewöhnlicher Aufenthalt – nur – des Mannes in Deutschland und Geltung des deutschen Personalstatuts aufgrund seiner Asylberechtigung); ferner OLG Hamm IPRspr 2006 Nr. 55 = IPRax 2008, 353 (Leitsatz) m.Anm. *Jayme; Bolz*, NJW 1990, 620, 621; krit. *Rauscher*, IPRax 2000, 391, 394.

193 BGHZ 160, 332, 344 = FamRZ 2004, 1952 (obiter dictum); OLG Frankfurt FamRZ 2009, 1504, 1505; zuvor OLG Frankfurt IPRax 1985, 48 (Leitsatz) m.Anm. *Henrich*; BayObLG IPRax 1982, 104, 105; OLG München IPRax 1980, 238 m. zust. Anm. *Jayme*, S. 223; AG Esslingen IPRax 1993, 250, 251 m.Anm. *Beitzke*, S. 231; AG Bonn IPRax 1985, 165; MüKo/*Winkler v. Mohrenfels*, Art. 17 EGBGB Rn 112; *Looschelders*, Art. 17 Rn 18; *ders.*, RabelsZ 56 (2001), 463, 488; *Andrae,* NJW 2007, 1730, 1731; *Unberath,* IPRax 2004, 515, 517 f; *Rauscher*, IPRax 2000, 391, 394; *Lüderitz*, in: FS Baumgärtel 1990, S. 333, 338; *Beitzke*, IPRax 1993, 231, 234; *Bolz*, NJW 1990, 620, 621; *Jayme*, IPRax 1989, 223; *Dopffel*, FamRZ 1987, 1205, 1213; *Andrae*, § 4 Rn 81; wohl auch Erman/*Hohloch*, Art. 17 EGBGB Rn 46; abweichend (Verstoßung auch bei Zustimmung der Ehefrau mit Art. 6 unvereinbar) AG Frankfurt NJW 1989, 1434 = IPRax 1989, 237; AG München IPRax 1982, 250; zweifelnd KG NJW-RR 1994, 199, 200.

194 BayObLG IPRax 1982, 104, 105; OLG Frankfurt IPRax 1985, 48 (Leitsatz) m.Anm. *Henrich.* In der Rspr wird zuweilen ein Erfordernis der „Anhörung" der Ehefrau postuliert, was allerdings einer verfahrensrechtlichen Betrachtung entspricht, die auf die Privatscheidung nicht passt (krit. deshalb *Rauscher*, IPRax 2000, 391, 392 f).

im Übrigen **auch nach dem deutschen Recht scheidbar** wäre.[195] Hierfür spricht wiederum, dass es im Falle des ordre public nur auf das Ergebnis der Rechtsanwendung und nicht auf den Inhalt des ausländischen Rechts ankommt.[196]

70 Ist die Verstoßung im konkreten Fall mit Art. 6 unvereinbar, so ist ein maßgebliches **Ersatzrecht** heranzuziehen. IdR ist hier das **deutsche Recht** anzuwenden.[197] Dies ergibt sich aber nicht aus Abs. 1 S. 2 (analog), sondern aus den allgemeinen Grundsätzen zu Art. 6.[198] Bedeutsam ist diese Feststellung im Hinblick auf die Nebenfolgen der Scheidung (vgl dazu Rn 72 ff). Hier sollte es – nach dem Grundsatz der größtmöglichen Schonung des ausländischen Rechts – bei der Anwendung des ausländischen (islamischen) Rechts verbleiben.[199] Denn praktisch wird das deutsche Recht hier letztlich nur als Ersatz für das eigentlich einschlägige ausländische Recht herangezogen.[200] Wendet man Art. 6 auf diese, das ausländische Recht möglichst „schonende" Weise an, so verliert die schwierige Frage nach der Vereinbarkeit des talaq mit dem deutschen ordre public an praktischer Bedeutung. Das islamische Recht wird in diesem Fall nur für den Scheidungsausspruch ieS, nicht aber für die Nebenfolgen verdrängt, es sei denn, es liegt auch insoweit ein ordre-public-Verstoß vor. Zu verfahrensrechtlichen Fragen s. Rn 83 ff, 93 ff.

71 Nach einer in der Rechtsprechung und Literatur mittlerweile herrschenden Ansicht ist dann, wenn das einschlägige Recht im konkreten Fall nur ein einseitiges Verstoßungsrecht des Mannes und demgegenüber kein Scheidungsrecht der Frau vorsieht,[201] eine noch weiter gehende Korrektur des islamischen Rechts vorzunehmen. Zum Zwecke der Vermeidung von Ungleichbehandlungen sei der Ehefrau in diesem Fall ein Scheidungsrecht nach dem ersatzweise heranzuziehenden deutschen Recht zuzubilligen.[202] Dem ist zuzustimmen. Ein ordre public-Verstoß kann nach der neueren Rechtsprechung des BGH schon allein darin gesehen werden, dass der Frau kein zumutbarer Weg zur Scheidung offensteht (vgl Rn 63). Ein ordre-public-Verstoß liegt ferner in der **Ungleichbehandlung der Ehegatten**, die mit Art. 3 GG nicht in Einklang zu bringen ist. Diese Ungleichbehandlung kann nicht dadurch behoben werden, dass man beiden Ehegatten das Scheidungsrecht entzieht,[203] sondern nur dadurch, dass man der Ehefrau die Möglichkeit der Scheidung nach dem deutschen Recht einräumt.[204] Eine zu weitgehende Verdrängung des an sich anwendbaren islamischen Rechts wird dadurch verhindert, dass man es im Hinblick auf die Nebenfolgen – vorbehaltlich einer Prüfung anhand des ordre public – wiederum bei dem an sich anwendbaren islamischen Recht belässt.[205]

72 **3. Wirkungen der Scheidung. a) Wirkungen auf das Eheband, Möglichkeit der Wiederverheiratung.** Nach dem von Art. 17 berufenen Recht bestimmen sich auch die Wirkungen der Scheidung. Das berufene Recht entscheidet darüber, ob das Eheband vollständig aufgelöst oder nur gelockert wird. Die Möglichkeit der **Wiederverheiratung** ist demgegenüber nach Art. 13 zu beurteilen.[206] Innerhalb des von Art. 13 berufenen Rechts stellt sich die Frage nach der Wirksamkeit der Scheidung als Vorfrage. Hierbei werden Scheidungs-

195 BGHZ 160, 332, 344 und 351 = FamRZ 2004, 1952; OLG Frankfurt FamRZ 2009, 1504, 1505; OLG Hamm IPRspr 2006 Nr. 55; OLG Zweibrücken NJW-RR 2002, 581, 582; OLG Hamm IPRax 1995, 174, 176 mit zust. Anm. *Henrich*; OLG Stuttgart FamRZ 1997, 882, 883; OLG Köln FamRZ 1996, 1147; OLG Koblenz FamRZ 1993, 563, 564; OLG München IPRax 1989, 238 mit zust. Anm. *Jayme*, S. 223 = FamRZ 1994, 1263 = NJW-RR 1994, 771; AG Esslingen IPRax 1993, 250, 251; MüKo/*Winkler v. Mohrenfels*, Art. 17 EGBGB Rn 112; *Andrae*, NJW 2007, 1730, 1731; *dies.*, § 4 Rn 81; *Unberath*, IPRax 2004, 515, 517; *Looschelders*, Art. 17 Rn 18; *Beitzke*, IPRax 1993, 231, 234; *Bolz*, NJW 1990, 620, 621; aA Staudinger/*Mankowski*, Art. 17 EGBGB Rn 209 ff.

196 OLG München IPRax 1989, 238, 241.

197 BGHZ 169, 240, 255 = FamRZ 2007, 109.

198 Vgl BGHZ 169, 240, 255 = FamRZ 2007, 109; OLG Rostock FamRZ 2006, 947, 948; Erman/*Hohloch*, Art. 17 EGBGB Rn 47.

199 Vgl OLG Hamm IPRax 1995, 174, 177 (zum Geschiedenenunterhalt); Erman/*Hohloch*, Art. 17 EGBGB Rn 47.

200 Wie hier OLG Hamm IPRax 1995, 174, 177.

201 Eine Scheidungsmöglichkeit der Ehefrau kann sich u.a. durch die Einräumung einer Scheidungsvollmacht ergeben (vgl etwa *Rauscher*, IPRax 2000, 391, 393). Zur Möglichkeit der Scheidung durch Richterspruch bei grober Misshandlung oder Vernachlässigung der Ehefrau OLG Düsseldorf FamRZ 1998, 1113, 1114 (zum iranischen Recht); zum Scheidungsrecht der Frau bei Verletzung der Unterhaltspflicht OLG Frankfurt OLGR 2001, 252 (zum marokkanischen Recht).

202 OLG Rostock FamRZ 2006, 947, 948; OLG Köln FamRZ 2002, 166; OLG Zweibrücken NJW-RR 2002, 581, 582; OLG Hamm IPRax 1995, 174, 176 f m. zust. Anm. *Henrich*, S. 166, 167; Staudinger/*Mankowski*, Art. 17 EGBGB Rn 113; MüKo/*Winkler v. Mohrenfels*, Art. 17 EGBGB Rn 143; *Gottwald*, in: FS Nakamura 1996, S. 187, 192 f; *Lüderitz*, in: FS Baumgärtel 1990, S. 333, 339; *Bolz*, NJW 1990, 620, 621; *Dopffel*, FamRZ 1987, 1205, 1214; *Stöcker*, RabelsZ 38 (1974), 79, 110; abl. Erman/*Hohloch*, Art. 17 EGBGB Rn 46; zweifelnd *Beitzke*, IPRax 1993, 231, 235.

203 OLG Hamm IPRax 1995, 174, 176; *Johannsen/Henrich*, Art. 17 Rn 29.

204 Die Anwendung der Scheidungsgründe, die das ausländische Recht dem Ehemann zubilligt, auf die Ehefrau ist demgegenüber nicht möglich. Es handelt sich hier um eine (unzulässige) Fortbildung des ausländischen Rechts (zT abw. – nicht allerdings in der Frage des talaq – *Andrae*, § 4 Rn 84, 61).

205 OLG Hamm IPRax 1995, 174, 176; *Beitzke*, IPRax 1993, 231, 235.

206 Erman/*Hohloch*, Art. 17 EGBGB Rn 36.

urteile nach Maßgabe des Prozessrechts anerkannt; die Wirksamkeit von Privatscheidungen beurteilt sich nach Art. 17.

b) Nebenfolgen. aa) Schuldausspruch im Urteil. Ob ein Schuldausspruch zu erfolgen hat, ist ebenfalls nach dem Scheidungsstatut zu beurteilen.[207] Eine Schuldfeststellung hat jedenfalls dann auch im **Tenor** (nicht nur in den Gründen) eines deutschen Scheidungsurteils zu erscheinen, wenn eine Schuldfeststellung nach dem anwendbaren Scheidungsrecht geboten ist und ihr – über die zu erlassende Entscheidung hinaus – Bedeutung für die in Betracht kommenden Folgen zukommt.[208] Von dem Schuldausspruch kann im Einzelfall die Anerkennung des Urteils im Ausland abhängen.[209] 73

Unterbleibt der Schuldausspruch im Tenor, ist das Scheidungsurteil nur mit Rechtsmitteln angreifbar; eine Ergänzung nach § 113 Abs. 1 S. 2 FamFG iVm § 321 ZPO scheidet aus.[210] In einem nachfolgenden Unterhaltsverfahren kann die für den Unterhaltsanspruch notwendige Schuldfeststellung aber idR nachgeholt werden, da bei einem bloßen Unterlassen der Schuldfeststellung weder das Verschulden noch das Nichtverschulden festgestellt ist, die Frage also weiterhin einer gerichtlichen Klärung zugänglich bleibt.[211] Etwas anderes gilt nur in dem Fall, in dem das ausländische Unterhaltsrecht ausschließlich die (formale) Feststellung des Verschuldens im Scheidungsurteil gelten lässt.[212] 74

bb) Unterhaltspflichten. Die Anknüpfung nach Art. 17 beeinflusste lange Zeit auch noch den **Nachscheidungsunterhalt** (Art. 18 Abs. 4 S. 1). Nach Art. 18 Abs. 4 kam es auf das auf die Scheidung tatsächlich angewandte Recht an. Erfolgte die **Scheidung durch ein deutsches Gericht**, ergab sich also ein unmittelbarer Gleichlauf zwischen dem nach Art. 17 anwendbaren Scheidungsrecht und dem anwendbaren Unterhaltsrecht. 75

Der Gleichlauf zwischen dem auf die Scheidung und dem auf den Nachscheidungsunterhalt anwendbaren Recht ist mit Wirkung zum 18.6.2011 durch das **Haager Protokoll über das auf Unterhaltspflichten anwendbare Recht** aufgehoben worden. Für den Nachscheidungsunterhalt gelten die Art. 3 und 5 des Haager Protokolls; Rechtswahlmöglichkeiten ergeben sich ferner aus Art. 7, 8 des Haager Protokolls. Eine umfassende Kommentierung des Haager Protokolls findet sich im Anh. zu Art. 18 EGBGB. Zur zeitlichen Anwendbarkeit des Protokolls vgl dort Einl. Rn 7 ff und Art. 22 Rn 1 ff. 76

cc) Schadensersatzpflichten. Nach Art. 17 ist auch die Ersatzpflicht des an der Scheidung schuldigen Ehegatten für materielle und immaterielle Schäden zu beurteilen. Dies gilt insbesondere für den Genugtuungsanspruch des unschuldig Geschiedenen nach **Art. 174 Abs. 2 türk. ZGB**.[213] Etwas anderes soll nur dann gelten, wenn die Schadensersatzpflicht unterhaltsrechtlichen Charakter hat, also etwa von der Bedürftigkeit bzw der Leistungsfähigkeit der Ehegatten abhängig gemacht wird und in der Form einer Rentenzahlung erfolgen kann. In diesem Fall war Art. 18 Abs. 4 bzw. ist nunmehr das Haager Protokoll anzuwenden.[214] Dies gilt zB für den Ersatzanspruch des unschuldig Geschiedenen nach Art. 174 Abs. 1 türk. ZGB, da dieser insbesondere auch den Wegfall des ehelichen Unterhaltsanspruchs kompensieren soll.[215] Da Art. 18 Abs. 4 das tatsächlich angewandte Scheidungsstatut für maßgeblich erklärte, konnte dort die Unterscheidung zwischen dem Scheidungs- und Unterhaltsstatut zumindest immer dann offen bleiben, wenn der Scheidungsausspruch durch ein deutsches Gericht erfolgte. Soweit nunmehr das Haager Protokoll über das auf Unterhaltspflichten anwendbare Recht anwendbar ist, wird die Frage nach der Qualifikation derartiger Ansprüche aber häufiger streitentscheidend sein als bisher (vgl oben Rn 76). 77

Der vom Scheidungsstatut vorgesehene Anspruch auf **immateriellen Schadensersatz** ist grundsätzlich mit dem deutschen ordre public vereinbar. Voraussetzung ist, dass er sich als Ausprägung des Schutzes des all- 78

207 BGH NJW 1982, 1940, 1941; NJW 1988, 636, 637 = FamRZ 1987, 793; IPRax 1988, 173. Hat allerdings ein Ehegatte in dem ausländischen Scheidungsverfahren auf die Feststellung einer Schuld seines Ehepartners verzichtet, so kann er nicht in Deutschland eine selbständige Klage auf ergänzende Feststellung einer Scheidungsschuld erheben (BGH FamRZ 1976, 614).

208 BGH NJW 1988, 636 = IPRax 1988, 173 = FamRZ 1987, 797; OLG Hamm IPRax 2000, 308 m.Anm. *Roth*, S. 292; OLG Zweibrücken FamRZ 1997, 430, 431; OLG Karlsruhe FamRZ 1995, 738; 1990, 168, 169 = NJW-RR 1990, 777, 778; OLG Hamm FamRZ 1989, 625; OLG Celle FamRZ 1989, 623, 624; OLG Bamberg FamRZ 1979, 514; OLG Hamm NJW 1978, 2452.

209 OLG Zweibrücken FamRZ 1997, 430, 431; OLG Karlsruhe FamRZ 1995, 738; 1990, 168 = NJW-RR 1990, 778 (zum portugiesischen Recht); OLG Hamm FamRZ 1989, 625; OLG Celle FamRZ 1989, 623 (zum polnischen Recht); OLG Hamm NJW 1978, 2452, 2453.

210 OLG Hamm IPRax 2000, 308 m.Anm. *Roth*, S. 292.

211 *Roth*, IPRax 2000, 292, 294.

212 OLG Hamm FamRZ 2000, 29 (zum polnischen Recht).

213 Vgl OLG Karlsruhe NJW-RR 2006, 369; OLG Frankfurt NJW-RR 2003, 725; FamRZ 1992, 1182; OLG Stuttgart FamRZ 1993, 974; AG Karlsruhe FamRZ 1988, 837, 838.

214 OLG Stuttgart FamRZ 1993, 975 (zum türkischen Recht); vgl auch *Johannsen/Henrich*, Art. 18 Rn 25.

215 Göppinger/Wax/*Linke*, Rn 3106; vgl auch *Rumpf*, Einführung in das türkische Recht, 2004, Rn 54 ff; abw. Staudinger/*Mankowski*, Art. 17 EGBGB Rn 277 (scheidungsrechtlich).

gemeinen Persönlichkeitsrechts darstellt und schwerwiegende Verfehlungen sowie schwerwiegendes Verschulden voraussetzt.[216]

79 **dd) Widerruf von Schenkungen.** Art. 17 gilt auch für den Widerruf von Schenkungen, soweit der Widerrufsgrund speziell mit der Scheidung verknüpft ist.[217] Für den Widerruf aus allgemeinen schenkungsrechtlichen Gründen (zB grober Undank, Verarmung) gilt daneben das Schenkungsstatut.[218] Nach hL kann sich der Schenker das für ihn günstige Statut aussuchen.[219]

80 **ee) Anspruch auf Auszahlung der Morgengabe.** Die Qualifikation des Anspruchs auf Auszahlung der **Morgengabe** bzw **Brautgabe** (mahr)[220] nach islamischem Recht war lange Zeit sehr umstritten. Der BGH hat sich mittlerweile dafür ausgesprochen, dass der Anspruch auf Auszahlung der Morgengabe zu den allgemeinen Wirkungen der Ehe zu zählen und damit nach Art. 14 anzuknüpfen ist.[221] Bislang wurden in Rechtsprechung und Literatur insbesondere aber auch eine güterrechtliche[222] bzw unterhaltsrechtliche[223] Qualifikation vertreten. Gegen eine unterhaltsrechtliche Qualifikation spricht, dass der Anspruch auf Zahlung der Morgengabe nicht von einer Bedürftigkeit der Ehefrau oder einer Leistungsfähigkeit des Ehemanns abhängig gemacht wird und das islamische Recht der Ehefrau zT Unterhaltsansprüche zugesteht, die vom Bestehen oder Nichtbestehen eines Anspruchs auf Zahlung der Morgengabe nicht abhängen.[224] Gegen eine güterrechtliche Qualifikation spricht nach Auffassung des BGH, dass die Brautgabe keinen Güterstand begründe und auch nicht als eine pauschalierte Teilhabe an der Vermögensbildung des Mannes verstanden werden könne.[225] Dass mit einer güterrechtlichen Qualifikation Statutenwechsel vermieden werden,[226] hält der BGH nicht für einen entscheidenden Vorteil; vielmehr diene die Anwendung des (wandelbaren) Art. 14 dazu, einen (wünschenswerten) Gleichlauf mit dem anwendbaren Scheidungs- und Unterhaltsrecht (Art. 17, 18 Abs. 4) herzustellen.[227] Dem Vertrauensinteresse der Parteien – das dahin geht, dass das im Zeitpunkt des Abschluss der Vereinbarung maßgebliche Recht zur Anwendung gelangt – trägt der BGH dadurch nicht hinreichend Rechnung.[228] Haben die Parteien im Ehevertrag eine Brautgabe vereinbart und kommt insoweit deutsches Recht zur Anwendung, haben die Parteien unter dem falschen Recht gehandelt. Ungeachtet dessen können sich aus dieser Vereinbarung durchaus Zahlungsansprüche ergeben. Nach Auffassung des BGH handelt es sich um eine ehevertragliche Zusage des Ehemannes, die der Auslegung und ggf einer Anpassung nach dem Regeln über die Störung der Geschäftsgrundlage (§ 313 BGB) zugänglich ist.[229] Nach dem BGH ist ferner durch Auslegung zu ermitteln, ob und inwieweit (bejahendenfalls) ein solcher Anspruch im Wege der Auslegung

216 OLG Frankfurt NJW-RR 2003, 725; FamRZ 1992, 1182.

217 Eingehend *Kühne*, FamRZ 1969, 371, 375; ferner Erman/*Hohloch*, Art. 17 EGBGB Rn 37; Bamberger/Roth/*Heiderhoff*, Art. 17 EGBGB Rn 34.

218 Staudinger/*Mankowski*, Art. 17 EGBGB Rn 275; MüKo/*Winkler v. Mohrenfels*, Art. 17 EGBGB Rn 203; *Henrich*, Int. Familienrecht, § 4 II 6 (S. 157 f); *Kühne*, FamRZ 1969, 371, 378.

219 Staudinger/*Mankowski*, Art. 17 EGBGB Rn 275; *Henrich*, Int. Familienrecht, § 4 II 6 (S. 157 f); *Kühne*, FamRZ 1969, 371, 379.

220 Gegen die Verwendung des (allerdings in der deutschen Literatur häufig anzutreffenden) Begriffs „Morgengabe" *Wurmnest*, RabelsZ 71 (2007), 527, 531.

221 BGHZ 183, 287 = FamRZ 2010, 533 mit zust. Anm. *Henrich* = JZ 2010, 733 mit abl Anm. *Wurmnest* und abl. Bespr. *Mörsdorf-Schulte* ZfRV 2010, 166 ff.; zuvor OLG Köln FamRZ 2006, 1380, 1381; OLG Zweibrücken FamRZ 2007, 1555; differenzierend OLG Stuttgart FamRZ 2009, 1580; FamRZ 2008, 1756 (sei die Brautgabe nicht anlässlich der Eheschließung gezahlt worden, richte sich ihr weiteres Schicksal und die aus ihr abzuleitenden Ansprüche der Ehefrau nach dem Ehewirkungsstatut, im Scheidungsfall dementsprechend nach dem Scheidungsstatut). Zuvor hatte der BGH die Entscheidung der Frage offen lassen können, dadie in Betracht kommenden Anknüpfungen zu demselben Recht führten (vgl BGH NJW 1999, 574, 575; FamRZ 1987, 463).

222 OLG Köln, Urt.v. 20.3.2007 (4 UF 123/06) = OLGR Köln 2007, 519; OLG Köln IPRax 1983, 73, 74 m.Anm. *Heldrich*, S. 64; OLG Bremen FamRZ 1980, 606; *Krüger*, FamRZ 1977, 115, 116; *Wurmnest*, RabelsZ 71 (2007), 527, 553 ff; differenzierend *Rauscher*, IPRax 2005, 313, 320 (güterrechtliche Qualifikation, wenn der Anspruch auf die Brautgabe bei Eheschließung fällig war – auch dann, wenn er nicht geleistet wurde – und scheidungsfolgenrechtliche Qualifikation, soweit es sich um einen erst bei Scheidung fälligen Anteil handele).

223 OLG Zweibrücken IPRax 1984, 329; KG FamRZ 1980, 470 f; AG Fürth FPR 2002, 450; AG Memmingen IPRax 1985, 230; AG Hamburg IPRax 1983, 74; auch OLG Hamm FamRZ 1992, 673, 675 = NJW 1992, 710; *Heßler*, IPRax 1988, 95, 97; *Henrich*, IPRax 1985, 230, 231.

224 BGHZ 183, 287 (Rn 15); *Wurmnest*, RabelsZ 71 (2007), 527, 551 ff.

225 BGHZ 183, 287 (Rn 16); aA (mit überzeugender Begründung) *Wurmnest*, RabelsZ 71 (2007), 527, 553; *Yassari*, IPRax 2011, 62, 65.

226 Hierzu *Yassari*, IPRax 2011, 62, 65 f.; *Wurmnest*, RabelsZ 71 (2007), 527, 554.

227 BGHZ 183, 287 (Rn 21 ff.). Dieser Gleichlauf war allerdings nur von kurzer Dauer, da mit dem ab 18.6.2011 anwendbaren Haager Protokoll (Unterhaltsrecht) und der ab dem 12.6.2012 anwendbaren Rom III-VO (Scheidungsrecht) neue Kollisionsregeln gelten (werden), die von der in Art. 14 vorgesehenen Anknüpfung grundlegend abweichen.

228 Zutr. etwa *Mörsdorf-Schulte* ZfRV 2010, 166, 167.

229 BGHZ 183, 287 (Rn 23 ff); vgl auch *Wurmnest*, RabelsZ 71 (2007), 527, 555 f. Zur Problematik der Morgengabe im türkischen Recht siehe *Öztan*, FamRZ 1998, 624 f.

des Morgengabeversprechens um ein Entgelt zu mindern ist, das die Ehefrau dem Ehemann bei einer nach iranischem Recht erfolgten Scheidung schulden würde.[230] In Betracht kommt ferner, die Vereinbarung als ein abstraktes Schuldversprechen zu werten. Ein solches liegt aber jedenfalls idR nicht vor, wenn ein bestimmter Schuldgrund angegeben worden ist.[231] Auf die Frage nach der **Form** der Vereinbarung ist der BGH nicht eingegangen. Hier ist Art. 11 heranzuziehen. Soweit hiernach deutsches Recht zur Anwendung gelangt, dürfte die Vereinbarung an keine Form gebunden sein. Im deutschen Recht gilt der Grundsatz der Formfreiheit; für eine (entsprechende) Anwendung von §§ 1410, 1585 c BGB, 7 Abs. 1 VersAusglG[232] fehlt es angesichts der vom BGH vorgenommenen allgemein ehewirkungsrechtlichen Qualifikation an einer Analogiebasis.[233] Die im Rahmen einer religiösen Trauung geschlossene sog. **Ketubbah-Vereinbarung** hat nach der Auffassung des OLG Düsseldorf unterhaltsrechtlichen Charakter.[234]

ff) Zuweisung von Ehewohnung und Haushaltsgegenständen. Die Zuweisung einer Ehewohnung und von Haushaltsgegenständen beurteilt sich nach Art. 17 a, soweit es sich um in Deutschland belegene Gegenstände handelt. Sind die Gegenstände im Ausland belegen, ist der nur einseitig gefasste Art. 17 a allerdings nicht anwendbar (vgl näher Art. 17 a Rn 16). In diesem Fall bleibt es nach umstrittener Ansicht bei der Anknüpfung an Art. 17; andere befürworten eine unterhaltsrechtliche Qualifikation und damit eine Anknüpfung nach dem Haager Protokoll (vgl näher Art. 17 a EGBGB Rn 1).[235] 81

c) Nicht vom Scheidungsstatut erfasste Fragen. Die **namensrechtlichen** Scheidungsfolgen sind in Art. 10 geregelt. Für die Regelung des **Sorgerechts** der gemeinsamen Kinder gelten das MSA, das **KSÜ** bzw Art. 21. Auch die **sozialversicherungsrechtlichen Folgen** der Scheidung werden selbständig angeknüpft.[236] 82

III. Besonderheiten für das inländische Scheidungsverfahren nach ausländischem Recht

1. Anwendung deutschen Verfahrensrechts. a) Scheidungsmonopol deutscher Gerichte (Abs. 2). Nach Abs. 2 kann eine Ehe im Inland nur durch ein **gerichtliches Urteil** geschieden werden. Sieht das ausländische Recht eine Scheidung durch eine Behörde oder ein geistliches Gericht vor, ist dies aus deutscher Sicht unbeachtlich. Der Grund hierfür liegt darin, dass derartige **Zuständigkeitsfragen** verfahrensrechtlich zu qualifizieren sind. Bei einem Scheidungsverfahren in Deutschland kommen nach dem lex-fori-Grundsatz allein deutsche Verfahrens- und damit auch Zuständigkeitsregeln zur Anwendung.[237] 83

Die deutschen Gerichte können den Scheidungsantrag nicht mit der Begründung als unzulässig zurückweisen, dass die von ihnen geforderte Tätigkeit einem staatlichen Gericht „wesensfremd" sei und ihnen deshalb die internationale Zuständigkeit fehle. Dies gilt nach dem BGH und der ganz hL auch dann, wenn nach dem ausländischen Verfahrensrecht ein **geistliches Gericht** zuständig wäre.[238] Der Ausspruch eines Scheidungsurteils ist deutschen Gerichten nicht wesensfremd, und ein den deutschen Gerichten fremdes ausländisches Verfahren kommt nach dem lex-fori-Grundsatz ohnehin nicht zur Anwendung. Ein Tätigwerden deutscher Gerichte lässt sich auch nicht mit dem Argument ablehnen, das ausländische Verfahren und das ausländische materielle Recht bildeten eine untrennbare Einheit, die nicht auseinander gerissen werden dürfe, da anderen- 84

230 BGHZ 183, 287 (Rn 27).
231 Näher dazu BGH FamRZ 1999, 217.
232 So *Wurmnest*, JZ 2010, 736, 738 f.
233 IE für eine Formfreiheit auch *Yassari*, IPRax 2011, 62, 68 (mit dem zutr. Hinweis, dass eine Beratung den Parteien eine Beratung durch einen deutschen Notar – zum islamischen Recht –regelmäßig auch nicht sonderlich dienlich wäre).
234 OLG Düsseldorf FamRZ 2002, 1118.
235 Für Anwendung des Art. 17 OLG Düsseldorf FamRZ 1993, 575, 576; OLG Karlsruhe NJW 1997, 202 = FamRZ 1997, 33; OLG Stuttgart FamRZ 1997, 1086; OLG Hamm FamRZ 1998, 1530, 1531; aA KG FamRZ 1989, 74 (Recht des Lageortes für Ehewohnung); OLG Bamberg FamRZ 2001, 1316, 1317 (Art. 15 bzw Art. 18); OLG Hamburg NJW-RR 2001, 1012, 1014 (Art. 28 bei Auflösung einer an Ehewohnung bestehenden GbR); offen gelassen in OLG Karlsruhe FamRZ 2000, 1577.
236 BSG NJWE-FER 1999, 255; MüKo/*Winkler v. Mohrenfels*, Art. 17 EGBGB Rn 214.
237 Bamberger/Roth/*Heiderhoff*, Art. 17 EGBGB Rn 96; MüKo/*Winkler v. Mohrenfels*, Art. 17 EGBGB Rn 276; *Rauscher*, IPR, S. 187; letztlich auch *Herfarth*, IPRax 2000, 101, 103; falsch daher KG FamRZ 1994, 839, 840, wonach das deutsche Recht „keine passenden Regeln" kenne, „durch die die Verfahrensvorschriften des jüdischen Rechts analog angewendet werden können"; in der Begründung abweichend (es liege ein Verstoß gegen den ordre public vor) Erman/*Hohloch*, Art. 17 EGBGB Rn 46 aE.
238 BGHZ 160, 332, 339 ff, 342 = FamRZ 2004, 1952 (zum iranischen Recht) m. zust. Anm. *Henrich* = StAZ 2005, 175 m. zust. Bespr. *Elwan/Menhofer*, 168 = IPRax 2005, 346 m. zust. Bespr. *Rauscher* 313; anders noch KG IPRax 2000, 126 m.Anm. *Herfarth*, S. 101 f (betr. islamische Scheidung, die im Iran vor einem Sharia-Richter durchgeführt worden wäre); KG FamRZ 1994, 839, 840 (betr. Scheidung von Juden israelischer Staatsangehörigkeit); aus der Lit. wie hier zB *Henrich*, Int. Familienrecht, § 4 I 2 b (S. 144); *ders.*, IPRax 1995, 86, 88; *Andrae*, § 4 Rn 81 f; *Gottwald*, in: FS Nakamura 1996, S. 189, 193 f.

falls das ausländische Recht nicht sachgetreu angewendet werden würde.[239] Durch den verfahrensrechtlichen lex-fori-Grundsatz werden das Verfahrensrecht und das ausländische materielle Recht stets voneinander getrennt, ohne dass dies eine Rechtsverweigerung rechtfertigen würde.[240] Hinzuweisen bleibt schließlich darauf, dass die Ablehnung einer Entscheidung nur deshalb, weil eine angeblich „wesensfremde" richterliche Tätigkeit verlangt werde, einer verfassungswidrigen Rechtsverweigerung gleichkommen kann.[241]

85 In dem Fall, in dem das anzuwendende Scheidungsstatut eine **Scheidung durch Rechtsgeschäft** bzw durch eine einem Rechtsgeschäft ähnliche Handlung (etwa durch einen einvernehmlichen Aufhebungsvertrag, die Übergabe eines Scheidebriefs oder eine einseitige Verstoßung) vorsieht, muss dieser Akt vor dem deutschen Gericht vorgenommen werden.[242] Es reicht aber auch aus, wenn der Verstoßungsakt außerhalb der Verhandlung vorgenommen und dem Gericht nur nachgewiesen wird.[243] Dies ist gerade im Falle des talaq sowie auch der Übergabe des Scheidebriefs nach dem jüdischen Recht zu empfehlen.[244] Sodann kann – auf der Grundlage dieses Rechtsgeschäfts – ein Scheidungsurteil ergehen. Erst das gerichtliche Urteil, nicht bereits das nach dem Scheidungsstatut vorgesehene Rechtsgeschäft führt die Gestaltungswirkung der Scheidung herbei.[245] Weigert sich der nach dem ausländischen Recht hierzu verpflichtete Ehegatte, den talaq auszusprechen, so kann er nach Maßgabe des anwendbaren ausländischen Rechts von deutschen Gerichten dazu verurteilt werden. Auch insoweit liegt keine „wesensfremde" Tätigkeit deutscher Gerichte vor.[246] Ein Anspruch auf Abgabe entsprechender Erklärung wird nach § 894 ZPO vollstreckt; die Erklärung gilt also als mit Rechtskraft des deutschen Urteils abgegeben.[247] Auch in diesem Fall bedarf es allerdings, damit eine Scheidung zustande kommt, zusätzlich eines gestaltenden Urteils über den Scheidungsantrag.[248] Zu berücksichtigen ist ferner, dass die einseitige Verstoßung der Ehefrau durch den Ehemann dann, wenn die Ehefrau mit der Scheidung nicht einverstanden bzw die Ehe bei Zugrundelegung deutschen Rechts nicht scheidbar ist, gegen den ordre public verstößt (vgl Rn 67 ff). Im Falle einer Scheidung nach **jüdischem Recht durch Übergabe eines Scheidebriefs (Get)**[249] kann die Übergabe des Scheidebriefs vor deutschen Gerichten nicht mit Aussicht auf Erfolg eingeklagt werden. In der Verpflichtung hierzu – die nach § 120 Abs. 1 FamFG iVm § 888 ZPO zu vollstrecken wäre – liegt nach Auffassung des BGH ein Verstoß gegen den deutschen ordre public.[250] Es bleibt daher fraglich, wie in diesem Fall vor dem deutschen Gericht die Scheidung nach dem mosaischen Recht erreicht werden kann.[251] Denkbar wäre, die Verpflichtung zur Übergabe des Scheidebriefs für die nachfolgende Gestaltungsentscheidung ausreichen zu lassen; dies entspräche aber nicht der Vorstellung des jüdischen Rechts, nach der

239 BGHZ 160, 332, 342 = FamRZ 2004, 1952 (zum iranischen Recht); so aber noch das KG FamRZ 1994, 839, 840 (Scheidung von Juden israelischer Staatsangehörigkeit); KG IPRax 2000, 126 (zum iranischen Recht).

240 Zur Argumentation näher BGHZ 160, 332, 342 f = FamRZ 2004, 1952; wie hier auch Soergel/*Schurig*, Art. 17 EGBGB Rn 64 a; Staudinger/*Mankowski*, Art. 17 EGBGB Rn 223; *Looschelders*, Art. 17 Rn 41; Palandt/*Thorn*, Art. 17 EGBGB Rn 11; zu den geschichtlichen Grundlagen der Lehre von der „wesenseigenen Zuständigkeit" *Jayme*, Religiöses Recht vor staatlichen Gerichten, 1999, S. 10 f.

241 BGHZ 160, 332, 347 f = FamRZ 2004, 1952; vgl auch KG IPRax 2000, 126, 127, das selbst darauf hinweist, dass die iranische Antragstellerin den Scheidungsprozess nicht persönlich im Iran führen konnte, weil sie im Falle der Einreise in den Iran dort ein Ausreiseverbot zu befürchten hätte. Nach Ansicht des KG hätte die Ehefrau aber vortragen müssen, dass das Scheidungsverfahren im Iran nicht in Abwesenheit der Ehefrau durch einen schriftlich oder fernmündlich beauftragten Rechtsanwalt hätte geführt werden können. Zu Recht krit. hierzu Soergel/*Schurig*, Art. 17 EGBGB Rn 64 a; *Herfarth*, IPRax 2000, 101, 103; *Jayme*, Religiöses Recht vor staatlichen Gerichten, 1999, S. 2.

242 Vgl den Tatbestand bei OLG München IPRax 1989, 238, 241; ferner OLG Köln FamRZ 1996, 1147; aus der Lit. zur Anwendung mosaischen Rechts s. etwa *Coester-Waltjen*, FS Kühne 2009, S. 669, 684 f; *Herfarth*, IPRax 2000, 101, 103; *Gottwald*, FS Nakamura 1996, 187, 193.

243 *Henrich*, Int. Familienrecht, § 4 I 2 b (S. 143); *Lüderitz*, in: FS Baumgärtel 1990, S. 333, 336.

244 *Andrae*, § 4 Rn 82.

245 Der talaq bildet in diesem Zusammenhang lediglich den Scheidungsgrund, vgl BGHZ 160, 332, 345 = FamRZ 2004, 1952; OLG Frankfurt FamRZ 2009, 1504, 1505; AG Kulmbach IPRax 2004, 529, 530 m. Bespr. *Unberath* S. 515; *Andrae*, NJW 2007, 1730, 1732; aA *Kegel/Schurig*, § 20 VII 3 b (S. 870).

246 BGHZ 160, 332, 343 = FamRZ 2004, 1952, 1955; abl. *Andrae*, NJW 2007, 1730, 1732 (insoweit einen ordre-public-Verstoß annehmend).

247 BGHZ 160, 332, 346 = FamRZ 2004, 1952, 1956; abl. *Andrae*, NJW 2007, 1730, 1732 (es sei in einer solchen Situation ausschließlich auf den Scheidungsgrund für die Frau nach ausländischem Recht abzustellen und auf dieser Grundlage die Ehe zu scheiden).

248 BGHZ 160, 332, 345 = FamRZ 2004, 1952, 1956. In diesem Fall hat das Gericht sowohl den Antragsgegner zum Ausspruch eines talaq zu verurteilen als auch zusätzlich – hierauf aufbauend – die Scheidung auszusprechen (BGH aaO, 350, 352).

249 Hierzu näher *Homolka*, Das jüdische Eherecht (2009), S. 121 ff.

250 BGHZ 176, 365, 374 = FamRZ 2008, 1409 m. zust. Anm. *Henrich* = IPRax 2009, 347 mit Bespr. *Siehr* 332 = JR 2009, 327 m.Anm. *Dörner*; zuvor bereits OLG Oldenburg, FamRZ 2006, 950, 952.

251 Teilweise haben westliche Staaten sog Get Statutes eingeführt, mit denen sie die Scheidbarkeit der Ehe erreichen wollen (siehe den Überblick bei Staudinger/*Mankowski*, Art. 17 EGBGB Rn 71 ff.).

gerade die Übergabe des Scheidebriefs die Scheidung konstitutiv herbeiführt.[252] In der Literatur wird vorgeschlagen, hier das Konzept der Bevollmächtigung zur Übergabe des Scheidebriefs fruchtbar zu machen.[253] Es bleibt jedoch zweifelhaft, ob eine derartige – letztlich nicht auf den Willen des Ehemanns zurückzuführende – Übergabe eines Scheidebriefs tatsächlich im Einklang mit dem jüdischen Recht steht.[254] Soweit sich innerhalb des jüdischen Rechts keine Lösung finden lässt, muss auf den ordre public und auf das deutsche Recht zurückgegriffen werden – allerdings mit dem Nachteil, dass die Scheidung aus Sicht des jüdischen Rechts nicht wirksam ist und die Frau als „aguna" („gebundene Frau") aus jüdischer Sicht keine Zweitehe eingehen kann.

Eine Ehe kann in Deutschland stets nur durch Gestaltungsurteil geschieden werden. Unzureichend sind eine Vornahme der Privatscheidung im Inland und ein bloßer nachfolgender Antrag auf (bloße) Feststellung, dass die Ehe aufgrund der Vornahme eines solchen Rechtsgeschäfts im Inland nicht mehr besteht.[255] **86**

Fraglich ist, ob sämtliche Wirksamkeitsvoraussetzungen des privaten Scheidungsakts in Deutschland eingehalten werden müssen. Verbreitet geht man davon aus, dass zB bei der Privatscheidung nach dem islamischen Recht eine Verstoßung in der Gegenwart **von zwei rechtschaffenden** bzw **rechtgläubigen Zeugen** zu erfolgen hat.[256] Der BGH hat die Beachtung dieser Form lediglich als ein nobile officium des deutschen Gerichts im Interesse des international-privatrechtlichen Gleichlaufs und der Vermeidung hinkender Ehen gesehen. Ihre Beachtung sei nach dem als lex fori maßgeblichen deutschen Verfahrensrecht entbehrlich.[257] Dasselbe muss dann für vergleichbare Vorschriften im jüdischen Recht gelten.[258] **87**

b) Qualifikationsfragen. Das Verfahren vor den deutschen Gerichten richtet sich auch im Übrigen nach der deutschen lex fori. Dies gilt zunächst für die Zulässigkeit des Antrags.[259] Zur gerichtlichen Zuständigkeit nach der EheVO 2003 und dem autonomen deutschen Recht s. Anhang I und II zum III. Abschnitt. **88**

Die Notwendigkeit eines vorgeschalteten **Versöhnungsverfahrens** ist verfahrensrechtlich zu qualifizieren.[260] Vor deutschen Gerichten sind daher derartige Versöhnungsverfahren nicht durchzuführen.[261] Eine Pflicht oder auch nur Möglichkeit zur unmittelbaren Anwendung ausländischen Verfahrensrechts besteht nach dem dargestellten lex-fori-Grundsatz selbst dann nicht, wenn es die Aussichten auf eine Anerkennung des Urteils im Ausland verbessern würde.[262] **89**

Nach herrschender Ansicht können allerdings Verfahrensregeln des ausländischen Scheidungsstatuts berücksichtigt werden, wenn dies mit dem deutschen Verfahrensrecht vereinbar ist bzw dieses einen entsprechenden Spielraum aufweist.[263] Ob eine **Versöhnung** der Parteien in Betracht kommt, kann im deutschen Verfahren zwar nicht durch ein formalisiertes Versöhnungsverfahren, aber dafür im Rahmen einer persönlichen Anhörung der Parteien gem. § 128 FamFG festgestellt werden. Ergeben sich begründete Anhaltspunkte für eine Versöhnung, kommt eine **Aussetzung nach § 136 FamFG** in Betracht.[264] Mit dem deutschen Verfahrensrecht **90**

252 S. etwa *Homolka,* Das jüdische Eherecht (2009), S. 121: „Das rechtlich zentrale Element der Scheidung besteht darin, dass der Mann der Frau eine Scheidungsurkunde überreicht."

253 So *Coester-Waltjen,* FS Kühne 2009, S. 669, 687. Hiernach kann der Mann nach mosaischem Recht den *Beth Din* (das rabbinische Gericht) dazu bevollmächtigen, den Scheidebrief auszustellen und zu übergeben. Das deutsche Gericht könnte den Ehemann verpflichten, eine solche Bevollmächtigung auszusprechen. Ein derartiges Urteil würde sich in diesem Fall nach § 894 ZPO selbst vollstrecken.

254 Vgl *Schell,* in: *Homolka,* Das jüdische Eherecht (2009), S. 125 ff.

255 BGHZ 160, 332, 344 f = FamRZ 2004, 1952; Staudinger/*Mankowski,* Art. 17 EGBGB Rn 187; aA *Kegel/Schurig,* § 20 VII 3 b (S. 870).

256 *Henrich,* Int. Familienrecht, § 4 I 2 b (S. 143); OLG München IPRax 1989, 238, 241; vgl ferner – zur Qualifikation sog. Get.-Statutes des Staates New York – *Herfarth,* IPRax 2002, 17 f.

257 BGHZ 160, 332, 346 = FamRZ 2004, 1952.

258 Näher *Homolka,* Das jüdische Eherecht (2009), S. 122 f.

259 *Henrich,* in: FS Bosch 1976, S. 411, 413.

260 OLG Frankfurt FamRZ 2001, 293; OLG München IPRax 1989, 238, 241 (zum Sühneversuch nach iranisch-islamischem Recht); Erman/*Hohloch,* Art. 17 EGBGB Rn 35; abw. *Andrae,* § 4 Rn 69 (das Versöhnungsverfahren enthalte sowohl verfahrensrechtliche als auch materiellrechtliche Komponenten).

261 OLG München IPRax 1989, 238, 241; AG Lüdenscheid, FamRZ 2002, 1486; aA OLG Hamburg FamRZ 2001, 1007, 1008. Verlange das ausländische (hier: das afghanische) Scheidungsrecht zwingend einen richterlichen Versöhnungsversuch, dann müsse er auch in Deutschland unternommen werden, und der deutsche Richter „muss und kann insoweit ausländisches Verfahrensrecht anwenden".

262 Zutr. AG Lüdenscheid FamRZ 2002, 1486, 1488.

263 Vgl OLG Bremen IPRax 1985, 47 (Leitsatz); OLG Karlsruhe IPRax 1982, 75, 76 (es sei anerkannt, dass auch bei Anwendung deutschen Verfahrensrechts die Grundsätze einer ausländischen Verfahrensordnung berücksichtigt werden müssen, wenn ausländische Verfahrensvorschriften der Sache nach mit dem anzuwendenden materiellen ausländischen Recht eng zusammenhingen); ferner OLG Frankfurt, IPRax 1983, 193 (Nr. 54 c, Leitsatz); LG Hamburg, FamRZ 1972, 40, 41; vorsichtig auch AG Lüdenscheid FamRZ 2002, 1486, 1488; aus der Lit.: MüKo/*Winkler v. Mohrenfels,* Art. 17 EGBGB Rn 125; Erman/*Hohloch,* Art. 17 EGBGB Rn 44; *Andrae,* § 4 Rn 69.

264 AG Lüdenscheid FamRZ 2002, 1486, 1488; auch AG Leverkusen FamRZ 2002, 1636, 1637.

nicht vereinbar – und auch in der Praxis kaum realisierbar – ist demgegenüber die **Beteiligung der Staatsanwaltschaft** oder einer anderen Behörde.[265] Zur **Rückkehraufforderung** nach türkischem Recht s. Rn 58.

91 Zuweilen knüpft das ausländische Recht an die Wirksamkeit der Ehescheidung noch weitere Verfahrensschritte wie etwa die **Eintragung der Scheidung in ein Register**. Da sich das Verfahren vor den deutschen Gerichten indes vollständig nach der deutschen lex fori beurteilt, steht die Nichteinhaltung dieser Verfahrensschritte der Wirksamkeit des Scheidungsurteils in Deutschland nicht entgegen. Hiervon zu unterscheiden ist die Frage, ob das ausländische Recht die Anerkennung des deutschen Urteils von der Eintragung der Scheidung in das ausländische Register abhängig macht. Ist dies der Fall, so ist die Scheidung bei Fehlen einer Registrierung möglicherweise nur in Deutschland, aber (noch) nicht im Ausland wirksam (sog. „hinkende" Scheidung bzw Ehe). Die Ehegatten sollten allerdings – auch in den Urteilsgründen – auf die Notwendigkeit der Registrierung im Ausland hingewiesen werden.[266]

92 Auf ein vor deutschen Gerichten durchgeführtes **Verfahren zur Trennung von Tisch und Bett** sind die deutschen Verfahrensvorschriften für Scheidungsverfahren entsprechend anzuwenden. Dies gilt auch für die Verbundsvorschriften.[267]

93 **2. Unwirksamkeit von inländischen, nicht durch das Familiengericht ausgesprochenen Scheidungen.** Eine **im Inland vorgenommene,** nicht durch das Familiengericht ausgesprochene Scheidung ist in jedem Fall unwirksam, selbst wenn sie den Voraussetzungen des an sich maßgeblichen Scheidungsstatuts genügt.[268] Von Bedeutung ist dies etwa bei Inlandsscheidungen durch ein geistliches Gericht oder durch eine kirchliche Behörde[269] sowie insbesondere bei Privatscheidungen.[270] Anders verhält es sich aber, wenn ein kirchliches Urteil selbst noch keine zivilrechtlichen Wirkungen entfaltet und die Scheidung erst durch ein Delibationsurteil erfolgt, welches dem kirchlichen Urteil zivilrechtliche Wirkungen verleiht.[271]

94 Auch die in einer **Botschaft** oder einem Konsulat eines ausländischen Staates vorgenommene Scheidung ist eine Inlandsscheidung. Dies gilt auch dann, wenn es sich um die diplomatische Vertretung des Heimatstaates eines oder beider Ehegatten handelt.[272] Die Scheidung ist auch dann nach Abs. 2 unwirksam, wenn der diplomatische Vertreter nach dem Recht des Entsendestaates eine Scheidung aussprechen kann.[273] Etwas anderes würde nur dann gelten, wenn der diplomatische Vertreter nach dem deutschen Recht bzw einem für Deutschland maßgeblichen Staatsvertrag dazu ermächtigt wäre, Scheidungen im Inland vorzunehmen, also insoweit einem deutschen Richter gleichstünde. Hiervon ist gegenwärtig aber nicht auszugehen.[274] Auch die Inlandsscheidung von solchen Personen, die nicht der deutschen Gerichtsbarkeit unterliegen (sog. extraterritorialen Personen, vgl §§ 18–20 GVG), ist nach Abs. 2 unwirksam.[275]

95 Größere Schwierigkeiten bereitet die Beurteilung der Frage, wann eine reine **Privatscheidung** bzw eine Privatscheidung mit nachfolgender Beteiligung ausländischer (Register-)Behörden als iSv Abs. 2 im Inland vorgenommen anzusehen ist. Diese Frage stellt sich etwa im Falle der rechtsgeschäftlichen Scheidung nach dem islamischen[276] oder jüdischen Recht[277] oder bei dem Abschluss eines etwa nach dem Recht von Japan, Korea oder Thailand zulässigen Eheaufhebungsvertrages. Im Inland vorgenommen ist eine Scheidung nach hM jedenfalls dann, wenn ein für die Scheidung konstitutiver Teilakt im Inland vorgenommen wird.[278] Setzt die Scheidung mehrere konstitutive Teilakte voraus – etwa eine Erklärung der Ehegatten und die Eintragung der Scheidung in ein Register –, reicht es aus, wenn nur einer dieser Teilakte im Inland vorgenommen wird.[279]

265 AG Lüdenscheid FamRZ 2002, 1486, 1488; abw. Bamberger/Roth/*Heiderhoff*, Art. 17 EGBGB Rn 86; Zöller/*Geimer*, ZPO, § 606 a Rn 15 (Beiladung der nach § 1316 Abs. 1 Nr. 1 BGB durch LandesVO bestimmten Verwaltungsbehörde).

266 *Johannsen/Henrich*, Art. 17 Rn 40; *Henrich*, Int. Familienrecht, § 4 I 2 b (S. 145); Erman/*Hohloch*, Art. 17 EGBGB Rn 45; MüKo/*Winkler v. Mohrenfels*, Art. 17 EGBGB Rn 135.

267 BGH NJW 1988, 636 = IPRax 1988, 173; OLG Frankfurt FamRZ 1994, 715 = NJW-RR 1995, 139; OLG Karlsruhe FamRZ 1991, 1308, 1309 mwN; *Johannsen/Henrich*, Art. 17 Rn 44.

268 BGHZ 82, 34, 45 = NJW 1982, 517 = FamRZ 1982, 44 = IPRax 1983, 37; OLG Stuttgart IPRax 1988, 172 m. krit. Anm. *Beule*, S. 150.

269 Hierzu AG Hamburg StAZ 1981, 83; JM Baden-Württemberg IPRax 1990, 51, 52 m. krit. Anm. *Jayme*, S. 32; *Krzywon*, StAZ 1989, 93, 105.

270 Nds. OVG StAZ 2006, 111; Erman/*Hohloch*, Art. 17 EGBGB Rn 29; MüKo/*Winkler v. Mohrenfels*, Art. 17 EGBGB Rn 102; *Johannsen/Henrich*, Art. 17 Rn 35.

271 *Jayme*, IPRax 1990, 32.

272 BGHZ 82, 34 = NJW 1982, 517 = IPRax 1983, 37 = FamRZ 1982, 44; MüKo/*Winkler v. Mohrenfels*, Art. 17 EGBGB Rn 101; *Johannsen/Henrich*, Art. 17 Rn 35; Erman/*Hohloch*, Art. 17 EGBGB Rn 31.

273 Staudinger/*Mankowski*, Art. 17 EGBGB Rn 204.

274 Staudinger/*Mankowski*, Art. 17 EGBGB Rn 205.

275 Staudinger/*Mankowski*, Art. 17 EGBGB Rn 206.

276 Vgl hierzu *Wiedensohler*, StAZ 1991, 40.

277 Vgl dazu BGH IPRax 1995, 111 = FamRZ 1994, 434; KG FamRZ 1994, 839; *Herfarth*, IPRax 2002, 17 f; *Homolka,* Das jüdische Eherecht (2009), S. 121 ff.

278 Präs. OLG Frankfurt StAZ 2001, 37 (außergerichtliche Übereinkunft japanischer Ehegatten); MüKo/*Winkler v. Mohrenfels*, Art. 17 EGBGB Rn 103.

279 Staudinger/*Mankowski*, Art. 17 EGBGB Rn 189; Erman/*Hohloch*, Art. 17 EGBGB Rn 30, 31; *v. Bar*, IPR II, Rn 258.

Bei der Scheidung durch Übergabe eines Scheidebriefs kommt es auf den Ort der Übergabe an.[280] Bei der **Verstoßungserklärung** besteht ein konstitutiver Teilakt in der Abgabe der Verstoßungserklärung. Wird die Erklärung also im Inland vorgenommen, so liegt eine nach Abs. 2 unwirksame Inlandsscheidung vor. Abs. 2 ist auch dann einschlägig, wenn an der Scheidung nur Ausländer beteiligt sind und deren Heimatstaat die Scheidung anerkennt.[281] Der Umstand, dass eine im Ausland abgegebene Verstoßungserklärung ins Inland übermittelt wird, macht die Verstoßung – da sie nicht von einem Zugang der Erklärung bei der Ehefrau abhängt – allerdings nicht zu einer gem. Abs. 2 unwirksamen Inlandsscheidung.[282] **96**

Eine nach Abs. 2 unwirksame Inlandsscheidung liegt nach der Rechtsprechung auch dann vor, wenn die im Inland ausgesprochene **Verstoßung** – wie etwa im pakistanischen Recht – noch einer **Registrierung** bzw **einer sonstigen behördlichen** bzw **gerichtlichen Mitwirkung im Heimatstaat** bedarf.[283] Es kommt hierbei nach hM auch nicht darauf an, ob die Verstoßung bis zum Zeitpunkt ihrer Registrierung widerruflich ist, da auch eine widerrufliche Gestaltungserklärung (für den Fall des Unterlassens eines Widerrufs) Gestaltungswirkung entfaltet.[284] Nach der in der Literatur vertretenen Gegenansicht ist demgegenüber dann, wenn neben dem Ausspruch der Verstoßung noch gerichtliche Mitwirkungsakte erforderlich sind, nicht mehr von einer Inlandsscheidung auszugehen.[285] Hiergegen spricht, dass der Charakter der Verstoßungserklärung als privater, rechtsgestaltender Akt trotz der Mitwirkung eines Richters erhalten bleibt. Die Verstoßungserklärung bleibt auch hier bei wertender Betrachtung der letztlich maßgebende konstitutive Akt; sie wird in ihrer Bedeutung nicht auf einen bloßen Antrag auf Mitwirkung des Scheidungsrichters herabgemindert. **97**

Beim **Eheaufhebungsvertrag** kommt es auf den Ort des Vertragsschlusses an. Problematisch ist hier die Beurteilung der – etwa postalisch geschlossenen – Distanzscheidung. Nach einer Ansicht liegt in diesem Fall kein für Abs. 2 erforderlicher „reiner" Inlandsfall mehr vor, wenn nur einer der Ehegatten seinen gewöhnlichen Aufenthalt im Inland hat und sich der Erklärungstatbestand dementsprechend nicht vollständig im Inland vollzieht.[286] Dies erscheint zweifelhaft. Geht man davon aus, dass eine Inlandsscheidung bereits dann vorliegt, wenn nur ein konstitutiver Teilakt im Inland vorgenommen wird, so liegt es nahe, im Falle des Aufhebungsvertrages von zwei Teilakten (nämlich Angebot und Annahme) auszugehen. Dementsprechend reicht es aus, wenn eine dieser Erklärungen im Inland vollzogen wird, wobei richtigerweise auf die Abgabe (nicht die lediglich passive Entgegennahme) einer Erklärung abzustellen ist. **98**

Abs. 2 stellt seinem Wortlaut nach nur darauf ab, **wo die Scheidung vorgenommen wird**. Auf den gewöhnlichen Aufenthalt der beteiligten Ehegatten im In- oder Ausland kommt es daher für Abs. 2 grundsätzlich nicht an. Abs. 2 lässt es zu, dass sich die Ehegatten nur zum Zweck der Privatscheidung ins Ausland begeben. Denkbar ist etwa, dass beide Ehegatten ins Ausland reisen, um dort einen Eheaufhebungsvertrag abzuschließen, oder sich nur der Ehemann ins Ausland begibt, um dort eine Verstoßungserklärung nach dem islamischen Recht abzugeben. Eine erweiterte Auslegung des Abs. 2 – etwa dergestalt, dass eine Scheidung von Ehegatten mit gewöhnlichem Aufenthalt im Inland nur durch Urteil möglich ist – ist nicht vorzunehmen. Insbesondere kann auch keine fraudulöse Umgehung des deutschen Scheidungsmonopols angenommen werden.[287] Zu bedenken ist, dass über eine zu weite Auslegung des Abs. 2 eine Vielzahl an „hinkenden" Scheidungen und damit an hinkenden Ehen herbeigeführt würde. Ehegatten mit deutscher Staatsangehörigkeit sind bei reinen Privatscheidungen bereits hinreichend dadurch geschützt, dass über Abs. 1 iVm Art. 14 Abs. 1 Nr. 1, 2 ohnehin deutsches Recht gilt und daher die Privatscheidung nach ausländischem Recht – unabhängig davon, wo sie vorgenommen wird – sowieso unwirksam ist.[288] In den übrigen Fällen ist die Grenze des ordre public zu beachten (vgl Rn 67 f). **99**

Sehr fraglich ist, ob etwas anderes gilt, wenn die Ehegatten die Scheidung durch einen **Vertreter** oder **Boten** im Ausland vornehmen lassen, ohne selbst Deutschland zu verlassen. Maßgeblich ist darauf abzustellen, ob ein für die Scheidung unmittelbar konstitutiver Akt bereits mit der Beauftragung des Boten bzw Vertreters oder erst der Abgabe bzw Weiterleitung der Erklärung durch den Boten bzw Vertreter oder erst deren Zugang beim anderen Ehegatten wirksam wird. Wird zB eine Verstoßungserklärung im Inland unterzeichnet und an einen im Ausland befindlichen Boten geschickt, der sie an die im Ausland befindliche Ehefrau übermittelt, **100**

280 MüKo/*Winkler v. Mohrenfels*, Art. 17 EGBGB Rn 103.
281 Vgl bereits BGHZ 82, 34, 45 f = NJW 1982, 517 = FamRZ 1982, 44 = IPRax 1983, 37.
282 Ohne nähere Problematisierung der Fragestellung auch OLG Frankfurt NJW 1990, 646; Erman/*Hohloch*, Art. 17 EGBGB Rn 31.
283 BayOblG FamRZ 1985, 75; OLG Düsseldorf IPRax 1986, 305 (Leitsatz m.Anm. *Henrich*); OLG Stuttgart IPRax 1988, 172, 173; Erman/*Hohloch*, Art. 17 EGBGB Rn 31; MüKo/*Winkler v. Mohrenfels*, Art. 17 EGBGB Rn 105; aA *Johannsen/Henrich*, Art. 17 Rn 35; *Henrich*, Int. Familienrecht, § 4 I 2 b (S. 142 f); *Beule*, IPRax 1988, 150, 151.
284 BayOblG FamRZ 1985, 75; auch OLG Stuttgart IPRax 1988, 172, 173 f; MüKo/*Winkler v. Mohrenfels*, Art. 17 EGBGB Rn 105; aA *Beule*, IPRax 1988, 150, 152.
285 Zum pakistanischen Recht *Johannsen/Henrich*, Art. 17 Rn 35; *Henrich*, Int. Familienrecht, § 4 I 2 b (S. 142 f); *Beule*, IPRax 1988, 150, 151.
286 Staudinger/*Mankowski*, Art. 17 EGBGB Rn 198; BayObLG StAZ 1977, 309.
287 Staudinger/*Mankowski*, Art. 17 EGBGB Rn 200.
288 Vgl BayObLG FamRZ 2003, 381; Staudinger/*Mankowski*, Art. 17 EGBGB Rn 200.

liegt – wenn erst die Weiterleitung der Erklärung durch den Boten konstitutive Wirkung entfaltet – keine nach Abs. 2 unwirksame Inlandsscheidung vor.[289] Dasselbe gilt bei dem Einsatz von Vertretern.[290] Bei einer missbräuchlichen Verwendung der Vollmacht kommt allerdings ein *ordre-public*-Verstoß in Betracht. Dies kann insbesondere dann der Fall sein, wenn der Vertreter die Scheidung gegen den aktuellen Willen der Vertretenen herbeiführt.[291]

101 Abs. 2 findet nach seinem Sinn und Zweck nur Anwendung, wenn die Scheidung nicht ohnehin ipso iure eintritt, für die Scheidung also insbesondere ein richterlicher bzw privater Gestaltungsakt erforderlich ist. Endet die Ehe nach dem anzuwendenden ausländischen Recht durch Tod oder andere Umstände **kraft Gesetzes**, ist Abs. 2 nicht einschlägig.[292]

102 Die Unwirksamkeit einer im Inland vorgenommenen Privatscheidung kann durch ein Feststellungsurteil nach § 121 Nr. 3 FamFG geklärt werden (zur umstr. Anwendbarkeit der EheVO 2003 vgl Anhang I zum III. Abschnitt, Art. 1 EheVO Rn 8 ff).[293] Im Übrigen ist die Unwirksamkeit einer im Inland vorgenommenen Privatscheidung als Vorfrage zu klären.[294]

IV. Anknüpfung des Versorgungsausgleichs (Abs. 3)

103 **1. Regelanknüpfung. a) Überblick.** Die Anknüpfung des Versorgungsausgleichs nach Abs. 3 ist kompliziert. Grundsätzlich gilt für den Versorgungsausgleich das nach Abs. 1 S. 1 iVm Art. 14 maßgebliche Recht (Abs. 3 S. 1 Hs 1), also das Scheidungsstatut. Die Durchführung eines Versorgungsausgleichs wird sodann aber in Abs. 3 S. 1 Hs 2 an zwei weitere Voraussetzungen geknüpft. Ein Versorgungsausgleich findet danach nur statt, wenn der Versorgungsausgleich **deutschem Recht** untersteht und ihn das **materielle Recht eines der Staaten** kennt, denen wenigstens einer der Ehegatten angehört. Die zuerst genannte Voraussetzung wurde mit dem Gesetz zur Strukturreform des Versorgungsausgleichs vom 3.4.2009[295] eingefügt. Dies wurde damit begründet, dass ein deutsches Gericht einen öffentlich-rechtlichen Ausgleich bei einem ausländischen Sozialversicherungsträger aus Kompetenzgründen selbst dann nicht vorsehen kann, wenn ihn dieses Recht kennt.[296] Abs. 3 S. 2 enthält sodann eine **erweiterte Möglichkeit** der Durchführung eines Versorgungsausgleichs nach dem deutschen Recht. Abs. 3 S. 2 ist immer dann zu beachten, wenn ein Versorgungsausgleich nicht nach Abs. 3 S. 1 durchgeführt werden kann, also dann, wenn der Versorgungsausgleich nicht dem deutschen Recht untersteht[297] bzw er den Rechtsordnungen der Staaten, denen die Ehegatten angehören, nicht bekannt ist. Abs. 3 S. 2 Nr. 1 stellt hierbei zentral auf den Erwerb inländischer Versorgungsanwartschaften ab. Nach Abs. 3 S. 2 Nr. 2 kommt es alternativ darauf an, dass die Ehegatten zumindest für einen gewissen Zeitraum unter einem Statut der allgemeinen Ehewirkungen gelebt haben, das den Versorgungsausgleich kennt. In beiden Fällen wird schließlich gefordert, dass die Durchführung eines Versorgungsausgleichs nicht der Billigkeit widerspricht.

104 Abs. 3 macht jedenfalls auf den ersten Blick den Eindruck eines inkonsequenten Hin und Her: Ausgangspunkt ist das Scheidungsstatut. Abs. 3 S. 1 Hs 2 beschränkt sodann die Durchführung eines Versorgungsausgleichs nach dem deutschen Recht, während umgekehrt Abs. 3 S. 2 den Versorgungsausgleich nach dem deutschen Recht wieder fördert. Entscheidend für das Verständnis der Norm ist der Hinweis, dass die meisten **ausländischen Rechtsordnungen** den Versorgungsausgleich als Institut nicht kennen. Der deutsche Gesetzgeber wollte mit Abs. 3 dementsprechend zweierlei erreichen: Zum einen sollte ausländischen Ehegatten eine Durchführung des Versorgungsausgleichs nach dem deutschen Recht nicht ohne weiteres aufgezwungen werden. Dem trägt Abs. 3 S. 1 Hs 2 mit der zusätzlichen Verweisung auf das Heimatrecht der Ehegatten Rechnung. Zum anderen sollte die Nichtdurchführung eines Versorgungsausgleichs nach dem ausländischen Recht aber auch nicht in jedem Fall hingenommen werden. Deshalb wird in den Fällen, in denen dies aufgrund eines starken Inlandsbezugs bzw besonderer Vertrauensgesichtspunkte sachgerecht erscheint, das deutsche Versorgungsausgleichsrecht doch wieder zur Anwendung gebracht (Abs. 3 S. 2).[298]

105 Das Statut des Versorgungsausgleichs beherrscht die **Durchführung eines Versorgungsausgleichs** zwischen zu scheidenden bzw geschiedenen Ehegatten. Hierbei kann es – insbesondere bei der Einbeziehung auslän-

289 *Beule*, IPRax 1988, 150, 151; im Erg. auch – ein inländisches „Minimalgeschehen" annehmend – OLG Stuttgart NJW 1971, 994, 995; abw. MüKo/*Winkler v. Mohrenfels*, Art. 17 EGBGB Rn 105.
290 OLG Frankfurt NJW 1990, 646 (ohne die Problematik näher zu erörtern).
291 OLG Frankfurt NJW 1990, 646, 647 (in concreto abl.).
292 MüKo/*Winkler v. Mohrenfels*, Art. 17 EGBGB Rn 106.
293 Erman/*Hohloch*, Art. 17 EGBGB Rn 32.
294 OLG Hamm IPRax 1989, 107 (Leitsatz) m. zust. Anm. *Henrich*; Palandt/*Thorn*, Art. 17 EGBGB Rn 36; aA *Lüderitz*, in: FS Baumgärtel 1990, S. 333, 340 (Anwendbarkeit von Art. 7 § 1 Abs. 1 FamRÄndG auch insoweit).
295 BGBl. I 2009, S. 700.
296 Begr. zum RegE BT-Drucks. 16/10144, S. 114.
297 Dies ist eine notwendige Folge der Beschränkung des Anwendungsbereichs des Abs. 3 S. 1 auf den Fall, dass der Versorgungsausgleich dem deutschen Recht untersteht (Begr. zum RegE BT-Drucks. 16/10144, S. 114 f).
298 Vgl die Begründung zum Regierungsentwurf, BT-Drucks. 10/504, S. 59 f.

discher Anwartschaften – zu erheblichen materiellrechtlichen Problemen kommen (vgl näher Rn 154 ff). Auch diesbezügliche **Auskunftsansprüche** werden vom Statut des Versorgungsausgleichs erfasst.[299]

Da die meisten ausländischen Rechtsordnungen den Versorgungsausgleich nicht kennen, stand auch bislang schon die Frage, ob sich die Durchführung eines **Versorgungsausgleichs nach dem deutschen Recht** richtet, eindeutig im Vordergrund.[300] Mit der Änderung des Abs. 3 anlässlich des Gesetzes zur Strukturreform des Versorgungsausgleichs vom 3.4.2009[301] ist der Versorgungsausgleich jetzt nur noch nach deutschem Recht durchzuführen. Den Parteien, die einen Versorgungsausgleich nach einem ausländischen Recht anstreben, ist folglich zu empfehlen, sich an die jeweiligen ausländischen Gerichte und Behörden zu wenden. **106**

b) Maßgeblichkeit des Scheidungsstatuts. aa) Allgemeine Anknüpfungsgrundsätze. Der Versorgungsausgleich unterliegt als Scheidungsfolge grundsätzlich dem als Scheidungsstatut berufenen Ehewirkungsstatut gem. Art. 14 (Abs. 3 S. 1). Maßgeblicher Zeitpunkt ist auch hier die Rechtshängigkeit des Scheidungsantrags.[302] **Rück- und Weiterverweisungen** durch das ausländische Recht sind in dem Umfang zu beachten, in dem Art. 14 Gesamtverweisungen ausspricht (Art. 4 Abs. 1). Hierbei sind die **ausländischen Kollisionsnormen über den Versorgungsausgleich** heranzuziehen (vgl Rn 115 ff). Damit kann es dann, wenn das ausländische Recht für die Scheidung und den Versorgungsausgleich unterschiedliche Anknüpfungen vorsieht, zu einem Auseinanderfallen von Scheidungs- und Versorgungsausgleichsstatut kommen. Die mit dem Verweis auf Art. 14 Abs. 1 Nr. 1 verbundene Anknüpfung an die Staatsangehörigkeit ist mit Art. 18 AEUV (=ex Art. 12 EG) vereinbar (vgl aber auch Anhang I zum III. Abschnitt, Art. 3 EheVO Rn 52).[303] **107**

Die **Vorfrage** nach dem wirksamen Zustandekommen der Ehe ist – wie auch im Falle der Scheidung – selbständig nach Art. 13, 11 anzuknüpfen. Ist nach dem gem. Art. 13, 11 anwendbaren Recht die Ehe nicht wirksam zustande gekommen, kommen eine Scheidung und damit ein Ausspruch über den Versorgungsausgleich nicht in Betracht.[304] Auch Abs. 3 S. 2 kann in diesem Fall nicht weiterhelfen. Ist die Scheidung durch ein ausländisches Gericht ausgesprochen worden, so kann ein nachträglicher Versorgungsausgleich durch deutsche Gerichte stattfinden.[305] Dies setzt aber voraus, dass das Scheidungsurteil im Inland anerkannt wird.[306] Sieht das anwendbare Recht eine allgemeine Unscheidbarkeit der Ehe vor und wird die Scheidung dort durch eine gerichtliche Trennung von Tisch und Bett ersetzt, reicht eine derartige Trennung ausnahmsweise für die Durchführung eines Versorgungsausgleichs aus.[307] **108**

Für den nachträglichen Versorgungsausgleich allein maßgebend ist das nach Abs. 1 S. 1 iVm Art. 14 anzuwendende (deutsche) Recht. Dies ist nicht unbedingt das auf die Scheidung tatsächlich angewandte Recht.[308] Ein Versorgungsausgleich nach dem deutschen Recht ist nicht durchzuführen, wenn auf die Scheidung nur deshalb das deutsche Recht anzuwenden war, weil auf die Vorbehaltsklausel des Abs. 1 S. 2 zurückgegriffen werden musste.[309] Entsprechend sollte verfahren werden, wenn deutsches Recht nur deshalb zur Anwendung gelangt ist, weil das ausländische Scheidungsrecht im konkreten Fall mit dem deutschen ordre public unvereinbar war (vgl Rn 70). **109**

Bei dem nach Abs. 1 S. 1 iVm Art. 14 maßgeblichen deutschen Recht bleibt es im Falle des nachträglichen Versorgungsausgleichs schließlich auch dann, wenn vom Familiengericht fälschlich ein anderes Scheidungsstatut angewendet worden ist.[310] Auch dann, wenn die Scheidung durch ein ausländisches Gericht ausgesprochen wurde, kommt es allein auf das nach Abs. 1 S. 1 iVm Art. 14 maßgebliche Recht und nicht auf das vom ausländischen Gericht angewandte Recht an.[311] Hierdurch unterscheidet sich die Anknüpfung des Versor- **110**

299 OLG Bamberg NJW 1979, 497, 500 = FamRZ 1979, 239; Erman/*Hohloch*, Art. 17 EGBGB Rn 59 aE.
300 Erman/*Hohloch*, Art. 17 EGBGB Rn 60.
301 BGBl. I 2009, S. 700.
302 Staudinger/*Mankowski*, Art. 17 EGBGB Rn 287.
303 Vgl EuGHE I 1999, 3475 = IPRax 2000, 305 = FamRZ 2000, 83 m.Anm. *Francq*, ZEuP 2002, 597; hierzu zust. *Pirrung*, in: FS Lüderitz 2000, S. 543 f; *ders.* in: FS Henrich 2000, S. 461, 468.
304 BGH FamRZ 2003, 838, 842; Soergel/*Schurig*, Art. 17 EGBGB Rn 9.
305 BGH FamRZ 2009, 681, 682; OLGR Köln 2005, 441 = FamRZ 2006, 44 (LS).
306 BGH FamRZ 2009, 681, 682;NJW 1993, 2047 = FamRZ 1993, 798; BGH NJW-RR 1994, 322; OLG Stuttgart FamRZ 1991, 1068 = NJW-RR 1992, 262; Staudinger/*Mankowski*, Art. 17 EGBGB Rn 286; *Klattenhoff*, FuR 2000, 49, 50.
307 Vgl hierzu – allerdings zu § 1587 Abs. 2 BGB und die Frage nicht entscheidend – *Hohloch*, NJW 1995, 702, 703.
308 OLG Köln FamRZ 2009, 1589, 1590 (bei in den Niederlanden wohnhaften deutschen Staatsangehörigen ist – ungeachtet einer in den Niederlanden anerkannten Rechtswahl des niederländischen Rechts als Scheidungsstatut – nach Abs. 3 S. 1 iVm Abs. 1 S. 1 und Art. 14 deutsches Recht Versorgungsausgleichsstatut); ebenso OLG Celle FamRZ 2007, 1566, 1567.
309 AG Mannheim IPRspr 1997 Nr. 75; AG Mainz NJW-RR 1990, 779, 780; Palandt/*Thorn*, Art. 17 EGBGB Rn 19; *Looschelders*, Art. 17 Rn 45; *Klattenhoff*, FuR 2000, 49, 51 und 54; *Lüderitz*, IPRax 1987, 74, 78; *Jayme*, IPRax 1987, 167, 168; offenbar übersehen von OLG Karlsruhe IPRax 1990, 52, 53 m. abl. Anm. *Jayme*, S. 32, 33.
310 OLG Zweibrücken NJW 2000, 2432 = FamRZ 2001, 33.
311 BGH NJW 1993, 2047 = FamRZ 1993, 798; Staudinger/*Mankowski*, Art. 17 EGBGB Rn 292; *Johannsen/Henrich*, Art. 17 Rn 58; *Looschelders*, Art. 17 Rn 45; *Borth*, FamRZ 1996, 714, 721.

gungsausgleichs von der vormaligen Anknüpfung des Unterhalts nach Art. 18 Abs. 4, bei der es – auch bei falscher Rechtsanwendung – allein auf das tatsächlich angewandte Scheidungsstatut ankam.[312]

111 Demgegenüber kann eine kollisionsrechtlich fehlerhaft zustande gekommene Entscheidung über einen Versorgungsausgleich mit den zur Verfügung stehenden Rechtsbehelfen korrigiert werden. Nach Ansicht des BGH ist dies allerdings nicht im Verfahren nach **§§ 225, 226. FamFG** (ex § 10 a VAHRG) möglich.[313]

112 **bb) Anwendung von Art. 17 iVm Art. 14 im Einzelnen.** Mit dem Gesetz zur Strukturreform des Versorgungsausgleichs vom 3.4.2009 wurde Abs. 3 S. 1 dahingehend geändert, dass der Versorgungsausgleich nur durchzuführen ist, wenn deutsches Recht anwendbar ist (vgl Rn 103). Nach dem **deutschen Recht** ist der Versorgungsausgleich zunächst dann durchzuführen, wenn beide Ehegatten zum maßgeblichen Zeitpunkt der Rechtshängigkeit des Scheidungsantrags wenigstens auch die **deutsche Staatsbürgerschaft** besessen haben (Abs. 1 S. 1 iVm Art. 14 Abs. 1 Nr. 1, Art. 5 Abs. 1 S. 2). Haben die Ehegatten aktuell keine gemeinsame Staatsangehörigkeit, so reicht es für die Anwendung des deutschen Rechts aus, wenn sie zuletzt eine gemeinsame deutsche Staatsangehörigkeit hatten, sofern einer der Ehegatten noch zum Zeitpunkt der Rechtshängigkeit deutscher Staatsbürger ist. Der Versorgungsausgleich ist ferner dann nach dem deutschen Recht durchzuführen, wenn die Ehegatten keine gemeinsame – nach Art. 5 Abs. 1 zu berücksichtigende – Staatsangehörigkeit besitzen oder besessen haben oder sie beide verloren haben und sie beide ihren **gewöhnlichen Aufenthalt** im Inland haben oder zuletzt hatten, sofern noch ein Ehegatte seinen gewöhnlichen Aufenthalt im Inland hat (Abs. 1 S. 1 iVm Art. 14 Abs. 1 Nr. 2). Des Weiteren ist ein Versorgungsausgleich dann nach deutschem Recht durchzuführen, wenn die Voraussetzungen von Art. 14 Abs. 1 Nr. 1 bzw Nr. 2 nicht erfüllt sind und die Ehegatten mit dem deutschen Recht auf andere Weise **am engsten verbunden** sind (Abs. 1 S. 1 iVm Art. 14 Abs. 1 Nr. 3). Deutsches Recht ist schließlich auf den Versorgungsausgleich anwendbar, wenn die Ehegatten unter den Voraussetzungen des Art. 14 Abs. 3 deutsches Recht als Ehewirkungsstatut und damit (mittelbar) auch als Scheidungsstatut **gewählt** haben.

113 Letztlich kommt deutsches Recht für den Versorgungsausgleich auch dann zur Anwendung, wenn über Abs. 3 S. 1, Abs. 1 iVm Art. 14 eine **Gesamtverweisung** (Art. 4 Abs. 1) auf ein ausländisches Recht ausgesprochen wird und dieses ausländische Recht auf das deutsche Recht zurückverweist (vgl dazu Rn 115 ff). In den anderen Fällen, in denen das ausländische Recht die Verweisung annimmt oder – wie insbesondere im Falle der Rechtswahl – unmittelbar ausländisches Sachrecht berufen wird, findet vor deutschen Gerichten kein Versorgungsausgleich statt. Deutsches Recht kann sodann nur über Abs. 3 S. 2 zur Anwendung kommen (vgl Rn 134 ff).

114 Die Wirksamkeit eines **vertraglichen Ausschlusses des Versorgungsausgleichs** war nach bisheriger Rechtslage nach dem als Scheidungsstatut maßgebenden Ehewirkungsstatut zu beurteilen.[314] Hieran dürfte sich allein dadurch, dass nach Abs. 3 S. 1 nF ein Versorgungsausgleich nur dann durchzuführen ist, wenn deutsches Recht zur Anwendung gelangt, nichts geändert haben. Hielte man den vertraglichen Ausschluss des Versorgungsausgleichs nur dann für möglich, wenn deutsches Recht anwendbar ist, gelangte man zu einer viel zu weit reichenden und sachlich nicht zu rechtfertigenden Einschränkung der Privatautonomie. Eine Vereinbarung über den Ausschluss des Versorgungsausgleichs ist daher auch dann möglich, wenn das anwendbare ausländische Recht eine solche Vereinbarung zulässt. Allerdings ist zu beachten, dass das letztlich maßgebliche Recht bei Abschluss der Vereinbarung noch nicht feststeht, da nachfolgende Statutenwechsel, etwa infolge eines Wechsels der Staatsangehörigkeit bzw des gewöhnlichen Aufenthalts uÄ möglich sind. Damit ist für die Wirksamkeit dieser Vereinbarung auf das Recht abzustellen, das zum Zeitpunkt der Vereinbarung für den Versorgungsausgleich maßgeblich gewesen wäre.[315] Fraglich ist, ob es für die Wirksamkeit einer derartigen Vereinbarung auch ausreicht, dass sie erst nach dem Recht, das im Zeitpunkt der Rechtshängigkeit des Scheidungsantrags maßgeblich ist, wirksam ist.[316] Hiergegen spricht, dass sodann eine Heilung einer unwirksamen Vereinbarung durch Statutenwechsel möglich wäre, was aber der Rechtssicherheit nicht dienlich ist und Möglichkeiten einer manipulativen Veränderung der Anknüpfungstatsachen eröffnet. Die Form der Vereinbarung richtet sich nach Art. 11.[317]

115 **cc) Rück- und Weiterverweisung.** Soweit nach Art. 14 **Rück- und Weiterverweisungen** (Art. 4) zu beachten sind, gilt dies mittelbar auch für die Anknüpfung des Versorgungsausgleichs. Verweist das auslän-

312 Staudinger/*Mankowski*, Art. 17 EGBGB Rn 291; *Looschelders*, Art. 17 Rn 45.

313 Noch zum früheren § 10 a VAHRG BGH FamRZ 1996, 282; *Klattenhoff*, FuR 2000, 49, 53; aA OLG Hamm FamRZ 1992, 826 f = NJW-RR 1993, 263 mit abl. Bespr. *Reinhard*, FuR 1992, 228.

314 OLG Köln FamRZ 2009, 1589, 1590.

315 Palandt/*Thorn*, Art. 17 EGBGB Rn 19; Bamberger/Roth/*Heiderhoff*, Art. 17 EGBGB Rn 101; aA Soergel/*Schurig*, Art. 17 EGBGB Rn 131.

316 Hierfür Bamberger/Roth/*Heiderhoff*, Art. 17 EGBGB Rn 101; auch Palandt/*Thorn*, Art. 17 EGBGB Rn 19.

317 OLG Köln FamRZ 2009, 1589, 1590 f; FamRZ 2009, 1592; OLG Celle FamRZ 2007, 1566, 1568. Allerdings soll die Ortsform dann nicht relevant sein, wenn das insoweit maßgebliche Recht einen Versorgungsausgleich nicht kennt (OLG Köln aaO; OLG Celle aaO).

dische Recht auf das deutsche Recht zurück, wird diese Verweisung angenommen (Art. 4 Abs. 1 S. 2).[318] Anzuwenden sind die ausländischen Kollisionsnormen zum Versorgungsausgleich.

Denkbar ist, dass das ausländische Recht auf der Ebene des materiellen Rechts einen Versorgungsausgleich bzw zumindest eine vergleichbare Regelung kennt, diese aber abweichend qualifiziert. Dies gilt insbesondere im Verhältnis zu den Vereinigten Staaten, in denen verschiedene, wenn auch nicht alle Einzelstaaten einen Versorgungsausgleich vorsehen, diesen aber als Teil der güterrechtlichen Auseinandersetzung verstehen.[319] In diesem Fall ist die vom deutschen Recht **abweichende Qualifikation** zu beachten und bei Anwendung des Kollisionsrechts der betroffenen Einzelstaaten eine **güterrechtliche Anknüpfung** vorzunehmen.[320] Denkbar ist auch, dass das ausländische Recht – wie etwa das schweizerische – den Versorgungsausgleich dem **Sozialversicherungsrecht** zuordnet. Hier dürfte dann von einer (stillschweigenden) Rückverweisung auf das deutsche Recht ausgegangen werden können, wenn es sich ausschließlich oder weit überwiegend um nach dem deutschen Recht begründete Anwartschaften handelt.[321] **116**

Im Übrigen wird das ausländische Recht – insbesondere deshalb, weil es selbst den Versorgungsausgleich nicht kennt – vielfach überhaupt keine Kollisionsnormen vorsehen, die sich ausdrücklich mit dem Versorgungsausgleich befassen. Die Rechtsprechung hat jedoch auch in diesen Fällen eine Rückverweisung durch das ausländische Recht angenommen.[322] Denn grundsätzlich ist auch die kollisionsrechtliche Einordnung solcher Institute möglich, die dem eigenen Sachrecht unbekannt sind.[323] Dies gilt aus für das ausländische Kollisionsrecht. Es kommt sodann auf die genaue Auslegung des ausländischen Kollisionsrechts bzw eine genaue Betrachtung der ausländischen kollisionsrechtlichen Praxis an.[324] In der Regel wird man – angesichts des engen Zusammenhangs von Scheidungsstatut und Versorgungsausgleichsstatut – davon auszugehen haben, dass das ausländische Recht den Versorgungsausgleich als Nebenfolge der Scheidung qualifiziert und dem **Scheidungsstatut** unterstellt. Es kommen sodann die für die Scheidung maßgeblichen Kollisionsnormen des ausländischen Rechts zur Anwendung.[325] Auch bei der Anknüpfung des Versorgungsausgleichs kann sich – ähnlich wie bei der Scheidung – eine **„versteckte Rückverweisung"** aus den Zuständigkeitsnormen des ausländischen Rechts ergeben.[326] **117**

Vielfach kann die (schwierige) Frage, ob das ausländische Recht eine Rückverweisung auf das deutsche Recht ausspricht, in der Praxis allerdings offen gelassen werden. Dies ist insbesondere dann der Fall, wenn eine Verweisung auf das gemeinsame Heimatrecht der Ehegatten ausgesprochen wird (Abs. 1 iVm Art. 14 Abs. 1 Nr. 1) und dieses Heimatrecht den Versorgungsausgleich als Institut nicht kennt. In diesem Fall scheitert die unmittelbare Anwendung des deutschen Sachrechts ohnehin an Abs. 3 S. 1 Hs 2 (vgl Rn 121). Eine Prüfung der Rückverweisung erübrigt sich. Es kommt sodann lediglich eine regelwidrige Anwendung des deutschen Rechts über Abs. 3 S. 2 in Betracht (Rn 134 ff). **118**

dd) Anknüpfung bei hinkender Ehe. Ebenso wie bei der Anknüpfung sonstiger Scheidungsnebenfolgen stellt sich im Falle des Versorgungsausgleichs die Frage, wie im Falle sog. „hinkender" Ehen anzuknüpfen ist. Unter „hinkenden Ehen" werden hierbei solche Ehen verstanden, die aus der Sicht deutscher Gerichte wirksam zustande gekommen und auch zwischenzeitlich nicht aufgelöst worden sind, aber nach dem gem. Abs. 1 S. 1 iVm Art. 14 anwendbaren ausländischen Recht nicht (mehr) existieren. Nach vielfach vertretener Ansicht findet auf die Scheidung derartiger hinkender Ehen deutsches Sachrecht Anwendung (vgl näher Rn 45 ff). Dies müsste bei der Anknüpfung nach Abs. 3 S. 1 zur Folge haben, dass sich auch der Versorgungsausgleich in diesem Fall nach dem deutschen Sachrecht beurteilt. **119**

Indes gilt auch für den Versorgungsausgleich das bereits oben Gesagte (Rn 46, 47). Bezüglich der Nebenfolgen sollte es bei der Anwendung des nach Abs. 1 S. 1 iVm Art. 14 an sich maßgeblichen Scheidungsstatuts sein Bewenden haben. Für den Versorgungsausgleich ergibt sich ein weiteres Argument daraus, dass die Scheidung **120**

318 Zu den Kollisionsnormen zum Versorgungsausgleich im niederländischen IPR vgl *Kramer*, IPRax 2002, 537, 539 f.

319 *Henrich*, Int. Familienrecht, § 4 III 1 b (S. 163).

320 *Henrich*, Int. Familienrecht, § 4 III 1 b (S. 163 f); vgl ferner *Klattenhoff*, FuR 2000, 49, 52; *Henrich*, IPRax 1991, 422, 423; *ders.*, IPRax 1991, 197.

321 *Johannsen/Henrich*, Art. 17 Rn 57 a; *Henrich*, in: FS Hausheer 2002, S. 235, 239.

322 OLG Stuttgart IPRax 1987, 121, 122 m. krit. Anm. *Adam*, S. 98 f = FamRZ 1986, 687; OLG Hamm IPRspr 1990 Nr. 82, S. 163; AG Detmold IPRspr 1989, Nr. 100, S. 234; AG Landstuhl IPRspr 1984 Nr. 69, S. 172 f = IPRax 1985, 231 (Leitsatz) m. krit. Anm. *Jayme*; AG Hamburg IPRspr 1983 Nr. 64, S. 159 = IPRax 1984, 103 (Leitsatz) m.Anm. *Jayme*; aus der Lit. vgl *Henrich*, IPRax 1991, 197; *ders.*, IPRax 1983, 81, 82; *Samtleben*, IPRax 1987, 96, 98; Staudinger/*Mankowski*, Art. 17 EGBGB Rn 296.

323 OLG Stuttgart IPRax 1987, 121, 122 = FamRZ 1986, 687; AG Hamburg IPRspr 1983 Nr. 64, S. 159 = IPRax 1984, 103 (Leitsatz); *Henrich*, IPRax 1991, 422, 423.

324 Erman/*Hohloch*, Art. 17 EGBGB Rn 7.

325 Staudinger/*Mankowski*, Art. 17 EGBGB Rn 297; Erman/*Hohloch*, Art. 17 EGBGB Rn 7; *Klattenhoff*, FuR 2000, 49, 52; abl. MüKo/*Sonnenberger*, Art. 4 EGBGB Rn 62.

326 OLG Stuttgart IPRax 1987, 121, 122 = FamRZ 1986, 687; OLG Hamm IPRspr 1990 Nr. 82, S. 162 f; Staudinger/*Mankowski*, Art. 17 EGBGB Rn 295; Erman/*Hohloch*, Art. 17 EGBGB Rn 7; *Henrich*, IPRax 1991, 197; *ders.*, IPRax 1991, 422, 423.

hinkender Ehen nach deutschem Recht vielfach mit einer Analogie zu Abs. 1 S. 2 begründet wird (vgl Rn 45). Die Hilfsanknüpfung nach Abs. 1 S. 2 findet aber im Falle des Versorgungsausgleichs ausdrücklich nicht statt (Abs. 3 S. 1 Hs 1), so dass sich insoweit auch eine Analogie verbietet.

121 **c) Einschränkung durch zusätzliche Anwendung des Heimatrechts. aa) Wirkungsweise der Vorschrift im Allgemeinen.** Ein nach dem ausländischen oder deutschen Statut des Versorgungsausgleichs an sich durchzuführender Versorgungsausgleich ist nach Abs. 3 S. 1 Hs 2 ausgeschlossen, wenn ihn das Recht keines der Staaten **kennt**, denen die Ehegatten im maßgebenden Zeitpunkt der Rechtshängigkeit des Scheidungsantrags angehören. Die Vorschrift trägt dem Umstand Rechnung, dass nur relativ wenige ausländische Rechtsordnungen einen Versorgungsausgleich vorsehen. Ehegatten mit ausländischer Staatsangehörigkeit sollen demgemäß nicht durch eine Anwendung des ihnen nicht vertrauten deutschen Versorgungsausgleichsrechts überrascht werden.[327] Praktische Bedeutung hat diese zusätzliche Voraussetzung zunächst in dem Fall, in dem es sich um ausländische Staatsangehörige mit gewöhnlichem Aufenthalt in Deutschland handelt und das über Abs. 3, Abs. 1 S. 1 iVm Art. 14 Abs. 1 Nr. 1 berufene Recht auf das deutsche Recht zurückverweist. Praktische Bedeutung kommt der zusätzlichen Voraussetzung ferner dann zu, wenn über Abs. 1 S. 1 iVm Art. 14 Abs. 1 Nr. 2 auf das deutsche Recht verwiesen wird, es sich also um nicht-deutsche Ehegatten mit unterschiedlicher Staatsangehörigkeit mit gewöhnlichem Aufenthalt in Deutschland handelt. Im Übrigen kommt es aber grundsätzlich nicht darauf an, auf welche Weise das maßgebliche Statut des Versorgungsausgleichs bestimmt worden ist.[328]

122 Kennt zumindest eines der Heimatrechte den Versorgungsausgleich, so wird der Versorgungsausgleich nach dem durch Abs. 3 S. 1 Hs 1 Abs. 1 iVm Art. 14 ermittelten Statut durchgeführt. Der Versorgungsausgleich ist also nicht nur in dem Umfang durchzuführen, in dem er dem betreffenden Heimatrecht bekannt ist (dazu Rn 133).[329]

123 **bb) Teleologische Reduktion bei Wahl des Ehewirkungsstatuts.** Nach einer teilweise vertretenen Ansicht soll Abs. 3 S. 1 Hs 2 nicht anzuwenden sein, wenn die Ehegatten das maßgebliche (deutsche) Ehewirkungsstatut und damit – mittelbar – auch das Statut des Versorgungsausgleichs selbst durch Rechtswahl bestimmt haben (Art. 14 Abs. 2, 3).[330] Dem ist zuzustimmen, da das Vertrauen auf den Inhalt einer bestimmten Heimatrechtsordnung dann nicht mehr schutzwürdig ist, wenn sich der Ehegatte bewusst – durch Rechtswahl – für die Geltung einer anderen Rechtsordnung entschieden hat.[331] Haben die Ehegatten also deutsches Recht gewählt, scheitert der Versorgungsausgleich mit anderen Worten nicht daran, dass das Heimatrecht der Ehegatten keinen Versorgungsausgleich kennt.

124 **cc) Alternative Sachnormverweisung auf das Heimatrecht der Ehegatten.** In den übrigen Fällen kommt es auf die Frage an, wann ein bestimmtes ausländisches Heimatrecht den Versorgungsausgleich kennt. Hierbei ist nach hM unmittelbar auf das **Sachrecht des Heimatstaates** abzustellen; Rück- oder Weiterverweisungen sind also nicht zu beachten.[332] Dies ergibt sich daraus, dass Abs. 3 S. 1 Hs 2 dem Vertrauen auf den Inhalt des Sachrechts des Heimatstaats Rechnung trägt.[333]

125 Bei Mehrstaatern ist nur das in Art. 5 Abs. 1 S. 1 bezeichnete effektive Heimatrecht zu berücksichtigen.[334] Eine deutsche Staatsangehörigkeit geht nach Art. 5 Abs. 1 S. 2 immer vor.[335] Da das deutsche Recht den Versorgungsausgleich kennt, sperrt Abs. 3 S. 1 Hs 2 in diesem Fall den Versorgungsausgleich nicht.[336] Bei

327 Bamberger/Roth/*Heiderhoff*, Art. 17 EGBGB Rn 103.

328 Palandt/*Thorn*, Art. 17 EGBGB Rn 20; Bamberger/Roth/*Heiderhoff*, Art. 17 EGBGB Rn 103; aA *Kartzke*, IPRax 1988, 8, 13 (teleologische Reduktion des Art. 17 Abs. 3 S. 1 Hs 2, wenn es sich um Staatsangehörige mit gemeinsamer ausländischer Staatsangehörigkeit handele [Art. 17 Abs. 3, Abs. 1 S. 1 iVm Art. 14 Abs. 1 Nr. 1] und das ausländische Kollisionsrecht auf das deutsche Recht zurückverweise).

329 Staudinger/*Mankowski*, Art. 17 EGBGB Rn 348; Bamberger/Roth/*Heiderhoff*, Art. 17 EGBGB Rn 106; Palandt/*Thorn*, Art. 17 EGBGB Rn 20; aA *Lüderitz*, IPRax 1987, 79 (für kumulative Anwendung von Hs 1 und 2).

330 Rahm/Künkel/*Paetzold*, VIII Rn 900; *Johannsen/Henrich*, Art. 17 Rn 66; Staudinger/*Mankowski*, Art. 17 EGBGB Rn 344 f; *Klattenhoff*, FuR 2000, 49, 56.

331 Staudinger/*Mankowski*, Art. 17 EGBGB Rn 345.

332 AG Minden IPRax 1992, 108; AG Detmold IPRax 1990, 415; AG Heidelberg IPRspr 1989 Nr. 93, S. 222 = IPRax 1990, 126 (Leitsatz); Staudinger/*Mankowski*, Art. 17 EGBGB Rn 347; MüKo/*Winkler v. Mohrenfels*, Art. 17 EGBGB Rn 219; Bamberger/Roth/*Heiderhoff*, Art. 17 EGBGB Rn 103; *Looschelders*, Art. 17 Rn 47; Erman/*Hohloch*, Art. 17 EGBGB Rn 50; *v. Bar*, IPR II, Rn 275; *Kropholler*, IPR, § 46 III 1 a (S. 368); *Klattenhoff*, FuR 2000, 49, 54; *Kartzke*, IPRax 1988, 8, 12 f; *Samtleben*, IPRax 1987, 96, 98; *Ebenroth/Eyles*, IPRax 1989, 1, 12; *Jayme*, IPRax 1992, 108, *ders.*, Jus 1989, 387, 389; aA *Lüderitz*, IPRax 1987, 74, 80; ferner Soergel/*Schurig*, Art. 17 EGBGB Rn 137 (für den Fall, dass das IPR des Heimatstaates auf ein Recht eines Staates verweist, der den Versorgungsausgleich kennt); die Frage bleibt offen bei OLG Koblenz FamRZ 1991, 1323, 1324.

333 Staudinger/*Mankowski*, Art. 17 EGBGB Rn 347.

334 Erman/*Hohloch*, Art. 17 EGBGB Rn 50; Bamberger/Roth/*Heiderhoff*, Art. 17 EGBGB Rn 103; *Looschelders*, Art. 17 Rn 47.

335 Erman/*Hohloch*, Art. 17 EGBGB Rn 50; *Looschelders*, Art. 17 Rn 47.

336 BGH NJW 1993, 2047, 2049 = FamRZ 1993, 798.

Staatenlosen, Asylberechtigten und Flüchtlingen gelten die dargestellten Hilfs- bzw Sonderanknüpfungen (vgl Rn 8).[337]

Nach dem eindeutigen Wortlaut greift Abs. 3 S. 1 Hs 2 nur dann ein, wenn keines der Heimatrechte den Versorgungsausgleich kennt. Der Versorgungsausgleich wird also bereits dann durchgeführt, wenn ihn nur eines der maßgeblichen Heimatrechte kennt. Es kommt nicht darauf an, ob es sich hierbei um das Heimatrecht des potenziell Ausgleichspflichtigen oder das Heimatrecht des potenziell Ausgleichsberechtigten handelt.[338] Abzustellen ist auf die Staatsangehörigkeiten der Ehegatten im **Zeitpunkt der Rechtshängigkeit**.[339] 126

dd) Kenntnis des Versorgungsausgleichs durch das ausländische Recht. Ob eine „Kenntnis" des Versorgungsausgleichs durch das ausländische Recht vorliegt, ist **funktionell-rechtsvergleichend** zu bestimmen. Dem ausländischen Sachrecht ist ein Versorgungsausgleich iSd deutschen Rechts dann materiell „bekannt", wenn der Kerngehalt des betreffenden Rechtsinstituts mit den wesentlichen Strukturmerkmalen des deutschen Versorgungsausgleichs vereinbar ist.[340] Charakteristisch für den Versorgungsausgleich iSd deutschen Rechts ist die Aufteilung der Versorgungsrechte zwischen den Ehegatten mit direkter Wirkung gegenüber dem jeweiligen Träger der Altersversorgung.[341] Eine ausländische Rechtsordnung „kennt" also den Versorgungsausgleich, wenn sie – wie die deutsche – eine Teilung der Versorgungsrechte vorsieht und hierbei zu **direkten Ansprüchen des ausgleichsberechtigten Ehegatten** gegen die Träger der Altersversorgung gelangt.[342] Es reicht insoweit, was den Umfang der Teilung anbelangt, eine grundsätzliche Übereinstimmung zwischen dem deutschen und dem ausländischen Recht aus. Eine grundsätzliche Übereinstimmung ist anzunehmen, wenn das ausländische Recht eine Teilung bei mehr als der Hälfte der Anwartschaften vorsieht.[343] Die Übertragung geringerer Anrechte reicht demgegenüber nicht aus. Da auch nach den Maßstäben des deutschen Rechts zur Aufteilung ausländischer Versorgungsanrechte nur der schuldrechtliche Versorgungsausgleich zur Verfügung steht, reicht es auch aus, wenn die ausländische Regelung nur eine dem deutschen schuldrechtlichen Versorgungsausgleich vergleichbare Regelung vorsieht.[344] 127

Rechtsvergleichende Untersuchungen sowie die Ergebnisse der deutschen Rechtsprechung zeigen, dass ein Versorgungsausgleich nach deutschem Muster nur sehr wenigen Rechtsordnungen bekannt ist. Insbesondere fehlt es idR an der für den deutschen Versorgungsausgleich charakteristischen unmittelbaren Außenwirkung gegenüber dem Träger der Alterversorgung, die durch die Teilung der Versorgungsrechte herbeigeführt wird. Von einer „Kenntnis" des Versorgungsausgleichs wird in der Literatur überwiegend im Hinblick auf die **Schweiz** und **Südafrika** ausgegangen.[345] Nach vielfach vertretener, aber ungesicherter Ansicht kann darüber hinaus auch im Falle **Kanadas**[346] sowie einiger **Bundesstaaten der USA** von einer Kenntnis des Versorgungsausgleichs ausgegangen werden.[347] Angenommen wird eine Kenntnis des Versorgungsausgleichs bei solchen Bundesstaaten der USA, die eine „community property" vorsehen.[348] 128

Der BGH hat sich allerdings im Falle der Niederlande für eine restriktive Auslegung entschieden. Zwar sei hinsichtlich der Ausgleichung von Versorgungsansprüchen (WVP) grundsätzlich eine Vergleichbarkeit mit dem deutschen schuldrechtlichen Versorgungsausgleich gegeben. Aufgrund des fehlenden Ausgleichs der AOW-Pensionen, der zu einer den Halbteilungsgrundsatz verletzenden, ungleichen Verteilung führen kann, ist nach Auffassung des BGH dennoch davon auszugehen, dass die niederländische Regelung nicht mit dem deutschen Versorgungsausgleich vergleichbar ist. Das niederländische Recht kennt folglich keinen Versorgungsausgleich iSd Abs. 3 S. 1.[349] Überträgt man die strengen Maßstäbe des BGH auf andere Rechtsordnungen, dürfte eine „Kenntnis" des Versorgungsausgleichs auch im Falle von Kanada und den Bundesstaaten der USA (vgl Rn 128) wohl nicht mehr angenommen werden können.[350] 129

Einmalzahlungen des einen an den anderen Ehegatten, die nach dem ausländischen Recht einen finanziellen Ausgleich für die Altersversorgung bewirken sollen, können in keinem Fall als Versorgungsausgleich iSd 130

337 Bamberger/Roth/*Heiderhoff*, Art. 17 EGBGB Rn 103; *Looschelders*, Art. 17 Rn 47.
338 Staudinger/*Mankowski*, Art. 17 EGBGB Rn 302 f; *Klattenhoff*, FuR 2000, 49, 55.
339 Staudinger/*Mankowski*, Art. 17 EGBGB Rn 301; *Klattenhoff*, FuR 2000, 49, 55.
340 BGH FamRZ 2009, 677; FamRZ 2009, 681, 682; für eine weitere Auslegung des Merkmals *Hohloch/Klöckner*, IPRax 2010, 520, 525 ff.
341 Staudinger/*Mankowski*, Art. 17 EGBGB Rn 319.
342 BGH FamRZ 2009, 677, 679; *Johannsen/Henrich*, Art. 17 Rn 59; *Klattenhoff*, FuR 2000, 49, 55.
343 So *Kegel/Schurig*, § 20 VII 4 (S. 878); diff. Bamberger/Roth/*Heiderhoff*, Art. 17 EGBGB Rn 105.
344 BGH FamRZ 2009, 677, 679 mwN.
345 Vgl Staudinger/*Mankowski*, Art. 17 EGBGB Rn 329 f; *Henrich*, Int. Familienrecht, § 4 III 1 b (S. 163); *Klattenhoff*, FuR 2000, 49, 55 f.; zur Schweiz *Hohloch/Klöckner*, IPRax 2010, 520, 526.
346 Einzeldarstellung bei Rahm/Künkel/*Paetzold*, Rn VIII 973 ff.
347 *Henrich*, Int. Familienrecht, § 4 III 1 b (S. 163); *Klattenhoff*, FuR 2000, 49, 55 f; für Florida vgl AG Heidelberg IPRax 1990, 126 (Leitsatz) m.Anm. *Jayme*.
348 Erman/*Hohloch*, Art. 17 EGBGB Rn 60; Einzeldarstellung bei Rahm/Künkel/*Paetzold*, VIII Rn 998 ff.
349 BGH FamRZ 2009, 677, 679 f (mit ausf. Begründung); bestätigt durch BGH FamRZ 2009, 681, 682; näher dazu *Hohloch/Klöckner*, IPRax 2010, 522, 524 ff.
350 *Hohloch/Klöckner*, IPRax 2010, 520, 526 (die sodann allerdings angesichts der Reform des Abs. 3 für eine neue großzügige Auslegung des „Kennens" plädieren).

Abs. 3 angesehen werden. Hier fehlt es an der für den Versorgungsausgleich charakteristischen Außenwirkung gegenüber dem Träger der Altersversorgung.[351] Aus diesem Grund nicht ausreichend ist dementsprechend auch die (unterhaltsrechtlich zu qualifizierende) **Erhöhung bestehender Unterhaltsansprüche**.[352]

131 Auch die Einbeziehung von Anwartschaften auf Altersversorgung in einen **güterrechtlichen Ausgleich** kann nicht als ein „Kennen" des Versorgungsausgleichs angesehen werden. Hiergegen spricht wiederum die fehlende Außenwirkung gegenüber dem Träger der Altersversorgung.[353] Ließe man die güterrechtliche Einbeziehung von derartigen Anwartschaften als „Kenntnis" eines Versorgungsausgleichs ausreichen, könnte sich – für den Fall, dass der güterrechtliche Ausgleich über Art. 15 nach dem ausländischen Heimatrecht vorzunehmen ist – bei einer zusätzlichen Durchführung eines Versorgungsausgleichs iÜ eine Normenhäufung ergeben. Dies würde im Einzelfall erhebliche Anpassungsprobleme nach sich ziehen.

132 Auch eine **Geschiedenenwitwenrente** kann nicht als Versorgungsausgleich angesehen werden. Zwar besteht hier ein direkter Anspruch gegen einen Träger der Altersversorgung. Dieser Anspruch beruht aber nicht auf einer Teilung der Anwartschaften der Ehegatten, sondern knüpft an den Tod des Ehegatten an.[354]

133 **ee) Rechtsfolge.** Kennt zumindest eines der Heimatrechte den Versorgungsausgleich, so wird der Versorgungsausgleich in vollem Umfang nach dem deutschen Recht durchgeführt. Der Versorgungsausgleich ist also nicht nur in dem Umfang durchzuführen, in dem er dem betreffenden Heimatrecht bekannt ist.[355] Dies ergibt sich daraus, dass der Versorgungsausgleich nach dem Wortlaut der Vorschrift durchzuführen ist, „wenn" ihn eines der Heimatrechte kennt. Hätte der Gesetzgeber den Versorgungsausgleich auch im Umfang beschränken wollen, hätte er anordnen müssen, dass der Versorgungsausgleich durchzuführen ist, „soweit" ihn zumindest eines der maßgeblichen Heimatrechte kennt. Geschützt werden damit nur solche Ehegatten, die – aufgrund des Inhalts ihrer Heimatrechtsordnungen – mit der Durchführung eines Versorgungsausgleichs überhaupt nicht rechnen konnten. Das Vertrauen auf eine bestimmte Art und einen bestimmten Umfang des Versorgungsausgleichs wird demgegenüber nicht geschützt.

134 **2. Regelwidrige Durchführung nach deutschem Recht (Abs. 3 S. 2). a) Überblick.** Die Sonderregelung des Abs. 3 S. 2 ermöglicht ausnahmsweise die Durchführung eines Versorgungsausgleichs nach **deutschem Recht**, obwohl dieses nicht Scheidungsstatut ist bzw zwar an sich Scheidungsstatut ist, die Anwendung des deutschen Versorgungsausgleichsrechts aber an Abs. 3 S. 1 Hs 2 scheitert. Abs. 3 S. 2 trägt dem Umstand Rechnung, dass die Versagung des Versorgungsausgleichs unbillig sein kann, wenn bei einem entsprechenden reinen Inlandsfall unter vergleichbaren Umständen ein Anspruch selbstverständlich gegeben wäre. Die ausnahmsweise Anwendung des deutschen Rechts über Abs. 3 ist verfassungsgemäß.[356]

135 **b) Voraussetzungen. aa) Anwendbarkeit des Abs. 3 S. 2.** Subsidiär ist der Versorgungsausgleich unter den Voraussetzungen des Abs. 3 S. 2 regelwidrig nach deutschem Recht durchzuführen, wenn nicht schon nach Abs. 3 S. 1 ein Versorgungsausgleich nach deutschem Recht durchgeführt werden kann. Die bisherige Voraussetzung des Nicht-Stattfindens eines Versorgungsausgleichs nach dem ausländischen Scheidungsstatut (vgl Voraufl. Rn 134 ff) ist mit dem Gesetz zur Strukturreform des Versorgungsausgleichs vom 3.4.2009 entfallen. Ein Versorgungsausgleich nach deutschem Recht kann zum einen nicht durchgeführt werden, wenn das anzuwendende Scheidungsstatut nicht deutsches Recht ist (Abs. 3 S. 1 Hs 1).[357] Zum anderen kann ein Versorgungsausgleich grundsätzlich nicht stattfinden, wenn zwar deutsches Recht Scheidungsstatut ist, der Versorgungsausgleich aber den Heimatrechten (Personalstatuten) der Ehegatten nicht bekannt ist (Abs. 3 S. 1 Hs 2).

136 **bb) Teleologische Reduktion bei Wahl des Ehewirkungsstatuts.** Abs. 3 S. 2 ist nach einer verbreiteten Ansicht **teleologisch einzuschränken**, wenn die Ehegatten nach Art. 14 Abs. 2–4 ein Statut der persönlichen Ehewirkungen **gewählt** haben, welches keinen Versorgungsausgleich kennt.[358] Dem ist zuzustimmen, allerdings nur für den Fall, dass nach der von den Ehegatten abgewählten Rechtsordnung – insbesondere der

351 Staudinger/*Mankowski*, Art. 17 EGBGB Rn 320; *Henrich*, FamRZ 1986, 841, 851.
352 Staudinger/*Mankowski*, Art. 17 EGBGB Rn 321; *Klattenhoff*, FuR 2000, 49, 55; *Henrich*, FamRZ 1986, 841, 851.
353 Staudinger/*Mankowski*, Art. 17 EGBGB Rn 321; *Klattenhoff*, FuR 2000, 49, 55; *Henrich*, FamRZ 1986, 841, 852.
354 Staudinger/*Mankowski*, Art. 17 EGBGB Rn 322; *Looschelders*, Art. 17 Rn 48; Erman/*Hohloch*, Art. 17 EGBGB Rn 51; *Klattenhoff*, FuR 2000, 49, 55; *Johannsen/Henrich*, Art. 17 Rn 59; *Henrich*, FamRZ 1986, 841, 851.
355 Staudinger/*Mankowski*, Art. 17 EGBGB Rn 348; Bamberger/Roth/*Heiderhoff*, Art. 17 EGBGB Rn 106; *Looschelders*, Art. 17 Rn 49; Palandt/*Thorn*, Art. 17 EGBGB Rn 20; Rahm/Künkel/*Paetzold*, VIII Rn 911; aA *Lüderitz*, IPRax 1987, 79 (für kumulative Anwendung von Hs 1 und 2).
356 OLG Düsseldorf FamRZ 1993, 433, 434 = NJW-RR 1993, 1414.
357 *Henrich*, FamRZ 1986, 841, 852.
358 Bamberger/Roth/*Heiderhoff*, Art. 17 EGBGB Rn 108; *Klattenhoff*, FuR 2000, 108 f; *Henrich*, Int. Familienrecht, § 4 III 1 d (S. 166 f); *ders.*, FamRZ 1986, 841, 852; abl. Staudinger/*Mankowski*, Art. 17 EGBGB Rn 396; Rahm/Künkel/*Paetzold*, VIII Rn 921 (die Rechtswahl sei nur als ein Element in der nach Abs. 3 S. 2 vorgeschriebenen Billigkeitsprüfung zu berücksichtigen).

deutschen – ein Versorgungsausgleich stattgefunden hätte. Im Rahmen der Rechtsberatung ist daher, falls die Parteien eine Rechtswahl nach Art. 14 Abs. 2–4 vornehmen und dabei das deutsche Recht abwählen wollen, auf den hierdurch verursachten Verlust von Ansprüchen auf Versorgungsausgleich hinzuweisen. War demgegenüber nach dem durch objektive Anknüpfung berufenen Recht kein Versorgungsausgleich zu erhalten, dürfte eine Rechtswahl die Anwendung von Abs. 3 S. 2 nicht beeinflussen.

cc) Antrag. Abs. 3 S. 2 setzt weiter voraus, dass ein Ehegatte den Versorgungsausgleich **beantragt**.[359] Der Versorgungsausgleich wird also im Falle der „regelwidrigen" Anwendung deutschen Rechts nicht von Amts wegen durchgeführt. **137**

Der Antrag muss zum Zwecke der Behandlung als Folgesache im **ersten Rechtszug** gestellt werden. Im Rahmen des Verbundverfahrens besteht auch insoweit Anwaltszwang (§ 114 FamFG). Wird der Antrag erst in der Berufungsinstanz gestellt, ist er nach § 137 Abs. 2 S. 1 aE FamFG als verspätet zurückzuweisen.[360] Der Antrag auf Durchführung des Versorgungsausgleichsverfahrens kann aber iÜ auch noch **nachträglich** und nach Eintritt der Rechtskraft der Scheidung gestellt werden.[361] Ist ein Versorgungsausgleich nach Abs. 3 S. 2 im deutschen Scheidungsverfahren aufgrund fehlenden Antrags der Parteien nicht ergangen, so kann dieser noch nachträglich stattfinden;[362] dies gilt auch dann, wenn das Scheidungsverfahren bereits seit mehreren Jahren rechtskräftig abgeschlossen ist.[363] Er kann schließlich auch dann noch gestellt werden, wenn die Scheidung durch ein ausländisches Gericht erfolgt ist. Voraussetzung ist dann allerdings, dass die Scheidung im Inland anerkannt wird (vgl Rn 108). **138**

Nach herrschender Ansicht kann eine **Antragstellung** bereits darin gesehen werden, dass einer der Ehegatten dem deutschen Gericht die **Fragebögen über die Vermögensverhältnisse** und bestehende Versorgungsrechte ausgefüllt zurückschickt.[364] Eine Antragstellung dürfte allerdings nicht anzunehmen sein, wenn dieser Ehegatte potenziell ausgleichspflichtig ist.[365] Im Zweifel wird das Gericht hier auf das Erfordernis eines Antrags hinweisen und die Ehegatten zu einer hinreichend deutlichen Erklärung auffordern.[366] Entsprechend ist zu verfahren, wenn der ausgleichspflichtige Ehegatte nur einen bedingten Antrag auf Ausschluss des Versorgungsausgleichs stellt.[367] **139**

Ist ein Versorgungsausgleichsverfahren eingeleitet worden, ohne dass ein Antrag gestellt worden war, wird der notwendige Antrag durch das **nachträgliche Einverständnis** der Parteien ersetzt. Möglich ist ferner eine Ersetzung des Antrags durch **rügelose Einlassung** der Parteien.[368] Umgekehrt kann ein einmal gestellter Antrag auch wieder zurückgenommen werden.[369] **140**

Noch nicht abschließend geklärt ist, ob ein Ehegatte dann, wenn der andere Ehegatte bereits einen Antrag auf Durchführung des Versorgungsausgleichs gestellt hat, seinerseits einen weiteren Antrag auf Durchführung des Versorgungsausgleichs stellen kann. Abs. 3 S. 2 Nr. 1 stellt darauf ab, ob der andere – ausgleichspflichtige – Ehegatte im Inland Versorgungsanwartschaften erworben hat. Der ausgleichspflichtige Ehegatte hätte daher, falls man von einer Sperrwirkung seines Antrags ausgeht, die Möglichkeit, eine für ihn ungünstige Anwendung von Abs. 3 S. 2 Nr. 1 durch eine frühere Antragstellung einseitig zu vereiteln. Dies widerspricht aber dem Zweck der Norm. Praktisch können daher beide Ehegatten gleichzeitig Antragsteller sein.[370] **141**

Unklar ist schließlich, ob auch dann, wenn bereits vor einem **ausländischen Gericht** ein Antrag auf Durchführung des Versorgungsausgleichs gestellt ist, ein weiterer Antrag im Inland gestellt werden kann. Grundsätzlich wird man dies, wenn der andere Ehegatte den Antrag im Ausland gestellt hat, mit einem argumentum a fortiori aus dem oben Gesagten bejahen müssen. Wenn schon ein inländischer Antrag einer weiteren Antragstellung nicht entgegensteht, gilt dies auch für einen im Ausland gestellten Antrag. Hat der Ehegatte, der **142**

359 OLG Hamm FamRZ 1991, 204 = NJW-RR 1991, 266; FamRZ 1989, 1191; OLG München IPRax 1990, 255 = FamRZ 1990, 186; OLG Schleswig FamRZ 1991, 96. Dazu *Finger*, FamRBint 2010, 18, 20.

360 OLG Hamm FamRZ 1991, 204 = NJW-RR 1991, 266; FamRZ 1989, 1191.

361 OLG Stuttgart, FamRZ 2009, 1587, 1588; OLG Karlsruhe FamRZ 2006, 955; OLG Braunschweig FamRZ 2005, 1683, 1684 (es fehle dann an einer Entscheidung über den Versorgungsausgleich, die in Rechtskraft erwachsen könne); OLG Düsseldorf FamRZ 1999, 1210; OLG Hamm FamRZ 1991, 204 = NJW-RR 1991, 266; OLG München IPRax 1990, 255 m. zust. Anm. *Henrich*; *ders.*, Int. Familienrecht, § 4 III 1 b (S. 164 f); *Finger*, FamRBint 2010, 18, 20 f.

362 Etwa OLG Karlsruhe FamRZ 2006, 955.

363 OLG Braunschweig FamRZ 2005, 1683.

364 Staudinger/*Mankowski*, Art. 17 EGBGB Rn 371; *Klattenhoff*, FuR 2000, 108, 109; *Finger*, FamRBint 2010, 18, 20; *ders.*, FF 2002, 154,158; vgl aber auch OLG Schleswig FamRZ 1991, 96, 97; OLG München FuR 1993, 231.

365 Staudinger/*Mankowski*, Art. 17 EGBGB Rn 371; *Klattenhoff*, FuR 2000, 108, 109 Fn 110.

366 Staudinger/*Mankowski*, Art. 17 EGBGB Rn 371; *Finger*, FamRBint 2010, 18, 20.

367 Staudinger/*Mankowski*, Art. 17 EGBGB Rn 371; demgegenüber bereits hierin einen Antrag sieht OLG Schleswig IPRspr 1998 Nr. 79 = SchlHA 1998, 135 f.

368 OLG Schleswig FamRZ 1991, 96, 97; *Finger*, FamRBint 2010, 18, 20.

369 OLG Schleswig FamRZ 1991, 96, 97; Staudinger/*Mankowski*, Art. 17 EGBGB Rn 373; *Finger*, FF 2002, 154, 158; Rahm/Künkel/*Breuer*, VIII Rn 914.

370 Staudinger/*Mankowski*, Art. 17 EGBGB Rn 379.

nunmehr auch im Inland einen Antrag stellt, selbst bereits im Ausland einen Antrag gestellt, dürfte demgegenüber das inländische Verfahren grundsätzlich auszusetzen sein. Voraussetzung für eine Aussetzung ist aber eine positive Anerkennungsprognose.[371]

143 Ist eine **ausländische Entscheidung** über den Versorgungsausgleich bereits ergangen, so ist diese nach allgemeinen Grundsätzen anzuerkennen. Nicht anerkannt wird allerdings eine ausländische Entscheidung, die einen Versorgungsausgleich ablehnt.[372] Eine Sperrung eines inländischen Verfahrens widerspräche hier dem Zweck von Abs. 3 S. 2. Ferner ist zu beachten, dass ein ausländisches Gericht keinen öffentlich-rechtlichen Ausgleich inländischer Anwartschaften vornehmen kann (vgl dazu Rn 155). Daher besteht selbst dann, wenn ein ausländisches Gericht bereits einen schuldrechtlichen Versorgungsausgleich durchgeführt hat, ein Bedürfnis nach einer nachträglichen Durchführung eines öffentlichrechtlichen Ausgleichs im Inland. Prozessual kann dies mit Hilfe einer Abänderungsklage (§ 238 FamFG) erreicht werden.[373]

144 **dd) Vorliegen von Abs. 3 S. 2 Nr. 1 oder Nr. 2, kein Widerspruch zur Billigkeit.** Weiterhin müssen – alternativ – die Voraussetzungen von entweder der Nr. 1 oder der Nr. 2 des Abs. 3 S. 2 erfüllt sein, und die Durchführung des Versorgungsausgleichs darf nicht der Billigkeit widersprechen. **Abs. 3 S. 2 Nr. 1** setzt voraus, dass der Ehegatte **in der Ehezeit** eine **inländische Versorgungsanwartschaft** erworben hat. Unter einer inländischen Anwartschaft ist eine Anwartschaft zu verstehen, die gegen einen inländischen Träger der Altersversorgung gerichtet ist.[374] Erfasst werden hierbei auch solche Anwartschaften, die aufgrund von Beschäftigungszeiten im Ausland entstanden sind.[375] Dies kann insbesondere dann der Fall sein, wenn in einem Sozialversicherungsabkommen mit dem betreffenden Staat die Anrechnung derartiger Beschäftigungszeiten vorgesehen ist.[376] Abs. 3 S. 2 Nr. 1 ist nach hL entsprechend anzuwenden, wenn ein Ehegatte ausländische Versorgungsanwartschaften in einem ausländischen Staat erworben hat, der ebenfalls den Versorgungsausgleich kennt.[377]

145 Die **Ehezeit** reicht bei einer Scheidung im Inland bis zur Zustellung des Scheidungsantrags.[378] Bei einer Durchführung des Scheidungsverfahrens im Ausland ist auf die Rechtshängigkeit nach der ausländischen lex fori bzw einen funktionell vergleichbaren Zeitpunkt abzustellen (vgl Rn 15).[379] Auch dann, wenn dem Scheidungsverfahren ein gerichtliches Trennungsverfahren nach einem ausländischen (etwa dem italienischen) Recht vorangegangen ist, ist für das Ehezeitende auf den Scheidungsantrag – nicht den Trennungsantrag – abzustellen.[380] Die Versorgungsanwartschaft kann – vorbehaltlich einer Billigkeitsprüfung nach **§ 27 VersorgungsausgleichsG**[381] (vgl Rn 150, 152) – auch während der Trennungszeit erworben worden sein.[382]

146 Alternativ reicht es nach **Abs. 3 S. 2 Nr. 2** aus, wenn die allgemeinen Wirkungen der Ehe während eines Teils der Ehezeit einem Recht unterlagen, das den Versorgungsausgleich kennt. Für die Anknüpfung der allgemeinen Ehewirkungen gilt Art. 14. Bei Altehen ist auf das vor Einführung des Art. 14 geltende Kollisionsrecht abzustellen. Ob ein ausländisches Recht den Versorgungsausgleich kennt, ist nach den unter Rn 127 ff dargestellten Maßstäben zu entscheiden. Der Begriff der Ehezeit ist genauso zu verstehen wie bei Nr. 1 (s. Rn 145). Liegen die Voraussetzungen der Nr. 2 vor, ist der Versorgungsausgleich – wie bei Nr. 1 – nach dem deutschen Recht vorzunehmen.[383]

147 Ein Versorgungsausgleich nach Nr. 1 oder Nr. 2 scheidet aus, soweit ein **Widerspruch zur Billigkeit** besteht. Nach der gesetzlichen Formulierung ist grundsätzlich davon auszugehen, dass die Durchführung des Versorgungsausgleichs der Billigkeit entspricht. Es müssen mit anderen Worten besondere Umstände vorliegen, die der Billigkeit ausnahmsweise entgegenstehen.[384] Die Billigkeit ist nur auf eine besondere Einrede hin zu

371 Staudinger/*Mankowski*, Art. 17 EGBGB Rn 375.
372 Staudinger/*Mankowski*, Art. 17 EGBGB Rn 378.
373 Staudinger/*Mankowski*, Art. 17 EGBGB Rn 377; *v. Bar*, IPRax 1994, 100, 102.
374 OLG Celle FamRZ 1991, 714, 715; AG Berlin-Charlottenburg FamRZ 1991, 1069 (jeweils zur entsprechenden Anwendung im interlokalen Privatrecht).
375 Staudinger/*Mankowski*, Art. 17 EGBGB Rn 381.
376 OLG Karlsruhe FamRZ 1989, 399.
377 MüKo/*Winkler v. Mohrenfels*, Art. 17 EGBGB Rn 236; Erman/*Hohloch*, Art. 17 EGBGB Rn 56; *Looschelders*, Art. 17 Rn 52; *Lorenz*, FamRZ 1987, 645, 653; abl. Bamberger/Roth/*Heiderhoff*, Art. 17 EGBGB Rn 114; Staudinger/*Mankowski*, Art. 17 EGBGB Rn 382 f; Rahm/Künkel/*Paetzold*, VIII Rn 926.
378 BGH FamRZ 1994, 825 = NJW-RR 1994, 962; OLG Koblenz FamRZ 1991, 1324.
379 Vgl (zu § 1587 Abs. 2 BGB) BGH NJW 1993, 2047, 2049 = FamRZ 1993, 798.
380 BGH FamRZ 1994, 825 f = NJW-RR 1994, 962; OLG Koblenz FamRZ 1991, 1324; OLG Saarbrücken ZFE 2004, 283.
381 Früher § 1587 c BGB, geändert durch das Gesetz zur Strukturreform des Versorgungsausgleichs vom 3.4.2009, BGBl. I 2009, S. 700.
382 BGH FamRZ 1994, 825, 826 = NJW-RR 1994, 962; OLG Koblenz FamRZ 1991, 1324.
383 Krit. hierzu Staudinger/*Mankowski*, Art. 17 EGBGB Rn 390.
384 BGH FamRZ 2009, 681, 683; FamRZ 2007, 366, 367; FamRZ 1994, 825, 826 = NJW-RR 1994, 962; OLG Hamm FamRZ 1994, 573, 578 („eng gefasste Ausnahmeklausel“, die nur dann gegen den Versorgungsausgleich in Ansatz zu bringen ist, „wenn die Unbilligkeit ersichtlich ist“).

prüfen.[385] Zwar gilt im Versorgungsausgleichsverfahren der Grundsatz der Amtsermittlung;[386] den Antragsgegner trifft allerdings die Darlegungslast für die Umstände, die eine Unbilligkeit begründen können.[387]

Im Gesetz sind zwei für die Billigkeit maßgebliche Kriterien vorgegeben. Zu berücksichtigen sind zum einen die **wirtschaftlichen Verhältnisse** und zum anderen die **Aufenthaltsdauer im Inland**. Darüber hinaus können aber auch andere Gesichtspunkte auf die Frage der Billigkeit Einfluss nehmen.[388] Die Durchführung eines Versorgungsausgleichs widerspricht insbesondere dann der Billigkeit, wenn nur ein Ehegatte im Inland eine Altersversorgung aufgebaut hat und der andere Ehegatte Vermögen im Ausland besitzt, welches weder in einen Versorgungsausgleich noch in einen güterrechtlichen Ausgleich (vgl Rn 131) einbezogen werden kann oder nicht ermittelbar ist.[389] Im Rahmen der Billigkeit ist schließlich zu berücksichtigen, ob ein ausländisches Anrecht bereits durch eine im Inland zu beachtende Gerichtsentscheidung oder durch eine verbindlich getroffene Parteivereinbarung ausgeglichen worden ist.[390] Daneben ist auch die Unterschiedlichkeit der Lebenshaltungskosten im In- und Ausland in die Abwägung einzubeziehen.[391] Der Umstand einer Wiederverheiratung als solcher ist demgegenüber ohne Relevanz; er besagt nichts über eine damit verbundene Altersversorgung.[392] Haben die Ehegatten das deutsche Ehewirkungsstatut nach Art. 14 Abs. 2, 3 abgewählt, führt dies nach hL von vornherein zu einer Nichtanwendung von Abs. 3 S. 2 (Rn 136). Nach anderer Ansicht ist dieser Umstand (erst) im Rahmen der Billigkeitsprüfung zu berücksichtigen und führt dort ebenfalls – aber nur als ein Kriterium unter anderen – uU zu einer Einschränkung oder einem Ausschluss des Versorgungsausgleichs.[393] **148**

Zu berücksichtigen ist auch, ob ein insoweit – über Art. 15 – anwendbares ausländisches Recht die erlangten Versorgungsanwartschaften in einen **güterrechtlichen Ausgleich** einbezieht.[394] Bei Nichtberücksichtigung würde eine Normenhäufung zugunsten des Berechtigten eintreten: Er würde von einem ausländischen güterrechtlichen Ausgleich und von einem deutschen Versorgungsausgleich profitieren. Damit widerspricht ein Versorgungsausgleich nach deutschem Recht in dem Umfang der Billigkeit, in dem nach dem anwendbaren Güterrecht ein güterrechtlicher Ausgleich bereits erfolgt ist bzw beansprucht werden kann.[395] **149**

Für Abs. 3 S. 2 ohne Bedeutung ist die Frage, ob dem Versorgungsausgleich eine überlange gesetzliche oder nur tatsächliche Trennungszeit entgegensteht. Eine lange Trennungszeit kann auf der materiellrechtlichen Ebene im Rahmen des § 27 **VersorgungsausgleichsG** Berücksichtigung finden, wobei idR keine Gründe für eine unterschiedliche Behandlung einer nur tatsächlichen und einer – etwa auf dem italienischen Recht beruhenden – rechtlichen Trennung von Tisch und Bett ersichtlich sind.[396] **150**

Für die Frage der Billigkeit kommt es nach hM nicht darauf an, welcher Ehegatte die **Schuld** an der Zerrüttung der Ehe trägt.[397] Dies soll auch dann gelten, wenn das frühere oder gegenwärtige, nach Abs. 3 S. 2 Nr. 2 maßgebliche Ehewirkungsstatut dem Schuldprinzip anhängt.[398] In der Konsequenz müsste es dann auch unerheblich sein, dass das ausländische Recht den Versorgungsausgleich gerade aufgrund eines Verschuldens ausgeschlossen hat. **151**

385 AA Staudinger/*Mankowski*, Art. 17 EGBGB Rn 391.

386 Da in §§ 217 ff FamFG keine Darlegungs- und Beweislastvorschriften aufgestellt werden, gilt der Grundsatz der Amtsermittlung nach § 26 FamFG. Anderenfalls wäre die umfassende verfahrensrechtliche Auskunftspflicht gegenüber dem Gericht nach § 220 FamFG nicht zu erklären. Die amtswegige Sachverhaltsaufklärung ist allerdings durch eine Mitwirkungsverpflichtung der Ehegatten erweitert, § 220 Abs. 3 FamFG; Prütting/Helms/*Wagner*, § 220 FamFG Rn 24.

387 BGH FamRZ 2007, 996, 998 m. zust. Anm. *Borth*; FamRZ 2007, 366, 367; FamRZ 1994, 825, 827 = NJW-RR 1994, 962; OLG Stuttgart, FamRZ 2009, 1587, 1588.

388 BGH FamRZ 2009, 681, 683; IPRax 2001, 138, 139 = FamRZ 2000, 418 (Prüfung der Umstände des jeweiligen Einzelfalls, da diese zusätzlich durch individuelle Besonderheiten bestimmt sein können); OLG Celle FamRZ 1991, 204, 205; OLG Frankfurt FamRZ 1990, 417; OLG Karlsruhe FamRZ 1989, 399.

389 So Bericht des Rechtsausschusses, BT-Drucks. 10/5632, S. 43; BGH FamRZ 2007, 996, 997; FamRZ 1994, 825, 826 = NJW-RR 1994, 962; OLG Stuttgart FamRZ 2008, 1759 f; OLG Düsseldorf FamRZ 1993, 433, 434; Palandt/*Thorn*, Art. 17 EGBGB Rn 23; Bamberger/Roth/*Heiderhoff*, Art. 17 EGBGB Rn 117; *Borth,* FamRZ 2007, 1001; zur Notwendigkeit der Berücksichtigung eines güterrechtlichen Ausgleichs s. *Lüderitz*, IPRax 1987, 74, 79.

390 BGH FamRZ 2009, 681, 683.

391 BGH 2007, 366; IPRax 2001, 138, 139 = FamRZ 2000, 418; OLG Frankfurt FamRZ 2000, 418, 419.

392 BGH FamRZ 2007, 996, 998.

393 Staudinger/*Mankowski*, Art. 17 EGBGB Rn 396.

394 Staudinger/*Mankowski*, Art. 17 EGBGB Rn 397.

395 Staudinger/*Mankowski*, Art. 17 EGBGB Rn 398; auch *Lüderitz* IPRax 1987, 74, 79; abw. Rahm/Künkel/*Paetzold*, VIII Rn 934 (Vorrang des Versorgungsausgleichs im Rahmen einer notwendigen Anpassung).

396 Ausdr. OLG Düsseldorf FamRZ 1993, 433, 434; vgl auch BGH FamRZ 1994, 825, 827 = NJW-RR 1994, 962.

397 OLG Hamm FamRZ 1994, 573, 578 = NJW-RR 1993, 1352; OLG Celle FamRZ 1991, 204, 205; Bericht des Rechtsausschusses BT-Drucks. 10/5632, S. 42; MüKo/*Winkler v. Mohrenfels*, Art. 17 EGBGB Rn 239; Palandt/*Thorn*, Art. 17 EGBGB Rn 23.

398 Zweifel bei Staudinger/*Mankowski*, Art. 17 EGBGB Rn 395.

152 **c) Rechtsfolge.** Die Rechtsfolge von Abs. 3 S. 2 besteht einheitlich darin, dass ein Versorgungsausgleich nach dem **deutschen Recht** durchzuführen ist.[399] Hierbei ist auf der Ebene des materiellen Rechts auch die **Härteklausel des § 27 VersorgungsausgleichsG** anzuwenden.[400] Diese tritt neben die Billigkeitsklausel des Abs. 3 S. 2.[401] Sie ist jedoch auf die Billigkeitserwägungen zu beschränken, die auch bei reinen Inlandsfällen von Bedeutung sind. Billigkeitsgesichtspunkte, die aus der Internationalität des Sachverhalts herrühren, sind vorrangig und abschließend bei Abs. 3 S. 2 zu berücksichtigen.[402]

153 Nach Auffassung des BGH ist der Versorgungsausgleich unter den Voraussetzungen der Nr. 2 dem Umfang nach nicht auf diejenigen Anwartschaften beschränkt, die während der Maßgeblichkeit des Ehewirkungsstatuts, welches den Versorgungsausgleich kennt, erworben wurden.[403] Allerdings könne im Rahmen der Billigkeitsprüfung eine Beschränkung auf bestimmte – namentlich inländische – Anrechte vorgenommen werden.[404] Maßgeblich ist aber hiernach eine Berücksichtigung aller Umstände des Einzelfalls. Eine starre Beschränkung auf inländische Versorgungsanwartschaften ist Abs. 3 S. 2 Nr. 2 nicht zu entnehmen.[405]

154 **3. Feststellung und Bewertung ausländischer Anwartschaften.** Wenn der Versorgungsausgleich nach S. 1 oder 2 nach deutschem Versorgungsausgleichsrecht stattfindet, bestehen keine besonderen Schwierigkeiten, wenn nur inländische Anwartschaften ausgeglichen werden müssen. Erhebliche Schwierigkeiten entstehen dann, wenn auch **ausländische Versorgungsanwartschaften** Gegenstand eines nach dem deutschen Recht durchzuführenden Versorgungsausgleichs sind. Zunächst gilt, dass nicht alle ausländischen Anwartschaften überhaupt berücksichtigungsfähig sind. Gegenstand des Versorgungsausgleichs sind grundsätzlich nur solche Anwartschaften, die auf einer gemeinsamen Lebensleistung der Ehegatten beruhen und auf eine Versorgung wegen Alters, Berufs- oder Erwerbsunfähigkeit gerichtet sind.[406] Dass sie in nicht unerheblichem Umfang durch Steuern finanziert sind, steht ihrer Einbeziehung nicht entgegen.[407] Aufgrund ihrer überwiegenden Beitragsfinanzierung, der Versicherungspflicht und der Abhängigkeit der Höhe der Pension von der individuellen Versicherungszeit sind nach Auffassung des BGH auch die **niederländischen AOW-Pensionen** Gegenstand des Versorgungsausgleichs, allerdings nur als Rechnungsposten i.R.d. schuldrechtlichen Versorgungsausgleichs.[408] Entsprechendes wird für die **schwedischen und dänischen Volksrenten** gelten.[409]

155 Geht es um den Ausgleich von Anwartschaften, die gegenüber einem ausländischen Versorgungsträger bestehen, so ist ein **schuldrechtlicher Versorgungsausgleich** vorzunehmen (§§ 20 ff VersorgungsausgleichsG).[410] Deutsche Gerichte haben nämlich keine Kompetenz, Eingriffe in ausländische Sozialsysteme vorzunehmen, § 19 Abs. 2 Nr. 4 VersorgungsausgleichsG. Damit können ausländische Anwartschaften weder durch interne Teilung (§§ 10 ff VersorgungsausgleichsG) noch durch externe Teilung (§§ 14 ff Versorgungs-

399 Staudinger/*Mankowski*, Art. 17 EGBGB Rn 400.

400 BGH FamRZ 1994, 825, 827 = NJW-RR 1994, 962 (Die Billigkeitsklausel diene dazu, „die wirtschaftlichen Verhältnisse der Eheleute zu berücksichtigen und internationalen Elementen des Eheverlaufs Rechnung zu tragen".); OLG Düsseldorf FamRZ 1993, 433, 434 f; OLG Celle FamRZ 1991, 204, 205; Staudinger/*Mankowski*, Art. 17 EGBGB Rn 400; krit. zum Nebeneinander der Billigkeit in Art. 17 Abs. 3 S. 2 EGBGB und § 1587 c BGB *Lorenz*, FamRZ 1987, 645, 650.

401 OLG Stuttgart FamRZ 2008, 1759, 1760.

402 BGH FamRZ 2007, 996, 997; 2007, 366; FamRZ 1994, 825, 827 = NJW-RR 1994, 962; OLG Stuttgart FamRZ 2008, 1759; OLG Düsseldorf FamRZ 1993, 433, 434.

403 BGH FamRZ 2009, 677, 681; MüKo/*Winkler v. Mohrenfels*, Art. 17 EGBGB Rn 237; Staudinger/*Mankowski*, Art. 17 EGBGB Rn 401 f; Rahm/Künkel/*Paetzold*, VIII Rn 933; aA Palandt/*Thorn*, Art. 17 EGBGB Rn 22, 24; Erman/*Hohloch*, Art. 17 EGBGB Rn 56 sowie Vorauf1.

404 BGH FamRZ 2009, 677, 681.

405 BGH aaO; auch Staudinger/*Mankowski*, Art. 17 EGBGB Rn 402.

406 BGH FamRZ 2008, 770, 773; *Johannsen/Henrich*, Art. 17 Rn 69; aus der Rspr s. OLG Karlsruhe FamRZ 2002, 962; OLG Hamm FamRZ 1989, 759, 760; AG Hamburg FamRZ 1982, 717 (Anwartschaften auf französische Sozialversicherungsrente); OLG Köln FamRZ 2002, 1632 (belgische Pensionsanwartschaften); KG FamRZ 1990, 1257; OLG Karlsruhe IPRax 1982, 245 (in der schweizerischen AHV begründete Rentenanwartschaften); zum italienischen Recht vgl OLG Köln FamRZ 1986, 689; zum US-amerikanischen Recht AG Heidelberg IPRspr 1989 Nr. 93, S. 221 = IPRax 1990, 126 (Leitsatz); AG Landstuhl IPRax 1995, 108, 109 = FamRZ 1994, 837.

407 BGH FamRZ 2008, 770, 773.

408 BGH FamRZ 2009, 677, 680; FamRZ 2008, 2263, 2264; 2008, 770, 771 ff mwN. So schon OLG Köln FamRZ 2001, 1460; OLG Oldenburg FamRZ 2002, 961, das dem nach niederländischem Recht Pensionsberechtigten, dessen Pension zT darauf beruht, dass er in den Niederlanden gearbeitet hat, bei Beteiligung an den deutschen Versorgungsanwartschaften des anderen Ehegatten die niederländische Pension grundsätzlich als anspruchsmindernd anrechnet; aA OLG Hamm FamRZ 2001, 31; OLG Köln FamRZ 2001, 1461; OLG Düsseldorf FamRZ 2001, 1461.

409 *Carstensen*, SchlHA 2008, 117, 119.

410 Früher §§ 2, 3 a ff VAHRG, eingeführt durch das Gesetz zur Strukturreform des Versorgungsausgleichs vom 3.4.2009, BGBl. I 2009, S. 700.

ausgleichsG) aufgeteilt werden.[411] Die **Bewertung ausländischer Versorgungsrechte** im Rahmen des schuldrechtlichen Versorgungsausgleichs bereitet in der Praxis erhebliche Probleme. Die Bewertung richtet sich nach den §§ 39 ff VersorgungsausgleichsG und liegt im Zweifel im Ermessen des Gerichts, § 42 VersorgungsausgleichsG.[412]

Hat der eine Ehegatte Anwartschaften gegenüber einem ausländischen Versorgungsträger und der andere Ehegatte Anwartschaften gegenüber einem inländischen Versorgungsträger, so ist zunächst zu ermitteln, welche **Anwartschaften höherwertig** sind. Sind es die ausländischen Anwartschaften, ist nach dem oben Gesagten ein schuldrechtlicher Versorgungsausgleich durchzuführen. Sind die inländischen Anwartschaften höherwertig, kann der im deutschen Recht vorgesehene öffentlich-rechtliche Versorgungsausgleich durchgeführt werden.[413] Die ausländischen Anwartschaften sind in diesem Fall nur als Rechnungsposten zu berücksichtigen. Nicht anzuwenden ist Art. 3 a Abs. 2.[414] Es ist daher keine getrennte Aufteilung der inländischen und ausländischen Versorgungsanwartschaften vorzunehmen. 156

Nach der Rechtsprechung der Oberlandesgerichte kann ein öffentlich-rechtlicher Ausgleich auch dann nicht vorgenommen werden, wenn feststeht, dass der Ehegatte, der ohne Berücksichtigung der ausländischen Anwartschaften ausgleichsberechtigt wäre, über ausländische Anwartschaften verfügt und der **Wert dieser ausländischen Anrechte nicht aufgeklärt** werden kann.[415] Dies wird damit begründet, dass der einen Ausgleich verlangende Ehegatte die Höhe seiner eigenen Anwartschaften darlegen und notfalls beweisen muss. Die geringere Höhe der eigenen Anwartschaften sei tatbestandliche Voraussetzung des Anspruchs.[416] Der den Ausgleich verlangende Ehegatte trage demgemäß das Risiko der mangelnden Feststellbarkeit seiner Anwartschaften. Dementsprechend sei es auch ihm eher zuzumuten, sich hinsichtlich sämtlicher Anwartschaften mit dem schuldrechtlichen Versorgungsausgleich zu begnügen.[417] Ein öffentlich-rechtlicher Ausgleich ist aber durchzuführen, wenn die ausländischen Anrechte des Ehegatten, der einen Versorgungsausgleich begehrt, **nicht realisierbar** und daher wertlos sind.[418] 157

Die Durchführung eines Versorgungsausgleichs ist nicht ausgeschlossen, wenn der Ausgleichsberechtigte nur einen **ausländischen Wohnsitz** hat.[419] Ihm steht die aus dem Versorgungsausgleich herrührende Rente nämlich grundsätzlich auch dann zu, wenn er sich im Ausland aufhält.[420] 158

V. Vorrangige staatsvertragliche Abkommen

An multilateralen Übereinkommen, die die kollisionsrechtliche Anknüpfung der Scheidung bzw des Versorgungsausgleichs zum Gegenstand haben, ist Deutschland gegenwärtig nicht beteiligt. 159

Nach wie vor in Kraft ist das **deutsch-iranische Niederlassungsabkommen** vom 17.2.1929. Die in Art. 8 Abs. 3 des NiederlAbK enthaltene Kollisionsnorm ist auch auf **Scheidungen** anwendbar.[421] Art. 8 Abs. 3 S. 1 NiederlAbK verweist für Scheidungssachen bei rein iranischen Ehen im Wege einer Sachnormverweisung auf das Heimatrecht der Ehegatten.[422] Eine Ehe zwischen Iranern wird in Deutschland also nach dem iranischen 160

411 BGH FamRZ 2008, 2263; noch zu § 3 b VAHRG: BGH NJW 1989, 1997 = FamRZ 1989, 949; OLG Bamberg FamRZ 2003, 1567, 1568; FamRZ 1986, 691; NJW 1979, 497, 500 = FamRZ 1979, 239; OLG Stuttgart FamRZ 1989, 760; *Johannsen/Henrich*, Art. 17 Rn 71; Erman/*Hohloch*, Art. 17 EGBGB Rn 59; *Bergner*, IPRax 1988, 281, 283.

412 *Johannsen/Henrich*, Art. 17 Rn 70 noch zum früheren § 1587 a Abs. 5 BGB.

413 *Looschelders*, Art. 17 Rn 58; *Wagner*, IPRax 1999, 94, 96.

414 Vormals Art. 3 Abs. 3 EGBGB, geändert durch das Rom II-Anpassungsgesetz vom 10.12.2008, BGBl. I 2008, S. 2401. Bamberger/Roth/*Heiderhoff*, Art. 17 EGBGB Rn 123; Palandt/*Thorn*, Art. 17 EGBGB Rn 25 u. Art. 3 a EGBGB Rn 5.

415 OLG Nürnberg FamRZ 1999, 1203; OLG Düsseldorf FamRZ 1994, 903; OLG Köln FamRZ 1986, 689, 690.

416 OLG Köln FamRZ 1986, 689, 690.

417 OLG Düsseldorf FamRZ 1994, 903.

418 BGH FamRZ 2003, 1737, 1738 = IPRax 2005, 447 m. krit. Bespr. *Rauscher*, S. 431; OLG Nürnberg FamRZ 1999, 1203.

419 BGH NJW 1986, 1932, 1933 = FamRZ 1986, 657; BGH FamRZ 1983, 263, 264; 1982, 473, 474; OLG Karlsruhe FamRZ 1998, 1029; OLG Düsseldorf FamRZ 1995, 1496; *Klattenhoff*, FuR 2000, 49, 51; zur praktischen Durchführung s. Rahm/Künkel/*Paetzold*, VIII Rn 1071 ff.

420 Vgl *Klattenhoff*, FuR 2000, 49, 51.

421 BGH FamRZ 2005, 1666; 2004, 1952, 1953 m.Anm. *Henrich* = IPRax 2005, 346 m. Bespr. *Rauscher* 313; NJW 1990, 636 = IPRax 1991, 54 = FamRZ 1990, 32; OLG Düsseldorf FamRZ 1998, 1113, 1114; KG IPRax 2000, 126 (allerdings eine internationale Zuständigkeit deutscher Gerichte verneinend, da eine Scheidung nach einem religiösen Recht den deutschen Gerichten „wesensfremd" sei); OLG Oldenburg FamRZ 1995, 1590; KG NJW-RR 1994, 199; ferner OLG Frankfurt NJW 1990, 646; OLG München IPRax 1989, 238, 240; *Schotten*, FamRZ 1995, 264.

422 Art. 8 Abs. 3 lautet: „In Bezug auf das Personen-, Familien- und Erbrecht bleiben die Angehörigen jeder der vertragschließenden Staaten im Gebiet des anderen Staates jedoch den Vorschriften der heimischen Gesetze unterworfen. Die Anwendung dieser Gesetze kann von dem anderen vertragschließenden Staat nur ausnahmsweise und nur insoweit ausgeschlossen werden, als ein solcher Ausschluss allgemein gegenüber jedem anderen Staat erfolgt."

Sachrecht geschieden. Art. 17 wird von Art. 8 Abs. 3 NiederlAbK verdrängt. Allerdings ist die ordre-public-Klausel des Art. 8 Abs. 3 S. 2 NiederlAbK zu beachten. Insbesondere kann der ordre public einer Verstoßung nach islamischem Recht entgegenstehen (vgl näher Rn 66 ff).[423] Eine internationale Zuständigkeit deutscher Gerichte kann hierbei nicht mit dem Argument verneint werden, dass eine Scheidung nach einem religiösen Recht den deutschen Gerichten „wesensfremd" sei (vgl Rn 84).[424]

161 Haben die Beteiligten mehrere **Staatsangehörigkeiten**, kommt das NiederlAbK demgegenüber nicht zur Anwendung. Es gilt auch dann nicht, wenn nur einer der Beteiligten eine doppelte Staatsangehörigkeit hat.[425] In diesem Fall ist wieder auf Art. 17 zurückzugreifen. Das NiederlAbK ist schließlich auch dann nicht anzuwenden, wenn es sich bei einem der Beteiligten um einen Flüchtling iSd Genfer Flüchtlingskonvention oder um einen Asylberechtigten handelt.[426]

162 Das NiederlAbK erfasst auch die Fragen des **Versorgungsausgleichs**.[427] Wenn somit Art. 8 Abs. 3 NiederlAbK bei rein iranischen Ehen auf das iranische Recht verweist, ist grundsätzlich kein Versorgungsausgleich durchzuführen. Fraglich war bislang allerdings, ob eine Hilfsanknüpfung nach Abs. 3 S. 2 vorgenommen werden konnte; dies war nach einer verbreiteten Auffassung deshalb möglich, weil Art. 8 Abs. 3 S. 2 NiederlAbK die ordre-public-Klauseln des deutschen Rechts für anwendbar erkläre und Abs. 3 S. 2 als eine solche besondere ordre-public-Klausel angesehen werden könne.[428] Nach der zustimmenswerten Auffassung des BGH ist demgegenüber der Weg Abs. 3 S. 2 nicht möglich. Ein Rückgriff auf den ordre public ist nach Sinn und Zweck der staatsvertraglichen Regelung nur statthaft, wenn ein besonderer Härtefall vorliegt. Abs. 3 S. 2 verlangt lediglich, dass die Durchführung des Versorgungsausgleichs der Billigkeit nicht widerspricht, nicht aber, dass ein Unterbleiben zu aus deutscher Sicht untragbaren und deshalb ordre-public-widrigen Ergebnissen führt. Abs. 3 S. 2 stellt somit keinen (speziellen) ordre-public-Vorbehalt iSd staatsvertraglichen Regelung dar.[429]

C. Weitere praktische Hinweise

I. Prozessuale Hinweise

163 **1. Internationale Zuständigkeit.** In der Praxis ist zunächst einmal zu klären, welche Gerichte für den Scheidungsantrag bzw die Durchführung des Versorgungsausgleichs international zuständig sind. Die internationale Zuständigkeit deutscher Gerichte für den Scheidungsantrag richtet sich primär nach der EheVO 2003 (vgl die Kommentierung in Anhang I zum III. Abschnitt). Auf § 98 FamFG (vgl Anhang II zum III. Abschnitt) kann nur zurückgegriffen werden, wenn Art. 6, 7 EheVO 2003 die Anwendung des nationalen Zuständigkeitsrechts zulassen. Für Folgesachen gilt die internationale **Verbundszuständigkeit** nach § 98 Abs. 2 FamFG. Diese greift auch ein, wenn sich die internationale Zuständigkeit deutscher Gerichte für den Scheidungsantrag aus der EheVO 2003 ergibt.[430] Bei isolierten Versorgungsausgleichssachen folgt die internationale Zuständigkeit aus § 102 FamFG.

164 Hervorzuheben ist, dass die EheVO 2003 in Art. 3 eine Vielzahl an konkurrierenden Zuständigkeiten europäischer Gerichte für den Scheidungsantrag vorsieht. Daneben können (nach ihrem autonomen Zuständigkeitsrecht) auch Nichtmitgliedstaaten eine internationale Zuständigkeit beanspruchen. Der Mandant ist dementsprechend dahingehend zu beraten, ob er die Scheidungssache vor einem deutschen Gericht oder ggf vor einem international ebenfalls zuständigen ausländischen Gericht anhängig machen will. Mit der Inanspruchnahme der Zuständigkeit eines Gerichts ist zugleich die Anwendbarkeit des dort geltenden – gegenwärtig noch unvereinheitlichten – Kollisionsrechts verbunden. Damit kann die Entscheidung zugunsten eines bestimmten Gerichtsstands über das anzuwendende Sachrecht entscheiden, und zwar sowohl im Hinblick auf die Scheidung als auch im Hinblick auf die Scheidungsfolgen.

423 OLG Düsseldorf FamRZ 1998, 1113.
424 BGHZ 160, 332, 342 ff = FamRZ 2004, 1952; anders noch KG IPRax 2000, 126.
425 BGH IPRax 1986, 382, 383 = FamRZ 1986, 345, 346; *Schotten/Wittkowski*, FamRZ 1995, 264, 265.
426 BGH NJW 1990, 636 = FamRZ 1990, 32; OLG München IPRax 1989, 238, 240 (jeweils zum Asylberechtigten); ausf. Begründung bei *Lass*, Der Flüchtling im deutschen internationalen Privatrecht, 1995, S. 22; *Schotten/Wittkowski*, FamRZ 1995, 264, 266; *Dörner*, IPRax 1994, 33.
427 BGH FamRZ 2005, 1666, 1667; Rahm/Künkel/*Paetzold*, VIII Rn 918.
428 OLG Oldenburg FamRZ 1995, 1590; zust. Palandt/*Thorn*, Art. 17 EGBGB Rn 21; MüKo/*Winkler v. Mohrenfels*, Art. 17 EGBGB Rn 232; vgl auch *Schotten/Wittkowski*, FamRZ 1995, 264, 267, die für eine enge Auslegung der ordre-public-Klausel bzw deren Anwendung nur in „Extremfällen" plädieren, andererseits Art. 17 Abs. 3 S. 2 als eine zu beachtende besondere ordre-public-Klausel nennen.
429 BGH FamRZ 2005, 1666, 1667; so auch schon OLG Köln FamRZ 2002, 613; Staudinger/*Mankowski*, Art. 17 EGBGB Rn 355; *Johannsen/Henrich*, Art. 17 Rn 67; *Klattenhoff*, FuR 2000, 49, 52.
430 Etwa MüKO-ZPO/*Rauscher*, § 98 FamFG Rn 101.

2. Rechtshängigkeitseinwand. Will der Mandant den Scheidungsantrag bei einem deutschen Gericht einreichen, so ist stets im Auge zu behalten, dass möglicherweise der andere Ehegatte ein Interesse daran hat, das Scheidungsverfahren seinerseits vor einem ausländischen Gericht durchzuführen. Wird das ausländische Scheidungsverfahren früher rechtshängig als das deutsche, so besteht für das deutsche Verfahren der **Einwand der Rechtshängigkeit** nach Art. 19 Abs. 1 EheVO 2003 bzw – bei einer Rechtshängigkeit in einem Nichtmitgliedstaat – ggf nach § 261 Abs. 3 Nr. 1 ZPO analog.[431] Art. 19 EheVO 2003 m führt zu einer umfassenden „Blockade" jeder Scheidungsverfahren (vgl Anhang I zum III. Abschnitt, Art. 19 EheVO Rn 7 ff); aber auch der Rechtshängigkeitseinwand nach § 261 Abs. 3 Nr. 1 ZPO analog besteht selbst dann, wenn der im Ausland gestellte Scheidungsantrag auf einen anderen Scheidungsgrund (etwa Verschulden) gestützt wird als der inländische.[432] (Reine) Privatscheidungsverfahren sind von vornherein nicht in der Lage, ein deutsches Scheidungsverfahren zu blockieren; dies gilt auch dann, wenn die im Ausland vorgenommene Scheidung nach Maßgabe des durch Art. 17 bestimmten Rechts wirksam wäre. Demgegenüber scheint der BGH von einer Beachtlichkeit auch eines ausländischen Privatscheidungsverfahrens dann auszugehen, wenn die Privatscheidung nach Maßgabe von Art. 17 EGBGB in Deutschland anzuerkennen wäre.[433] Um ein Zurücktreten des deutschen Scheidungsverfahrens gegenüber einem im Ausland durchgeführten gerichtlichen oder behördlichen Scheidungsverfahren abzuwenden, ist demnach je nach Lage des Einzelfalls eine möglichst **rasche Einreichung des Scheidungsantrags** geboten. Vielfach dürfte es zu empfehlen sein, den Scheidungsantrag schon zu einem Zeitpunkt zu stellen, in dem die Ehe – etwa deshalb, weil die nach dem maßgeblichen Scheidungsstatut erforderliche Trennungsfrist noch nicht abgelaufen ist – noch nicht scheidbar ist. Zu beachten ist, dass sich die nach dem Scheidungsstatut maßgebliche Frist (bei Maßgeblichkeit des deutschen Rechts etwa die Frist des § 1556 Abs. 2 BGB) auch noch im laufenden Verfahren – etwa auch noch in der Berufungsfrist – vollenden kann.[434] Dies gilt insbesondere angesichts dessen, dass eine Auslandszustellung häufig längere Zeit in Anspruch nimmt und daher die für die Scheidung erforderliche Trennungszeit zwar noch nicht bei Antragstellung, aber ggf schon bei der Zustellung des Antrags bzw jedenfalls zum Schluss der letzten mündlichen Verhandlung abgelaufen sein wird. Das Risiko der Abweisung des in Deutschland gestellten Scheidungsantrags ist damit uU weniger bedeutsam als das Risiko, den Scheidungsprozess im Ausland führen zu müssen. Ein „**Wettlauf zu den Gerichten**" zwischen den beiden Ehegatten ist typischerweise dann zu befürchten, wenn es sich um eine gemischtnationale Ehe handelt und einer der Ehegatten nach dem Scheitern der Ehe in seinen Heimatstaat zurückkehrt (vgl Anhang I zum III. Abschnitt, Art. 3 EheVO Rn 4 ff, sowie Art. 19 EheVO Rn 1 ff).[435] 165

3. Anerkennung ausländischer Entscheidungen. Die Anerkennung von Entscheidungen ausländischer Gerichte richtet sich nach Art. 21 ff EheVO 2003 bzw bei Nicht-Mitgliedstaaten sowie Dänemark nach § 107 FamFG. Grundsätzlich anerkennungsfähig sind auch Entscheidungen religiöser Gerichte, bei denen es sich um mit staatlicher Autorität versehene Stellen handelt, die nach den ausländischen Gesetzen zur Entscheidung privatrechtlicher Streitigkeiten berufen sind.[436] Nicht nach prozessualen Maßstäben anerkennungsfähig sind allerdings Privatscheidungen. Für die Wirksamkeit solcher Privatscheidungen ist vielmehr das Scheidungsstatut, also das nach Art. 17 anwendbare Recht maßgeblich.[437] Privatscheidungen sind deshalb nur bei Vollzug im Ausland nach dem dort maßgeblichen Scheidungsrecht, nicht aber bei deutschem Scheidungsstatut oder Vollzug in Deutschland wirksam (vgl Rn 93 ff). Der neu geschaffene § 109 FamFG dürfte hieran nichts ändern. Der dort verwendete Begriff der „Entscheidung" ist nicht auf Privatscheidungen anzuwenden.[438] Dies ergibt sich daraus, dass der Gesetzgeber mit der Vorschrift offenkundig nichts an der bisherigen Rechtslage ändern wollte.[439] 166

431 Zum Rechtshängigkeitseinwand nach § 261 Abs. 3 Nr. 1 ZPO analog vgl ausf. *Gruber*, FamRZ 1999, 1563 f.

432 Zweifelnd BGHZ 176, 365, 371, 373 = FamRZ 2008, 1409.

433 BGHZ 176, 365, 375 = FamRZ 2008, 1409 = IPRax 2009, 347 m. Bespr. *Siehr* 332 = JR 2009, 327 m.Anm. *Dörner* (keine Beachtlichkeit eines in Israel durchgeführten Privatscheidungsverfahrens in Deutschland, da nach Maßgabe von Art. 17 deutsches Scheidungsrecht gelte).

434 Vgl aus anwaltlicher Sicht *Lübbert*, ERA-Forum 2003, 18, 25.

435 Etwa *Becker-Eberhard*, in: FS Beys 2003, S. 93, 110 f.

436 BGH FamRZ 2008, 1409, 1411 f; vgl auch BGHZ 20, 323, 329.

437 Für die Scheidung nach mosaischem Recht durch Übergabe des Scheidebriefs (Get) BGHZ 176, 365, 375 = FamRZ 2008, 1409 m. letztlich abl. Anm. *Henrich* (der das Verfahren vor dem Rabbinatsgericht mit überzeugender Begr. letztlich doch als anzuerkennendes Verfahren qualifizieren möchte) = IPRax 2009, 347 m. Bespr. *Siehr* 332 = JR 2009, 327 m.Anm. *Dörner*); vgl dazu auch *Coester-Waltjen*, FS Kühne 2009, S. 669, 677; BGHZ 110, 267, 272 f = FamRZ 1990, 607 = NJW 1990, 2194 (Privatscheidung nach thailändischem Recht); Erman/*Hohloch*, Art. 17 EGBGB Rn 81; MüKo/*Winkler v. Mohrenfels*, Art. 17 EGBGB Rn 378; Palandt/*Thorn*, Art. 17 EGBGB Rn 35.

438 Anders *Siehr*, IPRax 2009, 332, 334 (§ 109 FamFG sei im Lichte von § 107 FamFG auch auf Privatscheidungen anzuwenden).

439 Vgl BT-Drucks. 16/6308, S. 222.

II. Kollisionsrechtliche Gestaltungsmöglichkeiten

167 **1. Rechtswahl.** Das deutsche Kollisionsrecht der Scheidung bzw der Scheidungsnebenfolgen sowie des Versorgungsausgleichs bietet näher betrachtet für die beteiligten Notare bzw Rechtsanwälte erhebliche Gestaltungsspielräume. Zu nennen ist hier die Möglichkeit, nach Abs. 1 S. 1 iVm Art. 14 Abs. 2, 3 das Ehewirkungsstatut und damit – mittelbar – auch das Statut für die Scheidung und die Scheidungsnebenfolgen durch **Rechtswahl** festzulegen (Rn 12 ff, 73 ff).

168 Auf die Möglichkeit einer solchen Rechtswahl sollte in der Beratungspraxis hingewiesen werden. Die Rechtswahl ist vor allem im Hinblick auf die **Scheidungsnebenfolgen** von Interesse. Zu denken ist hier insbesondere an den Versorgungsausgleich (Abs. 3, vgl dazu auch Rn 123, 136). Je nach Lage des Einzelfalls kann es für einen Ehegatten günstiger sein, das deutsche Recht zu wählen oder umgekehrt abzuwählen. Die Wahl des deutschen Rechts kann etwa dazu führen, dass überhaupt erst ein Anspruch auf Versorgungsausgleich entsteht oder aber vollständig wegfällt .

169 Zu beachten ist allerdings, dass die Rechtswahl für die Scheidung und die Scheidungsnebenfolgen nur dann Wirksamkeit entfaltet, wenn sie **vor Rechtshängigkeit des Scheidungsantrags** erfolgt. Anderenfalls bleibt nur die Möglichkeit, den Scheidungsantrag zurückzunehmen und sodann eine Rechtswahl durchzuführen.[440] Zu berücksichtigen ist auch, dass nach hM keine „isolierte“ Wahl des Scheidungsstatuts möglich ist, selbst wenn es den Parteien nur noch um die Scheidung geht (vgl Rn 13). Die Rechtswahl sollte sich daher dem Wortlaut nach auf das auf die Ehe anwendbare Recht (nicht auf das Scheidungsstatut) beziehen.

170 Zu berücksichtigen bleibt ferner, dass eine nach Abs. 1 S. 1 iVm Art. 14 Abs. 2–4 erfolgte Rechtswahl möglicherweise von ausländischen Gerichten – unter Zugrundelegung des für sie maßgeblichen Scheidungsrechts – nicht als wirksam angesehen wird. Ein Ehegatte kann in diesem Fall die Rechtswahl faktisch dadurch zunichte machen, dass er den Scheidungsantrag – noch vor Rechtshängigkeit in Deutschland – vor einem international zuständigen ausländischen Gericht stellt, welches von der Unwirksamkeit der Rechtswahl ausgeht und eine abweichende objektive Anknüpfung vornimmt. Dem kann allerdings durch eine rasche Antragstellung in Deutschland vorgebeugt werden.

171 **2. Rechtshängigkeitszeitpunkt. a) Allgemeine kollisionsrechtliche Bedeutung.** Aus anwaltlicher Sicht ist schließlich auch bedeutsam, dass der **Zeitpunkt der Rechtshängigkeit** des Scheidungsantrags für die Bestimmung des anwendbaren Rechts entscheidend ist. Zu bedenken ist dies etwa in den Fällen, in denen beide oder zumindest einer der Ehegatten die Staatsangehörigkeit oder den gewöhnlichen Aufenthaltsort wechseln wollen und es hierdurch zu einem **Statutenwechsel** kommen würde. Wollen etwa beide Ehegatten die deutsche Staatsangehörigkeit erwerben, so muss, wenn die bisherige Verweisung auf das ausländische Recht (Art. 17 Abs. 1 S. 1 iVm Art. 14 Abs. 1 Nr. 1) vom ausländischen Recht angenommen und eine Scheidung nach dem ausländischen Recht gewünscht wird, der Scheidungsantrag noch vor der Einbürgerung rechtshängig gemacht werden. Umgekehrt muss, wenn die Anwendung deutschen Rechts gewünscht wird, mit dem Scheidungsantrag bis zur erfolgten Einbürgerung gewartet werden.

172 **b) Der Zeitpunkt der Scheidbarkeit nach dem ausländischen Recht.** Nach Abs. 1 S. 2 kommt es darauf an, ob die Ehe nach dem ausländischen Scheidungsstatut im Zeitpunkt der letzten mündlichen Verhandlung scheidbar ist oder nicht. Ist Letzteres der Fall, so kommt – falls der antragstellende Ehegatte bei Eheschließung oder Rechtshängigkeit des Scheidungsantrags Deutscher war – das deutsche Scheidungs- und Scheidungsfolgenrecht zur Anwendung (vgl Rn 30 ff). Der Zeitpunkt der Antragstellung kann damit im Rahmen des Abs. 1 S. 2 letztlich Einfluss darauf haben, ob das deutsche Recht zur Anwendung gelangt oder nicht.

173 Zu beachten ist allerdings, dass Abs. 1 S. 2 nach neuer BGH-Rechtsprechung[441] eng auszulegen ist. Eine Anwendung deutschen Rechts kommt hiernach nicht in Betracht, wenn das primär berufene Scheidungsrecht eine der deutschen Trennungsfrist vergleichbare Regelung getroffen hat oder der Antragssteller den Grund für die (derzeitige) Unscheidbarkeit der Ehe selbst herbeigeführt hat, etwa weil er einen nach ausländischem Recht gegebenen Scheidungsgrund nicht geltend macht oder ein förmliches Trennungsverfahren nicht einleitet (vgl Rn 32). Aufgrund dieser Rechtsprechung des BGH ist die vormals bestehende Möglichkeit, das auf die Scheidung anwendbare Recht durch den Zeitpunkt der Antragseinreichung zu beeinflussen, kaum noch gegeben.

174 **c) Person des Antragstellers.** Im Rahmen der anwaltlichen Beratung sollte schließlich darauf hingewiesen werden, dass es bei Abs. 1 S. 2 entscheidend auf die Person des Antragstellers ankommt. Maßgebend ist hierbei, ob der **Antragsteller** deutscher Staatsangehöriger ist. Entscheidend ist damit, ob die Ehegatten – für den Fall, dass die Ehe nach dem über Abs. 1 S. 1 iVm Art. 14 anwendbaren ausländischen Scheidungsstatut (noch) nicht scheidbar ist – die **Anwendung deutschen Rechts** wünschen. Ist dies der Fall, so muss – damit Abs. 1 S. 2 zur Anwendung gelangt – der Scheidungsantrag durch den Ehegatten mit (zumindest bei Eingehung

440 *Dopffel*, FamRZ 1987, 1205, 1212.
441 BGHZ 169, 328.

der Ehe) deutscher Staatsangehörigkeit gestellt werden (vgl Rn 36 ff). Da nach herrschender Lehre Abs. 1 S. 2 auch dann (entsprechend) zur Anwendung gelangt, wenn der deutsche Ehegatte der Scheidung im Verfahren zustimmt (Rn 42), sind letztlich auch die Konsequenzen einer derartigen Zustimmung in die Erwägung einzubeziehen.

Anhang zu Art. 17 EGBGB: Rom III-Verordnung

Verordnung (EU) Nr. 1259/2010 des Rates vom 20. Dezember 2010 zur Durchführung einer Verstärkten Zusammenarbeit im Bereich des auf die Ehescheidung und Trennung ohne Auflösung des Ehebandes anzuwendenden Rechts

(ABl. L 343 vom 29.12.2010, S. 10)

DER RAT DER EUROPÄISCHEN UNION —

gestützt auf den Vertrag über die Arbeitsweise der Europäischen Union, insbesondere auf Artikel 81 Absatz 3,

gestützt auf den Beschluss 2010/405/EU des Rates vom 12. Juli 2010 über die Ermächtigung zu einer Verstärkten Zusammenarbeit im Bereich des auf die Ehescheidung und Trennung ohne Auflösung des Ehebandes anzuwendenden Rechts[1],

auf Vorschlag der Europäischen Kommission,

nach Zuleitung des Entwurfs des Gesetzgebungsakts an die nationalen Parlamente,

nach Stellungnahme des Europäischen Parlaments,

nach Stellungnahme des Europäischen Wirtschafts- und Sozialausschusses,

gemäß einem besonderen Gesetzgebungsverfahren,

in Erwägung nachstehender Gründe:

(1) Die Union hat sich zum Ziel gesetzt, einen Raum der Freiheit, der Sicherheit und des Rechts, in dem der freie Personenverkehr gewährleistet ist, zu erhalten und weiterzuentwickeln. Zum schrittweisen Aufbau eines solchen Raums muss die Union im Bereich der justiziellen Zusammenarbeit in Zivilsachen, die einen grenzüberschreitenden Bezug aufweisen, Maßnahmen erlassen, insbesondere wenn dies für das reibungslose Funktionieren des Binnenmarkts erforderlich ist.

(2) Nach Artikel 81 des Vertrags über die Arbeitsweise der Europäischen Union fallen darunter auch Maßnahmen, die die Vereinbarkeit der in den Mitgliedstaaten geltenden Kollisionsnormen sicherstellen sollen.

(3) Die Kommission nahm am 14. März 2005 ein Grünbuch über das anzuwendende Recht und die gerichtliche Zuständigkeit in Scheidungssachen an. Auf der Grundlage dieses Grünbuchs fand eine umfassende öffentliche Konsultation zu möglichen Lösungen für die Probleme statt, die bei der derzeitigen Sachlage auftreten können.

(4) Am 17. Juli 2006 legte die Kommission einen Vorschlag für eine Verordnung zur Änderung der Verordnung (EG) Nr. 2201/2003 des Rates[2] im Hinblick auf die Zuständigkeit in Ehesachen und zur Einführung von Vorschriften betreffend das anwendbare Recht in diesem Bereich vor.

(5) Auf seiner Tagung vom 5./6. Juni 2008 in Luxemburg stellte der Rat fest, dass es keine Einstimmigkeit für diesen Vorschlag gab und es unüberwindbare Schwierigkeiten gab, die damals und in absehbarer Zukunft eine einstimmige Annahme unmöglich machen. Er stellte fest, dass die Ziele der Verordnung unter Anwendung der einschlägigen Bestimmungen der Verträge nicht in einem vertretbaren Zeitraum verwirklicht werden können.

1 ABl. L 189 vom 22.7.2010, S. 12.

2 Verordnung (EG) Nr. 2201/2003 des Rates vom 27. November 2003 über die Zuständigkeit und die Anerkennung und Vollstreckung von Entscheidungen in Ehesachen und in Verfahren betreffend die elterliche Verantwortung und zur Aufhebung der Verordnung (EG) Nr. 1347/2000 (ABl. L 338 vom 23.12.2003, S. 1).

(6) In der Folge teilten Belgien, Bulgarien, Deutschland, Griechenland, Spanien, Frankreich, Italien, Lettland, Luxemburg, Ungarn, Malta, Österreich, Portugal, Rumänien und Slowenien der Kommission mit, dass sie die Absicht hätten, untereinander im Bereich des anzuwendenden Rechts in Ehesachen eine Verstärkte Zusammenarbeit zu begründen. Am 3. März 2010 zog Griechenland seinen Antrag zurück.

(7) Der Rat hat am 12. Juli 2010 den Beschluss 2010/405/EU über die Ermächtigung zu einer Verstärkten Zusammenarbeit im Bereich des auf die Ehescheidung und Trennung ohne Auflösung des Ehebandes anzuwendenden Rechts erlassen.

(8) Gemäß Artikel 328 Absatz 1 des Vertrags über die Arbeitsweise der Europäischen Union steht eine Verstärkte Zusammenarbeit bei ihrer Begründung allen Mitgliedstaaten offen, sofern sie die in dem hierzu ermächtigenden Beschluss gegebenenfalls festgelegten Teilnahmevoraussetzungen erfüllen. Dies gilt auch zu jedem anderen Zeitpunkt, sofern sie neben den genannten Voraussetzungen auch die in diesem Rahmen bereits erlassenen Rechtsakte beachten. Die Kommission und die an einer Verstärkten Zusammenarbeit teilnehmenden Mitgliedstaaten stellen sicher, dass die Teilnahme möglichst vieler Mitgliedstaaten gefördert wird. Diese Verordnung sollte in allen ihren Teilen verbindlich sein und gemäß den Verträgen unmittelbar nur in den teilnehmenden Mitgliedstaaten gelten.

(9) Diese Verordnung sollte einen klaren, umfassenden Rechtsrahmen im Bereich des auf die Ehescheidung und Trennung ohne Auflösung des Ehebandes anzuwendenden Rechts in den teilnehmenden Mitgliedstaaten vorgeben, den Bürgern in Bezug auf Rechtssicherheit, Berechenbarkeit und Flexibilität sachgerechte Lösungen garantieren und Fälle verhindern, in denen ein Ehegatte alles daran setzt, die Scheidung zuerst einzureichen, um sicherzugehen, dass sich das Verfahren nach einer Rechtsordnung richtet, die seine Interessen seiner Ansicht nach besser schützt.

(10) Der sachliche Anwendungsbereich und die Bestimmungen dieser Verordnung sollten mit der Verordnung (EG) Nr. 2201/2003 im Einklang stehen. Er sollte sich jedoch nicht auf die Ungültigerklärung einer Ehe erstrecken.

Diese Verordnung sollte nur für die Auflösung oder die Lockerung des Ehebandes gelten. Das nach den Kollisionsnormen dieser Verordnung bestimmte Recht sollte für die Gründe der Ehescheidung und Trennung ohne Auflösung des Ehebandes gelten.

Vorfragen wie die Rechts- und Handlungsfähigkeit und die Gültigkeit der Ehe und Fragen wie die güterrechtlichen Folgen der Ehescheidung oder der Trennung ohne Auflösung des Ehebandes, den Namen, die elterliche Verantwortung, die Unterhaltspflicht oder sonstige mögliche Nebenaspekte sollten nach den Kollisionsnormen geregelt werden, die in dem betreffenden teilnehmenden Mitgliedstaat anzuwenden sind.

(11) Um den räumlichen Geltungsbereich dieser Verordnung genau abzugrenzen, sollte angegeben werden, welche Mitgliedstaaten sich an der Verstärkten Zusammenarbeit beteiligen.

(12) Diese Verordnung sollte universell gelten, d. h. kraft ihrer einheitlichen Kollisionsnormen sollte das Recht eines teilnehmenden Mitgliedstaats, eines nicht teilnehmenden Mitgliedstaats oder das Recht eines Drittstaats zur Anwendung kommen können.

(13) Für die Anwendung dieser Verordnung sollte es unerheblich sein, welches Gericht angerufen wird. Soweit zweckmäßig, sollte ein Gericht als gemäß der Verordnung (EG) Nr. 2201/2003 angerufen gelten.

(14) Um den Ehegatten die Möglichkeit zu bieten, das Recht zu wählen, zu dem sie einen engen Bezug haben, oder um, in Ermangelung einer Rechtswahl, dafür zu sorgen, dass dieses Recht auf ihre Ehescheidung oder Trennung ohne Auflösung des Ehebandes angewendet wird, sollte dieses Recht auch dann zum Tragen kommen, wenn es nicht das Recht eines teilnehmenden Mitgliedstaats ist. Ist das Recht eines anderen Mitgliedstaats anzuwenden, könnte das mit der Entscheidung 2001/470/EG des Rates vom 28. Mai 2001 über die Einrichtung eines Europäischen Justiziellen Netzes für Zivil- und Handelssachen[3] eingerichtete Netz den Gerichten dabei helfen, sich mit dem ausländischen Recht vertraut zu machen.

(15) Eine erhöhte Mobilität der Bürger erfordert gleichermaßen mehr Flexibilität und mehr Rechtssicherheit. Um diesem Ziel zu entsprechen, sollte diese Verordnung die Parteiautonomie bei der Ehescheidung und Trennung ohne Auflösung des Ehebandes stärken und den Parteien in gewissen Grenzen die Möglichkeit geben, das in ihrem Fall anzuwendende Recht zu bestimmen.

(16) Die Ehegatten sollten als auf die Ehescheidung oder Trennung ohne Auflösung des Ehebandes anzuwendendes Recht das Recht eines Landes wählen können, zu dem sie einen besonderen Bezug haben, oder das Recht des Staates des angerufenen Gerichts. Das von den Ehegatten gewählte Recht

3 ABl. L 174 vom 27.6.2001, S. 25.

muss mit den Grundrechten vereinbar sein, wie sie durch die Verträge und durch die Charta der Grundrechte der Europäischen Union anerkannt werden.

(17) Für die Ehegatten ist es wichtig, dass sie vor der Rechtswahl auf aktuelle Informationen über die wesentlichen Aspekte sowohl des innerstaatlichen Rechts als auch des Unionsrechts und der Verfahren bei Ehescheidung und Trennung ohne Auflösung des Ehebandes zugreifen können. Um den Zugang zu entsprechenden sachdienlichen, qualitativ hochwertigen Informationen zu gewährleisten, werden die Informationen, die der Öffentlichkeit auf der durch die Entscheidung 2001/470/EG des Rates eingerichteten Website zur Verfügung stehen, regelmäßig von der Kommission aktualisiert.

(18) Diese Verordnung sieht als wesentlichen Grundsatz vor, dass beide Ehegatten ihre Rechtswahl in voller Sachkenntnis treffen. Jeder Ehegatte sollte sich genau über die rechtlichen und sozialen Folgen der Rechtswahl im Klaren sein. Die Rechte und die Chancengleichheit der beiden Ehegatten dürfen durch die Möglichkeit einer einvernehmlichen Rechtswahl nicht beeinträchtigt werden. Die Richter in den teilnehmenden Mitgliedstaaten sollten daher wissen, dass es darauf ankommt, dass die Ehegatten ihre Rechtswahlvereinbarung in voller Kenntnis der Rechtsfolgen schließen.

(19) Regeln zur materiellen Wirksamkeit und zur Formgültigkeit sollten festgelegt werden, so dass die von den Ehegatten in voller Sachkenntnis zu treffende Rechtswahl erleichtert und das Einvernehmen der Ehegatten geachtet wird, damit Rechtssicherheit sowie ein besserer Zugang zur Justiz gewährleistet werden. Was die Formgültigkeit anbelangt, sollten bestimmte Schutzvorkehrungen getroffen werden, um sicherzustellen, dass sich die Ehegatten der Tragweite ihrer Rechtswahl bewusst sind. Die Vereinbarung über die Rechtswahl sollte zumindest der Schriftform bedürfen und von beiden Parteien mit Datum und Unterschrift versehen werden müssen. Sieht das Recht des teilnehmenden Mitgliedstaats, in dem beide Ehegatten zum Zeitpunkt der Rechtswahl ihren gewöhnlichen Aufenthalt haben, zusätzliche Formvorschriften vor, so sollten diese eingehalten werden. Beispielsweise können derartige zusätzliche Formvorschriften in einem teilnehmenden Mitgliedstaat bestehen, in dem die Rechtswahlvereinbarung Bestandteil des Ehevertrags ist. Haben die Ehegatten zum Zeitpunkt der Rechtswahl ihren gewöhnlichen Aufenthalt in verschiedenen teilnehmenden Mitgliedstaaten, in denen unterschiedliche Formvorschriften vorgesehen sind, so würde es ausreichen, dass die Formvorschriften eines dieser Mitgliedstaaten eingehalten werden. Hat zum Zeitpunkt der Rechtswahl nur einer der Ehegatten seinen gewöhnlichen Aufenthalt in einem teilnehmenden Mitgliedstaat, in dem zusätzliche Formvorschriften vorgesehen sind, so sollten diese Formvorschriften eingehalten werden.

(20) Eine Vereinbarung zur Bestimmung des anzuwendenden Rechts sollte spätestens bei Anrufung des Gerichts geschlossen und geändert werden können sowie gegebenenfalls sogar im Laufe des Verfahrens, wenn das Recht des Staates des angerufenen Gerichts dies vorsieht. In diesem Fall sollte es genügen, wenn die Rechtswahl vom Gericht im Einklang mit dem Recht des Staates des angerufenen Gerichts zu Protokoll genommen wird.

(21) Für den Fall, dass keine Rechtswahl getroffen wurde, sollte diese Verordnung im Interesse der Rechtssicherheit und Berechenbarkeit und um zu vermeiden, dass ein Ehegatte alles daran setzt, die Scheidung zuerst einzureichen, um sicherzugehen, dass sich das Verfahren nach einer Rechtsordnung richtet, die seine Interessen seiner Ansicht nach besser schützt, harmonisierte Kollisionsnormen einführen, die sich auf Anknüpfungspunkte stützen, die einen engen Bezug der Ehegatten zum anzuwendenden Recht gewährleisten. Die Anknüpfungspunkte sollten so gewählt werden, dass sichergestellt ist, dass die Verfahren, die sich auf die Ehescheidung oder die Trennung ohne Auflösung des Ehebandes beziehen, nach einer Rechtsordnung erfolgen, zu der die Ehegatten einen engen Bezug haben.

(22) Wird in dieser Verordnung hinsichtlich der Anwendung des Rechts eines Staates auf die Staatsangehörigkeit als Anknüpfungspunkt verwiesen, so wird die Frage, wie in Fällen der mehrfachen Staatsangehörigkeit zu verfahren ist, weiterhin nach innerstaatlichem Recht geregelt, wobei die allgemeinen Grundsätze der Europäischen Union uneingeschränkt zu achten sind.

(23) Wird das Gericht angerufen, damit eine Trennung ohne Auflösung des Ehebandes in eine Ehescheidung umgewandelt wird, und haben die Parteien keine Rechtswahl getroffen, so sollte das Recht, das auf die Trennung ohne Auflösung des Ehebandes angewendet wurde, auch auf die Ehescheidung angewendet werden. Eine solche Kontinuität würde den Parteien eine bessere Berechenbarkeit bieten und die Rechtssicherheit stärken. Sieht das Recht, das auf die Trennung ohne Auflösung des Ehebandes angewendet wurde, keine Umwandlung der Trennung ohne Auflösung des Ehebandes in eine Ehescheidung vor, so sollte die Ehescheidung in Ermangelung einer Rechtswahl durch die Parteien nach den Kollisionsnormen erfolgen. Dies sollte die Ehegatten nicht daran hindern, die Scheidung auf der Grundlage anderer Bestimmungen dieser Verordnung zu beantragen

(24) In bestimmten Situationen, in denen das anzuwendende Recht eine Ehescheidung nicht zulässt oder einem der Ehegatten aufgrund seiner Geschlechtszugehörigkeit keinen gleichberechtigten Zugang zu

einem Scheidungs- oder Trennungsverfahren gewährt, sollte jedoch das Recht des angerufenen Gerichts maßgebend sein. Der *Ordre-public*-Vorbehalt sollte hiervon jedoch unberührt bleiben.

(25) Aus Gründen des öffentlichen Interesses sollte den Gerichten der teilnehmenden Mitgliedstaaten in Ausnahmefällen die Möglichkeit gegeben werden, die Anwendung einer Bestimmung des ausländischen Rechts zu versagen, wenn ihre Anwendung in einem konkreten Fall mit der öffentlichen Ordnung (*Ordre public*) des Staates des angerufenen Gerichts offensichtlich unvereinbar wäre. Die Gerichte sollten jedoch den *Ordre-public*-Vorbehalt nicht mit dem Ziel anwenden dürfen, eine Bestimmung des Rechts eines anderen Staates auszuschließen, wenn dies gegen die Charta der Grundrechte der Europäischen Union und insbesondere gegen deren Artikel 21 verstoßen würde, der jede Form der Diskriminierung untersagt.

(26) Wird in der Verordnung darauf Bezug genommen, dass das Recht des teilnehmenden Mitgliedstaats, dessen Gericht angerufen wird, Scheidungen nicht vorsieht, so sollte dies so ausgelegt werden, dass im Recht dieses teilnehmenden Mitgliedstaats das Rechtsinstitut der Ehescheidung nicht vorhanden ist. In solch einem Fall sollte das Gericht nicht verpflichtet sein, aufgrund dieser Verordnung eine Scheidung auszusprechen.

Wird in der Verordnung darauf Bezug genommen, dass nach dem Recht des teilnehmenden Mitgliedstaats, dessen Gericht angerufen wird, die betreffende Ehe für die Zwecke eines Scheidungsverfahrens nicht als gültig angesehen wird, so sollte dies unter anderem so ausgelegt werden, dass im Recht dieses teilnehmenden Mitgliedstaats eine solche Ehe nicht vorgesehen ist. In einem solchen Fall sollte das Gericht nicht verpflichtet sein, eine Ehescheidung oder eine Trennung ohne Auflösung des Ehebandes nach dieser Verordnung auszusprechen.

(27) Da es Staaten und teilnehmende Mitgliedstaaten gibt, in denen die in dieser Verordnung geregelten Angelegenheiten durch zwei oder mehr Rechtssysteme oder Regelwerke erfasst werden, sollte es eine Vorschrift geben, die festlegt, inwieweit diese Verordnung in den verschiedenen Gebietseinheiten dieser Staaten und teilnehmender Mitgliedstaaten Anwendung findet oder inwieweit diese Verordnung auf verschiedene Kategorien von Personen dieser Staaten und teilnehmender Mitgliedstaaten Anwendung findet.

(28) In Ermangelung von Regeln zur Bestimmung des anzuwendenden Rechts sollten Parteien, die das Recht des Staates wählen, dessen Staatsangehörigkeit eine der Parteien besitzt, zugleich das Recht der Gebietseinheit angeben, das sie vereinbart haben, wenn der Staat, dessen Recht gewählt wurde, mehrere Gebietseinheiten umfasst und jede Gebietseinheit ihr eigenes Rechtssystem oder eigene Rechtsnormen für Ehescheidung hat.

(29) Da die Ziele dieser Verordnung, nämlich die Sicherstellung von mehr Rechtssicherheit, einer besseren Berechenbarkeit und einer größeren Flexibilität in Ehesachen mit internationalem Bezug und damit auch die Erleichterung der Freizügigkeit in der Europäischen Union, auf Ebene der Mitgliedstaaten allein nicht ausreichend verwirklicht werden können und daher wegen ihres Umfangs und ihrer Wirkungen besser auf Unionsebene zu erreichen sind, kann die Union im Einklang mit dem in Artikel 5 des Vertrags über die Europäische Union niedergelegten Subsidiaritätsprinzip gegebenenfalls im Wege einer Verstärkten Zusammenarbeit tätig werden. Entsprechend dem in demselben Artikel genannten Verhältnismäßigkeitsprinzip geht diese Verordnung nicht über das für die Erreichung dieser Ziele erforderliche Maß hinaus.

(30) Diese Verordnung wahrt die Grundrechte und achtet die Grundsätze, die mit der Charta der Grundrechte der Europäischen Union anerkannt wurden, namentlich Artikel 21, wonach jede Diskriminierung insbesondere wegen des Geschlechts, der Rasse, der Hautfarbe, der ethnischen oder sozialen Herkunft, der genetischen Merkmale, der Sprache, der Religion oder der Weltanschauung, der politischen oder sonstigen Anschauung, der Zugehörigkeit zu einer nationalen Minderheit, des Vermögens, der Geburt, einer Behinderung, des Alters oder der sexuellen Ausrichtung verboten ist. Bei der Anwendung dieser Verordnung sollten die Gerichte der teilnehmenden Mitgliedstaaten diese Rechte und Grundsätze achten —

HAT FOLGENDE VERORDNUNG ERLASSEN:

KAPITEL I
Anwendungsbereich, Verhältnis zur Verordnung (EG) Nr. 2201/2003, Begriffsbestimmungen und universelle Anwendung

Art. 1 Rom III-VO Anwendungsbereich

(1) Diese Verordnung gilt für die Ehescheidung und die Trennung ohne Auflösung des Ehebandes in Fällen, die eine Verbindung zum Recht verschiedener Staaten aufweisen.

(2) Diese Verordnung gilt nicht für die folgenden Regelungsgegenstände, auch wenn diese sich nur als Vorfragen im Zusammenhang mit einem Verfahren betreffend die Ehescheidung oder Trennung ohne Auflösung des Ehebandes stellen:

a) die Rechts- und Handlungsfähigkeit natürlicher Personen,
b) das Bestehen, die Gültigkeit oder die Anerkennung einer Ehe,
c) die Ungültigerklärung einer Ehe,
d) die Namen der Ehegatten,
e) die vermögensrechtlichen Folgen der Ehe,
f) die elterliche Verantwortung,
g) Unterhaltspflichten,
h) Trusts und Erbschaften.

Art. 2 Rom III-VO Verhältnis zur Verordnung (EG) Nr. 2201/2003

Diese Verordnung lässt die Anwendung der Verordnung (EG) Nr. 2201/2003 unberührt.

Art. 3 Rom III-VO Begriffsbestimmungen

Für die Zwecke dieser Verordnung bezeichnet der Begriff:

1. **„teilnehmender Mitgliedstaat" einen Mitgliedstaat, der auf der Grundlage des Beschlusses 2010/405/EU des Rates vom 12. Juli 2010 oder auf der Grundlage eines gemäß Artikel 331 Absatz 1 Unterabsatz 2 oder 3 des Vertrags über die Arbeitsweise der Europäischen Union angenommenen Beschlusses an der Verstärkten Zusammenarbeit im Bereich des auf die Ehescheidung und Trennung ohne Auflösung des Ehebandes anzuwendenden Rechts teilnimmt;**
2. **„Gericht" alle Behörden der teilnehmenden Mitgliedstaaten, die für Rechtssachen zuständig sind, die in den Anwendungsbereich dieser Verordnung fallen.**

Art. 4 Rom III-VO Universelle Anwendung

Das nach dieser Verordnung bezeichnete Recht ist auch dann anzuwenden, wenn es nicht das Recht eines teilnehmenden Mitgliedstaats ist.

Kapitel II
Einheitliche Vorschriften zur Bestimmung des auf die Ehescheidung und Trennung ohne Auflösung des Ehebandes anzuwendende Recht

Art. 5 Rom III-VO Rechtswahl der Parteien

(1) Die Ehegatten können das auf die Ehescheidung oder die Trennung ohne Auflösung des Ehebandes anzuwendende Recht durch Vereinbarung bestimmen, sofern es sich dabei um das Recht eines der folgenden Staaten handelt:

a) das Recht des Staates, in dem die Ehegatten zum Zeitpunkt der Rechtswahl ihren gewöhnlichen Aufenthalt haben, oder
b) das Recht des Staates, in dem die Ehegatten zuletzt ihren gewöhnlichen Aufenthalt hatten, sofern einer von ihnen zum Zeitpunkt der Rechtswahl dort noch seinen gewöhnlichen Aufenthalt hat, oder
c) das Recht des Staates, dessen Staatsangehörigkeit einer der Ehegatten zum Zeitpunkt der Rechtswahl besitzt, oder
d) das Recht des Staates des angerufenen Gerichts.

(2) Unbeschadet des Absatzes 3 kann eine Rechtswahlvereinbarung jederzeit, spätestens jedoch zum Zeitpunkt der Anrufung des Gerichts, geschlossen oder geändert werden.

(3) [1]Sieht das Recht des Staates des angerufenen Gerichts dies vor, so können die Ehegatten die Rechtswahl vor Gericht auch im Laufe des Verfahrens vornehmen. [2]In diesem Fall nimmt das Gericht die Rechtswahl im Einklang mit dem Recht des Staates des angerufenen Gerichts zu Protokoll.

Art. 6 Rom III-VO Einigung und materielle Wirksamkeit

(1) Das Zustandekommen und die Wirksamkeit einer Rechtswahlvereinbarung oder einer ihrer Bestimmungen bestimmen sich nach dem Recht, das nach dieser Verordnung anzuwenden wäre, wenn die Vereinbarung oder die Bestimmung wirksam wäre.

(2) Ergibt sich jedoch aus den Umständen, dass es nicht gerechtfertigt wäre, die Wirkung des Verhaltens eines Ehegatten nach dem in Absatz 1 bezeichneten Recht zu bestimmen, so kann sich dieser Ehegatte für die Behauptung, er habe der Vereinbarung nicht zugestimmt, auf das Recht des Staates berufen, in dem er zum Zeitpunkt der Anrufung des Gerichts seinen gewöhnlichen Aufenthalt hat.

Art. 7 Rom III-VO Formgültigkeit

(1) [1]Die Rechtswahlvereinbarung nach Artikel 5 Absätze 1 und 2 bedarf der Schriftform, der Datierung sowie der Unterzeichnung durch beide Ehegatten. [2]Elektronische Übermittlungen, die eine dauerhafte Aufzeichnung der Vereinbarung ermöglichen, erfüllen die Schriftform.

(2) Sieht jedoch das Recht des teilnehmenden Mitgliedstaats, in dem beide Ehegatten zum Zeitpunkt der Rechtswahl ihren gewöhnlichen Aufenthalt hatten, zusätzliche Formvorschriften für solche Vereinbarungen vor, so sind diese Formvorschriften anzuwenden.

(3) Haben die Ehegatten zum Zeitpunkt der Rechtswahl ihren gewöhnlichen Aufenthalt in verschiedenen teilnehmenden Mitgliedstaaten und sieht das Recht beider Staaten unterschiedliche Formvorschriften vor, so ist die Vereinbarung formgültig, wenn sie den Vorschriften des Rechts eines dieser Mitgliedstaaten genügt.

(4) Hat zum Zeitpunkt der Rechtswahl nur einer der Ehegatten seinen gewöhnlichen Aufenthalt in einem teilnehmenden Mitgliedstaat und sind in diesem Staat zusätzliche Formanforderungen für diese Art der Rechtswahl vorgesehen, so sind diese Formanforderungen anzuwenden.

Art. 8 Rom III-VO In Ermangelung einer Rechtswahl anzuwendendes Recht

Mangels einer Rechtswahl gemäß Artikel 5 unterliegen die Ehescheidung und die Trennung ohne Auflösung des Ehebandes:

a) dem Recht des Staates, in dem die Ehegatten zum Zeitpunkt der Anrufung des Gerichts ihren gewöhnlichen Aufenthalt haben, oder anderenfalls
b) dem Recht des Staates, in dem die Ehegatten zuletzt ihren gewöhnlichen Aufenthalt hatten, sofern dieser nicht vor mehr als einem Jahr vor Anrufung des Gerichts endete und einer der Ehegatten zum Zeitpunkt der Anrufung des Gerichts dort noch seinen gewöhnlichen Aufenthalt hat, oder anderenfalls
c) dem Recht des Staates, dessen Staatsangehörigkeit beide Ehegatten zum Zeitpunkt der Anrufung des Gerichts besitzen, oder anderenfalls
d) dem Recht des Staates des angerufenen Gerichts.

Art. 9 Rom III-VO Umwandlung einer Trennung ohne Auflösung des Ehebandes in eine Ehescheidung

(1) Bei Umwandlung einer Trennung ohne Auflösung des Ehebandes in eine Ehescheidung ist das auf die Ehescheidung anzuwendende Recht das Recht, das auf die Trennung ohne Auflösung des Ehebandes angewendet wurde, sofern die Parteien nicht gemäß Artikel 5 etwas anderes vereinbart haben.

(2) Sieht das Recht, das auf die Trennung ohne Auflösung des Ehebandes angewendet wurde, jedoch keine Umwandlung der Trennung ohne Auflösung des Ehebandes in eine Ehescheidung vor, so findet Artikel 8 Anwendung, sofern die Parteien nicht gemäß Artikel 5 etwas anderes vereinbart haben.

Art. 10 Rom III-VO Anwendung des Rechts des Staates des angerufenen Gerichts

Sieht das nach Artikel 5 oder Artikel 8 anzuwendende Recht eine Ehescheidung nicht vor oder gewährt es einem der Ehegatten aufgrund seiner Geschlechtszugehörigkeit keinen gleichberechtigten Zugang zur Ehescheidung oder Trennung ohne Auflösung des Ehebandes, so ist das Recht des Staates des angerufenen Gerichts anzuwenden.

Art. 11 Rom III-VO Ausschluss der Rück- und Weiterverweisung

Unter dem nach dieser Verordnung anzuwendenden Recht eines Staates sind die in diesem Staat geltenden Rechtsnormen unter Ausschluss derjenigen des Internationalen Privatrechts zu verstehen.

Art. 12 Rom III-VO Öffentliche Ordnung (Ordre public)

Die Anwendung einer Vorschrift des nach dieser Verordnung bezeichneten Rechts kann nur versagt werden, wenn ihre Anwendung mit der öffentlichen Ordnung (*Ordre public*) des Staates des angerufenen Gerichts offensichtlich unvereinbar ist.

Artikel 13 Rom III-VO Unterschiede beim nationalen Recht

Nach dieser Verordnung sind die Gerichte eines teilnehmenden Mitgliedstaats, nach dessen Recht die Ehescheidung nicht vorgesehen ist oder die betreffende Ehe für die Zwecke des Scheidungsverfahrens nicht als gültig angesehen wird, nicht verpflichtet, eine Ehescheidung in Anwendung dieser Verordnung auszusprechen.

Art. 14 Rom III-VO Staaten mit zwei oder mehr Rechtssystemen — Kollisionen hinsichtlich der Gebiete

Umfasst ein Staat mehrere Gebietseinheiten, von denen jede ihr eigenes Rechtssystem oder ihr eigenes Regelwerk für die in dieser Verordnung geregelten Angelegenheiten hat, so gilt Folgendes:DE L 343/14 Amtsblatt der Europäischen Union 29.12.2010

a) Jede Bezugnahme auf das Recht dieses Staates ist für die Bestimmung des nach dieser Verordnung anzuwendenden Rechts als Bezugnahme auf das in der betreffenden Gebietseinheit geltende Recht zu verstehen;

b) jede Bezugnahme auf den gewöhnlichen Aufenthalt in diesem Staat ist als Bezugnahme auf den gewöhnlichen Aufenthalt in einer Gebietseinheit zu verstehen;

c) jede Bezugnahme auf die Staatsangehörigkeit betrifft die durch das Recht dieses Staates bezeichnete Gebietseinheit oder, mangels einschlägiger Vorschriften, die durch die Parteien gewählte Gebietseinheit oder, mangels einer Wahlmöglichkeit, die Gebietseinheit, zu der der Ehegatte oder die Ehegatten die engste Verbindung hat bzw. haben.

Art. 15 Rom III-VO Staaten mit zwei oder mehr Rechtssystemen — Kollisionen hinsichtlich der betroffenen Personengruppen

[1]In Bezug auf einen Staat, der für die in dieser Verordnung geregelten Angelegenheiten zwei oder mehr Rechtssysteme oder Regelwerke hat, die für verschiedene Personengruppen gelten, ist jede Bezugnahme auf das Recht des betreffenden Staates als Bezugnahme auf das Rechtssystem zu verstehen, das durch die in diesem Staat in Kraft befindlichen Vorschriften bestimmt wird. [2]Mangels solcher Regeln ist das Rechtssystem oder das Regelwerk anzuwenden, zu dem der Ehegatte oder die Ehegatten die engste Verbindung hat bzw. haben.

Art. 16 Rom III-VO Nichtanwendung dieser Verordnung auf innerstaatliche Kollisionen

Ein teilnehmender Mitgliedstaat, in dem verschiedene Rechtssysteme oder Regelwerke für die in dieser Verordnung geregelten Angelegenheiten gelten, ist nicht verpflichtet, diese Verordnung auf Kollisionen anzuwenden, die allein zwischen diesen verschiedenen Rechtssystemen oder Regelwerken auftreten.

Kapitel III
Sonstige Bestimmungen

Art. 17 Rom III-VO Informationen der teilnehmenden Mitgliedstaaten

(1) Die teilnehmenden Mitgliedstaaten teilen bis spätestens zum 21. September 2011 der Kommission ihre nationalen Bestimmungen, soweit vorhanden, betreffend Folgendes mit:

a) die Formvorschriften für Rechtswahlvereinbarungen gemäß Artikel 7 Absätze 2 bis 4, und

b) die Möglichkeit, das anzuwendende Recht gemäß Artikel 5 Absatz 3 zu bestimmen.

Die teilnehmenden Mitgliedstaaten teilen der Kommission alle späteren Änderungen dieser Bestimmungen mit.

(2) Die Kommission macht die nach Absatz 1 übermittelten Informationen auf geeignetem Wege, insbesondere auf der Website des Europäischen Justiziellen Netzes für Zivil- und Handelssachen, öffentlich zugänglich.

Art. 18 Rom III-VO Übergangsbestimmungen

(1) Diese Verordnung gilt nur für gerichtliche Verfahren und für Vereinbarungen nach Artikel 5, die ab dem 21. Juni 2012 eingeleitet beziehungsweise geschlossen wurden.

Eine Rechtswahlvereinbarung, die vor dem 21. Juni 2012 geschlossen wurde, ist ebenfalls wirksam, sofern sie die Voraussetzungen nach den Artikeln 6 und 7 erfüllt.

(2) Diese Verordnung lässt Rechtswahlvereinbarungen unberührt, die nach dem Recht eines teilnehmenden Mitgliedstaats geschlossen wurden, dessen Gerichtsbarkeit vor dem 21. Juni 2012 angerufen wurde.

Art. 19 Rom III-VO Verhältnis zu bestehenden internationalen Übereinkommen

(1) Unbeschadet der Verpflichtungen der teilnehmenden Mitgliedstaaten gemäß Artikel 351 des Vertrags über die Arbeitsweise der Europäischen Union lässt diese Verordnung die Anwendung internationaler Übereinkommen unberührt, denen ein oder mehrere teilnehmende Mitgliedstaaten zum Zeitpunkt der Annahme dieser Verordnung oder zum Zeitpunkt der Annahme des Beschlusses gemäß Artikel 331 Absatz 1 Unterabsatz 2 oder 3 des Vertrags über die Arbeitsweise der Europäischen Union angehören und die Kollisionsnormen für Ehescheidung oder Trennung ohne Auflösung des Ehebandes enthalten.

(2) Diese Verordnung hat jedoch im Verhältnis zwischen den teilnehmenden Mitgliedstaaten Vorrang vor ausschließlich zwischen zwei oder mehreren von ihnen geschlossenen Übereinkommen, soweit diese Bereiche betreffen, die in dieser Verordnung geregelt sind.

Art. 20 Rom III-VO Revisionsklausel

(1) [1]Die Kommission legt dem Europäischen Parlament, dem Rat und dem Europäischen Wirtschafts- und Sozialausschuss spätestens zum 31. Dezember 2015 und danach alle fünf Jahre einen Bericht über die Anwendung dieser Verordnung vor. [2]Dem Bericht werden gegebenenfalls Vorschläge zur Anpassung dieser Verordnung beigefügt.
(2) Die teilnehmenden Mitgliedstaaten übermitteln der Kommission zu diesem Zweck sachdienliche Angaben betreffend die Anwendung dieser Verordnung durch ihre Gerichte.

Kapitel IV Schlussbestimmungen

Art. 21 Rom III-VO Inkrafttreten und Geltungsbeginn

Diese Verordnung tritt am Tag nach ihrer Veröffentlichung im Amtsblatt der Europäischen Union in Kraft.
Sie gilt ab dem 21. Juni 2012, mit Ausnahme des Artikels 17, der ab dem 21. Juni 2011 gilt.
Für diejenigen teilnehmenden Mitgliedstaaten, die aufgrund eines nach Artikel 331 Absatz 1 Unterabsatz 2 oder Unterabsatz 3 des Vertrags über die Arbeitsweise der Europäischen Union angenommenen Beschlusses an der Verstärkten Zusammenarbeit teilnehmen, gilt diese Verordnung ab dem in dem betreffenden Beschluss angegebenen Tag.
Diese Verordnung ist in allen ihren Teilen verbindlich und gilt gemäß den Verträgen unmittelbar in den teilnehmenden Mitgliedstaaten.

A. Anwendungsbereich der Verordnung

Ab dem 21.6.2012 wird Art. 17 EGBGB durch europäisches Verordnungsrecht verdrängt. Die Verordnung (EU) Nr. 1259/2010 des Rates vom 20.12.2010 zur Durchführung einer Verstärkten Zusammenarbeit im Bereich des auf die Ehescheidung und Trennung ohne Auflösung des Ehebandes anzuwendenden Rechts[4] (im Folgenden: Rom III-VO) ersetzt das nationale Kollisionsrecht der gem. Art. 3 Rom III-VO an der Verordnung teilnehmenden Mitgliedstaaten.[5] Nach ihrem Art. 4 gilt die Verordnung universell, dh auch dann, wenn sie auf das Recht eines nicht teilnehmenden Mitgliedstaats oder das Recht eines Drittstaats verweist.[6] Für das nationale IPR verbleibt damit, soweit der sachliche Anwendungsbereich der Rom III-VO eröffnet ist, kein eigenständiger Anwendungsbereich mehr (vgl bezüglich noch denkbarer Restbereiche allerdings Rn 5 und 6). 1

Nach ihrem Art. 1 Abs. 1 gilt die Verordnung für die**Ehescheidung und die Trennung ohne Auflösung des Ehebandes**. Was die Merkmale Ehescheidung und Trennung ohne Auflösung des Ehebandes anbelangt, wird offenkundig eine Übereinstimmung mit Art. 1 Abs. 1 lit. a EheVO 2003 angestrebt (vgl im Einzelnen dazu Anhang I zum III. Abschnitt, Art. 1 Rn 3 f).[7] Nicht anzuwenden ist die Rom III-VO gem. ihrem Art. 1 Abs. 2 lit. c für die **Ungültigerklärung der Ehe**.[8] Insoweit verbleibt es bei den nationalen Anknüpfungsregeln (vgl Art. 17 Rn 50). 2

Nach bisher ganz hM fällt auch die Scheidung **gleichgeschlechtlicher Ehen** nicht in den Anwendungsbereich der EheVO 2003. Dies spricht – da die Rom III-VO in ihrem sachlichen Anwendungsbereich eine Übereinstimmung mit der EheVO 2003 anstrebt – auf den ersten Blick dafür, dass gleichgeschlechtliche Ehen auch nicht vom Anwendungsbereich der Rom III-VO erfasst werden. Ausweislich der Materialien zur Rom III-VO 3

4 ABl. L 343 v. 29.12.2010, S. 10.
5 Im Einzelnen handelt es sich aktuell um Belgien, Bulgarien, Deutschland, Spanien, Frankreich, Italien, Lettland, Luxemburg, Ungarn, Malta, Österreich, Portugal, Rumänien und Slowenien. Griechenland hat seinen Antrag am 3.3.2010 zurückgezogen (vgl Erwägungsgrund 6 zur Rom III-VO).
6 Dazu Begründung zu Art. 2 des Entwurfs, KOM(2010) 105, S. 7 = BR-Drucks. 184/10, S. 7.
7 Vgl Erwägungsgrund 10 zur Rom III-VO: „Der sachliche Anwendungsbereich und die Bestimmungen dieser Verordnung sollten mit der Verordnung (EG) Nr. 2201/2003 im Einklang stehen."
8 S. ausdrücklich noch Erwägungsgrund 10 zur Rom III-VO sowie Begründung zu Art. 1 des Entwurfs, KOM(2010) 105, S. 7 = BR-Drucks. 184/10, S. 7.

ist der europäische Gesetzgeber aber bei der Schaffung der Rom III-VO davon ausgegangen, dass gleichgeschlechtliche Ehen grundsätzlich in den Anwendungsbereich der Rom III-VO und auch der EheVO 2003 fallen.[9] Diese Einbeziehung der gleichgeschlechtlichen Ehe hat auch in Art. 13 Var. 2 Rom III-VO sowie dem 26. Erwägungsgrund zur Rom III-VO[10] ihren Niederschlag gefunden. Vor dem Hintergrund des 26. Erwägungsgrundes und der Materialien zur Rom III-VO bezieht sich Art. 13 2. Var. Rom III-VO – der den Fall regelt, dass die „betreffende Ehe" in einem Mitgliedstaat nicht als „gültig" anzusehen ist – jedenfalls in erster Linie auf die gleichgeschlechtliche Ehe (vgl dazu noch Anhang I zum III. Abschnitt, Art. 1 Rn 3). Damit dürfte etwa die Scheidung von gleichgeschlechtlichen Ehen nach dem niederländischen, belgischen, spanischen, portugiesischen, norwegischen und schwedischen Recht grundsätzlich vom Anwendungsbereich der Rom III-VO erfasst sein.[11] Praktisch wird die Einbeziehung der gleichgeschlechtlichen Ehe in den Anwendungsbereich der Verordnung durch Art. 13 Var. 2 Rom III-VO aber wieder relativiert; der Verordnungsgeber hat nämlich bestimmt, dass die Mitgliedstaaten, die eine derartige (gleichgeschlechtliche) Ehe in ihrem Recht nicht kennen, nicht dazu verpflichtet sind, eine solche Ehe in Anwendung der Rom III-VO zu scheiden. Der Verordnungsgeber hat somit offenkundig, was die Einbeziehung der gleichgeschlechtlichen Ehe anbelangt, nach einem Kompromiss gesucht (siehe dazu näher unten Rn 25 ff).[12]

4 Im Gesetzgebungsverfahren wurde ferner vorgeschlagen, die Kollisionsregeln auch auf **„eingetragene Lebenspartner"** zu erstrecken;[13] in den Verordnungstext hat dies aber keinen Eingang gefunden. Dementsprechend sind heterosexuelle und homosexuelle Lebenspartner, soweit ihre Partnerschaft nicht als „Ehe" zu qualifizieren ist, nicht vom Anwendungsbereich der Rom III-VO erfasst. Eine gleichgeschlechtliche Partnerschaft dürfte nur dann als „Ehe" zu qualifizieren sein, wenn sie nach dem internen Recht der Mitgliedstaaten einer heterosexuellen Ehe gleichgestellt ist. Dies ist etwa für die gleichgeschlechtliche Ehe nach dem niederländischen, belgischen, spanischen, portugiesischen, norwegischen und schwedischen Recht anzunehmen,[14] nicht aber für die Lebenspartnerschaft nach dem deutschen Recht.

5 Unklar ist, ob die Rom III-VO auch für die **Privatscheidung** gilt. Dagegen spricht, dass der sachliche Anwendungsbereich der Rom III-VO nach dem 10. Erwägungsgrund mit dem sachlichen Anwendungsbereich der EheVO 2003 in Einklang stehen sollte und die EheVO 2003 nicht auf Privatscheidungen anwendbar ist (vgl dazu Anhang I zum III. Abschnitt, Art. 1 EheVO 2003 Rn 14). Auch gehen u.a. Art. 5 Abs. 1 lit. d, 8 und 10 sowie Erwägungsgrund 13 offenkundig davon aus, dass ein Gericht angerufen worden ist. Die Nichtanwendung der Rom III-VO auf Privatscheidungen führt in den Fällen zu einer Regelungslücke, in denen in einem Drittstaat eine Privatscheidung vorgenommen wird und sich aus deutscher Sicht die (nicht nach den Normen über die Urteilsanerkennung, sondern nach dem Kollisionsrecht) zu beantwortende Frage stellt, ob diese Privatscheidung im Inland als wirksam anzusehen ist (vgl Art. 17 Rn 166 mit Rn 93 ff). Diese Lücke sollte nicht durch eine (entsprechende) Anwendung der Rom III-VO, sondern durch das nationale Kollisionsrecht geschlossen werden; wendete man die Rom III-VO entsprechend an, ergäbe sich aufgrund der dort vorhandenen Rechtswahlvorschriften die Möglichkeit, in erheblichem Umfang das Recht eines Staates zur Anwendung zu bringen, der eine Privatscheidung vorsieht. Entscheiden allerdings deutsche Gerichte über ein Scheidungsbegehren, so steht es der Anwendbarkeit der Rom III-VO nicht entgegen, dass die in der Rom III-VO enthaltenen Kollisionsregeln zu dem Recht eines Staates führen, der die Privatscheidung vorsieht. Denn in Deutschland wird – was aktuell Art. 17 Abs. 2 EGBGB verdeutlicht – eine Ehe stets nur durch eine gerichtliche Entscheidung geschieden, wenngleich ggf unter Anwendung des Rechts eines Staates, der die Privatscheidung vorsieht (vgl dazu oben 83 ff). Daraus folgt, dass hier – bei einer Scheidung durch deutsche Gerichte – niemals

9 S. den Entwurf eines Berichts über den Vorschlag für eine Verordnung des Rates zur Begründung einer verstärkten Zusammenarbeit im Bereich des auf die Ehescheidung und Trennung ohne Auflösung des Ehebandes anzuwendenden Rechts(KOM(2010)105 – C7-0102/2010 – 2010/0067(CNS)); Rechtsausschuss,Berichterstatter*Tadeusz Zwiefka*, 2010/0067(CNS), S. 32.

10 Dort heißt es in Satz 3: „Wird in der Verordnung darauf Bezug genommen, dass nach dem Recht des teilnehmenden Mitgliedstaats, dessen Gericht angerufen wird, die betreffende Ehe für die Zwecke eines Scheidungsverfahrens nicht als gültig angesehen wird, so sollte dies unter anderem so ausgelegt werden, dass im Recht dieses teilnehmenden Mitgliedstaats eine solche Ehe nicht vorgesehen ist."

11 Siehe die Nachweise zu diesen gleichgeschlechtlichen Ehen bei Staudinger/*Mankowski*, Art. 17 b EGBGB Rn 22.

12 Vgl bereits (zur Reform der EheVO 2003) Rat der EU v. 13.4.2007, 2006/0135 (CNS) - 8401/07, Rn 23: „Darüber hinaus wird im Vorschlag nicht festgelegt, welches Recht auf die Ehe anzuwenden ist. Die Definition der Ehe und die Voraussetzungen für die Gültigkeit einer Ehe sind Gegenstand des materiellen Rechts und bleiben daher Sache des innerstaatlichen Rechts."

13 Siehe Entwurf einer Legislativen Entschließung des Europäischen Parlaments zu dem Vorschlag für eine Verordnung des Rates zur Begründung einer verstärkten Zusammenarbeit im Bereich des auf die Ehescheidung und Trennung ohne Auflösung des Ehebandes anzuwendenden Rechts (KOM(2010)105 – C7-0315/2010 – 2010/0067(CNS).

14 Siehe Nachweise zu diesen gleichgeschlechtlichen Ehen und ua auch zu den Regelungen des US-amerikanischen Rechts bei Staudinger/*Mankowski*, Art. 17 b EGBGB Rn 22.

eine Privatscheidung vorliegt. Die internationale Zuständigkeit folgt daher auch in diesem Fall aus der EheVO 2003, und die deutsche Entscheidung wird in den anderen Mitgliedstaaten nach Maßgabe der EheVO 2003 anerkannt. Dementsprechend gilt in diesem Fall auch die Rom III-VO.

Klärungsbedürftig ist auch, ob die Rom III-VO nur für die jeweilige Gestaltungsentscheidung – Ehescheidung oder Auflösung des Ehebandes – gilt, oder ob auch bestimmte **Folgefragen** erfasst werden. Eindeutig ist, dass nicht-scheidungsrechtlich zu qualifizierende Fragen – insbesondere unterhalts- und güterrechtliche Fragen – nicht von der Rom III-VO erfasst werden, sondern etwa dem Haager Protokoll über das auf Unterhaltspflichten anwendbare Recht, sonstigen gemeinschaftsrechtlichen und staatsvertraglichen Regelungen oder dem nationalen Kollisionsrecht unterfallen (vgl Art. 1 Abs. 2 lit. e und g). Allerdings gibt es durchaus einige Nebenfolgen, die de lege lata scheidungsrechtlich qualifiziert und dem Statut des Art. 17 EGBGB unterstellt werden und nicht von vorrangigen Verordnungen usw erfasst sein dürften. Zu nennen sind etwa die Ersatzpflicht des an der Scheidung schuldigen Ehegatten für aus dem Ehebruch resultierende immaterielle und ggf materielle Schäden oder die Möglichkeit eines Schenkungswiderrufs (siehe Art. 17 Rn 73 ff). Es bleibt abzuwarten, ob auch diese Nebenfolgen kraft Sachzusammenhangs der Rom III-VO unterstellt werden oder ob insoweit ein (wenn auch kleiner) Anwendungsbereich für nationale Kollisionsregeln verbleibt. Der 10. Erwägungsgrund der Verordnung spricht gegen eine Anwendung der Rom III-VO.[15] 6

Aus der Anwendung der Rom III-VO ergibt sich für den deutschen Gesetzgeber auch ein Reformbedarf für die **Anknüpfung des Versorgungsausgleichs**. Die Regelung des gegenwärtigen Art. 17 Abs. 3 EGBGB müsste, soweit man überhaupt die Scheidungsakzessorietät bei der Anknüpfung des Versorgungsausgleichs beibehalten möchte, auf die Rom III-VO und nicht auf die (nicht mehr anwendbare) Regelung des Art. 17 Abs. 1 S. 1 bezogen werden. 7

Die **Rom III-VO**gilt für Verfahren und Rechtswahlvereinbarungen, die ab dem **21.6.2012** eingeleitet bzw geschlossen werden (Art. 18 Abs. 1 Unterabs. 1 Rom III-VO). Eine Rechtswahlvereinbarung, die vor dem 21.6.2012 geschlossen wurde, ist ab dem 21.6.2012 ebenfalls als wirksam anzusehen, selbst wenn sie noch vor diesem Datum geschlossen wurde. Vorausgesetzt wird allerdings, dass sie die Voraussetzungen nach Art. 6, 7 Rom III-VO erfüllt (Art. 18 Abs. 1 Unterabs. 2 Rom III-VO). Praktisch kann es sich also empfehlen, bereits vor dem 21.6.2012 eine (nur) nach Art. 6, 7 Rom III-VO wirksame Rechtswahlvereinbarung zu treffen, soweit das entsprechende Scheidungsverfahren nach den Umständen erst ab dem 21.6.2012 eingeleitet werden soll. 8

B. Möglichkeiten der Rechtswahl

Inhaltlich weicht die Rom III-VO grundlegend von dem bestehenden Recht ab. Zunächst sehen Art. 5–7 weit reichende **Möglichkeiten der Rechtswahl** vor. Art. 5 Abs. 1 Rom III-VO stellt den Parteien keine gänzlich freie Rechtswahl zur Verfügung, sondern beschränkt die mögliche Wahl auf einzelne Rechtsordnungen, zu denen die Ehegatten eine Verbindung haben. Der in Art. 5 Abs. 1 lit. a–d enthaltene Katalog von wählbaren Rechtsordnungen ist jedoch sehr weit gefasst. 9

Wählbar sind zunächst das Recht des Staates, in dem die Ehegatten zum Zeitpunkt der Rechtswahl ihren **gewöhnlichen Aufenthalt** haben (lit. a), sowie das Recht des Staates, in dem die Ehegatten zuletzt ihren gewöhnlichen Aufenthalt hatten, sofern einer von ihnen zum Zeitpunkt der Rechtswahl dort noch seinen gewöhnlichen Aufenthalt hat (lit. b). Lit. a und b sind offenkundig an Art. 3 Abs. 1 lit. a 1. und 2. Spiegelstrich EheVO 2003 angelehnt, so dass die dortigen Auslegungsmaßstäbe auf die Auslegung von lit. a und lit. b übertragen werden können (vgl näher Anhang I zum III. Abschnitt, Art. 3 Rn 9 ff). Im Unterschied zu Art. 3 Abs. 1 lit. a EheVO 2003 beschränken sich lit. a und b aber nicht auf das Recht von Mitgliedstaaten; wählbar ist ebenso das Recht von Drittstaaten wie etwa der Schweiz. Die Voraussetzungen von lit. a und b müssen im Zeitpunkt der Rechtswahl vorliegen. Nachfolgende Statutenwechsel sind also unschädlich. Nach der Formulierung der Vorschriften tritt aber umgekehrt auch keine „Heilung" der ursprünglichen unwirksamen Rechtswahl ein, wenn die Voraussetzungen von lit. a bzw lit. b erst nachfolgend erfüllt werden; die Parteien müssen in diesem Fall die Rechtswahl nochmals vornehmen. 10

Nach lit. c können die Parteien ferner das Recht eines Staates wählen, dessen **Staatsangehörigkeit** einer der Ehegatten zum Zeitpunkt der Rechtswahl besitzt. Die Vorschrift besagt nicht, wie im Falle einer mehrfachen Staatsangehörigkeit zu entscheiden ist. Nach dem 22. Erwägungsgrund zur Verordnung wird im Fall der Verwendung der Staatsangehörigkeit als Anknüpfungspunkt die Frage, wie in Fällen der mehrfachen Staatsangehörigkeit zu verfahren ist, weiterhin nach innerstaatlichem Recht geregelt, wobei allerdings die „allgemeinen Grundsätze der Europäischen Union uneingeschränkt zu beachten sind". Der 22. Erwägungsgrund 11

15 Dieser spricht davon, dass auch „sonstige mögliche Nebenaspekte ... nach den Kollisionsnormen geregelt werden, die in dem betreffenden teilnehmenden Mitgliedstaat anzuwenden sind".

scheint sich seinem Wortlaut nach nicht nur auf die Fälle der objektiven Anknüpfung, sondern auch auf die Rechtswahl zu beziehen. Die im 22. Erwägungsgrund enthaltene Lösung weicht allerdings von der Auslegung des Art. 3 Abs. 1 lit. b EheVO 2003 durch den EuGH ab. Zu Art. 3 Abs. 1 lit. b EheVO 2003 hat der EuGH entschieden, dass jede (auch die nicht-effektive) gemeinsame Staatsangehörigkeit zuständigkeitsbegründend sein kann (s. Anhang I zum III. Abschnitt, Art. 3 Rn 52).[16] Es bleibt also abzuwarten, ob nicht doch auch die Wahl einer nicht-effektiven gemeinsamen Staatsangehörigkeit als ausreichend angesehen wird oder ob andere autonome Lösungen (etwa ein Abstellen nur auf die gemeinsame effektive Staatsangehörigkeit) entwickelt werden.

12 Nach lit. d können die Parteien ferner das Recht des Staates des **angerufenen Gerichts** wählen. Dadurch wird ein Gleichlauf zwischen der Zuständigkeit und dem anwendbaren Scheidungsrecht ermöglicht. Lit. d führt zu einer durchaus erheblichen Erweiterung der Rechtswahlmöglichkeiten, da ua nach Art. 3 Abs. 1 3.–6. Spiegelstrich EheVO 2003 auch der gewöhnliche Aufenthalt nur eines Ehegatten zuständigkeitsbegründend wirken kann und überdies unter besonderen Voraussetzungen nach Art. 6, 7 EheVO 2003 auch nationales Zuständigkeitsrecht angewendet werden kann.

13 Der **Zeitpunkt der Rechtswahl** bestimmt sich nach Abs. 2 und Abs. 3. Die Rechtswahlvereinbarung kann nach Abs. 2 jederzeit, spätestens jedoch bis zum Zeitpunkt der Anrufung des Gerichts, geschlossen oder geändert werden. Ob die Ehegatten auch noch nach Anrufung des Gerichts eine Rechtswahl vornehmen können, bestimmt sich gem. Abs. 3 nach dem Recht des angerufenen Gerichts. Der Zeitpunkt der Anrufung dürfte sich – da nach dem 10. Erwägungsgrund zur Rom III-VO eine begriffliche Übereinstimmung mit der EheVO 2003 angestrebt wird – nach Art. 16 EheVO 2003 richten.

14 Die**Einigung** und die **materielle Wirksamkeit** der Rechtswahl bestimmen sich in den Fällen einer Rechtswahl nach Art. 5 Abs. 1 und Abs. 2 nach Art. 6 Rom III-VO. Die Vorschrift übernimmt die Lösung des Art. 10 Rom I-VO. Grundsätzlich wird also – vorbehaltlich der Regelung des Art. 6 Abs. 2 – auf das Recht abgestellt, das anzuwenden wäre, wenn die Vereinbarung wirksam wäre. Nach Art. 7 Abs. 1 Rom I-VO bedarf die Rechtswahlvereinbarung grundsätzlich (nur) der **Schriftform**sowie der Datierung und Unterzeichnung durch beide Ehegatten; ggf reichen nach Abs. 1 S. 2 sogar elektronische Übermittlungen aus. Die Mitgliedstaaten haben nach Maßgabe von Abs. 2–4 die Möglichkeit, strengere Formvorschriften vorzusehen. Gedacht ist hier etwa an die Fälle, in denen die Rechtswahl Teil eines Ehevertrages ist.[17] Soweit die Rechtswahl erst im Laufe des Verfahrens zustande kommt, ist die Rechtswahl formwirksam, wenn sie im Einklang mit dem Recht des Staates des angerufenen Gerichts zu Protokoll genommen wird (Art. 5 Abs. 3 S. 2 Rom III-VO). Aus dem Wortlaut des Art. 5 Abs. 3 S. 2 Rom III-VO geht nicht deutlich hervor, ob die Protokollierung durch das Gericht ein Formerfordernis oder eine nur an das Gericht adressierte Ordnungsvorschrift darstellt; aus dem 20. Erwägungsgrund lässt sich aber schließen, dass die Protokollierung wohl als Formerfordernis zu verstehen ist.

15 Insgesamt stellt die Einführung einer weitgehenden Rechtswahlfreiheit einen Bruch mit dem überkommenen deutschen Scheidungskollisionsrecht dar. Den Ehegatten wird die Möglichkeit eröffnet, ein möglichst scheidungsfreundliches Recht zu wählen.[18] Dies ist insbesondere für solche Ehegatten interessant, bei denen im Rahmen der objektiven Anknüpfung ein eher scheidungsfeindliches Recht zur Anwendung gelangen würde. Die Rom III-VO ist daher – nicht anders als die EheVO 2003 – von einer betont scheidungsfreundlichen Grundtendenz geprägt. In der praktischen Beratung sollte allerdings von einer vorschnellen Rechtswahl Abstand genommen werden; zunächst ist stets zu untersuchen, ob die Wahl eines bestimmten Rechts Auswirkungen auf die Anknüpfung von Scheidungsnebenfolgen haben kann (vgl Art. 17 Rn 168).

III. Objektive Anknüpfung

16 Im Rahmen der **objektiven Anknüpfung** stellt Art. 8 Rom III-VO primär auf den aktuellen gemeinsamen gewöhnlichen Aufenthalt im Zeitpunkt der Anrufung des Gerichts ab (lit. a). Die Vorschrift orientiert sich an der Zuständigkeitsregelung in Art. 3 Abs. 1 lit. a 1. Spiegelstrich EheVO 2003 (vgl Anhang I zum III. Abschnitt, Art. 3 Rn 9 ff). Hilfsweise – falls lit. a nicht erfüllt ist – wird unter bestimmten Voraussetzungen auf den letzten gemeinsamen gewöhnlichen Aufenthalt abgestellt (lit. b). Die Vorschrift orientiert sich an der Zuständigkeitsregelung in Art. 3 Abs. 1 lit. a 2. Spiegelstrich EheVO 2003 (vgl Anhang I zum III. Abschnitt, Art. 3 Rn 16 ff). Allerdings wird – einschränkend – vorausgesetzt, dass der gemeinsame gewöhnliche Aufenthalt nicht vor mehr als einem Jahr vor Anrufung des Gerichts endete. Der Zeitpunkt der Anrufung ist nach Art. 16 EheVO 2003 zu bestimmen. Im praktischen Ergebnis führt die Vorschrift dazu, dass der Zeitpunkt der

16 EuGH, Rs. C-168/08, Hadadi/Mesko, FamRZ 2009, 1571 mit abl. Anm. *Kohler* und zust. Bespr. *Dilger,* IPRax 2010, 54 und *Hau,* IPRax 2010, 50; sowie Anm. *Huter,* ELR 2009, 351.

17 19. Erwägungsgrund zur Rom III-VO.

18 Vgl (zu den Rechtswahlmöglichkeiten im Verordnungsentwurf Rom III) *Looschelders,* FS Kropholler (2008), S. 329, 350.

Anrufung des Gerichts dafür maßgebend sein kann, welches Recht anzuwenden ist. Dies lässt Raum für taktische Überlegungen des Antragstellers.

Wiederum hilfsweise ist gem. lit. c auf die gemeinsame Staatsangehörigkeit der Ehegatten abzustellen. Die Staatsangehörigkeit hat damit nur noch die Bedeutung eines Hilfskriteriums für den Fall, dass die Anknüpfung an den gegenwärtigen bzw vormaligen gemeinsamen Aufenthalt der Ehegatten fehlschlägt.[19] Der Zurückdrängung der Staatsangehörigkeitsanknüpfung ist im Grundsatz sowohl aus integrationspolitischen als auch praktischen Erwägungen zuzustimmen; die Anknüpfung an den gewöhnlichen Aufenthalt führt dazu, dass deutlich häufiger als bisher die lex fori zur Anwendung gelangt und daher keine – zeitaufwändige und kostenverursachende – Ermittlung ausländischen Rechts mehr vorzunehmen ist. Nach dem 22. Erwägungsgrund wird im Fall der Verwendung der Staatsangehörigkeit als Anknüpfungspunkt die Frage, wie in Fällen der mehrfachen Staatsangehörigkeit zu verfahren ist, weiterhin nach innerstaatlichem Recht geregelt. Folgt man dem 22. Erwägungsgrund, so obliegt es dem nationalen Recht darüber zu befinden, ob auch eine gemeinsame nicht-effektive Staatsangehörigkeit für lit. c ausreicht.[20]Da nach dem 22. Erwägungsgrund die „Grundsätze der Europäischen Union uneingeschränkt zu achten sind", dürfte eine abstrakte Bevorzugung der deutschen Staatsangehörigkeit durch deutsche Gerichte nach dem Vorbild des Art. 5 Abs. 1 S. 2 EGBGB im Anwendungsbereich der Rom III-VO ausgeschlossen sein (vgl iÜ bereits Rn 11). **17**

Höchsthilfsweise ist nach lit. d auf die lex foriabzustellen. Dies kann – angesichts der weit gefassten Zuständigkeiten, die sich aus der EheVO 2003 bzw dem über Art. 6, 7 EheVO 2003 anwendbaren nationalen Zuständigkeitsrecht ergeben – im Einzelfall zur Anwendung eines Rechts führen, mit dem keine enge Verbindung besteht.[21] Es hätte sich hier angeboten, allgemein auf den engsten Bezug abzustellen. **18**

Eine Sonderregel findet sich in Art. 9 Rom III-VO für den Fall, dass eine Entscheidung über die **Trennung ohne Auflösung des Ehebandes** in eine Scheidung umgewandelt werden soll. Diese Vorschrift kann auch für deutsche Gerichte von Bedeutung sein, wenn sie eine Trennung von Tisch und Bett nach einem ausländischen – etwa dem italienischen – Recht ausgesprochen haben (vgl Art. 17 Rn 51). Art. 9 Rom III-VO stellt eine kollisionsrechtliche Parallelregelung zu Art. 5 EheVO 2003 dar. Beide Vorschriften führen dazu, dass nachfolgende Statutenwechsel an Bedeutung verlieren. Art. 5 EheVO 2003 führt dazu, dass die Gerichte, die die Trennung ohne Auflösung des Ehebandes ausgesprochen haben, auch für das nachfolgende Scheidungsverfahren zuständig bleiben; Art. 9 Rom III-VO führt dazu, dass diese Gerichte – ungeachtet evtl Statutenwechsel – weiterhin das Recht heranziehen können, das sie auch bei der Entscheidung über die Trennung ohne Auflösung des Ehebandes angewendet haben. Die Vorschrift dient also den Kontinuitätsinteressen der Parteien.[22] Dem Wortlaut nach findet sie auch dann Anwendung, wenn für die Scheidung ein anderes Gericht angerufen wird als für das vorangegangene Verfahren zur Trennung ohne Auflösung des Ehebandes. Den Parteien bleibt es zudem, wie in der Vorschrift klargestellt, unbenommen, nach Maßgabe von Art. 5 Rom III-VO ein anderes Recht zu wählen. **19**

Sieht das anwendbare Recht **keine Scheidung** vor, so ist nach Art. 10 Rom III-VO die lex fori anzuwenden. Art. 10 Rom III-VO erinnert an die spezielle Vorbehaltsklausel des Art. 17 Abs. 1 S. 2 EGBGB, ohne dass allerdings der Antragsteller eine besondere Beziehung zur lex fori aufweisen muss. Auch hier zeigt sich eine scheidungsfreundliche Tendenz der Rom III-VO.[23] Nicht anders als Art. 17 Abs. 1 S. 2 EGBGB (vgl dazu Rn 31 ff) wirft die Vorschrift die Frage auf, ob nur die (wenigen) Fälle erfasst sein sollen, in denen das anwendbare Recht das Rechtsinstitut der Scheidung gar nicht kennt oder auch diejenigen Fälle, in denen die Ehe nur im konkreten Einzelfall (noch) nicht scheidbar ist.[24] Der 26. Erwägungsgrund spricht dafür, dass Art. 10 III Rom III-VO (nur) den seltenen Fall meint, in dem das berufene Recht das Rechtsinstitut der Scheidung gar nicht kennt.[25] Der 26. Erwägungsgrund bezieht sich hierbei seinem Wortlaut nach nicht auf die in Art. 13 Var. 1 Rom III-VO enthaltene Regelung, sondern auch auf Art. 10 Rom III-VO. Art. 10 Rom III-VO ist nach seinem Wortlaut – in dem explizit auf Art. 5 Rom III-VO verwiesen wird – auch dann einschlägig, wenn die Parteien das anwendbare (scheidungsfeindliche) Recht gewählt haben. Damit wird die scheidungsfreundliche Tendenz der Rom III-VO auch gegenüber einer parteiautonomen Entscheidung der Ehegatten **20**

19 Krit. demgegenüber dazu Rauscher/*Rauscher*, Einl. Brüssel IIa-VO Rn 51 f.

20 Zu Art. 3 Abs. 1 lit. b EheVO 2003 hat allerdings der EuGH entschieden, dass jede (auch die nicht-effektive) gemeinsame Staatsangehörigkeit zuständigkeitsbegründend sein kann; EuGH, Rs. C-168/08, Hadadi/Mesko, FamRZ 2009, 1571 mit abl. Anm. *Kohler* und zust. Bespr. *Dilger,* IPRax 2010, 54 und *Hau,* IPRax 2010, 50; sowie Anm. *Huter,* ELR 2009, 351.

21 Krit. *Kohler,* FamRZ 2008, 1673, 1679 (zum Verordnungsentwurf Rom III).

22 S. den 23. Erwägungsgrund zur Rom III-VO.

23 Vgl auch *Looschelders,* FS Kropholler (2008), S. 329, 349 (zum Verordnungsentwurf Rom III).

24 Vgl zum Verordnungsentwurf „Rom III" auch *Kohler,* FamRZ 2008, 1673, 1677 f.

25 In dem Erwägungsgrund heißt es: „Wird in der Verordnung darauf Bezug genommen, dass das Recht des teilnehmenden Mitgliedstaats, dessen Gericht angerufen wird, Scheidungen nicht vorsieht, so sollte dies so ausgelegt werden, dass im Recht dieses teilnehmenden Mitgliedstaats das Rechtsinstitut der Ehescheidung nicht vorhanden ist."

durchgesetzt. Oder anders gesagt: Ehegatten ist es nach Art. 10 Rom III-VO auch verwehrt, sich durch die Wahl eines „scheidungsfeindlichen" Rechts gegen die Anwendung einer scheidungsfreundlichen lex fori abzusichern.

21 Die lex fori ist nach Art. 10 Rom III-VO ferner dann anzuwenden, wenn das anwendbare Recht einem der Ehegatten aufgrund seiner **Geschlechtszugehörigkeit** keinen gleichberechtigten Zugang zur Ehescheidung oder Trennung ohne Auflösung des Ehebandes gewährt. Diese Regelung ist ersichtlich gegen das islamische Recht gerichtet.[26] Es bleibt abzuwarten, ob schon die **abstrakte**Ungleichbehandlung von Mann und Frau im ausländischen Recht als solche ausreicht, um über Art. 10 Rom III-VO die Anwendung des ausländischen Rechts auszuschließen. Dies würde in der Konsequenz dazu führen, dass – im Widerspruch zur bisherigen deutschen Praxis – die Anwendung islamischen Rechts weitgehend zu unterbleiben hat und anstelle dessen Scheidungen nach der lex fori ausgesprochen werden, die dann in den betreffenden islamischen Staaten ggf nicht anerkannt werden. Art. 10 Rom III-VO sollte nach der hier vertretenen Auffassung besser als spezielle ordre public-Klausel aufgefasst und nur dann angewendet werden, wenn das anwendbare Recht im konkreten Fall dem antragstellenden Ehegatten – praktisch also der Frau – im Gegensatz zu dem anderen Ehegatten keine Scheidung ermöglicht. Im Ergebnis ist also darauf abzustellen, welcher der Ehegatten die Scheidung begehrt und (zusätzlich) ob das ausländische Recht – ungeachtet einer dort ggf abstrakt vorhandenen Ungleichbehandlung der Ehegatten – im konkreten Fall die Scheidung zulässt oder nicht. Es ergäbe sich damit aus deutscher Sicht jedenfalls kein grundlegender Unterschied zur bisherigen Praxis (s. Art. 17 Rn 71). Hierfür spricht der 24. Erwägungsgrund der Verordnung, in der sich die Formulierung findet, dass Art. 10 Rom III-VO nur in „bestimmten Situationen"[27] anwendbar ist und in dem überdies der Zusammenhang mit der ordre public-Klausel hergestellt wird.[28] Ganz gesichert ist dieses Ergebnis aber nicht. Zu berücksichtigen ist etwa, dass nach dem 16. Erwägungsgrund das gewählte Recht – abstrakt betrachtet – bestimmte Gütemerkmale aufweisen muss.[29] Dies ließe sich als Argument für eine Auslegung von Art. 10 Rom III-VO in dem Sinne fruchtbar machen, dass bereits die abstrakte Ungleichbehandlung von Mann und Frau als Begründung dafür ausreicht, um von einer Anwendung dieses Rechts abzusehen. Im Ergebnis würde sodann über Art. 10 Rom III-VO die im bisherigen IPR herrschende Theorie von der prinzipiellen Gleichwertigkeit und Gleichrangigkeit der Rechtsordnungen aufgegeben; das gewählte oder durch eine objektive Anknüpfung bestimmte – und damit räumlich beste – Recht würde nur vorbehaltlich einer abstrakten materiellen „Qualitätskontrolle" zur Anwendung gelangen. Die begrüßenswerte Haltung des BGH gegenüber dem islamischen Recht (vgl Art. 17 Rn 67 ff) ließe sich dann unter Geltung der Rom III-VO nicht mehr aufrechterhalten.

22 In allen Fällen liegt eine Sachnormverweisung vor (Art. 11 Rom III-VO). Dies ist in den Fällen des Art. 8 Rom III-VO (objektive Anknüpfung) dann problematisch, wenn auf das Recht eines Drittstaates verwiesen wird und dieser nach dem für ihn anwendbaren IPR eine Rückverweisung auf das Recht eines Mitgliedstaates oder eine Weiterverweisung aussprechen würde. Denn in diesen Fällen wird „ohne Not" ein ausländisches Recht angewendet, obwohl dieses selbst nicht angewendet werden will. Man verursacht also unnötige Kosten und verfehlt den internationalen Entscheidungseinklang.[30]

23 Es gilt ferner der allgemeine ordre public-Vorbehalt (Art. 12 Rom III-VO). Allerdings werden wichtige Anwendungsfälle (insbesondere die Diskriminierung nach der Geschlechtszugehörigkeit) bereits von Art. 10 Rom III-VO erfasst und machen dann einen Rückgriff auf Art. 12 Rom III-VO entbehrlich.

24 Art. 13 sieht schließlich in zwei unterschiedlichen Konstellationen vor, dass Gerichte der Mitgliedstaaten nicht zu einer Scheidung der Ehe in Anwendung der Rom III-VO verpflichtet sind. Art. 13 Var. 1 bezieht sich auf die Konstellation, dass in dem internen Recht des Mitgliedstaats eine Scheidung nicht vorgesehen ist.[31] Die Regelung betrifft nach dem 26. Erwägungsgrund nur den Fall, dass in dem betreffenden Mitgliedstaat das

26 Zu den Vorbehalten gegen die Anwendung islamischen Rechts bei der Beratung über den Verordnungsentwurf Rom III *Kohler*, FamRZ 2008, 1673, 1678.

27 In der englischen Fassung „in certain situations"; in der französischen Fassung „dans certaines situations".

28 In Satz 2 des Erwägungsgrundes heißt es: „Der Ordre-public-Vorbehalt sollte hiervon jedoch unberührt bleiben."

29 Dort heißt es: „Das von den Ehegatten gewählte Recht muss mit den Grundrechten vereinbar sein, wie sie durch die Verträge und durch die Charta der Grundrechte der Europäischen Union anerkannt werden." Art. 21 der Charta verbietet wiederum jedwede Diskriminierung insbesondere wegen des Geschlechts.

30 *Kohler*, FamRZ 2008, 1673, 1679.

31 Vgl. bereits zur geplanten Reform der EheVO 2003 Rat der EUv. 30.3.2007, 2006/0135 (CNS) - 8028/07, Rn 21: „Demnach führt der Vorschlag das Rechtsinstitut der Ehescheidung nicht in einem Mitgliedstaat ein, in dem dieses nicht besteht, und dieser wird auch nicht gezwungen, die Ehescheidung in sein nationales Recht aufzunehmen. Darüber hinaus verpflichtet der Vorschlag in keiner Weise die Gerichte eines Mitgliedstaats, nach dessen Recht die Ehescheidung nicht vorgesehen ist, bei Anwendung der Kollisionsbestimmungen des Vorschlags die Scheidung einer Ehe auszusprechen."

Rechtsinstitut der Scheidung gar nicht existiert.[32] Die Regelung ist daher nur für maltesische Gerichte von Interesse.[33]

Art. 13 Var. 2 meint vor allem vor dem Hintergrund der Materialien und ausweislich des 26. Erwägungsgrundes die gleichgeschlechtliche Ehe (vgl Rn 3). Nach dem 26. Erwägungsgrund ist Art. 13 Var. 2 dann einschlägig, wenn nach dem internen Recht des Mitgliedstaates, in dem der Antrag auf Scheidung usw. gestellt ist, eine derartige (gleichgeschlechtliche) Ehe als Rechtsinstitut nicht vorgesehen ist.[34] Dem entspricht es, dass sich die Rom III-VO ausweislich von Art. 1 Abs. 2 lit. c nicht auf „das Bestehen, die Gültigkeit oder die Anerkennung einer Ehe" bezieht.Die Vorschrift ist daher, da das interne deutsche Recht zwar die Lebenspartnerschaft, aber nicht die gleichgeschlechtliche Ehe kennt, auch für deutsche Gerichte einschlägig (zur Abgrenzung zwischen der Ehe und der Lebenspartnerschaft s. Rn 4). 25

Nach dem Wortlaut der Vorschrift sind die Gerichte des betreffenden Mitgliedstaates – also in der Konsequenz auch die deutschen Gerichte – „nicht verpflichtet, eine Ehescheidung in Anwendung dieser Verordnung auszusprechen". Dies wurde im Gesetzgebungsverfahren wohl so verstanden, dass die betreffenden Gerichte den entsprechenden Antrag gänzlich ablehnen könnten; die scheidungswilligen gleichgeschlechtlichen Ehegatten wären in diesem Fall, folgt man diesem Verständnis der Norm, darauf angewiesen, ihr Scheidungsbegehren an die Gerichte eines Mitgliedstaates zu richten, der in seinem internen Recht das Institut der gleichgeschlechtlichen Ehe vorsieht. Allerdings könnte es dann zu der Situation kommen, dass – wenn sich aus der EheVO 2003 nur eine internationale Zuständigkeit von Gerichten ergibt, die in ihrem internen Recht keine gleichgeschlechtliche Ehe kennen – die scheidungswilligen Ehegatten gar keinen Zugang zu einem entsprechenden „scheidungswilligen" Gericht mehr hätten. Sie wären damit (ggf auf Dauer) von einer Scheidung ausgeschlossen. Dementsprechend ist vor allem aus diesem Grund im Zuge der Diskussion der Rom III-VO die Einführung einer entsprechenden „Notzuständigkeit" für scheidungswillige gleichgeschlechtliche Ehepartner in die EheVO 2003 vorgeschlagen worden.[35] 26

Art. 13 Var. 2 Rom III-VO zwingt die Gerichte von Mitgliedstaaten, die in ihrem internen Recht keine gleichgeschlechtlichen Ehen kennen, allerdings nicht schlechthin dazu, einen Ausspruch über die Scheidung bzw die Trennung ohne Auflösung des Ehebandes zu verweigern. Die Vorschrift spricht allein davon, dass die Gerichte dieser Mitgliedstaaten nicht dazu „verpflichtet" sind. Die Vorschrift enthält also nur ein Verweigerungsrecht, das von den Mitgliedstaaten in Anspruch genommen werden kann, nicht aber in Anspruch genommen werden muss. Für die deutschen Gerichte stellt sich daher die Frage, ob sie sich im Falle der Scheidung einer gleichgeschlechtlichen Ehe auf Art. 13 Var. 2 Rom III-VO berufen sollten oder nicht. Letztlich dürfte es nach der hier vertretenen Auffassung deutschen Gerichten nicht möglich sein, die Scheidung einer Ehe unter Berufung auf Art. 13 Var. 2 von vornherein abzulehnen. Dies würde eine Verweigerung der Justizgewährung darstellen, die mit dem deutschen Verfassungsrecht nicht zu vereinbaren ist (zu einer vergleichbaren Situation siehe oben Rn 84). Deutsche Gerichte haben daher, soweit sie international zuständig sind, auch über die Scheidung einer gleichgeschlechtlichen Ehe in der Sache zu entscheiden. 27

Hiervon zu trennen ist allerdings die Frage, ob die deutschen Gerichte bei der kollisionsrechtlichen Bestimmung des anwendbaren Rechts tatsächlich die Rom III-VO anzuwenden haben, oder ob sie anstelle dessen auf ihr nationales Kollisionsrecht – also gegenwärtig Art. 17 b EGBGB – zurückgreifen können. Art. 13 Var. 2 Rom III-VO besagt, dass die Mitgliedstaaten nicht dazu verpflichtet sind, eine Ehescheidung „in Anwendung dieser Verordnung" auszusprechen. Die Vorschrift lässt sich damit ggf auch –im Wege eines „minus" zur vollständigen Ablehnung einer Entscheidung insgesamt – als Möglichkeit eines „opt out" aus dem Anwen- 28

32 In dem Erwägungsgrund heißt es: „Wird in der Verordnung darauf Bezug genommen, dass das Recht des teilnehmenden Mitgliedstaats, dessen Gericht angerufen wird, Scheidungen nicht vorsieht, so sollte dies so ausgelegt werden, dass im Recht dieses teilnehmenden Mitgliedstaats das Rechtsinstitut der Ehescheidung nicht vorhanden ist."

33 Nach der Volksabstimmung im Mai 2011 ist aber auch in Malta mit der Einführung eines gesetzlichen Scheidungsrechts zu rechnen.

34 In Satz 3 des 26. Erwägungsgrundes heißt es: „Wird in der Verordnung darauf Bezug genommen, dass nach dem Recht des teilnehmenden Mitgliedstaats, dessen Gericht angerufen wird, die betreffende Ehe für die Zwecke eines Scheidungsverfahrens nicht als gültig angesehen wird, so sollte dies unter anderem so ausgelegt werden, dass im Recht dieses teilnehmenden Mitgliedstaats eine solche Ehe nicht vorgesehen ist."

35 S. den Entwurf eines Berichts über den Vorschlag für eine Verordnung des Rates zur Begründung einer verstärkten Zusammenarbeit im Bereich des auf die Ehescheidung und Trennung ohne Auflösung des Ehebandes anzuwendenden Rechts (KOM(2010)0105 – C7-0102/2010 – 2010/0067(CNS)) v. 26.10.2010; Rechtsausschuss, BerichterstatterTadeusz Zwiefka, 2010/0067(CNS), S. 32; zuvor bereits (zur geplanten Reform der EheVO 2003) Legislative Entschließung des Europäischen Parlaments vom 21. Oktober 2008 zu dem Vorschlag für eine Verordnung des Rates zur Änderung der Verordnung (EG) Nr. 2201/2003 im Hinblick auf die Zuständigkeit in Ehesachen und zur Einführung von Vorschriften betreffend das anwendbare Recht in diesem Bereich (KOM(2006)0399 — C6-0305/2006 — 2006/0135(CNS); ABl. C 15 E 128/132 und auch Stellungnahme des Europäischen Wirtschafts- und Sozialausschusses (KOM(2006) 399 endg), ABl. C 325/71 Rn 3.3.).

dungsbereich der Rom III-VO verstehen. Welcher Sinn Art. 13 Var. 2 Rom III-VO genau zukommt, lässt sich gegenwärtig kaum sicher sagen. Geht man davon aus, dass die betreffenden Mitgliedstaaten aus Art. 13 Var. 2 Rom III-VO auch ein Recht zur Anwendung ihres nationalen Kollisionsrechts ableiten können, so dürfte dies auch auf die Regeln zur internationalen Zuständigkeit ausstrahlen. Soweit maW die gleichgeschlechtliche Ehe nicht unter Anwendung der Rom III-VO, sondern des nationalen Kollisionsrechts geschieden wird (in Deutschland also unter Anwendung von Art. 17 b EGBGB), dürfte sich auch die internationale Zuständigkeit nicht nach der EheVO 2003, sondern nach dem unvereinheitlichten nationalen Zuständigkeitsrecht richten (vgl noch näher Anhang I zum III. Abschnitt, Art. 1 EheVO Rn 3).

29 Allerdings ist Art. 13 Var. 2 nach der hier vertretenen Auffassung nicht auf den Fall der gleichgeschlechtlichen Ehe zu begrenzen. In erster Linie betrifft die Vorschrift nach dem 26. Erwägungsgrund zwar den Fall, dass ein bestimmter Ehetypus – wie vor allem die gleichgeschlechtliche Ehe – in dem Sachrecht eines Mitgliedstaates gar nicht vorhanden ist; sie dürfte sich aber auch auf den Fall erstrecken, in dem ein Richter im Rahmen einer **Vorfragenanknüpfung** zu dem Ergebnis kommt, dass (nach dem anwendbaren in- oder ausländischen Sachrecht) nur im konkreten Fall keine wirksame Ehe besteht. Der 26. Erwägungsgrund zur Rom III-VO lässt eine derartige weite Anwendung der Vorschrift seinem Wortlaut nach zu.[36] Art. 13 Var. 2 erlaubt es daher den Gerichten, von der Scheidung einer Ehe abzusehen, die sich aus ihrer Sicht aufgrund der Vorfragenanknüpfung als von vornherein nicht existent oder unwirksam darstellt (vgl Art. 17 Rn 53 ff). Nicht von Art. 13 Var. 2 geregelt wird demgegenüber der (umgekehrte) Fall, dass die Ehe zwar aus der Sicht des zur Entscheidung berufenen Gerichts, nicht aber aus der Sicht des anwendbaren Scheidungsstatuts wirksam ist (s. Art. 17 Rn 45 ff).

Art. 17 a EGBGB Ehewohnung und Haushaltsgegenstände

Die Nutzungsbefugnis für die im Inland belegene Ehewohnung und die im Inland befindlichen Haushaltsgegenstände sowie damit zusammenhängende Betretungs-, Näherungs- und Kontaktverbote unterliegen den deutschen Sachvorschriften.

Literatur: S. bei Art. 17 EGBGB.

A. Allgemeines

1 Die Vorschrift enthält eine Regelung der früher sehr umstrittenen Frage, nach welchem Recht sich die Nutzungsbefugnis für die inländische Ehewohnung und die inländischen Haushaltsgegenstände beurteilt. In der Rechtsprechung wurden bei bestehender Ehe vielfach Art. 14 bzw im Falle der Scheidung Art. 17 angewendet.[1] Von einer starken Gegenansicht in der Rechtsprechung wurde demgegenüber eine unterhaltsrechtliche

36 Dort heißt es nämlich in Satz 3: „Wird in der Verordnung darauf Bezug genommen, dass nach dem Recht des teilnehmenden Mitgliedstaats, dessen Gericht angerufen wird, die betreffende Ehe für die Zwecke eines Scheidungsverfahrens nicht als gültig angesehen wird, so sollte dies *unter anderem* so ausgelegt werden, dass im Recht dieses teilnehmenden Mitgliedstaats eine solche Ehe nicht vorgesehen ist" (Hervorhebung vom Verfasser). Siehe auch zu der englischen Fassung („inter alia") und zur französischen Fassung („notamment").

1 OLG Celle FamRZ 1999, 443; OLG Stuttgart FamRZ 1998, 1321; 1990, 1354; OLG Hamm FamRZ 1990, 54; OLG Frankfurt FamRZ 1994, 715, 716; 1994, 633 (lasse sich aber dem ausländischen – hier marokkanischen – Recht keine Regelung entnehmen, die für die Benutzung der Ehewohnung während des Getrenntlebens auf die sozialen Verhältnisse in Deutschland anwendbar wäre, sei wegen des starken Inlandsbezugs auf deutsches Recht zurückzugreifen); IPRax 1993, 417 (LS) mit abl. Anm. *Henrich*; KG FamRZ 1991, 1190. Vgl auch Regierungsbegründung zum GewSchG, BT-Drucks. 14/5429, S. 14.

Qualifikation vorgenommen.[2] Art. 17 a bestimmt nunmehr, dass für in Deutschland belegene Gegenstände einheitlich deutsches Recht zur Anwendung kommen soll.

Die Vorschrift beruht auf Art. 10 des Gesetzes zur Verbesserung des zivilrechtlichen Schutzes bei Gewalttaten und Nachstellungen sowie zur Erleichterung der Überlassung der Ehewohnung bei Trennung vom 11.12.2001 („**Gewaltschutzgesetz**").[3] Art. 17 a erfasst damit insbesondere die Wohnungszuweisung nach § 2 GewSchG. Daneben gilt Art. 17 a aber auch für die Nutzungszuweisung nach **§ 1361 a BGB** und **§ 1361 b BGB**bzw – nach allerdings sehr umstrittener Auffassung – nach §§ 1568 a, 1568 b BGB iVm §§ 200 ff FamFG.[4] Der früher entsprechend der HausratsV verwendete Begriff „Hausrat" wurde mit dem Gesetz zur Änderung des Zugewinnausgleichs- und Vormundschaftsrechts vom 6.7.2009[5] in „Haushaltsgegenstände" umgeändert. Es handelt sich dabei um eine Folgeänderung im Zuge der Übertragung der Vorschriften der HausratsV in §§ 1568 a, 1568 b BGB und der Angleichung mit § 1361 a BGB.[6] 2

Durch Art. 17 b Abs. 2 S. 1 wird Art. 17 a auch auf die Zuweisung von Hausrat und Wohnung sowie damit zusammenhängende Schutzanordnungen in eingetragenen gleichgeschlechtlichen **Lebenspartnerschaften** erstreckt. Vom Wortlaut nicht erfasst werden im Ausland belegene Wohnungen oder Hausrat. Ebenso wenig vom Wortlaut des Art. 17 a erfasst werden die Nutzungsbefugnis bei sonstigen nichtehelichen Lebensgemeinschaften sowie Schutzanordnungen, die sich nicht auf den Bereich der Wohnung beziehen. In den genannten Fällen stellt sich allerdings die Frage nach einer analogen Anwendung der Norm. 3

B. Regelungsgehalt

I. Nutzungszuweisung bei Ehepartnern

1. Anwendung bei inländischen Ehewohnungen und Haushaltsgegenständen. Art. 17 a erklärt im Hinblick auf die Nutzungsbefugnis für die im Inland belegene **Ehewohnung**bzw die im Inland belegenen **Haushaltsgegenstände** das deutsche Recht für anwendbar. Die Verweisung auf das deutsche Recht wird in der Gesetzesbegründung zum einen damit gerechtfertigt, dass das ausländische Recht häufig keine Regelung zum Schutz eines misshandelten oder mit Gewalt bedrohten Ehegatten sowie dadurch gefährdeter Kinder enthält.[7] Darüber hinaus sei die Anwendung deutschen Rechts dadurch gerechtfertigt, dass Fragen der Wohnungszuweisung häufig im Eilverfahren zu entscheiden sind. Den zuständigen Gerichten solle daher eine klare und schnell ermittelbare Rechtsgrundlage zur Verfügung gestellt werden.[8] 4

Art. 17 a erfasst die Wohnungszuweisung nach dem **GewSchG** und die mit der Nutzungsbefugnis sachlich zusammenhängenden Betretungs-, Näherungs- und Kontaktverbote.[9] 5

Nach hL ist Art. 17 a aber auch auf Nutzungszuweisungen anzuwenden, die nach **§ 1361 a BGB** oder nach **§ 1361 b BGB** ergehen.[10] Hierbei kommt es nicht darauf an, ob die Wohnungszuweisung (wie etwa in § 1361 b Abs. 2 BGB vorgesehen) im konkreten Fall durch einen Gewaltakt eines der Ehegatten beeinflusst wird oder nicht. Die hL kann sich hier u.a. auf den weit gefassten Wortlaut der Norm berufen, welcher mit der „Ehewohnung" einen in § 1361 a BGB, nicht aber im GewSchG verwendeten Begriff enthält. Für eine Einbeziehung der §§ 1361 a, 1361 b BGB spricht auch, dass die Nutzungsbefugnis an den in Art. 17 a eigens erwähnten „Haushaltsgegenständen" nicht unmittelbar Gegenstand des GewSchG, sondern nur des § 1361 a BGB ist. Hieran wird deutlich, dass der Gesetzgeber den Anwendungsbereich des Art. 17 a ganz offensichtlich über das GewSchG hinaus erweitern wollte. Eine Anwendung des inländischen Sachrechts in den nicht gewaltbezogenen Fällen des § 1361 a BGB bzw des § 1361 b BGB ist iÜ sachgerecht, da auch dort rasche Entscheidungen zu treffen sind. Die bei Anwendung des Art. 14 bzw Art. 17 uU notwendige Ermittlung eines ausländischen Kollisions- und Sachrechts wäre hier ebenso unpraktikabel wie in den Eilverfahren nach dem GewSchG. 6

2 OLG Hamm FamRZ 1993, 191; auch OLG Hamm IPRax 1990, 186; OLG Karlsruhe FamRZ 1993, 1464 = IPRax 1993, 417 (LS) mit zust. Anm. *Henrich*; OLG Frankfurt FamRZ 1991, 1190; OLG Koblenz NJW-RR 1991, 522 mit zust. Anm. *Henrich*, IPRax 1991, 263; OLG Düsseldorf NJW 1990, 3091.

3 BGBl. I 2001 S. 3513.

4 Früher HausratsV, aufgehoben durch das Gesetz zur Änderung des Zugewinnausgleichs- und Vormundschaftsrechts vom 6.7.2009, BGBl.I 2009 S. 1696.

5 BGBl. I 2009 S. 1696.

6 Beschlussempfehlung und Bericht des Rechtsausschusses, BT-Drucks. 16/13027, S. 8.

7 Begründung zum Regierungsentwurf, BT-Drucks. 14/5429, S. 14.

8 Begründung zum Regierungsentwurf, BT-Drucks. 14/5429, S. 16, 37.

9 Vgl Begründung zum Regierungsentwurf, BT-Drucks. 14/5429, S. 21 f.

10 Staudinger/*Mankowski*, Art. 17 a EGBGB Rn 14; Erman/*Hohloch*, Art. 17 a EGBGB Rn 6; *Johannsen/Henrich*, Art. 17 a Rn 1; Bamberger/Roth/*Heiderhoff*, Art. 17 a EGBGB Rn 15; *Finger*, FuR 2002, 197; zweifelnd *Rauscher*, IPR, S. 173 f.

7 Die Anknüpfung nach Art. 17 a erfasst auch die mit der Zuweisung zusammenhängenden **Betretungs-, Näherungs- und Kontaktverbote**, die in § 1361 b Abs. 3 näher geregelt sind.[11] Der in Art. 17 a vorausgesetzte „Zusammenhang" besteht mit anderen Worten zwischen der Zuweisungsentscheidung und den daran anknüpfenden Betretungs-, Näherungs- und Kontaktverboten. Es kommt nicht darauf an, ob die die Zuweisung uU auslösende Gewaltanwendung auch in der betroffenen Wohnung vorgefallen ist.[12]

8 Umstritten ist, ob Art. 17 a darüber hinaus auch für die Zuweisung der Ehewohnung und von Haushaltsgegenständen im Scheidungsfall nach **§§ 1568 a, 1568 b BGB** gilt.[13] Nach der hier vertretenen Ansicht ist dies zu bejahen. Die in Art. 17 a verwendeten Begriffe der „Ehewohnung" und der „Haushaltsgegenstände" stimmen wiederum mit der in §§ 1568 a, 1568 b BGB verwendeten Terminologie überein. Dem Wortlaut nach bezieht sich Art. 17 a allerdings nur auf die Zuweisung der „Nutzungsbefugnis", wohingegen § 1568 b Abs. 1 BGB – noch weiter gehend – auch eine eigentumsübertragende Zuweisung kennt. Insoweit könnte man zu dem Ergebnis gelangen, dass §§ 1568 a, 1568 b BGB entweder gar nicht oder jedenfalls nur insoweit unter Art. 17 a fallen, als sie keinen Eigentumswechsel zum Gegenstand hat.

9 Ob mit dem Begriff der „**Nutzungsbefugnis**" ein Ausschluss der §§ 1568 a, 1568 b BGB angestrebt wird, erscheint jedoch zweifelhaft. Immerhin steht auch in §§ 1568 a, 1568 b BGB nicht die Eigentumsverteilung, sondern die Besitzverteilung zum praktischen Gebrauch im Vordergrund. Die systematische Stellung des Art. 17 a – im unmittelbaren Anschluss an Art. 17 – spricht eher für den Willen des Gesetzgebers, auch scheidungsbedingte Zuweisungen nach Art. 17 a anzuknüpfen. Wäre es dem Gesetzgeber eindeutig nur um die Regelung nicht-scheidungsbedingter Zuweisungsverfahren gegangen, wäre die Schaffung eines Art. 14 a – im Anschluss an die allgemeinen Ehewirkungen – konsequent gewesen.

10 Die ursprünglichen Gesetzesmaterialien zu Art. 17 a EGBGB geben keinen näheren Aufschluss über die **Intentionen des Gesetzgebers**. In der Überschrift des Gesetzes ist von einer „Überlassung der Ehewohnung bei Trennung" die Rede.[14] Der Begriff der „**Trennung**" ist jedoch eher in einem untechnischen Sinne zu verstehen. Er ist jedenfalls nicht Ausdruck einer bewussten gesetzgeberischen Entscheidung, den Anwendungsbereich des Gesetzes insgesamt oder auch nur im Hinblick auf Art. 17 a auf die Fälle des „Getrenntlebens" im technischen Sinne der §§ 1361 a, 1361 b BGB zu beschränken. Dass Art. 17 a ausweislich der Begründung zum Regierungsentwurf insbesondere den praktischen Bedürfnissen in Eilverfahren Rechnung tragen soll,[15] kann einer Anwendung der Norm auf die §§ 1568 a, 1568 b BGB ebenfalls nicht entgegengehalten werden.[16] Die Anwendung des Art. 17 a EGBGB soll zwar auch einem bei der Wohnungszuweisung häufig – insbesondere bei Zuweisungen nach § 2 GewSchG – vorliegenden Eilbedürfnis Rechnung tragen, ist aber nicht auf Eilverfahren reduziert. Verfahrensrechtlich werden Zuweisungsverfahren nach §§ 1361 a, 1361 b BGB einerseits und nach §§ 1568 a, 1568 b BGB in den §§ 200 ff. FamFG im Übrigen weitgehend gleichbehandelt.[17]

11 Dass sich Art. 17 a nach dem Willen des Gesetzgebers auch auf die §§ 1568 a, 1568 b BGB erstrecken soll, wird schließlich durch das Gesetz zur Änderung des Zugewinnausgleichs- und Vormundschaftsrechts vom 6.7.2009[18] hinreichend deutlich gemacht. In diesem Gesetz wurden die §§ 1568 a, 1568 b BGB neu in das BGB aufgenommen; die HausratsV wurde aufgehoben.[19] Zugleich ist in den §§ 1568 a, 1568 b BGB – anders als in der vormals geltenden HausratsV – nicht mehr von Hausrat, sondern von Haushaltsgegenständen die Rede. In demselben Gesetz wurde auf Vorschlag des Rechtsausschusses auch in Art. 17 a EGBGB der Begriff „Hausrat" durch „Haushaltsgegenstände" ersetzt. Nach der Begründung des Rechtsausschusses handelte es sich hierbei um eine „Folgeänderung aufgrundder geänderten Wortwahl".[20] Dadurch kommt hinreichend zum Ausdruck, dass sich Art. 17 a EGBGB nach den Vorstellungen des Rechtsausschusses offenkundig auch auf die §§ 1568 a, 1568 b BGB erstrecken sollte.[21]

12 Hinzuweisen ist schließlich darauf, dass angesichts der weitgehenden materiell- und prozessrechtlichen Übereinstimmungen zwischen den Verfahren nach §§ 1361 a, 1361 b BGB einerseits und §§ 1568 a, 1568 b BGB

11 Erman/*Hohloch*, Art. 17 a EGBGB Rn 6.
12 Erman/*Hohloch*, Art. 17 a EGBGB Rn 6.
13 Bejahend *Johannsen/Henrich*, Art. 17 a Rn 3; *Looschelders*, Art. 17 a Rn 4; MüKo/*Winkler v. Mohrenfels*, Art. 17 a EGBGB Rn 11; abl. Staudinger/*Mankowski*, Art. 17 a EGBGB Rn 15, 16; Erman/*Hohloch*, Art. 17 a EGBGB Rn 9; zweifelnd *Rauscher*, IPR, S. 174.
14 So aber Staudinger/*Mankowski*, Art. 17 a EGBGB Rn 16; Erman/*Hohloch*, Art. 17 a EGBGB Rn 9.
15 Begründung zum Regierungsentwurf, BT-Drucks. 14/5429, S. 16.
16 Abweichend Staudinger/*Mankowski*, Art. 17 a EGBGB Rn 16.
17 Siehe §§ 200 ff. FamFG. Eine Unterscheidung sieht lediglich § 209 Abs. 1 S. 2 FamFG vor. Diese Vorschrift bestimmt, dass (nur) bei Ehewohnungssachen nach § 200 Abs. 1 Nr. 1 FamFG – also Verfahren nach § 1361 b BGB – eine sofortige Wirksamkeit der Entscheidung angeordnet werden soll; in den anderen Fällen wird die Entscheidung erst mit ihrer Rechtskraft wirksam (§ 209 Abs. 1 S. 1 FamFG).
18 BGBl. I 2009 S. 1696.
19 Art. 1 und 2 des Gesetzes (BGBl. I 2009 S. 1696).
20 Beschlussempfehlung und Bericht des Rechtsausschusses, BT-Drucks. 16/13027, S. 8.
21 § 1361 a BGB war demgegenüber nur insoweit Gegenstand des Gesetzes, als die Überschrift zur Norm dem im Inhalt verwendeten Begriff „Haushaltsgegenstände" angepasst wurde.

andererseits kein überzeugender sachlicher Grund für eine Differenzierung besteht. Die Maßstäbe für die Verteilung – insbesondere etwa das Kindeswohl (§§ 1568 a Abs. 1, 1568 b Abs. 1 BGB, § 1361 b Abs. 1 S. 2 BGB) – sind nach dem Willen des Gesetzgebers aufeinander abgestimmt.[22] Es widerspräche daher dem gesetzgeberischen Willen, wenn es im Anschluss an eine (nach Art. 17 a dem deutschen Recht unterstellte) Wohnungszuweisung während bestehender Ehe infolge einer sich anschließenden Scheidung und einer Anwendung von Art. 17 bzw des Haager Protokolls über das auf Unterhaltspflichten anzuwendende Recht zu einem Statutenwechsel und damit der Anwendung eines anderen Rechts käme. Von einem derartigen Statutenwechsel wären insbesondere in Deutschland lebende Ehegatten mit gemeinsamer ausländischer Staatsangehörigkeit betroffen.

Nach der hier vertretenen Ansicht sind auch die **eigentumsübertragenden Zuweisungen** nach §§ 1568 a, 1568 b BGB von Art. 17 a erfasst. In der Konsequenz fällt sodann auch die in § 1568 b Abs. 2 BGB enthaltene Vermutung gemeinsamen Eigentums in den Anwendungsbereich von Art. 17 a.[23] Lehnt man demgegenüber eine Anwendung von Art. 17 a auf die eigentumsübertragenden Zuweisungen ab, so dürfte eine sachenrechtliche (nicht allgemein scheidungsrechtliche) Qualifikation der §§ 1568 a, 1568 b BGB vorzunehmen sein. Über die Anknüpfung an die lex rei sitae (Art. 43) gelangt man in diesem Fall ebenfalls zur Anwendung deutschen Rechts.[24] Die Anknüpfung von **Gebrauchsüberlassungsverträgen**, die die Ehegatten untereinander oder mit Dritten abschließen, bestimmt sich demgegenüber grundsätzlich nach der Rom I-VO. Soweit § 1568 a BGB allerdings den Mietvertrag als Rechtsfolge der Überlassungsentscheidung ändert bzw die richterliche Gestaltung von Mietverhältnissen zulässt, gilt nach der hier vertretenen Ansicht auch insoweit die Anknüpfung nach Art. 17 a. Die sich hier ergebende Umgestaltung des Mietverhältnisses beruht nicht auf einem Vertrag, sondern auf der richterlichen Überlassungsentscheidung. 13

Der Begriff der **Ehewohnung** ist, da es um die Durchsetzung (auch) von § 1361 b BGB bzw § 1568 a BGB geht, iSd materiellen deutschen Rechts zu verstehen.[25] Der Begriff der **Haushaltsgegenstände** richtet sich dementsprechend nach § 1361 a BGB, § 1568 b BGB. Der Begriff der **Inlandsbelegenheit** bereitet keine näheren Probleme. Es gelten dieselben Grundsätze wie bei Art. 43. Seinem Sinn und Zweck nach sollte Art. 17 a auch dann zur Anwendung gelangen, wenn sich die Haushaltsgegenstände zunächst in Deutschland befunden haben und von einem Ehegatten ohne die Zustimmung des anderen Ehegatten ins Ausland geschafft worden sind. Anderenfalls hätte es der Ehegatte in der Hand, die Wirkungen des deutschen GewSchG bzw des § 1568 b BGB durch die eigenmächtige Verbringung der Gegenstände ins Ausland zu unterlaufen. 14

Fraglich ist, ob bei den von Art. 17 a erfassten Fragen – ggf kumulativ – auch die deliktische Anknüpfung nach den Art. 4 ff. Rom II-VO bzw nach den Art. 40 f zur Anwendung gelangen kann.[26] Eine Anwendung der Rom II-VO dürfte für Fragen der Wohnungszuweisung unter Ehegatten ausscheiden, da insoweit der Ausnahmetatbestand des Art. 1 Abs. 2 a Rom II-VO eingreift; es bleibt sodann (nur) die Möglichkeit einer kumulativen Anwendung der Art. 40 ff. EGBGB. Die Begründung zum Regierungsentwurf geht offenbar davon aus, dass § 2 GewSchG (auch) deliktsrechtlich zu qualifizieren ist.[27] Die Frage kann aber zumeist offen bleiben, da auch die deliktische Anknüpfung in aller Regel zum deutschen Recht führt bzw jedenfalls in den problematischen Fällen eine akzessorische Anknüpfung an Art. 17 a vorgenommen werden kann.[28] Nach Art. 4 ff Rom II-VO anzuknüpfen sind in jedem Fall Ansprüche allgemein deliktischer Natur, die zB auf den Ersatz von Körperschäden oder Schmerzensgeld gerichtet sind und vom GewSchG ausdrücklich nicht berührt werden (Art. 3 Abs. 2 GewSchG). 15

2. Kein allseitiger Ausbau bei im Ausland belegenen Wohnungen bzw Haushaltsgegenständen. Art. 17 a ist seinem Wortlaut nach einseitig gefasst und trifft daher keine Regelung für im **Ausland belegene Wohnungen** bzw Haushaltsgegenstände. Nach dem Wortlaut der Vorschrift verbleibt es daher für derartige Gegenstände bei den bisherigen Anknüpfungsgrundsätzen, also einer Anwendung von Art. 17, 14 oder von Art. 18 (vgl Rn 1). Vereinzelt wird in Erwägung gezogen, Art. 17 a zu einer allseitigen Kollisionsnorm auszubauen. Bei im Ausland belegenen Wohnungen bzw Haushaltsgegenständen sei daher das ausländische 16

22 Vgl. RegE (Entwurf eines Gesetzes zur Änderung des Zugewinnausgleichs- und Vormundschaftsrechts, BT-Drucks. 16/10798, S. 21 r. Sp.): „Die Wertungsmaßstäbe, nach denen gemäß den §§ 1361 a und 1361 b BGB die vorläufige und gemäß den §§ 1568 a und 1568 b BGB-E die endgültige Zuweisung der Ehewohnung und die Verteilung der Haushaltsgegenstände vorgenommen werden sollen, sind aufeinander abgestimmt."

23 *Johannsen/Henrich*, Art. 17 a Rn 3.

24 So letztlich Erman/*Hohloch*, Art. 17 EGBGB Rn 39 und Art. 17 a EGBGB Rn 8 aE; zum alten Recht bereits *Jayme*, IPRax 1981, 49, 50.

25 Vgl Staudinger/*Mankowski*, Art. 17 a EGBGB Rn 6.

26 Hierfür *Schumacher*, FamRZ 2002, 645, 657; aA Palandt/*Thorn*, Art. 17 a EGBGB Rn 2.

27 Begründung zum Regierungsentwurf, BT-Drucks. 14/5429, S. 22: „Für den deliktsrechtlichen Anspruch auf Wohnungsüberlassung nach § 2 GewSchG gilt Art. 40 EGBGB..."

28 Vgl auch Begründung zum Regierungsentwurf, BT-Drucks. 14/5429, S. 22: „Dies führt auch aus internationalprivatrechtlicher Sicht in allen praxisrelevanten Fallgestaltungen zur Anwendbarkeit des Gewaltschutzgesetzes."

Belegenheitsrecht anzuwenden.[29] Dies wird damit begründet, dass Art. 17 a keine Kollisionsnorm sei, die spezifisch deutsche Ordnungsinteressen schütze und deshalb von vornherein auf Inlandsfälle zu begrenzen sei. Vielmehr diene die in Art. 17 a enthaltene Anknüpfung allgemein dem Opferschutz.[30] Gegen einen allseitigen Ausbau von Art. 17 a spricht aber, dass sich das ausländische Recht in der Vergangenheit häufig als nicht hinreichend wirksam erwiesen hat.[31] Art. 17 a verfolgt deshalb nach der Begründung zum Gesetzesentwurf gerade das Ziel, in möglichst großem Umfang deutsches Recht heranzuziehen. Dem entspricht der dargestellte allseitige Ausbau von Art. 17 a nicht. Dementsprechend erscheint es vorzugswürdig, es bei der Zuweisung ausländischer Wohnungen bei den bisher einschlägigen Anknüpfungsgrundsätzen – also nach hM einer Anwendung der Art. 17, 14 – zu belassen.

17 **3. Keine analoge Anwendung bei sonstigen Kontaktverboten.** Störungen außerhalb der ehelichen Wohnung – etwa solche am Arbeitsplatz – werden vom Wortlaut des Art. 17 a ebenfalls nicht erfasst. Indes ermöglicht es § 1 GewSchG auch in diesen Fällen, Gewaltschutzanordnungen zu erlassen.

18 Die Begründung zum Regierungsentwurf geht davon aus, dass § 1 GewSchG verfahrensrechtlich zu qualifizieren ist. Die Maßgeblichkeit des deutschen Rechts folge daher bereits aus dem verfahrensrechtlichen lex-fori-Grundsatz.[32] Dies vermag nicht zu überzeugen. Umgangs- oder Kontaktverbote haben einen materiellrechtlichen Gehalt. Sie werden etwa auch im Rahmen des KSÜ materiellrechtlich angeknüpft. Eine schlichte Anwendung der lex fori würde iÜ zu keiner Beantwortung der Frage führen, welchen internationalprivatrechtlichen Grenzen § 1 GewSchG als Eingriffsgrundlage unterliegt.

19 Fraglich ist daher allein, ob nach den Art. 4 ff Rom II-VO – soweit man diese, was zu bejahen sein dürfte,[33] für sachlich anwendbar hält – bzw Art. 40 EGBGB oder nach Art. 17 a (analog) anzuknüpfen ist.[34] Praktisch dürften sich zwischen den genannten Lösungsmöglichkeiten kaum Unterschiede ergeben.[35] Es erscheint vorzugswürdig, bei sonstigen Kontaktverboten von der (ggü dem nationalen Kollisionsrecht ohnehin vorrangigen) Anknüpfung nach den Art. 4 ff Rom II-VO bzw von Art. 40 EGBGB auszugehen und hierbei auf die Merkmale des gemeinsamen gewöhnlichen Aufenthalts im Inland (Art. 4 Abs. 2 Rom II-VO) bzw den Erfolgsort (Art. 4 Abs. 1 Rom II-VO) abzustellen. Gegen eine analoge Anwendung von Art. 17 a spricht auch, dass die in § 1 GewSchG genannten Kontaktverbote nicht notwendigerweise einen Bezug zu einem Gebäude oder einer Betriebs- oder Arbeitsstätte aufweisen müssen. Das in Art. 17 a verwendete Merkmal der Inlandsbelegenheit wäre hier also wenig hilfreich. Nicht anzuknüpfen ist nach Art. 14, da dies – entgegen den Vorstellungen des Gesetzgebers – bei Ehegatten ausländischer Staatsangehörigkeit zur Anwendung eines ausländischen Rechts führen kann und die von § 1 GewSchG vorausgesetzten, nicht auf eine Ehe beschränkten Gewalttaten bzw Nachstellungen einen deliktischen Charakter aufweisen.[36]

II. Nutzungsbefugnis bei Lebenspartnern

20 Durch Art. 17 b Abs. 2 S. 1 wird Art. 17 a auch auf die Zuweisung von Haushaltsgegenständen und Wohnung sowie damit zusammenhängende Schutzanordnungen in eingetragenen gleichgeschlechtlichen Lebenspartnerschaften erstreckt.

29 *Thorn*, IPRax 2002, 349, 356; *v. Hoffmann/Thorn*, IPR, § 8 Rn 31 b; aA Staudinger/*Mankowski*, Art. 17 a EGBGB Rn 10; Palandt/*Thorn*, Art. 17 a EGBGB Rn 2; Erman/*Hohloch*, Art. 17 a EGBGB Rn 8; *Johannsen/Henrich*, Art. 17 a Rn 4; Böhmer/*Siehr/Finger*, Das gesamte Familienrecht, Loseblatt, Art. 17 a Rn 9.

30 *Thorn*, IPRax 2002, 349, 356.

31 Begründung zum Regierungsentwurf, BT-Drucks. 14/5429, S. 16.

32 Begründung zum Regierungsentwurf, BT-Drucks. 14/5429, S. 22: „Schon aus der verfahrensrechtlichen Ausgestaltung von § 1 GewSchG-E dürfte sich die Maßgeblichkeit deutschen Rechts als lex fori ergeben"; dem folgend Bamberger/Roth/*Heiderhoff*, Art. 17 a EGBGB Rn 24.

33 Nach Staudinger/*Mankowski*, Art. 17 a EGBGB Rn 26 ist die Rom II-VO demgegenüber auf Gewaltanwendungen unter Ehegatten nicht anwendbar, da es sich um einen nach Art. 1 Abs. 2 a Rom II-VO ausgeschlossenen Anspruch (außervertragliche Schuldverhältnisse aus einem Familienverhältnis) handele. Da aber § 1 GewSchG ganz allgemein auf Gewaltanwendungen abstellt, dürfte der Ausnahmetatbestand von Art. 1 Abs. 2 a Rom II-VO eher nicht erfüllt sein.

34 Für eine deliktische Anknüpfung Bamberger/Roth/*Heiderhoff*, Art. 17 a EGBGB Rn 22; Erman/*Hohloch*, Art. 17 a EGBGB Rn 12; abw. (analoge Anwendung von Art. 17 a oder Anknüpfung nach Art. 14) *v. Hoffmann/Thorn*, IPR, § 8 Rn 31 d; *Fuchs/Hau/Thorn*, Fälle zum IPR, 2. Aufl. 2003, Fall 9 (S. 108); für eine analoge Anwendung von Art. 17 a *Thorn*, IPRax 2002, 349, 356; in der Tendenz auch Staudinger/*Mankowski*, Art. 17 a EGBGB Rn 25, 26.

35 Begründung zum Regierungsentwurf, BT-Drucks. 14/5429, S. 22; vgl auch Erman/*Hohloch*, Art. 17 a EGBGB Rn 12.

36 IE auch *Fuchs/Hau/Thorn*, Fälle zum IPR, 2. Aufl. 2003, Fall 9 (S. 108); *v. Hoffmann/Thorn*, IPR, § 8 Rn 31 d.

III. Nutzungsbefugnis bei nichtehelichen Lebensgemeinschaften

Partner einer nichtehelichen Lebensgemeinschaft, die eine Wohnungszuweisung nach § 2 GewSchG anstreben, können sich nach dem Wortlaut des Art. 17 a nicht auf die Vorschrift berufen. Dies überrascht, da § 2 Abs. 1 GewSchG nur das Bestehen eines „auf Dauer angelegten gemeinsamen Haushalts" voraussetzt. Auch insoweit kommt wiederum eine analoge Anwendung von Art. 17 a in Betracht. 21

In der Regierungsbegründung wird indes die Auffassung vertreten, dass § **2 GewSchG deliktsrechtlich zu qualifizieren** sei und deshalb bei inländischen Wohnungen bzw Haushaltsgegenständen bereits aufgrund der Anknüpfung an den gemeinsamen gewöhnlichen Aufenthalt bzw den Erfolgsort zur Anwendung gelange.[37] Praktisch dürften sich in der Tat keine nennenswerten Unterschiede zwischen einer Anwendung der – gegenüber dem nationalen Kollisionsrecht vorrangigen - Art. 4 ff. Rom II-VO[38] bzw der Art. 40 ff. EGBGB und des Art. 17 a ergeben.[39] 22

IV. Vorrangige Staatsverträge

Gegenüber Art. 17 a vorrangige Staatsverträge spielen gegenwärtig keine größere Rolle. In Betracht kommt allerdings das nach wie vor in Kraft befindliche **deutsch-iranische Niederlassungsabkommen** (NiederlAbK) vom 17.2.1929. Dieses enthält in Art. 8 Abs. 3 eine auf familienrechtliche Fragen anwendbare Kollisionsnorm, die bei rein iranischen Ehen im Inland zu einer Anwendung iranischen Rechts führt. Da die Regeln des Gewaltschutzgesetzes aber (auch) deliktisch qualifiziert werden können (vgl Rn 15, 22), sind sie über die Anknüpfung nach Art. 4 ff Rom II-VO auch auf iranische Ehepartner anwendbar. 23

C. Weitere praktische Hinweise

Die **internationale Zuständigkeit** für Schutzanordnungen richtet sich für Verfahren in der Hauptsache nicht nach der **EheVO 2003,** da diese nur auf Scheidungssachen ieS sowie Verfahren über die elterliche Verantwortung anwendbar ist (Art. 1 EheVO 2003).[40] Nach – umstrittener – hL geht aber die Vorschrift des Art. 20 EheVO 2003 (**einstweilige Maßnahmen**) über den eigentlichen sachlichen Anwendungsbereich der EheVO 2003 hinaus. Dies führt u.a. zu einer Anwendbarkeit des Art. 20 EheVO 2003 auf Maßnahmen nach § 2 GewSchG bzw nach §§ 1361 a, 1361 b BGB dann, wenn ein prozessualer oder zumindest zeitlicher Zusammenhang mit einem anhängigen Eheverfahren besteht (vgl näher Anhang I zum III. Abschnitt, Art. 20 EheVO Rn 12 ff).[41] Bei einer von Art. 20 EheVO 2003 erfassten Streitigkeit zwischen Ehegatten ist nach Art. 20 Abs. 1 EheVO 2003 zunächst zu prüfen, ob eine internationale Zuständigkeit nach Art. 3 ff EheVO 2003 besteht. Im Übrigen eröffnet Art. 20 Abs. 1 unter bestimmten Voraussetzungen den Rückgriff auf nationales Zuständigkeitsrecht (vgl. näher Anhang I zum III. Abschnitt, Art. 20 EheVO Rn 2, 3). 24

Die **EuGVVO** erfasst keine Ehe- und Scheidungsfolgesachen (vgl Art. 1 Abs. 2 a EuGVVO). Nach der Rechtsprechung des EuGH gilt sie nicht für „alle vermögensrechtlichen Beziehungen, die sich unmittelbar aus der Ehe oder ihrer Auflösung ergeben".[42] Eine Anwendung der EuGVVO scheidet jedenfalls insoweit aus, als es um die Streitigkeiten zwischen Ehegatten bzw geschiedenen Ehegatten um die Zuweisung von Wohnung bzw Hausrat geht.[43] Die internationale Zuständigkeit ist hier den autonomen nationalen Vorschriften zu entnehmen.[44] Anträge nach dem GewSchG, die nicht gegen einen Ehegatten gerichtet sind oder im Verhältnis von Ehegatten auf allgemeine Maßnahmen nach § 1 GewSchG (etwa ein Kontaktverbot) gerichtet sind, können nach der hier vertretenen Ansicht jedoch als Zivilsache iSd Art. 1 Abs. 1 S. 1 EuGVVO angesehen werden. Es gilt daher insoweit auch der Deliktsgerichtsstand nach Art. 5 Nr. 3 EuGVVO. 25

Im Übrigen ist auf das unvereinheitlichte deutsche Zuständigkeitsrecht zurückzugreifen. Gem. § 105 FamFG ergibt sich eine internationale Zuständigkeit deutscher Gerichte aus den Vorschriften über die **örtliche** 26

37 Eine abw. hiervon in Betracht gezogene schuldrechtliche Qualifikation wird von Bamberger/Roth/*Heiderhoff*, Art. 17 a EGBGB Rn 14 verworfen.

38 Der Ausnahmetatbestand des Art. 1 Abs. 2 a Rom II-VO dürfte im Falle von nichtehelichen Lebensgemeinschaften aus deutscher Sicht nicht eingreifen (vgl dazu noch Erwägungsgrund 10 zur Rom II-VO).

39 Für eine analoge Anwendung von Art. 17 a Bamberger/Roth/*Heiderhoff*, Art. 17 a EGBGB Rn 14; *Looschelders*, Art. 17 a Rn 5; abl. Erman/*Hohloch*, Art. 17 a EGBGB Rn 11; die Frage bleibt offen bei Staudinger/*Mankowski*, Art. 17 a EGBGB Rn 27, 28.

40 Bamberger/Roth/*Heiderhoff*, Art. 17 a EGBGB Rn 25; Erman/*Hohloch*, Art. 17 a EGBGB Rn 13.

41 *Fuchs/Tölg*, ZfRV 2002, 95, 192; Erman/*Hohloch*, Art. 17 a EGBGB Rn 13; *Spellenberg*, in: FS Beys 2003, S. 1583, 1588; im Erg. ähnlich *Rauscher*, Europäisches Zivilprozessrecht, 2. Aufl. 2006, Art. 20 Brüssel IIa-VO Rn 10 Fn 25.

42 EuGH (De Cavel), Slg 1979, 1055, 1066 Rn 7.

43 Staudinger/*Mankowski*, Art. 17 a Rn 31; Erman/*Hohloch*, Art. 17 a EGBGB Rn 13.

44 Erman/*Hohloch*, Art. 17 a EGBGB Rn 14.

Zuständigkeit. So folgt die internationale Zuständigkeit ist zB aus § 105 FamFG iVm §§ 111 Nr. 5, 200, 201 Nr. 2 FamFG, wenn sich die streitgegenständliche Wohnung in Deutschland befindet.[45]

Artikel 17 b EGBGB Eingetragene Lebenspartnerschaft

(1) [1]Die Begründung, die allgemeinen und die güterrechtlichen Wirkungen sowie die Auflösung einer eingetragenen Lebenspartnerschaft unterliegen den Sachvorschriften des Register führenden Staates. [2]Auf die erbrechtlichen Folgen der Lebenspartnerschaft ist das nach den allgemeinen Vorschriften maßgebende Recht anzuwenden; begründet die Lebenspartnerschaft danach kein gesetzliches Erbrecht, so findet insoweit Satz 1 entsprechende Anwendung. [3]Der Versorgungsausgleich unterliegt dem nach Satz 1 anzuwendenden Recht; er ist nur durchzuführen, wenn danach deutsches Recht anzuwenden ist und das Recht eines der Staaten, denen die Lebenspartner im Zeitpunkt der Rechtshängigkeit des Antrags auf Aufhebung der Lebenspartnerschaft angehören, einen Versorgungsausgleich zwischen Lebenspartnern kennt. [4]Im Übrigen ist der Versorgungsausgleich auf Antrag eines Lebenspartners nach deutschem Recht durchzuführen, wenn der andere Lebenspartner während der Lebenspartnerschaftszeit eine inländische Versorgungsanwartschaft erworben hat, soweit die Durchführung des Versorgungsausgleichs im Hinblick auf die beiderseitigen wirtschaftlichen Verhältnisse auch während der nicht im Inland verbrachten Zeit der Billigkeit nicht widerspricht.

(2) [1]Artikel 10 Abs. 2 und Artikel 17 a gelten entsprechend. [2]Unterliegen die allgemeinen Wirkungen der Lebenspartnerschaft dem Recht eines anderen Staates, so ist auf im Inland befindliche bewegliche Sachen § 8 Abs. 1 des Lebenspartnerschaftsgesetzes und auf im Inland vorgenommene Rechtsgeschäfte § 8 Abs. 2 des Lebenspartnerschaftsgesetzes in Verbindung mit § 1357 des Bürgerlichen Gesetzbuchs anzuwenden, soweit diese Vorschriften für gutgläubige Dritte günstiger sind als das fremde Recht.

(3) Bestehen zwischen denselben Personen eingetragene Lebenspartnerschaften in verschiedenen Staaten, so ist die zuletzt begründete Lebenspartnerschaft vom Zeitpunkt ihrer Begründung an für die in Absatz 1 umschriebenen Wirkungen und Folgen maßgebend.

(4) Die Wirkungen einer im Ausland eingetragenen Lebenspartnerschaft gehen nicht weiter als nach den Vorschriften des Bürgerlichen Gesetzbuchs und des Lebenspartnerschaftsgesetzes vorgesehen.

Literatur: *Brandt*, Die Adoption durch eingetragene Lebenspartner im internationalen Privat- und Verfahrensrecht, 2004; *Buschbaum*, Kollisionsrecht der Partnerschaften außerhalb der traditionellen Ehe, RNotZ 2010, 73; *Coester*, Die kollisionsrechtliche Bedeutung des Bundesverfassungsgerichtsurteils zur Lebenspartnerschaft, in: FS Sonnenberger 2004, S. 321; *Dörner*, Grundfragen der Anknüpfung gleichgeschlechtlicher Partnerschaften, in: FS Jayme 2004, S. 143; *Ferrand*, Das französische Gesetz über den pacte civil de solidarité, FamRZ 2000, 517; *Finger* (Hrsg.), Das gesamte Familienrecht, Band 2: Das internationale Recht (Loseblatt, 2009); *Forkert*, Eingetragene Lebenspartnerschaften im deutschen IPR: Art. 17 b EGBGB, 2003; *Frank*, Die eingetragene Lebenspartnerschaft unter Beteiligung von Ausländern, Mitteilungen des Bayerischen Notarvereins 2001, Sonderheft Lebenspartnerschaften, S. 35; *Gebauer/Staudinger*, Registrierte Lebenspartnerschaften und die Kappungsregel des Art. 17 b Abs. 4 EGBGB, IPRax 2002, 275; *Hausmann*, Überlegungen zum Kollisionsrecht registrierter Partnerschaften, in: FS Henrich 2000, S. 241; *Henrich*, Kollisionsrechtliche Fragen der eingetragenen Lebenspartnerschaft, FamRZ 2002, 137; *Jakob*, Die eingetragene Lebenspartnerschaft im internationalen Privatrecht, 2002; *Leipold*, Die neue Lebenspartnerschaft aus erbrechtlicher Sicht, insbesondere bei zusätzlicher Eheschließung, ZEV 2001, 218; *Röthel*, Registrierte Partnerschaften im internationalen Privatrecht, IPRax 2000, 74; *dies.*, Gleichgeschlechtliche Ehe und ordre public, IPRax 2002, 496; *Süß*, Notarieller Gestaltungsbedarf bei eingetragenen Lebenspartnerschaften mit Ausländern, DNotZ 2001, 168; *Thorn*, Entwicklungen des Internationalen Privatrechts 2000–2001, IPRax 2002, 349; *Wagner*, Das neue internationale Privat- und Verfahrensrecht zur eingetragenen Lebenspartnerschaft, IPRax 2001, 281; *Wasmuth*, Eheschließung unter Gleichgeschlechtlichen in den Niederlanden und deutscher ordre public, in: Liber amicorum Gerhard Kegel 2002, S. 237.

45 MüKo/*Winkler v. Mohrenfels*, Art. 17 a EGBGB Rn 19. Noch zur HausratsV KG IPRspr 1996 Nr. 67, S. 148; OLG Koblenz NJW-RR 1991, 522; OLG Düsseldorf IPRspr 1982 Nr. 169, S. 411 = IPRax 1983, 129 (Leitsatz) m.Anm. *Henrich*; AG Kerpen FamRZ 1997, 893; AG München IPRax 1981, 60; Erman/*Hohloch*, Art. 17 a EGBGB Rn 14; Staudinger/*Mankowski*, Art. 17 a EGBGB Rn 30; Bamberger/Roth/*Mörsdorf-Schulte*, Art. 14 EGBGB Rn 78; *Spellenberg*, in: FS Beys 2003, S. 1583, 1603; *Henrich*, IPRax 1985, 88, 89; *Jayme*, IPRax 1981, 49, 50; *ders.*, IPRax 1983, 129, 130.

A. Allgemeines

Art. 17 b dient der kollisionsrechtlichen Verankerung registrierter Lebenspartnerschaften, wie sie das deutsche Recht seit dem Jahre 2001 kennt. Als Teil des **„Gesetzes zur Beendigung der Diskriminierung gleichgeschlechtlicher Gemeinschaften: Lebenspartnerschaften“** vom 16.2.2001[1] trat auch die Kollisionsnorm am 1.8.2001 in Kraft,[2] nachdem das BVerfG in seiner Eilentscheidung vom 18.7.2001[3] hierfür grünes Licht gegeben hatte.[4] Art. 17 b trat freilich erst zum 1.1.2002 in Kraft, nachdem sich die lebenspartnerschaftsrechtliche Kollisionsnorm zuvor vier Monate lang in Art. 17 a aF befunden hatte und erst durch die Schaffung des neuen Art. 17 a, der nunmehr Ehewohnung und Hausrat betrifft, in den Buchst. b verschoben wurde; spätere inhaltliche Ergänzungen bzw Änderungen betrafen den Versorgungsausgleich.[5] 1

Die kollisionsrechtliche Erfassung des Phänomens der registrierten Partnerschaften durch den Gesetzgeber erscheint sinnvoll und notwendig, weil mittlerweile zahlreiche Staaten formalisierte Lebensgemeinschaften rechtlich regeln[6] und die Einordnung des Phänomens früher umstritten und damit unsicher war.[7] Kollisionsrechtliches Neuland im Familienrecht betrat der deutsche Gesetzgeber mit der in Art. 17 b Abs. 1 S. 1 vorgesehenen Grundanknüpfung an die lex libri: an das Recht des Register führenden Staates.[8] 2

1 BGBl I 2001 S. 266.

2 Überblick zum Gesetzgebungsverfahren bei *Forkert*, S. 3 ff; Staudinger/*Mankowski*, Art. 17 b EGBGB Rn 5; *Wagner*, IPRax 2001, 281, 286.

3 BVerfG NJW 2001, 2457.

4 Im Hauptverfahren wurde später durch Urt. v. 17.7.2002 die Verfassungskonformität des Lebenspartnerschaftsgesetzes bestätigt: BVerfG NJW 2002, 2543; hierzu ausf. *Forkert*, S. 12 ff.

5 Der heutige Art. 17 a wurde hinzugefügt durch das Gesetz zur Verbesserung des zivilgerichtlichen Schutzes bei Gewalttaten und Nachstellungen sowie zur Erleichterung der Überlassung der Ehewohnung bei Trennung v. 11.12.2001 (BGBl. I S. 3513). Durch das Gesetz zur Überarbeitung des Lebenspartnerschaftsrechts v. 15.12.2004 (BGBl. I S. 3396) wurden die Regelungen zum Versorgungsausgleich in Abs. 1 S. 3 und 4 eingefügt und Abs. 1 S. 4 durch das Gesetz zur Strukturreform des Versorgungsausgleichs vom 3.4.2009 (BGBl. I S. 700) geändert.

6 Für einen umfassenden und rechtsvergleichenden Überblick s. *Forkert*, S. 50 ff; *Frank*, MittBayNot 2001, Sonderheft Lebenspartnerschaften, S. 35, 44 ff; Staudinger/*Mankowski*, Art. 17 b EGBGB Rn 9 ff; *Buschbaum*, RNotZ 2010, 73, 74 ff.

7 Überblick mit Nachw. zur früheren Rechtslage bei *Forkert*, S. 45 ff.

8 Vgl *Dörner*, in: FS Jayme 2004, S. 143, 145 ff; *Forkert*, S. 88 f; *Wagner*, IPRax 2001, 281, 288 ff. Vielfach wird auch von einer Anknüpfung an den „Registrierungsort“ gesprochen; diese Bezeichnung ist in den Fällen nicht ganz korrekt, in denen von der Möglichkeit Gebrauch gemacht wird, eine Partnerschaft vor den Konsulaten einzugehen; s. hierzu MüKo/*Coester*, Art. 17 b EGBGB Rn 20.

B. Regelungsgehalt

I. Überblick

3 Art. 17 b führt eine neuartige Kollisionsnorm in das Internationale Familienrecht ein, deren Abgrenzung von den übrigen Kollisionsnormen wegen der unterschiedlichen Anknüpfungsmomente weit reichende Auswirkungen hat. Auf welche Partnerschaftsformen findet die Norm Anwendung, welche werden von ihr nicht erfasst (s. Rn 5 ff)? Neben dieser Qualifikationsfrage gibt Art. 17 b eine Reihe von weiteren Fragen auf, die sich auf die Geltung der allgemeinen kollisionsrechtlichen Grundsätze beziehen und wegen ihres Querschnittscharakters in einem eigenen Abschnitt behandelt werden (s. Rn 20 ff).

4 Das im Internationalen Familienrecht **neuartige Anknüpfungsmoment der Registerführung**[9] gilt nach Abs. 1 S. 1 nicht nur für die Begründung und die Auflösung der eingetragenen Lebenspartnerschaft, sondern auch für ihre allgemeinen sowie ihre güterrechtlichen Wirkungen (s. Rn 39 ff). Diese Vorschrift kombiniert eine objektive und grundsätzlich unwandelbare Anknüpfung mit einer Sachnormverweisung. Anders hingegen Abs. 1 S. 2, der für die unterhaltsrechtlichen (s. Rn 52 ff) und die erbrechtlichen Folgen der Lebenspartnerschaft (unten VI. Rn 57 ff) ein anderes Anknüpfungsmoment verwendet und in seinem Hs 1 primär auf das „nach den allgemeinen Vorschriften maßgebende Recht" verweist; nur subsidiär gelangen nach dem Hs 2 des Abs. 1 S. 2 für die unterhalts- und erbrechtlichen Folgen wiederum die „Sachvorschriften des Register führenden Staates" zur Anwendung. Name, Wohnung und Hausrat sind in Abs. 2 S. 1 geregelt (s. Rn 65 ff), während Abs. 2 S. 2 den Schutz des inländischen Rechtsverkehrs im Auge hat (s. Rn 70). Bei mehrfach erfolgter Registrierung in verschiedenen Staaten und einer damit einhergehenden Vermehrung der Anknüpfungsmomente legt Abs. 3 das maßgebende Registerrecht fest (s. Rn 71). Eine spezielle Vorbehaltsklausel enthält schließlich Abs. 4 und drosselt in problematischer Weise die Wirkungen einer im Ausland eingetragenen Lebenspartnerschaft am Maßstab der deutschen Sachvorschriften herunter (s. Rn 72 ff).

II. Qualifikation

5 Art. 17 b umfasst mit seiner tatbestandlichen Bezugnahme auf die „eingetragene Lebenspartnerschaft" zunächst solche Lebensgemeinschaften, die auch vom deutschen Sachrecht erfasst sind, also gleichgeschlechtliche,[10] nichteheliche, registrierte Gemeinschaften.[11] Qualifikationsprobleme können sich dort ergeben, wo Lebensgemeinschaften, um deren kollisionsrechtliche Einordnung es geht, von diesen Merkmalen des deutschen Sachrechts abweichen. Insgesamt sechs verschiedene Typen der gemeinschaftlichen Lebensführung können gegenwärtig (teilweise nur im Ausland) rechtliche und damit (auch im Inland) kollisionsrechtliche Relevanz erlangen und in unterschiedlichem Maße die Frage nach einer Abgrenzung der Kollisionsnormen voneinander aufwerfen: die Ehe, die registrierte Lebensgemeinschaft sowie die nicht formalisierte Lebensgemeinschaft, alle drei Varianten jeweils in einer heterosexuellen und in einer gleichgeschlechtlichen Ausprägung.

6 **1. Unproblematische Gemeinschaften.** Keine Qualifikationsprobleme entstehen bei den beiden Gruppen, die vom deutschen Kollisionsrecht idealtypisch erfasst werden, also die **heterosexuelle Ehe** sowie die **homosexuelle registrierte Lebenspartnerschaft**. Für diese beiden Gruppen gelten jeweils unproblematisch Art. 13 ff einerseits und Art. 17 b andererseits. Umstritten ist dagegen seit längerer Zeit die Qualifikation der **nichtehelichen Lebensgemeinschaften**, die durch keinen Registrierungsakt formalisiert wurden. Während teilweise eine schuldrechtliche Qualifikation vertreten wird,[12] orientiert sich die herrschende Meinung zu Recht an den familienrechtlichen Kollisionsnormen der Art. 13 ff (ausführlich hierzu Art. 13 EGBGB Rn 185) Dabei kann es keinen sinnvollen Unterschied machen, ob es sich um heterosexuelle oder um homosexuelle Lebensgemeinschaften handelt[13] (vgl Art. 13 EGBGB Rn 189). Eine Heranziehung des Art. 17 b wäre bei diesen nichtehelichen Lebensgemeinschaften schon deshalb kaum sinnvoll, weil es am Anknüpfungsmoment der Registrierung gerade fehlt.[14]

9 Hierzu *Forkert*, S. 88 ff; Staudinger/*Mankowski*, Art. 17 b EGBGB Rn 1–4 und 28; zum rechtspolitischen Hintergrund vgl *Wagner*, IPRax 2001, 281, 289.

10 Die im deutschen Sachrecht geregelte Lebenspartnerschaft ist gem. § 1 LPartG nur Personen des gleichen Geschlechts eröffnet. Die deutsche Kollisionsnorm des Art. 17 b EGBGB enthält nicht ausdrücklich diese Einschränkung (vgl *S. Frank*, MittBayNot 2001, Sonderheft Lebenspartnerschaften, S. 35, 36). Zur Frage, ob sich aus dem in der Kollisionsnorm fehlenden Merkmal der Gleichgeschlechtlichkeit etwas für die Qualifikation heterosexueller registrierter Partnerschaften ableiten lässt, sogleich im Text (Rn 10).

11 Vgl Erman/*Hohloch*, Art. 17 b EGBGB Rn 6; Staudinger/*Mankowski*, Art. 17 b EGBGB Rn 7; *Wagner*, IPRax 2001, 281, 288.

12 Vgl Palandt/*Thorn*, Art. 17 b EGBGB Rn 12.

13 Staudinger/*Mankowski*, Art. 17 b EGBGB Rn 96.

14 Vgl Wagner, IPRax 2001, 281, 292.

2. Problematische Gemeinschaften. Damit erweisen sich im Rahmen des Art. 17 b letztlich nur zwei Typen von Gemeinschaften als qualifizierungsbedürftig: die heterosexuelle registrierte Partnerschaft und die eheliche homosexuelle Partnerschaft. 7

a) Heterosexuelle registrierte Partnerschaften. Etwa das französische Recht kennt mit dem PACS auch die registrierte Partnerschaft für heterosexuelle Lebensgemeinschaften.[15] Die für ihre Einordnung in das deutsche Kollisionsrecht vertretenen Ansichten sind weit gestreut. Sie reichen von einer unmittelbaren über eine entsprechende Anwendung des Art. 17 b bis hin zur Annahme eines gesetzlichen Ausschlusses jeder Analogie im Hinblick auf diese Norm und zu einer entsprechenden Anwendung der Art. 13 ff. **Vorzugswürdig** erscheint die **unmittelbare Anwendung des Art. 17 b** auf diese Partnerschaften. Die Norm ist allseitig ausgestaltet, und weder ihr Wortlaut noch ihr Zweck stehen einer Erstreckung auf heterosexuelle Partnerschaften entgegen. 8

aa) Unmittelbare Anwendung des Art. 17 b. Bei Kollisionsnormen ist die **Abgrenzung von Auslegung und Rechtsfortbildung** fragwürdiger als beim Umgang mit Sachnormen.[16] Denn die tatbestandliche Reichweite ihrer Systembegriffe ist nicht nur viel weiter als bei Sachnormen. Hinzu kommt vor allem, dass die Wortlautgrenze als Trennlinie zwischen Auslegung und Rechtsfortbildung[17] bei ihnen umso mehr verschwimmt, als sich bei der **funktionalen Qualifikation** der Blick von der lex fori (mit ihrer Sprache) löst und auf die potenzielle lex causae richtet, um rechtsvergleichend zu ermitteln, ob die ausländische Rechtserscheinung funktional den Regelungen entspricht, welche die inländische Kollisionsnorm typischerweise erfassen will.[18] Das ist schon vom Ansatz her in allen problematischen Konstellationen ein analogisches Verfahren, bei dem begriffliche Grenzen in den Hintergrund treten. 9

Bei Art. 17 b kommt noch ein Weiteres hinzu: Während die Gleichgeschlechtlichkeit für Lebenspartnerschaften, die in Deutschland registriert werden, ohne Zweifel eine begriffliche Voraussetzung bildet, hat der Gesetzgeber bei der Kollisionsnorm dieses Merkmal nicht aufgenommen, sondern spricht nur von eingetragenen Lebenspartnerschaften.[19] Mit dem **Wortlaut des Art. 17 b** lässt es sich also durchaus vereinbaren, heterosexuelle registrierte Partnerschaften der Norm gemäß anzuknüpfen.[20] Der Gesetzgeber ist nicht daran gehindert, die Systembegriffe einer Kollisionsnorm enger zu fassen und auf diese Weise deutliche Wortlautgrenzen auch im Kollisionsrecht zu ziehen. Hätte der Gesetzgeber etwa in Art. 17 b eine ausdrückliche Beschränkung auf gleichgeschlechtliche Partnerschaften vorgenommen, so läge darin in der Tat eine Wortlautgrenze, und jedenfalls die direkte Anwendung der Bestimmung auf heterosexuelle Partnerschaften wäre dann ausgeschlossen. Die Überschreitung einer solchen Grenze, die hier nicht zu erkennen ist, bedürfte dann vielmehr des Nachweises einer planwidrigen Unvollständigkeit des Gesetzes. 10

bb) Entsprechende Anwendung des Art. 17 b. Wer trotz des Fehlens einer solchen Wortlautgrenze den genetischen Zusammenhang der Kollisionsnorm mit dem Lebenspartnerschaftsgesetz betont,[21] mag zu dem Ergebnis gelangen, dass auch Art. 17 b unmittelbar nur die gleichgeschlechtlichen Lebenspartnerschaften im Auge hat[22] und der Gesetzgeber im Übrigen schweigt. Dann stellt sich die Frage, ob die **Unvollständigkeit des Gesetzes**, die aus diesem Schweigen im Hinblick auf heterosexuelle Partnerschaften resultiert, auch eine **planwidrige** ist, ob also eine **Lücke** vorliegt und die Voraussetzungen für eine analoge Anwendung des Art. 17 b gegeben sind (für eine Analogie s.a. Art. 13 EGBGB Rn 185). Teilweise wird die Analogie mit der Begründung abgelehnt, dem Gesetzgeber sei das Phänomen der heterosexuellen Lebenspartnerschaften bekannt gewesen; wenn er es dennoch nicht geregelt habe, so geschah dies als **bewusster Regelungsverzicht** mit der Folge, dass eine analoge Anwendung des Art. 17 b auf heterosexuelle Partnerschaften ausscheide, weil bei einer bewussten Regelungslücke eben keine planwidrige Unvollständigkeit des Gesetzes vorliege.[23] 11

Diese **Argumentation vermag nicht zu überzeugen**, auch wenn man sich auf den Standpunkt begibt, dass Art. 17 b die heterosexuelle Partnerschaft nicht unmittelbar regelt. Denn auch ein bewusster Regelungsverzicht des Gesetzgebers schließt eine planwidrige Unvollständigkeit des Gesetzes und dementsprechend eine Fortbildung des Rechts nicht generell, sondern nur dann aus, wenn ein „beredtes" oder „qualifiziertes" Schweigen des Gesetzes vorliegt. Von einem solchen spricht man dann, wenn dem Gesetz für die fragliche Materie 12

15 Vgl hierzu *Ferrand*, FamRZ 2000, 517; Staudinger/*Mankowski*, Art. 17 b EGBGB Rn 19.

16 Vgl *Kropholler*, IPR, § 15 I 5 (S. 116): „Im Grenzfall berührt sich die Qualifikation mit der richterlichen Schöpfung einer neuen Kollisionsnorm".

17 Vgl hierzu allg. *Canaris*, Die Feststellung von Lücken im Gesetz, 2. Aufl. 1983, S. 22 f; *Larenz*, Methodenlehre der Rechtswissenschaft, 6. Aufl. 1991, S. 322 f.

18 Zu Begriff und Bedeutung der funktionalen Qualifikation vgl etwa *Kropholler*, IPR, § 17 I (S. 126 ff).

19 Vgl *Frank*, MittBayNot 2001, Sonderheft Lebenspartnerschaften, S. 35, 36.

20 Vgl *Brandt*, S. 71 f; *v. Hoffmann/Thorn*, IPR, § 8 Rn 73 b (S. 348); *Thorn*, IPRax 2002, 349, 355; Bamberger/Roth/*Heiderhoff*, Art. 17 b EGBGB Rn 14.

21 Vgl MüKo/*Coester*, Art. 17 b EGBGB Rn 132; *Forkert*, S. 67; *Frank*, MittBayNot 2001, Sonderheft Lebenspartnerschaften, S. 35, 36; Erman/*Hohloch*, Art. 17 b EGBGB Rn 6; Staudinger/*Mankowski*, Art. 17 b EGBGB Rn 7.

22 So die in der vorherigen Fn Genannten sowie *Dörner*, in: FS Jayme 2004, S. 143, 151; *Wagner*, IPRax 2001, 281, 288.

23 So *Forkert*, S. 71 ff.

entweder entnommen werden kann, dass überhaupt keine rechtliche Regelung eingreifen soll, mit anderen Worten die Materie dem rechtsfreien Raum zugewiesen ist, oder wenn sich dem Gesetz entnehmen lässt, dass für die fragliche Materie die Rechtsfolge einer bestimmten Norm gerade nicht eingreifen soll, mit anderen Worten ein Umkehrschluss am Platze ist.[24]

13 Beides wird man für Art. 17 b im Hinblick auf heterosexuelle Partnerschaften nicht annehmen können. Während das Argument des rechtsfreien Raums im Sachrecht bei den nicht formalisierten Lebensgemeinschaften durchaus herangezogen wird,[25] gilt dies sicher nicht für die kollisionsrechtliche Behandlung registrierter Partnerschaften:[26] Dass eine im Ausland eingetragene heterosexuelle Partnerschaft aus deutscher Sicht überhaupt keiner Rechtsordnung unterliegen soll, wird wohl nicht vertreten. Ebenso wenig wird man Art. 17 b ein argumentum e contrario, also eine mittelbare, negative Lösung[27] für die heterosexuellen Partnerschaften entnehmen können. Wenn das Gesetz denn wirklich schweigt (und nicht vielmehr die heterosexuellen Partnerschaften positiv mitregelt, s. Rn 8, 10), dürfte der Grund des Schweigens vielmehr darin liegen, dass der Gesetzgeber die Lösung zunächst nicht selbst vornehmen, sondern der Entwicklung durch Rechtsprechung und Lehre überlassen wollte. Dadurch aber wird **weder die Annahme einer planwidrigen Unvollständigkeit des Gesetzes noch die Analogiefähigkeit einer bestimmten Norm ausgeschlossen**.[28] Die planwidrige Unvollständigkeit ergibt sich vielmehr aus der kollisionsrechtlichen Notwendigkeit, für im Ausland eingetragene, heterosexuelle Partnerschaften den Sitz eines Rechtsverhältnisses auszumachen.[29] Die Frage lautet dann noch, ob die Lücke eher durch eine Heranziehung der Art. 13 ff oder des Art. 17 b zu schließen ist.

14 **cc) Eignung des Art. 17 b für heterosexuelle Partnerschaften.** Während in der Literatur vielfach eine analoge Anwendung der Art. 13 ff vertreten wird, **erscheint Art. 17 b besser geeignet**, die heterosexuelle Partnerschaft kollisionsrechtlich zu erfassen, als dies durch eine entsprechende Anwendung der Art. 13 ff geschehen könnte.[30] Es sind die gleichen Gründe wie bei homosexuellen Partnerschaften, die hier wie dort für das vom Gesetzgeber bevorzugte Anknüpfungsmerkmal der Registrierung sprechen, bis auf eine Ausnahme: Die rechtspolitische Erwägung, die deutsche Lebenspartnerschaft auch Partnern mit gewöhnlichem Aufenthalt im Ausland oder mit ausländischer Staatsangehörigkeit zugänglich zu machen,[31] kann bei der heterosexuellen Partnerschaft keine Bedeutung haben. Wohl aber das **Argument der Rechtssicherheit** für die Personen, die im Ausland eine formalisierte Partnerschaft eingegangen sind. Das Anknüpfungsmerkmal der Registrierung nach Abs. 1 S. 1 ist bei ihnen stets gegeben.[32] Würde man die heterosexuelle Partnerschaft dem Anwendungsbereich des Art. 17 b entziehen, so käme dies ferner einer wertungsmäßig kaum zu rechtfertigenden Spaltung ausländischer Rechtsinstitute gleich, die – wie der französische PACS[33] – die gleiche Rechtsform der Partnerschaft hetero- wie homosexuellen Partnern zur Verfügung stellen. Man würde durch eine unterschiedliche Anknüpfung diese auch funktional einheitlichen Rechtsinstitute kollisionsrechtlich „in der Mitte zweiteilen".[34]

15 Dass Art. 17 b für einen ganz bestimmten Problemkreis entwickelt wurde und mit den generellen Anknüpfungsmomenten des Internationalen Familienrechts, mit dem Aufenthalts- und Staatsangehörigkeitsprinzip, teilweise bricht,[35] muss nicht gegen die Erfassung heterosexueller Partnerschaften sprechen, wenn sich die Problemkreise im Wesentlichen ähneln und wenn für eine Durchbrechung die gleichen Argumente streiten wie bei den gleichgeschlechtlichen Partnerschaften. Das Argument der **Gefahr hinkender Rechtsverhältnisse**, das ebenfalls gegen eine Erfassung der heterosexuellen Partnerschaften durch Art. 17 b und für eine analoge Anwendung der Art. 13 ff herangezogen wird,[36] ist im Rahmen der Begründung und Auflösung der Partnerschaft nach Abs. 1 S. 1 ein zweischneidiges Argument. Für die Frage etwa, ob eine im Ausland registrierte Partnerschaft aus deutscher Sicht wirksam begründet wurde oder nach welchem Recht sie aufzulösen

24 *Canaris*, Die Feststellung von Lücken im Gesetz, 2. Aufl. 1983, S. 39 f, 44 ff.

25 Vgl *Röthel*, IPRax 2000, 74, 76, mwN.

26 Auch die nicht formalisierten Partnerschaften bedürfen einer kollisionsrechtlichen Regelung. Der Unterschied hängt also nicht mit der Registrierung, sondern mit den unterschiedlichen Regelungsansprüchen von Sach- und Kollisionsrecht zusammen, vgl *Röthel*, IPRax 2000, 74, 76 f. Anders als das inländische Sachrecht muss das Kollisionsrecht dem Umstand Rechnung tragen, dass Materien, die im Inland bewusst einer rechtlichen Regelung entzogen sind, im Ausland eine solche erfahren haben können und umgekehrt.

27 Vgl *Canaris*, Die Feststellung von Lücken im Gesetz, 2. Aufl. 1983, S. 44. Zum argumentum e contrario s.a. *Larenz*, Methodenlehre der Rechtswissenschaft, 6. Aufl. 1991, S. 390 f.

28 Vgl *Canaris*, Die Feststellung von Lücken im Gesetz, 2. Aufl. 1983, S. 134 f.

29 Vgl auch *Forkert*, S. 73 f.

30 Für eine analoge Anwendung auch MüKo/*Coester*, Art. 17 b EGBGB Rn 132; *Dörner*, in: FS Jayme 2004, S. 143, 151; Palandt/*Thorn*, Art. 17 b EGBGB Rn 1, 12; *Rauscher*, IPR, 188, 190; *Wagner*, IPRax 2001, 281, 292.

31 BT-Drucks. 14/3751, S. 60; vgl hierzu *Forkert*, S. 89 f; *Wagner*, IPRax 2001, 281, 289 f.

32 Vgl Staudinger/*Mankowski*, Art. 17 b EGBGB Rn 100.

33 *Pacte Civil de Solidarité*; hierzu etwa Staudinger/*Mankowski*, Art. 17 b EGBGB Rn 19 ff.

34 So Staudinger/*Mankowski*, Art. 17 b EGBGB Rn 100, der sich iE dennoch für eine Analogie zu Art. 13 ff ausspricht.

35 Vgl Staudinger/*Mankowski*, Art. 17 b EGBGB Rn 101.

36 Vgl Staudinger/*Mankowski*, Art. 17 b EGBGB Rn 101.

ist, kann es zur Herstellung von Entscheidungseinklang nicht ausreichen, nur das Aufenthalts- oder Heimatrecht zu befragen. Im Konfliktfall wird man eher den Entscheidungseinklang mit dem Recht des Registrierungsstaates suchen wollen. Und im Bereich der allgemeinen und güterrechtlichen Wirkungen der Partnerschaft, wo sich in der Tat im Einzelfall die Konstellation einstellen kann, dass die Kollisionsnormen des Registrierungsstaates nicht auf die eigenen Sachnormen, sondern auf das Aufenthalts- oder Heimatrecht der Partner verweisen,[37] gilt nichts anderes als bei den gleichgeschlechtlichen Partnerschaften: Solange die registrierte Lebenspartnerschaft international kein weit verbreitetes Rechtsinstitut darstellt und deshalb auch partnerschaftsrechtliche Kollisionsnormen wenig verbreitet sind, zahlreiche Verweisungen also ins Leere führen, können hinkende Rechtsverhältnisse ohnehin nicht vermieden werden,[38] so dass der Rechtssicherheit auch von heterosexuellen registrierten Partnerschaften in den von Abs. 1 S. 1 erfassten Bereichen am besten durch eine Anknüpfung an das Recht des Register führenden Staates gedient ist.

Die **Kappungsregel des Abs. 4** ist bei heterosexuellen Partnerschaften jedoch **nicht heranzuziehen** (vgl auch Art. 13 EGBGB Rn 185).[39] Denn die darin enthaltene ausdrückliche Bezugnahme auf die Sachvorschriften des deutschen Rechts rechtfertigt eine teleologische Reduktion des Abs. 4[40] dahin gehend, dass die Kappungsregel nur solche Typen von Lebenspartnerschaften erfasst, die auch das deutsche Sachrecht im Auge hat, also gleichgeschlechtliche, registrierte Partnerschaften.[41] Wäre dies anders und würde man auch sämtliche Voraussetzungen einer im Ausland eingetragenen Lebenspartnerschaft am Maßstab des deutschen Rechts kupieren, so käme dies der Unwirksamkeit sämtlicher heterosexueller Partnerschaften aus deutscher Sicht gleich, weil das deutsche Recht solche registrierten Partnerschaften eben nicht kennt:[42] sie hätten jedenfalls keine „Wirkungen" (zur Reichweite der „Wirkungen", von denen Abs. 4 spricht, Rn 76 ff). Das aber würde den Sinn des Abs. 4 sicher sprengen, der wohl nur in dem Bemühen zu verstehen ist, das Abstandsgebot zur Ehe zu sichern,[43] nicht aber dem Zweck dienen kann, heterosexuelle, registrierte Partnerschaften zu verhindern (näher zu Abs. 4 Rn 72 ff). 16

Was dann freilich bleibt, ist eine **Diskriminierung** gleichgeschlechtlicher gegenüber heterosexuellen Partnerschaften.[44] Diesen **Wertungswiderspruch** zu lösen bleibt der Gesetzgeber aufgerufen, der Abs. 4 ersatzlos streichen sollte (s. Rn 73). Vermeiden lässt sich der Widerspruch de lege lata auch nicht dadurch, dass heterosexuelle Partnerschaften den Art. 13 ff zugeordnet werden, denn auch dies führt zu einer Meidung der Sperrklausel in Abs. 4 und damit zu einer Benachteiligung gleichgeschlechtlicher Partnerschaften in dem Maße, in dem ein eigenständiger Anwendungsbereich dieser (rechtspolitisch missglückten) Sperrklausel bei gleichgeschlechtlichen Partnerschaften respektiert werden muss. 17

b) Gleichgeschlechtliche Ehen. Ähnlich umstritten wie die kollisionsrechtliche Einordnung heterosexueller, registrierter Partnerschaften ist die Qualifikation gleichgeschlechtlicher Ehen, wie sie mittlerweile in einer Reihe von Rechtsordnungen anzutreffen sind, innerhalb Europas etwa in den Niederlanden[45] und in Belgien, in Spanien, Norwegen und Schweden.[46] Vertreten wird auch hier sowohl eine Anknüpfung gem. 18

37 Vgl Staudinger/*Mankowski*, Art. 17 b EGBGB Rn 102.
38 Vgl *Wagner*, IPRax 2001, 281, 289 f.
39 So auch *Wagner*, IPRax 2001, 281, 292.
40 S. hierzu auch *Thorn*, IPRax 2002, 349, 355.
41 Vgl *Wagner*, IPRax 2001, 281, 292; *Wasmuth*, in: Liber amicorum Gerhard Kegel 2002, S. 237, 245.
42 Vgl *Forkert*, S. 312; *v. Hoffmann/Thorn*, IPR, § 8 Rn 73 j (S. 351), differenzieren im Hinblick auf die Vorbehaltsklausel zwischen den Voraussetzungen und den Wirkungen der heterosexuellen Partnerschaften.
43 Vgl MüKo/*Coester*, Art. 17 b EGBGB Rn 135; *Henrich*, FamRZ 2002, 137, 144; Staudinger/*Mankowski*, Art. 17 b EGBGB Rn 84; *Thorn*, IPRax 2002, 349, 355. Im Hinblick auf das Abstandsgebot zur Ehe bei heterosexuellen Partnerschaften richtet *Coester* auch das Augenmerk auf den Umstand, dass nach der Rspr des BVerfG nicht so sehr die „weiter gehenden Wirkungen als nach dem LPartG", sondern umgekehrt gerade das Zurückbleiben von Pflichten gegenüber dem Eherecht zum Stein des Anstoßes werden könnte: *Coester*, in: FS Sonnenberger 2004, S. 321, 329 f; MüKo/*Coester*, Art. 17 b EGBGB Rn 135.
44 Vgl *Gebauer/Staudinger*, IPRax 2002, 275, 281 f; diese Diskriminierungsgefahr wird allg. anerkannt, in ihrer Bedeutung freilich unterschiedlich gewichtet; für nicht gravierend hält sie etwa MüKo/*Coester*, Art. 17 b EGBGB Rn 135.
45 Nach Art. 1:30 BW kann die Ehe von „zwei Personen verschiedenen oder gleichen Geschlechts" eingegangen werden, vgl *Röthel*, IPRax 2002, 496 f.
46 Vgl zu Belgien *Forkert*, S. 53 f; zu Spanien, Norwegen und Schweden s. *Buschbaum*, RNotZ 2010, 73, 74 mwN; zur teilweisen Gleichstellung homosexueller Partnerschaften mit der Ehe in einigen US-Bundesstaaten vgl Staudinger/*Mankowski*, Art. 17 b EGBGB Rn 11, 22; zur Rechtslage in der kanadischen Provinz Ontario s. *Forkert*, S. 75.

Art. 17 b[47] als auch die unmittelbare oder entsprechende[48] Heranziehung der Art. 13 ff.[49] Unter Beachtung der Ordnungsfunktion, die das fremde Rechtsinstitut im fremden Sachrecht erfüllt, erscheint es vorzugswürdig, dem weiten kollisionsrechtlichen **Ehebegriff** die gleichgeschlechtliche Ehe im Wege der **funktionalen Qualifikation** zuzuordnen (anderer Ansicht Art. 13 EGBGB Rn 50), wenn auch für den eigenen sachrechtlichen Ehebegriff das Merkmal der Geschlechtsverschiedenheit konstitutiv ist.[50] Bis zur Grenze des inländischen ordre public[51] besteht kein Anlass, entgegen der Entscheidung und bewussten Unterscheidung ausländischer Rechtsordnungen[52] eine nach dortigem Verständnis vorhandene Ehe kollisionsrechtlich als bloße Lebenspartnerschaft zu qualifizieren, wenn gleichzeitig die im Inland für die Ehe geltenden Kollisionsnormen nicht nur für polygame Verbindungen,[53] sondern auch für alle nicht formalisierten Lebensgemeinschaften und ohne Unterscheidung danach herangezogen werden, ob es sich bei der jeweiligen nichtehelichen Lebensgemeinschaft um eine gleichgeschlechtliche oder heterosexuelle handelt (vgl Rn 6).

19 Die eherechtliche statt der lebenspartnerschaftsrechtlichen Qualifikation ist der Eingehung einer gleichgeschlechtlichen Ehe nicht förderlich, sondern eher hinderlich. Denn die Anwendung des Art. 13 führt bereits dann zur Unwirksamkeit der Heirat, wenn das Heimatrecht auch nur eines der Ehegatten die Eheschließung zwischen gleichgeschlechtlichen Partnern nicht zulässt.[54] Die Eheschließung einer Deutschen mit ihrer niederländischen Partnerin führt also zu einer **hinkenden Ehe**, weil sie nur aus niederländischer, nicht aus deutscher Sicht eine rechtsgültige Ehe ist.[55] Das stellt nach dem gegenwärtigen Rechtszustand jedoch keinen Wertungswiderspruch dar.[56] Die Ehe steht aus deutscher Sicht nur Partnern verschiedenen Geschlechts offen, für gleichgeschlechtliche Partner sieht das deutsche Recht nur die eingetragene Lebenspartnerschaft vor. Diese bewusste Ungleichbehandlung muss auf kollisionsrechtlicher Ebene nicht ausgeschlossen werden. Natürlich kann die gleichgeschlechtliche Ehe nicht ignoriert werden, sie muss aber auch kollisionsrechtlich nicht in der gleichen Weise gefördert werden, wie dies der Gesetzgeber mit den eingetragenen Lebenspartnerschaften bezweckte. Rechtspolitisch mag es sinnvoll sein, gleichgeschlechtliche Ehen kollisionsrechtlich zu regeln, etwa indem durch den Abschluss völkerrechtlicher Verträge mit den betreffenden Staaten „hinkende Ehen" verhindert[57] oder auch im autonomen Recht besondere Anknüpfungspunkte geschaffen werden. Dies ist jedoch Aufgabe des Gesetzgebers.[58]

47 Vgl *Buschbaum*, RNotZ 2010, 73, 80 f; MüKo/*Coester*, Art. 17 b EGBGB Rn 146–148; *Dörner*, in: FS Jayme 2004, S. 143, 150 f; *Henrich*, FamRZ 2002, 137, 138 (hierzu *Forkert*, S. 76 f); *Kropholler*, IPR, § 44 V (S. 342 f); Staudinger/*Mankowski*, Art. 17 b EGBGB Rn 22; *Wasmuth*, in: Liber amicorum Gerhard Kegel 2002, S. 237, 241 ff.

48 Zu den mitunter fließenden Übergängen zwischen Auslegung und Rechtsfortbildung bei der funktionalen Qualifikation eines dem inländischen Sachrecht unbekannten Rechtsinstituts s. Rn 9.

49 Für eine entspr. Anwendung der Art. 13 ff s. Erman/*Hohloch*, Art. 17 b EGBGB Rn 6; für eine direkte Anwendung der Art. 13 ff vgl *Forkert*, S. 78 ff; *Gebauer/Staudinger*, IPRax 2002, 275, 277; *Röthel*, IPRax 2002, 496, 498.

50 Vgl *Forkert*, S. 79 f; *Gebauer/Staudinger*, IPRax 2002, 275, 277; *Röthel*, IPRax 2002, 496, 498; Palandt/*Thorn*, Art. 17 b EGBGB Rn 1; MüKo/*Coester*, Art. 17 b EGBGB Rn 144 (im Ergebnis nunmehr allerdings für eine Anknüpfung der gleichgeschlechtlichen Ehe nach Art. 17 b). Dagegen betont Staudinger/*Mankowski*, Art. 17 b EGBGB Rn 23 f, dass bei der Diskussion um eine Erweiterung des kollisionsrechtlichen Ehebegriffs beachtet werden müsse, dass für gleichgeschlechtliche Partnerschaften mit Art. 17 b nunmehr ein eigenes Anknüpfungsregime geschaffen worden sei und somit kein Anlass bestehe, im kollisionsrechtlichen Ehebegriff von der Voraussetzung einer Verschiedengeschlechtlichkeit abzuweichen; vgl auch *Henrich*, FamRZ 2002, 137, 138; *Wasmuth*, in: Liber amicorum Gerhard Kegel 2002, S. 237, 241.

51 Hierzu *Forkert*, S. 81 ff; *Gebauer/Staudinger*, IPRax 2002, 275, 277; *Röthel*, IPRax 2002, 496 ff; *Wasmuth*, in: Liber amicorum Gerhard Kegel 2002, S. 237, 247 ff.

52 So hat das niederländische Recht etwa die registrierte Partnerschaft im Rahmen der Einführung der gleichgeschlechtlichen Ehe nicht etwa abgeschafft; Ehe und registrierte Partnerschaft existieren dort vielmehr parallel mit unterschiedlichen Voraussetzungen und Rechtsfolgen; vgl *Forkert*, S. 77 f; *Wasmuth*, in: Liber amicorum Gerhard Kegel 2002, S. 237, 242 f. Etwas anderes gilt allerdings für Norwegen und Schweden. Dort wurden mit Einführung der gleichgeschlechtlichen Ehe gleichzeitig die Gesetze über gleichgeschlechtliche Partnerschaften aufgehoben, so dass für Paare insofern auch keine Wahlmöglichkeit besteht, vgl *Buschbaum*, RNotZ 2010, 73, 81.

53 Vgl LG Hamburg IPRspr 1974, Nr. 50; VG Gelsenkirchen FamRZ 1975, 338; weitere Nachw. bei *Röthel*, IPRax 2002, 496, 498.

54 Vgl *Gebauer/Staudinger*, IPRax 2002, 275, 277; *Henrich*, FamRZ 2002, 137, 138; Staudinger/*Mankowski*, Art. 17 b EGBGB Rn 25; *Röthel*, IPRax 2002, 496, 497 f; *Wasmuth*, in: Liber amicorum Gerhard Kegel 2002, S. 237, 242 f.

55 Vgl auch das Beispiel bei *Forkert*, S. 86 f; zur Frage, ob eine gleichgeschlechtliche Ehe stattdessen als registrierte Partnerschaft anzuerkennen ist, Staudinger/*Mankowski*, Art. 17 b EGBGB Rn 25.

56 S.a. *Röthel*, IPRax 2002, 496, 498; *Gebauer/Staudinger*, IPRax 2002, 275, 277.

57 Vgl *Forkert*, S. 87.

58 Vgl *Forkert*, S. 87. De lege lata lassen sich drohende Wertungswidersprüche im Wege der Anpassung lösen.

III. Geltung der allgemeinen kollisionsrechtlichen Regeln

Art. 17 b ist im Wesentlichen als allseitige Kollisionsnorm ausgestaltet,[59] die nicht nur einseitig bestimmt, unter welchen Voraussetzungen deutsches Recht zur Anwendung gelangen soll (so allerdings die Bestimmungen zum Versorgungsausgleich, vgl Rn 50 f), sondern auch festlegt, wann aus deutscher Sicht ausländisches Recht gilt.[60] Mit der grundsätzlichen Ausgestaltung als allseitige Kollisionsnorm, die freilich unter dem Vorbehalt von Sonderregelungen für die Anwendung ausländischen Rechts im Inland steht (Abs. 2 S. 2 und Abs. 4)[61] ist die Frage nach den allgemeinen Grundsätzen des IPR aufgeworfen, für die im Rahmen des Art. 17 b zum Teil Abweichungen erforderlich sind. 20

1. Rück- und Weiterverweisung. Soweit Abs. 1 auf das Recht des Register führenden Staates verweist (S. 1 und S. 2 Hs 2), geschieht dies im Wege der Sachnormverweisung; Rück- und Weiterverweisung scheiden also aus. Dies mag zwar im Einzelfall den internationalen Entscheidungseinklang beeinträchtigen,[62] erspart aber die Suche nach den Kollisionsnormen im Recht des Register führenden Staates. Allseitige und geschriebene Kollisionsnormen sind im Bereich der Lebenspartnerschaft noch relativ selten,[63] und dies gilt selbst für diejenigen Staaten, deren Sachrecht bereits Regelungen hierzu enthält.[64] In dieser Situation erübrigt sich durch die deutsche Sachnormverweisung eine unsichere Ermittlung von ungeschriebenen, eventuell nur entsprechend anwendbaren oder in ihrer Anwendung umstrittenen Kollisionsnormen im ausländischen Recht.[65] Rück- und Weiterverweisungen kommen allerdings im Rahmen des Abs. 1 S. 2 bei den erbrechtlichen Folgen der Lebenspartnerschaft in Betracht.[66] 21

2. Vorfragen. Vorfragen für die **Begründung einer Lebenspartnerschaft**, insbesondere das Bestehen einer anderweitigen Ehe oder Lebenspartnerschaft, sind nach dem Willen des Gesetzgebers selbständig anzuknüpfen.[67] Ob die Vorfrage selbständig oder unselbständig angeknüpft werden soll, ist allerdings ein **Scheinproblem, wenn die Partnerschaft in Deutschland begründet werden soll**. Denn wenn sich vor deutschen Behörden oder Gerichten die (Haupt-)Frage nach der intendierten Begründung einer Lebenspartnerschaft stellt, dann geht es nicht um eine Registrierung im Ausland, sondern um eine Registrierung im Inland. Auf die Hauptfrage findet also, da Abs. 1 S. 1 insoweit an das Recht des Register führenden Staates anknüpft, deutsches Recht Anwendung. Die Vorfragenproblematik wird nur dann relevant, wenn auf die Hauptfrage ausländisches Recht Anwendung findet, wenn mit anderen Worten die Vorfrage aus einem ausländischen Recht stammt.[68] Wenn hingegen auch die Hauptfrage inländischem Recht unterliegt, fallen lex fori und lex causae nicht auseinander, so dass sich das Problem einer selbständigen oder unselbständigen Anknüpfung der Vorfrage auch nicht stellen kann.[69] 22

Vorfragen einer anderweitigen Ehe oder Lebenspartnerschaft können aber dann relevant werden, wenn aus einer **im Ausland bereits eingetragenen Partnerschaft** in Deutschland Rechte geltend gemacht werden und sich daher die **(Haupt-)Frage stellt, ob diese Partnerschaft wirksam begründet wurde**, obwohl im Zeitpunkt ihrer Eingehung bereits eine anderweitige Ehe oder Lebenspartnerschaft bestand. Die Vorfrage nach dem Bestehen einer anderweitigen Verbindung richtet sich dann bei **selbständiger Anknüpfung** nach dem durch die deutschen Kollisionsnormen berufenen Recht. Wie sich eine danach bestehende Ehe oder Lebenspartnerschaft auf die spätere Begründung der Lebenspartnerschaft auswirkt, richtet sich als Hauptfrage aber nach dem Recht des Register führenden Staates. So sieht etwa das norwegische Recht bei formwirksam eingegangenen Partnerschaften nur eine Auflösung ex nunc für den Fall vor, dass einer der Partner bei Eingehung der Partnerschaft noch verheiratet war.[70] 23

Weitere Vorfragen, die bei einer im Ausland begründeten Lebenspartnerschaft **selbständig anzuknüpfen** sind, betreffen die Minderjährigkeit der Partner oder das Bestehen eines Verwandtschafts- oder Sorgerechts- 24

59 Vgl BT-Drucks. 14/3751, S. 60.
60 Die allseitige Ausgestaltung bedingt eine kollisionsrechtlich-funktionale, weite Auslegung der in der Norm enthaltenen Systembegriffe, so dass auch solche Lebenspartnerschaften erfasst werden können, die nicht vollständig der deutschen Lebenspartnerschaft entsprechen; vgl *Wagner*, IPRax 2001, 281, 288.
61 Vgl MüKo/*Coester*, Art. 17 b EGBGB Rn 2.
62 Vgl *v. Hoffmann/Thorn*, IPR, § 8 Rn 73 f (S. 350); *Süß*, DNotZ 2001, 168, 170; MüKo/*Coester*, Art. 17 b EGBGB Rn 14.
63 Vgl *Röthel*, IPRax 2000, 74; *Wagner*, IPRax 2001, 281, 285.
64 MüKo/*Coester*, Art. 17 b EGBGB Rn 9; *Forkert*, S. 49; *Wagner*, IPRax 2001, 281, 285.
65 Vgl MüKo/*Coester*, Art. 17 b EGBGB Rn 14; *Forkert*, S. 95 f; *Wagner*, IPRax 2001, 281, 290.
66 Vgl Erman/*Hohloch*, Art. 17 b EGBGB Rn 4.
67 Vgl BT-Drucks. 14/3751, S. 60.
68 Vgl *v. Bar/Mankowski*, IPR I, § 7 Rn 192 (S. 671); *Kropholler*, IPR, § 32 II (S. 222).
69 Anders offenbar Finger/*Finger*, Art. 17 b, Rn 20; *Forkert*, S. 98. Zu beachten ist jedoch, dass es bei der Vorfragenproblematik nicht um das Sachrecht des Register führenden Staates (also das Sachrecht der für die Hauptfrage maßgebenden lex causae) einerseits und die Kollisionsnormen der lex fori andererseits geht, sondern stets nur darum, welcher Rechtsordnung die für die Vorfrage heranzuziehende *Kollisionsnorm* zu entnehmen ist.
70 Vgl hierzu *Forkert*, S. 107 f; *Henrich*, FamRZ 2002, 137, 138.

verhältnisses zwischen den Lebenspartnern bzw zwischen einem Lebenspartner und seinem minderjährigen Kind.[71]

25 **Im Rahmen erbrechtlicher Hauptfragen** können sich mitunter schwierige **Vorfragen nach der Auflösung einer Lebenspartnerschaft** stellen, wenn etwa einer in Deutschland registrierten Partnerschaft eine spätere Ehe eines der Partner im Ausland folgte, ohne dass die in Deutschland registrierte Partnerschaft zuvor durch Urteil gem. § 15 Abs. 1 LPartG aufgehoben wurde. Stirbt nun der Lebenspartner, der später in seinem Heimatland geheiratet hat, und sieht sein Heimatrecht im Unterschied zum deutschen Recht vor, dass durch die Eheschließung eine registrierte Partnerschaft automatisch aufgelöst wird,[72] so kommen als Erben aus deutscher Sicht sowohl der Ehegatte als auch der Lebenspartner in Betracht, wenn das Heimatrecht des Erblassers ein gesetzliches (wenn auch nicht gleichzeitiges) Erbrecht sowohl des Ehegatten als auch des Lebenspartners kennt. Zur Lösung dieses Konfliktes wurde vorgeschlagen, die Vorfrage nach dem Noch-Bestehen bzw der Auflösung einer Lebenspartnerschaft unselbständig, also aus der Sicht des Erbstatuts anzuknüpfen.[73]

26 Die **unselbständige Anknüpfung** ist jedoch **kein geeigneter Weg**, den Konflikt zu lösen, der sich daraus ergibt, dass das Heimatrecht des Erblassers – anders als das Recht des Register führenden Staates – die Auflösung einer Lebenspartnerschaft durch nachfolgende Ehe kennt. Denn das Ergebnis hängt auch bei unselbständiger Anknüpfung wiederum vom Inhalt der Kollisionsnormen im Heimatrecht des Erblassers ab: Nur wenn nach den dortigen Kollisionsnormen auch die Auflösung der Lebenspartnerschaft einem Recht unterliegt, das mit dem Heimatrecht des Erblassers identisch ist, kommt es zu einem alleinigen Erbrecht des Ehegatten; knüpft das Heimatrecht des Erblassers hingegen (etwa wie das deutsche Kollisionsrecht) die Auflösung der Partnerschaft an das Recht des Register führenden Staates, so sind auch bei unselbständiger Anknüpfung sowohl der Ehegatte als auch der Lebenspartner als Erben berufen. Die unselbständige Anknüpfung verfehlt also ihren Zweck, die eine Seite erbrechtlich zu begünstigen.[74]

27 Soweit man den Konflikt dadurch zu lösen sucht, dass man die Vorfrage der Partnerschaftsauflösung dem Erbstatut unterstellt, handelt es sich dabei nicht um eine unselbständige Anknüpfung, sondern praktisch um eine akzessorische Anknüpfung der Vorfrage. Eine solche wird aber bei echten Vorfragen, die nicht nur Teil einer einheitlich anzuknüpfenden Rechtsfrage ohne eigene internationalprivatrechtliche Relevanz sind,[75] nicht vertreten,[76] weil sie den inneren wie den äußeren Entscheidungseinklang verfehlen würde.[77] Davon abgesehen erscheint nicht nur eine zweckgerichtet begründete unselbständige Anknüpfung kaum überzeugend,[78] sondern auch der Zweck selbst, nur die eine Seite erbrechtlich zu begünstigen.[79] Das **Problem einer kumulativen Erbberechtigung** ist also nicht durch unselbständige Anknüpfung der Vorfrage, sondern **nur im Wege der Angleichung zu lösen**.[80] Im Rahmen der Angleichung mag in dem Beispielfall der nachträglichen Eheschließung auch berücksichtigt werden, dass der Erblasser im Zeitpunkt seines Todes sich ausschließlich in der späteren Ehe erbrechtlich gebunden sah und dies nach dem Inhalt seines Heimatrechts auch konnte. Für die Anknüpfung von **Vorfragen** bleibt es aber dabei, dass **im Rahmen des Art. 17 b keine Besonderheiten** gegenüber den allgemeinen Regeln gelten.

28 **3. Form.** Besonderheiten ergeben sich für die Form, denn Abs. 1 S. 1 durchbricht Art. 11: Für die Formfragen einer Lebenspartnerschaft ist Art. 11 nicht heranzuziehen, sie werden vielmehr vom Recht des Register führenden Staates miterfasst.[81] Dieser **Gleichlauf zwischen Formstatut und Registerstatut** ergibt sich aus der Natur der Sache,[82] denn die in Art. 11 vorgesehene alternative Anknüpfung an die lex causae und das Recht

71 Vgl *Forkert*, S. 91; *Henrich*, FamRZ 2002, 137; Staudinger/*Mankowski*, Art. 17 b EGBGB Rn 35; MüKo/*Coester*, Art. 17 b EGBGB Rn 29.
72 So etwa das belgische Recht; s. hierzu *Forkert*, S. 197 u. 234.
73 *Henrich*, FamRZ 2002, 137, 143; so auch MüKo/*Coester*, Art. 17 b EGBGB Rn 59.
74 Anders wohl *Forkert*, S. 238, der bei einer unselbständigen Anknüpfung ebenfalls zu einer automatischen Aufhebung der Lebenspartnerschaft bei Eingehung der Ehe gelangt und das von Art. 25 Abs. 1 berufene Recht auch insoweit für maßgeblich hält, ohne allerdings die Kollisionsnormen zu berücksichtigen, die im Recht der Hauptfrage die Vorfrage regeln.
75 Vgl hierzu *Kegel/Schurig*, § 9 II 1 (S. 376).
76 Vgl *v. Hoffmann/Thorn*, IPR, § 6 Rn 67 (S. 243), in Fn 134 „allgemeine Ansicht"; *Kegel/Schurig*, § 9 II 1 (S. 377): „sicher ist: ..."; *Kegel*, Internationales Privatrecht, 7. Aufl. 1995, § 9 II 1 (S. 274): „Alle Welt ist darüber einig: ..."
77 *Kegel*, Internationales Privatrecht, 7. Aufl. 1995, § 9 II 1 (S. 277): „Sowohl innerer wie äußerer Entscheidungseinklang könnten verfehlt werden, wenn die Rechtsfolge im Tatbestand einer Sachnorm anhand der übrigen Sachnormen derselben Rechtsordnung beurteilt würde. Das ist der unausgesprochene Grund für die eingangs erwähnte allgemeine Ansicht, dass dieser Weg ausscheidet."
78 Vgl Staudinger/*Mankowski*, Art. 17 b EGBGB Rn 52.
79 Vgl *Forkert*, S. 239.
80 Näher hierzu *Forkert*, S. 236 f; gegen eine Korrektur im Wege der Angleichung *Buschbaum*, RNotZ 2010, 73, 91.
81 BT-Drucks. 14/3751, S. 60.
82 MüKo/*Coester*, Art. 17 b EGBGB Rn 25.

des Vornahmeortes würde letztlich ebenso nur zum Recht des Register führenden Staates gelangen, weil sich Art. 17 b nur auf eingetragene Partnerschaften bezieht.[83]

Art. 17 b enthält **keine Entsprechung zu Art. 13 Abs. 3**.[84] In den allermeisten Fällen gelangt man freilich wegen der Maßgeblichkeit des Registerstatuts zu Anknüpfungsergebnissen, die bei einer Registrierung in Deutschland mit Art. 13 Abs. 3 S. 1 übereinstimmen.[85] Bei Registrierungen von Lebenspartnerschaften vor den Konsulaten ausländischer Staaten in Deutschland gilt die deutsche Form freilich nicht: Die Registrierung und ihre Form richten sich nach dem Recht des ausländischen Staates, der das Register führt.[86] 29

Die Maßgeblichkeit des Registerstatuts für Formfragen umfasst alle privatrechtlichen Fragen der äußeren Gestaltung des Begründungsaktes und seiner rechtlichen Vorbereitung.[87] **Wichtigste Formfragen** sind die nach der Mitwirkung von Standesbeamten oder ähnlichen Personen, nach der Gestalt der Begründungserklärungen und nach dem Ablauf der Zeremonie.[88] 30

4. Rechtswahl. Im Gegensatz zu den allgemeinen Ehewirkungen nach Art. 14 sieht das Gesetz für die allgemeinen (und güterrechtlichen) Lebenspartnerschaftswirkungen keine direkte Rechtswahlmöglichkeit vor.[89] Für namensrechtliche Fragen wird hingegen durch die entsprechende Anwendung des Art. 10 Abs. 2 über Abs. 2 S. 1 Alt. 1 den Parteien ausdrücklich die Möglichkeit einer Rechtswahl eröffnet[90] (hierzu Rn 65 ff). Darüber hinaus besteht auch für die Begründung sowie für die allgemeinen und die güterrechtlichen Wirkungen der Lebenspartnerschaft die Möglichkeit einer **mittelbaren Rechtswahl** durch die Parteien, zum einen über Abs. 3, indem bei erneuter Registrierung ein Statutenwechsel bewusst herbeigeführt werden kann,[91] und zum anderen durch die Grundanknüpfung an das Recht des Register führenden Staates, die den Partnern ebenfalls durch Auswahl des Registrierungsstaates einen Gestaltungsspielraum eröffnet.[92] 31

5. Einzel- und Gesamtstatut. Die Einheit des Güterstatuts kann bei Lebenspartnerschaften – anders als im Ehegüterrecht – nicht durch eine Rückverweisung durchbrochen werden, denn Abs. 1 S. 1 Alt. 3 spricht insoweit ausdrücklich eine Sachnormverweisung aus.[93] Wohl aber können sowohl das lebenspartnerschaftliche Güter- wie das Erbstatut durchbrochen werden durch ein vorrangiges Einzelstatut gem. **Art. 3 Abs. 3**.[94] Nicht überzeugend erscheint es, im Rahmen des lebenspartnerschaftlichen Güter- und (teilweise[95] auch des) Erbstatuts die Anwendung des Art. 3 Abs. 3 mit der Begründung auszuschließen, dass sich der Vorrang des Einzelstatuts nicht gegenüber einer Sachnormverweisung durchsetzen könne.[96] Man mag in der Tat generell eine restriktive Handhabung des Art. 3 Abs. 3 befürworten;[97] dies kann nach dem Sinn der Vorschrift aber nicht von der Unterscheidung zwischen einer Sachnormverweisung und einer Gesamtverweisung abhängen, denn auch bei Gesamtverweisungen hängt die Anwendung des Art. 3 Abs. 3 nicht davon ab, ob die eigene Kollisionsnorm auf eigenes oder fremdes Recht verweist, ob im Einzelfall also überhaupt fremdes Kollisionsrecht befragt wird. 32

6. Substitution. Die eingetragene Lebenspartnerschaft wirft einige Substitutionsfragen auf, die sich bei der Anwendung inländischen wie ausländischen Sachrechts stellen können. Sie können immer dann auftauchen, wenn die lex causae nicht das Recht des Register führenden Staates ist, also infolge der Regelung in Abs. 1 S. 2 bei den **erbrechtlichen Folgen** der Lebenspartnerschaft, aber auch bei unterhaltsrechtlichen Fragen. Dann kann sich nämlich die Situation einstellen, dass ein Systembegriff im Tatbestand einer Sachnorm (zB „Lebenspartner") nur durch Tatsachen und rechtliche Beziehungen ausgefüllt werden kann, die unter der Geltung und mit der Prägung eines anderen Rechts stattgefunden haben bzw begründet wurden. Voraussetzung einer Substitution ist stets, dass es sich bei dem fraglichen Systembegriff um einen offenen, „substituierbaren" handelt und dass die fremde Rechtserscheinung dem Systembegriff in der lex causae funktional gleichwertig ist.[98] Die 33

83 Vgl *Forkert*, S. 92; Palandt/*Thorn*, Art. 17 b EGBGB Rn 3; Staudinger/*Mankowski*, Art. 17 b EGBGB Rn 36; *Wagner*, IPRax 2001, 281, 289.

84 Zu den Gründen hierfür s. MüKo/*Coester*, Art. 17 b EGBGB Rn 26.

85 Finger/*Finger*, Art. 17 b Rn 21; *Forkert*, S. 92; Staudinger/*Mankowski*, Art. 17 b EGBGB Rn 36.

86 Vgl MüKo/*Coester*, Art. 17 b EGBGB Rn 20, 26.

87 Finger/*Finger*, Art. 17 b Rn 22; *Forkert*, S. 92; Staudinger/*Mankowski*, Art. 17 b EGBGB Rn 37.

88 Vgl Finger/*Finger*, Art. 17 b Rn 22; *Forkert*, S. 92; Staudinger/*Mankowski*, Art. 17 b EGBGB Rn 37.

89 Ausf. und krit. hierzu *Forkert*, S. 117 ff; Staudinger/*Mankowski*, Art. 17 b EGBGB Rn 41.

90 Vgl Staudinger/*Mankowski*, Art. 17 b EGBGB Rn 68 ff.

91 Vgl MüKo/*Coester*, Art. 17 b EGBGB Rn 17; *Forkert*, S. 288 f.

92 Vgl MüKo/*Coester*, Art. 17 b EGBGB Rn 22; *Forkert*, S. 96; Staudinger/*Mankowski*, Art. 17 b EGBGB Rn 4.

93 Vgl *Forkert*, S. 136.

94 Vgl hierzu *Forkert*, S. 136 ff, 229 ff; *Frank*, MittBayNot 2001, Sonderheft Lebenspartnerschaften, S. 35, 43; *Gebauer/Staudinger*, IPRax 2002, 275, 279; Staudinger/*Mankowski*, Art. 17 b EGBGB Rn 52 u. 66; *Süß*, DNotZ 2001, 168, 175.

95 Nämlich insoweit, als über die Hilfsanknüpfung des Art. 17 b Abs. 1 S. 2 Hs 2 Alt. 2 auch im Erbrecht eine Sachnormverweisung ausgesprochen wird.

96 So aber *Forkert*, S. 135 ff, 142, 230 f.

97 Vgl *v. Bar/Mankowski*, IPR I, § 7 Rn 48 (S. 578 f).

98 Vgl hierzu *Mansel*, in: FS W. Lorenz 1991, S. 689 f, 696 f. Vgl auch *Kropholler*, IPR, § 33 II (S. 231 ff), auch mit Beispielen zum Ausschluss der Substitution nach dem Sinn der anzuwendenden Sachnorm in Ausnahmefällen.

problematischen Substitutionsfragen erklären sich aus der bunten Vielfalt und aus der unterschiedlichen Dichte und inhaltlichen Ausgestaltung der lebenspartnerschaftlichen Regelungen in den verschiedenen Rechtsordnungen.

34 **a) Bei fehlender Regelung der eingetragenen Lebenspartnerschaft in der lex causae.** **Kennt** das aus deutscher Sicht berufene **Unterhalts- oder Erbstatut kein Institut der eingetragenen Lebenspartnerschaft**, so lässt sich daran denken, ob nicht die erbrechtliche oder unterhaltsrechtliche Berechtigung eines **Ehegatten** in der lex causae entsprechend auf die Berechtigung eines Lebenspartner angewendet werden kann. Diese Entscheidung unterliegt jedoch nicht der inländischen Sichtweise, sondern ist vollständig der lex causae zu überlassen.[99] Im Zweifel wird man nicht von einer solchen Substitution im Verhältnis von Ehe und Lebenspartnerschaft im ausländischen Recht ausgehen können,[100] und Anhaltspunkte für eine dortige analoge Anwendung der auf Ehegatten bezogenen erb- oder unterhaltsrechtlichen Vorschriften wird man eben darum in der lex causae kaum finden können, weil die eingetragene Lebenspartnerschaft dort nicht existiert. Ein Bedürfnis für die Substitution ist in dieser Konstellation auch nicht dringend, denn sieht das Unterhalts- oder Erbstatut keine Berechtigung des Lebenspartners vor, so stehen im Unterhaltsrecht eine Reihe von Hilfsanknüpfungen zur Verfügung oder es gelangt über Abs. 1 S. 2 Hs 2 wiederum das Recht des Register führenden Staates zur Anwendung.

35 **b) Bei unterschiedlicher Regelung der eingetragenen Lebenspartnerschaft.** Schwieriger sind die Substitutionsfragen zu beantworten, wenn das Institut der eingetragenen Lebenspartnerschaft **in der lex causae zwar bekannt, aber in wesentlichen Punkten anders ausgestaltet** ist als im Recht des Register führenden Staates. Theoretisch ist auch hier der Fall denkbar, dass sich die Substitutionsfrage bei der Anwendung ausländischen Rechts stellt. Dies dürfte aber bei deutschem Registerstatut nur selten vorkommen, weil das deutsche Recht in der Ausgestaltung erbrechtlicher und unterhaltsrechtlicher Ansprüche der Lebenspartner vergleichsweise weit geht.[101]

36 Als Standardfall einer problematischen Substitutionsfrage wird daher meist der umgekehrte Fall genannt,[102] dass sich etwa bei einem PACS des französischen Rechts im Rahmen des deutschen Erbstatuts[103] und damit in Anwendung des § 10 LPartG die Frage stellt, ob der eine Lebenspartner den anderen unter deutschem Recht beerben kann, obwohl das französische Registerrecht ein solches Erbrecht des Lebenspartners nicht kennt.[104] Eine Substitution scheidet hier sicher insofern aus, als es um Ansprüche aus einer heterosexuellen Lebenspartnerschaft geht, denn solche kennt das deutsche Recht nicht. Bei gleichgeschlechtlichen Partnerschaften mag darin ein generelles Argument gegen die Substitution gesehen werden, denn ansonsten privilegierte man gleichgeschlechtliche gegenüber heterosexuellen Partnern.[105] Auf der anderen Seite sollte man auch nicht vorschnell eine Gleichwertigkeit des ausländischen Rechtsinstituts verneinen;[106] in dem Maße, in dem die Substitution abgelehnt wird, schmälert man auch die Eigenständigkeit der lex causae und der ihr obliegenden Entscheidung über das Ob einer Erbberechtigung gegenüber dem Recht des Register führenden Staates.[107] Das entscheidende Argument gegen eine Substitution dürfte beim PACS aber in den gegenüber dem deutschen Erbrecht deutlich schwächeren Wirkungen liegen, auf die sich die Lebenspartner durch ihre Registrierung auch eingelassen haben.[108] Soweit schließlich eine Substitution in der lex causae wegen der schwächeren Wirkungen im Recht des Register führenden Staates ausscheidet, geht auch die in Abs. 1 S. 2 Hs 2 vorgesehene Hilfsanknüpfung an das Recht des Register führenden Staates ins Leere.[109]

99 Staudinger/*Mankowski*, Art. 17 b EGBGB Rn 51.

100 Vgl MüKo/*Coester*, Art. 17 b EGBGB Rn 50, 60; *Wagner*, IPRax 2001, 281, 291.

101 Vgl den rechtsvergleichenden Überblick bei *Forkert*, S. 221 ff zum Unterhaltsrecht und S. 255 ff zum Erbrecht.

102 Vgl hierzu MüKo/*Coester*, Art. 17 b EGBGB Rn 61; *Forkert*, S. 248 ff; *Frank*, MittBayNot 2001, Sonderheft Lebenspartnerschaften, S. 35, 42 f; *Henrich*, FamRZ 2002, 137, 143; Staudinger/*Mankowski*, Art. 17 b EGBGB Rn 53; *Süß*, DNotZ 2001, 168, 173 f.

103 Deutsches Erbrecht kann entweder durch eine Rückverweisung des französischen IPR auf deutsches Recht bei in Deutschland belegenen Immobilien oder aber aufgrund der Staatsangehörigkeit des verstorbenen Partners eines PACS berufen sein.

104 Zum fehlenden Erbrecht im französischen Recht vgl *Forkert*, S. 258; *Frank*, MittBayNot 2001, Sonderheft Lebenspartnerschaften, S. 35, 47 f; *Buschbaum*, RNotZ 2010, 73, 77.

105 Vgl *Henrich*, FamRZ 2002, 137, 143; Staudinger/*Mankowski*, Art. 17 b EGBGB Rn 53; gegen dieses Argument s. *Forkert*, S. 251.

106 Für eine Gleichwertigkeit daher *Forkert*, S. 250 ff und tendenziell auch *Frank*, MittBayNot 2001, Sonderheft Lebenspartnerschaften, S. 35, 42 f.

107 Vgl MüKo/*Coester*, Art. 17 b EGBGB Rn 61; Staudinger/*Mankowski*, Art. 17 b EGBGB Rn 53.

108 Daher gegen eine Gleichwertigkeit tendenziell auch MüKo/*Coester*, Art. 17 b EGBGB Rn 61. Vgl auch *Süß*, DNotZ 2001, 168, 173 f, mit folgender Faustformel für die Praxis: „Begründet die Lebenspartnerschaft nach dem Recht des registerführenden Staates kein gesetzliches Erbrecht, ist ein solches auch nach deutschem Erbrecht fraglich." Zur typologischen Einordnung des PACS s. *Buschbaum*, RNotZ 2010, 73, 76 ff.

109 Vgl *Frank*, MittBayNot 2001, Sonderheft Lebenspartnerschaften, S. 35, 42; MüKo/*Coester*, Art. 17 b EGBGB Rn 61.

7. Intertemporale Fragen. Sie stellen sich bei Lebenspartnerschaften, die vor dem 1.8.2001 im Ausland registriert worden sind. Das Gesetz enthält keine Regelung zum zeitlichen Geltungsbereich des Art. 17 b. Befürwortete man daher eine analoge Anwendung des Art. 220 Abs. 1 und 2, dann hätte dies zur Folge, dass vor dem 1.8.2001 registrierte Partnerschaften dem bis dahin geltenden Recht und damit wohl einer Heimatrechtsanknüpfung unterlägen.[110] Den Vorzug verdient eine auf den Gesetzeszweck gestützte Rückwirkung der Kollisionsnorm,[111] soweit dies im Einzelfall verfassungsrechtlich zulässig ist.[112] Dabei gilt es zu bedenken, dass das neue Recht die Gültigkeit von Partnerschaften favorisieren möchte. Der durch eine Rückwirkung herbeigeführte Statutenwechsel droht kaum, in der Vergangenheit registrierte Partnerschaften in ihrer rechtlichen Gültigkeit zu vernichten; vielmehr werden sie umgekehrt gerade nach dem Recht des Register führenden Staates gültig sein.[113] Die Wirksamkeit von Lebenspartnerschaften ex tunc durch die Rückwirkung einer Anknüpfung an das Recht des Register führenden Staates steht freilich unter dem Vorbehalt, dass dadurch nicht in verfassungsrechtlich unzulässiger Weise in bereits entstandene Rechtspositionen nachträglich verschlechternd eingegriffen wird.[114] 37

8. Ordre public. Abs. 4 enthält eine spezielle Vorbehaltsklausel. Ihre Besonderheiten und ihr Verhältnis zur allgemeinen Vorbehaltsklausel des Art. 6 werden unten (Rn 72 ff) erläutert. 38

IV. Begründung, Auflösung, allgemeine sowie güterrechtliche Wirkungen (Abs. 1 S. 1)

1. Besonderheiten der Anknüpfung. Die Anknüpfung an das **Recht des Register führenden Staates** dient der Rechtssicherheit, weil sie stets zu einer Rechtsordnung führt, die das Institut der eingetragenen Lebenspartnerschaft kennt.[115] **Anknüpfungsmoment** ist streng genommen nicht der Registerort, sondern die Registerführung durch eine staatliche Stelle; diese Unterscheidung wirkt sich freilich nur in seltenen Fällen aus.[116] Die Anknüpfung ist grundsätzlich **unwandelbar**, vorbehaltlich einer späteren Zweitregistrierung in einem anderen Staat: Abs. 3 enthält eine gewisse Einladung zum Statutenwechsel, indem insbesondere den im Ausland registrierten Partnerschaften die Möglichkeit eröffnet wird, durch Neuregistrierung in Deutschland die rechtlichen Wirkungen des Lebenspartnerschaftsgesetzes herbeizuführen.[117] Gewöhnlicher Aufenthalt und Wohnsitz der Parteien spielen ebenso wenig eine Rolle wie ihre Staatsangehörigkeit. 39

Die in Abs. 1 S. 1 gewählte **Anknüpfung ist eine objektive**, so dass selbst die güterrechtlichen Wirkungen der Lebenspartnerschaft keiner direkten Rechtswahl zugänglich sind (zu den Möglichkeiten einer mittelbaren Rechtswahl s. Rn 31). Angeknüpft wird lediglich an die **Sachvorschriften** des Register führenden Staates, Rück- und Weiterverweisung scheiden somit aus (vgl Rn 21). Als **Register** kommt nicht nur ein besonderes Partnerschaftsregister, sondern auch ein allgemeines Zivilstandsregister in Betracht;[118] entscheidend kommt es nur auf eine Beurkundung des Abschlussaktes durch eine staatliche oder staatlich beliehene Stelle an.[119] **Anknüpfungsgegenstand** ist die eingetragene Lebenspartnerschaft. Der Begriff ist in einem weiten Sinn zu verstehen; erfasst werden auch heterosexuelle Lebenspartnerschaften, nicht aber gleichgeschlechtliche Ehen (beides sehr umstritten, s. hierzu Rn 8 ff und 18 ff). 40

2. Begründung der Lebenspartnerschaft (Abs. 1 S. 1 Alt. 1). Zur Begründung gehören nicht nur die Abgabe und der Inhalt, sondern auch die **Form** der erforderlichen Erklärungen;[120] die Anwendung von Art. 11 hinsichtlich der Form scheidet daher aus (vgl Rn 28). Zur Bestimmung der von der Kollisionsnorm erfassten **materiellen Voraussetzungen** kann man als ersten Anhaltspunkt § 1 LPartG heranziehen.[121] Zu diesen Voraussetzungen gehören nicht nur das Geschlecht der Partner (zur Qualifikation der heterosexuellen Partnerschaften s. Rn 8 ff), der Konsens und eventuelle Eingehungshindernisse, wie etwa eine verwandtschaftliche Beziehung zwischen den Partnern oder eine bestehende Ehe bzw anderweitige Lebenspartnerschaft,[122] ferner solche Voraussetzungen, die einen Mindestbezug der Partner zum Registrierungsstaat in Form von Staatsangehörigkeit oder gewöhnlichem Aufenthalt verlangen,[123] sondern auch die rechtlichen **Folgen, die sich aus dem Fehlen einer Begründungsvoraussetzung ergeben.**[124] Insbesondere in diesem Rahmen 41

110 Vgl zu diesen Konsequenzen *Buschbaum*, RNotZ 2010, 73, 83.

111 Vgl *Buschbaum*, RNotZ 2010, 73, 83; MüKo/*Coester*, Art. 17 b EGBGB Rn 5; *Forkert*, S. 325 ff; *v. Hoffmann/Thorn*, IPR, § 8 Rn 73 d (S. 349); *Thorn*, IPRax 2002, 349, 355.

112 Diese Einschränkung betont zu Recht *Forkert*, S. 327.

113 Vgl MüKo/*Coester*, Art. 17 b EGBGB Rn 5.

114 Vgl *Forkert*, S. 326 f.

115 Vgl *Forkert*, S. 88 f; *Wagner*, IPRax 2001, 281, 288.

116 Unterschiede ergeben sich nur dann, wenn von der Möglichkeit Gebrauch gemacht wird, eine Partnerschaft vor den Konsulaten einzugehen, s. hierzu MüKo/*Coester*, Art. 17 b EGBGB Rn 20.

117 Vgl MüKo/*Coester*, Art. 17 b EGBGB Rn 12.

118 Vgl Staudinger/*Mankowski*, Art. 17 b EGBGB Rn 28.

119 Vgl MüKo/*Coester*, Art. 17 b EGBGB Rn 23.

120 Palandt/*Thorn*, Art. 17 b EGBGB Rn 3.

121 Vgl MüKo/*Coester*, Art. 17 b EGBGB Rn 27.

122 Vgl MüKo/*Coester*, Art. 17 b EGBGB Rn 27; *Forkert*, S. 97 f; *Frank*, MittBayNot 2001, Sonderheft Lebenspartnerschaften, S. 35, 37 f; *Henrich*, FamRZ 2002, 137, 138; Erman/*Hohloch*, Art. 17 b EGBGB Rn 11; Staudinger/*Mankowski*, Art. 17 b EGBGB Rn 30–32.

123 Vgl Staudinger/*Mankowski*, Art. 17 b EGBGB Rn 31.

124 Vgl Staudinger/*Mankowski*, Art. 17 b EGBGB Rn 33.

kann die (fehlende) Begründung einer Lebenspartnerschaft nach ausländischem Recht auch vor deutschen Behörden und Gerichten relevant werden. Geht es um die Begründung einer Lebenspartnerschaft in Deutschland, so wird insoweit vor deutschen Gerichten auch nur deutsches Recht gem. Art. 17 b Abs. 1 S. 1 zur Anwendung berufen. Ausländisches Recht wird im Hinblick auf die Partnerschaftsbegründung relevant, wenn im Inland aus einer im Ausland eingetragenen Lebenspartnerschaft Ansprüche geltend gemacht werden. Denn solche Ansprüche setzen voraus, dass die im Ausland eingetragene Lebenspartnerschaft auch wirksam begründet wurde.

42 **Vorfragen**, die sich im Rahmen der Begründung einer Lebenspartnerschaft stellen (etwa die Frage der Minderjährigkeit eines Partners oder das Bestehen einer anderweitigen Lebenspartnerschaft oder Ehe),[125] sind nach dem Willen des Gesetzgebers selbständig anzuknüpfen,[126] also nicht nach dem IPR des Register führenden Staates als der lex causae, sondern nach dem deutschen IPR als der lex fori. Die selbständige kann sich hier von der unselbständigen Vorfragenanknüpfung freilich nur dann unterscheiden, wenn es um Vorfragen im Rahmen einer im Ausland eingetragenen Lebenspartnerschaft geht (denn nur dann fallen lex fori und lex causae auseinander, vgl hierzu und allgemein zu Vorfragen im Rahmen des Art. 17 b Rn 22 ff). Genau diese, in den Gesetzesmaterialien durch die Erwähnung der selbständigen Anknüpfung angesprochenen Konstellationen sind allerdings recht kompliziert, denn bei ihnen wird die Hauptfrage der wirksamen Partnerschaftsbegründung wohl meist Vorfrage für ein weiteres Rechtsverhältnis sein. **Beispiel**: Partner A einer im Staate X registrierten Lebenspartnerschaft macht in Deutschland Unterhaltsansprüche gegen Partner B nach deutschem Recht geltend. B wendet nun ein, zu einer wirksamen Partnerschaftsbegründung zwischen ihm und A sei es nach dem Recht von X nicht gekommen, weil A im Lande Y mit Partnerin C bereits zuvor eine wirksame Lebenspartnerschaft eingegangen sei. Hier stellt sich die Partnerschaft zwischen A und C als Vorfrage für die Begründung einer wirksamen Partnerschaft zwischen A und B als Hauptfrage, und diese wiederum als Vorfrage im Rahmen von Unterhaltsansprüchen nach deutschem Recht.

43 **3. Allgemeine Wirkungen (Abs. 1 S. 1 Alt. 2).** Die allgemeinen Wirkungen unterliegen den Sachvorschriften des Register führenden Staates. Rechtswahlmöglichkeiten sind nicht vorgesehen.[127] Einen ersten Anhaltspunkt zur Bestimmung dessen, was kollisionsrechtlich zu den allgemeinen Wirkungen der Lebenspartnerschaft zählt, bieten die deutschen Sachnormen im zweiten Abschnitt des Lebenspartnerschaftsgesetzes, und dort insbesondere die §§ 2, 4, 8 und 11 LPartG. Erfasst werden die Fragen des Zusammenlebens und die Verpflichtung zur Lebensgemeinschaft, Treuepflichten und die Aufgabenverteilung innerhalb der Partnerschaft, ferner die Verpflichtungsbefugnis im Rahmen einer eventuellen Schlüsselgewalt und die Veränderung von Haftungsmaßstäben im Verhältnis unter den Partnern.[128] Nicht erfasst werden jedenfalls das Unterhalts-, das Namens- und das Erbrecht.[129] Ebenfalls nicht als Partnerschaftswirkung zu qualifizieren ist die sorgerechtliche Beteiligung des Lebenspartners (vgl § 9 LPartG).[130] Insoweit findet vielmehr Art. 21 Anwendung, denn mit dem Kind tritt eine dritte Person hinzu, und das Verhältnis zwischen dem Kind und dem Lebenspartner steht bei der sorgerechtlichen Beteiligung im Vordergrund.[131]

44 **4. Güterrechtliche Wirkungen (Abs. 1 S. 1 Alt. 3).** Das Registerstatut beherrscht auch die güterrechtlichen Wirkungen der Lebenspartnerschaft. Wie bei Art. 15 sind als güterrechtlich alle Regelungen[132] zu qualifizieren, mit denen das Partnervermögen gesondert geordnet wird, einschließlich der Vermögensauseinandersetzung nach Auflösung der Partnerschaft.[133] Dazu gehören insbesondere die Güterstände, Gütermassen sowie Nutzungs- und Verwaltungsbefugnisse,[134] nicht aber Unterhaltsansprüche.[135] Das Registerstatut beherrscht auch die Frage, ob und inwieweit die Lebenspartner privatautonom den Güterstand ändern oder die vom Gesetz vorgesehenen güterrechtlichen Wirkungen ausschließen können.[136] Davon zu unterscheiden ist die Möglichkeit einer kollisionsrechtlichen Rechtswahl, die das deutsche IPR den Lebenspartnern im Unterschied zu Ehe-

125 Hier ist zu unterscheiden: Die Frage, ob eine anderweitige Ehe oder Lebenspartnerschaft bereits besteht, ist als Vorfrage selbständig anzuknüpfen; wie sich aber eine solche bereits bestehende Ehe oder Lebenspartnerschaft auf die Begründung der neuen Partnerschaft auswirkt, ist nicht Vorfrage, sondern als Hauptfrage dem Recht des (für die spätere Partnerschaft) Register führenden Staates zu entnehmen; vgl *Forkert*, S. 107; MüKo/*Coester*, Art. 17 b EGBGB Rn 29 f.

126 BT-Drucks. 14/3751, S. 60.

127 Hierzu *Forkert*, S. 117 ff.

128 Vgl MüKo/*Coester*, Art. 17 b EGBGB Rn 31 ff; *Forkert*, S. 109 ff; *Frank*, MittBayNot 2001, Sonderheft Lebenspartnerschaften, S. 38; Palandt/*Thorn*, Art. 17 b EGBGB Rn 4; *Henrich*, FamRZ 2002, 139; Erman/*Hohloch*, Art. 17 b EGBGB Rn 12; Staudinger/*Mankowski*, Art. 17 b EGBGB Rn 30–32.

129 Vgl *Forkert*, S. 117; Erman/*Hohloch*, Art. 17 b EGBGB Rn 12.

130 Umstritten, aA *Forkert*, S. 113; Erman/*Hohloch*, Art. 17 b EGBGB Rn 12.

131 Vgl MüKo/*Coester*, Art. 17 b EGBGB Rn 33, 79; Staudinger/*Mankowski*, Art. 17 b EGBGB Rn 93. Zum Adoptionskollisionsrecht s. *Brandt*, S. 89 ff.

132 Einen umfassenden rechtsvergleichenden Überblick zum Güterrecht der Lebenspartner gibt *Forkert*, S. 160 ff.

133 Vgl MüKo/*Coester*, Art. 17 b EGBGB Rn 43; Staudinger/*Mankowski*, Art. 17 b EGBGB Rn 39.

134 Vgl *Forkert*, S. 125 ff.

135 *Forkert*, S. 125.

136 Staudinger/*Mankowski*, Art. 17 b EGBGB Rn 39.

gatten (Art. 15) nicht gewährt. Nur mittelbar ist es möglich, deutsches Güterrecht zu wählen, indem die Parteien eine im Ausland registrierte Partnerschaft erneut in Deutschland registrieren lassen (vgl Abs. 3). Rechtspolitisch wäre es durchaus sinnvoll, eine direkte Rechtswahlmöglichkeit zuzulassen;[137] es erscheint inkonsequent, für die Lebenspartnerschaft im Unterschied zur Ehe keine Parteiautonomie zu gewähren.[138]

Zur Überwindung dieser Unvollständigkeit wird in der Literatur erwogen, **Art. 15 Abs. 2 analog** heranzuziehen.[139] Das aber dürfte **methodisch nicht möglich** sein, weil es sich hier offenbar um keine planwidrige Unvollständigkeit des Gesetzes handelt.[140] Eher scheint ein Umkehrschluss im Hinblick auf Art. 15 Abs. 2 am Platze zu sein, weil das Gesetz in Art. 17 b bei der Auswahl der Anknüpfungsmomente wohl auf Vollständigkeit angelegt ist und dabei im Güterrecht ein subjektives Element wie in Art. 15 Abs. 2 gerade vermissen lässt. Bei der Nichterwähnung der Parteiautonomie im lebenspartnerschaftlichen Güterrecht dürfte es sich deshalb um ein „beredtes" oder „qualifiziertes" Schweigen des Gesetzes handeln (vgl hierzu in anderem Zusammenhang Rn 12). 45

Das güterrechtliche Gesamtstatut kann (wie das erbrechtliche Gesamtstatut) im Einzelfall durch ein **vorranggiges Einzelstatut** durchbrochen werden.[141] Insofern ergeben sich, entgegen einer in der Literatur vertretenen Auffassung,[142] keine Besonderheiten aus den lebenspartnerschaftsrechtlichen Kollisionsnormen (vgl Rn 32). 46

5. Auflösung (Abs. 1 S. 1 Alt. 4). Als actus contrarius unterliegt die Auflösung der Lebenspartnerschaft dem gleichen Recht wie ihre Begründung. Durch diesen **Gleichlauf** in der Anknüpfung an das Recht des Register führenden Staates wird sichergestellt, dass jede Lebenspartnerschaft auch aufgelöst werden kann.[143] Sollte sich dennoch einmal die Situation einstellen, dass das Recht des Register führenden Staates keine Auflösungsmöglichkeit vorsieht, so ist entweder an eine analoge Anwendung der im Registerstatut geltenden Scheidungsregeln zu denken oder aber an eine analoge Anwendung des Abs. 1 S. 2.[144] 47

Sachlich gehören zur Auflösung zunächst sämtliche **Auflösungsvoraussetzungen**. Damit unterliegen dem Registerstatut nicht nur die zulässigen Auflösungsgründe, sondern auch die Art und Weise, in der aufgelöst wird, sei es durch konsensuale oder einseitige Erklärung, gerichtlichen Konstitutivakt oder das Ablaufen von Trennungsfristen.[145] Da es sich bei der Frage, in welchem gerichtlichen oder behördlichen **Verfahren** die Auflösung erfolgt, um eine verfahrensrechtliche handelt,[146] ist umstritten,[147] ob § 15 LPartG, der die Aufhebung der Partnerschaft durch gerichtliches Urteil vorsieht, als Verfahrensvorschrift der lex fori auch dann Anwendung finden muss, wenn das Registerstatut eine andere Form der Auflösung vorsieht, etwa eine Privatauflösung.[148] Dagegen spricht, dass eine dem Art. 17 Abs. 2 entsprechende Bestimmung in Art. 17 b fehlt; das in § 15 LPartG vorgesehene Gerichtsmonopol bezieht sich auf in Deutschland registrierte Partnerschaften und muss nicht zwingend auf im Ausland registrierte und anders konzipierte Partnerschaften übertragen werden.[149] Privatauflösungen unter ausländischem Registerstatut sind also grundsätzlich auch in Deutschland möglich,[150] und zwar vor den Stellen, die in Deutschland mit der Registrierung von Lebenspartnerschaften betraut worden sind.[151] Verlangt umgekehrt das ausländische Registerstatut eine gerichtliche Auflösung, so kann die Auflösung im Inland auch von einem (international zuständigen) deutschen Gericht vollzogen werden.[152] 48

Zu den Auflösungsvoraussetzungen gehört auch die Frage, ob die **Eheschließung** mit einem Dritten die Lebenspartnerschaft kraft Gesetzes beendet.[153] Diese Frage unterliegt also dem Registerstatut, während die Frage, ob eine solche Ehe besteht, als Vorfrage gesondert anzuknüpfen ist[154] (zur Anknüpfung von Vorfragen 49

137 Vgl *Forkert*, S. 133 ff; *Henrich*, FamRZ 2002, 137, 140.
138 Vgl Staudinger/*Mankowski*, Art. 17 b EGBGB Rn 41.
139 Vgl Staudinger/*Mankowski*, Art. 17 b EGBGB Rn 41.
140 Gegen eine Analogie auch MüKo/*Coester*, Art. 17 b EGBGB Rn 42.
141 Vgl hierzu *Forkert*, S. 136 ff, 229 ff; *Frank*, MittBayNot 2001, Sonderheft Lebenspartnerschaften, S. 35, 43; *Gebauer/Staudinger*, IPRax 2002, 275, 279; Staudinger/*Mankowski*, Art. 17 b EGBGB Rn 52 und 66; *Süß*, DNotZ 2001, 168, 175.
142 Vgl *Forkert*, S. 137 ff.
143 Vgl MüKo/*Coester*, Art. 17 b EGBGB Rn 34; *Forkert*, S. 168; *Frank*, MittBayNot 2001, Sonderheft Lebenspartnerschaften, S. 35, 38; Staudinger/*Mankowski*, Art. 17 b EGBGB Rn 42; *Wagner*, IPRax 2001, 281, 289.
144 Zu dieser letzten Möglichkeit s. Staudinger/*Mankowski*, Art. 17 b EGBGB Rn 43.
145 Vgl MüKo/*Coester*, Art. 17 b EGBGB Rn 35; *Henrich*, FamRZ 2002, 137, 140; Staudinger/*Mankowski*, Art. 17 b EGBGB Rn 44.
146 Vgl Staudinger/*Mankowski*, Art. 17 b EGBGB Rn 45.
147 Ausf. Wiedergabe des Meinungsstandes bei MüKo/*Coester*, Art. 17 b EGBGB Rn 37 ff.
148 S. etwa Palandt/*Thorn*, Art. 17 b EGBGB Rn 6: Für das Auflösungsverfahren gelte die lex fori, im Inland also § 15 LPartG.
149 Vgl *Henrich*, FamRZ 2002, 137, 141; MüKo/*Coester*, Art. 17 b EGBGB Rn 38.
150 *Buschbaum*, RNotZ 2010, 73, 94; *Henrich*, FamRZ 2002, 137, 141; MüKo/*Coester*, Art. 17 b EGBGB Rn 40.
151 *Henrich*, FamRZ 2002, 137, 141.
152 MüKo/*Coester*, Art. 17 b EGBGB Rn 41.
153 Anders als das deutsche Recht kennen etwa das belgische und französische Recht den Auflösungsgrund der Eheschließung, vgl *Henrich*, FamRZ 2002, 137, 140 f.
154 Vgl *Henrich*, FamRZ 2002, 137, 140; Staudinger/*Mankowski*, Art. 17 b EGBGB Rn 46.

s. Rn 22 ff). Dem Registerstatut unterstehen schließlich sämtliche **Folgen der Auflösung**, soweit keine kollisionsrechtlichen Sonderregelungen vorgesehen sind, wie etwa für unterhaltsrechtliche Fragen.[155]

50 **6. Versorgungsausgleich (Abs. 1 S. 3 u. 4).** Zu den Folgen der Auflösung zählt systematisch auch die Durchführung des Versorgungsausgleichs. Er hat in Abs. 1 S. 3 und 4 eine eigene Regelung gefunden und unterliegt grundsätzlich den Sachvorschriften des Register führenden Staates. Allerdings findet die Durchführung des Versorgungsausgleichs nach der lex libri eine wesentliche Einschränkung dadurch, dass Abs. 1 S. 3 einseitig ausgestaltet ist und eine deutsche Registrierung voraussetzt. Eine weitere Einschränkung ergibt sich daraus, dass der Versorgungsausgleich grundsätzlich auch nur dann nach deutschem Recht durchgeführt wird, wenn eines der Heimatrechte der Partner einen Versorgungsausgleich zwischen Lebenspartnern kennt. Nach diesem Heimatrecht muss also ein Versorgungsausgleich gerade auch zwischen Lebenspartnern vorgesehen sein, nicht ausreichend wäre etwa, dass nach diesem Recht nur ein Versorgungsausgleich zwischen Eheleuten bekannt ist.[156] Ob das ausländische Recht einen Versorgungsausgleich zwischen Lebenspartnern „kennt", ist danach zu entscheiden, ob die wesentlichen Strukturmerkmale des ausländischen Rechts dem deutschen gleichen;[157] eine Übereinstimmung in den Einzelheiten ist nicht erforderlich.[158] Umgekehrt wird eine bloße funktionale Äquivalenz aber auch nicht ausreichen.

51 Nur ausnahmsweise kommt auch bei ausländischem Registerstatut eine Durchführung des Versorgungsausgleichs gem. Abs. 1 S. 4 nach deutschem Recht in Betracht. Diese Ersatzanknüpfung setzt allerdings voraus, dass eine inländische Versorgungsanwartschaft erworben wurde, dass der Versorgungsausgleich beantragt wurde und dass er nicht unbillig erscheint. Die Besonderheiten der kollisionsrechtlichen Normierung in Abs. 1 S. 3 und 4 sind vor dem Hintergrund zu sehen, dass der Versorgungsausgleich international nicht sehr verbreitet und ferner mit dem Sozialrecht verflochten ist.[159]

V. Unterhaltsrechtliche Folgen

52 Das **Haager Protokoll über das auf Unterhaltspflichten anwendbare Recht** ist ab dem 18.6.2011 in Deutschland anwendbar (vgl. Art. 18, Rn. 3 und die Kommentierung des Haager Protokolls im Anhang zu Art. 18 EGBGB). Es löst das Haager Unterhaltsübereinkommen (HUntÜ) ab. Der deutsche Gesetzgeber hat zum gleichen Tag nicht nur Art. 18 EGBGB aufgehoben, sondern auch eine unterhaltsrechtliche Komponente des Art. 17 b Abs. 1 Satz 2 EGBGB gestrichen, welche die Norm bis dahin hatte.[160] Nunmehr beschränkt sie sich auf ihre erbrechtliche Komponente. Die künftige umfassende kollisionsrechtliche Regelung des Unterhaltsrechts durch den Unionsgesetzgeber war für den Gesetzgeber Grund für die Streichung der autonomrechtlichen Vorschrift zum Unterhaltsrecht bei eingetragenen Lebenspartnerschaften.[161] Allerdings findet das Haager Protokoll gemäß seinem Art. 22 keine Anwendung auf Unterhalt, der für einen Zeitraum vor Inkrafttreten des Protokolls in diesem Staat verlangt wird. Für „Altfälle" bleibt Art. 17 b Abs. 1 S. 2 a.F. mit seiner unterhaltsrechtlichen Komponente daher noch für eine Weile von Bedeutung. Deshalb bleibt auch die Kommentierung der „unterhaltsrechtlichen Folgen" nach dem alten Recht in dieser Auflage noch erhalten (vgl. auch Art. 18, Rn. 4). **Art. 17 b Abs. 1 S. 2 a.F.** in seiner Geltung bis zum 18.6.2011 hat folgenden **Wortlaut**: „Auf die unterhaltsrechtlichen und die erbrechtlichen Folgen der Lebenspartnerschaft ist das nach den allgemeinen Vorschriften maßgebende Recht anzuwenden; begründet die Lebenspartnerschaft danach keine gesetzliche Unterhaltsberechtigung oder kein gesetzliches Erbrecht, so findet insoweit Satz 1 entsprechende Anwendung".

Die unterhaltsrechtlichen Folgen der Lebenspartnerschaft unterstehen bei Anwendung des alten Rechts gem. Abs. 1 S. 2 Hs 1 im Grundsatz nicht dem Registerstatut. Anzuwenden ist vielmehr „das nach den allgemeinen Vorschriften maßgebende Recht". In Bezug genommen werden damit die **Bestimmungen des Haager Unter-**

155 MüKo/*Coester*, Art. 17 b EGBGB Rn 35; Staudinger/*Mankowski*, Art. 17 b EGBGB Rn 44.

156 Bamberger/Roth/*Heiderhoff*, Art. 17 b EGBGB Rn 33; Erman/*Hohloch*, Art. 17 b EGBGB Rn 15.

157 Zur (Ablehnung der) Vergleichbarkeit des Versorgungsausgleichs nach niederländischem Recht s. BGH, DNotZ 2009, 628, 631 ff.

158 *Buschbaum*, RNotZ 2010, 73, 94.

159 MüKo/*Coester*, Art. 17 b EGBGB Rn 35; *Buschbaum*, RNotZ 2010, 73, 94.

160 Art. 12 Nr. 2 des Gesetzes zur Durchführung der Verordnung (EG) Nr. 4/2009 und zur Neuordnung bestehender Aus- und Durchführungsbestimmungen auf dem Gebiet des internationalen Unterhaltsverfahrensrechts vom 23.5.2011, BGBl. I 2011, 898.

161 BT-Drucks. 17/4887 S. 52 2.Sp.: „Dadurch erübrigt sich die unterhaltsrechtliche Komponente des Artikels 17 b. Absatz 1 Satz 2 dieser Vorschrift wird daher auf die erbrechtlichen Folgen der Lebenspartnerschaft beschränkt. Artikel 17 b in seiner ursprünglichen Fassung gilt allerdings für diejenigen Unterhaltsansprüche fort, die für einen Zeitraum geltend gemacht werden, für den das Haager Protokoll, auch unter Berücksichtigung der Artikel 4 und 5 des Ratsbeschlusses vom 30. November 2009, noch nicht gilt." Zur Frage, ob das Haager Protokoll auch auf gleichgeschlechtliche Ehen bzw. Lebenspartnerschaften Anwendung findet, vgl. die Kommentierung im Anhang zu Art. 18 EGBGB, Art. 1 Haager Protokoll, Rn. 2.

haltsübereinkommens (HUntÜ) bzw Art. 18.[162] Dass die unterhaltsrechtlichen Fragen im Grundsatz dem Registerstatut entzogen werden, geschieht im Interesse Dritter, deren unterhaltsrechtliche Stellung auch von Unterhaltsansprüchen gegenüber den Lebenspartnern berührt werden kann.[163] Maßgebend sind die „allgemeinen Vorschriften" also sowohl für Unterhaltsansprüche unter den Lebenspartnern als auch für Unterhaltsberechtigungen bzw -verpflichtungen im Verhältnis zu Dritten.[164] Die erfassten Unterhaltsansprüche unter den Lebenspartnern betreffen nicht nur Ansprüche während der bestehenden Partnerschaft, sondern auch bei Trennung und schließlich nach Auflösung der Lebenspartnerschaft.[165] Im letzten Fall findet auf den **nachpartnerschaftlichen Unterhalt** auch die Sonderanknüpfung des **Art. 18 Abs. 4** (Art. 8 HUntÜ) entsprechende Anwendung.[166] Dafür spricht neben der Vergleichbarkeit der Interessenlage[167] auch der Umstand, dass ansonsten die in Abs. 1 S. 2 Hs 2 vorgesehene subsidiäre Anknüpfung an das Recht des Register führenden Staates unterhaltsrechtlich völlig bedeutungslos wäre (vgl hierzu Rn 55).

Ein unterhaltsrechtlicher Anspruch unter Lebenspartnern setzt voraus, dass zwischen ihnen eine Lebenspartnerschaft begründet wurde. Im Rahmen unterhaltsrechtlicher Hauptfragen können sich deshalb die Begründung der Partnerschaft und eventuell auch ihre Auflösung als **Vorfragen** stellen (hierzu Rn 42 und 49). **53**

Die in Abs. 1 S. 2 Hs 1 ausgesprochene **Verweisung auf das Unterhaltsstatut** ist in einem umfassenden Sinne zu verstehen. Sie bezieht sich auf die vorrangigen **Sonderanknüpfungen** des Art. 18 Abs. 5 (Art. 15 HUntÜ) und des Art. 18 Abs. 4 (Art. 8 Abs. 1 HUntÜ), ferner auf die **Regelanknüpfung** des Art. 18 Abs. 1 S. 1 (Art. 4 HUntÜ) und schließlich auch auf die **Hilfsanknüpfungen** des Art. 18 Abs. 1 S. 2 (Art. 5 HUntÜ) und des Art. 18 Abs. 2 (Art. 6 HUntÜ).[168] Bevor allerdings in dem Fall, dass die lex causae das Institut der eingetragenen Lebenspartnerschaft nicht kennt, auf eine Hilfsanknüpfung ausgewichen wird, ist zunächst zu prüfen, ob nicht in den unterhaltsrechtlichen Vorschriften der lex causae die Lebenspartnerschaft einer Ehe substituiert werden kann[169] (zur **Substitution** s. Rn 34). **54**

Eine weitere Hilfsanknüpfung sieht **Abs. 1 S. 2** Hs **2** durch die **subsidiäre Anknüpfung an das Recht des Register führenden Staates** vor. Diese Hilfsanknüpfung, die nur für Unterhaltsansprüche unter den Lebenspartnern gilt,[170] kommt erst dann zum Zuge, wenn nach den anderen Hilfsanknüpfungen keine Unterhaltsberechtigung[171] begründet ist.[172] Sie ist unterhaltsrechtlich in der Praxis **fast ohne Bedeutung**.[173] Denkbar ist beim nachpartnerschaftlichen Unterhalt der Fall, dass durch ein ausländisches Gericht die Auflösung der Partnerschaft erfolgte, dabei von dem ausländischen Gericht ein ausländisches Recht angewendet wurde, welches nicht das Registerrecht ist, die ausländische Entscheidung hier anerkannt wurde und einer der Lebenspartner nunmehr vor deutschen Gerichten Unterhalt beansprucht: In diesem Fall kann Art. 18 Abs. 4 (Art. 8 HUntÜ) zur Anwendung eines Rechts führen, das im Gegensatz zum Registerrecht eine Unterhaltsberechtigung der Lebenspartner nicht kennt. Dann wird die subsidiäre Anknüpfung an das Recht des Register führenden Staates relevant.[174] **55**

Wurde hingegen durch ein deutsches Gericht die Lebenspartnerschaft aufgelöst, so findet ohnehin bereits über die Anknüpfung des Art. 18 Abs. 4 (Art. 8 HUntÜ) das Registerrecht auf den nachpartnerschaftlichen Unterhaltsanspruch Anwendung, weil aus deutscher Sicht die Auflösung der Partnerschaft gem. Abs. 1 S. 1 dem Registerrecht unterliegt.[175] **Gegenstandslos** ist die **Subsidiäranknüpfung** im Rahmen des nachpartnerschaftlichen Unterhalts auch bei einer Auflösung der Partnerschaft durch privaten Gestaltungsakt (zur Möglichkeit **56**

162 Zur Anwendbarkeit des HUntÜ in diesem Zusammenhang und seinem Verhältnis zu Art. 18 vgl MüKo/*Coester*, Art. 17 b EGBGB Rn 47; *Forkert*, S. 200 ff; *Gebauer/Staudinger*, IPRax 2002, 475, 478 f; *Henrich*, FamRZ 2002, 137, 139, 141; Staudinger/*Mankowski*, Art. 17 b EGBGB Rn 54; *Buschbaum*, RNotZ 2010, 73, 89.

163 Vgl *Forkert*, S. 203; MüKo/*Coester*, Art. 17 b EGBGB Rn 46.

164 Vgl MüKo/*Coester*, Art. 17 b EGBGB Rn 46; *Wagner*, IPRax 2001, 281, 290.

165 MüKo/*Coester*, Art. 17 b EGBGB Rn 46.

166 Vgl MüKo/*Coester*, Art. 17 b EGBGB Rn 53; *Frank*, MittBayNot 2001, Sonderheft Lebenspartnerschaften, S. 35, 41; Palandt/*Thorn*, Art. 17 b EGBGB Rn 9; *Henrich*, FamRZ 2002, 137, 141 f; Erman/*Hohloch*, Art. 17 b EGBGB Rn 15; Bamberger/Roth/*Heiderhoff*, Art. 17 b EGBGB Rn 31; aA *Forkert*, S. 211 f; Staudinger/*Mankowski*, Art. 17 b EGBGB Rn 54.

167 Vgl *Frank*, MittBayNot 2001, Sonderheft Lebenspartnerschaften, S. 35, 41; *Henrich*, FamRZ 2002, 137, 141.

168 Vgl MüKo/*Coester*, Art. 17 b EGBGB Rn 50; Staudinger/*Mankowski*, Art. 17 b EGBGB Rn 58, 60.

169 Vgl MüKo/*Coester*, Art. 17 b EGBGB Rn 50; *Wagner*, IPRax 2001, 281, 290.

170 MüKo/*Coester*, Art. 17 b EGBGB Rn 46.

171 Die Unterhaltsberechtigung muss in dem danach anwendbaren Recht generell ausgeschlossen sein. Eine Versagung im Einzelfall reicht für die Auslösung der Hilfsanknüpfung ebenso wenig aus wie eine vergleichsweise geringere Unterhaltsberechtigung, MüKo/*Coester*, Art. 17 b EGBGB Rn 52.

172 Vgl Staudinger/*Mankowski*, Art. 17 b EGBGB Rn 60.

173 Vgl MüKo/*Coester*, Art. 17 b EGBGB Rn 51; *Forkert*, S. 212, sieht bei Anwendung des HUntÜ für die Hilfsanknüpfung an das Recht des Register führenden Staates im Unterhaltsrecht überhaupt keine Funktion. Das ist aus seiner Sicht auch konsequent, weil er Art. 8 HUntÜ (Art. 18 Abs. 4) nicht für anwendbar hält (vgl aaO S. 208 f, 211 f, 216 ff). Näher zu diesem Zusammenhang sogleich im Text.

174 Vgl MüKo/*Coester*, Art. 17 b EGBGB Rn 53.

175 Vgl MüKo/*Coester*, Art. 17 b EGBGB Rn 53.

solcher Privatauflösungen Rn 48), wenn die Partnerschaft einem ausländischen Registerrecht untersteht: Anwendung findet wiederum ohnehin das Registerrecht.[176] Nachpartnerschaftlicher Unterhalt bei in Deutschland registrierten Partnerschaften scheidet hingegen bei Auflösungen durch privaten Gestaltungsakt aus, weil das Gerichtsmonopol in § 15 Abs. 1 LPartG aus deutscher Sicht die Auflösung verhindert: zu der Subsidiäranknüpfung kann es auch hier nicht kommen.[177] Geht es schließlich nicht um nachpartnerschaftlichen Unterhalt, sondern um Unterhalt während bestehender Partnerschaft oder um Trennungsunterhalt, so gelangt man spätestens über die Hilfsanknüpfung des Art. 18 Abs. 2 (Art. 6 HUntÜ) zur Anwendung deutschen Rechts, das einen Unterhaltsanspruch für Lebenspartner vorsieht. Damit ist die subsidiäre Hilfsanknüpfung an das Recht des Register führenden Staates selbst dann ausgeschlossen, wenn im Einzelfall nach deutschem Recht kein Unterhalt gewährt werden kann.[178] Gleiches gilt (auch für den nachpartnerschaftlichen Unterhalt), wenn man über die Sonderanknüpfung des Art. 18 Abs. 5 zur Anwendung deutschen Rechts gelangt.[179]

VI. Erbrechtliche Folgen (Abs. 1 S. 2)

57 Auch die erbrechtlichen Folgen der Lebenspartnerschaft unterliegen primär nicht dem Recht des Register führenden Staates, sondern dem „nach den allgemeinen Vorschriften" maßgebenden Recht (Abs. 1 S. 2 Hs 1). Der Grund liegt darin, die Interessen Dritter zu wahren und die innere Stimmigkeit der erbrechtlichen Verteilung zu sichern.[180] Anwendung findet also im Grundsatz das über **Art. 25** berufene Recht. Dies gilt freilich nur dann, wenn nicht vorrangige **Staatsverträge** Geltung beanspruchen, etwa im Verhältnis zum Iran und zur Türkei.[181] Gegenüber dem nach Art. 25 berufenen Gesamtstatut kann auch ein vorrangiges **Einzelstatut** gem. Art. 3 Abs. 3 Geltung für einzelne, im Ausland belegene Vermögensgegenstände beanspruchen[182] (hierzu Rn 32). Im Rahmen der erbrechtlichen Verweisung über Art. 25 sind gegebenenfalls **Rück- oder Weiterverweisungen** durch das ausländische Kollisionsrecht zu beachten (hierzu Rn 21).

58 Wird über Art. 25 auf das Heimatrecht des Erblassers verwiesen und ist dieses Heimatrecht nicht auch gleichzeitig das Recht des Register führenden Staates, dann kann sich die Frage stellen, ob im Zeitpunkt des Todes die Lebenspartnerschaft noch Bestand hatte oder bereits aufgelöst war, etwa durch eine der Partnerschaftsbegründung nachfolgende Eheschließung. Solche **Vorfragen nach Bestand und Auflösung der Partnerschaft**, die sich im Rahmen der erbrechtlichen Hauptfrage im ausländischen Recht stellen, sind selbständig anzuknüpfen[183] (hierzu Rn 25 ff).

59 Sieht das über Art. 25 berufene ausländische Recht keine Erbberechtigung für Lebenspartner vor, etwa weil es registrierte Lebenspartnerschaften nicht kennt, so ist zunächst zu fragen, ob die ausländischen Vorschriften über das Ehegattenerbrecht entsprechend herangezogen werden können. Die Antwort auf diese Frage ist im ausländischen Erbstatut zu suchen und wird im Zweifel negativ ausfallen[184] (hierzu Rn 34). **Substitutionsfragen** können sich aber auch dann stellen, wenn das über Art. 25 berufene ausländische oder inländische Recht eine Erbberechtigung des Lebenspartners wohl vorsieht, nicht aber das Registerstatut, das die registrierte Partnerschaft zwar kennt und regelt, jedoch mit keinen oder wesentlich schwächeren erbrechtlichen Wirkungen versieht als das Erbstatut. Das Standardbeispiel für diese Konstellation ist die Frage nach der erbrechtlichen Stellung des überlebenden Partners eines in Frankreich registrierten PACS bei deutschem Erbstatut im Rahmen des § 10 LPartG[185] (hierzu Rn 35 f).

60 Wenn das Erbstatut kein gesetzliches Erbrecht begründet, dann finden gem. Abs. 1 S. 2 Hs 2 wiederum die **Sachvorschriften des Register führenden Staates** Anwendung. Diese **subsidiäre Anknüpfung**, die sicherstellen soll, dass die erbrechtlichen Belange des überlebenden Lebenspartners jedenfalls einer Rechtsordnung unterstehen, welche die Lebenspartnerschaft kennt, greift erst dann ein, wenn überhaupt keine materielle Beteiligung am Nachlass in dem über Art. 25 berufenen Recht vorgesehen ist; auch das bloße Fehlen einer Pflichtteilsberechtigung nach testamentarischer Enterbung reicht nicht aus, um die Schwelle der subsidiären Anknüpfung auszulösen.[186] Die Beteiligung am Nachlass muss freilich auf Gesetz beruhen; deshalb kann es zur subsidiären Anknüpfung an das Recht des Register führenden Staates auch dann kommen, wenn der überlebende Partner testamentarisch bedacht ist.[187]

176 Vgl MüKo/*Coester*, Art. 17 b EGBGB Rn 54.
177 Vgl MüKo/*Coester*, Art. 17 b EGBGB Rn 54.
178 Vgl MüKo/*Coester*, Art. 17 b EGBGB Rn 55.
179 Vgl MüKo/*Coester*, Art. 17 b EGBGB Rn 52.
180 Vgl MüKo/*Coester*, Art. 17 b EGBGB Rn 57; *Wagner*, IPRax 2001, 281, 291.
181 Vgl die Nachw. bei *Gebauer/Staudinger*, IPRax 2002, 275, 279, in den Fn 67, 68.
182 MüKo/*Coester*, Art. 17 b EGBGB Rn 58; *Gebauer/Staudinger*, IPRax 2002, 275, 279 f; Staudinger/*Mankowski*, Art. 17 b EGBGB Rn 51.
183 AA MüKo/*Coester*, Art. 17 b EGBGB Rn 59; *Henrich*, FamRZ 2002, 137, 143.
184 Vgl MüKo/*Coester*, Art. 17 b EGBGB Rn 50, 60; *Wagner*, IPRax 2001, 281, 291.
185 Vgl *Forkert*, S. 248 ff; *Süß*, DNotZ 2001, 168, 173.
186 Vgl MüKo/*Coester*, Art. 17 b EGBGB Rn 63; Staudinger/*Mankowski*, Art. 17 b EGBGB Rn 61.
187 Staudinger/*Mankowski*, Art. 17 b EGBGB Rn 64.

Vorrangige Staatsverträge setzen sich auch gegenüber der subsidiären Hilfsanknüpfung durch, oder umgekehrt gewendet: immer dann, wenn das Erbstatut über staatsvertragliche Normen bestimmt wird, kann die subsidiäre Anknüpfung an das Recht des Register führenden Staates auch dann nicht eingreifen, wenn das anwendbare Recht dem überlebenden Partner keine Beteiligung am Nachlass gewährt.[188] Dies kann zu einer gesetzlichen Ungleichbehandlung der Partner in gemischtnationalen Lebenspartnerschaften führen: So kann etwa die türkische Partnerin bei Anwendbarkeit deutschen Rechts gesetzliche Erbin werden, wenn ihre deutsche Lebenspartnerin verstirbt und deutsches Recht aufgrund des deutsch-türkischen Nachlassabkommens[189] Anwendung findet, nicht aber im umgekehrten Fall der überlebenden deutschen Partnerin, wenn türkisches Recht aufgrund dieses Abkommens Erbstatut ist.[190] Solchen Situationen lässt sich durch gegenseitige testamentarische oder erbvertragliche Verfügung vorbeugen.[191] 61

Unterliegen im Ausland belegene Vermögensgegenstände einem **vorrangigen Einzelstatut** gem. Art. 3 Abs. 3 (hierzu Rn 32), so geht auch die subsidiäre Hilfsanknüpfung an das Recht des Register führenden Staates ins Leere, wenn nach dem Belegenheitsrecht kein lebenspartnerschaftliches Erbrecht gewährt wird.[192] Denn die subsidiäre Anknüpfung des Hs 2 kann als Regelung über das Gesamtvermögen von einem vorrangigen Einzelstatut ebenso durchbrochen werden wie die Grundanknüpfung über Art. 17 b Abs. 1 S. 2 Hs 1.[193] 62

Die Anknüpfung an das Recht des Register führenden Staates gilt als **Rechtsfolge des Abs. 1 S. 2 Hs 2** nur „insoweit“, als kein gesetzliches Erbrecht vorgesehen ist. Es kommt also nicht zu einer Verdrängung des nach den allgemeinen Vorschriften anwendbaren Rechts, sondern zu einer Überlagerung des Erbstatuts,[194] zu einer „Einblendung“ des Registerrechts in das Erbstatut.[195] Dies kann zu einem „Normenmix“ führen,[196] der im Einzelfall Anpassungsprobleme nach sich ziehen kann. 63

Das Recht des Register führenden Staates kann dem überlebenden Partner eine **weiter gehende erbrechtliche Beteiligung** zugestehen, als sie nach dem Erbstatut hypothetisch für einen Ehegatten bestünde.[197] Um hier möglicherweise verfassungswidrige Ergebnisse zu vermeiden, sind in dieser Konstellation Angleichungen im Recht des Register führenden Staates am Maßstab des Erbstatuts vorzunehmen.[198] 64

VII. Name, Partnerschaftswohnung und Hausrat

1. Namensrecht (Abs. 2 S. 1 Alt. 1). Eine eigenständige Kollisionsnorm für die namensrechtlichen Folgen der Lebenspartnerschaft enthält Art. 17 b nicht. Nur durch die Verweisung auf Art. 10 Abs. 2 in Abs. 2 S. 1 wird den Lebenspartnern ausdrücklich eine Wahlmöglichkeit eingeräumt. Vorausgesetzt wird die Maßgeblichkeit der Personalstatute beider Lebenspartner gem. Art. 10 Abs. 1; es gilt also im Grundsatz ihr **Heimatrecht**.[199] 65

Die Verweisung in Abs. 2 S. 1 auf Art. 10 Abs. 2 eröffnet den Lebenspartnern die **Möglichkeit**, die für die Namensführung maßgebende **Rechtsordnung selbst zu wählen**. Zur Auswahl stehen deutsches Recht, soweit einer der Lebenspartner seinen gewöhnlichen Aufenthalt im Inland hat, sowie eines der Heimatrechte der Lebenspartner; dabei können auch nicht-effektive Staatsangehörigkeiten aktiviert werden.[200] Soweit der Wortlaut des Art. 10 Abs. 2 von einem Standesbeamten spricht, ist damit entsprechend die Behörde gemeint, die nach Landesrecht zur Registrierung berufen ist.[201] Ob die Partnerschaft im Inland oder im Ausland registriert wurde, spielt keine Rolle; auch eine nachträgliche Rechtswahl für eine im Ausland registrierte Partnerschaft durch öffentlich beglaubigte Erklärung gegenüber einer zuständigen deutschen Behörde ist also möglich.[202] 66

188 Vgl MüKo/*Coester*, Art. 17 b EGBGB Rn 58; *Gebauer/Staudinger*, IPRax 2002, 275, 279.
189 Vgl § 14 Abs. 1 der Anlage zu Art. 20 des Konsularvertrages (Nachlassabkommen) zwischen dem deutschen Reich und der türkischen Republik v. 28.5.1929 (RGBl II 1930 S. 748).
190 Vgl *Gebauer/Staudinger*, IPRax 2002, 275, 279; *Süß*, DNotZ 2001, 168, 174.
191 *Süß*, DNotZ 2001, 168, 174.
192 Vgl *Gebauer/Staudinger*, IPRax 2002, 275, 279.
193 Vgl Staudinger/*Mankowski*, Art. 17 b EGBGB Rn 66; *Süß*, DNotZ 2001, 168, 173.
194 Palandt/*Thorn*, Art. 17 b EGBGB Rn 10.
195 Vgl MüKo/*Coester*, Art. 17 b EGBGB Rn 64.
196 *Süß*, DNotZ 2001, 168, 172.
197 Vgl das Beispiel zum italienischen Recht bei *Süß*, DNotZ 2001, 168, 173, in Fn 20.
198 Vgl MüKo/*Coester*, Art. 17 b EGBGB Rn 62; *Henrich*, FamRZ 2002, 137, 144; Staudinger/*Mankowski*, Art. 17 b EGBGB Rn 67.
199 Vgl MüKo/*Coester*, Art. 17 b EGBGB Rn 68; *Forkert*, S. 260; Palandt/*Thorn*, Art. 17 b EGBGB Rn 7; Staudinger/*Mankowski*, Art. 17 b EGBGB Rn 68; Bamberger/Roth/*Heiderhoff*, Art. 17 b EGBGB Rn 37; *Wagner*, IPRax 2001, 281, 291.
200 Vgl Palandt/*Thorn*, Art. 17 b EGBGB Rn 7; Staudinger/*Mankowski*, Art. 17 b EGBGB Rn 69; *Thorn*, IPRax 2002, 349, 352.
201 MüKo/*Coester*, Art. 17 b EGBGB Rn 69; *Forkert*, S. 267; Staudinger/*Mankowski*, Art. 17 b EGBGB Rn 70.
202 Vgl Palandt/*Thorn*, Art. 17 b EGBGB Rn 7; Staudinger/*Mankowski*, Art. 17 b EGBGB Rn 70.

67 Wird ausländisches Namensrecht gewählt und kennt dieses Recht die registrierte Lebenspartnerschaft nicht, so ist an eine entsprechende Anwendung der ausländischen Ehenamensregeln durch **Substitution** zu denken.[203] Art. 10 Abs. 2 regelt nur die **kollisionsrechtliche Rechtswahl**; nach dem anwendbaren Recht bestimmt sich sodann, ob auch materiellrechtlich eine Wahl des Namens möglich ist.[204] Wird deutsches Recht gewählt, so gilt für die **materielle Namenswahl** § 3 LPartG.[205]

68 Soweit die Lebenspartner ein **gemeinsames Kind** haben (etwa bei Adoption nach einem ausländischen Recht oder bei registrierten heterosexuellen Lebenspartnerschaften), führt die Verweisung in Abs. 2 S. 1 auch zu Art. 10 Abs. 2 S. 3. Diese Bestimmung regelt die Auswirkungen einer von den Partnern getroffenen Rechtswahl auf den **Namen des Kindes**.[206]

69 **2. Partnerschaftswohnung und Hausrat (Abs. 2 S. 1 Alt. 2).** Für die Nutzungsbefugnis im Hinblick auf die Partnerschaftswohnung und den Hausrat und die damit in Zusammenhang stehenden Betretungs-, Näherungs- und Kontaktverbote spricht Abs. 2 S. 1 eine Verweisung auf die einseitige[207] und ehespezifische Kollisionsnorm des Art. 17 a aus. Deutsches Recht findet deshalb Anwendung, wenn die Partnerschaftswohnung in Deutschland belegen ist und der Hausrat sich in Deutschland befindet. Befinden sich die Partnerschaftswohnung und der Hausrat im Ausland, so erfolgt nach wohl überwiegender Ansicht eine Einordnung als allgemeine Lebenspartnerschaftswirkung, nach erfolgter Auflösung der Partnerschaft eine Einordnung unter das Aufhebungsstatut, insgesamt also eine Anknüpfung an das Recht des Register führenden Staates.[208]

VIII. Inländischer Verkehrsschutz (Abs. 2 S. 2)

70 Abs. 2 S. 2 ist Art. 16 Abs. 2 nachgebildet und dient bei entsprechendem Inlandsbezug dem Schutz des inländischen Rechtsverkehrs vor überraschenden Folgen, welche die Anwendung ausländischen Güterrechts mit sich bringen kann.[209] Die Eigentumsvermutung des § 8 Abs. 1 LPartG greift deshalb auch dann ein, wenn das anwendbare Güterrecht eine entsprechende Regelung nicht vorsieht, und ebenso werden die §§ 1357, 1365–1370 über § 8 Abs. 2 LPartG international durchgesetzt, soweit sie für gutgläubige Dritte günstiger sind.

IX. Mehrfachregistrierung (Abs. 3)

71 In umgekehrter zeitlicher Priorität unterstellt Abs. 3 die in Abs. 1 der Vorschrift genannten Folgen und Wirkungen einer in verschiedenen Ländern registrierten Partnerschaft zwischen denselben Personen den **Sachvorschriften im Staat der letzten Registrierung**. Vermieden wird auf diese Weise die gleichzeitige Anwendbarkeit verschiedener Rechtsordnungen, und den Partnern wird ermöglicht, einen Statutenwechsel herbeizuführen und auf diese Weise mittelbar eine Rechtswahl zu treffen[210] (hierzu Rn 31). Im Blick hatte der Gesetzgeber wohl vor allem die deutsche Zweit- bzw Letztregistrierung. Hatten sich etwa Personen, die in Deutschland leben, vor dem Inkrafttreten des LPartG im Ausland registrieren lassen, so können sie sich nun durch erneute Registrierung die rechtlichen Wirkungen des deutschen Rechts ex nunc sichern.[211] Eine solche erneute Registrierung in Deutschland könnte sich praktisch vor allem im Hinblick auf die Kappungsregelung des Abs. 4 empfehlen,[212] die bei im Ausland registrierten Partnerschaften deren rechtliche Wirkungen im Inland in unvorhersehbarer Weise reduziert (hierzu sogleich Rn 72 ff).

X. Die Kappungsregelung des Abs. 4

72 **1. Zweck und Regelungsgehalt.** Aus der Furcht, dass die Anwendung ausländischer Regelungen im Zusammenhang mit registrierten Lebenspartnerschaften gegen Art. 6 GG verstoßen könnte,[213] hat der Gesetzgeber eine sonderbare Norm geschaffen: Gem. Abs. 4 gehen die Wirkungen einer im Ausland eingetragenen Lebenspartnerschaft nicht weiter, als nach den Vorschriften des BGB und des LPartG vorgesehen. Mit dieser **speziellen Vorbehaltsklausel** werden unterschiedslos und scheinbar unabhängig von der Inlandsbeziehung

203 Vgl MüKo/*Coester*, Art. 17 b EGBGB Rn 69.
204 Vgl Palandt/*Thorn*, Art. 17 b EGBGB Rn 7.
205 Hierzu *Forkert*, S. 268 ff.
206 Näher hierzu MüKo/*Coester*, Art. 17 b EGBGB Rn 70 f; *Forkert*, S. 272 ff.
207 Vgl MüKo/*Coester*, Art. 17 b EGBGB Rn 72; *Forkert*, S. 276.
208 S. hierzu *Forkert*, S. 114 ff, 276 ff; vgl Palandt/*Thorn*, Art. 17 b EGBGB Rn 7; Staudinger/*Mankowski*, Art. 17 b EGBGB Rn 72 f.
209 Vgl MüKo/*Coester*, Art. 17 b EGBGB Rn 44; *Forkert*, S. 282 ff; Erman/*Hohloch*, Art. 17 b EGBGB Rn 8; Staudinger/*Mankowski*, Art. 17 b EGBGB Rn 74; Bamberger/Roth/*Heiderhoff*, Art. 17 b EGBGB Rn 27.
210 Vgl MüKo/*Coester*, Art. 17 b EGBGB Rn 15 ff; *Forkert*, S. 288 ff; Erman/*Hohloch*, Art. 17 b EGBGB Rn 9; Staudinger/*Mankowski*, Art. 17 b EGBGB Rn 76 ff; Bamberger/Roth/*Heiderhoff*, Art. 17 b EGBGB Rn 54.
211 Vgl Staudinger/*Mankowski*, Art. 17 b EGBGB Rn 80.
212 Vgl Palandt/*Thorn*, Art. 17 b EGBGB Rn 4; Staudinger/*Mankowski*, Art. 17 b EGBGB Rn 83.
213 Vgl MüKo/*Coester*, Art. 17 b EGBGB Rn 84; *Forkert*, S. 300; Staudinger/*Mankowski*, Art. 17 b EGBGB Rn 84; *Wagner*, IPRax 2001, 281, 291 f.

des konkreten Falles im Wege eines abstrakt-generellen Normenvergleichs alle Wirkungen des ausländischen Rechts abgeschnitten, die über das Maß des deutschen Rechts hinausgehen.[214] Es gilt der **Grundsatz des schwächeren Rechts**, der einerseits dem Vertrauensschutz der Beteiligten dienen und andererseits der Sicherheit und Leichtigkeit des Rechtsverkehrs im Inland Rechnung tragen soll.[215]

Diesen Zweck verfehlt die Norm. Sie ist in ihrer Anwendung nicht nur hochgradig kompliziert, sondern führt auch zu massiven Wertungswidersprüchen und Diskriminierungen, denen man methodisch jedenfalls nicht vollständig ausweichen kann.[216] Rechtspolitisch sollte sie ersatzlos gestrichen werden; die allgemeine Vorbehaltsklausel des Art. 6 reicht aus.[217] In der Rechtspraxis eröffnet die unklare tatbestandliche Reichweite des Abs. 4 ein ungewöhnlich weites Argumentationsspektrum (hierzu Rn 77 ff), das der Rechtssicherheit kaum dienen kann, de lege lata aber auszuschöpfen ist. 73

2. Der Kappungsregelung gezogene Grenzen. Zunächst verfehlt die Sperrklausel des Abs. 4 weitgehend bereits das eigene Ziel, unterschiedslos der Anwendung ausländischen Rechts am Maßstab des deutschen Rechts einen Riegel vorzuschieben. Ihrerseits begrenzt wird die Klausel nämlich nicht nur durch eventuelle **Sonderanknüpfungen an das Belegenheitsrecht** gem. Art. 3 Abs. 3,[218] sondern vor allem auch durch **vorrangige Staatsverträge**, die das anwendbare ausländische Recht gem. Art. 3 Abs. 2 vor den Kappungsversuchen des Abs. 4 schützen können.[219] Dessen Hiebe gehen umso öfter ins Leere, je weiter man die tatbestandliche Reichweite des Abs. 4 ausdehnt (zur tatbestandlichen Reichweite Rn 76 ff). Sind etwa die unterhaltsrechtlichen Wirkungen der registrierten Lebenspartnerschaft von Abs. 4 erfasst und unterfallen diese Partnerschaften auch dem Haager Unterhaltsübereinkommen (HUntÜ), dann ist das staatsvertraglich berufene ausländische Unterhaltsrecht allen Kappungsbemühungen des deutschen Kollisionsrechts gegenüber immun.[220] Sollen auch erbrechtliche Wirkungen der Partnerschaft von Abs. 4 erfasst werden, dann kann der Kappungsversuch an bilateralen Staatsverträgen scheitern.[221] Bezieht sich Abs. 4 am Ende sogar auf schuldvertragliche Ansprüche, droht ein Konflikt mit den europäischen schuldvertragsrechtlichen Kollisionsnormen in Gestalt der Rom I-VO.[222] 74

Ein Hindernis für seine eigene Anwendung stellen schließlich auch die **praktischen Schwierigkeiten** dar, die Abs. 4 hervorruft. Der Grundsatz des schwächeren Rechts setzt eine dem Vergleich folgende Reduzierbarkeit des ausländischen am Maßstab des inländischen Rechts voraus, die in dem Maße fehlschlägt, als sich die verglichenen Rechtsordnungen nicht nur graduell, sondern bereits strukturell unterscheiden, wenn also etwa für Lebenspartnerschaften verschiedenartige Güterstände vorgesehen sind: Wie will man sinnvoll eine Gütergemeinschaft des niederländischen Rechts am Maßstab des deutschen Rechts herabsetzen?[223] Auf eine Ausgleichsgemeinschaft,[224] auf eine Gütertrennung[225] oder auf jeden der möglichen Wahlgüterstände des deutschen Rechts, was im letzten Fall wohl dazu führen würde, dass nur wenigen ausländischen Güterständen eine Anerkennung zu versagen wäre?[226] Vorgeschlagen wird auch, nur solche Rechtsfolgen des ausländischen Rechts zu kupieren, die das deutsche Recht überhaupt nicht kennt, mit der Folge, dass güterrechtliche Ausgleichsansprüche nach ausländischem Recht unabhängig von ihrer Art und ihrem Umfang zu respektieren und von Abs. 4 unangetastet zu lassen seien, weil eben auch das deutsche Recht güterrechtliche Ausgleichsansprüche kennt.[227] Alle Ansichten lassen sich mit guten Gründen vertreten, und eben dies belegt nicht nur die praktische Untauglichkeit der Kappungsregelung, sondern auch die Rechtsunsicherheit, zu der sie führt. 75

3. Kritik, tatbestandliche Reichweite und Anwendung in der Praxis. Verstärkt wird dieser Befund noch durch die tatbestandliche Unschärfe der Norm und durch die von ihr hervorgerufenen **Wertungswidersprüche**. Die Wertungswidersprüche betreffen nicht nur das bei der speziellen Vorbehaltsklausel fehlende Erfordernis des sonst üblichen Inlandsbezugs, sondern auch verschiedene Diskriminierungen, etwa gegenüber nicht registrierten Partnerschaften, für die es keine Kappungsgrenze gibt.[228] Unklar ist aber vor allem, wie weit der **Tatbestand des Abs. 4** reicht. Betreffen die „Wirkungen", von denen die Norm spricht, nur die in Abs. 1 76

214 Vgl MüKo/*Coester*, Art. 17 b EGBGB Rn 84; *Forkert*, S. 296; Palandt/*Thorn*, Art. 17 b EGBGB Rn 4; Staudinger/*Mankowski*, Art. 17 b EGBGB Rn 86.
215 BT-Drucks. 14/3751, S. 61; vgl hierzu MüKo/*Coester*, Art. 17 b EGBGB Rn 84; *Wagner*, IPRax 2001, 281, 292.
216 Für eine optimistischere Einschätzung *Coester*, in: FS Sonnenberger 2004, S. 321, 325.
217 *Gebauer/Staudinger*, IPRax 2002, 275 ff.
218 MüKo/*Coester*, Art. 17 b EGBGB Rn 58, 89; *Gebauer/Staudinger*, IPRax 2002, 275, 279 f.
219 Vgl *Gebauer/Staudinger*, IPRax 2002, 275, 278 ff; Staudinger/*Mankowski*, Art. 17 b EGBGB Rn 89.
220 Vgl MüKo/*Coester*, Art. 17 b EGBGB Rn 89; *Gebauer/Staudinger*, IPRax 2002, 275, 278 f.
221 Vgl *Gebauer/Staudinger*, IPRax 2002, 275, 279; Staudinger/*Mankowski*, Art. 17 b EGBGB Rn 89.
222 Vgl *Gebauer/Staudinger*, IPRax 2002, 275, 279; Staudinger/*Mankowski*, Art. 17 b EGBGB Rn 89.
223 Ausf. hierzu *Forkert*, S. 145 ff, 147 ff; vgl auch *Gebauer/Staudinger*, IPRax 2002, 275, 280.
224 Vgl hierzu *Frank*, MittBayNot 2001, Sonderheft Lebenspartnerschaften, S. 35, 40.
225 Vgl *Süß*, DNotZ 2001, 168, 171.
226 So in der Tat *Forkert*, S. 149 ff; vgl auch *Frank*, MittBayNot 2001, Sonderheft Lebenspartnerschaften, S. 35, 40.
227 Vgl *Henrich*, FamRZ 2002, 137, 140.
228 Vgl *Gebauer/Staudinger*, IPRax 2002, 275, 280 ff; Staudinger/*Mankowski*, Art. 17 b EGBGB Rn 88.

S. 1 dem Registerstatut unterstellten Wirkungen, betreffen sie darüber hinaus auch „die unterhaltsrechtlichen und die erbrechtlichen Folgen der Lebenspartnerschaft" im Sinne des Abs. 1 S. 2, oder werden sogar darüber noch hinausgehend sämtliche rechtlichen Auswirkungen der Lebenspartnerschaft am Maßstab des deutschen Rechts gestutzt,[229] auch soweit sie etwa schuldvertragsrechtlich oder deliktisch zu qualifizieren sind?[230]

77 Je weiter der tatbestandliche Rahmen des Abs. 4 gezogen wird, desto offener treten die Wertungswidersprüche und Diskriminierungen zu Tage, welche die Norm hervorbringt. Bezieht man etwa die erbrechtlichen und die unterhaltsrechtlichen Folgen mit ein, so werden bei identischer ausländischer lex causae ohne ein sinnvolles Unterscheidungskriterium völlig unterschiedliche Rechtsfolgen ausgesprochen, je nachdem, ob die Partnerschaft im Inland oder im Ausland registriert wurde, denn die Kappungsregelung greift nur bei im Ausland registrierten Partnerschaften ein, nicht etwa stets dann, wenn ausländisches Recht berufen ist.[231] Vor diesem Hintergrund lassen sich de lege lata eine restriktive Interpretation bzw eine **teleologische Reduktion des Abs. 4** vertreten. Die restriktive Interpretation setzt bei der in der Norm enthaltenen Anknüpfung an die ausländische Registrierung an und folgert daraus systematisch, dass sich die Kappungsregel nur auf solche Wirkungen erstreckt, die gem. Abs. 1 S. 1 dem Registerstatut unterliegen, nicht aber auf die erbrechtlichen und unterhaltsrechtlichen Folgen, die einem ausländischen Statut unterliegen.[232] Im Wege der teleologischen Reduktion lässt sich darüber hinaus das Erfordernis eines Inlandsbezuges in Abs. 4 hineinlesen.[233] Ferner lässt sich gegen den Wortlaut,[234] aber dem Zweck der Vorschrift entsprechend argumentieren, dass es bei dem von Abs. 4 geforderten Wirkungsvergleich nicht darauf ankommen kann, wie das ausländische und das inländische Recht im Einzelnen ausgestaltet sind, sondern nur darauf, ob das deutsche Recht entsprechende Wirkungen überhaupt vorsieht oder nicht.[235]

78 Jede teleologische Reduktion des Abs. 4 muss am Zweck dieser Bestimmung ansetzen. Den **Zweck der Vorschrift** genau zu umreißen, fällt freilich nicht ganz leicht, zumal sich das früher oftmals vertretene Abstandsgebot, das aus Art. 6 GG folge, nach der Entscheidung des BVerfG vom 17.7.2002[236] nicht mehr aufrechterhalten lässt.[237] Was freilich bleibt, ist ein Benachteiligungsverbot im Hinblick auf die Ehe sowie ein Fördergebot: Liest man diese verfassungsrechtlichen Zwecke in Abs. 4 hinein,[238] so lässt sich der Anwendungsbereich der Norm auf die Fälle reduzieren, in denen der inländische Verkehrsschutz und der Eheschutz als immanente Wirkungsgrenze des Abs. 4 berührt sind,[239] und das wird nicht häufig der Fall sein.

79 Ein Sonderproblem stellen im Rahmen der Vorbehaltsklausel die **registrierten heterosexuellen Partnerschaften** dar, die nach hier vertretener Ansicht grundsätzlich dem Anwendungsbereich des Art. 17 b unterfallen (Rn 8). Dennoch findet die Kappungsregel des **Abs. 4** auf sie **keine Anwendung**[240] (vgl Rn 16). Darin liegt zwar eine gewisse Diskriminierung von gleichgeschlechtlichen Partnerschaften,[241] doch im umgekehrten Fall wären heterosexuelle Partnerschaften ihrer rechtlichen Wirkung beraubt, ein Ergebnis, das sich aus dem Zweck des Abs. 4 nicht ableiten lässt. Zwar erscheint der Adressatenkreis von Ehe und heterosexuellen Partnerschaften identisch, doch hat das BVerfG – bezogen auf den inländischen Gesetzgeber – gerade das Problem betont, das entstünde, wenn ein Institut in Konkurrenz zur Ehe geschaffen würde, das mit gleichen Rechten und geringeren Pflichten ausgestattet wäre als die Ehe.[242] Die Vermeidung solcher geringeren Pflichten lässt sich, abgesehen davon, dass es sich stets um ausländische Rechtsinstitute handelt,[243] jedenfalls nicht sinnvoll durch die Kappungsregel des Abs. 4 erreichen.[244] Diese Norm ist wegen ihrer Bezugnahme auf das deutsche Sachrecht auf solche Lebenspartnerschaftstypen zu begrenzen, die auch dem deutschen Sachrecht bekannt sind (vgl Rn 16).

229 So etwa *Wagner*, IPRax 2001, 281, 292: „... wird man Art. 17 a IV EGBGB auch auf Wirkungen einer Lebenspartnerschaft erstrecken können, die Art. 17 a I EGBGB nicht ausdrücklich anspricht."
230 Staudinger/*Mankowski*, Art. 17 b EGBGB Rn 84; vgl hierzu auch *Gebauer/Staudinger*, IPRax 2002, 275, 276 f.
231 Vgl hierzu MüKo/*Coester*, Art. 17 b EGBGB Rn 92; *Forkert*, S. 299 f; *Gebauer/Staudinger*, IPRax 2002, 275, 281; *Wasmuth*, in: Liber amicorum Gerhard Kegel 2002, S. 237, 245.
232 MüKo/*Coester*, Art. 17 b EGBGB Rn 93; *Forkert*, S. 154 ff, 253 ff, 300. Anders, allerdings einem argumentativen Ansatz folgend, der die Probleme der Vorbehaltsklausel aufzuzeigen versucht, *Gebauer/Staudinger*, IPRax 2002, 275, 276.
233 Vgl MüKo/*Coester*, Art. 17 b EGBGB Rn 96; *Forkert*, S. 309; *Buschbaum*, RNotZ 2010, 73, 86. Zweifelnd *Gebauer/Staudinger*, IPRax 2002, 275, 280 f.
234 Vgl *Gebauer/Staudinger*, IPRax 2002, 275, 276.
235 Vgl *Forkert*, S. 300; *Thorn*, IPRax 2002, 349, 355.
236 NJW 2002, 2543 = FamRZ 2002, 1169.
237 Vgl hierzu ausf. *Coester*, in: FS Sonnenberger 2004, S. 321, 324; *Forkert*, S. 29 ff, 34. S. hierzu bereits *Röthel*, IPRax 2000, 74, 78.
238 Vgl hierzu auch *Thorn*, IPRax 2002, 349, 355.
239 Vgl MüKo/*Coester*, Art. 17 b EGBGB Rn 87, 99; zum Verkehrsschutz s. insbesondere *Buschbaum*, RNotZ 2010, 73, 86 f.
240 Vgl MüKo/*Coester*, Art. 17 b EGBGB Rn 134 f; *Wagner*, IPRax 2001, 281, 292; *Wasmuth*, in: Liber amicorum Gerhard Kegel 2002, S. 237, 245.
241 Vgl MüKo/*Coester*, Art. 17 b EGBGB Rn 134 f; *Gebauer/Staudinger*, IPRax 2002, 275, 281 f.
242 Vgl BVerfG NJW 2002, 2543, 2549.
243 Zu den Besonderheiten, die sich hier aus der Auslandsbezogenheit der Sachverhalte ergeben, s. *Coester*, in: FS Sonnenberger 2004, S. 321, 330 f.
244 Vgl MüKo/*Coester*, Art. 17 b EGBGB Rn 135.

Gleichgeschlechtliche Ehen sind nach hier vertretener Auffassung nicht lebenspartnerschaftsrechtlich zu qualifizieren (vgl Rn 18), sodass auf sie die Kappungsregel des **Abs. 4** ebenfalls **keine Anwendung** finden kann. Nicht grundsätzlich, wohl aber in besonders gelagerten Einzelfällen können die einem ausländischen Recht unterliegenden Wirkungen einer homosexuellen Ehe oder einer heterosexuellen registrierten Lebenspartnerschaft gegen den allgemeinen ordre public nach Art. 6 verstoßen.[245] 80

4. Verhältnis zum allgemeinen ordre-public-Vorbehalt des Art. 6. Gäbe es die Sperrklausel des Abs. 4 nicht, dann könnte die allgemeine Vorbehaltsklausel zur Anwendung gelangen, wenn durch die Anwendung ausländischen Rechts im Einzelfall bei entsprechendem Inlandsbezug fundamentale Prinzipien des deutschen Rechts berührt werden. Diese flexible Abwehr, die sich auch besser dem sich wandelnden verfassungsrechtlichen Verständnis anpassen kann, erscheint einer Sperrklausel weitaus überlegen, die das inländische Sachrecht zum Maß des Vorbehalts erklärt. Es bleibt zu hoffen, dass Abs. 4 wieder verschwindet.[246] Bis dahin ist das Verhältnis zum allgemeinen ordre-public-Vorbehalt nicht klar zu bestimmen, sondern **davon abhängig, wie weit der Tatbestand der Sperrklausel gezogen wird**: Versteht man ihn in umfassender Weise, dann bleibt für Art. 6 in der Rechtspraxis kein Raum. Auch bei teleologischer Interpretation bzw Reduktion der Sperrklausel am Maßstab des verfassungsrechtlich gebotenen Schutzes (Rn 78) wird die allgemeine Vorbehaltsklausel absorbiert. Einen eigenen Anwendungsbereich behält sie nur insoweit, als ganze Rechtsfragen, wie etwa die unterhalts- und erbrechtlichen Folgen der Lebenspartnerschaft, dem Tatbestand der Sperrklausel vollständig entzogen werden. Nur die allgemeine Vorbehaltsklausel nach Art. 6 kann schließlich auch im Einzelfall bei solchen Formen institutionalisierter Partnerschaften zur Anwendung gelangen, die nicht der besonderen Vorbehaltsklausel des Abs. 4 unterfallen, also bei der heterosexuellen registrierten Lebenspartnerschaft und der gleichgeschlechtlichen Ehe (vgl Rn 8 und 18). 81

C. Weitere praktische Hinweise

I. Internationale Zuständigkeit deutscher Gerichte

Bei Unterhaltsansprüchen zwischen Lebenspartnern richtet sich die internationale Zuständigkeit der deutschen Gerichte nach der EuUntVO,[247] soweit deren Anwendungsbereich eröffnet ist.[248] Die **Brüssel IIa-Verordnung (EheVO 2003)**[249] findet hingegen auf Lebenspartnerschaften keine Anwendung.[250] Im autonomen deutschen Recht richtet sich die internationale Zuständigkeit deutscher Familiengerichte für Lebenspartnerschaftssachen nach **§ 103 FamFG**. Das gilt nicht nur für Lebenspartnerschaften nach deutschem Recht, sondern für alle Lebensgemeinschaften, die als Lebenspartnerschaften im Sinne des Art. 17 b zu qualifizieren sind (dazu Rn 5 ff). 82

Gegenüber der parallelen Regelung für Ehesachen in § 98 FamFG sieht § 103 FamFG zwei wesentliche Modifikationen vor: So genügt nach **§ 103 Nr. 2 FamFG** der gewöhnliche Aufenthalt auch nur eines Lebenspartners in Deutschland,[251] ohne dass es – wie in § 98 Abs. 1 Nr. 4 FamFG vorgesehen – auf die Haltung der Heimatrechte gegenüber der zu fällenden Entscheidung ankäme.[252] Ferner sind die deutschen Gerichte gem. **§ 103 Nr. 3 FamFG** auch bei einer Registrierung vor einer zuständigen deutschen Stelle international zuständig. Sichergestellt wird auf diese Weise, dass in Deutschland begründete Lebenspartnerschaften auch in Deutschland wieder aufgelöst werden können.[253] 83

245 Vgl zur heterosexuellen registrierten Partnerschaft MüKo/*Coester*, Art. 17 b EGBGB Rn 136 f; zur homosexuellen Ehe *Forkert*, S. 81 ff; *Gebauer/Staudinger*, IPRax 2002, 275, 277; *Röthel*, IPRax 2002, 496 ff; *Wasmuth*, in: Liber amicorum Gerhard Kegel 2002, S. 237, 247 ff.

246 Vgl *Gebauer/Staudinger*, IPRax 2002, 275 ff.

247 Verordnung (EG) Nr. 4/2009 vom 18.12.2008.

248 Zur Erfassung gleichgeschlechtlicher Lebenspartnerschaften vom sachlichen Anwendungsbereich der Verordnung vgl. Gebauer/Wiedmann-*Bittmann*, Zivilrecht unter europäischem Einfluss, 2. Auflage 2010, Kapitel 36, Rn. 17.

249 Verordnung (EG) Nr. 2201/2003 v. 27.11.2003. S. dazu Anhang I zum III. Abschnitt.

250 Vgl MüKo/*Coester*, Art. 17 b EGBGB Rn 119; *Gebauer/Staudinger*, IPRax 2002, 275, 277; *Henrich*, FamRZ 2002, 137, 141; Palandt/*Thorn*, Art. 17 b EGBGB Rn 11; *v. Hoffmann/Thorn*, IPR, § 8 Rn 73 k (S. 352); Erman/*Hohloch*, Art. 17 b EGBGB Rn 18; Thomas/Putzo/*Hüßtege*, ZPO, § 661 Rn 13; *Kohler*, NJW 2001, 10, 15.

251 Damit wird der in § 606 a Abs. 1 S. 1 Nr. 2 vorgesehene und über § 661 Abs. 3 ZPO ebenfalls zur entspr. Anwendung berufene Zuständigkeitsgrund des gewöhnlichen Aufenthalts beider Lebenspartner im Inland praktisch bedeutungslos, vgl MüKo/*Coester*, Art. 17 b EGBGB Rn 122; *Wagner*, IPRax 2001, 281, 287.

252 Vgl MüKo/*Coester*, Art. 17 b EGBGB Rn 122; vgl *Forkert*, S. 184; *Henrich*, FamRZ 2002, 137, 141; *Wagner*, IPRax 2001, 281, 287.

253 Vgl Erman/*Hohloch*, Art. 17 b EGBGB Rn 18; *Thorn*, IPRax 2002, 349, 355; *Wagner*, IPRax 2001, 281, 287.

II. Anerkennung ausländischer Entscheidungen

84 Die Anerkennung ausländischer Unterhaltsentscheidungen richtet sich vorrangig nach Art. 16 ff. der EuUntVO,[254] soweit ihr Anwendungsbereich eröffnet ist.[255] Die Anerkennung ausländischer **Entscheidungen über die Auflösung** von Lebenspartnerschaften richten sich, vorbehaltlich vorrangiger Staatsverträge,[256] nach dem autonomen Recht,[257] weil die Brüssel-IIa-Verordnung (EheVO 2003)[258] auch insoweit auf Lebenspartnerschaften keine Anwendung findet[259] (vgl Rn 82). Anders als für Ehesachen nach § 107 FamFG ist für Lebenspartnerschaftssachen ein besonderes Anerkennungsverfahren gem. § 108 FamFG nicht vorgesehen. Sofern man (entgegen der hier vertretenen Ansicht, vgl Rn 18) für gleichgeschlechtliche Ehen eine kollisionsrechtliche Anknüpfung gem. Art. 17 b EGBGB favorisiert, erscheint es konsequent, auch die Anerkennung ausländischer Entscheidungen an § 108 FamFG und nicht an § 107 FamFG auszurichten.[260]

85 § 109 FamFG regelt die **Anerkennungshindernisse** gemeinsam für Ehe- und andere Familiensachen. So richtet sich etwa die Frage, ob eine ausländische Entscheidung wegen eines Verstoßes gegen den deutschen ordre public nicht anerkennungsfähig ist, nach § 109 Abs. 1 Nr. 4 FamFG. Speziell für Lebenspartnerschaftssachen ist zu beachten, dass trotz einer nach § 109 Abs. 1 Nr. 1 FamFG fehlenden Anerkennungszuständigkeit eine ausländische Entscheidung dennoch anerkennungsfähig ist, wenn der Registrierungsstaat sie anerkennt, § 109 Abs. 3 FamFG. Ein eingeschränktes Erfordernis der Gegenseitigkeitsverbürgung ergibt sich aus § 109 Abs. 4 FamFG.[261]

86 Dem Anwendungsbereich der §§ 108 f FamFG entzogen sind **Privatauflösungen** einer Lebenspartnerschaft: Wird sie nicht durch gerichtliche Entscheidung, sondern durch einen privaten Gestaltungsakt der Lebenspartner beendet, so richtet sich die Wirksamkeit nach dem für die Auflösung maßgebenden Statut, gem. Abs. 1 S. 1 also nach dem Recht des Register führenden Staates.[262]

Artikel 18 EGBGB *Unterhalt (aufgehoben)*

(1) 1Auf Unterhaltspflichten sind die Sachvorschriften des am jeweiligen gewöhnlichen Aufenthalt des Unterhaltsberechtigten geltenden Rechts anzuwenden. 2Kann der Berechtigte nach diesem Recht vom Verpflichteten keinen Unterhalt erhalten, so sind die Sachvorschriften des Rechts des Staates anzuwenden, dem sie gemeinsam angehören.

(2) Kann der Berechtigte nach dem gemäß Absatz 1 Satz 1 oder 2 anzuwendenden Recht vom Verpflichteten keinen Unterhalt erhalten, so ist deutsches Recht anzuwenden.

(3) Bei Unterhaltspflichten zwischen Verwandten in der Seitenlinie oder Verschwägerten kann der Verpflichtete dem Anspruch des Berechtigten entgegenhalten, daß nach den Sachvorschriften des Rechts des Staates, dem sie gemeinsam angehören, oder, mangels einer gemeinsamen Staatsangehörigkeit, des am gewöhnlichen Aufenthalt des Verpflichteten geltenden Rechts eine solche Pflicht nicht besteht.

(4) 1Wenn eine Ehescheidung hier ausgesprochen oder anerkannt worden ist, so ist für die Unterhaltspflichten zwischen den geschiedenen Ehegatten und die Änderung von Entscheidungen über diese Pflichten das auf die Ehescheidung angewandte Recht maßgebend. 2Dies gilt auch im Fall einer Trennung ohne Auflösung des Ehebandes und im Fall einer für nichtig oder als ungültig erklärten Ehe.

(5) Deutsches Recht ist anzuwenden, wenn sowohl der Berechtigte als auch der Verpflichtete Deutsche sind und der Verpflichtete seinen gewöhnlichen Aufenthalt im Inland hat.

(6) Das auf eine Unterhaltspflicht anzuwendende Recht bestimmt insbesondere,

1. ob, in welchem Ausmaß und von wem der Berechtigte Unterhalt verlangen kann,
2. wer zur Einleitung des Unterhaltsverfahrens berechtigt ist und welche Fristen für die Einleitung gelten,

254 Verordnung (EG) Nr. 4/2009 vom 18.12.2008.

255 Zur Erfassung gleichgeschlechtlicher Lebenspartnerschaften vom sachlichen Anwendungsbereich der Verordnung vgl. Gebauer/Wiedmann-*Bittmann*, Zivilrecht unter europäischem Einfluss, 2. Auflage 2010, Kapitel 36, Rn. 17.

256 Zu solchen bilateralen Staatsverträgen vgl *Wagner*, IPRax 2001, 281, 283.

257 Vgl Palandt/*Heldrich*, Art. 17 b EGBGB Rn 10; Erman/*Hohloch*, Art. 17 b EGBGB Rn 18; *Thorn*, IPRax 2002, 349, 356; *Wagner*, IPRax 2001, 281, 287 f.

258 Verordnung (EG) Nr. 2201/2003 v. 27.11.2003; vgl dazu Anhang I zum III. Abschnitt.

259 Zum Anwendungsbereich des § 108 FamFG vgl *Althammer*, IPRax 2009, 381, 386, 387; *Hau*, FamRZ 2009, 821, 825.

260 Vgl MüKo/*Coester*, Art. 17 b EGBGB Rn 124, 148.

261 Vgl MüKo/*Coester*, Art. 17 b EGBGB Rn 126.

262 Vgl MüKo/*Coester*, Art. 17 b EGBGB Rn 124; *Forkert*, S. 180 ff.

3. das Ausmaß der Erstattungspflicht des Unterhaltsverpflichteten, wenn eine öffentliche Aufgaben wahrnehmende Einrichtung den ihr nach dem Recht, dem sie untersteht, zustehenden Erstattungsanspruch für die Leistungen geltend macht, die sie dem Berechtigten erbracht hat.

(7) Bei der Bemessung des Unterhaltsbetrags sind die Bedürfnisse des Berechtigten und die wirtschaftlichen Verhältnisse des Unterhaltsverpflichteten zu berücksichtigen, selbst wenn das anzuwendende Recht etwas anderes bestimmt.

Literatur: *Bischoff*, Regelbetrag-VO und vereinfachtes Verfahren bei ausländischem Unterhaltsstatut, IPRax 2002, 511; *Finger*, Unterhalt nach ausländischem Recht und deutscher ordre public, FamRBint 2007, 13; *Göppinger/Wax*, Unterhaltsrecht, 9. Aufl. 2008; *Gora*, Kindesunterhalt im deutschen und im polnischen Recht – Bedarfskorrektur im grenzüberschreitenden Rechtsverkehr, ZKJ 2008, 455; *Hausmann*, Der Unterhaltsbegriff in Staatsverträgen des internationalen Privat- und Verfahrensrecht, IPRax 1990, 382; *Henrich*, Zur Qualifikation von Unterhaltsansprüchen gegen den Nachlass, in: FS Gernhuber 1993, S. 667; *ders.*, Kollisionsrechtliche Fragen zum Geschiedenenunterhalt, IPRax 1992, 84; *von Hoffmann/Thorn*, Internationales Privatrecht, 9. Aufl. 2007; *Kartzke*, Abänderung von Unterhaltsentscheidungen und neues Internationales Unterhaltsrecht, NJW 1988, 104; *Leopold/Kazemi*, Welches Recht ist auf gemischt-staatsangehörige Ehen anwendbar?, ZFE 2005, 424; *Mankowski*, Im Dschungel der für die Vollstreckbarerklärung ausländischer Unterhaltsentscheidungen einschlägigen Abkommen und ihrer Ausführungsgesetze, IPRax 2000, 188; *Mingers*, Auskunftsansprüche im internationalen Unterhaltsrecht, 1998; *Motzer*, Unterhaltsbemessung in Fällen mit Auslandsbezug, FamRBint 2005, 32; *Riegner*, Probleme der internationalen Zuständigkeit und des anwendbaren Rechts bei der Abänderung deutscher Unterhaltstitel nach dem Wegzug des Unterhaltsberechtigten in EU-Ausland, FamRZ 2005, 1799; *Schwarz/Scherpe*, Nachehelicher Unterhalt im internationalen Privatrecht, FamRZ 2004, 665; *Wicke*, Der Gang des Verfahrens nach dem Auslandsunterhaltsgesetz, FPR 2006, 240; *Wurmnest*, Die Mär von der mahr, RabelsZ 71 (2007), 527.

A. Allgemeines

1 Durch Gesetz vom 25.7.1986[1] hat der Bundestag dem **Haager Übereinkommen über das auf Unterhaltspflichten anzuwendende Recht vom 2.10.1973 (HUntÜ**, vgl Rn 93 f) zugestimmt. Das Haager Abkommen enthält umfassende Anknüpfungsregeln für familienrechtliche Unterhaltspflichten. Es ist für die Bundesrepublik am 1.4.1987 in Kraft getreten. Nach seinem Art. 3 ist es auch bei einem gewöhnlichen Aufenthalt des Berechtigten in einem Nichtvertragsstaat anwendbar. Es handelt sich also um eine sog. loi uniforme.[2] Mit dem Inkrafttreten des Abkommens war im Anwendungsbereich des Abkommens in der Bundesrepublik für eine autonome kollisionsrechtliche Regelung des Unterhalts kein Raum mehr.[3] Gegenüber dem Haager Abkommen vorrangig ist das **deutsch-iranische Niederlassungsabkommen** vom 17.2.1929 (vgl dazu Rn 88 ff).

2 Die kollisionsrechtlichen Vorschriften des Abkommens (also die Art. 4–10 und Art. 11 Abs. 2) wurden mit geringen redaktionellen Abweichungen in Art. 18 eingestellt worden. Es war infolgedessen umstritten, ob in der praktischen Rechtsanwendung auf das HUntÜ oder auf Art. 18 zurückzugreifen ist. Die **unmittelbare Anwendung des HUntÜ** war rangkollisionsrechtlich unzweifelhaft korrekt.[4] Anstelle dessen war aber auch eine Anwendung von Art. 18 zulässig, wenn hierbei der staatsvertragliche Ursprung der Norm berücksichtigt wurde.[5] Soweit sich inhaltliche Abweichungen vom HUntÜ ergaben – was nur in Ausnahmefällen in Betracht kam –, hatte das HUntÜ Vorrang. Im Übrigen war die Anwendung des Art. 18 anstelle des HUntÜ nicht mit Rechtsmitteln angreifbar und konnte auch keine Anwaltshaftung begründen.[6]

3 Das HUntÜ hat seit dem 18.6.2011 selbst erheblich an Bedeutung verloren. Die Haager Konferenz hat am 23. November 2007 das **Haager Protokoll über das auf Unterhaltspflichten anzuwendende Recht** (Haager Protokoll) beschlossen. Das Haager Protokoll ist ab dem **18.6.2011** in Deutschland anwendbar; das HUntÜ bzw. Art. 18 EGBGB werden vom Haager Protokoll abgelöst. Das Haager Protokoll ist auch gegenüber solchen Staaten vorrangig anzuwenden, die nur dem HUNtÜ angehören.[7] Art. 18 ist durch Art. 12 Nr. 3 des Gesetzes zur Durchführung der Verordnung (EG) Nr. 4/2009 und zur Neuordnung bestehender Aus- und Durchführungsbestimmungen auf dem Gebiet des internationalen Unterhaltsverfahrensrechts vom 23.5.2011 mit Wirkung zum 18.6.2011 aufgehoben worden.[8]

4 Die **zeitliche Anwendbarkeit** des Haager Protokolls ergibt sich aus dem Beschluss des Rates der EU vom 30.11.2009, in dem dieser das Haager Protokoll gebilligt hat.[9] Nach Art. 4 des Beschlusses findet das Protokoll – soweit nicht, was allerdings nicht geschehen ist, das Haager Protokoll nach seinem Art. 25 früher in Kraft tritt – seit dem **18.6.2011** in der EU Anwendung. Nach Art. 5 des Ratbeschlusses ist das Haager Protokoll ab dem 18.6.2011 auch auf solche Ansprüche anwendbar, die vor dem Inkrafttreten oder der vorläufigen Anwendung des Protokolls in der Gemeinschaft geltend gemacht werden. Vorausgesetzt wird hierfür nur, dass die Einleitung des Verfahrens, die Billigung oder der Abschluss des gerichtlichen Vergleichs oder die Ausstellung der öffentlichen Urkunde ab dem 18.6.2011 – also dem Datum des Beginns der Anwendung der UnterhaltsVO – erfolgt ist. Damit bleiben das HUntÜ bzw. Art. 18 EGBGB nur noch für nicht von Art. 5 des Ratsbeschlusses erfasste „Altfälle" anwendbar. Da diese Altfälle die Gerichte noch einige Zeit beschäftigen werden und zudem das Haager Protokoll in vielerlei Hinsicht inhaltlich auf das HUntU aufbaut, wurde die Kommentierung des Art. 18 EGBGB in dieser Auflage noch einmal beibehalten. Das Haager Protokoll ist im Anhang zu Art. 18 EGBGB kommentiert.

B. Regelungsgehalt

I. Anknüpfung

5 **1. Überblick.** Das Unterhaltsstatut befindet darüber, wer von wem in welchem Umfang Unterhalt verlangen kann. Nach dem Unterhaltsstatut bemisst sich auch der Umfang, in dem **öffentliche Einrichtungen** bei dem

1 BGBl I S. 825.
2 *Verwilghen*, BT-Drucks. 10/258, 59 (Nr. 135); OLG Hamm FamRZ 1995, 886 = NJW-RR 1995, 520; Staudinger/*Mankowski*, Art. 18 EGBGB Anh. I Rn 9; Göppinger/Wax/*Linke*, Rn 3007.
3 Vgl für die Rechtslage vor Inkrafttreten der EuGVVO und des HUntÜ, BGH FamRZ 2005, 1987, 1988.
4 Staudinger/*Mankowski*, Art. 18 EGBGB Rn 2 ff.
5 Vgl dazu OLG Brandenburg FamRZ 2006, 1766; OLG Hamm FamRZ 1996, 951, 952; 1989, 1331, 1332; LG Kiel FamRZ 1996, 47 mit näherer Begründung; *Looschelders*, Art. 18 Rn 3; Erman/*Hohloch*, Art. 18 EGBGB Rn 2; abweichend (unmittelbar auf das HUntÜ abstellend) OLG Zweibrücken, FamRZ 2007, 1559; OLG Hamm FamRZ 1998, 25; OLG Karlsruhe FamRZ 1992, 58; OLG Saarbrücken FamRZ 1994, 579; OLG Hamburg FamRZ 1993, 101 = NJW-RR 1993, 707; MüKo/*Siehr*, Art. 18 EGBGB Rn 1; Bamberger/Roth/*Heiderhoff*, Art. 18 EGBGB Rn 44.
6 Staudinger/*Mankowski*, Art. 18 EGBGB Rn 5.
7 BT-Drucks. 17/4887 S. 53 l. Sp.
8 BGBl. I 2011, 898.
9 Beschluss des Rates vom 30. November 2009 über den Abschluss des Haager Protokolls vom 23. November 2007 über das auf Unterhaltspflichten anzuwendende Recht durch die Europäische Gemeinschaft (ABl. EG L 331/17).

primär Unterhaltspflichtigen Regress nehmen können (Abs. 6 Nr. 3). Für den **Unterhaltsregress Privater** gilt demgegenüber Art. 18 Abs. 6 Nr. 3 nicht (vgl Rn 83 ff).

Abs. 1 S. 1 enthält eine **Regelanknüpfung** an den jeweiligen **gewöhnlichen Aufenthalt** des Unterhaltsberechtigten. Diese Anknüpfung wird, falls der Unterhaltsberechtigte nach dem hiernach anzuwendenden Sachrecht keinen Unterhaltsanspruch erhält, durch die **Hilfsanknüpfungen** nach Abs. 1 S. 2 und Abs. 2 ergänzt. Es handelt sich jeweils um **Sachnormverweisungen**.[10] Die Anknüpfung ist von dem Gedanken getragen, den **Unterhaltsberechtigten zu begünstigen**: Es soll möglichst eine Rechtsordnung zur Anwendung gelangen, die dem Unterhaltsberechtigten einen Anspruch einräumt. Abs. 3 sieht allerdings eine Einschränkung des ermittelten Unterhaltsanspruchs vor. 6

Eine vorrangige Sonderanknüpfung findet sich in Abs. 4. Bei der **Scheidung** findet auf den Unterhaltsanspruch des geschiedenen Ehegatten das Recht des Staates Anwendung, nach dem die Ehe geschieden worden ist. Die Günstigkeitsregeln des Abs. 1 S. 2 und des Abs. 2 finden für den Nachscheidungsunterhalt keine Anwendung. Eine weitere Sonderanknüpfung befindet sich – bei einem überwiegenden Bezug zum **deutschen Recht** – in Abs. 5. Letzterer geht auch der in Abs. 4 enthaltenen Anknüpfung vor. Art. 18 selbst stellt den Beteiligten keine Möglichkeit einer **Rechtswahl** zur Verfügung.[11] Eine mittelbare Möglichkeit der Rechtswahl ergibt sich lediglich für den Nachscheidungsunterhalt im Falle des Abs. 4 (vgl Rn 128). 7

2. Regelanknüpfung (Abs. 1 S. 1) mit Hilfsanknüpfungen (Abs. 1 S. 2 und Abs. 2). a) Anknüpfung an den jeweiligen gewöhnlichen Aufenthalt (Abs. 1 S. 1). Abs. 1 S. 1 stellt auf das Recht an dem jeweiligen gewöhnlichen Aufenthalt des Unterhaltsberechtigten ab. Es handelt sich um eine unmittelbare Verweisung auf das anzuwendende Sachrecht (**Sachnormverweisung).** Rück- oder Weiterverweisungen durch das ausländische Kollisionsrecht sind also nicht zu prüfen.[12] 8

Der Begriff des gewöhnlichen Aufenthalts ist im Lichte des staatsvertraglichen Ursprungs von Art. 18 konventionsautonom iSd des HUntÜ auszulegen.[13] Unterschiede zum Begriff des gewöhnlichen Aufenthalts, wie er im unvereinheitlichten deutschen Recht verwendet wird, sind jedoch nicht erkennbar.[14] Unter dem gewöhnlichen Aufenthalt ist hiernach der **faktische Lebensmittelpunkt** zu verstehen (vgl dazu näher Art. 5 EGBGB Rn 16 ff).[15] Im Falle einer **Familienzusammenführung** begründen Ausländer in Deutschland regelmäßig erst dann einen gewöhnlichen Aufenthalt, wenn eine dauernde – nicht nur vorläufige oder befristete – Aufenthaltsgenehmigung besteht.[16] Maßgebend sind aber auch hier nicht die Rechtmäßigkeit des Aufenthalts, sondern die Länge des Aufenthalts und die tatsächliche berufliche und soziale Integration im Inland.[17] Ähnliches gilt bei **Asylbewerbern**.[18] 9

Verändert der Unterhaltsberechtigte seinen gewöhnlichen Aufenthalt, so wechselt damit ex nunc auch das auf den Unterhaltsanspruch anwendbare Recht. Das Unterhaltsstatut nach Abs. 1 S. 1 ist also **wandelbar**.[19] Hier kommt es auf die im Einzelfall nicht einfach zu beantwortende Frage an, zu welchem genauen Zeitpunkt bei einem Wegzug ins Ausland auch ein Wechsel des gewöhnlichen Aufenthalts vorliegt. Wird ein Land verlassen, ohne dass eine Rückkehrabsicht besteht, ist bereits in diesem Augenblick von einem Wechsel des gewöhnlichen Aufenthalts auszugehen.[20] Anders verhält es sich, wenn ursprünglich nur ein befristeter Wegzug geplant war, aber am neuen Ort sodann – entgegen der ursprünglichen Absicht – eine berufliche und soziale Integration 10

10 Bericht *Verwilghen*, BT-Drucks. 10/258, 66 (Nr. 168); Begründung zum Regierungsentwurf, BT-Drucks. 10/504, 63.

11 OLG Karlsruhe FamRZ 1990, 313, 314; ferner öst. OGH ZfRV 1996, 76 Nr. 17 LS 1; Staudinger/*Mankowski*, Art. 18 EGBGB Anh. I Rn 15; Bamberger/Roth/*Otte*, Art. 18 EGBGB Rn 12; abweichend Hohe Raad Nederlands International Privatrecht 1997, Nr. 70 und auch die sonstige niederländische Rspr (Nachw. bei Staudinger/*Mankowski*, Art. 18 EGBGB Anh. I Rn 15); *Boele-Woelki*, IPRax 1998, 492, 494 f; MüKo/*Siehr*, Anh. I zu Art. 18 EGBGB, UStA Rn 169; hiergegen Staudinger/*Mankowski*, Art. 18 EGBGB Anh. I Rn 15 mwN.

12 So bereits ausdr. Bericht *Verwilghen*, BT-Drucks. 10/258, 66 (Nr. 168); Begründung zum Regierungsentwurf, BT-Drucks. 10/504, 63; ebenso BGH NJW 1992, 438, 439 = FamRZ 1992, 298; OLG Karlsruhe FamRZ 1990, 313; Staudinger/*Mankowski*, Art. 18 EGBGB Anh. I Rn 17; *Looschelders*, Art. 18 Rn 12.

13 *Looschelders*, Art. 18 Rn 21; vgl auch *Verwilghen*, BT-Drucks. 10/258, 60 (Nr. 137).

14 Für ein gemeinsames europäisches Verständnis des gewöhnlichen Aufenthalts *Baetge,* in: FS Kropholler 2008, S. 77 ff.

15 Bericht *Verwilghen*, BT-Drucks. 10/258, 60 (Nr. 137); ausf. *Baetge*, in: FS Kropholler 2008, S. 77, 78 ff.

16 OLG Karlsruhe FamRZ 1990, 1351, 1352.

17 OLG Karlsruhe FamRZ 1992, 316, 317; *Baetge,* in: FS Kropholler 2008, S. 77, 83 ff.

18 Staudinger/*Mankowski*, Art. 18 EGBGB Anh. I Rn 152.

19 Ausdr. Bericht *Verwilghen*, BT-Drucks. 10/258, 60 (Nr. 140); Begründung zum Regierungsentwurf, BT-Drucks. 10/504, 63; aus der Rspr s. etwa OLG Hamm FamRZ 2002, 54; OLG Düsseldorf FamRZ 1995, 37 = NJW-RR 1995, 903; auch OLG Karlsruhe FamRZ 1990, 313, 314; OLG Hamm FamRZ 1989, 1084, 1085.

20 OLG Düsseldorf FamRZ 1995, 37 = NJW-RR 1995, 903; Göppinger/Wax/*Linke*, Rn 3021; *Baetge,* in: FS Kropholler 2008, S. 77, 84 ff mit Nachw. auch zur in der Lit. vertretenen Gegenauffassung.

erfolgt.[21] Wann in diesen Fällen ein gewöhnlicher Aufenthalt entsteht, ist unter Berücksichtigung aller Umstände des Einzelfalls zu beurteilen.[22] Häufig wird in der deutschen Rechtsprechung – im Rahmen einer Faustformel[23] – angenommen, dass der Wechsel des gewöhnlichen Aufenthalts regelmäßig nach einem Zeitraum von sechs Monaten erfolgt.[24] Bedeutung hat diese Konstellation vor allem in den Fällen, in denen Gastarbeiter bzw deren Familienangehörige von Deutschland in ihr Heimatland reisen und sich dann dort – entgegen ihrer ursprünglichen Absicht – so (re-)integrieren, dass eine Rückkehr nach Deutschland als unwahrscheinlich anzusehen ist. In diesen Fällen ist davon auszugehen, dass sich der Unterhaltsanspruch in den ersten sechs Monaten noch nach dem deutschen Recht bestimmt und erst daran anschließend das Recht am neuen gewöhnlichen Aufenthalt zur Anwendung gelangt. Ein nachträglicher Wechsel des gewöhnlichen Aufenthaltsorts ist von deutschen Gerichten, soweit es um zukünftigen Unterhalt geht, auch im laufenden Verfahren bis zum Zeitpunkt der letzten mündlichen Verhandlung in der Tatsacheninstanz zu berücksichtigen.[25] Wird Unterhalt für einen vergangenen Zeitraum begehrt, so kommt es darauf an, in welchem Staat der Anspruchssteller in diesem Zeitraum seinen gewöhnlichen Aufenthalt hatte.[26]

11 Berechtigter ist der Gläubiger des Unterhaltsanspruchs, nicht dessen Vertreter oder Prozessbevollmächtigter.[27] Bei **Minderjährigen** ist daher auf den gewöhnlichen Aufenthalt des Minderjährigen, nicht den seiner gesetzlichen Vertreter abzustellen. Eine Kindesentführung steht dem Erwerb eines neuen gewöhnlichen Aufenthalts des Kindes nicht entgegen, soweit sich daraus ein neuer dauerhafter Daseinsmittelpunkt des Kindes entwickelt.[28] Der gewöhnliche Aufenthalt eines Minderjährigen ändert sich idR durch bloße **Internats- oder Studienaufenthalte** im Ausland nicht, soweit nach Abschluss der Ausbildung eine Rückkehr erfolgen soll.[29] Von einem Wechsel des Aufenthalts ist auszugehen, wenn der Minderjährige mit dem ihm betreuenden Elternteil auf unbestimmte Zeit ins Ausland verzieht. Das Unterhaltsstatut – also das Recht am jeweiligen gewöhnlichen Aufenthalt des Kindes – bestimmt auch, wer das Kind im Unterhaltsprozess vertreten kann (Abs. 6 Nr. 2; vgl Rn 67).

12 Haben der Unterhaltsberechtigte und der Unterhaltsverpflichtete unter dem alten Statut eine materiellrechtliche **Vereinbarung** über den Unterhalt getroffen bzw hat der Unterhaltsberechtigte im Rahmen einer derartigen Vereinbarung auf den Unterhalt verzichtet, ist diese Vereinbarung – trotz des mittlerweile erfolgten Aufenthaltswechsels – weiterhin nach dem alten Unterhaltsstatut zu beurteilen. War die Vereinbarung nach dem alten Unterhaltsstatut wirksam, bleibt sie daher auch bei einem Wechsel des Aufenthaltsortes wirksam.[30] Denkbar ist allenfalls, dass die Vereinbarung aus deutscher Sicht schon im Zeitpunkt ihres Zustandekommens gegen den ordre public verstößt (vgl Rn 80 ff). Umgekehrt wird eine Vereinbarung dann, wenn sie nach dem alten Unterhaltsstatut unwirksam war, nicht durch einen nachfolgenden Statutenwechsel geheilt. Hiervon zu unterscheiden ist die Frage, ob die Vereinbarung materiellrechtlich auch für den Fall des Wechsels des gewöhnlichen Aufenthalts wirksam bleiben soll. Dies ist durch eine Auslegung der Vereinbarung bzw nach dem auf die Vereinbarung anwendbaren Unterhaltsrecht zu entscheiden.

13 **Gerichtlich festgestellte Ansprüche** bleiben – unabhängig vom Wechsel des gewöhnlichen Aufenthalts – bis zur Änderung durch eine neue Entscheidung ebenfalls wirksam.[31] In welchem Verfahren bzw durch welche Klage die gerichtliche Entscheidung aufgehoben oder abgeändert werden kann, richtet sich nach der jeweiligen lex fori (vgl iE Rn 110 ff).

14 **b) Hilfsanknüpfung bei Nichtbestehen eines Unterhaltsanspruchs (Abs. 1 S. 2 und Abs. 2). aa) Anknüpfung an das gemeinsame Heimatrecht (Abs. 1 S. 2). (1) Nichtgewährung eines Anspruchs durch das Recht am gewöhnlichen Aufenthalt.** Gewährt das nach Abs. 1 S. 1 bestimmte

21 OLG Düsseldorf FamRZ 1995, 37 = NJW-RR 1995, 903.

22 *Baetge*, in: FS Kropholler 2008, S. 77, 78 ff.

23 Diese Faustformel entbindet nicht von der Prüfung aller Umstände des Einzelfalls (zutr. *Baetge*, in: FS Kropholler 2008, S. 77, 81).

24 OLG Düsseldorf FamRZ 1995, 37, 38 = NJW-RR 1995, 903; OLG Hamm FamRZ 1991, 1346, 1347; FamRZ 1989, 1084, 1085.

25 Ob das Verfahrensrecht der Berücksichtigung eines im laufenden Verfahren erfolgten Aufenthaltswechsels entgegenstehen kann, ist streitig, bejahend Staudinger/*Mankowski*, Art. 18 EGBGB Anh. I Rn 155; abl. MüKo/*Siehr*, Anh. I zu Art. 18 EGBGB, UStA Rn 106.

26 Staudinger/*Mankowski*, Art. 18 EGBGB Anh. I Rn 154; Göppinger/Wax/*Linke*, Rn 3059 f.

27 Göppinger/Wax/*Linke*, Rn 3023; Staudinger/*Mankowski*, Art. 18 EGBGB Anh. I Rn 139.

28 Göppinger/Wax/*Linke*, Rn 3023.

29 OLG Hamm FamRZ 1989, 1331, 1332 m. Anm. *Henrich*, IPRax 1990, 59; Staudinger/*Mankowski*, Art. 18 EGBGB Anh. I Rn 147 f; abweichend *Henrich*, Int. Familienrecht, § 5 II 2 (S. 174) für den Fall, dass ein Student sein gesamtes Studium im Ausland absolvieren will.

30 Thüringer OLG FamRZ 2010, 1364; OLG Hamm FamRZ 1998, 1532; *Looschelders*, Art. 18 Rn 26; Staudinger/*Mankowski*, Art. 18 EGBGB Anh. I Rn 157; Erman/*Hohloch*, Art. 18 EGBGB Rn 15; MüKo/*Siehr*, Anh. I zu Art. 18 EGBGB, UStA Rn 233; aA OLG Karlsruhe FamRZ 1992, 316, 317 = NJW-RR 1992, 1094 (zu einem Unterhaltsverzicht nach dem ausländischen Recht und nachträglicher Verlegung des gewöhnlichen Aufenthalts nach Deutschland); *Henrich*, Int. Familienrecht, § 5 II 2 (S. 175).

31 Bericht *Verwilghen*, BT-Drucks. 10/258, 61 (Nr. 140).

Unterhaltsstatut – also das Sachrecht am gewöhnlichen Aufenthalt des Unterhaltsberechtigten – keinen Unterhaltsanspruch, sieht Abs. 1 S. 2 eine Hilfsanknüpfung vor. Abzustellen ist sodann auf das gemeinsame Heimatrecht des Verpflichteten und des Berechtigten.

Eine Hilfsanknüpfung nach Abs. 1 S. 2 ist nach allgemeiner Ansicht dann vorzunehmen, wenn das am Aufenthaltsort geltende Sachrecht bestimmte Verwandte generell nicht mit einer Unterhaltspflicht belastet.[32] So gewährt beispielsweise das deutsche Recht – im Gegensatz zu bestimmten anderen Rechtsordnungen – keinen Unterhaltsanspruch gegen Geschwister oder Verschwägerte. Begehrt also ein türkischer Staatsangehöriger mit gewöhnlichem Aufenthalt in Deutschland von seiner türkischen Schwester Unterhalt, so ist über Abs. 1 S. 2 das türkische Recht (Art. 315 türk. ZGB) heranzuziehen. Ein Unterhaltsanspruch kann schließlich auch deshalb scheitern, weil ein vom Unterhaltsstatut vorausgesetztes **Ehe- oder Verwandtschaftsverhältnis**, insbesondere die vom Anspruchsteller behauptete Vaterschaft, nicht besteht.[33] Ob ein solches Ehe- oder Verwandtschaftsverhältnis in concreto besteht oder nicht besteht, ist eine Vorfrage, die nach sehr umstrittener, aber wohl herrschender Ansicht unselbständig anzuknüpfen ist und daher nicht unmittelbar nach dem Sachrecht des Unterhaltsstatuts zu entscheiden ist (vgl ausf. unten Rn 71 ff). 15

In vielen anderen Fällen besteht Streit darüber, wann auf die Hilfsanknüpfung nach Abs. 1 S. 2 zurückgegriffen werden darf. Die hL nimmt eine Hilfsanknüpfung nach Abs. 1 S. 2 immer dann vor, wenn das Sachrecht am gewöhnlichen Aufenthalt des Berechtigten generell oder jedenfalls **für den konkreten Einzelfall** keinen Anspruch des Berechtigten gegen den Verpflichteten vorsieht. Auf den Grund für die Versagung des Unterhaltsanspruchs kommt es grundsätzlich nicht an.[34] Der BGH hat sich – abgesehen von den Fällen der Bedürftigkeit und der fehlenden Leistungsfähigkeit (vgl Rn 23) – zur genauen Reichweite von Abs. 1 S. 2 noch nicht abschließend geäußert. In der Literatur wird demgegenüber vorgeschlagen, eine Hilfsanknüpfung immer dann zu unterlassen, wenn das Recht am gewöhnlichen Aufenthalt des Berechtigten den Unterhalt der Sache nach nur quantitativ oder zeitlich reduziere, selbst dann, wenn hierdurch im Einzelfall eine Reduktion auf null eintrete.[35] Für diese Einschränkung der Hilfsanknüpfung lässt sich anführen, dass sie einem schrankenlosen Günstigkeitsprinzip entgegenwirkt. Andererseits sprechen sowohl der Wortlaut der Bestimmungen des HUntÜ als auch der Bericht zum Abkommen eher gegen die Einschränkung der Hilfsanknüpfung.[36] 16

Sieht das Sachrecht vor, dass der Anspruchsgegner nur **subsidiär** herangezogen werden kann, so ist nach hL auch in diesem Fall – solange der primäre Unterhaltsschuldner noch nicht ausgefallen ist – eine Hilfsanknüpfung nach Abs. 1 S. 2 vorzunehmen.[37] Im Rahmen des nach Abs. 1 S. 2 anzuwendenden Rechts ist allerdings – insbesondere bei der Frage der Bedürftigkeit – zu berücksichtigen, dass der Unterhaltsgläubiger nach dem über Abs. 1 S. 1 anzuwendenden Recht Unterhaltsansprüche gegen den primären Unterhaltsschuldner hat. 17

Für einen Rückgriff auf Abs. 1 S. 2 ist es nach hM auch ausreichend, wenn das nach Abs. 1 S. 1 maßgebliche Recht lediglich für einen **bestimmten zukünftigen Zeitraum**, für den im konkreten Einzelfall Unterhalt begehrt wird, keinen Anspruch vorsieht.[38] Dies kann etwa der Fall sein, wenn das Recht am gewöhnlichen Aufenthaltsort strengere **Altersgrenzen** vorsieht.[39] Enthält das Recht am gewöhnlichen Aufenthalt des Berechtigten die Bestimmung, dass mit Erreichen der Volljährigkeit keine Unterhaltsansprüche mehr bestehen, kann – soweit für diesen Zeitraum Unterhalt begehrt wird – über Abs. 1 S. 2 auf das gemeinsame Heimatrecht zurückgegriffen werden (zur Vorfrage der Geschäftsfähigkeit vgl Rn 79). Abs. 1 S. 2 ist auch dann anzuwenden, wenn das Recht am gewöhnlichen Aufenthalt für den Unterhalt der getrennt lebenden Ehefrau eine zeitliche Begrenzung vorschreibt.[40] Dasselbe gilt, wenn das anwendbare Recht den Unterhaltsanspruch der getrennt lebenden Ehefrau davon abhängig macht, dass das bei ihr lebende Kind ein bestimmtes Alter noch nicht erreicht hat. Scheidet der Anspruch nach dem nach Abs. 1 S. 1 maßgeblichen Recht aufgrund des Erreichens der Altersgrenze durch das Kind aus, kann auf Abs. 1 S. 2 zurückgegriffen werden.[41] 18

32 Etwa Göppinger/Wax/*Linke*, Rn 3041; Staudinger/*Mankowski*, Art. 18 EGBGB Anh. I Rn 173.

33 Bericht *Verwilghen*, BT-Drucks. 10/258, 62 (Nr. 145) am Beispiel des Unterhaltsanspruchs eines Adoptivkinds gegen seinen Adoptivvater.

34 Vgl etwa Staudinger/*Mankowski*, Art. 18 EGBGB Anh. I Rn 173; MüKo/*Siehr*, Anh. I zu Art. 18 EGBGB, UStA Rn 118 ff; abweichend Göppinger/Wax/*Linke*, Rn 3042.

35 Göppinger/Wax/*Linke*, Rn 3045; *Henrich*, IPRax 2001, 437, 438.

36 Bericht *Verwilghen*, BT-Drucks. 10/258, 62 (Nr. 145): „Die gebrauchten Begriffe machen klar, dass die Unmöglichkeit der Inanspruchnahme des Verpflichteten durch den bedürftigen Berechtigten in jedem Einzelfall geprüft werden muss."

37 OLG Köln IPRspr 1979 Nr. 107; Staudinger/*Mankowski*, Art. 18 EGBGB Anh. I Rn 177; MüKo/*Siehr*, Anh. I zu Art. 18 EGBGB, UStA Rn 121; aA Göppinger/Wax/*Linke*, Rn 3044.

38 OLG Hamm FamRZ 1999, 888, 889 (Unterhaltsverlangen eines marokkanischen Staatsangehörigen mit gewöhnlichem Aufenthalt in Deutschland für die Zeit nach Ablauf seines 18. Lebensjahres); Staudinger/*Mankowski*, Art. 18 EGBGB Anh. I Rn 179; MüKo/*Siehr*, Anh. I zu Art. 18 EGBGB, UStA Rn 122; Soergel/*Kegel*, Art. 18 EGBGB Rn 7; Bamberger/Roth/*Heiderhoff*, Art. 18 EGBGB Rn 48.

39 OLG Hamm FamRZ 1999, 888, 889; auch *Henrich*, Int. Familienrecht, § 5 II 2 (S. 176).

40 *Henrich*, Int. Familienrecht, § 5 II 2 (S. 176).

41 AA – zum russischen Recht – OLG Nürnberg FamRZ 2010, 2077.

19 Abs. 1 S. 2 findet nach hL ferner dann Anwendung, wenn der Anspruch nach dem Recht am gewöhnlichen Aufenthaltsort im konkreten Einzelfall **verfristet** ist. Denkbar ist etwa, dass das Recht am gewöhnlichen Aufenthalt den Unterhaltsanspruch davon abhängig macht, dass die Vaterschaft des Verpflichteten innerhalb einer bestimmten Frist festgestellt wird und diese Feststellung innerhalb der Frist nicht erfolgt ist.[42] Abs. 1 S. 2 ist allerdings nicht einschlägig, wenn das Recht am gewöhnlichen Aufenthalt des Berechtigten den Unterhaltsanspruch vom Eintritt einer Bedingung abhängig macht und diese Bedingung – wie etwa die Vaterschaftsfeststellung – noch eintreten kann.[43]

20 Abs. 1 S. 2 ist nach hL schließlich auch dann anzuwenden, wenn Unterhalt für einen **vergangenen Zeitraum** begehrt wird und das nach Abs. 1 S. 1 maßgebliche Recht diesen Unterhalt generell oder jedenfalls in concreto ausschließt.[44] Nach der Gegenansicht ist demgegenüber, wenn Unterhalt (nur) für die Vergangenheit, nicht aber für die Zukunft versagt wird, lediglich die Höhe des Unterhalts betroffen.[45] Dem dürfte nicht zuzustimmen sein, da für die Frage der Gewährung oder Nichtgewährung von Unterhalt stets eine zeitraumbezogene Betrachtung anzustellen ist.[46]

21 Daneben kommt nach hM eine Anwendung von Abs. 1 S. 2 auch in Betracht, wenn das Aufenthaltsrecht eine **Anspruchsverwirkung**, etwa iSd §§ 1579, 1611, vorsieht.[47]

22 Grundsätzlich nicht ausreichend ist es, wenn das Recht am gewöhnlichen Aufenthaltsort einen Anspruch in **geringerer Höhe** vorsieht.[48] Keine (teilweise) Versagung des Unterhaltsanspruchs, sondern nur die Gewährung von Unterhalt in geringerer Höhe ist dann anzunehmen, wenn das Recht am gewöhnlichen Aufenthalt zwar generell einen Unterhaltsanspruch, aber im konkreten Fall keinen Anspruch auf **Prozesskostenvorschuss** vorsieht.[49] Die Versagung eines Prozesskostenvorschusses verstößt idR auch nicht gegen den deutschen ordre public.[50]

23 Es reicht für die Anwendung des Abs. 1 S. 2 nach Ansicht des BGH nicht aus, wenn das Recht am gewöhnlichen Aufenthalt dem Berechtigten nur deshalb keinen Anspruch einräumt, weil es den Verpflichteten im konkreten Fall nicht als **hinreichend leistungsfähig** ansieht.[51] Abs. 1 S. 2 greift auch dann nicht ein, wenn ein Anspruch wegen **fehlender Bedürftigkeit** versagt wird.[52] Die Rechtsprechung nimmt hier praktisch eine teleologische Reduktion der in Abs. 1 S. 2 vorgesehenen Hilfsanknüpfung vor.

24 **(2) Anwendung des gemeinsamen Heimatrechts.** Sieht das Recht am gewöhnlichen Aufenthaltsort keinen Unterhaltsanspruch vor, so ist nach Abs. 1 S. 2 auf das gemeinsame **Heimatrecht** der Beteiligten abzustellen. Das gemeinsame Heimatrecht befindet in diesem Fall über sämtliche Voraussetzungen des Unterhaltsanspruchs einschließlich der Grenzen der Leistungsfähigkeit.

25 Die Staatsangehörigkeit bestimmt jeder Staat nach seinem eigenen Staatsangehörigkeitsrecht. Bei **Mehrstaatern** kommt es nach umstrittener Ansicht auf die effektive Staatsangehörigkeit an (Art. 5 Abs. 1 S. 1).[53] Die Gegenansicht lässt die Übereinstimmung auch in einer nicht-effektiven Staatsangehörigkeit ausreichen.[54] Abs. 1 S. 2 bzw die inhaltsgleiche Vorschrift des Art. 5 HUntÜ verfolgten das Ziel, den Unterhaltsberechtigten zu begünstigen. Es bestehe daher kein Anlass, die Vorschriften unnötig eng auszulegen.[55] Zu der Parallelvor-

42 MüKo/*Siehr*, Anh. I zu Art. 18 EGBGB, UStA Rn 122; Göppinger/Wax/*Linke*, Rn 3043 ff.

43 MüKo/*Siehr*, Anh. I zu Art. 18 EGBGB, UStA Rn 126 a.

44 Staudinger/*Mankowski*, Art. 18 EGBGB Anh. I Rn 180; MüKo/*Siehr*, Anh. I zu Art. 18 EGBGB, UStA Rn 122; *Henrich*, Int. Familienrecht, § 5 II 2 (S. 176); aA Göppinger/Wax/*Linke*, Rn 3043.

45 Göppinger/Wax/*Linke*, Rn 3043.

46 Staudinger/*Mankowski*, Art. 18 EGBGB Anh. I Rn 180.

47 OLG Köln IPRspr 1990 Nr. 107 (für § 1579 Nr. 1 BGB); MüKo/*Siehr*, Anh. I zu Art. 18 EGBGB, UStA Rn 123; Staudinger/*Mankowski*, Art. 18 EGBGB Anh. I Rn 181; aA Göppinger/Wax/*Linke*, Rn 3043; auch *Henrich*, IPRax 2001, 437, 438.

48 OLG Brandenburg FamRZ 2006, 1766, 1767; OLG Karlsruhe FamRZ 1990, 1351, 1352 = NJW-RR 1991, 643; auch OLG Hamm FamRZ 1998, 25.

49 KG IPRax 1988, 234 mit zust. Anm. *v. Bar*, S. 220 f = FamRZ 1988, 167; Staudinger/*Mankowski*, Art. 18 EGBGB Anh. I Rn 171; MüKo/*Siehr*, Anh. I zu Art. 18 EGBGB, UStA Rn 127; Göppinger/Wax/*Linke*, Rn 3108. Der Anspruch auf Prozesskostenvorschuss ist auch nicht prozessrechtlich zu qualifizieren (OLG München FamRZ 1980, 448).

50 Göppinger/Wax/*Linke*, Rn 3108; *v. Bar*, IPRax 1988, 221 mwN.

51 BGH FamRZ 2001, 412 f (zu Art. 18 Abs. 2); OLG Oldenburg FamRZ 1996, 1240 = IPRax 1997, 46 (Leitsatz) mit zust. Anm. *Henrich* = JuS 1997, 174 m. Anm. *Hohloch* (zu Art. 18 Abs. 2); Göppinger/Wax/*Linke*, Rn 3044.

52 BGH FamRZ 2001, 412 f (zu Art. 18 Abs. 2) m. Anm. *Henrich*, IPRax 2001, 437; OLG Hamm FamRZ 1998, 25; aA Staudinger/*Mankowski*, Art. 18 EGBGB Anh. I Rn 182 a; skeptisch *Henrich*, IPRax 1997, 46 mit dem Argument, dass „Bedürftigkeit nicht nur ein tatsächlicher, sondern auch ein normativer Begriff" sei. Dies dürfte cum grano salis aber auch für den Begriff der Leistungsfähigkeit gelten.

53 Palandt/*Thorn*, Art. 18 EGBGB Rn 9; Erman/*Hohloch*, Art. 18 EGBGB Rn 16.

54 MüKo/*Siehr*, Anh. I zu Art. 18 EGBGB, UStA Rn 133; Staudinger/*Mankowski*, Art. 18 EGBGB Anh. I Rn 192; Bamberger/Roth/*Heiderhoff*, Art. 18 EGBGB Rn 49; *Looschelders*, Art. 18 Rn 28; *Kropholler*, IPR, § 37 II 1 b; Göppinger/Wax/*Linke*, Rn 3046.

55 *Mansel*, Personalstatut, Staatsangehörigkeit und Effektivität, 1988, S. 400.

schrift des Haager Protokolls wird im erläuternden Bericht die Auffassung vertreten, dass auch eine gemeinsame nicht-effektive Staatsangehörigkeit ausreiche (Anhang I zu Art. 18 EGBGB, Art. 4 Rn 5).

Hat einer der Beteiligten auch die **deutsche Staatsangehörigkeit**, ist nach zutreffender Ansicht allein diese maßgebend (Art. 5 Abs. 1 S. 2).[56] Die Regelung von Art. 5 Abs. 1 S. 2 ist mit dem HUntÜ vereinbar. Grundsätzlich gelten auch die übrigen Hilfs- und Sonderanknüpfungen des Art. 5. Bei Staatenlosen, Flüchtlingen oder Asylberechtigten führt allerdings die dort einschlägige Sonderanknüpfung an den gewöhnlichen Aufenthalt nicht zu einer Abweichung von der Anknüpfung nach Abs. 1 S. 1.[57] **26**

Bei **Mehrrechtsstaaten** (etwa den USA) ist die gemeinsame Zugehörigkeit zu dem betreffenden Mehrrechtsstaat ausreichend. Anzuwenden ist in diesem Fall die Teilrechtsordnung, die durch die in dem Mehrrechtsstaat geltenden Vorschriften bestimmt wird. Fehlen solche Bestimmungen, so ist die Rechtsordnung anzuwenden, mit der die Beteiligten die engsten Bindungen haben (Art. 16 HUntÜ, Art. 4 Abs. 2 S. 2 EGBGB). **27**

Abs. 1 S. 2 enthält – wie auch Abs. 1 S. 1 – eine **wandelbare** Anknüpfung. Maßgebend ist damit die jeweilige gemeinsame Staatsangehörigkeit.[58] Eine Aufgabe der Staatsangehörigkeit mit dem Ziel, der Hilfsanknüpfung nach Abs. 1 S. 2 zu entgehen, kann unter dem Gesichtspunkt der Gesetzesumgehung unbeachtlich sein. **28**

bb) Anknüpfung an das deutsche Recht (Abs. 2). Besteht weder nach dem Aufenthaltsrecht (Abs. 1 S. 1) noch nach dem gemeinsamen Heimatrecht (Abs. 1 S. 2) ein Unterhaltsanspruch – bzw ist kein gemeinsames Heimatrecht vorhanden –, so ist hilfsweise das **deutsche Recht** heranzuziehen (Abs. 2). Ob ein Unterhaltsanspruch besteht, ist auch im Rahmen des Abs. 2 nach den für Abs. 1 S. 2 maßgeblichen Grundsätzen zu entscheiden (vgl iE Rn 14 ff). **29**

Für die Anwendung von Abs. 2 reicht es damit nicht aus, dass das nach Abs. 1 anwendbare Recht einen Unterhalt in geringerer Höhe vorsieht. Da der Anspruch auf Prozesskostenvorschuss nur ein Posten innerhalb eines Unterhaltsanspruchs ist, rechtfertigt die Versagung des Prozesskostenvorschusses, für sich betrachtet, nicht die Anwendung von Abs. 2 (vgl Rn 22).[59] Nach der Rechtsprechung reicht es für die Anwendung von Abs. 2 auch nicht aus, dass das anzuwendende Recht von einer mangelnden Bedürftigkeit[60] oder einer fehlenden Leistungsfähigkeit[61] des Verpflichteten ausgeht (vgl Rn 23). Von vornherein nicht anwendbar ist Abs. 2 auf den nach Abs. 4 anzuknüpfenden Nachscheidungsunterhalt (vgl Rn 40). **30**

3. Ausnahme bei ferner Verwandtschaft (Abs. 3). Abs. 3 enthält eine Einschränkung des Unterhaltsanspruchs, der nach dem gem. Abs. 1 S. 1 oder Abs. 2 maßgeblichem Recht besteht. Der Verpflichtete kann sich **einredeweise**[62] darauf berufen, dass bei Unterhaltspflichten zwischen entfernteren Verwandten – nämlich **Verwandten in der Seitenlinie oder Verschwägerten** – nach den Sachvorschriften des gemeinsamen Heimatrechts bzw nach dem am gewöhnlichen Aufenthaltsort des Verpflichteten geltenden Sachrecht keine Unterhaltspflicht besteht. In welcher Form die Einrede zu erheben ist, richtet sich nach den Verfahrensregeln der lex fori.[63] Abs. 3 trägt dem Umstand Rechnung, dass Unterhaltspflichten zwischen Verwandten in der Seitenlinie (etwa Geschwistern, Stiefkindern und Stiefvätern) und Verschwägerten nur von wenigen Rechtsordnungen vorgesehen werden.[64] Die Vorfrage nach der Verwandtschaft oder Schwägerschaft ist gesondert anzuknüpfen (vgl unten Rn 71 ff). **31**

Die Einrede aus Abs. 3 findet Anwendung, wenn das Unterhaltsstatut nach Abs. 1 S. 1 (gewöhnlicher Aufenthalt des Berechtigten) bestimmt wird. In diesem Fall kann sich der Verpflichtete darauf berufen, dass nach dem Recht der **gemeinsamen Staatsangehörigkeit** keine Unterhaltspflicht bestünde. Bei der Beurteilung der Frage, ob eine gemeinsame Staatsangehörigkeit besteht, kommt es auf die nach Art. 5 Abs. 1 effektive Staatsangehörigkeit an (vgl Rn 25). Ferner sind wiederum die Hilfs- und Sonderanknüpfungen des Art. 5 zu beachten (vgl Rn 26). Besteht keine gemeinsame Staatsangehörigkeit von Berechtigtem und Verpflichtetem, kann sich **32**

56 Palandt/*Thorn*, Art. 18 EGBGB Rn 9; Erman/*Hohloch*, Art. 18 EGBGB Rn 16; Bamberger/Roth/*Heiderhoff*, Art. 18 EGBGB Rn 49.

57 Erman/*Hohloch*, Art. 18 EGBGB Rn 16.

58 MüKo/*Siehr*, Anh. I zu Art. 18 EGBGB, UStA Rn 135.

59 KG IPRax 1988, 234 mit zust. Anm. *v. Bar*, S. 220 f = FamRZ 1988, 167; Staudinger/*Mankowski*, Art. 18 EGBGB Anh. I Rn 171; MüKo/*Siehr*, Anh. I zu Art. 18 EGBGB, UStA Rn 127.

60 BGH FamRZ 2001, 412 f; OLG Hamm FamRZ 1998, 25 (zu Art. 18 Abs. 1 S. 2); AG Schöneberg, FamRZ 2007, 1558 (Abs. 2 keine Meistbegünstigungsklausel); abl. Staudinger/*Mankowski*, Art. 18 EGBGB Anh. I Rn 182 a.

61 BGH FamRZ 2001, 412 f; OLG Brandenburg FamRZ 2006, 1766, 1767; OLG Oldenburg FamRZ 1996, 1240 = IPRax 1997, 46 (Leitsatz) mit zust. Anm. *Henrich* = JuS 1997, 174 m. Anm. *Hohloch*; vgl auch OLG Karlsruhe FamRZ 1990, 1351, 1352 = NJW-RR 1991, 643 (Art. 18 Abs. 2 komme nur in Betracht, wenn das nach Art. 18 Abs. 1 S. 2 anwendbare Recht einen Unterhaltsanspruch „grundsätzlich versagt").

62 Bericht *Verwilghen*, BT-Drucks. 10/258, 63 (Nr. 151).

63 *Looschelders*, Art. 18 Rn 32; Erman/*Hohloch*, Art. 18 EGBGB Rn 19.

64 Vgl zur Entstehungsgeschichte der Vorschrift Bericht *Verwilghen*, BT-Drucks. 10/258, 62 f (Nr. 146 f); ferner *Looschelders*, Art. 18 Rn 31; Palandt/*Thorn*, Art. 18 EGBGB Rn 11; Erman/*Hohloch*, Art. 18 EGBGB Rn 19. Gegenüber dem deutschen Recht weiter gehende Unterhaltspflichten kennen insb. das englische, irische, italienische, schottische, schweizerische und türkische Recht.

der Verpflichtete darauf berufen, dass nach dem Sachrecht an seinem **gewöhnlichen Aufenthalt** keine Unterhaltspflicht bestünde. Besteht eine gemeinsame Staatsangehörigkeit von Berechtigtem und Verpflichtetem, und sieht das gemeinsame Heimatrecht eine Unterhaltspflicht vor, so kann sich der Verpflichtete allerdings nicht auf die fehlende Unterhaltspflicht nach dem Recht an seinem gewöhnlichen Aufenthalt berufen. Die Verweisung auf das Recht am gewöhnlichen Aufenthalt des Verpflichteten erfolgt m.a.W. nur subsidiär (nicht alternativ) für den Fall, dass keine gemeinsame Staatsangehörigkeit besteht.

33 Die Einrede aus Abs. 3 ist ohne Bedeutung, wenn sich das anzuwendende Recht aus Abs. 1 S. 2, also ohnehin nach der gemeinsamen Staatsangehörigkeit von Verpflichtetem und Berechtigtem bestimmt. Keine praktische Bedeutung hat Abs. 3 ferner dann, wenn nach Abs. 1 S. 1 das deutsche Recht maßgeblich ist. Denn das deutsche Unterhaltsrecht sieht keinen Unterhaltsanspruch von Seitenverwandten und Verschwägerten vor.

34 **4. Sonderanknüpfung beim Nachscheidungsunterhalt (Abs. 4).** Abs. 4 enthält eine Sonderanknüpfung des **Nachscheidungsunterhalts**. Für den Fall, dass eine Scheidung im Inland ausgesprochen bzw anerkannt worden ist, gilt für die Unterhaltspflichten zwischen den vormaligen Ehegatten das auf die Scheidung angewandte Recht. Vor Ausspruch der Scheidung – also auch während des Scheidungsverfahrens – verbleibt es bei der Anknüpfung nach Abs. 1 und 2. Bei der Anknüpfung nach Abs. 1 und 2 verbleibt es auch für die Fragen des Kindesunterhalts.[65]

35 Der Begriff der **Scheidung** in Abs. 4 bestimmt sich wie in Art. 17 (vgl Art. 17 EGBGB Rn 48 ff). Abs. 4 S. 2 führt dazu, dass auch die Trennung ohne Auflösung des Ehebandes als Scheidung idS zu verstehen ist. Erfasst werden also vor allem Entscheidungen über die sog. **Trennung von Tisch und Bett,** und zwar unabhängig davon, ob sie zu einem späteren Zeitpunkt in eine Scheidung umgewandelt werden können oder nicht (vgl Art. 17 EGBGB Rn 51).[66] Dagegen bleibt es im Falle des bloß faktischen Getrenntlebens bei der Anwendung von Abs. 1 und Abs. 2.[67] Darüber hinaus bezieht Abs. 4 auch die Unterhaltspflichten im Anschluss an die nicht vom Scheidungsstatut erfasste **Nichtig- oder Ungültigerklärung der Ehe** mit ein (vgl Art. 17 EGBGB Rn 50). Für den Fall des **nachpartnerschaftlichen Unterhalts** wird eine entsprechende Anwendung der Vorschrift befürwortet (vgl Art. 17 b EGBGB Rn 50).

36 Im Falle einer ausländischen Scheidung kommt es zunächst auf die **Anerkennung der Scheidung** an.[68] Im Anwendungsbereich der EheVO 2003 ist eine Inzidentanerkennung nach Maßgabe der Art. 21 ff. EheVO 2003 vorgesehen. In den übrigen Fällen ist eine förmliche Anerkennung nach Art. 7 § 1 Abs. 1 S. 3, Abs. 8 FamRÄndG durch die Landesjustizverwaltungen vorgeschrieben. Bei einer Inzidentanerkennung bleibt es aber, wenn die Scheidung durch ein Gericht des Heimatstaates beider Ehegatten ausgesprochen worden ist (Art. 7 § 1 Abs. 1 S. 3 FamRÄndG). Kann ein ausländisches Scheidungsurteil nicht anerkannt werden, kommt Abs. 4 nicht zur Anwendung. Es kann sodann ein Getrenntlebendenunterhalt nach Maßgabe des nach Abs. 1 oder 2 maßgeblichen Rechts zugesprochen werden.[69] Die Wirksamkeit von im Ausland vorgenommenen **Privatscheidungen** richtet sich nach Art. 17. Ist die Privatscheidung nach Maßgabe des Art. 17 nicht wirksam vorgenommen worden, verbleibt es auch hier beim Getrenntlebendenunterhalt nach Abs. 1 und Abs. 2.

37 Nach Abs. 4 maßgebend ist allein das vom entscheidenden Gericht **tatsächlich angewandte Scheidungsrecht**. Dies gilt sowohl bei der Scheidung durch ein ausländisches Gericht als auch bei der Scheidung durch deutsche Gerichte.[70] Es kommt nicht darauf an, dass das Scheidungsstatut fehlerfrei bestimmt worden ist.[71] Unmaßgeblich ist auch, ob das durch das ausländische Gericht angewandte Kollisionsrecht auf dasselbe Recht verweist wie Art. 17. Hat also ein englisches Gericht auf die Scheidung englisches Recht angewendet, obwohl deutsche Gerichte in der konkreten Situation deutsches Scheidungsrecht herangezogen hätten, verbleibt es für den Nachscheidungsunterhalt bei der Anwendung englischen Rechts. Bisweilen wird ein ausländisches Scheidungsurteil abgefasst, ohne dass die angewandte Rechtsordnung ausdrücklich bezeichnet wird. Das erkennende Gericht hat in diesem Fall die notwendigen Feststellungen zu treffen. Regelmäßig werden sich die erforderlichen Auskünfte aus dem Parteivortrag bzw den Ausführungen der Prozessbevollmächtigten bzw letztlich aus dem zu ermittelnden Inhalt des ausländischen Kollisionsrechts ergeben.[72]

65 Bericht *Verwilghen*, BT-Drucks. 10/258, 63 (Nr. 153); OLG Hamm FamRZ 1993, 75; Staudinger/*Mankowski*, Art. 18 EGBGB Anh. I Rn 161.

66 Bericht *Verwilghen*, BT-Drucks. 10/258, 64 (Nr. 155); Göppinger/Wax/*Linke*, Rn 3064.

67 Bericht *Verwilghen*, BT-Drucks. 10/258, 64 (Nr. 155).

68 *Johannsen/Henrich*, Art. 18 Rn 16.

69 Bericht *Verwilghen*, BT-Drucks. 10/258, 65 (Nr. 161).

70 Bericht *Verwilghen*, BT-Drucks. 10/258, 64 (Nr. 158 und Nr. 159); aus der Rspr etwa BGH FamRZ 1987, 682 = NJW-RR 1987, 1474; OLG Karlsruhe FamRZ 1987, 1149 = NJW-RR 1988, 392; OLG Hamm FamRZ 1989, 1095.

71 Erman/*Hohloch*, Art. 18 EGBGB Rn 21; Staudinger/*Mankowski*, Art. 18 EGBGB Rn 34; *Looschelders*, Art. 18 Rn 33; *Johannsen/Henrich*, Art. 18 Rn 13; *Leopold/Kazemi*, ZFE 2005, 424, 427; *Motzer*, FamRBint 2005, 32; *Henrich*, FamRZ 1994, 1262; aus der Rspr vgl OLG Hamm FamRZ 2000, 29; 1994, 573, 575; 1989, 1095; OLG Düsseldorf FamRZ 1995, 885.

72 Bericht *Verwilghen*, BT-Drucks. 10/258, 65 (Nr. 159); Göppinger/Wax/*Linke*, Rn 3067.

Allein bei der ausländischen **Privatscheidung** verbleibt es bei dem nach Art. 17 maßgeblichen Recht.[73] Es bleibt nach der hier vertretenen Ansicht auch bei der Anwendung des an sich maßgeblichen (ausländischen) Rechts, wenn deutsche Gerichte das deutsche Scheidungsrecht nur deshalb (hilfsweise) angewendet haben, weil das ausländische Scheidungsrecht gegen den deutschen ordre public verstoßen hat oder nicht ermittelbar war (vgl Art. 17 EGBGB Rn 46, 70). 38

Abs. 4 verweist auf die **Sachnormen des Scheidungsstatuts.**[74] Ist das Scheidungsstatut seinerseits durch Rück- oder Weiterverweisung berufen worden, wirkt sich dies mittelbar auch auf das anzuwendende Unterhaltsrecht aus. Abs. 4 stellt m.a.W. einen strengen Gleichlauf zwischen Scheidungs- und Unterhaltsstatut her. 39

Abs. 4 führt zu einer **Unwandelbarkeit des Unterhaltsstatuts.**[75] Es gilt das durch das erkennende Gericht auf die Scheidung angewandte Recht.[76] Spätere Änderungen etwa des gewöhnlichen Aufenthalts sind für die Anknüpfung ohne Bedeutung. Ein Umzug in ein Land mit besserer Unterhaltsregelung verschafft dem berechtigten Ehegatten keinen Vorteil. Die **Hilfsanknüpfungen** nach Abs. 1 S. 2 und Abs. 2 finden keine Anwendung.[77] Allerdings kann hier im Einzelfall bei der Versagung von Unterhaltsansprüchen die Anwendung des ordre public weiterhelfen (Rn 82). 40

Gegenüber der Anknüpfung nach **Abs. 5** tritt Abs. 4 generell zurück.[78] In diesem Fall kommt es nicht darauf an, nach welchem Recht die Ehe geschieden worden ist.[79] Abs. 5 greift auch dann, wenn die Ehegatten im Zeitpunkt der Scheidung noch keine gemeinsame Staatsangehörigkeit hatten, sondern erst später eingebürgert worden sind, oder wenn bei einem Ehepaar mit gemeinsamer deutscher Staatsangehörigkeit der Unterhaltspflichtige erst nach der Scheidung seinen gewöhnlichen Aufenthalt in Deutschland begründet hat.[80] 41

5. Sonderanknüpfung bei enger Beziehung zum deutschen Recht (Abs. 5). Eine weitere Ausnahme zur Anknüpfung an den gewöhnlichen Aufenthalt bzw zu Abs. 4 findet sich in Abs. 5. Hiernach ist deutsches Sachrecht anzuwenden, wenn beide Parteien **Deutsche** iSd Art. 116 GG sind[81] und der Verpflichtete seinen **gewöhnlichen Aufenthalt im Inland** hat. Wo der Berechtigte in diesem Fall seinen gewöhnlichen Aufenthalt hat, ist unerheblich. Mit der Regelung des Abs. 5 hat die Bundesrepublik Deutschland von der Vorbehaltsmöglichkeit in Art. 15 HUntÜ Gebrauch gemacht.[82] 42

Umstritten ist, ob eine Anwendung des Abs. 5 auch dann vorzunehmen ist, wenn (zumindest) eine der Parteien **Mehrstaater** ist und die deutsche Staatsangehörigkeit nach allgemeinen Maßstäben die ineffektive ist. Bedeutsam wird dies vor allem in den Fällen, in denen auch der Berechtigte Mehrstaater mit deutscher Staatsangehörigkeit ist und seinen gewöhnlichen Aufenthalt in seinem ausländischen Heimatstaat hat. Die Regelung des Art. 5 Abs. 1 S. 2 spricht dafür, die deutsche Staatsangehörigkeit stets als die effektive zu betrachten und damit Abs. 5 zur Anwendung zu bringen.[83] Allerdings sind die Regeln des Abs. 5 sowie des Art. 5 Abs. 1 S. 2 im Lichte des Art. 15 Abs. 1 S. 1 HUntÜ auszulegen. Art. 15 Abs. 1 S. 1 HUntÜ dürfte aber auch die Anknüpfung an eine nicht-effektive Staatsangehörigkeit legitimieren.[84] Unterhaltsansprüche eines Kindes mit deutscher und türkischer Staatsangehörigkeit, das seinen gewöhnlichen Aufenthalt in der Türkei hat, gegen seinen deutschen Vater mit gewöhnlichem Aufenthalt in Deutschland sind daher nach dem deutschen Sachrecht zu beurteilen. 43

73 *Henrich*, Int. Familienrecht, § 5 II 2 (S. 179).
74 *Johannsen/Henrich*, Art. 18 Rn 17; *Schwarz/Scherpe*, FamRZ 2004, 665, 666 f; Bericht *Verwilghen*, BT-Drucks. 10/258, 64 (Nr. 156) und S. 66 (Nr. 168); OLG Hamm FamRZ 1993, 75.
75 Bericht *Verwilghen*, BT-Drucks. 10/258, 65 (Nr. 163).
76 Anzuwenden ist allerdings das einschlägige Recht in seiner jeweils maßgeblichen Fassung. Das Sachrecht wird also nicht eingefroren auf den Zeitpunkt des Eintritts der Rechtshängigkeit des Scheidungsantrags (Soergel/*Kegel*, Art. 18 EGBGB Rn 25).
77 BGH NJW 1991, 2212, 2213 (inzident) = IPRax 1992, 101 mit Aufsatz *Henrich*, S. 84; OLG Zweibrücken FamRZ 1997, 1404; FamRZ 1997, 93 95; OLG Karlsruhe FamRZ 1989, 748, 749; *Johannsen/Henrich*, Art. 18 Rn 14; *Looschelders*, Art. 18 Rn 36; Erman/*Hohloch*, Art. 18 EGBGB Rn 23; vgl auch Bericht *Verwilghen*, BT-Drucks. 10/258, 63 (Nr. 152): „Ausnahmeregelung, die von den vorangehenden Bestimmungen abweicht"; übersehen von OLG Hamm FamRZ 2000, 29, 31.
78 BGH NJW 1991, 2212, 2213 = IPRax 1992, 101; OLG Hamm FamRZ 2001, 918, 919; FamRZ 1994, 573; OLG Düsseldorf FamRZ 1992, 953; Erman/*Hohloch*, Art. 18 EGBGB Rn 24; Palandt/*Thorn*, Art. 18 EGBGB Rn 12, 13; *Kropholler*, IPR, § 47 II 3; Göppinger/Wax/*Linke*, Rn 3070; *Henrich*, IPRax 1992, 84, 86; aA MüKo/*Siehr*, Anh. I zu Art. 18 EGBGB, UStA Rn 365.
79 OLG Hamm FamRZ 1994, 573, 575.
80 OLG Hamm FamRZ 2001, 918 mit zust. Anm. *Steinbach*, S. 1525 (Umsiedlung von Russlanddeutschen, deren Ehe zuvor nach russischem Recht geschieden worden ist, nach Deutschland).
81 OLG Hamm FamRZ 1994, 573, 575.
82 KG FamRZ 2007, 2100.
83 So OLG Hamm FamRZ 1994, 573, 576 f; Göppinger/Wax/*Linke*, Rn 3058; Staudinger/*Mankowski*, Art. 18 EGBGB Anh. I Rn 419; Soergel/*Kegel*, Art. 18 EGBGB Rn 11; *Kropholler*, IPR, § 47 II 2 a; aA MüKo/*Siehr*, Anh. I zu Art. 18 EGBGB, UStA Rn 362.
84 Vgl OLG Hamm FamRZ 1994, 573, 575 ff; abweichend *Andrae*, § 8 Rn 50; MüKo/*Siehr*, Anh. I zu Art. 18 EGBGB, UStA Rn 361. Der Bericht von *Verwilghen*, BT-Drucks. 10/258, 70 (Nr. 186), problematisiert die mehrfache Staatsangehörigkeit nicht.

II. Anwendungsbereich des Unterhaltsstatuts

44 **1. Begriff des Unterhalts. a) Verpflichtung aufgrund einer familienrechtlichen Verbindung.** Art. 18 gilt für **familienrechtliche Unterhaltspflichten** aller Art.[85] Wie Art. 1 HUntÜ klarstellt, sind damit Unterhaltspflichten gemeint, die sich aus Beziehungen der Ehe, Familie, Verwandtschaft oder Schwägerschaft ergeben. Auch unterhaltsrechtliche Ansprüche aus einer **Nichtehe** fallen unter Art. 18 (zur Anknüpfung der Vorfrage vgl Rn 71 ff).[86] Erfasst wird ferner auch die Unterhaltspflicht gegenüber einem **nichtehelichen Kind**,[87] einem **Adoptivkind**,[88] einem **Stiefkind**[89] oder einem **Pflegekind**,[90] etwa einem „child of the family" nach dem englischen Recht.[91]

45 Unter Art. 18 fällt daneben auch die Unterhaltspflicht des Vaters gegenüber der mit ihm nicht verheirateten Mutter, die aus **Schwangerschaft, Geburt oder Kinderbetreuung** erwächst.[92] Damit gehört auch der in § 1615 Abs. 1 S. 1 BGB geregelte Unterhaltsanspruch unter Art. 18.[93] Der (im deutschen Recht in § 1615 Abs. 1 S. 2 BGB geregelte) Anspruch auf Ersatz der Entbindungskosten stellt allerdings nach verbreiteter Auffassung keinen Unterhalt, sondern einen einmaligen Aufwendungsersatz dar und ist nach Art. 19 Abs. 2 anzuknüpfen.[94]

46 Unterhaltsrechtlich (nicht güterrechtlich) zu qualifizieren sind Entschädigungs- und Ausgleichsansprüche der Ehegatten im Falle der Scheidung, soweit diese darauf ausgerichtet sind, den Wegfall des Unterhaltsschuldners zu kompensieren. Dies gilt insbesondere für die französische "*prestation compensatoire*", da diese auch von der Bedürftigkeit bzw der Leistungsfähigkeit der Ehegatten abhängt und in Form einer Rentenzahlung erfolgen kann.[95] Dasselbe gilt für den Ersatzanspruch des unschuldig Geschiedenen nach Art. 174 Abs. 1 des türkischen ZGB.[96] Der **Anspruch auf immateriellen Schadensersatz** gegen den schuldigen Ehegatten, wie er etwa im türkischen Recht (Art. 174 Abs. 2 türk. ZGB) vorgesehen ist, ist demgegenüber scheidungsrechtlich zu qualifizieren (vgl Art. 17 Rn 76).[97]

47 Der Anspruch auf **Morgengabe** bzw. Brautgabe (Mahr) ist nach Auffassung des BGH – wandelbar – nach Art. 14 EGBGB (allgemeine Ehewirkungen) anzuknüpfen (vgl hierzu ausf. Art. 17 Rn 80 und Art. 14 EGBGB Rn 82 ff).[98]. Die im Rahmen einer religiösen Trauung geschlossene sog. **Ketubbah-Vereinbarung** hat nach Auffassung des OLG Düsseldorf unterhaltsrechtlichen Charakter.[99] Die Form derartiger Vereinbarungen ist nach Art. 11 anzuknüpfen.[100]

48 Seit der Einfügung des Art. 17 b Abs. 1 S. 2 ist Art. 18 zweifelsfrei auch auf die Unterhaltspflicht aus einer eingetragenen **gleichgeschlechtlichen Lebenspartnerschaft** anzuwenden.[101] Daneben ist die Sonderanknüpfung in Art. 17 b Abs. 1 S. 2 Hs 2 zu beachten (vgl Art. 17 b EGBGB Rn 53 ff).

49 Im Falle sonstiger **nichtehelicher Lebensgemeinschaften** ist – ähnlich wie bei Lebenspartnerschaften – umstritten, ob der sachliche Anwendungsbereich des HUntÜ eröffnet ist. Die hL geht davon aus, dass unter den in Art. 1 HUntÜ verwendeten Begriff der „Familie" lediglich verwandtschaftliche Beziehungen, aber keine nur „faktischen" Lebensgemeinschaften fallen.[102] Folgt man der restriktiven Auslegung des HUntÜ, so

85 Bericht *Verwilghen*, BT-Drucks. 10/258, 35 (Rn 19) mit S. 56 (Rn 118); s. ferner *Hausmann*, IPRax 1990, 382 f.
86 Bericht *Verwilghen*, BT-Drucks. 10/258, 35 (Rn 21) mit S. 56 (Rn 118).
87 Ausdr. Art. 1 HUntÜ; Bericht *Verwilghen*, BT-Drucks. 10/258, 35 (Rn 19) und S. 56 (Rn 119).
88 Bericht *Verwilghen*, BT-Drucks. 10/258, 35 (Rn 19) mit S. 56 (Rn 118); Staudinger/*Mankowski*, Art. 18 EGBGB Anh. I Rn 102.
89 Staudinger/*Mankowski*, Art. 18 EGBGB Anh. I Rn 103 f.
90 Staudinger/*Mankowski*, Art. 18 EGBGB Anh. I Rn 114 f; MüKo/*Siehr*, Anh. I zu Art. 18 EGBGB, UStA Rn 48.
91 *Johannsen/Henrich*, Art. 18 Rn 12.
92 Vgl MüKo/*Siehr*, Anh. I zu Art. 18 EGBGB, UStA Rn 44.
93 BGH FamRZ 2011, 97 = NJW 2011, 70.
94 Staudinger/*Mankowski*, Art. 18 EGBGB Anh. I Rn 111; Erman/*Hohloch*, Art. 18 EGBGB Rn 26; aA MüKo/*Siehr*, Anh. I zu Art. 18 EGBGB, UStA Rn 43 f.
95 Ausf. Staudinger/*Mankowski*, Art. 18 EGBGB Anh. I Rn 274 ff; *Hausmann*, IPRax 1990, 382 f; auch Göppinger/Wax/*Linke*, Rn 3111; *Johannsen/Henrich*, Art. 18 Rn 25; aA (güterrechtlich) OLG Karlsruhe IPRax 1990, 406 mit abl. Besprechung *Hausmann*, 382 = FamRZ 1989, 748.
96 Göppinger/Wax/*Linke*, Rn 3112; vgl hierzu auch *Rumpf*, Einführung in das türkische Recht, 2004, Rn 54 ff.
97 Göppinger/Wax/*Linke*, Rn 3112.
98 BGHZ 183, 287 = FamRZ 2010, 533 mit zust. Anm. *Henrich* = JZ 2010, 733 mit abl Anm. *Wurmnest* und abl. Bespr. *Mörsdorf-Schulte* ZfRV 2010, 166 ff.; zuvor OLG Köln FamRZ 2006, 1380, 1381; OLG Zweibrücken FamRZ 2007, 1555.
99 OLG Düsseldorf FamRZ 2002, 1118.
100 OLG Düsseldorf FamRZ 2002, 1118.
101 Vgl dazu *Wagner*, IPRax 2001, 281, 285.
102 Erman/*Hohloch*, Art. 18 EGBGB Rn 26; *Looschelders*, Art. 18 Rn 8; *v. Hoffmann/Thorn*, IPR, § 8 Rn 80; *v. Bar*, IPR II, Rn 120; aA MüKo/*Siehr*, Anh. I zu Art. 18 EGBGB, UStA Rn 39; der Bericht von *Verwilghen*, BT-Drucks. 10/258, 35 (Rn 21), geht nur näher auf die Verpflichtung von Ehegatten ein, was einen *e contrario*-Schluss nahe legt.

kann aber nach ganz hL unmittelbar auf die Regelung des Art. 18 (analog) zurückgegriffen werden, die hierdurch einen eigenständigen Anwendungsbereich erhält.[103]

Dass ein Unterhaltsanspruch – bei Bestehen einer familienrechtlichen Sonderverbindung zwischen den Beteiligten – selbst als Schadensersatzanspruch konstruiert ist, steht der Anwendung des Art. 18 nicht entgegen.[104] Nicht unter Art. 18 fällt aber die vertragliche oder **deliktische Schadensersatzpflicht**, die nicht vom Bestehen einer familienrechtlichen Sonderverbindung abhängt.[105] Das Bestehen einer familienrechtlichen Unterhaltspflicht ist insoweit – etwa im Rahmen des § 844 Abs. 2 BGB – aber als **Vorfrage** zu prüfen (vgl Art. 3 EGBGB Rn 23 ff). 50

Die Anwendung des Art. 18 hängt nicht davon ab, in welchem Verfahren Unterhaltsansprüche geltend gemacht werden. Die Anknüpfung nach Art. 18 gilt also auch in Verfahren des **einstweiligen Rechtsschutzes**.[106] Ist das anzuwendende ausländische Unterhaltsrecht nicht rechtzeitig zu ermitteln, ist nach allgemeinen Grundsätzen ein "Ersatzrecht" heranzuziehen. In der Praxis wird hierbei idR auf das deutsche Recht zurückgegriffen.[107] 51

b) Alimentationsverträge, Verzicht. Nicht unter Art. 18 fallen sog. **Alimentationsverträge**, bei der sich eine Person zu Leistungen verpflichtet, die in keinem eine gesetzliche Unterhaltsverpflichtung begründenden familiären Verhältnis mit dem Berechtigten steht. Insoweit ist die Rom I-VO heranzuziehen.[108] Der materiellrechtlichen Privatautonomie entspricht hier die durch Art. 3 Rom I-VO eingeräumte Parteiautonomie.[109] 52

In den übrigen Fällen kommt es nach hM im Abschluss an den Bericht zum HUntÜ darauf an, ob die Vereinbarung der Bestätigung oder dem Vergleich über eine gesetzliche Unterhaltspflicht dient.[110] Es verbleibt auch dann bei der unterhaltsrechtlichen Anknüpfung, wenn sich später herausstellt, dass der vereinbarte Unterhalt nicht geschuldet war. Nicht eindeutig entschieden ist die Frage, wie anzuknüpfen ist, wenn ein zum gesetzlichen Unterhalt Verpflichteter im Rahmen einer Alimentationsvereinbarung das Versprechen abgibt, einen höheren als den gesetzlich geschuldeten Unterhalt zu leisten, und dies den Beteiligten bekannt ist. Aufgrund des engen Sachzusammenhangs mit der gesetzlichen Unterhaltspflicht dürfte auch hier – obwohl es ieS nicht mehr nur um eine Bestätigung, sondern eine Erweiterung der Unterhaltspflicht geht – eine Anknüpfung nach Art. 18 zu befürworten sein.[111] Etwas anderes gilt nur dann, wenn sich aus den Vereinbarungen der Parteien ausdrücklich eine Aufspaltung in einen gesetzlichen und einen vertraglichen Teil ergibt.[112] Unter Art. 18 fällt schließlich auch das (deklaratorische oder konstitutive) **Anerkenntnis** einer gesetzlichen Unterhaltspflicht.[113] Auch der **Unterhaltsverzicht** ist vom Unterhaltsstatut erfasst (zum maßgeblichen Anknüpfungszeitpunkt beim Statutenwechsel siehe Rn 12).[114] Zur Vereinbarung einer **Brautgabe (mahr)** nach islamischem Recht siehe Art. 17 Rn 80. 53

Bei der Übernahme einer **Unterhaltsverpflichtung für ein Pflegekind** ist genau zwischen der Verpflichtung zur Aufnahme des Kindes und der aus der Aufnahme resultierenden Unterhaltspflicht zu differenzieren. Die aus der Aufnahme des Pflegekindes entstehenden Unterhaltsansprüche sind – selbst wenn die Aufnahme des Kindes auf einer vertraglichen Verpflichtung beruht – gesetzlicher Natur und daher nach Art. 18 anzuknüpfen.[115] 54

103 *Looschelders*, Art. 18 Rn 8 (analoge Anwendung); *v. Hoffmann/Thorn*, IPR, § 8 Rn 80; *v. Bar* IPR II Rn 120.

104 OLG Stuttgart FamRZ 1993, 975 = NJW-RR 1994, 135 (Entschädigungsanspruch nach türkischem Recht).

105 Bericht *Verwilghen*, BT-Drucks. 10/258, 34 (Rn 16) mit S. 56 (Rn 118); Staudinger/*Mankowski*, Art. 18 EGBGB Anh. I Rn 120; *v. Bar*, IPR II, Rn 296.

106 OLG Hamm IPRax 1990, 114 = FamRZ 1989, 621; Erman/*Hohloch*, Art. 18 EGBGB Rn 27; Soergel/*Kegel*, Art. 18 EGBGB Rn 28; *Looschelders*, Art. 18 Rn 11; Göppinger/Wax/*Linke*, Rn 3031.

107 OLG Düsseldorf FamRZ 1975, 634; FamRZ 1974, 456; zust. *Looschelders*, Art. 18 Rn 11; Erman/*Hohloch*, Art. 18 EGBGB Rn 27.

108 Staudinger/*Mankowski*, Art. 18 EGBGB Rn 15 und Art. 18 EGBGB Anh. I Rn 119; MüKo/*Siehr*, Art. 18 EGBGB Rn 11, Anh. I zu Art. 18 EGBGB, UStA Rn 57, 62; *Looschelders*, Art. 18 Rn 10; *v. Hoffmann/Thorn*, IPR, § 8 Rn 81; *Coester*, IPRax 1991, 132, 133.

109 Noch zu Art. 27 EGBGB, Staudinger/*Mankowski*, Art. 18 EGBGB Anh. I Rn 119.

110 Staudinger/*Mankowski*, Art. 18 EGBGB Rn 15 und Art. 18 EGBGB Anh. I Rn 119; Göppinger/Wax/*Linke*, Rn 3083; *Looschelders*, Art. 18 Rn 10; Bamberger/Roth/*Heiderhoff*, Art. 18 EGBGB Rn 23; Erman/*Hohloch*, Art. 18 EGBGB Rn 26; MüKo/*Siehr*, Anh. I zu Art. 18 EGBGB, UStA Rn 56; *Coester*, IPRax 1991, 132, 133; Bericht *Verwilghen*, BT-Drucks. 10/258, 56 (Nr. 120) und 34 f (Rn 17).

111 *Coester*, IPRax 1991, 132, 133.

112 *Coester*, IPRax 1991, 132, 133; vgl hierzu auch Bericht *Verwilghen*, BT-Drucks. 10/258, 34 (Nr. 17): Nicht in den Anwendungsbereich des HUntÜ sollten nach Ansicht der Delegierten solche Vereinbarungen fallen, „die über die einfache Bestätigung der gesetzlichen Verpflichtung hinausgehen."

113 Vgl *Coester*, IPRax 1991, 132, 133 f.

114 OLG Karlsruhe FamRZ 1992, 317; Erman/*Hohloch*, Art. 18 EGBGB Rn 26; *Looschelders*, Art. 18 Rn 10.

115 Staudinger/*Mankowski*, Art. 18 EGBGB Anh. I Rn 119.

55 **c) Unterhaltspflichten im Erbfall.** Eine genauere Betrachtung ist im Hinblick auf **Unterhaltsverpflichtungen des Erben** anzustellen. Unterhaltsrechtlich anzuknüpfen sind Ansprüche, die bereits zu Lebzeiten des Erblassers fällig waren. Das Erbstatut bestimmt, ob der Erbe auch für diese Schulden haftet.[116]

56 Manche Rechtsordnungen sehen aber einen noch weiter gehenden Übergang der Unterhaltspflicht auf den Erben vor, ohne sich hierbei auf bereits im Erbfall fällige Forderungen zu beschränken. Beispielsweise sprechen manche Rechtsordnungen – etwa die türkische – einem nichtehelichen Kind unter bestimmten Voraussetzungen Unterhaltsansprüche gegen die Erben des verstorbenen Vaters zu.[117] Ob jemand Erbe geworden ist, bestimmt sich auch in diesem Fall nach dem Erbstatut (Art. 25). Im Übrigen ist **umstritten, ob eine unterhaltsrechtliche oder erbrechtliche Qualifikation** vorzunehmen ist. Man wird differenzieren müssen. Maßgeblich ist, ob der Anspruch seiner Funktion nach den Wegfall des zum Unterhalt verpflichteten Erblassers kompensieren soll. In diesem Fall ist eine unterhaltsrechtliche Qualifikation angezeigt.[118] Ein Indiz für eine unterhaltsrechtliche Qualifikation kann darin gesehen werden, dass die Ansprüche von der konkreten Bedürftigkeit des Unterhaltsberechtigten sowie der Leistungsfähigkeit des Verpflichteten abhängig gemacht werden. Dies trifft etwa auf die Regelung im englischen, französischen, österreichischen und türkischen Recht zu.[119] Anders verhält es sich, wenn der Anspruch primär (nur) die fehlende erbrechtliche Bestimmung der betreffenden Person ausgleichen soll. In diesem Fall ist nach Art. 25 anzuknüpfen.

57 Nicht unterhaltsrechtlich, sondern erbrechtlich anzuknüpfen sind jedenfalls gegen den Nachlass gerichtete Ansprüche, die von vornherein keine unterhaltsrechtliche Verpflichtung des Erblassers voraussetzen und dementsprechend erst mit dem Erbfall originär entstehen.[120] Hier haben sie nur die Funktion, eine fehlende Erbenstellung des Begünstigten abzumildern.[121] Dies gilt auch dann, wenn sie im jeweiligen nationalen Recht als Unterhaltsansprüche bezeichnet werden. Auch der etwa in § 1969 BGB enthaltene **Dreißigste** bzw ähnliche Ansprüche nach dem ausländischen Recht sind, da sie keine Unterhaltspflicht des Erblassers voraussetzen, erbrechtlich zu qualifizieren.[122] Erbrechtlich zu qualifizieren sind auch Ansprüche auf einen **vorzeitigen Erbausgleich**.[123]

58 Im Einzelfall kann ein sog. „**Normenmangel**" entstehen, wenn nämlich das anwendbare Unterhaltsstatut keinen Anspruch vorsieht, weil es von einem Ausgleich auf erbrechtlicher Ebene ausgeht, und umgekehrt das Erbstatut keinen Ausgleich anordnet, weil es einen unterhaltsrechtlichen Anspruch voraussetzt.[124] In diesem Fall ist nach allgemeinen Regeln eine sog. **Anpassung** durchzuführen.[125] Nach verbreiteter Ansicht kann eine Anpassung im Unterhaltsstatut erfolgen. Das maßgebliche Unterhaltsrecht ist mit der Maßgabe anzuwenden, dass der Unterhaltsanspruch nicht mit dem Tod des Erblassers erlischt.[126] Anpassungsprobleme stellen sich umgekehrt auch im Falle einer **Normenhäufung**, die zu einer von keiner Rechtsordnung gewollten Begünstigung des Anspruchstellers führen würde.[127] Hier dürfte ebenfalls eine Korrektur auf der Ebene des Unterhaltsrechts vorzunehmen sein. Der durch die erbrechtliche Berücksichtigung erlangte Vorteil ist auf den Unterhaltsanspruch anzurechnen.[128]

116 Staudinger/*Mankowski*, Art. 18 EGBGB Anh. I Rn 126.

117 Vgl *Henrich*, in: FS Gernhuber 1993, S. 667, 668; OLG Oldenburg IPRspr 1975 Nr. 95, Fn 1; LG Aurich IPRspr 1975 Nr. 95; LG Arnsberg IPRspr 1977 Nr. 85.

118 In der Tendenz wie hier auch *Verwilghen*, BT-Drucks. 10/258, 38 (Rn 24) mit S. 56 (Rn 118), der allerdings darauf hinweist, dass das Abkommen hier keine eindeutige Regelung trifft; für eine generelle unterhaltsrechtliche Qualifikation MüKo/*Siehr*, Anh. I zu Art. 18 EGBGB, UStA Rn 54; ferner Palandt/*Thorn*, Art. 25 EGBGB Rn 10; *Looschelders*, Art. 25 Rn 14.

119 Nach Ansicht von *Henrich*, in: FS Gernhuber 1993, S. 667, 677 f ist demgegenüber der Unterhalt aus dem Nachlass nach dem österreichischen, französischen oder englischen Recht erbrechtlich zu qualifizieren.

120 Staudinger/*Mankowski*, Art. 18 EGBGB Anh. I Rn 123; *Henrich*, in: FS Gernhuber 1993, S. 667, 673 f (jeweils mit Hinweisen zum portugiesischen Recht).

121 Staudinger/*Mankowski*, Art. 18 EGBGB Anh. I Rn 123.

122 Staudinger/*Mankowski*, Art. 18 EGBGB Anh. I Rn 121; MüKo/*Siehr*, Anh. I zu Art. 18 EGBGB, UStA Rn 55.

123 BGH FamRZ 1996, 855 = ZEV 1996, 225 m. Anm. *Mankowski*; Staudinger/*Mankowski*, Art. 18 EGBGB Anh. I Rn 121, 124; *v. Bar*, IPR II, Rn 296.

124 Beispiel bei *Henrich*, in: FS Gernhuber 1993, S. 667, 673 (Ansprüche eines in Deutschland lebenden nichtehelichen Kindes beim Tode seines türkischen Vaters: Nach dem gem. Art. 18 Abs. 1 S. 1 anwendbaren deutschen Recht sind Unterhaltsansprüche gegen den Vater mit dessen Tode erloschen; das nach Art. 25 anwendbare türkische Recht sieht keine erbrechtliche Beteiligung des Kindes vor).

125 Palandt/*Thorn*, Art. 25 EGBGB Rn 10.

126 *Looschelders*, Art. 25 Rn 14; MüKo/*Sonnenberger*, Einl. IPR Rn 598; abweichend (Schaffung einer erbrechtlichen Beteiligung) Staudinger/*Dörner*, Art. 25 EGBGB Rn 756.

127 Beispiel bei *Henrich*, in: FS Gernhuber 1993, S. 667, 671 (Ansprüche eines in der Türkei lebenden Kindes beim Tode seines deutschen Vaters: Das nach Art. 25 anwendbare deutsche Recht gewährt einen Pflichtteil, das nach Art. 18 Abs. 1 S. 1 anwendbare türkische Recht zusätzlich einen Unterhaltsanspruch).

128 So auch *Henrich*, in: FS Gernhuber 1993, S. 667, 672 (zur Normenhäufung bei einem deutschen Pflichtteils- und einem türkischen Unterhaltsanspruch).

2. Art und Umfang der Unterhaltsleistung. Das nach Art. 18 zu bestimmende Unterhaltsstatut entscheidet nach Abs. 6 über die Voraussetzungen des Anspruchs und in diesem Zusammenhang auch über dessen Beginn und Beendigung einschließlich der Altersgrenze,[129] den Unterhaltsverzicht,[130] die Verjährung und Verwirkung, das Erlöschen durch Tod des Berechtigten oder des Verpflichteten sowie die Leistungsfähigkeit des Verpflichteten.[131] Im Rahmen des Unterhaltsstatuts können verschiedene **Vorfragen** auftauchen. Von Bedeutung ist insbesondere das Bestehen einer Ehe, eines Eltern-Kind-Verhältnisses oder einer sonstigen verwandtschaftlichen Beziehung. Diese Vorfragen sind nach sehr umstrittener Auffassung unselbständig anzuknüpfen (vgl ausführlich Rn 71 ff). Stellt das Unterhaltsstatut darauf ab, dass mit dem Erreichen der Volljährigkeit Unterhaltsansprüche entfallen, ist das maßgebliche Volljährigkeitsalter hingegen direkt dem Unterhaltsstatut zu entnehmen und nicht gesondert (nach Art. 7) anzuknüpfen (vgl Rn 79). 59

Das Unterhaltsstatut regelt ferner das Ausmaß des Unterhalts, also Art und Höhe der Unterhaltsleistungen. Dementsprechend kommt § 1612 a BGB unmittelbar nur bei Geltung des deutschen Rechts zur Anwendung.[132] Die bei Anknüpfung des Scheidungsunterhalts nach Art. 18 Abs. 4 mögliche Anwendung des Unterhaltsrechts des Staates, in dem die Parteien nicht ihren gewöhnlichen Aufenthalt haben, schließt eine **faktische Berücksichtigung** der Lebensverhältnisse im Staat des gemeinsamen gewöhnlichen Aufenthalts nicht aus.[133] Leben etwa geschiedene Ehegatten italienischer Staatsangehörigkeit in Deutschland, können bei Anwendung des einschlägigen italienischen Unterhaltsrechts (Abs. 4) die **deutschen Unterhaltstabellen** berücksichtigt werden.[134] 60

Allgemein bestimmt **Abs. 7**, dass bei der Bemessung des Unterhaltsbetrags stets die Bedürfnisse des Berechtigten und die wirtschaftlichen Verhältnisse des Unterhaltsverpflichteten zu berücksichtigen sind, selbst wenn das anzuwendende Recht etwas anderes bestimmt. Die Vorschrift gestattet Korrekturen bei der Bemessung des Unterhaltsbetrags dann, wenn das anwendbare Unterhaltsstatut bei der jeweiligen Festsetzung der Anspruchshöhe Bedürftigkeit bzw Leistungshöhe nicht oder nicht hinreichend berücksichtigt.[135] Abs. 7 darf aber nicht vorschnell dazu genutzt werden, das eigentliche Unterhaltsstatut zu überspielen.[136] Pfändungsfreigrenzen, die erst im Rahmen der Vollstreckung zu beachten sind, bestimmen sich ohnehin nach dem Recht des Staates, in dem vollstreckt wird. 61

Das nach Art. 18 maßgebliche Recht bestimmt über die Art der Unterhaltsgewährung. Es kann zB dauerhafte bzw einmalige **Geldleistungen**, aber auch **Naturalleistungen** vorschreiben.[137] Zu den Unterhaltspflichten zählt auch die **Prozesskostenvorschusspflicht**.[138] 62

Der Anspruch auf **Auskunft** bestimmt sich ebenfalls nach dem Unterhaltsstatut.[139] Anpassungsprobleme entstehen dann, wenn das ausländische Recht nur deshalb keinen materiellen Auskunftsanspruch vorsieht, weil es prozessuale Wege zur Ermittlung der relevanten Tatsachen bevorzugt. Zu nennen sind hier die **Amtsermittlung** oder auch die discovery des englischen bzw US-amerikanischen Rechts. Zutreffend scheint es zu sein, den ausländischen – von deutschen Gerichten nicht anzuwendenden – Verfahrensregeln im Wege der Anpassung einen materiellen Gehalt zuzusprechen und ihnen auf diese Weise einen Auskunftsanspruch zu entnehmen. Dies dürfte zunächst im Falle des Amtsermittlungsgrundsatzes gelten, da auch hier letztlich eine Mitwirkung der Parteien erzwungen werden kann.[140] Ähnliches gilt aber auch für die discovery, da sie ein in die Hände der Parteien gelegtes Mittel zur Informationsbeschaffung darstellt.[141] Vorgeschlagen wird umgekehrt aber auch, § 1580 iVm § 1605 BGB prozessrechtlich zu qualifizieren und auf diese Weise nach dem lex- 63

129 OLG Hamm FamRZ 1999, 888.
130 OLG Karlsruhe FamRZ 1992, 317.
131 OLG Hamm FamRZ 1990, 1137 (Anwendung von § 1603 BGB bei einem in Polen lebenden Unterhaltsschuldner).
132 Zur Regelbetrag-VO *Bischoff*, IPRax 2002, 511 ff; zust. *Johannsen/Henrich*, Art. 18 Rn 29.
133 Etwa OLG Stuttgart FamRZ 2006, 1403: Ein in Deutschland lebender Verpflichteter, der nach fremdem (hier: polnischem) Recht Unterhalt schuldet, kann sich auf den in Deutschland geltenden Selbstbehalt berufen.
134 Vgl OLG Düsseldorf NJW-RR 1997, 388 = FamRZ 1997, 559 (Leitsatz): Anwendung der Grundsätze der Düsseldorfer Tabelle; vgl auch OLG Nürnberg, FamRZ 2008, 1755.
135 Göppinger/Wax/*Linke*, Rn 3093.
136 Erman/*Hohloch*, Art. 18 EGBGB Rn 39.
137 BGH NJW 1992, 974 = FamRZ 1992, 426; Staudinger/*Mankowski*, Art. 18 EGBGB Anh. I Rn 73; *v. Bar*, IPR II, Rn 297.
138 OLG Köln IPRspr 1994 Nr. 93 (S. 192) = FamRZ 1995, 680 (Leitsatz); OLG Stuttgart FamRZ 1988, 758; KG IPRax 1988, 234, 235 f; *Johannsen/Henrich*, Art. 18 Rn 28; *v. Bar*, IPRax 1988, 220.
139 BGH FamRZ 1994, 558 = NJW-RR 1994, 644; BGHZ 85, 16 = JZ 1983, 245 (Leitsatz) m. Anm. *Henrich* (zum alten Recht); OLG Köln FamRZ 2003, 544; OLG Nürnberg FamRZ 1996, 353; OLG Hamm FamRZ 1993, 69 = NJW-RR 1993, 1155.
140 OLG Hamm FamRZ 1993, 69 = NJW-RR 1993, 1155; *Jayme*, IPRax 1989, 330.
141 Staudinger/*Mankowski*, Art. 18 EGBGB Rn 90 f; ähnlich *Morweiser*, IPRax 1992, 65, 66. Mit anderer Begründung („versteckte Rückverweisung") auch Soergel/*Kegel*, Art. 18 EGBGB Rn 31 (allerdings insoweit den Sachnormcharakter der Verweisung außer Acht lassend).

fori-Grundsatz zu einem Auskunftsanspruch nach dem deutschen Recht zu gelangen.[142] Praktische Bedeutung dürfte der dogmatischen Konstruktion nicht zukommen. Beide Lösungswege führen zum Erfolg einer vor deutschen Gerichten erhobenen Auskunftsklage. Eindeutig ist auch, dass die hier vorgeschlagene Lösung nicht dazu führt, dass die im ausländischen Recht vorgesehenen, genuin prozessualen Sanktionen vor deutschen Gerichten zur Anwendung gelangen. Demgegenüber bleiben die (prozessual zu qualifizierenden) §§ 251, 252 Abs. 2 S. 2 FamFG vor deutschen Gerichten stets anwendbar.

64 Das Unterhaltsstatut bestimmt auch die **Währung**, in der zu zahlen ist. Regelmäßig ist in der Währung am gewöhnlichen Aufenthalt des Berechtigten zu erfüllen.[143] Nach dem deutschen Recht stellen Unterhaltsschulden allerdings Geldwertschulden dar, die nicht notwendig in einer bestimmten Währung befriedigt werden müssen, sofern dies nicht von den devisenrechtlichen Vorschriften vorgesehen ist.[144] Ein Unterhaltsberechtigter kann daher nach seiner Wahl den Unterhalt statt in der Währung seines gewöhnlichen Aufenthalts in derjenigen des Aufenthaltsorts des Unterhaltspflichtigen verlangen.[145] Allerdings wird dieses Wahlrecht dann eingeschränkt, wenn der Unterhaltsverpflichtete ein besonderes Interesse hat, in der Währung am Aufenthaltsort des Berechtigten zu zahlen und dem wiederum keine besonderen Gründe auf Seiten des Berechtigten entgegenstehen.[146] Ein Interesse des Unterhaltsverpflichteten kann etwa dann angenommen werden, wenn er im Staat des Unterhaltsberechtigten über Vermögen verfügt, dessen Erträge er für den Unterhalt einsetzen will.[147] Als zu berücksichtigende Gründe auf der Seite des Berechtigten kommen demgegenüber die inflationären Verhältnisse in dem Staat seines gewöhnlichen Aufenthalts in Betracht, die – würde der Unterhalt in der Währung seines Aufenthaltsstaates gezahlt – wiederholte Abänderungsklagen notwendig machen würden.[148] Einer Zahlung in der Währung des Unterhaltsberechtigten können ferner **devisenrechtliche Bestimmungen** entgegenstehen.[149] Derartige Bestimmungen haben heute aber keine große Bedeutung mehr.[150]

65 Für den Unterhaltsbedarf maßgebend ist der **Binnenwert der Währung**. Lebt also der Unterhaltsberechtigte im Ausland, so sind für die Höhe des Unterhaltsanspruchs die Geldbeträge maßgebend, die er an seinem Aufenthaltsort aufbringen muss, um den ihm gebührenden Lebensstandard aufrechtzuerhalten.[151] Es ist m.a.W. ein **„Warenkorbvergleich"** anzustellen. Nicht maßgebend ist die Wechselkursentwicklung, da diese unmittelbar nur den Außenwert der Währung beeinflusst.[152] Ein Kaufkraftunterschied kann dementsprechend auch bei gleicher Währung bzw trotz Einführung des Euro bestehen.[153] Kaufkraftunterschiede können iE anhand der **Angaben des Statistischen Bundesamts** zu Verbrauchergeldparitäten ermittelt werden.[154]

66 Da der Berechtigte aber nach dem Unterhaltsstatut idR einen Anspruch auf Teilhabe am höheren Lebensstandard des Verpflichteten hat, ist dem Berechtigten im Falle eines Kaufkraftunterschieds uU ein **Aufschlag auf seinen Unterhaltsanspruch** zu gewähren.[155] Der Kaufkraftunterschied ist im Verhältnis des zu zahlenden Unterhalts zum Gesamtbetrag, aus dem der Unterhalt bestimmt wird, aufzuteilen. Hierbei werden iE durchaus komplizierte Berechnungen notwendig.[156]

67 **3. Klageberechtigung.** Das Unterhaltsstatut bestimmt auch, wer zur **Einleitung des Unterhaltsverfahrens** befugt ist (Abs. 6 Nr. 2). Dies ist insbesondere dann von Bedeutung, wenn es um die Unterhaltsansprüche von Kindern geht. Richtet sich also der Unterhaltsanspruch des Kindes über Abs. 1 S. 1 nach dem deutschen Recht, so bestimmt das deutsche Recht darüber, ob zB die Mutter zur Geltendmachung des Anspruchs berechtigt ist und ob sie hierbei als Vertreterin oder Prozessstandschafterin handelt.[157] Bei Anwendung des deutschen Rechts gelten die §§ 1629 Abs. 2 S. 2, Abs. 3 BGB. Da Abs. 6 Nr. 2 insoweit eine abschließende Aussage trifft, kommt – entgegen einer teilweise in der Literatur vertretenen Auffassung – keine (zusätzliche) alternative

142 OLG Karlsruhe FamRZ 1995, 738, 739; auch Göppinger/Wax/*Linke*, Rn 3107; *Gottwald*, in: FS Nakamura 1996, S. 189, 199 f; *Eidenmüller*, IPRax 1992, 356, 357 (im Rahmen einer Anpassung zur Behebung des Normenkonflikts); abl. Staudinger/*Mankowski*, Art. 18 EGBGB Anh. I Rn 88.

143 BGH FamRZ 1992, 1060, 1063; NJW 1990, 2197, 2198 = FamRZ 1990, 992; NJW 1987, 1146 = FamRZ 1987, 370; FamRZ 1987, 682.

144 BGH NJW 1990, 2197, 2198 = FamRZ 1990, 992.

145 BGH FamRZ 1992, 1060, 1063; NJW 1990, 2197, 2198 = FamRZ 1990, 992.

146 BGH FamRZ 1992, 1060, 1063; NJW 1990, 2197, 2198 = FamRZ 1990, 992.

147 BGH NJW 1990, 2197, 2198 = FamRZ 1990, 992.

148 BGH FamRZ 1992, 1060, 1063.

149 BGH NJW 1990, 2197, 2198 = FamRZ 1990, 992; NJW 1987, 1146 = FamRZ 1987, 370; FamRZ 1987, 682, 684.

150 *Johannsen/Henrich*, Art. 18 Rn 31; zur polnischen Rechtslage etwa *Bytomski*, FamRZ 1991, 783.

151 BGH FamRZ 1987, 682, 683.

152 OLG Hamm FamRZ 1994, 763 = NJW-RR 1994, 649.

153 OLG Hamm FamRZ 2007, 152, 153 (einen Kaufkraftunterschied für Belgien jedoch ablehnend); *Krause*, FamRZ 2002, 145 f.

154 *Krause*, FamRZ 2002, 145; nicht beanstandet in BGH FamRZ 1987, 682 ff; OLG Brandenburg, FamRZ 2008, 1279; AG München, FamRZ 2009, 1597; am Beispiel Polens *Gora*, ZKJ 2008, 455, 460; *Finger*, FamRBint 2007, 13, 18.

155 Erman/*Hohloch*, Art. 18 EGBGB Rn 32; AG München, FamRZ 2009, 1597.

156 Zu den einschlägigen Berechnungsformeln vgl *Krause*, FamRZ 2002, 145 f; *Gutdeutsch/Zieroth*, FamRZ 1993, 1152 f.

157 *Johannsen/Henrich*, Art. 18 Rn 33.

Anknüpfung an das Eltern-Kind-Statut in Betracht.[158] Die Vorfragen nach einem Eltern-Kind-Verhältnis bzw einer Sorgeberechtigung sind selbständig anzuknüpfen.[159]

4. Unterhaltsregress durch öffentliche Einrichtungen. Nach dem Unterhaltsstatut richtet sich auch der **Umfang**, in dem **öffentliche Einrichtungen** bei dem Unterhaltsverpflichteten Rückgriff nehmen können. (Abs. 6 Nr. 3). Der Umfang der nach dem Unterhaltsstatut bestehenden Verpflichtung des primär Unterhaltsverpflichteten bildet die Obergrenze für den Umfang des Rückgriffsanspruchs.[160] Nach dem Unterhaltsstatut richtet sich auch die Verjährung des Rückgriffsanspruchs.[161] **68**

Demgegenüber richtet sich die Frage, ob die öffentliche Einrichtung überhaupt Regress nehmen kann, gem. Abs. 6 Nr. 3, der insoweit Art. 9 HUntÜ entspricht, nach dem Recht, dem die öffentliche Einrichtung untersteht (sog. **Erstattungsstatut**).[162] Für deutsche Sozialhilfeträger gelten also insoweit die Bestimmungen des BSHG. **69**

Unter den Begriff der **öffentlichen Einrichtungen** fallen insbesondere Unterhaltsvorschusskassen, Jugend- und Sozialbehörden, aber auch Gemeinden oder gemeinwirtschaftlich betriebene Krankenhäuser.[163] Erfasst werden auch Private, die in öffentlichem Auftrag handeln.[164] Der Unterhaltsregress durch andere Private wird von Art. 18 nicht erfasst (vgl dazu Rn 83 ff). **70**

5. Vorfragen. a) Selbständige Anknüpfung. Im Rahmen der Anwendung des einschlägigen Unterhaltsrechts können sich verschiedentlich **Vorfragen** nach dem Bestehen eines bestimmten familienrechtlichen Verhältnisses ergeben, also zB die Vorfrage nach der Gültigkeit einer Eheschließung, der ehelichen oder nicht ehelichen Abstammung und dem wirksamen Zustandekommen einer Adoption.[165] Nach wohl herrschender, aber sehr umstrittener Ansicht sind diese Vorfragen grundsätzlich **unselbständig anzuknüpfen**, also nach dem IPR des auf den Unterhaltsanspruch anwendbaren Rechts.[166] **71**

Nach dem dargestellten Vorrang des HUntÜ vor dem unvereinheitlichten nationalen Kollisionsrecht (Rn 1, 2) lässt sich eine Antwort auf die Frage nur durch eine **zweistufige Prüfung** ermitteln. Vorrangig ist zu prüfen, ob dem HUntÜ Aussagen über die Anknüpfung von Vorfragen zu entnehmen sind. Hilfsweise ist zu fragen, auf welche Weise Vorfragen nach dem unvereinheitlichten deutschen Recht anzuknüpfen sind. **72**

Eine Regelung einer Vorfrage iwS enthält allein **Art. 8 HUntÜ**. Dort heißt es, dass das auf die Scheidung tatsächlich angewandte Statut maßgeblich ist, wenn das betreffende Scheidungsurteil im Inland anerkannt wird. Was die Beurteilung der **Wirksamkeit einer Scheidung** anbelangt, wird also auf die (prozessualen) Anerkennungsvorschriften der lex fori verwiesen, was einer selbständigen Anknüpfung der Vorfrage nach der Wirksamkeit der Scheidung entspricht. Nach zutreffender Ansicht enthält das HUntÜ darüber hinaus keine weiteren Aussagen über die Anknüpfung von Vorfragen. Art. 2 Abs. 2 HUntÜ lässt sich nur eine Einschränkung des Anwendungsbereichs des HUntÜ, aber keine (versteckte) Kollisionsnorm entnehmen.[167] Keine kollisionsrechtliche Anknüpfung der Vorfrage enthält schließlich Art. 10 Nr. 1 Alt. 3 HUntÜ (entspricht Art. 18 Abs. 6 Nr. 1 Alt. 3 EGBGB). Hiernach bestimmt das auf die Unterhaltspflicht anzuwendende Sachrecht auch darüber, "von wem" der Berechtigte Unterhalt verlangen kann. Nach einer vielfach vertretenen Ansicht ist dieser Formulierung zu entnehmen, dass im Rahmen des Unterhaltsrechts überhaupt keine gesonderte Anknüpfung der Vorfrage nach dem Bestehen einer familienrechtlichen Beziehung vorzunehmen ist, sondern vielmehr die Statusfrage Teil des Unterhaltsstatuts ist.[168] Dem Wortlaut nach lässt sich Art. 10 Nr. 1 Alt. 3 HUntÜ (Art. 18 Abs. 6 Nr. 1 Alt. 3 EGBGB) aber auch so verstehen, dass dem Unterhaltsstatut nur zu entnehmen ist, von welchen Verwandten – etwa dem Vater, dem Ehegatten, dem Bruder – generell Unterhalt verlangt werden kann. Ob sich der eher versteckt geregelte Art. 10 Nr. 1 Alt. 3 HUntÜ (Art. 18 Abs. 6 Nr. 1 **73**

158 Wie hier Palandt/*Thorn*, Art. 18 EGBGB Rn 18; Göppinger/Wax/*Linke*, Rn 3119 f; Staudinger/*Mankowski*, Art. 18 EGBGB Anh. I Rn 350; aA MüKo/*Siehr*, Anh. I zu Art. 18 EGBGB, UStA Rn 292; differenzierend *Kropholler*, IPR, § 47 II 4 c.

159 Staudinger/*Mankowski*, Art. 18 EGBGB Anh. I Rn 355.

160 OLG Düsseldorf FamRZ 2001, 919.

161 OLG Düsseldorf FamRZ 2001, 919.

162 OLG Düsseldorf FamRZ 2001, 919; *Looschelders*, Art. 18 Rn 47; Bamberger/Roth/*Heiderhoff*, Art. 18 EGBGB Rn 42; Palandt/*Thorn*, Art. 18 EGBGB Rn 18; Erman/*Hohloch*, Art. 18 EGBGB Rn 38.

163 Begründung zum Regierungsentwurf, BT-Drucks. 10/504, 64.

164 Bericht *Verwilghen*, BT-Drucks. 10/258, 50 (Rn 90); *Looschelders*, Art. 18 Rn 48; *Brückner*, IPRax 1992, 366, 367 f; *Wandt*, VersR 1992, 615 f.

165 Bericht *Verwilghen*, BT-Drucks. 10/258, 57 (Nr. 124).

166 Vgl zum alten Recht BGHZ 90, 129 f = BGH NJW 1984, 1299 = FamRZ 1984, 576 mit krit. Anm. *Klinkhardt*, IPRax 1986, 21; *Beitzke*, StAZ 1984, 198; *Rauscher*, StAZ 1984, 306; zum neuen Recht LG Dortmund NJW-RR 1990, 12 = IPRspr 1989 Nr. 119, S. 269; Palandt/*Thorn*, Art. 18 EGBGB Rn 14; *Johannsen/Henrich*, Art. 18 Rn 21; *Looschelders*, Art. 18 Rn 13; *Andrae*, § 8 Rn 68 ff; *Strunk*, FamRZ 1991, 653, 654; grds. auch Erman/*Hohloch*, Art. 18 EGBGB Rn 11; differenzierend MüKo/*Siehr*, Anh. I zu Art. 18 EGBGB, UStA Rn 243 ff; *K. Müller*, StAZ 1989, 301, 304.

167 Staudinger/*Mankowski*, Art. 18 EGBGB Anh. I Rn 24; *Solomon*, in: FS Spellenberg 2010, S. 355, 364; *K. Müller*, StAZ 1989, 301, 305 Fn 33.

168 *V. Hoffmann/Thorn*, IPR, § 6 Rn 64 und § 8 Rn 83–84; vgl hierzu auch *Verwilghen*, BT-Drucks. 10/258, 58 (Nr. 127).

Alt. 3 EGBGB) tatsächlich auch auf die Frage bezieht, wer im Einzelfall tatsächlich Vater, Ehegatte oder Bruder ist, erscheint demgegenüber zweifelhaft.[169]

74 Die Vorfragenproblematik wurde auf der **vorbereitenden Konferenz zum HUntÜ** intensiv diskutiert. Die Delegierten nahmen hierbei nach dem Bericht von *Verwilghen* zur Kenntnis, dass Art. 1 Abs. 1 HKindUntÜ – welcher mit Art. 10 Nr. 1 Alt. 3 HUntÜ identisch ist – von der wohl hM in dem Sinne verstanden wurde, dass das vom Übereinkommen bezeichnete innerstaatliche Recht zugleich für die Beurteilung der Abstammungsverhältnisse maßgeblich sein sollte.[170] Nach dieser zu Art. 1 Abs. 1 HKindUntÜ vertretenen Ansicht war daher keine gesonderte Anknüpfung der Vorfragenproblematik vorzunehmen, sondern direkt auf das Unterhaltsstatut zurückzugreifen.[171] Der Vorschlag, im HUntÜ eine ausdrückliche Regelung der Vorfragenproblematik vorzusehen, wurde letztlich aber abgelehnt.[172] Im Bericht von *Verwilghen* heißt es dementsprechend, dass sich das HUntÜ nicht ausdrücklich für eine bestimmte Lösung der Vorfragenproblematik entscheide und „zu diesem Punkt schweigt".[173]

75 Geht man davon aus, dass das HUntÜ – mit Ausnahme des Art. 8 HUntÜ – keine Regelung der Vorfragenproblematik enthält, so ist für die Lösung der Problematik auf das unvereinheitlichte nationale Kollisionsrecht zurückzugreifen. Im deutschen Kollisionsrecht gilt nach hM der Grundsatz, dass Vorfragen **selbständig anzuknüpfen** sind (vgl Art. 3 EGBGB Rn 24). Anzuwenden sind m.a.W. die Kollisionsnormen des deutschen Rechts.[174]

76 Für den vorliegenden Bereich des **Unterhaltsrechts** wird indes überwiegend vertreten, dass **unselbständig** nach den Kollisionsnormen des auf den Unterhaltsanspruch anwendbaren Rechts **anzuknüpfen** sei.[175] Hierfür wird u.a. geltend gemacht, dass das durch die unselbständige Vorfragenanknüpfung gewahrte Interesse am äußeren Entscheidungseinklang überwiege, wenn das auf die Hauptfrage anzuwendende Sachrecht durch staatsvertragliche Kollisionsnormen ermittelt worden sei. Dem kann jedoch in dieser Allgemeinheit nicht zugestimmt werden. Hinzuweisen ist insbesondere darauf, dass Unterhaltsklagen häufig mit Statusklagen – etwa der Klage auf Feststellung der Vaterschaft oder des Bestehens der Ehe – verbunden werden.[176] Bei unselbständiger Anknüpfung könnte man zB zu dem Ergebnis kommen, dass der "eigentliche" statutsrechtliche Vater bzw Ehemann und der (durch unselbständige Anknüpfung ermittelte) unterhaltsrechtliche Vater bzw Ehemann nicht identisch sind. Ein derartiges Ergebnis wäre den Beteiligten nicht mehr nachvollziehbar zu vermitteln. Es würde erhebliche Anpassungsprobleme heraufbeschwören, wenn der Unterhaltsberechtigte nachfolgend – etwa nach einem weiteren inländischen Feststellungsurteil – noch einmal Unterhaltsansprüche gegen den „richtigen" Vater geltend machen würde. Im Übrigen würde eine unselbständige Anknüpfung insgesamt zu einer wesentlichen Verkomplizierung der Rechtsanwendung führen: Denn es müsste sowohl bei Abs. 1 S. 2 als auch bei Abs. 2 eine weitere unselbständige Anknüpfung vorgenommen und uU nochmals ausländisches Kollisionsrecht ermittelt und angewendet werden.[177]

77 Daneben findet sich auch der Vorschlag, die Vorfrage nach der Abstammung alternativ selbständig bzw unselbständig nach dem **Günstigkeitsprinzip** anzuknüpfen. Berufen sei das Sachrecht, das im konkreten Fall das Bestehen einer familienrechtlichen Beziehung bejahe.[178] Argumentiert wird damit, dass die Anknüpfung des Art. 18 – insbesondere in Gestalt von Abs. 1 S. 2 und Abs. 2 – das Entstehen eines Unterhaltsanspruchs fördern wolle. Dem Günstigkeitsprinzip wird im Bereich des Kindesunterhalts allerdings bereits dadurch Rechnung getragen, dass Art. 19 Abs. 1 mehrere Hilfsanknüpfungen vorsieht, die kaum noch der Ergänzung durch ausländisches Kollisionsrecht bedürfen.[179] Im Übrigen würde eine Alternativanknüpfung ebenfalls zu

169 Abl. auch *Solomon,* in: FS Spellenberg 2010, S. 355, 363.

170 In dem Bericht wird verwiesen auf die Entscheidungen des österr. OGH ZfRV 1969, 209 und der C. Cassaz. Riv. dir int. priv. proc. 1970, 110.

171 Vgl die Nachw. bei Soergel/*Kegel*, Art. 18 EGBGB Rn 106.

172 Bericht *Verwilghen*, BT-Drucks. 10/258, 58 (Nr. 127), wo allerdings darauf hingewiesen wird, dass die Ablehnung deshalb erfolgte, „weil man befürchtete, dass die gewünschte Lösung unklar formuliert sein würde".

173 Bericht *Verwilghen*, BT-Drucks. 10/258, 57 f (Nr. 126); im Erg. auch *Solomon,* in: FS Spellenberg 2010, S. 355, 360 ff.

174 So im Erg. Staudinger/*Mankowski*, Art. 18 EGBGB Anh. I Rn 37; Göppinger/Wax/*Linke*, Rn 3029; Bamberger/Roth/*Heiderhoff*, Art. 18 EGBGB Rn 66 f; Ring, ZFE 2008, 130, 132.

175 Vgl zum alten Recht BGHZ 90, 129, 135 = BGH NJW 1984, 1299 = FamRZ 1984, 576 mit krit. Anm. *Klinkhardt*, IPRax 1986, 21; *Beitzke*, StAZ 1984, 198; *Rauscher*, StAZ 1984, 306; LG Dortmund NJW-RR 1990, 12 = IPRspr 1989 Nr. 119, S. 269; Palandt/*Thorn*, Art. 18 EGBGB Rn 14; *Rauscher*, IPR, S. 194; *Johannsen/Henrich*, Art. 18 Rn 21 (mit weiteren Differenzierungen); *Looschelders*, Art. 18 Rn 13; *Strunk*, FamRZ 1991, 653, 654; *Andrae*, § 8 Rn 68 ff; *v. Hoffmann/Thorn*, IPR, § 8 Rn 83–84; differenzierend MüKo/*Siehr*, Anh. I zu Art. 18 EGBGB, UStA Rn 243 ff; aA *Solomon,* in: FS Spellenberg 2010, S. 355, 360 ff; *K. Müller*, StAZ 1989, 301, 304; Soergel/*Kegel*, Art. 18 EGBGB Rn 86 f.

176 Vgl bereits *Verwilghen*, BT-Drucks. 10/258, 57 (Nr. 124).

177 Göppinger/Wax/*Linke*, Rn 3029.

178 Vgl (mit Differenzierungen) MüKo/*Siehr*, Anh. I zu Art. 18 EGBGB, UStA Rn 243 ff, 250.

179 Göppinger/Wax/*Linke*, Rn 3029.

der dargestellten Beeinträchtigung des internationalen Entscheidungseinklangs führen und die Rechtsanwendung noch weiter verkomplizieren.

Letztlich spricht die in Art. 8 HUntÜ enthaltene Regel für eine generell selbständige Anknüpfung von Vorfragen. Wenn sich die Wirksamkeit eines Scheidungsurteils nach den Anerkennungsregeln der lex fori beurteilt, so vermag es nicht zu überzeugen, dass die Frage nach dem wirksamen Zustandekommen einer Ehe einer unselbständigen kollisionsrechtlichen Behandlung nach dem ausländischen Kollisionsrecht unterliegen soll. Nach der hier vertretenen Ansicht sind daher Vorfragen nach dem Bestehen einer familienrechtlichen Beziehung **selbständig**, also nach den Vorschriften des EGBGB anzuknüpfen.[180] Gesondert nach Art. 14 anzuknüpfen ist ferner die Vorfrage nach dem **Recht der Ehegatten zum Getrenntleben** während bestehender Ehe.[181] 78

b) Vorfrage nach der Geschäftsfähigkeit des Unterhaltsberechtigten. Vielfach bestimmt das anzuwendende Unterhaltsrecht, dass der Unterhaltsanspruch mit dem Erreichen der Volljährigkeit entfällt oder eingeschränkt wird. Grundsätzlich wären Fragen der Volljährigkeit gesondert nach Art. 7 anzuknüpfen. Indes steht im Bereich des Unterhaltsrechts die Frage nach dem Erreichen der (unbeschränkten) Geschäftsfähigkeit nicht im Vordergrund. Es geht letztlich – auch dann, wenn das Gesetz explizit auf die Volljährigkeit abstellt – nur um das Erreichen einer bestimmten Altersgrenze. Insoweit handelt es sich daher um eine Frage, die direkt nach dem Unterhaltsstatut zu beantworten ist und keiner gesonderten Anknüpfung bedarf.[182] 79

6. Ordre public. Im Rahmen des Art. 18 ist ein Rückgriff auf den ordre public zulässig, da Art. 11 Abs. 1 des HUntÜ ebenfalls eine entsprechende Vorbehaltsklausel vorsieht.[183] In der Tendenz ist Art. 11 Abs. 1 HUntÜ eher zurückhaltend anzuwenden. 80

Praktisch muss nicht auf den ordre public zurückgegriffen werden, wenn es sich um einen nach Abs. 1, 2 anzuknüpfenden Anspruch handelt. Denn in diesem Fall führt spätestens die Hilfsanknüpfung nach Abs. 2 zur Anwendung des deutschen Rechts. Allerdings kann ein nach einem ausländischen Unterhaltsstatut wirksam zustande gekommener Unterhaltsverzicht (vgl Rn 12) uU als ordre-public-widrig und damit – aus deutscher Sicht – unwirksam anzusehen sein.[184] 81

Praktische Bedeutung kann der ordre-public-Vorbehalt demnach vor allem im Falle des nach Abs. 4 anzuknüpfenden **Nachscheidungsunterhalts** erlangen, insbesondere dann, wenn das nach Abs. 4 maßgebliche Recht einen Unterhaltsanspruch ablehnt.[185] Allein in der Versagung eines Anspruchs, der im konkreten Fall nach dem deutschen Recht gegeben wäre, liegt aber noch kein ordre-public-Verstoß.[186] Eine ordre-public-Widrigkeit ist erst erreicht, wenn erschwerende Umstände hinzutreten, die einen **besonderen Härtefall** begründen.[187] Dies ist insbesondere dann der Fall, wenn der Anspruchssteller wegen der **Betreuung gemeinsamer Kinder** daran gehindert ist, ohne Vernachlässigung seiner elterlichen Pflichten seinen Lebensunterhalt durch die Aufnahme einer Erwerbstätigkeit selbst zu sichern.[188] Ein ordre-public-Verstoß kann auch dann angenommen werden, wenn der in Deutschland befindliche Anspruchssteller aufgrund einer Krankheit oder entgegenstehender ausländerrechtlicher Bestimmungen daran gehindert ist, im Inland eine Erwerbstätigkeit auszuüben.[189] Der auf der Grundlage von Art. 6 zu gewinnende Anspruch ist nicht von vornherein auf einen bloßen Notunterhalt beschränkt, sondern kann uU sogar den vollen angemessenen Unterhalt erreichen. Dies ergibt sich aus Abs. 7, nach dem bei der Bemessung des Unterhalts stets die Bedürfnisse des Berechtigten und die wirtschaftlichen Verhältnisse des Verpflichteten zu berücksichtigen sind.[190] 82

180 Staudinger/*Mankowski*, Art. 18 EGBGB Anh. I Rn 37; Göppinger/Wax/*Linke*, Rn 3029; Bamberger/Roth/*Heiderhoff*, Art. 18 EGBGB Rn 66 ff; ausf. *Solomon*, in: FS Spellenberg 2010, S. 355, 360 ff mit überz. Argumentation.

181 Staudinger/*Mankowski*, Art. 18 EGBGB Anh. I Rn 164.

182 OLG Hamm FamRZ 1999, 888, 889; *Kropholler*, IPR, § 47 II 4 b; Göppinger/Wax/*Linke*, Rn 3076.

183 OLG Düsseldorf FamRZ 1995, 885; MüKo/*Siehr*, Anh. I zu Art. 18 EGBGB, UStA Rn 336 f; *Looschelders*, Art. 18 Rn 15.

184 Soergel/*Kegel*, Art. 18 EGBGB Rn 94 (Verzicht auf Unterhalt für die Zukunft *ordre-public*-widrig).

185 OLG Karlsruhe FamRZ 1989, 748, 749; *Looschelders*, Art. 18 Rn 16; Erman/*Hohloch*, Art. 18 EGBGB Rn 10; *Motzer*, FamRBint 2005, 32, 33.

186 OLG Zweibrücken FamRZ 1997, 1404; OLG Karlsruhe IPRax 1990, 406 = FamRZ 1989, 748; Göppinger/Wax/*Linke*, Rn 3071.

187 BGH NJW 1991, 2212, 2213 = IPRax 1992, 101 = FamRZ 1991, 925, 927; OLG Düsseldorf FamRZ 1995, 885; OLG Karlsruhe IPRax 1990, 406 = FamRZ 1989, 748.

188 BGH NJW 1991, 2212, 2214 = IPRax 1992, 101 = FamRZ 1991, 925, 927; OLG Zweibrücken FamRZ 2001, 920, 922; 1997, 93, 94 f; OLG Hamm FamRZ 1999, 1142, 1143; OLG Düsseldorf FamRZ 1995, 885; *Looschelders*, Art. 18 Rn 16; Erman/*Hohloch*, Art. 18 EGBGB Rn 10; *Henrich*, IPRax 1992, 84, 86.

189 OLG Zweibrücken FamRZ 1997, 1404, 1405.

190 BGH NJW 1991, 2212, 2214 = FamRZ 1991, 925, 927 = IPRax 1992, 101; OLG Zweibrücken FamRZ 1997, 1404, 1405; FamRZ 1997, 93, 95; *Andrae*, § 8 Rn 63; restriktiver OLG Düsseldorf FamRZ 1995, 885 (idR komme nur die Zubilligung eines Notunterhalts in Betracht).

III. Der Unterhaltsregress durch Private

83 Der Unterhaltsregress durch Private wird – anders als der Unterhaltsregress durch öffentliche Einrichtungen – nicht von Art. 18 erfasst (vgl Rn 68). Insoweit dürfte auf die **Rom II-VO** zurückzugreifen sein, die u.a. in Art. 19 (gesetzlicher Forderungsübergang) und Art. 20 (mehrfache Haftung) sowie Art. 19 (ungerechtfertigte Bereicherung) und Art. 11 (Geschäftsführung ohne Auftrag) einschlägige Vorschriften bereithält. Allerdings ist nicht ganz unzweifelhaft, ob die Rom II-VO überhaupt auf den Unterhaltsregress **sachlich anzuwenden** ist. Nach ihrem Art. 1 Abs. 2 lit. a findet nämlich die Rom II-VO keine Anwendung auf außervertragliche Schuldverhältnisse aus einem Familienverhältnis bzw aus Verhältnissen, die nach dem auf diese Verhältnisse anzuwendenden Recht vergleichbare Wirkungen entfalten, „einschließlich der Unterhaltspflichten". Allerdings ist zu berücksichtigen, dass der Regressanspruch seinerseits nicht unmittelbar auf einem Familienverhältnis oder einem vergleichbaren Verhältnis beruht, sondern auf der Nichtzahlung durch den (primär verpflichteten) Unterhaltsschuldner. Insoweit ist der Wortlaut von Art. 1 Abs. 2 lit. a nicht ohne weiteres einschlägig. Überdies soll der Anwendungsbereich der Rom II-VO nach dem 7. Erwägungsgrund zur Rom II-VO möglichst im Einklang mit dem sachlichen Anwendungsbereich der EuGVVO stehen. Die EuGVVO ist gegenwärtig und – ungeachtet der UnterhaltsVO[191] – wohl auch zukünftig auf derartige Regressansprüche anzuwenden;[192] damit spricht der angestrebte Gleichlauf zwischen der EuGVVO und der Rom II-VO dafür, Regressansprüche Privater sowohl unter die EuGVVO als auch die Rom II-VO zu fassen.

84 Art. 19 Rom II-VO kommt mit Blick auf einen möglichen gesetzlichen Forderungsübergang dann zur Anwendung, wenn der **Regressgläubiger** im Außenverhältnis als **subsidiärer Unterhaltsschuldner** haftet.[193] Art. 19 Rom II-VO gilt auch dann, wenn ein Elternteil teilweise primär, teilweise subsidiär Unterhalt schuldet und nach Zahlung auch des nur subsidiär geschuldeten Unterhalts bei dem anderen Elternteil auf der Grundlage eines Forderungsübergangs Rückgriff nehmen will.[194] Art. 20 Rom II-VO ist hingegen heranzuziehen, wenn ein Gesamtschuldner bei dem anderen Unterhaltsschuldner Rückgriff nehmen will.

85 Über seinen Wortlaut hinaus ist Art. 19 Rom II-VO analog anzuwenden, wenn das auf die Verpflichtung des Regressgläubigers anwendbare Recht keinen gesetzlichen Forderungsübergang, sondern einen selbständigen Regressanspruch oder einen Anspruch auf Abtretung des Unterhaltsanspruchs vorsieht.[195] Dem Regressstatut dürfte auch die Frage unterstehen, ob der gegen den Primärschuldner gerichtete Anspruch übertragbar ist.[196]

86 Umstritten ist, ob eine **Zusatzanknüpfung** zum Schutze des primären Unterhaltsschuldners vorgenommen werden sollte. Vorgeschlagen wird, den Primärschuldner – ausgenommen die Fälle der Legalzession – auch im Falle des Regresses stets nur in der Höhe haften zu lassen, in der er auch bei unmittelbarer Inanspruchnahme durch den Unterhaltsgläubiger gehaftet hätte.[197]

87 Der Rückgriffsanspruch des **Scheinvaters** gegen den wirklichen Vater ist, soweit im Zeitpunkt der Zahlung tatsächlich ein, wenngleich später weggefallener Anspruch bestand, nach Art. 19 Rom II-VO analog anzuknüpfen.[198] Auch der Anspruch auf Erstattung der Kosten für den Vaterschaftsanfechtungsprozess soll unterhaltsrechtlich zu qualifizieren und daher nach Art. 19 Rom II-VO analog anzuknüpfen sein.[199] Daneben kommen deliktische oder bereicherungsrechtliche Ansprüche gegen den wirklichen Vater in Betracht, die idR akzessorisch an das Statut des Art. 19 Rom II-VO anzuknüpfen sind (Art. 4 Abs. 3, 10 Abs. 4 Rom II-VO). Beim Rückgriff eines von vornherein **Nichtverpflichteten** ist nach Inkrafttreten der Rom II-VO nach Art. 11 Rom II-VO (Geschäftsführung ohne Auftrag) bzw nach Art. 10 Rom II-VO (ungerechtfertigte Bereicherung) anzuknüpfen. Bei Anwendung von Art. 11 Rom II-VO kann – jedenfalls über die Ausweichklausel des

191 Zur UnterhaltsVO vgl Anhang 2 zu Art. 18 EGBGB.

192 Die UnterhaltsVO dürfte sich idR nur die Ansprüche erstrecken, die vormals unter Art. 5 Nr. 2 EuGVVO (Unterhaltsansprüche) gefasst wurden; zur Nichtanwendung von Art. 5 Nr. 2 EuGVVO auf Regressansprüche Privater vgl Rauscher/*Leible*, Europäisches Zivilprozess- und Kollisionsrecht, 2011, Art. 5 Brüssel I-VO Rn 66 ff.

193 MüKo/*Junker*, Art. 19 Rom II-VO Rn 13; noch zu Art. 33 EGBGB (= Art. 13 Abs. 1 EVÜ) Staudinger/*Mankowski*, Art. 18 EGBGB Anh. I Rn 56; *Einsele*, ZVglRWiss 90 (1991), 1, 19; *Wandt*, ZVglRWiss 86 (1987), 272, 278.

194 Noch zu Art. 33 EGBGB (= Art. 13 Abs. 1 EVÜ) Staudinger/*Mankowski*, Art. 18 EGBGB Anh. I Rn 60.

195 Noch zu Art. 33 EGBGB (= Art. 13 Abs. 1 EVÜ) Staudinger/*Mankowski*, Art. 18 EGBGB Anh. I Rn 56; *v. Bar*, RabelsZ 53 (1989), 462, 477.

196 Noch zu Art. 33 EGBGB (= Art. 13 Abs. 1 EVÜ) Staudinger/*Mankowski*, Art. 18 EGBGB Anh. I Rn 57; Soergel/*v. Hoffmann*, Art. 33 EGBGB Rn 24; *v. Bar*, IPR II Rn 577; *ders.*, RabelsZ 53 (1989), 462, 478 f; *Wandt*, ZVglRWiss 86 (1987), 272, 286 f; vgl auch OLG Stuttgart IPRspr 1990 Nr. 45, S. 95 = VersR 1991, 1042; aA (das auf die primäre Unterhaltsschuld anwendbare Recht sei maßgebend); *Einsele*, ZVglRWiss 90 (1991), 1, 19 f.

197 Noch zu Art. 33 EGBGB (= Art. 13 Abs. 1 EVÜ) Staudinger/*Mankowski*, Art. 18 EGBGB Anh. I Rn 59; abweichend *Wandt*, ZVglRWiss 86 (1987), 272, 305 f.

198 Noch zu Art. 33 EGBGB (= Art. 13 Abs. 1 EVÜ) Staudinger/*Mankowski*, Art. 18 EGBGB Anh. I Rn 62.

199 Noch zu Art. 33 EGBGB (= Art. 13 Abs. 1 EVÜ) Staudinger/*Mankowski*, Art. 18 EGBGB Anh. I Rn 62.

Abs. 4[200] – (akzessorisch) an das Statut der getilgten Verbindlichkeit angeknüpft werden;[201] Ähnliches gilt im Falle einer bereicherungsrechtlichen Qualifikation (Art. 10 Abs. 4 Rom II-VO).

IV. Vorrangige Abkommen

1. Deutsch-iranisches Niederlassungsabkommen vom 17.2.1929. Vorrangig zu beachten ist in Fragen des internationalen Unterhaltsrechts das nach wie vor in Kraft befindliche **deutsch-iranische Niederlassungsabkommen** vom 17.2.1929 (NiederlAbK).[202] Dieses enthält in Art. 8 Abs. 3 eine Kollisionsnorm.[203] Diese Norm gilt ausweislich einer deutsch-iranischen Erklärung, die nach dem Schlussprotokoll Teil des NiederlAbK ist, für „alle Angelegenheiten des Familienrechts". Hierzu zählt auch das Unterhaltsrecht.[204] Das NiederlAbK geht sowohl Art. 18 EGBGB als auch dem HUntÜ vor.[205] **88**

Art. 8 Abs. 3 S. 1 NiederlAbK ist anwendbar, wenn alle Beteiligten dieselbe Staatsangehörigkeit besitzen. In diesem Fall gilt das Heimatrecht der Beteiligten. Für einen Unterhaltsanspruch eines Iraners gegen einen Iraner wenden deutsche Gerichte, unabhängig vom gewöhnlichen Aufenthalt der Beteiligten, also stets das iranische Recht an. Der Unterhaltsanspruch zwischen iranischen Ehegatten ist auch dann nach dem iranischen Recht zu beurteilen, wenn die Ehe nach dem deutschen Recht geschieden worden ist.[206] Handelt es sich bei den Beteiligten um deutsche Staatsangehörige, so ist deutsches Recht anzuwenden, wenn einer der Beteiligten seinen gewöhnlichen Aufenthalt im Iran hat.[207] **89**

Haben die Beteiligten **mehrere Staatsangehörigkeiten,** kommt das deutsch-iranische Abkommen demgegenüber nicht zur Anwendung. Es gilt auch dann nicht, wenn nur einer der Beteiligten eine doppelte Staatsangehörigkeit hat.[208] Beteiligte in diesem Sinn ist auch die Mutter, soweit es um die Vertretung des Kindes geht, welches Unterhalt von seinem Vater verlangt.[209] Bei der Beurteilung des Kindesunterhalts – mit Ausnahme der Vertretungsfrage – bleibt es aber im Übrigen im Verhältnis iranischer Kinder zum iranischen Vater beim iranischen Recht.[210] **90**

Das NiederlAbK ist nicht anzuwenden, wenn es sich bei einem der Beteiligten um einen **Flüchtling** iSd Genfer Flüchtlingskonvention oder um einen **Asylberechtigten** handelt.[211] In diesen Fällen ist wieder auf das HUntÜ bzw auf Art. 18 EGBGB zurückzugreifen. **91**

Art. 8 Abs. 3 S. 2 NiederlAbK enthält einen Vorbehalt zugunsten des **deutschen *ordre public***.[212] Insoweit sind aber strenge Maßstäbe anzulegen. Art. 18 Abs. 2 EGBGB stellt keine ordre-public-Klausel im Sinne von Art. 8 Abs. 3 S. 2 NiederlAbK dar.[213] **92**

2. Haager Unterhaltsübereinkommen (HUntÜ) vom 2.10.1973. Das HUntÜ vom 2.10.1973[214] ist für die Bundesrepublik Deutschland am 1.4.1987 in Kraft getreten. Es wurde durch Art. 18 EGBGB in das deutsche Recht inkorporiert. In der Praxis kann daher unmittelbar auf den (inhaltsgleichen) Art. 18 EGBGB zurückgegriffen werden (vgl ausführlich Rn 2). **93**

200 Palandt/*Thorn*, Art. 11 Rom II-VO Rn 6.

201 *Wagner*, IPRax 2008, 1, 12; auch *von Hein,* VersR 2007, 440, 450; zurückhaltend MüKo/*Junker,* Art. 11 Rom II Rn 27 (maßgebl. seien die Umstände des Einzelfalls); krit. dazu, dass Art. 11 keine Sonderanknüpfungsregel für die Tilgung fremder Verbindlichkeit enthält *Sonnentag*, ZVglRWiss 2006, 256, 305. Auf Art. 11 Abs. 1 kann nicht abgestellt werden, da die Vorschrift auf ein Rechtsverhältnis zwischen dem Geschäftsführer und dem Geschäftsherren abstellt.

202 RGBl II 1930 S. 1006. Dessen Weitergeltung ist mit Wirkung vom 4.11.1954 bestätigt worden (BGBl. II 1955 S. 829).

203 Art. 8 Abs. 3 lautet: „In Bezug auf das Personen-, Familien- und Erbrecht bleiben die Angehörigen jeder der vertragschließenden Staaten im Gebiet des anderen Staates jedoch den Vorschriften der heimischen Gesetze unterworfen. Die Anwendung dieser Gesetze kann von dem anderen vertragschließenden Staat nur ausnahmsweise und nur insoweit ausgeschlossen werden, als ein solcher Ausschluss allgemein gegenüber jedem anderen Staat erfolgt.".

204 *Schotten/Wittkowski*, FamRZ 1995, 264 f.

205 Nach Art. 19 HUntÜ berührt das HUntÜ nicht andere internationale Übereinkünfte, deren Vertragspartei ein Vertragsstaat des HUntÜ ist oder wird; aus der Rspr etwa BGH IPRax 1986, 382, 383 = FamRZ 1986, 345; AG Kerpen FamRZ 2001, 1526.

206 AG Kerpen FamRZ 2001, 1526.

207 Erman/*Hohloch*, Art. 18 EGBGB Rn 6.

208 BGH IPRax 1986, 382, 383 = FamRZ 1986, 345, 346; *Schotten/Wittkowski*, FamRZ 1995, 264, 265; Finger, FuR 1999, 158, 159.

209 BGH IPRax 1986, 382, 383 = FamRZ 1986, 345.

210 BGH IPRax 1986, 382, 383 = FamRZ 1986, 345; Göppinger/Wax/*Linke*, Rn 3055.

211 BGH NJW 1990, 636 = FamRZ 1990, 32; OLG München IPRax 1989, 238, 240 (jeweils zum Asylberechtigten); ausf. Begründung bei *Schotten/Wittkowski*, FamRZ 1995, 264, 266; *Dörner*, IPRax 1994, 33.

212 BGH IPRax 1986, 382, 384 = FamRZ 1986, 345.

213 Vgl AG Kerpen FamRZ 2001, 1526 f; Göppinger/Wax/*Linke*, Rn 3056; anders *Schotten/Wittkowski*, FamRZ 1995, 264, 268, die aber im Übrigen den Vorbehalt des Art. 8 Abs. 3 S. 2 NiederlAbK eng auslegen bzw nur in „Extremfällen" heranziehen wollen.

214 BGBl II 1986 S. 837.

94 Da Art. 18 EGBGB ausführlich kommentiert worden ist, wird im Folgenden das HUntÜ nur (im Wortlaut, auszugsweise) wiedergegeben:

Haager Unterhaltsübereinkommen (HUntÜ) – Auszug

Kapitel I. Anwendungsbereich des Übereinkommens

Art. 1. Dieses Übereinkommen ist auf Unterhaltspflichten anzuwenden, die sich aus Beziehungen der Familie, Verwandtschaft, Ehe oder Schwägerschaft ergeben, einschließlich der Unterhaltspflicht gegenüber einem nichtehelichen Kind.

Vgl die Kommentierung Rn 44 ff, 74.

Art. 2. Dieses Übereinkommen regelt das Kollisionsrecht nur auf dem Gebiet der Unterhaltspflicht.
Die in Anwendung dieses Übereinkommens ergangenen Entscheidungen greifen dem Bestehen einer der in Artikel 1 genannten Beziehungen nicht vor.

Vgl die Kommentierung Rn 71 ff.

Art. 3. Das von diesem Übereinkommen bestimmte Recht ist unabhängig vom Erfordernis der Gegenseitigkeit anzuwenden, auch wenn es das Recht eines Nichtvertragsstaats ist.

Vgl die Kommentierung Rn 1.

Kapitel II. Anzuwendendes Recht

Art. 4. Für die in Artikel 1 genannten Unterhaltspflichten ist das am gewöhnlichen Aufenthalt des Unterhaltsberechtigten geltende innerstaatliche Recht maßgebend.
Wechselt der Unterhaltsberechtigte seinen gewöhnlichen Aufenthalt, so ist vom Zeitpunkt des Aufenthaltswechsels an das innerstaatliche Recht des neuen gewöhnlichen Aufenthalts anzuwenden.

Entspricht Art. 18 Abs. 1 S. 1 EGBGB; vgl die Kommentierung Rn 8 ff.

Art. 5. Kann der Berechtigte nach dem in Artikel 4 vorgesehenen Recht vom Verpflichteten keinen Unterhalt erhalten, so ist das Recht des Staates, dem sie gemeinsam angehören, anzuwenden.

Entspricht Art. 18 Abs. 1 S. 2 EGBGB; vgl die Kommentierung Rn 14 ff.

Art. 6. Kann der Berechtigte nach den in den Artikeln 4 und 5 vorgesehenen Rechten vom Verpflichteten keinen Unterhalt erhalten, so ist das innerstaatliche Recht der angerufenen Behörde anzuwenden.

Entspricht Art. 18 Abs. 2 EGBGB; vgl die Kommentierung Rn 29 f.

Art. 7. Bei Unterhaltspflichten zwischen Verwandten in der Seitenlinie oder Verschwägerten kann der Verpflichtete dem Anspruch des Berechtigten entgegenhalten, daß nach dem Recht des Staates, dem sie gemeinsam angehören, oder, mangels einer gemeinsamen Staatsangehörigkeit, nach dem innerstaatlichen Recht am gewöhnlichen Aufenthalt des Verpflichteten eine solche Pflicht nicht besteht.

Entspricht Art. 18 Abs. 3 EGBGB; vgl die Kommentierung Rn 31 ff.

Art. 8. Abweichend von den Artikeln 4 bis 6 ist in einem Vertragsstaat, in dem eine Ehescheidung ausgesprochen oder anerkannt worden ist, für die Unterhaltspflichten zwischen den geschiedenen Ehegatten und die Änderung von Entscheidungen über diese Pflichten das auf die Ehescheidung angewandte Recht maßgebend.
Absatz 1 ist auch im Fall einer Trennung ohne Auflösung des Ehebandes und im Fall einer für nichtig oder als ungültig erklärten Ehe anzuwenden.

Entspricht Art. 18 Abs. 4 EGBGB; vgl die Kommentierung Rn 34 ff.

Art. 9. Für das Recht einer öffentliche Aufgaben wahrnehmenden Einrichtung auf Erstattung der dem Unterhaltsberechtigten erbrachten Leistungen ist das Recht maßgebend, dem die Einrichtung untersteht.

Die Vorschrift ist in Art. 18 Abs. 6 Nr. 3 EGBGB enthalten; vgl die Kommentierung Rn 69.

Art. 10. Das auf eine Unterhaltspflicht anzuwendende Recht bestimmt insbesondere,

1. ob, in welchem Ausmaß und von wem der Berechtigte Unterhalt verlangen kann;
2. wer zur Einleitung des Unterhaltsverfahrens berechtigt ist und welche Fristen für die Einleitung gelten;
3. das Ausmaß der Erstattungspflicht des Unterhaltsverpflichteten, wenn eine öffentliche Aufgaben wahrnehmende Einrichtung die Erstattung der dem Berechtigten erbrachten Leistungen verlangt.

Entspricht Art. 18 Abs. 6 EGBGB; vgl die Kommentierung Rn 59 ff, 67 ff, 73 f.

Art. 11. Von der Anwendung des durch dieses Übereinkommen bestimmten Rechtes darf nur abgesehen werden, wenn sie mit der öffentlichen Ordnung offensichtlich unvereinbar ist.
Jedoch sind bei der Bemessung des Unterhaltsbetrags die Befugnisse des Berechtigten und die wirtschaftlichen Verhältnisse des Unterhaltsverpflichteten zu berücksichtigen, selbst wenn das anzuwendende Recht etwas anderes bestimmt.

Art. 11 Abs. 1 wird durch Art. 6 EGBGB abgedeckt; vgl die Kommentierung Rn 80 ff; Art. 11 Abs. 2 entspricht Art. 18 Abs. 7 EGBGB; vgl die Kommentierung Rn 61.

Kapitel III. Verschiedene Bestimmungen

Art. 12. Dieses Übereinkommen ist nicht auf Unterhalt anzuwenden, der in einem Vertragsstaat für eine vor dem Inkrafttreten des Übereinkommens in diesem Staat liegende Zeit verlangt wird.

Art. 13. Jeder Vertragsstaat kann sich gemäß Artikel 24 das Recht vorbehalten, dieses Übereinkommen nur anzuwenden auf Unterhaltspflichten

1. zwischen Ehegatten und zwischen früheren Ehegatten;
2. gegenüber einer Person, die das einundzwanzigste Lebensjahr noch nicht vollendet hat und unverheiratet ist.

Art. 14. Jeder Vertragsstaat kann sich gemäß Artikel 24 das Recht vorbehalten, dieses Übereinkommen nicht anzuwenden auf Unterhaltspflichten

1. zwischen Verwandten in der Seitenlinie;
2. zwischen Verschwägerten;
3. zwischen geschiedenen oder ohne Auflösung des Ehebandes getrennten Ehegatten oder zwischen Ehegatten, deren Ehe für nichtig oder als ungültig erklärt worden ist, wenn das Erkenntnis auf Scheidung, Trennung, Nichtigkeit oder Ungültigkeit der Ehe in einem Versäumnisverfahren in einem Staat ergangen ist, in dem die säumige Partei nicht ihren gewöhnlichen Aufenthalt hatte.

Art. 15. Jeder Vertragsstaat kann gemäß Artikel 24 einen Vorbehalt machen, daß seine Behörden sein innerstaatliches Recht anwenden werden, wenn sowohl der Berechtigte als auch der Verpflichtete Staatsangehörige dieses Staates sind und der Verpflichtete dort seinen gewöhnlichen Aufenthalt hat.

Die Bundesrepublik hat von dem Vorbehalt nach Art. 15 HUntÜ in Form von Art. 18 Abs. 5 Gebrauch gemacht; vgl die Kommentierung Rn 42 f.

Art. 16. Kommt das Recht eines Staates mit zwei oder mehr Rechtsordnungen mit räumlicher oder personeller Anwendung auf dem Gebiet der Unterhaltspflicht in Betracht – beispielsweise, wenn auf das Recht des gewählten Aufenthalts des Berechtigten oder des Verpflichteten oder auf das Recht des Staates, dem sie gemeinsam angehören, verwiesen wird –, so ist die Rechtsordnung anzuwenden, die durch die in diesem Staat geltenden Vorschriften bestimmt wird, oder mangels solcher Vorschriften die Rechtsordnung, zu der die Beteiligten die engsten Bindungen haben.

Art. 17. Ein Vertragsstaat, in dem verschiedene Gebietseinheiten ihre eigenen Rechtsvorschriften über die Unterhaltspflicht haben, ist nicht verpflichtet, dieses Übereinkommen auf Kollisionsfälle anzuwenden, die nur seine Gebietseinheiten betreffen.

Art. 18. Dieses Übereinkommen ersetzt in den Beziehungen zwischen den Staaten, die Vertragsparteien sind, das Haager Übereinkommen vom 24. Oktober 1956 über das auf Unterhaltsverpflichtungen gegenüber Kindern anzuwendende Recht.

Jedoch ist Absatz 1 nicht auf einen Staat anzuwenden, der durch einen Vorbehalt nach Artikel 13 die Anwendung dieses Übereinkommens auf Unterhaltspflichten gegenüber Personen ausgeschlossen hat, die das einundzwanzigste Lebensjahr noch nicht vollendet haben und unverheiratet sind.

Zum Haager Übereinkommen vom 24.10.1956 (HKindUntÜ) vgl Rn 95 ff.

Art. 19. Dieses Übereinkommen berührt nicht andere internationale Übereinkünfte, deren Vertragspartei ein Vertragsstaat des Übereinkommens ist oder wird und die Bestimmungen über die durch dieses Übereinkommen geregelten Angelegenheiten enthalten.

Aus Art. 19 folgt u.a. der Vorrang des deutsch-iranischen Niederlassungsabkommens; vgl Rn 88 ff.

95 **3. Haager Kinderunterhaltsübereinkommen vom 24.10.1956.** Eine staatsvertragliche Regelung, die nach Art. 3 Abs. 3 gegenüber Art. 18 vorrangig anzuwenden ist, stellt ferner das **Haager Übereinkommen über das auf Unterhaltspflichten gegenüber Kindern anzuwendende Recht (HKindUntÜ)** vom 24.10.1956 dar.[215] Das HKindUntÜ ist für die Bundesrepublik Deutschland seit dem 1.1.1962 in Kraft. Das HKindUntÜ erfasst nach seinem Art. 1 Abs. 4 Unterhaltsansprüche von ehelichen, nichtehelichen sowie adoptierten Kindern, die unverheiratet sind und das 21. Lebensjahr noch nicht vollendet haben. Das Kind muss gem. Art. 1, 6 des Abkommens seinen gewöhnlichen Aufenthalt in einem Vertragsstaat des Abkommens haben.

96 Das HKindUntÜ wurde im Wesentlichen durch das nachfolgende HUntÜ vom 2.10.1973 ersetzt. Es war daher nur im Verhältnis zu solchen Vertragsstaaten anwendbar, die ihrerseits nicht das HUntÜ ratifiziert haben. Es handelte sich hierbei nur noch um **Belgien, China/Macao, Liechtenstein und Österreich**.[216] Die praktische Bedeutung des HKindUntÜ war also gering. Mit Inkrafttreten des Haager Protokolls (vgl Rn 3, 4 und Anhang zu Art. 18 EGBGB) ist das HKindUntÜ nur noch gegenüber China/Macao und Liechtenstein anwendbar.[217]

97 Das HKindUntÜ stellt – wie auch das nachfolgende HUntÜ von 1973 – zentral auf den gewöhnlichen Aufenthalt des Kindes ab. Hat das Kind seinen gewöhnlichen Aufenthalt in Belgien, Liechtenstein oder Österreich, so ist nach Art. 1 HKindUntÜ das jeweilige Aufenthaltsrecht des Kindes anzuwenden. Art. 2 des Abkommens enthält eine dem Art. 15 HUntÜ entsprechende Vorbehaltsklausel, von der die Bundesrepublik Deutschland Gebrauch gemacht hat. Im Ergebnis findet damit – wie bei Art. 18 Abs. 5 EGBGB – auf Unterhaltsansprüche deutscher Kinder deutsches Recht Anwendung, wenn der Verpflichtete ebenfalls deutscher Staatsangehöriger ist und seinen gewöhnlichen Aufenthalt in Deutschland hat. Daneben enthält Art. 3 HKindUntÜ eine Verweisung auf die „innerstaatlichen Kollisionsnormen" für den Fall, dass das Recht am gewöhnlichen Aufenthalt des Kindes keinen Anspruch vorsieht. Über Art. 3 HKindUntÜ finden daher Art. 18 Abs. 1 S. 2 EGBGB (Art. 5 HUntÜ) sowie Art. 18 Abs. 2 EGBGB (Art. 6 HUntÜ) entsprechende Anwendung. Inhaltlich ergeben sich damit keine grundsätzlichen Unterschiede zum HUntÜ bzw zu Art. 18 EGBGB.

98 Ein Unterschied ist allerdings im Falle der **Vorfragenanknüpfung** festzustellen. Die Vorfrage nach der Vaterschaft wird nach hM im HKindUntÜ nicht gesondert angeknüpft, sondern ist Teil der Hauptfrage nach der Unterhaltsberechtigung. Sie ist m.a.W. unmittelbar nach dem Recht zu beurteilen, das auch für den Unterhaltsanspruch anzuwenden ist.[218]

C. Weitere praktische Hinweise

I. Prozessuale Hinweise

99 **1. Internationale Zuständigkeit. a) Verfahren, die vor dem 18.6.2011 eingeleitet worden sind. aa) EuGVVO (LuGÜ).** Die **EuGVVO** enthält für den Zeitraum bis zum 18.6.2011 die maßgeblichen Regelungen zur **internationalen Zuständigkeit** sowie zur Anerkennung und Vollstreckung von Unterhaltsentscheidungen anderer EU-Mitgliedstaaten. Für Verfahren, die ab dem 18.6.2011 neu eingeleitet werden, ist demgegenüber die **UnterhaltsVO** einschlägig (vgl dazu unten Rn 104 ff).

215 BGBl II 1961 S. 1013.

216 *Johannsen/Henrich*, Art. 18 Rn 7; MüKo/*Siehr*, Anh. II zu Art. 18 EGBGB, UStAK Rn 1.

217 Siehe näher BT-Drucks. 17/4887 S. 53 l. Sp. (dort auch zur Reichweite des Abkommens im Einzelnen); ferner MüKo/*Siehr*, Anh. II zu Art. 18 EGBGB, UStAK Rn 1.

218 Vgl die Nachw. bei Staudinger/*Mankowski*, Art. 18 EGBGB Anh. II Rn 11, der allerdings entgegen der hM eine selbstständige Anknüpfung befürwortet (Rn 12).

Grundsätzlich folgt aus Art. 2 EuGVVO, dass die Gerichte desjenigen EU-Mitgliedstaates international zuständig sind, in dem der Beklagte seinen Wohnsitz hat. Art. 5 Nr. 2 EuGVVO sieht für Unterhaltssachen einen besonderen Gerichtsstand vor. Zuständig sind demnach auch die Gerichte des Ortes, an dem der Unterhaltsberechtigte seinen Wohnsitz oder gewöhnlichen Aufenthalt hat.[219] Ist über die Unterhaltssache im Zusammenhang mit einem Verfahren über den Personenstand zu entscheiden, so besteht ferner eine internationale Zuständigkeit des für dieses Verfahren zuständigen Gerichts, wenn es nach seinem innerstaatlichen Zuständigkeitsrecht für dieses Verfahren zuständig ist, es sei denn, die Zuständigkeit für das Verfahren über den Personenstand beruht ausschließlich auf der Staatsangehörigkeit einer der Parteien.[220] Art. 5 Nr. 2 EuGVVO gilt nicht für Regressklagen von Behörden.[221] **100**

Art. 2 und 5 EuGVVO setzen voraus, dass der Beklagte seinen Wohnsitz in einem Mitgliedstaat der EU hat.[222] Ist dies nicht der Fall, so ist nach Art. 4 EuGVVO – vorbehaltlich der Art. 22, 23 EuGVVO – das sonstige staatsvertragliche Zuständigkeitsrecht wie das LugÜ bzw das nationale Zuständigkeitsrecht anzuwenden. Das **LugÜ** enthält der EuGVVO entsprechende Vorschriften. **101**

bb) Unvereinheitlichtes deutsches Zuständigkeitsrecht. Auf das deutsche Zuständigkeitsrecht ist zurückzugreifen, soweit Art. 5 Nr. 2 EuGVVO (bzw die Parallelvorschriften des LugÜ) auf das deutsche Zuständigkeitsrecht verweisen. Daneben ist auf das deutsche Zuständigkeitsrecht zurückzugreifen, wenn die EuGVVO (das LuGÜ) – dann, wenn der Beklagte seinen Wohnsitz nicht in einem Mitglieds- oder Vertragsstaat hat – selbst keine Anwendung findet. **102**

Ist in Deutschland eine Ehesache anhängig, folgt die internationale Zuständigkeit des deutschen Gerichts für die Unterhaltssache aus § 98 Abs. 2 FamFG iVm § 137 Abs. 2 Nr. 2 FamFG. Die Zuständigkeit für die Ehesache folgt seit 1.3.2005 aus der Verordnung des Rates Nr. 2201/2003 vom 27.11.2003 **(EheVO 2003).**[223] Im Übrigen folgt die internationale Zuständigkeit aus § 105 FamFG iVm § 232 FamFG. § 233 FamFG sieht eine nachträgliche Abgabe an das Gericht der Ehesache vor. **103**

b) Verfahren, die an bzw. nach dem 18.6.2011 eingeleitet werden. Für Verfahren, die am bzw. nach dem 18.6.2011 eingeleitet werden, ist für die Fragen der internationalen Zuständigkeit die **UnterhaltsVO**[224] anzuwenden (§ 75 Abs. 1 UnterhaltsVO). Die UnterhaltsVO ist ab dem 18.6.2011 anwendbar (Art. 76 Abs. 3 S. 1 UnterhaltsVO).[225] Zwar stellt Art. 76 Abs. 3 S. 2 die Anwendbarkeit der UnterhaltsVO unter die Bedingung, dass zu diesem Zeitpunkt auch das Haager Protokoll in der Gemeinschaft anwendbar ist. Der Rat der EU hat jedoch die Anwendbarkeit des Haager Protokolls in der EU ab dem 18.6.2011 sichergestellt.[226] Die internationale Zuständigkeit bemisst sich nur für Verfahren, die noch vor diesem Datum eingeleitet werden, nach dem bisherigen Recht.. **104**

Die UnterhaltsVO erfasst grundsätzlich diejenigen Unterhaltsverfahren, die zuvor in den Anwendungsbereich der EuGVVO fielen. Hierzu zählen auch Verfahren, in denen **Ansprüche aus Lebenspartnerschaft** und **105**

219 Der Wohnsitz bestimmt sich nach Art. 59 EuGVVO.

220 In Deutschland ist von der in Art. 5 Nr. 2 EuGVVO enthaltenen Ausnahme die Staatsangehörigkeitszuständigkeit für die Vaterschaftsfeststellung betroffen (§ 100 Nr. 1 FamFG), die gem. §§ 179 Abs. 1 S. 2, 237 FamFG einen Verbund für Unterhaltssachen begründen kann. Die internationale Zuständigkeit für Scheidungssachen, die sich auf Art. 3, 4, 5 EheVO stützt, beruht demgegenüber niemals nur auf der Staatsangehörigkeit von lediglich einer der Parteien (vgl *Kropholler*, Europäisches Zivilprozessrecht, Art. 5 EuGVVO Rn 60 f).

221 EuGH, Freistaat Bayern/Jan Blijdenstein Urt. v. 15.1.2004 FamRZ 2004, 513 = NJW 2004, 1439; OLG Dresden NJW 2007, 446; Rauscher/*Leible*, Europäisches Zivilprozess- und Kollisionsrecht, 20011, Art. 5 Brüssel I-VO Rn 67; *Rausch*, FuR 2004, 337.

222 Mit dem Abkommen zwischen der EG und dem Königreich Dänemark vom 19.10.2005, ABl. EU L 299, S. 62, in Kraft getreten zum 1.7.2007, ABl. EU L 94, S. 70, wurde der Anwendungsbereich der EuGVO auch auf Dänemark ausgedehnt.

223 Die EheVO 2003 kennt, außer für Verfahren betreffend die elterliche Verantwortung, keine Verbundszuständigkeit und überlässt die Zuständigkeitsregelung hinsichtlich Folgesachen der lex fori. § 98 Abs. 2 FamFG wird deshalb nicht von Art. 3 ff. EheVO 2003 verdrängt. So auch MüKo-ZPO/*Rauscher*, § 98 FamFG Rn 101.

224 Verordnung (EG) Nr. 4/2009 des Rates vom 18.12.2008 über die Zuständigkeit, das anwendbare Recht, die Anerkennung und Vollstreckung von Entscheidungen und die Zusammenarbeit in Unterhaltssachen (ABl. EG L 7/1 v. 10.1.2009).

225 Allein die Art. 2 Abs. 2, 47 Abs. 3, 71, 72 und 73 UnterhaltsVO gelten bereits ab dem 18.9.2010 (Art. 76 Abs. 3 S. 1 UnterhaltsVO).

226 Gemäß Art. 25 des Haager Protokolls tritt dieses am ersten Tag des Monats in Kraft, der auf einen Zeitabschnitt von drei Monaten nach der Hinterlegung der zweiten Ratifikations-, Annahme-, Genehmigungs- oder Beitrittsurkunde nach Art. 23 des Protokolls folgt. Sollte das Haager Protokoll, da keine zweite Ratifikationsurkunde rechtzeitig hinterlegt wird, nicht zum 18.6.2011 in Kraft treten, wird die EU nach einem Beschluss des Rates aber die Vorschriften des Protokolls *vorläufig* anwenden und dadurch auch die Anwendbarkeit der UnterhaltsVO bereits zum 18.6.2011 auslösen. Siehe Beschluss des Rates vom 30.11.2009 über den Abschluss des Haager Protokolls vom 23.11.2007 über das auf Unterhaltspflichten anzuwendende Recht durch die Europäische Gemeinschaft (ABl. EG L 331/17, dort Art. 3).

nichtehelicher Lebensgemeinschaft geltend gemacht werden. Vom sachlichen Anwendungsbereich der UnterhaltsVO erfasst sind auch **Abänderungsklagen des Unterhaltsschuldners** (vgl Art. 8 UnterhaltsVO) sowie – nach allerdings noch nicht gesicherter Auffassung – auch negative Feststellungsklagen und Rückforderungsklagen des Unterhaltsschuldners.[227]

106 Nach Art. 3 lit. a UnterhaltsVO sind die Gerichte des Mitgliedstaates zuständig, in dem der **Beklagte seinen gewöhnlichen Aufenthalt** hat. Hieraus ergibt sich ein kleiner Unterschied zur EuGVVO, die noch auf den „Wohnsitz" des Beklagten abstellt.[228] Durch die Verwendung des Merkmals „gewöhnlicher Aufenthalt" wird ein Gleichklang zwischen der Zuständigkeit nach der UnterhaltsVO und der Anknüpfung nach Art. 3 und Art. 4 Abs. 3 des Haager Protokolls hergestellt.[229] Alternativ ist nach Art. 3 lit. b UnterhaltsVO das Gericht des Ortes zuständig, an dem der **Unterhaltsgläubiger seinen gewöhnlichen Aufenthalt** hat.[230]

107 Nach Art. 3 lit. c UnterhaltsVO ist weiter das Gericht zuständig, das nach seinem Recht[231] für ein Verfahren in Bezug auf den Personenstand zuständig ist, wenn in der Nebensache zu diesem Verfahren über eine Unterhaltssache zu entscheiden ist. Die Zuständigkeit für die Unterhaltssache besteht nur dann nicht, wenn sich diese Zuständigkeit für das Verfahren in Bezug auf den Personenstand einzig auf der Staatsangehörigkeit einer der Parteien beruht. Art. 3 lit. c UnterhaltsVO entspricht Art. 5 Nr. 2 Var. 3 Brüssel I-VO.[232] Im deutschen Recht findet sich eine Durchführungsbestimmung zu Art. 3 lit. c UnterhaltsVO in dem – ab 18.6.2011 anwendbaren – § 25 AUG.

108 Eine Neuerung enthält sodann Art. 3 lit. d UnterhaltsVO. Hiernach ist alternativ auch das Gericht zuständig, das nach seinem Recht für ein Verfahren in Bezug auf die **elterliche Verantwortung** zuständig ist, wenn in der Nebensache zu diesem Verfahren über eine Unterhaltssache zu entscheiden ist. Wie bei lit. c gilt dies aber nicht, wenn diese Zuständigkeit einzig auf der Staatsangehörigkeit einer der Parteien beruht. Unter Verfahren über die elterliche Verantwortung sind die in Art. 1 Abs. 2, 2 Nr. 7 Brüssel IIa-VO genannten Verfahren zu verstehen,[233] also insbesondere Sorgerechtsverfahren. Art. 3 lit. d UnterhaltsVO geht allerdings in Deutschland ins Leere, da das deutsche Recht keinen Zuständigkeitsverbund zwischen einem sorgerechtlichen Verfahren und einer Unterhaltssache kennt.

109 **Gerichtsstandsvereinbarungen** werden in Art. 4 UnterhaltsVO abweichend von der EuGVVO geregelt. Die Regelung soll insb. den Unterhaltsgläubiger schützen. Dementsprechend ist eine Gerichtsstandsvereinbarung nur dann möglich, wenn (zumindest) eine Partei einen Bezug zu dem betreffenden Mitgliedstaat hat. Ein hinreichender Bezug wird durch den gegenwärtigen gewöhnlichen Aufenthalt (lit. a) und alternativ durch die gegenwärtige Staatsangehörigkeit einer Partei (lit. b) hergestellt.[234] Im Verhältnis zwischen Ehegatten eröffnet lit. c zusätzliche Möglichkeiten der Gerichtsstandsvereinbarung.[235] Eine Gerichtsstandsvereinbarung kann nur schriftlich bzw uU auf elektronischem Wege geschlossen werden (Art. 4 Abs. 2 UnterhaltsVO). Gänzlich ausgeschlossen wird eine Gerichtsstandsvereinbarung schließlich dann, wenn sie sich auf eine Unterhalts-

227 Dazu näher *Gruber,* IPRax 2010, 128, 120 ff. Zu Rückforderungsklagen des Unterhaltsschuldners wie hier RegE zum AUG, BT-Drucks. 17/4887, S. 33 (jedenfalls dann, wenn diese mit einem Abänderungsantrag verbunden sind).

228 Zur näheren Bestimmung des „Wohnsitzes" vgl Art. 59 Brüssel I-VO.

229 Vgl bereits die Mitteilung der Kommission an den Rat und das Europäische Parlament v. 12.5.2006, KOM(2006) 206 endgültig, zu Art. 3 des Verordnungsvorschlags.

230 § 28 AUG führt in Deutschland eine Zuständigkeitskonzentration herbei. Wenn ein Beteiligter seinen gewöhnlichen Aufenthalt nicht im Inland hat, entscheidet über Anträge in Unterhaltssachen in den Fällen des Art. 3 lit. a und b UnterhaltsVO ausschließlich das für den Sitz des Oberlandesgerichts, in dessen Bezirk der Antragsgegner oder der Berechtigte seinen gewöhnlichen Aufenthalt hat, zuständige Amtsgericht (§ 28 Abs. 1 S. 1 AUG). Für den Bezirk des KG ist das AG Pankow-Weißensee zuständig (§ 28 Abs. 1 S. 2 AUG). § 28 Abs. 2 AUG ermöglicht es den Ländern, die Zuständigkeit abweichend einem anderen Amtsgericht zuzuweisen.

231 Hierunter fallen nicht nur das innerstaatliche Recht, sondern auch das Gemeinschaftsrecht und die in dem betreffenden Mitgliedstaat geltenden internationalen Übereinkommen (vgl Textvorschlag des Rates v. 11.1.2008 (5169/08), dort Fn 9).

232 Nach deutschem Recht besteht bei Scheidungsklagen eine Verbundszuständigkeit von Scheidungs- und Folgesachen, insbesondere aus der Unterhaltspflicht gegenüber einem gemeinsamen Kind und ehebegründeter Unterhaltspflicht, § 137 FamFG. Zudem ist bei Vaterschaftsfeststellungsklagen über den Kindes(regel)unterhalt im Zusammenhang zu entscheiden, § 237 FamFG.

233 Vgl bereits die Mitteilung der Kommission an den Rat und das Europäische Parlament, KOM(2006) 206 endgültig, zu Art. 3 des Verordnungsvorschlags.

234 Hierbei dürfte bei Mehrstaatern auch eine nicht-effektive Staatsangehörigkeit ausreichen. Dies entspricht der Auslegung des Art. 3 Abs. 1 lit. b Brüssel IIa-VO durch den EuGH zu (EuGH, Urt. v. 16.7.2009, Rs. C 168/08 – *Laszlo Hadadi ./. Csilla Marta Mesko,* mit krit. Bespr. *Kohler,* FamRZ 2009, 1574). Bei Mitgliedstaaten, die anstelle der Staatsangehörigkeit den Begriff des Wohnsitzes als Anknüpfungspunkt verwenden, kommt es nach Art. 2 Abs. 3 UnterhaltsVO nicht auf die Staatsangehörigkeit, sondern auf das „domicile" in einem Mitgliedstaat an (vgl dazu noch unten bei Fn 81).

235 Zu dem unklaren Verhältnis der lit. c zu lit. a und lit. b siehe *Gruber,* IPRax 2010, 128, 133. Zur örtlichen Zuständigkeit siehe § 26 AUG.

pflicht gegenüber einem Kind[236] bezieht, das das 18. Lebensjahr noch nicht vollendet hat (Art. 4 Abs. 3 UnterhaltsVO).[237]

Art. 5 UnterhaltsVO sieht – in Übereinstimmung mit Art. 24 EuGVVO – die Möglichkeit einer **rügelosen** **110**
Einlassung vor.

Im Unterschied zur EuGVVO schließt die UnterhaltsVO den Rückgriff auf nationales Zuständigkeitsrecht **111**
vollständig aus; aus dem FamFG kann daher ab dem 18.6.2011 eine internationale Zuständigkeit nicht mehr hergeleitet werden. Für Fälle mit Drittstaatenbezug sehen dementsprechend Art. 6 eine **„Auffangzuständigkeit"** und Art. 7 eine **„Notzuständigkeit"** vor. Ist kein EU-Mitgliedstaat nach Art. 3, 4 oder 5 UnterhaltsVO und darüber hinaus auch kein Vertragsstaat des Luganer Abkommens zuständig, besteht nach Art. 6 UnterhaltsVO eine Zuständigkeit der Gerichte des Mitgliedstaats, dem die Parteien gemeinsam angehören.[238] Ergibt sich auch aus Art. 6 UnterhaltsVO keine Zuständigkeit, so können die Gerichte eines Mitgliedstaats nach Art. 7 UnterhaltsVO in Ausnahmefällen über den Rechtsstreit entscheiden, wenn es nicht zumutbar ist oder es sich als unmöglich erweist, ein Verfahren in einem Drittstaat, zu dem der Rechtsstreit einen engen Bezug aufweist, einzuleiten oder zu führen.[239]

Art. 8 UnterhaltsVO sieht schließlich eine perpetuatio jurisdictionis für bestimmte Fälle vor, in denen der **112**
Unterhaltsschuldner eine **Abänderungsklage** gegen den Unterhaltsgläubiger erhebt.[240] Die Vorschrift betrifft den Fall, dass die abzuändernde Entscheidung in einem Mitgliedstaat oder einem sonstigen Vertragsstaat des Haager Übereinkommens vom 23.11.2007 (vgl unten Rn 124)[241] ergangen ist, in dem der Unterhaltsgläubiger seinen gewöhnlichen Aufenthalt hatte.[242] Solange der Unterhaltsgläubiger seinen gewöhnlichen Aufenthalt weiterhin[243] in diesem Mitglieds- bzw Vertragsstaat hat, kann der Unterhaltsschuldner eine Abänderungsklage nur in diesem Staat erheben. Dem Unterhaltsgläubiger wird es damit erspart, sich bei einer Abänderungsklage des Unterhaltschuldners in einen anderen Mitgliedstaat begeben zu müssen.[244] Art. 8 UnterhaltsVO spricht ausdrücklich nur von der Abänderung von „Entscheidungen" (vgl dazu Art. 1 Abs. 1 Nr. 1 UnterhaltsVO). Nach der hier vertretenen Auffassung dürfte die Vorschrift gem. Art. 48 Abs. 2 UnterhaltsVO auch für die Änderung gerichtlicher Vergleiche und öffentlicher Urkunden anzuwenden sein.[245]

Für **einstweilige Maßnahmen** enthält Art. 14 UnterhaltsVO eine mit Art. 31 Brüssel I-VO identische Regel. **113**

2. Anerkennung und Vollstreckung. a) Rechtslage bis zum 18.6.2011. aa) EuGVVO (LuGÜ). Die **114**
Anerkennung und Vollstreckung von Entscheidungen anderer EU-Mitgliedstaaten in Unterhaltssachen richtete sich bis zum 18.6.2011 noch nach Art. 32 ff EuGVVO; nunmehr ist jedenfalls für Verfahren, die ab dem 18.6.2011 eingeleitet wurden, die UnterhaltsVO anzuwenden (zur genauen intertemporalen Abgrenzung von EuGVVO und UnterhaltsVO für Fragen der Anerkennung und Vollstreckung siehe unten Rn 123). Daneben galt bei Entscheidungen der jeweiligen Vertragsstaaten das LugÜ. Die EuGVVO steht allerdings einer alternativen Anwendung staatsvertraglicher Anerkennungsregeln nicht entgegen (Art. 71 EuGVVO), etwa im Hinblick auf das Anerkennungsverfahren einerseits und die Anerkennungsversagungsgründe andererseits.[246] EuGVVO (LuGÜ) beziehen sich auch auf die Vollstreckbarerklärung von öffentlichen Urkunden und Prozessvergleichen (Art. 57 f EuGVVO, Art. 50 f LuGÜ).

236 Eine Sonderregel enthält Art. 4 Abs. 4 UnterhaltsVO für den Fall, dass die Parteien die Zuständigkeit eines Vertragsstaats des Lugano-Abkommens außerhalb der EG vereinbart haben. In diesem Fall gilt das Lugano-Abkommen; unberührt bleibt allerdings Art. 4 Abs. 3 UnterhaltsVO.

237 Auf geschäftsunfähige Erwachsene kann die Norm, wie sich auch aus der Gesetzesgeschichte ergibt, nicht analog angewendet werden; siehe Art. 4 Nr. 4 des Textvorschlags des Rates v. 20.12.2006 (16830/06), in dem die Erweiterung auf „unterstützungsbedürftige Erwachsene" iSd Haager Übereinkommens über den internationalen Schutz von Erwachsenen noch ausdrücklich als Möglichkeit aufgeführt ist.

238 Es ist davon auszugehen, dass auch eine gemeinsame nicht-effektive Staatsangehörigkeit die Zuständigkeit nach Art. 6 UnterhaltsVO begründet (vgl zur EheVO 2003 EuGH, Urt. v. 16.7.2009, Rs. C 168/08 – *Laszlo Hadadi ./. Csilla Marta Mesko,* mit krit. Bespr. *Kohler,* FamRZ 2009, 1574).

239 Die örtliche Zuständigkeit im Falle der Notzuständigkeit nach Art. 6, 7 UnterhaltsVO ergibt sich in Deutschland aus § 27 AUG.

240 Eine Parallelvorschrift, die Art. 8 UnterhaltsVO wesentlich beeinflusst hat, findet sich in Art. 18 des Haager Überkommens von 2007; vgl dazu näher *Beaumont,* RabelsZ 73 (2009), 509, 532 ff.

241 Die UnterhaltsVO sieht also in diesem Fall auch eine *perpetuatio jurisdictionis* für Nicht-Mitgliedstaaten vor.

242 Erfasst sind damit vor allem die Fälle des Art. 3 lit. b UnterhaltsVO.

243 Aus diesem Merkmal dürfte zu entnehmen sein, dass er diesen gewöhnlichen Aufenthalt ununterbrochen beibehalten haben muss. Vgl dazu auch die Fallbeispiele bei *Alegría Borrás ./. Jennifer Degeling,* Avant-projet de convention sur le recouvrement international des aliments envers les enfants et d´autres membres de la famille, Projet de Rapport explicatif (Document préliminaire No 32), Rn 446 ff.

244 *Beaumont,* RabelsZ 73 (2009), 509, 536.

245 *Gruber,* IPRax 2010, 128, 135.

246 Vgl Staudinger/*Kropholler,* IPR Art. 18 EGBGB Anh. III Rn 120; Rauscher/*Staudinger,* Europäisches Zivilprozessrecht, 2006, Einl. Brüssel I-VO Rn 25; eingehend zur Vollstreckbarerklärung von Titeln auf Kindesunterhalt im Verhältnis zwischen Deutschland und Österreich *Heiderhoff,* IPRax 2004, 99 ff.

115 **bb) Haager Übereinkommen vom 2.10.1973.** Einschlägig war ferner das Haager Übereinkommen vom 2.10.1973 über die Anerkennung und Vollstreckung von Unterhaltsentscheidungen. Es ist in der Bundesrepublik Deutschland seit dem 1.4.1987 in Kraft.[247] Das Übereinkommen erfasst alle Entscheidungen eines Vertragsstaats, die sich auf familienrechtlich begründete Unterhaltsansprüche beziehen (Art. 1 Abs. 1 Nr. 1). Daneben ist es auch anzuwenden auf den Regress öffentlicher Stellen (Art. 1 Abs. 1 Nr. 2) sowie auf Vergleiche auf dem Gebiet des Unterhaltsrechts (Art. 1 Abs. 2).[248] Vertragsstaaten sind neben Deutschland Andorra, Australien, Dänemark, Estland, Finnland, Frankreich, Griechenland, Italien, Litauen, Luxemburg, Niederlande, Norwegen, Polen, Portugal, Schweden, Schweiz, Slowakei, Spanien, Tschechische Republik, Türkei, Ukraine, Vereinigtes Königreich von Großbritannien und Nordirland.[249]

116 **cc) Haager Übereinkommen vom 15.4.1958.** Daneben ist noch das Haager Übereinkommen vom 15.4.1958 über die Anerkennung und Vollstreckung von Entscheidungen auf dem Gebiet der Unterhaltspflicht gegenüber Kindern in Kraft.[250] Der Anwendungsbereich des Abkommens beschränkt sich auf Entscheidungen über Unterhaltsansprüche von unverheirateten Kindern unter 21 Jahren.[251] Das Übereinkommen gilt nur noch im Verhältnis zu Staaten, die das Übereinkommen vom 2.10.1973 nicht ratifiziert haben. Es handelt sich um Belgien, Liechtenstein, Österreich, Surinam und Ungarn sowie ferner überseeische französische Départments und Hoheitsgebiete.[252]

117 **dd) Bilaterale Staatsverträge.** Daneben kommt die Anerkennung und Vollstreckung nach der Maßgabe bilateraler Staatsverträge in Betracht. Beispielsweise ist das deutsch-schweizerische Abkommen vom 2.11.1929 weiterhin in Kraft und neben dem LuGÜ anwendbar.[253] Praktische Bedeutung kommt den bilateralen Staatsverträgen idR nicht zu, da sie über das anwendbare Gemeinschaftsrecht bzw die Haager Übereinkommen nicht hinausgehen.[254] Von Bedeutung sind noch der Vertrag zwischen der Bundesrepublik Deutschland und dem Staat Israel über die gegenseitige Anerkennung und Vollstreckung gerichtlicher Entscheidungen in Zivil- und Handelssachen vom 20. Juli 1977[255] und der Rechtshilfe- und Vollstreckungsvertrag mit Tunesien vom 19. Juli 1966.[256]

118 **ee) Unvereinheitlichtes deutsches Recht.** Soweit weder die EuGVVO noch einer der Staatsverträge anwendbar sind, richtet sich die Anerkennung und Vollstreckung ausländischer Entscheidungen nach dem unvereinheitlichten deutschen Recht. Maßgebend sind also die §§ 107 ff. FamFG.

119 Grundsätzlich erfolgt die Anerkennung der ausländischen Entscheidung auch nach Maßgabe des § 108 FamFG inzident. Etwas anderes gilt nur dann, wenn der Unterhaltstitel im Verbundverfahren mit einer Ehescheidung ergangen ist. Dann ist – die Fälle des § 107 Abs. 2 S. 2 ausgenommen – ein Anerkennungsverfahren vor der Landesjustizverwaltung durchzuführen. Dies gilt allerdings nur für einen Titel auf nachehelichen Unterhalt, nicht für Titel auf Kindesunterhalt.[257]

120 **b) Änderungen ab dem 18.6.2011; zukünftiges Haager Abkommen. aa) UnterhaltsVO.** Auch für die Anerkennung und Vollstreckung bringen die Art. 16 ff UnterhaltsVO gegenüber der EuGVVO eine wesentliche Neuerung. Die Anerkennung kann nach der UnterhaltsVO in den meisten Fällen – dann, wenn die Entscheidung aus einem Mitgliedstaat stammt, der an das Haager Protokoll gebunden ist – nicht mehr überprüft werden (Art. 17 Abs. 1 UnterhaltsVO); das Vollstreckbarerklärungserfordernis entfällt (Art. 17 Abs. 2 UnterhaltsVO). Damit wird die Lösung, welche die EG bereits in den Art. 40 ff Brüssel IIa-VO,[258] der

247 BGBl II 1986 S. 826.
248 Ausf. Kommentierung des Abkommens bei Staudinger/*Kropholler*, Art. 18 EGBGB Anh. III Rn 133 ff.
249 *Johannsen/Henrich*, Art. 18 Rn 41. Eine aktuelle Liste der Vertragsstaaten ist abrufbar unter http://www.hcch.net/index_de.php?act=conventions.status&cid=85 (Stand: 120.6.2011).
250 BGBl II 1961 S. 1006.
251 Ausf. Kommentierung des Abkommens bei Staudinger/*Kropholler*, Art. 18 EGBGB Anh. III Rn 31 ff.
252 Staudinger/*Kropholler*, Art. 18 EGBGB Anh. III Rn 32; *Johannsen/Henrich*, Art. 18 Rn 41.
253 Hierzu etwa *Finger*, FuR 2001, 97, 99 f.
254 *Mankowski*, IPRax 2000, 188, 190.
255 BGBl. 1980 II S. 925. Israel wird voraussichtlich das Übereinkommen über die internationale Geltendmachung der Unterhaltsansprüche von Kindern und anderen Familienangehörigen vom 23.11.2007 (Haager Übereinkommen von 2007) ratifizieren (siehe BT-Drucks. 17/4887, S. 32 r. Sp.).
256 BGBl. 1969 II S. 889.
257 Staudinger/*Mankowski*, Art. 18 EGBGB Anh. I Rn 40; *Henrich*, IPRax 1990, 59, 60.
258 Betreffend das Umgangsrecht und bestimmte Fälle der Kindesrückgabe im Anschluss an eine Entführung.

EuVTVO,[259] der EU-MahnVO[260] und der EU-BagatellVO[261] gewählt hat, auf Unterhaltstitel übertragen.[262] Die erleichterte Anerkennung betrifft in erster Linie Titel, die Unterhalt zusprechen.[263] Sie dürfte aber u.a. auch für Titel gelten, die die Rückerstattung zu viel gezahlten Unterhalts zum Gegenstand haben.[264] Eine Vollstreckung aus dem ohne weiteres anzuerkennenden Titel setzt bei Entscheidungen aus Mitgliedstaaten, die durch das Haager Protokoll gebunden sind, lediglich voraus, dass der Antragsteller den Vollstreckungsbehörden die in Art. 20 Abs. 1 UnterhaltsVO aufgelisteten Urkunden vorlegt. Eine Vollstreckung kann nur ausnahmsweise unter den engen Voraussetzungen des Art. 21 UnterhaltsVO verweigert werden, namentlich dann, wenn das Recht auf Vollstreckung entweder nach dem Recht des Ursprungsmitgliedstaats oder nach dem Recht des Vollstreckungsmitgliedstaats verjährt ist, wobei die längere Verjährungsfrist gilt (Abs. 2 Unterabs. 1), oder wenn die Entscheidung mit einer im Vollstreckungsmitgliedstaat ergangenen oder dort anzuerkennenden Entscheidung unvereinbar ist (Abs. 2 Unterabs. 2).[265] Ferner sieht Art. 19 UnterhaltsVO im Ursprungsmitgliedstaat einen **außerordentlichen Rechtsbehelf** des Beklagten vor, soweit sich dieser nicht auf das Verfahren eingelassen hat. Der Beklagte hat das Recht, eine Nachprüfung der Entscheidung durch das zuständige Gericht dieses Mitgliedstaats zu beantragen, wenn ihm das verfahrenseinleitende Schriftstück nicht so rechtzeitig und in einer Weise zugestellt worden ist, dass er sich verteidigen konnte (Abs. 1 lit. a) oder er aufgrund höherer Gewalt oder aufgrund außergewöhnlicher Umstände ohne eigenes Verschulden nicht in der Lage gewesen ist, Einspruch gegen die Unterhaltsforderung zu erheben (Abs. 1 lit. b).[266]

Entscheidungen aus Mitgliedstaaten, die nicht durch das Haager Protokoll gebunden sind werden nach Regeln **121** anerkannt und vollstreckt, die sich an die entsprechenden Vorschriften der EuGVVO anlehnen (Art. 23 ff UnterhaltsVO). Die Anerkennung kann im Einzelfall u.a. aus Gründen des ordre public versagt werden (Art. 24 UnterhaltsVO); die Vollstreckung setzt voraus, dass sie im Vollstreckungsmitgliedstaat für vollstreckbar erklärt wird (Art. 26 UnterhaltsVO). Dies betrifft allerdings nur Entscheidungen aus dem Vereinigten Königreich und Dänemark, soweit diese nicht dem Haager Protokoll beitreten sollten.[267]

Ein Antrag auf Vollstreckung kann nicht nur durch Unterhaltsgläubiger, sondern auch durch eine öffentliche **122** Aufgaben wahrnehmende Einrichtung gestellt werden (Art. 64 Abs. 1 UnterhaltsVO).[268] Vorausgesetzt wird hierbei, dass sie für eine unterhaltsberechtigte Person handelt oder ihr Leistungen zu erstatten sind, die sie anstelle von Unterhalt an die unterhaltsberechtigte Person erbracht hat.[269]

Die Regeln der UnterhaltsVO für die Fragen der Anerkennung, Vollstreckbarerklärung und Vollstreckung **123** gelten nach deren Art. 75 Abs. 1 für an bzw nach dem 18.6.2011 eingeleitete Verfahren, gebilligte oder geschlossene gerichtliche Vergleiche und ausgestellte öffentliche Urkunden. Zusätzlich sieht Art. 75 Abs. 2 noch eine zeitliche Vorverlagerung vor. Allerdings betrifft Art. 75 Abs. 2 nicht die Anerkennung und Voll-

259 Verordnung (EG) Nr. 805/2004 des Europäisches Parlaments und des Rates zur Einführung eines europäischen Vollstreckungstitels für unbestrittene Forderungen vom 21.4.2004 (ABl. EU L 143/15).

260 Verordnung (EG) Nr. 1896/2006 des Europäischen Parlaments und des Rates vom 12.12.2006 zur Einführung eines europäischen Mahnverfahrens (Abl. EU L 399/1).

261 Verordnung (EG) Nr. 861/2007 des Europäisches Parlaments und des Rates vom 11.7.2007 zur Einführung eines europäischen Verfahrens für geringfügige Forderungen (ABl. EU L 199/1).

262 Hierzu etwa *Andrae*, S. 458; *Hess/Mack*, JAmt 2007, 229, 233; *Looschelders/Boos*, FamRZ 2006, 374, 383; *Martiny*, FamRZ 2008, 1681, 1689 f.

263 Vgl die Formulierung in Satz 1 des 25. Erwägungsgrundes.

264 Näher dazu *Gruber*, IPRax 2010, 128, 136; vgl dazu Textvorschlag des Rates v. 20.12.2006, 16830/06, Fn 1 zu Art. 38 des Entwurfs („Der Ausschuss sollte prüfen, ob und inwieweit dieses Kapitel auch auf öffentliche Urkunden, gerichtliche Vergleiche und Vereinbarungen betreffend den Verzicht auf einen Unterhaltsanspruch, oder die Zusage des Unterhaltsberechtigten, gezahlte Unterhaltsleistungen, auf die kein Anspruch bestand, zurückzuerstatten (ungerechtfertigte Bereicherung), Anwendung finden sollte.").

265 Abs. 2 Unterabs. 2 lehnt sich an Art. 21 Abs. 1 EuVTVO, Art. 22 Abs. 1 EU-MahnVO und Art. 22 Abs. 1 EU-BagatellVO an. Unterabs. 3 stellt klar, dass eine Abänderungsentscheidung nicht als Entscheidung iSv Unterabs. 2 gilt.

266 Hierzu findet sich eine Durchführungsvorschrift in § 70 AUG.

267 Das Vereinigte Königreich wird sich voraussichtlich nicht an das Haager Protokoll binden (vgl Rat der Europäischen Union v. 15.12.2008 (17102/08), Rn 5).

268 Die Vorschrift entspricht inhaltlich Art. 36 des Haager Übereinkommens von 2007.

269 Die gerichtliche Geltendmachung von Unterhaltsregressansprüchen öffentlicher Behörden dürfte sich allerdings weiterhin nach der Brüssel I-VO und nicht nach der UnterhaltsVO richten. Dies lässt sich aus einem Umkehrschluss zu Art. 64 Abs. 1 UnterhaltsVO ableiten. Vor allem entspricht dies der Rechtsprechung des EuGH zu Art. 5 Nr. 2 EuGVÜ/Brüssel I-VO. Regressansprüche der öffentlichen Hand sind nach dem EuGH nicht vom Begriff des Unterhalts in Art. 5 Nr. 2 EuGVÜ (= Art. 5 Nr. 2 Brüssel I-VO) erfasst (EuGH Rs. C-433/01, Freistaat Bayern ./. Blijdenstein, Slg 2004, I – 981 Rn 30 = IPRax 2004, 240 m. Bspr. *Martiny* 195).

streckung nach Kapitel IV Abschnitt 1 (Art. 17-22 UnterhaltsVO).[270] Die Art. 17-22 führen aber gegenüber der EuGVVO die zentralen Änderungen herbei (siehe oben Rn 120 ff).[271]

124 **bb) Haager Übereinkommen vom 23.11.2007.** Daneben hat die Haager Konferenz für IPR das Übereinkommen über die internationale Geltendmachung der Unterhaltsansprüche von Kindern und anderen Familienangehörigen vom 23.11.2007 (Haager Übereinkommen von 2007) getroffen.[272] Auch dieses Übereinkommen hat Regelungen zur erleichterten Anerkennung und Vollstreckung von Unterhaltstiteln zum Gegenstand. Im Verhältnis der Mitgliedstaaten hat die UnterhaltsVO Vorrang vor dem Haager Übereinkommen von 2007 (Art. 69 Abs. 2 UnterhaltsVO). Das Haager Übereinkommen von 2007 könnte aber im Verhältnis zu Nicht-EU-Mitgliedstaaten Bedeutung erlangen. Vonseiten Deutschlands ist das Übereinkommen noch nicht gezeichnet worden.

125 **3. Abänderung ausländischer Unterhaltsentscheidungen. a) Abänderungsklage nach § 238 FamFG. aa) Allgemeines.** Ob und inwieweit ein ausländischer Unterhaltstitel durch eine inländische Entscheidung nachträglich abgeändert werden kann, stellt eine praktisch bedeutsame Frage dar. Der BGH hat hier noch nicht in allen Einzelfragen für Klarheit gesorgt.

126 Einigkeit besteht darin, dass zunächst zu prüfen ist, ob die ausländische Entscheidung im Inland überhaupt **anerkannt** wird.[273] Dies richtet sich nach der EuGVVO (dem LugÜ), den dargestellten staatsvertraglichen Regelungen bzw §§ 107 ff FamFG (vgl Rn 104 ff), der UnterhaltsVO bzw zukünftig dem Haager Übereinkommen vom 2.11.2007 (vgl oben Rn 120 ff). Ist die ausländische Entscheidung nicht anzuerkennen, ist eine Abänderungsklage unstatthaft. Es ist vielmehr eine (originäre) Leistungsklage zu erheben. Die unstatthafte Abänderungsklage kann allerdings in eine originäre Leistungsklage umgedeutet werden.[274]

127 Ist der ausländische Unterhaltstitel im Inland anzuerkennen, so ist eine Änderung dieses Titels grundsätzlich möglich. Eine Abänderung ist insbesondere auch **völkerrechtlich unbedenklich**.[275] Die internationale Zuständigkeit richtet sich hierbei nach den allgemeinen Vorschriften (vgl Rn 99 ff).[276]

128 **bb) Abstrakte Zulässigkeit der Abänderung nach dem Recht des Urteilsstaates.** Der BGH hat die Frage aufgeworfen, ob eine Abänderung der ausländischen Unterhaltsentscheidung allgemein voraussetzt, dass das Recht des Ersturteilsstaates eine Abänderung von Unterhaltsurteilen zulässt. Eine genaue Antwort konnte sich der BGH – da eine Unzulässigkeit der Abänderung nach dem ausländischen Recht nicht vorlag – bislang ersparen.[277]

129 Aus der vom BGH verwendeten Formulierung wird jedenfalls auf den ersten Blick nicht deutlich, ob der BGH auf eine abstrakte oder eine konkrete – im jeweiligen Einzelfall zu prüfende – Zulässigkeit der Abänderung

270 Die Vorschrift lautet wie folgt: „Kapitel IV Abschnitte 2 und 3 findet Anwendung auf
a) Entscheidungen, die in den Mitgliedstaaten vor dem Tag des Beginns der Anwendbarkeit dieser Verordnung ergangen sind und deren Anerkennung und Vollstreckbarerklärung nachdiesem Zeitpunkt beantragt wird;
b) Entscheidungen, die nach dem Tag des Beginns der Anwendbarkeit dieser Verordnung in Verfahren, die vor diesem Zeitpunkteingeleitet wurden, ergangen sind, soweit diese Entscheidungen für die Zwecke der Anerkennung und Vollstreckung in den Anwendungsbereich der Verordnung (EG)Nr. 44/2001 fallen.
Die Verordnung (EG) Nr. 44/2001 gilt weiterhin für die am Tag des Beginns der Anwendbarkeit dieser Verordnung laufenden Anerkennungs- und Vollstreckungsverfahren.
Die Unterabsätze 1 und 2 geltend sinngemäß auch für in den Mitgliedstaatengebilligte oder geschlossene gerichtliche Vergleiche und ausgestellte öffentliche Urkunden."
Nach § 77 Abs. 1 AUG richtet sich die Anerkennung und Vollstreckbarerklärung eines ausländischen Unterhaltstitels richtet sich für die am 18.6.2011 bereits eingeleiteten Verfahren nach dem Anerkennungs- und Vollstreckungsausführungsgesetz (AVAG) idF vom 3.12.2009

271 Nach § 77 Abs. 1 AUG richtet sich die Anerkennung und Vollstreckbarerklärung eines ausländischen Unterhaltstitels richtet sich für die am 18.6.2011 bereits eingeleiteten Verfahren nach dem Anerkennungs- und Vollstreckungsausführungsgesetz (AVAG) idF vom 3.12.2009

272 Convention on the International Recovery of Child Support and Other Forms of Family Maintenance/Convention sur le recouvrement international des aliments destinés aux enfants et à d'autres membres de la famille, abrufbar unter http://www.hcch.net/index_en?act=conventions.text&cid=131).

273 BGH NJW 1983, 1976, 1977 = IPRax 1984, 320 = FamRZ 1983, 806; OLG Celle NJW 1991, 1428 = FamRZ 1990, 1390; OLG Koblenz FamRZ 1990, 426, 427; *Kartzke*, NJW 1988, 104, 106.

274 OLG Celle NJW 1991, 1428 = FamRZ 1990, 1390; vgl hierzu auch BGH NJW 1983, 2200 = FamRZ 1983, 892.

275 BGH NJW 1983, 1976 = IPRax 1984, 320 = FamRZ 1983, 806; OLG Nürnberg IPRax 1984, 162, 163; *Henrich*, Int. Familienrecht, § 5 4 a (S. 217); Staudinger/*Mankowski*, Art. 18 EGBGB Anh. I Rn 40; Palandt/*Thorn*, Art. 18 EGBGB Rn 12; *Looschelders*, Art. 18 Rn 24; *Kartzke*, NJW 1988, 104, 106; *Spellenberg*, IPRax 1984, 304; *Henrich*, IPRax 1982, 140.

276 Gem. Art. 23 EuGVVO ist es zudem möglich, bereits im Ausgangsverfahren eine Vereinbarung über die Zuständigkeit deutscher Gerichte in einem Abänderungsverfahren zu schließen, vgl *Riegner*, FamRZ 2005, 1799, 1800 f.

277 BGH NJW 1983, 1976, 1977 = IPRax 1984, 320 = FamRZ 1983, 806; auch FamRZ 1992, 1060, 1061.

im Urteilsstaat Bezug nimmt. Bei näherer Betrachtung der Argumentation kann nur eine abstrakte Zulässigkeit der Abänderung gemeint sein.[278] Damit kommt der vom BGH aufgeworfenen Frage nur vergleichsweise geringe praktische Bedeutung zu. Jede Rechtsordnung sieht Situationen vor, in denen eine Abänderung bzw Anpassung von Entscheidungen über laufende Unterhaltszahlungen möglich ist.[279] Ausnahmen sind allenfalls bei Titeln über den Nachscheidungsunterhalt denkbar, wenn die Unterhaltsverpflichtung – was etwa im Falle der französischen prestations compensatoires in Betracht kommt – in der Einmalzahlung einer Geldsumme besteht.[280]

Nach der hier vertretenen Ansicht ist die Frage nach der abstrakten Zulässigkeit der Abänderung nicht anders anzuknüpfen als die konkreten Voraussetzungen der Abänderung im jeweiligen Einzelfall (vgl dazu sogleich Rn 116 ff). Da der BGH im Hinblick auf die konkreten Voraussetzungen der Abänderung eine generelle Anwendung des Rechts des Ersturteilsstaates ablehnt, steht dem Recht des Ersturteilsstaates – in der Konsequenz – auch kein generelles „Veto" gegen die Zulässigkeit der Abänderung zu.[281] Allerdings dürfte in den relevanten Fällen einer geschuldeten Einmalzahlung auch nach dem deutschen Recht keine Abänderung zulässig sein,[282] so dass der Frage nach der (kumulativen) Anwendung des Rechts des Ersturteilsstaats letztlich keine praktische Bedeutung zukommt. 130

cc) Voraussetzungen der Abänderung im Einzelnen. Weitgehend Einigkeit besteht darin, dass die genuin **verfahrensrechtlichen Voraussetzungen** der Abänderungsklage der deutschen lex fori zu entnehmen sind. Auch die **zeitlichen Grenzen der Abänderungsbefugnis** deutscher Gerichte sind nach umstrittener hM verfahrensrechtlich zu qualifizieren und daher nach der lex fori zu beurteilen. Damit ist von deutschen Gerichten stets § 238 Abs. 3 FamFG heranzuziehen.[283] 131

Der BGH hat noch nicht abschließend geklärt, auf welche Weise die **sachlichen Voraussetzungen für die Abänderung der Entscheidung** – wie sie etwa im deutschen Recht in **§ 238 Abs. 1 FamFG** enthalten sind – zu qualifizieren sind. Als mögliche Änderungsvoraussetzungen kommen zB ein altersbedingt steigender Bedarf des Berechtigten, ein verbessertes Einkommen des Unterhaltspflichtigen, aber zB auch eine Änderung der Kaufkraftverhältnisse in Betracht. 132

Nach einer Ansicht sind die sachlichrechtlichen Voraussetzungen für die Abänderung dem Recht zu entnehmen, welches das ausländische Gericht seiner Entscheidung zugrunde gelegt hat.[284] Diese Ansicht hat der BGH allerdings ausdrücklich abgelehnt.[285] Da ausländische Titel im Inland ohnehin nur dann Wirkung entfalteten, wenn sie dort anerkennt würden, seien auch die Grenzen der Anerkennung und damit die Voraussetzungen der Abänderung nach der inländischen Rechtsordnung zu bestimmen.[286] 133

Fraglich ist allein, ob insoweit das inländische Verfahrens- oder Kollisionsrecht anzuwenden ist. In der Literatur wird vielfach vertreten, dass die Abänderung **verfahrensrechtlich zu qualifizieren** und ihre Voraussetzungen damit nach der lex fori – in Deutschland also nach § 238 Abs. 1 FamFG – zu bestimmen seien.[287] Andere nehmen eine **materiellrechtliche Qualifikation** vor und stellen somit auf das Recht ab, das zum Zeitpunkt der Abänderungsentscheidung nach dem HUntÜ Unterhaltsstatut ist.[288] Der BGH hat die Entschei- 134

278 *Looschelders*, Art. 18 Rn 24; *Henrich*, Int. Familienrecht, § 5 4 a (S. 218); MüKo/*Siehr*, Anh. I zu Art. 18 EGBGB, UStA Rn 319.

279 So insb. *Looschelders*, Art. 18 Rn 24 („akademischer Streit"); *Henrich*, Int. Familienrecht, § 5 V 4 a (S. 218); *ders.*, IPRax 1982, 140, 141; *Kartzke*, NJW 1988, 104, 106; *Leipold*, in: FS Nagel 1987, S. 189, 190; für Österreich OLG Köln, NJW-RR 2005, 876 = FamRZ 2005, 534.

280 *Henrich*, Int. Familienrecht, § 5 V 4 a (S. 218); auch MüKo/*Siehr*, Anh. I zu Art. 18 EGBGB, UStA Rn 319.

281 Im Erg. wie hier Staudinger/*Mankowski*, Art. 18 EGBGB Anh. I Rn 41; abweichend OLG Nürnberg IPRax 1984, 162; LG Düsseldorf, IPRax 1982, 152; LG München II NJW 1975, 1609 = FamRZ 1976, 100; *Henrich*, Int. Familienrecht, § 5 V 4 b (S. 218); Thomas/Putzo/*Reichold*, ZPO, § 323 Rn 7.

282 *Henrich*, Int. Familienrecht, § 5 V 4 b (S. 219).

283 OLG Hamm FamRZ 1991, 718, 719; 1987, 1302, 1393 f; OLG Celle FamRZ 1993, 103, 104; OLG Köln IPRax 1988, 30; OLG Köln, NJW-RR 2005, 876 = FamRZ 2005, 534; Staudinger/*Mankowski*, Art. 18 EGBGB Anh. I Rn 52, 53; *Henrich*, IPRax 1988, 21, 22; aA Palandt/*Thorn*, Art. 18 EGBGB Rn 17; *Gottwald*, FamRZ 1992, 86; *ders.*, FamRZ 1992, 1374, 1376.

284 KG FamRZ 1993, 976, 978; Erman/*Hohloch*, Art. 18 EGBGB Rn 45; Thomas/Putzo/*Reichold*, ZPO, § 323 Rn 7; *Spellenberg*, IPRax 1984, 304, 308.

285 BGH NJW 1983, 1976, 1977 = IPRax 1984, 320, 322 = FamRZ 1983, 806, 808 (zum HKindUntÜ); FamRZ 1992, 1060, 1062.

286 BGH, aaO.

287 Noch zu § 323 Abs. 1 ZPO: OLG Zweibrücken IPRax 1984, 102 (Leitsatz) mit abl. Anm. *Henrich*; OLG Hamm FamRZ 1987, 1302, 1304; OLG Düsseldorf FamRZ 1993, 346, 348; Staudinger/*Mankowski*, Art. 18 EGBGB Anh. I Rn 43 ff; *Looschelders*, Art. 18 Rn 25; *Leipold*, in: FS Nagel 1987, S. 189, 208; *Musger*, IPRax 1992, 108, 109 f.

288 OLG Koblenz NJW 1987, 2167; OLG Karlsruhe FamRZ 1991, 600, 602; 1989, 1319; OLG Hamm FamRZ 1991, 718, 719; Bamberger/Roth/*Heiderhoff*, Art. 18 EGBGB Rn 92; *Looschelders*, Art. 18 Rn 25; *v. Bar*, IPR II, Rn 288; *Kartzke*, NJW 1988, 104, 106; grds. auch *Henrich*, Int. Familienrecht, § 5 V 4 b (S. 219).

dung zwischen den beiden Lösungsansätzen bislang ausdrücklich offen gelassen.[289] Die Ansicht, die eine materiellrechtliche Qualifikation vornimmt und daher an das aktuelle Unterhaltsstatut anknüpft, wird vom BGH allerdings als „vordringend" bezeichnet.[290]

135 Die Lösung der Qualifikationsfrage ist vorrangig aus dem HUntÜ, nicht aus den (möglicherweise abweichenden) Qualifikationsvorstellungen des deutschen Rechts zu gewinnen.[291] Ein starkes Argument für eine materiellrechtliche Qualifikation der Voraussetzungen der Abänderung ergibt sich aus Art. 8 Abs. 1 HUntÜ. Hiernach ist das allgemeine (materiellrechtliche) Unterhaltsstatut auch für die „Änderung von Entscheidungen" über den Nachscheidungsunterhalt maßgeblich. Hierunter lassen sich auch die Änderungsvoraussetzungen verstehen, die – nach dem nationalen Recht – im Prozessrecht geregelt sind.[292] Auch der Bericht von *Verwilghen* sowie die Entstehungsgeschichte des HUntÜ sprechen in der Tendenz dafür, die sachlichen Abänderungsvoraussetzungen unter die Normen des HUntÜ zu subsumieren und auf das jeweils maßgebliche Unterhaltsstatut abzustellen.[293] Dem Umstand, dass § 238 FamFG bei Anlegung autonomer deutscher Qualifikationsmaßstäbe ggf dem Verfahrensrecht (und nicht dem materiellen Recht) zuzuordnen wäre, kommt angesichts dessen keine entscheidende Bedeutung zu.[294]

136 Wird also das Abänderungsverlangen vor einem deutschen Gericht geltend gemacht, so ist auf das von Art. 18 (bzw dem gleich lautenden HUntÜ) für anwendbar erklärte Recht abzustellen.[295] Findet hiernach das deutsche Recht und somit § 238 Abs. 1 FamFG Anwendung, so dürfte bereits in einem nach Erlass des Ersturteils erfolgten äußeren Statutenwechsel – etwa einer Neubegründung eines gewöhnlichen Aufenthalts durch den Unterhaltsberechtigten im Inland – ein hinreichender Abänderungsgrund zu sehen sein.[296]

137 **dd) Umfang der möglichen Abänderung.** Der BGH unterscheidet streng zwischen den Voraussetzungen für eine Abänderung einerseits und dem Umfang, in dem eine Abänderung der Erstentscheidung zulässig ist andererseits. Nach Ansicht des BGH sind die im Ersturteil getroffenen **Feststellungen über Art und Höhe** des geschuldeten Unterhalts auch für das deutsche Gericht maßgeblich.[297] Damit sei es dem deutschen Richter verwehrt, eine von dem Ersturteil völlig losgelöste Zweitentscheidung bzw eine „revision au fond" vorzunehmen.[298] Die Bindungswirkung beziehe sich darüber hinaus auch auf das im **Ersturteil zugrunde gelegte Recht**, und zwar unabhängig davon, ob deutsche Gerichte im konkreten Fall dasselbe Recht angewendet hätten wie das ausländische Gericht. Der Fall liege nicht anders als bei (irriger) Zugrundelegung ausländischen Rechts in einem abzuändernden Urteil eines deutschen Gerichts.[299]

138 Diese Ausführungen beziehen sich allerdings nur auf den Fall, dass kein äußerer **Statutenwechsel** stattgefunden hat. Der BGH lässt ausdrücklich offen, welche Bindungen an das Ersturteil noch bestehen, wenn ein Statutenwechsel stattgefunden hat – also etwa das unterhaltsberechtigte Kind nach dem Erlass des Ersturteils seinen gewöhnlichen Aufenthalt vom Ausland nach Deutschland verlegt hat.[300] Hier kommt nach zutreffender Ansicht allenfalls noch eine begrenzte Bindung an die tatsächlichen Feststellungen des Erstgerichts in Betracht. Im Übrigen ist aber, soweit der Statutenwechsel zu einer Änderung des maßgeblichen Rechts führt, eine neue rechtliche Beurteilung auf der Grundlage des nunmehr einschlägigen deutschen Sachrechts vorzunehmen. Das Gericht ist daher dann auch bei der Bemessung der neuen Unterhaltshöhe weitgehend frei.[301]

139 **b) Verhältnis zur erneuten Leistungsklage.** Ein im Ausland ergangenes Unterhaltsurteil führt nach hM nicht zur Unzulässigkeit einer im Inland (erneut) erhobenen Unterhaltsklage. Für eine solche Klage kann insbesondere dann ein praktisches Bedürfnis bestehen, wenn die Anerkennung und Vollstreckung nicht nach der EuGVVO oder einem der aufgeführten Staatsverträge, sondern nach dem unvereinheitlichten nationalen Recht erfolgt.[302]

289 BGH NJW 1983, 1976, 1977 = IPRax 1984, 320 = FamRZ 1983, 806; FamRZ 1992, 1060.
290 BGH NJW 1983, 1976, 1977 = IPRax 1984, 320 = FamRZ 1983, 806.
291 Staudinger/*Mankowski*, Art. 18 EGBGB Anh. I Rn 45; zur Qualifikation des § 323 ZPO aus deutscher Sicht s. *Leipold*, in: FS Nagel 1987, S. 189 f; zur Qualifikation der Abänderung durch ausländische Rechtsordnungen s. *Schlosser*, FamRZ 1974, 424, 427 f.
292 Staudinger/*Mankowski*, Art. 18 EGBGB Anh. I Rn 46; *Kartzke*, NJW 1988, 104, 106; *v. Bar*, IPR II, Rn 288.
293 Bericht *Verwilghen*, BT-Drucks. 10/258, 65 (Nr. 162, 163); ferner *Kartzke*, NJW 1988, 104, 105 mit Hinw. auf Art. 6 des Vorentwurfs.
294 Staudinger/*Mankowski*, Art. 18 EGBGB Anh. I Rn 45.
295 *Riegner*, FamRZ 2005, 1799, 1803 (auch zur Frage der Abänderbarkeit von Prozessvergleichen).
296 So *Siehr*, in: FS Bosch 1976, S. 927, 949; LG Düsseldorf FamRZ 1968, 667; offen gelassen von BGH NJW 1983, 1976, 1978 = IPRax 1984, 320 = FamRZ 1983, 806.
297 BGH NJW 1983, 1976, 1978 = IPRax 1984, 320 = FamRZ 1983, 806.
298 BGH aaO unter Hinw. auf *Siehr*, in: FS Bosch 1976, S. 927, 953.
299 BGH, aaO.
300 BGH NJW 1983, 1976, 1978 = IPRax 1984, 320 = FamRZ 1983, 806.
301 MüKo/*Siehr*, Anh. I zu Art. 18 EGBGB, UStA Rn 328.
302 BGH FamRZ 1987, 320; KG IPRax 1994, 455; OLG Hamm FamRZ 1991, 718, 719; OLG Stuttgart IPRax 1990, 49; *Henrich*, Int. Familienrecht, § 5 V 5 (S. 220).

Will der Kläger allerdings mehr bzw – etwa im Hinblick auf die geschuldete Währung – etwas anderes erreichen als das, was ihm im Ersturteil zugesprochen wurde, muss er eine Abänderungsklage erheben.[303] Eine unzulässige Leistungsklage kann in eine Abänderungsklage umgedeutet werden.[304] 140

4. Internationale Rechtshilfe. a) UnterhaltsVO. Im Rahmen der internationalen Rechtshilfe sind vorrangig die Bestimmungen der UnterhaltsVO zu beachten. Die UnterhaltsVO schreibt ein System **Zentraler Behörden** vor. Diese Behörden unterstützen die berechtigte und auch die verpflichtete Person sowohl bei der Herbeiführung einer gerichtlichen Entscheidung als auch auf der Ebene der Anerkennung und Vollstreckung. 141

Die Behörden können auch **Informationen** austauschen mit dem Ziel, die verpflichteten und die berechtigten Personen ausfindig zu machen (Art. 61 Abs. 2 lit. a UnterhaltsVO) und - soweit erforderlich - deren Einkünfte und Vermögen festzustellen (Art. 61 Abs. 2 lit. b-d UnterhaltsVO). Die Behörden oder Verwaltungen, die im Rahmen ihrer gewöhnlichen Tätigkeit im ersuchten Mitgliedstaat über die benötigten Informationen verfügen, stellen diese der Zentralen Behörde zur Verfügung (Art. 61 Abs. 1 Unterabs. 2 UnterhaltsVO). 142

Nach Art. 75 Abs. 3 finden die Vorschriften der UnterhaltsVO auf Ersuchen und Anträge Anwendung, die ab dem Tag des Beginns der Anwendung der UnterhaltsVO – also ab dem 18.6.2011 (vgl oben Rn 104)[305] – bei der Zentralen Behörde eingehen. In Deutschland finden sich Durchführungsbestimmungen zur UnterhaltsVO in dem mit Wirkung zum 18.6.2011 neu gefassten **Auslandsunterhaltsgesetz (AUG)**. Zentrale Behörde ist nach § 4 Abs. 1 AUG das Bundesamt für Justiz. 143

Nach § 4 Abs. 3 AUG wird das Bundesministerium der Justiz ermächtigt, Aufgaben der zentralen Behörde entsprechend Artikel 51 Absatz 3 der Verordnung (EG) Nr. 4/2009 auf eine andere öffentliche Stelle zu übertragen oder eine juristische Person des Privatrechts mit den entsprechenden Aufgaben zu beleihen.[306] Die §§ 7 ff. AUG schreiben eine Vorprüfung durch das Amtsgericht vor. Die Vorprüfung bezieht sich auf die Frage, ob der Antrag mutwillig oder offensichtlich unbegründet ist (§ 9 Abs. 1 S. 1 Nr. 2 AUG); liegen keine Versagungsgründe vor, so übersendet das Gericht den Antrag an die zentrale Behörde (§ 9 Abs. 3 AUG); diese leitet – nach Prüfung, ob der Antrag den förmlichen Anforderungen des einzuleitenden ausländischen Verfahrens genügt – an die im Ausland zuständige Stelle weiter. 144

b) Haager Übereinkommen vom 23.11.2007. Auch das Übereinkommen über die internationale Geltendmachung der Unterhaltsansprüche Kindern und anderen Familienangehörigen vom 23.11.2007 (Haager Übereinkommen von 2007) sieht vor, dass sich die Parteien insb. zur Anerkennung und Vollstreckung von Ansprüchen an Zentralen Behörden wenden können (Art. 9 ff).[307] Diese Regeln könnten im Verhältnis zu Drittstaaten von Bedeutung sein. Das Abkommen ist in Deutschland noch nicht in Kraft; damit ist aber sicher zu rechnen.[308] 145

c) UN-Übereinkommen vom 20.6.1956. Das New Yorker **UN-Übereinkommen vom 20.6.1956 über die Geltendmachung von Unterhaltsansprüchen im Ausland**[309] stellt ein reines Rechtshilfeabkommen dar. Es ist für die Bundesrepublik Deutschland seit dem 19.8.1959 in Kraft. Ziel des Abkommens ist es, die Realisierung von gesetzlichen Unterhaltsansprüchen aus familienrechtlichen Beziehungen zu erleichtern, wenn der Unterhaltsberechtigte und der Unterhaltsverpflichtete ihren gewöhnlichen Aufenthalt in unterschiedlichen Vertragsstaaten haben. Zu diesem Zweck werden in den Vertragsstaaten zentrale Behörden (sog. **Empfangsstellen**) eingerichtet, die sich in Vertretung des Unterhaltsberechtigten um die praktische Durchsetzung von Unterhaltsansprüchen im Inland bemühen. Hierbei streben die Empfangsstellen zunächst eine Einigung auf gütlichem Weg an (Art. 6 Abs. 1 des Abkommens). Sie können aber auch – als ultima ratio – in Vertretung des Unterhaltsberechtigten eine Klage erheben bzw die Vollstreckung einer Entscheidung oder eines anderen gerichtlichen Titels betreiben. 146

Der Unterhaltsberechtigte reicht Gesuche, mit denen er den Unterhaltsanspruch geltend macht, bei den Behörden seines Aufenthaltsstaates (sog. **Übermittlungsstellen)** ein (Art. 3 Abs. 1 des Abkommens). Diese Übermittlungsstellen übersenden den Vorgang an die im Ausland errichteten Empfangsstellen (Art. 4 des Abkommens). Auch für das New Yorker Abkommen finden sich Ausführungsbestimmungen neuerdings in dem zum 18.6.2011 in Kraft getretenen **Auslandsunterhaltsgesetz (AUG)** n.F. 147

303 *Henrich*, Int. Familienrecht, § 5 V 5 (S. 220).

304 BGH FamRZ 1992, 1060; FamRZ 1992, 280.

305 Die §§ 16-19 AUG sind allerdings auch auf Ersuchen anzuwenden, die bei der zentralen Behörde am 18.6.2011 bereits anhängig sind (§ 77 Abs. 5 AUG). Die §§ 16-19 betreffen die Datenerhebung durch die zentrale Behörde.

306 § 4 Abs. 3 wurde auf Vorschlag des Rechtsausschusses eingefügt (BT-Drucks. 17/5420).

307 Convention on the International Recovery of Child Support and Other Forms of Family Maintenance/Convention sur le recouvrement international des aliments destinés aux enfants et à d'autres membres de la famille, abrufbar unter http://www.hcch.net/index_en?act=conventions.text&cid=131).

308 In dem zum 18.6.2011 in Kraft getretenen **Auslandsunterhaltsgesetz** (AUG) finden sich vorsorglich schon Ausführungsbestimmungen zu dem Abkommen (vgl. § 1 Abs. 1 S. 1 Nr. 1 c).

309 BGBl II 1959 S. 150.

148 **d) Auslandsunterhaltsgesetz.** Soweit keine der vorrangig genannten Verordnungen oder Abkommen einschlägig ist, kann aus deutscher Sicht auf das zum 18.6.2011 in Kraft getretenen **Auslandsunterhaltsgesetz** (AUG) n.F. zurückgegriffen werden. Dieses ist nach seinem § 1 Abs. 1 S. 1 Nr. 3 bei der Geltendmachung von gesetzlichen Unterhaltsansprüchen anwendbar, wenn eine der Parteien im Geltungsbereich des AUG und die andere Partei in einem anderen Staat, mit dem die Gegenseitigkeit verbürgt ist, ihren gewöhnlichen Aufenthalt hat. Die Gegenseitigkeit idS ist nach § 1 Abs. 1 S. 2 AUG dann verbürgt, wenn das Bundesministerium der Justiz dies festgestellt und im Bundesgesetzblatt bekannt gemacht hat (förmliche Gegenseitigkeit).[310] **Zentrale Behörde** ist nach § 4 Abs. 1 AUG das Bundesamt für Justiz.

II. Gestaltungsmöglichkeiten beim Nachscheidungsunterhalt (Abs. 4)

149 Hinzuweisen ist darauf, dass sich der Nachscheidungsunterhalt nach dem auf die Scheidung anwendbaren Recht richtet, so dass hier wie dort dieselben **Gestaltungsmöglichkeiten** bestehen. Das Statut des Nachscheidungsunterhalts kann daher – ebenso wie das Scheidungsstatut – **Gegenstand einer Rechtswahl** sein (vgl Art. 17 EGBGB Rn 12). Daneben ist zu beachten, dass sich das auf die Scheidung maßgebliche Recht nach den Umständen im **Zeitpunkt der Rechtshängigkeit des Scheidungsantrags** richtet (Art. 17 Abs. 1 S. 1). Damit ist der Zeitpunkt des Scheidungsantrags sowohl für die Anknüpfung des Scheidungs- als auch des Nachscheidungsunterhaltsstatuts von entscheidender Bedeutung (vgl iE Art. 17 EGBGB Rn 15 ff).[311] Schließlich ist zu beachten, dass über Art. 17 Abs. 1 S. 2 (soweit der Antragsteller bei Eheschließung bzw Rechtshängigkeit des Scheidungsantrags Deutscher war und die Ehe nach dem eigentlich anwendbaren ausländischen Sachrecht – noch – nicht scheidbar ist) das deutsche Scheidungs- und Nachscheidungsunterhaltsrecht zur Anwendung gelangt. Auch insoweit ergeben sich – insbesondere wiederum im Hinblick auf den Zeitpunkt der Antragstellung – erhebliche anwaltliche Gestaltungsmöglichkeiten (näher Art. 17 EGBGB Rn 172 ff). Schließlich kann es gerade beim Nachscheidungsunterhalt im Einzelfall empfehlenswert sein, die Klage vor einem zuständigen ausländischen Gericht zu erheben, wenn dieses aufgrund einer abweichenden kollisionsrechtlichen Anknüpfung ein anderes (dem Unterhaltsgläubiger günstigeres) Recht anwendet als die deutschen Gerichte.[312]

Anhang zu Art. 18 EGBGB: Haager Unterhaltsprotokoll

Protokoll über das auf Unterhaltspflichten anzuwendende Recht

vom 23. November 2007

(ABl. EU L 331 vom 16.12.2009, S. 19)

Die Unterzeichnerstaaten dieses Protokolls –
in dem Wunsch, gemeinsame Bestimmungen über das auf Unterhaltspflichten anzuwendende Recht festzulegen,
in dem Wunsch, das Haager Übereinkommen vom 24. Oktober 1956 über das auf Unterhaltsverpflichtungen gegenüber Kindern anzuwendende Recht und das Haager Übereinkommen vom 2. Oktober 1973 über das auf Unterhaltspflichten anzuwendende Recht zu modernisieren,
in dem Wunsch, allgemeine Regeln in Bezug auf das anzuwendende Recht zu entwickeln, die das Haager Übereinkommen vom 23. November 2007 über die internationale Geltendmachung der Unterhaltsansprüche von Kindern und anderen Familienangehörigen ergänzen können –

310 Als Staaten gelten auch Teilstaaten und Provinzen eines Bundesstaates (§ 1 Abs. 1 S. 3 AUG).

311 Vgl *Motzer*, FamRBint 2005, 32 zu möglichen anwaltlichen Haftungsrisiken.

312 Vgl hierzu – mit einem Beispiel aus dem deutsch-schwedischen Rechtsverkehr – *Schwarz/Scherpe*, FamRZ 2004, 665 f.

haben beschlossen, zu diesem Zweck ein Protokoll zu schließen, und die folgenden Bestimmungen vereinbart:

Vorbemerkung

Literatur: *Ancel/Muir Watt,* Aliments sans frontiers, Rev, crit. dr. int. priv. 99 (2010), 457; *Andrae,* Zum Beitritt der Europäischen Gemeinschaft zum Haager Protokoll über Unterhaltsrecht, GPR 2010, 196; *dies.,* Zum Verhältnis der Haager Unterhaltskonvention 2007 und des Haager Protokolls zur geplanten EU-Unterhaltsverordnung, FPR 2008, 196; *dies.,* Kommentierung des HUnStProt 2007, in : Rauscher, Europäisches Zivilprozess- und Kollisionsrecht, EuZPR/EuIPR, Bearbeitung 2010; *Beaumont,* International Family Law in Europe – the Maintenance Project, the Hague Conference and the EC: A Triumph of Reverse Subsidiarity, RabelsZ 73 (2009), 509; *Boele-Woelki/Mom,,* Vereinheitlichung des internationalen Unterhaltsrechts in der Europäischen Union – ein historischer Schritt, FPR 2010, 485; *Bonomi,* Protocole du 23 novembre 2007 sur la loi applicable aux obligations alimentaires, Rapport explicatif; *ders.,* The Hague Protocol of 23 November 2007 on the Law Applicable to Maintenance Obligations, Yearbook of Private International Law (YPIL) 2008, 333; *ders.,* La réforme des règles de conflit en matière d'obligations alimentaires. Quelques observations sur les travaux en cours à La Haye et à Bruxelles, Recueil de travaux en l'honneur du Professeur Suzette Sandoz (2006), 201, *Gruber,* Das Haager Protokoll zum internationalen Unterhaltsrecht, Festschrift für Ulrich Spellenberg (2010), 296; *Hirsch,* Das neue Haager Unterhaltsübereinkommen und das Haager Protokoll über das auf Unterhaltspflichten anzuwendende Recht, in: Europäisches Unterhaltsrecht - 8. Göttinger Workshop zum Familienrecht 2009, Göttingen 2010, 17; *Karsten,* The New Hague Convention and EU Regulation on Maintenance Obligations – an English Perspective, in: Europäisches Unterhaltsrecht - 8. Göttinger Workshop zum Familienrecht 2009, Göttingen 2010, 47; *Looschelders/Boos,* Das grenzüberschreitende Unterhaltsrecht in der internationalen und europäischen Entwicklung, FamRZ 2006, 374; *Malatesta,* La Convenzione e il Protocollo dell'Aja del 2007 in materia di alimenti, Riv. dir. int. priv. proc 2009, 829; *Mankowski,* Hängepartie dank Kodifikationspolitik, FamRZ 2010, 1487.

A. Entstehungsgeschichte

Seit der Schaffung des Haager Übereinkommens über das auf Unterhaltspflichten anzuwendende Recht vom 2.10.1973 (HUntÜ) waren im internationalen Unterhaltsrecht keine gesetzgeberischen Aktivitäten zu verzeichnen. Allerdings gab es verschiedentlich rechtspolitische Kritik an dem bestehenden Übereinkommen. Viele Staaten lehnten das HUntÜ deshalb ab, weil es zu stark auf den gewöhnlichen Aufenthalt und auch die Staatsangehörigkeit abstelle; vorzuziehen sei demgegenüber eine primäre (oder sogar ausschließliche) Anknüpfung an die lex fori.[1] Ganz überwiegend wurde ferner die Sonderanknüpfung für den Nachscheidungsunterhalt als nicht (mehr) sachgerecht angesehen. Sie führe zu einer sachlich nicht (mehr) überzeugenden Differenzierung zwischen Unterhaltsansprüchen beim bloßen Getrenntleben der Ehegatten einerseits und Unterhaltsansprüchen im Anschluss an eine Scheidung andererseits.[2] Schließlich wurde kritisiert, dass das Übereinkommen der Rechtswahl keinen Raum gebe. Insoweit entspreche es nicht mehr dem aktuellen Entwicklungsstand im internationalen Familienrecht.[3] **1**

Seit dem **18.6.2011** ist das HUntÜ nicht mehr anzuwenden (zur zeitlichen Anwendbarkeit im Einzelnen siehe unten Rn 9 ff). An seine Stelle tritt das sog. **Protokoll über das auf Unterhaltspflichten anzuwendende Recht** (nachfolgend Haager Protokoll).[4] Dieses unternimmt den Versuch, der Kritik an dem HUntÜ Rechnung zu tragen und führt zu zT grundlegenden Änderungen. **2**

Die Entwicklung des Haager Protokolls stand im engen Zusammenhang mit der Entwicklung neuer **verfahrensrechtlicher Regelungswerke**. Auch in verfahrensrechtlicher Hinsicht sind dem internationalen Unter- **3**

1 Eine derartige Anknüpfung wird verschiedentlich von Staaten aus dem common law sowie skandinavischen Rechtskreis bevorzugt; siehe hierzu auch die Nachw. aus der Entstehungsgeschichte des Haager Protokolls bei *Gruber,* FS Spellenberg 2010, 191, 196 Fn 33 sowie *Bonomi,* YPIL 2008, 333, 335; *ders.,* Recueil de travaux en l'honneur du Professeur Suzette Sandoz (2006), 201, 206.

2 Etwa Rauscher/*Andrae,* Art. 5 HUntStProt Rn 2; *dies.,* FPR 2008, 196, 200.

3 Eine Rechtswahlmöglichkeit zugunsten der lex fori unter Geltung des HUntÜ wurde noch angenommen von Hohe Raad, Nederlands Internationaal Privatrecht 1997, Nr. 70; zust. *Boele-Woelki,* IPRax 1998, 493 ff; MüKo/*Siehr,* Anh. I zu Art. 18 EGBGB Rn 169; hiergegen aber zB Staudinger/*Mankowski,* Anh. I zu Art. 18 EGBGB Rn 15 f mwN.

4 Protocol on the Law Applicable to Maintenance Obligations/Protocole sur la loi applicable aux obligations alimentaires, abrufbar unter http://www.hcch.net/index_en.php?act=conventions.text&cid=133. Zur Entstehungsgeschichte ausf. *Bonomi,* Protocole du 23 novembre 2007 sur la loi applicable aux obligations alimentaires, Rapport explicatif, Rn 1 ff.

haltsrecht neue Regelungswerke geschaffen worden. In der EU ist ab dem 18.6.2011[5] die Verordnung Nr. 4/2009 des Rates vom 18.12.2008 (sog. UnterhaltsVO) anwendbar.[6] Die **UnterhaltsVO** tritt für unterhaltsrechtliche Ansprüche an die Stelle der bisher anwendbaren Brüssel I-VO; sie gilt für sämtliche EU-Mitgliedstaaten unter Einschluss von Großbritannien und Dänemark. Die UnterhaltsVO regelt u.a. die internationale Zuständigkeit in Unterhaltssachen und die Anerkennung und Vollstreckung von Entscheidungen anderer EG-Mitgliedstaaten. Parallel dazu hat auch die Haager Konferenz für Internationales Privatrecht ein verfahrensrechtliches Abkommen geschaffen, das sog. **Übereinkommen über die internationale Geltendmachung der Unterhaltsansprüche von Kindern und anderen Familienangehörigen** (Haager Übereinkommen von 2007).[7] Dieses Abkommen enthält anders als die UnterhaltsVO keine vereinheitlichten Zuständigkeitsregeln; vielmehr widmet es sich vornehmlich der Anerkennung und Vollstreckung von Unterhaltstiteln.[8] Aus Sicht der EU-Mitgliedstaaten kann es, soweit diese dem Abkommen beitreten, im Verhältnis zu Drittstaaten Bedeutung erlangen.[9]

4 Die Bemühungen von EU und Haager Konferenz waren aber nicht auf das Verfahrensrecht beschränkt; vielmehr strebten beide auch die Schaffung modernisierter Kollisionsregeln an. So sahen insb. auch die ersten Entwürfe zu einer europäischen UnterhaltsVO einen Abschnitt über das auf Unterhaltspflichten anzuwendende Recht vor.[10] Hätte die EU dieses Vorhaben verwirklicht, wäre es zu einem Nebeneinander von Kollisionsnormen der Haager Konferenz und von „europäischen" Kollisionsnormen gekommen.

5 Die EU hat im Rechtssetzungsverfahren aber letztlich von der Schaffung eigenständiger „europäischer" Kollisionsnormen Abstand genommen und damit den Arbeiten der Haager Konferenz den Vortritt gelassen.[11] Sie hat sich anstelle dazu entschlossen, die Mitgliedstaaten der EU an das Haager Protokoll zu binden. Art. 15 der neuen UnterhaltsVO beschränkt sich dementsprechend auf einen (deklaratorischen) Hinweis auf das Haager Protokoll. **Art. 15 UnterhaltsVO** lautet: „Das auf Unterhaltspflichten anwendbare Recht bestimmt sich für die Mitgliedstaaten, die durch das Haager Protokoll vom 23.11.2007 über das auf Unterhaltspflichten anzuwendende Recht (nachstehend „Haager Protokoll von 2007" genannt) gebunden sind, nach jenem Protokoll."[12]

6 Es war eine richtige Entscheidung der EU, bei der Schaffung vereinheitlichter Kollisionsregeln der Haager Konferenz den Vortritt zu lassen.[13] Anders als die EU hat die Haager Konferenz die Möglichkeit, auch Kollisionsnormen für Drittstaaten zu schaffen und damit eine möglichst umfassende Kollisionsrechtsvereinheitlichung herzustellen. Hätte die EU demgegenüber eigene „europäische" (Sonder-)Kollisionsnormen geschaffen, wäre der mit der Kollisionsrechtsvereinheitlichung angestrebte internationale Entscheidungseinklang bei Unterhaltsfällen mit Drittstaatenbezug von vornherein nicht mehr erreichbar gewesen.[14] Insgesamt ist es gelungen, die Arbeiten der EU und der Haager Konferenz sowohl auf der verfahrens- als auch der kollisionsrechtlichen Ebene miteinander zu verbinden und zu einem sinnvollen Ganzen zusammenzufügen.[15]

B. Bindung der Mitgliedstaaten an das Protokoll; zeitliche Anwendbarkeit

7 Die Bezeichnung Haager „Protokoll" soll zum Ausdruck bringen, dass das Protokoll in einem engen sachlichen Zusammenhang mit dem Haager Übereinkommen von 2007 steht. Es handelt sich aber nicht nur um einen bloßen unselbständigen Annex zu dem Haager Übereinkommen von 2007, sondern um ein eigenständiges

5 Siehe näher Art. 76 UnterhaltsVO und unten II.1.b.

6 Verordnung (EG) Nr. 4/2009 des Rates vom 18.12.2008 über die Zuständigkeit, das anwendbare Recht, die Anerkennung und Vollstreckung von Entscheidungen und die Zusammenarbeit in Unterhaltssachen (ABl. EG L 7 v. 10.1.2009 S. 1).

7 Convention on the International Recovery of Child Support and Other Forms of Family Maintenance/Convention sur le recouvrement international des aliments destinés aux enfants et à d'autres membres de la famille, abrufbar unter http://www.hcch.net/index_en?act=conventions.text&cid=131.

8 Hierzu etwa *Duncan,* International Family Law 2008, 13 ff.

9 Art. 69 Abs. 2 UnterhaltsVO.

10 Vgl etwa Vorschlag für eine Verordnung des Rates über die Zuständigkeit und das anwendbare Recht in Unterhaltssachen, die Anerkennung und Vollstreckung von Unterhaltsentscheidungen und die Zusammenarbeit im Bereich der Unterhaltspflichten, KOM(2005) 649, dort Art. 12 ff.

11 Zum geschichtlichen Hintergrund Rauscher/*Andrae,* Art. 15 EG-UntVO Rn 3 ff.

12 Zu den kompetenzrechtlichen Auswirkungen von Art. 15 UnterhaltsVO auf die Außenzuständigkeit der EU für den Abschluss des Haager Protokolls siehe *Andrae,* GPR 2010, 196, 197 f.

13 Siehe bereits *Bonomi,* Recueil de travaux en l'honneur du Professeur Suzette Sandoz (2006), 201, 205 („scénario idéal"); ebenso Rauscher/*Andrae,* Art. 15 EG-UntVO Rn 11.

14 Kritisch zu dem Vorhaben auf EU-Ebene daher *Rauscher,* Europäisches Zivilprozessrecht, 2. Aufl., 2006, Bd. 2, Einf. EG-UnterhaltsVO-E Rn 18 ff; *Andrae,* FPR 2008, 196, 197 f.

15 Siehe dazu auch Erwägungsgrund 8 zur UnterhaltsVO sowie ausf. *Beaumont,* RabelsZ 73 (2009), 509, 526 ff.

Abkommen. Ihm können daher auch solche Staaten und Organisationen beitreten, die nicht dem Haager Übereinkommen von 2007 angehören (Art. 23 Abs. 3).[16]

Dem Haager Protokoll können gem. Art. 23 des Protokolls jeder Staat und darüber hinaus gem. Art. 24 auch „Organisationen der regionalen Wirtschaftsintegration" beitreten. Diese Regelung zielt insb. auf einen **Beitritt der EU** ab.[17] Mit Beschluss vom 30.11.2009 hat der Rat das Haager Protokoll gebilligt; die EU hat es am 8.4.2010 gezeichnet. Damit wird das Protokoll in den Mitgliedstaaten in Kraft treten und das bisherige Übereinkommen von 1973 verdrängen. Nicht an den Ratsbeschluss gebunden sind allerdings das **Vereinigte Königreich** und **Dänemark**.[18] Diesen Mitgliedstaaten steht es frei, sich aufgrund eigener Entscheidung an das Abkommen zu binden oder dem Abkommen fernzubleiben. Das Vereinigte Königreich hat im Zusammenhang mit der Schaffung der UnterhaltsVO erklärt, dass es – wie dies sodann auch geschehen ist – zwar der UnterhaltsVO, nicht aber dem Haager Protokoll beitreten werde.[19] 8

Gemäß Art. 25 des Haager Protokolls tritt dieses am ersten Tag des Monats in Kraft, der auf einen Zeitabschnitt von drei Monaten nach der Hinterlegung der zweiten Ratifikations-, Annahme-, Genehmigungs- oder Beitrittsurkunde nach Art. 23 des Protokolls folgt. Da die EU das Protokoll gezeichnet hat, bedarf es letztlich für das Inkrafttreten des Protokolls nur noch eines weiteren beitrittswilligen Staates.[20] 9

Der Rat hat in seinem Beschluss vom 30.11.2009 allerdings vorsorglich auch der Möglichkeit Rechnung getragen, dass das Haager Protokoll bis zum 18.6.2011, dem Datum des Beginns der Anwendbarkeit der UnterhaltsVO, noch nicht in Kraft sein sollte. Nach Art. 4 des Beschlusses findet das Protokoll in diesem Fall **ab dem 18.6.2011 in der EU vorläufig Anwendung.**[21] Da tatsächlich noch kein weiterer Staat dem Abkommen beigetreten ist,[22] richtet sich die Anwendbarkeit des Haager Protokolls nach Art. 4 des Ratsbeschlusses.[23] 10

Die **zeitliche Anwendbarkeit des Protokolls** regeln Art. 22 des Protokolls sowie Art. 5 des Ratsbeschlusses. Nach Art. 22 des Protokolls findet dieses nur Anwendung auf Unterhalt, der in einem Vertragsstaat für einen Zeitraum nach Inkrafttreten des Protokolls in diesem Staat verlangt wird.[24] Art. 5 des Ratsbeschlusses enthält hiervon abweichend eine Vorverlagerung des zeitlichen Anwendungsbereichs des Protokolls. Nach Art. 5 des Ratsbeschlusses ist das Protokoll auch auf solche Ansprüche anwendbar, die vor dem Inkrafttreten oder der vorläufigen Anwendung des Protokolls in der Gemeinschaft geltend gemacht werden. Vorausgesetzt wird hierfür nur, dass die Einleitung des Verfahrens, die Billigung oder der Abschluss des gerichtlichen Vergleichs oder die Ausstellung der öffentlichen Urkunde ab dem 18.6.2011 – also dem Datum des Beginns der Anwendung der UnterhaltsVO – erfolgt ist. Damit ist sichergestellt, dass in diesen Fällen umfassend die UnterhaltsVO und das Haager Protokoll Anwendung finden und keine (auch nur teilweise) Anwendung des vormaligen Kollisionsrechts mehr erfolgt. 11

Praktisch entscheidet damit der **Zeitpunkt der Einleitung des Unterhaltsverfahrens** (auch) über das anwendbare Kollisionsrecht. Wird das Verfahren erst ab dem 18.6.2011 eingeleitet, findet in den Mitgliedstaaten der EU in jedem Fall – auch für Ansprüche auf Unterhalt, die vor diesem Zeitpunkt entstanden sind – das Haager Protokoll Anwendung.[25] Damit kann, soweit das Haager Protokoll zu einem anderen Recht führt als das vormals anwendbare Kollisionsrecht, eine Unterhaltspflicht rückwirkend neu entstehen oder aber entfallen.[26] Wird das Verfahren dagegen vor dem 18.6.2011 eingeleitet, so ist noch das alte Kollisionsrecht anzuwenden. Gerade im Falle von **Abänderungsklagen** kann es daher sinnvoll sein, sich über den Zeitpunkt der Einreichung der Klage Gedanken zu machen (vgl noch unten Art. 22 Rn 1 ff). 12

16 Ungeachtet dessen soll die Bezeichnung als „Protokoll" auf den sachlichen Zusammenhang mit dem Haager Übereinkommen von 2007 hinweisen (näher – auch zum Verlauf der Diskussion auf der Haager Konferenz – *Bonomi,* Rapport explicatif, Rn 15 f; *ders.,* YPIL 2008, 333, 337 f).

17 *Bonomi,* Rapport explicatif, Rn 207.

18 S. Art. 3 des Beschlusses.

19 Rat der Europäischen Union v. 7.2.2008 (5936/08), Rn 30 und v. 22.5.2008 (9591/08) Rn 23 ff. Zu den Gründen hierfür vgl *Duncan,* YPIL 2008, 313, 327; *Karsten,* in: Göttinger Workshop, S. 47, 49 f.

20 Die Ratifikation durch die EU wird im Rahmen des Haager Protokolls nur als eine Ratifikation gezählt (näher dazu *Mankowski,* FamRZ 2010, 1487).

21 Hierdurch wird zugleich auch die Anwendbarkeit der UnterhaltsVO sichergestellt. Denn nach Art. 76 Abs. 3 UnterhaltsVO wird die Anwendbarkeit der UnterhaltsVO zum 18.6.2011 davon abhängig gemacht, dass spätestens zu diesem Zeitpunkt auch das Haager Protokoll in der EU anwendbar ist.

22 Stand 31.7.2011.

23 Der Stand der Ratifikationen ist abrufbar auf der Internetseite der Haager Konferenz. (http://www.hcch.net); siehe dort unter „Conventions".

24 Hierbei kann – bei der Geltendmachung zukünftiger Ansprüche – die Klage durchaus vor Inkrafttreten des Protokolls erhoben worden sein (*Bonomi,* Rapport explicatif, Rn 204).

25 Dies gilt nach dem oben Gesagten aber nicht notwendigerweise für Dänemark und das Vereinigte Königreich.

26 Dies wird von *Andrae* nicht zu Unrecht als problematisch bezeichnet (*Andrae,* GPR 2010, 196, 199).

C. Überblick über die wesentlichen Regelungsgrundzüge; Übergangsrecht

13 In inhaltlicher Hinsicht geht das Haager Protokoll zunächst von derselben Grundanknüpfung aus wie das HUntÜ. Anzuwenden ist dem Grundsatz nach das Recht des Staates, in dem der Unterhaltsberechtigte seinen **gewöhnlichen Aufenthalt** hat. Diese Grundanknüpfung ist wie bisher wandelbar: Wechselt der gewöhnliche Aufenthalt, kommt es auch zu einem Wechsel des anwendbaren Rechts.

14 Auch in einem zweiten Punkt zeigt sich eine strukturelle Übereinstimmung zwischen dem Haager Protokoll und dem HUntÜ. Kann der Unterhaltsberechtigte nach dem Recht des Staates, in dem er seinen gewöhnlichen Aufenthalt hat, keinen Unterhalt verlangen, werden ihm in einzelnen Fällen Ersatzrechte zur Verfügung gestellt.[27] Diese Übereinstimmung zwischen dem Haager Protokoll und dem HUntÜ besteht aber nur noch im Grundsätzlichen, nicht aber in der Ausgestaltung im Einzelnen.

15 Im Übrigen lassen sich zwischen dem Haager Protokoll und dem HUntÜ durchaus grundlegende Unterschiede feststellen. Zunächst wird im Haager Protokoll die **Anwendung der** lex fori gestärkt. Im Rahmen der Ersatzanknüpfung verdrängt die lex fori die Anknüpfung an die gemeinsame Staatsangehörigkeit der Parteien (Art. 4 Abs. 2). Soweit die berechtigte Person in dem Staat klagt, in dem der Verpflichtete seinen gewöhnlichen Aufenthalt hat, findet die lex fori sogar – anders als bisher – primär Anwendung (Art. 4 Abs. 3).

16 Eine grundlegende Neuerung besteht weiter darin, dass die im HUntÜ enthaltene Sonderregel für Ansprüche zwischen früheren Ehegatten,[28] also insb. den Nachscheidungsunterhalt,[29] aufgegeben wird. Stattdessen findet bei **Ansprüchen zwischen Ehegatten und früheren Ehegatten** die Grundanknüpfung nach Art. 3 (gewöhnlicher Aufenthalt des Berechtigten) Anwendung; diese wird durch eine neue Auflockerungsklausel (Art. 5) ergänzt. Eine Ersatzanknüpfung nach Art. 4 findet bei diesen Ansprüchen nicht statt.

17 Neu sind schließlich die Vorschriften zur **Einführung einer Rechtswahl** (Art. 7 und 8). Hier betritt das Haager Protokoll weitgehend Neuland; es bleibt abzuwarten, ob die Möglichkeiten der Rechtswahl in der Praxis angenommen werden.

18 Gerade weil das Haager Protokoll zu zT grundlegenden Änderungen führt, sollte insb. auch den **Übergangsregelungen** besondere Aufmerksamkeit gewidmet werden. Aufgrund der Änderungen dürfte es häufig dazu kommen, dass das Haager Protokoll zu einem anderen anwendbaren Recht führt als das HUntÜ; dies kann u.a. zu **Abänderungsklagen** Anlass geben (dazu unten Art. 22 Rn 4, 5).

D. Auslegung; Rolle des EuGH

19 Bei der Auslegung des Protokolls kann auf den ausführlichen und informativen Bericht von *Bonomi* sowie ergänzend auf andere vorbereitende Materialien zum Protokoll zurückgegriffen werden.[30] Der Bericht *Bonomis* ist in englischer und französischer Sprache auf den Internetseiten der Haager Konferenz erhältlich.[31]

20 Aufgrund des Beitritts der Gemeinschaft (und nicht der einzelnen Mitgliedstaaten) wird das Protokoll Bestandteil des europäischen Gemeinschaftsrechts. Dies bedeutet, dass es zum Gegenstand von **Vorabentscheidungen des EuGH** gemacht werden kann.[32] Es bleibt abzuwarten, wie stark der EuGH mit entsprechenden Auslegungsfragen zum Protokoll befasst wird.

Art. 1 Haager Protokoll Anwendungsbereich

(1) Dieses Protokoll bestimmt das auf solche Unterhaltspflichten anzuwendende Recht, die sich aus Beziehungen der Familie, Verwandtschaft, Ehe oder Schwägerschaft ergeben, einschließlich der Unterhaltspflichten gegenüber einem Kind, ungeachtet des Familienstands seiner Eltern.

(2) Die in Anwendung dieses Protokolls ergangenen Entscheidungen lassen die Frage des Bestehens einer der in Absatz 1 genannten Beziehungen unberührt.

1 **Sachlich** bestimmt das Haager Protokoll das auf solche Unterhaltspflichten anzuwendende Recht, die sich aus Beziehungen der Familie, Verwandtschaft, Ehe oder Schwägerschaft ergeben, einschließlich der Unterhalts-

27 Art. 4 HUntÜ.

28 Art. 8 HUntÜ.

29 Daneben galt die Regel für den Fall, dass eine Ehe aufgehoben oder für nichtig erklärt wurde.

30 *Bonomi,* Protocole du 23 novembre 2007 sur la loi applicable aux obligations alimentaires, Rapport explicatif.

31 http://www.hcch.net/index_fr.php?act=conventions.publications&dtid=3&cid=133.

32 Rauscher/*Andrae,* Art. 15 EG-UntVO Rn 22 ff; vgl allg. noch Rat der Europäischen Union v. 7.2.2008 (5936/08), Rn 30; EuGH Rs. 181/73 Haegeman/Belgien, Slg 1974, 449 Rn 2/6; *Schwarze* in Schwarze (Hrsg.), EU-Kommentar, 2. Aufl. 2009, Art. 234 EGV Rn 10 mwN (zu Art. 234 EGV, heute Art. 267 Vertrag über die Arbeitsweise der Europäischen Union).

pflichten gegenüber einem Kind. Die Vorschrift entspricht dem Wortlaut nach weitgehend Art. 1 des Haager Übereinkommens von 1973.[33] Sachliche Unterschiede sind zunächst nicht festzustellen. Dies ergibt sich nicht nur aus der Übereinstimmung im Wortlaut, sondern auch daraus, dass das Haager Protokoll das HUntÜ im Verhältnis der Vertragsstaaten ersetzen soll (vgl Art. 18).[34] Damit kann für Einzelfragen auf die Kommentierung in Art. 18 EGBGB Rn 44 ff verwiesen werden. Anders als im HUntÜ[35] besteht allerdings keine Möglichkeit, einen **Vorbehalt** bezüglich bestimmter Unterhaltsansprüche zu erklären und insoweit den Anwendungsbereich des Abkommens einzuschränken (Art. 27).

Beim HUntÜ bestand Unsicherheit darüber, ob auch Ansprüche aus einer **homosexuellen Ehe** bzw einer hetero- oder homosexuellen **Lebenspartnerschaft** erfasst waren (vgl oben Art. 18 Rn 49).[36] Im Haager Protokoll hat man, wie dies *Bonomi* in seinem Bericht ausdrücklich darstellt, bewusst von einer ausdrücklichen Regelung abgesehen.[37] Staaten, die das Protokoll auf Ansprüche von homosexuellen Ehepartnern bzw Lebenspartnern anwenden möchten, haben nach Auffassung *Bonomis* aufgrund des offenen Wortlaut von Art. 1 Abs. 1 des Protokolls die Möglichkeit dazu; diejenigen Staaten, die dies ablehnen, können den Anwendungsbereich des Protokolls aber auch enger verstehen. Es obliegt daher der Gesetzgebung oder Rechtsprechung in den Vertragsstaaten, den genauen Anwendungsbereich des Abkommens insoweit näher zu konkretisieren.[38] 2

Sicherlich hätte eine ausdrückliche Einbeziehung etwa auch der homosexuellen Ehen und Partnerschaften für größere Rechtssicherheit gesorgt; letztlich war das Offenhalten dieser Frage angesichts des Beratungsverlaufs auf der Haager Konferenz situationsangemessen. Da manche Staaten derartige Partnerschaften mehr oder weniger grundsätzlich ablehnen, wäre ein Konsens über die Einbeziehung derartiger Partnerschaften wohl nicht zustande gekommen; man hätte sich wohl nur auf eine „kleine Lösung" – also die Beschränkung auf die heterosexuelle Ehe – verständigen können. 3

Auch innerhalb der EU gibt es Mitgliedstaaten, die insb. verrechtlichten homosexuellen Partnerschaften ablehnend gegenüberstehen.[39] Auf den ersten Blick erscheint es daher denkbar, dass der Anwendungsbereich des Haager Protokolls zukünftig auch in den Mitgliedstaaten unterschiedlich weit gezogen wird.[40] Allerdings könnte ggf auch der EuGH im Wege eines Vorabentscheidungsverfahrens mit dieser Frage befasst werden (siehe oben Vor Rn 20); in diesem Fall dürfte der EuGH – da die Kompetenz der EU zur Regelung auch dieser kollisionsrechtlichen Frage gegeben ist –, die Möglichkeit haben, eine für alle Mitgliedstaaten einheitliche und weite Bestimmung des Anwendungsbereichs vorzunehmen. Ob er diese Möglichkeit wahrnimmt oder die Entscheidung doch den Mitgliedstaaten überlässt, bleibt abzuwarten. Nach der hier vertretenen Auffassung gibt es aus europäischer Sicht keinen Grund, das Haager Protokoll nicht auf die genannten nicht-ehelichen bzw nicht-heterosexuellen Partnerschaften anzuwenden. Hierfür sprechen auch praktische Erwägungen, da wohl auch die UnterhaltsVO derartige Ansprüche erfasst[41] und, sollten die genannten Partnerschaften nicht erfasst sein – abweichend vom Vereinheitlichungsziel des EU-Gesetzgebers – weiterhin (besondere) Anknüpfungsregeln im Recht der EU oder hilfsweise im nationalen Recht zu entwickeln wären.[42] Zieht man demgemäß Ansprüche aus den genannten nicht-ehelichen bzw nicht-heterosexuellen Partnerschaften in den Anwendungsbereich des Haager Protokolls mit ein, so sollte auch die auf Ehegatten zugeschnittene **Sonderregel des Art. 5** entsprechend angewendet werden (siehe unten Art. 5 Rn 8). 4

Unterhaltsvereinbarungen sind nach dem Bericht von *Bonomi* dann vom Anwendungsbereich des Haager Protokolls erfasst, wenn sie sich auf eine vom Haager Protokoll erfasste (gesetzliche) Unterhaltspflicht beziehen.[43] Andere Unterhaltsvereinbarungen sind – nicht anders als im HUntÜ (vgl Art. 18 EGBGB Rn 52 ff) – vom Anwendungsbereich des Haager Protokolls nicht erfasst. Insgesamt dürften sich daher gegenüber dem HUntÜ keine Veränderungen ergeben (siehe oben Rn 1). 5

33 Näher *Bonomi*, Rapport explicatif, Rn 22 ff.

34 *Bonomi*, Rapport explicatif, Rn 26.

35 Dort Art. 13 und 14.

36 Zum Meinungsstand etwa Staudinger/*Mankowski*, Anh. I zu Art. 18 EGBGB Rn 112 mwN. Der Bericht von *Verwilghen*, BT-Drucks. 10/258, S. 35 (Rn 21), geht nur näher auf die Verpflichtung von Ehegatten ein, was einen e contrario-Schluss nahe legt.

37 *Bonomi*, Rapport explicatif, Rn 31; *ders.*, YPIL 2008, 333, 339 („The omission is intentional.").

38 *Bonomi*, Rapport explicatif, Rn 31; auch zum Haager Übereinkommen von 2007 wird Ähnliches vertreten (näher *Beaumont*, RabelsZ 73 (2009), 509, 528).

39 Dazu Staudinger/*Mankowski*, Art. 17 b EGBGB Rn 10 ff; *Wölfl*, Gleichgeschlechtliche Partnerschaften – Das Recht in Deutschland und dem europ. Ausland (Diss. 2004), S. 670 ff. Nachweise auch bei MüKo/*Siehr*, Art. 17 b EGBGB Rn 8 f.

40 So offenbar Rauscher/*Andrae*, Art. 1 HUntStProt Rn 7 (unter Bezugnahme auf die Qualifikationsvorstellungen des deutschen IPR) und Art. 5 HUntStProt Rn 8.

41 Dazu näher *Gruber*, IPRax 2010, 128, 130 f.

42 Gerade aus deutscher Sicht wäre das problematisch, da Art. 18 EGBGB durch Art. 12 Nr. 3 des Gesetzes zur Durchführung der Verordnung (EG) Nr. 4/2009 und zur Neuordnung bestehender Aus- und Durchführungsbestimmungen auf dem Gebiet des internationalen Unterhaltsverfahrensrechts vom 23.5.2011 mit Wirkung zum 18.6.2011 aufgehoben worden ist (BGBl. I 2011 S. 898). Damit steht aus deutscher Sicht aktuell kein passendes „Ersatzkollisionsrecht" mehr zur Verfügung.

43 *Bonomi*, Rapport explicatif, Rn 32; im Erg. auch Rauscher/*Andrae*, Art. 1 HUntStProt Art. 1 Rn 8 f.

6 Im Bericht von *Bonomi* wird ferner darauf hingewiesen, dass **Vorfragen** nach dem Bestehen bestimmter familienrechtlicher Verhältnisse – insb. die Abstammungsfragen – keiner eigenständigen Regelung zugeführt worden ist.[44] Nach dem Bericht besteht zwar die Möglichkeit, das auf den Unterhaltsanspruch anwendbare Recht auch auf die Vorfrage nach dem Bestehen bestimmter familienrechtlicher Verhältnisse anzuwenden.[45] Den Vertragsstaaten stünde es aber auch frei, die im Rahmen des autonomen Rechts entwickelte Vorfrageanknüpfung heranzuziehen.[46] Damit ist davon auszugehen, dass es bei der Anwendung des Haager Protokolls bei den bisherigen (nationalen) Lösungsansätzen verbleiben kann;[47] insb. könnte die hier favorisierte selbstständige Anknüpfung der Vorfrage weiterhin beibehalten werden (vgl Art. 18 EGBGB Rn 71 ff).[48]

7 Soweit sich die Frage nach dem Bestehen eines familienrechtlichen Verhältnisses außerhalb eines Unterhaltsanspruchs – also als Hauptfrage stellt – ist das Haager Protokoll nicht anwendbar. Art. 1 Abs. 2 stellt zudem klar, dass die Entscheidung über die Vorfrage nach dem Bestehen eines familienrechtlichen Verhältnisses keine **Präjudizwirkung** für evtl spätere **Statusklagen** hat. Art. 1 Abs. 2 des Haager Protokolls entspricht insoweit Art. 2 Abs. 2 HUntÜ.

Art. 2 Haager Protokoll Universelle Anwendung

Dieses Protokoll ist auch anzuwenden, wenn das darin bezeichnete Recht dasjenige eines Nichtvertragsstaats ist.

1 Die Vorschrift entspricht Art. 3 HUntÜ (vgl Art. 18). Der Anwendungsbefehl des Haager Protokolls ist auch dann zu beachten, wenn er zur Anwendung eines Rechts eines Nichtvertragsstaats führt. Dies kann etwa dann der Fall sein, wenn der Berechtigte seinen gewöhnlichen Aufenthalt in einem Nichtvertragsstaat hat (Art. 3) oder bei Ansprüchen zwischen Ehegatten die Ehe eine engere Verbindung zu einem Nichtvertragsstaat aufweist (Art. 5) oder die Parteien unter den Voraussetzungen von Art. 8 das Recht eines Nichtvertragsstaats gewählt haben.

Art. 3 Haager Protokoll Allgemeine Regel in Bezug auf das anzuwendende Recht

(1) Sofern in diesem Protokoll nichts anderes bestimmt ist, ist für Unterhaltspflichten das Recht des Staates maßgebend, in dem die berechtigte Person ihren gewöhnlichen Aufenthalt hat.
(2) Wechselt die berechtigte Person ihren gewöhnlichen Aufenthalt, so ist vom Zeitpunkt des Aufenthaltswechsels an das Recht des Staates des neuen gewöhnlichen Aufenthalts anzuwenden.

1 Die Grundnorm für die Anknüpfung findet sich in Art. 3. Hiernach ist das Recht des Staates anzuwenden, in dem der Berechtigte seinen **gewöhnlichen Aufenthalt** hat (Art. 3 Abs. 1). Wechselt der Berechtigte seinen gewöhnlichen Aufenthalt, so ist von diesem Zeitpunkt an das Recht des Staates des neuen gewöhnlichen Aufenthalts anzuwenden (Art. 3 Abs. 2).

2 Art. 3 entspricht Art. 4 HUntÜ (= Art. 18 Abs. 1 S. 1).[49] Der Begriff des gewöhnlichen Aufenthalts ist autonom nach den Maßstäben des Haager Protokolls zu bestimmen (Art. 20). Zum gewöhnlichen Aufenthalt und den mit der Anwendung der Norm verbundenen Einzelfragen vgl ausf. oben Art. 18 EGBGB Rn 9 ff.

3 Zu berücksichtigen ist, dass diese Grundnorm keine Anwendung findet, wenn der Berechtigte die Klage am gewöhnlichen Aufenthalt des Verpflichteten erhebt und sein Begehren unter den Katalog des Art. 4 Abs. 1 lit. a-c fällt; hier wird – abweichend von der Grundnorm – primär an die lex fori angeknüpft (Art. 4 Abs. 3). Art. 3 wird also durch die **Sonderanknüpfungsregel in Art. 4 Abs. 3** verdrängt.

4 Ferner ist darauf hinzuweisen, dass die Grundanknüpfung nach Art. 3 unter den Voraussetzungen des Art. 4 Abs. 1, 2, 4 durch eine **Ersatzanknüpfung** ergänzt wird. Gewährt das nach Art. 3 an sich anwendbare Recht dem Berechtigten keinen Anspruch, ist ergänzend auf die lex fori bzw das Recht abzustellen, dem die Parteien gemeinsam angehören.

44 *Bonomi*, Rapport explicatif, Rn 24.
45 *Bonomi*, Rapport explicatif, Rn 24 ; hierfür *Ancel/Muir Watt*, Rev, crit. dr. int. priv. 99 (2010), 457, 475 f.
46 *Bonomi*, Rapport explicatif, Rn 24.
47 *Andrae*, GPR 2010, 196, 203; vgl bereits *Looschelders/Boos*, FamRZ 2006, 374, 376.
48 Ebenso Rauscher/*Andrae*, Art. 1 HUntStProt Rn 17 (selbständige Anknüpfung).
49 Art. 4 HUntÜ. Zu den Argumenten im Einzelnen *Bonomi*, Rapport explicatif, Rn 37 ff; *Andrae*, FPR 2008, 196, 198 f.

Art. 3 findet auch bei **Ansprüchen zwischen Ehegatten** Anwendung. Allerdings findet sich insoweit in Art. 5 eine **Auflockerungsklausel**. Diese greift auf Einrede des Verpflichteten dann ein, wenn die Ehe eine engere Verbindung zu einem anderen Staat aufweist als dem Staat, in dem der Berechtigte seinen gewöhnlichen Aufenthalt hat. Anders als noch im HUntÜ besteht im Haager Protokoll keine generelle Sonderanknüpfungsregel für den Nachscheidungsunterhalt (siehe bereits Vor Rn 16). 5

Zu beachten ist ferner, dass der Verpflichtete nach Maßgabe von Art. 6 – außer bei den von Art. 5 erfassten Ansprüchen zwischen Ehegatten und Ansprüchen, die sich aus einer Eltern-Kind-Beziehung ergeben –, dem Anspruch des Berechtigten entgegenhalten kann, dass für ihn weder nach dem Recht des Staates des gewöhnlichen Aufenthalts des Verpflichteten noch ggf nach dem Recht des Staates, dem die Parteien gemeinsam angehören, eine solche Pflicht besteht. Auch aus der **Einrede nach Art. 6** ergibt sich damit eine gewisse Einschränkung der Anknüpfung an den gewöhnlichen Aufenthalt des Berechtigten. Diese wurde gegenüber dem HUntÜ noch auf weitere Verpflichtete ausgedehnt (vgl unten Art. 6 Rn 2). 6

Schließlich ist darauf hinzuweisen, dass die Grundanknüpfung nach Art. 3 durch eine **Rechtswahl der Parteien** überwunden werden kann (Art. 7, 8). Im Gesamtbild ist daher die Anknüpfung an den gewöhnlichen Aufenthalt nicht mehr ganz so dominant wie noch im HUntÜ.[50] 7

Art. 4 Haager Protokoll Besondere Regeln zugunsten bestimmter berechtigter Personen

(1) Die folgenden Bestimmungen sind anzuwenden in Bezug auf Unterhaltspflichten

a) der Eltern gegenüber ihren Kindern,

b) anderer Personen als der Eltern gegenüber Personen, die das 21. Lebensjahr noch nicht vollendet haben, mit Ausnahme der Unterhaltspflichten aus den in Artikel 5 genannten Beziehungen; und

c) der Kinder gegenüber ihren Eltern.

(2) Kann die berechtigte Person nach dem in Artikel 3 dieses Artikels vorgesehenen Recht von der verpflichteten Person keinen Unterhalt erhalten, so ist das am Ort des angerufenen Gerichts geltende Recht anzuwenden.

(3) [1]Hat die berechtigte Person die zuständige Behörde des Staates angerufen, in dem die verpflichtete Person ihren gewöhnlichen Aufenthalt hat, so ist ungeachtet des Artikels 3 das am Ort des angerufenen Gerichts geltende Recht anzuwenden. [2]Kann die berechtigte Person jedoch nach diesem Recht von der verpflichteten Person keinen Unterhalt erhalten, so ist das Recht des Staates des gewöhnlichen Aufenthalts der berechtigten Person anzuwenden.

(4) Kann die berechtigte Person nach dem in Artikel 3 und in den Absätzen 2 und 3 vorgesehenen Recht von der verpflichteten Person keinen Unterhalt erhalten, so ist gegebenenfalls das Recht des Staates anzuwenden, dem die berechtigte und die verpflichtete Person gemeinsam angehören.

A. Ersatzanknüpfung zugunsten des Berechtigten (Art. 4 Abs. 1, 2, 4)

Grundsätzlich stimmt das Haager Protokoll mit dem HUntÜ darin überein, dass dem Berechtigten dann, wenn ihm das Recht an seinem gewöhnlichen Aufenthalt keinen Anspruch gewährt, Ersatzanknüpfungen zur Verfügung gestellt werden.[51] Wie das Haager Übereinkommen bevorzugt also auch das Haager Protokoll im Ausgangspunkt den Unterhaltsgläubiger (favor creditoris). 1

Anders als im HUntÜ wird eine Ersatzanknüpfung nur in **bestimmten Fällen** vorgesehen. Allerdings handelt es sich hierbei um die praktisch wichtigsten Fälle, nämlich um Unterhaltspflichten der Eltern gegenüber ihren Kindern (lit. a), Unterhaltspflichten anderer Personen gegenüber Personen, die das 21. Lebensjahr noch nicht vollendet haben, mit Ausnahme der Unterhaltspflichten gegenüber (früheren) Ehegatten (lit. b), und Unterhaltspflichten der Kindern gegenüber ihren Eltern (lit. c).[52] 2

Ein wesentlicher Unterschied zum HUntÜ liegt ferner darin, dass die **Anknüpfung an die lex fori** gegenüber der Anknüpfung an die gemeinsame Staatsangehörigkeit gestärkt wird. Kann der Berechtigte nach dem Recht an seinem gewöhnlichen Aufenthalt keinen Unterhalt erlangen, so ist die lex fori anzuwenden (Art. 4 Abs. 2). Erst dann, wenn sich auch aus diesem Recht kein Anspruch ergibt, ist ersatzweise das Recht des Staates anzuwenden, dem der Berechtigte und der Verpflichtete gemeinsam angehören (Art. 4 Abs. 4). Verglichen mit dem HUntÜ steigt also die Ersatzanknüpfung an die lex fori von der dritten auf die zweite Position auf, 3

50 *Malatesta,* Riv. dir. int. priv. proc 2009, 829, 839 f.

51 Art. 5, 6 HUntÜ (= Art. 18 Abs. 1 S. 2, Abs. 2 EGBGB.).

52 Näher dazu *Bonomi*, Rapport explicatif, Rn 52 ff.

während die Staatsangehörigkeitsanknüpfung von der zweiten auf die dritte Stelle „absteigt".[53] Die Anwendung der lex fori vereinfacht die Rechtsanwendung; dieser Aspekt ist gerade im Unterhaltsrecht, bei dem es häufig um eher geringe Beiträge geht, aber zugleich eine rasche Entscheidung vonnöten ist, von erheblicher Bedeutung.[54]

4 Allzu große Bedeutung wird die **Ersatzanknüpfung an die lex fori** nach Art. 4 Abs. 2 allerdings nicht erlangen. Hat der Berechtigte, wie häufig, seinen gewöhnlichen Aufenthalt in dem Staat des angerufenen Gerichts, führt Art. 4 Abs. 2 zu keiner Anwendung eines weiteren Rechts. Erhebt der Berechtigte die Klage am gewöhnlichen Aufenthalt des Verpflichteten, so ist ohnehin die Sonderregel des Art. 4 Abs. 3 anzuwenden. Die Ersatzanknüpfung nach Art. 4 Abs. 2 hat also nur in den Fällen Bedeutung, in denen weder der Berechtigte noch der Verpflichtete ihren gewöhnlichen Aufenthalt in dem Staat des angerufenen Gerichts haben oder der Verpflichtete, soweit sich ausnahmsweise eine entsprechende Zuständigkeit ergibt, an seinem eigenen gewöhnlichen Aufenthaltsort den Berechtigten verklagt.[55] Dies kann innerhalb der EU etwa dann ausnahmsweise der Fall sein, wenn sich die internationale Zuständigkeit aus Art. 3 lit. c oder d bzw Art. 6, 7 UnterhaltsVO ergibt.

5 In einigen Fällen dürfte daher auch die Anknüpfung an die **gemeinsame Staatsangehörigkeit** nach Art. 4 Abs. 4 von Bedeutung bleiben. Für die Ersatzanknüpfung reicht auch eine nicht-effektive gemeinsame Staatsangehörigkeit aus.[56] Haben die Parteien mehrere gemeinsame Staatsangehörigkeiten, ist ggf eine mehrfache Ersatzanknüpfung vorzunehmen.[57] Es bleibt allerdings offen, nach welchen Maßstäben das anwendbare Recht der gemeinsamen Staatsangehörigkeit bestimmt werden soll, wenn alle betroffenen Rechtsordnungen – wenngleich ggf in unterschiedlicher Höhe – dem Berechtigten einen Unterhaltsanspruch gewähren. In diesem eher seltenen Fall dürfte nach dem Grundgedanken des Art. 4 eine Anknüpfung an die Rechtsordnung vorzunehmen sein, die dem Berechtigten weniger günstig ist. Denn bei den Ersatzanknüpfungen nach Art. 4 geht es nicht darum, dem Berechtigten das günstigste Recht zur Verfügung zu stellen, sondern nur darum, ihm überhaupt einen Unterhaltsanspruch zu verschaffen.

6 Nach Art. 9 können einzelne Staaten, soweit sie eine entsprechende Erklärung abgeben, das Merkmal der gemeinsamen Staatsangehörigkeit durch das Merkmal des gemeinsamen **„domicile"** ersetzen. (vgl unten Art. 9 Rn 1).

7 Bei der Anwendung von Art. 4 stellen sich im Einzelnen weiterhin dieselben Fragen wie bei der Ersatzanknüpfung im Rahmen von Art. 5, 6 HUntÜ. Eine Ersatzanknüpfung ist nicht nur dann vorzunehmen, wenn das Recht am gewöhnlichen Aufenthalt des Berechtigten zwischen bestimmten Personen überhaupt keine Unterhaltsansprüche vorsieht, sondern auch dann, wenn gewisse **Voraussetzungen** nicht gegeben sind bzw dem Anspruch Altersgrenzen o.Ä. entgegenstehen (vgl Art. 18 EGBGB Rn 14 ff).[58] Offen ist weiterhin die Frage, ob eine Ersatzanknüpfung auch dann vorzunehmen ist, wenn das an sich anwendbare Recht den Anspruch wegen einer **fehlenden Bedürftigkeit** des Unterhaltsgläubigers bzw **fehlender Leistungsfähigkeit** des Unterhaltsschuldners ausschließt. Eine Mehrheit der Delegationen sprach sich für diese Fälle nach dem Bericht von *Bonomi* gegen eine Ersatzanknüpfung aus.[59] Damit dürften die Grundsätze, die nach Auffassung des BGH bereits beim HUntÜ gelten, auf das Haager Protokoll zu übertragen sein (vgl Art. 18 EGBGB Rn 23).[60]

8 Besonders hinzuweisen ist darauf, dass der Verpflichtete sich auch gegenüber dem Recht, das nach Art. 4 ersatzweise zur Anwendung gelangt, mithilfe von **Art. 6** zur Wehr setzen kann. Gewährt also das nach Art. 4 berufene Recht zB Geschwistern, Enkeln, Neffen oder Nichten Unterhaltsansprüche, kann sich der Verpflichtete nach Maßgabe von Art. 6 einredeweise darauf berufen, dass weder nach dem Recht des Staates, in dem er seinen gewöhnlichen Aufenthalt hat, noch nach dem Recht des Staates, dem die Parteien gemeinsam angehören, eine solche Pflicht besteht. Damit verliert die Ersatzanknüpfung gerade in den Fällen, in denen sie für den Berechtigten hilfreich sein kann, erheblich an Bedeutung. *Bonomi* räumt in seinem erläuternden Bericht

53 Auf der Haager Konferenz wurde auch eine vollständige Streichung der Ersatzanknüpfung an die Staatsangehörigkeit bzw entsprechend das domicile vorgeschlagen. Noch gab es aber hinreichend Stimmen, die sich für eine Beibehaltung ausgesprochen haben (*Bonomi*, Rapport explicatif, Rn 74).

54 *Bonomi*, Rapport explicatif, Rn 60; *ders.*, YPIL 2008, 333, 344; zustimmend Rauscher/*Andrae*, Art. 4 HUntStProt Rn 7; *Boele/Woelki/Mom*, FPR 2010, 485, 487 f.; zur Arg. vgl auch *Looschelders/Boos*, FamRZ 2006, 374, 375; *Malatesta*, Riv. dir. int. priv. proc 2009, 829, 841.

55 *Bonomi*, Rapport explicatif, Rn 63.

56 *Bonomi*, Rapport explicatif, Rn 76; auch *Andrae*, GPR 2010, 196, 203; vgl auch bereits (zu Art. 5 HUntÜ) Staudinger/*Mankowski*, Anh. I zu Art. 18 EGBGB Rn 192; MüKo/*Siehr*, Anh. I zu Art. 18 EGBGB Rn 133 mwN.

57 *Bonomi*, Rapport explicatif, Rn 76.

58 *Bonomi*, Rapport explicatif Rn 61.

59 *Bonomi*, Rapport explicatif Rn 61.

60 So auch Rauscher/*Andrae*, Art. 4 HUntStProt Rn 18.

ein, dass das Zusammenspiel von Art. 3, 4 und 6 auf den ersten Blick widersprüchlich erscheinen mag.[61] Es ist auf einen Kompromiss der Verhandlungsteilnehmer zurückzuführen.[62]

Anwendbar bleiben auch **Art. 7, 8 (Rechtswahl)**. Liegt eine wirksame Rechtswahl vor, so ist eine Ersatzanknüpfung ausgeschlossen. 9

B. Sonderanknüpfungsregel bei Klage am gewöhnlichen Aufenthalt des Verpflichteten (Art. 4 Abs. 3, 4)

Art. 4 Abs. 3 sieht eine Sonderregel für den Fall vor, dass einer der in Art. 4 Abs. 1 lit. a-c genannten Unterhaltsberechtigten seinen Anspruch am gewöhnlichen Aufenthalt des Verpflichteten geltend macht.[63] In diesem Fall kommt es zu einem weiteren „Aufstieg“ der *lex fori*-Anknüpfung: Sie schwingt sich von einer Ersatzanknüpfung zur primären Anknüpfung auf. Auf das Recht am gewöhnlichen Aufenthalt des Berechtigten ist erst ersatzweise abzustellen, wenn nach der *lex fori* kein Anspruch auf Unterhalt besteht.[64] Höchsthilfsweise kommt es nach Abs. 4 auf das Recht des Staates an, dem beide Parteien angehören. 10

Durch die Berufung der lex fori wird die Rechtsanwendung vereinfacht; zugleich bleiben die Interessen des Verpflichteten gewahrt. Es wird ein Recht angewendet, mit dem er – aufgrund seines gewöhnlichen Aufenthalts – sogar enger verbunden ist als der Berechtigte.[65] Die Regel wurde insbesondere auf Betreiben der Common law-Staaten in das Haager Protokoll aufgenommen.[66] Durch sie wird in der Gesamtschau ein Kompromiss zwischen der Anknüpfung an den gewöhnlichen Aufenthalt des Berechtigten und der Anwendung der lex fori erzielt.[67] Der in diesem Zusammenhang nur für die internationale Zuständigkeit relevante gewöhnliche Aufenthalt des Verpflichteten muss nach dem Wortlaut der Vorschrift nur bei Klageerhebung in diesem Staat vorliegen; ein nachträglicher Wechsel des gewöhnlichen Aufenthalts des Verpflichteten steht der Anwendung von Art. 4 Abs. 3 nicht entgegen. Die Norm dürfte auch anwendbar sein, sobald der Verpflichtete erst im Laufe des Verfahrens seinen gewöhnlichen Aufenthalt in diesem Staat begründet. 11

Erkauft wurde der in Art. 4 Abs. 3 enthaltene Kompromiss damit, dass die Gerichte am gewöhnlichen Aufenthalt des Verpflichteten und sonstige zuständige Gerichte unterschiedliches Recht anwenden. Im Anwendungsbereich der UnterhaltsvO kann es sich der Berechtigte aussuchen, ob er gem. Art. 3 lit. a UnterhaltsVO am gewöhnlichen Aufenthaltsort des Verpflichteten klagt (und sodann die Anwendung der dortigen lex fori auslöst) oder ob er gem. Art. 3 lit. b UnterhaltsVO in dem Mitgliedstaat klagt, in dem er selbst seinen gewöhnlichen Aufenthalt hat (und damit die dort geltende lex fori zur Anwendung gebracht wird). Im Ergebnis wird damit trotz der Vereinheitlichung des anzuwendenden Kollisionsrechts ein internationaler Entscheidungseinklang nicht erreicht. Das Haager Protokoll ermöglicht es in der Konsequenz dem Berechtigten, ein von ihm gewünschtes Recht – das Recht am gewöhnlichen Aufenthalt des Verpflichteten oder das Recht an seinem eigenen gewöhnlichen Aufenthalt – mittelbar durch Wahl des zuständigen Gerichts zu bestimmen.[68] Auf diese Weise gibt das Haager Protokoll einen Anreiz zum forum shopping.[69] 12

Unklar ist, ob die Sonderanknüpfung nach Art. 4 Abs. 3 S. 1 auch dann anwendbar ist, wenn eine öffentliche Aufgaben wahrnehmende Einrichtung die **Erstattung** der der berechtigten Person erbrachten Leistungen verlangt (vgl. Art. 11 lit. f). Hiergegen spricht, dass sie selbst dem Wortsinn nach nicht als Unterhaltsberechtigte anzusehen ist.[70] Überdies würde dann die Behörde – anstelle des Unterhaltsberechtigten – die Möglichkeit zukommen, mittelbar das anwendbare Recht zu bestimmen; dieses Recht sollte aber nur dem unmittelbar Betroffenen zustehen. Die Vorschrift bleibt selbstverständlich anwendbar, wenn eine Behörde bei der Geltendmachung des Unterhaltsanspruchs selbst in Vertretung des Berechtigten handelt. 13

61 Kritisch auch Rauscher/*Andrae,* Art. 4 HUntStProt Rn 8.

62 *Bonomi*, Rapport explicatif, Rn 56.

63 Der in diesem Zusammenhang nur für die internationale Zuständigkeit relevante gewöhnliche Aufenthalt des Verpflichteten muss nur bei Klageerhebung in diesem Staat vorliegen; ein nachträglicher Wechsel des gewöhnlichen Aufenthalts steht der Anwendung von Art. 4 Abs. 3 nicht entgegen.

64 Anwendbar bleibt die weitere Ersatzanknüpfung an die gemeinsame Staatsangehörigkeit nach Art. 4 Abs. 4 (bzw – bei Abgabe einer Erklärung nach Art. 9 – das gemeinsame domicile). Erhalten bleibt ferner die Einredemöglichkeit nach Art. 6.

65 Zur Argumentation vgl auch *Bonomi,* YPIL 2008, 333, 343, 345.

66 Näher WGAL report, Juni 2006. Prel. Doc. Nr. 22, Rn 24 und 25. So auch *Andrae* FPR 2008, 196, 201 f.

67 *Bonomi*, Rapport explicatif, Rn 64; *ders.,* YPIL 2008, 333, 343, 345.

68 *Malatesta,* Riv. dir. int. priv. proc 2009, 829, 842 („una sorta die *optio legis*“).

69 *Bonomi*, Rapport explicatif, Rn 68.

70 Rauscher/*Andrae,* Art. 4 HUntStProt Rn 14.

Art. 5 Haager Protokoll Besondere Regel in Bezug auf Ehegatten und frühere Ehegatten

[1]In Bezug auf Unterhaltspflichten zwischen Ehegatten, früheren Ehegatten oder Personen, deren Ehe für ungültig erklärt wurde, findet Artikel 3 keine Anwendung, wenn eine der Parteien sich dagegen wendet und das Recht eines anderen Staates, insbesondere des Staates ihres letzten gemeinsamen gewöhnlichen Aufenthalts, zu der betreffenden Ehe eine engere Verbindung aufweist. [2]In diesem Fall ist das Recht dieses anderen Staates anzuwenden.

1 **Unterhaltsverpflichtungen zwischen Ehegatten** werden im Haager Protokoll besonders angesprochen. Erfasst wird hierbei auch die Ehe, die aufgrund von Mängeln bei der Eheschließung für unwirksam erklärt werden kann. Das Haager Protokoll weicht grundsätzlich von den bisherigen Vorschriften des HUntÜ ab. Es differenziert anders als das HUntÜ auch nicht mehr zwischen Ansprüchen bei bestehender Ehe und Ansprüchen bei geschiedener, aufgelöster oder für ungültig erklärter Ehe.[71]

2 Im Ausgangspunkt findet auch hier zunächst Art. 3 – Anknüpfung an den gewöhnlichen Aufenthalt des unterhaltsberechtigten (früheren) Ehegatten – Anwendung. Ergibt sich hiernach kein Anspruch, so findet keine Ersatzanknüpfung nach Art. 4 statt. Anders als etwa den Kindern gegenüber den Eltern wird dem (früheren) Ehegatten also kein Ersatzrecht zur Verfügung gestellt. Keine Anwendung findet andererseits aber auch die Einrede des Verpflichteten nach Art. 6.

3 Die Anknüpfung an den gewöhnlichen Aufenthalt des Berechtigten wird sodann durch eine in Art. 5 enthaltene Auflockerungsklausel durchbrochen. Art. 5 stellt darauf ab, ob das Recht eines anderen Staates, insbesondere des Staates des letzten gemeinsamen Aufenthalts, eine engere Verbindung zu der Ehe aufweist als der aktuelle gewöhnliche Aufenthalt des Berechtigten.

4 Gedacht ist hier insbesondere an die Fälle, in denen ein (früherer) Ehegatte in einen Staat verzieht, der mit der Ehe in keiner Verbindung steht. Handelt es sich hierbei um einen besonders unterhaltsfreundlichen Staat, würde der andere Ehegatte mit einer Unterhaltspflicht belastet, die für ihn nicht vorhersehbar war.[72] Handelt es sich um einen den Unterhaltsanspruch ablehnenden Staat, würde der unterhaltsberechtigte Ehegatte benachteiligt und ggf sogar in seiner Freizügigkeit beeinträchtigt.[73]

5 Bei dem in Art. 5 genannten Merkmal des letzten gemeinsamen gewöhnlichen Aufenthalts handelt es sich nicht um eine (widerlegbare) Vermutung, sondern nur um ein Indiz[74] bzw Regelvermutung.[75] Es ist stets eine Gesamtabwägung vorzunehmen. Haben die Ehegatten zunächst lange Zeit im Staat A gelebt und anschließend im Staat B, und kehrt sodann einer der Ehegatten im Anschluss an das Scheitern des Ehe nach vergleichsweise kurzer Zeit in den Staat A zurück, so besteht regelmäßig kein engerer Bezug zu dem Staat B als zu dem Staat A.[76] Es verbleibt sodann bei der Anwendung von Art. 3 und dem Recht des Staates A.[77] Erst recht gilt dies dann, wenn beide Ehegatten den Staat B verlassen haben.[78]

6 Bei der Bewertung des Einzelfalls kann es nach dem Bericht ergänzend auch auf die Staatsangehörigkeit oder ggf auch den Heiratsort ankommen.[79] Für sich betrachtet sind diese Faktoren aber nur in Ausnahmefällen entscheidend, etwa dann, wenn die Ehegatten zu keinem Zeitpunkt einen gemeinsamen gewöhnlichen Aufenthalt begründet haben.[80]

7 Art. 5 setzt weiter voraus, dass sich eine der Parteien gegen die Anwendung des durch Art. 3 bestimmten Rechts wendet. Der Richter muss also nur dann einen engeren Bezug zu einer anderen Rechtsordnung beachten, wenn sich eine Partei hierauf **einredeweise** beruft. Hiermit soll die mit der Ausweichklausel verbundene Rechtsunsicherheit eingeschränkt und zugleich die Arbeit der Gerichte vermindert werden.[81] Art. 5 enthält keine Regelung der Frage, auf welche Weise und bis zu welchem Zeitpunkt die Einrede im Prozess erhoben

71 Diese Differenzierung vermochte auch nicht zu überzeugen; vgl etwa *Andrae,* FPR 2008, 196, 200.

72 *Bonomi*, Rapport explicatif, Rn 78; *ders.,* YPIL 2008, 333, 347 ; *Boele/Woelki/Mom,* FPR 2010, 485, 487 f.

73 So ist etwa der nacheheliche Unterhalt in den skandinavischen Ländern und im common law sowie auch im islamischen Recht restriktiv ausgestaltet, vgl etwa die Nachw. bei *Andrae,* FPR 2008, 196, 201 Fn 46 und die Länderberichte in Hofer/Schwab/Henrich (Hrsg.), Scheidung und nachehelicher Unterhalt, Bielefeld 2003. Zum schwedischen Recht *Schwarz/Scherpe*, FamRZ 2004, 665, 667 ff. Zu neueren Entwicklungen des Maghreb *Nelle*, StAZ 2004, 253, 264 f.

74 *Bonomi*, Rapport explicatif, Rn 86; *ders.*, YPIL 2008, 333, 343, 349.

75 Vgl *Malatesta,* Riv. dir. int. priv. proc 2009, 829, 844 („criterio-guida").

76 *Bonomi*, Rapport explicatif, Rn 81.

77 Rauscher/*Andrae,* Art. 5 HUntStProt Rn 18.

78 Rauscher/*Andrae,* Art. 5 HUntStProt Rn 18.

79 *Bonomi*, Rapport explicatif, Rn 89; *ders.,* YPIL 2008, 333, 343, 349 f.

80 *Bonomi*, Rapport explicatif, Rn 89; *ders.,* YPIL 2008, 333, 343, 350.

81 *Bonomi*, Rapport explicatif, Rn 83; *ders.,* YPIL 2008, 333, 343, 349.

werden muss.[82] Diese Frage ist also vom nationalen Verfahrensrecht zu regeln; die Vertragsstaaten haben hierbei die Möglichkeit, die Erhebung der Einrede zeitlich zu begrenzen.[83] Da weder die hierfür wohl primär zuständige EU noch Deutschland eine diesbezügliche Begrenzung vorgesehen haben, bleibt es dabei, dass die Einrede bis zum Schluss der mündlichen Verhandlung vorgebracht werden kann.[84] Die Einrede steht auch dem Unterhaltsverpflichteten zu, soweit eine die öffentlichen Aufgaben wahrnehmende Einrichtung von ihm Regress verlangt (Art. 11 lit. f).[85]

Nach dem erläuternden Bericht zum Abkommen haben die Vertragsstaaten die Möglichkeit, Art. 5 entsprechend auf die **homosexuelle Ehe** bzw **registrierte (homosexuelle oder heterosexuelle) Partnerschaften** anzuwenden.[86] Diese Frage wird aber, wie auch die Einbeziehung der genannten Verbindungen in den Anwendungsbereich des Abkommens überhaupt, der Gesetzgebung oder Rechtsprechung in den Vertragsstaaten überlassen (vgl oben Art. 1 Rn 2 ff).[87] Tatsächlich passen die zur Ehe bei Art. 3, 5 angeführten Erwägungen cum grano salis auch für sonstige verrechtlichte Partnerschaften.[88] Insbesondere sollte dem Verpflichteten nach der hier vertretenen Auffassung nicht die Möglichkeit offenstehen, den Unterhaltsanspruch unter Berufung auf Art. 6 abzuwehren. Es bleibt abzuwarten, ob diese Frage für die EU einheitlich durch den EuGH geklärt wird oder ob dieser die Entscheidung den einzelnen Mitgliedstaaten überlässt. Meines Erachtens spricht mehr dafür, dass der EuGH eine sachlich einheitliche Klärung der Frage herbeiführen kann, da der EU die Kompetenz zur Klärung dieser Frage zukommt (vgl Art. 24).[89] 8

Art. 6 Haager Protokoll Besondere Mittel zur Verteidigung

Außer bei Unterhaltspflichten gegenüber einem Kind, die sich aus einer Eltern-Kind-Beziehung ergeben, und den in Artikel 5 vorgesehenen Unterhaltspflichten kann die verpflichtete Person dem Anspruch der berechtigten Person entgegenhalten, dass für sie weder nach dem Recht des Staates des gewöhnlichen Aufenthalts der verpflichteten Person noch gegebenenfalls nach dem Recht des Staates, dem die Parteien gemeinsam angehören, eine solche Pflicht besteht.

Führt das nach Art. 3 bzw Art. 4 anwendbare Recht zu einem Anspruch, kann sich der Verpflichtete einredeweise darauf berufen, dass weder nach dem Recht des Staates des gewöhnlichen Aufenthalts des Verpflichteten noch ggf nach dem Recht des Staates, dem die Parteien gemeinsam angehören, eine solche Pflicht besteht.[90] Diese Einrede besteht allerdings nicht bei Unterhaltspflichten gegenüber einem Kind, die sich aus einer Eltern-Kind-Beziehung ergeben. Unter den Begriff des „Kindes" fallen in diesem Zusammenhang eheliche und nichteheliche Kinder und auch Adoptivkinder, nicht aber Stiefkinder.[91] Darüber hinaus besteht die Einrede auch nicht bei Unterhaltspflichten gegenüber (früheren) Ehegatten.[92] 1

Eine entsprechende Einrede war bereits im HUntÜ enthalten; dort war sie allerdings auf Unterhaltspflichten zwischen Verwandten in der Seitenlinie oder Verschwägerten beschränkt.[93] Der neue Art. 6 kann zu einer erheblichen Einschränkung von Unterhaltsansprüchen führen.[94] Für die Anwendung des Art. 6 kann im Übrigen auf die Ausführungen unter Art. 18 EGBGB Rn 31 ff verwiesen werden. 2

Art. 7 Haager Protokoll Wahl des anzuwendenden Rechts für die Zwecke eines einzelnen Verfahrens

(1) Ungeachtet der Artikel 3 bis 6 können die berechtigte und die verpflichtete Person allein für die Zwecke eines einzelnen Verfahrens in einem bestimmten Staat ausdrücklich das Recht dieses Staates als das auf eine Unterhaltspflicht anzuwendende Recht bestimmen.

82 Ein entsprechender Vorschlag der Schweiz wurde nicht angenommen; vgl *Bonomi*, Rapport explicatif, Rn 81.
83 Näher *Bonomi,* Rapport explicatif, Rn 81.
84 Rauscher/*Andrae,* Art. 5 HUntStProt Rn 12.
85 Rauscher/*Andrae,* Art. 5 HUntStProt Rn 13.
86 *Bonomi*, Rapport explicatif, Rn 92 ff.
87 *Bonomi*, Rapport explicatif, Rn 92 ff; *ders.*, YPIL 2008, 333, 350.
88 *Andrae,* GPR 2010, 196, 202.
89 Abw. Rauscher/*Andrae,* Art. 5 HUntStProt Rn 8 f (da die EU die Möglichkeit, im Rahmen von Art. 1 oder Art. 15 UnterhaltsVO für eine Klärung zu sorgen, nicht wahrgenommen habe).
90 Auch insoweit können Staaten, die im nationalen Kollisionsrecht nicht auf die Staatsangehörigkeit, sondern das domicile abstellen, gem. Art. 9 erklären, dass auf das gemeinsame domicile abgestellt werden soll.
91 *Bonomi,* Rapport explicatif, Rn 99; vgl auch schon zu Art. 7 HUntÜ, Staudinger/*Mankowski,* Anh. I zu Art. 18 EGBGB Rn 104.
92 Zu letzteren vgl unter c).
93 Art. 7 HUntÜ (= Art. 18 Abs. 3 EGBGB).
94 Krit. daher *Andrae,* FPR 2008, 196, 202.

(2) Erfolgt die Rechtswahl vor der Einleitung des Verfahrens, so geschieht dies durch eine von beiden Parteien unterschriebene Vereinbarung in Schriftform oder erfasst auf einem Datenträger, dessen Inhalt für eine spätere Einsichtnahme zugänglich ist.

A. Überblick über die Rechtswahlmöglichkeiten im Haager Protokoll

1 Eine weit reichende Neuerung besteht ferner darin, dass das Haager Protokoll den Parteien die Möglichkeit der Rechtswahl einräumt. Art. 7 führt eine Rechtswahlmöglichkeit für die Zwecke eines einzelnen Verfahrens ein; Art. 8 sieht eine weitergehende Rechtswahl vor, die nicht auf einen aktuellen bzw bevorstehenden Rechtsstreit beschränkt ist.

2 Dass im Unterhaltsrecht Möglichkeiten der Rechtswahl bestehen sollen, ist alles andere als selbstverständlich.[95] Eine Rechtswahl birgt die Gefahr, dass der Berechtigte den nach dem objektiv anwendbaren Recht bestehenden Anspruch verliert. Dies steht in einem Spannungsverhältnis zu dem Regelungskonzept des Protokolls, das – etwa im Wege der Ersatzanknüpfung nach Art. 4 Abs. 2 und 4 – das Ziel verfolgt, den Berechtigten zu schützen und ihm zu einem Unterhaltsanspruch zu verhelfen.

3 Im erläuternden Bericht wird zur Rechtfertigung der Rechtswahl u.a. darauf hingewiesen, dass auf der Ebene der internationalen Zuständigkeit auch für Unterhaltssachen häufig die Möglichkeit einer Gerichtsstandsvereinbarung bestehe. Insoweit sei es nur folgerichtig, auch auf der Ebene des Kollisionsrechts eine (eingeschränkte) Rechtswahl zuzulassen.[96] Mit der Rechtswahl könnten die Parteien eine verlässliche und dauerhafte Lösung erreichen; insb. stelle eine Rechtswahl sicher, dass ein nachfolgender Statutenwechsel keine Veränderung des anwendbaren Rechts nach sich ziehe.[97] Nachteile für den Verpflichteten werden durch Art. 7 und 8 in Grenzen gehalten; dies gilt insbesondere für die Einschränkung der Rechtswahl nach Art. 8 Abs. 4 und 5.

B. Rechtswahl für die Zwecke eines einzelnen Verfahrens, Art. 7

4 Art. 7 sieht eine in ihren Auswirkungen beschränkte Rechtswahlmöglichkeit vor. Die Vorschrift ermöglicht eine Rechtswahl „allein für die Zwecke eines einzelnen Verfahrens in einem bestimmten Staat". Wählbar ist das Recht des Staates, in dem der Rechtstreit stattfindet bzw zukünftig stattfinden wird. Damit führt die Rechtswahl zu einer Anwendung der lex fori durch das zuständige Gericht. Die Rechtswahlmöglichkeit steht nicht nur (früheren) Ehegatten zur Verfügung, sondern ist auch in anderen Unterhaltsverhältnissen gegeben.[98] Die Rechtswahlmöglichkeit steht allein dem Unterhaltsberechtigten und dem Unterhaltsverpflichteten zur Verfügung;[99] mittelbar hat sie aber Auswirkungen auf den Umfang des Rückgriffsanspruchs einer öffentliche Aufgaben wahrnehmenden Einrichtung nach Art. 11 lit. f, da sich der Umfang der Erstattungspflicht nach dem Unterhaltsstatut richtet. Zum Unterhaltsregress durch Private siehe Art. 18 EGBGB Rn 83 ff.

5 Soweit die Parteien in einem bereits eingeleiteten Verfahren eine Rechtswahl treffen wollen, richtet sich das Zustandekommen der Rechtswahl – insb. die Form und der Zeitpunkt – nach der lex fori.[100] Wird die Rechtswahl noch *vor* der Einleitung eines Verfahrens getroffen,[101] so muss die Vereinbarung gem. Art. 7 Abs. 2 von beiden Parteien unterschrieben sein und in Schriftform bzw auf einem Datenträger, dessen Inhalt für eine spätere Einsichtnahme zugänglich ist, vorliegen. Nach dem Bericht von *Bonomi* handelt es sich hierbei gem. der Vorstellungen der Delegierten nur um eine Mindestvorschrift; den Vertragsstaaten stehe es frei, weitere Formvorschriften vorzusehen.[102] Der deutsche Gesetzgeber hat allerdings keine besonderen Formvorschriften vorgesehen. Ein entsprechender Vorschlag des Bundesrates[103] wurde nicht übernommen.[104] Die Kompetenz

95 Noch sehr zurückhaltend etwa *Bonomi,* Recueil de travaux en l'honneur du Professeur Suzette Sandoz (2006), 201, 212; siehe ferner zur geringen Verbreitung der Rechtswahl im Ehewirkungsrecht, *Mankowski* in: Staudinger, Art. 14 EGBGB Rn 113 f und im Ehegüterrecht Staudinger/*Mankowski*, Art. 15 EGBGB Rn 90 ff mwN.

96 *Bonomi*, Rapport explicatif, Rn 110; *ders.,* YPIL 2008, 333, 351 („measure of consistency").

97 *Bonomi*, Rapport explicatif, Rn 125; *ders.,* YPIL 2008, 333, 353.

98 Dies lässt sich damit rechtfertigen, dass in den Fällen des Art. 4 Abs. 3 ohnehin die lex fori primär zur Anwendung kommt und in den Fällen des Art. 4 Abs. 2 im Wege der Ersatzanknüpfung (vgl auch *Bonomi*, Rapport explicatif, Rn 114; *ders.,* YPIL 2008, 333, 352 Fn 33.

99 Rauscher/*Andrae,* Art. 7 HUntStProt Rn 3.

100 *Bonomi*, Rapport explicatif, Rn 122.

101 Für die Mitgliedstaaten der EU dürfte der Zeitpunkt der Einleitung nach Art. 9 UnterhaltsVO zu bestimmen sein (Rauscher/*Andrae,* Art. 7 HUntStProt Rn 11).

102 *Bonomi*, Rapport explicatif, Rn 119.

103 BT-Drucks. 17/4887, S. 56 (Entwurf eines Gesetzes zur Durchführung der Verordnung (EG) Nr. 4/2009 und zur Neuordnung bestehender Aus- und Durchführungsbestimmungen auf dem Gebiet des internationalen Unterhaltsverfahrensrechts, Anlage 3). Der Bundesrat hatte die Einführung einer notariellen Beurkundung in Anlehnung an Art. 14 Abs. 4 EGBGB vorgeschlagen.

104 S. Gegenäußerung der Bundesregierung (BT-Drucks. 17/4887, S. 57.

zur Schaffung derartiger Vorschriften dürfte ohnehin nicht bei dem deutschen Gesetzgeber, sondern der EU liegen.[105]

In jedem Fall muss es sich um eine **„ausdrückliche" Rechtswahl** handeln; eine bloß konkludente Rechtswahl reicht nicht aus. Nicht ausreichend ist also eine bloße Gerichtsstandsvereinbarung oder das Hinnehmen der Argumentation des Gerichts oder der Gegenseite auf Grundlage der lex fori.[106] 6

Es besteht keine Befristung der Rechtswahlwirkungen dergestalt, dass das Verfahren innerhalb eines bestimmten Zeitraums nach Zustandekommen der Rechtswahl eingeleitet werden muss.[107] Daraus dürfte zugleich zu schließen sein, dass die Parteien die Rechtswahl nach Art. 7 auch „auf Vorrat" schließen können, ohne im Zeitpunkt der Rechtswahl überhaupt eine gerichtliche Auseinandersetzung schon näher in Erwägung zu ziehen. Kommt es zu keinem Rechtsstreit, bleibt die Rechtswahl nach Art. 7 ohne Wirkungen. Dasselbe gilt, wenn der Rechtsstreit nicht bei dem Gericht geführt wird, dessen Recht gewählt worden ist. 7

Die Rechtswahl muss sich stets auf das Recht eines bestimmten Staates beziehen. Die Parteien können nach dem Bericht von *Bonomi* nicht allgemein die lex fori des jeweils angerufenen Gerichts vereinbaren, ohne zugleich festzulegen, in welchem Staat der Rechtsstreit geführt werden soll.[108] Regelmäßig dürfte es sich daher empfehlen, die Rechtswahl mit einer Gerichtsstandsvereinbarung zu verbinden (vgl. Art. 4 UnterhaltsVO).[109] Der Abschluss einer Gerichtsstandsvereinbarung ist aber nicht Voraussetzung für die Rechtswahl nach Art. 7. 8

Da die auf Art. 7 gestützte Rechtswahl stets nur für die Zwecke eines einzelnen Verfahrens wirkt, richtet sich das anzuwendende Recht in nachfolgenden Verfahren, sobald keine erneute Rechtswahl getroffen wird, nach den Art. 3-6.[110] Dies gilt auch für Abänderungsklagen.[111] Eine Partei kann aber nicht im Anschluss an den Erstprozess in demselben oder in einem anderen Staat eine Abänderung der Erstentscheidung (allein) mit dem Argument verlangen, nach dem nunmehr gem. Art. 3-6 anwendbaren Recht wäre der vorangegangene Rechtsstreit anders zu entscheiden gewesen; anderenfalls wäre die Rechtswahl nach Art. 7 weitgehend wirkungslos. 9

Art. 8 Haager Protokoll Wahl des anzuwendenden Rechts

(1) Ungeachtet der Artikel 3 bis 6 können die berechtigte und die verpflichtete Person jederzeit eine der folgenden Rechtsordnungen als das auf eine Unterhaltspflicht anzuwendende Recht bestimmen:

a) das Recht eines Staates, dem eine der Parteien im Zeitpunkt der Rechtswahl angehört;

b) das Recht des Staates, in dem eine der Parteien im Zeitpunkt der Rechtswahl ihren gewöhnlichen Aufenthalt hat;

c) das Recht, das die Parteien als das auf ihren Güterstand anzuwendende Recht bestimmt haben, oder das tatsächlich darauf angewandte Recht;

d) das Recht, das die Parteien als das auf ihre Ehescheidung oder Trennung ohne Auflösung der Ehe anzuwendende Recht bestimmt haben, oder das tatsächlich auf diese Ehescheidung oder Trennung angewandte Recht.

(2) Eine solche Vereinbarung ist schriftlich zu erstellen oder auf einem Datenträger zu erfassen, dessen Inhalt für eine spätere Einsichtnahme zugänglich ist, und von beiden Parteien zu unterschreiben.

(3) Absatz 1 findet keine Anwendung auf Unterhaltspflichten betreffend eine Person, die das 18. Lebensjahr noch nicht vollendet hat, oder einen Erwachsenen, der aufgrund einer Beeinträchtigung oder der Unzulänglichkeit seiner persönlichen Fähigkeiten nicht in der Lage ist, seine Interessen zu schützen.

(4) Ungeachtet des von den Parteien nach Absatz 1 bestimmten Rechts ist das Recht des Staates, in dem die berechtigte Person im Zeitpunkt der Rechtswahl ihren gewöhnlichen Aufenthalt hat, dafür maßgebend, ob die berechtigte Person auf ihren Unterhaltsanspruch verzichten kann.

(5) Das von den Parteien bestimmte Recht ist nicht anzuwenden, wenn seine Anwendung für eine der Parteien offensichtlich unbillige oder unangemessene Folgen hätte, es sei denn, dass die Parteien im Zeitpunkt der Rechtswahl umfassend unterrichtet und sich der Folgen ihrer Wahl vollständig bewusst waren.

105 S. Gegenäußerung der Bundesregierung (BT-Drucks. 17/4887, S. 57); überdies sei unklar, ob das Haager Protokoll wirklich die Einführung strengerer Vorschriften zulasse.
106 Rauscher/*Andrae,* Art. 7 HUntStProt Rn 6.
107 *Bonomi*, Rapport explicatif, Rn 121.
108 *Bonomi*, Rapport explicatif, Rn 120; *ders.*, YPIL 2008, 333, 352; Rauscher/*Andrae,* Art. 7 HUntStProt Rn 8.
109 *Andrae,* GPR 2010, 196, 201.
110 *Bonomi*, Rapport explicatif, Rn 116.
111 *Andrae,* FPR 2008, 196, 199.

1 Eine über den (einzelnen) Rechtsstreit hinausgehende Rechtswahl ist nur unter den strengeren Voraussetzungen des Art. 8 möglich. Hier hat der Gesetzgeber aber erhebliche Einschränkungen vorgenommen.

2 Die Rechtswahl nach Art. 8 ist nicht eröffnet, wenn es sich um die Unterhaltspflicht gegenüber einer Person handelt, die das **18. Lebensjahr** noch nicht vollendet hat oder iSv Art. 1 Abs. 1 das Haager Übereinkommens vom 13.1.2000 über den **internationalen Schutz von Erwachsenen**[112] nicht in der Lage ist, ihre Interessen selbst zu schützen (Art. 8 Abs. 3). In diesem Fall ist allein eine Rechtswahl nach Art. 7 gegeben. Die Vorschrift hat den Sinn, solche Personen vor einer Rechtswahl zu schützen, welche die Tragweite der Rechtswahl im Zeitpunkt des Abschlusses nicht einschätzen können. Demgemäß kommt es allein auf die Verhältnisse beim Zustandekommen der Rechtswahl an.[113] Art. 8 Abs. 3 ist daher auch anwendbar, wenn sich die Rechtswahl (auch oder ggf. nur) auf Unterhaltsansprüche bezieht, die erst nach Vollendung des 18. Lebensjahrs entstehen; Auch bei Erwachsenen kommt es darauf an, ob sie im Zeitpunkt der Rechtswahl – wenn auch ggf. nur vorübergehend – von dem Haager Übereinkommen vom 13.1.2000 über den internationalen Schutz von Erwachsenen erfasst werden. War die Rechtswahl wirksam getroffen, so bleibt sie wirksam, wenn die Person nachfolgend von dem Haager Übereinkommen erfasst wird. Die größte Bedeutung dürfte die Rechtswahl nach Art. 8 für Ehegatten und Lebenspartner erlangen.[114] Soweit die Parteien eine bereits getroffene Rechtswahl ändern wollen, gilt wiederum Art. 8. Ungeachtet einer bereits getroffenen Rechtswahl nach Art. 8 haben sie aber auch die Möglichkeit, nachfolgend eine auf das einzelne Verfahren beschränkte Rechtswahl nach Art. 7 zu treffen.

3 Art. 8 Abs. 2 stellt dieselben **Formvoraussetzungen** auf wie Art. 7 Abs. 2. Auch hier stellt sich – wie bei Art. 7 Abs. 2 (siehe dort Rn 5) – die Frage, ob es sich um eine abschließende Formregelung handelt, oder ob die Vertragsstaaten die Möglichkeit haben, weitergehende Formvorschriften zu schaffen bzw bereits bestehende Formvorschriften anzuwenden.[115] Selbst wenn man davon ausgeht, dass das Haager Protokoll eine derartige Möglichkeit vorsieht, dürfte die Kompetenz hierfür bei der EU und nicht den Mitgliedstaaten liegen (siehe oben Art. 7 Rn. 5). In Deutschland hat der Gesetzgeber bislang keine besonderen Formvorschriften vorgesehen. Jedenfalls aus der dargestellten Erwägung zur Gesetzgebungskompetenz ist auch die Vorschrift des § 1410 BGB nicht heranzuziehen.[116] Das **Zustandekommen der Rechtswahl** bestimmt sich im Übrigen nach dem gewählten nationalen Recht. Zwar ist dies in Art. 8 nicht bestimmt. Diese Lösung entspricht aber weit verbreiteter staatsvertraglicher Praxis und ist u.a. auch in Art. 3 Abs. 5 und 10 Abs. 1 Rom I-Verordnung enthalten.[117] . Die Vorfragen nach der **Geschäftsfähigkeit** sowie der **Vertretung** werden gesondert angeknüpft; für die gesetzliche Vertretung Minderjähriger gilt das KSÜ (vgl. Art. 16, 17 KSÜ).

4 Art. 8 Abs. 1 setzt zusätzlich einen gewissen Bezug zu dem gewählten Recht voraus. Nach Art. 8 Abs. 1 lit. a kann das Recht gewählt werden, dem eine der Parteien im Zeitpunkt der Rechtswahl angehört. Eine nichteffektive Staatsangehörigkeit reicht hierbei aus.[118] Ferner kann nach Art. 8 Abs. 1 lit. b das Recht des Staates gewählt werden, in dem eine der Parteien im Zeitpunkt der Rechtswahl ihren gewöhnlichen Aufenthalt hat. Fallen die Staatsangehörigkeit bzw der gewöhnliche Aufenthalt nach der Rechtswahl weg, so bleibt die Rechtswahl wirksam.[119] Demgegenüber dürfte ein nachträglicher Erwerb der Staatsangehörigkeit bzw des gewöhnlichen Aufenthalts in dem betreffenden Staat nicht zu einer Heilung der zunächst unwirksamen Rechtswahl führen.[120] Im Rahmen des Art. 8 spielt demgegenüber das domicile keine Rolle; da Art. 8 im Rahmen von Art. 9 nicht erwähnt ist, können einzelne Vertragsstaaten auch nicht das Merkmal der Staatsangehörigkeit durch das domicile surrogieren.[121]

5 Nach lit. c können die Parteien für den Unterhalt überdies auch das Recht wählen, das sie als das auf den Güterstand anzuwendende Recht bestimmt haben, oder das tatsächlich darauf angewandte Recht. Entsprechend können sie nach lit. d für den Unterhalt auch das Recht wählen, das sie als das auf die Ehescheidung bzw Trennung anzuwendende Recht bestimmt haben, oder das tatsächlich darauf angewandte Recht.

6 Besondere Vorsicht anzuwenden ist bei der Wahl des Rechts, das für den Güterstand bzw die Scheidung/Trennung von den Parteien im Wege der Rechtswahl bestimmt worden ist. Vorausgesetzt wird hierbei, dass die Wahl des auf den Güterstand bzw die Scheidung/Trennung angewandten Rechts von dem Gericht, das

112 Die Formulierung in Art. 8 Abs. 3 nimmt auf Art. 1 Abs. 1 des genannten Abkommens Bezug; vgl *Bonomi*, Rapport explicatif, Rn 127; *ders.*, YPIL 2008, 333, 354 Fn 35.

113 Rauscher/*Andrae*, Art. 8 HUntStProt Rn 18.

114 Ähnlich Rauscher/*Andrae*, Art. 8 HUntStProt Rn 2.

115 Verneinend Rauscher/*Andrae*, Art. 8 HUntStProt Rn 16.

116 Isoliert betrachtet erschiene es denkbar, eine Rechtswahlvereinbarung, die in einem Ehevertrag enthalten ist, als (kollisionsrechtliche) Nebenabrede dem Formzwang des § 1410 BGB zu unterwerfen.

117 Für eine entsprechende Lösung im Haager Protokoll – wenngleich mit dem Hinweis, dass die Frage im Abkommen nicht beantwortet wird – *Bonomi*, Rapport explicatif, Rn 151. Wie hier auch Rauscher/*Andrae*, Art. 8 HUntStProt Rn 5; *dies.*, FPR 2008, 196, 200.

118 *Bonomi*, Rapport explicatif, Rn 131; Rauscher/*Andrae*, Art. 8 HUntStProt Rn 8.

119 *Bonomi*, Rapport explicatif, Rn 133.

120 *Bonomi*, Rapport explicatif, Rn 133.

121 Rauscher/*Andrae*, Art. 8 HUntStProt Rn 8.

über den Unterhaltsanspruch zu entscheiden hat, als wirksam angesehen wird.[122] Es muss also antizipiert werden, vor welchem Gericht der Unterhaltsrechtsstreit voraussichtlich stattfinden wird, und ob dort eine im Bereich Güterstand oder Scheidung/Trennung vorgenommene Rechtswahl als wirksam angesehen wird.[123] Wird die Rechtswahl für den Güterstand bzw die Scheidung/Trennung von dem Gericht nicht als wirksam angesehen, gilt dies auch für die Wahl des Unterhaltsrechts. Eine Rechtswahlmöglichkeit sieht das Haager Übereinkommen über das auf Ehegüterstände anwendbare Recht vom 14.3.1978 vor; diesem Abkommen ist aber Deutschland nicht beigetreten. Ferner liegen Vorschläge der Kommission für EU-Verordnungen vor, die z.T. auch Rechtswahlvorschriften vorsehen.[124] Rechtswahlmöglichkeiten für die Scheidung enthalten schließlich Art. 5 ff Rom III-VO (vgl. Art. 17 EGBGB Rn 183 ff). Für einen Gleichlauf zwischen dem anwendbaren Unterhaltsrecht und dem Güterrecht bzw. Scheidungsrecht spricht ua, dass Qualifikationsfragen vermieden werden.

Alternativ ist das Recht wählbar, das auf den Güterstand bzw die Scheidung/Trennung tatsächlich angewandt worden ist.[125] In diesem Fall liegt bereits eine entsprechende Anwendung des Güterrechts bzw Scheidungsrechts vor bzw diese Anwendung erfolgt gleichzeitig mit der Entscheidung über den Unterhaltsanspruch;[126] die Parteien können in diesem Fall durch eine Rechtswahl einen Gleichlauf des Unterhaltsrechts mit dem angewandten Scheidungs- bzw dem Güterrecht herstellen. Dies kann gerade beim Nachscheidungsunterhalt Qualifikations- und Anpassungsprobleme vermeiden helfen.[127] **7**

Nach Art. 8 Abs. 4 ist ungeachtet einer Rechtswahl nach Art. 8 Abs. 1 das Recht des Staates, in dem der Berechtigte im Zeitpunkt der Rechtswahl seinen gewöhnlichen Aufenthalt hat, dafür maßgebend, ob der Berechtigte auf seinen Unterhaltsanspruch verzichten kann. Nach dem Bericht von *Bonomi* sind damit nicht nur die Fälle erfasst, in denen der Berechtigte gleichzeitig oder nachfolgend materiellrechtlich Verzichtserklärungen abgibt. Vielmehr sei die Wahl eines Rechts, das für den Berechtigten im konkreten Fall keinen Anspruch vorsehe, einer derartigen Verzichtserklärung gleichzustellen.[128] Folgt man dieser Auffassung, wird die mit der Rechtswahl nach Art. 8 Abs. 1 verbundene Gefahr für den Berechtigten erheblich verringert: Der Verpflichtete kann durch eine Rechtswahl nicht erreichen, dass der gegen ihn gerichtete Anspruch vollständig wegfällt; erreichbar ist nur die Anwendung eines Rechts, das den Anspruch in einem geringeren Umfang vorsieht als das objektiv anwendbare Recht. **8**

Nicht von Art. 8 Abs. 4 erfasst sind aber die Fälle, in denen der Berechtigte gegen eine Zahlung einer Kapitalabfindung auf seinen Unterhaltsanspruch verzichtet; hier ist das gewählte Recht anwendbar, ohne dass das in Art. 8 Abs. 4 genannte Recht dem entgegenstünde.[129] **9**

Nach Abs. 4 kommt für die Frage des Verzichts das Recht des Staates zur Anwendung, in dem der Berechtigte im Zeitpunkt der Rechtswahl seinen gewöhnlichen Aufenthalt hat. Nach ihrem Zweck soll die Vorschrift den Berechtigten vor einem Verlust des Rechts bewahren, das anderweitig – hätte es keine Rechtswahl gegeben – anzuwenden gewesen wäre.[130] Dies spricht dafür, Abs. 4 korrigierend auszulegen. Abzustellen ist nicht schlechthin auf das Recht am gewöhnlichen Aufenthalt des Berechtigten, sondern allgemein auf das nach den Art. 3-5 objektiv berufene Recht.[131] Maßgeblich ist nach dem Wortlaut der Vorschrift der **Zeitpunkt der Rechtswahl**, nicht der (ggf nachfolgende) Zeitpunkt, in dem eine materielle Verzichtserklärung abgegeben wird.[132] Dies erscheint wenig überzeugend, da der Berechtigte dadurch bei nachfolgenden materiellen Verzichtserklärungen den Schutz einer Rechtsordnung erhält, auf den er – etwa aufgrund nachfolgender Statutenwechsel – längst nicht mehr vertrauen konnte. Dementsprechend erscheint es überzeugender, bei einem zeitlichen Auseinanderfallen von Rechtswahl und materieller Verzichtserklärung auf den letztgenannten Zeit- **10**

122 *Bonomi*, Rapport explicatif, Rn 140; *ders.*, YPIL 2008, 333, 355; Rauscher/*Andrae*, Art. 8 HUntStProt Rn 12 ; *dies.*, GPR 2010, 196, 201;

123 *Malatesta*, Riv. dir. int. priv. proc 2009, 829, 845.

124 Auf bestimmte Rechtsordnungen beschränkte Rechtswahlmöglichkeiten sieht der Vorschlag für eine Verordnung des Rates über die Zuständigkeit, das anzuwendende Recht, die Anerkennung und die Vollstreckung von Entscheidungen im Bereich des Ehegüterrechts vom 16.3.2011 KOM(2011) 126 endg. vor (siehe Art. 16 des Vorschlags). Keine Rechtswahlmöglichkeiten enthält der Vorschlag für eine Verordnung des Rates über die Zuständigkeit, das anzuwendende Recht, die Anerkennung und die Vollstreckung von Entscheidungen im Bereich des Güterrechts eingetragener Partnerschaften v. 16.3.2011 KOM(2011) 127.

125 In Art. 8 des Haager Übereinkommens von 1973 wurde unabhängig von einer Rechtswahl auf das auf die Scheidung angewandte Recht abgestellt. Insoweit kann die Rechtsprechung der Frage, wie das tatsächlich angewandte Recht festzustellen ist, auf das Haager Protokoll übertragen werden.

126 So schon zu Art. 8 HUntÜ· Staudinger/*Mankowski*, Anh. I zu Art. 18 EGBGB Rn 243.

127 *Andrae*, FPR 2008, 196, 200.

128 *Bonomi*, Rapport explicatif, Rn 149; *ders.*, YPIL 2008, 333, 356.

129 *Bonomi*, Rapport explicatif, Rn 148.

130 *Bonomi*, Rapport explicatif, Rn 147 aE.

131 So auch *Bonomi*, YPIL 2008, 333, 356 f (mit irrtümlicher Nennung von Art. 8 Abs. 3).

132 Rauscher/*Andrae*, Art. 8 HUntStProt Rn 20.

punkt abzustellen.[133] Ist der Verzicht nach dem gem. Abs. 4 maßgeblichen Recht unwirksam, und ist der Verzicht mit anderen Vereinbarungen verbunden, entscheidet das gewählte Recht darüber, ob diese Vereinbarungen ihrerseits wirksam bleiben bzw. ob eine Vertragsanpassung oÄ durchzuführen ist. Beim wechselseitigen Verzicht ist für beide Parteien Abs. 4 anzuwenden.

11 Eine weitergehende Korrekturmöglichkeit ergibt sich schließlich noch aus Art. 8 Abs. 5. Hiernach ist das von den Parteien gewählte Recht nicht anzuwenden, wenn seine Anwendung für eine der Parteien offensichtlich unbillige oder unangemessene Folgen hätte, es sei denn, dass die Parteien im Zeitpunkt der Rechtswahl umfassend unterrichtet und sich der Folgen der Wahl vollständig bewusst waren. Diese Vorschrift belässt den Gerichten, unabhängig davon, ob man sie als spezielle ordre public-Klausel oder auch als eine Sachnorm ansieht, in jedem Fall einen erheblichen Beurteilungsspielraum.[134] Sie dient damit der Einzelfallgerechtigkeit, beeinträchtigt aber andererseits die mit der Rechtswahl an sich angestrebte Rechtssicherheit. Sie könnte auch dazu verwendet werden, die Wahl eines aus der Sicht des Gerichts fremden Rechts auszuschließen und damit letztlich – im Weg der objektiven Anknüpfung – zur lex fori zu gelangen.

12 Die **„Unangemessenheit" der Folgen** bemisst sich jedenfalls in erster Linie nach einem Vergleich zwischen den Ergebnissen, die sich bei Anwendung des gewählten Rechts einerseits und der Anwendung des bei objektiver Anknüpfung maßgeblichen Rechts andererseits ergeben.[135] Je größer die Unterschiede zwischen dem gewählten und dem objektiv anwendbaren Recht, desto eher kommt eine Unangemessenheit idS in Betracht. Möglicherweise kann bei Anwendung von Abs. 5 auch berücksichtigt werden, wie stark der Bezug der Parteien zu der gewählten Rechtsordnung ist.[136]

13 Ungeachtet einer Unangemessenheit des Ergebnisses ist die Rechtswahl wirksam, wenn die Parteien im Zeitpunkt der Rechtswahl **umfassend unterrichtet** und sich der Folgen der Wahl **vollständig bewusst** waren. Dies dürfte regelmäßig zu bejahen sein, wenn die Parteien Rechtsrat in Anspruch genommen haben und in diesem Zusammenhang auch über den Inhalt des ausländischen Rechts aufgeklärt worden ist. Umgekehrt dürfte eine hinreichende Unterrichtung regelmäßig zu verneinen sein, soweit zumindest eine rechtsunkundige Person beteiligt war und diese keinen neutralen Rechtsrat erhalten hat.[137]

Art. 9 Haager Protokoll „Domicile" anstelle von „Staatsangehörigkeit"

Ein Staat, der den Begriff des „domicile" als Anknüpfungspunkt in Familiensachen kennt, kann das Ständige Büro der Haager Konferenz für Internationales Privatrecht davon unterrichten, dass für die Zwecke der Fälle, die seinen Behörden vorgelegt werden, in Artikel 4 der Satzteil „dem die berechtigte und die verpflichtete Person gemeinsam angehören" durch „in dem die berechtigte und die verpflichtete Person gemeinsam ihren Wohnsitz haben" und in Artikel 6 der Satzteil „dem die Parteien gemeinsam angehören" durch „in dem die Parteien gemeinsam ihr „domicile" haben" ersetzt wird, wobei „domicile" so zu verstehen ist, wie es in dem betreffenden Staat definiert wird.

1 Eine Erklärung nach Art. 9 können diejenigen Staaten abgeben, die in ihrem nationalen Kollisionsrecht auf das „domicile" abstellen. Aus dem Bericht von *Bonomi* ergibt sich, dass damit jedenfalls in erster Linie das „domicile" im Sinne des angloamerikanischen Rechts gemeint ist.[138] Die Erklärung bindet nicht die anderen Staaten, die somit ungeachtet der Erklärung weiterhin allgemein auf die Staatsangehörigkeit der Parteien abstellen.[139]

Art. 10 Haager Protokoll Öffentliche Aufgaben wahrnehmende Einrichtungen

Für das Recht einer öffentliche Aufgaben wahrnehmenden Einrichtung, die Erstattung einer der berechtigten Person anstelle von Unterhalt erbrachten Leistung zu verlangen, ist das Recht maßgebend, dem diese Einrichtung untersteht.

133 Anderenfalls würde der Berechtigte allein aufgrund der Rechtswahl den objektiven Schutz einer Rechtsordnung „konservieren", der ihm anderenfalls – hätte es keine Rechtswahl gegeben – nicht mehr zustünde.

134 Krit. deshalb *Malatesta,* Riv. dir. int. priv. proc 2009, 829, 846; noch weitergehend Rauscher/*Andrae,* Art. 8 HUntStProt Rn 25 (Ermessensentscheidung).

135 *Andrae,* GPR 2010, 196, 201.

136 Dafür *Bonomi,* YPIL 2008, 333, 357; *Andrae,* GPR 2010, 196, 201.

137 S. die Bundesregierung in BT-Drucks 14/887 S. 57 r. Sp. („Eine schriftliche Vereinbarung ohne vorhergehende qualifizierte Rechtsberatung wird einer Überprüfung daher kaum standhalten.") und auch S. 52 r. Sp.; ebenso *Andrae,* GPR 2010, 196, 201 ; vgl. auch – auf die Möglichkeit der Einholung von Rechtsrat hinweisend – *Bonomi*, Rapport explicatif, Rn 150.

138 *Bonomi,* Rapport explicatif, Rn 154 ff.

139 *Bonomi*, Rapport explicatif, Rn 157.

Art. 10 entspricht Art. 9 HUntÜ. Es ergibt sich kein Unterschied zum bisher geltenden Recht (vgl näher Art. 18 EGBGB Rn 68 ff).

Art. 11 Haager Protokoll Geltungsbereich des anzuwendenden Rechts

Das auf die Unterhaltspflicht anzuwendende Recht bestimmt insbesondere,

a) ob, in welchem Umfang und von wem die berechtigte Person Unterhalt verlangen kann;

b) in welchem Umfang die berechtigte Person Unterhalt für die Vergangenheit verlangen kann;

c) die Grundlage für die Berechnung des Unterhaltsbetrags und für die Indexierung;

d) wer zur Einleitung des Unterhaltsverfahrens berechtigt ist, unter Ausschluss von Fragen der Prozessfähigkeit und der Vertretung im Verfahren;

e) die Verjährungsfristen oder die für die Einleitung eines Verfahrens geltenden Fristen;

f) den Umfang der Erstattungspflicht der verpflichteten Person, wenn eine öffentliche Aufgaben wahrnehmende Einrichtung die Erstattung der der berechtigten Person anstelle von Unterhalt erbrachten Leistungen verlangt.

Art. 11 umschreibt den sachlichen Geltungsbereich des Haager Protokolls. Die Vorschrift tritt an die Stelle von Art. 10 HUNtÜ, enthält aber einige Klarstellungen, insb. in lit. b, c und e. Inhaltliche Änderungen sind hiermit aber nicht verbunden (vgl Art. 18 EGBGB Rn 59 ff).[140] 1

Eine (negative) Übereinstimmung mit dem HUntÜ besteht auch darin, dass die **Anknüpfung von Vorfragen** keiner Regelung zugeführt wurde; insoweit dürfte es bei den bisherigen Lösungsansätzen bleiben (vgl oben Art. 1 Rn 6). 2

Art. 12 Haager Protokoll Ausschluss der Rückverweisung

Der Begriff „Recht" im Sinne dieses Protokolls bedeutet das in einem Staat geltende Recht mit Ausnahme des Kollisionsrechts.

Wie bisher sind Rück- und Weiterverweisungen ausgeschlossen (vgl Art. 18). 1

Art. 13 Haager Protokoll Öffentliche Ordnung (ordre public)

Von der Anwendung des nach diesem Protokoll bestimmten Rechts darf nur abgesehen werden, soweit seine Wirkungen der öffentlichen Ordnung (ordre public) des Staates des angerufenen Gerichts offensichtlich widersprechen.

Wie in Art. 11 Abs. 1 des Haager Übereinkommens von 1973 wurde der ordre public-Vorbehalt beibehalten. Zu einzelnen Anwendungsfällen des ordre public vgl oben Art. 18 EGBGB Rn 80 ff. 1

In dem erläuternden Bericht von *Bonomi* wird nochmals betont, dass der ordre public-Vorbehalt restriktiv auszulegen ist.[141] Allein der Umstand, dass der Anspruch auf ein im Staat des angerufenen Gerichts nicht anerkanntes Verwandtschaftsverhältnis oder eine Beziehung zurückzuführen ist, reicht idR für ein Eingreifen von Art. 13 nicht aus.[142] 2

Art. 14 Haager Protokoll Bemessung des Unterhaltsbetrags

Bei der Bemessung des Unterhalts sind die Bedürfnisse der berechtigten Person und die wirtschaftlichen Verhältnisse der verpflichteten Person sowie etwaige der berechtigten Person anstelle einer regelmäßigen Unterhaltszahlung geleisteten Entschädigungen zu berücksichtigen, selbst wenn das anzuwendende Recht etwas anderes bestimmt.

140 Vgl näher *Bonomi*, Rapport explicatif, Rn 165 ff.

141 *Bonomi*, Rapport explicatif, Rn 176.

142 *Bonomi*, Rapport explicatif, Rn 177 (mit dem Hinweis auf polygame Ehen bzw gleichgeschlechtliche Ehen oder Partnerschaften).

1 Art. 14 tritt an die Stelle der in Art. 13 Abs. 2 HUntÜ (= Art. 18 Abs. 7 EGBGB) enthaltenen Formulierung. Allerdings ist – in Abweichung von Art. 11 Abs. 2 HUntÜ – der Bemessung des Unterhaltsbetrags nunmehr eine eigenständige Vorschrift gewidmet. Dadurch wird verdeutlicht, dass die Vorschrift auch dann einschlägig ist, wenn die lex fori zur Anwendung gelangt.[143]

2 Darüber hinaus wird angeordnet, dass bestimmte **einmalige Entschädigungen** bei der Bemessung der Unterhaltssumme zu berücksichtigen sind; dies gilt auch dann, wenn das anwendbare Recht derartigen einmaligen Entschädigungsleistungen keine Bedeutung beimisst.[144]

Art. 15 Haager Protokoll Nichtanwendung des Protokolls auf innerstaatliche Kollisionen

(1) Ein Vertragsstaat, in dem verschiedene Rechtssysteme oder Regelwerke für Unterhaltspflichten gelten, ist nicht verpflichtet, die Regeln dieses Protokolls auf Kollisionen anzuwenden, die allein zwischen diesen verschiedenen Rechtssystemen oder Regelwerken bestehen.

(2) Dieser Artikel ist nicht anzuwenden auf Organisationen der regionalen Wirtschaftsintegration.

Art. 16 Haager Protokoll In räumlicher Hinsicht nicht einheitliche Rechtssysteme

(1) Gelten in einem Staat in verschiedenen Gebietseinheiten zwei oder mehr Rechtssysteme oder Regelwerke in Bezug auf in diesem Protokoll geregelte Angelegenheiten, so ist

a) jede Bezugnahme auf das Recht eines Staates gegebenenfalls als Bezugnahme auf das in der betreffenden Gebietseinheit geltende Recht zu verstehen;

b) jede Bezugnahme auf die zuständigen Behörden oder die öffentliche Aufgaben wahrnehmenden Einrichtungen dieses Staates gegebenenfalls als Bezugnahme auf die zuständigen Behörden oder die öffentliche Aufgaben wahrnehmenden Einrichtungen zu verstehen, die befugt sind, in der betreffenden Gebietseinheit tätig zu werden;

c) jede Bezugnahme auf den gewöhnlichen Aufenthalt in diesem Staat gegebenenfalls als Bezugnahme auf den gewöhnlichen Aufenthalt in der betreffenden Gebietseinheit zu verstehen;

d) jede Bezugnahme auf den Staat, dem die Parteien gemeinsam angehören, als Bezugnahme auf die vom Recht dieses Staates bestimmte Gebietseinheit oder mangels einschlägiger Vorschriften als Bezugnahme auf die Gebietseinheit zu verstehen, zu der die Unterhaltspflicht die engste Verbindung aufweist;

e) jede Bezugnahme auf den Staat, dem eine Partei angehört, als Bezugnahme auf die vom Recht dieses Staates bestimmte Gebietseinheit oder mangels einschlägiger Vorschriften als Bezugnahme auf die Gebietseinheit zu verstehen, zu der die Person die engste Verbindung aufweist.

(2) Hat ein Staat zwei oder mehr Gebietseinheiten mit eigenen Rechtssystemen oder Regelwerken für die in diesem Protokoll geregelten Angelegenheiten, so gilt zur Bestimmung des nach diesem Protokoll anzuwendenden Rechts Folgendes:

a) Sind in diesem Staat Vorschriften in Kraft, die das Recht einer bestimmten Gebietseinheit für anwendbar erklären, so ist das Recht dieser Einheit anzuwenden;

b) fehlen solche Vorschriften, so ist das Recht der in Absatz 1 bestimmten Gebietseinheit anzuwenden.

(3) Dieser Artikel ist nicht anzuwenden auf Organisationen der regionalen Wirtschaftsintegration.

Art. 17 Haager Protokoll Hinsichtlich der betroffenen Personengruppen nicht einheitliche Rechtssysteme

Hat ein Staat für in diesem Protokoll geregelte Angelegenheiten zwei oder mehr Rechtssysteme oder Regelwerke, die für verschiedene Personengruppen gelten, so ist zur Bestimmung des nach dem Protokoll anzuwendenden Rechts jede Bezugnahme auf das Recht des betreffenden Staates als Bezugnahme

143 *Bonomi*, Rapport explicatif, Rn 181.
144 *Bonomi*, Rapport explicatif, Rn 183.

auf das Rechtssystem zu verstehen, das durch die in diesem Staat in Kraft befindlichen Vorschriften bestimmt wird.

Art. 15–17 beziehen sich auf Mehrrechtsstaaten. 1

Art. 18 Haager Protokoll Koordinierung mit den früheren Haager Übereinkommen über Unterhaltspflichten

Im Verhältnis zwischen den Vertragsstaaten ersetzt dieses Protokoll das Haager Übereinkommen vom 2. Oktober 1973 über das auf Unterhaltspflichten anzuwendende Recht und das Haager Übereinkommen vom 24. Oktober 1956 über das auf Unterhaltsverpflichtungen gegenüber Kindern anzuwendende Recht.

Im Verhältnis der Vertragsstaaten des Haager Protokolls ersetzt dieses Abkommen das HUntÜ. Das HUntÜ bleibt im Verhältnis zu solchen Staaten, die zwar dem HUntÜ, nicht aber dem Haager Protokoll angehören, anwendbar. 1

Eine genaue Abgrenzung zwischen den beiden Abkommen wird aber durch Art. 18 nicht herbeigeführt, da beide Abkommen einen grundsätzlich universellen Anwendungsbereich haben. Der Bericht zum Haager Protokoll spricht sich dafür aus, im Zweifel den moderneren Regeln des Haager Protokolls den Vorzug zu geben.[145] Völkerrechtlich dürfte dies zulässig sein.[146] 2

Art. 19 Haager Protokoll Koordinierung mit anderen Übereinkünften

(1) Dieses Protokoll lässt internationale Übereinkünfte unberührt, denen Vertragsstaaten als Vertragsparteien angehören oder angehören werden und die Bestimmungen über im Protokoll geregelte Angelegenheiten enthalten, sofern die durch eine solche Übereinkunft gebundenen Staaten keine gegenteilige Erklärung abgeben.

(2) Absatz 1 gilt auch für Einheitsrecht, das auf besonderen Verbindungen insbesondere regionaler Art zwischen den betroffenen Staaten beruht.

Art. 19 Abs. 1 entspricht weitgehend Art. 19 HUntÜ. Hieraus folgt, dass weiterhin das **deutsch-iranische Niederlassungsabkommen** vorrangig anzuwenden ist (siehe dazu Art. 18 EGBGB Rn 88). 1

Nach Abs. 2 bleibt es den Vertragsstaaten des Haager Protokolls unbenommen, Einheitsrecht regionaler Art zu schaffen. Dies würde insb. auch Einheitsrecht der EU betreffen. 2

Art. 20 Haager Protokoll Einheitliche Auslegung

Bei der Auslegung dieses Protokolls ist seinem internationalen Charakter und der Notwendigkeit, seine einheitliche Anwendung zu fördern, Rechnung zu tragen.

Art. 21 Haager Protokoll Prüfung der praktischen Durchführung des Protokolls

(1) Der Generalsekretär der Haager Konferenz für Internationales Privatrecht beruft erforderlichenfalls eine Spezialkommission zur Prüfung der praktischen Durchführung dieses Protokolls ein.

(2) Zu diesem Zweck arbeiten die Vertragsstaaten mit dem Ständigen Büro der Haager Konferenz für Internationales Privatrecht bei der Sammlung der Rechtsprechung zur Anwendung dieses Protokolls zusammen.

145 *Bonomi*, Rapport explicatif, Rn 197.

146 S. dazu BT-Drucks. 17/4887 S. 53 l. Sp. (Entwurf eines Gesetzes zur Durchführung der Verordnung (EG) Nr. 4/2009 und zur Neuordnung bestehender Aus- und Durchführungsbestimmungen auf dem Gebiet des internationalen Unterhaltsverfahrensrechts).

Art. 22 Haager Protokoll Übergangsbestimmungen

Dieses Protokoll findet keine Anwendung auf Unterhalt, der in einem Vertragsstaat für einen Zeitraum vor Inkrafttreten des Protokolls in diesem Staat verlangt wird.

1 Zur **zeitlichen Anwendbarkeit** des Haager Protokolls für die Mitgliedstaaten der EU siehe zunächst oben Vor Rn 7 ff. Das Haager Protokoll wird spätestens ab dem 18.6.2011 in der EU anwendbar sein.

2 Nach Art. 22 findet das Protokoll keine Anwendung auf Unterhalt, der in einem Vertragsstaat für einen **Zeitraum vor Inkrafttreten des Protokolls** in diesem Staat verlangt wird. Hierbei kann – bei der Geltendmachung zukünftiger Ansprüche – die Klage durchaus vor Inkrafttreten des Protokolls erhoben worden sein.[147]

3 Mit Beschluss vom 30.11.2009 hat indes der Rat eine **weitere Vorverlagerung des zeitlichen Anwendungsbereichs** des Protokolls herbeigeführt.[148] Das Protokoll ist nach Art. 5 des Beschlusses auch auf solche Ansprüche anwendbar, die für einen Zeitraum vor dem Inkrafttreten oder der vorläufigen Anwendung des Protokolls in der EU geltend gemacht werden, wenn die Einleitung des Verfahrens, die Billigung oder der Abschluss des gerichtlichen Vergleichs oder die Ausstellung der öffentlichen Urkunde ab dem 18.6.2011 erfolgt ist. Hierdurch wird erreicht, dass in diesen Fällen umfassend die UnterhaltsVO und das Haager Protokoll Anwendung finden und keine (auch nur teilweise) Anwendung des vormaligen Kollisionsrechts mehr erfolgt (vgl bereits oben Vor Rn 11 ff).

4 Unproblematisch ist die in Art. 5 des Ratsbeschlusses enthaltene Regel nicht, da es der Kläger hiernach in der Hand hatte, mit dem Zeitpunkt der Klageeinreichung das anwendbare Recht für zurückliegende Zeiträume zu beeinflussen. Art. 5 des Ratsbeschlusses konnte daher aus der Sicht des Klägers zu **taktischen Überlegungen** Anlass geben. Im Einzelfall mag es sinnvoll sein, eine Klage noch vor dem Inkrafttreten bzw der Anwendbarkeit des Haager Protokolls einzureichen, um sich die Anwendung der bisher geltenden Kollisionsnormen und des bisher geltenden Unterhaltsrechts zu sichern.

5 Hiervon zu trennen ist die Frage, ob eine **Abänderungsklage** allein mit dem Vortrag erhoben werden kann, dass aufgrund der Änderung des Kollisionsrechts – Anwendbarkeit des Haager Protokolls anstelle des HUntÜ – nunmehr ein anderes Sachrecht heranzuziehen ist. Bei der Abänderungsklage besteht in internationalen Fällen weiterhin Unsicherheit darüber, welches Recht für die Frage anzuwenden ist, ob die Voraussetzungen für eine Änderung im Einzelnen gegeben sind (vgl Art. 18 EGBGB Rn 116 ff). Nach verbreiteter Ansicht stellt bereits ein Statutenwechsel, der zu einem Wechsel im anwendbaren Recht führt, einen hinreichenden Abänderungsgrund dar (vgl näher Art. 18 EGBGB Rn 121). Eine Bindung an das vorangegangene Urteil besteht in diesem Fall nur noch in geringem Umfang, wobei Einzelheiten auch hier noch ungeklärt sind (siehe näher Art. 18 EGBGB Rn 123). Vor diesem Hintergrund wird man davon auszugehen haben, dass auch die bloße Änderung des anwendbaren Kollisionsrechts, die zur Anwendbarkeit eines anderen Sachrechts führt, einen Abänderungsgrund darstellt. Dies dürfte wiederum zur Folge haben, dass mit Inkrafttreten bzw vorläufiger Anwendbarkeit des Haager Protokolls – etwa in dem von Änderungen maßgeblich betroffenen Bereich des Nachscheidungsunterhalts – verstärkt Abänderungsklagen erhoben werden.[149]

Art. 23 Haager Protokoll Unterzeichnung, Ratifikation und Beitritt

(1) Dieses Protokoll liegt für alle Staaten zur Unterzeichnung auf.

(2) Dieses Protokoll bedarf der Ratifikation, Annahme oder Genehmigung durch die Unterzeichnerstaaten.

(3) Dieses Protokoll steht allen Staaten zum Beitritt offen.

(4) Die Ratifikations-, Annahme-, Genehmigungs- oder Beitrittsurkunden werden beim Ministerium für Auswärtige Angelegenheiten des Königreichs der Niederlande, dem Verwahrer dieses Protokolls, hinterlegt.

147 *Bonomi,* Rapport explicatif, Rn 204.

148 Beschluss des Rates vom 30.11.2009 über den Abschluss des Haager Protokolls vom 23.11.2007 über das auf Unterhaltspflichten anzuwendende Recht durch die Europäische Gemeinschaft (ABl. EU L 331 S. 17).

149 Auch nach dem Inkrafttreten des Haager Übereinkommens über das auf Unterhaltspflichten anwendbare Recht v. 2.10.1973 am 1.4.1987 ging man in der Literatur verschiedentlich davon aus, dass die Änderung im anwendbaren Recht zum Gegenstand einer Abänderungsklage gemacht werden könne (siehe dazu *Herzfelder,* Les obligations alimentaires en droit international privé conventionnel, Paris 1985, S. 175 (Rz. 258); *Kartzke,* NJW 1988, 104, 107).

Art. 24 Haager Protokoll Organisationen der regionalen Wirtschaftsintegration

(1) [1]Eine Organisation der regionalen Wirtschaftsintegration, die ausschließlich von souveränen Staaten gebildet wird und für einige oder alle in diesem Protokoll geregelten Angelegenheiten zuständig ist, kann das Protokoll ebenfalls unterzeichnen, annehmen, genehmigen oder ihm beitreten. [2]Die Organisation der regionalen Wirtschaftsintegration hat in diesem Fall die Rechte und Pflichten eines Vertragsstaats in dem Umfang, in dem sie für Angelegenheiten zuständig ist, die im Protokoll geregelt sind.

(2) [1]Die Organisation der regionalen Wirtschaftsintegration notifiziert dem Depositar bei der Unterzeichnung, der Annahme, der Genehmigung oder dem Beitritt schriftlich die in diesem Protokoll geregelten Angelegenheiten, für die ihr von ihren Mitgliedstaaten die Zuständigkeit übertragen wurde. [2]Die Organisation notifiziert dem Depositar umgehend schriftlich jede Veränderung ihrer Zuständigkeit gegenüber der letzten Notifikation nach diesem Absatz.

(3) Eine Organisation der regionalen Wirtschaftsintegration kann bei der Unterzeichnung, der Annahme, der Genehmigung oder dem Beitritt nach Artikel 28 erklären, dass sie für alle in diesem Protokoll geregelten Angelegenheiten zuständig ist und dass die Mitgliedstaaten, die ihre Zuständigkeit in diesem Bereich der Organisation der regionalen Wirtschaftsintegration übertragen haben, aufgrund der Unterzeichnung, der Annahme, der Genehmigung oder des Beitritts der Organisation durch das Protokoll gebunden sein werden.

(4) Für das Inkrafttreten dieses Protokolls zählt eine von einer Organisation der regionalen Wirtschaftsintegration hinterlegte Urkunde nicht, es sei denn, die Organisation der regionalen Wirtschaftsintegration gibt eine Erklärung nach Absatz 3 ab.

(5) [1]Jede Bezugnahme in diesem Protokoll auf einen „Vertragsstaat" oder „Staat" gilt gegebenenfalls gleichermaßen für eine Organisation der regionalen Wirtschaftsintegration, die Vertragspartei des Protokolls ist. [2]Gibt eine Organisation der regionalen Wirtschaftsintegration eine Erklärung nach Absatz 3 ab, so gilt jede Bezugnahme im Protokoll auf einen „Vertragsstaat" oder „Staat" gegebenenfalls gleichermaßen für die betroffenen Mitgliedstaaten der Organisation.

Die Bestimmung ermöglicht einen Beitrag der EU. Siehe hierzu im Einzelnen oben Vor Rn 7 ff. 1

Art. 25 Haager Protokoll Inkrafttreten

(1) Dieses Protokoll tritt am ersten Tag des Monats in Kraft, der auf einen Zeitabschnitt von drei Monaten nach der Hinterlegung der zweiten Ratifikations-, Annahme-, Genehmigungs- oder Beitrittsurkunde nach Artikel 23 folgt.

(2) Danach tritt dieses Protokoll wie folgt in Kraft:

a) für jeden Staat oder jede Organisation der regionalen Wirtschaftsintegration nach Artikel 24, der oder die es später ratifiziert, annimmt oder genehmigt oder ihm später beitritt, am ersten Tag des Monats, der auf einen Zeitabschnitt von drei Monaten nach Hinterlegung seiner oder ihrer Ratifikations-, Annahme-, Genehmigungs- oder Beitrittsurkunde folgt;

b) für die Gebietseinheiten, auf die das Protokoll nach Artikel 26 erstreckt worden ist, am ersten Tag des Monats, der auf einen Zeitabschnitt von drei Monaten nach der in jenem Artikel vorgesehenen Notifikation folgt.

Zur Anwendbarkeit des Protokolls in zeitlicher Hinsicht siehe oben Vor Rn 7 ff. 1

Art. 26 Haager Protokoll Erklärungen in Bezug auf nicht einheitliche Rechtssysteme

(1) Ein Staat, der aus zwei oder mehr Gebietseinheiten besteht, in denen für die in diesem Protokoll geregelten Angelegenheiten unterschiedliche Rechtssysteme gelten, kann bei der Unterzeichnung, der Ratifikation, der Annahme, der Genehmigung oder dem Beitritt nach Artikel 28 erklären, dass das Protokoll auf alle seine Gebietseinheiten oder nur auf eine oder mehrere davon erstreckt wird; er kann diese Erklärung durch Abgabe einer neuen Erklärung jederzeit ändern.

(2) Jede derartige Erklärung wird dem Verwahrer unter ausdrücklicher Bezeichnung der Gebietseinheiten notifiziert, auf die das Protokoll angewendet wird.

(3) Gibt ein Staat keine Erklärung nach diesem Artikel ab, so erstreckt sich das Protokoll auf sein gesamtes Hoheitsgebiet.

(4) Dieser Artikel ist nicht anzuwenden auf Organisationen der regionalen Wirtschaftsintegration.

Art. 27 Haager Protokoll Vorbehalte

Vorbehalte zu diesem Protokoll sind nicht zulässig.

1 Das Haager Protokoll lässt anders als das HUntÜ keine Vorbehalte zu (vgl Art. 13 ff HUntÜ).

Art. 28 Haager Protokoll Erklärungen

(1) Erklärungen nach Artikel 24 Absatz 3 und Artikel 26 Absatz 1 können bei der Unterzeichnung, der Ratifikation, der Annahme, der Genehmigung oder dem Beitritt oder jederzeit danach abgegeben und jederzeit geändert oder zurückgenommen werden.

(2) Jede Erklärung, Änderung und Rücknahme wird dem Verwahrer notifiziert.

(3) Eine bei der Unterzeichnung, der Ratifikation, der Annahme, der Genehmigung oder dem Beitritt abgegebene Erklärung wird mit Inkrafttreten dieses Protokolls für den betreffenden Staat wirksam.

(4) Eine zu einem späteren Zeitpunkt abgegebene Erklärung und jede Änderung oder Rücknahme einer Erklärung werden am ersten Tag des Monats wirksam, der auf einen Zeitabschnitt von drei Monaten nach Eingang der Notifikation beim Verwahrer folgt.

Art. 29 Haager Protokoll Kündigung

(1) [1]Jeder Vertragsstaat kann dieses Protokoll durch eine an den Verwahrer gerichtete schriftliche Notifikation kündigen. [2]Die Kündigung kann sich auf bestimmte Gebietseinheiten eines Staates mit nicht einheitlichen Rechtssystemen beschränken, auf die das Protokoll angewendet wird.

(2) [1]Die Kündigung wird am ersten Tag des Monats wirksam, der auf einen Zeitabschnitt von 12 Monaten nach Eingang der Notifikation beim Verwahrer folgt. [2]Ist in der Notifikation für das Wirksamwerden der Kündigung ein längerer Zeitabschnitt angegeben, so wird die Kündigung nach Ablauf des entsprechenden Zeitabschnitts nach Eingang der Notifikation beim Verwahrer wirksam.

Art. 30 Haager Protokoll Notifikation

Der Verwahrer notifiziert den Mitgliedern der Haager Konferenz für Internationales Privatrecht sowie den anderen Staaten und Organisationen der regionalen Wirtschaftsintegration, die dieses Protokoll nach den Artikeln 23 und 24 unterzeichnet, ratifiziert, angenommen oder genehmigt haben oder ihm beigetreten sind,

a) jede Unterzeichnung, Ratifikation, Annahme und Genehmigung sowie jeden Beitritt nach den Artikeln 23 und 24;

b) den Tag, an dem das Protokoll nach Artikel 25 in Kraft tritt;

c) jede Erklärung nach Artikel 24 Absatz 3 und Artikel 26 Absatz 1;

d) jede Kündigung nach Artikel 29.

Zu Urkund dessen haben die hierzu gehörig befugten Unterzeichneten dieses Protokoll unterschrieben.

Geschehen in Den Haag am 23. November 2007 in englischer und französischer Sprache, wobei jeder Wortlaut gleichermaßen verbindlich ist, in einer Urschrift, die im Archiv der Regierung des Königreichs der Niederlande hinterlegt und von der jedem Staat, der zur Zeit der Einundzwanzigsten Tagung der Haager Konferenz für Internationales Privatrecht Mitglied der Konferenz war, sowie jedem anderen Staat, der an dieser Tagung teilgenommen hat, auf diplomatischem Weg eine beglaubigte Abschrift übermittelt wird.

Artikel 19 EGBGB Abstammung

(1) [1]Die Abstammung eines Kindes unterliegt dem Recht des Staates, in dem das Kind seinen gewöhnlichen Aufenthalt hat. [2]Sie kann im Verhältnis zu jedem Elternteil auch nach dem Recht des Staates bestimmt werden, dem dieser Elternteil angehört. [3]Ist die Mutter verheiratet, so kann die Abstammung ferner nach dem Recht bestimmt werden, dem die allgemeinen Wirkungen ihrer Ehe bei der Geburt nach Artikel 14 Abs. 1 unterliegen; ist die Ehe vorher durch Tod aufgelöst worden, so ist der Zeitpunkt der Auflösung maßgebend.
(2) Sind die Eltern nicht miteinander verheiratet, so unterliegen Verpflichtungen des Vaters gegenüber der Mutter auf Grund der Schwangerschaft dem Recht des Staates, in dem die Mutter ihren gewöhnlichen Aufenthalt hat.

Literatur: *Andrae*, Internationales Familienrecht 1999; *Dethloff*, Konkurrenz von Vaterschaftsvermutung und Anerkennung der Vaterschaft, IPRax 2005, 326; *Frank*, Die unglückselige Mehrfachanknüpfung in Art. 19 Abs. 1 EGBGB, StAZ 2009, 65; *Dörner*, Probleme des neuen Kindschaftsrechts, FS Henrich 2000, S. 119; *Gaaz*, Ausgewählte Probleme des neuen Eheschließungs- und Kindschaftsrechts, StAZ 1998, 241; *Gaul*, Ausgewählte Probleme des materiellen Rechts und des Verfahrensrechts im neuen Abstammungsrecht, FamRZ 2000, 1461; *Helms*, Aktuelle Fragen des internationalen Abstammungsrechts, StAZ 2009, 293; *Henrich*, Kindschaftsrechtsreform und IPR, FamRZ 1998, 1401; *ders.*, Das Kollisionsrecht im Kindschaftsrechtsreformgesetz, StAZ 1998, 1; *ders.*, Legitimationen nach ausländischem Recht, sind sie noch zu beachten?, FS Sturm Band II 1999, S. 1505; *Hepting*, Ausländische Legitimationen im deutschen Geburtenbuch, StAZ 1999, 97; *ders.*, Konkurrierende Vaterschaften in Auslandsfällen, StAZ 2000, 33; *ders.*, Mehrfachanknüpfung und doppelte Vaterschaft im Abstammungsrecht, IPRax 2001, 114; *ders.*, Folgeprobleme der Kindschaftsrechtsreform: Legitimation, Abstammung und Namenserteilung, StAZ 2002, 129; *Hepting/Fuchs*, Nochmals: Die ausländische Legitimation zwischen Aufenthaltsrecht, Heimatrecht und deutschem Geburtenbuch, IPRax 2001, 114; *Huber*, Die ausländische Legitimation zwischen Aufenthaltsrecht, Heimatrecht und deutschem Geburtenbuch, IPRax 2000, 116; *Looschelders*, Alternative und sukzessive Anwendung mehrerer Rechtsordnungen nach dem neuen internationalen Kindschaftsrecht, IPRax 1999, 420; *Oprach*, Das Abstammungsstatut nach Art. 19 EGBGB alter und neuer Fassung im deutsch-italienischen Rechtsverkehr, IPRax 2001, 325; *Rauscher*, Die Rechtsprechung zum Internationalen Privatrecht 2008-2009, NJW 2009, 3614; *Sturm*, Grundstrukturen des europäischen internationalen Familienrechts, FS Sandrock 2000, S. 973; *ders.*, Alternatives Abstammungsstatut und Erwerb der deutschen Staatsangehörigkeit, FS Stoll 2001, S. 451.

A. Allgemeines

I. Normgeschichte und Übergangsrecht

1. Kindschaftsrechtsreformgesetz. Die Vorschrift entspringt dem Kindschaftsrechtsreformgesetz v. 16.12.1997[1] (in Kraft seit dem 1.7.1998). Die Neuregelung des Internationalen Kindschaftsrechts[2] hebt die bisher in Art. 19 und 20 aF vorgenommene Differenzierung nach ehelicher und nichtehelicher Kindschaft grundsätzlich auf. Die Verheiratung der Mutter bleibt nur noch im Hinblick auf die Anknüpfung an das Ehewirkungsstatut gem. Art. 19 Abs. 1 S. 3 und im Hinblick auf die Regelung des Abs. 2 relevant. Das Kind- 1

1 BGBl I 1997 S. 2942.
2 Vgl grundsätzlich zum Kollisionsrecht *Henrich*, StAZ 1998, 1; *ders.*, FamRZ 1998, 1401.

schaftsrechtsreformgesetz erleichtert die Bestimmung der Abstammung dadurch, dass in jedem Fall das Recht des gewöhnlichen Aufenthaltes des Kindes anwendbar ist.[3]

2 **2. Übergangsrecht.** Das Kindschaftsreformgesetz, und damit auch Art. 19 Abs. 1, gilt nur für Kinder, die am 1.7.1998 oder danach geboren worden sind. Für vor diesem Datum geborene Kinder gelten die bisherigen Vorschriften, vgl Art. 224 § 1. Entgegen abweichender Auffassung[4] muss dies auch für das Kollisionsrecht gelten;[5] dafür spricht der zeitliche Gleichlauf des Kollisionsrechts mit dem materiellen Recht. Für diejenigen Kinder, die vor dem 1.9.1986, also vor Inkrafttreten der IPR-Reform, geboren wurden, gilt Art. 220 Abs. 1. Dieser beruft das bis zu diesem Datum geltende Kollisionsrecht für alle bis zum 1.9.1986 „abgeschlossenen Vorgänge".[6]

3 Hinsichtlich der Regelung in Abs. 2 ist für die unterhaltsrechtlichen Fragen zu beachten, dass der Vorrang des Art. 18 bzw des Haager Unterhaltsübereinkommens v. 2.10.1973 (s. Rn 9 und 32 sowie Art. 18 Rn 93 f) dazu führt, dass für die Zeit sowohl vor als auch nach der Kindschaftsrechtsreform Art. 19 Abs. 2 bzw Art. 20 aF von diesen Reglungen verdrängt werden. Hinsichtlich des restlichen Anwendungsbereichs von Abs. 2 (s. Rn 31 ff) gilt das zu Rn 2 Gesagte.

II. Normzweck und Normstruktur

4 **Abs. 1** bestimmt das anwendbare Recht bei der Frage, von wem ein Kind abstammt, wer also sein Vater und wer seine Mutter ist. Zwar ist die Mutterschaft nach deutschem Recht einfach zu bestimmen: Mutter ist, wer das Kind geboren hat, § 1591 BGB. Andere Rechtsordnungen sehen dies teilweise anders. Sie können insbesondere eine Anerkennung des Kindes durch die Mutter voraussetzen.[7] Seine wahre Bedeutung erlangt Art. 19 Abs. 1 hingegen bei der Vaterschaftsbestimmung.

5 Art. 19 regelt nur die Begründung der Abstammung. Nach Art. 20 bestimmt sich abschließend die „Beseitigung" der Abstammung. Art 21 beschäftigt sich dann mit den Wirkungen der Abstammung. Die Begründung der Abstammung kann sich gem. Abs. 1 S. 1 nach dem Recht des Aufenthaltsstaates des Kindes richten. Nach Abs. 1 S. 2 kann sich die Abstammung aber auch nach dem Heimatrecht desjenigen Elternteils richten, zu dem die Abstammung bestimmt werden soll. Nach Abs. 1 S. 3 kann darüber hinaus die Abstammung auch nach dem zum Zeitpunkt der Geburt geltenden Ehewirkungsstatuts (Art. 14) bestimmt werden. Zur Alternativität der Anknüpfungen s. Rn 22.

6 **Abs. 2** regelt nicht das Abstammungsverhältnis des Kindes zu einem Elternteil, sondern die Verpflichtungen des Vaters gegenüber der Mutter aufgrund der Schwangerschaft, wenn die Eltern nicht verheiratet sind. Es wird also unterschieden zwischen den aufgrund der Schwangerschaft bestehenden Verpflichtungen bei bestehender Ehe (dann grds. Art. 14, 15 und 18) und solchen ohne Ehe (dann grds. Art. 19 Abs. 2). Die wichtigste Verpflichtung aufgrund einer Schwangerschaft, nämlich der Unterhalt, bestimmt sich jedoch in beiden Fällen nach dem Aufenthaltsrecht der Mutter.[8] Darüber hinaus ist von dem Regelungsgehalt auch der Ersatz von Kosten umfasst, die durch die Schwangerschaft und Entbindung entstehen.

3 *Henrich*, FamRZ 1401, 1402.
4 *Dörner*, in: FS Henrich 2000, S. 119, 128.
5 So auch OLG Stuttgart FamRZ 2001, 246, 247; Staudinger/*Henrich*, Art. 19 EGBGB Rn 5 und Art. 20 EGBGB Rn 3; Erman/*Hohloch*, Art. 19 EGBGB Rn 7; Palandt/*Thorn*, Art. 19 EGBGB Rn 3; *Sturm*, in: FS Stoll 2001, S. 451, 458; *Looschelders*, IPR, Art. 19 Rn 31; *Andrae*, Rn 475.
6 Die Frage, auf welchen Zeitpunkt es ankommt (Geburt oder Anerkennung/Feststellung), ist umstritten und ihre Beantwortung hängt davon ab, was unter dem Begriff „abgeschlossener Vorgang" zu verstehen ist. Vgl dazu einerseits KG FamRZ 1994, 986 f; OLG Karlsruhe FamRZ 1999, 1370; Staudinger/*Dörner*, Art. 220 EGBGB Rn 37, und andererseits BGH FamRZ 1991, 325; OLG Oldenburg FamRZ 1993, 1486; Staudinger/*Henrich*, Art. 19 EGBGB Rn 7 mwN. Bei ehelichen Kindern kommt es auf die Geburt als maßgeblichen Zeitpunkt an. Ist das Kind vor dem 1.9.1986 geboren, ist der Vorgang abgeschlossen. Gleiches gilt für nichteheliche Kinder, wenn die Abstammung nach dem Heimatrecht des Vaters oder nach demjenigen der Mutter festgestellt wird. Beide Rechte sind unwandelbar. Anders hingegen, wenn bei der nichtehelichen Abstammung auf das Aufenthaltsrecht des Kindes abgestellt wird: dieses ist wandelbar. In diesem Fall ist der Zeitpunkt der Anerkennung/Feststellung maßgeblich; vgl ausf. Staudinger/*Henrich*, Art. 19 EGBGB Rn 7.
7 Zum Unterschied zwischen dem „Abstammungssystem" und dem „Anerkennungssystem" s. Staudinger/*Henrich*, Vor Art 19 EGBGB Rn 17.
8 Insofern gibt es hier eine Kollision mit dem Haager Übereinkommen über das auf Unterhaltsverpflichtungen anzuwendende Recht v. 2.10.1973 (BGBl. II 1986 S. 837), – abgedruckt auch in *Jayme/Hausmann*, Nr. 41, und auszugsweise in Art. 18 EGBGB Rn 94 – und damit nach Art. 18. Zu dieser Kollision (unten Rn 33) s. Staudinger/*Henrich*, Art. 19 EGBGB Rn 101.

III. Staatsvertragliche Regelungen

Es gibt vier **CIEC-Staatsverträge**,[9] die die Abstammung zum Inhalt haben. Im Hinblick auf das materielle Recht gilt für Deutschland nur das **Brüsseler CIEC-Übereinkommen**[10] **über die Feststellung der mütterlichen Abstammung nichtehelicher Kinder**. Dieses gilt für Deutschland im Verhältnis zu Griechenland, Luxemburg, den Niederlanden, der Schweiz, Spanien und der Türkei. Das Übereinkommen regelt nur die Abstammung von der Mutter. Die Abstammung eines nichtehelichen Kindes von der Mutter gilt gem. Art. 1 des Übereinkommens als festgestellt, wenn die Mutter im Geburtseintrag als Mutter[11] bezeichnet ist.[12] Eine nach dem jeweiligen Abstammungsstatut des Kindes etwa erforderliche Mutterschaftsanerkennung ist dann im Anwendungsbereich des Übereinkommens nicht mehr erforderlich.[13] Zum **Römischen CIEC-Übereinkommen vom 14.9.1961 betreffend die Vaterschaftsanerkennung** vgl Rn 51. 7

Sind alle Beteiligten (Kind und Elternteil bzw Eltern) iranische Staatsangehörige, wird Art. 19 Abs. 1 und 2 vom **Deutsch-Iranischen Niederlassungsabkommen** v. 17.2.1929[14] gem. Art. 8 Abs. 2 verdrängt. Es gilt dann iranisches Recht. 8

Soweit Art. 19 Abs. 2 Unterhaltsverpflichtungen regelt, gilt vorrangig das **Haager Übereinkommen über das auf Unterhaltsverpflichtungen anzuwendende Recht** v. 2.10.1973[15] und damit Art. 18. 9

B. Regelungsgehalt

I. Abstammung nach Abs. 1

1. Anwendungsbereich des Abstammungsstatuts. Unter Abstammung sind alle Fragen im Zusammenhang mit der Begründung, nicht aber der „Beseitigung“ der Abstammung (hier gilt Art. 20) und Wirkung der Abstammung (hier gilt Art. 21) zu verstehen. Das Abstammungsstatut regelt u.a. Beiwohnungs- und Vaterschaftsvermutungen, welche Empfängniszeiten bestehen, die Wirksamkeit der Anerkennung mit und ohne Zustimmung von Mutter und Kind, sowie Anerkennungs- und Feststellungsverbote.[16] 10

Das berufene Recht bestimmt ferner darüber, ob eine Vaterschafts- bzw Mutterschaftsanerkennung notwendig ist und nach welchen Regeln sie erfolgt, ob es einer Zustimmungserklärung zu einer Anerkennungserklärung[17] bedarf (hier ist zusätzlich Art. 23 zu beachten) und wie eine solche zu erfolgen hat. Wird die Wirksamkeit einer Anerkennung bestritten, so ist die Frage nach dem Bestehen/Nichtbestehen der Abstammung nicht über Art. 20 (Anfechtung) anzuknüpfen, sondern über Art. 19 (vgl auch Art. 20 Rn 9). Art. 19 regelt auch, mit wem das Kind verwandt und verschwägert ist und ob es einer gerichtlichen Abstammungsfeststellung bedarf.[18] 11

Art. 19 regelt hingegen nicht die Rechtsfolgen für das Kind (zB ob es ehelich wird), wenn Vater und Mutter heiraten. Diese Rechtsfolgen setzen in jedem Fall schon eine festgestellte Vaterschaft voraus.[19] 12

9 (1.) CIEC-Übk. über die Erweiterung der Zuständigkeit der Behörden, vor denen nichteheliche Kinder anerkannt werden können vom 14.9.1961 (BGBl. II 1965 S. 19; auch in *Jayme/Hausmann*, Nr. 50); – (2.) CIEC-Übk. über die Feststellung der mütterlichen Abstammung nichtehelicher Kinder vom 12.9.1962 (BGBl. II 1965 S. 23; auch in *Jayme/Hausmann*, Nr. 51); – (3.) Das Römische CIEC-Übereinkommen über die Legitimation durch nachfolgende Ehe vom 10.9.1970, abgedruckt in *Jayme/Hausmann*, Nr. 52, für Deutschland nicht in Kraft; – (4.) Das Münchener CIEC-Übk. über die freiwillige Anerkennung nichtehelicher Kinder vom 5.9.1980 (bisher nicht in deutscher Sprache veröffentlicht; das Dokument kann auf der Homepage der CIEC unter http://perso.wanadoo.fr/ciec-sg/ListeConventions.htm abgerufen werden, für Deutschland nicht in Kraft).

10 (BGBl. II 1965 S. 23), abgedruckt in *Jayme/Hausmann*, Nr. 51.

11 In Deutschland aufgrund § 21 PStG.

12 Über den Anwendungsbereich des Übk. besteht zwischen den Vertragsstaaten Uneinigkeit. Während einige Länder (Frankreich, Niederlande, Schweiz, Türkei) das Übk. nur dann anwenden wollen, wenn sowohl Mutter als auch Kind Angehörige eines Vertragsstaates sind, wird von Deutschland, Belgien und Österreich vertreten, dass es für die Anwendung des Übk. gleichgültig ist, ob der Eintrag in einem Vertragsstaat oder in einem Nichtvertragsstaat erfolgt, und die Anwendung nicht von der Staatsangehörigkeit der Mutter oder des Kindes abhängt; vgl zur Darstellung des Streits Staudinger/*Henrich*, Vor Art. 19 EGBGB Rn 22.

13 Palandt/*Thorn*, Art. 19 EGBGB Rn 3; MüKo/*Klinkhardt*, Art 19 nF EGBGB Rn 9 mwN.

14 BGBl. II 1955 S. 829.

15 BGBl. II 1986 S. 837, abgedruckt in *Jayme/Hausmann*, Nr. 41.

16 Ein Überblick über die verschiedenen Ausgestaltungsmöglichkeiten der Rechtsordnungen in diesem Bereich findet sich bei Staudinger/*Henrich*, Art. 19 EGBGB Rn 9.

17 Vorfragen im Zusammenhang mit Abstammungserklärung und Zustimmungserfordernis (Form, Geschäftsfähigkeit, Vertretung) sind – vorbehaltlich materieller Regelungen – selbständig anzuknüpfen, vgl MüKo/*Klinkhardt*, Art. 19 EGBGB Rn 46.

18 MüKo/*Klinkhardt*, Art. 19 EGBGB Rn 26.

19 Palandt/*Heldrich*, Art. 19 EGBGB Rn 7; Erman/*Hohloch*, Art. 19 EGBGB Rn 22.

13 Zwar unterscheidet Art. 19 nicht zwischen ehelicher und nichtehelicher Abstammung. Trifft jedoch das durch Art. 19 berufene materielle Recht diese Unterscheidung, so ist sie zu beachten.[20] Sieht eine ausländische Rechtsordnung aber unterschiedliche Rechtsfolgen für eheliche und nichteheliche Kinder vor (zB im Erbrecht und Unterhaltsrecht), so sind diese Fragen mit Hilfe der Kollisionsnormen des jeweiligen Sachrechts (zB Erbstatut und Unterhaltsstatut), also im Wege einer unselbständigen Anknüpfung, zu beantworten.[21] Die Frage nach der Wirksamkeit der Ehe ist hingegen eine selbständig anzuknüpfende Vorfrage.[22]

14 **2. Anknüpfung nach Abs. 1 S. 1: gewöhnlicher Aufenthalt des Kindes.** Nach der Grundregel des Abs. 1 S. 1 ist das für die Abstammung maßgebliche Recht das Aufenthaltsrecht des Kindes. Der gewöhnliche Aufenthalt des Kindes – also der faktische Lebensmittelpunkt – bestimmt sich nach den allgemeinen Regeln (s. Art. 5 Rn 16 ff). Hat das Kind also seinen gewöhnlichen Aufenthalt in Deutschland, so kann die Abstammung nach deutschem Recht bestimmt werden. Maßgeblich ist beim Abstammungsprozess der Zeitpunkt der letzten mündlichen Verhandlung und bei der Anerkennung die Abgabe der Anerkennungserklärung.[23]

15 Dem Grundsatz nach ist das nach Abs. 1 S. 1 bestimmte Abstammungsstatut wandelbar.[24] Demnach kann ein Aufenthaltswechsel zur Begründung eines nach dem Vorstatut nicht bestehenden Abstammungsverhältnisses[25] und umgekehrt zum Verlust eines solchen führen. Letzteres begegnet Bedenken, da der Statutenwechsel den Schutz wohlerworbener Rechte des Kindes nicht gefährden darf.[26] Dieses Argument ist gewichtiger als das Bedürfnis des Standesbeamten, in jedem Fall sein – idR mit dem Aufenthaltsrecht des Kindes übereinstimmendes – Recht anwenden zu können.[27] Eine nach dem Vorstatut begründete Abstammung bleibt also bestehen, auch um einen Staatsangehörigkeitswechsel des Kindes zu vermeiden.[28] ME ist die Relevanz dieser bisher gerichtlich nicht entschiedenen Streitfrage aber wegen der weiteren in Abs. 1 S. 2 und 3 bestehenden Anknüpfungsmöglichkeiten gering.

16 **3. Anknüpfung nach Abs. 1 S. 2: Staatsangehörigkeit der Eltern.** Die Abstammung kann sich auch nach dem Recht des Landes richten, dessen Staatsangehörigkeit derjenige Elternteil hat, zu dem die Abstammung bestimmt werden soll. Auch dieses Statut ist mit dem Wechsel der Staatsangehörigkeit wandelbar,[29] denn es kommt nicht auf den Zeitpunkt der Geburt, sondern auf den Zeitpunkt der Bestimmung der Abstammung an. Wenn der betreffende Elternteil staatenlos oder Mehrstaater ist, gilt Art. 5 (s. in Anhang II zu Art. 5 auch die Regelung für Flüchtlinge und Asylberechtigte). Relevant im Verhältnis zum Vater wird diese Anknüpfung dann, wenn nach dem Heimatrecht des Vaters, nicht aber nach dem Aufenthaltsrecht des Kindes eine gesetzliche Vaterschaftsvermutung existiert. Gleiches gilt, wenn das Aufenthaltsrecht des Kindes ein Vaterschaftsanerkenntnis verbietet, das Heimatrecht des Vaters ein solches aber erlaubt. Im Verhältnis zur Mutter kann die Zusatzanknüpfung nach Abs. 1 S. 2 relevant werden, wenn nach dem Aufenthaltsrecht des Kindes ein Mutterschaftsanerkenntnis vorausgesetzt wird, das Heimatrecht der Mutter aber ein solches nicht erfordert. Auch das nach Abs. 1 S. 2 bestimmte Statut ist wandelbar.[30]

17 **4. Zusatzanknüpfung nach Abs. 1 S. 3: Ehewirkungsstatut.** Nach Abs. 1 S. 3 kann die Abstammung nach dem zur Zeit der Geburt geltenden Ehewirkungsstatut bestimmt werden. Ist die Ehe vorher durch den Tod aufgelöst worden, so ist nicht der Zeitpunkt der Geburt, sondern derjenige der Auflösung maßgeblich. Es ist nicht erforderlich, dass zwischen Ableben und Geburt ein bestimmter Maximalzeitraum liegt. Insofern kann das Ehewirkungsstatut auch dann über die Abstammung befinden, wenn zB der verstorbene Ehemann der Mutter der biologische Vater nicht sein kann. Auf Grund der zeitlichen Fixierung ist diese Anknüpfungsvariante unwandelbar.[31]

18 Das Ehewirkungsstatut kann aber nur darüber entscheiden, ob die Mutter und deren Ehemann zum Zeitpunkt der Geburt bzw der Auflösung der Ehe durch Tod die Eltern des Kindes sind.[32] Das Ehewirkungsstatut kann

20 Erman/*Hohloch*, Art. 19 EGBGB Rn 21; Palandt/*Thorn*, Art. 19 EGBGB Rn 7.

21 Palandt/*Thorn*, Art. 19 EGBGB Rn 8; Erman/*Hohloch*, Art. 19 EGBGB Rn 24; Bamberger/Roth/*Heiderhoff*, Art. 19 EGBGB Rn 32; aA *Dörner*, in: FS Henrich 2000, S. 119, 127; *Looschelders*, IPR, Art. 19 Rn 5.

22 Palandt/*Thorn*, Art. 19 EGBGB Rn 8; Bamberger/Roth/*Heiderhoff*, Art. 19 EGBGB Rn 17.

23 MüKo/*Klinkhardt*, Art. 19 EGBGB Rn 18.

24 Palandt/*Thorn*, Art. 19 EGBGB Rn 5; Erman/*Hohloch*, Art. 19 EGBGB Rn 9; Staudinger/*Henrich*, Art. 19 EGBGB Rn 14 (Letzterer schränkt dahin gehend ein, dass eine nach Vorstatut begründete Vaterschaft eine Anerkennung nach dem neuen Aufenthaltsstatut nicht hindern darf).

25 Beispiele finden sich bei *Henrich*, StAZ 1998, 1, 2 ff und *Looschelders*, IPRax 1999, 420 ff.

26 *Kropholler*, IPR, § 48 IV; *Looschelders*, IPRax 1999, 420, 423 ff; *ders.*, IPR, Art. 19 Rn 12; *Andrae*, Rn 461; *Dörner*, in: FS Henrich 2000, S. 124 ff; *Sturm*, in: FS Stoll 2001, S. 451, 454; noch weiter gehend *Kegel/Schurig*, § 20 IX 3, der sich für eine unwandelbare Anknüpfung an das Aufenthaltsrecht zum Geburtszeitpunkt ausspricht; aA Palandt/*Thorn*, Art. 19 EGBGB Rn 5; Erman/*Hohloch*, Art. 19 EGBGB Rn 9.

27 So aber die Begründung des RegE BT-Drucks. 13/4899, S. 137.

28 *Sturm*, in: FS Stoll 2001, S. 451, 452.

29 *Sturm*, in: FS Stoll 2001, S. 451, 452; Bamberger/Roth/*Heiderhoff*, Art. 19 EGBGB Rn 16.

30 *Sturm*, in: FS Stoll 2001, S. 451, 452.

31 *Sturm*, in: FS Stoll 2001, S. 451, 452; Bamberger/Roth/*Heiderhoff*, Art. 19 EGBGB Rn 17; *Looschelders*, IPR, Art. 19 Rn 14.

32 MüKo/*Klinkhardt*, Art. 19 EGBGB Rn 25 mwN.

daher nicht herangezogen werden, wenn es um die Abstammung zu einem anderen Mann als dem (vorverstorbenen) Ehemann der Mutter geht. Denn durch den Verweis auf das Ehewirkungsstatut wird die Abstammung zur Ehewirkung.

Zwingende Voraussetzung ist, dass die **Mutter zum Zeitpunkt der Geburt** (bzw **Tod des Ehemannes**) **gültig verheiratet** ist. Ob dies der Fall ist, ist als Vorfrage selbständig nach Art. 13 zu ermitteln.[33] Das danach berufene Recht bestimmt, ob die Ehe rechtsgültig und nicht geschieden ist. Letztlich ist diese Prüfung aber schon in der Ermittlung des Ehewirkungsstatuts enthalten. Die Ehe darf zum Zeitpunkt der Geburt des Kindes (oder des Todes des Ehemannes) auch nicht rechtskräftig geschieden sein. Wurde die Ehe im Ausland geschieden, so kommt es darauf an, ob diese Scheidung zum Zeitpunkt der Geburt (bzw Tod) bereits im Inland gem. Art. 7 § 1 FamRÄndG anerkannt wurde. Wird das Kind zwischen ausländischer Scheidung und Anerkennung der Scheidung im Inland geboren, so ist die Scheidung für die Anwendung von Abs. 1 S. 3 unerheblich. Diese „hinkende Scheidung" hat für die Frage der Abstammung keine Auswirkungen, es kann auf das Ehewirkungsstatut zurückgegriffen werden.[34] 19

Eine entsprechende Anwendung von Abs. 1 S. 3 auf die eheähnliche Lebensgemeinschaft ist nicht möglich.[35] Dies ergibt sich aus dem eindeutigen Wortlaut. 20

Das Ehewirkungsstatut bestimmt sich nach Art. 14 Abs. 1. Durch diese klare Beschränkung der Verweisung wird klargestellt, dass eine Rechtswahl für die allgemeinen Ehewirkungen gem. Art. 14 Abs. 2 und 3 keine Auswirkungen auf das für die Abstammung maßgebliche Ehewirkungsstatut hat. Dabei ist es unerheblich, ob die Rechtswahl vor oder nach der Heirat stattgefunden hat, es bleibt in jedem Fall bei der Anknüpfung nach Art. 14 Abs. 1.[36] Dies ist auch sinnvoll, denn andernfalls bestünde die Gefahr, dass dem Kind durch die Wahl eines bereits durch Abs. 1 S. 1 oder 2 berufenes Rechtes eine Anknüpfungsmöglichkeit genommen würde. 21

5. Verhältnis der Anknüpfungsalternativen zueinander. Die Anknüpfungsmöglichkeiten des Abs. 1 stehen zueinander in einem **Alternativverhältnis**.[37] Aus dem Wortlaut ergibt sich keine „vorrangige" Anknüpfung, eine solche war auch nicht bezweckt.[38] Die Abstammung kann also wahlweise nach dem Aufenthaltsrecht des Kindes, dem Ehewirkungsstatut bei Geburt und dem Staatsangehörigkeitsrecht desjenigen Elternteils, zu dem die Abstammung zu ermitteln ist, bestimmt werden. Diese Alternativität ist Ausfluss des Günstigkeitsprinzips und dient dem Kindeswohl. Dem Kind soll ein Vater gegeben werden, auch wenn dieser ein „unwahrscheinlicher Vater" ist.[39] Denn ein „unwahrscheinlicher Vater" ist immer noch besser als gar kein Vater.[40] 22

Kommen die verschiedenen Alternativen zu unterschiedlichen Ergebnissen (hat das Kind zB „mehrere Väter"), so stellt sich die Frage, welches Recht gilt. Das Gesetz lässt diese Frage offen. Es gibt daher keine vorgegebene Methode, das Problem der **„konkurrierenden Vaterschaften"** zu lösen. Übereinstimmung besteht lediglich darin, dass jenes Recht maßgeblich sein soll, das für das Kind am günstigsten ist (**Günstigkeitsprinzip**).[41] 23

33 Erman/*Hohloch*, Art. 19 EGBGB Rn 11; Palandt/*Thorn*, Art. 19 EGBGB Rn 8; Bamberger/Roth/*Heiderhoff*, Art. 19 EGBGB Rn 31; weiter gehend MüKo/*Klinkhardt*, Art. 19 EGBGB Rn 36 ff, der eine alternative Vorfragenanknüpfung in dem Sinne zulässt, dass eine gültige Ehe auch nach dem durch Art. 19 Abs. 1 berufenen Recht vorliegen kann; differenzierend jetzt auch Staudinger/*Henrich*, Art. 19 EGBGB Rn 33 ff.

34 AG und LG Bonn StAZ 1988, 354; Erman/*Hohloch*, Art. 19 EGBGB Rn 12.

35 Palandt/*Thorn*, Art. 19 EGBGB Rn 5; Erman/*Hohloch*, Art. 19 EGBGB Rn 11; aA MüKo/*Klinkhardt*, Art. 19 EGBGB Rn 44 (der eine entsprechende Anwendung dann vorschlägt, wenn die Lebensgemeinschaft behördlich anerkannt oder registriert ist) und Bamberger/Roth/*Heiderhoff*, Art. 19 EGBGB Rn 18.

36 Staudinger/*Henrich*, Art. 19 EGBGB Rn 19; Palandt/*Thorn*, Art. 19 EGBGB Rn 5; Erman/*Hohloch*, Art. 19 EGBGB Rn 16.

37 BayObLG FamRZ 2002, 686; OLG Frankfurt FamRZ 2002, 688; LG Leipzig StAZ 2002, 146; AG München StAZ 2002, 147; *Hepting*, StAZ 2002, 131; *ders.*, StAZ 2002, 33, 24; *ders.*, IPRax 2002, 388, 390; *Henrich*, StAZ 1998, 1, 3; *Sturm*, in: FS Sandrock 2000, S. 973, 977; *Gaaz*, StAZ 1998, 241, 250; Palandt/*Thorn*, Art. 19 EGBGB Rn 6; Erman/*Hohloch*, Art. 19 EGBGB Rn 17; *Looschelders*, IPR, Art. 19 Rn 15; Bamberger/Roth/*Heiderhoff*, Art. 19 EGBGB Rn 19; *Oprach*, IPRax 2001, 325; aA *Kegel/Schurig*, § 20 IX 2; *Andrae*, Rn 458.

38 S. die Gesetzesbegründung zu Art. 19 BT-Drucks. 13/4899, S. 137.

39 Folgendes Beispiel (nach *Hepting*, StAZ 2000, 33, 38 f): Eine deutsche Frau ist in Deutschland mit einem türk. Mann verheiratet, lässt sich scheiden und gebiert drei Monate nach der Scheidung ein Kind. Nach türk. Recht (Art. 241 türk. ZGB) ist der Ex-Ehemann Vater, nach deutschem Recht ist das Kind vaterlos. Aufgrund der Alternativität der Anknüpfungen (deutsches Aufenthaltsrecht des Kindes und türk. Heimatrecht des Ex-Ehemanns) ist der türk. Ex-Ehemann als Vater einzutragen, auch wenn seine Vaterschaft unwahrscheinlich ist.

40 *Sturm*, in: FS Stoll 2001, S. 451, 456; *Hepting*, StAZ 2000, 33, 37.

41 So zB OLG Hamm, FamRZ 2009, 126, 128; OLG Nürnberg, FamRZ 2005, 1697; BayObLG, FamRZ 2002, 689, 687; *Rauscher/Pabst*, NJW 2009, 3614, 3616; Staudinger/*Henrich*, Art. 19 EGBGB Rn 37.

Nach weit überwiegender Auffassung[42] ist dasjenige Recht am günstigsten, das dem Kind zum frühesten Zeitpunkt – am besten schon zum Zeitpunkt der Geburt – einen Vater zuordnet (**Prioritätsprinzip**). Demnach ist die Abstammung nach der Rechtsordnung zu bestimmen, welche die Abstammung zuerst positiv feststellt. Dies kann für den Fall der Abstammung vom Vater durch Vermutung der Vaterschaft bei der Geburt (etwa bei bestehender Ehe) oder durch Anerkennung der Vaterschaft (etwa bei einer unverheirateten Mutter) geschehen.[43] Der früher Anerkennende setzt sich in letzterem Fall gegenüber dem später Anerkennenden durch. Die Vaterschaft kann auch gerichtlich festgestellt werden. Hat eine solche **gerichtliche Feststellung** im Ausland stattgefunden, muss diese im Inland nach den allgemeinen Regeln (zB § 328 ZPO) anerkannt werden[44] (vgl dazu auch Rn 45 ff).

24 Die Rechtfertigung des Prioritätsprinzips speist sich zum einen aus der Prozessökonomie und zum anderen aus der *ratio legis*: Es macht keinen Sinn, bei einer einmal festgestellten Abstammung weitere Statute auf Vorrat heranzuziehen. Das Gesetz will dem Kind die Feststellung der Abstammung ermöglichen[45] und diese durch die Alternativen erleichtern. Eine „hypothetische Abstammungsbestimmung" bei einmal festgestellter Abstammung würde diesem Zweck zuwiderlaufen. Abweichende Auffassungen, die für die Günstigkeit andere Kriterien ansetzen (Wertentscheidung auf materiellrechtlicher Ebene,[46] Ermittlung des „wirklichen, wahrscheinlichen Vaters" nach deutschem Recht[47]) sind mangels Praktikabilität abzulehnen, da sie stets einen weiteren Bewertungsvorgang voraussetzen. Außerdem ist im Hinblick auf die unterhalts- und erbrechtlichen Konsequenzen der schnellstmöglichen Lösung, also dem Prioritätsgrundsatz, der Vorzug zu geben.[48] Diejenigen, die bei konkurrierenden Vaterschaften Abs. 1 S. 1 als Regelanknüpfung verstehen wollen,[49] finden hierfür keine Stütze im Gesetz.[50]

25 Ist die Vaterschaft im Rahmen des Prioritätsprinzips nach der dann maßgeblichen Rechtsordnung (zB dem Aufenthaltsrecht des Kindes) bestimmt worden, sind die anderen beiden Alternativen **gesperrt**. Sie können erst dann wieder eine Rolle spielen, wenn die Abstammung durch Anfechtung beseitigt wurde.[51] In diesem Fall gilt dann nach der Anfechtung der Abstammung erneut das Prioritätsprinzip.

26 Das **Prioritätsprinzip versagt** jedoch in denjenigen Fällen, in denen schon zum Zeitpunkt der Geburt mehrere Personen als Väter gelten. Die häufigste Konkurrenz in diesen Fällen ist wohl diejenige der gesetzlich vermuteten Vaterschaft des Ehemanns einerseits und der Vaterschaft eines Dritten, der vor der Geburt anerkannt hat (sog. pränatales Vaterschaftsanerkenntnis, § 1594 Abs. 4 BGB), andererseits.[52]

27 Teilweise wird in diesen Fällen ein **Wahlrecht des Kindes** propagiert.[53] Problematisch ist jedoch die Frage, wer diese Wahl treffen soll. Das Kind ist dazu nicht in der Lage, es kommen nur die gesetzlichen Vertreter in Betracht. Dagegen spricht aber zum einen, dass dies auf eine zusätzliche Rechtswahl hinauslaufen würde, die die Ermittlung der Abstammung zusätzlich verzögert. Zum anderen hinge die Person des Vaters, der als potenziell Sorgeberechtigter auch zur Rechtswahl befugt sein könnte, von eben dieser Rechtswahl ab – ein Zirkelschluss.[54] Schließlich können auch bei der Mutter Motive eine Rolle spielen, durch welche die Wahl zu einem „falschen" Vater führen würde. Möchte die Mutter ihr Kind in eine neue Beziehung „mitnehmen", so

42 OLG Hamm, FamRZ 2009, 126, 128; BayObLG FamRZ 2000, 699, 700; 2001, 1543; 2002, 686, 687; OLG Frankfurt FamRZ 2002, 688; LG Leipzig StAZ 2002, 146; *Helms*, StaZ 2009, 293, 294; *Dethloff*, IPrax 2005, 326, 329 (gibt der Anknüpfung an den gewöhnlichen Aufenthalt nach Art. 19 Abs. 1 S. 2 EGBGB den Vorrang; Palandt/*Thorn*, Art. 19 EGBGB Rn 6; Erman/*Hohloch*, Art. 19 EGBGB Rn 17; krit. *Hepting*, FamRZ 2002, 388; *Hepting*, StAZ 2000, 36; Bamberger/Roth/*Heiderhoff*, Art. 19 EGBGB Rn 21; differenzierend Staudinger/*Henrich*, Art. 19 EGBGB Rn 38 ff.

43 BayObLG FamRZ 2000, 699; 2001, 1543; 2002, 686; LG Leipzig StAZ 2002, 146.

44 Palandt/*Thorn*, Art. 19 EGBGB Rn 6.

45 Erman/*Hohloch*, Art. 19 EGBGB Rn 17.

46 *Looschelders*, IPRax 1999, 420, 421; *ders.*, IPR, Art. 19 Rn 18.

47 AG Hannover FamRZ 2002, 1722, 1724; Staudinger/*Henrich*, Art. 19 EGBGB Rn 16; Staudinger/*Henrich*, Art. 19 EGBGB Rn 37 ff; *Henrich*, StAZ 1998, 1, 2; *Oprach*, IPRax 2001, 325, 326 ff; dagegen *Gaaz*, StAZ 1998, 241, 251 f und *Sturm*, in: FS Stoll 2001, S. 451, 454 f.

48 So auch BayObLG FamRZ 2002, 686, 687.

49 *Andrae*, Rn 458 ff.

50 Ausf. zu den Gegenargumenten *Hepting*, StAZ 2002, 129, 133.

51 BayObLG FamRZ 2002, 686, 688; Palandt/*Thorn*, Art. 19 EGBGB Rn 6; Erman/*Hohloch*, Art. 19 EGBGB Rn 17.

52 *Hepting*, StAZ 2000, 33 ff; dort (S. 37) auch folgendes Beispiel: Ein italienisches Ehepaar hat seinen gewöhnlichen Aufenthalt in Deutschland, als ein Kind geboren wird. Die Mutter gibt an, das Kind sei nicht dasjenige des Ehemanns und stamme von einem anderen Italiener. Dieser erkennt die Vaterschaft noch vor der Geburt an. Das deutsche Recht als Aufenthaltsrecht des Kindes sieht den Ehemann als Vater an (§ 1592 Nr. 1 BGB). Die Anerkennung der Vaterschaft ist nach deutschem Recht wegen § 1594 Abs. 2 BGB nicht wirksam, wohl aber nach italienischem Recht (Art. 250 C.c.). Nach italienischem Recht, das ebenfalls als Heimatrecht des Anerkennenden bzw Ehewirkungsstatut anwendbar ist, ist der Anerkennende der Vater.

53 Erman/*Hohloch*, Art. 19 EGBGB Rn 18; Palandt/*Thorn*, Art. 19 EGBGB Rn 6.

54 *Hepting*, StAZ 2000, 33, 35 f.

wird sie diejenige Anknüpfungsalternative wählen, die zu ihrem neuen Partner führt.[55] Ein Wahlrecht ist somit abzulehnen[56] und eine wertende Entscheidung in diesem Fall unentbehrlich.

Hier sollte dasjenige Recht zur Anwendung kommen, das zum wirklichen Vater führt **(Grundsatz der Abstammungswahrheit)**.[57] Dies ist für das Kind am günstigsten. Es ist also zu ermitteln, wessen Vaterschaft „wahrscheinlicher" ist.[58] Bisher haben sich in der Rechtsprechung dazu noch keine Fallgruppen entwickelt. Es können aber bestimmte Grundkonstellationen herausgebildet werden, etwa die, dass bei unangefochtener Ehe sich dasjenige Abstammungsstatut durchsetzt, das zu dem Ehemann als Vater führt.[59] Bei kürzlich geschiedener Ehe und Anerkennung durch einen Dritten spricht hingegen eine hohe Wahrscheinlichkeit für die Vaterschaft des Anerkennenden.[60] Teilweise wird auch auf die Wertungen des deutschen Rechts (§§ 1592, 1593, 1594 Abs. 2 BGB) verwiesen.[61] Der Grundsatz der Abstammungswahrheit allein vermag zu angemessenen Ergebnissen führen, wenn das Prioritätsprinzip versagt. Zwar hat der Grundsatz den Nachteil einer unüberschaubaren Kasuistik und geringer Rechtssicherheit wegen seiner sprachlichen Ungenauigkeit (was ist „wahrscheinlich"?). Auch wird die Mutter hier bestrebt sein, den neuen Ehemann durch entsprechende Angaben, die zu einer „Wahrscheinlichkeit" führen, als Vater des Kindes „durchzusetzen". Mangels Alternativen sind diese Nachteile aber in Kauf zu nehmen. 28

6. Sonderprobleme der Mutterschaftsfeststellung. Die Feststellung der Mutterschaft ist idR wesentlich unproblematischer als die Vaterschaftsfeststellung: Mutter ist diejenige Frau, die das Kind geboren hat (§ 1591 BGB). Eine Mutterschaftskonkurrenz ist aber theoretisch denkbar. So zB, wenn eine – nach deutschem Recht unzulässige[62] – **Leihmutterschaft** vorliegt, bei der die gebärende Mutter Deutsche, die genetische Mutter aber Angehörige eines Staates ist, in dem die Möglichkeit besteht, dass die genetische Mutter als leibliche Mutter anerkannt wird,[63] und das Kind auch in diesem Staat geboren wird. Dann kann nach dem Aufenthaltsrecht des Kindes und dem Recht der genetischen Mutter eine Mutterschaft der genetischen Mutter festgestellt werden. Die gebärende Mutter ist – nach deutschem Recht – ebenfalls Mutter. Bisher ist ein solcher Fall in Deutschland nicht entschieden worden. Wegen des unauflösbaren Normenwiderspruchs muss man diesen Fall wohl anhand der materiellen Wertungen der lex fori lösen.[64] 29

Eine weitere Problematik stellt sich im Falle einer anonymen Geburt. In einigen Ländern[65] ist die Feststellung der Mutterschaft von einer Anerkennung des Kindes durch die Mutter erforderlich. Unterlässt diese (als Angehörige eines solchen Staates) bei Geburt die Anerkennung, so ist das Kind zunächst mutterlos. Das deutsche IPR kommt erst dann zur Anwendung, wenn das Kind später nach Deutschland übersiedelt und deutsches Recht als Aufenthaltsrecht des Kindes zur Anwendung kommt. *Henrich*[66] plädiert hier für die Feststellung der Mutterschaft nach dem Recht des Geburtsstaates (also durch Anerkennung). ME ist hier jedoch wegen der Wandelbarkeit des Aufenthaltsstatuts des Kindes auch deutsches Recht berufen, so dass die Mutter gem. § 1591 BGB (Mutter durch Geburt) festgestellt werden kann. Probleme treten hingegen nicht auf, wenn eine Deutsche ein Kind in einem Land gebiert, in dem eine Anerkennung der Mutterschaft gefordert wird. Hier steht die Mutter wegen ihres Heimatrechts schon bei Geburt fest, das Kind ist also nicht mutterlos. 30

II. Verpflichtungen des Vaters gegenüber der Mutter (Abs. 2)

Die Verpflichtungen des Vaters gegenüber der Mutter aufgrund der Schwangerschaft richten sich, wenn die Eltern nicht verheiratet sind, nach dem **Aufenthaltsrecht** der Mutter (zur Bestimmung des gewöhnlichen Aufenthaltes vgl Art 5 Rn 16 ff). Das Statut ist – wie das Unterhaltsstatut (Art. 18) – wandelbar.[67] 31

55 *Sturm*, in: FS Stoll 2001, S. 451, 454.
56 So im Ergebnis auch BayObLG FamRZ 2002, 686, 688.
57 BayObLG FamRZ 2002, 686; *Gaaz*, StAZ 1998, 241, 251; *Hepting*, FamRZ 2002, 388 f; *Henrich*, FamRZ 1998, 1401, 1402 (allerdings generell und nicht nur auf diejenigen Fälle bezogen, bei denen der Prioritätsgrundsatz versagt); *Dörner*, in: FS Henrich 2000, S. 119, 123 (stellt auf den „wahrscheinlichen Vater" ab).
58 OLG Celle, StAZ 2007, 82; OLG Hamm, FamRZ 2009, 126; *Henrich*, FamRZ 1998, 1401, 1402; Staudinger/*Henrich*, Art. 19 EGBGB Rn 41 und 49; krit. *Frank*, StAZ 2007, 65, 68.
59 Staudinger/*Henrich*, Art. 19 EGBGB Rn 58; dagegen: *Hepting*, FamRZ 2002, 388, 389.
60 BayObLG FamRZ 2002, 686; *Hepting*, FamRZ 2002, 388, 389.
61 *Dörner*, in: FS Henrich 2000, S. 119, 123.
62 § 1 Abs. 1 Nr. 7 des Gesetzes zum Schutz der Embryonen v. 13.12.1990 (BGBl. I S. 2746).
63 Weitere Nachw., zB für England und Kalifornien, bei Staudinger/*Henrich*, Art. 19 EGBGB Rn 77.
64 *Looschelders*, IPRax 1999, 420, 423 f; Bamberger/Roth/*Heiderhoff*, Art. 19 EGBGB Rn 24 ff.
65 ZB Frankreich, Italien; weitere Nachw. bei Staudinger/*Henrich*, Art. 19 EGBGB Rn 72. Der Europäische Gerichtshof für Menschenrechte hat am 13.2.2003 in dem Verfahren Odièvre gegen Frankreich (42326/98) festgestellt, dass das französische Gesetz, welches anonyme Geburten zulässt, nicht gegen geltendes Recht verstößt.
66 Staudinger/*Henrich*, Art. 19 EGBGB Rn 73.
67 Palandt/*Thorn*, Art. 19 EGBGB Rn 9; *Looschelders*, IPR, Art. 19 Rn 22.

32 In den **Anwendungsbereich** dieser Vorschrift fallen grundsätzlich Unterhaltsansprüche aufgrund der Schwangerschaft (s. aber zur Kollision mit dem HUntÜ Rn 33), Ansprüche auf Ersatz der Kosten von Entbindung und Schwangerschaft (§ 1615 i BGB),[68] Ansprüche bei Tod- oder Fehlgeburt des Kindes (§ 1615 n BGB) sowie Ansprüche auf Ersatz der Beerdigungskosten, wenn die Mutter aufgrund der Schwangerschaft oder Entbindung stirbt (§ 1615 m BGB). Vom Anwendungsbereich nicht erfasst sind deliktische Ansprüche der Mutter oder Ansprüche aus Verlöbnis, diese unterfallen dem Delikts- bzw Verlöbnisstatut.[69]

33 Da Abs. 2 grundsätzlich auch Unterhaltsansprüche der Mutter aufgrund der Schwangerschaft oder Geburt erfasst, stellt sich die Frage, wie diese Vorschrift zum **HUntÜ** von 1973[70] steht. Auf den ersten Blick könnte man die Anwendbarkeit des HUntÜ anzweifeln, da es nur Unterhaltsansprüche aus Familie, Verwandtschaft, Ehe oder Schwägerschaft regelt (Art. 1 des Übk). Es entspricht aber heute allgemeiner Auffassung, dass die Beziehungen zwischen den Eltern auch dann solche familiärer Natur sind, wenn sie nicht verheiratet sind.[71] Das HUntÜ bzw Art. 18 verdrängt demnach Abs. 2 für den Bereich der Unterhaltsansprüche (Art. 3 Abs. 2 S. 1); dessen Anwendungsbereich bleibt beschränkt. Da sowohl das HUntÜ als auch Abs. 2 an das Aufenthaltsrecht der Mutter anknüpfen, wird die Frage, nach welchem Recht die Ansprüche qualifiziert werden sollen (als unterhaltsrechtliche oder solche iSd Abs. 2), entschärft.

III. Renvoi

34 Die in Art. 19 enthaltenen Anknüpfungen sind grundsätzlich Gesamtverweisungen iSd Art. 4 Abs. 1,[72] so dass eine Rück- oder Weiterverweisung durch ausländisches Kollisionsrecht grundsätzlich möglich ist. Davon ist jedoch bei Abs. 1 eine Ausnahme zu machen, wenn ein *renvoi* dem „Sinn der Verweisung widerspricht" (Art. 4 Abs. 1 S. 1). Sinn der Anknüpfungsalternativen des Abs. 1 ist es, möglichst viele Rechtsordnungen zur Verfügung zu stellen, nach denen sich die Abstammung richtet. Ein renvoi, der die Anzahl der Anknüpfungsalternativen und damit die Anzahl der Möglichkeiten der Abstammungsfeststellung verkleinert, widerspräche daher dem Sinn der Verweisung. Ein renvoi wäre in diesem Fall unbeachtlich.[73] Der wohl häufigste Fall ist derjenige, dass neben dem deutschen Recht weitere Rechte berufen sind. Ein renvoi des ausländischen Rechts auf deutsches Recht wäre dann unbeachtlich.

35 Grundsätzlich ist die Verweisung des Abs. 2 Gesamtverweisung, ein renvoi ist beachtlich. Besteht aber – bei Unterhaltsansprüchen – Konkurrenz mit dem HUntÜ, gilt das vorrangige HUntÜ mit seiner Sachnormverweisung, ein renvoi ist dann unbeachtlich.[74]

IV. Ordre public

36 Grundsätzlich steht das aus Abs. 1 und 2 gewonnene Recht unter dem Vorbehalt des ordre public. Die Problematik ist im Hinblick auf Abs. 1 jedoch durch die vielen Anknüpfungsalternativen entschärft.[75]

37 Keinen Verstoß gegen den ordre public dürften im ausländischen Recht vorhandene Abstammungsvermutungen bzw nicht vorhandene Abstammungsvermutungen darstellen.[76] Ebenso widerspricht es nicht dem ordre public, wenn das berufene ausländische Recht bei einer künstlichen Befruchtung die Abstammung von dem Spender zulässt.[77]

38 Hingegen verstoßen gegen den ordre public die in einigen Ländern vorhandenen Verbote, die Abstammung festzustellen bzw anzuerkennen, wenn das Kind einer ehebrecherischen Beziehung einer verheirateten Frau entspringt.[78] Ein solches Anerkennungs- bzw Feststellungsverbot würde das Recht des Kindes auf seine Eltern vereiteln. Aus demselben Grund dürften Ausschlussfristen, innerhalb deren auf die Feststellung der Abstam-

68 Streitig ist, ob diese Kosten nicht auch dem Unterhaltsstatut und daher Art. 18 bzw dem HUntÜ unterfallen, vgl für weitere Nachw. Staudinger/*Henrich*, Art. 19 EGBGB Rn 102.

69 MüKo/*Klinkhardt*, Art. 19 EGBGB Rn 66.

70 (BGBl. II 1986 S. 837), abgedruckt in *Jayme/Hausmann*, Nr. 41, auszugsweise auch in Art. 18 EGBGB Rn 94.

71 Staudinger/*Henrich*, Art. 19 EGBGB Rn 101; MüKo/*Siehr*, Art 18 EGBGB Anh. I Rn 43; Staudinger/*v. Bar/Mankowski*, (1996) Anh. I zu Art 18 EGBGB Rn 110; Erman/*Hohloch*, Art. 19 EGBGB Rn 26; Palandt/*Thorn*, Art. 19 EGBGB Rn 9.

72 Staudinger/*Henrich*, Art. 19 EGBGB Rn 25; Palandt/*Thorn*, Art. 19 EGBGB Rn 2 (mit kleiner Abweichung); Erman/*Hohloch*, Art. 19 EGBGB Rn 4 (mit kleiner Abweichung); *v. Hoffmann*, IPR, § 8 Rn 134; Bamberger/Roth/*Heiderhoff*, Art. 19 EGBGB Rn 30; differenzierend *Andrae*, Rn 462; abweichend MüKo/*Klinkhardt*, Art 19 EGBGB Rn 21 ff, der einen renvoi bei Art. 19 Abs. 1 nur für S. 2 und 3 zulassen will.

73 OLG Hamm FamRz 2009, 126; Staudinger/*Henrich*, Art. 19 EGBGB Rn 25; *v. Hoffmann*, IPR, § 8 Rn 134; MüKo/*Klinkhardt*, § 19 EGBGB Rn 23.

74 *Looschelders*, IPR, Art. 19 Rn 23.

75 MüKo/*Klinkhardt*, § 19 EGBGB Rn 49.

76 Staudinger/*Henrich*, Art. 19 EGBGB Rn 104 ff.

77 Staudinger/*Henrich*, Art. 19 EGBGB Rn 109.

78 MüKo/*Klinkhardt*, § 19 EGBGB Rn 26; so zB in der Türkei (Art. 292 türkisches ZGB, vgl KG FamRZ 1994, 1413).

mung geklagt werden muss, ordre-public-widrig sein.[79] Zu überlegen ist weiterhin, ob nach der *Marckx*-Entscheidung des Europäischen Gerichtshofs für Menschenrechte[80] ein formales Mutterschaftsanerkenntnis, wie es einige Rechtsordnungen bei unverheirateten Müttern vorsehen, gegen den ordre public verstößt.

C. Weitere praktische Hinweise

I. Rechtslage für Kinder, die vor dem 1.7.1998 geboren wurden

Bei Kindern, die vor dem 1.7.1998 geboren wurden und bei denen die Vaterschaft noch nicht feststeht, muss zwischen ehelichen und nichtehelichen Kindern differenziert werden (zum Übergangsrecht vgl Rn 2). Für die ehelichen Kinder bestimmt Art. 19 aF, dass das Ehewirkungsstatut zum Zeitpunkt der Geburt maßgeblich ist. Bei unterschiedlicher Staatsangehörigkeit der Ehegatten gilt das Kind auch dann als ehelich, wenn es nach dem Heimatrecht einer der beiden Ehegatten ehelich ist. Bei einer nichtehelichen Abstammung bestimmt sich diese gem. Art. 20 aF im Verhältnis zur Mutter nach dem Heimatrecht der Mutter und im Verhältnis zum Vater alternativ nach dessen Heimatrecht, dem Heimatrecht der Mutter oder dem Recht des Staates, in dem das Kind seinen gewöhnlichen Aufenthalt hat. Maßgeblicher Zeitpunkt ist jeweils die Geburt des Kindes. **39**

II. Rechtslage für Kinder, die vor dem 1.9.1986 geboren wurden

Vor der IPR-Reform vom 25.7.1986[81] (in Kraft seit dem 1.9.1986, zum Übergangsrecht vgl Rn 2) existierte nur eine Regelung für die eheliche Abstammung. Demnach ist gem. Art 18 aF deutsches Recht anwendbar, wenn der Ehemann der Mutter zur Zeit der Geburt Deutscher ist.[82] Für die nichteheliche Abstammung existierte hingegen keine Kollisionsnorm. Die Abstammung im Verhältnis zur Mutter richtete sich nach der Kollisionsnorm des Art. 20 aF, der das Rechtsverhältnis zwischen Kind und Mutter regelte. Die Abstammung im Verhältnis zum Vater richtete sich nach deutschem Recht, falls deutsches Recht Unterhaltsstatut war, ansonsten nach dem Heimatrecht des Anerkennenden oder des als Vater in Anspruch Genommenen. **40**

III. Innerdeutsches Kollisionsrecht

Für Kinder, die vor dem 3.10.1990 geboren wurden und bei denen ein Bezug zur DDR vorlag, gelten die grundsätzlichen, im innerdeutschen Verhältnis entwickelten Regeln. Demnach ging man von einer einheitlichen deutschen Staatsangehörigkeit aus. Da dies zu keinem Ergebnis für das anwendbare Recht führte, stellte man stattdessen auf den gewöhnlichen Aufenthalt der betreffenden Person ab.[83] Die Abstammungskollisionsnormen wurden dann entsprechend angewendet. Für Kinder, die nach dem 3.10.1990 geboren sind, gelten die allgemeinen Regeln. Zum Übergangsrecht vgl Art. 234.[84] **41**

IV. Internationales Prozessrecht

Das streitige Verfahren in Abstammungssachen richtet sich nach den §§ 169 ff FamFG. Nach § 169 Nr. 1 FamFG sind Abstammungssachen solche Verfahren, welche die Feststellung des Bestehens oder Nichtbestehens eines Eltern-Kindes-Verhältnisses bzw die Feststellung der Wirksamkeit oder Unwirksamkeit einer Anerkennung der Vaterschaft zum Gegenstand haben. Das Verfahren nach den Grundsätzen der freiwilligen Gerichtsbarkeit läuft nach ähnlichen Regeln ab wie das streitige Verfahren. Die lex fori bestimmt darüber, ob ein Verfahren der freiwilligen Gerichtsbarkeit oder ein solches der streitigen Gerichtsbarkeit vorliegt.[85] **42**

1. Internationale Zuständigkeit. Die internationale Zuständigkeit ergibt sich mangels vorrangiger staatsvertraglicher Regelungen aus § 100 FamFG. Demnach sind die deutschen Gerichte – nicht ausschließlich[86] – zuständig, wenn eine der Parteien Deutscher[87] ist oder ihren gewöhnlichen Aufenthalt im Inland hat.[88] Die internationale Zuständigkeit sagt noch nichts darüber aus, wer klagebefugt ist. Dies ist eine Frage des berufenen materiellen Rechts (in Deutschland ergibt sich dies aus § 1600 e BGB). **43**

79 Staudinger/*Henrich*, Art. 19 EGBGB Rn 110.
80 EGMR NJW 1979, 2449.
81 BGBl. I 1986 S. 1142.
82 Vgl Staudinger/*Henrich*, Art. 19 EGBGB Rn 4.
83 *V. Hoffmann*, IPR, S. 20.
84 Vgl dazu auch BGH NJW 1999, 1862 ff.
85 Erman/*Hohloch*, Art. 19 EGBGB Rn 28; aA Staudinger/*Henrich*, Art. 19 EGBGB Rn 113.
86 Baumbach/Roth/*Heiderhoff*, Art. 19 EGBGB Rn 28; *Looschelders*, IPR, Art. 19 Rn 25.
87 Deutscher in diesem Sinne ist nicht nur derjenige, der die deutsche Staatsangehörigkeit besitzt, sondern auch derjenige, der Deutscher iSv Art. 116 Abs. 1 GG ist, vgl Art. 9 Abs. 2 Nr. 5 FamRÄndG.
88 Insoweit kommt es auf die Klageerhebung an, vgl BGH IPRax 1985, 162, 163; wenn die Zuständigkeit bei Prozessbeginn gegeben war und nachher entfällt, wird man im Wege der *perpetuatio fori* von einem Fortbestand der Gerichtsbarkeit ausgehen können (vgl BGH FamRZ 1983, 1215, 1216).

44 **2. Anerkennung ausländischer Entscheidungen.** Die Anerkennung ausländischer Entscheidungen in Deutschland richtet sich für das streitige Verfahren nach § 328 ZPO und nach §§ 108, 109 FamFG für solche Verfahren, die der freiwilligen Gerichtsbarkeit zugeordnet werden. Zwar gibt es bilaterale Abkommen, diese schränken die Anerkennung jedoch ein.[89] Da staatsvertragliche Regelungen die Möglichkeit der Anerkennung jedoch nicht einschränken, sondern erweitern sollen, kann § 328 ZPO daneben zur Anwendung kommen und zu einer schnelleren Anerkennung führen. Die direkte Anwendung von § 328 ZPO ist daher im Hinblick auf das Günstigkeitsprinzip geboten.[90]

45 Hinsichtlich der Voraussetzungen der Anerkennung gelten die allgemeinen Regeln des § 328 ZPO und der §§ 108, 109 FamFG, insbesondere die Möglichkeit der Verweigerung, wenn die Entscheidung gegen den ordre public verstößt. So hat das AG Hamburg-Wandsbek[91] einem Urteil die Anerkennung verweigert, weil es lediglich auf die Beiwohnungsvermutung gestützt war. Das AG Würzburg[92] hat die Anerkennung eines Urteils mit der Begründung abgelehnt, der Einwand des Mehrverkehrs und der Zeugungsunfähigkeit seien nicht berücksichtigt worden. Das OLG Oldenburg[93] sah einen Verstoß gegen den ordre public darin, dass das anzuerkennende Urteil das eheähnliche Zusammenleben der Mutter mit dem Mann, zu dem die Abstammung bestimmt werden sollte, zur Voraussetzung der Abstammungsbestimmung gemacht hat.

46 Zu beachten ist, dass die fehlende Verbürgung der Gegenseitigkeit die Anerkennung nicht verhindert, da in Abstammungssachen § 328 Abs. 2 ZPO gilt.

47 **3. Abstammungsgutachten.** Sind die deutschen Gerichte zuständig, ist deutsches Prozessrecht anzuwenden. Der mutmaßliche Vater ist dann unter Umständen gem. § 372 a ZPO verpflichtet, ein Abstammungsgutachten zu dulden. Entzieht er sich einem solchen Gutachten, etwa durch Auslandsaufenthalt, so kann zu seinen Lasten vermutet werden, dass keine schwerwiegenden Zweifel an seiner Vaterschaft bestehen.[94] Denkbar ist auch, die ausländischen Behörden um Rechtshilfe zu ersuchen.[95]

V. Verfahren in Personenstandssachen

48 Im Geburtenregister werden gem. § 21 PStG Vater und Mutter beurkundet, sofern sie zu diesem Zeitpunkt feststehen. Steht nur ein Elternteil fest, so wird dieser eingetragen. Die internationale Zuständigkeit des Standesbeamten ergibt sich aus der örtlichen Zuständigkeit.[96]

49 **1. Vaterschaftsanerkennung und Vaterschaftsfeststellung.** § 27 PStG sieht vor, dass es beim Geburtseintrag zu beurkunden ist, wenn die Vaterschaft nach der Beurkundung der Geburt des Kindes anerkannt oder gerichtlich festgestellt wird. **Anerkennt** der Vater im Ausland das Kind nach der Geburt,[97] so kommt es auf eine Anerkennung nach §§ 108, 109 FamFG nicht an.[98] Die anerkannte Vaterschaft kann aber nur dann beurkundet werden werden, wenn eine „richtige" Vaterschaftsanerkennung und nicht nur eine Anerkennung der „Zahlvaterschaft", die lediglich Unterhaltskonsequenzen zeitigt, vorliegt.[99] So unterscheidet etwa das türkische Recht zwischen „Vaterschaftsfeststellung mit Standesfolge" (Vaterschaft im deutschen Sinne) und „einfacher" Vaterschaftsfeststellung (Zahlvaterschaft). Nur die „Vaterschaftsfeststellung mit Standesfolge" darf beigeschrieben werden. Gleiches gilt bei der Feststellung der Vaterschaft im Ausland **durch Entscheidung**. Nur die Feststellung einer Vaterschaft, die in den rechtlichen Wirkungen einer deutschen Vaterschaft vergleichbar ist, kann beigeschrieben werden.[100] Die Dienstanweisungen für Standesbeamte sehen daher vor, dass der Standesbeamte die im Ausland erfolgte Anerkennung oder Feststellung zunächst der zuständigen Verwaltungsbehörde vorlegt. Diese prüft dann, ob die Vaterschaft in ihren Wirkungen mit der deutschen Vaterschaft vergleichbar ist.

50 Die Vaterschaftsanerkennung muss in Anwendung des Art. 11 der Form desjenigen Rechts entsprechen, dass an dem Ort gilt, an dem die Anerkennung abgegeben wird. Dieses Recht bestimmt auch über die zuständige

89 Vgl Nachw. bei Staudinger/*Henrich*, Art. 19 EGBGB Rn 115 ff.
90 BGH FamRZ 1987, 580; 1990, 897.
91 AG Hamburg-Wandsbek DAVorm 1982, 706, 708; krit. dazu Staudinger/*Henrich*, Art. 19 EGBGB Rn 123 (Beweiswürdigung sei Sache des Gerichts).
92 AG Würzburg FamRZ 1994, 1596.
93 OLG Oldenburg FamRZ 1993, 1486.
94 BGH IPRax 1987, 176, 178 = JZ 1987, 42 m. Anm. *Stürner*; MüKo/*Klinkhardt*, Art. 19 EGBGB Rn 54.
95 Vgl dazu Art. 11 des Haager Zivilprozessübereinkommens v. 1.3.1954 (BGBl. II 1958 S. 522) – abgedruckt in *Jayme/Hausmann*, Nr. 210 – und Art. 9, 10 des Haager Beweisaufnahmeübereinkommens v. 18.3.1970 (BGBl. II 1977 S. 1472) – abgedruckt in *Jayme/Hausmann*, Nr. 212.
96 BayObLG FamRZ 2002, 686.
97 Die Anerkennung ist wirksam, wenn sie entspr. den Regeln des durch Art. 19 Abs. 1 berufenen Rechts abgegeben wurde, vgl MüKo/*Klinkhardt*, Art. 19 EGBGB Rn 58 und Erman/*Hohloch*, Art. 19 EGBGB Rn 30.
98 MüKo/*Klinkhardt*, Art. 19 EGBGB Rn 58; Erman/*Hohloch*, Art. 19 EGBGB Rn 30; nicht ganz eindeutig: Staudinger/*Henrich*, Art. 19 EGBGB Rn 130.
99 Vgl MüKo/*Klinkhardt*, Art. 19 EGBGB Rn 61 (mwN), Staudinger/*Henrich*, Art. 19 EGBGB Rn 128.
100 Staudinger/*Henrich*, Art. 19 EGBGB Rn 130; MüKo/*Klinkhardt*, Art. 19 EGBGB Rn 61.

Stelle, gegenüber der die Anerkennung zu erklären ist.[101] Für nichteheliche Kinder erweitert das **CIEC-Übereinkommen vom 14.9.1961 betreffend die Vaterschaftsanerkennung**[102] den Kreis der zuständigen Behörden.

2. Anerkennung der Mutterschaft. Die Anerkennung der Mutterschaft kann nach dem durch Abs. 1 ermittelten ausländischen Abstammungsstatut erforderlich sein. Diesen Fall regelt § 27 Abs. 2 PStG. Demnach kann unter den dort genannten Voraussetzungen die Anerkennung der Mutterschaft beurkundet werden. Dabei soll der Standesbeamte nicht prüfen, ob nach dem berufenen Abstammungsstatut die Anerkennung wirksam ist.[103] Materiellrechtlich gilt das CIEC-Übereinkommen über die Feststellung der mütterlichen Abstammung nichtehelicher Kinder vom 12.9.1962[104] (s. Rn 7). Wenn die Mutter zunächst unbekannt ist (anonyme Geburt) und das Kind erst später von ihr anerkannt wird, gilt § 2 PStG mangels entsprechender gesetzlicher Regelung analog.[105] **51**

3. Berichtigung einer unrichtigen Eintragung ins Personenstandsbuch. Wird im Personenstandsbuch eine unrichtige Eintragung vorgenommen, etwa weil ein falscher Vater eingetragen wird, so kann diese Eintragung gem. § 48 PStG auf Anordnung des Gerichts berichtigt werden. Voraussetzung ist, dass sie von Anfang an unrichtig war und dies auch feststeht.[106] Die Eintragung eines falschen Vaters hat lediglich eine Beweisfunktion, aber keine rechtserzeugende Wirkung.[107] Die Berichtigung erfolgt auf Antrag eines Beteiligten, § 48 Abs. 2 PStG. **52**

VI. Legitimation nach ausländischem Recht

Seit dem Kindschaftsrechtsreformgesetz v. 16.12.1997[108] wird nicht mehr zwischen ehelichen und nichtehelichen Kindern unterschieden. Dies hat zur Abschaffung der Vorschriften über die Legitimation nichtehelicher Kinder im BGB (§§ 1719–1740 g) und der entsprechenden Kollisionsnorm des Art. 21 geführt. Aus deutscher Sicht sind die damit verbundenen Fragen nunmehr obsolet geworden. Soweit es in ausländischen Rechten auf eine Legitimation ankommt (zB im Erbrecht, Unterhaltsrecht, Sorgerecht, Namensrecht und bei Bestimmung der Staatsangehörigkeit), kann dieser als Vorfrage Bedeutung zukommen. S. hierzu die Kommentierung bei den jeweiligen Kollisionsnormen.[109] **53**

Eine praktische Frage stellt sich für den Standesbeamten, ob in dem Fall einer Legitimation nach ausländischem Recht bei einem in Deutschland geborenen Kind diese als Änderung des Personenstands iSv § 27 Abs. 3 PStG (von Amts wegen) beurkundet werden soll bzw muss.[110] Eine solche Beschreibung ist – entgegen einigen Stimmen[111] – abzulehnen.[112] Auch wenn es im Interesse des Kindes grundsätzlich zu begrüßen ist, die Legitimation zu dokumentieren, so ist dies immer mit einer aufwändigen Befragung des ausländischen Rechts verbunden. Der Beweis für den Status des Kindes lässt sich, sollte es im Ausland darauf ankommen, hingegen auch in anderer Weise, etwa durch Vorlage der Heirats- oder Geburtsurkunde, führen. Aus diesen Gründen ist ein Vermerk nach § 27 Abs. 3 PStG mE weder erforderlich noch geboten. **54**

101 In Deutschland ist die Anerkennung gem. § 1597 Abs. 1 BGB zu beurkunden. Zuständig sind die Notare (§ 20 BNotO), die Standesbeamten (§ 29 a PStG), die Urkundsbeamten beim Jugendamt (§ 59 Abs. 1 Nr. 1 SGB VIII), die Amtsgerichte (§ 62 Abs. 1 Nr. 1 BeurkG), das Prozessgericht (§ 641 c ZPO), die Konsularbeamten der deutschen Auslandsvertretungen (§§ 2, 10, 19 KonsG). Beglaubigte Abschriften sind gem. § 1597 Abs. 2 BGB von Amts wegen an alle Beteiligten zu versenden.

102 Römisches CIEC-Übereinkommen über die Erweiterung der Zuständigkeit der Behörden, vor denen nichteheliche Kinder anerkannt werden können, vom 14.9.1961 (BGBl. II 1965 S. 19), abgedruckt in *Jayme/Hausmann*, Nr. 50.

103 *Beitzke*, StAZ 1970, 235, 237 f; Staudinger/*Henrich*, Art. 19 EGBGB Rn 134.

104 (BGBl. II 1965 S. 23), abgedruckt in *Jayme/Hausmann*, Nr. 51.

105 Staudinger/*Henrich*, Art. 19 EGBGB Rn 137 (zu dem vor dem 1.1.2009 geltenden § 29 PStG).

106 BGH NJW 1988, 1469, 1470; BayObLG FamRZ 2002, 686.

107 BayObLG FamRZ 2002, 686.

108 BGBl I 1997 S. 2942.

109 Ausf. dazu Staudinger/*Henrich*, Art. 19 EGBGB Rn 89–99, und *Looschelders*, IPR, Art. 19 Rn 6–10.

110 Ausf. *Hepting*, StAZ 1999, 97; *Hepting/Fuchs*, IPRax 2001, 114; *Huber*, IPRax 2000, 116.

111 BayObLG FamRZ 1999, 1443; AG Heilbronn IPRax 1999, 114; so auch Palandt/*Thorn*, Art. 19 EGBGB Rn 8; *Hepting*, StAZ 1999, 97, 98 f; *ders.*, StAZ 2002, 129 ff; *Looschelders*, IPR, Art. 19 Rn 10.

112 So auch OLG Köln FamRZ 1999, 529, 530; OLG Stuttgart FamRZ 2000, 436, 437; MüKo-*Klinkhardt*, Art. 19 EGBGB Rn 62; Staudinger/*Henrich*, Art. 19 EGBGB Rn 79 ff; Bamberger/Roth/*Heiderhoff*, Art. 19 EGBGB Rn 34.

VII. Auswirkung der Abstammung auf die Staatsangehörigkeit

55 Das Abstammungsstatut hat auch Auswirkungen auf die Staatsangehörigkeit des Kindes.[113] Wer von einem Elternteil abstammt, der zum Zeitpunkt der Geburt die deutsche Staatsangehörigkeit besitzt, erhält selbst die deutsche Staatsangehörigkeit.

Artikel 20 EGBGB Anfechtung der Abstammung

¹Die Abstammung kann nach jedem Recht angefochten werden, aus dem sich ihre Voraussetzungen ergeben. ²Das Kind kann die Abstammung in jedem Fall nach dem Recht des Staates anfechten, in dem es seinen gewöhnlichen Aufenthalt hat.

Literatur: S. bei Art. 19.

A. Allgemeines

I. Normgeschichte und Übergangsrecht

1 **1. Kindschaftsrechtsreformgesetz.** Diese Vorschrift entspringt, wie Art. 19, dem Kindschaftsrechtsreformgesetz v. 16.12.1997 (in Kraft seit dem 1.7.1998), vgl dazu die Kommentierung bei Art. 19 Rn 1. Vorher war nur in Art. 19 Abs. 1 S. 4 aF die Anfechtungsmöglichkeit des Kindes nach seinem Aufenthaltsrecht ausdrücklich geregelt. Ansonsten bestimmte man das Anfechtungsstatut nach dem entsprechenden Abstammungsstatut, differenzierte also auch nach ehelicher und nichtehelicher Abstammung.[1]

2 **2. Übergangsrecht.** Für die Anfechtung gilt, anders als bei der Bestimmung der Abstammung, keine Differenzierung für vor und nach dem 1.7.1998 geborene Kinder.[2] Denn Art. 224 § 1 Abs. 2 bestimmt, dass sich die Anfechtung der Ehelichkeit und die Anfechtung der Vaterschaft nach den neuen Vorschriften über die Anfechtung der Vaterschaft richten. Obwohl die zitierte Regelung dem Wortlaut nach nur das materielle Recht betrifft, gilt sie entsprechend auch für das Kollisionsrecht (vgl Art. 19 Rn 2). Das Anfechtungsstatut bestimmt sich also nach Art. 20, unabhängig davon, wann das Kind geboren wurde, und unabhängig davon, wann eine Vaterschafts- oder Mutterschaftsanerkennung stattgefunden hat. Obwohl Art. 224 nur von Vaterschaftsanfechtung spricht, muss die Norm in entsprechender Weise auch auf die – nur theoretisch denkbare – Mutterschaftsanfechtung anwendbar sein.

II. Normzweck und Normstruktur

3 Art. 20 bestimmt das auf die Anfechtung der Abstammung anwendbare Recht, handelt also von der „Beseitigung" der Abstammung. Umfasst sind alle Abstammungsverhältnisse, also sowohl die Abstammung von der Mutter als auch die Abstammung vom Vater. Es kommt nicht darauf an, wie die Abstammung begründet wurde, ebenso wenig auf die eheliche bzw nichteheliche Zeugung oder Geburt. Art. 20 gilt demnach für die Anfechtung der Abstammung aufgrund gesetzlicher Vermutung gleichermaßen wie für die Anfechtung der Abstammung aufgrund Anerkennung bzw gerichtlicher Feststellung.[3]

4 Art. 20 hält eine Vielzahl von Anknüpfungsmöglichkeiten bereit: Die Anfechtung kann gem. **S. 1** nach jedem der gem. Art. 19 Abs. 1 möglichen Abstammungsstatute erfolgen. Es kommt dabei nach dem klaren Wortlaut

113 Vgl grundlegend zum Verhältnis des Abstammungsstatuts zum Erwerb der Staatsangehörigkeit: *Sturm*, in: FS Stoll 2001, S. 451 ff.
1 Staudinger/*Henrich*, Art. 20 EGBGB Rn 1.
2 OLG Nürnberg FamRZ 2002, 1722.
3 Zur vor dem 30.6.1998 geltenden Rechtslage s. Staudinger/*Henrich*, Art. 20 EGBGB Rn 7 f.

von Art. 20 nicht darauf an, ob die Abstammung tatsächlich nach dem für die Anfechtung geltenden Statut bestimmt wurde. Die Voraussetzungen der Abstammung müssen sich aber aus dem Anfechtungsstatut ergeben.

Nach **S. 2** kann das Kind auch nach dem Recht desjenigen Staates anfechten, in dem es seinen gewöhnlichen Aufenthalt hat. Zwar erscheint S. 2 auf den ersten Blick überflüssig: der gewöhnliche Aufenthalt des Kindes ist auch eine Anknüpfungsalternative, die Art. 19 Abs. 1 vorsieht. Allerdings wird der Zweck von S. 2, nämlich das Kind zu privilegieren, klar, wenn man folgende Konstellation bedenkt: Kann nach dem Aufenthaltsrecht des Kindes keine Abstammung bestimmt werden (wird zB die Ehe kurz vor der Geburt in Deutschland geschieden, besteht keine Abstammungsvermutung nach deutschem Aufenthaltsrecht; möglicherweise hält aber das Personalstatut des Vaters eine solche Vermutung bereit, entfiele die Anfechtungsmöglichkeit nach dem Aufenthaltsrecht des Kindes gem. S. 1. Durch S. 2 wird daher eine zusätzliche Anfechtungsmöglichkeit nach dem Aufenthaltsrecht des Kindes eröffnet. 5

Andere Rechte als die nach Art. 19 Abs. 1 möglichen und das Aufenthaltsrecht des Kindes können für die Anfechtung nicht herangezogen werden. 6

Ob das Kind ein eheliches oder nichteheliches ist, ist für die Anknüpfung unerheblich. Differenziert aber das berufene materielle Recht in dieser Weise, so ist dem zu folgen. Die Vorfrage der Ehelichkeit ist dann, wie bei Art. 19 (vgl dort Rn 13), unselbständig, also nach den Kollisionsnormen des jeweilig berufenen Sachstatuts, anzuknüpfen.[4] Als Vorfrage selbständig anzuknüpfen ist hingegen die Frage, ob die Eltern wirksam verheiratet sind[5] (vgl Art. 19 Rn 19). 7

III. Staatsvertragliche Regelungen

Die bei Art. 19 potenziell einschlägigen CIEC-Staatsverträge (s. Art. 19 Rn 7), die die Abstammung zum Inhalt haben, regeln nicht die Anfechtung der Abstammung. Sind alle Beteiligten (Kind und Elternteil bzw Eltern) iranische Staatsangehörige, wird Art. 20 jedoch vom **Deutsch-Iranischen Niederlassungsabkommen** v. 17.2.1929[6] verdrängt. Es gilt dann iranisches Recht. 8

B. Regelungsgehalt

I. Anwendungsbereich des Anfechtungsstatuts

Art. 20 bestimmt das anwendbare Recht für alle Fragen, die die Anfechtung betreffen. Nicht umfasst ist damit die in unmittelbarem Zusammenhang stehende Abstammung (wie zB die Vermutung der Elternschaft). Diese richtet sich nur nach Art. 19. Häufig werden Abstammungs- und Anfechtungsstatut übereinstimmen. Wird eine durch Anerkennung begründete Abstammung angefochten, so ist zu unterscheiden: Soll die Abstammung durch die Anfechtung beseitigt werden und wird die Anerkennungserklärung selbst nicht infrage gestellt, so gilt Art. 20. Ist hingegen die Wirksamkeit der Anerkennung streitig (etwa wenn die Voraussetzungen einer Anerkennung nicht vorliegen), so ist dies eine Frage des Abstammungsstatuts. 9

Zu den die Anfechtung betreffenden materiellen Normen gehören die Anfechtungsfrist,[7] die Anfechtungsberechtigung,[8] der Anfechtungsgegner,[9] die Anfechtungstatbestände bzw -gründe[10] (auch die Anfechtung wegen Willensmängeln, etwa weil die Mutter arglistig darüber getäuscht hat, dass kein Mehrverkehr stattgefunden hat[11]) und, in welcher Form die Anfechtung zu erfolgen hat (Klage, Art des Klageverfahrens). Von Art. 20 umfasst sind auch materielle Beweislastregeln bzw Vermutungen.[12] Art. 20 bestimmt nicht die prozessualen Regeln eines Anfechtungsverfahrens. Diese ergeben sich aus der lex fori.[13] Die Abgrenzung zwischen materiellen und prozessualen Normen ist mitunter schwierig. 10

4 Palandt/*Thorn*, Art. 20 EGBGB Rn 1; Bamberger/Roth/*Heiderhoff*, Art. 20 EGBGB Rn 13; aA *Looschelders*, IPR, Art. 20 Rn 2 (selbständige Anknüpfung).

5 Palandt/*Thorn*, Art. 20 EGBGB Rn 1; Bamberger/Roth/*Heiderhoff*, Art. 20 EGBGB Rn 13.

6 BGBl II 1955 S. 829.

7 OLG Hamm IPRax 1996, 422; OLG Düsseldorf FamRZ 1998, 53; Staudinger/*Henrich*, Art. 20 EGBGB Rn 36 mwN; dazu gehören auch die Hemmung und Unterbrechung der Frist, vgl OLG Hamm FamRZ 1998, 1133.

8 Staudinger/*Henrich*, Art. 20 EGBGB Rn 30 mwN; die gesetzliche Vertretung des Kindes aber richtet sich nach Art. 21, vgl OLG Celle IPRspr 1997, Nr. 112; Staudinger/*Henrich*, Art. 20 EGBGB Rn 79; zur Anfechtungsberechtigung des Staatsanwalts nach ausländischem Recht vgl MüKo/*Klinkhardt*, Art. 20 EGBGB Rn 10.

9 MüKo/*Klinkhardt*, Art. 20 EGBGB Rn 9.

10 MüKo/*Klinkhardt*, Art. 20 EGBGB Rn 7; Staudinger/*Henrich*, Art. 20 EGBGB Rn 37 ff.

11 Staudinger/*Henrich*, Art. 20 EGBGB Rn 6.

12 Erman/*Hohloch*, Art. 20 EGBGB Rn 13; Staudinger/*Henrich*, Art. 20 EGBGB Rn 4.

13 MüKo/*Klinkhardt*, Art. 20 EGBGB Rn 9; Erman/*Hohloch*, Art. 20 EGBGB Rn 13.

II. Anknüpfung nach S. 1

11 Ebenso wie Art. 19 hält Art. 20 einen Strauß von Anknüpfungsmöglichkeiten bereit. Die nach Art. 19 berufenen Rechte können auch für die Anfechtung gelten, sofern sich aus dessen Voraussetzungen die Abstammung ergibt. Kann also nach einem der nach Art. 19 möglichen Rechte eine Abstammung nicht begründet werden, so scheidet dieses als Anfechtungsstatut aus. Unerheblich ist es, ob nach dem Anfechtungsstatut tatsächlich die Abstammung bestimmt wurde. Anfechtungsstatute können nach S. 1 also sein: das Recht am gewöhnlichen Aufenthalt des Kindes, das Personalstatut desjenigen Elternteils, von dem das Kind (vermeintlich) abstammt, und das Ehewirkungsstatut, sofern die Mutter bei Geburt verheiratet war. Für weitere Einzelheiten s. Art. 19 Rn 14 ff.

12 Wie auch bei Art. 19 können dem Anfechtungswilligen mehrere Anfechtungsstatute zur Verfügung stehen. Der Wortlaut des Art. 20 ist insoweit eindeutig, auch hier handelt es sich um Alternativen, die keiner bestimmten Reihenfolge unterliegen.[14] Insbesondere hat das Recht, nach dem die Abstammung festgestellt wurde, keinen Vorrang. Dies hat den Vorteil, dass die Anfechtung nach einem Recht möglich ist, auch wenn sie nach einem anderen Recht scheitert,[15] etwa weil die Anfechtungsfrist bereits abgelaufen ist.[16] Der Anfechtungsberechtigte kann unter den verschiedenen möglichen Anfechtungsstatuten wählen.[17] Eine kumulative Anwendung der möglichen Anfechtungsstatute ist hingegen nicht gewollt.[18] Die Wandelbarkeit ist bei Art. 19 zu beurteilen (vgl Art. 19 Rn 15).

III. Anknüpfung nach S. 2

13 Im Gegensatz zu S. 1, der für alle Anfechtungsberechtigten gilt, hält S. 2 nur für das Kind eine zusätzliche Anknüpfungsmöglichkeit bereit. Zum Sinn und Zweck dieser Zusatzanknüpfung s. Rn 2. Die Vorschrift eröffnet eine echte Zusatzanknüpfung, für deren Anwendung nicht etwa ein Scheitern der Anknüpfung nach S. 1 erforderlich ist. Das nach S. 2 bestimmte Anfechtungsstatut ist wandelbar.

IV. Renvoi

14 Die in Art. 20 enthaltenen Anknüpfungen sind Gesamtverweisungen iSd Art. 4 Abs. 1,[19] so dass eine Rück- oder Weiterverweisung durch ausländisches Kollisionsrecht grundsätzlich möglich ist. Davon ist jedoch eine Ausnahme zu machen, wenn ein renvoi dem „Sinn der Verweisung widerspricht" (Art. 4 Abs. 1 S. 1). Hier gilt das zu Art. 19 unter Rn 34 f Gesagte entsprechend: Sinn der Anknüpfungsalternativen ist es, möglichst viele Rechtsordnungen zur Verfügung zu stellen, nach denen angefochten werden kann. Würde durch einen renvoi die Zahl der Anknüpfungsalternativen verkleinert, widerspräche dies dem Sinn der Verweisung. Ein renvoi wäre in diesem Fall unbeachtlich.[20] Wie bei Art. 19 wird der wohl häufigste Fall derjenige sein, dass neben dem deutschen Recht (zB als Aufenthaltsstatut) weitere Rechte berufen sind. Verweist eines dieser Rechte auf deutsches Recht zurück, so ist dies unbeachtlich, da deutsches Recht bereits zur Anwendung kommen kann und das ausländische Recht, das zurückverweist, als weiteres Anfechtungsstatut verloren ginge.

V. Ordre public

15 Das aus Art. 20 gewonnene Anfechtungsstatut steht unter dem Vorbehalt des ordre public. Es sind aber nur wenige Fälle denkbar, in denen dieser Vorbehalt zur Anwendung käme. Dem ordre public kommt deshalb keine große Bedeutung zu.

16 Kein Verstoß gegen den ordre public dürfte es sein, wenn das ausländische Recht zwischen ehelicher und nichtehelicher Abstammung differenziert.[21] Ebenso dürfte es unproblematisch sein, wenn der Kreis der Anfechtungsberechtigten im berufenen Anfechtungsstatut enger oder weiter gefasst wird als nach deutschem

14 Staudinger/*Henrich*, Art. 20 EGBGB Rn 12; *Henrich*, FamRZ 1998, 1401, 1403; aA *Andrae*, Rn 473 (für Priorität des Kindesaufenthaltsrechts).

15 OLG Karlsruhe FamRZ 2000, 107.

16 Beispiel: Bringt eine türk. Ehefrau in Deutschland ein Kind zur Welt und möchte der türk. Ehemann die Abstammung nach zwei Monaten anfechten, so ist ihm dies nach türk. Recht (sein Personalstatut und Ehewirkungsstatut) nicht möglich, da nach türk. Recht die Anfechtungsfrist (ein Monat ab Kenntnis der Geburt, Art. 242 türk. ZGB) bereits abgelaufen ist. Nach deutschem Recht dagegen ist die Frist noch nicht abgelaufen (§ 1600 b BGB).

17 OLG Stuttgart FamRZ 1999, 610; Bamberger/Roth/*Heiderhoff*, Art. 20 EGBGB Rn 8; *Looschelders*, IPR, Art. 20 Rn 10.

18 Palandt/*Thorn*, Art. 20 EGBGB Rn 2; Erman/*Hohloch*, Art. 20 EGBGB Rn 10; MüKo/*Klinkhardt*, Art. 20 EGBGB Rn 3.

19 Staudinger/*Henrich*, Art. 20 EGBGB Rn 23; Palandt/*Thorn*, Art. 20 EGBGB Rn 1; Erman/*Hohloch*, Art. 20 EGBGB Rn 4.

20 OLG Stuttgart FamRZ 2001, 248; Staudinger/*Henrich*, Art. 20 EGBGB Rn 23; Palandt/*Thorn*, Art. 20 EGBGB Rn 1; Erman/*Hohloch*, Art. 20 EGBGB Rn 4.

21 Palandt/*Thorn*, Art. 20 EGBGB Rn 1.

Recht[22] oder wenn die Anfechtungsgründe des berufenen Rechts enger sind als die des deutschen Rechts.[23] Auch eine Verkürzung der Anfechtungsfrist stellt grundsätzlich keinen Verstoß dar.[24] Etwas anderes kann zugunsten des betroffenen Kindes nur dann gelten, wenn das berufene Recht eine Anfechtungsfrist ablaufen lässt, ohne dass das Kind Kenntnis von den die Anfechtung begründenden Umständen gehabt hat.[25] Generell ist dem Recht des Kindes auf Kenntnis seiner eigenen Abstammung ein so hoher Stellenwert zuzumessen,[26] so dass ein Verstoß gegen den ordre public vorliegen kann, wenn dieses Recht von einer fremden Rechtsordnung vereitelt wird. Ein Verstoß gegen den ordre public liegt auch dann vor, wenn das berufene Recht die Anfechtung einer wider besseres Wissen abgegebenen Anerkennung nicht zulässt und gleichzeitig dem Anerkennenden bei der Anerkennung keine genügende Bedenkzeit eingeräumt wurde.[27]

C. Weitere praktische Hinweise

I. Rechtslage bei vor dem 1.7.1998 geborenen Kindern; innerdeutsches Kollisionsrecht

Bei Kindern, die vor dem 1.7.1998 geboren wurden, bestimmt sich die Abstammung nicht nach Art. 19 nF, **17**
sondern nach den alten Regeln (vgl Art. 19 Rn 2 und Rn 39 f). Die Anfechtung richtet sich aber grundsätzlich bei diesen Kindern nach Art. 20 nF (vgl Rn 2). Da Art. 20 wiederum in S. 1 auf diejenigen Rechte verweist, aus denen sich die Voraussetzungen der Abstammung ergeben, kann sich das Anfechtungsstatut auch aus den alten Abstammungskollisionsnormen ergeben.[28] Das durch diese Normen berufene Recht kann dann auch Anfechtungsstatut iS von S. 1 sein. Entsprechendes gilt für die Beurteilung innerdeutscher (Alt-)Fälle. Auch hier gilt Art. 20 nF. Da aber S. 1 auf die Regeln verweist, nach denen die Abstammung bestimmt wird, kann sich bei Kindern, die vor dem 3.10.1990 geboren wurden, das Abstammungsstatut und damit auch das auf die Anfechtung anwendbare Recht nach den zum innerdeutschen Kollisionsrecht entwickelten Regeln richten (vgl Art. 19 Rn 41).

II. Anfechtung der Mutterschaft

Die Anfechtung der Mutterschaft ist im deutschen Recht nicht vorgesehen; bei deutschem Abstammungsstatut **18**
ist eine derartige Anfechtung also nicht möglich. Anderes gilt hingegen in ausländischen Rechtsordnungen. Dort sind Fälle denkbar, in denen nicht der Grundsatz gilt, dass die Mutter diejenige ist, die das Kind geboren hat. Anerkennt also eine Mutter, die das Kind nicht selbst geboren hat, sondern durch eine Leihmutter hat austragen lassen, das Kind, und wird sie daraufhin im Geburtenregister eingetragen, so kann diese Mutterschaft auch in Deutschland nach der die Abstammung bestimmenden Rechtsordnung angefochten werden.[29]

III. Prozessuale Fragen

Der Anfechtende kann, muss sich aber nicht im Rahmen seiner Anfechtungsklage für eines der möglichen **19**
Anfechtungsstatute entscheiden. Eine „Rechtswahl" ist nicht zwingend. Dies ist Sache des erkennenden Gerichts.[30] Hat sich der Anfechtende zunächst auf ein bestimmtes Statut berufen, so kann er sich während des Anfechtungsverfahrens noch auf ein anderes Statut stützen.[31] Die Frage der Partei- bzw Geschäftsfähigkeit des Anfechtenden ist als Vorfrage selbständig über Art. 7 anzuknüpfen.[32] Die Klagebefugnis bzw Anfechtungsberechtigung ist eine Frage des berufenen materiellen Rechts (in Deutschland ergibt sich dies aus § 1600 e BGB) und nicht des Prozessrechts.

22 OLG Frankfurt NJW 1954, 1527; Staudinger/*Henrich*, Art. 20 EGBGB Rn 59 f; Erman/*Hohloch*, Art. 20 EGBGB Rn 5; insb. die in den angelsächsischen Rechtsordnungen häufig bestehende Anfechtungsmöglichkeit für quasi jedermann wurde anerkannt, vgl OLG Hamm FamRZ 1965, 90.

23 OLG Celle FamRZ 1975, 177, 178.

24 BGH NJW 1979, 1776, s. dazu auch Anm. *Kropholler*, NJW 1979, 2468; OLG Düsseldorf FamRZ 1973, 311; OLG München IPRax 1984, 163 m. Anm. *Jayme*; AG Berlin-Spandau FamRZ 1998, 1132; Erman/*Hohloch*, Art. 20 EGBGB Rn 5; beachte aber *Jayme*, StAZ 1980, 301; eine zeitlich unbefristete Anfechtungsmöglichkeit für jedermann bei nichtehelichen Kindern wäre hingegen bedenklich, vgl dazu Staudinger/*Henrich*, Art. 20 EGBGB Rn 54.

25 So Staudinger/*Henrich*, Art. 20 EGBGB Rn 55 unter Berufung auf BVerfG FamRZ 1994, 881.

26 BVerfG FamRZ 1994, 881; NJW 1989, 891.

27 OLG Stuttgart FamRZ 2001, 246, dazu *Henrich*, IPRax 2002, 118.

28 Staudinger/*Henrich*, Art. 20 EGBGB Rn 3; Erman/*Hohloch*, Art. 20 EGBGB Rn 9.

29 Näheres bei Staudinger/*Henrich*, Art. 20 EGBGB Rn 43 ff.

30 Staudinger/*Henrich*, Art. 20 EGBGB Rn 18.

31 Staudinger/*Henrich*, Art. 20 EGBGB Rn 19, Erman/*Hohloch*, Art. 20 EGBGB Rn 10.

32 Erman/*Hohloch*, Art. 20 EGBGB Rn 6.

IV. Internationales Prozessrecht

20 Das Anfechtungsverfahren richtet sich grundsätzlich nach den §§ 169 ff FamFG. In § 169 Nr. 4 FamFG wird die Vaterschaftsanfechtung ausdrücklich als Abstammungssache bezeichnet.

21 Anders als bei Art. 19 bestimmt nicht die *lex fori* darüber, ob ein Verfahren der freiwilligen Gerichtsbarkeit oder ein solches der streitigen Gerichtsbarkeit vorliegt (s. Art. 19 Rn 42). Diese Frage ist vielmehr nach dem Anfechtungsstatut zu entscheiden.[33]

22 **1. Internationale Zuständigkeit.** Im streitigen Verfahren ergibt sich die internationale Zuständigkeit mangels vorrangiger staatsvertraglicher Regelungen aus § 100 FamFG. Demnach sind die deutschen Gerichte zuständig, wenn eine der Parteien Deutscher[34] ist oder ihren gewöhnlichen Aufenthalt im Inland hat.[35]

23 **2. Anerkennung ausländischer Entscheidungen.** Sind ausländische Entscheidungen im streitigen Verfahren ergangen, so richtet sich die Anerkennung nach § 328 ZPO. Für solche Verfahren, die der freiwilligen Gerichtsbarkeit zugeordnet werden, richtet sich die Anerkennung nach §§ 108, 109 FamFG. Die Einordnung in streitiges oder freiwilliges Verfahren nimmt das deutsche Recht vor, nicht die ausländische Rechtsordnung.[36]

24 Staatsvertragliche Regelungen können zwar einschlägig sein, stellen aber strengere Anforderungen an die Anerkennung, so dass im Einklang mit dem Günstigkeitsprinzip die §§ 328 ZPO und 108, 109 FamFG vorrangig anzuwenden sind[37] (vgl Art. 19 Rn 45).

25 Für die Voraussetzungen der Anerkennung gelten die allgemeinen Regeln des § 328 ZPO und der §§ 108, 109 FamFG. Zu beachten ist, dass die fehlende Verbürgung der Gegenseitigkeit die Anerkennung nicht verhindert, da in Abstammungssachen § 328 Abs. 2 ZPO gilt. Wird eine ausländische Entscheidung anerkannt, so erstrecken sich die Wirkungen dieser Entscheidung auch auf das Inland. Ein ausländisches Urteil, das die Vaterschaft feststellt, steht also einer Klage in Deutschland auf Feststellung des Nichtbestehens der Vaterschaft entgegen.[38]

V. Personenstandssachen

26 Ist die Abstammung wirksam angefochten, so wird gem. § 27 Abs. 3 PStG dies als Änderung des Personenstands beurkundet. Dies gilt auch, wenn die Anfechtung in einem ausländischen Verfahren erfolgreich erwirkt wurde. Die die Anfechtung bestätigende Entscheidung muss allerdings inter omnes wirken und nicht nur – wie häufig im angelsächsischen Recht[39] – inter partes.[40]

Artikel 21 EGBGB Wirkungen des Eltern-Kind-Verhältnisses

Das Rechtsverhältnis zwischen einem Kind und seinen Eltern unterliegt dem Recht des Staates, in dem das Kind seinen gewöhnlichen Aufenthalt hat.

Literatur: *Andrae*, Internationales Familienrecht, 2. Aufl 2006; *dies.*, Zur Abgrenzung des räumlichen Anwendungsbereichs von EheVO, MSA, KSÜ und autonomem IZPR/IPR, IPRax 2006, 82; *Baer*, Die Beistandschaft für ausländische Kinder, DAVorm 1998, 492; *Breuer*, Gemeinsame elterliche Sorge - Geltung für ausländische Staatsangehörige in Deutschland FPR 2005, 74; *Coester*, Sorgerecht und Ehewohnung getrenntlebender iranischer Familie, IPRax 1991, 236; *ders.*, Gambische Scheidung, deutsche Sorgerechtsregelung, IPRax 1996, 24; *Hau*, Das internationale Zivilverfahrensrecht im FamFG, FamRZ 2009, 821; *Helms*, Internationales Verfahrensrecht für Familiensachen in der Europäischen Union, FamRZ 2002, 1593; *Henrich*, Religiöse Kindererziehung in Fällen mit Auslandsberührung, in: FS Kegel 1987, 197; *ders.*, Internationales Familienrecht, 2. Auflage 2000; *Looschelders*, Alternative und sukzessive Anwendung mehrerer Rechtsordnungen nach dem neuen internationalen Kindschaftsrecht, IPRax 1999, 420; *ders.*, Die Europäisierung des internationalen Verfahrensrechts

33 Staudinger/*Henrich*, Art. 20 EGBGB Rn 68; MüKo/*Klinkhardt*, Art. 20 EGBGB Rn 9; Erman/*Hohloch*, Art. 20 EGBGB Rn 13; *Looschelders*, IPR, Art. 20 Rn 13.

34 Deutscher in diesem Sinne ist nicht nur derjenige, der die deutsche Staatsangehörigkeit besitzt, sondern auch derjenige, der Deutscher iSv Art. 116 Abs. 1 GG ist, vgl Art. 9 Abs. 2 Nr. 5 FamRÄndG.

35 Wenn die Zuständigkeit bei Prozessbeginn gegeben war und nachher entfällt, wird man im Wege der *perpetuatio fori* von einem Fortbestand der Gerichtsbarkeit ausgehen können, vgl BGH FamRZ 1983, 1215, 1216.

36 BGH FamRZ 1977, 126, 127; MüKo/*Klinkhardt*, Art. 20 EGBGB Rn 13 mwN.

37 So zB BGH FamRZ 1987, 580, 582 m. Anm. *Gottwald*.

38 OLG Düsseldorf FamRZ 1999, 447.

39 Die angelsächsischen Rechtsordnungen betrachten die Abstammung als eine biologische Tatsache, die von quasi jedermann in sämtlichen Verfahren widerlegt werden kann, vgl Staudinger/*Henrich*, Art. 20 EGBGB Rn 84.

40 OLG Hamm FamRZ 1965, 90; LG Hamburg IPRspr 1981, Nr. 90 b; AG Rottweil FamRZ 1990, 1030; Staudinger/*Henrich*, Art. 20 EGBGB Rn 91 und 107; MüKo/*Klinkhardt*, Art. 20 EGBGB Rn 20.

für Entscheidungen über die elterliche Verantwortung, JR 2006, 45; *Mansel*, Abänderung ausländischer Sorgerechtsentscheidungen und perpetuatio fori im FGG-Verfahren, IPRax 1987, 298; *Martiny*, Kindesentziehung – „Brüssel II" und die Staatsverträge, ERA-Forum 2003, 97; *Menhofer*, Zur Kafala des marokkanischen Rechts vor deutschen Gerichten, IPRax 1997, 252; *Niklas*, Die europäische Zuständigkeit in Ehe- und Kindschaftsverfahren, 2003; *Rausch*, Familiensachen mit Auslandsbezug vor und nach dem FamFG, FPR 2006, 441; *Rauscher*, Deutsch-Italienisches Kindschaftsrecht nach der Reform, JBItalR 13, 101; *ders.*, Shari'a. Islamisches Familienrecht der sunna und shi'na, 1987; *Rathjen*, Die Fortdauer der internationalen Zuständigkeit (perpetuatio fori interntionalis) im Familienrecht – Überlegungen aus Anlass einer Ergänzung des FamFG-E, Forum Familienrecht 2007, 27; *Roth*, Zwangsvollstreckung ausländischer Entscheidungen der Freiwilligen Gerichtsbarkeit, IPRax 1988, 75; *ders.*, Ausländisches Rechtshängigkeit und perpetuatio fori im Umfeld des Haager Minderjährigenschutzabkommens, IPRax 1994, 19; *Schulz*, Internationale Regelungen zum Sorge- und Umgangsrecht, FRP 2004, 299; *Solomon*, „Brüssel IIa" – Die neuen europäischen Regeln zum internationalen Verfahrensrecht in Fragen der elterlichen Verantwortung, FamRZ 2004, 1409; *Spellenberg*, Zur Neuregelung der internationalen Zuständigkeit in Ehesachen, IPRax 1988, 1.

A. Textgeschichte

Art. 21 regelt für eheliche und nichteheliche Kinder einheitlich die Anknüpfung für die Rechtsbeziehungen zu den Eltern. Art. 21 wurde durch das Kindschaftsrechtsreformgesetz[1] mit Wirkung zum 1.7.1998 neu gefasst. Die Regelung des Eltern-Kind-Verhältnisses war zuvor in Art. 19 Abs. 2 (eheliche Kinder) und Art. 20 Abs. 2 (nichteheliche Kinder) enthalten gewesen. Der frühere Art. 21 regelte die Anknüpfung der Legitimation, die aufgrund der einheitlichen Behandlung von nichtehelichen und ehelichen Kindern weitgehend entbehrlich geworden ist (siehe Art. 19 Rn 53). 1

Die **Neuregelung gilt seit 1.7.1998**. Für abgeschlossene Vorgänge verbleibt es bei der Anknüpfung nach altem Recht, während für alle anderen Tatbestände zum 1.7.1998 die neue Anknüpfung maßgeblich geworden ist.[2] Zu einem Statutenwechsel ist es damit etwa für alle Kinder mit gewöhnlichem Aufenthalt im Inland gekommen, deren verheiratete Eltern eine gemeinsame ausländische Staatsangehörigkeit besaßen (zu den Folgen eines Statutenwechsel Rn 41f). 2

B. Anwendungsbereich

Der Anwendungsbereich war bereits bisher durch vorrangige Staatsverträge begrenzt, weil bei Schutzmaßnahmen für das Kind in den meisten Fällen das MSA anwendbar ist, das insoweit auch das anwendbare Recht bestimmt. Mit Inkrafttreten der EheVO 2003 erlangte nach der hM Art. 21 wieder Bedeutung, soweit das MSA durch die EheVO 2003 verdrängt wurde (dazu sogleich Rn 9). Mit Inkrafttreten des KSÜ (vgl hierzu Anh. I zu Art 24 EGBGB) für Deutschland am 1.1.2011 wird Art. 21 aber auch im Anwendungsbereich der EheVO 2003 fast vollständig durch vorrangige staatsvertragliche Regelungen verdrängt und nur einen sehr kleinen Anwendungsbereich behalten. 3

1 V. 16.12.1997, BGBl. I 2942.
2 *Kegel/Schurig*, § 20 X 3; Staudinger/*Henrich* (2008), Art. 21 EGBGB Rn 8.

I. Verhältnis zum MSA

4 Art. 21 wird bereits bisher im Anwendungsbereich des **MSA** in den meisten Fällen verdrängt, wenn ein deutsches Gericht eine Schutzmaßnahme erlassen soll. Das MSA ist vorbehaltlich der vorrangigen Regeln in der EheVO 2003 und im KSÜ für den Erlass von Schutzmaßnahmen immer anwendbar, wenn der Minderjährige seinen gewöhnlichen Aufenthalt in Deutschland oder in einem anderen Vertragsstaat hat. Das MSA enthält neben den Regelungen zur internationalen Zuständigkeit auch **Kollisionsnormen** zum anwendbaren Recht für den Erlass von Schutzmaßnahmen. Die zuständigen Behörden wenden jeweils ihr eigenes nationales Sachrecht an. Rück- und Weiterverweisungen aufgrund einer anderen Anknüpfung nach autonomem Kollisionsrecht sind nicht zu beachten.[3] Dies gilt auch für die Berufung des Heimatrechts des Kindes nach Art. 3[4] (Vor Art. 1–18 MSA Rn 10–12; Art. 3 MSA Rn 4–7). Art. 21 war bis zum Inkrafttreten der EheVO 2003 beim Erlass einer Schutzmaßnahme grundsätzlich nur anwendbar, wenn das Kind seinen gewöhnlichen Aufenthalt weder in Deutschland noch in einem anderen Vertragsstaat des MSA hatte.

5 Eine Ausnahme gilt nur für die seltenen Fälle, bei denen das MSA trotz gewöhnlichen Aufenthalts aufgrund des **engen Minderjährigenbegriffs** nicht anwendbar ist. Art. 12 MSA knüpft für die Minderjährigkeit kumulativ an das Heimatrecht und das Recht des gewöhnlichen Aufenthalts an. Das Kind muss nach beiden Rechtsordnungen noch minderjährig sein. Das bedeutet, dass das MSA bei einem 18-jährigen Ausländer mit gewöhnlichem Aufenthalt im Inland nicht anzuwenden ist, auch wenn nach dem Heimatrecht das Volljährigkeitsalter höher liegt. Nach dem klaren Wortlaut enthält Art. 12 Sachnormverweisungen. Sie gelten aber nur für die Bestimmung des Anwendungsbereichs und verdrängen daher nicht Art. 7. Schutzmaßnahmen für einen 18-jährigen Ausländer, der nach seinem Heimatrecht noch minderjährig ist, unterliegen daher sowohl für die Zuständigkeit als auch für das anwendbare Recht nicht dem MSA, sondern (vorbehaltlich der EheVO 2003) dem autonomen Recht, selbst wenn er seinen gewöhnlichen Aufenthalt im Inland und damit in einem Vertragsstaat des MSA hat.[5]

II. Verhältnis zur EheVO 2003

6 Bedeutung hat Art. 21 allerdings dadurch wieder erlangt, dass die Regeln zur internationalen Zuständigkeit des MSA weitgehend durch die EheVO 2003 verdrängt werden. Die EheVO 2003 regelt die internationale Zuständigkeit für Entscheidungen, die die elterliche Verantwortung betreffen, Art. 8 EheVO. Dabei ist der Begriff der „elterlichen Verantwortung" nach Art. 2 Nr. 7 EheVO 2003 in dem weiten Sinn zu verstehen, dass „die gesamten Rechte und Pflichten (umfasst), die einer natürlichen oder juristischen Person durch Entscheidung oder kraft Gesetzes oder durch eine rechtlich verbindliche Vereinbarung betreffend die Person oder das Vermögen eines Kindes übertragen wurden." Damit werden insbesondere, aber nicht nur, das Sorge- und das Umgangsrecht erfasst. Da diese Rechte bzw. Pflichten nicht nur den Eltern, sondern auch anderen Personen zustehen können, werden auch Umgangsrechte dritter Personen, etwa von Großeltern oder Geschwistern erfasst.[6]

7 Die EheVO 2003 ist anwendbar, wenn sich aus Art. 8 bis Art. 13 die Zuständigkeit des Gerichts eines Mitgliedstaats ergibt. Ob das Kind die Staatsangehörigkeit eines Mitgliedstaates oder eines Drittstaates hat, ist ohne Bedeutung.[7] Es ist auch nicht notwendig, dass das Kind seinen gewöhnlichen Aufenthalt in einem Mitgliedstaat hat.[8] Die EheVO 2003 beansprucht nach ihrem Art. 60 lit. a im Verhältnis zwischen den Mitgliedstaaten **Vorrang vor dem MSA**. Die Zuständigkeit für Schutzmaßahmen für ein deutsches Kind, das seinen gewöhnlichen Aufenthalt in Italien hat, richtet sich daher nicht nach dem MSA, sondern nach der EheVO 2003. Im Verhältnis eines Mitgliedstaats, der gleichzeitig auch Vertragsstaat des MSA ist, zu einem anderen Vertragsstaat des MSA, der nicht Mitgliedstaat der EheVO 2003 ist, bleibt hingegen das MSA anwendbar.[9] Die EheVO 2003 soll die völkerrechtliche Verpflichtung, die der Mitgliedstaat durch Ratifzierung des MSA eingegangen ist, nicht beeinträchtigen. Anwendbar bleibt das MSA daher immer, wenn das Kind seinen gewöhnlichen Aufenthalt in einem Vertragsstaat des MSA hat, der nicht auch Mitgliedstaat der EheVO 2003 ist. Ob ein deutsches Gericht eine Schutzmaßnahme für ein Kind erlassen kann, das in der Türkei seinen gewöhnlichen Aufenthalt hat, richtet sich daher ausschließlich nach dem MSA. Eine Zuständigkeit kann sich etwa aus Art. 4 MSA aufgrund der deutschen Staatsangehörigkeit oder aus Art. 9 für eine Eilmaßnahme auf-

3 OLG Karlsruhe NJW 1976, 485, 486; Palandt/*Thorn*, Anh. zu Art. 24 EGBGB Rn 4.
4 Erman/*Hohloch*, Anh. zu Art. 24 EGBGB Rn 26.
5 AG Ingolstadt IPRax 1992, 326, 327 mit Aufsatz *St. Lorenz*, S. 305, 306.
6 Rauscher/*Rauscher* (2010) Art. 1 Brüssel IIa-VO Rn 27.
7 Thomas/Putzo/*Hüßtege*, ZPO, Vorb Art. 1 EuEheVO Rn 5.
8 *Looschelders*, JR 2006, 45, 46.
9 *Andrae*, IPRax 2008, 82, 84; Rauscher/*Rauscher* Art. 60, 61 Brüssel IIa-VO Rn 6; Staudinger/*Pirrung* (2009), Vor Art. 19 Rn C 211; aA Prütting/Helms/*Hau*, FamFG, § 99 Rn 21.

grund des schlichten Aufenthalts des Kindes in Deutschland ergeben[10]. Nach dem MSA richtet sich aber auch die Zuständigkeit deutscher Gerichte, wenn das Kind zwar im Inland seinen gewöhnlichen Aufenthalt hat, aber die Staatsangehörigkeit eines Vertragsstaates des MSA hat, der nicht auch Mitgliedstaat der EheVO 2003 ist.[11] Zwar setzt Art. 60 EheVO 2003 im Unterschied zu Art. 61 lit. a EheVO 2003 nicht voraus, dass das Kind seinen gewöhnlichen Aufenthalt in einem Vertragsstaat hat. Es kann aber nicht angenommen werden, dass die EheVO 2003 auf Kosten einer Verletzung der durch das MSA eingegangenen völkervertraglichen Verpflichtungen eines Mitgliedstaats Anwendung finden will. So ist etwa aus deutscher Sicht in einem solchen Fall Art. 3 MSA zu beachten. Nicht richtig ist es daher, die Abgrenzung zum MSA nach der in Art. 14 EheVO 2003 eröffneten Restzuständigkeit vorzunehmen und das MSA nur anzuwenden, soweit sich aus Art. 8 bis 13 EheVO 2003 keine Zuständigkeit eines Gerichts eines Mitgliedstaats ergibt.[12]

Für den Anwendungsbereich von Art. 21 ist bedeutsam, dass die EheVO 2003 keine **kollisionsrechtlichen Regelungen** zum anwendbaren Recht enthält. Es besteht ein Streit darüber, ob die kollisionsrechtlichen Regelungen des MSA anzuwenden sind, wenn sich die internationale Zuständigkeit nach der EheVO 2003 richtet. Das MSA bestimmt in Art. 2 und Art. 4 MSA, dass für den Erlass einer Schutzmaßnahme jeweils die lex fori anzuwenden ist. **8**

Die ganz überwiegende Meinung lehnt die Geltung dieser kollisionsrechtlichen Regel zumindest immer dann ab, wenn sich die Zuständigkeit im konkreten Fall aus der vorrangigen EheVO 2003 ergibt und hypothetisch eine entsprechende Zuständigkeit nach dem MSA nicht gegeben wäre. Teilweise wird angenommen, dass die Gleichlaufregel des MSA dann zum Zuge kommen könne, wenn hypothetisch auch eine Zuständigkeit nach dem MSA gegeben wäre.[13] Vorzugswürdig ist aber die überwiegende Ansicht, nach der in allen Fällen, in denen die EheVO 2003 anwendbar ist, das MSA auch nicht für die kollisionsrechtliche Regelung herangezogen wird. Insoweit bleibt es bei der Anwendbarkeit von Art. 21.[14] **9**

III. Verhältnis zum KSÜ

Mit Inkrafttreten für Deutschland zum 1.1.2011 ersetzt das KSÜ im Verhältnis zu den Vertragsstaaten das MSA. Das KSÜ regelt wie das MSA die internationale Zuständigkeit für Schutzmaßnahmen sowie das dabei anzuwendende Recht. Es folgt dabei nach Art. 15 dem Gleichlaufprinzip. Nach Art. 3 Nr. 2 EGBGB verdrängt das KSÜ in seinem Anwendungsbereich die autonome Regelung in Art. 21. Wie beim MSA kommt aber auch hier in Betracht, dass das KSÜ seinerseits von der EheVO 2003 verdrängt wird und dadurch für Art. 21 ein Anwendungsbereich verbleibt. Das Verhältnis des KSÜ zur EheVO wird in Art. 61 EheVO 2003 geregelt. Danach beansprucht die EheVO 2003 Vorrang, wenn das Kind seinen gewöhnlichen Aufenthalt in einem Vertragsstaat hat. Das KSÜ ist also anwendbar, wenn das Kind seinen gewöhnlichen Aufenthalt in einem Vertragsstaat des KSÜ hat, der nicht auch Mitgliedstaat der EheVO 2003 ist.[15] Hat das Kind seinen gewöhnlichen Aufenthalt in einem Mitgliedstaat der EheVO 2003, so kann die EheVO 2003 dennoch nicht immer das KSÜ verdrängen. Dies ergibt sich daraus, dass die EheVO 2003 den Vorrang nur im Verhältnis zwischen den Mitgliedstaaten bestimmen kann.[16] Hat ein Kind seinen gewöhnlichen Aufenthalt in Deutschland, so bestimmt sich etwa nach Art. 8 und 9 KSÜ, ob dem Gericht des Staates, dem das Kind angehört, die Zuständigkeit übertragen werden kann. Das KSÜ und nicht die EheVO 2003 ist daher anwendbar, wenn dieser Staat zwar Vertragsstaat des KSÜ, aber nicht Mitgliedstaat der EheVO 2003 ist. **10**

Anwendbar sind nach Art. 61 lit. b EheVO 2003 die Vorschriften über die Anerkennung und Vollstreckung auch auf solche Entscheidungen, bei denen das Gericht eines Mitgliedstaats seine Zuständigkeit nicht auf die EheVO 2003, sondern auf eine Regelung des KSÜ gestützt hat. Hat das Kind seinen gewöhnlichen Aufenthalt in einem Vertragsstaat des KSÜ, der nicht auch Mitgliedstaat der EheVO 2003 ist, so kann ein deutsches Gericht für eine Schutzmaßnahme aufgrund eines Ersuchens nach Art. 8 KSÜ zuständig sein. Die aufgrund dieser Zuständigkeit nach Art. 8 KSÜ erlassene Maßnahme ist gemäß der EheVO 2003 in allen anderen Mit- **11**

10 S.a. Rauscher/*Rauscher* Art. 60, 61 Brüssel IIa-VO Rn 6; aA Prütting/Helms/*Hau*, FamFG, § 99 Rn 21.

11 *Andrae*, IPRax 2006, 82, 84; Staudinger/*Henrich* (2008), Art. 21 EGBGB Rn 141; Rauscher/*Rauscher*, Art. 60, 61 Brüssel IIa-VO Rn 6; aA Prütting/Helms/*Hau*, FamFG, § 99 Rn 21; *Solomon*, FamRZ 2004, 1409, 1414.

12 *Andrae*, IPRax 2006, 82, 84; so aber anscheinend OLG Oldenburg, BeckRS 2007, 18287 = FamRZ 2007, 1827, das zuerst prüft, ob eine Zuständigkeit nach Art. 8 ff EheVO 2003 gegeben ist; die gegenteilige Ansicht der Voraufl. wird aufgegeben.

13 *Andrae*, Internationales Familienrecht, § 6 Rn 96; *dies.*, IPRax 2006, 82, 88; *Schulz*, FPR 2004, 301; *Solomon*, FamRZ 2004, 1409, 1416.

14 AG Leverkusen IPRax 1998, 274 m.Anm. *Henrich*; Staudinger/*Henrich* (2008), Art. 21 EGBGB Rn 81; Palandt/*Thorn* Anh. zu EGBGB 24 (IPR) Rn 16; *Jayme/Kohler*, IPRax 2000, 454, 458; *Martiny*, ERA-Forum 2003, 97, 111; unentschieden *Helms*, FamRZ 2002, 1593, 1601 Fn 96.

15 Staudinger/*Henrich* (2008), Art. 21 EGBGB Rn 141.

16 *Andrae*, IPRax 2006, 82, 84; Staudinger/*Henrich* (2008), Art. 21 EGBGB Rn 141; aA Prütting/Helms/*Hau*, FamFG, § 99 Rn 21.

gliedstaaten anzuerkennen oder zu vollstrecken. Soweit sich danach die Zuständigkeit für den Erlass einer Schutzmaßnahme aus dem KSÜ ergibt, bestimmt sich auch das dabei anwendbare Recht nach dem KSÜ. Art. 21 kommt nicht zur Anwendung.

12 Bestimmt die **EheVO 2003 die Zuständigkeit** für den Erlass einer Schutzmaßnahme, so stellt sich wie beim Verhältnis zum MSA auch im Verhältnis zum KSÜ die Frage, ob für die Bestimmung des anwendbaren Rechts Art. 21 oder die kollisionsrechtliche Regelung des KSÜ maßgebend ist. Im Unterschied zum MSA ist diese Frage zugunsten einer Anwendbarkeit der **kollisionsrechtlichen Regel** des Art. 15 KSÜ zu entscheiden. Dies ist zumindest für die Fälle, in denen die Zuständigkeit hypothetisch auch nach dem KSÜ bestehen würde, fast allgemeine Meinung.[17] Die EheVO 2003 wurde in bewusster Anlehnung an das KSÜ geschaffen und soll die im KSÜ erzielte Vereinheitlichung des Kollisionsrechts nicht rückgängig machen. Das KSÜ regelt, anders als das MSA, das Gleichlaufprinzip nicht nur punktuell, sondern allgemein.[18] Indem die EheVO 2003 auf kollisionsrechtliche Regelungen verzichtet, geht es davon aus, dass insoweit die Regelungen des KSÜ eingreifen.[19] Streitig ist die Bestimmung des maßgeblichen Kollisionsrechts aber in den Fällen, in denen eine Zuständigkeit nach der EheVO 2003 gegeben ist, aber eine hypothetische Zuständigkeit nach dem KSÜ nicht. Die EheVO 2003 kennt in einem weiteren Maße Zuständigkeiten außerhalb des Staates des gewöhnlichen Aufenthalts des Kindes.[20]

13 Gegen die Geltung der in Art. 15 KSÜ enthaltenen lex-fori Regel spricht, dass hierfür die Legitimationsbasis durch die Vertragsparteien bzw. den europäischen Gesetzgeber fraglich ist. Die Anwendung der lex fori in Art. 15 KSÜ unabhängig vom gewöhnlichen Aufenthalt des Kindes, wurde durch die Vertragsstaaten im Hinblick auf die Zuständigkeitsregeln im Sinne eines rechtspolitischen Kompromisses beschlossen. Der europäische Gesetzgeber hat mit den Zuständigkeitsregeln in der EheVO 2003 hingegen gerade keine eigene Entscheidung über das anwendbare Recht getroffen.[21]

14 Die überwiegenden Gründe sprechen aber für eine generelle Anwendung der kollisionsrechtlichen Vorschriften in Art. 15 KSÜ, auch wenn sich die Zuständigkeit nur aus der EheVO 2003 ergibt.[22] Auch das KSÜ kennt Zuständigkeiten außerhalb des Staates des gewöhnlichen Aufenthalts des Kindes. Die EheVO 2003 sieht nur eine sehr moderate Ausweitung vor. Die Anwendung der lex fori soll das Verfahren vereinfachen. Außerdem würde sonst die Rechtsanwendung zusätzlich verkompliziert. Für die Bestimmung der anwendbaren Kollisionsregel müsste eine hypothetische Prüfung der Zuständigkeit nach den Regeln des KSÜ durchgeführt werden.

15 Es handelt sich dabei nicht nur um reine Praktikabilitätsgründe. Ein einfaches und schnelles Verfahren ist gerade auch aus Gründen des Kindeswohls erforderlich, auf das hin KSÜ und insoweit auch die EheVO 2003 verpflichtet sind. Das Recht am gewöhnlichen Aufenthaltsrecht kann, wenn es denn im Kindesinteresse erforderlich ist, aufgrund von Art. 15 Abs. 2 berücksichtigt werden.

16 Auf Art. 21 ist beim Erlass von Schutzmaßnahmen nach der hier vertretenen Meinung daher nur dann zurückzugreifen, wenn sich die internationale Zuständigkeit nach autonomem Recht richtet.

17 Außerdem kommt Art. 21 auch bei einem gewöhnlichen Aufenthalt in einem Vertragsstaat des KSÜ zur Anwendung, wenn das 18-jährige Kind nach seinem Heimatrecht noch nicht volljährig ist. Das KSÜ beschränkt seinen persönlichen Anwendungsbereich in Art. 2 auf Kinder bis zur Vollendung des 18. Lebensjahres.[23]

18 **Außerhalb von Schutzmaßnahmen** wird Art. 21 in noch weiterem Maße durch das KSÜ verdrängt. Das KSÜ enthält in Art. 16 eine allgemeine Kollisionsnorm für das Rechtsverhältnis zwischen dem Kind und seinen Eltern. Diese Kollisionsnorm ist als loi uniforme ausgestaltet; sie kommt daher auch dann zur Anwendung, wenn das Kind seinen gewöhnlichen Aufenthalt in einem Nichtvertragsstaat hat und damit auf das Recht dieses Nichtvertragsstaates verwiesen wird.

19 Einen Restanwendungsbereich hat Art. 21 insoweit auch wieder bei Kindern über 18 Jahren, die nach ihrem Heimatrecht noch nicht volljährig sind, weil insoweit das KSÜ nicht anwendbar ist (s. Rn 17).

17 *Andrae*, Internationales Familienrecht, § 6 Rn 127; Staudinger/*Henrich* (2008), Art. 21 EGBGB Rn 82 jew. mwN; jetzt auch Rauscher/*Rauscher* (2010), Art. 8 Brüssel IIa-VO Rn 25.

18 *Andrae*, IPRax 2006, 82, 88.

19 Leitfaden der Kommission zur Anwendung der neuen Verordnung Brüssel II (Aktualisierte Fassung v. 1.7.2005), S. 57 (http://ec.europa.eu/civiljustice/parental_resp/parental_resp_ec_vdm_de.pdf).

20 S. dazu näher *Andrae*, IPRax 2006, 82, 83; Oberloskamp/*Gruber*, Vormundschaft, § 5 Rn 202 f.

21 *Solomon*, FamRZ 2004, 1409, 1416; *Looschelders*, JR 2006, 45, 48; s.a. *Breuer*, FPR 2005, 74, 78; *Schulz*, FPR 2004, 299, 301; Rauscher/*Rauscher* (2010) Art. 8 Brüssel IIa-VO Rn 24.

22 *Andrae*, IPRax 2006, 82, 87, 88; *dies.*, Internationales Familienrecht, § 6 Rn 127; *Dilger* in: Geimer/Schütze, Internationaler Rechtsverkehr (Nr. 545), vor Art. 8 EuEheVO Rn 17; Geimer/Schütze/*Geimer*, Europäisches Zivilverfahrensrecht, Art. 8 VO (EG) Nr. 2201/2003 Rn 31; Oberloskamp/*Gruber*, Vormundschaft, § 5 Rn 204 – 208; *Kropholler*, IPR, § 48 I.3.

23 S. etwa AG Ingolstadt IPRax 1992, 326 m. Anm. *St. Lorenz*, S. 305.

Im Übrigen könnte Art. 21 noch zur Anwendung kommen, soweit sein **sachlicher Anwendungsbereich** weiter ist als der von Art. 15, Art. 16 KSÜ. Im Ergebnis ist der sachliche Anwendungsbereich des KSÜ aber nicht enger als der von Art. 21. Dies gilt auch soweit Art. 21 die Rechtsbeziehungen zu den Verwandten der Eltern regelt, etwa die Frage eines Umgangsrechts von Großeltern oder Geschwistern. Art. 16 KSÜ erfasst nach dem Wortlaut zwar die Zuweisung oder das Erlöschen der **elterlichen** Verantwortung kraft Gesetzes ohne Einschreiten eines Gerichts oder einer Behörde. In Art. 1 Abs. 2 KSÜ wird der Begriff „elterliche Verantwortung" aber sehr weit definiert. Er umfasst danach nicht nur die elterliche Sorge, sondern auch jedes andere entsprechende Sorgeverhältnis, das die Rechte, Befugnisse und Pflichten der Eltern, des Vormunds oder eines anderen gesetzlichen Vertreters in Bezug auf die Person oder das Vermögen des Kindes bestimmt. Die in Art. 3 KSÜ beispielhafte Aufzählung von Schutzmaßnahmen ermöglicht noch eine weitere Präzisierung.[24] Danach können Schutzmaßnahmen auch das Recht zum persönlichen Umgang mit dem Kind betreffen und sind damit auch als Maßnahme im Bereich der elterlichen Verantwortung einzuordnen.[25] Es ist daher davon auszugehen, dass auch ein kraft Gesetzes bestehendes Umgangsrecht von Verwandten von Art. 16 KSÜ erfasst wird und ein Restanwendungsbereich von Art. 21 insoweit nicht gegeben ist. 20

IV. Bilaterale Abkommen

Von den bilateralen Abkommen ist das deutsch-iranische Niederlassungsabkommen v. 17.2.1929[26] von Bedeutung. Es ist allerdings nur anwendbar, wenn alle Beteiligten die iranische Staatsangehörigkeit besitzen. Es ist nicht anwendbar, wenn ein Beteiligter Flüchtling ist[27] oder neben der iranischen auch die deutsche Staatsangehörigkeit besitzt,[28] etwa wenn ein Kind aufgrund von § 4 Abs. 3 StAG die deutsche Staatsangehörigkeit mit der Geburt erworben hat.[29] Sind alle Beteiligten iranische Staatsangehörige, ist auf das Rechtsverhältnis zwischen dem Kind und seinen Eltern iranisches Recht anwendbar. 21

V. Verhältnis zum HKÜ

Das HKÜ ist vor allem ein Rechtshilfeabkommen. Auf die in Art. 21 geregelte kollisionsrechtliche Frage kommt es für das Übereinkommen nur im Hinblick darauf an, ob ein Sorgerecht bestand, das durch die Verbringung oder das Zurückhalten des Kindes widerrechtlich verletzt wurde. 22

Auf das deutsche Kollisionsrecht kommt es für diese Frage nur an, wenn das Kind vor der Entführung in Deutschland seinen gewöhnlichen Aufenthalt hatte. Insoweit verdrängt Art. 16 KSÜ Art. 21. Ein Fall des Restanwendungsbereichs des Art. 21 kann nicht betroffen sein, weil das HKÜ nach seinem Art. 4 nur auf Kinder unter 16 Jahren anwendbar ist. Bei gewöhnlichem Aufenthalt in einem anderen Vertragsstaat ist das Sorgerechtsstatut auch in einem in Deutschland geführten Verfahren auf Rückgabe nicht nach dem deutschen, sondern nach dem Kollisionsrecht des Aufenthaltsstaats zu bestimmen (s. Art. 3 HKÜ Rn 34). 23

C. Regelungsgegenstand

I. Grundsatz

Anknüpfungsgegenstand von Art. 21 ist der **gesamte Bereich der elterlichen Sorge**. Hierzu gehören insbesondere die Person des oder der Sorgeberechtigten sowie Inhalt und Umfang des Sorgerechts, etwa das Recht zur Bestimmung des Aufenthalts, der gesetzliche Wohnsitz des Kindes,[30] das Recht, über die religiöse Erziehung zu entscheiden,[31] sowie die Rechte der Eltern bei gemeinsamer Ausübung des Sorgerechts. Erfasst wird auch die gesetzliche Vertretungsmacht einschließlich ihrer Beschränkungen, etwa durch Genehmigungserfordernisse (zB § 1643 BGB),[32] sowie die Befugnis zur Einwilligung in ärztliche Heilmaßnahmen. 24

Nach dem Eheschließungsstatut (Art. 13) und nach dem Adoptions- sowie Einwilligungsstatut (Art. 22, 23) bestimmt sich, ob bei der **Heirat** oder **Adoption** eines Minderjährigen die Einwilligung des Sorgeberechtigten erforderlich ist. Das Sorgerechtsstatut entscheidet darüber, wer sorgeberechtigt ist, wobei diese Vorfrage in beiden Fällen unselbständig anzuknüpfen ist.[33] 25

24 *Niklas*, Die europäische Zuständigkeitsordnung in Ehe- und Kindschaftsverfahren, 48.

25 *Niklas*, Die europäische Zuständigkeitsordnung in Ehe- und Kindschaftsverfahren, 49.

26 RGBl II 1930 S. 1002, 1006; RGBl II 1931 S. 9; BGBl. II 1955 S. 829; abgedruckt bei *Jayme/Hausmann*, Nr. 23.

27 LG München I IPRspr 1997 Nr. 100.

28 BGH IPRax 1986, 382, 383.

29 Staudinger/*Henrich* (2008), Art. 21 EGBGB Rn 10.

30 *Kegel/Schurig*, § 20 X; BGH FamRZ 1990, 1224, 1225 zu Art. 19 aF; zweifelnd BGH FamRZ 1993, 47, 48.

31 Staudinger/*Henrich* (2008), Art. 21 EGBGB Rn 99; Einzelheiten *Henrich*, in: FS Kegel 1987, S. 197.

32 OLG Stuttgart NJW-RR 1996, 1288 f.

33 Staudinger/*Henrich* (2008), Art. 21 EGBGB Rn 90 f, 93.

26 Nach Art. 21 richtet sich auch die **Vermögenssorge** der Eltern für das Kind. Das Sorgerechtsstatut bestimmt, welche Rechte und Pflichten die Eltern haben (etwa Vermögensauseinandersetzung bei Wiederheirat, § 1687 BGB),[34] ob der Minderjährige für die durch die Eltern begründeten Verbindlichkeiten haftet,[35] ob den Eltern ein Recht zur Nutznießung am Kindesvermögen zusteht[36] und ob die sorgeberechtigten Eltern wegen einer Pflichtverletzung dem Kind gegenüber haften.[37]

27 Art. 21 gilt nicht für die **Namensführung** des Kindes.[38] Nach hM richtet sich auch die Vornamensführung, etwa Art und Anzahl der zulässigen Vornamen, nach dem Namensstatut (siehe Art. 10 EGBGB Rn 69).[39] Kommt es für die Namensführung nach dem Namensstatut darauf an, wer sorgeberechtigt ist, weil sich danach wie bei §§ 1617, 1617 a BGB die Namensführung richtet oder weil dem Sorgeberechtigten ein Wahlrecht für den Nachnamen oder das Bestimmungsrecht für den Vornamen zusteht, ist dies nach dem Sorgerechtsstatut zu entscheiden.[40] Da diese Vorfrage unselbständig anzuknüpfen ist, ist insoweit Art. 21 nur bei deutschem Namensstatut einschlägig, (aA Art. 10 Rn 16).[41]

28 Unterhaltsansprüche werden von Art. 21 ebenfalls nicht erfasst. Streitig ist, ob Ansprüche auf Aussteuer oder **Ausstattung** unterhaltsrechtlich zu qualifizieren sind[42] oder dem Art. 21 unterfallen.[43] Da eine Privilegierung der Ansprüche auf Aussteuer oder Ausstattung durch die alternative Anknüpfung des Unterhaltsstatuts nicht gerechtfertigt ist, ist eine Qualifizierung unter Art. 21 vorzuziehen. Dadurch unterliegen sie demselben Recht wie die Mitarbeitspflichten der Kinder gegenüber den Eltern (§§ 1619 f BGB).[44]

II. Schutzmaßnahmen

29 Grundsätzlich bestimmt Art. 21 auch das anwendbare Recht für die **Entziehung des Sorgerechts**, die Regelung des Sorgerechts bei Scheidung oder Trennung der Eltern oder bei Meinungsverschiedenheiten zwischen den sorgeberechtigten Eltern und die Regelung des Umgangsrechts. Da in diesen Fällen eine gerichtliche Maßnahme in Bezug auf das Eltern-Kind-Verhältnis erlassen werden soll, wird Art. 21 aber meist durch die Vorschriften des vorrangigen MSA oder des KSÜ verdrängt (s. oben Rn 4 f, 10 ff).

III. Vormundschaft und Beistandschaft

30 Vormundschaft, Betreuung und Pflegschaft richten sich nach Art. 24. Allerdings unterliegen solche Regelungen Art. 21, die einem Elternteil die Vormundschaft zuweisen, sei es kraft Gesetzes oder aufgrund gerichtlicher oder behördlicher Anordnung, weil es sich dabei sachlich um eine Frage der elterlichen Sorge handelt.[45]

31 Eine die elterliche Sorge ergänzende Vormundschaft oder **Beistandschaft**, wie die des Jugendamtes nach §§ 1712 ff BGB, bestimmt sich nach Art. 21. Wenn sie kraft Gesetzes oder auf bloßen Antrag hin eintritt, ist sie keine Schutzmaßnahme iSd MSA bzw. des KSÜ.[46] Sie fällt richtiger Ansicht nach auch nicht unter Art. 24, weil sie die elterliche Sorge ergänzt und durch die einheitliche Anwendbarkeit des Sorgerechtsstatuts Anpassungsprobleme vermieden werden.[47]

32 Bei dieser Qualifikation ist **§ 1717 BGB** eine sachrechtliche Vorschrift,[48] die auch keineswegs überflüssig ist.[49] Wenn deutsches Recht aufgrund einer Rückverweisung Sorgerechtsstatut bei einem Kind ist, das seinen gewöhnlichen Aufenthalt nicht im Inland hat, schließt § 1717 BGB den Eintritt oder den Fortbestand der Beistandschaft des deutschen Jugendamtes nach §§ 1712 ff BGB aus. Im Übrigen bleibt es aber bei der Anwendbarkeit des deutschen Rechts als Sorgerechtsstatut.

34 Staudinger/*Henrich* (2008), Art. 21 EGBGB Rn 103.
35 Palandt/*Thorn*, Art. 21 EGBGB Rn 5.
36 Staudinger/*Henrich* (2008), Art. 21 EGBGB Rn 102.
37 BGH NJW 1993, 2306, 2307.
38 Staudinger/*Henrich* (2008), Art. 21 EGBGB Rn 62.
39 Staudinger/*Hepting* (2007) Art. 10 EGBGB Rn 522; MüKo/*Birk*, Art. 10 EGBGB Rn 34 (Personalstatut).
40 Staudinger/*Henrich* (2008), Art. 21 EGBGB Rn 62; für die Bestimmung des Vornamens Staudinger/*Hepting*, Art. 10 EGBGB Rn 549; MüKo/*Birk*, Art. 10 EGBGB Rn 36.
41 Staudinger/*Hepting*, Art. 10 EGBGB Rn 549.
42 Erman/*Hohloch*, Art. 21 EGBGB Rn 11.
43 Staudinger/*Henrich* (2008), Art. 21 EGBGB Rn 78; MüKo/*Klinkhardt*, Art. 21 EGBGB nF Rn 17.
44 MüKo/*Klinkhardt*, Art. 21 EGBGB nF Rn 17.
45 BayObLGZ 1963, 123 = IPRspr 1962–63 Nr. 107; Staudinger/*Henrich* (2008), Art. 21 EGBGB Rn 96.
46 Allg.M., BT-Drucks. 13/892, Begründung zu § 1717 BGB; Staudinger/*von Hein* (2008), Art. 24 Rn 50; Palandt/*Diederichsen*, § 1717 Rn 1; *Andrae*, Internationales Familienrecht, § 6 Rn 108.
47 Palandt/*Thorn*, Anh. Zu Art. 24 EGBGB Rn 14; *Heldrich*, in: FS Ferid 1988, S. 131, 133; iE auch Staudinger/*Rauscher*, § 1717 Rn 5; s.a. KG IPRax 1994, 306 m. zust. Anm. *Klinkhardt*, S. 285, 286 (zu Amtspflegschaft und Art. 20 EGBGB aF).
48 S. zur Abgrenzung von Kollisionsnormen zu Sachnormen mit räumlicher Anknüpfung *Kegel/Schurig*, § 1 VIII.
49 So aber Staudinger/*Rauscher*, § 1717 Rn 5; als einseitige Kollisionsnorm wird § 1717 BGB angesehen von Erman/*Hohloch* Art. 24 EGBGB Rn 1.

Die Meinung, die Art. 24 für anwendbar hält, kommt weitgehend zum gleichen Ergebnis, indem sie in § 1717 BGB eine spezielle Kollisionsnorm sieht.[50] 33

Sind **Mutter und Kind ausschließlich iranische Staatsangehörige**, geht das deutsch-iranische Niederlassungsabkommen (siehe Rn 3) vor. Da deutsches Recht nicht als Sorgerechtsstatut berufen ist, kann die Beistandschaft nach §§ 1712 ff BGB trotz gewöhnlichen Aufenthalts des Kindes in Deutschland nicht eintreten. 34

Vor dem 1.7.1998 trat für nichteheliche Kinder, die ihren gewöhnlichen Aufenthalt im Inland hatten, automatisch die Amtspflegschaft des Jugendamts nach § 1706 BGB aF ein.[51] 35

Ist das Kind Angehöriger eines Mitglieds der **NATO-Truppen** oder eines zivilen Gefolges, tritt die Beistandschaft nach §§ 1712 ff BGB aufgrund Art. 13 Zusatzabkommen zum NATO-Truppenstatut[52] auch bei gewöhnlichem Aufenthalt des Kindes im Inland nicht ein.[53] 36

IV. Anknüpfung

1. Grundsatz. Anknüpfungspunkt ist der jeweilige gewöhnliche Aufenthalt des Kindes. Diese Anknüpfung ist im Kindschaftsrecht rechtsvergleichend im Vordringen und wird auch in den Haager Konventionen (MSA, KSÜ) verwendet. Damit wird das Recht berufen, das am Lebensmittelpunkt des Kindes gilt. Zugleich wird weitgehende Übereinstimmung mit dem Unterhaltsstatut, Art. 18 erreicht.[54] 37

Zur Bestimmung des gewöhnlichen Aufenthalts bei Kindern siehe Art. 5 Rn 19, 44. 38

2. Rück- und Weiterverweisung. Rück- und Weiterverweisungen sind zu beachten.[55] Praktisch relevant ist dies bei Kindern mit gewöhnlichem Aufenthalt im Ausland, wenn die dortige Rechtsordnung an das deutsche Ehewirkungsstatut der Eltern oder die deutsche Staatsangehörigkeit eines Elternteils oder des Kindes anknüpft.[56] Ist der Elternteil oder das Kind deutscher Doppelstaater, kann für die Rückverweisung nicht auf Art. 5 Abs. 1 S. 2 abgestellt werden; entscheidend ist die Sichtweise der ausländischen Rechtsordnung (siehe Art. 4 Rn 4). 39

Eine versteckte Rückverweisung kommt bei gewöhnlichem Aufenthalt des Kindes im Vereinigten Königreich oder den USA in Betracht, wenn die deutschen Gerichte auch aus dortiger Sicht international zuständig sind (dazu näher Art. 4 Rn 5).[57] 40

3. Statutenwechsel. Das Statut ist bei Wechsel des Aufenthalts wandelbar. Die Rechtsbeziehungen zwischen Eltern und Kind richten sich ex nunc nach der neuen Rechtsordnung. Allerdings bleiben **wohlerworbene Rechte**, etwa der Anspruch auf Heiratsgut nach § 1220 österr. ABGB, erhalten.[58] Gleiches gilt für Beschränkungen der elterlichen Sorge, etwa die Verwirkung. Ist sie nach dem bisher anwendbaren Recht eingetreten, so bleibt sie auch bei einem Statutenwechsel bestehen. Das neu anwendbare Recht entscheidet darüber, ob und unter welchen Voraussetzungen sie wieder entfallen können.[59] 41

Der Statutenwechsel kann wegen der Unterschiede in den nationalen Rechten insbesondere bei nicht verheirateten Eltern zum **Entfallen des Sorgerechts** eines Elternteils führen. Hatte das Kind seinen gewöhnlichen Aufenthalt in einem Land, nach dessen Recht die Eltern automatisch die gemeinsame Sorge haben,[60] so verliert der Vater das Sorgerecht, wenn ein neuer gewöhnlicher Aufenthalt in Deutschland begründet wird und keine Sorgerechtserklärungen nach §§ 1626 a–1626 e BGB abgegeben werden. Auf der anderen Seite erhält der Vater die elterliche Mitsorge, wenn der gewöhnliche Aufenthalt von Deutschland in ein Land verlegt wird, in dem auch die nicht verheirateten Eltern automatisch die gemeinsame Sorge haben. Haben die Eltern eine **Sorgeerklärung** nach §§ 1626 a ff BGB abgegeben und wird der gewöhnliche Aufenthalt des Kindes aus dem Inland in ein Land verlegt, in dem die gemeinsame elterliche Sorge nicht verheirateter Eltern nicht oder nur 42

50 Regierungsbegründung BT-Drucks. 13/892; Palandt/*Diederichsen*, § 1717 Rn 1; *Kegel/Schurig*, § 20 XIV 1; *Baer*, DAVorm 1998, 493, 494.
51 S. BGH FamRZ 1990, 1103.
52 BGBl. II 1961 S. 1313.
53 Staudinger/*von Hein* (2008), Art. 24 EGBGB Rn 51; für die Amtspflegschaft nach früherem Recht OLG Zweibrücken FamRZ 1990, 91; OLG Karlsruhe FamRZ 1993, 848.
54 Palandt/*Thorn* Art. 21 Rn 1.
55 Palandt/*Thorn*, Art. 21 EGBGB Rn 1; Staudinger/*Henrich* (2008), Art. 21 EGBGB Rn 32; aA MüKo/*Klinkhardt*, Art. 21 EGBGB nF Rn 4.
56 Für die Maßgeblichkeit des Domizils der Eltern und der Belegenheit unbeweglichen Vermögens aus britischer Sicht s. IPG 1996 Nr. 34 (Hamburg).
57 OLG Stuttgart FamRZ 1997, 958 m. Anm. *Henrich* (versteckte Rückverweisung des Rechts von Kalifornien); s.a. IPG 1996 (1997) Nr. 34 (Hamburg): Rückverweisung des englischen Rechts auf die deutsche *lex rei sitae* für die gesetzliche Vertretung eines Minderjährigen mit gewöhnlichem Aufenthalt in England für die Veräußerung eines in Deutschland gelegenen Grundstücks; *Henrich*, Internationales Familienrecht, S. 130 (für das Scheidungsstatut).
58 Staudinger/*Henrich* (2008), Art. 21 EGBGB Rn 27 f.
59 Staudinger/*Henrich* (2008), Art. 21 EGBGB Rn 29.
60 So in Italien, wenn die nicht verheirateten Eltern zusammenleben, Art. 317bis Codice civile.

aufgrund einer Anordnung möglich ist,[61] so verliert der eine Elternteil (meist der Vater) die elterliche Sorge.[62]

43 Zur inhaltlich anderen Regelung nach Art. 16 Abs. 3 KSÜ s. Art. 16 KSÜ Rn 89.

44 Ist im Ausland die gemeinsame elterliche Sorge durch eine gerichtliche Anordnung begründet worden, so bleibt sie auch nach Begründung des gewöhnlichen Aufenthalts im Inland erhalten, wenn die Voraussetzungen für eine Anerkennung gegeben sind.

45 Ungeklärt ist noch, ob eine gemeinsame Sorge der nichtverheirateten Eltern des Kindes, die aufgrund von Erklärungen der Eltern nach dem ausländischen Aufenthaltsrecht begründet wurde, auch nach Verlegung des gewöhnlichen Aufenthalts des Kindes ins Inland fortbesteht. Dies ist im Ergebnis zu bejahen, weil die unter dem früheren Sorgerechtsstatut abgegebenen Erklärungen im Wege der Substitution auch für das deutsche Recht als ausreichend angesehen werden können.[63]

46 Bei **Entführungsfällen** im Anwendungsbereich des Haager Kindesentführungsabkommens ist für die Frage der Verletzung eines Sorgerechts nach Art. 3 Abs. 1 lit. a HKÜ des Abkommens auf das Recht des Landes abzustellen, in dem das Kind vor dem unberechtigten Verbringen seinen gewöhnlichen Aufenthalt hatte (siehe Art. 3 HKÜ Rn 34).

V. Vorfragen

47 **1. Abstammung.** Art. 21 setzt das Bestehen eines Eltern-Kind-Verhältnisses voraus. Diese Frage der Abstammung ist nach Art. 19, 20 anzuknüpfen, weil sie Tatbestandsvoraussetzung der deutschen Kollisionsnorm ist.[64] Ob das Eltern-Kind-Verhältnis durch eine im Ausland erfolgte Adoption wirksam begründet wurde, richtet sich dementsprechend nach Art. 22 bzw. bei einer ausländischen Adoptionsentscheidung nach §§ 108, 109 FamFG bzw. Art. 23 ff Haager AdÜ (siehe Art. 22 Rn 79 ff).

48 **2. Minderjährigkeit.** Elterliche Sorge kann nur bei nicht volljährigen Kindern bestehen. Wann ein Kind volljährig ist, bestimmt sich gemäß Art. 7 nach dem Heimatrecht.[65] Dies gilt auch für Volljährigkeit oder Emanzipation durch Heirat.[66] Eine einmal begründete Volljährigkeit entfällt nicht durch Statutenwechsel (siehe Art. 7 Rn 29).

VI. Einwilligung zur Eheschließung Minderjähriger

49 Das Eheschließungsstatut nach Art. 13 und nicht das Sorgerechtsstatut nach Art. 21 entscheidet darüber, ob für die Eheschließung eines minderjährigen Kindes Einwilligungen erforderlich sind.[67] Wenn das Eheschließungsstatut die Einwilligung der Sorgeberechtigten verlangt, so ist für die Vorfrage, wer sorgeberechtigt ist, das Sorgerechtsstatut maßgeblich. Diese Vorfrage ist selbständig anzuknüpfen (Art. 13 Rn 26).

VII. Ordre public

50 Eine ausländische Rechtsordnung verstößt gegen den ordre public, wenn die Regelung der elterlichen Sorge im konkreten Fall keine am Wohl des Kindes ausgerichtete Entscheidung ermöglicht.[68] Praktische Relevanz hat der ordre public insbesondere bei der Verweisung auf eine durch das **islamische Recht** geprägte Rechtsordnung erlangt. Dort steht die tatsächliche Personensorge (hadana) meist der Mutter zu, wobei die Altersgrenzen, bei der die hadana endet, sehr unterschiedlich sind. Dem Vater steht ab Entfallen der hadana die elterliche Sorge allein zu. Aber auch während des Bestehens der hadana der Mutter hat der Vater die Vermögenssorge und die Erziehungsgewalt (Vormundschaft in persönlichen Angelegenheiten) inne und übt damit die Aufsicht über die Erziehung und den Unterricht des Kindes aus.[69]

61 So nach § 167 ABGB in Österreich und nach Art. 298 a ZGB in der Schweiz.
62 Staudinger/*Henrich* (2008), Art. 21 EGBGB Rn 26; *Rauscher*, JBItalR 13, 101; aA *Looschelders*, IPRax 1999, 420, 425 f: für teleologische Reduktion der Wandelbarkeit des Sorgerechtsstatuts und für den Fortbestand der gemeinsamen elterlichen Sorge als eine Art wohlerworbenen Rechts.
63 So auch *Looschelders*, IPRax 1999, 420, 425 für die Substitution des parental responsibility agreement nach englischem Recht durch Sorgerechtserklärungen nach deutschem Recht.
64 Staudinger/*Henrich* (2008), Art. 21 EGBGB Rn 58.
65 BayObLGZ 1963, 123 = IPRspr 1962–63 Nr. 107; Staudinger/*Henrich* (2008), Art. 21 EGBGB Rn 30.
66 Staudinger/*Henrich* (2008), Art. 21 EGBGB Rn 85; Staudinger/*Hausmann*, Art. 7 EGBGB Rn 109.
67 Staudinger/*Henrich* (2008), Art. 21 EGBGB Rn 90.
68 *Coester*, IPRax 1991, 236.
69 S. dazu BGH FamRZ 1993, 1053, 1054 (iranisches Recht für islamische Bevölkerung); *Rauscher*, Shari'a: islamisches Familienrecht der sunna und shi'na, 1987; Staudinger/*Henrich* (2008), Art. 21 EGBGB Rn 41–45; *Menhofer*, IPRax 1997, 252.

Bei einem **Kind mit gewöhnlichem Aufenthalt in Deutschland oder mit deutscher Staatsangehörigkeit** verstößt eine ausländische Sorgerechtsregelung gegen den deutschen ordre public, wenn im konkreten Fall eine allein am Kindeswohl ausgerichtete Entscheidung zu einer anderen Sorgerechtsregelung führen würde.[70] Die ausländische Regelung muss nicht zu einer Gefährdung des Kindeswohls führen.[71] Auf der anderen Seite reicht ein gleichheitswidriger Norminhalt allein für einen Verstoß gegen den ordre public nicht aus.[72] **51**

Problematisch ist in dieser Hinsicht, dass die Personensorge hadana, die die Mutter innehat oder die ihr im Falle der Scheidung übertragen werden kann, durch die kraft Gesetzes bestehende Erziehungsgewalt des Vaters beschränkt wird. Vor einer Anwendung deutschen Rechts ist aber zu prüfen, ob durch Anpassung des ausländischen Rechts eine ordre-public-gemäße Lösung gefunden werden kann. Der BGH hielt dies dadurch für möglich, dass der Mutter die Personensorge einschließlich des Rechts zur Vertretung in Unterhaltssachen übertragen und das Erziehungsrecht des Vaters auf die Vermögenssorge beschränkt wird.[73] **52**

Auch bei den Regelungen, nach denen die Mutter die hadana verliert, wenn das Kind ein bestimmtes Alter erreicht[74] oder wenn die Mutter nicht (mehr) der islamischen Religion angehört,[75] kommt es darauf an, ob dieses Ergebnis im konkreten Fall dem Wohl des Kindes am besten entspricht oder nicht.[76] **53**

Verlangt das Kindeswohl die Übertragung der elterlichen Sorge allein auf die Mutter, so verstößt eine Regelung, die der Mutter die Personensorge nur bis zu einem bestimmten Alter des Kindes zuweist, regelmäßig gegen den deutschen ordre public, weil dadurch die Sicherheit und Kontinuität der elterlichen Sorge gefährdet wird. **54**

VIII. Verfahrensrecht

1. Internationale Zuständigkeit. a) Verhältnis zu Staatsverträgen. Das deutsch-österreichische Vormundschaftsabkommen ist zum Ablauf des 30.6.2003 außer Kraft getreten (siehe Art. 24 Rn 5). **55**

Zum MSA, KSÜ und zur EheVO 2003 s. oben Rn 4 ff. **56**

b) Autonome internationale Zuständigkeit. Die autonome Regelung der internationalen Zuständigkeit in Kindschaftssachen ist in § 99 Abs. 1 FamFG enthalten. Danach sind deutsche Gerichte zuständig, wenn das Kind Deutscher ist, oder seinen gewöhnlichen Aufenthalt in Deutschland hat. Ferner sind deutsche Gerichte zuständig, soweit das Kind der Fürsorge durch ein deutsches Gericht bedarf. **57**

Darüber hinaus kann ein deutsches Gericht für eine Kindschaftssache international zuständig sein, wenn sie als Folgesache im Verbund mit einer Ehesache oder Lebenspartnerschaftssache zu entscheiden ist, § 98 Abs. 2, § 103 Abs. 2 FamFG. **58**

Wegen der vorrangigen Regelungen der EheVO und des MSA bzw. des KSÜ bleibt für diese Regelung nur ein sehr kleiner Anwendungsbereich. **59**

Ein deutsches Kind hat seinen gewöhnlichen Aufenthalt weder in einem Mitgliedstaat der EU noch in einem Vertragsstaat des MSA bzw. des KSÜ und es besteht auch keine Zuständigkeit nach Art. 9–13 EheVO 2003 (siehe Art. 14 EheVO 2003 Rn 1). **60**

Das ausländische Kind hat seinen gewöhnlichen Aufenthalt in Deutschland, ist über 18 Jahre alt, aber nach seinem Heimatrecht noch nicht volljährig (s. oben Rn 19).[77] **61**

Ist über eine Sorgerechtssache im Verbund mit einer Ehesache, insbesondere einem **Scheidungsverfahren** zu entscheiden, so erstreckt sich die internationale Zuständigkeit für die Ehesache nach § 98 Abs. 2 FamFG **62**

70 *Coester*, IPRax 1991, 236; BGH FamRZ 1993, 316, 317 = IPRax 1993, 102, 103 f m. Bespr. *Henrich*, S. 81, 83; BGH FamRZ 1993, 1053, 1054; OLG Karlsruhe FamRZ 1992, 1465, 1467 = IPRax 1993, 97; Staudinger/*Henrich* (2008), Art. 21 EGBGB Rn 48; s.a. AG Einbeck FamRZ 1991, 590 = IPRspr 1990 Nr. 128, das unter Anwendung syrischen Rechts das Sorgerecht dem Vater übertrug.

71 BGH FamRZ 1993, 316, 317 = IPRax 1993, 102, 103 m. zust. Anm. *Henrich*, S. 81, 83; OLG Bremen FamRZ 1999, 1520; Staudinger/*Henrich* (2008), Art. 21 EGBGB Rn 48; aA OLG Saarbrücken IPRax 1993, 100, 101.

72 BGH FamRZ 1993, 316, 317 = IPRax 1993, 102, 103 f m. Bespr. *Henrich*, S. 81, 83; BGH FamRZ 1993, 1053, 1054; OLG Karlsruhe FamRZ 1992, 1465, 1467 = IPRax 1993, 97; *Coester*, IPRax 1991, 236; Staudinger/*Henrich* (2008), Art. 21 Rn 48.

73 BGH FamRZ 1993, 316, 318 = IPRax 1993, 100, 104.

74 OLG Neustadt FamRZ 1963, 51 = IPRspr 1962–63 Nr. 104; KG IPRspr 1964–65 Nr. 124; KG FamRZ 1968, 92 = NJW 1968, 361; KG FamRZ 1972, 304, 308 (zum MSA).

75 OLG Hamm IPRax 1991, 191, 192 m. Anm. *Klinkhardt*, S. 174.

76 BGHZ 54, 132, 140; BGH IPRax 1993, 102, 103 f m. Anm. *Henrich*, S. 81, 83; Staudinger/*Henrich* (2008), Art. 21 EGBGB Rn 48; *Coester*, IPRax 1991, 236; aA KG FamRZ 1972, 304, 307 (allein Verstoß der abstrakten Regelung gegen Gleichberechtigung von Mann und Frau begründet ordre-public-Verstoß).

77 AG Ingolstadt IPRax 1992, 326, 327 mit Aufsatz *St. Lorenz*, S. 305, 306.

auch auf die Folgesachen. Zu den Folgesachen gehören die in § 137 Abs. 3 FamFG genannten Sorgerechtssachen: Regelung der elterlichen Sorge oder des Umgangs für ein gemeinschaftliches Kind, Anspruch auf Herausgabe des gemeinsamen Kindes an den anderen Elternteil, Umgangsrecht des einen Ehegatten mit dem Kind des anderen Ehegatten.

63 Die internationale Zuständigkeit deutscher Gerichte für die Folgesachen ergibt sich unabhängig davon, ob die Zuständigkeit für die Ehesache aus der EheVO 2003 oder aus autonomem Recht (§ 98 Abs. 1 FamFG) folgt.[78] So kann sich aus der EheVO 2003 eine Zuständigkeit deutscher Gerichte für das Scheidungsverfahren ergeben, eine Zuständigkeit für die Regelung der elterlichen Sorge oder des Umgangs kann aber nach der EheVO 2003 nicht begründet sein, so dass nach Art. 14 EheVO 2003 insoweit das autonome Zuständigkeitsrecht eingreifen kann.

64 In weiterem Maße bleibt das autonome Recht und eine darauf folgende internationale Zuständigkeit deutscher Gerichte nach §§ 103, 269 Abs. 3 FamFG bei der Aufhebung von **Lebenspartnerschaften** anwendbar, wenn die Lebenspartner ein gemeinsames (Adoptiv-) Kind haben oder der eine ein Umgangsrecht mit dem Kind des anderen Lebenspartners geregelt wissen will. Insoweit finden die Vorschriften über die Annexzuständigkeit nach Art. 13 EheVO 2003 und nach Art. 10 KSÜ keine Anwendung.

65 Allerdings ist die Verbundzuständigkeit nach autonomem Recht auch gegenüber den sonstigen Zuständigkeitsregeln in Kindschaftssachen nach EheVO 2003, MSA und KSÜ nachrangig.[79] Sie greift daher im Wesentlichen nur ein, wenn das Kind seinen gewöhnlichen Aufenthalt weder in einem Mitgliedstaat der EheVO 2003 noch in einem Vertragsstaat des MSA oder des KSÜ hat.

66 Die Zuständigkeit nach § 99 Abs. 1 S. 2 FamFG aus Fürsorgegesichtspunkten wird in den meisten Fällen ebenfalls nicht zum Zuge kommen. Ein Fürsorgebedürfnis für ein ausländisches Kind wird regelmäßig nur vorliegen, wenn sich das Kind oder das Vermögen des Kindes im Inland befindet.[80] In diesen Fällen bestimmt sich die Zuständigkeit für Eilmaßnahmen aus Art. 11 KSÜ und für vorläufige Maßnahmen aus Art. 12 KSÜ.

67 Für § 99 Abs. 1 S. 1 Nr. 1 FamFG muss bei **Doppelstaatern** die deutsche Staatsangehörigkeit nicht die effektive sein. Dies folgt aus der Schutzpflicht aufgrund der deutschen Staatsangehörigkeit[81] und nicht aus Art. 5 Abs. 1 S. 2.[82]

68 Teilweise lehnen deutsche Gerichte ein Tätigwerden ab, wenn eine sachgerechte Beurteilung aufgrund des ausländischen gewöhnlichen Aufenthalts des Kindes nur schwer möglich erscheint und/oder ernsthafte Zweifel darüber bestehen, ob die deutsche Entscheidung im Aufenthaltsstaat anerkannt und gegebenenfalls vollstreckt würde.[83] Das **Rechtsschutzbedürfnis** kann aber richtigerweise nur verneint werden, wenn der Antrag rechtsmissbräuchlich erscheint.[84]

69 **2. Perpetuatio fori; frühere Rechtshängigkeit im Ausland.** Die Fragen der perpetuatio fori stellen sich im autonomen Recht wegen des Vorrangs der EheVO, des MSA und des KSÜ nur selten (zur perpetuatio fori im Rahmen der EheVO siehe Anhang I zum III. Abschnitt, Art. 8 EheVO Rn 3 ff, im Rahmen des MSA siehe Art. 1 MSA Rn 3 f; im Rahmen des KSÜ s. Art. 5 Rn 23 ff). Eine praktisch bedeutsame Ausnahme bildet der Fall, dass das ausländische Kind bei einem isolierten Sorgerechtsverfahren aus Deutschland in einen Staat zieht, für den weder die EheVO 2003 noch das MSA oder das KSÜ gilt, und dort einen neuen gewöhnlichen Aufenthalt begründet.[85] Der in § 2 Abs. 2 FamFG für die örtliche Zuständigkeit normierte Grundsatz der perpetuatio fori gilt entsprechend auch für die internationale Zuständigkeit.[86] Der Grundsatz ist aber im konkreten Verfahren einzuschränken, wenn die überwiegenden Interessen der Beteiligten gegen eine Fortdauer der Zuständigkeit sprechen. Gesichtspunkte für die Abwägung sind Fürsorgebedürfnis, Sachnähe des Gerichts, Vermeidung widersprechender Entscheidungen.[87]

78 *Hau,* FamRZ 2009, 821, 823; Thomas/Putzo/*Hüßtege*, ZPO, § 98 FamFG Rn 6.
79 MüKoZPO/*Rauscher* § 103 FamFG Rn 19.
80 Staudinger/*Henrich* (2008), Art. 21 EGBGB Rn 153.
81 Staudinger/*Henrich* (2008), Art. 21 EGBGB Rn 144; Thomas/Putzo/*Hüßtege*, ZPO, § 99 Rn 3, § 98 Rn 7; *Spellenberg*, IPRax 1988, 1, 4; für Art. 4 MSA BGH NJW 1997, 3024, 3025 = FamRZ 1997, 1070 = IPRspr 1997 Nr. 9; aA KG IPRax 1998, 274 mit abl. Besprechung *Henrich*, 247, 248 f.
82 So aber Musielak/*Borth*, FamFG, § 99 Rn 3.
83 OLG Hamburg ZfJ 1988, 94 = IPRspr 1987, Nr. 136.
84 KG IPRax 1991, 60 m. Aufs. *Wengler*, S. 42 f; Staudinger/*Henrich* (2008), Art. 21 EGBGB Rn 143.
85 S. dazu in Bezug auf das MSA KG IPRax 1998, 274 m. Bespr. *Henrich*, S. 247; OLG München IPRax 1994, 42 m. Bespr. *Roth*, S. 19, 20; OLG Hamburg IPRax 1987, 319 m. Bespr. *Mansel*, S. 298.
86 Thomas/Putzo/*Hüßtege*, ZPO, § 2 FamFG Rn 4; anders *Hau,* FamRZ 2009, 821, 823, der diese Frage durch § 2 Abs. 2 FamFG nicht entschieden ansieht; zu § 43 Abs. 1 Hs 2 FGG iVm § 35 b FGG s.a. *Mansel*, IPRax 1987, 298, 302; *Roth*, IPRax 1994, 19, 20; s.a. allgemein *Rathjen*, Forum Familienrecht 2007, 27 ff.
87 Zum alten Recht KG IPRax 1998, 274, 276; OLG Hamburg IPRax 1987, 319, 320; eingehend Staudinger/*Henrich* (2008), Art. 21 EGBGB Rn 163 f; s.a. Staudinger/*von Hein* (2008), Art. 24 Rn 106; *Mansel*, IPRax 1987, 298, 302; *Henrich*, IPRax 1998, 247, 248; offengelassen von BGH NJWE-FER 1997, 138; für uneingeschränkte Geltung der perpetuatio fori OLG München IPRax 1994, 42, 43; *Roth*, IPRax 1994, 19, 20.

Das FamFG hat die Frage der früheren Rechtshängigkeit im Ausland nur punktuell geregelt, etwa in § 99 Abs. 2 für die Anordnung einer Vormundschaft. Im Interesse des internationalen Entscheidungseinklangs sollte eine vorher eingetretene ausländische Rechtshängigkeit regelmäßig der Befassung durch ein deutsches Gericht entgegenstehen.[88] **70**

Voraussetzung ist aber, dass es auch hinsichtlich der Anträge (endgültige Regelung oder nur einstweilige Maßnahme) um dieselbe Sorgerechtssache geht und dass eine Entscheidung des ausländischen Gerichts im Inland anerkannt werden könnte.[89] Ist im Ausland ein Verfahren zur elterlichen Sorge anhängig, hindert das ein deutsches Gericht nicht, eine erforderliche Eilmaßnahme zu treffen.[90] **71**

Haben sich nachträglich die Verhältnisse geändert, so kann etwa eine durch den Aufenthaltswechsel eingetretene größere Sachnähe des deutschen Gerichts ein Abgehen von dem Prioritätsgrundsatz rechtfertigen.[91] Zu weitgehend erscheint es, die ausländische Rechtshängigkeit immer dann nicht zu beachten, wenn aufgrund der Tatsachenveränderung eine ausländische Entscheidung nach § 1696 BGB im Inland abgeändert werden könnte.[92] Entscheidend ist, ob die veränderten Umstände im rechtshängigen und noch nicht abgeschlossenen ausländischen Verfahren in einer Tatsacheninstanz berücksichtigt werden können. **72**

3. Anerkennung ausländischer Sorgerechtsentscheidungen. a) Staatsverträge. Auch für die Anerkennung ausländischer Sorgerechtsentscheidungen sind vorrangig die Regelungen in europäischen Verordnungen und in (multilateralen) Staatsverträgen zu beachten, § 97 Abs. 1 FamFG. Vorrangig ist daher eine Anerkennung nach der EheVO 2003, dem Europäischen Sorgerechtsübereinkommen, dem MSA bzw. dem KSÜ zu prüfen.[93] **73**

Die bilateralen Anerkennungs- und Vollstreckungsabkommen, die die Bundesrepublik Deutschland mit Belgien, Griechenland, Großbritannien, Israel, Italien, den Niederlanden, Norwegen, Österreich, der Schweiz und Tunesien geschlossen hat, erfassen Sorgerechtsentscheidungen nicht.[94] **74**

b) Autonome Anerkennungsregelung. Mangels einschlägiger europarechtlicher oder staatsvertraglicher Regelungen richtet sich die Anerkennung von ausländischen Sorgerechtsentscheidungen nach §§ 108, 109 FamFG (früher § 16 a FGG). Die Anerkennung erfolgt inzident; neben gerichtlichen Entscheidungen können auch Entscheidungen von ausländischen Behörden anerkannt werden, wenn diese funktional äquivalent sind.[95] Im Anerkennungsrecht gilt allerdings das **Günstigkeitsprinzip**.[96] Liegen die Anerkennungsvoraussetzungen nach EheVO 2003, MSA oder KSÜ nicht vor, kann die Entscheidung dennoch nach autonomem Recht anerkannt werden, wenn dessen Voraussetzungen im Einzelfall gegeben sind. **75**

Die nach § 109 Abs. 1 Nr. 1 FamFG erforderliche **internationale Zuständigkeit** ist in spiegelbildlicher Anwendung der Vorschriften für die internationale Zuständigkeit deutscher Gerichte zu bestimmen. Ein ausländisches Gericht ist daher zuständig, wenn das Kind seinen gewöhnlichen Aufenthalt im Gerichtsstaat hat, die Staatsangehörigkeit des Gerichtsstaats besitzt oder im Gerichtsstaat ein Fürsorgebedürfnis bestand (§ 99 FamFG) oder im Verbund mit einem Eheverfahren erging, für das die internationale Zuständigkeit in spiegelbildlicher Anwendung von § 98 FamFG besteht. **76**

Der **gewöhnliche Aufenthalt des Kindes** ist aus Sicht des deutschen Rechts zu beurteilen, die Staatsangehörigkeit nach dem Recht des Staates, um dessen Staatsangehörigkeit es geht. Weil die Staatsangehörigkeitszuständigkeit auf dem Schutzgedanken beruht (siehe Rn 67), reicht die ausländische Staatsangehörigkeit auch bei einem deutschen Doppelstaater für die Zuständigkeitsbegründung.[97] **77**

Die Anerkennungsvoraussetzung der Gewährung rechtlichen Gehörs setzt nach § 109 Abs. 1 Nr. 2 FamFG nur voraus, dass den Beteiligten das verfahrenseinleitende Schriftstück ordnungsgemäß und rechtzeitig mitgeteilt worden ist; auf die ordnungsgemäße Zustellung wie bei § 328 Abs. 1 Nr. 2 ZPO kommt es daher nicht an.[98] Bei einem summarischen Verfahren reicht aus, dass der andere Teil seine Einwendungen in einem Überprüfungstermin schriftlich oder mündlich geltend machen kann.[99] **78**

88 Staudinger/*Henrich* (2008), Art. 21 EGBGB Rn 169 f; *Hau,* FamRZ 2009, 821, 824; s.a. Soergel/*Kegel*, Art. 19 EGBGB Rn 111; OLG München FamRZ 1993, 349.

89 Staudinger/*Henrich* (2008), Art. 21 EGBGB Rn 170; *Hau,* FamRZ 2009, 821, 824.

90 OLG Hamm FamRZ 1988, 864, 865; OLG München FamRZ 1993, 349; Staudinger/*Heinrich* (2008) Art. 21 Rn 170.

91 Staudinger/*Henrich* (2008), Art. 21 EGBGB Rn 171; *Roth*, IPRax 1994, 19.

92 So aber *Roth*, IPRax 1994, 19, 20.

93 *Rausch*, FPR 2006, 441, 446.

94 S. dazu im Einzelnen Staudinger/*Henrich* (2008), Art. 21 EGBGB Rn 184–223; MüKoZPO/*Gottwald*, IZPR-Schlussanh. Nr. 6 Bilaterale Anerkennungs- und Vollstreckungsverträge.

95 Staudinger/*Henrich* (2008), Art. 21 EGBGB Rn 175.

96 MüKoZPO/*Rauscher* § 108 FamFG Rn 7.

97 Heute hM OLG Koblenz FamRZ 1989, 204 = NJW 1989, 2201, 2203; *Geimer*, in: FS Ferid II 1988, S. 89, 102; Staudinger/*Henrich* (2008), Art. 21 EGBGB Rn 229.

98 BGH FamRZ 1979, 577 = NJW 1980, 529, 531; Staudinger/*Henrich* (2008), Art. 21 EGBGB Rn 235 ff.

99 OLG Koblenz FamRZ 1989, 204 = NJW 1989, 2201, 2203.

79 Das Anerkennungshindernis der **Unvereinbarkeit mit einer anderen in Deutschland erlassenen oder anzuerkennenden früheren ausländischen Entscheidung** (§ 109 Abs. 1 Nr. 3 FamFG) hat zu berücksichtigen, dass Sorgerechtssachen jederzeit abgeändert werden können.[100] Eine Unvereinbarkeit ist daher nur anzunehmen, wenn beide Entscheidungen von derselben tatsächlichen Situation ausgehen und zu einer anderen rechtlichen Bewertung gelangen.[101] Empfehlenswert ist, dass sich die spätere ausländische Entscheidung mit der früheren Entscheidung ausdrücklich auseinandersetzt und deutlich macht, dass aufgrund einer neuen Tatsachenlage eine unterschiedliche Entscheidung getroffen wird.[102]

80 Die Anerkennung erfolgt nach § 108 Abs. 1 FamFG wie bisher nach § 16 a FGG bei Vorliegen der Voraussetzungen per se, ohne dass es eines besonderen Anerkennungsverfahrens bedarf.

81 Neu eingeführt wurde in § 108 Abs. 2 S. 1 FamFG ein fakultatives Anerkennungsfeststellungsverfahren. Ein Beteiligter, der ein rechtliches Interesse hat, kann eine Entscheidung über die Anerkennung oder Nichtanerkennung der ausländischen Entscheidung über das Sorgerecht oder Umgangsrecht beantragen. Eine solche Entscheidung ist nach § 108 Abs. 2 S. 2 iVm § 107 Abs. 9 FamFG für Gerichte und Verwaltungsbehörden bindend.

82 Vorrangig anzuwenden sind aber weiterhin die besonderen Anerkennungsverfahren im Gemeinschaftsrecht oder in völkerrechtlichen Verträgen, wie etwa die nach Art. 21 Abs. 3 EheVO 2003, Art. 24 KSÜ und Art. 14 SorgeRÜ.[103]

83 Nach der hM kann eine Sorgerechtsentscheidung, die zusammen mit einem Eheurteil ergangen ist, erst nach Durchführung des gemäß § 107 Abs. 1 S. 1 FamFG notwendigen Anerkennungsverfahrens anerkannt werden und im Inland Wirkungen entfalten.[104] Dagegen spricht aber, dass eine Sorgerechtsentscheidung in keinem notwendigen Zusammenhang mit der Wirksamkeit des Eheurteils steht, sondern etwa auch bei bloßer faktischer Trennung ergehen kann.[105] Auch nach der hM sind die Anerkennungsvoraussetzungen weiterhin zu prüfen, weil die Anerkennung der ausländischen Entscheidung durch die Landesjustizverwaltung nicht auch die im Verbund ergangenen Sorgerechtssachen umfasst.[106]

84 Zum Anerkennungshindernis eines Verstoßes gegen den deutschen ordre public vgl. Rn 50 ff.

85 **c) Wirkungen der Anerkennung und Abänderung.** Anerkennung der ausländischen Entscheidung bedeutet Erstreckung ihrer Wirkungen auch auf das Inland. Die Wirkungen gehen aber nicht weiter als die einer vergleichbaren deutschen Entscheidung. Daher kann die ausländische Entscheidung, auch wenn sie nach dem Gerichtsstaatsrecht materiell rechtskräftig geworden ist, im Inland in einem neuen Verfahren abgeändert werden.[107]

86 Ob die Voraussetzungen für eine inhaltliche Änderung vorliegen, richtet sich nicht nach dem Recht des Entscheidungsstaates oder nach dem bei der ausländischen Entscheidung angewandten Recht, sondern nach dem Recht, das aufgrund der im Inland geltenden Kollisionsnormen anwendbar ist. Maßgeblicher Zeitpunkt der Anknüpfung ist das neue inländische Verfahren.[108] Bei der Anwendbarkeit deutschen Rechts kommt es nach § 1696 BGB darauf an, ob dies aus triftigen, das Wohl des Kindes nachhaltig berührenden Gründen angezeigt ist.[109] Eine Veränderung der tatsächlichen Verhältnisse ist nicht erforderlich.[110]

87 **4. Vollstreckung ausländischer Entscheidungen. a) Voraussetzungen und Verfahren.** Eine Entscheidung, die lediglich gestaltend wirkt, etwa einem Elternteil die elterliche Sorge zuweist, wirkt aufgrund ihrer Anerkennung mit diesem Inhalt und bedarf keiner Vollstreckung. Enthält die ausländische Entscheidung (auch) einen Leistungsbefehl, indem sie die Herausgabe des Kindes von dem einen Elternteil an den anderen anordnet, so bedarf sie (insoweit) der Vollstreckung.[111]

100 Staudinger/*Heinrich* (2008) Art. 21 Rn 243.
101 OLG Hamm FamRZ 1976, 528 = NJW 1976, 2079, 2080 f; OLG Frankfurt FamRZ 1992, 463; Staudinger/*Henrich* (2008), Art. 21 EGBGB Rn 245; *Mansel*, IPRax 1987, 298, 301.
102 Staudinger/*Henrich* (2008), Art. 21 EGBGB Rn 244.
103 *Hau*, FamRZ 2009, 821, 825.
104 BGHZ 64, 19 = FamRZ 1975, 273; BGH IPRax 1986, 382; Staudinger/*Henrich* (2008), Art. 21 EGBGB Rn 252; *Mansel*, IPRax 1987, 298; *Coester*, IPRax 1996, 24.
105 Soergel/*Kegel*, Art. 19 EGBGB Rn 113; s. nun auch für das MSA Staudinger/*Kropholler*, VorArt. 19 EGBGB Rn 450.
106 BGHZ 64, 19 = FamRZ 1975, 273; Staudinger/*Henrich* (2008), Art. 21 EGBGB Rn 250; *Mansel*, IPRax 1987, 298; *Coester*, IPRax 1996, 24.
107 BGHZ 64, 19 = FamRZ 1975, 273; BGH IPRax 1987, 317 m. Anm. *Mansel*, S. 298; OVG Münster FamRZ 1975, 47, 49 mit Anm. *Jayme* = IPRspr 1974 Nr. 198; OLG Hamm FamRZ 1976, 528 = NJW 1976, 2079, 2081 aE; Staudinger/*Henrich* (2008), Art. 21 EGBGB Rn 253.
108 S. dazu *Mansel*, IPRax 1987, 298 f mwN.
109 BGH IPRax 1987, 317; Staudinger/*Henrich* (2008), Art. 21 EGBGB Rn 260.
110 BGH IPRax 1987, 317, 318 aE; aA anscheinend Staudinger/*Henrich* (2008), Art. 21 EGBGB Rn 260: („die tatsächliche Situation (muss) sich dergestalt geändert haben, dass eine neue Schutzmaßnahme angezeigt erscheint").
111 Staudinger/*Henrich* (2008), Art. 21 EGBGB Rn 263.

Das MSA regelt bei Entscheidungen, die einer Vollstreckung bedürfen, weder die Anerkennungs- noch die Vollstreckungsvoraussetzungen (siehe Anhang II zu Art. 24, Art. 7 MSA Rn 10 f). 88

Das KSÜ regelt nun in Art. 23 ff die Voraussetzungen für die ex lege Anerkennung einer Schutzmaßnahme aus einem anderen Vertragsstaat. In Art. 24 schreibt es vor, dass zusätzlich die Möglichkeit gegeben sein muss, eine abstrakte Entscheidung über die Anerkennung der ausländischen Maßnahme zu erlangen. Für die Vollstreckung ordnet es eine Gleichstellung der ausländischen mit einer entsprechenden inländischen Maßnahme an, überlässt das Vollstreckungsverfahren ansonsten dem autonomen Recht. 89

Zur Vollstreckung ausländischer Urteile im Anwendungsbereich der EheVO 2003, des HKÜ und des ESÜ siehe Anhang I zum III. Abschnitt, Art. 47, 48 EheVO Rn 2 ff. 90

Im autonomen Recht erfolgt die Vollstreckung ausländischer Entscheidungen über die Herausgabe von Personen und die Regelung des Umgangs nach §§ 88 ff FamFG. In diesem Verfahren wird als Vorfrage auch über die Vollstreckbarerklärung der ausländischen Entscheidung entschieden. Ein gesonderter Beschluss über die Vollstreckbarkeit ist anders als in den Fällen des § 110 Abs. 2 iVm § 95 Abs. 1 FamFG nicht zu erlassen.[112] 91

Vollstreckbarerklärung und Vollstreckung erfolgen in dem Verfahren, das für ein vergleichbares inländisches Verfahren in der Sache einschlägig wäre, zu der die ausländische Entscheidung ergangen ist.[113] Die Vollstreckbarerklärung einer Entscheidung, die die Herausgabe des Kindes anordnet oder eine bestimmte Umgangsregelung trifft, richtet sich demnach nach den § 110 Abs. 1, §§ 88 ff FamFG. 92

§ 44 IntFamRVG enthält ergänzende Sonderregeln. Danach kommt dem Gericht bei der Vollstreckung eine aktivere Rolle zu als in reinen Inlandsfällen. Dies soll die Schwierigkeiten von im Ausland lebenden Elternteilen ausgleichen.[114] 93

b) Vollstreckung und Abänderung. Die ausländische Sorgerechtsentscheidung wird gegenstandslos, sobald ein deutsches Gericht sie abändert bzw. aufhebt.[115] Streitig ist, unter welchen Voraussetzungen eine Abänderung möglich ist, wenn die ausländische Entscheidung in einer formell rechtskräftigen deutschen Entscheidung für vollstreckbar erklärt wurde. Da auch im Verfahren der Vollstreckbarkeitserklärung das Kindeswohl geprüft wird, ist eine Abänderung in einem isolierten Verfahren nur zuzulassen, wenn sich die nach § 1696 BGB relevanten Umstände seit der letzten Prüfung im Vollstreckbarkeitserklärungsverfahren geändert haben.[116] 94

Artikel 22 EGBGB Annahme als Kind

(1) [1]Die Annahme als Kind unterliegt dem Recht des Staates, dem der Annehmende bei der Annahme angehört. [2]Die Annahme durch einen oder beide Ehegatten unterliegt dem Recht, das nach Artikel 14 Abs. 1 für die allgemeinen Wirkungen der Ehe maßgebend ist.

(2) Die Folgen der Annahme in Bezug auf das Verwandtschaftsverhältnis zwischen dem Kind und dem Annehmenden sowie den Personen, zu denen das Kind in einem familienrechtlichen Verhältnis steht, unterliegen dem nach Absatz 1 anzuwendenden Recht.

(3) [1]In Ansehung der Rechtsnachfolge von Todes wegen nach dem Annehmenden, dessen Ehegatten oder Verwandten steht der Angenommene ungeachtet des nach den Absätzen 1 und 2 anzuwendenden Rechts einem nach den deutschen Sachvorschriften angenommenen Kind gleich, wenn der Erblasser dies in der Form einer Verfügung von Todes wegen angeordnet hat und die Rechtsnachfolge deutschem Recht unterliegt. [2]Satz 1 gilt entsprechend, wenn die Annahme auf einer ausländischen Entscheidung beruht. [3]Die Sätze 1 und 2 finden keine Anwendung, wenn der Angenommene im Zeitpunkt der Annahme das achtzehnte Lebensjahr vollendet hatte.

Literatur: *Andrae*, Internationales Familienrecht, 2. Aufl 2006; *Benicke*, Typenmehrheit im Adoptionsrecht und deutsches IPR, 1995; *Beitzke*, Zum deutschen Erbrecht einer amerikanischen Adoptivnichte, IPRax 1990, 36; *Beyer*, Zur Frage der ordre public-Widrigkeit ausländischer Adoptionsentscheidungen wegen unzureichender Elterneigungs- und Kindeswohlprüfung, JAmt 2006, 329; *Busch*, Adoptionswirkungsgesetz und Haager Adoptionsübereinkommen – von der Nachadoption zur Anerkennung und Wirkungsfeststellung, IPRax 2003, 13; *Brand*, Die Adoption durch eingetragene Lebenspartner im Internationalen Privat- und Verfahrensrecht, 2004; *Dietz*, Das Erbrecht des Kindes im Internationalen Privatrecht, 2006; *Dörfling/Elsässer*, Internationale Adoptionen, 2006; *Frank*, Neuregelungen auf dem Gebiet des Internationalen Adoptions-

112 *Roth*, IPRax 1988, 75, 76; Staudinger/*Henrich* (2008), Art. 21 EGBGB Rn 264; Musielak/*Borth*, FamFG § 110 Rn 2.

113 BGHZ 67, 255 = FamRZ 1977, 126 = NJW 1977, 150; BGHZ 88, 113 = FamRZ 1983, 1008 = IPRax 1984, 323; Staudinger/*Henrich* (2008), Art. 21 EGBGB Rn 266; *Roth*, IPRax 1988, 75, 76.

114 BT-Drucks. 16/9733, 303 f; s.a. *Hau*, FamRZ 2009, 821, 826.

115 BGH FamRz 1986, 469; Staudinger/*Henrich* (2008), Art. 21 EGBGB Rn 269; *Roth*, IPRax 1988, 75, 80.

116 *Roth*, IPRax 1988, 75, 81.

rechts unter besonderer Berücksichtigung der Anerkennung von Auslandsadoptionen, StAZ 2003, 257; *Grassinger*, Die Adoption nach dem revidierten türkischen Gesetzbuch, StAZ 2005, 129; *Heiderhoff*, Das Erbrecht des adoptierten Kindes nach der Neuregelung des internationalen Adoptionsrechts, FamRZ 2002, 1682; *Henrich*, Die Wirksamkeit der Adoption als Vorfrage für die Namensführung des Adoptierten, IPRax 1998, 96; *ders.*, Internationales Familienrecht, 2. Auflage 2000; *ders.*, Wirksamkeit einer Auslandsadoption und Rechtsfolgen für die Staatsangehörigkeit, IPRax 2008, 237; *Hepting*, Anerkennung und Substitution schwacher Auslandsadoptionen, StAZ 1986, 305; *Hohnerlein*, Die Adoption chilenischer Kinder in Deutschland, IPRax 1994, 197; *Jayme*, Schache Adoptionen durch deutsche Annehmende im Ausland – Anerkennung oder Transformation, IPRax 1983, 169; *ders.*, Der deutsche Richter und das Common Law, in: Basedow u. a., Aufbruch nach Europa, 2001, 447; *Klinkhardt*, Wege zu einem neuen Umgang mit ausländischen Adoptionen, in: FS Sonnenberger 2004, S. 443; *St. Lorenz*, Adoptionswirkungen, Vorfragenanknüpfung und Substitution im Internationalen Adoptionsrecht nach der Umsetzung des Haager Adoptionsübereinkommens v. 29.5.1993, in: FS Sonnenberger 2004, S. 497; *Lüderitz*, Hauptfragen des internationalen Adoptionsrechts, in FS Beitzke 1979, 589; *Paulitz* (Hg.), Adoption, 2. Aufl. 2006; *Reinhardt*, Die Praxis der Anerkennung ausländischer Adoptionsentscheidungen aus der Sicht der Adoptionsvermittlung, JAmt 2006, 325; *ders.*, Kafala und Internationale Adoptionsvermittlung, JAmt 2008, 63; *Schlauß*, Die Anerkennung von Auslandsadoptionen in der vormundschaftsgerichtlichen Praxis, FamRZ 2007, 1699; *Schnabel*, Aufenthaltserlaubnis und ad; Adoptionshindernis der Kinderlosigkeit und Vorbehalt des ordre public, IPRax 1993, 169; *Sonnenberger*, Erwerb und Fortfall der Erbberechtigung adoptierter Kinder, insbesondere bei Adoptionen in den USA, in: GS Lüderitz 2000, S. 713; *Staudinger*, Der ordre public – Vorbehalt bei der Anerkennung ausländischer Adoptionen, FamRBint 2007, 42; *Staudinger/Winkelsträter*, Grenzüberschreitende Adoptionen in Deutschland, FamBInt 2005, 84 und 2006, 10; *Steiger*, Das neue Recht der internationalen Adoption und Adoptionsvermittlung, Einführung, Erläuterung, Materialien, 2003; *ders.*, Im alten Fahrwasser zu neuen Ufern: Neuregelungen im Recht der internationalen Adoption mit Erläuterungen für die notarielle Praxis, DNotZ 2002, 184; *Weitzel*, Anerkennung einer Auslandsadoption nach deutschem Recht trotz schwerwiegender Mängel der ausländischen Entscheidung?, JAmt 2006, 333; *ders.*, Zur Anerkennung ausländischer Adoptionsentscheidungen, IPRax 2007, 308; *ders.*, Das Haager Adoptionsübereikommen v. 29.5.1993, NJW 2008, 186; *Winkelsträter*, Anerkennung und Durchführung internationaler Adoptionen in Deutschland, 2007.

A. Textgeschichte

1 Das IPR-Gesetz von 1986[1] hat die Anknüpfung der Adoption in Art. 22 grundlegend neu geregelt. Die Abs. 2 und 3 wurden 2001 angefügt.[2]

1 Gesetz zur Neuregelung des Internationalen Privatrechts v. 25.7.1986 (BGBl. I S. 1142); s. Regierungsbegründung BT-Drucks. 10/504.

2 Gesetz zur Regelung von Rechtsfragen auf dem Gebiet der internationalen Adoption und zur Weiterentwicklung des Adoptionsvermittlungsrechts v. 5.11.2001 (BGBl. I S. 2950); s. BT-Drucks. 14/6011, S. 58.

B. Regelungsgehalt

I. Arten von Adoptionen

1. Allgemein. Art. 22 erfasst alle Arten von Adoptionen, dh von Rechtsverhältnissen, die zwischen Annehmenden und Angenommenen ein rechtliches Eltern-Kind-Verhältnis schaffen: starke und schwache Adoption, Minderjährigen- und Erwachsenenadoption, spezielle Formen der Adoption durch Verwandte des Kindes.[3] 2

2. Pflegekindschaft; Kafala. Ausländische Rechtsordnungen kennen teilweise eigene Institute der Pflegekindschaft. Da durch diese Rechtsinstitute keine rechtliche Verwandtschaft begründet wird, ist streitig, ob Art. 22 oder Art. 24 bzw das MSA anwendbar sind.[4] Da auf die Vergleichbarkeit der Funktion abgestellt werden muss, kam in Betracht, Art. 22 analog anzuwenden, wenn durch das ausländische Rechtsinstitut eine rechtlich verfestigte Eltern-Kind-Beziehung geschaffen wurde. Maßgebende Gesichtspunkte waren insoweit die unbegrenzte Dauer der Übertragung der elterlichen Sorge und die Begründung einer Unterhaltspflicht der Pflegeperson. Dementsprechend wurde bisher die Kafala in islamischen Rechtsordnungen[5] in der Regel nach Art. 22 analog angeknüpft.[6] 3

Das KSÜ sieht nun in Art. 3 lit. e) ausdrücklich vor, dass zu den vom KSÜ erfassten Schutzmaßnahmen auch die Betreuung durch Kafala oder eine entsprechende Einrichtung fällt. Mit Inkrafttreten des KSÜ für Deutschland zum 1.1.2011, gehen daher die Regeln über die internationale Zuständigkeit, das anwendbare Recht und die Anerkennung von Entscheidungen für eine Kafala und entsprechende Einrichtungen dem autonomen deutschen Recht vor. Es besteht dann weder ein Bedarf noch die Möglichkeit für eine analoge Anwendung von Art. 22 auf die Kafala oder ähnliche Pflegekindschaften.[7] 4

3. Equitable adoption. In den USA kann eine faktisch gelebte Eltern-Kind-Beziehung als equitable adoption Rechtswirkungen entfalten, etwa ein Erbrecht begründen.[8] Als adoptionsähnliches Verhältnis unterliegt es Art. 22.[9] 5

II. Zustandekommen der Adoption

Das Adoptionsstatut bestimmt die Voraussetzungen (Altersgrenze, Altersunterschied, Erfordernis der Kinderlosigkeit, erforderliche Einwilligungen und Zustimmungen) und die Art (Vertrag oder Dekret), unter denen eine Adoption zustande kommen kann.[10] 6

Unterscheidet das Adoptionsstatut zwischen Minderjährigenadoption und Erwachsenenadoption, entscheidet es auch über die Voraussetzungen, unter denen noch eine Minderjährigenadoption ausgesprochen werden kann, insbesondere auf welchen Zeitpunkt es für die Minderjährigkeit des Adoptivkindes ankommt. Stellt das Adoptionsstatut nicht auf ein festes Alterserfordernis ab, sondern auf die Minderjährigkeit, so handelt es sich dabei um eine Vorfrage, die unselbständig anzuknüpfen ist, weil insoweit das Interesse an internationalem Entscheidungseinklang überwiegt.[11] 7

III. Aufhebung der Adoption

1. Mängel bei der Begründung der Adoption. Das Adoptionsstatut entscheidet grundsätzlich auch über die Folgen etwaiger Mängel bei der Adoptionsbegründung sowie darüber, von wem und wie diese geltend zu machen sind. Uneingeschränkt gilt dies aber nur bei der Vertragsadoption. Ist die Adoption durch eine behörd- 8

3 Bamberger/Roth/*Heiderhoff*, Art. 22 EGBGB Rn 8 f; Erman/*Hohloch*, Art. 22 EGBGB Rn 12; Staudinger/*Henrich* (2008), Art. 22 EGBGB Rn 2; Palandt/*Thorn*, Art. 22 EGBGB Rn 1.

4 Für Art. 22 Bamberger/Roth/*Heiderhoff*, Art. 22 EGBGB Rn 12; Erman/*Hohloch*, Art. 22 EGBGB Rn 12; Staudinger/*Henrich* (2002), Art. 22 EGBGB Rn 2; Palandt/*Thorn*, Art. 22 EGBGB Rn 1; *Hepting*, StAZ 1986, 305; für Art. 24 MüKo/*Klinkhardt*, Art. 22 EGBGB Rn 8; für MSA Soergel/*Lüderitz*, Art. 22 EGBGB Rn 16.

5 S. dazu *Menhofer*, IPRax 1997, 252 f.

6 Erman/*Hohloch*, Art. 22 Rn 12; Staudinger/*Henrich* (2002), Art. 22 EGBGB Rn 2; *Jayme*, IPRax 1996, 237, 242; *ders.*, IPRax 1997, 376 f; *ders.*, IPRax 1999, 49; *Menhofer*, IPRax 1997, 252, 254; aA AG Frankfurt/M. IPRax 1997, 264, 265; MüKo/*Klinkhardt*, Art. 22 EGBGB Rn 8; *Winkelsträter*, Anerkennung und Durchführung internationaler Adoptionen, 39.

7 Staudinger/*Henrich* (2008), Art. 22 EGBGB Rn 2.

8 *Frank*, Grenzen der Adoption, 1978, S. 229 ff.

9 Staudinger/*Henrich* (2008), Art. 22 EGBGB Rn 2.

10 Bamberger/Roth/*Heiderhoff*, Art. 22 EGBGB Rn 16; Erman/*Hohloch*, Art. 22 EGBGB Rn 15; Staudinger/*Henrich* (2008), Art. 22 EGBGB Rn 33 f; Palandt/*Thorn*, Art. 22 EGBGB Rn 5.

11 *Andrae*, Internationales Familienrecht, § 7 Rn 33; MüKo/*Klinkhardt*, Art. 22 EGBGB Rn 20; Soergel/*Lüderitz*, Art. 22 EGBGB Rn 2 Fn 1; allg. auch Staudinger/*Henrich* (2008), Art. 22 EGBGB Rn 26; aA Bamberger/Roth/*Heiderhoff*, Art. 22 EGBGB Rn 49; Erman/*Hohloch*, Art. 22 EGBGB Rn 14; Palandt/*Thorn*, Art. 22 EGBGB Rn 1; wegen deutschen Adoptionsstatus war die Frage ohne Bedeutung in BayObLG FamRZ 1996 = NJW-RR 1995, 1287; OLG Karlsruhe FamRZ 2000, 768 = NJWE-FER 2000, 52.

liche oder gerichtliche Entscheidung begründet worden, so ist auch deren weiter gehender Bestandsschutz maßgebend.[12]

9 Ist die **Adoption durch ein deutsches Gericht** ausgesprochen worden, so gilt auch bei ausländischem Adoptionsstatut § 197 Abs. 3 FamFG. Mängel können nur in dem nach §§ 186 Nr. 3, 198 Abs. 2 FamFG vorgesehenen Aufhebungsverfahren geltend gemacht werden.[13] Das Adoptionsstatut entscheidet darüber, welche Mängel eine Aufhebung begründen und von wem sie geltend gemacht werden können.[14]

10 §§ 186 Nr. 3, 198 Abs. 2 FamFG gelten auch, wenn im Inland eine ausländische Dekretadoption aufgehoben werden soll, die im Inland anerkannt wird.[15] Allerdings ist insoweit eine Unwirksamkeit im Entscheidungsstaat zu beachten, weil dadurch die ausländische Entscheidung als Anerkennungsgegenstand entfällt.[16]

11 Ist die Adoption im Ausland unter Anwendung eines anderen Rechts als dem Adoptionsstatut nach Art. 22 ausgesprochen worden, so will die hM auf die Aufhebung das Adoptionsstatut aus deutscher Sicht anwenden.[17] Als Maßstab für die Fehlerhaftigkeit können aber nur die Vorschriften herangezogen werden, welche bei der Begründung tatsächlich angewandt wurden. Eine nach dem Begründungsstatut fehlerfrei zustande gekommene Adoption ist nicht allein deswegen fehlerhaft, weil eine aus deutscher Sicht notwendige Voraussetzung nicht eingehalten worden ist.[18]

12 Für die Frage, welche Folgen ein Begründungsmangel hat, ob er etwa die Aufhebbarkeit der Adoption begründet, ist aber mit der hM auf das Adoptionsstatut gemäß Art. 22 abzustellen.[19] Maßgeblicher Zeitpunkt für die Anknüpfung ist die Geltendmachung des Mangels.[20]

13 **2. Aufhebung aus nachträglichen Gründen.** Manche Rechtsordnungen sehen vor, dass eine fehlerfrei begründete Adoption später wieder aufgehoben werden kann, etwa aufgrund übereinstimmender Erklärungen der Betroffenen oder aufgrund groben Undanks des Adoptivkindes. Ob eine solche Aufhebung möglich ist, bestimmt sich nach dem Adoptionsstatut gemäß Art. 22 im Zeitpunkt der Aufhebung.[21]

IV. Adoptionswirkungen (Abs. 2)

14 **1. Statuswirkungen. a) Grundsatz.** Abs. 2 bestimmt ausdrücklich, dass sich die statusverändernden Wirkungen nach dem Adoptionsstatut richten. Im deutschen internen Adoptionsrecht sind dies die Vorschriften der §§ 1754, 1755, 1756, 1770 Abs. 1 u. 2 BGB.

15 Alle Rechtsordnungen, die die Adoption kennen, sehen vor, dass das Adoptivkind rechtlich Kind des oder der Annehmenden wird. Hinsichtlich der anderen Verwandtschaftsverhältnisse bestehen hingegen große Unterschiede. Bei dem Typus der **schwachen Adoption** bleibt das Verwandtschaftsverhältnis zur Herkunftsfamilie bestehen, während das Kind bei der **starken Adoption** von der Herkunftsfamilie statusrechtlich vollständig gelöst wird. Oft begründet eine schwache Adoption keine Verwandtschaftsverhältnisse zwischen dem Kind und den Verwandten des oder der Annehmenden, während bei der starken Adoption auch insoweit eine volle rechtliche Integration des Kindes in die Familie des oder der Annehmenden erfolgt.

16 Rechtsvergleichend war früher auch bei der Minderjährigenadoption die schwache Adoption verbreitet. Seit etwa 30 Jahren wurde sie in vielen Rechtsordnungen durch die starke Adoption ersetzt. Die volle Integration des Kindes in die Aufnahmefamilie schien den Kindesinteressen am besten zu dienen. In jüngster Zeit besteht aus Gründen des Kindesinteresses eine Tendenz zur so genannten **offenen Adoption**, bei der das Kind Kontakt zur Herkunftsfamilie behält. Dementsprechend werden auch weiter bestehende verwandtschaftliche Beziehungen zur Herkunftsfamilie positiver gewertet.[22]

17 **b) Adoptionswirkungsstatut. aa) Ausländische Dekretadoptionen.** Maßgeblich für die Adoptionswirkungen ist das Adoptionsstatut nach Art. 22 allerdings nur, wenn die Adoption in Deutschland erfolgte oder es sich um eine im Ausland begründete Vertragsadoption handelt. Handelt es sich um eine im Ausland dekretierte (vgl Rn 79) und nach §§ 108, 109 FamFG anerkennungsfähige Adoption, so kommt es statt auf das Adoptionsstatut auf das bei der Adoptionsbegründung tatsächlich angewandte Recht an (Adoptionsbegrün-

12 Staudinger/*Henrich* (2008), Art. 22 EGBGB Rn 36.
13 Staudinger/*Henrich* (2008), Art. 22 EGBGB Rn 36.
14 Soergel/*Lüderitz* Art. 22 Rn 34.
15 Staudinger/*Henrich* (2008), Art. 22 EGBGB Rn 36.
16 *Benicke*, S. 275 f.
17 Palandt/*Thorn*, Art. 22 EGBGB Rn 4; Soergel/*Lüderitz*, Art. 22 EGBGB Rn 35; Staudinger/*Henrich* (2008), Art. 22 EGBGB Rn 37; aA *Kropholler*, IPR, § 49 III 2 d.
18 *Benicke*, S. 287 f.
19 *Benicke*, S. 292 f.
20 *Benicke*, S. 293.
21 *Jayme*, IPRax 1985, 233; *Benicke*, S. 295–298, 304 f; MüKo/*Klinkhardt*, Art. 22 EGBGB Rn 51; Soergel/*Lüderitz*, Art. 22 EGBGB Rn 36; wohl auch Staudinger/*Henrich* (2008), Art. 22 EGBGB Rn 41; aA anscheinend OLG Hamm IPRspr 1995, Nr. 116; BayObLG FamRZ 1990, 1392; BayObLG ZfJ 1992, 442.
22 *Baer* in Paulitz, Adoption, S. 16 f; *Bach* in Paulitz, Adoption, S. 220 ff.

dungsstatut). Auf dieses Recht bezogen sich die Anträge und Einwilligungen der Beteiligten und nach ihm erfolgte die gerichtliche oder behördliche Prüfung.

bb) Wirkungsgleichstellung. Sofern die Voraussetzungen nach § 2 AdWirkG für eine Gleichstellung der Adoption mit einer Adoption nach deutschem Recht vorliegen, bestimmen sich die Adoptionswirkungen im Verhältnis zur Aufnahmefamilie nach deutschem Recht. 18

Nur im Verhältnis zur Herkunftsfamilie kann es weiterhin auf das Adoptionsbegründungsstatut ankommen (siehe § 1–5 AdWirkG Rn 21). 19

Im Folgenden wird das für die Adoptionswirkungen maßgebende Recht als Adoptionswirkungsstatut bezeichnet. 20

c) Abgrenzung zu Einzelwirkungsstatuten. In der praktischen Rechtsanwendung kommt es regelmäßig nicht auf den abstrakten Status des Kindes an, sondern auf einzelne konkrete Wirkungen. Da die meisten aus dem Abstammungsverhältnis folgenden Wirkungen, etwa Erbrecht und Name, gesondert angeknüpft werden und die Adoption nach dem Adoptionsstatut und dem Wirkungsstatut unterschiedlich ausgestaltet sein kann, stellen sich dabei regelmäßig Qualifikationsprobleme, dh Fragen nach der Abgrenzung der Anwendungsbereiche von Adoptionsstatut und Einzelwirkungsstatut. 21

2. Eltern-Kind-Verhältnis. Wie für leibliche Kinder bestimmt sich auch für minderjährige Adoptivkinder das allgemeine Eltern-Kind-Verhältnis grundsätzlich nach Art. 21, der aber mit Inkrafttreten des KSÜ fast vollständig durch dessen kollisionsrechtliche Regelungen verdrängt wird.[23] Dies gilt nach umstrittener aber richtiger Meinung auch im Anwendungsbereich der EheVO 2003 beim Erlass von Schutzmaßnahmen. In dem danach anwendbaren Recht[24] stellt sich die Frage der Adoption als Vorfrage nach dem Bestehen eines Abstammungsverhältnisses. 22

3. Name. Die Namensführung des Kindes richtet sich nicht nach dem Adoptionsstatut, sondern nach dem **Namensstatut (Art. 10)**. Führt die Adoption zum Wechsel der Staatsangehörigkeit des Kindes, so ist die neu erworbene Staatsangehörigkeit für die Anknüpfung nach Art. 10 maßgeblich.[25] Hat das Kind die Staatsangehörigkeit des Annehmenden erworben, ohne die bisherige zu verlieren, so kommt es für die Frage, welche die effektive Staatsangehörigkeit ist, ebenfalls auf die neue, durch die Adoption geschaffene Lage an. Meist wird daher die durch den Annehmenden vermittelte Staatsangehörigkeit die effektive sein. 23

Kollisionsrechtliche Problem treten auf, wenn verschiedene Rechtsordnungen als Namensstatut und Adoptionsstatut berufen sind, was typischerweise der Fall ist, wenn das Adoptivkind nicht die Staatsangehörigkeit des Annehmenden erworben hat, wie etwa bei der schwachen Minderjährigenadoption oder bei der Erwachsenenadoption. 24

Streitig ist die **Anknüpfung der Vorfrage** nach dem familienrechtlichen Status des Kindes, die sich bei Anwendung des Namensstatuts stellt. Für die selbständige Anknüpfung wird vorgebracht, dass dadurch der familienrechtliche Status eines Kindes im Inland einheitlich beurteilt wird.[26] 25

Dagegen spricht aber entscheidend, dass das ausländische Kind in den Ausweispapieren den Namen führt, den es aus Sicht des Heimatrechts hat. Zur Vermeidung einer gespaltenen Namensführung muss daher die Vorfrage nach dem familienrechtlichen Status und damit nach der Wirksamkeit einer Adoption unselbständig angeknüpft werden.[27] Die Sichtweise des Heimatrechts ist auch bei der Frage nach einer Rück- oder Weiterverweisung maßgeblich. 26

Anpassungsprobleme ergeben sich, wenn die namensrechtlichen Wirkungen im Adoptionsstatut und Namensstatut unterschiedlich ausgestaltet sind.[28] Das ist etwa der Fall, wenn nach dem Adoptionsstatut eine starke Adoption ausgesprochen wurde, bei der das Adoptivkind nach dem Adoptionsstatut den Namen des Annehmenden erhalten würde, wenn aber das Namensstatut in einem solchen Fall nur eine schwache Adoption vorsieht, bei der das Kind seinen bisherigen Namen behält. 27

Kennt das Namensstatut mehrere Arten von Adoptionen, so ist auf die Namensregelung für die Adoptionsart abzustellen, die der nach dem Adoptionsstatut ausgesprochenen Adoption entspricht.[29] 28

23 S. Art. 21 EGBGB Rn 10-20.

24 Zu Frage des maßgeblichen Kollisionsrecht im Anwendungsbereich der EheVO 2003 s. Art. 21 EGBGB Rn 11–15.

25 Staudinger/*Henrich* (2008), Art. 22 EGBGB Rn 47; LG Gießen IPRspr 19 95, Nr. 13; aA AG Detmold IPRax 1990, 254 f m. Anm. *Jayme*.

26 BGH IPRax 1987, 22, 23 (für Vorfrage der Ehelichkeit); BayObLG FamRZ 1991, 1352; *Henrich*, IPRax 1998, 96; *Kubitz*, StAZ 2001, 44; *Hepting/Gaaz*, Personenstandsrecht Bd. 2, Rn V-556; s.a. Art. 10 Rn 17.

27 BayObLG IPRax 1987, 192, 195; KG StAZ 1988, 325; Beck OK EGBGB/*Mäsch*, Art. 10 Rn 10; MüKo/*Birk*, Art. 10 EGBGB Rn 26; Palandt/*Thorn*, Art. 10 Rn 2.

28 *Benicke*, S. 243 ff; MüKo/*Klinkhardt*, Art. 22 EGBGB Rn 41; Staudinger/*Henrich* (2008), Art. 22 EGBGB Rn 54 f.

29 MüKo/*Klinkhardt*, Art. 22 EGBGB Rn 41; Staudinger/*Henrich* (2008), Art. 22 EGBGB Rn 54.

29 Meist wird eine Lösung am besten dadurch erfolgen, dass die Annehmenden von dem **Wahlrecht nach Art. 10 Abs. 3** Gebrauch machen.[30] Die Adoptiveltern können so das Namensrecht wählen, das die Namensführung ermöglicht, dem der konkrete Charakter der Adoption entspricht. Auch bei einer schwachen Adoption kann eine namensmäßige Integration erwünscht sein. Bei der Volljährigenadoption wird man Art. 10 Abs. 3 analog anwenden können. Da kein Sorgerecht mehr besteht, muss die Wahl durch Annehmenden und Angenommenen gemeinsam erfolgen.

30 Ist bei einer **ausländischen Dekretadoption**, die nach §§ 108, 109 FamFG anzuerkennen ist, auch eine Entscheidung über die Namensführung ergangen, so richtet sich die Namensführung nach dieser Entscheidung.[31] Eine Änderung des Namens ist nur über ein behördliches Verfahren möglich.

31 Das Namensstatut bestimmt auch die Möglichkeiten einer Änderung des **Vornamens** anlässlich der Adoption.[32] Ist in einem ausländischen Adoptionsdekret eine Entscheidung über die Vornamensführung getroffen worden, so wird sie auch von der Anerkennung umfasst.

32 **4. Staatsangehörigkeit.** Nach § 6 S. 1 StAG erwirbt das unter 18 Jahre alte ausländische Kind „mit der nach den deutschen Gesetzen wirksamen Annahme als Kind" die deutsche Staatsangehörigkeit.

33 Nach hM muss die Adoption nicht unter Anwendung deutschen materiellen Rechts begründet worden sein. Die Adoption kann im In- oder Ausland unter Anwendung eines ausländischen Adoptionsstatuts ergangen sein. Auch wenn die Adoption im Ausland unter Anwendung eines Rechts ausgesprochen wurde, das aus deutscher Sicht nicht Adoptionsstatut ist, kann die Adoptionsentscheidung im Inland anerkannt werden und Wirkungen entfalten (siehe Rn 92).

34 Die hM verlangt aber, dass die unter Anwendung ausländischen Rechts ausgesprochene Adoption in ihren statusverändernden Wirkungen einer starken Minderjährigenadoption deutschen Rechts gleichwertig ist.[33] Streitig war dabei, in welchem Maß die ausländische Adoption einer Volladoption nach deutschem Recht entsprechen muss.[34] Die neuere Rechtsprechung nimmt Gleichwertigkeit im Rahmen von § 6 S. 1 StAG bereits an, wenn das Adoptivkind im Verhältnis zu den Annehmenden einem leiblichen Kind rechtlich gleichsteht, wenn die Aufhebung des Annahmeverhältnisses nur unter ähnlich eingeschränkten Voraussetzungen zulässig ist, wie sie das deutsche Recht in §§ 1759, 1761, 1763 BGB normiert. Der Gleichwertigkeit steht danach nicht entgegen, dass einzelne rechtliche Beziehungen zu den leiblichen Eltern wie insbesondere Erbrechte bestehen bleiben.[35] Die Gleichwertigkeit wird dabei nicht im Sinne derjenigen in § 2 Abs. 1 und Abs. 2 S. 1 Nr. 1 AdWirkG verstanden, wonach Voraussetzung ist, dass das Eltern-Kind-Verhältnis des Kindes zu seinen bisherigen Eltern durch die Annahme erloschen sein muss.[36]

35 In der Rechtspraxis ist damit kaum denkbar, dass eine ausländische Adoption die Gleichwertigkeitsanforderungen nach § 6 S. 1 StAG nicht erfüllt.[37] Auch so genannte schwache Adoptionen begründen ein Eltern-Kind-Verhältnis zwischen Annehmenden und Angenommenen. Die Begründung eines Verwandtschaftsverhältnisses zu den Verwandten des Annehmenden wird nicht gefordert.[38] Unterschiedliche Regelungen zur Aufhebbarkeit der Adoption nach dem Begründungsstatut sind in der Rechtspraxis ebenfalls ohne Bedeutung, weil und wenn auf die Aufhebung bei deutscher Staatsangehörigkeit des Annehmenden und aufgrund der Adoption auch des Adoptivkindes deutsches Sachrecht anzuwenden ist.[39]

36 Da eine schwache Adoption nach ausländischem Recht gemäß § 3 AdWirkG in eine starke nach deutschem Recht umgewandelt werden kann, war die Problematik des Staatsangehörigkeitserwerbs bei schwachen Adoptionen bereits deutlich gemildert gewesen.

37 Nach § 27 StAG verliert ein deutsches Kind mit der Annahme durch einen Ausländer die deutsche Staatsangehörigkeit, wenn es die Staatsangehörigkeit des Annehmenden erwirbt und es mit dem deutschen Elternteil nicht verwandt bleibt. Für die Frage nach dem Erlöschen der Verwandtschaftsbeziehung ist nun auf § 2 AdWirkG abzustellen.

30 Staudinger/*Henrich* (2008), Art. 22 EGBGB Rn 54.

31 AG Bonn StAZ 1992, 41; *Benicke*, S. 248.

32 Staudinger/*Henrich* (2008), Art. 22 EGBGB Rn 56; aA *Mansel*, StAZ 1984, 211; s.a. allg. für die Maßgeblichkeit des Namensstatuts für den Vornamen OLG Hamm IPRax 1983, 296 m. Anm. *Dörner*, S. 287.

33 BayVGH IPRspr 1988, Nr. 224 = StAZ 1989, 287; HessVGH StAZ 1985, 312; VG München IPRspr 1991 Nr. 226 = StAZ 1992, 351; MüKo/*Klinkhardt*, Art. 22 EGBGB Rn 48; Staudinger/*Henrich* (2008), Art. 22 EGBGB Rn 61; i.E. auch *Makarov/v. Mangoldt*, Deutsches Staatsangehörigkeitsrecht, 1989, § 6 Rn 11, der aus diesem Grund einer schwachen Adoption bereits die Anerkennung versagt; aA *Benicke*, S. 259 ff.

34 HessVGH StAZ 1985, 312 nahm Gleichwertigkeit an, obgleich nach dem ausländischen Adoptionsrecht die leiblichen Eltern weiterhin ein Erbrecht hatten.

35 OVG Hamburg, IPRax 2008, 261, 267 f, bestätigt durch BVerwG, FamRZ 2007, 1550 = BeckRS 2007, 25117; s.a. bereits HessVGH StAZ 1985, 312.

36 BVerwG, FamRZ 2007, 1550 = BeckRS 2007, 25117.

37 *Henrich*, IPRax 2008, 237, 239; Staudinger/*Henrich* (2008), Art. 22 EGBGB Rn 61.

38 *Henrich*, IPRax 2008, 237,238 f.

39 So auch OVG Hamburg, IPRax 2008, 261, 270.

5. Erbrecht. Nach der heute ganz hM bestimmt weder das Adoptionsstatut noch das Erbstatut allein über die Erbberechtigung eines adoptierten Kindes. Weitgehende Einigkeit besteht über den **Grundsatz:** Das Erbstatut entscheidet darüber, welches Verwandtschaftsverhältnis für eine erbrechtliche Berechtigung vorliegen muss und welche konkrete Erbberechtigung sich hieraus ergibt. Ob ein solches Verwandtschaftsverhältnis durch die Adoption begründet worden ist, bestimmt sich hingegen nach dem Adoptionsstatut (Adoptionswirkungsstatut, s. Rn 17).[40] 38

Ist **deutsches Recht Erbstatut** und geht es um die Erbberechtigung des Adoptivkindes nach dem Bruder oder der Schwester des Annehmenden, so ergibt sich die Erbberechtigung nicht bereits daraus, dass sie bei einer deutschen Minderjährigenadoption zu bejahen wäre. Entscheidend ist, ob die Adoption nach dem Adoptionsstatut das in § 1925 Abs. 1 BGB vorausgesetzte Verwandtschaftsverhältnis zu den Eltern und Geschwistern des Annehmenden begründet hat (Substitution). Bestimmt das Adoptionsstatut nicht ausdrücklich, welche verwandtschaftlichen Beziehungen begründet werden, so kann den erbrechtlichen Vorschriften dieser Rechtsordnung eine Indizwirkung dafür zukommen, zu welchen Personen ein Verwandtschaftsverhältnis entstanden ist. 39

Dass das Adoptivkind im konkreten Fall nach den erbrechtlichen Regelungen des Adoptionsstatuts keine Erbberechtigung erlangt hätte, ist hingegen unerheblich. Zu vermeiden ist, über die Prüfung der Indizwirkung eine kumulative Anwendung der erbrechtlichen Vorschriften des Adoptionsstatuts vorzunehmen.[41] Hat das Adoptivkind die Stellung eines Kindes des Annehmenden erhalten, lässt das Adoptionsstatut das Adoptivkind aber erst subsidiär nach leiblichen Kindern des Annehmenden erben oder gewährt es ihm im Unterschied zu leiblichen Kindern kein Pflichtteilsrecht, wird hierdurch die erbrechtliche Berechtigung des Adoptivkindes nach deutschem Recht nicht beschränkt.[42] 40

Streitig sind weiterhin die Fälle, in denen nach dem Erbstatut die **Erbberechtigung eines Adoptivkindes** ausgeschlossen ist, etwa weil das Erbstatut nur eine schwache oder überhaupt keine Adoption kennt. **Eine Ansicht** will insoweit das Erbstatut entscheiden lassen. Da das Erbstatut bestimme, welches Verwandtschaftsverhältnis für eine Erbberechtigung vorliegen müsse, handele es sich um die Auslegung der erbrechtlichen Normen. Diese Normen bestimmen, ob das Verwandtschaftsverhältnis auch durch eine ausländische Adoption substituiert werden kann.[43] Sieht das Erbstatut wie in den islamisch geprägten Rechtsordnungen eine Adoption nicht vor, so wird es auch eine Erbberechtigung aufgrund einer Adoption ablehnen.[44] Nach einer **anderen Ansicht**[45] entscheidet das Erbstatut nur darüber, welches Verwandtschaftsverhältnis für eine bestimmte Erbberechtigung vorliegen muss. Ob dieses Verwandtschaftsverhältnis besteht, ist eine selbstständig anzuknüpfende Vorfrage.[46] Geht es um die leibliche Kindschaft, richtet sich dies nach dem Abstammungsstatut gemäß Art. 19, 20. Kommt eine Verwandtschaft aufgrund einer Adoption in Betracht, entscheidet darüber das Adoptionsstatut. Eine Substitution findet erst auf einer zweiten Stufe statt, indem gefragt wird, ob das durch die Adoption geschaffene Verwandtschaftsverhältnis dem vom Erbstatut vorausgesetzten entspricht. Welches Verwandtschaftsverhältnis durch die Adoption begründet worden ist, richtet sich nur nach dem Adoptionsstatut. 41

Zu folgen ist der letzteren Ansicht. Nur sie ermöglicht eine einheitliche Behandlung der Adoptivkindschaft und gewährleistet damit eine weitgehende Gleichbehandlung mit der leiblichen Kindschaft. Auch die Vorfragen nach dem Bestehen der leiblichen Kindschaft oder einer Ehe werden insoweit selbständig angeknüpft.[47] Außerdem werden dadurch Fälle von Normenhäufung und Normenmangel vermieden. Entschiede das Erbstatut darüber, ob ein Adoptivkind erbberechtigt sein kann, könnte ein Adoptivkind etwa weder in der leiblichen Familie noch in der Adoptivfamilie erbberechtigt sein. 42

Entsprechend ist auch bei der Frage eines Erbrechts des Adoptivkindes nach Mitgliedern seiner **Herkunftsfamilie** zu entscheiden. Werden nach dem Adoptionsstatut alle Verwandtschaftsverhältnisse zu der Herkunftsfamilie vollständig gelöst, so hat das Kind kein Erbrecht, auch wenn die als Erbstatut berufene Rechtsordnung nur eine schwache Adoption kennt, bei der ein Erbrecht des Kindes nach Mitgliedern der Herkunfts- 43

40 BGH IPRax 1990, 55 = FamRZ 1989, 378 = NJW 1989, 2197; OLG Düsseldorf IPRax 1999, 380, 382 f; Soergel/*Lüderitz*, Art. 22 EGBGB Rn 28; Staudinger/*Henrich* (2008), Art. 22 EGBGB Rn 64.

41 So aber iE OLG Düsseldorf IPRax 1999, 380, 382 f.

42 AA OLG Düsseldorf IPRax 1999, 380, 382 f.

43 *Beitzke*, IPRax 1990, 36, 40 f; *Sonnenberger*, in: GS Lüderitz 2000, S. 716 ff; Staudinger/*Dörner*, Art. 25 EGBGB Rn 180; Staudinger/*Henrich* (2008), Art. 22 EGBGB Rn 67; *St. Lorenz*, FS Sonnenberger, S. 510.

44 Staudinger/*Henrich* (2008), Art. 22 EGBGB Rn 67.

45 KG IPRax 1985, 354; OLG Düsseldorf IPRax 1999, 380, 382; Soergel/*Lüderitz*, Art. 22 EGBGB Rn 30 f mit Fn 49; *Benicke*, S. 231 ff; *Heiderhoff*, FamRZ 2002, 1682, 1683 f.

46 Staudinger/*Dörner*, Art. 25 EGBGB Rn 175.

47 BGH NJW 1981, 1900 (Scheidung einer Ehe); BayObLGZ 1980, 72 (Ehelichkeit eines Kindes); OLG Düsseldorf FamRZ 1996, 699; 1998, 1629; Palandt/*Thorn*, Art. 25 EGBGB Rn 17; Staudinger/*Dörner*, Art. 25 EGBGB Rn 555; für unselbständige Anknüpfung OLG Oldenburg IPRspr 1987 Nr. 107; *Jayme*, ZfRV 24 (1983), 1974 f.

familie erhalten bleibt.[48] Umgekehrt behält das schwach adoptierte Kind ein Erbrecht in seiner Herkunftsfamilie auch dann, wenn die als Erbstatut berufene Rechtsordnung nur die starke Adoption kennt.[49]

44 **Umstritten** ist die Behandlung der Fälle, in denen das Adoptionsstatut zwar grundsätzlich vorsieht, dass das Kind in die Adoptivfamilie rechtlich voll integriert wird, dem Kind aber die **Erbberechtigung in der Herkunftsfamilie erhalten bleibt**. Dies gilt etwa für die Adoption nach österreichischem oder türkischem Recht[50] oder für die Adoption nach dem Recht einiger Staaten in den USA. Dort sehen die jeweiligen einzelstaatlichen Adoptionsgesetze regelmäßig eine Adoption mit starken Wirkungen vor. Teilweise lassen die gesetzlichen Regelungen aber eine Erbberechtigung in der leiblichen Familie nach dem einzelstaatlichen Common Law unberührt.[51] Da das Adoptionsrecht das Rechtsverhältnis zwischen Adoptivkind und Herkunftsfamilie zumindest erbrechtlich nicht beseitigt, müsse das Kind auch für das Erbstatut hinsichtlich der erbrechtlichen Berechtigung als mit der Herkunftsfamilie verwandt angesehen werden, behalte daher also ein Erbrecht, wenn die übrigen Voraussetzungen nach dem Erbstatut vorliegen.[52]

45 ME bezwecken solche Vorschriften eine spezielle erbrechtliche Besserstellung des Adoptivkindes und sollten daher erbrechtlich qualifiziert werden. Ist österreichisches Recht Erbstatut, erbt das Adoptivkind nach leiblichen Verwandten auch dann, wenn deutsches Recht Adoptionsstatut ist. Umgekehrt hat das nach österreichischem Recht adoptierte Kind bei deutschem Erbstatut kein gesetzliches Erbrecht nach Verwandten der Herkunftsfamilie.

46 **6. Gleichstellung mit stark adoptiertem Kind (Abs. 3).** Nach Abs. 3 kann das Kind, das unter Anwendung eines ausländischen Rechts im Inland oder im Ausland schwach adoptiert worden ist, für die Erbfolge nach einem Angehörigen der Adoptionsfamilie einem nach deutschem Recht stark adoptierten Kind gleichgestellt werden. Auf die Erbfolge muss deutsches Recht anwendbar sein und das Kind muss bei der Annahme unter 18 Jahre alt gewesen sein.

47 Eine praktische Bedeutung dürfte diese Gleichstellungsmöglichkeit nur haben, wenn eine Umwandlung der Adoption (siehe dazu AdWirkG Rn 22 ff) nicht durchgeführt werden kann, etwa weil eine erforderliche Einwilligung fehlt oder weil der Annehmende bereits gestorben ist. Da das Adoptivkind zumindest im Verhältnis zum Annehmenden die rechtliche Stellung eines Kindes erlangt hat, ist die Gleichstellungsmöglichkeit insoweit ohne Bedeutung, weil, wie hier vertreten (Rn 41 f), für die erbrechtliche Stellung nur das Erbstatut maßgebend ist und etwaige Beschränkungen des Erbrechts nach dem Adoptionsstatut ohne Bedeutung sind. Nach der anderen Ansicht können allerdings durch die Gleichstellung etwaige Beschränkungen des Adoptionsstatuts überwunden werden.

48 Praktische Bedeutung hat nur eine Gleichstellungsanordnung durch Verwandte des Annehmenden, nicht hingegen durch den Ehegatten, weil auch ein nach deutschem Recht vom Ehegatten allein adoptiertes Kind nicht mit dem (späteren) Ehegatten verwandt wird.[53]

49 Die Gleichstellung hat durch letztwillige Verfügung zu erfolgen. Ihre **Wirkung** besteht darin, dass sie dem Adoptivkind gegenüber einer unmittelbaren Einsetzung als Erben ein Mehr an Rechten verschaffen kann, etwa im Hinblick darauf, dass das Adoptivkind nun auch zu den Pflichtteilsberechtigten gehören kann.[54] Auch greifen die Auslegungsregeln im deutschen Erbrecht, die auf Stellung als Abkömmling verweisen, etwa § 2069 BGB, unmittelbar.[55] Schließlich kann durch die Gleichstellung eine günstigere Erbschaftssteuerklasse erreicht werden.[56]

50 Die Gleichstellung wirkt nur im Verhältnis zu der Person, die sie durch letztwillige Verfügung angeordnet hat. Im Verhältnis zu den anderen Mitgliedern der Adoptivfamilie sowie im Verhältnis zur Herkunftsfamilie bestimmen sich die für das Erbrecht relevanten Verwandtschaftsverhältnisse weiterhin nach dem Adoptionsstatut.[57]

48 Soergel/*Lüderitz*, Art. 22 EGBGB Rn 32; so auch Staudinger/*Henrich* (2008), Art. 22 EGBGB Rn 69; DIJuF-Rechtsgutachten v. 22.3.2001, JAmt 2001, 536 f für eine 1970 in Dänemark begründete starke Adoption eines deutschen Kindes; aA Staudinger/*Dörner*, Art. 25 EGBGB Rn 180.

49 Soergel/*Lüderitz*, Art. 22 EGBGB Rn 32; so auch Staudinger/*Henrich* (2008), Art. 22 EGBGB Rn 70.

50 Art. 257 türk. ZGB, dazu AG Siegen IPRax 1993, 184, 185.

51 *Jayme*, in: Basedow u. a., Aufbruch nach Europa, 2001, S. 447, 451 f; *Sonnenberger*, in: GS Lüderitz 2000, S. 713, 727 ff.

52 Staudinger/*Henrich* (2008), Art. 22 EGBGB Rn 66 aE; *Sonnenberger*, in: GS Lüderitz 2000, S. 730 f.

53 *Dietz*, Erbrecht des Adoptivkindes, 109.

54 S. *Heiderhoff*, FamRZ 2002, 1682, 1684; *Steiger*, DNotZ 2002, 184, 207; *Dietz*, Erbrecht des Adoptivkindes, 123 ff.

55 *Dietz*, Erbrecht des Adoptivkindes, 127 f auch zu §§ 2104, 2105 BGB.

56 *Dietz*, Erbrecht des Adoptivkindes, 128 ff.

57 Staudinger/*Henrich* (2008), Art. 22 EGBGB Rn 70; *Heiderhoff*, FamRZ 2002, 1682, 1685.

Ungeklärt ist noch, unter welchen Voraussetzungen eine Gleichstellung angenommen werden kann, wenn sie nicht ausdrücklich erfolgt.[58] Um der Vorschrift eine praktische, insbesondere erbschaftsteuerrechtliche Bedeutung zu lassen, muss es ausreichen, dass der Erblasser das Adoptivkind zumindest in dem Maße bedacht hat, wie es dem gesetzlichen Erbteil bei einer starken Adoption entsprechen würde. 51

C. Anknüpfung

I. Anknüpfungspunkt

Will eine **unverheiratete Person** allein ein Kind adoptieren, ist an ihre Staatsangehörigkeit anzuknüpfen. Bei Doppelstaatern ist Art. 5 Abs. 1 heranzuziehen; bei Staatenlosen ist nach Art. 5 Abs. 2 der gewöhnliche Aufenthalt maßgebend. Zu den Besonderheiten bei Flüchtlingen und Verschleppten siehe Art. 5 EGBGB Rn 39. 52

Für eine **verheiratete Person**, die allein oder zusammen mit ihrem Ehegatten ein Kind annimmt, ist Adoptionsstatut das Recht, das im Zeitpunkt der Adoption nach Art. 14 Abs. 1 Ehewirkungsstatut ist. Unbeachtlich ist ein nach Art. 14 Abs. 2 gewähltes Ehewirkungsstatut. Die Vor- bzw. Erstfrage, ob die Annehmenden verheiratet sind, ist, da sie sich bei Anwendung einer inländischen Norm stellt, immer aus Sicht des deutschen IPR anzuknüpfen.[59] 53

Art. 22 enthält keine ausdrückliche Bestimmung für die Anknüpfung, wenn **zwei unverheiratete Personen**, die etwa in einer nichtehelichen Lebensgemeinschaft leben, ein Kind annehmen wollen. Anders als im deutschen Adoptionsrecht ist dies nach ausländischen Rechtsordnungen teilweise möglich. Anwendbar sind entsprechend Abs. 1 S. 1 kumulativ die Heimatrechte beider Annehmender.[60] 54

Eine analoge Anwendung von Abs. 1 S. 2 bei einer **gleichgeschlechtlichen Partnerschaft** mit einem Verweis auf Art. 17 b Abs. 1 ist nach gegenwärtigem Rechtsstand abzulehnen.[61] Der Gesetzgeber hat eine vollständige kollisionsrechtliche Gleichstellung mit der Ehe bisher nicht vorgenommen.[62] Aus Art. 17 b Abs. 4 muss sogar abgeleitet werden, dass eine weitergehende Gleichstellung der Partnerschaft nach dem Heimatrecht oder den Heimatrechten der Partner in Deutschland nicht anerkannt werden kann. Eine **gemeinsame Adoption** durch die Partner kann in Deutschland selbst dann nicht ausgesprochen werden, wenn sie nach dem durch Art. 22 Abs. 1 S. 1 berufenen Adoptionsstatut möglich ist.[63] Da nach deutschem internem Recht seit 2005 ein Lebenspartner das Kind des anderen Lebenspartners adoptieren kann, § 9 Abs. 7 LPartG, verhindert die Kappungsregel in Art. 17 b Abs. 4 nicht mehr die Anwendung einer entsprechenden Regelung nach dem ausländischen Adoptionsstatut.[64] Zur Anerkennbarkeit einer im Ausland begründeten gemeinsamen Adoption durch gleichgeschlechtliche Lebenspartner s. unten Rn. 94. 55

II. Rück- und Weiterverweisung

Rück- und Weiterverweisungen sind grundsätzlich zu beachten. Maßgebend ist auch bei Abs. 1 S. 2 die ausländische Kollisionsnorm für das Adoptionsstatut und nicht die für das Ehewirkungsstatut.[65] Bei einer Verweisung auf österreichisches Recht ist damit nicht die dortige Kollisionsnorm für das Ehewirkungsstatut maßgebend, sondern die für das Adoptionsstatut, die auf das jeweilige Heimatrecht des Ehegatten abstellt. Bei einem deutsch-österreichischen Ehepaar mit gewöhnlichem Aufenthalt in Österreich findet daher eine partielle Rückverweisung für den deutschen Ehegatten auf das deutsche Recht statt.[66] 56

Einige ausländische Rechtsordnungen verweisen kumulativ oder partiell neben dem Heimatrecht des Annehmenden auch auf dasjenige des Anzunehmenden. Auch eine solche teilweise Weiterverweisung ist zu befolgen. 57

58 *Heiderhoff*, FamRZ 2002, 1682, 1685.
59 Staudinger/*Henrich* (2008), Art. 22 EGBGB Rn 24.
60 Soergel/*Lüderitz*, Art. 22 EGBGB Rn 8; Staudinger/*Henrich* (2008), Art. 22 EGBGB Rn 6; *Staudinger/Winkelstraeter*, FamRBint 2005, 84, 86 f; s. aber auch Erman/*Hohloch* Art. 22 Rn 10, der bei einem starken Inlandsbezug einen ordre public-Verstoß annimmt.
61 *Andrae*, Internationales Familienrecht, § 7 Rn 28; Beck OK EGBGB/*Heiderhoff*, Art. 22 Rn 41; Staudinger/*Henrich* (2008), Art. 22 EGBGB Rn 6; aA *Brand*, Die Adoption durch eingetragene Lebenspartner, 108; MüKoBGB/*Klinkhardt*, Art. 22 Rn 9.
62 *Staudinger/Winkelstraeter*, FamRBint 2005, 84, 87.
63 MüKoBGB/*Coester*, Art. 17 b Rn 110; Staudinger/*Henrich* (2008), Art. 22 EGBGB Rn 6; aA *Andrae*, Internationales Familienrecht, § 7 Rn 28; Beck OK EGBGB/*Heiderhoff*, Art. 22 Rn 41; jurisPK-BGB/*Behrentin*, Art. 22 Rn 34.
64 Staudinger/*Henrich* (2008), Art. 22 EGBGB Rn 6.
65 BayObLG FamRZ 1997, 841; LG Hamburg FamRZ 1999, 253, 254; MüKo/*Klinkhardt*, Art. 22 EGBGB Rn 15; Palandt/*Thorn*, Art. 22 EGBGB Rn 2; Soergel/*Lüderitz*, Art. 22 EGBGB Rn 61; Staudinger/*Henrich* (2008), Art. 22 EGBGB Rn 14.
66 Ähnlich bei einem deutsch-türkischen Ehepaar, bei dem der deutsche Ehegatte ursprünglich ebenfalls Türke war; nach Art. 14 Abs. 1 Nr. 1 Alt. 2 ist türkisches Recht Ehewirkungsstatut; Art. 18 türk. IPR-Gesetz unterstellt die Adoption für jeden Annehmenden seinem Heimatrecht und verweist daher für den deutschen Ehegatten auf deutsches Recht zurück; s. LG Hamburg FamRZ 1999, 253, 254.

58 Eine Rückverweisung ist auch dann zu beachten, wenn das Adoptionsstatut über Art. 14 Abs. 1 Nr. 3 bestimmt wurde. Dies folgt unabhängig davon, wie man die Frage für das Ehewirkungsstatut selbst entscheidet (siehe Art. 14 EGBGB Rn 53), daraus, dass durch die Beachtung einer Rück- oder Weiterverweisung die ausländische Rechtsordnung nicht über die Anknüpfung des Ehewirkungsstatuts, sondern über die des Adoptionsstatuts entscheidet. Im Hinblick auf die Adoption wurde aber keine umfassende Prüfung der engsten Verbindung vorgenommen.[67]

59 Möglich ist auch eine **versteckte Rückverweisung**, wenn aus der Sicht der Rechtsordnung, auf die Art. 22 verweist, deutsche Gerichte international zuständig sind, und die ausländische Rechtsordnung das anwendbare Recht nicht durch ein eigenes Kollisionsrecht, sondern mittelbar über die internationale Zuständigkeit bestimmt, weil die eigenen Gerichte stets die lex fori anwenden.[68] Weitergehend wird man aufgrund der fortgeschrittenen materiell rechtlichen Angleichung im Adoptionsrecht eine versteckte Rückverweisung auch dann annehmen können, wenn deutsche Gerichte aus Sicht der ausländischen Rechtsordnung zwar nicht international zuständig sind, eine deutsche Entscheidung aber anerkannt wird.[69]

D. Anwendung ausländischen Rechts

I. Vorfragen

60 Ob Vorfragen, die sich bei Anwendung eines ausländischen Adoptionsrechts stellen, selbständig oder unselbständig anzuknüpfen sind, ist auch bei der Adoption noch ungeklärt. Zumindest die Vorfrage, ob das Kind noch minderjährig ist, sollte unselbständig angeknüpft werden (siehe Rn 7).

II. Ordre public

61 Der ordre-public-Vorbehalt nach Art. 6 kann eingreifen, wenn das nach Art. 22 berufene ausländische Recht eine Adoption überhaupt nicht oder nur unter sachlich nicht gerechtfertigten Voraussetzungen zulässt. Es muss aber im Einzelfall ein ausreichend enger Inlandsbezug vorliegen und die Versagung der Adoption muss das Kindeswohl in nicht hinnehmbarem Maße beeinträchtigen.[70]

62 Kein ausreichender Inlandsbezug liegt regelmäßig vor, wenn sich die Parteien nur vorübergehend in Deutschland aufhalten und wieder in ihr Heimatland zurückkehren wollen. Für das Kindeswohl ist entscheidend, ob statt der Adoption nach dem anwendbaren Recht eine Pflegekindschaft begründet werden kann, die eine ausreichend sichere rechtliche Grundlage für eine kontinuierliche Betreuung und Erziehung des Kindes darstellt.[71] Dies wird für die kafala nach marokkanischem Recht für möglich gehalten. Sie sei zumindest dann eine angemessene Form der Betreuung, wenn es die Kontinuität der kulturellen Kindesentwicklung fördert.[72] Die fehlende verwandtschaftliche Beziehung wird aber bei einem gewöhnlichen und nicht nur vorübergehenden Aufenthalt in Deutschland regelmäßig im Widerspruch zum Kindeswohl stehen und eine Adoption geboten erscheinen lassen. Die fehlende verwandtschaftliche Beziehung verhindert den Erwerb der deutschen Staatsangehörigkeit und führt zu einer ausländerrechtlich wenig gesicherten Rechtsstellung des Kindes. Bei einem auf Dauer angelegten Aufenthalt in Deutschland verstoßen auch Vorschriften, die ein hohes Mindestalter[73] oder die Kinderlosigkeit[74] der Annehmenden verlangen, gegen den deutschen ordre public, wenn das Unterbleiben der Adoption eine unsichere Rechtsstellung des Kindes zur Folge hätte.

63 Ist aufgrund einer partiellen Rückverweisung für den einen Ehegatten ausländisches und für den anderen Ehegatten deutsches Recht anwendbar (siehe Rn 56), so kann der deutsche Ehegatte nach § 1741 Abs. 2 BGB das Kind nicht allein annehmen, wenn für den ausländischen Ehegatten nach seinem Heimatrecht ein Adop-

67 Erman/*Hohloch*, Art. 22 EGBGB Rn 5; Staudinger/*Henrich* (2008), Art. 22 EGBGB Rn 16.

68 KG IPRspr 1982 Nr. 108 = IPRax 1982, 246 m. Anm. *Jayme*; *Jayme*, ZfRV 1970, 253, 255; Soergel/*Lüderitz*, Art. 22 EGBGB Rn 61; Staudinger/*Henrich* (2008), Art. 22 EGBGB Rn 18, 20; die deutschen Gerichte müssen aus Sicht des ausländischen Rechts nicht ausschließlich zuständig sein, s. *Kegel/Schurig*, § 10 VI.

69 AG Darmstadt StAZ 1979, 324 m. zust. Anm. *Jayme*; *Jayme* in: FS Lipstein 1980, S. 65, 73 f; Staudinger/*Henrich* (2008), Art. 22 EGBGB Rn 19; eher abl. IPG 1974 Nr. 28 (Köln); LG Wuppertal FamRZ 1976, 714; AG Eggenfelden IPRax 1982, 78 m. Anm. *Jayme*.

70 Bamberger/Roth/*Heiderhoff*, Art. 22 EGBGB Rn 51; Staudinger/*Henrich* (2008), Art. 22 EGBGB Rn 71.

71 OLG Karlsruhe FamRZ 1998, 56 = IPRax 1999, 49 m. Anm. *Jayme*; Staudinger/*Henrich* (2008), Art. 22 EGBGB Rn 71.

72 *Jayme*, IPRax 1999, 49; *ders.*, IPRax 1996, 237, 238 ff, 242 f.

73 Etwa das Mindestalter von 35 nach türkischem Recht; s. AG Recklinghausen IPRax 1985, 110 (für Mindestalterserfordernis von 40 Jahren); aA Staudinger/*Henrich* (2008), Art. 22 EGBGB Rn 71.

74 AG Siegen IPRax 1993, 184 f; AG Heidenheim IPRspr 1996, Nr. 111; *Schnabel*, IPRax 1993, 169; IPG 1996 Nr. 35 (Hamburg); s.a. Art. 12 Abs. 2 Europäisches Adoptionsübereinkommen v. 24.4.1967 (BGBl. II 1980 S. 93).

tionsverbot besteht.[75] Möglich ist nur, dass das Adoptionsverbot wegen Verstoßes gegen den deutschen ordre public unanwendbar bleibt.

Gegen den deutschen ordre public können auch ausländische Vorschriften verstoßen, die nach deutschem Rechtsverständnis unabdingbare Mindestanforderungen für eine Adoption nicht verlangen. Dazu gehört nach hM, dass die leiblichen Eltern erst nach einer gewissen Frist nach der Geburt des Kindes ihre Einwilligung in die Adoption wirksam erklären können.[76] Ist die Einwilligung erst nach einer ausreichenden Überlegungsfrist ausgesprochen worden oder kann die Einwilligung nach dem Adoptionsstatut später noch widerrufen werden, liegt ein ordre-public-Verstoß aber nicht vor. 64

Praktisch relevant werden solche Regelungen vor allem bei der Anerkennung einer ausländischen Adoption und bedürfen dabei einer differenzierten Betrachtung (siehe Rn 93, 96-102). 65

E. Verfahren

I. Zuständigkeit

1. Internationale Zuständigkeit. Deutsche Gerichte sind nach **§ 101 FamFG** in Adoptionsangelegenheiten international zuständig, wenn der Annehmende, einer der annehmenden Ehegatten oder das Kind Deutscher ist oder seinen gewöhnlichen Aufenthalt im Inland hat. Bei Mehrstaatlern braucht die deutsche Staatsangehörigkeit nicht die effektive zu sein. 66

Die internationale Zuständigkeit hängt nicht von der **Anerkennung** der deutschen Adoptionsentscheidung im Heimatland des oder der Annehmenden oder des Kindes ab.[77] Die fehlende Anerkennung der Adoption im Heimatland oder im Land des gewöhnlichen Aufenthalts der Beteiligten kann aber bei der materiell rechtlichen Beurteilung eine Rolle spielen, ob die Adoption dem Kindeswohl dient.[78] 67

Im Einzelfall kann das **Rechtsschutzbedürfnis** für ein deutsches Verfahren fehlen, wenn die Beteiligten nicht (mehr) im Inland leben, die Anerkennung einer deutschen Entscheidung im Aufenthaltsstaat unsicher ist und/oder nur unter Schwierigkeiten festzustellen ist, ob die Adoption dem Kindeswohl dient und zu erwarten ist, dass zwischen den Annehmenden und dem Kind ein Eltern-Kind-Verhältnis entsteht.[79] 68

Bestand die internationale Zuständigkeit nur aufgrund des gewöhnlichen Aufenthalts von Annehmenden oder Kind in Deutschland und sind alle Beteiligten nach Verfahrensbeginn ins Ausland verzogen, entfällt regelmäßig die internationale Zuständigkeit deutscher Gerichte. Eine Zuständigkeitsfortdauer (perpetuatio fori) ist nur anzunehmen, wenn die Ermittlungen, die die Anwesenheit der Beteiligten und insbesondere des Kindes voraussetzen, abgeschlossen worden sind.[80] 69

2. Örtliche Zuständigkeit. Wenn im Adoptionsverfahren ausländische Sachvorschriften zur Anwendung kommen, so findet aufgrund § 187 Abs. 4 FamFG iVm § 5 Abs. 1 S. 1, Abs. 2 AdWirkG eine **Zuständigkeitskonzentration** an einem Familiengericht in jedem Oberlandesgerichtsbezirk statt. Eine ähnliche Regelung war in § 43 b Abs. 2 S. 2 FGG enthalten gewesen. Bei der Neuregelung durch das FamFG war eine solche Vorschrift aus Versehen nicht aufgenommen worden und musste nachträglich 2009 in § 187 Abs. 4 FamFG eingefügt werden.[81] 70

Sinn der Zuständigkeitskonzentration ist Herausbildung von speziellen Kompetenzen für internationale Adoptionen.

Nach altem Recht war streitig, ob die Zuständigkeitskonzentration auch für die Erwachsenenadoption galt, weil das Adoptionswirkungsgesetz, auf dessen Regelung § 43 b Abs. 2 S. 2 FGG verwies nur für die Minderjährigenadoption gilt.[82] Dieser Streit muss durch die Neuregelung zugunsten einer Geltung auch für die 71

75 LG Hamburg FamRZ 1999, 253, 254.
76 S. dazu *Benicke*, S. 202 ff mwN.
77 MüKo/*Klinkhardt*, Art. 22 EGBGB Rn 75; Prütting/Helms/*Hau*, FamFG, § 101 Rn 12; Soergel/*Lüderitz*, Art. 22 EGBGB Rn 37; Staudinger/*Henrich* (2008), Art. 22 EGBGB Rn 74.
78 *Jayme*, IPRax 1983, 132; *Lüderitz*, in: FS Beitzke 1979, S. 589, 601; Palandt/*Thorn*, Art. 22 EGBGB Rn 9; Soergel/*Lüderitz*, Art. 22 EGBGB Rn 37; Staudinger/*Henrich* (2008), Art. 22 EGBGB Rn 75.
79 MüKo/*Klinkhardt*, Art. 22 EGBGB Rn 76; Staudinger/*Henrich* (2008), Art. 22 EGBGB Rn 76.
80 Soergel/*Lüderitz*, Art. 22 EGBGB Rn 37; für eine generelle Ablehnung der perpetuatio fori im Bereich der Freiwilligen Gerichtsbarkeit *Henrich*, IPRax 1986, 364, 366; überwiegend wird eine perpetuatio fori nicht generell für ausgeschlossen gehalten, aber im Einzelfall eine Abwägung der beteiligten Interessen (Fürsorgebedürfnis, Sachnähe des entscheidenden Gerichts, Vermeidung hinkender Rechtsverhältnisse) vorgenommen, s. *Mansel*, IPRax 1987, 298, 301 f; *Jayme*, IPRax 1985, 111.
81 Im Jahr 2009 nachträglich eingefügt, BGBl. I S. 2449.
82 S. dazu Staudinger/*Henrich* (2008), Art. 22 EGBGB Rn 73: *ders.*, IPRax 2007, 338, dagegen etwa OLG München FGPrax 2007, 127 = StAZ 2008, 13.

Erwachsenenadoption als entschieden gelten, weil § 187 Abs. 4 FamFG ausdrücklich nur die „entsprechende" Anwendung von § 5 Abs. 1 S. 1, Abs. 2 AdWirkG anordnet.[83]

72 Ungeklärt ist weiterhin, ob die Zuständigkeitskonzentration voraussetzt, dass Art. 22 ausländisches Recht als Adoptionsstatut beruft.[84] Nach dem Wortlaut und Sinn der Vorschrift reicht es aus, wenn ausländisches Recht nicht als Adoptionsstatut nach Art. 22, sondern nur als **Zustimmungsstatut** nach Art. 23 berufen wird.[85] Über den Wortlaut hinaus sollte die Zuständigkeitskonzentration immer eingreifen, wenn Art. 22 oder 23 überhaupt auf ausländisches Recht verweisen. Stellt sich später heraus, dass das ausländische Recht eine Rückverweisung ausspricht[86] oder nach Art. 23 S. 2 ausnahmsweise deutsches Recht anzuwenden ist, sollte dies auf die Zuständigkeit keine Auswirkung haben. Die Ermittlung des ausländischen Kollisionsrechts kann aufwändiger sein als die des ausländischen Sachrechts.[87] Zu weitgehend erscheint es aber, die Zuständigkeitskonzentration auch dann anzunehmen, wenn ausländisches Recht nur für **Vorfragen** anzuwenden ist.[88] Dagegen spricht, dass die Anwendbarkeit ausländischen Rechts auf Vorfragen bei Verfahrensbeginn nicht immer erkennbar ist. Auch ist die Anwendbarkeit von ausländischem Recht auf Vorfragen in jedem Verfahren möglich und rechtfertigt keine Zuständigkeitskonzentration.

II. Verfahrensfragen bei ausländischem Adoptionsstatut

73 **1. Dekret oder Vertragsbestätigung.** Das Adoptionsstatut entscheidet auch über die **Art, wie die Adoption begründet wird**, dh ob sie durch eine gerichtliche Verfügung oder einen Adoptionsvertrag begründet wird und ob ein solcher Adoptionsvertrag einer gerichtlichen Bestätigung bedarf.[89]

74 Erfolgt die Adoption nach dem Adoptionsstatut durch einen gerichtlich zu bestätigenden Adoptionsvertrag, so kann ein deutsches Gericht eine solche Bestätigung aussprechen. Auf einen entsprechenden Antrag hin kann das Gericht die Adoption aber auch durch Beschluss aussprechen.[90]

75 **2. Antragsbefugnis und Zustimmungserklärungen.** Die **Antragsbefugnis** richtet sich nach dem BayObLG auch bei ausländischem Adoptionsstatut nach §§ 1752, 1768 BGB.[91] Richtigerweise sollte diese Frage aber dem Adoptionsstatut unterstellt werden,[92] weil mit dem Antragserfordernis auch darüber entschieden wird, wer zur Adoption sein Einverständnis erklären muss und ob und bis zu welchem Zeitpunkt Einverständniserklärungen zurückgenommen werden können. Das Adoptionsstatut entscheidet auch darüber, welche **Zustimmungen** erforderlich sind.

76 Zu Spannungen kommt es, wenn Adoptionsstatut und das Verfahrensrecht des forum unterschiedliche Erklärungsempfänger vorsehen. Bei der Dekretadoption nach deutschem Recht sind die Zustimmungen und andere Erklärungen dem Gericht gegenüber abzugeben. Sieht das ausländische Adoptionsstatut eine zu bestätigende Vertragsadoption vor, sind die Erklärungen meist nicht gegenüber dem Gericht abzugeben, sondern diesem nur nachzuweisen. Dies muss auch bei einem deutschen Verfahren genügen. § 1750 Abs. 1 S. 1 BGB ist also nicht verfahrensrechtlich zu qualifizieren.

77 **3. Gerichtliche Entscheidungen zu den Adoptionsvoraussetzungen.** Sieht das Adoptionsstatut die Möglichkeit vor, dass eine gerichtliche Entscheidung von einem Adoptionshindernis befreit oder eine Adoptionsvoraussetzung ersetzt, so kann eine solche Entscheidung auch von dem für die Adoption zuständigen

83 MüKoZPO/*Maurer*, § 187 FamFG Rn 14; aA aber weiterhin OLG Düsseldorf Beschl. v. 2.6.2010 – I-25 Sa 1/10, BeckRS 2010, 16063; *Bumiller/Harders*, Freiwillige Gerichtsbarkeit FamFG, § 187 FamFG Rn 10; Prütting/Helms/*Krause*, FamFG, § 199 Rn 11.

84 S. Staudinger/*Henrich* (2008), Art. 22 EGBGB Rn 73; *Busch*, IPRax 2003, 13, 20.

85 Staudinger/*Henrich* (2008), Art. 22 EGBGB Rn 73 mwN auf die insoweit uneinheitliche obergerichtliche Rechtsprechung; wie hier etwa OLG Köln FGPrax 06, 211, 212; OLG Hamm FamRZ 2006, 1463; aA OLG Schleswig FamRZ 2006, 1142.

86 OLG Karlsruhe FamRZ 2005, 1695; aA *Staudinger/Winkelstraeter*, FamRBint 2006, 10, 11.

87 Staudinger/*Henrich* (2008), Art. 22 EGBGB Rn 73.

88 AA *Bumiller/Harders*, Freiwillige Gerichtsbarkeit FamFG, § 187 FamFG Rn 11; dahingestellt gelassen von BayObLG, FGPrax 2005, 65.

89 BayObLG StAZ 1990, 70; MüKo/*Klinkhardt*, Art. 22 EGBGB Rn 19; Palandt/*Thorn*, Art. 22 EGBGB Rn 5.

90 BayObLGZ 82, 318; 97, 88; Palandt/*Thorn*, Art. 22 EGBGB Rn 5; Soergel/*Lüderitz*, Art. 22 EGBGB Rn 41 f; aA *Beitzke*, in: Beitzke/Hoffmann/Sturm, Einbindung fremder Normen in das deutsche Personenstandsrecht, 1985, S. 1, 7; Staudinger/*Henrich* (2008), Art. 22 EGBGB Rn 78; *Henrich*, Int. Familienrecht, § 8 III 2 a.

91 BayObLG IPRspr 1981, Nr. 121 = IPRax 1981, 220; BayObLG FamRZ 1982, 1133.

92 Staudinger/*Henrich* (2008), Art. 22 EGBGB Rn 78; anders allerdings in Rn 83 für das Antragserfordernis des leiblichen Elternteils bei der Stiefkindadoption nach englischem Recht; mE hat das Antragserfordernis nicht nur eine verfahrensrechtliche Bedeutung, sondern stellt materiellrechtlich die Zustimmung des Elternteils zur Stiefkindadoption dar.

deutschen Familiengericht ausgesprochen werden.[93] Ist eine solche Entscheidung bereits im Ausland ergangen, so reicht dies aus, wenn sie nach §§ 108, 109 FamFG anerkannt werden kann[94] und funktional einer entsprechenden Entscheidung nach dem Adoptionsstatut entspricht (s. auch Art. 23 Rn 10 f).[95]

Gleiches gilt, wenn nach dem ausländischen Adoptionsstatut das Gericht oder die Behörde vor dem Ausspruch **78** oder der Bestätigung der Adoption gesonderte Entscheidungen über die Adoptionsfähigkeit der Annehmenden oder des Kindes zu treffen hat.[96]

III. Anerkennung ausländischer Adoptionen

1. Haager Adoptionsübereinkommen. Adoptionen, die in einem Vertragsstaat des **Haager Übereinkom- 79** **mens über den Schutz von Kindern und die Zusammenarbeit auf dem Gebiet der internationalen Adoption** (Haager AdÜ)[97] den Vorschriften des Übereinkommens entsprechend begründet wurden, sind nach Art. 23 Haager AdÜ anzuerkennen.[98] Notwendig ist nur, dass die Behörde des Staates, in dem die Adoption durchgeführt worden ist, bescheinigt, dass sie gemäß dem Übereinkommen zustande gekommen ist, Dabei muss auch angegeben werden, wann und von wem die Zustimmungen nach Art. 17 lit. c Haager AdÜ erteilt worden sind. Nach Art. 17 lit. c Haager AdÜ müssen die Zentralen Behörden beider Staaten der Fortsetzung des Adoptionsverfahrens zugestimmt haben, bevor im Heimatstaat die Entscheidung getroffen wird, das Kind den künftigen Adoptiveltern anzuvertrauen. Ob es sich bei der Adoption um eine Dekretadoption oder eine Vertragsadoption handelt ist dann unerheblich.[99] Die Anerkennung der Adoption kann nur bei einem Verstoß gegen den ordre public versagt werden, Art. 24 Haager AdÜ. Ein solcher ist im Verhältnis zwischen Heimatstaat und Aufnahmestaat in der Praxis kaum denkbar, weil die Adoption im Heimatstaat nur ausgesprochen werden konnte, nachdem die zentrale Behörde des Aufnahmestaates nach Art. 17 lit. c Haager AdÜ ihre Zustimmung zum Fortgang des Adoptionsverfahrens gegeben hat.[100]

Das Haager AdÜ stellt daher eine **abschließende Sonderregel** für die Anerkennung auf. Das Günstigkeits- **80** prinzip gilt nicht.[101] Ziel des Haager AdÜ ist nach seinem Art. 1 nicht per se die erleichterte Anerkennung ausländischer Adoptionen. Das Haager AdÜ will vielmehr primär Schutzvorschriften einführen, damit internationale Adoptionen zum Wohle des Kindes und unter Wahrung seiner völkerrechtlich anerkannten Grundrechte stattfinden. Die gemäß den Vorschriften des Übereinkommens begründeten Adoptionen sollen in allen Vertragsstaaten anerkannt werden. Die Adoption aus einem Vertragsstaat des Haager AdÜ, die in den Anwendungsbereich des Übereinkommens fällt, kann daher nicht anerkannt werden, wenn die Voraussetzungen des Haager AdÜ nicht vorliegen. Ein Rückgriff auf das autonome Anerkennungsrecht ist nicht möglich. Die Rechtspraxis in Deutschland beachtet dies allerdings nicht immer und erkennt auch Adoption aus Vertragsstaaten an, obgleich die Vorschriften des Haager AdÜ nicht eingehalten worden sind.[102]

2. Anerkennung nach autonomem Recht. Die Anerkennung von Adoptionen aus einem Nichtvertrags- **81** staat des Haager AdÜ oder von Adoptionen, die nicht in den Anwendungsbereich des Haager AdÜ fallen (Erwachsenenadoptionen) richtet sich nach autonomem Recht. Dabei ist zwischen Adoptionsentscheidungen und reinen Vertragsadoptionen zu unterscheiden. Die Anerkennung einer **Adoptionsentscheidung** (Dekret-

93 Soergel/*Lüderitz*, Art. 22 EGBGB Rn 38; aA Staudinger/*Henrich* (2008), Art. 22 EGBGB Rn 79, der insoweit wie bei der Befreiung von Ehehindernissen entscheiden will und die Zuständigkeit der deutschen Gerichte nur annimmt, wenn eine Zuständigkeitsrückverweisung oder ein dringendes Fürsorgebedürfnis vorliegt oder eine Entscheidung der ausländischen Stelle nicht in zumutbarer Zeit zu erwarten ist.

94 S.a. für die Wirkung einer ausländischen Entscheidung bei deutschem Adoptionsstatut AG Hattingen IPRax 1983, 300: Die anzuerkennende italienische Entscheidung, die den leiblichen Eltern das Sorgerecht entzogen und die Adoptionsfähigkeit des Kindes festgestellt hat, entspricht funktional einer Ersetzungsentscheidung nach § 1748 BGB; ähnlich AG Siegen IPRax 1992, 259 = IPRspr 1992, Nr. 146.

95 AG Hattingen IPRax 1983, 300 mit zust. Anm. *Jayme*; AG Plettenberg IPRax 1994, 218 mit Bespr. *Hohnerlein*, S. 197, 198.

96 Soergel/*Lüderitz*, Art. 22 EGBGB Rn 40; anders AG Darmstadt IPRax 1983, 82, nach dem die nach italienischem Recht vorgesehene, durch gesonderten Gerichtsbeschluss festzustellende Adoptionseignung durch die unwiderrufliche Adoptionseinwilligung nach § 1750 BGB ersetzt wird; diesem zustimmend Staudinger/*Henrich* (2008), Art. 22 EGBGB Rn 82.

97 V. 29.5.1993; das Übereinkommen ist für Deutschland zum 1.3.2002 in Kraft getreten (BGBl. II 2001, S. 1034; BGBl. II, S. 2872; Abdruck der deutschen Übersetzung im Anhang; Liste der Vertragsstaaten zu finden auf den Internetseiten der Haager Konferenz für Internationales Privatrecht: http://www.hcch.net/.

98 *Andrae*, Internationales Familienrecht, § 7 Rn 63.

99 S. BT-Drucks. 14/6011, S. 26.

100 *Andrae*, Internationales Familienrecht, § 7 Rn 63.

101 Staudinger/*Henrich* (2008), Vorbem zu Art. 22 EGBGB Rn 46; *Staudinger/Winkelsträter* FamRBint 2006, 10, 11 f; offengelassen von OLG Hamm NJW-RR 2010, 1659.

102 S. dazu die Aufstellung und Kritik von *Weitzel*, NJW 2008, 186, 189 f.

adoption) richtet sich nach **§§ 108, 109 FamFG.** Eine solche Adoptionsentscheidung kann von einem Gericht,[103] aber auch von einer Behörde erlassen worden sein, wenn die Behörde die Adoption in einem der freiwilligen Gerichtsbarkeit vergleichbaren Verfahren konstitutiv begründet hat.[104]

82 Als Adoptionsentscheidungen können weitergehend auch **Bestätigungen und Genehmigungen** einer vertraglich begründeten Adoption durch ein Gericht oder eine Behörde anerkannt werden. Voraussetzung ist insoweit, dass die zuständige Stelle die Beteiligten angehört und die formellen und materiellen Voraussetzungen für eine Adoption überprüft hat, sowie die Befugnis besitzt, die Bestätigung oder Genehmigung zu versagen, wenn die Beteiligten ein wirkliches Eltern-Kind-Verhältnis nicht begründen wollen. Nicht ausreichend ist eine bloße formale Registrierung der Adoption.[105]

83 Eine Ansicht will insoweit unterscheiden, ob die gerichtliche oder behördliche Zustimmung nach dem formellen Abschluss des Adoptionsvertrages im Sinne einer Bestätigung erfolgt (dann Dekretadoption) oder aber vorher als Bewilligung erteilt wird, auf die dann der formelle Abschluss des Adoptionsvertrages nachfolgt (dann Vertragsadoption).[106] Diese Ansicht ist abzulehnen,[107] weil sie zu zufälligen, sachlich nicht gerechtfertigten Unterschieden kommt. Entscheidend ist nur, ob die Zustimmung aufgrund einer eigenen Prüfungskompetenz der Behörde oder des Gerichts erteilt wird.

84 **Zeitlich** sind §§ 108, 109 FamFG anzuwenden, wenn Rechtswirkungen einer ausländischen Entscheidung im Inland nach dem Inkrafttreten am 1.9.2009[108] geltend gemacht werden, auch wenn die Entscheidung bereits früher ergangen ist.

85 Reine **Vertragsadoptionen**, bei denen die Mitwirkung einer staatlichen Stelle in dem beschriebenen Umfang nicht stattgefunden hat, können nicht nach §§ 108, 109 FamFG anerkannt werden. Ihre Wirksamkeit bestimmt sich kollisionsrechtlich danach, ob die Voraussetzungen nach dem gemäß Art. 22, 23 aus deutscher Sicht anwendbaren Recht eingehalten wurden.[109]

86 Sollte eine Vertragsadoption nach dem Adoptionsstatut zustande kommen können, ohne dass eine staatliche oder staatlich beauftragte Stelle mitgewirkt und die Übereinstimmung der Adoption mit dem Kindeswohl geprüft hat, so verstößt diese Regelung bei der **Minderjährigenadoption** gegen den ordre public, weil keine ausreichende Prüfung des Kindeswohls gewährleistet ist.[110]

87 **3. Internationale Zuständigkeit, § 109 Abs. 1 Nr. 1 FamFG.** Die internationale Zuständigkeit der ausländischen Stelle für den Ausspruch der Adoption ist in spiegelbildlicher Anwendung der Vorschriften für die internationale Zuständigkeit deutscher Gerichte zu bestimmen. Abzustellen ist auf die deutschen Vorschriften für die internationale Zuständigkeit, die beim Erlass galten oder, falls günstiger, zur Zeit der Anerkennung gelten.[111] Seit 1.9.2009 richtet sich die internationale Zuständigkeit nach § 101 FamFG. Sie war seit 1.8.1986 inhaltsgleich in § 43 b Abs. 1 FGG[112] geregelt. Danach ist die internationale Zuständigkeit gegeben, wenn entweder einer der Annehmenden oder das Kind die Staatsangehörigkeit des Entscheidungsstaates besitzt oder dort seinen gewöhnlichen Aufenthalt hat.

88 Diese Voraussetzungen müssen im Zeitpunkt des Ausspruchs der Adoptionsentscheidung vorliegen.[113] Da allerdings auch deutsche Gerichte ihre Zuständigkeit auf die perpetuatio fori stützen können (siehe Art. 21 Rn 69), reicht es aus, wenn die Zuständigkeitsvoraussetzungen bei Stellung des Adoptionsantrags vorlagen und erst später entfallen sind.[114] Eine Heilung der mangelnden internationalen Zuständigkeit ist möglich, wenn

103 Ob die Adoption im Ausland im streitigen oder nichtstreitigen Verfahren ergeht, ist ohne Bedeutung, BayObLG StAZ 2000, 300, 301 = FamRZ 2001, 1642; MüKo/*Klinkhardt*, Art. 22 EGBGB Rn 94; Staudinger/*Henrich* (2008), Art. 22 EGBGB Rn 85.

104 Regierungsbegründung, BT-Drucks. 10/504, S. 93 (zu § 16 a FGG); OLG Zweibrücken, NJW-RR 2005, 159, 160; BayObLG StAZ 2000, 104; LG Frankfurt/M. IPRax 1995, 44; LG Tübingen StAZ 1992, 217; Prütting/Helms/*Hau*, FamFG, § 108 Rn 5; Staudinger/*Henrich* (2008), Art. 22 EGBGB Rn 85.

105 S. AG Duisburg StAZ 1983, 249; MüKo/*Klinkhardt*, Art. 22 EGBGB Rn 92; *Benicke*, 187 f; *Henrich* IPRax 1983, 194; *ders.*, Int. Familienrecht, § 8 V 4 b.

106 OVG Hamburg, IPRax 2008, 261, 264 im Anschluss an MüKo/*Klinkhardt*, Art. 22 EGBGB Rn 92; *Andrae*, Internationales Familienrecht, § 7 Rn 74.

107 Erman/*Hohloch* Art. 22 Rn 24; Soergel/*Lüderitz* Art. 22 Rn 51; Staudinger/*Henrich* (2008), Art. 22 EGBGB Rn 98; im Ergebnis auch KG FGPrax 2006, 255, 256 = FamRZ 2006, 1405.

108 Das FamFG ist nach Art. 112 FGG-RG am 1. 9. 2009 in Kraft getreten; s.a. Prütting/Helms/*Prütting*, FamFG, Art. 112 FGG-RG Rn 1.

109 OLG Zweibrücken, NJW-RR 2005, 159, 160; Palandt/*Thorn* Art. 22 EGBGB Rn 11; *Henrich*, Int. Familienrecht, § 8 V 4 b.

110 S. dazu Staudinger/*Henrich* (2008), Art. 22 EGBGB Rn 78, der eine reine Vertragsadoption im Inland nach ausländischem Adoptionsstatut für ordre public widrig hält.

111 Staudinger/*Henrich* (2008), Art. 22 EGBGB Rn 87.

112 Eingefügt durch IPR-Reformgesetz v. 25.7.1986 (BGBl. I S. 1142); vorher galt § 66 Abs. 1 FGG, der auf den Wohnsitz des Annehmenden abstellte.

113 Palandt/*Thorn*, Art. 22 EGBGB Rn 13; für den Zeitpunkt des Wirksamwerdens der Adoptionsentscheidung MüKo/*Klinkhardt*, Art. 22 EGBGB Rn 95.

114 AA MüKo/*Klinkhardt*, Art. 22 EGBGB Rn 95.

die Beteiligten nachträglich die Staatsangehörigkeit des Entscheidungsstaats erworben und dort auch ihren gewöhnlichen Aufenthalt genommen haben.[115]

4. Verfahrensrechtlicher ordre public, § 109 Abs. 1 Nr. 2 u. 3 FamFG. Die verfahrensmäßig ungenügende Beteiligung spielt bei der Adoption regelmäßig keine Rolle.[116] Ob die fehlende materiell rechtliche Einwilligung eines Betroffenen ein Anerkennungshindernis darstellt, ist eine Frage des ordre public nach § 109 Abs. 1 Nr. 4 FamFG. 89

Nach § 109 Abs. 1 Nr. 3 FamFG ist die Adoption **eines bereits adoptierten Kindes** nur dann nicht anerkennbar, wenn sie ohne Berücksichtigung der früher erfolgten und in Deutschland wirksamen Adoption ausgesprochen wurde. Nach § 1742 BGB kann zwar ein bereits adoptiertes minderjähriges Kind grundsätzlich erst nach Aufhebung der Adoption von einem anderen Annehmenden adoptiert werden. Eine weitere Adoption kann aber anerkannt werden, wenn sie inzident die erste Adoption aufgehoben hat, weil nach dem Adoptionsbegründungsstatut eine neue Adoption eine frühere Adoption aufhebt. Die neue Adoptionsentscheidung stellt damit gleichzeitig eine Entscheidung über die Aufhebung der ersten Adoption dar. Liegen insoweit die Anerkennungsvoraussetzungen vor, stellt die erste Adoption kein Hindernis für die Anerkennung der neuen Adoption dar. 90

Wird ein minderjähriges adoptiertes Kind nach Erreichung der Volljährigkeit im Ausland erneut adoptiert, so kann diese Adoption auch ohne inzidente Aufhebung der ersten Adoption anerkannt werden, wenn sie nur schwache Wirkungen hat und daher das Verwandtschaftsverhältnis zu dem ersten Annehmenden unberührt lässt.[117] 91

5. Materiellrechtlicher ordre public, § 109 Abs. 1 Nr. 4 FamFG. a) Allgemeines. Die Anerkennung einer ausländischen Dekretadoption ist nur zu versagen, wenn ihr Ergebnis mit den wesentlichen Grundsätzen des deutschen Rechts offensichtlich unvereinbar ist. Die aus deutscher Sicht anwendbaren Sachvorschriften müssen nicht eingehalten worden sein. Auch bei der Adoption eines deutschen Kindes müssen daher nicht gemäß Art. 23 die Zustimmungserfordernisse des deutschen Rechts beachtet worden sein.[118] 92

Anerkannt ist, dass der ordre-public-Vorbehalt nur eingreift, wenn das **Ergebnis** der ausländischen Entscheidung im **Zeitpunkt** der Entscheidung über die Anerkennung mit dem deutschen ordre public unvereinbar ist.[119] Anders als bei der Anwendung ausländischen Rechts durch ein deutsches Gericht kann der ordre-public-Vorbehalt daher bei der Anerkennung einer ausländischen Adoptionsentscheidung nur abgeschwächt eingreifen (**effet attenué**).[120] Dies beruht darauf, dass die Versagung der Anerkennung die Wirksamkeit der Adoption im Entscheidungsstaat nicht berührt, und dass durch die Adoptionsentscheidung regelmäßig bereits Tatsachen geschaffen wurden, etwa ein neues Eltern-Kind-Verhältnis begründet worden ist. Die Nichtanerkennung kann die Situation für die zu schützenden Interessen, etwa der leiblichen Eltern, oft nicht bessern, würde aber andere Interessen, etwa die des Kindes beeinträchtigen. Wird eine im Herkunftsland des Kindes wirksam begründete Adoption in Deutschland nicht anerkannt, so besteht die Gefahr, dass das Kind faktisch elternlos wird. Die ausländischen leiblichen Eltern sind nur noch aus deutscher Sicht, nicht aber aus Sicht des Herkunftsstaates die rechtlichen Eltern. Der Annehmende ist aus der Sicht des Herkunftsstaates Vater oder Mutter, hat aber im Aufnahmestaat Deutschland keine rechtliche Elternschaft erlangt.[121] 93

b) Gemeinschaftliche Adoption durch Lebenspartner. Eine ausländische Entscheidung, durch die die gemeinschaftliche Adoption durch gleichgeschlechtliche Partner begründet wurde, ist daher im Inland anzuerkennen, der ordre public-Vorbehalt in § 109 Abs. 1 Nr. 4 FamFG steht dem nicht entgegen, obgleich der Ausspruch einer solchen Adoption in einem deutschen Verfahren wegen Art. 17 b Abs. 4 nicht möglich wäre (s. oben Rn 55).[122] 94

c) Schwache Adoptionen. Ist im Ausland eine Adoption mit **schwachen Wirkungen** begründet worden, obgleich nach dem aus deutscher Sicht anwendbaren Adoptionsstatut eine starke Adoption auszusprechen gewesen wäre, stellt dies nach heute allgemeiner Meinung kein Anerkennungshindernis dar.[123] § 2 Abs. 2 Nr. 2 und § 3 Abs. 1 AdWirkG sehen die Anerkennung und Umwandlung von schwachen Auslandsadoptionen 95

115 Ähnlich MüKo/*Klinkhardt*, Art. 22 EGBGB Rn 95.
116 Staudinger/*Henrich* (2008), Art. 22 EGBGB Rn 88.
117 LG Stuttgart StAZ 2000, 47, das insoweit die ordre-public-Klausel in § 16 a Nr. 4 FGG prüft und darauf hinweist, dass eine weitere Erwachsenenadoption auch nach deutschem Adoptionsrecht zulässig ist.
118 LG Berlin DAVorm 1990, 811, 813 f; Staudinger/*Henrich* (2008), Art. 23 EGBGB Rn 27; offengelassen von BGH FamRZ 1989, 378, 380 = IPRax 1990, 55 = NJW 1989 2197.
119 BGHZ 88, 113, 128; BGH NJW 1989, 2197, 2199.
120 *Martiny*, Handbuch des Internationalen Zivilverfahrensrechts, Bd. III/1, 1984, Rn 1014.
121 KG FGPrax 2006, 255, 258 = FamRZ 2006, 1405; BayObLGZ 2000, 180, 186 f.
122 *Winkelsträter*, Anerkennung und Durchführung internationaler Adoptionen, 214 f; jurisPK-BGB/*Behrentin*, Art. 22 Rn 125.
123 OLG Zweibrücken StAZ 1985, 132; *Hepting*, StAZ 1986, 305;MüKo/*Klinkhardt*, Art. 22 EGBGB Rn 99; Palandt/*Thorn*, Art. 22 EGBGB Rn 14; Soergel/*Lüderitz*, Art. 22 EGBGB Rn 50; Staudinger/*Henrich* (2008), Art. 22 EGBGB Rn 96 f.

ausdrücklich vor. Ebenso wenig kann einer ausländischen Volladoption, die vor der Einführung der starken Minderjährigenadoption[124] erfolgte, die Anerkennung in Deutschland versagt werden.[125]

96 **d) Einwilligungen.** Zu den wesentlichen Grundsätzen des deutschen Adoptionsrechts gehört, dass eine Adoption nur mit dem Einverständnis des oder der Annehmenden begründet werden darf.

97 Zum ordre public gehört auch, dass die Adoption grundsätzlich nur mit **Einwilligung der Mutter** erfolgen darf. Darauf kann nur verzichtet werden, wenn die Adoption im Kindesinteresse geboten ist, weil sie in ihrer Elternrolle dem Kind gegenüber versagt hat. In den Einzelheiten müssen die Gründe nach dem ausländischen Recht nicht mit denen des deutschen Rechts übereinstimmen. Die Prüfung der Verzichtbarkeit kann im Adoptionsverfahren selbst erfolgt sein. Eine gesonderte Entscheidung, wie im deutschen Recht vorgesehen, ist nicht erforderlich. Gleiches gilt für die Zustimmung des Vaters eines ehelichen Kindes.

98 Ist nach dem ausländischen Recht der **Vater eines nichtehelichen Kindes** nicht am Adoptionsverfahren beteiligt worden, so kann auch dies einen ordre-public-Verstoß begründen. Allerdings ist zu berücksichtigen, dass hier nicht generell vom Bestehen einer sozialen Beziehung auszugehen ist. Kein ordre-public-Verstoß liegt daher vor, wenn der Vater vor der Adoption kein Interesse an der Erziehung des Kindes gezeigt hat.[126]

99 Überwiegend wird zum deutschen ordre public auch gerechnet, dass die Einwilligung der Eltern erst nach einer angemessenen **Überlegungsfrist** nach der Geburt erteilt wird.[127] Hierbei ist zu beachten, dass die Überlegungsfrist auch durch ein Widerrufsrecht einer bereits vor oder kurz nach der Geburt erteilten Einwilligung erreicht werden kann.[128]

100 Die formalrechtlich einwandfreie **Zustimmung des Kindes** oder seines gesetzlichen Vertreters gehört nicht zu den unbedingt einzuhaltenden Voraussetzungen.[129] Notwendig, aber auch ausreichend ist, dass die Interessen des Kindes im Verfahren geprüft worden sind.[130] Notwendig erscheint dabei, dass das Kind im Verfahren selbst angehört worden ist, wenn dies nicht aufgrund seines Alters und Reifegrades unangebracht erscheint.[131] Dies muss unmittelbar durch das Gericht oder aber durch eine neutrale dritte Stelle erfolgen.

101 Ein Indiz für das Maß des Widerspruchs zum deutschen zwingenden Recht ist, ob einer deutschen Adoption wegen des gleichen Grundes die Aufhebung nach § 1761 Abs. 2 BGB oder § 1762 BGB möglich oder vielmehr ausgeschlossen wäre (s. aber auch unten Rn 116).[132]

102 Weitergehend ist zu fordern, dass durch die Nichtanerkennung die zu schützende Rechtsposition im Zeitpunkt der Entscheidung über die Anerkennung noch gewahrt werden kann. Hat die leibliche Mutter ihre Einwilligung vor oder bereits kurz nach der Geburt erklärt, ist die Adoption nur dann nicht anzuerkennen, wenn die Mutter die Adoption nicht gelten lassen will und tatsächlich und rechtlich in der Lage ist, wieder für das Kind zu sorgen.[133]

103 **e) Prüfung des Kindeswohls.** Ein Verstoß gegen den materiellen ordre public kommt auch dann in Betracht, wenn im ausländischen Adoptionsverfahren keine ausreichende **Prüfung des Kindeswohls** stattgefunden hat. Die Prüfung des Kindeswohls beinhaltet **drei Elemente**.[134] Aufgrund des Subsidiaritätsgrundsatzes muss erstens geprüft werden, ob ein Bedürfnis für eine Adoption besteht. Daran fehlt es, wenn das Kind in seiner Herkunftsfamilie aufwachsen kann und durch die Adoption nur die äußeren Lebensbedingungen verbessert werden sollen. Eine internationale Adoption darf weiter nur ausgesprochen werden, wenn geprüft worden ist, dass im Herkunftsland keine anderweitigen Unterbringungsmöglichkeiten bestehen. Notwendig ist zweitens, dass eine fachliche Überprüfung der Adoptionseignung der Annehmenden (sog. home study) erfolgt ist. Drittens muss eine Entscheidung darüber herbeigeführt werden, ob im konkreten Fall das Kind und die Adoptiveltern zusammenpassen (sog. matching). In vielen Rechtsordnungen ist insoweit eine der Adoption vorgelagerte Pflegephase vorgesehen.[135]

124 Gesetz über die Annahme als Kind und zur Änderung anderer Vorschriften v. 2.7.1976 (BGBl. I S. 1749).

125 Palandt/*Thorn*, Art. 22 EGBGB Rn 14.

126 Fachausschuss des Bundesverbandes der Deutschen Standesbeamtinnen und Standesbeamten Nr. 3498, StAZ 1998, 383, 384; s.a. zur Verfassungswidrigkeit der früheren deutschen Rechtslage wegen unzureichender Berücksichtigung des Vaters BVerfGE 92, 158 = FamRZ 1995, 789; und für die EMRK EGMR FamRZ 1995, 110.

127 Staudinger/*Henrich* (2008), Art. 22 EGBGB Rn 91.

128 LG Frankfurt/M. IPRax 1995, 44; Staudinger/*Henrich* (2008), Art. 22 EGBGB Rn 91; *Benicke*, S. 205.

129 BayObLG, StAZ 2000, 300, 302.

130 BGH IPRax 1990, 55 = FamRZ 1989, 378; BayObLG StAZ 2000, 300, 302; Staudinger/*Henrich* (2008), Art. 22 EGBGB Rn 90.

131 BayObLG, StAZ 2000, 300, 302; LG Dresden, JAmt 2006, 360 = IPRspr 2006, 497 für ein 14 Jahre altes Kind.

132 OLG Nürnberg v. 15.10.2001 – Az 10 UF 1714/01 (rumänische Adoption eines rumänischen Kindes durch eine deutsche verheiratete Frau, die ohne Einwilligung des Ehemannes erfolgte); LG Nürnberg-Fürth IPRax 1987, 180; *Lüderitz*, in: FS Beitzke 1979, S. 589, 603; *Sonnenberger*, in: GS Lüderitz 2000, S. 713, 723; Staudinger/*Henrich* (2008), Art. 22 EGBGB Rn 90.

133 S. dazu ausf. *Benicke*, S. 202 ff.

134 *Weitzel*, IPRax 2007, 308, 309.

135 S. zum türkischen Recht *Grassinger*, StAZ 2005, 129, 130.

Ausgangspunkt der Prüfung eines ordre public-Verstoßes ist, dass das Anerkennungsgericht die ausländische Entscheidung nicht generell sachlich nachzuprüfen hat. Vielmehr kann davon ausgegangen werden, dass das ausländische Gericht eine angemessene Prüfung des Kindeswohls durchgeführt hat, wenn nicht gegenteilige Anhaltspunkte dafür vorliegen.[136] An der für die Anerkennbarkeit notwendigen Kindeswohlprüfung fehlt es aber dann, wenn sie ersichtlich überhaupt nicht erfolgt ist, etwa weil sie nach dem anwendbaren Recht nicht vorgesehen ist[137] oder weil das Gericht das Recht offensichtlich fehlerhaft angewandt hat, etwa ohne Grund von einer erforderlichen Pflegezeit absah.[138] Hat das ausländische Gericht eine Kindeswohlprüfung durchgeführt, so ist sie unzureichend, wenn sie aufgrund einer völlig ungenügenden oder ersichtlich falschen Tatsachengrundlage erfolgte. Dies wird oft, wenn auch nicht notwendigerweise darauf beruhen, dass die Beteiligten falsche Angaben gemacht haben.[139] **104**

Ein Anerkennungshindernis stellt es immer dar, wenn kein Adoptionsbedürfnis gegeben ist, weil eine Versorgung des Kindes durch die leiblichen Eltern oder nahe Verwandte im Heimatland möglich ist, die Adoption vor allem dem Zwecke dient, dem Kind eine bessere finanzielle Zukunft und/oder Ausbildung zu ermöglichen.[140] Unzureichend kann die Kindeswohlprüfung in der Hinsicht sein, dass keine Prüfung einer **anderweitigen Unterbringungsmöglichkeit** des Kindes im Herkunftsstaat erfolgte.[141] Dies erfordert das Subsidiaritätsprinzip der internationalen Adoption, das Art. 4 lit. b Haager AdÜ enthält. Als allgemeines Prinzip für internationale Adoption (Art. 21 lit. b UN-Kinderschutzkonvention) gilt es aber auch für Adoption aus Nichtvertragsstaaten des Haager AdÜ. Allerdings wird man nicht verlangen können, dass in der ausländischen Entscheidung ausdrücklich darauf eingegangen wird, dass alternative Unterbringungsmöglichkeiten ausgeschlossen sind.[142] **105**

Praktisch relevant ist vor allem die Frage, ob eine angemessene, dem deutschen ordre public entsprechende Kindeswohlprüfung zwingend erfordert, dass die **Eignung der Adoptionsbewerber** durch eine fachlich qualifizierte Stelle im Staat des gewöhnlichen Aufenthalts überprüft worden ist. Mit der Regierungsbegründung ist davon auszugehen, dass eine dem deutschen ordre public genügende Kindeswohlprüfung voraussetzt, dass der Adoptionsentscheidung eine fachliche Begutachtung des Adoptionsbewerbers vorausgegangen ist, die deren Lebensumstände annähernd vollständig erfassen muss.[143] Streitig ist, ob eine solche fachliche Begutachtung nur durch eine Stelle im Staat des gewöhnlichen Aufenthalts des Adoptionsbewerbers, also bei Adoptionsbewerbern aus Deutschland nur durch eine deutsche Stelle erfolgen kann. Die Regierungsbegründung scheint davon auszugehen, dass dies auch eine ausländische fachliche Stelle leisten kann.[144] Im Anwendungsbereich des Haager AdÜ kann eine Adoption nur ausgesprochen werden, wenn die Behörde im Aufnahmestaat ihre Zustimmung erklärt hat. Diese Zustimmung wird bei inländischen Adoptionsbewerbern nur nach einer Begutachtung durch eine inländische Fachstelle erteilt. Außerhalb des Anwendungsbereichs des Haager AdÜ verlangten die meisten Gerichte noch bis in jüngere Zeit nicht, dass im ausländischen Adoptionsverfahren der Bericht einer fachlichen Stelle in Deutschland zur Adoptionseignung vorlag. Teilweise wurde nicht einmal daran Anstoß genommen, dass eine Begutachtung der Adoptionsbewerber auch von keiner ausländischen Fachstelle vorgenommen worden war,[145] oder dass sogar eine negative fachliche Beurteilung durch eine deutsche Stelle vorlag.[146] Neuere Entscheidungen zeigen, dass die Gerichte zunehmend strenger werden.[147] Wenn das Erfordernis der Kindeswohlprüfung ernst genommen wird, muss verlangt werden, dass im ausländischen **106**

136 OLG Düsseldorf FamRZ 2009, 1078 f; BayObLGZ 2000, 180, 185.
137 OLG Köln FamRZ 2009, 1607 Nr. 12; KG FGPrax 2006, 255, 257 = FamRZ 2006, 1405.
138 S. Fall des AG Celle JAmt 2006, 377 = IPRspr 2006, 459.
139 OLG Köln FamRZ 2009, 1607 Nr. 12.
140 OLG Celle 11.4.2008, 17 W 3/08 (juris) Nichtanerkennung der Adoption durch Onkel, weil Kind bei Eltern in Tunesien leben kann; LG Köln 13.8. 2007, 1 T 263/07 (juris) Nr. 12, bestätigt durch OLG Köln, 17.9.2007 – 16 Wx 224/07 (juris); LG Düsseldorf, 31.5.2010, 25 T 524/09 (juris); jurisPK-BGB/*Behrentin*, Art. 22 Rn 120 mwN auf die Rspr.; aA AG Hamm, JAmt 2004, 375 = IPRspr 2004, 461.
141 OLG Düsseldorf FamRZ 2009, 1078, 1079.
142 JurisPK-BGB/*Behrentin*, Art. 22 Rn 119.
143 BT-Drucks. 14/6011, 29.
144 BT-Drucks. 14/6011, 29.
145 S.a. die Berichte von *Reinhardt*, JAmt 2006, 325 und *Schlauß*, FamRZ 2007, 1699, 1702.
146 BayObLGZ 2000, 180, 185 nahm keinen Anstoß daran, dass das Kreisjugendamt die Eignung der deutschen Annehmenden zweimal verneint hatte; ausreichend sei, dass das madagassische Gericht das Kindeswohl geprüft und bejaht habe; ebenso KG FGPrax 2006, 255, 257 = FamRZ 2006, 1405.
147 OLG Köln FamRZ 2009, 1607 Nr. 17; OLG Celle FamRZ 2008, 1109 Nr. 7; OLG Düsseldorf FamRZ 2009, 1078 f offengelassen in OLG Schleswig Holstein 24.6.2009, 2 W 38/09 (juris) Nr. 19 ff; s.a. OVG Berlin-Brandenburg, 21.4.2009, OVG 3 B 8.07 (juris), das die Erteilung eines Visums für die Einreise eines marokkanischen Kindes zum Zwecke der Adoption in Deutschland davon abhäng macht, dass ein positiver Eignungsbericht über den Adoptionsbewerber nach § 7 Abs. 3 AdVermiG erstellt worden ist.

Adoptionsverfahren der Bericht einer fachlich qualifizierten Stelle aus dem Land des gewöhnlichen Aufenthalts des Adoptionsbewerbers über seine Eignung in die Entscheidungsfindung aufgenommen wurde.[148]

107 Streitig ist weiter, ob das Fehlen einer solchen fachlichen Prüfung der Adoptionseignung immer zur Versagung der Anerkennung führt. Für die Prüfung der Vereinbarkeit der ausländischen Entscheidung mit dem deutschen ordre public ist anerkannt, dass es darauf ankommt, ob das **Ergebnis** der ausländischen Entscheidung im **Zeitpunkt** der Entscheidung über die Anerkennung mit dem deutschen ordre public unvereinbar ist (s. oben Rn 93).

Verbreitet ziehen deutsche Gerichte diesen Gesichtspunkt bei einer unzureichenden Prüfung des Kindeswohls im ausländischen Adoptionsverfahren heran. Sie stellen darauf ab, ob zwischen Kind und Annehmenden eine Eltern-Kind-Beziehung entstanden ist und ob aktuell Zweifel an der Eignung des Annehmenden vorliegen.[149]

108 Andere Gerichte lehnen dieses Vorgehen demgegenüber ab und versagen die Anerkennung unabhängig davon, ob zwischenzeitlich ein Eltern-Kind-Verhältnis entstanden ist.[150] Diesen Entscheidungen ist zuzustimmen.

109 Die sogenannte unbegleitete Adoption ist im deutschen Recht nicht direkt verboten, widerspricht aber der Konzeption der gesetzlich vorgeschriebenen Adoptionsvermittlung.[151] Im Inland kann eine Adoption nur durchgeführt werden, wenn die Adoption durch eine staatliche oder staatlich zugelassene Stelle vermittelt wurde und in diesem Zusammenhang eine positive Begutachtung der Adoptionsbewerber erfolgt ist. Durch die Neuregelung des Adoptionsvermittlungsgesetzes wurde das Fachlichkeitsprinzip im Bereich der internationalen Adoptionsvermittlung deutlich gestärkt.[152] Diese Regelungen werden konterkariert, wenn eine Auslandsadoption anerkannt wird, bei der eine solche Überprüfung nicht stattgefunden hat. Eine solche Anerkennungspraxis lädt dazu ein, den aufwendigen Weg einer Adoption über eine inländische zugelassene Adoptionsvermittlungsstelle zu vermeiden und direkt im Ausland eine Adoption anzustreben.[153] Zugleich steht eine solche Praxis im Widerspruch zu Art. 21 lit. c UN-Kinderrechtskonvention, weil das Kind im Fall einer solchen unbegleiteten internationalen Adoption nicht in den Genuss der für nationale Adoptionen geltenden Schutzvorschriften kommt. Dazu gehört auch § 189 FamFG, der zwingend die Einholung einer fachlichen Äußerung durch die Adoptionsvermittlungsstelle oder das Jugendamt vorsieht.

110 Die Anerkennung von unbegleiteten Auslandsadoptionen, die ohne vorherige inländische Begutachtung des Adoptionsbewerbers ausgesprochen worden sind, erhöht die Gefahr des rechtswidrigen **Kinderhandels**. Die Adoptionsbewerber, die im Ausland außerhalb der institutionellen Vermittlungsstrukturen eine Adoption anstreben, schaffen dadurch eine Nachfrage nach adoptierbaren Kindern und damit auch die Gefahr unzulässigen kommerziellen Kinderhandels.

111 Die Nichtanerkennung ist auch mit dem Grundsatz vereinbar, dass für den ordre public der **Zeitpunkt der Entscheidung über die Anerkennung** maßgeblich ist, und dass es darauf ankommt, ob im konkreten Fall das **Ergebnis der Anerkennung** mit dem deutschen ordre public unvereinbar ist.[154] Entscheidend ist insoweit, dass aufgrund der unzureichenden Kindeswohlprüfung eine Adoption ausgesprochen wurde, bei der die Gefahr besteht, dass sie dem Kindeswohl nicht entspricht. Diese Gefahr besteht auch noch im Zeitpunkt der Anerkennung. Ob die Adoption im Hinblick auf die Bedürfnisse des Kindes und die Fähigkeiten und Einstellungen der Annehmenden dem Kindeswohl entspricht, stellt sich regelmäßig erst im Laufe des Adoptionsverhältnisses heraus, oft erst wenn es zu Krisen etwa bei Beginn der Pubertät des Adoptivkindes kommt.[155] Eine eingehende Untersuchung und fachliche Prüfung bietet zwar keine vollständige Sicherheit, kann aber doch in einem hohen Maße gewährleisten, dass die Adoption dieses Kindes durch gerade diese Eltern im besten Interesse des Kindes liegt.

112 Die fehlende oder fehlerhafte Überprüfung der Adoptionseignung im ausländischen Adoptionsverfahren kann im Anerkennungsverfahren nicht ersetzt werden. Das Anerkennungsverfahren ist dafür nicht ausgerich-

148 OLG Köln FamRZ 2009, 1607 Nr. 17 (allerdings mit Hinweis auf KG FGPrax 2006, 255 = FamRZ 2006, 1405, das eine Begutachtung durch einen Pfarrer für ausreichend hielt); OLG Celle FamRZ 2008, 1109 Nr. 7.

149 AG Hamm JAmt 2004, 376; AG Hamm JAmt 2006, 363; ähnlich BayObLGZ 2000, 180, 186; KG FGPrax 2006, 255, 257 = FamRZ 2006, 1405; zustimmend *Beyer*, JAmt 2006, 329, 331; s.a. die Darstellung bei *Schlauß*, FamRZ 2007, 1699, 1701; aA *Staudinger*, FamRBint 2007, 42, 44.

150 OLG Hamm 12.8.2010, I-15 Wx 20/10, 15 Wx (juris); OLG Frankfurt, FGPrax 2009, 212, 213 = FamRZ 2009, 1605; OLG Düsseldorf FamRZ 2009, 1078, 1079; LG Dresden JAmt 2006, 360 = IPRspr 2006, 497; AG Celle JAmt 2004, 377 = IPRspr 2004, 459; *Weitzel*, JAmt 2006, 333, 335; s.a. *Weitzel*, IPRax 2007, 308, 312 f, der darauf hinweist, dass sich die Beziehung zu den Annehmenden auch negativ entwickeln kann.

151 *Reinhardt*, JAmt 2006, 325, 327.

152 *Steiger*, DNotZ 2002, 184, 193.

153 *Weitzel*, JAmt 2006, 333, 336; *Reinhardt*, JAmt 2006, 325, 329.

154 LG Dresden JAmt 2006, 360 = IPRspr 2006, 497; aA jurisPK-BGB/*Behrentin*, Art. 22 Rn 117 Fn 274.

155 S. dazu *Reinhardt*, JAmt 2006, 325, 327 f.

tet.[156] Es würde ein inzidentes Nachadoptionsverfahren mit einer Elterneignungsprüfung auf abgesenktem Niveau erfolgen.[157]

Die Nichtanerkennung der Adoption führt allerdings auch nicht zwingend dazu, dass das Kind nicht bei dem Annehmenden verbleiben kann. Notwendig ist aber, dass ein eigenständiges Annahmeverfahren in Deutschland durchgeführt wird, bei dem das Kindeswohl eingehend geprüft wird.[158] Dabei kann berücksichtigt werden, dass aufgrund einer entstandenen engen Beziehung eine Trennung dem Kindeswohl widersprechen würde. Möglich ist aber auch, dass das Kind wegen fehlender Eignung der Annehmenden anderweitig untergebracht werden muss, und eine Adoption durch andere Personen vorzunehmen ist. 113

Nicht verkannt wird, dass eine restriktive Anerkennungspraxis, wie sie hier befürwortet wird, im praktischen Ergebnis den **Ausschluss der Anerkennung unbegleiteter Auslandsadoptionen** durch Annehmende mit gewöhnlichem Aufenthalt in Deutschland bedeutet. Adoptionsbewerbern wird der durch das Jugendamt erstellte (Sozial-)Bericht über die Eignungsprüfung nicht ausgehändigt.[159] Adoptionsbewerber haben daher nicht die Möglichkeit einen positiven Eignungsbericht zu erlangen, den sie in einem ausländischen Adoptionsverfahren vorlegen könnten, wenn keine inländische Adoptionsvermittlungsstelle eingeschaltet ist. Der Ausschluss der Anerkennung unbegleiteter Auslandsadoptionen ist aber notwendige Folge davon, dass der Gesetzgeber für inländische Adoptionen und für Auslandsadoptionen, die durch eine inländische Stelle vermittelt werden, einen hohen Standard, insbesondere im Hinblick auf die Eignungsprüfung, eingeführt hat. Es ist damit unvereinbar, dass dieser Standard nicht gelten soll, wenn sich ein inländischer Adoptionserwerber im Ausland direkt um die Adoption eines Kindes bemüht. Keine Überzeugungskraft hat auch der Einwand, das Vorliegen eines positiven Sozialberichts könne vom deutschen ordre public nicht verlangt werden, weil eine solche strenge Pflicht in Deutschland erst seit 2002 gilt. Insoweit wird übersehen, dass der ordre public wandelbar ist.[160] 114

Ein ordre public-Verstoß ist auch gegeben, wenn die Adoption nachgewiesener Maßen nur begründet wurde, um die deutsche Staatsangehörigkeit bzw ein **Aufenthaltsrecht** in Deutschland zu erhalten.[161] 115

Der Ansicht, dass Fehler bei der Adoptionsbegründung immer dann keinen Grund für die Versagung der Anerkennung wegen eines ordre-public-Verstoßes darstellen können, wenn in einem vergleichbaren Fall bei einer inländischen Adoption nach §§ 1760–1762 BGB eine Aufhebung der Adoption nicht (mehr) möglich wäre,[162] kann in dieser Allgemeinheit nicht gefolgt werden. Es wird dabei nicht berücksichtigt, dass der deutsche Gesetzgeber die Adoption mit einer weitreichenden Bestandskraft ausstatten konnte, weil er gleichzeitig durch eine entsprechende Ausgestaltung des Verfahrens eine hohe Richtigkeitsgewähr geschaffen hat. So wäre etwa bei Täuschung der leiblichen Eltern durch einen kommerziellen Vermittler, von der die Annehmenden keine Kenntnis hatten, eine Aufhebung nach deutschem internem Recht nicht möglich. Eine solche Adoption würde aber regelmäßig dennoch gegen den deutschen ordre public verstoßen. 116

f) Kinderhandel. Zu versagen ist die Anerkennung der Adoption, wenn der Annehmende aufgrund einer gesetz- oder sittenwidrigen Vermittlung oder Verbringung des Kindes zum Zwecke der Adoption **(Kinderhandel)** mitgewirkt hat. Entsprechend § 1741 Abs. 1 S. 2 BGB[163] ist hiervon nur eine Ausnahme zu machen, wenn das Wohl des Kindes die Aufrechterhaltung der Adoption gerade zu diesem Annehmenden erfordert. Diese Ausnahme sollte im Interesse einer wirksamen Prävention eng ausgelegt werden. Allein der Umstand, dass zwischen dem Kind und dem Annehmenden bereits ein Eltern-Kind-Verhältnis entstanden ist, reicht nicht aus; ebenso wenig, dass die Rückkehr des Kindes in seine Herkunftsfamilie nicht mehr möglich ist. Entscheidend ist, ob die Adoption durch andere Annehmende ohne eine schwere Schädigung des Kindes möglich erscheint. 117

Als ein solcher Fall des Kindeshandels ist auch einzuordnen, wenn die Annehmenden ein Ehepaar im Ausland dazu veranlassen, noch ein Kind zu zeugen, damit sie es adoptieren können.[164] Auf den nur schwer zu erbringenden Nachweis, dass die leiblichen Eltern hierfür bezahlt wurden, kommt es nicht an. Allein die Vereinbarung macht das Kind zum bloßen Objekt und ist deswegen als sittenwidrig anzusehen. 118

156 OLG Düsseldorf FamRZ 2009, 1078, 1079; LG Dresden JAmt 2006, 360 = IPRspr 2006, 497.
157 *Weitzel*, JAmt 2006, 333, 335 f: „Elterneignungsprüfung light"; eine Beteiligung des Jugendamtes ist im Verfahren nach § 2 AdWirkG nicht vorgesehen und wird aus dem im Text genannten Gründen von der Bundsarbeitsgemeinschaft der Landesjugendämter auch abgelehnt, s. Empfehlungen zur Adoptionsvermittlung, 6. Fassung 2009, S. 65 unter 13.2.1.
158 Kritisch dazu *Staudinger*, FamRBint 2007, 42, 46.
159 § 7 Abs. 3 S. 6 AdVermiG, § 4 Abs. 5 AdÜbAG; s. dazu Bundesarbeitsgemeinschaft der Landesjugendämter, Empfehlungen zur Adoptionsvermittlung, 6. Fassung 2009, S. 32 unter 6.4.3.1; s.a. jurisPK-BGB/*Behrentin*, Art. 22 Rn 122.
160 *Jayme*, Methoden der Konkretisierung des ordre public im Internationalen Privatrecht, 1989.
161 OLG Celle FamRZ 2008, 1109 Nr. 7; jurisPK-BGB/*Behrentin*, Art. 22 Rn 121.
162 KG FGPrax 2006, 255, 258 = FamRZ 2006, 1405.
163 S. dazu BT-Drucks. 13/8511, S. 75.
164 AG Hamm ZKJ 2007, 369 = IPRspr 2007, 259; LG Dortmund IPRspr 2007, 259.

Anhang I zu Art. 22 EGBGB: AdWirkG

Gesetz über Wirkungen der Annahme als Kind nach ausländischem Recht (Adoptionswirkungsgesetz – AdWirkG)

Vom 5. November 2001 (BGBl. I S. 2950)
(FNA 404-30)
zuletzt geändert durch Art. 68 FGG-ReformG vom 17. Dezember 2008 (BGBl. I S. 2586)

§ 1 AdWirkG Anwendungsbereich

[1]Die Vorschriften dieses Gesetzes gelten für eine Annahme als Kind, die auf einer ausländischen Entscheidung oder auf ausländischen Sachvorschriften beruht. [2]Sie gelten nicht, wenn der Angenommene zur Zeit der Annahme das 18. Lebensjahr vollendet hatte.

§ 2 AdWirkG Anerkennungs- und Wirkungsfeststellung

(1) Auf Antrag stellt das Familiengericht fest, ob eine Annahme als Kind im Sinne des § 1 anzuerkennen oder wirksam und ob das Eltern-Kind-Verhältnis des Kindes zu seinen bisherigen Eltern durch die Annahme erloschen ist.

(2) [1]Im Falle einer anzuerkennenden oder wirksamen Annahme ist zusätzlich festzustellen,

1. **wenn das in Absatz 1 genannte Eltern-Kind-Verhältnis erloschen ist, dass das Annahmeverhältnis einem nach den deutschen Sachvorschriften begründeten Annahmeverhältnis gleichsteht,**
2. **andernfalls, dass das Annahmeverhältnis in Ansehung der elterlichen Sorge und der Unterhaltspflicht des Annehmenden einem nach den deutschen Sachvorschriften begründeten Annahmeverhältnis gleichsteht.**

[2]Von der Feststellung nach Satz 1 kann abgesehen werden, wenn gleichzeitig ein Umwandlungsausspruch nach § 3 ergeht.

(3) [1]Spricht ein deutsches Familiengericht auf der Grundlage ausländischer Sachvorschriften die Annahme aus, so hat es die in den Absätzen 1 und 2 vorgesehenen Feststellungen von Amts wegen zu treffen. [2]Eine Feststellung über Anerkennung oder Wirksamkeit der Annahme ergeht nicht.

§ 3 AdWirkG Umwandlungsausspruch

(1) [1]In den Fällen des § 2 Abs. 2 Satz 1 Nr. 2 kann das Familiengericht auf Antrag aussprechen, dass das Kind die Rechtsstellung eines nach den deutschen Sachvorschriften angenommenen Kindes erhält, wenn

1. **dies dem Wohl des Kindes dient,**
2. **die erforderlichen Zustimmungen zu einer Annahme mit einer das Eltern-Kind-Verhältnis beendenden Wirkung erteilt sind und**
3. **überwiegende Interessen des Ehegatten oder der Kinder des Annehmenden oder des Angenommenen nicht entgegenstehen.**

[2]Auf die Erforderlichkeit und die Erteilung der in Satz 1 Nr. 2 genannten Zustimmungen finden die für die Zustimmungen zu der Annahme maßgebenden Vorschriften sowie Artikel 6 des Einführungsgesetzes zum Bürgerlichen Gesetzbuche entsprechende Anwendung. [3]Auf die Zustimmung des Kindes ist zusätzlich § 1746 Abs. 1 Satz 1 bis 3, Abs. 2 und 3 des Bürgerlichen Gesetzbuchs anzuwenden. [4]Hat der Angenommene zur Zeit des Beschlusses nach Satz 1 das 18. Lebensjahr vollendet, so entfällt die Voraussetzung nach Satz 1 Nr. 1.

(2) Absatz 1 gilt in den Fällen des § 2 Abs. 2 Satz 1 Nr. 1 entsprechend, wenn die Wirkungen der Annahme von den nach den deutschen Sachvorschriften vorgesehenen Wirkungen abweichen.

§ 4 AdWirkG Antragstellung; Reichweite der Entscheidungswirkungen

(1) [1]Antragsbefugt sind

1. für eine Feststellung nach § 2 Abs. 1
   a) der Annehmende, im Fall der Annahme durch Ehegatten jeder von ihnen,
   b) das Kind,
   c) ein bisheriger Elternteil oder
   d) das Standesamt, das nach § 27 Abs. 1 des Personenstandsgesetzes für die Fortführung der Beurkundung der Geburt des Kindes im Geburtenregister oder nach § 36 des Personenstandsgesetzes für die Beurkundung der Geburt des Kindes zuständig ist;

2. für einen Ausspruch nach § 3 Abs. 1 oder Abs. 2 der Annehmende, annehmende Ehegatten nur gemeinschaftlich.

[2]Von der Antragsbefugnis nach Satz 1 Nr. 1 Buchstabe d und e ist nur in Zweifelsfällen Gebrauch zu machen. [3]Für den Antrag nach Satz 1 Nr. 2 gelten § 1752 Abs. 2 und § 1753 des Bürgerlichen Gesetzbuchs.

(2) [1]Eine Feststellung nach § 2 sowie ein Ausspruch nach § 3 wirken für und gegen alle. [2]Die Feststellung nach § 2 wirkt jedoch nicht gegenüber den bisherigen Eltern. [3]In dem Beschluss nach § 2 ist dessen Wirkung auch gegenüber einem bisherigen Elternteil auszusprechen, sofern dieser das Verfahren eingeleitet hat oder auf Antrag eines nach Absatz 1 Satz 1 Nr. 1 Buchstabe a bis c Antragsbefugten beteiligt wurde. [4]Die Beteiligung eines bisherigen Elternteils und der erweiterte Wirkungsausspruch nach Satz 3 können in einem gesonderten Verfahren beantragt werden.

§ 5 AdWirkG Zuständigkeit und Verfahren

(1) [1]Über Anträge nach den §§ 2 und 3 entscheidet das Familiengericht, in dessen Bezirk ein Oberlandesgericht seinen Sitz hat, für den Bezirk dieses Oberlandesgerichts; für den Bezirk des Kammergerichts entscheidet das Amtsgericht Schöneberg. [2]Für die internationale und die örtliche Zuständigkeit gelten die §§ 101 und 187 Abs. 1, 2 und 4 des Gesetzes über das Verfahren in Familiensachen und in den Angelegenheiten der freiwilligen Gerichtsbarkeit entsprechend.

(2) [1]Die Landesregierungen werden ermächtigt, die Zuständigkeit nach Absatz 1 Satz 1 durch Rechtsverordnung einem anderen Familiengericht des Oberlandesgerichtsbezirks oder, wenn in einem Land mehrere Oberlandesgerichte errichtet sind, einem Vormundschaftsgericht für die Bezirke aller oder mehrerer Oberlandesgerichte zuzuweisen. [2]Sie können die Ermächtigung auf die Landesjustizverwaltungen übertragen.

(3) [1]Das Familiengericht entscheidet im Verfahren der freiwilligen Gerichtsbarkeit. [2]Die §§ 167 und 168 Abs. 1 Satz 1, Abs. 2 bis 4 des Gesetzes über das Verfahren in Familiensachen und in den Angelegenheiten der freiwilligen Gerichtsbarkeit sind entsprechend anzuwenden. [3]Im Verfahren nach § 2 wird ein bisheriger Elternteil nur nach Maßgabe des § 4 Abs. 2 Satz 3 und 4 angehört. [4]Im Verfahren nach § 2 ist das Bundesamt für Justiz als Bundeszentralstelle für Auslandsadoption, im Verfahren nach § 3 sind das Jugendamt und die zentrale Adoptionsstelle des Landesjugendamtes zu beteiligen.

(4) [1]Auf die Feststellung der Anerkennung oder Wirksamkeit einer Annahme als Kind oder des durch diese bewirkten Erlöschens des Eltern-Kind-Verhältnisses des Kindes zu seinen bisherigen Eltern, auf eine Feststellung nach § 2 Abs. 2 Satz 1 sowie auf einen Ausspruch nach § 3 Abs. 1 oder 2 oder nach § 4 Abs. 2 Satz 3 findet § 197 Abs. 2 und 3 des Gesetzes über das Verfahren in Familiensachen und in den Angelegenheiten der freiwilligen Gerichtsbarkeit entsprechende Anwendung. [2]Im Übrigen unterliegen Beschlüsse nach diesem Gesetz der Beschwerde; sie werden mit ihrer Rechtskraft wirksam. [3]§ 4 Abs. 2 Satz 2 bleibt unberührt.

Literatur: *Beitzke*, Immer noch: Auslandsadoptionen, in: Beitzke/Hoffmann/Sturm, Einbindung fremder Normen in das deutsche Personenstandsrecht, 1985, S. 1; *Benicke*, Typenmehrheit im Adoptionsrecht und deutsches IPR, 1995; *Busch*, Adoptionswirkungsgesetz und Haager Adoptionsübereinkommen – von der Nachadoption zur Anerkennung und Wirkungsfeststellung, IPRax 2003, 13; *Frank*, Neuregelungen auf dem Gebiet des Internationalen Adoptionsrechts unter besonderer Berücksichtigung der Anerkennung von Auslandsadoptionen, StAZ 2003, 257; *Heiderhoff*, Das Erbrecht des adoptierten Kindes nach der Neuregelung des internationalen Adoptionsrechts, FamRZ 2002, 1682; *Klinkhardt*, Zweierlei Zweitadoptionen, IPRax 1995, 238, 239; *ders.*, Wege zu einem neuen Umgang mit ausländischen Adoptionen, in: FS Sonnenberger 2004, S. 443; *St. Lorenz*, Adoptionswirkungen, Vorfragenanknüpfung und Substitution im Internationalen Adoptionsrecht nach der Umsetzung des Haager Adoptionsübereinkommens v. 29.5.1993, in: FS Sonnenberger 2004, S. 497; *Schurig*, Keine Rechtssicherheit für ausländische Adoptivkinder, IPRax 1984, 25; *Steiger*, Das neue Recht der internationalen Adoption und

Adoptionsvermittlung, Einführung, Erläuterung, Materialien, 2003; *ders.*, Im alten Fahrwasser zu neuen Ufern: Neuregelungen im Recht der internationalen Adoption mit Erläuterungen für die notarielle Praxis, DNotZ 2002, 184

A. Allgemeines

1 Das Adoptionswirkungsgesetz (AdWirkG)[1] wurde im Zusammenhang mit der Ratifikation des Haager Adoptionsübereinkommens erlassen. Es hat ein Verfahren eingeführt, in dem die Anerkennung und die Wirkung einer im Ausland erfolgten Adoption für das Inland erga omnes festgestellt werden können. Außerdem eröffnet es die Möglichkeit, eine Adoption mit schwächeren Wirkungen in eine starke Adoption nach deutschem Recht umzuwandeln, und bildet damit eine Ausführungsvorschrift zu Art. 27 Haager AdÜ, der dies fakultativ vorsieht.[2]

2 Der **Anwendungsbereich** geht über den des Haager AdÜ hinaus. Das AdWirkG gilt auch für Adoptionen aus Staaten, die Nichtvertragsstaaten des Haager AdÜ sind, und sogar für die durch ein deutsches Familiengericht ausgesprochene Adoption, wenn ausländisches Recht Adoptionsstatut war. **Zeitlich** wirkt das Adoptionswirkungsgesetz insoweit zurück, als Anerkennungs- und Wirkungsfeststellung sowie Umwandlung auch für Adoptionen erfolgen können, die vor seinem Inkrafttreten begründet worden sind.[3]

3 Die Anwendbarkeit ist auf die Adoption von unter 18-jährigen Kindern beschränkt. Maßgebend ist entsprechend der Abgrenzung zwischen Minderjährigen- und Erwachsenenadoption im internen deutschen Recht[4] der Zeitpunkt des Adoptionsakts, nicht derjenige der Stellung der Adoptionsanträge.[5] Es kommt also darauf an, ob das Gericht oder die Behörde die Adoption vor dem 18. Geburtstag des Kindes ausgesprochen oder bestätigt hat. Wenn nach dem ausländischen Recht das Gericht oder die Behörde die Bewilligung zur Adoption erteilt, die erst im Anschluss durch einen Vertrag zwischen den Beteiligten vollzogen wird, so kommt es auf den letzten Akt an, der für das Wirksamwerden der Adoption erforderlich ist.

4 Die **internationale Zuständigkeit** für das Feststellungs- oder das Umwandlungsverfahren richtet sich aufgrund der Verweisung in § 5 Abs. 1 S. 2 AdWirkG nach § 101 FamFG. Die Zuständigkeit ist nach § 5 Abs. 1 S. 1 AdWirkG bei einem Familiengericht für jeden Bezirk eines Oberlandesgerichts konzentriert. Dies und die Beteiligung des Bundesamts für Justiz als Bundeszentralstelle für Auslandsadoptionen nach § 5 Abs. 3 S. 3 AdWirkG dienen der Bildung von speziellen Kompetenzen und der Vereinheitlichung der Rechtspraxis.[6]

B. Anerkennungs- und Wirkungsfeststellung

I. Allgemeines

5 Die Feststellung der Anerkennung und der Wirkungen einer Adoption nach § 2 Abs. 1 AdWirkG kann bei Adoptionen aus Vertragsstaaten wie aus Nichtvertragsstaaten des Haager AdÜ erfolgen. Sie ist sowohl bei Dekretadoptionen als auch bei reinen Vertragsadoptionen möglich (siehe zu den Anerkennungsvoraussetzungen bei reinen Vertragsadoptionen Art. 22 EGBGB Rn 79, 85).[7]

6 Ist im Inland eine Adoption unter Anwendung eines ausländischen Adoptionsrechts ausgesprochen worden, so trifft das Familiengericht von Amts wegen eine Feststellung hinsichtlich der Wirkungen, § 2 Abs. 3 AdWirkG.

7 Zweck der Feststellung ist es, Unsicherheiten im Hinblick auf den rechtlichen Status des Kindes zu vermeiden und damit dem Kindeswohl zu dienen.[8]

1 Gesetz über Wirkungen der Annahme als Kind nach ausländischem Recht (Adoptionswirkungsgesetz) in der Fassung der Bekanntmachung v. 5.11.2001 (BGBl. I S. 2950).
2 BT-Drucks. 14/6011, S. 47 re. Sp.
3 OVG Hamburg, IPRax 2008, 261, 264; *Busch*, IPRax 2003, 13, 15.
4 S. dazu AG Mainz FamRZ 2001, 1641.
5 BT-Drucks. 14/6011, S. 46 re. Sp.
6 BT-Drucks. 14/6011, S. 49 li. Sp.; *Busch*, IPRax 2003, 13, 15.
7 BT-Drucks. 14/6011, S. 46 re. Sp.; *Busch*, IPRax 2003, 13, 15; *Klinkhardt*, FS Sonnenberger, S. 446.
8 BT-Drucks. 14/6011, S. 28 f.

Das Verfahren ist für ausländische Adoptionen fakultativ und verdrängt nicht die ex-lege-Anerkennung einer ausländischen Adoptionsentscheidung nach Art. 23 Haager AdÜ oder §§ 108, 109 FamFG. Liegen die Anerkennungsvoraussetzungen vor, entfaltet die ausländische Adoption Wirkungen im Inland, auch wenn ein Feststellungsverfahren (noch) nicht durchgeführt worden ist. 8

II. Antragsberechtigung

Antragsberechtigt sind nach § 4 Abs. 1 neben den unmittelbar betroffenen Personen (Annehmender, Kind, bisheriger Elternteil) nach lit. d auch das Standesamt, das nach § 27 Abs. 1 des Personenstandsgesetzes für die Fortführung der Beurkundung der Geburt des Kindes im Geburtenregister oder nach § 36 des Personenstandsgesetzes für die Beurkundung der Geburt des Kindes zuständig ist. 9

Um die völkerrechtlich vorgegebene ex-lege-Anerkennung nach Art. 23 Haager AdÜ nicht auszuhöhlen, ist von der Antragsbefugnis des Standesbeamten nur in Zweifelsfällen Gebrauch zu machen, § 4 Abs. 1 S. 2 AdWirkG.[9] Dafür spricht auch, dass aus Kostengründen, ein Verfahren ohne einen Antrag der unmittelbar betroffenen Personen nur bei einem entsprechenden öffentlichen Interesse durchgeführt werden soll. 10

Außerdem kann ein solches Verfahren aufgrund der notwendigen Anhörung für das Adoptivkind eine Belastung darstellen und sollte daher nicht ohne zwingenden Grund erfolgen.[10] 11

Bezüglich der **Anhörung des Kindes** ist durch die Änderungen aus Anlass der Verabschiedung des FamFG aufgrund eines **redaktionellen Versehens** in § 5 Abs. 3 S. 2 eine Verweisung auf §§ 167 und 168 Abs. 1 S. 1, Abs. 2–4 FamFG aufgenommen worden. Richtig muss die Verweisung auf § 159 und § 160 Abs. 1 S. 1, Abs. 2–4 lauten.[11]

Insbesondere bei Adoptionen aus einem Vertragsstaat des Haager AdÜ, bei denen eine Bescheinigung der ausländischen Stelle nach Art. 23 vorliegt, bestehen regelmäßig keine Zweifel hinsichtlich der Anerkennung und der starken Wirkungen.[12] 12

Liegen bei der Adoption aus einem Nichtvertragsstaat die Anerkennungsvoraussetzungen zwar eindeutig vor, ist aber zweifelhaft, ob sie starke oder schwache Wirkungen hat, so reicht auch dies nicht für eine Antragsbefugnis des Standesbeamten aus. Für die vom Standesbeamten vorzunehmende Eintragung kommt es nicht darauf an, ob die Adoption schwache oder starke Wirkungen entfaltet. 13

Das Vorliegen eines Zweifelsfalls ist nach dem Wortlaut und der systematischen Stellung echte Zulässigkeitsvoraussetzung und nicht nur eine Sollvorschrift. 14

Nach § 5 Abs. 1 und 2 AdWirkG erfolgt eine Zuständigkeitskonzentration der Verfahren bei einem Familiengericht für den Bezirk eines Oberlandesgerichts. 15

Stellen die unmittelbar von der Adoption Betroffenen einen Antrag auf Wirkungsfeststellung, wird dem allerdings auch dann nicht das Rechtsschutzbedürfnis abzusprechen sein, wenn eine Bescheinigung nach Art. 23 Haager AdÜ vorliegt, deren Ordnungsgemäßheit von der Bundeszentralstelle für Auslandsadoptionen nach § 9 AdÜbAG[13] bescheinigt worden ist.[14] Die noch offene Frage, ob die Bescheinigung nach Art. 23 Haager AdÜ ein ausreichendes Maß an Rechtssicherheit gewährleistet, sollte nicht die Adoptivfamilien belasten. 16

III. Inhalt der Feststellung

Das Familiengericht entscheidet nach den Voraussetzungen in Art. 23 Haager AdÜ bzw. §§ 108, 109 FamFG, ob die ausländische Adoptionsentscheidung anzuerkennen ist. Zusätzlich wird darüber entschieden, ob das Eltern-Kind-Verhältnis des Kindes zu seinen bisherigen Eltern durch die Adoption erloschen ist. Diese Feststellung ist Voraussetzung für die darauf aufbauende Feststellung, dass die im Ausland ausgesprochene Adoption einer nach deutschem Adoptionsrecht ausgesprochenen gleichsteht. Dies wiederum stellt sicher, dass immer dann, wenn eine deutsche Norm als Vorfrage ein durch Adoption begründetes Kindschaftsverhältnis zu den Annehmenden voraussetzt, die dabei auftretende **Substitutionsfrage** positiv zu beantworten ist (s. Art. 22 EGBGB Rn 39 ff). § 2 Abs. 2 Nr. 2 AdWirkG knüpft an Art. 26 Abs. 2 Haager AdÜ an, der eine solche Gleichstellung ex lege vorschreibt. Die Feststellung führt aber anders als die Umwandlung (s. Rn 42) nicht zu einem Wechsel des für die Adoption maßgeblichen Rechts.[15] Daher sollen sich die Wirkungen nach überwiegender Auffassung weiterhin nach dem Adoptionsbegründungsstatut richten. Begründet die Adoption 17

9 BT-Drucks. 14/6011, S. 48 re. Sp.
10 S. BT-Drucks. 14/6011, S. 48 re. Sp.
11 S. BT-Drucks. 16/6308, S. 352 „Zu Buchstabe b“.
12 S. BT-Drucks. 14/6011, S. 29; *Busch*, IPRax 2003, 13, 17.
13 Adoptionsübereinkommens-Ausführungsgesetz v. 5.11.2001, BGBl. I S. 2950.
14 *Busch*, IPRax 2003, 13, 17.
15 Staudinger/*Henrich*, Art. 22 EGBGB Rn 107.

danach kein Verwandtschaftsverhältnis zu den Verwandten des Annehmenden, soll dies auch nach der Feststellung nicht gelten.[16]

18 Damit würde die durch die Wirkungsfeststellung bezweckte Rechtssicherheit[17] für das Adoptivkind nur unvollkommen erreicht. Richtigerweise ist der Wirkungsfeststellung daher eine **partielle Transformationswirkung** beizulegen. Hat die Adoption nach dem Adoptionsbegründungsstatut das Eltern-Kind-Verhältnis zum Erlöschen gebracht, dann steht sie in den Wirkungen einer deutschen Minderjährigenadoption gleich, begründet daher zwingend auch ein Verwandtschaftsverhältnis zu den Verwandten eines Annehmenden. Anders als bei einer Transformation von einer schwachen in eine starke Adoption werden hierdurch schützenswerte Belange der Verwandten des Annehmenden nicht berührt. Sie haben auch nach internem deutschem Adoptionsrecht kein Beteiligungs- oder Mitspracherecht bei der Begründung einer Adoption, s. §§ 1746, 1747 BGB.

19 Handelt es sich nach dem auf die Adoption angewandten Recht um eine **schwache Adoption**, ergeht nach § 2 Abs. 2 Nr. 2 AdWirkG eine Feststellung über die Wirkungen nur im Hinblick auf die elterliche Sorge und die Unterhaltspflicht des Annehmenden. Insoweit steht auch eine schwache Adoption einer Adoption nach deutschem Recht gleich. Dies beruht darauf, dass es Mindestgehalt jeder Adoption ist, dass zwischen Annehmenden und Kind ein Eltern-Kind-Verhältnis im Hinblick auf die elterliche Sorge und auf die zumindest primäre Unterhaltspflicht des Annehmenden begründet wird.

IV. Beendigung des Eltern-Kind-Verhältnisses

20 Die Gleichstellung mit einer starken Adoption nach deutschem Recht setzt voraus, dass nach dem maßgeblichen Recht (s. Art. 22 EGBGB Rn 17) grundsätzlich alle Rechtsbeziehungen zur Herkunftsfamilie aufgehoben wurden. Anders als bei der bisher vorzunehmenden Substitutionsprüfung für eine konkrete Rechtswirkung bewirkt die Wirkungsfeststellung eine allgemeine Substitution. Bleiben wie nach österreichischem Recht im Verhältnis zur Herkunftsfamilie Erbrechte und Unterhaltsrechte bestehen, ist das Eltern-Kind-Verhältnis noch nicht erloschen.[18] Die Möglichkeit einer über § 2 Abs. 2 Nr. 2 AdWirkG hinausgehenden Adoption wird dadurch nicht ausgeschlossen, ist jedoch im Einzelfall wie bisher zu begründen.[19]

V. Reichweite der Entscheidungswirkungen

21 Die Feststellung hat Wirkung erga omnes, § 4 Abs. 2 S. 1 AdWirkG. Dadurch wird die erwünschte Rechtssicherheit wie bei einem inländischen Adoptionsbeschluss erreicht. Eine Ausnahme besteht im Hinblick auf die leiblichen Eltern des Adoptivkindes, § 3 Abs. 2 S. 2 AdWirkG. Damit wird verhindert, dass die leiblichen Eltern zwingend am Verfahren zu beteiligen sind.[20] Dies ist in vielen Fällen der internationalen Adoption nicht oder nur unter unverhältnismäßigen Schwierigkeiten möglich. Bestehen solche Hindernisse nicht, so kann ein für das Feststellungsverfahren Antragsbefugter die Beteiligung eines bisherigen Elternteils beantragen und damit die Wirkung auch gegenüber diesem erreichen, § 2 Abs. 2 S. 3 Alt. 1 AdWirkG. Wirkung gegenüber dem bisherigen Elternteil tritt auch ein, wenn dieser die Feststellung selbst beantragt hat, § 2 Abs. 2 S. 3 Alt. 2 AdWirkG. Nach § 2 Abs. 2 S. 3 Alt. 2 AdWirkG kann ein Antrag auf Erstreckung der Wirkungen im Verhältnis zu einem bisherigen Elternteil auch noch nach Abschluss des Verfahrens in einem gesonderten Verfahren gestellt werden.[21]

C. Umwandlung

I. Anwendungsbereich

22 Zur Umsetzung von Art. 27 Haager AdÜ wurde in § 3 AdWirkG die Umwandlung einer Adoption nach ausländischem Recht in eine Adoption nach deutschem Recht eingeführt. Die Umwandlung nach § 3 AdWirkG ist sowohl für Adoptionen aus einem Vertragsstaat des Haager AdÜ als auch für Adoptionen aus anderen Staaten möglich. Hat ein deutsches Familiengericht eine Adoption unter Anwendung ausländischen Rechts

16 So wohl BT-Drucks. 14/6011, S. 48; *St. Lorenz*, FS Sonnenberger 2004, S. 502 u. 511: Anordnung einer Substitution auf der Ebene des Sachrechts; krit. *Busch*, IPRax 2003, 13, 18; *Frank*, StAZ 2003, 257, 260 ff.

17 S. dazu BT-Drucks. 14/6011, S. 28; *Busch*, IPRax 2003, 13, 14.

18 *Busch*, IPRax 2003, 13, 17 f; anders bei der Substitutionsfrage konkret für § 6 S. 1 StAG BayVGH StAZ 1998, 287; s.a. *Steiger*, DNotZ 2002, 184; *ders.*, Das neue Recht der internationalen Adoption und Adoptionsvermittlung, 2001, S. 84.

19 *Busch*, IPRax 2003, 13, 18 Fn 34.

20 BT-Drucks. 14/6011, S. 48 f; *Busch*, IPRax 2003, 13, 14.

21 BT-Drucks. 14/6011, S. 49 li. Sp.

ausgesprochen, so kann auch diese Adoption in eine Adoption nach deutschem Recht umgewandelt werden, § 3 Abs. 2 AdWirkG. Insoweit wird die kollisionsrechtliche Verweisung des Art. 22 überlagert.[22]

II. Voraussetzungen

23 Die Umwandlung stellt keine Wiederholung der Adoption dar, so dass nicht alle Voraussetzungen für eine Adoption nach dem aus deutscher Sicht anwendbaren Adoptionsstatut erneut geprüft werden müssen. § 3 Abs. 1 AdWirkG beschränkt die Prüfung auf das Kindeswohl, die erforderlichen Zustimmungen und die Interessen der Ehegatten und Kinder von Annehmenden und Angenommenen.

24 **1. Kindeswohl.** Das Kindeswohl ist daraufhin zu prüfen, ob gerade die Umwandlung der schwachen Adoption in eine starke Adoption dem Kindeswohl entspricht. Das wird regelmäßig der Fall sein, wenn zwischen dem Kind und der leiblichen Familie keine persönlichen Beziehungen bestehen. Bestehen solche Beziehungen noch, wird es demgegenüber meist dem Kindeswohl entsprechen, diese auch rechtlich nicht abzuschneiden. Im Interesse des Kindes ist auch zu berücksichtigen, ob der Verlust von erbrechtlichen oder unterhaltsrechtlichen Ansprüchen gegenüber der Ursprungsfamilie einen Verlust für das Kind darstellt.

25 **2. Einwilligungen. a) Inhalt.** Eine Umwandlung in eine starke Adoption setzt voraus, dass die Einwilligungen, die zur ursprünglichen schwachen Adoption erteilt worden sind, inhaltlich auch eine starke Adoption tragen. Dies beruht für die Zustimmung der leiblichen Eltern darauf, dass der durch eine Adoption erfolgende Eingriff in die Elternrechte grundsätzlich nur soweit gerechtfertigt ist, wie die Eltern zugestimmt haben. Aus der Einwilligung in eine schwache Adoption folgt nicht zwingend, dass die Eltern auch mit einer starken Adoption einverstanden sind, die die rechtliche Beziehung zwischen ihnen und dem Kind vollständig löst.

26 Fehlt es bei der Einwilligung an ausdrücklichen Hinweisen für die inhaltliche Reichweite, ist diese anhand von Indizien zu bestimmen. Ist die Einwilligung zu einem konkreten Adoptionsverfahren erteilt worden und konnte nach dem tatsächlich auf die Adoption angewandten Recht nur eine schwache Adoption ausgesprochen werden, so trägt eine solche Einwilligung keine starke Adoption. Konnte nach dem angewandten Recht aufgrund der Einwilligung statt einer schwachen auch eine starke Adoption ausgesprochen werden, so reicht die Einwilligung auch für die Umwandlung aus. Inhaltlich ausreichend für eine starke Adoption sind auch die Einwilligungen, die blanko oder sonst ohne Bezug auf ein bestimmtes Adoptionsverfahren abgegeben worden sind, so dass die Eltern mit der Möglichkeit einer starken Adoption rechnen mussten. Beispiel ist die Einwilligung deutscher Eltern in die **Inkognitoadoption**, wenn nach dem als Adoptionsstatut berufenen Heimatrecht des Annehmenden nur eine schwache Adoption ausgesprochen wird.

27 Fraglich ist, ob auch die Zustimmungen anderer Personen, die für die Adoption erforderlich waren, inhaltlich eine starke Adoption umfassen mussten. Da die Zustimmung des Kindes für eine Umwandlung vorliegen muss, kann es insoweit nicht darauf ankommen, ob die Zustimmung des Kindes in die ursprüngliche Adoption inhaltlich auch eine starke Adoption deckt.[23]

28 Gleiches gilt für Zustimmungserfordernisse der Ehegatten und Kinder von Annehmenden und Angenommenen, weil auch deren Interessen bei der Umwandlung erneut geprüft werden.

29 Zustimmungen von Verwandten des Kindes, etwa eines Onkels, die zu der Begründung der Adoption erforderlich waren, müssen demgegenüber inhaltlich eine starke Adoption decken.

30 Aus deutscher Sicht kann die Verwandtschaftsbeziehung auch ohne Zustimmung der betroffenen Verwandten aufgelöst werden. Maßgebend ist aber das bei der Adoptionsbegründung angewandte Recht. Dies folgt daraus, dass § 3 AdWirkG Art. 27 Haager AdÜ umsetzt, der ausdrücklich auf die nach Art. 4 Haager AdÜ notwendigen Einwilligungen verweist.

31 **b) Anwendbares Recht.** § 3 Abs. 1 S. 2 AdWirkG bestimmt, dass auf die Erforderlichkeit und die Erteilung der Zustimmungen die für die Zustimmungen zu der Annahme maßgebenden Vorschriften sowie Art. 6 EGBGB entsprechend Anwendung finden. Nach der Gesetzesbegründung enthält § 3 Abs. 1 S. 2 AdWirkG eine **Gesamtverweisung** auf die bei der schwachen Adoption angewandte Rechtsordnung.[24]

32 Die Maßgeblichkeit der bei der Adoption angewandten Rechtsordnung ist im Anwendungsbereich des Haager AdÜ durch dessen Art. 27 vorgegeben. Insoweit kann es aber nur darauf ankommen, dass die Einwilligungen, deren Vorliegen nach Art. 4 lit. c und lit. d Haager AdÜ notwendig sind und entsprechend auch von der Heimatbehörde geprüft worden sind, inhaltlich auch eine starke Adoption tragen. Eine eigenständige Bestimmung des anwendbaren Rechts aus deutscher Sicht, die wegen einer unterschiedlichen Handhabung des renvoi auch zu einer anderen Rechtsordnung führen kann, ist mit Art. 27 Haager AdÜ unvereinbar.

22 S. *Busch*, IPRax 2003, 13, 18.
23 S. dazu Art. 27 Haager AdÜ, der ausdr. eine Zustimmung zur Umwandlung ausreichen lässt.
24 BT-Drucks. 14/6011, S. 48 li. Sp.

33 Außerdem widerspricht eine Gesamtverweisung dem Sinn der Verweisung (Art. 4 Abs. 1 EGBGB). Der Zweck der Verweisung auf die bei der Adoption angewandte Rechtsordnung liegt darin, dass bei der Begründung der Adoption regelmäßig nur die Zustimmungen erteilt wurden, die nach dieser Rechtsordnung notwendig sind. Damit werden auch für die Umwandlung keine anderen Zustimmungen notwendig, deren nachträgliche Einholung regelmäßig nur unter Schwierigkeit erfolgen kann.

34 Maßgebend ist das ausländische Recht auch für die Fragen, wann, wem gegenüber und in welcher Form die Zustimmung erteilt worden sein muss. Die Schwierigkeiten, die sich in dieser Hinsicht bei der früher üblichen Wiederholung der Adoption unter Anwendung deutschen Rechts ergaben,[25] werden dadurch vermieden.

35 Überflüssig ist der Hinweis auf den **ordre-public-Vorbehalt** in § 3 Abs. 1 S. 2 AdWirkG. Eine Umwandlung ist nur möglich, wenn die schwache Adoption nach Art. 23 Haager AdÜ oder §§ 108, 109 FamFG anerkannt werden kann. Der Mindeststandard hinsichtlich der Zustimmungserfordernisse[26] wird dabei bereits berücksichtigt.

36 **c) Einwilligung des Kindes.** Für die Einwilligung des Kindes beruft § 3 Abs. 1 S. 3 AdWirkG zusätzlich das deutsche Recht. Unklar ist, ob die Zustimmung des Kindes in die ursprüngliche Adoption den Anforderungen auch des deutschen Rechts entsprochen haben muss oder eine Zustimmung des Kindes entsprechend § 1746 BGB für die Umwandlung vorliegen muss. Wortlaut und systematische Stellung sprechen für die Maßgeblichkeit des deutschen Rechts für die Einwilligung des Kindes in die ursprüngliche Adoption. Nach Sinn und Zweck kann die Vorschrift aber nur so verstanden werden, dass die Einwilligung des Kindes entsprechend § 1746 BGB in die Umwandlung notwendig und ausreichend ist. Davon geht auch die Gesetzesbegründung aus.[27]

37 Die Schwierigkeiten, die sich aus den unterschiedlichen Regeln hinsichtlich der Zustimmungen ergaben, wenn eine Adoption im Inland wiederholt wurde, sollten durch die Umwandlung vermieden werden. In ausländischen Rechtsordnungen wird eine gesonderte Einwilligung des Kindes teilweise nicht oder erst ab einem bestimmten Alter verlangt und ansonsten die Meinung des Kindes verfahrensrechtlich durch Anhörung des Kindes und materiellrechtlich bei der Prüfung des Kindeswohls berücksichtigt. Das Fehlen einer formalen Einwilligung des minderjährigen Kindes stellt kein Anerkennungshindernis dar. § 3 Abs. 1 S. 3 AdWirkG ist daher so zu verstehen, dass das Kind entsprechend § 1746 Abs. 1 S. 1–3, Abs. 2 und 3 BGB in die Umwandlung einwilligen muss. Maßgebend für die Fragen, ob das Kind oder der gesetzliche Vertreter die Einwilligung erklären muss und wer gesetzlicher Vertreter des Kindes ist, ist der Zeitpunkt des Umwandlungsverfahrens, nicht der des ursprünglichen Adoptionsverfahrens.[28]

38 **d) Ersetzung von Einwilligungen.** Wurde bei der Adoptionsbegründung auf die Einholung einer Einwilligung verzichtet (vgl. § 1747 Abs. 4 BGB) oder eine Einwilligung ersetzt (vgl. § 1748 BGB), so reicht dies grundsätzlich auch für die Umwandlung aus. Etwas anderes gilt nur, wenn der Verzicht oder die Ersetzung nach dem Adoptionsbegründungsstatut damit begründet wurde, dass nur eine schwache Adoption erfolgte.

39 Wenn die Zustimmungen zur Adoption erteilt wurden, inhaltlich aber nicht für die Umwandlung in eine Volladoption ausreichen, so kann bei der Umwandlung auf die Vorschriften des Adoptionsbegründungsstatuts über die Verzichtbarkeit oder die Ersetzung von Zustimmungen zurückgegriffen werden. Das mit der Umwandlung befasste deutsche Familiengericht kann über den Verzicht oder die Ersetzung entscheiden.[29] Dies gilt auch, wenn nach dem Adoptionsbegründungsstatut nur eine schwache und keine starke Adoption erfolgen kann. Eine Umwandlung soll gerade in diesen Fällen möglich sein. Allerdings hat das Familiengericht bei der Entscheidung über Verzichtbarkeit oder Ersetzung die Wirkungen der Umwandlung auf die Rechtsbeziehung zu berücksichtigen.

40 Weiter gehend muss es auch ausreichen, dass die Voraussetzungen nach deutschem materiellem Recht für die Entbehrlichkeit oder Ersetzung der Einwilligung vorliegen. § 3 Abs. 1 Nr. 2 AdWirkG stellt für die Einwilligungen auf das ausländische Recht ab, weil dessen Voraussetzungen im Regelfall erfüllt sind oder leichter zu erfüllen sind als die des deutschen Rechts. Wenn hinsichtlich der Einwilligungen nur die Voraussetzungen des deutschen Rechts vorliegen, so muss im Sinne eines Erst-recht-Schlusses die Umwandlung der ausländischen Adoption in eine deutsche Adoption möglich sein. Stattdessen in diesen Fällen nur die Wiederholung der Adoption im Inland zuzulassen[30] greift stärker in das ausländische Recht ein und stellt die Anerkennungspflicht nach Art. 23, 27 Haager AdÜ infrage.

41 **3. Interessen von Ehegatten und Kindern.** Nur in seltenen Ausnahmefällen ist denkbar, dass berechtigte Interessen des Ehegatten oder der Kinder des Annehmenden einer Umwandlung entgegenstehen können.

25 S. dazu *Benicke*, S. 75 ff.
26 So die Gesetzesbegründung in BT-Drucks. 14/6011, S. 48 li. Sp.
27 BT-Drucks. 14/6011, S. 48 li. Sp.
28 So auch implizit BT-Drucks. 14/6011, S. 48 li. Sp.: Das bei Umwandlung volljährige Adoptivkind muss nach § 3 Abs. 1 S. 3 AdWirkG iVm § 1746 BGB selbst einwilligen.
29 So wohl auch Staudinger/*Henrich*, Art. 22 EGBGB Rn 104.
30 So aber *Heiderhoff*, FamRZ 2002, 1682, 1686.

Aufgrund der schwachen ausländischen Adoption ist bereits ein Abstammungsverhältnis zu dem Annehmenden entstanden; das angenommene Kind steht im Verhältnis zum Annehmenden daher grundsätzlich den anderen Kindern gleich. Erst durch die Umwandlung wird allerdings ein Verwandtschaftsverhältnis zwischen den anderen Kindern und dem Adoptivkind begründet. Ist das Kind nur von dem Annehmenden und nicht auch von dem Ehegatten angenommen worden, so begründet die Umwandlung kein Kindschaftsverhältnis zu dem Annehmenden.

III. Wirkungen

Die Umwandlung bewirkt, dass die ausländische zu einer inländischen Adoption wird.[31] Wirkungen, Bestandskraft oder Aufhebbarkeit richten sich nun ausschließlich nach deutschem internen Adoptionsrecht. Im Unterschied dazu bleibt die Adoption bei der Wirkungsfeststellung nach § 2 Abs. 2 Nr. 1 AdWirkG eine solche des ausländischen Rechts. Nur für die Frage der Substitution wird bindend festgestellt, dass sie in den Wirkungen einer deutschen Minderjährigenadoption entspricht. **42**

Die Umwandlungsentscheidung wirkt für und gegen alle; anders als die Feststellungsentscheidung nach § 2 AdWirkG auch im Verhältnis zu den leiblichen Eltern. **43**

Dies hat zur Folge, dass die **verfahrensrechtliche Beteiligung der bisherigen Eltern** im bei der Umwandlung notwendig ist. Dies folgt e contrario auch aus § 5 Abs. 3 S. 3 AdWirkG, der die Nichtbeteiligung der leiblichen Eltern nur für das Feststellungsverfahren nach § 2 AdWirkG vorsieht. Nach § 5 Abs. 3 S. 2 AdWirkG[32] iVm § 160 Abs. 1 FamFG müssen die leiblichen Eltern bei der Umwandlung grundsätzlich persönlich angehört werden. Die persönliche Anhörung steht nicht mehr nur im pflichtgemäßen Ermessen des Gerichts.[33] Nach § 160 Abs. 3 FamFG darf von der Anhörung nur aus schwerwiegenden Gründen ganz abgesehen werden. Ein solcher schwerwiegender Grund dürfte aber bei einer Umwandlung angenommen werden, wenn die Adresse der leiblichen Eltern mit angemessenem Aufwand nicht auffindbar ist oder die Eltern kein Interesse an einer Beteiligung zeigen. **44**

D. Wiederholung einer ausländischen Adoption im Inland

Vor Erlass des AdWirkG behalf sich die Praxis mit der Wiederholung der ausländischen Adoption. Zweck der Wiederholung war es, Zweifel an der Wirksamkeit und den Wirkungen einer ausländischen Adoption zu beseitigen, ihr insbesondere die starken Wirkungen einer Minderjährigenadoption nach deutschem Recht zu verschaffen.[34] **45**

Die Möglichkeit des Anerkennungsverfahrens und des Umwandlungsverfahrens lässt nun in der Regel das Rechtsschutzinteresse für die Wiederholung einer im Ausland ausgesprochenen Adoption entfallen.[35] Die Wiederholung bereitet hinsichtlich der Voraussetzungen besondere Schwierigkeiten. Außerdem war das Verhältnis zwischen der ausländischen und der nachfolgenden internen Adoptionsentscheidung ungeklärt.[36] **46**

Nur eine Umwandlung und keine Wiederholung der Adoption sollte daher auch dann erfolgen, wenn die Einwilligungsvoraussetzungen nach dem ausländischen Adoptionsbegründungsstatut für eine Umwandlung nicht vorliegen, nach deutschem Recht eine starke Adoption aber ausgesprochen werden könnte, etwa weil danach eine Ersetzung der Einwilligung unter leichteren Voraussetzungen möglich ist (s. Rn 40). **47**

31 BT-Drucks. 14/6011, S. 47 re. Sp.
32 Zum fehlerhaften Verweis in § 5 AdWirkG s. oben Rn 11.
33 So noch zu § 50 a FGG BT-Drucks. 14/6011, S. 48; *Busch*, IPRax 2003, 13, 19.
34 *Schurig*, IPRax 1984, 25, 26; Staudinger/*Henrich*, Art. 22 EGBGB Rn 99; *Benicke*, S. 200.
35 S. AG Worms IPRax 2004, 534 m.Anm. *Jayme*, das das Rechtsschutzbedürfnis für eine Wiederholung bejaht hat, um bei einer Ehegattenadoption unterschiedliche Adoptionswirkungsstatute zu vermeiden; bereits früher wurde bei einer anerkennungsfähigen starken Adoption das Rechtsschutzinteresse an einer Wiederholung verneint, AG Schwandorf IPRax 1995, 252.
36 S. dazu AG Schwandorf IPRax 1995, 252, 253; *Klinkhardt*, IPRax 1995, 238, 239; *Beitzke*, in: Beitzke/Hoffmann/Sturm, Einbindung fremder Normen in das deutsche Personenstandsrecht, 1985, S. 1, 8 f; *Busch*, IPRax 2003, 13 f.

Anhang II zu Art. 22 EGBGB: Haager AdÜ

Haager Übereinkommen über den Schutz von Kindern und die Zusammenarbeit auf dem Gebiet der internationalen Adoption (Haager AdÜ)[1]

Vom 29. Mai 1993 (BGBl. II 2001 S. 1034)

Die Unterzeichnerstaaten dieses Übereinkommens –

in der Erkenntnis, dass das Kind zur vollen und harmonischen Entfaltung seiner Persönlichkeit in einer Familie und umgeben von Glück, Liebe und Verständnis aufwachsen sollte,

unter Hinweis darauf, dass jeder Staat vorrangig angemessene Maßnahmen treffen sollte, um es dem Kind zu ermöglichen, in seiner Herkunftsfamilie zu bleiben,

in der Erkenntnis, dass die internationale Adoption den Vorteil bieten kann, einem Kind, für das in seinem Heimatstaat keine geeignete Familie gefunden werden kann, eine dauerhafte Familie zu geben,

überzeugt von der Notwendigkeit, Maßnahmen zu treffen, um sicherzustellen, dass internationale Adoptionen zum Wohl des Kindes und unter Wahrung seiner Grundrechte stattfinden, und die Entführung und den Verkauf von Kindern sowie den Handel mit Kindern zu verhindern,

in dem Wunsch, zu diesem Zweck gemeinsame Bestimmungen festzulegen, die von den Grundsätzen ausgehen, die in internationalen Übereinkünften anerkannt sind, insbesondere dem Übereinkommen der Vereinten Nationen vom 20. November 1989 über die Rechte des Kindes und der Erklärung der Vereinten Nationen über die sozialen und rechtlichen Grundsätze für den Schutz und das Wohl von Kindern unter besonderer Berücksichtigung der Aufnahme in eine Pflegefamilie und der Adoption auf nationaler und internationaler Ebene (Resolution 41/85 der Generalversammlung vom 3. Dezember 1986)

– haben die folgenden Bestimmungen vereinbart:

Kapitel I
Anwendungsbereich des Übereinkommens

Art. 1 Haager AdÜ

Ziel des Übereinkommens ist es,

a) Schutzvorschriften einzuführen, damit internationale Adoptionen zum Wohl des Kindes und unter Wahrung seiner völkerrechtlich anerkannten Grundrechte stattfinden;

b) ein System der Zusammenarbeit unter den Vertragsstaaten einzurichten, um die Einhaltung dieser Schutzvorschriften sicherzustellen und dadurch die Entführung und den Verkauf von Kindern sowie den Handel mit Kindern zu verhindern;

c) in den Vertragsstaaten die Anerkennung der gemäß dem Übereinkommen zustande gekommenen Adoptionen zu sichern.

Art. 2 Haager AdÜ

(1) Das Übereinkommen ist anzuwenden, wenn ein Kind mit gewöhnlichem Aufenthalt in einem Vertragsstaat („Heimatstaat") in einen anderen Vertragsstaat („Aufnahmestaat") gebracht worden ist, wird oder werden soll, entweder nach seiner Adoption im Heimatstaat durch Ehegatten oder eine Person mit gewöhnlichem Aufenthalt im Aufnahmestaat oder im Hinblick auf eine solche Adoption im Aufnahme- oder Heimatstaat.

(2) Das Übereinkommen betrifft nur Adoptionen, die ein dauerhaftes Eltern-Kind-Verhältnis begründen.

1 Übersetzung; authentisch sind gleichberechtigt der englische und französische Text; (zu finden auf http://www.hcch.net/).

Art. 3 Haager AdÜ

Das Übereinkommen ist nicht mehr anzuwenden, wenn die in Artikel 17 Buchstabe c vorgesehenen Zustimmungen nicht erteilt wurden, bevor das Kind das achtzehnte Lebensjahr vollendet hat.

Kapitel II
Voraussetzungen internationaler Adoptionen

Art. 4 Haager AdÜ

Eine Adoption nach dem Übereinkommen kann nur durchgeführt werden, wenn die zuständigen Behörden des Heimatstaats

a) festgestellt haben, dass das Kind adoptiert werden kann;

b) nach gebührender Prüfung der Unterbringungsmöglichkeiten für das Kind im Heimatstaat entschieden haben, dass eine internationale Adoption dem Wohl des Kindes dient;

c) sich vergewissert haben,

1. dass die Personen, Institutionen und Behörden, deren Zustimmung zur Adoption notwendig ist, soweit erforderlich beraten und gebührend über die Wirkungen ihrer Zustimmung unterrichtet worden sind, insbesondere darüber, ob die Adoption dazu führen wird, dass das Rechtsverhältnis zwischen dem Kind und seiner Herkunftsfamilie erlischt oder weiter besteht;

2. dass diese Personen, Institutionen und Behörden ihre Zustimmung unbeeinflusst in der gesetzlich vorgeschriebenen Form erteilt haben und diese Zustimmung schriftlich gegeben oder bestätigt worden ist;

3. dass die Zustimmungen nicht durch irgendeine Zahlung oder andere Gegenleistung herbeigeführt worden sind und nicht widerrufen wurden und

4. dass die Zustimmung der Mutter, sofern erforderlich, erst nach der Geburt des Kindes erteilt worden ist, und

d) sich unter Berücksichtigung des Alters und der Reife des Kindes vergewissert haben,

1. dass das Kind beraten und gebührend über die Wirkungen der Adoption und seiner Zustimmung zur Adoption, soweit diese Zustimmung notwendig ist, unterrichtet worden ist;

2. dass die Wünsche und Meinungen des Kindes berücksichtigt worden sind;

3. dass das Kind seine Zustimmung zur Adoption, soweit diese Zustimmung notwendig ist, unbeeinflusst in der gesetzlich vorgeschriebenen Form erteilt hat und diese Zustimmung schriftlich gegeben oder bestätigt worden ist und

4. dass diese Zustimmung nicht durch irgendeine Zahlung oder andere Gegenleistung herbeigeführt worden ist.

Art. 5 Haager AdÜ

Eine Adoption nach dem Übereinkommen kann nur durchgeführt werden, wenn die zuständigen Behörden des Aufnahmestaats

a) entschieden haben, dass die künftigen Adoptiveltern für eine Adoption in Betracht kommen und dazu geeignet sind,

b) sich vergewissert haben, dass die künftigen Adoptiveltern soweit erforderlich beraten worden sind, und

c) entschieden haben, dass dem Kind die Einreise in diesen Staat und der ständige Aufenthalt dort bewilligt worden sind oder werden.

Kapitel III
Zentrale Behörden und zugelassene Organisationen

Art. 6 Haager AdÜ

(1) Jeder Vertragsstaat bestimmt eine Zentrale Behörde, welche die ihr durch dieses Übereinkommen übertragenen Aufgaben wahrnimmt.

(2) [1]Einem Bundesstaat, einem Staat mit mehreren Rechtssystemen oder einem Staat, der aus autonomen Gebietseinheiten besteht, steht es frei, mehrere Zentrale Behörden zu bestimmen und deren räumliche und persönliche Zuständigkeit festzulegen. [2]Macht ein Staat von dieser Möglichkeit Gebrauch, so bestimmt er die Zentrale Behörde, an welche Mitteilungen und übermittlungen an die zuständige Zentrale Behörde in diesem Staat gerichtet werden können.

Art. 7 Haager AdÜ

(1) Die Zentralen Behörden arbeiten zusammen und fördern die Zusammenarbeit der zuständigen Behörden ihrer Staaten, um Kinder zu schützen und die anderen Ziele des Übereinkommens zu verwirklichen.

(2) Sie treffen unmittelbar alle geeigneten Maßnahmen, um

a) Auskünfte über das Recht ihrer Staaten auf dem Gebiet der Adoption zu erteilen und andere allgemeine Informationen, wie beispielsweise statistische Daten und Musterformblätter, zu übermitteln;
b) einander über die Wirkungsweise des Übereinkommens zu unterrichten und Hindernisse, die seiner Anwendung entgegenstehen, so weit wie möglich auszuräumen.

Art. 8 Haager AdÜ

Die Zentralen Behörden treffen unmittelbar oder mit Hilfe staatlicher Stellen alle geeigneten Maßnahmen, um unstatthafte Vermögens- oder sonstige Vorteile im Zusammenhang mit einer Adoption auszuschließen und alle den Zielen des Übereinkommens zuwiderlaufenden Praktiken zu verhindern.

Art. 9 Haager AdÜ

Die Zentralen Behörden treffen unmittelbar oder mit Hilfe staatlicher Stellen oder anderer in ihrem Staat ordnungsgemäß zugelassener Organisationen alle geeigneten Maßnahmen, um insbesondere

a) Auskünfte über die Lage des Kindes und der künftigen Adoptiveltern einzuholen, aufzubewahren und auszutauschen, soweit dies für das Zustandekommen der Adoption erforderlich ist;
b) das Adoptionsverfahren zu erleichtern, zu überwachen und zu beschleunigen;
c) den Aufbau von Diensten zur Beratung während und nach der Adoption in ihrem Staat zu fördern;
d) Berichte über allgemeine Erfahrungen auf dem Gebiet der internationalen Adoption auszutauschen;
e) begründete Auskunftsersuchen anderer Zentraler Behörden oder staatlicher Stellen zu einem bestimmten Adoptionsfall zu beantworten, soweit das Recht ihres Staates dies zulässt.

Art. 10 Haager AdÜ

Die Zulassung erhalten und behalten nur Organisationen, die darlegen, dass sie fähig sind, die ihnen übertragenen Aufgaben ordnungsgemäß auszuführen.

Art. 11 Haager AdÜ

Eine zugelassene Organisation muss

a) unter Einhaltung der von den zuständigen Behörden des Zulassungsstaats festgelegten Voraussetzungen und Beschränkungen ausschließlich gemeinnützige Zwecke verfolgen;
b) von Personen geleitet und verwaltet werden, die nach ihren ethischen Grundsätzen und durch Ausbildung oder Erfahrung für die Arbeit auf dem Gebiet der internationalen Adoption qualifiziert sind, und
c) in Bezug auf ihre Zusammensetzung, Arbeitsweise und Finanzlage der Aufsicht durch die zuständigen Behörden des Zulassungsstaats unterliegen.

Art. 12 Haager AdÜ

Eine in einem Vertragsstaat zugelassene Organisation kann in einem anderen Vertragsstaat nur tätig werden, wenn die zuständigen Behörden beider Staaten dies genehmigt haben.

Art. 13 Haager AdÜ

Jeder Vertragsstaat teilt die Bestimmung der Zentralen Behörden und gegebenenfalls den Umfang ihrer Aufgaben sowie die Namen und Anschriften der zugelassenen Organisationen dem Ständigen Büro der Haager Konferenz für Internationales Privatrecht mit.

Kapitel IV
Verfahrensrechtliche Voraussetzungen der internationalen Adoption

Art. 14 Haager AdÜ

Personen mit gewöhnlichem Aufenthalt in einem Vertragsstaat, die ein Kind mit gewöhnlichem Aufenthalt in einem anderen Vertragsstaat adoptieren möchten, haben sich an die Zentrale Behörde im Staat ihres gewöhnlichen Aufenthalts zu wenden.

Art. 15 Haager AdÜ

(1) Hat sich die Zentrale Behörde des Aufnahmestaats davon überzeugt, dass die Antragsteller für eine Adoption in Betracht kommen und dazu geeignet sind, so verfasst sie einen Bericht, der Angaben zur Person der Antragsteller und über ihre rechtliche Fähigkeit und ihre Eignung zur Adoption, ihre persönlichen und familiären Umstände, ihre Krankheitsgeschichte, ihr soziales Umfeld, die Beweggründe für die Adoption, ihre Fähigkeit zur übernahme der mit einer internationalen Adoption verbundenen Aufgaben sowie die Eigenschaften der Kinder enthält, für die zu sorgen sie geeignet wären.
(2) Sie übermittelt den Bericht der Zentralen Behörde des Heimatstaats.

Art. 16 Haager AdÜ

(1) Hat sich die Zentrale Behörde des Heimatstaats davon überzeugt, dass das Kind adoptiert werden kann, so
a) verfasst sie einen Bericht, der Angaben zur Person des Kindes und darüber, dass es adoptiert werden kann, über sein soziales Umfeld, seine persönliche und familiäre Entwicklung, seine Krankheitsgeschichte einschließlich derjenigen seiner Familie sowie besondere Bedürfnisse des Kindes enthält;
b) trägt sie der Erziehung des Kindes sowie seiner ethnischen, religiösen und kulturellen Herkunft gebührend Rechnung;
c) vergewissert sie sich, dass die Zustimmungen nach Artikel 4 vorliegen, und
d) entscheidet sie, insbesondere aufgrund der Berichte über das Kind und die künftigen Adoptiveltern, ob die in Aussicht genommene Unterbringung dem Wohl des Kindes dient.

(2) Sie übermittelt der Zentralen Behörde des Aufnahmestaats ihren Bericht über das Kind, den Nachweis über das Vorliegen der notwendigen Zustimmungen sowie die Gründe für ihre Entscheidung über die Unterbringung, wobei sie dafür sorgt, dass die Identität der Mutter und des Vaters nicht preisgegeben wird, wenn diese im Heimatstaat nicht offen gelegt werden darf.

Art. 17 Haager AdÜ

Eine Entscheidung, ein Kind künftigen Adoptiveltern anzuvertrauen, kann im Heimatstaat nur getroffen werden, wenn

a) die Zentrale Behörde dieses Staates sich vergewissert hat, dass die künftigen Adoptiveltern einverstanden sind;

b) die Zentrale Behörde des Aufnahmestaats diese Entscheidung gebilligt hat, sofern das Recht dieses Staates oder die Zentrale Behörde des Heimatstaats dies verlangt;
c) die Zentralen Behörden beider Staaten der Fortsetzung des Adoptionsverfahrens zugestimmt haben und
d) nach Artikel 5 entschieden wurde, dass die künftigen Adoptiveltern für eine Adoption in Betracht kommen und dazu geeignet sind und dem Kind die Einreise in den Aufnahmestaat und der ständige Aufenthalt dort bewilligt worden sind oder werden.

Art. 18 Haager AdÜ

Die Zentralen Behörden beider Staaten treffen alle erforderlichen Maßnahmen, um die Bewilligung der Ausreise des Kindes aus dem Heimatstaat sowie der Einreise in den Aufnahmestaat und des ständigen Aufenthalts dort zu erwirken.

Art. 19 Haager AdÜ

(1) Das Kind kann nur in den Aufnahmestaat gebracht werden, wenn die Voraussetzungen des Artikels 17 erfüllt sind.

(2) Die Zentralen Behörden beider Staaten sorgen dafür, dass das Kind sicher und unter angemessenen Umständen in den Aufnahmestaat gebracht wird und dass die Adoptiveltern oder die künftigen Adoptiveltern das Kind wenn möglich begleiten.

(3) Wird das Kind nicht in den Aufnahmestaat gebracht, so werden die in den Artikeln 15 und 16 vorgesehenen Berichte an die absendenden Behörden zurückgesandt.

Art. 20 Haager AdÜ

Die Zentralen Behörden halten einander über das Adoptionsverfahren und die zu seiner Beendigung getroffenen Maßnahmen sowie über den Verlauf der Probezeit, falls eine solche verlangt wird, auf dem Laufenden.

Art. 21 Haager AdÜ

(1) Soll die Adoption erst durchgeführt werden, nachdem das Kind in den Aufnahmestaat gebracht worden ist, und dient es nach Auffassung der Zentralen Behörde dieses Staates nicht mehr dem Wohl des Kindes, wenn es in der Aufnahmefamilie bleibt, so trifft diese Zentrale Behörde die zum Schutz des Kindes erforderlichen Maßnahmen, indem sie insbesondere
a) veranlasst, dass das Kind aus der Aufnahmefamilie entfernt und vorläufig betreut wird;
b) in Absprache mit der Zentralen Behörde des Heimatstaats unverzüglich die Unterbringung des Kindes in einer neuen Familie mit dem Ziel der Adoption veranlasst oder, falls dies nicht angebracht ist, für eine andere dauerhafte Betreuung sorgt; eine Adoption kann erst durchgeführt werden, wenn die Zentrale Behörde des Heimatstaats gebührend über die neuen Adoptiveltern unterrichtet worden ist;
c) als letzte Möglichkeit die Rückkehr des Kindes veranlasst, wenn sein Wohl dies erfordert.

(2) Unter Berücksichtigung insbesondere des Alters und der Reife des Kindes ist es zu den nach diesem Artikel zu treffenden Maßnahmen zu befragen und gegebenenfalls seine Zustimmung dazu einzuholen.

Art. 22 Haager AdÜ

(1) Die Aufgaben einer Zentralen Behörde nach diesem Kapitel können von staatlichen Stellen oder nach Kapitel III zugelassenen Organisationen wahrgenommen werden, soweit das Recht des Staates der Zentralen Behörde dies zulässt.

(2) Ein Vertragsstaat kann gegenüber dem Verwahrer des Übereinkommens erklären, dass die Aufgaben der Zentralen Behörde nach den Artikeln 15 bis 21 in diesem Staat in dem nach seinem Recht

zulässigen Umfang und unter Aufsicht seiner zuständigen Behörden auch von Organisationen oder Personen wahrgenommen werden können, welche

a) die von diesem Staat verlangten Voraussetzungen der Integrität, fachlichen Kompetenz, Erfahrung und Verantwortlichkeit erfüllen und

b) nach ihren ethischen Grundsätzen und durch Ausbildung oder Erfahrung für die Arbeit auf dem Gebiet der internationalen Adoption qualifiziert sind.

(3) Ein Vertragsstaat, der die in Absatz 2 vorgesehene Erklärung abgibt, teilt dem Ständigen Büro der Haager Konferenz für Internationales Privatrecht regelmäßig die Namen und Anschriften dieser Organisationen und Personen mit.

(4) Ein Vertragsstaat kann gegenüber dem Verwahrer des Übereinkommens erklären, dass Adoptionen von Kindern, die ihren gewöhnlichen Aufenthalt in seinem Hoheitsgebiet haben, nur durchgeführt werden können, wenn die Aufgaben der Zentralen Behörden in Übereinstimmung mit Absatz 1 wahrgenommen werden.

(5) Ungeachtet jeder nach Absatz 2 abgegebenen Erklärung werden die in den Artikeln 15 und 16 vorgesehenen Berichte in jedem Fall unter der Verantwortung der Zentralen Behörde oder anderer Behörden oder Organisationen in Übereinstimmung mit Absatz 1 verfasst.

Kapitel V
Anerkennung und Wirkungen der Adoption

Art. 23 Haager AdÜ

(1) [1]Eine Adoption wird in den anderen Vertragsstaaten kraft Gesetzes anerkannt, wenn die zuständige Behörde des Staates, in dem sie durchgeführt worden ist, bescheinigt, dass sie gemäß dem Übereinkommen zustande gekommen ist. [2]Die Bescheinigung gibt an, wann und von wem die Zustimmungen nach Artikel 17 Buchstabe c erteilt worden sind.

(2) [1]Jeder Vertragsstaat notifiziert dem Verwahrer des Übereinkommens bei der Unterzeichnung, der Ratifikation, der Annahme, der Genehmigung oder dem Beitritt Identität und Aufgaben der Behörde oder Behörden, die in diesem Staat für die Ausstellung der Bescheinigung zuständig sind. [2]Er notifiziert ihm ferner jede Änderung in der Bezeichnung dieser Behörden.

Art. 24 Haager AdÜ

Die Anerkennung einer Adoption kann in einem Vertragsstaat nur versagt werden, wenn die Adoption seiner öffentlichen Ordnung offensichtlich widerspricht, wobei das Wohl des Kindes zu berücksichtigen ist.

Art. 25 Haager AdÜ

Jeder Vertragsstaat kann gegenüber dem Verwahrer des Übereinkommens erklären, dass er nicht verpflichtet ist, aufgrund des Übereinkommens Adoptionen anzuerkennen, die in Übereinstimmung mit einer nach Artikel 39 Absatz 2 geschlossenen Vereinbarung zustande gekommen sind.

Art. 26 Haager AdÜ

(1) Die Anerkennung einer Adoption umfasst die Anerkennung

a) des Eltern-Kind-Verhältnisses zwischen dem Kind und seinen Adoptiveltern;

b) der elterlichen Verantwortlichkeit der Adoptiveltern für das Kind;

c) der Beendigung des früheren Rechtsverhältnisses zwischen dem Kind und seiner Mutter und seinem Vater, wenn die Adoption dies in dem Vertragsstaat bewirkt, in dem sie durchgeführt worden ist.

(2) Bewirkt die Adoption die Beendigung des früheren Eltern-Kind-Verhältnisses, so genießt das Kind im Aufnahmestaat und in jedem anderen Vertragsstaat, in dem die Adoption anerkannt wird, Rechte entsprechend denen, die sich aus Adoptionen mit dieser Wirkung in jedem dieser Staaten ergeben.

(3) Die Absätze 1 und 2 lassen die Anwendung für das Kind günstigerer Bestimmungen unberührt, die in einem Vertragsstaat gelten, der die Adoption anerkennt.

Art. 27 Haager AdÜ

(1) Bewirkt eine im Heimatstaat durchgeführte Adoption nicht die Beendigung des früheren Eltern-Kind-Verhältnisses, so kann sie im Aufnahmestaat, der die Adoption nach dem Übereinkommen anerkennt, in eine Adoption mit einer derartigen Wirkung umgewandelt werden, wenn

a) das Recht des Aufnahmestaats dies gestattet und

b) die in Artikel 4 Buchstaben c und d vorgesehenen Zustimmungen zum Zweck einer solchen Adoption erteilt worden sind oder werden.

(2) Artikel 23 ist auf die Umwandlungsentscheidung anzuwenden.

Kapitel VI
Allgemeine Bestimmungen

Art. 28 Haager AdÜ

Das Übereinkommen steht Rechtsvorschriften des Heimatstaats nicht entgegen, nach denen die Adoption eines Kindes mit gewöhnlichem Aufenthalt in diesem Staat auch dort durchgeführt werden muss oder nach denen es untersagt ist, vor einer Adoption das Kind in einer Familie im Aufnahmestaat unterzubringen oder es in diesen Staat zu bringen.

Art. 29 Haager AdÜ

Zwischen den künftigen Adoptiveltern und den Eltern des Kindes oder jeder anderen Person, welche die Sorge für das Kind hat, darf kein Kontakt stattfinden, solange die Erfordernisse des Artikels 4 Buchstaben a bis c und des Artikels 5 Buchstabe a nicht erfüllt sind, es sei denn, die Adoption finde innerhalb einer Familie statt oder der Kontakt entspreche den von der zuständigen Behörde des Heimatstaats aufgestellten Bedingungen.

Art. 30 Haager AdÜ

(1) Die zuständigen Behörden eines Vertragsstaats sorgen dafür, dass die ihnen vorliegenden Angaben über die Herkunft des Kindes, insbesondere über die Identität seiner Eltern, sowie über die Krankheitsgeschichte des Kindes und seiner Familie aufbewahrt werden.

(2) Sie gewährleisten, dass das Kind oder sein Vertreter unter angemessener Anleitung Zugang zu diesen Angaben hat, soweit das Recht des betreffenden Staates dies zulässt.

Art. 31 Haager AdÜ

Unbeschadet des Artikels 30 werden die aufgrund des Übereinkommens gesammelten oder übermittelten personenbezogenen Daten, insbesondere die in den Artikeln 15 und 16 bezeichneten, nur für die Zwecke verwendet, für die sie gesammelt oder übermittelt worden sind.

Art. 32 Haager AdÜ

(1) Niemand darf aus einer Tätigkeit im Zusammenhang mit einer internationalen Adoption unstatthafte Vermögens- oder sonstige Vorteile erlangen.

(2) Nur Kosten und Auslagen, einschließlich angemessener Honorare an der Adoption beteiligter Personen, dürfen in Rechnung gestellt und gezahlt werden.

(3) Die Leiter, Verwaltungsmitglieder und Angestellten von Organisationen, die an einer Adoption beteiligt sind, dürfen keine im Verhältnis zu den geleisteten Diensten unangemessen hohe Vergütung erhalten.

Art. 33 Haager AdÜ

[1]Eine zuständige Behörde, die feststellt, dass eine der Bestimmungen des Übereinkommens nicht beachtet worden ist oder missachtet zu werden droht, unterrichtet sofort die Zentrale Behörde ihres Staates. [2]Diese Zentrale Behörde ist dafür verantwortlich, dass geeignete Maßnahmen getroffen werden.

Art. 34 Haager AdÜ

[1]Wenn die zuständige Behörde des Bestimmungsstaats eines Schriftstücks darum ersucht, ist eine beglaubigte Übersetzung beizubringen. [2]Sofern nichts anderes bestimmt ist, werden die Kosten der Übersetzung von den künftigen Adoptiveltern getragen.

Art. 35 Haager AdÜ

Die zuständigen Behörden der Vertragsstaaten handeln in Adoptionsverfahren mit der gebotenen Eile.

Art. 36 Haager AdÜ

Bestehen in einem Staat auf dem Gebiet der Adoption zwei oder mehr Rechtssysteme, die in verschiedenen Gebietseinheiten gelten, so ist

a) eine Verweisung auf den gewöhnlichen Aufenthalt in diesem Staat als Verweisung auf den gewöhnlichen Aufenthalt in einer Gebietseinheit dieses Staates zu verstehen;
b) eine Verweisung auf das Recht dieses Staates als Verweisung auf das in der betreffenden Gebietseinheit geltende Recht zu verstehen;
c) eine Verweisung auf die zuständigen Behörden oder die staatlichen Stellen dieses Staates als Verweisung auf solche zu verstehen, die befugt sind, in der betreffenden Gebietseinheit zu handeln;
d) eine Verweisung auf die zugelassenen Organisationen dieses Staates als Verweisung auf die in der betreffenden Gebietseinheit zugelassenen Organisationen zu verstehen.

Art. 37 Haager AdÜ

Bestehen in einem Staat auf dem Gebiet der Adoption zwei oder mehr Rechtssysteme, die für verschiedene Personengruppen gelten, so ist eine Verweisung auf das Recht dieses Staates als Verweisung auf das Rechtssystem zu verstehen, das sich aus dem Recht dieses Staates ergibt.

Art. 38 Haager AdÜ

Ein Staat, in dem verschiedene Gebietseinheiten ihre eigenen Rechtsvorschriften auf dem Gebiet der Adoption haben, ist nicht verpflichtet, das Übereinkommen anzuwenden, wenn ein Staat mit einheitlichem Rechtssystem dazu nicht verpflichtet wäre.

Art. 39 Haager AdÜ

(1) Das Übereinkommen lässt internationale Übereinkünfte unberührt, denen Vertragsstaaten als Vertragsparteien angehören und die Bestimmungen über die in dem Übereinkommen geregelten Angelegenheiten enthalten, sofern die durch eine solche Übereinkunft gebundenen Staaten keine gegenteilige Erklärung abgeben.

(2) [1]Jeder Vertragsstaat kann mit einem oder mehreren anderen Vertragsstaaten Vereinbarungen zur erleichterten Anwendung des Übereinkommens in ihren gegenseitigen Beziehungen schließen. [2]Diese Vereinbarungen können nur von den Bestimmungen der Artikel 14 bis 16 und 18 bis 21 abweichen. [3]Die Staaten, die eine solche Vereinbarung geschlossen haben, übermitteln dem Verwahrer des Übereinkommens eine Abschrift.

Art. 40 Haager AdÜ

Vorbehalte zu dem Übereinkommen sind nicht zulässig.

Art. 41 Haager AdÜ

Das Übereinkommen ist in jedem Fall anzuwenden, in dem ein Antrag nach Artikel 14 eingegangen ist, nachdem das Übereinkommen im Aufnahmestaat und im Heimatstaat in Kraft getreten ist.

Art. 42 Haager AdÜ

Der Generalsekretär der Haager Konferenz für Internationales Privatrecht beruft in regelmäßigen Abständen eine Spezialkommission zur Prüfung der praktischen Durchführung des Übereinkommens ein.

Kapitel VII
Schlussbestimmungen

Art. 43 Haager AdÜ

(1) Das Übereinkommen liegt für die Staaten, die zurzeit der Siebzehnten Tagung der Haager Konferenz für Internationales Privatrecht Mitglied der Konferenz waren, sowie für die anderen Staaten, die an dieser Tagung teilgenommen haben, zur Unterzeichnung auf.

(2) Es bedarf der Ratifikation, Annahme oder Genehmigung; die Ratifikations-, Annahme- oder Genehmigungsurkunden werden beim Ministerium für Auswärtige Angelegenheiten des Königreichs der Niederlande, dem Verwahrer des Übereinkommens, hinterlegt.

Art. 44 Haager AdÜ

(1) Jeder andere Staat kann dem Übereinkommen beitreten, nachdem es gemäß Artikel 46 Absatz 1 in Kraft getreten ist.

(2) Die Beitrittsurkunde wird beim Verwahrer hinterlegt.

(3) [1]Der Beitritt wirkt nur in den Beziehungen zwischen dem beitretenden Staat und den Vertragsstaaten, die innerhalb von sechs Monaten nach Eingang der in Artikel 48 Buchstabe b vorgesehenen Notifikation keinen Einspruch gegen den Beitritt erhoben haben. [2]Nach dem Beitritt kann ein solcher Einspruch auch von jedem Staat in dem Zeitpunkt erhoben werden, in dem er das Übereinkommen ratifiziert, annimmt oder genehmigt. [3]Die Einsprüche werden dem Verwahrer notifiziert.

Art. 45 Haager AdÜ

(1) Ein Staat, der aus zwei oder mehr Gebietseinheiten besteht, in denen für die in dem Übereinkommen behandelten Angelegenheiten unterschiedliche Rechtssysteme gelten, kann bei der Unterzeichnung, der Ratifikation, der Annahme, der Genehmigung oder dem Beitritt erklären, dass das Übereinkommen auf alle seine Gebietseinheiten oder nur auf eine oder mehrere davon erstreckt wird; er kann diese Erklärung durch Abgabe einer neuen Erklärung jederzeit ändern.

(2) Jede derartige Erklärung wird dem Verwahrer unter ausdrücklicher Bezeichnung der Gebietseinheiten notifiziert, auf die das Übereinkommen angewendet wird.

(3) Gibt ein Staat keine Erklärung nach diesem Artikel ab, so ist das Übereinkommen auf sein gesamtes Hoheitsgebiet anzuwenden.

Art. 46 Haager AdÜ

(1) Das Übereinkommen tritt am ersten Tag des Monats in Kraft, der auf einen Zeitabschnitt von drei Monaten nach der in Artikel 43 vorgesehenen Hinterlegung der dritten Ratifikations-, Annahme- oder Genehmigungsurkunde folgt.

(2) Danach tritt das Übereinkommen in Kraft

a) für jeden Staat, der es später ratifiziert, annimmt oder genehmigt oder der ihm beitritt, am ersten Tag des Monats, der auf einen Zeitabschnitt von drei Monaten nach Hinterlegung seiner Ratifikations-, Annahme-, Genehmigungs- oder Beitrittsurkunde folgt;

b) für jede Gebietseinheit, auf die es nach Artikel 45 erstreckt worden ist, am ersten Tag des Monats, der auf einen Zeitabschnitt von drei Monaten nach der in jenem Artikel vorgesehenen Notifikation folgt.

Art. 47 Haager AdÜ

(1) Jeder Vertragsstaat kann das Übereinkommen durch eine an den Verwahrer gerichtete schriftliche Notifikation kündigen.

(2) [1]Die Kündigung wird am ersten Tag des Monats wirksam, der auf einen Zeitabschnitt von zwölf Monaten nach Eingang der Notifikation beim Verwahrer folgt. [2]Ist in der Notifikation für das Wirksamwerden der Kündigung ein längerer Zeitabschnitt angegeben, so wird die Kündigung nach Ablauf des entsprechenden Zeitabschnitts nach Eingang der Notifikation wirksam.

Art. 48 Haager AdÜ

Der Verwahrer notifiziert den Mitgliedstaaten der Haager Konferenz für Internationales Privatrecht, den anderen Staaten, die an der Siebzehnten Tagung teilgenommen haben, sowie den Staaten, die nach Artikel 44 beigetreten sind,

a) jede Unterzeichnung, Ratifikation, Annahme und Genehmigung nach Artikel 43;
b) jeden Beitritt und jeden Einspruch gegen einen Beitritt nach Artikel 44;
c) den Tag, an dem das Übereinkommen nach Artikel 46 in Kraft tritt;
d) jede Erklärung und jede Bezeichnung nach den Artikeln 22, 23, 25 und 45;
e) jede Vereinbarung nach Artikel 39;
f) jede Kündigung nach Artikel 47.

Zu Urkund dessen haben die hierzu gehörig befugten Unterzeichneten dieses Übereinkommen unterschrieben.

Geschehen in Den Haag am 29. Mai 1993 in englischer und französischer Sprache, wobei jeder Wortlaut gleichermaßen verbindlich ist, in einer Urschrift, die im Archiv der Regierung des Königreichs der Niederlande hinterlegt und von der jedem Staat, der zurzeit der Siebzehnten Tagung der Haager Konferenz für Internationales Privatrecht Mitglied der Konferenz war, sowie jedem anderen Staat, der an dieser Tagung teilgenommen hat, auf diplomatischem Weg eine beglaubigte Abschrift übermittelt wird.

Artikel 23 EGBGB Zustimmung

[1]Die Erforderlichkeit und die Erteilung der Zustimmung des Kindes und einer Person, zu der das Kind in einem familienrechtlichen Verhältnis steht, zu einer Abstammungserklärung, Namenserteilung oder Annahme als Kind unterliegen zusätzlich dem Recht des Staates, dem das Kind angehört. [2]Soweit es zum Wohl des Kindes erforderlich ist, ist statt dessen das deutsche Recht anzuwenden.

Literatur: *Benicke*, Typenmehrheit im Adoptionsrecht und deutsches IPR, 1995; *Deinert*, Zustimmung der Mutter zur Vaterschaftsanerkennung in ausländischen Familienrechten, DAVorm 1991, 365; *Hohnerlein*, Die Adoption chilenischer Kinder in Deutschland, IPRax 1994, 197; *Jayme*, Kindesrecht und Rückverweisung im internationalen Adoptionsrecht, IPRax 1989, 157; *ders.*, Abstammungsvorfragen und Auslegung des Art. 23 S. 1 EGBGB bei der Legitimation in Auslandsfällen, IPRax 1990, 309; *ders.*, Erwachsenenadoption und Internationales Privatrecht, NJW 1989, 3069; *St. Lorenz*, Internationale Erwachsenenadoption und lex loci actus, IPRax 1994, 193; *Sturm*, Das Günstigkeitsprinzip und die Zustimmung nach Art. 23 EGBGB, StAZ 1997, 261.

A. Allgemeines

1 Art. 23 wurde durch das IPR-Neuregelungsgesetz[1] neu gefasst und beruft als allseitige Kollisionsnorm kumulativ das Heimatrecht des Kindes als so genanntes Zustimmungsstatut. Hilfsweise wird in S. 2 auf deutsches Recht abgestellt.[2] Durch das Kindschaftsrechtsreformgesetz v. 16.12.1997[3] wurde die Legitimation aus dem Wortlaut gestrichen.

2 Der Zweck von Art. 23 ist ein zweifacher. Zum einen stellt er wie die Vorgängervorschrift in Art. 22 Abs. 2 aF bei der Adoption eines deutschen Kindes zum **Schutz des Kindes** sicher, dass die Einwilligungen nach deutschem Recht auch dann vorliegen müssen, wenn ein ausländisches Recht Abstammungsstatut, Namensstatut oder Adoptionsstatut ist.[4]

3 Zum anderen dient die kumulative Verweisung auf das Heimatrecht des Kindes der **Vermeidung hinkender Rechtsverhältnisse**, wenn bei einem ausländischen Kind deutsches Recht Abstammungsstatut, Namensstatut oder Adoptionsstatut ist. Allerdings erfolgt keine vollständige kumulative Anwendung des Heimatrechts des Kindes. Die Verweisung ist vielmehr beschränkt auf die Zustimmungserklärungen des Kindes und seiner Familie. Unbeachtlich ist, ob das Heimatrecht weitere Voraussetzungen aufstellt oder das Rechtsinstitut überhaupt nicht kennt, was etwa für die Adoption in vielen islamisch geprägten Rechtsordnungen der Fall ist.[5] Gerechtfertigt ist der Verzicht auf eine vollständige kumulative Anwendung des Heimatrechts dadurch, dass ansonsten die Begründung der Abstammung, Namenserteilung und insbesondere Adoption erheblich erschwert würde. Fehlende oder fehlerhafte Zustimmungen des Kindes oder von Familienangehörigen stellen für den Heimatstaat oft einen Grund dar, die Anerkennung zu versagen. Solchen Zustimmungserfordernissen nach dem Heimatrecht kann aber im inländischen Verfahren durch Anwendung des Heimatrechts oft entsprochen werden, um so eine Nichtanerkennung zu vermeiden. Bei den sonstigen Voraussetzungen ist dies anders. Setzt das Heimatrecht ein Höchstalter für den Adoptierenden fest, so würde die Anwendung des Heimatrechts eine nach deutschem Recht zulässige Adoption verhindern. Die Nichtanerkennung der Adoption im Heimatland[6] ist aber ein Gesichtspunkt, der bei der Kindeswohlprüfung im materiellen Recht, etwa § 1741 Abs. 1 S. 1 BGB, zu berücksichtigen ist.

4 Da das Heimatrecht kumulativ berufen wird, müssen die Zustimmungserfordernisse nach dem Abstammungsstatut (Art. 19), dem Namensstatut (Art. 10) und dem Adoptionsstatut (Art. 22) ebenfalls erfüllt sein.[7]

5 Art. 23 gilt nur für Vorgänge, die am 1.9.1986 noch nicht abgeschlossen waren.[8] Art. 23 gilt auch, wenn das Kind bereits volljährig ist.[9] Entscheidend ist, dass ein Eltern-Kind-Verhältnis betroffen ist.[10]

1 Gesetz zur Neuregelung des Internationalen Privatrechts v. 25.7.1986 (BGBl. I S. 1142); s. Regierungsbegründung, BT-Drucks. 10/504.
2 Zur Entstehungsgeschichte *Sturm*, StAZ 1997, 261.
3 BGBl. I S. 2942.
4 BayObLGE 2002, 99, 104 = FamRZ 2002, 1282.
5 *Rohe*, Das islamische Recht, 2. Aufl. 2009, S. 97; *Reinhardt*, JAmt 2008, 63.
6 S. dazu *Reinhardt*, JAmt 2008, 63.
7 BayObLG FamRZ 2002, 1142, 1143.
8 Staudinger/*Henrich* (2008), Art. 23 EGBGB Rn 3.
9 BayObLG NJW-RR 1995, 1287, 1286 = FamRZ 1996, 183; *Jayme*, NJW 1989, 3069, 3070; *St. Lorenz*, IPRax 1994, 193, 194; MüKo/*Klinkhardt*, Art. 23 EGBGB Rn 6.
10 BeckOK/*Heiderhoff* Art. 23 Rn 8.

B. Regelungsgehalt

I. Verweisungsgegenstand (S. 1)

6 **1. Zustimmungserklärungen.** Abstammungserklärung, Namenserteilung und Adoption unterliegen primär dem jeweiligen Abstammungsstatut (Art. 19), Namensstatut (Art. 10), und Adoptionsstatut (Art. 22). Diese Statute entscheiden, ob eine Abstammungserklärung, Namenserteilung oder Adoption möglich bzw erforderlich ist. Das Heimatrecht des Kindes wird nur insoweit berufen, als es hierfür Zustimmungserfordernisse von Familienangehörigen des Kindes aufstellt, nicht hingegen soweit es weitere Voraussetzungen für die Adoption verlangt.

7 Die Verweisung auf das Heimatrecht läuft leer, wenn es die Abstammungserklärung, die Namenserteilung oder die Adoption überhaupt nicht kennt und daher auch keine Zustimmungserklärungen vorsieht. Einer ersatzweisen Anwendung deutschen Rechts nach S. 2 bedarf es nach dem Regelungszweck von Art. 23 nicht.[11]

8 Das Heimatrecht entscheidet sowohl darüber, welche Zustimmungen erforderlich sind, als auch über die **Art und Weise** und die sonstigen Voraussetzungen, unter denen sie erteilt werden müssen.[12] Im deutschen Recht wären dies für die Zustimmung der Mutter zum Vaterschaftsanerkenntnis die Vorschriften der §§ 1595 Abs. 3, 1596–1598 BGB.[13]

9 Das Heimatrecht bestimmt auch darüber, ob eine gerichtliche oder behördliche Genehmigung der Zustimmung notwendig ist,[14] ob das **Zustimmungserfordernis ersetzt** werden kann oder ob eine Zustimmung entbehrlich ist, weil den Eltern die Elternrechte entzogen worden sind.[15]

10 Solche nach einem ausländischen Heimatrecht möglichen oder vorausgesetzten Entscheidungen können grundsätzlich auch durch ein deutsches Gericht erfolgen.[16] Die internationale Zuständigkeit bestimmt sich nicht nach der EheVO 2003, dem MSA bzw. dem KSÜ, sondern nach autonomem Recht, weil es sich um Angelegenheiten in Bezug auf die Abstammung des Kindes, des Namens des Kindes oder der Annahme des Kindes handelt, die insgesamt vom Anwendungsbereich der EheVO 2003 (Art. 1 Abs. 3), des MSA und des KSÜ (Art. 4) ausgenommen sind (s.Art. 4 KSÜ Rn 20).

11 Ausländische Entscheidungen können die nach dem in- oder ausländischen Recht erforderlichen Voraussetzungen erfüllen, sofern sie gemäß §§ 108 f FamFG anerkannt werden. Dabei ist kein identischer Entscheidungsinhalt, sondern nur eine funktionale Entsprechung zu verlangen. So ersetzt eine ausländische Entscheidung, die den Eltern die elterliche Sorge entzieht und die Adoptionsfähigkeit des Kindes feststellt und damit nach ausländischem Recht eine weitere Beteiligung der Eltern am Adoptionsverfahren ausschließt, die nach deutschem Recht notwendige gerichtliche Ersetzung der elterlichen Einwilligung nach § 1748 BGB.[17]

12 Für die **Form** kann nach Art. 11 Abs. 1 alternativ auf das Ortsrecht abgestellt werden.[18] Das bedeutet, dass die Zustimmung zu einer Abstammungserklärung im Inland immer auch nach §§ 29 a, 29 b PStG vor dem Standesbeamten[19] oder nach § 59 Abs. 1 Nr. 1 u. 2 SGB VIII vor der Urkundsperson beim Jugendamt[20] erklärt werden kann. Bei Zustimmungen zu Einbenennungen im Inland kann die nach § 1618 S. 5 BGB vorgesehene öffentliche Beglaubigung der Erklärung nach § 31 a Abs. 1 S. 1 Nr. 6 PStG auch durch den Standesbeamten vorgenommen werden. Bei Adoptionen sind die Zustimmungen im Inland immer formgültig, wenn sie notariell beurkundet werden, § 1750 Abs. 1 S. 2 BGB.

13 **2. Familienrechtliches Verhältnis.** Berufen wird das ausländische Heimatrecht des Kindes, soweit es Zustimmungserfordernisse des Kindes selbst, seines gesetzlichen Vertreters und von Personen aufstellt, die zu dem Kind in einem familienrechtlichen Verhältnis stehen. Das sind Eltern, Großeltern, Abkömmlinge oder weitere Verwandte wie Onkel oder Tanten,[21] nach dem Zweck des Art. 23 aber nicht der Ehegatte des Kindes.[22]

11 LG Kassel StAZ 1992, 308, 309; *St. Lorenz*, IPRax 1994, 193, 195; BeckOK/*Heiderhoff* Art. 23 Rn 14; Palandt/*Thorn*, Art. 23 EGBGB Rn 1; Staudinger/*Henrich* (2008), Art. 23 EGBGB Rn 19; aA OVG Berlin-Brandenburg, 21.4.2009, OVG 3 B 8.07 (juris); AG Lahnstein FamRZ 1994, 1350, 1351; *Kegel/Schurig*, § 20 XIII 2 a; Soergel/*Lüderitz*, Art. 23 EGBGB Rn 14.

12 MüKo/*Klinkhardt*, Art. 23 EGBGB Rn 9; Palandt/*Thorn*, Art. 23 EGBGB Rn 3.

13 S.a. Staudinger/*Henrich* (2008), Art. 23 EGBGB Rn 9.

14 BayObLGZ 1994, 332, 335 (richterliche Genehmigung der Zustimmung der minderjährigen Mutter nach peruanischem Recht); MüKo/*Klinkhardt*, Art. 23 EGBGB Rn 9; *St. Lorenz*, IPRax 1994, 193, 195 Fn 18.

15 OLG Köln FamRZ 1999, 889 f

16 OLG Köln FamRZ 1999, 889 f; Soergel/*Lüderitz*, Art. 23 EGBGB Rn 12, 17 will in diesen Fällen über Art. 23 S. 2 deutsches Recht anwenden; dadurch würde aber das Ziel der Vermeidung hinkender Rechtsverhältnisse verfehlt.

17 AG Hattingen IPRax 1983, 300 mit zust. Anm. *Jayme*; AG Plettenberg IPRax 1994, 218 mit Bespr. *Hohnerlein*, 197; Staudinger/*Henrich* (2008), Art. 23 EGBGB Rn 23.

18 *Jayme*, IPRax 1990, 309, 310; Staudinger/*Henrich* (2008), Art. 23 EGBGB Rn 15.

19 OLG Stuttgart IPRax 1990, 332, 333 = FamRZ 1990, 559; *Jayme*, IPRax 1990, 309, 310.

20 *Deinert*, DAVorm 1991, 365.

21 Soergel/*Lüderitz*, Art. 23 EGBGB Rn 15.

22 *Benicke*, 139 f; MüKo/*Klinkhardt*, Art. 23 EGBGB Rn 6; Soergel/*Lüderitz*, Art. 23 EGBGB Rn 15.

14 Die Verweisung erfasst nicht Genehmigungen, die nach dem Heimatrecht von staatlichen Stellen oder anderen Institutionen zur Adoption erteilt werden müssen (siehe zur Genehmigung von Zustimmungserklärungen aber Rn 10).[23]

15 Ob ein nach dem Heimatrecht des Kindes vorausgesetztes familienrechtliches Verhältnis besteht, ist eine unselbständig anzuknüpfende Vorfrage (siehe Rn 34).

16 Hat eine Person, etwa die Mutter, die Zustimmung nach dem einen Recht (allgemeines Statut oder Zustimmungsstatut) aufgrund ihres familienrechtlichen Verhältnisses erteilt, so wird damit auch ein Zustimmungserfordernis nach dem anderen Recht erfüllt, wenn die Mutter danach als gesetzliche Vertreterin des Kindes zustimmen muss.[24]

II. Anknüpfung

17 **1. Staatsangehörigkeit des Kindes.** Entscheidend ist die Staatsangehörigkeit (Art. 5), die das Kind vor Wirksamwerden der Abstammungserklärung bzw. der Adoption besitzt.[25]

18 Hat das Kind vor Anerkenntnis der Elternschaft mangels rechtlich festgestellter Abstammung noch keine Staatsangehörigkeit, so ist auf die Staatsangehörigkeit abzustellen, die das Kind durch die (erste) wirksame Abstammungserklärung erhält. Der Staatsangehörigkeitserwerb tritt in diesen Fällen regelmäßig rückwirkend ab Geburt ein.[26]

19 **2. Rück- und Weiterverweisungen.** Streitig ist, ob eine Rück- oder Weiterverweisung zu beachten ist.[27] Da die Beachtung dem Sinn der Verweisung nicht widerspricht, gilt die Grundregel der Gesamtverweisung nach Art. 4 Abs. 1 S. 1. Das Ziel der Vermeidung hinkender Rechtsverhältnisse genügt nicht, um wegen des Sinns der Verweisung eine Gesamtverweisung abzulehnen. Diesem Ziel dient etwa auch die distributive Anknüpfung in Art. 13 Abs. 1 an die Heimatrechte jedes Ehegatten, deren Eigenschaft als Gesamtverweisung außer Frage steht.[28] Dies gilt auch bei der Abstammungserklärung. Insoweit wird zwar geltend gemacht, dass die Beachtung einer Weiterverweisung die durch Art. 19 Abs. 1 eröffneten Alternativanknüpfungen wieder einschränken würde.[29] Dabei wird aber übersehen, dass die Einschränkung durch Art. 23 selbst erfolgt, der die kumulative Anwendung eines weiteren Rechts anordnet.[30]

20 Der Sinn der Vorschrift spricht vielmehr dafür, eine Weiterverweisung zu beachten. Wenn das Heimatrecht des Kindes für die erforderlichen Zustimmungen auf eine dritte Rechtsordnung verweist, so erhöht deren Beachtung die Wahrscheinlichkeit der Anerkennung im Heimatstaat.[31] Sind mit der Weiterverweisung Erschwerungen verbunden, die dem Kindeswohl widersprechen, kann auf S. 2 ausgewichen werden.

21 Aus dem gleichen Grund ist auch die Ansicht abzulehnen, die eine Rück- oder Weiterverweisung nur beachten will, wenn das ausländische Recht eine dem Art. 23 vergleichbare spezielle Kollisionsnorm für die Zustimmungserklärungen kennt.[32] Auch die Beachtung einer Rück- oder Weiterverweisung durch die allgemeine Kollisionsnorm für Abstammung, Namensführung und -erwerb oder Adoption erhöht Aussichten für die Anerkennung im Heimatland und verhindert damit hinkende Rechtsverhältnisse.

III. Reichweite der Verweisung

22 **1. Abstammungserklärung.** Das Abstammungsstatut gemäß Art. 19 bestimmt, wer eine Abstammungserklärung abgeben kann bzw. muss, dh ob etwa auch die Mutter das Kind anerkennen muss. Das vom Abstammungsstatut verschiedene Heimatrecht des Kindes wird insoweit berufen, als es für eine solche Abstam-

23 BayObLGZ 1993, 332, 336; *St. Lorenz*, IPRax 1994, 193, 195.

24 OLG Frankfurt StAZ 1989, 115; Palandt/*Thorn*, Art. 23 EGBGB Rn 3.

25 OLG Frankfurt NJW 1988, 1472, 1473 (zur Legitimation); MüKo/*Klinkhardt*, Art. 23 EGBGB Rn 3; Staudinger/*Henrich* (2008), Art. 23 EGBGB Rn 5.

26 S. § 4 Abs. 1 StAG; s.a. *Sturm*, StAZ 1997, 261, 263 Fn 27 zum rumänischen Recht.

27 Dafür OLG München, FGPrax 2007, 127, 128 = StAZ 2008, 13; BayObLG, FGPrax 2005, 65 = FamRZ 2005, 1694 (jeweils für die Frage der Zuständigkeitskonzentration nach § 43 b FGG Abs. 2 S. 2 FGG (jetzt § 187 Abs. 4 FamFG) iVm § 5 Abs. 1 S. 1 AdWirkG); AG Lübbecke IPRax 1987, 327; AG Bielefeld IPRax 1989, 172; AG Siegen IPRax 1992, 259; *v. Bar/Mankowski*, IPR II, Rn 323; *Hohnerlein*, IPRax 1994, 197; *Jayme*, IPRax 1989, 157; *St. Lorenz*, IPRax 1994, 193, 194; MüKo/*Klinkhardt*, Art. 23 EGBGB Rn 4; Soergel/*Lüderitz*, Art. 23 EGBGB Rn 24; grundsätzlich auch Staudinger/*Henrich* (2008), Art. 23 EGBGB Rn 6; offengelassen von BayObLGZ 02, 99, 104; dagegen BayOblG FamRZ 1988, 868 = IPRax 1989, 172; LG Bielefeld FamRZ 1989, 1338; AG Plettenberg IPRax 1994, 219; Palandt/*Thorn*, Art. 23 EGBGB Rn 2; *Kropholler*, IPR, § 24 II 2 u. § 49 IV 2.

28 *Benicke*, S. 151 f.

29 Staudinger/*Henrich* (2008), Art. 23 EGBGB Rn 6.

30 *Jayme*, IPRax 1990, 310; *Benicke*, S. 153.

31 AA BeckOK/*Heiderhoff* Art. 23 Rn 19.

32 So aber MüKo/*Klinkhardt*, Art. 23 EGBGB Rn 4; *Andrae*, Internationales Familienrecht, § 7 Rn 54; BeckOK/*Heiderhoff* Art. 23 Rn 19.

mungserklärung Zustimmungserfordernisse aufstellt. Praktisch bedeutsam ist das Erfordernis, dass die Mutter einem Vaterschaftsanerkenntnis vor oder in einer bestimmten Frist nach Abgabe zustimmen muss.[33]

Kennt das Heimatrecht etwa eine Mutterschaftsanerkennung nicht, stellt es insoweit auch keine Zustimmungserfordernisse auf und ist daher nicht zu beachten (s. Rn 7). Umgekehrt ist das Heimatrecht ebenfalls unbeachtlich, wenn nur das Heimatrecht, nicht aber das Abstammungsstatut eine Mutterschaftsanerkennung vorsieht. **23**

2. Namenserteilung. Die Namensführung und damit auch die Namenserteilung richtet sich gemäß Art. 10 Abs. 1 grundsätzlich nach dem Heimatrecht der betroffenen Person. Art. 23 hat damit nur Bedeutung, wenn die Namenserteilung aufgrund von Art. 10 Abs. 3 einem anderen Recht, insbesondere dem deutschen Recht unterliegt.[34] **24**

Erfasst wird nicht nur die Einbenennung iSv § 1618 BGB, sondern jede rechtsgeschäftliche Namensänderung.[35] Kennt das Heimatrecht die nach dem Namensstatut vorgesehene rechtsgeschäftliche Namensänderung nicht, läuft die kumulative Anwendung des Heimatrechts des Kindes leer (s. Rn 7). Aufgrund der nur partiellen Verweisung entfaltet das Heimatrecht keine Sperrwirkung für die nach dem Namensstatut mögliche Namenserteilung.[36] **25**

3. Adoption. Eine Adoption hat vorbehaltlich S. 2 zu unterbleiben, wenn die Voraussetzungen nach dem Adoptionsstatut zwar vorliegen, eine Einwilligung nach dem Zustimmungsstatut hingegen fehlt und auch nicht ersetzt werden kann. Gleiches gilt, wenn eine Einwilligung zwar nach dem Zustimmungsstatut, nicht aber nach dem Adoptionsstatut ersetzt werden kann. **26**

Anders als etwa im französischen IPR wird das Heimatrecht des Kindes nicht auch für die Frage der **Zulässigkeit der Adoption** berufen (s. Rn 3). Die Nichtanerkennung einer deutschen Adoption im Heimatland des Kindes kann im deutschen Recht allerdings flexibel bei der Prüfung des Kindeswohls berücksichtigt werden. So kann die Nichtanerkennung der deutschen Adoption im Heimatland des Kindes oder im Heimatland eines Annehmenden aus Kindeswohlgründen die Versagung der Adoption begründen. Dies kommt vor allem dann in Betracht, wenn die Annehmenden mit dem Kind in ein Land zurückkehren wollen, in dem die deutsche Adoption nicht anerkannt wird. **27**

Positiv ist erkennbaren Anerkennungsschwierigkeiten durch die Berücksichtigung der einschlägigen ausländischen Vorschriften vorzubeugen.[37] **28**

Beruft Art. 23 S. 1 **deutsches Recht** für die Zustimmungserfordernisse bei der Adoption eines deutschen Kindes nach einem ausländischen Adoptionsstatut, so sind § 1746 BGB für die Einwilligung des Kindes sowie § 1747 BGB für die Einwilligung der Eltern des Kindes einschließlich der Ersetzungsmöglichkeit nach § 1748 BGB anzuwenden. Die Einwilligung des Kindes bzw. seines gesetzlichen Vertreters bedarf nach § 1747 Abs. 1 S. 4 BGB der Genehmigung des Familiengerichts. **29**

Bei einer **Adoption im Ausland** ist dieses Genehmigungserfordernis im Ergebnis nur dann relevant, wenn es sich um eine Vertragsadoption handelt oder das ausländische Gericht, das die Adoption ausspricht, nach dem eigenen Kollisionsrecht insoweit deutsches Recht anwendet. **30**

Die Genehmigung kann auch durch eine ausländische Stelle erteilt werden.[38] Sie ist in einem ausländischen Adoptionsdekret konkludent mit enthalten. Voraussetzung ist, dass die Entscheidung unter Prüfung des Kindeswohls ergangen und im Inland nach dem Haager Adoptionsübereinkommen oder nach §§ 108 f FamFG anzuerkennen ist.[39] Ist im Ausland die Dekretadoption eines deutschen Kindes ausgesprochen worden, ohne dass das Gericht §§ 1746 bis 1748 BGB angewandt hat, so hindert dies die Anerkennung nicht, sofern kein ordre-public-Verstoß vorliegt.[40] **31**

Wenn eine Voraussetzung, die das nach Art. 23 berufene Recht für die Begründung einer Adoption aufstellt, nicht fehlerfrei eingehalten worden ist, kann dies die **Aufhebung** der Adoption begründen. Die bisherige hM will dem nach Art. 23 berufenen Recht entnehmen, welche rechtlichen Folgen sich aus dem Begründungsmangel ergeben.[41] Zumindest für den Fall, dass das Adoptivkind die Staatsangehörigkeit des Annehmenden erworben hat und das Recht dieses Staates Adoptionsstatut ist, erscheint es allein sachgerecht, auf die Folgen **32**

33 S. Überblick über die Zustimmungserfordernisse bei *Deinert*, DAVorm 1991, 365, 367 f.
34 Staudinger/*Henrich* (2008), Art. 23 EGBGB Rn 13.
35 Soergel/*Lüderitz*, Art. 23 EGBGB Rn 9.
36 Staudinger/*Henrich* (2008), Art. 23 EGBGB Rn 14.
37 Staudinger/*Henrich* (2008), Art. 22 EGBGB Rn 42; s. allg. zur Berücksichtigung ausländischer Rechtnormen als *local data Jayme*, in: Gedächtnisschrift Ehrenzweig 1976, S. 35 ff; ausdr. gesetzliche Regelung in Art. 77 Abs. 2 S. 1 Schweizer IPR-G: Zeigt sich, dass eine Adoption im Wohnsitz- oder Heimatstaat der adoptierenden Person oder der adoptierenden Ehegatten nicht anerkannt wird und dem Kind daraus ein schwerwiegender Nachteil erwachsen würde, so berücksichtigt die Behörde auch die Voraussetzungen des Rechts des betreffenden Staates.
38 Staudinger/*Henrich* (2008), Art. 23 EGBGB Rn 18.
39 Palandt/*Thorn* Art. 23 EGBGB Rn 5.
40 Staudinger/*Henrich* (2008), Art. 23 EGBGB Rn 17.
41 Staudinger/*Henrich* (2008), Art. 22 EGBGB Rn 38 u. Art. 23 EGBGB Rn 25.

eines Begründungsmangels nach dem Zustimmungsstatut alternativ auch nach dem Adoptionsstatut zu bestimmen (s. Rn 35).[42]

33 Ist eine Adoption unter Verstoß gegen die Zustimmungsvoraussetzungen nach dem Zustimmungsstatut ausgesprochen worden, so ist die Adoption nur aufhebbar, wenn ein solcher Mangel auch nach dem Adoptionsstatut eine Aufhebung begründen würde.[43] Soll die Adoption aus Gründen, die nachträglich eingetreten sind, aufgehoben werden, so gilt für diese Statusänderung Art. 23 analog.[44]

IV. Vorfragen

34 Im anwendbaren Sachrecht stellt sich regelmäßig die Vorfrage, ob eine Person in einem bestimmten familienrechtlichen Verhältnis steht oder zur Vertretung des Kindes berechtigt ist. Diese Vorfragen sind **unselbständig anzuknüpfen**, weil das Interesse am internationalen Entscheidungseinklang dasjenige am internen überwiegt.[45] Art. 23 trägt dem Rechtsanwendungsinteresse des Kindes Rechnung und soll hinkende Rechtsverhältnisse vermeiden. Daher ist in einem ersten Schritt zu versuchen, die Zustimmungserfordernisse zu erfüllen, wie sie nach dem Heimatrecht des Kindes bestehen. Nur wenn die Zustimmungen mit einem vertretbaren Aufwand in angemessener Zeit nicht zu erreichen sind, kann über S. 2 auf deutsches Recht abgestellt werden.[46]

V. Rechtsfolgen einer fehlerhaften Zustimmung

35 Nach hM soll das Zustimmungsstatut auch über die Rechtsfolgen für die Abstammungserklärung, die Namenserteilung oder die Adoption entscheiden, wenn eine danach erforderliche Zustimmung nicht oder nicht ordnungsgemäß erteilt wurde. Ist auch das Hauptstatut verletzt, richtet sich die Rechtsfolge nach dem **ärgeren Recht**.[47] Richtigerweise sollte umgekehrt das **günstigere Recht** entscheiden. Die, wenn auch fehlerhaft begründete, Abstammung, Namenserteilung oder Adoption ist in ihrem Bestand grundsätzlich schutzwürdig. Das Zustimmungsstatut bestimmt, ob ein Begründungsfehler vorliegt. Die Rechtsfolgen, insbesondere auch die Heilungsmöglichkeiten (etwa § 1598 Abs. 2 BGB), richten sich alternativ je nach Günstigkeit für den Bestand nach dem Hauptstatut oder dem Zustimmungsstatut.[48] Für eine Verletzung des Hauptstatuts bleibt es für die Rechtsfolgen und die Heilungsmöglichkeiten bei der alleinigen Maßgeblichkeit des Hauptstatuts.

VI. Hilfsweise Anwendung deutschen Rechts (S. 2)

36 **1. Regelungszweck.** Die ausnahmsweise Anwendung deutschen Rechts nach S. 2 soll die Erschwerung der Namensänderung, Abstammungserklärung und Adoption abschwächen, die durch die kumulative Berufung des Heimatrechts des Kindes eintritt.[49] Materiellrechtlich wird insoweit der Schutzstandard des deutschen Rechts als ausreichend angesehen. S. 2 ist damit eine **besondere** ordre-public-**Klausel**[50] und verlangt einen Widerspruch zum deutschen Recht sowie einen ausreichenden Inlandsbezug. **Streitig** ist, ob S. 2 als ordre-public-Klausel eng auszulegen ist[51] oder vielmehr gegenüber Art. 6 die Eingriffsschwelle herabsetzt.[52] Im Ergebnis wendet auch die erste Meinung S. 2 praktisch immer dann an, wenn die Zustimmungserfordernisse

42 *Benicke*, S. 310; MüKo/*Klinkhardt*, Art. 23 EGBGB Rn 14; Soergel/*Lüderitz*, Art. 23 EGBGB Rn 13.

43 *Benicke*, S. 312; aA *Henrich*, Int. Familienrecht, 2. Aufl. 2000 § 8 III 2 b.

44 *Jayme*, IPRax 1988, 251; *Benicke*, S. 313; wohl auch Palandt/*Thorn* Art. 23 EGBGB Rn 4; aA *Henrich*, Int. Familienrecht, 2. Aufl. 2000 § 8 III 4.

45 Str.; wie hier für unselbständige Anknüpfung: *Andrae*, § 7 Rn 52; BeckOK/*Heiderhoff* Art. 23 Rn 10 f; *Benicke*, S. 142; MüKo/*Klinkhardt*, Art. 23 EGBGB Rn 7 (für familienrechtliches Verhältnis), Rn 9 für gesetzlichen Vertreter); implizit auch OLG Stuttgart StAZ 1997, 105 (das allerdings die Frage nach der Anknüpfung der Vorfrage nicht stellt, sondern allein aufgrund der Verweisung in Art. 23 S. 1 marokkanisches Recht anwendet); für selbständige Anknüpfung *Kropholler*, IPR, § 49 IV 1; *Baumann*, Verfahren und anwendbares Recht bei Adoption mit Auslandsberührung, 1992, S. 87 f; Palandt/*Thorn*, Art. 23 EGBGB Rn 3 (jeweils nur für gesetzlichen Vertreter); für eine alternative Anknüpfung im Einzelfall Staudinger/*Henrich* (2008), Art. 23 EGBGB Rn 7: tatsächliche Beziehung des Kindes ist zu respektieren, wenn sie nach dem Sachrecht besteht, das bei selbständiger oder bei unselbständiger Anknüpfung berufen wird.

46 S. BayObLGZ 1994, 332.

47 MüKo/*Klinkhardt*, Art. 23 EGBGB Rn 12; Palandt/*Thorn*, Art. 23 EGBGB Rn 3; Staudinger/*Henrich* (2008), Art. 23 EGBGB Rn 25 f.

48 Soergel/*Lüderitz*, Art. 23 EGBGB Rn 13; für die Adoption *Benicke*, S. 309 ff.

49 BayObLGZ 2002, 99, 104 = FamRZ 2002, 1282.

50 Soergel/*Lüderitz*, Art. 23 EGBGB Rn 21.

51 BayObLGZ 94, 332, 337; Palandt/*Thorn*, Art. 23 EGBGB Rn 6; Staudinger/*Henrich* (2008), Art. 23 EGBGB Rn 32.

52 AG Lahnstein FamRZ 1994, 1350, 1351; Soergel/*Lüderitz*, Art. 23 EGBGB Rn 21.

des deutschen Rechts vorliegen.[53] Da das materielle deutsche Recht am Kindeswohl ausgerichtet ist, widerspricht die Versagung der Abstammungserklärung, Einbenennung oder Adoption aufgrund des Heimatrechts regelmäßig dem Kindeswohl und damit dem deutschen ordre public.

2. Abstammungserklärung. Bei Abstammungserklärungen wird nach S. 2 auf deutsches Recht abgestellt, wenn die Zustimmungsvoraussetzungen nach deutschem Recht, nicht aber nach dem Heimatrecht des Kindes vorliegen, eine Wiederholung der Abstammungserklärung oder die Erteilung der notwendigen Zustimmung nicht oder nur erschwert möglich sind und wenn dem Kind ohne wirksame Anerkennung ernsthafte Nachteile drohen. Hierfür wird für ausreichend gehalten, dass ohne die Anerkennung die tatsächliche Abstammung des Kindes nicht beweiskräftig verlautbar wird und so die Durchsetzung von Unterhaltsansprüchen und erbrechtlichen Ansprüchen nicht gewährleistet ist.[54] **37**

Die hilfsweise Anwendung deutschen Rechts für die zur Abstammungserklärung notwendigen Zustimmungen hat an praktischer Bedeutung verloren,[55] weil seit 1.7.1998 nach **§ 1595 Nr. 1 BGB** auch im deutschen Recht zwingend die Zustimmung der Mutter des Kindes zur Vaterschaftsanerkennung erforderlich ist. **38**

3. Adoption. Der Zweck von **S. 2** bei der Adoption besteht vor allem darin, es zu ermöglichen, das Kind rechtlich vollständig in eine Pflegefamilie einzugliedern, wenn es sich seit längerer Zeit in deren Obhut befindet und wenn die Zustimmungsvoraussetzungen nach dem ausländischen Recht nicht oder nur unter besonderen Schwierigkeiten erfüllt werden können.[56] **39**

Praktisch bedeutsam sind insbesondere die Fälle, in denen nach deutschem Recht die Zustimmungen der Eltern nach § 1747 Abs. 4 BGB nicht erforderlich sind oder nach § 1748 BGB ersetzt werden können, das Heimachtrecht des Kindes aber keine vergleichbaren Regeln enthält. **40**

S. 2 ist weiterhin einschlägig, wenn in angemessener Zeit und mit vertretbarem Aufwand die nach dem Heimatrecht erforderlichen **Zustimmungen nicht eingeholt werden können** oder nicht geklärt werden kann, wer nach dem Heimatrecht der Adoption zustimmen muss, etwa weil nur schwer zu ermitteln ist, wer nach dem Heimatrecht als Vater des Kindes gilt.[57] **41**

Eine andere Fallgruppe sind Zustimmungserfordernisse nach dem Heimatrecht von Personen, zu denen das Kind in keiner engeren Fürsorge- oder Verwandtschaftsbeziehung steht.[58] In diesem Fall ist nicht zu fordern, dass die Adoption der rechtlichen Festigung eines bestehenden Pflegeverhältnisses dient. Eine Adoption, die dem Wohl des Kindes dient, darf nicht unterbleiben, nur weil ein Verwandter widerspricht, der selbst nicht in der Lage oder nicht geeignet ist, für das Kind zu sorgen. **42**

Weiter bestehende Beziehungen des Kindes zum Herkunftsstaat stehen einer Anwendung deutschen Rechts nicht notwendigerweise entgegen. Dies ist etwa der Fall, wenn das Kind ausländischer Eltern von dem neuen Ehemann der Mutter adoptiert wird und über seine Mutter weiterhin Kontakt zu Verwandten im Herkunftsland besitzt.[59] **43**

Diese Voraussetzungen für die Verdrängung des ausländischen Rechts sind gegenüber der allgemeinen Vorbehaltsklausel nur scheinbar geringer. Zugrunde liegt jeweils, dass die Adoption nach materiellem Recht dem Wohl des Kindes dienen muss. Eine Ersetzung der Einwilligung der leiblichen Eltern ist nach § 1748 BGB sogar nur möglich, wenn das Unterbleiben der Adoption dem Kind zu unverhältnismäßigem Nachteil gereichen würde.[60] **44**

4. Namenserteilung. Auch bei der Namenserteilung entsprechen die Voraussetzungen für die Anwendung deutschen Rechts statt des Heimatrechts den materiellen Voraussetzungen für eine Ersetzung der Einwilligung des anderen Elternteils im deutschen materiellen Recht, § 1618 S. 4 BGB.[61] **45**

Artikel 24 EGBGB Vormundschaft, Betreuung und Pflegschaft

(1) [1]Die Entstehung, die Änderung und das Ende der Vormundschaft, Betreuung und Pflegschaft sowie der Inhalt der gesetzlichen Vormundschaft und Pflegschaft unterliegen dem Recht des Staates, dem der

53 S. BayObLGZ 94, 332, 337, das zwar eine enge Auslegung postuliert, für eine Adoption aber ausreichen lässt, dass eine dem Wohl des Kindes dienende Adoption sonst nicht durchgeführt werden könnte.

54 OLG Frankfurt DAVorm 1998, 472; AG Tübingen StAZ 1998, 182; s.a. die Fallgruppenbildung bei *Sturm*, StAZ 1997, 261, 268 f.

55 Zu einem Fall unter Geltung des früheren Rechts s. OLG Frankfurt FamRZ 1997, 241, bei dem die nach polnischem Recht erforderliche Zustimmung der Mutter nicht oder nur sehr erschwert möglich war.

56 BT-Drucks. 10/504, S. 73; BayObLGE 2002, 99, 104 = FamRZ 2002, 1282; BayObLG FamRZ 1988, 868; *v. Bar*, IPR II, Rn 325; *Sturm*, StAZ 1997, 261, 265.

57 BayObLGZ 94, 332; diese Frage stellt sich nur bei unselbständiger Anknüpfung der Vorfrage.

58 BayObLGE 2002, 99, 104 = FamRZ 2002, 1282; Soergel/*Lüderitz*, Art. 23 EGBGB Rn 22.

59 BayObLGE 2002, 99, 104 = FamRZ 2002, 1282.

60 S. Palandt/*Thorn*, Art. 23 EGBGB Rn 6.

61 OLG Frankfurt NJWE-FER 2000, 205.

Mündel, Betreute oder Pflegling angehört. ²Für einen Angehörigen eines fremden Staates, der seinen gewöhnlichen Aufenthalt oder, mangels eines solchen, seinen Aufenthalt im Inland hat, kann ein Betreuer nach deutschem Recht bestellt werden.

(2) Ist eine Pflegschaft erforderlich, weil nicht feststeht, wer an einer Angelegenheit beteiligt ist, oder weil ein Beteiligter sich in einem anderen Staat befindet, so ist das Recht anzuwenden, das für die Angelegenheit maßgebend ist.

(3) Vorläufige Maßregeln sowie der Inhalt der Betreuung und der angeordneten Vormundschaft und Pflegschaft unterliegen dem Recht des anordnenden Staates.

Literatur: *Henrich*, Internationales Familienrecht, 2. Auflage 2000; *Kemter/Mahlmann*, Kontoführung im Spannungsfeld des internationalen Betreuungsrechts, BKR 2008, 410; *Nitzinger*, Das Betreuungsrecht im internationalen Privatrecht, 1998; *Oberhammer/Graf/Slonina*, Sachwalterschaft für Deutsche und Schweizer in Österreich, ZfRvgl 2007, 133; *Oelkers*, Internationales Betreuungsrecht, 1996; *Rausch*, Betreuung bei Auslandsbezug, BtPrax 2004, 137; *Röthel*, Das Betreuungsrecht im IPR, BtPrax 2006, 90; *Winterstein*, in Jürgens (Hrsg.), Betreuungsrecht (3. Aufl. 2005) Art. 24 EGBGB.

A. Allgemeines

I. Entstehung und Regelungsgegenstand

1 Bei der IPR-Reform 1986 wurde mit Art. 24 erstmals eine kollisionsrechtliche Vorschrift für Vormundundschaft und Pflegschaft in das EGBGB aufgenommen, nachdem Art. 23 aF ausdrücklich nur die internationale Zuständigkeit geregelt hatte.[1] Bei Abschaffung der Entmündigung und der Einführung der Betreuung im deutschen materiellen Recht im Jahre 1990 wurde in Art. 24 die Betreuung in den Tatbestand aufgenommen und der Bezug auf die Entmündigung gestrichen.[2]

2 Art. 24 regelt das anwendbare Recht für Vormundschaft, Betreuung und Pflegschaft, wobei danach unterschieden wird, ob diese kraft Gesetz entstehen oder aufgrund Anordnung eintreten. Für die **aufgrund Anordnung** eintretende Vormundschaft, Betreuung und Pflegschaft verweist Abs. 1 S. 1 für die Rechtsfragen der Entstehung, Änderung und des Endes auf das Recht des Staates dem die betroffene Person angehört. Für alle Rechtsfragen, die den Inhalt betreffen, beruft Abs. 3 das Recht des anordnenden Staates, also die lex fori. Für die **kraft Gesetzes** eintretende Vormundschaft und Pflegschaft bestimmt Abs. 1 S. 1, dass sowohl hinsichtlich Entstehung, Änderung und Ende also auch hinsichtlich des Inhalts das Recht des Staates anwendbar ist, dem die betroffene Person angehört. Abs. 1 S. 2 bestimmt als Ausnahme zur allgemeinen Regelung in Abs. 1 S. 1 für einen ausländischen Staatsangehörigen, der seinen gewöhnlichen oder schlichten Aufenthalt in Deutschland hat, dass ein Betreuer nach deutschem Recht bestellt werden kann. **Abs. 2** enthält eine Sonderregel für die Pflegschaft, wenn die betroffene Person unbekannt ist oder sich im Ausland befindet. Für **vorläufige Maßregeln** bestimmt Abs. 3, dass sie umfassend, dh sowohl für Entstehung, Änderung und Ende als auch für den Inhalt der lex fori, dh bei Anordnung in Deutschland, dem deutschen Recht unterliegen.

II. Begriffe

3 Die **Vormundschaft** ist die umfassende Fürsorge und Vertretung schutzbedürftiger Personen.[3] Im internen deutschen Recht wurde die Vormundschaft über Volljährige zum 1.1.1992 zugunsten der Betreuung abge-

1 BT-Drucks. 10/504, S. 73.
2 Art. 7 § 29 BetG v. 12.9.1990 (BGBl. I 2002).
3 *Henrich*, Internationales Familienrecht, § 9 I.

schafft.[4] Soweit im ausländischen Recht eine Vormundschaft auch noch für Volljährige vorgesehen ist, behält die Verweisung in Abs. 1 ihre Bedeutung.[5]

Die **Pflegschaft** ist vormundschaftsähnliche Fürsorge und Vertretung mit begrenztem Aufgabenkreis.[6] Die **Betreuung** ist wie die Pflegschaft die Fürsorge und Vertretung schutzbedürftiger Personen für einen begrenzten Aufgabenkreis, tritt aber nur aufgrund einer Anordnung ein (siehe § 1896 BGB). Sie lässt die eigene rechtliche Handlungsfähigkeit des Betreuten grundsätzlich unberührt (§ 1903 BGB). Der Aufgabenkreis kann flexibel dem Betreuungsbedarf angepasst werden (§ 1896 Abs. 2 BGB). Als Betreuung können solche Maßnahmen nach ausländischem Recht qualifiziert werden, die eine an den Bedürfnissen des Einzelfalls orientierte Fürsorge vorsehen.[7] Eine genaue Abgrenzung der Begriffe ist nicht notwendig. So kommt es für die Bestimmung des anwendbaren Rechts nach Art. 24 nicht darauf an, ob ein ausländisches Rechtsinstitut als Vormundschaft oder Betreuung einzuordnen ist. Art. 24 unterscheidet primär danach, ob ein Fürsorgeverhältnis kraft Gesetzes eintritt oder auf einer gerichtlichen oder behördlichen Anordnung beruht. Ausgehend von der Regelung der Betreuung im deutschen Recht geht Art. 24 davon aus, dass Betreuung nie von Gesetzes wegen, sondern nur aufgrund Anordnung eintritt. Eine Einordnung ausländischer Rechtsinstitute ist auch für Abs. 1 S. 2 nicht erforderlich. Als einseitige Kollisionsnorm bestimmt diese Regelung nur, unter welchen Voraussetzungen für einen Ausländer eine Betreuung nach deutschem Sachrecht angeordnet werden kann.[8] 4

III. Vorrang von Staatsverträgen

Art. 24 wird in weitem Maße von vorrangigen Staatsverträgen verdrängt. Besondere Bedeutung haben dabei vor allem die **multilateralen Staatsverträge**. Bei **Minderjährigen** geht das Haager Minderjährigenschutzabkommen (MSA) und seit 1.1.2011 das KSÜ vor.[9] Soweit sich aus diesen Übereinkommen eine Zuständigkeit der deutschen Gerichte für die Anordnung einer Vormundschaft oder Pflegschaft ergibt, finden auch die kollisionsrechtlichen Regelungen dieser Übereinkommen für den Erlass einer solchen Anordnung Anwendung. Nach umstrittener aber zutreffender Ansicht kommen die Kollisionsregeln des KSÜ auch dann zur Anwendung, wenn sich die Zuständigkeit nach der vorrangigen EUEheVO 2003 richtet (s. im Einzelnen Art. 21 Rn 109 ff). 5

In Bezug auf **Erwachsene** wird Art. 24 durch das Haager Erwachsenenschutzübereinkommen von 2000 (ESÜ) verdrängt. Das ESÜ bestimmt das anwendbare Recht für den Fall, dass die Behörde eines Vertragsstaats eine Schutzmaßnahme erlässt und hierfür aufgrund der Regelungen des ESÜ international zuständig ist (zum Anwendungsbereich des ESÜ s. Art. 1 ESÜ Rn 8-11). **Zusammenfassend** bedeutet dies, dass Art. 24 nur noch in wenigen Fällen zur Anwendung gelangt: Soll eine Vormundschaft, Betreuung oder Pflegschaft angeordnet werden, darf die betroffene Person ihren gewöhnlichen Aufenthalt weder im Inland noch in einem anderen Vertragsstaat des ESÜ (Erwachsener) oder des MSA bzw. KSÜ (Minderjährige) haben und außerdem darf sich auch aus den Vorschriften dieser Übereinkommen keine Zuständigkeit der deutschen Gerichte ergeben. Daneben bleibt Art. 24 noch für die kraft Gesetzes eintretende Vormundschaft oder Pflegschaft bei Erwachsenen und bei Minderjährigen außerhalb des Anwendungsbereichs von Art. 16 KSÜ einschlägig.[10] 6

Vorrangiges **bilaterales Abkommen** ist das deutsch-iranische Niederlassungsabkommen;[11] das deutsch-österreichische Vormundschaftsabkommen v. 5.2.1927 ist zum 31.12.2002 gekündigt worden und zum Ablauf des 30.6.2003 außer Kraft getreten.[12] Das deutsch-polnische Abkommen über die Vormundschaft über Minderjährige v. 5.3.1924[13] ist aufgrund gewohnheitsmäßiger Nichtbeachtung seit Kriegsausbruch nicht mehr anwendbar.[14] 7

4 Gesetz zur Reform des Rechts der Vormundschaft und Pflegschaft für Volljährige – Betreuungsgesetz – v. 12.9.1990 (BGBl. I S. 2002).

5 AA *Henrich*, Internationales Familienrecht, § 9 I; rechtsvergleichenden Überblick bei *Röthel*, FamRZ 2004, 99.

6 *Henrich*, Internationales Familienrecht, § 9 I.

7 Staudinger/*von Hein* (2008), Art. 24 EGBGB Rn 12.

8 Anders BeckOK/*Heiderhoff* Art. 24 Rn 19.

9 Das Das Haager Abkommen zur Regelung der Vormundschaft über Minderjährige v. 12.6.1902 galt zuletzt noch im Verhältnis zu Belgien; aufgrund Kündigung ist es für Deutschland am 1.6.2009 außer Kraft getreten; s. *Jayme/Hausmann*, Internationales Privat- und Verfahrensrecht, 15. Aufl. 2010, Vor 52 Fn 2.

10 Erman/*Hohloch*, Art. 24 EGBGB Rn 1; Palandt/*Thorn*, Art. 24 EGBGB Rn 2.

11 Vom 17.2.1929 (RGBl II 1930 S. 1006; BGBl. II 1955 S. 829); s. *Winterstein*, in: Jürgens, Betreuungsrecht, Art. 24 Rn 5.

12 BGBl. II 2003 S. 824; IPRax 2003, 562.

13 RGBl II 1925 S. 139, 145.

14 HM Staudinger/*von Hein* (2008), Vorbem. zu Art. 24 EGBGB Rn 7; aA Soergel/*Kegel*, Art. 24 EGBGB Rn 72.

IV. Ausgenommene Bereiche

8 Die in manchen Rechtsordnungen vorgesehene gesetzliche Vormundschaft der Eltern ist der Sache nach elterliche Sorge und unterliegt daher Art. 21 oder Art. 16 KSÜ bzw. Art. 3 MSA.[15]

9 Art. 24 erfasst nicht die Beistandschaft nach §§ 1712 ff BGB (siehe Art. 21 EGBGB Rn 14 f) und im Unterschied zum MSA bzw. KSÜ auch nicht öffentlich-rechtliche Fürsorgemaßnahmen.[16] Nach überwiegender Meinung fällt die Ergänzungspflegschaft nach § 1909 BGB zwar grundsätzlich unter Art. 24.[17] Da es sich um eine Schutzmaßnahme iSd MSA bzw. KSÜ handelt, wird Art. 24 insoweit verdrängt.[18] Dies gilt auch, wenn sich die Zuständigkeit aus der EheVO 2003 ergibt (s. dazu Art. 21 Rn 11 f).

B. Regelungsgehalt

I. Anknüpfung (Abs. 1)

10 **1. Vormundschaft und Pflegschaft. a) Entstehung, Änderung und Ende.** **Abs. 1 S. 1** beruft (vorbehaltlich Art. 4 Abs. 1) das **Heimatrecht** der betroffenen Person für die Entstehung, Änderung und das Ende der Vormundschaft oder Pflegschaft. Dies gilt sowohl für die kraft Gesetzes entstehende als auch für die durch gerichtliche oder behördliche Anordnung eintretende Vormundschaft oder Pflegschaft.

11 Für einen Deutschen kann auch bei gewöhnlichem Aufenthalt im Ausland nach deutschem Recht eine Vormundschaft oder Pflegschaft angeordnet werden.

12 Eine nach ausländischem Heimatrecht einer Person **kraft Gesetzes** eingetretene Vormundschaft oder Pflegschaft wird in Deutschland anerkannt. Das ausländische Recht bestimmt, wer Vormund oder Pfleger geworden ist, welchen Aufgabenkreis und welche Befugnisse der Vormund oder Pfleger hat. Das Heimatrecht entscheidet auch darüber, unter welchen Voraussetzungen eine Änderung oder die Beendigung eintritt oder angeordnet werden kann. Trifft das Heimatrecht keine Bestimmung, wer Vormund eines Kindes ist, so wird bei gewöhnlichem Aufenthalt des Kindes hierzu nach § 1791 c BGB das Jugendamt berufen.[19]

13 Nach Abs. 1 S. 1 ist auch bei der **Anordnung** einer Vormundschaft oder Pflegschaft für einen ausländischen Staatsangehörigen durch ein deutsches Gericht dessen Heimatrecht anzuwenden. Bei Minderjährigen wird Abs. 1 S. 1 aber weitgehend durch das MSA bzw das KSÜ verdrängt.[20] Bei Volljährigen wird bei Fürsorgebedarf regelmäßig nach **Abs. 1 S. 2** ein Betreuer nach deutschem Recht bestellt (siehe Rn 15).[21]

14 Wird ein Minderjähriger volljährig bzw. 18 Jahre alt, so entfällt die Anwendbarkeit des MSA bzw. des KSÜ. Die Frage, ob eine Vormundschaft, die im Inland nach dem MSA bzw. KSÜ für einen ausländischen Minderjährigen angeordnet worden ist, mit Eintritt der Volljährigkeit endet, richtet sich daher nicht nach dem vom MSA bzw. KSÜ bestimmten Recht, sondern nach dem von Art. 24 berufenen Recht.[22] Die sich im ausländischen Recht stellende Vorfrage der Volljährigkeit richtet sich gemäß Art. 7 auch nach dem Heimatrecht des Betroffenen. Etwas anderes gilt nur im Anwendungsbereich des ESÜ. Nach dessen Art. 2 Abs. 2 findet das ESÜ auch auf solche Maßnahmen ab Vollendung des 18. Lebensjahrs Anwendung.

15 **b) Inhalt der Vormundschaft oder Pflegschaft.** Für den Inhalt der Vormundschaft oder Pflegschaft ist zu unterscheiden. Er richtet sich bei einer kraft Gesetzes entstehenden Vormundschaft oder Pflegschaft nach dem Heimatrecht; bei einer gerichtlich angeordneten Vormundschaft oder Pflegschaft hingegen nach der lex fori (Abs. 3 Alt. 2). Die Führung und Auswahl des bestellten Vormunds oder Pflegers erfolgt also nach der lex fori. Dies beruht auf Zweckmäßigkeitsgründen: Die Durchführungsvorschriften haben verfahrensrechtlichen Charakter und die Beteiligten sollen sich in den bekannten Bahnen des eigenen „Verfahrensrechts" bewegen können.[23]

16 **2. Betreuung. a) Allgemeines.** Das Heimatrecht gilt auch für die Anordnung einer Betreuung. Es regelt die Voraussetzungen für ihre Entstehung, Änderung und ihr Ende. Der Inhalt der Betreuung richtet sich wie bei der angeordneten Vormundschaft oder Pflegschaft hingegen nach der lex fori (**Abs. 3**). Ein deutsches

15 Soergel/*Kegel*, Art. 24 EGBGB Rn 10; Staudinger/*von Hein* (2008), Art. 24 EGBGB Rn 11.
16 Palandt/*Thorn*, Art. 24 EGBGB Rn 3; Staudinger/*von Hein* (2008), Art. 24 EGBGB Rn 23.
17 *Looschelders* Art. 24 Rn 4; Soergel/*Kegel* Art. 24 Rn 11; Staudinger/*von Hein* (2008) Vor Art. 24 Rn 13; aA BeckOK/*Heiderhoff* Art. 24 Rn 24.
18 Staudinger/*von Hein* (2008) Vor Art. 24 Rn 13.
19 *Henrich*, Internationales Familienrecht, § 9 II 1.
20 Ausnahme ist die Vormundschaft für ein deutsches Kind, das seinen gewöhnlichen Aufenthalt in einem Staat hat, der nicht Mitglied des MSA bzw. des KSÜ ist.
21 Staudinger/*von Hein* (2008), Art. 24 EGBGB Rn 31; weiter gehend Erman/*Hohloch*, Art. 24 EGBGB Rn 10; Soergel/*Kegel*, Art. 24 EGBGB Rn 4: anzuordnen sei stets eine Betreuung nach deutschem Recht; enger *Nitzinger*, S. 106: Nur wenn Heimatrecht nicht ermittelbar oder nicht effektiv ist.
22 OLG München FamRZ 2010, 1096; OLG München FGPrax 2010, 31 = FamRZ 2010, 1095; OLG München RPfelger 2009, 566 = FamRZ 2009, 1602.
23 *Kegel/Schurig*, § 20 XV 1.

Gericht kann daher auch für einen deutschen Staatsangehörigen mit gewöhnlichem Aufenthalt im Ausland eine Betreuung nach deutschem Recht anordnen.

b) Betreuung nach deutschem Recht für einen Ausländer. **Abs. 1 S. 2** ordnet als eine einseitige Kollisionsnorm eine Ausnahme von der Anwendbarkeit des Heimatrechts an. Für einen Ausländer mit gewöhnlichem oder schlichtem Aufenthalt im Inland kann ein Betreuer nach deutschem Recht (§§ 1896–1908 k BGB) bestellt werden.[24] Besondere Voraussetzungen für die alternative Anwendung deutschen Rechts sind nicht zu verlangen.[25] Die Betreuung muss aber nicht nach inländischem Recht angeordnet werden.[26] Abs. 1 S. 2 kommt aber nur zur Anwendung, wenn das vorrangige ESÜ nicht anwendbar ist (s. Art. 1 ESÜ Rn 9). **17**

Schlichter Aufenthalt in Deutschland genügt, auch wenn in einem anderen Land ein gewöhnlicher Aufenthalt besteht, weil durch den Gleichlauf von Zuständigkeit und anwendbarem Recht bei aktuellem Fürsorgebedarf im Inland schnell gehandelt werden kann.[27] Nur so entfällt die oft schwer zu beantwortende Frage, ob der Betroffene im Inland bereits einen gewöhnlichen Aufenthalt begründet hat. **18**

Ist nach deutschem Recht eine Betreuung angeordnet worden, so bestimmt dieses auch über Änderung und Beendigung.[28] **19**

3. Pflegschaft für unbekannte oder verhinderte Beteiligte (Abs. 2). Abs. 2 regelt den Fall, dass in einer bestimmten Angelegenheit, etwa einer Nachlasssache, ein Beteiligter unbekannt ist oder sich im Ausland aufhält, und daher die Bestellung einer Pflegschaft für diese Angelegenheit erforderlich ist. Im deutschen Recht wird dieser Fall in § 1911 Abs. 1 und 2 BGB geregelt.[29] Die Fragen von Entstehung, Änderung und Ende werden akzessorisch an das Statut der Hauptsache angeknüpft. Der Inhalt richtet sich auch hier gemäß Abs. 3 nach dem Recht des anordnenden Staates.[30] **20**

Sonderregeln gelten für Pflegschaft, für Sammelvermögen und für die Nachlasspflegschaft. Auf die Pflegschaft für **Sammelvermögen** (§ 1914 BGB) findet das Recht am Ort der bisherigen Verwaltung Anwendungen. Dies wurde früher aus der Vorschrift für die örtliche Zuständigkeit in § 42 FGG abgeleitet und ergibt sich nun entsprechend aus §§ 272 Nr. 3, 340 Nr. 1, 341 FamFG. Sachlich begründet ist dies, weil sich dort das Bedürfnis für Fürsorge stellt.[31] Für die **Nachlasspflegschaft** ist das Recht der anordnenden Behörde maßgebend.[32] **21**

4. Vorläufige Maßnahmen. Vorläufige Maßnahmen können nach Abs. 3 immer unter den Voraussetzungen des Sachrechts der *lex fori*, dh bei deutschen Gerichten nach deutschem Recht, angeordnet werden. Der Gleichlauf ist für das bei vorläufigen Maßnahmen notwendige schnelle Vorgehen erforderlich. Erfasst werden zum einen vorläufige Sicherungsmaßnahmen für die Person und das Vermögen wie etwa die Hinterlegung von Geld und Wertpapieren oder die Inventarerrichtung, die Bestellung eines Verwahrers, die Kündigung einer Forderung oder die Bestellung eines Prozessvertreters.[33] Ob auch eine Vormundschaft, Betreuung oder Pflegschaft als vorläufige Maßnahme angeordnet werden kann, ist streitig.[34] Sofern es sich um eine zeitlich beschränkte Regelung handelt, sprechen Wortlaut und Sinn der Vorschrift dafür, auch solche Maßnahmen zu erfassen.[35] Damit kann auch die nach dem anwendbaren (deutschen) Sachrecht mögliche vorläufige Pflegschaft nach § 1909 Abs. 3 BGB oder die vorläufige Betreuung nach §§ 300 – 302 FamFG auf Abs. 3 gestützt werden.[36] **22**

II. Allgemeine Lehren

Rück- und Weiterverweisungen (Art. 4 Abs. 1)[37] sind außer bei Abs. 3[38] ebenso zu beachten wie der Vorrang des Einzelstatuts (Art. 3 Abs. 3).[39] **Vorfragen**, etwa ob elterliche Sorge für das Kind besteht, sind selbständig **23**

24 Erman/*Hohloch*, Art. 24 EGBGB Rn 4: ergänzende Sachnorm.
25 AA *Nitzinger*, 106.
26 S. Staudinger/*von Hein* (2008), Art. 24 EGBGB Rn 31.
27 Soergel/*Kegel*, Art. 24 EGBGB Rn 5; aA BeckOK/*Heiderhoff* Art. 24 Rn 21; Staudinger/*von Hein* (2008), Art. 24 EGBGB Rn 32.
28 Staudinger/*von Hein* (2008), Art. 24 EGBGB Rn 34; *Oelkers*, S. 244.
29 S. BT-Drucks. 10/504, S. 73.
30 Staudinger/*von Hein* (2008), Art. 24 EGBGB Rn 57 f.
31 Staudinger/*von Hein* (2008) Vorbem. zu Art. 24 Rn 16; BeckOK/*Heiderhoff* , Art. 24 Rn 27.
32 S. dazu näher Staudinger/*von Hein* (2008), Art. 24 EGBGB Rn 17.
33 BeckOK/*Heiderhoff*, Art. 24 Rn 35; Erman/*Hohloch*, Art. 24 Rn 17; Staudinger/*von Hein* (2008), Art. 24 Rn 61.
34 Dagegen Erman/*Hohloch*, Art. 24 Rn 17; Palandt/*Thorn*, Art. 24 EGBGB Rn 7.
35 BeckOK/*Heiderhoff*, Art. 24 Rn 36; *Looschelders*, Art. 24 Rn 14; Staudinger/*von Hein* (2008), Art. 24 Rn 62.
36 MüKo/*Klinhardt*, Art. 24 EGBGB Rn 58; Staudinger/*von Hein* (2008), Art. 24 Rn 63.
37 Palandt/*Thorn*, Art. 24 EGBGB Rn 1; Soergel/*Kegel*, Art. 24 EGBGB Rn 58.
38 Erman/*Hohloch*, Art. 24 EGBGB Rn 4; Staudinger/*von Hein* (2008), Art. 24 EGBGB Rn 64.
39 Palandt/*Thorn*, Art. 24 EGBGB Rn 1; Soergel/*Kegel*, Art. 24 EGBGB Rn 57.

anzuknüpfen.[40] Eine gesetzliche Vormundschaft nach dem Heimatrecht des Kindes tritt daher nicht ein, wenn das Kind nur nach dem Heimatrecht, nicht aber nach dem über Art. 21 berufenen Recht des gewöhnlichen Aufenthalts keinen Sorgeberechtigten hat.[41] Die Verweisungen sind wandelbar, wenn die betroffene Person die Staatsangehörigkeit bzw den (gewöhnlichen) Aufenthalt wechselt. Entscheidend ist die Staatsangehörigkeit im Zeitpunkt der Entstehung, Änderung oder Beendigung der Vormundschaft, Betreuung oder Pflegschaft.[42]

III. Verfahren

24 **1. Internationale Zuständigkeit.** Der Vorrang von Staatsverträgen und der EheGVO ist auch im Internationalen Verfahrensrecht zu beachten.[43] (s. Rn. 5 f) Nach autonomem Recht sind deutsche Gerichte für Vormundschaft und Pflegschaft in Bezug auf Kinder nach § 99 FamFG international zuständig, wenn das Kind Deutscher ist, im Inland seinen gewöhnlichen Aufenthalt hat oder der Fürsorge durch ein deutsches Gericht bedarf. § 104 FamFG regelt entsprechend die internationale Zuständigkeit deutscher Gerichte für die Betreuung und Pflegschaft in Bezug auf Erwachsene. Die Zuständigkeiten sind gemäß § 106 FamFG nicht ausschließlich.[44]

25 Ein Vorrang des Heimatstaates besteht nicht.[45] Nach § 99 Abs. 2 bzw. § 104 Abs. 2 iVm § 99 Abs. 2 FamFG kann die Anordnung durch ein deutsches Gericht aber im Interesse des Betroffenen unterbleiben, wenn im Ausland bei einer auch aus deutscher Sicht international zuständigen Stelle ein solches Verfahren anhängig ist bzw. wird oder kraft Gesetzes eine Vormundschaft oder eine Pflegschaft besteht. Das Vormundschaftsgericht hat insoweit einen Ermessensspielraum, ob es das Verfahren weiter betreibt.[46]

26 **2. Anerkennung ausländischer Entscheidungen.** Die Anerkennung einer im Ausland angeordneten Vormundschaft, Pflegschaft oder Betreuung richtet sich im autonomen Recht nach **§§ 108, 109 FamFG**.

27 Kennt das ausländische Recht noch eine **Entmündigung**, so kann auch eine solche Entscheidung grundsätzlich nach §§ 108, 109 FamFG in Deutschland anerkannt werden.[47] Bei starkem Inlandsbezug aufgrund deutscher Staatsangehörigkeit oder gewöhnlichen Aufenthalts in Deutschland verstößt die Entmündigung wegen des zu weit gehenden Eingriffs in die Menschenwürde und die allgemeine Handlungsfreiheit allerdings gegen den deutschen ordre public.[48]

28 Eine ausländische Entscheidung kann von deutschen Gerichten abgeändert oder aufgehoben werden, wenn hierfür die internationale Zuständigkeit besteht.[49]

Anhang I zu Art. 24 EGBGB: KSÜ

Übereinkommen über die Zuständigkeit, das anzuwendende Recht, die Anerkennung, Vollstreckung und Zusammenarbeit auf dem Gebiet der elterlichen Verantwortung und der Maßnahmen zum Schutz von Kindern [KSÜ]

(Abgeschlossen am 19. Oktober 1996)

(Übersetzung)

(ABl. EU L 151 vom 11.6.2008, S. 39)

Die Unterzeichnerstaaten dieses Übereinkommens –

in der Erwägung, dass der Schutz von Kindern im internationalen Bereich verbessert werden muss;

in dem Wunsch, Konflikte zwischen ihren Rechtssystemen in Bezug auf die Zuständigkeit, das anzuwendende Recht, die Anerkennung und Vollstreckung von Maßnahmen zum Schutz von Kindern zu vermeiden;

40 Erman/*Hohloch*, Art. 24 EGBGB Rn 6; Soergel/*Kegel*, Art. 24 EGBGB Rn 16, 56.
41 *Henrich*, Internationales Familienrecht, § 9 II 1.
42 BeckOK/*Heiderhoff*, Art. 24 Rn 20.
43 Staudinger/*von Hein* (2008), Art. 24 EGBGB Rn 98.
44 OLG Hamm FamRZ 2003, 253 zu §§ 35 b, 69 e FGG.
45 Staudinger/*von Hein* (2008), Art. 24 EGBGB Rn 107.
46 BT-Drucks. 10/504, S. 95; Staudinger/*von Hein* (2008), Art. 24 EGBGB Rn 125 ff.
47 Staudinger/*von Hein* (2008), Art. 24 EGBGB Rn 133.
48 Erman/*Hohloch*, Art. 8 EGBGB Rn 3; s.a. Staudinger/*von Hein* (2008), Art. 24 Rn 133.
49 Staudinger/*von Hein* (2008), Art. 24 EGBGB Rn 136.

eingedenk der Bedeutung der internationalen Zusammenarbeit für den Schutz von Kindern;

bekräftigend, dass das Wohl des Kindes vorrangig zu berücksichtigen ist;

angesichts der Notwendigkeit, das Übereinkommen vom 5. Oktober 1961 über die Zuständigkeit der Behörden und das anzuwendende Recht auf dem Gebiet des Schutzes von Minderjährigen zu überarbeiten;

in dem Wunsch, zu diesem Zweck unter Berücksichtigung des Übereinkommens der Vereinten Nationen vom 20. November 1989 über die Rechte des Kindes gemeinsame Bestimmungen festzulegen –

haben die folgenden Bestimmungen vereinbart:

Kapitel I
Anwendungsbereich des Übereinkommens

Art. 1 KSÜ [Gegenstand]

(1) Ziel dieses Übereinkommens ist es,

a) den Staat zu bestimmen, dessen Behörden zuständig sind, Maßnahmen zum Schutz der Person oder des Vermögens des Kindes zu treffen;

b) das von diesen Behörden bei der Ausübung ihrer Zuständigkeit anzuwendende Recht zu bestimmen;

c) das auf die elterliche Verantwortung anzuwendende Recht zu bestimmen;

d) die Anerkennung und Vollstreckung der Schutzmaßnahmen in allen Vertragsstaaten sicherzustellen;

e) die zur Verwirklichung der Ziele dieses Übereinkommens notwendige Zusammenarbeit zwischen den Behörden der Vertragsstaaten einzurichten.

(2) Im Sinn dieses Übereinkommens umfasst der Begriff „elterliche Verantwortung" die elterliche Sorge[1] und jedes andere entsprechende Sorgeverhältnis, das die Rechte, Befugnisse und Pflichten der Eltern, des Vormunds oder eines anderen gesetzlichen Vertreters in Bezug auf die Person oder das Vermögen des Kindes bestimmt.

Literatur: *Andrae*, Zur Abgrenzung des räumlichen Anwendungsbereichs von EheVO, MSA, KSÜ und autonomem IZPR/IPR, IPRax 2006, 82; *Baetge*, Zum gewöhnlichen Aufenthalt bei Kindesentführungen, IPRax 2001, 573; *Bucher*, La Dix-huitieme session de la Conference de La Haye de droit international prive, SZIER 1997, 67; *Coester-Waltjen*, Die Berücksichtigung der Kindesinteressen in der neuen EU-Verordnung „Brüssel IIa", FamRZ 2005, 241; *Helms*, Internationales Verfahrensrecht für Familiensachenin der Europäischen Union, FamRZ 2002, 1593; *Holl*, Funktion und Bestimmung des gewöhnlichen Aufenthalts bei Kindesentführungen, 2001; *Krah*, Das Haager Kinderschutzübereinkommen, 2004; *Roth/Döring*, Das Haager Abkommen über den Schutz von Kindern, öst. JBl 1999, 758; *Schulz*, Haager Kinderschutzübereinkommen von 1996: Im Westen nichts Neues, FamRZ 2006, 1309; *dies.*, Internationale Regelungen zum Sorge- und Umgangsrecht, FamRZ 2003, 336; *Siehr*, Das neue Haager Übereinkommen von 1996 über den Schutz von Kindern, RabelsZ 62 (1998), 464; *Sturm*, Stellungnahme zum Vorentwurf eines Übereinkommens über den Schutz von Kindern, IPRax 1997, 10.

A. Inkrafttreten

Das KSÜ ist am 1.1.2002 in Kraft getreten und gilt zurzeit für Albanien (1.4.2007), Armenien (1.5.2008), Australien (1.8.2003), Bulgarien (1.2.2007), **Deutschland (1.1.2011)**, die Dominikanische Republik (1.10.2010), Ecuador (1.9.2003), Estland (1.6.2003), Finnland (1.3.2011), Frankreich (1.2.2011); Irland (1.1.2011), Kroatien (1.1.2010), Lettland (1.4.2003), Litauen (1.9.2004), Luxemburg (1.12.2010), Marokko (1.12.2002), Monaco (1.1.2002), Polen (1.11.2010), Rumänien (1.1.2011), die Slowakei (1.1.2002), Slowenien (1.2.2005), die Schweiz (1.7.2009), Spanien (1.1.2011), die Tschechische Republik (1.1.2002), die Ukraine (1.2.2008), Ungarn (1.5.2006), Uruguay (1.3.2010) und Zypern (1.11.2010).[2] **1**

Da durch den Erlass der EheVO 2000 eine Außenkompetenz der EU in diesem Bereich entstanden ist, bedurfte es für die Ratifikation durch die damaligen Mitgliedstaaten der EU einer Ermächtigung durch die EU. Für die neuen Mitgliedstaaten, die das KSÜ bereits vor dem Beitritt ratifiziert hatten, gilt das KSÜ auch nach dem **2**

1 Für Österreich: die Obsorge.

2 Stand März 2011; aktuelle Liste auf der Internet-Seite der Haager Konferenz für internationales Privatrecht: http://hcch.e-vision.nl/index_en.php.

Beitritt weiter. Deutschland und die anderen damaligen Mitgliedstaaten zeichneten aufgrund eines Ratsbeschlusses das KSÜ am 1.4.2003.[3] Die Ratifikation verzögerte sich wegen der Gibraltarproblematik. Nachdem diese mittlerweile beigelegt wurde,[4] konnte die Ratifikation Ende 2010 erfolgen.

B. Anwendungsbereich

I. Ziele und sachlicher Anwendungsbereich

3 Das KSÜ ist eine Weiterentwicklung und Modernisierung des MSA (s. dazu auch Abs. 5 der Präambel des KSÜ). Durch eine Reform der Unzulänglichkeiten des MSA, insbesondere des wenig gelungenen Kompromisses der Aufteilung der Zuständigkeiten zwischen Heimatstaat und Aufenthaltsstaat, soll eine größere internationale Akzeptanz erreicht werden.[5]

4 Das KSÜ regelt wie das MSA die internationale Zuständigkeit für Schutzmaßnahmen und das hierbei anwendbare Recht. Es umfasst dabei ebenfalls den privatrechtlichen wie den öffentlich-rechtlichen Kinderschutz.[6] Im Unterschied zum MSA[7] bestimmt das KSÜ aber auch das anwendbare Recht, das unabhängig vom Erlass einer Schutzmaßnahme für die elterliche Verantwortung gilt. Außerdem regelt es nicht nur die generelle Pflicht zur Anerkennung, sondern bestimmt zudem abschließend die möglichen Versagungsgründe (Art. 23). Es verpflichtet die Vertragsstaaten auch zur Vollstreckung von Entscheidungen aus anderen Vertragsstaaten (Art. 26). Schließlich wird die internationale Zusammenarbeit insbesondere durch zentrale Behörden erweitert und vertieft (Art. 29 ff).

5 Der Begriff der **elterlichen Verantwortung** wurde bewusst in Anlehnung an Art. 18 der UN-Kinderschutzkonvention anstelle des Begriffs der elterlichen Gewalt gewählt. Dadurch wird die elterliche Verpflichtung gegenüber den Rechten der Eltern im Verhältnis zu ihren Kindern besonders betont. Elterliche Verantwortung wird in Abs. 2 definiert und ist weit zu verstehen. Umfasst wird auch die Berechtigung Dritter – insbesondere öffentlicher Stellen – für das Kind und dessen Belange zu sorgen und es zu vertreten.[8] Wie sich aus dem Katalog möglicher Schutzmaßnahmen in Art. 3 ergibt, ist insbesondere der Begriff „jedes andere entsprechende Sorgeverhältnis" weit zu verstehen. Es muss wie das Besuchs- und Umgangsrecht nicht auch die gesetzliche Vertretung umfassen. Erfasst werden auch Regelungen über das Umgangsrecht von Großeltern oder sonstigen Personen, die mit dem Kind in einem familiären Verhältnis stehen.[9] Zu eng erscheint daher die Formulierung in Abs. 2, die nur Eltern, Vormund oder einen anderen gesetzlichen Vertreter aufführt.

II. Räumlicher Anwendungsbereich

6 Der räumliche Anwendungsbereich des KSÜ ist je nach Regelungsbereich verschieden. Die allgemeine Regel zur **internationalen Zuständigkeit** in Art. 5 stellt auf den gewöhnlichen Aufenthalt des Kindes in einem Vertragsstaat ab. Der gewöhnliche Aufenthalt in einem Vertragsstaat ist damit Voraussetzung für die Anwendbarkeit der Vorschriften über die internationale Zuständigkeit nach dem KSÜ. Bei Flüchtlingskindern ist nach Art. 6 der schlichte Aufenthalt eines Kindes in einem Vertragsstaat ausreichend. Die internationale Zuständigkeit deutscher Stellen für Schutzmaßnahmen richtet sich daher nach dem KSÜ, wenn das Kind seinen gewöhnlichen Aufenthalt in Deutschland hat. Auf die Staatsangehörigkeit des Kindes kommt es insoweit nicht an; sie kann auch die eines Nichtvertragsstaates sein. Allerdings bleibt das MSA anwendbar, wenn das Kind die Staatsangehörigkeit eines Vertragsstaates des MSA hat, für den noch nicht das KSÜ gilt. Die in Art. 8 und 9 vorgesehene Zusammenarbeit und eventuelle Übernahme des Verfahrens setzt voraus, dass das Kind in einem Vertragsstaat seinen gewöhnlichen Aufenthalt bzw. schlichten Aufenthalt hat. Außerdem muss auch der andere Staat, zu dem das Verfahren aufgrund der Staatsangehörigkeit des Kindes, der Belegenheit des Vermögens, einem anhängigen Eheverfahren der Eltern oder ansonsten eine enge Verbindung hat, ebenfalls ein Vertragsstaat sein. Die Regelung zum Fortbestehen der internationalen Zuständigkeit nach Art. 7 greifen auch ein, wenn das Kind widerrechtlich in einen Nicht-Vertragsstaat des KSÜ verbracht wird oder dort zurückgehalten wird. Nur Art. 7 Abs. 3 setzt voraus, dass auch der Zufluchtsstaat ein Vertragsstaat ist. Die Kollisionsnormen in Art. 15 ff zum anwendbaren Recht sind als loi uniforme ausgestaltet, dh sie kommen auch dann zum Zuge, wenn sie auf das Recht eines Nichtvertragsstaates verweisen, Art. 20. Die Regeln über die

3 ABlEG Nr. L 160 v. 30.6.2000, S. 19; die Niederlande haben das KSÜ bereits 1997 gezeichnet.

4 S. *Schulz,* FamRZ 2006, 1309, 1310 f.

5 *Roth/Döring*, öst. JBl 1999, 758 f.

6 *Kegel/Schurig*, § 20 XI 5 b.

7 Nach der hM in Deutschland regelt das MSA nicht das anwendbare Recht unabhängig von einem Verfahren zum Erlass einer Schutzmaßnahme, s. Art. 3 MSA Rn 4.

8 *Lagarde*, Bericht, Anm. 14; Staudinger/*Pirrung* (2009), Vor Art. 19 EGBGB Rn G21; *Roth/Döring*, öst. JBl 1999, 758, 760; *Siehr*, RabelsZ 62 (1998), 464, 476.

9 S. im deutschen Recht das Umgangsrecht enger Bezugspersonen bei sozial-familiärer Beziehung nach § 1685 Abs. 2 BGB.

Anerkennung und Vollstreckung ausländischer Entscheidungen in Art. 23 ff setzten voraus, das eine in den sachlichen Anwendungsbereich des KSÜ fallende Entscheidung in einem Vertragsstaat ergangen ist und es nun um die Frage der Anerkennung und Vollstreckung in einem anderen Vertragsstaat geht. Wo das betroffene Kind seinen Aufenthalt hat, ist nur insoweit erheblich, als die internationale Zuständigkeit der entscheidenden Behörde gem. Art. 23 Abs. 2 lit. a aufgrund des KSÜ gegeben sein muss. Voraussetzung ist daher, dass das Kind seinen gewöhnlichen Aufenthalt in einem Vertragsstaat gehabt haben muss, nicht notwendigerweise in dem Entscheidungsstaat.

III. Zeitlicher Anwendungsbereich

Der zeitliche Anwendungsbereich wird in Art. 53 bestimmt. Danach regelt das KSÜ die internationale Zuständigkeit nur für Verfahren, die nach Inkrafttreten begonnen werden. Für die Anerkennung einer ausländischen Entscheidung ist maßgeblich, dass das KSÜ im Verhältnis der betroffenen Staaten vor Erlass der Entscheidung in Kraft getreten ist. **7**

C. Verhältnis zu anderen Übereinkommen

Das KSÜ tritt nach Art. 51 zwischen den Vertragsparteien an die Stelle des **MSA**. Mit Inkrafttreten des KSÜ für Deutschland ist das MSA nur noch anwendbar, wenn sich ein Kind im Inland aufhält und die Staatsangehörigkeit eines Vertragsstaates des MSA besitzt, für den das KSÜ nicht in Kraft getreten ist. Außerdem bleibt das MSA anwendbar für deutsche Kinder mit gewöhnlichem Aufenthalt in einem ausländischen Vertragsstaat des MSA, für den das KSÜ nicht gilt. **8**

Das **Haager Kindesentführungsübereinkommen** (HKÜ) geht dem KSÜ vor (Art. 50). Zudem wird durch Art. 7 ein möglicher Konflikt mit dem HKÜ vermieden.[10] **9**

Nach Art. 52 Abs. 1 bleiben andere bestehende Staatsverträge zwischen den Vertragsstaaten unberührt. Nach Art. 52 Abs. 2 besteht auch die Möglichkeit nachträglich neue Staatsverträge zu schließen.[11] Gem. Art. 52 Abs. 4 gilt dies auch für Einheitsrecht. Diese Vorschrift ist speziell für die EU-Mitgliedstaaten aufgenommen worden[12] und ermöglicht die **vorrangige Geltung der EheVO 2003**. Dementsprechend bestimmt Art. 61 lit. a EheVO 2003, dass die EheVO 2003 dem KSÜ vorgeht, wenn das Kind seinen **gewöhnlichen Aufenthalt in einem Mitgliedstaat** hat. **10**

Die EheVO 2003 geht dem KSÜ daher jedenfalls dann nicht vor, wenn das Kind seinen gewöhnlichen Aufenthalt nicht in einem Mitgliedstaat, sondern in einem dritten **Vertragsstaat des KSÜ** hat. Das gilt auch, wenn eine Zuständigkeit nach der EheVO 2003 unabhängig von dem gewöhnlichen Aufenthalt des Kindes (insb. Art. 12 EheVO 2003) in einem Mitgliedstaat begründet wäre.[13] Dafür spricht, dass Art. 61 lit. a EheVO 2003 für den Vorrang ausdrücklich den gewöhnlichen Aufenthalt des Kindes in einem Mitgliedstaat verlangt. Da der Vorrang der EheVO 2003 auch nur im Verhältnis zwischen den Mitgliedstaaten gilt, ist darüber hinaus das KSÜ und nicht die EheVO 2003 anwendbar, wenn das Kind, für das eine Schutzmaßnahme erlassen werden soll, seinen gewöhnlichen Aufenthalt zwar in Deutschland hat, aber die Staatsangehörigkeit eines Vertragsstaates des KSÜ besitzt, der nicht Mitgliedstaat der EheVO 2003 ist[14] (s.a. Art. 21 EGBGB Rn 10). **11**

Nur wenn das Kind seinen gewöhnlichen Aufenthalt in einem dritten Staat hat, der weder Mitgliedstaat der EheVO 2003 noch Vertragsstaat des KSÜ ist, bestimmt sich das Konkurrenzverhältnis nach Art. 14 EheVO 2003. Eine Zuständigkeit kann sich auch aus Art. 12 EheVO 2003 ergeben. Nur soweit nach diesen Vorschriften weder eine Zuständigkeit nach der EheVO 2003 noch eine Zuständigkeit nach dem KSÜ (bzw. MSA) gegeben ist, kommen die Regeln des autonomen Rechts zum Zuge.[15] Bei **Flüchtlingskindern** kommt es gemäß Art. 13 EheVO 2003 bzw. Art. 6 KSÜ nicht auf den gewöhnlichen, sondern auf den schlichten Aufenthalt an.[16] **12**

Für die **Anerkennung und Vollstreckung** von Entscheidungen aus einem Mitgliedstaat in einem anderen Mitgliedstaat ist die EheVO 2003 hingegen immer anzuwenden, dh selbst dann, wenn das Kind seinen gewöhnlichen Aufenthalt in einem dritten Vertragsstaat des KSÜ hat, der nicht Mitgliedstaat der EheVO 2003 ist. Dies folgt aus Art. 61 lit. b EheVO 2003. **13**

Der Vorrang der EheVO 2003 gilt aber nur im Verhältnis der Mitgliedstaaten untereinander, nicht im Verhältnis zu einem Vertragsstaat des KSÜ, der nicht auch Mitgliedstaat der EheVO 2003 ist, Art. 52 Abs. 3. So richtet sich die Zuständigkeitsabgabe im Verhältnis eines Mitgliedstaats der EheVO 2003 zu einem Staat, der **14**

10 *Siehr*, RabelsZ 62 (1998), 464, 472.
11 *Helms*, FamRZ 2002, 1600.
12 *Siehr*, RabelsZ 62 (1998), 464, 473 f.
13 Staudinger/*Henrich* (2008), Art. 21 EGBGB Rn 141; Prütting/Helms/*Hau*, FamFG, § 99 Rn 21 (allerdings anders für das Verhältnis zum MSA in Rn 20).
14 *Andrae*, IPRax 2006, 82, 84; Staudinger/*Henrich* (2008), Art. 21 EGBGB Rn 141; aA Prütting/Helms/*Hau*, FamFG, § 99 Rn 21.
15 Staudinger/*Henrich* (2008), Art. 21 EGBGB Rn 141.
16 *Andrae*, IPRax 2006, 81, 84.

nur Vertragsstaat des KSÜ ist nicht nach Art. 15 EheVO 2003, sondern nach Art. 8 und 9. Die Anerkennung einer Entscheidung aus einem Mitgliedstaat der EheVO 2003 in einem Staat, für den nur das KSÜ gilt, unterfällt ebenfalls nur dem KSÜ. Insoweit bestimmt sich die internationale Zuständigkeit der entscheidenden Behörde als Anerkennungsvoraussetzung (Art. 23 Abs. 2 lit. a) nur nach den Zuständigkeitsregeln des KSÜ.[17]

15 Nur von theoretischer Bedeutung ist, dass das KSÜ für den persönlichen Anwendungsbereich auf die Vollendung des 18. Lebensjahres abstellt (Art. 2), während die EheVO 2003 insoweit den Begriff des Minderjährigen verwendet, weil in Europa ein Volljährigkeitsalter von 18 Jahren üblich ist (s. Art. 2 EheVO 2003 Rn 3). Kein Restanwendungsbereich zwischen Mitgliedstaaten ergibt sich daraus, dass Schutzmaßnahmen auch öffentlich-rechtlicher Natur sein können (s. oben Rn 4) und die EheVO 2003 nach ihrem Art. 1 Abs. 2 nur für Zivilsachen gilt. Der Begriff der Zivilsache ist insoweit autonom und umfassend auszulegen und erfasst alle Entscheidungen über die elterliche Verantwortung, auch wenn sie in der Rechtsordnung eines Mitgliedstaats dem öffentlichen Recht unterliegen.[18]

16 Die EheVO 2003 verdrängt das KSÜ aber nur im Rahmen seines sachlichen Regelungsbereichs, Art. 62 Abs. 1 EheVO 2003. Da die EheVO 2003 keine Regelungen zum anwendbaren Recht beim Erlass von Schutzmaßnahmen enthält, ist insoweit grundsätzlich das KSÜ anwendbar. S. zu dieser Streitfrage näher Art. 21 EGBGB Rn 11 ff.

Art. 2 KSÜ [Kinder]

Dieses Übereinkommen ist auf Kinder von ihrer Geburt bis zur Vollendung des 18. Lebensjahrs anzuwenden.

1 Im Unterschied zum MSA (s. Art. 12 MSA Rn 1) bestimmt das KSÜ den persönlichen Anwendungsbereich durch eine feste Altersgrenze unmittelbar. Es ist wie das MSA nicht anwendbar auf Pflegschaften für noch ungeborene Kinder oder geschäftsunfähige Erwachsene.[19] Mit Vollendung des 18. Lebensjahres entfällt die Anwendbarkeit des KSÜ für jedes zukünftige, wenn auch bereits eingeleitete Verfahren.[20] Mit Vollendung des 18. Lebensjahres wird das ESÜ[21] anwendbar (Art. 2 Abs. 2 ESÜ). Eine vorher ergangene Maßnahme kann in Kraft bleiben. Für ihre Anerkennung gilt nun aber das ESÜ. Voraussetzung für die Weitergeltung ist aber immer, dass die Maßnahme nach dem materiellen Recht, aufgrund dessen sie ergangen ist, in Kraft bleibt (s. Art. 2 ESÜ Rn 24).

Art. 3 KSÜ [Anwendungsbereich]

Die Maßnahmen, auf die in Artikel 1 Bezug genommen wird, können insbesondere Folgendes umfassen:

a) die Zuweisung, die Ausübung und die vollständige oder teilweise Entziehung der elterlichen Verantwortung sowie deren Übertragung;

b) das Sorgerecht einschließlich der Sorge für die Person des Kindes und insbesondere des Rechts, den Aufenthalt des Kindes zu bestimmen, sowie das Recht auf persönlichen Verkehr[22] einschließlich des Rechts, das Kind für eine begrenzte Zeit an einen anderen Ort als den seines gewöhnlichen Aufenthalts zu bringen;

c) die Vormundschaft, die Beistandschaft[23] und entsprechende Einrichtungen;

d) die Bestimmung und den Aufgabenbereich jeder Person oder Stelle, die für die Person oder das Vermögen des Kindes verantwortlich ist, das Kind vertritt oder ihm beisteht;

e) die Unterbringung des Kindes in einer Pflegefamilie oder einem Heim oder seine Betreuung durch Kafala oder eine entsprechende Einrichtung;

f) die behördliche Aufsicht über die Betreuung eines Kindes durch jede Person, die für das Kind verantwortlich ist;

g) die Verwaltung und Erhaltung des Vermögens des Kindes oder die Verfügung darüber.

17 *Helms*, FamRZ 2002, 1593, 1601; *Solomon*, FamRZ 2004, 1409, 1415 Fn 63.

18 EuGH 27.11.2007, Rs. C-435/06, IPRax 2008, 509, 512, Nr. 46, 48, 51; Rauscher/*Rauscher*, Art. 1 Brüssel IIa-VO Rn 20; *Gruber*, IPRax 2008, 490, 493 (Verwendung des Begriffs der Zivilsache in EheVO 2003 ist eine redaktionelle Ungenauigkeit.

19 *Siehr*, RabelsZ 62 (1998), 464; *Roth/Döring*, öst. JBl 1999, 758, 759.

20 Staudinger/*Pirrung* (2009), Vor Art. 19 EGBGB Rn G 23.

21 Haager Übereinkommen zum Schutz von Erwachsenen v. 13.1.2000.

22 Für Deutschland: das Recht zum persönlichen Umgang.

23 Für Deutschland: die Pflegschaft; für Österreich: die besondere Sachwalterschaft.

Der Begriff der Schutzmaßnahme entspricht dem im MSA,[24] der dort allerdings nicht näher beschrieben wird (s. Art. 1 MSA Rn 20 ff). Auch das KSÜ verzichtet auf eine Definition, enthält zur Veranschaulichung aber in Art. 3 eine beispielhafte Aufzählung der erfassten Maßnahmen. Der Begriff ist weit zu verstehen und der Katalog in Art. 3 ist nicht abschließend.[25] Schutzmaßnahmen können nicht nur Fürsorgemaßnahmen, sondern auch hoheitliche Maßnahmen mit Eingriffscharakter sein.[26] 1

Art. 4 KSÜ [Nichtanwendung]

Dieses Übereinkommen ist nicht anzuwenden
a) auf die Feststellung und Anfechtung des Eltern-Kind-Verhältnisses;
b) auf Adoptionsentscheidungen und Maßnahmen zur Vorbereitung einer Adoption sowie auf die Ungültigerklärung und den Widerruf der Adoption;
c) auf Namen und Vornamen des Kindes;
d) auf die Volljährigerklärung;
e) auf Unterhaltspflichten;
f) auf Trusts und Erbschaften;
g) auf die soziale Sicherheit;
h) auf öffentliche Maßnahmen allgemeiner Art in Angelegenheiten der Erziehung und Gesundheit;
i) auf Maßnahmen infolge von Straftaten, die von Kindern begangen wurden;
j) auf Entscheidungen über Asylrecht und Einwanderung.

Art. 4 enthält einen Katalog der Bereiche, die nicht in den Regelungsbereich des KSÜ fallen. Dies sind zum einen Materien wie die Adoption und der Unterhalt, für den spezielle Übereinkommen existieren. In anderen Bereichen, wie der Begründung eines Eltern-Kind-Verhältnisses, dem Namensrecht, den Volljährigkeitsvoraussetzungen sowie dem Erbrecht, bestehen zu große nationale Unterschiede.[27] Abgrenzungsfragen kann aber etwa die Ausnahme h) für öffentliche Maßnahmen allgemeiner Art in Angelegenheiten der Erziehung und Gesundheit aufwerfen.[28] Nach dem Bericht von *Lagarde* werden dadurch öffentliche Maßnahmen allgemeiner Art, etwa zur Schulpflicht oder zu Pflichtimpfungen ausgenommen. Die Unterbringung eines bestimmten Kindes in einer bestimmten Schule oder die Entscheidung, es einem chirurgischen Eingriff zu unterziehen, sind demgegenüber Maßnahmen, die unter das KSÜ fallen.[29] Unklar, aber wohl anzunehmen ist, dass die Durchsetzung der allgemeinen Schulpflicht gegenüber einem bestimmten Kind als Teil der allgemeinen Maßnahme nicht unter das KSÜ fällt. 1

Das KSÜ bleibt aber anwendbar, soweit es in diesen Bereichen als **Vorfrage** darauf ankommt, wer gesetzlicher Vertreter des Kindes ist. Für die Frage, ob für das Kind gehandelt werden muss, bleibt es bei der Maßgeblichkeit des jeweils einschlägigen Statuts.[30] Dies gilt auch für die gerichtliche Genehmigung oder die Ersetzung einer nach dem jeweiligen Statut erforderlichen Zustimmung. Insoweit ist weiter das autonome Recht zuwenden. (s.a. Art. 23 Rn 10) 2

Kapitel II
Zuständigkeit

Art. 5 KSÜ [Behörden des Aufenthaltsstaats]

(1) Die Behörden, seien es Gerichte oder Verwaltungsbehörden, des Vertragsstaats, in dem das Kind seinen gewöhnlichen Aufenthalt hat, sind zuständig, Maßnahmen zum Schutz der Person oder des Vermögens des Kindes zu treffen.

(2) Vorbehaltlich des Artikels 7 sind bei einem Wechsel des gewöhnlichen Aufenthalts des Kindes in einen anderen Vertragsstaat die Behörden des Staates des neuen gewöhnlichen Aufenthalts zuständig.

24 *Roth/Döring*, öst. JBl 1999, 758, 760.
25 *Lagarde*, Bericht, Anm. 18; *Siehr*, RabelsZ 62 (1998), 464, 476.
26 Staudinger/*Pirrung* (2009), Vor Art. 19 EGBGB Rn G 25.
27 S. *Roth/Döring*, öst. JBl 1999, 758, 760.
28 Staudinger/*Pirrung* (2009), Vor Art. 19 EGBGB Rn G 33.
29 *Lagarde*, Bericht, Anm. 34.
30 *Siehr*, RabelsZ 62 (1998), 464, 477; Staudinger/*Pirrung* (2009), Vor Art. 19 EGBGB Rn G 33.

A. Allgemeines

1 International zuständig für den Erlass von Schutzmaßnahmen sind die Behörden des Staates, in dem das Kind seinen **gewöhnlichen Aufenthalt** hat. Dem gewöhnlichen Aufenthalt kommt insoweit wie beim MSA eine doppelte Funktion zu. Er bestimmt den räumlich-persönlichen Anwendungsbereich der Vorschriften über die internationale Zuständigkeit[31] und begründet gleichzeitig die internationale Zuständigkeit der Gerichte des Aufenthaltsstaates. Für deutsche Gerichte ergibt sich die internationale Zuständigkeit für Schutzmaßnahmen eines Kindes, das in Deutschland seinen gewöhnlichen Aufenthalt hat, nur soweit die vorrangige Zuständigkeitsregel in EheVO 2003 nicht eingreift, s. dazu Art. 21 EGBGB Rn 10. Für Mehrrechtsstaaten enthält Art. 47 KSÜ eine ergänzende Regelung.

2 Wie für das MSA ist auch für das KSÜ unbeachtlich, ob ein Staat Verwaltungsstellen oder Gerichte für die Vornahme von Schutzmaßnahmen einsetzt. Unter den Begriff der Behörde können daher sowohl Vormundschaftsgerichte als auch Jugendämter oder sonstige Träger der Jugendhilfe fallen.[32]

B. Perpetuatio fori

3 Abs. 2 bestimmt ausdrücklich, dass ein Wechsel des gewöhnlichen Aufenthalts zu einem Wechsel der Zuständigkeit führt. Dies gilt auch für ein noch laufendes, noch nicht mit einer Entscheidung abgeschlossenes Verfahren. Es gibt daher grundsätzlich keine perpetuatio fori.[33] Im Rahmen des MSA war dies früher ungeklärt.[34] Der BGH hat aber schließlich auch für Art. 3 MSA ein Fortbestehen der internationalen Zuständigkeit bei Wechsel des gewöhnlichen Aufenthalts unter Hinweis auf Art. 5 MSA verneint.[35]

4 Maßgebend ist die Situation im Zeitpunkt der letzten tatrichterlichen Entscheidung.[36] Hat eine **Tatsacheninstanz** noch keine Entscheidung erlassen, ist das Verfahren mangels internationaler Zuständigkeit einzustellen. Erfolgt der Aufenthaltswechsel erst, nachdem die Tatsacheninstanz eine Entscheidung erlassen hat, so bleibt diese Entscheidung grundsätzlich bestehen, bis die Behörden am neuen gewöhnlichen Aufenthalt eine abändernde Entscheidung treffen (s. Art. 14 KSÜ Rn 79). Dies gilt auch dann, wenn das Verfahren noch in der **Rechtsmittelinstanz** anhängig ist. Da die internationale Zuständigkeit auch in der Rechtsmittelinstanz von Amts wegen zu prüfen ist, hat die Rechtsmittelinstanz das Rechtsmittel allein aufgrund der nun fehlenden internationalen Zuständigkeit zurückzuweisen.[37]

5 Wenn bereits bei der Entscheidung der ersten Instanz kein gewöhnlicher Aufenthalt bestand und die erste Instanz fälschlicherweise von ihrer internationalen Zuständigkeit ausging, so hat das Rechtsmittelgericht die Entscheidung der ersten Instanz ersatzlos aufzuheben.[38] Bestand in der ersten Instanz noch kein gewöhnlicher, sondern etwa nur schlichter Aufenthalt, wird der gewöhnliche Aufenthalt aber noch während des Verfahrens in der zweiten Tatsacheninstanz begründet, so ist die internationale Zuständigkeit für eine Sachentscheidung über das Rechtsmittel nun gegeben.[39]

6 Wird der gewöhnliche Aufenthalt eines (auch) deutschen Minderjährigen während des Verfahrens vom Inland in einen Nicht-Vertragsstaat verlegt, so bleiben die deutschen Behörden nach dem nun anwendbaren **autonomen Recht** aufgrund der Staatsangehörigkeit weiter international zuständig (s. Art. 21 EGBGB Rn 60). Bei Begründung des gewöhnlichen Aufenthalts in einem anderen Vertragsstaat werden hingegen die Behörden dieses anderen Vertragsstaats international zuständig, Art. 5 Abs. 2.

31 Unabhängig von dem gewöhnlichen Aufenthalt des Kindes in einem Vertragsstaat sind die Zuständigkeiten nach Art. 6, 11 und 12.

32 Staudinger/*Pirrung* (2009), Vor Art. 19 EGBGB Rn G 45.

33 Geimer/Schütze/*Gruber,* Internationaler Rechtsverkehr, E 6 Art. 5 KSÜ Rn 5.

34 S. Nachw. zum Streitstand bei Erman/*Hohloch*, Anh. zu Art. 24 EGBGB Rn 15.

35 BGH NJW 2002, 2955 = IPRax 2003, 145 = FamRZ 20002, 1182 m.Anm. *Henrich*, S. 1184; OLG Nürnberg IPRax 2003, 147, 148 = NJW-RR 2002, 1515; s.a. schon OLG Hamm NJW-RR 1997, 5.

36 Zum MSA BGH NJW 1981, 520; OLG Rostock FamRZ 2001, 642 = IPRax 2001, 588 m.Anm. *Baetge*, S. 573.

37 So zum MSA OLG Hamburg IPRax 1986, 386; *Henrich*, FamRZ 2002, 1185; aA BayObLGZ 1976, 25; Geimer/Schütze/*Gruber,* Internationaler Rechtsverkehr, E 6 Art. 5 KSÜ Rn 6 (wenn die Rechtsmittelinstanz wie bei der Revision oder der Rechtsbeschwerde auf die rechtliche Nachprüfung beschränkt ist).

38 So zum MSA *Bauer*, IPRax 2003, 135, 140.

39 So zum MSA OLG Hamm FamRZ 1991, 1466; 1992, 208; Erman/*Hohloch*, Anh. zu Art. 24 EGBGB Rn 15.

C. Gewöhnlicher Aufenthalt

7 Der **Begriff** des gewöhnlichen Aufenthalts ist wie im MSA und in den anderen Haager Übereinkommen sowie im autonomen Recht zu verstehen[40] (s. zu den Einzelheiten daher Art. 5 EGBGB Rn 16 ff). Er ist in Übereinstimmung mit den anderen Übereinkommen bewusst nicht gesetzlich definiert worden.[41] Gewöhnlicher Aufenthalt ist der Ort, an dem sich der tatsächliche Mittelpunkt der Lebensführung des Minderjährigen („**Daseinsmittelpunkt**"), dh der Schwerpunkt seiner sozialen Bindungen durch Familie, Kindergarten/Schule/Beruf und Freundschaften befindet.[42] Wenn das Kind in einem Staat wohnt und im Nachbarstaat tagsüber in die Schule geht, liegt der gewöhnliche Aufenthalt am Wohnort.

8 Abzustellen ist auf den Minderjährigen selbst. Der gewöhnliche Aufenthalt wird nicht von dem der Sorgeberechtigten abgeleitet. Kommt es aber bei der Neubegründung auf den Bleibewillen an, entscheidet der Wille des zur Aufenthaltsbestimmung berechtigten Sorgeberechtigten.[43] In den so genannten **Entführungsfällen**, bei denen der Entführer das Kind gegen den Willen des Allein- oder Mitsorgeberechtigten von seinem bisherigen gewöhnlichen Aufenthaltsort an einen anderen Ort verbringt oder an den Ort des gewöhnlichen Aufenthalts nicht zurückbringt, wird daher nicht sofort ein neuer gewöhnlicher Aufenthalt begründet, selbst wenn der Minderjährige an dem neuen Aufenthaltsort bleiben will.[44]

9 Ein **Wechsel des gewöhnlichen Aufenthalts** findet erst statt, wenn der neue Aufenthaltsort aufgrund der sozialen Integration des Kindes faktisch zum neuen Daseinsmittelpunkt geworden ist. Eine solche soziale Integration wird bei Minderjährigen in der Regel nach 6 Monaten angenommen.[45] Dabei handelt es sich aber nur um einen Richtwert, der im Einzelfall auch über- oder unterschritten werden kann.[46] So führen urlaubsbedingte Abwesenheiten auch über einen längeren Zeitraum nicht zu einem Wechsel des gewöhnlichen Aufenthalts, wenn und weil die Abwesenheit nicht auf Dauer, sondern auf eine begrenzte Zeit angelegt ist.[47] Daher bewirkt auch der auf ein Jahr angelegte Schüleraustausch keinen Wechsel des gewöhnlichen Aufenthalts.

10 Der **Richtwert von 6 Monaten** gilt aber auch in **Entführungsfällen**; die in Art. 12 Abs. 1 HKÜ enthaltene Jahresfrist bestimmt nur die Voraussetzungen für eine Rückführung des Kindes, ändert aber nicht die Voraussetzungen, unter denen der gewöhnliche Aufenthalt begründet wird.[48] Dies wird auch durch die Sonderregelung zur perpetuatio fori in Art. 7 KSÜ bei einem Wechsel des gewöhnlichen Aufenthalts aufgrund eines widerrechtlichen Verbringens oder Zurückhaltens des Kindes bestätigt.

11 Lebt das Kind nach dem Willen der Eltern abwechselnd in dem Land des Vaters und dem Land der Mutter, so hat es regelmäßig auch einen wechselnden gewöhnlichen Aufenthalt.[49]

D. Verhältnis zu anderen Zuständigkeiten

12 Die Aufenthaltszuständigkeit steht anders als nach dem MSA (s. Art. 1 MSA Rn 7 ff) nicht mehr unter dem Vorbehalt eines gesetzlichen Gewaltverhältnisses nach dem Heimatrecht des Kindes oder einer Wahrnehmung der Zuständigkeit durch die Behörden des Heimatstaates.

13 Das Verhältnis zu Zuständigkeiten in anderen Staaten ist in Art. 8, 9 und 10 im Sinne eines **grundsätzlichen Vorrangs der Aufenthaltszuständigkeit** neu geregelt worden. Die besonderen Zuständigkeiten sind nach dem Zweck der Regelung restriktiv anzuwenden.[50]

14 Die Aufenthaltsbehörde kann einer Behörde in einem anderen Vertragsstaat die Zuständigkeit antragen (Art. 8). Die Behörde in einem Vertragsstaat, in dem das Kind keinen gewöhnlichen Aufenthalt hat, also etwa im Heimatstaat, kann sich die Zuständigkeit von der Aufenthaltsbehörde erbitten (Art. 9). Die Verbundzuständigkeit mit einer Ehesache kann am gewöhnlichen Aufenthalt eines Elternteils aufgrund der Zustimmung der Sorgeberechtigten begründet werden (Art. 10). Schließlich sieht Art. 11 eine Eilzuständigkeit und Art. 12 eine Zuständigkeit für einstweilige Anordnungen vor.

40 *Roth/Döring*, öst. JBl 1999, 758, 761; *Siehr*, RabelsZ 62 (1998), 464, 478.
41 Staudinger/*Pirrung* (2009) Vor Art. 19 EGBGB Rn G 47.
42 BGH NJW 2002, 2955.
43 OLG Hamm NJW-RR 1997, 5, 6.
44 OLG Hamm NJW-RR 1997, 5, 6.
45 OLG Hamm NJW 1974, 1053; OLG Köln FamRZ 1991, 364; Erman/*Hohloch*, Anh. zu Art. 24 EGBGB Rn 18.
46 S. etwa OLG Hamm FamRZ 1991, 1346: gewöhnlicher Aufenthalt bereits nach 4 1/2-monatigem Aufenthalt in der Türkei; OLG Hamm NJW-RR 1997, 5, 6: nach 6 Monaten noch kein gewöhnlicher Aufenthalt in der Türkei; *Baetge*, IPRax 2001, 573, 575.
47 Staudinger/*Pirrung* (2009), Vor Art. 19 EGBGB Rn G 46.
48 OLG Düsseldorf NJW-RR 1994, 5, 6 = FamRZ 1994, 107 = IPRspr 1993, Nr. 97; *Baetge*, IPRax 2001, 573, 575; aA *Holl*, Funktion und Bestimmung des gewöhnlichen Aufenthalts bei Kindesentführungen, 2001, S. 129.
49 Re V (Abduction: Habitual Residence [1995] 2 F.L.R. 992 Fam. D.); *Baetge*, IPRax 2001, 573, 575.
50 *Roth/Döring*, öst. JBl 1999, 758, 761.

15 Im Verhältnis der Mitgliedstaaten der EheVO 2003 ist die Sonderregelung über die perpetuatio fori für Umgangssachen in Art. 9 zu beachten. Diese Regelung gilt allerdings nur bei dem (rechtmäßigen) Umzug des Kindes von einem Mitgliedstaat in einen anderen Mitgliedstaat. Zieht ein Kind aus Deutschland in einen Staat, der nicht Mitgliedstaat der EheVO 2003, aber Vertragsstaat des KSÜ ist, so richtet sich die Zuständigkeit für das Umgangsrecht nicht nach Art. 9 EheVO 200, sondern nach der allgemeinen Regel in Art. 5 Abs. 2. Die Zuständigkeit in Deutschland entfällt und die Gerichte im Staat des neuen gewöhnlichen Aufenthalts sind auch für die Regelung des Umgangsrechts zuständig.[51]

Art. 6 KSÜ [Flüchtlingskinder]

(1) Über Flüchtlingskinder und Kinder, die infolge von Unruhen in ihrem Land in ein anderes Land gelangt sind, üben die Behörden des Vertragsstaats, in dessen Hoheitsgebiet sich die Kinder demzufolge befinden, die in Artikel 5 Absatz 1 vorgesehene Zuständigkeit aus.

(2) Absatz 1 ist auch auf Kinder anzuwenden, deren gewöhnlicher Aufenthalt nicht festgestellt werden kann.

1 Bei **Flüchtlingskindern** kommt es statt auf den eventuell noch bestehenden gewöhnlichen Aufenthalts im Herkunftsstaat auf den schlichten Aufenthalt im Zufluchtsstaat an, da bei Flüchtlingskindern regelmäßig ein dringender Bedarf für Schutzmaßnahmen besteht.[52] Abs. 1 begründet aber keine bloße Notzuständigkeit, wie etwa nach Art. 11 KSÜ, sondern verdrängt die Zuständigkeit der Behörden im Staat des gewöhnlichen Aufenthalts dauerhaft.[53]

2 Der Verfahrensvereinfachung dient die Maßgeblichkeit des schlichten Aufenthalts nach Abs. 2, wenn nicht festgestellt werden kann, ob das Kind einen gewöhnlichen Aufenthalt hat. Abs. 2 gilt nur, wenn zweifelhaft ist, ob das Kind überhaupt einen gewöhnlichen Aufenthalt hat, nicht hingegen, wenn – wie bei Entführungsfällen – nur fraglich ist, in welchem Staat der gewöhnliche Aufenthalt ist.[54]

Art. 7 KSÜ [Verbringen oder Zurückhalten des Kindes]

(1) Bei widerrechtlichem Verbringen oder Zurückhalten des Kindes bleiben die Behörden des Vertragsstaats, in dem das Kind unmittelbar vor dem Verbringen oder Zurückhalten seinen gewöhnlichen Aufenthalt hatte, so lange zuständig, bis das Kind einen gewöhnlichen Aufenthalt in einem anderen Staat erlangt hat und

a) jede sorgeberechtigte Person, Behörde oder sonstige Stelle das Verbringen oder Zurückhalten genehmigt hat, oder

b) das Kind sich in diesem anderen Staat mindestens ein Jahr aufgehalten hat, nachdem die sorgeberechtigte Person, Behörde oder sonstige Stelle seinen Aufenthaltsort kannte oder hätte kennen müssen, kein während dieses Zeitraums gestellter Antrag auf Rückgabe mehr anhängig ist und das Kind sich in seinem neuen Umfeld eingelebt hat.

(2) Das Verbringen oder Zurückhalten eines Kindes gilt als widerrechtlich, wenn

a) dadurch das Sorgerecht verletzt wird, das einer Person, Behörde oder sonstigen Stelle allein oder gemeinsam nach dem Recht des Staates zusteht, in dem das Kind unmittelbar vor dem Verbringen oder Zurückhalten seinen gewöhnlichen Aufenthalt hatte, und

b) dieses Recht zum Zeitpunkt des Verbringens oder Zurückhaltens allein oder gemeinsam tatsächlich ausgeübt wurde oder ausgeübt worden wäre, falls das Verbringen oder Zurückhalten nicht stattgefunden hätte.

Das unter Buchstabe a genannte Sorgerecht kann insbesondere kraft Gesetzes, aufgrund einer gerichtlichen oder behördlichen Entscheidung oder aufgrund einer nach dem Recht des betreffenden Staates wirksamen Vereinbarung bestehen.

(3) Solange die in Absatz 1 genannten Behörden zuständig bleiben, können die Behörden des Vertragsstaats, in den das Kind verbracht oder in dem es zurückgehalten wurde, nur die nach Artikel 11 zum Schutz der Person oder des Vermögens des Kindes erforderlichen dringenden Maßnahmen treffen.

51 *Coester-Waltjen*, FamRZ 2005, 241, 244.
52 *Lagarde*, Bericht, Anm. 44.
53 Staudinger/*Pirrung* (2009), Vor Art. 19 EGBGB Rn G50.
54 *Siehr*, RabelsZ 62 (1998), 464, 479; wohl auch *Lagarde*, Bericht, Anm. 45 (l'enfant sans résidence habituelle).

A. Grundgedanke der Regelung

Art. 7 enthält eine Sonderregelung für die **Fortdauer der internationalen Zuständigkeit** bei Entführungsfällen und soll die Zuständigkeitsregelung des KSÜ mit den Regeln des HKÜ in Übereinstimmung bringen. Art. 7 KSÜ verhindert, dass der Entführer aufgrund Zeitablaufs eine internationale Zuständigkeit für den Erlass einer (neuen) Sorgerechtsentscheidung im Zufluchtsstaat erlangen kann, während ein Rückführungsverlangen nach HKÜ läuft oder noch innerhalb der Jahresfrist nach Art. 12 Abs. 1 HKÜ beantragt werden kann. Damit wird gewährleistet, dass das Verbot einer Sachentscheidung über das Sorgerecht nach Art. 16 HKÜ beachtet wird. Im Verhältnis von Vertragsstaaten sowohl des KSÜ als auch des HKÜ hat die Regelung vor allem klarstellenden Charakter, weil das HKÜ aufgrund von Art. 50 KSÜ dem KSÜ ohnehin vorgeht. Im Verhältnis zu Vertragsstaaten, die nicht auch dem HKÜ angehören hat Art. 7 eine eigenständige Bedeutung zur Regelung der Zuständigkeit bei Entführungsfällen. 1

Außerhalb von Entführungsfällen gibt es beim Wechsel des gewöhnlichen Aufenthalts keine perpetuatio fori, s. Art. 5 Rn 23. 2

Bei einer Entführung kann das Kind zwar aufgrund tatsächlicher sozialer Integration im Zufluchtsstaat einen neuen gewöhnlichen Aufenthalt begründen (s. dazu Anhang zu Art. 24 EGBGB, Art. 3 HKÜ Rn 22). Nach Abs. 1 bleibt aber die internationale Zuständigkeit der Gerichte im Staat des bisherigen gewöhnlichen Aufenthalts grundsätzlich bestehen. 3

Die Voraussetzungen, unter denen nach Abs. 1 lit. a oder lit. b die internationale Zuständigkeit am bisherigen gewöhnlichen Aufenthalt bestehen bleibt, verhindern weitgehend, dass ein Konflikt mit einer Rückgabeanordnung nach Art. 12 HKÜ und der Regelung in Art. 16 HKÜ entsteht.[55] Abs. 1 lit. a knüpft an Art. 13 Abs. 1 lit. a Alt. 3 HKÜ an. Danach entfällt die Pflicht zur Anordnung der Rückgabe, wenn die sorgeberechtigte Person, Behörde oder sonstige Stelle, deren Sorgerecht verletzt wurde, die Verbringung oder das Zurückhalten nachträglich genehmigt. Fehlt es an einer solchen Genehmigung, so kann nach Abs. 1 lit. b aufgrund Zeitablaufs ein Zuständigkeitswechsel eintreten, wenn die Person, deren Sorgerecht verletzt wurde, in dieser Zeit keinen Antrag auf Rückführung gestellt hat oder dieser Antrag nicht mehr anhängig ist und sich das Kind in seinem neuen Umfeld eingelebt hat. Diese Regelung schließt an Art. 12 Abs. 2 HKÜ an. Danach wird die Rückgabe nicht mehr angeordnet, wenn der Antrag erst nach Ablauf von einem Jahr nach der Entführung eingegangen ist und sich das Kind in seiner neuen Umgebung eingelebt hat. Art. 7 Abs. 1 lit. b unterscheidet sich in aber von Art. 12 Abs. 2 HKÜ. Während die Jahresfrist nach Art. 12 HKÜ mit dem Zeitpunkt der Entführung beginnt, kommt es für den Fristbeginn nach Art. 7 darauf an, wann die sorgeberechtigte Person/Behörde/Stelle den Aufenthaltsort des Kindes kannte oder hätte kennen müssen. Die Regelung im KSÜ ist daher strenger. Denkbar ist, dass nach Art. 12 Abs. 2 HKÜ die Anordnung der Rückgabe versagt wird, die Behörden des Herkunftsstaates aber dennoch nach Art. 7 KSÜ für den Erlass einer Schutzmaßnahme zuständig bleiben. Ergeht nun eine Entscheidung im Herkunftsstaat auf Rückgabe, so muss diese im Zufluchtsstaat anerkannt und vollstreckt werden, auch wenn dort eine Rückgabe aufgrund von Art. 12 Abs. 2 HKÜ nicht mehr anzuordnen war.[56] 4

B. Definition der Widerrechtlichkeit, Abs. 2

Die Widerrechtlichkeit des Verbringens oder Zurückhaltens des Kindes wird in Abs. 2 in Form einer wörtlichen Übernahme von Art. 3 HKÜ geregelt. 5

C. Zuständigkeit des Zufluchtsstaats, Abs. 3

Abs. 3 schließt nicht nur den Wechsel der Zuständigkeit nach Art. 5 aufgrund des neuen gewöhnlichen Aufenthalts aus, sondern unterbindet auch, dass sich die Behörden des Zufluchtsstaates auf andere Zuständigkeiten berufen können. Insbesondere wird damit ausgeschlossen, dass die Behörden des Zufluchtsstaats eine vorläufige auf das Gebiet des Zufluchtsstaats beschränkte Maßnahme nach Art. 12 KSÜ treffen. Nur die Eilzuständigkeit nach Art. 11 bleibt im Interesse des betroffenen Kindes möglich. 6

55 Das war das Anliegen bei der Erarbeitung von Art. 7, s. *Lagarde*, Bericht, Anm. 46; *Schulz*, FamRZ 2003, 336, 345.

56 *Lagarde*, Bericht, Anm. 49; Staudinger/*Pirrung* (2009), Vor Art. 19 EGBGB Rn G 55.

Art. 8 KSÜ [Übertragung der Zuständigkeit]

(1) Ausnahmsweise kann die nach Artikel 5 oder 6 zuständige Behörde eines Vertragsstaats, wenn sie der Auffassung ist, dass die Behörde eines anderen Vertragsstaats besser in der Lage wäre, das Wohl des Kindes im Einzelfall zu beurteilen,
- **entweder diese Behörde unmittelbar oder mit Unterstützung der Zentralen Behörde dieses Staates ersuchen, die Zuständigkeit zu übernehmen, um die Schutzmaßnahmen zu treffen, die sie für erforderlich hält,**
- **oder das Verfahren aussetzen und die Parteien einladen, bei der Behörde dieses anderen Staates einen solchen Antrag zu stellen.**

(2) Die Vertragsstaaten, deren Behörden nach Absatz 1 ersucht werden können, sind

a) ein Staat, dem das Kind angehört,
b) ein Staat, in dem sich Vermögen des Kindes befindet,
c) ein Staat, bei dessen Behörden ein Antrag der Eltern des Kindes auf Scheidung, Trennung, Aufhebung oder Nichtigerklärung der Ehe anhängig ist,
d) ein Staat, zu dem das Kind eine enge Verbindung hat.

(3) Die betreffenden Behörden können einen Meinungsaustausch aufnehmen.

(4) Die nach Absatz 1 ersuchte Behörde kann die Zuständigkeit anstelle der nach Artikel 5 oder 6 zuständigen Behörde übernehmen, wenn sie der Auffassung ist, dass dies dem Wohl des Kindes dient.

Art. 9 KSÜ [Übernahme der Zuständigkeit]

(1) Sind die in Artikel 8 Absatz 2 genannten Behörden eines Vertragsstaats der Auffassung, dass sie besser in der Lage sind, das Wohl des Kindes im Einzelfall zu beurteilen, so können sie
- **entweder die zuständige Behörde des Vertragsstaats des gewöhnlichen Aufenthalts des Kindes unmittelbar oder mit Unterstützung der Zentralen Behörde dieses Staates ersuchen, ihnen zu gestatten, die Zuständigkeit auszuüben, um die von ihnen für erforderlich gehaltenen Schutzmaßnahmen zu treffen,**
- **oder die Parteien einladen, bei der Behörde des Vertragsstaats des gewöhnlichen Aufenthalts des Kindes einen solchen Antrag zu stellen.**

(2) Die betreffenden Behörden können einen Meinungsaustausch aufnehmen.

(3) Die Behörde, von welcher der Antrag ausgeht, darf die Zuständigkeit anstelle der Behörde des Vertragsstaats des gewöhnlichen Aufenthalts des Kindes nur ausüben, wenn diese den Antrag angenommen hat.

1 Das KSÜ sieht – anders als das MSA – keine eigene Zuständigkeit der Heimatbehörden des Kindes vor.[57] Aufgrund eines Antrags der Aufenthaltsbehörden (Art. 8) oder aufgrund eigenen Ersuchens (Art. 9) kann aber eine **besondere Zuständigkeit** der Behörden eines Vertragsstaats begründet werden, in dem das Kind **nicht** seinen gewöhnlichen Aufenthalt hat. Diese Regelungen bewirken eine Auflockerung der zwingenden Zuständigkeitsvorschriften. Es bleibt aber sichergestellt, dass die Zuständigkeit außerhalb des Staates des gewöhnlichen Aufenthalts nur aufgrund der Zustimmung der Behörden des Aufenthaltsstaats eintritt.[58] Gefördert werden hierdurch auch der Meinungsaustausch und die Zusammenarbeit zwischen den befassten Behörden. Art. 8 und 9 gelten nur im Verhältnis zu Vertragsstaaten des KSÜ untereinander. Eine Abgabe an die Behörde eines Staates, der nicht Vertragsstaat ist, kann nicht erfolgen. Art. 15 EheVO 2003 ist anzuwenden, wenn es um die Zuständigkeitsabgabe zwischen Vertragsstaaten des KSÜ geht, die beide auch Mitgliedstaaten der EheVO 2003 sind. Ist nur ein Staat Mitgliedstaat der EheVO 2003 bleibt es hingegen bei der Anwendbarkeit von Art. 8 und 9.

2 Die Behörden im Staat des gewöhnlichen Aufenthalts können sich unter den Voraussetzungen von Art. 8 und 9 für unzuständig erklären, müssen es aber nicht; insoweit wird der Gedanke des forum non conveniens eingeführt.[59] Es handelt sich nach dem ausdrücklichen Wortlaut um eine Ausnahmevorschrift von der allgemeinen Zuständigkeit im Staat des gewöhnlichen Aufenthalts. Sachliche Gründe müssen ganz überwiegend für ein Verfahren in dem anderen Staat sprechen.[60] Der Bericht *Lagarde* nennt als Beispiel den Fall eines Kindes, das

57 Dazu *S. Schulz*, FamRZ 2003, 336, 345.
58 *S. Schulz*, FamRZ 2003, 336, 345.
59 *Siehr*, RabelsZ 62 (1998), 464, 481 f.
60 Tendenziell noch enger Staudinger/*Pirrung* (2009), Vor Art. 19 EGBGB Rn G 60 (Zuständigkeit müsse sich geradezu aufdrängen).

nach dem Unfalltod seiner Eltern mit größter Wahrscheinlichkeit in den Staat seiner Staatsangehörigkeit zurückkehren wird, in dem sich die übrigen Familienangehörigen befinden.[61]

Eine Übergabe der Zuständigkeit nach Art. 8 und 9 kommt nach Art. 8 Abs. 2 auf die dort genannten Vertragsstaaten in Betracht. Nach lit. a ist dies der Heimatstaat des Kindes. Als Heimatstaat ist jeder Staat anzusehen, dessen Staatsangehörigkeit das Kind besitzt. Es kommt nicht auf die effektive Staatsangehörigkeit an (s. zum Streit bei Art. 4 MSA Voraufl. Anhang II zu Art. 24 EGBGB, Art. 4 MSA Rn 2 ff).[62] Lit. b ermöglicht das Verfahren im Vertragsstaat, in dem sich Vermögen des Kindes befindet. Damit wird über Art. 11 und 12 hinausgegangen, die insoweit eine Zuständigkeit in dringenden Fällen oder für vorläufige Maßnahmen vorsehen. Für den Fall, dass ein Antrag der Eltern des Kindes auf Scheidung, Trennung, Aufhebung oder Nichterklärung der Ehe anhängig ist (lit. c), greifen Art. 8 und 9 nur ein, wenn die Voraussetzungen für die Annexzuständigkeit nach Art. 10 nicht vorliegen. Im Einzelfall wird es aber besonders zu begründen sein, warum trotz Nichtvorliegens einer der Voraussetzungen von Art. 10 die dort genannte Behörde zuständig sein soll.[63] Obwohl die Aufzählung in Abs. 2 formell abschließend ausgestaltet ist, enthält lit. d eine **Generalklausel**. Die dort vorausgesetzte enge Verbindung zu einem anderen Vertragsstaat erlaubt eine flexible Berücksichtigung der besonderen Umstände des Einzelfalls. Eine solche Beziehung kann sich etwa aus einem früheren gewöhnlichen Aufenthalt des Kindes, der Anwesenheit enger Verwandter oder der Staatsangehörigkeit der Eltern ergeben.[64] 3

Die besonderen Zuständigkeiten aufgrund eines Antrags sind nach dem ausdrücklichen Wortlaut von Art. 8 auch im Verhältnis zu der nach Art. 6 zuständigen Behörde am schlichten Aufenthalt möglich. Aufgrund der Symmetrie zwischen Art. 8 und Art. 9 muss ein Antrag nach Art. 9 auch an die nach Art. 6 zuständige Behörde möglich sein.[65] 4

Die Behörde kann jeweils entweder selbst ein direktes Ersuchen an die Behörde des anderen Vertragsstaates richten oder aber das Verfahren aussetzen und die Parteien einladen, einen entsprechenden Antrag bei der Behörde des anderen Vertragsstaat zu stellen. Regelmäßig wird die eigene Initiative der Behörden nach Anhörung der Beteiligten der schnellere und effektivere Weg sein. Art. 8 und 9 erlauben ausdrücklich den direkten Kontakt zwischen den Behörden der Vertragsstaaten. Die Zentralen Behörden oder andere Einrichtungen wie NGOs können, müssen aber nicht eingeschaltet werden. 5

Art. 10 KSÜ [Scheidung, Trennung, Aufhebung, Nichtigerklärung der Ehe]

(1) Unbeschadet der Artikel 5 bis 9 können die Behörden eines Vertragsstaats in Ausübung ihrer Zuständigkeit für die Entscheidung über einen Antrag auf Scheidung, Trennung, Aufhebung oder Nichtigerklärung der Ehe der Eltern eines Kindes, das seinen gewöhnlichen Aufenthalt in einem anderen Vertragsstaat hat, sofern das Recht ihres Staates dies zulässt, Maßnahmen zum Schutz der Person oder des Vermögens des Kindes treffen, wenn

a) einer der Eltern zu Beginn des Verfahrens seinen gewöhnlichen Aufenthalt in diesem Staat und ein Elternteil die elterliche Verantwortung für das Kind hat und

b) die Eltern und jede andere Person, welche die elterliche Verantwortung für das Kind hat, die Zuständigkeit dieser Behörden für das Ergreifen solcher Maßnahmen anerkannt haben und diese Zuständigkeit dem Wohl des Kindes entspricht.

(2) Die in Absatz 1 vorgesehene Zuständigkeit für das Ergreifen von Maßnahmen zum Schutz des Kindes endet, sobald die stattgebende oder abweisende Entscheidung über den Antrag auf Scheidung, Trennung, Aufhebung oder Nichtigerklärung der Ehe endgültig geworden ist oder das Verfahren aus einem anderen Grund beendet wurde.

Art. 10 begründet eine **konkurrierende Zuständigkeit**[66] der Behörden des Vertragsstaates, die mit einer Ehesache der Eltern des Kindes befasst sind. Die Zuständigkeit nach Art. 10 ist unabhängig von der nach Art. 8 oder 9, hängt folglich nicht von dem Einverständnis der Behörden des Aufenthaltsstaates ab. Streitig ist, ob nach Art. 10 nur die Zuständigkeit der konkret **mit der Ehesache befassten Behörde** begründet wird[67] oder ob damit allgemein die internationale Zuständigkeit der Behörden des Vertragsstaates eröffnet 1

61 *Lagarde*, Bericht, Anm. 53.
62 *Lagarde*, Bericht, Anm. 55; *Siehr*, RabelsZ 62 (1998), 464, 481; *Krah*, S. 169 f.
63 Staudinger/*Pirrung* (2009), Vor Art. 19 EGBGB Rn G 66.
64 Staudinger/*Pirrung* (2009), Vor Art. 19 EGBGB Rn G 67.
65 *Roth/Döring*, öst. JBl 1999, 758, 762.
66 *Lagarde*, Bericht, Anm. 63; *Roth/Döring*, öst. JBl 1999, 758, 762.
67 *Bucher*, SZIER 1997, 67, 86; wohl auch *Lagarde*, Bericht, Anm. 62; *Krah*, 181.

wird, in dem eine Ehesache der Eltern anhängig ist.[68] Nach dem nationalen Recht würde es sich danach richten, ob die Behörde der Ehesache oder eine andere Behörde für die Kinderschutzmaßnahme örtlich und funktional zuständig ist. Der Wortlaut ist insoweit nicht ganz eindeutig. Für die zweite Meinung spricht, dass Art. 10 von „Behörden eines Vertragsstaates" in der Mehrzahl spricht. Für die erste Meinung kann zunächst angeführt werden, dass die Zuständigkeit den Behörden nur „in Ausübung ihrer Zuständigkeit für die Entscheidung über eine (Ehesache)" zugewiesen wird. Entscheidend für die erste Meinung spricht aber, dass der Grund für die eigenständige, mit Art. 5 gleichwertige Zuständigkeit darin liegt, dass wegen des Zusammenhangs mit der Ehesache dieselbe Behörde auch über die Kinderschutzsache entscheiden können soll. Besteht im Ausnahmefall ein Bedürfnis für die Durchführung des Verfahren bei einer anderen Behörde in dem Vertragsstaat, in dem eine Ehesache anhängig ist, kann deren Zuständigkeit nur über Art. 8, 9 begründet werden.

2 Folgende **sechs Voraussetzungen** müssen kumulativ erfüllt sein:[69]

1. Das Kind hat seinen Aufenthalt in einem Vertragsstaat.
2. Die lex fori des mit der Ehesache befassten Gerichts sieht eine Verbundzuständigkeit für Maßnahmen zum Schutz eines Kindes der Ehegatten vor, das im Gerichtsstaat keinen gewöhnlichen Aufenthalt hat.
3. Einer der Ehegatten hat zu Beginn des Verfahrens seinen gewöhnlichen Aufenthalt im Gerichtsstaat.
4. Zumindest einer der Ehegatten hat die elterliche Verantwortung für das Kind.
5. Beide Eltern und jede andere Person, der die elterliche Verantwortung für das Kind zusteht, haben die Zuständigkeit anerkannt.[70]
6. Die Verbundzuständigkeit entspricht dem Kindeswohl.

3 Die Zuständigkeit nach Art. 10 ist demnach nicht gegeben, wenn keinem Elternteil die elterliche Verantwortung zusteht oder wenn auch nur ein Elternteil die Verbundzuständigkeit ablehnt.[71] Möglich bleibt aber, dass die Zuständigkeit des mit der Ehesache befassten Gerichts über Art. 8 oder 9 begründet wird.

4 Liegen die Voraussetzung von Art. 10 vor, ist das Gericht der Ehesache nicht nur für die Verteilung der elterlichen Verantwortung, sondern auch für den Erlass jeglicher Schutzmaßnahmen zuständig.[72]

5 Die Zuständigkeit nach Art. 10 ist nicht ausschließlich, sondern konkurriert mit denen nach Art. 5, 7, 8 und 9. Die Frage des Vorrangs aufgrund früherer Anhängigkeit ist in Art. 13 geregelt.[73] Da die Eltern und jede andere Person, welche die elterliche Verantwortung für das Kind inne hat, mit der Zuständigkeit nach Art. 10 einverstanden sein müssen, wird in der Praxis kaum ein Beteiligter eine andere Zuständigkeit in Anspruch nehmen.[74]

6 Die Zuständigkeit hängt davon ab, dass eine Ehesache anhängig ist. Endet die Anhängigkeit, etwa durch Rücknahme, so entfällt auch die Zuständigkeit für die Kinderschutzsache. Etwas anderes gilt nur bei Beendigung der Ehesache durch rechtskräftige Entscheidung. War die Kinderschutzsache bereits vor Rechtskraft der Ehesache anhängig gemacht worden und lagen die Voraussetzungen von Art. 10 vor, so bleibt die Behörde für die Entscheidung über diese Kinderschutzsache zuständig. Die gegenteilige Meinung ist mit einer effizienten Verfahrensgestaltung unvereinbar. Ausdrücklich vorgesehen ist die weiter bestehende Zuständigkeit in diesem Fall in Art. 12 Abs. 2 lit. b EheVO 2003.

Art. 11 KSÜ [Schutzmaßnahmen in dringenden Fällen]

(1) In allen dringenden Fällen sind die Behörden jedes Vertragsstaats, in dessen Hoheitsgebiet sich das Kind oder ihm gehörendes Vermögen befindet, zuständig, die erforderlichen Schutzmaßnahmen zu treffen.

(2) Maßnahmen nach Absatz 1, die in Bezug auf ein Kind mit gewöhnlichem Aufenthalt in einem Vertragsstaat getroffen wurden, treten außer Kraft, sobald die nach den Artikeln 5 bis 10 zuständigen Behörden die durch die Umstände gebotenen Maßnahmen getroffen haben.

(3) Maßnahmen nach Absatz 1, die in Bezug auf ein Kind mit gewöhnlichem Aufenthalt in einem Nichtvertragsstaat getroffen wurden, treten in jedem Vertragsstaat außer Kraft, sobald dort die durch die Umstände gebotenen und von den Behörden eines anderen Staates getroffenen Maßnahmen anerkannt werden.

68 Staudinger/*Pirrung* (2009), Vor Art. 19 EGBGB Rn G 72; Geimer/Schütze/*Gruber*, Internationaler Rechtsverkehr, E 6 Art. 13 KSÜ Rn 7.
69 *Siehr*, RabelsZ 62 (1998), 464, 483.
70 Denkbar ist, dass sich ein Elternteil und eine dritte Person die elterliche Verantwortung teilen, s. *Lagarde*, Bericht, Anm. 65.
71 *Lagarde*, Bericht, Anm. 64 f.
72 *Lagarde*, Bericht, Anm. 62.
73 *Lagarde*, Bericht, Anm. 63; *Roth/Döring*, öst. JBl 1999, 758, 762 f; *Siehr*, RabelsZ 62 (1998), 464, 484.
74 Staudinger/*Pirrung* (2009), Vor Art. 19 EGBGB Rn G 72.

Die **Eilzuständigkeit** nach Art. 11 setzt lediglich voraus, dass sich das Kind oder ihm gehörendes Vermögen in dem Vertragsstaat befindet. Sie ist unabhängig davon, ob das Kind seinen gewöhnlichen Aufenthalt in einem Vertragsstaat oder einem Nichtvertragsstaat hat.[75] 1

Darin unterscheidet sich Art. 11 KSÜ von **Art. 20 EheVO 2003**, der voraussetzt, dass für die Entscheidung in der Hauptsache das Gericht eines anderen Mitgliedstaates nach der EheVO 2003 zuständig ist. Regelmäßig ist insoweit also der gewöhnliche Aufenthalt des Kindes in einem anderen Mitgliedstaat erforderlich.[76] Liegt diese Voraussetzung vor, ergibt sich die internationale Zuständigkeit deutscher Gerichte für Eilmaßnahmen aus Art. 20 EheVO 2003.[77] Ansonsten, dh im Regelfall bei gewöhnlichem Aufenthalt des Kindes in einem Nichtmitgliedstaat der EheVO 2003, folgt die internationale Zuständigkeit der deutschen Gerichte für Eilmaßnahmen aus Art. 11. 2

Der Begriff des **dringenden Falls** ist wie bisher in Art. 9 MSA zu verstehen (s. Art. 9 MSA Rn 4 f).[78] Ein dringender Fall liegt vor, wenn zum Schutz der Person oder des Vermögens des Kindes ein Einschreiten notwendig und nicht zu erwarten ist, dass die Behörden am gewöhnlichen Aufenthalt des Kindes oder eine sonst nach Art. 6–10 zuständige Behörde die erforderlichen Maßnahmen rechtzeitig treffen können.[79] Entscheidend ist, dass aufgrund der zeitlichen Dringlichkeit unverzüglich eingeschritten werden muss. Eine ernstliche Gefährdung, wie sie nach Art. 8 MSA für Maßnahmen des Aufenthaltsstaates vorausgesetzt wurde,[80] ist nicht erforderlich. 3

Die Zuständigkeit ist gegenständlich nicht beschränkt auf Maßnahmen zum Schutz der Person bzw des Vermögens des Kindes, wenn sich nur das Kind oder nur das Vermögen des Kindes in dem Vertragsstaat befindet.[81] Erlassen werden können Maßnahmen jeglicher Art, sofern sie durch die Eilbedürftigkeit geboten sind.[82] 4

Die Eilzuständigkeit ist unabhängig von den Zuständigkeiten nach Art. 5–10. Die aufgrund Art. 11 getroffenen Maßnahmen treten aber nach Abs. 2 außer Kraft, wenn eine nach Art. 5–10 zuständige Behörde eine entsprechende Maßnahme erlässt. Art. 11 wird durch Art. 7 nicht beschränkt (Art. 7 Abs. 3). In Entführungsfällen können Eilmaßnahmen daher auch von den Behörden des Zufluchtsstaates erlassen werden. 5

Abs. 3 regelt das Verhältnis zu den ordentlichen Zuständigkeiten, wenn das Kind seinen gewöhnlichen Aufenthalt in einem Nichtvertragsstaat hat und daher die Zuständigkeiten nach Art. 5–10 nicht eingreifen. 6

Art. 12 KSÜ [Vorläufige und gebietsbeschränkte Schutzmaßnahmen]

(1) Vorbehaltlich des Artikels 7 sind die Behörden eines Vertragsstaats, in dessen Hoheitsgebiet sich das Kind oder ihm gehörendes Vermögen befindet, zuständig, vorläufige und auf das Hoheitsgebiet dieses Staates beschränkte Maßnahmen zum Schutz der Person oder des Vermögens des Kindes zu treffen, soweit solche Maßnahmen nicht mit den Maßnahmen unvereinbar sind, welche die nach den Artikeln 5 bis 10 zuständigen Behörden bereits getroffen haben.

(2) Maßnahmen nach Absatz 1, die in Bezug auf ein Kind mit gewöhnlichem Aufenthalt in einem Vertragsstaat getroffen wurden, treten außer Kraft, sobald die nach den Artikeln 5 bis 10 zuständigen Behörden eine Entscheidung über die Schutzmaßnahmen getroffen haben, die durch die Umstände geboten sein könnten.

(3) Maßnahmen nach Absatz 1, die in Bezug auf ein Kind mit gewöhnlichem Aufenthalt in einem Nichtvertragsstaat getroffen wurden, treten in dem Vertragsstaat außer Kraft, in dem sie getroffen worden sind, sobald dort die durch die Umstände gebotenen und von den Behörden eines anderen Staates getroffenen Maßnahmen anerkannt werden.

Art. 12 begründet eine internationale Zuständigkeit für einstweilige Anordnungen. **Voraussetzung** hierfür ist nur, dass sich das Kind oder ihm gehörendes Vermögen im Gerichtsstaat befindet. Ein gewöhnlicher Aufenthalt in einem Vertragsstaat ist nicht erforderlich. Die Zuständigkeit soll vor allem Maßnahmen ermöglichen, für die ein Bedarf entsteht, wenn sich ein Kind in einem Staat nur vorübergehend aufhält, ein Eilfall 1

75 *Lagarde*, Bericht, Anm. 67; *Siehr*, RabelsZ 62 (1998), 464, 484.
76 Daneben kommt vor allem noch die Annex-Zuständigkeit nach Art. 12 Abs. 1 u. 3 EheVO 2003 in Betracht, die aber erst eingreift, wenn eine positive Kindeswohlprüfung durch das Gericht erfolgt ist, s. dazu *Coester-Waltjen*, FamRZ 2005, 241, 243 u. 245.
77 *Coester-Waltjen*, FamRZ 2005, 241, 245.
78 *Siehr*, RabelsZ 62 (1998), 464, 484.
79 So zu Art. 9 MSA LG München FamRZ 1998, 1322; Soergel/*Kegel*, Vor Art. 19 EGBGB Rn 66.
80 S. dazu *Coester*, Sorgerecht und Ehewohnung bei getrenntlebender iranischer Familie, IPRax 1991, 236.
81 *Lagarde*, Bericht, Anm. 69.
82 *Lagarde*, Bericht, Anm. 70.

iSv Art. 11 aber nicht vorliegt.[83] Bei einer **vorläufigen Maßnahme** muss inhaltlich eine endgültige Regelung vermieden werden. Beispiele für vorläufige Maßnahmen sind die Bestellung eines Beistands oder Ergänzungspflegers, die einstweilige Unterbringung des Kindes in einem Heim oder ein zeitlich befristetes Verbot über Vermögensgegenstände des Kindes, die sich im Entscheidungsstaat befinden, zu verfügen.[84]

2 Die aufgrund von Art. 12 erlassene Maßnahme wirkt **territorial beschränkt** nur für das Gebiet des Entscheidungsstaats.

3 Besonders geregelt ist das **Verhältnis mit den Zuständigkeiten nach Art. 5–10**. Die Maßnahme darf inhaltlich nicht unvereinbar mit Maßnahmen sein, die von den nach Art. 5–10 zuständigen Behörden erlassen worden sind. Die Zuständigkeiten nach Art. 5–10 bleiben aber auch für spätere Entscheidung unberührt. Die nach Art. 5–10 zuständigen Behörden können also nachträglich in derselben Angelegenheit Schutzmaßnahmen treffen – sowohl vorläufige als auch endgültige. **Abs. 2** ordnet für diesen Fall an, dass die auf Art. 12 gestützte vorläufige Maßnahme außer Kraft tritt. Ausreichend hierfür ist, dass die nach Art. 5–10 zuständige Behörde das Regelungsanliegen aufgreift und eine Maßnahme erlässt oder bewusst davon absieht, eine entsprechende Maßnahme anzuordnen.[85] Abs. 2 setzt voraus, dass das Kind seinen gewöhnlichen Aufenthalt in einem Vertragsstaat hat und bezieht sich damit darauf, dass dies Voraussetzung für die Zuständigkeiten nach Art. 5, 7–10 ist. Für die Zuständigkeit nach Art. 6 kann aber nichts anderes gelten, weil insoweit der schlichte Aufenthalt des Kindes in einem Vertragsstaat ausreicht. Eine dem Art. 12 Abs. 2 entsprechende Regelung enthält **Art. 11 Abs. 2** für Eilmaßnahmen. Allerdings stellt der Wortlaut hier darauf ab, dass eine nach Art. 5–10 zuständige Behörde eine Maßnahme getroffen hat. Der Zweck der Vorschrift – den Vorrang der Zuständigkeiten nach Art. 5–10 abzusichern – verlangt, dass auch dort das bewusste Absehen vom Erlass einer Maßnahme ausreichen muss.

4 Hat das Kind seinen gewöhnlichen Aufenthalt in einem Nicht-Vertragsstaat (Abs. 3) und (so muss man ergänzen) greift auch Art. 6 nicht ein, tritt die vorläufige Maßnahme außer Kraft, wenn eine Maßnahme, die von den Behörden eines anderen Staates erlassen worden ist, in dem Staat anerkannt wird, dessen Behörde aufgrund Art. 12 tätig geworden ist. Bei dem anderen Staat, durch dessen Behörde die Maßnahme erlassen worden ist, kann es sich um einen Nicht- Vertragsstaat, aber auch um einen Vertragsstaat des KSÜ handeln. Letzteres ist dann möglich, wenn das KSÜ für die Maßnahme nicht anwendbar war, etwa weil das Kind seinen gewöhnlichen Aufenthalt nicht in einem Vertragsstaat hatte und der andere Vertragsstaat seine Zuständigkeit auf autonomes Recht oder auf einen anderen Staatsvertrag gestützt hat. Die Frage der Anerkennung solcher Maßnahmen richtet sich nicht nach dem KSÜ, sondern nach dem autonomen Recht des Anerkennungsstaates oder eines von diesem abgeschlossenen sonstigen Staatsvertrags. Das gilt auch bei Maßnahmen aus einem anderen Vertragsstaat, weil Art. 23 Abs. 2 lit. a eine Anerkennungspflicht nur vorsieht, wenn die Behörde nach Kapitel II zuständig war.

5 Das Erfordernis der **Konformität mit einer früheren Maßnahme** durch eine nach Art. 5–10 zuständige Behörde ist dahingehend einschränkend auszulegen, dass eine neue Sachlage auch abweichende Anordnungen zulassen kann. Ansonsten könnte in die elterliche Verantwortung, die aufgrund einer gerichtlichen Entscheidung einem Elternteil übertragen worden ist, durch eine Anordnung nach Art. 12 nie eingegriffen werden.[86]

6 Durch den **Vorbehalt zugunsten von Art. 7** wird die Zuständigkeit nach Art. 12 für Entführungsfälle ausgeschlossen. Der Zufluchtsstaat kann also auch keine zeitlich und räumlich auf sein Hoheitsgebiet beschränkte Maßnahme treffen. Möglich sind nur Eilmaßnahmen unter den Voraussetzungen des Art. 11.[87]

Art. 13 KSÜ [Ausschluss der Zuständigkeit]

(1) Die Behörden eines Vertragsstaats, die nach den Artikeln 5 bis 10 zuständig sind, Maßnahmen zum Schutz der Person oder des Vermögens des Kindes zu treffen, dürfen diese Zuständigkeit nicht ausüben, wenn bei Einleitung des Verfahrens entsprechende Maßnahmen bei den Behörden eines anderen Vertragsstaats beantragt worden sind, die in jenem Zeitpunkt nach den Artikeln 5 bis 10 zuständig waren, und diese Maßnahmen noch geprüft werden.

(2) Absatz 1 ist nicht anzuwenden, wenn die Behörden, bei denen Maßnahmen zuerst beantragt wurden, auf ihre Zuständigkeit verzichtet haben.

1 Gem. Art. 13 richtet sich das Verhältnis der verschiedenen konkurrierenden Zuständigkeiten nach dem **Prioritätsprinzip**. Ein durch das Prioritätsprinzip zu regelndes Konkurrenzverhältnis besteht aber ausschließlich

83 *Lagarde*, Bericht, Anm. 74.
84 Staudinger/*Pirrung* (2009), Vor Art. 19 EGBGB Rn G 88.
85 *Lagarde*, Bericht, Anm. 76; Staudinger/*Pirrung* (2009), Vor Art. 19 EGBGB Rn G 91.
86 *Siehr*, RabelsZ 62 (1998), 464, 485.
87 *Lagarde*, Bericht, Anm. 75.

im Verhältnis der Zuständigkeit nach Art. 10 zu den Zuständigkeiten nach Art. 5–9. Ein Konkurrenzverhältnis liegt nur vor, wenn sich die verschiedenen Verfahren auf ein und dieselbe Schutzmaßnahme beziehen.[88]

Das Verhältnis der Zuständigkeit der Behörden des aktuellen oder bisherigen Aufenthaltsstaates mit der ersuchten oder der erbetenen Zuständigkeit nach Art. 8 oder 9 wird durch den Grundsatz der Sachnähe bestimmt. Ein Zuständigkeitskonflikt wird dadurch ausgeschlossen, dass ein Einverständnis der Aufenthaltsbehörde erforderlich ist. 2

Für das Verhältnis der Zuständigkeiten nach Art. 5–10 zu denen für Eilmaßnahmen und vorläufige Anordnungen nach Art. 11 und 12 gilt Art. 13 nicht. Dieses Verhältnis wird dadurch bestimmt, dass die aufgrund von Art. 11 oder Art. 12 getroffenen Maßnahmen außer Kraft treten, wenn die nach Art. 5–10 eigentlich zuständigen Behörden tätig geworden sind.[89] Dies bedeutet zum einen, dass die nach Art. 5–10 zuständigen Behörden tätig werden können, auch wenn bereits ein Verfahren vor einer nach Art. 11 oder 12 zuständigen Behörde läuft oder sogar abgeschlossen ist. Auf der anderen Seite kann eine Behörde ihre Zuständigkeit aber auch auf Art. 11 oder 12 stützen, um eine Eilmaßnahme oder vorläufige Anordnung zu treffen, während bereits ein Verfahren bei einer nach Art. 5–10 zuständigen Behörde anhängig ist. Sobald die nach Art. 5–10 zuständige Behörde selbst eine Maßnahme in der Angelegenheit erlassen hat, sei es eine endgültige, eine vorläufige oder eine Eilmaßnahme, tritt eine auf Art. 11 oder Art. 12 gestützte vorher erlassene Maßnahme außer Kraft und darf ein Verfahren zum Erlass einer solchen Maßnahme nicht fortgeführt oder begonnen werden. 3

Das Prioritätsprinzip gilt ebenfalls nicht für das Verhältnis der Zuständigkeiten nach **Art. 5, 6 und 7** untereinander,[90] weil diese sich hinsichtlich der Voraussetzungen gegenseitig ausschließen.[91] Da es an einer Art. 27 EuGVO entsprechenden Regelung fehlt, kann auch die erst später befasste Behörde selbst prüfen, ob die Zuständigkeitsvoraussetzungen nach dem KSÜ in Bezug auf die zuerst befasste Behörde gegeben sind. 4

Zu einem **Konflikt** kommt es, wenn beide Behörden die Tatsachen unterschiedlich beurteilen und sich jeweils selbst für zuständig und die andere für unzuständig halten. Dies kann etwa der Fall sein, wenn die Behörde eines Vertragsstaat annimmt, dass das Kind in dessen Territorium einen gewöhnlichen Aufenthalt hat, während die Behörde eines anderen Vertragsstaats eine eigene Zuständigkeit ebenfalls nach Art. 5 annimmt, weil es vom gewöhnlichen Aufenthalt des Kindes im eigenen Territorium ausgeht. Möglich ist auch, dass die Behörde des anderen Vertragsstaats ihre Zuständigkeit nach Art. 6 aufgrund schlichten Aufenthalts des Kindes im eigenen Territorium annimmt, weil sie davon ausgeht, dass es sich um ein Flüchtlingskind handelt oder dass der gewöhnliche Aufenthalt nicht festgestellt werden kann. Eine **Lösung** sollte in diesen Fällen am besten über eine Verständigung der befassten Behörden erfolgen, bei der als Kriterium für die Ausübung der Zuständigkeit in Anlehnung an Art. 8 und 9 darauf abgestellt werden sollte, welche Behörde besser in der Lage ist, das Wohl des Kindes im Einzelfall zu beurteilen. 5

Erfolgt eine solche Verständigung nicht und kommt es zum **Erlass sich widersprechender Maßnahmen**, liegt ein nach den Regeln des KSÜ kaum lösbarer Konflikt vor. Nach den Anerkennungsvorschriften des KSÜ käme es darauf an, ob die Diskrepanz in der Bewertung der Zuständigkeit aufgrund unterschiedlicher Tatsachenfeststellungen oder einer unterschiedlichen rechtlichen Bewertung der Tatsachen erfolgt. Nach Art. 23 Abs. 2 lit. a kann der Anerkennungsstaat zwar überprüfen, ob die Behörde nach den Regeln des Kapitels II für den Erlass der Maßnahme zuständig war. Allerdings ist der Anerkennungsstaat nach Art. 25 an die Tatsachenfeststellung gebunden, auf welche die Behörde, die die Maßnahme erlassen hat, ihre Zuständigkeit gestützt hat. 6

Beruht die Diskrepanz auf **unterschiedlichen Tatsachenfeststellungen**, so ist der jeweilige Anerkennungsstaat verpflichtet, die Tatsachenfeststellung der Behörde des anderen Staates als richtig anzuerkennen. Danach wäre diese ausländische Behörde und nicht die Behörde des Anerkennungsstaates zuständig gewesen. Ob die Pflicht nach Art. 25 soweit reicht, erscheint aber fraglich, weil sich die ausländische Entscheidung damit im Widerspruch zu einer inländischen befindet. Schwierig erscheint es außerdem, Tatsachenfeststellungen von **rechtlicher Bewertung** bei der Rechtsanwendung im konkreten Fall zu unterscheiden (s. Art. 25 Rn 2).

In welchem Verhältnis die Begriffe **Einleitung** und **Beantragung** stehen ist nicht klar. Nach dem Wortlaut hat die Zuständigkeit der Behörde Vorrang, bei der eine entsprechende Maßnahme bereits beantragt worden war, wenn das Verfahren bei der Behörde in dem anderen Vertragsstaat eingeleitet wird. Ist für das Verfahren ein Antrag notwendig oder ist das Verfahren durch einen Antrag angestoßen worden, so sollte auf den Eingang des Antrags bei der Behörde abgestellt werden. Da Verfahren von einer Behörde aber auch von Amts wegen eingeleitet werden können, ist in einem solchen Fall ein anderes Kriterium heranzuziehen. In Betracht kommt der Zeitpunkt, in dem sich die Behörde erstmals mit der konkreten Angelegenheit befasst hat. Besser, da nach außen erkennbar, ist aber, auf den Zeitpunkt abzustellen, in dem die Behörde im Hinblick auf die konkrete 7

88 Bülow/Böckstiegel/*Gruber*, Internationaler Rechtsverkehr, E 6, Art. 13 KSÜ Rn 5.

89 *Roth/Döring*, öst. JBl 1999, 758, 764.

90 So aber *Roth/Döring*, öst. JBl 1999, 758, 764.

91 *Krah*, S. 196 f.

Schutzmaßnahme einen an einen Verfahrensbeteiligten gerichteten Akt vorgenommen hat, etwa Einladung zur Anhörung, Bitte um Stellungnahme.

8 Der zu regelnde Konflikt besteht nur, wenn Gegenstand der beiden Verfahren **entsprechende Maßnahmen** sind. Entscheidend ist die konkrete Schutzmaßnahme, für die sich der Zuständigkeitskonflikt stellt. Im Verhältnis zur Verbundzuständigkeit nach Art. 10 kommt es daher nicht auf den Antrag in der Ehesache, sondern auf den Antrag zum Erlass der Schutzmaßnahme, etwa auf Übertragung der elterlichen Sorge, an.[92] Unschädlich ist, wenn in dem einen Verfahren der Vater, in dem anderen die Mutter den Antrag stellt. Kein Konflikt soll vorliegen, wenn im Rahmen des Scheidungsverfahrens allgemein die Zuweisung der elterlichen Sorge Gegenstand des Verfahrens ist und in einem anderen Vertragsstaat eine konkrete Vermögensschutzmaßnahme beantragt wird.[93] Besteht ein enger Zusammenhang mit dem Verfahren vor dem Gericht der Ehesache, kann die Aufenthaltsbehörde allerdings in Bezug auf die Vermögensschutzmaßnahme nach Art. 8 vorgehen.

9 Unklar ist, welche rechtliche Bedeutung der **Verzicht auf die Zuständigkeit** nach Abs. 2 hat. Wenn das Verfahren **von Amts wegen** eingeleitet worden ist, so kann, wenn dies nach dem nationalen Recht möglich ist, die Behörde später wieder darauf verzichten das Verfahren fortzuführen, wenn in einem anderen Vertragsstaat ein Verfahren zum Erlass einer entsprechenden Maßnahme eingeleitet wird. Hat hingegen ein Beteiligter einen **Antrag** auf Erlass einer Schutzmaßnahme gestellt, so kann die Behörde nicht schlicht auf die Zuständigkeit verzichten und den Antrag wegen Unzuständigkeit damit abweisen.[94] Es ist nicht anzunehmen, dass mit Art. 13 Abs. 2 indirekt der Grundsatz des forum non conveniens im KSÜ verankert werden sollte.[95] In diesen Fällen hat das zuerst angerufene Gericht daher nach Art. 8 oder Art. 9 vorzugehen.[96]

10 Der Vorrang der zuerst mit der Sache befassten Behörde gilt nur solange **die Maßnahme noch geprüft**, dh das Verfahren noch fortgeführt wird. Ist das Verfahren rechtlich oder faktisch für längere Zeit unterbrochen worden, entfällt der Vorrang. Dadurch soll vermieden werden, dass die Zuständigkeit anderer Vertragsstaaten durch Untätigbleiben der zuerst angerufenen Behörde blockiert wird.[97]

11 Art. 13 regelt im Unterschied zu Art. 19 Abs. 2 EheVO nicht, welche **verfahrensrechtlichen Folgen** sich für die später befasste Behörde ergeben. Es bestimmt sich daher nach dem nationalen Recht, ob die Behörde das Verfahren nur aussetzen oder aber den Antrag zurückweisen muss.[98]

12 Für das **Verhältnis zur EheVO 2003** gilt: Für Deutschland und Österreich als Mitgliedstaaten der EU wird die Regelung in Art. 13 weitgehend durch Art. 16 und 19 EheVO verdrängt. Art. 13 findet nur Anwendung, wenn ein konkurrierendes Verfahren in einem Vertragsstaat anhängig ist, für den nicht die EheVO gilt.[99] Aus der Sicht eines Vertragsstaates wie der Schweiz, für den die EheVO 2003 nicht gilt, kommt Art. 13 auch im Verhältnis zu einem Staat der EheVO 2003 zur Anwendung, sofern dieser Staat seine Zuständigkeit auf eine Vorschrift der EheVO 2003 stützt, die den Zuständigkeitsvorschriften der Art. 5–10 entspricht.[100] Nimmt die Behörde eines EheVO-Staates eine Zuständigkeit in Anspruch, die sich nur aus der EheVO ergibt und die keine Entsprechung im KSÜ hat, richtet sie die Frage der Berücksichtigung früherer Anhängigkeit nicht nach Art. 13, sondern nach dem autonomen Recht. Beispiele sind die Zuständigkeit aufgrund Vereinbarung (Art. 12 EheVO); die Zuständigkeit aufgrund gewöhnlichen Aufenthalts des Kindes im Zeitpunkt der Antragstellung bei Wechsel des gewöhnlichen Aufenthalt während des Verfahrens.[101]

Art. 14 KSÜ [Weitergeltung der Zuständigkeit]

Selbst wenn durch eine Änderung der Umstände die Grundlage der Zuständigkeit wegfällt, bleiben die nach den Artikeln 5 bis 10 getroffenen Maßnahmen innerhalb ihrer Reichweite so lange in Kraft, bis die nach diesem Übereinkommen zuständigen Behörden sie ändern, ersetzen oder aufheben.

1 Art. 14 übernimmt im Wesentlichen Art. 5 Abs. 1 MSA,[102] erfasst aber nicht nur den Fall der Zuständigkeitsänderung aufgrund eines Wechsels des gewöhnlichen Aufenthalts, sondern alle Fälle einer späteren Zuständigkeitsänderung nach den Vorschriften der Art. 5–10, etwa auch den Wechsel der Staatsangehörigkeit oder

92 S. das Beispiel von *Lagarde*, Bericht, Anm. 79.
93 *Lagarde*, Bericht, Anm. 79; *Roth/Döring*, öst. JBl 1999, 758, 764; Staudinger/*Pirrung* (2009), Vor Art. 19 EGBGB Rn G 95.
94 In diesem Sinn auch Staudinger/*Pirrung* (2009) Vor Art. 19 EGBGB Rn G 96.
95 In diesem Sinne aber *Krah*, 198; insoweit nicht eindeutig *Lagarde*, Bericht, Anm. 80.
96 So auch Staudinger/*Pirrung* (2009) Vor Art. 19 EGBGB Rn G 96.
97 *Siehr*, RabelsZ 62 (1998), 464, 486; *Krah*, S. 198.
98 Bülow/Böckstiegel/*Gruber*, Internationaler Rechtsverkehr, E 6, Art. 13 KSÜ Rn 7.
99 Bülow/Böckstiegel/*Gruber*, Internationaler Rechtsverkehr, E 6, Art. 13 KSÜ Rn 2.
100 Bülow/Böckstiegel/*Gruber*, Internationaler Rechtsverkehr, E 6, Art. 13 KSÜ Rn 3.
101 Bülow/Böckstiegel/*Gruber*, Internationaler Rechtsverkehr, E 6, Art. 13 KSÜ Rn 3.
102 *Lagarde*, Bericht, Anm. 81.

die Verlagerung des Vermögens in einen anderen Staat. In der Praxis wird weiterhin der Fall des Zuständigkeitswechsels nach Art. 5 Abs. 2 aufgrund der Begründung eines neuen gewöhnlichen Aufenthalts im Vordergrund stehen. Der **Zweck** des Art. 14 besteht darin, sicherzustellen, dass die von der bisher zuständigen Behörde erlassenen Maßnahmen wirksam bleiben, auch wenn durch Veränderung der Umstände, etwa aufgrund des Aufenthaltswechsels nun die Behörden eines anderen Vertragsstaats zuständig geworden sind. Dadurch wird vermieden, dass eine Schutzlücke entsteht.[103]

Die Maßnahmen bleiben wirksam bis sie durch eine neue Maßnahme der nun zuständigen Behörden geändert, 2
ersetzt oder aufgehoben worden sind. Das gilt auch für die Bestellung eines Vormunds oder die Verteilung der elterlichen Sorge.[104] Auch wenn nach dem Recht des neuen gewöhnlichen Aufenthalts eine andere Verteilung der elterlichen Sorge kraft Gesetzes vorgesehen ist, tritt eine Änderung nur ein, wenn die nun zuständige Behörde eine abändernde Maßnahme erlässt. Eine bestehende Maßnahme soll grundsätzlich nicht allein aufgrund der Veränderung der tatsächlichen Umstände unwirksam werden.[105] Eine Sonderreglung für die Geltung von dringenden und vorläufigen Schutzmaßnahmen enthalten Art. 11 Abs. 2 u. 3 sowie Art. 12 Abs. 2 u. 3. Eine Fortgeltung ist nicht möglich, wenn die Maßnahme aufgrund der Veränderung gegenstandslos wird. Als Beispiel nennt *Lagarde* die Anordnung zur regelmäßigen Mitteilung des Aufenthalts, wenn das Kind seinen Aufenthalt nicht mehr in dem Erlassstaat hat.[106]

Anders als teilweise angenommen,[107] hindern weder Art. 14 noch Art. 23, dass die nun international zuständige 3
Behörde eine ändernde Maßnahme erlässt, auch wenn sich die sonstigen Umstände nicht verändert haben.[108] Ein entsprechender Vorschlag der deutschen und der niederländischen Delegation wurde abgelehnt, weil die Entscheidungsbefugnis der neu zuständigen Behörde nicht beschränkt werden sollte.[109]

Kapitel III
Anzuwendendes Recht

Art. 15 KSÜ [Recht des Aufenthaltsstaates]

(1) Bei der Ausübung ihrer Zuständigkeit nach Kapitel II wenden die Behörden der Vertragsstaaten ihr eigenes Recht an.

(2) Soweit es der Schutz der Person oder des Vermögens des Kindes erfordert, können sie jedoch ausnahmsweise das Recht eines anderen Staates anwenden oder berücksichtigen, zu dem der Sachverhalt eine enge Verbindung hat.

(3) Wechselt der gewöhnliche Aufenthalt des Kindes in einen anderen Vertragsstaat, so bestimmt das Recht dieses anderen Staates vom Zeitpunkt des Wechsels an die Bedingungen, unter denen die im Staat des früheren gewöhnlichen Aufenthalts getroffenen Maßnahmen angewendet werden.

Das KSÜ folgt wie das MSA dem **Grundsatz des Gleichlaufs von internationaler Zuständigkeit und** 1
anwendbarem Recht.[110] Dadurch wird der Erlass von Schutzmaßnahmen erleichtert, weil die oft schwierige Bestimmung des anwendbaren Rechts und dessen Inhalt entfällt.[111] Im Regelfall der Zuständigkeit der Behörden im Staat des gewöhnlichen Aufenthalts des Kindes kommt damit auch das materielle Recht dieses Staates zur Anwendung. Der in Art. 3 MSA enthaltene Vorbehalt zugunsten von gesetzlichen Gewaltverhältnissen nach dem Heimatrecht des Kindes wurde zu Recht nicht übernommen.

Das Gleichlaufprinzip führt insbesondere bei den Zuständigkeiten nach Art. 8, 10, 11 und 12 dazu, dass nicht 2
das Recht am gewöhnlichen Aufenthalt des Kindes, sondern die lex fori Anwendung findet. Dies wurde hingenommen, um die Rechtsanwendung zu erleichtern.[112]

Art. 15 ist auch dann anzuwenden, wenn sich die Zuständigkeit nach der **EheVO 2003** bestimmt und zwar 3
selbst dann, wenn eine Zuständigkeit im konkreten Fall nach dem KSÜ nicht gegeben wäre (s. dazu ausführlich Art. 21 EGBGB Rn 11 ff).

Abs. 2 enthält eine allgemeine **Ausweichklausel**,[113] nach der die Behörde ein anderes Recht berücksichtigen 4
oder sogar anwenden kann, wenn es der Schutz der Person oder des Vermögens des Kindes erfordert und der

103 *Lagarde*, Bericht, Anm. 81; Staudinger/*Pirrung* (2009), Vor Art. 19 EGBGB Rn G 97.
104 *Lagarde*, Bericht, Anm. 81; Staudinger/*Pirrung* (2009), Vor Art. 19 EGBGB Rn G 98.
105 *Lagarde*, Bericht, Anm. 81.
106 *Lagarde*, Bericht, Anm. 83.
107 *Siehr*, RabelsZ 62 (1998), 464, 486.
108 *Lagarde*, Bericht, Anm. 43; *Roth/Döring*, öst. JBl 1999, 758, 765.
109 *Lagarde*, Bericht, Anm. 43.
110 *Lagarde*, Bericht, Anm. 86.
111 Staudinger/*Pirrung* (2009) Vor Art. 19 EGBGB Rn G 100.
112 *Lagarde*, Bericht, Anm. 87.
113 Krit. dazu *Kegel/Schurig*, § 20 XI 5 b.

Sachverhalt zu dem Staat eine enge Verbindung hat. Es handelt sich um eine Ausnahmeregelung, die bereits aufgrund des generellen Strebens zum eigenen Recht auch in der Praxis nur sehr begrenzt zum Zuge kommen wird.[114] Sie ermöglicht es den zuständigen Behörden außerhalb des Staates des gewöhnlichen Aufenthalts des Kindes das Recht am gewöhnlichen Aufenthalt anzuwenden oder zu berücksichtigen. Durch Abs. 2 ist außerdem eine Berücksichtigung oder sogar Anwendung des Heimatrechts des Kindes durch die Behörde am gewöhnlichen Aufenthalt des Kindes möglich. Dies ist insbesondere dann geboten, wenn das Kind wahrscheinlich in den Heimatstaat zurückkehren wird.[115] Diese Regelung ist flexibler als der in Art. 3 MSA enthaltene starre Vorbehalt zugunsten von gesetzlichen Gewaltverhältnissen nach dem Heimatrecht des Kindes.

5 **Abs. 3** unterscheidet zwischen Bestand und Inhalt einer Maßnahme einerseits und der **Ausübung der Maßnahme** andererseits. Durch einen Wechsel des gewöhnlichen Aufenthalts von einem Vertragsstaat in einen anderen bleiben die im bisherigen Aufenthaltsstaat getroffenen Maßnahmen inhaltlich bestehen, Art. 14. Um die Notwendigkeit einer Änderung zu vermeiden, richten sich die Modalitäten der Ausübung nach dem Recht des Vertragsstaates des neuen gewöhnlichen Aufenthalts.[116] So richten sich die Erfordernisse einer vormundschaftsgerichtlichen Genehmigung für Geschäfte durch einen Vormund nun nach dem Recht am neuen gewöhnlichen Aufenthalt des Kindes.[117] Gleiches gilt für die Modalitäten, wie gemeinsame elterliche Sorge ausgeübt wird, und für die Voraussetzungen, unter denen ein Sorgeberechtigter allein handeln kann.[118]

Art. 16 KSÜ [Zuweisung oder Erlöschen der elterlichen Verantwortung]

(1) Die Zuweisung oder das Erlöschen der elterlichen Verantwortung kraft Gesetzes ohne Einschreiten eines Gerichts oder einer Verwaltungsbehörde bestimmt sich nach dem Recht des Staates des gewöhnlichen Aufenthalts des Kindes.

(2) Die Zuweisung oder das Erlöschen der elterlichen Verantwortung durch eine Vereinbarung oder ein einseitiges Rechtsgeschäft ohne Einschreiten eines Gerichts oder einer Verwaltungsbehörde bestimmt sich nach dem Recht des Staates des gewöhnlichen Aufenthalts des Kindes in dem Zeitpunkt, in dem die Vereinbarung oder das einseitige Rechtsgeschäft wirksam wird.

(3) Die elterliche Verantwortung nach dem Recht des Staates des gewöhnlichen Aufenthalts des Kindes besteht nach dem Wechsel dieses gewöhnlichen Aufenthalts in einen anderen Staat fort.

(4) Wechselt der gewöhnliche Aufenthalt des Kindes, so bestimmt sich die Zuweisung der elterlichen Verantwortung kraft Gesetzes an eine Person, die diese Verantwortung nicht bereits hat, nach dem Recht des Staates des neuen gewöhnlichen Aufenthalts.

1 **Art. 16** enthält eine **allseitige Kollisionsnorm**, die für die elterliche Verantwortung kraft Gesetzes das Recht am gewöhnlichen Aufenthalt des Kindes beruft. Dies muss nicht das Recht eines Vertragsstaates sein (s. Art. 20). Es handelt sich grundsätzlich um eine Sachnormverweisung (s. Art. 21). Die autonome Regelung in Art. 21 EGBGB wird durch diese vorrangige Regelung in einer völkerrechtlichen Vereinbarung (s. Art. 21 EGBGB Rn 10) verdrängt. Die Verweisung betrifft zum einen die Zuweisung und das Erlöschen der elterlichen Vereinbarung kraft Gesetzes unabhängig von einer gerichtlichen oder behördlichen Maßnahme. Entgegen des insoweit missverständlichen Wortlauts umfasst die Verweisung darüber hinaus auch alle Rechtsfragen in Bezug auf die Rechte, Befugnisse und Pflichten der Träger der elterlichen Verantwortung. Dies ergibt sich aus der umfassenden Definition der elterlichen Verantwortung in Art. 1 Abs. 2.[119] Das anwendbare Aufenthaltsrecht entscheidet folglich darüber, wem die elterliche Verantwortung kraft Gesetzes zusteht und welchen Inhalt sie hat und unter welchen Voraussetzungen sie kraft Gesetzes erlischt. Im deutschen Recht wären das etwa die Regelungen in § 1626 sowie in § 1677, § 1680 Abs. 1 und § 1681 Abs. 1 BGB (Tod oder Todeserklärung eines Elternteils).

2 Abs. 2 bestimmt, dass das Aufenthaltsrecht auch darüber entscheidet, ob aufgrund einer gemeinschaftlichen oder einseitigen Erklärung einem Elternteil die elterliche Sorge zusteht oder nicht zusteht. Unschädlich ist dabei, dass eine solche Vereinbarung oder Erklärung durch eine öffentliche Stelle beurkundet werden oder einer solchen Stelle gegenüber abgegeben werden muss. Eine Schutzmaßnahme, für die Art. 15 gilt, stellt es aber dar, wenn die Vereinbarung oder Erklärung einer behördlichen Zustimmung bedarf.[120] Im deutschen

114 Staudinger/*Pirrung* (2009), Vor Art. 19 EGBGB Rn G 102.
115 *Lagarde*, Bericht, Anm. 89.
116 *Siehr*, RabelsZ 62 (1998), 464, 488.
117 *Lagarde*, Bericht, Anm. 91.
118 Staudinger/*Pirrung* (2009) Vor Art. 19 EGBGB Rn G 105.
119 Geimer/Schütze/*Gruber* Internationaler Rechtsverkehr, E 6 Art. 16 Rn 2.
120 Staudinger/*Pirrung* (2009) Vor Art. 19 EGBGB Rn G 109.

Recht ist dies für die Erklärungen nach § 1626 a Abs. 1 Nr. 1 BGB nicht der Fall, so dass insoweit Abs. 2 einschlägig ist.

Die Anknüpfungen nach Abs. 1 und 2 sind **wandelbar**.[121] Wem die elterliche Verantwortung **bei Geburt** des Kindes zusteht, richtet sich nach dem Recht des Staates, in dem das Neugeborene seinen ersten Lebensmittelpunkt haben wird. Dies muss nicht immer der Geburtsort sein. Ob **spätere Ereignisse**, etwa Anerkennung der Vaterschaft oder Heirat der Eltern, zu einer Änderung führen, bestimmt sich nach dem Recht des Staates, in dem das Kind seinen gewöhnlichen Aufenthalt hat, wenn dieses Ereignis stattfindet.[122] Anders als Abs. 2 enthält Abs. 1 bewusst keine ausdrückliche Bestimmung zum maßgeblichen Zeitpunkt. Möglich ist daher, dass eine Rechtsordnung, die durch einen später erfolgten Aufenthaltswechsel anwendbar wird, auch ein Ereignis (etwa Anerkennung des Kindes; Tod des anderen Elternteils), das unter der Geltung des früheren Statuts stattgefunden hat, als rechtsändernd berücksichtigt.[123] Diese Rechtsänderung kann frühestens ab dem Zeitpunkt eintreten, zu dem diese Rechtsordnung anwendbar wird. Für die Zuweisung oder Erlöschen der elterlichen Verantwortung durch Vereinbarung oder einseitige Erklärung wird in Abs. 2 ausdrücklich bestimmt, dass insoweit das Recht des Staates maßgeblich ist, in dem das Kind seinen gewöhnlichen Aufenthalt hat, wenn die Maßnahme wirksam wird.[124] Dieser Zeitpunkt muss nicht mit der Abgabe der Erklärung übereinstimmen, sondern kann später liegen. Ein Testament wird etwa regelmäßig erst mit dem Tod des Erblassers wirksam. Eine Vereinbarung im Zusammenhang mit einer Scheidung kann erst bei Wirksamwerden der Scheidung auch selbst wirksam werden.[125] Für die Sorgerechtserklärung nach § 1626 a Abs. 1 Nr. 1 BGB kommt es damit auf den Zeitpunkt an, an dem die zuletzt erfolgte Erklärung in öffentlich beurkundeter Form wirksam abgegeben worden ist (§ 1626 d BGB). 3

Abs. 3 bestimmt im Kontinuitätsinteresse ausdrücklich den **Fortbestand** einer einmal entstandenen elterlichen Verantwortung. Danach bleibt eine einmal nach dem anwendbaren Recht entstandene elterliche Verantwortung bestehen, auch wenn das Kind den gewöhnlichen Aufenthalt wechselt und das neue Aufenthaltsrecht die elterliche Verantwortung von Gesetzes wegen anders zuteilt. Praktisch ist dies vor allem für die elterliche Verantwortung des Vaters bedeutsam, der mit der Mutter des Kindes nicht verheiratet ist.[126] Nach einigen Rechtsordnungen steht ihm kraft Gesetz die elterliche Verantwortung zu, nach anderen bedarf es hierfür der Zustimmung der Mutter oder einer gerichtlichen Übertragung (siehe zu diesem Problem nach dem deutschen nationalen Kollisionsrecht Art. 21 EGBGB Rn 42). Hat der Vater nach dem Recht am bisherigen gewöhnlichen Aufenthalt kraft Gesetzes die elterliche Verantwortung innegehabt, so bleibt diese auch bei einem Wechsel des gewöhnlichen Aufenthalts in einen Staat, der die elterliche Verantwortung des Vaters kraft Gesetzes nicht kennt, erhalten. 4

Im umgekehrten Fall erhält der Vater bei Begründung des neuen gewöhnlichen Aufenthalts die nach dem Recht dieses Staates vorgesehene elterliche Verantwortung kraft Gesetzes automatisch. Dies ergibt sich aus **Abs. 4**, nach dem sich allein aufgrund des Wechsels des anwendbaren Rechts eine Person die elterliche Verantwortung erhalten kann, wenn die Voraussetzungen hierfür nach dem nun anwendbaren Recht vorliegen.[127] 5

Das nach Art. 16 berufene Recht ist unabhängig davon anwendbar, ob eine Schutzmaßnahme erlassen werden soll oder nicht. Art. 16 verdrängt daher im Anwendungsbereich des KSÜ die autonome Kollisionsnorm nach Art. 21 EGBGB (s. dazu aber auch Art. 20 Rn 104). Darin liegt ein wesentlicher Unterschied zum MSA, dessen kollisionsrechtliche Regelung in Art. 3 nur maßgeblich ist, wenn eine Schutzmaßnahme erlassen werden soll (s. dazu Art. 3 MSA Rn 4 ff).[128] Der weitere wesentliche Unterschied zum MSA besteht darin, dass nicht mehr das Heimatrecht iSd der Staatsangehörigkeit berufen wird, sondern das Recht des Staates des gewöhnlichen Aufenthalts des Kindes. Dadurch wird in dem häufigsten Fall, dass eine Schutzmaßnahme durch die nach Art. 5 zuständige Behörde im Aufenthaltsstaat erlassen werden soll, eine einheitliche Berufung des Rechts dieses Staates sowohl für die Frage der elterlichen Verantwortung kraft Gesetzes als auch für die Voraussetzungen und Arten möglicher Schutzmaßnahmen erreicht.[129] 6

121 *Kegel/Schurig*, § 20 XI 5 b; krit. zur Regelung des Weiterwirkens der elterlichen Verantwortung kraft Gesetzes bei Aufenthaltswechsel *Sturm*, IPRax 1997, 10, 12; *Looschelders*, Alternative und sukzessive Anwendung mehrerer Rechtsordnungen nach dem neuen internationalen Kindschaftsrecht, IPRax 1999, 420, 426.

122 Staudinger/*Pirrung* (2009) Vor Art. 19 EGBGB Rn G 107.

123 *Lagarde*, Bericht, Anm. 100; *Krah*, S. 229.

124 *Lagarde*, Bericht, Anm. 104.

125 Beispiele nach *Lagarde*, Bericht, Anm. 104; s.a. *Krah*, S. 229.

126 *Lagarde*, Bericht, Anm. 107; s.a. *Siehr*, RabelsZ 62 (1998), 464, 490.

127 *Lagarde*, Bericht, Anm. 107.

128 *Siehr*, RabelsZ 62 (1998), 464, 489.

129 Staudinger/*Pirrung* (2009) Vor Art. 19 EGBGB Rn G 106.

Art. 17 KSÜ [Ausübung der elterlichen Verantwortung]

[1]Die Ausübung der elterlichen Verantwortung bestimmt sich nach dem Recht des Staates des gewöhnlichen Aufenthalts des Kindes. [2]Wechselt der gewöhnliche Aufenthalt des Kindes, so bestimmt sie sich nach dem Recht des Staates des neuen gewöhnlichen Aufenthalts.

1 **Art. 17** enthält für die Ausübung einer solchen fortbestehenden elterlichen Verantwortung eine dem Art. 15 Abs. 3 vergleichbare Regelung. Die Modalitäten der Ausübung bestimmen sich ab dem Zeitpunkt des Wechsels des gewöhnlichen Aufenthalts des Kindes nach dem neuen Aufenthaltsrecht. Die Kontinuität der bestehenden elterlichen Verantwortung wird daher im Hinblick auf die Ausübungsmodalitäten begrenzt.[130] Zu den Ausübungsmodalitäten gehören etwa die Erfordernisse vormundschaftsgerichtlicher Genehmigungen bei Vertretung des Kindes[131] oder die Möglichkeiten von Entscheidungen eines Elternteils, wenn beiden Eltern die elterliche Verantwortung zusteht.

Art. 18 KSÜ [Entziehung oder geänderte Bedingungen der elterlichen Verantwortung]

Durch Maßnahmen nach diesem Übereinkommen kann die in Artikel 16 genannte elterliche Verantwortung entzogen oder können die Bedingungen ihrer Ausübung geändert werden.

1 **Art. 18** stellt klar, dass durch Schutzmaßnahmen die kraft Gesetzes bestehende Verteilung der elterlichen Sorge immer verändert werden kann.[132]

2 Die Schutzmaßnahme ergeht nicht notwendigerweise unter Anwendung des Aufenthaltsrechts, weil die nach Art. 5–12 zuständigen Behörden aufgrund des in Art. 15 niedergelegten Gleichlaufgrundsatzes grundsätzlich die lex fori für den Erlass von Schutzmaßnahmen anwenden.

3 Will eine zuständige Behörde außerhalb des Aufenthaltsstaates tätig werden, so hat sie in Bezug auf die elterliche Sorge von dem Rechtszustand auszugehen, der sich nach dem Recht am gewöhnlichen Aufenthalt des Kindes richtet. Diese Rechtslage ist Ausgangspunkt dafür, ob Bedarf für eine behördliche Regelung besteht.[133]

4 Die danach erforderliche Schutzmaßnahme wird dann aber gemäß Art. 15 Abs. 1 unter Anwendung der lex fori ergehen. Nach Art. 15 Abs. 2 kann allerdings die Behörde auch das Recht des gewöhnlichen Aufenthalts des Kindes berücksichtigen oder sogar anwenden.

Art. 19 KSÜ [Gültigkeit eines Rechtsgeschäfts]

(1) Die Gültigkeit eines Rechtsgeschäfts zwischen einem Dritten und einer anderen Person, die nach dem Recht des Staates, in dem das Rechtsgeschäft abgeschlossen wurde, als gesetzlicher Vertreter zu handeln befugt wäre, kann nicht allein deswegen bestritten und der Dritte nicht nur deswegen verantwortlich gemacht werden, weil die andere Person nach dem in diesem Kapitel bestimmten Recht nicht als gesetzlicher Vertreter zu handeln befugt war, es sei denn, der Dritte wusste oder hätte wissen müssen, dass sich die elterliche Verantwortung nach diesem Recht bestimmte.

(2) Absatz 1 ist nur anzuwenden, wenn das Rechtsgeschäft unter Anwesenden im Hoheitsgebiet desselben Staates geschlossen wurde.

130 *Krah*, S. 234.
131 *Lagarde*, Bericht, Anm. 109; *Krah*, S. 235.
132 *Lagarde*, Bericht, Anm. 110; *Krah*, S. 236 f.
133 S. zur entsprechenden Rechtslage im MSA nach der dort zu Art. 1 und 3 vertretenen Ankerkennungstheorie Voraufl. Anhang II zu Art. 24 EGBGB, Art. 1 MSA Rn 8.

A. Regelungsgegenstand

Art. 19 enthält eine Regelung, durch die das Vertrauen auf die Geltung des Rechts des Abschlussortes eines Rechtsgeschäfts für die wirksame gesetzliche Vertretung eines Kindes geschützt werden soll.[134] Sie hat ihr Vorbild in Art. 11 EVÜ (Art. 12 EGBGB), jetzt Art. 13 Rom I-VO. Art. 19 bezieht sich anders als diese Vorschriften aber ausdrücklich und nur auf die Vertretungsmacht.[135] Wie bei diesen Vorschriften sind auch Regelungsziel und Berechtigung von Art. 19 zweifelhaft.[136] 1

Den Verfassern schwebte als Hauptanwendungsfall vor,[137] dass ein Wechsel des gewöhnlichen Aufenthalts des Kindes stattgefunden hat, sich aber die Verteilung der elterlichen Verantwortung und damit der Vertretungsmacht für das Kind aufgrund der Regelung in Art. 16 Abs. 3 noch nach dem früheren Aufenthaltsrecht bestimmt. So kann nach dem früheren Aufenthaltsrecht dem Vater neben der Mutter kraft Gesetzes die elterliche Verantwortung für ein nichteheliches Kind zugestanden haben. Verlegt das Kind den gewöhnlichen Aufenthalt in einen Staat, in dem nur der Mutter die elterliche Verantwortung für das nichteheliche Kind kraft Gesetzes zusteht, so entfällt nach Art. 16 Abs. 3 die elterliche Verantwortung des Vaters nicht. Schließt die Mutter im neuen Aufenthaltsland mit einem Dritten ein Rechtsgeschäft in Vertretung des Kindes, so soll der gutgläubige Dritte geschützt werden, weil nach dem Recht am Abschlussort des Geschäfts die Mutter alleinige Inhaberin der elterlichen Verantwortung wäre und daher auch allein vertretungsberechtigt gewesen wäre. 2

B. Erfasste Rechtsgeschäfte

Art. 19 gilt anders als Art. 11 EVÜ/Art. 13 Rom I-VO und Art. 12 EGBGB für alle Arten von Rechtsgeschäften einschließlich familienrechtlicher und erbrechtlicher.[138] Auch ein Vorschlag, Geschäfte über Immobiliarsachenrechte herauszunehmen, wurde abgelehnt.[139] 3

C. Abschlussrecht

Der Anwendungsbereich von Art. 19 beschränkt sich aber nicht auf diese Gestaltung. Der Dritte kann sich auf das Recht des Staates berufen, in dem der Vertrag abgeschlossen worden ist. Ob das vertretene Kind dort seinen gewöhnlichen oder auch nur schlichten Aufenthalt hat, kommt es nicht an. Anders als die deutsche Übersetzung von Abs. 2 nahezulegen scheint, muss es sich nicht um ein Geschäft **unter Anwesenden** gehandelt haben. Dritter und Vertreter des Kindes müssen nur zum Zeitpunkt des Geschäftsabschlusses im selben Staat anwesend gewesen sein.[140] Dies ergibt sich eindeutig aus der englischen und der französischen Originalfassung.[141] Insoweit wird der Dritte auch bei einem Distanzgeschäft geschützt.[142] 4

D. Das nach dem KSÜ anwendbare Recht

Die Regelung zum für die elterliche Verantwortung maßgebenden Recht ist nach dem KSÜ recht kompliziert ausgestaltet. Die Regelanknüpfung an den gewöhnlichen Aufenthalt des Kindes ist beweglich ausgestaltet und wird durch die Regel zum Bestandsschutz nach Art. 16 Abs. 3 ergänzt. Außerdem können neben oder statt der Behörden im Aufenthaltsstaat des Kindes auch Behörden in anderen Vertragsstaaten zuständig sein, eine Entscheidung zur elterlichen Verantwortung zu treffen. Diese Entscheidungen haben auch bei einem Aufenthaltswechsel grundsätzlich weiter Bestand. Auch die Fälle, in denen in einem anderen Staat eine Entscheidung zur elterlichen Verantwortung ergangen ist, werden grundsätzlich von Art. 19 erfasst.[143] 5

Gegen eine Anwendung von Art. 19 auf diesen Fall kann eingewandt werden, dass die ausländische Entscheidung bei Anerkennung im Staat des Vertragsschlusses dort geltendes Recht ist.[144] Vorgeschlagen wird, eine 6

134 *Lagarde*, Bericht, *Anm. 111;* 1; krit. aus Gründen des Kindeswohls *Roth/Döring*, öst. JBl 1999, 758, 771.

135 Zur (analogen) Anwendung von Art. 13 Rom I-VO auf die gesetzliche Vertretungsmacht MüKo/*Spellenberg*, Art. 13 Rom I-VO Rn 49.

136 S. dazu zusammenfassend MüKo/*Spellenberg*, Art. 13 Rom I-VO Rn 7-16.

137 S. dazu *Lagarde*, Bericht, Anm. 111.

138 Staudinger/*Pirrung* (2009), Vor Art. 19 EGBGB Rn G 115.

139 *Lagarde*, Bericht, Anm. 114.

140 Staudinger/*Pirrung* (2009), Vor Art. 19 EGBGB Rn G 114.

141 Engl.: „... if the transaction was entered into between persons present on the territory of the same State.", Franz.: „… dans le ca où l'acte a été passé entre presonnes presents sur le territoire d'un même Etat."

142 Anders *Krah*, S. 238; Geimer/Schütze/*Gruber*, Internationaler Rechtsverkehr, E 6 Art. 19 Rn 11; unklar *Lagarde*, Bericht, Anm. 113; der Bericht zitiert den Wortlaut von Art. 19 Abs. 2, so dass die deutsche Übersetzung auch im Bericht den Eindruck vermittelt, Lagarde gehe zwingend von einem Geschäft unter Anwesenden aus; in der französischen und englischen Fassung des Berichts kann mit Distanzgeschäft auch nur das internationale Distanzgeschäft gemeint sein.

143 *Lagarde*, Bericht, Anm. 111.

144 Geimer/Schütze/*Gruber*, Internationaler Rechtsverkehr, E 6 Art. 19 Rn 6.

solche ausländische Entscheidung zumindest immer dann zu berücksichtigen und Art. 19 insoweit nicht anzuwenden, wenn eine entsprechende Entscheidung auch durch eine Behörde des Vertragsabschlussstaates hätte erlassen werden können.[145]

E. Kenntnis oder fahrlässige Unkenntnis

I. Guter Glaube des Dritten

7 Geschützt wird der Dritte nur, wenn er nicht wusste und auch nicht wissen musste, dass sich die elterliche Verantwortung nach dem vom KSÜ bestimmten Recht richtet. Ausreichend muss schon sein, dass er wusste oder wissen musste, dass nicht das Recht des Abschlussortes, sondern das eines anderen Staates für die elterliche Verantwortung anwendbar ist.[146] Geschützt wird nur der gute Glaube an die Anwendbarkeit des Rechts im Abschlussstaat, nicht hingegen der gute Glaube, dass das ausländische Recht den gleichen Inhalt habe.[147]

8 **Wissenmüssen** ist bereits bei leichter Fahrlässigkeit anzunehmen.[148] Damit ist schon jeder Verstoß gegen sorgfältiges Handeln erfasst. Die praktische Bedeutung der Vorschrift wird daher sehr gering sein, weil leicht fahrlässige Unkenntnis von der Anwendbarkeit eines anderen Rechts als des Abschlussrechts meist anzunehmen sein wird. Allerdings liegt nach der Formulierung („es sei denn") die Beweislast hierfür bei dem, der sich auf die fehlende Vertretungsmacht beruft.[149]

9 Für die dafür maßgebende **Erkundigungspflicht** ist die **Bedeutung des Geschäfts** zu berücksichtigen. Je bedeutender die Auswirkungen des Geschäfts für das Kind, desto größer sind die Anforderungen, die an den Dritten zu stellen sind, zu prüfen, ob der Vertreter wirksame Vertretungsmacht besitzt.[150] Bei wirtschaftlich wenig bedeutenden Geschäften wird demgegenüber regelmäßig keine Erkundigungspflicht anzunehmen sein.

10 Bei nicht ganz unbedeutenden Geschäften muss sich der Dritte immer dann nach der Vertretungsmacht näher erkundigen, wenn Anhaltspunkte dafür bestehen, dass nicht nur das Recht am Abschlussort maßgebend sein könnte. Eine Erkundigungspflicht ist bereits dann anzunehmen, wenn der Dritte wusste oder es sich ihm aufdrängen musste, dass der Sachverhalt einen Bezugspunkt zum Ausland hat, entweder weil eine ausländische Staatsangehörigkeit bestand oder sich das Kind oder ein Elternteil im Ausland aufhält oder aufhielt. In diesen Fällen wird man als Sorgfaltsmaßstab verlangen können, dass der Dritte bei Geschäften von nicht ganz unerheblicher Bedeutung darauf besteht, dass der Vertreter eine Bescheinigung über seine Vertretungsmacht vorlegt, wie sie in Art. 40 vorgesehen ist.

11 Weitergehend wird man den Dritten auch dann nicht für schutzwürdig halten, wenn nach dem Recht des Abschlussortes eine andere Regelung der elterlichen Verantwortung möglich ist. Ein blindes Vertrauen darauf, dass nur die gesetzliche Regelung eingreift, wird auch bei rein internen Sachverhalten nicht geschützt. So muss sich der Dritte um die Nachweise der Vertretungsmacht bemüht haben, die nach dem Recht im Abschlussstaat nachweisen, dass die dort nach der gesetzlichen Lage vorgesehene Vertretungsmacht, auf die er sich berufen will, tatsächlich besteht.

12 Ist eine Regelung der gesetzlichen Vertretung, wie sie nach den Vorschriften des KSÜ aufgrund der Anwendung ausländischen Rechts oder der Anerkennung einer ausländischen Entscheidung besteht, auch nach dem inländischen Recht des Abschlussstaates möglich, so ist der Dritte nicht schutzwürdig, weil er auch nach dem Recht des Abschlussstaates mit einer solchen Regelung der Vertretungsmacht rechnen musste.

13 Etwas anderes gilt nur dann, wenn er sich ausreichend erkundigt hat, dass eine solche Rechtslage nach dem Recht des Abschlussortes nicht vorlag. Dies wäre etwa der Fall, wenn der das Kind vertretende Elternteil eine Bescheinigung des Abschlussstaates vorgelegt hat, aus der sich die alleinige Vertretungsmacht dieses Elternteils ergibt. In Deutschland wäre dies etwa die Sorgebescheinigung bei alleiniger Sorge der Mutter des nichtehelichen Kindes (sog. Negativbescheinigung).

II. Rechtsfolge

14 Liegen die Voraussetzungen vor, so ist das Recht am Abschlussort alternativ anzuwenden.[151] Ist danach eine Vertretungsmacht gegeben, konnte das Kind wirksam vertreten werden. *Lagarde* führt in seinem Bericht das

145 Geimer/Schütze/*Gruber*, Internationaler Rechtsverkehr, E 6 Art. 19 Rn 7.
146 Geimer/Schütze/*Gruber*, Internationaler Rechtsverkehr, E 6 Art. 19 Rn 14.
147 Geimer/Schütze/*Gruber*, Internationaler Rechtsverkehr, E 6 Art. 19 Rn 14.
148 *Krah*, S. 239; Geimer/Schütze/*Gruber*, Internationaler Rechtsverkehr, E 6 Art. 19 Rn 15; *Lagarde*, Bericht, Anm. 111.
149 Geimer/Schütze/*Gruber*, Internationaler Rechtsverkehr, E 6 Art. 19 Rn 15.
150 *Lagarde*, Bericht, Anm. 114.
151 So zu Art. 17 ESÜ Staudinger/*von Hein* (2008), Vor Art. 24 Rn 225.

Beispiel an, dass die Bank, die an den Vertreter des Kindes eine Auszahlung tätigt, diese nicht noch einmal erbringen muss, dh an den scheinbaren Vertreter mit befreiender Wirkung leisten konnte.[152]

KSÜ Artikel 20 [Recht eines Nichtvertragsstaats]

Dieses Kapitel ist anzuwenden, selbst wenn das darin bestimmte Recht das eines Nichtvertragsstaats ist.

Nach Art. 20 handelt es sich bei den kollisionsrechtlichen Bestimmungen in Art. 15–19 grundsätzlich um eine sogenannte loi uniforme, durch die auch das Recht eines Nichtvertragsstaates berufen werden kann.[153] 1

Etwas anderes gilt nur für Art. 15 Abs. 1 und 3. Da das KSÜ die Entscheidungszuständigkeit nur für die Behörden von Vertragsstaaten bestimmen kann, kann durch die Anordnung des Gleichlaufgrundsatzes von anwendbarem Recht und internationaler Zuständigkeit in Art. 15 Abs. 1 grundsätzlich nur das Recht eines Vertragsstaates zur Anwendung berufen werden. Art. 15 Abs. 3 wurde auf den Fall beschränkt, dass der gewöhnliche Aufenthalt in einen anderen Vertragsstaat verlegt wird, weil Nichtvertragsstaaten durch das KSÜ keine Verpflichtungen auferlegt werden können.[154] 2

Für das **Verhältnis von Art. 16 zu Art. 21 EGBGB** gilt, dass Art. 21 EGBGB für die Frage der elterlichen Verantwortung kraft Gesetzes auch im Verhältnis zu Nichtvertragsstaaten verdrängt wird. Eine praktische Rechtsänderung dürfte daraus aber nicht folgen. Beide Kollisionsnormen knüpfen wandelbar an den gewöhnlichen Aufenthalt des Kindes an. Auch der Umstand, dass Art. 21 EGBGB generell eine Gesamtnormverweisung ausspricht, dürfte nur in geringem Maße zu anderen Ergebnissen als bei der Verweisung nach Art. 16 führen. Art. 16 spricht nur im Verhältnis zu anderen Vertragsstaaten eine Sachnormverweisung, zu Nichtvertragsstaaten hingegen ebenfalls eine (allerdings eingeschränkte) Gesamtverweisung aus (s. dazu Art. 21 KSÜ Rn 106 ff). Im Verhältnis zu Vertragsstaaten besteht zwischen Gesamtverweisung und Sachnormverweisung im Ergebnis kein Unterschied, da die kollisionsrechtlichen Regelungen in den Vertragsstaaten einheitlich sind, eine Verweisung also immer angenommen wird. 3

Art. 21 KSÜ [Ausnahme des Kollisionsrechts]

(1) Der Begriff „Recht" im Sinn dieses Kapitels bedeutet das in einem Staat geltende Recht mit Ausnahme des Kollisionsrechts.

(2) [1]Ist jedoch das nach Artikel 16 anzuwendende Recht das eines Nichtvertragsstaats und verweist das Kollisionsrecht dieses Staates auf das Recht eines anderen Nichtvertragsstaats, der sein eigenes Recht anwenden würde, so ist das Recht dieses anderen Staates anzuwenden. [2]Betrachtet sich das Recht dieses anderen Nichtvertragsstaats als nicht anwendbar, so ist das nach Artikel 16 bestimmte Recht anzuwenden.

A. Sachnormverweisung, Abs. 1

Abs. 1 bestimmt wie bei Haager Staatsverträgen üblich, dass die kollisionsrechtlichen Verweisungen Sachnormverweisungen sind. Das heißt, das ausländische Recht kommt auch dann zur Anwendung, wenn es nach seinem eigenen Kollisionsrecht nicht anwendbar wäre, sondern weiter oder zurück verweisen würde. Im Verhältnis zu Vertragsstaaten ist die Unterscheidung von Sach- oder Gesamtverweisung ohne Bedeutung, weil in dem Vertragsstaat, auf dessen Recht verwiesen wird, dieselbe kollisionsrechtliche Regelung in Form des KSÜ gilt. 1

B. Ausnahme Gesamtnormverweisung, Abs. 2

Bedeutend ist die Anordnung der Sachnormverweisung daher nur soweit die Kollisionsnorm des KSÜ auf das Recht eines Nichtvertragsstaats verweist. Für diesen Fall enthält Abs. 2 eine Ausnahme. Verweist das Kollisionsrecht des Nichtvertragsstaats seinerseits auf das Recht eines anderen Nichtvertragsstaats und nimmt dieser zweite Nichtvertragsstaat die Verweisung an, so wird diese Weiterverweisung durch den ersten Nichtvertragsstaat berücksichtigt. Dies soll gewährleisten, dass eine einheitliche Rechtsanwendung, die zwischen 2

152 *Lagarde*, Bericht, Anm. 112.
153 *Kegel/Schurig*, § 20 XI 5 b; Geimer/Schütze/*Gruber*, Internationaler Rechtsverkehr, E 6 Art. 20 Rn 1.
154 *Lagarde*, Bericht, Anm. 92.

Nichtvertragsstaaten besteht, nicht gestört wird.[155] Als Beispiel wird der Fall angeführt, dass ein griechisches Kind seinen gewöhnlichen Aufenthalt von Deutschland nach Italien verlegt, wobei nur Deutschland Vertragsstaat sei. Die Verweisung von Art. 16 Abs. 1 auf italienisches Recht wäre dann eine Gesamtverweisung, weil italienisches Recht auf griechisches Recht weiterverweise und dieses die Verweisung annehme. Daher würde auch aus deutscher Sicht griechisches Recht angewandt, und damit Übereinstimmung mit der Rechtslage in Italien und Griechenland erzielt.[156]

3 Verweist der andere Nichtvertragsstaat auf das Recht eines weiteren Staates, gilt die Ausnahme der Gesamtverweisung nicht; anwendbar ist damit das Sachrecht des Staates auf das die Kollisionsnorm des KSÜ verweist.[157] Dies ist unbestritten, wenn der andere Nichtvertragsstaat auf das Recht eines weiteren Nichtvertragsstaates verweist. Denkbar wäre aufgrund eines Erst-recht-Schlusses entgegen des Wortlauts die Weiterverweisung durch diesen anderen Nichtvertragsstaat auch dann zu beachten, wenn sie zum Recht eines Vertragsstaats führt. Dies ist aber abzulehnen. Als Ausnahmeregelung und aufgrund seiner Kompliziertheit sollte Abs. 2 nicht analog angewandt werden.[158] Verweist das Kollisionsrecht des anderen Nichtvertragsstaats auf das Recht des Nichtvertragsstaats, auf den die Kollisionsnorm des KSÜ verwiesen hat, zurück, kommen Gesamtverweisung und Sachnormverweisung aus der Sicht des KSÜ zum gleichen Ergebnis, weil anzunehmen ist, dass der erste Nichtvertragsstaat diese Rückverweisung annehmen wird.

4 Vorgeschlagen wird außerdem eine **teleologische Reduzierung von Art. 21 Abs. 2. Die Regelung in** Art. 16 Abs. 2 soll vom Anwendungsbereich ausgenommen werden, so dass Art. 21 Abs. 2 nur auf Art. 16 Abs. 1 anzuwenden sei. Die Verweisung in Art. 16 Abs. 2 soll danach keine Gesamtverweisung sein können, wenn das Sachrecht des zuerst berufenen Nichtvertragsstaates die Vereinbarung oder das einseitige Rechtsgeschäft als wirksam betrachtet.[159] Im Ergebnis ist diese Ansicht abzulehnen. Für sie spricht zwar, dass sie eine Begünstigung der Regelung der elterlichen Verantwortung durch Vereinbarungen bzw rechtsgeschäftliche Erklärungen der Eltern bewirkt. Sie hat aber keinen Anhaltspunkt im Gesetzestext und führt zu einer weiteren Komplizierung der Rechtsanwendung, was zur Gefahr einer uneinheitlichen Rechtsanwendung in den verschiedenen Vertragsstaaten führt.

Art. 22 KSÜ [Ordre public]

Die Anwendung des in diesem Kapitel bestimmten Rechts darf nur versagt werden, wenn sie der öffentlichen Ordnung (ordre public) offensichtlich widerspricht, wobei das Wohl des Kindes zu berücksichtigen ist.

1 Art. 22 enthält für das anwendbare Recht den ordre-public-Vorbehalt in der für die Haager Übereinkommen üblichen Formulierung mit einer zusätzlichen Betonung der Maßgeblichkeit des Kindeswohls.[160] Der verfahrensrechtliche ordre public für die Anerkennung von Entscheidungen aus anderen Mitgliedstaaten ist in Art. 23 Abs. 2 enthalten.

Kapitel IV
Anerkennung und Vollstreckung

Art. 23 KSÜ [Anerkennung]

(1) Die von den Behörden eines Vertragsstaats getroffenen Maßnahmen werden kraft Gesetzes in den anderen Vertragsstaaten anerkannt.

(2) Die Anerkennung kann jedoch versagt werden,

a) wenn die Maßnahme von einer Behörde getroffen wurde, die nicht nach Kapitel II zuständig war;

b) wenn die Maßnahme, außer in dringenden Fällen, im Rahmen eines Gerichts- oder Verwaltungsverfahrens getroffen wurde, ohne dass dem Kind die Möglichkeit eingeräumt worden war, gehört

155 *Lagarde*, Bericht, Anm. 116; krit. *Kegel/Schurig*, § 20 XI 5 b; eine ähnliche Regelung enthält Art. 4 Haager Übereinkommen über das auf die Rechtsnachfolge von Todes wegen anzuwendende Recht v. 1.8.1989, abgedruckt in IPRax 2000, 53.

156 *Siehr*, RabelsZ 62 (1998), 464, 491; s.a. *Lagarde*, Bericht, Anm. 116.

157 Geimer/Schütze/*Gruber*, Internationaler Rechtsverkehr, E 6 Art. 21 Rn 3.

158 *Lagarde*, Bericht, Anm. 116; *Siehr*, DEuFamR 2000, 125, 130; Geimer/Schütze/*Gruber*, Internationaler Rechtsverkehr, E 6 Art. 21 Rn 2 Fn 204.

159 *Siehr*, DEuFamR 2000, 125, 131; *Krah*, S. 230; Geimer/Schütze/*Gruber*, Internationaler Rechtsverkehr, E 6 Art. 21 Rn 2 Fn 202.

160 *Lagarde*, Bericht, Anm. 117.

zu werden, und dadurch gegen wesentliche Verfahrensgrundsätze des ersuchten Staates verstoßen wurde;
c) auf Antrag jeder Person, die geltend macht, dass die Maßnahme ihre elterliche Verantwortung beeinträchtigt, wenn diese Maßnahme, außer in dringenden Fällen, getroffen wurde, ohne dass dieser Person die Möglichkeit eingeräumt worden war, gehört zu werden;
d) wenn die Anerkennung der öffentlichen Ordnung (ordre public) des ersuchten Staates offensichtlich widerspricht, wobei das Wohl des Kindes zu berücksichtigen ist;
e) wenn die Maßnahme mit einer später im Nichtvertragsstaat des gewöhnlichen Aufenthalts des Kindes getroffenen Maßnahme unvereinbar ist, sofern die spätere Maßnahme die für ihre Anerkennung im ersuchten Staat erforderlichen Voraussetzungen erfüllt;
f) wenn das Verfahren nach Artikel 33 nicht eingehalten wurde.

A. Vorbemerkung

Das KSÜ enthält ein vollständiges Regelungsprogramm für die Anerkennung und Vollstreckung von Maßnahmen eines Vertragsstaates in einem anderen Vertragsstaat. Es behebt damit eine der schwerwiegendsten Unzulänglichkeiten des MSA. Das MSA sieht zwar in Art. 7 S. 1 eine Pflicht zur Anerkennung von Entscheidungen aus anderen Vertragsstaaten vor. Diese Vorschrift blieb aber weitgehend ohne Bedeutung, weil sie zum einen selbst keine Anerkennungsversagungsgründe normiert und zum anderen für Entscheidungen, die eine Vollstreckungshandlung erfordern, überhaupt nicht gilt (s. dazu Art. 7 MSA Rn 10). 1

Das KSÜ schafft ein modernes Anerkennungsregime.[161] Anders als die EheVO verbietet es zwar nicht die Überprüfung der Anerkennungszuständigkeit, bindet den anerkennenden Staat aber an die Tatsachenfeststellungen der Ursprungsbehörde. Anzuerkennende ausländische Entscheidungen sind wie inländische zu vollstrecken. 2

Die Entscheidung aus einem Vertragsstaat ist nach Art. 23 ff in einem anderen Vertragsstaat des KSÜ anzuerkennen und zu vollstrecken, wenn sie in den persönlichen und **sachlichen Anwendungsbereich** des KSÜ fällt (s. dazu Art. 3 Rn 1) und auch die **zeitliche Anwendbarkeit** (Art. 53 Abs. 2) gegeben ist. 3

Streitig ist, ob das KSÜ auch auf die Anerkennung von bloßen Feststellungsentscheidungen über das Bestehen eines Sorgerechts kraft Gesetzes anzuwenden ist.[162] Dafür spricht entscheidend, dass das KSÜ für die elterliche Verantwortung insgesamt anwendbar ist. 4

Zu beachten ist außerdem der **Vorrang der EheVO**, soweit sich der sachliche Anwendungsbereich von KSÜ und EheVO 2003 decken (s. dazu Art. 1 Rn 10). Anerkennung und Vollstreckung von Entscheidungen, die aus einem Mitgliedstaat der EU (außer Dänemark) stammen, richten sich daher in Deutschland oder Österreich nur nach der EheVO 2003. Dieser folgt aus deren Art. 61 lit. b. Nach gegenwärtigem Stand und unterstelltem Beitritt auch Österreichs wären die Anerkennungs- und Vollstreckungsregeln des KSÜ aus deutscher bzw. österreichischer Sicht nur für Entscheidungen aus Albanien, Armenien, Australien, der Dominikanischen Republik, Ecuador, Marokko, Monaco, der Schweiz, der Ukraine oder Uruguay anzuwenden. 5

Auf der anderen Seite bestimmt sich die Anerkennung deutscher oder österreichischer Entscheidungen in Vertragsstaaten des KSÜ, für welche die EheVO nicht gilt, nach Art. 23 ff KSÜ,[163] während sich Anerkennung und Vollstreckung in einem der anderen Mitgliedstaaten der EheVO nur nach dieser richten. 6

B. Anerkennung kraft Gesetzes

Maßnahmen aus einem anderen Vertragsstaat sind kraft Gesetzes anzuerkennen, das bedeutet, dass es keines besonderen Anerkennungsverfahrens bedarf, sondern die Anerkennung inzident in jedem Verfahren des 7

161 Staudinger/*Pirrung* (2009), Vor Art. 19 EGBGB Rn G 122.
162 Geimer/Schütze/*Gruber*, Internationaler Rechtsverkehr, E 6 Vorbem Rn 7 Fn 16; Staudinger/*Pirrung* (2009) Vor Art. 19 EGBGB Rn G 18.
163 Geimer/Schütze/*Gruber*, Internationaler Rechtsverkehr, E 6 Vor Art. 23 Rn 3.

Anerkennungsstaates zu beachten ist.[164] Ein Verfahren ist erst notwendig, wenn die Maßnahme vollstreckt werden soll (s. dazu Art. 26 Rn 1). Ein deklaratorisches Anerkennungsverfahren ist allerdings zusätzlich in Art. 24 ausdrücklich vorgesehen. Eine Form, in der der Erlass der Maßnahme nachgewiesen werden muss, schreibt das KSÜ ausdrücklich nicht vor. Damit ist jede Art des Nachweises, dass eine bestimmte Maßnahme ergangen ist, möglich. Der Bericht von *Lagarde* nennt als Beispiel ein Telefax.[165]

C. Gründe die Anerkennung zu versagen, Abs. 2

8 Die Versagungsgründe werden in Abs. 2 abschließend aufgezählt. Ein Vertragsstaat darf daher die Anerkennung nicht wegen eines anderen Grundes ablehnen.[166] Insbesondere kann die Anerkennung nicht deswegen versagt werden, weil die entscheidende Behörde **Statusvorfragen** (Bestehen von Familien- oder Verwandtschaftsverhältnissen) nach seinem (Kollisions-)Recht anders beurteilt hat, als dies aus Sicht des Anerkennungsstaates zu beurteilen wäre.[167] Ist in einem Vertragsstaat eine Entscheidung im sachlichen Anwendungsbereich des KSÜ ergangen, das KSÜ aber aus anderen Gründen (räumlich-persönlicher oder zeitlicher Anwendungsbereich) nicht anwendbar, so richtet sich die Anerkennung nach dem autonomen Recht des Anerkennungsstaates.[168]

I. Unzuständigkeit, lit. a

9 Die Anerkennung kann versagt werden, wenn die Maßnahme von einer Behörde getroffen wurde, die nicht nach den Vorschriften des Kapitels II zuständig war. Anders als die EheVO 2003 in Art. 23 verzichtet das KSÜ damit nicht auf eine Überprüfung der Anerkennungszuständigkeit durch den Anerkennungsstaat. In Anbetracht dessen, dass hinsichtlich der Tatsachenfeststellungen eine Bindung nach Art. 25 besteht, entspricht dies aber dem für ein internationales Übereinkommen erreichbaren Standard.[169]

II. Verletzung des rechtlichen Gehörs des Kindes, lit. b

10 Lit. b findet seine Entsprechung in Art. 23 lit. b EheVO 2003. Die Anhörung des Kindes ist für die sachgerechte Wahrung der Kindesinteressen von großer Bedeutung. Ein entsprechendes Recht ist in Art. 12 der UN-Kinderrechtskonvention niedergelegt[170] und ergibt sich auch aus Art. 3–6, 9 f des Europaratsübereinkommens über die Ausübung von Kinderrechten.[171] Einen Versagungsgrund stellt die fehlende Anhörung aber nur dar, wenn dadurch gegen die wesentlichen Verfahrensgrundsätze des ersuchten Staates verstoßen wurde. Als Ausnahme wird daher im KSÜ ausdrücklich der dringende Fall genannt, bei dem im Kindesinteresse ein Eilverfahren geboten ist. Weitergehend wird man zumindest dann, wenn in einem entsprechenden inländischen Verfahren eine Anhörung des Kindes nicht zwingend erforderlich gewesen wäre, auch bei einer ausländischen Maßnahme, die ohne Anhörung des Kindes ergangen ist, kein Anerkennungshindernis annehmen können.

III. Verletzung des rechtlichen Gehörs eines Sorgeberechtigten, lit. c

11 Auch lit. c ist ein besonderer Fall des verfahrensrechtlichen ordre public. Sie entspricht im Wesentlichen Art. 23 lit. d EheVO 2003. Ein Anerkennungshindernis ergibt sich aus der fehlenden Anhörung der personensorgeberechtigten Person nur, wenn dies auch gerade von dieser Person in einem Antrag geltend gemacht wird.[172]

IV. Ordre public, lit. d

12 Lit. d enthält die allgemeine ordre public Klausel im Bezug auf die Anerkennung einer ausländischen Maßnahme. In Anlehnung an Art. 24 des Haager Adoptionsübereinkommens wird ausdrücklich auf die Notwendigkeit hingewiesen, dabei das Kindeswohl zu berücksichtigen.

13 Bei den Regelungen zum ordre public in lit. b bis d fällt auf, dass eine allgemeine Regelung zum verfahrensrechtlichen ordre public anders als etwa in Art. 23 lit. c EheVO 2003 fehlt. Lit. b und c regeln nur das rechtliche Gehör des Kindes und von Personen, deren elterliche Verantwortung beeinträchtigt sein könnte. Da der Begriff

164 *Lagarde*, Bericht, Anm. 119; Staudinger/*Pirrung* (2009), Vor Art. 19 EGBGB Rn G 123.
165 *Lagarde*, Bericht, Anm. 120.
166 *Lagarde*, Bericht, Anm. 121.
167 *Lagarde*, Bericht, Anm. 128; Staudinger/*Pirrung* (2009), Vor Art. 19 EGBGB Rn G 123.
168 *Lagarde*, Bericht, Anm. 122.
169 Staudinger/*Pirrung* (2009), Vor Art. 19 EGBGB Rn G 125.
170 Darauf nimmt *Lagarde*, Bericht, Anm. 123 ausdrücklich Bezug.
171 V. 25.1.1996; BGBl. 2001 II 1074, 2003 II, 2167.
172 Staudinger/*Pirrung* (2009), Vor Art. 19 EGBGB Rn G 127.

der elterlichen Verantwortung weit zu verstehen ist, werden auch dritte Personen erfasst, denen wie etwa nach § 1685 BGB ein Besuchs- und Umgangsrecht mit dem Kind zusteht (s. Art. 1 Rn 5). Im Ergebnis erfassen lit. b und c alle denkbaren Fälle der Verletzung des rechtlichen Gehörs.[173]

V. Unvereinbarkeit mit Maßnahme aus anderen Staaten, lit. e

1. Maßnahmen aus einem Nichtvertragsstaat. Lit. e regelt den Konflikt zwischen der anzuerkennenden Maßnahme aus einem Vertragsstaat mit einer Maßnahme, die später in einem Nichtvertragsstaat erlassen wurde, in dem das Kind seinen gewöhnlichen Aufenthalt hat. Der Grund für den Vorrang besteht darin, dass das betroffene Kind dort seinen gewöhnlichen Aufenthalt hat. Die Behörde im Aufenthaltsstaat steht dem Kind daher näher und erscheint geeigneter, das Wohl des Kindes zu beurteilen.[174] Dieser Vorrang gilt nur für zeitlich später ergangene Maßnahmen, wenn das Kind im Zeitpunkt des Erlasses der Maßnahme im Entscheidungsstaat seinen gewöhnlichen Aufenthalt hatte. Weitere Voraussetzung ist, dass die die Maßnahme aus dem Nichtvertragsstaat in dem ersuchten Staat anzuerkennen ist. Dies richtet sich nach autonomem Recht des ersuchten Staates bzw nach etwaigen vorrangigen völkerrechtlichen Vereinbarungen mit dem Nichtvertragsstaat. 14

2. Maßnahmen aus einem anderen Vertragsstaat. Nicht ausdrücklich geregelt wird in lit. e) der Fall, dass die anzuerkennende Maßnahme mit einer Maßnahme aus einem anderen Vertragsstaat oder dem Anerkennungsstaat selbst unvereinbar ist. Für diesen Konflikt ist aber auf den allgemeinen Grundsatz des KSÜ abzustellen, nach dem Maßnahmen grundsätzlich jederzeit abänderbar sind und daher immer die jüngste ergangene Maßnahme maßgeblich ist.[175] 15

Art. 24 KSÜ [Entscheidung über Anerkennung/Nichtanerkennung von Maßnahmen]

[1]Unbeschadet des Artikels 23 Absatz 1 kann jede betroffene Person bei den zuständigen Behörden eines Vertragsstaats beantragen, dass über die Anerkennung oder Nichtanerkennung einer in einem anderen Vertragsstaat getroffenen Maßnahme entschieden wird. [2]Das Verfahren bestimmt sich nach dem Recht des ersuchten Staates.

Feststellungen zur Anerkennung ausländischer Maßnahmen, die inzident erfolgen, haben keine Bindungswirkung für andere Verfahren, in denen sich die Wirksamkeit der im Ausland angeordneten Maßnahme ebenfalls stellt. Die Voraussetzungen der Anerkennung müssten daher in jedem Verfahren erneut dargelegt und geprüft werden. Außerdem kann für die Betroffenen im Vorfeld eines konkreten Verfahrens das Bedürfnis bestehen, klären zu lassen, ob eine ausländische Maßnahme im Inland wirksam ist.[176] Art. 24 verpflichtet daher die Vertragsstaaten, die Möglichkeit zu schaffen, dass eine bindende Entscheidung über die Anerkennung oder Nichtanerkennung getroffen werden kann. 1

Der Vorbehalt zugunsten von Art. 23 Abs. 1 stellt klar, dass die Feststellung nur klarstellender Natur ist. Liegen die Voraussetzungen von Art. 23 vor, entfaltet die ausländische Entscheidung unmittelbar und sofort Wirkung im Anerkennungsstaat und nicht etwa erst nach Erlass einer positiven Feststellungsentscheidung. 2

Art. 24 verpflichtet nur dazu, ein Verfahren zur Feststellung der Anerkennung einer ausländischen Maßnahme vorzusehen. Es schreibt ein solches Verfahren nicht vor für die Feststellung der ex lege eintretenden Rechtslage, etwa zur elterlichen Verantwortung, nach dem aufgrund von Art. 16 anwendbaren Recht im Land des gewöhnlichen Aufenthalts des Kindes.[177] 3

Antragsberechtigt ist nach Art. 24 jede betroffene Person. Dies kann das Kind selbst, jeder Träger der elterlichen Verantwortung, die durch die Maßnahme betroffen ist, aber auch eine dritte Person sein. Dritter kann eine Person sein, die in einem familienrechtlichen Verhältnis zu dem Kind steht und durch die Maßnahme in seiner Beziehung zu dem Kind, etwa Umgangs- und Besuchsrechte, betroffen ist. Möglich ist aber auch, dass ein Dritter in Bezug auf mit dem Kind abgeschlossene oder abzuschließende Rechtsgeschäfte die gesetzliche Vertretung des Kindes klären lassen möchte.[178] 4

173 S. Siehr, RabelsZ 62 (1998) 464, 493; Geimer/Schütze/*Gruber,* Internationaler Rechtsverkehr, E 6 Art. 23 Rn 5.
174 *Lagarde*, Bericht, Anm. 126.
175 S. dazu auch Rauscher/*Rauscher* (2010) Art. 23 Brüssel IIa-VO Rn 22.
176 *Lagarde*, Bericht, Anm. 129.
177 *Lagarde*, Bericht, Anm. 130 aE.
178 Staudinger/*Pirrung* (2009), Vor Art. 19 EGBGB Rn G 132.

5 Nach S. 2 bestimmt das Recht des anerkennenden Staates, die Zuständigkeit und das Verfahren für diese Feststellung. Das Verfahren kann kontradiktorisch ausgestaltet sein und muss anders als das Verfahren zur Vollstreckbarerklärung nach Art. 26 Abs. 2 nicht möglichst einfach und schnell ausgestaltet sein.[179]

Art. 25 KSÜ [Tatsachenfeststellung]

Die Behörde des ersuchten Staates ist an die Tatsachenfeststellungen gebunden, auf welche die Behörde des Staates, in dem die Maßnahme getroffen wurde, ihre Zuständigkeit gestützt hat.

1 Das Gericht oder die Behörde des Anerkennungsstaates ist bei der Überprüfung der internationalen Zuständigkeit nach Art. 23 Abs. 2 lit. a an die Tatsachenfeststellungen gebunden, auf welche die entscheidende Behörde ihre Zuständigkeit nach dem KSÜ gestützt hat. Ähnliche Regelungen sind auch in anderen Instrumenten zur Anerkennung ausländischer Entscheidung enthalten (s. Art. 9 Haager UnterhaltsVollstreckungs-Übereinkommen 1973; Art. 35 EuGVO).

2 **Zweck** der Regelung ist es, bei der Anerkennung eine erneute Tatsachenfeststellung für die Zuständigkeitsfragen zu vermeiden. So wird auch verhindert, dass das Verfahren, in dem über die Anerkennung entschieden wird, durch neue Tatsachenbehauptungen verschleppt wird.[180]

3 Die Bindung besteht nur für die **Feststellung der Tatsachen**, auf deren Grundlage sich die Zuständigkeit nach dem KSÜ ergibt. Keine Bindung besteht für die in der Subsumtion liegende rechtliche Bewertung. Die Abgrenzung kann im Einzelfall schwierig sein. Sicher eine Tatsachenfeststellung ist es etwa, wie lange sich das Kind in einem Staat bereits aufhält und seit wann es dort die Schule besucht. Fraglich könnte dies aber für die Feststellung sein, dass das Kind sich in dem neuen Land sozial integriert hat und dort seinen Lebensmittelpunkt hat.

4 Teilweise wird davon ausgegangen, dass im Anerkennungsstaat überprüft werden kann, ob die entscheidende Behörde unzutreffenderweise aus diesen Tatsachen auf einen gewöhnlichen Aufenthalt geschlossen hat, weil ihre Bewertung etwa von falschen Voraussetzungen in Bezug auf die nötige Dauer des Aufenthalts ausgegangen ist.[181]

5 Besser erscheint es aber, auch die soziale Integration des Kindes als solche und die Frage, wo das Kind seinen Lebensmittelpunkt hat, als Tatsachenfeststellung anzusehen.[182] Eine Bindung besteht danach nicht nur für die zugrunde liegenden Indiztatsachen, wie Aufenthaltsdauer, Anzahl und Art von sozialen Kontakten, sondern auch für die aufgrund einer wertenden Betrachtung erfolgte Feststellung der sozialen Integration des Kindes. Überprüfbar ist danach nur, ob die entscheidende Behörde von einem fehlerhaften Verständnis des Begriffs des gewöhnlichen Aufenthalts ausgegangen ist.

6 Keine Bindungswirkung kann auf der anderen Seite die bloße Feststellung entfalten, dass das Kind seinen gewöhnlichen Aufenthalt in einem Land habe, wenn dies ohne Nennung der Tatsachengrundlagen und ohne Subsumtion unter den Begriff des gewöhnlichen Aufenthalts erfolgt.[183]

7 Überprüfbar wäre auch, ob die entscheidende Behörde zu Recht davon ausgegangen ist, dass alle personensorgeberechtigten Personen in den Aufenthaltswechsel zugestimmt hatten, sofern es darauf mangels bereits erfolgter sozialer Integration für die Begründung des gewöhnlichen Aufenthalts des Kindes ankommt.

8 Für ein weites Verständnis der Tatsachenfeststellung spricht, dass bei der Erarbeitung des KSÜ Einigkeit darüber bestand, dass die **Feststellung des Kindeswohls** in Art. 8 Abs. 4, Art. 9 Abs. 1 und Art. 10 Abs. 1 lit. b nicht nachprüfbar sein soll.[184]

Art. 26 KSÜ [Vollstreckbarerklärung]

(1) Erfordern die in einem Vertragsstaat getroffenen und dort vollstreckbaren Maßnahmen in einem anderen Vertragsstaat Vollstreckungshandlungen, so werden sie in diesem anderen Staat auf Antrag jeder betroffenen Partei nach dem im Recht dieses Staates vorgesehenen Verfahren für vollstreckbar erklärt oder zur Vollstreckung registriert.

179 *Lagarde*, Bericht, Anm. 130.

180 So zu Art. 35 Abs. 2 EuGVO Rauscher/*Leible* (2010) Art. 35 Brüssel I-VO Rn 15.

181 Staudinger/*Pirrung* (2009), Vor Art. 19 EGBGB Rn G 134.

182 Dafür anscheinend auch Geimer/Schütze/*Gruber*, Internationaler Rechtsverkehr, E 6 Art. 25 Rn 1; nicht eindeutig *Lagarde*, Bericht, Anm. 131.

183 In diesem Sinn auch Geimer/Schütze/*Gruber*, Internationaler Rechtsverkehr, E 6 Art. 25 Rn 1.

184 *Lagarde*, Bericht, Anm. 131; dafür auch Staudinger/*Pirrung* (2009), Vor Art. 19 EGBGB Rn G 134.

(2) Jeder Vertragsstaat wendet auf die Vollstreckbarerklärung oder die Registrierung ein einfaches und schnelles Verfahren an.

(3) Die Vollstreckbarerklärung oder die Registrierung darf nur aus einem der in Artikel 23 Absatz 2 vorgesehenen Gründe versagt werden.

Für die Vollstreckung einer ausländischen Maßnahme kann jeder Vertragsstaat weiterhin vorsehen, dass die Maßnahme in einem inländischen Verfahren für vollstreckbar erklärt oder zur Vollstreckung registriert wird. Der Verzicht auf ein Verfahren zur Vollstreckbarerklärung, wie er in der EheVO 2003 enthalten ist, konnte in einem internationalen Übereinkommen mit potentiell weltweiter Verbreitung nicht aufgenommen werden. 1

Voraussetzung für die Vollstreckbarerklärung ist, dass die Maßnahme inhaltlich vollstreckungsfähig ist. Dies wird sich meist aus dem Wortlaut der Entscheidung selbst ergeben.[185] Dies ist etwa bei Anordnungen über die Herausgabe des Kindes der Fall. Außerdem muss die ausländische Entscheidung nach dem Recht des Entscheidungsstaates vollstreckbar sein. 2

Anerkennung der Maßnahme nach Art. 23 ist selbstverständliche Voraussetzung für eine Vollstreckung. **Abs. 3** stellt klar, dass auch für die Vollstreckung die Anerkennung nur aufgrund der in Art. 23 Abs. 2 abschließend genannten **Versagungsgründe** verweigert werden darf.[186] 3

Allerdings kann sich aus einer Veränderung der Verhältnisse seit dem Erlass der Maßnahme ergeben, dass sie nicht mehr vollstreckt werden kann. Ausgangspunkt der Überlegungen ist allerdings, dass eine Veränderung der Verhältnisse die Wirksamkeit und die Anerkennungsfähigkeit einer Maßnahme grundsätzlich unberührt lässt (s. Art. 14). Möglich ist aber, dass aufgrund der veränderten Verhältnisse der Bedarf entsteht, eine neue geänderte Maßnahme zu treffen. Eine solche Änderung ist möglich und lässt, wenn sie erfolgt, die frühere Maßnahme entfallen (Art. 14 Rn 3).

Hingegen entfällt die Vollstreckbarkeit nicht bereits, wenn nur ein Antrag auf Abänderung gestellt und ein solches Verfahren nur anhängig, aber noch nicht zum Abschluss gekommen ist. Ansonsten könnte die Vollstreckung durch Abänderungsanträge verhindert oder verzögert werden. Möglich ist, dass die mit dem Abänderungsantrag befasste Behörde eine Eilentscheidung trifft, die als neuere Maßnahme vorgeht und damit die weitere Anerkennung und die Vollstreckung der früheren ausländischen Maßnahme entfallen lässt. 4

Die Vollstreckbarkeit kann auch ohne eine solche neue Maßnahme entfallen, wenn die Anordnung gegenstandslos geworden ist, etwa das Kind mittlerweile 18 Jahre alt ist oder der Elternteil, an den das Kind herausgegeben werden soll, nicht mehr lebt.[187] 5

Das **Verfahren** für die Vollstreckbarkeitserklärung oder Registrierung der Vollstreckbarkeit bestimmt sich nach dem Recht des Vertragsstaates. **Abs. 2** verlangt insoweit nur, dass ein einfaches und schnelles Verfahren angewandt wird. Konkrete zeitliche Vorgaben wie in Art. 11 Abs. 2 HKÜ ergeben sich daraus nicht.[188] Auch muss das Verfahren nicht zwingend einseitig, sondern kann auch kontradiktorisch angelegt sein.[189] 6

Art. 27 KSÜ [Überprüfung]

Vorbehaltlich der für die Anwendung der vorstehenden Artikel erforderlichen Überprüfung darf die getroffene Maßnahme in der Sache selbst nicht nachgeprüft werden.

Bei Art. 27 handelt es sich um eine Standardklausel in Übereinkommen über die Anerkennung und Vollstreckung von Entscheidungen.[190] Er hat vor allem klarstellende Funktion. Bei Anerkennung und Vollstreckung darf keine Überprüfung der anzuerkennenden Maßnahme in der Sache selbst (révision au fond) erfolgen. Dies ergibt sich bereits aus der abschließenden Aufzählung der Versagungsgründe in Art. 23 Abs. 2 und der Bestimmung in Art. 26 Abs. 3. 1

Art. 27 enthält kein Verbot abändernder Maßnahmen durch eine zuständige Behörde des Anerkennungsstaates. Die zuständige Behörde trifft eine solche Entscheidung unter Anwendung des eigenen Rechts. Insoweit stellt sich die Frage, ob eine Abänderung auch dann möglich ist, wenn sich die Verhältnisse nicht verändert haben. 2

Bei unveränderten tatsächlichen Verhältnissen kann das Gericht nur dann zu einem anderen Ergebnis kommen, wenn das nun anwendbare eigene Recht einen anderen Inhalt hat oder wenn das Gericht eine andere Bewertung der Tatsachenlage vornimmt. Gegen die Möglichkeit, in einem solchen Fall eine abändernde neue Maßnahme 3

185 Staudinger/*Pirrung* (2009), Vor Art. 19 EGBGB Rn G 136.
186 *Roth/Döring*, öst. JBl 1999, 758, 770.
187 Staudinger/*Pirrung* (2009), Vor Art. 19 EGBGB Rn G 142.
188 Staudinger/*Pirrung* (2009), Vor Art. 19 EGBGB Rn G 141.
189 Staudinger/*Pirrung* (2009), Vor Art. 19 EGBGB Rn G 141.
190 *Lagarde*, Bericht, Anm. 132.

zu erlassen, kann angeführt werden, dass dies einer an sich unzulässigen sachlichen Überprüfung der ausländischen Maßnahme im Anerkennungsstaat gleichkommt.[191] Sie erfolgt nur nicht unmittelbar in dem Verfahren, in dem über die Anerkennung oder Vollstreckung entschieden wird, sondern in einem gesondert zu beantragenden Verfahren.

4 Für die Zulassung abändernder Maßnahmen spricht aber entscheidend, dass die Behörden im Anerkennungsstaat nicht gehindert sein sollten, eine zum Schutz des Kindes für notwendig erachtete Maßnahme erlassen zu können. In der Praxis würden die Behörden ansonsten versuchen, sich den Spielraum für den Erlass einer als notwendig erachteten neuen eigenen Maßnahme dadurch zu verschaffen, dass eine Tatsachenänderung angenommen wird.[192]

Art. 28 KSÜ [Vollstreckung]

¹Die in einem Vertragsstaat getroffenen und in einem anderen Vertragsstaat für vollstreckbar erklärten oder zur Vollstreckung registrierten Maßnahmen werden dort vollstreckt, als seien sie von den Behörden dieses anderen Staates getroffen worden. ²Die Vollstreckung richtet sich nach dem Recht des ersuchten Staates unter Beachtung der darin vorgesehenen Grenzen, wobei das Wohl des Kindes zu berücksichtigen ist.

1 Angeordnet wird die Gleichstellung einer ausländischen Maßnahme mit einer vergleichbaren inländischen Maßnahme im Hinblick auf die Durchführung der Vollstreckung. Die Vollstreckung einer ausländischen Maßnahme darf im Vergleich zur Vollstreckung einer entsprechenden inländischen Maßnahme nicht von weitergehenden Voraussetzungen abhängig gemacht oder zusätzlichen Beschränkungen unterworfen werden. Auf der anderen Seite kann die Vollstreckung aber aus den gleichen Gründen versagt werden, aus denen dies bei einer inländischen Maßnahme möglich wäre. Ein Beispiel ist eine Regelung des Anerkennungsstaates, nach dem von der Vollstreckung einer Herausgabeanordnung abzusehen ist, wenn sich das Kind, das bereits über eine gewisse Reife verfügt, dem widersetzt.[193]

2 In Deutschland wird daher auch eine ausländische Anordnung zur Herausgabe des Kindes zur Ausübung des Umgangsrechts aufgrund der Regelung in § 90 Abs. 2 S. 1 FamFG nicht durch Gewaltanordnung gegen das Kind vollstreckt werden können.[194]

Kapitel V
Zusammenarbeit

Art. 29 KSÜ [Zentrale Behörde]

(1) Jeder Vertragsstaat bestimmt eine Zentrale Behörde, welche die ihr durch dieses Übereinkommen übertragenen Aufgaben wahrnimmt.

(2) ¹Einem Bundesstaat, einem Staat mit mehreren Rechtssystemen oder einem Staat, der aus autonomen Gebietseinheiten besteht, steht es frei, mehrere Zentrale Behörden zu bestimmen und deren räumliche und persönliche Zuständigkeit festzulegen. ²Macht ein Staat von dieser Möglichkeit Gebrauch, so bestimmt er die Zentrale Behörde, an welche Mitteilungen zur Übermittlung an die zuständige Zentrale Behörde in diesem Staat gerichtet werden können.

1 Durch Art. 29 ff wird ein System der Zusammenarbeit eingeführt, das vor allem auf der Einrichtung von zentralen Behörden beruht, wie dies bereits in anderen Haager Konventionen, vor allem dem Adoptionsübereinkommen und dem HKÜ, erprobt wurde.

191 *Mansel*, IPRax 1987, 298, 301; Geimer/Schütze/*Gruber*, Internationaler Rechtsverkehr, E 6 Art. 27 Rn 2 Fn 219.

192 Für die entsprechende Regelung in der EheVO 2003 Rauscher/*Rauscher* (2010), Art. 26 Brüssel IIa-VO Rn 5 f (Begründungsakrobatik); zum ESÜ Staudinger/*von Hein* (2008), Vor Art. 24 Rn 291.

193 *Lagarde*, Bericht, Anm. 134.

194 Staudinger/*Pirrung* (2009), Vor Art. 19 EGBGB Rn G 145.

Art. 30 KSÜ [Zusammenarbeit der Zentralen Behörden]

(1) Die Zentralen Behörden arbeiten zusammen und fördern die Zusammenarbeit der zuständigen Behörden ihrer Staaten, um die Ziele dieses Übereinkommens zu verwirklichen.

(2) Im Zusammenhang mit der Anwendung dieses Übereinkommens treffen sie die geeigneten Maßnahmen, um Auskünfte über das Recht ihrer Staaten sowie die in ihren Staaten für den Schutz von Kindern verfügbaren Dienste zu erteilen.

Art. 31 KSÜ [Aufgaben der Zentralen Behörden]

Die Zentrale Behörde eines Vertragsstaats trifft unmittelbar oder mit Hilfe staatlicher Behörden oder sonstiger Stellen alle geeigneten Vorkehrungen, um

a) die Mitteilungen zu erleichtern und die Unterstützung anzubieten, die in den Artikeln 8 und 9 und in diesem Kapitel vorgesehen sind;

b) durch Vermittlung, Schlichtung oder ähnliche Mittel gütliche Einigungen zum Schutz der Person oder des Vermögens des Kindes bei Sachverhalten zu erleichtern, auf die dieses Übereinkommen anzuwenden ist;

c) auf Ersuchen der zuständigen Behörde eines anderen Vertragsstaats bei der Ermittlung des Aufenthaltsorts des Kindes Unterstützung zu leisten, wenn der Anschein besteht, dass das Kind sich im Hoheitsgebiet des ersuchten Staates befindet und Schutz benötigt.

Art. 32 KSÜ [Lagebericht; Prüfung auf Notwendigkeit von Schutzmaßnahmen]

Auf begründetes Ersuchen der Zentralen Behörde oder einer anderen zuständigen Behörde eines Vertragsstaats, zu dem das Kind eine enge Verbindung hat, kann die Zentrale Behörde des Vertragsstaats, in dem das Kind seinen gewöhnlichen Aufenthalt hat und in dem es sich befindet, unmittelbar oder mit Hilfe staatlicher Behörden oder sonstiger Stellen

a) einen Bericht über die Lage des Kindes erstatten;

b) die zuständige Behörde ihres Staates ersuchen zu prüfen, ob Maßnahmen zum Schutz der Person oder des Vermögens des Kindes erforderlich sind.

Art. 33 KSÜ [Unterbringung oder Betreuung]

(1) [1]Erwägt die nach den Artikeln 5 bis 10 zuständige Behörde die Unterbringung des Kindes in einer Pflegefamilie oder einem Heim oder seine Betreuung durch Kafala oder eine entsprechende Einrichtung und soll es in einem anderen Vertragsstaat untergebracht oder betreut werden, so zieht sie vorher die Zentrale Behörde oder eine andere zuständige Behörde dieses Staates zu Rate. [2]Zu diesem Zweck übermittelt sie ihr einen Bericht über das Kind und die Gründe ihres Vorschlags zur Unterbringung oder Betreuung.

(2) Die Entscheidung über die Unterbringung oder Betreuung kann im ersuchenden Staat nur getroffen werden, wenn die Zentrale Behörde oder eine andere zuständige Behörde des ersuchten Staates dieser Unterbringung oder Betreuung zugestimmt hat, wobei das Wohl des Kindes zu berücksichtigen ist.

Art. 34 KSÜ [Informationsersuchen]

(1) Wird eine Schutzmaßnahme erwogen, so können die nach diesem Übereinkommen zuständigen Behörden, sofern die Lage des Kindes dies erfordert, jede Behörde eines anderen Vertragsstaats, die über sachdienliche Informationen für den Schutz des Kindes verfügt, ersuchen, sie ihnen mitzuteilen.

(2) Jeder Vertragsstaat kann erklären, dass Ersuchen nach Absatz 1 seinen Behörden nur über seine Zentrale Behörde zu übermitteln sind.

Art. 35 KSÜ [Hilfeersuchen; Eignung zum persönlichen Umgang]

(1) Die zuständigen Behörden eines Vertragsstaats können die Behörden eines anderen Vertragsstaats ersuchen, ihnen bei der Durchführung der nach diesem Übereinkommen getroffenen Schutzmaßnahmen Hilfe zu leisten, insbesondere um die wirksame Ausübung des Rechts auf persönlichen Verkehr[195] sowie des Rechts sicherzustellen, regelmäßige unmittelbare Kontakte aufrechtzuerhalten.

(2) [1]Die Behörden eines Vertragsstaats, in dem das Kind keinen gewöhnlichen Aufenthalt hat, können auf Antrag eines Elternteils, der sich in diesem Staat aufhält und der ein Recht auf persönlichen Verkehr[196] zu erhalten oder beizubehalten wünscht, Auskünfte oder Beweise einholen und Feststellungen über die Eignung dieses Elternteils zur Ausübung des Rechts auf persönlichen Verkehr[197] und die Bedingungen seiner Ausübung treffen. [2]Eine Behörde, die nach den Artikeln 5 bis 10 für die Entscheidung über das Recht auf persönlichen Verkehr[198] zuständig ist, hat vor ihrer Entscheidung diese Auskünfte, Beweise und Feststellungen zuzulassen und zu berücksichtigen.

(3) Eine Behörde, die nach den Artikeln 5 bis 10 für die Entscheidung über das Recht auf persönlichen Verkehr[199] zuständig ist, kann das Verfahren bis zum Vorliegen des Ergebnisses des in Absatz 2 vorgesehenen Verfahrens aussetzen, insbesondere wenn bei ihr ein Antrag auf Änderung oder Aufhebung des Rechts auf persönlichen Verkehr[200] anhängig ist, das die Behörden des Staates des früheren gewöhnlichen Aufenthalts des Kindes eingeräumt haben.

(4) Dieser Artikel hindert eine nach den Artikeln 5 bis 10 zuständige Behörde nicht, bis zum Vorliegen des Ergebnisses des in Absatz 2 vorgesehenen Verfahrens vorläufige Maßnahmen zu treffen.

Art. 36 KSÜ [Schwere Gefahr]

Ist das Kind einer schweren Gefahr ausgesetzt, so benachrichtigen die zuständigen Behörden des Vertragsstaats, in dem Maßnahmen zum Schutz dieses Kindes getroffen wurden oder in Betracht gezogen werden, sofern sie über den Wechsel des Aufenthaltsorts in einen anderen Staat oder die dortige Anwesenheit des Kindes unterrichtet sind, die Behörden dieses Staates von der Gefahr und den getroffenen oder in Betracht gezogenen Maßnahmen.

Art. 37 KSÜ [Informationen zum Nachteil des Kindes]

Eine Behörde darf nach diesem Kapitel weder um Informationen ersuchen noch solche erteilen, wenn dadurch nach ihrer Auffassung die Person oder das Vermögen des Kindes in Gefahr geraten könnte oder die Freiheit oder das Leben eines Familienangehörigen des Kindes ernsthaft bedroht würde.

Art. 38 KSÜ [Kostentragung]

(1) Unbeschadet der Möglichkeit, für die erbrachten Dienstleistungen angemessene Kosten zu verlangen, tragen die Zentralen Behörden und die anderen staatlichen Behörden der Vertragsstaaten die Kosten, die ihnen durch die Anwendung dieses Kapitels entstehen.

(2) Jeder Vertragsstaat kann mit einem oder mehreren anderen Vertragsstaaten Vereinbarungen über die Kostenaufteilung treffen.

Art. 39 [Erleichterung]

[1]Jeder Vertragsstaat kann mit einem oder mehreren anderen Vertragsstaaten Vereinbarungen treffen, um die Anwendung dieses Kapitels in ihren gegenseitigen Beziehungen zu erleichtern. [2]Die Staaten, die

195 Für Deutschland: des Rechts zum persönlichen Umgang.
196 Für Deutschland: ein Recht zum persönlichen Umgang.
197 Für Deutschland: des Rechts zum persönlichen Umgang.
198 Für Deutschland: das Recht zum persönlichen Umgang.
199 Für Deutschland: des Rechts zum persönlichen Umgang.
200 Für Deutschland: des Rechts zum persönlichen Umgang.

solche Vereinbarungen getroffen haben, übermitteln dem Depositar[201] dieses Übereinkommens eine Abschrift.

Kapitel VI
Allgemeine Bestimmungen

Art. 40 KSÜ [Berechtigungsbescheinigung]

(1) Die Behörden des Vertragsstaats, in dem das Kind seinen gewöhnlichen Aufenthalt hat oder in dem eine Schutzmaßnahme getroffen wurde, können dem Träger der elterlichen Verantwortung oder jedem, dem der Schutz der Person oder des Vermögens des Kindes anvertraut wurde, auf dessen Antrag eine Bescheinigung über seine Berechtigung zum Handeln und die ihm übertragenen Befugnisse ausstellen.

(2) Die Richtigkeit der Berechtigung zum Handeln und der Befugnisse, die bescheinigt sind, wird bis zum Beweis des Gegenteils vermutet.

(3) Jeder Vertragsstaat bestimmt die für die Ausstellung der Bescheinigung zuständigen Behörden.

Art. 41 KSÜ [Datenschutz]

Die nach diesem Übereinkommen gesammelten oder übermittelten personenbezogenen Daten dürfen nur für die Zwecke verwendet werden, zu denen sie gesammelt oder übermittelt wurden.

Art. 42 KSÜ [Vertrauliche Behandlung]

Behörden, denen Informationen übermittelt werden, stellen nach dem Recht ihres Staates deren vertrauliche Behandlung sicher.

Art. 43 KSÜ [Beglaubigungsbefreiung]

Die nach diesem Übereinkommen übermittelten oder ausgestellten Schriftstücke sind von jeder Beglaubigung[202] oder entsprechenden Förmlichkeit befreit.

Art. 44 KSÜ [Ersuchende Behörden]

Jeder Vertragsstaat kann die Behörden bestimmen, an die Ersuchen nach den Artikeln 8, 9 und 33 zu richten sind.

Art. 45 KSÜ [Mitteilung der Behörden]

(1) Die nach den Artikeln 29 und 44 bestimmten Behörden werden dem Ständigen Büro der Haager Konferenz für Internationales Privatrecht mitgeteilt.

(2) Die Erklärung nach Artikel 34 Absatz 2 wird gegenüber dem Depositar[203] dieses Übereinkommens abgegeben.

Art. 46 KSÜ [Kollisionen]

Ein Vertragsstaat, in dem verschiedene Rechtssysteme oder Gesamtheiten von Regeln für den Schutz der Person und des Vermögens des Kindes gelten, muss die Regeln dieses Übereinkommens nicht auf

201 Für Deutschland: Verwahrer.
202 Für Deutschland: Legalisation.
203 Für Deutschland: Verwahrer.

Kollisionen anwenden, die allein zwischen diesen verschiedenen Rechtssystemen oder Gesamtheiten von Regeln bestehen.

Art. 47 KSÜ [Vorrangige Gebietseinheit]

Gelten in einem Staat in Bezug auf die in diesem Übereinkommen geregelten Angelegenheiten zwei oder mehr Rechtssysteme oder Gesamtheiten von Regeln in verschiedenen Gebietseinheiten, so ist jede Verweisung

1. **auf den gewöhnlichen Aufenthalt in diesem Staat als Verweisung auf den gewöhnlichen Aufenthalt in einer Gebietseinheit zu verstehen;**
2. **auf die Anwesenheit des Kindes in diesem Staat als Verweisung auf die Anwesenheit des Kindes in einer Gebietseinheit zu verstehen;**
3. **auf die Belegenheit des Vermögens des Kindes in diesem Staat als Verweisung auf die Belegenheit des Vermögens des Kindes in einer Gebietseinheit zu verstehen;**
4. **auf den Staat, dem das Kind angehört, als Verweisung auf die von dem Recht dieses Staates bestimmte Gebietseinheit oder, wenn solche Regeln fehlen, als Verweisung auf die Gebietseinheit zu verstehen, mit der das Kind die engste Verbindung hat;**
5. **auf den Staat, bei dessen Behörden ein Antrag auf Scheidung, Trennung, Aufhebung oder Nichtigerklärung der Ehe der Eltern des Kindes anhängig ist, als Verweisung auf die Gebietseinheit zu verstehen, bei deren Behörden ein solcher Antrag anhängig ist;**
6. **auf den Staat, mit dem das Kind eine enge Verbindung hat, als Verweisung auf die Gebietseinheit zu verstehen, mit der das Kind eine solche Verbindung hat;**
7. **auf den Staat, in den das Kind verbracht oder in dem es zurückgehalten wurde, als Verweisung auf die Gebietseinheit zu verstehen, in die das Kind verbracht oder in der es zurückgehalten wurde;**
8. **auf Stellen oder Behörden dieses Staates, die nicht Zentrale Behörden sind, als Verweisung auf die Stellen oder Behörden zu verstehen, die in der betreffenden Gebietseinheit handlungsbefugt sind;**
9. **auf das Recht, das Verfahren oder die Behörde des Staates, in dem eine Maßnahme getroffen wurde, als Verweisung auf das Recht, das Verfahren oder die Behörde der Gebietseinheit zu verstehen, in der diese Maßnahme getroffen wurde;**
10. **auf das Recht, das Verfahren oder die Behörde des ersuchten Staates als Verweisung auf das Recht, das Verfahren oder die Behörde der Gebietseinheit zu verstehen, in der die Anerkennung oder Vollstreckung geltend gemacht wird.**

Art. 48 KSÜ [Recht der Gebietseinheit]

Hat ein Staat zwei oder mehr Gebietseinheiten mit eigenen Rechtssystemen oder Gesamtheiten von Regeln für die in diesem Übereinkommen geregelten Angelegenheiten, so gilt zur Bestimmung des nach Kapitel III anzuwendenden Rechts Folgendes:

a) **Sind in diesem Staat Regeln in Kraft, die das Recht einer bestimmten Gebietseinheit für anwendbar erklären, so ist das Recht dieser Einheit anzuwenden;**
b) **fehlen solche Regeln, so ist das Recht der in Artikel 47 bestimmten Gebietseinheit anzuwenden.**

Art. 49 KSÜ [Bestimmung der Rechte]

Hat ein Staat zwei oder mehr Rechtssysteme oder Gesamtheiten von Regeln, die auf verschiedene Personengruppen hinsichtlich der in diesem Übereinkommen geregelten Angelegenheiten anzuwenden sind, so gilt zur Bestimmung des nach Kapitel III anzuwendenden Rechts Folgendes:

a) **Sind in diesem Staat Regeln in Kraft, die bestimmen, welches dieser Rechte anzuwenden ist, so ist dieses anzuwenden;**
b) **fehlen solche Regeln, so ist das Rechtssystem oder die Gesamtheit von Regeln anzuwenden, mit denen das Kind die engste Verbindung hat.**

Art. 50 KSÜ [Weitergeltende Übereinkommen]

[1]Dieses Übereinkommen lässt das Übereinkommen vom 25. Oktober 1980 über die zivilrechtlichen Aspekte internationaler Kindesentführung im Verhältnis zwischen den Vertragsparteien beider Übereinkommen unberührt. [2]Einer Berufung auf Bestimmungen dieses Übereinkommens zu dem Zweck, die Rückkehr eines widerrechtlich verbrachten oder zurückgehaltenen Kindes zu erwirken oder das Recht auf persönlichen Verkehr[204] durchzuführen, steht jedoch nichts entgegen.

Art. 51 KSÜ [Ersetzte Übereinkommen]

Im Verhältnis zwischen den Vertragsstaaten ersetzt dieses Übereinkommen das Übereinkommen vom 5. Oktober 1961 über die Zuständigkeit der Behörden und das anzuwendende Recht auf dem Gebiet des Schutzes von Minderjährigen und das am 12. Juni 1902 in Den Haag unterzeichnete Abkommen zur Regelung der Vormundschaft über Minderjährige, unbeschadet der Anerkennung von Maßnahmen, die nach dem genannten Übereinkommen vom 5. Oktober 1961 getroffen wurden.

Art. 52 KSÜ [Unberührtheit internationaler Übereinkünfte und Vereinbarungen]

(1) Dieses Übereinkommen lässt internationale Übereinkünfte unberührt, denen Vertragsstaaten als Vertragsparteien angehören und die Bestimmungen über die im vorliegenden Übereinkommen geregelten Angelegenheiten enthalten, sofern die durch eine solche Übereinkunft gebundenen Staaten keine gegenteilige Erklärung abgeben.

(2) Dieses Übereinkommen lässt die Möglichkeit unberührt, dass ein oder mehrere Vertragsstaaten Vereinbarungen treffen, die in Bezug auf Kinder mit gewöhnlichem Aufenthalt in einem der Staaten, die Vertragsparteien solcher Vereinbarungen sind, Bestimmungen über die in diesem Übereinkommen geregelten Angelegenheiten enthalten.

(3) Künftige Vereinbarungen eines oder mehrerer Vertragsstaaten über Angelegenheiten im Anwendungsbereich dieses Übereinkommens lassen im Verhältnis zwischen solchen Staaten und anderen Vertragsstaaten die Anwendung der Bestimmungen des Übereinkommens unberührt.

(4) Die Absätze 1 bis 3 gelten auch für Einheitsrecht, das auf besonderen Verbindungen insbesondere regionaler Art zwischen den betroffenen Staaten beruht.

Art. 53 KSÜ [Anwendung]

(1) Dieses Übereinkommen ist nur auf Maßnahmen anzuwenden, die in einem Staat getroffen werden, nachdem das Übereinkommen für diesen Staat in Kraft getreten ist.

(2) Dieses Übereinkommen ist auf die Anerkennung und Vollstreckung von Maßnahmen anzuwenden, die getroffen wurden, nachdem es im Verhältnis zwischen dem Staat, in dem die Maßnahmen getroffen wurden, und dem ersuchten Staat in Kraft getreten ist.

Art. 54 KSÜ [Sprachenregelung]

(1) Mitteilungen an die Zentrale Behörde oder eine andere Behörde eines Vertragsstaats werden in der Originalsprache zugesandt; sie müssen von einer Übersetzung in die Amtssprache oder eine der Amtssprachen des anderen Staates oder, wenn eine solche Übersetzung nur schwer erhältlich ist, von einer Übersetzung ins Französische oder Englische begleitet sein.

(2) Ein Vertragsstaat kann jedoch einen Vorbehalt nach Artikel 60 anbringen und darin gegen die Verwendung des Französischen oder Englischen, jedoch nicht beider Sprachen, Einspruch erheben.

204 Für Deutschland: das Recht zum persönlichen Umgang.

Art. 55 KSÜ [Vorbehalt]

(1) Ein Vertragsstaat kann sich nach Artikel 60

a) die Zuständigkeit seiner Behörden vorbehalten, Maßnahmen zum Schutz des in seinem Hoheitsgebiet befindlichen Vermögens eines Kindes zu treffen;

b) vorbehalten, die elterliche Verantwortung oder eine Maßnahme nicht anzuerkennen, soweit sie mit einer von seinen Behörden in Bezug auf dieses Vermögen getroffenen Maßnahme unvereinbar ist.

(2) Der Vorbehalt kann auf bestimmte Vermögensarten beschränkt werden.

Art. 56 KSÜ [Spezialkommission zur Prüfung]

Der Generalsekretär der Haager Konferenz für Internationales Privatrecht beruft in regelmäßigen Abständen eine Spezialkommission zur Prüfung der praktischen Durchführung dieses Übereinkommens ein.

Kapitel VII
Schlussbestimmungen

Art. 57 KSÜ [Unterzeichnung]

(1) Dieses Übereinkommen liegt für die Staaten, die zur Zeit der Achtzehnten Tagung der Haager Konferenz für Internationales Privatrecht Mitglied der Konferenz waren, zur Unterzeichnung auf.

(2) Es bedarf der Ratifikation, Annahme oder Genehmigung; die Ratifikations-, Annahme- oder Genehmigungsurkunden werden beim Ministerium für Auswärtige Angelegenheiten des Königreichs der Niederlande, dem Depositar[205] dieses Übereinkommens, hinterlegt.

Art. 58 KSÜ [Beitritt]

(1) Jeder andere Staat kann diesem Übereinkommen beitreten, sobald es nach Artikel 61 Absatz 1 in Kraft getreten ist.

(2) Die Beitrittsurkunde wird beim Depositar[206] hinterlegt.

(3) [1]Der Beitritt wirkt nur im Verhältnis zwischen dem beitretenden Staat und den Vertragsstaaten, die innerhalb von sechs Monaten nach Eingang der in Artikel 63 Buchstabe b vorgesehenen Notifikation keinen Einspruch gegen den Beitritt erhoben haben. [2]Nach dem Beitritt kann ein solcher Einspruch auch von jedem Staat in dem Zeitpunkt erhoben werden, in dem er dieses Übereinkommen ratifiziert, annimmt oder genehmigt. [3]Die Einsprüche werden dem Depositar[207] notifiziert.

Art. 59 KSÜ [Staaten mit mehreren Gebietseinheiten]

(1) Ein Staat, der aus zwei oder mehr Gebietseinheiten besteht, in denen für die in diesem Übereinkommen behandelten Angelegenheiten unterschiedliche Rechtssysteme gelten, kann bei der Unterzeichnung, der Ratifikation, der Annahme, der Genehmigung oder dem Beitritt erklären, dass das Übereinkommen auf alle seine Gebietseinheiten oder nur auf eine oder mehrere davon erstreckt wird; er kann diese Erklärung durch Abgabe einer neuen Erklärung jederzeit ändern.

(2) Jede derartige Erklärung wird dem Depositar[208] unter ausdrücklicher Bezeichnung der Gebietseinheiten notifiziert, auf die dieses Übereinkommen angewendet wird.

(3) Gibt ein Staat keine Erklärung nach diesem Artikel ab, so ist dieses Übereinkommen auf sein gesamtes Hoheitsgebiet anzuwenden.

205 Für Deutschland: Verwahrer.
206 Für Deutschland: Verwahrer.
207 Für Österreich: die Obsorge.
208 Für Österreich: die Obsorge.

Art. 60 KSÜ [Vorbehaltsrecht]

(1) [1]Jeder Staat kann spätestens bei der Ratifikation, der Annahme, der Genehmigung oder dem Beitritt oder bei Abgabe einer Erklärung nach Artikel 59 einen der in Artikel 54 Absatz 2 und Artikel 55 vorgesehenen Vorbehalte oder beide anbringen. [2]Weitere Vorbehalte sind nicht zulässig.

(2) [1]Jeder Staat kann einen von ihm angebrachten Vorbehalt jederzeit zurücknehmen. [2]Die Rücknahme wird dem Depositar[209] notifiziert.

(3) Die Wirkung des Vorbehalts endet am ersten Tag des dritten Kalendermonats nach der in Absatz 2 genannten Notifikation.

Art. 61 KSÜ [Inkrafttreten]

(1) Dieses Übereinkommen tritt am ersten Tag des Monats in Kraft, der auf einen Zeitabschnitt von drei Monaten nach der in Artikel 57 vorgesehenen Hinterlegung der dritten Ratifikations-, Annahme- oder Genehmigungsurkunde folgt.

(2) Danach tritt dieses Übereinkommen in Kraft

a) für jeden Staat, der es später ratifiziert, annimmt oder genehmigt, am ersten Tag des Monats, der auf einen Zeitabschnitt von drei Monaten nach Hinterlegung seiner Ratifikations-, Annahme-, Genehmigungs- oder Beitrittsurkunde folgt;

b) für jeden Staat, der ihm beitritt, am ersten Tag des Monats, der auf einen Zeitabschnitt von drei Monaten nach Ablauf der in Artikel 58 Absatz 3 vorgesehenen Frist von sechs Monaten folgt;

c) für die Gebietseinheiten, auf die es nach Artikel 59 erstreckt worden ist, am ersten Tag des Monats, der auf einen Zeitabschnitt von drei Monaten nach der in jenem Artikel vorgesehenen Notifikation folgt.

Art. 62 KSÜ [Kündigung]

(1) [1]Jeder Vertragsstaat kann dieses Übereinkommen durch eine an den Depositar[210] gerichtete schriftliche Notifikation kündigen. [2]Die Kündigung kann sich auf bestimmte Gebietseinheiten beschränken, auf die das Übereinkommen angewendet wird.

(2) [1]Die Kündigung wird am ersten Tag des Monats wirksam, der auf einen Zeitabschnitt von zwölf Monaten nach Eingang der Notifikation beim Depositar[211] folgt. [2]Ist in der Notifikation für das Wirksamwerden der Kündigung ein längerer Zeitabschnitt angegeben, so wird die Kündigung nach Ablauf des entsprechenden Zeitabschnitts wirksam.

Art. 63 KSÜ [Notifikation]

Der Depositar[212] notifiziert den Mitgliedstaaten der Haager Konferenz für Internationales Privatrecht sowie den Staaten, die nach Artikel 58 beigetreten sind,

a) jede Unterzeichnung, Ratifikation, Annahme und Genehmigung nach Artikel 57;
b) jeden Beitritt und jeden Einspruch gegen einen Beitritt nach Artikel 58;
c) den Tag, an dem dieses Übereinkommen nach Artikel 61 in Kraft tritt;
d) jede Erklärung nach Artikel 34 Absatz 2 und Artikel 59;
e) jede Vereinbarung nach Artikel 39;
f) jeden Vorbehalt nach Artikel 54 Absatz 2 und Artikel 55 sowie jede Rücknahme eines Vorbehalts nach Artikel 60 Absatz 2;
g) jede Kündigung nach Artikel 62.

Zu Urkund dessen haben die hierzu gehörig befugten Unterzeichneten dieses Übereinkommen unterschrieben.

Geschehen in Den Haag am 19. Oktober 1996 in französischer und englischer Sprache, wobei jeder Wortlaut gleichermaßen verbindlich ist, in einer Urschrift, die im Archiv der Regierung des Königreichs

209 Für Österreich: die Obsorge.
210 Für Deutschland: Verwahrer.
211 Für Deutschland: Verwahrer.
212 Für Österreich: die Obsorge.

der Niederlande hinterlegt und von der jedem Staat, der zur Zeit der Achtzehnten Tagung der Haager Konferenz für Internationales Privatrecht Mitglied der Konferenz war, auf diplomatischem Weg eine beglaubigte Abschrift übermittelt wird.

Anhang II zu Art. 24 EGBGB: MSA

Übereinkommen über die Zuständigkeit der Behörden und das anzuwendende Recht auf dem Gebiet des Schutzes von Minderjährigen

vom 5. Oktober 1961

(BGBl. II 1971 S. 217)

Die Kommentierung des Haager Minderjährigenschutzabkommens 1961 (MSA) wird hier noch einmal unverändert in der Fassung der Vorauflage von 2005 abgedruckt. Auf eine Neubearbeitung wurde verzichtet, weil das MSA nach Inkrafttreten des Haager Kinderschutzübereinkommens 1996 (KSÜ) für Deutschland zum 1.1.2011 von diesem bzw. der EheVO 2003 fast vollständig verdrängt wird. Ein Abdruck der Kommentierung der Vorauflage wurde aber für erforderlich gehalten, weil das MSA im Verhältnis zur Türkei und zu Macao noch anwendbar bleibt, solange das KSÜ dort noch nicht in Kraft getreten ist. Die internationale Zuständigkeit deutscher Gerichte für Schutzmaßnahmen richtet sich nach dem MSA, wenn das Kind in der Türkei seinen gewöhnlichen Aufenthalt hat oder wenn ein türkisches Kind in Deutschland seinen gewöhnlichen Aufenthalt hat (s. dazu Art. 21 EGBGB Rn 7 und Art. 59, 60 EheVO Rn 2–6).

Vorbemerkung zu Art. 1–18 MSA

Literatur: *Finger*, Zuständigkeiten nach dem MSA und anderen kindschaftsrechtlichen Übereinkommen, FPR 2002, 621; *Jaspersen*, Die vormundschaftsgerichtliche Genehmigung in Fällen mit Auslandsberührung, FamRZ 1996, 393; *Mottl*, Aufenthalts- und Gefährdungszuständigkeit nach dem Haager Minderjährigenschutzabkommen im Vergleich, IPRax 1994, 60; *Schulz*, Internationale Regelungen zum Sorge- und Umgangsrecht, FamRZ 2003, 336; *Siehr*, Die Rechtslage der Minderjährigen im internationalen Recht und die Entwicklung in diesem Bereich, FamRZ 1996, 1047.

A. Allgemeines

1 Das MSA regelt sowohl die internationale Zuständigkeit als auch das anwendbare Recht beim Erlass von Maßnahmen zum Schutz der Person oder des Vermögens eines Minderjährigen. Das MSA geht von dem Grundsatz des Gleichlaufs von internationaler Zuständigkeit und anwendbarem Recht aus.

B. Anwendbarkeit

2 Das MSA ist am 5.10.1961 verabschiedet worden und für die Bundesrepublik Deutschland am 17.9.1971 in Kraft getreten.[1] Vertragsstaaten sind außerdem Frankreich, Italien, Lettland, Litauen, Luxemburg, die Niederlande, Österreich, Polen, Portugal, die Schweiz, Spanien und die Türkei.

3 Zeitlich ist das MSA auf Maßnahmen anzuwenden, die nach seinem Inkrafttreten erlassen worden sind, auch wenn sich das Verfahren in der Rechtsbeschwerdeinstanz befindet (Art. 17).[2]

4 Anwendbar ist das Übereinkommen auf Minderjährige (Art. 12), die ihren gewöhnlichen Aufenthalt in einem Vertragsstaat haben. Auf die Staatsangehörigkeit kommt es nicht an, weil Deutschland den Vorbehalt nach Art. 13 Abs. 2 nicht erklärt hat.

1 Bek. v. 11.10.1971 (BGBl. I S. 1150).

2 BGHZ 60, 68; Palandt/*Heldrich*, Anh. zu Art. 24 EGBGB Rn 2; Erman/*Hohloch*, Anh. zu Art. 24 EGBGB Rn 10.

Das MSA verdrängt in seinem Anwendungsbereich die autonomen Regelungen in Art. 21, 24 EGBGB gemäß Art. 3 Abs. 2 EGBGB. Das MSA wird seinerseits hinsichtlich der Zuständigkeitsregelung durch die vorrangige EheVO 2000 und EheVO 2003 in deren Anwendungsbereich verdrängt. 5

Während die EheVO 2000 sich nur auf Sorgerechtsmaßnahmen im Zusammenhang mit einer Ehesache der Eltern des Kindes erstreckt, erfasst die EheVO 2003 allgemein die Regelung der elterlichen Verantwortung (s. Art. 2 Nr. 7 EheVO 2003) unabhängig davon, ob sie im Zusammenhang mit einer Ehesache erfolgen soll oder nicht. Für die Fragen der internationalen Zuständigkeit, der Anerkennung und der Vollstreckung einer ausländischen Regelung wird daher das MSA im sachlichen und räumlich-persönlichen Anwendungsbereich der EheVO 2003 verdrängt.[3] Sachlich erfasst die EheVO 2003 nach Art. 1 Abs. 1 lit. b, Abs. 2 und 3, die in Anlehnung an Art. 3 und 4 KSÜ formuliert sind, wohl alle Schutzmaßnahmen (s. Art. 1 Rn 20 ff) mit Ausnahme der öffentlich-rechtlichen Maßnahmen. Für Schutzmaßnahmen im sachlichen Anwendungsbereich der EheVO 2003 richtet sich die internationale Zuständigkeit nach Art. 14 EheVO 2003 dann nach dem MSA, wenn sich der Minderjährige in einem Vertragsstaat des MSA gewöhnlich aufhält, der nicht EU-Mitgliedstaat ist. Nach dem gegenwärtigen Ratifikationsstand sind das die Schweiz und die Türkei. 6

Nach Art. 18 Abs. 2 gehen Staatsverträge, die bei Inkrafttreten des MSA in einem Vertragsstaat gelten, vor. Praktisch bedeutsam ist dies für das deutsch-iranische Niederlassungsabkommen, s. Art. 18 Rn 2; Art. 21 EGBGB Rn 3). 7

Das MSA wird durch das neue Haager Kinderschutzübereinkommen (KSÜ) v. 19.10.1996 ersetzt werden (s. Anhang I zu Art. 24 EGBGB, Art. 1 KSÜ Rn 8). 8

C. Zuständigkeitsregeln

Das MSA sieht als Regel die Zuständigkeit der Gerichte oder Behörden des Aufenthaltsstaates vor (Art. 2). Eine Zuständigkeit der Gerichte oder Behörden im Heimatstaat kann nach Art. 4 bestehen. Bei ernstlicher Gefährdung der Person oder des Vermögens des Minderjährigen können im Staat des gewöhnlichen Aufenthalts des Minderjährigen auch Maßnahmen ohne Beschränkung durch das Heimatrecht ergehen. Art. 9 eröffnet schließlich eine Eilzuständigkeit eines jeden Vertragsstaates, in dem sich der Minderjährige oder ihm gehörendes Vermögen befindet. 9

D. Anwendbares Recht

Das MSA regelt auch das anwendbare Recht für den Erlass von Schutzmaßnahmen. Die zuständigen Behörden wenden jeweils ihr eigenes nationales Sachrecht an. Rück- und Weiterverweisungen aufgrund einer anderen Anknüpfung nach autonomem Kollisionsrecht sind nicht zu beachten.[4] Dies gilt auch für die Berufung des Heimatrechts des Kindes nach Art. 3.[5] 10

Da die zuständigen Behörden regelmäßig ihr eigenes Recht anwenden, kommt es auf die Streitfrage nach selbständiger oder unselbständiger Vorfragenanknüpfung nicht an.[6] Bedeutung hat die Vorfragenanknüpfung nur für die Frage, ob ein vorrangig zu beachtendes gesetzliches Gewaltverhältnis nach Art. 3 besteht. Aufgrund des besonderen Gewichts des internationalen Entscheidungseinklangs im Rahmen der Konvention sind Vorfragen insoweit unselbständig, dh nach dem Kollisionsrecht des Heimatrechts anzuknüpfen. Dies muss auch für die Vorfragen der Gültigkeit der Ehe der Kindeseltern, des Bestehens eines Abstammungsverhältnisses oder einer Adoption gelten.[7] 11

Zu unterscheiden von der eigentlichen Vorfragenanknüpfung ist die Reichweite der im MSA enthaltenen Verweisung auf das Sachrecht des forum.[8] Diese umfasst nicht die Gültigkeit der Ehe der Kindeseltern, Wirksamkeit der Ehescheidung, Geschäftsfähigkeit der Eltern, Abstammung des Kindes oder das Bestehen einer Adoption. Diese Rechtsverhältnisse sind eigenständig nach dem sonstigen Kollisionsrecht des forum anzuknüpfen.[9] 12

3 Krit. *Busch*, IPRax 2003, 218, 222.
4 OLG Karlsruhe NJW 1976, 485, 486; Palandt/*Heldrich*, Anh. zu Art. 24 EGBGB Rn 4.
5 Erman/*Hohloch*, Anh. zu Art. 24 EGBGB Rn 26.
6 In der Lit. wird insoweit die Frage nach der Reichweite der Verweisung im MSA und die Anknüpfung einer Vorfrage nicht ausreichend auseinandergehalten, s. etwa Erman/*Hohloch*, Anh. zu Art. 24 EGBGB Rn 11; Palandt/*Heldrich*, Anh. zu Art. 24 EGBGB Rn 4; klar hingegen Soergel/*Kegel*, vor Art. 19 EGBGB Rn 12.
7 AA OLG Stuttgart FamRZ 1976, 359 m. Anm. *Jayme*; OLG Stuttgart NJW 1980, 1229; MüKo/*Siehr*, Art. 19 EGBGB Anh. I Rn 171, anders aber in Fn 194.
8 So klar Soergel/*Kegel*, vor Art. 19 EGBGB Rn 12; s.a. Staudinger/*Kropholler*, Vor Art. 19 EGBGB Rn 276.
9 MüKo/*Siehr*, Art. 19 EGBGB Anh. I Rn 143; Palandt/*Heldrich*, Anh. zu Art. 24 EGBGB Rn 4; Soergel/*Kegel*, vor Art. 19 EGBGB Rn 12.

Art. 1 MSA [Internationale Zuständigkeit]

Die Behörden, seien es Gerichte oder Verwaltungsbehörden, des Staates, in dem ein Minderjähriger seinen gewöhnlichen Aufenthalt hat, sind vorbehaltlich der Bestimmung der Artikel 3, 4 und 5 Absatz 3 dafür zuständig, Maßnahmen zum Schutz der Person und des Vermögens des Minderjährigen zu treffen.

A. Allgemeines

1 Art. 1 begründet die internationale Zuständigkeit der Gerichte oder Verwaltungsbehörden des **Vertragsstaates**,[10] in dem der Minderjährige seinen gewöhnlichen Aufenthalt hat. Grundgedanke ist, dass die Behörden des Aufenthaltsstaates am sachnächsten und einfachsten die erforderlichen Maßnahmen anordnen können.[11] Der gewöhnliche Aufenthalt des Minderjährigen in einem Vertragsstaat hat damit eine doppelte Funktion: er begründet die Anwendbarkeit des MSA (s. Art. 13) und gleichzeitig die internationale Zuständigkeit der Behörden des Aufenthaltsstaates.

2 Die örtliche, sachliche und funktionelle Zuständigkeit bestimmt sich nach dem autonomen Recht, etwa §§ 36 ff, 43 FGG, §§ 606, 621 Abs. 2 ZPO.[12] Die internationale Zuständigkeit des Aufenthaltsstaates ist nicht ausschließlich, so dass Entscheidungen des Heimatstaates auch dann anerkennungsfähig sind, wenn der Heimatstaat nicht Vertragsstaat des MSA ist.[13] Zum Vorbehalt zugunsten Art. 4 und dem daraus folgenden Vorrang der Heimatstaatenzuständigkeit s. Art. 4 Rn 13 ff.

B. Perpetuatio fori

3 Früher war ungeklärt, ob ein Wechsel des gewöhnlichen Aufenthalts die Zuständigkeit unberührt lässt (perpetuatio fori).[14] Der BGH hat ein Fortbestehen der internationalen Zuständigkeit bei Wechsel des gewöhnlichen Aufenthalts unter Hinweis auf Art. 5 nun verneint.[15]

4 Hat eine **Tatsacheninstanz** noch keine Entscheidung erlassen, ist das Verfahren mangels internationaler Zuständigkeit einzustellen. Erfolgt der Aufenthaltswechsel erst, nachdem die Tatsacheninstanz eine Entscheidung erlassen hat, so bleibt diese Entscheidung grundsätzlich bestehen, bis die Behörden am neuen gewöhnlichen Aufenthalt eine abändernde Entscheidung treffen (s. Art. 5 Rn 1). Dies gilt auch dann, wenn das Verfahren noch in der **Rechtsmittelinstanz** anhängig ist. Da die internationale Zuständigkeit auch in der Rechtsmittelinstanz von Amts wegen zu prüfen ist, hat die Rechtsmittelinstanz das Rechtsmittel allein aufgrund der nun fehlenden internationalen Zuständigkeit zurückzuweisen.[16]

5 Wenn bereits bei der Entscheidung der ersten Instanz kein gewöhnlicher Aufenthalt bestand und die erste Instanz fälschlicherweise von ihrer internationalen Zuständigkeit ausging, so hat das Rechtsmittelgericht die Entscheidung der ersten Instanz ersatzlos aufzuheben.[17] Bestand in der ersten Instanz noch kein gewöhnlicher, sondern etwa nur schlichter Aufenthalt, wird der gewöhnliche Aufenthalt aber noch während des Verfahrens in der zweiten Tatsacheninstanz begründet, so ist die internationale Zuständigkeit für eine Sachentscheidung über das Rechtsmittel durch diese gegeben.[18]

6 Wird der gewöhnliche Aufenthalt eines (auch)[19] deutschen Minderjährigen während des Verfahrens vom Inland in einen anderen Vertragsstaat verlegt, kann das deutsche Gericht als Heimatgericht nach Art. 4 Abs. 1 international zuständig sein.[20] Wird in einem Nicht-Vertragsstaat ein neuer gewöhnlicher Aufenthalt begründet, ist die internationale Zuständigkeit aufgrund der Staatsangehörigkeit nach autonomem Recht begründet (s. Art. 21 EGBGB Rn 37 ff).

10 S. Liste bei Art. 17; dort auch zum zeitlichen Anwendungsbereich.
11 Erman/*Hohloch*, Anh. zu Art. 24 EGBGB Rn 13.
12 Palandt/*Heldrich*, Anh. zu Art. 24 EGBGB Rn 6.
13 BGH FamRZ 1979, 577; OLG München IPRax 1994, 42, 43 m. Bespr. *H. Roth*, S. 19; Erman/*Hohloch*, Anh. zu Art. 24 EGBGB Rn 16; Palandt/*Heldrich*, Anh. zu Art. 24 EGBGB Rn 6.
14 S. Nachw. zum Streitstand bei Erman/*Hohloch*, Anh. zu Art. 24 EGBGB Rn 15.
15 BGH NJW 2002, 2955 = IPRax 2003, 145 = FamRZ 20002, 1182 m.Anm. *Henrich*, S. 1184; OLG Nürnberg IPRax 2003, 147, 148 = NJW-RR 2002, 1515; s.a. schon OLG Hamm NJW-RR 1997, 5.
16 OLG Hamburg IPRax 1986, 386; *Henrich*, FamRZ 2002, 1185; aA BayObLGZ 1976, 25; Erman/*Hohloch*, Anh. zu Art. 24 EGBGB Rn 15.
17 *Bauer*, IPRax 2003, 135, 140.
18 OLG Hamm FamRZ 1991, 1466; 1992, 208; Erman/*Hohloch*, Anh. zu Art. 24 EGBGB Rn 15.
19 S. dazu Art. 4 Rn 2 ff.
20 KG NJW 1974, 424, 425.

C. Verhältnis zu Art. 3

Streitig ist, welche Bedeutung dem Vorbehalt von Art. 3 in Art. 1 zukommt. Nach Art. 3 ist ein Gewaltverhältnis, das nach dem innerstaatlichen Recht des Heimatstaates des Minderjährigen kraft Gesetzes besteht, in allen Vertragsstaaten anzuerkennen. Nach der vor allem von der Rechtsprechung vertretenen sog. **Heimatrechtstheorie** besteht grundsätzlich keine internationale Zuständigkeit nach Art. 2 für Eingriffe in ein Gewaltverhältnis iSv Art. 3.[21] 7

Die sog. **Anerkennungstheorie** lässt bei Bestehen eines gesetzlichen Gewaltverhältnisses nach dem Heimatrecht die internationale Zuständigkeit der Behörden am gewöhnlichen Aufenthalt für Eingriffe in das Gewaltverhältnis nicht entfallen. Das gesetzliche Gewaltverhältnis ist nur anzuerkennen. Eine Schutzmaßnahme ist nicht zu treffen, wenn hierfür bei Anerkennung des Gewaltverhältnisses iSv Art. 3 kein Bedarf mehr besteht. Wenn hingegen trotz Anerkennung des gesetzlichen Gewaltverhältnisses ein Bedarf für eine Schutzmaßnahme besteht, etwa in Form eines Eingriffs in das Gewaltverhältnis, so kann diese Schutzmaßnahme von den Behörden des Aufenthaltsstaates unter Anwendung der lex fori erlassen werden.[22] 8

Der praktische Unterschied der beiden Theorien wird allerdings dadurch verringert, dass eine internationale Zuständigkeit nach Art. 1 auch nach der Heimatrechtstheorie dann besteht, wenn nach dem Heimatrecht eine ausfüllungsbedürftige Lücke vorliegt, dh, wenn auch nach dem Heimatrecht Eingriffe in das gesetzliche Gewaltverhältnis vorgesehen sind. Die Aufenthaltsbehörde kann dann die dem Heimatrecht entsprechenden Maßnahmen nach dem Aufenthaltsrecht erlassen.[23] 9

Die nach der Heimatrechtstheorie erforderliche, oft **schwierige Ermittlung der Eingriffsmöglichkeiten nach dem Heimatrecht** erschwert ohne Grund den Erlass von erforderlichen Maßnahmen und widerspricht daher der durch das MSA verfolgten Praktikabilität der Rechtsanwendung durch die in Art. 1 und 2 angeordnete internationale Zuständigkeit der Aufenthaltsbehörden und dem Gleichlauf des anwendbaren Rechts.[24] 10

Besteht nach dem Heimatrecht eine Eingriffsmöglichkeit in das Gewaltverhältnis nicht, ist ein solcher Eingriff aber nach dem Aufenthaltsrecht möglich und im Interesse des Minderjährigen geboten, so muss die Heimatrechtstheorie über den ordre-public-Vorbehalt in Art. 16 oder über die Sonderzuständigkeit nach Art. 8 wegen Gefährdung des Minderjährigen eine Zuständigkeit zu begründen suchen.[25] 11

Verstößt die gesetzliche Regelung des Gewaltverhältnisses im Heimatrecht gegen den ordre public, entfällt die Anerkennungspflicht nach Art. 3, so dass die internationale Zuständigkeit der Aufenthaltsbehörden und die Anwendbarkeit der lex fori nicht mehr beschränkt werden.[26] 12

Unstreitig lässt der Vorbehalt zu, dass die Behörden des Aufenthaltsstaates Maßnahmen treffen, die das nach dem Heimatrecht bestehende gesetzliche Gewaltverhältnis unterstützen. 13

D. Vorbehalte zugunsten Art. 4 und Art. 5 Abs. 3

S. zu den Vorbehalten Art. 4 Rn 13 ff und Art. 5 Rn 9 ff. 14

E. Gewöhnlicher Aufenthalt

Der Begriff des gewöhnlichen Aufenthalts nach Art. 1 und 2 entspricht dem des autonomen Rechts (s. zu den Einzelheiten daher Art. 5 EGBGB Rn 16 ff). Gewöhnlicher Aufenthalt ist der Ort, an dem sich der tatsächliche Mittelpunkt der Lebensführung des Minderjährigen befindet („**Daseinsmittelpunkt**"), an dem sich der Schwerpunkt seiner sozialen Bindungen durch Familie, Kindergarten/Schule/Beruf und Freundschaften befindet.[27] 15

Abzustellen ist auf den Minderjährigen selbst. Der gewöhnliche Aufenthalt wird nicht von dem der Sorgeberechtigten abgeleitet. Kommt es aber bei der Neubegründung auf den Bleibewillen an (s. Art. 5 EGBGB Rn 18), entscheidet der Wille des zur Aufenthaltsbestimmung berechtigten Sorgeberechtigten.[28] In den soge- 16

21 BGHZ 60, 68; BGH FamRZ 1984, 686; OLG Köln FamRZ 1991, 362; Palandt/*Heldrich*, Anh. zu Art. 24 EGBGB Rn 7.

22 MüKo/*Siehr* Art. 19 EGBGB Anh. I Rn 117; Staudinger/*Kropholler*, Vor Art. 19 EGBGB Rn 219 f.

23 BGH FamRZ 1984, 686; Palandt/*Heldrich*, Anh. zu Art. 24 EGBGB Rn 25; *Mottl*, IPRax 1994, 60, 61.

24 Erman/*Hohloch*, Anh. zu Art. 24 EGBGB Rn 13; MüKo/*Siehr*, Art. 19 EGBGB Anh. I Rn 116; Staudinger/*Kropholler*, Vor Art. 19 EGBGB Rn 210–214.

25 S. etwa BGH FamRZ 1992, 794: Recht des Vaters zum Stichentscheid nach türkischem Recht verstößt gegen den ordre public; deutsche Gerichte sind daher für die Anordnung einer Schutzmaßnahme international zuständig; BayObLG FamRZ 1991, 1218; LG Hamburg IPRax 1998, 490: Entzug des nach afghanischem Recht bestehenden gesetzlichen Sorgerechts des Onkels und Bestellung eines Vormunds über Art. 8.

26 Palandt/*Heldrich*, Anh. zu Art. 24 EGBGB Rn 23.

27 BGH NJW 2002, 2955.

28 OLG Hamm NJW-RR 1997, 5, 6.

nannten **Entführungsfällen**, bei denen der Entführer das Kind gegen den Willen des Allein- oder Mitsorgeberechtigten von seinem bisherigen gewöhnlichen Aufenthaltsort an einen anderen Ort verbringt oder an den Ort des gewöhnlichen Aufenthalts nicht zurückbringt, wird daher nicht sofort ein neuer gewöhnlicher Aufenthalt begründet, selbst wenn der Minderjährige an dem neuen Aufenthaltsort bleiben will.[29]

17 Ein **neuer gewöhnlicher Aufenthalt** wird erst begründet, wenn der neue Aufenthaltsort aufgrund der sozialen Integration des Kindes faktisch zum neuen Daseinsmittelpunkt geworden ist. Eine solche soziale Integration wird bei Minderjährigen in der Regel nach 6 Monaten angenommen.[30] Dabei handelt es sich aber nur um einen Richtwert, der im Einzelfall auch über- oder unterschritten werden kann.[31]

18 Der **Richtwert von 6 Monaten** gilt aber auch in Entführungsfällen; die in Art. 12 Abs. 1 HKÜ enthaltene Jahresfrist bestimmt nur die Voraussetzungen für eine Rückführung des Kindes, ändert aber nicht die Voraussetzungen, unter denen der gewöhnliche Aufenthalt begründet wird.[32] Maßgebend ist die Situation im Zeitpunkt der letzten tatrichterlichen Entscheidung.[33]

19 Lebt das Kind nach dem Willen der Eltern abwechselnd im Land des Vaters und dem Land der Mutter, so hat es regelmäßig auch einen wechselnden gewöhnlichen Aufenthalt.[34]

F. Schutzmaßnahmen

20 Schutzmaßnahmen sind gerichtliche oder behördliche Einzelakte, die im Interesse des Minderjährigen zum Schutz seiner Person oder seines Vermögens getroffen werden können.[35] Der Begriff ist weit und umfasst sowohl privatrechtliche als auch öffentlich-rechtliche Maßnahmen.[36]

21 Dazu gehören zum einen alle Maßnahmen, die die **elterliche Sorge** verteilen, in sie eingreifen oder sonst ausgestalten. Nach der Heimatrechtstheorie sind insoweit aber die Schranken zu beachten, die das Heimatrecht für Eingriffe in ein danach bestehendes gesetzliches Gewaltverhältnis aufstellt (s. Rn 7).

22 Schutzmaßnahmen sind Entscheidungen zur **Verteilung des Sorgerechts** bei Getrenntleben oder Scheidung der Eltern nach §§ 1671, 1672 BGB[37] einschließlich späterer Änderungen, § 1696 BGB.[38] Allerdings wird das MSA für Entscheidungen bei der Scheidung oder gerichtlichen Ehetrennung weitgehend durch die EheVO 2000 verdrängt. Nur soweit nach Art. 8 Abs. 1 EheVO 2000 Raum bleibt, bestimmt sich die internationale Zuständigkeit nach Art. 1 MSA.

23 Schutzmaßnahmen sind auch sonstige Regelungen im Hinblick auf die **Ausübung des Sorgerechts** wie Entscheidungen nach § 1628 BGB bei Meinungsverschiedenheiten der Eltern,[39] Entscheidungen über die religiöse Kindererziehung[40] oder eine Entscheidung über den Anspruch des Sorgeberechtigten auf Herausgabe des Kindes von dem anderen Elternteil oder einem Dritten, § 1632 BGB.[41] Ebenso gehören dazu Entscheidungen über das Umgangsrecht des nicht sorgeberechtigten Elternteils oder von Dritten mit dem Kind nach §§ 1684 f BGB.[42] Schutzmaßnahmen sind auch **vormundschaftsgerichtliche Genehmigungen**, die bei der Ausübung der elterlichen Sorge in Betracht kommen, wie etwa §§ 1631 b, 1643, 1644, 1645 BGB (beachte aber Rn 29).[43]

24 Erfasst werden weiter Maßnahmen gegenüber den Sorgeberechtigten, weil diese ihre Pflichten dem Minderjährigen gegenüber nicht ordnungsgemäß erfüllen, §§ 1666, 1667 BGB. Dazu gehört etwa der **Entzug der**

29 OLG Hamm NJW-RR 1997, 5, 6.
30 OLG Hamm NJW 1974, 1053; OLG Köln FamRZ 1991, 364; Erman/*Hohloch*, Anh. zu Art. 24 EGBGB Rn 18.
31 S. etwa OLG Hamm FamRZ 1991, 1346: gewöhnlicher Aufenthalt bereits nach 4 1/2-monatigem Aufenthalt in der Türkei; OLG Hamm NJW-RR 1997, 5, 6: nach 6 Monaten noch kein gewöhnlicher Aufenthalt in der Türkei; *Baetge*, IPRax 2001, 573, 575.
32 OLG Düsseldorf NJW-RR 1994, 5, 6 = FamRZ 1994, 107 = IPRspr 1993, Nr. 97; *Baetge*, IPRax 2001, 573, 575; aA Staudinger/*Pirrung* (1994), Vor Art. 19 EGBGB Rn 647; *Holl*, Funktion und Bestimmung des gewöhnlichen Aufenthalts bei Kindesentführungen, 2001, S. 129.
33 BGH NJW 1981, 520; OLG Rostock FamRZ 2001, 642 = IPRax 2001, 588 m. Anm. *Baetge*, S. 573.
34 Re V (Abduction: Habitual Residence [1995] 2 F.L.R. 992 Fam. D.); *Baetge*, IPRax 2001, 573, 575.
35 BGHZ 60, 68, 72.
36 S. zu den Einzelheiten MüKo/*Siehr*, Art. 19 EGBGB Anh. I Rn 50 ff; Staudinger/*Kropholler*, Vor Art. 19 EGBGB Rn 48 ff.
37 BGH FamRZ 1984, 686; OLG Hamm FamRZ 1988, 864; Palandt/*Heldrich*, Anh. zu Art. 24 EGBGB Rn 13.
38 BGH IPRax 1987, 317; OLG Hamm FamRZ 1997, 1295; OLG Karlsruhe FamRZ 1997, 562; Palandt/*Heldrich*, Anh. zu Art. 24 EGBGB Rn 13.
39 Erman/*Hohloch*, Anh. zu Art. 24 EGBGB Rn 20.
40 *Henrich*, in: FS Kegel 1987, S. 197.
41 OLG Stuttgart NJW 1985, 566; OLG Hamburg NJW-RR 1990, 1289; OLG Hamm FamRZ 1998, 447; Erman/*Hohloch*, Anh. zu Art. 24 EGBGB Rn 20.
42 OLG Stuttgart FamRZ 1998, 1321; OLG Hamm NJWE-FER 1998, 56; Palandt/*Heldrich*, Anh. zu Art. 24 EGBGB Rn 13.
43 BayObLG IPRspr 1985, Nr. 87; Soergel/*Kegel*, Vor Art. 19 EGBGB Rn 23; Staudinger/*Kropholler*, Vor Art. 19 EGBGB Rn 85; aA *Henrich*, Int. Familienrecht, 2. Aufl. 2000, § 7 II 1 b (1); Palandt/*Heldrich*, Anh. zu Art. 24 EGBGB Rn 14.

elterlichen Sorge insgesamt oder einzelner aus ihr folgender Befugnisse wie etwa das Aufenthaltsbestimmungsrecht.[44] Eine Schutzmaßnahme ist auch die Feststellung des Ruhens der elterlichen Sorge bei tatsächlichem Hindernis nach § 1674 BGB.[45] Zu § 1673 BGB s. Rn 27.

Schutzmaßnahmen sind auch die Anordnung von **Vormundschaft** und **Pflegschaft** für einen Minderjährigen, §§ 1697, 1774 BGB,[46] sowie die Bestellung und Entlassung des Vormunds oder Pflegers, §§ 1789, 1886 BGB,[47] sowie andere Maßnahmen zur Gestaltung der Vormundschaft und Pflegschaft, etwa §§ 1796, 1797, 1798, 1837 BGB.[48] Darunter fallen insbesondere auch Anordnungen und Genehmigung hinsichtlich der Verwaltung des Vermögens des Minderjährigen, etwa §§ 1811, 1812, 1815 Abs. 2, 1817, 1818 ff BGB.[49] 25

Öffentlich-rechtliche Maßnahmen sind etwa Erziehungshilfen nach §§ 27 ff SGB VIII und vorläufige Unterbringung nach § 42 SGB VIII,[50] nicht hingegen ausländerrechtliche Maßnahmen wie ein Abschiebeverbot.[51] 26

Mangels Schutzmaßnahme ist das **MSA nicht einschlägig**, wenn eine **Rechtsfolge** nicht aufgrund behördlicher Entscheidung, sondern **aufgrund Gesetzes eintritt**, wie etwa die Amtsvormundschaft nach § 1791 c BGB oder das Ruhen der elterlichen Sorge nach § 1673 BGB.[52] Gleiches gilt für die Beistandschaft nach §§ 1712 ff BGB, weil sie aufgrund bloßen Antrags kraft Gesetzes eintritt.[53] 27

Da das MSA nur Maßnahmen zum Schutz der Person und des Vermögens des Minderjährigen erfasst,[54] stellen folgende Maßnahmen zugunsten von Minderjährigen **keine Schutzmaßnahmen** iSv Art. 1 dar:[55] der Ausspruch der Adoption, § 1752 BGB, die Feststellung des Bestehens oder Nichtbestehens der Vaterschaft, die Namenseintragung oder die die Staatsangehörigkeit eines Minderjährigen betreffenden Entscheidungen; Maßnahmen zur Verwirklichung des Unterhaltsrechts, etwa Bestellung eines Vertreters für den Unterhaltsprozess. 28

Aus dem gleichen Grund unterfallen vormundschaftsgerichtliche Genehmigungen und Einwilligungsersetzungen in folgenden Bereichen nicht dem MSA:[56] Im Bereich der Geschäftsfähigkeit (§§ 112, 113 BGB), der Heirat (§ 1303 Abs. 2 BGB), der Adoption (§§ 1746 Abs. 1 S. 4, Abs. 3, 1748, 1749 Abs. 1 BGB), der Staatsangehörigkeit (etwa §§ 19 Abs. 1 S. 1, 25 Abs. 1 StAG) oder von Vaterschaftsanerkenntnissen. 29

Art. 2 MSA [Anwendung des Aufenthaltsrechts]

(1) Die nach Artikel 1 zuständigen Behörden haben die nach ihrem innerstaatlichen Recht vorgesehenen Maßnahmen zu treffen.

(2) [1]Dieses Recht bestimmt die Voraussetzungen für die Anordnung, die Änderung und die Beendigung dieser Maßnahme. [2]Es regelt auch deren Wirkungen sowohl im Verhältnis zwischen dem Minderjährigen und den Personen oder den Einrichtungen, denen er anvertraut ist, als auch im Verhältnis zu Dritten.

A. Allgemeines

Art. 2 bestimmt das anwendbare Recht für den Erlass von Schutzmaßnahmen. Aufgrund des in Abs. 1 angeordneten Gleichlaufs wenden die nach Art. 1 zuständigen Aufenthaltsbehörden ihr eigenes Sachrecht an. Vorrang hat aber ein gesetzliches Gewaltverhältnis nach dem Heimatrecht des Minderjährigen (Art. 3).[57] 1

Die Anknüpfung an die lex fori verdrängt für die Anordnung von Schutzmaßnahmen die autonome Regelung in Art. 21 EGBGB. Geht es hingegen nicht um den Erlass einer Schutzmaßnahme, bleibt es bei der autonomen Regelung nach Art. 21 EGBGB. 2

44 BayObLG FamRZ 1997, 954; OLG Frankfurt FamRZ 1997, 571 (Herausgabe des Reisepasses); Erman/*Hohloch*, Anh. zu Art. 24 EGBGB Rn 20; Palandt/*Heldrich*, Anh. zu Art. 24 EGBGB Rn 13.
45 BayObLG FamRZ 1992, 1346/1348.
46 BayObLG FamRZ 1992, 1346; 1993, 463; BayObLGZ 78, 251: Anordnung einer Ergänzungspflegschaft, § 1909 BGB.
47 BayObLGZ 1990, 241/245; BayObLG FamRZ 1992, 1346.
48 BayObLG IPRspr 1985 Nr. 87; Erman/*Hohloch*, Anh. zu Art. 24 EGBGB Rn 21; Soergel/*Kegel*, vor Art. 19 EGBGB Rn 23; aA Palandt/*Heldrich*, Anh. zu Art. 24 EGBGB Rn 14; *Jaspers*, FamRZ 1996, 396.
49 S. AG Glückstadt FamRZ 1980, 824; Erman/*Hohloch*, Anh. zu Art. 24 EGBGB Rn 21.
50 Erman/*Hohloch*, Anh. zu Art. 24 EGBGB Rn 21; Palandt/*Heldrich*, Anh. zu Art. 24 EGBGB Rn 13.
51 OVG Hamburg IPRspr 1999 Nr. 77; aA VG Frankfurt IPRspr 1994 Nr. 105; Palandt/*Heldrich*, Anh. zu Art. 24 EGBGB Rn 13.
52 BayObLGE 1976, 198; Palandt/*Heldrich*, Anh. zu Art. 24 EGBGB Rn 14.
53 Erman/*Hohloch*, Anh. zu Art. 24 EGBGB Rn 22; Palandt/*Heldrich*, Anh. zu Art. 24 EGBGB Rn 14; zur früheren Amtspflegschaft s. BGHZ 111, 199.
54 Soergel/*Kegel*, vor Art. 19 EGBGB Rn 9.
55 S. Erman/*Hohloch*, Anh. zu Art. 24 EGBGB Rn 21 f; Soergel/*Kegel*, vor Art. 19 EGBGB Rn 9.
56 Soergel/*Kegel*, vor Art. 19 EGBGB Rn 24.
57 Soergel/*Kegel*, vor Art. 19 EGBGB Rn 25.

3 Da nach Art. 18 Abs. 2 Bestimmungen anderer zwischenstaatlicher Übereinkommen unberührt bleiben, geht das deutsch-iranische Niederlassungsabkommen dem in Art. 2 angeordneten Gleichlauf vor. Sind alle Beteiligten iranische Staatsangehörige, haben die nach Art. 1 zuständigen deutschen Gerichte iranisches Recht anzuwenden.[58]

4 Zur Frage des anwendbaren Rechts bei Schutzmaßnahmen aufgrund der Zuständigkeit nach der EheVO 2003 s. Anhang I zum III. Abschnitt Art. 8 EheVO Rn 6 ff.

5 Zu **Anpassungsproblemen** könnte es kommen, wenn nach dem Aufenthaltsrecht kraft Gesetzes ein Rechtszustand eintritt, der eine Schutzmaßnahme entbehrlich macht, nach dem Sorgerechtsstatut aufgrund autonomen Rechts hingegen eine Schutzmaßnahme erforderlich war. Die hM löste das Problem dadurch, dass das deutsche Gericht die im deutschen Sachrecht vorgesehene Rechtslage durch Anordnung herstellt.[59] Im Rahmen von Art. 1, 2 kann dieses Anpassungsproblem nicht mehr auftreten, weil nun auch Art. 21 EGBGB an den gewöhnlichen Aufenthalt anknüpft.[60]

6 Zu dem Anpassungsproblem kann es weiterhin im Rahmen von Art. 4 oder 9 kommen, wenn nach dem Sorgerechtsstatut eine Schutzmaßnahme erforderlich ist, nach dem Heimatrecht bzw nach der lex fori hingegen bereits kraft Gesetzes eine Lösung eintritt.

B. Reichweite der Verweisung

7 Die durch Art. 2 berufene lex fori bestimmt die Arten der möglichen Schutzmaßnahmen, die Voraussetzungen ihrer Anordnung, Änderung und Beendigung.[61] Erfasst werden auch die Wirkungen von Maßnahmen, etwa der Umfang der Vertretungsmacht des bestellten Vormunds.[62]

8 Das Aufenthaltsrecht ist in diesem Bereich umfassend zur Anwendung berufen; daher sind etwa bei deutschem Aufenthaltsrecht auch Beschränkungen für Maßnahmen aufgrund der Grundrechte zu berücksichtigen.[63]

Art. 3 MSA [Nach Heimatrecht bestehende Gewaltverhältnisse]

Ein Gewaltverhältnis, das nach dem innerstaatlichen Recht des Staates, dem der Minderjährige angehört, kraft Gesetzes besteht, ist in allen Vertragsstaaten anzuerkennen.

A. Allgemeines

1 Die Pflicht zur Anerkennung eines nach dem Heimatrecht des Minderjährigen bestehenden gesetzlichen Gewaltverhältnisses ist ein wenig gelungener Kompromiss zwischen der herkömmlichen Anknüpfung an die Staatsangehörigkeit und der neuen Anknüpfung an den gewöhnlichen Aufenthalt und der daraus folgenden Berufung des Umweltrechts des Minderjährigen.[64]

2 Ein **Gewaltverhältnis** ist die elterliche Sorge im Ganzen oder Teile hiervon, wie die Personensorge, Vermögenssorge, der Stichentscheid eines Elternteils oder Überwachungs- und Mitwirkungsrechte sowie die gesetzliche Vormundschaft einer natürlichen Person oder einer Behörde.[65] Ein **gesetzliches** Gewaltverhältnis liegt vor, wenn es ohne gerichtliche oder behördliche Anordnung unmittelbar aufgrund Gesetzes besteht.[66]

3 Zum Streit über die Bedeutung der in Art. 3 angeordneten Anerkennung für den Erlass von Schutzmaßnahmen durch die Behörden des Aufenthaltsstaates s. Art. 1 Rn 7 ff.

58 BGHZ 120, 29, 31 = IPRax 1993, 102 = NJW 1993, 848 = FamRZ 1993, 316; OLG Bremen NJW-RR 2000, 3, 4; Palandt/*Heldrich*, Anh. zu Art. 24 EGBGB Rn 53; Staudinger/*Kropholler*, Vor Art. 19 EGBGB Rn 611, 614.

59 OLG Hamm NJW 1978, 1747; BayObLG IPRax 1984, 96, 97; MüKo/*Siehr*, Art. 19 EGBGB Anh. I Rn 135; Palandt/*Heldrich*, Anh. zu Art. 24 EGBGB Rn 17; aA *Kropholler*, IPRax 1984, 81, 82; *Jayme*, StAZ 1976, 199: Eintritt der Rechtslage nach Aufenthaltsrecht kraft Gesetzes.

60 Sind deutsche Gerichte aufgrund des gewöhnlichen Aufenthalts im Inland nach Art. 1 zuständig, verweist Art. 21 auf deutsches Sachrecht; die Anwendbarkeit eines anderen Rechts aufgrund Rück- oder Weiterverweisung ist nicht möglich; anders Palandt/*Heldrich*, Anh. zu Art. 24 EGBGB Rn 17.

61 Erman/*Hohloch*, Anh. zu Art. 24 EGBGB Rn 23; MüKo/*Siehr*, Art. 19 EGBGB Anh. I Rn 130 ff; Palandt/*Heldrich*, Anh. zu Art. 24 EGBGB Rn 16.

62 OGH ZfRV 1993, 213; MüKo/*Siehr*, Art. 19 EGBGB Anh. I Rn 139; Staudinger/*Kropholler*, Vor Art. 19 EGBGB Rn 272.

63 S. etwa LG Hamburg IPRax 1998, 490 f: Vollstreckung einer Herausgabeanordnung gegen den Willen einer 15-Jährigen verstößt gegen Art. 1 Abs. 1, 2 Abs. 1 GG; BayObLG FamRZ 1985, 737; Erman/*Hohloch*, Anh. zu Art. 24 EGBGB Rn 23; Palandt/*Heldrich*, Anh. zu Art. 24 EGBGB Rn 16; *Wieser*, FamRZ 1990, 696; aA *Knöpfl*, FamRZ 1985, 1211; *Schütz*, FamRZ 1986, 528.

64 Erman/*Hohloch*, Anh. zu Art. 24 EGBGB Rn 24.

65 Soergel/*Kegel*, vor Art. 19 EGBGB Rn 30.

66 Palandt/*Heldrich*, Anh. zu Art. 24 EGBGB Rn 18.

B. Verhältnis zum autonomen Kollisionsrecht

Art. 3 ist nach heute allgemeiner Meinung keine allgemeine Kollisionsnorm, sondern nur einschlägig, wenn eine Schutzmaßnahme erlassen werden soll.[67] 4

Wird unabhängig von einer Schutzmaßnahme nach dem Vorliegen eines Gewaltverhältnisses gefragt, so bestimmt sich das anwendbare Recht nach Art. 21, 24 EGBGB.[68] Liegt danach ein gesetzliches Gewaltverhältnis vor und besteht kein Bedarf für eine Schutzmaßnahme, so hat es damit sein Bewenden. Besteht der Bedarf für eine Schutzmaßnahme, weil ein gesetzliches Gewaltverhältnis nach dem aufgrund Art. 21, 24 EGBGB anwendbaren Recht nicht vorliegt oder nicht ausreicht, so hat die nach Art. 1 international zuständige Behörde im Verfahren der Anordnung einer Schutzmaßnahme die Frage nach dem Bestehen eines gesetzlichen Gewaltverhältnisses gemäß Art. 3 nach dem Heimatrecht des Minderjährigen zu beurteilen. 5

Liegt nach dem Heimatrecht ein gesetzliches Gewaltverhältnis vor und entfällt daher der Bedarf für die Anordnung einer Schutzmaßnahme, so hat es mit dem gesetzlichen Gewaltverhältnis nach Art. 3 sein Bewenden. Auch ohne tatsächlichen Erlass einer Schutzmaßnahme richtet sich das Gewaltverhältnis nach dem durch Art. 3 berufenen Heimatrecht des Minderjährigen. 6

Lässt das Bestehen eines gesetzlichen Gewaltverhältnisses nach dem Heimatrecht die Erforderlichkeit einer Schutzmaßnahme nicht entfallen, so besteht nach der Heimatrechtstheorie die Zuständigkeit gemäß Art. 1 nur, wenn eine entsprechende Maßnahme auch nach dem Heimatrecht möglich wäre. Ist dies nicht der Fall, ergibt sich die internationale Zuständigkeit der Behörden des Aufenthaltsstaates regelmäßig aus Art. 8. 7

C. Einzelfragen

Ein gesetzliches Gewaltverhältnis nach dem Recht des Heimatstaates ist auch dann zu beachten, wenn dieser **kein Vertragsstaat** ist (s. Art. 13 Rn 5).[69] Verwiesen wird auf das Sachrecht des Heimatstaates, eine Rück- oder Weiterverweisung ist ausgeschlossen.[70] 8

Vorfragen bei der Anwendung des Heimatrechts, etwa nach der Abstammung des Minderjährigen oder nach Wirksamkeit der Ehe der Eltern, sind zur Wahrung des internationalen Entscheidungseinklangs unselbständig anzuknüpfen.[71] 9

Welche Staatsangehörigkeit oder Staatsangehörigkeiten der Minderjährige besitzt, ist nach dem Recht des Staates zu beurteilen, um dessen Staatsangehörigkeit es geht. Vorfragen sind daher aus der Sicht dieser Rechtsordnung zu entscheiden (s. auch Art. 5 EGBGB Rn 7).[72] 10

Bei einem nur ausländischen **Mehrstaater** kommt es nach allgemeiner Meinung auf die effektive Staatsangehörigkeit an.[73] Diese ist für den Minderjährigen eigenständig zu bestimmen und nicht von der der sorgeberechtigten Eltern abzuleiten.[74] Maßgeblich ist die aktuelle effektive Staatsangehörigkeit. Ein Staatsangehörigkeitserwerb oder ein Wechsel der Effektivität ist noch in der Beschwerdeinstanz zu beachten.[75] 11

67 BGHZ 111, 199, 205; Erman/*Hohloch*, Anh. zu Art. 24 EGBGB Rn 27; Palandt/*Heldrich*, Anh. zu Art. 24 EGBGB Rn 20.

68 Palandt/*Heldrich*, Anh. zu Art. 24 EGBGB Rn 20.

69 Erman/*Hohloch*, Anh. zu Art. 24 EGBGB Rn 25; Palandt/*Heldrich*, Anh. zu Art. 24 EGBGB Rn 22.

70 Erman/*Hohloch*, Anh. zu Art. 24 EGBGB Rn 26; Palandt/*Heldrich*, Anh. zu Art. 24 EGBGB Rn 22.

71 So wohl auch Palandt/*Heldrich*, Anh. zu Art. 24 EGBGB Rn 4; nicht einschlägig ist insoweit OLG Karlsruhe NJW 1976, 485; KG OLGZ 1976, 281.

72 Erman/*Hohloch*, Anh. zu Art. 24 EGBGB Rn 25; Palandt/*Heldrich*, Anh. zu Art. 24 EGBGB Rn 18.

73 Überwiegend wird dies Art. 5 Abs. 1 S. 1 EGBGB entnommen: OLG Hamm FamRZ 1988, 1199; BayObLGZ 1990, 241, 247; Palandt/*Heldrich*, Anh. zu Art. 24 EGBGB Rn 19; eine andere Meinung stützt dies auf den Rechtsgedanken des Art. 14 MSA: OLG München IPRax 1988, 32; *Mansel*, IPRax 1985, 209, 210; aufgrund der staatsvertraglichen Natur und Funktion der Norm: Staudinger/*Kropholler*, Vor Art. 19 EGBGB Rn 349.

74 *Mansel*, IPRax 1985, 209, 210 f; Palandt/*Heldrich*, Anh. zu Art. 24 EGBGB Rn 19; s. zu Fällen, bei denen eine effektive Staatsangehörigkeit nicht bestimmt werden kann OLG München IPRax 1988, 32 mit Aufsatz *Mansel*, S. 22.

75 BGH NJW 1981, 520, 522; Palandt/*Heldrich*, Anh. zu Art. 24 EGBGB Rn 19; offen gelassen in BGH NJW 1997, 3024, 3025 = FamRZ 1997, 1070 = IPRspr 1997 Nr. 9.

12 Bei einem auch deutschen Mehrstaater wendet die Rechtsprechung Art. 5 Abs. 1 S. 2 EGBGB an, so dass immer nur die deutsche Staatsangehörigkeit maßgeblich ist.[76] Zur Wahrung des Entscheidungseinklangs sollte richtigerweise auch insoweit auf die effektive Staatsangehörigkeit abgestellt werden.[77]

13 Bei **Staatenlosen** und **Flüchtlingen** läuft Art. 3 regelmäßig leer, weil insoweit auf den gewöhnlichen Aufenthalt abgestellt wird (s. Anhang II zu Art. 5 EGBGB Rn 5).

Art. 4 MSA [Eingreifen der Heimatbehörden]

(1) Sind die Behörden des Staates, dem der Minderjährige angehört, der Auffassung, daß das Wohl des Minderjährigen es erfordert, so können sie nach ihrem innerstaatlichen Recht zum Schutz der Person oder des Vermögens des Minderjährigen Maßnahmen treffen, nachdem sie die Behörden des Staates verständigt haben, in dem der Minderjährige seinen gewöhnlichen Aufenthalt hat.

(2) [1]Dieses Recht bestimmt die Voraussetzungen für die Anordnung, die Änderung und die Beendigung dieser Maßnahmen. [2]Es regelt auch deren Wirkungen sowohl im Verhältnis zwischen dem Minderjährigen und den Personen oder den Einrichtungen, denen er anvertraut ist, als auch im Verhältnis zu Dritten.

(3) Für die Durchführung der getroffenen Maßnahmen haben die Behörden des Staates zu sorgen, dem der Minderjährige angehört.

(4) Die nach den Absätzen 1 bis 3 getroffenen Maßnahmen treten an die Stelle von Maßnahmen, welche die Behörden des Staates getroffen haben, in dem der Minderjährige seinen gewöhnlichen Aufenthalt hat.

A. Allgemeines

1 Art. 4 eröffnet für Schutzmaßnahmen eine konkurrierende Zuständigkeit der Behörden des Heimatstaates. Die Zuständigkeit der Heimatstaatbehörden geht zwar der allgemeinen Aufenthaltszuständigkeit nach Art. 1 vor, ist aber ihrerseits davon abhängig, dass die Aufenthaltsbehörde vorher verständigt wird und ein Eingreifen der Heimatbehörde erforderlich ist. Art. 4 begründet nur die Zuständigkeit eines Vertragsstaates, dem der Minderjährige angehört (s. Art. 13 Rn 4).

B. Voraussetzungen der Zuständigkeit nach Abs. 1

I. Heimatstaatbehörden bei mehrfacher Staatsangehörigkeit

2 Ist der minderjährige Mehrstaater auch Deutscher, kann nach der Rechtsprechung des BGH hierauf immer eine Zuständigkeit deutscher Gerichte nach Abs. 1 gestützt werden.[78] Wenn der Minderjährige mehrere

76 Ausdr. für Art. 3: BayObLGZ 1990, 241, 247 = FamRZ 1991, 216 = IPRspr 1990 Nr. 120; Erman/*Hohloch*, Anh. zu Art. 24 EGBGB Rn 25; Palandt/*Heldrich*, Anh. zu Art. 24 EGBGB Rn 19; für Art. 4: BGH FamRZ 1997, 1070, 1071; OLG Hamm NJW 1992, 636; OLG Nürnberg FamRZ 2003, 163; OLG Stuttgart FamRZ 1997, 1352.

77 OLG Düsseldorf NJW-RR 1994, 5, 6 = FamRZ 1994, 107 = IPRspr 1993, Nr. 97; *Jayme*, IPRax 1989, 107; *Mansel*, IPRax 1988, 22, 23; MüKo/*Siehr*, Art. 19 EGBGB Anh. I Rn 174; Soergel/*Kegel*, vor Art. 19 EGBGB Rn 38; Staudinger/*Kropholler*, Vor Art. 19 EGBGB Rn 352.

78 BGH NJW 1997, 3024, 3025 = FamRZ 1997, 1070 = IPRspr 1997 Nr. 99; OLG Nürnberg FamRZ 2003, 163; LG München FamRZ 1998, 1322, 1323; Soergel/*Kegel*, vor Art. 19 EGBGB Rn 43; Erman/*Hohloch*, Anh. zu Art. 24 EGBGB Rn 31; Palandt/*Heldrich*, Anh. zu Art. 24 EGBGB Rn 31; aA *Rauscher*, IPRax 1985, 214, 216; Staudinger/*Kropholler*, Vor Art. 19 EGBGB Rn 390: effektive Staatsangehörigkeit.

Staatsangehörigkeiten anderer Vertragsstaaten besitzt, soll nach hM nur die effektive Staatsangehörigkeit eine Zuständigkeit nach Abs. 1 begründen können.[79]

Richtigerweise sollte die internationale Zuständigkeit auf jede Staatsangehörigkeit eines Vertragsstaates gestützt werden können. Die konkurrierende Zuständigkeit mehrerer Vertragsstaaten wird auch hingenommen, wenn jeweils die eigene Staatsangehörigkeit für die Zuständigkeitsbegründung für ausreichend gehalten wird. Ein Rangverhältnis sollte nicht über die teilweise nur schwer feststellbare Effektivität der Staatsangehörigkeit, sondern durch eine zurückhaltende Inanspruchnahme der Zuständigkeit nur im Kindesinteresse hergestellt werden.[80] 3

Wenn die effektive Staatsangehörigkeit die eines Nicht-Vertragsstaates ist, reicht jedenfalls die (nicht effektive) Staatsangehörigkeit eines Vertragsstaates für die Zuständigkeitsbegründung nach Abs. 1 aus.[81] 4

II. Erfordernis des Eingreifens zum Wohl des Minderjährigen

Die Zuständigkeit der Heimatbehörden ist eine Ausnahmezuständigkeit, von der nur unter Zurückhaltung Gebrauch gemacht werden darf.[82] Durch das Eingreifen der Heimatbehörden muss den Interessen des Minderjährigen besser gedient und der Schutz besser gewährleistet werden können, als dies durch ein Tätigwerden der Aufenthaltsbehörden möglich wäre.[83] Dies kommt in Betracht, wenn Angelegenheiten des Minderjährigen im Inland zu regeln sind, wenn es im konkreten Fall ausnahmsweise auf die besondere Sachkunde und Kompetenz der Heimatbehörden ankommt oder wenn die Behörden des Aufenthaltsstaates nicht in der Lage oder willens sind, eine im Interesse des Minderjährigen gebotene Schutzmaßnahme anzuordnen.[84] 5

Die Voraussetzungen liegen nicht allein deswegen vor, weil über das Sorgerecht im Verbund mit einer Scheidung der Eltern im Inland entschieden werden soll.[85] Dies ergibt sich indirekt auch daraus, dass Art. 15 die Möglichkeit eines Vorbehalts für die Verbundzuständigkeit vorsieht, von der Deutschland aber keinen Gebrauch gemacht hat. 6

III. Vorherige Verständigung der Aufenthaltsbehörden

Formale Voraussetzung für die Zuständigkeit der Heimatbehörden ist die vorherige Verständigung der Behörden des Aufenthaltsstaates.[86] Der Sinn dieser Regelung besteht darin, den Heimatbehörden die notwendigen Kenntnisse zu verschaffen und den Aufenthaltsbehörden im Hinblick auf den Vorrang einer Entscheidung des Heimatstaates rechtzeitig zu informieren.[87] Unstreitig ist ein Meinungsaustausch oder sogar ein Einverständnis der Aufenthaltsbehörde nicht erforderlich.[88] 7

Die Verständigung hat durch das Gericht von Amts wegen zu erfolgen. Ist sie unterblieben, stellt dies eine Rechtsverletzung dar, die mit der Rechtsbeschwerde geltend gemacht werden kann. Eine **Nachholung** auch noch in der Beschwerdeinstanz ist möglich, weil dadurch ein erneutes Verfahren vermieden werden kann.[89] 8

Eine Verständigung der Behörden des Aufenthaltsstaates nach Art. 4 ist nur erforderlich, wenn es sich um einen Vertragsstaat handelt.[90] Bei Aufenthalt in einem Nicht-Vertragsstaat folgt die internationale Zuständigkeit mangels Anwendbarkeit des MSA aus §§ 35, 43 FGG. 9

79 OLG Nürnberg IPRax 2003, 147, 148 = NJW-RR 2002, 1515; Palandt/*Heldrich*, Anh. zu Art. 24 EGBGB Rn 31; Staudinger/*Kropholler*, Vor Art. 19 EGBGB Rn 390; aA *Hüßtege*, IPRax 1996, 104, 106; MüKo/*Siehr*, Art. 19 EGBGB Anh. I Rn 205 f.

80 MüKo/*Siehr*, Art. 19 EGBGB Anh. I Rn 206.

81 Staudinger/*Kropholler*, Vor Art. 19 EGBGB Rn 393.

82 BGH NJW 1997, 3024, 3025; Erman/*Hohloch*, Anh. zu Art. 24 EGBGB Rn 31; Palandt/*Heldrich*, Anh. zu Art. 24 EGBGB Rn 31.

83 BGH NJW 1997, 3024, 3025.

84 BGH NJW 1997, 3024, 3025; OLG Celle FamRZ 1993, 95; MüKo/*Siehr*, Art. 19 EGBGB Anh. I Rn 214; Staudinger/*Kropholler*, Vor Art. 19 EGBGB Rn 380; s. OLG Stuttgart NJW 1978, 1746; OLG Celle NJW-RR 1992, 1288 = FamRZ 1993, 95; OLG Karlsruhe NJW-RR 1994, 1420 = FamRZ 1994, 642; BayObLG IPRax 1982, 106 m. Aufsatz *Hüßtege*, S. 95.

85 OLG Düsseldorf NJW-RR 1994, 268 = FamRZ 1993, 1108; *Jayme*, FamRZ 1979, 22; Staudinger/*Kropholler*, Vor Art. 19 EGBGB Rn 380.

86 KG NJW 1974, 424, 425; Erman/*Hohloch*, Anh. zu Art. 24 EGBGB Rn 31; Palandt/*Heldrich*, Anh. zu Art. 24 EGBGB Rn 31.

87 Staudinger/*Kropholler*, Vor Art. 19 EGBGB Rn 382.

88 *Hüßtege*, IPRax 1996, 104,105; Staudinger/*Kropholler*, Vor Art. 19 EGBGB Rn 383.

89 OLG Düsseldorf FamRZ 1993, 1108, 1109; OLG Hamm IPRax 1988, 39; OGH ÖJZ 1978, 397; Erman/*Hohloch*, Anh. zu Art. 24 EGBGB Rn 31; aA LG München FamRZ 1998, 1322, 1323; Palandt/*Heldrich*, Anh. zu Art. 24 EGBGB Rn 31; *Hüßtege*, IPRax 1996, 104.

90 Palandt/*Heldrich*, Anh. zu Art. 24 EGBGB Rn 31; Staudinger/*Kropholler*, Vor Art. 19 EGBGB Rn 372.

10 Eine ohne vorherige Verständigung der Behörden des Aufenthaltsstaates ergangene Entscheidung muss von den anderen Vertragsstaaten nicht nach Art. 7 anerkannt werden[91] und ersetzt nicht die im Aufenthaltsstaat erlassenen früheren Maßnahmen.[92]

11 Zur Möglichkeit eines direkten Behördenverkehrs und zu den **Mitteilungsempfängern** s. Art. 10, 11 Rn 12 ff.

C. Anwendbares Recht

12 Die Heimatbehörden ordnen Schutzmaßnahmen nach ihrem innerstaatlichen Recht an.[93] Die in Abs. 2 angeordnete Reichweite der Verweisung entspricht Art. 2 Abs. 2 (s. dazu Art. 2 Rn 7 f).

D. Verhältnis zur Zuständigkeit der Aufenthaltsbehörden

13 Macht die Behörde des Heimatstaates von der Zuständigkeit nach Abs. 1 Gebrauch und erlässt eine Schutzmaßnahme, gebührt ihr der **Vorrang**. Die Zuständigkeit der Aufenthaltsbehörden nach Art. 1 entfällt,[94] auch wenn eine Aufenthaltsbehörde bereits vorher mit der Sache befasst war.[95] Liegen die Voraussetzungen für die Zuständigkeit nach Art. 4 (Notwendigkeit des Eingreifens, vorherige Verständigung) nicht vor, bleibt die Zuständigkeit der Aufenthaltsbehörden nach Art. 1 erhalten.[96]

14 Hat die Heimatbehörde nur für einen **Teilbereich** eine Maßnahme getroffen, bleibt die Zuständigkeit der Aufenthaltsbehörden nach Art. 1 für den nicht geregelten Bereich erhalten.[97]

15 Der Vorrang gilt auch dann, wenn eine Aufenthaltsbehörde bereits eine Maßnahme erlassen hat. Soweit die Heimatbehörde eine Maßnahme erlässt, die im Aufenthaltsstaat anzuerkennen ist, treten sie an die Stelle der Anordnungen durch die Aufenthaltsbehörde. Diese Rechtsfolge tritt ex lege ein; es soll verhindert werden, dass widersprechende Schutzmaßnahmen zweier Vertragsstaaten nebeneinander bestehen.[98]

16 Für die **Änderung** der vom Heimatstaat erlassenen Schutzmaßnahme, die aufgrund einer veränderten Sachlage erforderlich wird, besteht wieder die Zuständigkeit der Aufenthaltsbehörden nach Art. 1.[99] Allerdings steht auch diese Abänderungszuständigkeit unter dem Vorbehalt des Art. 4, entfällt also, wenn die Heimatbehörde unter den Voraussetzungen von Abs. 1 selbst tätig wird.

17 Unberührt bleiben in jedem Fall die Zuständigkeiten nach **Art. 8 und 9**, auf die auch eine Änderung der Entscheidung der Heimatbehörde gestützt werden kann, wenn sich die Sachlage nicht geändert hat.[100]

E. Durchführung

18 Nach Abs. 3 haben die Heimatbehörden selbst für die Durchführung der von ihnen getroffenen Schutzmaßnahmen zu sorgen. Den Heimatbehörden obliegt daher etwa die Kontrolle und Überwachung einer angeordneten Vormundschaft.[101] Ist die Durchführung der Maßnahme durch die Heimatbehörde nicht oder nur unter Schwierigkeiten möglich, kommt eine Übertragung der Durchführung auf die Behörden im Aufenthaltsstaat oder Vermögensstaat nach Art. 6 in Betracht.[102]

19 Bereits bei der Inanspruchnahme der Zuständigkeit nach Abs. 1 ist zu beachten, dass eine Maßnahme durch die Heimatbehörden nicht vollziehbar sein kann, weil sie hoheitliches Handeln im Ausland erfordern würde.[103]

91 VGH Baden-Württemberg Inf AuslR 2002, 77 = IPRspr 2001 Nr. 91; MüKo/*Siehr*, Art. 19 EGBGB Anh. I Rn 222; anders noch *Siehr*, IPRax 1989, 253, 254.
92 MüKo/*Siehr*, Art. 19 EGBGB Anh. I Rn 222; Staudinger/*Kropholler*, Vor Art. 19 EGBGB Rn 384.
93 Staudinger/*Kropholler*, Vor Art. 19 EGBGB Rn 394.
94 Erman/*Hohloch*, Anh. zu Art. 24 EGBGB Rn 31; *Hüßtege*, IPRax 1996, 104, 105; Palandt/*Heldrich*, Anh. zu Art. 24 EGBGB Rn 32.
95 *Hüßtege*, IPRax 1996, 104, 105.
96 OLG Hamm IPRax 1988, 39 f m.Anm. *Henrich*.
97 S. Staudinger/*Kropholler*, Vorbem. zu Art. 19 EGBGB Rn 386.
98 Staudinger/*Kropholler*, Vor Art. 19 EGBGB Rn 399 f.
99 *Henrich*, IPRax 1988, 40; *Siehr*, IPRax 1989, 253, 254; MüKo/*Siehr*, Art. 19 EGBGB Anh. I Rn 228, 287; Soergel/*Kegel*, vor Art. 19 EGBGB Rn 48; aA wohl OGH IPRax 1989, 245; Palandt/*Heldrich*, Anh. zu Art. 24 EGBGB Rn 32; Staudinger/*Kropholler*, Vor Art. 19 EGBGB Rn 442.
100 OGH IPRax 1989, 245; MüKo/*Siehr*, Art. 19 EGBGB Anh. I Rn 228; Palandt/*Heldrich*, Anh. zu Art. 24 EGBGB Rn 32.
101 Staudinger/*Kropholler*, Vor Art. 19 EGBGB Rn 395.
102 MüKo/*Siehr*, Art. 19 EGBGB Anh. I Rn 224; Staudinger/*Kropholler*, Vor Art. 19 EGBGB Rn 398.
103 Staudinger/*Kropholler*, Vor Art. 19 EGBGB Rn 395.

Art. 5 MSA [Verlegung des Aufenthalts in einen anderen Vertragsstaat]

(1) Wird der gewöhnlichen Aufenthalt eines Minderjährigen aus einem Vertragsstaat in einen anderen verlegt, so bleiben die von den Behörden des Staates des früheren gewöhnlichen Aufenthalts getroffenen Maßnahmen so lange in Kraft, bis die Behörden des neuen gewöhnlichen Aufenthalts sie aufheben oder ersetzen.

(2) Die von den Behörden des Staates des früheren gewöhnlichen Aufenthalts getroffenen Maßnahmen dürfen erst nach vorheriger Verständigung dieser Behörden aufgehoben oder ersetzt werden.

(3) Wird der gewöhnliche Aufenthalt eines Minderjährigen, der unter dem Schutz der Behörden des Staates gestanden hat, dem er angehört, verlegt, so bleiben die von diesen nach ihrem innerstaatlichen Recht getroffenen Maßnahmen im Staate des neuen gewöhnlichen Aufenthalts in Kraft.

A. Regelungsgegenstand

Der Wechsel des gewöhnlichen Aufenthalts führt nach Art. 1 zum Wechsel der internationalen Zuständigkeit. 1
Art. 5 bestimmt im Interesse der Kontinuität,[104] dass die Schutzmaßnahmen, die von den Behörden des bisherigen Aufenthaltsstaates erlassen wurden, in Kraft bleiben. Abs. 1 und 2 regeln den Fall, dass Schutzmaßnahmen durch den bisherigen Aufenthaltsstaat erlassen worden sind, der nicht der Heimatstaat des Minderjährigen ist. Die Fortgeltung von Schutzmaßnahmen, die der Heimatstaat erlassen hat, bestimmt sich nach Abs. 3.

B. Aufenthaltswechsel, ohne dass der Heimatstaat betroffen ist

Der Wechsel des gewöhnlichen Aufenthalts bewirkt, dass die internationale Zuständigkeit nach Art. 1 des 2
bisherigen Aufenthaltsstaates entfällt und die des neuen Aufenthaltsstaates entsteht. Bereits erlassene Schutzmaßnahmen des bisherigen Aufenthaltsstaates bleiben in Kraft.[105] Bei gerichtlich angeordneten Maßnahmen muss bereits eine wirksame erstinstanzliche Entscheidung vorliegen. Zur Entscheidungszuständigkeit der Rechtsmittelinstanz im bisherigen Aufenthaltsstaat s. Art. 1 Rn 4.

Die nun zuständigen Behörden des neuen Aufenthaltsstaates können nach ihrem innerstaatlichen Recht die 3
im bisherigen Aufenthaltsstaat getroffenen Maßnahmen ändern, aufheben oder ersetzen. Einzige Voraussetzung hierfür ist nach Abs. 2, dass sie die Behörden im bisherigen Aufenthaltsstaat des Minderjährigen vorher darüber verständigen. Zum Zweck der Verständigungspflicht s. Art. 4 Rn 7. Zu den zuständigen Empfangsstellen s. Art. 10, 11 Rn 13 ff.

Ist eine **Verständigung unterblieben**, kann sie noch im Rechtsmittelverfahren nachgeholt werden. Ist die 4
Verständigung gänzlich unterblieben, muss die Entscheidung des neuen Aufenthaltsstaates nicht nach Art. 7 anerkannt werden. Die Schutzmaßnahmen des bisherigen Aufenthaltsstaates bleiben in Kraft.[106]

Eine vorherige Verständigung ist nach ihrem Zweck auch erforderlich, wenn die abändernde Entscheidung 5
im neuen Aufenthaltsstaat aufgrund einer veränderten Sachlage ergehen soll,[107] nicht hingegen, wenn die Zuständigkeit auf Art. 8 oder 9 gestützt wird.[108]

Art. 5 regelt nur den Fall, dass sowohl bisheriger als auch neuer Aufenthaltsstaat Vertragsstaaten des MSA 6
sind.

Begründet ein Minderjähriger seinen gewöhnlichen Aufenthalt im Inland, nachdem er ihn vorher in einem 7
Nicht-Vertragsstaat hatte, so bestimmt sich die internationale Zuständigkeit erst ab dem Aufenthaltswechsel nach dem MSA. Die Fortgeltung der im bisherigen Aufenthaltsstaat getroffenen Schutzmaßnahmen bestimmt sich nach autonomem Recht.

Verzieht das Kind aus dem Inland in einen Nicht-Vertragsstaat, so entfällt die Anwendbarkeit des MSA.[109] 8

104 Staudinger/*Kropholler*, Vor Art. 19 EGBGB Rn 408.
105 BGH NJW 2002, 2955 = IPRax 2003, 145; MüKo/*Siehr*, Art. 19 EGBGB Anh. I Rn 237; Palandt/*Heldrich*, Anh. zu Art. 24 EGBGB Rn 34; Soergel/*Kegel*, vor Art. 19 EGBGB Rn 50.
106 OLG Saarbrücken IPRspr 1976 Nr. 76; Soergel/*Kegel*, vor Art. 19 EGBGB Rn 51; grds. auch MüKo/*Siehr*, Art. 19 EGBGB Anh. I Rn 241: die Entscheidung sollte aber aberkannt werden, wenn dies sinnvoll ist.
107 AA Soergel/*Kegel*, vor Art. 19 EGBGB Rn 51; der Entscheidung KG NJW 1980, 1226 kann dies, soweit abgedruckt, nicht entnommen werden.
108 MüKo/*Siehr*, Art. 19 EGBGB Anh. I Rn 242.
109 Palandt/*Heldrich*, Anh. zu Art. 24 EGBGB Rn 34; Soergel/*Kegel*, vor Art. 19 EGBGB Rn 50.

C. Fortgeltung von Schutzmaßnahmen des Heimatstaates (Abs. 3)

9 Abs. 3 ordnet einen erhöhten **Bestandsschutz** für die Maßnahmen an, die von den Behörden des Heimatstaates getroffen worden sind. Hat der Heimatstaat eines Minderjährigen, der in einem anderen Vertragsstaat seinen gewöhnlichen Aufenthalt hat, Schutzmaßnahmen aufgrund von Art. 4 getroffen, so können diese in ihrer Geltung allein durch den Wechsel des Aufenthalts in einen dritten Vertragsstaat nicht berührt werden. Die Zuständigkeit nach Art. 1 des neuen Aufenthaltsstaates steht wie die des bisherigen Aufenthaltsstaates unter dem Vorbehalt von Art. 4.

10 Nach Abs. 3 gilt dieser sich aus Art. 4 ergebende erhöhte Bestandschutz auch dann, wenn der Heimatstaat der frühere Aufenthaltsstaat war, die Zuständigkeit für Schutzmaßnahmen daher aus Art. 1 folgte und die besonderen Voraussetzungen nach Art. 4 nicht einschlägig waren.[110]

11 Die **Aufrechterhaltung der Maßnahmen** des Heimatstaates und bisherigen Aufenthaltsstaates wird allerdings in vielen Fällen nur sinnvoll sein, wenn der neue Aufenthaltsstaat die Durchführung übernimmt und übernehmen kann (Art. 6).[111] Da bei Erlass der Schutzmaßnahme der Heimatstaat auch Aufenthaltsstaat war, konnten die Schwierigkeiten der Durchführung bei gewöhnlichem Aufenthalt des Kindes in einem anderen Vertragsstaat bei Erlass noch nicht berücksichtigt werden.

12 Überwiegend wird eine Änderung der Maßnahmen durch den neuen Aufenthaltsstaat nur unter den Voraussetzungen von Art. 8 oder Art. 9 für zulässig gehalten.[112] Für eine Neuregelung aufgrund von Art. 1 müsse der Heimatstaat vorher seine Maßnahmen aufheben.[113]

13 Richtigerweise sollte genauso wie bei einer nur auf Art. 4 beruhenden Maßnahme die Zuständigkeit für eine Änderung, Aufhebung, Ersetzung durch den (neuen) Aufenthaltsstaat immer dann angenommen werden, wenn hierfür aufgrund einer Änderung der Sachlage ein Bedürfnis entsteht (s. Art. 4 Rn 16).[114] Die Behörden des neuen Aufenthaltsstaates müssen vor einer solchen Änderung, Ersetzung oder Aufhebung analog Abs. 2 die Behörde des Heimatstaates und bisherigen Aufenthaltsstaates verständigen.

14 Abs. 3 ist nicht anwendbar, wenn der Heimatstaat kein Vertragsstaat ist (Art. 13 Rn 4).[115]

Art. 6 MSA [Übertragung der Durchführung von Maßnahmen]

(1) Die Behörden des Staates, dem der Minderjährige angehört, können im Einvernehmen mit den Behörden des Staates, in dem er seinen gewöhnlichen Aufenthalt hat oder Vermögen besitzt, diesen die Durchführung der getroffenen Maßnahmen übertragen.

(2) Die gleiche Befugnis haben die Behörden des Staates, in dem der Minderjährige seinen gewöhnlichen Aufenthalt hat, gegenüber den Behörden des Staates, in dem der Minderjährige Vermögen besitzt.

1 Art. 6 ergänzt Art. 4 Abs. 3. Die Zuständigkeit der Heimatbehörden nicht nur für den Erlass, sondern auch für die Durchführung der Schutzmaßnahmen steht in einem Spannungsverhältnis zu dem Bedarf nach einer sachnahen Durchführung, die meist am besten durch die Behörden am gewöhnlichen Aufenthalt des Minderjährigen möglich ist. In Betracht kommt etwa, dass den Aufenthaltsbehörden die Erteilung von Genehmigungen für bestimmte Rechtshandlungen durch den Vormund übertragen wird.[116] Abs. 2 sieht die Möglichkeit zur Übertragung von Durchführungsmaßnahmen auch im Verhältnis von Aufenthaltsstaat zu dem Staat vor, in dem Vermögen des Minderjährigen belegen ist.[117] Die praktische Bedeutung der Vorschrift erscheint gering; Entscheidungen sind hierzu – soweit ersichtlich – noch nicht veröffentlicht worden.[118]

110 Palandt/*Heldrich*, Anh. zu Art. 24 EGBGB Rn 35; Staudinger/*Kropholler*, Vor Art. 19 EGBGB Rn 405.
111 Staudinger/*Kropholler*, Vor Art. 19 EGBGB Rn 414.
112 OLG Hamm NJW 1975, 1083, 1084; Erman/*Hohloch*, Anh. zu Art. 24 EGBGB Rn 32; Palandt/*Heldrich*, Anh. zu Art. 24 EGBGB Rn 35; Soergel/*Kegel*, vor Art. 19 EGBGB Rn 52.
113 Erman/*Hohloch*, Anh. zu Art. 24 EGBGB Rn 32.
114 Wie hier MüKo/*Siehr*, Art. 19 EGBGB Anh. I Rn 259; anders anscheinend Soergel/*Kegel*, vor Art. 19 EGBGB Rn 52: Aufhebung oder Änderung nur nach Art. 8, 9.
115 OLG Hamm NJW 1975, 1083, 1084.
116 Staudinger/*Kropholler*, Vor Art. 19 EGBGB Rn 428.
117 MüKo/*Siehr*, Art. 19 EGBGB Anh. I Rn 247; Staudinger/*Kropholler*, Vor Art. 19 EGBGB Rn 434, 437.
118 S. Staudinger/*Kropholler*, Vor Art. 19 EGBGB Rn 428.

Art. 7 MSA [Anerkennung der Maßnahmen, nicht ohne weiteres bei Vollstreckung]

¹Die Maßnahmen, welche die nach den vorstehenden Artikeln zuständigen Behörden getroffen haben, sind in allen Vertragsstaaten anzuerkennen. ²Erfordern diese Maßnahmen jedoch Vollstreckungshandlungen in einem anderen Staat als in dem, in welchem sie getroffen worden sind, so bestimmen sich ihre Anerkennung und ihre Vollstreckung entweder nach dem innerstaatlichen Recht des Staates, in dem die Vollstreckung beantragt wird, oder nach zwischenstaatlichen Übereinkünften.

A. Regelungsgegenstand

S. 1 statuiert die Pflicht zur Anerkennung von Schutzmaßnahmen, die in einem anderen Vertragsstaat aufgrund der Zuständigkeitsregelungen in Art. 1–6 erlassen worden sind. Erst durch die Anerkennungspflicht wird die mit dem MSA bezweckte Rechtseinheit durch die Vereinheitlichung der Zuständigkeitsregelung wirksam.[119] Es stellt daher ein schweres Manko des MSA dar, dass es keine Pflicht zur Vollstreckung enthält (S. 2).[120] 1

B. Anerkennung (S. 1)

Die Anerkennungspflicht greift ein, wenn die Voraussetzungen für die Zuständigkeit einer Schutzmaßnahme nach Art. 1 oder Art. 4 vorgelegen haben. Für Art. 1 muss der gewöhnliche Aufenthalt im Entscheidungsstaat bestanden haben. Für Art. 4 verlangt die hM, dass die Staatsangehörigkeit des Entscheidungsstaates die effektive war. Bei auch deutscher Staatsangehörigkeit lehnt die hM eine Zuständigkeit nach Art. 4 aufgrund einer weiteren Staatsangehörigkeit ab (s. Art. 4 Rn 2). Richtigerweise sollte aber wie im autonomen Recht jede Staatsangehörigkeit zur Begründung einer Anerkennungszuständigkeit ausreichen.[121] 2

Eine Anerkennungspflicht besteht nicht, wenn die Heimatbehörden aufgrund von Art. 4 tätig geworden sind, aber die vorherige Anzeige unterlassen haben (zur vorherigen Verständigung nach Art. 4 Abs. 2 als Voraussetzungen für die Anerkennung s. Art. 4 Rn 10).[122] 3

Anzuerkennen sind auch Durchführungsanordnungen des Aufenthaltsstaates nach Art. 6.[123] Keine Anerkennungspflicht besteht bei Anordnungen aufgrund von Art. 8.[124] Demgegenüber sind **Eilmaßnahmen** nach Art. 9 anzuerkennen, bis sie durch eine Maßnahme der nach Art. 1 oder Art. 4 zuständigen Behörden ersetzt werden.[125] 4

Eine Anerkennung erfolgt nicht, wenn der deutsche ordre public entgegensteht (Art. 16). Praktisch relevant ist vor allem eine Verletzung des rechtlichen Gehörs.[126] 5

Ausgeschlossen ist eine Anerkennung auch, wenn die ausländische Entscheidung einer nach MSA vorrangigen in- oder ausländischen Entscheidung widerspricht.[127] S. aber zu den Möglichkeiten der Änderung einer ausländischen Entscheidung Art. 4 Rn 15 f und Art. 5 Rn 3, 12 f. 6

War die Behörde eines Vertragsstaates für den Erlass der Schutzmaßnahme nach den Regeln des MSA nicht zuständig, scheidet auch eine Anerkennung nach autonomem Recht aus. Für die Anerkennungszuständigkeit ist auch im Rahmen von § 16 a FGG auf die abschließende Regelung des MSA abzustellen.[128] 7

Die Anerkennung erfolgt **inzident**, ohne dass es eines besonderen Anerkennungsverfahrens bedarf.[129] Dies gilt auch für Schutzmaßnahmen, die zusammen mit einem Eheurteil ausgesprochen wurden, für das nach Art. 7 § 1 FamRÄndG ein Anerkennungsverfahren erforderlich ist. Die Anerkennungspflicht nach Art. 7 kann nicht durch autonomes Recht eingeschränkt werden.[130] 8

119 Staudinger/*Kropholler*, Vor Art. 19 EGBGB Rn 438.
120 MüKo/*Siehr*, Art. 19 EGBGB Anh. I Rn 255.
121 MüKo/*Siehr*, Art. 19 EGBGB Anh. I Rn 261.
122 *Hüßtege*, IPRax 1996, 104, 105; Palandt/*Heldrich*, Anh. zu Art. 24 EGBGB Rn 34.
123 MüKo/*Siehr*, Art. 19 EGBGB Anh. I Rn 262.
124 Allg.M., Erman/*Hohloch*, Anh. zu Art. 24 EGBGB Rn 34; MüKo/*Siehr*, Art. 19 EGBGB Anh. I Rn 263; Palandt/*Heldrich*, Anh. zu Art. 24 EGBGB Rn 37.
125 MüKo/*Siehr*, Art. 19 EGBGB Anh. I Rn 264, 334 und Staudinger/*Kropholler*, Vor Art. 19 EGBGB Rn 501: Die fehlende Bezugnahme von Art. 9 in Art. 7 stellt ein Redaktionsversehen dar; aA OLG Frankfurt FamRZ 1992, 463; Erman/*Hohloch*, Anh. zu Art. 24 EGBGB Rn 34; Palandt/*Heldrich*, Anh. zu Art. 24 EGBGB Rn 37.
126 MüKo/*Siehr*, Art. 19 EGBGB Anh. I Rn 271.
127 MüKo/*Siehr*, Art. 19 EGBGB Anh. I Rn 276.
128 OLG Hamm IPRax 1988, 39 f m.Anm. *Henrich*; aA Staudinger/*Kropholler*, Vor Art. 19 EGBGB Rn 445.
129 Staudinger/*Kropholler*, Vor Art. 19 EGBGB Rn 440.
130 MüKo/*Siehr*, Art. 19 EGBGB Anh. I Rn 280; Staudinger/*Kropholler*, Vor Art. 19 EGBGB Rn 450; aA Erman/*Hohloch*, Anh. zu Art. 24 EGBGB Rn 34; Palandt/*Heldrich*, Anh. zu Art. 24 EGBGB Rn 37; zur entspr. Frage bei Anerkennung nach autonomem Recht s. Art. 21 EGBGB Rn 55 ff.

9 Durch die Anerkennung erzeugt die ausländische Entscheidung ihre Rechtswirkungen auch im Inland[131] und ist auch von Verwaltungsbehörden zu beachten.[132]

C. Vollstreckungsbedürftige Schutzmaßnahmen (S. 2)

10 Die Anerkennungspflicht besteht nicht für Schutzmaßnahmen, die der Vollstreckung bedürfen, dh die eine Anordnung enthalten, die notfalls zwangsweise durchgesetzt werden kann.[133] Keiner Vollstreckung bedürfen etwa eine Regelung, die das Sorgerecht verteilt, die Anordnung einer Vormundschaft oder die Bestellung des Vormunds.[134] Vollstreckungsbedürftig ist etwa die Anordnung der Herausgabe des Kindes.

11 Beantragt ein Beteiligter die Vollstreckung einer vollstreckungsfähigen Maßnahme aus einem anderen Vertragsstaat, so richten sich die Anerkennung der Entscheidung, die Voraussetzungen und die Durchführung der Vollstreckung nach autonomem Recht.[135] S. zum deutschen Recht Art. 21 EGBGB Rn 87 ff

Art. 8 MSA [Maßnahmen des Aufenthaltsstaates bei Gefährdung des Minderjährigen]

(1) Die Artikel 3, 4 und 5 Absatz 3 schließen nicht aus, daß die Behörden des Staates, in dem der Minderjährige seinen gewöhnlichen Aufenthalt hat, Maßnahmen zu Schutz des Minderjährigen treffen, soweit er in seiner Person oder seinem Vermögen ernstlich gefährdet ist.

(2) Die Behörden der anderen Vertragsstaaten sind nicht verpflichtet, diese Maßnahmen anzuerkennen.

A. Regelungsgegenstand

1 Art. 8 erlaubt den Behörden des Aufenthaltsstaates, ohne Beschränkung durch den Vorbehalt zugunsten von Art. 3, 4 und 5 Maßnahmen zum Schutz eines Minderjährigen zu treffen, wenn ein Gefährdungstatbestand vorliegt. Mit Art. 8 wird dem Umstand Rechnung getragen, dass die Behörden im Aufenthaltsstaat am besten in der Lage sind, sich ein unmittelbares Bild von den Lebensverhältnissen des Minderjährigen zu machen, und dies bei einer Gefährdungslage den Ausschlag geben muss.[136]

2 Für die deutsche Rechtsprechung hat Art. 8 die Funktion, die erhebliche Einschränkung der allgemeinen Aufenthaltszuständigkeit nach Art. 1 auszugleichen. Entsprechend großzügig werden die Voraussetzungen einer ernstlichen Gefährdung bejaht.

3 Beantragt der eine Elternteil, eine ausländische Entscheidung über die Herausgabe des Minderjährigen im Inland vollstrecken zu lassen, kann diese Entscheidung im Inland unter den Voraussetzungen von Art. 8 nach § 1696 BGB abgeändert werden.[137]

B. Ernstliche Gefährdung

4 Eine ernstliche Gefährdung des Minderjährigen in seiner Person oder in seinem Vermögen verlangt, dass eine konkrete Beeinträchtigung des seelischen oder körperlichen Wohlergehens oder des Vermögens des Minderjährigen zu erwarten ist, falls die Schutzmaßnahme nicht getroffen wird.[138]

5 An die Ernstlichkeit der Gefährdung werden von der Rechtsprechung keine besonders hohen Anforderungen gestellt und mit der Gefährdung nach § 1666 BGB gleichgesetzt. Liegen die Voraussetzungen nach §§ 1666–

131 MüKo/*Siehr*, Art. 19 EGBGB Anh. I Rn 284.
132 VGH Mannheim NJW 1997, 270, 272; Palandt/*Heldrich*, Anh. zu Art. 24 EGBGB Rn 37.
133 MüKo/*Siehr*, Art. 19 EGBGB Anh. I Rn 288.
134 Soergel/*Kegel*, vor Art. 19 EGBGB Rn 56.
135 BGH NJW 1977, 150, 152; Erman/*Hohloch*, Anh. zu Art. 24 EGBGB Rn 34; MüKo/*Siehr*, Art. 19 EGBGB Anh. I Rn 255; Palandt/*Heldrich*, Anh. zu Art. 24 EGBGB Rn 38; Soergel/*Kegel*, vor Art. 19 EGBGB Rn 56; Staudinger/*Kropholler*, Vor Art. 19 EGBGB Rn 457.
136 Staudinger/*Kropholler*, Vor Art. 19 EGBGB Rn 466.
137 BGH NJW 1977, 150, 151 = FamRZ 1977, 126 (insoweit in BGHZ 67, 255 nicht abgedruckt); Soergel/*Kegel*, vor Art. 19 EGBGB Rn 61; s.a. MüKo/*Siehr*, Art. 19 EGBGB Anh. I Rn 305.
138 MüKo/*Siehr*, Art. 19 EGBGB Anh. I Rn 306.

1667, 1680 BGB vor, kann ein deutsches Gericht nach Art. 8 vorgehen.[139] Gleiches gilt für die Feststellung des Ruhens der elterlichen Sorge nach § 1674.[140] Auch wird eine ernstliche Gefährdung immer dann angenommen, wenn nach inländischem Recht der Erlass einer einstweiligen Anordnung geboten ist.[141] Eilbedürftigkeit ist aber keine Voraussetzung für eine ernsthafte Gefährdung. Nach Art. 8 können alle nach Art. 1 zulässigen, insbesondere auch endgültige Maßnahmen getroffen werden, etwa gemäß §§ 1671, 1672 BGB die elterliche Sorge einem Elternteil übertragen oder die Vormundschaft angeordnet werden.[142] Die Aufenthaltsbehörde kann auch dem aufgrund gesetzlicher Regelung (Art. 3) oder aufgrund einer Entscheidung des Heimatstaates sorgeberechtigten Elternteil das Sorgerecht entziehen und dem anderen Elternteil übertragen (§ 1669 BGB).[143] 6

C. Anwendbares Recht

Auch für Art. 8 gilt das Gleichlaufprinzip. Die Behörden des Aufenthaltsstaates wenden ihr eigenes Sachrecht an.[144] 7

D. Benachrichtigungspflicht

Die Behörden des Heimatstaates sind nach Art. 11 zu benachrichtigen. 8

E. Spannung zwischen Art. 3 MSA und Art. 21 EGBGB

Über Art. 8 kann im Inland eine Sorgerechtsentscheidung getroffen werden, um das Spannungsverhältnis zwischen Art. 21 EGBGB und Art. 3 MSA aufzulösen. Hat der Minderjährige nach dem gemäß Art. 21 EGBGB anwendbaren Aufenthaltsrecht keinen gesetzlichen Vertreter, entsteht der Bedarf für eine Schutzmaßnahme. Besteht nach dem Heimatrecht des Minderjährigen ein gesetzliches Gewaltverhältnis, kann eine Schutzmaßnahme nach Art. 1 nicht ergehen. Ohne Schutzmaßnahme ist aber wiederum das gesetzliche Gewaltverhältnis nach dem Heimatrecht unbeachtlich. Art. 8 ermöglicht es, in diesen Fällen eine Sorgerechtsentscheidung oder einen gesetzlichen Vertreter nach dem Recht des gewöhnlichen Aufenthalts als lex fori zu bestimmen.[145] 9

Art. 9 MSA [Eilzuständigkeit]

(1) In allen dringenden Fällen haben die Behörden jedes Vertragsstaates, in dessen Hoheitsgebiet sich der Minderjährige oder ihm gehörendes Vermögen befindet, die notwendigen Schutzmaßnahmen zu treffen.

(2) Die nach Absatz 1 getroffenen Maßnahmen treten, soweit sie keine endgültigen Wirkungen hervorgebracht haben, außer Kraft, sobald die nach diesem Übereinkommen zuständigen Behörden die durch die Umstände gebotenen Maßnahmen getroffen haben.

139 BGHZ 60, 68, 73 f = NJW 1973, 417; BayObLG NJW-RR 1994, 1225, 1226 = FamRZ 1994, 913 (Entziehung des Aufenthaltsbestimmungsrechts); OLG Frankfurt FamRZ 1997, 571, 572 (Anordnung der Herausgabe des Reisepasses); OLG Hamm NJW-RR 1997, 1299 = FamRZ 1998, 447; OLG Düsseldorf FamRZ 1998, 1318; Erman/*Hohloch*, Anh. zu Art. 24 EGBGB Rn 35; Palandt/*Heldrich*, Anh. zu Art. 24 EGBGB Rn 35; Staudinger/*Kropholler*, Vor Art. 19 EGBGB Rn 471 mwN.

140 OLG Köln FamRZ 1992, 1093, 1094; Palandt/*Heldrich*, Anh. zu Art. 24 EGBGB Rn 39.

141 BayObLG NJW 1975, 2146, 2147; Soergel/*Kegel*, vor Art. 19 EGBGB Rn 59; Staudinger/*Kropholler*, Vor Art. 19 EGBGB Rn 471; aA MüKo/*Siehr*, Art. 19 EGBGB Anh. I Rn 306, der aber von einem engen Verständnis der Vorbehalte in Art. 1 ausgeht.

142 BayObLG NJW-RR 1993, 457, 458; Soergel/*Kegel*, vor Art. 19 EGBGB Rn 62.

143 BayObLG NJW 1975, 2146, 2147; KG FamRZ 1977, 475, 476; Soergel/*Kegel*, vor Art. 19 EGBGB Rn 59.

144 OLG Hamm FamRZ 1998, 447 = NJW-RR 1997, 1299; BayObLG FamRZ 1993, 229, 230; Erman/*Hohloch*, Anh. zu Art. 24 EGBGB Rn 35; Palandt/*Heldrich*, Anh. zu Art. 24 EGBGB Rn 40; Staudinger/*Kropholler*, Vor Art. 19 EGBGB Rn 478.

145 Erman/*Hohloch*, Anh. zu Art. 24 EGBGB Rn 35; Palandt/*Heldrich*, Anh. zu Art. 24 EGBGB Rn 39; aA *Kropholler*, IPRax 1988, 757, 760; *Dörner*, IPRax 1989, 28, 33.

A. Regelungsgegenstand

1 Art. 9 eröffnet eine zusätzliche Eilzuständigkeit für Maßnahmen, die zum Schutz der Person oder des Vermögens eines Minderjährigen aus dringenden Gründen notwendig sind. In der Praxis hat Art. 9 nur eine geringe Bedeutung erlangt.[146]

B. Voraussetzungen

2 Ausreichend, aber gleichzeitig notwendig ist der **schlichte Aufenthalt** des Minderjährigen im Sinne einer zumindest vorübergehenden physischen Anwesenheit in dem Vertragsstaat.[147] Für Schutzmaßnahmen hinsichtlich des Vermögens reicht auch die Belegenheit der Vermögensgegenstände in dem Vertragsstaat aus.[148]

3 Außerdem muss sich der **gewöhnliche Aufenthalt** des Minderjährigen in einem Vertragsstaat befinden, weil sonst das MSA nicht anwendbar wäre.[149] Möglich ist, dass die Behörden im Vertragsstaat des gewöhnlichen Aufenthalts eine Eilmaßnahme aufgrund von Art. 9 erlassen, weil die Maßnahme aufgrund von Art. 1 wegen der dort geltenden Vorbehalte nicht möglich wäre.[150]

4 Ein **dringender Fall** liegt vor, wenn zum Schutz der Person oder des Vermögens des Minderjährigen ein Einschreiten notwendig und nicht zu erwarten ist, dass die Behörden am gewöhnlichen Aufenthalt oder im Heimatstaat des Minderjährigen die erforderlichen Maßnahmen rechtzeitig treffen können.[151] Der Unterschied zu Art. 8 besteht vor allem darin, dass wegen der zeitlichen Dringlichkeit unverzüglich eingeschritten werden muss, auf der anderen Seite eine qualifizierte Gefährdungslage nicht vorliegen muss.[152]

5 **Beispiele** sind dringlicher Entzug des Aufenthaltsbestimmungsrechts,[153] Bestellung eines Prozessvertreters, vorläufige Unterbringung des Minderjährigen, Bestellung eines Pflegers zur Einwilligung in eine erforderliche Operation.[154]

C. Anwendbares Recht; Schutzmaßnahmen

6 Aufgrund des **Gleichlaufgrundsatzes** wendet die Behörde auch bei Art. 9 ihr eigenes Sachrecht an.[155] Die lex fori bestimmt über die Art der Schutzmaßnahme, die Voraussetzungen der Anordnung und Änderung sowie ihre Wirkungen (vgl Art. 2 Rn 7 f).[156]

D. Verhältnis zu Art. 1 und Art. 4

7 Die Zuständigkeit nach Art. 9 steht anders als die nach Art. 1 unter keinem Vorbehalt. Auf der anderen Seite bleiben die Zuständigkeiten nach Art. 1 und Art. 4 von Art. 9 unberührt. Nach der Konzeption des MSA werden die Behörden nach Art. 9 aufgrund der Eilbedürftigkeit an Stelle der eigentlich berufenen Behörden nach Art. 1 oder Art. 4 tätig.[157] Dementsprechend sind die Maßnahmen auf das unbedingt Erforderliche zu beschrän-

146 S. Soergel/*Kegel*, vor Art. 19 EGBGB Rn 64 mwN.
147 Palandt/*Heldrich*, Anh. zu Art. 24 EGBGB Rn 42; Soergel/*Kegel*, vor Art. 19 EGBGB Rn 65; Staudinger/*Kropholler*, Vor Art. 19 EGBGB Rn 483.
148 Erman/*Hohloch*, Anh. zu Art. 24 EGBGB Rn 36; MüKo/*Siehr*, Art. 19 EGBGB Anh. I Rn 325; Palandt/*Heldrich*, Anh. zu Art. 24 EGBGB Rn 42.
149 OLG Hamm FamRZ 1992, 208 = IPRspr 1991, Nr. 123; MüKo/*Siehr*, Art. 19 EGBGB Anh. I Rn 323; Palandt/*Heldrich*, Anh. zu Art. 24 EGBGB Rn 42; Staudinger/*Kropholler*, Vor Art. 19 EGBGB Rn 484.
150 Staudinger/*Kropholler*, Vor Art. 19 EGBGB Rn 485.
151 LG München FamRZ 1998, 1322; MüKo/*Siehr*, Art. 19 EGBGB Anh. I Rn 326; Palandt/*Heldrich*, Anh. zu Art. 24 EGBGB Rn 42; Soergel/*Kegel*, vor Art. 19 EGBGB Rn 66; Staudinger/*Kropholler*, Vor Art. 19 EGBGB Rn 486; s.a. LG Berlin FamRZ 1982, 841, 842 (Eilmaßnahmen gemäß § 1666 BGB gehören zu den in dringenden Fällen notwendigen Schutzmaßnahmen iSd Art. 9).
152 *Coester*, IPRax 1991, 236; s. aber auch zu den geringen Anforderung an die ernstliche Gefährdung nach der deutschen Rechtsprechung Art. 8 Rn 5.
153 BayObLG FamRZ 1977, 473, 474 = IPRspr 1976 Nr. 74; LG Berlin FamRZ 1982, 841 (im Erg. verneint); Staudinger/*Kropholler*, Vor Art. 19 EGBGB Rn 491.
154 S.a. MüKo/*Siehr*, Art. 19 EGBGB Anh. I Rn 327; Staudinger/*Kropholler*, Vor Art. 19 EGBGB Rn 491.
155 BayObLG FamRZ 1977, 473, 474 = IPRspr 1976 Nr. 74; LG Berlin FamRZ 1982, 841, 842; Erman/*Hohloch*, Anh. zu Art. 24 EGBGB Rn 36; Palandt/*Heldrich*, Anh. zu Art. 24 EGBGB Rn 42; Soergel/*Kegel*, Vor Art. 19 EGBGB Rn 65; so auch MüKo/*Siehr*, Art. 19 EGBGB Anh. I Rn 326 und Staudinger/*Kropholler*, Vor Art. 19 EGBGB Rn 493, die aber weiter gehend die Befugnis der Behörde annehmen, eine Maßnahme auch nach dem Heimatrecht oder dem Recht am gewöhnlichen Aufenthalt zu erlassen, um eine weit gehende Übereinstimmung mit einer etwa erforderlichen endgültigen Regelung zu erreichen.
156 MüKo/*Siehr*, Art. 19 EGBGB Anh. I Rn 331.
157 MüKo/*Siehr*, Art. 19 EGBGB Anh. I Rn 330, 335.

ken und sind grundsätzlich nur vorläufige Maßnahmen zu erlassen.[158] Nach Abs. 2 werden die Maßnahmen automatisch wirkungslos, wenn die nach Art. 1 oder nach Art. 4 zuständige Behörde für die Angelegenheit eine Maßnahme trifft.[159] Zur Klarstellung der Rechtslage empfiehlt sich aber eine ausdrückliche Aufhebung der nach Art. 9 erlassenen Maßnahme.[160]

Die nach Art. 9 erlassenen Schutzmaßnahmen sind, solange sie wirksam sind, nach Art. 7 in allen Vertragsstaaten anzuerkennen (s. Art. 7 Rn 4).[161] 8

Die aufgrund von Art. 9 getroffenen Maßnahmen sind nach Art. 11 den Heimatbehörden und den Aufenthaltsbehörden anzuzeigen (s. Art. 10, 11 Rn 8-11).[162] 9

Art. 10 MSA [Meinungsaustausch mit den Behörden des anderen Vertragsstaates]

Um die Fortdauer der dem Minderjährigen zuteil gewordenen Betreuung zu sichern, haben die Behörden eines Vertragsstaates nach Möglichkeit Maßnahmen, erst dann zu treffen, nachdem sie einen Meinungsaustausch mit den Behörden der anderen Vertragsstaaten gepflogen haben, deren Entscheidungen noch wirksam sind.

Art. 11 MSA [Anzeige an die Behörden des Heimatstaates]

(1) Die Behörden, die aufgrund dieses Übereinkommens Maßnahmen getroffen haben, haben dies unverzüglich den Behörden des Staates, dem der Minderjährige angehört, und gegebenenfalls den Behörden des Staates seines gewöhnlichen Aufenthalts mitzuteilen.
(2) [1]Jeder Vertragsstaat bezeichnet die Behörden, welche die in Absatz 1 erwähnten Mitteilungen unmittelbar geben und empfangen können. [2]Er notifiziert diese Bezeichnung dem Ministerium für Auswärtige Angelegenheiten der Niederlande.

A. Regelungsgegenstand

1 Der Zusammenarbeit der beteiligten Behörden kommt für einen wirksamen Schutz des Minderjährigen bei internationalen Sachverhalten eine herausragende Rolle zu.[163] Das MSA enthält in Art. 10 und 11 sowie in Art. 4 Abs. 1 und Art. 5 Abs. 2 erste Ansätze für eine solche Zusammenarbeit zwischen den Behörden von Vertragsstaaten. Im neuen KSÜ findet die Behördenzusammenarbeit eine starke Aufwertung.

B. Meinungsaustausch (Art. 10)

2 Nach Art. 10 soll eine Behörde vor Erlass einer Schutzmaßnahme nach Möglichkeit Kontakt mit der Behörde eines anderen Vertragsstaates aufnehmen, die bereits eine noch wirksame Schutzmaßnahme erlassen hat. Der Meinungsaustausch soll die Kontinuität der Betreuung des Minderjährigen sichern und die Informationsbasis für den Erlass von Schutzmaßnahmen erweitern; dies ist vor allem dann von Bedeutung, wenn Personen im Ausland im inländischen Verfahren nicht persönlich angehört werden können.[164]

158 BayObLG NJW 1974, 1050, 1051; BayObLG IPRspr 1976 Nr. 69; MüKo/*Siehr*, Art. 19 EGBGB Anh. I Rn 326, 329; Palandt/*Heldrich*, Anh. zu Art. 24 EGBGB Rn 42; Soergel/*Kegel*, vor Art. 19 EGBGB Rn 67; Staudinger/*Kropholler*, Vor Art. 19 EGBGB Rn 497 f.
159 Palandt/*Heldrich*, Anh. zu Art. 24 EGBGB Rn 42; Staudinger/*Kropholler*, Vor Art. 19 EGBGB Rn 497.
160 MüKo/*Siehr*, Art. 19 EGBGB Anh. I Rn 330.
161 MüKo/*Siehr*, Art. 19 EGBGB Anh. I Rn 334; Staudinger/*Kropholler*, Vor Art. 19 EGBGB Rn 501; aA Erman/*Hohloch*, Anh. zu Art. 24 EGBGB Rn 36; Soergel/*Kegel*, vor Art. 19 EGBGB Rn 68: Anerkennung nur nach autonomem Recht.
162 Palandt/*Heldrich*, Anh. zu Art. 24 EGBGB Rn 43; Staudinger/*Kropholler*, Vor Art. 19 EGBGB Rn 486.
163 Staudinger/*Kropholler*, Vor Art. 19 EGBGB Rn 502.
164 Staudinger/*Kropholler*, Vor Art. 19 EGBGB Rn 338.

3 In der Praxis funktioniert der Meinungsaustausch zwischen den Behörden anscheinend nur im Verhältnis zur Schweiz befriedigend.[165]

4 Es handelt sich um eine Empfehlung an die Behörde, die Kontaktaufnahme zu versuchen.[166] Das **Unterbleiben des Meinungsaustauschs** berührt die Wirksamkeit der getroffenen Maßnahme nicht[167] und kann auch durch ein Rechtsmittel nicht geltend gemacht werden.[168]

5 Art. 10 gilt bei allen Arten von Zuständigkeiten, insbesondere bei Art. 1 und 4 Abs. 1. Bei Art. 8 und 9 wird wegen der bestehenden Gefahr oder Eile ein Meinungsaustausch oft nicht möglich sein. Die Konsultationsempfehlung tritt neben die bloßen Mitteilungspflichten nach Art. 4 Abs. 1 und Art. 5 Abs. 2.[169]

6 Vorausgesetzt wird, dass die Entscheidung der ausländischen Behörde noch wirksam ist. Nach dem Zweck der Kooperationsempfehlung reicht aber Wirksamkeit im Entscheidungsstaat aus und ist das Vorliegen der Anerkennungsvoraussetzungen nicht zu verlangen.[170]

7 Ein Formulierungsvorschlag für eine Anfrage findet sich bei MüKo/*Siehr*, Art. 19 EGBGB Anh. I Rn 347.

C. Anzeigepflicht (Art. 11)

8 Art. 11 statuiert eine Benachrichtigungspflicht, deren Erfüllung aber keine Voraussetzung für die Wirksamkeit und die Anerkennung der Schutzmaßnahme nach Art. 7 ist.[171]

9 Die nach Art. 1 oder Art. 8 zuständige Behörde im Staat des gewöhnlichen Aufenthalts (Aufenthaltsbehörde) muss die Heimatbehörde des Minderjährigen, dh die nach Art. 4 Abs. 1 zuständige Heimatbehörde benachrichtigen. Hat eine Behörde aufgrund von Art. 9 eine Eilmaßnahme erlassen, muss sie sowohl die Behörde am gewöhnlichen Aufenthalt als auch die Heimatbehörde verständigen.[172]

10 Die Mitteilung nach Art. 11 Abs. 1 hat erst zu erfolgen, wenn die Entscheidung durch befristete Rechtsmittel nicht mehr anfechtbar ist.[173]

11 Im Unterschied zu Art. 10 besteht die Mitteilungspflicht nach Art. 11 unabhängig davon, ob die ausländische Behörde eine Schutzmaßnahme erlassen hat oder erlassen will.[174]

D. Direkter Behördenverkehr

12 Ausdrücklich sieht das MSA die Möglichkeit eines direkten Behördenverkehrs nur für Art. 11 vor. Aufgrund des Einverständnisses der Vertragsstaaten können aber auch alle anderen im MSA vorgesehenen Mitteilungen (Art. 4, 5 Abs. 2, 10) zwischen den von den Vertragsstaaten als zuständig bezeichneten Behörden unmittelbar gegeben und empfangen werden.[175]

13 In Deutschland sind nach Art. 2 des Zustimmungsgesetzes (s. Anhang zu Art. 1–18 MSA)[176] und der deutschen Notifizierung gemäß Art. 11 Abs. 2 S. 2[177] das Vormundschaftsgericht, Familiengericht oder Jugendamt zuständig, Mitteilungen entgegenzunehmen, bei denen ein Verfahren nach dem MSA anhängig ist bzw bei Art. 5 Abs. 2 vor Wechsel des gewöhnlichen Aufenthalts des Minderjährigen war. Ist ein Verfahren im Inland nicht anhängig, so ist für die in Art. 4 Abs. 1 und Art. 11 Abs. 1 vorgesehenen Mitteilungen das Jugendamt zuständig, in dessen Bezirk der Minderjährige seinen gewöhnlichen Aufenthalt hat. Hat ein Minderjähriger seinen gewöhnlichen Aufenthalt nicht im Inland und ist auch kein Verfahren im Inland anhängig, so ist das **Landesjugendamt Berlin** zuständig zum Empfang von Mitteilungen.

14 Letzteres gilt vor allem für die Mitteilung nach Art. 11 Abs. 1 an die Heimatbehörden eines deutschen Minderjährigen mit gewöhnlichem Aufenthalt im Ausland.

165 Staudinger/*Kropholler*, Vor Art. 19 EGBGB Rn 505; *Hoyer*, IPRax 1984, 164, 165; *Pirrung*, RabelsZ 57 (1993), 135.
166 Erman/*Hohloch*, Anh. zu Art. 24 EGBGB Rn 37; Palandt/*Heldrich*, Anh. zu Art. 24 EGBGB Rn 44; Staudinger/*Kropholler*, Vor Art. 19 EGBGB Rn 513; die Verpflichtung betonend MüKo/*Siehr*, Art. 19 EGBGB Anh. I Rn 344.
167 MüKo/*Siehr*, Art. 19 EGBGB Anh. I Rn 352; Palandt/*Heldrich*, Anh. zu Art. 24 EGBGB Rn 44; Staudinger/*Kropholler*, Vor Art. 19 EGBGB Rn 513.
168 Staudinger/*Kropholler*, Vor Art. 19 EGBGB Rn 513.
169 Staudinger/*Kropholler*, Vor Art. 19 EGBGB Rn 503.
170 MüKo/*Siehr*, Art. 19 EGBGB Anh. I Rn 343; Staudinger/*Kropholler*, Vor Art. 19 EGBGB Rn 511.
171 Palandt/*Heldrich*, Anh. zu Art. 24 EGBGB Rn 45; Staudinger/*Kropholler*, Vor Art. 19 EGBGB Rn 519.
172 Staudinger/*Kropholler*, Vor Art. 19 EGBGB Rn 517.
173 MüKo/*Siehr*, Art. 19 EGBGB Anh. I Rn 358.
174 MüKo/*Siehr*, Art. 19 EGBGB Anh. I Rn 360.
175 Staudinger/*Kropholler*, Vor Art. 19 EGBGB Rn 514, 525 f.
176 Zustimmungsgesetz v. 30.4.1971 (BGBl. II S. 217).
177 Text der Notifizierung auf der Internetseite der Haager Konferenz für Internationales Privatrecht: http://hcch.e-vision.nl/index–en.php?act=authorities.details&aid=454 (Startseite www.hcch.net); abgedruckt auch bei MüKo/*Siehr*, Art. 19 EGBGB Anh. I Rn 367; Staudinger/*Kropholler*, Vor Art. 19 EGBGB Rn 522.

Für die Anfrage nach Meinungsaustausch nach Art. 10 ist das Vormundschaftsgericht, Familiengericht oder Jugendamt zuständig, das die noch wirksame Entscheidung erlassen hat.[178] 15

Eine **aktuelle Liste der zuständigen Behörden** in den anderen Vertragsstaaten findet sich auf der Internetseite der Haager Akademie für Internationales Privatrecht.[179] 16

Die Anzeigen und Mitteilungen können in der **Amtssprache** der absendenden Behörde verfasst werden.[180] 17

E. Benachrichtigung nach dem Wiener Konsularabkommen

Die Möglichkeit des direkten Behördenverkehrs schließt nicht aus, dass sich die Behörden stattdessen des diplomatischen oder konsularischen Verkehrs bedienen.[181] 18

Das **Wiener Übereinkommen über konsularische Beziehungen** v. 24.4.1963[182] ist neben dem MSA immer zu beachten, wenn die Bestellung eines Vormunds oder Pflegers für den Staatsangehörigen eines Vertragsstaates erfolgen soll. Hiervon ist nach Art. 37 b des Übereinkommens vorher Mitteilung an die Konsulate des Heimatstaates in Deutschland zu machen. Vertragsstaaten sind u.a. alle europäischen Staaten. 19

Art. 12 MSA [Begriff des Minderjährigen]

Als „Minderjähriger" im Sinne dieses Übereinkommens ist anzusehen, wer sowohl nach dem innerstaatlichen Recht des Staates, dem er angehört, als auch nach dem innerstaatlichen Recht des Staates seines gewöhnlichen Aufenthalts minderjährig ist.

Art. 12 begrenzt den **persönlichen Anwendungsbereich** des Abkommens auf Minderjährige. Wer minderjährig ist, bestimmt das Abkommen nicht selbst, sondern es verweist insoweit kumulativ auf das Heimatrecht und das Recht des Staates des gewöhnlichen Aufenthalts. 1

Für die **deutsche Praxis** bedeutet dies, dass das MSA bei einem 18-jährigen Ausländer mit gewöhnlichem Aufenthalt im Inland nicht anzuwenden ist, auch wenn nach dem Heimatrecht das Volljährigkeitsalter höher liegt. Nach dem klaren Wortlaut enthält Art. 12 Sachnormverweisungen. Sie gelten aber nur für die Bestimmung des Anwendungsbereichs und verdrängen daher nicht Art. 7 EGBGB. Schutzmaßnahmen für einen 18-jährigen Ausländer, der nach seinem Heimatrecht noch minderjährig ist, richten sich nach autonomem Recht (s. Art. 21 EGBGB Rn 12).[183] 2

Bei **Mehrstaatern** stellt die hM auf die effektive Staatsangehörigkeit bzw gemäß Art. 5 Abs. 1 S. 2 EGBGB allein auf die deutsche Staatsangehörigkeit ab.[184] Der Sinn der kumulativen Anknüpfung, die einheitliche Anwendung des MSA sicherzustellen, spricht dafür, jedes Heimatrecht zu beachten.[185] Jedenfalls ist die Anwendung von Art. 5 Abs. 1 S. 2 EGBGB abzulehnen. Das **Heimatrecht** ist auch dann zu berücksichtigen, wenn der Heimatstaat kein Vertragsstaat ist.[186] Zu Flüchtlingen und Staatenlosen s. Anhang II zu Art. 5 EGBGB Rn 3. Bei Mehrrechtsstaaten gilt Art. 14. 3

Maßgeblicher **Zeitpunkt** für die Minderjährigkeit ist der Erlass der Schutzmaßnahme bzw ihre Bestätigung in einer weiteren Tatsacheninstanz.[187] 4

Das MSA ist nicht anwendbar nach **Emanzipation**, dh, wenn eine Person nach ihrem Heimatrecht aufgrund behördlicher Erklärung oder kraft Gesetzes, etwa durch Heirat, voll geschäftsfähig geworden ist.[188] Einzelne 5

178 S.a. MüKo/*Siehr*, Art. 19 EGBGB Anh. I Rn 349, der empfiehlt, dass diese inländische Stelle eine Abschrift des Meinungsaustauschs an die für Mitteilungen nach Art. 11 zuständige inländische Stelle sendet.

179 Http://hcch.e-vision.nl/index–en.php?act=conventions.authorities&cid=39; Startseite http://hccch.net; s.a. die Liste bei MüKo/*Siehr*, Art. 19 EGBGB Anh. I Rn 368–377; Staudinger/*Kropholler*, Vor Art. 19 EGBGB Rn 523.

180 Staudinger/*Kropholler*, Vor Art. 19 EGBGB Rn 503.

181 Staudinger/*Kropholler*, Vor Art. 19 EGBGB Rn 521.

182 BGBl II S. 1587.

183 LG München IPRax 1992, 326 mit Aufsatz *St. Lorenz*, S. 305.

184 Erman/*Hohloch*, Anh. zu Art. 24 EGBGB Rn 39; *St. Lorenz*, IPRax 1992, 305, 306 Fn 16; Palandt/*Heldrich*, Anh. zu Art. 24 EGBGB Rn 46; Staudinger/*Kropholler*, Vor Art. 19 EGBGB Rn 534 (effektive Staatsangehörigkeit).

185 MüKo/*Siehr*, Art. 19 EGBGB Anh. I Rn 404; *Oberloskamp*, Vormundschaft, Pflegschaft und Beistandschaft für Minderjährige, 2. Aufl. 1998, Art. 12 MSA Rn 10.

186 MüKo/*Siehr*, Art. 19 EGBGB Anh. I Rn 401; Staudinger/*Kropholler*, Vor Art. 19 EGBGB Rn 532.

187 MüKo/*Siehr*, Art. 19 EGBGB Anh. I Rn 398.

188 Erman/*Hohloch*, Anh. zu Art. 24 EGBGB Rn 39; Palandt/*Heldrich*, Anh. zu Art. 24 EGBGB Rn 46; MüKo/*Siehr*, Art. 19 EGBGB Anh. I Rn 391; Staudinger/*Kropholler*, Vor Art. 19 EGBGB Rn 540.

Beschränkungen für bestimmte Geschäfte sind unbeachtlich.[189] Demgegenüber lässt die Teilrechtsfähigkeit eines Minderjährigen, wie sie etwa in §§ 112, 113 BGB vorgesehen ist, die Minderjährigkeit nicht entfallen.[190]

Art. 13 MSA [Anwendungsgebiet]

(1) Dieses Übereinkommen ist auf alle Minderjährigen anzuwenden, die ihren gewöhnlichen Aufenthalt in einem der Vertragsstaaten haben.

(2) Die Zuständigkeiten, die nach diesem Übereinkommen den Behörden des Staates zukommen, dem der Minderjährige angehört, bleiben jedoch den Vertragsstaaten vorbehalten.

(3) Jeder Vertragsstaat kann sich vorbehalten, die Anwendung dieses Übereinkommens auf Minderjährige zu beschränken, die einem der Vertragsstaaten angehören.

1 Der gewöhnliche Aufenthalt eines Minderjährigen in einem Vertragsstaat begründet die **persönlich-räumliche Anwendbarkeit** des MSA. Auf die Staatsangehörigkeit eines Vertragsstaates kommt es nicht an, weil Deutschland keinen Vorbehalt nach Abs. 3 eingelegt hat.[191] Ein solcher Vorbehalt[192] besteht nur noch für Luxemburg.[193]

2 Für jeden Minderjährigen mit gewöhnlichem Aufenthalt im Inland oder in einem anderen **Vertragsstaat** ist daher das MSA anwendbar. Bei gewöhnlichem Aufenthalt im Inland ist gleichzeitig die Zuständigkeit nach Art. 1 und ggf nach Art. 8 eröffnet. Hat der Minderjährige seinen gewöhnlichen Aufenthalt in einem anderen Vertragsstaat, richtet sich die internationale Zuständigkeit aufgrund der deutschen Staatsangehörigkeit des Minderjährigen nach Art. 4. Gewöhnlicher Aufenthalt in einem Vertragsstaat ist auch Voraussetzung für die Eilzuständigkeit nach Art. 9.

3 Bei einem Minderjährigen, der seinen **gewöhnlichen Aufenthalt in einem Nicht-Vertragsstaat** hat, bestimmen sich internationale Zuständigkeit und das anwendbare Recht nach autonomem Recht.[194]

4 Da Art. 4 nur die Zuständigkeit von Behörden eines Vertragsstaates begründet (Abs. 2), wird die allgemeine Aufenthaltszuständigkeit nach Art. 1 nicht durch die Vorbehalte zugunsten Art. 4 und Art. 5 Abs. 3 beschränkt, wenn der Minderjährige die **Staatsangehörigkeit** eines Nicht-Vertragsstaates besitzt.[195] Die Anerkennung einer Schutzmaßnahme, die im Heimatstaat des Minderjährigen ergangen ist, wird dadurch aber nicht ausgeschlossen, weil Art. 1 keine ausschließliche Zuständigkeit begründet. Die Anerkennungsvoraussetzungen sowie die Möglichkeit einer Änderung und eines Tätigwerdens trotz Anhängigkeit eines Verfahrens im Ausland richten sich nach dem autonomen Recht.[196]

5 Der Vorbehalt in Art. 1 zugunsten eines **gesetzlichen Gewaltverhältnisses** nach dem Heimatrecht gilt auch, wenn der Minderjährige einem Nicht-Vertragsstaat angehört (s. Art. 3 Rn 8).

Art. 14 MSA [Uneinheitlichkeit des Heimatrechts des Minderjährigen]

Stellt das innerstaatliche Recht des Staates, dem der Minderjährige angehört, keine einheitliche Rechtsordnung dar, so sind im Sinne dieses Übereinkommens als „innerstaatliches Recht des Staates, dem der Minderjährige angehört" und als „Behörden des Staates, dem der Minderjährige angehört" das Recht und die Behörden zu verstehen, die durch die im betreffenden Staat geltenden Vorschriften, und man-

189 MüKo/*Siehr*, Art. 19 EGBGB Anh. I Rn 392; Staudinger/*Kropholler*, Vor Art. 19 EGBGB Rn 542.

190 MüKo/*Siehr*, Art. 19 EGBGB Anh. I Rn 395; Staudinger/*Kropholler*, Vor Art. 19 EGBGB Rn 543.

191 BGHZ 60, 68 = NJW 1973, 417; BGHZ 78, 293 = NJW 1981, 520 = IPRspr 1980 Nr. 94; Erman/*Hohloch*, Anh. zu Art. 24 EGBGB Rn 40; Palandt/*Heldrich*, Anh. zu Art. 24 EGBGB Rn 47; Soergel/*Kegel*, Vor Art. 19 EGBGB Rn 76; Staudinger/*Kropholler*, Vor Art. 19 EGBGB Rn 546.

192 Aktuelle Nachw. von Vorbehalten auf der Homepage der Haager Konferenz für Internationales Privatrecht unter http://hcch.e-vision.nl/index–en.php?act=conventions.status&cid=39.

193 Wenn ein Minderjähriger aus einem Nicht-Vertragsstaat seinen gewöhnlichen Aufenthalt in Luxemburg hat, sollen auch die übrigen Vertragsstaaten das MSA nicht anwenden; s. Staudinger/*Kropholler*, Vor Art. 19 EGBGB Rn 556; aA MüKo/*Siehr*, Art. 19 EGBGB Anh. I Rn 419.

194 KG IPRax 1991, 60 (deutsches Kind mit gewöhnlichem Aufenthalt in Saudi-Arabien); Erman/*Hohloch*, Anh. zu Art. 24 EGBGB Rn 40; MüKo/*Siehr*, Art. 19 EGBGB Anh. I Rn 420; Palandt/*Heldrich*, Anh. zu Art. 24 EGBGB Rn 47.

195 *Mottl*, IPRax 1994, 60, 62; Palandt/*Heldrich*, Anh. zu Art. 24 EGBGB Rn 47; Staudinger/*Kropholler*, Vor Art. 19 EGBGB Rn 548.

196 OLG Hamm NJW 1976, 2079 = IPRspr 1976 Nr. 63; Soergel/*Kegel*, vor Art. 19 EGBGB Rn 75.

gels solcher Vorschriften, durch die engste Bindung bestimmt werden, die der Minderjährige mit einer der Rechtsordnungen dieses Staates hat.

Art. 3 und Art. 12 verweisen auf das Recht des Heimatstaates des Minderjährigen. Bestehen im Heimatstaat für den Bereich der Schutzmaßnahmen mehrere Teilrechtsordnungen, bedarf es einer Unteranknüpfung. 1

Teilrechtsordnungen können aufgrund einer **räumlichen Rechtsspaltung**, wie etwa bei Bundesstaaten, oder einer **personalen Rechtsspaltung** bestehen, wenn in einem Staat für verschiedene Religionsgemeinschaften oder Volksgruppen unterschiedliches Recht gilt.[197] 2

Nach Art. 14 wird die maßgebliche Teilrechtsordnung primär durch das interlokale oder interpersonale Kollisionsrecht des Heimatstaates bestimmt. Existiert ein solches einheitliches Kollisionsrecht im Heimatstaat nicht, ist die Teilrechtsordnung anwendbar, zu welcher der Minderjährige die engste Bindung hat. 3

Bei räumlicher Rechtsspaltung kann die engste Verbindung regelmäßig nicht durch den aktuellen gewöhnlichen Aufenthalt begründet werden, weil dieser zumindest bei Art. 3 nicht im Heimatstaat liegt.[198] Abgestellt werden kann aber auf den letzten gewöhnlichen Aufenthalt im Heimatstaat oder hilfsweise auf den aktuellen bzw letzten gewöhnlichen Aufenthalt von Eltern oder Verwandten im Heimatstaat.[199] 4

Für die **Zuständigkeitsvorschriften** bedarf es, anders als der Wortlaut nahe legt, einer besonderen Regelung der Unteranknüpfung nicht, weil das MSA insoweit nur die internationale Zuständigkeit regelt und sich die örtliche sowie sachliche Zuständigkeit nach dem internen Recht des Heimatstaates richtet.[200] 5

Art. 15 MSA [Vorbehalt zugunsten der Ehegerichte]

(1) Jeder Vertragsstaat, dessen Behörden dazu berufen sind, über ein Begehren auf Nichtigerklärung, Auflösung oder Lockerung des zwischen den Eltern eines Minderjährigen bestehenden Ehebandes zu entscheiden, kann sich die Zuständigkeit dieser Behörden für Maßnahmen zum Schutz der Person oder des Vermögens des Minderjährigen vorbehalten.

(2) Die Behörden der anderen Vertragsstaaten sind nicht verpflichtet, diese Maßnahmen anzuerkennen.

Der Vorbehalt sollte Staaten mit einer zwingenden Verbundzuständigkeit bei bestimmten Ehesachen die Ratifikation des Abkommens ermöglichen.[201] Ein Vorbehalt nach Art. 15 gilt zurzeit noch für Litauen, Luxemburg, Polen und die Türkei. Zurückgenommen wurde der Vorbehalt mittlerweile von Frankreich, den Niederlanden, der Schweiz und Spanien.[202] 1

Da Deutschland den Vorbehalt nicht eingelegt hat, kommt der nach Art. 15 vorbehaltenen Verbundzuständigkeit nur Bedeutung für die Anerkennung von Urteilen aus Vorbehaltsstaaten zu.[203] Die internationale Zuständigkeit deutscher Behörden nach Art. 1, 4, 8 und 9 wird durch Art. 15 nicht berührt.[204] S. zur Verbundzuständigkeit deutscher Gerichte nach der vorrangigen EheVO 2003 Anhang I zum III. Abschnitt, Art. 12 EheVO Rn 2 ff; zur Möglichkeit einer Verbundzuständigkeit bei deutschen Kindern über Art. 4 (s. Art. 4 Rn 6). 2

Gemäß Abs. 2 gilt die **Anerkennungspflicht** nach Art. 7 S. 1 nicht, wenn die internationale Zuständigkeit auf der vorbehaltenen Verbundzuständigkeit beruht. Eine solche Entscheidung kann aber nach autonomem Recht anzuerkennen sein.[205] 3

Im Hinblick auf die danach erforderliche **Anerkennungszuständigkeit** bestehen **zwei Streitfragen. Zum einen** nimmt die wohl hM an, dass auf die vorbehaltene Verbundzuständigkeit nur zurückgegriffen werden kann, wenn eine Zuständigkeit nach Art. 1 oder 4 aufgrund fehlenden gewöhnlichen Aufenthalts oder anderer Staatsangehörigkeit ausgeschlossen war.[206] Lagen hingegen die übrigen Voraussetzungen für eine Zuständigkeit nach Art. 1 oder 4 nicht vor, kann die Zuständigkeit nicht über Art. 15 begründet werden. Gegen diese Ansicht spricht, dass nach dem Sinn des Vorbehalts den Vorbehaltsstaaten ein Rückgriff auf die im autonomen Recht gegebene internationale Zuständigkeit im von Art. 15 vorgegebenen Rahmen immer erlaubt sein muss. 4

197 MüKo/*Siehr*, Art. 19 EGBGB Anh. I Rn 422 f, 428 f; Soergel/*Kegel*, vor Art. 19 EGBGB Rn 77.
198 MüKo/*Siehr*, Art. 19 EGBGB Anh. I Rn 432.
199 LG Wiesbaden FamRZ 1977, 60 (letzter Aufenthalt des Vaters eines US-amerikanischen Minderjährigen); MüKo/*Siehr*, Art. 19 EGBGB Anh. I Rn 432; ähnlich auf Staudinger/*Kropholler*, Vorbem. zu Art. 19 EGBGB Rn 559.
200 MüKo/*Siehr*, Art. 19 EGBGB Anh. I Rn 426.
201 Staudinger/*Kropholler*, Vor Art. 19 EGBGB Rn 560.
202 S. Internetseite der Haager Konferenz für Internationales Privatrecht: http://hcch.e-vision.nl/index–en.php?act=authorities.details&aid=454 (Startseite www.hcch.net); Staudinger/*Kropholler*, Vor Art. 19 EGBGB Rn 561.
203 Palandt/*Heldrich*, Anh. zu Art. 24 EGBGB Rn 49.
204 Soergel/*Kegel*, vor Art. 19 EGBGB Rn 81; Staudinger/*Kropholler*, Vor Art. 19 EGBGB Rn 561.
205 Staudinger/*Kropholler*, Vor Art. 19 EGBGB Rn 585.
206 KG NJW 1980, 1226, 1227; Staudinger/*Kropholler*, Vor Art. 19 EGBGB Rn 577; s.a. OLG Hamm IPRax 1988, 39, 40.

Ansonsten könnte die Verbundzuständigkeit bei einem Minderjährigen mit der Staatsangehörigkeit des Vorbehaltsstaates nur in geringerem Maße in Anspruch genommen werden als bei einem Minderjährigen mit einer fremden Staatsangehörigkeit.

5 **Zum anderen** wird teilweise angenommen, dass die Anerkennungspflicht gemäß Art. 7 immer dann nach Art. 15 Abs. 2 entfällt, wenn die ausländische Behörde ihre Zuständigkeit mit dem Vorbehalt der Verbundzuständigkeit aufgrund des Vorbehalts nach Art. 15 begründet hat.[207]

6 Richtigerweise sollte in diesen Fällen eine Anerkennungspflicht dann angenommen werden, wenn objektiv die Voraussetzungen der Zuständigkeit nach Art. 1, 4 oder 9 vorgelegen haben.[208] Es wird auch sonst nicht angenommen, dass die aufgrund der anwendbaren Norm gegebene internationale Zuständigkeit allein deswegen entfällt, weil das entscheidende Gericht die Zuständigkeit nicht ausdrücklich auf diese Norm gestützt hat. Bedeutung hat dies vor allem für Art. 1. Hat ein Gericht im Aufenthaltsstaat eine Schutzmaßnahme im Verbund mit einer Ehesache erlassen, so ist diese Entscheidung vorbehaltlich von Art. 3 nach Art. 7 S. 1 anzuerkennen. Bei Art. 4 wird die Anerkennungspflicht regelmäßig an der fehlenden vorherigen Verständigung der Aufenthaltsbehörden scheitern.

7 Art. 15 ist selbst keine Zuständigkeitsregel, sondern erlaubt es den Vorbehaltsstaaten nur, die internationale Zuständigkeit ihrer Gerichte mit der autonomen Regelung der Verbundzuständigkeit zu begründen.[209] Für die nach autonomem Recht maßgebliche Anerkennungszuständigkeit ist daher nicht auf Art. 15 abzustellen, sondern auf die autonomen Zuständigkeitsregeln des Anerkennungsstaates.[210]

Art. 16 MSA [Ordre public]

Die Bestimmungen diese Übereinkommens dürfen in den Vertragsstaaten nur dann unbeachtet bleiben, wenn ihre Anwendung mit der öffentlichen Ordnung offensichtlich unvereinbar ist.

A. Regelungsgegenstand

1 Art. 16 enthält den speziellen ordre-public-Vorbehalt für das MSA. Inhaltlich entspricht er den autonomen Vorbehalten in Art. 6 EGBGB,[211] § 328 Abs. 1 Nr. 4 ZPO und § 16 a Nr. 4 FGG. Trotz der missverständlichen Formulierung kommt es auch für Art. 16 darauf an, ob das konkrete Ergebnis der Anwendung ausländischen Rechts aufgrund Art. 3 oder Art. 12 bzw der Anerkennung der ausländischen Entscheidung nach Art. 7 mit den wesentlichen Grundsätzen des deutschen Rechts offensichtlich unvereinbar ist.[212] Es kommt nicht auf die Vereinbarkeit der abstrakten Rechtsregel, sondern nur auf das konkrete Ergebnis im Einzelfall an.[213] S. zur Konkretisierung des ordre-public-Vorbehalts im Einzelnen Art. 6 EGBGB Rn 32 ff.

B. Ordre public und gesetzliches Gewaltverhältnis nach Art. 3

I. Allgemein

2 Der ordre-public-Vorbehalt hat vor allem bei der durch Art. 3 vorgeschriebenen Beachtung eines **gesetzlichen Gewaltverhältnisses** praktische Bedeutung erlangt.[214] Die Frage der Vereinbarkeit mit dem ordre public stellt sich insbesondere für die Rechtsprechung, die der Heimatrechtstheorie folgend Eingriffe in das gesetzliche Gewaltverhältnis aufgrund der Zuständigkeit nach Art. 1 nur insoweit zulässt, als sie auch nach dem Heimatrecht möglich sind (s. Art. 1 Rn 7, 11).

207 Staudinger/*Kropholler*, Vor Art. 19 EGBGB Rn 586.
208 *Jayme*, in: FS Keller 1989, S. 455; MüKo/*Siehr*, Art. 19 EGBGB Anh. I Rn 454; Palandt/*Heldrich*, Anh. zu Art. 24 EGBGB Rn 49; Soergel/*Kegel*, vor Art. 19 EGEGB Rn 81.
209 Soergel/*Kegel*, Vor Art. 19 EGBGB Rn 81; aA MüKo/*Siehr*, Art. 19 EGBGB Anh. I Rn 439.
210 So im Erg. auch MüKo/*Siehr*, Art. 19 EGBGB Anh. I Rn 439; aA BGH NJW 1977, 150.
211 Erman/*Hohloch*, Anh. zu Art. 24 EGBGB Rn 43; Palandt/*Heldrich*, Anh. zu Art. 24 EGBGB Rn 50; Staudinger/*Kropholler*, Vor Art. 19 EGBGB Rn 588.
212 Palandt/*Heldrich*, Anh. zu Art. 24 EGBGB Rn 50; MüKo/*Siehr*, Art. 19 EGBGB Anh. I Rn 456; Soergel/*Kegel*, Vor Art. 19 EGBGB Rn 82.
213 BGHZ 60, 68, 79; BGHZ 120, 29, 34 = NJW 1993, 848 = FamRZ 1993, 316 = IPRax 1993, 102 m. Bespr. *Henrich*, S. 81; MüKo/*Siehr*, Art. 19 EGBGB Anh. I Rn 457.
214 Erman/*Hohloch*, Anh. zu Art. 24 EGBGB Rn 43; Palandt/*Heldrich*, Anh. zu Art. 24 EGBGB Rn 50; Staudinger/*Kropholler*, Vor Art. 19 EGBGB Rn 589.

Das gesetzliche Gewaltverhältnis nach dem Heimatrecht verstößt regelmäßig gegen den deutschen ordre public, wenn nach ihm eine vom **Kindeswohl** geforderte Maßnahme nicht ergehen kann. Es ist nicht notwendig, dass das Kind in seiner Person oder seinem Vermögen bei unveränderter Geltung des gesetzlichen Gewaltverhältnisses gefährdet wird. Zum deutschen ordre public gehört vielmehr, dass nach dem Förderungsprinzip derjenige Elternteil die elterliche Sorge nach Trennung erhalten soll, bei dem das Kind vermutlich die meiste Unterstützung für den Aufbau seiner Persönlichkeit erwarten kann (s. Art. 21 EGBGB Rn 30).[215] 3

Ein ordre-public-Verstoß wurde daher für den **Stichentscheid des Vaters** bei trotz Trennung weiterbestehender gemeinsamer Sorge der Eltern nach türkischem Recht angenommen, wenn das Kindeswohl die Zuweisung der elterlichen Sorge an die Mutter erfordert.[216] Der zwischen den Geschlechtern **diskriminierende Inhalt** der Regelung allein genügt für einen ordre-public-Verstoß nicht, weil es nicht auf den abstrakten Regelungsgehalt, sondern auf den Widerspruch des Regelungsergebnisses im Einzelfall ankommt.[217] 4

Soweit der ordre public eingreift, besteht eine regelungsfähige Lücke des Heimatrechts, so dass die Aufenthaltszuständigkeit nach Art. 1 eingreifen kann.[218] Der Erlass von Schutzmaßnahmen, etwa die Übertragung der elterlichen Sorge auf einen Elternteil, erfolgt unter Anwendung der lex fori,[219] dh bei deutscher Aufenthaltszuständigkeit nach deutschem Recht, § 1671 BGB. 5

II. Verhältnis zu Art. 8

Teilweise gehen die Gerichte in diesen Fällen aber auch nach Art. 8 vor. Erlaubt das Heimatrecht einen durch das Kindeswohl gebotenen Eingriff in das gesetzliche Gewaltverhältnis nicht, so liegt darin eine Gefährdung, die die Zuständigkeit der Behörden im Aufenthaltsstaat eröffnet (s. Art. 8 Rn 1).[220] Beide aufgezeigten Wege sind nach dem MSA möglich.[221] 6

Der ordre-public-Vorbehalt ist insoweit weiter als Art. 8, als er nicht den Nachweis einer ernstlichen Gefährdung verlangt. 7

Bei einer Gefährdung iSv Art. 8 wird regelmäßig auch ein ordre-public-Verstoß durch das einer Schutzmaßnahme entgegenstehende ausländische Heimatrecht vorliegen. Auch Art. 16 kommt wie Art. 8 in der Rechtsprechung die Funktion zu, die Ergebnisse der **Heimatrechtstheorie** (s. Art. 1 Rn 7) zu korrigieren und eine Schutzmaßnahme unabhängig von einem gesetzlichen Gewaltverhältnis nach Art. 3 immer dann zu ermöglichen, wenn sie im Kindeswohl geboten ist (s. Art. 8 Rn 2). 8

C. Anerkennung ausländischer Entscheidungen

Art. 16 kann auch der Anerkennung einer ausländischen Entscheidung nach Art. 7 Abs. 1 entgegenstehen und hat damit die Funktion, die im autonomen Recht § 16 a Nr. 4 FGG bzw § 328 Abs. 1 Nr. 4 ZPO zukommt. 9

Insoweit ist der Vorbehalt nur sehr zurückhaltend anzuwenden (sog. effet attenué des ordre public). Durch die ausländische Entscheidung sind meist bereits Tatsachen geschaffen worden. Die Nichtanerkennung und daraus folgende inhaltliche Änderung durch eine neue (inländische) Entscheidung beeinträchtigt die Kontinuität und kann dem Kindeswohl mehr schaden als die Anerkennung einer suboptimalen ausländischen Regelung.[222] Allein der Umstand, dass aus inländischer Sicht etwa eine andere Verteilung der elterlichen Sorge besser dem Kindeswohl entsprochen hätte, genügt für ein Eingreifen des ordre public daher nicht. 10

Die Nichtanerkennung kommt in Betracht, wenn sie zu einer Gefährdung des Kindeswohls führt, wenn wesentliche Verfahrensgrundsätze missachtet wurden oder wenn die ausländische Entscheidung ihrerseits die Kontinuitätsinteressen des Kindes missachtet und ohne sachlichen Grund eine früher getroffene Regelung aufhebt oder ändert.[223] 11

215 BVerfGE 55, 171, 181 (in einem internen Fall); BGHZ 120, 29, 34 = NJW 1993, 848 = FamRZ 1993, 316 = IPRax 1993, 102 m. Bespr. *Henrich*, S. 81, 83; *Coester*, IPRax 1991, 236.

216 BGH NJW-RR 1992, 579 = FamRZ 1992, 794 = IPRspr 1992 Nr. 127; OLG Karlsruhe NJW-RR 1998, 582; OLG Hamm NJW-RR 1997, 5, 6.

217 BGH NJW-RR 1993, 962 (zum iranischen Recht); aA anscheinend wohl nur BGH NJW-RR 1992, 579 f.

218 OLG Karlsruhe NJW-RR 1998, 582; OLG Hamm NJW-RR 1997, 5, 6.

219 MüKo/*Siehr*, Art. 19 EGBGB Anh. I Rn 465.

220 OLG Köln NJW-RR 1991, 363, 364; ebenso OLG Köln NJW-RR 1991, 362, 363, das aber im konkreten Fall die Voraussetzungen von Art. 8 als nicht gegeben sieht.

221 S. BGH NJW-RR 1992, 579 = FamRZ 1992, 794 = IPRspr 1992 Nr. 127.

222 MüKo/*Siehr*, Art. 19 EGBGB Anh. I Rn 470.

223 MüKo/*Siehr*, Art. 19 EGBGB Anh. I Rn 470.

Art. 17 MSA [Zeitpunkt der Anwendung]

(1) Dieses Übereinkommen ist nur auf Maßnahmen anzuwenden, die nach seinem Inkrafttreten getroffen worden sind.

(2) Gewaltverhältnisse, die nach dem innerstaatlichen Recht des Staates, dem der Minderjährige angehört, kraft Gesetzes bestehen, sind vom Inkrafttreten des Übereinkommens an anzuerkennen.

1 Das MSA gilt nur für Schutzmaßnahmen, die zeitlich nach Inkrafttreten des MSA für den jeweiligen Staat erlassen worden sind.[224] Für die **Zuständigkeiten** nach Art. 1 und 8 muss der Staat des gewöhnlichen Aufenthalts Vertragsstaat sein. Für die Zuständigkeiten nach Art. 4 und 9 müssen der Entscheidungsstaat und der Staat, in dem der Minderjährige seinen gewöhnlichen Aufenthalt hat, Vertragsstaaten sein.

2 Die **Anerkennungspflicht** nach Art. 7 setzt voraus, dass zum Zeitpunkt des Erlasses der Schutzmaßnahme sowohl der Entscheidungsstaat als auch der Aufenthaltsstaat und der Anerkennungsstaat Vertragsstaaten waren.[225] Eine zeitlich früher erlassene Maßnahme kann nach autonomem Recht anerkannt werden.

3 Ein nach dem Heimatrecht des Minderjährigen bestehendes **gesetzliches Gewaltverhältnis** ist von einem neu beitretenden Staat ab Wirksamwerden des MSA gemäß Art. 3 anzuerkennen.[226]

Art. 18 MSA [Inkrafttreten]

(1) Dieses Übereinkommen tritt im Verhältnis der Vertragsstaaten zueinander an die Stelle des am 12. Juni 1902 im Haag unterzeichneten Abkommens zur Regelung der Vormundschaft über Minderjährige.

(2) Es läßt die Bestimmungen anderer zwischenstaatlicher Übereinkünfte unberührt, die im Zeitpunkt seines Inkrafttretens zwischen den Vertragsstaaten gelten.

A. Haager Vormundschaftsabkommen (Abs. 1)

1 Im Verhältnis der Bundesrepublik Deutschland zu Italien, Luxemburg, Spanien und Portugal ist das Haager Vormundschaftsabkommen von 1902 durch das MSA ersetzt worden. Das Haager Vormundschaftsabkommen von 1902 ist aber weiterhin im Verhältnis zu Belgien anwendbar.[227]

B. Vorherige Übereinkommen (Abs. 2)

2 Praktisch bedeutsam ist für die Bundesrepublik Deutschland das **deutsch-iranische Niederlassungsabkommen** v. 17.2.1929.[228] Dieses ist allerdings nur anwendbar, wenn alle Beteiligten die iranische Staatsangehörigkeit besitzen. Es ist nicht anwendbar, wenn ein Beteiligter Flüchtling ist[229] oder neben der iranischen auch die deutsche Staatsangehörigkeit besitzt,[230] etwa wenn ein Kind aufgrund von § 4 Abs. 3 StAG die deutsche Staatsangehörigkeit mit der Geburt erworben hat.[231]

3 Das **deutsch-österreichische Vormundschaftsabkommen** v. 5.2.1927 ist zum 31.12.2002 gekündigt worden und zum Ablauf des 30.6.2003 außer Kraft getreten.[232] Das **deutsch-polnische Abkommen** über die Vor-

224 Maßgeblich ist der Zeitpunkt der Entscheidung, gegen die kein befristetes Rechtsmittel mehr möglich ist, s. BGHZ 60, 68, 71; Staudinger/*Kropholler*, Vor Art. 19 EGBGB Rn 599.
225 MüKo/*Siehr*, Art. 19 EGBGB Anh. I Rn 475; Staudinger/*Kropholler*, Vor Art. 19 EGBGB Rn 601.
226 Staudinger/*Kropholler*, Vor Art. 19 EGBGB Rn 602.
227 Staudinger/*Kropholler*, Vor Art. 19 EGBGB Rn 605 f.
228 RGBl. II 1930 S. 1002, 1006; RGBl. II 1931 S. 9; BGBl. II 1955 S. 829; abgedruckt bei *Jayme/Hausmann*, Nr. 23.
229 LG München I IPRspr 1997 Nr. 100.
230 BGH IPRax 1986, 382, 383.
231 Staudinger/*Henrich*, Art. 21 EGBGB Rn 10.
232 BGBl. II 2003 S. 824; s.a. IPRax 2003, 562.

mundschaft über Minderjährige v. 5.3.1924[233] ist aufgrund gewohnheitsmäßiger Nichtbeachtung seit Kriegsausbruch nicht mehr anwendbar.[234]

MSA Art. 19-25 (nicht abgedruckt)

Anhang zu Art. 1–18 MSA

Gesetz zu dem Haager Übereinkommen vom 5. Oktober 1961 über die Zuständigkeit der Behörden und das anzuwendende Recht auf dem Gebiet des Schutzes von Minderjährigen (Auszug)

Vom 30. April 1971 (BGBl. II S. 217)

Zuletzt geändert durch Art. 103 Erstes G über die Bereinigung von BundesR im Zuständigkeitsbereich des BMJ vom 19. 4. 2006 (BGBl. I S. 866)

Art. 2 [Ausführungsbestimmungen]

(1) Für die in Artikel 4 Abs. l, Artikel 5 Abs. 2, Artikel 10 und Artikel 1 Abs. 1 des Übereinkommens vorgesehenen Mitteilungen sind die deutschen Gerichte und Behörden zuständig, bei denen ein Verfahren nach dem Übereinkommen anhängig ist oder, in den Fällen des Artikels 5 Abs. 2, zur Zeit des Aufenthaltswechsels des Minderjährigen anhängig war.

(2) [1]Ist ein Verfahren im Geltungsbereich dieses Gesetzes nicht anhängig, so ist für den Empfang der Mitteilungen nach Artikel 4 Abs. l und Artikel 11 Abs. l das Jugendamt zuständig, in dessen Bezirk der Minderjährige seinen gewöhnlichen Aufenthalt hat. [2]Für den Empfang der Mitteilungen, die nach Artikel 11 Abs. l des Übereinkommens an die Behörden des Staates zu richten sind, dem der Minderjährige angehört, ist, wenn im Geltungsbereich dieses Gesetzes weder ein Verfahren anhängig ist noch der Minderjährige seinen gewöhnlichen Aufenthalt hat, das Landesjugendamt Berlin zuständig.

(3) Die Mitteilungen können unmittelbar gegeben und empfangen werden.

(4) Die in den anderen Vertragsstaaten für die Mitteilungen nach dem Übereinkommen zuständigen Behörden sind im Bundesanzeiger bekanntzugeben.

Anhang III zu Art. 24 EGBGB: HKÜ

Übereinkommen über die zivilrechtlichen Aspekte internationaler Kindesentführung vom 25.10.1980 [HKÜ]

(BGBl. II 1990 S. 207)

Die Unterzeichnerstaaten dieses Übereinkommens –
in der festen Überzeugung, daß das Wohl des Kindes in allen Angelegenheiten des Sorgerechts von vorrangiger Bedeutung ist;
in dem Wunsch, das Kind vor den Nachteilen eines widerrechtlichen Verbringens oder Zurückhaltens international zu schützen und Verfahren einzuführen, um seine sofortige Rückgabe in den Staat seines gewöhnlichen Aufenthalts sicherzustellen und den Schutz des Rechts zum persönlichen Umgang mit dem Kind zu gewährleisten –

233 RGBl. II 1925 S. 139, 145.
234 HM Staudinger/*Kropholler*, Vor Art. 24 EGBGB Rn 7; aA Soergel/*Kegel*, Art. 24 EGBGB Rn 72.

haben beschlossen, zu diesem Zweck ein Übereinkommen zu schließen, und haben die folgenden Bestimmungen vereinbart:

Kapitel I
Anwendungsbereich des Übereinkommens

Art. 1 HKÜ [Ziel des Übereinkommens]

Ziel dieses Übereinkommens ist es,

a) die sofortige Rückgabe widerrechtlich in einen Vertragsstaat verbrachter oder dort zurückgehaltener Kinder sicherzustellen und

b) zu gewährleisten, daß das in einem Vertragsstaat bestehende Sorgerecht und Recht zum persönlichen Umgang in den anderen Vertragsstaaten tatsächlich beachtet wird.

Literatur: *Bach*, Das Haager Kindesentführungsübereinkommen in der Praxis, FamRZ 1997, 1051; *Bruch*, Erfahrungen mit dem Haager Übereinkommen über die zivilrechtlichen Aspekte internationaler Kindesentführungen, FamRZ 1993, 745; *dies.*, Temporary or Contingent Changes in Location, in: GS Lüderitz 2000, S. 43; *dies.*, The Unmet Needs of Domestic Violence Victims and their Children in Hague Child Abduction Convention Cases, Family Law Quarterly 2004, 529; *Bucher*, Das Kindeswohl im Haager Entfürhungsabkommen, in FS Kropholler, 2008, S. 263; *Coester-Waltjen*, Die Bedeutung des „gewöhnlichen Aufenthalts" im Haager Entführungsabkommen, in: FS Max-Planck-Institut für Privatrecht 2001, S. 543; *Fleige*, Die Zuständigkeit für Sorgerechtsentscheidungen und die Rückführung von Kindern nach Entführungen nach Europäischem IZVR, 2006; *Henrich*, Int. Familienrecht, 2. Aufl. 2000; *Holzmann*, Brüssel IIa VO: Elterliche Verantwortung und internationale Kindesentführungen, 2008; *Hüßtege*, Kindesentführung ohne Ende?, IPRax 1992, 369; *Limbrock*, Das Umgangsrecht im Rahmen des Haager Kindesentführungsübereinkommens und des Europäischen Sorgerechtsübereinkommens, FamRZ 1999, 1631; *Mäsch*, „Grenzüberschreitende" Undertakings und das Haager Kindesentführungsabkommen aus deutscher Sicht, FamRZ 2002, 1069; *Ripke*, Erste Erfahrungen bei Mediationen in internationalen Kindschaftskonflikten, FPR 2004, 199; *Schweppe*, Die Beteiligung des Kindes am Rückführungsverfahren nach dem HKÜ, FPR 2001, 203; *dies.*, Das Haager Übereinkommen über die zivilrechtlichen Aspekte internationaler Kindesentführungen und die Interessen der betroffenen Kinder, ZfJ 2001, 169; *dies.*, Kindesentführungen und Kindesinteressen: Die Praxis des Haager Übereinkommens in England und Deutschland, 2001; *Zürcher*, Kindesentführung und Kindesrechte, 2005.

A. Ziele des HKÜ

1 Das HKÜ ist vor allem ein Rechtshilfeabkommen.[1] Das primäre Ziel des HKÜ besteht darin, dass das Kind im Fall einer widerrechtlichen Entführung möglichst schnell in das Land seines bisherigen gewöhnlichen Aufenthalts zurückgebracht wird. Dies liegt zum einen regelmäßig im Interesse des entführten Kindes selbst. Vor allem dienen die **schnelle Rückführung**[2] und das Verbot einer Sorgerechtsentscheidung im Aufenthaltsstaat aber dazu, präventiv die Entführung von Kindern zu verhindern. Ohne das HKÜ kann ein Entführer meist Fakten schaffen, die ihn bei einer späteren Sorgerechtsentscheidung begünstigen.[3] Typisch ist der Fall, dass ein Elternteil dem anderen Elternteil, der alleinsorgeberechtigt oder zumindest mitsorgeberechtigt ist, das Kind entzieht und in einen anderen Staat, meist den Heimatstaat des Entführers, verbringt. Da das Kind auch bei widerrechtlicher Entführung nach ca. sechs Monaten aufgrund der faktischen Integration einen neuen gewöhnlichen Aufenthalt im Zufluchtsstaat begründet, wurden mangels Sonderregelungen (s. jetzt aber Art. 10 EheVO 2003 und Art. 7 KSÜ) die Gerichte des Zufluchtsstaates für eine Sorgerechtsentscheidung international zuständig (s. Art. 1 und 8 MSA). Aufgrund der tatsächlichen sozialen Integration des Kindes durch den längeren Aufenthalt entspricht es zudem im konkreten Einzelfall regelmäßig dem Kindeswohl, dem Entführer das alleinige Sorgerecht zu übertragen, damit ein neuer Aufenthaltswechsel, der meist auch einen Wechsel der Sprache und der kulturellen Umgebung bedeuten würde, vermieden wird.

2 Das HKÜ sichert die schnelle Rückführung des Kindes zum einen durch **besondere Verfahrensvorschriften** (Art. 8–12) und die **Einrichtung zentraler Behörden** (Art. 6 und 7).

3 Zum anderen legt es selbst die sachlichen Voraussetzungen fest, unter denen einem Antrag auf Rückführung entsprochen werden muss (Art. 12, 13, 14). Flankierend enthält es ein Verbot, im Zufluchtsstaat eine Sorgerechtsentscheidung zu erlassen (Art. 16).

1 *Henrich*, Int. Familienrecht, § 7 II 6; MüKo/*Siehr*, HEntfÜ Rn 6.

2 Zu den Begriffen Rückgabe und Rückführung s. Art. 12 Rn 14.

3 BVerfG IPRax 2000, 216, 219 = FamRZ 1999, 85 = NJW 1999, 631; *Henrich*, Int. Familienrecht, § 7 II 6; MüKo/*Siehr*, HEntfÜ Rn 2 f.

4 Das HKÜ hat selbst nicht die Sorgerechtsentscheidung zum Gegenstand (Art. 19). Es soll nur der Zustand wieder hergestellt werden, der vor der Entführung bestand, so dass im bisherigen Aufenthaltsstaat eine Sorgerechtsentscheidung ergehen kann.

B. Anwendbarkeit

5 Das HKÜ ist für die Bundesrepublik Deutschland am 1.12.1990 in Kraft getreten. Es gilt seit dem 1.12.1990 im Verhältnis zu Australien, Belize, Frankreich, Kanada, Luxemburg, den Niederlanden, Norwegen, Österreich, Portugal, Schweden, der Schweiz, Spanien, Ungarn, den Vereinigten Staaten von Amerika und dem Vereinigten Königreich von Großbritannien und Nordirland.

6 Es gilt heute außerdem im Verhältnis zu Albanien (1.10.2007), Argentinien (1.6.1991), Armenien (1.10.2009), den Bahamas (1.5.1994), Belgien (1.5.1999), Bosnien-Herzegowina (1.12.1991), Brasilien (1.5.2002), Bulgarien (1.12.2004), Burkina Faso (1.1.1993), Chile (1.6.1995), China (Volksrepublik, gilt nur für Hongkong [1.9.1999] und Macao [1.3.1999]); Costa Rica (1.12.2007), Dänemark (1.7.1991), der Dominikanischen Republik (1.4.2008), Ecuador (1.9.1992), El Salvador (1.11.2002), Estland (1.12.2001), Fidschi (1.4.2008), Finnland (1.8.1994), Georgien (1.3.1998), Griechenland (1.6.1993), Guatemala (1.1.2003), Honduras (1.8.1994), Irland (1.10.1991), Island (1.4.1997), Israel (1.12.1991), Italien (1.5.1995), Kolumbien (1.11.1996), Kroatien (1.12.1991), Lettland (1.11.2002), Litauen (1.12.2004), Malta (1.11.2002), Marokko (1.10.2010), Mauritius (1.12.1993), Mazedonien (1.12.1991), Mexiko (1.2.1992), Moldau (1.5.2000), Monaco (1.7.1993), Montenegro (1.12.1991), Neuseeland (1.2.1992), Nicaragua (1.9.2007), Panama (1.6.1995), Paraguay (1.12.2001), Peru (1.9.2007), Polen (1.2.1993), Rumänien (1.7.1993), Saint Kitts and Nevis (1.5.1995), San Marino (1.9.2007), Serbien (1.12.1991), den Seychellen (1.4.2009), Simbabwe (1.2.1997), der Slowakei (1.2.2001), Slowenien (1.6.1995), Sri Lanka (1.1.2003), Südafrika (1.2.1998), Thailand (1.6.2007), Trinidad und Tobago (1.9.2007), Tschechien (1.3.1998), der Türkei (1.8.2003), Turkmenistan (1.8.1998), der Ukraine (1.1.2008), Uruguay (1.10.2001), Usbekistan (1.10.2009), Venezuela (1.1.1997), Weißrussland (1.2.1999), Zypern (1.5.1995).[4]

7 **Persönlich anwendbar** ist das HKÜ, wenn ein noch nicht 16 Jahre altes Kind seinen gewöhnlichen Aufenthalt vor dem widerrechtlichen Verbringen oder Zurückhalten in einem Vertragsstaat hatte und sich nun in einem anderen Vertragsstaat befindet.[5] Bei der Verletzung des Rechts zum persönlichen Umgang genügt es, dass das Kind seinen gewöhnlichen Aufenthalt in einem Vertragsstaat hat.

8 **Sachlich** erfasst das Übereinkommen primär die Rückführung des entführten, dh widerrechtlich verbrachten oder zurückgehaltenen Kindes in den Staats seines bisherigen gewöhnlichen Aufenthalts (Art. 1 lit. a). Das Ziel, die tatsächliche Beachtung eines bestehenden Sorgerechts oder Umgangsrechts in den anderen Vertragsstaaten zu gewährleisten (Art. 1 lit. b), soll vor allem dadurch erreicht werden, dass nach Art. 21 die zentralen Behörden auch zur Durchführung oder wirksamen Ausübung des Rechts zum persönlichen Umgang eingeschaltet werden können. Ansonsten ist dieser Regelungskomplex aufgrund von Zeitmangel im Vergleich zur Rückführung nur rudimentär ausgearbeitet worden.[6]

C. Verhältnis zu anderen Regelungen

9 Nach Art. 34 geht das HKÜ in seinem Anwendungsbereich, dh insbesondere beim Erlass der Rückgabeanordnung, dem MSA vor. Art. 16 untersagt es, trotz Zuständigkeit nach dem MSA im Zufluchtsstaat eine Sorgerechtsmaßnahme zu erlassen. Das HKÜ bleibt von dem späteren Kinderschutzübereinkommen (KSÜ) nach dessen Art. 50 unberührt.

10 Die EheVO 2003 verdrängt das HKÜ ebenfalls nicht, enthält in Art. 11 aber Regelungen, die das HKÜ im Verhältnis der Mitgliedstaaten mit Ausnahme Dänemarks in einigen Punkten modifizieren und ergänzen[7] (s. Art. 2 HKÜ Rn 11; Art. 11 HKÜ Rn 82; Art. 13 HKÜ Rn 134, 141; Art. 11 EheVO Rn 1 ff).

4 Stand: Dezember 2011; Nachw. auf der Internetseite der Haager Konferenz für Internationales Privatrecht http://hcch.e-vision.nl; dort finden sich auch Nachweise über die Geltung im Verhältnis der anderen Vertragsstaaten untereinander; Liste des Geltungsbereichs für Deutschland auch bei http://www.bundesjustizamt.de.

5 *Henrich*, Int. Familienrecht, § 7 II 6.

6 Staudinger/*Pirrung* (2009), Vor Art. 19 EGBGB Rn D 88.

7 *Andrae*, Internationales Familienrecht § 6 Rn 198; Thomas/Putzo/*Hüßtege*, ZPO, Art. 11 EuEheVO Rn 1; Prütting/Helms/*Hau*, FamFG, § 99 Rn 27; *Solomon*, FamRZ 2004, 1409, 1416 f.

Art. 2 HKÜ [Umsetzung des Übereinkommens]

¹Die Vertragsstaaten treffen alle geeigneten Maßnahmen, um in ihrem Hoheitsgebiet die Ziele des Übereinkommens zu verwirklichen. ²Zu diesem Zweck wenden sie ihre schnellstmöglichen Verfahren an.

Literatur: *Dutta/Scherpe*, Die Durchsetzung von Rückführungsansprüchen nach dem Haager Kindesentführungsübereinkommen durch deutsche Gerichte, FamRZ 2006, 901; *Gruber*, Das neue Internationale Familienrechtsverfahrensgesetz, FamRZ 2005, 1603; *Roth*, Internationale Kindesentführung, „undertakings" und Zwangsvollstreckung nach § 33 FGG, IPRax 2003, 231.

A. Regelungsgegenstand

1 S. 1 ist eine Norm mit Appellfunktion ohne unmittelbaren Regelungsgehalt. S. 2 verpflichtet die Vertragsstaaten zur Anwendung ihrer nach internem Recht bestehenden schnellstmöglichen Verfahrensart. Die Vertragsstaaten können ein spezielles Verfahren für die Rückgabeanordnung einführen, müssen dies aber nicht.[8] Art. 11 Abs. 3 EheVO 2003 wiederholt das Gebot nach Art. 2 S. 2 und ergänzt es in seinem Unterabs. 2 durch eine Pflicht zum Erlass einer Anordnung innerhalb von sechs Wochen (s.a. Art. 11 HKÜ).

B. Verfahren in Deutschland

2 In **Deutschland** war das anzuwendende Verfahren früher durch das SorgeRÜbkAG bestimmt. Diese Regelungen wurden mit Wirkung vom 1.3.2005 durch das neue **Internationale Familienrechtsverfahrensgesetz (IntFamRVG)**[9] ersetzt und inhaltlich geändert.[10]

3 Die **örtliche Zuständigkeit** für die Rückgabeanordnung liegt in Deutschland nach §§ 11, 12 IntFamRVG für einen gesamten OLG Bezirk grundsätzlich beim Familiengericht am Sitz des OLG.[11]

4 Das Familiengericht entscheidet nach § 14 IntFamRVG im Verfahren der freiwilligen Gerichtsbarkeit. Die Rückgabeanordnung kann nicht als einstweilige Anordnung getroffen werden.[12]

5 Über den Rückgabeantrag wird wie bisher als Familiensache im Verfahren der freiwilligen Gerichtsbarkeit entschieden, § 14 Nr. 2 IntFamRVG. § 38 Abs. 1 IntFamRVG-E bestimmt, dass die Verfahren auf Rückgabe eines Kindes vorrangig, dh als Eilsache zu behandeln sind und eine Aussetzung des Verfahrens nicht stattfindet.[13] Das Gericht muss im Anwendungsbereich der EheVO 2003 innerhalb von sechs Wochen zu einer Entscheidung kommen. Im Übrigen sind die Vorschriften für Verfahren in Kindschaftssachen in §§ 151 ff FamFG anzuwenden.

6 Gegen eine Entscheidung des Familiengerichts findet nur die **Beschwerde zum OLG** statt, § 40 Abs. 2 S. 1 IntFamRVG iVm §§ 58 ff FamFG. Die Beschwerde ist nach § 40 Abs. 2 S. 2 IntFamRVG innerhalb von zwei Wochen einzulegen und zu begründen. Eine Rechtsbeschwerde zum BGH findet nicht statt, § 40 Abs. 2 S. 4 IntFamRVG.[14] Eine Beschwerde gegen eine Entscheidung, die zur Rückgabe des Kindes verpflichtet, steht nur dem Antragsgegner, dem Kind, soweit es das 14. Lebensjahr vollendet hat, und dem beteiligten Jugendamt zu, § 40 Abs. 2 S. 3 IntFamRVG. Auf die Frage, wer gesetzlicher Vertreter des Kindes ist, kommt es damit nicht an.[15]

C. Vollstreckung von Rückgabeanordnungen

7 Eine Entscheidung, die zur Rückgabe des Kindes in einen anderen Vertragsstaat verpflichtet, wird erst mit Rechtskraft wirksam und kann daher auch grundsätzlich erst dann **vollzogen** werden, § 40 Abs. 1 IntFamRVG. Das erstinstanzliche Gericht ist nicht befugt, die sofortige Vollziehung anzuordnen.[16] Das Beschwerdegericht

8 Staudinger/*Pirrung* (2009), Vor Art. 19 EGBGB Rn D 26.

9 Gesetz zur Aus- und Durchführung bestimmter Rechtsinstrumente auf dem Gebiet des internationalen Familienrechts (Internationales Familienrechtsverfahrensrecht – IntFamRVG) beschlossen als Art. 1 des Gesetzes zum internationalen Familienrecht vom 26.1.2005 (BGBl. I S. 162); Gesetzesentwurf der Bundesregierung v. 13.8.2004, BT-Drucks. 15/3981.

10 S. *Schlauß*, FPR 2004, 279.

11 Nach § 12 Abs. 3 IntFamRVG können die Länder ein anderes Familiengericht im Oberlandesgerichtsbezirk bestimmen und bei Ländern mit mehreren Oberlandesgerichten die örtliche Zuständigkeit bei einem Familiengericht für mehrere Oberlandesgerichtsbezirke konzentrieren.

12 OLG Zweibrücken, FamRZ 1999, 106; Palandt/*Thorn* Anh. zu EGBGB 24 (IPR) Rn 70.

13 Eine Ausnahme enthält das HKÜ selbst in Art. 12 Abs. 3.

14 BGH v. 3.3.2010, XII ZB 109/09 (juris).

15 Staudinger/*Pirrung* (2009), Vor Art. 19 EGBGB Rn F 79.

16 Staudinger/*Pirrung* (2009), Vor Art. 19 EGBGB Rn F 78.

hat zu prüfen, ob die sofortige Vollziehung der Entscheidung über die Rückgabe des Kindes anzuordnen ist. Die Anordnung der sofortigen Vollziehung soll insbesondere erfolgen, wenn die Beschwerde offensichtlich unbegründet ist, § 40 Abs. 3 IntFamRVG.[17] Damit soll die weitverbreitete Praxis, durch Einreichung einer offensichtlich unbegründeten Beschwerde eine Verzögerung der Rückgabe zu erreichen, unterbunden werden. Diese Regelungen genügen insgesamt dem Beschleunigungsgebot nach Art. 2 S. 2 HKÜ.[18]

Die Vollstreckung richtet sich nach § 44 IntFamRVG und §§ 89 ff FamFG.[19] Ist eine freiwillig vereinbarte Rückkehrverpflichtung des entführenden Elternteils mit dem Kind Gegenstand einer entsprechenden gerichtlichen Anordnung geworden, so ist dies als Anordnung der Rückgabe iS des HKÜ aufzufassen. Eine solche Entscheidung ist daher wie eine Rückgabeanordnung vollzugsfähig.[20] Nicht möglich ist es allerdings, die Begleitung des Kindes durch den entführenden Elternteil zwangsweise durchzusetzen. Weigert sich der entführende Elternteil mit dem Kind zurückzukehren, ist die Rückgabe nur des Kindes durchzusetzen. **8**

Das Gericht hat nach § 44 Abs. 2 S. 1 IntFamRVG die Vollstreckung von Amts wegen durchzuführen. Dadurch sollen im Sinne der internationalen Verpflichtungen zur effektiven Rückführung des Kindes die spezifischen Nachteile ausgeglichen werden, die sich für den Antragsteller aus der Auslandsberührung ergeben.[21] Das Gericht soll Ordnungsmittel verhängen, wenn eine schuldhafte Zuwiderhandlung gegen den Herausgabetitel vorliegt.[22] Als Ordnungsmittel soll nach § 44 Abs. 1 IntFamRVG iVm § 89 FamFG gegen den entführenden Elternteil **Ordnungsgeld** angeordnet werden. Kann das Ordnungsgeld nicht beigetrieben werden oder verspricht die Anordnung von Ordnungsgeld keinen Erfolg, so soll **Ordnungshaft** angeordnet werden. Nach § 90 FamFG ist auch die Anwendung unmittelbaren Zwangs möglich, wenn die Festsetzung von Ordnungsmitteln erfolglos geblieben ist oder keinen Erfolg verspricht oder eine alsbaldige Vollstreckung der Entscheidung unbedingt erforderlich ist. Ordnungsgeld verspricht immer dann keinen Erfolg, wenn der entführende Elternteil vermögenslos ist.[23] Ordnungshaft ist nur erfolgversprechend, wenn der Aufenthalt des Kindes unbekannt ist, nicht hingegen, wenn der entführende Elternteil sich nur weigert, das Kind herauszugeben. In diesem Fall würde die Ordnungshaft die Rückgabe nur verzögern.[24] **9**

Die Anwendung **unmittelbaren Zwangs** ist unstreitig möglich gegenüber dem entführenden Elternteil oder einer andere Person, in deren Obhut sich das Kind befindet. Auch gegenüber dem Kind kann grundsätzlich unmittelbare Gewalt angewandt werden. Nach § 90 Abs. 2 S. 2 FamFG darf unmittelbarer Zwang gegen ein Kind aber nur zugelassen werden, wenn dies unter Berücksichtigung des Kindeswohls gerechtfertigt ist und eine Durchsetzung der Verpflichtung mit milderen Mitteln nicht möglich ist. **10**

Diese Beschränkung steht im Einklang mit dem HKÜ. Die Versagungsgründe nach Art. 13 HKÜ gelten nicht nur für die Anordnung der Rückgabe, sondern können auch einer Vollstreckung entgegenstehen. Es besteht daher auch nach dem HKÜ keine Verpflichtung zur Vollstreckung einer Rückgabeanordnung durch Gewaltanwendung gegen das Kind, wenn dies mit der schwerwiegenden Gefahr eines körperlichen oder seelischen Schadens für das Kind verbunden ist oder das Kind auf andere Weise in eine unzumutbare Lage bringt.[25] Allerdings ist zu versuchen, die konkrete Art der Vollstreckung so zu wählen, dass eine Gefährdung ausgeschlossen ist, etwa Mitnahme des Kindes, wenn der entführende Elternteil nicht anwesend ist.[26] **11**

Art. 3 HKÜ [Widerrechtliches Verbringen oder Zurückhalten]

[1]Das Verbringen oder Zurückhalten eines Kindes gilt als widerrechtlich, wenn

a) dadurch das Sorgerecht verletzt wird, das einer Person, Behörde oder sonstigen Stelle allein oder gemeinsam nach dem Recht des Staates zusteht, in dem das Kind unmittelbar vor dem Verbringen oder Zurückhalten seinen gewöhnlichen Aufenthalt hatte, und

b) dieses Recht im Zeitpunkt des Verbringens oder Zurückhaltens allein oder gemeinsam tatsächlich ausgeübt wurde oder ausgeübt worden wäre, falls das Verbringen oder Zurückhalten nicht stattgefunden hätte.

17 *Gruber*, FamRZ 2005, 1603, 1606; s.a. OLG Koblenz, FamRZ 2004, 1512.

18 Staudinger/*Pirrung* (2009), Vor Art. 19 EGBGB Rn F 78; kritisch *Dutta/Scherpe*, FamRZ 2006, 901, 912; zur Einhaltung der 6-Wochenfrist nach Art. 11 Abs. 3 Unterabs. 2 EheVO 2003 s. *Gruber*, FamRZ 2005, 1603, 1605 f.

19 Staudinger/*Pirrung* (2009), Vor Art. 19 EGBGB Rn F 85.

20 OLG Stuttgart FamRZ 2002, 1138.

21 BT-Drucks. 16/9733, S. 302 f.

22 BT-Drucks. 16/9733, S. 302; BT-Drucks. 15/3981, S. 29; *Gruber*, FamRZ 2005, 1603, 1610; demgegenüber enthält § 89 Abs. 1 S. 1 u. 2 FamFG nur eine Kannvorschrift.

23 OLG Stuttgart FamRZ 2002, 1138, 1140.

24 OLG Stuttgart FamRZ 2002, 1138, 1140.

25 OLG Zweibrücken FamRZ 2001, 1536; **aA** AG Koblenz FamRZ 2006, 1141.

26 AG Koblenz FamRZ 2006, 1141.

²Das unter Buchstabe a genannte Sorgerecht kann insbesondere kraft Gesetzes, aufgrund einer gerichtlichen oder behördlichen Entscheidung oder aufgrund einer nach dem Recht des betreffenden Staates wirksamen Vereinbarung bestehen.

A. Regelungsgegenstand

1 Art. 3 bestimmt, unter welchen Voraussetzungen das Verbringen oder Zurückhalten widerrechtlich ist, so dass aufgrund Art. 12 die Rückgabe des Kindes angeordnet werden kann: Es muss ein bestehendes und aktuell ausgeübtes Sorgerecht verletzt worden sein. Der Begriff des Sorgerechts wird in Art. 5 näher bestimmt (s. Art. 5 HKÜ Rn 65 ff).

B. Verletzung des Sorgerechts

I. Arten des Sorgerechts

2 Steht zwei Personen, wie meist den Eltern, das Sorgerecht gemeinsam zu, so genügt die Verletzung einer solchen **Mitsorgeberechtigung**.[27]

3 Die Beeinträchtigung eines bloßen Umgangsrechts[28] oder einer tatsächlichen Betreuung reicht nicht aus.[29] Die Verletzung eines Sorgerechts ist also ausgeschlossen, wenn der Entführer das alleinige Sorgerecht besitzt und dies auch das Recht umfasst, allein den Aufenthaltsort des Kindes zu bestimmen.

4 Streitig ist, wie der Fall zu behandeln ist, wenn der andere Elternteil nicht mitsorgeberechtigt war, der Entführer also alleinsorgeberechtigt war, dies aber nicht auch das vollständige **Aufenthaltsbestimmungsrecht** einschloss. So muss nach vielen Rechtsordnungen der sorgeberechtigte Elternteil vor einer Verlegung des Aufenthalts ins Ausland die Zustimmung des anderen Elternteils einholen.[30] Teilweise wurde insoweit die nach Art. 3 vorausgesetzte Verletzung des Sorgerechts des anderen Elternteils verneint, weil der andere Elternteil keine Berechtigung im Sinne eines Sorgerechts besaß, die verletzt worden sein könnte.[31] In den USA war dies bis zur Supreme Court Entscheidung in Abbot v. Abbot im Jahr 2010[32] die überwiegende Meinung der Gerichte.[33]

5 Richtigerweise ist die Entscheidung des Herkunftsstaates anzuerkennen, die Rechtsstellung des anderen Elternteils durch die Begrenzung des Aufenthaltsbestimmungsrechts aufzuwerten. Dies ist auch die herrschende Ansicht in Deutschland[34] und in den meisten Vertragsstaaten.[35] Ziel des HKÜ ist es, dass Sorgerechtsstreitigkeiten im Land des gewöhnlichen Aufenthalts ausgetragen werden. Verweigert der andere Eltern-

27 BVerfG FamRZ 1997, 1269 f; OLG Karlsruhe FamRZ 2003, 956, 957; Staudinger/*Pirrung* (2009), Vor Art. 19 EGBGB Rn D 33.

28 OLG Stuttgart FamRZ 2001, 645, 646; Palandt/*Thorn*, Anh. zu Art. 24 EGBGB Rn 58.

29 OLG Frankfurt IPRspr 1996, Nr. 190; Palandt/*Thorn*, Anh. zu Art. 24 EGBGB Rn 58.

30 Staudinger/*Pirrung* (2009), Vor Art. 19 EGBGB Rn D 30.

31 OLG Karlsruhe FamRZ 1992, 1212; Trib. de grande instance Périgueux RCDIP 82 (1993), 651.

32 Abbott v. Abbott, 130 S. Ct. 1983 (2010) (INCADAT HC/E/US 1029).

33 Fawcett v. McRoberts, 326 F.3 d 491 (4th Cir. Va., 2003) (INCADAT HC/E/USf 494); Gonzalez v. Gutierrez, 311 F.3 d 942 (9th Cir 2002) (INCADAT HC/E/USf 493). Croll v. Croll, 229 F.3 d 133 (2 d Cir. September 20, 2000 cert. den. Oct. 9, 2001) (INCADAT HC/E/USf 313) (Entführung aus Hong Kong).

34 BVerfG NJW 1997, 3301 = FamRZ 1997, 1269; OLG Naumburg FamRZ 2007, 1586; OLG Hamm FamRZ 2002, 44; OLG Karlsruhe NJWE-FER 1999, 179; Staudinger/*Pirrung* (2009), Vor Art. 19 EGBGB Rn D 30; grds. auch MüKo/*Siehr*, HEntfÜ Rn 28.

35 Re D. (A Child) (Abduction: Rights of Custody) [2006] UKHL 51 (INCADAT HC/E/UKe 880) (obiter dictum); Sonderup v. Tondelli 2001 (1) SA 1171 (CC) (INCADAT HC/E/ZA 309);
Re J (A Minor) (Abduction), [1990] 2 Fam. L. Rep. 439 (Fam. D.); Cour de cassation RCDIP 82 (1993), 656; *Ancel*, RCDIP 82 (1993), 658, 661.

teil die für einen Wegzug erforderliche Zustimmung, so muss der wegzugswillige Elternteil im Staat des gewöhnlichen Aufenthalts des Kindes gerichtlich klären lassen, ob die Zustimmung ersetzt oder das Zustimmungserfordernis aufgehoben werden kann.[36] Gleiches gilt auch, wenn zwar nicht der andere Elternteil, aber ein Gericht oder eine Behörde einem Aufenthaltswechsel zustimmen muss. So wird etwa nach schottischem Recht das Kind „**ward of the court**" (Mündel des Gerichts), sobald der andere Elternteil einen Antrag auf Feststellung der Vaterschaft und Einräumung der elterlichen Sorge stellt. Jeder Aufenthaltswechsel des Kindes bedarf dann der Zustimmung des Gerichts.[37] Gleiches gilt bei sog. ne exeat Anordnungen, die den Inhaber der elterlichen Sorge verpflichten, den Aufenthalt des Kindes nicht ohne Zustimmung des Gerichts oder der Behörde zu verlegen. Dogmatisch ist das Zustimmungserfordernis des Gerichts oder der Behörde für eine Verlegung des Aufenthalts als Mitsorgerecht zu qualifizieren.

II. Einverständnis des anderen Elternteils

Das **Einverständnis** des (Mit-)Sorgeberechtigten mit dem Aufenthaltswechsel kann die Widerrechtlichkeit entfallen lassen.[38] Bei einer vorherigen Zustimmung wird dies regelmäßig der Fall sein. Bei der nachträglichen Genehmigung kommt auch in Betracht, dass dies die ursprüngliche Widerrechtlichkeit unberührt lässt. **Voraussetzungen und Wirkungen** eines wirksamen Einverständnisses richten sich insoweit nach dem gem. Art. 3 maßgeblichen Recht. Fehlt es aufgrund des Einverständnisses bereits an der Widerrechtlichkeit, so fehlt eine Voraussetzung für die Anordnung der Rückgabe nach Art. 12 HKÜ (Art. 12 Rn 2). Allerdings hindert dies das Gericht gem. Art. 18 nicht, die Rückgabe dennoch anzuordnen, wenn dies nach dem autonomen Recht möglich ist. Auch wenn das Einverständnis die Widerrechtlichkeit nicht entfallen lässt, kann das mit dem Rückgabeverfahren befasste Gericht aufgrund des Einverständnisses nach Art. 13 Abs. 1 lit. a den Rückgabeantrag ablehnen (s. Art. 13 Rn 112). Lässt das Einverständnis bereits die Widerrechtlichkeit des Verbringens oder Zurückhaltens entfallen, so hat dies im Verhältnis zwischen Mitgliedstaaten der **EheVO 2003** Bedeutung für die Informationspflicht nach Art. 11 Abs. 6 EheVO 2003. Diese setzt voraus, dass die Rückgabe wegen Art. 13 HKÜ abgelehnt wurde und greift nicht ein, wenn bereits keine Widerrechtlichkeit vorlag.[39] 6

III. Widerrechtlichkeit eines Aufenthaltswechsels nach deutschem Recht

Im deutschen materiellen Recht beinhaltet die Personensorge nach § 1631 Abs. 1 BGB auch das Recht und die Pflicht, den Aufenthalt des Kindes zu bestimmen. Die Personensorge steht als Teil der elterlichen Sorge den Eltern kraft Gesetzes gemeinschaftlich zu, wenn sie bei der Geburt des Kindes verheiratet waren. Waren sie nicht verheiratet, steht ihnen die gemeinsame Sorge zu, wenn sie später heiraten oder wirksame Sorgeerklärungen abgeben, § 1626 a Abs. 1 BGB. Spätere Trennung oder Scheidung lässt die gemeinsame Sorge kraft Gesetzes unberührt. Sind die Eltern nicht verheiratet und haben sie keine Sorgeerklärungen abgegeben, so steht kraft Gesetzes der Mutter die alleinige elterliche Sorge zu. Sie hat damit auch ein alleiniges Aufenthaltsbestimmungsrecht. Zieht sie mit dem Kind ins Ausland, wird dadurch kein Sorgerecht einer anderen Person verletzt. Im deutschen Recht ergibt sich auch aus dem Umgangsrecht des anderen Elternteils nach § 1684 keine Beschränkung des Rechts des alleinsorgeberechtigten Elternteils den Aufenthalt des Kindes zu bestimmen.[40] 7

Die **gemeinschaftliche Sorge** beinhaltet auch bei Getrenntleben der Eltern das Recht über den Aufenthalt des Kindes mitzubestimmen. Insbesondere beim möglichen Umzug ins Ausland handelt es sich um eine Angelegenheit von erheblicher Bedeutung, bei der nach § 1687 Abs. 1 S. 1 BGB immer das gegenseitige Einvernehmen der Eltern erforderlich ist.[41] Zieht der Elternteil, bei dem sich das Kind mit Einwilligung des anderen Elternteils oder aufgrund einer gerichtlichen Entscheidung gewöhnlich aufhält (s. § 1687 Abs. 1 S. 2 BGB) mit dem Kind in einen anderen Staat, ohne dass der andere Elternteil zu diesem Umzug sein Einverständnis erklärt hat, so liegt darin eine Verletzung des Mitsorgerechts des anderen Elternteils. 8

36 Re D. (A Child) (Abduction: Rights of Custody) [2006] UKHL 51 (INCADAT HC/E/UKe 880) (obiter dictum).

37 OLG München NJW-RR 2005, 158, 159 = FamRZ 2005, 1002 = IPRax 2005, 550; s.a. *Siehr*, IPRax 2005, 526, 527 mit weiteren Hinweisen zum englischen und schottischen Recht.

38 OLG Nürnberg FamRZ 2009, 240, 241.

39 Thomas/Putzo/*Hüßtege*, ZPO, 30. Aufl. 2009, Art. 11 EuEheVO Rn 6.

40 BGH, NJW-RR 1990, 258, 259 = FamRZ 1990, 392; BGH, NJW 1987, 893, 896 = FamRZ 1987, 356; OLG Karlsruhe, FamRZ 1996, 1094; *Henrich/Büttner/Jaeger* in Johannsen/Henrich, Eherecht, § 1684 Rn 17; NK-BGB/*Peschel-Gutzeit* § 1684 Rn 30, 32; aA Staudinger/*Rauscher* (2006) § 1684 BGB Rn 67 f; BeckOK/*Veit* § 1684 Rn 6.1.

41 NK-BGB/*Peschel-Gutzeit* § 1687 Rn 12.

9 Anders ist die Rechtslage, wenn eine **Übertragung des Aufenthaltsbestimmungsrechts** auf einen Elternteil nach § 1671 BGB erfolgt ist.[42] Unzweifelhaft rechtmäßig ist ein Umzug ins Ausland, wenn dem Ehegatten das Aufenthaltsbestimmungsrecht ausdrücklich auch für den Fall des Wegzugs ins Ausland übertragen worden ist.[43]

10 Fraglich ist, ob die unspezifische Übertragung des Aufenthaltsbestimmungsrechts auch das Recht beinhaltet, ohne Zustimmung des ansonsten weiterhin sorgeberechtigten anderen Elternteils mit dem Kind ins Ausland zu ziehen. Das OLG Koblenz nahm an, dass die Mutter, der das Aufenthaltsbestimmungsrecht zustand, mit dem Kind in ein anderes Land der Europäischen Gemeinschaft umziehen könne, ohne dass dadurch das Mitsorgerecht des Vaters verletzt werde.[44] Da der Vater kein Recht zur Aufenthaltsbestimmung hatte, könne ein solches Recht durch den Wegzug auch nicht verletzt worden sein. Was das Sorgerecht im Übrigen betrifft, werde dem Vater dessen Ausübung durch die Übersiedlung nicht unzumutbar erschwert. Die Übersiedlung sei in ein anderes Land der Europäischen Gemeinschaft erfolgt, in dem der Vater Freizügigkeit genieße. Die Rechtssysteme der Staaten und die dortigen Lebensverhältnisse seien nicht gravierend unterschiedlich, soweit Kindeswohlaspekte betroffen sind. Das OLG Köln nahm in einem ähnlichen Fall, in dem die Mutter mit dem Kind nach Thailand gezogen war, eine Verletzung des Mitsorgerechts des Vaters an. Aufgrund der bis auf das Aufenthaltsbestimmungsrecht fortbestehenden gemeinsamen elterlichen Sorge könne die Mutter nicht schrankenlos über den Aufenthalt des Kindes entscheiden. Anders als bei der Übersiedlung in ein anderes Land der Europäischen Union führe die Übersiedlung nach Thailand dazu, dass aufgrund der Entfernung und der damit zusammenhängenden Probleme einer hinreichenden Kommunikation mit dem Kind und dessen sozialen Umfeld die Mit-Ausübung der elterlichen Sorge praktisch unmöglich gemacht werde.[45]

11 ME kann den Entscheidungen nicht gefolgt werden. Nach dem HKÜ kommt es für die Widerrechtlichkeit darauf an, ob der Person, die mit dem Kind weggezogen ist, das Aufenthaltsbestimmungsrecht allein zustand oder ob eine andere Person oder ein Gericht oder eine Behörde ein Mitentscheidungsrecht hatte. Bei dem Inhalt des dem Elternteil formal unbeschränkt zugewiesenen Aufenthaltsbestimmungsrechts danach zu differenzieren, in welchem Maße durch einen Umzug die Ausübung der elterlichen Sorge durch den anderen Elternteil erschwert wird, führt zu großer Rechtsunsicherheit. So kann etwa nicht generell angenommen werden, dass bei einem Umzug in ein anderes Land der Europäischen Gemeinschaft die Ausübung der elterlichen Sorge nicht unzumutbar erschwert werde. In welchem Maße eine Erschwerung eintritt, hängt weniger von dem betreffenden Land als von den konkreten Umständen des Einzelfalls ab. Bei ausreichenden finanziellen Mitteln und Sprachkenntnissen des anderen Elternteils sind die geographischen Grenzen weit zu ziehen. Hingegen kann einem Vater, der über keine Englischkenntnisse und nur geringe finanzielle Mittel verfügt, die sinnvolle Ausübung der elterlichen Sorge auch durch einen Umzug nach England praktisch unmöglich gemacht werden.

12 Als Lösung bietet sich an, dass die Übertragung des Aufenthaltsbestimmungsrechts generell als auf das Inland beschränkt angesehen werden muss, wenn die Entscheidung nicht ausdrücklich auch eine Aufenthaltsnahme im Ausland miteinschließt.[46] Es obliegt dann dem Elternteil, der ins Ausland ziehen will, bei Gericht eine entsprechende Erweiterung des Aufenthaltsbestimmungsrechts zu beantragen. In diesem Verfahren kann unter Berücksichtigung der Besonderheiten des konkreten Falls geprüft werden, ob ein solcher Umzug unter Berücksichtigung der Interessen beider Eltern dem Kindeswohl entspricht. Den zurückgebliebenen Elternteil darauf zu verweisen, dass nach Art. 9 EheVO 2003 die Gerichte im Staat des früheren gewöhnlichen Aufenthalts des Kindes noch drei Monate zuständig bleiben, eine dort erlassene Entscheidung über den Umgang mit dem Kind abzuändern, wird den Interessen nicht gerecht. Die tatsächliche Erschwerung des Umgangs kann durch eine etwaige Änderung der Umgangsregeln regelmäßig nicht ausgeräumt werden.

IV. Sorgerecht nach dem Herkunftsstaat

13 **1. Maßgebliches Recht.** Ob ein Sorgerecht besteht und wem es zusteht, richtet sich nach dem **Recht des Herkunftsstaates**, dh des Staates, in dem das Kind unmittelbar vor der Verletzung des Sorgerechts seinen gewöhnlichen Aufenthalt hatte (s. dazu näher Rn 28 ff). Ungenau ist es, wenn insoweit von einer Gesamtverweisung gesprochen wird.[47] Zwar wird damit nicht unmittelbar das Sachrecht des Herkunftsstaates berufen, entscheidend ist vielmehr die Sicht des Herkunftsstaates und damit auch dessen Kollisionsrecht. Im Unterschied zu einer herkömmlichen Gesamtverweisung ist nach Art. 3 Abs. 1 lit. a im Sinne des sogenannten double

42 S. zur dabei durchzuführenden Abwägung der berührten Kindeswohlgesichtspunkte bei einer beabsichtigten Auswanderung der Hauptbetreuungsperson BGH ZKJ 2010, 327, 330 f.
43 OLG München NJW-RR 2009, 512 = FamRZ 2008, 1774.
44 OLG Koblenz NJW 2008, 238 = FamRZ 2008, 813.
45 OLG Köln FamRZ 2010, 913.
46 So im Fall OLG München NJW-RR 2009, 512 = FamRZ 2008, 1774.
47 OLG München NJW-RR 2005, 158, 159 = FamRZ 2005, 1002 = IPRax 2005, 550; Palandt/*Thorn*, Anh. zu Art. 24 EGBGB Rn 58; *Hüßtege*, IPRax 1992, 369, 371.

renvoi bzw der foreign court theory[48] nur die Sicht des Herkunftsstaates maßgeblich, was zu Unterschieden bei den Fragen führen kann, ob eine Rückverweisung anzunehmen und wann die Verweisungskette abzubrechen ist.[49] Besteht eine Sorgerechtsentscheidung, so kommt es auf deren Wirksamkeit bzw. Anerkennung im Herkunftsland an. Dies muss bis zur Grenze des ordre public auch dann gelten, wenn die Entscheidung im Zufluchtsstaat nicht anerkannt wird oder wenn eine Entscheidung des Zufluchtsstaates im Herkunftsstaat nicht anerkannt wird (s. Art. 17 Rn 1).[50]

Abs. 2 stellt klar, dass sich das Sorgerecht aus Gesetz, aus einer nach dem anwendbaren Recht möglichen und wirksamen Vereinbarung oder aufgrund einer Entscheidung ergeben kann. **14**

Aus **deutscher Sicht** ist das gesetzliche Sorgerecht nach dem Sorgerechtsstatut gem. Art. 21 EGBGB bzw. nach Art. 16 KSÜ zu bestimmen. Liegt eine inländische Entscheidung vor, ist diese maßgeblich. Eine ausländische Entscheidung ist relevant, wenn sie im Inland anzuerkennen ist (s. dazu Art. 21 EGBGB Rn 73 ff). **15**

2. Bescheinigung über Sorgerecht. Verfahrensrechtlich bedeutsam ist, dass die mit der Rückgabeanordnung befassten Stellen im Zufluchtsstaat nach Art. 15 die Vorlage einer Bescheinigung der Behörden des Herkunftsstaates verlangen können. Der Antragsteller kann eine solche Bescheinigung auch von sich aus vorlegen. Zur Frage der Bindungswirkung einer solchen Bescheinigung (s. Art. 15 Rn 2). **16**

C. Verletzungsalternativen

I. Widerrechtliches Verbringen

Diese Alternative erfasst den Fall, dass der nicht- oder nur mitsorgeberechtigte Elternteil oder eine sonst nicht sorgeberechtigte Person das Kind aus dem Vertragsstaat, in dem das Kind seinen gewöhnlichen Aufenthalt hat, in einen anderen Vertragsstaat verbringt. **17**

II. Widerrechtliches Zurückhalten

Das Kind wird im Zufluchtsstaat widerrechtlich zurückgehalten, wenn es sich in dem Zufluchtsstaat zunächst rechtmäßig aufhält und infolge einer Veränderung der Situation heraus- oder zurückzugeben ist.[51] Typisch ist der Fall, dass der (Mit-)Sorgeberechtigte dem Aufenthalt im Zufluchtsstaat nur für eine bestimmte Zeit (Urlaub, Besuch zur Ausübung des Umgangsrechts) zugestimmt hatte. **18**

Ein widerrechtliches Zurückhalten beginnt mit dem Zeitpunkt, in dem der weitere Aufenthalt nicht mehr von der Zustimmung der (mit-)sorgeberechtigten Person gedeckt wird.[52] Dieser Zeitpunkt entscheidet auch über den Beginn der Jahresfrist nach Art. 12 (Art. 12 Rn 4). **19**

Ein widerrechtliches Zurückhalten liegt nicht vor, wenn der neue Aufenthalt durch den Sorgerechtsinhaber rechtmäßig begründet wurde, etwa weil er allein sorgeberechtigt war, und das Sorgerecht erst danach auf eine andere Person übertragen worden ist, die nun das Kind herausverlangt.[53] **20**

III. Zeitpunkt

Maßgeblich ist die Sorgerechtslage im Zeitpunkt der Entführung.[54] Ein widerrechtliches Verbringen setzt voraus, dass der andere Elternteil im Zeitpunkt des Aufenthaltswechsels Mitinhaber der elterlichen Sorge war. **21**

Auch das widerrechtliche Zurückhalten verlangt, dass der andere Elternteil bereits bei Aufenthaltswechsel (Mit-)Inhaber der elterlichen Sorge war, diesen aber für eine begrenzte Zeit gebilligt hatte. **22**

Verlegt der allein sorgeberechtigte Elternteil den Aufenthalt des Kindes, so wird dieser ohne rechtswidrige Umstände begründete Aufenthalt im Zufluchtsstaat nicht dadurch rechtswidrig, dass der andere Elternteil nachträglich im früheren Aufenthaltsstaat die elterliche Sorge übertragen erhält.[55] **23**

48 *Dicey, Morris, Collins*, The Conflict of Laws, 14. Aufl. 2006, Rn 4-009; *Siehr*, Das international Privatrecht der Schweiz, 2002, 565.
49 Im deutschen Recht die Regelung in Art. 4 Abs. 1 S. 2 EGBGB.
50 *Coester-Waltjen*, in: FS Max-Planck-Institut 2001, S. 543, 549.
51 OLG Karlsruhe FamRZ 1992, 1212, 1213.
52 OLG Karlsruhe FamRZ 1992, 1212, 1213.
53 OLG Karlsruhe FamRZ 1992, 1212; OLG Karlsruhe DAVorm 1998, 253; OLG Düsseldorf FamRZ 1994, 181; *Henrich*, Int. Familienrecht, § 7 II 6; Palandt/*Thorn*, Anh. zu Art. 24 EGBGB Rn 59.
54 OLG Frankfurt ZKJ 2009, 373 Nr. 43; OLG Stuttgart FamRZ 2008, 1777 Nr. 4; OLG Karlsruhe FamRZ 2003, 956, 957; In Re J (A Minor) (Abduction: Custody Rights) [House of Lords] [1990] 2 AC 562; *Bach/Gildenast*, Internationale Kindesentführung, 1999, Rn 23.
55 OLG Stuttgart FamRZ 2001, 945, 946; OLG Karlsruhe DAVorm 1996, 253; *Henrich*, Int. Familienrecht, § 7 II 6.

24 Entführt eine Person das Kind zuerst widerrechtlich, erhält sie aber nachträglich auch aus der Sicht des Herkunftsstaates das alleinige Sorgerecht bzw. das alleinige Recht, den Aufenthalt des Kindes zu bestimmen, so entfällt damit die Widerrechtlichkeit. Es wäre sinnlos, das Kind in das Herkunftsland zurückzubringen, wenn der Entführer mit ihm sogleich legal wieder ausreisen könnte.[56]

D. Tatsächliches Ausüben des Sorgerechts

25 Weitere Voraussetzung der Widerrechtlichkeit ist, dass das (Mit-)Sorgerecht im Zeitpunkt des Verbringens oder Zurückhaltens tatsächlich ausgeübt wurde bzw ohne die Entführung oder das Zurückhalten ausgeübt worden wäre. An das tatsächliche Ausüben des Sorgerechts sind dabei keine zu hohen Anforderungen zu stellen.[57] Das Sorgerecht wird auch dann tatsächlich ausgeübt, wenn der Elternteil zwar nicht an der täglichen Sorge für das Kind beteiligt ist, mit dem Kind aber zumindest hin und wieder Kontakt hat und sich an den das Kind betreffenden Entscheidungen beteiligt, insbesondere einen dauerhaften Umzug ins Ausland ablehnt.[58] Bei Getrenntleben der Eltern ist eine andere und intensivere Art der Ausübung der elterlichen Sorge für den Elternteil, bei dem das Kind nicht dauernd wohnt, faktisch nicht möglich. (Vgl zu dieser Konstellation nach internem deutschem Recht § 1687 BGB) Ansonsten würde der Sorgeberechtigte, bei dem das Kind nicht lebt, die elterliche Sorge nie ausüben. Unerheblich ist auch, ob der Mit-Sorgeberechtigte den Umgang mit dem Kind aus eigenem Antrieb oder nur auf Aufforderung durch den anderen Elternteil hin ausgeübt hat.[59]

26 Das Sorgerecht wird nicht ausgeübt, wenn der (Mit-)Sorgeberechtigte sich objektiv nicht um das Kind kümmert, etwa längere Zeit keinen persönlichen Kontakt zu dem Kind sucht;[60] allerdings ist ein Nichtausüben etwa durch die Unterbrechung von Besuchen wegen vorübergehender Abwesenheit aus Berufsgründen unschädlich, wenn der (Mit-)Sorgeberechtigte so weit wie möglich den Kontakt aufrechterhält.

27 Bestehen Zweifel, ob der Antragsteller das Sorgerecht tatsächlich ausgeübt hat, so geht das nicht zu seinen Lasten. Art. 13 Abs. 1 lit. a regelt die Nichtausübung als Versagungsgrund.[61] Die Beweislast liegt daher bei dem Antragsgegner (Art. 13 Rn 6).

E. Gewöhnlicher Aufenthalt

I. Bedeutung

28 Typischerweise besteht nicht nur das widerrechtliche Verbringen, sondern auch das widerrechtliche Zurückhalten darin, dass das Kind von dem Ort seines (bisherigen) gewöhnlichen Aufenthalts entfernt wird bzw. entfernt gehalten wird. Das Rückgabeverlangen geht dahin, das Kind in den Staat des (bisherigen) gewöhnlichen Aufenthalts zurückzubringen.

II. Begriff

29 Der Begriff des gewöhnlichen Aufenthalts hat im HKÜ den gleichen Inhalt wie in den anderen Haager Übereinkommen.[62] Wie diese verzichtet auch das HKÜ auf eine gesetzliche Definition. Auch in Entführungsfällen kommt es allein auf den Bleibewillen der Personensorgeberechtigten bzw. die tatsächliche soziale Integration an, die bei Kindern regelmäßig nach sechs Monaten anzunehmen ist. Dagegen spricht auch nicht die in Art. 12 enthaltene Jahresfrist, weil sie nur die Rückgabepflicht betrifft und aufgrund Art. 16 trotz der internationalen Zuständigkeit der Behörden im Zufluchtsstaat eine die Rückgabe vereitelnde Sorgerechtsregelung nicht erfolgen darf.[63]

56 OLG Frankfurt ZKJ 2009, 373 Nr. 14 (mit Hinweis auf fehlendes Rechtsschutzbedürfnisses); OGH IPRax 2000, 141 f (auf Art. 13 Abs. 1 lit. b abstellend); *Baetge*, IPRax 2000, 146, 147; *Henrich*, Int. Familienrecht, § 7 II 6.

57 BVerfG FamRZ 1997, 1269 f; OLG Hamm FamRZ 2004, 723, 724; 2002, 44, 45; OLG Dresden FamRZ 2002, 1136, 1137; OLG Rostock FamRZ 2002, 46, 47 = IPRax 2002, 218; MüKo/*Siehr*, HEntfÜ Rn 70.

58 BVerfG FamRZ 1997, 1269 f; OLG Nürnberg v. 26.2.2010, 7 UF 20/10 (juris); OLG Dresden FamRZ 2002, 1136, 1137; OLG Hamm FamRZ 2002, 44, 45; OLG Stuttgart FamRZ 1996, 688, 689; unrichtig daher OLG Düsseldorf FamRZ 1994, 181, das aus dem Auszug des Vaters aus der ehelichen Wohnung in ein Hotel schloss, er übe die elterliche Sorge nicht mehr aus, obgleich die Kinder kurz darauf ein Wochenende mit dem Vater verbrachten.

59 OLG Rostock FamRZ 2002, 46, 47 = IPRax 2002, 218.

60 KG FamRZ 1996, 691, 692.

61 KG FamRZ 1996, 691, 692, s.a. *Henrich*, Int. Familienrecht, § 7 II 6; *Mansel*, NJW 1990, 2176, 2177; Staudinger/*Pirrung* (2009), Vor Art. 19 EGBGB Rn D 69.

62 OLG Frankfurt NJW-RR 2006, 938 = FamRZ 2006, 883; OLG Karlsruhe FamRZ 2003, 956; Palandt/*Thorn*, Anh. zu Art. 24 EGBGB Rn 60; Staudinger/*Pirrung* (2009), Vor Art. 19 EGBGB Rn D 35.

63 MüKo/*Siehr*, Art. 19 EGBGB Anh. I Rn 28; *Winkler v. Mohrenfels*, FPR 2001, 189, 193.

III. Sonderfälle

1. Trennung und Entführung kurz nach Umzug ins Ausland. Schwierigkeiten ergeben sich bei der Bestimmung des gewöhnlichen Aufenthalts, wenn die Eltern noch gemeinsam mit dem Kind von dem bisherigen gewöhnlichen Aufenthalt (meist dem Heimatland des einen Elternteils) in ein anderes Land (oft das Heimatland des anderen Elternteils) gezogen sind, der eine Elternteil diesen Aufenthalt abbricht und mit dem Kind in das Land des bisherigen gewöhnlichen Aufenthalts zurückkehrt. 30

Ist der Aufenthalt in dem anderen Land von vornherein, etwa aufgrund von Studienzwecken, nur **auf eine begrenzte Zeit angelegt** (ein bis zwei Jahre), bleibt der gewöhnliche Aufenthalt im ursprünglichen Aufenthaltsstaat noch bestehen. Ein widerrechtliches Verbringen ist nicht gegeben, wenn ein Elternteil mit den Kindern in den ursprünglichen Aufenthaltsstaat zurückkehrt.[64] Auf der anderen Seite stellt es ein widerrechtliches Zurückhalten des Kindes dar, wenn ein Ehegatte in dem anderen Land über die gemeinsam vereinbarte Zeit hinaus bleiben will.[65] 31

Ist der Aufenthalt in dem anderen Land hingegen **auf unbestimmte oder zumindest längere Zeit angelegt**, so begründen die Beteiligten dort regelmäßig sofort einen neuen gewöhnlichen Aufenthalt. Das Verbleiben an diesem Aufenthaltsort stellt kein widerrechtliches Zurückhalten dar. Entsprechend liegt aber ein widerrechtliches Verbringen des Kindes vor, wenn das Kind gegen den Willen des (mit-)sorgeberechtigten Elternteils in das Ursprungsland gebracht wird. Es ist auch sachgerecht, dass über das Sorgerecht in dem Staat des neuen gewöhnlichen Aufenthalts entschieden wird.[66] 32

Etwas anderes gilt aber dann, wenn der neue Aufenthaltsort nicht von beiden Elternteilen auf Dauer angelegt worden ist, sondern ein Elternteil nur einen **bedingten Bleibewillen** hatte. Rechtstatsächlich sind dies Fälle, bei denen eine Auswanderung in ein Land erfolgt, das zumindest für einen der beiden Elternteile nicht das (frühere) Heimatland ist. Zumindest der Ehegatte, der vorher keine engere Beziehung zu dem Auswanderungsland hatte, hat regelmäßig keinen unbeschränkten Bleibewillen für sich und die Kinder. Das Verbleiben steht vielmehr unter dem Vorbehalt einer erfolgreichen Integration und des Fortbestehens der Partnerschaft. Ein neuer gewöhnlicher Aufenthalt der Kinder wird in diesen Fällen nicht sofort mit dem Umzug, sondern erst dann begründet, wenn der Bleibewille ein dauernder wird oder wenn aufgrund Zeitablaufs eine tatsächliche soziale Integration, eventuell auch nur eine solche des Kindes, stattgefunden hat. Scheitern die Integration und/oder die Partnerschaft und kehrt der Partner mit den Kindern in den Herkunftsstaat zurück, so liegt darin kein widerrechtliches Verbringen, wenn und weil ein neuer gewöhnlicher Aufenthalt noch nicht begründet worden war.[67] 33

2. Gewöhnlicher Aufenthalt bei alternierenden Aufenthalten. Streitig ist die Behandlung der Fälle, bei denen aufgrund gerichtlichen Urteils oder aufgrund der Vereinbarung der Eltern der Aufenthalt des Kindes in bestimmten Zeitabschnitten zwischen zwei Staaten wechselt. 34

Ist ein alternierender Aufenthalt **von vornherein auf eine bestimmte Zeit begrenzt**, so bleibt der gewöhnliche Aufenthalt an dem Ort erhalten, an dem er vor dem Beginn des Alternierens bestand, wenn dieser Ort einer der alternierenden Aufenthaltsorte bleibt und nach der Planung der Eltern später wieder der alleinige Aufenthaltsort werden soll.[68] 35

Liegt eine solche Begrenzung nicht vor, ist streitig, ob der gewöhnliche Aufenthalt des Kindes mit dem Aufenthaltswechsel ebenfalls wechselt[69] oder ob ein Aufenthaltsort aufgrund der stärkeren sozialen und kulturellen Verbundenheit des Kindes als alleiniger gewöhnlicher Aufenthalt bestimmt werden muss[70] oder ob das Kind zwei gewöhnliche Aufenthalte hat.[71] 36

Diese Frage wird deswegen als entscheidend angesehen, weil angenommen wird, dass der Elternteil, der das Kind entgegen der Vereinbarung dem anderen Elternteil nicht herausgibt, dann nicht widerrechtlich handelt, wenn das Kind damit nur an seinem gegenwärtigen gewöhnlichen Aufenthaltsort verbleibt. Richtigerweise 37

64 Morris v. Morris, 55 F. Supp.2 d 1156 (D.Col.1999); *Winkler v. Mohrenfels*, FPR 2001, 189, 192.

65 *Bruch*, in: GS Lüderitz 2000, S. 43, 55 f.

66 OLG Karlsruhe FamRZ 2003, 956 f; *Winkler v. Mohrenfels*, FPR 2001, 189, 191 f.

67 OLG Frankfurt NJW-RR 2006, 938 = FamRZ 2006, 883 (Mutter kehrt nach 2½ Monaten mit Kindern aus Australien nach Deutschland zurück); AG Nürnberg FamRZ 2004, 725, 726; Silverman v. Silverman, 2002 U.S. Dist. LEXIS 8313 (INCADAT HC/E/USf 481); *Bruch*, in: GS Lüderitz 2000, S. 43, 58 f; aA BG v. 15.11.2005, 5P 367/2005 (INCADAT HC/E/ 841); OGH v. 24.4.2003, 2 Ob 80/03 h (http://www.ris.bka.gv.at), wo die Problematik, ob die ursprüngliche Zustimmung des Vaters zum Aufenthaltswechsel unter dem Vorbehalt erfolgreicher Integration stand, nicht erörtert wird; im Ergebnis hatten die Kinder aber nach acht Monaten in Österreich aufgrund tatsächlicher Integration einen neuen gewöhnlichen Aufenthalt begründet.

68 OLG Rostock NJW-FER 2001, 93, 94; *Winkler v. Mohrenfels*, FPR 2001, 189, 192.

69 So Re V (Abduction: Habitual Residence) [1995] 2 Fam. L. Rep. 992; OLG Stuttgart FamRZ 2003, 959, 960; MüKo/*Siehr*, HEntfÜ Rn 35.

70 *Winkler v. Mohrenfels*, FPR 2001, 189, 193.

71 *Bruch*, in: GS Lüderitz 2000, S. 43, 56 f mwN auf Rspr in den USA und England.

darf es aber für die Beurteilung der Widerrechtlichkeit nicht darauf ankommen, ob das Kind dort einen gewöhnlichen Aufenthalt hat. Auch das Zurückhalten am bisherigen gewöhnlichen Aufenthalt ist dann widerrechtlich, wenn sie nach dem aus dortiger Sicht maßgeblichen Recht eine Verletzung des (Mit-)Sorgerechts des anderen Elternteils darstellt.[72] Das Rückgabeverlangen geht in diesem Fall ausnahmsweise nicht dahin, das Kind an den bisherigen gewöhnlichen Aufenthalt zurückzubringen, sondern auf Übergabe an den Antragsteller. Der so genannte Zufluchtsstaat ist in diesen Fällen der Staat des gewöhnlichen Aufenthalts des Kindes.

38 **3. Gegenläufige Entführungen.** Ungeklärt ist bisher auch die Behandlung der gegenläufigen Entführungen, wenn der eine Elternteil nach der Entführung durch den anderen Elternteil selbst wieder das Kind diesem Elternteil eigenmächtig wegnimmt. Teilweise wird auch insoweit für entscheidend gehalten, ob das Kind in dem ersten Zufluchtsstaat bereits einen neuen gewöhnlichen Aufenthalt begründet hat, und nur in diesem Fall die Rückentführung als widerrechtlich angesehen.[73]

39 Nach dem BVerfG hat in Fällen gegenläufiger Entführungen eine besondere Prüfung des Kindeswohls im Rahmen von Art. 13 Abs. 1 lit. b zu erfolgen, um eine Verstetigung des Kindesaufenthalts zu erreichen. Es soll vermieden werden, dass aufgrund gegenläufiger Rückführungsanträge das Kind zwischen den Staaten hin- und zurückgeführt wird.[74] Im Ergebnis bedeutet dies, dass im Rückgabeverfahren ausnahmsweise wie bei einem Verfahren für eine Sorgerechtsentscheidung zu prüfen ist, ob einem Elternteil im Interesse des Kindes das Sorgerecht allein zu übertragen ist.[75] Hierfür kann auch ein kinderpsychologisches Gutachten eingeholt werden. Im Anwendungsbereich der EheVO 2003 und des KSÜ folgt dieses Ergebnis auch aus Art. 10 EheVO 2003 bzw. Art. 7 KSÜ, weil insoweit die Behörden bzw Gerichte des Staates aus dem das Kind erstmals entführt und in das es zurück entführt worden ist, für die Sorgerechtsentscheidung zuständig geblieben sind.[76]

Art. 4 HKÜ [Personeller Anwendungsbereich]

[1]Das Übereinkommen wird auf jedes Kind angewendet, das unmittelbar vor einer Verletzung des Sorgerechts oder des Rechts zum persönlichen Umgang seinen gewöhnlichen Aufenthalt in einem Vertragsstaat hatte. [2]Das Übereinkommen wird nicht mehr angewendet, sobald das Kind das 16. Lebensjahr vollendet hat.

1 Art. 4 bestimmt den persönlichen Anwendungsbereich (zum Begriff des gewöhnlichen Aufenthalts s. Art. 3 Rn 29 ff). Der Staat des gewöhnlichen Aufenthalts muss im Zeitpunkt der widerrechtlichen Entführung bereits Vertragsstaat gewesen sein.[77] Die **Altersgrenze von 16 Jahren** ist streng formal anzuwenden und kann auch bei behinderten Kindern nicht erweitert werden.[78]

2 Mit Vollendung des 16. Lebensjahres wird das HKÜ unanwendbar. Ein anhängiges Verfahren endet automatisch.[79] Auch die Vollstreckung einer bereits erlassenen Rückgabeanordnung ist nicht mehr möglich.

3 Die Starrheit der Altersgrenze wird dadurch gemildert, dass bei älteren, aber noch nicht 16 Jahre alten Kindern nach Art. 13 Abs. 2 dem Willen des Kindes entscheidende Bedeutung für die Rückgabeentscheidung zukommt. Bereits bei einem 14-jährigen Kind wird eine Anordnung der Rückgabe gegen den erklärten Willen des Kindes in der Praxis nicht erfolgen (s. dazu Art. 13 Rn 40).

Art. 5 HKÜ [Umfang von Sorge- und Umgangsrecht]

Im Sinn dieses Übereinkommens umfaßt

a) das „Sorgerecht" die Sorge für die Person des Kindes und insbesondere das Recht, den Aufenthalt des Kindes zu bestimmen;

72 *Coester-Waltjen*, in: FS Max-Planck-Institut 2001, S. 543, 553; anders wohl OLG Frankfurt FPR 2001, 233: Das Gericht nahm einen gewöhnlichen Aufenthalt sowohl in Spanien als auch in Deutschland an und hielt die Mitnahme des Kindes nach Spanien durch den Vater ohne Einwilligung der Mutter nicht für ein rechtswidriges Verbringen, weil das Kind in Spanien (auch) einen gewöhnlichen Aufenthalt hatte.

73 MüKo/*Siehr*, HEntfÜ Rn 34; s.a. *Coester-Waltjen*, in: FS Max-Planck-Institut 2001, S. 543, 552.

74 BVerfG IPRax 2000, 216, 220; NJW 1999, 3621.

75 BVerfG NJW 1999, 3621, 3622; *Winkler v. Mohrenfels*, IPRax 2002, 372, 373.

76 MüKo/*Siehr*, HEntfÜ Rn 82.

77 MüKo/*Siehr*, HEntfÜ Rn 11, 40.

78 Staudinger/*Pirrung* (2009), Vor Art. 19 EGBGB Rn D 36.

79 Palandt/*Thorn*, Anh. zu Art. 24 EGBGB Rn 61; Staudinger/*Pirrung* (2009), Vor Art. 19 EGBGB Rn D 36; wohl auch *Mansel*, NJW 1990, 2176, 2177; aA *Hüßtege*, IPRax 1992, 369, 370 f.

b) das „Recht zum persönlichen Umgang" das Recht, das Kind für eine begrenzte Zeit an einen anderen Ort als seinen gewöhnlichen Aufenthaltsort zu bringen.

Art. 5 enthält eine **autonome Definition** der für das Übereinkommen zentralen Begriffe des Sorgerechts und des Umgangsrechts.[80] 1

A. Sorgerecht

Der Begriff des Sorgerechts ist unabhängig von den rechtstechnischen Bestimmungen in den einzelnen Rechtsordnungen zu bestimmen.[81] Sorgerecht im Sinne des Übereinkommens entspricht der Personensorge im Unterschied zur Vermögenssorge.[82] Auf ein Recht zur rechtsgeschäftlichen Vertretung des Kindes kommt es nicht an. 2

Ein Sorgerecht besteht nicht nur dann, wenn der Elternteil das Recht hat, für das Kind täglich zu sorgen und mit dem Kind zu leben. Ausreichend ist nach Wortlaut und Zweck des HKÜ auch, dass dem Elternteil ein **(Mit-)Bestimmungsrecht über den Aufenthalt** des Kindes zusteht.[83] Da die rechtmäßige oder rechtswidrige Verlegung des Aufenthalts des Kindes im Zentrum der Regelungen des HKÜ steht, setzt ein Sorgerecht immer, aber auch nur voraus, dass ein Mitbestimmungsrecht im Hinblick darauf besteht, in welchem Staat das Kind leben soll (s. Art. 3 Rn 4).[84] 3

Kann der eine Elternteil nach dem maßgebenden Recht den Aufenthalt des Kindes auch ohne Zustimmung des anderen Elternteils bestimmen, so steht dem anderen Elternteil kein Sorgerecht im Sinne des Übereinkommens zu. Das Umgangsrecht des anderen Elternteils wird durch das HKÜ nicht davor geschützt, in seiner Ausübung durch den Umzug ins Ausland erschwert zu werden.[85] Zur Problematik im deutschen Recht, wenn dem einen Elternteil das alleinige Aufenthaltsbestimmungsrecht nach § 1671 BGB übertragen worden ist, s. Art. 3 Rn 9 ff. 4

Ist das Recht des einen Ehegatten, den Aufenthalt des Kindes zu bestimmen, nur durch ein behördliches oder gerichtliches Zustimmungserfordernis, nicht hingegen durch ein Mitbestimmungsrecht des anderen Ehegatten beschränkt, so hat dieser Ehegatte kein Sorgerecht inne. Die Zustimmungsbefugnis der Behörde oder des Gerichts zu einem Aufenthaltswechsel ist aber als eigenes Sorgerecht des Gerichts oder der Behörde zu qualifizieren, das bei einem nicht konsentierten Verbringen oder Zurückhalten iSv Art. 3 verletzt wird[86] (s. zum „ward of court" Art. 3 Rn 5). 5

B. Recht zum persönlichen Umgang

Das Recht zum persönlichen Umgang wird vom HKÜ als ein qualifiziertes Besuchsrecht definiert, das das Recht einschließt, das Kind von seinem gewöhnlichen Aufenthaltsort für begrenzte Zeit an einen anderen Ort, gegebenenfalls in ein anderes Land, zu verbringen. 6

Vom Sorgerecht unterscheidet es sich vor allem dadurch, dass es nicht das Recht beinhaltet, den gewöhnlichen Aufenthalt des Kindes (mit) zu bestimmen. Der Umgangsberechtigte kann daher einer Verlegung des gewöhnlichen Aufenthalts des Kindes in ein anderes Land nicht widersprechen und wird auch nicht vor einer dadurch eintretenden tatsächlichen Erschwerung bei der Ausübung des Besuchsrechts geschützt.[87] Das HKÜ hat viel- 7

80 MüKo/*Siehr*, HEntfÜ Rn 41; Palandt/*Thorn*, Anh. zu Art. 24 EGBGB Rn 62.

81 Staudinger/*Pirrung* (2009), Vor Art. 19 EGBGB Rn D 30.

82 BVerfG FamRZ 1997, 1269; Staudinger/*Pirrung* (2009), Vor Art. 19 EGBGB Rn D 37.

83 BVerfG FamRZ 1997, 1269; OLG Stuttgart FamRZ 1996, 688; KG FamRZ 1996, 691, 692.

84 OGH IPRax 1999, 177, 178; Staudinger/*Pirrung* (2009), Vor Art. 19 EGBGB Rn D 30; aA *Holl*, IPRax 1999, 185.

85 *Henrich*, Int. Familienrecht, § 7 II 6; Palandt/*Thorn*, Anh. zu Art. 24 EGBGB Rn 62; Staudinger/*Pirrung* (2009), Vor Art. 19 EGBGB Rn D 30; aA MüKo/*Siehr*, HEntfÜ Rn 42.

86 OLG München NJW-RR 2005, 158 = FamRZ 2005, 1002 = IPRax 2005, 550; weitergehend OLG Dresden FamRZ 2002, 1136, 1137, das auch wegen der Pflicht der Mutter zur Information des Vaters bei einem geplanten Aufenthaltswechsel ein Mitsorgerecht annahm, weil der Vater durch gerichtlichen Antrag Einfluss auf den dauernden Aufenthalt des Kindes nehmen könnte.

87 AM MüKo/*Siehr*, HEntfÜ Rn 42.

mehr nur zum Ziel, die Möglichkeit der Ausübung eines Umgangsrechts auch grenzüberschreitend zu gewährleisten (Art. 1 lit. a Alt. 2).

Kapitel II
Zentrale Behörden

Art. 6 HKÜ [Zentrale Behörde]

(1) Jeder Vertragsstaat bestimmt eine zentrale Behörde, welche die ihr durch dieses Übereinkommen übertragenen Aufgaben wahrnimmt.

(2) [1]Einem Bundesstaat, einem Staat mit mehreren Rechtssystemen oder einem Staat, der aus autonomen Gebietskörperschaften besteht, steht es frei, mehrere zentrale Behörden zu bestimmen und deren räumliche Zuständigkeit festzulegen. [2]Macht ein Staat von dieser Möglichkeit Gebrauch, so bestimmt er die zentrale Behörde, an welche die Anträge zur Übermittlung an die zuständige zentrale Behörde in diesem Staat gerichtet werden können.

Art. 7 HKÜ [Zusammenarbeit]

(1) Die zentralen Behörden arbeiten zusammen und fördern die Zusammenarbeit der zuständigen Behörden ihrer Staaten, um die sofortige Rückgabe von Kindern sicherzustellen und auch die anderen Ziele dieses Übereinkommens zu verwirklichen.

(2) Insbesondere treffen sie unmittelbar oder mit Hilfe anderer alle geeigneten Maßnahmen, um

a) den Aufenthaltsort eines widerrechtlich verbrachten oder zurückgehaltenen Kindes ausfindig zu machen;

b) weitere Gefahren von dem Kind oder Nachteile von den betroffenen Parteien abzuwenden, indem sie vorläufige Maßnahmen treffen oder veranlassen;

c) die freiwillige Rückgabe des Kindes sicherzustellen oder eine gütliche Regelung der Angelegenheit herbeizuführen;

d) soweit zweckdienlich Auskünfte über die soziale Lage des Kindes auszutauschen;

e) im Zusammenhang mit der Anwendung des Übereinkommens allgemeine Auskünfte über das Recht ihrer Staaten zu erteilen;

f) ein gerichtliches oder behördliches Verfahren einzuleiten oder die Einleitung eines solchen Verfahrens zu erleichtern, um die Rückgabe des Kindes zu erwirken sowie gegebenenfalls die Durchführung oder die wirksame Ausübung des Rechts zum persönlichen Umgang zu gewährleisten;

g) soweit erforderlich die Bewilligung von Prozeßkosten- und Beratungshilfe, einschließlich der Beiordnung eines Rechtsanwalts, zu veranlassen oder zu erleichtern;

h) durch etwa notwendige und geeignete behördliche Vorkehrungen die sichere Rückgabe des Kindes zu gewährleisten;

i) einander über die Wirkungsweise des Übereinkommens zu unterrichten und Hindernisse, die seiner Anwendung entgegenstehen, soweit wie möglich auszuräumen.

1 Die Einrichtung von zentralen Behörden in allen Vertragsstaaten dient dazu, die effektive Anwendung des HKÜ zu gewährleisten. Ihre Aufgaben werden in Art. 7 näher beschrieben. Die Zentralisierung der Aufgaben auf eine Behörde pro Land dient vor allem dazu, die fachliche Kompetenz zu erhöhen und eine effektive Zusammenarbeit der Behörden aus verschiedenen Vertragsstaaten zu erleichtern.

2 In **Deutschland** ist die zentrale Behörde für das gesamte Bundesgebiet: Bundesamts für Justiz, Zentrale Behörde, Adenauerallee 99–103, 53113 Bonn; Postanschrift: 53094 Bonn; Tel.: (+49) (0)228) 410-40; Fax: (+49) (0)228) 410-5050; E-Mail über Kontaktformular auf der Internet-Seite: http://www.bundesjustizamt.de.

Eine Liste mit den Anschriften der zentralen Behörden in den anderen Vertragsstaaten findet sich auf der Internetseite der Haager Konferenz für Internationales Privatrecht.[88] 3

Kapitel III
Rückgabe von Kindern

Art. 8 HKÜ [Antrag auf Rückgabe]

(1) Macht eine Person, Behörde oder sonstige Stelle geltend, ein Kind sei unter Verletzung des Sorgerechts verbracht oder zurückgehalten worden, so kann sie sich entweder an die für den gewöhnlichen Aufenthalt des Kindes zuständige zentrale Behörde oder an die zentrale Behörde eines anderen Vertragsstaats wenden, um mit deren Unterstützung die Rückgabe des Kindes sicherzustellen.

(2) [1]Der Antrag muß enthalten

a) Angaben über die Identität des Antragstellers, des Kindes und der Person, die das Kind angeblich verbracht oder zurückgehalten hat;
b) das Geburtsdatum des Kindes, soweit es festgestellt werden kann;
c) die Gründe, die der Antragsteller für seinen Anspruch auf Rückgabe des Kindes geltend macht;
d) alle verfügbaren Angaben über den Aufenthaltsort des Kindes und die Identität der Person, bei der sich das Kind vermutlich befindet.

[2]Der Antrag kann wie folgt ergänzt oder es können ihm folgende Anlagen beigefügt werden:

e) eine beglaubigte Ausfertigung einer für die Sache erheblichen Entscheidung oder Vereinbarung;
f) eine Bescheinigung oder eidesstattliche Erklärung (Affidavit) über die einschlägigen Rechtsvorschriften des betreffenden Staates; sie muß von der zentralen Behörde oder einer sonstigen zuständigen Behörde des Staates, in dem sich das Kind gewöhnlich aufhält, oder von einer dazu befugten Person ausgehen;
g) jedes sonstige für die Sache erhebliche Schriftstück.

Art. 9 HKÜ [Weiterleitung eines Antrags]

Hat die zentrale Behörde, bei der ein Antrag nach Artikel 8 eingeht, Grund zu der Annahme, daß sich das Kind in einem anderen Vertragsstaat befindet, so übermittelt sie den Antrag unmittelbar und unverzüglich der zentralen Behörde dieses Staates; sie unterrichtet davon die ersuchende zentrale Behörde oder gegebenenfalls den Antragsteller.

Art. 10 HKÜ [Realisierung der Rückgabe]

Die zentrale Behörde des Staates, in dem sich das Kind befindet, trifft oder veranlaßt alle geeigneten Maßnahmen, um die freiwillige Rückgabe des Kindes zu bewirken.

Die sorgeberechtigte Person, Behörde oder sonstige Stelle kann sich nach **Art. 8 Abs. 1** wegen einer Entführung iSv Art. 3 an die zentrale Behörde eines jeden Vertragsstaates wenden. Im Fall eines **gerichtlichen oder behördlichen Sorgerechts** (sog. „ward oft he court", s. Art. 3 Rn 5, Art. 5 Rn 5) kann auch der Elternteil, dem das Sorgerecht nicht zustand, einen Antrag stellen, um die Rückführung des Kindes zu erreichen.[89] 1

Praktisch kommen vor allem Anträge an die zentralen Behörden im Herkunftsstaat und im Zufluchtsstaat in Betracht. Eine **Eilbedürftigkeit** wegen drohenden Ablaufs der Jahresfrist nach Art. 12 Abs. 1 kann für einen Antrag direkt bei der zentralen Behörde des Zufluchtsstaates sprechen.[90] Ansonsten ist es meist ratsam, primär die zentrale Behörde im Herkunftsland einzuschalten, um sich deren Unterstützung zu sichern.[91] Dies gilt besonders bei Unsicherheiten hinsichtlich des Aufenthalts des Kindes oder bei Sprachschwierigkeiten. 2

Art. 8 Abs. 2 regelt den notwendigen Inhalt eines **Antrags**. Das Bundesamt für Justiz hält Antragsformulare in mehreren Sprachen (s. Art. 24) vorrätig, die von der Internetseite heruntergeladen werden können[92] oder 3

88 Startseite: http://www.hcch.net.
89 OLG München NJW-RR 2005, 158, 159 = FamRZ 2005, 1002 = IPRax 2005, 550.
90 Staudinger/*Pirrung* (2009), Vor Art. 19 EGBGB Rn D 56.
91 Staudinger/*Pirrung* (2009), Vor Art. 19 EGBGB Rn 668.
92 Http://www.bundesjustizamt.de.

auf Anfrage übersandt werden. Dort ist auch ein Formular für die nach Art. 28 vorgesehene Vollmacht erhältlich.

4 Die Tätigkeit des Bundesamts für Justiz sowie der jeweiligen ausländischen zentralen Behörde ist kostenfrei, Art. 26 Abs. 1 HKÜ. Nur die erforderlichen **Übersetzungskosten** hat der antragstellende Elternteil grundsätzlich selbst zu tragen.[93] Die Kostenfreiheit gilt nach Art. 26 Abs. 1 im Prinzip auch für **Anwalts- und Gerichtskosten**. Da gegen diese allgemeine Kostenbefreiung aber nach Art. 26 Abs. 3 iVm Art. 42 ein Vorbehalt möglich ist, der von vielen Staaten (auch Deutschland) eingelegt worden ist, sind in der Praxis die anfallenden Gerichts- und Anwaltskosten meist vom antragstellenden Elternteil selbst zu tragen. Nur wenn es im ersuchten Staat ein System der Prozesskosten- und Beratungshilfe gibt, ist dieses zwingend auch für Anträge auf Rückführung nach dem HKÜ anzuwenden. Ist Deutschland der ersuchte Staat, kann das Gericht auf Antrag Kostenbefreiung erteilen, wenn der antragstellende Elternteil die persönlichen und wirtschaftlichen Voraussetzungen für die Gewährung von Verfahrenskostenhilfe (§§ 76 ff FamFG) erfüllt.[94]

5 Die zentrale Behörde des Herkunftsstaates leitet den Antrag nach **Art. 9** an die zentrale Behörde des Zufluchtsstaates weiter. Stellt sich heraus, dass sich das Kind in einem **Nicht-Vertragsstaat** befindet, können die zentralen Behörden nicht tätig werden und weisen den Antrag zurück (Art. 27).[95] Der beeinträchtigte Elternteil muss sich selbst an die Behörden des betreffenden Staates wenden. Unter Umständen kann der in Deutschland zurückbleibende Elternteil durch Einschaltung des Auswärtigen Amtes bzw. der deutschen Auslandsvertretung im Entführungsstaat auf den Fall Einfluss nehmen.[96]

6 Im Interesse aller Beteiligten und insbesondere des Kindes ordnet **Art. 10** an, dass primär eine **freiwillige Rückgabe** zu versuchen ist. Bei Aufenthalt des Kindes im Inland kann hierfür nach § 9 Abs. 1 Nr. 2 IntFamRVG-E das örtliche Jugendamt eingeschaltet werden.[97]

Art. 11 HKÜ [Begründung einer Verfahrensverzögerung]

(1) In Verfahren auf Rückgabe von Kindern haben die Gerichte oder Verwaltungsbehörden eines jeden Vertragsstaats mit der gebotenen Eile zu handeln.

(2) ¹Hat das Gericht oder die Verwaltungsbehörde, die mit der Sache befaßt sind, nicht innerhalb von sechs Wochen nach Eingang des Antrags eine Entscheidung getroffen, so kann der Antragsteller oder die zentrale Behörde des ersuchten Staates von sich aus oder auf Begehren der zentralen Behörde des ersuchenden Staates eine Darstellung der Gründe für die Verzögerung verlangen. ²Hat die zentrale Behörde des ersuchten Staates die Antwort erhalten, so übermittelt sie diese der zentralen Behörde des ersuchenden Staates oder gegebenenfalls dem Antragsteller.

1 Art. 11 dient dem Ziel des HKÜ, eine möglichst schnelle Rückgabe des Kindes zu erreichen, um den Einfluss der durch die Entführung geschaffenen Fakten auf eine spätere Sorgerechtsentscheidung gering zu halten.

2 In Deutschland wurde kein besonderes Verfahren für die Rückgabeanordnung eingeführt. Das IntFamRVG modifiziert aber das anwendbare Verfahren der freiwilligen Gerichtsbarkeit punktuell. Nach § 38 Abs. 1 IntFamRVG-E ist das Verfahren auf Rückgabe des Kindes in allen Rechtszügen vorrangig zu behandeln und findet eine Aussetzung des Verfahrens außer im Falle von Art. 12 Abs. 3 nicht statt (s.a. Art. 2 Rn 12-16).

3 Art. 11 Abs. 3 Unterabs. 2 EheVO 2003 modifiziert im Anwendungsbereich der EheVO 2003 Art. 11 Abs. 2 HKÜ dahin gehend, dass eine Entscheidung nach sechs Wochen ergehen muss, wenn keine außergewöhnlichen Umstände vorliegen.

Art. 12 HKÜ [Anordnung der Rückgabe]

(1) Ist ein Kind im Sinn des Artikels 3 widerrechtlich verbracht oder zurückgehalten worden und ist bei Eingang des Antrags bei dem Gericht oder der Verwaltungsbehörde des Vertragsstaats, in dem sich das Kind befindet, eine Frist von weniger als einem Jahr seit dem Verbringen oder Zurückhalten ver-

93 Bundesamt für Justiz, Hinweise zur Rückführung entführter Kinder und zu grenzüberschreitenden Umgangs- und Sorgerechtskonflikten, unter VIII. Kosten (http://www.bundesjustizamt.de/cln_115/nn_258946/DE/Themen/Zivilrecht/HKUE/HKUEInhalte/AllgemeineHinweise.html#doc258974bodyText16) (Stand September 2010).

94 Antragsformular unter http://www.bundesjustizamt.de.

95 Palandt/*Thorn*, Anh. zu Art. 24 EGBGB Rn 66.

96 Anschriften der deutschen Auslandsvertretungen auf der Internet-Seite des Auswärtigen Amtes http://www.konsularinfo.diplo.de/ (September 2010).

97 S. zu Mediationen in internationalen Kindschaftskonflikten *Ripke*, FPR 2004, 199.

strichen, so ordnet das zuständige Gericht oder die zuständige Verwaltungsbehörde die sofortige Rückgabe des Kindes an.

(2) Ist der Antrag erst nach Ablauf der in Absatz 1 bezeichneten Jahresfrist eingegangen, so ordnet das Gericht oder die Verwaltungsbehörde die Rückgabe des Kindes ebenfalls an, sofern nicht erwiesen ist, daß das Kind sich in seine neue Umgebung eingelebt hat.

(3) Hat das Gericht oder die Verwaltungsbehörde des ersuchten Staates Grund zu der Annahme, daß das Kind in einen anderen Staat verbracht worden ist, so kann das Verfahren ausgesetzt oder der Antrag auf Rückgabe des Kindes abgelehnt werden.

A. Regelungsgegenstand

1 Art. 12 regelt die Voraussetzungen, unter denen das Gericht im Zufluchtsstaat die Rückgabe des Kindes anzuordnen hat, und ist damit die **zentrale Bestimmung** des HKÜ. Die Grundvoraussetzung ist, dass das Verbringen oder Zurückhalten des Kindes widerrechtlich war. Welche **weiteren Voraussetzungen** für die Anordnung der Rückgabe vorliegen müssen, hängt davon ab, innerhalb welcher Frist der Antrag gestellt worden ist. Ist der Rückgabeantrag innerhalb von einem Jahr seit der Entführung gestellt worden, verlangt Art. 12 keine Erfüllung weiterer Voraussetzungen. Eine Rückgabe kann nur aufgrund der Ausnahmevorschrift des Art. 13 abgelehnt werden. Ist eine Frist von über einem Jahr vergangen, muss nach Abs. 2 die Rückgabe nicht angeordnet werden, wenn sich das Kind nachweislich in seine neue Umgebung eingelebt hat. Die Regelung in Abs. 3 schließt eine perpetuatio fori bei Aufenthaltswechsel des Kindes aus.[98]

B. Widerrechtliches Verbringen oder Zurückhalten

2 Zentrale Voraussetzung für den Erlass einer Rückgabeanordnung ist, dass das Kind widerrechtlich verbracht oder zurückgehalten worden ist. Befindet sich das Kind rechtmäßig in dem ersuchten Staat, so liegt kein Entführungsfall vor und eine sofortige Rückgabe ist nicht anzuordnen. Art. 12 regelt nicht selbst, unter welchen Voraussetzungen das Verbringen oder Zurückhalten widerrechtlich war, sondern verweist insoweit auf Art. 3 (s. dazu im Einzelnen Art. 3 Rn 1 ff). Art. 14, 15 enthalten verfahrensrechtliche Vorschriften für die Feststellung der Widerrechtlichkeit. Insbesondere kann das ersuchte Gericht vom Antragsteller nach Art. 15 die Vorlage einer Bescheinigung der Widerrechtlichkeit verlangen.

C. Jahresfrist

3 Die Frist **beginnt** mit der widerrechtlichen Verletzung des Sorgerechts durch **Verbringen** des Kindes vom Staat seines gewöhnlichen Aufenthalts ins Ausland. Eine vorherige Verletzung des (Mit-)Sorgerechts, ohne dass dabei ein grenzüberschreitender Bezug bestand, etwa durch eigenmächtigen Wechsel des Aufenthalts im Staat des bisherigen gewöhnlichen Aufenthalts, setzt die Frist nicht in Gang.[99] Solange ein grenzüberschreitender Bezug zwischen zwei Vertragsstaaten nicht besteht, ist das HKÜ nicht anwendbar. Der (Mit-)Sorgeberechtigte kann in dieser Zeit noch nicht die zentralen Behörden einschalten oder einen Rückgabeantrag nach dem HKÜ stellen. Aus diesem Grund beginnt die Frist auch noch nicht zu laufen, wenn das Kind zunächst in einen Nichtvertragsstaat verbracht wurde.

4 Bei der Alternative des **Zurückhaltens** des Kindes beginnt die Frist mit dem Zeitpunkt zu laufen, zu dem die Widerrechtlichkeit eintritt (s. Art. 3 Rn 19). Hat der (mit-)sorgeberechtigte Elternteil nur einem vorübergehenden Aufenthalt im Ausland zugestimmt, beginnt die Frist, wenn die konsentierte Aufenthaltsdauer abgelaufen ist, oder mangels bestimmter Dauer ab dem Zeitpunkt, in dem der Wille des Entführers für den (Mit-)Sorgeberechtigten erkennbar in Erscheinung tritt, den Aufenthalt dauernd zu verlegen.[100]

98 MüKo/*Siehr*, HEntfÜ Rn 68.

99 *Bach*, FamRZ 1997, 1051, 1055; Staudinger/*Pirrung* (2009), Vor Art. 19 EGBGB Rn D 64 (unter Aufgabe der früher vertretenen Gegenmeinung); offen gelassen von KG FamRZ 1996, 692, 693.

100 OLG Koblenz FamRZ 1994, 183.

5 Maßgebend für die **Einhaltung der Frist** ist die Einreichung des formellen Antrags auf Rückgabe bei dem Gericht oder der Behörde, das oder die über die Rückgabe nach Art. 12 zu entscheiden hat.[101] Nicht ausreichend ist daher der Antrag an eine zentrale Behörde oder eine Ankündigung der zentralen Behörde an das Gericht oder die Behörde, ein Rückgabeantrag werde demnächst gestellt.[102] Auch ein Antrag auf Beratungshilfe und Verfahrenskostenhilfe (vgl. § 43 IntFamRVG) genügt nicht.[103]

6 Wurde der Antrag bei einem örtlich oder sachlich **nicht zuständigen Gericht** eingereicht, kommt es dennoch auf diesen Zeitpunkt an, wenn der Antrag unverzüglich an das zuständige Gericht oder die zuständige Behörde weitergereicht wird.[104] Der Antragsteller sollte insoweit nicht mit der Unsicherheit belastet werden, die örtlich und sachlich zuständige Stelle zu finden.[105] Der Antragsteller ist insoweit schutzwürdig, weil der Entführer durch den Wechsel des schlichten Aufenthalts die Zuständigkeit verändern kann.[106]

7 Die Einhaltung der Frist ist streng zu handhaben. Ob der Antragsteller die Verzögerung zu vertreten hat, ist ohne Bedeutung. Auch das Verschleiern des Aufenthalts oder ein auf Verzögerung angelegtes Verhandeln durch den Entführer kann eine Fristverlängerung nicht begründen.[107] Im Unterschied zu den Zuständigkeitsregelungen in Art. 7 KSÜ und Art. 10 EheVO 2003 kommt es für den Fristbeginn nicht darauf an, ob der (mit-)sorgeberechtigte Elternteil den Aufenthalt des Kindes kannte oder kennen musste (s. dazu unten Rn 12).

D. Einleben in neue Umgebung

8 Ist die Jahresfrist verstrichen, schließt dies die Anordnung der Rückgabe nicht aus. Sie ist immer dann anzuordnen, wenn sich das Kind noch nicht in seine neue Umgebung eingelebt hat. Ein solches Einleben ist anzunehmen, wenn das Kind in das familiäre, soziale und kulturelle Umfeld integriert ist.[108] Die plötzliche Herausnahme aus diesem Umfeld müsste einen schweren Eingriff in die Entwicklung des Kindes darstellen. Es sind aber keine sehr hohen Anforderungen an die Schwere der Beeinträchtigung zu stellen.[109] Dies ergibt sich aus einem Vergleich mit Art. 13 Abs. 1 lit. b.

9 Für die Feststellung des Einlebens kommt es daher darauf an, ob das Kind soziale Kontakte zu Verwandten und Freunden hat, in den Kindergarten oder in die Schule geht und die Sprache des Aufenthaltsstaates beherrscht. Unklar ist, ob die Voraussetzungen des Einlebens denen entsprechen, die für die Begründung des gewöhnlichen Aufenthalts aufgrund sozialer Integration erforderlich sind. Im Regelfall ist aber ab einem dauernden Aufenthalt von **zwölf Monaten** im Zufluchtsstaat ein Einleben anzunehmen.[110] Der Einhaltung der Jahresfrist kommt damit eine überragende Bedeutung für die Erfolgsaussichten des Rückgabeverlangens zu.[111] Kein Einleben trotz zwölfmonatigen Aufenthalts in dem ersuchten Staat ist nur in Ausnahmefällen gegeben, etwa wenn im konkreten Fall soziale Kontakte nur zur unmittelbaren Betreuungsperson und nicht zu sonstigen Personen im ersuchten Staat entstanden sind. Dies ist etwa bei sehr kleinen Kindern möglich, wenn sich der Kontakt weitgehend auf den entführenden Elternteil beschränkte.[112]

10 Für die Beurteilung des Einlebens ist der **Zeitpunkt der Entscheidung**, nicht der der Antragstellung maßgeblich.[113] Da die Jahresfrist versäumt worden ist, tritt die Dringlichkeit der Rückgabe hinter der Berück-

101 OLG Bamberg FamRZ 1995, 305; AG Würzburg FamRZ 1998, 1319, 1320; MüKo/*Siehr*, HEntfÜ Rn 52; MüKo/*Siehr*, Art. HEntfÜ Rn 62; Palandt/*Thorn*, Anh. zu Art. 24 EGBGB Rn 69; Staudinger/*Pirrung* (2009), Vor Art. 19 EGBGB Rn D 64; unklar insoweit KG FamRZ 197, 1098, 1099.

102 OLG Bamberg FamRZ 1995, 305; Wojcik v. Wojcik, 959 F. Supp. 413 (E.D. Mich. 1997) (INCADAT HC/E/USf 105); MüKo/*Siehr*, Art. 12 HEntfÜ Rn 60.

103 *Bach*, FamRZ 1997, 1051, 1055, Fn 52.

104 Staudinger/*Pirrung* (2009), Vor Art. 19 EGBGB Rn D 64; anders anscheinend OLG Bamberg FamRZ 1995, 305 re. Sp. unten.

105 S. den Fall OLG Oldenburg FGPrax 2003, 80, wo ein örtlich nicht zuständiges Amtsgericht über die Rückgabe entschieden hat.

106 Ein Wechsel der Zuständigkeit durch Verlegung des schlichten Aufenthalts kann in Deutschland allerdings nach § 11 IntFamRVG nur eintreten, wenn noch kein Antrag bei der zentralen Behörde gestellt worden ist.

107 Staudinger/*Pirrung* (2009), Vor Art. 19 EGBGB Rn D 64.

108 OLG Karlsruhe NJWE-FER 1999, 179; OLG Bamberg FamRZ 1995, 305, 306; Palandt/*Thorn*, Anh. zu Art. 24 EGBGB Rn 69.

109 In diesem Sinne auch Staudinger/*Pirrung* (2009), Vor Art. 19 EGBGB Rn D 66, aA MüKo/*Siehr*, Art. 12 HEntfÜ Rn 67.

110 In diesem Sinn auch BGH, NJW 2005, 3424, 3428 in Bezug auf Art. 7 Abs. 1 lit. b KSÜ.

111 S. die Entscheidungen OLG Bamberg FamRZ 2000, 371 (Antrag gerade noch innerhalb der Jahresfrist; Rückgabe angeordnet); OLG Bamberg FamRZ 1995, 305 (Antrag nach 14 Monaten; Rückgabe abgelehnt, weil Kind eingelebt); Wojcik v. Wojcik, 959 F. Supp. 413 (E.D. Mich. 1997) (INCADAT HC/E/USf 105) Antrag nach 18 Monaten; Rückgabe abgelehnt, weil Kind eingelebt).

112 S. Soucie v. Soucie 1995 SC 134 ((INCADAT HC/E/UKs 107), bei einem Kind, das bei Beginn des widerrechtlichen Zurückhaltens noch nicht ganz ein Jahr alt war, dessen Rückgabe angeordnet wurde als es etwa 3 Jahre alt war.

113 BGH, NJW 2005, 3424, 3428; OLG Koblenz FamRZ 1994, 183 (implizit); Staudinger/*Pirrung* (2009), Vor Art. 19 EGBGB Rn D 66; aA MüKo/*Siehr*, HEntfÜ Rn 67 unter mE nicht überzeugender Berufung auf den englischen Wortlaut.

sichtigung des Kindeswohls im konkreten Fall zurück. Es kommt also darauf an, in welchem Maße die Rückführung das Kind nach seiner Lebenssituation im Zeitpunkt der Entscheidung betreffen würde. Wenn die Durchsetzung erst in der Zukunft möglich wäre, ist auch dies noch zu berücksichtigen.

Es hat eine **Prüfung von Amts wegen** durch das Gericht stattzufinden,[114] ob sich das Kind bereits eingelebt hat. Ein kinderpsychologisches Gutachten darf grundsätzlich nicht eingeholt werden, weil durch jede zusätzliche Verzögerung die Wahrscheinlichkeit einer Eingewöhnung zunimmt.[115] Bleibt es zweifelhaft, ob sich das Kind eingelebt hat, so ist die Rückgabe anzuordnen. Dafür spricht neben dem Wortlaut auch die Zielsetzung des HKÜ.[116] 11

Teilweise wird vorgeschlagen, die Frage des Einlebens besonders streng zu prüfen, wenn der Entführer etwa durch **Verschleiern des Aufenthalts** dazu beigetragen hat, dass der Antrag nicht innerhalb der Jahresfrist gestellt werden konnte.[117] Dagegen spricht aber, dass Abs. 2 die Interessen des Kindes schützen will. Auch bei einem nur **geringfügigen Überschreiten** der Jahresfrist müssen keine besonders hohen Anforderungen an die Bejahung der Eingewöhnung gestellt werden.[118] Diese Gesichtspunkte können aber im Rahmen der möglichen Ermessensentscheidung berücksichtigt werden, die Rückgabe trotz Einlebens anzuordnen (s. Rn 13). Außerdem können Maßnahmen des Entführers, wie etwa das ständige Wechseln des Aufenthalts oder das Verbergen des Kindes, dazu führen, dass sich das Kind auch nach einem Jahr noch nicht in die neue Umwelt eingelebt hat.[119] 12

Das Gericht hat ein Ermessen, die Rückgabe auch dann anzuordnen, wenn sich das Kind bereits in die neue Umgebung eingelebt hat.[120] Der Wortlaut ist insoweit zwar weniger eindeutig als die Formulierung in Art. 13. Wenn das Gericht aber bei Vorliegen der Versagungsgründe nach Art. 13 Abs. 1 u. 2 ein Ermessen hat, dennoch die Rückgabe anzuordnen (s. Art. 13 Rn 5), so muss dies erst recht bei Art. 12 Abs. 2 der Fall sein, bei dem die Kindesinteressen durch die Rückgabe deutlich weniger stark beeinträchtigt werden. Bei der Ermessensausübung kann das Gericht die Besonderheiten des Einzelfalls berücksichtigen, etwa auch die Gründe, warum der Antrag erst nach Ablauf der Jahresfrist gestellt wurde.[121] 13

E. Inhalt der Rückgabeanordnung

Nach Art. 12 hat das Gericht die Rückgabe des Kindes anzuordnen. Der deutsche Begriff ist missverständlich. Gemeint ist, was sich aus der englischen Sprachfassung klarer ergibt, die **Rückführung** des Kindes in den Staat seines gewöhnlichen Aufenthalts.[122] Durch die Rückführung soll der status quo vor der Entführung hergestellt werden, das Kind also auf Dauer bzw bis zu einer neuen Entscheidung wieder in dem Staat leben, aus dem es entführt worden ist.[123] Zur ausnahmsweisen Rückführung in einen dritten Staat (s. Rn 17). 14

Art. 12 bestimmt nicht näher, welchen Inhalt die Rückführungsanordnung haben kann. War das Kind in der **Obhut des antragstellenden Elternteils**, so geht die Anordnung regelmäßig auf die tatsächliche Herausgabe des Kindes an diesen Elternteil, damit dieser mit dem Kind in den Staat des gewöhnlichen Aufenthalts des Kindes zurückreisen kann. 15

Hat sich das Kind bereits vor der Entführung **bei dem entführenden Elternteil** gewöhnlich aufgehalten (vgl. § 1687 Abs. 1 S. 2 BGB), so muss die Rückgabeanordnung daran nichts ändern. Dies ist insbesondere, aber nicht nur bei sehr kleinen Kindern der Fall. Rückführung zielt in diesen Fällen auf eine Rückkehr des Kindes in den Staat des bisherigen gewöhnlichen Aufenthalts. Das Kind kann bei dem entführenden Elternteil verbleiben, wenn dieser mit dem Kind in den Staat des bisherigen gewöhnlichen Aufenthalts zurückkehrt. Die Rückgabeanordnung hat dann den Inhalt, dass der betreuende Elternteil mit dem Kind wieder in den Staat des bisherigen gewöhnlichen Aufenthalts zurückkehren muss. So ordnete der Supreme Court von Kanada die 16

114 *Bach*, FamRZ 1997, 1055; Palandt/*Thorn*, Anh. zu Art. 24 EGBGB Rn 69.
115 Anders anscheinend OLG Karlsruhe NJWE-FER 1999, 179.
116 Denkschrift, BT-Drucks. 11/5314, S. 55 Nr. 109; Staudinger/*Pirrung* (2009), Vor Art. 19 EGBGB Rn D 66.
117 Palandt/*Thorn*, Anh. zu Art. 24 EGBGB Rn 69; Staudinger/*Pirrung* (2009), Vor Art. 19 EGBGB Rn D 66.
118 OLG Bamberg FamRZ 1995, 305.
119 Lops v. Lops, 140 F.3 d 927 (11th Cir. 1998) (INCADAT HC/E/USf 125): Die Maßnahmen, die der entführende Vater unternommen hatte, um den Aufenthalt zu verschleiern, bewirkten, dass sich die Kinder auch nach über 2 Jahren Aufenthalt in den USA noch nicht eingelebt hatten.
120 Re M. (Children) (Abduction: Rights of Custody) [2007] UKHL 55, [2008] 1 AC 1288 (INCADAT HC/E/UKe 937).
121 S.a. Re M. (Children) (Abduction: Rights of Custody) [2007] UKHL 55, [2008] 1 AC 1288 (INCADAT HC/E/UKe 937): Das Gericht stellte bei der Ermessenentscheidung auf den entgegenstehenden Willen des Kindes, die unsichere Lage in Simbabwe ab und maß demgegenüber dem Zweck des HKÜ, durch schnelle Rückgabe Entführungen präventiv zu vermeiden, für den konkreten Fall eine geringere Bedeutung zu.
122 OLG München NJW-RR 2005, 158 0 FamRZ 2005, 1002 = IPRax 2005, 550.
123 OLG Karlsruhe NJW-RR 2008, 1682, 1683 = FamRZ 2008, 2223; *Dutta/Scherpe*, FamRZ 2006, 901, 906.

unverzügliche Rückkehr des Kindes nach Schottland an, verpflichtete den Vater aber, von der schottischen Entscheidung, die ihm nach der Entführung das alleinige Sorgerecht zugesprochen hatte, keinen Gebrauch zu machen, sondern das Kind bei der Mutter zu belassen.[124]

17 Die Rückkehr muss nach dem HKÜ auch nur in den Staat des früheren gewöhnlichen Aufenthalts und nicht in die konkrete politische Gemeinde erfolgen.[125] Bedeutung hat dies etwa in Fällen häuslicher Gewalt. Es richtet sich nach der Regelung des Aufenthaltsbestimmungsrechts im Herkunftsstaat, ob der entführende Elternteil mit dem Kind in einen anderen Teil des Staates wohnen darf. Die Gerichte, die über die Rückgabe nach dem HKÜ entscheiden, können hierauf durch sogenannte „undertakings" Einfluss nehmen (s. dazu Art. 13 Rn 37). In Ausnahmefällen kommt auch in Betracht, dass die „Rückgabe" darin besteht, dass das Kind **in einen dritten Staat** gebracht wird.[126] Dies war in einer israelischen Entscheidung der Fall, bei dem die Mutter zuerst rechtmäßig mit dem Kind von Belgien nach Frankreich gezogen war, es dann widerrechtlich nach Israel entführt hatte, nach einer späteren französischen Gerichtsentscheidung das Kind aber bei seinem Vater in Belgien wohnen sollte.[127]

18 In der **Praxis der deutschen Gerichte** wird meist eine gestufte Rückführungsentscheidung ausgesprochen.[128] Zuerst wird festgestellt, dass eine Rückführungsverpflichtung besteht. Diese allein ist zu wenig konkret und kann daher nicht vollstreckt werden. Sie ist daher durch die Anordnung zu ergänzen, dass der Antragsgegner, wenn er der Rückführungsverpflichtung nicht innerhalb einer bestimmten Frist nachkommt, das Kind zum Zweck der Rückführung an den Antragsteller oder eine dritte vom Antragsteller oder dem Gericht bestimmte Person herausgeben muss. Die Anordnung dieser Herausgabeverpflichtung ist ausreichend konkret, so dass sie vollstreckt werden kann. In besonderen Fällen, etwa wenn die Gefahr besteht, dass der Entführer mit dem Kind untertauchen wird, kann es auch geboten sein, unmittelbar die Pflicht zur Herausgabe des Kindes anzuordnen.[129]

F. Sofortige Rückgabe

19 Die Rückgabe bzw Rückführung hat nach **Abs. 1** sofort zu erfolgen. Die Schnelligkeit der Durchführung der Rückführung ist Bestandteil des Regelungsprogramms des HKÜ, den Zustand vor der Entführung möglichst rasch wiederherzustellen. Im Regelfall soll die Anordnung darauf gerichtet sein, dass das Kind innerhalb weniger Tage zurückgegeben wird.[130] Besonders in den Fällen, in denen sich der entführende Elternteil der Rückführung wahrscheinlich weiter widersetzen wird, erscheint die Anordnung der sofortigen Rückführung zwingend, weil sonst die Gefahr besteht, dass der entführende Elternteil weiter versuchen wird, die Rückkehr zu vereiteln. Bei einem kooperativen Elternteil erscheint es aber auch möglich, dass im Kindesinteresse die tatsächliche Rückkehr erst zu einem späteren Zeitpunkt stattfindet, etwa erst nach Ende des Schuljahrs. So gab eine US-amerikanische Entscheidung der Mutter eine Frist von 90 Tagen, um nach Israel zurückzukehren.[131]

20 Im Fall von **Abs. 2** geht das HKÜ von einer geringeren Dringlichkeit aus und verlangt daher keine sofortige Rückgabe.

G. Aufenthaltswechsel des Kindes, Abs. 3

21 Die Regelung in Abs. 3 schließt eine perpetuatio fori bei Aufenthaltswechsel des Kindes aus.[132] Eine Rückgabe kann nicht angeordnet werden, wenn sich das Kind nicht (mehr) in dem Gerichtsstaat aufhält. Die bloße Aussetzung des Verfahrens ist angebracht, wenn der Aufenthalt des Kindes unbekannt ist und ein Verbringen des Kindes ins Ausland möglich ist[133] oder wenn das Kind zwar sicher ins Ausland verbracht wurde, eine Rückkehr in den Gerichtsstaat aber möglich erscheint. Ansonsten ist der Antrag abzulehnen. Befindet sich das Kind mittlerweile in einem Nichtvertragsstaat, ist das HKÜ nicht mehr anwendbar.

124 Thomson v. Thomson [1994] 3 SCR 551, 6 RFL (4th) 290 (INCADAT HC/E/CA 11).

125 So ausdrücklich der Appelate Court Sydney in Murray v. Director, Family Services (1993) FLC 92-416 (INCADAT HC/E/AU 113.).

126 Denkschrift, BT-Drucks. 11/5314, S. 53 Nr. 110 zu dem Fall, bei dem der antragstellende (und sorgeberechtigte) Elternteil mittlerweile in einen anderen Staat gezogen ist.

127 G. v. B., 25 April 2007, Court for Family Matters, Beersheva (INCADAT HC/E/IL 910).

128 S. dazu im Einzelnen *Dutta/Scherpe*, FamRZ 2006, 901, 906 f mwN auf die Rspr.

129 *Dutta/Scherpe*, FamRZ 2006, 901, 907.

130 D.I. Petitioner [1999] Green's Family Law Reports 126 (INCADAT HC/E/UKs 352): 7 Tage.

131 Sampson v. Sampson, 267 Kan. 175, 975 P.2 d 1211 (Kan. App. Apr. 16, 1999) (INCADAT HC/E/USs 226).

132 MüKo/*Siehr*, HEntfÜ Rn 68.

133 Staudinger/*Pirrung* (2009), Vor Art. 19 EGBGB Rn D 67.

H. Zuständigkeit im Staat des bisherigen gewöhnlichen Aufenthalts

Die Versagung der Rückgabe nach Art. 12 Abs. 2 wegen Eingewöhnung des Kindes schließt nicht zwingend aus, dass die Behörden bzw. Gerichte des Staates aus dem das Kind entführt wurde, weiter zuständig sind und eine Anordnung zur Rückführung treffen können. Im Verhältnis zwischen Mitgliedstaaten der EheVO 2003 gilt deren Art. 10. Im Anwendungsbereich des KSÜ dessen Art. 7. Zwar stellen beide Vorschriften ebenfalls darauf ab, dass ein Antrag auf Rückgabe innerhalb einer 12-Monatsfrist gestellt worden sein muss. Die Frist beginnt aber im Unterschied zu Art. 12 Abs. 2 HKÜ erst zu laufen, wenn die sorgeberechtigte Person, Behörde oder sonstige Stelle den Aufenthaltsort des Kindes kannte oder kennen musste. Weist das Gericht den Rückgabeantrag nach Art. 12 Abs. 2 zurück, weil sich das Kind eingelebt hat, kann daher in Ausnahmefällen noch ein Verfahren auf Rückführung im Staat des früheren gewöhnlichen Aufenthalts des Kindes durchgeführt werden. Für dieses Verfahren und die dabei erlassene Entscheidung sind Art. 11 Abs. 6–8 EheVO 2003 nicht anwendbar. Diese Regelungen kommen nach dem eindeutigen Wortlaut nur bei der Versagung der Rückgabe aufgrund von Art. 13 zur Anwendung. 22

Art. 13 HKÜ [Ablehnung der Rückgabe]

(1) Ungeachtet des Artikels 12 ist das Gericht oder die Verwaltungsbehörde des ersuchten Staates nicht verpflichtet, die Rückgabe des Kindes anzuordnen, wenn die Person, Behörde oder sonstige Stelle, die sich der Rückgabe des Kindes widersetzt, nachweist,

a) daß die Person, Behörde oder sonstige Stelle, der die Sorge für die Person des Kindes zustand, das Sorgerecht zur Zeit des Verbringens oder Zurückhaltens tatsächlich nicht ausgeübt, dem Verbringen oder Zurückhalten zugestimmt oder dieses nachträglich genehmigt hat oder

b) daß die Rückgabe mit der schwerwiegenden Gefahr eines körperlichen oder seelischen Schadens für das Kind verbunden ist oder das Kind auf andere Weise in eine unzumutbare Lage bringt.

(2) Das Gericht oder die Verwaltungsbehörde kann es ferner ablehnen, die Rückgabe des Kindes anzuordnen, wenn festgestellt wird, daß sich das Kind der Rückgabe widersetzt und daß es ein Alter und eine Reife erreicht hat, angesichts deren es angebracht erscheint, seine Meinung zu berücksichtigen.

(3) Bei Würdigung der in diesem Artikel genannten Umstände hat das Gericht oder die Verwaltungsbehörde die Auskünfte über die soziale Lage des Kindes zu berücksichtigen, die von der zentralen Behörde oder einer anderen zuständigen Behörde des Staates des gewöhnlichen Aufenthalts des Kindes erteilt worden sind.

A. Regelungsgegenstand

Art. 13 enthält drei Gründe, bei deren Vorliegen ausnahmsweise die Rückgabe trotz Vorliegens der Voraussetzungen nach Art. 12 nicht angeordnet werden muss. Dies ist zum einen der Fall, wenn die sorgeberechtigte Person oder Stelle das Sorgerecht zur Zeit des Verbringens tatsächlich nicht ausgeübt hat oder dem Verbringen bzw. Zurückhalten zugestimmt oder es nachträglich genehmigt hat, Abs. 1 lit. a. Außerdem muss die Rückgabe nicht angeordnet werden, wenn sie mit der schwerwiegenden Gefahr eines körperlichen oder seelischen Schadens für das Kind verbunden ist oder das Kind auf andere Weise in eine unzumutbare Lage bringt, Abs. 1 lit. b. Drittens kann die Rückgabe abgelehnt werden, wenn das Kind sich der Rückgabe widersetzt, sofern es ein Alter und eine Reife erreicht hat, angesichts deren es angebracht erscheint, seine Meinung zu berücksichtigen, Abs. 2. Neben den in Art. 13 genannten Gründen kann eine Rückgabe nur noch nach Art. 20 wegen Unvereinbarkeit mit den Grundwerten über den Schutz der Menschenrechte und Grundfreiheiten abgelehnt werden. 1

Art. 13 ist in der Praxis von größter Bedeutung, weil die dort genannten Gründe in fast jedem Verfahren von dem entführenden Elternteil gegen die Rückgabeanordnung vorgebracht werden. Besondere Schwierigkeiten ergeben sich bei der Auslegung und Anwendung von Abs. 1 lit. b, weil diese Norm das zentrale Spannungsverhältnis im Regelungssystem des HKÜ bewältigen muss. Auf der einen Seite soll durch die Rückgabe verhindert werden, dass der entführende Elternteil durch die rechtswidrige Entführung Fakten schafft, die ihn bei der Sorgerechtsentscheidung begünstigen. Außerdem soll dadurch präventiv eine abschreckende Wirkung 2 erzielt werden. Auf der anderen Seite muss das Wohl des einzelnen betroffenen Kindes beachtet werden, das im konkreten Fall dafür sprechen kann im Entführungsstaat zu verbleiben.

3 Die Grundeinstellung bei der Auslegung dieser Vorschrift hat im Zeitablauf Veränderungen erfahren. Am Anfang wurde die Ausnahmevorschrift von den Gerichten oft recht großzügig angewandt, um das Wohl des einzelnen Kindes berücksichtigen zu können. Ab Mitte der 1990er Jahre wurde die Ausnahmevorschrift von den Gerichten deutlich restriktiver ausgelegt. In neuester Zeit mehren sich wieder Stimmen, die für eine stärkere Beachtung der negativen Wirkungen plädieren, die die Rückgabeentscheidung im Einzelfall auf das betroffene Kind hat.[134] Nicht bestritten wird allerdings, dass der Entscheidungsmaßstab für den Versagungsgrund nach Abs. 1 lit. b anders als bei einer Sorgerechtsentscheidung nicht sein kann, ob dem Wohl des konkreten Kindes durch die Rückführung oder das Verbleiben im Zufluchtsstaat am besten gedient wird. Eine Ausnahme gilt nach der Rechtsprechung des BVerfG nur in den Fällen der Rückentführung (s. Art. 3 Rn 39).

4 Die **Darlegungs- und Beweislast** für das Vorliegen eines Ausnahmegrundes liegt bei dem Antragsgegner. Insoweit besteht eine Ausnahme von dem sonst geltenden Grundsatz der Amtsermittlung.[135] Dies ist verfassungsrechtlich unbedenklich.[136] In eine Sachprüfung hat das Gericht nur einzutreten, wenn die Gründe substantiiert dargelegt werden. Strenge Anforderungen an die Substantiiertheit sind erforderlich, um einen Missbrauch zu vermeiden, weil Antragsgegner regelmäßig die Ausnahmegründe nach Art. 13 geltend machen, um zumindest eine Verzögerung des Verfahrens zu erreichen.[137] Bei **Zweifeln** ist die Rückgabe anzuordnen.[138] Die darin möglicherweise liegende Beeinträchtigung der Interessen des einzelnen Kindes zugunsten der präventiven Zielsetzung des HKÜ ist verfassungsrechtlich nicht zu beanstanden.[139]

5 Art. 13 eröffnet den Gerichten ein **Ermessen**. Liegt einer der Ausnahmegründe vor, kann das Gericht die Rückgabe ablehnen, muss dies aber nicht. Allerdings erfolgt in der Praxis nur selten die Anordnung der Rückgabe, obgleich das Gericht selbst einen Ausnahmetatbestand nach Art. 13 festgestellt hat. Besonders bei Abs. 1 lit. b ist kaum denkbar, dass ein Gericht die schwerwiegende Gefahr eines körperlichen oder seelischen Schadens für das Kind annimmt und dennoch die Rückgabe anordnet.[140] Eher möglich ist, dass die Rückgabe trotz entgegenstehenden Willens des Kindes (Abs. 2, s. Rn 46) oder trotz früherer Zustimmung zum Aufenthaltswechsel angeordnet wird.[141]

B. Abs. 1 lit. a

I. Tatsächliches Nichtausüben

6 Die Rückgabe muss nicht angeordnet werden, wenn die Person, Behörde oder sonstige Stelle, das ihr zustehende Sorgerecht im Zeitpunkt des Verbringens oder Zurückhaltens tatsächlich nicht ausgeübt hat. Zu den Anforderungen, die an das Ausüben zu stellen sind, s. Art. 3 Rn 25–27. Das Nichtausüben kann nach Art. 3 auch bereits die Widerrechtlichkeit des Verbringens oder Zurückhaltens entfallen lassen (s. Art. 3 Rn 6). Bedeutung hat die Wiederholung dieser Regelung in Art. 13 insoweit, als dadurch die Beweislast dem Antragsgegner auferlegt wird. Der Antragssteller muss für einen erfolgreichen Rückgabeantrag nicht nachweisen, dass er die ihm zustehende elterliche Sorge tatsächlich ausgeübt hat. Es obliegt vielmehr dem Antragsgegner die Nichtausübung nachzuweisen, wenn er will, dass der Rückgabeantrag deswegen abgelehnt werden soll.[142]

134 *Bucher*, FS Kropholler, 263, 265 f.
135 OLG Hamburg OLGR 2009, 208 Nr. 35; OLG Nürnberg FamRZ2007, 1588; KG FamRZ 1996, 691, 692; OLG Frankfurt FamRZ 1994, 1339, 1340; *Henrich*, Int. Familienrecht, § 7 II 6; *Mansel*, NJW 1990, 2176, 2177.
136 BVerfG FamRZ 1996, 1267.
137 *Henrich*, Int. Familienrecht, § 7 II 6.
138 OLG Hamburg OLGR 2009, 208 Nr. 36; OLG Naumburg FamRZ 2007, 1586, 1587; *Henrich*, Int. Familienrecht, § 7 II 6.
139 BVerfG IPRax 1997, 123 f; BVerfG IPRax 2000, 216 = FamRZ 1999, 85 = NJW 1999, 631; *Henrich*, Int. Familienrecht, § 7 II 6; *Klein*, IPRax 1997, 106; krit. hierzu *Schweppe*, ZfJ 2001, 169, 176.
140 Re M. (Children) (Abduction: Rights of Custody) [2007] UKHL 55, [2008] 1 AC 1288 (INCADAT HC/E/Uke 937); anders aber McL v. McL (Unreported), FC Christchurch, FP 009/1315/99, 12/04/2001 (INCADAT HC/E/NZ 538), wo trotz einer allerdings als nicht überaus schwerwiegend eingeordneten Gefahr eines seelischen Schadens die Rückgabe angeordnet wurde; Verdacht des sexuellen Missbrauchs durch den antragstellenden Vater war zwischenzeitlich entfallen.
141 Re D. (Abduction: Discretionary Return) [2000] 1 FLR 24 (INCADAT HC/E/UKe 267) mit der Begründung, dass bereits ein Sorgerechtsverfahren in Frankreich lief, dass die Beteiligten besser Französisch als Englisch sprachen und die Kinder einverstanden waren, nach Frankreich zurückzukehren.
142 OLG Rostock FamRZ 2002, 46, 47 = IPRax 2002, 218; KG, FamRZ 1996, 691, 692; BVerfG, NJW 1996, 3145 = IPRax 1997, 124 = FamRZ 1996, 1267 (zur verfassungsrechtlichen Unbedenklichkeit einer solchen Beweislastverteilung); Palandt/*Thorn* Anh. zu EGBGB 24 (IPR) Rn 72.

II. Zustimmung oder Genehmigung

Abs. 1 lit. a schließt eine Rückgabeanordnung aus, wenn der Allein- oder Mitsorgeberechtigte dem Aufenthaltswechsel zugestimmt hat oder ihn später genehmigt. Dem entführenden Elternteil obliegt die volle **Beweisführungslast** für die behauptete Zustimmung.[143] 7

Eine vorherige **Zustimmung** wird in der Regel bereits die **Widerrechtlichkeit** des Verbringens oder Zurückhaltens nach dem gem. Art. 3 maßgeblichen Recht entfallen lassen (s. Art. 3 Rn 6).[144] Die ausdrückliche Erwähnung in Art. 13 Abs. 1 lit. a geht insoweit darüber hinaus, als das Gericht im Zufluchtsstaat eigenständig prüfen kann, ob eine solche Zustimmung tatsächlich vorgelegen hat.[145] Auf die formalen Rechtswirkungen nach dem gem. Art. 3 anwendbaren Recht kommt es nicht an. Die Regelung beruht auf dem Rechtsgedanken des venire contra factum proprium.[146] 8

Die Zustimmung kann auch einen **Wechsel des gewöhnlichen Aufenthalts** des Kindes bewirken. Ein neuer gewöhnlicher Aufenthalt kann nicht nur aufgrund tatsächlicher Integration in das neue Umfeld nach Ablauf einer gewissen Zeit, sondern auch sofort mit dem Umzug erworben werden, wenn der Wille besteht, sich dort auf längere oder unbestimmte Zeit niederzulassen. Bei Kindern kommt es auf den Willen der sorgeberechtigten Personen an, denen das Aufenthaltsbestimmungsrecht zusteht. Sind beide Eltern einverstanden, dass das Kind in dem neuen Staat für längere Zeit leben soll, so erwirbt es dort sofort bei Ankunft einen neuen gewöhnlichen Aufenthalt.[147] 9

Eine Zustimmung kann grundsätzlich auch **längere Zeit im Voraus** für einen erst in der Zukunft möglichen Wegzug gegeben werden.[148] Eine solche Zustimmung kann etwa gegeben werden, um den anderen Elternteil dazu zu bewegen, für eine Art „Probezeit" das Leben im Land des anderen Elternteils zu versuchen.[149] Eine solche Zustimmung kann sicherlich keine Wirkungen mehr entfalten, wenn sie die Umstände wesentlich verändert haben, wenn die Eltern etwa über die „Probezeit" hinaus zusammengelebt haben. Trennen sich die Eltern erst viel später, kann sich der eine Elternteil nicht auf die für die Probezeit gegebene Zustimmung berufen.[150] 10

Fraglich ist aber, ob der eine Elternteil allgemein eine solche Zustimmung frei widerrufen kann.[151] Für eine **Bindungswirkung** spricht, dass dadurch Vereinbarungen möglich werden, die gerade auch im Interesse des Kindes ein Zusammenleben fördern. Gegen eine Bindungswirkung im Rahmen des HKÜ spricht, dass im Verfahren nach Art. 12, 13 keine umfassende Überprüfung des Kindeswohls erfolgen kann. Diese soll vielmehr in einem Verfahren vor den Gerichten des Staates des gewöhnlichen Aufenthalts des Kindes durchgeführt werden. In diesem Verfahren kann eine solche Zustimmung im Rahmen des anwendbaren Rechts Wirkungen entfalten. Darüber zu entscheiden ist aber Sache des zuständigen Gerichts im Staat des gewöhnlichen Aufenthalts des Kindes. Das bedeutet, dass auch eine Zustimmung zum jederzeitigen Wegzug während einer Probezeit mit Wirkung für Art. 13 Abs. 1 lit. a jederzeit widerrufen werden kann. Es ist dann Sache des zuständigen Gerichts im Staat des gewöhnlichen Aufenthalts des Kindes darüber zu entscheiden, welche Wirkung die Zustimmung im anwendbaren Sachrecht hat. 11

Möglich ist in solchen Fällen allerdings auch, dass das Kind in dem Staat, in dem die Eltern „zur Probe" leben noch keinen **gewöhnlichen Aufenthalt** begründet hat. Hatte das Kind seinen gewöhnlichen Aufenthalt vorher in dem Zufluchtsstaat und ist der eine Elternteil mit dem Kind nur „zur Probe" umgezogen, so begründen sowohl der Elternteil als auch das Kind dort nicht sofort einen neuen gewöhnlichen Aufenthalt. Der Bleibewille steht vielmehr unter dem Vorbehalt, dass die Integration in das neue Land bzw das Zusammenleben mit dem anderen Elternteil funktioniert. Ein gewöhnlicher Aufenthalt wird in diesen Fällen erst begründet, wenn der 12

143 OLG Stuttgart BeckRS 2009, 22879 = FamRZ 2009, 217; OGH ZaK 2008, 193 (INCADAT HC/E/AT 981); OLG Rostock FamRZ 2002, 46, 47 = IPRax 2002, 218, das hierfür aber zu weitgehend den Nachweis in Schriftform oder die Vorlage „dokumentarischen Materials" verlangt.

144 Zum deutschen Recht OLG Nürnberg FamRZ 2009, 240, 241.

145 OLG Nürnberg FamRZ 2009, 240.

146 MüKo/*Siehr*, HEntfÜ Rn 71.

147 S.a. Kilah v. Director-General, Department of Community Services [2008] FamCAFC 81 (INCADAT HC/E/AU 995), wo allerdings im Ergebnis ein Wechsel des gewöhnlichen Aufenthalts verneint wurde.

148 Zenel v. Haddow 1993 SC 612 (INCADAT HC/E/UKs 76); grundsätzlich auch Re L. (Abduction: Future Consent) [2007] EWHC 2181 (Fam), [2008] 1 FLR 915 (INCADAT HC/E/993).

149 S. Sachverhalt von Zenel v. Haddow 1993 SC 612 (INCADAT HC/E/UKs 76).

150 Re L. (Abduction: Future Consent) [2007] EWHC 2181 (Fam), [2008] 1 FLR 915 (INCADAT HC/E/993); s.a. schon Zenel v. Haddow 1993 SC 612 (INCADAT HC/E/UKs 76).

151 C. v. C. 2003 S.L.T. 793 (INCADAT HC/E/UKs 998) (für Widerrufsmöglichkeit); OLG Nürnberg FamRZ 2009, 240, 241 (implizit die Möglichkeit einer Aufkündigung annehmend); anders Zenel v. Haddow 1993 SC 612 (INCADAT HC/E/UKs 76) im Grundsatz für eine Bindung.

Bleibewille ein dauernder wird oder wenn aufgrund Zeitablaufs eine tatsächliche soziale Integration, eventuell auch nur eine solche des Kindes, stattgefunden hat.[152] (S.a. Art. 3 Rn 30–33)

13 Der Sorgeberechtigte muss sein Einverständnis nicht nur zu einem vorübergehenden, sondern zu einem **auf Dauer angelegten Aufenthaltswechsel** erklärt haben.[153] Auch reicht die in Aussicht gestellte Bereitschaft, einem dauernden Aufenthaltswechsel zuzustimmen, nicht aus.[154] In der Rechtspraxis kommt es oft zu Verhandlungen über den dauernden Aufenthalt des Kindes zwischen den Eltern im Rahmen einer Gesamtlösung der Lebenssituation nach Trennung.[155] Der Sorgeberechtigte, der bei solchen Verhandlungen zu weitreichenden Zugeständnissen für eine einvernehmliche Lösung bereit ist, ist an diese nicht gebunden, wenn eine Vereinbarung zwischen den Eltern schließlich nicht zustande kommt.[156] Er darf sich durch seine Bereitschaft zu Zugeständnissen nicht schlechter stellen, als wenn er sofort auf die Rückgabe des Kindes bestehen würde.

14 Zustimmung und Genehmigung können ausdrücklich oder **konkludent** erklärt werden. Für die Beurteilung, ob ein konkludentes Einverständnis vorliegt, ist ein „objektiver Empfängerhorizont" maßgeblich. Zu fragen ist, ob das Verhalten des zurückgelassenen Elternteils bei objektiver Betrachtung aus der Sicht einer vernünftigen Person in der Situation des entführenden Elternteils als Zustimmung bzw. Genehmigung aufzufassen war.[157] Die Annahme eines konkludenten Einverständnisses stellt hohe Anforderungen an die Beweiswürdigung durch das Gericht.[158] Allein aus dem bloßen Nichtreagieren darf nicht auf eine Einwilligung geschlossen werden.[159] Dies gilt auch für die Bereitschaft zu weit reichenden Zugeständnissen im Rahmen von gütlichen Einigungsversuchen.[160] Sonst würde es dem konzilianten Elternteil zum Nachteil gereichen, sich auf einen gütlichen Einigungsversuch einzulassen. Eine konkludente Genehmigung wurde zutreffend in einem Fall angenommen, in dem der zurückgelassene Elternteil bei einem mehrtätigen Besuch mit dem entführenden Elternteil nur über die Modalitäten des zukünftigen Umgangs gesprochen, die Widerrechtlichkeit des Verbringens und die Dauerhaftigkeit des Aufenthalts aber nicht in Frage gestellt hatte.[161]

15 Welche Auswirkungen es hat, wenn der andere Elternteil bei Erklärung seines Einverständnisses einem **Irrtum** unterliegt, ist nicht geklärt. Ein bloßer Motivirrtum, der nach dem Empfängerhorizont nicht erkennbar war, wurde für unbeachtlich erklärt.[162] Eine Täuschung, die für die Abgabe des Einverständnisses kausal war, dürfte demgegenüber die Wirksamkeit des Einverständnisses entfallen lassen. Ohne Bedeutung für die Wirksamkeit ist es, ob der Sorgeberechtigte Kenntnis von der Möglichkeit eines Rückgabeverfahrens nach dem HKÜ hatte.[163]

C. Abs. 1 lit. b

I. Allgemeines

16 Die Rückführung des Kindes kann unterbleiben, wenn sie mit der schwerwiegenden Gefahr eines körperlichen oder seelischen Schadens für das Kind verbunden ist oder das Kind auf andere Weise in eine unzumutbare Lage bringt. Die setzt die Gefahr einer **ungewöhnlich schwerwiegenden Beeinträchtigung** des Kindeswohls voraus. Die mit jeder Rückführung des Kindes verbundenen Belastungen, die etwa durch den Wechsel der

152 Silverman v. Silverman, 2002 U.S. Dist. LEXIS 8313 (INCADAT HC/E/USf 481).
153 OGH ZaK 2008, 193 (INCADAT HC/E/AT 981); Staudinger/*Pirrung* (2009), Vor Art. 19 EGBGB Rn D 70.
154 Staudinger/*Pirrung* (2009), Vor Art. 19 EGBGB Rn D 70.
155 Staudinger/*Pirrung* (2009), Vor Art. 19 EGBGB Rn D 70.
156 In diesem Sinne etwa BG 12.9.2007, 5A_ 446/2007 (www.bger.ch), das im Ergebnis aber ein wirksames stillschweigendes Einverständnis annahm; die Verhandlungen zwischen den Parteien hatten nicht den Verbleib der Kinder, sondern andere Scheidungsfolgen zum Gegenstand.
157 OLG Stuttgart BeckRS 2009, 22879 = FamRZ 2009, 2017; OLG Nürnberg FamRZ 2009, 240, 241; OLG Karlsruhe FamRZ 2006, 1699 Nr. 27 = NJW-RR 2006, 1590.
158 OLG Stuttgart BeckRS 2009, 22879 = FamRZ 2009, 2017
159 OLG Karlsruhe FamRZ 2006, 1699 Nr. 28 = NJW-RR 2006, 1590.
160 OLG Karlsruhe FamRZ 2002, 1142.
161 OLG Karslruhe FamRZ 2006, 1699 Nr. 30 = NJW-RR 2006, 1590; zustimmend auch Staudinger/*Pirrung* (2009), Vor Art. 19 EGBGB Rn D 71; ähnlicher Fall OGH v. 29.1.2010, 1 Ob 256/09 t (http://www.ris.bka.gv.at); s.a. BG v. 12.9.2007, 5A_446/2007 (www.bger.ch), für einen Fall, in dem der Antragsteller das Verbleiben der Kinder in der Schweiz während 5 Monate widerspruchslos hingenommen hat, nachdem sein Rechtsvertreter schriftlich das Einverständnis mit dem dauernden Verbleib der Kinder erklärt hatte, was allerdings nicht bereits als wirksames Einverständnis des Antragsstellers anzusehen war.
162 OLG Nürnberg FamRZ 2009, 240, 241.
163 Dahingestellt in OGH v. 29.1.2010, 1 Ob 256/09 t (http://www.ris.bka.gv.at), weil der Antragsteller nicht einmal „außergerichtlich" den Wunsch erkennen ließ, das Kind solle zurückkehren.

Wohnung, der Schule und der sonstigen Bezugspersonen eintreten, sind nicht ausreichend.[164] Nach der Zielsetzung des HKÜ ist im Interesse der Kontinuität der Lebensverhältnisse des Kindes, zur Ermöglichung einer sachnahen Entscheidung im Herkunftsstaat und zur Erzielung einer präventiven Wirkung gegen Entführungen die Rückführung anzuordnen, um am früheren Aufenthaltsort eine Sorgerechtsentscheidung zu ermöglichen.[165]

Beispiele für eine ungewöhnlich schwerwiegende Beeinträchtigung des körperlichen oder seelischen Wohls des Kindes sind drohende physische oder psychische Misshandlungen im Herkunftsstaat, insbesondere durch den Antragsteller, oder eine tiefgreifende Verängstigung des Kindes, die etwa auf einen gewaltsamen früheren Rückentführungsversuch des Antragstellers verursacht wurde.[166] 17

In einer großen Anzahl von Fällen wirft der entführende Elternteil dem anderen Elternteil **körperliche oder sexuelle Misshandlung** des Kindes vor. Allgemeine Behauptungen solcher Misshandlungen, die nicht näher spezifiziert werden, können Gerichte regelmäßig ohne weitere Untersuchungen abweisen.[167] 18

Bestehen Zweifel, ob die Vorwürfe nur zur Verhinderung einer Rückgabe vorgebracht werden oder aber sachlich begründet sind, ist die Rechtsprechung uneinheitlich im Hinblick darauf, ob die Vorwürfe im Rückgabeverfahren ausführlich behandelt, etwa ein kinderpsychologisches Gutachten eingeholt werden muss.[168] 19

Kein Anlass für weitere Aufklärung der Vorwürfe besteht dann, wenn das Kind bei der Rückkehr in der **Obhut des Entführers** bleibt und nicht dem anderen Elternteil unmittelbar herausgegeben werden muss. Die Vorwürfe können dann in einem Verfahren im Staat des gewöhnlichen Aufenthalts überprüft werden, ohne dass eine Gefahr für das Kind besteht.[169] 20

Anders ist die Lage, wenn Rückgabe **Übergabe an den anderen Elternteil** bedeutet, etwa weil dieser nach dem Recht am bisherigen gewöhnlichen Aufenthalt die alleinige Sorge für das Kind hat. In einem solchen Fall ist einem Misshandlungsvorwurf, der nicht von vorneherein abzuweisen ist, im Rückgabeverfahren nachzugehen.[170] Unmittelbare Anordnung der Rückgabe ist aber auch in einem solchen Fall möglich, wenn der antragstellende Elternteil damit einverstanden ist, dass das Kind im Herkunftsstaat nicht in seine Obhut gelangt, sondern von dem entführenden Elternteil oder einer dritten Person oder Institution aufgenommen wird, bis eine Entscheidung im Herkunftsstaat herbeigeführt werden kann. Kann dies auch nach dem Recht des Aufenthaltsstaates gewährleistet werden, lässt dies den Hinderungsgrund für die Rückgabe entfallen.[171] 21

Ausgeschlossen ist auch die Rückkehr in ein **Kriegsgebiet**[172] oder in ein Land, in dem aufgrund einer **Naturkatastrophe** Mindeststandards eines sicheren Lebens nicht gewährleistet sind. Die durch Krieg oder Naturkatastrophe ausgelösten Beeinträchtigungen müssen entweder das gesamte Land oder aber gerade das Gebiet betreffen, in welchem das Kind seinen Aufenthalt nehmen soll bzw. muss. 22

Allein der Umstand, dass die **Sicherheitslage** und/oder die **wirtschaftliche Situation** im Herkunftsland erheblich schlechter sind als im Inland, reicht aber nicht aus.[173] Warnen inländische Behörden vor Reisen in das betreffende Land, bedeutet dies nicht automatisch, dass das Kind dort nicht ohne Gefahr leben könnte. So 23

164 BVerfG IPRax 2000, 216; OLG Stuttgart, FamRZ 2008, 1777 Nr. 11; OLG Hamm FamRZ 2004, 723, 724 f; OLG Dresden FamRZ 2002, 1136, 1138; OLG Hamm FamRZ 2000, 370; 2002, 44; OLG Bamberg FamRZ 2000, 371, 372; OLG Frankfurt FamRZ 1994, 1339, 1340.

165 BVerfG IPRax 2000, 216, 219 f; OLG Hamm FamRZ 2000, 370; KG FamRZ 1997, 1098.

166 OLG Stuttgart FamRZ 2001, 945, 947.

167 Supreme Court of Finland 1996:151, S96/2489 (INCADAT HC/E/Fin 360); Obergericht Zürich, INCADAT HC/E/CH 426 (die entführende Mutter warf dem Vater sexuellen Missbrauch der Tochter vor, hatte sie aber selbst kurz vor der Entführung sechs Monate allein mit dem Vater gelassen; Gericht holte allerdings dennoch ein kinderpsychologisches Gutachten ein).

168 Für eingehende Untersuchung im Entführungsstaat Danaipour v. McLarey, 286 F.3 d 1 (1st Cir. 2002) (INCADAT HC/E/USf 459); D. v. G. [2001] 1179 HKCU 1 (High Court Honkong), (INCADAT HC/E/CNh 595); für Untersuchung im Staat des gewöhnlichen Aufenthalts nach Rückgabe Supreme Court of Finland 1996:151, S96/2489 (INCADAT HC/E/Fin 360).

169 Supreme Court of Finland 1996:151, S96/2489 (INCADAT HC/E/Fin 360).

170 Q., Petitioner, 2001 SLT 243 (INCADAT HC/E/UKs 341).

171 A.S. v. P.S. (Child Abduction) [1998] 2 IR 244 (INCADAT HC/E/IE 389): Sexueller Missbrauch war möglich; Anordnung, dass der Vater das Familienheim räumt, so dass die Kinder dort allein mit der Mutter wohnen können; s.a. Q., Petitioner, 2001 SLT 243 (INCADAT HC/E/UKs 341), (Im konkreten Fall war aber nach Ansicht des Gerichts ein Schutz der Kinder durch die französischen Behörden nicht gewährleistet); aA Danaipour v. McLarey, 286 F.3 d 1 (1st Cir.2002) (INCADAT HC/E/USf 459), wo die Gefahr der nicht ausreichenden Durchsetzbarkeit von undertakings betont wird.

172 OLG Hamm FamRZ 1999, 948, 949.

173 Re M. (Children) (Abduction: Rights of Custody) [2007] UKHL 55, [2008] 1 AC 1288 (INCADAT HC/E/UKe 937) betr. Rückführung aus England nach Zimbabwe.

ist etwa eine Rückkehr nach Israel mit dem Kindeswohl für vereinbar gehalten worden.[174] Ebenso wurde die Anordnung einer Rückgabe aus England nach Simbabwe für zulässig angesehen.[175]

24 Bessere Lebensbedingungen und Bildungschancen im Entführungsstaat stehen einer Rückgabe ebenfalls nicht entgegen. Eine Ausnahme kann bei Kindern mit Behinderungen der Fall sein, wenn im Herkunftsland spezialisierte Einrichtungen, wie etwa eine Taubstummenschule, fehlen und dadurch eine massive Beeinträchtigung der Entwicklung des Kindes droht. Einen Grenzfall stellt eine Entscheidung dar, bei der die Rückgabe abgelehnt wurde, weil der Mutter mit dem Kind in den USA keine ausreichenden finanziellen Mittel zur Verfügung gestanden hätten und damit nicht einmal ein minimaler Lebensstandard gewährleistet gewesen sei.[176]

25 Ein **kinderpsychologisches Gutachten** ist grundsätzlich (zu einer Ausnahme s. Art. 3 Rn 39) nicht einzuholen, um das Verfahren nicht zu verlängern. Sonst könnte sich der durch den Entführer geschaffene rechtswidrige Zustand so verfestigen, dass eine spätere Rückführung zu einer schwerwiegenden Beeinträchtigung führen würde.[177]

II. Verhältnis zur Sorgerechtsentscheidung

26 Da die Rückführung nur die Voraussetzungen für eine Sorgerechtsentscheidung im Herkunftsstaat schaffen soll, selbst aber über die Verteilung der elterlichen Sorge nicht entscheidet, ist es grundsätzlich unbeachtlich, welcher Elternteil für die Erziehung und Betreuung des Kindes besser geeignet ist.[178]

27 Wegen der präventiven Bedeutung kann die Rückführung nicht deshalb abgelehnt werden, weil im Herkunftsland wahrscheinlich eine **Sorgerechtsentscheidung** zugunsten des Entführers ergehen wird, infolge derer der Entführer mit dem Kind wieder in das Zufluchtsland zurückkehren kann.[179]

28 Etwas anderes gilt aber bei Rückentführungen. Um hier ein Hin- und Herschieben des Kindes zu vermeiden, ist es aus Kindeswohlgründen geboten, das Kind nur zurückzugeben, wenn dies mit einer zu treffenden Sorgerechtsentscheidung übereinstimmen würde (s. Art. 3 Rn 39).

29 Wenn im **Herkunftsland** eine Entscheidung bereits ergangen oder dort anzuerkennen ist, durch die dem Entführer nachträglich die alleinige Sorge übertragen wurde, entfällt die Widerrechtlichkeit und es hat eine Rückgabeanordnung zu unterbleiben (siehe Art. 3 Rn 24).[180]

30 Wird der Antrag auf Rückgabe des Kindes im Zufluchtsstaat abgelehnt, hindert das im Anwendungsbereich der **EheVO 2003** nicht, dass später im Herkunftsstaat dennoch die **Rückgabe** des Kindes angeordnet wird. Im Anwendungsbereich der EheVO 2003 folgt die Zuständigkeit für die Durchführung des Sorgerechtsverfahrens auch nach Ablehnung eines Antrags auf Rückführung aus Art. 10 EheVO 2003. Die Informationspflichten nach Art. 11 Abs. 6 und 7 EheVO 2003 dienen der Antragstellung und Durchführung dieses Sorgerechtsverfahrens im Herkunftsstaat. Art. 11 Abs. 8 EheVO 2003 bestimmt, dass eine spätere Rückgabeanordnung aus dem Herkunftsstaat im Zufluchtsstaat trotz der dort ergangenen Ablehnung der Rückführungsanordnung anzuerkennen und zu vollstrecken ist. Die Rückgabeentscheidung des Herkunftsstaates ist unter den Voraussetzungen von Art. 40 ff EheVO 2003 im Zufluchtsstaat unmittelbar vollstreckbar, ohne dass es einer Vollstreckbarkeitserklärung bedarf (s. Art. 40–45 EheVO 2003).

174 Kilah v. Director-General, Department of Community Services [2008] FamCAFC 81 (INCADAT HC/E/AU 995); OLG Zweibrücken v. 25.1.2001 (INCADAT HC/E/DE 392); aA noch Janine Claire Genish-Grant and Director-General Department of Community Services [2002] FamCA 346 (INCADAT HC/E/AU 458); Silverman v. Silverman, 2002 U.S. Dist. LEXIS 8313 (INCADAT HC/E/USf 481).

175 Re M. (Children) (Abduction: Rights of Custody) [2007] UKHL 55, [2008] 1 AC 1288 (INCADAT HC/E/UKe 937), wo aber im Ergebnis eine Rückgabe abgelehnt wurde, weil sich die Kinder bereits nach Art. 12 Abs. 2 eingelebt hatten; bei der Ausübung des Ermessens, ob dennoch eine Rückgabe anzuordnen ist, berücksichtigt das Gericht allerdings den Umstand der unsicheren Lage in Simbabwe.

176 C. v. C. 2003 S.L.T. 793 (INCADAT HC/E/UKs 998). Das Gericht nahm an, dass die Mutter in den USA nicht arbeiten könnte und auch keine staatliche Unterstützung erhielt; der Vater sei im konkreten Fall auch nicht dazu in der Lage, einen Minimalbetrag von wöchentlich 200 USD aufzubringen, damit Mutter und Kind in einem Wohnwagenpark leben könnten.

177 OLG Stuttgart FamRZ 2008, 1777 Nr. 9; OLG Karlsruhe FamRZ 2002, 1141, 1142; OLG Hamm FamRZ 1999, 948, 949; s. aber auch das Verfahren des OLG Hamburg OLGR 2009, 208, in dem das FamG ein Gutachten eingeholt hat.

178 OLG Stuttgart BeckRS 2009, 21289; OLG Frankfurt FamRZ 1997, 1100; OLG Bamberg FamRZ 1994, 182; OLG Frankfurt FamRZ 1994, 1339, 1340.

179 OLG Bamberg FamRZ 2000, 371, 373; *Siehr*, IPRax 2002, 199, 200; krit. *Schweppe*, ZfJ 2001, 169, 175; aA OLG Rostock FamRZ 2002, 46, 48 = IPRax 2002, 218; *Bucher*, FS Kropholler, 263, 269.

180 OLG Stuttgart FamRZ 2003, 959, 960 f; Palandt/*Thorn*, Anh. zu Art. 24 EGBGB Rn 76; s.a. OLG Zweibrücken FamRZ 2003, 961.

III. Rückkehr mit dem Entführer

Rückgabe des Kindes bedeutet nicht notwendigerweise Herausgabe des Kindes an den Antragsteller (Art. 12 Rn 15 f).[181] Eine Rückgabeanordnung ist daher immer dann möglich, wenn durch eine Rückkehr zusammen mit dem Entführer die Gefährdung des Kindeswohls vermieden werden kann.[182] Dem Entführer ist es zuzumuten, das Kind auf die Rückkehr vorzubereiten und mit dem Kind zurückzukehren, weil die Gefährdung des Kindeswohls primär auf der Entführung beruht und der Entführer sonst durch sein Verhalten die Anwendung des Ausnahmetatbestandes erzwingen könnte.[183] 31

Praktisch relevant ist dies vor allem bei kleinen Kindern, deren Hauptbezugsperson die Mutter ist. Die Gefährdung des Kindeswohls, die durch eine Trennung von der Mutter eintreten würde, hindert eine Rückgabeanordnung nicht, sofern es möglich ist, dass die Mutter mit dem Kind zurückkehrt. Die Gerichte haben eine weitgehende **Pflicht zur Rückkehr** des entführenden Elternteils angenommen, um eine Kindeswohlgefährdung aufgrund der Trennung zu vermeiden.[184] 32

Die **Unzumutbarkeit der Rückkehr** des entführenden Elternteils ist nur in Ausnahmefällen anzunehmen. Unannehmlichkeiten bis hin zur Gefahr einer strafrechtlichen Verfolgung wegen der Entführung bilden grundsätzlich keinen rechtlich relevanten Hinderungsgrund für eine Rückkehr der Mutter.[185] 33

Unzumutbarkeit kann ausnahmsweise bei der konkreten Gefahr einer persönlichen Gefährdung bestehen, die weder durch Maßnahmen staatlicher Stellen noch durch solche des antragstellenden Elternteils verhindert werden können.[186] Regelmäßig wurde die Gefahr **häuslicher Gewalt** durch den antragstellenden anderen Elternteil nicht als Hinderungsgrund erachtet. Insoweit wurde darauf abgestellt, dass im Staat des gewöhnlichen Aufenthalts ausreichende Schutzmöglichkeiten bestünden.[187] Auch rechtlich unzumutbar ist eine Rückkehr der Mutter, wenn sie aus einer neuen im Inland gelebten Beziehung ein Kleinkind zu versorgen hat, das seinerseits durch eine Trennung von der Mutter zu Schaden käme.[188] 34

Ein Versagungsgrund aus Kindeswohlgründen kann in einem solchen Fall gegeben sein, wenn die konkrete Gefahr besteht, dass eine **Trennung des Kindes von der Mutter** bei der Rückkehr erfolgt.[189] Dies ist möglich, wenn gegen die Mutter im Staat des gewöhnlichen Aufenthalts ein Haftbefehl vorliegt und daher die konkrete Gefahr der Strafhaft besteht oder wenn die Mutter keine Aufenthaltserlaubnis erhält. Meistens kann in diesen Fällen eine Trennung aber durch andere Maßnahmen vermieden werden. So kann der antragstellende Vater von sich aus Verhältnisse schaffen, welche die Rückkehr der Mutter mit dem Kind ermöglichen,[190] oder das Gericht kann Anordnungen treffen, durch welche dies ermöglicht und eine Gefährdung des Kindeswohls vermieden werden kann (sog. undertakings, s. Rn 37).[191] Das Gericht kann in den genannten Fällen etwa anordnen, dass die Rückgabe nur erfolgen soll, wenn der Haftbefehl aufgehoben wurde oder wenn die Mutter eine Aufenthaltserlaubnis erhält.[192] Insoweit kann es geboten sein, dass der Antragsteller einen Strafantrag gegen den Entführer zurücknimmt oder sonst auf eine Aufhebung des Haftbefehls hinwirkt.[193] 35

Zum Versagen der Rückgabe, wenn die zu erwartende Sorgerechtsentscheidung im Herkunftsstaat nicht dem Kindeswohl entspricht, s. Art. 20 HKÜ Rn 176. 36

181 OLG Zweibrücken FamRZ 1999, 106, 107.

182 BVerfG IPRax 2000, 216, 220; OLG Karlsruhe FamRZ 2002, 1141, 1142; OLG Hamm FamRZ 1999, 948, 949; OLG Düsseldorf FamRZ 1999, 949; KG FamRZ 1997, 1098, 1099; OLG Frankfurt FamRZ 1997, 1100, 1101; MüKo/*Siehr*, HEntfÜ Rn 77; weniger eindeutig OLG Bamberg FamRZ 2000, 371, 373; anders noch OLG Frankfurt FamRZ 1996, 689, 691; offen gelassen von OLG Frankfurt FamRZ 1994, 1339, 1340.

183 BVerfG FamRZ 1997, 1269, 1270; OLG Hamburg OLGR 2009, 208 Nr. 58; AG Saarbrücken FamRZ 2003, 398, 400; *Bach*, FamRZ 1997, 1051, 1057.

184 BVerfG IPRax 2000, 216, 220; OLG Hamburg OLGR 2009, 208 Nr. 58; zweifelnd noch KG FamRZ 1996, 692, 693 mit dem Argument, dass eine Rückgabe an eine Person, Behörde oder sonstige Stelle im Herkunftsland tatsächlich nicht in Betracht komme; kritisch auch *Bucher*, FS Kropholler, 263, 269 f.

185 BVerfG IPRax 2000, 216, 220; OLG Hamburg OLGR 2009, 208 Nr. 58; OLG Rostock NJOZ 2004, 1113, 1114 = FamRZ 2003, 959 (allerdings war die Rückgabeanordnung davon abhängig gemacht worden, dass der Antragsteller einen Strafantrag im Herkunftsland zurückzog).

186 N.P. v. A.B.P., [1999] R.D.F. 38 (Que. C.A.) (INCADAT HC/E/CA 764) verneinte eine Rückkehrpflicht der Mutter nach Israel, weil sie dort von kriminellen Banden und dem anderen Elternteil zu Prostitution gezwungen worden war und die konkrete Gefahr weiterer schwerer Misshandlungen bestand.

187 Kritisch dazu *Bruch*, Family Law Quarterly 2004, 529.

188 Vgl OLG Karlsruhe NJWE-FER 1999, 179.

189 OLG Rostock IPRax 2002, 218 = NJW-RR 2001, 1448 = FamRZ 2002, 46; OLG München FamRZ 1998, 386; Staudinger/*Pirrung* (2009), Vor Art. 19 EGBGB Rn D 86; *Winkler v. Mohrenfels*, IPRax 2002, 372, 373 f

190 S. etwa BVerfG IPRax 2000, 221, 222 oben li.: Vater erklärt sich bereit, der rückkehrenden Mutter mit den Kindern das bisherige Familienheim zur Verfügung zu stellen; zur Frage der rechtlichen Zulässigkeit, Verbindlichkeit und Durchsetzbarkeit solcher Verpflichtungen des Antragstellers (sog. undertakings) s. *Mäsch*, FamRZ 2002, 1069.

191 Zur Problematik der effektiven Durchsetzung solcher Vorkehrungen *Mäsch*, FamRZ 2002, 1069, 1073 ff.

192 *Siehr*, IPRax 2002, 199, 200.

193 OLG Rostock NJOZ 2004, 1112 = FamRZ 2003, 959.

IV. Art. 11 Abs. 4 EheVO 2003

37 In Art. 11 Abs. 4 EheVO 2003 wird ausdrücklich angeordnet, dass ein Hinderungsgrund nach Art. 13 Abs. 1 lit. b HKÜ nicht gegeben ist, wenn der Schutz des Kindes nach der Rückgabe durch angemessene Vorkehrungen (sog. **undertakings**) gewährleistet werden kann.[194] Dies entspricht dem Regelungskonzept des HKÜ und ist daher nicht auf den Anwendungsbereich der EheVO 2003 beschränkt.[195] In der Praxis werden solche Vorkehrungen bereits von Gerichten vor allem aus dem angloamerikanischen Rechtskreis praktiziert.[196] Um einen Hinderungsgrund zu beseitigen, müssen solche Vorkehrungen aber auch durchsetzbar sein.[197] Praktisch kommt einer Zusammenarbeit der Gerichte damit eine große Bedeutung zu.[198]

D. Entgegenstehender Wille des Kindes (Abs. 2)

38 Nach Abs. 2 kann die Anordnung der Rückgabe abgelehnt werden, wenn sich das Kind der Rückgabe widersetzt und es ein Alter und eine Reife erreicht hat, angesichts deren es angebracht erscheint, seine Meinung zu berücksichtigen, Dies ist Ausfluss des Vorrangs der Kindesinteressen gegenüber den Elterninteressen.[199] Der Widerstand des Kindes ist aber nur beachtlich, wenn sich das Kind einer Rückgabe **ernsthaft und aus freien Stücken**, dh nicht maßgeblich durch den Entführer beeinflusst, widersetzt.[200]

39 Außerdem muss das Kind ein **Alter** und eine **Reife** erreicht haben, die die Annahme erlauben, dass die Weigerung auf einer verantwortungsbewussten Entscheidung beruht. Da wegen der unterschiedlichen Entwicklungsgeschwindigkeiten von Kindern nicht auf eine bestimmte Altersgrenze abgestellt werden kann,[201] kommt dem Alter nur eine erste Indizwirkung zu. Trotz des Wortlauts kann nicht kumulativ neben der Reife eine bestimmte Altersgrenze verlangt werden.[202]

40 Die folgenden **Altersangaben** stellen daher nur einen ersten Ausgangspunkt für die Beurteilung dar: Bei über 14 Jahre alten Kindern ist die Reife nur in Ausnahmefällen zu verneinen.[203] Ab einem Alter von zehn Jahren ist regelmäßig eine ausreichende Reife anzunehmen.[204] Teilweise sah die Rechtsprechung auch acht Jahre alte Kinder für hinreichend reif an.[205] Nur sehr vereinzelt wurde der Wille von Kindern, die nicht älter als sieben Jahre waren, beachtet.[206]

41 Die Feststellung der Ernsthaftigkeit und Eigenständigkeit der Weigerung sowie der Reife des Kindes ist Sache des Einzelfalls. Die Einholung eines kinderpsychologischen Gutachtens ist nicht erforderlich und hat wegen der Eilbedürftigkeit des Verfahrens zu unterbleiben.[207] Entscheidend ist, ob das Kind in der Lage zu sein scheint, den Loyalitätskonflikt, in dem es sich regelmäßig befindet, zu verarbeiten und trotz möglicher Einflussnahmen besonders von Seiten des Entführers einen eigenen Willen zu bilden.[208]

42 Der entgegenstehende Wille muss sich auf die gegebenenfalls nur vorläufige Rückkehr in das Herkunftsland beziehen. Das Kind muss verstehen, dass die Entscheidung über die Rückgabe noch nicht darüber entscheidet, mit welchem Elternteil es leben wird.[209] Weigert sich das Kind nur, zu dem Antragsteller zurückzukehren, und will es bei dem Entführer bleiben, steht dies einer Rückkehr in den Herkunftsstaat nicht zwingend ent-

194 S.a. zu den ursprünglichen Plänen, Art. 13 Abs. 1 durch die EheVO 2003 weitergehend einzuschränken, *Winkler v. Mohrenfels*, in: FS Geimer 2002, S. 1527, 1536 f.
195 *Mäsch*, FamRZ 2002, 1069, 1072.
196 S. dazu und zur Bedeutung der jeweiligen besonderen Rechtstradition *Schulz*, FamRZ 2003, 1351, 1353; *Mäsch*, FamRZ 2002, 1069, 1070.
197 Dazu eingehend *Mäsch*, FamRZ 2002, 1069, 1073 ff.
198 *Schulz*, FamRZ 2003, 1351, 1353.
199 BVerfG IPRax 2000, 224 = FamRZ 1999, 1053.
200 Staudinger/*Pirrung* (2009), Vor Art. 19 EGBGB Rn D 73.
201 BVerfG IPRax 2000, 224, 226 = FamRZ 1999, 1053; Staudinger/*Pirrung* (2009), Vor Art. 19 EGBGB Rn D 73.
202 *Winkler v. Mohrenfels*, in: FS Geimer 2002, S. 1527, 1532 f; anders anscheinend Staudinger/*Pirrung* (2009), Vor Art. 19 EGBGB Rn D 73.
203 *Mansel*, NJW 1990, 2176, 2177.
204 S. OLG Celle FamRZ 2002, 569, 570 (13 Jahre); OLG Brandenburg FamRZ 1997, 1098 (11 u. 12 Jahre); OLG Nürnberg NJOZ 2004, 4512, 4514 = FamRZ 2004, 726 (ablehnend bei 9 Jahre altem Mädchen); ebenso AG Saarbrücken FamRZ 2003, 398; Winkler v. Mohrenfels, in: FS Geimer 2002, S. 1527, 1531 f; *Staudinger*, IPRax 2000, 194, 200; s. aber auch OLG Karlsruhe FamRZ 2002, 1141, 1142: Wille eines 12-jährigen Mädchens zwar beachtlich, aber Widerstand nicht überzeugend.
205 OLG Celle FamRZ 1995, 955, 956 (7 u. 9 Jahre); OLG Düsseldorf FamRZ 1999, 949, 950 (8 Jahre für möglich gehalten, im konkreten Fall abgelehnt); OLG Nürnberg FamRZ 2004, 726, 727 (abgelehnt für 9-jähriges Mädchen); Winkler v. Mohrenfels, in: FS Geimer 2002, S. 1527, 1532; Palandt/*Thorn*, Anh. zu EGBGB 24 (IPR) Rn 72.
206 S. OLG Hamm FamRZ 1999, 948, 949 (bei 6 Jahren für möglich gehalten, im konkreten Fall aber abgelehnt); OLG Nürnberg FamRZ 2004, 726, 727 (abgelehnt für 6-jährigen Jungen); OLG Schleswig, FamRZ 2005, 1703 L (abgelehnt bei 7 Jahren); Winkler v. Mohrenfels, in: FS Geimer 2002, S. 1527, 1531.
207 MüKo/*Siehr*, HEntfÜ Rn 83.
208 S. AG Saarbrücken FamRZ 2003, 398, 401; Staudinger/*Pirrung* (2009), Vor Art. 19 EGBGB Rn D 73.
209 BG v. 22.3.2005, 5P.1/2005, BGE 131 III 334 S. 339 f; *Zürcher*, Kindesentführung, 197; *Winkler v. Mohrenfels*, in: FS Geimer 2002, S. 1527, 1534 f.

gegen.[210] Möglich ist auch insoweit, dass das Kind zusammen mit dem Entführer zurückkehrt. In dem im Herkunftsland durchzuführenden Sorgerechtsverfahren kann der Wille des Kindes berücksichtigt werden, mit welchem Elternteil und in welchem Land es leben möchte.[211]

Etwas anderes muss dann gelten, wenn nach dem Recht des Herkunftslandes dem Antragsteller die elterliche Hauptsorge zusteht und die Rückkehr daher Trennung von dem Entführer und Rückgabe an den Antragsteller bedeutet. Die Möglichkeit, dass in einem folgenden Sorgerechtsverfahren die elterliche Sorge dem Willen des Kindes entsprechend anders verteilt wird, kann nicht ausreichen, um einen ernsthaften und freien Willen des Kindes, nicht zu dem Antragsteller zurückzukehren, unbeachtlich sein zu lassen. 43

Bei **Geschwistern** ist regelmäßig der Wille jedes einzelnen Kindes, dh auch der jüngeren Geschwister, eigenständig zu berücksichtigen. Möglich ist, dass der entgegenstehende Wille eines jüngeren Geschwisters an sich mangels Reife nicht beachtlich wäre, aber eine Trennung von dem älteren Geschwisterkind gegen das Kindeswohl verstoßen würde.[212] 44

Der **Ausnahmecharakter** von Abs. 2 bewirkt, dass bei Zweifeln über das Vorliegen der Voraussetzungen die Rückgabe anzuordnen ist. Die Person, die sich der Rückgabe widersetzt, hat nachzuweisen, dass die Voraussetzungen vorliegen, nach denen eine Rückgabe aufgrund Abs. 2 unterbleiben muss.[213] 45

Durch die Wendung „kann" eröffnet Abs. 2 dem Gericht einen **Ermessensspielraum**. Das Kindeswohl kann im Einzelfall eine Entscheidung auch gegen den Widerstand des Kindes rechtfertigen.[214] 46

E. Verfahrensrechtliche Beteiligung und Anhörung des Kindes

Aus Verfassungsgründen (Art. 6 Abs. 2, Art. 2 Abs. 1 iVm Art. 103 Abs. 1 GG) kann es geboten sein, dem Kind einen **Verfahrensbeistand**[215] zu bestellen, damit die Verfahrensgestaltung eine eigenständige Wahrnehmung der Kindesbelange sicherstellt. Dies hat das BVerfG zuerst für die Fälle gegenläufiger Rückführungsanträge angenommen, bei denen im Rahmen von Art. 13 HKÜ ausnahmsweise eine nähere Prüfung des Kindeswohl vorzunehmen ist (s. Art. 13 Rn 39).[216] Es hat dies 2006 auf alle Fälle erweitert, bei denen „daran zu zweifeln ist, dass die Eltern das Verfahren auch wirklich im Interesse des Kindes führen."[217] 47

Das **FamFG** bestimmt nun in **§ 158 Abs. 2 Nr. 3 u. 4**, dass die Bestellung eines Verfahrensbeistands in der Regel erforderlich ist, wenn eine Trennung des Kindes von der Person erfolgen soll, in deren Obhut es sich befindet (Nr. 3) oder wenn das Verfahren die Herausgabe des Kindes zum Gegenstand hat (Nr. 4). Beides ist bei Verfahren auf Rückgabe nach dem HKÜ möglicherweise, aber nicht immer der Fall. Die Rückgabeanordnung kann den Inhalt haben, dass der entführende Elternteil, in dessen Obhut sich das Kind befindet, mit dem Kind in den Staat des bisherigen gewöhnlichen Aufenthalts zurückkehrt. Möglich ist aber auch, dass die Rückgabe darin besteht, dass das Kind zum Zwecke der Rückführung von dem Entführer an den antragstellenden Elternteil oder eine andere Person herausgegeben werden muss. Ob eine solche Herausgabe zu erfolgen hat, kann sich teilweise auch erst im Vollstreckungsverfahren herausstellen, wenn der entführende Elternteil nicht mit dem Kind zurückkehrt. 48

Da § 158 Abs. 2 FamFG nur Regelbeispiele normiert, sollte die Norm nicht so verstanden werden, dass nun in jedem Verfahren auf Rückgabe nach dem HKÜ ein Verfahrenspfleger für das Kind zu bestellen ist. Die Regierungsbegründung nimmt ausdrücklich die Entscheidung des BVerfG von 1998 in Bezug.[218] Nach dieser Entscheidung geht das HKÜ „verfassungsrechtlich unbedenklich davon aus, dass der zurückgelassene Elternteil trotz seiner typischerweise hohen emotionalen Belastung regelmäßig mit seinem Rückführungsantrag das wohlverstandene Kindesinteresse wahrnimmt."[219] Es müssen im Einzelfall konkrete Umstände für die Annahme vorliegen, dass der zurückgelassene Elternteil die Interessen aus dem Blick verlieren könnte.[220] Dies wird etwa angenommen, wenn zwischen den Eltern eine ausgeprägte Konfliktsituation vorliegt, etwa wenn bereits in der Vergangenheit zwischen den Eltern über das Sorge- und Umgangsrecht unter Erhebung schwerer

210 OLG Hamm FamRZ 2004, 723, 725; OLG Stuttgart FamRZ 1996, 688, 689.
211 S. OLG Dresden FamRZ 2002, 1136, 1138; OLG Hamm FamRZ 2002, 44, 45; nicht ausreichend beachtet in OLG Brandenburg, NJW-RR 1997, 902, 903 = FamRZ 1997, 1098.
212 *Winkler v. Mohrenfels*, in: FS Geimer 2002, S. 1527, 1536.
213 KG FamRZ 1997, 1098, 1099; OLG Bamberg FamRZ 1994, 182.
214 OLG Dresden FamRZ 2002, 1136, 1138; *Winkler v. Mohrenfels*, in: FS Geimer 2002, S. 1527, 1529; s.a. Re M. (Children) (Abduction: Rights of Custody) [2007] UKHL 55, [2008] 1 AC 1288 (INCADAT HC/E/UKe 537).
215 Mit dem in § 158 FamFG neu eingeführten Begriff Verfahrensbeistand statt Verfahrenspflegschaft sollen Aufgabe und Funktion besser zum Ausdruck gebracht werden; s. BT-Drucks. 16/6308, S. 238.
216 BVerfG IPRax 2000, 216, 219 = NJW 1999, 631; *Schweppe*, FPR 2001, 203.
217 BVerfG FamRZ 2006, 1261 Nr: 29.
218 BT-Drucks. 16/6308, S. 239.
219 BVerfG FamRZ 2006, 1261 Nr. 30.
220 BVerfG FamRZ 2006, 1261 Nr: 30.

gegenseitiger Vorwürfe gestritten worden ist.[221] Liegen solche besonderen Umstände nicht vor, ist wie bisher im Interesse der Verfahrensbeschleunigung (Art. 2 S. 2 HKÜ; Art. 11 Abs. 3 EheVO 2003), die gerade auch dem Interesse des betroffenen Kindes dient, von der Bestellung eines Verfahrenspflegers abzusehen. Es ist dann ausreichend, dass das Kind vom Gericht angehört wird.[222]

49 Art. 11 Abs. 2 EheVO 2003 schreibt eine **Anhörung des Kindes** ausdrücklich vor. Das Kind muss im Rückgabeverfahren die Möglichkeit haben, gehört zu werden, sofern dies nicht aufgrund seines Alters und Reifegrades unangebracht erscheint. Durch diese Pflicht soll zwar das nationale Verfahrensrecht nicht verändert werden (19. Erwägungsgrund). Wenn verfahrensrechtlich zulässig, ist das Kind aber durch das Gericht oder ein Mitglied des Gerichts persönlich zu hören. Ansonsten ist auf andere Weise, etwa über einen Verfahrensbeistand, der Kindeswille zu ermitteln und in das Verfahren einzuführen.[223] Eine solche Pflicht zur Anhörung des Kindes ist auch außerhalb des Anwendungsbereichs der EheVO 2003 anzunehmen,[224] weil das HKÜ zwar das Ziel einer möglichst schnellen Rückgabe des Kindes bezweckt, das Wohl des einzelnen Kindes aber von Amts wegen zu berücksichtigen ist. Im deutschen Recht ist eine solche Pflicht zur Anhörung nun in § 159 FamFG ausdrücklich statuiert. Über 14 Jahre alte Kinder sind generell (Abs. 1), jüngere Kinder immer dann anzuhören, wenn die Neigungen, Bindungen oder der Wille des Kindes für die Entscheidung von Bedeutung sind. Dies ist bei einem Verfahren auf Rückgabe nach dem HKÜ der Fall. Eine Anhörung ist regelmäßig ab einem **Alter des Kindes** von drei Jahren geboten.[225] Das Gericht muss sich unmittelbar mit dem Kind befassen und die gewonnenen Eindrücke in den Akten niederlegen. Ein bloßes Beobachten des Kindes im Sitzungssaal genügt nicht.[226] Die gegenwärtige Praxis deutscher Gerichte, unter Berufung auf die Entscheidung des BVerfG von 1998,[227] das Kind nicht anzuhören, weil es sich bei dem Verfahren auf Rückgabe nach HKÜ nicht über das Sorgerecht entschieden wird,[228] ist zumindest mit Inkrafttreten von § 159 FamFG zum 1.9.2009 nicht mehr zulässig.

Art. 14 HKÜ [Anwendbares Recht]

Haben die Gerichte oder Verwaltungsbehörden des ersuchten Staates festzustellen, ob ein widerrechtliches Verbringen oder Zurückhalten im Sinn des Artikels 3 vorliegt, so können sie das im Staat des gewöhnlichen Aufenthalts des Kindes geltende Recht und die gerichtlichen oder behördlichen Entscheidungen, gleichviel ob sie dort förmlich anerkannt sind oder nicht, unmittelbar berücksichtigen; dabei brauchen sie die besonderen Verfahren zum Nachweis dieses Rechts oder zur Anerkennung ausländischer Entscheidungen, die sonst einzuhalten wären, nicht zu beachten.

1 Mit der missverständlichen Wendung „berücksichtigen" soll zum Ausdruck gebracht werden, dass die im Herkunftsland bestehende Sorgerechtssituation für die Beurteilung der Widerrechtlichkeit verbindlich ist.[229]

2 Die direkte Beachtung des ausländischen Rechts durch den inländischen Richter bringt für Deutschland keine Neuerung, weil dies bereits nach autonomem Recht möglich ist, § 293 ZPO.[230] Auch die Beachtung einer ausländischen Entscheidung zum Sorgerecht bedarf aus deutscher Sicht keiner förmlichen Anerkennung. Das für Eheurteile vorgeschriebene Anerkennungsverfahren nach § 107 FamFG (früher Art. 7 § 1 FamRÄndG) beschränkt richtiger Ansicht nach nicht die direkte Anerkennbarkeit einer im Verbund ergangenen Sorgerechtsentscheidung (s. Art. 21 EGBGB Rn 83).[231]

221 BVerfG FamRZ 2006, 1261 Nr. 32.
222 OLG Düsseldorf, FamRZ 2008, 1775 Nr. 18.
223 *Schulz*, FamRZ 2003, 1351, 1352; aA: vor Geltung des FamFG, weil es bei dem Verfahren auf Rückgabe nach dem HKÜ nicht um eine Sorgerechtssache handelt BVerfG IPRax 2000, 216, 219 = FamRZ 1999, 85 = NJW 1999, 631.
224 S. *Schulz*, FamRZ 2003, 1351, 1352, die darauf hinweist, dass eine ausdrückliche Regelung zur Anhörung 1980 noch nicht konsensfähig war.
225 OLG Brandenburg FamRZ 2003, 624 (in einem Verfahren über das Aufenthaltsbestimmungsrecht); Bamberger/Roth/*Veith*, Vor §§ 1626–1711 BGB Rn 15; s.a. BayObLG NJWE-FER 1997, 112 = FamRZ 1997, 223 (Anhörungspflicht nach § 50 b Abs. 1 FGG bei einem in seiner Entwicklung zurückgebliebenen viereinhalb Jahre alten Kind).
226 OLG Brandenburg FamRZ 2003, 624 f; Palandt/*Diederichsen* Einf. v. § 1626 Rn 13; Bamberger/Roth/*Veith*, Vor §§ 1626–1711 BGB Rn 15.
227 BVerfG IPRax 2000, 216, 219 = FamRZ 1999, 85 = NJW 1999, 631.
228 OLG Stuttgart BeckRS 2009, 22879 = FamRZ 2009, 2017; OLG Stuttgart BeckRS 2009, 21289.
229 MüKo/*Siehr*, HEntfÜ Rn 96.
230 MüKo/*Siehr*, HEntfÜ Rn 95; Palandt/*Thorn*, Anh. zu Art. 24 EGBGB Rn 73.
231 Palandt/*Thorn*, Anh. zu Art. 24 EGBGB Rn 73.

Art. 15 HKÜ [Vorverfahren im Staat des gewöhnlichen Aufenthaltes]

[1]Bevor die Gerichte oder Verwaltungsbehörden eines Vertragsstaats die Rückgabe des Kindes anordnen, können sie vom Antragsteller die Vorlage einer Entscheidung oder sonstigen Bescheinigung der Behörden des Staates des gewöhnlichen Aufenthalts des Kindes verlangen, aus der hervorgeht, daß das Verbringen oder Zurückhalten widerrechtlich im Sinn des Artikels 3 war, sofern in dem betreffenden Staat eine derartige Entscheidung oder Bescheinigung erwirkt werden kann. [2]Die zentralen Behörden der Vertragsstaaten haben den Antragsteller beim Erwirken einer derartigen Entscheidung oder Bescheinigung soweit wie möglich zu unterstützen.

Der **Zweck** der Widerrechtlichkeitsbescheinigung nach Art. 15 besteht darin, es dem angerufenen Gericht des Zufluchtsstaates zu erleichtern, die Widerrechtlichkeit des Verbringens oder Zurückhaltens nach der Rechtsordnung des Herkunftsstaates festzustellen.[232] Das mit dem Rückgabeantrag befasste Gericht kann den Antragsteller auffordern, eine solche Bescheinigung beizubringen, muss dies aber nicht. 1

Mit der überwiegenden Meinung ist eine **Bindungswirkung** der Widerrechtlichkeitsbescheinigung abzulehnen.[233] Eine Bindung des über die Rückgabe entscheidenden Gerichts würde zwar der Verfahrensvereinfachung dienen. Dagegen spricht aber entscheidend, dass die Rechtswidrigkeitsbescheinigung regelmäßig ohne Beteiligung des Antragsgegners des Rückgabeverfahrens ausgestellt wird.[234] Außerdem ist die Vorlage einer solchen Bescheinigung nicht zwingend vorgesehen. Eine Bindungswirkung könnte Gerichte davon abhalten, sie anzufordern. 2

Die fehlende Bindung schließt aber nicht aus, dass das mit dem Rückführungsantrag befasste Gericht eine Widerrechtlichkeitsbescheinigung ohne weitere Sachprüfung übernimmt.[235] 3

Ein **Rechtsschutzbedürfnis** für einen Antrag auf Erstellung einer Widerrechtlichkeitsbescheinigung besteht nur, wenn ein Verfahren auf Rückgabe anhängig ist.[236] Eine Aufforderung des Gerichts iSv Art. 15 ist hingegen nicht erforderlich. Auch wenn das Gericht, das über die Rückgabe entscheidet an die Widerrechtlichkeitsbescheinigung nicht gebunden ist, besteht ein berechtigtes Interesse des Antragstellers, eine solche Bescheinigung vorzulegen. 4

Art. 16 HKÜ [Sorgerechtsentscheidung nach widerrechtlichem Verbringen oder Zurückhalten]

Ist den Gerichten oder Verwaltungsbehörden des Vertragsstaats, in den das Kind verbracht oder in dem es zurückgehalten wurde, das widerrechtliche Verbringen oder Zurückhalten des Kindes im Sinn des Artikels 3 mitgeteilt worden, so dürfen sie eine Sachentscheidung über das Sorgerecht erst treffen, wenn entschieden ist, daß das Kind aufgrund dieses Übereinkommens nicht zurückzugeben ist, oder wenn innerhalb angemessener Frist nach der Mitteilung kein Antrag nach dem Übereinkommen gestellt wird.

Der **Zweck** der Vorschrift ist es, den Vorrang einer Rückgabe nach dem HKÜ sicher zu stellen. Daher soll Art. 16 verhindern, dass im Zufluchtsstaat eine Sachentscheidung über die elterliche Sorge ergeht. 1

Ungeklärt ist, welche Voraussetzungen die **Mitteilung über das widerrechtliche Verbringen oder Zurückhalten** erfüllen muss. Ausreichend ist sicherlich, dass ein Antrag nach Art. 8 an eine zentrale Behörde gestellt wurde und diese das mit dem Sorgerechtsverfahren befasste Gericht davon unterrichtet.[237] Ob auch die bloße Geltendmachung einer Entführung iSv Art. 3 durch den (Mit-)Sorgeberechtigten ausreicht,[238] erscheint zwei- 2

232 Palandt/*Thorn*, Anh. zu Art. 24 EGBGB Rn 73; OLG Karlsruhe IPRspr 2006, 156, 158.

233 In Re J. (A Minor) (Abduction: Custody Rights) [House of Lords] [1990] 2 AC 562; AG Saarbrücken FamRZ 2003, 398; Palandt/*Thorn*, Anh. zu Art. 24 EGBGB Rn 73; OLG Karlsruhe FamRZ 2006, 1699 = NJW-RR 2006, 1590; Staudinger/*Pirrung* (2009), Vor Art. 19 EGBGB Rn D 79; OLG Hamm FamRZ 2000, 370 (offengelassen); aA Re D. (A Child) (Abduction: Rights of Custody) [2006] UKHL 51 (INCADAT HC/E/Uke 880); KG FamRZ 1997, 1098; MüKo/*Siehr*, HEntfÜ Rn 98: Bindung hinsichtlich der Feststellung zum Sorgerecht, nicht hinsichtlich der tatsächlichen Ausübung; eine überwiegende obergerichtliche Rspr zugunsten einer Bindungswirkung wird (allerdings ohne Nachw.) angenommen von *Niethammer-Jürgens*, DAVorm 2000, 1071, 1075.

234 S. den Fall von OLG Stuttgart FamRZ 2001, 645, 646.

235 OLG Hamm FamRZ 2000, 370, aber offenlassend, ob eine Bindungswirkung besteht; ebenso *Henrich*, Int. Familienrecht, § 7 II 6.

236 OLG Nürnberg FamRZ 2009, 240.

237 So AG Würzburg FamRZ 1998, 1319, 1320.

238 So aber anscheinend Palandt/*Thorn*, Anh. zu Art. 24 EGBGB Rn 75.

felhaft.[239] Das mit der Sorgerechtssache befasste Gericht müsste sonst selbst prüfen, ob eine Widerrechtlichkeit iSv Art. 3 vorliegt. Bei einer Mitteilung durch die zentrale Behörde ist gewährleistet, dass eine erste Prüfung der Plausibilität der vorgebrachten Entführung stattgefunden hat (s. Art. 27).

3 Bei Vorliegen einer entsprechenden Mitteilung ist ein neues Sorgerechtsverfahren unzulässig; ein bereits laufendes Sorgerechtsverfahren ist zu unterbrechen.[240] Dieses **Verfahrenshindernis** entfällt, wenn der Antrag auf Rückgabe rechtskräftig abgewiesen wird oder wenn ein solcher Antrag nicht innerhalb angemessener Frist gestellt wird. Teilweise wird insoweit bereits eine Frist von sechs Monaten für unangemessen lang gehalten.[241] Nach dem Ziel der Vorschrift sollte die Frist flexibel in Anlehnung an die Jahresfrist nach Art. 12 Abs. 1 und 2 bestimmt werden, weil bei Antragstellung innerhalb der Jahresfrist eine hohe Wahrscheinlichkeit für eine Rückgabeanordnung besteht (siehe Art. 12 Rn 1).[242] Die angemessene Frist nach Art. 16 kann daher nicht vor der Jahresfrist nach Art. 12 Abs. 1 ablaufen. Ist die Jahresfrist nach Art. 12 Abs. 1 abgelaufen, ist nur noch eine kurze Frist von wohl nicht mehr als drei Monaten angemessen.

4 Das Verfahrenshindernis besteht auch nach Erlass einer Rückgabeanordnung fort, solange der Antragsteller die Vollstreckung der Rückgabeanordnung betreibt.[243]

5 Art. 16 hindert nicht, dass im Herkunftsstaat ein Sorgerechtsverfahren durchgeführt wird.[244]

6 Ist das Kind wieder in den Herkunftsstaat zurückgekehrt, steht Art. 16 einer Sorgerechtsentscheidung im vormaligen Zufluchtsstaat nicht mehr entgegen, sofern hierfür nach den einschlägigen Rechtsgrundlagen (EheVO 2003, KSÜ, MSA oder autonomes Recht) die internationale Zuständigkeit gegeben ist.[245]

7 Ist ein dringender Schutzbedarf für das Kind gegeben, muss trotz Art. 16 eine vorläufige Regelung erlassen werden können.[246] Die Möglichkeit einer Rückgabeanordnung wird, auch wegen Art. 17, hierdurch nicht beeinträchtigt.

Art. 17 HKÜ [Sorgerechtsentscheidung und Rückgabe]

Der Umstand, daß eine Entscheidung über das Sorgerecht im ersuchten Staat ergangen oder dort anerkennbar ist, stellt für sich genommen keinen Grund dar, die Rückgabe eines Kindes nach Maßgabe dieses Übereinkommens abzulehnen; die Gerichte oder Verwaltungsbehörden des ersuchten Staates können jedoch bei der Anwendung des Übereinkommens die Entscheidungsgründe berücksichtigen.

1 Die Widerrechtlichkeit des Verbringens oder Zurückhaltens als Voraussetzung für die Rückgabeanordnung ist allein nach der Rechtslage aus Sicht des Herkunftsstaates zu beurteilen (s. Art. 3 Rn 13). Auf die Rechtslage im Zufluchtsstaat kommt es nicht an. Art. 17 stellt klar, dass dies auch gilt, wenn im Zufluchtsstaat aufgrund einer dort ergangenen oder anzuerkennenden Entscheidung eine andere Rechtslage gilt.[247]

2 Unerheblich ist, ob die aus Sicht des Zufluchtsstaates maßgebliche Entscheidung vor der Entführung[248] oder nach der Entführung ergangen ist. Auch eine Entscheidung, die mangels Mitteilung iSv Art. 16 zulässigerweise im Zufluchtsstaat getroffen worden ist, kann einer Rückgabe nicht entgegenstehen.

3 Hs. 2 erlaubt es aber, die Entscheidungsgründe, dh vor allem auch die tatsächlichen Feststellungen des Gerichts etwa aufgrund eines hinzugezogenen Gutachtens für die Beurteilung des Kindeswohls nach Art. 13 Abs. 1 lit. b bei der Rückgabeentscheidung zu berücksichtigen.[249]

239 Für eine formelle Mitteilung an das Gericht anscheinend auch *Bach*, FamRZ 1997, 1051, 1053.

240 MüKo/*Siehr*, HEntfÜ Rn 100; Palandt/*Thorn*, Anh. zu Art. 24 EGBGB Rn 75; BGHZ, 163, 248 = NJW 2005, 3424, 3427 = FamRZ 2005, 1540, 1544; Staudinger/*Pirrung* (2009), Vor Art. 19 EGBGB Rn D 80; anscheinend aA OLG Nürnberg NJWE-FER 2000 109, 110 = FamRZ 2000, 369.

241 Staudinger/*Pirrung* (2009), Vor Art. 19 EGBGB Rn D 81 („jedenfalls, wenn wesentlich länger als 6 Monate").

242 S. AG Würzburg FamRZ 1998, 1319, 1320.

243 BGHZ 145, 197 = IPRax 2002, 215 = NJW 2000, 3349; KG FamRZ 2000, 373; OLG Stuttgart FamRZ 2000, 374; *Pirrung*, IPRax 2002, 197, 198.

244 MüKo/*Siehr*, HEntfÜ Rn 100.

245 *Pirrung*, IPRax 2002, 197, 198; aA OLG Hamm FamRZ 2000, 373, 374: Verfahrenshindernis, solange im Herkunftsstaat ein Sorgerechtsverfahren anhängig ist.

246 Palandt/*Thorn*, Anh. zu Art. 24 EGBGB Rn 75; offen gelassen von OLG Nürnberg NJWE-FER 2000 109, 110.

247 MüKo/*Siehr*, HEntfÜ Rn 103 f.

248 OLG Celle IPRspr 1999 Nr. 82 b; Palandt/*Thorn*, Anh. zu Art. 24 EGBGB Rn 76; Staudinger/*Pirrung* (2009), Vor Art. 19 EGBGB Rn D 83.

249 Staudinger/*Pirrung* (2009), Vor Art. 19 EGBGB Rn D 83.

Art. 18 HKÜ [Sonstige Rückgabeanordnungen]

Die Gerichte oder Verwaltungsbehörden werden durch die Bestimmungen dieses Kapitels nicht daran gehindert, jederzeit die Rückgabe des Kindes anzuordnen.

1 Das HKÜ hindert die Vertragsstaaten nicht, eine Rückführung des Kindes auch dann anzuordnen, wenn die Voraussetzungen nach dem HKÜ für eine Rückgabeanordnung nicht vorliegen. Das HKÜ will die Rückgabe des Kindes erleichtern und keinesfalls erschweren. In Art. 34 S. 2 wird diese Regelung wiederholt.[250] Im deutschen Recht ist – anders als im französischen Recht – eine solche Möglichkeit nicht gegeben.[251]

Art. 19 HKÜ [Verhältnis zu Sorgerechtsentscheidungen]

Eine aufgrund dieses Übereinkommens getroffene Entscheidung über die Rückgabe des Kindes ist nicht als Entscheidung über das Sorgerecht anzusehen.

1 Art. 19 stellt klar, dass durch die Rückgabe nur der Zustand vor der Entführung wieder hergestellt werden soll. Im Herkunftsstaat kann der Entführer eine Neuregelung des Sorgerechts beantragen. Die im Herkunftsstaat zu treffende Sorgerechtsentscheidung wird durch die Rückgabeentscheidung nicht präjudiziert.[252] Allerdings kann die Tatsache der Entführung bei einer späteren Sorgerechtsentscheidung zulasten des Entführers berücksichtigt werden.

2 Gleiches gilt, wenn ausnahmsweise trotz Rückgabeanordnung im Zufluchtsstaat eine Sorgerechtsentscheidung getroffen wird – wenn etwa die Sperrwirkung nach Art. 16 entfallen ist, weil der Antragsteller die Vollstreckung der Rückgabeentscheidung nicht innerhalb angemessener Frist ernsthaft betrieben hat (siehe Art. 16 HKÜ Rn 163).

Art. 20 HKÜ [Menschenrechte]

Die Rückgabe des Kindes nach Artikel 12 kann abgelehnt werden, wenn sie nach den im ersuchten Staat geltenden Grundwerten über den Schutz der Menschenrechte und Grundfreiheiten unzulässig ist.

1 Art. 20 enthält einen auf die Menschenrechte und Grundfreiheiten beschränkten speziellen ordre-public-Vorbehalt, der den Rückgriff auf Art. 6 EGBGB ausschließt.[253]

2 Die Beachtung der Menschenrechte und Grundfreiheiten des Kindes können für die Rückgabeentscheidung bereits durch Art. 13 Abs. 1 lit. b und Abs. 2 berücksichtigt werden.

3 Der Vorbehalt ist **eng auszulegen**. Das BVerfG hat zwar in einem Fall in einer einstweiligen Anordnung die Rückgabe eines Kleinkindes an den Vater in die USA unter Rückgriff auf Art. 20 untersagt,[254] die Verfassungsbeschwerde aber anschließend nicht zur Entscheidung angenommen.[255] Es hat in seiner Entscheidung vom 29.10.1998 festgestellt, dass die Beachtung des Kindeswohls, wie sie nach den Regelungen des HKÜ erfolgt, nach denen die Rückführung der Regelfall ist und die Ausnahmen nach Art. 13 und Art. 20 eng auszulegen sind, verfassungsrechtlich nicht zu beanstanden ist.[256]

4 Art. 20 kann eingreifen, wenn die **Verhältnisse im Herkunftsstaat** rechtsstaatswidrig sind.[257] Eine Rückgabe hat etwa zu unterbleiben, wenn die Entscheidung über das Sorgerecht im Herkunftsstaat nicht am Kindeswohl ausgerichtet ist, sondern nach anderen Kriterien verteilt wird, wie etwa der Bevorzugung des Mannes oder der Maßgeblichkeit des Verschuldens für die Scheidung, und im konkreten Fall die Gefahr besteht, dass eine dem Kindeswohl nicht entsprechende Sorgerechtsentscheidung getroffen wird.[258]

250 Staudinger/*Pirrung* (2009), Vor Art. 19 EGBGB Rn D 84.
251 MüKo/*Siehr*, HEntfÜ Rn 105.
252 MüKo/*Siehr*, HEntfÜ Rn 106; Palandt/*Thorn*, Anh. zu Art. 24 EGBGB Rn 78.
253 *Mansel*, NJW 1990, 2176, 2177; Palandt/*Thorn*, Anh. zu Art. 24 EGBGB Rn 79; Staudinger/*Pirrung* (2009), Vor Art. 19 EGBGB Rn D 86.
254 BVerfG FamRZ 1995, 663.
255 BVerfG FamRZ 1996, 277.
256 BVerfG IPRax 2000, 216 = NJW 1999, 631; s.a. EGMR, NJWE-FER 2001, 202; s. zur EMRK auch *S. Schulz*, FamRZ 2001, 1420.
257 Palandt/*Thorn*, Anh. zu Art. 24 EGBGB Rn 79.
258 Staudinger/*Pirrung* (2009), Vor Art. 19 EGBGB Rn D 86; OLG Stuttgart BeckRS 2009, 21289: Verneinung rechtsstaatlicher Bedenken bei einer Rückführung nach Thailand.

5 Ein zu beachtender ordre-public-Verstoß kann auch darin liegen, dass die Freiheit der Religionsausübung und der religiösen Erziehung des Kindes im Herkunftsland nicht gewährleistet ist.[259]

Kapitel IV
Recht zum persönlichen Umgang

Art. 21 HKÜ [Recht zum persönlichen Umgang]

(1) Der Antrag auf Durchführung oder wirksame Ausübung des Rechts zum persönlichen Umgang kann in derselben Weise an die zentrale Behörde eines Vertragsstaats gerichtet werden wie ein Antrag auf Rückgabe des Kindes.

(2) ¹Die zentralen Behörden haben aufgrund der in Artikel 7 genannten Verpflichtung zur Zusammenarbeit die ungestörte Ausübung des Rechts zum persönlichen Umgang sowie die Erfüllung aller Bedingungen zu fördern, denen die Ausübung dieses Rechts unterliegt. ²Die zentralen Behörden unternehmen Schritte, um soweit wie möglich alle Hindernisse auszuräumen, die der Ausübung dieses Rechts entgegenstehen.

(3) Die zentralen Behörden können unmittelbar oder mit Hilfe anderer die Einleitung eines Verfahrens vorbereiten oder unterstützen mit dem Ziel, das Recht zum persönlichen Umgang durchzuführen oder zu schützen und zu gewährleisten, daß die Bedingungen, von denen die Ausübung dieses Rechts abhängen kann, beachtet werden.

1 Die Regelung zum Umgangsrecht dient der Verwirklichung des in Art. 1 genannten zweiten Ziels des HKÜ. Die Ausarbeitung ist aber aus Zeitmangel bei der internationalen Konferenz nur rudimentär erfolgt.[260]

2 Ein Elternteil kann analog Art. 8 f auch für die Durchsetzung eines bestehenden Besuchsrechts die zentralen Behörden einschalten. Weitergehend kann er die Hilfe der zentralen Behörden in Anspruch nehmen, damit ein solches Besuchsrecht begründet wird.[261]

3 Unklar ist, welche Gerichte für Anordnungen zum Besuchsrechts zuständig sind und nach welchem Recht sich ein Besuchsrecht richtet. Wurde das Kind von dem alleinsorgeberechtigten Elternteil vom Vertragsstaat seines bisherigen gewöhnlichen Aufenthalts in einen anderen Vertragsstaat verbracht, so entspricht es dem Ziel des Übereinkommens, dass ein **bestehendes Besuchsrecht** des anderen Elternteils nach dem Recht des Vertragsstaates des bisherigen gewöhnlichen Aufenthalts auch in dem des neuen gewöhnlichen Aufenthalts anerkannt und durchgesetzt wird.

4 Soll in Bezug auf ein Kind **erstmals ein Besuchsrecht angeordnet** werden, so ist das HKÜ wohl nur einschlägig, wenn ein Bezug zu mehreren Vertragsstaaten besteht, dh das Kind muss seinen gewöhnlichen Aufenthalt in einem Vertragsstaat haben, der Elternteil, der ein Umgangsrecht mit dem Kind erhalten will, muss sich in einem anderen Staat aufhalten und das Kind besuchsweise mit in diesen Staat nehmen wollen. Das HKÜ enthält keine ausdrücklichen Regelungen für die Zuständigkeit und das anwendbare Recht für eine Besuchsrechtsregelung.[262]

5 Auch kann dem HKÜ nicht entnommen werden, dass eine Entscheidung, die in einem anderen Vertragsstaat ergangen ist, in dem das Kind keinen gewöhnlichen Aufenthalt (mehr) hatte, durch den Vertragsstaat anzuerkennen ist, in dem das Kind gegenwärtig seinen gewöhnlichen Aufenthalt hat. Diese Fragen richten sich nach dem für den jeweiligen Vertragsstaat maßgeblichen Recht.

Kapitel V
Allgemeine Bestimmungen

Art. 22 HKÜ [Keine Sicherheitsleistung oder Hinterlegung]

In gerichtlichen oder behördlichen Verfahren, die unter dieses Übereinkommen fallen, darf für die Zahlung von Kosten und Auslagen eine Sicherheitsleistung oder Hinterlegung gleich welcher Bezeichnung nicht auferlegt werden.

259 *Mansel*, NJW 1990, 2176, 2177; Staudinger/*Pirrung* (2009), Vor Art. 19 EGBGB Rn D 86.

260 Staudinger/*Pirrung* (2009), Vor Art. 19 EGBGB Rn D 88.

261 MüKo/*Siehr*, HEntfÜ Rn 109; Palandt/*Thorn*, Anh. zu Art. 24 EGBGB Rn 80.

262 Staudinger/*Pirrung* (2009), Vor Art. 19 EGBGB Rn D 88.

Art. 23 HKÜ [Formfreiheit]

Im Rahmen dieses Übereinkommens darf keine Legalisation oder ähnliche Förmlichkeit verlangt werden.

Art. 24 HKÜ [Übersetzung]

(1) Anträge, Mitteilungen oder sonstige Schriftstücke werden der zentralen Behörde des ersuchten Staates in der Originalsprache zugesandt; sie müssen von einer Übersetzung in die Amtssprache oder eine der Amtssprachen des ersuchten Staates oder, wenn eine solche Übersetzung nur schwer erhältlich ist, von einer Übersetzung ins Französische oder Englische begleitet sein.

(2) Ein Vertragsstaat kann jedoch einen Vorbehalt nach Artikel 42 anbringen und darin gegen die Verwendung des Französischen oder Englischen, jedoch nicht beider Sprachen, in den seiner zentralen Behörde übersandten Anträgen, Mitteilungen oder sonstigen Schriftstücken Einspruch erheben.

Die **Anträge, Mitteilungen und sonstigen Schriftstücke** müssen **im Original** vorgelegt werden. Allerdings 1
können Anträge und Mitteilungen auch bereits in der Amtssprache des ersuchten Staates verfasst werden.[263] Siehe zu den Formularen des Bundesamts für Justiz für Anträge in gängigen Fremdsprachen Art. 8, 9, 10 Rn 3.

Grundsätzlich ist eine **Übersetzung in die Amtssprache des ersuchten Staates** beizufügen. Ein Ausweichen 2
auf eine englische oder französische Übersetzung ist nicht generell möglich und wird für das Deutsche nur dann anzunehmen sein, wenn es sich um eine außereuropäische Originalsprache handelt. Die zentrale Behörde hat in diesen Fällen eine Übersetzung ins Deutsche anfertigen zu lassen, deren Kosten von dem Antragsteller zu ersetzen sind (siehe § 4 Abs. 2, § 54 IntFamRVG-E).

Deutschland hat keinen Vorbehalt iSv Abs. 2 eingelegt. Siehe zu den Vorbehalten anderer Staaten die Liste 3
auf der Internetseite der Haager Konferenz für Internationales Privatrecht.[264]

In der Praxis ist es ratsam, Anträge, Mitteilungen und sonstige Schriftstücke mit Übersetzung in der Amts- 4
sprache des ersuchten Staates einzureichen. Dadurch werden mögliche Zeitverzögerungen aufgrund einer erst durch die ersuchte zentrale Behörde veranlassten Übersetzung sowie die Gefahr einer Zurückweisung der Anträge wegen fehlender Übersetzung vermieden.

Art. 25 HKÜ [Prozesskosten- und Beratungshilfe]

Angehörigen eines Vertragsstaats und Personen, die ihren gewöhnlichen Aufenthalt in einem solchen Staat haben, wird in allen mit der Anwendung dieses Übereinkommens zusammenhängenden Angelegenheiten Prozeßkosten- und Beratungshilfe in jedem anderen Vertragsstaat zu denselben Bedingungen bewilligt wie Angehörigen des betreffenden Staates, die dort ihren gewöhnlichen Aufenthalt haben.

Art. 26 HKÜ [Verfahrenskosten]

(1) Jede zentrale Behörde trägt ihre eigenen Kosten, die bei der Anwendung dieses Übereinkommens entstehen.

(2) [1]Für die nach diesem Übereinkommen gestellten Anträge erheben die zentralen Behörden und andere Behörden der Vertragsstaaten keine Gebühren. [2]Insbesondere dürfen sie vom Antragsteller weder die Bezahlung von Verfahrenskosten noch der Kosten verlangen, die gegebenenfalls durch die Beiordnung eines Rechtsanwalts entstehen. [3]Sie können jedoch die Erstattung der Auslagen verlangen, die durch die Rückgabe des Kindes entstanden sind oder entstehen.

(3) Ein Vertragsstaat kann jedoch einen Vorbehalt nach Artikel 42 anbringen und darin erklären, daß er nur insoweit gebunden ist, die sich aus der Beiordnung eines Rechtsanwalts oder aus einem Gerichtsverfahren ergebenden Kosten im Sinn des Absatzes 2 zu übernehmen, als diese Kosten durch sein System der Prozeßkosten- und Beratungshilfe gedeckt sind.

263 Staudinger/*Pirrung* (2009), Vor Art. 19 EGBGB Rn D 95.

264 Http://hcch.e-vision.nl/index–en.php?act=conventions.status&cid=24; Startseite: http://hcch.net.

(4) Wenn die Gerichte oder Verwaltungsbehörden aufgrund dieses Übereinkommens die Rückgabe des Kindes anordnen oder Anordnungen über das Recht zum persönlichen Umgang treffen, können sie, soweit angezeigt, der Person, die das Kind verbracht oder zurückgehalten oder die die Ausübung des Rechts zum persönlichen Umgang vereitelt hat, die Erstattung der dem Antragsteller selbst oder für seine Rechnung entstandenen notwendigen Kosten auferlegen; dazu gehören insbesondere die Reisekosten, alle Kosten oder Auslagen für das Auffinden des Kindes, Kosten der Rechtsvertretung des Antragstellers und Kosten für die Rückgabe des Kindes.

Art. 27 HKÜ [Offenkundig unbegründeter Antrag]

[1]Ist offenkundig, daß die Voraussetzungen dieses Übereinkommens nicht erfüllt sind oder daß der Antrag sonstwie unbegründet ist, so ist eine zentrale Behörde nicht verpflichtet, den Antrag anzunehmen. [2]In diesem Fall teilt die zentrale Behörde dem Antragsteller oder gegebenenfalls der zentralen Behörde, die ihr den Antrag übermittelt hat, umgehend ihre Gründe mit.

Art. 28 HKÜ [Bevollmächtigung]

Eine zentrale Behörde kann verlangen, daß dem Antrag eine schriftliche Vollmacht beigefügt wird, durch die sie ermächtigt wird, für den Antragsteller tätig zu werden oder einen Vertreter zu bestellen, der für ihn tätig wird.

Art. 29 HKÜ [Rechtsweg]

Dieses Übereinkommen hindert Personen, Behörden oder sonstige Stellen, die eine Verletzung des Sorgerechts oder des Rechts zum persönlichen Umgang im Sinn des Artikels 3 oder 21 geltend machen, nicht daran, sich unmittelbar an die Gerichte oder Verwaltungsbehörden eines Vertragsstaats zu wenden, gleichviel ob dies in Anwendung des Übereinkommens oder unabhängig davon erfolgt.

1 Die Stellung eines Antrags unmittelbar an das Gericht oder die Behörde, das bzw die im Zufluchtsstaat für die Entscheidung über die Rückgabe nach Art. 12 zuständig ist, ist immer dann ratsam, wenn sonst die Gefahr besteht, die Jahresfrist zwischen Entführung und Antragstellung zu überschreiten.[265] Eine zögerliche Behandlung des Antrags durch die zentrale Behörde wird bei der Fristberechnung nicht berücksichtigt.[266] Die Erfolgsaussichten eines Rückgabeantrags hängen entscheidend davon ab, ob die Jahresfrist eingehalten worden ist (s. Art. 12 Rn 1).

Art. 30 HKÜ [Annahmeverpflichtung]

Jeder Antrag, der nach diesem Übereinkommen an die zentralen Behörden oder unmittelbar an die Gerichte oder Verwaltungsbehörden eines Vertragsstaats gerichtet wird, sowie alle dem Antrag beigefügten oder von einer zentralen Behörde beschafften Schriftstücke und sonstigen Mitteilungen sind von den Gerichten oder Verwaltungsbehörden der Vertragsstaaten ohne weiteres entgegenzunehmen.

Art. 31 HKÜ [Territoriale Rechtssysteme]

Bestehen in einem Staat auf dem Gebiet des Sorgerechts für Kinder zwei oder mehr Rechtssysteme, die in verschiedenen Gebietseinheiten gelten, so ist

a) eine Verweisung auf den gewöhnlichen Aufenthalt in diesem Staat als Verweisung auf den gewöhnlichen Aufenthalt in einer Gebietseinheit dieses Staates zu verstehen;

265 S. zu den Fragen der Antragstellung *Niethammer-Jürgens*, DAVorm 2000, 1071, 1072.

266 S. OLG Bamberg FamRZ 1995, 305.

b) eine Verweisung auf das Recht des Staates des gewöhnlichen Aufenthalts als Verweisung auf das Recht der Gebietseinheit dieses Staates zu verstehen, in der das Kind seinen gewöhnlichen Aufenthalt hat.

Art. 32 HKÜ [Personelle Rechtssysteme]

Bestehen in einem Staat auf dem Gebiet des Sorgerechts für Kinder zwei oder mehr Rechtssysteme, die für verschiedene Personenkreise gelten, so ist eine Verweisung auf das Recht dieses Staates als Verweisung auf das Rechtssystem zu verstehen, das sich aus der Rechtsordnung dieses Staates ergibt.

Art. 33 HKÜ [Anwendbarkeit bei verschiedenen Rechtssystemen]

Ein Staat, in dem verschiedene Gebietseinheiten ihre eigenen Rechtsvorschriften auf dem Gebiet des Sorgerechts für Kinder haben, ist nicht verpflichtet, dieses Übereinkommen anzuwenden, wenn ein Staat mit einheitlichem Rechtssystem dazu nicht verpflichtet wäre.

Art. 34 HKÜ [Vorrang dieses Übereinkommen]

[1]Dieses Übereinkommen geht im Rahmen seines sachlichen Anwendungsbereichs dem Übereinkommen vom 5. Oktober 1961 über die Zuständigkeit der Behörden und das anzuwendende Recht auf dem Gebiet des Schutzes von Minderjährigen vor, soweit die Staaten Vertragsparteien beider Übereinkommen sind. [2]Im übrigen beschränkt dieses Übereinkommen weder die Anwendung anderer internationaler Übereinkünfte, die zwischen dem Ursprungsstaat und dem ersuchten Staat in Kraft sind, noch die Anwendung des nichtvertraglichen Rechts des ersuchten Staates, wenn dadurch die Rückgabe eines widerrechtlich verbrachten oder zurückgehaltenen Kindes erwirkt oder die Durchführung des Rechts zum persönlichen Umgang bezweckt werden soll.

Das HKÜ geht in seinem Anwendungsbereich dem MSA vor.[267] Die Zuständigkeit für die Rückgabeanordnung folgt daher nur aus dem HKÜ. Auch für die Frage der Widerrechtlichkeit des Verbringens oder Zurückhaltens kommt es nicht auf das Heimatrecht des Kindes nach Art. 3 MSA an. Gleiches gilt auch im Verhältnis zum KSÜ, das nach seinem Art. 50 das HKÜ unberührt. lässt. 1

Andere Regelungen, die zusätzliche Möglichkeiten für die Rückgabe des entführten Kindes eröffnen, bleiben nach der Zielsetzung des HKÜ, die Rückführung zu erleichtern, unberührt.[268] Das gilt etwa für das Europäische Sorgerechtsübereinkommen v. 20.5.1980.[269] Nach § 37 IntFamRVG-E ist das Europäische Sorgerechtsübereinkommen im Inland nur anzuwenden, wenn der Antragsteller dies ausdrücklich wünscht. 2

Art. 35 HKÜ [Zeitliche Anwendbarkeit]

(1) Dieses Übereinkommen findet zwischen den Vertragsstaaten nur auf ein widerrechtliches Verbringen oder Zurückhalten Anwendung, das sich nach seinem Inkrafttreten in diesen Staaten ereignet hat.
(2) Ist eine Erklärung nach Artikel 39 oder 40 abgegeben worden, so ist die in Absatz 1 des vorliegenden Artikels enthaltene Verweisung auf einen Vertragsstaat als Verweisung auf die Gebietseinheit oder die Gebietseinheiten zu verstehen, auf die das Übereinkommen angewendet wird.

Siehe die Liste der Vertragsstaaten mit dem Zeitpunkt des Inkrafttretens bei Art. 1 HKÜ Rn 5 f. 1

Art. 36 HKÜ [Verzicht auf Einschränkungen]

Dieses Übereinkommen hindert zwei oder mehr Vertragsstaaten nicht daran, Einschränkungen, denen die Rückgabe eines Kindes unterliegen kann, dadurch zu begrenzen, daß sie untereinander vereinbaren,

267 Zu den Einzelheiten *Hüßtege*, IPRax 1992, 369, 370.
268 Palandt/*Thorn*, Anh. zu Art. 24 EGBGB Rn 84.
269 MüKo/*Siehr*, HEntfÜ Rn 133.

von solchen Bestimmungen des Übereinkommens abzuweichen, die eine derartige Einschränkung darstellen könnten.

1 Eine solche Regelung enthält die EheVO 2003 in Art. 10 und 11, die das HKÜ im Verhältnis der Mitgliedstaaten der EU mit Ausnahme von Dänemark modifiziert, um die Rückführung zu erleichtern.[270]

Kapitel VI
Schlußbestimmungen

Art. 37–45 HKÜ (hier nicht wiedergegeben)

Anhang IV zu Art. 24 EGBGB: ESÜ

Haager Erwachsenenschutzübereinkommen [ESÜ]

vom 13. Januar 2000 (BGBl. 2007 II S. 324)

Literatur: *Bucher*, La Convention de La Haye sur la protection internationale des adultes, SZIER 2000, 37; *Clive*, The new Hague Convention on the protection of adults, Yearbook of Private International Law 2000, 1; *Fagan*, An Analysis of the Convention on the International Protection of Adults, Elder Law Journal 2002, 329; *Guttenberger*, Das Haager Übereinkommen über den internationalen Schutz von Erwachsenen, 2004; *ders.*, Das Haager Übereinkommen über den internationalen Schutz von Erwachsenen, BtPrax 2006, 83; *Lagarde*, Erläuternder Bericht zu dem Übereinkommen über den internationalen Schutz von Erwachsenen, deutsche Übersetzung in BT-Drucksache 14/3250, 28; *Muñoz Fernandez*, La Protección del Adulto en el Derecho Internacional Privado, 2009; *Nitzinger*, Das Betreuungsrecht im internationalen Privatrecht, 1998; *Rausch*, Betreuung bei Auslandsbezug, BtPrax 2004, 137; *Revillard*, La convention de La Haye sur la protection internationale des adultes et la pratique du mandat inaptitude, in Le droit international privé: esprit et méthodes (Festschrift Paul Lagarde), 2005, 725; *dies.*, Protection international des adultes et droit international privé des majeurs protégés, Repertorie du Notariat Defrenois 2009, 35; *Röthel*, Erwachsenenschutz in Europa: Von paternalistischer Bevormundung zu gestaltbarer Fürsorge, FamRZ 2004, 999; *dies.*, Patientenverfügung und Vorsorgevollmacht in europäischer Perspektive, FPR 2007, 79; *Siehr*, Das Haager Übereinkommen über den Schutz Erwachsener, RabelsZ 64 (2000) 715; *ders.*, Der internationale Schutz Erwachsener nach dem Haager Übereinkommen von 1999, in Festschrift Dieter Henrich, 2000, 567; *Schulz*, Das Haager Übereinkommen über den internationalen Schutz von Erwachsenen, Archiv für Wissenschaft und Praxis der sozialen Arbeit Nr. 4/2007, 48; *Spickhoff*, Autonomie und Heteronomie im Alter, AcP 208 (2008), 345; *Wagner*, Die Regierungsentwürfe zur Ratifikation des Haager Übereinkommens vom 13.1.2000 zum internationalen Schutz Erwachsener, IPRax 2007, 11; *Wedemann*, Vorsorgevollmachten im internationalen Rechtsverkehr, FamRZ 2010, 785.

Kapitel I
Anwendungsbereich des Übereinkommens

Art. 1

(1) Dieses Übereinkommen ist bei internationalen Sachverhalten auf den Schutz von Erwachsenen anzuwenden, die aufgrund einer Beeinträchtigung oder der Unzulänglichkeit ihrer persönlichen Fähigkeiten nicht in der Lage sind, ihre Interessen zu schützen.
(2) Sein Ziel ist es,
a) den Staat zu bestimmen, dessen Behörden zuständig sind, Maßnahmen zum Schutz der Person oder des Vermögens des Erwachsenen zu treffen;
b) das von diesen Behörden bei der Ausübung ihrer Zuständigkeit anzuwendende Recht zu bestimmen;
c) das auf die Vertretung des Erwachsenen anzuwendende Recht zu bestimmen;
d) die Anerkennung und Vollstreckung der Schutzmaßnahmen in allen Vertragsstaaten sicherzustellen;

270 S. zu dem ursprünglich deutlich weitergehenden Vorschlag einer Verordnung über die Zuständigkeit und die Anerkennung und Vollstreckung von Entscheidungen über die elterliche Verantwortung, KOM(2001) 505 endg., *Winkler v. Mohrenfels*, IPRax 2002, 372, 374.

e) die zur Verwirklichung der Ziele dieses Übereinkommens notwendige Zusammenarbeit zwischen den Behörden der Vertragsstaaten einzurichten.

A. Entstehungsgeschichte; Inkrafttreten

Im Zuge der Überarbeitung des MSA wurden Überlegungen angestellt, den Anwendungsbereich des geplanten neuen Instruments zum Kinderschutz dem Beispiel des Schweizer Rechts folgend auch auf Erwachsene auszudehnen. Aus Zeitgründen, aber auch aufgrund sachlicher Unterschiede,[1] wurden zwei verschiedene Übereinkommen erarbeitet. Als erstes wurde das KSÜ auf einer diplomatischen Konferenz am 19.10.1996 in Den Haag angenommen. Anschließend wurde das Erwachsenenschutzübereinkommen erarbeitet und auf einer diplomatischen Konferenz ebenfalls in Den Haag am 2.10.1999 angenommen.[2] 1

Die Trennung des Erwachsenenschutzes vom Kinderschutz hat sich für das Verhältnis zur Kollisionsrechtsvereinheitlichung der EU als eine glückliche Entscheidung erwiesen. Da die EU ihre Kompetenz nach Art. 61, 65 EGV nur im Bereich der Kinderschutzsachen durch die EheVO 2000 und EheVO 2003 ausgeübt hat, nicht hingegen im Bereich des Erwachsenenschutzes, steht es den Mitgliedstaaten frei, selbständig das ESÜ zu ratifizieren.[3] 2

Das ESÜ ist mit der dritten Ratifizierung durch Frankreich (s. Art. 53) im Verhältnis zwischen Frankreich, dem Vereinigten Königreich (nur für das Gebiet von Schottland) und Deutschland am 1.1.2009 in Kraft getreten. Es gilt heute ferner im Verhältnis zur Schweiz (1.7.2009). 3

Das ESÜ lehnt sich im Aufbau und in vielen Details der Regelungen eng an das KSÜ an, so dass zu Recht von Parallelübereinkommen gesprochen werden kann.[4] Nachdem in Kapitel I der Anwendungsbereich bestimmt wird, regelt Kapitel II die internationale Zuständigkeit für den Erlass von Schutzmaßnahmen, Kapitel III enthält das eigentliche Kollisionsrecht und Kapitel IV die Regeln zu Anerkennung und Vollstreckung von Schutzmaßnahmen aus einem anderen Vertragsstaat. Kapitel V regelt die internationale Zusammenarbeit zwischen den Vertragsstaaten durch ein System Zentraler Behörden und Kapitel VI enthält Allgemeine Bestimmungen und Kapitel VII die Schlussbestimmungen. 4

B. Zielsetzung

Abs. 2 enthält wie ein Inhaltsverzeichnis[5] eine Aufzählung der Regelungsgegenstände des ESÜ. Diese werden eher missverständlich als Ziel des Übereinkommens bezeichnet. Ein eigener normativer Gehalt kommt diesem Absatz nicht zu.[6] 5

Übergeordnetes Ziel des ESÜ ist es, den Schutz von bedürftigen Erwachsenen bei internationalen Sachverhalten zu verbessern. Hintergrund ist die wachsende Zahl von älteren Personen, die nicht (mehr) in der Lage sind, ihre Interessen ganz oder teilweise selbst wahrzunehmen.[7] Zusätzliche nimmt die Mobilität auch im Alter zu. Viele Menschen verbringen ihren Lebensabend etwa aus klimatischen Gründen in einem anderen Land.[8] Das ESÜ ist Ausdruck der Erkenntnis, dass der durch das innerstaatliche Recht gewährte Erwachsenenschutz bei grenzüberschreitenden Fällen durch koordinierende Regelungen ergänzt werden muss, damit der erforderliche Schutz des Erwachsenen erreicht werden kann. Das ESÜ will den Schutz durch das in den Buchstaben a bis e genannte rechtliche Instrumentarium verwirklichen. Dabei handelt es sich zum einen um ein System von Normen zur Bestimmung der internationalen Zuständigkeit für den Erlass von Schutzmaßnahmen (lit. a). Kollisionsrechtlich enthält das ESÜ Normen für die Bestimmung des anwendbaren Rechts für den Erlass einer Schutzmaßnahme (lit. b) und für den Fall der Vorsorgevollmacht, dh der Vertretung des Erwachsenen durch einen von ihm selbst bestellten Vertreter (lit. c). Das Übereinkommen bestimmt ferner die Voraussetzungen, unter denen Schutzmaßnahmen, die in einem Vertragsstaat ergangen sind, in einem anderen Vertragsstaat anzuerkennen und gegebenenfalls zu vollstrecken sind. Schließlich übernimmt das ESÜ das System der Zusammenarbeit von Zentralen Behörden in den jeweiligen Vertragsstaaten, wie es sich in anderen Haager Übereinkommen bereits bewährt hat (lit. e). 6

Bei der Anwendung des ESÜ soll, neben dem Wohl des Erwachsenen, immer auch seine Würde und seine Selbstbestimmung berücksichtigt werden. Dies wird in der Präambel im vierten Unterabsatz ausdrücklich 7

1 *Schulz*, ArchWissPraxSozArb 38 (2007), 49 ff.
2 Ausführlich dazu *Lagarde*, Bericht, Rn 1 ff; *Guttenberger*, S. 3 – 6.
3 S. dazu *Wagner*, IPRax 2007, 11.
4 *Lagarde*, Bericht, Rn 4.
5 *Lagarde*, Bericht, Rn 11.
6 Staudinger/*von Hein* (2008), Vor Art. 24 Rn 32.
7 S. *Lagarde*, Bericht, Rn 3.
8 *Fagan*, Elder Law Journal 2002, 329, 332 f.

hervorgehoben. Dabei handelt es sich um wertungsmäßige Vorgaben, die bei der Auslegung des Übereinkommens zu beachten sind.[9] Das Wohl des Erwachsenen kann in einem Spannungsverhältnis zu seiner Selbstbestimmung stehen. Sie müssen dann im konkreten Fall zu einem Ausgleich gebracht werden müssen.[10]

C. Anwendungsbereich

8 Der **persönliche Anwendungsbereich** wird in Art. 2 Abs. 1 auf Personen, die das 18. Lebensjahr vollendet haben, festgelegt. Damit ist eine klare Abgrenzung zum Anwendungsbereich des KSÜ gezogen, das auf alle Personen anwendbar ist, die das 18. Lebensjahr noch nicht vollendet haben. Auf die Volljährigkeit oder Minderjährigkeit nach dem anwendbaren nationalen Recht kommt es in Übereinstimmung mit dem KSÜ nicht an.

9 Nach Art. 1 Abs. 1 ist das ESÜ bei **internationalen Sachverhalten** anzuwenden. Dabei handelt es sich aber um eine allgemeine programmatische Aussage nicht hingegen um eine Bestimmung des **räumlich-persönlichen Anwendungsbereichs.** Dieser ist vielmehr wie beim KSÜ nicht abstrakt bestimmbar, sondern ergibt sich aus den Tatbestandsvoraussetzungen der jeweiligen Norm.[11] So richtet sich die **internationale Zuständigkeit** nach dem Übereinkommen, wenn sich aus den Vorschriften der Art. 5 bis 12 die Zuständigkeit der Behörden eines Vertragsstaates ergibt. Die **Kollisionsregel** in Art. 13 bestimmt das anwendbare Recht, wenn eine Behörde nach den Vorschriften des ESÜ für den Erlass einer Schutzmaßnahme international zuständig ist. Die Kollisionsnorm in Art. 16, die unabhängig von einem Verfahren auf Erlass einer Schutzmaßnahme das anwendbare Recht für die Vertretungsmacht bestimmt, ist nach Art. 18 eine loi uniform, setzt also nicht voraus, dass der jeweilige Anknüpfungspunkt auf das Recht eines Vertragsstaates verweist. Die Regel ist daher insbesondere auch dann anwendbar, wenn der betroffene Erwachsene seinen gewöhnlichen Aufenthalt in einem Nichtvertragsstaat hat. Als Auslandsbezug reicht aber aus, dass der Erwachsene eines der in Art. 16 Abs. 2 vorgesehenen Rechte gewählt hat. Die Regeln über die **Anerkennung und Vollstreckung** gelten demgegenüber nur für Maßnahmen, die in einem Vertragsstaat ergangen sind und in einem anderen Vertragsstaat anerkannt und gegebenenfalls vollstreckt werden sollen. Voraussetzung für die Anerkennung ist dabei, dass die erlassende Behörde nach den Regeln des ESÜ international zuständig war, Art. 22 Abs. 2 lit. a.

10 **Der sachliche Anwendungsbereich** des ESÜ umfasst zum einen den Erlass von Maßnahmen zum Schutz der Person und/oder des Vermögens eines Erwachsenen. Mögliche Schutzmaßnahmen werden in Art. 3 beispielhaft und nicht abschließend aufgezählt. Art. 5 nennt Sachbereiche, die vom ESÜ ausdrücklich ausgenommen sind.

11 Außerhalb des Erlasses von Schutzmaßnahmen ist das ESÜ nur anwendbar für die Bestimmung des anwendbaren Rechts für die Vertretung eines Erwachsenen aufgrund einer von ihm erteilten Vorsorgevollmacht, Art. 1 Abs. 2 lit. c (s. dazu Art. 15). Das ESÜ regelt hingegen nicht das anwendbare Recht für die Frage, ob der Erwachsene aufgrund einer Beschränkung seiner persönlichen Fähigkeiten nicht mehr in der Lage war, selbst Rechtsgeschäfte wirksam vorzunehmen.[12]

D. Schutzbedürftigkeit

12 Sachlich anwendbar ist das ESÜ außerdem nur auf Fälle, wenn ein Erwachsener aufgrund einer **Beeinträchtigung** oder der **Unzulänglichkeit seiner persönlichen Fähigkeiten** nicht in der Lage ist, seine Interessen zu schützen. Es wurden damit bewusst neutrale Begriffe gewählt, die nicht wie Rechts-, Geschäfts- oder Handlungsunfähigkeit in den jeweiligen nationalen Rechtsordnungen bereits einen bestimmten Bedeutungsgehalt haben.[13]

13 Unzulänglichkeit soll die Fälle körperlicher oder geistiger Behinderung erfassen, während die Beeinträchtigung der persönlichen Fähigkeiten auf die Fälle altersbedingter Einschränkungen zielt.[14] Eine genaue Abgrenzung erscheint nicht möglich und auch nicht erforderlich, weil das ESÜ in jedem Fall anwendbar ist, in dem ein Erwachsener aufgrund beschränkter persönlicher Fähigkeiten ganz oder auch nur teilweise nicht in der Lage ist, seine Interessen selbst wahrzunehmen. Ausgeschlossen werden damit aber die Fälle, in denen Schutzmaßnahmen für einen Erwachsenen erforderlich sind, weil Dritte ihn in Gefahr bringen. So fallen etwa Gewaltschutzmaßnahmen zugunsten eines misshandelten Ehegatten vor dem gewalttätigen Ehegatten nicht in den sachlichen Anwendungsbereich des ESÜ.[15]

9 Staudinger/*von Hein* (2008), Vor Art. 24 Rn 20.
10 *Lagarde*, Bericht, Rn 7; Staudinger/*von Hein* (2008), Vor Art. 24 Rn 20.
11 *Lagarde*, Bericht, Rn 17; *Revillard*, Defrenois 2009, 35, 45; *Siehr*, RabelsZ 64 (2000) 715, 722; Staudinger/*von Hein* (2008) Vor Art. 24 Rn 29.
12 *Lagarde*, Bericht, Rn 19.
13 *Lagarde*, Bericht, Rn 9.
14 *Lagarde*, Bericht, Rn 9; *Guttenberger*, S. 60.
15 *Lagarde*, Bericht, Rn 9; *Bucher*, SZIER 2000, 37, 41; Staudinger/*von Hein* (2008), Vor Art. 24 Rn 23.

Die zu schützenden Interessen sind in einem weiten Sinn zu verstehen. Es gehören dazu alle die Person des Erwachsenen betreffenden Interessen, aber auch solche im Hinblick auf das Vermögen des Erwachsenen.[16] **14**

Anwendbar ist das ESÜ außerdem nur in den Fällen, in denen der Erwachsene beeinträchtigt ist, gerade seine eigenen Interessen wahrzunehmen. Die bloße Unfähigkeit, die Interessen anderer Personen, etwa die seiner eigenen Kinder angemessen wahrzunehmen, eröffnet den Anwendungsbereich des ESÜ nicht.[17] **15**

Die Beeinträchtigung oder Unzulänglichkeit der persönlichen Fähigkeiten kann dauerhafter oder nur **vorübergehender** Natur sein. Entscheidend ist, dass im Interesse des Erwachsenen eine Schutzmaßnahme erforderlich ist.[18] **16**

Eine Beeinträchtigung der persönlichen Fähigkeit, aus der sich ein Bedarf nach einer Schutzmaßnahme ergibt, kann auch bei einer **rein körperlichen Beeinträchtigung** vorliegen.[19] Nur so kann eine Schutzlücke vermieden werden. Die Ansicht, die diese Fälle aus dem sachlichen Anwendungsbereich des ESÜ ausnehmen will,[20] hat sich bei der Erarbeitung des ESÜ nicht durchgesetzt.[21] Teil des (deutschen) ordre public ist es aber, dass im materiellen Recht[22] der Wille des betroffenen körperlich behinderten Menschen uneingeschränkt berücksichtigt wird.[23] **17**

Art. 2 ESÜ

(1) Im Sinn dieses Übereinkommens ist ein Erwachsener eine Person, die das 18. Lebensjahr vollendet hat.

(2) Dieses Übereinkommen ist auch auf Maßnahmen anzuwenden, die hinsichtlich eines Erwachsenen zu einem Zeitpunkt getroffen worden sind, in dem er das 18. Lebensjahr noch nicht vollendet hatte.

A. Altersgrenze, Abs. 1

Abs. 1 stellt für den persönlichen Anwendungsbereich auf die objektive Altersgrenze von 18 Jahren ab. Dadurch werden eine einheitliche Anwendbarkeit in allen Vertragsstaaten und eine klare Abgrenzung zum KSÜ erreicht. Auf die Regeln zur Volljährigkeit nach dem Heimatrecht oder dem Recht des gewöhnlichen Aufenthalts des Betroffenen kommt es daher nicht an. Das ESÜ ist auch dann anwendbar, wenn dieses Recht die Volljährigkeit erst ab einem höheren Alter eintreten lässt. Auf der anderen Seite ist das ESÜ nicht anwendbar, wenn eine Person unter 18 Jahre betroffen ist, selbst wenn die Person nach dem einschlägigen nationalen Sachrecht bereits als volljährig gilt oder wie ein Erwachsener zu behandeln ist. Insoweit kann nur das KSÜ anwendbar sein.[24] **1**

Das ESÜ ist nur anwendbar für Maßnahmen zum Schutz eines Erwachsenen, solange dieser lebt. Damit fallen insbesondere postmortale Vollmachten nicht in seinen Anwendungsbereich. Hat ein Erwachsener einen Vertreter bestellt, der für die Vermögensangelegenheiten nicht nur während der Zeit seiner Schutzbedürftigkeit, sondern auch für die Zeit nach seinem Tod sorgen soll, so wird das ESÜ mit dem Tod des Erwachsenen unanwendbar. Für die Zeit nach dem Tod bestimmt sich das auf die Vertretungsmacht anwendbare Recht nach dem jeweiligen nationalen Kollisionsrecht des forums.[25] **2**

B. Fortgeltung von Maßnahmen, Abs. 2

Wurde für eine schutzbedürftige Person vor Vollendung ihres 18. Lebensjahres eine Schutzmaßnahme erlassen, so war hierauf nicht das ESÜ, sondern gegebenenfalls das KSÜ anwendbar. Die Regelung in Abs. 2 soll gewährleisten, dass das Erreichen der Altersgrenze und die dadurch eintretende Anwendbarkeit des ESÜ die Kontinuität des Schutzes nicht beeinträchtigt.[26] Abs. 2 bestimmt deswegen, dass mit Vollendung des 18. Lebensjahrs die Regelungen des ESÜ auf solche Maßnahmen anwendbar werden, sich also die Fragen der Anerkennung, Durchführung, Aufhebung oder Änderung der Maßnahme nach dem ESÜ richten.[27] **3**

16 *Lagarde*, Bericht, Rn 10; *Guttenberger*, S. 60; Staudinger/*von Hein* (2008), Vor Art. 24 Rn 27.
17 *Clive*, YPIL 2 (2000), 1, 5; Staudinger/*von Hein* (2008), Vor Art. 24 Rn 27.
18 *Lagarde*, Bericht, Rn 9.
19 *Lagarde*, Bericht, Rn 10; *Guttenberger*, S. 61; *Siehr*, RabelsZ 64 (2000), 715, 721.
20 AA *Clive*, YPIL 2 (2000), 1, 5.
21 S. *Lagarde*, Bericht, Rn 10.
22 Im deutschen Recht s. § 1896 Abs. 1 a BGB.
23 Staudinger/*von Hein* (2008), Vor Art. 24 Rn 26.
24 S. dazu *Lagarde*, Bericht, Rn 15; *Bucher*, SZIER 2000, 37, 39; *Siehr*, RabelsZ 64 (2000), 715, 721.
25 *Lagarde*, Bericht, Rn 16; Staudinger/*von Hein* (2008), Vor Art. 24 Rn 34.
26 *Lagarde*, Bericht, Rn 15.
27 *Lagarde*, Bericht, Rn 15.

4 Die Anerkennung kann in einem solchen Fall nicht bereits deswegen versagt werden, weil die erlassende Behörde ihre internationale Zuständigkeit nicht auf die Vorschriften des ESÜ gestützt hat. Ausreichend ist vielmehr, dass bei hypothetischer Anwendbarkeit des ESÜ eine Zuständigkeit nach dem ESÜ gegeben gewesen wäre. Wäre eine solche Zuständigkeit nach dem ESÜ im konkreten Fall nicht gegeben gewesen, etwa weil die Maßnahme auf die Annexzuständigkeit nach Art. 10 KSÜ gestützt wurde, ist die Maßnahme nicht nach dem ESÜ anzuerkennen.

5 Auch sollten die Zuständigkeitsvorschriften des ESÜ dem Wechsel des anwendbaren Regelungsregimes angepasst angewandt werden. So erscheint es möglich, dass eine auf Art. 10 KSÜ gestützte Maßnahme auch nach dem ESÜ anzuerkennen ist, wenn die erlassende Stelle nach Art. 8 Abs. 1 und 2 lit. e ESÜ hätte zuständig sein können, weil die Fürsorgeperson, etwa ein Elternteil in diesem Staat ihren gewöhnlichen Aufenthalt hatte. Dass im konkreten Fall das in Art. 8 ESÜ vorgesehen Ersuchen nicht eingehalten worden ist, sollte im Interesse der Kontinuität der Fürsorgemaßnahmen nicht verlangt werden.

6 Immer ist zu prüfen, ob die Maßnahme nach dem großzügigeren nationalen Recht anzuerkennen ist. Das ESÜ will die Anerkennung von Maßnahmen erleichtern, eine weitergehende Anerkennbarkeit nach dem nationalen Recht eines Vertragsstaats wird dadurch aber nicht ausgeschlossen.[28]

7 Voraussetzung der Weitergeltung der Maßnahme ist aber in jedem Fall, dass sie nach dem Sachrecht des Staates, nach dem sie erlassen worden ist, auch für die Zeit nach Vollendung des 18. Lebensjahres des Betroffenen noch wirksam bleibt.

Art. 3 ESÜ

Die Maßnahmen, auf die in Artikel 1 Bezug genommen wird, können insbesondere Folgendes umfassen:

a) die Entscheidung über die Handlungsunfähigkeit und die Einrichtung einer Schutzordnung;
b) die Unterstellung des Erwachsenen unter den Schutz eines Gerichts oder einer Verwaltungsbehörde;
c) die Vormundschaft, die Pflegschaft[29] und entsprechende Einrichtungen;
d) die Bestimmung und den Aufgabenbereich jeder Person oder Stelle, die für die Person oder das Vermögen des Erwachsenen verantwortlich ist, den Erwachsenen vertritt oder ihm beisteht;
e) die Unterbringung des Erwachsenen in einer Einrichtung oder an einem anderen Ort, an dem Schutz gewährt werden kann;
f) die Verwaltung und Erhaltung des Vermögens des Erwachsenen oder die Verfügung darüber;
g) die Erlaubnis eines bestimmten Einschreitens zum Schutz der Person oder des Vermögens des Erwachsenen.

1 Art. 3 zählt beispielhaft Maßnahmen auf, die als Schutzmaßnahmen iSv Art. 1 Abs. 2 lit. a anzusehen sind. Die Vorschrift lehnt sich eng an die Parallelvorschrift in Art. 3 KSÜ an. Die Aufzählung ist bewusst weit und umfassend angelegt. Dies hat zur Folge, dass sich die verschiedenen aufgezählten Bereiche nicht trennscharf voneinander abgrenzen lassen, sich vielmehr überschneiden. Die eindeutige Zuordnung einer nach dem nationalen Recht möglichen Maßnahme zu einer der aufgezählten Beispiele ist aber auch nicht erforderlich, weil das Übereinkommen auf alle diese Bereiche anwendbar ist.[30]

Art. 4 ESÜ

(1) Dieses Übereinkommen ist nicht anzuwenden

a) auf Unterhaltspflichten;
b) auf das Eingehen, die Ungültigerklärung und die Auflösung einer Ehe oder einer ähnlichen Beziehung sowie die Trennung;
c) auf den Güterstand einer Ehe oder vergleichbare Regelungen für ähnliche Beziehungen;
d) auf Trusts und Erbschaften;
e) auf die soziale Sicherheit;
f) auf öffentliche Maßnahmen allgemeiner Art in Angelegenheiten der Gesundheit;
g) auf Maßnahmen, die hinsichtlich einer Person infolge ihrer Straftaten ergriffen wurden;
h) auf Entscheidungen über Asylrecht und Einwanderung;
i) auf Maßnahmen, die allein auf die Wahrung der öffentlichen Sicherheit gerichtet sind.

28 *Lagarde*, Bericht, Rn 118; *Siehr*, RabelsZ 64 (2000), 715, 725 f., 743; Staudinger/*von Hein* (2008), Vor Art. 24 Rn 244.
29 Für die Schweiz: Beistandschaft.
30 *Lagarde*, Bericht, Rn 18.

(2) Absatz 1 berührt in den dort erwähnten Bereichen nicht die Berechtigung einer Person, als Vertreter des Erwachsenen zu handeln.

A. Regelungsgegenstand

Art. 4 Abs. 1 enthält einen abschließenden Katalog[31] der Maßnahmen, die nicht in den Anwendungsbereich des ESÜ fallen, selbst wenn sie ansonsten unter den weiten Begriff der Schutzmaßnahme gefasst werden könnten. Damit soll zum einen der Vorrang bestehender anderer Übereinkommen gewahrt werden, zum anderen sollte das ESÜ nicht solche Maßnahmen erfassen, die zum Sozial-, Einwanderungs- und Strafrecht gehören.[32] 1

B. Einzelne Ausschlüsse

Bei der Erarbeitung des ESÜ war besonders umstritten, in welchem Umfang der Bereich der **gesundheitlichen Fürsorge** vom Anwendungsbereich ausgenommen werden sollte.[33] Durch lit. f werden nur öffentliche Gesundheitsmaßnahmen allgemeiner Art vom Anwendungsbereich des ESÜ ausgenommen. Dazu gehören etwa Pflichtimpfungen.[34] In den Anwendungsbereich des ESÜ fallen aber die Bestellung einer Fürsorgeperson, welche die Einwilligung in eine konkrete medizinische Behandlung des Erwachsenen erteilen kann, und die unmittelbare Anordnung einer zuständigen Behörde, dass eine bestimmte medizinische Behandlung vorgenommen werden soll.[35] Nicht vom ESÜ erfasst wird hingegen die Durchführung der einzelnen medizinischen Maßnahme selbst.[36] Gleiches gilt auch für die Arbeit und Beschlüsse von medizinischen Fachgremien, die etwa über ethische Fragen der medizinischen Behandlung entscheiden.[37] 2

Lit. i nimmt solche Maßnahmen vom Anwendungsbereich des ESÜ aus, die allein auf die **Wahrung der öffentlichen Sicherheit** gerichtet sind. Damit werden Anordnungen zur zwangsweisen Unterbringung eines geistig gestörten Erwachsene erfasst, allerdings nur, wenn sie ausschließlich aus Gründen der Selbstgefährdung erfolgen. Die zwangsweise Unterbringung in einer psychiatrischen Anstalt, die nicht nur wegen Fremdgefährdung, sondern zumindest auch wegen einer möglichen Eigengefährdung angeordnet wird, fällt hingegen in den Anwendungsbereich des ESÜ. 3

C. Vertretung des Erwachsenen, Abs. 2

Abs. 2 stellt klar, dass von dem Ausschluss nicht die Frage erfasst wird, wer Vertreter des betroffenen Erwachsenen ist. Sieht das anwendbare Recht vor, dass für den Erwachsenen ein Vertreter handeln kann, etwa einen Antrag auf Sozialhilfe für den Erwachsenen stellen kann, so ist das ESÜ anwendbar für die Bestellung eines Betreuers und die Anerkennung einer solchen Bestellung. Ebenso richtet es sich nach Art. 15 ESÜ, welches Recht für die Bestellung einer Vorsorgevollmacht anwendbar ist.[38] 4

Kapitel II
Zuständigkeit

Art. 5 ESÜ

(1) Die Behörden, seien es Gerichte oder Verwaltungsbehörden, des Vertragsstaats, in dem der Erwachsene seinen gewöhnlichen Aufenthalt hat, sind zuständig, Maßnahmen zum Schutz der Person oder des Vermögens des Erwachsenen zu treffen.

(2) Bei einem Wechsel des gewöhnlichen Aufenthalts des Erwachsenen in einen anderen Vertragsstaat sind die Behörden des Staates des neuen gewöhnlichen Aufenthalts zuständig.

31 *Lagarde*, Bericht, Rn 29.
32 *Lagarde*, Bericht, Rn 31; Staudinger/*von Hein* (2008), Vor Art. 24 Rn 53.
33 S. dazu im Einzelnen *Lagarde*, Bericht, Rn 41; *Bucher*, SZIER 2000, 37, 42 ff.
34 Staudinger/*von Hein* (2008), Vor Art. 24 Rn 63.
35 *Lagarde*, Bericht, Rn 42.
36 *Lagarde*, Bericht, Rn 42; *Bucher*, SZIER 2000, 37, 42 ff.
37 *Bucher*, SZIER 2000, 37, 43 f; Staudinger/*von Hein* (2008), Vor Art. 24 Rn 63.
38 *Siehr*, RabelsZ 64 (2000), 715, 728; Staudinger/*von Hein* (2008), Vor Art. 24 Rn 67.

A. Aufenthaltszuständigkeit, Abs. 1

1 Art. 5 Abs. 1 enthält die Grundregel für die internationale Zuständigkeit für den Erlass von Schutzmaßnahmen. Abgestellt wird entsprechend wie in Art. 5 Abs. 1 KSÜ auf den gewöhnlichen Aufenthalt des schutzbedürftigen Erwachsenen. Die internationale Zuständigkeit deutscher Gerichte ergibt sich aus Art. 5 damit immer dann, wenn der betroffene Erwachsene seinen gewöhnlichen Aufenthalt im Inland hat. Nicht notwendig ist, dass der Sachverhalt einen Bezug zu einem anderen Vertragsstaat hat, etwa aufgrund der Staatsangehörigkeit des Erwachsenen. Unanwendbar ist das ESÜ nur bei reinen Inlandsfällen (s. Art. 1 Rn 9).

2 Der Begriff des gewöhnlichen Aufenthalts wird wie in allen Haager Konventionen nicht definiert. Er ist grundsätzlich wie der vergleichbare Begriff im autonomen deutschen Recht zu verstehen und liegt dort, wo der Erwachsene seinen Lebensmittelbpunkt hat. S. zu den Einzelheiten Art. 5 EGBGB Rn 16 f.

B. Verhältnis zu anderen Zuständigkeiten

3 Bei der Erarbeitung des ESÜ war unstreitig, dass die zentrale Zuständigkeit bei den Behörden im Staat des gewöhnlichen Aufenthalts liegen sollte. Streitig war aber die genaue Ausgestaltung des Verhältnisses zu anderen Zuständigkeiten, insbesondere derjenigen aufgrund der Staatsangehörigkeit oder der Belegenheit von Vermögen des Erwachsenen.[39]

4 Gegen den Vorschlag einer Regelung in Parallele zum KSÜ, nach dem die Behörden im Staat des gewöhnlichen Aufenthalts und der Belegenheit von Vermögen nur mit Zustimmung der Behörden im Staat des gewöhnlichen Aufenthalts zuständig werden, wurde vor allem eingewandt, dass im Bereich des Erwachsenenschutzes ein erleichterter Zugang zu den Behörden gegeben sein müsse, weil es nur wenige Personen gebe, die bereit seien, sich um den Erwachsenen zu kümmern.[40]

5 Als Kompromiss wurde ein hoch differenziertes und damit kompliziertes **System von Zuständigkeiten** geschaffen. Die Zuständigkeit der Behörden des Staates, dessen Staatsangehörigkeit der Erwachsene besitzt, ist eine echte konkurrierende Zuständigkeit, hängt also nicht von der vorherigen Zustimmung der Behörde im Staat des gewöhnlichen Aufenthalts ab. Sie ist aber insoweit subsidiär zu dieser Zuständigkeit, als dass sie entfällt, sobald die Behörde im Staat des gewöhnlichen Aufenthalts mit dem Verfahren befasst wird. Die Zuständigkeit der Behörde im Staat dessen Angehörigkeit der Erwachsene besitzt entfällt damit, auch wenn sie zeitlich vorher mit der Angelegenheit befasst worden war. Gleiches gilt für das Verhältnis zur Zuständigkeit aufgrund der Belegenheit des Vermögens.

6 Ergänzend sieht das ESÜ, ähnlich wie das KSÜ, noch Zuständigkeiten am schlichten Aufenthalt des Erwachsenen bei Flüchtlingen (Art. 6) oder für vorläufige Maßnahmen (Art. 11) vor. Die Behörden eines anderen Vertragsstaates können von der Behörde des Staates des gewöhnlichen Aufenthalts um ein Tätigwerden ersucht werden (Art. 8), und es gibt eine Zuständigkeit in dringenden Fällen (Art. 10). In begrenztem Umfang ist auch eine Prorogation durch den betroffenen Erwachsenen möglich. Nach Art. 8 Abs. 2 lit. d können zudem die Behörden des Staates durch die nach Art. 5 oder 6 zuständigen Behörden um die Übernahme des Verfahrens ersucht werden, deren Zuständigkeit von dem Erwachsenen schriftlich gewählt worden sind, um Maßnahmen zu seinem Schutz zu treffen.

C. Aufenthaltswechsel, Abs. 2

7 Der Wechsel des gewöhnlichen Aufenthalts **in einen anderen Vertragsstaat** führt nach Art. 5 Abs. 2 zu einem Wechsel der internationalen Zuständigkeit. Es gibt keine perpetuatio fori. Die Behörden im Staat des bisherigen gewöhnlichen Aufenthalts verlieren ihre Zuständigkeit, die Behörden im Staat des neuen gewöhnlichen Aufenthalts werden zuständig. Der Zuständigkeitsverlust tritt ipso facto ein. Die Behörde am bisherigen gewöhnlichen Aufenthalt hat sich von Amts wegen für unzuständig zu erklären.[41] Es besteht allerdings nach Art. 8 Abs. 2 lit. b die Möglichkeit, dass die Behörden im bisherigen gewöhnlichen Aufenthalt ersucht werden, das Verfahren fortzusetzen.

8 Unter welchen Voraussetzungen der gewöhnliche Aufenthalt wechselt richtet sich nach den allgemeinen Grundsätzen zum gewöhnlichen Aufenthalt (s. dazu Art. 5 EGBGB Rn 16 ff).

9 Von nicht unerheblicher praktischer Relevanz dürften die Fälle eines wiederkehrenden **regelmäßigen Aufenthaltswechsels** sein, bei denen der Erwachsene jeweils längere Zeiten an zwei oder mehr verschiedenen Orten verbringt, etwa den Winter im Haus im Süden, den Sommer im Haus in Deutschland.[42] In diesen Fällen ist zuerst im Sinne einer **Schwerpunktbetrachtung** zu bestimmen, ob ein Aufenthalt so überwiegt, dass er

39 *Lagarde*, Bericht, Rn 47 f; Staudinger/*von Hein* (2008), Vor Art. 24 Rn 68 f.
40 *Lagarde*, Bericht, Rn 47.
41 *Lagarde*, Bericht, Rn 51.
42 S. Staudinger/*von Hein* (2008), Vor Art. 24 Rn 74.

als der alleinige gewöhnliche Aufenthalt anzusehen ist. Gesichtspunkte hierfür sind neben der zeitlichen Dauer auch die Intensität der sozialen Beziehungen. In einem solchen Fall wechselt der gewöhnliche Aufenthalt nicht, wenn der Erwachsene sich in den anderen Staat begibt.

Bei einer **Gleichwertigkeit beider Aufenthaltsorte** kann nicht angenommen werden, dass die Person überhaupt keinen gewöhnlichen Aufenthalt hat. Auch **Art. 6 Abs. 2** ist auf diesen Fall nicht anzuwenden.[43] Auf den schlichten Aufenthalt ist danach abzustellen, wenn der gewöhnliche Aufenthalt nicht festgestellt werden kann. Diese Art einer Notzuständigkeit soll ein Tätigwerden ermöglichen, wenn es Nachweisprobleme gibt. Die Vorschrift dient aber nicht dazu, bei eindeutiger Tatsachengrundlage, Probleme bei der Bewertung zu überspielen.[44] 10

Es ist auch nicht möglich, anzunehmen, dass der Erwachsene nebeneinander **zwei gewöhnliche Aufenthalte** hat. Dadurch würden zwischen den Behörden der zwei Staaten Zuständigkeitskonflikte entstehen, für die das ESÜ keine Lösung vorsieht. Das ESÜ geht offensichtlich davon aus, dass aufgrund von Art. 5 Abs. 1 nur die Behörden eines Staates zuständig sein können. 11

Möglich und praktisch gangbar ist die Annahme, dass in diesen Fällen jeweils ein **Wechsel des gewöhnlichen Aufenthalts** eintritt. Während sich der Erwachsene in dem einen Vertragsstaat aufhält, sind dessen Behörden nach Art. 5 Abs. 1 zum Erlass von Maßnahmen zuständig. Die danach erlassenen Maßnahmen verlieren nicht ihre Wirksamkeit, wenn der Erwachsene seinen (gewöhnlichen) Aufenthalt wechselt. Nach Art. 12 bleiben die getroffenen Maßnahmen auch nach Wegfall der Zuständigkeit aufgrund veränderter Umstände so lange in Kraft, bis sie von einer nun zuständigen Behörde geändert, ersetzt oder aufgehoben werden. Art. 14 bestimmt, dass sich die Bedingungen, unter denen eine Maßnahme, die in einem Vertragsstaat getroffen wurde und die in einem anderen Vertragsstaat durchgeführt wird, nach dem Recht dieses anderen Vertragsstaats richtet. 12

Wechselt der Erwachsene während eines laufenden Verfahrens den gewöhnlichen Aufenthalt, so wechselt damit zwar auch die Zuständigkeit nach Art. 5 Abs. 2. Möglich ist aber, dass die Behörden des Staates des bisherigen gewöhnlichen Aufenthalts für die Zeit bis zur Zurückverlegung des gewöhnlichen Aufenthalts dennoch zuständig bleiben. In vielen Fällen dürfte dies unproblematisch nach Art. 7 zulässig sein, wenn der Erwachsene auch die Staatsangehörigkeit des Staates besitzt, in dem das Verfahren begonnen wurde. Möglich ist dies zudem nach Art. 8 Abs. 2. Notwendig aber auch zulässig ist, dass sich die Behörden in den wechselnden Aufenthaltsstaaten darüber verständigen, welche von ihnen die Zuständigkeit besser in Anspruch nehmen soll. 13

Beim Wechsel des gewöhnlichen Aufenthalts **in einen Nichtvertragsstaat** entfällt die Anwendbarkeit des ESÜ. Es richtet sich daher nach autonomem Recht des Staates des bisherigen gewöhnlichen Aufenthalts, ob eine perpetuatio fori besteht.[45] Dies ist im deutschen Recht grundsätzlich ebenso wie im Bereich des Minderjährigenschutzes zu bejahen, s. dazu Art. 21 EGBGB Rn 18. Aus dem ESÜ ergibt sich in diesem Fall aber keine Pflicht zur Anerkennung.[46] 14

Art. 6 ESÜ

(1) Über Erwachsene, die Flüchtlinge sind oder die infolge von Unruhen in ihrem Land in ein anderes Land gelangt sind, üben die Behörden des Vertragsstaats, in dessen Hoheitsgebiet sich die Erwachsenen demzufolge befinden, die in Artikel 5 Absatz 1 vorgesehene Zuständigkeit aus.

(2) Absatz 1 ist auch auf Erwachsene anzuwenden, deren gewöhnlicher Aufenthalt nicht festgestellt werden kann.

A. Regelungszweck

Art. 6 entspricht sowohl in Abs. 1 als auch Abs. 2 der Regelung in Art. 6 KSÜ. Bei Flüchtlingen ist die Zuständigkeit der Behörden am (bisherigen) gewöhnlichen Aufenthalt nicht sachgerecht. Regelmäßig haben die flüchtigen oder vertriebenen Personen zumindest unter den gegenwärtigen Gegebenheiten keine Verbindung mehr zu dem Land, in dem sie bisher ihren gewöhnlichen Aufenthalt hatten. Auf der anderen Seite ist der Status in dem Zufluchtsstaat meist noch wenig gefestigt, so dass dort ein neuer gewöhnlicher Aufenthalt noch nicht begründet worden ist.[47] Durch Abs. 1 können sich die Behörden im Zufluchtsstaat auf die allgemeine Zuständigkeit nach Art. 5 Abs. 1 stützen, um die erforderlichen Maßnahmen zum Schutz der erwach- 1

43 *Siehr*, RabelsZ 64 (2000) 715, 730; Staudinger/*von Hein* (2008), Vor Art. 24 Rn 81.

44 In diesem Sinn bei Wechsel des Aufenthalts *Lagarde*, Bericht, Rn 55.

45 *Lagarde*, Bericht, Rn 52.

46 Staudinger/*von Hein* (2008), Vor Art. 24 Rn 78.

47 *Lagarde*, Bericht, Rn 54.

senen Personen zu treffen. Ist ein gewöhnlicher Aufenthalt nicht feststellbar, läuft die allgemeine Zuständigkeit nach Art. 5 Abs. 1 leer.

B. Flüchtlinge, Abs. 1

2 Der Begriff Flüchtling ist im Sinne der Genfer Flüchtlingskonvention vom 28.7.1951 auszulegen (s. dazu Art. 5 EGBGB Rn 4).

3 Die Vorschrift erweitert ihren Anwendungsbereich auf alle flüchtigen oder vertriebenen Personen, die infolge von Unruhen in ihrem Land in ein anderes Land gelangt sind. Mit der Wendung „ihr Land" ist das Land gemeint, in dem die Person ihren gewöhnlichen Aufenthalt vor der Flucht oder Vertreibung hatte. Damit ist nicht der Staat gemeint, dem die Person angehört. Das ergibt sich im Gegenschluss aus dem Vergleich mit der Formulierung in Art. 7 Abs. 1 Hs 2.[48] Dort wird ausdrücklich von „dem Staat, dem sie angehören" gesprochen.

C. Nichtfeststellbarkeit des gewöhnlichen Aufenthalts, Abs. 2

4 Auf den gewöhnlichen Aufenthalt kann die Zuständigkeit nach Art. 5 Abs. 1 nicht gestützt werden, wenn ein solcher nicht feststellbar ist. Für diesen Fall ordnet Art. 6 Abs. 2 an, dass die Behörden im Land des schlichten Aufenthalts, die Zuständigkeit nach Art. 5 Abs. 1 ausüben.

5 Eine mangelnde Feststellbarkeit des gewöhnlichen Aufenthalts liegt dem Konzept des ESÜ nach nur vor, wenn der Sachverhalt nicht ausreichend aufgeklärt werden kann. Schulbeispiel ist das Auffinden einer verwirrten Person im Inland, bei der nicht geklärt ist, ob und aus welchem anderen Land sie stammt. Bestehen hingegen bei der Sachverhaltsaufklärung keine Hindernisse und ist nur die Bewertung unklar, kann nicht auf Abs. 2 zurückgegriffen werden.[49] Hat eine Person ihren Aufenthaltsort gewechselt, darf daher nicht vorschnell die Zuständigkeit nach Art. 5 Abs. 1 iVm Art. 6 Abs. 2 mit dem neuen schlichten Aufenthalt im Inland begründet werden, wenn unsicher ist, ob der neue Aufenthalt bereits als gewöhnlicher eingeordnet werden kann.[50] In der Regel ist davon auszugehen, dass eine Person ihren bisherigen gewöhnlichen Aufenthalt erst verliert, wenn sie in einem anderen Land einen neuen gewöhnlichen Aufenthalt begründet hat. Bis zur Begründung eines neuen gewöhnlichen Aufenthalts, bleiben die Behörden des bisherigen gewöhnlichen Aufenthalts noch nach Art. 5 Abs. 1 zuständig.

Art. 7 ESÜ

(1) Die Behörden eines Vertragsstaats, dem der Erwachsene angehört, sind zuständig, Maßnahmen zum Schutz der Person oder des Vermögens des Erwachsenen zu treffen, wenn sie der Auffassung sind, dass sie besser in der Lage sind, das Wohl des Erwachsenen zu beurteilen, und nachdem sie die nach Artikel 5 oder Artikel 6 Absatz 2 zuständigen Behörden verständigt haben; dies gilt nicht für Erwachsene, die Flüchtlinge sind oder die infolge von Unruhen in dem Staat, dem sie angehören, in einen anderen Staat gelangt sind.

(2) Diese Zuständigkeit darf nicht ausgeübt werden, wenn die nach Artikel 5, Artikel 6 Absatz 2 oder Artikel 8 zuständigen Behörden die Behörden des Staates, dem der Erwachsene angehört, unterrichtet haben, dass sie die durch die Umstände gebotenen Maßnahmen getroffen oder entschieden haben, dass keine Maßnahmen zu treffen sind, oder ein Verfahren bei ihnen anhängig ist.

(3) Die Maßnahmen nach Absatz 1 treten außer Kraft, sobald die nach Artikel 5, Artikel 6 Absatz 2 oder Artikel 8 zuständigen Behörden die durch die Umstände gebotenen Maßnahmen getroffen oder entschieden haben, dass keine Maßnahmen zu treffen sind. Diese Behörden haben die Behörden, die in Übereinstimmung mit Absatz 1 Maßnahmen getroffen haben, entsprechend zu unterrichten.

48 AA Staudinger/*von Hein* (2008), Vor Art. 24 Rn 79.
49 *Siehr*, RabelsZ 64 (2000), 715, 730.
50 *Lagarde*, Bericht Rn 55; Staudinger/*von Hein* (2008) Vor. zu Art. 24 Rn 81.

A. Regelungsgegenstand

Abs. 1 enthält den Grundsatz der konkurrierenden Zuständigkeit im Heimatstaat. In Abs. 2 und 3 wird die Subsidiarität dieser Zuständigkeit gegenüber der Aufenthaltszuständigkeit nach Art. 5 Abs. 1 geregelt. Art. 7 hat keine Entsprechung im KSÜ. Für den Erwachsenenschutz wurde eine Stärkung der Zuständigkeit der Heimatbehörden für notwendig erachtet. Im Heimatstaat befinden sich oft noch Angehörige, denen es erleichtert werden soll, für den schutzbedürftigen Erwachsenen die Fürsorge zu übernehmen (s. dazu auch oben Art. 1). 1

Art. 7 setzt voraus, dass der Heimatstaat ein Vertragsstaat ist und dass der Erwachsene außerdem in einem anderen Vertragsstaat seinen gewöhnlichen oder im Fall des Art. 6 Abs. 2 seinen schlichten Aufenthalt hat. Dies ergibt sich aus der Benachrichtigungspflicht in Abs. 1 und den Subsidiaritätsregeln in Abs. 2 und 3.[51] 2

Liegt der danach maßgebliche Aufenthalt in einem Nichtvertragsstaat, richtet es sich nach dem autonomen Recht des Heimatstaates, ob dessen Behörden für Schutzmaßnahmen zuständig sind. In Deutschland ergibt sich in diesen Fällen die Zuständigkeit aus § 104 Abs. 1 Nr. 1 FamFG. Es besteht in diesem Fall aber keine Pflicht der anderen Vertragsstaaten, die Maßnahme nach Art. 22 anzuerkennen.[52] 3

B. Heimatstaatzuständigkeit, Abs. 1

Zuständigkeitsbegründend ist allein die Staatsangehörigkeit des schutzbedürftigen Erwachsenen. Bei **mehrfacher Staatsangehörigkeit** kann jede Staatsangehörigkeit eine Zuständigkeit nach Art. 7 Abs. 1 begründen. Dies ergibt sich aus der Verwendung des unbestimmten Artikels „eines Vertragsstaats".[53] Dadurch werden schwierige Fragen bei der Bestimmung der effektiven Staatsangehörigkeit vermieden.[54] Außerdem dient es dem Schutzziel, Maßnahmen zum Schutz des Erwachsenen leichter zu ermöglichen (s. oben Art. 1 Rn 6). 4

Zusätzlich verlangt die Vorschrift noch, dass die Behörde der Auffassung sein muss, dass sie besser in der Lage ist, das Wohl des Erwachsenen zu beurteilen. Dies kann etwa der Fall sein, weil der Erwachsene bis vor kurzem noch im Heimatstaat gelebt hat oder weil Angehörige, die fürsorgebereit sind, im Heimatstaat leben.[55] Formale Voraussetzung ist das Vorhandensein einer fürsorgebereiten Person im Heimatstaat aber nicht. 5

Der Zweck dieses Erfordernisses besteht nicht primär darin, die Möglichkeit der Heimatstaatbehörden zu beschränken, ihre Zuständigkeit anzunehmen, als ihnen vielmehr im Sinne der Forum-non-conveniens-Doktrin[56] ein flexibles Mittel in die Hand zu geben, ein beantragtes Tätigwerden abzulehnen, wenn die Behörden im Aufenthaltsstaat oder die Behörden eines anderen Staates, die nach Art. 8 potentiell zuständig sind, besser geeignet erscheinen, Schutzmaßnahmen anzuordnen.[57] 6

Im Unterschied zum KSÜ und zur Regelung in Art. 8 hängt die Zuständigkeit der Heimatstaatbehörde nicht davon ab, dass die Aufenthaltsbehörde ihre Zustimmung zum Tätigwerden erteilt hat.[58] Die Heimatbehörde ist nur verpflichtet, die Aufenthaltsbehörde (Art. 5, 6 Abs. 2) davon zu verständigen, dass sie eine Schutzmaßnahme erlassen wird. 7

Diese Informationspflicht soll seinerseits die Behörden im Aufenthaltsstaat in die Lage versetzen, die nach Abs. 2 und 3 vorgesehenen Mitteilungen zu machen. Die Pflicht zur Information besteht nur gegenüber den Aufenthaltsbehörden nach Art. 5 (gegebenenfalls iVm Art. 6 Abs. 2); damit die nach Art. 8 zuständigen Behörden, die in Abs. 2 und 3 vorgesehenen Mitteilungen an die Heimatstaatbehörde machen können, müssen sie ihrerseits von den Aufenthaltsbehörden entsprechend informiert werden. 8

Keine Zuständigkeit aufgrund der Staatsangehörigkeit ist bei Flüchtlingen oder solchen Personen gegeben, die infolge von Unruhen in dem Staat, dem sie angehören, in einen anderen Staat gelangt sind. Die Behörden des Staates, aus dem der Erwachsene fliehen musste, sind regelmäßig nicht geeignet, Schutzmaßnahmen zu erlassen. Hat eine Person mehrere Staatsangehörigkeiten, so ist die Heimatstaatszuständigkeit nur für den Staat ausgeschlossen, aus dem der Erwachsene fliehen musste.[59] 9

Die Zuständigkeit der Heimatbehörde ist allgemeiner Natur und erfasst alle Maßnahmen zum Schutz der Person und des Vermögens.[60] 10

51 *Lagarde*, Bericht, Rn 59.
52 *Lagarde*, Bericht, Rn 59.
53 *Lagarde*, Bericht, Rn 57; *Revillard*, Defrenois 2009, 35, 47; *Siehr*, RabelsZ 64 (2000) 715, 732; Staudinger/*von Hein* (2008), Vor Art. 24 Rn 86.
54 *Guttenberger*, S. 104.
55 *Bucher*, SZIER 2000, 37, 46.
56 So auch Staudinger/*von Hein* (2008), Vor Art. 24 Rn 89.
57 *Lagarde*, Bericht, Rn 60.
58 *Guttenberger*, S. 103 f; *Siehr*, FS Henrich, 567, 569.
59 *Lagarde*, Bericht, Rn 58.
60 *Lagarde*, Bericht, Rn 57.

C. Subsidiarität der Heimatstaatszuständigkeit

I. Verfahren im Heimatstaat, Abs. 2

11 Art. 7 Abs. 2 und 3 regeln die Subsidiarität der Zuständigkeit der Heimatstaatsbehörden. Abs. 2 betrifft den Fall, dass ein Verfahren im Heimatstaat anhängig ist, Abs. 3 den Fall, dass im Heimatstaat eine Schutzmaßnahme erlassen worden ist. Die Zuständigkeit der Heimatstaatbehörden ist subsidiär gegenüber der Zuständigkeit der Aufenthaltsbehörden nach Art. 5 (gegebenenfalls iVm Art. 6 Abs. 2) sowie gegenüber der Zuständigkeit der Behörden, die aufgrund eines Ersuchens der Aufenthaltsbehörde nach Art. 8 eingetreten ist. Nach Abs. 2 kann die Zuständigkeit der Heimatbehörden entfallen, wenn eine solche vorrangige Behörde selbst die durch die Umstände gebotenen Maßnahmen getroffen hat oder entschieden hat, dass keine Maßnahmen zu treffen sind, oder ein Verfahren bei der vorrangigen Behörde anhängig ist.

12 Die Zuständigkeit der Heimatstaatbehörden entfällt allerdings nicht automatisch, sondern nur, wenn die Aufenthaltsbehörde oder die nach Art. 8 zuständige Behörde eine **Unterrichtung der Heimatstaatbehörde** hierüber vornimmt. Diese Unterrichtung soll unter Verwendung des entsprechenden Formblatts erfolgen.[61] Zu weit geht es aber, die Verwendung des Formblatts als Voraussetzung für eine wirksame Unterrichtung zu verlangen.[62] Notwendig ist aber eine Unterrichtung gerade durch die nach Art. 5, 6 Abs. 2 oder Art. 8 zuständige Behörde. Eine Kenntniserlangung auf andere Weise, etwa durch Verfahrensbeteiligte, reicht nicht aus, um die Zuständigkeit entfallen zu lassen.[63] Die Aufenthaltsbehörde bzw die nach Art. 8 zuständige Behörde kann daher entscheiden, ob sie den Vorrang geltend machen will oder nicht. Macht sie den Vorrang geltend, indem sie die Heimatstaatsbehörde unterrichtet, so entfällt deren Zuständigkeit. Fragen können sich dabei über den **Umfang des Vorrangs** ergeben. So kann der Vorrang die Zuständigkeit generell oder nur für den Bereich entfallen lassen, für den im konkreten Fall die nach Art. 5, 6 Abs. 2 oder Art. 8 zuständige Behörde tätig geworden ist oder tätig werden wird.

13 Für ein bei den Art. 5, 6 Abs. 2 oder Art. 8 zuständigen Behörden laufendes Verfahren wurde bei den Vorarbeiten diskutiert, ob der Vorrang ausdrücklich auf die Fälle beschränkt werden sollte, in denen das Verfahren den gleichen Gegenstand betrifft, wie das Verfahren vor der Heimatbehörde. Eine solche Beschränkung wurde nicht aufgenommen, weil eine klare Abgrenzung der Gegenstände nicht möglich sei. Ein Verfahren zum Schutz der Person könne auch Aspekte erfassen, die sich bei dem Erlass einer Maßnahme zum Schutz des Vermögens ergeben.[64] Daraus ist zu folgern, dass die Heimatstaatbehörde nicht tätig werden darf, wenn und solange bei einer nach Art. 5, 6 Abs. 2 oder Art. 8 zuständigen Behörden ein Verfahren zum Schutz der Person oder des Vermögens bereits anhängig ist oder anhängig wird.[65] Die Heimatbehörde muss das Verfahren zumindest aussetzen.

14 Ist eine Entscheidung von einer nach Art. 5, 6 Abs. 2 oder Art. 8 zuständigen Behörde hingegen ergangen, so kann die Heimatbehörde nur solche Maßnahmen nicht ergreifen, die mit dieser Entscheidung unvereinbar sind. Dabei kann sich die Unvereinbarkeit allerdings auch daraus ergeben, dass die Behörde bewusst davon abgesehen hat, eine Maßnahme zu treffen. Für den nicht geregelten Bereich bleibt aber die Zuständigkeit der Heimatbehörde bestehen. Macht sie ihn nicht geltend, kann die Heimatstaatbehörde die bereits getroffenen Entscheidungen abändern.

15 Ist ein Verfahren bei der Aufenthaltsbehörde oder einer nach Art. 8 zuständigen Behörde anhängig, erfolgt aber **keine Unterrichtung** der Heimatstaatsbehörde, so ist nicht ausdrücklich geregelt, in welchem Verhältnis die Zuständigkeiten nach Art. 5, 6 Abs. 2 und Art. 8 auf der einen Seite und Art. 7 auf der anderen Seite stehen. Möglich erscheint, dass beide Behörden zuständig sind, wenn das Verfahren jeweils andere Aspekte betrifft, für die unterschiedliche, aber miteinander vereinbare Regelungen getroffen werden können. Beispiele wären etwa eine Anordnung zur Vermögensverwaltung im Staat in dem das Vermögen belegen ist und eine Anordnung zum Schutz der Person im Heimatstaat. In den meisten Fällen wird eine solche Trennung nicht möglich sein, so dass ein Absehen von der Unterrichtung durch vorrangig zuständige Behörden zur Folge haben muss, dass sie sich für unzuständig erklären müssen und dann allein die Zuständigkeit der Heimatstaatbehörde bestehen bleibt.

61 Formblatt „Information in Bezug auf die Maßnahmen zum Schutz eines Erwachsenen", abgedruckt in BT-Drucksache 16/3250, S. 69; dieses und andere Formblätter wurden von einer Arbeitsgruppe erarbeitet; sie wurden nicht in das ESÜ eingefügt, ihre Verwendung wird aber vom Ständigen Büro der Haager Konferenz empfohlen, s. dazu *Lagarde*, Bericht, Rn 66 Fn 44.

62 So wohl auch Staudinger/*von Hein* (2008), Vor Art. 24 Rn 91.

63 *Lagarde*, Bericht, Rn 62; Staudinger/*von Hein* (2008), Vor Art. 24 Rn 91.

64 *Lagarde*, Bericht, Rn 61.

65 Kritisch dazu Staudinger/*von Hein* (2008), Vor Art. 24 Rn 91.

II. Vorherige Schutzmaßnahme im Heimatstaat, Abs. 3

Abs. 3 regelt den Fall, dass die Heimatstaatbehörde eine Maßnahme erlassen hat und zeitlich später eine nach Art. 5, 6 Abs. 2 oder Art. 8 zuständige Behörde ebenfalls eine durch die Umstände gebotene Maßnahme erlässt oder entscheidet, dass keine Maßnahme zu treffen ist. Nach Abs. 3 treten die Maßnahmen der Heimatstaatbehörde in einem solchen Fall außer Kraft. Den Entscheidungen der nach Art. 5, 6 Abs. 2 oder Art. 8 zuständigen Behörden kommt damit der Vorrang zu. **16**

Die Wendung „die durch die Umstände gebotenen Maßnahmen" stellt keine Einschränkung der Zuständigkeit für die nach Art. 5, 6 Abs. 2 oder Art. 8 zuständigen Behörden auf. Sie können auch bei unveränderter Sachlage aufgrund einer anderen Bewertung eine neue Entscheidung treffen.[66] **17**

Abs. 2 stellt eine **Unterrichtungspflicht** auf. Die nach Art. 5, 6 Abs. 2 oder Art. 8 zuständige Behörde muss die Heimatstaatbehörde unterrichten, wenn sie eine Maßnahme getroffen haben oder bewusst davon abgesehen haben. Diese Unterrichtung ist aber keine Voraussetzung für die Zuständigkeitsausübung. Sie kann vielmehr erst nach Erlass der entsprechenden Entscheidung erfolgen. Auch wenn eine Unterrichtung nicht erfolgt ist, geht die Entscheidung der nach Art. 5, 6 Abs. 2 oder Art. 8 zuständigen Behörde vor und es tritt die von der Heimatstaatbehörde erlassene Maßnahme außer Kraft.[67] **18**

Die **Reichweite des Vorrangs** ist aber begrenzt. Der Vorrang kann nur soweit gehen, wie die Maßnahme der Heimatstaatbehörde denselben Gegenstand betrifft, wie die Maßnahme der nach Art. 5, 6 Abs. 2 oder Art. 8 zuständigen Behörde. Regeln die beiden Entscheidungen jeweils verschiedene, voneinander unabhängige Gegenstände können sie nebeneinander bestehen bleiben. **19**

Aus Gründen der Rechtssicherheit wird die Entscheidung der Heimatstaatbehörde nur mit der **Wirkung für die Zukunft** gegenstandslos, behält also ihre Wirkung bis zum Erlass oder der Ablehnung des Erlasses einer Maßnahme durch die nach Art. 5, 6 Abs. 2 oder Art. 8 zuständige Behörde.[68] **20**

Art. 8 ESÜ

(1) ¹Die nach Artikel 5 oder 6 zuständigen Behörden eines Vertragsstaats können, wenn sie der Auffassung sind, dass es dem Wohl des Erwachsenen dient, von Amts wegen oder auf Antrag der Behörden eines anderen Vertragsstaats die Behörden eines der in Absatz 2 genannten Staaten ersuchen, Maßnahmen zum Schutz der Person oder des Vermögens des Erwachsenen zu treffen. ²Das Ersuchen kann sich auf den gesamten Schutz oder einen Teilbereich davon beziehen.

(2) Die Vertragsstaaten, deren Behörden nach Absatz 1 ersucht werden können, sind

a) ein Staat, dem der Erwachsene angehört;

b) der Staat, in dem der Erwachsene seinen vorherigen gewöhnlichen Aufenthalt hatte;

c) ein Staat, in dem sich Vermögen des Erwachsenen befindet;

d) der Staat, dessen Behörden schriftlich vom Erwachsenen gewählt worden sind, um Maßnahmen zu seinem Schutz zu treffen;

e) der Staat, in dem eine Person, die dem Erwachsenen nahe steht und bereit ist, seinen Schutz zu übernehmen, ihren gewöhnlichen Aufenthalt hat;

f) hinsichtlich des Schutzes der Person des Erwachsenen der Staat, in dessen Hoheitsgebiet sich der Erwachsene befindet.

(3) Nimmt die nach den Absätzen 1 und 2 bezeichnete Behörde die Zuständigkeit nicht an, so behalten die Behörden des nach Artikel 5 oder 6 zuständigen Vertragsstaats die Zuständigkeit.

A. Regelungsgegenstand

Art. 8 ermöglicht es den Aufenthaltsbehörden, die Behörden der in Absatz 2 genannten anderen Vertragsstaaten um die Übernahme der Zuständigkeit zu ersuchen, wenn dies dem Wohl des Erwachsenen dient. Sie entspricht vom Regelungsanliegen den Vorschriften der Art. 8 und 9 KSÜ. Die Regelung steht in Überein- **1**

66 Staudinger/*von Hein* (2008), Vor Art. 24 Rn 93.

67 *Lagarde*, Bericht, Rn 64; Staudinger/*von Hein* (2008), Vor Art. 24 Rn 94.

68 Staudinger/*von Hein* (2008), Vor Art. 24 Rn 93.

stimmung mit dem grundsätzlichen Vorrang der Aufenthaltsbehörden, ermöglicht aber ein flexibles Vorgehen im Interesse des Erwachsenenschutzes. Notwendig ist eine Kooperation zwischen der abgebenden Aufenthaltsbehörde und der Behörde des anderen Vertragsstaats. Die Zuständigkeit geht nur über, wenn diese das Ersuchen annimmt (Abs. 3). Das Ersuchen soll unter Verwendung eines Formblattes erfolgen.[69]

2 Was den **sachlichen Umfang** betrifft kann sich das Ersuchen auf Übernahme der Zuständigkeit auf den gesamten Schutz oder einen Teilbereich davon beziehen, Abs. 1 S. 2. Im Fall von Abs. 2 lit. f ist aber ausdrücklich angeordnet, dass die Zuständigkeit nur für Maßnahmen zum Schutz der Person übertragen werden kann. Bei Abs. 1 lit. c wird im Ergebnis nur eine Übertragung der Zuständigkeit von Maßnahmen zum Vermögensschutz erfolgen können.

B. Voraussetzungen des Ersuchens, Abs. 1

3 Die **Befugnis**, ein Ersuchen zur Übernahme der Zuständigkeit zu stellen, hat nur die nach Art. 5 Abs. 1 oder Art. 6 zuständige Aufenthaltsbehörde. Das schließt aus, dass die Heimatstaatbehörde, die nach Art. 7 zuständig ist, die Behörden in einem anderen Vertragsstaat ersucht, die Zuständigkeit zu übernehmen.[70]

4 Die Aufenthaltsbehörde kann von Amts wegen tätig werden. Vorgesehen ist auch, dass die Behörden der Staaten, auf die nach Abs. 2 die Zuständigkeit übergehen kann, einen Antrag bei der Aufenthaltsbehörde stellen, an sie ein solches Ersuchen zu richten. Diese Regelung ist komplizierter ausgestaltet, als die in Art. 9 KSÜ, nach der die Behörde, die die Zuständigkeit erhalten will, unmittelbar ein eigenes Ersuchen an die Aufenthaltsbehörde stellen kann. Nach Art. 8 ESÜ stellt die Aufenthaltsbehörde, nachdem sie von einer Behörde aus einem anderen Vertragsstaat nach Abs. 2 einen entsprechenden Antrag erhalten hat, erst ihrerseits ein Ersuchen an die Behörde aus dem anderen Vertragsstaat, die dieses Ersuchen nun ihrerseits erst wieder annehmen muss, Abs. 3. In der Praxis dürfte dies aber nicht zu anderen Ergebnissen führen, weil bereits in der Antragstellung die vorweggenommene Erklärung über die Annahme des daraufhin gestellten Ersuchens gesehen werden kann. Eine Ausnahme ist nur dann möglich, wenn sich Antrag und Ersuchen nicht decken.

5 Eine formelle **Antragsbefugnis** anderer Personen, etwa einer Person, die bereit ist, die Fürsorge zu übernehmen, ist nicht vorgesehen.[71] Damit wird aber nicht ausgeschlossen, dass eine solche Person einen informellen Antrag an die Aufenthaltsbehörde oder an eine Behörde nach Abs. 2 richtet, ein Ersuchen bzw. einen Antrag auf ein Ersuchen zu stellen.

6 Die nach Art. 5 Abs. 1, 6 zuständige Aufenthaltsbehörde muss der Auffassung sein, dass die Übernahme der Zuständigkeit dem Wohl des Erwachsenen dient. Eine Pflicht, ein solches Ersuchen zu stellen, besteht aber nicht. Der Aufenthaltsbehörde muss vielmehr ein Ermessen zustehen.

7 Das Stellen eines Ersuchens und dessen Ablehnung nachdem eine Behörde aus einem Staat nach Abs. 2 einen Antrag gestellt hat, ist im deutschen Recht eine Maßnahme iSv § 23 EGGVG. § 5 ESÜAG ist nicht direkt anwendbar, weil das Ersuchen nicht von der Zentralen Behörde gestellt wird.[72]

C. Behörden, an die ein Gesuch gestellt werden kann, Abs. 2

8 Abs. 2 enthält eine abschließende Liste der Staaten, deren Behörden zum Erlass einer Schutzmaßnahme ersucht werden können.[73] Nach Abs. 2 lit. a können die Behörden des Staates ersucht werden, dessen **Staatsangehörigkeit** der schutzbedürftige Erwachsene besitzt. Bei mehreren Staatsangehörigkeiten muss dies nicht die Effektive sein.[74] Die Behörden eines Heimatstaates können zwar bereits aufgrund der originären Zuständigkeit nach Art. 7 tätig werden. Art. 8 hat insoweit aber eine eigene Bedeutung, als die danach angetragene und akzeptierte Zuständigkeit nun nicht mehr subsidiär gegenüber der Zuständigkeit der Aufenthaltsbehörde ist (s. Art. 7 Rn 11 ff).[75] Außerdem ermöglicht diese Regelung der Aufenthaltsbehörde, aktiv ein Ersuchen auf Übernahme der Zuständigkeit zu stellen, wenn die Heimatstaatbehörde nicht von sich aus nach Art. 7 tätig wurde.

9 Anders als bei Art. 7 wird bei **Flüchtlingen** ein Ersuchen an die Heimatstaatbehörde nicht ausdrücklich ausgeschlossen. Ein solches Ersuchen scheidet aber praktisch wohl immer aus, weil ein Tätigwerden der Heimatstaatbehörde nicht im Interesse des Flüchtlings liegen wird.[76]

69 Formblatt „Schutzmaßnahmen betreffend einen Erwachsenen", abgedruckt BT-Drucksache 16/3250, S. 63; zur Verwendungsempfehlung *Lagarde*, Bericht, Rn 66 Fn 44.

70 *Lagarde*, Bericht, Rn 66; Staudinger/*von Hein* (2008), Vor Art. 24 Rn 96.

71 Staudinger/*von Hein* (2008), Vor Art. 24 Rn 97.

72 Vgl auch Staudinger/*von Hein* (2008), Vor Art. 24 Rn 97.

73 *Lagarde*, Bericht, Rn 67.

74 Staudinger/*von Hein* (2008), Vor Art. 24 Rn 98.

75 *Lagarde*, Bericht, Rn 68; Staudinger/*von Hein* (2008), Vor Art. 24 Rn 99; *Clive* YbPIL 2000, 1, 10.

76 *Lagarde*, Bericht, Rn 68; Staudinger/*von Hein* (2008), Vor Art. 24 Rn 98.

Nach lit. b können die Behörden des Staates ersucht werden, in denen der Erwachsene seinen **vorherigen gewöhnlichen Aufenthalt** hat. Es muss sich anders als bei Art. 15 Abs. 2 lit. b um den letzten gewöhnlichen Aufenthalt vor der Begründung des aktuellen gewöhnlichen Aufenthalts handeln.[77] Ein solches Ersuchen kommt vor allem in solchen Fällen in Betracht, in denen der Aufenthaltswechsel erst kurze Zeit zurückliegt und im früheren Aufenthaltsstaat Maßnahmen erlassen worden waren oder ein Verfahren anhängig war. Lit. b hat damit auch die Funktion im Einzelfall eine Fortdauer der Zuständigkeit trotz eines Wechsels des gewöhnlichen Aufenthalts zu ermöglichen.[78] Damit werden mögliche Härten aufgrund des in Art. 5 Abs. 2 angeordneten Ausschlusses der perpetuatio fori ausgeglichen.[79] 10

Fraglich ist, ob in den Fällen des Art. 6 Abs. 1 und 2 auch eine Zuständigkeitsübertragung auf die Behörden des Staates möglich ist, in denen der Erwachsene vor dem Aufenthaltswechsel nur einen **schlichten Aufenthalt** hatte. Dagegen kann angeführt werden, dass lit. b keinen Bezug auf Art. 6 enthält.[80] Allerdings enthält Art. 6 die Anordnung, dass in diesen Fällen der schlichte Aufenthalt dem gewöhnlichen Aufenthalt für die allgemeine Zuständigkeitsregel nach Art. 5 Abs. 1 gleichsteht. Mit dem früheren gewöhnlichen Aufenthalt nimmt lit. b auf diese bisher gegebene allgemeine Zuständigkeit nach Art. 5 Abs. 1 Bezug. Außerdem entspricht eine solche Zuständigkeitsübertragung dem Sinn und Zweck der Vorschrift, wenn etwa ein Verfahren im schlichten Aufenthalt des Flüchtlings anhängig war und es sinnvoll ist, dort abgeschlossen zu werden. Dadurch wird zudem vermieden, dass es in solchen Fällen auf die oft schwierig zu entscheidende Frage ankommt, ob der frühere Aufenthalt bereits als gewöhnlicher Aufenthalt zu qualifizieren war. 11

Nach lit. c kann eine Zuständigkeitsübertragung in den Staat erfolgen, in dem sich **Vermögen** des Erwachsenen befindet. Diese Übertragung ist nach dem Wortlaut sachlich unbeschränkt möglich, theoretisch sogar für Schutzmaßnahmen, welche die Person betreffen. In der Praxis erscheint es allerdings kaum möglich, dass eine Übertragung hinsichtlich persönlicher Schutzmaßnahmen auf die Behörden des Staates, zu dem der Erwachsene nur den Bezugspunkt der Vermögensbelegenheit hat, dessen Wohl dienen könnte.[81] 12

Möglich erscheint aber, dass eine Übertragung nicht nur für das in dem Staat belegene Vermögen, sondern auch für andere oder sämtliche Vermögensgegenstände vorgenommen wird. Dies kann dann sachdienlich sein, wenn sich der Hauptteil des Vermögens in diesem Staat befindet und dadurch gesonderte Verfahren in anderen Staaten vermieden werden können. Insoweit geht die übertragene Zuständigkeit nach lit. c über die originäre Zuständigkeit aufgrund der Belegenheit des Vermögens nach Art. 9 hinaus.[82] Außerdem ist die übertragene Zuständigkeit nicht subsidiär, wie die nach Art. 9. Es besteht insoweit das gleiche Verhältnis wie zwischen lit. a und Art. 7.[83] 13

In lit. d ist die Möglichkeit einer **Prorogation** durch den Erwachsenen angeordnet. Dies ist Ausdruck des Prinzips, dass dem betroffenen Erwachsenen ein möglichst großes Maß an Autonomie eingeräumt bleiben soll. Allerdings ist diese Prorogationsmöglichkeit unter den Vorbehalt der Zustimmung der Aufenthaltsbehörde und der prorogierten Behörde gestellt. Dadurch soll der Schutz des Erwachsenen vor unzulässiger Beeinflussung sichergestellt werden.[84] Dem dient auch das Formerfordernis der Schriftlichkeit.[85] 14

Diese beschränkte Prorogation ermöglicht gleichzeitig, dass auch bei einer Rechtswahl für die Vorsorgevollmacht ein Gleichlauf zwischen Zuständigkeit und anwendbarem Recht gewahrt werden kann. Dem Grundsatz der Autonomie entsprechend sollte einer Bestimmung des Betroffenen im Regelfall entsprochen werden.[86] 15

Die **örtliche Zuständigkeit** richtet sich nach dem nationalen Recht. Das ESÜ enthält auch keine Verpflichtung der Vertragsstaaten, eine entsprechende Wahlmöglichkeit für die örtliche Zuständigkeit vorzusehen.[87] 16

Lit. e ermöglicht die Übertragung der Zuständigkeit auf die Behörden des Staates, in dem sich der **gewöhnliche Aufenthalt einer betreuungswilligen Person** befindet. Zweck der Vorschrift ist es, solchen Person zu erleichtern, die Betreuung zu übernehmen, weil das Verfahren in ihrem Aufenthaltsstaat geführt werden kann. Außerdem ist in solchen Fällen meist damit zu rechnen, dass der zu betreuende Erwachsene den Aufenthalt in diesem Staat nehmen wird. Möglich aber nicht notwendig ist, dass der Staat des gewöhnlichen Aufenthalts der zur Betreuung bereiten Person gleichzeitig der Staat ist, dessen Staatsangehörigkeit der zu betreuende Erwachsene hat (lit. a) oder in dem er seinen vorherigen gewöhnlichen Aufenthalt hatte (lit. b). 17

Der sachliche Umfang der Zuständigkeitsübertragung kann umfassend für Person und Vermögen, aber auch nur für einen Teilbereich erfolgen. 18

77 *Lagarde*, Bericht, Rn 69; *Guttenberger*, S. 100.
78 *Bucher*, SZIER 2000, 37, 47.
79 Staudinger/*von Hein* (2008), Vor Art. 24 Rn 101.
80 So Staudinger/*von Hein* (2008), Vor Art. 24 Rn 100.
81 Staudinger/*von Hein* (2008), Vor Art. 24 Rn 103.
82 Staudinger/*von Hein* (2008), Vor Art. 24 Rn 103.
83 *Lagarde*, Bericht, Rn 70.
84 *Lagarde*, Bericht, Rn 71.
85 Staudinger/*von Hein* (2008), Vor Art. 24 Rn 105.
86 *Guttenberger*, S. 101; Staudinger/*von Hein* (2008), Vor Art. 24 Rn 105.
87 Staudinger/*von Hein* (2008), Vor Art. 24 Rn 106.

19 Lit. e setzt voraus, dass die Person dem Erwachsenen nahesteht. Dies setzt weder Verwandtschaft noch Schwägerschaft voraus. Es muss sich auch nicht um ein eheähnliches Verhältnis handeln.[88] Ein solches **Näheverhältnis** kann auch aufgrund Freundschaft[89] oder Nachbarschaft entstanden sein.

20 Voraussetzung ist weiter die **Bereitschaft**, den Schutz des Erwachsenen zu übernehmen. Fraglich ist, ob die Aufenthaltsbehörde diese Bereitschaft und auch die Fähigkeit zur Übernahme des Schutzes überprüfen kann bzw. muss.[90] Der Aufenthaltsbehörde sollte insoweit ein weites Ermessen eingeräumt werden. Insbesondere wenn keine alternativen Schutzmöglichkeiten bestehen, muss es der Aufenthaltsbehörde möglich sein, die Zuständigkeit abzugeben, wenn die Person schlicht ihre Bereitschaft zur Übernahme des Schutzes erklärt hat. Es ist dann Sache der Behörde, auf welche die Zuständigkeit übertragen wurde, zu prüfen, ob die Person wirklich willens und fähig ist, den Schutz zu übernehmen. Nur dadurch wird die verfahrensrechtliche Vereinfachung für die übernahmebereite Person erreicht. Die Aufenthaltsbehörde ist auf der anderen Seite nicht verpflichtet, die Zuständigkeit zu übertragen, nur weil eine Person ihre Bereitschaft zur Schutzübernahme erklärt hat. Kommen andere Schutzalternativen in Betracht, kann und muss die Aufenthaltsbehörde bereits vor der Zuständigkeitsübertragung prüfen, welche Alternative dem Wohl des Erwachsenen am besten zu dienen scheint. Insoweit kann und muss sie auch die Bereitschaft und Fähigkeit der Person zur Schutzübernahme einer ersten Prüfung unterziehen.

21 Lit. f erweitert die Möglichkeit, dass die Behörden im Staat des **schlichten Aufenthalts** Schutzmaßnahmen hinsichtlich der Person des Erwachsenen treffen. Zuständigkeiten dieser Behörden sind auch in Art. 6, 10 und 11 vorgesehen. Lit. f unterscheidet sich von Art. 6 dahingehend, dass er nicht voraussetzt, dass der Erwachsene ein Flüchtling oder Vertriebener ist oder sein Aufenthalt nicht feststellbar ist. Anders als Art. 10 setzt lit. f keinen dringenden Fall voraus. Auch sind anders als nach Art. 11 nicht nur vorläufige und räumlich auf das Hoheitsgebiet des erlassenden Staates beschränkte Maßnahmen möglich. Da die Zuständigkeit von der Aufenthaltsbehörde übertragen worden ist, sind die Maßnahmen anders als nach Art. 10 und 11 auch nicht subsidiär.

22 Diese Zuständigkeitsübertragung war ursprünglich konzipiert worden, um Maßnahmen in Bezug auf medizinische Behandlungen am schlichten Aufenthalt des Erwachsenen zu ermöglichen. Sie ist aber in ihrem sachlichen Anwendungsbereich nicht auf solche Maßnahmen beschränkt.[91]

D. Annahme des Ersuchens, Abs. 3

23 Die Zuständigkeitsübertragung setzt voraus, dass die ersuchte Behörde das Ersuchen annimmt. Dies erfolgt idealerweise durch ausdrückliche Erklärung gegenüber der ersuchenden Behörde in dem dafür vorgesehenen Formblatt.[92] Die Annahme kann aber auch konkludent durch Aufnahme des Verfahrens erklärt werden. Dies ist in der Praxis dann zu erwarten, wenn die ersuchte Behörde vorher selbst bei der Aufenthaltsbehörde beantragt hatte, dass an sie ein solches Ersuchen gerichtet wird.

24 Die ersuchte Behörde ist nicht verpflichtet das Ersuchen anzunehmen. Dies muss sogar dann gelten, wenn sie vorher selbst einen entsprechenden Antrag bei der Aufenthaltsbehörde gestellt hat. Idealerweise teilt sie der Aufenthaltsbehörde die Nichtannahme ausdrücklich mit. Eine konkludente Ablehnung ist anzunehmen, wenn die ersuchte Behörde nicht innerhalb eines angemessen Zeitraums antwortet und untätig bleibt. In diesem Fall bestimmt Abs. 3 ausdrücklich, dass die Aufenthaltsbehörden nach Art. 5, 6 zuständig bleiben.

25 Nicht ausdrücklich geregelt ist, unter welchen Voraussetzungen ein **nachträgliches Entfallen der Zuständigkeit** eintritt. Aufgrund des Primats der Zuständigkeit der Aufenthaltsbehörde nach Art. 5, 6 muss es dieser zumindest bei einer veränderten Sachlage möglich sein, das Ersuchen zurückzuziehen und damit selbst wieder die uneingeschränkte Zuständigkeit erlangen zu können.

26 Die Zuständigkeit der ersuchten Behörde entfällt außerdem dann, wenn die in Abs. 2 genannten Voraussetzungen nicht mehr vorliegen, also etwa der Erwachsene die Staatsangehörigkeit wechselt oder aufgibt, die zur Übernahme des Schutzes bereite Person ihren gewöhnlichen Aufenthalt ändert oder der schlichte Aufenthalt des Erwachsenen verlegt wird. Dies wird zwar in Art. 8 nicht ausdrücklich angeordnet, folgt aber aus der in Art. 5 Abs. 2 enthaltenen grundsätzlichen Ablehnung der perpetuatio fori.

88 Staudinger/*von Hein* (2008), Vor Art. 24 Rn 108.
89 *Lagarde*, Bericht, Rn 72.
90 S. *Lagarde*, Bericht, Rn 72, der einen „glaubhaften Nachweis" verlangt; ähnlich auch *Bucher*, SZIER 2000, 37, 47; *Guttenberger*, S. 102 f; anders Staudinger/*von Hein* (2008), Vor Art. 24 Rn 109, der die Prüfungskompetenz der Behörde betont, auf die die Zuständigkeit übertragen werden soll.
91 *Lagarde*, Bericht, Rn 73.
92 Formblatt „Schutzmaßnahmen betreffend einen Erwachsenen", abgedruckt BT-Drucks. 16/3250, S. 68; zur Verwendungsempfehlung *Lagarde*, Bericht, Rn 66 Fn 44.

Art. 9 ESÜ

Die Behörden eines Vertragsstaats, in dem sich Vermögen des Erwachsenen befindet, sind zuständig, Maßnahmen zum Schutz dieses Vermögens zu treffen, soweit sie mit den Maßnahmen vereinbar sind, die von den nach den Artikeln 5 bis 8 zuständigen Behörden getroffen wurden.

A. Regelungsgegenstand

Art. 9 schafft eine eigene originäre Zuständigkeit der Behörden des Vertragsstaates, in dem sich Vermögen des Erwachsenen befindet, für Maßnahmen zum Schutz dieses Vermögens. Er hat keine Parallele im KSÜ. Im Unterschied zu Kindern haben schutzbedürftige Erwachsene oft eigenes nicht unerhebliches Vermögen, für das Schutzmaßnahmen getroffen werden müssen. 1

Die Zuständigkeit der Behörden im Belegenheitsstaat des Vermögens erleichtert es, dass die Maßnahmen getroffen werden, die den Erfordernissen dessen Rechts entsprechen und daher auch leichter umgesetzt werden können.[93] 2

Räumlich-persönlich ist Art. 9 nur anwendbar, wenn sich das Vermögen in einem Vertragsstaat und der gewöhnliche – oder bei Art. 6 der schlichte – Aufenthalt des Erwachsenen in einem anderen Vertragsstaat befindet.[94] Die Zuständigkeit von Maßnahmen zum Schutz von Vermögen, das sich im Inland befindet und dessen Inhaber im Ausland seinen gewöhnlichen Aufenthalt hat, bestimmt sich daher nach autonomem Recht (s. dazu Art. 24 EGBGB Rn 24). 3

B. Umfang der Zuständigkeit; Subsidiarität

Die Zuständigkeit ist sachlich-räumlich auf Maßnahmen zum Schutz des Vermögens beschränkt, das in dem Staat belegen ist. 4

Die Zuständigkeit ist subsidiär gegenüber Maßnahmen der nach Art. 5 bis 8 zuständigen Aufenthaltsbehörden. Die Subsidiarität besteht daher nicht nur gegenüber Maßnahmen der nach Art. 5 und 6 zuständigen Aufenthaltsbehörden, sondern auch gegenüber Maßnahmen der nach Art. 7 zuständigen Heimatbehörde oder einer nach Art. 8 ersuchten Behörde. Anders als dies der deutsche Wortlaut nahelegt, besteht diese Subsidiarität nicht nur gegenüber bereits vorher, sondern auch gegenüber erst nachträglich erlassenen Maßnahmen. Dies ergibt sich aus der Entstehungsgeschichte[95] und einem Vergleich mit Art. 11 Abs. 1, der ausdrücklich von bereits getroffenen Maßnahmen spricht.[96] 5

Im Unterschied zu Art. 7 ordnet Art. 9 keine Pflicht zur Verständigung der Aufenthaltsbehörden an. Als Folge der Subsidiarität entfällt die Zuständigkeit aber ähnlich wie nach Art. 7 Abs. 2, wenn eine der vorrangig zuständigen Behörden die Behörde im Belegenheitsstaat des Vermögens davon unterrichtet, dass sie eine Maßnahme erlassen hat, entschieden hat, keine Maßnahme zu erlassen, oder dass bei ihr ein Verfahren anhängig ist. 6

Art. 10 ESÜ

(1) In allen dringenden Fällen sind die Behörden jedes Vertragsstaats, in dessen Hoheitsgebiet sich der Erwachsene oder ihm gehörendes Vermögen befindet, zuständig, die erforderlichen Schutzmaßnahmen zu treffen.

(2) Maßnahmen nach Absatz 1, die in Bezug auf einen Erwachsenen mit gewöhnlichem Aufenthalt in einem Vertragsstaat getroffen wurden, treten außer Kraft, sobald die nach den Artikeln 5 bis 9 zuständigen Behörden die durch die Umstände gebotenen Maßnahmen getroffen haben.

(3) Maßnahmen nach Absatz 1, die in Bezug auf einen Erwachsenen mit gewöhnlichem Aufenthalt in einem Nichtvertragsstaat getroffen wurden, treten in jedem Vertragsstaat außer Kraft, sobald dort die durch die Umstände gebotenen und von den Behörden eines anderen Staates getroffenen Maßnahmen anerkannt werden.

(4) Die Behörden, die nach Absatz 1 Maßnahmen getroffen haben, haben nach Möglichkeit die Behörden des Vertragsstaats des gewöhnlichen Aufenthalts des Erwachsenen von den getroffenen Maßnahmen zu unterrichten.

93 *Lagarde*, Bericht, Rn 75.
94 *Guttenberger*, S. 110; *Siehr*, RabelsZ 64 (2000), 715, 734; Staudinger/*von Hein* (2008), Vor Art. 24 Rn 115.
95 *Lagarde*, Bericht, Rn 76 Fn 50.
96 Staudinger/*von Hein* (2008), Vor Art. 24 Rn 117.

A. Regelungsgegenstand

1 Art. 10 enthält eine konkurrierende Zuständigkeit der Behörden des Vertragsstaats, in dem sich der Erwachsene oder ihm gehörendes Vermögen befindet. Voraussetzung ist, dass es sich um einen dringenden Fall handelt. Art. 10 entspricht bis auf Abs. 4 fast vollständig der Regelung in Art. 11 KSÜ.

2 Der **räumlich-persönliche Anwendungsbereich** ist gegeben, wenn sich der Erwachsene oder ihm gehörendes Vermögen in einem Vertragsstaat befindet. Wie sich aus Abs. 3 ergibt, ist nicht erforderlich, dass der Erwachsene seinen gewöhnlichen Aufenthalt in einem anderen Vertragsstaat hat. In Eilfällen soll ein Tätigwerden nicht davon abhängen, dass erst der gewöhnliche Aufenthalt des Erwachsenen ermittelt werden muss.[97] Bei gewöhnlichem Aufenthalt in einem Nicht-Vertragsstaat verdrängt das ESÜ nicht eine weitergehende Eilzuständigkeit nach autonomem Recht (etwa § 104 FamFG).[98] Die Subsidiaritätsregel in Abs. 2 und die Unterrichtungspflicht nach Abs. 4 setzen allerdings voraus, dass der Erwachsene seinen gewöhnlichen Aufenthalt in einem anderen Vertragsstaat hat.[99]

B. Voraussetzungen nach Abs. 1

3 Vorliegen muss ein **dringender Fall**. Da die Dringlichkeit eine Ausnahme zu den Grundregeln der Zuständigkeit begründet, ist sie eng auszulegen. Sie ist gegeben, wenn dem Erwachsenen oder ihm gehörenden Vermögen ein nicht ausgleichbarer Schaden entstünde, wenn abgewartet würde, dass eine nach Art. 5 bis 9 zuständige Behörde tätig werde.[100] Es kommt dafür darauf an, ob aus der Sicht der befassten Behörde ein rechtzeitiges Eingreifen einer nach Art. 5 bis 9 zuständigen Behörde möglich und zu erwarten ist.[101] Eine Pflicht zur vorherigen Unterrichtung der Aufenthaltsbehörde sieht Art. 10 nicht vor und folgt auch nicht aus der allgemeinen Pflicht zur Zusammenarbeit nach Art. 29.[102] Sie würde das gebotene unverzügliche Tätigwerden behindern.

4 Im Bericht werden als Beispiele die Erlaubnis zu einem lebensrettenden chirurgischen Eingriff und die Veräußerung von Vermögensgegenständen, die vom Verfall bedroht sind, genannt. Kein dringender Fall sei bei der Schwangerschaft einer behinderten Frau im Hinblick auf die Genehmigung eines Schwangerschaftsabbruchs gegeben, wenn keine unmittelbare Gefahr droht.[103]

5 Voraussetzung für die Eilzuständigkeit ist außerdem entweder der **schlichte Aufenthalt** des Erwachsenen oder die **Belegenheit von Vermögen** in dem Staat, dessen Behörden tätig werden wollen. Wenn eine der beiden Alternativen gegeben ist, besteht bei Dringlichkeit eine **sachlich umfassende Zuständigkeit** für Schutzmaßnahmen. Die Zuständigkeit ist in keiner der beiden Alternativen nur auf Maßnahmen zum Schutz der Person oder nur solchen zum Schutz des belegenen Vermögens beschränkt.[104] In der Praxis wird die erforderliche Dringlichkeit aber bei Maßnahmen zum Schutz der Person nur gegeben sein, wenn sich die Person im Staat der Behörde befindet, die nach Art. 10 tätig werden will. Denkbar ist aber, dass Dringlichkeit für eine vermögensschützende Maßnahme nicht nur zum Schutz des inländischen, sondern auch für das in einem anderen Staat belegene Vermögen gegeben ist.[105]

6 Die Zuständigkeit ist nicht auf vorläufige Maßnahmen beschränkt, sondern trägt auch den Erlass von **endgültigen Maßnahmen**, wenn insoweit die Dringlichkeit gegeben ist.[106]

C. Subsidiarität bei gewöhnlichem Aufenthalt in einem Vertragsstaat, Abs. 2

7 Abs. 2 regelt die Subsidiarität der nach Abs. 1 getroffenen Eilmaßnahmen, wenn der Erwachsene seinen gewöhnlichen Aufenthalt in einem anderen Vertragsstaat hat und daher die Zuständigkeitsregeln nach Art. 5 bis 9 anwendbar sind. Die nach Abs. 1 getroffenen Eilmaßnahmen treten außer Kraft, sobald eine nach Art. 5 bis 9 zuständige Behörde eine **zeitlich später**, durch die Umstände gebotene Maßnahme getroffen hat.

97 *Guttenberger*, S. 116, 715, 734; Staudinger/*von Hein* (2008), Vor Art. 24 Rn 119.
98 *Lagarde*, Bericht, Rn 89; Staudinger/*von Hein* (2008), Vor Art. 24 Rn 119.
99 Staudinger/*von Hein* (2008), Vor Art. 24 Rn 119.
100 *Lagarde*, Bericht, Rn 78; *Guttenberger*, S. 114.
101 Staudinger/*von Hein* (2008), Vor Art. 24 Rn 120.
102 *Lagarde*, Bericht, Rn 82; Staudinger/*von Hein* (2008), Vor Art. 24 Rn 120.
103 *Lagarde*, Bericht, Rn 78; s. auch *Guttenberger*, S. 114 f; Staudinger/*von Hein* (2008), Vor Art. 24 Rn 120.
104 Staudinger/*von Hein* (2008), Vor Art. 24 Rn 121.
105 *Lagarde*, Bericht, Rn 79.
106 Staudinger/*von Hein* (2008), Vor Art. 24 Rn 125.

Eine Regelung für das Verhältnis zu bereits **früher erlassenen Schutzmaßnahmen** der nach Art. 5 bis 9 zuständigen Behörden enthält Abs. 2 nicht. Sie ist auch nicht notwendig. Ist eine Maßnahme bereits erlassen, die dem Schutzbedürfnis Rechnung trägt, fehlt es an der Dringlichkeit für den Erlass einer Eilmaßnahme nach Abs. 1. Wird dem dringenden Schutzbedürfnis durch eine frühere Maßnahme nicht Rechnung getragen, so bleibt Raum für den Erlass einer Eilmaßnahme. Als Beispiel wird genannt, dass der bestellte Betreuer nicht erreichbar ist, aber der dringende Bedarf für die Zustimmung zu einer Operation besteht.[107] 8

D. Subsidiarität bei gewöhnlichem Aufenthalt in einem Nicht-Vertragsstaat, Abs. 3

Abs. 3 regelt die Frage der Weitergeltung einer in einem dringenden Fall getroffenen Eilmaßnahme, wenn der Erwachsene seinen gewöhnlichen Aufenthalt in einem Nicht-Vertragsstaat hat. Das ESÜ regelt nicht, unter welchen Voraussetzungen die Behörden von Nicht-Vertragsstaaten zuständig sind. Auch kann es nicht regeln, ob die aufgrund von Art. 10 Abs. 1 erlassene Eilmaßnahme dort anerkannt wird. Abs. 3 bestimmt nur, dass der Erlass einer Eilmaßnahme nach Abs. 1 die anderen Vertragsstaaten nicht daran hindert, Schutzmaßnahmen, die zu demselben Fall in einem Nicht-Vertragsstaat ergehen, anzuerkennen. Können diese Maßnahmen nach dem autonomen Recht eines Vertragsstaates anerkannt werden, so gehen sie der aufgrund von Art. 11 Abs. 1 erlassenen Eilmaßnahme vor.[108] 9

E. Unterrichtungspflicht, Abs. 4

Hat der Erwachsene seinen gewöhnlichen Aufenthalt in einem Vertragsstaat, ist die Behörde, die in einem dringenden Fall eine Eilmaßnahme erlassen hat, verpflichtet, die Behörde im Staat des gewöhnlichen Aufenthalts hiervon nachträglich zu unterrichten. Die Unterrichtungspflicht ist Ausdruck des Vorrangs des Staates des gewöhnlichen Aufenthalts; sie soll diesen ermöglichen, abschließende Regelungen zu treffen.[109] Sie ist gegenüber der vergleichbaren Unterrichtungspflicht nach Art. 7 Abs. 1 aber deutlich abgeschwächt.[110] 10

Da es sich um Eilmaßnahmen in dringenden Fällen handelt, besteht keine Pflicht zur vorherigen Unterrichtung. Außerdem besteht die Unterrichtungspflicht unter dem Vorbehalt der Möglichkeit. Dies bezieht sich wohl vor allem darauf, wie schnell nach Erlass die Behörde am gewöhnlichen Aufenthalt unterrichtet werden muss. 11

Art. 11 ESÜ

(1) Ausnahmsweise sind die Behörden des Vertragsstaats, in dessen Hoheitsgebiet sich der Erwachsene befindet, nach Verständigung der nach Artikel 5 zuständigen Behörden zuständig, zum Schutz der Person des Erwachsenen auf das Hoheitsgebiet dieses Staates beschränkte Maßnahmen vorübergehender Art zu treffen, soweit sie mit den Maßnahmen vereinbar sind, die von den nach den Artikeln 5 bis 8 zuständigen Behörden bereits getroffen wurden.

(2) Maßnahmen nach Absatz 1, die in Bezug auf einen Erwachsenen mit gewöhnlichem Aufenthalt in einem Vertragsstaat getroffen wurden, treten außer Kraft, sobald die nach den Artikeln 5 bis 8 zuständigen Behörden eine Entscheidung über die Schutzmaßnahmen getroffen haben, die durch die Umstände geboten sein könnten.

A. Regelungsgegenstand

Art. 11 begründet eine konkurrierende Zuständigkeit der Behörden des Vertragsstaates, in dem sich der Erwachsene vorübergehend aufhält, zum Erlass vorübergehender Maßnahmen, die auf das Hoheitsgebiet dieses Staates beschränkt sind. Art. 11 ist Art. 12 KSÜ nachgebildet, anders als dieser aber auf Maßnahmen zum Schutz der Person begrenzt. Die Belegenheit des Vermögens in einem Vertragsstaat eröffnet nach Art. 9 eine eigenständige originäre Zuständigkeit für Maßnahmen zum Schutz dieses Vermögens, die im KSÜ so nicht vorgesehen ist. 1

107 Staudinger/*von Hein* (2008), Vor Art. 24 Rn 122; s. auch *Guttenberger*, S. 117.

108 *Lagarde*, Bericht, Rn 81; Staudinger/*von Hein* (2008), Vor Art. 24 Rn 123.

109 Staudinger/*von Hein* (2008), Vor Art. 24 Rn 126.

110 *Lagarde*, Bericht, Rn 82.

2 Anders als nach Art. 10 ist eine Dringlichkeit der Maßnahme nicht erforderlich. Gedacht ist diese Zuständigkeit vor allem für medizinische Maßnahmen, zeitweilige Unterbringungen oder Umgangsregelungen,[111] deren Erlass zwar nicht im Sinne von Art. 10 dringlich ist, deren zeitnaher Erlass aber im Interesse des Erwachsenen liegt. Die Behörden des Staates, in dem sich der Erwachsene zwar nicht gewöhnlich, aber doch auch nicht nur ganz kurz aufhält, können für solche Maßnahmen im Einzelfall am besten geeignet sein.

3 Streitig ist, ob der **räumlich-persönliche Anwendungsbereich** voraussetzt, dass der Erwachsene seinen gewöhnlichen Aufenthalt in einem anderen Vertragsstaat hat. Dafür spricht, dass die Unterrichtungspflicht ansonsten leerlaufen würde und dass Art. 11 anders als Art. 10 Abs. 3 und Art. 12 Abs. 3 KSÜ keine Regelung der Subsidiarität für den Fall enthält, dass der gewöhnliche Aufenthalt in einem Nichtvertragsstaat liegt.[112]

4 Dagegen spricht, dass Art. 11 Abs. 2 ähnlich wie Art. 10 Abs. 2 das Subsidiaritätsverhältnis speziell für den Fall regelt, dass der Erwachsene seinen gewöhnlichen Aufenthalt in einem anderen Vertragsstaat hat. Die ausdrückliche Begrenzung der Subsidiarität auf den Fall, dass der Erwachsene seinen gewöhnlichen Aufenthalt in einem Vertragsstaat hat, wäre nicht notwendig, wenn Art. 11 Abs. 1 überhaupt nur auf diesen Fall anwendbar wäre.[113]

5 Außerdem ist eine Regelung des Subsidiaritätsverhältnisses für den Fall, dass der Erwachsene seinen gewöhnlichen Aufenthalt in einem Nicht-Vertragsstaat hat, anders als bei Art. 10 entbehrlich.[114] Die Maßnahme ist auf das Hoheitsgebiet des Staates beschränkt, dessen Behörde die Maßnahme erlassen hat.[115] Es kommt daher nur darauf an, ob dieser Staat die Maßnahme, die in einem Nichtvertragsstaat ergangen ist, anerkennt. Art. 11 muss daher auch anwendbar sein, wenn der Erwachsene seinen gewöhnlichen Aufenthalt in einem Nicht-Vertragsstaat hat.

B. Voraussetzungen

6 Der Erwachsene muss sich im Hoheitsgebiet des Vertragsstaats befinden, ohne dort seinen gewöhnlichen Aufenthalt zu haben.

7 Die Behörde, die eine Maßnahme aufgrund von Art. 11 erlassen will, muss die Behörden im Staat des gewöhnlichen Aufenthalts vor Erlass einer Maßnahme unterrichten. Nach dem Zweck dieser Unterrichtungspflicht muss die Unterrichtung so rechtzeitig erfolgen, dass die Behörde im Staat des gewöhnlichen Aufenthalts noch reagieren kann, bevor, die Maßnahme im Staat des schlichten Aufenthalts erlassen wird. Die bloße vorherige Unterrichtung reicht aus. Es ist anders als bei Art. 8 nicht erforderlich, dass die nach Art. 5 zuständige Behörde ihre Zustimmung erklärt.

C. Vorübergehende Maßnahme

8 Zulässig sind nur Maßnahmen zum Schutz der Person des Erwachsenen. Diese Maßnahmen müssen vorübergehender Art sein. Dazu gehören Maßnahmen, die keine endgültigen Auswirkungen haben, sondern nach Zeitablauf schlicht entfallen, wie etwa die vorübergehende Unterbringung in einer Klinik oder die Verabreichung schmerzlindernder Mittel. Sicherlich nicht unter Art. 11 fallen schwerwiegende endgültige medizinische Eingriffe, wie etwa der Schwangerschaftsabbruch, die Amputation von Gliedmaßen oder die Sterilisation.[116]

9 Streitig ist, ob die Zulassung weniger schwerwiegender medizinischer Eingriffe, die für sich aber endgültig sind, wie etwa die Extraktion eines Zahnes oder die Entfernung eines Abszesses, noch als Maßnahme vorübergehender Art einzuordnen sind.[117] Dagegen spricht, dass sie für sich betrachtet nicht reversibel sind; der Abszess ist entfernt, der Zahn gezogen.[118] Diese Betrachtung ist aber zu eng. Entscheidend ist, ob der medizinische Eingriff keine bleibenden negativen Auswirkungen auf den betroffenen Erwachsenen haben wird.[119] Der Erwachsene hat ein Interesse daran, dass die Behandlung von Leiden, welche die Lebensqualität beeinträchtigen, zeitnah vorgenommen wird. Wenn solche Fälle aus dem Anwendungsbereich von Art. 11 herausgenommen würden, hätte dies in der Praxis zur Folge, dass diese Fälle vermehrt über Art. 10 durch ein extensiveres Verständnis der Dringlichkeit gelöst würden.

10 Es erscheint nun aber sinnvoll, Art. 10 restriktiv anzuwenden und nicht auf Fälle zu erweitern, für die Art. 11 die angemessene Regelung enthält. Hier ist insbesondere von Bedeutung, dass nach Art. 11 eine Pflicht zur Unterrichtung der nach Art. 5 zuständigen Behörde besteht. Damit ist in diesen Fällen ein angemessener Aus-

111 *Lagarde*, Bericht, Rn 84.
112 Staudinger/*von Hein* (2008), Vor Art. 24 Rn 128.
113 *Lagarde*, Bericht, Rn 85, 89; *Guttenberger*, S. 122; *Bucher*, SZIER 2000, 37, 49 Fn 16.
114 Ähnlich *Lagarde*, Bericht, Rn 85.
115 *Guttenberger*, S. 122.
116 Staudinger/*von Hein* (2008), Vor Art. 24 Rn 130.
117 Dafür *Bucher*, SZIER 2000, 37, 49.
118 So Staudinger/*von Hein* (2008), Vor Art. 24 Rn 130.
119 *Guttenberger*, S. 121 f.

gleich der Interessen an einer zügigen Entscheidung im Staat des schlichten Aufenthalts und einer Beachtung des Vorrangs der nach Art. 5 zuständigen Behörde erreichbar. Nur bei Art. 11, nicht aber bei Art. 10, sind die Maßnahmen zu beachten, die von den nach Art. 5 bis 8 zuständigen Behörden bereits getroffen worden sind. Die Behörden am schlichten Aufenthalt werden von solchen Maßnahmen oft erst Kenntnis erlangen, wenn sie die nach Art. 5 zuständige Behörde von der beabsichtigten Maßnahme unterrichten.

Die Maßnahme muss sich territorial auf das Hoheitsgebiet des Staates, in dem sich der Erwachsene befindet und dessen Behörde tätig wird, beschränken. Angeordnet werden kann daher nur die vorübergehende Unterbringung des Erwachsenen in einer Einrichtung dieses Staates oder die Vornahme eines medizinischen Eingriffs, der in diesem Staat durchgeführt wird.[120] **11**

D. Subsidiarität

Die Vorschrift zur Subsidiarität in Abs. 2 entspricht weitgehend der vergleichbaren Regelung in Art. 10 Abs. 2 und greift ein, wenn der Erwachsene seinen **gewöhnlichen Aufenthalt in einem anderen Vertragsstaat** hat. Anders als bei dringenden Fällen ist aber bei Maßnahmen nach Art. 11 denkbar, dass die nach Art. 5 bis 8 zuständige Behörde entscheidet, dass eine solche Maßnahme überhaupt nicht erforderlich ist. Auch eine solche Entscheidung geht der Maßnahme nach Abs. 1 vor. **12**

Wenn der Erwachsene seinen **gewöhnlichen Aufenthalt in einem Nicht-Vertragsstaat** hat, kann ein Vertragsstaat dennoch seine Zuständigkeit auf Art. 11 Abs. 1 stützen, (zu dieser Streifrage oben Rn 3-5). Da die Maßnahme territorial auf den Vertragsstaat, dessen Behörde sie erlassen hat, beschränkt ist, kommt es darauf an, ob dieser Staat die Maßnahme, die in einem Nichtvertragsstaat ergangen ist, anerkennt. Dies richtet sich nach dem autonomen Recht dieses Staates. **13**

Art. 12 ESÜ

Selbst wenn durch eine Änderung der Umstände die Grundlage der Zuständigkeit wegfällt, bleiben vorbehaltlich des Artikels 7 Absatz 3 die nach den Artikeln 5 bis 9 getroffenen Maßnahmen innerhalb ihrer Reichweite so lange in Kraft, bis die nach diesem Übereinkommen zuständigen Behörden sie ändern, ersetzen oder aufheben.

A. Regelungsgegenstand

Art. 12 ordnet an, dass eine einmal getroffene Maßnahme grundsätzlich in Kraft bleibt, auch wenn sich die Umstände verändern und nach der neuen Sachlage eine Zuständigkeit der Behörde nach Art. 5–9 nicht mehr gegeben ist. Für den Erlass von Schutzmaßnahmen sind nun zwar die Behörden eines anderen Staates zuständig. Solange diese keine eigenen Maßnahmen erlassen, bleiben die Maßnahmen in Kraft, welche die bisher zuständige Behörde erlassen hat. **Zweck** der Vorschrift ist es, sicherzustellen, dass im Interesse des Erwachsenen ein Bruch im Fortbestand des Schutzes vermieden und die Kontinuität der Schutzmaßnahmen gewährleistet wird.[121] Art. 12 entspricht Art. 14 KSÜ und ergänzt die Anerkennungspflicht der Schutzmaßnahmen in anderen Vertragsstaaten nach Art. 22. **1**

Nicht erfasst werden Maßnahmen, die aufgrund einer Zuständigkeit nach Art. 10 oder 11 erlassen wurden. Für die nach Art. 10 erlassenen dringlichen Maßnahmen gelten die Sonderregeln in Art. 10 Abs. 2 und 3, die eine grundsätzliche Fortgeltung voraussetzen.[122] Bei Art. 11 ist eine Regelung zur Fortgeltung entbehrlich, da insoweit nur Maßnahmen erlassen werden können, deren Wirkung territorial auf den Staat beschränkt ist, in dem sich der Erwachsene aufhält. Mit einem Wechsel des Aufenthalts werden die Maßnahmen gegenstandslos.[123] **2**

Die Fortgeltung ist unabhängig davon, ob nach der Veränderung der Umstände noch die **Zuständigkeit eines (anderen) Vertragsstaats** aufgrund des ESÜ gegeben ist oder nicht. Hat die Behörde des Vertragsstaats, in dem der Erwachsene seinen gewöhnlichen Aufenthalt hatte, eine Schutzmaßnahme erlassen, so bleibt diese in Kraft und ist weiterhin in allen anderen Vertragsstaaten anzuerkennen, auch wenn der Erwachsene seinen gewöhnlichen Aufenthalt in einen Nichtvertragsstaats verlegt. Ob eine Maßnahme, die von den Behörden des Staates des neuen gewöhnlichen Aufenthalts erlassen wurde, eine Abänderung der bisher fortgeltenden Maßnahme aus einem Vertragsstaat bewirkt, richtet sich nun aber nicht nach dem ESÜ, sondern nach dem Ankerkennungsrecht des jeweiligen Vertragsstaates, für den sich die Frage der Anerkennung stellt. **3**

120 S. Staudinger/*von Hein* (2008), Vor Art. 24 Rn 131.
121 *Lagarde*, Bericht, Rn 88; *Guttenberger*, S. 127.
122 Staudinger/*von Hein* (2008), Vor Art. 24 Rn 137.
123 *Guttenberger*, S. 127; Staudinger/*von Hein* (2008), Vor Art. 24 Rn 137.

B. Änderung der Umstände

4 Je nach Zuständigkeitsvorschrift führt eine Änderung anderer Umstände zu einem Wegfall der Zuständigkeit für die Zukunft. Bei Art. 5 lässt der Wechsel des gewöhnlichen Aufenthalts, bei Art. 6 der Wechsel des schlichten Aufenthalts die Zuständigkeit entfallen. Die Zuständigkeit nach Art. 7 endet, wenn der Erwachsene nicht mehr die Staatsangehörigkeit dieses Staates hat. Sie wird nicht berührt, wenn bei Mehrstaatlern die effektive Staatsangehörigkeit wechselt oder wenn der Erwachsene eine Staatsangehörigkeit hinzuerwirbt, ohne die bisherige Staatsangehörigkeit zu verlieren. Bei Art. 9 entfällt die Zuständigkeit, wenn die Vermögenswerte, auf die sich die Maßnahme bezieht, in einen anderen Staat verbracht werden.

5 Auch die Zuständigkeit nach **Art. 8**, die aufgrund eines Ersuchens der nach Art. 5 oder 6 zuständigen Aufenthaltsbehörde begründet wird, entfällt, wenn die in Art. 8 Abs. 2 lit. a bis f genannten Voraussetzungen nicht mehr vorliegen.[124] Sie geht auch nicht automatisch auf den Staat über, für den das jeweilige Anknüpfungskriterium nun zutrifft.[125] So entfällt die Zuständigkeit der Behörden des Staates, in dem die dem Erwachsene nahestehende Person nach Art. 8 lit. e ihren gewöhnlichen Aufenthalt hat, wenn die nahestehende Person ihren gewöhnlichen Aufenthalt in einen anderen Staat verlegt. Die Behörden im Staat des neuen gewöhnlichen Aufenthalts rücken aber nicht in diese Zuständigkeit ein. Voraussetzung ist vielmehr, dass die Behörden im Staat des gewöhnlichen Aufenthalts des Erwachsenen ein entsprechendes Ersuchen an die Behörden dieses Staates stellen.

C. Grenzen der Fortgeltung

6 Art. 12 stellt klar, dass die grundsätzliche Fortgeltung die Subsidiarität der Maßnahmen der Staatsangehörigkeitsbehörden nach Art. 7 Abs. 3 unberührt lässt. Die Maßnahmen gelten zwar auch bei Wechsel der Staatsangehörigkeit fort, können aber nicht nur durch die nun nach Art. 7 zuständigen Staatsangehörigkeitsbehörden, sondern zudem durch die nach Art. 5, 6 oder 8 zuständigen Behörden abgeändert werden.[126] Gleiches gilt ferner für die nicht ausdrücklich erwähnte Subsidiarität nach Art. 9.[127]

7 Die Maßnahmen bleiben nur **innerhalb ihrer Reichweite** in Kraft. Dies bedeutet, dass Maßnahmen, die ihrem Inhalt nach nur bei unveränderten Umständen gelten, durch die Änderung der Umstände gegenstandslos werden. Dies ist etwa bei der Einsetzung einer Behörde als Betreuer der Fall, die aufgrund der territorialen Beschränkung ihrer Tätigkeit diese Funktion nur ausüben kann, wenn sich der Erwachsene in dem Staat der Behörde aufhält.[128]

Kapitel III
Anzuwendendes Recht

Art. 13 ESÜ

(1) Bei der Ausübung ihrer Zuständigkeit nach Kapitel II wenden die Behörden der Vertragsstaaten ihr eigenes Recht an.
(2) Soweit es der Schutz der Person oder des Vermögens des Erwachsenen erfordert, können sie jedoch ausnahmsweise das Recht eines anderen Staates anwenden oder berücksichtigen, zu dem der Sachverhalt eine enge Verbindung hat.

A. Anwendbares Recht; Gleichlaufprinzip

1 In Übereinstimmung mit Art. 15 Abs. 1 KSÜ ordnet Art. 13 Abs. 1 den Gleichlauf von internationaler Zuständigkeit und anwendbarem Recht an. Die Behörde wendet also nicht nur das eigene Verfahrensrecht, sondern zudem das eigene materielle Recht an.

2 Sinn dieses Gleichlaufprinzips ist die Vereinfachung und Beschleunigung des Verfahrens, da die Behörde das ihr bekannte eigene Recht anwenden kann und die Ermittlung des Inhalts eines ausländischen Rechts entfällt.[129] Da die Maßnahme oft auch in dem Staat zu vollstrecken sein wird, in dem sie erlassen wurde, erleichtert

124 *Lagarde*, Bericht, Rn 88.
125 *Guttenberger*, S. 126; Staudinger/*von Hein* (2008), Vor Art. 24 Rn 137.
126 *Guttenberger*, S. 127; Staudinger/*von Hein* (2008), Vor Art. 24 Rn 136.
127 Staudinger/*von Hein* (2008), Vor Art. 24 Rn 136.
128 *Lagarde*, Bericht, Rn 88; Staudinger/*von Hein* (2008), Vor Art. 24 Rn 138, der zu Recht darauf hinweist, dass der schlichte Aufenthalt für ein Tätig werden ausreichen kann.
129 *Lagarde*, Bericht, Rn 91.

der Gleichlauf des Weiteren die Vollstreckung, da die Maßnahme inhaltlich dem Vollstreckungsrecht entspricht.[130]

3 Wird die Behörde am gewöhnlichen Aufenthalt des Erwachsenen tätig, wird damit ferner verwirklicht, dass ein sachnahes Recht Anwendung findet.[131] Der Gleichlauf gilt aber nicht nur für die Aufenthaltszuständigkeit, sondern auch für alle anderen Zuständigkeiten, dh auch dann, wenn der Erwachsene zumindest bisher keine engere Beziehung zu dieser Rechtsordnung hat, etwa wenn nach Art. 8 Abs. 2 lit. e die Behörde des Staates tätig wird, in dem eine dem Erwachsenen nahestehende Person ihren gewöhnlichen Aufenthalt hat.

B. Ausweichklausel

4 Abs. 2 ermöglicht es den Behörden, ausnahmsweise das Recht eines anderen Staates anzuwenden oder zu berücksichtigen, zu dem der Sachverhalt eine enge Verbindung hat. Nach Art. 18 gilt dies nicht nur für das Recht eines anderen Vertragsstaates, sondern auch für das eines Nicht-Vertragsstaates.[132] Eine entsprechende Ausweichklausel enthält auch Art. 15 Abs. 2 KSÜ.

5 Anders als Ausweichklauseln in anderen Kollisionsnormen, etwa in den Artikeln 4 Abs. 3 der Rom I-VO und der Rom II-VO, dient die Ausweichklausel nicht dazu ein sachnäheres Recht zur Anwendung zu berufen. Der Zweck besteht vielmehr darin, den Schutz des Erwachsenen materiell zu verbessern.[133] Dementsprechend nennt Art. 13 Abs. 2 als Voraussetzung, dass die Anwendung oder Berücksichtigung des anderen Rechts zum Schutz des Erwachsenen erforderlich sein muss. Die Ausweichklausel soll daher nicht herangezogen werden, um das Recht am gewöhnlichen Aufenthalt des Erwachsenen als räumlich nächstes Recht anzuwenden, wenn die Behörde eines anderen Staates eine Maßnahme erlässt.[134]

6 Die Anwendung oder Berücksichtigung des fremden Rechts kommt vor allem dann in Betracht, wenn die Maßnahme dadurch (besser) verwirklicht werden kann. Beispiele sind die Erteilung der Genehmigung an einen Vormund, einen Gegenstand zu veräußern, wenn diese Genehmigung nur nach dem Recht des Staates erforderlich ist, in dem der Gegenstand belegen ist und in dem die Veräußerung vorgenommen werden soll.[135] Auch kann es bei einem geplanten Aufenthaltswechsel des Erwachsenen ratsam sein, die Schutzmaßnahme dem neuen Aufenthaltsrecht entsprechend anzuordnen.[136]

7 Das ausländische Recht kann angewandt oder aber auch nur berücksichtigt werden. Dies ermöglicht der Behörde ein flexibles Vorgehen. Die bloße Berücksichtigung vermindert den Aufwand, der für die Ermittlung des Inhalts der ausländischen Rechtsordnung notwendig ist. Die Maßnahme kann grundsätzlich unter Anwendung der lex fori erlassen werden und es erfolgt nur eine Ergänzung, die den Erfordernissen des ausländischen Rechts Rechnung trägt.

8 Aus der Wendung „Soweit" ergibt sich, dass das ausländische Recht nicht nur auf die gesamte Schutzmaßnahme, sondern auch nur auf eine abtrennbare Teilfrage angewandt werden kann.[137]

9 Die Ausweichklausel ist als Ausnahmevorschrift konzipiert. In der Praxis dürfte aber keine Gefahr bestehen, dass sie von den Behörden extensiv angewandt wird. Die Beteiligten können bei der Behörde anregen, ausländisches Recht anzuwenden oder zu berücksichtigen. Die Möglichkeit einer Rechtswahl wird dadurch nicht eröffnet.[138] Der Behörde steht insoweit vielmehr ein Ermessen zu. Nur in seltenen Situationen ist es denkbar, dass eine Entscheidung erfolgreich angefochten werden kann, weil die Behörde von der Möglichkeit, ausländisches Recht anzuwenden oder zu berücksichtigen, nicht Gebrauch gemacht hat, obwohl dies zum Schutz der Person oder des Vermögens des Erwachsenen erforderlich war.

Art. 14 ESÜ

Wird eine in einem Vertragsstaat getroffene Maßnahme in einem anderen Vertragsstaat durchgeführt, so bestimmt das Recht dieses anderen Staates die Bedingungen, unter denen sie durchgeführt wird.

A. Regelungsgegenstand

1 Aufgrund der vielfältigen Zuständigkeiten nach Art. 5 bis 10 kann es in vielen Fällen dazu kommen, dass die Behörden eines Staates eine Maßnahme erlassen, die Durchführung der Maßnahme aber in einem anderen

130 *Lagarde*, Bericht, Rn 91.
131 Staudinger/*von Hein* (2008), Vor Art. 24 Rn 140.
132 *Siehr*, RabelsZ 64 (2000), 715, 737.
133 *Lagarde*, Bericht, Rn 92; Staudinger/*von Hein* (2008), Vor Art. 24 Rn 154.
134 Staudinger/*von Hein* (2008), Vor Art. 24 Rn 150.
135 *Lagarde*, Bericht, Rn 92; *Guttenberger*, S. 145.
136 *Guttenberger*, S. 144.
137 Staudinger/*von Hein* (2008), Vor Art. 24 Rn 149.
138 Staudinger/*von Hein* (2008), Vor Art. 24 Rn 153.

Staat erfolgen muss. Art. 14 ordnet an, dass sich die Bedingungen, unter denen sie durchgeführt werden, nicht nach dem Recht, das ihrem Erlass zugrundelegt wurde, sondern nach dem Recht des Staates richtet, in dem die Durchführung erfolgt.

2 Zweck der Vorschrift sind zum einen Praktikabilitätserwägungen. Müssen Behörden für die Durchführung eingeschaltet werden, so können sie bei der Durchführung ihr eigenes Recht anwenden.[139] Zum anderen schützt die Vorschrift die Staaten mit strengen Durchführungsvorschriften. Diese bleiben auch bei einer in einem anderen Vertragsstaat erlassenen Maßnahme anwendbar, wenn die Maßnahme in diesem Staat durchgeführt wird.[140] Gleichzeitig wird dadurch ausgeschlossen, dass der Durchführungsstaat die Maßnahme im Hinblick auf die Durchführungsbestimmungen wegen Unvereinbarkeit mit dem ordre public nicht anerkennt oder aber abändert.[141]

3 Räumlich-persönlich ist die Vorschrift auf alle Fälle anwendbar, in dem die in einem Vertragsstaat ergangenen Maßnahmen in einem anderen Vertragsstaat durchzuführen sind.[142] Anders als bei Art. 15 Abs. 3 KSÜ kommt es für Art. 14 also nicht auf den Wechsel des gewöhnlichen Aufenthalts an.

B. Bedingungen der Durchführung

4 Mangels Rechtsprechung ist noch wenig geklärt, was im Einzelnen unter die Bedingungen der Durchführung fällt und was als Inhalt der Maßnahme dem Recht unterstellt bleibt, das bei Erlass angewandt wurde.[143] Der Begriff der Bedingungen der Durchführung sollte weit ausgelegt werden.[144] Zu den Bedingungen der Durchführung wird die Notwendigkeit behördlicher Genehmigungen für Maßnahmen eines Betreuers oder Vormunds gezählt. Diese sind etwa häufig für Grundstückgeschäfte vorgesehen. Ähnliche Genehmigungsvorbehalte können aber auch bei anderen weitreichenden Entscheidungen des Betreuers, etwa bei medizinischen Eingriffen bestehen. Im deutschen Recht sind dies etwa die nach §§ 1904–1908 BGB erforderlichen Genehmigungen des Betreuungsgerichts.[145]

5 Auch die Regelungen zur Vergütung, zu den Rechten und Pflichten und zur Haftung des Betreuers, Vormunds oder Pflegers werden zu den Bedingungen der Durchführung gezählt.[146] Im Einzelnen wird man hier aber differenzieren müssen. Die Vergütung richtet sich nur dann nach dem Durchführungsstaat, wenn der Betreuer dort allgemein tätig wird, etwa weil der Erwachsene und der Betreuer dort ihren gewöhnlichen Aufenthalt haben, die Bestellung des Betreuers aber von den Behörden eines anderen Vertragsstaats, etwa denen des früheren gewöhnlichen Aufenthalts, ausgesprochen wurde. Nimmt der Betreuer in einem anderen Staat ein einzelnes Grundstückgeschäft für den Betreuten vor, so richtet sich die Notwendigkeit einer behördlichen Genehmigung nach dem Recht des Staates, in dem das Geschäft durchgeführt wird, also meist dem Belegenheitsort des Vermögens. Die Vergütung des Betreuers richtet sich aber in diesen Fällen weiterhin nur nach dem Recht des Vertragsstaates, in dem der Erwachsene und der Betreuer ihren gewöhnlichen Aufenthalt haben.

6 Strittig ist, ob sich die Notwendigkeit einer behördlichen Genehmigung für das Tätigwerden des Vormunds, Pflegers oder Betreuers auch aus dem Recht, nach dem die Bestellung erfolgte, ergeben kann oder ob sich Genehmigungserfordernisse nur nach dem Recht des Durchführungsstaates richten. Die Berücksichtigung der Genehmigungserfordernisse des Erlassrechts führt zu einer Kumulation der Genehmigungserfordernisse. Die dadurch eintretende Erschwernis ist aber notwendig, um im Interesse des Erwachsenen Schutzlücken zu vermeiden. Das Erfordernis einer Genehmigung kann als wesentlicher Bestandteil für das Bestehen der Vertretungsmacht des Betreuers, Vormunds oder Pflegers nach dem Recht des Erlassstaats angesehen werden.[147] Die Kontrolle und Beaufsichtigung des Betreuers kann in verschiedenen Rechtsordnungen unterschiedlich ausgestaltet sein, ihren Schwerpunkt bei der Kontrolle einzelner Maßnahmen haben oder aber laufend durch eine allgemeine Kontrolle erfolgen.

7 Eine Bestätigung findet diese Ansicht auch in der Regelung nach Art. 38.[148] Die danach mögliche Bescheinigung kann nur die Befugnisse enthalten, die nach dem Bestellungsrecht vorgesehen sind. Genehmigungserfordernisse für bestimmte Geschäfte sind in der Bescheinigung aufzunehmen und können daher auch in anderen Vertragsstaaten beachtet werden.

139 Staudinger/*von Hein* (2008), Vor Art. 24 Rn 154.
140 *Guttenberger*, S. 149.
141 Staudinger/*von Hein* (2008), Vor Art. 24 Rn 154.
142 Staudinger/*von Hein* (2008), Vor Art. 24 Rn 155.
143 S. *Bucher*, SZIER 2000, 37, 50; *Guttenberger*, S. 146 ff; *Siehr*, RabelsZ 64 (2000), 715, 737 f; Staudinger/*von Hein* (2008), Vor Art. 24 Rn 158 ff.
144 *Lagarde*, Bericht, Rn 94.
145 Staudinger/*von Hein* (2008), Vor Art. 24 Rn 159.
146 Staudinger/*von Hein* (2008), Vor Art. 24 Rn 162.
147 *Lagarde*, Bericht, Rn 94; dafür auch *Bucher*, SZIER 2000, 37, 50; *Guttenberger*, S. 150 f; aA Staudinger/*von Hein* (2008), Vor Art. 24 Rn 161.
148 S. dazu auch *Lagarde*, Bericht, Rn 94 aE.

Art. 15 ESÜ

(1) Das Bestehen, der Umfang, die Änderung und die Beendigung der von einem Erwachsenen entweder durch eine Vereinbarung oder ein einseitiges Rechtsgeschäft eingeräumten Vertretungsmacht, die ausgeübt werden soll, wenn dieser Erwachsene nicht in der Lage ist, seine Interessen zu schützen, werden vom Recht des Staates bestimmt, in dem der Erwachsene im Zeitpunkt der Vereinbarung oder des Rechtsgeschäfts seinen gewöhnlichen Aufenthalt hatte, es sei denn, eines der in Absatz 2 genannten Rechte wurde ausdrücklich schriftlich gewählt.

(2) Die Staaten, deren Recht gewählt werden kann, sind

a) ein Staat, dem der Erwachsene angehört;

b) der Staat eines früheren gewöhnlichen Aufenthalts des Erwachsenen;

c) ein Staat, in dem sich Vermögen des Erwachsenen befindet, hinsichtlich dieses Vermögens.

(3) Die Art und Weise der Ausübung einer solchen Vertretungsmacht wird vom Recht des Staates bestimmt, in dem sie ausgeübt wird.

A. Regelungsgegenstand

Art. 15 ist eine Sonderregel zur Bestimmung des anwendbaren Rechts, wenn der Erwachsene selbst eine Vorsorgevollmacht für den Fall seines Fürsorgebedarfs angeordnet hat. Rechtsvergleichend ist im materiellen Recht eine Tendenz festzustellen, die Selbstbestimmung hilfsbedürftiger Erwachsener zu stärken. Die Möglichkeit für den Fall späteren Fürsorgebedarfs einen Vertreter zu bestimmen, ist ein zentrales Mittel, um dies zu erreichen.[149] Art. 15 trägt diesem Anliegen Rechnung, indem es für eine solche Vorsorgevollmacht in Abs. 2 eine Rechtswahlmöglichkeit eröffnet. Mangels Rechtswahl kommt das Recht des Staates zur Anwendung, in dem der Erwachsene bei der Bestellung der Vollmacht seinen gewöhnlichen Aufenthalt hatte, Abs. 1. Dadurch wird erreicht, dass die anwendbare Rechtsordnung bei Begründung feststeht. Unsicherheiten aufgrund eines Statutenwechsels werden vermieden. 1

Die Vorschrift unterscheidet zwischen zwei Regelungsbereichen. Die Rechtswahl nach Abs. 2 bzw. die objektive Anknüpfung nach Abs. 1 gelten für alle Rechtsfragen, die das Bestehen, den Umfang und die Beendigung der Vorsorgevollmacht betreffen. Die Rechtsfragen, welche die Art und Weise der Ausübung der Vorsorgevollmacht betreffen, unterliegen demgegenüber nach Abs. 3 dem Recht des Staates, in dem die Vollmacht ausgeübt wird. 2

Ergänzt wird Art. 15 durch die Regelung in Art. 16, nach der die zuständige Behörde die Vorsorgevollmacht zum Schutz des Erwachsenen abändern oder aufheben kann. Eine Regelung zum Verkehrsschutz enthält Art. 17. 3

Da die kollisionsrechtlichen Vorschriften des ESÜ als loi uniforme ausgestaltet sind (Art. 18), setzt der **räumlich-persönliche Anwendungsbereich** von Art. 15 nicht voraus, dass der Erwachsene seinen gewöhnlichen Aufenthalt in einem Vertragsstaat hat oder das Recht eines Vertragsstaats gewählt hat. Art. 15 ist immer anwendbar, wenn sich in einem Vertragsstaat eine Rechtsfrage in Bezug auf eine solche Vollmacht stellt.[150] 4

Zeitlich gilt Art. 15 mit dem Inkrafttreten des ESÜ nach Art. 50 Abs. 3 auch für zuvor erteilte Vollmachten, wenn diese unter Bedingungen erteilt wurden, die denen des Art. 15 entsprechen. Eine danach wirksame Rechtswahl muss schriftlich erfolgt sein und eine der in Abs. 2 genannten Rechtsordnungen bestimmen. Aus deutscher Sicht ist damit seit 1.1.2009 für solche Vollmachten Art. 15 anwendbar.[151] 5

149 S. dazu *Röthel*, FamRZ 2004, 999, 1002 ff; *dies.*, FPR 2007, 79; *Spickhoff*, AcP 208 (2008), 345, 399 ff; *Affolter*, Die Aufwertung der Selbstbestimmung im neuen Erwachsenenschutzrecht, AJP/PJA 2006, 1057, 1060 (zum Schweizer Recht).

150 *Guttenberger*, S. 154; Staudinger/*von Hein* (2008), Vor Art. 24 Rn 170; *Wedemann*, FamRZ 2010, 785, 787.

151 Staudinger/*von Hein* (2008), Vor Art. 24 Rn 171; dort auch Rn 172 f zu den möglichen Folgen des Statutenwechsels und zur Behandlung von Vollmachten, die nicht entsprechend den Bedingungen von Art. 15 erteilt wurden; s. hierzu auch *Wedemann*, FamRZ 2010, 785, 787.

B. Erfasste Vollmachten

6 Erfasst werden nur solche Vollmachten, die ausgeübt werden sollen, wenn der Erwachsene nicht in der Lage ist, seine Interessen zu schützen. Die Unfähigkeit, die eigenen Interessen zu schützen, muss iSv Art. 1 Abs. 1 auf einer Beeinträchtigung oder Unzulänglichkeit der persönlichen Fähigkeiten des betroffenen Erwachsenen beruhen. Art. 15 gilt daher nicht bei Vollmachten, die für Fälle einer längeren Abwesenheit oder eines Gefängnisaufenthalts erteilt werden.[152] Möglich ist auch, dass der Erwachsene selbst formale Anforderungen festlegt, die für das Wirksamwerden der Vollmacht vorliegen müssen. So kann er bestimmen, dass die Unfähigkeit, die eigenen Interessen wahrzunehmen, von einem (bestimmten) Arzt bestätigt worden sein muss.[153]

7 Fraglich ist, ob die Regelung für Vollmachten gilt, die den Bevollmächtigten zur Vertretung des Erwachsenen bereits sofort und nicht erst für den Fall der Urteilsunfähigkeit berechtigen. Für die Zeit bis Eintritt der Urteilsunfähigkeit ist Art. 15 sicherlich nicht anwendbar. Art. 15 kann aber ab Eintritt der Urteilsunfähigkeit anwendbar werden, wenn die Vollmacht gerade auch für diesen Fall gelten soll. Ob die Vollmacht einen solchen Inhalt hat, ist durch Auslegung zu ermitteln. Das auf die Vollmacht anwendbare Recht bestimmt sich bis zum Eintritt der Urteilsunfähigkeit nach autonomem IPR bzw. nach dem Haager Vertretungsübereinkommen von 1978.[154] Für die Zeit nach Eintritt der Urteilsunfähigkeit gilt hingegen Art. 15.[155] Nach dem gemäß Art. 15 anwendbaren Recht müssen sich zudem die Maßstäbe für die Auslegung und die Zulässigkeit einer solchen weitergeltenden Vollmacht richten.

8 Für Art. 15 ist es unerheblich, ob die Vollmacht durch einseitiges Rechtsgeschäft oder aufgrund einer Vereinbarung begründet worden ist. Ob das eine oder das andere notwendig ist, richtet sich nach dem durch Art. 15 zur Anwendung berufenen Recht.

9 Art. 15 gilt nur für die Fälle, in denen der Erwachsene einer anderen Person **Vertretungsmacht** einräumt. Diese kann sich auf vermögensrechtliche und/oder die persönlichen Belange des betroffenen Erwachsenen beziehen. Möglich ist, dass die Vertretungsmacht nur für einen Teilbereich erteilt wird. Erfasst werden etwa Anordnungen, in denen der Erwachsene bestimmt, wer ihn bei Entscheidungen zu ärztlichen Behandlungen vertreten soll. Eine solche Anordnung kann konkrete Anweisungen enthalten, wie die Vertretungsmacht ausgeübt werden muss. Kein Fall von Art. 15 liegt aber bei einer **reinen Patientenverfügung** vor, in denen der Betroffene nur Anweisungen im Hinblick auf gewünschte und nicht gewünschte medizinische Behandlungen gibt, aber keine konkrete Person benennt, die ihn insoweit vertreten soll.[156]

10 Nicht erfasst werden ferner die Fälle, bei denen der Erwachsene nur einen Vorschlag macht, welche Person als Betreuer für ihn ernannt werden soll. Inwieweit die Behörde eine solche Bestimmung beachten muss, richtet sich nach dem gemäß Art. 13 berufenen Recht.[157]

C. Sachlicher Regelungsgehalt

11 Das nach Abs. 1 und 2 berufene Recht gilt für alle Rechtsfragen, die das Bestehen, den Umfang, die Änderung und die Beendigung der Vorsorgevollmacht betreffen. Die Art und Weise der Ausübung richtet sich demgegenüber nach Abs. 3 nach dem Recht des Staates, in dem die Vollmacht ausgeübt wird.

12 Zum **Bestehen der Vorsorgevollmacht** sind alle Voraussetzungen für ein wirksames Zustandekommen zu rechnen. Dazu gehört die Frage, ob die Vollmacht durch einseitiges Rechtsgeschäft des Erwachsenen oder nur durch eine Vereinbarung begründet werden kann. Erfasst wird des Weiteren das Erfordernis einer behördlichen oder gerichtlichen Bestätigung.[158]

13 Das nach Abs. 1 oder 2 anwendbare Recht bestimmt zudem die Zulässigkeit einer Vorsorgevollmacht.[159] Ist sie nach dieser Rechtsordnung nicht vorgesehen, so kann sie nicht begründet werden. Auf der anderen Seite ist eine nach dem anwendbaren Recht wirksam begründete Vorsorgevollmacht in allen anderen Vertragsstaaten anzuerkennen, auch wenn sie in der dortigen Rechtsordnung nicht vorgesehen ist oder die danach erforderlichen Voraussetzungen nicht eingehalten worden sind.

152 *Guttenberger*, S. 151 f; Staudinger/*von Hein* (2008), Vor Art. 24 Rn 174.

153 S. das Beispiel von *Revillard*, FS Lagarde, 730 f.

154 Von Deutschland nicht ratifiziert; gilt in Argentinien, Frankreich, den Niederlanden und Portugal.

155 *Bucher*, SZIER 2000, 37, 51; *Lagarde*, Bericht, Rn 97; *Revillard*, FS Lagarde, 729; Staudinger/*von Hein* (2008), Vor Art. 24 Rn 175; *Wedemann*, FamRZ 2010, 785, 786 f.

156 *Guttenberger*, S. 152 f; *Röthel*, FPR 2007, 79, 81; Staudinger/*von Hein* (2008), Vor Art. 24 Rn 178 f; *Wedemann*, FamRZ 2010, 785, 786.

157 *Guttenberger*, S. 152 f; *Muñoz Fernandez*, 185; Staudinger/*von Hein* (2008), Vor Art. 24 Rn 177; *Wedemann*, FamRZ 2010, 785 f; anders für § 1897 Abs. 4 S. 3 BGB *Siehr*, RabelsZ 64 (2000), 715, 738, 740.

158 *Bucher*, SZIER 2000, 37, 52 f; Staudinger/*von Hein* (2008), Vor Art. 24 Rn. 181.

159 *Lagarde*, Bericht, Rn 98; Staudinger/*von Hein* (2008), Vor Art. 24 Rn 180.

14 Dabei ist zu beachten, dass die Anknüpfung nicht wandelbar ist, also **kein Statutenwechsel** eintreten kann. Eine nach dem Recht des aktuellen gewöhnlichen Aufenthalts wirksam erteilte Vorsorgevollmacht bleibt bestehen, selbst wenn der Erwachsene später den gewöhnlichen Aufenthalt in einen Staat verlegt, nach dessen Recht eine Vorsorgevollmacht unzulässig ist. Unerheblich ist, ob die Aufenthaltsverlegung vor oder nach Eintritt des Fürsorgebedarfs erfolgt. Im umgekehrten Fall, bei dem die Vorsorgevollmacht nach dem Recht des aktuellen gewöhnlichen Aufenthalts nicht zulässig oder aus einem anderen Grund nicht wirksam bestellt wurde, tritt auch keine Heilung durch Statutenwechsel ein.[160]

15 Da das ESÜ keine dem Art. 11 Abs. 1, Alt. 2 EGBGB entsprechende Vorschrift enthält, richten sich auch die **Formerfordernisse** für die Begründung der Vertretungsmacht ausschließlich nach dem gemäß Abs. 1 oder 2 anwendbaren Recht.[161] Rechtspolitisch wäre es sinnvoll gewesen, zur Erleichterung der Bestellung einer Vorsorgevollmacht, auch die Form des Vornahmeorts ausreichen zu lassen.[162]

16 Welche Anforderungen an das Vorliegen des Fürsorgebedürfnis zu stellen sind, damit die Vorsorgevollmacht ausgeübt werden kann, richtet sich ebenfalls nach dem durch Abs. 1 oder 2 berufenen Recht. Handelt es sich dabei nicht um eine Voraussetzung, die der unmittelbaren Subsumtion zugänglich ist, sondern wird Geschäftsunfähigkeit im Rechtssinne vorausgesetzt, so ist dies eine Vorfrage. Damit ist hierfür nicht notwendigerweise das Sachrecht des Vollmachtstatuts anwendbar.[163] Das anwendbare Recht ist vielmehr aus der Sicht des Vollmachtstatuts, dh im Wege der unselbständigen Anknüpfung zu bestimmen,[164] damit eine einheitliche Rechtsanwendung in allen Vertragsstaaten gewährleistet wird. In den Fällen, in denen die Geschäftsunfähigkeit bei einer eigenständigen Anknüpfung vorliegt, bei der unselbständigen Anknüpfung nach dem Recht des Vollmachtstatuts hingegen nicht, ist die dadurch entstehende Schutzlücke durch Erlass einer behördlichen Maßnahme zu schließen. Nach dem Vollmachtstatut bestimmt sich auch die Frage, ob eine Geschäftsunfähigkeit des Erwachsenen gerichtlich oder behördlich festgestellt werden muss.[165]

17 Im Unterschied zur entsprechenden Regelung in Art. 16 und 17 KSÜ bestimmt sich auch der **Umfang der Vorsorgevollmacht** nach dem Begründungsstatut. Zum Umfang gehört auch die Frage, ob der Vertreter bestimmte Rechtshandlungen, wie etwa eine Schenkung oder eine Unterbevollmächtigung nicht oder nur bei ausdrücklicher Gestattung durch den Vollmachtgeber vornehmen kann.[166] Vom Umfang sind die Art und Weise der Ausübung abzugrenzen, die sich gemäß Abs. 3 nach dem Recht des Staates richten, in dem die Vorsorgevollmacht ausgeübt wird.[167]

18 Das Vollmachtstatut nach Abs. 1 und 2 erfasst auch die Änderung und die Beendigung der Vorsorgevollmacht. Für den Fall, dass die Vollmacht bei einem Missbrauch durch eine behördliche Maßnahme geändert oder beendet werden soll, enthält Art. 16 aber eine Sonderregel.

D. Objektive Anknüpfung

19 Mangels Rechtswahl durch den Erwachsenen ist das Recht des Staates anzuwenden, in dem der Erwachsene bei der Begründung der Vorsorgevollmacht seinen gewöhnlichen Aufenthalt hat. Diese Anknüpfung ist unwandelbar. Wird die Vorsorgevollmacht später in einem anderen Staat ausgeübt, etwa weil der Erwachsene mittlerweile dort seinen gewöhnlichen Aufenthalt genommen hat, so beurteilen sich Bestehen und Umfang sowie Änderung und Beendigung weiterhin nach dem Begründungsstatut. Dadurch wird die für die Rechtssicherheit erforderliche Vorhersehbarkeit des anwendbaren Rechts gewährleistet.[168]

E. Rechtswahl

20 Die Rechtswahl ist beschränkt auf die in Abs. 2 abschließend genannten Rechtsordnungen. Durch die Beschränkung soll sichergestellt werden, dass nur eine Rechtsordnung gewählt werden kann, zu welcher der Erwachsene eine enge Verbindung hat. Ob das Schutzinteresse des Erwachsenen eine solche Beschränkung rechtfertigt, erscheint fraglich. Bei der Begründung der Vorsorgevollmacht ist der Erwachsene voll geschäftsfähig. Der Grund für die Beschränkung ist eher darin zu sehen, dass damit den Bedenken der Staaten Rechnung

160 *Lagarde*, Bericht, Rn 98; *Revillard*, FS Lagarde, 731.
161 Staudinger/*von Hein* (2008), Vor Art. 24 Rn 180; s. auch *Guttenberger*, S. 156; auf die Frage, ob das Erfordernis der Registrierung eine Formfrage darstellt, kommt es daher nicht an, s. *Wedemann*, FamRZ 2010, 785, 787.
162 AA Staudinger/*von Hein* (2008), Vor Art. 24 Rn. 18.
163 *Wedemann*, FamRZ 2010, 785, 787; nicht eindeutig *Bucher*, SZIER 2000, 37, 53 Fn 25.
164 Implizit von einer selbständigen Anknüpfung ausgehend aber *Wedemann*, FamRZ 2010, 785, 787 f.
165 *Bucher*, SZIER 2000, 37, 53; Staudinger/*von Hein* (2008), Vor Art. 24 Rn 180.
166 Staudinger/*von Hein* (2008), Vor Art. 24 Rn 207; *Wedemann*, FamRZ 2010, 785, 788.
167 *Lagarde*, Bericht, Rn 99; Staudinger/*von Hein* (2008), Vorbem.zu Art. 24 Rn 182.
168 Staudinger/*von Hein* (2008), Vor Art. 24 Rn 184.

getragen wurde, in deren Rechtsordnungen das Institut der Vorsorgevollmacht nicht vorgesehen war.[169] Die Rechtswahl ist auch dann möglich, wenn das materielle Recht des Staates, in dem der Erwachsene seinen gewöhnlichen Aufenthalt hat, eine Vorsorgevollmacht nicht kennt.[170] Die Rechtswahl ermöglicht dem Erwachsenen, diese Beschränkung des Aufenthaltsrechts zu vermeiden, indem er eine Rechtsordnung wählt, nach der eine Vorsorgevollmacht begründet werden kann.

21 Auf der anderen Seite kann eine Rechtswahl in Ausnahmefällen dazu führen, dass eine Vorsorgevollmacht nicht wirksam begründet werden kann. Wenn der Erwachsene eine Rechtsordnung wählt, nach der die Vorsorgevollmacht nicht begründet werden kann oder nach der die Voraussetzungen für die Begründung nicht erfüllt sind, so kann nicht gleichsam hilfsweise auf großzügigere Regelungen im Aufenthaltsrecht zurückgegriffen werden.[171] Allerdings ist bei der Auslegung der Rechtswahlerklärung genau zu prüfen, ob die Rechtswahl gewollt war. In Betracht zu ziehen ist auch die Möglichkeit der Anfechtung.

22 Art. 15 Abs. 1 verlangt, dass die Rechtswahl ausdrücklich und schriftlich erfolgt sein muss. Damit soll im Interesse der Rechtssicherheit jegliche Unsicherheit in Bezug auf das anwendbare Recht vermieden werden.[172] Das ESÜ enthält keine Definition der **Schriftform**. Eine autonome Begriffsbestimmung erscheint nur schwer möglich.[173] Dem Rechtsgedanken des Art. 11 Abs. 1 EGBGB, Art. 11 Abs. 1 Rom I-VO entsprechend sollte für die Schriftlichkeit alternativ auf das gewählte Recht oder das Recht am Vornahmeort abgestellt werden. Die Unsicherheit, ob die Benutzung elektronischer Medien für das Schriftformerfordernis ausreicht, kann dadurch am einfachsten vermieden werden.

23 Die übrigen Voraussetzungen einer wirksamen Rechtswahl richten sich nicht nach dem Recht des Aufenthaltsstaats. Wie im vertraglichen Kollisionsrecht (s. Art. 10 Abs. 1 Rom I-VO) sollte insoweit vielmehr das potentiell gewählte Recht maßgebend sein.[174]

F. Wählbare Rechte

24 Der Erwachsene kann das Recht eines Staates wählen, dem er angehört, lit. a. Die Staatsangehörigkeit muss bei Mehrstaatlern nicht die effektive sein.[175]

25 Gewählt werden kann außerdem das Recht des Staates eines früheren gewöhnlichen Aufenthalts, lit. b. Dieser kann nicht nur der zeitlich letzte frühere gewöhnliche Aufenthalt, sondern auch ein zeitlich davor liegender gewöhnlicher Aufenthalt sein. Dies ergibt sich eindeutig aus der Entstehungsgeschichte und aus dem Wortlaut, der sich insoweit von Art. 8 Abs. 2 lit. b unterscheidet.[176]

26 Schließlich kann das Recht des Staates gewählt werden, in dem sich Vermögen des Erwachsenen befindet, lit. c. Die Rechtswahl ist aber beschränkt auf das in diesem Staat befindliche Vermögen. Befindet sich im Zeitpunkt, in dem der Fürsorgebedarf entsteht und die Vorsorgevollmacht ausgeübt werden soll, kein Vermögen in diesem Staat, so läuft die Rechtswahl grundsätzlich ins Leere. Möglich sollte aber sein, dass der Erwachsene für den Fall, dass in einem Staat ein Teil seines Vermögens belegen sein wird, eine Vorsorgevollmacht verbunden mit einer entsprechenden Rechtswahl begründet. Hierfür kann ein Bedarf vor allem bei nicht körperlichen Vermögensgegenständen wie Bankguthaben oder Wertpapieren bestehen, bei denen ein Wechsel oft und schnell möglich ist. Denkbar ist etwa, dass das Konto bei einer Bank in einem anderen Staat im Zeitpunkt der Rechtswahl keinen Guthabenstand aufweist, bei Eintritt des Fürsorgebedarfs aber ein Guthaben vorhanden ist.

27 Nicht wählbar ist das Recht des Staates, in dem der Erwachsene einen gewöhnlichen Aufenthalt in der Zukunft begründen will oder in dem eine Person ihren gewöhnlichen Aufenthalt hat, die bereit ist, die Fürsorge zu übernehmen.[177] Diese Beschränkung wird verbreitet kritisiert,[178] ist aber als Folge der grundsätzlichen Entscheidung anzusehen, nur eine beschränkte Rechtswahl zuzulassen. In den meisten Fällen kann durch die Wahl eines Heimatrechts oder des Rechts eines Staates, dem der Erwachsene angehört, dem Rechtswahlanliegen in diesen Fällen entsprochen werden.[179]

169 *Clive*, YPIL 2 (2002), 1, 11; Staudinger/*von Hein* (2008), Vor Art. 24 Rn 188.
170 *Lagarde*, Bericht, Rn 104.
171 *Lagarde*, Bericht, Rn 105; Staudinger/*von Hein* (2008), Vor Art. 24 Rn 198.
172 *Lagarde*, Bericht, Rn 101.
173 Dafür aber Staudinger/*von Hein* (2008), Vor Art. 24 Rn 186; *Wedemann*, FamRZ 2010, 785, 788.
174 Staudinger/*von Hein* (2008), Vor Art. 24 Rn 187.
175 *Lagarde*, Bericht, Rn 102 Fn 66; *Bucher*, SZIER 2000, 37, 52.
176 *Lagarde*, Bericht, Rn 102 Fn 67; Staudinger/*von Hein* (2008), Vor Art. 24 Rn 190.
177 *Lagarde*, Bericht, Rn 102.
178 *Bucher*, SZIER 2000, 37, 52; *Siehr*, RabelsZ 64 (2000), 715, 739 f; Staudinger/*von Hein* (2008), Vor Art. 24 Rn 193.
179 So auch Staudinger/*von Hein* (2008), Vor Art. 24 Rn 193.

Wird ein Recht gewählt, das in lit. a bis c nicht genannt ist, so geht die Rechtswahl ins Leere. Es bleibt dann bei der objektiven Anknüpfung nach Abs. 1.[180] Dies kann, muss aber nicht dazu führen, dass eine mit der (unwirksamen) Rechtswahl verbundene materiellrechtliche Vollmachtsbestellung ebenfalls unwirksam ist. Wirksam kann die Vollmachtsbestellung in jedem Fall nur sein, wenn sie formal und inhaltlich dem Aufenthaltsrecht entspricht. Ob sie auch bei Unwirksamkeit der Rechtswahl gelten soll, ist durch Auslegung zu bestimmen. Auslegungsregeln des materiellen Rechts, wie etwa § 139 BGB, sind der Rechtsordnung des gewöhnlichen Aufenthalts zu entnehmen. 28

G. Besondere Formen der Rechtswahl

Möglich ist eine **Teilrechtswahl**. Dies ist nach lit. c für Vermögensgegenstände, die in unterschiedlichen Ländern belegen sind, implizit geregelt. Es spricht aber nichts dagegen, auch für trennbare Teilbereiche der Personensorge jeweils ein anderes Recht zu wählen.[181] Auch auf materiellrechtlicher Ebene kann verschiedenen Personen eine Vorsorgevollmacht jeweils für einen Teilbereich übertragen werden. So erscheint es möglich, dass der Erwachsene für seine persönlichen einschließlich seiner medizinischen Angelegenheiten sein Heimatrecht wählt und einen Verwandten bevollmächtigt, während die Vermögensangelegenheiten von seinem Rechtsanwalt in einem früheren gewöhnlichen Aufenthaltsort betreut werden sollen. Hierfür liegt es nahe das Recht dieses früheren Aufenthaltsorts zu wählen. 29

Auch eine **alternative oder kumulative Rechtswahl** ist nicht ausgeschlossen.[182] Durch die alternative Wahl verschiedener Rechtsordnungen kann die Wirksamkeit der Bevollmächtigung sichergestellt werden. Denkbar ist auch, dass durch eine kumulative Rechtswahl gewährleistet werden soll, dass der Bevollmächtigte nicht zu große Handlungsfreiheiten erlangt. Genannt wird insoweit als Beispiel die Furcht vor zu weitreichenden Liberalisierungstendenzen etwa im Bereich der Sterbehilfe.[183] 30

H. Art und Weise der Ausübung, Abs. 3

Abs. 3 bestimmt, dass sich die Art und Weise der Ausübung der Vorsorgevollmacht nach dem Recht des Staates richtet, in dem sie wahrgenommen wird. Zweck ist es, die Rechtsanwendung zu vereinfachen. Es handelt sich dabei eher um technische Fragen, für die ein Rückgriff auf das ausländische Begründungsstatut nicht erforderlich erscheint.[184] Das Regelungsanliegen von Abs. 3 entspricht dem von Art. 14 für die behördlich angeordnete Schutzmaßnahme, ist aber enger gefasst, indem es nur die Art und Weise der Ausübung betrifft.[185] 31

Die **Abgrenzung** der „Art und Weise der Ausübung" vom Umfang der Vorsorgevollmacht ist noch wenig geklärt. Zur Art und Weise der Ausübung zu rechnen sind Vorschriften, welche Rechnungslegungspflichten gegenüber einer Behörde aufstellen,[186] die Hinterlegung der Vollmachtsurkunde verlangen oder für Einwilligungserklärungen des Bevollmächtigten eine besondere Form vorsehen.[187] 32

Streitig ist vor allem, wie **Genehmigungserfordernisse** einzuordnen sind. Aufgrund der bewusst engeren Fassung von Abs. 3 gegenüber Art. 14 sind Genehmigungserfordernisse zum Umfang der Vollmacht zu rechnen und richten sich daher nach dem Begründungsstatut.[188] Ist danach eine Genehmigung erforderlich, kann diese Genehmigung im Ausübungsstaat erteilt werden. Das Verfahren für die Erteilung der Genehmigung richtet sich dann nach der lex fori, dh dem Recht des Ausübungsstaats. Die Voraussetzungen, unter denen die Genehmigung erteilt werden kann, sind aber dem Begründungsstatut zu entnehmen. Insoweit wird der im ESÜ geltende Gleichlaufgrundsatz durchbrochen.[189] 33

180 *Clive*, YPIL 2 (2000), 1, 11; *Guttenberger*, S. 159; Staudinger/*von Hein* (2008), Vor Art. 24 Rn 192.
181 *Lagarde*, Bericht, Rn 103; *Guttenberger*, S. 159 f.
182 *Lagarde*, Bericht, Rn 103.
183 Staudinger/*von Hein* (2008), Vor Art. 24 Rn 196.
184 Staudinger/*von Hein* (2008), Vor Art. 24 Rn 200; *Wedemann*, FamRZ 2010, 785, 789, die aber auch solche Bestimmungen erfassen will, die zwingend die Anwendung des Rechts des Ausübungsortes gebieten.
185 *Bucher*, SZIER 2000, 37, 52; *Muñoz Fernandez*, 203; Staudinger/*von Hein* (2008), Vor Art. 24 Rn 201.
186 *Guttenberger*, S. 162, *Helms*, FamRZ 2008, 1995, 2000; *Wedemann*, FamRZ 2010, 785, 788.
187 *Bucher*, SZIER 2000, 37, 52; Staudinger/*von Hein* (2008), Vor Art. 24 Rn 205; *Wedemann*, FamRZ 2010, 785, 787 .
188 *Lagarde*, Bericht, Rn 107; *Bucher*, SZIER 2000, 37, 52; *Muñoz Fernandez*, 204; Staudinger/*von Hein* (2008), Vor Art. 24 Rn 205; aA *Clive*, YPIL 2 (2001), 1, 11 f; *Guttenberger*, S. 161 f; *ders*, BtPrax 2006, 83, 86; *Wedemann*, FamRZ 2010, 785, 789.
189 Staudinger/*von Hein* (2008), Vor Art. 24 Rn 206.

Art. 16 ESÜ

[1]Wird eine Vertretungsmacht nach Artikel 15 nicht in einer Weise ausgeübt, die den Schutz der Person oder des Vermögens des Erwachsenen ausreichend sicherstellt, so kann sie durch Maßnahmen einer nach diesem Übereinkommen zuständigen Behörde aufgehoben oder geändert werden. [2]Bei der Aufhebung oder Änderung dieser Vertretungsmacht ist das nach Artikel 15 maßgebliche Recht soweit wie möglich zu berücksichtigen.

A. Regelungsgegenstand

1 Art. 16 regelt die Möglichkeit der zuständigen Behörde, die von dem Erwachsenen bestellte Vorsorgevollmacht aufzuheben oder zu ändern. Die Vorschrift hat vor allem einen klarstellenden Charakter.[190] Ein eigener Regelungsgehalt besteht zum einen darin, dass die Möglichkeit einer Änderung bzw. Aufhebung beschränkt wird. Sie sind nur möglich, wenn die Vorsorgevollmacht nicht in einer Weise ausgeübt wird, die den Schutz der Person oder des Vermögens des Erwachsenen ausreichend sicherstellt. Zum anderen ordnet die Vorschrift in S. 2 an, dass die zuständige Behörde, die zwar grundsätzlich ihr eigenes Recht anwendet, das Vollmachtstatut nach Art. 15 so weit wie möglich zu berücksichtigen hat.

2 Sinn der Vorschrift ist es, die Autonomie des Erwachsenen so weit wie möglich zu wahren und seine Entscheidung im Hinblick auf die Vorsorgevollmacht und eine evtl. dabei getroffene Rechtswahl zu respektieren. Gleichzeitig sollen aber die für den Schutz des Erwachsenen notwendigen Maßnahmen möglich bleiben.[191]

B. Eingriffsvoraussetzungen

3 Eine Änderung oder Aufhebung der Vorsorgevollmacht ist nur dann möglich, wenn diese nicht in einer Weise ausgeübt wird, die den Schutz der Person oder des Vermögens des Erwachsenen ausreichend sicherstellt. Hierfür muss eine objektive **Gefährdung** der Person oder des Vermögens des Erwachsenen vorliegen und von der zuständigen Behörde festgestellt werden. Es ist daher nicht zulässig, ohne Vorliegen einer solchen Gefährdungslage, die Vorsorgevollmacht nach dem Vollmachtstatut durch Schutzmaßnahmen nach der lex fori zu ersetzen. Eine nach dem Vollmachtstatut wirksam bestellte rechtsgeschäftliche Vorsorgevollmacht kann daher nicht allein deswegen aufgehoben werden, weil dieses Rechtsinstitut im materiellen Recht der lex fori nicht vorgesehen ist.[192] Jeder Vertragsstaat muss eine gemäß dem Vollmachtstatut nach Art. 15 wirksam erteilte Vorsorgevollmacht auch dann anerkennen, wenn sie nach dem eigenen materiellen Recht nicht vorgesehen ist.

4 Eine Gefährdungslage kann sich zum einen daraus ergeben, dass der Bevollmächtigte die Vollmacht in einer Weise ausübt, die mit den Interessen des Erwachsenen unvereinbar ist. Erfasst werden Fälle des direkten Missbrauchs oder der Untätigkeit trotz Handlungsbedarfs. Auch das Vorliegen eines nicht ganz unerheblichen Konflikts zwischen den Interessen des Erwachsenen und den Eigeninteressen des Bevollmächtigten gehört dazu.[193]

5 Auf der anderen Seite kann sich eine Gefährdung daraus ergeben, dass die Vollmacht unklar oder lückenhaft ist oder Weisungen enthält, die nicht im Interesse des Erwachsenen liegen und von denen anzunehmen ist, dass sie der Erwachsene bei Kenntnis der Sachlage nicht gegeben hätte.[194]

C. Anwendbares Recht

6 Das Vollmachtstatut nach Art. 15 und die lex fori, die das Gericht beim Erlass einer Schutzmaßnahme anwendet, müssen nicht übereinstimmen. S. 2 sieht in Form eines Kompromisses vor,[195] dass die Behörde zwar grundsätzlich die lex fori anwendet, wenn sie eine Maßnahme erlässt, durch die die Vorsorgevollmacht geändert oder aufgehoben wird. Dies dient der einfachen und schnellen Rechtsanwendung. Um den Willen des Erwachsenen zu wahren, hat das Gericht, das Vollmachtstatut nach Art. 15 aber so weit wie möglich zu berücksichtigen.[196] Dies gilt nach dem Wortlaut auch dann, wenn das Vollmachtstatut mangels Rechtswahl aufgrund der objektiven Anknüpfung bestimmt wird.

7 Was dieses Berücksichtigen im konkreten Fall bedeutet, ist noch weitgehend ungeklärt. Hat der Erwachsene in Übereinstimmung mit dem Vollmachtstatut nach Art. 15 für den Fall des Wegfalls oder der Absetzung eines

190 S. dazu *Clive*, YPIL 2 (2000), 1, 12.
191 *Lagarde*, Bericht, Rn 108; Staudinger/*von Hein* (2008), Vor Art. 24 Rn 208.
192 *Lagarde*, Bericht, Rn 108.
193 Staudinger/*von Hein* (2008), Vor Art. 24 Rn 210.
194 Staudinger/*von Hein* (2008), Vor Art. 24 Rn 211.
195 *Clive*, YPIL 2 (2000), 1, 12.
196 *Lagarde*, Bericht, Rn 108; Staudinger/*von Hein* (2008), Vor Art. 24 Rn 208.

primär Bevollmächtigten eine Ersatzperson bevollmächtigt,[197] so ist diese Vorsorgevollmacht bereits nach Art. 15 Abs. 1 und 2 in allen Vertragsstaaten anzuerkennen. Für eine Schutzmaßnahme nach Art. 16 ist daher bereits kein Raum, weil und wenn es insoweit an einem Bedürfnis für eine weitere Schutzmaßahme fehlt.[198]

Auf der anderen Seite findet im Falle der behördlichen Aufhebung der Vorsorgevollmacht die lex fori auf die behördliche Ernennung eines neuen Vertreters Anwendung.[199] Das Vollmachtstatut gemäß Art. 15 ist nur auf eine durch den Erwachsenen rechtsgeschäftlich begründete Vertretungsmacht anwendbar. Möglich ist aber auch, dass die zuständige Behörde nach der lex fori zusätzlich einen Betreuer bestellt, dessen Aufgabe nur darin besteht, die Tätigkeit des Bevollmächtigten zu überwachen, wie dies in § 1896 Abs. 3 BGB vorgesehen ist.[200] Wenn die zuständige Behörde anordnen will, dass der Bevollmächtigte für bestimme Rechtsgeschäfte eine Genehmigung einholen muss, kann nach der lex fori das Erfordernis einer behördlichen Genehmigung angeordnet werden oder aber ein Betreuer bestellt werden, der für die Genehmigung zuständig ist. Das nach Art. 15 maßgebliche Recht kann berücksichtigt werden, indem die Form gewählt wird, die diesem Recht am ehesten entspricht. 8

Art. 17 ESÜ

(1) Die Gültigkeit eines Rechtsgeschäfts zwischen einem Dritten und einer anderen Person, die nach dem Recht des Staates, in dem das Rechtsgeschäft abgeschlossen wurde, als Vertreter des Erwachsenen zu handeln befugt wäre, kann nicht allein deswegen bestritten und der Dritte nicht nur deswegen verantwortlich gemacht werden, weil die andere Person nach dem in diesem Kapitel bestimmten Recht nicht als Vertreter des Erwachsenen zu handeln befugt war, es sei denn, der Dritte wusste oder hätte wissen müssen, dass sich diese Vertretungsmacht nach diesem Recht bestimmte.

(2) Absatz 1 ist nur anzuwenden, wenn das Rechtsgeschäft unter Anwesenden im Hoheitsgebiet desselben Staates geschlossen wurde.

A. Regelungsgegenstand

Art. 17 entspricht Art. 19 KSÜ, der seinerseits auf dem Vorbild von Art. 11 EVÜ (Art. 12 EGBGB), jetzt Art. 13 Rom I-VO, beruht. Zweck ist der Schutz gutgläubiger Dritter, die mit dem Vertreter des Erwachsenen ein Rechtsgeschäft abschließen. Hintergrund ist, dass die Vertretungsmacht, die nach einem Recht begründet worden ist, in einem anderen Staat ausgeübt werden kann. Art. 17 schützt nun den Dritten, der auf die Maßgeblichkeit des Rechts des Ausübungsortes vertraut hat und vertrauen darf. Die Beschränkung der Vertretungsmacht nach dem Recht, das auf die Begründung der Vertretungsmacht anwendbar ist, kann einem gutgläubigen Dritten nicht entgegengehalten werden, wenn sie nach dem Recht des Staates, in dem das Rechtsgeschäft vorgenommen wird, nicht besteht. 1

B. Anwendungsbereich

Die Vertretungsmacht kann aufgrund einer behördlichen Maßnahme nach der lex fori oder aber aufgrund einer Vollmachtserteilung durch den Erwachsenen selbst nach dem Vorsorgevollmachtstatut gemäß Art. 15 erteilt worden sein.[201] 2

Nach dem klaren Wortlaut, setzt Art. 17 nicht voraus, dass der Abschlussort des Rechtsgeschäfts in einem Vertragsstaat liegt. Art. 18 bestimmt ausdrücklich, dass in diesem Kapitel auch auf das Recht eines Nichtvertragsstaats verwiesen wird. Eine Beschränkung auf das Recht eines Vertragsstaats wird, anders als etwa in Art. 14, in der Vorschrift auch nicht selbst vorgenommen.[202] Art. 17 ist daher auch dann anzuwenden, wenn 3

197 S. dazu *Clive*, YPIL 2 (2000), 1, 12; Staudinger/*von Hein* (2008), Vor Art. 24 Rn 213.

198 Anders anscheinend Staudinger/*von Hein* (2008), Vor Art. 24 Rn 213, der insoweit nur ein funktionales Äquivalent zu einer Betreuungsverfügung annimmt.

199 Staudinger/*von Hein* (2008), Vor Art. 24 Rn 213; anders aber *Siehr*, RabelsZ 64 (2000) 715, 741, der davon ausgeht, dass die Ernennung eines Betreuers oder Vertreters nach dem Vollmachtstatut gemäß Art. 15 Abs. 2 möglich ist.

200 *Wedemann*, FamRZ 2010, 785, 790.

201 *Lagarde*, Bericht, Rn 109; Staudinger/*von Hein* (2008), Vor Art. 24 Rn 218.

202 *Guttenberger*, S. 181; Staudinger/*von Hein* (2008), Vor Art. 24 Rn 217; *Wedemann*, FamRZ 2010, 785, 790; aA *Siehr*, RabelsZ 64 (2000) 715, 741 f.

sich die Vertretungsmacht gem. Art. 15 nach einem Recht eines Nichtvertragsstaates richtet und der Vertreter in einem anderen Nichtvertragsstaat ein Rechtsgeschäft vorgenommen hat.

4 Art. 17 regelt nur den Fall, dass ein Dritter mit einem Vertreter ein Rechtsgeschäft abschließt. Handelt der Dritte direkt mit dem Erwachsenen, für den nach einem ausländischen Recht ein Vertreter bestellt worden ist und dessen Geschäftsfähigkeit dadurch beschränkt wurde, so richtet sich ein möglicher Schutz des Dritten nicht nach Art. 17. Im Anwendungsbereich der Rom I-VO gilt deren Art. 13.[203]

5 Wie Art. 19 KSÜ gilt Art. 17 für alle Arten von Rechtsgeschäften, sowohl vermögensrechtliche, einschließlich Grundstücksgeschäften, als auch familienrechtliche oder erbrechtliche. Wie sich aus der französischen und englischen Originalfassung ergibt, muss es sich nicht um ein Rechtsgeschäft im Sinne des deutschen Rechts handeln. Erfasst werden vielmehr alle rechtserheblichen Erklärungen und Handlungen, die der Vertreter mit Wirkung für und gegen den Erwachsenen vornimmt.[204] Dazu gehören etwa auch die Einwilligung in eine Operation[205] oder die Aufgabe des Besitzes für den Erwachsenen.

C. Kenntnis bzw. Kennenmüssen

6 Der Dritte kann sich auf das Recht des Abschlussortes nicht berufen, wenn er wusste oder hätte wissen müssen, dass sich die Vertretungsmacht nach dem ausländischen Recht richtet. Einfache Fahrlässigkeit ist ausreichend. Die Beweislast liegt insoweit bei dem Erwachsenen bzw. dem Vertreter, der sich auf die Unwirksamkeit nach dem ausländischen Recht beruft.

7 Nicht erforderlich ist, dass der Dritte wusste oder wissen musste, welche Rechtsordnung im konkreten Fall auf die Vertretungsmacht anwendbar war. Ausreichend ist, dass er wusste oder wissen musste, dass dies nicht die Rechtsordnung des Abschlussortes war. Der Dritte ist auch nicht schutzwürdig, wenn er mit der Anwendbarkeit einer ausländischen Rechtsordnung zwar rechnete, aber irrig einen falschen Inhalt annahm.[206]

8 Entscheidend für die praktische Bedeutung der Vorschrift ist, welche **Sorgfaltsanforderungen** an den Dritten gestellt werden. Das Maß der Sorgfaltsanforderungen hängt zum einen von der Bedeutung des Geschäfts ab. Bei wichtigen Geschäften, ist ein höheres Maß an Nachforschungspflichten zu verlangen.

9 Auch bei weniger wichtigen Geschäften, ist eine Nachforschungspflicht anzunehmen, wenn im konkreten Fall für den Dritten Anhaltspunkte für einen Auslandsbezug ersichtlich sind. Dazu gehört etwa der nicht nur ganz vorübergehende Aufenthalt des Erwachsenen im Ausland. Nicht ausreichend ist allein die ausländische Staatsangehörigkeit des Erwachsenen oder ein früherer Aufenthalt im Ausland.[207] Etwas anderes kommt aber in Betracht, wenn der Dritte weiß, dass der Erwachsene bis vor kurzem im Ausland seinen gewöhnlichen Aufenthalt hatte oder wenn ein ausländischer Erwachsener erst vor Kurzem ins Inland gezogen ist.

D. Anwesenheit im selben Staat, Abs. 2

10 Art. 17 greift nur ein, wenn sich sowohl der Vertreter als auch der Dritte bei Vornahme des Rechtsgeschäfts im selben Staat aufhalten. Ein Rechtsgeschäft unter Anwesenden im strengen Sinne ist, anders als dies der Wortlaut nahelegt, nicht erforderlich. Das folgt aus dem Wortlaut der englischen und dem französischen Originalfassung.[208] Möglich ist daher auch eine Vornahme des Rechtsgeschäfts per Telefon, E-Mail oder Post. Grund für das Erfordernis, dass beide Seiten in demselben Staat anwesend sein müssen, ist die geringere Schutzbedürftigkeit des Dritten bei einem grenzüberschreitenden Handeln. Auch die irrige Annahme des Dritten, der Vertreter befinde sich in demselben Staat, reicht nicht aus.[209]

11 Nach dem klaren Wortlaut wird zudem der Fall nicht erfasst, dass der Vertreter sich im Staat des gewöhnlichen Aufenthalts des Dritten befindet, der Dritte sich bei Vornahme des Rechtsgeschäfts aber kurzfristig im Ausland, etwa auf einer Urlaubs- oder Geschäftsreise, befindet.

E. Rechtsfolgen

12 Liegen die Voraussetzungen vor, kommt das Recht am Abschlussort alternativ zur Anwendung.[210] War die Vertretungsmacht nach dem Vertretungsstatut für das konkrete Rechtsgeschäft nicht gegeben oder stand sie unter einem Genehmigungsvorbehalt und kennt das Recht am Abschlussort eine solche Beschränkung nicht,

203 *Lagarde*, Bericht, Rn 110; *Guttenberger*, S. 179.
204 Staudinger/*von Hein* (2008), Vor Art. 24 Rn 222.
205 *Lagarde*, Bericht, Rn 109.
206 *Guttenberger*, S. 182; Staudinger/*von Hein* (2008), Vor Art. 24 Rn 224.
207 Staudinger/*von Hein* (2008), Vor Art. 24 Rn 224.
208 „between persons present on the territory of the same State"; „entre personnes présentes sur le territoire d'un même Etat"; *Guttenberger*, S. 181; aA anscheinend *Siehr*, RabelsZ 64 (2000), 715, 742.
209 Staudinger/*von Hein* (2008), Vor Art. 24 Rn 223.
210 Staudinger/*von Hein* (2008), Vor Art. 24 Rn 225.

so ist das Rechtsgeschäft wirksam. Gleiches gilt auch im umgekehrten Fall, wenn nach dem Recht des Abschlussortes eine Beschränkung bestanden hätte, die Vertretungsmacht nach dem Begründungsstatut hingegen unbeschränkt war.[211] Nicht möglich ist es aber, das Recht des Vertragsstaat mit dem Recht am Abschlussort im Sinne eines Günstigkeitsprinzips zu kombinieren, so dass für einen Bereich das eine Recht und für einen anderen Bereich das andere Recht gilt. Geschützt wird der Vertragspartner aber nur vor rechtlichen Unterschieden zwischen den Rechtsordnungen. Ist die Vertretungsmacht bei der Erteilung durch die Behörde oder den Erwachsenen auf einen bestimmten Aufgabenbereich beschränkt worden, so greift der Schutz des Art. 17 nicht ein, wenn der Vertreter außerhalb seiner Befugnis handelt. Die fehlende Befugnis folgt in diesem Fall nicht aus dem rechtlichen Unterschied zwischen dem Ortsrecht und dem Vertretungsstatut nach Art. 13 oder 15.[212]

Art. 18 ESÜ

Dieses Kapitel ist anzuwenden, selbst wenn das darin bestimmte Recht das eines Nichtvertragsstaats ist.

Art. 18 bestimmt, dass die kollisionsrechtlichen Verweisungen des ESÜ als loi uniform ausgestaltet sind, dh auch zur Anwendung des Rechts eines Nichtvertragsstaates führen können. Die kollisionsrechtlichen Regelungen werden durch das ESÜ, wie dies bei allen neueren Haager Konventionen der Fall ist, insgesamt vereinheitlicht. Damit wird vermieden, dass in einem Land für dieselbe Materie unterschiedliches Kollisionsrecht besteht, das eine im Verhältnis zu Vertragsstaaten, das andere im Verhältnis zu Nichtvertragsstaaten. 1

Etwas anderes gilt nur dann, wenn die Kollisionsnorm, wie in Art. 14, die Verweisung ausdrücklich auf das Recht eines Vertragsstaates beschränkt.[213] Darüber hinaus verweisen die Vorschriften, die den Gleichlauf zwischen internationaler Zuständigkeit und anwendbarem Recht anordnen, zwingend nur auf das Recht eines Vertragsstaats.[214] Das folgt daraus, dass die Vorschriften für die Entscheidungszuständigkeit sich nur an Vertragsstaaten richten können. 2

Art. 19 ESÜ

Der Begriff „Recht" im Sinn dieses Kapitels bedeutet das in einem Staat geltende Recht mit Ausnahme des Kollisionsrechts.

Art. 19 bestimmt, dass die kollisionsrechtlichen Verweisungen Sachnormverweisungen darstellen, ein renvoi daher ausgeschlossen ist. Eine solche Regelung ist in den Haager Übereinkommen üblich, weil vermieden werden soll, dass die Einheitlichkeit der Rechtsanwendung, aufgebrochen wird, wenn bei der Verweisung auf das Recht eines Nichtvertragsstaates, dessen Kollisionsrecht beachtet würde. 1

Art. 21 Abs. 2 KSÜ stellt insoweit eine Ausnahme dar, weil dort für den Bereich der elterlichen Verantwortung für die Verweisung in Art. 16 auf das Recht eines Nichtvertragsstaates in begrenzter Form eine Weiterverweisung zugelassen wird. Eine entsprechende Vorschrift wurde nicht in das ESÜ aufgenommen, weil dieses anders als das KSÜ in Art. 16 Abs. 1 keine Regelung über ein möglicherweise kraft Gesetz eintretendes Fürsorgeverhältnis enthält.[215] Allerdings enthält das ESÜ in Art. 15 eine dem Art. 16 Abs. 2 KSÜ vergleichbare Regelung. Die Verweisung in Art. 16 Abs. 2 gilt für die Zuweisung der elterlichen Verantwortung durch Vereinbarung oder einseitiges Rechtsgeschäft. Art. 15 enthält eine besondere Kollisionsnorm für die von dem Erwachsenen durch Vereinbarung oder einseitiges Rechtsgeschäft begründete Vorsorgevollmacht. Aufgrund der eindeutigen Regelung in Art. 19 kann die Verweisung in Art. 15 aber anders als die in Art. 16 Abs. 2 KSÜ[216] nie eine Gesamtnormverweisung sein. 2

Art. 20 ESÜ

Dieses Kapitel steht den Bestimmungen des Rechts des Staates, in dem der Erwachsene zu schützen ist, nicht entgegen, deren Anwendung unabhängig vom sonst maßgebenden Recht zwingend ist.

211 Staudinger/*von Hein* (2008), Vor Art. 24 Rn 225.
212 *Guttenberger*, S. 182.
213 *Lagarde*, Bericht, Rn 111.
214 Staudinger/*von Hein* (2008), Vor Art. 24 Rn 227.
215 *Lagarde*, Bericht, Rn 112.
216 Zu dem Streit, der insoweit besteht, s. Art. 21 KSÜ Rn 108.

A. Regelungszweck

1 Art. 20 enthält einen Vorbehalt zugunsten der international zwingenden Normen eines Vertragsstaats. Die Regelung, die im KSÜ keine Entsprechung hat, wurde eingefügt, um ein Gegengewicht zur Möglichkeit der Rechtswahl zu schaffen. Die Vertragsstaaten sollten insbesondere im Bereich von medizinischen Maßnahmen die Möglichkeit haben, bestimmte für unabdingbar angesehene innerstaatliche Vorschriften anzuwenden, auch wenn etwa aufgrund der Rechtswahl nach Art. 15 ein anderes Recht für den Erwachsenenschutz anwendbar ist.[217] In die endgültige Fassung wurde weder der Bezug auf Vorschriften im medizinischen Bereich, noch der auf die Rechtswahl nach Art. 15 Abs. 2 aufgenommen.

B. Zwingende Vorschriften

2 Bestimmungen, deren Anwendung unabhängig vom sonst maßgebenden Recht zwingend ist, werden auch als international zwingende Normen bezeichnet. Sie entsprechen grundsätzlich den Eingriffsnormen, wie sie in Art. 9 Abs. 1 Rom I-VO definiert sind.[218] In Bezug auf das ESÜ kann daher formuliert werden, dass es sich um eine Vorschrift handeln muss, deren Einhaltung von dem Vertragsstaat als so entscheidend für die Wahrung seines öffentlichen Interesses, insbesondere seiner politischen, sozialen oder wirtschaftlichen Organisation, angesehen wird, dass sie ungeachtet des nach Maßgabe des ESÜ anwendbaren Rechts im Bereich des Erwachsenenschutzes angewendet werden muss.

3 Auch wenn bei der Erarbeitung des ESÜ Normen aus dem Bereich der medizinischen Maßnahmen im Vordergrund standen, erfasst Art. 20 aufgrund seiner neutralen Formulierung international zwingende Normen jeden Inhalts. Im Bericht von Lagarde wird als Beispiel eine niederländische Regelung genannt, die vorschreibt, dass der Vertreter vor jeder Unterbringungsmaßnahme eine Genehmigung einholen muss.[219] Im deutschen Recht werden die Genehmigungserfordernisse nach §§ 1904, 1905 BGB zu den international zwingenden Normen gezählt.[220]

4 Obgleich Art. 21 als Ausgleich zu der Möglichkeit einer Rechtswahl nach Art. 15 Abs. 2 gedacht war, können die international zwingenden Normen auch dann angewendet werden, wenn das auf den Erwachsenenschutz anwendbare Recht aufgrund einer objektiven Anknüpfung nach Art. 13 Abs. 1 oder Art. 15 Abs. 1 bestimmt wird.[221]

C. Staat, in dem der Erwachsene zu schützen ist

5 Angewandt werden können die zwingenden Bestimmungen des Staates, in dem der Erwachsene zu schützen ist. Das ist der Staat, in dem eine behördlich angeordnete Maßnahme, etwa die Unterbringung des Erwachsenen, durchgeführt werden soll oder, indem ein behördlich oder rechtsgeschäftlich bestellter Vertreter für den Erwachsenen handelt, insbesondere selbst eine Maßnahme im Hinblick auf den Erwachsenen, etwa eine Operation, vornehmen lassen will.

6 Der Staat, in dem der Erwachsene zu schützen ist, ist also gleichzeitig der Staat, in dem nach Art. 14 eine in einem anderen Vertragsstaat getroffene Maßnahme durchgeführt wird oder in dem nach Art. 15 Abs. 3 im Falle einer Vorsorgevollmacht diese ausgeübt wird. Sofern es sich bei der international zwingenden Norm um eine Durchführungsbedingung iSv Art. 14 oder um eine Vorschrift über die Art und Weise der Ausübung der Vertretungsmacht iSv Art. 15 Abs. 3 handelt, ist sie bereits unabhängig von Art. 21 nach Art. 14 bzw Art. 15 Abs. 3 zur Anwendung berufen.[222]

7 Art. 21 erlaubt es jedem Staat selbst unter den genannten Bedingungen, die Beachtung der eigenen international zwingenden Normen durchzusetzen. Möglich ist aber auch, dass die Behörden eines Staates bereits bei dem Erlass einer Maßnahme die international zwingenden Regelungen des Staates, in dem die Maßnahme durchgeführt werden soll und in dem der Erwachsene demnach iSv Art. 21 zu schützen ist, anwenden. Die Möglichkeit hierzu ergibt sich aber auch bereits aus Art. 13 Abs. 2. So wird die Behörde des einen Staates ein besonderes Genehmigungserfordernis nach dem Recht des Staates beachten, in dem die Maßnahme, etwa die Sterilisation durchgeführt werden soll.

217 *Lagarde*, Bericht, Rn 113.
218 Staudinger/*von Hein* (2008), Vor Art. 24 Rn 233.
219 *Lagarde*, Bericht, Rn 113.
220 *Siehr*, RabelsZ 64 (2000) 715, 742; Staudinger/*von Hein* (2008), Vor Art. 24 Rn 234.
221 Staudinger/*von Hein* (2008), Vor Art. 24 Rn 232.
222 *Guttenberger*, S. 177 f.

Art. 21 ESÜ

Die Anwendung des in diesem Kapitel bestimmten Rechts darf nur versagt werden, wenn sie der öffentlichen Ordnung (ordre public) offensichtlich widerspricht.

Art. 21 enthält den allgemeinen ordre-public-Vorbehalt in der restriktiven Formulierung wie er in den neueren Haager Übereinkommen üblich ist und auch in Art. 6 EGBGB enthalten ist.[223] 1

Vorbemerkung zu Art. 22 ESÜ

Dieses Kapitel regelt in Anlehnung an das KSÜ die Anerkennung und Vollstreckung der in einem Vertragsstaat ergangenen Maßnahmen in einem anderen Vertragsstaat. Art. 22 enthält den Grundsatz der automatischen Anerkennung und nennt in Form von Versagungsgründen die Anerkennungsvoraussetzungen. Art. 23 bestimmt, dass daneben fakultativ auch eine Entscheidung über die Anerkennung oder Nichtanerkennung herbeigeführt werden kann. Art. 24 begrenzt die Überprüfungsmöglichkeiten der Behörden des Anerkennungsstaates im Hinblick auf die Zuständigkeit der erkennenden Behörde. Deren Tatsachenfeststellungen sind insoweit bindend. 1

Art. 25 regelt die Vollstreckbarerklärung bzw die Registrierung zur Vollstreckung. Art. 26 verbietet eine Überprüfung der ausländischen Maßnahme in der Sache und Art. 27 ordnet an, dass die ausländische Maßnahme, nachdem sie für vollstreckbar erklärt wurde oder zur Vollstreckung registriert wurde, wie eine inländische zu vollstrecken ist. 2

Kapitel IV
Anerkennung und Vollstreckung

Art. 22 ESÜ

(1) Die von den Behörden eines Vertragsstaats getroffenen Maßnahmen werden kraft Gesetzes in den anderen Vertragsstaaten anerkannt.

(2) Die Anerkennung kann jedoch versagt werden,

a) wenn die Maßnahme von einer Behörde getroffen wurde, die nicht aufgrund oder in Übereinstimmung mit Kapitel II zuständig war;

b) wenn die Maßnahme, außer in dringenden Fällen, im Rahmen eines Gerichts- oder Verwaltungsverfahrens getroffen wurde, ohne dass dem Erwachsenen die Möglichkeit eingeräumt worden war, gehört zu werden, und dadurch gegen wesentliche Verfahrensgrundsätze des ersuchten Staates verstoßen wurde;

c) wenn die Anerkennung der öffentlichen Ordnung (ordre public) des ersuchten Staates offensichtlich widerspricht, oder ihr eine Bestimmung des Rechts dieses Staates entgegensteht, die unabhängig vom sonst maßgebenden Recht zwingend ist;

d) wenn die Maßnahme mit einer später in einem Nichtvertragsstaat, der nach den Artikeln 5 bis 9 zuständig gewesen wäre, getroffenen Maßnahme unvereinbar ist, sofern die spätere Maßnahme die für ihre Anerkennung im ersuchten Staat erforderlichen Voraussetzungen erfüllt;

e) wenn das Verfahren nach Artikel 33 nicht eingehalten wurde.

A. Regelungsgegenstand

Art. 22 ordnet an, dass die Maßnahmen, die in einem Vertragsstaat ergangen sind, in jedem anderen Vertragsstaat kraft Gesetzes anzuerkennen sind, dh nicht erst nach einer positiven Anerkennungsentscheidung. Die Anerkennung kann und muss daher inzident in jedem Verfahren geprüft werden, in dem es auf die Aner- 1

223 *Lagarde*, Bericht, Rn 114.

kennung der Maßnahme ankommt. Soll die ausländische Maßnahme vollstreckt werden, erfolgt eine Prüfung der Anerkennungsvoraussetzungen im Verfahren der Vollstreckbarerklärung bzw. der Registrierung zur Vollstreckung, Art. 25.

2 Anerkennung ist im Sinne der Wirkungserstreckung zu verstehen.[224] Bei der Anerkennung einer Maßnahme, durch die ein Vormund oder Betreuer bestellt wurde, bedeutet dies, dass sich der Umfang der Vertretungsmacht nach dem ausländischen Begründungsrecht richtet.[225] Nach Art. 14 richten sich allerdings die Bedingungen der Durchführung einer Maßnahme nach dem Recht des Staates, in dem die Maßnahme durchgeführt wird.

3 Anerkennung setzt voraus, dass den Behörden im Anerkennungsstaat nachgewiesen wird, dass eine ausländische Maßnahme ergangen ist. Dies erfolgt im Regelfall durch ein Dokument der Herkunftsbehörde, das die Entscheidung enthält.[226] Das ESÜ stellt aber bewusst keine formalen Voraussetzungen an einen solchen Nachweis auf, um die Anerkennung besonders von Eilentscheidungen nicht zu erschweren. Es ist also möglich, den Nachweis über den Erlass einer ausländischen Maßnahme auch durch Fax oder E-Mail zu führen.[227]

B. Anerkennungsvoraussetzungen

4 Abs. 2 enthält die Anerkennungsvoraussetzungen. Sie sind negativ als Versagungsgründe formuliert. Das bedeutet, dass die Beweislast bei der Partei liegt, die die Nichtanerkennung wegen Vorliegens eines solchen Versagungsgrundes geltend macht.[228]

5 Die Gründe, aus denen die Anerkennung versagt werden kann, sind abschließend. Liegt ein Versagungsgrund vor, so kann die Anerkennung versagt werden, es muss dies aber nicht.[229] Ein anerkennungsfreundlicheres autonomes Recht wird also nicht verdrängt.[230]

I. Anerkennungszuständigkeit

6 Versagt werden kann die Anerkennung, wenn die ausländische Behörde nicht aufgrund der Vorschriften in Kapitel II (Art. 5–12) zuständig war. Die Korrekte Anwendung dieser Zuständigkeitsregelungen ist daher bei der Anerkennung eigenständig zu überprüfen.[231] Eine wichtige Beschränkung der Überprüfungskompetenz enthält allerdings Art. 24, nach dem eine Bindung an die Tatsachenfeststellungen besteht, auf welche die erkennende Behörde ihre Zuständigkeit begründet hat.

7 Die zweite Alternative, dass die Behörde nicht „in Übereinstimmung mit Kapitel II zuständig war", bezieht sich auf Fälle, in denen eine Schutzmaßnahme erlassen wurde, als die betroffene Person noch nicht 18 Jahre alt war.[232] Auf diese Schutzmaßnahme war für die internationale Zuständigkeit nicht das ESÜ, sondern das KSÜ oder aber autonomes Recht anwendbar. Auch die Anerkennung der Maßnahme in einem anderen Staat richtete sich potentiell nach dem KSÜ. Wird die betroffene Person volljährig, so entfällt die Anwendbarkeit des KSÜ auch im Hinblick auf die Anerkennung. Nach Art. 2 Abs. 2 ist nun das ESÜ anwendbar. Eine solche Maßnahme kann nun nach dem ESÜ anerkannt werden, wenn die Voraussetzungen für die Zuständigkeit hypothetisch auch nach dem ESÜ bestanden hätten. Wenn dies nicht der Fall ist, etwa wenn die Zuständigkeit auf Art. 10 KSÜ gestützt wurde, ist die Maßnahme nicht nach dem ESÜ anerkennbar.[233] Möglich bleibt aber, dass eine Anerkennung nach dem flexibleren autonomen Recht erfolgt.

II. Rechtliches Gehör

8 Als Ausprägung des verfahrensrechtlichen ordre public verlangt lit. b, dass dem betroffenen Erwachsenen grundsätzlich die Möglichkeit eingeräumt worden sein muss, gehört zu werden. Nicht notwendig ist anders als nach § 109 Abs. 1 Nr. 2 FamFG, dass dem Erwachsenen auch das verfahrenseinleitende Schriftstück zugestellt worden ist.[234]

9 Kein Anerkennungshindernis stellt es dar, wenn eine Anhörung des Erwachsenen in dringenden Fällen unterblieb. Außerdem kann die Anerkennung nur dann versagt werden, wenn die unterbliebene Anhörung einen Verstoß gegen die wesentlichen Verfahrensgrundsätze des ersuchten Staates darstellt. Es muss also zusätzlich geprüft werden, ob insoweit ein Verstoß gegen den verfahrensrechtlichen ordre public des Anerkennungs-

224 *Lagarde*, Bericht, Rn 116; *Guttenberger*, S. 199.
225 *Lagarde*, Bericht, Rn 116; *Clive*, YPIL 2 (2000), 1, 14; Staudinger/*von Hein* (2008), Vor Art. 24 Rn 242.
226 *Lagarde*, Bericht, Rn 117.
227 *Lagarde*, Bericht, Rn 117; Staudinger/*von Hein* (2008), Vor Art. 24 Rn 243.
228 Staudinger/*von Hein* (2008), Vor Art. 24 Rn 241.
229 *Lagarde*, Bericht, Rn 118.
230 *Clive*, YPIL 2 (2000), 1, 14 Fn 48; *Guttenberger*, S. 201; s. auch *Siehr*, RabelsZ 64 (2000) 715, 743.
231 *Lagarde*, Bericht, Rn 119; Staudinger/*von Hein* (2008), Vor Art. 24 Rn 246.
232 *Lagarde*, Bericht, Rn 119; Staudinger/*von Hein* (2008), Vor Art. 24 Rn 245.
233 *Lagarde*, Bericht, Rn 119.
234 *Siehr*, RabelsZ 64 (2000) 715, 743; Staudinger/*von Hein* (2008), Vor Art. 24 Rn 247.

staates vorliegt.[235] Daher begründet die fehlende Anhörung zumindest immer dann keinen Grund, die Anerkennung zu versagen, wie auf sie auch nach dem Recht des Anerkennungsstaates in einem solchen Fall verzichtet werden konnte.[236]

Die Anerkennung der Maßnahme kann wegen der unterbliebenen Anhörung des Erwachsenen versagt werden, auch wenn sich der Erwachsene selbst nicht darauf beruft. Art. 22 Abs. 2 lit. b geht insoweit also über § 109 Abs. 1 Nr. 2 FamFG hinaus.[237] 10

III. Ordre-public-Vorbehalt

Lit. c enthält den allgemeinen ordre-public-Vorbehalt. Eine Besonderheit ist, dass der Widerspruch zu den zwingenden Bestimmungen des Anerkennungsstaates iSv Art. 20 ausdrücklich genannt wird. Im Ergebnis führt dies aber zu keinem anderen Inhalt des ordre-public-Vorbehalts als nach autonomem Recht.[238] Praktische Bedeutung hat der ordre-public-Vorbehalt vor allem bei der Entmündigung eines Erwachsenen, die bei einem starken Inlandsbezug grundsätzlich gegen den deutschen ordre public verstößt (s. Art. 24 EGBGB Rn 27). Im Einzelfall kann ein Verstoß gegen den ordre public vorliegen, wenn bei Erlass der ausländischen Maßnahme das Wohl oder den Willen des betroffenen Erwachsenen grob missachtet worden ist.[239] 11

IV. Unvereinbarkeit mit Maßnahmen aus anderen Staaten, lit. d

Lit. d regelt ausdrücklich nur den Fall der Unvereinbarkeit der anzuerkennenden Maßnahme mit einer später ergangenen Maßnahme aus einem Nichtvertragsstaat. Das Verhältnis zu einer früher ergangenen Maßnahme wird nicht für regelungsbedürftig erachtet, weil die Schutzmaßnahmen nicht in Rechtskraft erwachsen, eine spätere Maßnahme daher grundsätzlich einer früher erlassenen vorgeht.[240] 12

Daher enthält das ESÜ auch keine allgemeine Regelung für das Verhältnis zwischen zeitlich nacheinander erlassenen Maßnahmen aus verschiedenen Vertragsstaaten. Die zeitlich später erlassene Maßnahme geht der früher erlassenen Maßnahmen grundsätzlich vor. Dies ist nur dann nicht der Fall, wenn die Zuständigkeit der Behörde, die die spätere Maßnahme erlassen hat, gegenüber der Zuständigkeit der anderen Behörde subsidiär ist, wie etwa nach Art. 8 Abs. 2, Art. 9 oder Art. 11 Abs. 1. Wird im Widerspruch zu diesen Subsidiaritätsregelungen eine Maßnahme erlassen, so fehlt es insoweit an der Zuständigkeit als Anerkennungsvoraussetzung. 13

Lit. d ordnet nun an, dass auch später erlassene Maßnahmen aus einem Nichtvertragsstaat einer früheren Maßnahme aus einem Vertragsstaat grundsätzlich vorgehen sollen. Dies beruht auf der Überlegung, dass die spätere Entscheidung auf einer aktuelleren Tatsachengrundlage erlassen worden ist und daher dem aktuellen Schutzbedürfnis besser entspricht.[241] 14

Der Vorrang der später erlassenen Maßnahme aus einem Nichtvertragsstaat steht nach lit. d unter zwei Bedingungen. Zum einen muss die Behörde des Nichtvertragsstaats hypothetisch nach den Art. 5–9 zuständig gewesen sein. Insoweit unterscheidet sich das ESÜ von der entsprechenden Regelung in Art. 23 Abs. 2 lit. e KSÜ, wonach nur Entscheidungen aus dem Staat des gewöhnlichen Aufenthalts des Kindes der Vorrang eingeräumt wird. 15

Problematisch ist die Regelung des ESÜ, weil die Voraussetzungen der Zuständigkeiten nach Art. 7 und 8 bei Maßnahmen aus einem Nichtvertragsstaat in der Praxis kaum jemals gegeben sind. Art. 7 setzt voraus, dass die Behörde des Heimatstaats vorher die Behörden im Aufenthaltsstaat informiert hat. Art. 8 verlangt, dass die Behörden vorher von der Aufenthaltsbehörde ein Ersuchen erhalten haben, tätig zu werden. Diese Kooperationsformen zwischen den Behörden verschiedener Staaten werden im Verhältnis zu Nichtvertragsstaaten regelmäßig nicht erfüllt sein. Die Behörde aus einem Nichtvertragsstaat beurteilt ihre internationale Zuständigkeit nach dem eigenen Recht und wendet gerade nicht das ESÜ an. Es kommt auf der anderen Seite aber auch nicht in Betracht im Verhältnis zu Nichtvertragsstaaten auf diese Erfordernisse zu verzichten,[242] weil ansonsten Maßnahmen aus einem Nichtvertragsstaat leichter anerkennbar wären als solche aus einem Vertragsstaat. 16

Als weitere Voraussetzungen nennt lit. d, dass die Maßnahme aus dem Nichtvertragsstaat die für die Anerkennung im ersuchten Vertragsstaat erforderlichen Voraussetzungen erfüllt. Das bedeutet, dass zusätzlich auch die Anerkennungsvoraussetzungen nach autonomem Recht vorliegen müssen. Insoweit führt die Regelung in § 109 Abs. 1 Nr. 3 FamFG zu einem Problem bei der Rechtsanwendung. Nach dieser Vorschrift, hat die frühere 17

235 Staudinger/*von Hein* (2008), Vor Art. 24 Rn 248.
236 *Clive*, YPIL 2 (2000), 1, 14.
237 Staudinger/*von Hein* (2008), Vor Art. 24 Rn 247.
238 Staudinger/*von Hein* (2008), Vor Art. 24 Rn 250.
239 *Rausch*, BtPrax 2004, 137, 139 (zum autonomen Recht).
240 *Siehr*, RabelsZ 64 (2000) 715, 743; Staudinger/*von Hein* (2008), Vor Art. 24 Rn 253.
241 *Lagarde*, Bericht, Rn 122; Staudinger/*von Hein* (2008), Vor Art. 24 Rn 253.
242 In diesem Sinn auch *Guttenberger*, S. 207; aA Staudinger/*von Hein* (2008), Vor Art. 24 Rn 256.

Entscheidung Vorrang vor der späteren Entscheidung. Die später erlassene Maßnahme kann daher nach autonomem Recht gerade deswegen nicht anerkannt werden, weil und wenn die früher erlassene Maßnahme aus dem Vertragsstaat anerkennbar ist. Lit. d würde daher leer laufen, wenn § 109 Abs. 1 Nr. 3 FamFG kumulativ angewandt würde

18 Hierbei ist aber zu berücksichtigen, dass lit. d bewusst der später erlassenen Maßnahme aus einem Nichtvertragsstaat den Vorrang einräumt. Nach dem Zweck der Vorschrift darf die zusätzliche Anwendung des autonomen Anerkennungsrechts nicht dazu führen, dass diese Grundentscheidung im Ergebnis leer läuft. Die zusätzliche Berufung der Anerkennungsvoraussetzungen nach dem autonomen Recht in lit. d ist daher teleologisch dahingehend zu beschränken, dass eine nationale Regelung, welche die frühere gegenüber der späteren Entscheidung bevorzugt, nicht anzuwenden ist.[243]

V. Einhaltung des Verfahrens nach Art. 33 bei einer Unterbringungsanordnung, lit. e

19 Für Maßnahmen, die die Unterbringung des Erwachsenen in einem anderen Vertragsstaat anordnen, stellt lit. e als zusätzliches Anerkennungshindernis die Nichtbeachtung des Kooperationsverfahrens nach Art. 33 auf. Eine ähnliche Regelung enthalten Art. 23 Abs. 2 lit. f KSÜ und Art. 23 lit. g EheVO.

20 Will die Behörde eines Vertragsstaat anordnen, dass der Erwachsene in einem anderen Vertragsstaat in einer Einrichtung oder in einem anderen Ort, an dem Schutz gewährt werden kann, untergebracht werden soll, so verlangt Art. 33, dass vor Erlass einer solchen Unterbringungsmaßnahme die Behörden des Staates, in dem die Unterbringung erfolgen soll, informiert werden. Die Unterbringung darf nicht angeordnet werden, wenn sich die Behörden des anderen Staates innerhalb einer angemessen Frist dagegen ausgesprochen haben. Zweck dieser Vorschrift ist, dass die Behörden des Staates, in dem die Unterbringung erfolgen soll, von dieser Maßnahme nicht überrascht werden und sie nur erfolgt, wenn diese Behörden nicht widersprechen. Lit. e verwirklicht dieses Regelungsanliegen auf der Ebene der Anerkennung. Der Vertragsstaat, in dem die Unterbringung erfolgen soll, muss diese Entscheidung nicht anerkennen, wenn er darüber nicht vorher informiert worden ist oder ihr widersprochen hat.[244]

Art. 23 ESÜ

[1]Unbeschadet des Artikels 22 Absatz 1 kann jede betroffene Person bei den zuständigen Behörden eines Vertragsstaats beantragen, dass über die Anerkennung oder Nichtanerkennung einer in einem anderen Vertragsstaat getroffenen Maßnahme entschieden wird. [2]Das Verfahren bestimmt sich nach dem Recht des ersuchten Staates.

A. Regelungsgegenstand

1 Die Regelung entspricht derjenigen in Art. 24 KSÜ. Feststellungen zur Anerkennung ausländischer Maßnahmen, die inzident erfolgen, haben keine Bindungswirkung für andere Verfahren, in denen sich die Frage der Wirksamkeit der im Ausland angeordneten Maßnahme ebenfalls stellt. Die Voraussetzungen der Anerkennung müssten daher in jedem Verfahren erneut dargelegt und geprüft werden. Außerdem kann für die Betroffenen im Vorfeld eines konkreten Verfahrens das Bedürfnis bestehen, klären zu lassen, ob eine ausländische Maßnahme im Inland wirksam ist.[245] Art. 24 verpflichtet daher die Vertragsstaaten, die Möglichkeit zu schaffen, dass eine bindende Entscheidung über die Anerkennung oder Nichtanerkennung getroffen werden kann.

2 Der Vorbehalt zugunsten von Art. 22 Abs. 1 stellt klar, dass die Möglichkeit des Feststellungsverfahrens die ex lege Anerkennung nicht beschränkt. Liegen die Voraussetzungen von Art. 22 vor, entfaltet die ausländische Entscheidung unmittelbar und sofort Wirkung im Anerkennungsstaat und nicht etwa erst nach Erlass einer positiven Feststellungsentscheidung.

B. Voraussetzungen und Verfahren

3 Art. 23 verpflichtet nur dazu, ein Verfahren zur Feststellung der Anerkennung einer ausländischen Maßnahme vorzusehen. Es schreibt ein solches Verfahren nicht für die Feststellung des Bestehens oder Nichtbestehens einer Vorsorgevollmacht vor, die der Erwachsene iSv Art. 15 eingeräumt hat.

243 Im Ergebnis ebenso Staudinger/*von Hein* (2008), Vor Art. 24 Rn 258.

244 *Lagarde*, Bericht, Rn 123.

245 *Lagarde*, Bericht, Rn 124.

Antragsberechtigt muss nach Art. 23 jede betroffene Person sein. Wie sich aus der englischen und französischen Originalfassung ergibt,[246] ist damit nicht nur der betroffene Erwachsene, sondern jede Person gemeint, die ein rechtlich relevantes Interesse an der Feststellung hat.[247] 4

Nach S. 2 bestimmt das Recht des anerkennenden Staates, die Zuständigkeit und das Verfahren für diese Feststellung. Das Verfahren kann kontradiktorisch ausgestaltet sein und muss anders als das Verfahren zur Vollstreckbarerklärung nach Art. 25 Abs. 2 nicht möglichst einfach und schnell ausgestaltet sein.[248] 5

C. Ausgestaltung im deutschen Recht

Im deutschen Recht wurde das Anerkennungsverfahren im ESÜAG weitgehend parallel zum Verfahren der Vollstreckbarkeitserklärung geregelt. Die **Zuständigkeit** für eine Anerkennung nach Art. 23 ist nach § 6 ESÜAG für den gesamten Bezirk eines OLG grundsätzlich[249] bei dem Betreuungsgericht konzentriert, in dessen Bezirk das OLG seinen Sitz hat. Wie im Bereich des internationalen Kindschaftsrechts und Adoptionsrechts (§ 12 IntFamRVG, § 5 AdWirkG) ermöglicht dies Gerichten eine Spezialisierung in Auslandssachen und damit eine effizientere Rechtsanwendung.[250] 6

Die örtliche Zuständigkeit richtet sich gemäß § 6 Abs. 3 ESÜAG nach dem gewöhnlichen Aufenthalt des betroffenen Erwachsenen im Zeitpunkt der Antragstellung. Hat er keinen gewöhnlichen Aufenthalt im Inland oder ist dieser nicht feststellbar, ist das Betreuungsgericht örtlich zuständig, in dessen Bereich das Fürsorgebedürfnis besteht. Besteht im Inland kein Fürsorgebedürfnis, so ist das Amtsgericht Berlin-Schöneberg zuständig. 7

Ist ein Feststellungsverfahren nach Art. 23 bei einem deutschen Betreuungsgericht anhängig, so tritt nach § 7 Abs. 1 S. 1 ESÜAG eine **Zuständigkeitskonzentration** für alle Betreuungssachen ein, die denselben Erwachsenen betreffen. Ein anderes Betreuungsgericht, bei dem eine Betreuungssache anhängig ist oder anhängig gemacht wird, muss die Sache von Amts wegen an das mit dem Anerkennungsverfahren nach Art. 23 befasste Gericht abgeben, § 7 ESÜAG. 8

Der **Zweck** der Zuständigkeitskonzentration ist es, zu ermöglichen, dass das Betreuungsgericht unmittelbar selbst entscheiden kann, ob eine eigene Maßnahme nicht notwendig ist, weil eine ausländische Maßnahme im Inland anerkannt werden kann und das Schutzbedürfnis angemessen regelt, oder aber ob trotz Bestehens und Anerkennbarkeit einer ausländischen Maßnahme eine inländische (abändernde) Maßnahme erlassen werden muss.[251] 9

Für das Verfahren verweist § 8 ESÜAG in Abs. 1 und 2 grundsätzlich auf das FamFG, so dass weitgehend das Recht für innerstaatliche Betreuungsverfahren gilt.[252] Die Feststellung nach Art. 23 über die Anerkennung oder Nichtanerkennung hat nach § 9 ESÜAG Bindungswirkung für alle weiteren inländischen Verfahren, bei denen es auf die Frage der Anerkennung der ausländischen Maßnahme ankommt. Dies sichert den internen Entscheidungseinklang und führt zu einer Verfahrensvereinfachung.[253] 10

§ 11 ESÜAG regelt den Fall, dass die ausländische Maßnahme später im Ursprungsstaat aufgehoben oder abgeändert wird. Da damit die Grundlage für die Anerkennung entfallen ist, kann die Anerkennungsfeststellung in einem erneuten Verfahren aufgehoben bzw. abgeändert werden.[254] 11

Art. 24 ESÜ

Die Behörde des ersuchten Staates ist an die Tatsachenfeststellungen gebunden, auf welche die Behörde des Staates, in dem die Maßnahme getroffen wurde, ihre Zuständigkeit gestützt hat.

Das Gericht oder die Behörde des Anerkennungsstaates ist bei der Überprüfung der internationalen Zuständigkeit nach Art. 22 Abs. 2 lit. a an die Tatsachenfeststellungen gebunden, auf welche die entscheidende Behörde ihre Zuständigkeit nach dem ESÜ gestützt hat. Die Regelung entspricht Art. 25 KSÜ. **Zweck** der Regelung ist es, bei der Anerkennung eine erneute Tatsachenfeststellung für die Zuständigkeitsfragen zu ver- 1

246 „any interested person“; „toute personne intéressée“.
247 *Guttenberger*, S. 198; Staudinger/*von Hein* (2008), Vor Art. 24 Rn 260.
248 *Lagarde*, Bericht, Rn 124.
249 Nach Art. 6 Abs. 2 ESÜAG ist die Landesregierung ermächtigt, die Zuständigkeit einem anderen Betreuungsgericht und wenn in einem Lande mehreren Oberlandesgerichte bestehen, ein Betreuungsgericht für mehrere Oberlandesgerichtsbezirke zu bestimmen.
250 *Wagner*, IPRax 2007, 11, 14; Staudinger/*von Hein* (2008), Vor Art. 24 Rn 264.
251 BT-Drucks. 16/3251, 13; Staudinger/*von Hein* (2008), Vor Art. 24 Rn 265.
252 BT-Drucks. 16/3251, 14.
253 BT-Drucks. 16/3251, 11, 16; so auch bereits der Vorschlag von *Siehr*, RabelsZ 64 (2000), 715, 744.
254 S. dazu Staudinger/*von Hein* (2008), Vor Art. 24 Rn 277.

meiden. So wird auch verhindert, dass das Verfahren, in dem über die Anerkennung entschieden wird, durch neue Tatsachenbehauptungen verschleppt wird.[255]

2 Die Bindung besteht nur für die **Feststellung der Tatsachen**, auf deren Grundlage sich die Zuständigkeit nach dem ESÜ ergibt. Keine Bindung besteht für die in der Subsumtion liegende rechtliche Bewertung. Die Abgrenzung kann im Einzelfall schwierig sein. Sicher eine Tatsachenfeststellung ist es etwa, wie lange sich der Erwachsene bereits in einem Land aufhält und welche konkreten sozialen Beziehungen er dort aufgebaut hat.

3 Weitergehend ist die Bindungswirkung auch auf die Feststellungen auszudehnen, dass der Erwachsene einen Bleibewillen hatte bzw. dass er sozial entsprechend integriert war, so dass ein gewöhnlicher Aufenthalt anzunehmen ist.[256] Überprüfbar ist danach nur, ob die entscheidende Behörde von einem fehlerhaften Verständnis des Begriffs des gewöhnlichen Aufenthalts ausgegangen ist.[257] Nach dem Bericht von *Lagarde* gilt die Bindungswirkung zudem für die Bewertungen im Hinblick auf das Wohl des Erwachsenen nach Art. 7 Abs. 1 und Art. 8 Abs. 1.[258]

Art. 25 ESÜ

(1) Erfordern die in einem Vertragsstaat getroffenen und dort vollstreckbaren Maßnahmen in einem anderen Vertragsstaat Vollstreckungshandlungen, so werden sie in diesem anderen Staat auf Antrag jeder betroffenen Partei nach dem im Recht dieses Staates vorgesehenen Verfahren für vollstreckbar erklärt oder zur Vollstreckung registriert.

(2) Jeder Vertragsstaat wendet auf die Vollstreckbarerklärung oder die Registrierung ein einfaches und schnelles Verfahren an.

(3) Die Vollstreckbarerklärung oder die Registrierung darf nur aus einem der in Artikel 22 Absatz 2 vorgesehenen Gründe versagt werden.

1 Art. 25 entspricht Art. 26 KSÜ. Für die Vollstreckung einer ausländischen Maßnahme kann jeder Vertragsstaat weiterhin vorsehen, dass die Maßnahme in einem inländischen Verfahren für vollstreckbar erklärt oder zur Vollstreckung registriert wird. Der Verzicht auf ein Verfahren zur Vollstreckbarerklärung, wie er ansatzweise in den europäischen Rechtsinstrumenten (etwa Art. 40-45 EheVO) 2003 enthalten ist, konnte in einem internationalen Übereinkommen mit potentiell weltweiter Verbreitung nicht aufgenommen werden.

2 **Voraussetzung** für die Vollstreckbarerklärung ist, dass die Maßnahme einen vollstreckungsfähigen Inhalt hat und im Ursprungsstaat vollstreckbar ist.[259] Vollstreckungsfähigen Inhalt haben etwa Maßnahmen, welche die Unterbringung des Erwachsenen oder die Herausgabe des Erwachsenen an einen Betreuer anordnen.[260] Viele Maßnahmen im Bereich des Erwachsenenschutzes bedürfen keiner Vollstreckung. Dies gilt etwa für die Bestellung eines Betreuers. Damit der Betreuer den Erwachsenen im Inland wirksam vertreten kann, muss eine solche Ernennung nur anerkannt werden. Eine Vollstreckung ist nicht notwendig und auch nicht möglich.[261]

3 Weiterhin ist selbstverständliche Voraussetzung für die Vollstreckung, dass die **Anerkennung der Maßnahme** nach Art. 22 gegeben ist. **Abs. 3** stellt insoweit klar, dass auch für die Vollstreckung die Anerkennung nur aufgrund von Versagungsgründen, welche in Art. 22 Abs. 2 abschließend genannt sind, verweigert werden darf. Falls keine Feststellung über die Anerkennung nach Art. 23 ergangen ist, erfolgt die Prüfung der Anerkennungsvoraussetzungen inzident im Verfahren der Vollstreckbarkeitserklärung.[262]

4 Nach Art. 25 Abs. 1 ist der **Antrag** einer betroffenen Partei erforderlich. Dies kann neben dem betroffenen Erwachsenen auch eine Fürsorgeperson oder eine staatliche Stelle sein.[263] Das **Verfahren** für die Vollstreckbarkeitserklärung oder Registrierung der Vollstreckbarkeit bestimmt sich nach dem Recht des Vertragsstaates. **Abs. 2** verlangt insoweit nur, dass ein einfaches und schnelles Verfahren angewandt wird. Konkrete zeitliche Vorgaben ergeben sich daraus nicht.[264] Auch muss das Verfahren nicht zwingend einseitig, sondern kann auch kontradiktorisch angelegt sein.

255 So zur entsprechenden Regelung in der EuGVO *Leible* in: Rauscher, Europäisches Zivilprozessrecht Art. 35 Brüssel I-VO Rn 15 zur EuGVO.
256 So wohl auch *Lagarde*, Bericht, Rn 125; Staudinger/*von Hein* (2008), Vor Art. 24 Rn 280; ausdrücklich aA *Guttenberger*, S. 203.
257 *Siehr*, RabelsZ 64 (2000), 715, 744.
258 *Lagarde*, Bericht, Rn 125; s. auch Staudinger/*von Hein* (2008), Vor Art. 24 Rn 280.
259 Staudinger/*von Hein* (2008), Vor Art. 24 Rn 283 f.
260 Staudinger/*von Hein* (2008), Vor Art. 24 Rn 281.
261 *Lagarde*, Bericht, Rn 126.
262 Staudinger/*von Hein* (2008), Vor Art. 24 Rn 281.
263 Staudinger/*von Hein* (2008), Vor Art. 24 Rn 282.
264 *Lagarde*, Bericht, Rn 126.

Für Deutschland sind die Zuständigkeit und das Verfahren der Vollstreckbarkeitserklärung in §§ 6 bis 8, 10 und § 11 ESÜAG geregelt. Die Verfahren zu Anerkennungsfeststellung nach Art. 23 und zur Vollstreckbarkeitserklärung nach Art. 25 sind damit einheitlich geregelt (s. dazu Art. 23 Rn 240 ff). § 10 Abs. 1 ESÜAG bestimmt, dass ein Titel aus einem anderen Vertragsstaat, der dort vollstreckbar ist und im Inland Vollstreckungshandlungen erfordert, dadurch für vollstreckbar erklärt wird, dass er auf Antrag mit einer Vollstreckungsklausel versehen wird. Für die weiteren Einzelheiten, wie die Wiedergabe des Beschlusses in deutscher Sprache verweist § 10 Abs. 2 ESÜAG auf § 20 Abs. 1 S. 1 u. 2 und § 23 IntFamRVG.[265] 5

Art. 26 ESÜ

Vorbehaltlich der für die Anwendung der vorstehenden Artikel erforderlichen Überprüfung darf die getroffene Maßnahme in der Sache selbst nicht nachgeprüft werden.

Bei Art. 26 handelt es sich um eine Standardklausel in Übereinkommen über die Anerkennung und Vollstreckung von Entscheidungen.[266] Er ist die Parallelvorschrift zu Art. 27 KSÜ; er hat vor allem klarstellende Funktion. Bei Anerkennung und Vollstreckung darf keine Überprüfung der anzuerkennenden Maßnahme in der Sache selbst (révision au fond) erfolgen. Dies ergibt sich bereits aus der abschließenden Aufzählung der Versagungsgründe in Art. 22 Abs. 2 und der Bestimmung in Art. 25 Abs. 3. 1

Art. 26 hindert die zuständige Behörde des Anerkennungsstaates aber nicht, eine neue eigene Maßnahme zu erlassen, in der die ausländische Maßnahme abgeändert oder aufgehoben wird. Dies ist nicht nur bei einer klaren Änderung der tatsächlichen Verhältnisse zulässig, sondern auch, wenn die zuständige Behörde aufgrund der Anwendbarkeit des eigenen Rechts oder aufgrund einer anderen Bewertung zur Überzeugung gelangt, dass zum Wohl des Erwachsenen eine solche Maßnahme erforderlich ist.[267] (s. dazu auch Art. 27 KSÜ Rn 2) 2

Art. 27 ESÜ

[1]Die in einem Vertragsstaat getroffenen und in einem anderen Vertragsstaat für vollstreckbar erklärten oder zur Vollstreckung registrierten Maßnahmen werden dort vollstreckt, als seien sie von den Behörden dieses anderen Staates getroffen worden. [2]Die Vollstreckung richtet sich nach dem Recht des ersuchten Staates unter Beachtung der darin vorgesehenen Grenzen.

Art. 27 entspricht Art. 28 KSÜ ohne aber die dort enthaltene Bezugnahme auf das Wohl des Kindes zu übernehmen. Sinn der Vorschrift ist es, dass die Vollstreckungsbehörden nur ihr eigenes Recht anwenden sollen. 1

S. 1 ordnet die Gleichstellung einer ausländischen Maßnahme mit einer vergleichbaren inländischen Maßnahme im Hinblick auf die Durchführung der Vollstreckung an. S. 2 ergänzt dies, indem bestimmt wird, dass das Recht des Vollstreckungsstaats auch auf das Verfahren der Vollstreckung und die Grenzen der Vollstreckung anwendbar ist. Die Vollstreckung einer ausländischen Maßnahme darf im Vergleich zur Vollstreckung einer entsprechenden inländischen Maßnahme nicht von weitergehenden Voraussetzungen abhängig gemacht oder zusätzlichen Beschränkungen unterworfen werden. Auf der anderen Seite kann die Vollstreckung aber aus den gleichen Gründen versagt werden, aus denen dies bei einer inländischen Maßnahme möglich wäre. Als Beispiel nennt der Bericht von *Lagarde* eine ausländische Unterbringungsmaßnahme. Die Voraussetzungen, unter denen von der Vollstreckung abgesehen werden kann, etwa weil sich der Erwachsene weigert, richten sich nach dem Recht des Vollstreckungsstaats.[268] 2

Probleme kann diese Gleichstellung der ausländischen mit einer inländischen Maßnahme deshalb verursachen, weil im Bereich des Erwachsenenschutzes die Rechtsordnungen in ihrem materiellen Inhalt erheblich divergieren.[269] Wenn in der ausländischen Entscheidung eine Maßnahme angeordnet worden ist, die im Recht des 3

265 BT-Drucksache 16/3251, 16; Staudinger/*von Hein* (2008), Vor Art. 24 Rn 287-289.
266 *Lagarde*, Bericht, Rn 127.
267 *Siehr*, RabelsZ 64 (2000), 715, 744; Staudinger/*von Hein* (2008), Vor Art. 24 Rn 291.
268 *Lagarde*, Bericht, Rn 128.
269 Kritisch daher *Siehr*, RabelsZ 64 (2000), 715, 745.

Vollstreckungsstaats nicht vorgesehen ist, so muss in diesem Recht ein funktionales Äquivalent gesucht werden.[270]

Kapitel V
Zusammenarbeit

Art. 28 ESÜ

(1) Jeder Vertragsstaat bestimmt eine Zentrale Behörde, welche die ihr durch dieses Übereinkommen übertragenen Aufgaben wahrnimmt.

(2) [1]Einem Bundesstaat, einem Staat mit mehreren Rechtssystemen oder einem Staat, der aus autonomen Gebietseinheiten besteht, steht es frei, mehrere Zentrale Behörden zu bestimmen und deren räumliche und persönliche Zuständigkeit festzulegen. [2]Macht ein Staat von dieser Möglichkeit Gebrauch, so bestimmt er die Zentrale Behörde, an welche Mitteilungen zur Übermittlung an die zuständige Zentrale Behörde in diesem Staat gerichtet werden können.

1 Durch Art. 28 ff wird ein System der Zusammenarbeit eingeführt, das vor allem auf der Einrichtung von Zentralen Behörden beruht, wie dies bereits in den Haager Konventionen im Kindschaftsrecht, (Haager Adoptionsübereinkommen, Haager Kindesentführungsübereinkommen) erfolgreich verwirklicht wurde.

2 In Deutschland ist nach § 1 ESÜAG das Bundesamt für Justiz in Bonn die Zentrale Behörde für das gesamte Bundesgebiet.

Art. 29–37 ESÜ (hier nicht wiedergegeben)

Kapitel VI
Allgemeine Bestimmungen

Art. 38 ESÜ

(1) Die Behörden des Vertragsstaats, in dem eine Schutzmaßnahme getroffen oder eine Vertretungsmacht bestätigt wurde, können jedem, dem der Schutz der Person oder des Vermögens des Erwachsenen anvertraut wurde, auf dessen Antrag eine Bescheinigung über seine Berechtigung zum Handeln und die ihm übertragenen Befugnisse ausstellen.

(2) Bis zum Beweis des Gegenteils wird vermutet, dass die bescheinigte Berechtigung zum Handeln und die bescheinigten Befugnisse vom Ausstellungsdatum der Bescheinigung an bestehen.

(3) Jeder Vertragsstaat bestimmt die für die Ausstellung der Bescheinigung zuständigen Behörden.

A. Regelungsgegenstand

1 Die Regelung hat ihr Vorbild in Art. 40 KSÜ. Die Person, der die Sorge für die Person oder das Vermögen des Erwachsenen übertragen worden ist, soll eine Bescheinigung erhalten können, durch die sie ihre Berechtigung leicht und sicher nachweisen kann. Eine solche Bescheinigung fördert eine effektive Wahrnehmung des Schutzes des Erwachsenen.[271]

2 Art. 38 ist fakultativ.[272] Vertragsstaaten sind nicht verpflichtet, die Ausstellung einer solchen Bescheinigung vorzusehen. Ist eine Bescheinigung iSv Art. 38 aber nach dem Recht eines Vertragsstaats ausgestellt worden, so entfaltet diese in allen Vertragsstaaten ihre Wirkung.

270 In diesem Sinn auch *Siehr*, RabelsZ 64 (2000), 715, 745; Staudinger/*von Hein* (2008), Vor Art. 24 Rn 292.
271 *Lagarde*, Bericht, Rn 144.
272 *Lagarde*, Bericht, Rn 144.

B. Inhalt und Ausstellung der Bescheinigungen

Die Bescheinigung stellt klar, welche Befugnisse der Fürsorgeperson übertragen worden sind und welche Berechtigungen zum Handeln für den Erwachsenen daraus folgen. Möglich ist auch, dass in der Bescheinigung negativ bestimmte Befugnisse, etwa die Verwaltung von Vermögen außerhalb des ausstellenden Staates, ausgenommen werden.[273] 3

Eine solche Bescheinigung kann nicht nur für eine behördlich angeordnete Berechtigung, sondern auch für die durch Rechtsgeschäft des Erwachsenen begründete Vertretungsmacht ausgestellt werden. Allerdings ist dafür Voraussetzung, dass die rechtsgeschäftlich begründete Vertretungsmacht ihrerseits vorher behördlich bestätigt worden ist.[274] 4

International zuständig für die Ausstellung der Bescheinigung sind bei der behördlich angeordneten Schutzberechtigung die Behörden des Staates, in dem die Anordnung ergangen ist. Anders als nach Art. 40 KSÜ ist eine allgemeine Zuständigkeit der Behörden des gewöhnlichen Aufenthalts des Erwachsenen nicht vorgesehen.[275] Im Fall der bestätigten rechtsgeschäftlich begründeten Vertretungsmacht sind die Behörden des Staates, dessen Recht nach Art. 15 Abs. 1 oder 2 auf die Vertretungsmacht anwendbar ist, zuständig.[276] 5

Welche innerstaatliche Behörde die Bescheinigung ausstellt, wird gemäß Abs. 3 vom Recht des jeweiligen Vertragsstaats bestimmt. Es wurde ein Muster für die Bescheinigung erarbeitet. Das Muster wurde nicht in das ESÜ eingefügt, um spätere Überarbeitungen zu ermöglichen. Sein Gebrauch wird von dem Ständigen Büro der Haager Konferenz ausdrücklich empfohlen.[277] 6

C. Rechtswirkungen

Die Bescheinigung gegründet die Vermutung, dass die bescheinigte Berechtigung zum Handeln und die bescheinigten Befugnisse bestehen. Die Vermutung kann widerlegt werden. Wer ihre Richtigkeit bestreitet, trägt insoweit aber die Beweislast.[278] 7

Anders als die deutsche Übersetzung nahelegt bezieht sich die Vermutung nur darauf, dass die Berechtigung und die Befugnisse im Zeitpunkt des Ausstellungsdatums der Bescheinigung bestanden haben.[279] Die ausstellende Behörde ist daher nicht gehindert, die Schutzmaßnahme später zu ändern oder aufzuheben. Eine Einziehung oder Änderung der Bescheinigung ist nicht vorgesehen.[280] 8

D. Umsetzung in Deutschland

Das deutsche Recht kennt mit der Bestellungsurkunde nach § 290 FamFG eine Bescheinigung für eine behördlich angeordnete Sorgeberechtigung. Die Bestätigung einer rechtsgeschäftlich durch den Erwachsenen begründeten Vertretungsmacht ist demgegenüber im deutschen Recht nicht vorgesehen.[281] 9

Zuständige Behörde iSv Abs. 3 ist nach § 13 ESÜAG der Urkundsbeamte der Geschäftsstelle des Gerichts des ersten Rechtszugs. Wenn das Verfahren bei einem höheren Gericht anhängig ist, der Urkundsbeamte der Geschäftsstelle dieses Gerichts. 10

273 *Lagarde*, Bericht, Rn 144.
274 BT-Drucks. 16/3251, 17; Staudinger/*von Hein* (2008), Vor Art. 24 Rn 331.
275 *Lagarde*, Bericht, Rn 145.
276 *Lagarde*, Bericht, Rn 146.
277 *Lagarde*, Bericht, Rn 147; Muster abgedruckt in BT-Drucks. 16/3250, 65.
278 *Lagarde*, Bericht, Rn 147; Staudinger/*von Hein* (2008), Vor Art. 24 Rn 336.
279 *Lagarde*, Bericht, Rn 147.
280 Staudinger/*von Hein* (2008), Vor Art. 24 Rn 337.
281 BT-Drucks. 16/3251, 17; Staudinger/*von Hein* (2008), Vor Art. 24 Rn 331.

Anhang V zu Art. 24 EGBGB: EuSorgeRÜbk

Europäisches Übereinkommen über die Anerkennung und Vollstreckung von Entscheidungen über das Sorgerecht für Kinder und die Wiederherstellung des Sorgeverhältnisses [EuSorgeRÜbk][1]

vom 20. Mai 1980 (BGBl. 1990 II S. 220)

Die Mitgliedstaaten des Europarats, die dieses Übereinkommen unterzeichnen

in der Erkenntnis, daß in den Mitgliedstaaten des Europarats das Wohl des Kindes bei Entscheidungen über das Sorgerecht von ausschlaggebender Bedeutung ist;

in der Erwägung, daß die Einführung von Regelungen, welche die Anerkennung und Vollstreckung von Entscheidungen über das Sorgerecht für ein Kind erleichtern sollen, einen größeren Schutz für das Wohl der Kinder gewährleisten wird;

in der Erwägung, daß es in Anbetracht dessen wünschenswert ist hervorzuheben, daß das Recht der Eltern zum persönlichen Umgang mit dem Kind eine normale Folgeerscheinung des Sorgerechts ist;

im Hinblick auf die wachsende Zahl von Fällen, in denen Kinder in unzulässiger Weise über eine internationale Grenze verbracht worden sind, und die Schwierigkeiten, die dabei entstandenen Probleme in angemessener Weise zu lösen;

in dem Wunsch, geeignete Vorkehrungen zu treffen, die es ermöglichen, das willkürlich unterbrochene Sorgeverhältnis zu Kindern wiederherzustellen;

überzeugt, daß es wünschenswert ist, zu diesem Zweck Regelungen zu treffen, die den verschiedenen Bedürfnissen und den unterschiedlichen Umständen entsprechen;

in dem Wunsch, zwischen ihren Behörden eine Zusammenarbeit auf rechtlichem Gebiet herbeizuführen,

sind wie folgt übereingekommen:

Art. 1 EuSorgeRÜbk

Im Sinn dieses Übereinkommens bedeutet:

a) Kind eine Person gleich welcher Staatsangehörigkeit, die das 16. Lebensjahr noch nicht vollendet hat und noch nicht berechtigt ist, nach dem Recht ihres gewöhnlichen Aufenthalts, dem Recht des Staates, dem sie angehört, oder dem innerstaatlichen Recht des ersuchten Staates ihren eigenen Aufenthalt zu bestimmen;

b) Behörde ein Gericht oder eine Verwaltungsbehörde;

c) Sorgerechtsentscheidung die Entscheidung einer Behörde, soweit sie die Sorge für die Person des Kindes, einschließlich des Rechts auf Bestimmung seines Aufenthalts oder des Rechts zum persönlichen Umgang mit ihm, betrifft;

d) unzulässiges Verbringen das Verbringen eines Kindes über eine internationale Grenze, wenn dadurch eine Sorgerechtsentscheidung verletzt wird, die in einem Vertragsstaat ergangen und in einem solchen Staat vollstreckbar ist; als unzulässiges Verbringen gilt auch der Fall, in dem

[1] Übersetzung; authentisch sind gleichberechtigt der englische und französische Text.

i) das Kind am Ende einer Besuchszeit oder eines sonstigen vorübergehenden Aufenthalts in einem anderen Hoheitsgebiet als dem, in dem das Sorgerecht ausgeübt wird, nicht über eine internationale Grenze zurückgebracht wird;
ii) das Verbringen nachträglich nach Artikel 12 für widerrechtlich erklärt wird.

Teil I
Zentrale Behörden

Art. 2 EuSorgeRÜbk

(1) Jeder Vertragsstaat bestimmt eine zentrale Behörde, welche die in diesem Übereinkommen vorgesehenen Aufgaben wahrnimmt.

(2) Bundesstaaten und Staaten mit mehreren Rechtssystemen steht es frei, mehrere zentrale Behörden zu bestimmen; sie legen deren Zuständigkeit fest.

(3) Jede Bezeichnung nach diesem Artikel wird dem Generalsekretär des Europarats notifiziert.

Art. 3 EuSorgeRÜbk

(1) Die zentralen Behörden der Vertragsstaaten arbeiten zusammen und fördern die Zusammenarbeit der zuständigen Behörden ihrer Staaten. Sie haben mit aller gebotenen Eile zu handeln.

(2) Um die Durchführung dieses Übereinkommens zu erleichtern, werden die zentralen Behörden der Vertragsstaaten
a) die Übermittlung von Auskunftsersuchen sicherstellen, die von zuständigen Behörden ausgehen und sich auf Rechts- oder Tatsachenfragen in anhängigen Verfahren beziehen;
b) einander auf Ersuchen Auskünfte über ihr Recht auf dem Gebiet des Sorgerechts für Kinder und über dessen Änderungen erteilen;
c) einander über alle Schwierigkeiten unterrichten, die bei der Anwendung des Übereinkommens auftreten können, und Hindernisse, die seiner Anwendung entgegenstehen, soweit wie möglich ausräumen.

Art. 4 EuSorgeRÜbk

(1) Wer in einem Vertragsstaat eine Sorgerechtsentscheidung erwirkt hat und sie in einem anderen Vertragsstaat anerkennen oder vollstrecken lassen will, kann zu diesem Zweck einen Antrag an die zentrale Behörde jedes beliebigen Vertragsstaats richten.

(2) Dem Antrag sind die in Artikel 13 genannten Schriftstücke beizufügen.

(3) Ist die zentrale Behörde, bei der der Antrag eingeht, nicht die zentrale Behörde des ersuchten Staates, so übermittelt sie die Schriftstücke unmittelbar und unverzüglich der letztgenannten Behörde.

(4) Die zentrale Behörde, bei der der Antrag eingeht, kann es ablehnen, tätig zu werden, wenn die Voraussetzungen nach diesem Übereinkommen offensichtlich nicht erfüllt sind.

(5) Die zentrale Behörde, bei der der Antrag eingeht, unterrichtet den Antragsteller unverzüglich über den Fortgang seines Antrags.

Art. 5 EuSorgeRÜbk

(1) Die zentrale Behörde des ersuchten Staates trifft oder veranlaßt unverzüglich alle Vorkehrungen, die sie für geeignet hält, und leitet erforderlichenfalls ein Verfahren vor dessen zuständigen Behörden ein, um
a) den Aufenthaltsort des Kindes ausfindig zu machen;
b) zu vermeiden, insbesondere durch alle erforderlichen vorläufigen Maßnahmen, daß die Interessen des Kindes oder des Antragstellers beeinträchtigt werden;
c) die Anerkennung oder Vollstreckung der Entscheidung sicherzustellen;

d) die Rückgabe des Kindes an den Antragsteller sicherzustellen, wenn die Vollstreckung der Entscheidung bewilligt wird;

e) die ersuchende Behörde über die getroffenen Maßnahmen und deren Ergebnisse zu unterrichten.

(2) Hat die zentrale Behörde des ersuchten Staates Grund zu der Annahme, daß sich das Kind im Hoheitsgebiet eines anderen Vertragsstaats befindet, so übermittelt sie die Schriftstücke unmittelbar und unverzüglich der zentralen Behörde dieses Staates.

(3) Jeder Vertragsstaat verpflichtet sich, vom Antragsteller keine Zahlungen für Maßnahmen zu verlangen, die für den Antragsteller aufgrund des Absatzes 1 von der zentralen Behörde des betreffenden Staates getroffen werden; darunter fallen auch die Verfahrenskosten und gegebenenfalls die Kosten für einen Rechtsanwalt, nicht aber die Kosten für die Rückführung des Kindes.

(4) Wird die Anerkennung oder Vollstreckung versagt und ist die zentrale Behörde des ersuchten Staates der Auffassung, daß sie dem Ersuchen des Antragstellers stattgeben sollte, in diesem Staat eine Entscheidung in der Sache selbst herbeizuführen, so bemüht sich diese Behörde nach besten Kräften, die Vertretung des Antragstellers in dem Verfahren unter Bedingungen sicherzustellen, die nicht weniger günstig sind als für eine Person, die in diesem Staat ansässig ist und dessen Staatsangehörigkeit besitzt; zu diesem Zweck kann sie insbesondere ein Verfahren vor dessen zuständigen Behörden einleiten.

Art. 6 EuSorgeRÜbk

(1) Vorbehaltlich besonderer Vereinbarungen zwischen den beteiligten zentralen Behörden und der Bestimmungen des Absatzes 3

a) müssen Mitteilungen an die zentrale Behörde des ersuchten Staates in der Amtssprache oder einer der Amtssprachen dieses Staates abgefaßt oder von einer Übersetzung in diese Sprache begleitet sein;

b) muß die zentrale Behörde des ersuchten Staates aber auch Mitteilungen annehmen, die in englischer oder französischer Sprache abgefaßt oder von einer Übersetzung in eine dieser Sprachen begleitet sind.

(2) Mitteilungen, die von der zentralen Behörde des ersuchten Staates ausgehen, einschließlich der Ergebnisse von Ermittlungen, können in der Amtssprache oder einer der Amtssprachen dieses Staates oder in englischer oder französischer Sprache abgefaßt sein.

(3) [1]Ein Vertragsstaat kann die Anwendung des Absatzes 1 Buchstabe b ganz oder teilweise ausschließen. [2]Hat ein Vertragsstaat diesen Vorbehalt angebracht, so kann jeder andere Vertragsstaat ihm gegenüber den Vorbehalt auch anwenden.

Teil II
Anerkennung und Vollstreckung von Entscheidungen und Wiederherstellung des Sorgeverhältnisses

Art. 7 EuSorgeRÜbk

Sorgerechtsentscheidungen, die in einem Vertragsstaat ergangen sind, werden in jedem anderen Vertragsstaat anerkannt und, wenn sie im Ursprungsstaat vollstreckbar sind, für vollstreckbar erklärt.

Art. 8 EuSorgeRÜbk

(1) Im Fall eines unzulässigen Verbringens hat die zentrale Behörde des ersuchten Staates umgehend die Wiederherstellung des Sorgeverhältnisses zu veranlassen, wenn

a) zur Zeit der Einleitung des Verfahrens in dem Staat, in dem die Entscheidung ergangen ist, oder zur Zeit des unzulässigen Verbringens, falls dieses früher erfolgte, das Kind und seine Eltern nur Angehörige dieses Staates waren und das Kind seinen gewöhnlichen Aufenthalt im Hoheitsgebiet dieses Staates hatte, und

b) der Antrag auf Wiederherstellung innerhalb von sechs Monaten nach dem unzulässigen Verbringen bei einer zentralen Behörde gestellt worden ist.

(2) Können nach dem Recht des ersuchten Staates die Voraussetzungen des Absatzes 1 nicht ohne ein gerichtliches Verfahren erfüllt werden, so finden in diesem Verfahren die in dem Übereinkommen genannten Versagungsgründe keine Anwendung.

(3) [1]Ist in einer von einer zuständigen Behörde genehmigten Vereinbarung zwischen dem Sorgeberechtigten und einem Dritten diesem das Recht zum persönlichen Umgang eingeräumt worden und ist das ins Ausland gebrachte Kind am Ende der vereinbarten Zeit dem Sorgeberechtigten nicht zurückgegeben worden, so wird das Sorgeverhältnis nach Absatz 1 Buchstabe b und Absatz 2 wiederhergestellt. [2]Dasselbe gilt, wenn durch Entscheidung der zuständigen Behörde ein solches Recht einer Person zuerkannt wird, die nicht sorgeberechtigt ist.

Art. 9 EuSorgeRÜbk

(1) Ist in anderen als den in Artikel 8 genannten Fällen eines unzulässigen Verbringens ein Antrag innerhalb von sechs Monaten nach dem Verbringen bei einer zentralen Behörde gestellt worden, so können die Anerkennung und Vollstreckung nur in folgenden Fällen versagt werden:

a) wenn bei einer Entscheidung, die in Abwesenheit des Beklagten oder seines gesetzlichen Vertreters ergangen ist, dem Beklagten das das Verfahren einleitende Schriftstück oder ein gleichwertiges Schriftstück weder ordnungsgemäß noch so rechtzeitig zugestellt worden ist, daß er sich verteidigen konnte; die Nichtzustellung kann jedoch dann kein Grund für die Versagung der Anerkennung oder Vollstreckung sein, wenn die Zustellung deswegen nicht bewirkt worden ist, weil der Beklagte seinen Aufenthaltsort der Person verheimlicht hat, die das Verfahren im Ursprungsstaat eingeleitet hatte;

b) wenn bei einer Entscheidung, die in Abwesenheit des Beklagten oder seines gesetzlichen Vertreters ergangen ist, die Zuständigkeit der die Entscheidung treffenden Behörde nicht gegründet war auf

i) den gewöhnlichen Aufenthalt des Beklagten,

ii) den letzten gemeinsamen gewöhnlichen Aufenthalt der Eltern des Kindes, sofern wenigstens ein Elternteil seinen gewöhnlichen Aufenthalt noch dort hat, oder

iii) den gewöhnlichen Aufenthalt des Kindes;

c) wenn die Entscheidung mit einer Sorgerechtsentscheidung unvereinbar ist, die im ersuchten Staat vor dem Verbringen des Kindes vollstreckbar wurde, es sei denn, das Kind habe während des Jahres vor seinem Verbringen den gewöhnlichen Aufenthalt im Hoheitsgebiet des ersuchenden Staates gehabt.

(2) Ist kein Antrag bei einer zentralen Behörde gestellt worden, so findet Absatz 1 auch dann Anwendung, wenn innerhalb von sechs Monaten nach dem unzulässigen Verbringen die Anerkennung und Vollstreckung beantragt wird.

(3) Auf keinen Fall darf die ausländische Entscheidung inhaltlich nachgeprüft werden.

Art. 10 EuSorgeRÜbk

(1) In anderen als den in den Artikeln 8 und 9 genannten Fällen können die Anerkennung und Vollstreckung nicht nur aus den in Artikel 9 vorgesehenen, sondern auch aus einem der folgenden Gründe versagt werden:

a) wenn die Wirkungen der Entscheidung mit den Grundwerten des Familien- und Kindschaftsrechts im ersuchten Staat offensichtlich unvereinbar sind;

b) wenn aufgrund einer Änderung der Verhältnisse – dazu zählt auch der Zeitablauf, nicht aber der bloße Wechsel des Aufenthaltsorts des Kindes infolge eines unzulässigen Verbringens – die Wirkungen der ursprünglichen Entscheidung offensichtlich nicht mehr dem Wohl des Kindes entsprechen;

c) wenn zur Zeit der Einleitung des Verfahrens im Ursprungsstaat

i) das Kind Angehöriger des ersuchten Staates war oder dort seinen gewöhnlichen Aufenthalt hatte und keine solche Beziehung zum Ursprungsstaat bestand;

ii) das Kind sowohl Angehöriger des Ursprungsstaats als auch des ersuchten Staates war und seinen gewöhnlichen Aufenthalt im ersuchten Staat hatte;

d) wenn die Entscheidung mit einer im ersuchten Staat ergangenen oder mit einer dort vollstreckbaren Entscheidung eines Drittstaats unvereinbar ist; die Entscheidung muß in einem Verfahren ergangen sein, das eingeleitet wurde, bevor der Antrag auf Anerkennung oder Vollstreckung gestellt wurde, und die Versagung muß dem Wohl des Kindes entsprechen.

(2) In diesen Fällen können Verfahren auf Anerkennung oder Vollstreckung aus einem der folgenden Gründe ausgesetzt werden:

a) wenn gegen die ursprüngliche Entscheidung ein ordentliches Rechtsmittel eingelegt worden ist;

b) wenn im ersuchten Staat ein Verfahren über das Sorgerecht für das Kind anhängig ist und dieses Verfahren vor Einleitung des Verfahrens im Ursprungsstaat eingeleitet wurde;

c) wenn eine andere Entscheidung über das Sorgerecht für das Kind Gegenstand eines Verfahrens auf Vollstreckung oder eines anderen Verfahrens auf Anerkennung der Entscheidung ist.

Art. 11 EuSorgeRÜbk

(1) Die Entscheidungen über das Recht zum persönlichen Umgang mit dem Kind und die in Sorgerechtsentscheidungen enthaltenen Regelungen über das Recht zum persönlichen Umgang werden unter den gleichen Bedingungen wie andere Sorgerechtsentscheidungen anerkannt und vollstreckt.

(2) Die zuständige Behörde des ersuchten Staates kann jedoch die Bedingungen für die Durchführung und Ausübung des Rechts zum persönlichen Umgang festlegen; dabei werden insbesondere die von den Parteien eingegangenen diesbezüglichen Verpflichtungen berücksichtigt.

(3) Ist keine Entscheidung über das Recht zum persönlichen Umgang ergangen oder ist die Anerkennung oder Vollstreckung der Sorgerechtsentscheidung versagt worden, so kann sich die zentrale Behörde des ersuchten Staates auf Antrag der Person, die das Recht zum persönlichen Umgang beansprucht, an die zuständige Behörde ihres Staates wenden, um eine solche Entscheidung zu erwirken.

Art. 12 EuSorgeRÜbk

Liegt zu dem Zeitpunkt, in dem das Kind über eine internationale Grenze verbracht wird, keine in einem Vertragsstaat ergangene vollstreckbare Sorgerechtsentscheidung vor, so ist dieses Übereinkommen auf jede spätere in einem Vertragsstaat ergangene Entscheidung anzuwenden, mit der das Verbringen auf Antrag eines Beteiligten für widerrechtlich erklärt wird.

Teil III
Verfahren

Art. 13 EuSorgeRÜbk

(1) Dem Antrag auf Anerkennung oder Vollstreckung einer Sorgerechtsentscheidung in einem anderen Vertragsstaat sind beizufügen

a) ein Schriftstück, in dem die zentrale Behörde des ersuchten Staates ermächtigt wird, für den Antragsteller tätig zu werden oder einen anderen Vertreter für diesen Zweck zu bestimmen;

b) eine Ausfertigung der Entscheidung, welche die für ihre Beweiskraft erforderlichen Voraussetzungen erfüllt;

c) im Fall einer in Abwesenheit des Beklagten oder seines gesetzlichen Vertreters ergangenen Entscheidung ein Schriftstück, aus dem sich ergibt, daß das Schriftstück, mit dem das Verfahren eingeleitet wurde, oder ein gleichwertiges Schriftstück dem Beklagten ordnungsgemäß zugestellt worden ist;

d) gegebenenfalls ein Schriftstück, aus dem sich ergibt, daß die Entscheidung nach dem Recht des Ursprungsstaates vollstreckbar ist;

e) wenn möglich eine Angabe über den Aufenthaltsort oder den wahrscheinlichen Aufenthaltsort des Kindes im ersuchten Staat;

f) Vorschläge dafür, wie das Sorgeverhältnis zu dem Kind wiederhergestellt werden soll.

(2) Den obengenannten Schriftstücken ist erforderlichenfalls eine Übersetzung nach Maßgabe des Artikels 6 beizufügen.

Art. 14 EuSorgeRÜbk

1Jeder Vertragsstaat wendet für die Anerkennung und Vollstreckung von Sorgerechtsentscheidungen ein einfaches und beschleunigtes Verfahren an. 2Zu diesem Zweck stellt er sicher, daß die Vollstreckbarerklärung in Form eines einfachen Antrags begehrt werden kann.

Art. 15 EuSorgeRÜbk

(1) Bevor die Behörde des ersuchten Staates eine Entscheidung nach Artikel 10 Absatz 1 Buchstabe b trifft,

a) muß sie die Meinung des Kindes feststellen, sofern dies nicht insbesondere wegen seines Alters und Auffassungsvermögens undurchführbar ist;

b) kann sie verlangen, daß geeignete Ermittlungen durchgeführt werden.

(2) Die Kosten für die in einem Vertragsstaat durchgeführten Ermittlungen werden von den Behörden des Staates getragen, in dem sie durchgeführt wurden.

(3) Ermittlungsersuchen und die Ergebnisse der Ermittlungen können der ersuchenden Behörde über die zentralen Behörden mitgeteilt werden.

Art. 16 EuSorgeRÜbk

Für die Zwecke dieses Übereinkommens darf keine Legalisation oder ähnliche Förmlichkeit verlangt werden.

Teil IV
Vorbehalte

Art. 17 EuSorgeRÜbk

(1) Jeder Vertragsstaat kann sich vorbehalten, daß in den von den Artikeln 8 und 9 oder von einem dieser Artikel erfaßten Fällen die Anerkennung und Vollstreckung von Sorgerechtsentscheidungen aus denjenigen der in Artikel 10 vorgesehenen Gründe versagt werden kann, die in dem Vorbehalt bezeichnet sind.

(2) Die Anerkennung und Vollstreckung von Entscheidungen, die in einem Vertragsstaat ergangen sind, der den in Absatz 1 vorgesehenen Vorbehalt angebracht hat, können in jedem anderen Vertragsstaat aus einem der in diesem Vorbehalt bezeichneten zusätzlichen Gründe versagt werden.

Art. 18 EuSorgeRÜbk

1Jeder Vertragsstaat kann sich vorbehalten, durch Artikel 12 nicht gebunden zu sein. 2Auf die in Artikel 12 genannten Entscheidungen, die in einem Vertragsstaat ergangen sind, der einen solchen Vorbehalt angebracht hat, ist dieses Übereinkommen nicht anwendbar.

Teil V
Andere Übereinkünfte

Art. 19 EuSorgeRÜbk

Dieses Übereinkommen schließt nicht aus, daß eine andere internationale Übereinkunft zwischen dem Ursprungsstaat und dem ersuchten Staat oder das nichtvertragliche Recht des ersuchten Staates angewendet wird, um die Anerkennung oder Vollstreckung einer Entscheidung zu erwirken.

Art. 20 EuSorgeRÜbk

(1) Dieses Übereinkommen läßt Verpflichtungen unberührt, die ein Vertragsstaat gegenüber einem Nichtvertragsstaat aufgrund einer internationalen Übereinkunft hat, die sich auf in diesem Übereinkommen geregelte Angelegenheiten erstreckt.

(2) [1]Haben zwei oder mehr Vertragsstaaten auf dem Gebiet des Sorgerechts für Kinder einheitliche Rechtsvorschriften erlassen oder ein besonderes System zur Anerkennung oder Vollstreckung von Entscheidungen auf diesem Gebiet geschaffen oder werden sie dies in Zukunft tun, so steht es ihnen frei, anstelle des Übereinkommens oder eines Teiles davon diese Rechtsvorschriften oder dieses System untereinander anzuwenden. [2]Um von dieser Bestimmung Gebrauch machen zu können, müssen diese Staaten ihre Entscheidung dem Generalsekretär des Europarats notifizieren. [3]Jede Änderung oder Aufhebung dieser Entscheidung ist ebenfalls zu notifizieren.

Teil VI
Schlußbestimmungen

Art. 21 EuSorgeRÜbk

[1]Dieses Übereinkommen liegt für die Mitgliedstaaten des Europarats zur Unterzeichnung auf. [2]Es bedarf der Ratifikation, Annahme oder Genehmigung. [3]Die Ratifikations-, Annahme- oder Genehmigungsurkunden werden beim Generalsekretär des Europarats hinterlegt.

Art. 22 EuSorgeRÜbk

(1) Dieses Übereinkommen tritt am ersten Tag des Monats in Kraft, der auf einen Zeitabschnitt von drei Monaten nach dem Tag folgt, an dem drei Mitgliedstaaten des Europarats nach Artikel 21 ihre Zustimmung ausgedrückt haben, durch das Übereinkommen gebunden zu sein.

(2) Für jeden Mitgliedstaat, der später seine Zustimmung ausdrückt, durch das Übereinkommen gebunden zu sein, tritt es am ersten Tag des Monats in Kraft, der auf einen Zeitabschnitt von drei Monaten nach Hinterlegung der Ratifikations-, Annahme- oder Genehmigungsurkunde folgt.

Art. 23 EuSorgeRÜbk

(1) Nach Inkrafttreten dieses Übereinkommens kann das Ministerkomitee des Europarats durch einen mit der in Artikel 20 Buchstabe d der Satzung vorgesehenen Mehrheit und mit einhelliger Zustimmung der Vertreter der Vertragsstaaten, die Anspruch auf einen Sitz im Komitee haben, gefaßten Beschluß jeden Nichtmitgliedstaat des Rates einladen, dem Übereinkommen beizutreten.

(2) Für jeden beitretenden Staat tritt das Übereinkommen am ersten Tag des Monats in Kraft, der auf einen Zeitabschnitt von drei Monaten nach Hinterlegung der Beitrittsurkunde beim Generalsekretär des Europarats folgt.

Art. 24 EuSorgeRÜbk

(1) Jeder Staat kann bei der Unterzeichnung oder bei der Hinterlegung seiner Ratifikations-, Annahme-, Genehmigungs- oder Beitrittsurkunde einzelne oder mehrere Hoheitsgebiete bezeichnen, auf die dieses Übereinkommen Anwendung findet.

(2) [1]Jeder Staat kann jederzeit danach durch eine an den Generalsekretär des Europarats gerichtete Erklärung die Anwendung dieses Übereinkommens auf jedes weitere in der Erklärung bezeichnete Hoheitsgebiet erstrecken. [2]Das Übereinkommen tritt für dieses Hoheitsgebiet am ersten Tag des Monats in Kraft, der auf einen Zeitabschnitt von drei Monaten nach Eingang der Erklärung beim Generalsekretär folgt.

(3) [1]Jede nach den Absätzen 1 und 2 abgegebene Erklärung kann in bezug auf jedes darin bezeichnete Hoheitsgebiet durch eine an den Generalsekretär gerichtete Notifikation zurückgenommen werden.

²Die Rücknahme wird am ersten Tag des Monats wirksam, der auf einen Zeitabschnitt von sechs Monaten nach Eingang der Notifikation beim Generalsekretär folgt.

Art. 25 EuSorgeRÜbk

(1) Ein Staat, der aus zwei oder mehr Gebietseinheiten besteht, in denen für Angelegenheiten des Sorgerechts für Kinder und für die Anerkennung und Vollstreckung von Sorgerechtsentscheidungen unterschiedliche Rechtssysteme gelten, kann bei der Unterzeichnung oder bei der Hinterlegung seiner Ratifikations-, Annahme-, Genehmigungs- oder Beitrittsurkunde erklären, daß dieses Übereinkommen auf alle seine Gebietseinheiten oder auf eine oder mehrere davon Anwendung findet.

(2) ¹Ein solcher Staat kann jederzeit danach durch eine an den Generalsekretär des Europarates gerichtete Erklärung die Anwendung dieses Übereinkommens auf jede weitere in der Erklärung bezeichnete Gebietseinheit erstrecken. ²Das Übereinkommen tritt für diese Gebietseinheit am ersten Tag des Monats in Kraft, der auf einen Zeitabschnitt von drei Monaten nach Eingang der Erklärung beim Generalsekretär folgt.

(3) ¹Jede nach den Absätzen 1 und 2 abgegebene Erklärung kann in bezug auf jede darin bezeichnete Gebietseinheit durch eine an den Generalsekretär gerichtete Notifikation zurückgenommen werden. ²Die Rücknahme wird am ersten Tag des Monats wirksam, der auf einen Zeitabschnitt von sechs Monaten nach Eingang der Notifikation beim Generalsekretär folgt.

Art. 26 EuSorgeRÜbk

(1) Bestehen in einem Staat auf dem Gebiet des Sorgerechts für Kinder zwei oder mehr Rechtssysteme, die einen räumlich verschiedenen Anwendungsbereich haben, so ist

a) eine Verweisung auf das Recht des gewöhnlichen Aufenthalts oder der Staatsangehörigkeit einer Person als Verweisung auf das Rechtssystem zu verstehen, das von den in diesem Staat geltenden Rechtsvorschriften bestimmt wird, oder, wenn es solche Vorschriften nicht gibt, auf das Rechtssystem, zu dem die betreffende Person die engste Beziehung hat;

b) eine Verweisung auf den Ursprungsstaat oder auf den ersuchten Staat als Verweisung auf die Gebietseinheit zu verstehen, in der die Entscheidung ergangen ist oder in der die Anerkennung oder Vollstreckung der Entscheidung oder die Wiederherstellung des Sorgeverhältnisses beantragt wird.

(2) Absatz 1 Buchstabe a wird entsprechend auf Staaten angewendet, die auf dem Gebiet des Sorgerechts zwei oder mehr Rechtssysteme mit persönlich verschiedenem Anwendungsbereich haben.

Art. 27 EuSorgeRÜbk

(1) ¹Jeder Staat kann bei der Unterzeichnung oder bei der Hinterlegung seiner Ratifikations-, Annahme-, Genehmigungs- oder Beitrittsurkunde erklären, daß er von einem oder mehreren der in Artikel 6 Absatz 3 und in den Artikeln 17 und 18 vorgesehenen Vorbehalte Gebrauch macht. ²Weitere Vorbehalte sind nicht zulässig.

(2) ¹Jeder Vertragsstaat, der einen Vorbehalt nach Absatz 1 angebracht hat, kann ihn durch eine an den Generalsekretär des Europarats gerichtete Notifikation ganz oder teilweise zurücknehmen. ²Die Rücknahme wird mit dem Eingang der Notifikation beim Generalsekretär wirksam.

Art. 28 EuSorgeRÜbk

¹Der Generalsekretär des Europarats lädt am Ende des dritten Jahres, das auf den Tag des Inkrafttretens dieses Übereinkommens folgt, und von sich aus jederzeit danach die Vertreter der von den Vertragsstaaten bestimmten zentralen Behörden zu einer Tagung ein, um die Wirkungsweise des Übereinkommens zu erörtern und zu erleichtern. ²Jeder Mitgliedstaat des Europarats, der nicht Vertragspartei des Übereinkommens ist, kann sich durch einen Beobachter vertreten lassen. ³Über die Arbeiten jeder Tagung wird ein Bericht angefertigt und dem Ministerkomitee des Europarats zur Kenntnisnahme vorgelegt.

Art. 29 EuSorgeRÜbk

(1) Jede Vertragspartei kann dieses Übereinkommen jederzeit durch eine an den Generalsekretär des Europarats gerichtete Notifikation kündigen.

(2) Die Kündigung wird am ersten Tag des Monats wirksam, der auf einen Zeitabschnitt von sechs Monaten nach Eingang der Notifikation beim Generalsekretär folgt.

Art. 30 EuSorgeRÜbk

Der Generalsekretär des Europarats notifiziert den Mitgliedstaaten des Rates und jedem Staat, der diesem Übereinkommen beigetreten ist,

a) jede Unterzeichnung;
b) jede Hinterlegung einer Ratifikations-, Annahme-, Genehmigungs- oder Beitrittsurkunde;
c) jeden Zeitpunkt des Inkrafttretens dieses Übereinkommens nach den Artikeln 22, 23, 24 und 25;
d) jede andere Handlung, Notifikation oder Mitteilung im Zusammenhang mit diesem Übereinkommen.

Zu Urkunde dessen haben die hierzu gehörig befugten Unterzeichneten dieses Übereinkommen unterschrieben.

Geschehen zu Luxemburg am 20. Mai 1980 in englischer und französischer Sprache, wobei jeder Wortlaut gleichermaßen verbindlich ist, in einer Urschrift, die im Archiv des Europarats hinterlegt wird. Der Generalsekretär des Europarats übermittelt allen Mitgliedstaaten des Europarats und allen zum Beitritt zu diesem Übereinkommen eingeladenen Staaten beglaubigte Abschriften.

Literatur: Erläuternder Bericht zum Europäischen Übereinkommen über die Anerkennung und Vollstreckung von Entscheidungen über das Sorgerecht für Kinder und die Wiederherstellung des Sorgeverhältnisses, BT-Drucksache 11/5314, S. 62 ff; *Mansel*, Neues Internationales Sorgerecht, NJW 1990, 2176; *Pirrung*, Wiederherstellung des Sorgeverhältnisses, IPRax 1997, 182; *Schulz*, Internationale Regelungen zum Sorge- und Umgangsrecht, FamRZ 2003, 336.

1 Das EuSorgeRÜbk wurde erarbeitet, um die **grenzüberschreitende Anerkennung und Vollstreckung von Sorgerechtsmaßnahmen** sicherzustellen, eine Frage, die vom MSA in Art. 7 Abs. 2 nicht geregelt worden ist.[2] Hauptziel ist es dabei, durch die Anerkennung und Vollstreckung der Sorgerechtsmaßnahmen die Entführung von Kindern zu verhindern bzw. möglichst schnell rückgängig zu machen.[3]

2 Das EuSorgeRÜbk ist für Deutschland am 1.2.1991 im Verhältnis zu Belgien, Frankreich, Luxemburg, den Niederlanden, Norwegen, Österreich, Portugal, Schweden, der Schweiz, Spanien, dem Vereinigten Königreich und Zypern in Kraft getreten. Es gilt heute auch im Verhältnis zu(r) Dänemark (1.8.1991), Irland (1.10.1991), Griechenland (1.7.1993), Finnland (1.8.1994), Italien (1.6.1995), Polen (1.3.1996), Island (1.11.1996), Liechtenstein (1.8.1997), Malta (1.2.2000), Türkei (1.6.2000), Tschechische Republik (1.7.2000), Slowakei (1.9.2001), Estland (1.9.2001), Serbien (1.5.2002), Lettland (1.8.2002), Mazedonien (1.3.2003), Litauen (1.5.2003), Bulgarien (1.10.2003), Republik Moldau (1.5.2004), Ungarn (1.6.2004), Rumänien (1.9.2004), Montenegro (6.6.2006), Ukraine (1.11.2008).[4]

3 Das EuSorgeRÜbk ist zum einen ein klassisches Abkommen zur Anerkennung und Vollstreckung von Entscheidungen aus einem anderen Vertragsstaat (Art. 7). Zusätzlich sieht es aber die Errichtung von zentralen Behörden vor, die für den Antragsteller die Anerkennung und Vollstreckung der ausländischen Entscheidung betreiben und die Rückgabe des Kindes sicherzustellen haben (Art. 4 und 5).[5] Zentrale Behörde für das EuSorgeRÜbk ist nach § 3 Abs. 1 Nr. 4 IntFamRVG das Bundesamt für Justiz in 53094 Bonn.[6] Weiterhin ist in Art. 8 und 9 die Möglichkeit vorgesehen, dass bei einer Entführung im Zufluchtsstaat umgehend die Wiederherstellung des Sorgeverhältnisses angeordnet wird.

4 Das EuSorgeRÜbk ist im gleichen Jahr wie das HKÜ verabschiedet worden und für Deutschland zusammen mit dem HKÜ in Kraft getreten. Seine **praktische Bedeutung** ist aber wesentlich geringer als die des HKÜ.[7] In Deutschland werden pro Jahr in weniger als 10 Fällen die Anerkennung und Vollstreckung aufgrund

2 *Schulz*, FamRZ 2003, 336, 339.
3 *Schulz*, FamRZ 2003, 336, 339.
4 Nachw. zu den Vertragsstaaten auf der Internetseite des Europarates: http://conventions.coe.int/Treaty/Commun/ChercheSig.asp?NT=105&CM=1&DF=20/10/04&CL=GER.
5 *Kegel/Schurig*, § 20 XI 5 c aa.
6 Http://www.bundesjustizamt.de.
7 *Pirrung*, IPRax 1997, 182, 183.

des EuSorgeRÜbk beantragt.[8] Nach § 37 IntFamRVG ist primär das HKÜ und nicht das EuSorgeRÜbk anwendbar, wenn die Rückgabe eines Kindes nach diesen Übereinkommen in Betracht kommt. Das EuSorgeRÜbk wird nur angewandt, wenn es der Antragsteller ausdrücklich verlangt. Die Bedeutung des EuSorgeRÜbk ist außerdem dadurch gering, weil sich die Anerkennung und Vollstreckung von Entscheidungen aus Mitgliedstaaten der EU (mit Ausnahme von Dänemark) nach der EheVO 2003 richtet und das EuSorgeRÜbk insoweit verdrängt wird, Art. 60 lit. d EheVO 2003.[9]

Die Regelungen des EuSorgeRÜbk sind im Vergleich zum HKÜ recht unübersichtlich.[10] Das **EuSorgeRÜbk ist nur anwendbar**, wenn die Entführung in Verletzung einer bestehenden behördlichen oder gerichtlichen Sorgerechtsregelung erfolgt ist (Art. 1 lit. d). Lag eine Entscheidung im Zeitpunkt des Verbringens noch nicht vor, so ist das Übereinkommen auf eine spätere Entscheidung aus einem Vertragsstaat anwendbar, die das Verbringen für widerrechtlich erklärt (Art. 12). 5

Der Antrag auf Anerkennung und Vollstreckung kann bei jeder zentralen Behörde gestellt werden, die ihn gegebenenfalls an die zentrale Behörde im Anerkennungsstaat weiterleitet, so dass dort ein Antrag bei dem zuständigen Gericht bzw. der zuständigen Behörde gestellt wird. Eine direkte Antragstellung ist ebenfalls möglich (Art. 9 Abs. 2). Der Antrag ist inhaltlich auf die Erklärung der Erteilung der Vollstreckungsklausel zu richten, wenn die ausländische Entscheidung einen vollstreckbaren Inhalt hat, § 16 IntFamRVG. 6

Regelt die ausländische Entscheidung nur die Verteilung der elterlichen Sorge, so ist der Antrag zu richten auf Feststellung der Anerkennung der Entscheidung, auf die Wiederherstellung des Sorgerechtsverhältnisses und auf die Kindesherausgabe, § 32, 33 IntFamRVG.[11] 7

Die **Voraussetzungen für die Anerkennung und Vollstreckung** enthalten **Art. 8–10**. Art. 8 regelt den Fall, dass das Kind aus einem Vertragsstaat entführt wird, in dem es seinen gewöhnlichen Aufenthalt hatte und dem es und seine beiden Eltern ausschließlich angehören. Art. 9 regelt die Anerkennung im Falle eines unzulässigen Verbringens, wenn die Voraussetzungen hinsichtlich des gewöhnlichen Aufenthalts und der Staatsangehörigkeit nach Art. 8 nicht vorliegen. Sowohl Art. 8 als auch Art. 9 setzen voraus, dass der Antrag innerhalb von sechs Monaten seit dem Verbringen bei einer zentralen Behörde gestellt worden ist. Art. 10 regelt die Fälle der Anerkennung und Vollstreckung von Sorgerechtsmaßnahmen, wenn ein unzulässiges Verbringen nicht vorliegt. 8

Art. 8, 9 und 10 unterscheiden sich auch hinsichtlich der Anzahl der Gründe, wegen deren die Anerkennung und Vollstreckung versagt werden kann.[12] Die in Art. 8 und 9 vorgesehene Beschränkung der Gründe, aufgrund deren die Anerkennung und Vollstreckung versagt werden können, wird durch die in Art. 17 eingeräumte Möglichkeit eines Vorbehalts unterlaufen. Von der Vorbehaltsmöglichkeit hat die Mehrzahl der Vertragsstaaten einschließlich Deutschlands Gebrauch gemacht.[13] Gegen eine Wiederherstellung des Sorgerechts kann danach in weitem Umfang auch der Versagungsgrund einer Änderung der Verhältnisse nach Art. 10 Abs. 1 lit. b eingewandt werden (siehe § 19 IntFamRVG-E; früher § 7 Abs. 4 SorgeRÜbkAG). 9

8 Regierungsbegründung zum IntFamRVG-E BR-Drucks. 607/04, S. 43: neun Verfahren im Jahr 2002; veröffentlichte Entscheidungen sind sehr selten; s. aber OLG Hamm FamRZ 2006, 805 (zur Versagung der Anerkennung wegen Widerspruchs mit dem Wohl des Kindes nach Art. 10); OLG Brandenburg FamRZ 2004, 282; OLG Braunschweig IPRax 1997, 191; OLG Frankfurt IPRax 1997, 192 = NJW-RR 1996, 5 = FamRZ 1995, 1372; über weitere unveröffentlichte Entscheidungen berichtet *Pirrung*, IPRax 1997, 182, 184 ff.

9 *Martiny*, ERA-Forum 1/2003, S. 97, 112.

10 *Schulz*, FamRZ 2003, 336, 339.

11 S. dazu *Mansel*, NJW 1990, 2176, 2178.

12 *Mansel*, NJW 1990, 2176, 2178.

13 Nachw. über die Vorbehaltsstaaten und die Reichweite des Vorbehalts bei *Jayme/Hausmann*, Internationales Privat- und Verfahrensrecht, 15. Aufl. 2010, Nr. 183-SorgeRÜ Fn 14.

Gesetz zur Aus- und Durchführung bestimmter Rechtsinstrumente auf dem Gebiet des internationalen Familienrechts (Internationales Familienrechtsverfahrensgesetz – IntFamRVG)[14]

Vom 26. Januar 2005 (BGBl. I S. 162)
(FNA 319-109)

zuletzt geändert durch Art. 7 G zur Durchführung der VO (EG) Nr. 4/2009 und zur Neuordnung bestehender Aus- und Durchführungsbestimmungen auf dem Gebiet des internationalen Unterhaltsverfahrensrechts vom 23. Mai 2011 (BGBl. I S. 898)

Abschnitt 1
Anwendungsbereich; Begriffsbestimmungen

§ 1 IntFamRVG Anwendungsbereich

Dieses Gesetz dient

1. **der Durchführung der Verordnung (EG) Nr. 2201/2003 des Rates vom 27. November 2003 über die Zuständigkeit und die Anerkennung und Vollstreckung von Entscheidungen in Ehesachen und in Verfahren betreffend die elterliche Verantwortung und zur Aufhebung der Verordnung (EG) Nr. 1347/2000 (ABl. EU Nr. L 338 S. 1);**
2. **der Ausführung des Haager Übereinkommens vom 19. Oktober 1996 über die Zuständigkeit, das anzuwendende Recht, die Anerkennung, Vollstreckung und Zusammenarbeit auf dem Gebiet der elterlichen Verantwortung und der Maßnahmen zum Schutz von Kindern (BGBl. 2009 II S. 602, 603) – im Folgenden: Haager Kinderschutzübereinkommen;**
3. **der Ausführung des Haager Übereinkommens vom 25. Oktober 1980 über die zivilrechtlichen Aspekte internationaler Kindesentführung (BGBl. 1990 II S. 207) – im Folgenden: Haager Kindesentführungsübereinkommen;**
4. **der Ausführung des Luxemburger Europäischen Übereinkommens vom 20. Mai 1980 über die Anerkennung und Vollstreckung von Entscheidungen über das Sorgerecht für Kinder und die Wiederherstellung des Sorgeverhältnisses (BGBl. 1990 II S. 220) – im Folgenden: Europäisches Sorgerechtsübereinkommen.**

§ 2 IntFamRVG Begriffsbestimmungen

Im Sinne dieses Gesetzes sind „Titel" Entscheidungen, Vereinbarungen und öffentliche Urkunden, auf welche die durchzuführende EG-Verordnung oder das jeweils auszuführende Übereinkommen Anwendung findet.

Abschnitt 2
Zentrale Behörde; Jugendamt

§ 3 IntFamRVG Bestimmung der Zentralen Behörde

(1) Zentrale Behörde nach

1. **Artikel 53 der Verordnung (EG) Nr. 2201/2003,**
2. **Artikel 29 des Haager Kinderschutzübereinkommens,**
3. **Artikel 6 des Haager Kindesentführungsübereinkommens,**
4. **Artikel 2 des Europäischen Sorgerechtsübereinkommens**

ist das Bundesamt für Justiz.

(2) Das Verfahren der Zentralen Behörde gilt als Justizverwaltungsverfahren.

14 Verkündet als Art. 1 G v. 26. 1. 2005 (BGBl. I S. 162); Inkrafttreten gem. Art. 3 Satz 2 dieses G am 1. 3. 2005 mit Ausnahme der §§ 12 Abs. 3 und 47 Abs. 2, die gem. Art. 3 Satz 1 am 1. 2. 2005 in Kraft getreten sind.

§ 4 IntFamRVG Übersetzungen bei eingehenden Ersuchen

(1) Die Zentrale Behörde, bei der ein Antrag aus einem anderen Staat nach der Verordnung (EG) Nr. 2201/2003 oder nach dem Europäischen Sorgerechtsübereinkommen eingeht, kann es ablehnen, tätig zu werden, solange Mitteilungen oder beizufügende Schriftstücke nicht in deutscher Sprache abgefasst oder von einer Übersetzung in diese Sprache begleitet sind.

(2) Ist ein Schriftstück nach Artikel 54 des Haager Kinderschutzübereinkommens oder nach Artikel 24 Abs. 1 des Haager Kindesentführungsübereinkommens ausnahmsweise nicht von einer deutschen Übersetzung begleitet, so veranlasst die Zentrale Behörde die Übersetzung.

§ 5 IntFamRVG Übersetzungen bei ausgehenden Ersuchen

(1) Beschafft die antragstellende Person erforderliche Übersetzungen für Anträge, die in einem anderen Staat zu erledigen sind, nicht selbst, veranlasst die Zentrale Behörde die Übersetzungen auf Kosten der antragstellenden Person.

(2) Das Amtsgericht befreit eine antragstellende natürliche Person, die ihren gewöhnlichen Aufenthalt oder bei Fehlen eines gewöhnlichen Aufenthalts im Inland ihren tatsächlichen Aufenthalt im Gerichtsbezirk hat, auf Antrag von der Erstattungspflicht nach Absatz 1, wenn sie die persönlichen und wirtschaftlichen Voraussetzungen für die Gewährung von Verfahrenskostenhilfe ohne einen eigenen Beitrag zu den Kosten nach den Vorschriften des Gesetzes über das Verfahren in Familiensachen und in Angelegenheiten der freiwilligen Gerichtsbarkeit erfüllt.

§ 6 IntFamRVG Aufgabenerfüllung durch die Zentrale Behörde

(1) [1]Zur Erfüllung der ihr obliegenden Aufgaben veranlasst die Zentrale Behörde mit Hilfe der zuständigen Stellen alle erforderlichen Maßnahmen. 2Sie verkehrt unmittelbar mit allen zuständigen Stellen im In- und Ausland. Mitteilungen leitet sie unverzüglich an die zuständigen Stellen weiter.

(2) [1]Zum Zweck der Ausführung des Haager Kindesentführungsübereinkommens und des Europäischen Sorgerechtsübereinkommens leitet die Zentrale Behörde erforderlichenfalls gerichtliche Verfahren ein. [2]Im Rahmen dieser Übereinkommen gilt sie zum Zweck der Rückgabe des Kindes als bevollmächtigt, im Namen der antragstellenden Person selbst oder im Weg der Untervollmacht durch Vertreter gerichtlich oder außergerichtlich tätig zu werden. [3]Ihre Befugnis, zur Sicherung der Einhaltung der Übereinkommen im eigenen Namen entsprechend zu handeln, bleibt unberührt.

§ 7 IntFamRVG Aufenthaltsermittlung

(1) Die Zentrale Behörde trifft alle erforderlichen Maßnahmen einschließlich der Einschaltung von Polizeivollzugsbehörden, um den Aufenthaltsort des Kindes zu ermitteln, wenn dieser unbekannt ist und Anhaltspunkte dafür vorliegen, dass sich das Kind im Inland befindet.

(2) Soweit zur Ermittlung des Aufenthalts des Kindes erforderlich, darf die Zentrale Behörde bei dem Kraftfahrt-Bundesamt erforderliche Halterdaten nach § 33 Abs. 1 Satz 1 Nr. 2 des Straßenverkehrsgesetzes erheben und die Leistungsträger im Sinne der §§ 18 bis 29 des Ersten Buches Sozialgesetzbuch um Mitteilung des derzeitigen Aufenthalts einer Person ersuchen.

(3) [1]Unter den Voraussetzungen des Absatzes 1 kann die Zentrale Behörde die Ausschreibung zur Aufenthaltsermittlung durch das Bundeskriminalamt veranlassen. [2]Sie kann auch die Speicherung eines Suchvermerks im Zentralregister veranlassen.

(4) Soweit andere Stellen eingeschaltet werden, übermittelt sie ihnen die zur Durchführung der Maßnahmen erforderlichen personenbezogenen Daten; diese dürfen nur für den Zweck verwendet werden, für den sie übermittelt worden sind.

§ 8 IntFamRVG Anrufung des Oberlandesgerichts

(1) Nimmt die Zentrale Behörde einen Antrag nicht an oder lehnt sie es ab, tätig zu werden, so kann die Entscheidung des Oberlandesgerichts beantragt werden.

(2) Zuständig ist das Oberlandesgericht, in dessen Bezirk die Zentrale Behörde ihren Sitz hat.

(3) [1]Das Oberlandesgericht entscheidet im Verfahren der freiwilligen Gerichtsbarkeit. [2]§ 14 Abs. 1 und 2 sowie die Abschnitte 4 und 5 des Buches 1 des Gesetzes über das Verfahren in Familiensachen und in den Angelegenheiten der freiwilligen Gerichtsbarkeit gelten entsprechend.

§ 9 IntFamRVG Mitwirkung des Jugendamts an Verfahren

(1) [1]Unbeschadet der Aufgaben des Jugendamts bei der grenzüberschreitenden Zusammenarbeit unterstützt das Jugendamt die Gerichte und die Zentrale Behörde bei allen Maßnahmen nach diesem Gesetz. [2]Insbesondere

1. gibt es auf Anfrage Auskunft über die soziale Lage des Kindes und seines Umfelds,
2. unterstützt es in jeder Lage eine gütliche Einigung,
3. leistet es in geeigneten Fällen Unterstützung bei der Durchführung des Verfahrens, auch bei der Sicherung des Aufenthalts des Kindes,
4. leistet es in geeigneten Fällen Unterstützung bei der Ausübung des Rechts zum persönlichen Umgang, der Heraus- oder Rückgabe des Kindes sowie der Vollstreckung gerichtlicher Entscheidungen.

(2) [1]Zuständig ist das Jugendamt, in dessen Bereich sich das Kind gewöhnlich aufhält. [2]Solange die Zentrale Behörde oder ein Gericht mit einem Herausgabe- oder Rückgabeantrag oder dessen Vollstreckung befasst ist, oder wenn das Kind keinen gewöhnlichen Aufenthalt im Inland hat, oder das zuständige Jugendamt nicht tätig wird, ist das Jugendamt zuständig, in dessen Bereich sich das Kind tatsächlich aufhält. [3]In den Fällen des Artikels 35 Absatz 2 Satz 1 des Haager Kinderschutzübereinkommens ist das Jugendamt örtlich zuständig, in dessen Bezirk der antragstellende Elternteil seinen gewöhnlichen Aufenthalt hat.

(3) Das Gericht unterrichtet das zuständige Jugendamt über Entscheidungen nach diesem Gesetz auch dann, wenn das Jugendamt am Verfahren nicht beteiligt war.

Abschnitt 3
Gerichtliche Zuständigkeit und Zuständigkeitskonzentration

§ 10 IntFamRVG Örtliche Zuständigkeit für die Anerkennung und Vollstreckung

Örtlich ausschließlich zuständig für Verfahren nach

– Artikel 21 Abs. 3 und Artikel 48 Abs. 1 der Verordnung (EG) Nr. 2201/2003 sowie für die Zwangsvollstreckung nach den Artikeln 41 und 42 der Verordnung (EG) Nr. 2201/2003,
– den Artikeln 24 und 26 des Haager Kinderschutzübereinkommens,
– dem Europäischen Sorgerechtsübereinkommen

ist das Familiengericht, in dessen Zuständigkeitsbereich zum Zeitpunkt der Antragstellung

1. die Person, gegen die sich der Antrag richtet, oder das Kind, auf das sich die Entscheidung bezieht, sich gewöhnlich aufhält oder
2. bei Fehlen einer Zuständigkeit nach Nummer 1 das Interesse an der Feststellung hervortritt oder das Bedürfnis der Fürsorge besteht,
3. sonst das im Bezirk des Kammergerichts zur Entscheidung berufene Gericht.

§ 11 IntFamRVG Örtliche Zuständigkeit nach dem Haager Kindesentführungsübereinkommen

Örtlich zuständig für Verfahren nach dem Haager Kindesentführungsübereinkommen ist das Familiengericht, in dessen Zuständigkeitsbereich

1. sich das Kind beim Eingang des Antrags bei der Zentralen Behörde aufgehalten hat oder
2. bei Fehlen einer Zuständigkeit nach Nummer 1 das Bedürfnis der Fürsorge besteht.

§ 12 IntFamRVG Zuständigkeitskonzentration

(1) In Verfahren über eine in den §§ 10 und 11 bezeichnete Sache sowie in Verfahren über die Vollstreckbarerklärung nach Artikel 28 der Verordnung (EG) Nr. 2201/2003 entscheidet das Familiengericht, in dessen Bezirk ein Oberlandesgericht seinen Sitz hat, für den Bezirk dieses Oberlandesgerichts.

(2) Im Bezirk des Kammergerichts entscheidet das Familiengericht Pankow/Weißensee.

(3) [1]Die Landesregierungen werden ermächtigt, diese Zuständigkeit durch Rechtsverordnung einem anderen Familiengericht des Oberlandesgerichtsbezirks oder, wenn in einem Land mehrere Oberlandesgerichte errichtet sind, einem Familiengericht für die Bezirke aller oder mehrerer Oberlandesgerichte zuzuweisen. [2]Sie können die Ermächtigung auf die Landesjustizverwaltungen übertragen.

§ 13 IntFamRVG Zuständigkeitskonzentration für andere Familiensachen

(1) [1]Das Familiengericht, bei dem eine in den §§ 10 bis 12 bezeichnete Sache anhängig wird, ist von diesem Zeitpunkt an ungeachtet des § 137 Abs. 1 und 3 des Gesetzes über das Verfahren in Familiensachen und in den Angelegenheiten der freiwilligen Gerichtsbarkeit für alle dasselbe Kind betreffenden Familiensachen nach § 151 Nr. 1 bis 3 des Gesetzes über das Verfahren in Familiensachen und in den Angelegenheiten der freiwilligen Gerichtsbarkeit einschließlich der Verfügungen nach § 44 und den §§ 35 und 89 bis 94 des Gesetzes über das Verfahren in Familiensachen und in den Angelegenheiten der freiwilligen Gerichtsbarkeit zuständig. [2]Die Zuständigkeit nach Satz 1 tritt nicht ein, wenn der Antrag offensichtlich unzulässig ist. [3]Sie entfällt, sobald das angegangene Gericht auf Grund unanfechtbarer Entscheidung unzuständig ist; Verfahren, für die dieses Gericht hiernach seine Zuständigkeit verliert, sind nach näherer Maßgabe des § 281 Abs. 2 und 3 Satz 1 der Zivilprozessordnung von Amts wegen an das zuständige Gericht abzugeben.

(2) Bei dem Familiengericht, das in dem Oberlandesgerichtsbezirk, in dem sich das Kind gewöhnlich aufhält, für Anträge der in Absatz 1 Satz 1 genannten Art zuständig ist, kann auch eine andere Familiensache nach § 151 Nr. 1 bis 3 des Gesetzes über das Verfahren in Familiensachen und in den Angelegenheiten der freiwilligen Gerichtsbarkeit anhängig gemacht werden, wenn ein Elternteil seinen gewöhnlichen Aufenthalt in einem anderen Mitgliedstaat der Europäischen Union oder in einem anderen Vertragsstaat des Haager Kinderschutzübereinkommens, des Haager Kindesentführungsübereinkommens oder des Europäischen Sorgerechtsübereinkommens hat.

(3) [1]Im Falle des Absatzes 1 Satz 1 hat ein anderes Familiengericht, bei dem eine dasselbe Kind betreffende Familiensache nach § 151 Nr. 1 bis 3 des Gesetzes über das Verfahren in Familiensachen und in den Angelegenheiten der freiwilligen Gerichtsbarkeit im ersten Rechtszug anhängig ist oder anhängig wird, dieses Verfahren von Amts wegen an das nach Absatz 1 Satz 1 zuständige Gericht abzugeben. [2]Auf übereinstimmenden Antrag beider Elternteile sind andere Familiensachen, an denen diese beteiligt sind, an das nach Absatz 1 oder Absatz 2 zuständige Gericht abzugeben. [3]§ 281 Abs. 2 Satz 1 bis 3 und Abs. 3 Satz 1 der Zivilprozessordnung gilt entsprechend.

(4) 1Das Familiengericht, das gemäß Absatz 1 oder Absatz 2 zuständig oder an das die Sache gemäß Absatz 3 abgegeben worden ist, kann diese aus wichtigen Gründen an das nach den allgemeinen Vorschriften zuständige Familiengericht abgeben oder zurückgeben, soweit dies nicht zu einer erheblichen Verzögerung des Verfahrens führt. [2]Als wichtiger Grund ist es in der Regel anzusehen, wenn die besondere Sachkunde des erstgenannten Gerichts für das Verfahren nicht oder nicht mehr benötigt wird. [3]§ 281 Abs. 2 und 3 Satz 1 der Zivilprozessordnung gilt entsprechend. [4]Die Ablehnung einer Abgabe nach Satz 1 ist unanfechtbar.

(5) §§ 4 und 5 Abs. 1 Nr. 5, Abs. 2 und 3 des Gesetzes über das Verfahren in Familiensachen und in den Angelegenheiten der freiwilligen Gerichtsbarkeit bleibt unberührt.

§ 13 a IntFamRVG Verfahren bei grenzüberschreitender Abgabe

(1) [1]Ersucht das Familiengericht das Gericht eines anderen Vertragsstaats nach Artikel 8 des Haager Kinderschutzübereinkommens um Übernahme der Zuständigkeit, so setzt es eine Frist, innerhalb derer das ausländische Gericht die Übernahme der Zuständigkeit mitteilen kann. [2]Setzt das Familiengericht das Verfahren nach Artikel 8 des Haager Kinderschutzübereinkommens aus, setzt es den Parteien eine Frist, innerhalb derer das ausländische Gericht anzurufen ist. [3]Ist die Frist nach Satz 1 abgelaufen, ohne dass das ausländische Gericht die Übernahme der Zuständigkeit mitgeteilt hat, so ist in der Regel davon

auszugehen, dass das ersuchte Gericht die Übernahme der Zuständigkeit ablehnt. [4]Ist die Frist nach Satz 2 abgelaufen, ohne dass eine Partei das ausländische Gericht angerufen hat, bleibt es bei der Zuständigkeit des Familiengerichts. [5]Das Gericht des ersuchten Staates und die Parteien sind auf diese Rechtsfolgen hinzuweisen.

(2) Ersucht ein Gericht eines anderen Vertragsstaats das Familiengericht nach Artikel 8 des Haager Kinderschutzübereinkommens um Übernahme der Zuständigkeit oder ruft eine Partei das Familiengericht nach dieser Vorschrift an, so kann das Familiengericht die Zuständigkeit innerhalb von sechs Wochen übernehmen.

(3) Die Absätze 1 und 2 sind auf Anträge, Ersuchen und Entscheidungen nach Artikel 9 des Haager Kinderschutzübereinkommens entsprechend anzuwenden.

(4) [1]Der Beschluss des Familiengerichts,

1. **das ausländische Gericht nach Absatz 1 Satz 1 oder nach Artikel 15 Absatz 1 Buchstabe b der Verordnung (EG) Nr. 2201/2003 um Übernahme der Zuständigkeit zu ersuchen,**
2. **das Verfahren nach Absatz 1 Satz 2 oder nach Artikel 15 Absatz 1 Buchstabe a der Verordnung (EG) Nr. 2201/2003 auszusetzen,**
3. **das zuständige ausländische Gericht nach Artikel 9 des Kinderschutzübereinkommens oder nach Artikel 15 Absatz 2 Buchstabe c der Verordnung (EG) Nr. 2201/2003 um Abgabe der Zuständigkeit zu ersuchen,**
4. **die Parteien einzuladen, bei dem zuständigen ausländischen Gericht nach Artikel 9 des Haager Kinderschutzübereinkommens die Abgabe der Zuständigkeit an das Familiengericht zu beantragen, oder**
5. **die Zuständigkeit auf Ersuchen eines ausländischen Gerichts oder auf Antrag der Parteien nach Artikel 9 des Haager Kinderschutzübereinkommens an das ausländische Gericht abzugeben,**

ist mit der sofortigen Beschwerde in entsprechender Anwendung der §§ 567 bis 572 der Zivilprozessordnung anfechtbar. [2]Die Rechtsbeschwerde ist ausgeschlossen. [3]Die in Satz 1 genannten Beschlüsse werden erst mit ihrer Rechtskraft wirksam. [4]Hierauf ist in dem Beschluss hinzuweisen.

(5) Im Übrigen sind Beschlüsse nach den Artikeln 8 und 9 des Haager Kinderschutzübereinkommens und nach Artikel 15 der Verordnung (EG) Nr. 2201/2003 unanfechtbar.

(6) [1]Parteien im Sinne dieser Vorschrift sowie der Artikel 8 und 9 des Haager Kinderschutzübereinkommens und des Artikels 15 der Verordnung (EG) Nr. 2201/2003 sind die in § 7 Absatz 1 und 2 Nummer 1 des Gesetzes über das Verfahren in Familiensachen und in den Angelegenheiten der freiwilligen Gerichtsbarkeit genannten Beteiligten. [2]Die Vorschriften über die Hinzuziehung weiterer Beteiligter bleiben unberührt.

Abschnitt 4
Allgemeine gerichtliche Verfahrensvorschriften

§ 14 IntFamRVG Familiengerichtliches Verfahren

Soweit nicht anders bestimmt, entscheidet das Familiengericht
1. **über eine in den §§ 10 und 12 bezeichnete Ehesache nach den hierfür geltenden Vorschriften des Gesetzes über das Verfahren in Familiensachen und in den Angelegenheiten der freiwilligen Gerichtsbarkeit,**
2. **über die übrigen in den §§ 10, 11, 12 und 47 bezeichneten Angelegenheiten als Familiensachen im Verfahren der freiwilligen Gerichtsbarkeit.**

§ 15 IntFamRVG Einstweilige Anordnungen

Das Gericht kann auf Antrag oder von Amts wegen einstweilige Anordnungen treffen, um Gefahren von dem Kind abzuwenden oder eine Beeinträchtigung der Interessen der Beteiligten zu vermeiden, insbesondere um den Aufenthaltsort des Kindes während des Verfahrens zu sichern oder eine Vereitelung oder Erschwerung der Rückgabe zu verhindern; Abschnitt 4 des Buches 1 des Gesetzes über das Verfahren in Familiensachen und in den Angelegenheiten der freiwilligen Gerichtsbarkeit gilt entsprechend.

Abschnitt 5
Zulassung der Zwangsvollstreckung, Anerkennungsfeststellung und Wiederherstellung des Sorgeverhältnisses

Unterabschnitt 1
Zulassung der Zwangsvollstreckung im ersten Rechtszug

§ 16 IntFamRVG Antragstellung

(1) Mit Ausnahme der in den Artikeln 41 und 42 der Verordnung (EG) Nr. 2201/2003 aufgeführten Titel wird der in einem anderen Staat vollstreckbare Titel dadurch zur Zwangsvollstreckung zugelassen, dass er auf Antrag mit der Vollstreckungsklausel versehen wird.

(2) Der Antrag auf Erteilung der Vollstreckungsklausel kann bei dem zuständigen Familiengericht schriftlich eingereicht oder mündlich zu Protokoll der Geschäftsstelle erklärt werden.

(3) Ist der Antrag entgegen § 184 des Gerichtsverfassungsgesetzes nicht in deutscher Sprache abgefasst, so kann das Gericht der antragstellenden Person aufgeben, eine Übersetzung des Antrags beizubringen, deren Richtigkeit von einer

1. in einem Mitgliedstaat der Europäischen Union oder

2. in einem anderen Vertragsstaat eines auszuführenden Übereinkommens

hierzu befugten Person bestätigt worden ist.

§ 17 IntFamRVG Zustellungsbevollmächtigter

(1) Hat die antragstellende Person in dem Antrag keinen Zustellungsbevollmächtigten im Sinne des § 184 Abs. 1 Satz 1 der Zivilprozessordnung benannt, so können bis zur nachträglichen Benennung alle Zustellungen an sie durch Aufgabe zur Post (§ 184 Abs. 1 Satz 2, Abs. 2 der Zivilprozessordnung) bewirkt werden.

(2) Absatz 1 gilt nicht, wenn die antragstellende Person einen Verfahrensbevollmächtigten für das Verfahren bestellt hat, an den im Inland zugestellt werden kann.

§ 18 IntFamRVG Einseitiges Verfahren

(1) [1]Im Anwendungsbereich der Verordnung (EG) Nr. 2201/2003 und des Haager Kinderschutzübereinkommens erhält im erstinstanzlichen Verfahren auf Zulassung der Zwangsvollstreckung nur die antragstellende Person Gelegenheit, sich zu äußern. [2]Die Entscheidung ergeht ohne mündliche Verhandlung. [3]Jedoch kann eine mündliche Erörterung mit der antragstellenden oder einer von ihr bevollmächtigten Person stattfinden, wenn diese hiermit einverstanden ist und die Erörterung der Beschleunigung dient.

(2) Abweichend von § 114 Absatz 1 des Gesetzes über das Verfahren in Familiensachen und in den Angelegenheiten der freiwilligen Gerichtsbarkeit ist in Ehesachen im ersten Rechtszug eine anwaltliche Vertretung nicht erforderlich.

§ 19 IntFamRVG Besondere Regelungen zum Europäischen Sorgerechtsübereinkommen

Die Vollstreckbarerklärung eines Titels aus einem anderen Vertragsstaat des Europäischen Sorgerechtsübereinkommens ist auch in den Fällen der Artikel 8 und 9 des Übereinkommens ausgeschlossen, wenn die Voraussetzungen des Artikels 10 Abs. 1 Buchstabe a oder b des Übereinkommens vorliegen, insbesondere wenn die Wirkungen des Titels mit den Grundrechten des Kindes oder eines Sorgeberechtigten unvereinbar wären.

§ 20 IntFamRVG Entscheidung

(1) [1]Ist die Zwangsvollstreckung aus dem Titel zuzulassen, so beschließt das Gericht, dass der Titel mit der Vollstreckungsklausel zu versehen ist. [2]In dem Beschluss ist die zu vollstreckende Verpflichtung in deutscher Sprache wiederzugeben. [3]Zur Begründung des Beschlusses genügt in der Regel die Bezugnahme auf die Verordnung (EG) Nr. 2201/2003 oder den auszuführenden Anerkennungs- und Vollstreckungsvertrag sowie auf die von der antragstellenden Person vorgelegten Urkunden.

(2) Auf die Kosten des Verfahrens ist § 81 des Gesetzes über das Verfahren in Familiensachen und in den Angelegenheiten der freiwilligen Gerichtsbarkeit entsprechend anzuwenden; in Ehesachen gilt § 788 der Zivilprozessordnung entsprechend.

(3) [1]Ist der Antrag nicht zulässig oder nicht begründet, so lehnt ihn das Gericht durch mit Gründen versehenen Beschluss ab. [2]Für die Kosten gilt Absatz 2; in Ehesachen sind die Kosten dem Antragsteller aufzuerlegen.

§ 21 IntFamRVG Bekanntmachung der Entscheidung

(1) [1]Im Falle des § 20 Abs. 1 sind der verpflichteten Person eine beglaubigte Abschrift des Beschlusses, eine beglaubigte Abschrift des noch nicht mit der Vollstreckungsklausel versehenen Titels und gegebenenfalls seiner Übersetzung sowie der gemäß § 20 Abs. 1 Satz 3 in Bezug genommenen Urkunden von Amts wegen zuzustellen. [2]Ein Beschluss nach § 20 Abs. 3 ist der verpflichteten Person formlos mitzuteilen.

(2) [1]Der antragstellenden Person sind eine beglaubigte Abschrift des Beschlusses nach § 20, im Falle des § 20 Abs. 1 ferner eine Bescheinigung über die bewirkte Zustellung zu übersenden. [2]Die mit der Vollstreckungsklausel versehene Ausfertigung des Titels ist der antragstellenden Person erst dann zu übersenden, wenn der Beschluss nach § 20 Abs. 1 wirksam geworden und die Vollstreckungsklausel erteilt ist.

(3) In einem Verfahren, das die Vollstreckbarerklärung einer die elterliche Verantwortung betreffenden Entscheidung zum Gegenstand hat, sind Zustellungen auch an den gesetzlichen Vertreter des Kindes, an den Vertreter des Kindes im Verfahren, an das Kind selbst, soweit es das 14. Lebensjahr vollendet hat, an einen Elternteil, der nicht am Verfahren beteiligt war, sowie an das Jugendamt zu bewirken.

(4) Handelt es sich bei der für vollstreckbar erklärten Maßnahme um eine Unterbringung, so ist der Beschluss auch dem Leiter der Einrichtung oder der Pflegefamilie bekannt zu machen, in der das Kind untergebracht werden soll.

§ 22 IntFamRVG Wirksamwerden der Entscheidung

Der Beschluss nach § 20 wird erst mit seiner Rechtskraft wirksam. Hierauf ist in dem Beschluss hinzuweisen.

§ 23 IntFamRVG Vollstreckungsklausel

(1) Auf Grund eines wirksamen Beschlusses nach § 20 Abs. 1 erteilt der Urkundsbeamte der Geschäftsstelle die Vollstreckungsklausel in folgender Form:
„Vollstreckungsklausel nach § 23 des Internationalen Familienrechtsverfahrensgesetzes vom 26. Januar 2005 (BGBl. I S. 162). Gemäß dem Beschluss des … (Bezeichnung des Gerichts und des Beschlusses) ist die Zwangsvollstreckung aus … (Bezeichnung des Titels) zugunsten … (Bezeichnung der berechtigten Person) gegen … (Bezeichnung der verpflichteten Person) zulässig.
Die zu vollstreckende Verpflichtung lautet:
… (Angabe der aus dem ausländischen Titel der verpflichteten Person obliegenden Verpflichtung in deutscher Sprache; aus dem Beschluss nach § 20 Abs. 1 zu übernehmen)."

(2) Wird die Zwangsvollstreckung nur für einen oder mehrere der durch den ausländischen Titel zuerkannten oder in einem anderen ausländischen Titel niedergelegten Ansprüche oder nur für einen Teil des Gegenstands der Verpflichtung zugelassen, so ist die Vollstreckungsklausel als „Teil-Vollstreckungsklausel nach § 23 des Internationalen Familienrechtsverfahrensgesetzes vom 26. Januar 2005 (BGBl. I S. 162)" zu bezeichnen.

(3) [1]Die Vollstreckungsklausel ist von dem Urkundsbeamten der Geschäftsstelle zu unterschreiben und mit dem Gerichtssiegel zu versehen. [2]Sie ist entweder auf die Ausfertigung des Titels oder auf ein damit zu verbindendes Blatt zu setzen. [3]Falls eine Übersetzung des Titels vorliegt, ist sie mit der Ausfertigung zu verbinden.

Unterabschnitt 2
Beschwerde

§ 24 IntFamRVG Einlegung der Beschwerde; Beschwerdefrist

(1) [1]Gegen die im ersten Rechtszug ergangene Entscheidung findet die Beschwerde zum Oberlandesgericht statt. [2]Die Beschwerde wird bei dem Oberlandesgericht durch Einreichen einer Beschwerdeschrift oder durch Erklärung zu Protokoll der Geschäftsstelle eingelegt.

(2) Die Zulässigkeit der Beschwerde wird nicht dadurch berührt, dass sie statt bei dem Oberlandesgericht bei dem Gericht des ersten Rechtszugs eingelegt wird; die Beschwerde ist unverzüglich von Amts wegen an das Oberlandesgericht abzugeben.

(3) Die Beschwerde gegen die Zulassung der Zwangsvollstreckung ist einzulegen

1. **innerhalb eines Monats nach Zustellung, wenn die beschwerdeberechtigte Person ihren gewöhnlichen Aufenthalt im Inland hat;**
2. **innerhalb von zwei Monaten nach Zustellung, wenn die beschwerdeberechtigte Person ihren gewöhnlichen Aufenthalt im Ausland hat. Die Frist beginnt mit dem Tag, an dem die Vollstreckbarerklärung der beschwerdeberechtigten Person entweder persönlich oder in ihrer Wohnung zugestellt worden ist. Eine Verlängerung dieser Frist wegen weiter Entfernung ist ausgeschlossen.**

(4) Die Beschwerdefrist ist eine Notfrist.

(5) Die Beschwerde ist dem Beschwerdegegner von Amts wegen zuzustellen.

§ 25 IntFamRVG Einwendungen gegen den zu vollstreckenden Anspruch

Die verpflichtete Person kann mit der Beschwerde gegen die Zulassung der Zwangsvollstreckung aus einem Titel über die Erstattung von Verfahrenskosten auch Einwendungen gegen den Anspruch selbst insoweit geltend machen, als die Gründe, auf denen sie beruhen, erst nach Erlass des Titels entstanden sind.

§ 26 IntFamRVG Verfahren und Entscheidung über die Beschwerde

(1) Der Senat des Oberlandesgerichts entscheidet durch Beschluss, der mit Gründen zu versehen ist und ohne mündliche Verhandlung ergehen kann.

(2) [1]Solange eine mündliche Verhandlung nicht angeordnet ist, können zu Protokoll der Geschäftsstelle Anträge gestellt und Erklärungen abgegeben werden. [2]Wird in einer Ehesache die mündliche Verhandlung angeordnet, so gilt für die Ladung § 215 der Zivilprozessordnung.

(3) Eine vollständige Ausfertigung des Beschlusses ist den Beteiligten auch dann von Amts wegen zuzustellen, wenn der Beschluss verkündet worden ist.

(4) § 20 Abs. 1 Satz 2, Abs. 2 und 3, § 21 Abs. 1, 2 und 4 sowie § 23 gelten entsprechend.

§ 27 IntFamRVG Anordnung der sofortigen Wirksamkeit

(1) [1]Der Beschluss des Oberlandesgerichts nach § 26 wird erst mit seiner Rechtskraft wirksam. [2]Hierauf ist in dem Beschluss hinzuweisen.

(2) Das Oberlandesgericht kann in Verbindung mit der Entscheidung über die Beschwerde die sofortige Wirksamkeit eines Beschlusses anordnen.

Unterabschnitt 3
Rechtsbeschwerde

§ 28 IntFamRVG Statthaftigkeit der Rechtsbeschwerde

Gegen den Beschluss des Oberlandesgerichts findet die Rechtsbeschwerde zum Bundesgerichtshof nach Maßgabe des § 574 Abs. 1 Nr. 1, Abs. 2 der Zivilprozessordnung statt.

§ 29 IntFamRVG Einlegung und Begründung der Rechtsbeschwerde

[1]§ 575 Abs. 1 bis 4 der Zivilprozessordnung ist entsprechend anzuwenden. [2]Soweit die Rechtsbeschwerde darauf gestützt wird, dass das Oberlandesgericht von einer Entscheidung des Gerichtshofs der Europäischen Gemeinschaften abgewichen sei, muss die Entscheidung, von der der angefochtene Beschluss abweicht, bezeichnet werden.

§ 30 IntFamRVG Verfahren und Entscheidung über die Rechtsbeschwerde

(1) [1]Der Bundesgerichtshof kann nur überprüfen, ob der Beschluss auf einer Verletzung des Rechts der Europäischen Gemeinschaft, eines Anerkennungs- und Vollstreckungsvertrags, sonstigen Bundesrechts oder einer anderen Vorschrift beruht, deren Geltungsbereich sich über den Bezirk eines Oberlandesgerichts hinaus erstreckt. [2]Er darf nicht prüfen, ob das Gericht seine örtliche Zuständigkeit zu Unrecht angenommen hat.

(2) [1]Der Bundesgerichtshof kann über die Rechtsbeschwerde ohne mündliche Verhandlung entscheiden. [2]§ 574 Abs. 4, § 576 Abs. 3 und § 577 der Zivilprozessordnung sind entsprechend anzuwenden; in Angelegenheiten der freiwilligen Gerichtsbarkeit bleiben § 574 Abs. 4 und § 577 Abs. 2 Satz 1 bis 3 der Zivilprozessordnung sowie die Verweisung auf § 556 in § 576 Abs. 3 der Zivilprozessordnung außer Betracht.

(3) § 20 Abs. 1 Satz 2, Abs. 2 und 3, § 21 Abs. 1, 2 und 4 sowie § 23 gelten entsprechend.

§ 31 IntFamRVG Anordnung der sofortigen Wirksamkeit

Der Bundesgerichtshof kann auf Antrag der verpflichteten Person eine Anordnung nach § 27 Abs. 2 aufheben oder auf Antrag der berechtigten Person erstmals eine Anordnung nach § 27 Abs. 2 treffen.

Unterabschnitt 4
Feststellung der Anerkennung

§ 32 IntFamRVG Anerkennungsfeststellung

[1]Auf das Verfahren über einen gesonderten Feststellungsantrag nach Artikel 21 Absatz 3 der Verordnung (EG) Nr. 2201/2003, nach Artikel 24 des Haager Kinderschutzübereinkommens oder nach dem Europäischen Sorgerechtsübereinkommen, einen Titel aus einem anderen Staat anzuerkennen oder nicht anzuerkennen, sind die Unterabschnitte 1 bis 3 entsprechend anzuwenden. § 18 Absatz 1 Satz 1 ist nicht anzuwenden, wenn die antragstellende Person die Feststellung begehrt, dass ein Titel aus einem

anderen Staat nicht anzuerkennen ist. ²§ 18 Absatz 1 Satz 3 ist in diesem Falle mit der Maßgabe anzuwenden, dass die mündliche Erörterung auch mit weiteren Beteiligten stattfinden kann.

Unterabschnitt 5
Wiederherstellung des Sorgeverhältnisses

§ 33 IntFamRVG Anordnung auf Herausgabe des Kindes

(1) Umfasst ein vollstreckungsfähiger Titel im Anwendungsbereich der Verordnung (EG) Nr. 2201/2003, des Haager Kinderschutzübereinkommens oder des Europäischen Sorgerechtsübereinkommens nach dem Recht des Staates, in dem er geschaffen wurde, das Recht auf Herausgabe des Kindes, so kann das Familiengericht die Herausgabeanordnung in der Vollstreckungsklausel oder in einer nach § 44 getroffenen Anordnung klarstellend aufnehmen.

(2) Liegt im Anwendungsbereich des Europäischen Sorgerechtsübereinkommens ein vollstreckungsfähiger Titel auf Herausgabe des Kindes nicht vor, so stellt das Gericht nach § 32 fest, dass die Sorgerechtsentscheidung oder die von der zuständigen Behörde genehmigte Sorgerechtsvereinbarung aus dem anderen Vertragsstaat anzuerkennen ist, und ordnet zur Wiederherstellung des Sorgeverhältnisses auf Antrag an, dass die verpflichtete Person das Kind herauszugeben hat.

Unterabschnitt 6
Aufhebung oder Änderung von Beschlüssen

§ 34 IntFamRVG Verfahren auf Aufhebung oder Änderung

(1) ¹Wird der Titel in dem Staat, in dem er errichtet worden ist, aufgehoben oder abgeändert und kann die verpflichtete Person diese Tatsache in dem Verfahren der Zulassung der Zwangsvollstreckung nicht mehr geltend machen, so kann sie die Aufhebung oder Änderung der Zulassung in einem besonderen Verfahren beantragen. ²Das Gleiche gilt für den Fall der Aufhebung oder Änderung von Entscheidungen, Vereinbarungen oder öffentlichen Urkunden, deren Anerkennung festgestellt ist.

(2) Für die Entscheidung über den Antrag ist das Familiengericht ausschließlich zuständig, das im ersten Rechtszug über den Antrag auf Erteilung der Vollstreckungsklausel oder auf Feststellung der Anerkennung entschieden hat.

(3) ¹Der Antrag kann bei dem Gericht schriftlich oder durch Erklärung zu Protokoll der Geschäftsstelle gestellt werden. ²Die Entscheidung ergeht durch Beschluss.

(4) Auf die Beschwerde finden die Unterabschnitte 2 und 3 entsprechend Anwendung.

(5) ¹Im Falle eines Titels über die Erstattung von Verfahrenskosten sind für die Einstellung der Zwangsvollstreckung und die Aufhebung bereits getroffener Vollstreckungsmaßregeln die §§ 769 und 770 der Zivilprozessordnung entsprechend anzuwenden. ²Die Aufhebung einer Vollstreckungsmaßregel ist auch ohne Sicherheitsleistung zulässig.

§ 35 IntFamRVG Schadensersatz wegen ungerechtfertigter Vollstreckung

(1) ¹Wird die Zulassung der Zwangsvollstreckung aus einem Titel über die Erstattung von Verfahrenskosten auf die Rechtsbeschwerde aufgehoben oder abgeändert, so ist die berechtigte Person zum Ersatz des Schadens verpflichtet, welcher der verpflichteten Person durch die Vollstreckung des Titels oder durch eine Leistung zur Abwendung der Vollstreckung entstanden ist. ²Das Gleiche gilt, wenn die Zulassung der Zwangsvollstreckung nach § 34 aufgehoben oder abgeändert wird, sofern der zur Zwangsvollstreckung zugelassene Titel zum Zeitpunkt der Zulassung nach dem Recht des Staates, in dem er ergangen ist, noch mit einem ordentlichen Rechtsbehelf angefochten werden konnte.

(2) Für die Geltendmachung des Anspruchs ist das Gericht ausschließlich zuständig, das im ersten Rechtszug über den Antrag, den Titel mit der Vollstreckungsklausel zu versehen, entschieden hat.

Unterabschnitt 7
Vollstreckungsgegenklage

§ 36 IntFamRVG Vollstreckungsgegenklage bei Titeln über Verfahrenskosten

(1) Ist die Zwangsvollstreckung aus einem Titel über die Erstattung von Verfahrenskosten zugelassen, so kann die verpflichtete Person Einwendungen gegen den Anspruch selbst in einem Verfahren nach § 767 der Zivilprozessordnung nur geltend machen, wenn die Gründe, auf denen ihre Einwendungen beruhen, erst

1. nach Ablauf der Frist, innerhalb deren sie die Beschwerde hätte einlegen können, oder
2. falls die Beschwerde eingelegt worden ist, nach Beendigung dieses Verfahrens

entstanden sind.

(2) Die Klage nach § 767 der Zivilprozessordnung ist bei dem Gericht zu erheben, das über den Antrag auf Erteilung der Vollstreckungsklausel entschieden hat.

Abschnitt 6
Verfahren nach dem Haager Kindesentführungsübereinkommen

§ 37 IntFamRVG Anwendbarkeit

Kommt im Einzelfall die Rückgabe des Kindes nach dem Haager Kindesentführungsübereinkommen und dem Europäischen Sorgerechtsübereinkommen in Betracht, so sind zunächst die Bestimmungen des Haager Kindesentführungsübereinkommens anzuwenden, sofern die antragstellende Person nicht ausdrücklich die Anwendung des Europäischen Sorgerechtsübereinkommen begehrt.

§ 38 IntFamRVG Beschleunigtes Verfahren

(1) [1]Das Gericht hat das Verfahren auf Rückgabe eines Kindes in allen Rechtszügen vorrangig zu behandeln. [2]Mit Ausnahme von Artikel 12 Abs. 3 des Haager Kindesentführungsübereinkommens findet eine Aussetzung des Verfahrens nicht statt. [3]Das Gericht hat alle erforderlichen Maßnahmen zur Beschleunigung des Verfahrens zu treffen, insbesondere auch damit die Entscheidung in der Hauptsache binnen der in Artikel 11 Abs. 3 der Verordnung (EG) Nr. 2201/2003 genannten Frist ergehen kann.

(2) Das Gericht prüft in jeder Lage des Verfahrens, ob das Recht zum persönlichen Umgang mit dem Kind gewährleistet werden kann.

(3) Die Beteiligten haben an der Aufklärung des Sachverhalts mitzuwirken, wie es einem auf Förderung und Beschleunigung des Verfahrens bedachten Vorgehen entspricht.

§ 39 IntFamRVG Übermittlung von Entscheidungen

Wird eine inländische Entscheidung nach Artikel 11 Abs. 6 der Verordnung (EG) Nr. 2201/2003 unmittelbar dem zuständigen Gericht oder der Zentralen Behörde im Ausland übermittelt, ist der Zentralen Behörde zur Erfüllung ihrer Aufgaben nach Artikel 7 des Haager Kindesentführungsübereinkommens eine Abschrift zu übersenden.

§ 40 IntFamRVG Wirksamkeit der Entscheidung; Rechtsmittel

(1) Eine Entscheidung, die zur Rückgabe des Kindes in einen anderen Vertragsstaat verpflichtet, wird erst mit deren Rechtskraft wirksam.

(2) [1]Gegen eine im ersten Rechtszug ergangene Entscheidung findet die Beschwerde zum Oberlandesgericht nach Unterabschnitt 1 des Abschnitts 5 des Buches 1 des Gesetzes über das Verfahren in Familiensachen und in den Angelegenheiten der freiwilligen Gerichtsbarkeit statt; § 65 Abs. 2, § 68 Abs. 4 sowie § 69 Abs. 1 Satz 2 bis 4 jenes Gesetzes sind nicht anzuwenden. [2]Die Beschwerde ist innerhalb von zwei Wochen einzulegen und zu begründen. [3]Die Beschwerde gegen eine Entscheidung, die zur Rückgabe des Kindes verpflichtet, steht nur dem Antragsgegner, dem Kind, soweit es das 14. Lebensjahr vollendet hat, und dem beteiligten Jugendamt zu. [4]Eine Rechtsbeschwerde findet nicht statt.

(3) [1]Das Beschwerdegericht hat nach Eingang der Beschwerdeschrift unverzüglich zu prüfen, ob die sofortige Wirksamkeit der angefochtenen Entscheidung über die Rückgabe des Kindes anzuordnen ist. [2]Die sofortige Wirksamkeit soll angeordnet werden, wenn die Beschwerde offensichtlich unbegründet ist oder die Rückgabe des Kindes vor der Entscheidung über die Beschwerde unter Berücksichtigung der berechtigten Interessen der Beteiligten mit dem Wohl des Kindes zu vereinbaren ist. [3]Die Entscheidung über die sofortige Wirksamkeit kann während des Beschwerdeverfahrens abgeändert werden.

§ 41 IntFamRVG Bescheinigung über Widerrechtlichkeit

[1]Über einen Antrag, die Widerrechtlichkeit des Verbringens oder des Zurückhaltens eines Kindes nach Artikel 15 Satz 1 des Haager Kindesentführungsübereinkommens festzustellen, entscheidet das Familiengericht,

1. **bei dem die Sorgerechtsangelegenheit oder Ehesache im ersten Rechtszug anhängig ist oder war, sonst**
2. **in dessen Bezirk das Kind seinen letzten gewöhnlichen Aufenthalt im Geltungsbereich dieses Gesetzes hatte, hilfsweise**
3. **in dessen Bezirk das Bedürfnis der Fürsorge auftritt.**

[2]Die Entscheidung ist zu begründen.

§ 42 IntFamRVG Einreichung von Anträgen bei dem Amtsgericht

(1) [1]Ein Antrag, der in einem anderen Vertragsstaat zu erledigen ist, kann auch bei dem Amtsgericht als Justizverwaltungsbehörde eingereicht werden, in dessen Bezirk die antragstellende Person ihren gewöhnlichen Aufenthalt oder, mangels eines solchen im Geltungsbereich dieses Gesetzes, ihren tatsächlichen Aufenthalt hat. [2]Das Gericht übermittelt den Antrag nach Prüfung der förmlichen Voraussetzungen unverzüglich der Zentralen Behörde, die ihn an den anderen Vertragsstaat weiterleitet.

(2) Für die Tätigkeit des Amtsgerichts und der Zentralen Behörde bei der Entgegennahme und Weiterleitung von Anträgen werden mit Ausnahme der Fälle nach § 5 Abs. 1 Kosten nicht erhoben.

§ 43 IntFamRVG Verfahrenskosten- und Beratungshilfe

Abweichend von Artikel 26 Abs. 2 des Haager Kindesentführungsübereinkommens findet eine Befreiung von gerichtlichen und außergerichtlichen Kosten bei Verfahren nach diesem Übereinkommen nur nach Maßgabe der Vorschriften über die Beratungshilfe und Verfahrenskostenhilfe statt.

Abschnitt 7
Vollstreckung

§ 44 IntFamRVG Ordnungsmittel; Vollstreckung von Amts wegen

(1) [1]Bei Zuwiderhandlung gegen einen im Inland zu vollstreckenden Titel nach Kapitel III der Verordnung (EG) Nr. 2201/2003, nach dem Haager Kinderschutzübereinkommen, dem Haager Kindesentführungsübereinkommen oder dem Europäischen Sorgerechtsübereinkommen, der auf Herausgabe von Personen oder die Regelung des Umgangs gerichtet ist, soll das Gericht Ordnungsgeld und für den Fall, dass dieses nicht beigetrieben werden kann, Ordnungshaft anordnen. [2]Verspricht die Anordnung eines Ordnungsgeldes keinen Erfolg, soll das Gericht Ordnungshaft anordnen.

(2) Für die Vollstreckung eines in Absatz 1 genannten Titels ist das Oberlandesgericht zuständig, sofern es die Anordnung für vollstreckbar erklärt, erlassen oder bestätigt hat.

(3) [1]Ist ein Kind heraus- oder zurückzugeben, so hat das Gericht die Vollstreckung von Amts wegen durchzuführen, es sei denn, die Anordnung ist auf Herausgabe des Kindes zum Zweck des Umgangs gerichtet. [2]Auf Antrag der berechtigten Person soll das Gericht hiervon absehen.

Abschnitt 8
Grenzüberschreitende Unterbringung

§ 45 IntFamRVG Zuständigkeit für die Zustimmung zu einer Unterbringung

[1]Zuständig für die Erteilung der Zustimmung zu einer Unterbringung eines Kindes nach Artikel 56 der Verordnung (EG) Nr. 2201/2003 oder nach Artikel 33 des Haager Kinderschutzübereinkommens im Inland ist der überörtliche Träger der öffentlichen Jugendhilfe, in dessen Bereich das Kind nach dem Vorschlag der ersuchenden Stelle untergebracht werden soll, andernfalls der überörtliche Träger, zu dessen Bereich die Zentrale Behörde den engsten Bezug festgestellt hat. [2]Hilfsweise ist das Land Berlin zuständig.

§ 46 IntFamRVG Konsultationsverfahren

(1) Dem Ersuchen soll in der Regel zugestimmt werden, wenn

1. **die Durchführung der beabsichtigten Unterbringung im Inland dem Wohl des Kindes entspricht, insbesondere weil es eine besondere Bindung zum Inland hat,**
2. **die ausländische Stelle einen Bericht und, soweit erforderlich, ärztliche Zeugnisse oder Gutachten vorgelegt hat, aus denen sich die Gründe der beabsichtigten Unterbringung ergeben,**
3. **das Kind im ausländischen Verfahren angehört wurde, sofern eine Anhörung nicht auf Grund des Alters oder des Reifegrades des Kindes unangebracht erschien,**
4. **die Zustimmung der geeigneten Einrichtung oder Pflegefamilie vorliegt und der Vermittlung des Kindes dorthin keine Gründe entgegenstehen,**
5. **eine erforderliche ausländerrechtliche Genehmigung erteilt oder zugesagt wurde,**
6. **die Übernahme der Kosten geregelt ist.**

(2) Im Falle einer Unterbringung, die mit Freiheitsentziehung verbunden ist, ist das Ersuchen ungeachtet der Voraussetzungen des Absatzes 1 abzulehnen, wenn

1. **im ersuchenden Staat über die Unterbringung kein Gericht entscheidet oder**
2. **bei Zugrundelegung des mitgeteilten Sachverhalts nach innerstaatlichem Recht eine Unterbringung, die mit Freiheitsentziehung verbunden ist, nicht zulässig wäre.**

(3) Die ausländische Stelle kann um ergänzende Informationen ersucht werden.

(4) Wird um die Unterbringung eines ausländischen Kindes ersucht, ist die Stellungnahme der Ausländerbehörde einzuholen.

(5) [1]Die zu begründende Entscheidung ist auch der Zentralen Behörde und der Einrichtung oder der Pflegefamilie, in der das Kind untergebracht werden soll, mitzuteilen. [2]Sie ist unanfechtbar.

§ 47 IntFamRVG Genehmigung des Familiengerichts

(1) [1]Die Zustimmung des überörtlichen Trägers der öffentlichen Jugendhilfe nach den §§ 45 und 46 ist nur mit Genehmigung des Familiengerichts zulässig. [2]Das Gericht soll die Genehmigung in der Regel erteilen, wenn

1. **die in § 46 Abs. 1 Nr. 1 bis 3 bezeichneten Voraussetzungen vorliegen und**
2. **kein Hindernis für die Anerkennung der beabsichtigten Unterbringung erkennbar ist.**

[3]§ 46 Abs. 2 und 3 gilt entsprechend.

(2) [1]Örtlich zuständig ist das Familiengericht am Sitz des Oberlandesgerichts, in dessen Zuständigkeitsbereich das Kind untergebracht werden soll, für den Bezirk dieses Oberlandesgerichts. [2]§ 12 Abs. 2 und 3 gilt entsprechend.

(3) Der zu begründende Beschluss ist unanfechtbar.

Abschnitt 9
Bescheinigungen zu inländischen Entscheidungen nach der Verordnung (EG) Nr. 2201/2003

§ 48 IntFamRVG Ausstellung von Bescheinigungen

(1) Die Bescheinigung nach Artikel 39 der Verordnung (EG) Nr. 2201/2003 wird von dem Urkundsbeamten der Geschäftsstelle des Gerichts des ersten Rechtszugs und, wenn das Verfahren bei einem höheren Gericht anhängig ist, von dem Urkundsbeamten der Geschäftsstelle dieses Gerichts ausgestellt.

(2) Die Bescheinigung nach den Artikeln 41 und 42 der Verordnung (EG) Nr. 2201/2003 wird beim Gericht des ersten Rechtszugs von dem Familienrichter, in Verfahren vor dem Oberlandesgericht oder dem Bundesgerichtshof von dem Vorsitzenden des Senats für Familiensachen ausgestellt.

§ 49 IntFamRVG Berichtigung von Bescheinigungen

Für die Berichtigung der Bescheinigung nach Artikel 43 Abs. 1 der Verordnung (EG) Nr. 2201/2003 gilt § 319 der Zivilprozessordnung entsprechend.

Abschnitt 10
Kosten

§§ 50 bis 53 IntFamRVG (aufgehoben)

§ 54 IntFamRVG Übersetzungen

Die Höhe der Vergütung für die von der Zentralen Behörde veranlassten Übersetzungen richtet sich nach dem Justizvergütungs- und -entschädigungsgesetz.

Abschnitt 11
Übergangsvorschriften

§ 55 IntFamRVG Übergangsvorschriften zu der Verordnung (EG) Nr. 2201/2003

Dieses Gesetz findet sinngemäß auch auf Verfahren nach der Verordnung (EG) Nr. 1347/2000 des Rates vom 29. Mai 2000 über die Zuständigkeit und die Anerkennung und Vollstreckung von Entscheidungen in Ehesachen und in Verfahren betreffend die elterliche Verantwortung für die gemeinsamen Kinder der Ehegatten (ABl. EG Nr. L 160 S. 19) mit folgender Maßgabe Anwendung:
Ist ein Beschluss nach § 21 an die verpflichtete Person in einem weder der Europäischen Union noch dem Übereinkommen vom 16. September 1988 über die gerichtliche Zuständigkeit und die Vollstreckung gerichtlicher Entscheidungen in Zivil- und Handelssachen (BGBl. 1994 II S. 2658) angehörenden Staat zuzustellen und hat das Familiengericht eine Beschwerdefrist nach § 10 Abs. 2 und § 50 Abs. 2 Satz 4 und 5 des Anerkennungs- und Vollstreckungsausführungsgesetzes bestimmt, so ist die Beschwerde der verpflichteten Person gegen die Zulassung der Zwangsvollstreckung innerhalb der vom Gericht bestimmten Frist einzulegen.

§ 56 IntFamRVG Übergangsvorschriften zum Sorgerechtsübereinkommens-Ausführungsgesetz

[1]Für Verfahren nach dem Haager Kindesentführungsübereinkommen und dem Europäischen Sorgerechtsübereinkommen, die vor Inkrafttreten dieses Gesetzes eingeleitet wurden, finden die Vorschriften des Sorgerechtsübereinkommens-Ausführungsgesetzes vom 5. April 1990 (BGBl. I S. 701), zuletzt geändert durch Artikel 2 Abs. 6 des Gesetzes vom 19. Februar 2001 (BGBl. I S. 288, 436), weiter Anwendung.

[2]Für die Zwangsvollstreckung sind jedoch die Vorschriften dieses Gesetzes anzuwenden. [3]Hat ein Gericht die Zwangsvollstreckung bereits eingeleitet, so bleibt seine funktionelle Zuständigkeit unberührt.

Anhang I zum III. Abschnitt EGBGB: EheVO 2003

Europäische Ehe- und Sorgerechts-Verordnung Verordnung (EG) Nr. 2201/2003 des Rates vom 27. November 2003 über die Zuständigkeit und die Anerkennung und Vollstreckung von Entscheidungen in Ehesachen und in Verfahren betreffend die elterliche Verantwortung und zur Aufhebung der Verordnung (EG) Nr. 1347/2000 [EheVO 2003]

(ABl. L 338 vom 23.12.2003, S. 1)
geändert durch VO (EG) Nr. 2116/2004 vom 2.12.2004 (ABl. L 367 S. 1)

Der Rat der Europäischen Union –

gestützt auf den Vertrag zur Gründung der Europäischen Gemeinschaft, insbesondere auf Artikel 61 Buchstabe c) und Artikel 67 Absatz 1,

auf Vorschlag der Kommission[1],

nach Stellungnahme des Europäischen Parlaments[2],

nach Stellungnahme des Europäischen Wirtschafts- und Sozialausschusses[3],

in Erwägung nachstehender Gründe:

(1) Die Europäische Gemeinschaft hat sich die Schaffung eines Raums der Freiheit, der Sicherheit und des Rechts zum Ziel gesetzt, in dem der freie Personenverkehr gewährleistet ist. Hierzu erlässt die Gemeinschaft unter anderem die Maßnahmen, die im Bereich der justiziellen Zusammenarbeit in Zivilsachen für das reibungslose Funktionieren des Binnenmarkts erforderlich sind.

(2) Auf seiner Tagung in Tampere hat der Europäische Rat den Grundsatz der gegenseitigen Anerkennung gerichtlicher Entscheidungen, der für die Schaffung eines echten europäischen Rechtsraums unabdingbar ist, anerkannt und die Besuchsrechte als Priorität eingestuft.

(3) Die Verordnung (EG) Nr. 1347/2000 des Rates vom 29. Mai 2000[4] enthält Vorschriften für die Zuständigkeit und die Anerkennung und Vollstreckung von Entscheidungen in Ehesachen sowie von aus Anlass von Ehesachen ergangenen Entscheidungen über die elterliche Verantwortung für die gemeinsamen Kinder der Ehegatten. Der Inhalt dieser Verordnung wurde weit gehend aus dem diesbezüglichen Übereinkommen vom 28. Mai 1998 übernommen[5].

(4) Am 3. Juli 2000 hat Frankreich eine Initiative im Hinblick auf den Erlass einer Verordnung des Rates über die gegenseitige Vollstreckung von Entscheidungen über das Umgangsrecht vorgelegt[6].

(5) Um die Gleichbehandlung aller Kinder sicherzustellen, gilt diese Verordnung für alle Entscheidungen über die elterliche Verantwortung, einschließlich der Maßnahmen zum Schutz des Kindes, ohne Rücksicht darauf, ob eine Verbindung zu einem Verfahren in Ehesachen besteht.

(6) Da die Vorschriften über die elterliche Verantwortung häufig in Ehesachen herangezogen werden, empfiehlt es sich, Ehesachen und die elterliche Verantwortung in einem einzigen Rechtsakt zu regeln.

(7) Diese Verordnung gilt für Zivilsachen, unabhängig von der Art der Gerichtsbarkeit.

(8) Bezüglich Entscheidungen über die Ehescheidung, die Trennung ohne Auflösung des Ehebandes oder die Ungültigerklärung einer Ehe sollte diese Verordnung nur für die Auflösung einer Ehe und

1 ABl. C 203 E v. 27.8.2002, S. 155.
2 Stellungnahme v. 20.11.2002, ABl. C 25 E v. 29.1.2004, s. 171 (PS_TA (2002) 0543).
3 ABl. C 61 v. 14.3.2003, S. 76.
4 ABl. L 160 v. 30.6.2000, S. 19.
5 Bei der Annahme der Verordnung (EG) Nr. 1347/2000 hatte der Rat den von Frau Professorin Alegría Borrás erstellten erläuternden Bericht zu dem Übereinkommen zur Kenntnis genommen (ABl. C 221 v. 16.7.1998, S. 27).
6 ABl. C 234 v. 15.8.2000, S. 7.

nicht für Fragen wie die Scheidungsgründe, das Ehegüterrecht oder sonstige mögliche Nebenaspekte gelten.

(9) Bezüglich des Vermögens des Kindes sollte diese Verordnung nur für Maßnahmen zum Schutz des Kindes gelten, das heißt i) für die Bestimmung und den Aufgabenbereich einer Person oder Stelle, die damit betraut ist, das Vermögen des Kindes zu verwalten, das Kind zu vertreten und ihm beizustehen, und ii) für Maßnahmen bezüglich der Verwaltung und Erhaltung des Vermögens des Kindes oder der Verfügung darüber. In diesem Zusammenhang sollte diese Verordnung beispielsweise für die Fälle gelten, in denen die Eltern über die Verwaltung des Vermögens des Kindes im Streit liegen. Das Vermögen des Kindes betreffende Maßnahmen, die nicht den Schutz des Kindes betreffen, sollten weiterhin unter die Verordnung (EG) Nr. 44/2001 des Rates vom 22. Dezember 2000 über die gerichtliche Zuständigkeit und die Anerkennung und Vollstreckung von Entscheidungen in Zivil- und Handelssachen[7] fallen.

(10) Diese Verordnung soll weder für Bereiche wie die soziale Sicherheit oder Maßnahmen allgemeiner Art des öffentlichen Rechts in Angelegenheiten der Erziehung und Gesundheit noch für Entscheidungen über Asylrecht und Einwanderung gelten. Außerdem gilt sie weder für die Feststellung des Eltern-Kind-Verhältnisses, bei der es sich um eine von der Übertragung der elterlichen Verantwortung gesonderte Frage handelt, noch für sonstige Fragen im Zusammenhang mit dem Personenstand. Sie gilt ferner nicht für Maßnahmen, die im Anschluss an von Kindern begangenen Straftaten ergriffen werden.

(11) Unterhaltspflichten sind vom Anwendungsbereich dieser Verordnung ausgenommen, da sie bereits durch die Verordnung (EG) Nr. 44/2001 geregelt werden. Die nach dieser Verordnung zuständigen Gerichte werden in Anwendung des Artikels 5 Absatz 2 der Verordnung (EG) Nr. 44/2001 in der Regel für Entscheidungen in Unterhaltssachen zuständig sein.

(12) Die in dieser Verordnung für die elterliche Verantwortung festgelegten Zuständigkeitsvorschriften wurden dem Wohle des Kindes entsprechend und insbesondere nach dem Kriterium der räumlichen Nähe ausgestaltet. Die Zuständigkeit sollte vorzugsweise dem Mitgliedstaat des gewöhnlichen Aufenthalts des Kindes vorbehalten sein außer in bestimmten Fällen, in denen sich der Aufenthaltsort des Kindes geändert hat oder in denen die Träger der elterlichen Verantwortung etwas anderes vereinbart haben.

(13) Nach dieser Verordnung kann das zuständige Gericht den Fall im Interesse des Kindes ausnahmsweise und unter bestimmten Umständen an das Gericht eines anderen Mitgliedstaates verweisen, wenn dieses den Fall besser beurteilen kann. Allerdings sollte das später angerufene Gericht nicht befugt sein, die Sache an ein drittes Gericht weiterzuverweisen.

(14) Die Anwendung des Völkerrechts im Bereich diplomatischer Immunitäten sollte durch die Wirkungen dieser Verordnung nicht berührt werden. Kann das nach dieser Verordnung zuständige Gericht seine Zuständigkeit aufgrund einer diplomatischen Immunität nach dem Völkerrecht nicht wahrnehmen, so sollte die Zuständigkeit in dem Mitgliedstaat, in dem die betreffende Person keine Immunität genießt, nach den Rechtsvorschriften dieses Staates bestimmt werden.

(15) Für die Zustellung von Schriftstücken in Verfahren, die auf der Grundlage der vorliegenden Verordnung eingeleitet wurden, gilt die Verordnung (EG) Nr. 1348/2000 des Rates vom 29. Mai 2000 über die Zustellung gerichtlicher und außergerichtlicher Schriftstücke in Zivil- oder Handelssachen in den Mitgliedstaaten[8].

(16) Die vorliegende Verordnung hindert die Gerichte eines Mitgliedstaates nicht daran, in dringenden Fällen einstweilige Maßnahmen einschließlich Schutzmaßnahmen in Bezug auf Personen oder Vermögensgegenstände, die sich in diesem Staat befinden, anzuordnen.

(17) Bei widerrechtlichem Verbringen oder Zurückhalten eines Kindes sollte dessen Rückgabe unverzüglich erwirkt werden; zu diesem Zweck sollte das Haager Übereinkommen vom 24. Oktober 1980, das durch die Bestimmungen dieser Verordnung und insbesondere des Artikels 11 ergänzt wird, weiterhin Anwendung finden. Die Gerichte des Mitgliedstaates, in den das Kind widerrechtlich verbracht wurde oder in dem es widerrechtlich zurückgehalten wird, sollten dessen Rückgabe in besonderen, ordnungsgemäß begründeten Fällen ablehnen können. Jedoch sollte eine solche Entscheidung durch eine spätere Entscheidung des Gerichts des Mitgliedstaates ersetzt werden können, in dem das Kind vor dem widerrechtlichen Verbringen oder Zurückhalten seinen gewöhnlichen Aufenthalt hatte. Sollte in dieser Entscheidung die Rückgabe des Kindes angeordnet werden, so sollte die Rückgabe erfolgen, ohne dass es in dem Mitgliedstaat, in den das Kind widerrechtlich verbracht wurde, eines besonderen Verfahrens zur Anerkennung und Vollstreckung dieser Entscheidung bedarf.

7 ABl. L 12 v. 16.1.2001, S. 1. Zuletzt geändert durch die Verordnung (EG) Nr. 1496/2002 der Kommission (ABl. L 225 v. 22.8.2002, S. 13).

8 ABl. L 160 v. 30.6.2000, S. 37.

(18) Entscheidet das Gericht gemäß Artikel 13 des Haager Übereinkommens von 1980, die Rückgabe abzulehnen, so sollte es das zuständige Gericht oder die Zentrale Behörde des Mitgliedstaates, in dem das Kind vor dem widerrechtlichen Verbringen oder Zurückhalten seinen gewöhnlichen Aufenthalt hatte, hiervon unterrichten. Wurde dieses Gericht noch nicht angerufen, so sollte dieses oder die Zentrale Behörde die Parteien entsprechend unterrichten. Diese Verpflichtung sollte die Zentrale Behörde nicht daran hindern, auch die betroffenen Behörden nach nationalem Recht zu unterrichten.

(19) Die Anhörung des Kindes spielt bei der Anwendung dieser Verordnung eine wichtige Rolle, wobei diese jedoch nicht zum Ziel hat, die diesbezüglich geltenden nationalen Verfahren zu ändern.

(20) Die Anhörung eines Kindes in einem anderen Mitgliedstaat kann nach den Modalitäten der Verordnung (EG) Nr. 1206/2001 des Rates vom 28. Mai 2001 über die Zusammenarbeit zwischen den Gerichten der Mitgliedstaaten auf dem Gebiet der Beweisaufnahme in Zivil- oder Handelssachen[9] erfolgen.

(21) Die Anerkennung und Vollstreckung der in einem Mitgliedstaat ergangenen Entscheidungen sollten auf dem Grundsatz des gegenseitigen Vertrauens beruhen und die Gründe für die Nichtanerkennung auf das notwendige Minimum beschränkt sein.

(22) Zum Zwecke der Anwendung der Anerkennungs- und Vollstreckungsregeln sollten die in einem Mitgliedstaat vollstreckbaren öffentlichen Urkunden und Vereinbarungen zwischen den Parteien „Entscheidungen" gleichgestellt werden.

(23) Der Europäische Rat von Tampere hat in seinen Schlussfolgerungen (Nummer 34) die Ansicht vertreten, dass Entscheidungen in familienrechtlichen Verfahren „automatisch unionsweit anerkannt" werden sollten, „ohne dass es irgendwelche Zwischenverfahren oder Gründe für die Verweigerung der Vollstreckung geben" sollte. Deshalb sollten Entscheidungen über das Umgangsrecht und über die Rückgabe des Kindes, für die im Ursprungsmitgliedstaat nach Maßgabe dieser Verordnung eine Bescheinigung ausgestellt wurde, in allen anderen Mitgliedstaaten anerkannt und vollstreckt werden, ohne dass es eines weiteren Verfahrens bedarf. Die Modalitäten der Vollstreckung dieser Entscheidungen unterliegen weiterhin dem nationalen Recht.

(24) Gegen die Bescheinigung, die ausgestellt wird, um die Vollstreckung der Entscheidung zu erleichtern, sollte kein Rechtsbehelf möglich sein. Sie sollte nur Gegenstand einer Klage auf Berichtigung sein, wenn ein materieller Fehler vorliegt, d.h., wenn in der Bescheinigung der Inhalt der Entscheidung nicht korrekt wiedergegeben ist.

(25) Die Zentralen Behörden sollten sowohl allgemein als auch in besonderen Fällen, einschließlich zur Förderung der gütlichen Beilegung von die elterliche Verantwortung betreffenden Familienstreitigkeiten, zusammenarbeiten. Zu diesem Zweck beteiligen sich die Zentralen Behörden an dem Europäischen Justiziellen Netz für Zivil- und Handelssachen, das mit der Entscheidung des Rates vom 28. Mai 2001 zur Einrichtung eines Europäischen Justiziellen Netzes für Zivil- und Handelssachen ([10]) eingerichtet wurde.

(26) Die Kommission sollte die von den Mitgliedstaaten übermittelten Listen mit den zuständigen Gerichten und den Rechtsbehelfen veröffentlichen und aktualisieren.

(27) Die zur Durchführung dieser Verordnung erforderlichen Maßnahmen sollten gemäß dem Beschluss 1999/468/EG des Rates vom 28. Juni 1999 zur Festlegung der Modalitäten für die Ausübung der der Kommission übertragenen Durchführungsbefugnisse[11] erlassen werden.

(28) Diese Verordnung tritt an die Stelle der Verordnung (EG) Nr. 1347/2000, die somit aufgehoben wird.

(29) Um eine ordnungsgemäße Anwendung dieser Verordnung sicherzustellen, sollte die Kommission deren Durchführung prüfen und gegebenenfalls die notwendigen Änderungen vorschlagen.

(30) Gemäß Artikel 3 des dem Vertrag über die Europäische Union und dem Vertrag zur Gründung der Europäischen Gemeinschaft beigefügten Protokolls über die Position des Vereinigten Königreichs und Irlands haben diese Mitgliedstaaten mitgeteilt, dass sie sich an der Annahme und Anwendung dieser Verordnung beteiligen möchten.

(31) Gemäß den Artikeln 1 und 2 des dem Vertrag über die Europäische Union und dem Vertrag zur Gründung der Europäischen Gemeinschaft beigefügten Protokolls über die Position Dänemarks beteiligt sich Dänemark nicht an der Annahme dieser Verordnung, die für Dänemark nicht bindend oder anwendbar ist.

9 ABl. L 174 v. 27.6.2001, S. 1.
10 ABl. L 174 v. 27.6.2001, S. 25.
11 ABl. L 184 v. 17.7.1999, S. 23.

(32) Da die Ziele dieser Verordnung auf Ebene der Mitgliedstaaten nicht ausreichend erreicht werden können und daher besser auf Gemeinschaftsebene zu erreichen sind, kann die Gemeinschaft im Einklang mit dem in Artikel 5 des Vertrags niedergelegten Subsidiaritätsprinzip tätig werden. Entsprechend dem in demselben Artikel genannten Verhältnismäßigkeitsprinzip geht diese Verordnung nicht über das für die Erreichung dieser Ziele erforderliche Maß hinaus.

(33) Diese Verordnung steht im Einklang mit den Grundrechten und Grundsätzen, die mit der Charta der Grundrechte der Europäischen Union anerkannt wurden. Sie zielt insbesondere darauf ab, die Wahrung der Grundrechte des Kindes im Sinne des Artikels 24 der Grundrechtscharta der Europäischen Union zu gewährleisten –

hat folgende Verordnung erlassen:

Vorbemerkungen

Literatur: *Becker-Eberhardt*, Die Sinnhaftigkeit der Zuständigkeitsverordnung der EG-VO Nr. 1347/2000, in: FS Beys 2003, S. 93; *Carl/Menne*, Verbindungsrichter und direkte richterliche Kommunikation im Familienrecht, NJW 2009, 3537; *Coester-Waltjen*, Die Berücksichtigung der Kindesinteressen in der neuen EU-Verordnung „Brüssel IIa", FamRZ 2005, 241; *Dilger*, Erläuterungen zu der Verordnung (EG) 2201/2203, in Geimer/Schütze, Internationaler Rechtsverkehr in Zivil- und Handelssachen, 29. Erg.Lief. 2005; *ders.*, Die Regelungen zur internationalen Zuständigkeit in Ehesachen in der Verordnung (EG) Nr. 2201/2003, 2004; *Dornblüth*, Die europäische Regelung der Anerkennung und Vollstreckbarerklärung von Ehe- und Kindschaftsentscheidungen, 2003; *Dutta*, Staatliches Wächteramt und europäisches Kindschaftsverfahrensrecht, FamRZ 2008, 835; *ders.*, Europäische Zuständigkeiten mit Kindeswohlvorbehalt, FS Kropholler 2008, S. 281; *Europäische Kommission*, Leitfaden zur Anwendung der neuen Verordnung Brüssel II, aktualisierte Fassung vom 1. Juni 2005; *Fuchs/Tölg*, Die einstweiligen Maßnahmen nach der EheVO (EuGVVO II), ZfRV 2002, 95; *Geimer*, Europäisches Zivilverfahrensrecht, 3. Aufl. 2010, Abschnitt A. 2; *Gröschl*, Internationale Zuständigkeit im europäischen Eheverfahrensrecht, 2007; *Gruber*, Die neue „europäische Rechtshängigkeit" bei Scheidungsverfahren, FamRZ 2000, 1129; *ders.*, Die neue EheVO und die deutschen Ausführungsgesetze, IPRax 2005, 293; *ders.*, Das neue Internationale Familienrechtsverfahrensgesetz, FamRZ 2005, 1603; *ders.*, Das HKÜ, die Brüssel IIa-Verordnung und das Internationale Familienrechtsverfahrensgesetz, FPR 2008, 214; *ders.*, Effektive Antworten des EuGH auf Fragen der Kindesentführung, IPRax 2009, 413; *ders.*, Internationale Zuständigkeit und Vollstreckung bei Kindesentführungen, GPR 2011, 153; *Hajnczyk*, Die Zuständigkeit für Entscheidungen in Ehesachen und in anderen Familiensachen aus Anlass von Ehesachen sowie deren Anerkennung und Vollstreckung in der EG und in der Schweiz, 2003; *Hau*, Das System der internationalen Entscheidungszuständigkeit im europäischen Eheverfahrensrecht, FamRZ 2000, 1333; *Helms*, Internationales Verfahrensrecht für Familiensachen in der Europäischen Union, FamRZ 2002, 1593; *Holzmann*, Brüssel IIa-VO: Elterliche Verantwortung und internationale Kindesentführungen, 2008; *Janzen/Gärtner*, Kindschaftsrechtliche Spannungsverhältnisse im Rahmen der EuEheVO – die Entscheidung des EuGH in Sachen Detiček, IPRax 2011, 158; *Looschelders*, Scheidungsfreiheit und Schutz des Antragsgegners im internationalen Privat- und Prozessrecht, FS Kropholler 2008, S. 329; *Martiny*, Kindesentführung, vorläufige Sorgerechtsregelung und einstweilige Maßnahmen nach der Brüssel IIa-VO, FPR 2010, 493; *Niklas*, Die europäische Zuständigkeitsordnung in Ehe- und Kindschaftssachen, 2003; *Pirrung*, Auslegung der Brüssel IIa-Verordnung in Sorgerechtssachen – zum Urteil des EuGH in der Rechtssache C vom 27.11.2007, FS Kropholler 2008, S. 399; *ders.*, Erste Erfahrungen mit dem Eilverfahren des EuGH in Sorgerechtssachen, in: FS Spellenberg 2010, S. 467; *ders.*, Gewöhnlicher Aufenthalt des Kindes bei internationalem Wanderleben und Voraussetzungen für die Zulässigkeit einstweiliger Maßnahmen in Sorgerechtssachen nach der EuEheVO, IPRax 2011, 50; *Rahm/Künkel*, Handbuch des Familiengerichtsverfahrens, Loseblatt; *Rauscher*, Europäisches Zivilprozess- und Kollisionsrecht, 2010; *Roth*, Zur Anfechtbarkeit von Zwischenentscheidungen nach Art. 15 Abs. 1 lit. b EuEheVO, IPRax 2009, 56, *Schack*, Das neue internationale Eheverfahrensrecht in Europa, RabelsZ 65 (2001), 615; *Schulz*, Das Haager Kindesentführungsübereinkommen und die Brüssel IIa-Verordnung, FS Kropholler 2008, S. 435; *dies.*, Die Zeichnung des Haager Kinderschutz-Übereinkommens von 1996 und der Kompromiss zur Brüssel IIa-Verordnung, FamRZ 2003, 1351; *Schulz/Hauß* (Hrsg.), Familienrecht, Handkommentar, 1. Aufl., Baden-Baden 2008 (zit.: HK-FamR/*Bearbeiter*); *Spellenberg*, Der Anwendungsbereich der EheGVO („Brüssel II") in Statutssachen, in: FS Schumann 2001, S. 423; *ders.*, Die Zuständigkeit für Eheklagen nach der EheGVO, in: FS Geimer 2002, S. 1257; *ders.*, Einstweilige Maßnahmen nach Art. 12 EheGVO, in: FS Beys 2003, S. 1583; Staudinger/*Pirrung*, Brüssel IIa-VO, Internationales Kindschaftsrecht 2, Vorbemerkung C. zu Art. 19 EGBGG, Bearbeitung 2009; Staudinger/*Spellenberg*, Internationales Verfahrensrecht in Ehesachen 2005.

A. Vorgängerregelungen

Die Verordnung des Rates Nr. 2201/2003 vom 27.11.2003 (im Folgenden: **EheVO 2003**)[12] stellt das bedeutsamste verfahrensrechtliche Regelungswerk im internationalen Familienrecht dar. Im Einzelnen befasst sich die EheVO 2003 mit **Ehesachen** (insbesondere also **Scheidungsverfahren**) und mit Verfahren über die **elterliche Verantwortung** (u.a. Sorgerechts- und Umgangssachen und Verfahren auf Kindesherausgabe). 1

12 Im Folgen den sind Art. ohne Gesetzesangabe solche der EheVO 2003.

Staatsvertragliche Regelungen und das nationale Verfahrensrecht spielen daneben nur noch eine ergänzende Rolle (s.u. Rn 17).

2 Für einzelne Auslegungsfragen, die sich im Zusammenhang mit der EheVO 2003 stellen, können die vorangegangenen Regelungen bzw die diesen zugrunde liegenden Materialien von Bedeutung sein. Ursprünglich strebten die Mitgliedstaaten den Abschluss eines staatsvertraglichen Abkommens an. Tatsächlich unterzeichneten die Vertreter der Mitgliedstaaten der Europäischen Union am 28.5.1998 das „EU-Übereinkommen über die Zuständigkeit und die Anerkennung und Vollstreckung von Entscheidungen in Ehesachen" (hier sog. **Brüssel II-Abkommen**).[13] Das Brüssel II-Abkommen wurde jedoch nicht ratifiziert. Vielmehr entschied man sich dazu, anstelle dessen von der zwischenzeitlich neu entstandenen Kompetenz zum Erlass einer EU-Verordnung Gebrauch zu machen.[14] Dementsprechend trat am 1.3.2001 die **Verordnung des Rates Nr. 1347/2000** vom 29.5.2000 in Kraft (im Folgenden **EheVO 2000**).[15] Inhaltlich bestanden zwischen der EheVO 2000 und dem Brüssel II-Abkommen keine relevanten Unterschiede.[16] Durch das Inkrafttreten der EheVO 2000 war eine Ratifikation des Brüssel II-Abkommens überflüssig geworden.

3 Der EheVO 2000 war allerdings nur eine kurze Geltungsdauer beschieden. Man hielt aufseiten der EG eine Reform – und in diesem Zusammenhang eine Erweiterung des Anwendungsbereichs der Verordnung – für notwendig.[17] Dementsprechend ist die EheVO 2000 nach relativ kurzer Zeit, nämlich zum 1.3.2005, durch die nunmehr maßgebliche **Verordnung des Rates Nr. 2201/2003** vom 27.11.2003 (**EheVO 2003**) abgelöst worden

4 Im sachlichen Anwendungsbereich ist die EheVO 2003 insoweit mit der EheVO 2000 identisch, als sie die Zuständigkeit und Anerkennung von Entscheidungen in Ehesachen (Verfahren betreffend die Scheidung, die Trennung, die Ungültigerklärung einer Ehe, Art. 1 Abs. 1 lit. a) regelt. Anders als die EheVO 2000 erfasst die EheVO 2003 allerdings sämtliche Verfahren betreffend die „elterliche Verantwortung" über eheliche oder nichteheliche Kinder (Art. 1 Abs. 1 lit. b). Die EheVO 2000 hatte sich noch auf solche Verfahren beschränkt, die hinsichtlich der gemeinsamen Kinder von Ehegatten und „aus Anlass" einer Ehesache durchgeführt wurden. Die EheVO 2003 weist insoweit einen deutlich **größeren sachlichen Anwendungsbereich** auf als die EheVO 2000.[18]

5 Inhaltlich steht die EheVO 2003 – in den Bereichen, die bereits Gegenstand der Vorgängerregelungen waren – in der Kontinuität der EheVO 2000 und damit auch des (niemals in Kraft getretenen) Brüssel II-Abkommens. Deshalb können die Materialien zur EheVO 2000 sowie vor allem der erläuternde Bericht zum Brüssel II-Abkommen[19] auch für die neue EheVO 2003 Verwendung finden. Es besteht m.a.W. die Besonderheit, dass bei der Auslegung einer EU-Verordnung auf einen – verglichen mit den Materialien, die bei einer Verordnung sonst zur Verfügung stehen – doch recht aussagekräftigen Bericht zurückgegriffen werden kann (dazu noch unten Rn 20 ff).

6 Die EheVO 2003 enthält keine Kollisionsnormen. In Ehesachen wenden daher deutsche Gerichte aktuell das unvereinheitlichte nationale IPR an, in Scheidungsverfahren also Art. 17 EGBGB und in Verfahren über die Ungültigkerklärung der Ehe Art. 13, 11 EGBGB (vgl näher zur Abgrenzung Art. 17 EGBGB Rn 50). Ab dem 21.6.2012 ist allerdings für die Scheidung die sog. **Rom III-VO** (Verordnung (EU) Nr. 1259/2010 des Rates vom 20.12.2010 zur Durchführung einer Verstärkten Zusammenarbeit im Bereich des auf die Ehescheidung und Trennung ohne Auflösung des Ehebandes anzuwendenden Rechts) heranzuziehen (hierzu näher Art. 17 EGBGB Rn 6 und ausf. Anh. zu Art. 17 EGBGB Rn 1 ff ff).[20] In Verfahren über die elterliche Verantwortung ist, was die kollisionsrechtliche Bestimmung des anwendbaren Rechts anbelangt, vornehmlich das KSÜ anzuwenden (s. dazu näher Art. 8 Rn 9 ff und Art. 61 Rn 10 ff).

13 ABl. EG C 221 v. 16.7.1998, S. 1. Zur Entstehung vgl *Pirrung*, ZEuP 1999, 834 ff; *McEleavy*, IntCompLQ 51 (2002), 888 ff.

14 Eine Ratifizierung durch die Mitgliedstaaten war nach Auffassung des Rates wegen des Amsterdamer Vertrages auch nicht mehr zulässig (vgl auch Erwägungsgrund 3 zur EheVO 2000).

15 Verordnung über die Zuständigkeit und die Anerkennung und Vollstreckung von Entscheidungen in Ehesachen und in Verfahren betreffend die elterliche Verantwortung für die gemeinsamen Kinder der Ehegatten; ABl. EG L 160 v. 30.6.2000, S. 19; der Vorschlag der Kommission zum Erlass der Verordnung befindet sich in ABl. EG C 247 v. 31.8.1999, S. 1.

16 Vgl den 6. Erwägungsgrund zur Verordnung („Die bei der Aushandlung dieses Abkommens erzielten Ergebnisse sollten gewahrt werden; diese Verordnung übernimmt den wesentlichen Inhalt des Übereinkommens") sowie des Weiteren die Fn 4 auf S. 19, wonach der Rat von dem erläuternden Bericht zum Brüssel II-Abkommen durch *Alegría Borrás* „Kenntnis genommen" hat (ABl. EG L 160 v. 30.6.2000, S. 19). Der erläuternde Bericht zum Brüssel II-Abkommen, verfasst von der spanischen Professorin *Alegría Borrás*, findet sich in ABl. EG 1998 C 221 S. 27.

17 Zur Entstehungsgeschichte näher Staudinger/*Spellenberg*, Vor Art. 1 Rn 7 ff.

18 Krit. dazu, weil das KSÜ ausreichende Regeln zur Verfügung gestellt hätte und sich nunmehr Abgrenzungsprobleme zwischen EheVO 2003 und dem KSÜ ergeben, Rauscher/*Rauscher*, Art. 8 Brüssel IIa-VO Rn 1 ff; Staudinger/*Spellenberg*, Vor Art. 1 Rn 19 f.

19 *Borrás*, ABl. EG 1998 Nr. C 221 S. 27 ff.

20 ABl. EU L 343 v. 29.12.2010, S. 10.

B. Anwendungsbereich

Die Kompetenz zum Erlass der EheVO 2003 richtete sich nach dem IV. Titel EGV. Damit bestimmt sich die Geltung der EheVO 2003 für das **Vereinigte Königreich, Irland und Dänemark** auf der Grundlage des Protokolls über die Position der genannten Staaten gemäß Art. 69 EGV. Das Vereinigte Königreich und Irland haben mitgeteilt, dass sie sich an der Anwendung der EheVO 2003 beteiligen wollen.[21] Die EheVO 2003 gilt somit für alle gegenwärtigen Mitgliedstaaten der EU **mit Ausnahme von Dänemark** (Art. 2 Nr. 3 sowie Erwägungsgrund 31). Da es gegenwärtig auch an staatsvertraglichen Übereinkommen zwischen Dänemark und der EU fehlt, ist Dänemark wie ein sonstiger Nichtmitgliedstaat zu behandeln.[22] 7

Sachlich bezieht sich die EheVO 2003 auf **Ehesachen** – die Scheidung, die Trennung, die Ungültigerklärung einer Ehe (Art. 1 Abs. 1 lit. a) – sowie auf selbständige oder unselbständige **Verfahren über die elterliche Verantwortung** (Art. 1 Abs. 1 lit. b), also vor allem auf Fragen des Sorge- und Umgangsrechts, der Vormundschaft und Pflegschaft sowie der Unterbringung des Kindes (Art. 1 Abs. 2). Vom Anwendungsbereich der EheVO 2003 nicht erfasst werden sonstige Folgesachen, namentlich **Unterhaltsstreitigkeiten** (Art. 1 Abs. 3 lit. e) sowie **namensrechtliche** (Art. 1 Abs. 3 lit. c) oder **güterrechtliche** Fragen. In Fragen des Unterhalts sind vor allem die UnterhaltsVO bzw (für Altfälle) die EuGVVO sowie einzelne staatsvertragliche Regelungen zu beachten (vgl Art. 18 EGBGB Rn 99). 8

Die EheVO 2003 regelt im Einzelnen die internationale Zuständigkeit, das damit zusammenhängende Problem der „ausländischen" Rechtshängigkeit sowie die Anerkennung und Vollstreckung von Entscheidungen anderer Mitgliedstaaten. Die **internationale Zuständigkeit** wird im Rahmen der EheVO 2003 grundsätzlich abschließend festgelegt. Lediglich die Art. 6, 7 (für Ehesachen), Art. 14 (für Verfahren über die elterliche Verantwortung) sowie Art. 20 (für einstweilige Maßnahmen) lassen unter bestimmten Umständen eine ergänzende Anwendung des staatsvertraglichen bzw des unvereinheitlichten nationalen Zuständigkeitsrechts zu. Bei den Vorschriften über die internationale Zuständigkeit besteht iÜ kein Erfordernis eines **persönlich-räumlichen Anwendungsbereichs** in dem Sinne, dass der zu entscheidende Streitgegenstand einen Bezug zu mehreren Mitgliedstaaten haben muss.[23] Ferner enthält die EheVO 2003 keine Einschränkung dahingehend, dass an dem Rechtsstreit solche Personen beteiligt sein müssen, die Staatsangehörige eines Mitgliedstaates der Europäischen Union sind.[24] Nach zutreffender Ansicht setzt die Anwendung der EheVO 2003 nicht einmal voraus, dass überhaupt ein Auslandsbezug besteht.[25] 9

Die Regelung der **örtlichen** sowie der **sachlichen Zuständigkeit** bleibt grundsätzlich dem unvereinheitlichten nationalen Recht überlassen.[26] Eine Ausnahme besteht insoweit bei Art. 4 (Gegenantrag) sowie bei Art. 5 (Folgezuständigkeit bei einer Umwandlungsentscheidung), wo auch die örtliche Zuständigkeit geregelt wird. Eine Einwirkung der Regeln über die internationale Zuständigkeit auf die nationalen Regeln zur örtlichen Zuständigkeit besteht auch insoweit, als ein Mitgliedstaat dann, wenn er international zuständig ist, zumindest ein Gericht als örtlich zuständig bestimmen muss. 10

Neben der internationalen Zuständigkeit bezieht sich die EheVO 2003 auch auf die Problematik mehrerer konkurrierender Verfahren bzw das Prozesshindernis der **Rechtshängigkeit.** Die Art. 16, 19 folgen insoweit dem **Prioritätsprinzip**. 11

Schließlich regelt die EheVO 2003 die **Anerkennung und Vollstreckung** von Entscheidungen anderer EU-Mitgliedstaaten in Ehesachen bzw in Fragen der elterlichen Verantwortung (Art. 21 ff) im Inland. Auf welche Zuständigkeitsvorschriften sich das ausländische Gericht gestützt hat, ist für die Anerkennung und Vollstreckung nach der EheVO 2003 unerheblich.[27] Die Anerkennung erfolgt insbesondere auch dann nach Maßgabe der EheVO 2003, wenn sich die internationale Zuständigkeit des erkennenden Gerichts aus Art. 6, 7 bzw Art. 14 iVm den autonomen nationalen Zuständigkeitsvorschriften ergeben hat[28] bzw das Gericht sogar international unzuständig war.[29] Nicht anzuwenden sind die Art. 21 ff im Hinblick auf die Entscheidungen von 12

21 Vgl Erwägungsgrund Nr. 30 zur EheVO 2003 (ABl. EG L 338 S. 3).

22 Vgl zu entspr. Überlegungen *Dilger*, Rn 50 mwN; Geimer/Schütze/*Dilger*, Einl. Rn 41 ff; ferner *Jayme/Kohler*, IPRax 1999, 401 f; *Heß*, NJW 2000, 23, 28.

23 Ausdr. BGHZ 176, 365, 368 (Rn 14) = IPRax 2009, 347; aus der Lit. Rauscher/*Rauscher*, Einl. Brüssel IIa-VO Rn 28; *Hau*, ERA-Forum 2003, 9, 12 = FPR 2002, 616; auch *Spellenberg*, in: FS Schumann 2001, S. 423, 441.

24 Zutr. OLG Koblenz, FamRZ 2009, 611, 612; AG Leverkusen, IPRspr 2007, Nr. 68, 212 (jeweils zur Scheidung iranischer Staatsangehöriger); aus der Lit. etwa *Gruber*, FamRZ 2000, 1129, 1131; ferner *Dilger*, Rn 160.

25 Offengelassen von BGH aaO; wie hier etwa Rauscher/*Rauscher*, Einl. Brüssel IIa-VO Rn 29.

26 Thomas/Putzo/*Hüßtege*, ZPO, Art. 3 EuEheVO Rn 1; *Spellenberg*, in: FS Geimer 2002, S. 1257; *Hausmann*, EuLF 200/01, 271, 276. Für die örtliche Zuständigkeit deutscher Gerichte sind also die § 122 und §§ 152 f FamFG heranzuziehen.

27 *Wagner*, IPRax 2001, 73, 77; *Hau*, FamRZ 2000, 1333, 1340; *Spellenberg*, in: FS Schumann 2001, S. 423, 438 (jeweils zur EheVO 2000).

28 *Hau*, FamRZ 1999, 484, 487 (zu Art. 8 EheVO 2000); *Spellenberg*, in: FS Schumann 2001, S. 423, 441 f.

29 *Spellenberg*, in: FS Schumann 2001, S. 423, 438 f.

Nichtmitgliedstaaten bzw von Dänemark. In Ehesachen anzuerkennen sind allerdings nur dem Antrag auf Scheidung, Trennung ohne Auflösung des Ehebandes oder Ungültigerklärung der Ehe **stattgebende Entscheidungen**, keine den entsprechenden Antrag abweisenden Entscheidungen. Hier kommt ggf eine ergänzende Anwendung nationaler Anerkennungsregeln in Betracht (vgl näher Art. 21 EheVO Rn 6 ff).

13 Die EheVO 2003 enthält keine Kollisionsnormen. In Ehesachen gilt aus deutscher Sicht vornehmlich das nationale Kollisionsrecht und damit insbesondere – für Scheidungsbegehren – Art. 17 EGBGB sowie ferner (für die Ungültigerklärung der Ehe) Art. 13, 11 EGBGB. Ab dem 21.6.2012 ist allerdings für die Scheidung die sog. **Rom III-VO** (Verordnung (EU) Nr. 1259/2010 des Rates vom 20.12.2010 zur Durchführung einer Verstärkten Zusammenarbeit im Bereich des auf die Ehescheidung und Trennung ohne Auflösung des Ehebandes anzuwendenden Rechts) anzuwenden (hierzu näher Art. 17 EGBGB Rn 6 und 175 ff).[30] In Verfahren über die elterliche Verantwortung ist, was die kollisionsrechtliche Bestimmung des anwendbaren Rechts anbelangt, vornehmlich das KSÜ anzuwenden (s. dazu näher Art. 8 Rn 9 ff und Art. 61 Rn 10 ff).

14 **Zeitlich** ist die EheVO 2003 grundsätzlich auf Verfahren sowie öffentliche Urkunden und Vereinbarungen anwendbar, die nach dem **1.3.2005** eingeleitet, aufgenommen oder getroffen werden (Art. 72 S. 2 iVm Art. 64) Nach Art. 64 Abs. 2–4 ist die EheVO 2003 unter bestimmten Voraussetzungen auf die Vollstreckung von Entscheidungen anwendbar, die in einem vor diesem Zeitpunkt eingeleiteten oder abgeschlossenen Verfahren ergangen sind.

C. Verhältnis zum staatsvertraglichen Recht

15 Die EheVO 2003 verdrängt, soweit ihr sachlicher Anwendungsbereich reicht, die in Art. 60 genannten Abkommen, insbesondere das Haager Abkommen über den Schutz Minderjähriger vom 5.10.1961 (**MSA**; Art. 60 lit. a). Zweifelhaft ist allerdings, ob das MSA im Bereich der internationalen Zuständigkeit im Verhältnis zur Türkei anwendbar bleibt (vgl näher Art. 60 Rn 1 ff). Weitgehend verdrängt wird gemäß Art. 61 auch das Haager Übereinkommen über die Zuständigkeit, das anzuwendende Recht, die Anerkennung, Vollstreckung und Zusammenarbeit auf dem Gebiet der elterlichen Verantwortung und der Maßnahmen zum Schutz von Kindern vom 19.10.1996 (**KSÜ**). In Fragen der internationalen Zuständigkeit kommt das KSÜ nur zur Anwendung, wenn das Kind seinen gewöhnlichen Aufenthalt außerhalb der EU in einem Vertragsstaat des KSÜ hat (Art. 61 lit. a). Im Rahmen der Anerkennung ist das KSÜ nur von Bedeutung, wenn es sich um die Entscheidung eines Nichtmitgliedstaats handelt (Art. 61 lit. b, vgl näher Art. 61 Rn 8).

16 Der Vorrang betrifft allerdings nur die in der EheVO 2003 geregelten Fragen der internationalen Zuständigkeit sowie der Anerkennung und Vollstreckung, nicht Fragen der **kollisionsrechtlichen Anknüpfung**. Insoweit ist bei Verfahren über die elterliche Verantwortung auf das KSÜ bzw das MSA zurückzugreifen (vgl Art. 8 EheVO Rn 6 ff und Art. 61 Rn 10 ff).

D. Verhältnis zum nationalen Recht

17 Auch das nationale Recht wird von der EheVO 2003 grundsätzlich verdrängt. Nationales Zuständigkeitsrecht bleibt ergänzend anwendbar in den Fällen der Art. 6, 7 (für Ehesachen), Art. 14 (für Verfahren über die elterliche Verantwortung) und Art. 20 (für einstweilige Maßnahmen). Ferner ist es vor allem im Bereich der Anerkennung und Vollstreckung insoweit heranzuziehen, als die EheVO 2003 Einzelheiten der Ausführung dem nationalen Gesetzgeber überlässt. Ausführungsbestimmungen zur EheVO 2003 befinden sich in Deutschland im Gesetz zur Aus- und Durchführung bestimmter Rechtsinstrumente auf dem Gebiet des internationalen Familienrechts (Internationales Familienrechtsverfahrensgesetz – **IntFamRVG**).[31] Dessen Bestimmungen werden in der nachfolgenden Kommentierung berücksichtigt.

18 Die EheVO 2003 begründet **keine internationale Verbundzuständigkeit** für Folgesachen.[32] Insoweit kann daher nationales Zuständigkeitsrecht zur Anwendung gelangen. In Deutschland ist – soweit nicht vorrangige gemeinschaftsrechtliche oder staatsvertragliche Regelungen greifen – § 98 Abs. 2 iVm 137 Abs. 2 und 3 FamFG anzuwenden.

30 ABl. EU L 343 v. 29.12.2010, S. 10.
31 BGBl. I v. 13.1.2005, S. 162. Daneben dient das IntFamRVG auch der Durchführung des HKÜ sowie des ESÜ (§ 1 Nr. 2 und Nr. 3 IntFamRVG). Das IntFamRVG ist mit Wirkung zum 1.3.2005 in Kraft getreten; zum Übergangsrecht vgl § 55 IntFamRVG. Ausf. Darstellung des IntFamRVG bei *Gruber*, FamRZ 2005, 1603 ff.
32 *Spellenberg*, in: FS Geimer 2002, S. 1257, 1273.

E. Anwendung der EheVO 2003 in der Praxis

I. Auslegungsgrundsätze, Arbeitshilfen

Bei der Auslegung der EheVO 2003 ist zu beachten, dass es sich nicht um unvereinheitlichtes nationales Recht, sondern um europäisches Gemeinschaftsrecht handelt. Damit kommt der vom EuGH verwendeten Auslegungsmethode entscheidende Bedeutung zu. In der EheVO verwendete Begriffe sind – nicht anders als in der EuGVVO[33] – **autonom auszulegen**.[34] Einem bestimmten Begriff kann m.a.W. dann, wenn er auf der Ebene des europäischen Gemeinschaftsrechts verwendet wird, eine andere Bedeutung zukommen als auf der Ebene des nationalen Rechts. 19

Bei der EheVO 2003 besteht gegenüber anderen europäischen Verordnungen die Besonderheit, dass der **historischen Auslegung** eine etwas größere Aussagekraft zukommt als sonst.[35] Es kann nämlich auch zur Auslegung der EheVO 2003 auf den erläuternden Bericht der spanischen Professorin *Borrás* zurückgegriffen werden, der noch zum Brüssel II-Abkommen ergangen ist.[36] Dies gilt selbstverständlich nur dort, wo Regeln des Brüssel II-Abkommens unverändert in die EheVO 2003 überführt bzw nur punktuelle Änderungen vorgenommen worden sind. 20

Daneben ist zu beachten, dass die EheVO 2003 in Fragen der elterlichen Verantwortung Regelungen bzw Definitionen des **KSÜ** bzw des Haager Übereinkommens vom 25.10.1980 über die zivilrechtlichen Aspekte der Kindesentführung **(HKÜ)** übernimmt bzw sich zumindest in Einzelfragen eng an die genannten Abkommen anlehnt. Zu nennen sind hier etwa die in Art. 2 enthaltenen Definitionen sowie die Zuständigkeitsregeln in den Art. 8–14, die zT ganz, zumeist allerdings nur teilweise mit den entsprechenden Vorschriften des KSÜ bzw des HKÜ übereinstimmen. Insoweit kann bei der Auslegung der entsprechenden Bestimmungen der EheVO 2003 auf die bereits vorhandene Rechtsprechung und Literatur zum HKÜ bzw die Literatur zum KSÜ sowie auf die zu den Abkommen ergangenen Berichte zurückgegriffen werden.[37] Im Zweifel sollte eine Auslegung gewählt werden, die zu einer Übereinstimmung zwischen EheVO 2003 und KSÜ führt.[38] 21

Schließlich übernimmt die EheVO 2003 vielfach Regelungen des **EuGVÜ** bzw (jetzt) der **EuGVVO**. Zu nennen sind hier zB die in Art. 16–20 enthaltenen „allgemeinen Vorschriften", die den Art. 25–31 EuGVVO mit zT nur kleineren inhaltlichen Abweichungen entsprechen. Auch insoweit kann man sich bei der Auslegung der EheVO 2003 an der zum EuGVÜ bzw zur EuGVVO ergangenen Rechtsprechung und Literatur orientieren. Hierauf wird im Bericht von *Borrás* ausdrücklich hingewiesen.[39] 22

Als ein zusätzliches **Hilfsmittel** steht der Praxis darüber hinaus ein von der Europäischen Kommission erstellter **Benutzerleitfaden** zur Verfügung.[40] 23

II. Auslegungskompetenz des EuGH

Im Rahmen der EheVO 2003 auftretende Auslegungsfragen können nach Art. 267 Abs. 1 lit. b AEUV dem EuGH zur **Vorabentscheidung** vorgelegt werden. Vorlagebefugt sind – anders als noch unter Geltung des EGV[41] – auch solche Gerichte, deren Entscheidungen noch mit einem ordentlichen Rechtsmittel angefochten 24

33 Verordnung (EG) Nr. Nr. 44/2001/EG des Rates v. 22.12.2000 über die gerichtliche Zuständigkeit und die Anerkennung und Vollstreckung von Entscheidungen in Zivil- und Handelssachen, ABl. EG L 12 S. 1.

34 Vgl insb. EuGH, Rs. C-435/06, Slg 2007, I-10141 = IPRax 2008, 509 mit zust. Bespr. *Gruber* 490 = FamRZ 2008, 125 mit zust. Bespr. *Dutta*, 835 sowie EuGH, Rs. C-523/07, FamRZ 2009, 843, 844 (Rn 27), zum Begriff der „Zivilsache" in Art. 1 Abs. 1; EuGH, C-168/08, Hadadi ./. Mesko, FamRZ 2009, 1571, 1572 (Rn 38), zum Begriff der „Staatsangehörigkeit" in Art. 3 Abs. 1 lit. b; EuGH, Rs. C-523/07, FamRZ 2009, 843, 845 (Rn 34 ff), zum Begriff des „gewöhnlichen Aufenthalts" in Art. 8 Abs. 1.

35 *Dilger*, Rn 43.

36 Der erläuternde Bericht zum Brüssel II-Abkommen findet sich in ABl. EG 1998 C 221 S. 27 ff.

37 *Pirrung*, in: FS Kropholler 2008, S. 399, 406 f.

38 Vgl die Schlussanträge der Generalanwältin *Kokott* v. 20.9.2007 zum Urt. v. 27.11.2007, Rs. C-435/06 – C – Rn 50: Bestimmungen in der EheVO 2003 und dem KSÜ und MSA sollten „möglichst in derselben Weise ausgelegt werden, damit es nicht zu abweichenden Ergebnissen kommt, je nachdem ob ein Fall mit Bezug zu einem anderen Mitgliedstaat oder zu einem Drittstaat vorliegt". Der EuGH hat allerdings in der angeführten Entscheidung keinen Vergleich zwischen EheVO 2003 und KSÜ angestellt (krit. dazu *Pirrung*, in: FS Kropholler 2008, S. 399, 410).

39 *Borrás*, ABl. EG 1998 C 221 S. 30 (Rn 6): „Sofern nicht ausdrücklich etwas anderes gesagt wird, haben gleichlautende Begriffe des Brüsseler Übereinkommens von 1968 und des neuen Übereinkommens prinzipiell dieselbe Bedeutung, und es gilt die diesbezügliche Rechtsprechung des Gerichtshofs der Europäischen Gemeinschaften.".

40 Der Leitfaden behandelt hauptsächlich die Verfahren zur elterlichen Verantwortung und bringt nur kurze Ausführungen zu Ehesachen.

41 Früher Art. 68 Abs. 1 iVm Art. 234 EGV; dazu Callies/Ruffert/*Rossi*, Art. 68 EGV Rn 6; *Kropholler*, EuZPR, Einl. Rn 34; Schwarze/*Großhof*, Art. 68 EGV Rn 6 f.

werden können.[42] Gerichte, deren Entscheidungen nicht mehr mit einem ordentlichen Rechtsmittel angefochten werden können, haben bei Auslegungszweifeln eine Pflicht zur Vorlage (Art. 267 Abs. 3 AEUV).

25 Die Vorabentscheidungen des EuGH haben mittlerweile bereits **erhebliche Bedeutung** erlangt. Der EuGH versucht hierbei offenkundig auch, die mit dem Vorabentscheidungsverfahren verbundene Verfahrensverzögerung in Grenzen zu halten. So hat er in Verfahren über die elterliche Verantwortung bereits mehrfach im Eilverfahren nach Art. 104 b der Verfahrensordnung des Gerichtshofes[43] entschieden.[44]

Verordnung (EG) Nr. 2201/2003 des Rates vom 27. November 2003 über die Zuständigkeit und die Anerkennung und Vollstreckung von Entscheidungen in Ehesachen und in Verfahren betreffend die elterliche Verantwortung und zur Aufhebung der Verordnung (EG) Nr. 1347/2000

Kapitel 1
Anwendungsbereich und Begriffsbestimmungen

Art. 1 EheVO 2003 Anwendungsbereich

(1) Diese Verordnung gilt, ungeachtet der Art der Gerichtsbarkeit, für Zivilsachen mit folgendem Gegenstand:

a) die Ehescheidung, die Trennung ohne Auflösung des Ehebandes und die Ungültigerklärung einer Ehe,

b) die Zuweisung, die Ausübung, die Übertragung sowie die vollständige oder teilweise Entziehung der elterlichen Verantwortung.

(2) Die in Absatz 1 Buchstabe b) genannten Zivilsachen betreffen insbesondere:

a) das Sorgerecht und das Umgangsrecht,

b) die Vormundschaft, die Pflegschaft und entsprechende Rechtsinstitute,

c) die Bestimmung und den Aufgabenbereich jeder Person oder Stelle, die für die Person oder das Vermögen des Kindes verantwortlich ist, es vertritt oder ihm beisteht,

d) die Unterbringung des Kindes in einer Pflegefamilie oder einem Heim,

e) die Maßnahmen zum Schutz des Kindes im Zusammenhang mit der Verwaltung und Erhaltung seines Vermögens oder der Verfügung darüber.

(3) Diese Verordnung gilt nicht für

a) die Feststellung und die Anfechtung des Eltern-Kind-Verhältnisses,

b) Adoptionsentscheidungen und Maßnahmen zur Vorbereitung einer Adoption sowie die Ungültigerklärung und den Widerruf der Adoption,

c) Namen und Vornamen des Kindes,

d) die Volljährigkeitserklärung,

e) Unterhaltspflichten,

f) Trusts und Erbschaften,

g) Maßnahmen infolge von Straftaten, die von Kindern begangen wurden.

42 S. etwa Schlussanträge der Generalanwältin Eleanor Sharpston v. 20.5.2010 in der Rechtssache C-256/09 Bianca Purrucker ./. Guillermo Vallés Pérez, Rn 27.

43 S. zur Einführung des Eilverfahrens Änderung der Verfahrensordnung des Gerichtshofs v. 15.1.2008 (ABl. EU 2008 L 24/39) und die Hinweise zur Vorlage von Vorabentscheidungsersuchen (ABl. EU 2008/ C 64/1).

44 EuGH, Rs. C-195/08 PPU (Inga Rinau), NJW 2008, 2973 mit Bespr. *Rieck,* 2958 = IPRax 2009, 420 mit Bespr. *Gruber,* 413 und Bespr. *Schulz,* FamRZ 2008, 1732 und *Huter,* ELR 2008, 286; EuGH, Rs. C-403/09 PPU (Jasna Detiček ./. Maurizio Sgueglia), FamRZ 2010, 525; zusammenfassend hierzu *Pirrung,* in: FS Spellenberg 2010, S. 467 ff; EuGH, Rs. C-211/10 PPU (Doris Povse ./. Mauro Alpago), FamRZ 2010, 1229; EuGH, Rs C-400/10 PPU (J. McB. ./. L. E.,), JZ 2011, 145; EuGH, Rs. C-497/10 PPU (Barbara Mercredi ./. Richard Chaffe), FamRZ 2011, 617; EuGH, Rs. C-491/10 PPU /Joseba Andoni Aguirre Zarraga ./.Simone Pelz), FamRZ 2011, 355; näher zu dem Eilverfahren Rauscher/*Rauscher,* Einl. Brüssel IIa-VO Rn 39; *Hakenberg/Schilhan,* ZfRV 2008, 104 ff; *Kohler/Pintens,* FamRZ 2008, 1669, 1670; krit. aus der Sicht des internationalen Familienrechts *Janzen/Gärtner,* IPRax 2011, 158, 165.

A. Überblick

Sachlich anwendbar ist die EheVO 2003 zunächst auf zivilgerichtliche Verfahren, die die Ehescheidung, die Trennung ohne Auflösung des Ehebandes oder die Ungültigerklärung einer Ehe betreffen (Art. 1 Abs. 1 lit. a). Die Bezeichnung „Gericht" schließt alle in Ehesachen zuständigen Behörden der Mitgliedstaaten ein (Art. 2 Nr. 1).[45] 1

Nach Art. 1 Abs. 1 lit. b betrifft die Verordnung ferner die Zuweisung, die Ausübung, die Übertragung sowie die (vollständige oder teilweise) Entziehung der elterlichen Verantwortung. Insoweit geht der sachliche Anwendungsbereich der EheVO 2003 über den sachlichen Anwendungsbereich der EheVO 2000 hinaus, da sich Letztere auf Verfahren beschränkte, die hinsichtlich der gemeinsamen Kinder von Ehegatten und „aus Anlass" einer Ehesache betrieben wurden.[46] Praktisch wird hier eine Übereinstimmung mit dem sachlichen Anwendungsbereich des KSÜ und des MSA erzielt. 2

B. Ehesachen

I. Scheidung, Trennung und Ungültigerklärung der Ehe

Im Kern bereitet die Bestimmung der von der EheVO 2003 in Art. 1 Abs. 1 lit. a erfassten Ehesachen keine Probleme. Unter der **Scheidung** ist die nachträgliche Auflösung des Ehebandes mit Wirkung ex nunc zu verstehen.[47] Die Auflösung von **gleichgeschlechtlichen Ehen** fällt nach bisher ganz herrschender Auffassung demgegenüber nicht in den Anwendungsbereich der EheVO 2003.[48] Bei der Schaffung der Rom III-VO ist der europäische Gesetzgeber aber offenkundig davon ausgegangen, dass auch gleichgeschlechtliche Ehen in den Anwendungsbereich der EheVO 2003 fallen;[49] dementsprechend betrifft Art. 13 2. Var. Rom III-VO (zumindest auch) die gleichgeschlechtliche Ehe (vgl dazu näher Anh. zu Art. 17 EGBGB Rn 3 und Rn 25 ff). Im Lichte dieser Auffassung zur Rom III-VO ist nach der hier vertretenen Auffassung auch der sachliche Anwendungsbereich der EheVO 2003 auf gleichgeschlechtliche Ehen zu erstrecken. Dies betrifft ua die gleichgeschlechtliche Ehe nach dem niederländischen, belgischen, spanischen, portugiesischen, norwegischen und schwedischen Recht.[50] Zu berücksichtigen ist allerdings wiederum, dass nach Art. 13 Var. 2 Rom III-VO diejenigen Mitgliedstaaten, die nach ihrem internen Recht eine Ehe nicht als „gültig" ansehen, nicht dazu verpflichtet sind, eine Ehescheidung in Anwendung der Rom III-VO auszusprechen. Damit wird letztlich ein Ausgleich zwischen solchen Mitgliedstaaten geschaffen, die in ihrem internen Recht eine gleichgeschlechtliche Ehe kennen, und solchen Mitgliedstaaten, denen die gleichgeschlechtliche Ehe in ihrem internen Recht unbekannt ist (zu den Einzelheiten Art. 17 Rn 199 ff). Soweit sich sodann das Gerichts eines Mitgliedstaats auf Art. 13 Var. 2 Rom III-VO beruft, dürfte sich auch die internationale Zuständigkeit für eine evtl. nach dem unvereinheitlichen nationalen Kollisionsrecht zu treffende Entscheidung nicht mehr aus der EheVO 2003, sondern (ebenfalls) aus dem unvereinheitlichten nationalen Recht ergeben (s. näher Anh. zu Art. 17 EGBGB Rn 28). Nicht von der EheVO 2003 erfasst wird die Auflösung von **nichtehelichen Lebensgemeinschaften** 3

45 *Borrás*, ABl. EG 1998 C 221 S. 35 (Rn 20); *Hau*, FamRZ 1999, 484, 485. Verwaltungsverfahren im sachlichen Anwendungsbereich der Verordnung gibt es in Finnland, nämlich hinsichtlich der Fragen des Sorgerechts, des Wohnorts der Kinder und des Besuchsrechts (vgl iE *Borrás*, ABl. EG 1998 C 221 S. 35 (Rn 20 A). Vom sachlichen Anwendungsbereich erfasst wäre des Weiteren auch das in Dänemark anerkannte Verwaltungs-Scheidungsverfahren beim Statsamt (Bezirksverwaltung) bzw dem Kobenhavns Overpraesidium; vgl iE *Dübeck*, Einführung in das dänische Recht, 1996, S. 238 f. Allerdings ist Dänemark als einziges EU-Mitglied nicht vom räumlichen Anwendungsbereich der Verordnung erfasst.

46 Art. 1 Abs. 1 lit. b der Verordnung (EG) Nr. 1347/2000.

47 Rauscher/*Rauscher*, Art. 1 Brüssel IIa-VO Rn 1. Erfasst wird hierbei auch die polygame Ehe (Geimer/Schütze/*Dilger*, Art. 1 Rn 3; MüKo-ZPO/*Gottwald*, Art. 1 Rn 5; *Geimer*, Europ. Zivilverfahrensrecht, Art. 1 Rn 23; *Nourissat/Devers*, Recueil Dalloz 2001, jur., 3381, 3386,Rn 13). Erfasst wird hierbei wohl auch die „Umsetzung" einer Ehe in eine registrierte Partnerschaft nach dem (ehemaligen) niederländischen Recht; denn auch sie führt zu einer Auflösung des Ehebandes (OLGR Celle 2006, 13).

48 Rauscher/*Rauscher*, Art. 1 Brüssel IIa-VO Rn 6; HK-ZPO/*Dörner*, Art. 1 Rn 7; MüKo-ZPO/*Gottwald*, Art. 1 Rn 5; *Helms*, FamRZ 2002, 1593, 1594; *Gröschl*, S. 76 ff; aA *Gebauer/Staudinger*, IPRax 2002, 275, 277 Fn 48 (zur homosexuellen Ehe nach niederländischem Recht).

49 S. den Entwurf eines Berichts über den Vorschlag für eine Verordnung des Rates zur Begründung einer verstärkten Zusammenarbeit im Bereich des auf die Ehescheidung und Trennung ohne Auflösung des Ehebandes anzuwendenden Rechts (KOM(2010)0105 – C7-0102/2010 – 2010/0067(CNS)); Rechtsausschuss, Berichterstatter *Tadeusz Zwiefka*, 2010/0067(CNS), S. 32. Dort wird die Schaffung einer „Notzuständigkeit" in der EheVO 2003 für den Fall vorgeschlagen, dass die an sich zuständigen Gerichte eine Scheidung einer homosexuellen Ehe ablehnen.

50 S. Nachw. zu diesen gleichgeschlechtlichen Ehen und ua auch zu den Regelungen des US-amerikanischen Rechts bei Staudinger/*Mankowski*, Art. 17 b EGBGB Rn 22.

bzw von sonstigen Gemeinschaften – etwa **registrierten Partnerschaften** –, die keine Ehe darstellen; derartige Entscheidungen fallen auch nicht in den Anwendungsbereich der Rom III-VO (vgl auch dazu – auch zur Abgrenzung zwischen der gleichgeschlechtlichen Ehe und sonstigen verrechtlichten Partnerschaften – Anh. zu Art. 17 EGBGB Rn 4).[51]

4 Die **Trennung ohne Auflösung des Ehebandes** bezieht sich auf formalisierte Trennungsverfahren unter Mitwirkung eines Gerichts oder einer Behörde, die zu einer Lockerung, nicht zur vollständigen Beseitigung des ehelichen Status führen. Erfasst werden hierbei vor allem solche Verfahren, die eine Vorstufe zur nachfolgend möglichen Scheidung darstellen.[52] Derartige Trennungsverfahren sind u.a. häufig in den romanischen Rechten vorgesehen.[53] Es kann sich hierbei auch um Verfahren handeln, die auf eine gerichtliche Bestätigung einer zwischen den Parteien getroffenen Trennungsvereinbarung gerichtet sind.[54] Schließlich werden auch scheidungsersetzende Trennungsverfahren vom sachlichen Anwendungsbereich der Verordnung erfasst.[55]

5 Die **Ungültigerklärung** einer Ehe betrifft solche Verfahren, welche die Ehe als Folge von Mängeln ihrer Eingehung aufheben.[56] Hierbei kommt es nicht darauf an, ob die Ungültigerklärung ex tunc oder – wie bei § 1313 S. 2 BGB – nur ex nunc wirkt. Im Anwendungsbereich der EheVO 2003 werden Scheidung und Ungültigerklärung der Ehe gleichbehandelt. Die Unterscheidung bleibt kollisionsrechtlich bedeutsam (vgl Art. 17 EGBGB Rn 50); die gilt auch nach Beginn der Anwendbarkeit der Rom III-VO; da diese die Ungültigkerklärung der Ehe nicht erfasst (s. Anh. zu Art. 17 Rn 2).

6 Für die **Ungültigerklärung der Ehe nach dem Tod** eines oder beider Ehegatten gilt die EheVO 2003 nicht. Hierfür spricht der Umstand, dass Art. 3 für die internationale Zuständigkeit zentral auf den (gegenwärtigen) gewöhnlichen Aufenthalt der (noch lebenden) Ehegatten abstellt. Dass die EheVO 2003 insoweit nicht anwendbar ist, wird im Bericht von *Borrás* ausdrücklich bestätigt.[57]

7 Von der EheVO 2003 nicht erfasst sind die Auswirkungen der Scheidung auf das Familienvermögen, die **Unterhaltspflicht** (Art. 1 Abs. 3 lit. e) oder sonstige Nebenaspekte wie die **Namensführung** o.Ä.[58] Zur **Schuldfeststellung** vgl Rn 16 f.

II. Feststellung des Bestehens oder Nichtbestehens der Ehe

8 Noch ungeklärt ist, ob auch der Antrag auf Feststellung des Bestehens oder Nichtbestehens einer Ehe (§ 121 Nr. 3 FamFG) bzw entsprechende Anträge nach dem ausländischen Recht in den Anwendungsbereich der EheVO 2003 fallen. Der Frage kommt gerade in Fällen mit Auslandsbezug eine gewisse praktische Bedeutung zu, da hier Nichtehen häufiger anzutreffen sind als bei reinen Inlandsfällen.[59] Denkbar ist etwa, dass eine Ehe durch ausländische Staatsangehörige in Deutschland lediglich in kirchlicher Form geschlossen wurde, was nach Art. 13 Abs. 3 EGBGB zu einer Nichtigkeit der Eheschließung führt (vgl Art. 13 EGBGB Rn 100 f).[60] Möglich ist auch, dass eine Ehe im Ausland geschieden worden ist und zwischen den (vormaligen) Ehegatten Streit darüber herrscht, ob das ausländische Scheidungsurteil im Inland anzuerkennen ist.

9 Nach verbreiteter, aber sehr **umstrittener** Ansicht fallen sowohl positive als auch negative Feststellungsverfahren in den Anwendungsbereich der EheVO 2003.[61] Andere Autoren lehnen demgegenüber eine Anwendung

51 Rauscher/*Rauscher*, Art. 1 Brüssel IIa-VO Rn 7; Geimer/Schütze/*Dilger*, Art. 1 Brüssel IIa-VO Rn 6 ff; Thomas/Putzo/*Hüßtege*, ZPO, Vor Art. 1 EuEheVO Rn 5; *Kohler*, NJW 2001, 10, 15; ausf. *Dilger*, Rn 102 ff; aA *Watté/Boularbah*, Rev. trim. dr. fam. 2000, S. 539, 545; vgl auch Stellungnahme des Wirtschafts- und Sozialausschusses, ABl. EG 2003 C 16 S. 78 (Rn 5.5.5.): „Noch zu regeln bleibt jedoch die Frage nichtehelicher Lebensgemeinschaften und im Anschluss an eine Trennung daraus entstehender Auseinandersetzungen ..."

52 Rauscher/*Rauscher*, Art. 1 Brüssel IIa-VO Rn 2.

53 *Hausmann*, EuLF 2000/01, 271, 274; vgl auch AG Leverkusen FamRZ 2002, 1636.

54 *Hausmann*, EuLF 2000/01, 271, 274 (zur *"separazione consensuale"* nach Art. 158 Codice civile).

55 Rauscher/*Rauscher*, Art. 1 Brüssel IIa-VO Rn 2.

56 Rauscher/*Rauscher*, Art. 1 Brüssel IIa-VO Rn 3.

57 *Borrás*, ABl. EG 1998 C 221 S. 37 (Rn 27); dem folgend Geimer/Schütze/*Dilger*, Art. 1 Rn 19; Rauscher/*Rauscher*, Art. 1 Brüssel IIa-VO Rn 3; Thomas/Putzo/*Hüßtege*, ZPO, Art. 1 EuEheVO Rn 3; *Spellenberg*, in: FS Geimer 2002, S. 1257; *Kohler*, NJW 2001, 10; *Hau*, FamRZ 1999, 484, 485.

58 Die gerichtliche Zuständigkeit und die Anerkennung von Entscheidungen in Unterhaltssachen ist, abgesehen von weiteren internationalen Übereinkünften, in der EuGVVO geregelt (vgl Art. 1 EuGVVO). Dort befindet sich eine besondere Zuständigkeitsregel für Unterhaltssachen (Art. 5 Nr. 2 EuGVVO).

59 Zu § 632 ZPO aF vgl umfassend *Habscheid/Habscheid*, FamRZ 1999, 480 f.

60 Vgl auch BGH FamRZ 2003, 838, 842.

61 Thomas/Putzo/*Hüßtege*, ZPO, Art. 1 EuEheVO Rn 2; Rauscher/*Rauscher*, Art. 1 Brüssel IIa-VO Rn 13 ff; *Kropholler*, EuZPR, Einl. Rn 86; *Gruber*, FamRZ 2000, 1129, 1130; *v. Hoffmann/Thorn*, IPR, § 8 Rn 61; Erman/*Hohloch*, Art. 17 EGBGB Rn 69; *Vogel*, MDR 2000, 1045, 1046; *Hau*, FamRZ 1999, 484, 485; *Niklas*, S. 30 f; *Fuchs/Tölg*, ZfRV 2002, 95; auch *Pirrung*, ZEuP 1999, 834, 843 f.

der EheVO 2003 auf Feststellungsverfahren gänzlich ab.[62] Vereinzelt wird auch in Erwägung gezogen, nur negative, nicht aber positive Feststellungsklagen in den Anwendungsbereich der Verordnung einzubeziehen.[63]

Für die generelle Einbeziehung der Feststellungsverfahren spricht die sachliche Nähe zwischen der (ausdrücklich von der EheVO 2003 erfassten) Ungültigerklärung[64] einerseits und der Feststellung der Nichtigkeit andererseits. Es erscheint vielfach nur als dogmatische Zufälligkeit, ob das anwendbare Sachrecht bei gravierenden Eheschließungsmängeln eine konstitutive, ggf *ex tunc* wirksame Ungültigerklärung oder aber eine nur deklaratorische Feststellungsentscheidung vorsieht.[65] Die Ungültigerklärung schließt – da auch sie zunächst eine Feststellung des Mangels der Eheschließung enthält – bei einer von den nationalen Begrifflichkeiten losgelösten Betrachtungsweise die auf die (deklaratorische) Feststellung der Nichtigkeit gerichtete Klage mit ein.[66] Eine weite Auslegung des Art. 1 Abs. 1 lit. a steht zu guter Letzt auch im Einklang mit dem Vereinheitlichungszweck der EheVO 2003.[67] Dieser wäre wesentlich beeinträchtigt, wenn Scheidungs- und Feststellungsklagen gleichzeitig vor den Gerichten verschiedener Mitgliedstaaten verhandelt werden könnten, ohne dass hierbei die auf derartige Konfliktsfälle zugeschnittenen Art. 16, 19 herangezogen werden könnten.[68] Schwer hinnehmbar wäre es überdies, wenn ein Feststellungsurteil auf eine exorbitante Zuständigkeitsnorm des nationalen Rechts gestützt werden könnte, um sich sodann gegenüber einem nach der EheVO 2003 ergangenen Scheidungsurteil als Anerkennungshindernis (Art. 22 lit. c) auszuwirken. Effet utile-Erwägungen sprechen also dafür, den Anwendungsbereich eher weit zu fassen. 10

Keine zustimmenswerte Lösung liegt darin, nur negative Feststellungsanträge in den Anwendungsbereich der EheVO 2003 aufzunehmen. Hiergegen spricht bereits, dass es sonst der Antragsteller in der Hand hätte, durch die in sein Ermessen gestellte (positive oder negative) Formulierung des Feststellungsantrags den Anwendungsbereich der EheVO 2003 zu eröffnen oder auszuschließen.[69] 11

Im Übrigen ist zu konzedieren, dass nach Art. 21 ff iVm Art. 2 Nr. 4 nur „eheauflösende" Entscheidungen anzuerkennen sind (vgl Art. 21 EheVO Rn 6 f).[70] Dies hat zur Folge, dass nur eine die positive Feststellungsklage abweisende bzw der negativen Feststellungsklage stattgebende Entscheidung, nicht aber umgekehrt eine der positiven Feststellungsklage stattgebende bzw die negative Feststellungsklage abweisende Entscheidung nach den Vorschriften der EheVO 2003 anerkannt werden kann. Insoweit gilt für das Feststellungsurteil aber nichts anderes als für das Scheidungsurteil, das ebenfalls nur dann nach Maßgabe der Art. 21 ff anzuerkennen ist, wenn es den (Fort-)Bestand der Ehe negiert. In beiden Fällen bleibt die EheVO 2003 im Übrigen, was die Frage der internationalen Zuständigkeit anbelangt, sachlich anwendbar. 12

III. Klage auf Herstellung des ehelichen Lebens

Nicht in den Anwendungsbereich der EheVO 2003 fallen, weil es dort nicht um eine Statusänderung bzw -feststellung geht, Klagen auf Herstellung des ehelichen Lebens[71] sowie umgekehrt die Klage auf Feststellung des Rechts zum Getrenntleben.[72] 13

62 Geimer/Schütze/*Dilger*, Art. 1 Rn 15; *ders.*, Rn 133 ff; Staudinger/*Spellenberg*, Art. 1 Rn 8; *Geimer*, Europ. Zivilverfahrensrecht, Art. 1 Rn 29 f; HK-ZPO/*Dörner*, Art. 1 Rn 8; Zöller/*Geimer*, ZPO, Art. 1 Rn 1; *Gröschl*, S. 83 ff; *Simotta*, in: FS Geimer 2002, S. 1115, 1146 f; *Helms*, FamRZ 2001, 257, 259; *Spellenberg*, in: FS Schumann 2001, S. 423, 433; *ders.*, in: FS Geimer 2002, S. 1257; *Hausmann*, EuLF 2000/2001, 271, 273; *Hajnczyk*, S. 53 f; *Andrae*, ERA-Forum 2003, 28, 32.

63 *Dornblüth*, S. 60 ff; ferner *Rausch*, FuR 2001, 151, 153; Rahm/Künkel/*Breuer*, VIII Rn 139.7.

64 Vgl die englische bzw französische Textfassung: „marriage annulment" bzw „l'annulation du mariage des époux".

65 Rauscher/*Rauscher*, Art. 1 Brüssel IIa-VO Rn 16; abweichend *Hajnczyk*, S. 54; Geimer/Schütze/*Dilger*, Art. 1 Rn 16 (dort auch mit Hinweis auf das Haager Übereinkommen von 1970).

66 *Vogel*, MDR 2000, 1045, 1046.

67 Geht man davon aus, dass derartige Anträge nicht in den Anwendungsbereich der EheVO 2003 fallen, so richtet sich die internationale Zuständigkeit deutscher Gerichte nach § 98 FamFG.

68 Konsequent *Dilger*, Rn 336.

69 Zutr. *Simotta*, in: FS Geimer 2002, S. 1115, 1146 f (allerdings im Erg. eine Anwendung der EheVO auf Feststellungsanträge insgesamt abl.).

70 Geimer/Schütze/*Dilger*, Art. 1 Rn 15; *Geimer*, Europ. Zivilverfahrensrecht, Art. 1 Rn 31; Staudinger/*Spellenberg*, Art. 1 Rn 8; *Andrae*, ERA-Forum 2003, 28, 32; *Gröschl*, S. 84 f.

71 MüKo-ZPO/*Gottwald*, Art. 1 Rn 9; *Dilger*, Rn 156; *Dornblüth*, S. 40; *Rausch*, FuR 2001, 151; Musielak/*Borth*, ZPO, § 606 a Rn 28; Rahm/Künkel/*Breuer*, VIII Rn 139.7.

72 Im Erg. wie hier Geimer/Schütze/*Dilger*, Art. 1 Rn 18; MüKo-ZPO/*Gottwald*, Art. 1 Rn 9; *Finger*, FamRB 2004, 234; Staudinger/*Spellenberg*, Art. 1 Rn 7; aA *Schlosser*, 2. Aufl., Art. 1 EuEheVO Rn 2.

IV. Gerichtliche oder behördliche Verfahren

14 Die Verordnung bezieht sich nur auf gerichtliche oder behördliche Verfahren (Art. 1 iVm Art. 2 Nr. 1, 2, 4). Von vornherein nicht erfasst sind damit reine **Privatscheidungsverfahren**, die ohne die konstitutive Beteiligung von Gerichten oder Behörden durchgeführt werden.[73] Umstritten, aber bislang ohne erkennbare praktische Bedeutung ist die Frage, ob der sachliche Anwendungsbereich der EheVO dann eröffnet ist, wenn ein europäischer Hoheitsträger in nur deklaratorischer, aber nicht konstitutiver Weise an der Privatscheidung mitwirkt.[74] Hiergegen spricht, dass die Anerkennungsversagungsgründe der EheVO 2003 nicht auf Privatscheidungen zugeschnitten sind.[75]

15 **Kirchliche Entscheidungen** fallen nicht unter die EheVO 2003. Dies ergibt sich bereits aus der Definition des Gerichts in Art. 2 Nr. 1. Nicht einbezogen sind auch solche kirchlichen Entscheidungen, die in dem betreffenden Mitgliedstaat unmittelbar Wirksamkeit entfalten.[76] In den sachlichen Anwendungsbereich der EheVO 2003 fallen demgegenüber staatliche Entscheidungen, durch die der kirchlichen Entscheidung staatliche Wirkungen beigelegt werden.[77] Für Portugal, Spanien, Italien und Malta ist ferner die Sonderregelung in Art. 63 zu beachten.[78]

V. Schuldfeststellung

16 Anders als das deutsche Scheidungsrecht machen viele ausländische Scheidungsrechte die Scheidung davon abhängig, dass den Antragsgegner ein **Verschulden** an dem Scheitern der Ehe trifft. Soweit die Feststellung des Verschuldens über den Scheidungsausspruch hinaus Wirkungen entfaltet – etwa im Hinblick auf Unterhaltsansprüche der Ehegatten –, ist die Verschuldensfeststellung nicht nur in die Gründe, sondern in den Tenor der Entscheidung aufzunehmen (vgl Art. 17 EGBGB Rn 73).

17 Auch die internationale Zuständigkeit für die Feststellung des Verschuldens richtet sich nach der EheVO 2003.[79] Dies ergibt sich daraus, dass das Verschulden eine materiellrechtliche Voraussetzung des Scheidungsausspruchs darstellt und deshalb wie alle anderen Scheidungsgründe auch vom für die Scheidung zuständigen Gericht geprüft werden muss. Sodann richtet sich auch die Anerkennung der entsprechenden Feststellung nach der EheVO 2003.[80] Die Anmerkung im Bericht von *Borrás* zum Brüssel II-Abkommen, wonach Aspekte des Verschuldens der Ehegatten nicht einbezogen werden sollen,[81] steht dem nur scheinbar entgegen. Dasselbe gilt für die im 8. Erwägungsgrund zur EheVO 2003 enthaltene Angabe, dass „Fragen wie die Scheidungsgründe" nicht in den Anwendungsbereich der Verordnung fallen. Nicht erfasst werden lediglich nicht-scheidungsrechtliche Regelungsfragen, also etwa Unterhaltsfragen, die mittelbar von der Verschuldensfeststellung beeinflusst werden.[82] Auch der Antrag auf Verurteilung eines Ehegattens zur Zahlung von Schadensersatz wegen eines Scheidungsverschuldens fällt, da er nicht zu den unter Art. 1 lit. a genannten Anträgen zählt, nicht in den Anwendungsbereich der EheVO 2003.[83]

73 So bereits *Borrás*, ABl. EG 1998 C 221 S. 35 (Rn 20). Dies betrifft etwa die Scheidung von Muslimen griechischer Nationalität vor dem Mufti in Griechenland nach Art. 5 Abs. 2 des griechischen Gesetzes 1920/1991 (OLG Frankfurt IPRspr 2006, Nr. 146, 318 = IPRax 2008, 352 Leitsatz). Soweit diese Entscheidung aber durch ein staatliches Gericht für vollstreckbar erklärt wird, fällt diese Delibationsentscheidung in den sachlichen Anwendungsbereich der EheVO 2003 (*Jayme*, IPRax 2008, 352; aA OLG Frankfurt aaO). Rechtspolitische Kritik an der Nichtanwendung der EheVO 2003 auf Privatscheidungsverfahren bei *Jayme*, IPRax 2000, 165, 170; *Helms*, FamRZ 2001, 257, 260; hiergegen wiederum Rauscher/*Rauscher*, Art. 1 Brüssel IIa-VO Rn 12.

74 Bejahend Geimer/Schütze/*Paraschas*, Art. 21 Rn 12 sowie (zum Brüssel II-Abkommen) *Hau*, FamRZ 1999, 484, 485; aA Staudinger/*Spellenberg*, Art. 21 Rn 8 ff; Zöller/*Geimer*, ZPO, Art. 1 Rn 3.

75 Noch nicht abschließend geklärt ist allerdings, ob Art. 46 auch für den Fall der privaten Konsensualscheidung herangezogen werden könnte (bejahend Geimer/Schütze/*Paraschas*, Art. 21 Rn 12).

76 Rauscher/*Rauscher*, Art. 1 Brüssel IIa-VO Rn 11; *Spellenberg*, in: FS Schumann 2001, S. 423, 435; aA *Helms*, FamRZ 2001, 257, 259.

77 Geimer/Schütze/*Dilger*, Art. 2 Rn 4; Rauscher/*Rauscher*, Art. 2 Brüssel IIa-VO Rn 7; *Spellenberg*, in: FS Schumann 2001, S. 423, 435 f; *Helms*, FamRZ 2001, 257, 259.

78 Hierzu auch *Spellenberg*, in: FS Schumann 2001, S. 423, 435 f.

79 *Spellenberg*, in: FS Schumann 2001, S. 423, 434 (wenn auch zweifelnd); *ders.*, in: FS Geimer 2002, S. 1257, 1258.

80 Rauscher/*Rauscher*, Art. 1 Brüssel IIa-VO Rn 18 f mit überzeugender Begr.

81 *Borrás*, ABl. EG 1998 C 221 S. 35 (Rn 22).

82 Rauscher/*Rauscher*, Art. 1 Brüssel IIa-VO Rn 19; *Spellenberg*, in: FS Schumann 2001, S. 423, 434; *ders.*, FS Geimer 2002, 1257 f; abw. Geimer/Schütze/*Dilger*, Art. 1 Rn 21.

83 Staudinger/*Spellenberg*, Art. 1 Rn 10; *ders.*, ZZPInt (6) (2001), 109, 117; *Gaudemet-Tallon*, JDI 2001, 381, 388 Nr. 13.

VI. Zuweisung von Hausrat und Ehewohnung

Grundsätzlich nicht anwendbar ist die EheVO 2003 auf Verfahren nach §§ 1, 2 Gewaltschutzgesetz, §§ 1361 a, 1361 b BGB sowie der §§ 200 ff FamFG bzw vergleichbare ausländische Verfahren. Einschlägig ist insoweit allerdings – über den eigentlichen sachlichen Anwendungsbereich der EheVO 2003 hinaus – Art. 20 (vgl näher Art. 20 EheVO Rn 9). **18**

C. Verfahren betreffend die elterliche Verantwortung

Nach Art. 1 Abs. 1 lit. b betrifft die Verordnung ferner die Zuweisung, die Ausübung, die Übertragung sowie die (vollständige oder teilweise) Entziehung der **elterlichen Verantwortung**. Art. 2 Nr. 1 enthält eine Definition des Begriffs der elterlichen Verantwortung. Unter der elterlichen Verantwortung sind die Rechte und Pflichten zu verstehen, die einer Person im Hinblick auf ein Kind bzw dessen Vermögen zustehen. Träger der elterlichen Verantwortung kann eine natürliche, aber auch eine juristische Person sein. Die elterliche Verantwortung kann auf dem Gesetz, einer gerichtlichen oder behördlichen Entscheidung oder einer verbindlichen Vereinbarung beruhen (vgl Art. 2 EheVO Nr. 7, 8). **19**

Es kommt mithin nicht darauf an, ob das Verfahren über die elterliche Verantwortung im Zusammenhang mit einer Ehesache iSd Art. 1 Abs. 1 lit. a steht. Es werden m.a.W. nicht nur „unselbständige", aus Anlass einer Ehesache betriebene, sondern auch „selbständige" bzw „isolierte" **Verfahren** über die elterliche Verantwortung für **eheliche oder nichteheliche Kinder** in den Anwendungsbereich der EheVO 2003 einbezogen. Partei eines Verfahrens können nicht nur die leiblichen Eltern sein, sondern auch sonstige juristische oder natürliche Personen, denen die elterliche Verantwortung ganz oder teilweise zusteht (vgl Art. 2 Nr. 7, 8).[84] **20**

Art. 1 Abs. 2 enthält eine nicht abschließende („insbesondere")[85] Aufzählung der wichtigsten Verfahren über die elterliche Verantwortung. Erfasst werden nach Art. 1 Abs. 2 lit. a Verfahren über das (in Art. 2 Nr. 9 näher definierte) Sorgerecht sowie Verfahren über das (in Art. 2 EheVO Nr. 10 näher definierte) Umgangsrecht. Daneben umfasst der Begriff der elterlichen Verantwortung Zivilsachen betreffend die Vormundschaft und Pflegschaft (Art. 1 Abs. 2 lit. b), die Bestimmung des Aufgabenbereichs von Betreuern, Beiständen u.a. (Art. 1 Abs. 2 lit. c), die Unterbringung des Kindes in einem Heim oder in einer Pflegefamilie (Art. 1 Abs. 2 lit. d) sowie Maßnahmen zum Schutz des Kindes im Zusammenhang mit der Verwaltung und Erhaltung seines Vermögens oder der Verfügung darüber (Art. 1 Abs. 2 lit. e). Erfasst sind u.a. die Fälle, in denen die Eltern über die Verwaltung des Vermögens im Streit liegen.[86] Das Vermögen des Kindes betreffende Maßnahmen, die nicht dessen Schutz betreffen, fallen unter die EuGVVO.[87] **21**

Nach Art. 1 Abs. 2 werden nur „Zivilsachen" erfasst. Hierzu zählen – wie aus Art. 2 Nr. 1, 2, 4 deutlich wird – sowohl **gerichtliche** als auch **behördliche Verfahren**. Nach dem EuGH ist die EheVO 2003 bei der gebotenen autonomen Auslegung des Begriffs der „Zivilsache" auch auf solche Verfahren anzuwenden, die nach der Rechtsordnung eines Mitgliedstaates dem **öffentlichen Recht** unterliegen. Dies gilt insbesondere für die **behördliche Inobhutnahme** und die **Unterbringung** eines Kindes. Die Zuständigkeit für diese Maßnahmen und die Anerkennung und Vollstreckung solcher Maßnahmen richtet sich daher einheitlich nach der EheVO 2003.[88] Dem EuGH ist schon deshalb zuzustimmen, weil die verfahrensrechtliche Ausgestaltung derartiger Verfahren in den Mitgliedstaaten nicht darüber entscheiden darf, wer eine Zuständigkeit nach der EheVO 2003 in Anspruch nehmen kann bzw ob derartige Maßnahmen in den anderen Mitgliedstaaten nach der EheVO 2003 anerkannt werden oder nicht.[89] Es kommt daher auch nicht darauf an, ob diese Maßnahmen nach dem **22**

84 Insgesamt wurde der Anwendungsbereich der EheVO 2003 durch die Einbeziehung sämtlicher Verfahren über die elterliche Verantwortung gegenüber dem Anwendungsbereich der EheVO 2000 erheblich erweitert; vgl Erwägungsgrund Nr. 5 zur EheVO 2003 (ABl EG 2003 L 338 S. 1); zum Anwendungsbereich der EheVO 2000 vgl ausf. *Spellenberg*, in: FS Sonnenberger 2004, S. 677 f.

85 EuGH, Rs. C-435/06, Slg 2007, I-10141 (Rn 30) = IPRax 2008, 509 = FamRZ 2008, 125; Stellungnahme des Generalanwalts Jääskinen v. 4.10.2010 in der Rs C-296/10 (Purrucker), Rn 93.

86 Vgl Erwägungsgrund Nr. 9 zur EheVO 2003 (ABl. EG 2003 L 338 S. 1).

87 Erwägungsgrund Nr. 9 zur EheVO 2003 (ABl. EG 2003 L 338 S. 1).

88 EuGH, Rs. C-435/06, Slg 2007, I-10141 = IPRax 2008, 509 mit zust. Bespr. *Gruber*, 490 = FamRZ 2008, 125 mit zust. Bespr. *Dutta*, 835 und zust. Besp. *Gallant*, Rev. crit. DIP 2009, 353; *Wittwer*, ELR 2008, 67 ff; *Pirrung*, in: FS Kropholler 2008, S. 399, 407 ff; *Quiñones Escámez*, Rev. de Derecho Comunitario Europeo 2008, 457, 461 ff; *Andrae*, ELR 2008, 189 ff; nochmals bestätigt durch EuGH, Rs. C-523/07, FamRZ 2009, 843, 844 (Rn 28 f).

89 EuGH, aaO (Rn 45); zur Argumentation im Einzelnen vgl *Dutta*, FamRZ 2008, 835, 838 ff; *Gruber*, IPRax 2008, 490 ff.

internen Recht eines Mitgliedstaates auf dem Zivilrechtsweg oder dem Verwaltungsrechtsweg angegriffen werden können.[90]

23 Dem (insoweit missverständlichen) Begriff der „Zivilsache" kommt somit Abgrenzungsfunktion nicht zum öffentlichen Recht, sondern (nur) zu **strafrechtlichen Verfahren** und dort getroffenen (Folge-)Entscheidungen zu.[91] Nicht in den Anwendungsbereich der EheVO 2003 fallen dementsprechend, wie Art. 1 Abs. 3 lit. g nochmals hervorhebt, Maßnahmen infolge von Straftaten, die von Kindern begangen worden sind.[92] Hierunter fällt insbesondere die sich an die strafrechtlichen Maßnahmen anschließende und mit diesen inhaltlich zusammenhängende **Unterbringung des Kindes in einem Heim**.[93]

24 Letztlich lässt sich damit nicht erkennen, dass der materielle Anwendungsbereich der EheVO 2003 vom **Anwendungsbereich des KSÜ** bzw des **MSA** abweicht.[94] Insbesondere ist zwischen der in Art. 2 Nr. 7 enthaltenen Definition des Begriffs der „elterlichen Verantwortung" und der in Art. 1 Abs. 2 KSÜ enthaltenen Definition dieses Begriffs kein inhaltlicher Unterschied zu erkennen.[95] Auch die in Art. 1 Abs. 2, 3 enthaltene beispielhafte Aufzählung von erfassten und ausgeschlossenen Materien stimmt zT im Wortlaut, iÜ inhaltlich mit den in Art. 3, 4 KSÜ enthaltenen Aufzählungen überein. Damit kann, was den genauen Anwendungsbereich der EheVO 2003 anbelangt, ergänzend auch auf die Kommentierung des KSÜ verwiesen werden. Für die Anerkennung und Vollstreckung von **öffentlichen Urkunden** s. Art. 38.

Art. 2 EheVO 2003 Begriffsbestimmungen

Für die Zwecke dieser Verordnung bezeichnet der Ausdruck

1. **„Gericht" alle Behörden der Mitgliedstaaten, die für Rechtssachen zuständig sind, die gemäß Artikel 1 in den Anwendungsbereich dieser Verordnung fallen;**
2. **„Richter" einen Richter oder Amtsträger, dessen Zuständigkeiten denen eines Richters in Rechtssachen entsprechen, die in den Anwendungsbereich dieser Verordnung fallen;**
3. **„Mitgliedstaat" jeden Mitgliedstaat mit Ausnahme Dänemarks;**
4. **„Entscheidung" jede von einem Gericht eines Mitgliedstaates erlassene Entscheidung über die Ehescheidung, die Trennung ohne Auflösung des Ehebandes oder die Ungültigerklärung einer Ehe sowie jede Entscheidung über die elterliche Verantwortung, ohne Rücksicht auf die Bezeichnung der jeweiligen Entscheidung, wie Urteil oder Beschluss;**
5. **„Ursprungsmitgliedstaat" den Mitgliedstaat, in dem die zu vollstreckende Entscheidung ergangen ist;**
6. **„Vollstreckungsmitgliedstaat" den Mitgliedstaat, in dem die Entscheidung vollstreckt werden soll;**
7. **„elterliche Verantwortung" die gesamten Rechte und Pflichten, die einer natürlichen oder juristischen Person durch Entscheidung oder kraft Gesetzes oder durch eine rechtlich verbindliche Vereinbarung betreffend die Person oder das Vermögen eines Kindes übertragen wurden. Elterliche Verantwortung umfasst insbesondere das Sorge- und das Umgangsrecht;**
8. **„Träger der elterlichen Verantwortung" jede Person, die die elterliche Verantwortung für ein Kind ausübt;**
9. **„Sorgerecht" die Rechte und Pflichten, die mit der Sorge für die Person eines Kindes verbunden sind, insbesondere das Recht auf die Bestimmung des Aufenthaltsortes des Kindes;**
10. **„Umgangsrecht" insbesondere auch das Recht, das Kind für eine begrenzte Zeit an einen anderen Ort als seinen gewöhnlichen Aufenthaltsort zu bringen;**
11. **„widerrechtliches Verbringen oder Zurückhalten eines Kindes" das Verbringen oder Zurückhalten eines Kindes, wenn**

90 Vgl die Schlussanträge der Generalanwältin *Kokott* v. 20.9.2007, Rs. C 435/06, Rn 52 („Zivilsachen im Sinne von Art. 61 Buchst. C EG und Art. 65 EG können daher ebenfalls staatliche Maßnahmen einschließen, die Zivilrechtsverhältnisse wie etwa die Ausübung der elterlichen Verantwortung betreffen, auch wenn entsprechende Maßnahmen in einigen Mitgliedstaaten als öffentlich-rechtlich eingeordnet werden."); *Pirrung*, in: FS Kropholler 2008, S. 399, 409.

91 *Pirrung*, in: FS Kropholler 2008, S. 399, 409; *Wittwer*, ELR 2008, 67, 68 (mit Hinw. darauf, dass die privatrechtliche bzw öffentlich-rechtliche Qualifikation dieser Maßnahmen bereits von österr. Gerichten für das österr. nationale Recht nicht einheitlich beurteilt wird).

92 Hierbei kommt es nicht darauf an, ob tatsächlich strafrechtliche Sanktionen ieS verhängt worden oder ob dies u.a. deshalb unterblieben ist, weil das Kind noch nicht strafmündig war (Staudinger/*Pirrung*, C 33).

93 Vgl Kommissionsvorschlag KOM (2002) 222 endgültig/2, S. 6 (zu Art. 1).

94 *Gruber*, IPRax 2005, 293, 296; *Andrae*, ERA-Forum 2003, 28, 36 (zum Verordnungsentwurf v. 17.5.2002); *Francq*, ERA-Forum 2003, 54, 55 f.

95 Vgl hierzu auch *Andrae*, ERA-Forum 2003, 28, 35; *Sumampouw*, Liber amicorum Siehr 2000, S. 729, 731; *Helms*, FamRZ 2001, 257, 258; *Borrás*, ABl. EG 1998 C 221 S. 31 (Rn 9).

a) **dadurch das Sorgerecht verletzt wird, das aufgrund einer Entscheidung oder kraft Gesetzes oder aufgrund einer rechtlich verbindlichen Vereinbarung nach dem Recht des Mitgliedstaates besteht, in dem das Kind unmittelbar vor dem Verbringen oder Zurückhalten seinen gewöhnlichen Aufenthalt hatte,**

und

b) **das Sorgerecht zum Zeitpunkt des Verbringens oder Zurückhaltens allein oder gemeinsam tatsächlich ausgeübt wurde oder ausgeübt worden wäre, wenn das Verbringen oder Zurückhalten nicht stattgefunden hätte. Von einer gemeinsamen Ausübung des Sorgerechts ist auszugehen, wenn einer der Träger der elterlichen Verantwortung aufgrund einer Entscheidung oder kraft Gesetzes nicht ohne die Zustimmung des anderen Trägers der elterlichen Verantwortung über den Aufenthaltsort des Kindes bestimmen kann.**

Anders als die EheVO 2000 enthält die EheVO 2003 eine ausführliche **Definition** einzelner, in der EheVO 2003 verwendeter Begriffe. Aus der in **Art. 2 Nr. 1 und Nr. 2** enthaltenen Definition ergibt sich, dass sowohl **gerichtliche** als auch **behördliche Verfahren** vom sachlichen Anwendungsbereich der EheVO 2003 erfasst werden, und zwar unabhängig davon, ob es sich um eine Ehesache oder um ein Verfahren betreffend die elterliche Verantwortung handelt. Erfasst wird insb. auch die Tätigkeit von Jugendämtern.[96] Behördliche Verfahren werden auch erfasst, wenn sie nach dem nationalen Verfahrensrecht zum öffentlichen Recht gehören (vgl Art. 1 EheVO Rn 22). **Nr. 3** hebt hervor, dass **Dänemark** nicht als Mitgliedstaat iSd EheVO 2003 anzusehen ist, so dass sich die Zuständigkeit dänischer Gerichte nach dem unvereinheitlichten dänischen Recht bestimmt und die Urteile dänischer Gerichte ebenfalls nicht nach Maßgabe der EheVO 2003 anzuerkennen sind (vgl vor Art. 1 EheVO Rn 7). 1

Aus dem in **Nr. 4** definierten Begriff der **Entscheidung** lässt sich – gerade auch unter Berücksichtigung der anderen Textfassungen[97] – entnehmen, dass Privatscheidungen nicht vom Anwendungsbereich der EheVO 2003 erfasst werden (vgl Art. 1 EheVO Rn 14). Ferner spricht die in Nr. 4 vorhandene Formulierung dafür, dass nach Art. 21 ff nur „eheauflösende" Entscheidungen anzuerkennen sind. Nicht nach Maßgabe der EheVO 2003 anzuerkennen sind Entscheidungen, die einen Antrag auf Scheidung usw ablehnen.[98] Hier kommt aber eine Anerkennung nach dem unvereinheitlichten nationalen Recht in Betracht (vgl dazu näher Art. 21 EheVO Rn 6 f).[99] Demgegenüber sind bei Verfahren über die elterliche Verantwortung auch antragsabweisende Entscheidungen anzuerkennen.[100] **Nr. 5** und **Nr. 6** haben Bedeutung für die Anerkennung und Vollstreckung von Entscheidungen. Zur Frage nach der Anerkennung von **einstweiligen Maßnahmen** s.u. Art. 20 Rn 15 ff. 2

Der in **Nr. 7** definierte Begriff der **„elterlichen Verantwortung"** bezeichnet ein zentrales Anwendungsfeld der EheVO 2003, wobei in Art. 1 Abs. 2 eine beispielhafte Aufzählung der wichtigsten mit diesem Begriff erfassten Zivilsachen erfolgt. Der Begriff der „elterlichen Verantwortung" stimmt inhaltlich mit dem gleich lautenden Begriff aus dem KSÜ überein (vgl näher Art. 1 EheVO Rn 19 ff).[101] Anders als das KSÜ (Art. 2 KSÜ)[102] enthält die EheVO 2003 aber keine Definition des Begriffs des **Kindes**. Da in Europa ein Volljährigkeitsalter von 18 Jahren üblich ist, kommt der Frage nur geringe praktische Bedeutung zu. Im Übrigen wird man hier eine – nach Art. 7 EGBGB anzuknüpfende – Vorfrage anzunehmen haben.[103] Auch der (nicht bindende) Leitfaden der EU zur Verordnung geht hiervon aus.[104] Andere Autoren plädieren für ein verordnungsautonomes Volljährigkeitsalter von 18 Jahren.[105] Nicht erfasst sind Verfahren, in denen Eltern wegen einer geistigen Behinderung ihres volljährigen Kindes weiterhin die elterliche Sorge für dieses ausüben.[106] 3

Der Begriff des **„Trägers der elterlichen Verantwortung" (Nr. 8)** wird im Interesse der sprachlichen Kürze in die EheVO 2003 eingeführt. Das **Sorgerecht (Nr. 9)** und das **Umgangsrecht (Nr. 10)** stellen wichtige 4

96 Etwa Staudinger/*Pirrung*, C 35.
97 Vgl etwa die englische Fassung („The term ‚judgment' shall mean a divorce, legal separation or marriage annulment") oder die französische Fassung ("toute décision de divorce, de séparation de corps ou d'annulation d'un mariage").
98 Geimer/Schütze/*Dilger*, Art. 2 Rn 6; HK-ZPO/*Dörner*, Art. 1 Rn 5; Zöller/*Geimer*, ZPO, Art. 2 Rn 5.
99 *Helms*, FamRZ 2002, 1593, 1598; Prütting/Gehrlein/*Völker*, Art. 2 Rn 1; MüKo-ZPO/*Gottwald*, Art. 2 Rn 5.
100 Staudinger/*Pirrung*, C 38.
101 Vgl *Andrae*, ERA-Forum 2003, 28, 36.
102 Erfasst werden dort nur Personen unter 18 Jahren; vgl *Siehr*, RabelsZ 62 (1998), 464, 469.
103 Thomas/Putzo/*Hüßtege*, ZPO, Art. 1 EuEheVO Rn 7; *Gruber*, IPRax 2005, 293, 296; *Spellenberg*, in: FS Sonnenberger 2004, S. 677, 691; *Solomon*, FamRZ 2004, 1409, 1410 f. Die dürfte dann auch für die Frage gelten, ob eine Person durch Heirat ganz oder vollständig wie eine Volljährige zu behandeln ist (Art. 7 Abs. 1 S. 2 EGBGB).
104 Vgl Leitfaden (s. Vor Rn 23), S. 9: „Im Gegensatz zum Haager Übereinkommen von 1996 zum Schutz von Kindern … legt die Verordnung für die von der Verordnung erfassten Kinder kein Höchstalter fest. Diese Frage ist einzelstaatlich zu regeln.".
105 Etwa Geimer/Schütze/*Dilger*, Art. 2 Rn 11 ff mwN; HK-ZPO/*Dörner*, Art. 1 Rn 11; MüKo-ZPO/*Gottwald*, Art. 1 Rn 14; *Holzmann*, S. 87 f.; wohl auch HK-FamR/*Rieck*, Art. 1 EheVO 2003 Rn 5.
106 Anders noch *Schlosser*, 2. Aufl., Art. 1 EuEheVO Rn 3.

Ausprägungen der elterlichen Verantwortung dar. Unter das **Sorgerecht (Nr. 9)** fällt auch das Mitsorgerecht.[107] Der Begriff des **Umgangsrechts (Nr. 10)** bezieht sich auch auf das Umgangsrecht von sonstigen Verwandten iSd § 1665 BGB (vgl näher Art. 9 Rn 2). Die in Nr. 9 und Nr. 10 enthaltenen Definitionen stimmen mit Art. 5 HKÜ überein. Der Begriff des Sorgerechts wird nochmals in der Definition des „widerrechtlichen Verbringens oder Zurückhaltens eines Kindes" (Nr. 11) verwendet, die ihrerseits von einer Verletzung des Sorgerechts ausgeht. Für das Umgangsrecht bestehen in der EheVO 2003 einige Sonderregelungen (vgl Art. 9 für die internationale Zuständigkeit, Art. 40 ff für die Anerkennung und Vollstreckung).

5 Die in Nr. 11 enthaltene Definition des „widerrechtlichen Verbringens oder Zurückhaltens eines Kindes" stimmt zunächst mit Art. 3 HKÜ sowie Art. 7 Abs. 2 KSÜ überein. Die Widerrechtlichkeit richtet sich nach dem EuGH danach, ob durch das Verbringen oder Zurückhalten das Sorgerecht eines Trägers der elterlichen Verantwortung verletzt wurde. Ob dies der Fall ist, richtet sich nach dem Recht des Mitgliedstaats, in dem das Kind unmittelbar vor dem Verbringen oder Zurückhalten seinen gewöhnlichen Aufenthalt hatte.[108] Hierbei sind aber auch dessen Vorschriften über das internationale Privatrecht anzuwenden.[109] Die Verletzung eines Mitsorgerechts reicht – nicht anders als im Falle des HKÜ[110] – für eine widerrechtliche Entführung aus. Dies ergibt sich für die EheVO 2003 mittelbar aus Art. 2 Nr. 11 lit. b, der auf das gemeinsame Sorgerecht Bezug nimmt.[111]

6 Eine Abweichung der Nr. 11 von Art. 3 HKÜ sowie Art. 7 Abs. 2 KSÜ besteht lediglich darin, dass unter lit. b ein Satz angefügt wurde, wonach von einer gemeinsamen Ausübung des Sorgerechts dann auszugehen ist, wenn einer der Träger der elterlichen Verantwortung (Nr. 8) – entweder aufgrund einer Entscheidung (Nr. 4) oder kraft Gesetzes – nicht ohne die Zustimmung des anderen Trägers der elterlichen Verantwortung über den Aufenthaltsort des Kindes bestimmen kann. Ein widerrechtliches Verbringen oder Zurückhalten kann daher auch zulasten eines „passiven", das Sorgerecht tatsächlich nicht mehr ausübenden Elternteils angenommen werden, soweit dieser nur weiterhin über den Aufenthaltsort des Kindes (mit-)bestimmen kann.[112] An der im HKÜ festgesetzten Altersgrenze (16 Jahren) ändert sich durch Nr. 11 nichts.[113]

Kapitel II
Zuständigkeit

Abschnitt 1
Ehescheidung, Trennung ohne Auflösung des Ehebandes und Ungültigerklärung einer Ehe

Art. 3 EheVO 2003 Allgemeine Zuständigkeit

(1) Für Entscheidungen über die Ehescheidung, die Trennung ohne Auflösung des Ehebandes oder die Ungültigerklärung einer Ehe, sind die Gerichte des Mitgliedstaates zuständig,

a) in dessen Hoheitsgebiet
- **beide Ehegatten ihren gewöhnlichen Aufenthalt haben oder**
- **die Ehegatten zuletzt beide ihren gewöhnlichen Aufenthalt hatten, sofern einer von ihnen dort noch seinen gewöhnlichen Aufenthalt hat, oder**
- **der Antragsgegner seinen gewöhnlichen Aufenthalt hat oder**
- **im Fall eines gemeinsamen Antrags einer der Ehegatten seinen gewöhnlichen Aufenthalt hat oder**
- **der Antragsteller seinen gewöhnlichen Aufenthalt hat, wenn er sich dort seit mindestens einem Jahr unmittelbar vor der Antragstellung aufgehalten hat, oder**
- **der Antragsteller seinen gewöhnlichen Aufenthalt hat, wenn er sich dort seit mindestens sechs Monaten unmittelbar vor der Antragstellung aufgehalten hat und entweder Staatsangehöriger**

107 OLG Düsseldorf, FamRZ 2008, 1775.
108 EuGH, Rs C-400/10 PPU (J. McB. ./. L. E.,), JZ 2011, 145 (Rn 43). Nach dem EuGH aaO ist es einem Mitgliedstaat – ungeachtet von Art. 7 und 24 EMRK – nicht verwehrt, in seinem Recht den Erwerb des Sorgerechts durch den Vater eines Kindes, der nicht mit dessen Mutter verheiratet ist, davon abhängig zu machen, dass er eine Entscheidung des zuständigen nationalen Gerichts erwirkt, mit der ihm dieses Recht zuerkannt wird, aufgrund dessen das Verbringen des Kindes durch seine Mutter oder sein Zurückhalten widerrechtlich im Sinne von Art. 2 Nr. 11 dieser Verordnung sein kann; zust. *Thym*, JZ 2011, 148.
109 *Holzmann*, S. 169 f.
110 BVerfG FamRZ 1997, 1269
111 Zutr. *Holzmann*, S. 174 f.
112 Wie hier Geimer/Schütze/*Dilger*, Art. 2 Rn 14; auch Prütting/Gehrlein/*Völker*, Art. 2 Rn 1.
113 HK-FamR/*Rieck*, Art. 1 EheVO 2003 Rn 5; *ders.*, NJW 2008, 182 ff.

des betreffenden Mitgliedstaates ist oder, im Fall des Vereinigten Königreichs und Irlands, dort sein „domicile“ hat;

b) dessen Staatsangehörigkeit beide Ehegatten besitzen, oder, im Fall des Vereinigten Königreichs und Irlands, in dem sie ihr gemeinsames „domicile“ haben.

(2) Der Begriff „domicile” im Sinne dieser Verordnung bestimmt sich nach dem Recht des Vereinigten Königreichs und Irlands.

A. Überblick

I. Dominanz des gewöhnlichen Aufenthalts

1 Art. 3 enthält eine grundsätzlich abschließende Regelung der internationalen Zuständigkeit in Ehesachen (zum Begriff der Ehesache vgl Art. 1 EheVO Rn 3 ff). Ein Rückgriff auf das nationale Zuständigkeitsrecht ist nur unter den engen Voraussetzungen der Art. 6, 7 möglich.[114] Art. 3 ist dadurch charakterisiert, dass der **gewöhnliche Aufenthalt** als zuständigkeitsbegründendes Merkmal von deutlich größerer Bedeutung ist als die Staatsangehörigkeit der Ehegatten.[115] Abgestellt wird auf den aktuellen oder den letzten gemeinsamen Aufenthalt der Ehegatten (Art. 3 Abs. 1 lit. a Spiegelstrich 1 und 2), den gewöhnlichen Aufenthalt des Antragsgegners (Art. 3 Abs. 1 lit. a Spiegelstrich 3), den gewöhnlichen Aufenthalt des Antragstellers (Art. 3 Abs. 1 lit. a Spiegelstrich 5 und 6) sowie den gewöhnlichen Aufenthalt eines der Ehegatten bei gemeinsamer Antragstellung (Art. 3 Abs. 1 lit. a Spiegelstrich 4).

2 Die **Staatsangehörigkeit** wird demgegenüber deutlich zurückgedrängt. Allein Art. 3 Abs. 1 lit. b stellt zentral auf die Staatsangehörigkeit ab. Die Vorschrift wirkt aber nur dann zuständigkeitsbegründend, wenn es sich um den Mitgliedstaat handelt, dem beide Ehegatten angehören. Im Übrigen kommt der Staatsangehörigkeit nur noch innerhalb des Art. 3 Abs. 1 lit. a Spiegelstrich 6 ergänzende Bedeutung zu. Hierdurch unterscheidet sich die Zuständigkeitsregelung der EheVO 2003 deutlich von der (durch die EheVO 2003 grundsätzlich verdrängten) autonomen deutschen Zuständigkeitsregelung des § 98 FamFG. Insbesondere reicht es nach der EheVO 2003 – anders als nach § 98 Abs. 1 Nr. 1 FamFG – für eine internationale Zuständigkeit deutscher Gerichte nicht aus, dass nur der antragstellende Ehegatte, nicht aber der Antragsgegner die deutsche Staatsangehörigkeit hat.

3 Für scheidungswillige **deutsche Staatsangehörige mit gewöhnlichem Aufenthalt im Ausland** besteht daher – soweit der Antragsgegner seinen gewöhnlichen Aufenthalt ebenfalls nicht in Deutschland hat bzw nicht ebenfalls deutscher Staatsangehöriger ist – nach Art. 3 keine internationale Zuständigkeit deutscher Gerichte. Damit kommt ihnen, soweit sich nicht doch aus Art. 6, 7 eine Möglichkeit des Rückgriffs auf das deutsche Zuständigkeitsrecht ergibt, auch nicht die „scheidungsfreundliche” Anknüpfung an das deutsche Recht nach dem aktuell noch geltenden Art. 17 Abs. 1 S. 2 EGBGB zugute (vgl Art. 17 EGBGB Rn 30 ff und 40 f). Deutsche Staatsangehörige mit gewöhnlichem Aufenthalt im Ausland müssen sich daher darauf einstellen, dass ihre Ehe uU nur im Ausland und iÜ dort nur schwieriger scheidbar ist als vor deutschen Gerichten.[116] Zu beachten ist allerdings, dass eine internationale Zuständigkeit deutscher Gerichte nach Maßgabe von Art. 3 Abs. 1 lit. a Spiegelstrich 6 EheVO 2003 binnen sechs Monaten nach einer Rückkehr des Ehegatten nach Deutschland entsteht.

114 Verkannt von AG Leverkusen FamRZ 2002, 1635 mit krit. Anm. *Gottwald*.
115 Etwa Erman/*Hohloch*, Art. 17 EGBGB Rn 65.
116 Rauscher/*Rauscher*, Art. 3 Brüssel IIa-VO Rn 3 ff; *ders*., in: FS Geimer 2002, S. 883 f (mit scharfer rechtspolitischer Kritik).

II. Vielzahl an konkurrierenden Gerichtsständen

4 Art. 3 führt ferner dazu, dass innerhalb der EU häufig die internationale Zuständigkeit nicht nur eines, sondern mehrerer Mitgliedstaaten besteht. Die in Art. 3 Abs. 1 vorgesehenen Zuständigkeiten stehen in **keinem Rangverhältnis**, so dass der jeweilige Antragsteller die **freie Wahl** hat, bei welchem der nach Art. 3 Abs. 1 zuständigen Gerichte er den Scheidungsantrag stellt.[117] Haben zB zwei spanische Ehegatten einige Zeit zusammen in Deutschland gelebt und lebt einer der Ehegatten nach dem Scheitern der Ehe seit einem Jahr in Österreich, so besteht eine internationale Zuständigkeit sowohl der deutschen (Art. 3 Abs. 1 lit. a Spiegelstrich 2, 3 und 5), der österreichischen (Art. 3 Abs. 1 lit. a Spiegelstrich 3 und 5) als auch der spanischen Gerichte (Art. 3 Abs. 1 lit. b).[118]

5 Im Rahmen der **Rechtsberatung** folgt hieraus zweierlei: Zum einen ist der Mandant darauf hinzuweisen, dass er nach seiner freien Wahl den Scheidungsprozess auch bei einem international zuständigen Gericht eines anderen EU-Mitgliedstaates einleiten kann. Hierbei ist jedoch auf die Geltung eines ausländischen Verfahrensrechts sowie – je nachdem, wie in den betreffenden Mitgliedstaaten kollisionsrechtlich angeknüpft wird – uU auch auf die Anwendbarkeit eines abweichenden materiellen Scheidungsrechts hinzuweisen. Dies gilt auch nach Beginn der Anwendbarkeit der Rom II-VO, da sich nicht alle Mitgliedstaaten an dieser Verordnung beteiligen (s. Art. 17 Rn 6). Vor allem ist zu berücksichtigen, dass ggf auch die Folgesachen vor dem ausländischem Gericht – dessen internationale Zuständigkeit vorausgesetzt – nach einem anderen Recht entscheiden werden könnten als vor dem inländischen.[119] Für ein Anhängigmachen des Scheidungsprozesses im Ausland kann u.a. sprechen, dass nach dem deutschen Kollisionsrecht ein ausländisches Sachrecht heranzuziehen wäre und daher von deutschen Gerichten uU kostspielige bzw zeitaufwendige Sachverständigengutachten einzuholen wären.

6 Zumeist wird der Mandant ein Interesse daran haben, das Scheidungsverfahren in Deutschland zu führen. Zu berücksichtigen ist in diesem Fall, dass der andere Ehegatte – insbesondere dann, wenn dieser in Deutschland keinen gewöhnlichen Aufenthalt (mehr) hat – möglicherweise das Scheidungsverfahren lieber vor einem ausländischen Gericht durchführen will. Wird das in einem anderen Mitgliedstaat betriebene Scheidungsverfahren früher rechtshängig als das deutsche, so besteht für das deutsche Verfahren der **Einwand der Rechtshängigkeit** nach Art. 16, 19 (vgl Art. 19 EheVO Rn 1 ff). Um eine Unzulässigkeit des deutschen Scheidungsverfahrens abzuwenden, ist demnach im Zweifel eine **möglichst rasche Antragstellung** anzuraten (vgl näher Art. 17 EGBGB Rn 166). Die EheVO 2003 fördert damit, was auch der EuGH einräumt, einen Wettlauf zu den Scheidungsgerichten.[120]

III. Grundsatz der perpetuatio fori

7 Es gilt der Grundsatz der perpetuatio fori: Ist ein Gericht international zuständig, so führen Tatsachenänderungen nach Rechtshängigkeit (Art. 16, 19) nicht zu einem Wegfall der internationalen Zuständigkeit.[121] Insbesondere führt ein Wechsel des gewöhnlichen Aufenthalts nicht dazu, dass eine einmal nach Art. 3 Abs. 1 lit. a begründete internationale Zuständigkeit wegfällt. Auch eine nach Art. 3 Abs. 1 lit. b bzw Art. 3 Abs. 1 lit. a Spiegelstrich 6 begründete internationale Zuständigkeit wird von einem späteren Wechsel der Staatsangehörigkeit nicht beeinträchtigt. Umgekehrt reicht es nach der hier vertretenen Auffassung aus, dass die die Zuständigkeit begründenden Tatsachen erst im Laufe des Verfahrens eintreten. Dies gilt nach der hier vertretenen Auffassung auch für den Fristablauf nach Art. 3 Abs. 1 lit. a Spiegelstrich 5 und 6 (vgl Rn 35 ff).

IV. Parteiautonomie, rügelose Einlassung

8 Die Möglichkeit einer **Vereinbarung** über die Zuständigkeit ist ebenso wie die Möglichkeit einer **rügelosen Einlassung** im System der Art. 3 ff grundsätzlich nicht vorgesehen.[122] Allerdings lässt sich Art. 3 Abs. 1

117 EuGH, C-168/08, Hadadi ./. Mesko, FamRZ 2009, 1571, 1573 (Rn 48); aus der Lit. etwa Rauscher/*Rauscher*, Art. 3 Brüssel IIa-VO Rn 14; Staudinger/*Spellenberg*, Art. 3 Rn 5; *ders.*, in: FS Geimer 2002, S. 1257, 1265; *Ancel/Muir Watt*, Rev. crit. dr. int. priv. 2001, S. 403, 415 f.

118 Vgl *Simotta*, in: FS Geimer 2002, S. 1115, 1152, nach deren Ansicht dem „forum shopping" durch die EheVO „Tür und Tor geöffnet" werde; ähnlich *Wagner*, FamRZ 2003, 803, 804; Staudinger/*Spellenberg*, Vor Art. 1 Rn 44 ff.

119 Staudinger/*Spellenberg*, Vor Art. 1 Rn 44.

120 EuGH, C-168/08, Hadadi ./. Mesko, FamRZ 2009, 1571, 1574 Rn 57 (die EheVO 2003 könne die Parteien dazu „verleiten…, schnell eines der zuständigen Gerichte anzurufen, um sich die Vorteile des materiellen Scheidungsrechts zu sichern, das nach dem internationalen Privatrecht des Gerichtsstands anwendbar ist"); krit. dazu *Kohler*, FamRZ 2009, 1574, 1575; auch Prütting/Gehrlein/*Völker*, Art. 3 Rn 3.

121 Rauscher/*Rauscher*, Art. 3 Brüssel IIa-VO Rn 17; *Schack*, RabelsZ 65 (2001), 615, 624; *Hau*, FamRZ 2000, 1333, 1340.

122 Geimer/Schütze/*Dilger*, Vor Art. 3 Rn 49; Rauscher/*Rauscher*, Art. 3 Brüssel IIa-VO Rn 2.

Spiegelstrich 4 eine Regelung entnehmen, die einer Zuständigkeitsvereinbarung im praktischen Ergebnis weitgehend gleichkommt (vgl Rn 23).

B. Die Zuständigkeiten im Einzelnen

I. Aufenthaltszuständigkeit (Abs. 1 lit. a)

1. Gemeinsamer gewöhnlicher Aufenthalt (Spiegelstrich 1). Art. 3 Abs. 1 lit. a Spiegelstrich 1 begründet eine internationale Zuständigkeit am **gemeinsamen gewöhnlichen Aufenthalt** der Ehegatten. Maßgeblich ist, ob im Zeitpunkt der Rechtshängigkeit des Verfahrens ein derartiger gemeinsamer gewöhnlicher Aufenthalt besteht. Ein nachträglicher Wegfall des gemeinsamen gewöhnlichen Aufenthalts ist nach dem Grundsatz der perpetuatio fori unschädlich (vgl Rn 7). 9

Art. 3 Abs. 1 lit. a Spiegelstrich 1 ist, näher betrachtet, ohne eigenständige Bedeutung. Nach Art. 3 Abs. 1 lit. a Spiegelstrich 3 (Beklagtengerichtsstand) reicht es nämlich für eine internationale Zuständigkeit auch aus, dass nur der Antragsgegner (nicht aber notwendigerweise auch der Antragsteller) seinen gewöhnlichen Aufenthalt in dem betreffenden Staat hat.[123] 10

Der Begriff des **gewöhnlichen Aufenthalts** bereitet für den Regelfall keine besonderen Probleme.[124] Er ist grundsätzlich in demselben Sinne zu verstehen wie auf staatsvertraglicher Ebene, etwa im HUntÜ (vgl ferner Art. 5 EGBGB Rn 16 ff).[125] Ziehen die Ehegatten von einem Mitgliedstaat in den anderen, ohne dass eine Rückkehrabsicht besteht, so ist bereits in diesem Augenblick von einem Wechsel des gewöhnlichen Aufenthalts auszugehen.[126] Anders verhält es sich, wenn ursprünglich nur ein befristeter Wegzug geplant war, aber am neuen Ort sodann entgegen der ursprünglichen Absicht eine allmähliche berufliche und soziale Integration erfolgt.[127] In derartigen Fällen kann – in der Form einer für die Praxis brauchbaren Faustregel – davon ausgegangen werden, dass der Wechsel des gewöhnlichen Aufenthalts nach einem Zeitraum von sechs Monaten erfolgt.[128] Bedeutung hat diese Konstellation etwa in den Fällen, in denen **Gastarbeiter** von Deutschland in ihr Heimatland reisen und sich dann dort – entgegen ihrer ursprünglichen Absicht – so (re-)integrieren, dass eine Rückkehr nach Deutschland als unwahrscheinlich anzusehen ist. 11

Fraglich ist, ob der gewöhnliche Aufenthalt stets davon abhängt, dass ein **entsprechender natürlicher Wille zur Begründung** bzw **Aufrechterhaltung eines Aufenthalts** gegeben ist, oder ob ein Aufenthalt auch ohne oder sogar gegen den Willen des Betroffenen begründet bzw zumindest aufrechterhalten werden kann. Von Bedeutung ist diese Frage insbesondere bei **Strafgefangenen** bzw in einer **Heil- oder Krankenanstalt** befindlichen Personen.[129] Man wird zunächst sagen müssen, dass eine Person, die im Inland einen gewöhnlichen Aufenthalt begründet hat, diesen gewöhnlichen Aufenthalt im Inland auch dann beibehält, wenn sie anschließend gegen ihren Willen im Inland – etwa im Rahmen einer Strafhaft – festgehalten wird. Hat also eine Person in Deutschland einen gewöhnlichen Aufenthalt begründet und verbüßt sie daran anschließend in Deutschland eine mehrjährige Haftstrafe, so ist von einem gewöhnlichen Aufenthalt in Deutschland auszugehen, selbst wenn der Gefangene mittlerweile den Entschluss gefasst haben sollte, Deutschland nach Verbüßung der Haft zu verlassen. Es fehlt in diesem Fall bereits an der für die Begründung eines neuen gewöhnlichen Aufenthalts erforderlichen Ortsveränderung.[130] 12

Aber auch eine Neubegründung eines gewöhnlichen Aufenthalts dürfte ohne oder sogar gegen den Willen des Betroffenen möglich sein. Der Bericht von *Borrás* nimmt allgemein auf den vom EuGH näher definierten Begriff des **„ständigen Wohnsitzes"** Bezug. Maßgeblich sei daher der Ort, „den der Betroffene als ständigen und gewöhnlichen Mittelpunkt seiner Lebensinteressen in der Absicht gewählt hat, ihm Dauerhaftigkeit zu verleihen".[131] Dies spricht augenscheinlich dafür, bei solchen Personen, die ohne bzw gegen ihren Willen in 13

123 Krit. daher *Hau*, FamRZ 2000, 1333, 1334; *Schack*, RabelsZ 65 (2001), 615, 622; vgl demgegenüber aber auch Rauscher/*Rauscher*, Art. 3 Brüssel IIa-VO Rn 20. Die Stellung der Norm ist aus dem redaktionellen Werdegang der EheVO zu erklären (*Becker-Eberhard*, in: FS Beys 2003, S. 93, 103).

124 Zur – mE eher zu verneinenden – Frage, ob im seltenen Ausnahmefall ein mehrfacher gewöhnlicher Aufenthalt denkbar ist, ausf. Staudinger/*Spellenberg*, Art. 3 Rn 44 f.

125 Ausf. Staudinger/*Spellenberg*, Art. 3 Rn 38 ff; Geimer/Schütze/*Dilger*, Vor Art. 3 Rn 12 ff; Erman/*Hohloch*, Art. 5 EGBGB Rn 43 ff, Art. 17 EGBGB Rn 65; *Hausmann*, EuLF 200/01, 271, 276 (es sei nicht zu erwarten, dass sich hier in „nennenswerter Weise" Unterschiede ergeben).

126 Vgl OLG Düsseldorf FamRZ 1995, 37 = NJW-RR 1995, 903.

127 OLG Düsseldorf FamRZ 1995, 37 = NJW-RR 1995, 903.

128 OLG Düsseldorf FamRZ 1995, 37, 38 = NJW-RR 1995, 903; FamRZ 1984, 194; OLG Hamm FamRZ 1991, 1346, 1347; FamRZ 1989, 1084, 1085; OLG Köln FamRZ 1991, 363; OLG München FamRZ 1981, 389; OLG Stuttgart NJW 1978, 1746; *Dilger*, Rn 195 f.

129 Vgl dazu ausf. Staudinger/*Spellenberg*, Art. 3 Rn 65 ff; *Simotta*, in: FS Geimer 2002, S. 1115, 1160 (die letztlich den „faktischen Aufenthalt" ausreichen lässt).

130 Ähnlich Geimer/Schütze/*Dilger*, Vor Art. 3 Rn 21.

131 *Borrás*, ABl. EG 1998 C 221 S. /38 Rn 32.

einem anderen Mitgliedstaat verbracht oder dort festgehalten werden, nicht von der Begründung eines gewöhnlichen Aufenthalts auszugehen.[132]

14 Allerdings ist zu beachten, dass die **Art. 8** f vielfach den Vorschriften des KSÜ nachgebildet sind und es im KSÜ, etwa auch im Falle der Kindesentführung, nach herrschender Ansicht nicht auf einen Bleibewillen des Kindes, sondern nur auf objektive Voraussetzungen – namentlich die tatsächliche soziale Integration des Kindes in die neue Umgebung bzw die zu erwartende Dauerhaftigkeit des Aufenthalts – ankommt.[133] Es ist nicht davon auszugehen, dass der Verordnungsgeber hieran etwas ändern wollte.[134] Kommt es aber sodann im Rahmen der Art. 8 f nicht auf einen „Bleibewillen" des Kindes, sondern auf objektive Umstände an, sollte auch bei Art. 3 eine objektive Betrachtung angestellt werden. Abzustellen ist also auf eine „äußere Verfestigung" bzw die abzusehende Dauerhaftigkeit des Aufenthalts, von der u.a. bei einem längeren Gefängnisaufenthalt auszugehen ist.[135] Die Notwendigkeit einer kohärenten Bestimmung des Begriffs des gewöhnlichen Aufenthalts innerhalb der EheVO 2003 wiegt schwerer als die auslegungsbedürftige und wohl nicht als abschließende Definition gedachte Bemerkung in dem erläuternden Bericht zum Brüssel II-Abkommen. Auch die **Illegalität eines Aufenthalts** – etwa eines Flüchtlings oder Asylbewerbers – steht der Begründung eines gewöhnlichen Aufenthalts als solche nicht entgegen.[136] Es ist aber genau zu prüfen, ob den Umständen nach eine hinreichende soziale Integration vorliegt.

15 Bei **Mehrrechtsstaaten** ist die Unteranknüpfung des Art. 66 lit. a zu beachten. Eine internationale Zuständigkeit nach dem Spiegelstrich 1 besteht also dann nicht, wenn die Ehegatten ihren jeweiligen gewöhnlichen Aufenthalt in verschiedenen Teilrechtsordnungen haben, also zB der Ehemann in Schottland und die Ehefrau in England.[137]

16 **2. Letzter gemeinsamer gewöhnlicher Aufenthalt (Spiegelstrich 2).** Nach Art. 3 Abs. 1 lit. a Spiegelstrich 2 besteht auch eine internationale Zuständigkeit der Gerichte des Staates, in dem die **Ehegatten zuletzt beide ihren gewöhnlichen Aufenthalt** hatten, soweit einer der Ehegatten in diesem Staat noch seinen gewöhnlichen Aufenthalt hat.

17 Ein gemeinsamer gewöhnlicher Aufenthalt ist bereits dann anzunehmen, wenn beide Ehegatten ihren gewöhnlichen Aufenthalt zur gleichen Zeit in dem betreffenden Staat hatten. Nicht erforderlich ist, dass die Ehegatten einen gemeinsamen Haushalt führten bzw innerhalb ein und derselben Gemeinde lebten.[138] Art. 3 Abs. 1 lit. a Spiegelstrich 2 entspricht der kollisionsrechtlichen Anknüpfung nach Art. 17 iVm Art. 14 Abs. 1 Nr. 2 Alt. 2 EGBGB (vgl Art. 14 EGBGB Rn 18).

18 Erforderlich ist des Weiteren, dass einer der Ehegatten seinen gewöhnlichen Aufenthalt „**noch**" in dem betreffenden Mitgliedstaat hat. Die Zuständigkeit entfällt also, wenn beide Ehegatten den gewöhnlichen Aufenthalt in diesem Mitgliedstaat aufgeben. Eine Zuständigkeit nach dem Spiegelstrich 2 entsteht auch dann nicht neu, wenn einer der Ehegatten, der zwischenzeitlich in einem anderen Staat seinen gewöhnlichen Aufenthalt begründet hat, nach einiger Zeit wieder zurückkehrt.[139] Demgegenüber steht es der Zuständigkeit nach dem Spiegelstrich 2 selbstverständlich nicht entgegen, dass einer der Ehegatten innerhalb des betreffenden Mitgliedstaates zwischenzeitlich seinen Wohnsitz gewechselt hat.

19 **Praktische Bedeutung** hat die Zuständigkeitsregelung des Spiegelstrichs 2 u.a. in den Fällen, in denen in Deutschland eine Ehe geführt wird und einer der Ehegatten nach dem Scheitern der Ehe in seinen ausländischen Heimatstaat zurückkehrt. In diesem Fall besteht eine internationale Zuständigkeit deutscher Gerichte nach Maßgabe des Spiegelstrichs 2. In dem Heimatstaat des ausländischen Ehegatten entsteht, soweit es sich um einen Mitgliedstaat iSd EheVO 2003 handelt, eine internationale Zuständigkeit demgegenüber erst nach Ablauf von sechs Monaten nach Begründung des gewöhnlichen Aufenthalts (Art. 3 Abs. 1 lit. a Spiegelstrich 6). Einem Scheidungsantrag im Heimatstaat des anderen Ehegatten kann der in Deutschland verbliebene Ehegatte demnach durch eine rechtzeitige Antragstellung im Inland zuvorkommen. Vielfach wird in diesen Fällen die nach dem anwendbaren deutschen Recht (Art. 17 iVm Art. 14 Abs. 1 Nr. 2 Alt. 2 EGBGB) erforderliche Trennungsfrist noch nicht abgelaufen sein, was einer Antragstellung aber nicht unbedingt entgegenstehen sollte (vgl näher Art. 17 EGBGB Rn 165).

132 Vgl *Simotta*, in: FS Geimer 2002, S. 1115, 1158 f.
133 Zum MSA vgl BGHZ 78, 293 = IPRax 1981, 139 mit Aufsatz *Henrich*, S. 125 = FamRZ 1961, 136 m. Anm. *Schlosshauer-Selbach*; Staudinger/*Kropholler*, Vor Art. 19 EGBGB Rn 143 ff; zum gewöhnlichen Aufenthalt bei Kindesentführungen *Baetge*, IPRax 2001, 573 ff mwN.
134 Rauscher/*Rauscher*, Art. 3 Brüssel IIa-VO Rn 22.
135 Im Erg. auch Staudinger/*Spellenberg*, Art. 3 Rn 65 ff (mit zutr. Begr.); *Simotta*, in: FS Geimer 2002, S. 1115, 1160 (iÜ auch zutr. auf die Gefahr einer möglichen Rechtsschutzverweigerung hinweisend); Geimer/Schütze/*Dilger*, Art. 3 Rn 15; *ders.*, Rn 23.; Rauscher/*Rauscher*, Art. 3 Brüssel IIa-VO Rn 22.
136 Zutr. Staudinger/*Spellenberg*, Art. 3 Rn 80 ff mwN.
137 Geimer/Schütze/*Dilger*, Art. 3 Rn 6.
138 *Spellenberg*, in: FS Geimer 2002, S. 1257, 1266; *Hausmann*, EuLF 2000/01, 271, 276; Geimer/Schütze/*Dilger*, Art. 3 Rn 10; *ders.*, Rn 225, 226.
139 Etwa Geimer/Schütze/*Dilger*, Art. 3 Rn 14; *ders.*, Rn 228; MüKo-ZPO/*Gottwald*, Art. 3 Rn 9; *Niklas*, S. 74 Fn 376; HK-FamR/*Rieck*, Art. 3 EheVO 2003 Rn 5.

3. Gewöhnlicher Aufenthalt des Antragsgegners (Spiegelstrich 3). Eine internationale Zuständigkeit haben daneben auch die Gerichte des Staates, in dem (nur) der **Antragsgegner** seinen gewöhnlichen Aufenthalt hat (Art. 3 Abs. 1 lit. a Spiegelstrich 3).[140] Die internationale Zuständigkeit entsteht bereits in dem Augenblick, in dem der Antragsgegner in dem Staat seinen gewöhnlichen Aufenthalt begründet. Eine einmal vorhandene internationale Zuständigkeit geht nach dem Grundsatz der perpetuatio fori nicht verloren, wenn der gewöhnliche Aufenthalt in dem betreffenden Staat nach Rechtshängigkeit des Scheidungsverfahrens aufgegeben wird (vgl bereits Rn 7). 20

Umgekehrt reicht es für die internationale Zuständigkeit nach Art. 3 Abs. 1 lit. a Spiegelstrich 3 nach der hier vertretenen Ansicht auch aus, dass der gewöhnliche Aufenthalt des Antragsgegners erst **während des laufenden Verfahrens** begründet wird. Dies ergibt sich daraus, dass es der Prozessökonomie widerspräche, den Antrag als unzulässig zu behandeln und den Antragsteller zu zwingen, sofort nach Abweisung des Antrags einen gleich lautenden (nunmehr zulässigen) Antrag zu stellen.[141] Allerdings darf der Antragsteller nicht die Möglichkeit haben, mit einer Klage bei einem (noch) unzuständigen Gericht eine Klage bei einem anderen international zuständigen Gericht unzulässig zu machen. Im Rahmen der nach Art. 19 Abs. 1, 3 durchzuführenden Zuständigkeitsprüfung hat das Erstgericht daher auf die Verhältnisse und damit auch den gewöhnlichen Aufenthalt des Antragsgegners im Zeitpunkt der Rechtshängigkeit des Zweitverfahrens abzustellen (vgl hierzu ausführlich Rn 38 f).[142] 21

Die internationale Zuständigkeit am gewöhnlichen Aufenthaltsort nur des Antragsgegners ist für den Antragsteller zumeist nicht sehr attraktiv, weil er in diesem Fall die Kosten und Mühen eines Rechtsstreits im Ausland auf sich nehmen muss. Im Einzelfall kann aber zB auch ein Antragsteller mit gewöhnlichem Aufenthalt im Ausland ein Interesse daran haben, in Deutschland gegen den in Deutschland lebenden Antragsgegner vorzugehen. Denkbar ist etwa, dass das deutsche Scheidungsverfahren schneller und ggf kostengünstiger ist als das ausländische oder dass der Antragsteller eine Scheidung nach dem durch Art. 17 EGBGB bestimmten Recht erreichen will. 22

4. Gemeinsamer Scheidungsantrag (Spiegelstrich 4). Art. 3 Abs. 1 lit. a Spiegelstrich 4 schafft eine weitere internationale Zuständigkeit für den Fall, dass ein gemeinsamer Antrag der Ehegatten vorliegt. In diesem Fall ist jeder Mitgliedstaat international zuständig, in dem auch nur einer der Ehegatten seinen gewöhnlichen Aufenthalt hat. 23

Ein gemeinsamer Antrag liegt zunächst dann vor, wenn die Ehegatten die Scheidung (die Trennung ohne Auflösung des Ehebandes oder die Ungültigerklärung der Ehe) – soweit dies nach der anwendbaren lex fori (wie etwa der französischen)[143] möglich ist – in einer gemeinsamen Antragsschrift begehren. Daneben reicht es aber nach hL auch aus, wenn die Scheidung (wie in § 1566 Abs. 1 Alt. 1 BGB) in zwei getrennten Antragsschriften begehrt wird.[144] Darüber hinaus ist ein gemeinsamer Antrag iSd Art. 3 Abs. 1 lit. a Spiegelstrich 4 nach hL auch dann gegeben, wenn nur ein Ehegatte die Scheidung beantragt und der andere (wie etwa in § 1566 Abs. 1 Alt. 2 BGB) vorher oder nachher **zustimmt**.[145] Eine einmal erklärte Zustimmung ist nicht widerrufbar. 24

Die wohl **herrschende Lehre** geht davon aus, dass eine derartige Zustimmung nach dem Scheidungsstatut überhaupt **materiell möglich** sein muss. Art und Form der erforderlichen Zustimmung richteten sich nach dem materiellen Scheidungsstatut.[146] Bei der Anwendung deutschen Scheidungsrechts wäre also eine Zustimmung nach Maßgabe von § 1566 Abs. 1 BGB iVm § 134 FamFG erforderlich. In der Konsequenz stellt sich sodann die Frage, ob – soweit das anwendbare Recht verschiedene Scheidungsgründe kennt – zB auch die Berufung auf einen abweichenden Scheidungsgrund (Verschuldens-, statt Zerrüttungsscheidung)[147] oder sogar 25

140 Rechtspolitische Kritik an der Vorschrift bei Rauscher/*Rauscher*, Art. 3 Brüssel IIa-VO Rn 31 ff.

141 Zu Art. 8 EhevO 2003 (Begründung des gewöhnlichen Aufenthalts erst im laufenden Verfahren) BGH NJW 2010, 1351; vgl Staudinger/*Spellenberg*, Art. 3 Rn 121 ff; MüKo-ZPO/*Gottwald*, Art. 3 Rn 12; aA HK-FamR/*Rieck*, Art. 3 EheVO 2003 Rn 6.

142 Wie hier Geimer/Schütze/*Dilger*, Art. 3 Rn 16, Vor Art. 3 Rn 57 ff; HK-ZPO/*Dörner*, Art. 3 Rn 14.

143 Divorce sur demande conjointe des époux, Art. 230 Abs. 1 c.c., Art. 1089 frz. NCPC.

144 Geimer/Schütze/*Dilger*, Art. 3 Rn 18 ff; Staudinger/*Spellenberg*, Art. 3 Rn 22; *Becker-Eberhard*, in: FS Beys 2003, S. 93, 105; *Hajnczyk*, S. 78 f; iE abw. *Gröschl*, S. 126.

145 Geimer/Schütze/*Dilger*, Art. 3 Rn 18 ff; Rauscher/*Rauscher*, Art. 3 Brüssel IIa-VO Rn 36; MüKo-ZPO/*Gottwald*, Art. 3 Rn 15; *Spellenberg*, in: FS Geimer 2002, S. 1257, 1267; *Becker-Eberhard*, in: FS Beys 2003, S. 93, 105 f; *Hau*, FamRZ 2000, 1333, 1335; *Hausmann*, EuLF 2000/01, 274, 276 f; *Hajnczyk*, S. 78 f; *Niklas*, S. 71; abl. *Gröschl*, S. 124 und (aus der niederländischen Literatur) *Mostermans*, NIPR 2001, 293, 297.

146 Staudinger/*Spellenberg*, Art. 3 Rn 22; *ders.*, in: FS Geimer 2002, S. 1257, 1267 mit Fn 57; *Rausch*, FuR 2001, 151, 153.

147 Grds. abl. (mit Hinweis darauf, dass sonst für Art. 4 kein Anwendungsbereich mehr bliebe) Staudinger/*Spellenberg*, Art. 3 Rn 23; *Geimer*, Europ. Zivilverfahrensrecht, Art. 3 Rn 25; MüKo-ZPO/*Gottwald*, Art. 3 Rn 16; Zöller/*Geimer*, ZPO, Art. 3 EheVO Rn 5.

das bloße Zugeständnis nur des Tatsachenvortrags[148] bereits eine ausreichende Zustimmung iSd Spiegelstrichs 4 darstellt. Für eine internationale Zuständigkeit nach Art. 3 Abs. 1 lit. a Spiegelstrich 4 reiche es jedenfalls nicht aus, dass dem Ziel nach **verschiedene Anträge** gestellt werden, also zB ein Antrag auf Scheidung und ein Antrag auf Trennung von Tisch und Bett bzw ein Antrag auf Ungültigerklärung der Ehe.[149]

26 Nach der **Gegenansicht** ist die Frage nach der Zulässigkeit und den Voraussetzungen einer Zustimmung **autonom** nach der EheVO 2003 zu bestimmen.[150] Demnach sei eine Zustimmung unabhängig vom Inhalt des Scheidungsstatuts jederzeit im laufenden Verfahren möglich und auch an keine Form gebunden.[151] Ausreichend sei eine – von den konkreten materiellen Scheidungsvoraussetzungen unabhängige – den Scheidungsantrag allgemein bejahende Einlassung des Antragsgegners. Die zuletzt genannte Ansicht löst sich stark von den Konzepten, die in den nationalen Rechtsordnungen zum gemeinsamen Antrag zu finden sind. Für sie spricht aber, dass Fragen der internationalen Zuständigkeit nicht davon abhängig gemacht werden sollten, ob und unter welchen Voraussetzungen die (für verfahrensrechtliche Fragen einschlägige) lex fori und das jeweils anwendbare materielle Recht – das noch durch eine kollisionsrechtliche Anknüpfung und, soweit es sich hiernach um ein ausländisches Recht handeln sollte, ggf noch durch Sachverständigengutachten zu ermitteln ist – eine einvernehmliche Scheidung vorsehen oder nicht.[152] Es käme sonst zu einer unpraktikablen Vermischung von Zuständigkeitsrecht einerseits und nationalem Verfahrensrecht bzw materiellem Scheidungsrecht. Ein europäisch-autonomes Konzept des gemeinsamen Antrags entspricht daher den Zwecken der Verordnung eher als ein Rückgriff auf nationales Recht.

27 Was die Voraussetzungen der Zustimmung im Einzelnen anbelangt, so wird zT eine ausdrückliche Zustimmungserklärung verlangt.[153] In Betracht kommt aber auch, folgt man der unter Rn 26 dargestellten Ansicht, eine entsprechende Heranziehung von Art. 12 Abs. 1 lit. b, Abs. 3 lit. b („ausdrücklich oder auf andere eindeutige Weise"). In der Praxis sollte der Antragsgegner, um alle Abgrenzungsschwierigkeiten auszuräumen, zu einer eindeutigen Erklärung aufgefordert werden. Jedenfalls nicht ausreichend ist eine bloße **rügelose Einlassung**.[154]

28 **5. Klägergerichtsstand bei einjährigem gewöhnlichem Aufenthalt im Gerichtsstaat (Spiegelstrich 5). a) Voraussetzungen im Allgemeinen.** Nach Art. 3 Abs. 1 lit. a Spiegelstrich 5 besteht eine internationale Zuständigkeit der Gerichte des Staates, in dem sich der Antragsteller seit mindestens einem Jahr unmittelbar vor der Antragstellung gewöhnlich aufgehalten hat.

29 Die Zuständigkeit nach dem Spiegelstrich 5 setzt einen mindestens **einjährigen** und ununterbrochenen **gewöhnlichen Aufenthalt** voraus. Auf die Staatsangehörigkeit des Antragstellers kommt es nicht an. Allerdings wird nach der Regel des Spiegelstrichs 6 die erforderliche Aufenthaltsdauer auf **sechs Monate** reduziert, wenn der **Antragsteller die Staatsangehörigkeit des Aufenthaltsstaates** bzw (im Falle des Vereinigten Königreichs und Irlands) dort sein domicile hat (vgl hierzu Rn 40 ff).

30 Ein neuer gewöhnlicher Aufenthalt entsteht durch die Begründung eines neuen faktischen Lebensmittelpunktes (vgl Art. 5 EGBGB Rn 18). Die Einjahresfrist beginnt erst mit der Begründung eines gewöhnlichen Aufenthalts zu laufen. Die Begründung eines **schlichten Aufenthalts** ist im Rahmen des Spiegelstrichs 5 nach herrschender Auffassung ohne jede Bedeutung.[155] Hierfür spricht der Umstand, dass ein bloßer schlichter Aufenthalt noch keine hinreichend enge Beziehung zu einem Staat begründet und iÜ das Erfordernis eines einjährigen gewöhnlichen (nicht nur schlichten) Aufenthalts Manipulationsgefahren effektiv entgegenwirkt.[156]

31 In der Literatur ist allerdings darauf aufmerksam gemacht worden, dass nach dem Wortlaut der Vorschrift in der deutschen Fassung auch ein einjähriger schlichter Aufenthalt ausreiche, soweit er sich nur am Ende zu einem gewöhnlichen Aufenthalt verstärke.[157] Letztlich dürfte der deutschen Textfassung – bei gleichzeitiger Betrachtung der anderen Textfassungen – keine entscheidende Bedeutung zukommen. Beispielsweise wird in der englischen bzw französischen Textfassung im Spiegelstrich 5 zB jeweils das Verb „to reside" bzw

148 Nach Auffassung von *Spellenberg* reicht dies für einen gemeinsamen Antrag nicht aus (Staudinger/*Spellenberg*, Art. 3 Rn 22; *ders.*, in: FS Geimer 2002, S. 1257, 1267).
149 Geimer/Schütze/*Dilger*, Art. 3 Rn 23.
150 Rauscher/*Rauscher*, Art. 3 Brüssel IIa-VO Rn 36 f.
151 Rauscher/*Rauscher*, Art. 3 Brüssel IIa-VO Rn 36 f.
152 Rauscher/*Rauscher*, Art. 3 Brüssel IIa-VO Rn 37; hiergegen HK-FamR/*Rieck*, Art. 3 EheVO 2003 Rn 7.
153 Geimer/Schütze/*Dilger*, Art. 3 Rn 21; *ders.*, Rn 239.
154 *Dilger*, Rn 238; aA Rahm/Künkel/*Breuer*, VIII Rn 139.9.
155 Ausf. Staudinger/*Spellenberg*, Art. 3 Rn 26 f; *ders.*, in: FS Geimer 2002, S. 1257, 1268 f; ferner *Geimer*, Europ. Zivilverfahrensrecht, Art. 3 Rn 27; *Hau*, FamRZ 2000, 1333, 1334; *Hausmann*, EuLF 2000/01, 271, 276; *Pirrung*, ZEuP 1999, 841, 844; *Becker-Eberhard*, in: FS Beys 2003, S. 93, 106; Prütting/Gehrlein/*Völker*, Art. 3 Rn 11; MüKo-ZPO/*Gottwald*, Art. 3 EheVO Rn 20; *Sturlése*, JCP 1999, 1147 Nr. 38; letztlich auch Rauscher/*Rauscher*, Art. 3 Brüssel IIa-VO Rn 43; aA Geimer/Schütze/*Dilger*, Art. 3 Rn 27 ff; *ders.*, Rn 243 ff; *Niklas*, S. 81 f; *Gröschl*, S. 127 f.
156 Staudinger/*Spellenberg*, Art. 3 Rn 27; *ders.*, in: FS Geimer 2002, S. 1257, 1269.
157 Geimer/Schütze/*Dilger*, Art. 3 Rn 27 ff; *ders.*, Rn 245; *Niklas*, S. 81 f.

„résider" verwendet. Ähnlich wie in der deutschen Textfassung erfolgt hier zunächst kein näherer Hinweis darauf, dass es sich um einen einjährigen „gewöhnlichen" Aufenthalt handeln muss.[158] Genauso wird in der englischen bzw französischen Fassung im Rahmen des Spiegelstrichs 2 verfahren, wo ebenfalls keine nähere Qualifikation des fortbestehenden Aufenthalts eines der Ehegatten als „gewöhnlich" erfolgt, sondern wiederum nur die Verben „résider" und „to reside" verwendet werden.[159] Dass es allerdings im Rahmen des Spiegelstrichs 2 auf einen fortbestehenden gewöhnlichen (nicht nur schlichten) Aufenthalt eines der Ehegatten ankommt, ist nicht zu bestreiten, selbst wenn dies dort nur in der deutschen (nicht in der englischen bzw französischen) Textfassung ausdrücklich hervorgehoben wird. In der Konsequenz muss es aber dann – angesichts der übereinstimmenden Formulierungen in der englischen bzw französischen Fassung[160] – auch im Falle des Spiegelstrichs 5 durchgängig auf den gewöhnlichen Aufenthalt ankommen.[161]

Die Lösung der hL führt dazu, dass **streng zwischen dem gewöhnlichen und dem schlichten Aufenthalt unterschieden werden muss**. Die Jahresfrist beginnt erst zu laufen, wenn sich der schlichte zu einem gewöhnlichen Aufenthalt verfestigt. Dies ist – nach einer in der Praxis gebräuchlichen Faustregel – im Zweifel jedenfalls nach einem sechsmonatigen Aufenthalt anzunehmen (Art. 5 EGBGB Rn 18), so dass sich die Aufenthaltsdauer, gerechnet ab dem Zuzug, auf eineinhalb Jahre verlängern kann. Möglich ist aber auch, dass bereits mit dem Zuzug in einen anderen Mitgliedstaat ein neuer gewöhnlicher Aufenthalt begründet wird, insbesondere dann, wenn zu diesem Zeitpunkt bereits der feste Wille besteht, dauerhaft in dem neuen Aufenthaltsstaat zu bleiben.[162] 32

Die **Jahresfrist** ist aus der Sicht eines deutschen Anwalts auch dann zu beachten, wenn es sich nicht um die Zuständigkeit deutscher, sondern ausländischer Gerichte handelt. Praktisch bedeutsam ist insbesondere der Fall, dass die Ehe in Deutschland geführt worden ist, aber einer der Ehegatten mittlerweile seinen gewöhnlichen Aufenthalt in einen anderen Mitgliedstaat verlegt hat. Da dort innerhalb eines Jahres nach Begründung des neuen gewöhnlichen Aufenthalts eine internationale Zuständigkeit (neu) entsteht, sollte ein **Scheidungsantrag in Deutschland möglichst vor Ablauf dieser Jahresfrist** gestellt werden. Andernfalls besteht die Gefahr, dass zuvor ein Verfahren bei einem nach dem Spiegelstrich 5 international zuständigen ausländischen Gericht rechtshängig wird und das später rechtshängig gewordene deutsche Verfahren gemäß Art. 16, 19 ausgesetzt bzw der Antrag letztlich abgewiesen werden muss. 33

Der gewöhnliche Aufenthalt muss mindestens ein Jahr lang **ununterbrochen** bestanden haben. Ein gewöhnlicher Aufenthalt wird nur dann unterbrochen bzw aufgehoben, wenn in einem anderen Staat ein neuer gewöhnlicher Aufenthalt begründet wird. Urlaubs- und Geschäftsreisen und auch kürzere Studienaufenthalte unterbrechen nach allgemeinen Grundsätzen den gewöhnlichen Aufenthalt nicht.[163] 34

b) Maßgeblicher Zeitpunkt für die Bemessung der Aufenthaltsdauer. Maßgeblicher Zeitpunkt für die Feststellung der Aufenthaltsdauer ist nach dem Wortlaut der Vorschrift der **Zeitpunkt der Antragstellung**. Maßgeblich ist also, wann der Antrag bei Gericht eingereicht worden ist. Demgegenüber reicht es nach dem Wortlaut der Vorschrift nicht aus, dass die Jahresfrist erst während der Anhängigkeit des Verfahrens abläuft. Dies erscheint bei einer an der **Prozessökonomie** orientierten Betrachtung wenig sinnvoll. Der als unzulässig abzuweisende Antrag könnte nämlich sofort als (mittlerweile) zulässig neu gestellt werden. Es müsste bei erneuter Antragstellung eine erneute Zustellung vorgenommen werden, die gerade in den Fällen, in denen sich der Antragsgegner im Ausland befindet, mit erheblichen Kosten und einem erhöhten Zeitaufwand verbunden ist. 35

158 Die englische Fassung lautet: „... the applicant is habitually resident if he or she resided there for at least a year immediately before the application was made". Die französische Fassung lautet: „... la résidence habituelle du demandeur s'il y a résidé depuis au moins une année immédiatement avant l'introduction de la demande".

159 Die englische Fassung lautet: „... the spouses were last habitually resident, insofar as one of them still resides there". Die französische Fassung lautet: „... la dernière résidence habituelle des époux dans la mesure où l'un d'eux y réside encore".

160 Dasselbe gilt auch für die anderen Textfassungen, in denen sich vergleichbare Formulierungen wie in der englischen bzw französischen Fassung finden.

161 Abw. Geimer/Schütze/*Dilger*, Art. 3 Rn 18 ff mit ausf. Begründung.

162 Nach Rauscher/*Rauscher*, Art. 3 Brüssel IIa-VO Rn 43 ist die praktische Bedeutung der Frage eher gering, da der Antragsteller jeweils vortragen wird, dass bereits mit dem Umzug ein gewöhnlicher Aufenthalt begründet worden ist. Das Gericht muss aber dem keinen Glauben schenken, und gerade bei konkurrierenden Scheidungsanträgen wird der Antragsgegner diesem Vortrag entgegentreten.

163 Vgl etwa BGH NJW 1982, 1216 = IPRax 1983, 71; näher Staudinger/*Spellenberg*, Art. 3 Rn 87.

36 Abweichend vom Wortlaut der Vorschrift reicht es nach Ansicht *Rauschers* dementsprechend für eine internationale Zuständigkeit grundsätzlich aus, dass sich die Jahresfrist erst im laufenden Verfahren vollendet.[164] Voraussetzung sei allerdings, dass das (ursprüngliche) Fehlen der internationalen Zuständigkeit erst nach Ablauf der Jahresfrist festgestellt werde. Erfolge die Feststellung vor Ablauf der Jahresfrist, müsse demgegenüber zwingend abgewiesen werden.[165]

37 *Rauscher* ist dahin gehend zuzustimmen, dass die Abweisung eines Antrags, der mittlerweile in identischer Form zulässig gestellt werden könnte, gegen die **Prozessökonomie** verstößt. Nach der hier vertretenen Ansicht ist – über den Vorschlag *Rauschers* hinaus – ein (noch) unzulässiger Antrag selbst dann nicht abzuweisen, wenn das Gericht die Unzulässigkeit noch vor Ablauf der Jahresfrist feststellt. Die Abweisung eines Antrags sollte nach der hier vertretenen Ansicht nicht von dem subjektiven Kenntnisstand des Gerichts und auch nicht – falls eine Entscheidung trotz vorheriger Feststellung erst nach Ablauf der Jahresfrist ergehen könnte – von den Äußerlichkeiten des Verfahrensfortgangs (etwa der Schnelligkeit der Zustellung ins Ausland bzw der Terminierungspraxis des Gerichts) abhängig gemacht werden.[166] Generell gilt es, eine erneute Antragstellung in ein und derselben Sache zu vermeiden. Als zutreffend und im Sinne der Prozessökonomie konsequent erscheint es, bei verfrühter Antragstellung das Verfahren zunächst einmal (nur) auszusetzen.[167] Konstruktiv kann man sich mit der Annahme behelfen, dass der ursprüngliche Antrag während eines laufenden Verfahrens kontinuierlich aufrechterhalten wird und damit nach Ablauf der Jahresfrist ohne weiteres „gestellt" bleibt. Das Anhängigbleiben des Verfahrens ist daher einer (erneuten) Antragstellung gleichzusetzen. Die hier vorgeschlagene Lösung lässt sich zudem auf eine **Analogie zu Art. 19 Abs. 1 S. 1** stützen: Diese (auf konkurrierende Verfahren bezogene) Vorschrift enthält den durchaus verallgemeinerungsfähigen Rechtsgedanken, dass eine Abweisung des Antrags nur erfolgen soll, wenn die Unzuständigkeit des angerufenen Gerichts endgültig feststeht. Kommt demgegenüber der Ausspruch eines Urteils in der Sache weiterhin in Betracht, so ist zu dem milderen Mittel der (bloßen) Aussetzung zu greifen (vgl Art. 19 EheVO Rn 16 f).[168] Uneingeschränkt kann daher eine „Heilung" des Zuständigkeitsmangels angenommen werden, wenn die die Zuständigkeit begründenden Umstände noch im Laufe der **ersten Instanz** eintreten. Treten sie erst in der **Rechtsmittelinstanz** ein, so hängt es von der jeweiligen lex fori ab, ob dort Tatsachenänderungen, die für die Zuständigkeit relevant sind, noch berücksichtigt werden können. Ist dies der Fall, so ist wiederum nach den Maßstäben der lex fori dafür Sorge zu tragen, dass den Parteien für die Sachentscheidung keine Instanz verloren geht. Im deutschen Recht kann eine Zurückverweisung an die erste Instanz erfolgen.[169]

38 Die hier vorgeschlagene Auslegung des Art. 3 Abs. 1 lit. a Spiegelstrich 5 ist allerdings durch eine gewichtige **Ausnahmeregel** zu ergänzen. In der Literatur wird zutreffend auf das Interesse des anderen Ehegatten (Antragsgegners) hingewiesen, seinerseits das zuständige Gericht zu bestimmen. Dem Antragsgegner muss es maW möglich bleiben, vor Ablauf der Jahresfrist einen Scheidungsantrag bei einem anderen, international zuständigen Gericht – etwa dem Gericht des vormaligen gemeinsamen Aufenthaltsortes (Spiegelstrich 2) – zu stellen, ohne hieran durch die vorherige Antragstellung des anderen Ehegatten bei einem (noch) unzuständigen Gericht gehindert zu sein.[170] Zu Art. 8 Abs. 1 (Begründung des gewöhnlichen Aufenthalts erst während des Verfahrens) hat der BGH mittlerweile eine entsprechende Auffassung vertreten.[171]

39 Fraglich ist allein, ob für die Zuständigkeitsprüfung des Erstgerichts auf den Zeitpunkt der Antragstellung beim Erstgericht oder den späteren Zeitpunkt der Antragstellung beim Zweitgericht abzustellen ist. Nach der hier vertretenen Ansicht spricht mehr dafür, auf den späteren **Zeitpunkt der Antragstellung beim Zweitgericht** abzustellen, so dass ein zwischenzeitliches Zulässigwerden des zuerst gestellten Antrags bis zu diesem

164 Rauscher/*Rauscher*, Art. 3 Brüssel IIa-VO Rn 42; zust. *Andrae/Schreiber*, IPRax 2010, 79, 82; *Gruber*, IPRax 2005, 293, 294; Geimer/Schütze/*Dilger*, Vor Art. 3 Rn 56; MüKo-ZPO/*Gottwald*, Art. 3 Rn 20; *Geimer*, Europ. Zivilverfahrensrecht, Art. 3 Rn 27; auch Zöller/*Geimer*, ZPO, Art. 3 EheVO Rn 8; *Gröschl*, S. 109 ff; aA Prütting/Gehrlein/*Völker*, Art. 3 Rn 11; Thomas/Putzo/*Hüßtege*, ZPO, Art. 3 EuEheVO Rn 8; HK-ZPO/*Dörner*, Art. 3 Rn 8; HK-FamR/*Rieck*, Art. 3 EheVO 2003 Rn 11 (soweit die Frist bei Antragstellung noch nicht abgelaufen sei, sei der Antrag zwingend abzuweisen).

165 Rauscher/*Rauscher*, Art. 3 Brüssel IIa-VO Rn 42.

166 Anderenfalls würden Antragsteller in Mitgliedstaaten, deren Gerichte (vergleichsweise) schnell arbeiten, gegenüber Antragstellern mit langsam arbeitender Justiz benachteiligt.

167 Vgl auch – letztlich ebenfalls auf den Entscheidungszeitpunkt abstellend – *Dilger*, Rn 219; *Hau*, FamRZ 2000, 1333, 1340; *Niklas*, S. 92; abw. Rauscher/*Rauscher*, Art. 3 Brüssel IIa-VO Rn 42 (eine „Rettung" des Antrags durch geschickte Terminierung sei unzulässig).

168 *Gruber*, IPRax 2005, 293, 295.

169 Näher dazu *Andrae/Schreiber*, IPRax 2010, 79, 82.

170 Staudinger/*Spellenberg*, Art. 3 Rn 122 ff; Rauscher/*Rauscher*, Art. 3 Brüssel IIa-VO Rn 42; *Geimer*, Europ. Zivilverfahrensrecht, Art. 3 Rn 28; s. ferner *Hausmann*, EuLF 2000/01, 345, 347; *Hau*, FamRZ 2000, 1333, 1339 f.

171 BGH NJW 2010, 1351: „*Auch ein erst während des Verfahrens begründeter gewöhnlicher Aufenthalt führt indes zur Zuständigkeit des angerufenen Gerichts nach Art. 8 Abs. 1 EuEheVO* wenn nicht zuvor ein ausländisches Gericht in derselben Rechtssache angerufen wurde" (Hervorhebung von Verf.).

Zeitpunkt berücksichtigt werden kann.[172] Macht ein nach Deutschland gezogener Ehegatte zwei Wochen vor Ablauf der Jahresfrist des Art. 3 Abs. 1 lit. a Spiegelstrich 5 in Deutschland einen Scheidungsantrag durch Einreichen der Antragsschrift rechtshängig (Art. 16, 19) und reicht der im Ausland verbliebene Ehegatte ein halbes Jahr später im Mitgliedstaat des vormaligen gemeinsamen gewöhnlichen Aufenthalts einen Scheidungsantrag ein, so ist nach der hier vertretenen Ansicht das deutsche Gericht als iSd Art. 17 zuständig anzusehen. Das deutsche Verfahren ist m.a.W. vorrangig. Unbillige Nachteile entstehen hierdurch für den im Ausland verbliebenen Antragsgegner nicht, denn das ausländische Verfahren hätte auch dann zurücktreten müssen, wenn der Antrag in Deutschland zwei Wochen später (unmittelbar nach Ablauf der Jahresfrist) gestellt worden wäre. Umgekehrt wäre es unbillig und prozessunökonomisch, wenn ein im Inland anhängiges, mittlerweile zulässig gewordenes und durch die Parteien ggf bereits betriebenes Verfahren nur deshalb gegenüber einem weitaus später rechtshängig gewordenen Verfahren zurückzutreten hätte, weil es ursprünglich einmal geringfügig „zu früh" gestellt worden ist. Dies gilt insbesondere angesichts dessen, dass der genaue Zeitpunkt, in dem ein gewöhnlicher Aufenthalt begründet wird, nicht immer leicht festzustellen ist (vgl Rn 11).[173] Eher nur theoretischer Natur – aber ebenfalls lösbar – ist der Fall, in dem beide Scheidungswillige ihre Anträge bei Gerichten stellen, die zum Zeitpunkt der Antragstellung noch unzuständig waren, aber im Verlauf des Verfahrens zuständig geworden sind. In diesem Fall setzt sich das Verfahren vor dem Gericht durch, das als erstes international zuständig wird.[174]

6. Klägergerichtsstand bei einem sechsmonatigen gewöhnlichen Aufenthalt im Heimatstaat (Spiegelstrich 6). a) Einfachgesetzliche Anwendung. Art. 3 Abs. 1 lit. a Spiegelstrich 6 beruht auf demselben Gedanken wie Art. 3 Abs. 1 lit. a Spiegelstrich 5. Nach Ablauf einer gewissen Frist soll demjenigen, der einen gewöhnlichen Aufenthalt in einem EU-Mitgliedstaat begründet hat, ein Zugang zu den inländischen Gerichten gewährt werden. Während Art. 3 Abs. 1 lit. a Spiegelstrich 5 einen ununterbrochenen gewöhnlichen Aufenthalt von einem Jahr verlangt, entsteht nach Art. 3 Abs. 1 lit. a Spiegelstrich 6 eine internationale Zuständigkeit bereits nach einem gewöhnlichen Aufenthalt von sechs Monaten. Voraussetzung ist allerdings, dass der Antragsteller die **Staatsangehörigkeit des Gerichtsstaats** besitzt. Im Falle des Vereinigten Königreichs bzw Irlands wird das Merkmal der Staatsangehörigkeit durch das „domicile" ersetzt (vgl näher Rn 47). Wird ein Scheidungsantrag bereits **vor Ablauf der Sechs-Monats-Frist** gestellt, gelten die unter Rn 28 ff genannten Grundsätze: Der Antrag ist nach Ablauf der Sechs-Monats-Frist als zulässig zu behandeln; zuvor ist das Verfahren nach der hier vertretenen Ansicht auszusetzen. Im Rahmen der nach Art. 17 vom Erstgericht anzustellenden Zuständigkeitsprüfung ist auf die Verhältnisse im Zeitpunkt der Einreichung des Zweitantrags abzustellen. 40

Die Staatsangehörigkeit des Gerichtsstaats muss im **Zeitpunkt der Antragstellung** vorliegen bzw zumindest im Laufe des Verfahrens erworben werden. Anderenfalls müsste ein (nunmehr) zulässiger Antrag als unzulässig abgewiesen werden, was der Prozessökonomie widerspräche.[175] Eine zuvor – etwa vor der Eheschließung – bestehende, aber noch vor Rechtshängigkeit aufgegebene Staatsangehörigkeit reicht nicht aus.[176] Nach der hier vertretenen Ansicht ist es nicht erforderlich, dass die Staatsangehörigkeit bereits mindestens sechs Monate vor der Antragstellung bestanden hat. Dies ergibt sich aus dem Wortlaut von Art. 3 Abs. 1 lit. a Spiegelstrich 6, der nur (punktuell) darauf abstellt, dass der Antragsteller Staatsangehöriger des betreffenden Mitgliedstaates „ist". Ein Verlust dieser Staatsangehörigkeit erst nach Rechtshängigkeit ist – ebenso wie ein späterer Wechsel des gewöhnlichen Aufenthalts – nach dem Grundsatz der perpetuatio fori unschädlich (vgl Rn 7). 41

Nicht eindeutig geregelt ist, ob und inwieweit Art. 3 Abs. 1 lit. a Spiegelstrich 6 auch bei **Mehrstaatern** anzuwenden ist. Der Bericht von *Borrás* zum Brüssel II-Übereinkommen spricht sich dafür aus, „im Rahmen der diesbezüglichen allgemeinen Gemeinschaftsbestimmungen die jeweiligen innerstaatlichen Vorschriften anzuwenden". Für die Zuständigkeit deutscher Gerichte wären also die Normen des deutschen Zuständigkeitsrechts bzw ggf – soweit man die Norm im deutschen Verfahrensrecht für analog anwendbar hält – Art. 5 Abs. 1 EGBGB anzuwenden.[177] 42

172 Wie hier Geimer/Schütze/*Dilger*, Vor Art. 3 Rn 63; Staudinger/*Spellenberg*, Art. 3 Rn 121 ff; Rauscher/*Rauscher*, Art. 3 Brüssel IIa-VO Rn 42; *Geimer*, Europ. Zivilverfahrensrecht, Art. 3 Rn 29; Zöller/*Geimer*, ZPO, Art. 3 EheVO Rn 12; *Andrae/Schreiber*, IPRax 2010, 79, 82.

173 Geimer/Schütze/*Dilger*, Vor Art. 3 Rn 63; *Andrae/Schreiber*, IPRax 2010, 79, 82.

174 *Gruber*, IPRax 2005, 293, 295. Beispiel: Deutsche Ehegatten mit gewöhnlichem Aufenthalt in Deutschland trennen sich. Der Ehemann begründet sodann einen gewöhnlichen Aufenthalt in Österreich; die Ehefrau – allerdings einige Wochen später – einen neuen gewöhnlichen Aufenthalt in Frankreich. Beide stellen Scheidungsanträge, bevor die Jahresfrist des Art. 3 Abs. 1 lit. a 5. Spiegelstrich abgelaufen ist. Das in Österreich beantragte Verfahren setzt sich durch, da dort die Zuständigkeit nach Art. 3 Abs. 1 lit.a 5. Spiegelstrich früher entstanden ist als in Frankreich.

175 Wie hier (aber mit Einschränkungen) Rauscher/*Rauscher*, Art. 3 Brüssel IIa-VO Rn 48.

176 Rauscher/*Rauscher*, Art. 3 Brüssel IIa-VO Rn 48; *Hau*, FamRZ 2000, 1333, 1337.

177 *Borrás*, ABl. EG 1998 C 221 S. 39 Rn 33.

43 Zu Art. 3 Abs. 1 lit. b hat allerdings zwischenzeitlich der EuGH entschieden, dass auch eine gemeinsame nicht-effektive Staatsangehörigkeit der Ehegatten genügt, um eine internationale Zuständigkeit nach dieser Vorschrift zu begründen (s.u. Rn 52).[178] Diese Entscheidung ist auf Art. 3 Abs. 1 lit. a Spiegelstrich 6 zu übertragen. Dies gilt u.a. deshalb, weil der Begriff der Staatsangehörigkeit innerhalb ein und derselben Vorschrift gleichlautend ausgelegt werden sollte. Ferner sind die vom EuGH bei Art. 3 Abs. 1 lit. b angeführten Argumente auch für Art. 3 Abs. 1 lit. a Spiegelstrich 6 verwendbar.[179] Wie lit. b stellt auch lit. a Spiegelstrich 6 dem Wortlaut nach nur auf das Bestehen einer Staatsangehörigkeit als solcher ab; eine „effektive" Staatsangehörigkeit wird dem Wortlaut nach nicht verlangt. Schließlich würde eine Effektivitätsprüfung bei lit. a Spiegelstrich 6 – nicht anders als bei lit. b – die Rechtssicherheit beeinträchtigen.[180] Damit reicht es aus, dass der Antragsteller die Staatsangehörigkeit des Gerichtsstaats hat, unabhängig davon, ob er noch weitere Staaten angehört und ob die betreffende Staatsangehörigkeit die effektive ist.

44 Größere Relevanz kommt der Frage nach der doppelten Staatsbürgerschaft im Rahmen des Art. 3 Abs. 1 lit. a Spiegelstrich 6 aber ohnehin nicht zu. Der gewöhnliche Aufenthalt hat nämlich bei der Beurteilung der Frage, welche Staatsangehörigkeit die „effektive" ist, idR die entscheidende Bedeutung.[181] Hat der Antragsteller seinen gewöhnlichen Aufenthalt in dem betreffenden Mitgliedstaat begründet und seit mindestens sechs Monaten ununterbrochen beibehalten, so ist die Zugehörigkeit zu diesem Mitgliedstaat damit fast immer als die „effektive" anzusehen.[182]

45 Nicht anzuwenden ist Art. 3 Abs. 1 lit. a Spiegelstrich 6 auf **Staatenlose**.[183] Für sie verbleibt es bei der Regel des Spiegelstrichs 5. Dies ergibt sich u.a. daraus, dass die Regel des Spiegelstrichs 6 eine Privilegierung von Unionsbürgern darstellt. Ferner dient das Merkmal der Staatsangehörigkeit als Indiz für eine stärkere Bindung an den Staat des gewöhnlichen Aufenthalts. Eine derartige Indizwirkung ist im Falle von Staatenlosen nicht gegeben.[184]

46 Geht es um die internationale Zuständigkeit von Gerichten des **Vereinigten Königreichs** bzw **Irlands**, ist nicht auf die Staatsangehörigkeit, sondern das domicile abzustellen. Dies erklärt sich daraus, dass das domicile im Verfahrens- und Kollisionsrecht der beiden Staaten an die Stelle der anderenorts vielfach verwendeten Staatsangehörigkeit tritt. Insgesamt spielt die Staatsangehörigkeit zu den beiden Mitgliedstaaten im Anwendungsbereich der EheVO 2003 keine Rolle. Umgekehrt kann ein domicile nur vor Gerichten des Vereinigten Königreichs bzw Irlands, nicht aber vor Gerichten anderer EU-Mitgliedstaaten zuständigkeitsbegründend wirken. Hat zB ein irischer Antragsteller sein domicile in Deutschland, so besteht keine Zuständigkeit nach Art. 3 Abs. 1 lit. a Spiegelstrich 6: in Deutschland nicht, weil dem Antragsteller die deutsche Staatsangehörigkeit fehlt, in Irland nicht, weil er sein domicile nicht in Irland hat.[185]

47 Nach **Abs. 2** bestimmt sich der Begriff des domicile nach dem Recht des Vereinigten Königreichs bzw Irlands. Es liegt m.a.W. eine Qualifikationsverweisung auf das britische bzw irische Recht vor.[186] Unter dem domicile wird im Kern der Lebensmittelpunkt einer Person verstanden, wobei u.a. zwischen dem domicile of origin (bei Kindern) und dem domicile of choice (bei Erwachsenen) unterschieden wird.[187] Das domicile liegt zumeist, aber nicht notwendigerweise, in dem Staat, in dem die betreffende Person ihren gewöhnlichen Aufenthalt hat. Ob bei Vorliegen eines domicile in dem Vereinigten Königreich bzw in Irland dort auch ein

178 EuGH, C-168/08, Hadadi ./. Mesko, FamRZ 2009, 1571 mit abl. Anm. *Kohler* und zust. *Anm. Dilger*, IPRax 2010, 54 und Anm. *Huter*, ELR 2009, 351.

179 Vgl *Hau*, IPRax 2010, 50, 52 ff; aus der Lit. vor der genannten EuGH-Entscheidung s. etwa Geimer/Schütze/*Dilger*, Vor Art. 3 Rn 26 ff; *Hau*, FamRZ 2000, 1333, 1337; *ders.*, FamRZ 1999, 484, 486; *Simotta*, in: FS Geimer 2002, S. 1115, 1161 f; *Hausmann*, EuLF 2000/01, 271, 277; *Rausch*, FuR 2001, 151, 152.

180 EuGH, EuGH, C-168/08, Hadadi ./. Mesko, FamRZ 2009, 1571 (Rn 44 ff); vgl ferner *Hausmann*, EuLF 2000/01, 271, 277; *Simotta*, in: FS Geimer 2002, S. 1115, 1162.

181 So inzident EuGH, C-168/08, Hadadi ./. Mesko, FamRZ 2009, 1571, 1573 (Rn 54); *Hau*, IPRax 2010, 50, 53 Fn 23; zum allg. Kollisionsrecht s. etwa Art. 5 Abs. 1 S. 1 EGBGB sowie hierzu zB MüKo/*Sonnenberger*, Art. 5 EGBGB Rn 5.

182 *Hau*, FamRZ 2000, 1333, 1337.

183 Geimer/Schütze/*Dilger*, Vor Art. 3 Rn 39 ff; Rauscher/*Rauscher*, Art. 3 Brüssel IIa-VO Rn 50; abw. Staudinger/*Spellenberg*, Art. 3 Rn 107 (Gleichstellung mit Inländern).

184 Zutr. Rauscher/*Rauscher*, Art. 3 Brüssel IIa-VO Rn 50.

185 Rauscher/*Rauscher*, Art. 3 Brüssel IIa-VO Rn 61; abw. Geimer/Schütze/*Dilger*, Art. 3 Rn 58; *Spellenberg*, FS Geimer 2002, 1257, 1272 (um eine Diskriminierung der irischen Staatsangehörigen zu vermeiden, sei ausnahmsweise das domicile der Iren in Deutschland als dort zuständigkeitsbegründend anzusehen. Hiergegen spricht aber, dass sodann wiederum eine im Lichte des Art. 18 AEUV problematische Besserstellung der Iren gegenüber anderen Staatsangehörigen anzunehmen wäre: Es vermag nicht zu überzeugen, warum zB das domicile eines Iren in Deutschland zu einer Zuständigkeit deutscher Gerichte führen soll, nicht aber entsprechend das domicile eines Franzosen oder Italieners in Deutschland).

186 Vgl *Borrás*, ABl. EG 1998 C 221 S. 39 Rn 34; ferner Geimer/Schütze/*Dilger*, Art. 3 Rn 55.

187 Vgl näher Staudinger/*Spellenberg*, Art. 3 Rn 110 ff (m. ausf. Nachw.); ebenso Geimer/Schütze/*Dilger*, Art. 3 Rn 56.

zumindest sechsmonatiger gewöhnlicher Aufenthalt gegeben ist, ist gesondert zu prüfen.[188] Im Falle des Vereinigten Königreichs müssen das domicile und der mindestens sechsmonatige gewöhnliche Aufenthalt in derselben Teilrechtsordnung liegen (vgl Art. 66 lit. b und d).

b) Verstoß gegen Art. 18 AEUV ((Diskriminierungsverbot). Näher betrachtet erscheint es allerdings fraglich, ob Art. 3 Abs. 1 lit. a Spiegelstrich 6 überhaupt praktische Bedeutung erlangen wird. Die hL sieht in der Vorschrift einen Verstoß gegen das Diskriminierungsverbot des Art. 18 AEUV (= ex Art. 12 EGV).[189] Nach Art. 18 AEUV sind an die Staatsangehörigkeit einzelner EU-Bürger anknüpfende Diskriminierungen unzulässig. Das OLG München hat unter Bezugnahme auf die hL diese Frage dem EuGH vorgelegt,[190] aber diesen Beschluss nachträglich aufgehoben.[191] 48

Eine Diskriminierung wird von der hL damit begründet, dass dem Angehörigen des Gerichtsstaats ohne rechtfertigenden Grund doppelt so schnell wie anderen Unionsbürgern ein „forum actoris" eröffnet werde.[192] Eine Französin, die nach dem Scheitern ihre Ehe in Deutschland einen neuen Anfang in einem anderen Staat wagen wolle, wäre schlechter gestellt, wenn ihre Wahl nicht auf Frankreich, sondern auf einen anderen Staat fiele.[193] Dass die Staatsangehörigkeit typischerweise eine (besonders) enge Beziehung zu einem Staat herstellt, wird als Rechtfertigung im Rahmen des Art. 18 AEUV nicht zugelassen.[194] Nicht akzeptiert wird auch das Argument, dass die Ehegatten nicht diskriminiert, sondern insoweit gleichbehandelt werden, als sie sich jeweils auf die Zugehörigkeit zu „ihrem" Mitgliedstaat berufen können.[195] 49

Ob die Vorschrift tatsächlich gegen das europäische Diskriminierungsverbot verstößt, ist gegenwärtig weit gehend offen.[196] Bei passender Gelegenheit sollte die Frage dem EuGH zur Entscheidung vorgelegt werden. Ein Verstoß gegen Art. 18 AEUV EGV hätte zur Folge, dass Art. 3 Abs. 1 lit. a Spiegelstrich 6 nicht mehr anzuwenden wäre. Eine primärrechtskonforme Auslegung der Vorschrift kommt nicht in Betracht.[197] Denkbar wäre allenfalls, alle Mitgliedstaatenangehörige als Inländer iSd Art. 3 Abs. 1 lit. a Spiegelstrich 6 zu behandeln, was praktisch einer weit gehenden Absenkung der Aufenthaltsdauer von einem Jahr auf sechs Monate gleichkäme. Dies dürfte aber nicht dem (mutmaßlichen) Willen des Verordnungsgebers entsprechen, der im Grundsatz eine einjährige Aufenthaltsdauer vorausgesetzt und nur unter besonderen Voraussetzungen – im Falle der Übereinstimmung von Staatsangehörigkeit und gewöhnlichem Aufenthaltsort – eine Verkürzung der Frist vorgesehen hat.[198] 50

II. Staatsangehörigkeitszuständigkeit (Abs. 1 lit. b)

Nach Art. 3 Abs. 1 lit. b besteht auch eine internationale Zuständigkeit der Gerichte des Mitgliedstaates, dem **beide Ehegatten angehören**. Maßgebend ist der Zeitpunkt der Rechtshängigkeit bzw – bei einem späteren Erwerb – der letzten mündlichen Verhandlung (vgl Rn 40, 41). Eine gemeinsame Staatsangehörigkeit bei Eheschließung reicht nicht aus.[199] 51

188 Vgl *Borrás*, ABl. EG 1998 C 221 S. 39 Rn 34; Rauscher/*Rauscher*, Art. 3 Brüssel IIa-VO Rn 51.

189 Zunächst mit eingehender Argumentation *Hau*, FamRZ 2000, 1333, 1335 f; zust. Geimer/Schütze/*Dilger*, Art. 3 Rn 42 ff; Thomas/Putzo/*Hüßtege*, ZPO, Art. 2 EuEheVO Rn 9; Staudinger/*Spellenberg*, Art. 3 Rn 29; *Geimer*, Europ. Zivilverfahrensrecht, Art. 3 Rn 38; Zöller/*Geimer*, ZPO, Art. 3 EheVO Rn 6; HK-ZPO/*Dörner*, Art. 3 Rn 8; MüKo-ZPO/*Gottwald*, Art. 3 Rn 24; *Becker-Eberhard*, in: FS Beys 2003, S. 93, 107; *Spellenberg*, in: FS Geimer 2002, S. 1257, 1269 f; *ders.*, in: FS Sonnenberger 2004, S. 677, 681; *Simotta*, in: FS Geimer 2002, S. 1115, 1154; *Dilger*, Rn 458; *Gröschl*, S. 134 ff; *Helms*, FamRZ 2002, 1593, 1596; *Heß*, JZ 2001, 573, 575; *Hausmann*, EuLF 2000/01, 345, 352; *Schack*, RabelsZ 65 (2001), 615, 623; für eine Vereinbarkeit mit Art. 18 AEUV Rauscher/*Rauscher*, Art. 3 Brüssel IIa-VO Rn 47 f; *Looschelders*, FS Kropholler (2008), S. 329, 337 f; Prütting/Gehrlein/*Völker*, Art. 3 Rn 11; vorsichtig auch *Kohler*, NJW 2001, 10, 11 („gemeinschaftsrechtlich vielleicht gerade noch verträglich").

190 OLG München FamRZ 2003, 546.

191 Der Aufhebungsbeschluss ist nicht veröffentlicht. Die Aufhebung des Beschlusses ist erfolgt, weil die Vorlagefrage nicht streiterheblich war.

192 Staudinger/*Spellenberg*, Art. 3 Rn 29; *Hau*, FamRZ 2000, 1333, 1336; *Hausmann*, EuLF 2000/01, 345, 352.

193 *Hau*, FamRZ 2000, 1333, 1336.

194 Vgl aber insoweit *Looschelders*, FS Kropholler (2008), S. 329, 338; Rauscher/*Rauscher*, Art. 3 Brüssel IIa-VO Rn 47.

195 Näher zu dieser Argumentation Rauscher/*Rauscher*, Art. 3 Brüssel IIa-VO Rn 47.

196 Abweichend *Becker-Eberhard*, in: FS Beys 2003, S. 93, 107: Es sei zu erwarten, dass der EuGH „diese Regelung bei passender Gelegenheit kassieren wird".

197 *Hau*, FamRZ 2000, 1333, 1337; *Dilger*, Rn 459; abweichend *Spellenberg*, in: FS Sonnenberger 2004, S. 677, 681 (mit einem – allerdings hier nicht weiterführenden – Hinw. auf EuGH (Pastoors ./. Belgien), Slg 1997 I, 285 Rn 19).

198 IE wie hier *Gröschl*, S. 138; wohl aA Staudinger/*Spellenberg*, Art. 3 Rn 29.

199 *Hausmann*, EuLF 2000/01, 271, 277.

52 Bei **Mehrstaatern** reicht nach einer klärenden Entscheidung des EuGH auch eine gemeinsame nicht-effektive Staatsangehörigkeit aus.[200] Dies gilt sowohl dann, wenn die Parteien – wie im vom EuGH entschiedenen Fall – denselben Mitgliedstaaten angehören (in casu: Frankreich und Ungarn), als auch dann, wenn sie einem Mitgliedstaat und einem Drittstaat angehören oder über weitere unterschiedliche Staatsangehörigkeiten verfügen.[201] Zur Argumentation hat sich der EuGH u.a. auf den Wortlaut der Bestimmung sowie auf die Erwägung gestützt, dass anderenfalls die Prüfung der internationalen Zuständigkeit mit einer schwierigen und fehleranfälligen Bewertung einzelner möglicher Berührungspunkte mit einem Mitgliedstaat führen würde.[202] Der Umstand, dass der antragstellende Ehegatte über die Staatsangehörigkeit hinaus keine Verbindung zu dem betreffenden Mitgliedstaat hat, steht einer Zuständigkeit nach Art. 3 Abs. 1 lit. b damit nicht entgegen.[203] Haben beide Ehegatten sowohl die deutsche als auch die italienische Staatsangehörigkeit, so besteht somit eine internationale Zuständigkeit sowohl der deutschen als auch der italienischen Gerichte. Hat nur ein Ehegatte sowohl die deutsche als auch die italienische und der andere nur die italienische Staatsangehörigkeit, so folgt aus Art. 3 Abs. 1 lit. b stets eine Zuständigkeit der italienischen Gerichte, selbst wenn die Ehe in Deutschland geführt wurde und die deutsche Staatsangehörigkeit des anderen Ehegatten als die „effektive" anzusehen wäre. Bei Staatenlosen ist Art. 3 Abs. 1 lit. b nicht anwendbar (Rn 45).[204]

53 Auch in Art. 3 Abs. 1 lit. b ist in der Literatur zT ein Verstoß gegen das **Diskriminierungsverbot des Art. 18 AEUV** (= ex Art. 12 EGV) gesehen worden.[205] Die Diskriminierung liege darin, dass nur solchen Ehegatten ein zusätzliches forum eröffnet wird, die dieselbe Staatsangehörigkeit haben, nicht aber gemischt-nationalen Ehegatten.[206] Allerdings besteht eine Rechtfertigung für eine Ungleichbehandlung dieser Ehegatten darin, dass nur die gemeinsame Staatsangehörigkeit eine hinreichend enge Beziehung zu einem bestimmten Staat begründet.[207] Letztlich dürfte ein Verstoß gegen **Art. 18 AEUV** damit nur dann angenommen werden können, wenn man die Verwendung der Staatsangehörigkeit als Tatbestandsmerkmal generell für gemeinschaftsrechtswidrig hält. Dies ginge aber zu weit.[208] Dementsprechend geht auch der EuGH in seiner Entscheidung zu Art. 3 Abs. 1 lit. b nicht auf die Frage ein, ob die Vorschrift als solche überhaupt primärrechtskonform ist.[209]

54 Für die Gerichte des Vereinigten Königreichs und Irlands tritt an die Stelle der Staatsangehörigkeit wiederum der Begriff des domicile (vgl Rn 47). Haben zwei Iren ihr domicile in Deutschland, so entsteht keine Zuständigkeit nach Art. 3 Abs. 1 lit. b: in Deutschland nicht, weil es an der gemeinsamen deutschen Staatsangehörigkeit fehlt, in Irland nicht, weil es an dem dort erforderlichen gemeinsamen domicile fehlt.[210] Haben demgegenüber zwei Deutsche ihr domicile in Irland, besteht sowohl eine Zuständigkeit der irischen Gerichte

200 EuGH, C-168/08, Hadadi ./. Mesko, FamRZ 2009, 1571 mit abl. Anm. *Kohler* und zust. Bespr. *Dilger*, IPRax 2010, 54 und *Hau*, IPRax 2010, 50; sowie Anm. *Huber*, ELR 2009, 351.

201 *Hau*, IPRax 2010, 50, 52.

202 EuGH, EuGH, C-168/08, Hadadi ./. Mesko, FamRZ 2009, 1571 (Rn 44 ff).

203 EuGH, EuGH, C-168/08, Hadadi ./. Mesko, FamRZ 2009, 1571 (Rn 44 ff).

204 Rauscher/*Rauscher*, Art. 3 Brüssel IIa-VO Rn 60.

205 *Hau*, FamRZ 2000, 1333, 1335 f; *Simotta*, in: FS Geimer 2002, S. 1115, 1154 f; *Boele-Woelki*, ZfRV 2001, 121, 123; *Gröschl*, S. 140 f; auch *Hausmann*, EuLF 2000/01, 345, 352 (Vereinbarkeit mit Art. 12 EGV „zumindest zweifelhaft"); abl. (kein Verstoß gegen Art. 18 AEUV) *Dilger*, IPRax 2006, 617, 620 (mit ausf. Begr.); *Looschelders*, FS Kropholler (2008), S. 329, 340 f; Rauscher/*Rauscher*, Art. 3 Brüssel IIa-VO Rn 54; Thomas/Putzo/*Hüßtege*, ZPO, Art. 3 EuEheVO Rn 3; MüKo-ZPO/*Gottwald*, Art. 3 Rn 26; *Becker-Eberhard*, in: FS Beys 2003, S. 93, 108; *Spellenberg*, in: FS Geimer 2002, S. 1257, 1271; *Helms*, FamRZ 2002, 1593, 1596.

206 *Hau*, FamRZ 2000, 1333, 1335 f; *Simotta*, in: FS Geimer 2002, S. 1115, 1154 f; *Boele-Woelki*, ZfRV 2001, 121, 123.

207 Geimer/Schütze/*Dilger*, Art. 3 Rn 95; *ders.*, IPRax 2006, 617, 619 f; *Looschelders*, FS Kropholler (2008), S. 329, 341; *Helms*, FamRZ 2002, 1593, 1596; auch Staudinger/*Spellenberg*, Art. 3 Rn 32; *ders.*, in: FS Geimer 2002, S. 1257, 1271.

208 Zweifelnd *Hau*, FamRZ 2000, 1333, 1336, nach dessen Ansicht die gemeinschaftsrechtliche Zulässigkeit des Staatsangehörigkeitsprinzips „wohl neu zu überdenken ist".

209 EuGH, C-168/08, Hadadi ./. Mesko, FamRZ 2009, 1571.

210 Abweichend Staudinger/*Spellenberg*, Art. 3 Rn 36: Man dürfte die Iren nicht „zwischen die Stühle fallen lassen". Das *domicile* der Iren in Deutschland führe damit abweichend vom Verordnungstext zu einer Zuständigkeit deutscher Gerichte. Dasselbe gelte auch für ein englisch-irisches Ehepaar. Die Lösung *Spellenbergs* würde im Ergebnis zu einer vom Verordnungsgeber nicht gewollten generellen Zuständigkeit am jeweiligen *domicile* führen, die – um wiederum Diskriminierungen iSd Art. 18 AEUV zu vermeiden – wohl für sämtliche Scheidungswillige (unabhängig von ihrer Staatsangehörigkeit) anzunehmen wäre. Denn es wäre kaum einzusehen, warum sich zB nur irische Staatsangehörige zuständigkeitsbegründend auf ihr domicile in Deutschland berufen können sollen, nicht aber zB italienische. Insoweit spricht mE mehr dafür, es bei der Lösung zu belassen, die sich unmittelbar aus dem Verordnungstext ergibt.

(wegen des gemeinsamen irischen domicile) als auch eine Zuständigkeit der deutschen Gerichte (wegen der gemeinsamen deutschen Staatsangehörigkeit).[211]

Art. 4 EheVO 2003 Gegenantrag

Das Gericht, bei dem ein Antrag gemäß Artikel 3 anhängig ist, ist auch für einen Gegenantrag zuständig, sofern dieser in den Anwendungsbereich dieser Verordnung fällt.

Art. 4 weist eine weitgehende Ähnlichkeit mit dem Widerklagegerichtsstand in Art. 6 Nr. 3 EuGVVO 1 auf.[212] Die Vorschrift hat zunächst deshalb Bedeutung, weil das für den zunächst gestellten (Erst-)Antrag nach Art. 3 international zuständige Gericht nicht notwendig auch eine aus Art. 3 folgende internationale Zuständigkeit für den Gegenantrag haben muss. Wird etwa ein Ehemann, der seit drei Monaten in Deutschland seinen gewöhnlichen Aufenthalt hat, von seiner nach wie vor in einem Drittstaat befindlichen Ehefrau mit nichtdeutscher Staatsangehörigkeit in Deutschland verklagt, so ergibt sich für den Antrag der Ehefrau eine internationale Zuständigkeit aus Art. 3 lit. a Spiegelstrich 3. Art. 3 eröffnet aber selbst keinen deutschen Gerichtsstand für den Gegenantrag. Dem Ehemann hilft in diesem Fall Art. 4.[213] Dasselbe gilt, wenn für den Gegenantrag nach Art. 3 deshalb keine internationale Zuständigkeit mehr besteht, weil die Ehefrau mittlerweile ihren bei Rechtshängigkeit noch in Deutschland bestehenden gewöhnlichen Aufenthalt (Art. 3 Abs. 1 lit. a Spiegelstrich 5 bzw 6) in einen Drittstaat verlegt hat o.Ä.[214]

Die größte praktische Bedeutung hat Art. 4 aber im Zusammenhang mit der in Art. 19 enthaltenen Rechts- 2 hängigkeitsregelung. Der Antragsgegner wäre nämlich dann, wenn er den Gegenantrag bei einem international zuständigen Gericht eines anderen Mitgliedstaates stellen würde, bei diesem Gericht wegen der aus Art. 19 Abs. 1 folgenden Aussetzungspflicht daran gehindert, eine zeitnahe sachliche Entscheidung zu erlangen. Art. 4 ermöglicht es ihm zuständigkeitsrechtlich, den notwendigen Rechtsschutz in dem schon **anhängigen Rechtsstreit** zu verwirklichen (vgl näher Art. 19 EheVO Rn 23).[215]

Art. 4 erfasst Statutsklagen iSd Art. 1 Abs. 1 lit. a, nach der hier vertretenen Ansicht unter Einschluss von 3 Feststellungsklagen (vgl Art. 1 EheVO Rn 8 ff). Hierbei kann es sich um Anträge handeln, die auf einen abweichenden Nichtigkeits-, Scheidungs-, Trennungs- oder Aufhebungsgrund gestützt werden. Ein Gegenantrag liegt aber auch dann vor, wenn das Scheidungsbegehren auf einen anderen Scheidungsgrund (Verschuldens- statt Zerrüttungsscheidung) gestützt ist.[216] Von Art. 4 nicht erfasst werden außerhalb des Art. 1 Abs. 1 lit. a liegende Klagen, also zB Anträge auf Unterhalt, Güterausgleich und auch Sorgerechtsanträge.[217] Die internationale Zuständigkeit für diese Klagen richtet sich nach der EuGVVO, der UnterhaltsVO, den Art. 8 ff EheVO 2003 bzw nach dem nationalen Verfahrensrecht.[218]

Art. 4 führt nach allgemeiner Meinung zu einer **internationalen Zuständigkeit**. Daneben ist in Art. 4 zugleich 4 eine Regelung der **örtlichen Zuständigkeit** zu sehen.[219] Hierfür sprechen der Wortlaut des Art. 4, der die Zuständigkeit des bereits mit der Ehesache befassten Gerichts zum Gegenstand hat, sowie der Umstand, dass die Parallelvorschrift des Art. 6 Nr. 3 EuGVVO ebenfalls eine internationale und örtliche Zuständigkeit begründet.[220]

Art. 4 beschränkt sich aber auf die Regelung der Zuständigkeitsfrage. Ob ein Gegenantrag im Übrigen über- 5 haupt zulässig ist, richtet sich nach der lex fori.[221] Zu beachten ist insoweit allerdings die Sondervorschrift

211 Abweichend Staudinger/*Spellenberg*, Art. 3 Rn 33; *ders.*, in: FS Geimer 2002, S. 1257, 1271 mit dem Argument, dass es nicht dem Sinn der EheVO entspräche, wenn in diesem Fall zwei gemeinsame Heimatgerichte entstünden. Es sei nur eine Zuständigkeit der irischen Gerichte gegeben. Hiergegen spricht mE, dass das *domicile* keinen generellen Vorrang gegenüber der Staatsangehörigkeit beansprucht und ein mehrfacher Heimatgerichtsstand – wie in Rn 52 dargelegt – auch bei einer doppelten Staatsbürgerschaft begründet werden kann.

212 Geimer/Schütze/*Dilger*, Art. 4 Rn 1.

213 *Simotta*, in: FS Geimer 2002, S. 1115, 1167.

214 *Simotta*, in: FS Geimer 2002, S. 1115, 1167 f.

215 Staudinger/*Spellenberg*, Art. 4 Rn 4.

216 Staudinger/*Spellenberg*, Art. 3 Rn 34 und Art. 4 Rn 5; Rauscher/*Rauscher*, Art. 4 Brüssel IIa-VO Rn 5.

217 Geimer/Schütze/*Dilger*, Art. 4 Rn 3; *Simotta*, in: FS Geimer 2002, S. 1115, 1168; Prütting/Gehrlein/*Völker*, Art. 4 Rn 2; Rauscher/*Rauscher*, Art. 4 Brüssel IIa-VO Rn 6 ff; anders für Sorgerechtsanträge Staudinger/*Spellenberg*, Art. 4 Rn 6 (dort allerdings unter der Voraussetzung, dass die Merkmale von Art. 12 EheVO 2003 erfüllt sind).

218 Letzteres kann durchaus eine (besondere) internationale Zuständigkeit für Widerklageanträge vorsehen (vgl Staudinger/*Spellenberg*, Art. 4 Rn 8).

219 Geimer/Schütze/*Dilger*, Art. 4 Rn 14; Rauscher/*Rauscher*, Art. 4 Brüssel IIa-VO Rn 9; Staudinger/*Spellenberg*, Art. 4 Rn 13; *Niklas*, S. 95.

220 Vgl hierzu Rauscher/*Leible*, Art. 6 Brüssel I-VO (EuGVVO) Rn 28.

221 Thomas/Putzo/*Hüßtege*, ZPO, Art. 4 EuEheVO Rn 2; Staudinger/*Spellenberg*, Art. 4 Rn 3; *ders.*, in: FS Geimer 2002, S. 1257, 1272 f; Rauscher/*Rauscher*, Art. 4 Brüssel IIa-VO Rn 10.

des Art. 19 Abs. 3 Unterabs. 2, die einem Gegenantrag entgegenstehendes nationales Verfahrensrecht im gewissen Umfang verdrängt (vgl Art. 19 EheVO Rn 21 ff).

Art. 5 EheVO 2003 Umwandlung einer Trennung ohne Auflösung des Ehebandes in eine Ehescheidung

Unbeschadet des Artikels 3 ist das Gericht eines Mitgliedstaats, das eine Entscheidung über eine Trennung ohne Auflösung des Ehebandes erlassen hat, auch für die Umwandlung dieser Entscheidung in eine Ehescheidung zuständig, sofern dies im Recht dieses Mitgliedstaats vorgesehen ist.

1 Art. 5 ordnet eine **Folgezuständigkeit** an. Die Vorschrift beruht auf dem Gedanken, dass ein die Scheidung vorbereitendes Trennungsverfahren und das sich anschließende Scheidungsverfahren in einem engen Zusammenhang stehen. Das Gericht, das eine Trennung ausgesprochen bzw bestätigt hat, ist auch für ein nachfolgendes Scheidungsverfahren zuständig. Art. 5 begründet nicht nur eine internationale, sondern zugleich auch eine örtliche Zuständigkeit.[222] Die Zuständigkeiten nach Art. 3 bleiben nach dem ausdrücklichen Wortlaut der Vorschriften daneben anwendbar.

2 Da es nur um die Wahrung der Entscheidungskontinuität geht, kommt es für Art. 5 nicht darauf an, ob das Gericht, das die Trennungsentscheidung getroffen hat, seinerseits tatsächlich international zuständig war.[223] Art. 5 gilt ferner auch dann, wenn die Trennungsentscheidung vor Inkrafttreten der EheVO 2003 bzw der EheVO 2000 ergangen ist.[224] Wie schon aus dem Wortlaut der Vorschrift hervorgeht, reicht ein lediglich faktisches Getrenntleben für die Anwendung von Art. 5 nicht aus.[225]

3 Eine **Umwandlung** iSd Art. 5 setzt dem Wortsinn nach einen Zusammenhang zwischen dem vorangegangenen Trennungs- und dem Scheidungsurteil voraus. Ein derartiger Zusammenhang ist jedenfalls dann gegeben, wenn das vorangegangene Trennungsurteil eine *in concreto* einschlägige prozessuale oder materiellrechtliche Voraussetzung für ein nachfolgendes Scheidungsurteil ist. Derartige Zusammenhänge zwischen einem Trennungs- und einem nachfolgenden Scheidungsurteil sehen u.a. das französische, luxemburgische, niederländische, italienische und das belgische Recht vor.

4 Zu berücksichtigen ist allerdings, dass nach dem anwendbaren Recht der Scheidungsantrag auf verschiedene Weise begründet sein kann. Insbesondere ist denkbar, dass sich der Scheidungsantrag auf das vorangegangene Trennungsurteil und – ggf kumulativ – auf sonstige (eigenständige) Scheidungsgründe stützen kann.[226] Vor diesem Hintergrund sollte es für die internationale Zuständigkeit ausreichen, dass nach dem Recht, das auf das Trennungsurteil tatsächlich angewendet worden ist, eine Umwandlung der Trennung in eine Ehescheidung abstrakt möglich ist. Ob das Trennungsurteil im konkreten Einzelfall tatsächlich konstitutiv für das spätere Scheidungsurteil ist – was sich ggf erst im weiteren Verfahren klären lässt und von dem weiteren Sachvortrag der Parteien abhängen kann –, dürfte demgegenüber eine Frage (nur) der Begründetheit des Scheidungsantrags und nicht zugleich auch der Scheidungszuständigkeit darstellen. Es sollte für die internationale Zuständigkeit nicht auf den Inhalt der im Scheidungsverfahren im Einzelfall einschlägigen Sachnormen und den Vortrag der Parteien zur Sache ankommen; anderenfalls käme es zu einer weitgehenden Vermischung von Zulässigkeit und Begründetheit.[227] Der Begriff der „Umwandlung“ ist nach der hier vertretenen Auffassung daher weit auszulegen; abzustellen ist nicht auf den Inhalt der Entscheidung, sondern das Begehren des Antragstellers, nicht mehr (nur) getrennt, sondern geschieden zu werden.[228]

5 Nach Art. 5 muss eine Umwandlung in eine Scheidung in dem Recht des Staates, dessen Gericht über die Umwandlung in eine Scheidung zu befinden hat, vorgesehen sein. Dies ist jedenfalls dann der Fall, wenn sowohl auf den Trennungs- als auch auf den nachfolgenden Scheidungsantrag das eigene Sachrecht des Urteilsstaats anzuwenden war und dieses Recht eine Umwandlung eines Trennungs- in ein Scheidungsurteil vorsieht Nach zutreffender hL ist allerdings weitergehend unter dem **„Recht“** iSd Art. 5 das gesamte inner-

222 Rauscher/*Rauscher*, Art. 5 Brüssel IIa-VO Rn 6; *Dilger*, Rn 259; Staudinger/*Spellenberg*, Art. 5 Rn 10; *Gröschl*, S. 144.

223 *Geimer*, Europ. Zivilverfahrensrecht, Art. 5 Rn 2.

224 Rauscher/*Rauscher*, Art. 5 Brüssel IIa-VO Rn 6; abw. Staudinger/*Spellenberg*, Art. 5 Rn 8 (nicht bei Urteilen, die noch vor dem Inkrafttreten der EheVO 2000 – also vor dem 1.3.2001 – eingeleitet worden sind).

225 Geimer/Schütze/*Dilger*, Art. 4 Rn 3; Rauscher/*Rauscher*, Art. 5 Brüssel IIa-VO Rn 4.

226 Staudinger/*Spellenberg*, Art. 5 Rn 3.

227 Ähnlich Staudinger/*Spellenberg*, Art. 5 Rn 4, allerdings mit der Einschränkung, dass sich der Antrag (auch) auf die Trennung stützen müsse; ob sodann aber wegen der vorangegangenen Trennung geschieden werde, sei eine Frage (nur) der Begründetheit; aA Rauscher/*Rauscher*, Art. 5 Brüssel IIa-VO Rn 4 (erforderlich sei ein prozessualer oder materieller Zusammenhang).

228 Es reicht daher mE jedenfalls aus, wenn der Antragsteller überhaupt auf das Trennungsurteil Bezug nimmt, es also als Tatsache in das Verfahren einbringt.

staatliche Recht unter Einschluss des heimischen Kollisionsrechts und seiner Verweisungen auf ein ausländisches Sachrecht zu verstehen.[229] Damit kann die Zuständigkeit nach Art. 5 – unabhängig davon, dass das deutsche Sachrecht keine Umwandlungsentscheidung kennt – auch für deutsche Gerichte relevant werden. Dies gilt etwa dann, wenn deutsche Gerichte eine „separazione giudiziale" nach dem kollisionsrechtlich anwendbaren italienischen Sachrecht ausgesprochen haben und nunmehr mit einem sich anschließenden – ebenfalls dem italienischen Sachrecht unterliegenden – Scheidungsantrag konfrontiert werden.[230]

Zweifelhaft ist schließlich, ob Art. 5 auch dann angewendet werden kann, wenn auf den Scheidungsantrag ein **anderes Recht** anzuwenden ist als auf den vorangegangenen **Trennungsantrag** und nur das auf den Trennungsantrag anwendbare Recht, nicht aber das (jetzt) auf die Scheidung anwendbare Recht dem Trennungsurteil Bedeutung für die Scheidung beimisst.[231] Denkbar ist etwa, dass aufgrund eines mittlerweile eingetretenen Statutenwechsels – zB eines Wechsels des gewöhnlichen Aufenthalts eines oder beider Ehegatten – auf den Scheidungsantrag nicht mehr das italienische, sondern das deutsche Recht anzuwenden ist. Es kann ferner auch vorkommen, dass dem Gericht im Trennungsverfahren ein Fehler bei der Anwendung des Kollisionsrechts unterlaufen ist und bereits in diesem Verfahren statt des italienischen das deutsche Sachrecht anzuwenden gewesen wäre oder dass sich – im Rahmen der ab dem 21.6.2012 eintretenden „Europäisierung" des Scheidungskollisionsrechts (vgl dazu Anh. zu Art. 17 Rn 1 ff) – das anwendbare Kollisionsrecht zwischenzeitlich geändert hat und aus diesem Grund nicht mehr das italienische, sondern das deutsche Recht berufen wird. Nach dem deutschen Sachrecht ist aber das vorangegangene Trennungsurteil ohne Bedeutung. 6

Auch diese Frage ist nach der hier vertretenen Auffassung dahingehend zu beantworten, dass es nur auf das Vorliegen eines Trennungsurteils als solchem, nicht auf die konkrete Ursächlichkeit dieses Urteils für die spätere Entscheidung ankommen sollte. Anderenfalls gelangte man zu einer Vermischung von Zuständigkeitsrecht und internationalem Privatrecht, die – u.a. auch wegen der Komplexität der kollisionsrechtlichen Anknüpfung – besser vermieden werden sollte.[232] In der Konsequenz sollten deutsche Gerichte, die ein Trennungsurteil erlassen haben, welches nach dem ursprünglich angewandten ausländischen Recht in eine Scheidung umgewandelt werden kann, gemäß Art. 5 stets für ein sich anschließendes Scheidungsverfahren zuständig sein, und zwar unabhängig davon, ob der Scheidungsausspruch nach dem nunmehr anwendbaren Recht letztlich von dem Trennungsurteil konkret beeinflusst wird oder nicht. Zukünftig – unter Geltung der Rom III-VO – findet sich in Art. 9 Rom III-VO eine kollisionsrechtliche Regelung, die häufig – wenn auch aufgrund der Belassung einer Rechtswahlmöglichkeit nicht zwangsläufig – einen Gleichlauf zwischen dem auf den Trennungsantrag angewendeten Recht und dem auf die Scheidung anwendbaren Recht herstellt. 7

Art. 6 EheVO 2003 Ausschließliche Zuständigkeit nach den Artikeln 3, 4 und 5

Gegen einen Ehegatten, der

a) seinen gewöhnlichen Aufenthalt im Hoheitsgebiet eines Mitgliedstaats hat oder

b) Staatsangehöriger eines Mitgliedstaats ist oder im Fall des Vereinigten Königreichs und Irlands sein „domicile" im Hoheitsgebiet eines dieser Mitgliedstaaten hat,

darf ein Verfahren vor den Gerichten eines anderen Mitgliedstaats nur nach Maßgabe der Artikel 3, 4 und 5 geführt werden.

Art. 7 EheVO 2003 Restzuständigkeit

(1) Soweit sich aus den Artikeln 3, 4 und 5 keine Zuständigkeit eines Gerichts eines Mitgliedstaats ergibt, bestimmt sich die Zuständigkeit in jedem Mitgliedstaat nach dem Recht dieses Staates.

229 Geimer/Schütze/*Dilger*, Art. 5 Rn 7 mit ausf. Begründung; *ders.*, Rn 263; Prütting/Gehrlein/*Völker*, Art. 5 Rn 2; Zöller/*Geimer*, ZPO, Art. 5 EheVO Rn 3; *Geimer*, Europ. Zivilverfahrensrecht, Art. 5 Rn 3; Staudinger/*Spellenberg*, Art. 5 Rn 6; Rauscher/*Rauscher*, Art. 5 Brüssel IIa-VO Rn 5; Rahm/Künkel/*Breuer*, VIII Rn 139.11; *Gröschl*, S. 144.

230 *Dilger*, Rn 262; Rauscher/*Rauscher*, Art. 5 Brüssel IIa-VO Rn 3.

231 Vgl hierzu OLG Frankfurt FamRZ 1975, 632 m. Anm. *Wirth*; AG Rüsselsheim IPRspr 1985 Nr. 74, S. 210 = IPRax 1985, 229 (Leitsatz) m. Anm. *Jayme*.

232 Wie hier wohl auch Staudinger/*Spellenberg*, Art. 5 Rn 7 (mit der Einschränkung, dass der Antrag auf eine Umwandlung bzw Scheidung wegen der gerichtlichen Trennung gerichtet sein müsse; ob das Trennungsgericht dann auch scheide, sei aber eine andere Frage); aA Geimer/Schütze/*Dilger*, Art. 5 Rn 9; Rauscher/*Rauscher*, Art. 5 Brüssel IIa-VO Rn 9 (auf eine konkrete Beeinflussung des Scheidungs- durch das Trennungsurteil abstellend).

(2) Jeder Staatsangehörige eines Mitgliedstaats, der seinen gewöhnlichen Aufenthalt im Hoheitsgebiet eines anderen Mitgliedstaats hat, kann die in diesem Staat geltenden Zuständigkeitsvorschriften wie ein Inländer gegenüber einem Antragsgegner geltend machen, der seinen gewöhnlichen Aufenthalt nicht im Hoheitsgebiet eines Mitgliedstaats hat oder die Staatsangehörigkeit eines Mitgliedstaats besitzt oder im Fall des Vereinigten Königreichs und Irlands sein „domicile" nicht im Hoheitsgebiet eines dieser Mitgliedstaaten hat.

A. Anwendung nationalen Zuständigkeitsrechts bei Drittstaatenangehörigen mit gewöhnlichem Aufenthalt außerhalb der EG

I. Kombinierte Anwendung von Art. 6 und 7

1 Aus Art. 6 und 7 ergibt sich, unter welchen Voraussetzungen ein (zusätzlicher) Rückgriff auf das nationale Zuständigkeitsrecht zulässig ist. Der Zweck von Art. 6 und 7 liegt darin, den **Rückgriff auf das nationale Zuständigkeitsrecht** möglichst auszuschließen bzw einzuschränken.[233] Art. 6 steht seinem Wortlaut nach einem Rückgriff auf nationales Zuständigkeitsrecht nicht entgegen, wenn der Antragsgegner weder seinen gewöhnlichen Aufenthalt in einem Mitgliedstaat hat, noch die Staatsangehörigkeit eines Mitgliedstaates besitzt (wobei der Zugehörigkeit zum Vereinigten Königreich und zu Irland allerdings keine Bedeutung zukommt) noch sein domicile in dem Vereinigten Königreich oder Irland hat. Bei einem schweizerischen Staatsangehörigen mit gewöhnlichem Aufenthalt und „domicile" in der Schweiz wäre daher – zieht man einen Umkehrschluss aus Art. 6 – ein Rückgriff auf die **lex fori** der einzelnen Mitgliedstaaten möglich. Deutsche Gerichte könnten daher nicht nur auf Art. 3, 4, 5, sondern auch auf **§ 98 FamFG** zurückgreifen.

2 Nach der zustimmenswerten Auffassung des EuGH ist aber Art. 6 nicht isoliert, sondern im **Zusammenhang mit Art. 7 Abs. 1** zu lesen.[234] Selbst wenn Art. 6 einem Rückgriff auf das nationale Recht nicht entgegensteht, müssen zusätzlich die Voraussetzungen von Art. 7 Abs. 1 vorliegen. Dementsprechend ist ein Rückgriff auf nationales Zuständigkeitsrecht nicht bereits dann möglich, wenn der Antragsgegner in einem Ehescheidungsverfahren weder seinen gewöhnlichen Aufenthalt im Hoheitsgebiet eines Mitgliedstaats hat noch die Staatsbürgerschaft eines Mitgliedstaats besitzt (wobei der Zugehörigkeit zum Vereinigten Königreich und zu Irland allerdings keine Bedeutung zukommt) und auch nicht sein domicile in dem Vereinigten Königreich oder Irland hat (Art. 6). Vielmehr darf – zusätzlich – kein Gericht eines **anderen EU-Mitgliedstaats** nach Art. 3, 4 oder 5 international zuständig sein (Art. 7 Abs. 1). Der EuGH begründet dies überzeugend insb. damit, dass die EheVO 2003 die Schaffung möglichst **einheitlicher Zuständigkeitsregeln** anstrebe, dieses Ziel aber durch die isolierte Anwendung von Art. 6 verfehlt würde.[235]

3 Dementsprechend verbleibt für das nationale Zuständigkeitsrecht nur ein geringer Anwendungsbereich. Ein Rückgriff auf nationales deutsches Zuständigkeitsrecht scheidet zB aus, wenn der schweizerische Antragsgegner mit gegenwärtigem gewöhnlichem Aufenthalt in der Schweiz zuvor einen gemeinsamen Aufenthalt mit der Antragstellerin in Frankreich hatte und die Antragstellerin dort noch ihren gewöhnlichen Aufenthalt hat. Zwar steht in diesem Fall Art. 6 einem Rückgriff auf nationales Zuständigkeitsrecht nicht entgegen. Es besteht aber eine internationale Zuständigkeit der französischen Gerichte aus Art. 3 Abs. 1 lit. a Spiegelstrich 2. Damit ist die zusätzlich zu prüfende Voraussetzung des Art. 7 – keine internationale Zuständigkeit eines anderen Mitgliedstaats aus Art. 3, 4 oder 5 – nicht erfüllt. Dasselbe gilt, wenn die Antragstellerin ihren gewöhnlichen Aufenthalt seit mindestens einem halben Jahr bzw einem Jahr in Frankreich hat und sich damit

233 Die Vorschriften sind äußerst unklar und verwirrend; zu entspr. Reformüberlegungen in dem (gescheiterten) Vorschlag für eine Rom III-Verordnung *Spellenberg*, ZZPInt 12 (2007), 233, 242; auch *Looschelders*, FS Kropholler (2008), S. 329, 348.

234 EuGH, C-68/07, Slg 2007, I-10403 = NJW 2008, 207 = IPRax 2008, 257 mit krit. Bespr. *Borrás* 233 = ZZPInt 12 (2007), 228 m. iE zust. Anm. *Spellenberg* und Bespr. *Quiñones Escámez*, Rev. de Derecho Comunitario Europeo 2008, 457, 465 ff; zuvor bereits OGH, Urt. v. 11.9.2008, 7 Ob 155/08 g, IPRax 2010, 74 mit zust. Bespr. *Andrae/Schreiber*, IPRax 2010, 79; aus der Lit. ferner *Hausmann*, EuLF 2000/01, 271, 279; *Spellenberg*, in: FS Geimer 2002, S. 1257, 1275; *Simotta*, in: FS Geimer 2002, S. 1115, 1119; *Vareilles-Sommières*, GazPal 1999, 2018, 2023; *Ancel/Muir Watt*, Rev. crit. dr. int. priv. 2001, S. 403, 421; *Boele-Woelki*, ZfRV 2001, 121, 125; kritisch Rauscher/*Rauscher*, Art. 6 Brüssel IIa-VO Rn 11.

235 EuGH, aaO (Rn 26).

eine internationale Zuständigkeit französischer Gerichte aus Art. 3 Abs. 1 lit. a Spiegelstrich 5 bzw 6 ergibt. Auch hier scheidet ein Rückgriff auf unvereinheitlichtes deutsches Zuständigkeitsrecht aus.

Die kombinierte Anwendung von Art. 6 und 7 hat zur Folge, dass eine zunächst bestehende internationale Zuständigkeit nach dem unvereinheitlichten nationalen Recht auch im Hinblick auf „gemeinschaftsfremde" Antragsgegner immer dann wegfällt, wenn eine internationale Zuständigkeit nach Art. 3, 4, 5 neu entsteht. Hat zB eine deutsche Ehefrau zusammen mit ihrem schweizerischen Ehemann die Ehe in der Schweiz oder einem anderen Drittstaat geführt, und hat sie nun seit 11 Monaten ihren gewöhnlichen Aufenthalt in Frankreich, kann sie – da sich aus Art. 3, 4, 5 (noch) keine Zuständigkeit eines Mitgliedstaates ergibt – nach § 98 Abs. 1 Nr. 1 FamFG vor deutschen Gerichten klagen. Die internationale Zuständigkeit des deutschen Gerichts bleibt nach dem perpetuatio fori-Grundsatz auch erhalten, wenn nach Rechtshängigkeit (Art. 16, 19) des Verfahrens in Deutschland eine internationale Zuständigkeit in Frankreich (neu) entsteht. Entschließt sich die Ehefrau demgegenüber erst nach einem Jahr dazu, einen Scheidungsantrag zu stellen, so ist zwischenzeitlich eine Zuständigkeit französischer Gerichte entstanden (Art. 3 Abs. 1 lit. a Spiegelstrich 5). In diesem Fall ist spiegelbildlich dazu eine internationale Zuständigkeit deutscher Gerichte nicht (mehr) gegeben.[236] Dieses Ergebnis mag auf den ersten Blick überraschen. Es lässt sich aber dadurch rechtfertigen, dass Art. 6, 7 Abs. 1 eine zu große Zahl an Gerichtsständen verhindern wollen und iÜ die sachliche Rechtfertigung für eine auf nationales Verfahrensrecht gestützte internationale Zuständigkeit deutscher Gerichte in dem Maße schwindet, in dem – aufgrund der Dauer des gewöhnlichen Aufenthalts in Frankreich – der Bezug zu Frankreich eindeutig überwiegt. 4

Vereinzelt wird sogar vorgeschlagen, den Rückgriff auf das nationale Zuständigkeitsrecht noch weiter einzuschränken. Die Voraussetzungen des Art. 7 Abs. 1 seien nicht erfüllt, wenn sich der Antragsteller zwar gewöhnlich in einem Mitgliedstaat aufhalte, aber die Wartefrist nach Art. 3 Abs. 1 lit. a Spiegelstrich 5 und 6 noch nicht abgelaufen sei. Auf diese Weise werde verhindert, dass sich eine nach dem nationalen Recht bestehende Zuständigkeit gegenüber einer später entstehenden Zuständigkeit nach der EheVO 2003 durchsetze.[237] Weder der Wortlaut des Art. 7 Abs. 1 noch der Bericht von *Borrás* bieten allerdings Anhaltspunkte für eine einschränkende Auslegung bzw teleologische Reduktion der Norm. Im Übrigen würde diese zusätzliche Einschränkung des Anwendungsbereichs von Art. 7 Abs. 1 dazu führen, dass Antragsteller mit gewöhnlichem Aufenthalt außerhalb der EU besser stünden als Antragsteller mit gewöhnlichem Aufenthalt innerhalb der EG. Derjenige, der seinen gewöhnlichen Aufenthalt aus der Europäischen Gemeinschaft in einen Drittstaat verlegt, würde hierdurch die Anwendung des nationalen Zuständigkeitsrechts der Mitgliedstaaten erreichen; derjenige, der seinen gewöhnlichen Aufenthalt in der EU beibehält, müsste die Fristen nach Art. 3 Abs. 1 lit. a Spiegelstrich 5 und 6 abwarten. Dieses Ergebnis vermag kaum zu überzeugen.[238] 5

Unmittelbar bezieht sich die unter Rn 2 dargestellte Entscheidung des EuGH auf den Fall, dass die Gerichte eines Mitgliedstaats nach Art. 3 zuständig gewesen wären, die Antragstellerin den Scheidungsantrag aber bei einem anderen (nicht nach Art. 3, 4 oder 5 zuständigen) Mitgliedstaat eingereicht hatte und der Antragsgegner weder die Staatsangehörigkeit eines Mitgliedstaats noch seinen gewöhnlichen Aufenthalt in der EU hatte.[239] Die Anwendung nationalen Zuständigkeitsrechts ist nach der hier vertretenen Auffassung aber grundsätzlich auch versperrt, wenn zwar im konkreten Fall kein Mitgliedstaat der EU nach Art. 3, 4 oder 5 zuständig ist, der Antragsgegner aber einem Mitgliedstaat angehört bzw sein domicile in dem Vereinigten Königreich oder Irland hat.[240] Damit ist nach der hier vertretenen Auffassung auch Art. 7 Abs. 1 nicht isoliert anzuwenden, sondern seinerseits durch die Voraussetzungen des Art. 6 einzuschränken.[241] Nur dies entspricht dem Wortlaut und dem Sinn des Art. 6 Abs. 1, der darin liegt, Antragsgegner, die einem Mitgliedstaat angehören, vor den exorbitanten Zuständigkeiten der anderen Mitgliedstaaten zu schützen.[242] Auch hätte sonst Art. 6 Abs. 1 keine eigenständige Bedeutung mehr, da sich die Möglichkeit eines generellen Rückgriffs auf nationale Zuständigkeitsvorschriften abschließend (allein) aus Art. 7 Abs. 1 ergäbe. Es dürfte aber nicht die Intention des Ver- 6

236 Vgl *Hau*, FamRZ 2000, 1333, 1341; *Hausmann*, EuLF 2000/01, 271, 279.

237 *Schack*, RabelsZ 65 (2001), 615, 623; zust. *Rosenberg/Schwab/Gottwald*, Zivilprozessrecht, § 166 Rn 6.

238 IE ebenfalls abl. zB *Becker-Eberhard*, in: FS Beys 2003, S. 615, 93, 115; *Fuchs/Hau/Thorn*, Fälle zum IPR, S. 125.

239 Die Antragstellerin hatte ihren gewöhnlichen Aufenthalt in Frankreich, stellte den Scheidungsantrag aber in Schweden. Ihr Ehegatte war kubanischer Staatsangehöriger mit gewöhnlichem Aufenthalt in Kuba.

240 Beispiel: Die deutsche Antragstellerin ist mit einem französischen Antragsgegner verheiratet; beide haben ihren gewöhnlichen Aufenthalt außerhalb der EU. Deutsche Gerichte haben – da der Antragsgegner einem Mitgliedstaat angehört – nicht die Möglichkeit, auf nationales Zuständigkeitsrecht zurückzugreifen.

241 So die hL, etwa Thomas/Putzo/*Hüßtege*, ZPO, Art. 6 Rn 2; Staudinger/Spellenberg, Art. 6 Rn 1 ff; *Hau*, FamRZ 2000, 1333, 1340 f; aA *Looschelders*, FS Kropholler (2008), S. 329, 343 f; Rauscher/*Rauscher*, Art. 6 Brüssel IIa-VO Rn 12 ff.

242 Dies erkennt auch *Looschelders*, FS Kropholler (2008), S. 329, 343 f; die Sperrwirkung des Art. 6 sei aber vom Verordnungsgeber versehentlich zu weit gezogen worden.

ordnungsgebers gewesen sein, eine überflüssige Norm zu schaffen.[243] Es sind daher nur die nationalen Zuständigkeitsvorschriften des Mitgliedstaates, dem der Antragsgegner angehört, zu seinen Lasten anwendbar (dazu näher unten Rn 15 ff).

7 Auch im Rahmen von Art. 6, 7 stellt sich die Frage, wie eine **mehrfache Staatsangehörigkeit** des Antragsgegners zu bewerten ist. Im Anschluss an die Rechtsprechung des EuGH zu Art. 3 Abs. 1 lit. b wird man wiederum davon auszugehen haben, dass keine Effektivitätsprüfung vorzunehmen ist (vgl hierzu Art. 3 EheVO Rn 42 f und Rn 52). Ein Rückgriff auf das nationale Zuständigkeitsrecht ist damit durch Art. 6 bereits dann versperrt, wenn nur eine der Staatsangehörigkeiten die eines Mitgliedstaates ist, unabhängig davon, ob es sich hierbei um die „effektive" Staatsangehörigkeit handelt oder nicht.[244] Keinen Schutz gewährt die Zugehörigkeit zum Vereinigten Königreich bzw zu Irland. Art. 6 schließt einen Rückgriff auf das nationale Recht allerdings dann aus, wenn der Antragsgegner – unabhängig von seiner Staatsangehörigkeit – sein domicile im Vereinigten Königreich oder Irland hat.[245]

8 Problematisch ist die Anwendung von Art. 6, wenn es sich um einen **gemeinsamen Antrag** der Ehegatten iSv Art. 3 Abs. 1 lit. a Spiegelstrich 4 handelt und damit ein „Antragsgegner" ieS nicht existiert. Art. 6 entfaltet nach zutreffender Auffassung eine Sperrwirkung bereits dann, wenn nur einer der Ehegatten seinen gewöhnlichen Aufenthalt in einem Mitgliedstaat bzw die Staatsangehörigkeit eines Mitgliedstaates hat.[246]

9 Maßgebender Zeitpunkt für die Prüfung der Art. 6, 7 ist nach hL der **Zeitpunkt der Rechtshängigkeit**.[247] Nach der hier vertretenen Ansicht sollte demgegenüber ein Wegfall der Sperrwirkung der Art. 6, 7 im laufenden Verfahren noch Berücksichtigung finden. Dies kann praktisch etwa dann relevant sein, wenn der Antragsgegner im laufenden Verfahren den Bezug zur Gemeinschaft aufgibt, also insb. seinen gewöhnlichen Aufenthalt in einen Drittstaat verlegt und/oder die Zugehörigkeit zu einem Mitgliedstaat aufgibt. Andernfalls müsste ein (mittlerweile) zulässiger Antrag abgewiesen werden, was – den Grundsätzen der Prozessökonomie widersprechend – nur die erneute Antragstellung zur Folge hätte.[248]

10 Art. 6, 7 beschränken – dem Geltungsbereich der EheVO 2003 entsprechend – iÜ selbstverständlich nur die internationale Zuständigkeit der Gerichte von EU-Mitgliedstaaten (mit Ausnahme Dänemarks). Die **internationale Zuständigkeit der Gerichte von Drittstaaten** (unter Einschluss von Dänemark) richtet sich ausschließlich nach deren (unvereinheitlichten) Zuständigkeitsregeln.[249]

II. Inländergleichstellung von EU-Bürgern bei Anwendung nationalen Rechts (Art. 7 Abs. 2)

11 Ist ein Rückgriff auf das nationale Zuständigkeitsrecht ausnahmsweise möglich, so führt Art. 7 Abs. 2 zu einer modifizierten Anwendung der entsprechenden Vorschriften des nationalen Zuständigkeitsrechts. Ein Staatsangehöriger eines EU-Mitgliedstaates, der im Hoheitsgebiet eines anderen Mitgliedstaates seinen gewöhnlichen Aufenthalt hat, ist zu seinen Gunsten zuständigkeitsrechtlich so zu behandeln wie ein inländischer Staatsangehöriger.

12 Nach Art. 7 Abs. 2 ist demnach unter den genannten Voraussetzungen ein französischer Staatsangehöriger, der in Deutschland seinen gewöhnlichen Aufenthalt hat, bei der Anwendung des unvereinheitlichten deutschen Zuständigkeitsrechts so zu behandeln, als habe er die deutsche Staatsangehörigkeit. Der französische Antragsteller mit gewöhnlichem Aufenthalt kann sich damit in Deutschland auf § 98 Abs. 1 Nr. 1 FamFG berufen.[250] Art. 7 Abs. 2 hat daher eine zusätzliche Ausweitung der uU ohnehin schon weit gefassten Vorschriften des nationalen Zuständigkeitsrechts zur Folge.[251]

13 Art. 7 Abs. 2 bezieht sich auf Bestimmungen des nationalen Rechts, die an die Staatsangehörigkeit des Antragstellers anknüpfen, nicht aber auf solche, die auf die Staatsangehörigkeit des Antragsgegners oder auf den gewöhnlichen Aufenthalt abstellen. Es reicht aber aus, dass die Staatsangehörigkeit des Antragstellers ein Kriterium bei einer Ermessensausübung bzw sonstigen Einzelfallabwägung ist.[252]

14 Der Zweck der Vorschrift liegt darin, europarechtlich unzulässige Diskriminierungen iSd Art. 18 AEUV (= ex Art. 12 EGV) zu vermeiden.[253] Das Diskriminierungsverbot des Art. 18 AEUV gilt unabhängig davon, dass Dänemark nicht als Mitgliedstaat iSd EheVO 2003 anzusehen ist (vgl vor Art. 1 EheVO Rn 5), auch für däni-

243 So aber letztlich *Looschelders*, aaO unter Berufung auf den Vorschlag der Kommission (KOM (2006) 399 endg., S. 9), nach dem Art. 6 zu streichen sei; auch Rauscher/*Rauscher*, Art. 3 Brüssel IIa-VO Rn 15.
244 Wie hier *Hau*, IPRax 2010, 50, 53.
245 Rauscher/*Rauscher*, Art. 6 Brüssel IIa-VO Rn 17.
246 *Simotta*, in: FS Geimer 2002, S. 1115, 1119 f, 1165.
247 *Hau*, FamRZ 2000, 1333, 1340; *Hausmann*, EuLF 2000/01, 271, 279; abw. *Hajnczyk*, S. 107 f.
248 Rauscher/*Rauscher*, Art. 6 Brüssel IIa-VO Rn 20.
249 Erman/*Hohloch*, Art. 17 EGBGB Rn 65 b.
250 Vgl das Beispiel bei Thomas/Putzo/*Hüßtege*, ZPO, Art. 7 EuEheVO Rn 3; Staudinger/*Spellenberg*, Art. 7 Rn 16.
251 Zutr. rechtspolitische Kritik bei *Helms*, FamRZ 2002, 1593, 1600; *Hau*, FamRZ 2000, 1333, 1341.
252 Rauscher/*Rauscher*, Art. 7 Brüssel IIa-VO Rn 20.
253 Staudinger/*Spellenberg*, Art. 7 Rn 15; Rauscher/*Rauscher*, Art. 7 Brüssel IIa-VO Rn 7.

sche Staatsangehörige. Dies spricht dafür, Art. 7 Abs. 2 auch zugunsten dänischer Staatsangehöriger analog anzuwenden.[254]

B. Anwendung nationalen Zuständigkeitsrechts zu Lasten eigener Staatsangehöriger

Nach dem Wortlaut der Vorschrift gilt die Sperrwirkung des Art. 6 nicht im Hinblick auf die Zuständigkeit der Gerichte der Staaten, in denen der Antragsgegner seinen gewöhnlichen Aufenthalt hat bzw deren Staatsangehöriger er ist bzw in denen er (im Falle des Vereinigten Königreichs und Irlands) sein domicile hat. Denn Art. 6 schließt einen Rückgriff auf nationales Zuständigkeitsrecht seinem Wortlaut nach nur aus, wenn das Verfahren vor dem Gericht eines **„anderen" Mitgliedstaates** geführt wird. Unter den „anderen" Mitgliedstaaten sind nach der innertatbestandlichen Systematik der Norm die Mitgliedstaaten zu verstehen, in denen der Antragsgegner keinen gewöhnlichen Aufenthalt hat und deren Staatsangehörigkeit er auch nicht besitzt bzw in denen er (im Falle des Vereinigten Königreichs und Irlands) kein domicile hat. **15**

In den Mitgliedstaaten, in denen der Antragsgegner seinen gewöhnlichen Aufenthalt hat, besteht aber ohnehin eine internationale Zuständigkeit (Art. 3 Abs. 1 lit. a Spiegelstrich 3). Ein Rückgriff auf nationales Recht ist also nicht erforderlich. Damit sind nur die unvereinheitlichten Zuständigkeitsregeln der Mitgliedstaaten von Interesse, denen der Antragsgegner angehört bzw in denen er (im Falle des Vereinigten Königreichs oder Irlands) sein domicile hat, ohne in den genannten Mitgliedstaaten zugleich seinen gewöhnlichen Aufenthalt zu haben.[255] Ist der Antragsgegner Deutscher, können deutsche Gerichte nach hL – zu seinen Lasten – auf § 98 Abs. 1 Nr. 1 FamFG zurückgreifen. Die fehlende „Sperrwirkung" des Art. 6 lässt sich in der Sache damit rechtfertigen, dass der Antragsgegner keinen Schutz vor den Zuständigkeitsvorschriften seines eigenen Heimatstaates bzw domicile-Staates benötigt.[256] **16**

In der Literatur werden allerdings zT Zweifel an dieser Auslegung geäußert. Diese ergeben sich u.a. daraus, dass der ersichtlich auf Art. 6 bezogene Art. 7 Abs. 2 seinem Wortlaut nach zulasten eines Staatsangehörigen eines EU-Mitgliedstaates nicht anwendbar ist.[257] Nach dem Wortlaut des Art. 7 Abs. 2 besteht eine Gleichstellung von Staatsangehörigen eines Mitgliedstaates, die ihren gewöhnlichen Aufenthalt im Inland haben, mit inländischen Staatsangehörigen nämlich nur dann, wenn der Antragsgegner seinen gewöhnlichen Aufenthalt nicht in einem Mitgliedstaat hat und auch nicht Staatsangehöriger eines Mitgliedstaates ist bzw (im Falle des Vereinigten Königreichs und Irlands) sein domicile nicht in einem dieser Mitgliedstaaten hat. Man wird hier aber, um potentielle Diskriminierungen nach Art. 18 AEUV zu vermeiden, Art. 7 Abs. 2 insoweit analog anwenden können. **17**

Umstritten ist wiederum, ob ein Rückgriff auf das unvereinheitlichte nationale Recht nur dann zulässig ist, wenn **keine internationale Zuständigkeit eines anderen Mitgliedstaates** besteht. Nach der zutreffenden hL ist dies zu bejahen, da Art. 6 nur im Zusammenhang mit Art. 7 anwendbar ist (vgl zur Argumentation iE Rn 2 ff). Ein deutscher Antragsgegner kann mithin nach hL dann, wenn die Antragstellerin seit mindestens einem Jahr einen gewöhnlichen Aufenthalt in einem anderen EU-Mitgliedstaat hat und dort eine internationale Zuständigkeit nach Art. 3 Abs. 1 lit. a Spiegelstrich 5 entstanden ist, nicht (mehr) nach Maßgabe des § 98 Abs. 1 Nr. 1 FamFG vor deutschen Gerichten verklagt werden.[258] Dasselbe gilt, wenn der deutsche Antragsgegner seinen gewöhnlichen Aufenthalt in einem anderen EU-Mitgliedstaat hat und daher nach Art. 3 Abs. 1 lit. a Spiegelstrich 3 dort verklagt werden kann. **18**

Nicht ausdrücklich geregelt ist der Fall, in dem der Antragsgegner **mehrere Staatsangehörigkeiten verschiedener Mitgliedstaaten** hat. Nach zutreffender Ansicht muss sich hier der Antragsgegner – wiederum unter der Voraussetzung von Art. 7 Abs. 1 – vor den Gerichten seiner einzelnen Heimatstaaten auf die unver- **19**

254 Vgl Rauscher/*Rauscher*, Art. 7 Brüssel IIa-VO Rn 16 (allerdings eine integrationsfreundliche Auslegung der jeweiligen nationalen Bestimmung bevorzugend); aA Staudinger/*Spellenberg*, Art. 7 Rn 18; *Dilger*, Rn 463 (Dänemark und seine Staatsangehörigen seien in dem durch Art. 69 EGV beschriebenen Umfang als vom räumlichen und persönlichen Anwendungsbereich auch des EG-Vertrags ausgenommen anzusehen und entsprechend zu behandeln).

255 *Andrae/Schreiber*, IPRax 2010, 79, 81; *Hau*, FamRZ 2000, 1333, 1340; *ders.*, ERA-Forum 2003, 9, 14 = FPR 2002, 616; *Dilger*, Rn 270 f, 273; *Hausmann*, EuLF 2000/01, 271, 279; *Simotta*, in: FS Geimer 2002, S. 1115, 1118; aA (auch hier eine Sperrwirkung von Art. 6 annehmend) *Niklas*, S. 98 f; aus der ausl. Literatur *McEleavy*, I.C.L.Q. 51 (2002), 883, 886; *Carlier/Francq/van Boxstael*, J. Trib. Dr. eur. 9 (2001), 73, 78 f.

256 Vgl auch *Spellenberg*, ZZPInt 12 (2007), 233, 238. Ein Verstoß gegen Art. 18 AEUV (= ex Art. 12 EGV) kann in der Schlechterstellung eigener Staatsangehöriger durch die Zuständigkeitsvorschriften des nationalen Rechts nicht gesehen werden.

257 *Niklas*, S. 99.

258 So *Hau*, FamRZ 2000, 1333, 1340; *ders.*, IPRax 2010, 50, 53; *Hausmann*, EuLF 2000/01, 271, 279.

einheitlichten Zuständigkeitsvorschriften der jeweiligen *lex fori* einlassen.[259] Insoweit gelten die unter Rn 7 angeführten Überlegungen entsprechend.

C. „Notzuständigkeit“ bei Zuständigkeit (nur) eines scheidungsfeindlichen Staates?

20 Vereinzelt kann es dazu kommen, dass gar kein Mitgliedstaat zuständig ist – insbesondere dann, wenn beide Parteien ihren gewöhnlichen Aufenthalt außerhalb der EU haben und der Antragsgegner einem Mitgliedstaat angehört – oder dass zwar ein Mitgliedstaat zuständig ist, dieser aber im konkreten Fall oder sogar allgemein (bislang Malta) keine Scheidung vorsieht. Nach einer verbreiteten Auffassung ist dies hinzunehmen, zumal das Recht auf Scheidung nicht zu den allgemeinen Grundsätzen des Gemeinschaftsrechts gehöre und als solches auch nicht durch die EMRK geschützt sei.[260] Dementsprechend erscheint es nicht möglich, einen weitergehenden Rückgriff auf nationales Zuständigkeitsrecht über eine teleologische Extension des Art. 7 Abs. 1[261] zu erreichen oder in derartigen Fällen eine „Notzuständigkeit“ anzunehmen.[262] Im Gesetzgebungsverfahren zur Reform der EheVO 2003 bzw zur Schaffung der Rom III-VO ist dieses Problem allerdings verschiedentlich gesehen worden; es wurde dort vorgeschlagen, die EheVO 2003 durch die Einfügung einer „Notzuständigkeit“ zu ergänzen.[263] Eine derartige Notzuständigkeit ist ferner auch in den Konstellationen von Interesse, in denen eine – von der EheVO 2003 grundsätzlich erfasste (vgl oben Art. 1 Rn 3) – gleichgeschlechtliche Ehe geschieden werden soll, aber die international zuständigen Mitgliedstaaten eine gleichgeschlechtliche Ehe in ihrem internen Recht nicht kennen und deshalb nach Art. 13 Var. 2 Rom III-VO nicht verpflichtet sind, diese Ehe zu scheiden (vgl dazu ausf. Anh. zu Art. 17 Rn 25 ff).

Abschnitt 2
Elterliche Verantwortung

Art. 8 EheVO 2003 Allgemeine Zuständigkeit

(1) Für Entscheidungen, die die elterliche Verantwortung betreffen, sind die Gerichte des Mitgliedstaats zuständig, in dem das Kind zum Zeitpunkt der Antragstellung seinen gewöhnlichen Aufenthalt hat.

(2) Absatz 1 findet vorbehaltlich der Artikel 9, 10 und 12 Anwendung.

A. Überblick

1 Während bei Ehesachen eine „elternzentrierte” Zuständigkeitsregelung vorgenommen wird, sieht die EheVO 2003 bei den Verfahren über die „elterliche Verantwortung” eine „kindzentrierte” Regelung vor. Maßgebend ist grundsätzlich der **gewöhnliche Aufenthalt des Kindes** (Art. 8 Abs. 1).[264] Die EheVO 2003 folgt insoweit grundsätzlich den Bestimmungen des MSA und des KSÜ. Art. 9, 10, 12 enthalten Sonderregeln über die internationale Zuständigkeit. Die Art. 9 und 10 knüpfen hierbei an den vorangegangenen (rechtmäßigen oder

259 Staudinger/*Spellenberg*, Art. 6 Rn 11; *Hau*, IPRax 2010, 50, 53; *ders.*, FamRZ 2000, 1333, 1337; auch Rauscher/*Rauscher*, Art. 6 Brüssel IIa-VO Rn 24.

260 S. dazu näher *Looschelders*, FS Kropholler (2008), S. 329, 330 f; zur EMRK s. insb. EGMR EuGZ 1987, 537 (das nach irischem Recht bestehende Scheidungsverbot und die Unmöglichkeit der Wiederverheiratung seien mit Art. 8, 12 und 14 der EMRJ vereinbar); zum europäischen Gemeinschaftsrecht s. *Jayme/Kohler*, IPRax 2006, 537, 539.

261 So aber *Looschelders*, FS Kropholler (2008), S. 329, 346 ff für den Fall, dass nach Art. 3 allein maltesische Gerichte zuständig sind.

262 So aber aus der niederländischen Rechtsprechung Hof ’s Gravenhage NiPR 2006, 145, 146; zustimmend Rauscher/*Rauscher*, Art. 3 Brüssel IIa-VO Rn 12.

263 S. den Entwurf eines Berichts über den Vorschlag für eine Verordnung des Rates zur Begründung einer verstärkten Zusammenarbeit im Bereich des auf die Ehescheidung und Trennung ohne Auflösung des Ehebandes anzuwendenden Rechts (KOM(2010)0105 – C7-0102/2010 – 2010/0067(CNS)) v. 26.10.2010; Rechtsausschuss, Berichterstatter *Tadeusz Zwiefka*, 2010/0067(CNS), S. 32; zuvor bereits (zur geplanten Reform der EheVO 2003) Legislative Entschließung des Europäischen Parlaments vom 21.10.2008 zu dem Vorschlag für eine Verordnung des Rates zur Änderung der Verordnung (EG) Nr. 2201/2003 im Hinblick auf die Zuständigkeit in Ehesachen und zur Einführung von Vorschriften betreffend das anwendbare Recht in diesem Bereich (KOM(2006)0399 — C6-0305/2006 — 2006/0135(CNS); ABl. C 15 E 128 S. 132 und auch Stellungnahme des Europäischen Wirtschafts- und Sozialausschusses (KOM(2006) 399 endg), ABl. C 325 S. 71 Rn 3.3.).

264 Diese Anknüpfung ist u.a. deshalb vorzugswürdig, weil sie ein schnelles Eingreifen ermöglicht, die Beweisnähe sichert und Belastungen für das Kind reduziert (etwa *Coester-Waltjen*, FamRZ 2005, 241, 242; Rauscher/*Rauscher*, Art. 8 Brüssel IIa-VO Rn 3).

rechtswidrigen) Wechsel des gewöhnlichen Aufenthalts des Kindes an. Soweit die Voraussetzungen von Art. 9 oder 10 gegeben sind, entfällt die Zuständigkeit nach Art. 8 Abs. 1. Art. 12 lässt in gewissen Grenzen eine **Gerichtsstandsvereinbarung** zu. Das Verhältnis der Zuständigkeit nach Art. 12 zu der Zuständigkeit nach Art. 8 Abs. 1 richtet sich nach Art. 19 Abs. 2.[265] Eine weitere Ausweichmöglichkeit zugunsten eines **besser geeigneten Gerichts** enthält Art. 15.

Art. 13 enthält eine Hilfszuständigkeit für den Fall, dass der gewöhnliche Aufenthalt des Kindes nicht fest- 2
stellbar ist bzw es sich um einen Flüchtling oder Vertriebenen handelt. Art. 14 verweist für den Fall, dass sich aus den Art. 8–13 keine Zuständigkeit eines Gerichts eines Mitgliedstaates ergibt, auf an sich verdrängte staatsvertragliche Vorschriften bzw das nationale Zuständigkeitsrecht.

B. Aufenthaltszuständigkeit nach Abs. 1

Art. 8 Abs. 1 stellt, wie auch das MSA[266] und das KSÜ[267] für die internationale Zuständigkeit zentral auf den 3
gewöhnlichen Aufenthalt des Kindes ab. Die Vorschrift gilt für sämtliche Verfahren über die elterliche Verantwortung unter Einschluss von Abänderungsverfahren.[268] Abweichend vom MSA und dem KSÜ kommt es bei Art. 8 Abs. 1 allerdings auf den gewöhnlichen Aufenthalt im **Zeitpunkt der Antragstellung** an. Der Zeitpunkt der Antragstellung ist nach Maßgabe von Art. 16 zu bestimmen.[269] Ein nachfolgender Wechsel des gewöhnlichen Aufenthalts lässt die internationale Zuständigkeit des angerufenen Gerichts unberührt (Grundsatz der perpetuatio fori).[270] Beantragt also ein deutscher Vater mit gewöhnlichem Aufenthalt in Deutschland, dass die elterliche Sorge auf ihn übertragen werden solle, und zieht die italienische Mutter, der zuvor im Wege einer einstweiligen Anordnung das Aufenthaltsbestimmungsrecht übertragen wurde, während des Verfahrens mit dem Kind nach Italien, so bleibt die Zuständigkeit deutscher Gerichte auch nach dem Umzug des Kindes erhalten.[271] Einem weiteren Verfahren in Italien steht, solange nicht der Antrag in Deutschland zurückgenommen wird, der Rechtshängigkeitseinwand entgegen (Art. 19 Abs. 2).

Aus anwaltlicher Sicht bedeutet dies, dass eine internationale Zuständigkeit der inländischen Gerichte zunächst 4
durch eine **rasche Antragstellung** gesichert werden kann. Der Antrag muss im Inland gestellt werden, bevor ein neuer gewöhnlicher Aufenthalt des Kindes im Ausland entsteht.[272] Hierbei dürfte es im Einzelfall zu Streitigkeiten darüber kommen können, zu welchem genauen Zeitpunkt (noch vor oder erst nach Anrufung des Gerichts) ein Wechsel des gewöhnlichen Aufenthalts des Kindes eingetreten ist.[273] Wie bei Art. 3 Abs. 1 lit. a Spiegelstrich 3 reicht es iÜ aber aus, wenn der gewöhnliche Aufenthalt erst im laufenden Verfahren begründet wird (Art. 3 EheVO Rn 21).[274] Es widerspräche der Prozessökonomie – und vor allem auch den Kindesinteressen –, wenn ein bereits eingeleitetes Verfahren, das nunmehr zulässig (neu) in Gang gesetzt werden könnte, als unzulässig behandelt werden müsste.[275] Anders verhält es sich nur dann, wenn zuvor ein Antrag bei einem international zuständigen gereicht gestellt worden ist (vgl Art. 3 Rn 38 ff).[276]

Der in Art. 8 Abs. 1 enthaltene Grundsatz der perpetuatio fori wird allerdings durch Art. 15 abge- 5
schwächt.[277] Hiernach kann ein an sich international zuständiges Gericht dann, wenn das Kind zu einem anderen Mitgliedstaat eine besondere Bindung hat, den **Fall an ein ausländisches Gericht verweisen** (vgl Art. 15 EheVO Rn 1 ff). Die Sache wird aber nach Art. 8 Abs. 1 weiterhin von den inländischen Gerichten entschieden, wenn das Kind einen neuen gewöhnlichen Aufenthalt nicht in einem anderen Mitgliedstaat, son-

265 Rauscher/*Rauscher*, Art. 8 Brüssel IIa-VO Rn 18; anders AG Steinfurt, Beschl. v. 8.1.2008, 10 F 9/07.
266 Art. 1 MSA.
267 Art. 5 KSÜ.
268 Staudinger/*Pirrung*, C 53.
269 EuGH, Rs. C-497/10 PPU (Barbara Mercredi ./. Richard Chaffe) FamRZ 2011, 617 (Rn 42, 43). Der in Art. 8 Abs. 1 verwendete Begriff der „Antragstellung" weicht der äußerlichen Formulierung nach allerdings von der in Art. 16 enthaltenen Definition der „Anrufung des Gerichts" ab. Eine inhaltliche Divergenz ist hiermit allerdings nicht verbunden. Dies ergibt sich u.a. aus der englischen und französischen Fassungen, die in Art. 8 Abs. 1 und Art. 16 einheitlich von dem „moment où la juridiction est saisie" bzw von „the time the court is seized" sprechen.
270 Staudinger/*Pirrung*, C 55; Geimer/Schütze/*Dilger*, Art. 8 Rn 4; HK-ZPO/*Dörner*, Art. 6; ferner *Busch*, IPRax 2003, 218, 221 und *Helms*, FamRZ 2002, 1593, 1601 zum gleich lautenden Art. 10 des Verordnungsentwurfs. Von einer *perpetuatio fori* wurde im KSÜ bewusst Abstand genommen (vgl *Siehr*, RabelsZ 62 (1998), 464, 478; aus der Rspr zum MSA s. BGH NJW 2002, 2955 = IPRax 2003, 145 = FamRZ 2002, 1182 m. Anm. *Henrich*.
271 Rechtspolitische Kritik bei *Busch*, IPRax 2003, 218, 221.
272 Vgl den Fall OLG Karlsruhe, IPRax 2004, 524 m. Anm. *Gruber*, S. 507.
273 Eine Übergangsphase dergestalt, dass zeitweilig überhaupt kein gewöhnlicher, sondern nur ein schlichter Aufenthalt besteht, ist in aller Regel nicht anzunehmen.
274 BGH NJW 2010, 1351; Staudinger/*Pirrung*, C 56; *Solomon*, FamRZ 2004, 1409, 1411; HK-ZPO/*Dörner*, Art. 8 Rn 7; aA HK-FamR/*Rieck*, Art. 8 EheVO 2003 Rn 2.
275 BGH NJW 2010, 1351, 1352.
276 BGH NJW 2010, 1351.
277 *Busch/Rölke*, FamRZ 2004, 1338, 1341.

dern in einem Drittstaat erwirbt. Dies gilt wohl auch dann, wenn dieser Drittstatt dem KSÜ angehört (s. hierzu näher Art. 61 Rn 2 ff).

6 Nach dem EuGH ist der Begriff „**gewöhnlicher Aufenthalt**" iSd Art. 8 Abs. 1 dahin auszulegen, dass darunter der Ort zu verstehen ist, der „Ausdruck einer gewissen sozialen und familiären Integration des Kindes ist".[278] Zu berücksichtigen seien insbesondere die Dauer, die Regelmäßigkeit und die Umstände des Aufenthalts in einem Mitgliedstaat sowie die Gründe für diesen Aufenthalt und den Umzug der Familie in diesen Staat, die Staatsangehörigkeit des Kindes,[279] Ort und Umstände der Einschulung, die Sprachkenntnisse sowie die familiären und sozialen Bindungen des Kindes in dem betreffenden Staat.[280] Der gewöhnliche Aufenthalt sei unter Berücksichtigung aller tatsächlichen Umstände des Einzelfalls durch die nationalen Gerichte festzustellen. Indiziell zu berücksichtigen sei ferner die Absicht der Eltern, sich dauerhaft mit dem Kind in einem Mitgliedstaat niederzulassen. Eine derartige Absicht könne aus dem Erwerb oder der Anmietung einer Wohnung oder dem Antrag auf Zuweisung einer Sozialwohnung abzuleiten sein.[281] In einer neueren Entscheidung hat der EuGH eine Differenzierung nach dem Alter des Kindes vorgenommen. Das soziale und familiäre Umfeld sei bei einem schuldpflichtigen Kind anders zu bestimmen als bei einem nicht mehr die Schule besuchenden Minderjährigen oder im Fall eines Säuglings. Bei kleinen Kindern sei wesentlich auf das familiäre Umfeld abzustellen.[282] Werde ein Säugling von seiner Mutter betreut, sei maßgeblich auf deren Integration in ihr soziales und familiäres Umfeld abzustellen.[283]

7 Insgesamt ist davon auszugehen, dass der EuGH – ohne dies deutlich zu machen – jedenfalls im Großen und Ganzen der Umschreibung des „gewöhnlichen Aufenthalts" folgt, die sich auch im sonstigen internationalen Verfahrens- und Privatrecht etabliert hat. Der gewöhnliche Aufenthalt des Kindes in Art. 8 Abs. 1 bestimmt sich nach der hier vertretenen Auffassung nach den gleichen Kriterien wie im MSA bzw im KSÜ (vgl Anhang I zu Art. 24 EGBGB, Art. 1 KSÜ Rn 15 ff und Art. 5 EGBGB Rn 16 ff).[284] Auch eine Kindesentführung steht, wie sich aus Art. 10 mittelbar ergibt, der Begründung eines neuen gewöhnlichen Aufenthalts nicht entgegen.

8 Haben die Beteiligten **mehrere Kinder**, ist der gewöhnliche Aufenthalt für jedes Kind gesondert festzustellen. Dies ergibt sich u.a. aus dem Wortlaut der Norm („des Kindes").[285] Hier sollte aber nach Möglichkeit von einer Verweisung nach Art. 15 Gebrauch gemacht werden und Sorgerechtsfragen betr. die Kinder von (nur) einem Gericht entschieden werden.[286]

C. Anwendbares Recht

9 Die Art. 8–14 bestimmen nur die internationale Zuständigkeit, legen aber nicht fest, nach welchem Recht über den Antrag zu entscheiden ist.[287] In der Literatur herrschte bislang Unsicherheit über die Frage, ob die – im Hinblick auf die Regelung der internationalen Zuständigkeit von der EheVO 2003 verdrängten (vgl Art. 60 lit. a, 61) – KSÜ bzw MSA weiterhin das **anwendbare Recht** festlegen. Nach hL war eine kombinierte Anwendung der EheVO 2003 (im Hinblick auf die internationale Zuständigkeit) und des KSÜ bzw des MSA (im Hinblick auf die Bestimmung des anwendbaren Rechts) vorzunehmen. Die Gegenauffassung sprach sich

278 EuGH, Rs. C-523/07, FamRZ 2009, 843, 845 (Rn 38) = EuGRZ 2009, 217; EuGH, Rs. C-497/10 FamRZ 2011, 617 (Rn 47); zuvor etwa Staudinger/*Spellenberg*, Art. 8 Rn 3 ff.

279 Zu Recht krit. zu der (auch nur ergänzenden) Berücksichtigung der Staatsangehörigkeit durch den EuGH *Pirrung*, IPRax 2011, 50, 53.

280 EuGH, FamRZ 2009, 843 (insb. Rn 39); FamRZ 2011, 617 (Rn 48)

281 EuGH, FamRZ 2009, 843 (Rn 40); FamRZ 2011, 617 (Rn 50).

282 EuGH, FamRZ 2011, 617 (Rn 53).

283 EuGH, FamRZ 2011, 617 (Rn 55).

284 Vgl die Schlussanträge der Generalanwältin *Kokott* v. 29.1.2009, Rs. 523-07 Rn 26 („... bedarf es einer einheitlichen Auslegung des Begriffs des gewöhnlichen Aufenthalts, um die Anwendungsbereiche des KSÜ und der Verordnung kohärent voneinander abzugrenzen und Kompetenzkonflikte zwischen den mitgliedstaatlichen Gerichten und den Gerichten anderer Vertragsstaaten des KSÜ zu vermeiden."); aus der Lit. etwa Staudinger/*Pirrung*, C 54; *ders.*, IPRax 2011, 50, 53; auch *Niklas*, S. 173 (zum Kommissionsentwurf).

285 Staudinger/*Pirrung*, C 52; Prütting/Gehrlein/*Völker*, Art. 8 Rn 2; HK-ZPO/*Dörner*, Art. 8 Rn 2; HK-FamR/*Rieck*, Art. 8 EheVO 2003 Rn 7; auch Schlussanträge der Generalanwältin Eleanor Sharpston v. 20.5.2010 in der Rechtssache C-256/09 Bianca Purrucker ./. Guillermo Vallés Pérez, Rn 95 ff (betr. Zwillinge mit gewöhnlichem Aufenthalt in verschiedenen Mitgliedstaaten).

286 Schlussanträge der Generalanwältin Eleanor Sharpston v. 20.5.2010 in der Rechtssache C-256/09 Bianca Purrucker ./. Guillermo Vallés Pérez, Rn 96 Fn 41 (betr. Zwillinge mit gewöhnlichem Aufenthalt in verschiedenen Mitgliedstaaten).

287 Krit. zur fehlenden Kollisionsrechtsvereinheitlichung in der Verordnung („Torso") *Kropholler*, FS Schlosser (2005), 448, 457 f.

bislang gegen eine partielle Anwendung von KSÜ und MSA aus; es sei auf das autonome nationale Kollisionsrecht, in Deutschland also auf Art. 21 EGBGB, zu rekurrieren.[288]

Der BGH hat sich nunmehr – wenngleich insoweit ohne Begründung – für eine kombinierte Anwendung von EheVO 2003 (im Hinblick auf die internationale Zuständigkeit) und des KSÜ (im Hinblick auf die Bestimmung des anwendbaren Rechts) ausgesprochen.[289] Dem ist zuzustimmen. Nach Art. 62 Abs. 1 behalten die Art. 59 Abs. 1, 60, 61 genannten Abkommen – darunter auch das KSÜ sowie das MSA – ihre Wirksamkeit für die Rechtsgebiete die durch die EheVO 2003 nicht geregelt werden. Als Rechtsgebiet idS kann auch die kollisionsrechtliche Bestimmung des anwendbaren Rechts angesehen werden. Für eine Anwendung des KSÜ bzw des MSA sprechen letztlich der der EheVO 2003 und dem KSÜ/MSA zugrunde liegende Vereinheitlichungszweck: Sämtliche Regelungssysteme haben zum Ziel, international einheitliches Recht zu schaffen. Daher entspricht es nicht der Intention der EheVO 2003, das KSÜ bzw das MSA vollständig zu verdrängen und damit wieder den unvereinheitlichten nationalen Kollisionsnormen Raum zu geben; KSÜ und MSA haben auch ungeachtet dessen, dass sie im Bereich der internationalen Zuständigkeit weitgehend von der EheVO 2003 verdrängt werden, einen Anwendungswillen im Hinblick auf die Bestimmung des anwendbaren materiellen Rechts.[290] 10

Nach dem Grundsatz des **Art. 15 Abs. 1 KSÜ** wenden die zuständigen Gerichte und Behörden stets ihr Recht an, und zwar auch dann, wenn (ausnahmsweise) die Gerichte und Behörden eines Staates zuständig sind, in dem das Kind keinen gewöhnlichen Aufenthalt hat. Erwirbt das Kind also nach der Rechtshängigkeit seinen gewöhnlichen Aufenthalt in einem anderen Staat, wendet das – nach Art. 8 Abs. 1 nach wie vor zuständige – Gericht weiterhin seine lex fori an.[291] Es besteht also m.a.W. ein **Gleichlauf** zwischen der internationalen Zuständigkeit und dem anwendbaren Recht. Dies gilt nach allerdings ungesicherter Auffassung wohl auch dann, wenn sich das entscheidende Gericht auf eine in der EheVO 2003 enthaltene Zuständigkeitsnorm stützt, die im KSÜ keine Entsprechung hat (zu den einzelnen Anwendungsproblemen s. ausf. Art. 61 Rn 10 ff). 11

Auch **Art. 2 MSA** stellt auf den gewöhnlichen Aufenthalt des Kindes ab, was ebenfalls zu einem Gleichlauf von internationaler Zuständigkeit und anwendbarem Recht führt. Auch hier gilt, dass Art. 2 MSA selbst dann anzuwenden ist, wenn sich im konkreten Fall eine Zuständigkeit nur aus der EheVO 2003, nicht aber – für den gedachten Fall der Anwendbarkeit des MSA (auch) auf die Frage der internationalen Zuständigkeit – aus dem MSA ergibt. Anzuwenden sein dürfte allerdings auch Art. 3 MSA, da es sich hier nicht (nur) um eine von der EheVO 2003 verdrängte Zuständigkeitsnorm, sondern zugleich um eine Vorschrift mit kollisionsrechtlichem Charakter handelt (zu den einzelnen Anwendungsproblemen s. ausf. Art. 60 Rn 10 ff). 12

Art. 9 EheVO 2003 Aufrechterhaltung der Zuständigkeit des früheren gewöhnlichen Aufenthaltsortes des Kindes

(1) Beim rechtmäßigen Umzug eines Kindes von einem Mitgliedstaat in einen anderen, durch den es dort einen neuen gewöhnlichen Aufenthalt erlangt, verbleibt abweichend von Artikel 8 die Zuständigkeit für eine Änderung einer vor dem Umzug des Kindes in diesem Mitgliedstaat ergangenen Entscheidung über das Umgangsrecht während einer Dauer von drei Monaten nach dem Umzug bei den Gerichten des früheren gewöhnlichen Aufenthalts des Kindes, wenn sich der laut der Entscheidung über das Umgangsrecht umgangsberechtigte Elternteil weiterhin gewöhnlich in dem Mitgliedstaat des früheren gewöhnlichen Aufenthalts des Kindes aufhält.

(2) Absatz 1 findet keine Anwendung, wenn der umgangsberechtigte Elternteil im Sinne des Absatzes 1 die Zuständigkeit der Gerichte des Mitgliedstaats des neuen gewöhnlichen Aufenthalts des Kindes dadurch anerkannt hat, dass er sich an Verfahren vor diesen Gerichten beteiligt, ohne ihre Zuständigkeit anzufechten.

288 Zur Diskussion im Bereich des MSA s. etwa *Puskajler*, IPRax 2001, 81, 82 (die Frage sei „nicht nur akademischer Natur"); *Jayme/Kohler*, IPRax 2000, 454, 457 f; *v. Hoffmann*, IPR, § 8 Rn 68 j; zum KSÜ *Helms*, FamRZ 2002, 1593, 1601; für eine vollständige Verdrängung von KSÜ und MSA *Martiny*, ERA-Forum 2003, 97, 111; die Frage wurde ausdrücklich offengelassen bei OLG Saarbrücken, Beschl. v. 25.3.2010, 6 UF 136/09.

289 BGH MDR 2011, 486; dem folgend OLG Saarbrücken, Beschl. v. 1.4.2011, 6 UF 6/11

290 Hierzu ausf. Geimer/Schütze/*Gruber*, Art. 2 MSA Rn 1 ff (31. Erg.Lief.) und Art. 15 Rn 1 ff (32. Erg.Lief.), Rauscher/*Rauscher*, Art. 8 Brüssel IIa-VO Rn 22. Dies wird auch im (allerdings nicht verbindlichen) Leitfaden der EU so gesehen. Leitfaden der Kommission, S. 56 (bezogen auf das KSÜ): „Das Übereinkommen hingegen regelt die Beziehungen zwischen den Mitgliedstaaten bei Angelegenheiten des anzuwendenden Rechts, da dieser Themenbereich nicht von der Verordnung erfasst ist.".

291 Hiervon geht auch *Helms*, FamRZ 2002, 1593, 1601 f aus.

1 Art. 9 sieht eine **Sonderregel** für die internationale Zuständigkeit vor. Sie bezieht sich nur auf die Fälle, in denen eine Entscheidung (Art. 2 Nr. 4) über das **Umgangsrecht** (Art. 2 Nr. 10) ergangen ist und das Kind hieran anschließend durch einen rechtmäßigen Umzug in einem anderen Mitgliedstaat einen neuen gewöhnlichen Aufenthalt erlangt hat. Art. 9 trägt dem Umstand Rechnung, dass zu dem Staat, in dem das Kind zuvor seinen gewöhnlichen Aufenthalt hatte, noch immer ein enger Bezug besteht. Zugleich wird eine gewisse Kontinuität in den gerichtlichen Entscheidungen erreicht.[292] Das nach Art. 9 zuständige Gericht wendet gemäß Art. 15 Abs. 1 KSÜ bzw Art. 2 MSA weiterhin sein eigenes Recht an (vgl Art. 8 EheVO Rn 8, Art. 60 Rn 10 ff; Art. 61 Rn 10 ff). Der Wechsel des gewöhnlichen Aufenthalts des Kindes zieht m.a.W. weder eine Zuständigkeitsveränderung noch einen kollisionsrechtlichen Statutenwechsel nach sich.

2 Der Begriff des **Umgangsrechts** wird in Art. 2 Nr. 10 näher konkretisiert (vgl Art. 2 EheVO Rn 4). Ein Umgangsrecht besteht demnach insbesondere auch in dem Recht, das Kind für eine begrenzte Zeit an einen anderen Ort als seinen gewöhnlichen Aufenthaltsort zu bringen. In der deutschen Fassung von Art. 9 bezieht sich die Vorschrift nur auf einen **„umgangsberechtigten Elternteil"**. Andere Sprachfassungen sprechen demgegenüber allgemein vom „Umgangsberechtigten".[293] Hieran wird deutlich, dass die deutsche Fassung auf einer zu engen Übersetzung beruht. Art. 9 wirkt daher nicht nur zugunsten des umgangsberechtigten Elternteils, sondern zugunsten sämtlicher Umgangsberechtigter.[294]

3 Die Vorschrift setzt voraus, dass vor dem Umzug eine **Entscheidung** über das Umgangsrecht iSd Art. 2 Nr. 4 ergangen ist. **Umgangsvereinbarungen**, die nicht Gegenstand einer Entscheidung iSd Art. 2 Nr. 4 geworden sind, reichen für die Anwendung des Art. 9 nicht aus. Die Vorschrift gilt also nicht, wenn die Parteien eine außergerichtliche Vereinbarung über das Umgangsrecht getroffen haben und einer der Parteien diese Vereinbarung ändern will.[295] Vor dem Umzug **„ergangen"** ist eine Entscheidung bei teleologischer Auslegung der Norm nicht nur dann, wenn die Entscheidung vor dem Umzug bereits rechtskräftig geworden ist, sondern auch dann, wenn der Umzug aus prozessualen Gründen (etwa: reine Rechtsprüfung in einer Beschwerdeinstanz) in der Entscheidung nicht mehr berücksichtigt werden konnte.[296]

4 Erforderlich ist des Weiteren, dass das Kind durch den Umzug innerhalb von drei Monaten einen neuen **gewöhnlichen Aufenthalt** in einem anderen Mitgliedstaat erlangt hat. Unter dem Umzug dürfte allein die physische Ortsveränderung zu verstehen sein, so dass – je nach Lage des Einzelfalls – der gewöhnliche Aufenthalt uU auch erst einige Zeit nach dem Umzug begründet werden kann.[297] In diesem Fall läuft die Drei-Monats-Frist für die Antragstellung nach dem Wortlaut der Vorschrift – auch in den anderen Textfassungen – bereits ab dem Umzug, nicht erst ab der Begründung des neuen gewöhnlichen Aufenthalts.[298] Hat das Kind trotz des Umzugs seinen bisherigen gewöhnlichen Aufenthalt (noch) nicht aufgegeben,[299] ergibt sich die fort-

292 Die Regelung weist eine Übereinstimmung mit § 202 des US-amerikanischen Uniform Child Custody Jurisdiction and Enforcement Act auf (*Tenreiro/Ekström*, ERA-Forum 2003, 126, 129).

293 Vgl insb. die englische Fassung („holder of access rights"), die französische Fassung („titulaire du droit de visite"), die spanische Fassung („titular del derecho de visita"), die italienische Fassung („titolare del diritto di visita") und die niederländische Fassung („persoon die ingevolge die beslissing het omgangsrecht heeft").

294 Prütting/Gehrlein/*Völker*, Art. 9 Rn 2; HK-ZPO/*Dörner*, Art. 9 Rn 8; aA (aber ohne Hinweis auf die unterschiedlichen Textfassungen) Staudinger/*Pirrung*, C 57; Zöller/*Geimer*, ZPO, Art. 9 EheVO Rn 4; Rauscher/*Rauscher*, Art. 9 Brüssel IIa-VO Rn 10.

295 *Geimer*, Europ. Zivilverfahrensrecht, Art. 9 Rn 1; Prütting/Gehrlein/*Völker*, Art. 9 Rn 3; aA HK-FamR/*Rieck*, Art. 9 Rn 5; wohl auch *Busch*, IPRax 2003, 218, 221 zu Art. 11 des Verordnungsentwurfs.

296 Rauscher/*Rauscher*, Art. 9 Brüssel IIa-VO Rn 9.

297 Geimer/Schütze/*Dilger*, Art. 9 Rn 6; letztlich wohl auch Rauscher/*Rauscher*, Art. 9 Brüssel IIa-VO Rn 17 (anders aber wiederum *ders.* in Rn 15, wonach Umzug als „Verlegung des gewöhnlichen Aufenthalts" zu verstehen ist, sowie in Rn 3).

298 Vgl Leitfaden der Kommission (Fn 40), S. 17 („Der Zeitraum von drei Monaten gilt ab dem Zeitpunkt, an dem das Kind physisch aus dem Ursprungsmitgliedstaat weggezogen ist."); ebenso Rauscher/*Rauscher*, Art. 9 Brüssel IIa-VO Rn 17.

299 Es ist regelmäßig nicht davon auszugehen, dass das Kind durch den Umzug zwar den alten gewöhnlichen Aufenthalt verliert, aber (noch) keinen neuen gewöhnlichen Aufenthalt erwirbt. Vielmehr finden Aufgabe und Neubegründung des gewöhnlichen Aufenthalts idR gleichzeitig statt (vgl die Schlussanträge der Generalanwältin *Kokott* v. 29.1.2009, Rs. 523-07 Rn 45 „Denkbar ist es dabei in Ausnahmefällen auch, dass in einer Übergangsphase im Wegzugsstaat kein gewöhnlicher Aufenthalt mehr besteht, ohne dass sich der Status im Zuzugsstaat bereits zum gewöhnlichen Aufenthalt verfestigt hat."; HK-ZPO/*Dörner*, Art. 9 Rn 6; allg. *Baetge*, in: FS Kropholler 2008, S. 77, 85; abw. *Coester-Waltjen*, FamRZ 2005, 241, 244). In den verbleibenden Fällen kommt sodann eine analoge Anwendung des Art. 9 in Betracht (vgl *Coester-Waltjen*, FamRZ 2005, 241, 244 f; Zöller/*Geimer*, ZPO, Art. 9 EheVO Rn 10; *Geimer*, Europ. Zivilverfahrensrecht, Art. 9 Rn 9; auch Rauscher/*Rauscher*, Art. 9 Brüssel IIa-VO Rn 12).

bestehende Zuständigkeit der Gerichte, die über das Umgangsrecht entschieden haben, ohnehin aus Art. 8 Abs. 1.[300] Nicht anwendbar ist Art. 9 dann, wenn es sich um einen Umzug in einen Drittstaat handelt.[301]

Die internationale Zuständigkeit der Gerichte am vormaligen Aufenthaltsstaat bleibt nach Art. 9 für die Dauer von **drei Monaten** ab dem Umzug in den anderen Mitgliedstaat erhalten. Art. 9 Abs. 1 ist erfüllt, wenn innerhalb der Frist von drei Monaten das Gericht iSd Art. 16 angerufen wird; die Entscheidung des Gerichts kann nach dem Grundsatz der perpetuatio fori – und auch deshalb, weil Art. 9 anderenfalls weitgehend leerliefe – zu einem späteren Zeitpunkt ergehen.[302] 5

Voraussetzung für eine Anwendung des Art. 9 Abs. 1 ist, dass sich der umgangsberechtigte Träger elterlicher Verantwortung weiterhin – also ununterbrochen[303] – gewöhnlich in dem Mitgliedstaat des früheren gewöhnlichen Aufenthalts des Kindes aufhält. Abzustellen ist insoweit auf den Zeitpunkt der Rechtshängigkeit (Art. 16, 19). 6

Eine konkurrierende Zuständigkeit der Gerichte des neuen Aufenthaltsstaats für Fragen des Umgangsrechts ist daneben nicht gegeben, da Art. 9 Abs. 1 eine abschließende, den Art. 8 Abs. 1 verdrängende lex specialis darstellt.[304] Die Zuständigkeit nach Art. 9 Abs. 1 besteht allerdings dann nicht, wenn sich der umgangsberechtigte Träger elterlicher Verantwortung vor den Gerichten des neuen Aufenthaltsstaats des Kindes in einem Verfahren, welches das Umgangsrecht des Ehegatten zum Gegenstand hatte, rügelos eingelassen hat (Art. 9 Abs. 2). Einer rügelosen Einlassung steht es gleich, wenn er seinerseits einen Antrag bei dem Gericht am neuen gewöhnlichen Aufenthalt des Kindes stellt.[305] Für andere Sachen als das Umgangsrecht – insb. das Sorgerecht – ist Art. 9 nicht einschlägig; hier bleibt es bei den im Übrigen anwendbaren Zuständigkeitsvorschriften, vor allem Art. 8. 7

Im Einzelfall kann es vorkommen, dass der Träger elterlicher Verantwortung, der mit dem Kind umgezogen ist und zusammen mit dem Kind einen neuen gewöhnlichen Aufenthalt begründet hat, in dem neuen Aufenthaltsstaat eine **Änderung des Sorgerechts** beantragt, noch bevor der Umgangsberechtigte in dem vormaligen Aufenthaltsstaat einen Antrag betr. das Umgangsrecht gestellt hat. Der Sorgerechtsantrag ist zulässig, da eine abschließende Sonderzuständigkeit des vormaligen Aufenthaltsstaats nach Art. 9 nur für Fragen des Umgangsrechts besteht (vgl Rn 7). Bei Anwendung von Art. 19 Abs. 2 gelangt man sodann dazu, dass der Sorgerechtsantrag auch ein Verfahren über das Umgangsrecht in dem nach Art. 9 zuständigen Mitgliedstaat „sperrt" (vgl näher Art. 19 Rn 13). Das Verfahren über das Umgangsrecht in dem vormaligen Aufenthaltsstaat ist infolgedessen nach Maßgabe von Art. 19 Abs. 2 zunächst auszusetzen. In der Literatur wird allerdings die Auffassung vertreten, dass Art. 19 Abs. 2 in diesem Fall teleologisch zu reduzieren sei; das Sorgerechtsverfahren (in dem neuen Aufenthaltsstaat) und das Verfahren über das Umgangsrecht (in dem vormaligen Aufenthaltsstaat) seien abweichend von Art. 19 Abs. 2 nebeneinander zu führen.[306] Hiergegen spricht aber, dass die Entscheidung über das Umgangsrecht häufig von der Entscheidung über das Sorgerecht materiell beeinflusst wird. Es entspricht daher durchaus dem Regelungszweck des Art. 19 Abs. 2 – der Verhinderung einander widersprechender Entscheidungen –, das später rechtshängig gewordene Umgangsrechtsverfahren (zunächst) auszusetzen. Die Gerichte im vormaligen Aufenthaltsstaat können allerdings einen Zuständigkeitstransfer nach Art. 15 veranlassen; in diesem Fall werden sämtliche Fragen einheitlich von den Gerichten im neuen Aufenthaltsstaat entschieden (vgl unten Rn 11). 8

300 OGH 23.10.2007, 3 Ob 213/07 f, Zak 2008/30, 20. Ist der Antrag in jedem Fall drei Monaten nach dem Umzug gestellt worden, kann offenbleiben, ob das Kind bereits seinen vormaligen gewöhnlichen Aufenthalt aufgegeben hat oder nicht. Ist ersteres der Fall, ergibt sich die Zuständigkeit aus Art. 9, falls nicht, folgt die Zuständigkeit aus Art. 8 Abs. 1 (*Gruber*, IPRax 2005, 293, 297; Rauscher/*Rauscher*, Art. 9 Brüssel IIa-VO Rn 12).

301 Geimer/Schütze/*Dilger*, Art. 9 Rn 7; Rauscher/*Rauscher*, Art. 9 Brüssel IIa-VO Rn 14; *Geimer*, Europ. Zivilverfahrensrecht, Art. 9 Rn 8; *Coester-Waltjen*, FamRZ 2005, 241, 244 (hierdurch wird vermieden, dass sich Konkurrenzprobleme mit den Zuständigkeitsregeln von KSÜ und MSA ergeben).

302 Vgl Leitfaden der Kommission, S. 16 f, wo formuliert ist, dass der umgangsberechtigte Ehegatte innerhalb von drei Monaten eine Änderung der Umgangsentscheidung „beantragen" kann. Aus der Lit. ausf. *Solomon*, FamRZ 2004, 1409, 1412; Geimer/Schütze/*Dilger*, Art. 9 Rn 12; Zöller/*Geimer*, ZPO, Art. 9 EheVO Rn 8; *Gruber*, IPRax 2005, 293, 297; Rauscher/*Rauscher*, Art. 9 Brüssel IIa-VO Rn 17; *Geimer*, Europ. Zivilverfahrensrecht, Art. 9 Rn 14; HK-FamR/*Rieck*, Art. 9 EheVO 2003 Rn 3; *Holzmann*, S. 125 f.; auch *Coester-Waltjen*, FamRZ 2005, 241, 244; aA Staudinger/*Pirrung*, C 57.

303 Geimer/Schütze/*Dilger*, Art. 9 Rn 8; Zöller/*Geimer*, ZPO, Art. 9 EheVO Rn 11; auch (wenngleich mit rechtspolitischer Kritik) Rauscher/*Rauscher*, Art. 9 Brüssel IIa-VO Rn 11.

304 Geimer/Schütze/*Dilger*, Art. 9 Rn 11.

305 Vgl Leitfaden der Kommission, S. 17 („Ebenso wenig hindert Artikel 9 den umgangsberechtigten Elternteil, die Gerichte des neuen Mitgliedstaats zwecks Prüfung der Umgangsrechtsregelung anzurufen."); ebenso *Solomon*, FamRZ 2004, 1409, 1412; Rauscher/*Rauscher*, Art. 9 Brüssel IIa-VO Rn 22; *ders.*, EuLF 2005-I, 37, 39.

306 Rauscher/*Rauscher*, Brüssel IIa-VO, Art. 9 Rn 21; abw. Zöller/*Geimer*, ZPO, Art. 9 EheVO Rn 7.

9 Auch in dem umgekehrten Fall, in dem das Verfahren über das Umgangsrecht in dem vormaligen Aufenthaltsstaat früher rechtshängig wird als das Sorgerechtsverfahren in dem neuen Aufenthaltsstaat, ist regelmäßig Art. 19 Abs. 2 einschlägig (s. Art. 19 Rn 13). Das Verfahren über das Umgangsrecht „blockiert" das Sorgerechtsverfahren. Die Gerichte im vormaligen Aufenthaltsstaat können allerdings eine Verweisung nach Art. 15 in Betracht ziehen; ferner kommen in dringenden Fällen einstweilige Anordnungen nach Art. 20 im neuen Aufenthaltsstaat in Betracht. Für eine teleologische Reduktion von Art. 19 Abs. 2 besteht iÜ in diesem Fall schon deshalb kein Anlass, weil sich eine vergleichbare Situation auch dann ergibt, wenn noch *vor* dem Umzug ein Umgangsrecht betreffender Antrag gestellt worden ist und das Gericht des vormaligen Aufenthaltsstaats nach Art. 8 iVm perpetuatio fori-Grundsatz zuständig bleibt; auch hier setzt sich das Verfahren im vormaligen Aufenthaltsstaat gegenüber dem Sorgerechtsverfahren im neuen Aufenthaltsstaat nach Maßgabe von Art. 19 Abs. 2 durch.

10 Liegt entgegen Art. 9 Abs. 1 ein „unrechtmäßiger Umzug" vor, so richtet sich die internationale Zuständigkeit der Gerichte des vormaligen Aufenthaltsstaats grundsätzlich nach Art. 10.[307] Die internationale Zuständigkeit dürfte sich aber im Wege eines a-fortiori-Arguments (auch) auf Art. 9 stützen lassen. Für eine (entsprechende) Anwendung von Art. 9 besteht im Einzelfall auch ein praktisches Bedürfnis. Stimmt zB der Träger elterlicher Verantwortung im Falle der widerrechtlichen Entführung dem Verbringen des Kindes nach Art. 10 lit. a (nachträglich) zu, so ist die Sonderzuständigkeit nach Art. 10 nicht mehr gegeben und findet grundsätzlich Art. 8 Anwendung.[308] Dies hat grundsätzlich eine (umfassende) internationale Zuständigkeit am neuen gewöhnlichen Aufenthalt im Entführerstaat zur Folge. Es vermag indes nicht zu überzeugen, dass sich der Umgangsberechtigte in diesem Fall nicht, was sein Umgangsrecht anbelangt, auf Art. 9 stützen und weiterhin die Gerichte am vormaligen gewöhnlichen Aufenthalt des Kindes anrufen können soll. Im Falle einer rechtswidrigen Entführung des Kindes ist er mindestens ebenso schützenswert wie im Falle eines rechtmäßigen Umzugs; die **ratio** des Art. 9 spricht auch hier für eine entsprechende Anwendung der Vorschrift.

11 Art. 9 Abs. 1 steht einer **Verweisung nach Art. 15** nicht entgegen.[309] Dies ergibt sich daraus, dass Art. 15 Abs. 4 Unterabs. 2 u. Abs. 5 S. 3 ausdrücklich auf die Zuständigkeiten nach den Art. 8–14 Bezug nehmen und damit davon ausgehen, dass Art. 15 nicht nur im Falle einer Zuständigkeit nach Art. 8 Abs. 1, sondern auch bei einer Zuständigkeit nach Art. 9 zur Anwendung kommen kann. Nach Art. 15 Abs. 3 lit. a wird vermutet, dass eine besondere Bindung zu dem Staat besteht, in dem das Kind seinen gewöhnlichen Aufenthalt neu erworben hat. Eine Verweisung iSd Art. 15 kommt sodann in Betracht, wenn das nach Art. 9 zuständige Gericht zu der Auffassung gelangt, dass das Gericht im Staat des neuen gewöhnlichen Aufenthalts den Fall besser beurteilen kann (Art. 15 Abs. 1). Ein Zuständigkeitstransfer sollte insb. dann in Betracht gezogen werden, wenn in dem neuen Aufenthaltsstaat ein Sorgerechtsstreit geführt wird, der mit dem Umgangsrecht in einem materiellen Zusammenhang steht (oben Rn 8).

Art. 10 EheVO 2003 Zuständigkeit in Fällen von Kindesentführung

Bei widerrechtlichem Verbringen oder Zurückhalten eines Kindes bleiben die Gerichte des Mitgliedstaats, in dem das Kind unmittelbar vor dem widerrechtlichen Verbringen oder Zurückhalten seinen gewöhnlichen Aufenthalt hatte, so lange zuständig, bis das Kind einen gewöhnlichen Aufenthalt in einem anderen Mitgliedstaat erlangt hat und

a) jede sorgeberechtigte Person, Behörde oder sonstige Stelle dem Verbringen oder Zurückhalten zugestimmt hat

oder

b) das Kind sich in diesem anderen Mitgliedstaat mindestens ein Jahr aufgehalten hat, nachdem die sorgeberechtigte Person, Behörde oder sonstige Stelle seinen Aufenthaltsort kannte oder hätte kennen müssen und sich das Kind in seiner neuen Umgebung eingelebt hat, sofern eine der folgenden Bedingungen erfüllt ist:

i) Innerhalb eines Jahres, nachdem der Sorgeberechtigte den Aufenthaltsort des Kindes kannte oder hätte kennen müssen, wurde kein Antrag auf Rückgabe des Kindes bei den zuständigen Behörden des Mitgliedstaats gestellt, in den das Kind verbracht wurde oder in dem es zurückgehalten wird;

307 Für alle Rauscher/*Rauscher*, Art. 9 Brüssel IIa-VO Rn 8; *Geimer*, Europ. Zivilverfahrensrecht, Art. 9 Rn 5 f.

308 Eine Zustimmung nach Art. 10 lit.a kann auch nachträglich erteilt werden (vgl etwa Geimer/Schütze/*Dilger*, Art. 10 Rn 11).

309 Wie hier auch inzident Rauscher/*Rauscher*, Art. 9 Brüssel IIa-VO Rn 21.

ii) ein von dem Sorgeberechtigten gestellter Antrag auf Rückgabe wurde zurückgezogen, und innerhalb der in Ziffer i) genannten Frist wurde kein neuer Antrag gestellt;
iii) ein Verfahren vor dem Gericht des Mitgliedstaats, in dem das Kind unmittelbar vor dem widerrechtlichen Verbringen oder Zurückhalten seinen gewöhnlichen Aufenthalt hatte, wurde gemäß Artikel 11 Absatz 7 abgeschlossen;
iv) von den Gerichten des Mitgliedstaats, in dem das Kind unmittelbar vor dem widerrechtlichen Verbringen oder Zurückhalten seinen gewöhnlichen Aufenthalt hatte, wurde eine Sorgerechtsentscheidung erlassen, in der die Rückgabe des Kindes nicht angeordnet wird.

1 Art. 10 enthält eine Sonderregel für die Zuständigkeit in den Fällen eines **widerrechtlichen Verbringens oder Zurückhaltens eines Kindes.**[310] Eine Definition des „widerrechtlichen Verbringens oder Zurückhaltens" ergibt sich näher aus Art. 2 Nr. 11 (vgl näher Art. 2 EheVO Rn 5). Die Zuständigkeit nach Art. 10 lässt die Zuständigkeit der Gerichte des Zufluchtsstaats zur Entscheidung über die Anordnung der Kindesrückgabe nach dem HKÜ unberührt (vgl Art. 11 Abs. 8). Der Träger elterlicher Verantwortung kann also sowohl einen **Rückgabeantrag nach HKÜ im neuen Aufenthaltsstaat** stellen als auch einen Sorgerechts- und/oder Rückgabeantrag bei den gem. Art. 10 zuständigen **Gerichten des vormaligen Aufenthaltsstaats.**[311] Im praktischen Ergebnis entsteht dadurch ein zweispuriges Rechtsschutzsystem.[312] Regelmäßig dürfte es sich empfehlen, zunächst den Antrag auf Herausgabe nach HKÜ im neuen Aufenthaltsstaat zu stellen (zu den Gründen unten Rn 7).

2 Art. 10 stellt eine **Parallelvorschrift zu Art. 7 Abs. 1 KSÜ** dar, enthält aber einige erhebliche inhaltliche Abweichungen. Sowohl Art. 10 als auch Art. 7 Abs. 1 KSÜ treffen die grundsätzliche Aussage, dass der durch eine Entführung herbeigeführte Wechsel des gewöhnlichen Aufenthalts des Kindes idR nicht zur Folge hat, dass die internationale Zuständigkeit der Gerichte des vormaligen Aufenthaltsstaates wegfällt. Zugleich wird verhindert, dass eine internationale Zuständigkeit – ausgenommen nur Rückgabeanträge nach HKÜ – am neuen Aufenthaltsort des Kindes entsteht.[313] Dem Entführer soll es grundsätzlich verwehrt sein, durch seine rechtswidrige Handlung eine Änderung der Zuständigkeit herbeizuführen.[314] Ein Wechsel der internationalen Zuständigkeit tritt nur unter engen Voraussetzungen ein. Die Zuständigkeit der Gerichte des Mitgliedstaates, in dem das Kind vor der Entführung seinen gewöhnlichen Aufenthalt hatte, wird durch Art. 10 allerdings in einem noch größeren Umfang gewahrt als in der Parallelvorschrift des Art. 7 Abs. 1 KSÜ.

3 Voraussetzung für einen Wegfall der internationalen Zuständigkeit ist zunächst, dass das Kind aufgrund der Entführung **einen neuen gewöhnlichen Aufenthalt** erworben hat. Hierbei kommt es darauf an, ob das Kind einen neuen faktischen Daseinsmittelpunkt erworben hat. Dies kann auch dann der Fall sein, wenn die Entführung gegen den Willen des Kindes erfolgte (zum Begriff des gewöhnlichen Aufenthalts vgl Art. 8 Rn 6).[315] Sodann muss jede sorgeberechtigte Person, Behörde oder sonstige Stelle dem Verbringen oder Zurückhalten **zugestimmt** haben (lit. a).[316] Die Zustimmung kann auch nachträglich erteilt werden.[317] Anstelle der in lit. a genannten Voraussetzungen reicht es aus, wenn die Voraussetzungen der lit. b erfüllt sind. Hiernach muss sich das Kind in dem neuen Mitgliedstaat zumindest **ein Jahr aufgehalten** haben, nachdem die sorgeberechtigte Person, Behörde oder sonstige Stelle seinen Aufenthalt kannte oder hätte kennen müssen. Ferner muss sich das Kind in seiner **neuen Umgebung eingelebt** haben. Schließlich muss einer der in **sublit. i, ii, iii oder iv** genannten Bedingungen erfüllt sein.

4 Art. 10 Abs. 1 lit. b ist – mit Ausnahme der in lit. b sublit. i, ii, iii oder iv genannten Bedingungen – inhaltsgleich mit Art. 7 Abs. 1 lit. b KSÜ. Insoweit kann auf die Kommentierung von Art. 7 KSÜ verwiesen werden (vgl Anhang I zu Art. 24 EGBGB, Art. 7 KSÜ).

5 Art. 7 Abs. 1 lit. b KSÜ setzt für eine Zuständigkeit der Gerichte am neuen gewöhnlichen Aufenthaltsort des Kindes voraus, dass dort kein während der Einjahresfrist gestellter Antrag auf Rückgabe des Kindes nach HKÜ mehr anhängig ist. Demgegenüber entsteht nach Art. 10 Abs. 1 lit. b eine Zuständigkeit am neuen gewöhnlichen Aufenthaltsort des Kindes nur dann, wenn (alternativ) eine der in sublit. i, ii, iii oder iv genannten – eng gefassten – Voraussetzungen erfüllt sind. Sublit. i, ii, iii knüpfen jeweils daran an, dass der Sorgebe-

310 Die Regelungen zur Kindesentführung waren zwischen den Mitgliedstaaten der EG besonders umstritten, vgl zur Entstehungsgeschichte *Tenreiro/Ekström*, ERA-Forum 2003, 126, 130 f; Rauscher/*Rauscher*, Art. 10 Brüssel IIa-VO Rn 2 ff.
311 Das HKÜ gilt in allen Mitgliedstaaten (näher Staudinger/*Pirrung*, C 59).
312 Etwa *Gruber*, IPRax 2009, 413.
313 Etwa Rauscher/*Rauscher*, Art. 10 Brüssel IIa-VO Rn 9 ff. Art. 10 schließt aber eine internationale Zuständigkeit nach Art. 12 nicht aus (*Rauscher*, aaO Rn 11), wobei allerdings der von der Entführung betroffene Träger der elterlichen Verantwortung die Möglichkeit hat, eine Gerichtsstandsvereinbarung abzulehnen.
314 *Tenreiro/Ekström*, ERA-Forum 2003, 126, 132.
315 Vgl hierzu näher *Baetge*, IPRax 2001, 573 ff mwN.
316 Auch eine konkludente Zustimmung ist möglich, vgl etwa Rauscher/*Rauscher*, Art. 10 Brüssel IIa-VO Rn 20.
317 Geimer/Schütze/*Dilger*, Art. 10 Rn 11; Zöller/*Geimer*, ZPO, Art. 10 EheVO Rn 11.

rechtigte einen Rückgabe- oder Sorgerechtsantrag nicht oder nicht rechtzeitig stellt bzw diesen Antrag wieder zurücknimmt.[318] Die Passivität des Sorgeberechtigten führt also zu einem Wegfall der Zuständigkeit im vormaligen Aufenthaltsstaat. Sublit. iv lässt eine Zuständigkeit am neuen Aufenthaltsort des Kindes ferner dann entstehen, wenn in dem **vormaligen Aufenthaltsstaat** eine Sorgerechtsentscheidung erlassen wird, in der die Rückgabe des Kindes nicht angeordnet wird.

6 Nach Art. 7 Abs. 1 KSÜ entsteht mithin eine neue internationale Zuständigkeit auch dann, wenn von einem Gericht bzw einer Behörde des Staates, in den das Kind entführt worden ist, rechtskräftig entschieden wurde, dass die Rückgabe des Kindes aus einem der im HKÜ (dort insb. Art. 12, 13) genannten Gründe verweigert werden kann. Demgegenüber führen nach Art. 10 EheVO Entscheidungen von Gerichten oder Behörden des Mitgliedstaates, in den das Kind entführt wurde und die die Rückgabe ablehnen, als solche nicht zu einem Wegfall der Zuständigkeit der Gerichte des vormaligen Aufenthaltsstaates. Nach sublit. iv ist ein Übergang der Zuständigkeit auf das Gericht des neuen Aufenthaltsstaats nur auf der Grundlage einer **Sorgerechtsentscheidung eines Gerichts des vormaligen Aufenthaltsstaats** möglich. Die Position der Gerichte des vormaligen Aufenthaltsstaats wird somit durch Art. 10 gegenüber Art. 7 Abs. 1 KSÜ deutlich gestärkt.[319] Ihm kann die Zuständigkeit der Gerichte am vormaligen Aufenthaltsstaat nicht infolge von Entscheidungen von Gerichten aus dem neuen Aufenthaltsstaat (dem „Entführerstaat") entzogen werden; das „letzte" Wort haben – soweit sich nicht der Betroffene iSd sublit. i, ii oder iii passiv verhält – in jedem Fall die Gerichte im vormaligen Aufenthaltsstaat. Wollen die Gerichte des vormaligen Aufenthaltsstaates im Rahmen der Sorgerechtsentscheidung eine Anhörung des – im Ausland befindlichen – Kindes durchführen, können sie sich auf die Verordnung Nr. 1206/2000 (EuBVO) stützen.[320]

7 Der EuGH hat die internationale Zuständigkeit der Gerichte am vormaligen Aufenthaltsstaat des Kindes noch dadurch gestärkt, dass er sublit. iv eng auslegt. Hiernach reicht eine nur **vorläufige Entscheidung** der Gerichte am vormaligen Aufenthaltsstaat nicht aus, um die internationale Zuständigkeit auf die Gerichte im neuen Aufenthaltsstaat übergehen zu lassen; maßgeblich sei vielmehr eine endgültige, auf der Grundlage einer umfassenden Prüfung aller relevanten Gesichtspunkte getroffene Entscheidung.[321] Zur Begründung stützt sich der EuGH zunächst auf die Zielsetzung der EheVO 2003 – die effektive Bekämpfung internationaler Kindesentführungen[322] – sowie auf den Ausnahmecharakter des Art. 10 lit. b sublit. iv EheVO 2003.[323] Im Zentrum der Begründung steht sodann eine folgenorientierte Argumentation. Führten auch vorläufige Entscheidungen wie eine nur vorläufige Sorgerechtsübertragung dazu, dass eine Zuständigkeit nach Art. 10 EheVO 2003 aufgrund dieser Entscheidung wegfiele, würden sich die Gerichte, die derartige vorläufige Entscheidungen träfen, das zuständigkeitsrechtliche Wasser selbst abgraben. Sie würden, wie der EuGH zutreffend ausführt, deshalb von der Erlassung derartiger vorläufiger Entscheidungen zukünftig Abstand nehmen. Dem Kindeswohl wäre dies nicht dienlich.[324] Eine vorläufige Entscheidung idS liegt nach Auffassung des EuGH dann vor, wenn noch – etwa durch ein Gutachten – eine nähere Beurteilung der Eltern-Kind-Beziehungen ermöglicht und dadurch eine spätere Sorgerechtsentscheidung vorbereitet werden soll.[325] Demgegenüber steht es der „Endgültigkeit" einer Sorgerechtsentscheidung als solcher nicht entgegen, wenn diese „in regelmäßigen Abständen, binnen einer bestimmten Frist" oder auch „in Abhängigkeit von bestimmten Umständen" neu zu beurteilen oder zu überprüfen ist.[326]

8 **Art. 11 Abs. 8** führt – an Art. 10 anschließend – dazu, dass diese fortbestehende Zuständigkeit der Gerichte des vormaligen Aufenthaltsstaats auch effektiv ausgeübt werden kann. Wird ein Antrag auf Rückgabe des Kindes in dem neuen Aufenthaltsstaat gestellt und gem. Art. 13 HKÜ –also aufgrund einer angenommenen schweren Kindeswohlgefährdung – abgelehnt, aber in der **nachfolgenden Entscheidung** des vormaligen Aufenthaltsstaats ebendiese Rückgabe angeordnet, so wird diese Rückgabeentscheidung des vormaligen Auf-

318 Problematisch ist die Handhabung von lit. i und lit. ii dann, wenn das Kind das 16. Lebensjahr vollendet hat und daher das HKÜ nicht anwendbar ist (dazu ausf. Rauscher/*Rauscher*, Art. 10 Brüssel IIa-VO Rn 6 f). Man wird lit. i und lit. ii ggf dann so verstehen können, dass der Sorgeberechtigte sich in diesem Fall an die Behörden des neuen Aufenthaltsstaats wenden muss, soweit diese gem. Art. 20 zuständig sind und dort entspr. nationale Verfahren auf Kindesrückgabe zur Verfügung stehen (ähnlich Rauscher/*Rauscher*, Art. 10 Brüssel IIa-VO Rn 7: Rückgabeantrag vor den Gerichten eines sonst zuständigen Mitgliedstaats genügt, wenn die Gerichte des neuen Aufenthaltsstaats nicht zuständig sind).

319 Vgl hierzu auch *Karsten*, Fam.Law 2001, 885, 889; *Lowe*, IntFam. 2001, 171, 179 (zum insoweit vergleichbaren Verordnungsvorschlag).

320 Verordnung (EG) Nr. 1206/2001 des Rates v. 28.5.2001 über die Zusammenarbeit zwischen den Gerichten der Mitgliedstaaten auf dem Gebiet der Beweisaufnahme in Zivil- und Handelssachen, ABl. EG L 174 v. 27.6.2001. Vgl den 20. Erwägungsgrund zur EheVO 2003 sowie den Kommissionsvorschlag KOM (2002) 222 endg./2, S. 14 (zu Art. 24).

321 EuGH, Urt. v. 1.7.2010, Rs. C-211/10 PPU, Doris Povse ./. Mauro Alpago, FamRZ 2010, 1229, Rn 39 ff mit zust. Bespr. *Gruber*, GPR 2011, 153.

322 Rn 43 des Urteils.

323 Rn 41 des Urteils.

324 Rn 47 des Urteils.

325 Rn 48 des Urteils.

326 Rn 46 des Urteils.

enthaltsstaates im neuen Aufenthaltsstaat anerkannt und vollstreckt, ohne dass die Anerkennung angefochten werden kann und ohne dass es einer Vollstreckbarerklärung bedarf (Art. 11 Abs. 8, 42 Abs. 1 EheVO 2003).[327] Die letztverbindliche Entscheidung über das „Ob" der Rückführung – und die damit verbundene Prüfung des Kindeswohls – liegt damit allein bei den Gerichten des vormaligen Aufenthaltsstaats (vgl noch Art. 11 Rn 11).[328]

Die uneingeschränkte Anerkennung und Vollstreckung im neuen Aufenthaltsstaat nach Maßgabe von Art. 11 Abs. 8 setzt aber die beschriebene Chronologie voraus. Zunächst muss die Rückgabe im neuen Aufenthaltsstaat abgelehnt werden, nachfolgend muss die die Rückgabe anordnende Entscheidung im vormaligen Aufenthaltsstaat ergehen.[329] Dem von der Entführung betroffenen Träger der elterlichen Verantwortung ist es daher regelmäßig zu empfehlen, zunächst den Antrag nach dem HKÜ im neuen Aufenthaltsstaat des Kindes zu stellen (vgl zu den Einzelheiten Art. 11 Rn 14). Ruft der Träger der elterlichen Verantwortung demgegenüber zunächst die Gerichte im vormaligen Aufenthaltsstaat an – und ergeht dementsprechend deren Entscheidung noch vor einer die Rückgabe gem. Art. 13 HKÜ ablehnenden Entscheidung im neuen Aufenthaltsstaat –, wird die Entscheidung im vormaligen Aufenthaltsstaat nur noch nach den allgemeinen Regeln anerkannt und vollstreckt (Art. 21 ff).[330] U.a. ist in diesem Fall denkbar, dass die Anerkennung der die Herausgabe anordnenden Entscheidung im neuen Aufenthaltsstaat unter Hinweis auf Art. 23 lit. a (ordre public) verweigert wird.[331] 9

Auf Art. 10 muss überhaupt nur dann zurückgegriffen werden, wenn das Kind infolge der Entführung einen neuen Aufenthalt erwirbt, bevor ein Antrag betreffend die elterliche Verantwortung im alten Aufenthaltsstaat gestellt wird. Erwirbt das Kind den neuen gewöhnlichen Aufenthalt erst nach der Antragstellung, verbleibt es bereits gemäß Art. 8 Abs. 1 bei der Zuständigkeit der Gerichte des vormaligen Aufenthaltsstaates (Grundsatz der perpetuatio fori, vgl Art. 8 EheVO Rn 3). 10

Die Vorschrift bezieht sich ferner nur auf den Fall, dass durch die Entführung ein gewöhnlicher Aufenthalt in einem anderen Mitgliedstaat begründet wird. Befindet sich der gewöhnliche Aufenthalt des entführten Kindes in einem **Drittstaat**, so ist auf das KSÜ (s. insbesondere Art. 7 Abs. 1 KSÜ), das MSA oder gem. Art. 14 das unvereinheitlichte nationale Zuständigkeitsrecht zurückzugreifen. Zum Anwendungsbereich von KSÜ und MSA s. Art. 60, 61. 11

Soweit eine Zuständigkeit nach Art. 10 gegeben ist, ist Art. 8 nicht anwendbar (vgl. Art. 8 Abs. 2). Insbesondere sind die Gerichte des Mitgliedstaates, in den das Kind entführt worden ist, nicht nach Maßgabe von Art. 8 zuständig; dies kommt in Art. 8 Abs. 2 zum Ausdruck und würde dem Sinn von Art. 10 widersprechen.[332] Art. 10 lässt die Möglichkeit einer **Verweisung nach Art. 15** unberührt (vgl Art. 15 Abs. 4 Unterabs. 2, Abs. 5 S. 3). Nach dem Sinn und Zweck des Art. 10, der auch eine Präventivwirkung gegenüber Entführungen entfalten soll, dürfte eine solche Verweisung aber nur in seltenen Ausnahmefällen vorzunehmen sein. Eine Verweisung in den „Entführerstaat" scheidet jedenfalls dann aus, wenn noch ein Interesse des Sorgeberechtigten daran besteht, dass das Verfahren in dem vormaligen Aufenthaltsstaat stattfindet.[333] U.U. kommt aber eine Verweisung in einen anderen Mitgliedstaat in Betracht, etwa in den Mitgliedstaat, in den der Sorgeberechtigte selbst zwischenzeitlich verzogen ist. 12

Die Voraussetzungen des Art. 10 sind von den Gerichten im vormaligen Aufenthaltsstaat eigenständig zu prüfen. Es besteht keine Bindung an die Entscheidung über den Rückgabeantrag nach HKÜ im neuen Aufenthaltsstaat.[334] Wird also im neuen Aufenthaltsstaat eine Anordnung der Rückgabe des Kindes mit dem Argument verweigert, dass keine rechtswidrige Entführung vorliege, ist das Gericht im vormaligen Aufenthaltsstaat allein dadurch nicht gehindert, seine Zuständigkeit auf Art. 10 zu stützen. Erst recht ohne Einfluss auf die Zuständigkeit nach Art. 10 ist die Beurteilung der Sorgeberechtigung im Rahmen des HKÜ-Rückgabeverfahrens. Nach Art. 19 HKÜ ist eine im Rahmen des HKÜ-Verfahrens getroffene Entscheidung über die Rückgabe des Kindes nicht als Entscheidung über das Sorgerecht anzusehen.[335] 13

327 Geimer/Schütze/*Dilger*, Art. 10 Rn 5; Rauscher/*Rauscher*, Art. 11 Brüssel IIa-VO Rn 56 ff.

328 EuGH, Rs. C-491/10 PPU /Joseba Andoni Aguirre Zarraga ./.Simone Pelz), FamRZ 2011, 355 (Rn 48 ff.); *Gruber*, IPRax 2009, 413, 414.

329 EuGH, Rs. C-195/08 PPU (Inga Rinau), NJW 2008, 2973, 2975 (Rn 69 ff, 84) mit Bespr. *Rieck*, 2958 = IPRax 2009, 420 mit Bespr. *Gruber*, 413 und Bespr. *Schulz*, FamRZ 2008, 1732 und *Huter*, ELR 2008, 286.

330 Näher dazu *Gruber*, IPRax 2009, 413, 414.

331 De lege ferenda wäre es konsequent und wünschenswert, eine vorbehaltlose Anerkennung der Entscheidung des vormaligen Aufenthaltsstaats und einen Wegfall des Vollstreckbarerklärungserfordernisses in sämtlichen Fällen einer „innereuropäischen" Kindesentführung vorzusehen (*Gruber*, IPRax 2009, 413, 419).

332 *Holzmann*, S. 185.

333 Ähnlich *Schulz*, in: FS Kropholler 2008, S. 435, 444.

334 EuGH, Rs. C-497/10 PPU (Barbara Mercredi ./. Richard Chaffe), FamRZ 2011, 617 (Rn 62 ff.)

335 EuGH aaO (Rn 65).

Art. 11 EheVO 2003 Rückgabe des Kindes

(1) Beantragt eine sorgeberechtigte Person, Behörde oder sonstige Stelle bei den zuständigen Behörden eines Mitgliedstaats eine Entscheidung auf der Grundlage des Haager Übereinkommens vom 25. Oktober 1980 über die zivilrechtlichen Aspekte internationaler Kindesentführung (nachstehend „Haager Übereinkommen von 1980" genannt), um die Rückgabe eines Kindes zu erwirken, das widerrechtlich in einen anderen als den Mitgliedstaat verbracht wurde oder dort zurückgehalten wird, in dem das Kind unmittelbar vor dem widerrechtlichen Verbringen oder Zurückhalten seinen gewöhnlichen Aufenthalt hatte, so gelten die Absätze 2 bis 8.

(2) Bei Anwendung der Artikel 12 und 13 des Haager Übereinkommens von 1980 ist sicherzustellen, dass das Kind die Möglichkeit hat, während des Verfahrens gehört zu werden, sofern dies nicht aufgrund seines Alters oder seines Reifegrads unangebracht erscheint.

(3) Das Gericht, bei dem die Rückgabe eines Kindes nach Absatz 1 beantragt wird, befasst sich mit gebotener Eile mit dem Antrag und bedient sich dabei der zügigsten Verfahren des nationalen Rechts.

Unbeschadet des Unterabsatzes 1 erlässt das Gericht seine Anordnung spätestens sechs Wochen nach seiner Befassung mit dem Antrag, es sei denn, dass dies aufgrund außergewöhnlicher Umstände nicht möglich ist.

(4) Ein Gericht kann die Rückgabe eines Kindes aufgrund des Artikels 13 Buchstabe b) des Haager Übereinkommens von 1980 nicht verweigern, wenn nachgewiesen ist, dass angemessene Vorkehrungen getroffen wurden, um den Schutz des Kindes nach seiner Rückkehr zu gewährleisten.

(5) Ein Gericht kann die Rückgabe eines Kindes nicht verweigern, wenn der Person, die die Rückgabe des Kindes beantragt hat, nicht die Gelegenheit gegeben wurde, gehört zu werden.

(6) [1]Hat ein Gericht entschieden, die Rückgabe des Kindes gemäß Artikel 13 des Haager Übereinkommens von 1980 abzulehnen, so muss es nach dem nationalen Recht dem zuständigen Gericht oder der Zentralen Behörde des Mitgliedstaats, in dem das Kind unmittelbar vor dem widerrechtlichen Verbringen oder Zurückhalten seinen gewöhnlichen Aufenthalt hatte, unverzüglich entweder direkt oder über seine Zentrale Behörde eine Abschrift der gerichtlichen Entscheidung, die Rückgabe abzulehnen, und die entsprechenden Unterlagen, insbesondere eine Niederschrift der Anhörung, übermitteln. [2]Alle genannten Unterlagen müssen dem Gericht binnen einem Monat ab dem Datum der Entscheidung, die Rückgabe abzulehnen, vorgelegt werden.

(7) Sofern die Gerichte des Mitgliedstaats, in dem das Kind unmittelbar vor dem widerrechtlichen Verbringen oder Zurückhalten seinen gewöhnlichen Aufenthalt hatte, nicht bereits von einer der Parteien befasst wurden, muss das Gericht oder die Zentrale Behörde, das/die die Mitteilung gemäß Absatz 6 erhält, die Parteien hiervon unterrichten und sie einladen, binnen drei Monaten ab Zustellung der Mitteilung Anträge gemäß dem nationalen Recht beim Gericht einzureichen, damit das Gericht die Frage des Sorgerechts prüfen kann.

Unbeschadet der in dieser Verordnung festgelegten Zuständigkeitsregeln schließt das Gericht den Fall ab, wenn innerhalb dieser Frist keine Anträge bei dem Gericht eingegangen sind.

(8) Ungeachtet einer nach Artikel 13 des Haager Übereinkommens von 1980 ergangenen Entscheidung, mit der die Rückgabe des Kindes verweigert wird, ist eine spätere Entscheidung, mit der die Rückgabe des Kindes angeordnet wird und die von einem nach dieser Verordnung zuständigen Gericht erlassen wird, im Einklang mit Kapitel III Abschnitt 4 vollstreckbar, um die Rückgabe des Kindes sicherzustellen.

1 Nach Art. 12, 13 HKÜ[336] haben die Gerichte des (neuen) Aufenthaltsstaates, in den das Kind entführt worden ist, das Recht, die Rückgabe des Kindes unter bestimmten Voraussetzungen zu verweigern. Art. 11 verdrängt die Art. 12, 13 HKÜ nicht vollständig, sieht aber einige zT wesentliche Änderungen vor.[337] Diese Änderungen haben überwiegend das Ziel, noch stärker auf die **baldige Rückgabe des Kindes** hinzuwirken und damit die Wirkung der Art. 12, 13 HKÜ noch weiter abzuschwächen.[338]

336 Haager Übereinkommen v. 25.10.1980 über die zivilrechtlichen Aspekte internationaler Kindesentführung (BGBl. II 1990 S. 206).

337 Erwägungsgrund Nr. 17 zur EheVO 2003 (ABl. EG 2003 L 338 S. 2); *Tenreiro/Ekström*, ERA-Forum 2003, 126, 132; *Gruber*, IPRax 2005, 293, 300; *ders.*, FamRZ 2005, 1603, 1604.

338 Aus der Existenz des Art. 11 ist aber nicht zu folgern, dass die im HKÜ vorgesehene Altersgrenze von 16 Jahren erweitert wird (*Geimer*, Europ. Zivilverfahrensrecht, Art. 11 Rn 3). Auf 17jährige ist damit das HKÜ auch dann nicht anwendbar, wenn es sich um eine Entführung von einem Mitgliedstaat in einen anderen handelt.

Art. 11 Abs. 2 schreibt vor, dass das Gericht des neuen Aufenthaltsstaates bei der Anwendung von Art. 12 und Art. 13 des HKÜ grundsätzlich eine **Anhörung des Kindes** zu ermöglichen hat. Die Anhörung muss nur ausnahmsweise dann nicht ermöglicht werden, wenn dies aufgrund des Alters bzw des Reifegrads des Kindes unangebracht erscheint.[339] Die Anhörung des Kindes muss nicht zwingend unmittelbar durch den Richter selbst erfolgen. Maßgebend ist allein, dass der Kindeswille ermittelt wird und im Verfahren maßgeblich Berücksichtigung findet.[340] Die verfahrensrechtliche Ausgestaltung der Anhörung bleibt im Übrigen – wie der 19. Erwägungsgrund zur EheVO 2003 hervorhebt – den Regeln des jeweiligen nationalen Verfahrensrechts überlassen.[341] Da Abs. 2 die Pflicht zur Anhörung nunmehr eindeutig festlegt, kommt es nicht mehr auf die umstrittene Frage an, ob sich eine Anhörungspflicht ohnehin bereits aus Art. 13 Abs. 2 HKÜ, dem deutschen Verfahrens- oder Verfassungsrecht bzw den Regeln der EMRK ergibt.[342] 2

Art. 11 Abs. 3 Unterabs. 1 legt fest, dass sich das Gericht des neuen Aufenthaltsstaates bei der Entscheidung über die Rückgabe des Kindes nach dem HKÜ dem **zügigsten Verfahren des nationalen Rechts** zu bedienen hat. Die Regelung entspricht Art. 2 S. 2 HKÜ. Als zeitliche Obergrenze für den Erlass der Entscheidung setzt Abs. 3 Unterabs. 2 eine **Frist von sechs Wochen** nach der Befassung mit dem Antrag fest. Die Europäische Kommission hat in ihrem Leitfaden zur EheVO 2003[343] allerdings deutlich darauf hingewiesen, dass bei der Umsetzung von Art. 11 Abs. 3 EheVO 2003 auch die **Vollstreckung** in den Blick zu nehmen ist. Die durch Art. 11 Abs. 3 EheVO 2003 bezweckte Beschleunigung dürfe nicht durch eine langsame Vollstreckung „unterminiert" werden, und zwar insbesondere auch nicht dadurch, dass die Vollstreckung im Falle der Einlegung von Rechtsbehelfen gegen die Rückgabeanordnung generell ausgesetzt werde.[344] Insgesamt sollten die Mitgliedstaaten sicherstellen, dass eine Rückgabeanordnung innerhalb der Frist von sechs Wochen auch vollstreckbar sei.[345] 3

In § 38 des deutschen IntFamRVG findet sich eine Vorschrift, die u.a. auch der Umsetzung von Art. 11 Abs. 3 dient. Die Vorschrift lautet: 4

§ 38 IntFamRVG Beschleunigtes Verfahren

(1) [1]Das Gericht hat das Verfahren auf Rückgabe des Kindes in allen Rechtszügen vorrangig zu behandeln. [2]Mit Ausnahme von Artikel 12 Abs. 3 des Haager Kindesentführungsübereinkommens findet eine Aussetzung des Verfahrens nicht statt. [3]Das Gericht hat alle erforderlichen Maßnahmen zur Beschleunigung des Verfahrens zu treffen, insbesondere auch damit die Entscheidung in der Hauptsache binnen der in Art. 11 Abs. 3 der Verordnung (EG) Nr. 2201/2003 genannten Frist ergehen kann.

(2) Das Gericht prüft in jeder Lage des Verfahrens, ob das Recht zum persönlichen Umgang mit dem Kind gewährleistet werden kann.

(3) Die Beteiligten haben an der Aufklärung des Sachverhalts mitzuwirken, wie es einem auf Förderung und Beschleunigung des Verfahrens bedachten Vorgehen entspricht.

Aus § 38 Abs. 1 ergibt sich, dass das Verfahren als Eilsache zu behandeln ist.[346] Der Vorrang des Verfahrens ist allerdings nicht absolut zu verstehen; er bezieht sich auf die „sonstigen, durchschnittlichen Fälle innerhalb der jeweiligen Geschäftsverteilung".[347] Um den Sachverhalt möglichst rasch zu ermitteln, soll das Gericht unverzüglich den Beteiligten die Ergänzung oder Erläuterung ihrer Schriftsätze und die Vorlegung von 5

339 Vgl hierzu auch die Stellungnahme des Wirtschafts- und Sozialausschusses, ABl. EG 2003 C 16 S. 78 (Rn 5.2.5.1), wo darauf hingewiesen wird, dass die Ansicht der Elternteile bei der Feststellung des besten Interesses eines Kindes nicht immer nützlich sei, da die Eltern ihre eigenen emotionalen Bedürfnisse mit denen des Kindes verwechselten.

340 *Schulz*, FamRZ 2003, 1351, 1352.

341 *Schulz*, FamRZ 2003, 1351, 1352.

342 Vgl OLG Stuttgart FamRZ 2000, 374 (die Anhörungspflicht nach § 50 b FGG gelte im Verfahren nach dem HKÜ nicht); zur insgesamt bislang sehr uneinheitlichen Praxis in den Mitgliedstaaten des HKÜ vgl *Schulz*, FamRZ 2003, 336, 342; 2003 mwN; *dies.*, FamRZ 2003, 1351, 1352.

343 Leitfaden der Kommission, S. 44.

344 Leitfaden der Kommission (Fn 29), S. 44.

345 Leitfaden der Kommission (Fn 29), S. 44; Geimer/Schütze/*Dilger*, Art. 11 Rn 8; Zöller/*Geimer*, ZPO, Art. 11 EheVO Rn 5. AA MüKo-ZPO/*Gottwald*, Art. 11 Rn 6.

346 Der Bundesrat hat in einer Stellungnahme zum Gesetzentwurf (BT-Drucks. 15/3981, S. 34) angeregt, § 38 Abs. 1 S. 1 wie folgt zu fassen: „Die Gerichte haben Verfahren auf Rückgabe eines Kindes in allen Rechtszügen als eilbedürftig zu behandeln." Die Bundesregierung hat dieser vorgeschlagenen Änderung nicht zugestimmt, vor allem deshalb, weil sie die aus Art. 11 Abs. 3 EheVO 2003 folgende Pflicht zur Anwendung der zügigsten Verfahren des nationalen Rechts weniger deutlich hervortreten lasse (Gegenäußerung der Bundesregierung, BT-Drucks. 15/3981, S. 36). Zur Auslegung der Norm im Einzelnen s. *Gruber*, FamRZ 2005, 1603, 1605.

347 S. Gegenäußerung der Bundesregierung, BT-Drucks. 15/3981, S. 36.

Urkunden zur Aufklärung des Sachverhalts aufgeben. Daneben kommen einstweilige Anordnungen in Betracht, um den Aufenthaltsort des Kindes während des Verfahrens zu sichern. Denkbar ist etwa das Verbot, den Aufenthaltsort des Kindes zu verändern, aber auch die Anordnung einer Grenzsperre, der Hinterlegung von Ausweispapieren sowie polizeilicher Meldepflichten.[348]

6 Das Verbot der Aussetzung des Verfahrens (§ 38 Abs. 1 S. 2 IntFamRVG) soll ebenfalls dazu beitragen, dass die in Art. 11 Abs. 3 Unterabs. 2 EheVO 2003 vorgeschriebene Frist von sechs Wochen eingehalten werden kann.[349] Möglich bleibt weiterhin die Aussetzung nach Art. 12 Abs. 3 HKÜ, die sich auf den Fall bezieht, in dem Grund zu der Annahme besteht, dass das Kind in einen anderen Staat verbracht worden ist.

7 Abweichend von der im Leitfaden vertretenen Auffassung sieht das IntFamRVG allerdings nicht vor, dass die Entscheidung auch innerhalb einer Frist von sechs Wochen vollstreckbar sein muss. Eine Entscheidung über die Rückgabe ist grundsätzlich erst mit Rechtskraft wirksam und vollstreckbar (§ 40 Abs. 1 IntFamRVG). Gegen eine Entscheidung nach dem HKÜ kann sofortige Beschwerde zum Oberlandesgericht eingelegt werden (§ 40 Abs. 2 S. 1 Halbs. 1 IntFamRVG).[350]

8 Allerdings hat das Oberlandesgericht die Möglichkeit, die sofortige Vollziehung der angefochtenen Entscheidung über die Rückgabe des Kindes anzuordnen (§ 40 Abs. 3 S. 1 IntFamRVG).[351] Die Anordnung der sofortigen Vollziehung kann indes nur durch das Oberlandesgericht selbst, nicht bereits durch das Familiengericht erfolgen.[352] Vor Rechtskraft der Rückgabeanordnung bzw vor Anordnung der sofortigen Vollziehung durch das Oberlandesgericht kann m.a.W. die Rückgabeentscheidung nicht vollstreckt werden.

9 § 40 IntFamRVG birgt somit die Gefahr, dass sofortige Beschwerden (nur) mit dem Ziel eingelegt werden, die drohende Vollstreckung hinauszuzögern.[353] Mittelbar ergibt sich aus § 40 IntFamRVG für die Familiengerichte ein noch größerer Beschleunigungsdruck. Da die sofortige Beschwerde innerhalb von zwei Wochen nach Zustellung der Entscheidung eingelegt und begründet werden muss (§ 40 Abs. 2 S. 2),[354] muss die Entscheidung das Familiengerichts, wenn die Sechs-Wochen-Frist des Art. 11 Abs. 3 EheVO eingehalten werden soll, jedenfalls innerhalb von vier Wochen nach erstmaliger Befassung mit dem Antrag ergehen.

10 **Art. 11 Abs. 4** sieht eine **inhaltliche Einschränkung von Art. 13 lit. b HKÜ** vor. Eine Verweigerung der Rückgabe des Kindes nach Art. 13 lit. b HKÜ ist ausgeschlossen, wenn nachgewiesen ist, dass angemessene Vorkehrungen getroffen wurden, um den Schutz des Kindes nach seiner Rückkehr zu gewährleisten. Die in Abs. 4 enthaltene Regelung führt den Grundgedanken des Art. 13 lit. b HKÜ, dass eine Verweigerung der Rückgabe nur ultima ratio sein soll, konsequent weiter.[355] Abs. 4 lässt sich entnehmen, dass der Richter die Anordnung der Rückgabe an zuvor zu erfüllende Bedingungen knüpfen kann. Der Richter ist also nicht auf das einfache Entweder-Oder einer Anordnung oder umgekehrt einer Ablehnung der Rückgabe beschränkt, sondern kann darauf hinwirken, dass das Rückgabehindernis nach Art. 13 lit. b HKÜ entfällt.[356]

11 Aus Abs. 4 ergibt sich auch die Zulässigkeit sog. „undertakings", also der im anglo-amerikanischen Verfahren praktizierten Übernahme bestimmter Verpflichtungen des Antragstellers gegenüber dem Gericht.[357] Vor deutschen Gerichten kann eine den anglo-amerikanischen „undertakings" vergleichbare Wirkung dadurch erzielt werden, dass der Antragsteller mit dem Verfahrensgegner eine Prozessvereinbarung trifft.[358] Ferner kann der Richter darüber hinaus selbst den Versuch unternehmen, durch Kontaktaufnahme mit ausländischen Behörden und Gerichten die Rahmenbedingungen im vormaligen Aufenthaltsstaat günstig zu beeinflussen.[359] Liegt eine Kindesentführung durch die Mutter vor, und droht dem Kind eine Gewaltanwendung durch den im vormaligen

348 Vgl BT-Drucks. 15/3981, S. 27 f.

349 *Gruber*, FamRZ 2005, 1603, 1605.

350 Eine Rechtsbeschwerde findet allerdings nicht mehr statt (insoweit wurde Art. 40 IntFamRVG geändert durch das FGG-Reformgesetz; zur Begr. vgl BT-Drucks. 16/3083, S. 332 r. Sp.).

351 Zu der Frage, nach welchen Maßstäben über die sofortige Vollziehung zu entscheiden ist, ausf. *Gruber*, FamRZ 2005, 1603, 1606; *ders.*, FPR 2008, 214, 216 f.

352 Krit. dazu *Dutta/Scherpe*, FamRZ 2006, 901, 912; *Gruber*, FPR 2008, 214, 216.

353 So die Bedenken des Bundesrates, s. BT-Drucks. 15/3981 S. 34 sowie die Gegenäußerung der Bundesregierung, S. 36; krit. auch *Gruber*, FPR 2008, 214, 218; *Dutta/Scherpe*, FamRZ 2006, 901, 912; anders demgegenüber Rauscher/*Rauscher*, Art. 11 Brüssel IIa-VO Rn 21.

354 Unter den Voraussetzungen von § 22 Abs. 2 FGG ist bei einer Versäumung dieser Frist ist eine Wiedereinsetzung in den vorigen Stand zu gewähren.

355 Vgl allg. zur (engen) Auslegung von Art. 13 lit. b HKÜ BVerfG NJW 1999, 2173, 2174; BVerfGE 99, 145, 159 = NJW 1999, 631, 632; BVerfG FamRZ 1996, 1267; NJW 1996, 1402, 1403; MüKo/*Siehr*, Art. 19 EGBGB Anh. II Rn 61 ff.

356 *Schulz*, FamRZ 2003, 1351, 1353.

357 *Schulz*, FamRZ 2003, 1351, 1352 f; eingehend zu den *undertakings* im Anwendungsbereich des HKÜ *Mäsch*, FamRZ 2003, 1069 f; s. ferner *Schlosser*, RIW 2001, 81 f.

358 *Mäsch*, FamRZ 2003, 1069, 1071 (die Möglichkeit einer derartigen Vereinbarung schon im Anwendungsbereich nur des HKÜ befürwortend).

359 In der Tendenz – eine Kooperation zwischen den Gerichten bzw Behörden der Mitgliedstaaten voraussetzend – *Pereira*, ERA-Forum 2003, 134, 140. Aus der Praxis zum HKÜ vgl OLG Rostock IPRax 2002, 218 mit sehr krit. Anm. *Siehr*, IPRax 2002, 199; die Entscheidung verteidigend demgegenüber (der als Richter beteiligte) *Winkler v. Mohrenfels*, IPRax 2002, 372.

Aufenthaltsstaat verbliebenen Vater, so kann der Richter des neuen Aufenthaltsstaates darauf hinwirken, dass im Staat des vormaligen Aufenthalts für die Zeit des dort anhängigen Sorgerechtsverfahrens ein Kontaktverbot zwischen dem Vater und dem Kind verhängt wird.[360] Ferner kann er darauf hinwirken, dass ein im vormaligen Aufenthaltsstaat bestehender Haftbefehl gegen den Entführer aufgehoben wird – oder ggf ein Strafantrag zurückgenommen wird – und Entführer und Kind infolge dessen im vormaligen Aufenthaltsstaat ohne Gefahr einer strafrechtlichen Verfolgung zusammenbleiben können.[361]

Art. 11 Abs. 5 statuiert eine weitere **verfahrensrechtliche Einschränkung** von Art. 12, 13 HKÜ. Ein Antrag auf Rückgabe des Kindes kann nur abgelehnt werden, wenn dem Antragsteller zuvor Gelegenheit gegeben wurde, gehört zu werden. 12

Die Regelung des **Art. 11 Abs. 6** dient der raschen **Information der Zentralen Behörde** (vgl Art. 6 ff HKÜ) bzw dem zuständigen Gericht des vormaligen Aufenthaltsstaates. Abs. 6 ist vor dem Hintergrund zu verstehen, dass nach Art. 10 die internationale Zuständigkeit der Gerichte des vormaligen Aufenthaltsstaates im Falle einer Entführung grundsätzlich erhalten bleibt und nach Art. 11 Abs. 8 Sorgerechts- bzw Rückgabeentscheidungen der Gerichte des vormaligen Aufenthaltsstaates im neuen Aufenthaltsstaat selbst dann anzuerkennen und zu vollstrecken sind, wenn Gerichte des neuen Aufenthaltsstaates die Rückgabe des Kindes nach Art. 13 HKÜ zuvor abgelehnt haben. Abs. 6 soll sicherstellen, dass ein Sorgerechtsverfahren im vormaligen Aufenthaltsstaat möglichst rasch im Anschluss an die Ablehnung der Rückgabe des Kindes durchgeführt werden kann. Von der fortbestehenden Zuständigkeit der Gerichte des vormaligen Aufenthaltsstaates soll m.a.W. effektiv Gebrauch gemacht werden können.[362] 13

Die in **Art. 11 Abs. 7** enthaltene Informationspflicht dient dem Ziel, die Parteien zur **Einreichung von Sorgerechtsanträgen** zu veranlassen. Die hiernach ergehende Entscheidung ist – allerdings nur insoweit, als die Rückgabe des Kindes angeordnet wird[363] – nach **Art. 11 Abs. 8** selbst dann **anzuerkennen und zu vollstrecken**, wenn Gerichte des neuen Aufenthaltsstaates eine Rückgabe des Kindes zuvor nach Art. 13 HKÜ abgelehnt haben. Die Anerkennung und Vollstreckung der Entscheidung bedarf nach Art. 42 Abs. 1 keiner Vollstreckbarerklärung; die Anerkennung kann auch nicht angefochten werden. Hat ein Gericht des neuen Aufenthaltsstaates m.a.W. eine Rückgabe des Kindes abgelehnt, so kann der hiervon betroffene Träger der elterlichen Verantwortung im vormaligen Aufenthaltsstaat ungeachtet dessen den Antrag stellen, die Rückgabe des Kindes anzuordnen. Abs. 8 setzt nicht notwendig voraus, dass der Rückgabeentscheidung eine Entscheidung über das Sorgerecht vorangegangen ist; die Vorschrift ist auch anwendbar, wenn sich die Entscheidung der Gerichte im vormaligen Aufenthaltsstaat auf die Anordnung der Rückgabe beschränkt.[364] Der Wortlaut des Art. 11 Abs. 7 EheVO 2003 mag auf den ersten Blick auf die gegenteilige Lösung hindeuten;[365] zutreffend führt der EuGH aber aus, dass die Rückgabeentscheidung nach Art. 11 Abs. 8 EheVO 2003 rechtliche Selbständigkeit genießt.[366] Praktisch könnte dies Gerichte im vormaligen Aufenthaltsstaat dazu ermuntern, derartige isolierte Rückgabeanordnungen ohne (endgültige) Sorgerechtsanordnung zu treffen, um dadurch die Anwesenheit des Kindes im Sorgerechtsverfahren sicherzustellen.[367] 14

Abs. 8 führt dazu, dass eine auf Art. 13 HKÜ gestützte, die Rückgabe ablehnende Entscheidung nur begrenzte Wirkung hat. Die die Rückgabe ablehnende Entscheidung des Gerichts des neuen Aufenthaltsstaates kann im praktischen Ergebnis durch eine die Rückgabe anordnende Entscheidung eines Gerichts des vormaligen Aufenthaltsstaates ersetzt werden.[368] Nach der zustimmenswerten Auffassung des EuGH ist es für die Ausstellung der Bescheinigung nach Art. 42 Abs. 1 und damit für die automatische Anerkennung und Vollstreckung der die Rückgabe anordnenden Entscheidung ohne Bedeutung, dass die die Rückgabe ablehnende Entscheidung zu einem späteren Zeitpunkt ausgesetzt, abgeändert, aufgehoben oder jedenfalls nicht rechtskräftig geworden oder durch eine Entscheidung mit der die Rückgabe des Kindes angeordnet wird, ersetzt worden ist, sofern das Kind nicht tatsächlich zurückgegeben worden ist.[369] Damit wird dem Interesse an einer beschleunigten 15

360 *Schulz*, FamRZ 2003, 1351, 1352.

361 Hierzu *Siehr*, IPRax 2002, 199; *Winkler v. Mohrenfels*, IPRax 2002, 372, 373.

362 *Schulz*, FamRZ 2003, 1351, 1353.

363 Der sonstige Entscheidungsinhalt ist nicht Gegenstand des erleichterten Vollstreckungsregimes nach Art. 40, 42 (zutr. Geimer/Schütze/*Dilger*, Art. 11 Rn 18).

364 EuGH, Urt. v. 1.7.2010, Rs. C-211/10 PPU, Doris Povse ./. Mauro Alpago, FamRZ 2010, 1229, Rn 51 ff.

365 So auch der EuGH in Rn 53 des Urteils.

366 Vom EuGH nicht ausdrücklich behandelt wird die Frage, ob die Art. 11 Abs. 8, 40 ff Brüssel IIa-VO voraussetzen, dass im vormaligen Aufenthaltsstaat immerhin ein Sorgerechtsverfahren anhängig ist, oder ob sogar gänzlich isolierte Rückgabeentscheidungen für die Anwendung der Art. 11 Abs. 8, 40 ff Brüssel IIa-VO ausreichen. Die Formulierung des Art. 11 Abs. 7 Brüssel IIa-VO legt nahe, dass im vormaligen Aufenthaltsstaat immerhin ein Sorgerechtsverfahren anhängig sein muss (wie hier *Schulz*, FamRZ 2010, 1307, 1308).

367 Näher dazu *Schulz*, FamRZ 2010, 1307, 1309.

368 Erwägungsgrund Nr. 17 zur EheVO 2003 (ABl. EG 2003 L 338 S. 2); ferner (zum Verordnungsentwurf) *Helms*, FamRZ 2002, 1593, 1602. Rechtspolitische Kritik bei Staudinger/*Pirrung*, C 71; auch *Coester-Waltjen*, FamRZ 2005, 241, 247.

369 EuGH, Rs. C-195/08 PPU (Inga Rinau), NJW 2008, 2973 mit Bespr. *Rieck*, 2958 = IPRax 2009, 420 mit Bespr. *Gruber*, 413 und Bespr. *Schulz*, FamRZ 2008, 1732 und *Huter*, ELR 2008, 286.

Rückgabe des Kindes Rechnung getragen. Im praktischen Ergebnis bedeutet dies: Soweit einmal eine die Rückgabe ablehnende Entscheidung ergangen ist, kann der von der Entführung betroffene Träger der elterlichen Verantwortung sicher sein, dass eine dieser Ablehnung nachfolgende, die Rückgabe anordnende Entscheidung des vormaligen Aufenthaltsstaats im neuen Aufenthaltsstaat in jedem Fall anerkannt und vollstreckt wird.[370]

16 In dem neuen Aufenthaltsstaat kann gegen die Vollstreckung der Entscheidung auch nicht eingewendet werden, dass das Kind in dem vormaligen Aufenthaltsstaat vor dem Erlass der Entscheidung nicht hinreichend **angehört** worden ist; die Prüfung dieser Frage ist im Rahmen der Erstellung einer Bescheinigung nach Art. 42 von den Gerichten im vormaligen Aufenthaltsstaat zu überprüfen.[371] Insgesamt besteht, soweit Art. 11 Abs. 8 einschlägig ist und die Voraussetzungen des Art. 42 Abs. 1 vorliegen, eine klare Aufgabenverteilung zwischen dem vormaligen und dem neuen Aufenthaltsstaat. Die Entscheidung aus dem vormaligen Aufenthaltsstaat kann im neuen Aufenthaltsstaat nicht mehr hinterfragt werden; die Verweigerung der Anerkennung ist nach Art. 42 Abs. 1 ausgeschlossen. Soweit ein Gericht im neuen Aufenthaltsstaat mit der Frage befasst wird, ob die Entscheidung aus dem vormaligen Aufenthaltsstaat zu vollstrecken ist, kann es nur die Vollstreckbarkeit feststellen.[372] Nicht abschließend entscheiden hat der EuGH allerdings, ob dies auch in den Fällen gilt, in denen „in **gravierender Weise gegen Grundrechte**" – insbesondere den Anspruch auf rechtliches Gehör – verstoßen wurde.[373] Solche Fälle dürften aber kaum einmal anzunehmen sein; der EuGH zeigt nämlich auf, dass die Einhaltung des rechtlichen Gehörs ganz erheblich von einer Würdigung des Einzelfalls abhängt; diese Würdigung ist allein durch die Gerichte im vormaligen Aufenthaltsstaat vorzunehmen.[374]

17 In der deutschen Literatur ist allerdings die Vermutung geäußert worden, dass in dem neuen Aufenthaltsstaat häufig auf einen „vollstreckungsrechtlichen ordre public" zurückgegriffen werden könnte und dies sodann zu einer Unterlassung der Vollstreckung führen werde.[375] Ein derartiges Ausweichen in das nationale Vollstreckungsrecht ist allerdings, da es Art. 47 Abs. 2 S. 1 widerspricht und die Art. 11 Abs. 8, 42 Abs. 1 ihrer praktischen Wirksamkeit berauben würde, unzulässig.[376]

18 Art. 11 Abs. 8 bezieht sich seinem Wortlaut nach nur auf den Fall, dass die Ablehnung der Rückgabe auf Art. 13 HKÜ gestützt worden ist. Wird die Verweigerung hingegen auf **Art. 12 Abs. 2 HKÜ** oder **Art. 20 HKÜ** gestützt, ist die Vorschrift ihrem Wortlaut nach nicht anwendbar. Allerdings spricht viel dafür, Art. 11 Abs. 6–8 EheVO 2003 in diesem Fall analog anzuwenden.[377] Es bestehen keine Anhaltspunkte dafür, dass die Beschränkung auf Art. 13 HKÜ auf einer bewussten gesetzgeberischen Entscheidung beruht. Insb. spricht der Erwägungsgrund 17 allgemein von einer die Rückgabe verweigernden Entscheidung; er hat also offenbar nicht nur die auf Art. 13 HKÜ gestützte Ablehnung im Auge.[378] Kämen die Vorschriften über die erleichterte Anerkennung und Vollstreckung von Entscheidungen des vormaligen Aufenthaltsstaats bei einer auf Art. 12 Abs. 2 HKÜ gestützten Ablehnung der Rückgabe nicht zur Anwendung, würde zudem die fortbestehende Zuständigkeit nach Art. 10 EheVO 2003 (partiell) entwertet.[379] Schließlich müssten ablehnende Entscheidungen des neuen Aufenthaltsstaats aufwendig daraufhin untersucht werden, ob die Ablehnung (nur) auf Art. 13 HKÜ oder auf Art. 12 Abs. 2 HKÜ oder – bei ordre public-Verstößen, die ihre Ursache (auch) außerhalb von Kindeswohlerwägungen haben könnten – auf Art. 20 HKÜ gestützt worden ist; es müsste hierbei ggf noch

370 *Gruber*, IPRax 2009, 413, 414.
371 EuGH, Rs. C-491/10 PPU/Joseba Andoni Aguirre Zarraga ./.Simone Pelz), FamRZ 2011, 355 (Rn 48 ff.).
372 EuGH, Rs. C-491/10 PPU/Joseba Andoni Aguirre Zarraga ./.Simone Pelz), FamRZ 2011, 355 (Rn 48 f.).
373 Der EuGH beschränkt sich in der Rs. c-491/10 auf die Feststellung, dass „unter Umständen wie denen des Ausgangsverfahrens" eine Vollstreckung nicht verweigert werden kann.
374 EuGH, Rs. C-491/10 PPU/Joseba Andoni Aguirre Zarraga ./.Simone Pelz), FamRZ 2011, 355 (Rn 69, 73). Zu der Frage, ob die Kindesanhörung im Verfahren nach dem HKÜ auch für die Sorgerechtsentscheidung ausreicht, nimmt der EuGH nicht abschließend Stellung (näher *Schulz,* FamRZ 2011, 359, 360).
375 Rauscher/*Rauscher*, Art. 42 Brüssel IIa-VO Rn 4; auch *Solomon*, FamRZ 2004, 1409, 1419.
376 *Gruber*, IPRax 2009, 413, 414.
377 *Solomon*, FamRZ 2004, 1409, 1417; ebenso Geimer/Schütze/*Dilger*, Art. 11 Rn 20; Zöller/*Geimer*, ZPO, Art. 11 EheVO Rn 11; *Gruber*, IPRax 2005, 293, 300; im Erg. auch *Holzmann,* S. 215 f.aA Rauscher/*Rauscher* Art. 11 Brüssel IIa-VO Rn 32; Prütting/Gehrlein/*Völker*, Art. 11 Rn 8.
378 Der Erwägungsgrund Nr. 17 zur EheVO 2003 stellt allgemein darauf ab, dass die Gerichte des Mitgliedstaates, in den das Kind widerrechtlich verbracht wurde oder in dem es widerrechtlich zurückgehalten wird, „dessen Rückgabe in besonderen, ordnungsgemäß begründeten Fällen ablehnen können". Eine „solche Entscheidung" solle durch eine spätere Entscheidung der Gerichte im vormaligen Aufenthaltsstaat „ersetzt" werden können.
379 Während Art. 12 Abs. 2 HKÜ eine Verweigerung der Rückgabe bereits dann zulässt, wenn (objektiv) eine Frist von einem Jahr seit dem Verbringen oder Zurückhalten des Kindes abgelaufen ist, lässt Art. 10 Abs. 1 lit. b EheVO die Zuständigkeit der Gerichte im vormaligen Aufenthaltsstaat des Kindes (erst) entfallen, wenn innerhalb eines Jahres, nachdem der Sorgeberechtigte den Aufenthaltsort des Kindes kannte oder hätte kennen müssen, dieser im neuen Aufenthaltsstaat keinen Rückgabeantrag gestellt hat. Die aufgrund des subjektiv ausgestalteten Fristbeginns u.a. länger andauernde Zuständigkeit im vormaligen Aufenthaltsstaat verlöre ihren Sinn, wenn die Vollstreckung der Entscheidung im neuen Aufenthaltsstaat verweigert werden könnte.

zwischen tragenden Erwägungen und obiter dicta unterschieden werden.[380] Gerichte im neuen Aufenthaltsstaat hätten vor diesem Hintergrund die Möglichkeit, eine (primär) auf Art. 13 HKÜ gestützte Ablehnung mit allgemeinen ordre public-Erwägungen anzureichern und damit die erleichterte Vollstreckung auszuschließen oder jedenfalls zu gefährden. In all diesen Fällen stünde eine Nichtanwendung von Art. 11 Abs. 8 nicht im Einklang mit der angestrebten effektiven Durchsetzung von Rückgabeansprüchen und damit dem auch bei der Auslegung von Sekundärrecht anwendbaren Auslegungskriterium des effet utile. Nicht entsprechend anwendbar sein dürfte Art. 11 Abs. 8 allerdings in dem Fall, in dem der Rückführungsantrag nach dem HKÜ mit dem Argument abgelehnt worden ist, dass keine rechtswidrige Entführung vorliege.

Art. 12 EheVO 2003 Vereinbarung über die Zuständigkeit

(1) Die Gerichte des Mitgliedstaates, in dem nach Artikel 3 über einen Antrag auf Ehescheidung, Trennung ohne Auflösung des Ehebandes oder Ungültigerklärung einer Ehe zu entscheiden ist, sind für alle Entscheidungen zuständig, die die mit diesem Antrag verbundene elterliche Verantwortung betreffen, wenn

a) zumindest einer der Ehegatten die elterliche Verantwortung für das Kind hat
und
b) die Zuständigkeit der betreffenden Gerichte von den Ehegatten oder von den Trägern der elterlichen Verantwortung zum Zeitpunkt der Anrufung des Gerichts ausdrücklich oder auf andere eindeutige Weise anerkannt wurde und im Einklang mit dem Wohl des Kindes steht.

(2) Die Zuständigkeit gemäß Absatz 1 endet,

a) sobald die stattgebende oder abweisende Entscheidung über den Antrag auf Ehescheidung, Trennung ohne Auflösung des Ehebandes oder Ungültigerklärung einer Ehe rechtskräftig geworden ist,
b) oder in den Fällen, in denen zu dem unter Buchstabe a) genannten Zeitpunkt noch ein Verfahren betreffend die elterliche Verantwortung anhängig ist, sobald die Entscheidung in diesem Verfahren rechtskräftig geworden ist,
c) oder sobald die unter den Buchstaben a) und b) genannten Verfahren aus einem anderen Grund beendet worden sind.

(3) Die Gerichte eines Mitgliedstaats sind ebenfalls zuständig in Bezug auf die elterliche Verantwortung in anderen als den in Absatz 1 genannten Verfahren, wenn

a) eine wesentliche Bindung des Kindes zu diesem Mitgliedstaat besteht, insbesondere weil einer der Träger der elterlichen Verantwortung in diesem Mitgliedstaat seinen gewöhnlichen Aufenthalt hat oder das Kind die Staatsangehörigkeit dieses Mitgliedstaats besitzt,
und
b) alle Parteien des Verfahrens zum Zeitpunkt der Anrufung des Gerichts die Zuständigkeit ausdrücklich oder auf andere eindeutige Weise anerkannt haben und die Zuständigkeit in Einklang mit dem Wohl des Kindes steht.

(4) Hat das Kind seinen gewöhnlichen Aufenthalt in einem Drittstaat, der nicht Vertragspartei des Haager Übereinkommens vom 19. Oktober 1996 über die Zuständigkeit, das anzuwendende Recht, die Anerkennung, Vollstreckung und Zusammenarbeit auf dem Gebiet der elterlichen Verantwortung und der Maßnahmen zum Schutz von Kindern ist, so ist davon auszugehen, dass die auf diesen Artikel gestützte Zuständigkeit insbesondere dann in Einklang mit dem Wohl des Kindes steht, wenn sich ein Verfahren in dem betreffenden Drittstaat als unmöglich erweist.

A. Überblick

Art. 12 sieht Möglichkeiten einer **Gerichtsstandsvereinbarung** vor. Die Vorschrift dient dem Ziel, das Einvernehmen der Parteien zu fördern, wenngleich zunächst nur im Hinblick auf die Regelung der Zuständigkeit des Gerichts.[381] 1

380 *Gruber,* IPRax 2005, 293, 300; auch *Holzmann,* S. 215 f.

381 Vgl Kommissionsvorschlag KOM (2002) 222 endgültig/2, S. 10 (zu Art. 12).

B. Vereinbarung bei mit einer Ehesache verbundenen Verfahren

I. Voraussetzungen

2 Art. 12 Abs. 1 entspricht – mit nur geringfügigen inhaltlichen Änderungen – Art. 3 Abs. 2 EheVO 2000. Die Vorschrift eröffnet den **Ehegatten** die Möglichkeit, die Zuständigkeit der Gerichte eines Mitgliedstaates **zu vereinbaren**. Eine Zuständigkeit wird aber stets davon abhängig gemacht, dass sie im Einklang mit dem Kindeswohl steht.

3 Die Vorschrift setzt zunächst voraus, dass ein Antrag auf Entscheidung in einer **Ehesache** (Art. 1 Abs. 1 lit. a) bei einem nach Art. 3 zuständigen Gericht anhängig ist.[382] Nicht ausreichend ist eine Zuständigkeit nach Art. 6, 7 EheVO iVm dem nationalen Zuständigkeitsrecht.[383] Sodann muss die begehrte Entscheidung über die elterliche Verantwortung mit dem Antrag auf Entscheidung in der **Ehesache verbunden** sein. Dieses Merkmal tritt, ohne dass hiermit inhaltliche Änderungen beabsichtigt gewesen wären, an die Stelle der in Art. 1 Abs. 1 lit. b EheVO 2000 enthaltenen Anwendungsvoraussetzung, dass das Verfahren über die elterliche Verantwortung „aus Anlass" einer Ehesache betrieben werden muss. Mit der Ehesache „verbunden" sind demnach solche Verfahren über die elterliche Verantwortung, die gleichzeitig mit der Ehesache bzw nach Rechtshängigkeit der Ehesache eingeleitet werden und in einem gewissen sachlichen Zusammenhang mit dieser stehen.[384] Nicht vorausgesetzt wird hierbei, dass in einem förmlichen Verfahrensverbund entschieden wird.[385] Ferner wird nicht vorausgesetzt, dass die Sorgerechtsregelung im konkreten Einzelfall materiell von der Scheidung selbst beeinflusst wird und nicht nur (wie im deutschen Recht) vom tatsächlichen Getrenntleben der Ehegatten.[386] Nicht verbunden mit der Ehesache ist das Verfahren über die elterliche Verantwortung nur dann, wenn eine wechselseitige Beeinflussung der Verfahren *a priori* ausgeschlossen ist. Dies ist regelmäßig bei einem Scheidungsverfahren und einem amtswegig betriebenen Sorgerechtsentziehungsverfahren anzunehmen[387] Anders noch als in der EheVO 2000 muss es sich nicht notwendigerweise um ein gemeinsames Kind der Ehegatten handeln. Denkbar ist insb., dass einer der Ehegatten Stiefvater ist und ein Umgangsrecht mit dem Kind erreichen will.[388] Erfasst werden auch Adoptivkinder und Pflegekinder.[389]

4 Wird das Verfahren über die elterliche Verantwortung „isoliert" anhängig gemacht, ist Art. 12 Abs. 1 nicht anwendbar. Das Verfahren über die elterliche Verantwortung wird auch nicht nachträglich zu einem mit einer Ehesache „verbundenen" Verfahren, wenn nachfolgend doch noch eine Ehesache anhängig gemacht wird.[390]

5 Art. 12 Abs. 1 setzt ferner voraus, dass zumindest einer der Ehegatten die elterliche Verantwortung für das Kind hat (lit. a), die Zuständigkeit der betreffenden Gerichte von den Ehegatten und von evtl vorhandenen weiteren Trägern der elterlichen Verantwortung ausdrücklich oder auf andere eindeutige Weise anerkannt worden ist und im Einklang mit dem Wohl des Kindes steht (lit. b). Art. 12 Abs. 1 entspricht insoweit grundsätzlich Art. 10 Abs. 1 KSÜ (vgl Anhang I zu Art. 24 EGBGB, Art. 10 KSÜ Rn 12). Nach dem Wortlaut der deutschen Fassung reicht es aus, wenn die Zuständigkeit des Gerichts entweder von den Ehegatten *oder* alternativ – für den Fall, dass die elterliche Verantwortung teilweise einem Dritten zusteht – von den Trägern der elterlichen Verantwortung anerkannt wird. Hierbei dürfte es sich um ein Redaktionsversehen handeln. U.a. die englische und französische Fassung verwenden nämlich an dieser Stelle ein „*und*", gehen also offenbar davon aus, dass die Ehegatten und (kumulativ hierzu) evtl vorhandene weitere Träger elterlicher Verantwortung die Zuständigkeit anerkannt haben müssen.[391] Dies entspricht auch der in Art. 10 Abs. 1 lit. b enthaltenen Formulierung.[392]

6 Ob zumindest einer der Ehegatten die nach Abs. 1 lit. a erforderliche **elterliche Verantwortung** für das Kind hat, stellt eine kollisionsrechtliche Vorfrage dar. Unter der elterlichen Verantwortung ist hierbei die elterliche

382 Auch eine Zuständigkeit nach Art. 5 sollte ausreichen, da sie zur einer perpetuatio jurisdictionis des ehemals nach Art. 3 zuständigen Gerichts führt (Rauscher/*Rauscher*, Art. 12 Brüssel IIa-VO Rn 8; aA Staudinger/*Spellenberg*, Art. 12 Rn 57).

383 HK-ZPO/*Dörner*, Art. 12 Rn 5; Zöller/*Geimer*, ZPO, Art. 12 EheVO Rn 3; Rauscher/*Rauscher*, Art. 12 Brüssel IIa-VO Rn 9; Staudinger/*Spellenberg*, Art. 12 Rn 10, 11.

384 Staudinger/*Spellenberg*, Art. 12 Rn 45 ff; *ders.*, in: FS Sonnenberger 2004, S. 677, 692 f; *Puszkajler*, IPRax 2001, 81, 83; *Gruber*, Rpfleger 2002, 545, 550 Fn 56.

385 Geimer/Schütze/*Dilger*, Art. 12 Rn 7; Rauscher/*Rauscher*, Art. 12 Brüssel IIa-VO Rn 6; HK-ZPO/*Dörner*, Art. 12 Rn 4; *Hajnczyk*, S. 87.

386 *Spellenberg*, in: FS Sonnenberger 2004, S. 677, 692 f; Rauscher/*Rauscher*, Art. 12 Brüssel IIa-VO Rn 6.

387 Staudinger/*Spellenberg*, Art. 12 Rn 45.

388 Staudinger/*Spellenberg*, Art. 12 Rn 37 ff, 54; HK-ZPO/*Dörner*, Art. 12 Rn 8; *Coester-Waltjen*, FamRZ 2005, 241, 253 Fn 15; Rauscher/*Rauscher*, Art. 12 Brüssel IIa-VO Rn 6.

389 Staudinger/*Spellenberg*, Art. 12 Rn 55.

390 Geimer/Schütze/*Dilger*, Art. 12 Rn 12; Prütting/Gehrlein/*Völker*, Art. 12 Rn 2; Staudinger/*Spellenberg*, Art. 12 Rn 45; anders aber – zu Art. 1 Abs. 1 lit. b EheVO 2000 – OLG Karlsruhe, IPRax 2004, 524 mit abl. Anm. *Gruber*, S. 507.

391 Staudinger/*Pirrung*, C 75; Geimer/Schütze/*Dilger*, Art. 12 Rn 18; *Coester-Waltjen*, FamRZ 2005, 241, 243 Fn 13. Ein „oder" findet sich aber zB in der spanischen und in der portugiesischen Fassung.

392 Zutr. Staudinger/*Pirrung*, C 75.

Sorge ieS zu verstehen.[393] Diese ist von den mit der Sache befassten deutschen Gerichten nach Art. 21 EGBGB bzw Art. 16 KSÜ[394] anzuknüpfen. Ist die elterliche Sorge durch eine ausländische Entscheidung übertragen worden, kommt es auf eine Anerkennung dieser Entscheidung nach den Art. 21 ff EheVO 2003, Art. 23 KSÜ bzw Art. 7 MSA, Art. 7 f ESÜ bzw – hilfsweise – nach dem autonomen deutschen Verfahrensrecht (§§ 108, 109 FamFG) an.[395]

Eine **Anerkennung der Zuständigkeit** kann ausdrücklich, aber auch durch konkludentes Verhalten erfolgen. 7
Die konkludente Anerkennung muss nach dem Wortlaut der Vorschrift aber auf „eindeutige" Weise erfolgen.[396] Bei Unklarheiten dürfte vor deutschen Gerichten eine Aufklärungs- bzw Hinweispflicht des Gerichts bestehen (§ 28 FamFG). Fraglich ist, ob auch allgemein eine **rügelose Einlassung** ausreicht. Dies wurde im Hinblick auf Art. 3 Abs. 2 EheVO 2000 verbreitet angenommen.[397] Im Wortlaut des Art. 3 Abs. 2 EheVO 2000 fehlte hingegen der Hinweis darauf, dass die Anerkennung auf „eindeutige Weise" erfolgen muss. Aus dem veränderten Wortlaut des Art. 12 Abs. 1 ist daher zu schließen, dass eine rügelose Einlassung ieS jedenfalls für Art. 12 Abs. 1 nicht mehr ausreicht.[398] Hierfür spricht auch ein Umkehrschluss aus Art. 9 Abs. 2[399] sowie der Umstand, dass im (allerdings nicht Gesetz gewordenen) Kommissionsvorschlag für eine Verordnung noch ausdrücklich festgehalten worden war, dass das Erscheinen eines Trägers der elterlichen Verantwortung vor Gericht allein noch keine Anerkennung der Zuständigkeit des Gerichts bedeute.[400]

Nach dem Wortlaut der Vorschrift kommt es für die Anerkennung der Zuständigkeit maßgeblich auf den 8
Zeitpunkt der Anrufung des Gerichts an. Grundsätzlich dürfte es, solange der Antrag noch nicht abgewiesen ist, aber auch ausreichen, dass die Anerkennung der Zuständigkeit zu einem **späteren Zeitpunkt** vorliegt.[401] Anderenfalls müsste ein Antrag abgewiesen werden, der sogleich neu gestellt werden könnte (vgl hierzu Art. 3 EheVO Rn 35 f).[402] Demgegenüber reicht es, für sich betrachtet, nicht aus, dass zu einem Zeitpunkt vor Anrufung des Gerichts einmal eine Vereinbarung über die Zuständigkeit getroffen worden ist. Diese Vereinbarung muss noch im Zeitpunkt der Anrufung des Gerichts Bestand haben und kann damit bis zu diesem Zeitpunkt einseitig widerrufen werden.[403] Der Zeitpunkt der Anrufung des Gerichts bestimmt sich nach Art. 16.[404] Allerdings kommt bei einem Widerruf der Anerkennung der Zuständigkeit des (nunmehr wieder unzuständigen) Gerichts eine Verweisung nach Art. 15 an ebendieses Gericht in Betracht.[405]

Der Begriff des **Kindeswohls** bestimmt sich in Anlehnung an Art. 10 Abs. 1 KSÜ.[406] Bei der Beurteilung des 9
Kindeswohls ist nicht auf den Inhalt der zu treffenden Entscheidung abzustellen.[407] Maßgeblich ist eine zuständigkeitsrechtliche Betrachtung,[408] die wiederum eine eher zurückhaltende Handhabung der Vorschrift nahe legt.[409] Das Gericht, das eine Zuständigkeit nach Art. 12 Abs. 1 in Anspruch nimmt, sollte im konkreten Einzelfall zumindest die gleiche Nähe zum entscheidungserheblichen Sachverhalt haben wie das Gericht, das ohne eine Vereinbarung zuständig wäre.[410] Das Kindeswohl kann daher einer Zuständigkeit u.a. dann entgegenstehen, wenn das Kind unnötig weit anreisen muss oder die Anhörung nur mit Hilfe eines Dolmetschers

393 Geimer/Schütze/*Dilger*, Art. 12 Rn 14 ff; Rauscher/*Rauscher*, Art. 12 Brüssel IIa-VO Rn 15.

394 Vgl etwa *Siehr*, RabelsZ 62 (1998), 464, 489; *Kropholler*, IPR, § 48 II 2 c.

395 Rauscher/*Rauscher*, Art. 12 Brüssel IIa-VO Rn 17; Thomas/Putzo/*Hüßtege*, ZPO, Art. 3 EuEheVO Rn 7.

396 Vgl auch die englische Textfassung: „in an unequivocal manner".

397 Etwa *Vogel*, MDR 2000, 1045, 1048; weitere Nachw. bei Geimer/Schütze/*Dilger*, Art. 12 Rn 21 Fn 29.

398 Prütting/Gehrlein/*Völker*, Art. 12 Rn 2; Rauscher/*Rauscher*, Art. 12 Brüssel IIa-VO Rn 21; *Coester-Waltjen*, FamRZ 2005, 241, 242; *Holzmann*, S. 135 f; auch HK-ZPO/*Dörner*, Art. 12 Rn 11.

399 Wie hier Zöller/*Geimer*, ZPO, Art. 12 EheVO Rn 9.

400 Art. 12 Abs. 4 im Vorschlag der Kommission (ABl. EG C 203 E S. 155, 159). Zu beachten ist schließlich auch, dass die Einführung einer Gerichtsstandsvereinbarung in Verfahren über die elterliche Verantwortung bis zuletzt unter den Mitgliedstaaten sehr umstritten war, so dass in der Tendenz eine eher vorsichtige Handhabung der Vorschrift geboten ist (*Pereira*, ERA-Forum 2003, 134, 137).

401 Wie hier Geimer/Schütze/*Dilger*, Art. 12 Rn 22 mit ausf. Begr.; HK-ZPO/*Dörner*, Art. 12 Rn 12; Rauscher/*Rauscher*, Art. 12 Brüssel IIa-VO Rn 24; *ders.*, EuLF 2005, 37, 40; Zöller/*Geimer*, ZPO, Art. 12 EheVO Rn 12; aA Staudinger/*Pirrung*, C 75 (allerdings mit dem Zusatz, dass dies nicht besonders sinnvoll erscheine); Prütting/Gehrlein/*Völker*, Art. 12 Rn 2.

402 Rauscher/*Rauscher*, Art. 12 Brüssel IIa-VO Rn 24. Auch würde sich, ohne dass dies durch einen entsprechenden Willen des Verordnungsgebers gedeckt zu sein scheint, eine erhebliche Einschränkung gegenüber Art. 3 Abs. 2 EheVO 200 ergeben (zutr. HK-ZPO/*Dörner*, Art. 12 Rn 12).

403 *Solomon*, FamRZ 2004, 1409, 1413; *Schulz*, in: FS Kropholler 2008, S. 435, 438. Ein nachfolgender Widerruf ist demgegenüber nicht möglich (Geimer/Schütze/*Dilger*, Art. 12 Rn 23).

404 *Solomon*, FamRZ 2004, 1409, 1413.

405 Zutr. *Schulz*, in: FS Kropholler 2008, S. 435, 438.

406 *Borrás*, ABl. EG 1998 C 221 S. 27, 40 (Rn 38).

407 *Dutta*, in: FS Kropholler 2008, S. 281, 287 ff m. ausf. Begr.

408 Rauscher/*Rauscher*, Art. 12 Brüssel IIa-VO Rn 25; Staudinger/*Spellenberg*, Art. 12 Rn 22.; *Dutta*, in: FS Kropholler 2008, S. 281, 287 ff.

409 *Spellenberg*, in: FS Sonnenberger 2004, S. 677, 685; abw. *Geimer*, Europ. Zivilverfahrensrecht, Art. 12 Rn 23 (Fälle, in denen das Kindeswohl einer internationalen Zuständigkeit entgegenstehen soll, seien schwer vorstellbar).

410 Ausf. *Dutta*, in: FS Kropholler 2008, 281, 297 ff.

möglich ist.[411] Nach Abs. 4 ist allerdings davon auszugehen, dass die Zuständigkeit mit dem Wohl des Kindes in Einklang steht, wenn das Kind seinen gewöhnlichen Aufenthalt in einem Drittstaat hat, der nicht Vertragspartei des KSÜ ist, und sich ein Verfahren in diesem Drittstaat als unmöglich erweist.[412] Der Unmöglichkeit sind die Fälle einer Unzumutbarkeit gleichzustellen.[413]

II. Dauer der Zuständigkeit

10 Die Dauer der Zuständigkeit richtet sich nach Art. 12 Abs. 2. Lit. a ist Art. 10 Abs. 2 KSÜ nachgebildet. Die Beendigung der Zuständigkeit nach Art. 12 Abs. 1 tritt hiernach mit **Rechtskraft der Entscheidung über die Ehesache** ein. Verfahren über die elterliche Verantwortung, die erst nach diesem Zeitpunkt anhängig gemacht werden, fallen nicht unter Art. 12.

11 Lit. b sieht eine perpetuatio fori für ein Verfahren über die elterliche Verantwortung vor, das während der Anhängigkeit einer Ehesache anhängig gemacht wurde. Die Zuständigkeit endet erst mit der rechtskräftigen Entscheidung über die elterliche Verantwortung selbst. Der maßgebliche Zeitpunkt der Anhängigkeit der Ehesache richtet sich nach Art. 16 (analog).[414]

12 Lit. c bezieht sich auf andere Beendigungsgründe wie insbesondere die Antragsrücknahme oder den Tod eines der Ehegatten.[415]

C. Vereinbarung in sonstigen Fällen

13 Art. 12 Abs. 3 enthält eine weitere, durch die EheVO 2003 neu eingeführte Möglichkeit der Gerichtsstandsvereinbarung. Vorausgesetzt wird, dass eine **wesentliche Bindung des Kindes** zu dem Mitgliedstaat besteht. Dies kann insbesondere dann der Fall sein, wenn einer der Träger der ehelichen Verantwortung dort seinen gewöhnlichen Aufenthalt hat oder das Kind diesem Mitgliedstaat angehört (lit. a).[416] Aus der Formulierung der lit. a („insbesondere") ist zu entnehmen, dass die wesentliche Verbindung des Kindes zu dem Mitgliedstaat auch auf anderen Umständen beruhen kann.[417] Unklar ist, ob die in lit. a genannten Vermutungen ihrerseits, falls sie vorliegen, widerlegbar sind. Größere praktische Bedeutung kommt dieser Frage allerdings nicht zu. Denn selbst wenn lit. a erfüllt ist, hat das Gericht nach lit. b eine Kindeswohlprüfung durchzuführen; und im Rahmen von lit. b ist das tatsächliche Verbundensein des Kindes mit dem Mitgliedstaat in jedem Fall (nochmals) zu berücksichtigen.[418]

14 Daneben müssen alle Parteien des Verfahrens die Zuständigkeit des Gerichts dieses Mitgliedstaates anerkannt haben, und die Zuständigkeit muss in Einklang mit dem Wohl des Kindes stehen (lit. b; vgl hierzu Rn 7, 8). Parteien des Verfahrens können nicht nur die Eltern, sondern insbesondere auch andere juristische oder natürliche Personen sein, denen die elterliche Verantwortung für das Kind zusteht (Art. 2 Nr. 7). Träger der elterlichen Verantwortung, die nicht Partei des Verfahrens sind, müssen nach dem Wortlaut der Norm – anders als noch im Kommissionsvorschlag – aber nicht die Zuständigkeit anerkannt haben.[419] Zum Zeitpunkt, zu dem die Anerkennung der Zuständigkeit vorliegen muss, vgl Rn 8.

411 Näher *Dutta*, in: FS Kropholler 2008, 281, 299 f; Rauscher/*Rauscher*, Art. 3 Brüssel IIa-VO Rn 26.

412 Allein der Umstand, dass der Aufenthaltsstaat des Kindes nicht Vertragsstaat des KSÜ ist, reicht entgegen dem missverständlichen Wortlaut des Art. 12 Abs. 4 in der englischen und französischen Fassung für eine entsprechende Vermutung nicht aus (*Gruber*, IPRax 2005, 293, 298; auch *Coester-Waltjen*, FamRZ 2005, 241, 243; wie hier offenbar auch der Leitfaden der Kommission, S. 22).

413 Vgl hierzu auch die englische Textfassung („…if it is found impossible to hold proceedings in the third State in question") sowie die französische Textfassung („lorsqu'une procédure s'avère impossible"). Wie hier Prütting/Gehrlein/*Völker*, Art. 12 Rn 5; für weite Auslegung auch Staudinger/*Pirrung*, C 83.

414 Rauscher/*Rauscher*, Art. 12 Brüssel IIa-VO Rn 31; *Hau*, FamRZ 2000, 1333, 1340.

415 *Borrás*, ABl. EG 1998 C 221 S. 27, 41 (Rn 39).

416 Auch hier reicht eine „ineffektive" Staatsangehörigkeit aus; etwa Zöller/*Geimer*, ZPO, Art. 12 EheVO Rn 19.

417 Prütting/Gehrlein/*Völker*, Art. 12 Rn 4; Staudinger/*Pirrung*, C 81; Rauscher/*Rauscher*, Art. 12 Brüssel IIa-VO Rn 44; Staudinger/*Spellenberg*, Art. 12 Rn 62; *Niklas*, S. 175; *Gruber*, IPRax 2005, 293, 298.

418 *Gruber*, IPRax 2005, 293, 298 f. Nach Auffassung von *Coester-Waltjen*, FamRZ 2005, 241, 243, bleibt für die Frage der Kindeswohlgemäßheit dann, wenn die Gerichte eine wesentliche Bindung zum Gerichtsstaat feststellen, nur noch ein geringer Raum.

419 Vgl noch Art. 12 Abs. 2 in der Fassung des Kommissionsvorschlags v. 3.5.2002, KOM (2002) 222 eng., ABl. EG C 203 E S. 155. Nicht „Partei des Verfahrens" ist das Kind selbst (vgl *Busch/Rölke*, FamRZ 2004, 1338, 1341).

Art. 13 EheVO 2003 Zuständigkeit aufgrund der Anwesenheit des Kindes

(1) Kann der gewöhnliche Aufenthalt des Kindes nicht festgestellt werden und kann die Zuständigkeit nicht gemäß Artikel 12 bestimmt werden, so sind die Gerichte des Mitgliedstaats zuständig, in dem sich das Kind befindet.

(2) Absatz 1 gilt auch für Kinder, die Flüchtlinge oder, aufgrund von Unruhen in ihrem Land, ihres Landes Vertriebene sind.

Art. 13 entspricht inhaltlich weitgehend Art. 6 KSÜ. Abs. 1 setzt voraus, dass der gewöhnliche Aufenthalt des Kindes nicht feststellbar ist. Zieht zB das Kind von einem Mitgliedstaat in einen anderen um, so finden Aufgabe und Neubegründung des gewöhnlichen Aufenthalts idR gleichzeitig statt. Es verhält sich also im Regelfall nicht so, dass das Kind durch den Umzug zwar den alten gewöhnlichen Aufenthalt verliert, aber (noch) keinen neuen gewöhnlichen Aufenthalt erwirbt.[420] Insoweit verbleibt es sodann bei der Anwendung von Art. 8 Abs. 1 bzw – für gewisse Umgangsrechtsentscheidungen – von Art. 9. Eine Nichtfeststellbarkeit des gewöhnlichen Aufenthalts kommt daher nur in Ausnahmefällen in Betracht. Eine Nichtfeststellbarkeit kann nach einer Formulierung des EuGH u.a. – wenn auch nicht notwendigerweise – bei einem **„Wanderleben" des Kindes** in verschiedenen Mitgliedstaaten anzunehmen sein.[421] 1

Art. 13 enthält nach der Begründung der Kommission eine gegenüber den Art. 8–12 subsidiäre Zuständigkeitsregelung.[422] Daraus ist zu schließen, dass auf Art. 13 allgemein nur dann zurückgegriffen werden darf, wenn sich nicht aus den Art. 8–12 eine Zuständigkeit des Gerichts eines Mitgliedstaates ergibt. Es ist also nicht nur zu prüfen, ob ein Gericht nach Art. 8 Abs. 1 zuständig ist; vielmehr sind zusätzlich auch die Art. 9 und 10 und der ausdrücklich erwähnte Art. 12 in den Blick zu nehmen.[423] 2

Das Verhältnis zu der in Art. 13 ausdrücklich angesprochenen Zuständigkeit nach Art. 12 bereitet allerdings gewisse Schwierigkeiten. Zunächst stellt sich die Frage, ob Art. 13 bereits dann nicht mehr anwendbar ist, wenn die Parteien eine für Art. 12 erforderliche Zuständigkeitsvereinbarung getroffen haben,[424] oder erst dann, wenn das betreffende Gericht auch angerufen worden ist bzw von Amts wegen ein entsprechendes Verfahren eingeleitet hat.[425] Zur Vermeidung von negativen Kompetenzkonflikten – und auch deshalb, weil eine Vereinbarung nach Art. 12 bis zur Anrufung des Gerichts widerrufen werden kann (vgl Art. 12 Rn 14) – ist der zuletzt genannten Lösung der Vorzug zu geben.[426] 3

Hiervon zu trennen ist die Frage, ob die Zuständigkeit des nach Art. 13 zuständigen und angerufenen Gerichts automatisch wegfällt, wenn nachträglich ein nach Art. 12 zuständiges Gericht angerufen wird.[427] Vor dem Hintergrund des in der EheVO 2003 geltenden perpetuatio fori-Grundsatzes dürfte dies zu verneinen sein.[428] Im Rahmen des Art. 19 Abs. 2 setzt sich damit das Verfahren vor dem nach Art. 13 zuständigen Gericht (zunächst) durch. Die interessengerechte Lösung liegt aber dann regelmäßig in einer Verweisung nach Art. 15 durch das (nur) nach Art. 13 zuständige Gericht an das (nunmehr) nach Art. 12 zuständige Gericht.[429] 4

Ähnliches gilt dann, wenn der einfache Aufenthalt des Kindes nach Verfahrenseinleitung in dem nach Art. 13 zuständigen Mitgliedstaat wegfällt und/oder in einem anderen Mitgliedstaat ein neuer gewöhnlicher Aufenthalt und damit eine Zuständigkeit nach Art. 8 Abs. 1 neu entsteht. In diesem Fall bleibt das ursprünglich nach Art. 13 zuständige Gericht nach dem perpetuatio fori-Grundsatz weiterhin zuständig.[430] IdR dürfte aber eine Verweisung nach Art. 15 vorzunehmen sein. 5

420 Vgl die Schlussanträge der Generalanwältin *Kokott* v. 29.1.2009, Rs. 523-07 Rn 45 („Ausnahmefälle"); HK-ZPO/*Dörner*, Art. 9 Rn 6.

421 EuGH, Rs. C-523/07, FamRZ 2009, 843, 845 (Rn 41 ff) = EuGRZ 2009, 217.

422 Begründung der Kommission KOM (2002) 222 endg./2, S. 10 (zu Art. 13).

423 So auch im Erg. Rauscher/*Rauscher*, Art. 13 Brüssel IIa-VO Rn 3 ff; *Niklas*, S. 175 f.

424 So wohl Staudinger/*Pirrung*, C 84.

425 Grundsätzlich wie hier Rauscher/*Rauscher*, Art. 13 Brüssel IIa-VO Rn 6 ff; inzident auch Geimer/Schütze/*Dilger*, Art. 12 Rn 5; vgl auch *Coester-Waltjen*, FamRZ 2005, 241, 243; zuvor *dies.*, Jura 2004, 839, 842.

426 Noch etwas restriktiver Rauscher/*Rauscher*, Art. 13 Brüssel IIa-VO Rn 6 ff (in den Fällen des Art. 12 Abs. 1 seien die Ehegatten unter Fristsetzung zur Stellungnahme darüber aufzufordern, ob im dortigen Verfahren eine Sorgerechtsregelung angestrebt werde).

427 Diese Konstellation kann sich aber idR nur ergeben, wenn das Verfahren in dem nach Art. 13 zuständigen Gericht von Amts wegen betrieben wird. Denn solange ein Beteiligter seinen Antrag in dem nach Art. 13 zuständigen Gericht aufrechterhält, erkennt er sinngemäß die Zuständigkeit in einem anderen Mitgliedstaat nicht an (*Coester-Waltjen*, FamRZ 2005, 241, 244; MüKo-ZPO/Gottwald, Art. 13 Rn 7.).

428 Rauscher/*Rauscher*, Art. 13 Brüssel IIa-VO Rn 8; MüKo-ZPO/*Gottwald*, Art. 13 Rn 4; HK-ZPO/*Dörner*, Art. 13 Rn 3; auch *Coester-Waltjen*, FamRZ 2005, 241, 243 f; aA Staudinger/*Pirrung*, C 84.

429 Vgl Geimer/Schütze/*Dilger*, Art. 13 Rn 6.

430 Geimer/Schütze/*Dilger*, Art. 13 Rn 4; abw. MüKo-ZPO/*Gottwald*, Art. 13 Rn 6; HK-ZPO/*Dörner*, Art. 13 Rn 4 mit Hinweis auf Art. 6 Abs. 2 KSÜ (allerdings geht das KSÜ im Unterschied zur EheVO 2003 gerade nicht vom perpetuatio fori-Grundsatz aus, so dass sich aus der Parallelvorschrift des KSÜ nichts Entscheidendes ableiten lässt).

6 Nach Abs. 2 gilt Abs. 1 auch entsprechend für Flüchtlinge und Vertriebene. Auch hier gilt aber, dass eine Zuständigkeit nach Art. 13 nicht (mehr) besteht, wenn das Gericht eines anderen Mitgliedstaats nach Maßgabe der Art. 8–12 zuständig ist.

Art. 14 EheVO 2003 Restzuständigkeit

Soweit sich aus den Artikeln 8 bis 13 keine Zuständigkeit eines Gerichts eines Mitgliedstaats ergibt, bestimmt sich die Zuständigkeit in jedem Mitgliedstaat nach dem Recht dieses Staates.

1 Art. 14 enthält eine ergänzende Verweisung auf staatsvertragliche Vorschriften bzw das nationale Zuständigkeitsrecht. In ihrer Struktur entspricht die Vorschrift dem bei Ehesachen anwendbaren Art. 7 Abs. 1. Zu prüfen ist zunächst, ob sich bei Anwendung der Art. 8–13 die internationale Zuständigkeit irgendeines Mitgliedstaates ergibt. Ist dies nicht der Fall, kann – ergänzend – auf staatsvertragliche bzw nationale Zuständigkeitsvorschriften zurückgegriffen werden.[431] Eine Entscheidung, die auf der Grundlage von Art. 14 iVm dem staatsvertraglichen oder dem nationalen Zuständigkeitsrecht ergeht, wird nach Maßgabe der Art. 21 ff in den anderen Mitgliedstaaten anerkannt und vollstreckt.

2 Die Verweisung auf Art. 14 wird nur **geringe Bedeutung** erlangen. Insbesondere ist zu berücksichtigen, dass ein Rückgriff auf staatsvertragliches oder nationales Zuständigkeitsrecht nach Art. 14 jedenfalls dann ausscheidet, wenn das Kind seinen gewöhnlichen Aufenthalt innerhalb der EU hat. Denn in diesem Fall folgt die internationale Zuständigkeit eines Mitgliedstaats, soweit nicht eine Sonderzuständigkeit eines anderen Mitgliedstaats nach Art. 9, 10 oder 12 besteht, aus Art. 8 Abs. 1. Die ergänzende Anwendung staatsvertraglichen oder nationalen Zuständigkeitsrechts kommt damit nur dann in Betracht, wenn das Kind seinen gewöhnlichen Aufenthalt außerhalb der EU hat.

3 Selbst wenn das Kind seinen gewöhnlichen Aufenthalt außerhalb der EU hat, kommt noch eine Zuständigkeit eines Mitgliedstaats nach Art. 12 in Betracht. Hier stellen sich die gleichen Probleme wie bei Art. 13.[432] Wie auch dort sollte eine Zuständigkeit nach Art. 12 erst dann angenommen werden können, wenn das entsprechende Gericht bereits angerufen worden ist, nicht bereits dann, wenn die Parteien eine – widerrufbare – Gerichtsstandsvereinbarung getroffen haben (s. Art. 13 Rn 3). Allerdings gilt dies wiederum nicht, wenn sich der gewöhnliche Aufenthalt des Kindes in einem Vertragsstaat des MSA bzw des KSÜ befindet. In diesem Fall ergibt sich aus Art. 60 und 61, dass allein das MSA bzw das KSÜ anzuwenden ist (vgl Art. 60 Rn 2 ff und Art. 61 Rn 2 ff).

4 Generell ist, was das Verhältnis des EheVO zu **staatsvertraglichen Zuständigkeitsvorschriften** anbelangt, vorrangig auf die Art. 59 ff (Verhältnis zu anderen Rechtsinstrumenten) abzustellen. Für das **KSÜ** ergibt sich bereits aus Art. 61, dass nicht die EheVO 2003, sondern das KSÜ anzuwenden ist, wenn das Kind seinen gewöhnlichen Aufenthalt außerhalb der EU in einem KSÜ-Vertragsstaat hat (vgl näher Art. 61 Rn 2 ff). Auch im Hinblick auf das **MSA** ist vorrangig auf die entsprechende Abgrenzungsnorm (Art. 60) abzustellen (vgl näher Art. 60 Rn 2 ff).[433] Bei näherer Betrachtung führt Art. 14 zu keiner weitergehenden Anwendung des KSÜ und wohl auch des MSA, die sich nicht ohnehin bereits aus Art. 61 (KSÜ) bzw Art. 60 (MSA) ableiten ließe.[434] Praktisch erlangt Art. 14 daher nur in den Fällen Bedeutung, in denen das Kind seinen gewöhnlichen Aufenthalt in einem Staat außerhalb der EU hat, der weder dem KSÜ noch dem MSA angehört.[435]

5 Aus deutscher Sicht befindet sich die einschlägige **nationale Zuständigkeitsnorm** in § 99 FamFG. Hiernach sind die deutschen Gerichte zuständig, wenn das Kind Deutscher ist (Abs. 1 Nr. 1), seinen gewöhnlichen Aufenthalt im Inland hat (Abs. 1 Nr. 2) oder es der Fürsorge durch ein deutsches Gericht bedarf (Abs. 1 Nr. 3). Relevanz können hierbei lediglich Abs. 1 Nr. 1 (Staatsangehörigkeit des Kindes) und Abs. 1 Nr. 3 (Fürsorgezuständigkeit) erlangen. In den Fällen des Abs. 1 Nr. 2 (gewöhnlicher Aufenthalt des Kindes im Inland) ist die EheVO anzuwenden; in diesem Fall folgt die internationale Zuständigkeit deutscher Gerichte – soweit sich nicht aus Art. 9, 10 oder 12 die Zuständigkeit eines anderen Mitgliedstaats ergibt – aus Art. 8 Abs. 1 EheVO 2003.

431 *Pereira*, ERA-Forum 2003, 134, 137.
432 Rauscher/*Rauscher*, Art. 14 Brüssel IIa-VO Rn 5.
433 Näher Geimer/Schütze/*Gruber*, Internationaler Rechtsverkehr, 32. Erg.Lief., Vor MSA Rn 16 ff.
434 Rauscher/*Rauscher*, Art. 14 Brüssel IIa-VO Rn 3 f.
435 Vgl *Texeira de Sousa*, FamRZ 2005, 1612, 1614 (zum KSÜ).

Art. 15 EheVO 2003 Verweisung an ein Gericht, das den Fall besser beurteilen kann

(1) In Ausnahmefällen und sofern dies dem Wohl des Kindes entspricht, kann das Gericht eines Mitgliedstaats, das für die Entscheidung in der Hauptsache zuständig ist, in dem Fall, dass seines Erachtens ein Gericht eines anderen Mitgliedstaats, zu dem das Kind eine besondere Bindung hat, den Fall oder einen bestimmten Teil des Falls besser beurteilen kann,

a) die Prüfung des Falls oder des betreffenden Teils des Falls aussetzen und die Parteien einladen, beim Gericht dieses anderen Mitgliedstaats einen Antrag gemäß Absatz 4 zu stellen, oder

b) ein Gericht eines anderen Mitgliedstaats ersuchen, sich gemäß Absatz 5 für zuständig zu erklären.

(2) Absatz 1 findet Anwendung

a) auf Antrag einer der Parteien oder

b) von Amts wegen oder

c) auf Antrag des Gerichts eines anderen Mitgliedstaats, zu dem das Kind eine besondere Bindung gemäß Absatz 3 hat.

Die Verweisung von Amts wegen oder auf Antrag des Gerichts eines anderen Mitgliedstaats erfolgt jedoch nur, wenn mindestens eine der Parteien ihr zustimmt.

(3) Es wird davon ausgegangen, dass das Kind eine besondere Bindung im Sinne des Absatzes 1 zu dem Mitgliedstaat hat, wenn

a) nach Anrufung des Gerichts im Sinne des Absatzes 1 das Kind seinen gewöhnlichen Aufenthalt in diesem Mitgliedstaat erworben hat oder

b) das Kind seinen gewöhnlichen Aufenthalt in diesem Mitgliedstaat hatte oder

c) das Kind die Staatsangehörigkeit dieses Mitgliedstaats besitzt oder

d) ein Träger der elterlichen Verantwortung seinen gewöhnlichen Aufenthalt in diesem Mitgliedstaat hat oder

e) die Streitsache Maßnahmen zum Schutz des Kindes im Zusammenhang mit der Verwaltung oder der Erhaltung des Vermögens des Kindes oder der Verfügung über dieses Vermögen betrifft und sich dieses Vermögen im Hoheitsgebiet dieses Mitgliedstaats befindet.

(4) Das Gericht des Mitgliedstaats, das für die Entscheidung in der Hauptsache zuständig ist, setzt eine Frist, innerhalb deren die Gerichte des anderen Mitgliedstaats gemäß Absatz 1 angerufen werden müssen.

Werden die Gerichte innerhalb dieser Frist nicht angerufen, so ist das befasste Gericht weiterhin nach den Artikeln 8 bis 14 zuständig.

(5) Diese Gerichte dieses anderen Mitgliedstaats können sich, wenn dies aufgrund der besonderen Umstände des Falls dem Wohl des Kindes entspricht, innerhalb von sechs Wochen nach ihrer Anrufung gemäß Absatz 1 Buchstabe a) oder b) für zuständig erklären. In diesem Fall erklärt sich das zuerst angerufene Gericht für unzuständig. Anderenfalls ist das zuerst angerufene Gericht weiterhin nach den Artikeln 8 bis 14 zuständig.

(6) Die Gerichte arbeiten für die Zwecke dieses Artikels entweder direkt oder über die nach Artikel 53 bestimmten Zentralen Behörden zusammen.

Art. 15 entspricht in seiner Grundstruktur Art. 8 und Art. 9 KSÜ. Art. 15 Abs. 1 sieht zwei Möglichkeiten vor, wie ein anderes – an sich unzuständiges – Gericht mit der Sache befasst werden kann. Die Vorschrift beruht in ihrem Grundgedanken auf der angloamerikanischen Lehre vom forum non conveniens,[436] hat aber anders als die Lehre vom forum non conveniens nicht nur eine Ablehnung der (eigenen) Zuständigkeit, sondern einen „Zuständigkeitstransfer“ an ein anderes Gericht zum Gegenstand.[437] Die Befassung eines anderen Gerichts kommt hierbei nur in „Ausnahmefällen“ in Betracht.[438] In den Fällen, in denen sich die Zuständigkeit nach Art. 10 ergibt, scheidet nach dem Sinn und Zweck der Vorschrift eine Verweisung an den „Entführerstaat“ regelmäßig aus (Art. 10 Rn 11). 1

Nach lit. a kann das an sich zuständige Gericht **das Verfahren aussetzen** und die Parteien einladen, bei dem anderen Gericht einen Antrag zu stellen. In diesem Fall hat es den Parteien eine Frist zu setzen, in der der 2

436 Etwa *Coester-Waltjen*, FamRZ 2005, 241, 245; Staudinger/*Pirrung*, C 87; HK-ZPO/*Dörner*, Art. 15 Rn 1. Zustimmung aus dem Vereinigten Königreich bei *Karsten*, Fam.Law 2001, 885, 890 zur entspr. Bestimmung im Vorentwurf der Kommission v. 6.9.2001, ABl. EG 2001 C 332 E S. 269 („A forum non conveniens provision in a Community instrument is a sight to gladden the heart.“).

437 Rauscher/*Rauscher*, Art. 15 Brüssel IIa-VO Rn 1.

438 Etwa *Schulz*, in: FS Kropholler 2008, S. 435, 436.

Antrag bei dem anderen Gericht zu stellen ist (Abs. 4 Unterabs. 1). Die Frist sollte, um das Verfahren nicht zu verzögern, nicht zu lang bemessen sein. Einen Monat sollte sie jedenfalls idR nicht überschreiten. Hierfür spricht insbesondere der (wenn auch nicht Gesetz gewordene) Vorschlag des Europäischen Parlaments im Gesetzgebungsverfahren, eine Höchstfrist von einem Monat vorzusehen.[439] Wird innerhalb der Frist kein Antrag bei dem anderen Gericht gestellt, bleibt es bei der Zuständigkeitsverteilung nach den Art. 8–14, und das angerufene Gericht setzt das Verfahren fort (Abs. 4 Unterabs. 2).

3 Nach lit. b kann das angerufene Gericht alternativ auch direkt das **Gericht eines anderen Mitgliedstaates ersuchen**, sich für zuständig zu erklären. Im Rahmen der Kontaktaufnahme kann es sich auch der hierfür zuständigen **Verbindungsrichter** bedienen.[440]

4 Eine Aussetzung nach Abs. 1 lit. a bzw ein Ersuchen nach Abs. 1 lit. b kann auf **Antrag einer der Parteien**, **von Amts wegen** durch das zuerst angerufene Gericht oder auch auf **Antrag des Gerichts eines anderen Mitgliedstaates** erfolgen (Abs. 2 S. 1). In den beiden zuletzt genannten Fällen muss jedoch mindestens eine der **Parteien zugestimmt** haben (Abs. 2 S. 2). Gegen den gemeinsamen Willen beider Parteien kann daher keine Zuständigkeit eines anderen Gerichtes begründet werden.[441] Das Kind selbst stellt keine Partei dar.[442]

5 Das in Abs. 1 und 2 verwendete Merkmal der „Partei“ wird in der EheVO 2003 nicht näher definiert. Der deutsche Gesetzgeber sah daher Raum für eine eigenständige Regelung im deutschen Verfahrensrecht. Parteien iSd Art. 15 sind gem. dem mit Wirkung zum 1.1.2011 anwendbaren § 13 a Abs. 6 S. 1 IntFamRVG die Beteiligten nach § 7 Abs. 1 und Abs. 2 Nr. 1 FamFG.

6 Voraussetzung für eine Aussetzung bzw ein Ersuchen nach Abs. 1 ist nach Art. 15 Abs. 1, dass das Kind eine **besondere Bindung zu einem anderen Mitgliedstaat** hat. Abs. 3 zählt bestimmte Anknüpfungsmomente auf, bei denen eine Beziehung zu einem anderen Mitgliedstaat vermutet wird. Es handelt sich um den Mitgliedstaat, in dem das Kind vor oder nach Anrufung des Gerichts seinen gewöhnlichen Aufenthalt hat (lit. a, b), dem das Kind angehört (lit. c),[443] in dem ein Träger der elterlichen Verantwortung seinen gewöhnlichen Aufenthalt hat (lit. d) oder in dem sich Vermögen des Kindes befindet, wenn sich die Streitsache auf die Erhaltung dieses Vermögens oder die Verfügung über dieses Vermögen bezieht (lit. e).[444] Die in Abs. 3 enthaltene Aufzählung schließt wohl nicht aus, dass sich eine enge Beziehung auch aufgrund anderer Umstände ergeben kann.[445] Hierfür spricht die in Art. 8 KSÜ enthaltene Parallelvorschrift; diese formuliert allgemein, dass eine Verweisung an den Staat möglich ist, zu dem das Kind eine enge Verbindung hat. Abs. 3 sollte im Lichte dieser Vorschrift ausgelegt werden.[446] So dürfte eine Verweisung nach Art. 15 auch in Betracht kommen, wenn andere Bezugspersonen oder Geschwister ihren gewöhnlichen Aufenthalt in einem anderen Mitgliedstaat haben. Bei Geschwistern kann durch eine Verweisung nach Art. 15 erreicht werden, dass das Sorgerecht durch ein Gericht einheitlich verteilt wird und die Geschwister zusammenbleiben können.[447]

439 Legislative Entschließung des Europäischen Parlaments zu dem Vorschlag für eine Verordnung (dort Art. 15 Abs. 1 Unterabs. 2), ABl. EG 2004 C 25 E S. 173; ferner Stellungnahme des Wirtschafts- und Sozialausschusses, ABl. EG 2003 C 16 S. 78 (Rn 5.2.5.3.), wonach ein zügiges Verfahrens „Hauptziel“ der zu schaffenden EG-Verordnung sei, um den Interessen der Kinder Rechnung zu tragen.

440 S. dazu Entscheidung 2001/470/EG des Rates v. 28.5.2001 über die Einrichtung eines Europäischen Justiziellen Netzes für Zivil- und Handelssachen, ABl. EG L 174 S. 25. Mit Wirkung ab dem 1.1.2001 wurde die Entscheidung v. 28.5.2001 abgeändert und ergänzt durch die Entscheidung Nr. 568/2009/EG des Europäischen Parlamentes und des Rates v. 18.6.2009 zur Änderung der Entscheidung 2001/470/EG des Rates über die Einrichtung eines Europäischen Justiziellen Netzes für Zivil- und Handelssachen, ABl. EG L 168 v. 30.6.2009, S. 35. Zur Tätigkeit der Verbindungsrichter näher *Carl/Menne*, NJW 2009, 3537.

441 Hierin liegt ein Unterschied zu Art. 8, 9 KSÜ, wo der Elternwille als Tatbestandsmerkmal unmittelbar nicht vorkommt.

442 Abw HK-FamR/*Rieck*, Art. 15 EheVO 2003 Rn 2 (bei Kindern über 14 Jahre).

443 Bei einer mehrfachen Staatsangehörigkeit reicht grundsätzlich wohl auch eine nicht-effektive aus; allerdings dürfte hier eine Verweisung regelmäßig deshalb ausscheiden, weil das andere Gericht den Fall nicht besser beurteilen kann als das an sich zuständige Gericht bzw die Verweisung nicht dem Kindeswohl entspräche (vgl auch – in der Begr. abweichend, aber im Erg. ähnlich – *Hau*, IPRax 2010, 50, 53).

444 Bedenken diesbezüglich finden sich in der Stellungnahme des Wirtschafts- und Sozialausschusses, ABl. EG 2003 C 16 S. 79 (Rn 5.2.7 und Rn 5.2.7.1).

445 AA Staudinger/*Pirrung*, C 89; letztlich auch Rauscher/*Rauscher*, Art. 15 Brüssel IIa-VO Rn 8 (auch wenn Abs. 3 formal nur Regelbeispiele nenne, komme eine Verweisung in anderen Fällen kaum in Betracht).

446 Vgl dazu allgemein Generalanwältin *Kokott*, Schlussanträge v. 20.9.2007 zum Urt. v. 27.11.2007, Rs. C-435/06 – C – Rn 50: Bestimmungen in der EheVO 2003 und dem KSÜ sollten „möglichst in derselben Weise ausgelegt werden, damit es nicht zu abweichenden Ergebnissen kommt, je nachdem, ob ein Fall mit Bezug zu einem anderen Mitgliedstaat oder zu einem Drittstaat vorliegt“.

447 Schlussanträge der Generalanwältin Eleanor Sharpston v. 20.5.2010 in der Rechtssache C-256/09 Bianca Purrucker ./. Guillermo Vallés Pérez, Rn 95 ff (betr. Zwillinge mit gewöhnlichem Aufenthalt in verschiedenen Mitgliedstaaten).

Eine weitere Voraussetzung besteht darin, dass das andere Gericht den Fall nach der Auffassung des an sich zuständigen Gerichts **besser beurteilen** kann und dass die Zuständigkeit des anderen Gerichts dem **Wohl des Kindes** entspricht. Insoweit stimmt Art. 15 wiederum mit Art. 8 KSÜ überein. Nicht möglich ist eine **Weiterverweisung** an ein drittes Gericht.[448] 7

Das ersuchte Gericht hat stets selbst noch einmal zu prüfen, ob seine Zuständigkeit dem **Wohl des Kindes** entspricht (Abs. 5 S. 1). Das Kindeswohl muss also sowohl von dem ersuchenden als auch dem ersuchten Gericht geprüft werden.[449] Zur Klärung dieser Frage ist eine enge Zusammenarbeit der Gerichte erforderlich.[450] Erklärt sich das ersuchte Gericht nicht innerhalb einer Frist von sechs Wochen für zuständig, bleibt es bei der ursprünglichen Zuständigkeitsverteilung (Abs. 5 S. 3). 8

Art. 15 regelt nicht, inwieweit die zur Verweisung notwendigen (Zwischen-)Entscheidungen der beteiligten Gerichte mit **Rechtsbehelfen** angreifbar sind. Die Frage bleibt dem nationalen Recht überlassen. In Deutschland befindet sich die maßgebliche Regel in dem mit Wirkung zum 1.1.2011 geschaffenen § 13 a Abs. 4 S. 1 IntFamFG. Mit der sofortigen Beschwerde angreifbar ist hiernach die Entscheidung, das Gericht des anderen Mitgliedstaats nach Art. 15 Abs. 1 lit. b um Übernahme der Zuständigkeit zu ersuchen (Nr. 1).[451] Ebenfalls mit der sofortigen Beschwerde angreifbar sind die Entscheidung, das Verfahren nach 15 Abs. 1 lit. a auszusetzen (Nr. 2), sowie die Entscheidung, das Gericht eines anderen Mitgliedstaats nach Art. 15 Abs. 2 lit. c um Abgabe der Zuständigkeit zu ersuchen (Nr. 3). Im Übrigen sind Beschlüsse nach Art. 15 unanfechtbar (§ 13 a Abs. 5 IntFamFG); dies wird insbesondere mit dem Beschleunigungsgrundsatz begründet.[452] Nicht mit der sofortigen Beschwerde angreifbar ist insbesondere der Beschluss, in dem sich das deutsche Familiengericht nach der Übernahme der Zuständigkeit durch das Gericht eines anderen Mitgliedstaats für unzuständig erklärt.[453] Nicht mit der sofortigen Beschwerde anfechtbar ist aber auch der Beschluss, die internationale Zuständigkeit auf Ersuchen eines Gerichts eines anderen Mitgliedstaats zu übernehmen.[454] Die Rechtsbeschwerde ist in allen Fällen ausgeschlossen (§ 13 a Abs. 4 S. 2 IntFamFG). Die Parteien haben die Möglichkeit, nach Maßgabe von § 13 a Abs. 4 S. 1 IntFamFG bzw. nach Maßgabe des ausländischen Rechts gegen die dortigen Zwischenentscheidungen vorzugehen. 9

§ 13 Abs. 4 S. 3 IntFamFG bestimmt, dass die in § 13 Abs. 4 S. 1 IntFamFG genannten – mit der sofortigen Beschwerde angreifbaren – Beschlüsse erst mit ihrer **Rechtskraft** wirksam werden. Vorher darf ein ausländisches Gericht nicht um eine Übernahme des Verfahrens ersucht werden. Nach § 13 Abs. 4 S. 4 ist besonders darauf hinzuweisen, dass der Beschluss erst mit Rechtskraft wirksam wird. Dieser Hinweis ist insbesondere dann relevant, wenn sich die Parteien – etwa in den Fällen des Art. 15 Abs. 1 lit. a – an das Gericht eines anderen Mitgliedstaates wenden, noch bevor der Beschluss rechtskräftig geworden ist. 10

Abschnitt 3
Gemeinsame Bestimmungen

Art. 16 EheVO 2003 Anrufung eines Gerichts

(1) Ein Gericht gilt als angerufen

a) zu dem Zeitpunkt, zu dem das verfahrenseinleitende Schriftstück oder ein gleichwertiges Schriftstück bei Gericht eingereicht wurde, vorausgesetzt, dass der Antragsteller es in der Folge nicht versäumt hat, die ihm obliegenden Maßnahmen zu treffen, um die Zustellung des Schriftstücks an den Antragsgegner zu bewirken,

oder

b) falls die Zustellung an den Antragsgegner vor Einreichung des Schriftstücks bei Gericht zu bewirken ist, zu dem Zeitpunkt, zu dem die für die Zustellung verantwortliche Stelle das Schriftstück erhalten

448 S. Erwägungsgrund Nr. 13 zur EheVO 2003 (ABl. EG 2003 L 338 S. 2).

449 Kommissionsvorschlag KOM (2002) 222 endg./2, S. 11 (zu Art. 15).

450 Der Leitfaden zur Verordnung (Fn 29), S. 26, schlägt u.a. eine direkte Kommunikation der Gerichte per Telefon oder E-Mail vor, S. 26. Bei Sprachproblemen könne die Hilfe von Dolmetschern sowie der zentralen Behörden in Anspruch genommen werden.

451 Vor dem Inkrafttreten des § 13 a IntFamFG hatte sich der BGH noch gegen die Anfechtbarkeit dieser (Zwischen-)Entscheidung ausgesprochen (BGH IPRax 2009, 77 m. zust. Anm. *Roth* 56 und krit. Bespr. *Gebauer*, LMK 2008, 265950 (noch zum alten Recht vor Inkrafttreten des FamFG); zu der mögl. Folge, dass zwei Gerichte mit derselben Sache befasst sind, krit. *Schulz*, in: FS Kropholler 2008, S. 435, 447.

452 RegE, BT-Drucks. 16/12063, S 12 l. Sp.

453 S. den RegE, BT-Drucks 16/12063, S. 11 r. Sp. Anders war dies vor Inkrafttreten des § 13 a IntFamFG (BGH IPRax 2009, 77; *Roth*, IPRax 2009, 56, 57).

454 RegE, BT-Drucks. 16/12063, S. 12 l. Sp.

hat, vorausgesetzt, dass der Antragsteller es in der Folge nicht versäumt hat, die ihm obliegenden Maßnahmen zu treffen, um das Schriftstück bei Gericht einzureichen.

1 Art. 16 enthält eine **Definition des Rechtshängigkeitszeitpunkts**. Die Vorschrift gilt – wie alle in Abschnitt 3 enthaltenen Bestimmungen – gleichermaßen für Ehesachen und für Verfahren über die elterliche Verantwortung.

2 Die in Art. 16 enthaltene Definition ist vor allem im Rahmen des **Rechtshängigkeitseinwands** (Art. 19) von Bedeutung. Daneben kommt es auch im Rahmen der internationalen Zuständigkeit zT auf den Zeitpunkt der Rechtshängigkeit an. Insbesondere steht ein Wechsel des gewöhnlichen Aufenthalts oder der Staatsangehörigkeit nach dem **perpetuatio-fori-Grundsatz** einer einmal begründeten internationalen Zuständigkeit nicht entgegen, soweit er nach dem in Art. 16 definierten Zeitpunkt der Rechtshängigkeit eintritt (vgl Art. 3 EheVO Rn 7).

3 Art. 16 sieht eine autonome, von den im nationalen Recht enthaltenen Definitionen unabhängige Bestimmung des Rechtshängigkeitszeitpunkts vor. Art. 16 ist inhaltsgleich mit Art. 30 EuGVVO, so dass die zu Art. 30 EuGVVO ergehende Rechtsprechung und Literatur auch für Art. 16 Bedeutung hat.[455] Je nachdem, ob nach der jeweiligen lex fori zuerst die Antrags- bzw Klageeinreichung bei Gericht oder die Zustellung zu erfolgen hat, kommt es alternativ auf die **Einreichung des Schriftstücks bei Gericht** (lit. a) oder die **Übergabe des Schriftstücks an die für die Zustellung zuständige Behörde** an (lit. b). Die Rechtshängigkeit tritt maW in dem Zeitpunkt ein, in dem das **verfahrenseinleitende Schriftstück** oder ein gleichwertiges Schriftstück bei Gericht eingereicht wird oder das Schriftstück an die für die Zustellung zuständige Behörde übergeben wird.[456] Der **Antrag auf Gewährung von Prozesskostenhilfe** ist als solcher kein verfahrenseinleitendes Schriftstück; er könnte aber ein gleichwertiges Schriftstück iSd Vorschrift darstellen.[457] Hierfür spricht, dass ansonsten der Antragsgegner immer dann, wenn er von dem Antrag auf Gewährung von Prozesskostenhilfe erfährt, rasch einen eigenen Antrag bei einem anderen Gericht stellen und damit das durch den Prozesskostenhilfeantrag vorbereitete Verfahren gem. Art. 19 „sperren" könnte.[458]

4 Art. 16 setzt weiter voraus, dass es der Antragsteller in der Folge nicht versäumt, die ihm **obliegenden Maßnahmen** zu treffen, um die noch fehlende Zustellung des Schriftstücks an den Antragsgegner zu bewirken (lit. a) bzw das Schriftstück bei Gericht einzureichen (lit. b).[459] Welche Maßnahmen dem Antragsteller iE obliegen, richtet sich grundsätzlich nach der jeweiligen lex fori.[460] Der Zeitpunkt, in dem diese Maßnahmen zu treffen sind, hängt von der äußeren Ausgestaltung des jeweiligen Verfahrens ab und richtet sich insoweit ebenfalls nach der lex fori. Im Übrigen ist die Frage nach dem Vorliegen eines „Versäumnisses" wertend-autonom zu beantworten; abzustellen ist darauf, ob entstandene Verzögerungen auf eine mangelnde objektive Sorgfalt des Antragstellers zurückzuführen sind.[461]

5 Werden **deutsche Gerichte** mit einem unter die EheVO 2003 fallenden Rechtsstreit befasst, so richtet sich der Rechtshängigkeitszeitpunkt nach lit. a (Zeitpunkt der Einreichung des verfahrenseinleitenden Schriftstücks), da nach dem deutschen Verfahrensrecht die Einreichung des Schriftstücks bei Gericht vor der Zustellung zu erfolgen hat. Voraussetzung ist aber, dass es der Antragsteller nicht versäumt, die nach dem deutschen Verfahrensrecht für die Zustellung erforderlichen Maßnahmen zu treffen. Nach dem deutschen Verfahrensrecht hat der Antragsteller zB die richtige Zustelladresse zu nennen.[462] Daneben hat er die für die Zustellung

455 Rauscher/*Rauscher*, Art. 16 Brüssel IIa-VO Rn 3; Thomas/Putzo/*Hüßtege*, ZPO, Art. 16 EuEheVO Rn 1.

456 Bei konkurrierenden Verfahren ist uU nicht nur der Tag, sondern auch die Uhrzeit der Einreichung bzw Übergabe des Schriftstücks maßgebend (s. dazu Cass. civ. 11-6.2008, J.D.I. 136 (2009) 587 m. Anm. *Fohrer-Dedeuwaerder*, 588 ff; weitere Lit.Nachw. zu der Entscheidung bei *Dilger*, IPRax 2010, 54, 58 (Fn 55).

457 So Staudinger/*Spellenberg*, Art. 16 Rn 6; wohl auch Prütting/Gehrlein/*Völker*, Art. 16 Rn 3; die Frage bleibt offen bei AG Steinfurt, Beschl. v. 8.1.2008, 10 F 9/07.

458 Staudinger/*Spellenberg*, Art. 16 Rn 6.

459 Der Sinn der Regelung besteht darin zu verhindern, dass der Antragsteller nach „Setzung des ersten Elements trotz Untätigkeit das Forum gleichsam blockieren kann"; vgl *Kohler*, in: Revision des EuGVÜ, Neues Schiedsverfahrensrecht (Hrsg. Peter Gottwald), 2000, S. 1, 25.

460 *Gruber*, FamRZ 2000, 1129, 1133.

461 Ähnlich Staudinger/*Spellenberg*, Art. 16 Rn 12 ff.

462 Thomas/Putzo/*Hüßtege*, ZPO, Art. 16 EuEheVO Rn 3; *Gruber*, FamRZ 2000, 1129, 1133. Nach Auffassung des KG hat der Antragsteller seinen Obliegenheiten Genüge getan, wenn er zwar nicht die (ihm unbekannte) ladungsfähige Anschrift der Antragsgegnerin, aber dafür die Anschrift des früheren Verfahrensbevollmächtigten benannt hat (FamRZ 2005, 1685 = NJW-RR 2005, 881). Die in England befindliche Antragsgegnerin hatte sich geweigert, ihre Anschrift bekanntzugeben.

erforderliche Abschrift der Antragsschrift vorzulegen.[463] Weitere Anhaltspunkte für die erforderlichen Maßnahmen des Antragstellers können im deutschen Recht aus der Rechtsprechung zu § 167 ZPO nF gewonnen werden.[464] Hiernach fehlt es an den für die Zustellung erforderlichen Maßnahmen u.a. auch dann, wenn bei einem Antrag auf Prozesskostenhilfe die erforderlichen Angaben nicht gemacht werden oder es der Antragsteller versäumt, den nach § 9 FamGKG erforderlichen Kostenvorschuss einzuzahlen.[465]

Art. 16 enthält keine Bestimmung des Rechtshängigkeitszeitpunkts für den Fall, dass der Antragsteller zunächst nicht die erforderlichen Maßnahmen ergreift, um die Zustellung des bei Gericht eingereichten Schriftstücks zu bewirken – also zB nicht die erforderliche Zustelladresse nennt –, diese **Maßnahmen aber zu einem späteren Zeitpunkt nachholt**. Man könnte hier den späteren Zeitpunkt der Zustellung für maßgeblich halten. Aus Wertungsgründen erscheint es jedoch zutreffend, auf den Zeitpunkt abzustellen, in dem die erforderliche Maßnahme nachgeholt wird. In der Tat ließe es sich kaum rechtfertigen, etwa den Antragsteller, der zB die Antragsschrift zu einem früheren Zeitpunkt einreicht und die Zustelladresse zu einem späteren Zeitpunkt nennt, schlechter zu stellen als einen Antragsteller, der die gesamte Antragsschrift mitsamt der Zustelladresse erst zu diesem späteren Zeitpunkt bei Gericht einreicht.[466] 6

Nicht eindeutig geregelt ist, ob bereits ein der Ehescheidung vorgeschaltetes ausländisches **„Versöhnungsverfahren"** zu einer Rechtshängigkeit des Scheidungsverfahrens führt und damit gegenüber anderen Ehesachen den Rechtshängigkeitseinwand nach Art. 19 Abs. 1 begründet. Nach einer verbreiteten Ansicht kommt es darauf an, ob das Versöhnungsverfahren bei einer wertenden Gesamtschau aller Umstände ein eigenständiges Verfahren oder einen Bestandteil eines einheitlichen Scheidungsverfahrens darstellt.[467] Als Bestandteil eines einheitlichen Scheidungsverfahrens wird insbesondere das Versöhnungsverfahren nach dem französischen, italienischen oder portugiesischen Recht bewertet.[468] Im letztgenannten Fall begründet damit bereits die Einleitung eines „Versöhnungsverfahrens" einen Rechtshängigkeitseinwand im Hinblick auf die in Art. 19 Abs. 1 genannten Scheidungs- und Eheaufhebungsverfahren.[469] 7

Die in Art. 16 enthaltene Definition ist nicht auf Verfahren zugeschnitten, die – wie insb. zahlreiche Verfahren über die elterliche Verantwortung – **von Amts wegen** durchzuführen sind. Sind bestimmte Sorgerechtsentscheidungen von Amts wegen im Rahmen eines Scheidungsverfahrens zu treffen, kommt es nach der hier vertretenen Ansicht für die Rechtshängigkeit des Sorgerechtsverfahrens auf die Einleitung des Scheidungsverfahrens an. In den übrigen Fällen, etwa beim **Entzug des Sorgerechts** oder der **Anordnung einer Vormundschaft**, wird das Gericht bzw die Behörde regelmäßig aufgrund einer Anregung oder einer Information durch Dritte tätig. Denkbar wäre es daher, in Analogie zu der förmlichen Einreichung des Schriftstücks iSd Art. 16 EheVO 2003 auf den Eingang der entsprechenden Anregung oder Information beim Gericht bzw der Behörde abzustellen. Der genaue Zeitpunkt, in dem diese Anregung oder Information b eingegangen ist, dürfte sich aber nicht immer ohne weiteres sicher feststellen lassen; zudem erscheint es nicht sachgerecht, bloße Anregungen oder Informationen einem förmlichen Antrag gleichzustellen. Nach zutreffender Auffassung ist daher auf den **ersten aktenkundigen Niederschlag der Verfahrenseinleitung** abzustellen.[470] 8

463 *Gruber*, FamRZ 2000, 1129, 1133; HK-FamR/*Rieck*, Art. 16 EheVO 2003 Rn 6; *Gröschl*, S. 184. MüKo-ZPO/*Gottwald*, Art. 16 Rn 3 weist darauf hin, dass Abschriften auf Kosten des Antragstellers von der Geschäftsstelle angefertigt werden können (§ 124 FamFG iVm § 253 Abs. 5 ZPO, FamGKG-Kostenverzeichnis Teil 2 Nr. 2000). Allerdings tritt dann Rechtshängigkeit nach der hier vertretenen Auffassung erst mit der Anfertigung der Abschriften durch die Geschäftsstelle bzw dem Nachreichen der Abschriften durch den Antragsteller ein.

464 Thomas/Putzo/*Hüßtege*, ZPO, Art. 16 EuEheVO Rn 3; *Gruber*, FamRZ 2000, 1129, 1133.

465 Vgl MüKo-ZPO/*Gottwald*, Art. 16 Rn 3.

466 Thomas/Putzo/*Hüßtege*, ZPO, Art. 16 EuEheVO Rn 3; Prütting/Gehrlein/*Völker*, Art. 16 Rn 2; *Gruber*, FamRZ 2000, 1129, 1133.

467 *Gruber*, FamRZ 2000, 1129, 1132; Rauscher/*Rauscher*, Art. 16 Brüssel IIa-VO Rn 11; Thomas/Putzo/*Hüßtege*, ZPO, Art. 19 EuEheVO Rn 3; *Gröschl*, S. 180 f; abweichend (ein Versöhnungsverfahren sei immer als Teil des Scheidungsverfahrens anzusehen) *Boele-Woelki*, ZfRV 2001, 121, 126. Zum autonomen deutschen Recht vgl OLG Stuttgart IPRax 1990, 113, nach dessen Ansicht ein japanisches Güteverfahren über Unterhaltsansprüche gegenüber einem inländischen Rechtsstreit über Unterhaltsansprüche keine Blockadewirkung entfalte, da es nicht „prozessähnlich ausgestaltet" sei, sondern ein „selbständiges reines Güteverfahren" darstelle.

468 Zum französischen Versöhnungsverfahren (allerdings ohne nähere Begründung) BGH IPRax 1994, 40 = FamRZ 1992, 1058; des Weiteren *Dilger*, Rn 337; *Finger*, FuR 1999, 310, 313 mwN; *Lübbert*, ERA-Forum 2003, 18, 24 f; ausf. *Burckhardt*, Internationale Rechtshängigkeit und Verfahrensstruktur bei Eheauflösungen, 1997, S. 100 f, S. 105 f.

469 Vgl BGH IPRax 1994, 40 = FamRZ 1992, 1058; Überblick über weitere ausländische Versöhnungsverfahren bei *Burckhardt*, Internationale Rechtshängigkeit und Verfahrensstruktur bei Eheauflösungen, 1997, S. 114 f.

470 Wie hier Rauscher/*Rauscher*, Art. 16 Brüssel IIa-VO Rn 2; ähnlich Staudinger/*Pirrung*, C 108 (Zeitpunkt, zu dem sich das Gericht mit der Sache befasst).

Art. 17 EheVO 2003 Prüfung der Zuständigkeit

Das Gericht eines Mitgliedstaates hat sich von Amts wegen für unzuständig zu erklären, wenn es in einer Sache angerufen wird, für die es nach dieser Verordnung keine Zuständigkeit hat und für die das Gericht eines anderen Mitgliedstaats aufgrund dieser Verordnung zuständig ist.

1 Art. 17 enthält für deutsche Juristen keine wesentlichen Neuerungen. Im Kern besagt die Vorschrift, dass die internationale Unzuständigkeit des angerufenen Gerichts auch dann zu berücksichtigen ist, wenn sich der Antragsgegner bzw der Beklagte nicht auf die Unzuständigkeit beruft. Sie ist an Art. 25 EuGVVO angelehnt.[471]

2 Dem Wortlaut nach besagt Art. 17, dass sich das unzuständige Gericht „von Amts wegen" für unzuständig zu erklären hat. Nach zutreffender Ansicht wird hierdurch lediglich eine **Prüfung von Amts** wegen, nicht aber eine Feststellung der Tatsachen im Wege der Amtsermittlung vorgeschrieben.[472] Ob die von der EheVO 2003 vorgeschriebene Amtsprüfung zu einer Amtsermittlung verstärkt wird, richtet sich iÜ nach dem nationalen Verfahrensrecht.[473] Die Prüfung hat in jedem Verfahrensabschnitt – auch noch im Rechtsbeschwerdeverfahren – zu erfolgen.[474]

3 Eine Unzuständigkeit nach der EheVO 2003 besteht dann, wenn sich aus den Art. 3–5, 8–13 keine internationale Zuständigkeit ergibt.[475] Seinem Wortlaut nach setzt Art. 17 weiter voraus, dass aufgrund der EheVO 2003 eine internationale Zuständigkeit eines anderen Gerichts eines Mitgliedstaates besteht. Dies hätte zur Folge, dass das angerufene Gericht die internationale Zuständigkeit der Gerichte anderer Mitgliedstaaten zu prüfen hat. Gegen eine solche Pflicht zur Prüfung ausländischer Zuständigkeiten spricht aber, dass sie – da sie keinerlei Bindungswirkung gegenüber den ausländischen Gerichten entfaltet – von vornherein nutzlos bleiben würde.[476]

4 Die Prüfung der Zuständigkeit eines Mitgliedstaates anhand der Art. 3–5 bzw der Art. 8–13 macht nur in dem Fall Sinn, in dem das erkennende Gericht Restzuständigkeiten des unvereinheitlichten nationalen Rechts in Anspruch nehmen will. Denn eine Anwendung nationalen Zuständigkeitsrechts nach Art. 6, 7 Abs. 1 bzw nach Art. 14 kommt nur in Betracht, wenn nicht die Gerichte eines anderen Mitgliedstaats zuständig sind (vgl Art. 6, 7 EheVO Rn 1 ff). Ob eine Restzuständigkeit vorliegt, ist nach den Maßstäben der *lex fori* festzustellen.

5 Das Gericht hat sich dementsprechend auch nur für unzuständig zu erklären; es hat nicht den Rechtsstreit an das zuständige Gericht eines anderen Mitgliedstaats zu verweisen.[477] In Verfahren über die elterliche Verantwortung hat es allerdings – wenn dies das Kindeswohl erfordert – die Verpflichtung, das andere Gericht von seiner **Unzuständigerklärung in Kenntnis zu setzen**. Dies kann auf direktem Wege oder über die Zentralen Behörden (Art. 53 ff) erfolgen.[478]

Art. 18 EheVO 2003 Prüfung der Zulässigkeit

(1) Lässt sich ein Antragsgegner, der seinen gewöhnlichen Aufenthalt nicht in dem Mitgliedstaat hat, in dem das Verfahren eingeleitet wurde, auf das Verfahren nicht ein, so hat das zuständige Gericht das Verfahren so lange auszusetzen, bis festgestellt ist, dass es dem Antragsgegner möglich war, das verfahrenseinleitende Schriftstück oder ein gleichwertiges Schriftstück so rechtzeitig zu empfangen, dass er sich verteidigen konnte, oder dass alle hierzu erforderlichen Maßnahmen getroffen wurden.

(2) Artikel 19 der Verordnung (EG) Nr. 1348/2000 findet statt Absatz 1 Anwendung, wenn das verfahrenseinleitende Schriftstück oder ein gleichwertiges Schriftstück nach Maßgabe jener Verordnung von einem Mitgliedstaat in einen anderen zu übermitteln war.

(3) Sind die Bestimmungen der Verordnung (EG) Nr. 1348/2000 nicht anwendbar, so gilt Artikel 15 des Haager Übereinkommens vom 15. November 1965 über die Zustellung gerichtlicher und außergerichtlicher Schriftstücke im Ausland in Zivil- und Handelssachen, wenn das verfahrenseinleitende Schriftstück oder ein gleichwertiges Schriftstück nach Maßgabe des genannten Übereinkommens ins Ausland zu übermitteln war.

471 *Kropholler*, EuZPR, Einl. Rn 111.
472 Näher Rauscher/*Rauscher*, Art. 17 Brüssel IIa-VO Rn 15; Staudinger/*Spellenberg*, Art. 17 Rn 4 ff; *ders.*, in: FS Geimer 2002, S. 1257, 1277 f; auch Thomas/Putzo/*Hüßtege*, ZPO, Art. 17 EuEheVO Rn 1; MüKo-ZPO/*Gottwald*, Art. 17 Rn 1; *Dilger*, Rn 318.
473 *Spellenberg*, in: FS Geimer 2002, S. 1257, 1277.
474 *Dilger*, Rn 318.
475 *Dilger*, Rn 320.
476 *Dilger*, Rn 320.
477 EuGH, Rs. C-523/07, FamRZ 2009, 843, 846 f (Rn 66 ff) = EuGRZ 2009, 217.
478 EuGH, Rs. C-523/07, FamRZ 2009, 843, 846 f (Rn 66 ff) = EuGRZ 2009, 217.

Art. 18 entspricht weit gehend Art. 26 Abs. 2–4 EuGVVO. Die Vorschrift dient dem Schutz des **rechtlichen Gehörs**.[479] Mittelbar soll durch Art. 18 auch verhindert werden, dass die spätere Anerkennung der Entscheidung an Art. 22 lit. b bzw Art. 23 lit. c scheitert.[480] 1

Eine **Nichteinlassung** iSd Art. 18 Abs. 1 ist – wie bei Art 26 Abs. 2 EuGVVO – anzunehmen, wenn sich der Antragsgegner weder selbst noch durch einen von ihm beauftragten Bevollmächtigten[481] am Verfahren beteiligt. Der Antragsgegner lässt sich demgegenüber bereits dann auf das Verfahren ein, wenn er nur die Zuständigkeit des Gerichts rügt.[482] Demgegenüber liegt eine Einlassung nach Sinn und Zweck der Vorschrift nicht vor, wenn der Antragsgegner dem Gericht lediglich mitteilt, dass er zu spät von dem Verfahren Kenntnis erlangt habe und sich deshalb nicht hinreichend verteidigen könne.[483] 2

Dem Wortlaut nach findet Art. 18 Abs. 1 nur dann Anwendung, wenn der Antragsgegner seinen gewöhnlichen Aufenthalt in einem anderen Mitgliedstaat hat. Hierfür spricht auch die Parallele zu Art. 26 Abs. 2 EuGVVO, wo ebenfalls ein gewöhnlicher Aufenthalt in einem anderen Mitgliedstaat vorausgesetzt wird. 3

Liegen die Voraussetzungen von Abs. 1 vor, so hat das Gericht das Verfahren von Amts wegen **auszusetzen**. Ziel der Aussetzung ist es festzustellen, ob der Antragsgegner von dem verfahrenseinleitenden bzw einem gleichwertigen Schriftstück rechtzeitig Kenntnis erlangen konnte. Gleichwertige Schriftstücke sind solche, die eine wesentliche Änderung oder Erweiterung des Streitgegenstandes zur Folge haben.[484] Überprüft wird seitens des Gerichts nur, ob der Antragsgegner die Möglichkeit der Kenntnisnahme hatte. Dies kann auch zu bejahen sein, wenn bei der Zustellung ein Verfahrensfehler begangen wurde. Es wird also nicht die Rechtmäßigkeit der Zustellung als solche überprüft. Insoweit stimmt Abs. 2 mit Art. 22 lit. b bzw Art. 23 lit. c überein (vgl Art. 22 EheVO Rn 11 und Art. 23 EheVO Rn 5). 4

Abs. 1 wird durch die in Abs. 2 und Abs. 3 genannten Verfahrensregeln verdrängt. Abs. 2 setzt voraus, dass das Schriftstück nach Maßgabe der dort genannten Verordnung von einem Mitgliedstaat in einen anderen zu übermitteln war. Auch Art. 19 Abs. 1 der Verordnung (EG) Nr. 1348/2000, der inzwischen durch den inhaltsgleichen Art. 19 der Verordnung (EG) Nr. 1393/2007 abgelöst worden ist, sieht eine Aussetzung bei Nichteinlassung vor, der Text lautet: 5

Art. 19 VO (EG) Nr. 1348/2000 bzw 1393/2007 Nichteinlassung des Beklagten

(1) War ein verfahrenseinleitendes Schriftstück oder ein gleichwertiges Schriftstück nach dieser Verordnung zum Zweck der Zustellung in einen anderen Mitgliedstaat zu übermitteln und hat sich der Beklagte nicht auf das Verfahren eingelassen, so hat das Gericht das Verfahren auszusetzen, bis festgestellt ist,

a) dass das Schriftstück in einer Form zugestellt worden ist, die das Recht des Empfangsmitgliedstaats für die Zustellung der in seinem Hoheitsgebiet ausgestellten Schriftstücke an dort befindliche Personen vorschreibt, oder

b) dass das Schriftstück tatsächlich entweder dem Beklagten persönlich ausgehändigt oder nach einem anderen in dieser Verordnung vorgesehenen Verfahren in seiner Wohnung abgegeben worden ist,

und dass in jedem dieser Fälle das Schriftstück so rechtzeitig ausgehändigt bzw. abgegeben worden ist, dass der Beklagte sich hätte verteidigen können.

(2) Jeder Mitgliedstaat kann nach Artikel 23 Absatz 1 mitteilen, dass seine Gerichte ungeachtet des Absatzes 1 den Rechtsstreit entscheiden können, auch wenn keine Bescheinigung über die Zustellung oder die Aushändigung bzw. Abgabe eingegangen ist, sofern folgende Voraussetzungen gegeben sind:

a) Das Schriftstück ist nach einem in dieser Verordnung vorgesehnen Verfahren übermittelt worden.

b) Seit der Absendung des Schriftstücks ist eine Frist von mindestens sechs Monaten verstrichen, die das Gericht nach den Umständen des Falles als angemessen erachtet.

c) Trotz aller zumutbaren Schritte bei den zuständigen Behörden oder Stellen des Empfangsmitgliedstaats war eine Bescheinigung nicht zu erlangen.

(3) Unbeschadet der Absätze 1 und 2 kann das Gericht in dringenden Fällen einstweilige Maßnahmen oder Sicherungsmaßnahmen anordnen.

479 Rauscher/*Rauscher*, Art. 18 Brüssel IIa-VO Rn 1; *Dilger*, Rn 322.

480 Rauscher/*Rauscher*, Art. 18 Brüssel IIa-VO Rn 1.

481 EuGH, C-78/95 (Hendrikman ./. Magenta), Slg 1996 I, 4943 = NJW 1997, 1061 = IPRax 1997, 333 m. Anm. *Rauscher*, S. 314.

482 Staudinger/*Spellenberg*, Art. 18 Rn 14.

483 Staudinger/*Spellenberg*, Art. 18 Rn 15; Rauscher/*Rauscher*, Art. 18 Brüssel IIa-VO Rn 8; *Kropholler*, EuZPR, Art. 34 EuGVVO Rn 27.

484 Rauscher/*Rauscher*, Art. 18 Brüssel IIa-VO Rn 16.

(4) War ein verfahrenseinleitendes Schriftstück oder ein gleichwertiges Schriftstück nach dieser Verordnung zum Zweck der Zustellung in einen anderen Mitgliedstaat zu übermitteln und ist eine Entscheidung gegen einen Beklagten ergangen, der sich nicht auf das Verfahren eingelassen hat, so kann ihm das Gericht in Bezug auf Rechtsmittelfristen die Wiedereinsetzung in den vorigen Stand bewilligen, sofern

a) der Beklagte ohne sein Verschulden nicht so rechtzeitig Kenntnis von dem Schriftstück erlangt hat, dass er sich hätte verteidigen können, und nicht so rechtzeitig Kenntnis von der Entscheidung erlangt hat, dass er sie hätte anfechten können, und

b) die Verteidigung des Beklagten nicht von vornherein aussichtslos scheint.

Ein Antrag auf Wiedereinsetzung in den vorigen Stand kann nur innerhalb einer angemessenen Frist, nachdem der Beklagte von der Entscheidung Kenntnis erhalten hat, gestellt werden.

Jeder Mitgliedstaat kann nach Artikel 23 Absatz 1 erklären, dass dieser Antrag nach Ablauf einer in seiner Mitteilung anzugebenden Frist unzulässig ist; diese Frist muss jedoch mindestens ein Jahr ab Erlass der Entscheidung betragen.

(5) Absatz 4 gilt nicht für Entscheidungen, die den Personenstand betreffen.

6 Deutsche Gerichte können den Rechtsstreit bei Vorliegen der Voraussetzungen von Art. 19 Abs. 2 der Verordnung (EG) Nr. 1393/2007 entscheiden, wenn das verfahrenseinleitende oder gleichwertige Schriftstück in Deutschland öffentlich zugestellt worden ist.[485] Ist die Verordnung (EG) Nr. 1393/2007 nicht anwendbar, so ist auf **Art. 15 des in Abs. 3 genannten Abkommens (HZÜ)** zurückzugreifen, wenn das Schriftstück ins Ausland zu übermitteln war, er lautet:

Art. 15 HZÜ [Aussetzung zur Feststellung ordnungsgemäßer Zustellung]

(1) War zur Einleitung eines gerichtlichen Verfahrens eine Ladung oder ein entsprechendes Schriftstück nach diesem Übereinkommen zum Zweck der Zustellung in das Ausland zu übermitteln und hat sich der Beklagte nicht auf das Verfahren eingelassen, so hat der Richter das Verfahren auszusetzen, bis festgestellt ist,

a) dass das Schriftstück in einer der Formen zugestellt worden ist, die das Recht des ersuchten Staates für die Zustellung der in seinem Hoheitsgebiet ausgestellten Schriftstücke an dort befindliche Personen vorschreibt, oder

b) dass das Schriftstück entweder dem Beklagten selbst oder aber in seiner Wohnung nach einem anderen in diesem Übereinkommen vorgesehenen Verfahren übergeben worden ist

und dass in jedem dieser Fälle das Schriftstück so rechtzeitig zugestellt oder übergeben worden ist, dass der Beklagte sich hätte verteidigen können.

(2) Jedem Vertragsstaat steht es frei zu erklären, dass seine Richter ungeachtet des Absatzes 1 den Rechtsstreit entscheiden können, auch wenn ein Zeugnis über die Zustellung oder die Übergabe nicht eingegangen ist, vorausgesetzt,

a) dass das Schriftstück nach einem in diesem Übereinkommen vorgesehenen Verfahren übermittelt worden ist,

b) dass seit der Absendung des Schriftstücks eine Frist verstrichen ist, die der Richter nach den Umständen des Falles als angemessen erachtet und mindestens sechs Monate betragen muß, und

c) dass trotz aller zumutbaren Schritte bei den zuständigen Behörden des ersuchten Staates ein Zeugnis nicht zu erlangen war.

(3) Dieser Artikel hindert nicht, dass der Richter in dringenden Fällen vorläufige Maßnahmen einschließlich solcher, die auf eine Sicherung gerichtet sind, anordnet.

Art. 19 EheVO 2003 Rechtshängigkeit und abhängige Verfahren

(1) Werden bei Gerichten verschiedener Mitgliedstaaten Anträge auf Ehescheidung, Trennung ohne Auflösung des Ehebandes oder Ungültigerklärung einer Ehe zwischen denselben Parteien gestellt, so setzt das später angerufene Gericht das Verfahren von Amts wegen aus, bis die Zuständigkeit des zuerst angerufenen Gerichts geklärt ist.

485 Rauscher/*Heiderhoff*, Art. 19 EG-Zustell-VO Rn 21.

(2) Werden bei Gerichten verschiedener Mitgliedstaaten Verfahren bezüglich der elterlichen Verantwortung für ein Kind wegen desselben Anspruchs anhängig gemacht, so setzt das später angerufene Gericht das Verfahren von Amts wegen aus, bis die Zuständigkeit des zuerst angerufenen Gerichts geklärt ist.

(3) Sobald die Zuständigkeit des zuerst angerufenen Gerichts feststeht, erklärt sich das später angerufene Gericht zugunsten dieses Gerichts für unzuständig.

In diesem Fall kann der Antragsteller, der den Antrag bei dem später angerufenen Gericht gestellt hat, diesen Antrag dem zuerst angerufenen Gericht vorlegen.

A. Überblick

Die EheVO 2003 weist eine von dem deutschen Verfahrensrecht in vielen Punkten abweichende Regelung der Rechtshängigkeit auf. Die EheVO 2003 und das deutsche Verfahrensrecht stimmen zunächst insoweit überein, als es in Fragen der Rechtshängigkeit auf den **Prioritätsgrundsatz** ankommt. Das früher rechtshängig gewordene Verfahren geht dem später rechtshängig gewordenen Verfahren vor (Art. 19 Abs. 1, 2). Der **Zeitpunkt der Rechtshängigkeit** wird in Art. 16 definiert. Bereits hierdurch ergeben sich wesentliche Unterschiede zum deutschen Recht. 1

Noch größer werden die Unterschiede in der Frage nach der **Identität des Streitgegenstands**. Die EheVO 2003 sieht in Art. 19 Abs. 1 vor, dass eine anhängige Ehesache iSd Art. 1 Abs. 1 lit. a gegenüber sämtlichen anderen Ehesachen den Rechtshängigkeitseinwand begründet. Insoweit entfaltet die Rechtshängigkeit im Anwendungsbereich der EheVO 2003 eine weitaus größere Sperrwirkung gegenüber anderen Verfahren als im autonomen deutschen Prozessrecht. Auch der Streitgegenstand in Verfahren betreffend die elterliche Verantwortung (Art. 19 Abs. 2) geht über den deutschen Streitgegenstandsbegriff hinaus. 2

Letztlich ist auch die **Rechtsfolge der anderweitigen Rechtshängigkeit** eine andere als im unvereinheitlichten deutschen Recht. Im unvereinheitlichten deutschen Recht führt der Einwand der anderweitigen Rechtshängigkeit zur Unzulässigkeit der erst später rechtshängigen Klage und damit zu deren Abweisung. Im Gegensatz hierzu hat das später angerufene Gericht im Anwendungsbereich der EheVO 2003 das Verfahren zunächst nur auszusetzen (Art. 19 Abs. 1, 2). Das Verfahren ist so lange auszusetzen, bis das zuerst angerufene Gericht eine Feststellung darüber getroffen hat, ob es international zuständig ist. Erst wenn das zuerst angerufene Gericht seine internationale Zuständigkeit rechtskräftig festgestellt hat, erklärt sich das später angerufene Gericht für unzuständig (Art. 19 Abs. 3). 3

Der Streitgegenstandsbegriff, der der Regelung der **Rechtshängigkeit** in Art. 19 Abs. 1, 2 zugrunde liegt, ist mit dem für die **Rechtskraftwirkung** einer Entscheidung maßgeblichen Streitgegenstandsbegriff nicht identisch. Dies folgt daraus, dass sich Umfang und Reichweite der Rechtskraft nach wie vor nach dem unvereinheitlichten nationalen Recht richten, das uU – wie das deutsche – von einem engeren Streitgegenstandsbegriff ausgeht. Demgemäß kann zB eine Scheidungsklage, die während der Rechtshängigkeit eines Trennungsverfahrens „blockiert" war, mit der Rechtskraft des Trennungsurteils wieder zulässig werden (vgl dazu Rn 27 ff). 4

B. Anwendungsbereich

Art. 19 befasst sich mit der Frage, unter welchen Voraussetzungen ein von Art. 1 erfasstes Verfahren vor einem Gericht bzw einer Behörde eines **Mitgliedstaates** (ausgenommen Dänemark) einen Rechtshängigkeitseinwand begründet. Art. 19 ist auch dann anzuwenden, wenn das zuerst angerufene Gericht bzw die Behörde eines Mitgliedstaates seine internationale Zuständigkeit nicht aus den Art. 3–5, 8–13 ableitet, sondern aus den Art. 6, 7 oder Art. 14 iVm den staatsvertraglichen oder nationalen Zuständigkeitsvorschriften,[486] oder wenn es gar gänzlich unzuständig ist. 5

486 *Gruber*, FamRZ 2000, 1129, 1131. Hier gilt nichts anderes als im Rahmen des EuGVÜ (jetzt EuGVVO); vgl EuGH, C-351/89 (Overseas Union ./. New Hampshire Insurance), Slg 1991 I, 3317 (Rn 13) = NJW 1992, 3221 = IPRax 1993, 34 m. Anm. *Rauscher/Gutknecht* = EuZW 1992, 734.

6 Sind indes Gerichte bzw Behörden eines **Nichtmitgliedstaates** (unter Einschluss von Dänemark) mit einer Ehesache oder einem Verfahren betreffend die elterliche Verantwortung befasst, ist Art. 19 nicht einschlägig. Es verbleibt in diesem Fall bei den staatsvertraglichen Vorschriften bzw den Vorschriften des unvereinheitlichten nationalen Rechts über die Rechtshängigkeit. In Deutschland ist also eine (entsprechende) Anwendung des § 261 Abs. 3 Nr. 1 ZPO vorzunehmen.[487]

C. Voraussetzungen der Rechtshängigkeit (Abs. 1, 2)

I. Streitgegenstandsidentität bei Ehesachen

7 Gemäß Art. 19 Abs. 1 führt eine anhängige Ehesache (also ein Antrag auf Scheidung der Ehe, Ungültigerklärung der Ehe oder der Trennung ohne Auflösung des Ehebandes) gegenüber sämtlichen anderen Ehesachen den Rechtshängigkeitseinwand herbei. Nach Art. 19 Abs. 1 „sperrt" also zB auch ein früher rechtshängig gewordenes Verfahren über die (bloße) Trennung der Ehegatten ohne Auflösung des Ehebandes ein später rechtshängig gewordenes Verfahren, welches die Ehescheidung oder die Ungültigerklärung der Ehe zum Gegenstand hat.[488] Die EheVO 2003 entfernt sich damit sehr weit vom deutschen Verfahrensrecht, welches in dem Beispielsfall keine Identität der Streitgegenstände annehmen würde.[489] Der während der Dauer der Rechtshängigkeit „blockierte" weiter gehende Scheidungsantrag kann allerdings nach dem rechtskräftigen Abschluss des Trennungsverfahrens weiterverhandelt bzw neu gestellt werden (vgl Rn 27 ff).

8 Die durch Art. 19 Abs. 1 angeordnete weit reichende „Sperrwirkung" kann im Einzelfall dazu führen, dass eine Scheidung stark verzögert wird. Denkbar ist etwa, dass ein Antragsteller, dem aus ideellen oder finanziellen Gründen an der möglichst langen Aufrechterhaltung der Ehe gelegen ist, im Ausland ein Verfahren zur Trennung von Tisch und Bett anhängig macht, um damit während der Rechtshängigkeit dieses Verfahrens die Durchführung eines Scheidungsverfahrens in Deutschland zu blockieren. Auf diese Weise lässt sich u.a. die für den Versorgungs- oder Zugewinnausgleich maßgebliche Ehedauer verlängern. Die Möglichkeit, einen Scheidungsantrag als Gegenantrag zu stellen (Art. 19 Abs. 3 Unterabs. 2), schließt eine derartige Vorgehensweise nicht in jedem Fall aus (vgl Rn 26).[490]

9 Hinsichtlich der tatsächlichen Feststellung der zeitlich früheren Rechtshängigkeit in einem anderen Vertragsstaat gilt der **Grundsatz der Amtsprüfung**;[491] die Partei, die sich auf Art. 19 Abs. 1 beruft, muss die ausländische Rechtshängigkeit substantiiert vortragen.

10 Nach wohl hL ist die EheVO 2003 auch auf **Feststellungsklagen** anwendbar (Art. 1 EheVO Rn 8 ff). Legt man diese hL zugrunde, so ist es konsequent, Art. 19 Abs. 1 (analog) auch auf Feststellungsanträge anzuwenden.[492] Denn Art. 19 Abs. 1 verfolgt das Ziel, sämtliche Verfahren über den Status der Eheleute bei dem zuerst angerufenen Gericht zu konzentrieren. Auch ein Antrag auf Feststellung des Bestehens oder Nichtbestehens einer Ehe „sperrt" daher einen später rechtshängig gewordenen Scheidungsantrag o.Ä.[493]

II. Streitgegenstandsidentität bei Verfahren über die elterliche Verantwortung

11 Anders als Art. 19 Abs. 1 für Ehesachen bestimmt Abs. 2 für Verfahren über die elterliche Verantwortung nicht, dass ein anhängiges Verfahren über die elterliche Verantwortung sämtliche anderen Verfahren über die elterliche Verantwortung blockiert. Vielmehr setzt Abs. 2 zusätzlich voraus, dass es sich um ein Verfahren über die elterliche Verantwortung über ein Kind wegen **„desselben Anspruchs"** handelt. Der anderweitigen

487 Vgl hierzu *Gruber*, FamRZ 1999, 1563 f.

488 OLG Zweibrücken, FamRZ 2006, 1043; Staudinger/*Spellenberg*, Art. 19 Rn 9; Thomas/Putzo/*Hüßtege*, ZPO, Art. 19 EuEheVO Rn 3; *Gruber*, FamRZ 2000, 1129, 1131. Dies gilt nach dem Bericht von *Borrás* selbst dann, wenn das innerstaatliche Recht des erstbefassten Gerichts die Ungültigerklärung der Ehe gar nicht kennt (*Borrás*, ABl. EG 1998 C 221 S. 47 [Rn 57]). Dies betreffe etwa die innerstaatlichen Rechtsordnungen Finnlands und Schwedens (*Borrás*, ABl. EG 1998 C 221 S. 29 [Rn 4] und 46 [Rn 52]). Richtigerweise dürfte diese Ausführung *Borrás* (präziser) in dem Sinne zu verstehen sein, dass Art. 19 (entspricht Art. 11 EheVO 2000) selbst dann einschlägig ist, wenn das durch die Kollisionsnormen des erstbefassten Gerichts berufene Sachrecht die Ungültigerklärung der Ehe nicht kennt.

489 Scharfe rechtspolitische Kritik bei Rauscher/*Rauscher*, Art. 19 Brüssel IIa-VO Rn 11 ff.

490 Rechtspolitische Kritik bei Rauscher/*Rauscher*, Art. 19 Brüssel IIa-VO Rn 12.

491 Staudinger/*Spellenberg*, Art. 19 Rn 15.

492 So auch (auf der Grundlage der Gegenauffassung) Staudinger/*Spellenberg*, Art. 19 Rn 4.

493 Thomas/Putzo/*Hüßtege*, ZPO, Art. 19 EuEheVO Rn 3; Rauscher/*Rauscher*, Art. 19 Brüssel IIa-VO Rn 20; *Gruber*, FamRZ 2000, 1129, 1132.

Rechtshängigkeit kommt bei Verfahren über die elterliche Verantwortung nur eine eingeschränkte Bedeutung zu, da nach der Konzeption der EheVO 2003 stets nur die Gerichte eines Mitgliedstaates zuständig sind.[494]

12 Der Begriff „desselben Anspruchs" ist autonom auszulegen. Abzustellen ist m.a.W. auf die eigenen Maßstäbe der Verordnung, nicht auf den Streitgegenstandsbegriff des deutschen oder eines anderen nationalen Rechts. Anhaltspunkte für eine nähere Bestimmung des Anspruchsbegriffs ergeben sich wiederum aus der Rechtsprechung des EuGH zu Art. 21 EuGVÜ (jetzt Art. 27 EuGVVO).[495] Diese Rechtsprechung zu Art. 21 EuGVÜ ist auch bei Art. 19 Abs. 2 EheVO 2003 zu berücksichtigen (vgl vor Art. 1 EheVO Rn 21).[496] Nach dem EuGH kann die Geltendmachung desselben „Anspruchs" im Einzelfall auch dann gegeben sein, wenn keine formale Identität zwischen Klageantrag und Klagegrund vorliegt. Es reicht aus, dass der durch eine wertende Betrachtung zu ermittelnde „Kernpunkt der Streitigkeit" identisch ist.[497]

13 Ein identischer „Anspruch" iSd Art. 19 Abs. 2 ist demnach regelmäßig bei **Sorgerechtsstreitigkeiten** bezüglich ein und desselben Kindes anzunehmen.[498] Eine Identität liegt auch dann vor, wenn die Parteien der Verfahren nicht identisch sind bzw in den Verfahren über ein und dasselbe Kind unterschiedliche Personen das Sorgerecht für sich beanspruchen.[499] Es kommt auch nicht entscheidend darauf an, ob die Sorgerechtsverteilung von Amts wegen oder auf Antrag erfolgt.[500] Ein Antrag auf Sorgerechtsverteilung und ein Antrag auf Herausgabe des Kindes betreffen denselben Anspruch, da auch die Entscheidung über die Herausgabe vom Sorgerecht der Beteiligten abhängt.[501] Daneben ist auch ein Antrag, der sich (nur) auf die Regelung des Umgangsrechts beschränkt, in der Lage, einen weiter gehenden Sorgerechtsantrag zu blockieren.[502] Dasselbe gilt in dem umgekehrten Verhältnis. Art. 19 ist auch dann unmodifiziert anzuwenden, wenn sich die (fortbestehende) Zuständigkeit für das Umgangsrechtsverfahren aus Art. 9 ergibt (vgl ausf. Art. 9 Rn 8, 9). Werden Anträge im Hinblick auf verschiedene Kinder gestellt, liegt keine Streitgegenstandsidentität vor.[503]

14 Soweit ein Gericht keine Zuständigkeit für die Hauptsache, sondern nur eine **Zuständigkeit nach Art. 20** iVm dem staatsvertraglichen oder nationalen Recht in Anspruch nimmt, kann ein Verfahren vor diesem Gericht nicht ein Verfahren vor einem für die Hauptsache zuständigen Gericht sperren. Das Verhältnis zwischen den (nur) nach Art. 20 iVm dem staatsvertraglichen oder nationalen Recht zuständigen Gerichten und dem für die Hauptsache zuständigen Gericht wird abschließend durch Art. 20 Abs. 2 geregelt. Ein in der Hauptsache zuständiges Gericht wird daher durch ein vor ein (nur) nach Art. 20 zuständiges Gericht nicht daran gehindert, in derselben Sache zu entscheiden, sei es in Form einer endgültigen oder in Form einer nur einstweiligen Regelung.[504] Das später angerufene Gericht hat dementsprechend zu prüfen, ob vor dem zuvor angerufenen Gericht nur ein Verfahren nach Maßgabe von Art. 20 anhängig ist. Hierbei hat es sich bei den Parteien, dem zuerst angerufenen Gericht und der zentralen Behörde zu erkundigen. Der EuGH hat zugleich eine Regelung für den Fall aufgestellt, dass das später angerufene Gericht trotz seiner Bemühungen keine hinreichenden Informationen über den Gegenstand des bei dem anderen Gericht anhängigen Verfahrens und insbesondere die von diesem anderen Gericht in Anspruch genommene Zuständigkeit erlangen kann. In diesem Fall hat es – wenn dies das Kindeswohl gebietet – die inhaltliche Prüfung des bei ihm eingereichten Antrags fortzusetzen. Eine derartige Fortsetzung des Verfahrens soll jedoch nur nach Ablauf einer angemessenen Frist zu erfolgen. Diese Frist beginnt mit den Informationsbemühungen des später angerufenen Gerichts bei den Parteien, dem

494 Kommissionsvorschlag KOM (2002) 222 endg./2, S. 11 (zu Art. 19); einschr. Stellungnahme des Generalanwalts *Jääskinen* v. 4.10.2010 in der Rs C-296/10 (Purrucker) Rn 85 (mit dem Hinweis darauf, dass der gewöhnliche Aufenthalt eines Kindes uU schwer feststellbar sei).

495 EuGH, 144/86 (Gubisch Maschinenfabrik ./. Palumbo), Slg 1987 I, 4861 = NJW 1989, 665 = RIW 1988, 818; EuGH, C-406/92 (Tatry ./. Macieji Rataj), Slg 1994 I, 5439 = EuZW 1995, 309 m. Anm. *Wolf*, 365 = EWiR 1995, 463 m. Anm. *Otte*, 463 = JZ 1995, 616 mit Aufsatz *Huber*, JZ 1995, 603.

496 Vgl Rauscher/*Rauscher*, Art. 19 Brüssel IIa-VO Rn 39; *Gruber*, FamRZ 2000, 1129, 1132 sowie allg. *Borrás*, ABl. EG 1998 C 221 S. 30 (Rn 6): „Sofern nicht ausdrücklich etwas anderes gesagt wird, haben gleich lautende Begriffe des Brüsseler Übereinkommens von 1968 und des neuen Übereinkommens prinzipiell dieselbe Bedeutung, und es gilt die diesbezügliche Rechtsprechung des Gerichtshofs der Europäischen Gemeinschaften."

497 Vgl BGH NJW 1995, 1758 = EuZW 1995, 378 m. Anm. *Geimer* = IPRax 1996, 192 m. Anm. *Hau*, S. 177; *Kropholler*, EuZPR, Art. 27 EuGVVO Rn 6; ferner LG Düsseldorf IPRax 1999, 461, 463 m. Anm. *Otte*, IPRax 1999, 440, 441 f.

498 OLG Hamm FamRZ 2006, 1043.

499 S. Stellungnahme des Generalanwalts Jääskinen v. 4.10.2010 in der Rs C-296/10 (Purrucker) Rn 75.

500 Thomas/Putzo/*Hüßtege*, ZPO, Art. 19 EuEheVO Rn 4; Rauscher/*Rauscher*, Art. 19 Brüssel IIa-VO Rn 40; *Gruber*, FamRZ 2000, 1129, 1132; *Dilger*, Rn 334.

501 *Andrae*, ERA-Forum 2003, 28, 52.

502 Vgl Staudinger/*Spellenberg*, Art. 19 Rn 33;; aA *Andrae*, ERA-Forum 2003, 28, 52; s.a. Stellungnahme des Generalanwalts *Jääskinen* v. 4.10.2010 in der Rs C-296/10 (Purrucker) Rn 92 mit Fn 31. Keine Streitgegenstandsidentität besteht nach Auffassung des OLG München zwischen der Unterbringung der Kinder in einer Pflegefamilie und einem Umgangsverfahren (IPRspr 2005, Nr. 198, 543).

503 Stellungnahme des Generalanwalts *Jääskinen* v. 4.10.2010 in der Rs C-296/10 (Purrucker) Rn 86; Staudinger/*Pirrung*, C 111; Rauscher/*Rauscher*, Art. 19 Brüssel IIa-VO Rn 38.

504 EuGH, Urt. v. 9.11.2010, C-296/10 (Purrucker) Rn 69 ff.

zuvor angerufenen Gericht und der zentralen Behörde zu laufen.[505] Wird demgegenüber (nur) eine einstweilige Maßnahme bei einem in der **Hauptsache zuständigen Gericht** beantragt, kann das dortige Verfahren im Einzelfall durchaus eine Sperrwirkung nach Art. 19 Abs. 2 entfalten. Dies gilt jedenfalls dann, wenn die einstweilige Maßnahme nur Vorbedingung für eine endgültige Entscheidung in der Hauptsache ist und die zunächst beantragte Maßnahme und die Entscheidung in der Hauptsache eine verfahrensrechtliche Einheit bilden.[506]

D. Irrelevanz einer Anerkennungsprognose

15 Im Rahmen der EheVO 2003 kommt es – anders als bei der im autonomen deutschen Prozessrecht für die ausländische Rechtshängigkeit entwickelten Lösung – nicht auf eine **Prognose** an, ob die ausländische Entscheidung voraussichtlich im Inland **anerkannt** wird oder nicht. Insbesondere ist im Rahmen des Rechtshängigkeitseinwands nicht zu prüfen, ob die ausländische Entscheidung voraussichtlich dem deutschen ordre public widersprechen wird oder nicht (Art. 22 lit. a, Art. 23 lit. a).[507]

E. Wirkungen der Rechtshängigkeit

I. Aussetzung

16 Auch in den Wirkungen der Rechtshängigkeit unterscheidet sich die EheVO 2003 vom unvereinheitlichten deutschen Zivilprozessrecht. Anders als im autonomen deutschen Zivilprozessrecht, aber in Übereinstimmung mit dem gleich lautenden Art. 27 Abs. 1 EuGVVO weist das später angerufene Gericht die erhobene Klage nicht sofort ab. Vielmehr setzt es das Verfahren zunächst einmal (nur) aus. Dies gilt sowohl bei Ehesachen als auch bei Verfahren über die elterliche Verantwortung. Das Verfahren der Aussetzung erfolgt nach staatlichem Prozessrecht, in Deutschland also nach § 113 Abs. 1 S. 2 FamFG iVm § 148 ZPO (analog) bzw nach § 21 FamFG (analog). Die Aussetzung des Verfahrens dauert so lange, bis die internationale Zuständigkeit des zuerst angerufenen Gerichts positiv festgestellt ist (Art. 19 Abs. 1).[508] Selbst eine „unvertretbar lange" Verfahrensdauer im Ausland ist nach Ansicht des EuGH kein Anlass, die ausländische Rechtshängigkeit nicht zu respektieren.[509] Von diesem Grundsatz kann allerdings nach verbreiteter Auffassung in krassen Ausnahmefällen abgewichen werden, insb. dann, wenn zur überlangen Verfahrensdauer weitere erschwerende Umstände hinzutreten und damit in der Gesamtwürdigung aller Umstände ein Verstoß gegen Art. 6 EMRK vorliegt.[510]

17 Der Zweck des Art. 19 besteht darin, negative Kompetenzkonflikte zu vermeiden. Es soll verhindert werden, dass die Klage, wenn das erstbefasste Gericht seine Unzuständigkeit feststellt, vor dem später angerufenen Gericht erneut erhoben werden muss.[511]

II. Prüfung der Zuständigkeit durch das Erstgericht

18 Ob das erstbefasste Gericht **international zuständig** ist, hat allein das **erstbefasste Gericht** (bzw ein ihm übergeordnetes Gericht) zu prüfen.[512] Die internationale Zuständigkeit steht erst mit der **Rechtskraft** der

505 EuGH, Urt. v. 9.11.2010, C-296/10 (Purrucker) Rn 75 ff. Generalanwalt *Jääskinen* hat in seiner Stellungnahme v. 4.10.2010 in der Rs C-296/10 (Purrucker) eine Frist von drei Monaten (in entsprechender Anwendung von Art. 9) vorgeschlagen; der EuGH ist auf diesen Vorschlag in seinem Urteil nicht eingegangen.

506 EuGH, Urt. v. 9.11.2010, C-296/10 (Purrucker) Rn 80; auch Stellungnahme des Generalanwalts *Jääskinen* v. 4.10.2010 in der Rs C-296/10 (Purrucker) Rn 114 ff.

507 *Gruber*, FamRZ 2000, 1129, 1132; *Hau*, FamRZ 2000, 1333, 1339; *Dilger*, Rn 345; Staudinger/*Spellenberg*, Art. 19 Rn 18; zur entspr. Rechtslage innerhalb der EuGVVO s. *Kropholler*, EuZPR, Art. 27 Rn 18; anders verhält es sich auf der Basis des autonomen deutschen Zivilverfahrensrechts; vgl hierzu *Gruber*, FamRZ 1999, 1563, 1566.

508 Der Begriff Zuständigkeit meint – genau wie im Falle des Art. 21 EuGVÜ – nur die internationale Zuständigkeit.

509 EuGH, C-116/02 (Erich Gasser GmbH ./. Firma MISAT s.r.l.), EuLF 2004, 50, 54 = EWS 2004, 88 = RIW 2004, 289 m. Anm. *Thiele*, 285 und Anm. *Mankowski*, EWiR 2004, 439 (zu Art. 21 EuGVÜ).

510 Vgl näher Staudinger/*Spellenberg*, Art. 19 Rn 25; *Dilger*, Rn 356; gegen eine Abweichung von der Aussetzungspflicht *Thiele*, RIW 2004, 285 f.

511 *Gruber*, FamRZ 2000, 1129, 1133; zur EuGVVO vgl *Kropholler*, EuZPR, Art. 27 EuGVVO Rn 22. Vor diesem Hintergrund wäre es konsequent gewesen, wenn die Aussetzung nicht nur bis zur Feststellung der internationalen Zuständigkeit des erstbefassten Gerichts, sondern – darüber hinaus – bis zur Feststellung der (gesamten) Zulässigkeit der Klage vor dem erstbefassten Gericht vorgesehen worden wäre; vgl hierzu *Zeuner*, in: FS Lüke 1997, S. 1003, 1005 (de lege lata aber ablehnend).

512 Staudinger/*Spellenberg*, Art. 19 Rn 17; Thomas/Putzo/*Hüßtege*, ZPO, Art. 19 EuEheVO Rn 6; zum EuGVÜ vgl EuGH, C-351/89 (Overseas Union ./. New Hampshire Insurance), Slg 1991 I, 3317, 3349 (Rn 13) = NJW 1992, 3221 = IPRax 1993, 34 m. Anm. *Rauscher/Gutknecht* = EuZW 1992, 734.

diesbezüglichen Entscheidung fest.[513] Das zweitbefasste Gericht hat auf die Entscheidung des erstbefassten Gerichts keinen Einfluss. Erst nach Eintritt der Rechtskraft der positiven Entscheidung über die internationale Zuständigkeit des erstbefassten Gerichts erklärt sich das zweitbefasste Gericht zugunsten des erstbefassten Gerichts für unzuständig (Art. 19 Abs. 3 Unterabs. 1). Ungeachtet des Wortlauts des Art. 19 Abs. 3 Unterabs. 1 haben deutsche Gerichte im Tenor keine „Unzuständigkeitserklärung" auszusprechen, sondern schlicht die (jetzt) unzulässige Klage abzuweisen.[514]

Die rechtskräftige Feststellung der internationalen Zuständigkeit kann durch eine – nach der *lex fori* vorgesehene – **Zwischenentscheidung** des erstbefassten Gerichts erfolgen. Wird die Entscheidung über die internationale Zuständigkeit erst zusammen mit dem Endurteil rechtskräftig, so scheidet eine Anwendung des Art. 19 Abs. 3 aus. Es kommt dann nicht mehr der Rechtshängigkeitseinwand, sondern nur der Einwand der rechtskräftigen Entscheidung in derselben Sache in Betracht. Das nach Art. 19 Abs. 1, 2 beim zweitbefassten Gericht „blockierte" Verfahren kann fortgeführt werden, wenn der Antrag beim erstbefassten Gericht abgewiesen wurde oder wenn beim zweitbefassten Gericht ein weiter gehender Antrag gestellt worden ist (vgl dazu Rn 27 ff). 19

Ob eine die internationale Zuständigkeit feststellende Zwischenentscheidung ergehen kann bzw ergehen muss, richtet sich nach der *lex fori* des erstbefassten Gerichts. Nicht selten wird der Antragsteller beim erstbefassten Gericht ein Interesse an einer derartigen Zwischenentscheidung haben. Auf diese Weise erreicht er, dass der Antrag beim zweitbefassten Gericht – zwingend – abgewiesen werden muss. Ist beim erstbefassten Gericht zB ein Antrag auf Trennung ohne Auflösung des Ehebandes anhängig, so wird durch eine die internationale Zuständigkeit bejahende Zwischenentscheidung verhindert, dass sich der Ehegatte, der den Trennungsantrag gestellt hat, nach dem rechtskräftigen Abschluss des Trennungsverfahrens mit einem beim zweitbefassten Gericht gestellten weiter gehenden Antrag – etwa einem Scheidungsantrag – befassen muss. Für die Scheidung müssen, nachdem sich das zweitbefasste Gericht für unzuständig erklärt hat, neue Anträge gestellt werden, wobei es hier wiederum entscheidend auf das Prioritätsprinzip bzw den in Art. 16 bestimmten Rechtshängigkeitszeitpunkt ankommt. 20

III. Vorlagemöglichkeit nach Abs. 3 Unterabs. 2

Art. 19 Abs. 3 Unterabs. 2 kommt dem durch die anderweitige Rechtshängigkeit betroffenen Antragsteller entgegen. Die Vorschrift besagt, dass er seinen (beim zweitbefassten Gericht „blockierten") Antrag dem erstbefassten Gericht **vorlegen** kann. Die Möglichkeit einer Vorlage des später gestellten Antrags beim erstbefassten Gericht besteht allerdings erst, nachdem sich das zweitbefasste Gericht rechtskräftig für unzuständig erklärt hat. Dies folgt aus den Einleitungsworten von Abs. 3 Unterabs. 2 („in diesem Fall"), die auf die Situation von Abs. 3 Unterabs. 1 verweisen, sowie aus dem Bericht von *Borrás*.[515] Nicht (mehr) anwendbar ist Abs. 3 Unterabs. 2 ferner dann, wenn das erstbefasste Gericht bereits eine formell rechtskräftige Entscheidung in der Sache gefällt hat. In diesem Fall ist die Grundsituation des Art. 19 Abs. 1 Unterabs. 1 – die anderweitige Rechtshängigkeit – nicht mehr gegeben. 21

Welche genaue Anordnung Art. 19 Abs. 3 Unterabs. 2 trifft, ist unklar. Dass der Antragsteller des Zweitverfahrens seinen Antrag ggf auch dem erstbefassten Gericht vorlegen kann, stellt – für sich betrachtet – eine Selbstverständlichkeit dar. Fraglich ist allein, ob und inwieweit ihm Art. 19 Abs. 3 Unterabs. 2 diese Vorlage erleichtert. 22

Weit gehend Einigkeit besteht darin, dass Art. 19 Abs. 3 Unterabs. 2 **keinen weiteren Gerichtsstand** schafft.[516] Dies ergibt sich zunächst aus der systematischen Stellung der Vorschrift, aber auch aus dem Bericht von *Borrás* zum Brüssel II-Abkommen.[517] Demnach macht Art. 19 Abs. 3 Unterabs. 2 eine Prüfung der Zuständigkeitsvorschriften für den Antrag nicht entbehrlich. In Ehesachen ergibt sich eine internationale Zuständigkeit aber ohnehin aus Art. 4 (Gegenantrag).[518] 23

Eine eigenständige Relevanz der Vorschrift kann nach einer verbreiteten Ansicht darin gesehen werden, dass der Vorlage des Antrags beim erstbefassten Gericht keine **prozessualen Einwände** entgegengehalten werden 24

513 Rauscher/*Rauscher*, Art. 19 Brüssel IIa-VO Rn 46; *Andrae*, ERA-Forum 2003, 28, 53; *Lüke*, in: FS Arens 1993, S. 273, 281.

514 Rauscher/*Rauscher*, Art. 19 Brüssel IIa-VO Rn 47.

515 *Borrás*, ABl. EG 1998 C 221 S. 46 aE (Rn 55); Rauscher/*Rauscher*, Art. 19 Brüssel IIa-VO Rn 50; *Gruber*, FamRZ 2000, 1129, 1134; *Hajnczyk*, S. 133. Eine Vorlagemöglichkeit dann, wenn das zweitangerufene Gericht sein Verfahren aussetzt, besteht nicht (iE wie hier Staudinger/*Spellenberg*, Art. 19 Rn 31).

516 Rauscher/*Rauscher*, Art. 19 Brüssel IIa-VO Rn 53; HK-ZPO/*Dörner*, Art. 19 Rn 8; *Hausmann*, EuLF 2000/01, 345, 347; *Ancel/Muir Watt*, Rev. crit. dr. int. priv. 2001, S. 403, 429; abweichend *Andrae*, ERA-Forum 2003, 28, 53 (es reiche aus, wenn entweder das zuerst oder das später angerufene Gericht international zuständig seien).

517 *Borrás*, ABl. EG 1998 C 221 S. 47 (Rn 55).

518 *Borrás*, ABl. EG 1998 C 221 S. 42 (Rn 42) und 47 (Rn 55).

können, die in der lex fori des erstbefassten Gerichts im Hinblick auf nachträglich eingereichte Anträge enthalten sind.[519] *Borrás* weist in ihrem – in diesem Punkt allerdings unklaren – Bericht zum Brüssel II-Abkommen beispielhaft auf den Fall hin, dass nach der lex fori des erstbefassten Gerichts kein Gegenantrag mehr zulässig ist, weil bestimmte **Fristen** verstrichen sind.[520] Hierunter können insbesondere auch **Verspätungsvorschriften** verstanden werden.[521] Diese Vorschriften der lex fori werden durch die vorrangige Regelung des Art. 19 Abs. 3 Unterabs. 2 verdrängt. Die Vorlage des später gestellten Antrags beim erstbefassten Gericht ist ungeachtet eventuell entgegenstehender Regelungen der lex fori des erstbefassten Gerichts zulässig.

25 Abs. 3 Unterabs. 2 bezieht sich dabei sowohl auf Abs. 1 als auch auf Abs. 2.[522] Bedeutung hat die Vorschrift für diejenigen Fälle, in denen der Antrag beim zweitbefassten Gericht eine **weiter gehende Wirkung** hat als der Antrag beim erstbefassten Gericht. Zu nennen ist etwa der Fall, dass bei dem erstbefassten Gericht lediglich die Trennung ohne Auflösung des Ehebandes, aber beim zweitbefassten Gericht die Ehescheidung oder die Ungültigerklärung der Ehe beantragt ist. Hier kann der Antragsteller, der mit seinem Antrag nicht nur die (bloße) Trennung ohne Auflösung des Ehebandes, sondern auch die Zerschneidung des Ehebandes begehrt, gemäß Abs. 3 Unterabs. 2 iVm Art. 3–5 seinen Antrag dem erstbefassten Gericht vorlegen. Art. 19 Abs. 3 Unterabs. 2 führt im konkreten Ergebnis dazu, dass der Antragsteller sein Scheidungsbegehren sofort zur Entscheidung stellen kann und damit nicht bis zur rechtskräftigen Entscheidung des erstbefassten Gerichts warten muss.

26 Die Nachteile, die sich für den Antragsteller aus der umfassenden Blockadewirkung des Art. 19 Abs. 1, 2 ergeben, werden durch die **Vorlagemöglichkeit** nach Art. 19 Abs. 3 Unterabs. 2 etwas abgemildert. Allerdings muss dies nicht in jedem Fall so sein. Zu beachten ist, dass das erstbefasste Gericht sein eigenes Kollisionsrecht zur Anwendung bringt, also nicht an die möglicherweise abweichende kollisionsrechtliche Beurteilung des zweitbefassten Gerichts gebunden ist.[523] Insoweit kann, wenn nach dem für das erstbefasste Gericht maßgeblichen Kollisionsrecht ein anderes Sachrecht anzuwenden ist, der weiter gehende Antrag (noch) unbegründet sein. Denkbar ist etwa, dass in Italien ein Trennungsverfahren und erst nachfolgend in Deutschland ein – durch das italienische Trennungsverfahren blockiertes – Scheidungsverfahren anhängig gemacht worden ist und dass für das italienische Gericht italienisches Sachrecht maßgebend ist, wohingegen für das deutsche Gericht deutsches Recht heranzuziehen gewesen wäre. Ist in diesem Fall nach dem italienischen Sachrecht gegenwärtig (nur) ein Trennungsantrag, nicht aber ein Scheidungsantrag begründet, empfiehlt es sich für den deutschen Antragsteller nicht, den in Deutschland gestellten Scheidungsantrag nach Abs. 3 Unterabs. 2 dem italienischen Gericht vorzulegen. Er würde hier nur eine kostenpflichtige Abweisung des Antrags erreichen. Ihm bleibt daher nichts anderes übrig, als den rechtskräftigen Ausgang des Trennungsverfahrens abzuwarten und dann das Scheidungsverfahren beim deutschen Gericht fortzusetzen (s. dazu Rn 27 ff).[524]

F. Verhältnis zur Rechtskraft

27 Die Regelung des Art. 19 Abs. 1, 2 hat zur Folge, dass sich zwischen dem **Umfang des Rechtshängigkeitseinwands** und dem **Umfang der Rechtskraft** erhebliche Unterschiede ergeben. Der sachliche Umfang der Rechtshängigkeitswirkung beurteilt sich nach Art. 19. Der sachliche Umfang der Rechtskraftwirkung richtet sich gemäß der zum EuGVÜ/EuGVVO entwickelten, auf die EheVO 2003 übertragbaren herrschenden „Wirkungserstreckungslehre" nach der lex fori des erstbefassten Gerichts.[525] Daraus folgt, dass die (nach Art. 19 zu beurteilende) Rechtshängigkeitswirkung regelmäßig einen größeren sachlichen Umfang hat als die (nach der lex fori des erstbefassten Gerichts zu beurteilende) Rechtskraftwirkung der anzuerkennenden Entscheidung.

28 Hat die Rechtshängigkeitswirkung einen größeren sachlichen Umfang als die nachfolgende Rechtskraftwirkung, so werden im Einzelfall mit der Beendigung der Rechtshängigkeit und dem Eintritt der Rechtskraft wieder Entscheidungen von ausländischen Gerichten möglich, die zum Zeitpunkt der Rechtshängigkeit noch gemäß Art. 19 Abs. 1, 2 „blockiert" waren. Dies kann insbesondere dann praktisch relevant werden, wenn das erstbefasste Gericht nur über einen **Antrag auf Trennung ohne Auflösung des Ehebandes** zu entscheiden hatte. Das Trennungsverfahren war gemäß Art. 19 Abs. 1 während der Rechtshängigkeit in der Lage, ein ausländisches Scheidungsverfahren oder ein ausländisches Verfahren über die Ungültigerklärung der Ehe zu „blockieren". Die nachfolgende, nach der lex fori des erstbefassten Gerichts zu beurteilende Rechtskraftwir-

519 *Gruber*, FamRZ 2000, 1129, 1134; *Hausmann*, EuLF 2000/01, 345, 347; *Andrae*, ERA-Forum 2003, 28, 53; aA *Vogel*, MDR 2000, 1045, 1049.
520 *Borrás*, ABl. EG 1998 C 221 S. 47 (Rn 55).
521 Rauscher/*Rauscher*, Art. 19 Brüssel IIa-VO Rn 54; Staudinger/*Spellenberg*, Art. 19 Rn 26.
522 *Borrás*, ABl. EG 1998 C 221 S. 46 f (Rn 55); dort auch mit Hinw. zur Entstehungsgeschichte.
523 Rauscher/*Rauscher*, Art. 19 Brüssel IIa-VO Rn 55; *Gruber*, FamRZ 2000, 1129, 1134 Fn 55; *Ancel/Muir Watt*, Rev. crit. dr. int. priv. 2001, S. 403, 430.
524 Vgl hierzu auch Rauscher/*Rauscher*, Art. 19 Brüssel IIa-VO Rn 55; *Hausmann*, EuLF 2000/01, 345, 347.
525 *Kropholler*, EuZPR, Vor Art. 33 EuGVVO Rn 9 f.

kung der Entscheidung über die Trennung geht jedoch weniger weit als die „Blockadewirkung" nach Art. 19. Sie steht insbesondere einem nachfolgend beantragten Scheidungsverfahren nicht entgegen. Demgemäß wird ein Scheidungsverfahren, das während des Trennungsverfahrens noch gemäß Art. 19 Abs. 1 „blockiert" war, mit Rechtskraft der Entscheidung über die Trennung ohne die Auflösung des Ehebandes wieder möglich.[526] Dasselbe gilt grundsätzlich im Verhältnis von einem Scheidungsverfahren zu einem nachfolgend anhängig gemachten Verfahren über die (weiter gehende) Ungültigerklärung der Ehe.

Ein ausländisches Zweitverfahren ist schließlich immer dann (wieder) zulässig, wenn der Antrag auf Scheidung, Ungültigerklärung oder Trennung ohne Auflösung des Ehebandes im Erstverfahren rechtskräftig abgewiesen worden ist. Denn unter dem Begriff der anzuerkennenden „Entscheidung" in Art. 21 sind nur „positive Entscheidungen" zu verstehen, die tatsächlich zu einer Ehescheidung, Ungültigerklärung oder Trennung ohne Auflösung des Ehebandes geführt haben. Hier kommt allenfalls eine Anerkennung nach Maßgabe des nationalen Rechts in Betracht (vgl auch Art. 21 EheVO Rn 8).[527] **29**

Daraus ergibt sich auch, dass ein zunächst gemäß Art. 19 Abs. 1, 2 ausgesetztes Verfahren vor dem zweitbefassten Gericht nicht nur dann wieder aufgenommen werden kann, wenn das erstbefasste Gericht seine internationale Unzuständigkeit rechtskräftig festgestellt hat. Vielmehr kann das ausgesetzte Verfahren vor dem zweitbefassten Gericht auch dann fortgeführt werden, wenn das erstbefasste Gericht mit dem rechtskräftigen Endurteil zwar seine internationale Zuständigkeit positiv feststellt, zugleich aber eine Entscheidung trifft, die nicht die sachliche Reichweite der beim zweitbefassten Gericht beantragten Entscheidung erreicht oder die den Scheidungsantrag usw abweist. Denn in diesem Fall besteht für das zweitbefasste Gericht weder das (nunmehr weggefallene) Prozesshindernis der anderweitigen Rechtshängigkeit noch – vorbehaltlich einer abweichenden Regelung durch das unvereinheitlichte nationale Prozessrecht – das Prozesshindernis der (anzuerkennenden) rechtskräftigen Entscheidung in derselben Sache. Das bei dem erstbefassten Gericht abgewiesene bzw sachlich weiter gehende Begehren kann bei dem zweitbefassten Gericht unmittelbar weiterverfolgt werden, ohne dass eine erneute Antragstellung erforderlich wäre.[528] Ist im Ausland zB ein (bloßes) Trennungsverfahren anhängig und ist nach der dortigen lex fori keine Zwischenentscheidung über die internationale Zuständigkeit zu erwarten, kann daher zB ein **Scheidungsantrag in Deutschland auch ohne Risiko „auf Vorrat"** gestellt werden. Das Scheidungsverfahren ist zwar zunächst auszusetzen, kann aber unmittelbar nach Rechtskraft des Trennungsverfahrens fortgeführt werden. Der Vorteil eines derartigen Scheidungsantrags „auf Vorrat" liegt darin, dass er seinerseits spätere Scheidungsanträge des anderen Ehegatten blockieren kann. **30**

Art. 20 EheVO 2003 Einstweilige Maßnahmen einschließlich Schutzmaßnahmen

(1) Die Gerichte eines Mitgliedstaats können in dringenden Fällen ungeachtet der Bestimmungen dieser Verordnung die nach dem Recht dieses Mitgliedstaats vorgesehenen einstweiligen Maßnahmen einschließlich Schutzmaßnahmen in Bezug auf in diesem Staat befindliche Personen oder Vermögensgegenstände auch dann anordnen, wenn für die Entscheidung in der Hauptsache gemäß dieser Verordnung ein Gericht eines anderen Mitgliedstaats zuständig ist.

(2) Die zur Durchführung des Absatzes 1 ergriffenen Maßnahmen treten außer Kraft, wenn das Gericht des Mitgliedstaats, das gemäß dieser Verordnung für die Entscheidung in der Hauptsache zuständig ist, die Maßnahmen getroffen hat, die es für angemessen hält.

A. Überblick

Art. 20 entspricht weit gehend Art. 31 EuGVVO (vormals Art. 24 EuGVÜ).[529] Die Vorschrift ist sowohl auf Ehesachen als auch auf Verfahren über die elterliche Verantwortung anwendbar. Abs. 1 ist zunächst zu ent- **1**

526 *Gruber*, FamRZ 2000, 1129, 1134 f; Thomas/Putzo/*Hüßtege*, ZPO, Art. 19 EuEheVO Rn 8; *Hausmann*, EuLF 2000/01, 345, 347; *Borrás*, ABl. EG 1998 C 221 S. 47 (Rn 57).

527 *Gruber*, FamRZ 2000, 1129, 1135; Thomas/Putzo/*Hüßtege*, ZPO, Art. 19 EuEheVO Rn 9.

528 *Gruber*, FamRZ 2000, 1129, 1135; Thomas/Putzo/*Hüßtege*, ZPO, Art. 19 EuEheVO Rn 9; Rauscher/*Rauscher*, Art. 19 Brüssel IIa-VO Rn 57.

529 *Borrás*, ABl. EG 1998 C 221 S. 38 Rn 58; *Spellenberg*, in: FS Beys 2003, S. 1583, 1585.

nehmen, dass die nach der EheVO 2003 für die Hauptsache zuständigen Gerichte auch für den Erlass **einstweiliger Maßnahmen** zuständig sind. Die internationale Zuständigkeit der für die **Hauptsache zuständigen Gerichte** gilt hierbei auch im Hinblick auf Personen oder Vermögensgegenstände, die sich in einem anderen Mitgliedstaat oder einem Drittstaat befinden.[530] Die Voraussetzungen und Wirkungen der einstweiligen Maßnahmen richten sich ausschließlich nach der lex fori. Die lex fori bestimmt auch darüber, ob die Maßnahme mit dem Erlass einer Hauptsacheentscheidung außer Kraft tritt.

2 Daneben eröffnet Art. 20 noch eine weitergehende Zuständigkeit dann, wenn ein **dringender Fall** gegeben ist. Nach wohl herrschender Auffassung eröffnet die Vorschrift in diesem Fall eine (ergänzende) Anwendung des staatsvertraglichen oder nationalen Zuständigkeitsrechts.[531] Nach der Gegenauffassung ist ein derartiger Rückgriff auf sonstige Vorschriften nicht notwendig; die internationale Zuständigkeit ergebe sich, soweit die Voraussetzungen des Art. 20 – insb. die Dringlichkeit – erfüllt seien, bereits aus der Vorschrift selbst.[532]

3 Nach Art. 20 wird verlangt, dass sich in dem Staat, dessen Gericht sich auf staatsvertragliche bzw nationale Zuständigkeitsvorschriften stützen will, die von der Maßnahme betroffene Person bzw ihr Vermögen **befindet**. Ferner muss es sich um einen **„dringenden Fall“** handeln. Selbst wenn das staatsvertragliche bzw nationale Recht die Möglichkeit einer einstweiligen Maßnahme auch im Falle fehlender Dringlichkeit vorsieht, kann sich das Gericht im Anwendungsbereich der EheVO 2003 nur auf die jeweilige Zuständigkeitsvorschrift stützen, wenn eine Dringlichkeit gegeben ist.[533] Nach Abs. 2 treten die einstweiligen Maßnahmen **außer Kraft**, wenn das Gericht des Mitgliedstaats, das für die Entscheidung in der Hauptsache zuständig ist, die erforderlichen Maßnahmen getroffen hat. Daraus folgt, dass bei einstweiligen Maßnahmen grundsätzlich im Anschluss eine Entscheidung tritt, die ihrerseits nicht dazu bestimmt ist, ersetzt oder geändert zu werden, es sei denn, dass sich die Verhältnisse nachträglich ändern.[534]

B. Einstweilige Maßnahmen in Verfahren über die elterliche Verantwortung

4 Im Bereich der **elterlichen Verantwortung** spielen einstweilige Maßnahmen eine große praktische Rolle. Nach dem weiten Anwendungsbereich der EheVO 2003 (s.o. Art. 1 Rn 22) sind insbesondere auch die vorläufigen Schutzmaßnahmen der Jugendämter erfasst (etwa nach §§ 8 a Abs. 3 S. 2, 42 SGB VIII).

5 Besondere Zuständigkeitsprobleme stellen sich hier aber im Regelfall nicht, da einstweilige Maßnahmen – etwa die einstweilige Unterbringung oder die vorläufige Einschränkung/Entziehung des Sorgerechts – im Normalfall von den Gerichten und Behörden des Mitgliedstaates vorgenommen werden, in dem das Kind seinen **gewöhnlichen Aufenthalt** hat. Diese Gerichte und Behörden sind idR nach Art. 8 Abs. 1 für die Entscheidung in der Hauptsache und damit zugleich für die einstweilige Anordnung international zuständig.

6 Der Rückgriff auf staatsvertragliche oder nationale Zuständigkeitsnormen ist aber im Einzelfall dann erforderlich, wenn sich das Kind nur vorübergehend oder gelegentlich in einem anderen Mitgliedstaat aufhält. Hier kann eine Notwendigkeit entstehen, dass die Gerichte am **einfachen Aufenthalt des Kindes** tätig werden.[535] Abzustellen ist hierbei auf den Zeitpunkt, in dem die Maßnahme ergehen soll.[536] Der Leitfaden der Kommission nennt als Beispiel für Art. 20 den Verkehrsunfall einer Familie in einem bloßen (Durch)Reiseland, bei dem das Kind nur leicht, die Eltern aber so schwer verletzt werden, dass sie im komatösen Zustand in ein Krankenhaus eingeliefert werden müssen.[537] Nach zutreffender Auffassung reicht es im Falle eines **Umgangsverbots** aber auch aus, wenn sich nur der Adressat des Verbots in dem betreffenden Mitgliedstaat aufhält.[538] Ist der einfache Aufenthalt des Kindes aber in einem bestimmten Mitgliedstaat gegeben, setzt Art. 20 nicht noch kumulativ voraus, dass sich auch der (einfache) Aufenthalt des von der Entscheidung (nachteilig) betroffenen Sorge- oder Umgangsberechtigten in dem betreffenden Mitgliedstaat befindet.[539]

530 Rauscher/*Rauscher*, Art. 20 Brüssel IIa-VO Rn 25; *Spellenberg*, in: FS Beys 2003, S. 1583, 1585; *Spellenberg/Leible*, ZZP Int. 4 (1999), 222, 229.

531 Geimer/Schütze/*Dilger*, Art. 20 Rn 1; Rauscher/*Rauscher*, Art. 20 Brüssel IIa-VO Rn 18; Staudinger/*Spellenberg*, Art. 20 Rn 32 ff; die Frage bleibt ausdrücklich offen bei den Schlussanträgen der Generalanwältin *Kokott* v. 29.1.2009, Rs. 523-07 Rn 57 („Die in der Literatur umstrittene Frage, ob Art. 20 dann selbst die Zuständigkeit für die Eilmaßnahmen verleiht oder lediglich auf die Zuständigkeit nach der lex fori verweist, bedarf im vorliegenden Kontext keiner Entscheidung.“).

532 Staudinger/*Pirrung*, C 113; *Andrae*, IPRax 2006, 82, 85 f.

533 *Spellenberg*, in: FS Beys 2003, S. 1583, 1585; *Ancel/Muir Watt*, Rev. crit. dr. int. priv. 2001, S. 403, 426 f; *Fuchs/Tölg*, ZfRV 2002, 95, 99.

534 Schlussanträge der Generalanwältin *Sharpston* v. 20.5.2010 in der Rs. C-256/09 Bianca Purrucker ./. Guillermo Vallés Pérez, Rn 121.

535 EuGH, Rs. C-523/07, FamRZ 2009, 843, 845 f (Rn 48) = EuGRZ 2009, 217.

536 Rauscher/*Rauscher*, Art. 20 Brüssel IIa-VO Rn 22.

537 Leitfaden der Kommission (Fn 29), S. 14.

538 Rauscher/*Rauscher*, Art. 20 Brüssel IIa-VO Rn 22.).

539 Anders offenbar EuGH, Rs. C-403/09 PPU (Jasna Detiček ./. Maurizio Sgueglia), FamRZ 2010, 525, Rn 51 ff) mit zu Recht krit. Bespr. *Janzen/Gärtner*, IPRax 2011, 158, 164 f. und *Henrich*, FamRZ 2010, 526, 527.

Soweit es um einstweilige Maßnahmen geht, die den Schutz des Kindesvermögens betreffen – etwa dann, wenn es aktuelle Meinungsverschiedenheiten zwischen den Eltern über eine bevorstehende Veräußerung gibt –, können anstelle der für die Hauptsache zuständigen Gerichte auch die Gerichte des Mitgliedstaates tätig werden, in dem sich das betreffende Vermögen befindet.

Ein **dringender Fall** liegt nach einer Formulierung des EuGH dann vor, wenn sich die Kinder in einer Situation befinden, die geeignet ist, ihrem Wohlergehen, einschließlich ihrer Gesundheit und ihrer Entwicklung, schweren Schaden zuzufügen.[540] Allerdings hat der EuGH in einer Folgeentscheidung klargestellt, dass sich die Dringlichkeit auch danach beurteilt, ob (rechtzeitig) vor dem Hauptsachegericht entsprechende Anträge gestellt bzw Maßnahmen ergriffen werden können.[541] Hat das für die Hauptsache zuständige Gericht das Sorgerecht bereits vorläufig auf einen Elternteil übertragen, so kann grundsätzlich ein anderes Gericht nicht mit Hinweis auf die Dringlichkeit eine einstweilige Maßnahme treffen, in der das Sorgerecht vorläufig auf den anderen Elternteil übertragen wird.[542] Anderenfalls würde im Deckmantel des Art. 20 eine inhaltliche Korrektur der getroffenen Entscheidung erfolgen; dies ist nicht Zweck des Art. 20. Anders verhält es sich ausnahmsweise aber dann, wenn nachträglich neue Tatsachen eintreten oder bekannt werden, die ein neuerliches Tätigwerden der Gerichte notwendig machen, und nicht davon ausgegangen werden kann, dass die notwendigen Maßnahmen rechtzeitig von dem für die Hauptsache zuständigen Gericht getroffen werden können.[543] In diesem Fall dient die auf Art. 20 gestützte Entscheidung nicht der „Korrektur" der Entscheidung des in der Hauptsache zuständigen Gerichts; vielmehr wird einer neuen Situation Rechnung getragen. Anders verhält es sich schließlich auch dann, wenn die Entscheidung des Hauptsachegerichts – etwa wegen eines ordre public-Verstoßes – in dem Mitgliedstaat, in dem sich der einfache Aufenthalt des Kindes befindet, nicht anzuerkennen ist.[544] 7

Abs. 1 eröffnet nach hL keine eigenständige internationale Zuständigkeit, sondern gestattet nur den Rückgriff auf das im jeweiligen Mitgliedstaat bestehende staatsvertragliche oder unvereinheitlichte nationale Zuständigkeitsrecht (oben Rn 2). In Fragen der elterlichen Verantwortung kommt daher insb. eine Anwendung des KSÜ, des MSA bzw des § 99 FamFG in Betracht. Nach § 99 Abs. 1 S. 2 FamFG sind die deutschen Gerichte insb. dann zuständig, soweit das Kind der Fürsorge durch deutsche Gerichte bedarf. Die Durchführung der betreffenden Maßnahme und deren Bindungswirkung bestimmen sich nach nationalem Recht.[545] 8

Das nationale Gericht ist nach der Durchführung der Schutzmaßnahme nicht verpflichtet, die Rechtssache an das zuständige Gericht eines anderen Mitgliedstaats zu verweisen. Dies ergibt sich für den EuGH aus einem Umkehrschluss zu Art. 15.[546] Soweit es der Schutz des Kindeswohls erfordert, muss jedoch das nationale Gericht, das einstweilige Maßnahmen einschließlich Schutzmaßnahmen durchgeführt hat, direkt oder durch Einschaltung der Zentralen Behörde das zuständige Gericht eines anderen Mitgliedstaats hiervon in Kenntnis setzen (vgl Art. 55).[547] 9

C. Einstweilige Maßnahmen in Ehesachen

Umstritten ist, ob Art. 20 auch für Ehesache praktische Bedeutung zukommt. Dies kann nur dann angenommen werden, wenn sich die Zuständigkeit nach Art. 20 auch auf **Maßnahmen außerhalb des von Art. 1 definierten Bereichs** bezieht.[548] In den von Art. 1 erfassten Ehesachen handelt es sich in der Hauptsache um eine Rechtsgestaltung, so dass Art. 20 insoweit – würde man es bei dem engen Anwendungsbereich von Art. 1 belassen – ins Leere ginge.[549] In dem erläuternden Bericht von *Borrás* zum Brüssel II-Abkommen wird in der Tat vertreten, dass die internationale Zuständigkeit auch für einstweilige Maßnahmen besteht, die außerhalb des eigentlichen Anwendungsbereichs des Abkommens liegen.[550] Hierfür spricht, dass anderenfalls Art. 20 bei Ehesachen keine praktische Bedeutung hätte; ferner bezieht sich die Vorschrift sowohl auf Personen als 10

540 EuGH, Rs. C-523/07, FamRZ 2009, 843, 845 f (Rn 48) = EuGRZ 2009, 217.
541 EuGH, Rs. C-403/09 PPU (Jasna Detiček ./. Maurizio Sgueglia), FamRZ 2010, 525 (insb. Rn 41 ff).
542 EuGH, Rs. C-403/09 PPU (Jasna Detiček ./. Maurizio Sgueglia), FamRZ 2010, 525.
543 Näher dazu *Janzen/Gärtner*, IPRax 2011, 158, 162 ff.
544 *Henrich*, FamRZ 2010, 526, 527.
545 EuGH, Rs. C-523/07, FamRZ 2009, 843, 846 (Rn 51, 52) = EuGRZ 2009, 217; auch *Pirrung*, IPRax 2011, 50, 54.
546 EuGH, Rs. C-523/07, FamRZ 2009, 843, 846 (Rn 53 ff) = EuGRZ 2009, 217.
547 EuGH, Rs. C-523/07, FamRZ 2009, 843, 846 (Rn 57 ff) = EuGRZ 2009, 217.
548 S. (obiter dictum zu einem Fall betr. die elterliche Verantwortung) EuGH, C-256/09 (Purrucker), FamRZ 2010, 1521= NJW 2010, 2861 Rn 86; aus der Lit. Staudinger/*Spellenberg*, Art. 20 Rn 5; Thomas/Putzo/*Hüßtege*, ZPO, Art. 20 EuEheVO Rn 4 a; Prütting/Gehrlein/*Völker*, Art. 20 Rn 3; *Spellenberg*, in: FS Beys 2003, S. 1583, 1586 f; *Fuchs/Tölg*, ZfRV 2002, 95, 98 f; *Ancel/Muir Watt*, Rev. crit. dr. int. priv. 2001, S. 403, 427; abweichend *Dilger*, Rn 301 ff; *Sumampouw*, Liber Amicorum Siehr 2000, S. 729, 739 f.
549 Staudinger/*Spellenberg*, Art. 20 Rn 5; *Fuchs/Tölg*, ZfRV 2002, 95, 99.
550 *Borrás*, ABl. EG 1998 C 221 S. 38 Rn 59.

auch auf Güter in dem betreffenden Mitgliedstaat. Gerade bei Ehesachen kann aber Letzteres Anlass für eine einstweilige Maßnahme sein. Nach der Gegenansicht muss demgegenüber der Gegenstand der Maßnahme in den sachlichen Anwendungsbereich der EheVO 2003 fallen.[551]

11 Im Übrigen besteht auch innerhalb der hL Einigkeit darüber, dass sich Art. 20 nicht auf Maßnahmen erstreckt, für die bereits die EuGVVO bzw zukünftig die UnterhaltsVO eine Zuständigkeitsregelung bereithalten. Insbesondere stellt Art. 20, da insoweit die EuGVVO/UnterhaltsVO eingreift, keine Zuständigkeitsvorschrift für die Gewährung **vorläufigen Unterhalts** dar.[552] Ferner kommen auch nach hL nur Maßnahmen in Betracht, die die zukünftige Eheauflösung vorbereiten oder sichern. Die Sicherung **zukünftiger** Scheidungsfolgen – also etwa eine einstweilige Maßnahme auf dem Gebiet des **Güterrechts** – verbleibt außerhalb des Anwendungsbereichs von Art. 20.[553]

12 Praktische Bedeutung dürfte Art. 20 vor allem im Hinblick auf Regelungen nach § 2 **Gewaltschutzgesetz** und die Hausratsverteilung bzw **Wohnungszuweisung nach §§ 1361 a, 1361 b BGB** erlangen. Hier wird – und zwar zT unabhängig von der Beurteilung der Frage, ob Art. 20 über den in Art. 1 definierten sachlichen Anwendungsbereich hinausgeht – jedenfalls im Ergebnis überwiegend die Anwendung von Art. 20 bejaht (vgl iÜ Art. 17 a EGBGB Rn 24).[554] Anzuwenden ist Art. 20 ferner auf die (praktisch allerdings nicht sehr bedeutsame) **Gestattung des Getrenntlebens** durch einstweilige Anordnung.[555]

13 Voraussetzung für eine Anwendung von Art. 20 auf die Maßnahmen nach § 2 Gewaltschutzgesetz bzw nach §§ 1361 a, 1361 b BGB ist allerdings ein verfahrensrechtlicher oder zumindest zeitlicher Zusammenhang mit einem anhängigen Eheverfahren.[556] Da es nicht auf eine formale verfahrensrechtliche Betrachtung ankommt, wird der notwendige Zusammenhang schon dadurch hergestellt, dass in der Ehesache ein Antrag auf Prozesskostenhilfe gestellt wird.[557]

14 Die internationale Zuständigkeit aller nach Art. 3–5 im Einzelfall international zuständigen Gerichte gilt nach hL auch dann, wenn bereits vor einem Gericht ein Hauptsacheverfahren anhängig ist. Die Zuständigkeit für einstweilige Maßnahmen beschränkt sich daher auch in diesem Fall nicht von vornherein auf das mit der Hauptsache befasste Gericht.[558]

D. Anerkennung und Vollstreckung

I. Anerkennung nach Maßgabe der Art. 21 ff

15 In der deutschen Literatur wurde bislang unterschiedlich beurteilt, ob einstweilige Maßnahmen, die in dem einen Mitgliedstaat ergangen sind, auch in den anderen Mitgliedstaaten **anzuerkennen und zu vollstrecken** sind. Der BGH hat diese Frage dem EuGH zur **Vorabentscheidung** vorgelegt.[559]

16 Der EuGH hat eine differenzierende Lösung gefunden.[560] Einstweilige Maßnahmen, die ein nach den Art. 8 ff auch für die Hauptsache zuständiges Gericht anordne, seien nach den Art. 21 in den anderen Mitgliedstaaten anzuerkennen und zu vollstrecken. Demgegenüber müssen einstweilige Maßnahmen nicht nach

551 *Dilger*, Rn 301 ff; *Sumampouw*, in: Liber Amicorum Siehr 2000, S. 729, 739 f.

552 Staudinger/*Spellenberg*, Art. 20 Rn 18; *ders.*, in: FS Beys 2003, S. 1583, 1588 und 1590; *Fuchs/Tölg*, ZfRV 2002, 95, 98 und 102.

553 Staudinger/*Spellenberg*, Art. 20 Rn 19; *ders.*, in: FS Beys 2003, S. 1583, 1588 und 1591.

554 *Geimer*, Europ. Zivilverfahrensrecht, Art. 20 Rn 3; *Spellenberg*, in: FS Beys 2003, S. 1583, 1588; Zöller/*Geimer*, ZPO, Art. 20 EheVO Rn 3; auch *Fuchs/Tölg*, ZfRV 2002, 95, 102 (u.a. zur einstweiligen Regelung der Benutzung oder einstweiligen Sicherung des ehelichen Gebrauchsvermögens und der ehelichen Ersparnisse nach § 382 Abs. 1 Ziff. 8 lit. c des österr. EO sowie zur EV zum Schutz vor Gewalt in der Familie gem. § 382 b EO); auch Geimer/Schütze/*Dilger*, Art. 20 Rn 14 und Rauscher/*Rauscher*, Art. 20 Brüssel IIa-VO Rn 13 Fn 28 (allerdings unter Ausschluss des § 1361 a BGB, weil dort der vermögensrechtliche Aspekt überwiege); wohl abweichend Staudinger/*Mankowski*, Art. 17 a EGBGB Rn 30 f.

555 Geimer/Schütze/*Dilger*, Art. 20 Rn 14; Staudinger/*Spellenberg*, Art. 20 Rn 14; *ders.*, in: FS Beys 2003, S. 1583, 1588, 1593.

556 Staudinger/*Spellenberg*, Art. 20 Rn 22; *ders.*, in: FS Beys 2003, S. 1583, 1589.

557 Staudinger/*Spellenberg*, Art. 20 Rn 20; *ders.*, in: FS Beys 2003, S. 1583, 1589.

558 Staudinger/*Spellenberg*, Art. 20 Rn 34; *ders.*, in: FS Beys 2003, S. 1583, 1598 f; *Spellenberg/Leible*, ZZP Int. 4 (1999), 221, 228; *Stadler*, JZ 1999, 1098, 1094 f; *Heß*, IPRax 2000, 370, 374; *Heß/Vollkommer*, IPRax 1999, 220, 223 f; *Dilger*, Rn 291. Nach Rauscher/*Rauscher*, Art. 20 Brüssel IIa-VO Rn 26 kommt nur noch eine analoge Anwendung von Art. 20 in Betracht.

559 BGH, FamRZ 2009, 1297 (unter ausf. Darstellung des überaus kontroversen und vielschichtigen Meinungsstandes in der deutschen Literatur) mit Anm. *Helms*, FamRZ 2009, 1400 und Anm. *Gruber*, LMK 2009, 287772; dazu auch *Pirrung*, in: FS Spellenberg 2010, S. 467, 476 f; Darstellung des Meinungsstandes auch in den Schlussanträge der Generalanwältin *Sharpston* v. 20.5.2010 in der Rs. C-256/09 Bianca Purrucker ./. Guillermo Vallés Pérez, Rn 27.

560 EuGH, C-256/09 (Purrucker) FamRZ 2010, 1521= NJW 2010, 2861 mit Bespr. *Huter*, ELR 2010, 332 und *Heiderhoff*, LMK 2010, 308380; nachfolgend BGH, NJW 2011, 855 = FamRZ 2011, 542.

Maßgabe der Art. 21 ff anerkannt und vollstreckt werden, wenn das entscheidende Gericht die Zuständigkeit aus Art. 20 iVm den nationalen Zuständigkeitsvorschriften abgeleitet habe,.[561] Diese Maßnahmen können aber nach anderen Staatsverträgen oder dem nationalen Recht anerkannt werden (vgl dazu unten Rn 20 f).[562]

Diese (differenzierende) Lösung führt in der Konsequenz dazu, dass in den anderen Mitgliedstaaten nachgeprüft werden muss, ob die Zuständigkeit zum Erlass der einstweiligen Maßnahme aus den Art. 8 ff oder aus Art. 20 iVm dem staatsvertraglichen bzw nationalen Zuständigkeitsrecht hergeleitet wurde. Nach dem EuGH ergibt sich aus dem Grundsatz gegenseitigen Vertrauens, dass ein Gericht seine Zuständigkeit anhand der Art. 8 ff prüft und in der Begründung seiner Entscheidung deutlich macht, ob es seine Zuständigkeit auf die Art. 8 ff gestützt hat oder nicht.[563] Bleibt die Entscheidung insoweit unklar – ergibt sich also aus der Entscheidung nicht, dass das Gericht offensichtlich nach Maßgabe der Art. 8 ff zuständig war, und enthält die Entscheidung ferner auch keine unzweideutige Begründung für eine Zuständigkeit nach den Art. 8 ff –, ist nicht von einer Inanspruchnahme einer Zuständigkeit nach den Art. 8 ff auszugehen.[564] In diesen Fällen scheidet eine Anerkennung der Entscheidung nach den Art. 21 ff aus.[565] Das Vollstreckungsgericht ist nach Auffassung des BGH in diesen Fällen auch nicht verpflichtet, sich zunächst bei dem Gericht des Ursprungsmitgliedstaates zu erkundigen, auf welcher Grundlage dieses sich für zuständig erachtet habe.[566] Ob ein Gericht tatsächlich nach Art. 8 ff zuständig war, ist allerdings – soweit es nur eine Zuständigkeit nach Art. 8 ff hinreichend deutlich in Anspruch genommen hat – für die Anerkennung nach Art. 21 ff unbeachtlich.[567] 17

Wenn es um die Anerkennung ausländischer Entscheidungen geht, kommt es in den schwierigeren Fällen – immer dann, wenn das entscheidende Gericht nicht offensichtlich nach Maßgabe der Art. 8 ff zuständig war – auf eine nähere Würdigung des ausländischen Entscheidungsinhalts an. Der BGH hat in einem Fall, in dem ein spanisches Gericht in eher hilfloser Weise verschiedene Überlegungen zur Zuständigkeit angestellt hat, eine Anerkennung nach den Art. 21 ff abgelehnt. Zwar waren der spanischen Entscheidung immerhin „einige Anhaltspunkte" dafür zu entnehmen, dass das Gericht eine Zuständigkeit nach den Art. 8 ff in Anspruch genommen hatte; dies reichte dem BGH aber für eine Anerkennung nach den Art. 21 ff nicht aus.[568] In einem nachfolgenden Beschluss ist der BGH demgegenüber davon ausgegangen, dass die Entscheidung eines tschechischen Gerichts nach den Art. 21 ff zu vollstrecken sei, obwohl dieses ebenfalls nicht auf die Normen der EheVO 2003 Bezug genommen hatte.[569] Die Entscheidungen des BGH zeigen, dass durch die vom EuGH vorgenommene Differenzierung erhebliche Unsicherheiten bei der Anerkennung entstehen können. Problematisch sind dabei insbesondere die Fälle, in denen sich das entscheidende Gericht gar nicht zur internationalen Zuständigkeit nach den Art. 8 ff äußert oder schlicht die Anwendbarkeit der EheVO 2003 übersieht. 18

Deutsche Gerichte sollten in der praktischen Folge immer dann, wenn sie sich auf die Art. 8 ff stützen und nicht nur auf Art. 20 iVm dem staatsvertraglichen oder nationalen Zuständigkeitsrecht, dies in der Begründung der Entscheidung deutlich zum Ausdruck bringen. Insbesondere sollte die Frage, ob sich die internationale Zuständigkeit im konkreten Fall aus Art. 8 oder aus Art. 20 iVm dem staatsvertraglichen oder nationalen Zuständigkeitsrecht ergibt, nicht offengelassen werden. Denn sonst dürfte die Anerkennung dieser Entscheidung in den anderen Mitgliedstaaten nach Maßgabe der Art. 21 ff ausscheiden. 19

II. Anerkennung nach Maßgabe des KSÜ

Der EuGH hat klargestellt, dass immer dann, wenn sich eine Zuständigkeit (nur) aus Art. 20 iVm dem staatsvertraglichen oder nationalen Zuständigkeitsrecht abgeleitet wird, zwar eine Anerkennung nach Maßgabe der Art. 21 ff ausscheidet, aber „andere internationale Rechtsinstrumente oder andere nationale Rechtsvorschriften zur Anwendung gelangen" können.[570] Der BGH hat sich dies zu eigen gemacht.[571] Sind die Voraussetzungen des allerdings Art. 20 nicht gegeben, so kommt eine Anerkennung der Entscheidung nach Auffassung des BGH nicht in Betracht.[572] Damit ist in jedem Fall, soweit eine Anerkennung auf staatsvertragliches oder nationales Recht gestützt werden soll, zunächst zu überprüfen, ob die Voraussetzungen des Art. 20 für den Erlass der Entscheidung erfüllt waren. 20

561 EuGH, C-256/09 (Purrucker) FamRZ 2010, 1521= NJW 2010, 2861 (Rn 57 ff).
562 EuGH, C-256/09 (Purrucker) FamRZ 2010, 1521= NJW 2010, 2861 (Rn 92).
563 EuGH, C-256/09 (Purrucker) FamRZ 2010, 1521= NJW 2010, 2861 (Rn 73).
564 Es gilt also maW „keine Vermutung zu Gunsten der Inanspruchnahme einer Hauptsachezuständigkeit" (BGH, NJW 2011, 855, 858).
565 EuGH, C-256/09 (Purrucker) FamRZ 2010, 1521= NJW 2010, 2861 (Rn 76).
566 BGH, NJW 2011, 855, 858; anders allerdings Schlussanträge der Generalanwältin v. 20. 5. 2010 im Vorlageverfahren (dort 144 f., 155).
567 Dies deutlich herausstellend BGH, NJW 2011, 855.
568 BGH, NJW 2011, 855.
569 BGH, Beschluss vom 28.4.2011, XII ZB 170/11 - juris
570 EuGH, C-256/09 (Purrucker) FamRZ 2010, 1521 (Rn 92).
571 BGH, NJW 2011, 855, 857.
572 BGH, NJW 2011, 855, 857 und 859.

21 Soweit die Voraussetzungen des Art. 20 erfüllt sind, kommt eine Anerkennung nach Maßgabe der Art. 23 ff KSÜ in Betracht. In dem erläuternden Bericht zum KSÜ ist nämlich ausdrücklich festgehalten, dass auch einstweilige Maßnahmen anderen Vertragsstaaten anzuerkennen und zu vollstrecken sind.[573]

Kapitel III
Anerkennung und Vollstreckung

Abschnitt 1
Anerkennung

Art. 21 EheVO 2003 Anerkennung einer Entscheidung[574]

(1) Die in einem Mitgliedstaat ergangenen Entscheidungen werden in den anderen Mitgliedstaaten anerkannt, ohne dass es hierfür eines besonderen Verfahrens bedarf.

(2) Unbeschadet des Absatzes 3 bedarf es insbesondere keines besonderen Verfahrens für die Beischreibung in den Personenstandsbüchern eines Mitgliedstaates auf der Grundlage einer in einem anderen Mitgliedstaat ergangenen Entscheidung über Ehescheidung, Trennung ohne Auflösung des Ehebandes oder Ungültigerklärung einer Ehe, gegen die nach dem Recht dieses Mitgliedstaates keine weiteren Rechtsbehelfe eingelegt werden können.

(3) Unbeschadet des Abschnitts 4 kann jede Partei, die ein Interesse hat, gemäß den Verfahren des Abschnitts 2 eine Entscheidung über die Anerkennung oder Nichtanerkennung der Entscheidung beantragen.

Das örtlich zuständige Gericht, das in der Liste aufgeführt ist, die jeder Mitgliedstaat der Kommission gemäß Artikel 68 mitteilt, wird durch das nationale Recht des Mitgliedstaates bestimmt, in dem der Antrag auf Anerkennung oder Nichtanerkennung gestellt wird.

(4) Ist in einem Rechtsstreit vor einem Gericht eines Mitgliedstaates die Frage der Anerkennung einer Entscheidung als Vorfrage zu klären, so kann dieses Gericht hierüber befinden.

Literatur: *Hausmann,* Neues internationales Eheverfahrensrecht in der Europäischen Union – II. Teil, EuLF 2000/01, 271 und 345; *Helms*, Anerkennung ausländischer Entscheidungen im europäischen Eheverfahrensrecht, FamRZ 2001, 257; *Rauscher*, Europäisches Zivilprozess- und Kollisionsrecht, Bd. 2, 2010; *Vogel,* Internationales Familienrecht – Änderungen und Auswirkungen durch die neue EU-Verordnung, MDR 2000, 1045; *Wagner*, Die Anerkennung und Vollstreckung von Entscheidungen nach der Brüssel II-Verordnung, IPRax 2001, 73. S.a. die Angaben Vor Art. 1.

Da dem Regelungssystem der EuGVVO[575] im Wesentlichen gefolgt wird, können die Berichte, Entscheidungen und Kommentierungen zu EuGVÜ bzw EuGVVO bei der Auslegung der Vorschriften verwendet werden,

573 *Paul Lagarde,* Rapport explicatif, Rn. 72

574 Für die Mitarbeit an der Kommentierung der Art. 21–39, 46, 49-52 EheVO danke ich Herrn wiss. Mitarbeiter *Martin Schimrick* sowie Frau wiss. Mitarbeiterin *Isabelle Ghobril.*

575 Verordnung (EG) Nr. 44/2001 des Rates über die gerichtliche Zuständigkeit und die Anerkennung und Vollstreckung von Entscheidungen in Zivil- und Handelssachen v. 22.12.2000 (ABl. EG 2001 L 12 S. 1).

soweit Übereinstimmung besteht.[576] Selbstverständlich ist die Verwendung der einschlägigen Materialien zur EheVO 2000.[577]

A. Allgemeines

I. Entscheidung

Der Begriff Entscheidungen ist im Zusammenhang mit der Begriffsbestimmung in Art. 2 Nr. 4 zu sehen (hierzu Art. 2 Rn 2). Er bezieht sich auf die Entscheidungen in Ehesachen und über die elterliche Verantwortung. Zu **Kostenentscheidungen und Kostenfestsetzungsbeschlüssen** s. Art. 49, zu **vollstreckbaren öffentlichen Urkunden und vollstreckbaren Vereinbarungen der Parteien** Art. 46. 1

Die Entscheidung muss von einem Gericht eines Mitgliedstaates erlassen worden sein, wobei unter Gericht alle Gerichte und Behörden der Mitgliedstaaten verstanden werden, die für die Rechtssache zuständig sind, Art. 2 Nr. 1 (vgl Art. 2 Rn 1). Unerheblich ist, ob die entschiedene Sache einen Bezug zu einem Mitgliedstaat hat. Erfasst werden neben reinen Binnensachen auch solche, die einen Bezug zu Nichtmitgliedstaaten aufweisen.[578] 2

Nicht erfasst werden Entscheidungen der Gerichte der Mitgliedstaaten, welche die Anerkennung einer drittstaatlichen Entscheidung feststellen oder ihre Vollstreckung zulassen.[579] Weiter sind nicht erfasst ein über die Eheentscheidung hinausgehend getroffener Schuldausspruch (Erwägungsgrund 10 S. 3 zur EheVO 2000; Erwägungsgrund 8 zur EheVO 2003) sowie im Verbund getroffene Entscheidungen zu Nebenfolgen der Scheidung, soweit sie nicht die elterliche Sorge betreffen.[580] Die Anerkennung und Vollstreckung richtet sich, bezogen auf den Unterhalt, nach der EuUnthVO,[581] bezogen auf Hausrat, Wohnungszuweisung, Versorgungsausgleich und eheliches Güterrecht, nach autonomem Recht (in Deutschland nach §§ 108, 109, 110 FamFG). 3

Der EuGH hat entschieden, dass die Vorschriften über die Anerkennung und Vollstreckung von Entscheidungen der Gerichte anderer Mitgliedstaaten (Art. 21 ff) nicht auf **vollstreckbare einstweilige Maßnahmen** über die elterliche Verantwortung anwendbar sind, die nicht durch ein für die Hauptsache zuständiges Gericht erlassen wurden, sondern die allein auf der Grundlage des Art. 20 ergangen sind.[582] Möglich bleibt für diese jedoch die Anerkennung und Vollstreckbarerklärung nach anderen internationalen oder nationalen Vorschriften.[583] Sind die Voraussetzungen des Art. 20 nicht gegeben, so bleibt es bei dem insoweit abschließenden Charakter der EheVO.[584] Ergibt sich jedoch aus der einstweiligen Maßnahme oder ihrer Begründung, dass das Gericht seine Zuständigkeit auf einen Hauptsachegerichtsstand der EheVO gestützt hat, so sind Art. 21 ff hierauf anwendbar.[585] Soweit sich das Ursprungsgericht hierzu nicht erklärt hat, ist anhand der in seiner Entscheidung enthaltenen Ausführungen zu prüfen, ob es seine Zuständigkeit auf eine Vorschrift der EheVO stützen wollte.[586] Es kommt hierbei nicht darauf an, ob die Hauptsache bereits anhängig ist. Eine solche vollstreckbare einstweilige Maßnahme ist nach Kapitel III anzuerkennen und zu vollstrecken, soweit keine Anerkennungshindernisse nach Art. 23 vorliegen.[587] 4

576 S.a. Rauscher/*Rauscher*, Einl. Brüssel IIa-VO Rn 34 f.

577 Verordnung (EG) Nr. 1347/2000 des Rates über die Zuständigkeit und die Anerkennung und Vollstreckung von Entscheidungen in Ehesachen und in Verfahren betreffend die elterliche Verantwortung für die gemeinsamen Kinder der Ehegatten v. 29.5.2000 (ABl. EG 2000 L 160 S. 19).

578 *Nagel/Gottwald*, Int. Zivilprozessrecht, 6. Aufl. 2007, § 11 Rn 3; zur EuGVVO MüKo-ZPO/*Gottwald*, Art. 32 EuGVO Rn 2; Zöller/*Geimer*, Art. 32 EuGVVO Rn 13.

579 Für die EuGVVO Thomas/Putzo/*Hüßtege*, Art. 32 EuGVVO Rn 8; Zöller/*Geimer*, Art. 32 EuGVVO Rn 12; *Schlosser*, Art. 32 EuGVVO Rn 5; zum EuGVÜ *Geimer*, RIW 1976, 139, 145; *ders.*, JZ 1977, 145, 148.

580 *Borrás*, ABl. EG 1998 C 221, S. 27, 35 Nr. 22; Geimer/Schütze/*Paraschas*, IRV, Bd. 2, 37. EL, Art. 21 EheVO Rn 5; aA *Spellenberg*, in: FS Schumann 2001, S. 435; Rauscher/*Rauscher*, Art. 21 Brüssel IIa-VO Rn 2; Staudinger/*Spellenberg* (2005), Art. 21 EheGVO Rn 60 f.

581 Verordnung (EG) Nr. 4/2009 des Rates vom 18.12.2008 über die Zuständigkeit, das anwendbare Recht, die Anerkennung und Vollstreckung von Entscheidungen und die Zusammenarbeit in Unterhaltssachen, ABl. EU 2009 L 7 S. 1.

582 EuGH, Rs. C-256/09 – Purrucker, NJW 2010, 2861. Zur Vorlage durch den BGH, FamRZ 2009, 1297 vgl die Anm. von *Helms*, FamRZ 2009, 1400; *Gruber*, LMK 2009, 287772; *Völker*, FF 2009, 371.

583 EuGH, Rs. C-256/09 – Purrucker, NJW 2010, 2861 Rn 92, BGH FamRZ 2011, 542 Rn 19.

584 BGH FamRZ 2011, 542 Rn 19.

585 EuGH, Rs. C-256/09 – Purrucker, NJW 2010, 2861 Rn 71 ff; so ausdrücklich die Schlussanträge der Generalanwältin *Sharpston*, Rn 132. Ebenso EuGH, Rs. C-296/10 – Purrucker II, NJW 2011, 363 Rn 73 in Bezug auf Art. 19 Abs. 2 EheVO; BGH FamRZ 2011, 542 Rn 16; FamRZ 2011, 959 Rn 9.

586 BGH FamRZ 2011, 542 Rn 23; FamRZ 2011, 959 Rn 9.

587 EuGH, Rs. C-403/09, PPU FamRZ 2010, 525 Rn 45 ff (zitiert nach juris).

5 Offen ist die Frage, welche Anforderungen an die Gewährung des rechtlichen Gehörs für den Antragsgegner zu stellen sind. Der EuGH weist hierzu darauf hin, dass die konkreten Ausprägungen des Anspruchs des Beklagten auf rechtliches Gehör auch in Relation zu der möglicherweise gegebenen Eilbedürftigkeit einer Entscheidung variieren können. Jede Beschränkung der Ausübung dieses Anspruchs muss dabei ordnungsgemäß gerechtfertigt werden und mit Verfahrensgarantien einhergehen, die für die von einem solchen Verfahren betroffenen Personen eine effektive Möglichkeit sicherstellen, getroffene Eilmaßnahmen anzufechten.[588] Hierbei kann die Rechtsprechung des EuGH zum EuGVÜ auf die EheVO übertragen werden. Danach ist eine einstweilige Maßnahme dann als anerkennungsfähige Entscheidung anzusehen, wenn sie in einem kontradiktorischen Verfahren ergangen ist.[589] Dies ist immer dann zu bejahen, wenn die einstweilige Maßnahme nach einer vorhergehenden Anhörung des Antragsgegners getroffen wurde.[590] Darüber hinaus ist es auch ausreichend, wenn vor der Anerkennung die Möglichkeit der nachträglichen kontradiktorischen Erörterung in einem Rechtsbehelfsverfahren gegeben war.[591] Hierfür können im Rahmen der EheVO insbesondere dringende Gründe des Kindeswohls sprechen.[592] Unabhängig davon, ob der Betroffene von dem anordnenden Gericht gehört wurde, erachtet der EuGH die Gewährung hinreichenden rechtlichen Gehörs nur bei der Möglichkeit der Einlegung eines Rechtsbehelfs mit Devolutiveffekt als gegeben.[593] Bis zur endgültigen Klärung dieser Frage empfiehlt es sich, einstweilige Maßnahmen, die ohne vorhergehende Anhörung der Gegenpartei erlassen werden sollen, dort zu beantragen, wo sie auch zu vollstrecken wären.

6 Für die EheVO 2000 ist anerkannt, dass **nur sog. positive Entscheidungen**, dh solche, die die Auflösung der Ehe ex nunc oder ex tunc bzw die förmliche Trennung ohne Auflösung des Ehebandes herbeiführen, unter die Bestimmungen über die Anerkennung fallen.[594] Dies ergibt sich eindeutig aus dem Erwägungsgrund 15 S. 1 zur EheVO 2000. Dafür spricht auch die englische Fassung von Art. 2 Nr. 4, während die deutsche auch eine andere Auslegung zulässt.[595] Begründet wurde dies damit, dass ein erneutes Verfahren in einem anderen Mitgliedstaat nicht durch eine aufgrund der Anerkennung herbeigeführte Bindungswirkung gehindert werden soll.[596] Im Hinblick auf das früher geplante Übereinkommen "Brüssel II" wurde sein Zweck, die Anerkennung von Scheidungen zu erleichtern, – insbesondere durch die nordischen Staaten – hervorgehoben.[597]

7 Aus Erwägungsgrund 8 zur EheVO 2003 lässt sich die gleiche Folgerung nicht ableiten, denn dieser grenzt den Gegenstand von Entscheidungen in Ehesachen lediglich ab. Insofern findet sich diese Zielsetzung in der EheVO nicht wieder. Dass mit der Nichtaufnahme des Erwägungsgrundes aus der EheVO 2000 eine sachliche Änderung beabsichtigt wurde, ist nicht ersichtlich. Im Ergebnis ist davon auszugehen, dass "negative" Entscheidungen, also solche Sachentscheidungen, die den Antrag auf Scheidung, Trennung ohne Auflösung des Ehebandes oder Nichtigkeitserklärung der Ehe abweisen, nicht erfasst sind, was zu bedauern ist.[598] Es ist kein Grund ersichtlich, warum eine Sachentscheidung, durch die ein Antrag auf Nichtigkeitserklärung der Ehe, zB wegen Doppelehe, abgewiesen wird, nicht nach der EheVO anerkennungsfähig ist. Die Argumente überzeugen jedoch auch nicht in Bezug auf eine die Scheidung ablehnende Sachentscheidung. Eine solche Entscheidung besagt lediglich, dass z.Zt. des Ausspruchs die Voraussetzungen für die Ehescheidung nicht gegeben sind, sie schließt eine spätere Scheidung sowohl im Erlass- als auch in einem Zweitstaat nicht aus, wenn zu einem späteren Zeitpunkt die Scheidungsvoraussetzungen vorliegen. Die Lösung der Nichteinbeziehung fördert einen Scheidungstourismus.

8 Aus der Nichteinbeziehung der "negativen" Entscheidungen in die EheVO folgt nicht, dass sie außerhalb des Erlassstaats nicht anerkennungsfähig sind.[599] Vielmehr bestimmt sich dies nach innerstaatlichen Vorschriften des Anerkennungsstaats und den bilateralen Abkommen zwischen Entscheidungs- und Anerkennungsstaat

588 EuGH, Rs. C-256/09 – *Purrucker*, NJW 2010, 2861 Rn 95 mit Verweis auf die vergleichbare Rechtslage im Insolvenzrecht, EuGH, Rs. C-341/04 – Eurofood IFSC, Slg 2006, I-3813 Rn 66.
589 EuGH, Rs. 125/79 – Denilauler, Slg 1980, 1553.
590 Für das EuGVÜ: OLG Karlsruhe FamRZ 2001, 1623; OLG Hamm NJW-RR 1993, 189,190; für die EuGVVO Zöller/*Geimer*, Art. 32 EuGVVO Rn 8.
591 EuGH, Rs. C-39/02 – Mærsk, Slg 2004, I 9657, Rn 43 ff.
592 *Helms*, FamRZ 2001, 257, 260.
593 EuGH, Rs. C-256/09 – *Purrucker*, NJW 2010, 2861 Rn 97.
594 MüKo-ZPO/*Gottwald*, Art. 21 EheGVO Rn 3; *Wagner*, IPRax 2001, 73, 76; *Schack*, RabelsZ 65 (2001), 615, 627; Rauscher/*Rauscher*, Art. 2 Brüssel IIa-VO Rn 10; *Hausmann*, EuLF 2000/01, 345, 348; krit. *Kohler/Mansel*, Vergemeinschaftung des Europäischen Kollisionsrechts, 2001, S. 46 ff; Zöller/*Geimer*, Art. 21 EheVO Rn 4.
595 *Spellenberg*, in: FS Schumann 2001, S. 432.
596 U.a. *Helms*, FamRZ 2001, 257, 258; *Schlosser*, 2. Aufl. 2003, Art. 14 EuEheVO Rn 1.
597 Hierzu *Borrás*, ABl. EG 1998 C 221, S. 27, 48 Nr. 60; *Kohler/Mansel*, Vergemeinschaftung des Europäischen Kollisionsrechts, 2001, S. 46 Fn 18.
598 Krit. u.a. *Kohler/Mansel*, Vergemeinschaftung des Europäischen Kollisionsrechts, 2001, S. 46 ff; Zöller/*Geimer*, Art. 21 EheVO Ehesachen Rn 7.
599 *Spellenberg*, in: FS Schumann 2001, S. 433; *Helms*, FamRZ 2001, 257, 258; Rauscher/*Rauscher*, Art. 2 Brüssel IIa-VO Rn 10; aA *Kohler*, NJW 2001, 10, 13; *Hausmann*, EuLF 2000/01, 345, 348.

gemäß dem Günstigkeitsprinzip.[600] In Deutschland sind die "negativen" Entscheidungen der Gerichte anderer Mitgliedstaaten ipso iure anerkannt, wenn kein Anerkennungshindernis nach § 109 FamFG vorliegt, denn solche Entscheidungen können nicht anders als Entscheidungen dritter Staaten behandelt werden. Sie unterliegen nicht dem Verfahren nach § 107 FamFG (hierzu Anhang II zum III. Abschnitt, §§ 107, 108, 109 FamFG Rn 11).

Nicht erfasst werden **Privatscheidungen** (zum Begriff Art. 17 EGBGB Rn 48), auch soweit eine Behörde zB durch Registrierung oder Beurkundung der Scheidungsvereinbarung mitgewirkt hat.[601] Erforderlich ist vielmehr ein für die Scheidung konstitutiver Hoheitsakt.[602] Die EheVO 2003 ist im Unterschied zur EheVO 2000 insoweit eindeutig, da Art. 1 Abs. 2 S. 1 EheVO 2000, wonach amtlich anerkannte Verfahren den gerichtlichen Verfahren gleichstehen, nicht übernommen wurde. Privatscheidungen werden auch nicht über Art. 46 einbezogen, da sich dieser auf vollstreckbare öffentliche Urkunden und Vereinbarungen bezieht. 9

Eine Einbeziehung erfolgt gem. Art. 63 für Entscheidungen **kirchlicher Ehegerichte** auf der Grundlage der Konkordate Italiens, Portugals und Spaniens mit dem Heiligen Stuhl; Entscheidungen anderer kirchlicher Gerichte werden grundsätzlich nicht erfasst. Etwas anderes gilt nur, wenn diese Entscheidungen durch ein staatliches Gericht, in dessen Gerichtsbezirk sich der Sitz des kirchlichen Gerichts befindet, anerkannt und für vollstreckbar erklärt wurde (sog. Delibation), wodurch der Scheidung zivilrechtliche Wirkung verliehen wird. Es handelt sich daher nicht um eine Anerkennungsfeststellung im klassischen Sinne, welche die Wirkungen einer Entscheidung auf das Inland erstreckt, sondern die zivilrechtlichen Wirkungen werden erst durch die Anerkennungsfeststellung erreicht. Diese Möglichkeit besteht zB in Griechenland bzgl der Ehescheidung durch den Mufti nach islamischem Recht im griechischen Teil Thraziens.[603] 10

II. Entscheidungen in Ehesachen

Die Bestimmungen zur Anerkennung erfassen Entscheidungen zu statusändernden Anträgen, und zwar auf Ehescheidung, Trennung ohne Auflösung des Ehebandes und Ungültigkeitserklärung einer Ehe (Art. 1 Abs. 1 lit. a, 2 Nr. 4). Obwohl die Aufhebung der Ehe nach deutschem Recht nicht ausdrücklich genannt ist, wird sie von der Regelung miterfasst. 11

In der Aufzählung fehlen Entscheidungen über Anträge auf Feststellung des Bestehens oder Nichtbestehens der Ehe (vgl § 121 Nr. 3 FamFG).[604] Für die Einbeziehung dieser Entscheidungen spricht die Sachnähe;[605] dagegen aber der Umstand, dass in der Aufzählung nur statusändernde Entscheidungen genannt sind[606] und, obwohl die Streitfrage z.Zt. des Erlasses der EheVO bekannt war, keine Ergänzung vorgenommen wurde. 12

III. Entscheidungen zur elterlichen Verantwortung

Die Bestimmungen zur Anerkennung und Vollstreckung in Abschnitt 1 und 2 beziehen sich auf alle Entscheidungen zur Zuweisung, Ausübung, Übertragung sowie zur vollständigen oder teilweisen Entziehung der elterlichen Verantwortung.[607] Besonderheiten treffen auf eine Entscheidung über das Umgangsrecht und über die Rückgabe des Kindes gem. Art. 11 Abs. 8 zu. Eine solche im Ursprungsstaat ergangene und dort vollstreckbare Entscheidung, für die eine Bescheinigung gem. Art. 41 Abs. 2 und 42 Abs. 2 ausgestellt ist, wird anerkannt, ohne dass die Anerkennung wegen Vorliegens von Ausschlussgründen des Art. 23 abgelehnt werden kann. Für die Vollstreckung im Zweitstaat bedarf es dort keiner Vollstreckbarerklärung, weil die Anerkennung sich auch auf die Vollstreckbarkeit bezieht. Art. 40 Abs. 2 stellt es dem Träger der elterlichen Gewalt 13

600 *Spellenberg*, in: FS Schumann 2001, S. 433; *Helms*, FamRZ 2001, 257, 258; aA *Kohler*, NJW 2001, 10, 13; *Hausmann* EuLF 2000/01, 345, 348.

601 *Helms*, FamRZ 2001, 257, 260; *Wagner*, IPRax 2001, 73, 76; krit. *Jayme*, IPRax 2000, 165, 169 ff.

602 Rauscher/*Rauscher*, Art. 2 Brüssel IIa-VO Rn 9; Staudinger/*Spellenberg* (2005), Art. 21 EheGVO Rn 11.

603 Hierzu *Jayme/Nordmeier*, IPRax 2008, 369 f; ebenso Gutachten Freiburg, IPG 2003/2004, Nr. 22, S. 293, 298; Staudinger/*Spellenberg* (2005), Art. 21 EheGVO Rn 18; Rauscher/*Rauscher*, Art. 2 Brüssel IIa-VO Rn 7; *Hess*, Europäisches Zivilprozessrecht, 2010, § 7 Rn 45. AA OLG Frankfurt IPRax 2008, 325 (m. krit. Anm. *Jayme*); *Spellenberg*, in: FS Schumann 2001, S. 436; auch ableitbar aus *Borrás*, ABl. EG 1998 C 221 S. 27, 35 Nr. 20.

604 Umstr.: Nicht einbezogen: *Hausmann*, EuLF 2000/01, 271, 273; Staudinger/*Spellenberg* (2005), Art. 1 EheGVO Rn 8; *Andrae*, ERA-Forum 2003, 28, 32; Garbe/Ullrich/*Andrae*, § 11 Rn 94. Einbezogen: *Hau*, FamRZ 2000, 1333; Rauscher/*Rauscher*, Art. 1 Brüssel IIa-VO Rn 15 f; Art. 2 Brüssel IIa-VO Rn 13 f; MüKo-ZPO/*Gottwald*, Art. 1 EheGVO Rn 8; Thomas/Putzo/*Hüßtege*, Art. 1 EuEheVO Rn 2; Geimer/Schütze/*Geimer*, EuZVR, Art. 1 VO (EG) Nr. 1347/2000 Rn 14.

605 *Gruber*, FamRZ 2000, 1130; MüKo-ZPO/*Gottwald*, Art. 1 EheGVO Rn 8.

606 *Helms*, FamRZ 2001, 257, 259; Staudinger/*Spellenberg* (2005), Art. 1 EheGVO Rn 8.

607 Hierzu Art. 1 lit. a und Art. 2 Nr. 7 EheVO.

jedoch frei, die Anerkennung und Vollstreckung außerhalb des Ursprungsmitgliedstaats nach Abschnitt 1 und 2 zu beantragen.

IV. Formelle Rechtskraft

14 Die formelle Rechtskraft einer Entscheidung ist für die Anerkennung keine Voraussetzung,[608] zu der Beischreibung in den Personenstandsbüchern s. jedoch Abs. 2.

B. Prinzip der ipso-iure-Anerkennung (Abs. 1)

15 Die Anerkennung von Entscheidungen der Gerichte der anderen Mitgliedstaaten beruht auf dem Prinzip des gegenseitigen Vertrauens. Sie erfolgt ipso iure. Die Entscheidungen unterliegen nicht einem nach autonomem Recht vorgeschriebenen Delibationsverfahren.[609] § 107 FamFG ist nicht anwendbar.[610] Die interessierte Partei hat die Möglichkeit, die Anerkennungs-/Nichtanerkennungsfähigkeit im Verfahren nach Abs. 3 feststellen zu lassen (vgl hierzu Art. 21 Rn 20 ff). Die die Anerkennung ausschließenden Gründe sind abschließend in Art. 22 und 23 geregelt.

16 Zur **Wirkung der Anerkennung** fehlt eine ausdrückliche Regelung. Wie für die EuGVVO ist auch hier vom Prinzip der Wirkungserstreckung auszugehen.[611] Anerkannt werden alle prozessualen Entscheidungswirkungen, dh objektive und subjektive materielle Rechtskraft, Präklusions- und Gestaltungswirkung.[612] Das Prinzip der Wirkungserstreckung gilt auch für den Zeitpunkt und die Voraussetzungen (zB Registrierung) des Eintritts der statusrechtlichen Wirkungen der Entscheidung in Ehesachen.[613] Die Anerkennung erstreckt sich nicht auf die Vollstreckbarkeit (vgl hierzu Vor Art. 28 Rn 1 ff). Zu den Entscheidungen über das Umgangsrecht und über die Rückgabe des Kindes nach Art. 11 Nr. 8 s. Art. 40 ff.

17 Die Frage der **Erlangung der Eheschließungsfreiheit** ist in der EheVO nicht gesondert geregelt. Nicht aufgenommen wurde eine Art. 9 CIEC-Übereinkommen über die Anerkennung von Entscheidungen in Ehesachen vom 8.9.1967[614] (Deutschland ist nicht Vertragsstaat) entsprechende Regelung. Dort heißt es, dass, soweit eine Entscheidung eines Gerichts eines Mitgliedstaates über die Auflösung oder die Nichtigkeitserklärung einer Ehe anerkannt ist, eine neue Eheschließung im Anerkennungsstaat nicht deshalb verweigert werden darf, weil das Recht eines Drittstaats diese Auflösung bzw Nichtigkeitserklärung nicht zulässt oder nicht anerkennt. Das Fehlen einer solchen Vorschrift kann zur Folge haben, dass, obwohl ein Eheurteil aus einem Mitgliedstaat der EheVO in Deutschland anerkannt ist, die vormaligen Eheleute hier (noch) keine neue Ehe eingehen dürfen oder die geschlossene Zweitehe als fehlerhaft angesehen wird, so zB wenn ein israelischer Staatsangehöriger jüdischen Glaubens in Frankreich gerichtlich geschieden worden ist und nunmehr in Deutschland eine neue Ehe eingehen will. Die materiellrechtlichen Voraussetzungen für die Eheschließung werden nach dem Heimatrecht jedes Partners bestimmt, Art. 13 Abs. 1 EGBGB. Wenn das Heimatrecht die Verweisung annimmt und ein Verbot der Doppelehe vorsieht, dann stellt sich die materiellrechtliche Vorfrage der Existenz der Vorehe. Diese Vorfrage ist nach hM – zumindest auch – vom Standpunkt der Rechtsordnung zu entscheiden, die die Hauptfrage stellt (hierzu Art. 13 EGBGB Rn 36 ff). Zu prüfen ist deshalb, ob die Eheentscheidung durch das Gericht eines Mitgliedstaates im Heimatstaat des Verlobten anerkannt wird. Trifft das nicht zu, dann ist die Eheschließung nur unter den Voraussetzungen des Art. 13 Abs. 2 EGBGB zulässig (hierzu Art. 13 EGBGB Rn 81 ff).[615] Dem Sinn und Zweck der EheVO würde es entsprechen, wenn in ihrem Anwendungsbereich die Rechtsprechung die Vorfragenproblematik entsprechend Art. 9 CIEC-Übereinkommen über die Anerkennung von Entscheidungen in Ehesachen lösen würde.

608 AG Pankow-Weißensee ZKJ 2009, 378; *Helms*, FamRZ 2001, 257, 260; Zöller/*Geimer*, Art. 21 EheVO Rn 11; Rauscher/*Rauscher*, Art. 2 Brüssel IIa-VO Rn 15.

609 MüKo-ZPO/*Gottwald*, Art. 21 EheGVO Rn 6; *Helms*, FamRZ 2001, 257, 261; Rauscher/*Rauscher*, Art. 21 Brüssel IIa-VO Rn 15 f; Thomas/Putzo/*Hüßtege*, Art. 21 EuEheVO Rn 2.

610 U.a. MüKo-ZPO/*Gottwald*, Art. 21 EheGVO Rn 6; *Helms*, FamRZ 2001, 257, 261; Thomas/Putzo/*Hüßtege*, Art. 21 EuEheVO Rn 2 mwN; Staudinger/*Spellenberg* (2005), Art. 21 EheGVO Rn 45.

611 MüKo-ZPO/*Gottwald*, Art. 21 EheGVO Rn 1; Rauscher/*Rauscher*, Art. 21 Brüssel IIa-VO Rn 13; zum EuGVÜ EuGH Slg 1988, 645 ff.

612 MüKo-ZPO/*Gottwald*, Art. 21 EheGVO Rn 5; Rauscher/*Rauscher*, Art. 21 Brüssel IIa-VO Rn 13.

613 *Schlosser*, 2. Aufl. 2003, Art. 14 EuEheVO Rn 2; MüKo-ZPO/*Gottwald*, Art. 21 EheGVO Rn 5.

614 Abgedruckt in StAZ 1967, 320 bzw auf der Homepage der CIEC: http://www.ciecl.org.

615 BGH FamRZ 1997, 542, 544; Palandt/*Thorn*, Art. 13 EGBGB Rn 16.

C. Beischreibung in Personenstandsbüchern (Abs. 2)

Ein obligatorisches Anerkennungsverfahren ist auch für die Beischreibung ausgeschlossen. Wenn keine Anerkennungshindernisse vorliegen, hat die Behörde die Beischreibung vorzunehmen. Als zusätzliche Voraussetzung ist die formelle Rechtskraft der Entscheidung des Erststaats bestimmt, dh im Erlassstaat kann kein ordentlicher Rechtsbehelf mehr eingelegt werden (Nachweis gem. Art. 37, 39 iVm Anh. I). Aus der Formulierung "unbeschadet des Absatzes 3" folgt, dass, wenn die Behörde die Beischreibung ablehnt, der Betroffene die Feststellung nach Abs. 3 beantragen kann. 18

Offen ist noch, ob in Deutschland der Standesbeamte oder die übergeordnete Behörde selbst für das Feststellungsverfahren antragsberechtigt ist.[616] Jedenfalls können beide wegen der ausschließlichen Zuständigkeit des FamG über die Anerkennungs-/Nichtanerkennungsfähigkeit nicht förmlich befinden.[617] Möglich ist jedoch ein Verfahren nach §§ 48 ff PStG auf Antrag eines Beteiligten, der Aufsichtsbehörde oder in Zweifelsfällen des Standesbeamten selbst vor dem AG, das sich auf die Beischreibung bezieht.[618] In diesem Verfahren kann das Gericht inzident über die Vorfrage der Anerkennung gem. Abs. 4 entscheiden, wobei dieser Teil nicht in Rechtskraft erwächst (hierzu Rn 41). 19

D. Selbständiges Anerkennungsfeststellungsverfahren (Abs. 3)

I. Allgemeines

Das vereinfachte Anerkennungsfeststellungsverfahren nach Abs. 3 ist in allen Mitgliedstaaten anwendbar und verdrängt in seinem Anwendungsbereich das autonome Recht.[619] Für Eheverfahren wird in Deutschland ein Verfahren nach § 107 FamFG,[620] aber auch ein Verfahren nach § 121 Nr. 3 FamFG (ehemals § 632 ZPO) ausgeschlossen. Eine Partei kann nach Art. 21 Abs. 3 EuEheVO die Nichtanerkennung einer Entscheidung beantragen, selbst wenn zuvor kein Antrag auf Anerkennung dieser Entscheidung gestellt wurde.[621] Davon ausgenommen sind Entscheidungen, die die Rückgabe des Kindes nach Art. 13 HKÜ ablehnen, wenn das nach Art. 10 EuEheVO zuständige Gericht eine Rückgabeentscheidung nach Art. 11 Abs. 8 EuEheVO getroffen hat.[622] Für die Feststellung der Nichtanerkennungsfestellungsfähigkeit fehlt ein Rechtschutzbedürfnis, weil die Entscheidung über die Nichtrückführung im Entführungsstaat von der Entscheidung über die Rückführung im Herkunftsstaat überholt wird. Der Grund hierfür kann darin gesehen werden, dass einer Sorgerechtsentscheidung eine sorgfältigere Prüfung zugrunde liegt, als einer oft nur summarisch getroffenen Entscheidung über die Rückführung und erstere von dem in der Hauptsache international zuständigen Gericht getroffen wurde.[623] 20

Mit dem fakultativen Anerkennungsfestellungsverfahren wird einem Bedürfnis nach rechtskräftiger Klärung der Anerkennung/Nichtanerkennung der ausländischen Entscheidung Rechnung getragen, das vor allem für solche Entscheidungen bestehen kann, die einer Vollstreckbarerklärung nicht zugänglich sind,[624] wie Entscheidungen in Ehesachen und über die Übertragung der elterlichen Sorge. Ein solches Bedürfnis wird jedoch vielfach nicht bestehen, weil die Anerkennung der ausländischen Entscheidung ipso iure erfolgt, inzident festgestellt werden kann und die Feststellung der Anerkennungsfähigkeit keine Schwierigkeiten bereitet, wenn die in Art. 37 und 39 genannten Urkunden und Bescheinigungen vorhanden sind. Ein Anerkennungsverfahren ist, um Rechtsklarheit zu gewinnen, u.a. dann in Erwägung zu ziehen, wenn die Nichtanerkennung angestrebt wird, die Gegenseite die Anerkennungsfähigkeit bestreitet oder wenn nicht alle in Art. 37 und 39 genannten Urkunden beigebracht werden können. Andererseits kann auch ein Antrag auf Nichtanerkennung Gründe des Kindeswohls, geordneter Familienverhältnisse oder des Familienfriedens verfolgen, wenn bisher die Anerkennung oder Vollstreckung von der Gegenseite nicht begehrt wurde. Das Interesse an einer frühzeitigen Entscheidung kann auch verfahrensrechtlicher Natur sein, etwa mit der Absicht, Beweismittel vorzulegen, die später möglicherweise nicht mehr zur Verfügung stehen.[625] 21

616 Für eine Antragsberechtigung des Standesbeamten iE *Hub*, NJW 2001, 3145, 3149; *Helms*, FamRZ 2001, 257, 261; für Antragsberechtigung der Aufsichtsbehörde *Sturm*, StAZ 2002, 193, 200.

617 *Sturm*, StAZ 2002, 193, 198.

618 Thomas/Putzo/*Hüßtege*, Art. 21 EuEheVO Rn 6; Rauscher/*Rauscher*, Art. 21 Brüssel IIa-VO Rn 26; wohl anders *Hub*, NJW 2001, 3145, 3149.

619 *Finger*, FuR 2010, 3, 8; zur EuGVVO *Kropholler*, Europäisches Zivilprozessrecht, 8. Aufl. 2005, Art. 33 EuGVVO Rn 2.

620 *Hub*, NJW 2001, 3147; *Helms*, FamRZ 2001, 257, 261 f; iE *Hausmann*, EuLF 2000/01, 345, 351.

621 EuGH, Rs. C-195/08 – Inga Rinau, NJW 2008, 2973 = IPRax 2009, 420.

622 EuGH, Rs. C-195/08 – Inga Rinau, NJW 2008, 2973 = IPRax 2009, 420; *Schulz*, FamRZ 2008, 1732, 1734.

623 *Coester-Waltjen*, FamRZ 2005, 241, 247; *Schulz*, FamRZ 2008, 1732, 1733.

624 MüKo-ZPO/*Gottwald*, Art. 21 EheGVO Rn 7; für die EuGVVO *Kropholler*, Europäisches Zivilprozessrecht, 8. Aufl. 2005, Art. 33 EuGVVO Rn 2.

625 EuGH, Rs. C-195/08 – Inga Rinau – NJW 2008, 2973 = IPRax 2009, 420.

II. Verfahren

22 **1. Anerkennungsfeststellungsverfahren.** Das Anerkennungsfeststellungsverfahren ist nicht gesondert geregelt, die Vorschriften des Abschnitts 2 über die Vollstreckbarerklärung sind entsprechend heranzuziehen. Aus diesem Grund wird hier das Verfahren nur in den Grundzügen dargestellt und im Übrigen auf die Kommentierung zu Abschnitt 2 (Art. 28 ff) verwiesen.

2. Deutsche Regelung: Internationales Familienrechtsverfahrensgesetz[626]

§ 32 IntFamRVG Anerkennungsfeststellung

[1]Auf das Verfahren über einen gesonderten Feststellungsantrag nach Artikel 21 Absatz 3 der Verordnung (EG) Nr. 2201/2003, nach Artikel 24 des Haager Kinderschutzübereinkommens oder nach dem Europäischen Sorgerechtsübereinkommen, einen Titel aus einem anderen Staat anzuerkennen oder nicht anzuerkennen, sind die Unterabschnitte 1 bis 3 entsprechend anzuwenden. [2]§ 18 Absatz 1 Satz 1 ist nicht anzuwenden, wenn die antragstellende Person die Feststellung begehrt, dass ein Titel aus einem anderen Staat nicht anzuerkennen ist. [3]§ 18 Absatz 1 Satz 3 ist in diesem Falle mit der Maßgabe anzuwenden, dass die mündliche Erörterung auch mit weiteren Beteiligten stattfinden kann.

23 Die deutschen Durchführungsbestimmungen zur EheVO sind im IntFamRVG aufgenommen.

24 Für das Anerkennungsfeststellungsverfahren verweist § 32 IntFamRVG auf die deutschen Vorschriften über die Erteilung der Vollstreckungsklausel im ersten Rechtszug. Zu Beschwerde und Rechtsbeschwerde vgl §§ 24–31 IntFamRVG. Die relevanten Bestimmungen sind unter Abschnitt 2 abgedruckt. Nur die örtliche Zuständigkeit ist gesondert geregelt (hierzu Rn 27).

III. Zeitpunkt

25 Das Feststellungsverfahren kann bereits eingeleitet werden, bevor die ausländische Entscheidung rechtskräftig ist,[627] das Gericht hat jedoch die Möglichkeit der Aussetzung des Verfahrens nach Art. 27.

IV. Spezialisierte sachliche Zuständigkeit

26 Für die Durchführung eines solchen Verfahrens sind nur die von den jeweiligen Mitgliedstaaten hierfür bestimmten Gerichte zuständig; die Liste ist nicht in der EheVO selbst enthalten, sie wird von den Ländern der Kommission mitgeteilt und von dieser veröffentlicht (Art. 68; für Deutschland s. §§ 12, 13 IntFamRVG, abgedruckt unter Art. 29 Rn 2, 4).

V. Örtliche Zuständigkeit

27 Diese bestimmt sich nach nationalen Rechtsvorschriften, in Deutschland § 10 IntFamRVG.

§ 10 IntFamRVG Örtliche Zuständigkeit für die Anerkennung und Vollstreckung

Örtlich ausschließlich zuständig für Verfahren nach
- **Artikel 21 Abs. 3 und Artikel 48 Abs. 1 der Verordnung (EG) Nr. 2201/2003 sowie für die Zwangsvollstreckung nach den Artikeln 41 und 42 der Verordnung (EG) Nr. 2201/2003,**
- **den Artikeln 24 und 26 des Haager Kinderschutzübereinkommens,**
- **dem Europäischen Sorgerechtsübereinkommen**

ist das Familiengericht, in dessen Zuständigkeitsbereich zum Zeitpunkt der Antragstellung
1. **die Person, gegen die sich der Antrag richtet, oder das Kind, auf das sich die Entscheidung bezieht, sich gewöhnlich aufhält oder**
2. **bei Fehlen einer Zuständigkeit nach Nummer 1 das Interesse an der Feststellung hervortritt oder das Bedürfnis der Fürsorge besteht,**
3. **sonst das im Bezirk des Kammergerichts zur Entscheidung berufene Gericht.**

626 Internationales Familienrechtsverfahrensgesetz v. 26.1.2005 (BGBl. I 2005 S. 162 ff).

627 AG Pankow-Weißensee ZKJ 2009, 378; Thomas/Putzo/*Hüßtege*, Art. 21 EuEheVO Rn 4; Rauscher/*Rauscher*, Art. 2 Brüssel IIa-VO Rn 15.

Die Zuständigkeiten nach Nr. 2 und 3 sind subsidiär. Bei einem Anerkennungsfeststellungsverfahren, das die Entscheidung in einer Ehesache betrifft und von einem der Ehegatten eingeleitet wird, kommt es auf den gewöhnlichen Aufenthalt des anderen Ehegatten an. Fehlt dieser im Inland, kann von einer Konzentration des Interesses nach Nr. 2 am gewöhnlichen Aufenthaltsort des antragstellenden Ehegatten ausgegangen werden. Wird der Antrag von einer Behörde oder dritten Personen gestellt, kommt es darauf an, gegen wen sich der Antrag richtet. Fehlt es an einem Antragsgegner, dann kommt lediglich eine Zuständigkeit nach Nr. 2 oder 3 infrage. Wird zB das Verfahren angestrebt, um die Erbrechtsfolge im Erbscheinverfahren zu klären, dann ist von der Zuständigkeit des FamG auszugehen, in dessen Zuständigkeitsbereich sich das zuständige Nachlassgericht befindet. 28

Bei Verfahren in Bezug auf die elterliche Verantwortung ist primär das FamG zuständig, in dessen Zuständigkeitsbereich der Antragsgegner oder das Kind seinen gewöhnlichen Aufenthalt hat (alternative Zuständigkeit). Fehlt es daran, greift die Fürsorgezuständigkeit nach Nr. 2; infrage kommt insbesondere die Zuständigkeit aufgrund des schlichten Aufenthalts des Kindes oder der Belegenheit des Kindesvermögens, soweit es die Vermögenssorge betrifft. Gibt es auch keine Fürsorgezuständigkeit, so ist zu fragen, ob das Interesse an der Feststellung im Inland lokalisierbar ist; wenn auch das nicht zutrifft, greift letztlich Nr. 3. 29

VI. Antragsberechtigung

Antragsberechtigt sind jedenfalls die Parteien des Ausgangsprozesses und Personen, die nicht Parteien des Ausgangsverfahrens waren, aber durch die Anerkennung oder Nichtanerkennung in eigenen Rechtspositionen betroffen sind.[628] Bei Anerkennungsfeststellungsverfahren in Bezug auf Entscheidungen in Ehesachen sind es zB Erben oder ein Ehegatte aus nachfolgender Ehe. Im Übrigen ist die Voraussetzung "jede Partei, die ein Interesse hat" weit auszulegen. Hierfür können die geltenden innerstaatlichen Rechtsvorschriften des Anerkennungsstaats herangezogen werden.[629] Folglich sind, bezogen auf das Eheverfahren, zumindest solche Personen antragsberechtigt, die nach § 107 Abs. 4 FamFG die Antragsberechtigung besäßen (hierzu Anhang II zum III. Abschnitt, §§ 107, 108, 109 FamFG Rn 27 ff).[630] 30

Bei Anerkennungsfeststellungsverfahren, die Entscheidungen über die elterliche Verantwortung betreffen, kommen insbesondere in Betracht: die Eltern, das Kind und andere Personen, die in Bezug auf das Kind die elterliche Verantwortung ganz oder teilweise innehaben (Vormund, Pflegepersonen), auch die staatliche Gewalt (Staatsanwaltschaft, Jugendamt), wenn dies vorgesehen ist.[631] An die Stelle der staatlichen Gewalt im Entscheidungsstaat tritt die für solche Fragen zuständige Behörde des Vollstreckungsstaats, weil ohne spezielle europa- oder völkerrechtliche Regelungen die hoheitliche Tätigkeit der staatlichen Gewalt territorial beschränkt ist. 31

VII. Inhalt und Form des Antrags

Der Antrag kann auf Feststellung der Anerkennung oder Nichtanerkennung lauten. Seine Form bestimmt sich nach den Rechtsvorschriften des Zweitstaates. In Deutschland ist der Antrag schriftlich einzureichen oder mündlich zu Protokoll der Geschäftsstelle des Gerichts zu erklären. Der Antrag sollte in deutscher Sprache abgefasst sein. Anderenfalls kann das Gericht die Übersetzung des Antrags aufgeben, deren Richtigkeit durch eine hierzu befugte Person zu bestätigen ist (§ 16 IntFamRVG, hierzu Art. 30 Rn 3). Dem Antrag sind die in Art. 37 und 39 bezeichneten Urkunden beizulegen. 32

VIII. Verfahrensdurchführung

Das Familiengericht befindet über den Antrag auf Anerkennung/Nichtanerkennung ohne Anhörung des Antragsgegners oder materiell Betroffener.[632] Es prüft lediglich die Anerkennungshindernisse nach Art. 22 ff aufgrund vorgelegter Urkunden.[633] Nur der Antragsteller erhält Gelegenheit, sich zu seinem Antrag zu äußern (§ 18 IntFamRVG, Art. 31 entsprechend, hierzu auch Art. 31 Rn 1 f). Ist im Erststaat gegen die Entscheidung, 33

628 *Helms*, FamRZ 2001, 257, 261; Rauscher/*Rauscher*, Art. 21 Brüssel IIa-VO Rn 34.

629 *Borrás*, ABl. EG 1998 C 221, S. 27, 50 Nr. 65; *Helms*, FamRZ 2001, 257, 261.

630 Der Streit, inwieweit Behörden antragsberechtigt sind, setzt sich in Bezug auf Abs. 3 fort, hierzu *Helms*, FamRZ 2001, 257, 261; *Hub*, NJW 2001, 3145, 3149; Rauscher/*Rauscher*, Art. 21 Brüssel IIa-VO Rn 36.

631 Thomas/Putzo/*Hüßtege*, Art. 28 EuEheVO Rn 3; MüKo-ZPO/*Gottwald*, Art. 21 EheGVO Rn 9; *Borrás*, ABl. EG 1998 C 221 S. 27, 54 Nr. 80; *Wagner*, IPRax 2001, 73, 79.

632 *Helms*, FamRZ 2001, 257, 261; Thomas/Putzo/*Hüßtege*, Art. 21 EuEheVO Rn 6.

633 Thomas/Putzo/*Hüßtege*, Art. 21 EuEheVO Rn 2; Staudinger/*Spellenberg* (2005), Art. 21 EheGVO Rn 44.

deren Anerkennung/Nichtanerkennung begehrt wird, ein ordentlicher Rechtsbehelf eingelegt worden, so kann das FamG das Anerkennungsverfahren nach Art. 27 aussetzen.

34 Das Verfahren in Deutschland richtet sich soweit es eine Entscheidung in einer Ehesache betrifft, nach den Vorschriften für Eheverfahren, speziell für Feststellungsverfahren (§ 121 Nr. 3 FamFG) § 113 FamFG verweist für die nicht im FamFG geregelten Fragen auf die Vorschriften der ZPO (§ 14 IntFamRVG, abgedruckt Vor Art. 28–36 Rn 7). Für Entscheidungen, die die elterliche Verantwortung betreffen, werden die Verfahrensvorschriften des FamFG zugrunde gelegt.

35 Es besteht kein Anwaltszwang für das Verfahren in der Ehesache im ersten Rechtszug (§ 18 Abs. 2 IntFamRVG, abgedruckt Vor Art. 28–36 Rn 10).

IX. Rechtsbehelf

36 Hierauf finden die für den Rechtsbehelf gegen die Vollstreckbarerklärung geltenden Bestimmungen entsprechend Anwendung (hierzu Art. 33). Die Antragsberechtigung ist in Art. 33 mit „Partei" umschrieben und unter Berücksichtigung des weiten Parteibegriffs in Art. 21 Abs. 3 auszulegen.

37 Für das Verfahren in Deutschland ist – in Anlehnung an Art. 33 – § 24 IntFamRVG entsprechend anzuwenden.

X. Bestands- und Rechtskraft sowie Bindungswirkung

38 Die gerichtliche Entscheidung über die Anerkennungs- oder Nichtanerkennungsfähigkeit der Entscheidung aus einem anderen Mitgliedstaat erlangt nach Ablauf der Rechtsmittelfristen formelle und materielle Rechtskraft, die allerdings nur relativ, dh zwischen den Beteiligten des gerichtlichen Verfahrens wirkt.[634] Diese sind an den Beschluss gebunden und können das Gericht nicht nochmals anrufen, andere Antragsberechtigte dagegen schon.

39 Für statusändernde Entscheidungen in Ehesachen fehlt es an einer §§ 107 Abs. 9, 108 Abs. 2 S. 2 FamFG entsprechenden Regelung im IntFamRVG, wonach die Feststellung, dass die Voraussetzungen für die Anerkennung vorliegen oder nicht vorliegen, für die Gerichte und Verwaltungsbehörden bindend sind (hierzu Anhang II zum III. Abschnitt, §§ 107, 108, 109 FamFG Rn 37). Jedoch sollte auch für die Entscheidungen im fakultativen Anerkennungsverfahren nach der EheVO von einer Bindung der inländischen Behörden an die Sachentscheidung ausgegangen werden. Hierfür spricht, dass antragsberechtigt nicht nur die Parteien des Ausgangsverfahrens, sondern u.a. auch inländische Behörden sind. Das Anerkennungsfeststellungsverfahren verlöre jeden Sinn, wenn nach der Entscheidung inländische Behörden (zB der Standesbeamte bei Antrag auf Eheschließung) wegen Drittbeteiligung die Anerkennungsfähigkeit nach der EheVO inzident erneut prüfen müssten.[635]

XI. Kosten

40 Vgl Anlage 1 zu § 3 Abs. 2 FamGKG (Kostenverzeichnis) Nr. 1710 ff KV FamGKG (ehemals § 51 IntFamRVG) (hierzu Art. 28–36 Rn 11) sowie für die Regelungen über den Kostenschuldner § 20 Abs. 2, 3 IntFamRVG und § 81 Abs. 3 FamFG.

E. Inzidente Entscheidung (Abs. 4)

41 Die Regelung bezieht sich auf den Fall, dass die Frage der Anerkennung/Nichtanerkennung sich als Vorfrage in einem Prozess stellt, in dem über eine andere Frage als Hauptfrage zu entscheiden ist. Welcher Art die Hauptfrage (zB familien-, personenstands-, erb-, sozial- oder steuerrechtlich) ist, spielt keine Rolle. Das Gericht hat die Anerkennung von Amts wegen zu prüfen, auch wenn keine der Prozessparteien die Anerkennung bestreitet, wenn die Entscheidung in der Hauptsache davon abhängig ist. Es kann – ohne Rücksicht auf die Zuständigkeit nach Abs. 3 – über die Anerkennung entschieden werden. Im deutschen Zivilverfahren kann das Gericht hierüber auch durch Zwischenentscheid befinden (§§ 113 Abs. 1 FamFG, 303 ZPO). Dieser, wie auch die Inzidententscheidung, entfaltet keine Rechtskraft,[636] andere Gerichte/Behörden sind daran nicht gebunden, ein Verfahren nach Abs. 3 bleibt möglich. Ein Zwischenfeststellungsantrag (§§ 113 Abs. 1 FamFG, 256 Abs. 2 ZPO) bezogen auf die Anerkennung/Nichtanerkennung ist nur dann zulässig, wenn der

634 *Hausmann*, EuLF 2000/01, 345, 351; *Schack*, RabelsZ 65 (2001), 615, 629; *Helms*, FamRZ 2001, 254, 261; *Schlosser*, 2. Aufl. 2003, Art. 14 EuEheVO Rn 2.

635 Mit weitergehender Begründung ebenso Rauscher/*Rauscher*, Art. 21 Brüssel IIa-VO Rn 33.

636 Rauscher/*Rauscher*, Art. 21 Brüssel IIa-VO Rn 22 f; Thomas/Putzo/*Hüßtege*, Art. 21 EuEheVO Rn 13; MüKo-ZPO/*Gottwald*, Art. 21 EheGVO Rn 14; Geimer/Schütze/*Paraschas*, IRV, Bd. 2, 37. EL, Art. 21 EheVO Rn 62.

Antrag in der Hauptsache vor einem für die Anerkennung zuständigen FamG anhängig gemacht wird.[637] Das folgt daraus, dass die Zuständigkeit des FamG am Sitz des jeweiligen OLG ausschließlich gewollt ist. Die Zwischenfeststellungsentscheidung hat dann die Wirkung einer Anerkennungsentscheidung gem. Abs. 3.

F. Aufhebung oder Änderung der Entscheidung im Erststaat

Aus dem Prinzip der Inzidentanerkennung folgt, dass bei Aufhebung der Entscheidung im Erststaat die Anerkennung im Zweitstaat entfällt, bei Änderung bezieht sich die Anerkennung nunmehr auf die geänderte Entscheidung. Solange die förmliche Anerkennungsentscheidung nach Art. 21 Abs. 3 noch nicht rechtskräftig ist, kann die Aufhebung oder Änderung in diesem Verfahren geltend gemacht werden.[638] Ist sie jedoch bereits rechtskräftig, bedarf es eines Verfahrens, um den Widerspruch zur Entscheidungssituation im Erststaat aufzuheben.[639] 42

In Deutschland ist dieses in § 34 IntFamRVG geregelt (hierzu Annex zu Art. 28–36 Rn 3). Es handelt sich um ein Antragsverfahren, zuständig ist das FamG, das im ersten Rechtszug über die Anerkennung entschieden hat. Auf jeden Fall sind die Parteien des Ausgangsverfahrens antragsberechtigt, im Übrigen sollte die Berechtigung wie bei Abs. 3 ausgelegt werden. 43

G. Änderung der Entscheidung durch Gerichte des Zweitstaates

Aufgrund ihres langfristigen Charakters bedürfen Entscheidungen zur elterlichen Verantwortung im Interesse des Kindeswohls möglicherweise einer Abänderung. Die Abänderbarkeit durch Gerichte des Zweitstaates ist in der EheVO nicht explizit geregelt. Aus dem Vorrang einer späteren Entscheidung gegenüber der früheren Entscheidung in Bezug auf die Anerkennung folgt jedoch, dass der Verordnungsgeber von der Abänderbarkeit ausgeht.[640] Wird für eine Frage der elterlichen Verantwortung in Bezug auf das Kind, zu der bereits eine Entscheidung des Gerichts eines anderen Mitgliedstaates ergangen ist, eine anders lautende Entscheidung im Zweitstaat angestrebt (§ 166 FamFG), sind folgende Prüfungsschritte erforderlich: 44

1. Zunächst ist zu prüfen, ob für die angestrebte Änderungsentscheidung nach Art. 8 ff die internationale Zuständigkeit der Gerichte des Zweitstaats besteht.
2. Weiterhin muss festgestellt werden, ob die Entscheidung des Gerichts des Erststaates im Zweitstaat anerkannt ist. Diese Prüfung hat nach der EheVO oder nach den davor geltenden Vorschriften (MSA oder § 16 a FGG) in Übereinstimmung mit den intertemporalen Regelungen inzident zu erfolgen. Dabei darf keine Nachprüfung in der Sache vorgenommen werden, also zB die Anerkennung deshalb abgelehnt werden, weil aus heutiger Sicht eine andere Regelung der elterlichen Verantwortung dem Kindeswohl besser entspricht.[641]
3. Ist die Entscheidung im Zweitstaat anzuerkennen, so ist zu prüfen, ob sie nach dem nunmehr maßgeblichen Sachrecht wegen späterer Änderung der tatsächlichen Umstände ganz oder teilweise abzuändern ist.[642] Eine Abänderung kommt in Anlehnung an Art. 27 KSÜ auch dann in Betracht, wenn die anzuerkennende Entscheidung nicht mehr dem Kindeswohl gerecht wird, unabhängig davon, ob sich die zugrundeliegenden Tatsachen geändert haben.[643] Ist deutsches Recht anzuwenden, erfolgt dies gem. § 1696 BGB.

Im Verfahren über die förmliche Anerkennung oder über die Vollstreckbarerklärung nach der EheVO kann der Antragsgegner die Abänderung der Entscheidung nicht begehren, weil für dieses Verfahren ein grundsätzliches Verbot der sachlichen Nachprüfung der ausländischen Entscheidung gilt.[644] 45

Ist in Deutschland ein Anerkennungsverfahren über die elterliche Verantwortung in Bezug auf dasselbe Kind anhängig, so ist § 13 IntFamRVG zur Zuständigkeitskonzentration zu beachten (hierzu Art. 29 Rn 4). 46

637 Wie hier *Helms*, FamRZ 2001, 257, 262; Rauscher/*Rauscher*, Art. 21 Brüssel IIa-VO Rn 24; ohne die Anhängigkeit der Hauptsache vor zuständigem FamG zu verlangen *Vogel*, MDR 2000, 1045, 1049; Thomas/Putzo/*Hüßtege*, Art. 21 EuEheVO Rn 13.

638 Für die EuGVVO Geimer/Schütze/*Geimer*, EuZVR, Art. 33 EuGVVO Rn 123.

639 Für die EuGVVO Geimer/Schütze/*Geimer*, EuZVR, Art. 33 EuGVVO Rn 123.

640 *Borrás*, ABl. EG 1998 C 221, S. 27, 53 Nr. 78; *Hausmann*, EuLF 2000/2001, 345, 350; iE *Wagner*, IPRax 2001, 73, 78; Rauscher/*Rauscher*, Art. 21 Brüssel IIa-VO Rn 14; Geimer/Schütze/*Paraschas*, IRV, Bd. 2, 37. EL, Art. 21 EheVO Rn 30 f.

641 Krit. hierzu *Jänterä-Jareborg*, Yearbook of private international law 1999, 1 (26).

642 So auch *Borrás*, ABl. EG 1998 C 221 S. 27, 53 Nr. 78.

643 Hierzu Art. 26 EheVO Rn 1.

644 *Hausmann*, EuLF 2000/2001, 345, 350.

Art. 22 EheVO 2003 Gründe für die Nichtanerkennung einer Entscheidung über eine Ehescheidung, Trennung ohne Auflösung des Ehebandes oder Ungültigerklärung einer Ehe

Eine Entscheidung, die die Ehescheidung, die Trennung ohne Auflösung des Ehebandes oder die Ungültigerklärung einer Ehe betrifft, wird nicht anerkannt,

a) wenn die Anerkennung der öffentlichen Ordnung des Mitgliedstaates, in dem sie beantragt wird, offensichtlich widerspricht;

b) wenn dem Antragsgegner, der sich auf das Verfahren nicht eingelassen hat, das verfahrenseinleitende Schriftstück oder ein gleichwertiges Schriftstück nicht so rechtzeitig und in einer Weise zugestellt wurde, dass er sich verteidigen konnte, es sei denn, es wird festgestellt, dass er mit der Entscheidung eindeutig einverstanden ist;

c) wenn die Entscheidung mit einer Entscheidung unvereinbar ist, die in einem Verfahren zwischen denselben Parteien in dem Mitgliedstaat, in dem die Anerkennung beantragt wird, ergangen ist; oder

d) wenn die Entscheidung mit einer früheren Entscheidung unvereinbar ist, die in einem anderen Mitgliedstaat oder in einem Drittstaat zwischen denselben Parteien ergangen ist, sofern die frühere Entscheidung die notwendigen Voraussetzungen für ihre Anerkennung in dem Mitgliedstaat erfüllt, in dem die Anerkennung beantragt wird.

A. Allgemeines

1 In Art. 22, 23 sind die Gründe, auf denen die Nichtanerkennung einer Entscheidung beruhen kann, abschließend geregelt.[645] Die Versagungsgründe sind grundsätzlich von Amts wegen zu prüfen, also unabhängig von der Rüge einer Partei.[646] Das bedeutet jedoch nicht, dass eine Pflicht zur Amtsermittlung der entscheidungserheblichen Tatsachen besteht.[647] Die Feststellungslast für alle Tatsachen, die der Anerkennung entgegenstehen, trägt – mit Ausnahme der nach Art. 37, 39 beizubringenden Nachweise – diejenige Partei, welche die Anerkennung bestreitet.[648] Dafür spricht schon die anerkennungsfreundliche Grundtendenz der EheVO, wonach eine Rechtsvermutung zugunsten der Anerkennung besteht.[649] Die Regelung geht von dem Grundsatz der Anerkennung aus, die Nichtanerkennung ist die Ausnahme. Die Versagungsgründe sind unter dem Gesichtspunkt auszulegen, dass die Vorschriften insgesamt darauf zielen, die Anerkennung von Entscheidungen im Geltungsbereich der EheVO zu erleichtern, um damit die Freizügigkeit der Menschen im Interesse des reibungslosen Funktionierens des Binnenmarkts zu fördern (Art. 81 AEUV ehemals Art. 65 EGV).

645 Thomas/Putzo/*Hüßtege*, Vor Art. 22–27 EuEheVO Rn 1; *Schack*, RabelsZ 65 (2001), 615, 617; Zöller/*Geimer*, Art. 22 EheVO Rn 1; Rauscher/*Rauscher*, Art. 22 Brüssel IIa-VO Rn 3.

646 *Borrás*, ABl. EG 1998 C 221 S. 27, 50 Nr. 67; Rauscher/*Rauscher*, Art. 22 Brüssel IIa-VO Rn 3; MüKo-ZPO/*Gottwald*, Art. 22 EheGVO Rn 2; zum EuGVÜ OLG Koblenz IPRspr 1990 Nr. 203; OLG Köln OLGZ 1990, 381; zur EuGVVO *Kropholler*, Europäisches Zivilprozessrecht, 8. Aufl. 2005, Vor Art. 33 EuGVVO Rn 6 mwN.

647 Geimer/Schütze/*Paraschas*, IRV, Bd. 2, 37. EL, Art. 22 EheVO Rn 3; Staudinger/*Spellenberg* (2005), Art. 22 EheGVO Rn 86. Dazu näher für die EuGVVO *Kropholler*, Europäisches Zivilprozessrecht, 8. Aufl. 2005, Vor Art. 33 EuGVVO Rn 8.

648 Geimer/Schütze/*Paraschas*, IRV, Bd. 2, 37. EL, Art. 22 EheVO Rn 3. Für jede einzelne Anerkennungsvoraussetzung differenzierend Staudinger/*Spellenberg* (2005), Art. 22 EheGVO Rn 90 ff. Wie hier für die EuGVVO *Kropholler*, Europäisches Zivilprozessrecht, 8. Aufl. 2005, Vor Art. 33 EuGVVO Rn 7; *Schack*, Int. Zivilverfahrensrecht, 4. Aufl. 2006, Rn 882 ff.

649 Für Art. 26 EuGVÜ bzw Art. 33 EuGVVO: Bericht *Jenard*, BT-Drucks. 12/6834, 54; *Kropholler*, Europäisches Zivilprozessrecht, 8. Aufl. 2005, Vor Art. 33 EuGVVO Rn 7; aA Zöller/*Geimer*, Art. 33 EuGVVO Rn 5 und § 328 ZPO Rn 273; Geimer/Schütze/*Geimer*, EuZVR, Art. 34 EuGVVO Rn 1 (keine Vermutung für oder gegen Anerkennung).

Soweit Identität in der Regelung besteht, ist ein Rückgriff auf die Auslegung des EuGVÜ/EuGVVO durch die Rechtsprechung des EuGH denkbar.[650] 2

B. Ordre public (lit. a)

Der ordre public kann als Ablehnungsgrund in Ausnahmefällen herangezogen werden.[651] Der Ausnahmecharakter wird im Verordnungstext durch das Wort "offensichtlich" verdeutlicht.[652] Gemeint ist die öffentliche Ordnung des Zweitstaats, bei der Prüfung von Entscheidungen anderer Mitgliedstaaten in Deutschland, also der deutsche ordre public.[653] Wegen der Parallelität kann auf die Auslegung zu § 109 Abs. 1 Nr. 4 ZPO verwiesen werden (Anhang II zum III. Abschnitt, § 107, 108, 109 FamFG Rn 69 ff).[654] Die Unvereinbarkeit mit wesentlichen Grundsätzen des deutschen Rechts, insbesondere den Grundrechten, hindert die Anerkennung. Als Bestandteil des europäischen Zivilprozessrechts haben bei der Auslegung des ordre public die gemeinsamen Grundwerte, wie sie in der EMRK gewährleistet sind, besondere Bedeutung.[655] Geprüft wird, ob die Anerkennung, dh die durch sie hervorgerufenen Wirkungen im Zweitstaat und nicht die Entscheidung selbst, dem ordre public widerspricht.[656] 3

Der ordre public wird bei Eheentscheidungen unter **materiellrechtlichen** Gesichtspunkten kaum eine Rolle spielen.[657] So ist in Deutschland in den letzten 20 Jahren keine veröffentlichte Entscheidung der zuständigen Behörden zu finden, die die Anerkennung eines positiven Eheurteils von Gerichten eines Mitgliedstaates aus Gründen des materiellrechtlichen ordre public ablehnt. In den Mitgliedstaaten mit relativ hohen Hürden für eine Scheidung sehen Art. 25, 26 Schranken dagegen vor, den ordre public gegenüber Entscheidungen aus Mitgliedstaaten mit liberalerem Scheidungsrecht anzuwenden.[658] Weder kürzere Trennungsfristen für die Scheidung, der Verzicht auf das Zerrüttungsprinzip, die Scheidung aus Verschulden noch das Zulassen einer einverständlichen Scheidung rechtfertigen die Anwendung des ordre public.[659] 4

Die Anwendung des **prozessrechtlichen ordre public**[660] setzt voraus, dass die Entscheidung des ausländischen Gerichts aufgrund eines Verfahrens ergangen ist, welches von den Grundprinzipien des Verfahrensrechts des Anerkennungsstaats in einem solchen Maße abweicht, dass die Entscheidung nicht als in einem geordneten rechtsstaatlichen Verfahren ergangene angesehen werden kann.[661] Hat ein möglicher ordre-public-Verstoß seinen Grund nicht in den ausländischen Rechtsnormen, sondern in ihrer Missachtung im Einzelfall durch das entscheidende Gericht, so ist zu berücksichtigen, welche Rechtsmittel der vom Verfahrensverstoß betroffenen Partei zur Verfügung standen.[662] Nach deutscher Rechtsprechung zum ordre public kann im Allgemeinen ein Verfahrensverstoß die Anerkennung nicht hindern, wenn Rechtsmittel nicht genutzt wurden, um den Verstoß zu beseitigen.[663] 5

Zu den wichtigsten verfahrensrechtlichen Grundsätzen, deren Verletzung die Anwendung des ordre public rechtfertigen könnte, gehört der Grundsatz des rechtlichen Gehörs, soweit nicht lit. b greift.[664] Bei der Bewer- 6

650 IE ebenso Staudinger/*Spellenberg* (2005), Art. 22 EheGVO Rn 10 ff; Rauscher/*Rauscher*, Art. 22 Brüssel IIa-VO Rn 7 ff.

651 So EuGH NJW 2009, 1938, 1938; *Helms*, FamRZ 2001, 257, 263.

652 Zur EuGVVO Begründung des Kommissionsentwurfs, KOM (1999), 348 = BR-Drucks. 534/99, 23; *Schack*, Int. Zivilverfahrensrecht, 4. Aufl. 2006, Rn 862.

653 MüKo-ZPO/*Gottwald*, Art. 22 EheGVO Rn 3; Geimer/Schütze/*Paraschas*, IRV, Bd. 2, 37. EL, Art. 22 EheVO Rn 7; Garbe/Ullrich/*Andrae*, Verfahren in Familiensachen, § 11 Rn 434.

654 Thomas/Putzo/*Hüßtege*, Art. 22 EuEheVO Rn 1; *Vogel*, MDR 2000, 1045, 1049.

655 Zur Einbeziehung der EMRK in die Auslegung des ordre public *Grundel*, EWS 2000, 442 ff; zur EuGVVO *Kropholler*, Europäisches Zivilprozessrecht, 8. Aufl. 2005, Art. 34 EuGVVO Rn 11.

656 *Schack*, Int. Zivilverfahrensrecht, 4. Aufl. 2006, Rn 867 f; für die EuGVVO *Kropholler*, Europäisches Zivilprozessrecht, 8. Aufl. 2005, Art. 34 EuGVVO Rn 17 f.

657 So auch die Einschätzungen von *Helms*, FamRZ 2001, 257, 263; iE *Hausmann*, EuLF 2000/01, 345, 349; Rauscher/*Rauscher*, Art. 22 Brüssel IIa-VO Rn 9; Geimer/Schütze/*Paraschas*, IRV, Bd. 2, 37. EL, Art. 22 EheVO Rn 11; MüKo-ZPO/*Gottwald*, Art. 22 EheGVO Rn 3.

658 *Helms*, FamRZ 2001, 257, 263.

659 *Helms*, FamRZ 2001, 257, 263; Garbe/Ullrich/*Andrae*, Verfahren in Familiensachen, § 11 Rn 436; etwas einschr. Rauscher/*Rauscher*, Art. 22 Brüssel IIa-VO Rn 8.

660 Dazu näher *Helms*, FamRZ 2001, 257, 263; Geimer/Schütze/*Paraschas*, IRV, Bd. 2, 37. EL, Art. 22 EheVO Rn 12 f; zur EuGVVO *Kropholler*, Europäisches Zivilprozessrecht, 8. Aufl. 2005, Art. 34 EuGVVO Rn 13 ff.

661 S. hierzu BGHZ 182, 188; Anm. *Henrich*, FamRZ 2009, 1821; *Rauscher*, LMK 2009, 293153.

662 Zur EuGVVO *Kropholler*, Europäisches Zivilprozessrecht, 8. Aufl. 2005, Art. 34 EuGVVO Rn 14; Geimer/Schütze/*Geimer*, EuZVR, Art. 34 EuGVVO Rn 30; zum EuGVÜ BGH FamRZ 1990, 868, 870 = NJW 1990, 2201, 2202.

663 Hierzu für das EuGVÜ BGH FamRZ 1990, 868, 870 = NJW 1990, 2201; OLG Köln IPRax 1995, 156, 257; für die EuGVVO Geimer/Schütze/*Geimer*, EuZVR, Art. 34 EuGVVO Rn 30; *Kropholler*, Europäisches Zivilprozessrecht, 8. Aufl. 2005, Art. 34 EuGVVO Rn 14.

664 Dazu *Wagner*, IPRax 2001, 73, 78; *Helms*, FamRZ 2001, 257, 263; Geimer/Schütze/*Geimer*, EuZVR, Art. 34 EuGVVO Rn 26 f; MüKo-ZPO/*Gottwald*, Art. 22 EheGVO Rn 4 f.

tung des Einzelfalls müssen System und Struktur des ausländischen Verfahrens angemessen berücksichtigt werden.

C. Verletzung des rechtlichen Gehörs in Säumnisfällen (lit. b)

I. Allgemeines

7 Der Versagungsgrund zielt darauf, solchen Entscheidungen im Zweitstaat keine Wirkungen zu verleihen, in denen der Gegenpartei zu Verfahrensbeginn kein effektives rechtliches Gehör gewährt wurde.[665] Geschützt wird das Interesse des Antragsgegners an einem fairen Verfahren.[666] Art. 22 lit. b ist nicht als Einrede ausgestaltet, so dass von der Beachtung des Versagungsgrundes von Amts wegen auszugehen ist.[667]

II. Nichteinlassung auf das Verfahren

8 Der Begriff ist autonom im Hinblick auf den Zweck des Ausschlussgrundes auszulegen.[668] Es darf kein Verhandeln des Antragsgegners vorliegen, aus dem sich ergibt, dass dieser von dem Verfahren in der Ehesache Kenntnis erlangt und die Möglichkeit der Verteidigung erhalten hat.[669] Einlassen liegt nicht vor, wenn der Antragsgegner lediglich die Nichtrechtzeitigkeit oder die Art und Weise der Zustellung rügt.[670]

III. Verfahrenseinleitendes Schriftstück

9 Verfahrenseinleitendes Schriftstück meint die vom Prozessrecht des Erststaats vorgesehene Urkunde, durch die der Antragsgegner erstmals von dem Verfahren, welches der Entscheidung zugrunde liegt, Kenntnis erlangen soll.[671] Im Schriftstück müssen die wesentlichen Gründe für den Antrag in der Ehesache bezeichnet sein.[672]

IV. Nichtrechtzeitigkeit

10 Die Zustellung ist dann nicht rechtzeitig, wenn dem Antragsgegner nicht genügend Zeit zur Vorbereitung einer sachgerechten Verteidigung bleibt.[673] Die Frist beginnt grundsätzlich mit Zustellung am Wohnsitz, wobei außergewöhnliche Umstände und Tatsachen – wie Krankenhausaufenthalt – berücksichtigungsfähig sind.[674]

V. Art und Weise der Zustellung

11 Ein formaler Zustellungsfehler reicht zur Ablehnung der Anerkennung nicht aus, wenn die Gegenpartei dadurch an ihrer Verteidigung nicht gehindert wurde.[675] Ob überhaupt Zustellungsmängel vorliegen, bestimmt

665 Für das EuGVÜ EuGH Slg 1995, 2113.
666 *Helms*, FamRZ 2001, 257, 264.
667 *Helms*, FamRZ 2001, 275, 264; Rauscher/*Rauscher*, Art. 22 Brüssel IIa-VO Rn 12; für die EuGVVO *Kropholler*, Europäisches Zivilprozessrecht, 8. Aufl. 2005, Art. 33 EuGVVO Rn 6 ff, Art. 34 EuGVVO Rn 95 mwN; aA für das EuGVÜ *Geimer*, IPRax 1985, 6, 8; für die EuGVVO Geimer/Schütze/*Geimer*, EuZVR, Art. 34 EuGVVO Rn 101 ff.
668 Geimer/Schütze/*Paraschas*, IRV, Bd. 2, 37. EL, Art. 22 EheVO Rn 25. Zur EuGVVO *Kropholler*, Europäisches Zivilprozessrecht, 8. Aufl. 2005, Art. 34 EuGVVO Rn 27.
669 Staudinger/*Spellenberg* (2005), Art. 22 EheGVO Rn 54; Geimer/Schütze/*Paraschas*, IRV, Bd. 2, 37. EL, Art. 22 EheVO Rn 25; Rauscher/*Rauscher*, Art. 2 Brüssel IIa-VO Rn 12; MüKo-ZPO/*Gottwald*, Art. 22 EheGVO Rn 7; zur EuGVVO *Kropholler*, Europäisches Zivilprozessrecht, 8. Aufl. 2005, Art. 34 EuGVVO Rn 27.
670 Für das EuGVÜ u.a. OLG Stuttgart IPRspr 1983 Nr. 173; OLG Köln IPRax 1991, 114 m.Anm. *Linke*, S. 92.
671 Geimer/Schütze/*Paraschas*, IRV, Bd. 2, 37. EL, Art. 22 EheVO Rn 16; für die EuGVVO *Kropholler*, Europäisches Zivilprozessrecht, 8. Aufl. 2005, Art. 34 EuGVVO Rn 29 mwN.
672 MüKo-ZPO/*Gottwald*, Art. 22 EheGVO Rn 5. Für das EuGVÜ EuGH Slg I 1993, 1936 = NJW 1993, 2091.
673 Rspr zum EuGVÜ: OLG Hamm IPRax 1988, 289; OLG Köln IPRax 1995, 446.
674 Für das EuGVÜ EuGH Slg 1981, 1593; 1985, 1779.
675 Geimer/Schütze/*Paraschas*, IRV, Bd. 2, 37. EL, Art. 22 EheVO Rn 23; Garbe/Ullrich/*Andrae*, Verfahren in Familiensachen, § 11 Rn 440; Rauscher/*Rauscher*, Art. 22 Brüssel IIa-VO Rn 15; zur EuGVVO Begründung des Kommissionsentwurfs, KOM (1999) 348 endg. 25 = BR-Drucks. 534/99, 24 (zu Art. 41 des Entwurfs); *Kropholler*, Europäisches Zivilprozessrecht, 8. Aufl. 2005, Art. 34 EuGVVO Rn 38.

sich nach dem Recht des Ursprungsstaates[676] unter Einschluss der EuZustVO[677] oder der für diesen Staat geltenden völkerrechtlichen Übereinkommen.[678] Wenn danach die Zustellung ordnungsgemäß erfolgte, ist davon auszugehen, dass die Art und Weise der Zustellung die Verteidigung ermöglichte.[679] Liegen Zustellungsmängel vor, so ist zu prüfen, ob sie so schwerwiegend sind, dass durch sie die Verteidigungsmöglichkeit der Gegenseite eingeschränkt wurde.[680] Dies kann zutreffen, wenn das Schriftstück oder dessen Übersetzung nicht in der Sprache des Empfangsstaates zugegangen ist und der Empfänger ihrer nicht mächtig ist.[681] Dagegen führen bloße formale Zustellungsmängel, die die Verteidigung seitens des Antragsgegners nicht hindern, nicht zur Ablehnung der Anerkennung.[682] Beide Kriterien – Nichtrechtzeitigkeit und Art und Weise der Zustellung – sind in ihrem Zusammenwirken in Bezug auf die Verteidigungsmöglichkeit zu werten. So kann eine fehlerhafte Zustellung bzgl der Sprache, in der das Schriftstück verfasst ist, durch Einlassungsfristen kompensiert werden, die die Einholung einer Übersetzung ohne weiteres ermöglichen.[683]

VI. Fehlendes Einverständnis mit der Entscheidung

Der Versagungsgrund entfällt, wenn der Antragsgegner mit der Entscheidung eindeutig einverstanden ist. **12** Hierzu bedarf es der Bekanntgabe eines diesbezüglichen Willens,[684] die auch konkludent erfolgen kann, so zB durch Anmeldung einer Eheschließung, Geltendmachung des nachehelichen Unterhalts oder des Versorgungsausgleichs sowie Durchführung der güterrechtlichen Auseinandersetzung.[685] Anders als in Art. 34 Nr. 2 EuGVVO führt die Nichteinlegung eines Rechtsbehelfs gegen die Entscheidung im Ursprungsmitgliedstaat, obwohl hierzu die Möglichkeit bestand, nicht zwingend zum Ausschluss des Versagungsgrundes.[686] Dieser Umstand ist jedoch bei der Beantwortung der Frage, ob ein eindeutiges Einverständnis des Antragsgegners vorliegt, einzubeziehen.[687]

D. Unvereinbarkeit mit einer Entscheidung aus dem Anerkennungsstaat (lit. c)

Entscheidung aus dem Anerkennungsstaat meint auch hier gerichtliche und behördliche Entscheidungen, **13** jedoch ist der Begriff weiter als in Art. 2 Nr. 4, denn durch diese wird der sachliche Anwendungsbereich der EheVO im Kapitel Anerkennung und Vollstreckung abgegrenzt, also die Entscheidungen aus dem Ursprungsmitgliedstaat benannt, deren Anerkennung geregelt ist.[688] Erfasst sind Entscheidungen aus dem Anerkennungsstaat, die zwischen denselben Personen getroffen wurden und die unvereinbar mit der infrage stehenden ausländischen Entscheidung in der Ehesache sind. Hätte der Verordnungsgeber den Gegenstand der Entscheidung anders präzisieren wollen, hätte er wie in Art. 23 lit. e die entgegenstehenden Entscheidungen näher

676 So zur EuGVVO iE *Kropholler*, Europäisches Zivilprozessrecht, 8. Aufl. 2005, Art. 34 EuGVVO Rn 39; *Schlosser*, Art. 34–36 EuGVVO Rn 11.

677 Verordnung (EG) Nr. 1348/2000 des Rates über die Zustellung gerichtlicher und außergerichtlicher Schriftstücke in Zivil- und Handelssachen in den Mitgliedstaaten v. 29.5.2000 (ABl. EG 2000 L 160 S. 37). Für Zustellungen ab dem 13.11.2008: Verordnung (EG) Nr. 1393/2007 des Europäischen Parlamentes und des Rates vom 13.11.2007 über die Zustellung gerichtlicher und außergerichtlicher Schriftstücke in Zivil- oder Handelssachen in den Mitgliedstaaten („Zustellung von Schriftstücken") und zur Aufhebung der Verordnung (EG) Nr. 1348/2000 des Rates (ABl. EU 2007 L 324 S. 79).

678 *Schack*, Int. Zivilverfahrensrecht, 4. Aufl. 2006, Rn 846 mwN.

679 Rauscher/*Rauscher*, Art. 22 Brüssel IIa-VO Rn 18; zur EuGVVO *Kropholler*, Europäisches Zivilprozessrecht, 8. Aufl. 2005, Art. 34 EuGVVO Rn 39.

680 Rauscher/*Rauscher*, Art. 22 Brüssel IIa-VO Rn 18; zur EuGGVO *Kropholler*, Europäisches Zivilprozessrecht, 8. Aufl. 2005, Art. 34 EuGVVO Rn 40.

681 Thomas/Putzo/*Hüßtege*, Art. 22 EuEheVO Rn 2; Rauscher/*Rauscher*, Art. 22 Brüssel IIa-VO Rn 18.

682 Staudinger/*Spellenberg* (2005), Art. 22 EheGVO Rn 36; *Nagel/Gottwald*, Int. Zivilprozessrecht, 6. Aufl. 2007, § 11 Rn 75; Für die EuGVVO so iE Geimer/Schütze/*Geimer*, EuZVR, Art. 34 EuGVVO Rn 128.

683 Problematisiert, ob überhaupt Übersetzung seitens des Empfängers vorgenommen werden muss: *Schack*, Int. Zivilverfahrensrecht, 4. Aufl. 2006, Rn 847; abl. zum EuGVÜ OLG Hamm IPRspr 1987 Nr. 159 m.Anm. *Metzger*, RIW 1988, 77; bejahend Geimer/Schütze/*Geimer*, EuZVR, Art. 34 EuGVVO Rn 100.

684 Thomas/Putzo/*Hüßtege*, Art. 22 EuEheVO Rn 2; Rauscher/*Rauscher*, Art. 22 Brüssel IIa-VO Rn 20; Geimer/Schütze/*Paraschas*, IRV, Bd. 2, 37. EL, Art. 22 EheVO Rn 26 ff.

685 Thomas/Putzo/*Hüßtege*, Art. 22 EuEheVO Rn 2; Zöller/*Geimer*, Art. 22 EheVO Rn 5.

686 *Borrás*, ABl. EG 1998 C 221 S. 27, 51 Nr. 70; Thomas/Putzo/*Hüßtege*, Art. 22 EuEheVO Rn 2; Geimer/Schütze/*Paraschas*, IRV, Bd. 2, 37. EL, Art. 22 EheVO Rn 27; Rauscher/*Rauscher*, Art. 22 Brüssel IIa-VO Rn 20; MüKo-ZPO/*Gottwald*, Art. 22 EheGVO Rn 8; *Nagel/Gottwald*, Int. Zivilprozessrecht, 6. Aufl. 2007, § 11 Rn 75; Garbe/Ullrich/*Andrae*, Verfahren in Familiensachen, § 11 Rn 443. AA Zöller/*Geimer*, Art. 22 EheVO Rn 5; *Spellenberg*, ZZPInt 6 (2001), 109, 138 f.

687 Hierzu KOM (2001) 151 endg. S. 4; iE *Helms*, FamRZ 2001, 257, 264.

688 *Schlosser*, 2. Aufl. 2003, Art. 15 EuEheVO Rn 5; Rauscher/*Rauscher*, Art. 22 Brüssel IIa-VO Rn 26; *Helms*, FamRZ 2001, 257, 265; aA Thomas/Putzo/*Hüßtege*, Art. 22 EuEheVO Rn 3; *Nagel/Gottwald*, Int. Zivilprozessrecht, 6. Aufl. 2007, § 11 Rn 76.

bezeichnen müssen. Da dies nicht erfolgt ist, ist wie für Art. 27 Nr. 3 EuGVÜ bzw Art. 34 Nr. 3 EuGVVO davon auszugehen, dass eine Unvereinbarkeit auch zu einer Entscheidung bestehen kann, die aus dem sachlichen Anwendungsbereich der EheVO fällt.[689] Eine Unvereinbarkeit kann sich deshalb sowohl aus Entscheidungen iSd Art. 2 Nr. 4 als auch aus einer Feststellungsentscheidung über das Bestehen der Ehe sowie aus einer negativen Sachentscheidung in der Ehesache ergeben.[690]

14 Das Prioritätsprinzip gilt hier nicht. Es kommt deshalb nicht darauf an, ob die Entscheidung aus dem anderen Mitgliedstaat vor oder nach der Entscheidung eines Gerichts des Anerkennungsstaats erlassen oder rechtskräftig wurde bzw ob die anderweitige Anhängigkeit nicht beachtet wurde.[691]

15 Ob **Unvereinbarkeit** vorliegt, ist aufgrund eines Vergleichs von Tenor und ggf Entscheidungsgründen der konkurrierenden Entscheidungen zu prüfen. Vom Grundsatz her sind Entscheidungen unvereinbar, die einen unterschiedlichen Personenstand derselben Parteien für denselben Zeitraum herbeiführen.

16 Keine Unvereinbarkeit liegt vor, wenn der durch die vorhergehende Entscheidung geschaffene, festgestellte oder beibehaltene Personenstand für dieselben Parteien durch die nachgehende Entscheidung noch für die Zukunft geändert werden kann. So schließt die vorhergehende Entscheidung eines Gerichts des Anerkennungsstaats, durch die die Existenz der Ehe festgestellt ist, die Ehe ohne Auflösung des Ehebandes getrennt oder die Scheidung abgelehnt wurde, eine Anerkennung einer späteren Scheidung durch Gerichte eines anderen Mitgliedstaates im Anerkennungsstaat nicht aus.[692]

E. Unvereinbarkeit mit einer früheren anerkennungsfähigen Entscheidung eines anderen Staates (lit. d)

17 Geregelt wird hier eine Dreierbeziehung. Der Anerkennung der Entscheidung aus einem Mitgliedstaat (i.F. Ursprungsmitgliedstaat) in einem anderen Mitgliedstaat (i.F. Anerkennungsmitgliedstaat) steht die Entscheidung eines weiteren Staates (i.F. Drittstaats) entgegen.

18 Der Ausschlussgrund erfordert:

1. Eine Entscheidung des Gerichts eines Drittstaats. Der Begriff Entscheidung ist hierbei wie für Entscheidungen aus dem Anerkennungsstaat auszulegen (lit. c, Rn 13). Drittstaatliche Entscheidung meint sowohl eine Entscheidung aus einem dritten Mitgliedstaat als auch eine Entscheidung aus einem Nichtmitgliedstaat.
2. Die Entscheidung muss zwischen denselben Parteien ergangen sein.
3. Bei der Entscheidung aus dem Drittstaat muss es sich um eine frühere Entscheidung handeln. Es findet also das zeitliche Prioritätsprinzip Anwendung. Es kommt auf den Zeitpunkt des Erlasses der Entscheidung an.[693]
4. Die Entscheidung aus dem Ursprungsmitgliedstaat muss mit der früheren Entscheidung aus dem Drittstaat unvereinbar sein. Die statusrechtlichen Wirkungen beider Entscheidungen müssen sich ausschließen (wie unter lit. c, Rn 15).
5. Die drittstaatliche Entscheidung muss die Voraussetzungen für die Anerkennung nach der Rechtsordnung des Anerkennungsmitgliedstaates erfüllen. Soweit es sich um eine Entscheidung aus einem dritten Mitgliedstaat handelt, die vom Geltungsbereich der EheVO, erfasst wird, richtet sich die Anerkennungsfähigkeit nach der EheVO über die inzident entschieden werden kann. In Deutschland ist für die anderen drittstaatlichen Entscheidungen § 107 FamFG zu beachten; die Anerkennungsfähigkeit selbst richtet sich nach bilateralen Anerkennungs- und Vollstreckungsabkommen oder nach § 109 FamFG (hierzu Anhang II zum III. Abschnitt, §§ 107, 108, 109 FamFG Rn 47 ff).

19 Zur Anerkennung der Ungültigkeitserklärung einer Ehe auf der Grundlage der zwischen den Mitgliedstaaten und dem Vatikan bestehenden Konkordats-Verträgen s. Art. 63.

689 ZB *Schlosser*, Art. 15 EheVO Rn 5; Rauscher/*Rauscher*, Art. 22 Brüssel IIa-VO Rn 21; zum EuGVÜ EuGH Slg 1988, 645 = IPRax 1989, 159 = NJW 1989, 663.

690 Zu den negativen Sachentscheidungen wie hier *Helms*, FamRZ 2001, 257, 265; Rauscher/*Rauscher*, Art. 22 Brüssel IIa-VO Rn 27; MüKo-ZPO/*Gottwald*, Art. 22 EheGVO Rn 10; Gebauer/Wiedmann/*Frank*, Kap. 27, Art. 22 EuEheVO Rn 69; aA Thomas/Putzo/*Hüßtege*, Art. 22 EuEheVO Rn 3; *Nagel/Gottwald*, Int. Zivilprozessrecht, 6. Aufl. 2007, § 11 Rn 76.

691 MüKo-ZPO/*Gottwald*, Art. 22 EheGVO Rn 11; Thomas/Putzo/*Hüßtege*, Art. 22 EuEheVO Rn 3.

692 Weiter gehend *Helms*, FamRZ 2001, 257, 265, wonach die spätere Entscheidung dann nicht unvereinbar ist, wenn sie eine weiter gehende Statuswirkung besitzt; *Borrás*, ABl. EG 1998 C 221, S. 27, 51 Nr. 71; MüKo-ZPO/*Gottwald*, Art. 22 EheGVO Rn 11; Rauscher/*Rauscher*, Art. 22 Brüssel IIa-VO Rn 22.

693 Geimer/Schütze/*Paraschas*, IRV, Bd. 2, 37. EL, Art. 22 EheVO Rn 45. Zur EuGVVO *Kropholler*, Europäisches Zivilprozessrecht, 8. Aufl. 2005, Art. 34 EuGVVO Rn 57; iE Zöller/*Geimer*, Art. 34 EuGVVO Rn 36 ff.

Art. 23 EheVO 2003 Gründe für die Nichtanerkennung einer Entscheidung über die elterliche Verantwortung

Eine Entscheidung über die elterliche Verantwortung wird nicht anerkannt,

a) wenn die Anerkennung der öffentlichen Ordnung des Mitgliedstaates, in dem sie beantragt wird, offensichtlich widerspricht, wobei das Wohl des Kindes zu berücksichtigen ist;

b) wenn die Entscheidung – ausgenommen in dringenden Fällen – ergangen ist, ohne dass das Kind die Möglichkeit hatte, gehört zu werden, und damit wesentliche verfahrensrechtliche Grundsätze des Mitgliedstaates, in dem die Anerkennung beantragt wird, verletzt werden;

c) wenn der betreffenden Person, die sich auf das Verfahren nicht eingelassen hat, das verfahrenseinleitende Schriftstück oder ein gleichwertiges Schriftstück nicht so rechtzeitig und in einer Weise zugestellt wurde, dass sie sich verteidigen konnte, es sei denn, es wird festgestellt, dass sie mit der Entscheidung eindeutig einverstanden ist;

d) wenn eine Person dies mit der Begründung beantragt, dass die Entscheidung in ihre elterliche Verantwortung eingreift, falls die Entscheidung ergangen ist, ohne dass diese Person die Möglichkeit hatte, gehört zu werden;

e) wenn die Entscheidung mit einer späteren Entscheidung über die elterliche Verantwortung unvereinbar ist, die in dem Mitgliedstaat, in dem die Anerkennung beantragt wird, ergangen ist;

f) wenn die Entscheidung mit einer späteren Entscheidung über die elterliche Verantwortung unvereinbar ist, die in einem anderen Mitgliedstaat oder in dem Drittstaat, in dem das Kind seinen gewöhnlichen Aufenthalt hat, ergangen ist, sofern die spätere Entscheidung die notwendigen Voraussetzungen für ihre Anerkennung in dem Mitgliedstaat erfüllt, in dem die Anerkennung beantragt wird;

oder

g) wenn das Verfahren des Artikels 56 nicht eingehalten wurde.

A. Allgemeines

Die Ablehnungsgründe für die Anerkennung einer Entscheidung, die die elterliche Verantwortung betrifft, sind gesondert aufgelistet, um spezifischen Gesichtspunkten Rechnung zu tragen. Im Folgenden wird nur auf diese besonderen Gesichtspunkte eingegangen. **1**

B. Ordre public (lit. a)

Dieser hat eine besondere Diktion erfahren, die dem Art. 23 lit. d KSÜ[694] entnommen wurde. Das Kindeswohl ist keine zweite zusätzliche Einschränkung neben dem ordre public.[695] Eine Prüfung hat sich auf die Frage zu konzentrieren, ob die Entscheidung offensichtlich dem Kindeswohl widerspricht, denn die Elternverantwortung ist auf das Wohl des Kindes auszurichten und muss das Kind in seiner Persönlichkeit als Grundrechtsträger berücksichtigen.[696] Hierbei ist der eingeschränkten Bedeutung des ordre public in Bezug auf die Anerkennung fremder Entscheidungen dadurch Rechnung zu tragen, dass er nur bei massiver Beeinträchtigung des Kin- **2**

694 Haager Übereinkommen über die Zuständigkeit, das anzuwendende Recht, Vollstreckung und Zusammenarbeit auf dem Gebiet der elterlichen Verantwortung und der Maßnahmen zum Schutz von Kindern v. 19.10.1996; abgedruckt in *Jayme/Hausmann*, Nr. 54. In Deutschland ist es zum 1.1.2011 in Kraft getreten. Vgl hierzu das Zustimmungsgesetz v. 25.6.2009, BGBl. II S. 602. Obwohl mit Erwägungsgrund 11, Art. 3 der Entscheidung des Rates v. 5.6.2008, ABl. EG 2008 L 151 S. 36, eine gemeinsame Hinterlegung der Ratifikationsurkunden der Mitgliedstaaten der EU bis zum 5.6.2010 angeregt wurde, ist das KSÜ bisher von einigen Mitgliedstaaten nach der Unterzeichnung noch nicht ratifiziert worden. Vgl hierzu die Statustabelle auf der Internetseite der Haager Konferenz unter http://www.hcch.net.

695 Wie hier Rauscher/*Rauscher*, Art. 23 Brüssel IIa-VO Rn 4; so wohl Thomas/Putzo/*Hüßtege*, Art. 23 EuEheVO Rn 1; Geimer/Schütze/*Paraschas*, IRV, Bd. 2, 37. EL, Art. 23 EheVO Rn 14.

696 Für das deutsche Recht u.a. BVerfGE 55, 171, 179, 181; 99, 145, 157; FamRZ 2004, 1166.

deswohls heranzuziehen ist.[697] Diese Interpretation ist möglich, weil die Anerkennung die Abänderung der ausländischen Entscheidung bei Vorliegen der prozessualen und materiellen Voraussetzungen nicht ausschließt (s. Art. 21 Rn 44), was in der Rechtspraxis auch genutzt wird.[698]

3 In Bezug auf den prozessualen ordre public ist hinzukommend zu prüfen, ob die Mindestanforderungen an die richterlichen Sachverhaltsaufklärungen in Prozessen, die die elterliche Verantwortung betreffen, eingehalten sind.[699]

C. Rechtliches Gehör des Kindes (lit. b)

4 Einer Entscheidung ist die Anerkennung zu versagen, wenn sie – ausgenommen in dringenden Fällen – ergangen ist, ohne dass das Kind die Möglichkeit hatte, gehört zu werden.[700] Die Möglichkeit der Gewährung rechtlichen Gehörs für das Kind ist nicht gewahrt, wenn die Ladung über den Antragsgegner erfolgt und ersichtlich ist, dass dieser kein Interesse an der Führung des Verfahrens hat sowie nicht wahrscheinlich ist, dass dieser mit dem betroffenen Kind zur Verhandlung anreisen wird.[701] Eine Anhörung des Kindes wird durch eine vormalige Anhörung auch im Vollstreckungsstaat nicht entbehrlich, wenn sie einen anderen Verfahrensgegenstand betraf oder aufgrund der zeitlichen Entfernung eine erneute Anhörung erforderlich ist.[702] Das Erfordernis der Gewährung rechtlichen Gehörs ist unbedingt, dh es hängt anders als bei Art. 41 Abs. 2 lit. c nicht von der Einschätzung ab, ob die Anhörung des Kindes unangebracht erscheint.[703] In Deutschland ist auf der Grundlage des § 159 FamFG zu beurteilen, ob die Anhörung des Kindes geboten war und welche Anforderungen an die Anhörung des Kindes zu stellen sind.[704] Es handelt sich hier um eine spezielle verfahrensrechtliche ordre-public-Klausel, die das Recht des Kindes auf Gehör zum Ausgangspunkt hat, wie es in Art. 12 des Übereinkommens über die Rechte des Kindes vom 20.11.1989[705] fixiert ist. Als besonderer ordre public ist auch diese Vorschrift zurückhaltend anzuwenden. Die Gestaltung des Verfahrens soll grundsätzlich dem nationalen Recht des Entscheidungsstaates überlassen bleiben.[706] Der ordre public führt dann nicht zur Ablehnung der Anerkennung, wenn das nicht angehörte Kind mit der getroffenen Entscheidung eindeutig einverstanden ist.[707]

D. Verletzung des rechtlichen Gehörs in Säumnissachverhalten (lit. c)

5 Die Regelung bezieht sich auf die formell verfahrensbeteiligten Personen.[708] Im Übrigen s. zum Versagungsgrund Art. 22 Rn 7 ff.

E. Elterliche Verantwortung einer dritten Person (lit. d)

6 Der Ablehnungsgrund betrifft die Verletzung des rechtlichen Gehörs einer dritten Person, die weder Partei noch Kind im Verfahren im Entscheidungsstaat war. Dieser Dritte muss die Nichtanerkennung beantragen.[709] Er muss also entweder ein Nichtanerkennungsverfahren betreiben oder in einem schwebenden Anerkennungsverfahren bzw in einem Hauptverfahren, in dem inzident über die Anerkennung zu entscheiden ist, einen solchen Antrag stellen. Der Antrag muss sich darauf stützen, dass in die elterliche Verantwortung der beantragenden Person durch die Entscheidung eingegriffen worden ist, ohne dass sie die Möglichkeit hatte, gehört zu werden. Die EheVO selbst bestimmt nicht, welches Recht auf die Frage, ob der betreffenden Person die elterliche Verantwortung zukommt, Anwendung findet. Diese Frage richtet sich nach dem Recht des

697 *Schlosser*, 2. Aufl. 2003, Art. 15 EuEheVO Rn 3. Ohne diese Einschränkung Geimer/Schütze/*Paraschas*, IRV, Bd. 2, 37. EL, Art. 23 EheVO Rn 14; Rauscher/*Rauscher*, Art. 23 Brüssel IIa-VO Rn 5.

698 Hierzu *Helms*, FamRZ 2001, 257, 263; zu § 16 a Nr. 4 FGG *Coester*, IPRax 1996, 24; BGH IPRax 1987, 317.

699 *Helms*, FamRZ 2001, 257, 264; BVerfGE 79, 51, 66 ff; BVerfG FamRZ 1993, 662, 663 = NJW 1993, 2671; FamRZ 1994, 223, 225 = NJW 1994, 1208.

700 OLG Schleswig FamRZ 2008, 1761, 1762.

701 OLG Schleswig FamRZ 2008, 1761.

702 OLG Schleswig FamRZ 2008, 1761.

703 OLG Schleswig FamRZ 2008, 1761, 1762; Rauscher/*Rauscher*, Art. 23 Brüssel IIa-VO Rn 7.

704 Thomas/Putzo/*Hüßtege*, Art. 23 EuEheVO Rn 3; Rauscher/*Rauscher*, Art. 23 Brüssel IIa-VO Rn 9; *Schulte/Bunert*, FamRZ 2007, 1608, 1611; *Schlauß*, FPR 2006, 228, 229 ff; *Völker/Steinfatt*, FPR 2005, 415; *Hess*, Europäisches Zivilprozessrecht, 2010, § 7 Rn 80 (für die Möglichkeit die Anhörung im Anerkennungsverfahren nachzuholen); OLG Schleswig FamRZ 2008, 1761, 1762. Zu § 50 b FGG vgl BVerfG FamRZ 2007, 1078, 1079.

705 BGBl. II 1992 S. 990.

706 Entscheidungsgrund 19; *Coester-Waltjen*, FamRZ 2005, 241, 248.

707 Hierzu *Schlosser*, Art. 15 EheVO Rn 7; Geimer/Schütze/*Paraschas*, IRV, Bd. 2, 37. EL, Art. 23 EheVO Rn 21.

708 *Wagner*, IPRax 2001, 73, 78. AA Rauscher/*Rauscher* Art. 23 Brüssel IIa-VO Rn 12, 13.

709 Rauscher/*Rauscher*, Art. 23 Brüssel IIa-VO Rn 16; Geimer/Schütze/*Paraschas*, IRV, Bd. 2, 37. EL, Art. 23 EheVO Rn 28; *Vogel*, MDR 2000, 1045, 1050.

Anerkennungsstaates unter Einschluss des Kollisionsrechts; nach Inkrafttreten des KSÜ ist das maßgebliche Recht gem. Art. 16 KSÜ zu bestimmen.[710]

F. Unvereinbarkeit mit einer späteren Entscheidung aus dem Anerkennungsstaat (lit. e)

Das Besondere besteht darin, dass die Entscheidung des Gerichts eines Mitgliedstaates dann nicht anerkannt wird, wenn sie mit einer späteren Entscheidung eines Gerichts des Anerkennungsstaats unvereinbar ist. Maßgeblicher Zeitpunkt ist der Erlass der beiden Entscheidungen.[711] Diese Lösung folgt daraus, dass Entscheidungen über die elterliche Verantwortung abänderbar sind und im Regelfall die jüngere Entscheidung die frühere Entscheidung berücksichtigt sowie auf veränderte Umstände reagiert. 7

Nach dem Wortlaut muss die Unvereinbarkeit zu einer Entscheidung über die elterliche Verantwortung bestehen (auszulegen gem. Art. 2 Nr. 7). Einzubeziehen sind jedoch auch Entscheidungen, die den Status des Kindes betreffen, wie Feststellung oder Anfechtung der Vaterschaft und Adoption.[712] Das Posterioritätsprinzip nach lit. e gilt jedoch nur für Entscheidungen, die die elterliche Sorge sichern und nicht den Status des Kindes betreffen.[713] 8

G. Unvereinbarkeit mit der späteren Entscheidung eines Drittstaats (lit. f)

Auch hier haben spätere Entscheidungen Vorrang vor früheren Entscheidungen. Bei der späteren Entscheidung kann es sich um eine Entscheidung aus einem anderen Mitgliedstaat oder einem der EheVO nicht angehörenden Drittstaat handeln. Das Kind muss im Zeitpunkt der späteren Entscheidung seinen gewöhnlichen Aufenthalt im Drittstaat haben. Ob das Erfordernis des gewöhnlichen Aufenthalts zum Zeitpunkt der Entscheidung sich auf Entscheidungen der Gerichte anderer Mitgliedstaaten bezieht, ist umstritten.[714] Die Entscheidung aus dem Drittstaat muss im Anerkennungsstaat die Voraussetzungen für die Anerkennung erfüllen. Soweit es sich bei dem Drittstaat um einen Mitgliedstaat handelt, bestimmt sich die Anerkennung nach der EheVO, ansonsten nach den einschlägigen Staatsverträgen, KSÜ (nach Inkrafttreten für die Mitgliedstaaten),[715] MSA (Art. 7 MSA),[716] und ESÜ[717] oder nach nationalem Recht (in Deutschland §§ 109 FamFG – ehemals § 16 a FGG). 9

Art. 24 EheVO 2003 Verbot der Nachprüfung der Zuständigkeit des Gerichts des Ursprungsmitgliedstaats

¹Die Zuständigkeit des Gerichts des Ursprungsmitgliedstaats darf nicht überprüft werden. ²Die Überprüfung der Vereinbarkeit mit der öffentlichen Ordnung gemäß Artikel 22 Buchstabe a) und Artikel 23 Buchstabe a) darf sich nicht auf die Zuständigkeitsvorschriften der Artikel 3 bis 14 erstrecken.

Das **Verbot der Überprüfung der internationalen Zuständigkeit** ergibt sich bereits aus dem abschließenden Charakter der Aufzählung in Art. 22, 23. Art. 24 ist insoweit klarstellend. Bestimmte Zuständigkeiten sind, anders als bei der EuGVVO, nicht vorbehalten. Ob überhaupt die Zuständigkeitsregeln der EheVO anwendbar waren und angewandt wurden, spielt keine Rolle. Ihre Nichtbeachtung ist nicht im Rahmen der Anerkennung 1

710 So auch *Heß*, JZ 2001, 573, 576.

711 Geimer/Schütze/*Paraschas*, IRV, Bd. 2, 37. EL, Art. 23 EheVO Rn 32; *Borrás*, ABl. EG 1998 C 221 S. 27, Nr. 73.

712 *Borrás*, ABl. EG 1998 C 221, S. 27, 53 Nr. 76; Rauscher/*Rauscher*, Art. 23 Brüssel IIa-VO Rn 24; Geimer/Schütze/*Paraschas*, IRV, Bd. 2, 37. EL, Art. 23 EheVO Rn 34.

713 Ebenso Rauscher/*Rauscher*, Art. 23 Brüssel IIa-VO Rn 23 (Lösung über den ordre public).

714 Bejahend Thomas/Putzo/*Hüßtege*, Art. 15 EuEheVO Rn 13; abl. Rauscher/*Rauscher*, Art. 23 Brüssel IIa-VO Rn 26.

715 Hierzu Rn 2.

716 Haager Übereinkommen über die Zuständigkeit der Behörden und das anzuwendende Recht auf dem Gebiet des Schutzes von Minderjährigen (BGBl. II 1971 S. 217). Zu beachten ist jedoch, dass im Verhältnis zu den Mitgliedstaaten von KSÜ und MSA letzteres durch das KSÜ ersetzt wird, Art. 51 KSÜ.

717 Luxemburger Europäisches Übereinkommen v. 20.5.1980 über die Anerkennung und Vollstreckung von Entscheidungen über das Sorgerecht für Kinder und die Wiederherstellung des Sorgeverhältnisses (BGBl. II 1990 S. 206 und 220). Hierzu Garbe/Ullrich/*Andrae*, Verfahren in Familiensachen, § 11 Rn 584, 603.

zu prüfen,[718] sondern es sind durch den Antragsgegner die hierfür bestehenden Rechtsmittel im Ursprungsstaat zu nutzen.

2 Die Überprüfung der Vereinbarkeit mit dem ordre public darf sich nicht auf die in der EheVO vorgesehenen Zuständigkeitsvorschriften beziehen, Art. 24 S. 2.[719] Das betrifft auch die Restzuständigkeiten, die nach Art. 7 und 14 eröffnet sind.[720] So kann zB die Anerkennung der Scheidung einer ehemals deutschen Staatsangehörigen durch ein deutsches Gericht in anderen Mitgliedstaaten nicht versagt werden, weil sie auf der exorbitanten Zuständigkeit nach § 98 Abs. 1 Nr. 1 FamFG beruht. Die Anwendung dieser Vorschrift im Erlassstaat rechtfertigt sich aufgrund von Art. 7, der nicht aus Gründen des ordre public abgelehnt werden kann. Ist jedoch Art. 7 fehlerhaft angewandt worden, weil die ausschließlichen Zuständigkeiten nach Art. 6 übersehen wurden, kann die Anerkennung gleichfalls nicht abgelehnt werden, da die Zuständigkeit nicht überprüft werden darf.

3 Von dem Grundsatz, dass im Rahmen der Anerkennung die Zuständigkeit des entscheidenden Gerichts nicht zu überprüfen ist, wird für Entscheidungen der Gerichte der nordischen Mitgliedstaaten im Anwendungsbereich des Nordischen Übereinkommens vom 6.2.1931 abgewichen. Hier setzt die Anerkennung die Einhaltung der Zuständigkeitskriterien des Kapitels II der EheVO voraus (Art. 59 Abs. 2 lit. a und d).

Art. 25 EheVO 2003 Unterschiede beim anzuwendenden Recht

Die Anerkennung einer Entscheidung darf nicht deshalb abgelehnt werden, weil eine Ehescheidung, Trennung ohne Auflösung des Ehebandes oder Ungültigerklärung einer Ehe nach dem Recht des Mitgliedstaates, in dem die Anerkennung beantragt wird, unter Zugrundelegung desselben Sachverhalts nicht zulässig wäre.

1 Die Vorschrift bezieht sich auf die Anerkennung von Entscheidungen in Ehesachen. Sie zielt darauf, den ordre-public-Vorbehalt in Art. 22 lit. a einzugrenzen. Damit wird dem Umstand Rechnung getragen, dass das Kollisionsrecht der Mitgliedstaaten auf diesem Gebiet nicht vereinheitlicht ist[721] und dass das materielle Eherecht die Auflösung der Ehe unterschiedlich ermöglicht. Die Regelung betrifft den Fall, dass die Gerichte des Zweitstaats – anders als die Gerichte des Entscheidungsstaates –, wenn sie angerufen worden wären, nach dem für sie maßgeblichen Recht dem Antrag in der Ehesache nicht stattgegeben hätten. Dies stellt nach Art. 25 keinen Ablehnungsgrund für die Anerkennung dar und er darf auch nicht über den ordre public eingeführt werden. Daraus folgt, dass das Gericht, das über die Anerkennung befindet, einen Vergleich zur Lösung nach eigenem Recht unter Einschluss des IPR nicht vorzunehmen hat.[722] Dabei spielt es auch keine Rolle, ob das Ursprungsgericht das eigene materielle Recht, das Recht eines anderen Mitgliedstaates oder drittstaatliches Recht angewendet hat.[723] Natürlich ist bei hinreichendem Inhaltsbezug und Verletzung von Grund- und Menschenrechten die Anwendung des ordre-public-Vorbehaltes nach Art. 21 lit. a nicht ausgeschlossen.

Art. 26 EheVO 2003 Ausschluss einer Nachprüfung in der Sache

Die Entscheidung darf keinesfalls in der Sache selbst nachgeprüft werden.

1 Art. 26 verbietet die revision au fond, also eine inhaltliche Überprüfung der anzuerkennenden Entscheidung in Rechts- und Tatfragen. Gerichte des Zweitstaats dürfen nicht prüfen, ob den Gerichten des Entscheidungsstaates Fehler im Verfahren unterlaufen sind, ob Tatsachen richtig festgestellt und gewürdigt sowie Kollisions- und materielles Recht richtig angewandt wurden.[724] Art. 26 stellt klar, dass der ordre-public-Vorbehalt der

718 U.a. *Helms*, FamRZ 2001, 257, 262; *Hausmann*, EuLF 2000/01, 345, 348; *Wagner*, IPRax 2001, 73, 77; Rauscher/*Rauscher*, Art. 24 Brüssel IIa-VO Rn 2; Staudinger/*Spellenberg* (2005), Art. 24 EheGVO Rn 2 f; zur EuGVO MüKo-ZPO/*Gottwald*, Art. 35 EuGVO Rn 2.

719 *Helms*, FamRZ 2001, 257, 263.

720 *Helms*, FamRZ 2001, 257, 262; *Hausmann*, EuLF 2000/01, 345, 348; *Wagner*, IPRax 2001, 73, 78; zum EuGVÜ MüKo-ZPO/*Gottwald*, Art. 17 EheGVO Rn 1.

721 Vgl hierzu den Verordnungsvorschlag der Kommission v. 24.3.2010 KOM (2010), 15 endg.

722 Thomas/Putzo/*Hüßtege*, Art. 25 EuEheVO Rn 1; Geimer/Schütze/*Paraschas*, IRV, Bd. 2, 37. EL, Art. 25 EheVO Rn 6. AA wohl Helms, FamRZ 2001, 257, 263; Rauscher/*Rauscher*, Art. 25 Brüssel IIa-VO Rn 5; Staudinger/*Spellenberg* (2005), Art. 25 EheGVO Rn 7 ff.

723 Rauscher/*Rauscher*, Art. 25 Brüssel IIa-VO Rn 6.

724 Geimer/Schütze/*Paraschas*, IRV, Bd. 2, 37. EL, Art. 26 EheVO Rn 4; Staudinger/*Spellenberg* (2005), Art. 26 EheGVO Rn 1. Zur EuGVVO *Kropholler*, Europäisches Zivilprozessrecht, 8. Aufl. 2005, Art. 36 EuGVVO Rn 2; Thomas/Putzo/*Hüßtege*, Art. 36 EuGVVO Rn 1 mwN.

Art. 22, 23 nicht zu einer verschleierten revision au fond genutzt werden darf. Die Vorschrift bildet keine Hinderung für die Änderung von Entscheidungen zur elterlichen Verantwortung der Gerichte des Erststaats durch die des Zweitstaats, soweit dies veränderte Umstände erfordern und die internationale Zuständigkeit hierfür nach der Verordnung vorliegt.[725] In Anlehnung an Art. 27 KSÜ ist eine Abänderungsbefugnis auch dann anzunehmen, wenn die anzuerkennende Entscheidung nicht mehr dem Kindeswohl gerecht wird, unabhängig davon, ob die zugrunde liegenden Tatsachen sich geändert haben.[726]

Art. 27 EheVO 2003 Aussetzung des Verfahrens

(1) Das Gericht eines Mitgliedstaates, vor dem die Anerkennung einer in einem anderen Mitgliedstaat ergangenen Entscheidung beantragt wird, kann das Verfahren aussetzen, wenn gegen die Entscheidung ein ordentlicher Rechtsbehelf eingelegt wurde.

(2) Das Gericht eines Mitgliedstaates, bei dem die Anerkennung einer in Irland oder im Vereinigten Königreich ergangenen Entscheidung beantragt wird, kann das Verfahren aussetzen, wenn die Vollstreckung der Entscheidung im Ursprungsmitgliedstaat wegen der Einlegung eines Rechtsbehelfs einstweilen eingestellt ist.

A. Anwendungsbereich

1 Dem Wortlaut nach bezieht sich die Vorschrift auf das förmliche Anerkennungsfeststellungsverfahren nach Art. 21 Abs. 3. Aber auch ein Verfahren, in dem die Anerkennung eine Vorfrage bildet (Art. 21 Abs. 4), kann bei Vorliegen der Voraussetzungen ausgesetzt werden.[727]

B. Ordentlicher Rechtsbehelf

2 Der Begriff ist wie für die EuGVVO autonom und weit auszulegen. Gemeint ist jeder Rechtsbehelf, der zur Aufhebung oder Abänderung der Entscheidung führen kann und für dessen Einlegung im Entscheidungsstaat eine gesetzliche Frist bestimmt ist, die durch die Entscheidung selbst in Lauf gesetzt wird.[728] In Entscheidungen, die die elterliche Verantwortung betreffen, sollten darüber hinaus auch Rechtsbehelfe erfasst sein, die nicht befristet sind, wenn sie nach dem Recht des Erlassstaates zum normalen Verfahrensablauf gehören.[729] Die Aussetzung kann nur erfolgen, wenn der ordentliche Rechtsbehelf eingelegt ist. Anders als bei Art. 35 Abs. 1 kann die Aussetzung nicht aufgrund dessen erfolgen, dass die Frist für einen ordentlichen Rechtsbehelf noch nicht verstrichen ist.

Abschnitt 2
Antrag auf Vollstreckbarerklärung

Vorbemerkungen zu Art. 28–36 EheVO 2003

Literatur: *Dornblüth*, Die europäische Regelung der Anerkennung und Vollstreckbarerklärung von Ehe- und Kindschaftsentscheidungen, Diss. Tübingen 2003; *Gruber*, Das neue Internationale Familienrechtsverfahrensgesetz, FamRZ 2005, 1603; Die neue EheVO und die deutschen Ausführungsgesetze, IPRax 2005, 293; *Schulte-Brunert*, Die Vollstreckung von Entscheidungen über die elterliche Verantwortung nach der VO (EG) 2201/2003 in Verbindung mit dem IntFamRVG, FamRZ 2007, 1608; *Winkel*, Grenzüberschreitendes Sorge- und Umgangsrecht und dessen Vollstreckung, Diss. Bielefeld 2003.

725 *Borrás*, ABl. EG 1998 C 221, S. 27, 53 Nr. 78; Rauscher/*Rauscher*, Art. 26 Brüssel IIa-VO Rn 2 ff; MüKo-ZPO/*Gottwald*, Art. 26 EheGVO Rn 2; Staudinger/*Spellenberg* (2005), Art. 26 EheGVO Rn 4.

726 Rauscher/*Rauscher*, Art. 26 Brüssel IIa-VO Rn 5 f; Staudinger/*Spellenberg* (2005), Art. 26 EheGVO Rn 4; Geimer/Schütze/*Paraschas*, IRV, Bd. 2, 37. EL, Art. 26 EheVO Rn 7; zu Art. 27 KSÜ *Siehr*, RabelsZ 62 (1998), 494.

727 Thomas/Putzo/*Hüßtege*, Art. 27 EuEheVO Rn 1; Staudinger/*Spellenberg* (2005), Art. 27 EheGVO Rn 2; Rauscher/*Rauscher*, Art. 27 Brüssel IIa-VO Rn 2.

728 Zum EuGVÜ EuGH Slg 1977, 2175. Zur EuGVVO *Kropholler*, Europäisches Zivilprozessrecht, 8. Aufl. 2005, Art. 37 EuGVVO Rn 4.

729 Rauscher/*Rauscher*, Art. 27 Brüssel IIa-VO Rn 4 sowie Staudinger/*Spellenberg* (2005), Art. 27 EheGVO Rn 7 ff.

A. Erleichterung der Zwangsvollstreckung

1 Abschnitt 2 regelt ein **eigenständiges einheitliches Vollstreckbarerklärungsverfahren** (Exequaturverfahren). Die Vorschriften der Art. 28 ff erleichtern die Zwangsvollstreckung aus Titeln anderer Mitgliedstaaten durch ein vereinfachtes und beschleunigtes Klauselerteilungsverfahren sowie durch die Einschränkung der Versagungsgründe gegenüber dem autonomen Recht.[730] Im Gegensatz dazu ist im Abschnitt 4 (Art. 40 ff) für Entscheidungen über das Umgangsrecht und Entscheidungen, die nach Art. 11 Abs. 8 die Rückgabe des Kindes anordnen, eine unmittelbare Vollstreckung aus der ausländischen, nach dortigem Recht vollstreckbaren Entscheidung eingeführt, so dass eine Vollstreckbarerklärung entfällt. Der Antragsteller kann jedoch auch das Verfahren nach Abschnitt 2 nutzen (Art. 40 Abs. 2).

2 Mit der Erteilung der Vollstreckungsklausel erhält die ausländische Entscheidung alle Wirkungen eines inländischen Vollstreckungstitels.[731] Die EheVO klärt nicht, ob das ausländische Urteil oder die erteilte Klausel den Vollstreckungstitel bildet. Für Deutschland nimmt die hM an, dass eigentlicher Vollstreckungstitel lediglich die inländische Vollstreckungsklausel und nicht die ausländische Entscheidung nebst Klausel bildet.[732]

3 Die Vollstreckung selbst richtet sich nach dem Recht des Vollstreckungsstaates (Art. 47 Abs. 1).

4 Die Normen folgen dem Regelungssystem der EuGVVO,[733] wobei Änderungen vorgenommen wurden, die sich aus dem unterschiedlichen Gegenstand beider Rechtsakte ergeben.[734] Im Gegensatz zur EuGVVO erfolgt die Anerkennungsprüfung jedoch vor der Vollstreckbarerklärung und nicht erst im Rechtsbehelfsverfahren.[735] Soweit Übereinstimmung besteht, kann für die Auslegung der Vorschriften auf die Berichte, Entscheidungen und Kommentierungen zu EuGVÜ/EuGVVO zurückgegriffen werden.[736] Selbstverständlich ist die Verwendung der einschlägigen Materialien zur EheVO 2000.[737]

B. Ergänzung durch innerstaatliche Vorschriften

5 Die Vorschriften der EheVO zur Vollstreckbarerklärung einer in einem anderen Mitgliedstaat ergangenen Entscheidung gelten in allen Mitgliedstaaten, außer Dänemark, unmittelbar. Einzelne Punkte bedürfen der Ergänzung durch das innerstaatliche Verfahrensrecht. Damit soll die nahtlose Einfügung des in der Verordnung geregelten Verfahrens in das System des innerstaatlichen Verfahrensrechts ermöglicht werden.

6 Die die Art. 29 ff ergänzenden deutschen Durchführungsbestimmungen zur EheVO werden durch das IntFamRVG[738] geregelt, dessen bedeutendste Bestimmungen im Folgenden abgedruckt und in die Kommentierung mit einbezogen werden. Das Gesetz enthält die entsprechenden Bestimmungen zum Anerkennungs- und Vollstreckungsverfahren nach der EheVO und dem KSÜ sowie zum HKÜ[739] und zum ESÜ.[740]

7 Folgende **Regelungshierarchie** ist zu beachten: Vorrang hat die EheVO als Rechtsakt des sekundären Gemeinschaftsrechts. Für die Auslegung gilt, dass die verwendeten Begriffe möglichst autonom zu bestimmen

730 Vgl Thomas/Putzo/*Hüßtege*, Vor Art. 28–35 EuEheVO Rn 1; *Boele-Woelki*, ZfRV 2001, 121, 127; *Wagner*, IPRax 2001, 73, 79.

731 *Kropholler*, Europäisches Zivilprozessrecht, 8. Aufl. 2005, Art. 38 EuGVVO Rn 14; *Winkel*, S. 71.

732 BGHZ 122, 16, 18 mwN = IPRax 1994, 367 m.Anm. *Roth*, 350 = NJW 1993, 1801 (EuGVÜ); *Nagel/Gottwald*, Int. Zivilprozessrecht, 6. Aufl. 2007, § 12 Rn 110; *Geimer*, Int. Zivilprozessrecht, 6. Aufl. 2009, Rn 3155.

733 Verordnung (EG) Nr. 44/2001 des Rates über die gerichtliche Zuständigkeit und die Anerkennung und Vollstreckung von Entscheidungen in Zivil- und Handelssachen v. 22.12.2000 (ABl. EG 2001 L 12 S. 1).

734 Geimer/Schütze/*Paraschas*, IRV, Bd. 2, 37. EL, Art. 28 EheVO Rn 3; MüKo-ZPO/*Gottwald*, Vor Art. 1 EheGVO Rn 3; *Schlosser*, 2. Aufl. 2003, Vor Art. 21 EuEheVO; *Hausmann*, EuLF 2000/01, 271/345, 351.

735 Rauscher/*Rauscher*, Art. 28 Brüssel IIa-VO Rn 5.

736 Geimer/Schütze/*Paraschas*, IRV, Bd. 2, 37. EL, Art. 28 EheVO Rn 3.

737 Verordnung (EG) Nr. 1347/2000 des Rates über die Zuständigkeit und die Anerkennung und Vollstreckung von Entscheidungen in Ehesachen und in Verfahren betreffend die elterliche Verantwortung für die gemeinsamen Kinder der Ehegatten v. 29.5.2000 (ABl. EG 2000 L 160 S. 19).

738 Gesetz zur Aus- und Durchführung bestimmter Rechtsinstrumente auf dem Gebiet des internationalen Familienrechts (Internationales Familienrechtsverfahrensgesetz) v. 26.1.2005 (BGBl. I S. 162) zuletzt geändert durch Art. 8 des Gesetzes v. 30.7.2009 (BGBl. I S. 2474).

739 Haager Übereinkommen über die zivilrechtlichen Aspekte internationaler Kindesentführung v. 25.10.1980 (BGBl. II 1990 S. 201). Hierzu Art. 23 Rn 2.

740 Luxemburger Europäisches Übereinkommen über die Anerkennung und Vollstreckung von Entscheidungen über das Sorgerecht für Kinder und die Wiederherstellung des Sorgeverhältnisses v. 20.5.1980 (BGBl. II 1990 S. 220).

sind.[741] Dann folgen Vorschriften des IntFamRVG. Sehen weder die EheVO noch das ergänzende IntFamRVG eine Regelung vor, richtet sich das Verfahren subsidiär nach den innerstaatlichen allgemeinen verfahrensrechtlichen Bestimmungen. Dabei hat die Auslegung der speziellen oder allgemeinen einzelstaatlichen Vorschriften in Übereinstimmung mit Regelungsinhalt und -zweck der EheVO zu erfolgen.

§ 14 IntFamRVG Familiengerichtliches Verfahren

Soweit nicht anders bestimmt, entscheidet das Familiengericht

1. **über eine in den §§ 10 und 12 bezeichnete Ehesache nach den hierfür geltenden Vorschriften des Gesetzes über das Verfahren in Familiensachen und in den Angelegenheiten der freiwilligen Gerichtsbarkeit,**
2. **über die übrigen in den §§ 10, 11, 12 und 47 bezeichneten Angelegenheiten als Familiensachen im Verfahren der freiwilligen Gerichtsbarkeit.**

Nr. 1 bezieht sich zum einen auf das Anerkennungsfeststellungsverfahren nach Art. 21 Abs. 3 in Ehesachen (hierzu Art. 21 Rn 20 ff) sowie zum anderen auf die Vollstreckbarerklärung von Kostenentscheidungen in Ehesachen nach Art. 49 (hierzu Art. 49 Rn 1 f). 8

Nr. 2 bezieht sich auf alle Verfahren nach Kapitel III EheVO, soweit es die elterliche Verantwortung betrifft, sowie auf Verfahren nach dem HKÜ und dem ESÜ. § 14 IntFamRVG betrifft sowohl das erstinstanzliche Verfahren als auch das Rechtsmittelverfahren. 9

C. Weitere praktische Hinweise

I. Beteiligung von Anwälten am Verfahren, § 18 Abs. 2 IntFamRVG

§ 18 IntFamRVG Einseitiges Verfahren

(1) (nicht abgedruckt)

(2) Abweichend von § 114 Absatz 1 des Gesetzes über das Verfahren in Familiensachen und in den Angelegenheiten der freiwilligen Gerichtsbarkeit ist in Ehesachen im ersten Rechtszug eine anwaltliche Vertretung nicht erforderlich.

Für das Vollstreckbarerklärungsverfahren von Kostenentscheidungen in Ehesachen – denn die eigentliche Entscheidung bedarf keiner Vollstreckbarerklärung –, gelten nach § 14 Abs. 1 IntFamRVG (Abdruck bei Rn 7) die Vorschriften des FamFG für Ehesachen. Daraus folgt, dass für diese Verfahren eigentlich Anwaltszwang besteht (§ 114 Abs. 1 FamFG).[742] Hiervon nimmt § 18 Abs. 2 IntFamRVG Verfahren im ersten Rechtszug aus. In Verfahren, die die elterliche Verantwortung betreffen, entfällt hingegen der Anwaltszwang sowohl im ersten als auch im zweiten Rechtszug, da in selbständigen Verfahren, die die elterliche Verantwortung betreffen, die Regelungen über den Anwaltszwang nicht gelten (§§ 10 Abs. 1 iVm 114 Abs. 1, 111 Nr. 2, 151 FamFG).[743] 10

II. Kosten, §§ 50, 51 IntFamRVG

§ 50 IntFamRVG Anzuwendende Vorschriften (aufgehoben)

[1]Für die Gerichtskosten sind die Vorschriften der Kostenordnung anzuwenden, soweit in diesem Abschnitt nichts anderes bestimmt ist. [2]Bei der Anordnung von Ordnungshaft gilt § 119 Abs. 6 der Kostenordnung entsprechend.

741 *Hausmann*, EuLF 2000/01, 271, 273.

742 § 18 IntFamRVG wurde durch Art. 45 Nr. 6 FGG-RG fehlerhaft abgeändert. Anstelle von § 130 FamFG hätte auf § 114 FamFG verwiesen werden müssen. Richtigerweise verweist die Begründung des Gesetzgebers zu Art. 45 Nr. 6 FGG-RG (BT-Drucks. 16/6308, 332) auf § 114 FamFG.

743 MüKo-ZPO/*Heilmann*, § 151 FamFG Rn 47.

§ 51 IntFamRVG Gerichtsgebühren (aufgehoben)

(1) Für ein erstinstanzliches Verfahren nach diesem Gesetz über Anträge auf

1. Erlass einer gerichtlichen Anordnung auf Rückgabe des Kindes oder über das Recht zum persönlichen Umgang,

2. Erteilung der Vollstreckungsklausel zu ausländischen Titeln,

3. Feststellung, ob Entscheidungen aus einem anderen Staat anzuerkennen sind, einschließlich der Anordnungen nach § 33 zur Wiederherstellung des Sorgeverhältnisses,

4. Aufhebung oder Änderung einer Entscheidung in den in den Nummern 2 und 3 genannten Verfahren

wird eine Gebühr von 200 Euro erhoben.

(2) Für ein Verfahren über ein Rechtsmittel in der Hauptsache wird eine Gebühr von 300 Euro erhoben.

(3) Für die Ausstellung einer Bescheinigung nach § 49 wird eine Gebühr von 10 Euro erhoben.

11 Die in §§ 50 bis 53 IntFamRVG aF getroffenen Regelungen zu den Kosten sind **durch Art. 45 Nr. 9 FGG-RG aufgehoben** worden. Die Kostenhaftung richtet sich nunmehr nach dem Gesetz über Gerichtskosten in Familiensachen (**FamGKG**), insb. dessen **Anlage 1, Nr. 1710 ff KV FamGKG**. Die Kostenerstattung zwischen den Parteien bestimmt sich gem. § 20 Abs. 2 IntFamRVG (Abdruck bei Art. 31 Rn 5) bei Verfahren, die die elterliche Verantwortung betreffen, analog § 81 FamFG und bei Verfahren in Ehesachen analog § 788 ZPO, der jedoch nur für die Vollstreckbarerklärung der Kostenentscheidung im Hauptverfahren passend ist. Im Rahmen des § 81 FamFG wird die Kostenpflicht abweichend von den allgemeinen Vorschriften nach richterlichem billigem Ermessen bestimmt.[744] Für das Anerkennungsfeststellungsverfahren ist eine entsprechende Heranziehung von § 81 FamFG adäquater. Wird der Antrag auf Feststellung der Anerkennung oder auf Vollstreckbarerklärung der Kostenentscheidung in der Ehesache abgelehnt, hat der Antragsteller die Kosten zu tragen (§ 20 Abs. 3 S. 2 IntFamRVG, Abdruck bei Art. 31 Rn 5).

Art. 28 EheVO 2003 Vollstreckbare Entscheidungen

(1) Die in einem Mitgliedstaat ergangenen Entscheidungen über die elterliche Verantwortung für ein Kind, die in diesem Mitgliedstaat vollstreckbar sind und die zugestellt worden sind, werden in einem anderen Mitgliedstaat vollstreckt, wenn sie dort auf Antrag einer berechtigten Partei für vollstreckbar erklärt wurden.

(2) Im Vereinigten Königreich wird eine derartige Entscheidung jedoch in England und Wales, in Schottland oder in Nordirland erst vollstreckt, wenn sie auf Antrag einer berechtigten Partei zur Vollstreckung in dem betreffenden Teil des Vereinigten Königreichs registriert worden ist.

A. Entscheidungen

1 Das Klauselerteilungsverfahren ist gem. Art. 28 Abs. 1 offen für Entscheidungen über die elterliche Verantwortung für ein Kind (vgl Art. 2 Nr. 4 und 7), die der Vollstreckung zugänglich sind (zB Umgangsregelungen oder Herausgabeanordnungen).[745] Nicht erfasst werden Entscheidungen über die Zuteilung der elterlichen Sorge. Es handelt sich um Gestaltungsentscheidungen, die keinen vollstreckungsfähigen Inhalt haben.[746] Wird das Kind von der Person, in deren Obhut es sich befindet, nicht freiwillig herausgegeben, so bedarf es eines vollstreckbaren Titels. In Frage kommt in erster Linie eine ergänzende Herausgabeanordnung des nach Art. 8 ff für die Hauptsache zuständigen Gerichts, die dann nach Art. 28 ff zu vollstrecken ist. In dringenden Fällen ist die Anordnung der Herausgabe des Kindes als Schutzmaßnahme durch ein Gericht des Aufenthaltsstaates auf der Grundlage des Art. 20 möglich. Über Art. 49 gilt es auch für die Kosten in Bezug auf Verfahren, die in den sachlichen Anwendungsbereich der EheVO fallen.[747] Erfasst sind darüber hinaus Behör-

744 *Hartmann*, NJW 2009, 321, 323.

745 Zöller/*Geimer*, Art. 28 EG-VO Ehesachen Rn 1; MüKo-ZPO/*Gottwald*, Art. 28 EheGVO Rn 2; Geimer/Schütze/*Paraschas*, IRV, Bd. 2, 37. EL, Art. 28 EheVO Rn 10; *Schulte/Bunert*, FamRZ 2007, 1606, 1609.

746 Rauscher/*Rauscher*, Art. 28 Brüssel IIa-VO Rn 8.

747 *Nagel/Gottwald*, Int. Zivilprozessrecht, 6. Aufl. 2007, § 12 Rn 173; Thomas/Putzo/*Hüßtege*, Art. 28 EuEheVO Rn 1; Zöller/*Geimer*, Art. 28 EG-VO Ehesachen Rn 1; *Dornblüth*, S. 161; *Wagner*, IPRax 2001, 73, 79; *Hess*, Europäisches Zivilprozessrecht, 2010, § 7 Rn 45.

denentscheidungen, welche in den sachlichen Anwendungsbereich der Verordnung fallen.[748] Für einstweilige Maßnahmen gelten die Ausführungen zu Art. 21 (hierzu Art. 21 Rn 4 f) entsprechend.[749]

Die Entscheidung muss nach dem Recht des Entscheidungsstaats in formeller Hinsicht vollstreckbar sein.[750] Der Nachweis erfolgt durch die Bescheinigung gem. Art. 39 (hierzu Art. 39 Rn 1). Es genügt eine vorläufige Vollstreckbarkeit. Rechtskraft der ausländischen Entscheidung ist nicht erforderlich.[751] Soweit der ausländische Titel nachträglich seine Vollstreckbarkeit wieder verloren hat, kann dies im Rechtsbehelfsverfahren zur Klauselerteilung[752] oder im Verfahren nach § 34 IntFamRVG (hierzu Annex zu Art. 28–36 Rn 2 f) geltend gemacht werden. Nicht für vollstreckbar erklärt werden können Klauselerteilungsentscheidungen aus anderen Mitgliedstaaten (Verbot der Doppelexequatur).[753] 2

B. Zustellung der ausländischen Entscheidung

Mit diesem Erfordernis soll erreicht werden, dass der Antragsgegner von der Entscheidung Kenntnis und Gelegenheit erhält, ihr freiwillig nachzukommen.[754] Einzelheiten der Zustellung bestimmt das Recht des Entscheidungsstaats,[755] innerhalb der Europäischen Union ist die EuZustVO[756] zu beachten. Der Nachweis erfolgt durch die Bescheinigung gem. Art. 39; soweit dadurch nicht erbracht, durch andere Urkunden, die die Zustellung dokumentieren. 3

Der Nachweis der Zustellung der Entscheidung kann noch nach Einreichung des Antrags, insbesondere auch während eines anhängig gemachten Rechtsbehelfsverfahrens, erbracht werden, sofern dem die nationalen Vorschriften nicht entgegenstehen und der Schuldner über eine angemessene Frist verfügt, um der Entscheidung freiwillig nachzukommen.[757] § 87 Abs. 2 FamFG, wonach die Zustellung bis zum Beginn der Zwangsvollstreckung nachgeholt werden kann, ist wohl nicht analog heranzuziehen.[758] Die Partei, die die Vollstreckung beantragt, hat dabei die Kosten eines folglich unnötigen Verfahrens zu tragen.[759] 4

C. Antrag der berechtigten Partei

Antragsberechtigt sind die Personen, die nach dem Recht des Entscheidungsstaats die Vollstreckung aus der Entscheidung betreiben können. Das folgt aus dem Wirkungserstreckungsprinzip, wonach die ausländische Entscheidung im Vollstreckungsstaat dieselben Rechtswirkungen hat wie im Entscheidungsstaat (hierzu Art. 21 Rn 38 f). Infrage kommen die Parteien des Ausgangsverfahrens und sonstige Personen, die in eigenen Rechtspositionen betroffen sind, insbesondere die Eltern, das Kind und andere Personen, die in Bezug auf das Kind das Sorgerecht innehaben (Vormund, Pflegepersonen); auch die staatliche Gewalt (Staatsanwaltschaft, Jugendamt), wenn dies vorgesehen ist.[760] An die Stelle der staatlichen Gewalt im Entscheidungsstaat tritt die für solche Fragen zuständige staatliche Gewalt des Vollstreckungsstaates, weil ohne spezielle europa- oder völkerrechtliche Regelungen die hoheitliche Tätigkeit der staatlichen Gewalt territorial beschränkt ist. 5

748 EuGH Slg I 2007, 10141 = EuLF 2008, I-58 m.Anm. *Andrae*, S. 189.

749 Vgl EuGH Slg 1980, 1553, 1560 f = IPRax 1981, 95 m.Anm. *Hausmann*, 78 = NJW 1980, 2016 (EuGVÜ); BGH IPRax 1999, 371, 373 = NJW 1999, 2372 (EuGVÜ); OLG Stuttgart NJW-RR 1998, 280, 281 mwN (EuGVÜ); *Winkel*, S. 136; *Hausmann*, EuLF 2000/01, 271, 348.

750 EuGH Slg I 1999, 2543, 2571 = IPRax 2000, 18 m.Anm. *Linke*, 8 (EuGVÜ); OLG Düsseldorf NJW-RR 2001, 1575, 1576 (EuGVÜ); *Dornblüth*, S. 162; Rauscher/*Rauscher*, Art. 28 Brüssel IIa-VO Rn 16.

751 OLG Stuttgart NJW-RR 1998, 280, 281 (EuGVÜ); Thomas/Putzo/*Hüßtege*, Art. 28 EuEheVO Rn 4; Geimer/Schütze/*Paraschas*, IRV, Bd. 2, 37. EL, Art. 28 EheVO Rn 15.

752 *Dornblüth*, S. 162; *Kropholler*, Europäisches Zivilprozessrecht, 8. Aufl. 2005, Art. 38 EuGVVO Rn 11.

753 Näher *Schack*, Int. Zivilverfahrensrecht, 4. Aufl. 2006, Rn 936 f; s.a. *Geimer*, IZPR, Rn 3110 mwN.

754 OLG Koblenz RIW 1991, 667, 669 = IPRspr 1991 Nr. 207, S. 438 (EuGVÜ); *Dornblüth*, S. 164; Geimer/Schütze/*Geimer*, EuZVR, Art. 41 EuGVVO Rn 33.

755 Geimer/Schütze/*Paraschas*, IRV, Bd. 2, 37. EL, Art. 28 EheVO Rn 20.

756 Verordnung (EG) 1393/2007 des Europäischen Parlaments und des Rates über die Zustellung gerichtlicher und außergerichtlicher Schriftstücke in Zivil- und Handelssachen in den Mitgliedstaaten und zur Aufhebung der Verordnung (EG) Nr. 1348/2000 des Rates, ABl. EU 2007 L 324 S. 79.

757 EuGH Slg I 1996, 1393, 1413 = IPRax 1997, 186 m.Anm. *Stadler*, S. 171 (EuGVÜ) = EuZW 1996, 240; OLGR Köln 2000, 433, 434 (EuGVÜ); OLG Köln EWS 1994, 107 (EuGVÜ); Rauscher/*Rauscher*, Art. 28 Brüssel IIa-VO Rn 20; *Dornblüth*, S. 165.

758 Geimer/Schütze/*Paraschas*, IRV, Bd. 2, 37. EL, Art. 28 EheVO Rn 23; Rauscher/*Rauscher*, Art. 28 Brüssel IIa-VO Rn 20. AA Thomas/Putzo/*Hüßtege*, Art. 28 EuEheVO Rn 5; wohl auch *Dornblüth*, S. 165.

759 EuGH Slg I 1996, 1393, 1414 = IPRax 1997, 186 m.Anm. *Stadler*, S. 171 (EuGVÜ); OLGR Köln 2000, 433, 434 (EuGVÜ).

760 Thomas/Putzo/*Hüßtege*, Art. 28 EuEheVO Rn 3; MüKo-ZPO/*Gottwald*, Art. 28 EheGVO Rn 3; *Borrás*, ABl. EG 1998 C 221, S. 27, 54 Nr. 80; *Dornblüth*, S. 174; *Wagner*, IPRax 2001, 73, 79.

6 Gegen wen sich der Antrag zu richten hat, ist dem ausländischen Titel zu entnehmen, dessen Auslegung auch insofern dem Recht des Entscheidungsstaates unterliegt.[761]

Art. 29 EheVO 2003 Örtlich zuständiges Gericht

(1) Ein Antrag auf Vollstreckbarerklärung ist bei dem Gericht zu stellen, das in der Liste aufgeführt ist, die jeder Mitgliedstaat der Kommission gemäß Artikel 68 mitteilt.

(2) Das örtlich zuständige Gericht wird durch den gewöhnlichen Aufenthalt der Person, gegen die die Vollstreckung erwirkt werden soll, oder durch den gewöhnlichen Aufenthalt eines Kindes, auf das sich der Antrag bezieht, bestimmt.

Befindet sich keiner der in Unterabsatz 1 angegebenen Orte im Vollstreckungsmitgliedstaat, so wird das örtlich zuständige Gericht durch den Ort der Vollstreckung bestimmt.

A. Regelungsgehalt

I. Sachliche Zuständigkeit (Abs. 1)

1 Diese ist in der EheVO nicht geregelt. Sie wird durch den nationalen Gesetzgeber bestimmt und gem. Art. 68 veröffentlicht.

II. Örtliche Zuständigkeit (Abs. 2)

2 Sie ist anders als für das Anerkennungsfeststellungsverfahren direkt geregelt, um eine Vereinheitlichung zu erzielen.[762] Der Antragsteller kann zwischen der Zuständigkeit aufgrund des gewöhnlichen Aufenthalts des Vollstreckungsgegners und des betroffenen Kindes **wählen (S. 1)**. Der Vollstreckungsgegner ist die im Vollstreckbarerklärungsantrag bezeichnete Gegenpartei.[763] **Subsidiär** bestimmt sich gem. **S. 2** die örtliche Zuständigkeit nach dem Ort, an dem die beabsichtigte Zwangsvollstreckung stattfinden soll, zB sich der schlichte Aufenthalt des Kindes oder Kindesvermögen befinden bzw, bezogen auf Kostenentscheidungen, sich Vermögen des Schuldners befinden soll.

B. Deutsche Ausführungsvorschriften

I. § 12 IntFamRVG

§ 12 IntFamRVG Zuständigkeitskonzentration

(1) In Verfahren über eine in den §§ 10 und 11 bezeichnete Sache sowie in Verfahren über die Vollstreckbarerklärung nach Artikel 28 der Verordnung (EG) Nr. 2201/2003 entscheidet das Familiengericht, in dessen Bezirk ein Oberlandesgericht seinen Sitz hat, für den Bezirk dieses Oberlandesgerichts.

(2) Im Bezirk des Kammergerichts entscheidet das Familiengericht Pankow/Weißensee.

(3) [1]Die Landesregierungen werden ermächtigt, diese Zuständigkeit durch Rechtsverordnung einem anderen Familiengericht des Oberlandesgerichtsbezirks oder, wenn in einem Land mehrere Oberlandesgerichte errichtet sind, einem Familiengericht für die Bezirke aller oder mehrerer Oberlandesgerichte zuzuweisen. [2]Sie können die Ermächtigung auf die Landesjustizverwaltungen übertragen.

3 Die Vorschrift dient der Ausfüllung von Art. 29 Abs. 1.[764] Sie bestimmt das für das Vollstreckbarerklärungsverfahren und, durch den Verweis auf § 10 IntFamRVG, das für das Anerkennungsfeststellungsverfahren sachlich zuständige Gericht. Die weiteren Verweise beziehen sich auf das HKÜ und das ESÜ. Zuständig sind

761 *Geimer*, IZPR, Rn 3154; *Kropholler*, Europäisches Zivilprozessrecht, 8. Aufl. 2005, Art. 38 EuGVVO Rn 15; vgl auch OLG Köln NJW-RR 2001, 66, 67 (EuGVÜ).

762 Näher *Borrás*, ABl. EG 1998 C 221 S. 27, 54 Nr. 84.

763 Rauscher/*Rauscher*, Art. 29 Brüssel IIa-VO Rn 3; Geimer/Schütze/*Paraschas*, IRV, Bd. 2, 37. EL, Art. 29 EheVO Rn 4.

764 Hierzu *Schulte/Bunert*, FamRZ 2007, 1608, 1610.

die **Familiengerichte**. Die Zuständigkeit des FamG am Sitz des OLG bzw des FamG Pankow/Weißensee für den Bezirk des KG ist **ausschließlich**.

Durch die **Zuständigkeitskonzentration** innerhalb eines OLG-Bezirks bzw im Bezirk des KG soll eine besondere Sachkunde und praktische Erfahrung bei den zentralisierten Familiengerichten und bei den Rechtsanwälten gefördert werden.[765] 4

II. § 13 IntFamRVG

§ 13 IntFamRVG Zuständigkeitskonzentration für andere Familiensachen

(1) [1]Das Familiengericht, bei dem eine in den §§ 10 bis 12 bezeichnete Sache anhängig wird, ist von diesem Zeitpunkt an ungeachtet des § 137 Abs. 1 und 3 des Gesetzes über das Verfahren in Familiensachen und in den Angelegenheiten der freiwilligen Gerichtsbarkeit für alle dasselbe Kind betreffenden Familiensachen nach § 151 Nr. 1 bis 3 des Gesetzes über das Verfahren in Familiensachen und in den Angelegenheiten der freiwilligen Gerichtsbarkeit einschließlich der Verfügungen nach § 44 und den §§ 35 und 89 bis 94 des Gesetzes über das Verfahren in Familiensachen und in den Angelegenheiten der freiwilligen Gerichtsbarkeit zuständig. [2]Die Zuständigkeit nach Satz 1 tritt nicht ein, wenn der Antrag offensichtlich unzulässig ist. [3]Sie entfällt, sobald das angegangene Gericht auf Grund unanfechtbarer Entscheidung unzuständig ist; Verfahren, für die dieses Gericht hiernach seine Zuständigkeit verliert, sind nach näherer Maßgabe des § 281 Abs. 2 und 3 Satz 1 der Zivilprozessordnung von Amts wegen an das zuständige Gericht abzugeben.

(2) Bei dem Familiengericht, das in dem Oberlandesgerichtsbezirk, in dem sich das Kind gewöhnlich aufhält, für Anträge der in Absatz 1 Satz 1 genannten Art zuständig ist, kann auch eine andere Familiensache nach § 151 Nr. 1 bis 3 des Gesetzes über das Verfahren in Familiensachen und in den Angelegenheiten der freiwilligen Gerichtsbarkeit anhängig gemacht werden, wenn ein Elternteil seinen gewöhnlichen Aufenthalt in einem anderen Mitgliedstaat der Europäischen Union oder in einem anderen Vertragsstaat des Haager Kinderschutzübereinkommens, des Haager Kindesentführungsübereinkommens oder des Europäischen Sorgerechtsübereinkommens hat.

(3) [1]Im Falle des Absatzes 1 Satz 1 hat ein anderes Familiengericht, bei dem eine dasselbe Kind betreffende Familiensache nach § 151 Nr. 1 bis 3 des Gesetzes über das Verfahren in Familiensachen und in den Angelegenheiten der freiwilligen Gerichtsbarkeit im ersten Rechtszug anhängig ist oder anhängig wird, dieses Verfahren von Amts wegen an das nach Absatz 1 Satz 1 zuständige Gericht abzugeben. [2]Auf übereinstimmenden Antrag beider Elternteile sind andere Familiensachen, an denen diese beteiligt sind, an das nach Absatz 1 oder Absatz 2 zuständige Gericht abzugeben. [3]§ 281 Abs. 2 Satz 1 bis 3 und Abs. 3 Satz 1 der Zivilprozessordnung gilt entsprechend.

(4) [1]Das Familiengericht, das gemäß Absatz 1 oder Absatz 2 zuständig oder an das die Sache gemäß Absatz 3 abgegeben worden ist, kann diese aus wichtigen Gründen an das nach den allgemeinen Vorschriften zuständige Familiengericht abgeben oder zurückgeben, soweit dies nicht zu einer erheblichen Verzögerung des Verfahrens führt. [2]Als wichtiger Grund ist es in der Regel anzusehen, wenn die besondere Sachkunde des erstgenannten Gerichts für das Verfahren nicht oder nicht mehr benötigt wird. [3]§ 281 Abs. 2 und 3 Satz 1 der Zivilprozessordnung gilt entsprechend. Die Ablehnung einer Abgabe nach Satz 1 ist unanfechtbar.

(5) §§ 4 und 5 Abs. 1 Nr. 5, Abs. 2 und 3 des Gesetzes über das Verfahren in Familiensachen und in den Angelegenheiten der freiwilligen Gerichtsbarkeit bleibt unberührt.

Mit dieser Norm wird der § 64 a FGG a.F. in das IntFamRVG überführt.[766] Damit soll dem Sachzusammenhang zu den europäischen und internationalen Rechtsinstrumenten, deren innerstaatliche Aus- und Durchführung das Gesetz zum Gegenstand hat, Rechnung getragen werden. Sie erweitert die Zuständigkeitskonzentration bei dem in § 12 IntFamRVG genannten Familiengericht. Sachlich bezieht sich die Erweiterung auf Familiensachen gem. § 151 Nr. 1-3 FamFG (ehemals § 621 Abs. 1 Nr. 1–3 ZPO; elterliche Sorge, Umgangsrecht und Herausgabe des Kindes). Sie erstreckt sich nicht auf sonstige Kindschaftssachen. 5

Die **obligatorische** Zuständigkeitskonzentration nach **Abs. 1 S. 1** beginnt mit der Anhängigkeit eines in der Vorschrift bezeichneten Verfahrens und endet nach Abs. 1 S. 3, sobald das spezialisierte Gericht aufgrund einer unanfechtbaren Entscheidung in diesem Verfahren unzuständig wird. Sie umfasst auch alle Anträge auf Vollstreckungsmaßnahmen nach §§ 35 und 89 bis 94 FamFG in Bezug auf dasselbe Kind in diesem Zeitraum. Durch die Verfahrenskonzentration wird das Familiengericht zB in die Lage versetzt, eine ausländische Sor- 6

765 BT-Drucks. 15/3981, 22; *Hub*, NJW 2001, 3145, 3148.
766 BT-Drucks. 15/3981, 23.

gerechtsentscheidung durch eine Herausgabeanordnung zu ergänzen oder eine ausländische Umgangsregelung aktuellen Gegebenheiten anzupassen. Das Verfahren in diesen anderen Sorge- und umgangsrechtlichen Sachen bestimmt sich nach den allgemeinen Vorschriften, einschließlich Rechtsmittel und Vollstreckung, selbst soweit ein unmittelbarer Zusammenhang zur ausländischen Entscheidung besteht. Endet die Annexzuständigkeit, so wird ein noch anhängiges Verfahren von Amts wegen an das nach allgemeiner Vorschrift zuständige Familiengericht verwiesen.

7 **Abs. 2** eröffnet eine weitere fakultative Zuständigkeit.

8 **Abs. 3** sichert die Zuständigkeitskonzentration nach Abs. 1, wenn ein Verfahren nach § 151 Nr. 1–3 FamFG dasselbe Kind betreffend bei einem anderen Familiengericht anhängig ist oder wird, während die Annexzuständigkeit nach § 13 Abs. 1 S. 1 IntFamRVG besteht.

Art. 30 EheVO 2003 Verfahren

(1) Für die Stellung des Antrags ist das Recht des Vollstreckungsmitgliedstaats maßgebend.

(2) [1]Der Antragsteller hat für die Zustellung im Bezirk des angerufenen Gerichts ein Wahldomizil zu begründen. [2]Ist das Wahldomizil im Recht des Vollstreckungsmitgliedstaats nicht vorgesehen, so hat der Antragsteller einen Zustellungsbevollmächtigten zu benennen.

(3) Dem Antrag sind die in den Artikeln 37 und 39 aufgeführten Urkunden beizufügen.

A. Regelungsgehalt

I. Antragstellung (Abs. 1)

1 Der Verweis auf die Rechtsordnung des Vollstreckungsmitgliedstaats bezieht sich insbesondere auf Form und Inhalt des Antrags, Zahl der einzureichenden Ausfertigungen, Bestimmung der zuständigen Gerichtsstelle, Notwendigkeit der Mitwirkung eines Anwalts oder Sachvertreters und ggf die Sprache.[767]

II. Wahldomizil oder Benennung einer Zustellungsadresse (Abs. 2)

2 Der Antragsteller wird verpflichtet, für eine Zustellungsadresse **im Vollstreckungsstaat** zu sorgen. Die Regelung dient einer zügigen Durchführung des Vollstreckbarerklärungsverfahrens.[768] Die beiden Möglichkeiten in Abs. 2 S. 1 und S. 2 tragen der unterschiedlichen Ausgestaltung des Prozessrechts der einzelnen Mitgliedstaaten Rechnung. Einzelheiten sind dem Recht des Vollstreckungsstaats zu entnehmen, einschließlich der Folgen einer Verletzung der Pflichten.[769] Die Sanktion darf weder die Gültigkeit der Exequaturentscheidung infrage stellen noch eine Beeinträchtigung der Rechte des Antragstellers mit sich bringen,[770] insbesondere keine daraus resultierende Antragsablehnung.[771]

III. Beifügung von Urkunden (Abs. 3)

3 Die bezeichneten Urkunden sind Bestandteil des Antrags.[772] Fehlen Urkunden, kann das Gericht gem. Art. 38 Abs. 1 eine Frist zur Nachholung setzen (hierzu Art. 38 Rn 2). Es kann den Antrag für unzulässig erklären, wenn die vorgelegten Urkunden auch unter Beachtung der in Art. 38 in Bezug auf die Vollständigkeit der Unterlagen vorgesehenen Erleichterungen nicht ausreichen und das Gericht nicht in den Besitz der

767 Vgl Thomas/Putzo/*Hüßtege*, Art. 30 EuEheVO Rn 1; *Borrás*, ABl. EG 1998 C 221 S. 27, 55 Nr. 85; *Dornblüth*, S. 175; *Kropholler*, Europäisches Zivilprozessrecht, 8. Aufl. 2005, Art. 40 EuGVVO Rn 1.

768 Geimer/Schütze/*Paraschas*, IRV, Bd. 2, 37. EL, Art. 30 EheVO Rn 5; *Meyer-Götz*, FF 2001, 17, 18; vgl auch *Borrás*, ABl. EG 1998 C 221 S. 27, 55 Nr. 86; *Dornblüth*, S. 175; *Kropholler*, Europäisches Zivilprozessrecht, 8. Aufl. 2005, Art. 40 EuGVVO Rn 5.

769 EuGH Slg 1986, 2437, 2445 = IPRax 1987, 229 m.Anm. *Jayme/Abend*, S. 209 (EuGVÜ).

770 *Kropholler*, Europäisches Zivilprozessrecht, 8. Aufl. 2005, Art. 40 EuGVVO Rn 7.

771 So auch Thomas/Putzo/*Hüßtege*, Art. 40 EuGVVO Rn 3.

772 MüKo-ZPO/*Gottwald*, Art. 30 EheGVO Rn 3; Geimer/Schütze/*Paraschas*, IRV, Bd. 2, 37. EL, Art. 30 EheVO Rn 11.

gewünschten Informationen gelangt.[773] Die Wiederholung eines lediglich wegen fehlender Urkunden zurückgewiesenen Antrags ist zulässig.[774] Zur Erforderlichkeit einer Übersetzung vgl Art. 38 Rn 3.

B. Deutsche Ausführungsvorschriften

I. § 16 IntFamRVG

§ 16 IntFamRVG Antragstellung

(1) Mit Ausnahme der in den Artikeln 41 und 42 der Verordnung (EG) Nr. 2201/2003 aufgeführten Titel wird der in einem anderen Staat vollstreckbare Titel dadurch zur Zwangsvollstreckung zugelassen, dass er auf Antrag mit der Vollstreckungsklausel versehen wird.

(2) Der Antrag auf Erteilung der Vollstreckungsklausel kann bei dem zuständigen Familiengericht schriftlich eingereicht oder mündlich zu Protokoll der Geschäftsstelle erklärt werden.

(3) Ist der Antrag entgegen § 184 des Gerichtsverfassungsgesetzes nicht in deutscher Sprache abgefasst, so kann das Gericht der antragstellenden Person aufgeben, eine Übersetzung des Antrags beizubringen, deren Richtigkeit von einer
1. in einem Mitgliedstaat der Europäischen Union oder
2. in einem anderen Vertragsstaat eines auszuführenden Übereinkommens
hierzu befugten Person bestätigt ist.

II. § 17 IntFamRVG

§ 17 IntFamRVG Zustellungsbevollmächtigter

(1) Hat die antragstellende Person in dem Antrag keinen Zustellungsbevollmächtigten im Sinne des § 184 Abs. 1 Satz 1 der Zivilprozessordnung benannt, so können bis zur nachträglichen Benennung alle Zustellungen an sie durch Aufgabe zur Post (§ 184 Abs. 1 Satz 2, Abs. 2 der Zivilprozessordnung) bewirkt werden.

(2) Absatz 1 gilt nicht, wenn die antragstellende Person einen Verfahrensbevollmächtigten für das Verfahren bestellt hat, an den im Inland zugestellt werden kann.

Die Regelung folgt § 5 AVAG (vgl dazu Vor Art. 28–36 Rn 6), jedoch mit der Besonderheit, dass es ausreichend ist, wenn der Zustellungsbevollmächtigte im Inland wohnt oder hier einen Geschäftsraum hat. Auch eine juristische Person kann Zustellungsbevollmächtigter sein. Die Benennung ist nach Sinn und Zweck der Vorschrift nicht erforderlich, wenn der Antragsteller in Deutschland selbst einen Wohnsitz hat. Das trifft nach § 17 Abs. 2 IntFamRVG auch zu, wenn er einen inländischen Verfahrensbevollmächtigten mit der Wahrnehmung seiner Interessen im Verfahren betraut hat. Unterlässt der Antragsteller die Benennung des Zustellungsbevollmächtigten, so kann die Zustellung an ihn ins Ausland durch Aufgabe zur Post gem. § 184 Abs. 1 S. 2 und Abs. 2 ZPO bewirkt werden (fiktive Inlandszustellung). Auf Grund des eindeutigen Wortlauts trifft der Ausschluss von § 184 ZPO im Anwendungsbereich der EuZVO im Allgemeinen[775] nicht zu. Sie unterbleibt, sobald eine nachträgliche Benennung erfolgt ist. Die Regelung des § 17 Abs. 1 IntFamRVG ist nicht zwingend, so dass die Möglichkeit einer Zustellung im Ausland nach der EuZVO[776] verbleibt. 4

Art. 31 EheVO 2003 Entscheidung des Gerichts

(1) Das mit dem Antrag befasste Gericht erlässt seine Entscheidung ohne Verzug und ohne dass die Person, gegen die die Vollstreckung erwirkt werden soll, noch das Kind in diesem Abschnitt des Verfahrens Gelegenheit erhalten, eine Erklärung abzugeben.

773 *Borrás*, ABl. EG 1998 C 221 S. 27, 58 Nr. 107.
774 OLG Stuttgart IPRspr 1980 Nr. 163, S. 527 (EuGVÜ); *Kropholler*, Europäisches Zivilprozessrecht, 8. Aufl. 2005, Art. 40 EuGVVO Rn 9.
775 BGH NJW 20011, 1885; NJW 2011, 2218.
776 Verordnung (EG) Nr. 1393/2007 des Europäischen Parlaments und des Rates vom 13. November 2007 über die Zustellung gerichtlicher und außergerichtlicher Schriftstücke in Zivil- oder Handelssachen in den Mitgliedstaaten („Zustellung von Schriftstücken") und zur Aufhebung der Verordnung (EG) Nr. 1348/2000 des Rates, ABl. EU 2007 L 324 S. 79.

(2) Der Antrag darf nur aus einem der in den Artikeln 22, 23 und 24 aufgeführten Gründe abgelehnt werden.

(3) Die Entscheidung darf keinesfalls in der Sache selbst nachgeprüft werden.

A. Regelungsgehalt

I. Einseitigkeit des Verfahrens (Abs. 1)

1 Wegen des Beschleunigungsgebots handelt es sich in der Regel um ein schriftliches Verfahren. Eine mündliche Erörterung mit dem Antragsteller ist zulässig, wenn dies der Verfahrensschnelligkeit dient und dieser damit einverstanden ist. Das kann zB zweckmäßig sein, wenn über eine Befreiung von der Beibringung von Urkunden zu entscheiden ist (hierzu Art. 38 Rn 1).[777] Eine Frist sowie eine Sanktion für die Nichteinhaltung des Beschleunigungsgrundsatzes sind nicht vorgesehen.[778]

2 Im ersten Rechtszug erhält der Schuldner keine Gelegenheit, eine Erklärung abzugeben.[779] Der Antrag wird ihm seitens des Gerichts nicht mitgeteilt. Das Gericht ist auch in Ausnahmefällen nicht befugt, den Schuldner zur Stellungnahme aufzufordern.[780] Auch eine vom Antragsgegner vorsorglich eingereichte Schutzschrift ist sachlich nicht zur Kenntnis zu nehmen.[781] Damit soll der Umwandlung des gewollt einseitigen Verfahrens in ein kontradiktorisches Verfahren vorgebeugt werden.[782] Die Regelung ist mit der Garantie des rechtlichen Gehörs vereinbar, weil der Antragsgegner die Möglichkeit hat, mittels Einlegung des Rechtsbehelfs ein Verfahren mit beiderseitigem rechtlichem Gehör (Art. 33 Abs. 3) herbeizuführen.[783] Auch das Kind oder andere materiell Beteiligte werden in diesem Verfahrensabschnitt nicht angehört.[784]

II. Ablehnungsgründe (Abs. 2)

3 Anders als bei Art. 41 EuGVVO wird bestimmt, dass die Gründe, die die Anerkennung ipso iure hindern, im ersten Rechtszug für die Erteilung der Vollstreckungsklausel zu prüfen sind.[785] Die Ablehnungsgründe sind von Amts wegen zu prüfen, jedoch findet keine Amtsermittlung statt.[786] Sie sind entgegen des Wortlauts nicht vollständig aufgelistet und können sich darauf beziehen, dass

1. der sachliche Anwendungsbereich der EheVO nicht eröffnet ist, dh es sich um keine Entscheidung iSv Art. 28 Abs. 1 handelt (wird zB ein Antrag auf Vollstreckbarerklärung eines Unterhaltstitels gestellt, so ist der Antrag abzulehnen, weil Unterhaltstitel von der EheVO nicht erfasst werden);
2. die Gerichtsbarkeit des Entscheidungs- oder des Vollstreckungsstaats fehlt;[787]
3. die sachliche und örtliche Zuständigkeit des angerufenen Gerichts fehlt (§ 281 ZPO findet entsprechend Anwendung);
4. der Antragsteller nicht zu dem Kreis der berechtigten Personen gehört oder der Antragsgegner nicht die aus der Entscheidung verpflichtete Person ist (arg. e Art. 28 Abs. 1);
5. die in Art. 37 und 39 genannten Urkunden und Bescheinigungen nicht vorgelegt sind und auch eine Befreiung von der Beibringung nicht möglich ist (hierzu Art. 38 Rn 1);

777 *Kropholler*, Europäisches Zivilprozessrecht, 8. Aufl. 2005, Art. 41 EuGVVO Rn 8.

778 *Borrás*, ABl. EG 1998 C 221 S. 27, 55 Nr. 88; *Wagner*, IPRax 2001, 73, 79.

779 EuGH Slg I 1999, 2543, 2571 = IPRax 2000, 18, 20; Thomas/Putzo/*Hüßtege*, Art. 31 EuEheVO Rn 1; *Nagel/Gottwald*, Int. Zivilprozessrecht, 6. Aufl. 2007, § 12 Rn 175.

780 *Borrás*, ABl. EG 1998 C 221 S. 27, 55 Nr. 88.

781 *Kropholler*, Europäisches Zivilprozessrecht, 8. Aufl. 2005, Art. 41 EuGVVO Rn 10; Thomas/Putzo/*Hüßtege*, Art. 41 EuGVVO Rn 1; *Schack*, Int. Zivilverfahrensrecht, 4. Aufl. 2006, Rn 949; ausf. *Mennicke*, IPRax 2000, 294, 295 ff; aA LG Darmstadt IPRax 2000, 309 m. abl. Anm. *Mennicke* (EuGVÜ).

782 Geimer/Schütze/*Paraschas*, IRV, Bd. 2, 37. EL, Art. 31 EheVO Rn 2; *Borrás*, ABl. EG 1998 C 221, S. 27, 55 Nr. 88; *Dornblüth*, S. 176.

783 *Borrás*, Bericht ABl. EG 1998 C 221 S. 27, 55 Nr. 88; Rauscher/*Rauscher*, Art. 31 Brüssel IIa-VO Rn 2; Geimer/Schütze/*Paraschas*, IRV, Bd. 2, 37. EL, Art. 31 EheVO Rn 2; zur EuGVVO: *Kropholler*, Europäisches Zivilprozessrecht, 8. Aufl. 2005, Art. 41 EuGVVO Rn 7; vgl auch EuGH Slg I 1999, 2543, 2571 = IPRax 2000, 18, 20 m.Anm. *Linke*, S. 8 (EuGVÜ); OLG Bremen IPRspr 1977 Nr. 152, S. 449 (EuGVÜ).

784 *Nagel/Gottwald*, Int. Zivilprozessrecht, 6. Aufl. 2007, § 12 Rn 175; *Hub*, NJW 2001, 3145, 3148; krit. *Schlosser*, 2. Aufl. 2003, Art. 24 EuEheVO Rn 1.

785 Krit. zur Regelung Zöller/*Geimer*, Art. 31 EG-VO Ehesachen Rn 1.

786 OLG Koblenz RIW 1991, 667, 668 = IPRspr 1991 Nr. 207, S. 438 (EuGVÜ); Thomas/Putzo/*Hüßtege*, Art. 31 EuEheVO Rn 3; *Dornblüth*, S. 159; *Wagner*, IPRax 2001, 73, 80; *Looschelders*, JR 2006, 45, 48.

787 MüKo-ZPO/*Gottwald*, Art. 31 EheGVO Rn 3.

6. die Entscheidung im Ursprungsstaat nicht wirksam oder vollstreckbar ist (arg. e Art. 28 Abs. 1). Die Bescheinigung der Rechtmäßigkeit und der Vollstreckbarkeit unter Verwendung der Formblätter in Anhang I und II stellt lediglich eine widerlegbare Vermutung dar. Eine materiellrechtliche Prüfung dessen erfolgt jedoch nicht im Vollstreckungsmitgliedstaat, ein diesbezügliches Begehren ist an das Gericht zu richten, welches die zu vollstreckende Entscheidung erlassen hat.[788] Nur dessen Entscheidung kann Grundlage einer Überprüfung im Vollstreckbarerklärungsverfahren sein;
7. der ausländische Titel nicht die hinreichende Bestimmtheit aufweist (eine zusätzliche Konkretisierung des ausländischen Titels durch Auslegung kann durch das FamG vorgenommen werden, damit die Vollstreckungsklausel einen vollstreckungsfähigen Inhalt erhält.[789] Eine über die Konkretisierung, die nach Art. 48 zulässig ist, hinausgehende Ergänzung, zB einer Sorgerechtsentscheidung durch eine Herausgabeordnung oder Anpassung einer ausländischen Umgangsregelung an aktuelle Gegebenheiten, ist nicht im Vollstreckbarerklärungsverfahren möglich. Das Verfahren hierfür richtet sich nach den allgemeinen Vorschriften. In Deutschland ist die Zuständigkeitskonzentration nach § 13 IntFamRVG (hierzu Art. 29 Rn 4 ff) zu beachten; oder
8. einer der in Art. 22 und 23 aufgelisteten Ablehnungsgründe, die die Anerkennung hindern, vorliegt. (Der Verweis auf Art. 24 ist ein redaktionelles Versehen.[790] Ansonsten sind materielle Ablehnungsgründe ausgeschlossen).[791]

Eine fehlende Zustellung der Entscheidung führt wegen der Möglichkeit der Nachholung (hierzu Art. 28 Rn 4) wohl nicht zur Antragsablehnung.[792] 4

III. Verbot der Revision au fond (Abs. 3)

Das Verbot der sachlichen Überprüfung gilt auch für dieses Verfahren (hierzu Art. 26 Rn 1). 5

B. Deutsche Ausführungsvorschriften, §§ 18 Abs. 1, 20 IntFamRVG

§ 18 IntFamRVG Einseitiges Verfahren

(1) [1]Im Anwendungsbereich der Verordnung (EG) Nr. 2201/2003 und des Haager Kinderschutzübereinkommen erhält im erstinstanzlichen Verfahren auf Zulassung der Zwangsvollstreckung nur die antragstellende Person Gelegenheit, sich zu äußern. [2]Die Entscheidung ergeht ohne mündliche Verhandlung. [3]Jedoch kann eine mündliche Erörterung mit der antragstellenden oder einer von ihr bevollmächtigten Person stattfinden, wenn diese hiermit einverstanden ist und die Erörterung der Beschleunigung dient.

(…)

§ 20 IntFamRVG Entscheidung

(1) [1]Ist die Zwangsvollstreckung aus dem Titel zuzulassen, so beschließt das Gericht, dass der Titel mit der Vollstreckungsklausel zu versehen ist. [2]In dem Beschluss ist die zu vollstreckende Verpflichtung in deutscher Sprache wiederzugeben. [3]Zur Begründung des Beschlusses genügt in der Regel die Bezugnahme auf die Verordnung (EG) Nr. 2201/2003 oder den auszuführenden Anerkennungs- und Vollstreckungsvertrag sowie auf die von der antragstellenden Person vorgelegten Urkunden.

(2) Auf die Kosten des Verfahrens ist § 81 des Gesetzes über das Verfahren in Familiensachen und in den Angelegenheiten der freiwilligen Gerichtsbarkeit entsprechend anzuwenden; in Ehesachen gilt § 788 der Zivilprozessordnung entsprechend.

(3) [1]Ist der Antrag nicht zulässig oder nicht begründet, so lehnt ihn das Gericht durch mit Gründen versehenen Beschluss ab. [2]Für die Kosten gilt Absatz 2; in Ehesachen sind die Kosten dem Antragsteller aufzuerlegen.

788 OLGR Stuttgart 2009, 739.
789 Vgl BGHZ 122, 16, 18 = IPRax 1994, 367 m.Anm. *Roth*, 350 = NJW 1993, 1801 (EuGVÜ).
790 Rauscher/*Rauscher*, Art. 31 Brüssel IIa-VO Rn 4.
791 MüKo-ZPO/*Gottwald*, Art. 31 EheGVO Rn 4; Geimer/Schütze/*Paraschas*, IRV, Bd. 2, 37. EL, Art. 31 EheVO Rn 9.
792 Ebenso Geimer/Schütze/*Paraschas*, IRV, Bd. 2, 37. EL, Art. 31 EheVO Rn 6, Art. 28 Ehe VO Rn 23; Nicht deutlich bei *Wagner*, IPRax 2001, 73, 80. AA Rauscher/*Rauscher*, Art. 31 Brüssel IIa-VO Rn 6.

Art. 32 EheVO 2003 Mitteilung der Entscheidung

Die über den Antrag ergangene Entscheidung wird dem Antragsteller vom Urkundsbeamten der Geschäftsstelle unverzüglich in der Form mitgeteilt, die das Recht des Vollstreckungsmitgliedstaats vorsieht.

A. Regelungsgehalt

1 Eine Regelung in Bezug auf den Antragsgegner, die die in Art. 33 Abs. 5 geregelte Rechtsbehelfsfrist in Gang setzt, fehlt. Hier wird Art. 42 Abs. 2 EuGVVO entsprechend heranzuziehen sein.

B. Deutsche Ausführungsvorschriften

I. § 21 IntFamRVG

§ 21 IntFamRVG Bekanntmachung der Entscheidung

(1) [1]Im Falle des § 20 Abs. 1 sind der verpflichteten Person eine beglaubigte Abschrift des Beschlusses, eine beglaubigte Abschrift des noch nicht mit der Vollstreckungsklausel versehenen Titels und gegebenenfalls seiner Übersetzung sowie der gemäß § 20 Abs. 1 Satz 3 in Bezug genommenen Urkunden von Amts wegen zuzustellen. [2]Ein Beschluss nach § 20 Abs. 3 ist der verpflichteten Person formlos mitzuteilen.

(2) [1]Der antragstellenden Person sind eine beglaubigte Abschrift des Beschlusses nach § 20, im Falle des § 20 Abs. 1 ferner eine Bescheinigung über die bewirkte Zustellung zu übersenden. [2]Die mit der Vollstreckungsklausel versehene Ausfertigung des Titels ist der antragstellenden Person erst dann zu übersenden, wenn der Beschluss nach § 20 Abs. 1 wirksam geworden und die Vollstreckungsklausel erteilt ist.

(3) In einem Verfahren, das die Vollstreckbarerklärung einer die elterliche Verantwortung betreffenden Entscheidung zum Gegenstand hat, sind Zustellungen auch an den gesetzlichen Vertreter des Kindes, an den Vertreter des Kindes im Verfahren, an das Kind selbst, soweit es das vierzehnte Lebensjahr vollendet hat, an seinen Elternteil, der nicht am Verfahren beteiligt war, sowie an das Jugendamt zu bewirken.

(4) Handelt es sich bei der für vollstreckbar erklärten Maßnahme um eine Unterbringung, so ist der Beschluss auch dem Leiter der Einrichtung oder der Pflegefamilie bekannt zu machen, in der das Kind untergebracht werden soll.

2 Eine förmliche Zustellung an den Antragsgegner gem. § 21 Abs. 1 IntFamRVG erfolgt von Amts wegen, wenn das FamG die Erteilung der Vollstreckungsklausel beschlossen hat. Zuzustellen sind beglaubigte Abschriften des Beschlusses, des ausländischen Titels ohne Vollstreckungsklausel sowie der anderen Bescheinigungen nach Art. 37 und 39, die Grundlage für den Beschluss waren.

3 § 21 Abs. 2 IntFamRVG dient der Ausfüllung von Art. 32. Der Beschluss (§ 20 Abs. 1 oder 3 IntFamRVG) wird dem Antragsteller nach seinem Erlass formlos mitgeteilt, da keine Rechtsbehelfsfrist für ihn besteht (vgl Art. 33). Die Mitteilung hat unverzüglich durch den Urkundsbeamten der Geschäftsstelle zu erfolgen.

4 Durch § 21 Abs. 3 und 4 IntFamRVG wird sichergestellt, dass die anderen materiell Beteiligten, deren Rechtsstellung von dem Verfahren betroffen wird, von dessen Ausgang Kenntnis erhalten und gegebenenfalls Rechtsmittel einlegen können.

II. §§ 22, 23 IntFamRVG

§ 22 IntFamRVG Wirksamwerden der Entscheidung

[1]Ein Beschluss nach § 20 wird erst mit der Rechtskraft wirksam. [2]Hierauf ist in dem Beschluss hinzuweisen.

§ 23 IntFamRVG Vollstreckungsklausel

(1) Auf Grund eines wirksamen Beschlusses nach § 20 Abs. 1 erteilt der Urkundsbeamte der Geschäftsstelle die Vollstreckungsklausel in folgender Form:

„Vollstreckungsklausel nach § 23 des Internationalen Familienrechtsverfahrensgesetzes vom… [einsetzen: Ausfertigungsdatum und Fundstelle dieses Gesetzes]. Gemäß dem Beschluss des… (Bezeichnung des Gerichts und des Beschlusses) ist die Zwangsvollstreckung aus… (Bezeichnung des Titels) zugunsten… (Bezeichnung der berechtigten Person) gegen… (Bezeichnung der verpflichteten Person) zulässig.

Die zu vollstreckende Verpflichtung lautet:

… (Angabe der aus dem ausländischen Titel der verpflichteten Person obliegenden Verpflichtung in deutscher Sprache; aus dem Beschluss nach § 20 Abs. 1 zu übernehmen).“

(2) Wird die Zwangsvollstreckung nur für einen oder mehrere der durch den ausländischen Titel niedergelegten Ansprüche oder nur für einen Teil des Gegenstands der Verpflichtung zugelassen, so ist die Vollstreckungsklausel als „Teil-Vollstreckungsklausel nach § 23 des Internationalen Familienrechtsverfahrensgesetzes vom… [einsetzen: Ausfertigungsdatum und Fundstelle dieses Gesetzes]“ zu bezeichnen.

(3) [1]Die Vollstreckungsklausel ist von dem Urkundsbeamten der Geschäftsstelle zu unterschreiben und mit dem Gerichtssiegel zu versehen. [2]Sie ist entweder auf die Ausfertigung des Titels oder auf ein damit zu verbindendes Blatt zu setzen. [3]Falls eine Übersetzung des Titels vorliegt, ist sie mit der Ausfertigung zu verbinden.

Aufgrund der Regelungen in §§ 22, 23 IntFamRVG wird die **Rechtskraft des Beschlusses** über die Zulassung der Zwangsvollstreckung **zur Voraussetzung** für die Erteilung der Vollstreckungsklausel. Damit soll die Schaffung endgültiger Zustände verhindert werden, bevor dem Verpflichteten im sensiblen Bereich der elterlichen Verantwortung rechtliches Gehör gewährt wurde.[793] Das Gericht kann nicht die sofortige Wirksamkeit der Entscheidung anordnen. Die Zwangsvollstreckung kann erst eingeleitet werden, wenn die Rechtsbehelfsfrist abgelaufen ist.[794] Dies dient dem Schutz des Kindes, das vor Vollstreckungsmaßnahmen bewahrt werden soll, bevor ihre Zulässigkeit endgültig feststeht. 5

Art. 33 EheVO 2003 Rechtsbehelf

(1) Gegen die Entscheidung über den Antrag auf Vollstreckbarerklärung kann jede Partei einen Rechtsbehelf einlegen.

(2) Der Rechtsbehelf wird bei dem Gericht eingelegt, das in der Liste aufgeführt ist, die jeder Mitgliedstaat der Kommission gemäß Artikel 68 mitteilt.

(3) Über den Rechtsbehelf wird nach den Vorschriften entschieden, die für Verfahren mit beiderseitigem rechtlichen Gehör maßgebend sind.

(4) [1]Wird der Rechtsbehelf von der Person eingelegt, die den Antrag auf Vollstreckbarerklärung gestellt hat, so wird die Partei, gegen die die Vollstreckung erwirkt werden soll, aufgefordert, sich auf das Verfahren einzulassen, das bei dem mit dem Rechtsbehelf befassten Gericht anhängig ist. [2]Lässt sich die betreffende Person auf das Verfahren nicht ein, so gelten die Bestimmungen des Artikels 18.

(5) [1]Der Rechtsbehelf gegen die Vollstreckbarerklärung ist innerhalb eines Monats nach ihrer Zustellung einzulegen. [2]Hat die Partei, gegen die die Vollstreckung erwirkt werden soll, ihren gewöhnlichen Aufenthalt in einem anderen Mitgliedstaat als dem, in dem die Vollstreckbarerklärung erteilt worden ist, so beträgt die Frist für den Rechtsbehelf zwei Monate und beginnt mit dem Tag, an dem die Vollstreckbarerklärung ihr entweder persönlich oder in ihrer Wohnung zugestellt worden ist. [3]Eine Verlängerung dieser Frist wegen weiter Entfernung ist ausgeschlossen.

793 BT-Drucks. 15/3981, 25; *Wagner*, IPRax 2001, 73, 80; *Hub*, NJW 2001, 3145, 3148.
794 *Hub*, NJW 2001, 3145, 3148.

A. Regelungsgehalt

1 Die Rechtsschutzmöglichkeiten der Art. 33 ff stellen ein eigenständiges und geschlossenes System dar[795] und schließen die im nationalen Recht vorgesehenen Rechtsmittel gegen die Zulassung oder Ablehnung der Vollstreckbarerklärung aus.[796] Hiervon zu unterscheiden ist deren Ausfüllung durch nationale Verfahrensvorschriften, in Deutschland vor allem durch das IntFamRVG.

I. Zulässigkeit des Rechtsbehelfs (Abs. 1)

2 **1. Beschwerdegegenstand.** Beschwerdegegenstand ist die Entscheidung des Gerichts im ersten Rechtszug nach Art. 31. Zwischenentscheidungen gehören nicht dazu, können aber mit den Rechtsbehelfen des innerstaatlichen Verfahrensrechts im Vollstreckungsstaat angegriffen werden.[797]

3 **2. Antragsberechtigung.** In Abs. 1 wird klargestellt, dass beide Parteien gegen die Entscheidung über den Antrag auf Vollstreckbarerklärung einen Rechtsbehelf einlegen können, also Antragsteller oder Antragsgegner, soweit sie durch die Entscheidung beschwert sind. Ob weitere Personen antragsberechtigt sind, ist in Verfahren betreffend die elterliche Verantwortung fraglich. Jedenfalls ist dem betroffenen Kind bei der Vollstreckbarerklärung von Sorgerechtsentscheidungen ein Antragsrecht zu gewähren.[798] Gleiches gilt im Interesse des Kindeswohls auch für die zuständigen staatlichen Stellen des Vollstreckungsstaats.[799] Teilweise wird darüber hinaus die Befugnis jedem materiell Betroffenen zugebilligt.[800]

4 **3. Zuständigkeit (Abs. 2).** Sie richtet sich nach nationalem Recht. Welche Gerichte in den Mitgliedstaaten zuständig sind, wird der Kommission mitgeteilt und in der in Art. 68 festgelegten Weise veröffentlicht.

5 **4. Frist.** Für den Rechtsbehelf des Antragstellers gegen die Ablehnung der Vollstreckbarerklärung sieht die Regelung keine Frist vor.[801] Demgegenüber legt **Abs. 5** für den Rechtsbehelf des Antragsgegners gegen die Vollstreckbarerklärung in **S. 1** eine allgemeine Frist von **einem Monat** und in **S. 2** eine spezielle von **zwei** Monaten nach Zustellung fest, wenn die Partei, gegen die die Zwangsvollstreckung erfolgen soll, in einem anderen Mitgliedstaat als dem Vollstreckungsstaat ihren gewöhnlichen Aufenthalt hat.[802] Hat die verpflichtete Person ihren gewöhnlichen Aufenthalt im Vollstreckungsstaat, so richtet sich der für die Frist maßgebliche Zustellungszeitpunkt nach den Vorschriften des Vollstreckungsstaats. Gegenüber Personen mit gewöhnlichem Aufenthalt in einem anderen Mitgliedstaat beginnt die Frist einheitlich, wenn die Entscheidung persönlich oder in der Wohnung zugestellt worden ist.[803]

II. Verfahren (Abs. 3, 4)

6 Gemeinschaftsrechtlich wird sichergestellt, dass die Rechtsbehelfe in einem Verfahren mit beiderseitigem rechtlichem Gehör geprüft werden. In welcher Verfahrensart das Rechtsbehelfsverfahren, ob streitig oder nichtstreitig, durchgeführt wird und weitere Einzelheiten bestimmen sich nach dem Recht des Vollstreckungsstaats.[804] Ein kontradiktorisches Verfahren ist jedenfalls ohne Rücksicht auf die Tragweite und Gründe für die Entscheidung im ersten Rechtszug durchzuführen.[805] Art. 33 Abs. 4 S. 2 regelt den Fall, dass sich der Antragsgegner auf ein vom Antragsteller initiiertes Rechtsbehelfsverfahren nicht eingelassen hat. Das Rechtsbehelfsverfahren ist dann so lange auszusetzen, bis feststeht, dass für den Antragsgegner das Recht auf rechtliches Gehör gewahrt ist. Für die Einzelheiten wird auf Art. 18 verwiesen (hierzu Art. 18 Rn 4).

795 EuGH Slg I 1995, 2269, 2300 = IPRax 1996, 336 m.Anm. *Hau*, S. 322 (EuGVÜ); EuGH Slg I 1993, 1963, 1999 = IPRax 1994, 37 m.Anm. *Heß*, S. 10 = NJW 1993, 2091 (EuGVÜ); Thomas/Putzo/*Hüßtege*, Art. 33 EuEheVO Rn 1.
796 *Kropholler*, Europäisches Zivilprozessrecht, 8. Aufl. 2005, Art. 43 EuGVVO Rn 2.
797 Geimer/Schütze/*Paraschas*, IRV, Bd. 2, 37. EL, Art. 33 EheVO Rn 3.
798 So auch Thomas/Putzo/*Hüßtege*, Art. 33 EuEheVO Rn 1; Rauscher/*Rauscher*, Art. 33 Brüssel IIa-VO Rn 3; Zöller/*Geimer*, Art. 33 EG-VO Rn 2; *Wagner*, IPRax 2001, 73, 80.
799 AA Rauscher/*Rauscher*, Art. 33 Brüssel IIa-VO Rn 4.
800 *Hub*, NJW 2001, 3145, 3148.
801 *Borrás*, ABl. EG 1998 C 221, S. 27, 57 Nr. 96; unklar *Hub*, NJW 2001, 3145, 3148; aA *Meyer-Götz*, FF 2001, 17, 18 (Monatsfrist für beide Seiten).
802 Hierzu auch Rn 10.
803 Thomas/Putzo/*Hüßtege*, Art. 33 EuEheVO Rn 9; *Schulte-Bunert*, FamRZ 2007, 1608, 1612; näher auch *Kropholler*, Europäisches Zivilprozessrecht, 8. Aufl. 2005, Art. 43 EuGVVO Rn 15.
804 *Borrás*, ABl. EG 1998 C 221 S. 27, 56 Nr. 92; *Kropholler*, Europäisches Zivilprozessrecht, 8. Aufl. 2005, Art. 43 EuGVVO Rn 10.
805 EuGH Slg 1984, 3033, 3042 = IPRax 1985, 274 m.Anm. *Stürner*, 254 (EuGVÜ); *Kropholler*, Europäisches Zivilprozessrecht, 8. Aufl. 2005, Art. 43 EuGVVO Rn 9; vgl aber den Fall des OLG Düsseldorf, IPRax 2004, 251 m.Anm. *Mankowski*, S. 220 = RIW 2003, 622 (Gericht weist auf Beschwerde des in erster Instanz abgewiesenen Antragstellers ohne mündliche Verhandlung und ohne Anhörung des Antragsgegners/Schuldners an die erste Instanz zurück).

III. Begründetheit

Das Rechtsbehelfsgericht prüft, ob die Voraussetzungen für eine Vollstreckbarerklärung vorliegen oder ob Einwendungen dagegen bestehen.[806] Im Rechtsbehelfsverfahren ist Art. 31 Abs. 2 und 3 uneingeschränkt anwendbar, so dass die Beschwerde auf die bei Art. 31 dargestellten Ablehnungsgründe gestützt werden kann. 7

Der Antragsgegner (Verpflichteter) ist mit anderen Einwendungen, die sich auf Gründe stützen, die vor Erlass der ausländischen Entscheidung entstanden sind, im Rechtsbehelfsverfahren ausgeschlossen.[807] Er muss die hierfür im Entscheidungsstaat vorgesehenen Rechtsmittel nutzen und kann dann einen Antrag auf Aussetzung des inländischen Rechtsbehelfsverfahrens nach Art. 35 stellen. Auch mit Einwänden, die sich auf nach Erlass der Entscheidung entstandene Gründe stützen, zB veränderte Verhältnisse bezüglich der elterlichen Sorge, ist der Antragsgegner grundsätzlich – anders als bei der EuGVVO[808] – ausgeschlossen.[809] Ausgenommen sind Titel, die auf Leistung von Geld lauten. Hierfür bedarf es des Antrags in einem selbständigen Verfahren.[810] Ein diesbezügliches inländisches Verfahren kann erst dann eingeleitet werden, wenn die Rechtshängigkeit vor dem ausländischen Gericht beendet ist (Art. 19) und die internationale Zuständigkeit nach Art. 8 ff vorliegt. Ist das Verfahren im Entscheidungsstaat noch rechtshängig, so sind die veränderten Verhältnisse in den dortigen Rechtsmittelinstanzen geltend zu machen. Das Rechtsbehelfsverfahren im Zweitstaat kann auf Antrag nach Art. 35 ausgesetzt werden. Unterlässt der Verpflichtete die Geltendmachung der Einwände im Rechtsmittelverfahren im Entscheidungsstaat, so ist er präkludiert. 8

Einwendungen sind nur solche, die, ohne die Wirksamkeit des ausländischen Titels zu berühren, den zuerkannten Anspruch nachträglich vernichten oder in seiner Durchsetzbarkeit hindern.[811] 9

B. Deutsche Ausführungsvorschriften

I. § 24 IntFamRVG

§ 24 IntFamRVG Einlegung der Beschwerde; Beschwerdefrist

(1) [1]Gegen die im ersten Rechtszug ergangene Entscheidung findet die Beschwerde zum Oberlandesgericht statt. [2]Die Beschwerde wird bei dem Oberlandesgericht durch Einreichen einer Beschwerdeschrift oder durch Erklärung zu Protokoll der Geschäftsstelle eingelegt.

(2) Die Zulässigkeit der Beschwerde wird nicht dadurch berührt, dass sie statt bei dem Oberlandesgericht bei dem Gericht des ersten Rechtszugs eingelegt wird; die Beschwerde ist unverzüglich von Amts wegen an das Oberlandesgericht abzugeben.

(3) Die Beschwerde gegen die Zulassung der Zwangsvollstreckung ist einzulegen

1. innerhalb eines Monats nach Zustellung, wenn die beschwerdeberechtigte Person ihren gewöhnlichen Aufenthalt im Inland hat;

2. innerhalb von zwei Monaten nach Zustellung, wenn die beschwerdeberechtigte Person ihren gewöhnlichen Aufenthalt im Ausland hat. Die Frist beginnt mit dem Tag, an dem die Vollstreckbarerklärung der beschwerdeberechtigten Person entweder persönlich oder in ihrer Wohnung zugestellt worden ist. Eine Verlängerung dieser Frist wegen weiterer Entfernung ist ausgeschlossen.

(4) Die Beschwerdefrist ist eine Notfrist.

(5) Die Beschwerde ist dem Beschwerdegegner von Amts wegen zuzustellen.

Die deutsche Regelung in § 24 Abs. 3 IntFamRVG geht mit Art. 33 Abs. 5 nicht völlig konform. Sie gewährt der aus der Vollstreckbarerklärung verpflichteten Person einheitlich bei gewöhnlichem Aufenthalt im Ausland, dh auch in Drittstaaten (einschließlich Dänemark), eine zweimonatige Rechtsbehelfsfrist. Dagegen beschränkt Art. 33 Abs. 5 die verlängerte Frist auf Vollstreckungsgegner mit gewöhnlichem Aufenthalt in einem anderen Mitgliedstaat. Zudem schließt er eine Fristverlängerung aus.[812] Stände § 24 Abs. 3 Nr. 2 IntFamRVG insoweit in Widerspruch zu Art. 33 Abs. 5, so müsste es in Bezug auf Vollstreckungsgegner aus Drittstaaten bei der einmonatigen Frist bleiben. Das trifft jedoch nicht zu. Zwar handelt es sich um einen Bereich, der durch das 10

806 Thomas/Putzo/*Hüßtege*, Art. 33 EuEheVO Rn 11.
807 BGH IPRax 1985, 154, 155 m.Anm. *Prütting*, S. 137 = NJW 1983, 2773 (EuGVÜ); *Hub*, NJW 2001, 3145, 3148; *Kropholler*, Europäisches Zivilprozessrecht, 8. Aufl. 2005, Art. 43 EuGVVO Rn 26.
808 Hierzu *Kropholler*, Europäisches Zivilprozessrecht, 8. Aufl. 2005, Art. 43 EuGVVO Rn 27 f.
809 AA MüKo-ZPO/*Gottwald*, Art. 26 EheGVO Rn 8.
810 *Hub*, NJW 2001, 3145, 3148.
811 Thomas/Putzo/*Hüßtege*, Art. 33 EuEheVO Rn 13.
812 Ebenso für eine Zweimonatsfrist auch bei Aufenthalt des Vollstreckungsgegners in einem Drittstaat Rauscher/*Rauscher*, Art. 33 Brüssel IIa-VO Rn 9 („nicht angemessen einheitliche Regelung"). AA dh für eine Einmonatsfrist *Schulte-Bunert*, FamRZ 2007, 1608, 1613; *Gruber*, FamRZ 2005, 1603, 1609.

EU-Recht erfasst wird, denn die Vorschrift betrifft das rechtliche Gehör in einem Zivilrechtsverfahren eines Mitgliedstaates, in dem eine Entscheidung eines Gerichtes aus einem anderen Mitgliedstaat für vollstreckbar erklärt wird. Die Regelungskompetenz hierfür beruht auf Art. 61 lit. c iVm Art. 65 EGV (Art. 81 EUV). Jedoch kann die Gemeinschaft nur im Einklang mit den in Art. 5 Abs. 1, 3, 4 EUV geregelten Prinzipien der Subsidiarität und Verhältnismäßigkeit tätig werden, vgl Erwägungsgrund 32. Ziel der Verordnung ist es, eine schnelle und effektive grenzüberschreitende Vollstreckung innerhalb der Gemeinschaft zu ermöglichen. Sie erreicht in diesem Punkt eine Beschleunigung der grenzüberschreitenden Vollstreckung dadurch, dass sie nur Vollstreckungsgegner aus anderen Mitgliedstaaten wegen vermuteter sprachlicher Hürden und Unkenntnisse des ausländischen Rechtssystems besser behandelt als Zustellungsempfänger im Inland. Da in Bezug auf Zustellungsempfänger in Drittstaaten entsprechende Schutzinteressen objektiv bestehen und Gründe für die Ungleichbehandlung nicht ersichtlich sind, sollte die Erstreckung der Frist für Vollstreckungsgegner in anderen EU-Mitgliedstaaten aus Drittstaaten als nicht unvereinbar mit der Verordnung angesehen werden. Die Frist wird nach § 16 Abs. 2 FamFG, § 222 ZPO iVm §§ 187 ff BGB berechnet.[813] Da die Beschwerdefrist eine Notfrist ist, ist eine Wiedereinsetzung nach § 17 FamFG möglich.

II. § 25 IntFamRVG

§ 25 IntFamRVG Einwendungen gegen den zu vollstreckenden Anspruch

Die verpflichtete Person kann mit der Beschwerde gegen die Zulassung der Zwangsvollstreckung aus einem Titel über die Erstattung von Verfahrenskosten auch Einwendungen gegen den Anspruch selbst insoweit geltend machen, als die Gründe, auf denen sie beruhen, erst nach Erlass des Titels entstanden sind.

11 Die Vorschrift lässt Einwände, die sich auf nach Erlass der Entscheidung entstandene Gründe stützen, nur in Bezug auf Titel zu, die auf Leistung von Geld lauten, also für Kostenentscheidungen (hierzu Art. 33 Rn 8).[814]

III. §§ 26, 27 IntFamRVG

§ 26 IntFamRVG Verfahren und Entscheidung über die Beschwerde

(1) Der Senat des Oberlandesgerichts entscheidet durch Beschluss, der mit Gründen zu versehen ist und ohne mündliche Verhandlung ergehen kann.

(2) [1]Solange eine mündliche Verhandlung nicht angeordnet ist, können zu Protokoll der Geschäftsstelle Anträge gestellt und Erklärungen abgegeben werden. [2]Wird in einer Ehesache die mündliche Verhandlung angeordnet, so gilt für die Ladung § 215 der Zivilprozessordnung.

(3) Eine vollständige Ausfertigung des Beschlusses ist den Beteiligten auch dann von Amts wegen zuzustellen, wenn der Beschluss verkündet worden ist.

(4) § 20 Abs. 1 Satz 2 und Abs. 2 und 3, § 21 Abs. 1, 2 und 4 sowie § 23 gelten entsprechend.

§ 27 IntFamRVG Anordnung der sofortigen Wirksamkeit

(1) [1]Der Beschluss des Oberlandesgerichts nach § 26 wird erst mit der Rechtskraft wirksam. [2]Hierauf ist in dem Beschluss hinzuweisen.

(2) Das Oberlandesgericht kann in Verbindung mit der Entscheidung über die Beschwerde die sofortige Wirksamkeit eines Beschlusses anordnen.

12 In Deutschland wird der Beschluss erst mit Rechtskraft wirksam. Die Zustellung erfolgt von Amts wegen. Nach Wirksamwerden des Beschlusses erteilt das OLG (Urkundsbeamter der Geschäftsstelle) die Vollstreckungsklausel. Das Gericht kann jedoch die sofortige Wirksamkeit anordnen, allerdings nur in Verbindung mit der Entscheidung über die Beschwerde, dh nach Gewährung rechtlichen Gehörs und abgeschlossener Sachprüfung. Dies ermöglicht die Zulassung der Zwangsvollstreckung vor Rechtskraft der Entscheidung. Damit wird der Gefahr der Verschleppung des Verfahrens entgegengewirkt.

813 *Schulte-Bunert*, FamRZ 2007, 1608, 1612; Thomas/Putzo/*Hüßtege*, Art. 33 EuEheVO Rn 10.

814 Thomas/Putzo/*Hüßtege*, Art. 26 EuEheVO Rn 15; *Hub*, NJW 2001, 3145, 3147, auch zur Vereinbarkeit mit EuGVÜ/EuGVVO.

Art. 34 EheVO 2003 Für den Rechtsbehelf zuständiges Gericht und Anfechtung der Entscheidung über den Rechtsbehelf

Die Entscheidung, die über den Rechtsbehelf ergangen ist, kann nur im Wege der Verfahren angefochten werden, die in der Liste genannt sind, die jeder Mitgliedstaat der Kommission gemäß Artikel 68 mitteilt.

A. Regelungsgehalt

Europarechtlich ist eine dritte und **letzte** Instanz für die Entscheidung über die Erteilung der Vollstreckungsklausel vorgesehen, um weitere Verfahren zur bloßen Verzögerung zu vermeiden.[815] Entscheidung über den Rechtsbehelf meint eine Endentscheidung im Rechtsbehelfsverfahren nach Art. 33.[816] Nicht erfasst wird eine Entscheidung über die Aussetzung oder Nichtaussetzung des Verfahrens nach Art. 35[817] oder sonstige Zwischen- bzw vorbereitende Entscheidungen.[818] Welches Verfahren in dem jeweiligen Mitgliedstaat Anwendung findet, wird gesondert nach Art. 68 veröffentlicht. 1

B. Deutsche Ausführungsvorschriften, §§ 28, 29, 30, 31 IntFamRVG

§ 28 IntFamRVG Statthaftigkeit der Beschwerde

Gegen den Beschluss des Oberlandesgerichts findet die Rechtsbeschwerde zum Bundesgerichtshof nach Maßgabe des § 574 Abs. 1 Nr. 1, Abs. 2 der Zivilprozessordnung statt.

§ 29 IntFamRVG Einlegung und Begründung der Rechtsbeschwerde

[1]§ 575 Abs. 1 bis 4 der Zivilprozessordnung ist entsprechend anzuwenden. [2]Soweit die Rechtsbeschwerde darauf gestützt wird, dass das Oberlandesgericht von einer Entscheidung des Gerichtshofs der Europäischen Gemeinschaften abgewichen sei, muss die Entscheidung, von der der angefochtene Beschluss abweicht, bezeichnet werden.

§ 30 IntFamRVG Verfahren und Entscheidung über die Rechtsbeschwerde

(1) [1]Der Bundesgerichtshof kann nur überprüfen, ob der Beschluss auf einer Verletzung des Rechts der Europäischen Gemeinschaft, eines Anerkennungs- und Vollstreckungsvertrags, sonstigen Bundesrechts oder einer anderen Vorschrift beruht, deren Geltungsbereich sich über den Bezirk eines Oberlandesgerichts hinaus erstreckt. [2]Er darf nicht prüfen, ob das Gericht seine örtliche Zuständigkeit zu Unrecht angenommen hat.

(2) Der Bundesgerichtshof kann über die Rechtsbeschwerde ohne mündliche Verhandlung entscheiden. § 574 Abs. 4, § 576 Abs. 3 und § 577 der Zivilprozessordnung sind entsprechend anzuwenden; in Angelegenheiten der freiwilligen Gerichtsbarkeit bleiben § 574 Abs. 4 und § 577 Abs. 2 Satz 1 bis 3 der Zivilprozessordnung sowie die Verweisung auf § 566 in § 576 Abs. 3 der Zivilprozessordnung außer Betracht.

(3) § 20 Abs. 1 Satz 2, Abs. 2 und 3, § 21 Abs. 1, 2 und 4 sowie § 23 gelten entsprechend.

§ 31 IntFamRVG Anordnung der sofortigen Wirksamkeit

Der Bundesgerichtshof kann auf Antrag der verpflichteten Person eine Anordnung nach § 27 Abs. 2 aufheben oder auf Antrag der berechtigten Person erstmals eine Anordnung nach § 27 Abs. 2 treffen.

815 *Borrás*, ABl. EG 1998 C 221, S. 27, 56 Nr. 93.
816 So auch Rauscher/*Rauscher*, Art. 34 Brüssel IIa-VO Rn 2.
817 EuGH Slg I 1995, 2269, 2301 = IPRax 1996, 336 m.Anm. *Hau*, S. 322 (EuGVÜ); EuGH Slg I 1991, 4743, 4772 (EuGVÜ); BGH IPRax 1995, 243 m.Anm. *Stadler*, S. 220 und *Grunsky*, S. 218 (EuGVÜ) = NJW 1994, 2156; Rauscher/*Rauscher*, Art. 23 Brüssel IIa-VO Rn 2.
818 *Kropholler*, Europäisches Zivilprozessrecht, 8. Aufl. 2005, Art. 44 EuGVVO Rn 5 mwN.

2 In Deutschland ist die **Rechtsbeschwerde** zum BGH kraft Gesetzes statthaft. Es bedarf deshalb keiner speziellen Zulassung durch das OLG. **Antragsberechtigt** sind jedenfalls die Parteien des Beschwerdeverfahrens; bei Nichtidentität wohl auch eine Partei des Ausgangsverfahrens, wenn sie durch die Entscheidung in der Beschwerdeinstanz materiell betroffen ist. Zum EuGVÜ hat der EuGH[819] entschieden, dass ein Rechtsbehelf interessierter Dritter auch für den Fall ausgeschlossen ist, dass ihm nach dem nationalen Recht des Vollstreckungsstaats ein Rechtsbehelf zusteht. Fraglich ist, ob dies auch für die EheVO zu übernehmen ist. Zumindest sind bei Entscheidungen zur elterlichen Verantwortung die Behörden zuzulassen, die im Vollstreckungsstaat zum Schutz des Kindeswohls antragsberechtigt sind.

3 Die **Überprüfung** der Rechtsbehelfsentscheidung ist allgemein auf Rechtsverletzungen beschränkt.[820] In Deutschland wird dies durch § 30 Abs. 1 IntFamRVG konkretisiert. Der Prüfung unterliegen nur die von den Parteien gestellten Anträge. Für das **Verfahren** und die **Entscheidung** gelten durch die Verweise in § 30 Abs. 2 und 3 IntFamRVG die Vorschriften der ZPO zur Rechtsbeschwerde und die Vorschriften des IntFamRVG zur Entscheidung im Vollstreckbarerklärungsverfahren. Ist die Zwangsvollstreckung nicht bereits durch das OLG zugelassen worden, so erteilt der Urkundsbeamte der Geschäftsstelle des BGH die Vollstreckungsklausel, soweit dessen Beschluss dies anordnet (§§ 30 Abs. 3, 23 Abs. 1 IntFamRVG).

4 Ist eine Rechtsbeschwerde eingelegt, kann der BGH auf Antrag jederzeit die sofortige Wirksamkeit des Beschlusses des OLG als Voraussetzung für die Erteilung der Vollstreckungsklausel anordnen oder einen Beschluss des OLG, der eine solche Anordnung nach § 27 Abs. 2 IntFamRVG trifft, aufheben.[821]

Art. 35 EheVO 2003 Aussetzung des Verfahrens

(1) [1]Das nach Artikel 33 oder Artikel 34 mit dem Rechtsbehelf befasste Gericht kann auf Antrag der Partei, gegen die die Vollstreckung erwirkt werden soll, das Verfahren aussetzen, wenn im Ursprungsmitgliedstaat ein ordentlicher Rechtsbehelf gegen die Entscheidung eingelegt wurde oder die Frist für einen solchen Rechtsbehelf noch nicht verstrichen ist. [2]In letzterem Fall kann das Gericht eine Frist bestimmen, innerhalb deren der Rechtsbehelf einzulegen ist.

(2) Ist die Entscheidung in Irland oder im Vereinigten Königreich ergangen, so gilt jeder im Ursprungsmitgliedstaat statthafte Rechtsbehelf als ordentlicher Rechtsbehelf im Sinne des Absatzes 1.

A. Regelungsgehalt

1 Eine Aussetzung ist lediglich in dem **Rechtsbehelfsverfahren** zur Vollstreckbarerklärung möglich. Für das Anerkennungsfeststellungsverfahren ist in Art. 27 eine gesonderte Regelung getroffen. Ziel ist es, den Verpflichteten vor möglichen Nachteilen einer Vollstreckung vorläufig vollstreckbarer Entscheidungen zu schützen.[822]

2 Die Aussetzung erfolgt **nur auf Antrag** der Partei, gegen die der Beschluss über die Erteilung der Vollstreckbarerklärung erwirkt wurde. Ob hier für die Antragsberechtigung eine erweiterte Auslegung entsprechend Art. 33 und 28 erfolgen kann, ist zweifelhaft. Zum Begriff des ordentlichen Rechtsbehelfs s. Art. 27 Rn 2. Ist der ordentliche Rechtsbehelf im Ursprungsstaat nicht befristet, kommt eine Aussetzung im Vollstreckungsstaat nur in Betracht, wenn der Rechtsbehelf eingelegt ist. Ist der Rechtsbehelf befristet, kann die Aussetzung erfolgen, wenn innerhalb der Frist der Rechtsbehelf eingelegt worden ist oder die Frist zum Zeitpunkt der Aussetzung noch nicht abgelaufen ist. Für wen die Rechtsbehelfsfrist besteht, ist unerheblich.[823] Eine Fristsetzung nach Abs. 1 S. 2 im Vollstreckungsstaat berührt nicht die Rechtsbehelfe im Ursprungsstaat.[824] Sie dient lediglich dazu, eine Verschleppung des Exequaturverfahrens zu verhindern.

3 Das Gericht kann entweder den Antrag ablehnen oder ihm mit oder ohne Fristsetzung stattgeben. Anders als bei der EuGVVO kann es die Vollstreckung nicht von der Leistung einer Sicherheit abhängig machen.[825] Die Aussetzung liegt im **Ermessen** des Rechtsbehelfsgerichts. Da die EheVO die Vollstreckung vorläufig vollstreckbarer Entscheidungen in den anderen Mitgliedstaaten ermöglichen will, kommt eine Aussetzung nur in

819 EuGH Slg I 1993, 1963, 1999 = IPRax 1994, 37 = NJW 1993, 2091.
820 *Kropholler*, Europäisches Zivilprozessrecht, 8. Aufl. 2005, Art. 44 EuGVVO Rn 2.
821 *Hub*, NJW 2001, 3145, 3149.
822 Vgl BGH IPRax 1995, 243, 244 = NJW 1994, 2156; *Borrás*, ABl. EG 1998 C 221 S. 27, 56 Nr. 94; *Dornblüth*, S. 181; *Kropholler*, Europäisches Zivilprozessrecht, 8. Aufl. 2005, Art. 46 EuGVVO Rn 1.
823 Rauscher/*Rauscher*, Art. 35 Brüssel IIa-VO Rn 4.
824 AA *Vogel*, MDR 2000, 1045, 1050.
825 MüKo-ZPO/*Gottwald*, Art. 35 EheGVO Rn 3; aA Geimer/Schütze/*Paraschas*, IRV, Bd. 2, 37. EL, Art. 35 EheVO Rn 10; Rauscher/*Rauscher*, Art. 36 Brüssel IIa-VO Rn 7, die eine Sicherheitsleistung für Kostenentscheidungen analog Art. 46 Abs. 3 EuGVVO fordern.

Betracht, wenn mit einem Erfolg des ordentlichen Rechtsbehelfs im Ursprungsstaat gerechnet werden kann.[826] Dabei sind nur Gründe zu berücksichtigen, die der Verpflichtete vor dem Gericht des Entscheidungsstaats im Ausgangsverfahren noch nicht geltend machen konnte.[827] Die Entscheidung über den Antrag auf Aussetzung durch das Rechtsbehelfsgericht ist keine Entscheidung iSd Art. 34 und deshalb der Rechtsbeschwerde nach dieser Vorschrift nicht zugänglich (hierzu Art. 34 Rn 3). Dies folgt bereits aus der nachrangigen Regelungssystematik. Vielmehr bestimmen sich die Rechtsbehelfe nach nationalem Recht.[828]

B. Weitere praktische Hinweise

Das Gericht kann seine Entscheidung mit einer **einstweiligen Anordnung nach § 15 IntFamRVG** (hierzu Annex zu Art. 28–36 Rn 1 f) verbinden, um Gefahren vom Kind abzuwenden oder eine Beeinträchtigung der Interessen der Beteiligten zu vermeiden. 4

Art. 36 EheVO 2003 Teilvollstreckung

(1) Ist mit der Entscheidung über mehrere geltend gemachte Ansprüche entschieden worden und kann die Entscheidung nicht in vollem Umfang zur Vollstreckung zugelassen werden, so lässt das Gericht sie für einen oder mehrere Ansprüche zu.

(2) Der Antragsteller kann eine teilweise Vollstreckung beantragen.

Die Teilvollstreckungsklausel nach Abs. 1 ist **von Amts wegen** zu erteilen.[829] Das Recht des Antragstellers 1
nach **Abs. 2** besteht auch dann, wenn die gesamte Entscheidung vollstreckungsfähig ist. Mögliche Fälle sind, dass die EheVO nur teilweise anwendbar ist[830] oder nicht für alle Teilentscheidungen die Voraussetzungen für die Vollstreckbarerklärung (zB Herausgabeanordnung bezüglich mehrerer Kinder)[831] vorliegen. Der Teilvollstreckungsantrag kann durch Auslegung dem Antrag auf Vollstreckbarerklärung der gesamten Entscheidung entnommen werden.[832]

Annex zu Art. 28–36 EheVO 2003 Weitere wichtige deutsche Ausführungsvorschriften

A. Einstweilige Anordnungen, § 15 IntFamRVG

§ 15 IntFamRVG Einstweilige Anordnungen

Das Gericht kann auf Antrag oder von Amts wegen einstweilige Anordnungen treffen, um Gefahren von dem Kind abzuwenden oder eine Beeinträchtigung der Interessen der Beteiligten zu vermeiden, insbesondere um den Aufenthaltsort des Kindes während des Verfahrens zu sichern oder eine Vereitelung oder Erschwerung der Rückgabe zu verhindern; Abschnitt 4 des Buches 1 des Gesetzes über das Verfahren in Familiensachen und in den Angelegenheiten der freiwilligen Gerichtsbarkeit gilt entsprechend.

Die Vorschrift gibt dem Gericht die Möglichkeit, für den Zeitraum zwischen der Antragstellung und der 1
Wirksamkeit der Entscheidung über die Vollstreckbarerklärungsverfahren einstweilige Anordnungen zu erlassen, um einer späteren Vereitelung der Zwangsvollstreckung entgegenzuwirken, Gefahren vom Kind abzuwenden oder Beeinträchtigung der Interessen der Beteiligten zu vermeiden. Beispiele sind die Anordnung räumlicher Beschränkungen, die Hinterlegung von Ausweispapieren, die Auferlegung von Meldepflichten

826 OLG Düsseldorf NJW-RR 2001, 1575, 1576 (EuGVÜ); OLGR Köln 2000, 433, 434 (EuGVÜ); OLG Saarbrücken IPRspr 1997 Nr. 186 = RIW 1998, 632 (EuGVÜ); Thomas/Putzo/*Hüßtege*, Art. 35 EuEheVO Rn 4; *Kropholler*, Europäisches Zivilprozessrecht, 8. Aufl. 2005, Art. 46 EuGVVO Rn 5.

827 Zum EuGVÜ: EuGH Slg I 1991, 4743, 4776; BGH IPRax 1995, 243, 244 = NJW 1994, 2156; *Kropholler*, Europäisches Zivilprozessrecht, 8. Aufl. 2005, Art. 46 EuGVVO Rn 5.

828 Zum EuGVÜ: BGH IPRax 1995, 243, 244 = NJW 1994, 2156.

829 Näher *Dornblüth*, S. 172 f.

830 Vgl zum EuGVÜ EuGH Slg I 1997, 1147 = EuZW 97, 242.

831 Rauscher/*Rauscher*, Art. 36 Brüssel IIa-VO Rn 4; *Schlosser*, 2. Aufl. 2003, Art. 29 EuEheVO Rn 1.

832 Rauscher/*Rauscher*, Art. 36 Brüssel IIa-VO Rn 1; aA *Kropholler*, Europäisches Zivilprozessrecht, 8. Aufl. 2005, Art. 48 EuGVVO Rn 2 aE, der hilfsweise Beantragung der Teilexequatur bevorzugt.

sowie die Anordnung begleitenden oder betreuten Umgangs während des Verfahrens.[833] Rechtsgrundlage ist Art. 20, so dass Dringlichkeit im Sinne dieser Vorschrift vorliegen muss.

2 Das Verfahren richtet sich nach den §§ 49 ff FamFG. Zuständig ist das Gericht, bei dem das Vollstreckbarerklärungsverfahren im ersten Rechtszug anhängig ist. Ist ein Rechtsbehelf gem. Art. 33 eingelegt, ist für die einstweilige Anordnung das Beschwerdegericht zuständig (§ 50 Abs. 1 S. 2 FamFG). Solange das Vollstreckbarerklärungsverfahren noch nicht eingeleitet ist, ist für eine einstweilige Anordnung das FamG zuständig, das für die Vollstreckbarerklärung nach Art. 29 EheVO iVm § 12 IntFamRVG zuständig wäre (§ 50 Abs. 1 S. 1 FamFG). In besonders dringenden Fällen kann auch die Eilzuständigkeit nach § 50 Abs. 2 FamFG in Anspruch genommen werden. Die einstweilige Anordnung kann auf Antrag oder von Amts wegen ergehen, § 15 stellt insoweit eine Spezialregelung gegenüber § 51 Abs. 1 FamFG dar. Die Entscheidung ist unanfechtbar (§ 57 S. 1 FamFG). Für die Änderung und Aufhebung findet § 54 FamFG Anwendung, das Außerkrafttreten richtet sich nach § 56 FamFG.

B. Aufhebung oder Änderung des Titels im Entscheidungsstaat, § 34 IntFamRVG

§ 34 IntFamRVG Verfahren auf Aufhebung oder Änderung

(1) [1]Wird der Titel in dem Staat, in dem er errichtet worden ist, aufgehoben oder abgeändert und kann die verpflichtete Person diese Tatsache in dem Verfahren der Zulassung der Zwangsvollstreckung nicht mehr geltend machen, so kann sie die Aufhebung oder Änderung der Zulassung in einem besonderen Verfahren beantragen. [2]Das Gleiche gilt für den Fall der Aufhebung oder Änderung von Entscheidungen, Vereinbarungen oder öffentlichen Urkunden, deren Anerkennung festgestellt ist.

(2) Für die Entscheidung über den Antrag ist das Familiengericht ausschließlich zuständig, das im ersten Rechtszug über den Antrag auf Erteilung der Vollstreckungsklausel oder auf Feststellung der Anerkennung entschieden hat.

(3) [1]Der Antrag kann bei dem Gericht schriftlich oder durch Erklärung zu Protokoll der Geschäftsstelle gestellt werden. [2]Die Entscheidung ergeht durch Beschluss.

(4) Auf die Beschwerde finden die Unterabschnitte 2 und 3 entsprechend Anwendung.

(5) [1]Im Falle eines Titels über die Erstattung von Verfahrenskosten sind für die Einstellung der Zwangsvollstreckung und die Aufhebung bereits getroffener Vollstreckungsmaßregeln die §§ 769 und 770 der Zivilprozessordnung entsprechend anzuwenden. [2]Die Aufhebung einer Vollstreckungsmaßregel ist auch ohne Sicherheitsleistung zulässig.

3 Die EheVO trifft keine Regelung für den Fall, dass die Entscheidung im Erststaat aufgehoben oder geändert wurde, nachdem im Zweitstaat diese Entscheidung rechtsmittelfest für vollstreckbar erklärt oder ihre Anerkennung festgestellt worden ist. Hierfür bedarf es im deutschen Recht einer Lösung, um den Widerspruch zwischen der nicht mehr wirksamen ausländischen Entscheidung und der inländischen Zulassung zur Zwangsvollstreckung bzw Anerkennungsfeststellung aufzuheben. Dem dient das in § 34 IntFamRVG geregelte Verfahren. Auch wenn im inländischen Verfahren im Rechtsmittelzug endgültig entschieden wurde, ist für die Aufhebung das Gericht zuständig, das im ersten Rechtszug entschieden hat. Das Verfahren ist ein Antragsverfahren. Wird die Entscheidung im Erststaat aufgehoben, bevor das Vollstreckbarerklärungsverfahren im Inland abgeschlossen ist, so erweist sich der Antrag rückwirkend als unberechtigt.[834]

C. Vollstreckungsgegenklage, § 36 IntFamRVG

§ 36 IntFamRVG Vollstreckungsgegenklage bei Titeln über verfahrenskosten

(1) Ist die Zwangsvollstreckung aus einem Titel über die Erstattung von Verfahrenskosten zuzulassen, so kann die verpflichtete Person Einwendungen gegen den Anspruch selbst in einem Verfahren nach § 767 der Zivilprozessordnung nur geltend machen, wenn die Gründe, auf denen ihre Einwendungen beruhen, erst

1. nach Ablauf der Frist, innerhalb deren sie die Beschwerde hätte einlegen können, oder
2. falls die Beschwerde eingelegt worden ist, nach Beendigung dieses Verfahrens entstanden sind.

(2) Die Klage nach § 767 der Zivilprozessordnung ist bei dem Gericht zu erheben, das über den Antrag auf Erteilung der Vollstreckungsklausel entschieden hat.

833 BT-Drucks. 15/3981, 23 f.
834 OLG Düsseldorf IPRax 1998, 279 (EuGVÜ).

Die Regelungen zur Vollstreckungsgegenklage betreffen nur Kostentitel. Auf nicht präkludierte Einwendungen kann die verpflichtete Person eine Vollstreckungsgegenklage nach § 767 ZPO stützen, um die Vollstreckung aus dem für vollstreckbar erklärten ausländischen Titel zu verhindern. Zuständig ist das Gericht, das über den Antrag auf Erteilung der Vollstreckungsklausel entschieden hat. Der Kläger ist mit Einwendungen ausgeschlossen, die im Beschwerdeverfahren hätten Berücksichtigung finden können. 4

Abschnitt 3
Gemeinsame Bestimmungen für die Abschnitte 1 und 2

Art. 37 EheVO 2003 Urkunden

(1) Die Partei, die die Anerkennung oder Nichtanerkennung einer Entscheidung oder deren Vollstreckbarerklärung erwirken will, hat Folgendes vorzulegen:

a) eine Ausfertigung der Entscheidung, die die für ihre Beweiskraft erforderlichen Voraussetzungen erfüllt,
und
b) die Bescheinigung nach Artikel 39.

(2) Bei einer im Versäumnisverfahren ergangenen Entscheidung hat die Partei, die die Anerkennung einer Entscheidung oder deren Vollstreckbarerklärung erwirken will, ferner Folgendes vorzulegen:

a) die Urschrift oder eine beglaubigte Abschrift der Urkunde, aus der sich ergibt, dass das verfahrenseinleitende Schriftstück oder ein gleichwertiges Schriftstück der Partei, die sich nicht auf das Verfahren eingelassen hat, zugestellt wurde,
oder
b) eine Urkunde, aus der hervorgeht, dass der Antragsgegner mit der Entscheidung eindeutig einverstanden ist.

Die Vorschrift bestimmt die für die (Nicht-)Anerkennung oder Vollstreckbarerklärung im Zweitstaat vorzulegenden Urkunden und Nachweise. 1

Nach **Abs. 1** ist eine Ausfertigung (also keine bloße Kopie oder Abschrift)[835] der anzuerkennenden oder für vollstreckbar zu erklärenden Entscheidung vorzulegen. Welche Anforderungen die Ausfertigung erfüllen muss, damit die für ihre Beweiskraft erforderlichen Voraussetzungen gegeben sind, regelt sich nach dem Recht des Erlassstaats.[836] Für deutsche Entscheidungen ist hier § 317 Abs. 3 ZPO maßgebend. Eine Legalisation kann nicht gefordert werden (Art. 52), jedoch gem. Art. 38 Abs. 2 eine Übersetzung. 2

Abs. 2 betrifft Säumnisentscheidungen. Nach Sinn und Zweck wird jede Entscheidung erfasst, auf die sich der Gegner nicht eingelassen hat.[837] Die **zusätzlich** zu erbringenden Nachweise beugen einer Ablehnung der Anerkennung (vgl Art. 22 lit. b, 23 lit. c) bzw der Vollstreckbarerklärung (vgl Art. 31 Abs. 2) vor. Vorzulegen sind entweder der Nachweis der Zustellung an die säumige Partei oder eine private[838] Urkunde, aus der sich ihr eindeutiges Einverständnis mit der Entscheidung ergibt. 3

Art. 38 EheVO 2003 Fehlen von Urkunden

(1) Werden die in Artikel 37 Absatz 1 Buchstabe b) oder Absatz 2 aufgeführten Urkunden nicht vorgelegt, so kann das Gericht eine Frist setzen, innerhalb deren die Urkunden vorzulegen sind, oder sich mit gleichwertigen Urkunden begnügen oder von der Vorlage der Urkunden befreien, wenn es eine weitere Klärung nicht für erforderlich hält.

(2) Auf Verlangen des Gerichts ist eine Übersetzung der Urkunden vorzulegen. Die Übersetzung ist von einer hierzu in einem der Mitgliedstaaten befugten Person zu beglaubigen.

835 So auch MüKo-ZPO/*Gottwald*, Art. 37 EheGVO Rn 2, Rauscher/*Rauscher*, Art. 37 Brüssel IIa-VO Rn 6.

836 *Borrás*, ABl. EG 1998 C 221, S. 27, 57 Nr. 103; *Kropholler*, Europäisches Zivilprozessrecht, 8. Aufl. 2005, Art. 53 EuGVVO Rn 2.

837 Näher *Schlosser*, 2. Aufl. 2003, Art. 32 EheVO Rn 3; Thomas/Putzo/*Hüßtege*, Art. 37 EuEheVO Rn 4.

838 So auch Thomas/Putzo/*Hüßtege*, Art. 37 EuEheVO Rn 7.

A. Regelungsgehalt

I. Vorlage von Urkunden (Abs. 1)

1 Abs. 1 bezieht sich **nur** auf die Bescheinigung nach Art. 39 sowie den Nachweis der Zustellung oder des Einverständnisses bei Säumnisentscheidungen. Fehlt bereits die Ausfertigung der Entscheidung, ist der Antrag abzulehnen. Die Vorschrift will verhindern, dass ein begründeter Antrag lediglich aus formellen Gründen abgelehnt werden muss.[839] Das Gericht hat drei Möglichkeiten (**Ermessen**). Zunächst kann es eine **Nachfrist** für die Vorlage der fehlenden Urkunden setzen. Daneben kann das Gericht **gleichwertige Urkunden** akzeptieren. Hierbei kann es sich auch um Privaturkunden handeln (zB Schreiben des Vollstreckungsschuldners, das die Tatsachen bestätigt).[840] Dem Antragsteller kann auch eine **Befreiung** von der Beibringung erteilt werden, wenn das Gericht eine Urkundenvorlage für die Entscheidung nicht für erforderlich hält, weil die vorliegenden Beweismittel für ausreichend erachtet werden (zB bei Vernichtung der Urkunden).[841]

2 Wird die Nachfrist nicht genutzt und nicht wieder verlängert,[842] sind die Ersatzurkunden nicht ausreichend, oder lehnt das Gericht eine Befreiung ab, ist der Antrag auf Vollstreckbarerklärung als **unzulässig** abzulehnen.[843] Er kann jedoch wiederholt werden.[844]

II. Übersetzung (Abs. 2)

3 Der Absatz bezieht sich auf alle in Art. 37 und 39 genannten Urkunden. Grundsätzlich können die Urkunden in der Ursprache vorgelegt werden, da die Übersetzung nur auf Verlangen (**Ermessensentscheidung**) beizubringen ist. Die Anordnung der Vorlage einer Übersetzung kann in jedem Verfahrensstadium erfolgen. Es reicht aus, dass die Übersetzung von einer in **einem** der Mitgliedstaaten, nicht notwendig Erst- oder Zweitstaat, hierzu befugten Person beglaubigt wird.[845] Die Befugnis richtet sich nach dem Recht des Niederlassungsstaats.[846] Da die Vorlage einer Übersetzung nicht zwingend ist, kann das Gericht auch eine unbeglaubigte Übersetzung als ausreichend ansehen.[847]

B. Weitere praktische Hinweise

4 Eine mit Art. 38 Abs. 2 vergleichbare Regelung ist für die Antragstellung in Deutschland, soweit sie in ausländischer Sprache erfolgt, in § 16 Abs. 3 IntFamRVG getroffen (Abdruck bei Art. 30 Rn 3).

Art. 39 EheVO 2003 Bescheinigung bei Entscheidungen in Ehesachen und bei Entscheidungen über die elterliche Verantwortung

Das zuständige Gericht oder die zuständige Behörde des Ursprungsmitgliedstaats stellt auf Antrag einer berechtigten Partei eine Bescheinigung unter Verwendung des Formblatts in Anhang I (Entscheidungen in Ehesachen) oder Anhang II (Entscheidungen über die elterliche Verantwortung) aus.

A. Regelungsgehalt

1 Die Ausstellung der Bescheinigung dient dazu, in anderen Mitgliedstaaten die Nachprüfung der Voraussetzungen zu erleichtern, da sich aus ihr die für eine Entscheidung erforderlichen Angaben ergeben.[848] Mit den Anhängen I und II zur EheVO werden einheitliche gemeinschaftsweite Formblätter geschaffen. Durch die gewählte Technik der standardisierten Bescheinigungen werden Sprachbarrieren für das Verständnis weitge-

839 MüKo-ZPO/*Gottwald*, Art. 37 EheGVO Rn 2.
840 OLG Frankfurt MDR 1978, 942.
841 *Borrás*, ABl. EG 1998 C 221 S. 27, 58 Nr. 107; vgl auch Rauscher/*Rauscher*, Art. 38 Brüssel IIa-VO Rn 3.
842 Eine Verlängerung kommt entspr. § 16 Abs. 2 FamFG iVm § 224 Abs. 2 ZPO in Betracht.
843 *Borrás*, ABl. EG 1998 C 221, S. 27, 58 Nr. 107; *Kropholler*, Europäisches Zivilprozessrecht, 8. Aufl. 2005, Art. 55 EuGVVO Rn 2.
844 OLG Frankfurt IPRspr 1988 Nr. 198, S. 434 (EuGVÜ); Thomas/Putzo/*Hüßtege*, Art. 55 EuGVVO Rn 3.
845 *Borrás*, ABl. EG 1998 C 221 S. 27, 58 Nr. 108; *Kropholler*, Europäisches Zivilprozessrecht, 8. Aufl. 2005, Art. 55 EuGVVO Rn 3; Rauscher/*Rauscher*, Art. 38 Brüssel IIa-VO Rn 10.
846 Rauscher/*Rauscher*, Art. 38 Brüssel IIa-VO Rn 10.
847 BGHZ 75, 167, 170 = NJW 1980, 527 (EuGVÜ).
848 *Kropholler*, Europäisches Zivilprozessrecht, 8. Aufl. 2005, Art. 54 EuGVVO Rn 1; Rauscher/*Rauscher*, Art. 39 Brüssel IIa-VO Rn 1.

hend überwunden. Die Zuständigkeit für die Ausstellung der Bescheinigung über inländische Titel ist dem innerstaatlichen Recht zu entnehmen; eine Antragsfrist gibt es nicht.

B. Deutsche Ausführungsvorschrift, § 48 Abs. 1 IntFamRVG

§ 48 IntFamRVG Ausstellung von Bescheinigungen

(1) Die Bescheinigung nach Artikel 39 der Verordnung (EG) Nr. 2201/2003 wird von dem Urkundsbeamten der Geschäftsstelle des Gerichts des ersten Rechtszugs und, wenn das Verfahren bei einem höheren Gericht anhängig ist, von dem Urkundsbeamten der Geschäftsstelle dieses Gerichts ausgestellt.

Abschnitt 4
Vollstreckbarkeit bestimmter Entscheidungen über das Umgangsrecht und bestimmter Entscheidungen, mit denen die Rückgabe des Kindes angeordnet wird

Art. 40 EheVO 2003 Anwendungsbereich

(1) Dieser Abschnitt gilt für

a) das Umgangsrecht

und

b) die Rückgabe eines Kindes infolge einer die Rückgabe des Kindes anordnenden Entscheidung gemäß Artikel 11 Absatz 8.

(2) Der Träger der elterlichen Verantwortung kann ungeachtet der Bestimmungen dieses Abschnitts die Anerkennung und Vollstreckung nach Maßgabe der Abschnitte 1 und 2 dieses Kapitels beantragen.

A. Regelungsgegenstand und Entstehung

Die Art. 40–45 regeln die Voraussetzungen, unter denen Entscheidungen, die eine Regelung über das Umgangsrecht mit einem Kind enthalten oder die Rückgabe des Kindes nach Art. 11 Abs. 8 anordnen, ohne weiteres Verfahren in allen anderen Mitgliedstaaten anzuerkennen und zu vollstrecken sind. Die entscheidende Neuerung liegt in der **Entbehrlichkeit einer Vollstreckbarkeitserklärung** durch den Vollstreckungsstaat. Übernommen wurde das Regelungsmodell der Verordnung[849] über einen europäischen Vollstreckungstitel für unbestrittene Forderungen.[850] Grundlagen für das Tätigwerden der Vollstreckungsorgane sind unmittelbar die ausländische Entscheidung und die dazu ausgestellte **Bescheinigung** des Ursprungsmitgliedstaates nach Art. 41 Abs. 1 bzw Art. 42 Abs. 1. In dieser Bescheinigung werden die Vollstreckbarkeit der Entscheidung und die Einhaltung gewisser verfahrensrechtlicher Mindeststandards bestätigt. 1

Diese Regelungen sind Teil der Umsetzung des Grundsatzes der gegenseitigen Vollstreckung von Titeln im Europäischen Rechtsraum, den der Europäische Rat 1999 in Tampere angenommen hat. Die Verwirklichung von Besuchsrechten wurde dabei als Priorität eingestuft (s. 2. Erwägungsgrund). Zu dessen Verwirklichung wurde ein Maßnahmenprogramm zur Umsetzung des Grundsatzes der gegenseitigen Anerkennung gerichtlicher Entscheidungen in Zivil- und Handelssachen verabschiedet,[851] welches das Exequaturverfahren in allen erfassten Bereichen abschaffen will. Solche Europäischen Vollstreckungstitel wurden bisher außerdem noch 2

849 Geimer/Schütze/*Paraschas*, Internationaler Rechtsverkehr, B vor I Art. 40 Rn 1.

850 Art. 20 Verordnung (EG) Nr. 805/2004 zur Einführung eines europäischen Vollstreckungstitels für unbestrittene Forderungen v. 21.4.2004, ABl. EG L 143 v. 30.4.2004, S. 15; s. dazu *Wagner*, NJW 2005, 1157.

851 ABl. EG C 234 v. 15.1.2001, S. 1.

für unbestrittene Forderungen,[852] für Mahnbescheide,[853] geringfügige Forderungen[854] und für Unterhaltstitel[855] geschaffen.

3 Die Regelung für das Umgangsrecht geht auf einen Vorschlag Frankreichs für eine besondere Verordnung zurück,[856] der in die EheVO 2003 integriert wurde (s. 4. Erwägungsgrund).[857] Die Art. 45 ff gehen über diesen Vorschlag insoweit hinaus, als sie auch die Entscheidungen über die Rückgabe des Kindes nach Art. 11 Abs. 8 einbeziehen.

B. Rechtspolitische Fragen

I. Allgemein

4 Die **automatische Anerkennung und Vollstreckbarkeit** ohne die Möglichkeit der Überprüfung anhand des inländischen ordre public stellt eine weit reichende Neuerung dar, die ein großes Maß an sachlich gerechtfertigtem Vertrauen in die Gleichwertigkeit der gerichtlichen Verfahren voraussetzt.[858] Hinzu kommt, dass gegen die Bescheinigung, durch die die unmittelbare Vollstreckbarkeit begründet wird, ein Rechtsmittel nicht möglich ist (Art. 43 Abs. 2).[859] Ein einheitlich hoher Standard für das Verfahren in allen Mitgliedstaaten ist notwendig.[860] Fühlt sich der Einzelne in einem solchen Verfahren in seinen verfahrensrechtlichen Grundrechten verletzt, so kann er dies nicht mehr im Anerkennungs- und Vollstreckungsstaat geltend machen. Er ist auf die Rechtsmittel bis hin zu einer eventuell vorhandenen Verfassungsbeschwerde im Entscheidungsstaat beschränkt. Möglich bleibt außerdem die Anrufung des EGMR. Im speziellen Gebiet des Umgangsrechts und der Rückgabe des Kindes, erscheint zumindest die Gefahr eines forum shopping aufgrund unterschiedlichen Kollisionsrechts gering, weil die Zahl der Gerichtsstände begrenzt ist.[861]

II. Umgangstitel

5 Auch vor diesem Hintergrund weitgehend unproblematisch ist der Verzicht auf eine Kontrolle im Anerkennungs- und Vollstreckungsstaat für Umgangstitel. Die Bedeutung, die das Umgangsrecht für das Kindeswohl hat, ist allgemein anerkannt und auch vom EuGMR im Rahmen von Art. 8 EMRK hervorgehoben worden. Beschränkungen des Umgangsrechts dürfen danach nur in eindeutigen Fällen der Kindeswohlgefährdung vorgenommen werden.[862] Der Umgangstitel führt anders als eine Sorgerechtsentscheidung nicht zu einer grundlegenden Änderung der Lebensverhältnisse des Kindes. Er soll nur den zeitweisen Besuch des Kindes mit dem Umgangsberechtigten ermöglichen.[863] Beim Umgangsrecht spielt der Zeitfaktor eine wichtige Rolle, weil die Gefahr einer Entfremdung zwischen Kind und der umgangsberechtigten Person besteht. Die unmittelbare Anerkennung und Vollstreckung beschleunigt die Vollstreckung und verhindert, dass bei Umgangsstreitigkeiten der andere Elternteil die Realisierung des Umgangs durch Einlegen von Rechtsbehelfen hinauszögert.[864]

III. Rückgabeentscheidung

6 Rechtspolitisch problematischer ist die Abschaffung des Exequaturverfahrens bei der Rückgabeanordnung. Diese hat unmittelbare und dauernde Auswirkungen auf die Lebensverhältnisse des betroffenen Kindes. Allerdings erfasst die Regelung im Unterschied zum Umgangsrecht nicht alle Entscheidungen, in denen die Rückgabe des Kindes angeordnet wird, sondern nur solche, die nach einer Entführung im Staat des bisherigen

852 Art. 20 Verordnung (EG) Nr. 805/2004 zur Einführung eines europäischen Vollstreckungstitels für unbestrittene Forderungen v. 21.4.2004, ABl. EG L 143 v. 30.4.2004, S. 15; s. dazu *Wagner*, NJW 2005, 1157.

853 Art. 19 Verordnung (EG) Nr. 1896/2006 zur Einführung eines Europäischen Mahnverfahrens, ABl EU L 399 v. 30.12.2006, S. 1.

854 Art. 18 Verordnung (EG) Nr. 861/2007 zur Einführung eines europäischen Verfahrens für geringfügige Forderungen, ABl EU L 199 v. 31.7.2007, S. 1.

855 Art. 17 Verordnung (EG) Nr. 4/2009 über die Zuständigkeit, das anwendbare Recht, die Anerkennung und Vollstreckung von Entscheidungen und die Zusammenarbeit in Unterhaltssachen, ABl EU L 7 v. 10.1.2009, S. 1.

856 S. dazu *Heß*, IPRax 2000, 361; *Bauer*, IPRax 2002, 179, 184 f.

857 Wirtschafts- und Sozialausschuss, ABl. EG C 61 v. 14.3.2003, S. 76, 77 unter 4.2; *Kohler*, FamRZ 2002, 709, 710 u. 712 Fn 28; *Coester-Waltjen*, FamRZ 2005, 241, 248.

858 Krit. daher *Kohler*, FamRZ 2002, 709, 710 f; *Stadler*, IPRax 2004, 2, 6 ff.

859 Krit. dazu im Rahmen der EuVTVO *Stadler*, IPRax 2004, 2, 7.

860 Rauscher/*Rauscher* Art. 40 Brüssel IIa-VO Rn 7.

861 S. zu diesem Problem in anderen Bereichen *Kohler*, FamRZ 2002, 709, 711.

862 EGMR 26. 2. 2004 – 74969/01 (Görgülü/Deutschland), FamRZ 2004, 1456 = NJW 2004, 3397; *Brückner*, FuR 2005, 200, 201 f; *Motzer*, FPR 2007, 275; *Groh*, FPR 2009, 153; Rauscher/*Rauscher* Art. 40 Brüssel IIa-VO Rn 5.

863 Rauscher/*Rauscher* Art. 40 Brüssel IIa-VO Rn 5.

864 Rauscher/*Rauscher* Art. 40 Brüssel IIa-VO Rn 5.

gewöhnlichen Aufenthalts ergehen, Art. 11 Abs. 8 iVm Art. 10. Dies setzt voraus, dass zuvor im Zufluchtsstaat eine Rückgabe des Kindes aufgrund von Art. 13 HKÜ abgelehnt worden ist. Da die Rückgabeanordnung nach Art. 11 Abs. 8 regelmäßig auf einer Sorgerechtsentscheidung beruht, für die das Gericht nach Art. 10 zuständig war, werden durch deren Vollstreckung meist vollendete Tatsachen geschaffen.[865]

Art. 40 ff gewährleisten nun, dass wie in Art. 11 Abs. 8 iVm Art. 10 vorgesehen, die Gerichte im Staat des bisherigen gewöhnlichen Aufenthalts des Kindes das letzte Wort haben, über die Rückführung und das Sorgerecht zu entscheiden. Ohne diese Regelung bestünde die Gefahr, dass die Gerichte des Staates, in dem eine Rückführung des Kindes nach dem HKÜ meist aus Gründen des Kindeswohl abgelehnt worden ist, auch die Vollstreckung einer Entscheidung, die auf gerade diese Rückführung geht, aus Gründen des ordre public ablehnen würden.[866] Rechtspolitisch hinterfragen kann man allerdings, ob es sinnvoll ist, den Gerichten des Staates des bisherigen gewöhnlichen Aufenthalts des Kindes das letzte Wort im Hinblick auf die Rückführung zu geben.[867] (s.a. unten Rn 10). 7

C. Anwendungsbereich

I. Umgangsrecht

Zum **Begriff** des Umgangsrechts s. Art. 2 Nr. 10 EheVO und Art. 5 HKÜ Rn 69 f). Erfasst wird durch Art. 40, 41 nicht nur das Umgangsrecht der Eltern, sondern potenziell auch das anderer Personen, wie etwa der Großeltern.[868] Eine analoge Anwendung auf andere Teilbereiche des elterlichen Sorgerechts ist wegen des speziellen Charakters der Regelung nicht möglich.[869] Eine Entscheidung die neben einer Regelung des Umgangsrechts noch andere potentiell vollstreckbare Regelungen trifft, kann nur für die Regelung des Umgangsrechts für unmittelbar vollstreckbar erklärt werden.[870] 8

Praktisch bedeutsam dürften Entscheidungen zum Umgangsrecht aus dem Mitgliedstaat, in dem das Kind nicht seinen gewöhnlichen Aufenthalt hat, vor allem in den Fällen des Art. 9 sein. Dies ermöglicht es dem Elternteil, der dem Umzug des Kindes in einen anderen Mitgliedstaat nicht widersprechen konnte oder wollte, dass die Gerichte am bisherigen Aufenthaltsort des Kindes, an dem sich dieser Elternteil weiterhin aufhält, eine Umgangsregelung treffen. 9

II. Sorgerecht und Rückgabe

Rückgabeentscheidungen werden von Art. 40 nur erfasst, wenn sie nach Art. 11 Abs. 8 ergangen sind.[871] Insoweit ergänzen Art. 40 ff die Regelungen zur Kindesentführung nach Art. 9–11 sowie nach dem HKÜ. Hat das Gericht im Zufluchtsstaat angeordnet, dass die Rückgabe wegen eines Ausnahmegrundes nach Art. 13 HKÜ abzulehnen ist, so kann das Gericht am gewöhnlichen Aufenthalt des Kindes vor der Entführung eine Entscheidung über das Sorgerecht treffen, wenn die Zuständigkeit nach Art. 10 weiter besteht.[872] Wird in diesem Verfahren das Sorgerecht dem zurückgebliebenen Elternteil übertragen und die Herausgabe des Kindes an diesen Elternteil angeordnet, so geht diese Entscheidung nach Art. 11 Abs. 8 der die Rückgabe ablehnenden Entscheidung im Zufluchtsstaat vor. Dies rechtfertigt sich daraus, dass der Entscheidungsgegenstand der reinen Rückgabesache enger ist und gleichsam einen vorläufigen Charakter hat und über die endgültige Verteilung des Sorgerechts gerade nicht entschieden wird (s. Art. 19 HKÜ Rn 171).[873] 10

Ausreichend ist, dass im Zufluchtsstaat eine die Rückgabe ablehnende Entscheidung ergangen ist. Sie muss nicht rechtskräftig und kann zwischenzeitlich aufgehoben sein. Ein Bedarf für die Ausstellung der Bescheinigung nach Art. 42 Abs. 1 besteht, solange das Kind noch nicht tatsächlich zurückgegeben worden ist.[874] 11

Als ausdrückliche Sonderregelung ist Art. 42 auf andere Rückgabeanordnungen nicht analog anwendbar.[875] 12

865 Rauscher/*Rauscher* Art. 40 Brüssel IIa-VO Rn 8.
866 Rauscher/*Rauscher* Art. 40 Brüssel IIa-VO Rn 8; s.a. *Helms*, FamRZ 2002, 1593, 1602.
867 Kritisch *Coester-Waltjen* FamRZ 2005, 241, 247; *Looschelders* JR 2006, 45, 50.
868 *Coester-Waltjen*, FamRZ 2005, 241, 248 Fn 50; anders noch ausdr. Art. 45 Abs. 1 lit. a des Kommissionsvorschlags KOM(2002) 222.
869 MüKoZPO/*Gottwald* Art. 40 EheGVO Rn 2; Thomas/Putzo/*Hüßtege*, ZPO, Art. 40 EuEheVO Rn 1.
870 *Solomon*, FamRZ 2004, 1409, 1419; MüKoZPO/*Gottwald* Art. 41 EheGVO Rn 1.
871 EuGH (Inau), NJW 2008, 2973, 2975 Rn 69–74.
872 *Tenreiro/Ekström*, ERA-Forum 1/2003, S. 126, 133.
873 *Schulz*, FamRZ 2003, 1351, 1353.
874 EuGH (Inau), NJW 2008, 2973, 2974 ff Rn 59, 80–85, 89.
875 OLG Celle, FamRZ 2007, 1587 = BeckRS 2008, 2605 unter II.2; Rauscher/*Rauscher* Art. 40 Brüssel IIa-VO Rn 16 f; Thomas/Putzo/*Hüßtege*, ZPO, Art. 40 EuEheVO Rn 2; *Fleige*, Die Zuständigkeit für Sorgerechtsentscheidungen und die Rückführung von Kindern nach Entführungen nach Europäischem IZVR, 316 ff.

D. Verhältnis zur Anerkennung und Vollstreckung nach Art. 21 ff, Art. 28 ff

13 Abs. 2 stellt klar, dass den Sondervorschriften nach Art. 40 ff kein Vorrang zukommt.[876] Der aus dem Titel Begünstigte[877] hat ein **Wahlrecht**.[878] Er kann auch für einen Umgangstitel und eine Rückgabeanordnung nach Art. 11 Abs. 8 einen Antrag auf Anerkennung und Vollstreckung nach den allgemeinen Regeln über die Anerkennung und Vollstreckung (Art. 28) stellen. Daran kann ein Interesse bestehen, wenn die Voraussetzungen nach Art. 41, 42 zweifelhaft sind,[879] insbesondere, wenn das Gericht nicht sofort von Amts wegen die für die unmittelbare Anerkennung und Vollstreckbarkeit erforderliche Bescheinigung ausstellt.

14 Ein Antrag nach Art. 28 kann dann nicht mangels **Rechtsschutzbedürfnis** abgewiesen werden.[880] Zweifelhaft ist das Rechtsschutzbedürfnis bei einem Antrag nach Art. 28 allerdings dann, wenn eine Bescheinigung nach Art. 41 Abs. 1 oder Art. 42 Abs. 1 ausgestellt worden ist.[881] Da ein Rechtsbehelf gegen die Bescheinigung nicht möglich ist, Art. 43 Abs. 2, kann unmittelbar aufgrund des ausländischen Titels vollstreckt werden. Hier erscheint ein Rechtsschutzbedürfnis nur in besonderen Fällen gegeben zu sein, etwa wenn ein Antrag auf Berichtigung, Art. 43 Abs. 1, gestellt wurde oder wenn die Modalitäten der Umgangsregelung in der Bescheinigung unklar sind.

15 Auf der anderen Seite hat der aus dem Titel Verpflichtete kein Recht, ein Verfahren nach Art. 21 Abs. 3 zu betreiben, um die Nichtanerkennung der Entscheidung feststellen zu lassen.[882] Dies stünde im Widerspruch zum Ausschluss der Anfechtbarkeit der Anerkennung in Art. 41 Abs. 1 und Art. 42 Abs. 1 (s. dazu auch Art. 41, 42 Rn 23).

16 Entscheidungen auf Rückgabe des Kindes, die nicht nach Art. 11 Abs. 8 ergangen sind, können nur nach Art. 21 ff anerkannt und nach Art. 28 ff vollstreckt werden.

Art. 41 EheVO 2003 Umgangsrecht

(1) Eine in einem Mitgliedstaat ergangene vollstreckbare Entscheidung über das Umgangsrecht im Sinne des Artikels 40 Absatz 1 Buchstabe a), für die eine Bescheinigung nach Absatz 2 im Ursprungsmitgliedstaat ausgestellt wurde, wird in einem anderen Mitgliedstaat anerkannt und kann dort vollstreckt werden, ohne dass es einer Vollstreckbarerklärung bedarf und ohne dass die Anerkennung angefochten werden kann.

Auch wenn das nationale Recht nicht vorsieht, dass eine Entscheidung über das Umgangsrecht ungeachtet der Einlegung eines Rechtsbehelfs von Rechts wegen vollstreckbar ist, kann das Gericht des Ursprungsmitgliedstaats die Entscheidung für vollstreckbar erklären.

(2) Der Richter des Ursprungsmitgliedstaats stellt die Bescheinigung nach Absatz 1 unter Verwendung des Formblatts in Anhang III (Bescheinigung über das Umgangsrecht) nur aus, wenn

a) im Fall eines Versäumnisverfahrens das verfahrenseinleitende Schriftstück oder ein gleichwertiges Schriftstück der Partei, die sich nicht auf das Verfahren eingelassen hat, so rechtzeitig und in einer Weise zugestellt wurde, dass sie sich verteidigen konnte, oder wenn in Fällen, in denen bei der Zustellung des betreffenden Schriftstücks diese Bedingungen nicht eingehalten wurden, dennoch festgestellt wird, dass sie mit der Entscheidung eindeutig einverstanden ist;

b) alle betroffenen Parteien Gelegenheit hatten, gehört zu werden, und

c) das Kind die Möglichkeit hatte, gehört zu werden, sofern eine Anhörung nicht aufgrund seines Alters oder seines Reifegrads unangebracht erschien.

Das Formblatt wird in der Sprache ausgefüllt, in der die Entscheidung abgefasst ist.

(3) [1]Betrifft das Umgangsrecht einen Fall, der bei der Verkündung der Entscheidung einen grenzüberschreitenden Bezug aufweist, so wird die Bescheinigung von Amts wegen ausgestellt, sobald die Entscheidung vollstreckbar oder vorläufig vollstreckbar wird. [2]Wird der Fall erst später zu einem Fall mit grenzüberschreitendem Bezug, so wird die Bescheinigung auf Antrag einer der Parteien ausgestellt.

876 Thomas/Putzo/*Hüßtege*, ZPO, Art. 40 EuEheVO Rn 3.
877 Der Begriff Träger der elterlichen Verantwortung wird in der EheVO 2003 in einem weiten Sinn verstanden und erfasst auch dritte Personen, denen ein Umgangsrecht zusteht; s. Rauscher/*Rauscher* Art. 40 Brüssel IIa-VO Rn 18.
878 Rauscher/*Rauscher* Art. 40 Brüssel IIa-VO Rn 18; *Gruber* FamRZ 2005, 1603, 1607; *Schulz*, FamRZ 2008, 1734.
879 Thomas/Putzo/*Hüßtege*, ZPO, Art. 40 EuEheVO Rn 3.
880 MüKoZPO/*Gottwald* Art. 40 EheGVO Rn 4.
881 Geimer/Schütze/*Geimer*, Europäisches Zivilverfahrensrecht, Art. 40 VO (EG) 2201/2003 Rn 13.
882 EuGH (Inau), NJW 2008, 2973, 2977 Rn 91, 97; Geimer/Schütze/*Paraschas*, Internationaler Rechtsverkehr, B vor I Art. 42 Rn 1.

Art. 42 EheVO 2003 Rückgabe des Kindes

(1) Eine in einem Mitgliedstaat ergangene vollstreckbare Entscheidung über die Rückgabe des Kindes im Sinne des Artikels 40 Absatz 1 Buchstabe b), für die eine Bescheinigung nach Absatz 2 im Ursprungsmitgliedstaat ausgestellt wurde, wird in einem anderen Mitgliedstaat anerkannt und kann dort vollstreckt werden, ohne dass es einer Vollstreckbarerklärung bedarf und ohne dass die Anerkennung angefochten werden kann.

Auch wenn das nationale Recht nicht vorsieht, dass eine in Artikel 11 Absatz 8 genannte Entscheidung über die Rückgabe des Kindes ungeachtet der Einlegung eines Rechtsbehelfs von Rechts wegen vollstreckbar ist, kann das Gericht des Ursprungsmitgliedstaats die Entscheidung für vollstreckbar erklären.

(2) Der Richter des Ursprungsmitgliedstaats, der die Entscheidung nach Artikel 40 Absatz 1 Buchstabe b) erlassen hat, stellt die Bescheinigung nach Absatz 1 nur aus, wenn

a) das Kind die Möglichkeit hatte, gehört zu werden, sofern eine Anhörung nicht aufgrund seines Alters oder seines Reifegrads unangebracht erschien,

b) die Parteien die Gelegenheit hatten, gehört zu werden, und

c) das Gericht beim Erlass seiner Entscheidung die Gründe und Beweismittel berücksichtigt hat, die der nach Artikel 13 des Haager Übereinkommens von 1980 ergangenen Entscheidung zugrunde liegen.

Ergreift das Gericht oder eine andere Behörde Maßnahmen, um den Schutz des Kindes nach seiner Rückkehr in den Staat des gewöhnlichen Aufenthalts sicherzustellen, so sind diese Maßnahmen in der Bescheinigung anzugeben.

Der Richter des Ursprungsmitgliedstaats stellt die Bescheinigung von Amts wegen unter Verwendung des Formblatts in Anhang IV (Bescheinigung über die Rückgabe des Kindes) aus.

Das Formblatt wird in der Sprache ausgefüllt, in der die Entscheidung abgefasst ist.

A. Allgemeines

Die Voraussetzungen, unter denen eine Entscheidung aufgrund einer Bescheinigung des Richters des Ursprungsmitgliedstaats unmittelbar vollstreckbar ist, werden in Art. 41 für Unterhaltstitel und in Art. 42 für Titel auf Rückgabe des Kindes weitgehend parallel geregelt. 1

B. Vollstreckbarkeit der Entscheidung

Die Entscheidung zum Umgangsrecht oder zur Rückgabe muss nach dem Recht des Ursprungsstaats **vollstreckbar** sein. Sieht das Recht des Ursprungsstaats keine vorläufige Vollstreckbarkeit vor, wenn gegen die Entscheidung ein Rechtsmittel eingelegt ist oder noch eingelegt werden kann, so bestimmen Art. 41 und Art. 42 jeweils in Abs. 1 S. 2, dass das Gericht nach seinem Ermessen die Entscheidung dennoch für sofort vollstreckbar erklären kann.[883] 2

Dies führt zu dem Ergebnis, dass eine solche Rückgabeentscheidung aufgrund der Bescheinigung in jedem Mitgliedstaat vollstreckbar ist, obgleich eine entsprechende Rückgabeanordnung nach der lex fori durch das erstinstanzliche Gericht nicht für vorläufig vollstreckbar erklärt werden könnte. Die Regelung stellt damit einen nicht unerheblichen Eingriff in die Rechtsbehelfsstruktur des jeweiligen Mitgliedstaates dar. Durch die Vollstreckung werden insbesondere bei einer Rückgabeanordnung Tatsachen verändert, welche die Entscheidung des Rechtsmittelgerichts etwa im Hinblick auf das Kindeswohl erheblich beeinflussen können.[884] (S. zu den Möglichkeiten des Rechtsmittelgerichts Art. 43 Rn 8) 3

883 MüKoZPO/*Gottwald* Art. 41 EheGVO Rn 2; Rauscher/*Rauscher* Art. 41 Brüssel IIa-VO Rn 11.
884 Rauscher/*Rauscher* Art. 43 Brüssel IIa-VO Rn 2.

4 Im **deutschen Recht** ist eine Rückgabeanordnung, gegen die eine Beschwerde möglich ist nach § 40 Abs. 1 IntFamRVG, nicht vorläufig vollstreckbar. Nur das Beschwerdegericht und nicht das Familiengericht kann die vorläufige Vollstreckbarkeit anordnen, § 40 Abs. 3 IntFamRVG. Diese Regelung wird nun durch Art. 42 Abs. 1 S. 2 überlagert. Danach steht es in einem Verfahren nach Art. 11 Abs. 8 im Ermessen des Familiengerichts, die Bescheinigung auch dann auszustellen, wenn das Beschwerdegericht die vorläufige Vollstreckbarkeit (noch) nicht angeordnet hat.[885] Die Rückgabeanordnung wird dadurch in allen Mitgliedstaaten unmittelbar vollstreckbar.

C. Voraussetzungen der Bescheinigung

I. Allgemein

5 Die automatische Anerkennung und unmittelbare Vollstreckbarkeit hängt formell davon ab, dass der Richter des Ursprungsmitgliedstaats eine Bescheinigung unter Verwendung des vorgeschriebenen Formblatts ausgestellt hat. Diese Bescheinigung darf nach den Absätzen 2 von Art. 41 und Art. 42 nur ausgestellt werden, wenn bestimmte Voraussetzungen im Verfahren eingehalten worden sind.

II. Rechtliches Gehör

6 Nach Art. 41 Abs. 2 lit. b und Art. 42 Abs. 2 lit. a müssen die (betroffenen) Parteien Gelegenheit gehabt haben, gehört zu werden. Voraussetzung ist nicht, dass die Parteien tatsächlich angehört wurden. Wenn sich eine Partei an dem Verfahren nicht beteiligt hat, reicht es aus, dass sie die Möglichkeit hatte, angehört zu werden.[886]

III. Anhörung des Kindes

7 Weiterhin ist nach Art. 41 Abs. 2 lit. c bzw. Art. 42 Abs. 2 lit. b erforderlich, dass das Kind die Möglichkeit hatte, gehört zu werden, sofern eine Anhörung nicht aufgrund seines Alters oder seines Reifegrades unangebracht erschien. Da eine materiellrechtliche Nachprüfung durch den Anerkennungsmitgliedstaat, ob diese Voraussetzungen tatsächlich vorlagen, nicht zulässig ist, hat dies zur Folge, dass die Frage, ob die erforderliche Anhörung des Kindes erfolgt ist, von dem Entscheidungsgericht nur nach den Vorgaben des eigenen Rechts beurteilt wird.

8 Insoweit besteht eine Diskrepanz zu dem normalen Vollstreckbarerklärungsverfahren nach Art. 28 ff EheVO 2003. Dort kann im Rahmen von Art. 23 lit. b EheVO 2003 durch das Gericht im Anerkennungs- und Vollstreckungsstaat geprüft werden, ob die Anhörung des Kindes ordnungsgemäß erfolgte. Maßstab für diese Prüfung ist dabei nicht das Recht des Entscheidungsstaates, sondern, soweit es sich um wesentliche verfahrensrechtliche Grundsätze handelt, das Recht des Anerkennungsstaates.[887]

9 Eine Lösung besteht darin, dass aus Art. 41 Abs. 2 lit. c und Art. 42 Abs. 2 lit. b autonom die Vorgaben für die Art der Anhörung des Kindes entwickelt werden.[888] Sicherlich autonom zu bestimmen ist, unter welchen allgemeinen Voraussetzungen eine Anhörung im Hinblick auf Alter und Reifegrad geboten ist.

IV. Versäumnisverfahren

10 Im Unterschied zum ursprünglichen Entwurf[889] kann auch für eine **Umgangsregelung**, die in einem Versäumnisverfahren ergangen ist, die Bescheinigung für die Vollstreckbarkeit erteilt werden. Art. 41 Abs. 2 lit. a legt insoweit die Mindestvoraussetzungen für die Zustellung von Schriftstücken fest.

11 Bei einer **Rückgabeanordnung** ist eine Versäumnisentscheidung ebenfalls möglich. Eine Sonderregel ist entbehrlich, weil die Parteien nach Art. 42 Abs. 2 S. 1 lit. b jedenfalls Gelegenheit gehabt haben müssen, in dem Verfahren über die Rückgabe nach Art. 11 Abs. 8 gehört zu werden.[890]

885 MüKoZPO/*Gottwald* Art. 42 EheGVO Rn 2.
886 MüKoZPO/*Gottwald* Art. 41 EheGVO Rn 6.
887 *Coester-Waltjen* FamRZ 2005, 241, 248.
888 Dafür Rauscher/*Rauscher* Art. 41 Brüssel IIa-VO Rn 28; dagegen MüKoZPO/*Gottwald* Art. 41 EheGVO Rn 7.
889 Art. 46 Abs. 2 lit. a des Kommissionsvorschlags KOM 2002 (222).
890 MüKoZPO/*Gottwald* Art. 42 EheGVO Rn 4; Rauscher/*Rauscher* Art. 42 Brüssel IIa-VO Rn 15.

V. Berücksichtigung der Gründe nach Art. 13 HKÜ

Für die Rückgabeentscheidung verlangt Art. 42 Abs. 2 lit. c), dass das Gericht die Gründe und die Beweismittel berücksichtigt hat, die das Gericht im Zufluchtsstaat seiner die Rückgabe ablehnenden Entscheidung nach Art. 13 HKÜ zugrunde gelegt hat. 12

Dabei muss sich die Berücksichtigung der Gründe und Beweismittel unmittelbar aus dem Wortlaut der Entscheidung ergeben.[891] Dafür ist erforderlich, dass die Entscheidung die Gründe und die Beweismittel ausdrücklich nennt und sich zumindest ansatzweise damit auch inhaltlich auseinandersetzt. Die bloße Floskel, die Gründe und Beweismittel seien berücksichtigt worden, genügt nicht.[892] Eine Bindung an die der Entscheidung zugrunde gelegten Tatsachen folgt aus der Pflicht zur Berücksichtigung aber nicht. 13

Zu weitgehend ist es aber, zu fordern, dass eine Auseinandersetzung mit den Gründen und Beweismitteln auch auf dem Formblatt nach Anhang IV der EheVO 2003 dokumentiert werden muss.[893] Das Formblatt ist ersichtlich nur darauf ausgerichtet durch schlichtes Ankreuzen ausgefüllt zu werden. Nur in dem Punkt 12 beim Formblatt Umgangstitel nach Anhang III und Punkt 14 beim Formblatt Rückgabe des Kindes nach Anhang IV sind weiter gehende Anordnungen vorgesehen, für die Art. 45 Abs. 2 dementsprechend auch ein Übersetzungserfordernis anordnet. 14

VI. Grenzüberschreitender Bezug

Nach **Art. 41 Abs. 3** stellt das Gericht bei einem **Umgangstitel** die Bescheinigung von Amts wegen aus, wenn das Umgangsrecht einen Fall betrifft, der bereits bei Verkündung der Entscheidung einen grenzüberschreitenden Bezug aufweist. Dies ist nur der Fall, wenn aktuell eine Vollstreckung in einem anderen Staat in Betracht kommt, weil sich das Kind dauernd oder zeitweise im Ausland aufhält oder ein solcher Aufenthalt konkret bevorsteht.[894] Ein nur potentieller grenzüberschreitender Bezug, etwa aufgrund der ausländischen Staatsangehörigkeit des sorgeberechtigten Elternteils, reicht nicht dafür aus, dass das Gericht von Amts wegen die Bescheinigung ausstellen muss.[895] Erlangt der Fall erst nach Verkündung einen grenzüberschreitenden Bezug, stellt das Gericht die Bescheinigung auf Antrag aus.[896] Für einen solchen Antrag ist nur zu fordern, dass ein aktueller oder zukünftiger grenzüberschreitender Bezug plausibel gemacht wird.[897] 15

Ein solcher Antrag ist auch erforderlich, wenn der grenzüberschreitende Bezug zwar von Anfang an bestand, die Entscheidung ursprünglich aber nicht (vorläufig) vollstreckbar war und das Gericht von der Möglichkeit nach Art. 41 Abs. 1 S. 2 abgesehen hatte (s.o. Rn 2). 16

Fraglich ist, ob der grenzüberschreitende Bezug zu einem **anderen Mitgliedstaat** der EheVO 2003 bestehen muss. Dafür spricht, dass die Bescheinigung die unmittelbare Vollstreckbarkeit nur in anderen Mitgliedstaaten bewirkt, im Verhältnis zu Drittstaaten hingegen keine Bedeutung hat.[898] 17

Bei einer **Rückgabeanordnung** nach Art. 11 Abs. 8 besteht immer ein grenzüberschreitender Bezug zu einem anderen Mitgliedstaat, so dass Art. 42 eine solche Voraussetzung nicht gesondert aufstellt. Das Gericht stellt die Bescheinigung nach Art. 42 Abs. 2 S. 3 immer von Amts wegen aus, wenn nicht eine Ermessensentscheidung nach Art. 42 Abs. 1 S. 2 wegen mangelnder Vollstreckbarkeit nach dem Recht des Ursprungsstaats gegeben ist.[899] 18

D. Ausstellung der Bescheinigung

I. Formblatt

Die Bescheinigung für einen Umgangstitel wird auf dem Formblatt in Anhang III, für eine Rückgabeanordnung auf dem Formblatt in Anhang IV erteilt, Art. 41 Abs. 2 S. 1, Art. 42 Abs. 2 S. 3. Das Formblatt wird dabei 19

891 HK-ZPO/*Dörner*, Art. 42 EheGVVO Rn 7; MüKoZPO/*Gottwald* Art. 42 EheGVO Rn 5; Rauscher/*Rauscher* Art. 42 Brüssel IIa-VO Rn 16; Geimer/Schütze/*Paraschas*, Internationaler Rechtsverkehr, B vor I Art. 42 Rn 6.

892 S. Rauscher/*Rauscher* Art. 42 Brüssel IIa-VO Rn 16, der sich sogar für eine inhaltliche Auseinandersetzung im Formblatt ausspricht; dazu sogleich bei Rn 14.

893 So aber Rauscher/*Rauscher* Art. 42 Brüssel IIa-VO Rn 16.

894 Rauscher/*Rauscher* Art. 41 Brüssel IIa-VO Rn 32.

895 MüKoZPO/*Gottwald* Art. 41 EheGVO Rn 10.

896 MüKoZPO/*Gottwald* Art. 41 EheGVO Rn 11.

897 Geimer/Schütze/*Geimer*, Europäisches Zivilverfahrensrecht, Art. 41 VO (EG) 2201/2003 Rn 23.

898 Wenn dann der Umgang in einem Drittstaat stattfindet, ist dies unschädlich, s. Rauscher/*Rauscher* Art. 41 Brüssel IIa-VO Rn 31; wohl missverständlich formuliert MüKoZPO/*Gottwald* Art. 41 Rn 10, der allgemein einen Bezug zu einem Drittstaat ausreichen lassen will.

899 Art. 42 Abs. 2 S. 3 enthält anders als Art. 41 Abs. 3 S. 1 keine ausdrückliche Bezugnahme auf die Vollstreckbarkeit der Entscheidung nach dem Recht des Ursprungsmitgliedstaat; dieses Erfordernis für die Ausstellung der Bescheinigung von Amts wegen ergibt sich aber auch aus Art. 42 Abs. 1 S. 1 und 2; s. Rauscher/*Rauscher* Art. 42 Brüssel IIa-VO Rn 17.

jeweils in der Sprache ausgefüllt, in der die Entscheidung abgefasst ist, Art. 41 Abs. 2 S. 3, Art. 42 Abs. 2 S. 4. Die Verwendung des Formblatts gewährleistet die Verständlichkeit der Bescheinigung auch ohne Übersetzung. Eine Übersetzung ist nur für die Modalitäten der Ausübung des Umgangsrechts und für die Einzelheiten der Maßnahmen erforderlich, die ergriffen wurden, um die Rückgabe des Kindes sicherzustellen, Art. 45 Abs. 2 S. 1.

II. Ausstellender Richter

20 Die Bescheinigung für den Umgangstitel wird nach Art. 41 Abs. 2 von dem Richter des Ursprungsmitgliedstaats ausgestellt. Nach dem Wortlaut kann dies der Richter sein, der die Entscheidung erlassen hat. Möglich wäre aber auch, einen anderen Richter für zuständig zu erklären. Art. 42 Abs. 2 bestimmt demgegenüber ausdrücklich, dass der Richter, der die Rückgabeanordnung erlassen hat, auch die Bescheinigung ausstellt.

21 **Für Deutschland** bestimmt § 48 Abs. 2 IntFamRVG für beide Titel einheitlich, dass beim Gericht des ersten Rechtszugs der Familienrichter, in Verfahren vor dem OLG oder dem BGH der Vorsitzende des Senats für Familiensachen die Bescheinigung ausstellt.[900]

E. Rechtsfolgen

I. Unmittelbare Vollstreckbarkeit

22 Eine Entscheidung, die mit der Bestätigung nach Art. 41 Abs. 2 bzw. Art. 42 Abs. 2 versehen worden ist, wird in jedem Mitgliedstaat der EheVO 2003 wie eine inländische vollstreckt. Die Bescheinigung unter Verwendung des Formblatts ersetzt eine Vollstreckbarkeitserklärung nach inländischem Recht.

II. Ausschluss der Anfechtbarkeit

23 Die Formulierung im deutschen Text, dass die Anerkennung nicht „angefochten" werden darf, ist missglückt. Gemeint ist, dass keine Einwendungen gegen die Anerkennung erhoben werden können,[901] wie dies in Art. 23 lit. a bis d vorgesehen ist. Ausgeschlossen ist auch, dass der Verpflichtete ein Verfahren nach Art. 21 Abs. 3 betreibt, um die Nichtanerkennung feststellen zu lassen.[902] Es ist daher nicht möglich, gegen die Vollstreckung einzuwenden, die Entscheidung sei wegen Verstoßes gegen den deutschen ordre public nicht anzuerkennen.[903] (S. aber auch unten Art. 43 Rn 9)

Art. 43 EheVO 2003 Klage auf Berichtigung

(1) Für Berichtigungen der Bescheinigung ist das Recht des Ursprungsmitgliedstaats maßgebend.

(2) Gegen die Ausstellung einer Bescheinigung gemäß Artikel 41 Absatz 1 oder Artikel 42 Absatz 1 sind keine Rechtsbehelfe möglich.

A. Berichtigung

1 Nach Art. 43 Abs. 1 erfolgt eine Berichtigung nur nach dem Recht des Ursprungsmitgliedstaats. Sie kann nicht im Vollstreckungsmitgliedstaat durchgeführt werden.[904]

2 Eine **Abgrenzung** hat zu erfolgen zwischen der Berichtigung nach Abs. 1 und den nach Abs. 2 unzulässigen Rechtsbehelfen. Nach Erwägungsgrund 24 S. 2 erfasst die Berichtigung „materielle Fehler". Ein solcher soll vorliegen, wenn in der Bescheinigung der Inhalt der Entscheidung nicht korrekt wiedergegeben ist. Durch die Berichtigung kann daher nur eine Korrektur von Fehlern erreicht werden, die bei der Umsetzung des Entscheidungsinhalts in die Bescheinigung aufgetreten sind. Möglich sind neben reinen Tippfehlern auch inhalt-

900 Dies ist europarechtskonform s. Geimer/Schütze/*Geimer*, Europäisches Zivilverfahrensrecht, Art. 41 VO (EG) 2201/2003 Rn 10; Art. 42 VO (EG) 2201/2003 Rn 8.
901 *Solomon*, FamRZ 2004, 1409, 1418.
902 Geimer/Schütze/*Paraschas*, Internationaler Rechtsverkehr, B vor I Art. 42 Rn 1.
903 MüKoZPO/*Gottwald* Art. 42 EheGVO Rn 11; *Solomon*, FamRZ 2004, 1409, 1419; Geimer/Schütze/*Paraschass*, Internationaler Rechtsverkehr, B vor I Art. 42 Rn 1; aA *Fleige* S. 328 ff; *Looschelders* JR 2006, 45, 51 (bei Rückgabeweigerung nach Art. 20 HKEntfÜ).
904 Rauscher/*Rauscher* Art. 43 Brüssel IIa-VO Rn 9.

lich unrichtige Übernahmen aus der Entscheidung.[905] Beispiele sind etwa die Verwechslung der Parteien, fehlerhafte Übertragung von Daten, an denen der Umgang stattfinden soll.[906]

Kein Fall der Berichtigung sind hingegen Einwendungen, dass die Voraussetzungen für die Erteilung der Bescheinigung nach Art. 41 Abs. 2 und Art. 42 Abs. 2 nicht vorgelegen hätten. Dabei würde es sich um einen Rechtsbehelf gegen die Bescheinigung handeln, der nach Art. 43 Abs. 2 nicht zulässig ist.[907] 3

Im deutschen Recht bestimmt § 49 IntFamRVG die entsprechende Anwendbarkeit von § 319 ZPO für eine Berichtigung der Bescheinigung. 4

B. Unzulässigkeit von Rechtsbehelfen

Nach Art. 43 Abs. 2 sind Rechtsbehelfe gegen die Ausstellung einer Bescheinigung nicht möglich. Der **Zweck der Regelung** besteht darin, dass die Beschleunigung und Vereinfachung, die durch die Abschaffung des Exequaturverfahrens im Vollstreckungsstaat erreicht werden sollen, nicht durch ein zusätzliches Rechtsmittelverfahren im Entscheidungsstaat zumindest teilweise zunichte gemacht werden.[908] Ausgeschlossen ist damit ein Rechtmittel gegen die Bescheinigung, in dem geltend gemacht wird, dass die Voraussetzungen für die Erteilung der Bescheinigung nach Art. 41 Abs. 2 oder Art. 42 Abs. 2 nicht vorgelegen haben. 5

Möglich sind aber **Rechtsbehelfe gegen die zugrunde liegende Entscheidung**.[909] Im Rahmen eines solchen Rechtsbehelfs muss es möglich sein, auch die Nichteinhaltung der Voraussetzungen nach Art. 41 Abs. 2 oder Art. 42 Abs. 2 zu rügen. Dies bedeutet, dass eine Entscheidung durch das Rechtsmittelgericht aufgehoben werden muss, die im Verfahren nach Art. 11 Abs. 8 ergangen ist, sich aber nicht entsprechend den Vorgaben in Art. 42 Abs. 2 lit. c mit den Gründen und Beweismitteln auseinandergesetzt hat, die der nach Art. 13 HKÜ ergangenen Entscheidung zugrunde lagen. Mit der Aufhebung der Entscheidung entfällt auch die Grundlage für die Bescheinigung.[910] Eine Vollstreckung ist nicht mehr möglich. 6

Ausgeschlossen ist ein Rechtsmittel auch gegen die **Ermessensentscheidung** des Gerichts, die Bescheinigung auszustellen, obgleich die zugrunde liegende Entscheidung nach dem Recht des Ursprungsmitgliedstaats noch nicht (vorläufig) vollstreckbar ist (s. Art. 41, 42 Rn 2 ff). Diese Ermessenentscheidung ist Bestandteil der Entscheidung über die Ausstellung der Bescheinigung und kann daher wie diese nicht durch ein Rechtsmittel angefochten werden.[911] 7

Möglich muss es aber sein, dass das **Rechtsmittelgericht**, das mit einer Beschwerde gegen die zugrunde liegende Entscheidung befasst ist, eine Entscheidung treffen kann, durch die die vorläufige Vollstreckbarkeit der erstinstanzlichen Entscheidung beseitigt wird, um den status quo für die Dauer des Rechtsmittelverfahrens zu sichern.[912] 8

Nicht ausgeschlossen werden durch Art. 43 Abs. 2 die Rechtsbehelfe, die gegen die Vollstreckung einer inländischen Entscheidung gleichen Inhalts zulässig sind.[913] Insoweit kann auch Berücksichtigung finden, ob die Vollstreckung mit dem Rechtsstaatsprinzip und den Grundrechten insbesondere des betroffenen Kindes vereinbar ist. Ein Rest an ordre public Kontrolle bleibt damit trotz Abschaffung des Exeqaturverfahrens noch möglich.[914] 9

Das Verbot von Rechtsmitteln gilt nur für wirksame, wenn eventuell auch fehlerhafte Bescheinigungen. Bei **Nichtigkeit** kann die Bescheinigung keine Rechtswirkungen entfalten. Dies kann auch im Vollstreckungsmitgliedstaat geltend gemacht werden.[915] Nichtigkeit wird bei „schwersten Mängeln“ [916] angenommen, etwa wenn die Bescheinigung nicht von einem Richter, sondern einem unzuständigen Gerichtsmitarbeiter stammt oder wenn die Entscheidung nicht in den Anwendungsbereich der Art. 40 ff fällt.[917] 10

905 Geimer/Schütze/*Paraschas*, Internationaler Rechtsverkehr, B vor I Art. 43 Rn 5; Rauscher/*Rauscher* Art. 43 Brüssel IIa-VO Rn 11.
906 S. auch Geimer/Schütze/*Paraschas*, Internationaler Rechtsverkehr, B vor I Art. 43 Rn 5.
907 Geimer/Schütze/*Paraschas*, Internationaler Rechtsverkehr, B vor I Art. 43 Rn 6.
908 Geimer/Schütze/*Paraschas*, Internationaler Rechtsverkehr, B vor I Art. 43 Rn 2; Rauscher/*Rauscher* Art. 43 Brüssel IIa-VO Rn 1.
909 Geimer/Schütze/*Paraschas*, Internationaler Rechtsverkehr, B vor I Art. 43 Rn 3.
910 Staudinger/*Pirrung* (2009), Vor Art. 19 EGBGB Rn C 170.
911 S. Rauscher/*Rauscher* Art. 43 Brüssel IIa-VO Rn 2.
912 MüKoZPO/*Gottwald* Art. 43 EheGVO Rn 2; Rauscher/*Rauscher* Art. 43 Brüssel IIa-VO Rn 3.
913 Geimer/Schütze/*Geimer*, Europäisches Zivilverfahrensrecht, Art. 43 VO (EG) 2201/2003 Rn 6; Rauscher/*Rauscher* Art. 43 Brüssel IIa-VO Rn 6; Staudinger/*Pirrung* (2009), Vor Art. 19 EGBGB Rn C 170.
914 S. dazu *Helms*, FamRZ 2002, 1593, 1602; *Solomon*, FamRZ 2004, 1409, 1419; HK-ZPO/*Dörner*, Art. 41 EheGVVO Rn 11; Rauscher/*Rauscher* Art. 40 Brüssel IIa-VO Rn 9.
915 Geimer/Schütze/*Geimer*, Europäisches Zivilverfahrensrecht, Art. 43 VO (EG) 2201/2003 Rn 12 f.
916 Rauscher/*Rauscher* Art. 43 Brüssel IIa-VO Rn 8: Nichtigkeit bei schwersten Mängeln.
917 Geimer/Schütze//*Geimer*, Europäisches Zivilverfahrensrecht, Art. 43 VO (EG) 2201/2003 Rn 12; Rauscher/*Rauscher* Art. 43 Brüssel IIa-VO Rn 8.

11 Nichtigkeit ist daher auch dann anzunehmen, wenn das Gericht eines Mitgliedstaats eine Bescheinigung nach Art. 42 für eine **Rückgabeanordnung** ausstellt, obgleich die Rückgabeanordnung nicht im Verfahren nach Art. 11 Abs. 8 ergangen ist. Die Abschaffung des Exequaturverfahrens ist nur für diese besondere Konstellation eingeführt worden. Lag keine vorherige, die Rückgabe nach Art. 13 HKÜ ablehnende Entscheidung im Zufluchtsstaat vor, konnte das Gericht diese Gründe auch nicht berücksichtigen und dies in der Bescheinigung bestätigen.

12 Uneingeschränkt zulässig sind Rechtsbehelfe gegen die **Nichtausstellung der Bescheinigung**. Art. 43 beschränkt sich ausdrücklich auf ein Verbot von Rechtsbehelfen gegen die Ausstellung der Bescheinigung.[918] Auch der Regelungszweck verlangt nicht den Ausschluss von Rechtsmitteln gegen die Nichtausstellung der Bescheinigung.[919]

C. Abänderung in einem neuen Verfahren

13 Art. 43 steht einer Abänderung der Entscheidung, für welche die Bescheinigung ausgestellt wurde, nicht entgegen.[920] Ist im Inland eine neue Entscheidung ergangen, durch welche die ausländische Entscheidung abgeändert worden ist, so kann nur noch die abändernde, nicht mehr die frühere ausländische Entscheidung vollstreckt werden, Art. 47 Abs. 2 Unterabs. 2.

14 Praktische Bedeutung hat dies vor allem bei **Umgangstiteln**. Im Fall von Art. 9 bleiben die Gerichte im Staat des bisherigen gewöhnlichen Aufenthalts des Kindes noch drei Monate für die Regelung des Umgangs zuständig. Danach werden gemäß Art. 8 die Gerichte im Staat des neuen gewöhnlichen Aufenthalts auch für die Regelung des Umgangs zuständig. Wird nun eine abändernde Entscheidung zum Umgang erlassen, so entfällt damit die Vollstreckbarkeit der Entscheidung aus dem Mitgliedstaat des bisherigen gewöhnlichen Aufenthalts.

15 Voraussetzung für eine Abänderung ist allerdings, dass sich die Umstände geändert haben. Dadurch entfaltet Art. 9 seine besondere Bedeutung, weil die Gerichte im Mitgliedstaat des bisherigen gewöhnlichen Aufenthalts noch eine Regelung treffen können, welche die Verlegung des gewöhnlichen Aufenthalts und die sich daraus für das Umgangsrecht ergebenden Folgen berücksichtigen kann.

16 Im Fall einer **Rückgabeanordnung** nach Art. 11 Abs. 8 kommt eine abändernde Entscheidung im Mitgliedstaat des gewöhnlichen Aufenthalts des Kindes praktisch nicht in Betracht.[921] Die Zuständigkeit für eine Entscheidung liegt aufgrund von Art. 10 nur bei den Gerichten des bisherigen gewöhnlichen Aufenthalts des Kindes und nicht bei den Gerichten des Mitgliedstaats, in den das Kind widerrechtlich verbracht wurde oder in dem es widerrechtlich zurückgehalten wird. Diese waren nur im Rahmen des HKÜ nach dessen Art. 12 zuständig, eine Entscheidung über die Rückgabe des Kindes zu treffen. Nach der Regelung des HKÜ würde die Sperrwirkung des Art. 16 HKÜ zwar mit Erlass einer die Rückgabe nach Art. 13 HKÜ ablehnenden Entscheidung entfallen. Im räumlich persönlichen Anwendungsbereich der EheVO 2003 greifen aber als Sonderregel deren Art. 10 und 11.

Art. 44 EheVO 2003 Wirksamkeit der Bescheinigung

Die Bescheinigung ist nur im Rahmen der Vollstreckbarkeit des Urteils wirksam.

1 Die Vorschrift ist klarstellender Natur.[922] Sie entspricht Art. 11 der VO 805/2004 Vollstreckungstitel für unbestrittene Forderungen. Wie bei dieser liegt die Bedeutung der Bestimmung in dem Wörtchen „nur".[923] Die Bescheinigung hat nur Bedeutung für die unmittelbare Vollstreckbarkeit der Entscheidung in allen Mitgliedstaaten. Ansonsten bleibt die zugrunde liegende Entscheidung unverändert, kann also nach den anwendbaren Vorschriften mit einem Rechtsbehelf angegriffen oder aber in einem erneuten Verfahren abgeändert werden.[924]

2 Für die Vollstreckbarkeit kann die Bescheinigung der Entscheidung allerdings eine über die lex fori hinausgehende Wirkung verleihen. Wird die Bescheinigung für eine Entscheidung erteilt, die nach der lex fori nicht

918 Geimer/Schütze/*Paraschas*, Internationaler Rechtsverkehr, B vor I Art. 43 Rn 9; MüKoZPO/*Gottwald* Art. 43 EheGVO Rn 3.
919 Geimer/Schütze/*Geimer*, Europäisches Zivilverfahrensrecht, Art. 43 VO (EG) 2201/2003 Rn 7.
920 Geimer/Schütze/*Paraschas*, Internationaler Rechtsverkehr, B vor I Art. 43 Rn 3; *Solomon*, FamRZ 2004, 1409, 1419.
921 Geimer/Schütze/*Geimer*, Europäisches Zivilverfahrensrecht, Art. 43 VO (EG) 2201/2003 Rn 4; Rauscher/*Rauscher* Art. 42 Brüssel IIa-VO Rn 7 und Art. 43 Brüssel IIa-VO Rn 7.
922 Rauscher/*Rauscher* Art. 44 Brüssel IIa-VO Rn 1.
923 *Schlosser*, EU-Zivilprozessrecht, Art. 11 VTVO Rn 1.
924 Geimer/Schütze/*Geimer*, Europäisches Zivilverfahrensrecht, Art. 40 VO (EG) 2201/2003 Rn 1; Rauscher/*Rauscher* Art. 44 Brüssel IIa-VO Rn 1.

(vorläufig) vollstreckbar ist, so wird sie aufgrund der Bescheinigung dennoch in allen Mitgliedstaaten vollstreckbar (s. Art. 42 Rn 18-20).[925]

Die deutsche Fassung gebraucht in Art. 44 den Begriff **Urteil** statt Entscheidung wie in Art. 41, 42 und 45. Ein sachlicher Unterschied liegt darin aber nicht.[926] 3

Art. 45 EheVO 2003 Urkunden

(1) Die Partei, die die Vollstreckung einer Entscheidung erwirken will, hat Folgendes vorzulegen:

a) eine Ausfertigung der Entscheidung, die die für ihre Beweiskraft erforderlichen Voraussetzungen erfüllt,
und

b) die Bescheinigung nach Artikel 41 Absatz 1 oder Artikel 42 Absatz 1.

(2) Für die Zwecke dieses Artikels

– wird der Bescheinigung gemäß Artikel 41 Absatz 1 eine Übersetzung der Nummer 12 betreffend die Modalitäten der Ausübung des Umgangsrechts beigefügt;

– wird der Bescheinigung gemäß Artikel 42 Absatz 1 eine Übersetzung der Nummer 14 betreffend die Einzelheiten der Maßnahmen, die ergriffen wurden, um die Rückgabe des Kindes sicherzustellen, beigefügt.

[1]Die Übersetzung erfolgt in die oder in eine der Amtssprachen des Vollstreckungsmitgliedstaats oder in eine andere von ihm ausdrücklich zugelassene Sprache. [2]Die Übersetzung ist von einer hierzu in einem der Mitgliedstaaten befugten Person zu beglaubigen.

A. Regelungsgegenstand

1 Die Vorschrift bestimmt, welche Anforderungen an die Vorlage der Entscheidung selbst und an die Bescheinigung nach Art. 41 Abs. 2 oder Art. 42 Abs. 2 zu stellen sind, damit auf ihrer Grundlage in einem anderen Mitgliedstaat die Vollstreckung durchgeführt wird. Art. 45 ist damit eine **Ausnahmevorschrift zu Art. 47** und dem dort enthaltenen Grundsatz, dass sich das Verfahren der Vollstreckung und damit auch die Regelung, welche Unterlagen für die Einleitung des Vollstreckungsverfahrens vorzulegen sind, nach dem Recht des Vollstreckungsstaats richten.

2 Nach Sinn und Zweck der Vorschrift[927] enthält sie eine grundsätzlich **abschließende Regelung**, dass nur diese beiden Urkunden in der beschriebenen Form und mit den genannten Übersetzungen vorzulegen sind.[928] Zulässig dürfte aber sein, dass ein Mitgliedstaat auch noch geringere Voraussetzungen ausreichend sein lässt.

3 Im Vollstreckungsverfahren darf nur geprüft werden, ob die vorgelegten Unterlagen den Anforderungen nach Art. 45 genügen, nicht hingegen, ob sie auch sachlich nach Art. 41 oder Art. 42 zu Recht erteilt worden sind.[929]

B. Entscheidung

4 Von der zu vollstreckenden Entscheidung ist eine Ausfertigung vorzulegen, die die für ihre Beweiskraft erforderlichen Voraussetzungen erfüllt. Die Regelung entspricht der in Art. 37 Abs. 1 lit. a. Vorzulegen ist eine Ausfertigung, welche im Ursprungsmitgliedstaat die Qualität einer öffentlichen Urkunde hat und daher den vollen Beweis für den Inhalt der Entscheidung bringt.[930] Nach dem klaren Wortlaut ist eine Abschrift nicht

925 Daher in der Formulierung ungenau Geimer/Schütze/*Paraschas*, Internationaler Rechtsverkehr, B vor I Art. 44 Rn 1.

926 Staudinger/*Pirrung* (2009), Vor Art. 19 EGBGB Rn C 171, die englische Fassung gebraucht durchgehend den Begriff judgement. Die französische Fassung wechselt wie die deutsche zwischen décision und judgement.

927 S.o. Art. 40 Rn 1.

928 Geimer/Schütze/*Geimer*, Europäisches Zivilverfahrensrecht, Art. 45 VO (EG) 2201/2003 Rn 1; Rauscher/*Rauscher* Art. 45 Brüssel IIa-VO Rn 2; aA Geimer/Schütze/*Paraschas*, Internationaler Rechtsverkehr, B vor I Art. 45 Rn 5; MüKoZPO/*Gottwald* Art. 45 EheGVO Rn 2.

929 HK-ZPO/*Dörner*, Art. 45 EheGVVO Rn 4; MüKoZPO/*Gottwald* Art. 45 EheGVO Rn 5.

930 Geimer/Schütze/*Paraschas*, Internationaler Rechtsverkehr, B vor I Art. 45 Rn 3; Rauscher/*Rauscher* Art. 45 Brüssel IIa-VO Rn 7.

ausreichend.[931] Eine **Übersetzung** der Entscheidung ist hingegen nicht vorzulegen. Nach Art. 52 ist auch eine Legalisation oder eine ähnliche Förmlichkeit nicht erforderlich. In Deutschland gilt damit für die ausländische öffentliche Urkunde die Vermutung der Echtheit nach § 437 Abs. 1 ZPO (s. Art. 52 Rn 3).

C. Bescheinigung

5 Die Bescheinigung nach Art. 41 Abs. 1 oder Art. 42 Abs. 1 ist im Original vorzulegen.[932]

6 Grundsätzlich ist keine **Übersetzung** erforderlich, da die Bescheinigung auf dem Formblatt nach Anhang III (Umgangsrecht) oder Anhang IV (Rückgabeanordnung) der EheVO 2003 ausgestellt wird. Übersetzt werden müssen aber nach Abs. 2 Spiegelstrich 1 bei einem Umgangstitel die Bestimmungen in Nummer 12 des Formblatts, die sich auf die **Modalitäten der Ausübung des Umgangsrecht** beziehen. Dort ist vorgesehen, dass das Umgangsrecht nicht nur nach Datum und Uhrzeit und Ort näher bestimmt wird, sondern auch besondere Pflichten des Trägers der elterlichen Verantwortung und des Umgangsberechtigten sowie etwaige Beschränkungen des Umgangsrechts angeordnet werden können. Insoweit besteht die Gefahr, dass die Angaben auf dem Formblatt zu kurz ausfallen und damit nicht ausreichend konkret sind, um vollstreckt werden zu können. In diesem Fall ist es fraglich, ob eine Konkretisierung durch eine Übersetzung des zu vollstreckenden Titels der Entscheidung erfolgen kann oder ob insoweit auf eine Vollstreckung nach Art. 28 ff überzugehen ist. Dem Sinn und Zweck nach sollte eine ergänzende Übersetzung des Titels und gegebenenfalls der Entscheidung ausreichen.[933] Möglich erscheint auch, dass in einem solchen Fall die praktischen Modalitäten der Ausübung des Umgangsrechts ergänzend nach Art. 48 durch die Gerichte des Vollstreckungsmitgliedstaats geregelt werden.

7 Für die **Rückgabeanordnung** schreibt Abs. 2 Spiegelstrich 2 vor, dass die im Formblatt unter Nr. 14 aufgeführten Einzelheiten der Maßnahmen übersetzt werden müssen, die ergriffen wurden, um die Rückgabe des Kindes sicherzustellen. Diese Formulierung ist zumindest missverständlich. Gemeint sein können nur die Maßnahmen, die in Art. 42 Abs. 2 S. 2 genannt sind. Dort wird bestimmt, dass die Maßnahmen, die das Gericht oder eine andere Behörde ergreift, um den Schutz des Kindes **nach seiner Rückkehr** in den Staat des gewöhnlichen Aufenthalts sicherzustellen, in die Bescheinigung aufzunehmen sind.[934] Dem entspricht auch die Formulierung unter Nr. 14 auf dem Formblatt in Anhang IV.

8 Diese Schutzmaßnahmen sind insoweit unproblematisch als sie im Zufluchtsstaat nicht vollstreckt, sondern erst im Entscheidungsstaat vorgenommen werden sollen. Die Angabe dieser Maßnahmen hat gleichsam vorbeugenden Charakter. Hintergrund ist, dass die Rückgabeanordnung in dem Mitgliedstaat vollstreckt werden muss, in dem zuvor ein Gericht die Rückgabe des Kindes nach Art. 13 HKÜ abgelehnt hat. Die Angabe der Maßnahmen, die zum Schutz des Kindes nach seiner Rückkehr ergriffen werden, soll Bedenken im Vollstreckungsmitgliedstaat ausräumen, die Rückführung des Kindes bewirke eine nicht hinnehmbare Verletzung des Kindeswohls.

9 Aus vollstreckungsrechtlicher Hinsicht erscheint es problematisch, dass sich aus der Bescheinigung nach dem Formblatt nur die schlichte **Anordnung der Rückgabe** des Kindes ergibt. Rückgabe bedeutet nun aber nicht zwingend Herausgabe des Kindes an den Rückgabeberechtigten. Möglich ist auch, dass der Entführer verpflichtet werden soll, mit dem Kind in den Mitgliedstaat des bisherigen gewöhnlichen Aufenthalts zurückzukehren oder dass das Kind an eine dritte Person zum Zwecke der Rückführung herausgegeben werden soll. Eine Vollstreckung scheint daher nur möglich, wenn auf dem Formblatt eine nähere Konkretisierung der angeordneten Rückgabe erfolgt, die selbstverständlich auch übersetzt sein muss.

10 Eine Übersetzung ist über die in Art. 45 Abs. 2 genannten Angaben hinaus immer dann erforderlich, wenn die Bescheinigung Angaben enthält, die für eine Person, die die verwendete Sprache nicht beherrscht, sonst nicht verständlich ist.[935] Dies folgt aus dem Regelungszweck der Vorschrift, die ersichtlich darauf gerichtet ist, den Umfang der erforderlichen Übersetzungen durch die Verwendung von Formblättern möglichst gering zu halten, auf der anderen Seite aber eine Übersetzung für die Angaben anordnet, die ansonsten nicht verständlich sind. Eine Übersetzung ist daher für all die Ausführungen zu verlangen, die das Gericht gegebenenfalls zusätzlich in das Formblatt aufnimmt.[936] Gleiches muss auch gelten, wenn im Formblatt vorgesehene Angaben in einer Art gemacht werden, die nur bei Kenntnis der Sprache, verstanden werden, etwa wenn Monatsangaben in einem Datum mit dem Namen des Monats angegeben werden.

11 Weitergehend muss man verlangen, dass die Angaben etwa zum Namen und zur Adresse des ausstellenden Gerichts oder des Gerichts, das die Entscheidung erlassen hat, in einer Schrift angegeben werden müssen, die im Vollstreckungsstaat gelesen werden kann. So muss ein in Griechisch ausgefülltes Formular durch entspre-

931 MüKoZPO/*Gottwald* Art. 45 EheGVO Rn 1 mwN.
932 Geimer/Schütze/*Paraschas*, Internationaler Rechtsverkehr, B vor I Art. 45 Rn 4.
933 S. Rauscher/*Rauscher* Art. 45 Brüssel IIa-VO Rn 10.
934 Rauscher/*Rauscher* Art. 45 Brüssel IIa-VO Rn 14.
935 Rauscher/*Rauscher* Art. 45 Brüssel IIa-VO Rn 11.
936 Rauscher/*Rauscher* Art. 45 Brüssel IIa-VO Rn 11.

chende **Transliteration** in lateinischer Schrift ergänzt sein, wenn eine Vollstreckung in Deutschland erfolgen soll.[937] Eine solche Transliteration kann bereits durch das das Formular ausfüllende Gericht auf dem Formular selbst vorgenommen werden. Ansonsten ist eine gesonderte Transliteration nach denselben Regeln, die für die Übersetzung gelten, zu fordern.

D. Sprachen

Die Übersetzung muss in eine der Amtssprachen des Vollstreckungsmitgliedstaates oder in eine andere von 12
ihm ausdrücklich zugelassene Sprache erfolgen. Nach Art. 67 S. 1 lit. c[938] teilen die Mitgliedstaaten der Kommission die danach zugelassenen Sprachen mit, die diese veröffentlicht.[939] Zu beachten ist dabei, dass eine Amtssprache nicht notwendigerweise für das gesamte Gebiet eines Mitgliedstaates gilt. So ist bei Belgien je nach dem Ort, an dem die Vollstreckung erfolgen soll, die Amtssprache Französisch, Niederländisch oder Deutsch.

E. Anforderungen an Übersetzer

Die Übersetzung muss von einer Person beglaubigt sein, die hierzu in einem Mitgliedstaat befugt ist. Der 13
Antragssteller kann daher aussuchen, ob er einen Übersetzer im Entscheidungsstaat, im Vollstreckungsstaat oder einem anderen Mitgliedstaat beauftragt. In der Praxis kann es ratsam sein, dennoch einen Übersetzer aus dem Vollstreckungsstaat zu beauftragen, wenn sich so Zweifel der für die Vollstreckung zuständigen Stelle daran vermeiden lassen, ob der Übersetzer die Befugnis zur Beglaubigung nach dem Recht eines Mitgliedstaates hatte.

Abschnitt 5
Öffentliche Urkunden und Vereinbarungen

Art. 46 EheVO 2003

Öffentliche Urkunden, die in einem Mitgliedstaat aufgenommen und vollstreckbar sind, sowie Vereinbarungen zwischen den Parteien, die in dem Ursprungsmitgliedstaat vollstreckbar sind, werden unter denselben Bedingungen wie Entscheidungen anerkannt und für vollstreckbar erklärt.

Literatur: *Rieck*, Scheidungsfolgenvereinbarungen gem. § 630 ZPO und ihre Anerkennung und Vollstreckung nach der EheEuGVVO 2003, FPR 2007, 425.

A. Anwendungsbereich

Art. 46 bezieht sich nur auf solche öffentlichen Urkunden und Parteivereinbarungen, die in den Geltungsbe- 1
reich der EheVO (Art. 1) fallen.

Da sie zudem vollstreckbar sein müssen, gehören solche öffentlichen Urkunden und Parteivereinbarungen 2
nicht dazu, die keinen vollstreckungsfähigen Inhalt besitzen.[940] In Bezug auf Ehesachen beschränkt sich deshalb Art. 46 auf Urkunden und Vereinbarungen, die die Kostentragung zwischen den Parteien im Eheverfahren regeln.

In Angelegenheiten der elterlichen Verantwortung bezieht sich Art. 46 außerdem auf vollstreckungsfähige 3
Regelungen in öffentlichen Urkunden und Parteivereinbarungen, zB die Herausgabe des Kindes und das Umgangsrecht betreffend.

937 Rauscher/*Rauscher* Art. 45 Brüssel IIa-VO Rn 12.
938 Der Wortlaut von Art. 67 S. 1 lit. c) ist insoweit zu eng, als er nur auf das Umgangsrecht Bezug nimmt.
939 S. http://ec.europa.eu/justice_home/judicialatlascivil/html/pdf/vers_consolide_cr2201_de.pdf.
940 Rauscher/*Rauscher*, Art. 46 Brüssel IIa-VO Rn 10; Thomas/Putzo/*Hüßtege*, Art. 46 EuEheVO Rn 4; aA Geimer/Schütze/*Paraschas*, IRV, Bd. 2, 34. EL, Art. 46 EheVO Rn 10; *Rieck*, FPR 2007, 425, 426.

B. Erfasste Urkunden

I. Öffentliche Urkunde

4 Die Urkunde muss von einer dazu ermächtigten Behörde oder Amtsperson des Ursprungsstaates aufgenommen worden sein.[941] Die Beurkundung muss sich auf den Inhalt der Urkunde beziehen.[942]

5 Entscheidend ist hier die Beteiligung einer Behörde oder anderer vom Ursprungsstaat ermächtigter Stellen.[943] Privaturkunden sind keine öffentlichen Urkunden iSd Art. 46.[944] Der Begriff der öffentlichen Urkunden ist eher weit auszulegen, insbesondere ist es Sache der nationalen Rechtsordnungen, den Kreis der berechtigten Urkundspersonen zu bestimmen.[945]

6 Als öffentliche Urkunden im Geltungsbereich der EheVO sind vor allem von den Verwaltungsbehörden beurkundete Vereinbarungen oder Verpflichtungen zur elterlichen Verantwortung anzusehen.[946]

II. Gerichtliche Vergleiche

7 Anders als die EheVO 2000 sieht die EheVO 2003 keine Regelung zu gerichtlichen Vergleichen vor. Soweit vorkommend, können sie unter den Begriff öffentliche Urkunde subsumiert werden.

III. Vereinbarungen zwischen den Parteien

8 Anders als nach der EuGVVO und der EheVO 2000 sind Vereinbarungen zwischen den Parteien erfasst, auch wenn sie in keiner öffentlichen Urkunde Aufnahme gefunden haben. Voraussetzung ist, dass sie vollstreckbar sind. Auf ihre Form und auf die Mitwirkung öffentlicher Behörden kommt es nicht an. Die Aufnahme von privaten Vereinbarungen trägt dem Umstand Rechnung, dass Irland, das Vereinigte Königreich und die skandinavischen Staaten verschiedene Arten vollstreckbarer Privaturkunden kennen.[947]

C. Errichtung in einem Mitgliedstaat

9 Die öffentliche Urkunde muss in einem Mitgliedstaat aufgenommen worden sein. Auf den gewöhnlichen Aufenthalt der Parteien und ihre Staatsangehörigkeit kommt es nicht an. Im Ausland errichtete konsularische Urkunden sind dem Entsendestaat zuzurechnen.[948] Voraussetzung ist, dass der Konsul in Übereinstimmung mit den bestehenden staatsvertraglichen Vereinbarungen berechtigt ist, im Empfangsstaat vollstreckbare Urkunden aufzunehmen.[949] Eine Urkunde, die in einem Drittstaat aufgenommen und in einem Mitgliedstaat für vollstreckbar erklärt wurde, fällt nicht in den Anwendungsbereich des Art. 46.[950]

10 Für die **Vereinbarung zwischen den Parteien** fehlt es an einem solchen Kriterium für die Zuordnung zu einem Mitgliedstaat. Hier sollte wegen seiner Austauschbarkeit und der Möglichkeit des Abschlusses des Vertrags unter Abwesenden nicht auf den Abschlussort abgestellt werden.[951] Als Ursprungsmitgliedstaat iSd EheVO ist der Mitgliedstaat anzusehen, nach dessen Recht die private Vereinbarung in formeller Hinsicht errichtet wurde und vollstreckbar ist.

D. Vollstreckbarkeit

11 Die Öffentliche Urkunde bzw Parteivereinbarung muss im Ursprungsstaat vollstreckbar sein. Die Vollstreckbarkeit ist gegeben, wenn aus der Urkunde im Erststaat ohne weiteres vollstreckt werden könnte.[952] Es reicht

941 Einzelheiten hierzu bei *Trittmann/Merz*, IPRax 2001, 178 ff mwN.
942 OLG Saarbrücken IPRax 2001, 238 (EuGVÜ); *Kropholler*, Europäisches Zivilprozessrecht, 8. Aufl. 2005, Art. 57 EuGVVO Rn 3.
943 Zum EuGVÜ EuGH Slg I 1999, 3715 = IPRax 2000, 409 m.Anm. *Geimer*, S. 366; *Fleischhauer*, DNotZ 1999, 925.
944 Für das EuGVÜ *Geimer*, IPRax 2000, 366.
945 Für das EuGVÜ *Fleischhauer*, DNotZ 1999, 925.
946 *Schlosser*, EuZPR 2. Aufl., Art. 13 EheVO Rn 3.
947 Hierzu *Kropholler*, Europäisches Zivilprozessrecht, 8. Aufl. 2005, Art. 57 EuGVVO Rn 3; *Leutner*, ZZP 1998, 93, 96.
948 *Geimer*, DNotZ 1975, 461, 474 Fn 29; *Kropholler*, Europäisches Zivilprozessrecht, 8. Aufl. 2005, Art. 57 EuGVVO Rn 5 mwN; MüKo-ZPO/*Gottwald*, Art. 46 EheGVO Rn 6.
949 Insb. Wiener Übereinkommen über konsularische Beziehungen v. 24.4.1963 (BGBl. II 1969 S. 1585); hierzu *Leutner*, Die vollstreckbare Urkunde im europäischen Rechtsverkehr, 1997, S. 45.
950 *Leutner*, Die vollstreckbare Urkunde im europäischen Rechtsverkehr, 1997, S. 45; *Trittmann/Merz*, IPRax 2001, 178, 182.
951 Zustimmend Geimer/Schütze/*Paraschas*, IVR, Bd. 2, 37. EL, Art. 46 EheVO Rn 15; Rauscher/*Rauscher*, Art. 46 Brüssel IIa-VO Rn 8.
952 Für die EuGVVO *Kropholler*, Europäisches Zivilprozessrecht, 8. Aufl. 2005, Art. 57 EuGVVO Rn 6; *Geimer*, IPRax 2000, 366, 367; *Schlosser*, EuZPR 2. Aufl., Art. 57 EuGVVO Rn 3.

nicht aus, dass die Urkunde in einem Verfahren im Ursprungsstaat tituliert werden kann.[953] Kommt der Urkunde im Ursprungsstaat keine Vollstreckbarkeitswirkung zu, zB der privaten Parteivereinbarung in Deutschland, so wird sie von Art. 46 ausgeschlossen. Das gilt auch für solche Urkunden, die im Ursprungsstaat im Hinblick darauf errichtet werden, dass sie im Vollstreckungsstaat den Charakter einer vollstreckbaren Urkunde besitzen.[954]

Die Möglichkeit einer isolierten Anerkennung von Urkunden und Vereinbarungen mit nicht vollstreckungsfähigem Inhalt nach Art. 21 ff ist nicht gegeben.[955]

E. Anerkennung

Die von Art. 46 erfassten Urkunden haben im Zweitstaat dieselben Rechtswirkungen wie im Ursprungsstaat, 12 es sei denn, es liegt ein Ausschlussgrund nach Art. 22 oder Art. 23 vor. Vom Wirkungserstreckungsprinzip ausgeschlossen ist die Vollstreckungswirkung.

F. Vollstreckbarkeitserklärung

Die Urkunde wird im Verfahren nach Art. 28 ff für vollstreckbar erklärt. Anwendung finden das einseitige 13 Antragsverfahren nach Art. 28 ff und die Rechtsbehelfsverfahren nach Art. 33 und 34 sowie die ergänzenden Vorschriften der IntFamRVG. Im Exequaturverfahren sind die Ausschlussgründe für die Anerkennung nach Art. 22, 23 zu prüfen.

G. Formelle Voraussetzungen

„Unter denselben Bedingungen wie Entscheidungen" bedeutet auch, dass Abschnitt 3 sinngemäß heranzu- 14 ziehen ist. Demnach ist entsprechend Art. 37 Abs. 1 eine Ausfertigung der vollstreckbaren Urkunde erforderlich, welche die für ihre Beweiskraft nach dem Recht des Errichtungsortes erforderlichen Voraussetzungen erfüllt. Weiterhin hat der Antragsteller eine Bescheinigung nach Art. 39 vorzulegen. Anders als nach Art. 57 Abs. 4 EuGVVO ist im Anhang zur EheVO kein speziell auf öffentliche Urkunden und hinzukommend private Vereinbarungen zugeschnittenes Formular für die Bescheinigung vorgesehen. Anhang I und II zur EheVO 2003 werden den Besonderheiten der von Art. 46 erfassten Urkunden nicht gerecht. Bis zur Aufnahme eines gesonderten Bescheinigungsformulars in die EheVO muss im Ursprungsstaat eine individuelle, an Anhang I und II EheVO 2003 orientierte Bescheinigung ausgestellt werden. Nach Art. 38 ist im Anerkennungs- und Vollstreckungsstaat zu bewerten, ob die Bescheinigung eine gleichwertige Urkunde iSd Art. 39 ist. Hinsichtlich der Ausstellungsbefugnis sollte analog § 48 IntFamRVG der Urkundsbeamte der Geschäftsstelle die Bescheinigung für gerichtliche Vergleiche, die in Deutschland geschlossen wurden, ausstellen und in Analogie zum Rechtsgedanken des § 48 IntFamRVG das die vollstreckbare Ausfertigung erteilende Organ.[956]

Abschnitt 6
Sonstige Bestimmungen

Art. 47 EheVO 2003 Vollstreckungsverfahren

(1) Für das Vollstreckungsverfahren ist das Recht des Vollstreckungsmitgliedstaats maßgebend.

(2) Die Vollstreckung einer von einem Gericht eines anderen Mitgliedstaates erlassenen Entscheidung, die gemäß Abschnitt 2 für vollstreckbar erklärt wurde oder für die eine Bescheinigung nach Artikel 41 Absatz 1 oder Artikel 42 Absatz 1 ausgestellt wurde, erfolgt im Vollstreckungsmitgliedstaat unter denselben Bedingungen, die für in diesem Mitgliedstaat ergangene Entscheidungen gelten.

Insbesondere darf eine Entscheidung, für die eine Bescheinigung nach Artikel 41 Absatz 1 oder Artikel 42 Absatz 1 ausgestellt wurde, nicht vollstreckt werden, wenn sie mit einer später ergangenen vollstreckbaren Entscheidung unvereinbar ist.

953 *Leutner*, Die vollstreckbare Urkunde im europäischen Rechtsverkehr, 1997, S. 47 ff; *Geimer*, IPRax 2000, 366, 367.

954 Für EuGVÜ/EuGVVO *Kropholler*, Europäisches Zivilprozessrecht, 8. Aufl. 2005, Art. 57 EuGVVO Rn 7; aA *Geimer*, DNotZ 1999, 461, 471.

955 Rauscher/*Rauscher*, Art. 46 Brüssel IIa-VO Rn 10 mwN; aA Geimer/Schütze/*Paraschas*, IRV, Bd. 2, 37. EL, Art. 46 EheVO Rn 10; *Rieck*, FPR 2007, 425, 427.

956 Rauscher/*Rauscher*, Art. 46 Brüssel IIa-VO Rn 13.

Art. 48 EheVO 2003 Praktische Modalitäten der Ausübung des Umgangsrechts

(1) Die Gerichte des Vollstreckungsmitgliedstaats können die praktischen Modalitäten der Ausübung des Umgangsrechts regeln, wenn die notwendigen Vorkehrungen nicht oder nicht in ausreichendem Maße bereits in der Entscheidung der für die Entscheidung der in der Hauptsache zuständigen Gerichte des Mitgliedstaates getroffen wurden und sofern der Wesensgehalt der Entscheidung unberührt bleibt.

(2) Die nach Absatz 1 festgelegten praktischen Modalitäten treten außer Kraft, nachdem die für die Entscheidung in der Hauptsache zuständigen Gerichte des Mitgliedstaates eine Entscheidung erlassen haben.

1 Die Vollstreckung erfolgt nach dem Recht des Vollstreckungsstaates. Dieses bleibt von der Verordnung unberührt. Die tatsächliche Beschleunigung der Durchsetzung von Umgangs- und Rückgabetiteln hängt damit entscheidend von der Effizienz des jeweiligen nationalen Vollstreckungsverfahrens ab.[957] Aufgrund des Wegfalls der Klauselerteilung können sich Probleme aus der **Formulierung des ausländischen Titels** ergeben, wenn sie den Tenorierungen vergleichbarer inländischer Titel nicht entsprechen.[958] Bei Entscheidungen zum Umgangsrecht ist insoweit eine Abhilfe über Art. 48 möglich.

2 **§ 44 IntFamRVG** regelt für Deutschland die Vollstreckung von ausländischen Entscheidungen, die im Anwendungsbereich der EheVO, des KSÜ, des HKÜ oder des ESÜ ergangen sind und die Herausgabe des Kindes bzw Maßnahmen zur Realisierung eines Umgangsrechts anordnen. § 44 IntFamRVG tritt insoweit an die Stelle des § 33 FGG aF, nunmehr §§ 88 ff FamFG. Die wesentliche **Neuerung** liegt darin, dass durch die Einführung von Ordnungsmitteln anstelle von Zwangsmitteln die Durchsetzung der Anordnungen verbessert werden soll. Anders als die Zwangsmittel nach FGG dienen die Ordnungsmittel nicht nur der Einwirkung auf die pflichtige Person, sondern haben auch Sanktionscharakter, können also auch noch festgesetzt und vollstreckt werden, wenn die durchzusetzende Handlung, Duldung oder Unterlassung wegen Zeitablaufs nicht mehr vorgenommen werden kann. Dieses Problem stellte sich nach bisherigem Recht insbesondere bei Umgangsregelungen.[959]

3 Die nicht von Art. 40 ff erfassten ausländischen Entscheidungen müssen nach § 16 IntFamRVG zuerst auf Antrag mit der Vollstreckungsklausel versehen werden.

4 **Vollstreckungsmaßnahmen** sind die Festsetzung von Ordnungsgeld und Ordnungshaft sowie die Anwendung von Gewalt, § 44 Abs. 1, 2 u. 3 IntFamRVG. Die Anwendung von Gewalt ist wie nach § 33 Abs. 2 S. 2 FGG aF, § 90 Abs. 2 S. 1 FamFG nicht gegen ein Kind zulässig, wenn das Kind herausgegeben werden soll, um ein Umgangsrecht auszuüben. Dies bedeutet im Umkehrschluss, dass Gewaltanwendung zum Zweck der Rückgabe des Kindes grundsätzlich zulässig ist.[960]

5 Das Ordnungsgeld muss, die Ordnungshaft soll grundsätzlich angedroht werden, § 44 Abs. 2 IntFamRVG. Die Anwendung von Gewalt bedarf ebenfalls einer vorherigen gerichtlichen Verfügung. Nach § 44 Abs. 2 S. 2 IntFamRVG soll die Ordnungsmittelandrohung zugleich mit der inländischen Entscheidung etwa über die Rückgabe des Kindes nach Art. 12 HKÜ oder über die Vollstreckbarkeit einer ausländischen Entscheidung erfolgen. Bei den nach Art. 40 ff unmittelbar vollstreckbaren Entscheidungen müssen die Zwangsmittel isoliert angedroht werden.[961]

6 Die Androhung ist nicht anfechtbar.[962] Die örtliche Zuständigkeit richtet sich nach § 10 IntFamRVG. Es gilt auch insoweit die Zuständigkeitskonzentration nach § 12 IntFamRVG. Die Androhung der Ordnungsmittel und die Anordnung unmittelbaren Zwangs stehen im pflichtgemäßen Ermessen des Gerichts.

Art. 49 EheVO 2003 Kosten

Die Bestimmungen dieses Kapitels mit Ausnahme der Bestimmungen des Abschnitts 4 gelten auch für die Festsetzung der Kosten für die nach dieser Verordnung eingeleiteten Verfahren und die Vollstreckung eines Kostenfestsetzungsbeschlusses.

1 Die Vorschrift stellt sicher, dass für die Kostengrund- und Kostenhöheentscheidung in den Verfahren, die in der Hauptsache vom sachlichen und zeitlichen Anwendungsbereich der EheVO erfasst sind, die Bestimmungen über die Anerkennung, Vollstreckbarkeitserklärung und Vollstreckung gelten. Fällt die Hauptsachenent-

957 So zum Verordnungsvorschlag für einen europäischen Besuchstitel *Heß*, IPRax 2000, 361, 362.
958 Hierzu *Heß*, IPRax 2000, 361, 362.
959 Regierungsbegründung, BR-Drucks. 607/04, S. 65.
960 S. zu § 90 FamFG *Althammer*, in: Bork/Jacoby/Schwab, FamFG, 1. Aufl. 2009, § 90 Rn 7. S. zu § 33 FGG; *Zimmermann*, in: Keidel/Kuntze/Winkler, FGG, 15. Aufl. 2003, § 33 Rn 37.
961 Regierungsbegründung, BR-Drucks. 607/04, S. 66.
962 Regierungsbegründung, BR-Drucks. 607/04, S. 66 f.

scheidung nur teilweise in den Anwendungsbereich der EheVO, wie bei Scheidungen und Nebenfolgeentscheidungen, so ist davon auszugehen, dass das Gericht, im Interesse der Erleichterung des Rechtsverkehrs, Art. 49 auf die Gesamtentscheidung anwendet.[963] Der **Ausschluss von Abschnitt 4** bedeutet, dass Kostenentscheidungen, auch soweit sie die von Abschnitt 4 erfassten Verfahren betreffen, einer Vollstreckbarkeitserklärung bedürfen und einer Anerkennungsfähigkeitsprüfung unterliegen.

Festsetzung der Kosten meint die im Erkenntnisverfahren getroffene Entscheidung über die Aufteilung der Kosten auf die Parteien. Unter „**Kostenfestsetzungsbeschluss**" ist die von einem Rechtsprechungsorgan in einem justizförmigen Verfahren unter Wahrung des rechtlichen Gehörs ergangene Entscheidung[964] zu verstehen, durch die der Betrag der Kosten festgesetzt wird, den die eine Partei der anderen zu ersetzen hat. Gerichtskostenrechnungen werden nicht erfasst.[965] Beschlüsse, die die **Vergütung des eigenen Anwalts** festsetzen, oder **gerichtliche** Vollstreckbarkeitserklärungen eines durch die Standesvereinigung festgesetzten Anwaltshonorars (so in den Niederlanden) unterliegen nicht der EheVO. Vielmehr richten sich ihre Anerkennung und Vollstreckung nach der EuGVVO.[966] Obwohl eine die **Statusänderung ablehnende Entscheidung** einer Ehesache nicht unter die Art. 21 ff fällt, sind die Kosten des Verfahrens von Art. 49 erfasst.[967] 2

Art. 50 EheVO 2003 Prozesskostenhilfe

Wurde dem Antragsteller im Ursprungsmitgliedstaat ganz oder teilweise Prozesskostenhilfe oder Kostenbefreiung gewährt, so genießt er in dem Verfahren nach den Artikeln 21, 28, 41, 42 und 48 hinsichtlich der Prozesskostenhilfe oder der Kostenbefreiung die günstigste Behandlung, die das Recht des Vollstreckungsmitgliedstaats vorsieht.

Die Vorschrift erstreckt die Prozesskostenhilfe (PKH) oder Kostenbefreiung, die dem **Antragsteller** im Ursprungsmitgliedstaat gewährt wurde, auf den Zweitstaat. Erfasst sind nur das erstinstanzliche Anerkennungsfeststellungsverfahren nach Art. 21 Abs. 3, das erstinstanzliche Vollstreckbarkeitserklärungsverfahren nach Art. 28,[968] das Verfahren zur Ergänzung der Entscheidung über das Umgangsrecht nach Art. 48, die Vollstreckung von Entscheidungen über das Umgangsrecht und die Rückgabe des Kindes nach Art. 41, 42 iVm Art. 47. Ein neues PKH-Verfahren ist nicht durchzuführen. Der Nachweis der gewährten Hilfe wird durch Vorlage der Bescheinigung nach Art. 39 erbracht. Eine Nachprüfung, ob die Gewährung im Ursprungsstaat berechtigt war, hat zu unterbleiben.[969] 1

Umfang und Ausgestaltung der PKH oder der Kostenbefreiung richten sich nach dem Recht des Zweitstaats, dabei ist dem Antragsteller die günstigste Behandlung zu gewähren. Wurde dem Antragsteller im Ursprungsstaat PKH nur teilweise zugesprochen, so ist ihm diese im Zweitstaat voll zu gewähren.[970] Die Vorschrift erstreckt sich nicht auf die Rechtsbehelfsinstanzen (Art. 33, 34) und auf die Vollstreckung der nach Abschnitt 2 für vollstreckbar erklärten Entscheidungen gemäß Art. 47.[971] 2

Art. 50 hat keinen ausschließlichen Charakter, so dass daneben die Gewährung von PKH nach den innerstaatlichen Rechtsvorschriften des Zweitstaats unter Einschluss der umgesetzten Vorschriften der Prozesskostenrichtlinie[972] infrage kommt. Dies hat insbesondere für die von Art. 50 nicht erfassten Verfahrensabschnitte sowie für die Fälle, in denen im Erststaat keine PKH in Anspruch genommen wurde, Bedeutung.[973] 3

963 Thomas/Putzo/*Hüßtege*, Art. 49 EuEheVO Rn 1; für die EuGVVO *Kropholler*, Europäisches Zivilprozessrecht, 8. Aufl. 2005, Art. 32 EuGVVO Rn 11 mit Nachw. der französischen Rspr; Thomas/Putzo/*Hüßtege*, Art. 32 EuGVVO Rn 5; *Schlosser*, Art. 13 EheVO Rn 3. Differenzierend: BGH FamRZ 2005, 1540, 1545; MüKo-ZPO/*Gottwald*, Art. 49 EheGVO Rn 3; Rauscher/*Rauscher*, Art. 49 Brüssel IIa-VO Rn 6, hiernach soll nur die Gesamtkostenentscheidung unter Art. 49 fallen, wenn die Kosten nicht abtrennbar sind.

964 *Kropholler*, Europäisches Zivilprozessrecht, 8. Aufl. 2005, Art. 32 EuGVVO Rn 9.

965 Für EuGVÜ/EuGVVO OLGR Schleswig 1996, 206; Thomas/Putzo/*Hüßtege*, Art. 32 EuGVVO Rn 5, Art. 49 EheVO Rn 1.

966 Hierzu *Schmidt*, RiW 1991, 626, 629; *ders.*, Die internationale Durchsetzung von Rechtsanwaltshonoraren, 1991, insb. S. 89 ff und 210 ff; *Tepper*, IPRax 1996, 398, 401; *Kropholler*, Europäisches Zivilprozessrecht, 8. Aufl. 2005, Art. 32 EuGVVO Rn 9; Thomas/Putzo/*Hüßtege*, Art. 32 EuGVVO Rn 7.

967 Rauscher/*Rauscher*, Art. 49 Brüssel IIa-VO Rn 4.

968 MüKo-ZPO/*Gottwald*, Art. 50 EheGVO Rn 4.

969 *Schlosser*, Art. 50 EuGVVO Rn 1.

970 Zur EuGVVO Thomas/Putzo/*Hüßtege*, Art. 50 EuGVVO Rn 3, Art. 50 EuEheVO Rn 1; MüKo-ZPO/*Gottwald*, Art. 50 EheGVO Rn 3; *Schlosser*, Art. 50 EuGVVO Rn 1.

971 MüKo-ZPO/*Gottwald*, Art. 50 EheGVO Rn 4.

972 Richtlinie 2003/8/EG v. 27.1.2003 zur Verbesserung des Zugangs zum Recht bei Streitsachen mit grenzüberschreitendem Bezug durch Festlegung gemeinsamer Mindestvorschriften für die Prozesskostenhilfe in derartigen Streitsachen, ABl. EG 2003 L 26 S. 41 ff, ber. ABl. EU 2003 L 32 S. 15 ff.

973 Zur EuGVVO Thomas/Putzo/*Hüßtege*, Art. 50 EuGVVO Rn 4.

Art. 51 EheVO 2003 Sicherheitsleistung, Hinterlegung

Der Partei, die in einem Mitgliedstaat die Vollstreckung einer in einem anderen Mitgliedstaat ergangenen Entscheidung beantragt, darf eine Sicherheitsleistung oder Hinterlegung, unter welcher Bezeichnung es auch sei, nicht aus einem der folgenden Gründe auferlegt werden:

a) weil sie in dem Mitgliedstaat, in dem die Vollstreckung erwirkt werden soll, nicht ihren gewöhnlichen Aufenthalt hat, oder

b) weil sie nicht die Staatsangehörigkeit dieses Staates besitzt oder, wenn die Vollstreckung im Vereinigten Königreich oder in Irland erwirkt werden soll, ihr "domicile" nicht in einem dieser Mitgliedstaaten hat.

1 Die Vorschrift befreit nur von der Sicherheitsleistung für die Kosten des Anerkennungsfeststellungs- und Vollstreckungsverfahrens.[974] Die Befreiung bezieht sich auf Sicherheitsleistungen nach nationalem Recht, die wegen fehlenden inländischen gewöhnlichen Aufenthalts, Wohnsitzes oder Staatsangehörigkeit vorgesehen sind. Dabei spielt es keine Rolle, ob die Partei die entsprechende Verbindung zu einem Mitgliedstaat hat.[975] Für das Verfahren im Urteilsstaat gelten die nationalen Vorschriften (in Deutschland § 110 ZPO) unter Einschluss der bestehenden Staatsverträge, insb. Art. 17 HZPÜ.[976]

Art. 52 EheVO 2003 Legalisation oder ähnliche Förmlichkeit

Die in den Artikeln 37, 38 und 45 aufgeführten Urkunden sowie die Urkunde über die Prozessvollmacht, falls eine solche erteilt wird, bedürfen weder der Legalisation noch einer ähnlichen Förmlichkeit.

1 Ausländische öffentliche Urkunden haben nach autonomem Recht nicht die Vermutung der Echtheit für sich (§ 438 Abs. 1 ZPO). Der traditionelle Echtheitsnachweis wird durch die Legalisation erbracht (§ 438 Abs. 2 ZPO). Diese erfolgt durch den deutschen Konsularbeamten für die in seinem Amtsbezirk im Ausland ausgestellten Urkunden. Die Legalisation im engeren Sinne bestätigt durch Vermerk die Echtheit der Unterschrift, die Eigenschaft, in welcher der Unterzeichner gehandelt hat, und ggf die Echtheit des Siegels, mit dem die Urkunde versehen ist.[977] Die Legalisation im weiteren Sinne umfasst darüber hinaus die Bestätigung der Zuständigkeit des Ausstellers und die Einhaltung der Ortsform.[978] Multilaterale und bilaterale Übereinkommen sehen Erleichterungen vor. Von besonderer Bedeutung ist das Haager Übereinkommen zur Befreiung ausländischer öffentlicher Urkunden von der Legalisation vom 5.10.1961.[979] Anstelle der Legalisation ist dort die Apostille vorgesehen, eine nach einem festgelegten Muster erfolgende Beglaubigung durch die zuständige Behörde des Errichtungsstaates.[980] Artikel 52 befreit nun alle in Art. 37, 38 und 45 aufgeführten Urkunden vom Erfordernis der Legalisation oder ähnlicher Förmlichkeiten, also auch von der Apostille. Die ausländischen öffentlichen Urkunden sind den inländischen gleichgestellt, für sie gilt die Vermutung der Echtheit nach § 437 Abs. 1 ZPO.[981] Die Befreiung von Förmlichkeiten gilt auch für die Prozessvollmacht im Vollstreckungsverfahren,[982] nicht für den Nachweis der gesetzlichen Vertretung.[983]

974 AA Geimer/Schütze/*Paraschas*, IVR, Bd. 2, 37. EL, Art. 51 EheVO Rn 2; Rauscher/*Rauscher*, Art. 51 Brüssel IIa-VO Rn 1.

975 *Kropholler*, Europäisches Zivilprozessrecht, 8. Aufl. 2005, Art. 51 EuGVVO Rn 2; *Nagel/Gottwald*, Int. Zivilprozessrecht, 5. Aufl. 2002, § 12 Rn 58.

976 Haager Übereinkommen über den Zivilprozess v. 1.3.1954 (BGBl. II 1958 S. 577); abgedruckt in *Jayme/Hausmann*, Nr. 210.

977 § 13 Abs. 2, 3 KonsulG; abgedruckt in *Jayme/Hausmann*, Nr. 255.

978 § 13 Abs. 4 KonsulG.

979 BGBl II 1965 S. 876; abgedruckt in *Jayme/Hausmann*, Nr. 250.

980 Hierzu näher *Schack*, Int. Zivilverfahrensrecht, 4. Aufl. 2006, Rn 699 ff; *Bindseil*, DNotZ 1992, 275 ff; *Luther*, MDR 1986, 10 ff; *Reithmann*, DNotZ 1995, 360 ff.

981 *Kropholler*, Europäisches Zivilprozessrecht, 8. Aufl. 2005, Art. 56 EuGVVO Rn 1; Thomas/Putzo/*Hüßtege*, Art. 56 EuGVVO Rn 1; MüKo-ZPO/*Gottwald*, Art. 52 EheGVO Rn 4.

982 *Kropholler*, Europäisches Zivilprozessrecht, 8. Aufl. 2005, Art. 56 EuGVVO Rn 2.

983 Thomas/Putzo/*Hüßtege*, Art. 56 EuGVVO Rn 1.

Kapitel IV
Zusammenarbeit zwischen den zentralen Behörden bei Verfahren betreffend die elterliche Verantwortung

Art. 53 EheVO 2003 Bestimmung der Zentralen Behörden

[1]Jeder Mitgliedstaat bestimmt eine oder mehrere Zentrale Behörden, die ihn bei der Anwendung dieser Verordnung unterstützen, und legt ihre räumliche oder sachliche Zuständigkeit fest. [2]Hat ein Mitgliedstaat mehrere Zentrale Behörden bestimmt, so sind die Mitteilungen grundsätzlich direkt an die zuständige Zentrale Behörde zu richten. [3]Wurde eine Mitteilung an eine nicht zuständige Zentrale Behörde gerichtet, so hat diese die Mitteilung an die zuständige Zentrale Behörde weiterzuleiten und den Absender davon in Kenntnis zu setzen.

Art. 54 EheVO 2003 Allgemeine Aufgaben

[1]Die Zentralen Behörden stellen Informationen über nationale Rechtsvorschriften und Verfahren zur Verfügung und ergreifen Maßnahmen, um die Durchführung dieser Verordnung zu verbessern und die Zusammenarbeit untereinander zu stärken. [2]Hierzu wird das mit der Entscheidung 2001/470/EG eingerichtete Europäische Justizielle Netz für Zivil- und Handelssachen genutzt.

Art. 55 EheVO 2003 Zusammenarbeit in Fällen, die speziell die elterliche Verantwortung betreffen

[1]Die Zentralen Behörden arbeiten in bestimmten Fällen auf Antrag der Zentralen Behörde eines anderen Mitgliedstaates oder des Trägers der elterlichen Verantwortung zusammen, um die Ziele dieser Verordnung zu verwirklichen. [2]Hierzu treffen sie folgende Maßnahmen im Einklang mit den Rechtsvorschriften dieses Mitgliedstaates, die den Schutz personenbezogener Daten regeln, direkt oder durch Einschaltung anderer Behörden oder Einrichtungen:

a) Sie holen Informationen ein und tauschen sie aus über
  i) die Situation des Kindes,
  ii) laufende Verfahren oder
  iii) das Kind betreffende Entscheidungen.

b) Sie informieren und unterstützen die Träger der elterlichen Verantwortung, die die Anerkennung und Vollstreckung einer Entscheidung, insbesondere über das Umgangsrecht und die Rückgabe des Kindes, in ihrem Gebiet erwirken wollen.

c) Sie erleichtern die Verständigung zwischen den Gerichten, insbesondere zur Anwendung des Artikels 11 Absätze 6 und 7 und des Artikels 15.

d) Sie stellen alle Informationen und Hilfen zur Verfügung, die für die Gerichte für die Anwendung des Artikels 56 von Nutzen sind.

e) Sie erleichtern eine gütliche Einigung zwischen den Trägern der elterlichen Verantwortung durch Mediation oder auf ähnlichem Wege und fördern hierzu die grenzüberschreitende Zusammenarbeit.

Art. 56 EheVO 2003 Unterbringung des Kindes in einem anderen Mitgliedstaat

(1) Erwägt das nach den Artikeln 8 bis 15 zuständige Gericht die Unterbringung des Kindes in einem Heim oder in einer Pflegefamilie und soll das Kind in einem anderen Mitgliedstaat untergebracht werden, so zieht das Gericht vorher die Zentrale Behörde oder eine andere zuständige Behörde dieses Mitgliedstaates zurate, sofern in diesem Mitgliedstaat für die innerstaatlichen Fälle der Unterbringung von Kindern die Einschaltung einer Behörde vorgesehen ist.

(2) Die Entscheidung über die Unterbringung nach Absatz 1 kann im ersuchenden Mitgliedstaat nur getroffen werden, wenn die zuständige Behörde des ersuchten Staates dieser Unterbringung zugestimmt hat.

(3) Für die Einzelheiten der Konsultation bzw. der Zustimmung nach den Absätzen 1 und 2 gelten das nationale Recht des ersuchten Staates.

(4) Beschließt das nach den Artikeln 8 bis 15 zuständige Gericht die Unterbringung des Kindes in einer Pflegefamilie und soll das Kind in einem anderen Mitgliedstaat untergebracht werden und ist in diesem Mitgliedstaat für die innerstaatlichen Fälle der Unterbringung von Kindern die Einschaltung einer Behörde nicht vorgesehen, so setzt das Gericht die Zentrale Behörde oder eine zuständige Behörde dieses Mitgliedstaates davon in Kenntnis.

Art. 57 EheVO 2003 Arbeitsweise

(1) [1]Jeder Träger der elterlichen Verantwortung kann bei der Zentralen Behörde des Mitgliedstaates, in dem er seinen gewöhnlichen Aufenthalt hat, oder bei der Zentralen Behörde des Mitgliedstaates, in dem das Kind seinen gewöhnlichen Aufenthalt hat oder in dem es sich befindet, einen Antrag auf Unterstützung gemäß Artikel 55 stellen. [2]Dem Antrag werden grundsätzlich alle verfügbaren Informationen beigefügt, die die Ausführung des Antrags erleichtern können. [3]Betrifft dieser Antrag die Anerkennung oder Vollstreckung einer Entscheidung über die elterliche Verantwortung, die in den Anwendungsbereich dieser Verordnung fällt, so muss der Träger der elterlichen Verantwortung dem Antrag die betreffenden Bescheinigungen nach Artikel 39, Artikel 41 Absatz 1 oder Artikel 42 Absatz 1 beifügen.

(2) Jeder Mitgliedstaat teilt der Kommission die Amtssprache(n) der Organe der Gemeinschaft mit, die er außer seiner/seinen eigenen Sprache(n) für Mitteilungen an die Zentralen Behörden zulässt.

(3) Die Unterstützung der Zentralen Behörden gemäß Artikel 55 erfolgt unentgeltlich.

(4) Jede Zentrale Behörde trägt ihre eigenen Kosten.

Art. 58 EheVO 2003 Zusammenkünfte

(1) Zur leichteren Anwendung dieser Verordnung werden regelmäßig Zusammenkünfte der Zentralen Behörden einberufen.

(2) Die Einberufung dieser Zusammenkünfte erfolgt im Einklang mit der Entscheidung 2001/470/EG über die Einrichtung eines Europäischen Justiziellen Netzes für Zivil- und Handelssachen.

1 Die EheVO 2003 übernimmt das bereits im Rahmen der Haager Konventionen erprobte System der Zusammenarbeit zentraler Behörden. Im Bereich der elterlichen Verantwortung besteht ein erhöhter Kommunikationsbedarf zwischen den Gerichten und Behörden der Mitgliedstaaten.[984] Das System der zentralen Behörden ermöglicht erst, dass die Gerichte effektiv grenzüberschreitend zusammenarbeiten. Diese ist seinerseits eine zentrale Voraussetzung für das Funktionieren der EheVO 2003, die darauf baut, dass die Gerichte und zuständigen Stellen in einem Mitgliedstaat die Verfahren in den anderen Mitgliedstaaten als gleichwertig anerkennen.

2 Deutschland hat wie bereits bei den Haager Übereinkommen zu Recht nicht von der Möglichkeit Gebrauch gemacht, in den Bundesländern jeweils eigene Zentrale Behörden errichten zu lassen. Zentrale Behörde ist wie bei den Haager Übereinkommen das Bundesamt für Justiz in Bonn, § 3 Abs. 1 Nr. 1 IntFamRVG. § 6 Abs. 1 S. 2 IntFamRVG ordnet an, dass das Bundesamt für Justiz unmittelbar, dh nicht durch diplomatischen Kontakt, mit allen zuständigen Stellen im Ausland verkehren kann.

Kapitel V
Verhältnis zu anderen Rechtsinstrumenten

Art. 59 EheVO 2003 Verhältnis zu anderen Rechtsinstrumenten

(1) Unbeschadet der Artikel 60, 61, 62 und des Absatzes 2 des vorliegenden Artikels ersetzt diese Verordnung die zum Zeitpunkt des Inkrafttretens dieser Verordnung bestehenden, zwischen zwei oder mehr Mitgliedstaaten geschlossenen Übereinkünfte, die in dieser Verordnung geregelte Bereiche betreffen.

984 Geimer/Schütze/*Geimer*, Europäisches Zivilverfahrensrecht, Art. 53 VO (EG) 2201/2003 Rn 1.

(2)

a) Finnland und Schweden können erklären, dass das Übereinkommen vom 6. Februar 1931 zwischen Dänemark, Finnland, Island, Norwegen und Schweden mit Bestimmungen des internationalen Verfahrensrechts über Ehe, Adoption und Vormundschaft einschließlich des Schlussprotokolls anstelle dieser Verordnung ganz oder teilweise auf ihre gegenseitigen Beziehungen anwendbar ist. Diese Erklärungen werden dieser Verordnung als Anhang beigefügt und im *Amtsblatt der Europäischen Union* veröffentlicht. Die betreffenden Mitgliedstaaten können ihre Erklärung jederzeit ganz oder teilweise widerrufen.

b) Der Grundsatz der Nichtdiskriminierung von Bürgern der Union aus Gründen der Staatsangehörigkeit wird eingehalten.

c) Die Zuständigkeitskriterien in künftigen Übereinkünften zwischen den in Buchstabe a) genannten Mitgliedstaaten, die in dieser Verordnung geregelte Bereiche betreffen, müssen mit den Kriterien dieser Verordnung im Einklang stehen.

d) Entscheidungen, die in einem der nordischen Staaten, der eine Erklärung nach Buchstabe a) abgegeben hat, aufgrund eines Zuständigkeitskriteriums erlassen werden, das einem der in Kapitel II vorgesehenen Zuständigkeitskriterien entspricht, werden in den anderen Mitgliedstaaten gemäß den Bestimmungen des Kapitels III anerkannt und vollstreckt.

(3) Die Mitgliedstaaten übermitteln der Kommission

a) eine Abschrift der Übereinkünfte sowie der einheitlichen Gesetze zur Durchführung dieser Übereinkünfte gemäß Absatz 2 Buchstaben a) und c),

b) jede Kündigung oder Änderung dieser Übereinkünfte oder dieser einheitlichen Gesetze.

Art. 60 EheVO 2003 Verhältnis zu bestimmten multilateralen Übereinkommen

Im Verhältnis zwischen den Mitgliedstaaten hat diese Verordnung vor den nachstehenden Übereinkommen insoweit Vorrang, als diese Bereiche betreffen, die in dieser Verordnung geregelt sind:

a) Haager Übereinkommen vom 5. Oktober 1961 über die Zuständigkeit der Behörden und das anzuwendende Recht auf dem Gebiet des Schutzes von Minderjährigen,

b) Luxemburger Übereinkommen vom 8. September 1967 über die Anerkennung von Entscheidungen in Ehesachen,

c) Haager Übereinkommen vom 1. Juni 1970 über die Anerkennung von Ehescheidungen und der Trennung von Tisch und Bett,

d) Europäisches Übereinkommen vom 20. Mai 1980 über die Anerkennung und Vollstreckung von Entscheidungen über das Sorgerecht für Kinder und die Wiederherstellung des Sorgeverhältnisses und

e) Haager Übereinkommen vom 25. Oktober 1980 über die zivilrechtlichen Aspekte internationaler Kindesentführung.

A. Überblick

1 Die genannten Abkommen werden, soweit der Anwendungsbereich der EheVO 2003 reicht, im Verhältnis der Mitgliedstaaten verdrängt. Dieser im Ausgangspunkt einfache Grundsatz wirft aber bei näherer Betrachtung erhebliche Probleme auf. Dies betrifft vor allem das Verhältnis zum MSA und ferner das Verhältnis zum HKÜ.

B. Verhältnis zum MSA

I. Internationale Zuständigkeit

2 Nach Art. 60 lit. a wird das MSA im Verhältnis der Mitgliedstaaten von der EheVO 2003 verdrängt. Dies gilt auch für den Bereich der internationalen Zuständigkeit. Ein (auch nur ergänzender) Rückgriff auf das MSA ist grundsätzlich ausgeschlossen (vgl bereits Art. 8 Rn 6 ff).

3 Fraglich ist allerdings, ob dieser Vorrang der EheVO 2003 auch dann gilt, wenn die Interessen von MSA-Vertragsstaaten betroffen sind, die nicht der EU angehören.[985] Die Frage hat nur vergleichsweise geringe praktische Bedeutung, da es mit der Türkei und der Schweiz lediglich zwei Vertragsstaaten gibt, die nicht zugleich der EU angehören.[986] Überdies hat die Schweiz mittlerweile (zum 1.7.2009) das KSÜ in Kraft gesetzt, das im Verhältnis der KSÜ-Vertragsstaaten das MSA ersetzt (Art. 51 KSÜ, vgl. dazu Art. 62 Rn 1 ff).[987] Damit ist das Verhältnis zwischen der EheVO 2003 und dem MSA praktisch nur noch mit Blick auf die Türkei von praktischer Bedeutung.

4 Nach dem Wortlaut des Art. 60 lit. a gilt der Vorrang der EheVO 2003 gegenüber dem MSA nur „im Verhältnis zwischen den Mitgliedstaaten". Hieraus wird in der Literatur zT abgeleitet, dass EU-Mitgliedstaaten, die zugleich Vertragsstaaten des MSA sind, immer dann das MSA heranzuziehen hätten, wenn sich die Zuständigkeit eines außereuropäischen MSA-Vertragsstaats ergeben könne. Auf Minderjährige mit **gewöhnlichem Aufenthalt in der Türkei** hätten deutsche Gerichte und Behörden daher das MSA und nicht die EheVO 2003 anzuwenden.[988] Darüber hinaus hätten deutsche Gerichte und Behörden auch auf einen türkischen Minderjährigen mit gewöhnlichem Aufenthalt in Deutschland stets (nur) das MSA anzuwenden.[989]

5 Es ist allerdings zweifelhaft, ob die eher unscheinbare Wendung „im Verhältnis der Mitgliedstaaten" auf einer bewussten Entscheidung des Verordnungsgebers beruht.[990] Auch sind systematische Argumente nicht sonderlich ergiebig. Zwar fällt auf, dass Art. 12 Abs. 4 nur einen Vorbehalt bzgl des KSÜ, nicht aber des MSA, enthält. Dies dürfte aber wohl eher darauf zurückzuführen sein, dass der Verordnungsgeber mit einem deutlich früheren Inkrafttreten des KSÜ für alle Mitgliedstaaten gerechnet und daher ein Konkurrenzverhältnis zum MSA schlicht nicht näher in den Blick genommen hat.[991]

6 Nach der hier vertretenen Auffassung spricht aber der Gesichtspunkt der **völkerrechtskonformen Auslegung** letztlich doch maßgeblich für eine Anwendung des MSA in den genannten Fällen.[992] Deutschland würde, wenn es in den beschriebenen Fällen die EheVO 2003 und nicht mehr das MSA anwendete, seine völkervertraglichen Pflichten gegenüber den außereuropäischen Vertragsstaaten des MSA (namentlich also der Türkei) verletzen. Indes ist anerkannt, dass es der EU obliegt, ihre Mitgliedstaaten vor derartigen Verpflichtungskonflikten zu bewahren; dementsprechend sind Vorschriften des Gemeinschaftsrechts – und damit auch der unklar gefasste Art. 60 lit. a – im Zweifel völkerrechtskonform auszulegen.[993]

II. Anerkennung und Vollstreckung

7 Einfacher stellt sich die Abgrenzungsproblematik im Bereich der **Anerkennung und Vollstreckung ausländischer Entscheidungen** dar. Aus der Sicht der Behörden von EU-Mitgliedstaaten folgt ein **Vorrang der Verordnung** aus deren Art. 60 lit. a. Hiernach sind Entscheidungen eines anderen EU-Mitgliedstaats immer nach Maßgabe der EheVO 2003 anzuerkennen und zu vollstrecken. Dies gilt auch dann, wenn das von der Entscheidung betroffene Kind seinen gewöhnlichen Aufenthalt in einem Vertragsstaat des MSA hat, der nicht Mitgliedstaat der EU ist.[994]

985 Ausf. dazu Geimer/Schütze/*Gruber*, Int. Rechtsverkehr, 32. Erg.Lief., Art. 2 MSA Rn 8 ff.

986 Es kommt der chinesische Verwaltungsbezirk Macao hinzu.

987 Vgl aus schweizerischer Sicht *Schwander*, ZVW 2009, 1, 4 ff.

988 Rauscher/*Rauscher*, Art. 60/61 Brüssel IIa-VO Rn 6; Staudinger/*Spellenberg*, Art. 12 EheGVO Rn 34, 60; iE ebenso (ausgehend von der Kompetenznorm des Art. 65 EGV) *Andrae*, IPRax 2006, 82, 84; aufgrund der völkervertraglichen Verpflichtung auch MüKo/*Siehr*, Art. 21 EGBGB Anh. I Rn 121; *ders.*, FS Schwab (2005), 1267, 1270. Das OLG Oldenburg (FamRZ 2007, 1827) ist demgegenüber offenkundig von einer grundsätzlichen Anwendbarkeit der EheVO 2003 ausgegangen, da es letztlich das MSA nur deshalb angewendet hat, weil sich aus der EheVO 2003 im konkreten Fall (gewöhnlicher Aufenthalt der Kinder in der Türkei) keine Zuständigkeit ergab (dazu auch Rauscher/*Rauscher*, Art. 8 Brüssel IIa-VO Rn 3 Fn 9).

989 *Andrae*, IPRax 2006, 82, 84; MüKo/*Siehr*, IPR, 4. Aufl. 2006, Art. 21 Anh. I Rn 20 (unter Einschluss von Kindern Macao-chinesischer Eltern); *ders.*, FS Schwab (2005), 1267, 1270; vorsichtig in diese Richtung auch Rauscher/*Rauscher*, Art. 60/61 Brüssel IIa-VO Rn 3.

990 So zum Parallelfall in Art. 51 KSÜ *Lagarde* aaO. Dies konzediert auch Rauscher/*Rauscher*, Art. 8 Brüssel IIa-VO Rn 2. Im Falle von Macao kommt eine (entsprechende) Anwendung in Betracht, wenn das Kind von Macao-chinesischen Eltern abstammt (vgl MüKo/*Siehr*, IPR, 4. Aufl. 2006, Art. 21 Anh. I Rn 20).

991 Vgl *Schulz*, FamRZ 2006, 1309 ff.

992 Ausf. Geimer/Schütze/*Gruber*, Int. Rechtsverkehr, 32. Erg.Lief., Art. 2 MSA Rn 10 ff, 15.

993 *Pache/Bielitz*, EuR 2006, 316, 329. Für die völkerrechtskonforme Auslegung des Art. 60 EheVO 2003 spricht insb., dass die vergleichbare Formulierung in Art. 51 KSÜ – die das Verhältnis des KSÜ zum MSA regelt – in ähnlicher Weise verstanden wird (vgl *Lagarde*, Rapport explicatif sur la Convention-Protection des enfants de 1996, Rn 169, der allerdings einschränkend darauf hinweist, dass der Normtext des Art. 51 KSÜ selbst keine Lösung des Anwendungsproblems beinhalte und sich stattdessen auf ein vorbereitendes Arbeitspapier beruft).

994 Rauscher/*Rauscher*, Art. 61/61 Brüssel IIa-VO Rn 7.

Die Vorschriften des MSA bleiben demgegenüber anwendbar, wenn es sich um eine Entscheidung eines anderen Vertragsstaates des MSA handelt, der nicht Mitgliedstaat der EU ist. Türkische Entscheidungen, die in den Anwendungsbereich des MSA fallen, werden daher in Deutschland weiterhin nach Maßgabe des MSA anerkannt.[995] 8

Anders stellt sich wiederum die Situation aus der Sicht von MSA-Vertragsstaaten dar, die selbst nicht Mitgliedstaaten der EU sind. Diese Staaten erkennen Entscheidungen aus anderen MSA-Vertragsstaaten (auch solchen, die der EU angehören) allein nach dem MSA an.[996] Entscheidungen, die auf solchen Zuständigkeitsvorschriften der EheVO 2003 beruhen, die über die Zuständigkeitsregeln des MSA hinausgehen, müssen von diesen Staaten aber nicht anerkannt werden.[997] 9

III. Anwendbares Recht

Die EheVO 2003 enthält keine Regeln über das **anzuwendende Recht** (Art. 8 Rn 9 ff).[998] Ferner legt Art. 62 Abs. 1 EheVO 2003 fest, dass die in Art. 60 genannten Abkommen – darunter das MSA – ihre Wirksamkeit für die Rechtsgebiete behalten, die durch die Verordnung nicht geregelt werden. Insoweit ist mit der wohl hL davon auszugehen, dass das MSA für die Bestimmung des anwendbaren Rechts grundsätzlich auch dann herangezogen werden kann, wenn für die internationale Zuständigkeit die EheVO 2003 und nicht das MSA anzuwenden ist (zur Argumentation vgl bereits oben Art. 8 Rn 12). Allerdings ist auch insoweit zu beachten, dass das MSA praktisch nur noch im Verhältnis zur Türkei von Bedeutung ist; im Übrigen ist das KSÜ heranzuziehen (Art. 62 Rn 1 ff). 10

Eine Anwendung von **Art. 2 MSA** ist nach verbreiteter Auffassung dann möglich, wenn – den Vorrang der EheVO 2003 auf der zuständigkeitsrechtlichen Ebene hinweggedacht – die entscheidenden Gerichte oder Behörden nach Maßgabe des Art. 1 MSA oder einer anderen Zuständigkeitsnorm des MSA zuständig gewesen wären. Hat also ein Minderjähriger seinen gewöhnlichen Aufenthalt in Deutschland, so wenden die regelmäßig gem. Art. 8 EheVO 2003 zuständigen deutschen Gerichte bzw Behörden nach der dargestellten Auffassung gem. Art. 2 MSA das deutsche Recht an.[999] Es kommt auf diese Weise zu einem Gleichlauf zwischen internationaler Zuständigkeit und anwendbarem Recht. 11

Problematisch sind demgegenüber die Fälle, in denen zwar eine Zuständigkeit nach der EheVO 2003 besteht, aber sich der gewöhnliche Aufenthalt des Kindes zum Entscheidungszeitpunkt nicht oder nicht mehr in dem von Art. 1 MSA bezeichneten Staat befindet. Denkbar ist etwa, dass das Kind seinen gewöhnlichen Aufenthalt von Deutschland in einen anderen Vertragsstaat verlegt hat und sich die fortbestehende Zuständigkeit der deutschen Behörden nur noch aufgrund der zwar in Art. 8 EheVO 2003, aber nicht im MSA vorgesehenen perpetuatio fori ergibt. Schließlich kann es auch sein, dass die deutschen Behörden nach Art. 9, 10 oder 12 EheVO 2003 zuständig sind. Auch diese Vorschriften finden im MSA keine unmittelbare Entsprechung. 12

Nach verbreiteter Auffassung ist Art. 2 MSA in diesem Fall nicht anwendbar. Art. 2 MSA sei aufgrund der Verwobenheit von internationaler Zuständigkeit und kollisionsrechtlicher Bestimmung des anwendbaren Rechts nur dann heranziehen, wenn sich eine internationale Zuständigkeit des EU-Mitgliedstaates auch aus dem MSA ergeben hätte.[1000] 13

Folgt man dieser Auffassung, so ist in den genannten Fällen nach einer Ersatzanknüpfung außerhalb des MSA zu suchen. In der Konsequenz würde man dann zu einem „gespaltenen" Kollisionsrecht gelangen, das zum Teil aus dem MSA, zum Teil aus anderen – vom MSA möglicherweise grundlegend abweichenden – (nationalen) Regeln bestünde.[1001] Hierdurch würde aber kein einheitliches Kollisionsrecht erreicht; vielmehr würden, soweit das MSA und das nationale Kollisionsrecht von unterschiedlichen Anknüpfungsgrundsätzen ausgehen, Wertungswidersprüche hervorgerufen.[1002] Ferner ist die Lösung äußerst kompliziert, da vor einer kollisionsrechtlichen Anwendung des MSA stets eine umfassende Zuständigkeitsprüfung nach Maßgabe des 14

995 S. etwa Geimer/Schütze/*Gruber,* Int. Rechtsverkehr, 32. Erg.Lief., Vor. MSA Rn 23; *Andrae,* IPRax 2006, 82, 88; Palandt/*Heldrich,* Anh. zu Art. 24 EGBGB Rn 37.

996 Vgl *Andrae,* IPRax 2006, 82, 88.

997 *Andrae,* IPRax 2006, 82, 88; ebenso *Helms,* FamRZ 2002, 1593, 1601 (zum Parallelfall im KSÜ).

998 Krit. zur fehlenden Kollisionsrechtsvereinheitlichung in der EheVO 2003 („Torso") *Kropholler,* FS Schlosser (2005), 448, 457 f.

999 Etwa *Andrae,* IPRax 2006, 82, 88; Geimer/Schütze/*Gruber,* Int. Rechtsverkehr, 32. Erg.Lief., Art. 2 MSA Rn 9.

1000 Rauscher/*Rauscher,* Art. 8 Rn 21 ff; *Looschelders,* JR 2006, 45, 48; *Solomon,* FamRZ 2004, 1409, 1416; *Andrae,* IPRax 2006, 82, 88; *Busch,* IPRax 2003, 218, 222 Fn 40.

1001 Etwa *Looschelders,* JR 2006, 45, 48 (Anwendung von Art. 21 EGBGB); Rauscher/*Rauscher,* Art. 8 Brüssel IIa-VO Rn 9; auch *Solomon,* FamRZ 2004, 1409, 1416.

1002 So bereits Geimer/Schütze/*Gruber,* Int. Rechtsverkehr, 32. Erg.Lief., Art. 2 MSA Rn 10 ff.

MSA erforderlich ist.[1003] Vorzugswürdig erscheint es deshalb, in Art. 2 MSA nach einer verallgemeinerungsfähigen kollisionsrechtlichen Aussage zu suchen, die unabhängig von der anzuwendenden Zuständigkeitsregel Geltung beansprucht.

15 Art. 2 MSA könnte so verstanden werden, dass stets – unabhängig von der Zuständigkeit – das **Recht am gewöhnlichen Aufenthalt des Minderjährigen** zur Anwendung gelangen soll.[1004] Indes verwirklicht das MSA selbst keineswegs durchgängig, wie sich etwa am Beispiel von Art. 4 MSA zeigt, eine strenge Anknüpfung an den gewöhnlichen Aufenthalt des Minderjährigen.[1005]

16 Tatsächlich ergibt sich aus dem erläuternden Bericht zum MSA, dass der in Art. 2 MSA angeordnete Gleichlauf zwischen internationaler Zuständigkeit und anwendbarem Recht den zuständigen Gerichten und Behörden die Arbeit erleichtern soll. Diese sollen das Recht anwenden, das sie am besten kennen.[1006] Näher liegt es daher, dass die zuständigen Behörden – unabhängig davon, woraus sich im Einzelnen die internationale Zuständigkeit herleitet – stets ihr **eigenes Recht** anzuwenden haben (**Gleichlaufprinzip**).[1007] Im Ergebnis kommt man daher nach der hier vertretenen Auffassung zu dem einfachen Ergebnis: Die nach der EheVO 2003 zuständigen Gerichte wenden gem. Art. 2 MSA ihr eigenes Recht an.

17 Fraglich ist allerdings noch, ob neben Art. 2 MSA auch Art. 3 MSA anzuwenden ist. Dies hängt entscheidend von der Frage ab, ob Art. 3 MSA (nur) die Zuständigkeit beschränkt – also **verfahrensrechtlich** zu qualifizieren ist –, oder ob die Norm (ausschließlich oder jedenfalls auch) kollisionsrechtlichen Charakter hat.[1008] Letzteres dürfte zutreffen, da Art. 3 MSA nicht generell die Zuständigkeit entfallen lässt, sondern lediglich die Eingriffs- bzw Regelungsbefugnis der Behörden nach Maßgabe des Heimatrechts des Minderjährigen einschränkt.[1009] Insoweit trifft Art. 3 MSA eine nicht verfahrensrechtlich, sondern kollisionsrechtlich zu qualifizierende Aussage.[1010]

C. Verhältnis zum HKÜ

18 Das Haager Übereinkommen vom 25.10.1980 über die zivilrechtlichen Aspekte internationaler Kindesentführung (HKÜ) wird nicht vollständig verdrängt, sondern durch die Regeln des Art. 11 EheVO 2003 lediglich modifiziert. Damit bleibt das HKÜ grundsätzlich anwendbar; die in Art. 11 EheVO 2003 enthaltenen Regeln sind lediglich zusätzlich zu beachten (vgl näher Art. 11 Rn 1 ff).

1003 Insoweit eine „missliche Situation" konzedierend *Solomon,* FamRZ 2004, 1409, 1416; ähnlich Rauscher/*Rauscher,* Art. 8 Brüssel IIa-VO Rn 9 („gewiß ein Unding").

1004 So *Jayme/Kohler,* IPRax 2000, 454, 457 f; Zöller/*Geimer*, FamFG, Art. 8 EheVO Rn 11 ff; s.a. *Puskajler,* IPRax 2001, 81, 82 (zu Fall 2).

1005 So wenden die Behörden m Rahmen der Art. 4 MSA wenden die Behörden nicht das Recht am gewöhnlichen Aufenthalt des Minderjährigen, sondern ihre lex fori an.

1006 *Steiger,* Rapport explicatif, S. 14. Zum KSÜ, das in Art. 15 einen unmittelbaren Gleichlauf anordnet, s. ferner *Lagarde,* Rapport explicatif, Anm. 86 („La considération principale qu´on peut faire valoir á l´appui de cette régle est de faciliter la tâche de l´autorité saisie qui appliquera ainsi la loi qu´elle connaît le mieux"); ebenso zum KSÜ *Roth/Döring,* öst. JBl. 1999, 758, 765, 767 („Dieses Prinzip der *lex fori* … trägt der Tatsache Rechnung, daß Behörden in der Anwendung des eigenen Rechts besonders firm sind.").

1007 Geimer/Schütze/*Dilger,* Int. Rechtsverkehr, Vor Art. 8 Rn 17; *Geimer,* Europ. Zivilverfahrensrecht, Art. 8 Rn 31; Zöller/*Geimer,* Anh. II, EG-VO Ehesachen, Verf. betr. elterl. Verantwortung, Art. 1 Rn 46, Art. 8 Rn 11 ff; *Kropholler,* FS Schlosser (2005), 449, 456; *ders.,* IPR, 6. Aufl. 2006, § 48 I 3; MüKo/*Siehr,* Art. 21 Anh. I Rn 156; *Andrae,* IPRax 2006, 82, 87 (unter der Voraussetzung, dass der Minderjährige seinen gewöhnlichen Aufenthalt in der EU hat bzw als Flüchtlingskind oder Kind ohne gewöhnlichen Aufenthalt seinen schlichten Aufenthalt in einem Mitgliedstaat der EU hat); zum KSÜ die Frage offen lassend *Helms,* FamRZ 2002, 1593, 1601.

1008 Vgl Staudinger/*Kropholler,* Vor Art. 19 EGBGB Rn 287 („kollisionsrechtliche Bedeutung"); *Gruber,* Rpfleger 2002, 545, 549.

1009 Dies gilt jedenfalls dann, wenn man der Anerkennungs- oder (mit der in Deutschland hM) der sog. Heimatrechtstheorie folgt. Vgl hierzu (auf der Grundlage der Heimatrechtstheorie) BGH NJW 1984, 2761, 2762 = IPRax 1985, 40: „Ebenso wie der internationalen Zuständigkeit setzt Art. 3 MSA auch der Anwendung des nationalen Rechts des Aufenthaltsstaats nur insoweit eine Grenze, wie dem Richter ein vergleichbarer Eingriff nach dem für das Gewaltverhältnis maßgeblichen Recht verwehrt ist."

1010 Ausf. bereits Geimer/Schütze/*Gruber,* Int. Rechtsverkehr, 32. Erg.Lief., Art. 3 MSA Rn 1 ff; wie hier *Andrae,* IPRax 2006, 82, 88; auch *Puskajler,* IPRax 2001, 81, 82.

Art. 61 EheVO 2003 Verhältnis zum Haager Übereinkommen vom 19. Oktober 1996 über die Zuständigkeit, das anzuwendende Recht, die Anerkennung, Vollstreckung und Zusammenarbeit auf dem Gebiet der elterlichen Verantwortung und der Maßnahmen zum Schutz von Kindern

Im Verhältnis zum Haager Übereinkommen vom 19. Oktober 1996 über die Zuständigkeit, das anzuwendende Recht, die Anerkennung, Vollstreckung und Zusammenarbeit auf dem Gebiet der elterlichen Verantwortung und der Maßnahmen zum Schutz von Kindern ist diese Verordnung anwendbar,

a) wenn das betreffende Kind seinen gewöhnlichen Aufenthalt im Hoheitsgebiet eines Mitgliedstaates hat;

b) in Fragen der Anerkennung und der Vollstreckung einer von dem zuständigen Gericht eines Mitgliedstaates ergangenen Entscheidung im Hoheitsgebiet eines anderen Mitgliedstaates, auch wenn das betreffende Kind seinen gewöhnlichen Aufenthalt im Hoheitsgebiet eines Drittstaats hat, der Vertragspartei des genannten Übereinkommens ist.

A. Anwendbarkeit des KSÜ

1 Bislang war das Haager Minderjährigenschutzabkommen (MSA)[1011] der bedeutendste Staatsvertrag auf dem Gebiet des internationalen Vormundschafts- und Pflegschaftsrechts. Seit dem **1.1.2011** ist allerdings aus deutscher Sicht nicht mehr das MSA, sondern vorrangig das **Haager Kinderschutzübereinkommen (KSÜ)** anwendbar.[1012] Im Verhältnis der Vertragsstaaten des KSÜ, die zugleich Vertragsstaaten des MSA sind, ist nur noch das KSÜ anzuwenden (Art. 51 KSÜ). Das MSA hat damit aus deutscher Sicht nur noch Bedeutung im Verhältnis zur Türkei.

B. Internationale Zuständigkeit

2 Art. 61 lit. a enthält – in Ausfüllung der in Art. 52 KSÜ enthaltenen Öffnungsklausel – eine zunächst recht eindeutige **Abgrenzungsregel** für den Bereich der internationalen Zuständigkeit. Die EheVO 2003 ist für die Fragen der internationalen Zuständigkeit immer dann heranzuziehen, wenn das Kind seinen gewöhnlichen Aufenthalt im Hoheitsgebiet eines Mitgliedstaats hat.[1013] Das KSÜ ist dementsprechend nur dann anwendbar, wenn das Kind seinen gewöhnlichen Aufenthalt außerhalb der EU in einem KSÜ-Vertragsstaat hat.

3 Art. 61 lit. a EheVO 2003 legt allerdings nicht fest, auf welchen **Zeitpunkt** es für den gewöhnlichen Aufenthalt des Kindes ankommen soll. Diese Frage stellt sich immer dann, wenn es während des laufenden Verfahrens zu einem **Wechsel des gewöhnlichen Aufenthalts** des Kindes kommt.

4 Ausschlaggebend ist nach der hier vertretenen Auffassung, dass die Art. 8–13 EheVO 2003 grundsätzlich eine perpetuatio fori vorsehen (Art. 8 Rn 3). Zur Vermeidung von Wertungswidersprüchen liegt es nahe, den perpetuatio fori-Grundsatz jedenfalls in Wegzugsfällen (also beim Wechsel des gewöhnlichen Aufenthalts von der EU in einen nicht der EU angehörenden KSÜ-Vertragsstaat) auch bei der räumlichen Abgrenzung zum KSÜ heranzuziehen.[1014] Hat also ein Kind im Zeitpunkt des Verfahrensbeginns vor deutschen Gerichten seinen

1011 Haager Übereinkommen über die Zuständigkeit der Behörden und das anzuwendende Recht auf dem Gebiet des Schutzes von Minderjährigen v. 5.10.1961 (BGBl. II 1971 S. 217). Für eine aktuelle Übersicht sämtlicher Beitrittsstaaten s.: http://hcch.e-vision.nl/index_en.php?act=conventions.status&cid=39 (Stand 9.11.2009).

1012 Haager Übereinkommen über die Zuständigkeit, das anzuwendende Recht, Vollstreckung und Zusammenarbeit auf dem Gebiet der elterlichen Verantwortung und der Maßnahmen zum Schutz von Kindern v. 19.10.1996. Für eine aktuelle Übersicht sämtlicher Beitrittsstaaten s.: http://hcch.e-vision.nl/index_en.php?act=conventions.status&cid=70 (Stand 9.11.2009).

1013 Dänemark gilt insoweit nicht als Mitgliedstaat, s. Art. 2 Nr. 3 Brüssel IIa-VO sowie Erwägungsgrund 31 zur Brüssel IIa-VO.

1014 Geimer/Schütze/*Gruber,* Int. Rechtsverkehr, 31. Erg.Lief., Vor KSÜ Rn 11 ff; wie hier wohl auch *Teixeira de Sousa,* FamRZ 2005, 1612, 1614; aA *Andrae,* IPRax 2006, 82, 85 (der Grundsatz der perpetuatio fori sei nicht auf die räumliche Abgrenzung zum KSÜ zu übertragen); inzident auch *Henrich,* FamRZ 2002, 1184, 1185.

gewöhnlichen Aufenthalt (noch) in der EU, so sollte es auch nach dem Wegzug in einen Drittstaat bei der Anwendung der EheVO 2003 und damit insb. des Art. 8 Abs. 1 EheVO 2003 verbleiben. Befürwortete man demgegenüber einen Wegfall der Anwendbarkeit EheVO 2003 und eine Anwendung der Zuständigkeitsregeln des KSÜ, wäre eine perpetuatio fori nicht mehr gegeben. Denn anders als die EheVO 2003 geht das KSÜ gerade nicht von einer perpetuatio fori aus (vgl Art. 5 Abs. 2 KSÜ). Es wäre sachlich kaum zu rechtfertigen, warum deutsche Gerichte zwar weiterhin nach Art. 8 Abs. 1 EheVO 2003 zuständig bleiben sollen, wenn das Kind nach Rechtshängigkeit seinen gewöhnlichen Aufenthalt in einem anderen EU-Mitgliedstaat begründet, nicht aber mehr dann, wenn es den neuen gewöhnlichen Aufenthalt außerhalb der EU in einem Vertragsstaat des KSÜ begründet. Da sich Art. 52 KSÜ nicht zu dem maßgeblichen Zeitpunkt äußert, zu dem der gewöhnliche Aufenthalt innerhalb bzw außerhalb der EU liegen muss, dürfte diese Auslegung auch mit dieser Vorschrift vereinbar sein.[1015]

5 Verlegt umgekehrt ein Kind während der Rechtshängigkeit eines Verfahrens in einem außereuropäischen KSÜ-Vertragsstaat seinen gewöhnlichen Aufenthalt von diesem KSÜ-Vertragsstaat in die EG, so sieht das KSÜ grundsätzlich einen Wegfall der internationalen Zuständigkeit des vormaligen Aufenthaltsstaats vor (Art. 5 Abs. 2 KSÜ). Aufgrund des Wegfalls der internationalen Zuständigkeit des Wegzugsstaates ist das im KSÜ-Vertragsstaat geführte Verfahren unzulässig geworden. In diesem Fall dürfte aus der Sicht der Gerichte und Behörden in EU-Mitgliedstaaten – da Zuständigkeitsinteressen des KSÜ-Vertragsstaats nicht mehr betroffen sind – kein Grund mehr dafür bestehen, weiterhin das KSÜ und nicht die EheVO 2003 zur Anwendung zu bringen. Die EheVO 2003 ist somit im Ergebnis bereits mit Begründung des gewöhnlichen Aufenthalts in der EU anwendbar.[1016]

C. Rechtshängigkeitseinwand

6 Bei konkurrierenden Verfahren ist die Regelung des Art. 13 KSÜ zu beachten. Auf Art. 13 KSÜ ist aus deutscher Sicht allerdings nur dann zurückzugreifen, wenn es sich um ein konkurrierendes Verfahren in einem KSÜ-Vertragsstaat handelt, der nicht EU-Mitgliedstaat ist. Soweit das konkurrierende Verfahren in einem EU-Mitgliedstaat stattfindet, sind aus deutscher Sicht allein die Art. 16, 19 EheVO 2003 heranzuziehen.[1017]

7 Aus der Sicht von KSÜ-Vertragsstaaten, die nicht Mitglied der EU sind, findet demgegenüber Art. 13 KSÜ uneingeschränkt Anwendung, und zwar auch dann, wenn das konkurrierende Verfahren in einem EU-Mitgliedstaat stattfindet. Man wird allerdings hierfür verlangen müssen, dass die Gerichte und Behörden des EU-Mitgliedstaats eine den Art. 5–10 KSÜ entsprechende Zuständigkeit in Anspruch nehmen.[1018]

D. Anerkennung und Vollstreckung

8 Das KSÜ enthält in den Art. 23 ff Vorschriften zur Anerkennung von Entscheidungen anderer KSÜ-Staaten. Die Vorschriften über die Anerkennung ausländischer Entscheidungen sind aus deutscher Sicht nur dann einschlägig, wenn es sich um Entscheidungen eines KSÜ-Vertragsstaats handelt, der nicht zugleich Mitgliedstaat der EU ist. Bei Entscheidungen anderer EU-Mitgliedstaaten sind gem. Art. 61 lit. b EheVO 2003 allein die Vorschriften der EheVO 2003 anzuwenden

E. Behördliche Zusammenarbeit

9 Soweit es um die **Zusammenarbeit von Behörden** geht, ergibt sich im Verhältnis der EU-Mitgliedstaaten die Abgrenzung zwischen der EheVO 2003 und dem KSÜ erneut aus Art. 61 lit. a EheVO 2003. Soweit das Kind seinen gewöhnlichen Aufenthalt in der EU hat, ist die EheVO 2003 anzuwenden. Soweit das Kind seinen gewöhnlichen Aufenthalt außerhalb der EU hat, finden die Vorschriften des KSÜ Anwendung. Diese Abgrenzung gilt jedoch nur im Verhältnis von Gerichten und Behörden in EU-Mitgliedstaaten. Geht es um die Zusammenarbeit zwischen Behörden eines EU-Mitgliedstaats und Behörden eines KSÜ-Vertragsstaates, der nicht Mitglied der EU ist, findet allein das KSÜ Anwendung.[1019]

1015 Geimer/Schütze/*Gruber*, Int. Rechtsverkehr, 31. Erg.Lief., Vor KSÜ Rn 13.

1016 Soweit das KSÜ ausnahmsweise doch – wie etwa bei der Kindesentführung, Art. 7 KSÜ – eine perpetuatio fori etwa des vormaligen Aufenthaltsstaats vorsieht, löst sich die Konkurrenzproblematik über Art. 13 KSÜ mit der Folge, dass das Verfahren in dem vormaligen Aufenthaltsstaat den Vorrang beansprucht.

1017 Geimer/Schütze/*Gruber*, Int. Rechtsverkehr, 31. Erg.Lief., Art. 13 KSÜ Rn 1 f.

1018 Näher Geimer/Schütze/*Gruber*, Int. Rechtsverkehr, 31. Erg.Lief., Art. 13 KSÜ Rn 3.

1019 Geimer/Schütze/*Gruber*, Int. Rechtsverkehr, 31. Erg.Lief., Vor KSÜ Rn 21 f.

F. Anwendbares Recht

10 Die EheVO 2003 enthält keine Regeln über das **anzuwendende Recht** (s. bereits Art. 8 Rn 9 ff). Insoweit ist mit der wohl hL davon auszugehen, dass das KSÜ grundsätzlich auch dann anwendbar bleibt, wenn sich die internationale Zuständigkeit deutscher Gerichte aus der EheVO 2003 und nicht aus dem KSÜ gibt (vgl auch zum MSA Art. 60 Rn 10 ff).

11 Nach Art. 15 Abs. 1 KSÜ wenden die nach Art. 5–14 KSÜ zuständigen Behörden ihr eigenes Recht an. Die Vorschrift verwirklicht also – letztlich nicht anders als Art. 2 MSA – einen **Gleichlauf** zwischen der internationalen **Zuständigkeit** nach dem KSÜ und dem **anwendbaren Recht**. Es stellt sich allerdings – ähnlich wie im Falle des MSA (vgl Art. 60 Rn 12 ff) – die Frage, welche Aussage der Norm im Einzelnen entnommen werden kann, wenn sich die internationale Zuständigkeit nicht aus dem KSÜ selbst, sondern aus der EheVO 2003 ergibt.

12 Nach verbreiteter Auffassung lässt sich Art. 15 Abs. 1 KSÜ aufgrund der Verwobenheit von internationaler Zuständigkeit und kollisionsrechtlicher Bestimmung des anwendbaren Rechts nur dann heranziehen, wenn sich eine internationale Zuständigkeit des EU-Mitgliedstaates – die Anwendbarkeit des KSÜ (hypothetisch) unterstellt – auch aus dem KSÜ ergeben hätte.[1020] Es ist nach dieser Auffassung also doch eine Prüfung der internationalen Zuständigkeit nach den Vorschriften des (insoweit an sich durch die Verordnung verdrängten, Art. 61 lit. a) KSÜ vorzunehmen – dies allerdings nur zu dem Zweck, um die Anwendbarkeit des Art. 15 Abs. 1 KSÜ zu begründen. Soweit sich hiernach keine Zuständigkeit nach den Vorschriften des KSÜ ergebe, sei auch Art. 15 Abs. 1 KSÜ nicht anzuwenden, und es sei auf die Vorschriften des nationalen (unvereinheitlichten) Kollisionsrechts zurückzugreifen. Deutsche Gerichte und Behörden hätten daher in diesem Fall Art. 21 EGBGB heranzuziehen.

13 Nach der hier vertretenen Auffassung ist eine derartige „gespaltene" Lösung im Falle des KSÜ ebenso abzulehnen wie im Falle des MSA (oben Art. 60 Rn 13 ff). Art. 15 KSÜ sollte für die Bestimmung des anwendbaren Rechts in jedem Fall angewendet werden, also auch dann, wenn sich die Gerichte und Behörden auf eine Zuständigkeit nach der EheVO 2003 stützen, die sich im Einzelfall aus dem KSÜ nicht ergibt. Art. 15 Abs. 1 KSÜ ist in dem Sinne zu verstehen, dass die zuständigen Behörden stets ihr eigenes Recht anzuwenden haben. Im Ergebnis führt dies zu einem Gleichlauf zwischen internationaler Zuständigkeit und anwendbarem Recht.[1021]

14 Hierfür spricht die ratio des in Art. 15 Abs. 1 KSÜ angeordneten Gleichlaufprinzips. Art. 15 Abs. 1 KSÜ geht es nicht um eine strikte Anwendung des Rechts am gewöhnlichen Aufenthalts des Kindes, sondern – ausweislich des Berichts von *Lagarde* – um eine erleichterte Rechtsanwendung für die mit der Angelegenheit befassten Gerichte.[1022] Dementsprechend ergibt es sich auch bei Anwendung der Art. 7 ff KSÜ sehr häufig, dass die Gerichte gem. Art. 15 Abs. 1 KSÜ das Recht eines Staates anzuwenden haben, in dem das Kind keinen gewöhnlichen Aufenthalt hat.

15 Die skizzierte Streitfrage spielt allerdings nur eine beschränkte praktische Rolle. In den meisten Fällen ergibt sich, wenn deutsche Gerichte nach der EheVO 2003 international zuständig sind, auch eine internationale Zuständigkeit nach den Vorschriften des KSÜ. Dies gilt insbesondere dann, wenn sich die internationale Zuständigkeit auf den gewöhnlichen Aufenthalt des Kindes im Inland stützt (Art. 8 Abs. 1 EheVO 2003/Art. 5 Abs. 1 KSÜ). Relevant ist die Streitfrage aber u.a. dann, wenn das Kind während eines dort laufenden Verfahrens seinen **gewöhnlichen Aufenthalt** von einem Mitgliedstaat der EU in einen anderen Mitgliedstaat der EU **verlegt**. In diesem Fall bleibt die internationale Zuständigkeit des angerufenen Gerichts nach Art. 8 Abs. 1 EheVO 2003 erhalten (Grundsatz der perpetuatio fori, vgl Art. 8 Rn 3); bei Anwendung des KSÜ ergäbe sich demgegenüber ein Wegfall der internationalen Zuständigkeit des vormaligen Aufenthaltsstaats und nach Art. 15 Abs. 1 KSÜ zugleich ein Wechsel im anwendbaren Recht. Auch im Rahmen der Art. 9–15 weicht die EheVO 2003 in verschiedenen Fällen nicht unbeträchtlich vom KSÜ ab.

16 Geht man von einem Gleichlaufprinzip aus, werden die Zwecke, die durch die EheVO 2003 auf der zuständigkeitsrechtlichen Ebene verfolgt werden, auch bei der Bestimmung des anwendbaren Rechts berücksichtigt.

1020 Rauscher/*Rauscher*, Art. 8 Rn 2 ff; *Looschelders*, JR 2006, 45, 48; *Solomon*, FamRZ 2004, 1409, 1416; *Busch*, IPRax 2003, 218, 222 Fn 40.

1021 Zöller/*Geimer*, Anh. II, EG-VO Ehesachen, Verf. betr. elterl. Verantwortung, Art. 1 Rn 46, Art. 8 Rn 11 ff; *Geimer*, Europ. Zivilverfahrensrecht, Art. 8 Rn 31; *Kropholler*, FS Schlosser (2005), 449, 456; *ders.*, IPR, 6. Aufl. 2006, § 48 I 3; MüKo/*Siehr*, Art. 21 Anh. I Rn 156; *Andrae*, IPRax 2006, 82, 87 (unter der Voraussetzung, dass das Kind seinen gewöhnlichen Aufenthalt in der EU hat bzw als Flüchtlingskind oder Kind ohne gewöhnlichen Aufenthalt seinen schlichten Aufenthalt in einem Mitgliedstaat der EU hat); die Frage offen lassend *Helms*, FamRZ 2002, 1593, 1601.

1022 *Lagarde*, Rapport explicatif, Anm. 86; *Kropholler*, FS Schlosser (2005), 449, 456; ebenso *Roth/Döring*, öst. JBl. 1999, 758, 765, 767 („Dieses Prinzip der lex fori … trägt der Tatsache Rechnung, daß Behörden in der Anwendung des eigenen Rechts besonders firm sind.").

U.a. führt ein Wechsel des gewöhnlichen Aufenthalts dann, wenn er erst nach Einleitung eines Verfahrens erfolgt, weder zu einem Wechsel der Zuständigkeit noch zu einer Änderung beim anwendbaren Recht. Die Kontinuitätsinteressen, die mit der perpetuatio fori auf der Ebene der Zuständigkeit geschützt werden, werden entsprechend auch beim anwendbaren Recht gewahrt. Ähnliches gilt in den Fällen des Art. 9 EheVO und des Art. 10 EheVO 2003, die in bestimmten Fällen eine Zuständigkeit am **vormaligen gewöhnlichen Aufenthaltsort** des Kindes vorsehen. Die Zuständigkeitsregel wird bei Zugrundlegung eines Gleichlaufsprinzips durch die fortdauernde Anwendung des Rechts am vormaligen gewöhnlichen Aufenthaltsort des Kindes sachgerecht ergänzt.[1023]

17 Als Resultat ergibt sich daher nach der hier vertretenen Auffassung – nicht anders als im Falle von Art. 2 MSA (s. Art. 60 Rn 10 ff) – der folgende (einfache) **kollisionsrechtliche Satz**: Die nach der EheVO 2003 zuständigen Behörden wenden stets ihr eigenes Recht an (**Gleichlaufprinzip**). Das Gleichlaufsprinzip wird allerdings noch durch die Ausweichklausel des Art. 15 Abs. 2 KSÜ durchbrochen (vgl dazu die Kommentierung von Art. 15, Anh. I zu Art. 24 EGBGB).

Art. 62 EheVO 2003 Fortbestand der Wirksamkeit

(1) Die in Artikel 59 Absatz 1 und den Artikeln 60 und 61 genannten Übereinkünfte behalten ihre Wirksamkeit für die Rechtsgebiete, die durch diese Verordnung nicht geregelt werden.

(2) Die in Artikel 60 genannten Übereinkommen, insbesondere das Haager Übereinkommen von 1980, behalten vorbehaltlich des Artikels 60 ihre Wirksamkeit zwischen den ihnen angehörenden Mitgliedstaaten.

Art. 63 EheVO 2003 Verträge mit dem Heiligen Stuhl

(1) Diese Verordnung gilt unbeschadet des am 7. Mai 1940 in der Vatikanstadt zwischen dem Heiligen Stuhl und Portugal unterzeichneten Internationalen Vertrags (Konkordat).

(2) Eine Entscheidung über die Ungültigkeit der Ehe gemäß dem in Absatz 1 genannten Vertrag wird in den Mitgliedstaaten unter den in Kapitel III Abschnitt 1 vorgesehenen Bedingungen anerkannt.

(3) Die Absätze 1 und 2 gelten auch für folgende internationalen Verträge (Konkordate) mit dem Heiligen Stuhl:

a) Lateranvertrag vom 11. Februar 1929 zwischen Italien und dem Heiligen Stuhl, geändert durch die am 18. Februar 1984 in Rom unterzeichnete Vereinbarung mit Zusatzprotokoll,

b) Vereinbarung vom 3. Januar 1979 über Rechtsangelegenheiten zwischen dem Heiligen Stuhl und Spanien.

c) Vereinbarung zwischen dem Heiligen Stuhl und Malta über die Anerkennung der zivilrechtlichen Wirkungen von Ehen, die nach kanonischem Recht geschlossen wurden, sowie von diese Ehen betreffenden Entscheidungen der Kirchenbehörden und -gerichte, einschließlich des Anwendungsprotokolls vom selben Tag, zusammen mit dem zweiten Zusatzprotokoll vom 6. Januar 1995.

(4) Für die Anerkennung der Entscheidungen im Sinne des Absatzes 2 können in Spanien, Italien oder Malta dieselben Verfahren und Nachprüfungen vorgegeben werden, die auch für Entscheidungen der Kirchengerichte gemäß den in Absatz 3 genannten internationalen Verträgen mit dem Heiligen Stuhl gelten.

(5) Die Mitgliedstaaten übermitteln der Kommission

a) eine Abschrift der in den Absätzen 1 und 3 genannten Verträge,

b) jede Kündigung oder Änderung dieser Verträge.

1 Abs. 2 verpflichtet andere Mitgliedstaaten dazu, die Ungültigerklärungen durch **kirchliche Gerichte** anzuerkennen. Voraussetzung ist, dass die Ungültigerklärungen im Rahmen der in Abs. 1 und Abs. 3 genannten Konkordate ergehen.

2 Unmittelbar anzuerkennen sind allerdings nur die Entscheidungen von portugiesischen Kirchengerichten. Demgegenüber bedürfen italienische, spanische und maltesische Entscheidungen von kirchlichen Gerichten

1023 Geimer/Schütze/*Gruber*, Int. Rechtsverkehr, 31. Erg.Lief., Art. 15 KSÜ Rn 16.

innerstaatlich der sog. **Delibation**. Aus deutscher Sicht anzuerkennen sind daher nur die staatlichen Delibationsentscheidungen.

Kapitel VI
Übergangsvorschriften

Art. 64 EheVO 2003

(1) Diese Verordnung gilt nur für gerichtliche Verfahren, öffentliche Urkunden und Vereinbarungen zwischen den Parteien, die nach Beginn der Anwendung dieser Verordnung gemäß Artikel 72 eingeleitet, aufgenommen oder getroffen wurden.

(2) Entscheidungen, die nach Beginn der Anwendung dieser Verordnung in Verfahren ergangen sind, die vor Beginn der Anwendung dieser Verordnung, aber nach Inkrafttreten der Verordnung (EG) Nr. 1347/2000 eingeleitet wurden, werden nach Maßgabe des Kapitels III der vorliegenden Verordnung anerkannt und vollstreckt, sofern das Gericht aufgrund von Vorschriften zuständig war, die mit den Zuständigkeitsvorschriften des Kapitels II der vorliegenden Verordnung oder der Verordnung (EG) Nr. 1347/2000 oder eines Abkommens übereinstimmen, das zum Zeitpunkt der Einleitung des Verfahrens zwischen dem Ursprungsmitgliedstaat und dem ersuchten Mitgliedstaat in Kraft war.

(3) Entscheidungen, die vor Beginn der Anwendung dieser Verordnung in Verfahren ergangen sind, die nach Inkrafttreten der Verordnung (EG) Nr. 1347/2000 eingeleitet wurden, werden nach Maßgabe des Kapitels III der vorliegenden Verordnung anerkannt und vollstreckt, sofern sie eine Ehescheidung, Trennung ohne Auflösung des Ehebandes oder Ungültigerklärung einer Ehe oder eine aus Anlass eines solchen Verfahrens in Ehesachen ergangene Entscheidung über die elterliche Verantwortung für die gemeinsamen Kinder zum Gegenstand haben.

(4) Entscheidungen, die vor Beginn der Anwendung dieser Verordnung, aber nach Inkrafttreten der Verordnung (EG) Nr. 1347/2000 in Verfahren ergangen sind, die vor Inkrafttreten der Verordnung (EG) Nr. 1347/2000 eingeleitet wurden, werden nach Maßgabe des Kapitels III der vorliegenden Verordnung anerkannt und vollstreckt, sofern sie eine Ehescheidung, Trennung ohne Auflösung des Ehebandes oder Ungültigerklärung einer Ehe oder eine aus Anlass eines solchen Verfahrens in Ehesachen ergangene Entscheidung über die elterliche Verantwortung für die gemeinsamen Kinder zum Gegenstand haben und Zuständigkeitsvorschriften angewandt wurden, die mit denen des Kapitels II der vorliegenden Verordnung oder der Verordnung (EG) Nr. 1347/2000 oder eines Abkommens übereinstimmen, das zum Zeitpunkt der Einleitung des Verfahrens zwischen dem Ursprungsmitgliedstaat und dem ersuchten Mitgliedstaat in Kraft war.

Die Vorschrift befasst sich mit dem **zeitlichen Anwendungsbereich** der EheVO 2003. Die **Zuständigkeits-** 1
regeln der EheVO 2003 gelten für Verfahren, die ab dem 1.3.2005 eingeleitet werden. Einig ist man sich darin, dass die „Einleitung" des Verfahrens keine Zustellung des verfahrenseinleitenden Schriftstücks an den Antragsgegner voraussetzt, selbst wenn nach dem nationalen Prozessrecht erst mit der Zustellung Rechtshängigkeit eintritt.[1024] Nach einer Auffassung richtet sich der Zeitpunkt der „Einleitung" des Verfahrens iÜ nach dem nationalen Prozessrecht.[1025] Nach der zustimmenswerten Gegenansicht ist auf den durch Art. 16 EheVO 2003 definierten Zeitpunkt abzustellen.[1026] Hierdurch wird die gebotene einheitliche Anwendung der EheVO 2003 auch in zeitlicher Hinsicht erreicht.

Für Verfahren, die ab dem 1.3.2001 eingeleitet worden sind, gilt die EheVO 2000 (Art. 42, 46 EheVO 2000). 2
Die EheVO 2000 weist hinsichtlich der Zuständigkeiten für Ehesachen mit der EheVO identische Regelungen auf. Sie erfasst jedoch nur solche Verfahren, die die elterliche Verantwortung für die gemeinsamen Kinder der Ehegatten betreffen und „aus Anlass" einer Ehesache betrieben werden (vgl zum Begriff Art. 12 EheVO Rn 3). Im Übrigen ist für diese „Altverfahren" insbesondere auf das MSA zurückzugreifen.

Die Abs. 2–4 enthalten für die **Anerkennung und Vollstreckung** eine Vorverlagerung des zeitlichen Anwen- 3
dungsbereichs. Im Rahmen des Abs. 4 ist zu prüfen, ob sich die Zuständigkeit aus einem einschlägigen Abkommen ergab bzw sich eine Zuständigkeit auch nach den Vorschriften der EheVO 2003 ergeben hätte.

Nicht ausdrücklich geregelt ist der Fall der **anderweitigen Rechtshängigkeit**, wenn eines der beiden kon- 4
kurrierenden Verfahren noch vor Beginn der Anwendung der EheVO 2003 eingeleitet worden ist. Es gelten

1024 *Dilger*, Rn 168.
1025 Vgl *Wagner*, IPRax 2001, 73, 80; *Hausmann*, EuLF 2000/01, 271, 275; zum EuGVÜ BGHZ 132, 105, 107 = IPRax 1997, 187, 188.
1026 Thomas/Putzo/*Hüßtege*, FamFG, Art. 42 EheVO Rn 2; Rauscher/*Rauscher*, Art. 42 Brüssel IIa-VO Rn 3; *Dilger*, Rn 170 ff; *Hau*, IPRax 2003, 461.

hier nach allgemeiner Meinung die Grundsätze, die vom EuGH für die intertemporale Anwendung von Art. 21 EuGVÜ entwickelt wurden.[1027] Hat sich demnach das zuerst angerufene Gericht aufgrund von Vorschriften für zuständig erklärt, die mit den Zuständigkeitsregeln der EheVO 2003 oder zu diesem Zeitpunkt bestehenden völkervertraglichen Regeln übereinstimmen, so erklärt sich das später angerufene Gericht für unzuständig (Art. 19 Abs. 3). In den anderen Fällen ist Art. 19 nicht einschlägig. Die in Art. 19 Abs. 1, 2 vorgesehene Aussetzung erfolgt nur vorläufig, solange das zuerst angerufene Gericht noch nicht über seine Zuständigkeit entschieden hat.

Kapitel VII
Schlussbestimmungen

Art. 65 EheVO 2003 Überprüfung

Die Kommission unterbreitet dem Europäischen Parlament, dem Rat und dem Europäischen Wirtschafts- und Sozialausschuss spätestens am 1. Januar 2012 und anschließend alle fünf Jahre auf der Grundlage der von den Mitgliedstaaten vorgelegten Informationen einen Bericht über die Anwendung dieser Verordnung, dem sie gegebenenfalls Vorschläge zu deren Anpassung beifügt.

Art. 66 EheVO 2003 Mitgliedstaaten mit zwei oder mehr Rechtssystemen

Für einen Mitgliedstaat, in dem die in dieser Verordnung behandelten Fragen in verschiedenen Gebietseinheiten durch zwei oder mehr Rechtssysteme oder Regelwerke geregelt werden, gilt Folgendes:

a) Jede Bezugnahme auf den gewöhnlichen Aufenthalt in diesem Mitgliedstaat betrifft den gewöhnlichen Aufenthalt in einer Gebietseinheit.

b) Jede Bezugnahme auf die Staatsangehörigkeit oder, im Fall des Vereinigten Königreichs, auf das "domicile" betrifft die durch die Rechtsvorschriften dieses Staates bezeichnete Gebietseinheit.

c) Jede Bezugnahme auf die Behörde eines Mitgliedstaates betrifft die zuständige Behörde der Gebietseinheit innerhalb dieses Staates.

d) Jede Bezugnahme auf die Vorschriften des ersuchten Mitgliedstaates betrifft die Vorschriften der Gebietseinheit, in der die Zuständigkeit geltend gemacht oder die Anerkennung oder Vollstreckung beantragt wird.

1 Die Vorschrift trägt dem Umstand Rechnung, dass das Vereinigte Königreich in die Gebietseinheiten England und Wales, Schottland sowie Nordirland gegliedert ist.

Art. 67 EheVO 2003 Angaben zu den Zentralen Behörden und zugelassenen Sprachen

Die Mitgliedstaaten teilen der Kommission binnen drei Monaten nach Inkrafttreten dieser Verordnung Folgendes mit:

a) die Namen und Anschriften der Zentralen Behörden gemäß Artikel 53 sowie die technischen Kommunikationsmittel,

b) die Sprachen, die gemäß Artikel 57 Absatz 2 für Mitteilungen an die Zentralen Behörden zugelassen sind,

und

c) die Sprachen, die gemäß Artikel 45 Absatz 2 für die Bescheinigung über das Umgangsrecht zugelassen sind.

Die Mitgliedstaaten teilen der Kommission jede Änderung dieser Angaben mit.

Die Angaben werden von der Kommission veröffentlicht.

1027 Vgl (zur EheVO 2000) OGH IPRax 2003, 456, 457 mit zust. Anm. *Hau*, S. 461; Rauscher/*Rauscher*, Art. 42 Brüssel IIa-VO Rn 10; zur EheVO 2003 *Dilger*, Rn 173.

Art. 68 EheVO 2003 Angaben zu den Gerichten und den Rechtsbehelfen

Die Mitgliedstaaten teilen der Kommission die in den Artikeln 21, 29, 33 und 34 genannten Listen mit den zuständigen Gerichten und den Rechtsbehelfen sowie die Änderungen dieser Listen mit.
Die Kommission aktualisiert diese Angaben und gibt sie durch Veröffentlichung im *Amtsblatt der Europäischen Union* und auf andere geeignete Weise bekannt.

Art. 69 EheVO 2003 Änderungen der Anhänge

Änderungen der in den Anhängen I bis IV wiedergegebenen Formblätter werden nach dem in Artikel 70 Absatz 2 genannten Verfahren beschlossen.

Art. 70 EheVO 2003 Ausschuss

(1) Die Kommission wird von einem Ausschuss (nachstehend „Ausschuss" genannt) unterstützt.
(2) Wird auf diesen Absatz Bezug genommen, so gelten die Artikel 3 und 7 des Beschlusses 1999/468/ EG.
(3) Der Ausschuss gibt sich eine Geschäftsordnung.

Art. 71 EheVO 2003 Aufhebung der Verordnung (EG) Nr. 1347/2000

(1) Die Verordnung (EG) Nr. 1347/2000 wird mit Beginn der Geltung dieser Verordnung aufgehoben.
(2) Jede Bezugnahme auf die Verordnung (EG) Nr. 1347/2000 gilt als Bezugnahme auf diese Verordnung nach Maßgabe der Entsprechungstabelle in Anhang VI.

Art. 72 EheVO 2003 In-Kraft-Treten

Diese Verordnung tritt am 1. August 2004 in Kraft.
Sie gilt ab 1. März 2005 mit Ausnahme der Artikel 67, 68, 69 und 70, die ab dem 1. August 2004 gelten.
Diese Verordnung ist in allen ihren Teilen verbindlich und gilt gemäß dem Vertrag zur Gründung der Europäischen Gemeinschaft unmittelbar in den Mitgliedstaaten.
Geschehen zu Brüssel am 27. November 2003.

Anhang I Bescheinigung gemäß Artikel 39 über Entscheidungen in Ehesachen[1028]

1. Ursprungsmitgliedstaat
2. Ausstellendes Gericht oder ausstellende Behörde
   2.1. Bezeichnung
   2.2. Anschrift
   2.3. Telefon/Fax/E-Mail
3. Angaben zur Ehe
   3.1. Ehefrau
      3.1.1. Name, Vornamen
      3.1.2. Anschrift

1028 Verordnung (EG) Nr. 2201/2003 des Rates v. 27.11.2003 über die Zuständigkeit und Anerkennung und Vollstreckung von Entscheidungen in Ehesachen und in Verfahren betreffend die elterliche Verantwortung und zur Aufhebung der Verordnung (EG) Nr. 1347/2000.

3.1.3. Staat und Ort der Geburt
3.1.4. Geburtsdatum
3.2. Ehemann
3.2.1. Name, Vornamen
3.2.2. Anschrift
3.2.3. Staat und Ort der Geburt
3.2.4. Geburtsdatum
3.3. Staat, Ort (soweit bekannt) und Datum der Eheschließung
3.3.1. Staat der Eheschließung
3.3.2. Ort der Eheschließung (soweit bekannt)
3.3.3. Datum der Eheschließung
4. Gericht, das die Entscheidung erlassen hat
4.1. Bezeichnung des Gerichts
4.2. Gerichtsort
5. Entscheidung
5.1. Datum
5.2. Aktenzeichen
5.3. Art der Entscheidung
5.3.1. Scheidung
5.3.2. Ungültigerklärung der Ehe
5.3.3. Trennung ohne Auflösung des Ehebandes
5.4. Erging die Entscheidung im Versäumnisverfahren?
5.4.1. Nein
5.4.2. Ja[1029]
6. Namen der Parteien, denen Prozesskostenhilfe gewährt wurde
7. Können gegen die Entscheidung nach dem Recht des Ursprungsmitgliedstaats weitere Rechtsbehelfe eingelegt werden?
7.1. Nein
7.2. Ja
8. Datum der Rechtswirksamkeit in dem Mitgliedstaat, in dem die Entscheidung erging
8.1. Scheidung
8.2. Trennung ohne Auflösung des Ehebandes

Geschehen zu ... am ...

Unterschrift und/oder Dienstsiegel

Anhang II Bescheinigung gemäß Artikel 39 über Entscheidungen über die elterliche Verantwortung[1030]

1. Ursprungsmitgliedstaat
2. Ausstellendes Gericht oder ausstellende Behörde
2.1. Bezeichnung
2.2. Anschrift
2.3. Telefon/Fax/E-Mail
3. Träger eines Umgangsrechts
3.1. Name, Vornamen
3.2. Anschrift
3.3. Geburtsdatum und -ort (soweit bekannt)

1029 Die in Art. 37 Abs. 2 genannten Urkunden sind vorzulegen.

1030 Verordnung (EG) Nr. 2201/2003 des Rates v. 27.11.2003 über die Zuständigkeit und Anerkennung und Vollstreckung von Entscheidungen in Ehesachen und in Verfahren betreffend die elterliche Verantwortung und zur Aufhebung der Verordnung (EG) Nr. 1347/2000.

4. Träger der elterlichen Verantwortung, die nicht in Nummer 3 genannt sind[1031]
   4.1.
      4.1.1. Name, Vornamen
      4.1.2. Anschrift
      4.1.3 Geburtsdatum und -ort (soweit bekannt)
   4.2.
      4.2.1. Name, Vornamen
      4.2.2. Anschrift
      4.2.3. Geburtsdatum und -ort (soweit bekannt)
   4.3.
      4.3.1. Name, Vornamen
      4.3.2. Anschrift
      4.3.3. Geburtsdatum und -ort (soweit bekannt)
5. Gericht, das die Entscheidung erlassen hat
   5.1. Bezeichnung des Gerichts
   5.2. Gerichtsort
6. Entscheidung
   6.1. Datum
   6.2. Aktenzeichen
   6.3. Erging die Entscheidung im Versäumnisverfahren?
      6.3.1. Nein
      6.3.2. Ja[1032]
7. Kinder, für die die Entscheidung gilt[1033]
   7.1. Name, Vornamen und Geburtsdatum
   7.2. Name, Vornamen und Geburtsdatum
   7.3. Name, Vornamen und Geburtsdatum
   7.4. Name, Vornamen und Geburtsdatum
8. Namen der Parteien, denen Prozesskostenhilfe gewährt wurde
9. Bescheinigung über die Vollstreckbarkeit und Zustellung
   9.1. Ist die Entscheidung nach dem Recht des Ursprungsmitgliedstaats vollstreckbar?
      9.1.1. Ja
      9.1.2. Nein
   9.2. Ist die Entscheidung der Partei, gegen die vollstreckt werden soll, zugestellt worden?
      9.2.1. Ja
         9.2.1.1. Name, Vornamen der Partei
         9.2.1.2. Anschrift
         9.2.1.3. Datum der Zustellung
      9.2.2. Nein
10. Besondere Angaben zu Entscheidungen über das Umgangsrecht, wenn die Vollstreckbarkeitserklärung gemäß Artikel 28 beantragt wird. Diese Möglichkeit ist in Artikel 40 Absatz 2 vorgesehen:
   10.1. Modalitäten der Ausübung des Umgangsrechts (soweit in der Entscheidung angegeben)
      10.1.1. Datum, Uhrzeit
         10.1.1.1. Beginn
         10.1.1.2. Ende
      10.1.2. Ort
      10.1.3. Besondere Pflichten des Trägers der elterlichen Verantwortung
      10.1.4. Besondere Pflichten des Umgangsberechtigten
      10.1.5. Etwaige Beschränkungen des Umgangsrechts
11. Besondere Angaben zu Entscheidungen über die Rückgabe von Kindern, wenn die Vollstreckbarkeitserklärung gemäß Artikel 28 beantragt wird. Diese Möglichkeit ist in Artikel 40 Absatz 2 vorgesehen:

1031 Im Fall des gemeinsamen Sorgerechts kann die in Nr 3 genannte Person auch in Nr 4 genannt werden.
1032 Die in Art. 37 Abs. 2 genannten Urkunden sind vorzulegen.
1033 Gilt die Entscheidung für mehr als vier Kinder, ist ein weiteres Formblatt zu verwenden.

11.1. In der Entscheidung wird die Rückgabe der Kinder angeordnet.
11.2. Rückgabeberechtigter (soweit in der Entscheidung angegeben)
11.2.1. Name, Vornamen
11.2.2 Anschrift

Geschehen zu ... am ...

Unterschrift und/oder Dienstsiegel

Anhang III Bescheinigung gemäß Artikel 41 Absatz 1 über Entscheidungen über das Umgangsrecht[1034]

1. Ursprungsmitgliedstaat
2. Ausstellendes Gericht bzw ausstellende Behörde
   2.1. Bezeichnung
   2.2. Anschrift
   2.3. Telefon/Fax/E-Mail
3. Träger eines Umgangsrechts
   3.1. Name, Vornamen
   3.2. Anschrift
   3.3. Geburtsdatum und -ort (soweit vorhanden)
4. Träger der elterlichen Verantwortung, die nicht in Nummer 3 genannt sind[1035]
   4.1. 4.1.1. Name, Vornamen
   4.1.2. Anschrift
   4.1.3 Geburtsdatum und -ort (soweit bekannt)
   4.2. 4.2.1. Name, Vornamen
   4.2.2. Anschrift
   4.2.3. Geburtsdatum und -ort (soweit bekannt)
   4.3. Andere
   4.3.1. Name, Vornamen
   4.3.2. Anschrift
   4.3.3. Geburtsdatum und -ort (soweit bekannt)
5. Gericht, das die Entscheidung erlassen hat
   5.1. Bezeichnung des Gerichts
   5.2. Gerichtsort
6. Entscheidung
   6.1. Datum
   6.2. Aktenzeichen
7. Kinder, für die die Entscheidung gilt ()[1036]
   7.1. Name, Vornamen und Geburtsdatum
   7.2. Name, Vornamen und Geburtsdatum
   7.3. Name, Vornamen und Geburtsdatum
   7.4. Name, Vornamen und Geburtsdatum
8. Ist die Entscheidung im Ursprungsmitgliedstaat vollstreckbar?
   8.1. Ja
   8.2. Nein
9. Im Fall des Versäumnisverfahrens wurde das verfahrenseinleitende Schriftstück oder ein gleichwertiges Schriftstück der säumigen Person so rechtzeitig und in einer Weise zugestellt, dass sie sich verteidigen konnte, oder, falls es nicht unter Einhaltung dieser Bedingungen zugestellt wurde, wurde festgestellt, dass sie mit der Entscheidung eindeutig einverstanden ist.
10. Alle betroffenen Parteien hatten Gelegenheit, gehört zu werden.

1034 Verordnung (EG) Nr. 2201/2003 des Rates v. 27.11.2003 über die Zuständigkeit und Anerkennung und Vollstreckung von Entscheidungen in Ehesachen und in Verfahren betreffend die elterliche Verantwortung und zur Aufhebung der Verordnung (EG) Nr. 1347/2000.

1035 Im Fall des gemeinsamen Sorgerechts kann die in Nr 3 genannte Person auch in Nr 4 genannt werden.

1036 Gilt die Entscheidung für mehr als vier Kinder, ist ein weiteres Formblatt zu verwenden.

11. Die Kinder hatten die Möglichkeit, gehört zu werden, sofern eine Anhörung nicht aufgrund ihres Alters oder ihres Reifegrads unangebracht erschien.
12. Modalitäten der Ausübung des Umgangsrechts (soweit in der Entscheidung angegeben)
    12.1. Datum, Uhrzeit
        12.1.1. Beginn
        12.1.2. Ende
    12.2. Ort
    12.3. Besondere Pflichten des Trägers der elterlichen Verantwortung
    12.4. Besondere Pflichten des Umgangsberechtigten
    12.5. Etwaige Beschränkungen des Umgangsrechts
13. Namen der Parteien, denen Prozesskostenhilfe gewährt wurde

Geschehen zu ... am ...
Unterschrift und/oder Dienstsiegel

Anhang IV Bescheinigung gemäß Artikel 42 Absatz 1 über Entscheidungen über die Rückgabe des Kindes[1037]

1. Ursprungsmitgliedstaat
2. Ausstellendes Gericht oder ausstellende Behörde
    2.1. Bezeichnung
    2.2. Anschrift
    2.3. Telefon/Fax/E-Mail
3. Rückgabeberechtigter (soweit in der Entscheidung angegeben)
    3.1. Name, Vornamen
    3.2. Anschrift
    3.3. Geburtsdatum und -ort (soweit bekannt)
4. Träger der elterlichen Verantwortung[1038]
    4.1. Mutter
        4.1.1. Name, Vornamen
        4.1.2. Anschrift
        4.1.3 Geburtsdatum und -ort (soweit bekannt)
    4.2. Vater
        4.2.1. Name, Vornamen
        4.2.2. Anschrift
        4.2.3. Geburtsdatum und -ort (soweit bekannt)
    4.3. Andere
        4.3.1. Name, Vornamen
        4.3.2. Anschrift (soweit bekannt)
        4.3.3. Geburtsdatum und -ort (soweit bekannt)
5. Beklagte Partei (soweit bekannt)
    5.1. Name, Vornamen
    5.2. Anschrift (soweit bekannt)
6. Gericht, das die Entscheidung erlassen hat
    6.1. Bezeichnung des Gerichts
    6.2. Gerichtsort
7. Entscheidung
    7.1. Datum
    7.2. Aktenzeichen

1037 Verordnung (EG) Nr. 2201/2003 des Rates v. 27.11.2003 über die Zuständigkeit und Anerkennung und Vollstreckung von Entscheidungen in Ehesachen und in Verfahren betreffend die elterliche Verantwortung und zur Aufhebung der Verordnung (EG) Nr. 1347/2000.

1038 Dieser Punkt ist fakultativ.

8. Kinder, für die die Entscheidung gilt ()[1039]
   8.1. Name, Vornamen und Geburtsdatum
   8.2. Name, Vornamen und Geburtsdatum
   8.3. Name, Vornamen und Geburtsdatum
   8.4. Name, Vornamen und Geburtsdatum
9. In der Entscheidung wird die Rückgabe des Kindes angeordnet.
10. Ist die Entscheidung im Ursprungsmitgliedstaat vollstreckbar?
   10.1. Ja
   10.2. Nein
11. Die Kinder hatten die Möglichkeit, gehört zu werden, sofern eine Anhörung nicht aufgrund ihres Alters oder ihres Reifegrads unangebracht erschien.
12. Die Parteien hatten die Möglichkeit, gehört zu werden.
13. In der Entscheidung wird die Rückgabe der Kinder angeordnet, und das Gericht hat in seinem Urteil die Gründe und Beweismittel berücksichtigt, auf die sich die nach Artikel 13 des Haager Übereinkommens vom 25. Oktober 1980 über die zivilrechtlichen Aspekte internationaler Kindesentführung ergangene Entscheidung stützt.
14. Gegebenenfalls die Einzelheiten der Maßnahmen, die von Gerichten oder Behörden ergriffen wurden, um den Schutz des Kindes nach seiner Rückkehr in den Mitgliedstaat seines gewöhnlichen Aufenthalts sicherzustellen.
15. Namen der Parteien, denen Prozesskostenhilfe gewährt wurde

Geschehen zu ... am ...

Unterschrift und/oder Dienstsiegel

Anhang V Erklärungen Schwedens und Finnlands nach Artikel 59 Absatz 2 Buchstabe a) der Verordnung des Rates über die Zuständigkeit und Anerkennung und Vollstreckung von Entscheidungen in Ehesachen und in Verfahren betreffend die elterliche Verantwortung und zur Aufhebung der Verordnung (EG) Nr. 1347/2000

Erklärung Schwedens

Gemäß Artikel 59 Absatz 2 Buchstabe a) der Verordnung des Rates über die Zuständigkeit und Anerkennung und Vollstreckung von Entscheidungen in Ehesachen und in Verfahren betreffend die elterliche Verantwortung und zur Änderung der Verordnung (EG) Nr. 1347/2000 erklärt Schweden, dass das Übereinkommen vom 6. Februar 1931 zwischen Dänemark, Finnland, Island, Norwegen und Schweden mit Bestimmungen des internationalen Verfahrensrechts über Ehe, Adoption und Vormundschaft einschließlich des Schlussprotokolls anstelle dieser Verordnung ganz auf die Beziehungen zwischen Schweden und Finnland anwendbar ist.

Erklärung Finnlands

Gemäß Artikel 59 Absatz 2 Buchstabe a) der Verordnung des Rates über die Zuständigkeit und Anerkennung und Vollstreckung von Entscheidungen in Ehesachen und in Verfahren betreffend die elterliche Verantwortung und zur Änderung der Verordnung (EG) Nr. 1347/2000 erklärt Finnland, dass das Übereinkommen vom 6. Februar 1931 zwischen Finnland, Dänemark, Island, Norwegen und Schweden mit Bestimmungen des internationalen Verfahrensrechts über Ehe, Adoption und Vormundschaft einschließlich des Schlussprotokolls anstelle dieser Verordnung in den gegenseitigen Beziehungen zwischen Finnland und Schweden in vollem Umfang zur Anwendung kommt.

1039 Gilt die Entscheidung für mehr als vier Kinder, ist ein weiteres Formblatt zu verwenden.

Anhang II zum III. Abschnitt: Internationale Zuständigkeit in Ehesachen

1. Teil
§ 98 FamFG

§ 98 FamFG Ehesachen; Verbund von Scheidungs- und Folgesachen

(1) Die deutschen Gerichte sind für Ehesachen zuständig, wenn
1. ein Ehegatte Deutscher ist oder bei der Eheschließung war,
2. beide Ehegatten ihren gewöhnlichen Aufenthalt im Inland haben,
3. ein Ehegatte Staatenloser mit gewöhnlichem Aufenthalt im Inland ist;
4. ein Ehegatte seinen gewöhnlichen Aufenthalt im Inland hat, es sei denn, dass die zu fällende Entscheidung offensichtlich nach dem Recht keines der Staaten anerkannt würde, denen einer der Ehegatten angehört.

(2) Die Zuständigkeit der deutschen Gerichte nach Absatz 1 erstreckt sich im Falle des Verbunds von Scheidungs- und Folgesachen auf die Folgesachen.

A. Allgemeines

§ 98 Abs. 1 FamFG regelt die **internationale Zuständigkeit** in Ehesachen. Die Vorschrift hat allerdings nur geringe Bedeutung, da sie durch die Zuständigkeitsregeln der **EheVO 2003** weitgehend verdrängt wird (vgl Anhang I zum III. Abschnitt, Vor Art. 1 EheVO Rn 16). Die Vorschrift ist nur noch dann anzuwenden, wenn die Art. 6, 7 EheVO 2003 einen Rückgriff auf das nationale Zuständigkeitsrecht zulassen. Dies ist nur ausnahmsweise der Fall (vgl näher Anhang I zum III. Abschnitt, Art. 6, 7 EheVO Rn 1 ff). § 98 Abs. 1 FamFG sieht weitgefasste Zuständigkeiten vor, wobei – anders als in der EheVO 2003 – neben dem gewöhnlichen Aufenthalt vor allem auch der **Staatsangehörigkeit** der Ehegatten große Bedeutung zukommt. 1

Abs. 2 enthält eine Regelung der internationalen Zuständigkeit für Folgesachen iSd § 137 Abs. 2, 3 FamFG (unten Rn 8). 2

B. Regelungsgehalt

I. Anwendungsbereich

§ 98 Abs. 1 FamFG ist in Ehesachen nur dann anwendbar, wenn festgestellt ist, dass Art. 6, 7 EheVO 2003 einen **Rückgriff auf das nationale Zuständigkeitsrecht** erlauben. 3

Zunächst darf Art. 6 EheVO 2003 einem Rückgriff auf das nationale Recht nicht entgegenstehen; zusätzlich hierzu müssen aber die Voraussetzungen von Art. 7 Abs. 1 EheVO 2003 vorliegen. Dementsprechend ist ein Rückgriff auf nationales Zuständigkeitsrecht nur dann möglich, wenn der Antragsgegner in einem Ehescheidungsverfahren weder seinen gewöhnlichen Aufenthalt im Hoheitsgebiet eines Mitgliedstaats hat noch die Staatsbürgerschaft eines Mitgliedstaats besitzt (wobei der Zugehörigkeit zum Vereinigten Königreich und zu Irland allerdings keine Bedeutung zukommt) noch sein domicile in dem Vereinigten Königreich oder Irland hat (Art. 6) und – zusätzlich – kein Gericht eines **anderen EU-Mitgliedstaats** nach Art. 3, 4 oder 5 international zuständig ist (Art. 7 Abs. 1, vgl näher Anhang I zum III. Abschnitt, Art. 6, 7 EheVO Rn 1 ff).[1] Des Weiteren steht Art. 6 – unter den Voraussetzungen von Art. 7 Abs. 1 – einem Rückgriff auf das deutsche Zuständigkeitsrecht dann nicht entgegen, wenn der Antragsgegner die deutsche Staatsangehörigkeit hat und 4

1 EuGH, Slg 2007, I-10403 = NJW 2008, 207 = IPRax 2008, 257 mit Bespr. *Borras* 233 und ZZPInt 12 (2007), 228 mit iE zust. Anm. *Spellenberg*.

sich nicht aus Art. 3, 4 oder 5 die Zuständigkeit eines anderen Mitgliedstaats ergibt (vgl näher Anhang I zum III. Abschnitt, Art. 6, 7 EheVO Rn 1 ff).

II. Internationale Zuständigkeiten in Ehesachen

5 **1. Grundsätze.** § 98 Abs. 1 FamFG regelt nur die **internationale Zuständigkeit**. Diese ist nicht ausschließlich (§ 106 FamFG), sondern konkurrierend. Die örtliche Zuständigkeit richtet sich nach § 122 FamFG, die sachliche Zuständigkeit des Amtsgerichts folgt aus § 23 a Abs. 1 Nr. 1 GVG.

6 Die Prüfung der internationalen Zuständigkeit erfolgt **von Amts wegen**. Die Prüfung hat in jeder Lage des Verfahrens erfolgen, also auch in der Beschwerde bzw Rechtsbeschwerde.[2] Im Falle der Staatsangehörigkeit als einem zuständigkeitsbegründenden Tatbestandsmerkmal ist das Gericht an ein rechtskräftiges Verwaltungsgerichtsurteil gebunden.

7 Maßgebend für die Prüfung sind grundsätzlich die Umstände im Zeitpunkt der Rechtshängigkeit.[3] Es gilt der Grundsatz der perpetuatio fori, so dass die nachträgliche Änderung zuständigkeitsbegründender Umstände – insbesondere des gewöhnlichen Aufenthalts bzw der Staatsangehörigkeit – die einmal vorhandene internationale Zuständigkeit nicht in Wegfall bringt. Auch ein nachträgliches Eintreten der Sperrwirkung des Art. 6 EheVO 2003 oder das Entstehen einer Zuständigkeit eines anderen Mitgliedstaats nach Art. 3, 4 oder 5 EhevO 2003 steht nach dem perpetuatio fori-Grundsatz einem Fortbestand der internationalen Zuständigkeit nicht entgegen (Art. 6, 7 Rn 9).

8 Für **Folgesachen** iSd § 137 Abs. 2, 3 FamFG entsteht, soweit für die Ehesache eine internationale Zuständigkeit gegeben ist, ebenfalls eine internationale Zuständigkeit (§ 98 Abs. 2 FamFG).[4] Die Regelung greift unabhängig davon ein, ob die internationale Zuständigkeit für die Ehesache aus Abs. 1 folgt oder – wie im Regelfall – aus der EheVO.[5] Allerdings gehen die Zuständigkeitsvorschriften des internationalen Einheitsrechts dem unvereinheitlichten deutschen Recht vor.[6] Für die internationale Zuständigkeit in **Unterhaltssachen** gelten daher Art. 2, 5 Nr. 2 EuGVVO bzw zukünftig die Vorschriften der UnterhaltsVO. Für die internationale Zuständigkeit in Verfahren über die **elterliche Verantwortung**, insbesondere also Sorgerechtsangelegenheiten, gelten die EheVO 2003 sowie ergänzend das KSÜ bzw das MSA.

9 **2. Deutsche Staatsangehörigkeit (§ 98 Abs. 1 Nr. 1 FamFG).** Eine internationale Zuständigkeit deutscher Gerichte besteht dann, wenn einer der Ehegatten **Deutscher** iSd Art. 116 GG ist. Maßgebend ist grundsätzlich wiederum der Zeitpunkt der Rechtshängigkeit. Ein späterer Verlust der deutschen Staatsangehörigkeit bringt die einmal entstandene Zuständigkeit nicht in Wegfall.[7] Allerdings reicht es für die internationale Zuständigkeit auch aus, wenn die deutsche Staatsangehörigkeit bis zum Schluss der letzten mündlichen Verhandlung erworben wurde.[8] Bei Doppel- oder Mehrstaatern reicht es nach hM aus, wenn eine der Staatsangehörigkeiten die deutsche ist. Es kommt hierbei nicht darauf an, ob die deutsche Staatsangehörigkeit die effektive ist.[9] § 98 Abs. 1 Nr. 1 FamFG hat (unter den Voraussetzungen der Art. 6, 7 Abs. 1 EheVO 2003) weiterhin eigenständige Bedeutung, da nach Art. 3 Abs. 1 lit. b EheVO 2003 nur die gemeinsame deutsche Staatsangehörigkeit von Antragsteller und Antragsgegner zuständigkeitsbegründend wirkt.

10 **Art. 7 Abs. 2 EheVO 2003** führt dazu, dass Angehörige eines EU-Mitgliedstaates, die in Deutschland ihren gewöhnlichen Aufenthalt haben, zu ihren Gunsten so zu behandeln sind wie deutsche Staatsangehörige. Hierdurch soll ein Verstoß gegen das **Diskriminierungsverbot des Art. 18 AEUV** (= ex-Art. 12 EG) verhindert werden. Ein französischer Staatsangehöriger mit gewöhnlichem Aufenthalt in Deutschland kann sich daher ebenfalls – so, als sei er selbst deutscher Staatsangehöriger – auf § 98 Abs. 1 Nr. 1 FamFG berufen (vgl näher Anhang I zum III. Abschnitt, Art. 6, 7 EheVO Rn 1 ff)

2 BGHZ 169, 328 = FamRZ 2007, 113; BGHZ 153, 82, 84 ff = NJW 2003, 426 f mit zust. Anm. *Leible*, S. 407, 408 f = IPRax 2003, 346 f mit zust. Anm. *Piekenbrock/Schulze*, S. 328 f; BGH NJW-RR 2003, 1582; NJW 2003, 2918 = IPRax 2004, 59, 60; BGH ZIP 2004, 428, 429 f.

3 BGH NJW 1984, 1305 = IPRax 1985, 162 = FamRZ 1983, 1215.

4 BGH IPRax 2001, 454 = FamRZ 2001, 412; Musielak/*Borth*, FamFG, § 606 a Rn 22; Erman/*Hohloch*, Art. 17 EGBGB Rn 68.

5 *Hau*, FamRZ 2009, 821, 823; *Althammer*, IPRax 2009, 381, 383; Thomas/Putzo/*Hüßtege*, § 98 FamFG Rn 6; MüKo-ZPO/*Rauscher*, § 98 FamFG Rn 101.

6 *Althammer*, IPRax 2009, 381, 383.

7 MüKo-ZPO/*Rauscher*, § 98 FamFG Rn 54; aA Staudinger/*Spellenberg*, Int. Verfahrensrecht in Ehesachen, §§ 606 ff Rn 399.

8 BGH NJW 1982, 1940 = IPRax 1983, 180 = FamRZ 1982, 795; BGH NJW 1977, 498; 1970, 1007.

9 OLG Stuttgart FamRZ 1989, 760; OLG Celle FamRZ 1987, 159; Zöller/*Geimer*, FamFG, § 606 a Rn 37; abweichend Staudinger/*Spellenberg*, Int. Verfahrensrecht in Ehesachen, §§ 606 ff Rn 153, 156 (für eine teleologische Reduktion des § 98 Abs. 1 S. 1 Nr. 1 FamFG, wenn die deutsche Staatsangehörigkeit der Partei nicht effektiv ist bzw bei Heirat nicht war und nicht deutsches Sachrecht anzuwenden ist).

Wie deutsche Staatsangehörige behandelt werden ferner, was ihren Zugang zu den deutschen Gerichten anbelangt, **Flüchtlinge** nach der Genfer Flüchtlingskonvention sowie ihnen nach § 2 Abs. 1 AsylVfG gleichgestellte **Asylberechtigte**.[10] Teilweise wird in diesen Fällen – was allerdings ohne praktische Konsequenzen bleibt – eine analoge Anwendung von Nr. 3 befürwortet.[11] **11**

3. Gewöhnlicher Aufenthalt der Ehegatten im Inland (§ 98 Abs. 1 Nr. 2 FamFG). Eine internationale Zuständigkeit deutscher Gerichte besteht nach § 98 Abs. 1 Nr. 2 FamFG auch dann, wenn beide Ehegatten ihren **gewöhnlichen Aufenthalt** in Deutschland haben. Nicht ausreichend ist ein einfacher Aufenthalt, der sich noch nicht zu einem gewöhnlichen Aufenthalt verfestigt hat. Bei Asylbewerbern wird allerdings zT ein längerer Zeitraum verlangt bzw zumindest gefordert, dass der Aufenthalt geduldet wird und eine Abschiebung nicht konkret bevorsteht.[12] Ist ein gewöhnlicher Aufenthalt begründet worden, so entfällt er nicht mit der Ablehnung des Asylantrags oder der Anordnung der Ausreise.[13] **12**

Näher betrachtet kommt § 98 Abs. 1 Nr. 2 FamFG keine Bedeutung mehr zu, da in diesen Fällen eine internationale Zuständigkeit deutscher Gerichte nach Art. 3 Abs. 1 lit. a EheVO 2003 besteht. Praktisch relevante Unterschiede in der Definition des gewöhnlichen Aufenthalts nach § 98 FamFG bzw Art. 3 EheVO 2003 sind gegenwärtig nicht erkennbar (vgl Anhang I zum III. Abschnitt, Art. 3 EheVO Rn 11). **13**

4. Gewöhnlicher Aufenthalt eines Staatenlosen im Inland (§ 98 Abs. 1 Nr. 3 FamFG). Ist einer der Ehegatten **staatenlos**, so wird eine internationale Zuständigkeit deutscher Gerichte bereits mit dem gewöhnlichen Aufenthalt des Staatenlosen in Deutschland begründet. Der gewöhnliche Aufenthalt im Inland steht beim Staatenlosen daher praktisch der deutschen Staatsangehörigkeit gleich. Der Vorschrift kommt – wiederum nur unter den engen Voraussetzungen der Art. 6, 7 Abs. 1 EheVO 2003 – eigenständige Bedeutung zu, soweit sich die internationale Zuständigkeit auf den gewöhnlichen Aufenthalt des Antragstellers stützt. Nach Art. 3 Abs. 1 lit. a Spiegelstrich 5 EheVO 2003 ist nämlich ein gewöhnlicher Aufenthalt des Antragstellers im Inland nur dann zuständigkeitsbegründend, wenn er seit mindestens einem Jahr ununterbrochen beibehalten worden ist. **14**

5. Gewöhnlicher Aufenthalt eines Ehegatten im Inland (§ 98 Abs. 1 Nr. 4 FamFG). Grundsätzlich reicht es für die internationale Zuständigkeit deutscher Gerichte auch aus, dass nur ein Ehegatte seinen **gewöhnlichen Aufenthalt im Inland** hat. Ausgeschlossen ist die internationale Zuständigkeit der deutschen Gerichte ausnahmsweise dann, wenn die Scheidung offensichtlich von keinem der Staaten, dem einer der Ehegatten angehört, anerkannt würde. Hat ein Ehegatten mehrere Staatsangehörigkeiten, so ist nur auf die effektive Staatsangehörigkeit abzustellen.[14] Der Vorschrift kommt (unter den Voraussetzungen der Art. 6, 7 Abs. 1 EheVO 2003) dann eigenständige Bedeutung zu, wenn sich keine internationale Zuständigkeit aus Art. 3 Abs. 1 lit. a Spiegelstrich 5 EheVO 2003 ergibt, also der gewöhnliche Aufenthalt im Inland noch kein ganzes Jahr besteht (vgl Art. 6, 7 Rn 1 ff, 5). **15**

Eine **Anerkennung durch die Heimatstaaten** scheidet niemals offensichtlich aus, wenn einer der Ehegatten die Staatsangehörigkeit eines EU-Mitgliedstaates (außer Dänemark) hat. Denn in diesem Fall erfolgt eine Anerkennung nach Maßgabe der Art. 21 ff EheVO 2003 (s. Anhang I zum III. Abschnitt, Art. 21 EheVO Rn 1 ff).[15] Soll eine „hinkende Inlandsehe" geschieden werden, so bedarf es keiner Anerkennungsprognose im Hinblick auf diejenigen Staaten, die ohnehin nicht von einem wirksamen Bestehen der Ehe ausgehen.[16] **16**

In den übrigen Fällen hat das Gericht die für den betreffenden Staat maßgeblichen Anerkennungsvorschriften zu berücksichtigen. Regelmäßig kann sich das Gericht an vorhandenen Abkommen, gesetzlichen Bestimmungen oder einer bekannten ausländischen Anerkennungspraxis orientieren und gelangt ohne die Hilfe von Sachverständigen zu einem eindeutigen Ergebnis. Verbleiben Zweifel, so ist von der Anerkennungsfähigkeit des deutschen Urteils auszugehen.[17] Eine „offensichtliche Nichtanerkennung" liegt zB dann vor, wenn der Heimatstaat die Scheidung ausschließlich seinen eigenen Gerichten vorbehält oder nur die Zuständigkeit geistlicher oder religiöser Gerichte akzeptiert. **17**

Umstritten ist, wie intensiv die Anerkennungsfähigkeit des deutschen Urteils durch den Richter geprüft werden muss. Man wird vom Richter zunächst verlangen müssen, dass er die generell zugänglich deutschsprachige **18**

10 Vgl MüKo-ZPO/Rauscher, § 98 FamFG Rn 45; Kilian, IPRax 1995, 9, 10 f.
11 So zB OLG München, IPRax 1989, 238; Erman/Hohloch, Art. 17 EGBGB Rn 66 mwN.
12 Vgl OLG Hamm NJW 1990, 651; näher Kilian, IPRax 1995, 9, 10 f.
13 OLG Nürnberg FamRZ 2002, 324.
14 MüKo-ZPO/*Rauscher,* § 98 FamFG Rn 79; *Kilian*, IPRax 1995, 9, 11 f; *Spellenberg*, IPRax 1988, 1, 5; *Henrich*, FamRZ 1986, 841, 869.
15 Hat der Antragsgegner die Staatsangehörigkeit eines Mitgliedstaates, scheidet die Anwendung von § 98 FamFG bereits wegen der Sperrwirkung von Art. 6, 7 EheVO 2003 aus.
16 Erman/*Hohloch*, Art. 17 EGBGB Rn 66.
17 OLG Nürnberg, FamRZ 2001, 837; MüKo-ZPO/*Rauscher,* § 98 FamFG Rn 102; *Spellenberg*, IPRax 1988, 1, 8.

Literatur auswertet.[18] Ergeben sich hieraus Zweifel, muss er diesen weiter nachgehen, bei ersichtlich unklarer Rechtslage auch (ausnahmsweise) durch Einholung von Sachverständigengutachten.[19]

2. Teil: Anerkennung ausländischer Entscheidungen in Ehe- und Lebenspartnerschaftssachen, §§ 107, 108, 109 FamFG[20]

§ 107 FamFG Anerkennung ausländischer Entscheidungen in Ehesachen

(1) [1]Entscheidungen, durch die im Ausland eine Ehe für nichtig erklärt, aufgehoben, dem Ehebande nach oder unter Aufrechterhaltung des Ehebandes geschieden oder durch die das Bestehen oder Nichtbestehen einer Ehe zwischen den Beteiligten festgestellt worden ist, werden nur anerkannt, wenn die Landesjustizverwaltung festgestellt hat, dass die Voraussetzungen für die Anerkennung vorliegen. [2]Hat ein Gericht oder eine Behörde des Staates entschieden, dem beide Ehegatten zur Zeit der Entscheidung angehört haben, hängt die Anerkennung nicht von einer Feststellung der Landesjustizverwaltung ab.

(2) [1]Zuständig ist die Justizverwaltung des Landes, in dem ein Ehegatte seinen gewöhnlichen Aufenthalt hat. [2]Hat keiner der Ehegatten seinen gewöhnlichen Aufenthalt im Inland, ist die Justizverwaltung des Landes zuständig, in dem eine neue Ehe geschlossen oder eine Lebenspartnerschaft begründet werden soll; die Landesjustizverwaltung kann den Nachweis verlangen, dass die Eheschließung oder die Begründung der Lebenspartnerschaft angemeldet ist. [3]Wenn eine andere Zuständigkeit nicht gegeben ist, ist die Justizverwaltung des Landes Berlin zuständig.

(3) [1]Die Landesregierungen können die den Landesjustizverwaltungen nach dieser Vorschrift zustehenden Befugnisse durch Rechtsverordnung auf einen oder mehrere Präsidenten der Oberlandesgerichte übertragen. [2]Die Landesregierungen können die Ermächtigung nach Satz 1 durch Rechtsverordnung auf die Landesjustizverwaltungen übertragen.

(4) [1]Die Entscheidung ergeht auf Antrag. [2]Den Antrag kann stellen, wer ein rechtliches Interesse an der Anerkennung glaubhaft macht.

(5) Lehnt die Landesjustizverwaltung den Antrag ab, kann der Antragsteller beim Oberlandesgericht die Entscheidung beantragen.

(6) [1]Stellt die Landesjustizverwaltung fest, dass die Voraussetzungen für die Anerkennung vorliegen, kann ein Ehegatte, der den Antrag nicht gestellt hat, beim Oberlandesgericht die Entscheidung beantragen. [2]Die Entscheidung der Landesjustizverwaltung wird mit der Bekanntgabe an den Antragsteller wirksam. [3]Die Landesjustizverwaltung kann jedoch in ihrer Entscheidung bestimmen, dass die Entscheidung erst nach Ablauf einer von ihr bestimmten Frist wirksam wird.

(7) [1]Zuständig ist ein Zivilsenat des Oberlandesgerichts, in dessen Bezirk die Landesjustizverwaltung ihren Sitz hat. [2]Der Antrag auf gerichtliche Entscheidung hat keine aufschiebende Wirkung. [3]Für das Verfahren gelten die Abschnitte 4 und 5 sowie § 14 Abs. 1 und 2 und § 48 Abs. 2 entsprechend.

(8) Die vorstehenden Vorschriften sind entsprechend anzuwenden, wenn die Feststellung begehrt wird, dass die Voraussetzungen für die Anerkennung einer Entscheidung nicht vorliegen.

(9) Die Feststellung, dass die Voraussetzungen für die Anerkennung vorliegen oder nicht vorliegen, ist für Gerichte und Verwaltungsbehörden bindend.

(10) War am 1. November 1941 in einem deutschen Familienbuch (Heiratsregister) auf Grund einer ausländischen Entscheidung die Nichtigerklärung, Aufhebung, Scheidung oder Trennung oder das Bestehen oder Nichtbestehen einer Ehe vermerkt, steht der Vermerk einer Anerkennung nach dieser Vorschrift gleich.

18 Nicht abzustellen ist auf die jeweils vorhandene Gerichtsbibliothek, denn in diesem Fall wäre in Deutschland – insb. mit Blick auf kleinere Gerichte – ein einheitlicher Maßstab nicht mehr gegeben (ähnlich MüKo-ZPO/*Rauscher,* § 98 FamFG Rn 85). Eine Darstellung der Anerkennungsvorschriften in den einzelnen Staaten findet sich bei *Bergmann/Ferid,* Internationales Ehe- und Kindschaftsrecht mit Staatsangehörigkeitsrecht, Loseblatt.

19 MüKo-ZPO/*Rauscher,* § 98 FamFG Rn 85.

20 Für die Mitarbeit an der Kommentierung der §§ 107, 108, 109 FamFG danke ich Wiss. Mitarbeiter *Dr. Steffen Schreiber.*

§ 108 FamFG Anerkennung anderer ausländischer Entscheidungen

(1) Abgesehen von Entscheidungen in Ehesachen werden ausländische Entscheidungen anerkannt, ohne dass es hierfür eines besonderen Verfahrens bedarf.

(2) [1]Beteiligte, die ein rechtliches Interesse haben, können eine Entscheidung über die Anerkennung oder Nichtanerkennung einer ausländischen Entscheidung nicht vermögensrechtlichen Inhalts beantragen. [2]§ 107 Abs. 9 gilt entsprechend. [3]Für die Anerkennung oder Nichtanerkennung einer Annahme als Kind gelten jedoch die §§ 2, 4 und 5 des Adoptionswirkungsgesetzes, wenn der Angenommene zur Zeit der Annahme das 18. Lebensjahr nicht vollendet hatte.

(3) [1]Für die Entscheidung über den Antrag nach Absatz 2 Satz 1 ist das Gericht örtlich zuständig, in dessen Bezirk zum Zeitpunkt der Antragstellung

1. **der Antragsgegner oder die Person, auf die sich die Entscheidung bezieht, sich gewöhnlich aufhält oder**
2. **bei Fehlen einer Zuständigkeit nach Nummer 1 das Interesse an der Feststellung bekannt wird oder das Bedürfnis der Fürsorge besteht.**

[2]Diese Zuständigkeiten sind ausschließlich.

§ 109 FamFG Anerkennungshindernisse

(1) Die Anerkennung einer ausländischen Entscheidung ist ausgeschlossen,

1. **wenn die Gerichte des anderen Staates nach deutschem Recht nicht zuständig sind;**
2. **wenn einem Beteiligten, der sich zur Hauptsache nicht geäußert hat und sich hierauf beruft, das verfahrenseinleitende Dokument nicht ordnungsgemäß oder nicht so rechtzeitig mitgeteilt worden ist, dass er seine Rechte wahrnehmen konnte;**
3. **wenn die Entscheidung mit einer hier erlassenen oder anzuerkennenden früheren ausländischen Entscheidung oder wenn das ihr zugrunde liegende Verfahren mit einem früher hier rechtshängig gewordenen Verfahren unvereinbar ist;**
4. **wenn die Anerkennung der Entscheidung zu einem Ergebnis führt, das mit wesentlichen Grundsätzen des deutschen Rechts offensichtlich unvereinbar ist, insbesondere wenn die Anerkennung mit den Grundrechten unvereinbar ist.**

(2) [1]Der Anerkennung einer ausländischen Entscheidung in einer Ehesache steht § 98 Abs. 1 Nr. 4 nicht entgegen, wenn ein Ehegatte seinen gewöhnlichen Aufenthalt in dem Staat hatte, dessen Gerichte entschieden haben. [2]Wird eine ausländische Entscheidung in einer Ehesache von den Staaten anerkannt, denen die Ehegatten angehören, steht § 98 der Anerkennung der Entscheidung nicht entgegen.

(3) § 103 steht der Anerkennung einer ausländischen Entscheidung in einer Lebenspartnerschaftssache nicht entgegen, wenn der Register führende Staat die Entscheidung anerkennt.

(4) Die Anerkennung einer ausländischen Entscheidung, die

1. **Familienstreitsachen,**
2. **die Verpflichtung zur Fürsorge und Unterstützung in der partnerschaftlichen Lebensgemeinschaft,**
3. **die Regelung der Rechtsverhältnisse an der gemeinsamen Wohnung und an den Haushaltsgegenständen der Lebenspartner,**
4. **Entscheidungen nach § 6 Satz 2 des Lebenspartnerschaftsgesetzes in Verbindung mit den §§ 1382 und 1383 des Bürgerlichen Gesetzbuchs oder**
5. **Entscheidungen nach § 7 Satz 2 des Lebenspartnerschaftsgesetzes in Verbindung mit den §§ 1426, 1430 und 1452 des Bürgerlichen Gesetzbuchs**

betrifft, ist auch dann ausgeschlossen, wenn die Gegenseitigkeit nicht verbürgt ist.

(5) Eine Überprüfung der Gesetzmäßigkeit der ausländischen Entscheidung findet nicht statt.

Literatur: *Andrae*, Internationales Familienrecht, 2. Auflage 2006; *Andrae/Heidrich*, Anerkennung ausländischer Entscheidungen in Ehe- und Lebenspartnerschaftssachen, FPR 2004, 292; *dies.*, Aktuelle Fragen zum Anwendungsbereich des Verfahrens nach Art. 7 § 1 FamRÄndG, FamRZ 2004, 1622; *Fricke*, Anerkennungszuständigkeit zwischen Spiegelbildgrundsatz und Generalklausel, 1990; *Geimer*, Anerkennung ausländischer Entscheidungen in Deutschland, 1995; *Haecker*, Die Anerkennung ausländischer Entscheidungen in Ehesachen, 3. Auflage 2009; *Henrich*, Internationales Familienrecht, 2. Auflage 2000; *Krzywon*, StAZ 1989, 93 (teils überholt).

A. Überblick

1 Gerichtsurteile und vergleichbare Hoheitsakte haben unmittelbare Rechtswirkungen grundsätzlich nur im Gebiet des Staats, in dem sie erlassen worden sind (**Territorialitätsprinzip**). In anderen Staaten entfalten sie Rechtswirkungen, wenn sie nach den dort geltenden gesetzlichen Regelungen anerkannt werden. In Bezug auf ausländische Entscheidungen in Ehe- und Lebenspartnerschaftssachen sind folgende Fallgruppen zu unterscheiden:

2 – (1.)Anerkennung **nach der EheVO.**[21] Erfasst werden Entscheidungen, die in einem der **EU-Staaten (außer Dänemark)** in ab dem 1.3.2001 eingeleiteten Verfahren ergangen sind. Die Anerkennung erfolgt ipso iure, ohne dass es eines besonderen Anerkennungsverfahrens bedarf (Anhang I zum III. Abschnitt).

3 – (2.)Förmliches **Feststellungsverfahren nach § 107 FamFG**. Außerhalb des Anwendungsbereichs der EheVO wird in einem förmlichen Verfahren über die Anerkennung oder Nichtanerkennung für alle Behörden und Gerichte bindend und damit einheitlich entschieden (s. Rn 6 ff). **Bis zum 1.9.2009** war dieses Verfahren **in Art. 7 § 1 FamRÄndG** geregelt. Dessen Bestimmungen sind **weitgehend in § 107**

21 VO (EG) Nr. 2201/2003 des Rates v. 27.11.2003 über die Zuständigkeit und die Anerkennung und Vollstreckung von Entscheidungen in Ehesachen und in Verfahren betreffend die elterliche Verantwortung und zur Aufhebung der Verordnung (EG) Nr. 1347/2000 (ABl. EG 2003 L 338, S. 1). Vorgängerregelung: VO (EG) Nr. 1347/2000 des Rates v. 29.5.2000 über die Zuständigkeit und Anerkennung und Vollstreckung von Entscheidungen in Ehesachen und in Verfahren betreffend die elterliche Verantwortung für die gemeinsamen Kinder der Ehegatten (ABl. EG 2000 L 160, S. 19).

FamFG übernommen worden, so dass für die **Auslegung der Norm** weiterhin auf die **bisherige Rechtsprechung** und Literatur zum **Art. 7 § 1 FamRÄndG zurückgegriffen** werden kann.

– (3.)Sonstige **ausländische Entscheidungen in Ehe- und Lebenspartnerschaftssachen**. Im Falle von sonstigen ausländischen Entscheidungen in Ehe- und Lebenspartnerschaftssachen, die weder der EheVO noch § 107 FamFG unterliegen, entscheidet über das Vorliegen der sachlichen Anerkennungsvoraussetzungen die jeweils befasste Stelle (Gericht, Behörde) nach allgemeinen Bestimmungen inzident, § 108 Abs. 1 FamFG (s. Rn 22 ff). Jedoch können die Beteiligten, die ein rechtliches Interesse haben, eine Entscheidung über die Anerkennung oder Nichtanerkennung einer ausländischen Entscheidung (**fakultatives Anerkennungsverfahren**) nicht vermögensrechtlichen Inhalts beantragen, welcher auch erga-omnes-Wirkung zukommt, § 108 Abs. 2 FamFG (s. Rn 40 ff). 4

– (4.)Ausländische **Privatscheidungen von Ehen bzw Lebenspartnerschaften**. Bei ausländischen Privatscheidungen von Ehen bzw Lebenspartnerschaften geht es um die Frage der Wirksamkeit eines solchen rechtsgeschäftlichen Aktes mit statusrechtlichen Folgen. Strittig ist, ob und unter welchen Voraussetzungen die Feststellung der Wirksamkeit der Privatscheidung dem Verfahren nach § 107 FamFG bzw § 108 FamFG unterliegt (s. Rn 10, 16, 40, 77 ff). 5

B. Das förmliche Feststellungsverfahren nach § 107 FamFG

I. Allgemeines

1. Sinn und Zweck. § 107 FamFG zielt auf die **zwingende** Durchführung eines Feststellungsverfahrens über die Anerkennungsfähigkeit ausländischer Entscheidungen durch **spezialisierte** Behörden.[22] Die Frage, ob eine im Ausland erfolgte Eheauflösung im Inland anzuerkennen ist, stellt sich in unterschiedlichen rechtlichen Zusammenhängen, zB im Familien-, Erb-, Sozial-, Steuer- und Aufenthaltsrecht. Sie ist derart wichtig und tritt in Bezug auf dieselbe Ehe häufig verschiedentlich auf, dass ein öffentliches Interesse an einer einheitlichen, die Gerichte und Behörden bindenden Feststellung der Anerkennungs- oder Nichtanerkennungsfähigkeit besteht. Die **Verfassungsgemäßheit** von § 107 FamFG ist nach hM[23] gegeben. Die Norm wird aber rechtspolitisch kritisiert.[24] 6

2. Funktionsweise. Die zuständige Behörde trifft eine einheitliche und bindende **Feststellung,** dass die Voraussetzungen für die Anerkennung der ausländischen Entscheidung vorliegen oder nicht vorliegen. Die erfassten Entscheidungen entfalten im Inland erst Wirkung, nachdem die Behörde die Anerkennungsfähigkeit festgestellt hat. Eine nach der bindenden Feststellung mit der Vorfrage nach der Anerkennung/Nichtanerkennung befasste Stelle muss entsprechend der Feststellung entscheiden. Die Begründetheitsprüfung unterscheidet sich beim Feststellungsverfahren nach § 107 FamFG nicht von der Prüfung der Anerkennung einer sonstigen ausländischen Entscheidung, da die Entscheidung anhand der üblichen Vorschriften (bilaterale Abkommen, § 109 FamFG) erfolgt (hierzu Rn 47 ff). 7

3. Struktur. Der Anwendungsbereich ist in § 107 Abs. 1 und 8, das Verfahren in Abs. 2–8 und die Wirkungen der Entscheidungen sind in Abs. 9 geregelt. 8

II. Anwendungsbereich (§ 107 Abs. 1 S. 1 und 2, Abs. 8 FamFG)

1. Entscheidungen in Ehesachen. Erfasst werden ausländische Entscheidungen in **Ehesachen,** dh über die Nichtigerklärung, Aufhebung oder Auflösung einer Ehe, über die Feststellung des Bestehens oder Nichtbestehens einer Ehe und über die Trennung von Tisch und Bett. Nicht einbezogen sind Entscheidungen zu Scheidungsfolgesachen, auch wenn sie im Scheidungsurteil enthalten sind, die Kostenentscheidung sowie ein Schuldspruch im Scheidungsurteil,[25] weil das Verfahren nach § 107 FamFG nur die Statusfrage einheitlich und bindend klären will.[26] 9

22 BGHZ 82, 34, 44 = IPRax 1983, 37= FamRZ 1982, 44 = NJW 1982, 517.

23 BGHZ 82, 34, 39 ff = IPRax 1983, 37 = FamRZ 1982, 44 = NJW 1982, 517; Erman/*Hohloch*, Art. 17 EGBGB Rn 70; Baumbach/Lauterbach/*Hartmann*, § 107 FamFG Rn 5; *Nagel/Gottwald*, Int. Zivilprozessrecht, 6. Aufl. 2007, § 11 Rn 224; aA Zöller/*Geimer*, ZPO, § 107 FamFG Rn 3; *Geimer*, Int. Zivilprozessrecht, 6. Aufl. 2009, Rn 3015.

24 *Kegel*, IPRax 1983, 22, 24.

25 MüKo-ZPO/*Rauscher*, § 107 FamFG Rn 28; Prütting/Helms/*Hau*, § 107 FamFG Rn 20; Zöller/*Geimer*, ZPO, § 107 FamFG Rn 14; *Krzywon*, StAZ 1989, 93, 96; aA Palandt/*Thorn*, Art. 17 EGBGB Rn 31; Erman/*Hohloch*, Art. 17 EGBGB Rn 76.

26 So auch *Martiny*, Handbuch Int. Zivilverfahrensrecht, Bd. III/1, Rn 1692.

10 In der Vorauflage wurde noch vertreten, dass das Verfahren nach Art. 7 § 1 FamRÄndG auch auf Entscheidungen in **Lebenspartnerschaftssachen** angewandt werden sollte,[27] weil der oben (Rn 6) genannte Normzweck gleichermaßen zutrifft.[28] Allerdings hat der Gesetzgeber die schon bei der Vorgängernorm des Art. 7 § 1 FamRÄndG geforderte Erweiterung in den Wortlaut der Norm nicht aufgenommen, so dass hieraus geschlussfolgert wird, dass § 107 FamFG nur auf Entscheidungen in Ehesachen anzuwenden ist.[29] Hinzu kommt, dass das wichtigste Argument für die Erstreckung durch die Einführung eines **fakultativen Anerkennungsverfahrens** in **§ 108 Abs. 2 FamFG** weggefallen ist. Das neue Verfahren ermöglicht es den Beteiligten, durch den Verweis auf § 107 Abs. 9 FamFG eine verbindliche Entscheidung mit **erga-omnes-Wirkung** zu erreichen.

11 Der Begriff **Entscheidungen** iSd §§ 107, 108 FamFG ist weit auszulegen. Gemeint sind Entscheidungen (Urteile, Beschlüsse) staatlicher Stellen, also von Gerichten oder Behörden und auch von staatlich autorisierten Stellen, insbesondere Entscheidungen geistlicher Gerichte, wenn sie gemäß der Rechtsordnung, in der sie erlassen werden, zur Auflösung der Ehe/Lebenspartnerschaft führen.[30] Es muss sich um eine dem Antrag in der Statussache **stattgebende** Sachentscheidung handeln, die **rechtskräftig** ist.[31] Nach hM[32] fallen abweisende Sachurteile entsprechend dem Wortlaut nicht unter § 107 FamFG; über ihre Anerkennung ist inzident zu entscheiden, § 108 Abs. 1 FamFG. Für klageabweisende Feststellungsurteile kann das Verfahren nach § 108 Abs. 2 FamFG genutzt werden (s. Rn 40 ff), so dass § 107 FamFG nur die in Abs. 1 genannten Ehesachen erfasst.

12 **2. Privatscheidungen.** Privatscheidungen sind Eheauflösungen durch privaten Willensakt (zum genauen Begriff s. Art. 17 EGBGB Rn 95). Zu der Frage, ob auch Privatscheidungen dem Anwendungsbereich des § 107 FamFG unterfallen, werden im Wesentlichen drei Auffassungen vertreten. Nach der extrem verneinenden Ansicht[33] unterliegen Privatscheidungen als rechtsgeschäftliche Vorgänge keinesfalls dem förmlichen Anerkennungsverfahren, da dieses nur auf konstitutiv wirkende ausländische Entscheidungen zugeschnitten sei.

13 Die **herrschende Meinung** will Privatscheidungen erfassen, wenn eine **Behörde** zumindest **deklaratorisch** registrierend oder beurkundend **mitgewirkt** hat, wobei hier umstritten ist, ob diese behördliche Mitwirkung zwingend gegeben sein muss. Teilweise[34] wird dies verlangt, da andernfalls keine Entscheidung im Wortsinne vorliege. Zu Art. 7 § 1 FamRÄndG wurde zumeist[35] jedoch vertreten, dass diese Frage offenbleiben könne, da jedenfalls die freiwillige Durchführung des Anerkennungsverfahrens zulässig sei. Zum Teil wird dies auch für § 107 FamFG so gesehen,[36] was jedoch mit Blick auf das fakultative Verfahren nach § 108 Abs. 2 FamFG (Rn 40 ff) fraglich erscheint. Nach der extrem bejahenden Ansicht[37] ist das Verfahren nach § 107 FamFG **auch bei reinen Privatscheidungen**, dh bei Auflösungen ohne behördliche Mitwirkung, zwingend anzuwenden. Dem ist zu folgen. Die Feststellung der Anerkennungsfähigkeit einer Privatscheidung ist rechtlich meist schwieriger als die einer gerichtlichen Entscheidung. Das Interesse an einer Einheitlichkeit und Verbindlichkeit der Entscheidung ist jedoch gleichermaßen gegeben.

14 Die Privatscheidung muss die Ehe, ggf nach Ablauf einer bestimmten Wartefrist oder Registrierung nach der Rechtsordnung, nach der sie vorgenommen wurde, **endgültig aufgelöst** haben.[38]

27 Zum Art. 7 § 1 FamRÄndG: *Hausmann*, in: FS Henrich 2000, S. 241, 265; ebenso wohl Baumbach/Lauterbach/*Hartmann*, § 107 FamFG Rn 3; aA Bamberger/Roth/*Heiderhoff*, Art. 17 b EGBGB Rn 58; Zöller/*Geimer*, ZPO, § 107 FamFG Rn 21; *Wagner*, IPRax 2001, 281, 288; wohl auch *Finger*, FPR 2001, 460, 463.

28 Hierzu ausf. *Andrae/Heidrich*, FamRZ 2004, 1622, 1624 f.

29 Vgl nur MüKo-ZPO/*Rauscher*, § 107 FamFG Rn 4.

30 BGHZ 176, 365 = FamRZ 2008, 1409 = IPRax 2009, 347; BGHZ 110, 267, 270 f = FamRZ 1990, 607 = NJW 1990, 2194 = StAZ 1990, 221; BGHZ 82, 34, 43 = IPRax 1983, 37 = FamRZ 1982, 44 = NJW 1982, 517; OLG Schleswig, FamRZ 2009, 609 = NJW-RR 2008, 1390.

31 LJV NRW IPRax 1986, 167, 169; OLG Koblenz FamRZ 2005, 1692 = IPRax 2005, 354; KG FamRZ 2007, 1828 = IPRspr 2007, Nr. 210; Baumbach/Lauterbach/*Hartmann*, § 107 FamFG Rn 6; Erman/*Hohloch*, Art. 17 EGBGB Rn 72; MüKo-ZPO/*Rauscher*, § 107 FamFG Rn 20; Stein/Jonas/*Roth*, ZPO, 22. Aufl. 2006, Art. 7 FamRÄndG Rn 159.

32 KG IPRspr 1974 Nr. 183; Baumbach/Lauterbach/*Hartmann*, § 107 FamFG Rn 13; Erman/*Hohloch*, Art. 17 EGBGB Rn 74; Zöller/*Geimer*, ZPO, § 107 FamFG Rn 43.

33 *Rauscher*, IPRax 2000, 391; *Kegel/Schurig*, S. 825.

34 OLG Celle FamRZ 1998, 686; Palandt/*Thorn*, Art. 17 EGBGB Rn 36; Zöller/*Geimer*, ZPO, § 107 FamFG Rn 24; *Schack*, Int. Zivilverfahrensrecht, 4. Aufl. 2006, Rn 896 f; *Geimer*, Int. Zivilprozessrecht, 6. Aufl. 2009, Rn 3020.

35 BGHZ 110, 267, 270 f = FamRZ 1990, 607 = NJW 1990, 2194 = StAZ 1990, 221; BGHZ 82, 34, 41 ff = IPRax 1983, 37 = FamRZ 1982, 44 = NJW 1982, 517; Erman/*Hohloch*, Art. 17 EGBGB Rn 82.

36 Vgl nur MüKo-ZPO/*Rauscher*, § 107 FamFG Rn 26.

37 Präs. OLG Frankfurt StAZ 2003, 137; Staudinger/*Spellenberg*, Int. Verfahrensrecht in Ehesachen, Art. 7 FamRÄndG Rn 38, 31; MüKo-ZPO/*Rauscher*, § 107 FamFG Rn 19; ausf. *Andrae/Heidrich*, FamRZ 2004, 1622, 1626.

38 JM NRW IPRspr 1991 Nr. 216, S. 458 = StAZ 1992, 46.

3. Ausnahme: Heimatstaatentscheidung (§ 107 Abs. 1 S. 2 FamFG). Das Feststellungsverfahren ist nicht anzuwenden auf Entscheidungen eines Gerichts und einer Verwaltungsbehörde des Staats, dem beide Ehegatten im Zeitpunkt der Entscheidung angehört haben. In solchen Fällen ist die Anerkennungsfähigkeit der Entscheidung kaum problematisch und kann daher den einzelnen inländischen Behörden und Gerichten überlassen werden.[39] Der maßgebende **Zeitpunkt** für das Vorliegen der übereinstimmenden Staatsangehörigkeit ist der Erlass des Urteils.[40] Bei Staaten mit unterschiedlicher **Teilrechtsordnung** kommt es auf die gemeinsame Gesamtstaatsangehörigkeit an.[41] Nach hM ist S. 2 restriktiv anzuwenden. Danach ist das Feststellungsverfahren zwingend bei Mehrstaatern durchzuführen, unabhängig davon, welche Staatsangehörigkeit effektiv ist oder ob auch die deutsche Staatsangehörigkeit gegeben ist.[42] Eine Mindermeinung will Abs. 1 S. 2 dann heranziehen, wenn die effektive Staatsangehörigkeit übereinstimmt und keiner der Partner die deutsche Staatsangehörigkeit besitzt.[43] Bei Zweifeln, ob eine Heimatstaatentscheidung vorliegt (zB wegen des Zerfalls des Staatsgebildes des früheren Jugoslawien oder der früheren UdSSR), ist nach hM[44] mit Blick auf Sinn und Zweck des Verfahrens die Durchführung obligatorisch. Andernfalls kommt nur ein freiwilliges Verfahren nach § 108 Abs. 2 FamFG in Betracht (Rn 17, 40 ff). 15

Ob sich Abs. 1 S. 2 auf **Privatscheidungen** erstreckt, ist streitig.[45] Obwohl seit der Neuregelung auch behördliche Entscheidungen von der Ausnahme erfasst sind, sollten Privatscheidungen – unabhängig davon, ob unter behördlicher Mitwirkung oder in Reinform durchgeführt – nicht unter die eng zu verstehende Ausnahmeregelung fallen. Die Überprüfung von Privatscheidungen erfordert eine ungleich größere Sachkenntnis. Sie sind sowohl kollisionsrechtlich (wegen evtl Rück- oder Weiterverweisungen) als auch materiellrechtlich und damit unter Anwendung ausländischen Rechts auf ihre Wirksamkeit zu prüfen. Das Bedürfnis nach einer einheitlichen Entscheidung durch eine spezialisierte Behörde besteht hier erst recht. 16

4. Freiwilliges Feststellungsverfahren, § 107/§ 108 FamFG. Zu Art. 7 § 1 FamRÄndG wurde vertreten, dass der Wortlaut von § 107 FamFG ein freiwilliges Feststellungsverfahren bei entsprechendem Antrag nicht hindert.[46] Dies sollte die von Abs. 1 S. 2 erfassten Entscheidungen der Heimatbehörden sowie Fälle, in denen das Vorliegen der Voraussetzungen für die obligatorische Durchführung des förmlichen Verfahrens zumindest zweifelhaft ist (Schwierigkeiten bei der Abgrenzung zwischen inländischer und ausländischer Privatscheidung; Zweifel über das Vorliegen einer Heimatstaatscheidung) erfassen. Begründet wurde dies mit dem Interesse der Partner sowie dem öffentlichen Interesse an der bindenden Feststellung des Personenstandsverhältnisses. Zum Teil wird dies auch heute noch so gesehen.[47] 17

Für die über den Wortlaut des § 107 FamFG hinausgehende Anwendung des förmlichen Feststellungsverfahrens durch die Landesjustizverwaltung ist jedoch mit Blick auf § 108 Abs. 2 FamFG ein Bedürfnis **nicht** mehr zu erkennen. Die Wirkungen des Verfahrens sind die gleichen, lediglich die Zuständigkeit und das Verfahren ist abweichend geregelt (s. Rn 40 ff). Insoweit ließe sich als Argument für ein freiwilliges Verfahren nach § 107 FamFG nur anführen, dass damit die Anrufung besonders kompetenter Entscheidungsträger ermöglicht wird.[48] 18

III. Das verwaltungsbehördliche Verfahren

1. Verhältnis zu anderen (Gerichts-)Verfahren. Im Anwendungsbereich des § 107 FamFG ist ein Antrag nach § 121 Nr. 3 FamFG nicht zulässig, da das Verfahren nach § 107 FamFG als Spezialregel vorrangig ist.[49] 19

39 BGHZ 82, 34, 44 f = IPRax 1983, 37 = FamRZ 1982, 44 = NJW 1982, 517.

40 MüKo-ZPO/*Rauscher*, § 107 FamFG Rn 34.

41 *Krzywon*, StAZ 1989, 93, 95; aA MüKo-ZPO/*Rauscher*, § 107 FamFG Rn 34; *Martiny*, Handbuch Int. Zivilverfahrensrecht, Bd. III/1, Rn 1702.

42 BayObLG FamRZ 1998, 1594, 1595 = NJW-RR 1998, 1538 = StAZ 1999, 108; FamRZ 1990, 897, 898 = NJW-RR 1990, 842 = StAZ 1990, 225; Baumbach/Lauterbach/*Hartmann*, § 107 FamFG 25 f; Erman/*Hohloch*, Art. 17 EGBGB Rn 73; Zöller/*Geimer*, ZPO, § 107 FamFG Rn 37.

43 Palandt/*Thorn*, Art. 17 EGBGB Rn 33; *Henrich*, S. 151; Staudinger/*Spellenberg*, Int. Verfahrensrecht in Ehesachen, Art. 7 FamRÄndG Rn 66; MüKo-ZPO/*Rauscher*, § 107 FamFG Rn 36.

44 Präs. OLG Frankfurt IPRax 2000, 124; Erman/*Hohloch*, Art. 17 EGBGB Rn 73.

45 Dafür *Rauscher*, IPRax 2000, 391, 392; MüKo-ZPO/*Rauscher*, § 107 FamFG Rn 32; Soergel/*Schurig*, Art. 17 EGBGB Rn 114; *Martiny*, Handbuch Int. Zivilverfahrensrecht, Bd. III/1, Rn 1758; aA Musielak/*Musielak*, ZPO, 4. Aufl. 2005, § 328 Rn 42; *Henrich*, S. 152 f; *Richter*, JR 1987, 98, 99.

46 BGHZ 112, 127, 130 f, 134 f = FamRZ 1990, 1228 = NJW 1990, 3081; BayObLG FamRZ 2002, 1637, 1638; Präs. OLG Frankfurt IPRax 2000, 124; Erman/*Hohloch*, Art. 17 EGBGB Rn 73, 82; *Henrich*, S. 151; Staudinger/*Spellenberg*, Int. Verfahrensrecht in Ehesachen, Art. 7 FamRÄndG Rn 70; aA Zöller/*Geimer*, ZPO, § 107 FamFG Rn 9; *Schack*, Int. Zivilverfahrensrecht, 4. Aufl. 2006, Rn 893; *Geimer*, Int. Zivilprozessrecht, 6. Aufl. 2009, Rn 3021.

47 Vgl nur MüKo-ZPO/*Rauscher*, § 107 FamFG Rn 33; Prütting/Helms/*Hau*, § 107 FamFG Rn 32.

48 So Prütting/Helms/*Hau*, § 107 FamFG Rn 32.

49 Zöller/*Geimer*, ZPO, § 328 Rn 224.

20 In der Praxis von großer Bedeutung sind Gerichtsverfahren, bei denen die Anerkennung der ausländischen Entscheidung in der Ehesache eine **Vorfrage** darstellt (zB Antrag auf Scheidung, Trennungsunterhalt und Erbscheinerteilung, nicht aber zB für die Anerkennung einer Entscheidung zum Kindesunterhalt auch wenn er Bestandteil des Scheidungsurteils ist).[50]

21 Beantragt eine Partei die **Aussetzung** eines solchen Verfahrens, um eine Entscheidung nach § 107 FamFG herbeizuführen, ist dem **Antrag** entsprechend dem Rechtsgedanken des § 154 Abs. 1 ZPO stattzugeben,[51] welcher nach § 113 Abs. 1 FamFG auch bei Ehesachen und Familienstreitsachen anwendbar ist. Das Gericht hat auf die Möglichkeit bzw Notwendigkeit der Durchführung des Verfahrens nach § 107 FamFG hinzuweisen (§ 139 ZPO).[52] Bei Überschreitung einer vom Gericht gesetzten Frist[53] oder der Verzögerung der Einleitung des Verfahrens nach § 107 FamFG kann das Gericht nicht den Aussetzungsbeschluss aufheben. Dies folgt einerseits aus einer Analogie zu §§ 154 Abs. 1, 155 ZPO, andererseits daraus, dass alle Parteien die Möglichkeit haben, das förmliche Feststellungsverfahren selbst einzuleiten.

22 Stellt keine Partei einen Aussetzungsantrag, ist zu unterscheiden: Ist das Anerkennungsverfahren nach § 107 FamFG keine zwingende Voraussetzung für die Wirksamkeit der ausländischen Entscheidung im Inland (Rn 15), gilt § 108 Abs. 1 FamFG. Dass Gericht muss inzident über die Anerkennung bzw Nichtanerkennung entscheiden, um zur Hauptfrage eine Entscheidung treffen zu können. Die **inzidente Entscheidung** hat keine Rechtskraftwirkung.

23 Unterliegt die Anerkennung bzw Nichtanerkennung dem Entscheidungsmonopol der Landesjustizverwaltung, ist **umstritten**, ob daraus eine **Pflicht zur Aussetzung** nach § 148 ZPO folgt. Die Rechtsprechung verneint dies überwiegend.[54] Die Aussetzung liege im Ermessen des befassten Gerichts, wobei prozessökonomische Erwägungen und eine Prognose des wahrscheinlichen Ergebnisses des Anerkennungsverfahrens anzustellen seien. Eine Aussetzung von Amts wegen sei jedenfalls dann nicht geboten, wenn die Voraussetzungen für die Anerkennung des ausländischen Scheidungsausspruchs offensichtlich nicht vorliegen.

24 Nach zutreffender Auffassung[55] besteht eine Pflicht zur Aussetzung, da das Entscheidungsmonopol der Landesjustizverwaltung ein **Verfahrenshindernis** darstellt. Solange nicht festgestellt ist, dass die Voraussetzungen der Anerkennung vorliegen, entfaltet das ausländische Urteil im Inland keine Wirkung. Andererseits dürfen dritte Stellen ihrer Entscheidung nicht das Fortbestehen der Ehe zugrunde legen, solange die Frage der Anerkennungsfähigkeit ungeklärt ist.[56] Bei unterbliebener Aussetzung von Amts wegen und keiner Antragstellung durch eine Partei würde demgegenüber zwangsläufig ohne Rücksicht auf die im Ausland erlassene Entscheidung vorgegangen.[57] Das Feststellungsverfahren soll jedoch nicht zu einer größeren Ignoranz gegenüber ausländischen Entscheidungen, sondern zu einer einheitlichen, bindenden Klärung der Frage der Anerkennung führen. Das Hauptverfahren ist folglich bis zur Klärung dieser Frage auszusetzen.

25 Der Standesbeamte darf die Eheschließung eines Partners im Inland nicht vornehmen, wenn die ausländische Entscheidung dem Anerkennungsmonopol der Landesjustizverwaltung unterliegt. In anderen Fällen kann er inzident über die Anerkennungsfähigkeit entscheiden und ggf nach § 49 Abs. 2 PStG die Frage dem Amtsgericht zur Prüfung vorlegen.

26 **2. Zuständigkeit.** Die sachliche Zuständigkeit (Abs. 1 S. 1, Abs. 3) liegt bei einer Landesjustizverwaltung oder dem Präsidenten eines OLG (s. Rn 83). Örtlich (Abs. 2) ist vorrangig die Justizverwaltung des Landes zuständig, in dem ein Ehegatte seinen gewöhnlichen Aufenthalt hat (konkurrierende Zuständigkeit, Abs. 2 S. 1). Hat keiner von ihnen einen gewöhnlichen Aufenthalt im Inland und soll hier eine neue Ehe oder Lebenspartnerschaft geschlossen werden, ist die Landesjustizverwaltung zuständig, in deren Bereich dies erfolgen soll (Abs. 2 S. 2). In den übrigen Fällen ist die Zuständigkeit bei der Landesjustizverwaltung Berlin konzentriert (Abs. 2 S. 3). Ist der Präsident eines OLG sachlich zuständig, bestimmt sich die örtliche Zuständigkeit analog § 107 Abs. 2 FamFG. Das Tätigwerden der zuerst angerufenen örtlich zuständigen Landesjustizver-

50 BGH FamRZ 2007, 717 = IPRspr 2007 Nr. 206.

51 So ausdr. OLG Karlsruhe FamRZ 2000, 1021 = NJW-RR 2001, 5 = IPRspr 1999 Nr. 171, allerdings mit Verweis auf den Rechtsgedanken des früheren § 151 ZPO aF (Aussetzung bei vorgreiflicher Ehenichtigkeit).

52 OLG Köln FamRZ 1998, 1303 = NJW-RR 1999, 81 = IPRax 1999, 48.

53 Zur Möglichkeit der Fristsetzung BGH NJW 1983, 514, 515 = FamRZ 1982, 1203 = IPRax 1983, 292.

54 BGH FamRZ 2001, 991; NJW 1983, 514, 515 f = FamRZ 1982, 1203 = IPRax 1983, 292; FamRZ 1983, 366, 367; OLG Nürnberg FamRZ 2009, 637; OLG Frankfurt EzFamR aktuell 2003, 92; OLG Köln FamRZ 1998, 1303 = NJW-RR 1999, 81 = IPRax 1999, 48; ebenso Thomas/Putzo/*Hüßtege*, ZPO, § 107 FamFG Rn 37; Soergel/*Schurig*, Art. 17 EGBGB Rn 95.

55 OLG Koblenz FamRZ 2005, 1692 = IPRax 2005, 354; KG FamRZ 1969, 96, 98; Zöller/*Geimer*, ZPO, § 107 FamFG Rn 8 ff; *Schack*, Int. Zivilverfahrensrecht, 4. Aufl. 2006, Rn 898; *Nagel/Gottwald*, Int. Zivilprozessrecht, 6. Aufl. 2007, § 11 Rn 224; *Geimer*, Int. Zivilprozessrecht, 6. Aufl. 2009, Rn 3016 f; *Linke*, Int. Zivilprozessrecht, 1990, Rn 428; *Henrich*, S. 152; MüKo-ZPO/*Rauscher*, § 107 FamFG Rn 17; Stein/Jonas/*Roth*, ZPO, 21. Aufl. 1999, § 328 Rn 189, 200; *Geimer*, Anerkennung, S. 159 f; *Martiny*, Handbuch Int. Zivilverfahrensrecht, Bd. III/1, Rn 1663.

56 KG FamRZ 1969, 96, 98.

57 *Hohloch*, JuS 1999, 822, 823.

waltung schließt die Zuständigkeit der anderen aus (§ 2 FamFG analog).[58] Der Zeitpunkt der Antragstellung ist maßgebend für das Vorliegen der Zuständigkeitsvoraussetzungen. Die einmal begründete Zuständigkeit wirkt fort (perpetuatio fori).[59]

3. Antragsbefugnis (§ 107 Abs. 4 FamFG). Antragsberechtigt ist, wer ein rechtliches Interesse an der Klärung des Statusverhältnisses glaubhaft macht. Ein solches wird den Personen zugebilligt, deren Status durch die Anerkennung berührt sein würde. Das Antragsrecht Dritter wird davon abhängig gemacht, ob deren subjektive Rechte durch die Anerkennung betroffen sein könnten.[60] Ein rechtliches Interesse wird für Parteien eines Folgeverfahrens angenommen, in dem die Wirksamkeit der Scheidung bzw Aufhebung als Vorfrage eine Rolle spielt.[61] Außerdem kann ein Antragsrecht im öffentlichen Interesse geboten sein. Es kommt nicht darauf an, ob der Antragsteller durch die Entscheidung, deren Nichtanerkennung er beantragt, beschwert ist.[62] Ein **Rechtsschutzbedürfnis** besteht auch dann, wenn der Anerkennungsantrag dem früheren Prozess-(Scheidungs-)Antrag widerspricht.[63] Das Antragsrecht wird für den (früheren) Ehegatten, den Partner einer Zweitehe, Kinder, Verlobte und Erben bejaht. 27

Für **Behörden** gelten die vorgenannten Grundsätze. Für eine nur restriktive Bejahung der behördlichen Antragsbefugnis besteht kein Grund,[64] da § 107 FamFG nur die Anerkennung einer ausländischen Entscheidung einheitlich und widerspruchsfrei gewährleisten will. Gäbe es die Norm nicht, könnte jede Behörde aus eigener Kompetenz die Vorfrage der Anerkennung der ausländischen Entscheidungen entscheiden; § 107 FamFG soll die Entscheidungskompetenz nur bündeln. Antragsberechtigt sind jedenfalls die zur Geltendmachung der Doppelehe jeweils zuständigen Verwaltungsbehörden (§ 1316 Abs. 1 Nr. 1 BGB), die Staatsanwaltschaft im Strafprozess (§ 172 StGB: Mehrehe),[65] Sozialversicherungsträger und private Versicherungsgesellschaften (jedenfalls nach dem Tod eines Ehegatten)[66] sowie Finanzämter.[67] Kein Antragsrecht besitzen nach der Rechtsprechung Standesämter und Gerichte.[68] 28

4. Antragsformalia. Der Antrag kann **formlos** gestellt werden (vgl auch Rn 85). Eine **Antragsfrist** besteht nicht. **Inhaltlich** kann der Antrag auf Feststellung der Anerkennungsfähigkeit (Abs. 1) oder der Nichtanerkennungsfähigkeit (Abs. 8) lauten. Wenn zweifelhaft erscheint, dass dem gewollten Antrag stattgegeben wird, und ein vorrangiges Interesse an der Klärung des Statusverhältnisses besteht, sollte hilfsweise auch der Gegenantrag gestellt werden, um die Rechtsfolge des Abs. 9 auszulösen (Rn 37). Die **Rücknahme** des Antrags ist jederzeit bis zur Entscheidung der Landesjustizverwaltung ohne Zustimmung anderer Verfahrensbeteiligter möglich (vgl auch § 22 Abs. 1 FamFG).[69] 29

5. Verwirkung des Antragsrechts. Eine Verwirkung des Antragsrechts ist nach einer Auffassung[70] grundsätzlich denkbar, so dass der Antrag als unzulässig abzuweisen wäre. Nach zutreffender hM[71] ist eine **Ver-** 30

58 MüKo-ZPO/*Rauscher*, § 107 FamFG Rn 38; Staudinger/*Spellenberg*, Int. Verfahrensrecht in Ehesachen, Art. 7 FamRÄndG Rn 763.

59 BayObLG FamRZ 1979, 1015, 1016 = StAZ 1979, 265; NJW 1976, 1032; MüKo-ZPO/*Rauscher*, § 107 FamFG Rn 38; *Krzywon*, StAZ 1989, 93, 97.

60 JM NRW IPRspr 1991 Nr. 216 = StAZ 1992, 46; Staudinger/*Spellenberg*, Int. Verfahrensrecht in Ehesachen, Art. 7 FamRÄndG Rn 770.

61 BayObLG FamRZ 2002, 1637, 1638; FamRZ 2001, 1622 = StAZ 2001, 174; JM NRW IPRspr 1991 Nr. 216 = StAZ 1992, 46.

62 LJV NRW IPRax 1986, 167, 168; BayObLG NJW 1968, 363.

63 Soergel/*Schurig*, Art. 17 EGBGB Rn 93.

64 Ähnlich wohl auch *Geimer*, Int. Zivilprozessrecht, 6. Aufl. 2009, Rn 3028; Stein/Jonas/*Roth*, ZPO, 21. Aufl. 1999, § 328 Rn 221. *Martiny*, Handbuch Int. Zivilverfahrensrecht, Bd. III/1, Rn 1715, weist darauf hin, dass in Österreich jeder Behörde eine Antragsbefugnis zugebilligt wird, deren Entscheidung vom Bestehen oder Nichtbestehen der durch die ausländische Entscheidung berührten Ehe abhängt. AA (für restriktive Handhabung) *Fachausschuss*, StAZ 1993, 363 f.

65 In dieser Richtung OLG Karlsruhe FamRZ 1991, 92, 93.

66 Baumbach/Lauterbach/*Hartmann*, § 107 FamFG Rn 17; Erman/*Hohloch*, Art. 17 EGBGB Rn 74.

67 *Hohloch*, JuS 2001, 400, 401; Erman/*Hohloch*, Art. 17 EGBGB Rn 74; aA (aus verfassungsrechtlichen Gründen, da das fiskalische Interesse an einer Klärung nicht genüge) Staudinger/*Spellenberg*, Int. Verfahrensrecht in Ehesachen, Art. 7 FamRÄndG Rn 782; *Krzywon*, StAZ 1989, 93, 96; *Martiny*, Handbuch Int. Zivilverfahrensrecht, Bd. III/1, Rn 1719; MüKo-ZPO/*Rauscher* § 107 FamFG Rn 42.

68 BGH NJW 1983, 514, 515 = FamRZ 1982, 1203 = IPRax 1983, 292; OLG Köln FamRZ 1998, 1303 = NJW-RR 1999, 81 = IPRax 1999, 48; *Hohloch*, JuS 1999, 822, 823.

69 Staudinger/*Spellenberg*, Int. Verfahrensrecht in Ehesachen, Art. 7 FamRÄndG Rn 768; *Martiny*, Handbuch Int. Zivilverfahrensrecht, Bd. III/1, Rn 1713.

70 BayObLG IPRax 1986, 180 m.Anm. *Henrich* = FamRZ 1985, 1258 = NJW-RR 1986, 5; OLG Düsseldorf FamRZ 1988, 198; Stein/Jonas/*Roth*, ZPO, 21. Aufl. 1999, § 328 Rn 202; Soergel/*Schurig*, Art. 17 EGBGB Rn 93.

71 JM BW FamRZ 1995, 1411, 1412; Zöller/*Geimer*, ZPO, § 107 FamFG Rn 55; *Nagel/Gottwald*, Int. Zivilprozessrecht, 6. Aufl. 2007, § 11 Rn 239; *Geimer*, Int. Zivilprozessrecht, 6. Aufl. 2009, Rn 3030; MüKo-ZPO/*Rauscher*, § 107 FamFG Rn 41; MüKo/*Winkler v. Mohrenfels*, Art. 17 EGBGB Rn 354; Staudinger/*Spellenberg*, Int. Verfahrensrecht in Ehesachen, Art. 7 FamRÄndG Rn 784 f; *Martiny*, Handbuch Int. Zivilverfahrensrecht, Bd. III/1, Rn 1711 f.

wirkung, die zur Unzulässigkeit des Antrags führt, **abzulehnen**, da andernfalls die Anerkennungsfrage in der Schwebe bliebe und dies Sinn und Zweck des Feststellungsverfahrens zuwiderliefe. Die Statusfrage ist einheitlich und losgelöst von Verhaltensvorwürfen zu klären und kann nicht davon abhängen, welcher Beteiligte den Antrag stellt.

31 **6. Verfahren.** Zwar gelten die Vorschriften der (Landes-)**Verwaltungsverfahrensgesetze (VwVfG)** nicht unmittelbar, da die Tätigkeit der Landesjustizverwaltung nicht der Nachprüfung im Verfahren vor den Verwaltungsgerichten unterliegt; eine entsprechende Heranziehung ist jedoch geboten. Das Verfahren wird idR **schriftlich**, dh ohne persönliche Anhörungen etc., durchgeführt. **Rechtliches Gehör** ist zu gewähren (Art. 20 Abs. 3 GG). Der Kreis der Anzuhörenden ist weit zu fassen und betrifft all diejenigen, für die eine Entscheidung der Landesjustizverwaltung rechtliche Konsequenzen mit sich bringt.[72] Auf die Schwierigkeiten, die sich aus dem Verkehr mit dem Ausland ergeben, muss gebührend Rücksicht genommen werden. Die Landesjustizverwaltung ermittelt anhand der vorgelegten Unterlagen **von Amts wegen**.[73] Ein Anerkenntnis eines Beteiligten ist ohne Bedeutung.[74] Die Landesjustizverwaltung kann **Zeugen** vernehmen, jedoch keinen Zeugniszwang ausüben. Auch eine Vereidigung ist unzulässig. Dem Antragsteller kann die Beibringung von Unterlagen aufgegeben werden, soweit er die Feststellungslast trägt.[75] Die Grundsätze der **Beweisvereitelung** gelten (Bsp.: Nichtzahlung eines Kostenvorschusses für amtliche Nachforschungen).[76] Unterlagen und Urkunden unterliegen der **freien Beweiswürdigung,** so dass das Verlangen nach einer amtlichen Beglaubigung (Legalisation) oder einer Übersetzung im pflichtgemäßen Ermessen der Landesjustizverwaltung steht. Zwar kann im Einzelfall hierauf verzichtet werden, zB weil der Inhalt einer Urkunde zwischen den Beteiligten unstreitig ist, das grundsätzliche Fordern von Legalisation oder Übersetzung ist aber verfassungsrechtlich nicht zu beanstanden (Letzteres wegen § 23 [Landes-]VwVfG, § 284 GVG).[77] Ein **Säumnisverfahren** findet – wie sonst im Verwaltungsverfahren – nicht statt.[78] Eine **Begründung** des Bescheids ist nicht vorgeschrieben, aber zumindest bei Antragsablehnung oder widersprechendem Vortrag eines Verfahrensbeteiligten aus Gründen der Rechtsstaatlichkeit erforderlich.[79]

32 **7. Zeitpunkt der Wirksamkeit der Entscheidung (§ 107 Abs. 6 S. 2 und 3, Abs. 7 S. 2 FamFG).** Die Entscheidung der Landesjustizverwaltung wird mit Bekanntmachung an den Antragsteller wirksam. Die Landesjustizverwaltung kann in der Entscheidung eine Frist für das Wirksamwerden setzen. Der Antrag zum OLG (Rn 33) hat keine aufschiebende Wirkung. Das OLG kann aber gem. § 64 Abs. 3 FamFG iVm § 107 Abs. 7 S. 3 FamFG eine einstweilige Anordnung erlassen und damit die Wirksamkeit – und insbesondere die Bindungswirkung – eines Anerkennungsbescheids der Landesjustizverwaltung vorläufig aussetzen (geboten, wenn eine Wiederverheiratungsabsicht eines Ehegatten zu vermuten ist).

IV. Das gerichtliche Verfahren

33 **1. Antragsbefugnis.** Die Antragsbefugnis (Abs. 5, Abs. 6 S. 1) besteht für den Antragsteller, dessen Antrag durch die Landesjustizverwaltung abgelehnt wurde, und auch für den Ehegatten, der keinen Antrag gestellt hat. In Bezug auf andere Beteiligte gehen die Auffassungen auseinander. Nach einer (älteren) Ansicht ist bei Antragsablehnung nur der Antragsteller, bei Stattgabe des Antrags durch die Landesjustizverwaltung jeder Dritte mit rechtlichem Interesse an der Anerkennung bzw Nichtanerkennung antragsberechtigt.[80] Nach aA[81] ist eine der weiten Auslegung von § 59 Abs. 2 FamFG[82] entsprechende Lösung zu favorisieren. Hiernach können Dritte das OLG anrufen, wenn sie einen Antrag bei der Landesjustizverwaltung im Zeitpunkt der

72 Baumbach/Lauterbach/*Hartmann*, § 107 FamFG Rn 17; *Geimer*, Int. Zivilprozessrecht, 6. Aufl. 2009, Rn 3038.

73 BayObLG FamRZ 1990, 897, 899 = NJW-RR 1990, 842 = StAZ 1990, 225.

74 *Geimer*, Int. Zivilprozessrecht, 6. Aufl. 2009, Rn 3035.

75 BayObLG FamRZ 1990, 897 = NJW-RR 1990, 842 = StAZ 1990, 225; MüKo-ZPO/*Rauscher*, § 107 FamFG Rn 43.

76 Staudinger/*Spellenberg*, Int. Verfahrensrecht in Ehesachen, Art. 7 FamRÄndG Rn 801 f.

77 BVerfG NJW 1997, 2040 = FamRZ 1997, 735; Staudinger/*Spellenberg*, Int. Verfahrensrecht in Ehesachen, Art. 7 FamRÄndG Rn 789. Anders *Martiny*, Handbuch Int. Zivilverfahrensrecht, Bd. III/1, Rn 1720: in der Regel nicht erforderlich.

78 *Geimer*, Int. Zivilprozessrecht, 6. Aufl. 2009, Rn 3035.

79 *Geimer*, Int. Zivilprozessrecht, 6. Aufl. 2009, Rn 3041; Stein/Jonas/*Roth*, ZPO, 21. Aufl. 1999, § 328 Rn 227.

80 KG FamRZ 1969, 96, 97 (insoweit aufgegeben durch KG FamRZ 2004, 275, 276); IPRspr 1975 Nr. 179, S. 457; Thomas/Putzo/*Hüßtege*, ZPO, § 107 FamFG Rn 30; Staudinger/*Spellenberg*, Int. Verfahrensrecht in Ehesachen, Art. 7 FamRÄndG Rn 740, 828–833; Soergel/*Schurig*, Art. 17 EGBGB Rn 100.

81 KG FamRZ 2004, 275, 276; OLG Koblenz NJW-RR 1988, 1159 = IPRax 1988, 359; Baumbach/Lauterbach/*Hartmann*, § 107 FamFG Rn 17; MüKo-ZPO/*Rauscher*, § 107 FamFG Rn 42; Stein/Jonas/*Roth*, ZPO, 21. Aufl. 1999, § 328 Rn 235 f; *Richter/Krzywon*, IPRax 1988, 349, 351; *Martiny*, Handbuch Int. Zivilverfahrensrecht, Bd. III/1, Rn 1737.

82 § 59 Abs. 2 FamFG: Soweit eine Verfügung nur auf Antrag erlassen werden kann und der Antrag zurückgewiesen worden ist, steht die Beschwerde nur dem Antragsteller zu.

Anrufung des Gerichts noch wirksam stellen könnten.[83] Das ist sinnvoll, um den betreffenden Beteiligten nicht zu zwingen, sich zunächst an die Landesjustizverwaltung zu wenden.

2. Antragsformalia. Abweichend von der bisherigen Rechtslage ist der Antrag nach ablehnender Entscheidung durch die Landesjustizverwaltung an die **Beschwerdefrist des § 63 FamFG** gebunden. Nach Ablauf der Frist ist eine Aufhebung der Entscheidung nur noch entsprechend § 48 Abs. 2 FamFG möglich.[84] Der Antrag ist **schriftlich** oder durch Erklärung zu Protokoll der Geschäftsstelle zu stellen (§ 64 Abs. 2 FamFG iVm § 107 Abs. 7 S. 3 FamFG). Die **Rücknahme** des Antrags bedarf nach bisheriger Rechtsprechung[85] entsprechend § 92 Abs. 1 S. 2 VwGO der Zustimmung des im entgegengesetzten Sinn agierenden Verfahrensbeteiligten, wenn dieser sich zur Sache eingelassen hat. Dies überzeugt jedoch nicht, weil es sich nicht um ein sog. echtes FGG-Streitverfahren handelt und ein anderer Beteiligter jederzeit bei rechtlichem Interesse einen Antrag stellen und so die Bindungswirkung herbeiführen kann. Zum Teil wird die Anwendung von § 22 FamFG befürwortet, was die Zustimmung in modifizierter Form erfordert.[86] 34

3. Verfahren. § 107 Abs. 7 S. 3 FamFG benennt zwar ausdrücklich die sinngemäße Anwendung einiger **FamFG-Vorschriften**, darüber hinaus wurden auch bisher in der Praxis weitere – passende – Vorschriften aus dem FGG und subsidiär aus der VwGO herangezogen. Als **Beteiligte** sind die Landesjustizverwaltung und diejenigen Personen beizuladen, die an der Anerkennung oder Nichtanerkennung ein rechtliches Interesse haben. Eine **mündliche Verhandlung** ist durch das FamFG nicht vorgeschrieben, steht aber im Ermessen des Gerichts.[87] Das OLG entscheidet als **Tatsachengericht** (§ 65 FamFG iVm § 107 Abs. 7 S. 3 FamFG). Ermittlungen erfolgen **von Amts wegen** (§ 68 Abs. 3 iVm § 26 FamFG). Die **Beweisaufnahme** wird nach §§ 26 ff. FamFG idR als Freibeweisverfahren durchgeführt. Das Gericht ist an das **Antragsbegehren** analog § 88 VwGO gebunden.[88] Die Entscheidung ergeht durch zu **begründenden Beschluss** (§ 69 Abs. 2 FamFG). **Anwaltszwang** besteht nicht. **VKH** richtet sich nach den allgemeinen Vorschriften (§ 76 FamFG, § 114 Abs. 1 S. 1 ZPO). 35

4. Rechtsbehelf. Ebenfalls abweichend von der früheren Rechtslage ist nun die Entscheidung des OLG anfechtbar. Eröffnet ist die **Rechtsbeschwerde** nach §§ 70 ff FamFG zum BGH.[89] 36

V. Wirkungen der Feststellungsentscheidung

1. Bindungswirkung. Die Feststellung, dass die Voraussetzungen der Anerkennung bzw Nichtanerkennung gegeben sind, führt gem. Abs. 9 zu einer Bindungswirkung für Gerichte und Behörden. Die **Ablehnung** eines Antrags aus sachlichen Gründen hat nach verbreiteter Ansicht dieselbe Bindungswirkung wie eine Entscheidung, die dem gegenteiligen Antrag stattgeben würde.[90] Das ist jedoch nicht zutreffend, da durch die Ablehnung nicht automatisch das Gegenteil festgestellt wird.[91] Eine Sachabweisung kann insbesondere deshalb erfolgen, weil bestimmte Feststellungen (derzeit) nicht getroffen werden konnten. Maßgeblich ist daher der eindeutige Wortlaut von § 107 Abs. 9 FamFG, der die Bindungswirkung nur für die positive Feststellung, dass die Voraussetzungen für die Anerkennung vorliegen oder nicht vorliegen, anordnet. Jedem Beteiligten ist es unbenommen, durch Stellung eines entgegengesetzten (Hilfs-)Antrags eine Entscheidung mit Bindungswirkung herbeizuführen. 37

2. Bestands- und Rechtskraft. Der Bescheid der Landesjustizverwaltung wird **bestandskräftig**, sobald er nicht mehr vor dem OLG angefochten werden kann (Rn 34). Die Landesjustizverwaltung selbst bleibt grundsätzlich an ihre Entscheidung gebunden.[92] Die Rücknahme einer (rechtswidrigen) Entscheidung wurde aber in Anlehnung an § 48 (Landes-)VwVfG oder analog dem früheren § 18 FGG bzw in rechtsanaloger Anwendung beider Bestimmungen als zulässig erachtet.[93] Dies erscheint zweifelhaft, vielmehr ist unter den engen Voraussetzungen des § 48 FamFG lediglich eine Abänderung (§ 48 Abs. 1 S. 2 FamFG) oder eine Wideraufnahme 38

83 BGHZ 120, 396, 398 f = NJW 1993, 662; BayObLG NJW-RR 1992, 150, 151; *Bumiller/Winkler*, FGG, 7. Aufl. 1999, § 20 Rn 43.
84 MüKo-ZPO/*Rauscher*, § 107 FamFG Rn 54.
85 BayObLG FamRZ 1999, 1588; OLG Düsseldorf NJW 1980, 349.
86 Prütting/Helms/*Hau*, § 107 FamFG Rn 60.
87 MüKo-ZPO/*Rauscher*, § 107 FamFG Rn 56.
88 Staudinger/*Spellenberg*, Int. Verfahrensrecht in Ehesachen, Art. 7 FamRÄndG Rn 841.
89 BGH FamRZ 2011, 788, MüKo-ZPO/*Rauscher*, § 107 FamFG Rn 57.
90 MüKo-ZPO/*Rauscher*, § 107 FamFG Rn 50; Baumbach/Lauterbach/*Hartmann*, § 107 FamFG Rn 20; Zöller/*Geimer*, ZPO, § 107 FamFG Rn 49; *Geimer*, Int. Zivilprozessrecht, 6. Aufl. 2009, Rn 3019; Stein/Jonas/*Roth*, ZPO, 21. Aufl. 1999, § 328 Rn 231; Staudinger/*Spellenberg*, Int. Verfahrensrecht in Ehesachen, Art. 7 FamRÄndG Rn 737; *Martiny*, Handbuch Int. Zivilverfahrensrecht, Bd. III/1, Rn 1681.
91 BayObLG NJW 1968, 363; KG FamRZ 1969, 96, 97; MüKo-ZPO/*Rauscher*, § 107 FamFG Rn 17; *Richter/Krzywon*, IPRax 1988, 349, 351.
92 Stein/Jonas/*Roth*, ZPO, 21. Aufl. 1999, § 328 Rn 230; Staudinger/*Spellenberg*, Int. Verfahrensrecht in Ehesachen, Art. 7 FamRÄndG Rn 720 f.
93 BayObLG FamRZ 2000, 836, 837 = NJW-RR 2000, 885 = StAZ 2000, 77; Baumbach/Lauterbach/*Hartmann*, § 107 FamFG Rn 20; *Schack*, Int. Zivilverfahrensrecht, 4. Aufl. 2006, Rn 898; aA Zöller/*Geimer*, ZPO, § 107 FamFG Rn 60.

nahme (§ 48 Abs. 2 FamFG) zulässig.[94] Ein neuer Antrag bei der Landesjustizverwaltung seitens des Antragstellers oder Dritter ist wegen fehlenden Rechtsschutzinteresses jedenfalls dann unzulässig, soweit die Anrufung des OLG noch möglich ist.[95]

39 Der Beschluss des OLG erlangt formelle und materielle **Rechtskraft**, die allerdings nur relativ, dh zwischen den Beteiligten des gerichtlichen Verfahrens, wirkt. Diese Beteiligten sind an den Beschluss gebunden und können das OLG nicht nochmals anrufen, andere Antragsberechtigte hingegen schon,[96] sofern für diese nicht bereits die Beschwerdefrist des § 63 FamFG gegen den Bescheid der Landesjustizverwaltung (maximal 6 Monate nach Erlass, § 63 Abs. 1, Abs. 3 S. 2 FamFG) abgelaufen ist. Abänderungen sind dann nur nach den Vorschriften der ZPO zur Wideraufnahme über § 107 Abs. 7, § 48 Abs. 2 FamFG möglich. Ein Beispiel hierfür ist, wenn die ausländische Entscheidung im Erlassstaat **aufgehoben** wurde[97] (vgl auch Anhang I zum III. Abschnitt, Art. 21 EheVO Rn 42 f).

VI. Fakultatives Feststellungsverfahren § 108 Abs. 2 und 3 FamFG

40 Bei allen Entscheidungen in Ehe- und Lebenspartnerschaftssachen, die weder der EheVO noch § 107 FamFG unterliegen, **können** die Beteiligten, die ein rechtliches Interesse haben, eine Entscheidung über die Anerkennung oder Nichtanerkennung einer ausländischen Entscheidung gem. **§ 108 Abs. 2 FamFG** beantragen (**fakultatives Anerkennungsverfahren**). Das neue Verfahren ermöglicht es den Beteiligten, durch den Verweis in § 108 Abs. 2 FamFG auf § 107 Abs. 9 FamFG eine verbindliche Entscheidung mit **erga-omnes-Wirkung** zu erreichen.

41 Der Anwendungsbereich der Vorschrift ist für alle ausländischen Entscheidungen in Ehesachen eröffnet, die nicht unter das zwingende Anerkennungsfeststellungsverfahren nach § 107 FamFG fallen. Das betrifft insbesondere Entscheidungen von Gerichten und Behörden des Staates, dem beide Ehegatten angehören und Privatscheidungen nach ausländischem Recht im Inland, die unter Mitwirkung von Botschaften und Konsulaten erfolgt sind. Soweit – entgegen der in Rn 16 vertretenen Ansicht – reine Privatscheidungen nicht von § 107 FamFG erfasst werden, steht für sie auch nicht das Verfahren nach § 108 Abs. 2 FamFG zur Verfügung. Der Begriff „Entscheidung" ist für § 108 FamFG ebenso auszulegen wie für § 107 FamFG. Möglich wäre dann nur ein Feststellungsverfahren nach § 121 Nr. 3 FamFG – für Lebenspartnerschaftssachen nach § 269 Abs. 1 Nr. 2 –, in dem die Anerkennung der ausländischen Privatscheidung/Auflösung inzident als Vorfrage zu klären wäre.[98] Allerdings entfaltet eine solche Entscheidung keine erga-omnes-Wirkung.[99]

42 § 108 Abs. 2 FamFG findet auf ausländische Entscheidungen in Lebenspartnerschaftssachen Anwendung. Gleiches gilt für ausländische Statusentscheidungen, die gleichgeschlechtliche Ehen betreffen.[100] Dies soll auch für alle anderen rechtlich verfestigten Lebenspartnerschaften gleich- oder verschiedengeschlechtlicher Paare nach ausländischem Recht gelten.[101] Erfasst werden auch die rechtsgeschäftlichen Auflösungen der Lebenspartnerschaften nach ausländischem Recht. Zu beachten ist jedoch, dass eine Lebenspartnerschaft, die ausländischem Recht untersteht, wegen Art. 17 b Abs. 1 S. 1 EGBGB ohne weiteres durch Rechtsgeschäft im Inland aufgehoben werden kann, soweit dies nach dem ausländischen Recht zulässig sein sollte.

43 Das Verfahren nach § 108 Abs. 2 FamFG ist **fakultativ**. Im Hauptsacheverfahren, in dem die Anerkennung der ausländischen Entscheidung in der Ehe-/Lebenspartnerschaftssache eine Vorfrage bildet, können die Parteien nicht auf ein Verfahren nach § 108 Abs. 2 FamFG verwiesen werden. Das in der Hauptsache entscheidende Gericht hat über die Vorfrage mit zu entscheiden. Ist die Hauptsacheentscheidung eine Ehesache oder Familienstreitsache, so finden § 148 und § 154 ZPO entsprechend Anwendung. Das Hauptsacheverfahren kann ausgesetzt werden, wenn die Entscheidung ganz oder teilweise abhängig ist vom Ausgang eines rechtshängigen Anerkennungsverfahrens nach § 108 FamFG und es ist auszusetzen, wenn das Bestehen einer Ehe/Lebens-

94 MüKo-ZPO/*Rauscher*, § 107 FamFG Rn 74. Ein Beispiel hierfür wäre, wenn die ausländische Entscheidung im Erlassstaat aufgehoben wurde.

95 Staudinger/*Spellenberg*, Int. Verfahrensrecht in Ehesachen, Art. 7 FamRÄndG Rn 730 f.

96 Staudinger/*Spellenberg*, Int. Verfahrensrecht in Ehesachen, Art. 7 FamRÄndG Rn 747, 849.

97 Vgl § 34 Abs. 1 S. 2 IntFamFG in Bezug auf das Feststellungsverfahren nach Art. 21 Abs. 3 EheVO 2003. AA Staudinger/*Spellenberg*, Int. Verfahrensrecht in Ehesachen, Art. 7 FamRÄndG Rn 755: Die Anerkennung und der entsprechende Bescheid würden gegenstandslos. Dies ist aber unter Rechtssicherheitsgesichtspunkten sehr problematisch.

98 Baumbach/Lauterbach/*Hartmann*, § 107 FamFG Rn 7; Zöller/*Geimer*, ZPO, § 107 FamFG Rn 23; *Geimer*, Int. Zivilprozessrecht, 6. Aufl. 2009, Rn 3024; Staudinger/*Spellenberg*, Int. Verfahrensrecht in Ehesachen, Art. 7 FamRÄndG Rn 656, 705–709. *Geimer* und *Spellenberg* vertreten sogar die Auffassung, dass im Rahmen dieses Verfahrens unmittelbar auf Feststellung der Anerkennung geklagt werden könne, so dass es nicht des Umwegs über die Feststellung des Bestehens der Ehe bedürfe.

99 Gegen die erga-omnes-Wirkung im Rahmen von § 121 Nr. 3 FamFG, MüKo-ZPO/*Hilbig* § 121 FamFG Rn 13.

100 *Andrae/Abbas*, STAZ 2011, 97, 102.

101 Prütting/Helms/*Hau*, § 108 FamFG Rn 55 mit Verweis auf § 107 FamFG Rn 22.

partnerschaft zwischen den Parteien streitig ist und eine Partei die Aussetzung beantragt. Eine rechtskräftige Entscheidung über die Anerkennungs-/Nichtanerkennungsfähigkeit bindet die inländischen Gerichte und Verwaltungsbehörden.

Zuständig für die Durchführung des Verfahrens ist das Familiengericht. Abs. 3 regelt die örtliche Zuständigkeit für Anerkennungsverfahren in nichtvermögensrechtlichen Fragen allgemein. Für Ehe- und Lebenspartnerschaftssachen kann für die Auslegung § 107 Abs. 2 FamFG entsprechend herangezogen werden. Zuständig ist wahlweise das Familiengericht, in dessen Bezirk ein Ehegatte/Lebenspartner seinen gewöhnlichen Aufenthalt hat. Fehlt es daran, also nur subsidiär, das Familiengericht in dessen Bezirk ein Interesse hervortritt, zB eine Ehe oder eine Lebenspartnerschaft geschlossen werden soll oder ein Erbschein beantragt wird. **44**

Antragsberechtigt ist eine Person, die ein rechtliches Interesse an der Feststellung der Anerkennung/Nichtanerkennung der Entscheidung hat. Hierfür kann die Auslegung für § 107 Abs. 4 S. 2 FamFG entsprechend herangezogen werden (Rn 27).[102] **45**

Das **Verfahren** ist nicht gesondert geregelt. Maßgeblich sind die verfahrensrechtlichen Vorschriften, die für die Durchführung eines Verfahrens, das Gegenstand im Ausland war, gelten würden, wenn es im Inland durchgeführt worden wäre. Es unterliegt den entsprechenden Vorschriften für Feststellungsverfahren in Ehe- und Lebenspartnerschaftssachen, soweit sie mit dem Sinn und Zweck des Anerkennungsverfahrens vereinbar sind.[103] Auch dem Verweis auf die Vorschriften der ZPO in § 113 FamFG ist zu folgen, so dass Anwaltszwang nach § 114 Abs. 1 FamFG besteht. Die **sachlichen Voraussetzungen der Anerkennung** bzw Nichtanerkennung sind jedoch die gleichen wie beim Verfahren nach § 107 FamFG, weshalb im Folgenden diese an der jeweiligen Stelle mit behandelt werden. **46**

C. Sachliche Voraussetzungen der Anerkennung

I. Vorrang der EheVO

Soweit es sich um eine Entscheidung der Gerichte eines Mitgliedstaates der EheVO handelt und deren sachlicher und zeitlicher Anwendungsbereich eröffnet ist, richten sich die Voraussetzungen für die Anerkennung nach Art. 21 ff EheVO (Anhang I zum III. Abschnitt, Art. 21 EheVO). EuGVVO,[104] EuGVÜ[105] und LugÜ[106] erfassen Ehesachen nicht. **47**

II. Bilaterale Abkommen

Bestimmte bilaterale Abkommen über die Anerkennung und Vollstreckung von Entscheidungen beziehen Ehesachen mit ein: Belgien,[107] Griechenland,[108] Italien,[109] Schweiz,[110] Spanien,[111] Tunesien[112] und Vereinigtes Königreich.[113] Auf Entscheidungen aus den EU-Mitgliedstaaten finden sie gem. Art. 59 Abs. 1 EheVO keine Anwendung, soweit der sachliche und zeitliche Anwendungsbereich der EheVO eröffnet ist. Im Verhältnis zu den einfachgesetzlichen Anerkennungsvorschriften gilt das Günstigkeitsprinzip.[114] Die Anerkennung erfolgt, wenn die Voraussetzungen nach dem bilateralen Abkommen oder der einfachgesetzlichen Vorschrift vorliegen. **48**

102 MüKo-ZPO/*Rauscher*, § 108 FamFG Rn 24.
103 Prütting/Helms/*Hau*, § 108 FamFG Rn 60.
104 Verordnung (EG) Nr. 44/2001 des Rates v. 22.12.2000 über die gerichtliche Zuständigkeit und die Anerkennung und Vollstreckung von Entscheidungen in Zivil- und Handelssachen (ABl. EG. 2001 L 12 S. 1).
105 Brüsseler EWG-Übereinkommen über die gerichtliche Zuständigkeit und die Vollstreckung gerichtlicher Entscheidungen in Zivil- und Handelssachen v. 27.9.1968 (BGBl. II 1972 S. 774).
106 Luganer Übereinkommen über die gerichtliche Zuständigkeit und die Vollstreckung gerichtlicher Entscheidungen in Zivil- und Handelssachen v. 16.9.1988 (BGBl. II 1994 S. 2660).
107 Abk. v. 30.6.1958 (BGBl. II 1959 S. 766); Text bei Baumbach/Lauterbach, Schlussanhang V B 4.
108 Abk. v. 4.11.1961 (BGBl. II 1963 S. 109); Text bei Baumbach/Lauterbach, Schlussanhang V B 6.
109 Abk. v. 9.3.1936 (RGBl II 1937 S. 145); wieder in Kraft getreten am 1.10.1952 (BGBl. II 1952 S. 986); Text bei Baumbach/Lauterbach, Schlussanhang V B 2.
110 Abk. v. 2.11.1929 (RGBl II 1930 S. 1066); Text bei Baumbach/Lauterbach, Schlussanhang V B 1.
111 Abk. v. 14.11.1983 (BGBl. II 1987 S. 35); Text bei Baumbach/Lauterbach, Schlussanhang V B 11.
112 Abk. v. 19.7.1966 (BGBl. II 1969 S. 889); Text bei Baumbach/Lauterbach, Schlussanhang V B 8; hierzu JM BW FamRZ 2001, 1015.
113 Abk. v. 14.7.1960 (BGBl. II 1961 S. 301); Text bei Baumbach/Lauterbach, Schlussanhang V B 5.
114 BGH IPRax 1989, 104, 106; BayObLG FamRZ 2000, 1170; FamRZ 1990, 897 = NJW-RR 1990, 842 = StAZ 1990, 225; JM BW FamRZ 2000, 1015, 1016.

III. § 109 FamFG

49 **1. Erfasste Entscheidungen.** § 109 FamFG übernimmt im Wesentlichen § 328 ZPO, weshalb auch weiterhin auf die entsprechende Rechtsprechung und Literatur Bezug genommen werden kann. Nach hM[115] sind die Anerkennungsvoraussetzungen auch dann § 109 FamFG zu entnehmen, wenn die ausländische Entscheidung nicht in einem ordentlichen streitigen Verfahren, sondern in einem Verwaltungsgerichtsverfahren oder in einem Verfahren, das der deutschen freiwilligen Gerichtsbarkeit entspricht, ergangen ist. Maßgeblich für die Zuordnung ist die Einordnung des Eheverfahrens im deutschen Recht (lex-fori-Prinzip). Anzuwenden ist das jeweilige Zuständigkeits- und Anerkennungsrecht, das im Zeitpunkt des Eintritts der Rechtskraft der ausländischen Entscheidung wirksam war.[116] Für die Beurteilung des ordre public-Verstoßes kommt es auf den Anerkennungszeitpunkt an.[117] Dies gilt – mit Blick auf das im Anerkennungsrecht herrschende Günstigkeitsprinzip – auch für die übrigen Fragen, sofern die veränderten Bedingungen die Anerkennung erleichtern.

50 Erfasst ist jede Sachentscheidung, die über einen eine Ehesache betreffenden Antrag in einem geordneten Verfahren ergeht. Die Entscheidung muss rechtskräftig sein,[118] dh nach dem Recht des Erlassstaats darf innerhalb desselben Verfahrens kein Rechtsbehelf mehr möglich sein. Die Entscheidung kann dem Antrag in der Ehesache stattgeben oder ihn abweisen.[119]

51 **2. Funktionsweise.** Die Anerkennungsvoraussetzungen sind nicht positiv bestimmt, sondern die Ausschlussgründe sind abschließend benannt. Trifft einer zu, ist die Anerkennung ausgeschlossen. Liegt kein Ausschlussgrund vor, wird anerkannt. Die Rechtmäßigkeit der Entscheidung ist nicht nachzuprüfen.[120]

52 **3. Ausschlussgründe für die Anerkennung. a) Fehlende Zuständigkeit (§ 109 Abs. 1 Nr. 1 FamFG).** Gemeint ist die **internationale Zuständigkeit** der Gerichte des Entscheidungsstaates. Örtliche und sachliche Zuständigkeit bleiben außer Betracht.[121] Maßgebend für die Beurteilung ist das **Spiegelbildprinzip**. Hiernach wird geprüft, ob das ausländische Gericht international zuständig wäre, wenn dort die deutschen Vorschriften über die internationale Zuständigkeit gelten würden. In Ehesachen bestehen allerdings Abweichungen vom Spiegelbildprinzip. Die Anerkennungszuständigkeit richtet sich ausschließlich nach § 98 FamFG und nicht nach der EheVO.[122] Die EheVO will allein die Entscheidungszuständigkeiten unter den Mitgliedstaaten abgrenzen. Das System ihrer Zuständigkeitsordnung ist durch die Bestimmungen zur ausschließlichen und zur Restzuständigkeit in Art. 6 und 7 EheVO nicht geeignet, auf die Anerkennungszuständigkeit für Entscheidungen aus Drittstaaten übertragen zu werden.[123] § 109 Abs. 2 und Abs. 3 FamFG erweitern die Anerkennungs- gegenüber der Entscheidungszuständigkeit.

53 Die **internationale Anerkennungszuständigkeit** des ausländischen Gerichts nach § 98 Abs. 1 (Ehesachen) und § 103 Abs. 1 (Lebenspartnerschaftssachen) FamFG liegt zusammengefasst unter folgenden Alternativen vor:

- (1.)Wenigstens ein Partner besitzt die **Staatsangehörigkeit** des Urteilsstaats oder besaß sie bei der Schließung der Ehe bzw Lebenspartnerschaft (§ 98 Abs. 1 Nr. 1 bzw § 103 Abs. 1 Nr. 1 FamFG). Bei Bundesstaaten kommt es auf die Zugehörigkeit zu dem Gesamtstaat an.[124] Es genügt bei Mehrstaatern, dass die Entscheidung in (irgend-)einem der Heimatstaaten eines der Ehegatten ergangen ist. Art. 5 Abs. 1 EGBGB ist nicht heranzuziehen.[125]
- (2.)Wenigstens ein Partner hatte seinen **gewöhnlichen Aufenthalt** im Urteilsstaat (§ 98 Abs. 1 Nr. 2–4, § 109 Abs. 2 bzw § 103 Abs. 1 Nr. 2 FamFG. Ein Aufenthalt nur zum Zweck der Scheidung genügt nicht

115 Zöller/*Geimer*, ZPO, § 107 FamFG Rn 21 f; MüKo-ZPO/*Gottwald*, § 328 Rn 41; aA Soergel/*Schurig*, Art. 17 EGBGB Rn 109 f.
116 KG FamRZ 2004, 275, 276; MüKo/*Winkler v. Mohrenfels*, Art. 17 EGBGB Rn 402 f.
117 MüKo/*Winkler v. Mohrenfels*, Art. 17 EGBGB Rn 402; Stein/Jonas/*Roth*, ZPO, § 328 Rn 174.
118 BGH NJW 1992, 3098; KG FamRZ 2004, 275, 276; BayObLG FamRZ 1990, 897 = NJW-RR 1990, 842 = StAZ 1990, 225; Thomas/Putzo/*Hüßtege*, ZPO, § 107 FamFG Rn 17; aA Zöller/*Geimer*, ZPO, 107 FamFG Rn 50, nach dem die Wirksamkeit bereits ausreichend ist.
119 Zöller/*Geimer*, ZPO, § 107 FamFG Rn 43.
120 BayObLG FamRZ 1993, 1469.
121 OLG Bamberg FamRZ 2000, 1289; Zöller/*Geimer*, ZPO, § 328 Rn 106, MüKo-ZPO/*Gottwald*, § 328 Rn 63; aA *Haecker*, 2. Aufl. 2000, S. 29.
122 Inzident BGH FamRZ 2011, 788 Rn 23.
123 Gleiches gilt im Verhältnis von § 328 ZPO und EuGVVO, auch hier richtet sich die Anerkennungszuständigkeit allein nach §§ 12 ff ZPO; aA *Haecker*, 2. Aufl. 2000, S. 30.
124 BGHZ 141, 286, 289 ff = IPRax 2001, 230 = NJW 1999, 3198; LJV BW FamRZ 1990, 1015, 1017; Zöller/*Geimer*, ZPO, § 328 Rn 107; MüKo-ZPO/*Gottwald*, § 328 Rn 64; aA Stein/Jonas/*Roth*, ZPO, 21. Aufl. 1999, § 328 Rn 88; *Martiny*, Handbuch Int. Zivilverfahrensrecht, Bd. III/1, Rn 747.
125 Staudinger/*Spellenberg*, Int. Verfahrensrecht in Ehesachen, § 328 ZPO Rn 358 f; Soergel/*Schurig*, Art. 17 EGBGB Rn 83; *Krzywon*, StAZ 1989, 93, 99.

(Abwehr von Scheidungsparadiesen).[126] Der gewöhnliche Aufenthalt bestimmt sich nach deutschem Recht (zum Begriff s. Art. 5 EGBGB Rn 16).[127]

– (3.)Die Entscheidung wird von beiden **Heimatstaaten** der Ehegatten (§ 109 Abs. 2 S. 2 FamFG) bzw dem Register führenden Staat (§ 109 Abs. 3 FamFG) **anerkannt** oder die Ehe/Lebenspartnerschaft wird dort als nicht (mehr) bestehend angesehen.[128] Diese Alternative ist nur einschlägig, wenn keiner der Ehegatten Deutscher ist.[129] Für Mehrstaater ist umstritten ob es auf die effektive Staatsangehörigkeit ankommt[130] oder auch die nicht effektive ausreichend ist[131] (zum Begriff s. Art. 5 EGBGB Rn 22).
– (4.)Die Lebenspartnerschaft war in dem Urteilsstaat begründet worden (§ 103 Abs. 1 Nr. 3 FamFG).
– (5.)Es lag eine **Notzuständigkeit** vor.[132] Ob diese gegeben war, ist gemäß dem Spiegelbildprinzip zu ermitteln. Es ist also zu fragen, ob die deutschen Gerichte in einem solchen Fall, wenn der Bezug nicht zum Entscheidungsstaat, sondern zu Deutschland gegeben wäre, die Zuständigkeit aus besonderen (Not-)Gründen, insbesondere aus dem Verbot der Justizverweigerung,[133] angenommen hätten.

Die internationale Zuständigkeit der Gerichte des Entscheidungsstaats muss wenigstens zeitweise zwischen der Klageerhebung und der letzten mündlichen Verhandlung vorgelegen haben; § 261 Abs. 3 Nr. 2 ZPO findet entsprechend Anwendung.[134] Die Prüfung erfolgt durch das deutsche Gericht **von Amts wegen**,[135] die bloße Behauptung des Vorliegens genügt nicht.[136] 54

b) Keine ordnungsgemäße oder rechtzeitige Mitteilung (§ 109 Abs. 1 Nr. 2 FamFG). Sinn und Zweck ist die Gewährleistung rechtlichen Gehörs zum Schutz des Beklagten im Stadium der Verfahrenseröffnung.[137] Soweit im Wortlaut übereinstimmend, kann und soll bei der Auslegung auf die Rechtsprechung zu § 328 Abs. 1 Nr. 2 ZPO, Art. 22 lit. b EheVO, Art. 34 Nr. 2 EuGVVO, Art. 27 Nr. 2 EuGVÜ bzw LugÜ zurückgegriffen werden.[138] 55

aa) Keine Einlassung. Der Begriff „Einlassung" ist weit auszulegen.[139] Es genügt jede Prozesshandlung, mit der der Beklagte oder sein Vertreter zu erkennen gibt, dass er von der gegen ihn erhobenen Klage Kenntnis erlangt hat.[140] Keine Einlassung liegt vor, wenn sich der Beklagte vor dem ausländischen Gericht lediglich auf die mangelhafte Zustellung beruft[141] oder im ausländischen Verfahren ohne Mitwirkung des Beklagten ein Vertreter bestellt wird.[142] 56

bb) Geltendmachung der Nichteinlassung im Verfahren, in dem über die Anerkennung entschieden wird.[143] Bei verspäteter Rüge erfolgt **Präklusion** analog §§ 295, 532, 556 ZPO im gerichtlichen Verfahren 57

126 BayObLG NJW 1990, 3099 = FamRZ 1990, 650 = StAZ 1990, 224 = IPRspr 1990 Nr. 214; OLG Frankfurt NJW 1989, 3101, 3102 = IPRspr 1989 Nr. 226.
127 BayObLG FamRZ 1992, 584, 585 = NJW-RR 1992, 514 = StAZ 1992, 176 = IPRspr 1991 Nr. 217; NJW 1990, 3099 = FamRZ 1990, 650 = StAZ 1990, 224 = IPRspr 1990 Nr. 214; *Martiny*, Handbuch Int. Zivilverfahrensrecht, Bd. III/1, Rn 751.
128 Soergel/*Schurig*, Art. 17 EGBGB Rn 83 mwN.
129 BayObLG FamRZ 1992, 584, 585 = NJW-RR 1992, 514 = StAZ 1992, 176 = IPRspr 1991 Nr. 217 m. zust. Anm. *Henrich*, IPRax 1992, 178; Staudinger/*Spellenberg*, Int. Verfahrensrecht in Ehesachen, § 328 ZPO Rn 328, 330; *Krzywon*, StAZ 1989, 93, 98; aA Soergel/*Schurig*, Art. 17 EGBGB Rn 83: Zur Vermeidung „hinkender" Rechtslagen sei anerkennungsfreundlich zu entscheiden.
130 MüKo-ZPO/*Rauscher*, § 109 FamFG Rn 19; MüKo/*Winkler v. Mohrenfels*, Art. 17 EGBGB Rn 369; Staudinger/*Spellenberg*, Int. Verfahrensrecht in Ehesachen, § 328 ZPO Rn 329.
131 Prütting/Helms/*Hau*, § 109 FamFG Rn 28; *Basedow*, StAZ 1983, 233, 238.
132 Hierzu BayObLG FamRZ 1992, 584, 586 = NJW-RR 1992, 514 = StAZ 1992, 176 = IPRspr 1991 Nr. 217; Staudinger/*Spellenberg*, Int. Verfahrensrecht in Ehesachen, § 606 ff ZPO Rn 381 ff.
133 *Geimer*, IPRax 2004, 97, 98.
134 BGHZ 141, 286, 290 = NJW 1999, 3198 = IPRax 2001, 230; BayObLG FamRZ 1993, 1469; MüKo-ZPO/*Rauscher*, § 109 FamFG Rn 13; Zöller/*Geimer*, ZPO, § 328 Rn 140; MüKo-ZPO/*Gottwald*, § 328 Rn 71; Staudinger/*Spellenberg*, Int. Verfahrensrecht in Ehesachen, § 328 ZPO Rn 332–337; aA (letzte mündliche Verhandlung) Stein/Jonas/*Roth*, ZPO, 21. Aufl. 1999, § 328 Rn 90, 98; Soergel/*Schurig*, Art. 17 EGBGB Rn 84.
135 BayObLG FamRZ 1992, 584, 585 f = NJW-RR 1992, 514 = StAZ 1992, 176 = IPRspr 1991 Nr. 217 m. zust. Anm. *Henrich*, IPRax 1992, 178; MüKo-ZPO/*Gottwald*, § 328 Rn 55; instruktiv *Fricke*, Anerkennungszuständigkeit, S. 102; aA OLG Hamm FamRZ 1993, 339, 340; Zöller/*Geimer*, ZPO, § 328 Rn 142: Prüfung nur auf Rüge des Beklagten, da kein Schutz gegen seinen Willen erforderlich.
136 Stein/Jonas/*Roth*, ZPO, 21. Aufl. 1999, § 328 Rn 96.
137 OLG Hamm FamRZ 1993, 339, 340; Stein/Jonas/*Roth*, ZPO, 21. Aufl. 1999, § 328 Rn 105; *Basedow*, StAZ 1983, 233, 239.
138 Zöller/*Geimer*, ZPO, § 328 Rn 155 ff; *Schack*, JZ 1993, 621, 622.
139 BGHZ 120, 305, 308 = NJW 1993, 598 = FamRZ 1993, 311.
140 Zöller/*Geimer*, ZPO, § 328 Rn 176; Soergel/*Schurig*, Art. 17 EGBGB Rn 85; *Krzywon*, StAZ 1989, 93, 99.
141 LJV BW FamRZ 1990, 1015, 1018; MüKo-ZPO/*Gottwald*, § 328 Rn 84; Prütting/Helms/*Hau*, § 109 FamFG Rn 36; MüKo/*Winkler v. Mohrenfels*, Art. 17 EGBGB Rn 371.
142 BayObLG FamRZ 2002, 1423; OLG Hamm FamRZ 1996, 178, 179 = NJW-RR 1996, 773; FamRZ 1996, 951, 952.
143 BGH NJW 1990, 3090, 3091 = FamRZ 1990, 1100 = IPRax 1991, 188 = StAZ 1990, 296 = IPRspr 1990 Nr. 220; MüKo-ZPO/*Gottwald*, § 328 Rn 73; *Nagel*, IPRax 1991, 172.

nach § 107 FamFG, wenn die Rüge nicht bereits im Verwaltungsverfahren erhoben wurde.[144] Weiterhin kommt **Verwirkung** durch widersprüchliches Verhalten sowohl vor als auch nach Erlass des Urteils in Betracht.[145] So ist es rechtsmissbräuchlich, wegen § 109 Abs. 1 Nr. 2 FamFG zu rügen und gleichzeitig die Scheidung im Inland zu beantragen, wenn dasselbe Scheidungsstatut Anwendung finden würde.[146] Dies gilt jedoch nicht, wenn über ein anderes Scheidungsstatut andere Rechtsfolgen herbeigeführt werden sollen.[147] Ein eindeutiger **Verzicht** (auch konkludent) auf die Rüge ist – insbesondere mit Blick auf Art. 22 lit. b EheVO (s. Anhang I zum III. Abschnitt, Art. 22 EheVO Rn 12) – denkbar.[148]

58 Problematisch ist, ob sich der Antragsgegner auf den Ausschlussgrund berufen kann, wenn er die Gelegenheit, den Verfahrensmangel vor dem ausländischen Gericht zu rügen oder einen **Rechtsbehelf einzulegen**, nicht genutzt hat. Das wird (bisher) für § 328 Abs. 1 Nr. 2 ZPO überwiegend bejaht,[149] da die Nutzung späterer Rechtsbehelfe mit einer Verteidigung von Beginn des Verfahrens an nicht gleichwertig sei. Nach aA[150] seien die Verteidigungsrechte des Beklagten in diesem Fall nicht verletzt. Das rechtliche Gehör des Beklagten dürfe nur in dem erforderlichen Maß geschützt, der Justizgewährungsanspruch des Antragstellers nicht mehr als unbedingt nötig eingeschränkt werden. Für Ehe- und Lebenspartnerschaftssachen ist demnach eine Lösung analog Art. 34 Nr. 2 EuGVVO[151] angezeigt.[152] Zudem liegt eine Bezugnahme auf Art. 22 lit. b EheVO näher, der diesen Ausschlussgrund für die Rüge gerade nicht vor sieht (s. Anhang I zum III. Abschnitt, Art. 22 EheVO Rn 7). Deshalb sollte bei § 109 Abs. 1 Nr. 2 FamFG an der bisherigen Praxis festgehalten werden.

59 **cc) Fehlerhafte Mitteilung des verfahrenseinleitenden Dokuments. (1) Verfahrenseinleitendes Dokument.** Das verfahrenseinleitende Dokument (Klage, Antrag) ist die vom Recht des Entscheidungsstaats[153] vorgesehene Urkunde, durch die der Antragsgegner erstmalig von dem der Entscheidung zugrunde liegenden Verfahren in Kenntnis gesetzt wird;[154] ein bestimmter Antrag ist nicht erforderlich.[155] Hierzu gehören auch Ladungen verbunden mit der Aufforderung zur Einlassung, wenn die wesentlichen Elemente des Rechtsstreits wiedergegeben sind.

60 **(2) Nichtordnungsgemäßheit und Nichtrechtzeitigkeit.** Nichtordnungsgemäßheit und Nichtrechtzeitigkeit der Mitteilung sind nach der bisher hM[156] alternative Versagungsgründe. Hiernach reicht es also, dass einer der Mängel vorliegt, um die Anerkennung zu versagen. Der Antragsgegner kann sich auf die Nichtordnungsgemäßheit der Mitteilung berufen, selbst wenn diese die Verteidigungsmöglichkeit tatsächlich nicht eingeschränkt hat. Die zusätzliche Voraussetzung im letzten Halbsatz („dass er sich nicht verteidigen konnte") bezieht sich nur auf die Rechtzeitigkeit und nicht auf die Ordnungsgemäßheit der Zustellung.

61 Nach Neuregelung der Problematik in Art. 34 Nr. 2 EuGVVO, Art. 22 lit. b EheVO (Anhang I zum III. Abschnitt, Art. 22 EheVO Rn 7), wonach ausdrücklich nicht mehr auf das formale Kriterium der Ordnungsgemäßheit abzustellen ist, findet sich die Auffassung, die Auslegung von § 328 Abs. 1 Nr. 2 ZPO hieran anzupassen, um die internationale Urteilsanerkennung zu fördern.[157] Ob § 109 Abs. 1 Nr. 2 FamFG entgegen seinem Wortlaut einschränkend auszulegen ist, hängt davon ab, ob die Regelungen in der EuGVVO und der EheVO Ausdruck eines besonderen Vertrauens zwischen den EU-Mitgliedstaaten oder aber Indiz für eine

144 Zöller/*Geimer*, ZPO, § 328 Rn 153.
145 OLG Bremen, FamRZ 2004, 1975 = OLGR 2004, 521; BayObLG FamRZ 2002, 1637, 1638; Staudinger/*Spellenberg*, Int. Verfahrensrecht in Ehesachen, § 328 ZPO Rn 455 f.
146 OLG Stuttgart FamRZ 2003, 1019; BayObLG FamRZ 2002, 1637, 1638.
147 JM BW FamRZ 2001, 1015, 1017; aA *Schack*, JZ 1993, 621, 622.
148 KG FamRZ 1988, 641, 644; MüKo-ZPO/*Gottwald*, § 328 Rn 73; Stein/Jonas/*Roth*, ZPO, 21. Aufl. 1999, § 328 Rn 107.
149 BGHZ 120, 305, 313 f = FamRZ 1993, 311 = NJW 1993, 598; BayObLG FamRZ 2000, 1170, 1172; MüKo-ZPO/*Gottwald*, § 328 Rn 81; Stein/Jonas/*Roth*, ZPO, 21. Aufl. 1999, § 328 Rn 106; Staudinger/*Spellenberg*, Int. Verfahrensrecht in Ehesachen, § 328 ZPO Rn 439; *Rauscher*, JR 1993, 413, 414; *Schack*, JZ 1993, 621, 622; *Schütze*, ZZP 106 (1993), 396, 399.
150 OLG Köln IPRax 2004, 115, 117; *Geimer*, IPRax 2004, 97; Zöller/*Geimer*, ZPO, § 328 Rn 163.
151 Art. 34 EuGVVO: „Eine Entscheidung wird nicht anerkannt, ... 2. ... es sei denn, der Beklagte hat gegen die Entscheidung keinen Rechtsbehelf eingelegt, obwohl er die Möglichkeit dazu hatte; ..."
152 So für Art. 27 Nr. 2 EuGVÜ ausdr. OLG Köln IPRax 2004, 115, 117.
153 MüKo-ZPO/*Gottwald*, § 328 Rn 74; MüKo-ZPO/*Rauscher*, § 109 FamFG Rn 25; Prütting/Helms/*Hau*, § 109 FamFG Rn 33.
154 EuGH, Slg I 1993, 1963, Rn 39 = NJW 1993, 2091 = IPRax 1994, 37; BayObLG FamRZ 2000, 1170; *Kropholler*, EuZPR, Art. 34 EuGVVO Rn 29.
155 BGHZ 141, 286, 295 f = NJW 1999, 3198 = IPRax 2001, 230.
156 BGHZ 120, 305, 310 = NJW 1993, 598 = FamRZ 1993, 311; OLG Köln FamRZ 1995, 306, 307 = IPRax 1996, 268 = IPRspr 1994 Nr. 165; *Schack*, Int. Zivilverfahrensrecht, 3. Aufl. 2002, Rn 845; MüKo-ZPO/*Gottwald*, § 328 Rn 79; Stein/Jonas/*Roth*, ZPO, 21. Aufl. 1999, § 328 Rn 106; Staudinger/*Spellenberg*, Int. Verfahrensrecht in Ehesachen, § 328 ZPO Rn 400; *Rauscher*, JR 1993, 413; *Schütze*, ZZP 106 (1993), 396 f; *Krzywon*, StAZ 1989, 93, 100. Die Rspr ist insoweit gelegentlich unsauber und spricht beiläufig von alternativen Voraussetzungen („oder"), so zB BGH NJW 1997, 2051, 2052 = FamRZ 1997, 490 = StAZ 1997, 171; KG FamRZ 1988, 641, 642.
157 *Geimer*, IPRax 2004, 97; Zöller/*Geimer*, ZPO, § 328 Rn 156–158.

neue Rechtsentwicklung sind. Im ersteren Fall wird man angesichts der unterbliebenen Reform bei § 109 FamFG im Verhältnis zu Drittstaaten weiterhin dessen strengeren Wortlaut zu beachten haben. Für eine einschränkende Auslegung spricht hingegen, dass der Justizgewährungsanspruch des Antragstellers nicht mehr als notwendig eingeschränkt werden darf. Entscheidend kann allein sein, ob der Beklagte ausreichend Gelegenheit hatte, sich zu verteidigen.[158] Mit einer solchen Auslegung wird zudem vermieden, Zustellungen im internationalen Bereich strenger zu behandeln als im nationalen und im europäischen Raum. Das Tatbestandsmerkmal „nicht ordnungsmäßig zugestellt" sollte daher einschränkend iSv „nicht in einer Weise zugestellt", wie die Formulierung in Art. 34 Nr. 2 EuGVVO, Art. 22 lit. b EheVO lautet, verstanden werden.

(3) Nichtordnungsgemäßheit. Soweit mit der bisher hM auf die formale Ordnungsgemäßheit der „Zustellung" abgestellt wird, beurteilt sich diese nach der ausländischen lex fori[159] unter Beachtung der einschlägigen Rechtshilfeverträge, insbesondere des Haager Übereinkommens über den Zivilprozess[160] und des Haager Übereinkommens über die Zustellung gerichtlicher und außergerichtlicher Schriftstücke im Ausland in Zivil- oder Handelssachen.[161] Auch die öffentliche Zustellung oder eine sonstige Ersatzzustellung können ausreichen, solange sie entsprechend der ausländischen lex fori vorgenommen wurden.[162] Fraglich ist, ob sich aus der Änderung im Wortlaut der Norm von „Zustellung" auf „Mitteilung" erleichterte Voraussetzungen ergeben, da der Begriff Mitteilung im FamFG nicht notwendig förmliche Zustellung meint.[163] **62**

Die **Heilung** von Zustellungs-/Mitteilungsmängeln ist möglich. Ob sie vorliegt, richtet sich nach dem Recht des Entscheidungsstaates einschließlich der dort geltenden internationalen Verträge.[164] Ob nach dem Günstigkeitsprinzip außerdem § 189 ZPO entsprechend heranzuziehen ist, ist umstritten.[165] § 189 ZPO findet jedenfalls dann keine entsprechende Anwendung, wenn die Zustellung einem völkerrechtlichen Vertrag unterlag (zB Haager Zustellungsübereinkommen).[166] Die Übereinkommen wollen Mindeststandards schaffen; dieses Ziel soll nicht dadurch umgangen werden, dass die Heilung nach dem Günstigkeitsprinzip erleichtert wird.[167] **63**

Soweit das Merkmal der Ordnungsgemäßheit **zukünftig einschränkend** iSd EheVO bzw der EuGVVO auszulegen ist, bietet sich eine Zweischrittprüfung an. Eine Zustellung „in einer Weise", dass sich der Gegner verteidigen konnte, wird immer dann anzunehmen sein, wenn die Zustellung ordnungsgemäß iSd vorgenannten hM erfolgte. Liegen dagegen Zustellungsmängel vor, ist zu prüfen, ob sie so schwerwiegend sind, dass sich die Gegenseite deshalb nicht verteidigen konnte (hierzu Anhang I zum III. Abschnitt, Art. 22 EheVO Rn 11). **64**

(4) Nicht rechtzeitige Mitteilung. Eine nicht rechtzeitige Mitteilung liegt vor, wenn durch die vom ausländischen Gericht gesetzte Frist die Möglichkeit der Verteidigung unzumutbar eingeschränkt wurde.[168] Dies bestimmt sich danach, ob dem Antragsgegner ausreichende Zeit zur Vorbereitung seiner Verteidigung oder für Schritte zur Verfügung stand, um eine Säumnisentscheidung zu verhindern.[169] Hierzu sind die Umstände des Einzelfalls (zB Erforderlichkeit der Übersetzung, Zeit für die Kontaktaufnahme zu einem spezialisierten Anwalt) – auch solche, die erst nach der Mitteilung bekannt geworden sind – ohne Bindung an die rechtlichen **65**

158 In dieser Richtung auch OLG Köln IPRax 2004, 115.

159 BGH NJW 1997, 2051, 2052 = FamRZ 1997, 490 = StAZ 1997, 171; BGHZ 120, 305, 311 = FamRZ 1993, 311 = NJW 1993, 598; BayObLG FamRZ 2000, 1170 f; OLG Düsseldorf FamRZ 1996, 176, 177 = StAZ 1996, 206; JM BW FamRZ 2001, 1015, 1017. Prütting/Helms/*Hau*, § 109 FamFG Rn 34.

160 Abk. v. 1.3.1954 (BGBl. II 1958 S. 577).

161 Abk. v. 15.11.1965 (BGBl. II 1977 S. 1453).

162 MüKo-ZPO/*Gottwald*, § 328 Rn 76; Soergel/*Schurig*, Art. 17 EGBGB Rn 85; aA Staudinger/*Spellenberg*, Int. Verfahrensrecht in Ehesachen, § 328 ZPO Rn 402, der aber öffentliche Zustellungen zumindest dann für ordnungsgemäß ansieht, wenn der Beklagte deutlich überwiegend die Unmöglichkeit einer anderen Zustellung verschuldet hat (Rn 413 f).

163 MüKo-ZPO/*Rauscher*, § 109 FamFG Rn 27.

164 BGHZ 120, 305, 311 f = NJW 1993, 598 = FamRZ 1993, 311; LJV BW FamRZ 1990, 1015, 1018; MüKo-ZPO/*Gottwald*, § 328 Rn 78; Prütting/Helms/*Hau*, § 109 FamFG Rn 34; MüKo-ZPO/*Rauscher*, § 109 FamFG Rn 27; Stein/Jonas/*Roth*, ZPO, 21. Aufl. 1999, § 328 Rn 114.

165 Für die Anwendung von § 189 ZPO Zöller/*Geimer*, ZPO, § 328 Rn 161; Staudinger/*Spellenberg*, Int. Verfahrensrecht in Ehesachen, § 328 ZPO Rn 410 f, 420; aA (allein die ausländische lex fori sei maßgeblich) JM BW FamRZ 2001, 1015, 1017; KG FamRZ 1988, 641, 642 f (zu § 328 Abs. 1 Nr. 2 ZPO aF [bis 1986]); MüKo-ZPO/*Gottwald*, § 328 Rn 78; *Schütze*, ZZP 106 (1993), 396, 398.

166 BGHZ 120, 305, 312 f = FamRZ 1993, 311 = NJW 1993, 598; *Rauscher*, JR 1993, 413, 414; *Schack*, Int. Zivilverfahrensrecht, 3. Aufl. 2002, Rn 848.

167 Hiervon zu trennen ist die Frage nach der dringenden Reformbedürftigkeit des internationalen Zustellungsrechts, vgl iE *Schack*, JZ 1993, 621.

168 BGHZ 141, 286, 296 = IPRax 2001, 230 = NJW 1999, 3198; Thomas/Putzo/*Hüßtege*, ZPO, § 328 ZPO Rn 12 a; MüKo-ZPO/*Rauscher*, § 109 FamFG Rn 28.

169 Im Regelfall Zeitspanne von 15 bis 25 Tagen: BayObLG FamRZ 2000, 1170, 1171; LJV BW FamRZ 1990, 1015, 1018; Stein/Jonas/*Roth*, ZPO, 21. Aufl. 1999, § 328 Rn 115; *Kropholler*, EuZPR, Art. 34 EuGVVO Rn 34.

und tatsächlichen Feststellungen des Erstgerichts abzuwägen.[170] Nicht ausschlaggebend ist, ob das Erstgericht die im Entscheidungsstaat geltenden Fristen eingehalten hat. Die Frist beginnt im Regelfall mit der ordnungsgemäßen Zustellung. Bei einer öffentlichen (fiktiven) Zustellung kommt es auf den Zeitpunkt der tatsächlichen Kenntnisnahmemöglichkeit an.[171] Ist der Beklagte unbekannt verzogen, genügt die Zustellung/Mitteilung an die letzte bekannte Anschrift.[172]

66 **c) Unvereinbarkeit (§ 109 Abs. 1 Nr. 3 FamFG).** Die Anerkennung scheidet in folgenden Fällen aus:

- (1.) **Unvereinbarkeit** mit einer **inländischen Entscheidung**. Auf den Zeitpunkt der Rechtshängigkeit des Streitgegenstandes sowie auf den Zeitpunkt des Erlasses und der Rechtskraft der in- und ausländischen Entscheidung kommt es nicht an.[173] Die Anerkennung ist also auch dann zu versagen, wenn im inländischen Verfahren die ausländische Rechtshängigkeit oder Entscheidung übersehen wurde.
- (2.) **Unvereinbarkeit** mit einer **früheren** rechtskräftigen **ausländischen Entscheidung**, die hier anzuerkennen ist (Prioritätsprinzip). Die Priorität bestimmt sich nach dem Eintritt der Rechtskraft, die entsprechend dem Recht des Urteilsstaats bestimmt wird.[174] Es kommt nicht darauf an, ob die frühere ausländische Entscheidung der Feststellung gem. § 107 FamFG bedarf oder ob die Entscheidung über die Anerkennungsfähigkeit bereits ergangen ist.[175]
- (3.) Frühere **deutsche Rechtshängigkeit,** die durch das ausländische Gericht nicht beachtet wurde. Bedeutung hat diese Alternative nur, solange die Streitsache vor einem deutschen Gericht rechtshängig ist. Wird die Sache rechtskräftig entschieden, greift ohnehin der inländische Urteilsvorrang; erledigt sich das deutsche Verfahren in anderer Weise, besteht kein Anerkennungshindernis.[176] Der Eintritt der Rechtshängigkeit im Ausland bestimmt sich nach dem ausländischen Recht.[177]

67 Zur Beantwortung der Frage, ob **Unvereinbarkeit** vorliegt, ist ein Vergleich von Tenor und ggf Entscheidungsgründen der konkurrierenden Entscheidungen erforderlich. Unvereinbarkeit ist gegeben, wenn der Antrag, der der zu prüfenden Entscheidung zugrunde liegt, spiegelbildlich vor deutschen Gerichten wegen einer deutschen oder einer früheren anzuerkennenden Entscheidung unzulässig wäre. Ein scheidungsabweisendes Urteil hindert demnach nicht die Anerkennung eines (späteren) Scheidungsurteils. Das Gleiche gilt für das Verhältnis von Trennung ohne Auflösung des Ehebandes zur Scheidung, da die Trennung Vorstufe der Scheidung sein kann.[178] Bis zur Rechtskraft der Scheidung ist eine Trennungsentscheidung nicht unvereinbar.

68 Unvereinbar sind hingegen Entscheidungen, die einen anderen Feststellungsinhalt haben oder eine andere Gestaltung des Personenstandes vornehmen (zB Feststellung der Nichtehe – Aufhebung der Ehe; Nichtigkeitserklärung – Aufhebung; Aufhebung bzw Scheidung zu unterschiedlichen Zeitpunkten). So schließt ein Scheidungsurteil ein (späteres) Aufhebungsurteil aus, selbst wenn sich dieses auf andere Gründe stützt (entsprechend § 1317 Abs. 3 BGB). Jedoch kann der an einer Aufhebungsentscheidung Interessierte die Feststellung begehren, dass nach dem kollisionsrechtlich maßgeblichen Recht die Voraussetzungen für die Eheaufhebung vorlagen, um statt der Scheidungs- die Aufhebungsfolgen herbeizuführen.[179] Nach Wegfall der Nichtigkeitserklärung der Ehe im deutschen Recht und damit von § 24 Abs. 1 S. 2 EheG muss die Frage neu überdacht werden, ob nach einem Scheidungs- oder Aufhebungsurteil eine spätere ausländische Entscheidung, die die Ehe ex tunc vernichtet oder ihr Nichtbestehen feststellt, anerkennungsfähig ist. Einzelheiten waren umstritten, jedoch ist dies überwiegend bejaht worden.[180] Die ausländische Entscheidung ist allenfalls dann anerkennungsfähig, wenn sie sich auf einen anderen selbständigen, im inländischen Prozess nicht vorgetragenen Sachverhalt (zB Doppelehe, Willensmängel bei der Eheschließung) bezieht, nicht jedoch, wenn die abweichende statusrechtliche Entscheidung durch eine andere kollisionsrechtliche Anknüpfung bedingt ist.

69 **d) Ordre public (§ 109 Abs. 1 Nr. 4 FamFG).** Eine ausländische Entscheidung verstößt gegen den ordre public, wenn sie angesichts ihres Inhalts oder der Umstände ihres Zustandekommens, ausgehend vom konkreten Sachverhalt, offensichtlich, dh eklatant, unzweifelhaft, auf der Hand liegend,[181] zu einem Ergebnis

170 BayObLG FamRZ 2002, 1423, 1424; 2000, 1170, 1171; Prütting/Helms/*Hau*, § 109 FamFG Rn 35; *Schack*, Int. Zivilverfahrensrecht, 3. Aufl. 2002, Rn 850.

171 BayObLG FamRZ 2002, 1423, 1424; OLGR Saarbrücken 2001, 474 = NJOZ 2001, 1233, 1237 (für die französische remise au parque*t*).

172 BGH IPRax 1993, 324 = NJW 1992, 1239.

173 LJV BW FamRZ 1990, 1015, 1019; Stein/Jonas/*Roth*, ZPO, 21. Aufl. 1999, § 328 Rn 118.

174 OLG Bamberg FamRZ 2000, 1289, 1290; MüKo-ZPO/*Gottwald*, § 328 Rn 88; Staudinger/*Spellenberg*, Int. Verfahrensrecht in Ehesachen, § 328 ZPO Rn 465; aA OLG Köln FamRZ 1995, 306, 307 = IPRax 1996, 268 = IPRspr 1994 Nr. 165: Die Anerkennungsfähigkeit setzt formelle Rechtskraft nicht voraus.

175 Staudinger/*Spellenberg*, Int. Verfahrensrecht in Ehesachen, § 328 ZPO Rn 464 f.

176 OLG Frankfurt FamRZ 1997, 92 f.

177 BGH IPRax 1989, 104 = FamRZ 1987, 580 = NJW 1987, 3083.

178 Staudinger/*Spellenberg*, Int. Verfahrensrecht in Ehesachen, § 328 ZPO Rn 479.

179 Vgl BGHZ 133, 227, 230 = NJW 1996, 2727 = FamRZ 1996, 1209 = FPR 1997, 49 (zu § 1317 Abs. 3 BGB).

180 Staudinger/*Spellenberg*, Int. Verfahrensrecht in Ehesachen, § 328 ZPO Rn 479 mwN.

181 BayObLG FamRZ 1993, 1469; LG Hamburg FamRZ 1993, 980, 981; Staudinger/*Spellenberg*, Int. Verfahrensrecht in Ehesachen, § 328 ZPO Rn 509.

führt, das unvereinbar mit **tragenden Grundsätzen** des deutschen Rechts ist.[182] Die Verletzung von Grundrechten bildet einen Unterfall, wobei hiermit die Grundrechte des Grundgesetzes, der Länderverfassungen, der EMRK sowie der Charta der Grundrechte der Europäischen Union gemeint sind.[183] Es finden sich in den letzten Jahrzehnten wenige Entscheidungen, die einer ausländischen Entscheidung in Ehesachen die Anerkennung aus ordre-public-Gründen versagten, die nicht von der jetzigen Nr. 2 oder 3 des § 109 Abs. 1 FamFG erfasst sind.

Erforderlich ist ein genügend enger **Inlandsbezug**, der sich insbesondere aus der deutschen Staatsangehörigkeit oder aufgrund eines inländischen gewöhnlichen Aufenthalts ergeben kann. Je geringer der Inlandsbezug ist, desto weniger Gewicht haben die Grundsätze des deutschen Rechts für die Frage der Anerkennungsfähigkeit.[184] Maßgebend für die Beurteilung ist der **Zeitpunkt**, in dem über die Anerkennungsfähigkeit im Inland entschieden wird.[185] Die ausländische Entscheidung darf grundsätzlich nicht auf ihre Richtigkeit überprüft werden (**Verbot der révision au fond**), § 109 Abs. 5 FamFG.[186] Die Prüfung der Voraussetzungen erfolgt **von Amts wegen**.[187] Bei Zweifeln über das Vorliegen eines Verstoßes ist die Entscheidung anzuerkennen.[188] 70

Die Anerkennung kann aus prozessrechtlichen oder materiellrechtlichen Unvereinbarkeitsgründen versagt sein. Der Schwerpunkt der Anwendung des **verfahrensrechtlichen ordre public** liegt bei Verletzungen des Grundsatzes der Gewährung rechtlichen Gehörs im Laufe des Verfahrens, zB bei Übergehen von Behauptungen und Beweisanträgen.[189] Die **Möglichkeit** zur Stellungnahme **genügt** aber.[190] Es kommt nicht darauf an, ob im Verfahren vom deutschen Recht abgewichen wurde, sondern ob der Verfahrensverlauf mit Grundprinzipien eines rechtsstaatlichen Verfahrens unvereinbar ist.[191] Denkbar sind weiterhin fehlende Neutralität des Gerichts, Prozessbetrug und Verhinderung bzw Nichtbeachtung von Rechtsmitteln.[192] Die Anwendung des ordre public kommt nicht in Betracht, wenn **Rechtsmittel** nicht genutzt werden, soweit die Aussicht bestand, damit Verfahrensfehler zu beseitigen.[193] 71

Materiellrechtliche Gründe für die Anwendung des ordre public sind insbesondere denkbar, wenn die ausländische Entscheidung die Grundrechte auf Eheschließungsfreiheit, Religionsfreiheit oder Gleichstellung von Mann und Frau verletzt. So ist eine ausländische Entscheidung, die die Ehe wegen Mängeln bei der Eheschließung aufhebt oder ihre Nichtexistenz feststellt, nicht anerkennungsfähig, wenn die Ehehindernisse vom Standpunkt des deutschen IPR analog Art. 13 Abs. 2 EGBGB nicht beachtlich sind (zB Ehehindernis der Religionsverschiedenheit). Eine Scheidung ist nicht bereits dann ordre-public-widrig, wenn nach deutschem Recht die Scheidungsvoraussetzungen nicht vorlagen.[194] 72

182 BGH NJW 1997, 2051, 2052 = FamRZ 1997, 490 = StAZ 1997, 171; BayObLG FamRZ 2002, 1637, 1639; OLG Düsseldorf FamRZ 1996, 176, 177 = StAZ 1996, 206; LG Hamburg FamRZ 1993, 980, 981; AG Würzburg FamRZ 1994, 1596 = IPRspr 1994 Nr. 176.

183 EuGH Slg I 2000, 1935, Rn 25 = IPRax 2000, 406 = NJW 2000, 1853; BGHZ 144, 390 = NJW 2000, 3289 = IPRax 2001, 50; BGH IPRax 1998, 205 = EuZW 1999, 26 (alle zu Art. 27 Nr. 1 EuGVÜ).

184 OLG Bamberg FamRZ 1997, 95, 96 = NJW-RR 1997, 4.

185 BGHZ 138, 331 = NJW 1998, 2358 = IPRax 1999, 466; BGHZ 52, 184, 192; BayObLG FamRZ 2002, 1637, 1639; 2001, 1622, 1623 = StAZ 2001, 174; OLG Köln FamRZ 1995, 306 = IPRax 1996, 268 = IPRspr 1994 Nr. 165; LJV NRW IPRax 1986, 167, 172; Soergel/*Schurig*, Art. 17 EGBGB Rn 87; Prütting/Helms/*Hau*, § 109 FamFG Rn 47; MüKo-ZPO/*Rauscher*, § 109 FamFG Rn 36; differenzierter mit Blick auf eine nachträgliche Verschärfung bzw Abschwächung des ordre public unter Berücksichtigung von Erwartungen der Beteiligten Staudinger/*Spellenberg*, Int. Verfahrensrecht in Ehesachen, § 328 ZPO Rn 524–529.

186 BayObLG FamRZ 1993, 1469; s.a. Prütting/Helms/*Hau*, § 109 FamFG Rn 44.

187 MüKo-ZPO/*Gottwald*, § 328 Rn 55; *Fricke*, Anerkennungszuständigkeit, S. 102; aA OLG Hamm FamRZ 1993, 339, 340: Prüfung nur auf Rüge des damaligen Beklagten.

188 MüKo-ZPO/*Gottwald*, § 328 Rn 94.

189 OLG Köln FamRZ 1995, 306, 307 = IPRax 1996, 268 = IPRspr 1994 Nr. 165; LJV BW FamRZ 1990, 1015, 1019.

190 BVerfG NJW 1988, 1462, 1464; BGH IPRax 2002, 395 = NJW-RR 2002, 1151; NJW 1997, 2051, 2052 = FamRZ 1997, 490 = StAZ 1997, 171; NJW 1990, 2201, 2203 = IPRax 1992, 33 = FamRZ 1990, 868 = IPRspr 1990 Nr. 207; BayObLG FamRZ 2001, 1622, 1623 = StAZ 2001, 174.

191 BGH FamRZ 2011, 788 Rn 25; BGH NJW 1997, 2051, 2052 = FamRZ 1997, 490 = StAZ 1997, 171; NJW 1990, 2201, 2202 f = IPRax 1992, 33 = FamRZ 1990, 868 = IPRspr 1990 Nr. 207; OLG Düsseldorf FamRZ 1996, 176, 177 = StAZ 1996, 206; AG Würzburg FamRZ 1994, 1596 = IPRspr 1994 Nr. 176; LG Hamburg FamRZ 1993, 980, 981.

192 BayObLG FamRZ 2002, 1637, 1639; 2000, 836, 837 = NJW-RR 2000, 885 = StAZ 2000, 77 (Vorlage gefälschter Unterlagen, Falschaussagen); Staudinger/*Spellenberg*, Int. Verfahrensrecht in Ehesachen, § 328 ZPO Rn 582.

193 BGH NJW 1997, 2051, 2052 = FamRZ 1997, 490 = StAZ 1997, 171; BayObLG FamRZ 2002, 1637, 1639; OLG Düsseldorf FamRZ 1996, 176, 177 = StAZ 1996, 206; LG Hamburg FamRZ 1993, 980, 982; AG Würzburg FamRZ 1994, 1596, 1597 = IPRspr 1994 Nr. 176; MüKo-ZPO/*Gottwald*, § 328 Rn 103; Stein/Jonas/*Roth*, ZPO, 21. Aufl. 1999, § 328 Rn 131; aA Staudinger/*Spellenberg*, Int. Verfahrensrecht in Ehesachen, § 328 ZPO Rn 518.

194 BayObLG FamRZ 1993, 1469, 1470 (falsche Bestimmung des Trennungszeitpunktes); Staudinger/*Spellenberg*, Int. Verfahrensrecht in Ehesachen, § 328 ZPO Rn 542, 545; idS auch MüKo-ZPO/*Rauscher*, § 109 FamFG Rn 48.

73 **e) Fehlende Verbürgung der Gegenseitigkeit (§ 109 Abs. 4 FamFG).** § 109 Abs. 4 FamFG führt abschließend auf, bei welchen Verfahren die Gegenseitigkeit verbürgt sein muss.[195] Hievon sind die hier interessierenden Statusentscheidungen ausgenommen, weshalb bei diesen die Gegenseitigkeit nicht verbürgt sein muss.

74 **4. Wirkung der Anerkennung.** Die Rechtsprechung geht von der **Wirkungserstreckungstheorie** aus.[196] Die anerkannte Entscheidung hat hiernach dieselbe Wirkung (Rechtskraft, Gestaltungswirkung) wie im Entscheidungsstaat. Die Anerkennungsentscheidung wirkt auf den Zeitpunkt der Rechtskraft der ausländischen Entscheidung zurück.[197] Bei ausländischen Eheanfechtungs-, Aufhebungs- und Nichtigkeitsurteilen ist dem der Entscheidung zugrunde liegenden Recht zu entnehmen, ob die Ehe ex nunc oder ex tunc aufgelöst ist.[198] Ein Schuldausspruch in der ausländischen Entscheidung nimmt grundsätzlich an der Anerkennung teil, und zwar auch dann, wenn er nur in den Gründen des Urteils steht.[199] Allerdings tritt diesbezüglich keine Bindungswirkung nach § 107 Abs. 9 FamFG ein (Rn 9).

75 Zum Teil wird vertreten, dass ein fehlender Schuldausspruch im Inland entsprechend § 321 ZPO nachgeholt werden kann, soweit er für die Nebenfolgen der Scheidung erheblich ist.[200] Zu folgen ist eher der Auffassung, dass die Feststellung inzident in dem inländischen Verfahren nachgeholt werden kann, in dem es um die Scheidungsfolge geht.[201]

76 Die Anerkennung von **Nebenentscheidungen** ist gesondert nach der für die betreffende Nebenentscheidung anwendbaren Rechtsgrundlage (EuUnthVO (Dänemark), multilaterale oder bilaterale Staatsverträge, § 109 FamFG) zu prüfen. Die Entscheidung nach § 107 FamFG bezieht sich nur auf die Ehesache und nicht auf die Folgesachen. Nach hM[202] setzt die Anerkennung von Nebenentscheidungen voraus, dass die Entscheidung in der Ehesache – bei Eröffnung des Anwendungsbereichs förmlich nach § 107 FamFG – anerkannt wurde, soweit die Entscheidung in der Ehesache notwendige Voraussetzung für die Nebenentscheidung ist. Umstritten ist, ob dies auch für die Anerkennung nach der EuGVVO und auf staatsvertraglicher Rechtsgrundlage gilt.[203] Richtigerweise ist zu differenzieren: Soweit eine Entscheidung über den Kindesunterhalt getroffen wurde, ist diese Entscheidung unabhängig von der Entscheidung in der Ehesache anzuerkennen.[204] Dasselbe muss seit dem Kindschaftsreformgesetz vom 16.10.1997 für Entscheidungen zur elterlichen Sorge gelten.[205] Wenn im deutschen materiellen Recht die Übertragung des Sorgerechts an einen Elternteil von der Scheidung abgekoppelt ist, kann ihre Anerkennung nicht mehr Voraussetzung für die Anerkennung der Entscheidung über die elterliche Sorge sein. Bei den Nebenfolgenentscheidungen, die nur die Eheleute betreffen, ist jedenfalls dann die Anerkennung in der Ehesache erforderlich, wenn die Anerkennung der Nebenfolgenentscheidung nicht auf europäischer oder staatsvertraglicher Rechtsgrundlage erfolgt. Trifft jedoch Letzteres zu, so kann die Nichtanerkennung in der Ehesache nicht als zusätzliches Anerkennungshindernis aufgestellt werden. Nicht ausgeschlossen ist jedoch die Berücksichtigung im Rahmen der geregelten Ausschlussgründe wie Widerspruch zu einer inländischen Statusentscheidung[206] oder des ordre public.

195 MüKo-ZPO/*Rauscher*, § 109 FamFG Rn 53.

196 EuGH Slg 1988, 645 = IPRax 1989, 159 m.Anm. *Schack*, 139, 141 = NJW 1989, 663 (für das EuGVÜ); BGHZ 118, 312, 318 = IPRax 1993, 310 = NJW 1992, 3096; OLG Hamm FamRZ 1993, 213, 215 = IPRspr 1991 Nr. 213; Zöller/*Geimer*, ZPO, § 328 Rn 20 und § 109 FamFG Rn 61; *Kegel/Schurig*, S. 1061; aA (Gleichstellungs-, Nostrifizierungs- oder Wirkungsanpassungstheorie) *Musger*, IPRax 1982, 108, 111; im Überblick *Bungert*, IPRax 1982, 225 f.

197 BGH NJW 1983, 514, 515 = FamRZ 1982, 1203 = IPRax 1983, 292; KG FamRZ 1969, 96, 98.

198 Staudinger/*Spellenberg*, Int. Verfahrensrecht in Ehesachen, Art. 7 FamRÄndG Rn 750.

199 BGH FamRZ 1976, 614, 615 = IPRspr 1976 Nr. 50; Soergel/*Schurig*, Art. 17 EGBGB Rn 90; s.a. MüKo-ZPO/*Rauscher*, § 109 FamFG Rn 48.

200 Soergel/*Schurig*, Art. 17 EGBGB Rn 90; offen gelassen von BGH FamRZ 1976, 614, 615 = IPRspr 1976, Nr. 50.

201 BGH FamRZ 1976, 614, 615 = IPRspr 1976 Nr. 50; Stein/Jonas/*Schlosser*, ZPO, 21. Aufl. 1999, vor § 606 ZPO Rn 17 b; MüKo/*Winkler v. Mohrenfels*, Art. 17 EGBGB Rn 131.

202 BGH FamRZ 1975, 273 = NJW 1975, 1072; OLG Celle NJW 1991, 1428, 1429 = IPRax 1991, 62 m. abl. Anm. *Henrich* (der Unterhaltsanspruch des Kindes setzt nicht die Scheidung der Eltern voraus) = FamRZ 1990, 1390 = IPRspr 1990 Nr. 102; OLG Hamm IPRax 1990, 59 m. abl. Anm. *Henrich* = FamRZ 1989, 785 = NJW-RR 1989, 514 = IPRspr 1989 Nr. 107.

203 Dafür MüKo-ZPO/*Gottwald*, § 328 Rn 172; aA MüKo/*Siehr*, 4. Aufl. 2006, Art. 19 EGBGB Anhang I Rn 279 f.

204 OLG Hamm FamRZ 1993, 213, 214 = IPRspr 1991 Nr. 213; AG Hamburg-Altona FamRZ 1992, 82 = IPRspr 191 Nr. 191; *Henrich*, IPRax 1991, 62; *ders.*, IPRax 1990, 59.

205 Die hM ging bisher vom Erfordernis der Feststellung der Anerkennungsfähigkeit der ausländischen Scheidung aus, u.a. BGH NJW 1975, 1072 = FamRZ 1975, 273; *Coester*, IPRax 1996, 24, 25 f; *Henrich*, IPRax 1991, 62; *ders.*, IPRax 1990, 59.

206 EuGH Slg 1988, 645 = IPRax 1989, 159 m.Anm. *Schack*, S. 139 = NJW 1989, 663; Staudinger/*Spellenberg*, Int. Verfahrensrecht in Ehesachen, § 328 ZPO Rn 482.

IV. Privatscheidungen

1. Überblick. Privatscheidungen werden in ihrer statusrechtlichen Wirkung im Inland anerkannt, wenn sie nach dem gemäß deutschem Kollisionsrecht maßgeblichen ausländischen Recht zulässig, materiell und formell wirksam sind, die statusrechtliche Folge der Auflösung der Ehe bzw Lebenspartnerschaft bewirken und der Anerkennung nicht der ordre public entgegensteht (zum Begriff der Privatscheidung, zur Unwirksamkeit inländischer Privatscheidungen und zur Abgrenzung zwischen inländischer und ausländischer Privatscheidung s. Art. 17 EGBGB Rn 95). Die Wirksamkeit der Scheidung oder der Aufhebung wird also materiell rechtlich gemäß dem **Scheidungs- bzw Aufhebungsstatut** geprüft.[207] 77

Maßgebender **Zeitpunkt** für die Beurteilung der Wirksamkeit ist der Zeitpunkt der Scheidungs- bzw Aufhebungserklärung.[208] In erster Linie ist dies der Zugang der privatrechtlichen Erklärung bei dem anderen Partner oder, soweit dieser nicht erfolgte oder bestritten wird, der Zeitpunkt der Registrierung.[209] Ist nach deutschem IPR deutsches Recht Scheidungsstatut, so ist die Privatscheidung einer Ehe unwirksam, weil dies durch § 1564 S. 1 BGB, der auch materiellrechtlichen Charakter trägt, ausgeschlossen ist.[210] Diese Konstellation, die zu sog. **„hinkenden" Inlandsehen** führt, tritt nicht selten auf, soweit es um die Privatscheidung unter Beteiligung eines deutschen Staatsangehörigen (auch Doppelstaaters) geht.[211] 78

2. Ordre public. Auch bei Privatscheidungen ist der ordre public (Art. 6 EGBGB) im Grundsatz sparsam heranzuziehen. Seine Anwendung kommt nur infrage, wenn ein ausreichender **Inlandsbezug** vorliegt. Erforderlich ist regelmäßig sowohl ein Inlandsbezug im Zeitpunkt der Scheidung als auch der Anerkennung. Die deutsche Staatsangehörigkeit begründet selbst bei Doppelstaatlichkeit den stärksten Inlandsbezug. Ein starker Inlandsbezug ist auch bei gemeinsamem gewöhnlichen Aufenthalt in Deutschland gegeben.[212] 79

Beispiele: Grundsätzlich ist eine Privatscheidung nicht bereits deshalb ordre-public-widrig, weil die Scheidung einvernehmlich durch **Vertrag** nach ausländischem Recht zustande gekommen ist.[213] Das Gleiche gilt, wenn die Ehe bei Anwendung deutschen Rechts noch nicht hätte geschieden werden dürfen und die ausländische Privatscheidung ohne Nachweis des Scheiterns oder der Einhaltung bestimmter **Trennungszeiten** durchgeführt werden konnte.[214] Soweit nur der Vollzug der Scheidung durch privates Rechtsgeschäft erfolgt und zuvor ein (geistliches) Gericht die Scheidung als berechtigt ausgesprochen hat,[215] kommt eine Nichtanerkennung aus Gründen des ordre public dann in Betracht, wenn Gründe analog § 109 Abs. 1 Nr. 2–4 FamFG die Anerkennung der Entscheidung ausschließen würden. Bei dem talaq nach islamischem Recht, der einseitigen Verstoßung durch den Ehemann, kommt bei genügend engem Inlandsbezug wegen der Verletzung von Art. 1 GG (Schutz der Menschenwürde), Art. 3 Abs. 2 GG (Grundsatz der Gleichberechtigung von Männern und Frauen) und Art. 6 GG (Schutz der Ehe) ein Verstoß gegen den ordre public infrage. Die ältere Rechtsprechung, die noch auf Art. 17 EGBGB aF beruht, ist allerdings nur bedingt verwertbar, soweit sie die (grundrechtswidrige) Anknüpfung an das Heimatrecht des Mannes durch die Anwendung des ordre public kompensierte.[216] Die Anerkennung ist dann nicht ausgeschlossen, wenn die Ehe auch nach deutschem Recht auf Verlangen des Mannes hätte geschieden werden können und die Frau mit der Scheidung einverstanden 80

207 BayObLG FamRZ 2003, 381 = StAZ 2002, 108.

208 BGHZ 110, 267, 273 = FamRZ 1990, 607 = NJW 1990, 2194 = StAZ 1990, 221; BayObLG IPRax 1995, 324 = FamRZ 1994, 1263 = NJW-RR 1994, 771 = StAZ 1994, 255; FamRZ 1998, 1594 = NJW-RR 1998, 1538 = StAZ 1999, 108; OLG Celle FamRZ 1998, 686.

209 BayObLG IPRax 1995, 324 = FamRZ 1994, 1263 = NJW-RR 1994, 771 = StAZ 1994, 255.

210 BGHZ 176, 365 = FamRZ 2008, 1409 = IPRax 2009, 347; BGHZ 110, 267, 272 ff = FamRZ 1990, 607 = NJW 1990, 2194 = StAZ 1990, 221; OLG Braunschweig FamRZ 2001, 561; BayObLG FamRZ 1994, 1263, 1264 = IPRax 1995, 324 = NJW-RR 1994.

211 Vgl zB BGH IPRax 1995, 111 = FamRZ 1994, 434 = NJW-RR 1994, 642 = IPRspr 1994 Nr. 77, 160 (Israel); KG FamRZ 2002, 840 (Marokko); OLG Braunschweig FamRZ 2001, 561 (Syrien); OLG Celle FamRZ 1998, 686 (Japan); BayObLG FamRZ 2003, 381 = StAZ 2003, 108 (Jordanien); BayObLG FamRZ 1998, 1594 = NJW-RR 1998, 1538 = StAZ 1999, 108 (jedoch Annahme einer konkludenten Wahl des syrischen Rechts); BayObLG FamRZ 1994, 1263 = NJW-RR 1994, 771 = IPRax 1995, 324 = StAZ 1994, 255 (Syrien); JM BW FamRZ 2001, 1018, 1019 (Syrien; Ablehnung einer Rechtswahl).

212 OLG München IPRax 1989, 238, 241 = IPRspr 1989 Nr. 88; Erman/*Hohloch*, Art. 17 EGBGB Rn 81; *Bolz*, NJW 1990, 620, 621; Staudinger/*Spellenberg*, Int. Verfahrensrecht in Ehesachen, § 328 ZPO Rn 613, 626.

213 So zB OLG Celle FamRZ 1998, 686 (Japan); JM NRW IPRax 1982, 25 (Thailand).

214 *Henrich*, S. 155.

215 So die Scheidung vor einem RabinatsG nach jüdischem Recht, hierzu BGH FamRZ 1994, 434 = NJW-RR 1994, 642 = IPRax 1995, 111 m.Anm. *Henrich* 86 = IPRspr 1994 Nr. 77.

216 So zB BayObLG IPRax 1982, 104 m.Anm. *Henrich*, S. 94.

war oder wenigstens im Anerkennungsverfahren mit der Scheidung einverstanden ist.[217] Liegen beide Voraussetzungen nicht vor, ist die Scheidung nicht anerkennungsfähig. Problematisch ist die Konstellation, in der nur eine dieser Voraussetzungen vorliegt. Es kommt hier darauf an, ob das Schwergewicht der Betrachtung auf die Art und Weise des Zustandekommens der Scheidung[218] oder auf das Ergebnis – Auflösung der Ehe – gelegt wird.[219] Da es sich bei der Verstoßung nicht um ein Verfahren, sondern um die rechtsgeschäftliche Kündigung eines Vertrages – Ehe – handelt, ist das Kriterium „Gewährung des rechtlichen Gehörs" fehl am Platz.[220] Wenn der talaq grundsätzlich trotz der einseitig männlichen Ausgestaltung anerkennungsfähig ist, so kann es letztlich nur darauf ankommen, ob das Ergebnis – Auflösung der Ehe – ordre-public-widrig ist. Das trifft jedenfalls dann nicht zu, wenn die Ehe vom Standpunkt des deutschen Rechts zum Scheidungszeitpunkt zerrüttet war.[221]

81 **3. Wirkung der Anerkennung.** Die Anerkennung der ausländischen Privatscheidung wirkt auf den Zeitpunkt der endgültigen und rechtwirksamen Auflösung der Ehe nach dem ausländischen Scheidungsstatut zurück.[222]

82 **4. Stellungnahme.** In Fällen, in denen der Vollzug der Scheidung zwar privatgeschäftlich erfolgt, die Ehescheidung aber durch ein Gericht (auch religiöses, soweit im Ursprungsstaat zur dortigen Gerichtsbarkeit gehörend) nach Prüfung der Begründetheit bewilligt oder bestätigt wird, erscheint eine Anwendung von § 1564 S. 1 BGB nicht sachgerecht.[223] Sie führt zu einer ausschließlichen Zuständigkeit deutscher Gerichte, wenn nach deutschem Kollisionsrecht deutsches Recht Scheidungsstatut ist und das „Auch"-Heimatrecht eines oder beider Partner nur die religiöse Scheidung kennt. Wenn die Kontrolle der Scheidungsvoraussetzungen durch eine unabhängige Instanz garantiert und somit dem Sinn und Zweck von § 1564 BGB Rechnung getragen wird, ist es nicht gerechtfertigt, die Anerkennung solcher Scheidungen an § 1564 BGB scheitern zu lassen, nur weil sie vom Standpunkt des deutschen IPR dem deutschen Recht unterliegen.[224] Hier bedarf es zumindest einer teleologischen Reduktion des § 1564 BGB. Noch sinnvoller wäre es – wie bei Auslandsadoptionen, die dem Mischsystem folgen –,[225] solche Scheidungen nicht materiellrechtlich zu überprüfen, sondern sie den Bestimmungen über die Anerkennung von Entscheidungen nach § 109 FamFG zu unterwerfen, vorausgesetzt natürlich, dass nach der Rechtsordnung des Entscheidungsstaats überhaupt eine endgültig wirksame, die Ehe auflösende Scheidung vorliegt.

D. Weitere praktische Hinweise

I. Zum förmlichen Anerkennungsverfahren nach § 107 FamFG

83 **1. Zuständige Stellen. a) Verwaltungsbehördliches Verfahren (§ 107 Abs. 1 S. 1, Abs. 3 FamFG).** **Baden-Württemberg**: OLG Karlsruhe, Hoffstr. 10, 76133 Karlsruhe; OLG Stuttgart, Ulrichstr. 10, 70182 Stuttgart; **Bayern**: OLG München, Prielmayerstr. 5, 80335 München; **Berlin**: Senatsverwaltung für Justiz, Salzburger Straße 21–25, 10825 Berlin; **Brandenburg**: Brandenburgisches OLG, Gertrud-Piter-Platz 11, 14470 Brandenburg; **Bremen**: Hanseatisches Oberlandesgericht in Bremen Am Wall 198, 28195 Bremen; **Hamburg**: Justizbehörde, Drehbahn 36, 20354 Hamburg; **Hessen**: OLG Frankfurt, Zeil 42, 60313 Frank-

217 OLG Koblenz FamRZ 1993, 563, 564 = NJW-RR 1993, 70; OLG München IPRax 1989, 238, 241 = IPRspr 1989 Nr. 88; *Henrich*, S. 156; MüKo/*Winkler v. Mohrenfels*, Art. 17 EGBGB Rn 112; Staudinger/*Spellenberg*, Int. Verfahrensrecht in Ehesachen, § 328 ZPO Rn 624; *Jayme*, IPRax 1989, 223; *Henrich*, IPRax 1995, 86, 87; aA für einseitige Verstoßung durch den Ehemann nach iranischem Recht AG Frankfurt NJW 1989, 1434 = IPRax 1989, 237: Verstoß gegen den ordre public (Art. 1 Abs. 1, Art. 3 Abs. 2, Art. 6 GG) liegt sogar dann vor, wenn die Ehefrau die Scheidung auch selbst will.

218 Verletzung des Grundsatzes der Gewährung rechtlichen Gehörs: OLG Stuttgart FamRZ 2000, 171 = IPRax 2000, 427; OLG Frankfurt FamRZ 1995, 564 m. krit. Anm. *Henrich* = IPRax 1996, 38 = IPRspr 1994 Nr. 175 (fälschlich § 328 Abs. 1 Nr. 4 ZPO statt richtig Art. 6 EGBGB angenommen); OLG München IPRax 1989, 238, 241 = IPRspr 1989 Nr. 88; BayObLG IPRax 1982, 104, 105; Staudinger/*Spellenberg*, Int. Verfahrensrecht in Ehesachen, § 328 ZPO Rn 620–623; *Krzywon*, StAZ 1989, 93, 104; differenzierend LJV NRW IPRspr 1983 Nr. 2, S. 12 f (Verstoßung durch die Ehefrau aufgrund Bevollmächtigung durch den Ehemann im Ehevertrag).

219 Kein Verstoß, wenn Ehe nach Anhörung im gerichtlichen Verfahren hätte geschieden werden dürfen: OLG Koblenz FamRZ 1993, 563, 564 = NJW-RR 1993, 70.

220 OLG Koblenz FamRZ 1993, 563, 564 = NJW-RR 1993, 70; *Henrich*, S. 156 Fn 133.

221 *Henrich*, S. 156; *Bolz*, NJW 1990, 620, 621 f; *Jayme*, IPRax 1989, 223.

222 OLG Hamm FamRZ 1992, 673 = NJW-RR 1992, 710.

223 Beispiele: BGHZ 176, 365 = FamRZ 2008, 1409 = IPRax 2009, 347 und BGH FamRZ 1994, 434 = NJW-RR 1994, 642 = IPRax 1995, 111 m.Anm. *Henrich*, S. 86 = IPRspr 1994 Nr. 77 (Scheidung eines deutsch-israelischen Ehepaares vor einem RabinatsG in Israel); OLG Braunschweig FamRZ 2001, 561 m. krit. Anm. *Gottwald* (Scheidung eines deutsch-syrischen Ehepaares vor einem Sharia-Gericht); JM BW FamRZ 2001, 1018 m. krit. Anm. *Gottwald* (ebenso).

224 *Henrich*, IPRax 1985, 86, 89.

225 *Andrae*, § 7 Rn 74; *v. Bar*, IPR II, Rn 317.

furt/Main; **Mecklenburg-Vorpommern**: Justizministerium, Demmlerplatz 14, 19053 Schwerin; **Niedersachsen**: OLG Braunschweig, Bankplatz 6, 38100 Braunschweig; OLG Celle, Schlossplatz 2, 29221 Celle; OLG Oldenburg, Richard-Wagner-Platz 1, 26121 Oldenburg; **Nordrhein-Westfalen**: OLG Düsseldorf, Cecilienallee 3, 40474 Düsseldorf; **Rheinland-Pfalz**: OLG Koblenz, Stresemannstraße 1, 56068 Koblenz; **Saarland**: Saarländisches Oberlandesgericht, Franz-Josef-Röder-Straße 15, 66119 Saarbrücken; **Sachsen**: OLG Dresden, Schlossplatz 1, 01067 Dresden; **Sachsen-Anhalt**: OLG Naumburg, Domplatz 10, 06618 Naumburg; **Schleswig-Holstein**: Ministerium für Justiz, Arbeit und Europa, Lorentzendamm 35, 24103 Kiel; **Thüringen**: Thüringer Oberlandesgericht Jena, Rathenaustraße 13, 07745 Jena.

b) Sonderzuständigkeiten im gerichtlichen Verfahren. **Rheinland-Pfalz**: gem. § 4 Abs. 3 Nr. 2 a Gerichtsorganisationsgesetz örtliche Zuständigkeit beim OLG Zweibrücken. 84

2. Antragstellung. Der Antrag ist direkt bei der für die Anerkennung zuständigen Stelle, über eine deutsche Auslandsvertretung oder über ein deutsches Standesamt (zB im Zusammenhang mit dem Antrag auf Ausstellung eines Ehefähigkeitszeugnisses) einzureichen, wobei der Standesbeamte gehalten ist, den Antrag weiterzuleiten, wenn die ihm obliegende Prüfung ergibt, dass die ausländische Entscheidung der Anerkennung bedarf. Zur Antragstellung soll das vorgesehene **Formular** verwandt werden, das bei den zuständigen Stellen erhältlich ist. 85

Als Unterlagen sind beizufügen: (1.) Vollständige Ausfertigung oder beglaubigte Ablichtung der ausländischen Entscheidung mit Rechtskraftvermerk (soweit dieser erteilt wird) und möglichst mit Tatbestand und Entscheidungsgründen; sonst ist auch die Antragsschrift beizufügen. (2.) Nachweis über die Registereintragung bei Ländern, in denen diese zur Wirksamkeit der Entscheidung erforderlich ist. (3.) Grundsätzlich die Heiratsurkunde der aufgelösten Ehe. (4.) Nachweis der Staatsangehörigkeit (zB durch beglaubigte Passkopien). (5.) Von einem anerkannten Übersetzer angefertigte Übersetzungen sämtlicher fremdsprachiger Schriftstücke, einschließlich angebrachter Apostillen. Der Übersetzung englischsprachiger Unterlagen bedarf es teilweise nicht. Die Übersetzung sollte mit dem Original fest verbunden (gesiegelt) sein. (6.) Bescheinigung über das Einkommen des Antragstellers. (7.) Schriftliche Vollmacht, falls der Antrag durch einen Bevollmächtigten gestellt wird. 86

3. Urkunden. Urkunden sind grundsätzlich **im Original** vorzulegen. Treten bei der Urkundenbeschaffung Schwierigkeiten auf, die einen unmittelbaren Kontakt zu der ausstellenden Behörde im fremden Land unmöglich machen, so kann die örtlich zuständige deutsche Auslandsvertretung weiterhelfen. Diese wird jedoch nur für deutsche Staatsangehörige tätig. Der Antragsteller muss überdies ein berechtigtes Interesse an der Ausstellung der jeweiligen Urkunde darlegen und in der Lage sein, detaillierte Angaben (vollständige Namen der Beteiligten, Ort, Datum, wenn möglich Registernummer des Personenstandsfalls bzw Geschäftszeichen des Gerichts) zu machen. Die Beschaffung von Urkunden und sonstigen Dokumenten ist eine gebührenpflichtige Amtshandlung. Die **Gebühren** (zzt 15–100 EUR) sowie die evtl entstandenen Auslagen (zB Gebühren der örtlichen Behörde) sind vom Antragsteller zu erstatten. 87

Können Lücken in der Urkundenvorlage nur durch eine **Versicherung an Eides statt** geschlossen werden, kann der Standesbeamte eine solche Versicherung selbst nur aufnehmen, wenn die Anerkennung im Rahmen der Anmeldung einer neuen Ehe begehrt wird. In allen anderen Fällen ist eine notarielle eidesstattliche Versicherung erforderlich. 88

Da ausländischen öffentlichen Urkunden die Echtheitsvermutung fehlt, müssen sie idR legalisiert (**Legalisation: § 13 Abs. 1, 2 KonsularG**) werden, dh eine deutsche konsularische Vertretung im Errichtungsstaat muss die Echtheit der ausländischen öffentlichen Urkunde bestätigen. 89

§ 13 KonsularG Legalisation ausländischer öffentlicher Urkunden

(1) Die Konsularbeamten sind befugt, die in ihrem Amtsbezirk ausgestellten öffentlichen Urkunden zu legalisieren.

(2) Die Legalisation bestätigt die Echtheit der Unterschrift, die Eigenschaft, in welcher der Unterzeichner der Urkunde gehandelt hat, und gegebenenfalls die Echtheit des Siegels, mit dem die Urkunde versehen ist (Legalisation im engeren Sinn).

(3) [1]Die Legalisation wird durch einen auf die Urkunde zu setzenden Vermerk vollzogen. [2]Der Vermerk soll den Namen und die Amts- oder Dienstbezeichnung des Unterzeichners der Urkunde enthalten. [3]Er soll den Ort und den Tag seiner Ausstellung angeben und ist mit Unterschrift und Präge- oder Farbdrucksiegel zu versehen.

(4) Auf Antrag kann, sofern über die Rechtslage kein Zweifel besteht, in dem Vermerk auch bestätigt werden, dass der Aussteller zur Aufnahme der Urkunde zuständig war und dass die Urkunde in der

den Gesetzen des Ausstellungsorts entsprechenden Form aufgenommen worden ist (Legalisation im weiteren Sinn).

(5) Urkunden, die gemäß zwei- oder mehrseitiger völkerrechtlicher Übereinkunft von der Legalisation befreit sind, sollen nicht legalisiert werden.

90 Im Verkehr zwischen Mitgliedstaaten des Haager Übereinkommens zur Befreiung ausländischer öffentlicher Urkunden von der Legalisation vom 5.10.1961[226] tritt an die Stelle der Legalisation gem. Art. 3 Abs. 1 des Übereinkommens die **Apostille**.[227] Sie wird von der zuständigen Behörde des Errichtungsstaats der Urkunde erteilt. Die Pflicht zur Beibringung der Legalisation bzw der Apostille obliegt dem Antragsteller. Für Urkunden aus Ländern, deren Urkundswesen nach Einschätzung des Auswärtigen Amts so schwerwiegende Mängel aufweist, dass eine Legalisation nicht mehr zu vertreten ist, gelten besondere Richtlinien. Diese Urkunden werden in der Regel im Wege der Amtshilfe durch die deutsche Auslandsvertretung auf ihre Echtheit und inhaltliche Richtigkeit überprüft. Die dadurch entstehenden Kosten hat der Antragsteller zu tragen.

91 **4. Kosten. a) Verwaltungsbehördliches Verfahren.** Gem. **Nr. 204 der Anlage zu § 2 Abs. 1 JVKostO** beträgt die **Verwaltungsgebühr** für das Anerkennungsverfahren zwischen 10 und 310 EUR. Die übliche Mittelgebühr liegt bei 160 EUR. Die jeweilige Höhe hängt von den Umständen des Einzelfalls ab. Bei der Festsetzung der Gebühr sind insbesondere die Bedeutung der Angelegenheit für die Beteiligten, der Verwaltungsaufwand und die wirtschaftlichen Verhältnisse des Antragstellers zu berücksichtigen. Kostenschuldner ist gem. § 6 Abs. 1 Nr. 1 JVKostO grundsätzlich der Antragsteller. **VKH** wird für das Anerkennungsverfahren nicht gewährt, da es sich um ein Verwaltungsverfahren handelt. Gem. § 12 JVKostO kann jedoch ausnahmsweise von der Erhebung von Kosten (Gebühren und Auslagen) abgesehen werden.

92 **b) Gerichtliche Verfahren (§ 107 Abs. 5, § 108 Abs. 2 FamFG).** Gem. § 1 S. 1 FamGKG werden für Verfahren vor dem OLG im Rahmen von **§ 107 FamFG** wie auch für das freiwillige Feststellungsverfahren vor dem Familiengericht nach **§ 108 Abs. 2 FamFG** Kosten nach dem **FamGKG** erhoben. Hat der Antrag auf gerichtliche Entscheidung Erfolg, fallen keine Gebühren an.[228] Weist das Gericht den Antrag zurück, wird gem. Nr. 1714 des Kostenverzeichnisses zu § 3 FamGKG eine Gebühr von 200 EUR, bei Rücknahme des Antrags ermäßigt sich diese auf 75 EUR (Nr. 1715). Die Gebühren und sonstigen Auslagen des Gerichts sind grundsätzlich vom Antragsteller zu tragen, § 21 FamGKG. Eine **Kostenerstattung** zwischen verschiedenen Beteiligten findet grundsätzlich nicht statt. Das Gericht kann die Erstattung aber nach § 81 FamFG anordnen, wenn dies der Billigkeit entspricht.[229] Der Gegenstandswert für die **Anwaltsgebühren** berechnet sich nach §§ 23, 33 RVG. Die Bestimmung nach billigem Ermessen gem. § 23 Abs. 3 S. 2 RVG soll sich an dem Einkommen und Vermögen beider Ehegatten orientieren.[230]

II. Privatscheidungen

93 Im Ausland vorgenommene Privatscheidungen bergen für die Beteiligten die **Gefahr der Nichtanerkennung**, weil entweder vom Standpunkt des deutschen IPR deutsches Recht die Scheidung beherrscht oder die Anwendung des ordre public möglich erscheint. Wenn gemischtnationale Ehepaare (doppelter oder unterschiedlicher Staatsangehörigkeit) die Auflösung der Ehe nach beiden Rechtsordnungen anstreben, um u.a. die Wiederverheiratungsfähigkeit zu erlangen, kommen sie um eine zweimalige Scheidung nicht herum, wenn gemäß deutschem Kollisionsrecht deutsches Recht Scheidungsstatut ist und nach dem anderen Heimatrecht nur die Scheidung nach religiösem Recht zur Verfügung steht.[231] In solchen Fällen sollte abgewogen werden, ob die gerichtliche Entscheidung der religiösen Scheidung vorangehen oder nachfolgen soll. Die vorgehende

226 BGBl II 1965 S. 876.

227 Die Apostille genügt bei Unterlagen aus folgenden Staaten: Andorra, Angola, Antigua und Barbuda, Argentinien, Armenien, Aruba, Australien, Bahamas, Barbados, Belarus, Belize, Bosnien Herzegowina, Botswana, Brunei, Bulgarien, Dominikanische Republik, El Salvador, Estland, Fidschi, Finnland, Grenada, Großbritannien, Guyana, Hongkong, Israel, Japan, Kasachstan, Kolumbien, Kroatien, Lesotho, Lettland, Liberia, Liechtenstein, Litauen, Luxemburg, Macau, Malawi, Malta, Marshall Inseln, Mauritius, Mazedonien, Mexiko, Monaco, Mosambik, Namibia, Neuseeland (ohne Tokelau), Niederlande, Niue, Norwegen, Panama, Portugal, Rumänien, Russische Föderation, Samoa, Salomonen, San Marino, Schweiz, Serbien und Montenegro, Seychellen, Simbabwe, Slowakei, Slowenien, Spanien, St. Kitts and Nevis, St. Lucia, St. Vincent und Grenadinen, Südafrika, Suriname, Swasiland, Tonga, Trinidad und Tobago, Tschechische Republik, Türkei, Ukraine, Ungarn, Venezuela, Vereinigte Staaten von Amerika, Zypern; vgl zu der jeweils aktuellen Liste der Staaten, die dem Abkommen beigetreten sind, § 114 DA für Standesbeamte. Für detaillierte Informationen s.a. *Bülow-Böckstiegel*, Internationaler Rechtsverkehr in Zivil- und Handelssachen, Quellensammlung mit Erläuterungen, Loseblatt.

228 BayObLG FamRZ 1994, 1263 (8. LS) = IPRax 1995, 324 = NJW-RR 1994, 771 = StAZ 1994, 255.

229 BayObLG FamRZ 1999, 604, 605 = NJW-RR 1999, 1375.

230 MüKo-ZPO/*Rauscher*, § 107 FamFG Rn 59.

231 So in deutsch-israelischen Scheidungsfällen.

Scheidung durch ein deutsches Gericht erübrigt ein Verfahren nach § 107 FamFG. Wenn ohnehin die zweifache Scheidung unumgänglich oder gewollt ist, kann die Privatscheidung nach ausländischem Recht auch im Inland vorgenommen werden.[232]

Vierter Abschnitt
Erbrecht

Art. 25 EGBGB Rechtsnachfolge von Todes wegen

(1) Die Rechtsnachfolge von Todes wegen unterliegt dem Recht des Staates, dem der Erblasser im Zeitpunkt seines Todes angehörte.

(2) Der Erblasser kann für im Inland belegenes unbewegliches Vermögen in der Form einer Verfügung von Todes wegen deutsches Recht wählen.

Literatur: *Adomeit/Frühbeck*, Einführung in das spanische Recht, 3. Aufl. 2007; *Bachmayer*, Erbrechtliche Gestaltungsmöglichkeiten bei gemischtnationalen Ehen unter besonderer Berücksichtigung Gemeinschaftlicher Testamente und Erbverträge, BWNotZ 2009, 28; *v. Bar*, Ausländisches Privat- und Privatverfahrensrecht in deutscher Sprache, Buch und CD-ROM, 1997; *Bergmann/Ferid*, Internationales Ehe- und Kindschaftsrecht (Loseblatt); *Bonefeld/Kroiß/Tanck*, Der Erbprozess 3. Aufl. 2008; *Bumiller/Harders*, FamFG, 10.Aufl. 2011; *Coester-Waltjen/Mäsch*, Übungen in Internationalem Privatrecht und Rechtsvergleichung, 2. Aufl. 2009; *Dörner*, Probleme des neuen internationalen Erbrechts, DNotZ 1988, 67; *Dreher*, Die Rechtswahl im internationalen Erbrecht, 1998; *Edenfeld*, Europäische Entwicklungen im Erbrecht, ZEV 2001, 457; *Ferid/Firsching/Dörner/Hausmann*, Internationales Erbrecht, Loseblatt, Stand 2011; *Fetsch*, Auslandsvermögen im Internationalen Erbrecht – Testamente und Erbverträge, Erbschein und Ausschlagung bei Auslandsvermögen, RNotZ 2006, 77; *ders.* Die Erbausschlagung bei Auslandsberührung, MittBayNot 2007, 285; *Firsching/Graf*, Nachlassrecht – Handbuch der Rechtspraxis, 9. Auflage 2009; *Flick/Piltz*, Der internationale Erbfall, 2. Aufl. 2008; *Fritz/Bünger*, Praxishandbuch Erbrecht, 1998 (Loseblatt); *Fuchs/Hau/Thorn*, Fälle zum IPR, 3. Auflage 2007; *Geimer*, Internationales Zivilprozessrecht, 5. Auflage 2005; *Gruber*, Anwaltshaftung bei grenzüberschreitenden Sachverhalten, MDR 1998, 1399; *ders.*, Pflichtteilsrecht und Nachlassspaltung ZEV 2001, 463; *Heinen*, Zum Erbstatut des Mehrstaaters mit deutscher Staatsangehörigkeit, MittRhNotK 1985, 34; *Heldrich*, Fragen der internationalen Zuständigkeit der Nachlaßgerichte, NJW 1967, 417; *Hetger*, Sachverständige für ausländisches und internationales Privatrecht, DNotZ 2003, 310; *Hök*, Zur Nachlassspaltung bei beweglichem Nachlass, ZFE 2009, 219; *von Hofmann/Thorn*, Internationales Privatrecht, 9. Aufl., 2009; *Horn*, Wie wird bei einem internationalen Erbfall das anzuwendende in- oder ausländische Erbrecht ermittelt? ZEV 2008, 73; *Hübner/Constantinesco*, Einführung in das französische Recht, 3. Auflage 1994; *Hüßtege*, Zur Ermittlung des ausländischen Rechts: Wie man in den Wald hineinruft, so hallt es auch zurück, IPRax 2002, 292; *Jayme/Hausmann*, Internationales Privat- und Verfahrensrecht, 14. Aufl., 2008; *Kersten/Bühling*, Formularbuch und Praxis der Freiwilligen Gerichtsbarkeit, 22. Auflage 2008; *Kesen*, Erbfall in der Türkei: Rechtliche und steuerliche Aspekte, ZEV 2003, 152; *Kindler*, Einführung in das italienische Recht, 2. Aufl. 2003; *ders.* Vom Staatsangehörigkeits- zum Domizilprinzip: das künftige internationale Erbrecht der Europäischen Union, IPRax 2010, 44; *Klingelhöffer*, Kollisionsrechtliche Probleme des Pflichteils, ZEV 1996, 258; *ders.*, Änderungen des französischen Ehegattenerbrechts, ZEV 2003, 148; *Kroiß*, Internationales Erbrecht, Bonn 1999; *ders.*, Güterrecht und Nachlassspaltung bei Vermögen im Ausland, FPR 2006, 136; *ders.*, Einführung in das Internationale Erbrecht, ErbR 2006, 2; *ders.*, Die Internationale Zuständigkeit im Nachlassverfahren nach dem FamFG, ZEV 2009, 493; Kropholler, Internationales Privatrecht, 5. Aufl., 2004; *Kropholler/Krüger/Riering/Samtleben/Siehr*, Außereuropäische IPR-Gesetze, 1999; *Krug/Rudolf/Kroiß/Bittler*, AnwaltFormulare Erbrecht, 4. Auflage 2010; *Lange*, Rechtswahl als Gestaltungsmittel bei der Nachfolgeplanung, DNotZ 2000, 332; *Lehmann*, Ernüchternde Entwicklung beim Europäischen Erbrecht? FÜR 2008, 203; *Linke*, Internationales Zivilprozessrecht, 4. Auflage 2006; *Lopez/Arzt*, IPR und Erbrecht in der Praxis deutsch-spanischer Erbrechtsfälle, ZErB 2002, 278; *Lorenz*, Nachlaßspaltung im geltenden österreichischen IPR?, IPrax 1990, 206; *Lucht*, Internationales Privatrecht in Nachlaßsachen, Rpfleger 1997, 133; *Mäsch/Gotsche*, Friktionen zwischen Erb- und Güterrechtsstatut, ZErb 2007, 43; *Mansel/Thorn/Wagner*, Europäisches Kollisionsrecht 2009: Hoffnungen durch den Vertrag von Lissabon, IPRax 2010, 1; *Milzer*, Auslandsvermögen und seine Auswirkungen auf Pflichtteils- und Noterbrechte, BWNotZ 2002, 166; Muscheler, Der Erbschein (Teil 2), Jura 2009, 567; *Obergfell*, Ägyptisches Erbstatut und deutscher ordre public, ErbR 2008, 349; *v. Oertzen*, Personengesellschaftsanteile im internationalen Erbrecht, IPRax 1994, 73; *Osterloh-Konrad*, Der internationale Erbfall, ErbR 2007, 180; 2008, 2; *Pattar*, Der Ordre-public-Vorbehalt bei Anwendung islamisch inspirierten Erbrechts im Inland, ErbR 2009, 341; *ders.* Grundzüge des islamischen Erbrechts, ErbR 2009, 272; *Pünder*, Internationales Erbrecht, MittRhNotK 1989, 1; *Reimann/Bengel/J.Mayer*, Testament und Erbvertrag, 5. Auflage 2006; *Riering*, IPR-Gesetze in Europa, 1997; *ders.*, Die Rechtswahl im internationalen Erbrecht, ZEV 1995, 404; *ders.*, Internationales Nachlassverfahrensrecht, MittBayNot 1999, 519; *ders.*, Der Erbverzicht im Internationalen Privatrecht, ZEV 1998, 248; *Riering/Bachler*, Erbvertrag und gemeinschaftliches Testament im deutsch-österreichischen Rechtsverkehr, DNotZ 1995, 580; *Ring/Olsen-Ring*, Einführung in das skandinavische Recht, 1999; *Rombach*, Reform des französischen Erbrechts, ZEV 2002, 271; *Rudolph*, Grundzüge des spanischen Ehe- und Erbrechts unter Berücksichtigung der Vorschriften des internationalen Privatrechts im Verhältnis zur Bundesrepublik Deutschland, MittRhNotK 1990, 93; *Sachs*, Erhöhung der Erbquote durch pauschalierten Zugewinnausgleich bei ausländischem Erbstatut? ErbR 2009, 106; *Schimansky*, Reform des niederländischen Erbrechts, ZEV 2003, 149; *Schmidt*, Rechtsprechungsübersicht zum Erbrecht 1999–2003, FGPrax 2004, 6; *Schaal*, Internationale Zuständigkeit deutscher Nachlassgerichte nach der geplanten FGG-Reform, BWNotZ 2007, 154;

232 Zu dieser Frage in Bezug auf das jüdische Scheidungsrecht *Henrich*, IPRax 1995, 86, 87.

Schäuble, Die Erbscheinserteilung in internationalen Erbfällen nach neuer Rechtslage, Zerb 2009, 200; *Schömmer/Faßold/Bauer/Eule/Kesen*, Internationales Erbrecht (Italien, Österreich, Türkei, Niederlande, Schweiz), 1997/2011; *Schotten*, Probleme des internationalen Privatrechts im Erbscheinsverfahren, Rpfleger 1991, 181; *Schotten/Schmellenkamp*, Das Internationale Privatrecht in der notariellen Praxis, 2. Aufl. 2007; *Siehr,* Das internationale Erbrecht nach dem Gesetz zur Neuregelung des IPR, IPRax 1987, 4; *Sonnenberger,* Die question anglaise als Problem deutsch-französischer Nachlassspaltung: Das Appartement des deutschen Erblassers an der Cote d'Azur, IPRax 2002, 169; *Sonnenberger/Schweinberger*, Einführung in das französische Recht, 3. Auflage 2000; *Steiner,* Grundregeln der Testamentsgestaltung in Fällen der faktischen Nachlassspaltung, ZEV 2003, 145; *Süß,* Das Verbot gemeinschaftlicher Testamente im Internationalen Erbrecht, IPRax 2002, 22; *Süß,* Erbrecht in Europa, 2. Aufl. 2008; *Süß,* Der Vorschlag der EG-Kommission zu einer Erbrechtsverordnung (Rom IV-Verordnung) vom 14. Oktober 2009; ZErb 2009, 342; *Ultsch,* Internationale Zuständigkeit in Nachlasssachen, MittBayNot 1995, 6; *Wittkowski*, Die Beantragung und Erteilung von Erbscheinen in Erbfällen mit Auslandsberührung nach dem FamFG, RNotZ 2010, 102.

A. Allgemeines

Die für das anwendbare Erbrecht maßgebliche Kollisionsnorm findet sich in Abs. 1. **Staatsvertragliche Regelungen** gehen dieser nationalen Rechtsvorschrift vor, **Art. 3.** Bei der Prüfung des auf einen Sachverhalt anwendbaren Rechts müssen vorrangig etwaige zweiseitige (bilaterale) oder mehrseitige (multilaterale) Staatsverträge berücksichtigt werden. Der wichtigste multilaterale Staatsvertrag, das Haager Übereinkommen über das auf die Rechtsnachfolge von Todes wegen anwendbare Recht vom 1.8.1989,[1] ist für Deutschland noch nicht in Kraft getreten. Bilaterale Regelungen auf dem Gebiete des Erbrechts enthalten das deutsch-iranische Niederlassungsabkommen vom 17.2.1929 (Rn 2), der deutsch-türkische Konsularvertrag vom 28.5.1929 (Rn 4) und der deutsch-sowjetische Konsularvertrag vom 25.4.1958 (Rn 11). 1

I. Das deutsch-iranische Niederlassungsabkommen

Das deutsch-iranische Niederlassungsabkommen[2] stellt hinsichtlich des anwendbaren Rechts für die Rechtsnachfolge von Todes wegen auf die Staatsangehörigkeit als maßgebliches Anknüpfungskriterium ab, **Art. 8 Abs. 3 S. 1 des Abkommens.**[3] Dieser lautet: 2

„In Bezug auf das Personen-, Familien- und Erbrecht bleiben die Angehörigen jedes der vertragschließenden Staaten im Gebiet des anderen Staates jedoch den Vorschriften ihrer heimischen Gesetze unterworfen. Die Anwendung dieser Gesetze kann von dem anderen vertragschließenden Staat nur ausnahmsweise und nur insoweit ausgeschlossen werden, als ein solcher Ausschluss allgemein gegenüber jedem anderen fremden Staat erfolgt."

Es entspricht insoweit der Regelung des Art. 25 Abs. 1. Zu beachten ist aber, dass es auf Personen, die **sowohl die deutsche als auch die iranische Staatsangehörigkeit** besitzen, nicht anwendbar ist.[4] Sinn des Niederlassungsabkommens ist es, den Staatsangehörigen des jeweils anderen Vertragsstaates in dem von dem Abkommen geregelten Bereich grundsätzlich die gleichen Rechte und Pflichten wie den eigenen Staatsangehörigen zukommen zu lassen. Wer beide Staatsangehörigkeiten besitzt, bedarf dieser Privilegierung nicht, da ihm ohnehin die mit beiden Staatsangehörigkeiten jeweils verbundene Rechtsstellung zusteht.[5] Soweit sich die Bestimmung des Erbstatuts nach diesem Abkommen richtet, ist für iranische Staatsangehörige eine Rechtswahl nach Art. 25 Abs. 2 ausgeschlossen.[6] Die Form letztwilliger Verfügungen richtet sich aus deutscher Sicht nach dem Haager Testamentsabkommen bzw Art. 26.[7] Der Erteilung eines Erbscheins aufgrund gesetzlicher Erbfolge zugunsten der Ehefrau eines deutschiranischen Staatsangehörigen steht nicht entgegen, dass die der Form des Ortsrechts entsprechende Eheschließung in einem Drittstaat im Iran nicht anerkannt wird.[8] 3

1 Staudinger/*Dörner*, Vorbem. zu Art. 25 f EGBGB Rn 119 ff; Palandt/*Thorn*, Anh. zu Art. 26 EGBGB; *van Loon*, MittRhNotK 1989, 9.
2 Niederlassungsabkommen zwischen dem Deutschen Reich und dem Kaiserreich Persien v. 17.2.1929 (RGBl II 1931 S. 9); Bestätigung der Weitergeltung v. 4.11.1954 (BGBl. II 1955 S. 829); IPG 1998 Nr. 35 (Köln).
3 *Schotten/Wittkowski*, FamRZ 1995, 264.
4 OLG München Beschluss vom 1.2.2010, Az 31 Wx 37/09; *Ferid/Firsching/Dörner/ Hausmann*, Internationales Erbrecht – Iran – Rn 10; *Staudinger/Dörner* BGB Bearbeitungsstand 2007 Vorbem. zu Art. 25 f EGBGB Rn 157.
5 BVerfG FamRZ 2007, 615; *Schotten/Wittkowski* FamRZ 1995, 264/265 f.
6 Erman/*Holoch*, Art. 25 EGBGB Rn 4; MüKo/*Birk*, Art. 25 EGBGB Rn 295; Bamberger/Roth/*S.Lorenz*, Art. 25 EGBGB Rn 11; aA Staudinger/*Dörner*, Vorbem. zu Art. 25 f EGBGB Rn 149.
7 Bamberger/Roth/*S.Lorenz*, Art. 25 EGBGB Rn 11.
8 OLG München Beschluss vom 1.2.2010, 31 Wx 37/09.

II. Der deutsch-türkische Konsularvertrag

4 Der deutsch-türkische Konsularvertrag[9] enthält folgende Regelungen:

Dt.-türk. KonsV § 1

(1) [1]Stirbt ein Angehöriger eines Vertragsstaates im Gebiete des anderen Vertragsstaates, so hat die zuständige Ortsbehörde dem zuständigen Konsul des Staates, dem der Verstorbene angehörte, unverzüglich von dem Tode Kenntnis zu geben und ihm mitzuteilen, was ihr über die Erben und deren Aufenthalt, den Wert und die Zusammensetzung des Nachlasses sowie für das etwaige Vorhandensein einer Verfügung von Todes wegen bekannt ist. [2]Erhält zuerst der Konsul (des Staates, dem der Verstorbene angehörte) von dem Todesfalle Kenntnis, so hat er seinerseits die Ortsbehörde (in gleicher Weise) zu benachrichtigen.

(2) Gehört der Sterbeort zu einem Konsulatsbezirk, so ist die Mitteilung an den diplomatischen Vertreter des Staates, dem der Verstorbene angehörte, zu richten.

(3) Die der Ortsbehörde und dem Konsul alsdann obliegenden Verrichtungen bestimmen sich hinsichtlich des beweglichen Nachlasses nach §§ 2–11 und hinsichtlich des unbeweglichen Nachlasses nach § 12.

Dt.-türk. KonsV § 2

(1) [1]Für die Sicherung des Nachlasses hat in erster Linie die zuständige Ortsbehörde zu sorgen. [2]Sie hat sich auf Maßnahmen zu beschränken, die erforderlich sind, um die Substanz des Nachlasses unversehrt zu erhalten, wie Siegelung und Aufnahme eines Nachlaßverzeichnisses. [3]Auf Ersuchen des Konsuls hat sie in jedem Falle die von ihm gewünschten Sicherungsmaßregeln zu treffen.

(2) Der Konsul kann gemeinsam mit der Ortsbehörde, oder soweit sie noch nicht eingegriffen hat, allein gemäß den Vorschriften des von ihm vertretenen Staates entweder persönlich oder durch einen von ihm ernannten, mit seiner Vollmacht versehenen Vertreter den beweglichen Nachlaß siegeln und ein Nachlaßverzeichnis aufnehmen, wobei er die Hilfe der Ortsbehörden in Anspruch nehmen darf.

(3) [1]Ortsbehörden und Konsul haben einander, sofern nicht besondere Umstände entgegenstehen, Gelegenheit zur Mitwirkung bei den Sicherungsmaßnahmen zu geben. [2]Die Behörde, die hierbei nicht hat mitwirken können, ist befugt, im Falle einer Siegelung den angelegten Siegeln nachträglich ihr Siegel beizufügen. [3]Hat die andere Behörde nicht mitwirken können, so ist ihr sobald als möglich beglaubigte Abschrift des Nachlaßverzeichnisses und des Verhandlungsprotokolls zu übersenden.

(4) [1]Dieselben Bestimmungen gelten für die gemeinschaftlich vorzunehmende Aufhebung der Sicherungsmaßregeln und insbesondere die Abnahme der Siegel. [2]Jedoch kann sowohl die Ortsbehörde wie der Konsul allein zur Abnahme schreiten, falls die andere Behörde ihre Einwilligung dazu erteilt oder auf eine mindestens 48 Stunden vorher an sie ergangene Einladung sich nicht rechtzeitig eingefunden hat.

Dt.-türk. KonsV § 3

Die Ortsbehörde soll die in dem Lande gebräuchlichen oder durch dessen Gesetze vorgeschriebenen Bekanntmachungen über die Eröffnung des Nachlasses und den Aufruf der Erben oder Gläubiger erlassen und die Bekanntmachungen dem Konsul mitteilen; dieser kann auch seinerseits entsprechende Bekanntmachungen erlassen.

Dt.-türk. KonsV § 4

Der Konsul kann die Nachlaßregelung übernehmen. In diesem Falle gelten die Bestimmungen der §§ 5–10 des Abkommens.

9 Konsularvertrag zwischen dem Deutschen Reich und der Türkischen Republik v. 28.5.1929 (RGBl II 1930 S. 748).

Dt.-türk. KonsV § 5

(1) [1]Der Konsul ist berechtigt, sich alle Nachlaßsachen, mit Einschluß der Papiere des Verstorbenen, die sich im Gewahrsam von Privatpersonen, Notaren, Banken, Versicherungsgesellschaften, öffentlichen Kassen und dergleichen oder der Ortsbehörden befinden, unter denselben Voraussetzungen aushändigen zu lassen, und unter denselben Voraussetzungen zum Nachlaß gehörige Forderungen einzuziehen, unter denen der Verstorbene selbst dazu befugt gewesen wäre. [2]Wenn der Nachlaß ganz oder zum Teil beschlagnahmt ist oder sich unter Zwangsverwaltung befindet, kann der Konsul davon erst Besitz nehmen, nachdem die Beschlagnahme oder Zwangsverwaltung aufgehoben ist.

(2) [1]Der Konsul ist ebenfalls berechtigt, die Herausgabe der von dem Verstorbenen errichteten Verfügungen von Todes wegen zu verlangen, und zwar auch dann, wenn sie von den Landesbehörden in amtliche Verwahrung genommen worden sind, die das Recht haben, die Verfügungen vor der Herausgabe zu eröffnen. [2]Der Konsul hat eine beglaubigte Abschrift jeder in seinen Besitz gelangten und eröffneten Verfügungen der Ortsbehörde mitzuteilen.

Dt.-türk. KonsV § 6

[1]Der Konsul hat das Recht und die Pflicht, alle Maßnahmen zu treffen, die er zur Erhaltung des Nachlasses als im Interesse der Erben liegend erachtet, oder die zur Erfüllung öffentlich-rechtlicher Verpflichtungen des Erblassers oder der Erben erforderlich sind. [2]Insbesondere ist er gegenüber den zuständigen Behörden zur Erteilung von Auskunft über den Wert des Nachlasses verpflichtet. [3]Er kann den Nachlaß entweder persönlich verwalten oder durch einen von ihm gewählten und in seinem Namen handelnden Vertreter, dessen Geschäftsführung er überwacht, verwalten lassen. [4]Der Konsul ist berechtigt, die Hilfe der Ortsbehörden in Anspruch zu nehmen.

Dt.-türk. KonsV § 7

(1) Der Konsul hat den Nachlaß, sobald er ihn in Besitz genommen hat, innerhalb des Landes seines Amtssitzes aufzubewahren.

(2) Der Konsul ist befugt, selbständig im Wege der Versteigerung und gemäß den Gesetzen und Gebräuchen des Landes seines Amtssitzes die Bestandteile des Nachlasses, die dem Verderben ausgesetzt sind und deren Aufbewahrung schwierig und kostspielig sein würde, zu veräußern.

(3) Er ist ferner berechtigt, die Kosten der letzten Krankheit und die Beerdigung des Verstorbenen, den Lohn von Hausbediensteten, Angestellten und Arbeitern, Mietzins und andere Kosten, deren Aufwendung zur Verwaltung des Nachlasses erforderlich ist, sowie im Notfalle den für die Familie des Verstorbenen erforderlichen Unterhalt, ferner Gerichtskosten, Konsulatsgebühren und Gebühren der Ortsbehörden sofort aus dem Bestande des Nachlasses zu entnehmen.

Dt.-türk. KonsV § 8

Streitigkeiten infolge von Ansprüchen gegen den Nachlaß sind bei den zuständigen Behörden des Landes, in dem dieser sich befindet, anhängig zu machen und von diesen zu entscheiden.

Dt.-türk. KonsV § 9

(1) [1]Die Zwangsvollstreckung in die Nachlaßgegenstände ist zulässig, auch wenn diese sich in der Verwahrung des Konsuls befinden. [2]Dieser hat sie der zuständigen Behörde auf Ersuchen herauszugeben.

(2) [1]Falls die zuständige Behörde ein Konkursverfahren über den im Lande befindlichen Nachlaß eröffnet, hat der Konsul auf Erfordern alle Nachlaßgegenstände, soweit sie zur Konkursmasse gehören, der Ortsbehörde oder dem Konkursverwalter auszuliefern. [2]Der Konsul ist befugt, die Interessen seiner Staatsangehörigen in dem Verfahren wahrzunehmen.

Dt.-türk. KonsV § 10

[1]Nach Ablauf von drei Monaten seit der letzten Bekanntmachung über die Eröffnung des Nachlasses oder, wenn eine solche Bekanntmachung nicht stattgefunden hat, nach Ablauf von vier Monaten seit dem Tode des Erblassers kann der Konsul die Nachlaßsachen an die Erben, die ihr Recht nachgewiesen haben, oder sofern der Nachweis nicht geführt werden konnte, an die zuständigen Behörden seines Landes herausgeben. [2]Er darf aber die Herausgabe nicht vornehmen, bevor alle die geschuldeten öffentlich-rechtlichen Abgaben des Erblassers und die staatlichen Abgaben sowie die zugehörigen den Nachlaß von Angehörigen oder Bewohnern des Staates, in dessen Gebiet sich der Nachlaß befindet, befriedigt oder ordnungsgemäß sichergestellt sind. [3]Diese Verpflichtung des Konsuls gegenüber den angemeldeten Forderungen erlischt, wenn er nicht binnen weiteren sechs Monaten davon in Kenntnis gesetzt wird, daß die Forderungen anerkannt oder bei dem zuständigen Gericht eingeklagt worden sind.

Dt.-türk. KonsV § 11

(1) Falls der Konsul die Herausgabe nicht verlangt hat, ist die Ortsbehörde verpflichtet, die in ihrem Gewahrsam befindlichen Nachlaßgegenstände den Erben unter denselben Bedingungen herauszugeben, unter denen der Konsul nach § 10 dazu verpflichtet ist.

(2) [1]Führen die Interessenten nicht binnen sechs Monaten seit dem Todestage des Erblassers den Nachweis ihres Erbrechts, so hat die Ortsbehörde den Nachlaß unter Mitteilung der darauf bezüglichen Akten an den Konsul abzuliefern, vorbehaltlich der in § 10 vorgesehenen Bedingungen. [2]Der Konsul hat damit nach Maßgabe des § 10 zu verfahren.

Dt.-türk. KonsV § 12

(1) [1]In Ansehung des unbeweglichen Nachlasses sind ausschließlich die zuständigen Behörden des Staates, in dessen Gebiet sich dieser Nachlaß befindet, berechtigt und verpflichtet, alle Verrichtungen nach Maßgabe der Landesgesetze und in derselben Weise vorzunehmen wie bei Nachlässen von Angehörigen ihres eigenen Staates. [2]Beglaubigte Abschrift des über den unbeweglichen Nachlaß aufgenommenen Verzeichnisses ist sobald als möglich dem zuständigen Konsul zu übersenden.

(2) Hat der Konsul eine Verfügung von Todes wegen in Besitz genommen, worin Bestimmungen über den unbeweglichen Nachlaß enthalten sind, so hat er der Ortsbehörde auf ihr Ersuchen die Urschrift dieser Verfügung auszuhändigen.

(3) Das Recht des Staates, in dem sich der Nachlaß befindet, entscheidet darüber, was zum beweglichen und unbeweglichen Nachlaß gehört.

Dt.-türk. KonsV § 13

[1]In allen Angelegenheiten, zu denen die Eröffnung, Verwaltung und Regelung der beweglichen und unbeweglichen Nachlässe von Angehörigen des einen Staates im Gebiet des anderen Staates Anlaß geben, soll der Konsul ermächtigt sein, die Erben, die seinem Staate angehören und keinen Bevollmächtigten in dem anderen Staate bestellt haben, zu vertreten, ohne daß er gehalten ist, seine Vertretungsbefugnis durch eine besondere Urkunde nachzuweisen. [2]Die Vertretungsbefugnis des Konsuls fällt weg, wenn alle Berechtigten anwesend oder vertreten sind.

Dt.-türk. KonsV § 14

(1) Die erbrechtlichen Verhältnisse bestimmen sich in Ansehung des beweglichen Nachlasses nach den Gesetzen des Landes, dem der Erblasser zur Zeit seines Todes angehörte.

(2) Die erbrechtlichen Verhältnisse in Ansehung des unbeweglichen Nachlasses bestimmen sich nach den Gesetzen des Landes, in dem dieser Nachlaß liegt, und zwar in der gleichen Weise, wie wenn der Erblasser zur Zeit seines Todes Angehöriger dieses Landes gewesen wäre.

Dt.-türk. KonsV § 15

[1]Klagen, welche die Feststellung des Erbrechts, Erbschaftsansprüche, Ansprüche aus Vermächtnissen sowie Pflichtteilsansprüche zum Gegenstand haben, sind, soweit es sich um beweglichen Nachlaß handelt, bei den Gerichten des Staates anhängig zu machen, dem der Erblasser zur Zeit seines Todes angehörte, soweit es sich um unbeweglichen Nachlaß handelt, bei den Gerichten des Staates, in dessen Gebiet sich der unbewegliche Nachlaß befindet. [2]Ihre Entscheidungen sind von dem anderen Staate anzuerkennen.

Dt.-türk. KonsV § 16

(1) Verfügungen von Todes wegen sind, was ihre Form anbelangt, gültig, wenn die Gesetze des Landes beachtet sind, wo die Verfügungen errichtet sind, oder die Gesetze des Staates, dem der Erblasser zur Zeit der Errichtung angehörte.

(2) Das gleiche gilt für den Widerruf solcher Verfügungen von Todes wegen.

Dt.-türk. KonsV § 17

[1]Ein Zeugnis über ein erbrechtliches Verhältnis, insbesondere über das Recht des Erben oder eines Testamentsvollstreckers, das von der zuständigen Behörde des Staates, dem der Erblasser angehörte, nach dessen Gesetzen ausgestellt ist, genügt, soweit es sich um beweglichen Nachlaß handelt, zum Nachweis dieser Rechtsverhältnisse auch für das Gebiet des anderen Staates. [2]Zum Beweise der Echtheit genügt die Beglaubigung durch einen Konsul oder einen diplomatischen Vertreter des Staates, dem der Erblasser angehörte.

Dt.-türk. KonsV § 18

Die Bestimmungen der §§ 1 bis 17 finden entsprechende Anwendung auf bewegliches oder unbewegliches Vermögen, das sich im Gebiet des einen Teils befindet und zu dem Nachlaß eines außerhalb dieses Gebietes verstorbenen Angehörigen des anderen Teils gehört.

Dt.-türk. KonsV § 19

(1) Wenn eine Person, die zur Besatzung eines Schiffes eines der beiden Staaten gehört, im Gebiet des anderen Staates stirbt und nicht diesem angehört, so sollen ihre Heuerguthaben und ihre Habseligkeiten dem Konsul des zuständigen Staates übergeben werden.

(2) Wenn ein Angehöriger des einen der beiden Staaten auf der Reise im Gebiet des anderen stirbt, ohne dort seinen Wohnsitz oder gewöhnlichen Aufenthalt gehabt zu haben, so sollen die von ihm mitgeführten Gegenstände dem Konsul seines Landes übergeben werden.

(3) Der Konsul, dem die in Abs. 1 und 2 erwähnten Nachlaßsachen übergeben sind, wird damit nach den Vorschriften seines Landes verfahren, nach dem er die von dem Verstorbenen während des Aufenthaltes in dem Lande gemachten Schulden geregelt hat.

Nachdem dieser Staatsvertrag hinsichtlich des beweglichen Nachlasses auf die Staatsangehörigkeit und hinsichtlich des unbeweglichen Nachlasses auf die Belegenheit (*lex rei sitae*) abstellt, kann **Nachlassspaltung**[10] eintreten, wenn zB ein Türke mit Grundbesitz in Deutschland oder ein Deutscher mit Grundbesitz in der Türkei verstirbt.[11] **5**

Anwendbares Erbrecht hinsichtlich eines türkischen Erblassers: Bezüglich Grundvermögen in Deutschland findet deutsches Recht und bezüglich des übrigen Nachlasses (Vermögen in der Türkei und beweglicher Nachlass in Deutschland) türkisches Recht Anwendung. **6**

10 *Steiner*, ZEV 2003, 145.
11 *Kesen*, ZEV 2003, 152.

7 Anwendbares Erbrecht hinsichtlich eines deutschen Erblassers: Bezüglich Grundvermögen in der Türkei richtet sich die Vererbung nach türkischem Recht und hinsichtlich des übrigen Nachlasses (Vermögen in Deutschland und beweglicher Nachlass in der Türkei) nach deutschem Recht.

8 Da es sich um eine staatsvertragliche Regelung handelt, führt die Verweisung in das jeweilige materielle Recht, so genannte **Sachnormverweisung**.[12] Eine Rückverweisung ist damit ausgeschlossen.

9 Art. 6 findet keine Anwendung. Der *ordre-public*-Vorbehalt wird von der staatsvertraglichen Regelung verdrängt.[13]

10 Die Formwirksamkeit letztwilliger Verfügungen richtet sich nach dem Haager Testamentsabkommen, das insoweit dem § 16 des deutsch-türkischen Nachlassabkommens vorgeht.[14] Lediglich hinsichtlich des auf die Form von Erbverträgen anwendbaren Rechts kommt bei deutsch-türkischen Erbfällen Art. 16 des Nachlassabkommens zur Anwendung.[15]

III. Der deutsch-sowjetische Konsularvertrag

11 **Art. 28 Abs. 3 des deutsch-sowjetischen Konsularvertrags** vom 25.4.1958[16] enthält für das Erbrecht folgende Regelung:

„Hinsichtlich der unbeweglichen Nachlassgegenstände finden die Rechtsvorschriften des Staates Anwendung, in dessen Gebiet diese Gegenstände gelegen sind."

12 Dieses Abkommen gilt nunmehr zwischen Deutschland und Russland[17] sowie den meisten Nachfolgestaaten[18] der Sowjetunion aufgrund der Erklärung von Alma Ata vom 23.12.1991.[19] Die baltischen Staaten Estland, Lettland und Litauen[20] haben das Abkommen nicht übernommen. Der persönliche Anwendungsbereich des Abkommens ist eröffnet, wenn der Erblasser deutscher, russischer Staatsangehöriger oder Staatsangehöriger eines Nachfolgestaates der Sowjetunion ist, der das Abkommen übernommen hat.

13 Eine **Nachlassspaltung** ist hier möglich, wenn ein Russe mit Grundvermögen in Deutschland oder ein Deutscher mit Immobilieneigentum in den GUS-Staaten verstirbt.

14 Da es sich um eine staatsvertragliche Regelung handelt, ist eine Rück- und Weiterverweisung ausgeschlossen.

15 Die Formwirksamkeit letztwilliger Verfügungen beurteilt sich nach dem Haager Testamentsübereinkommen bzw Art. 26.

B. Regelungsgehalt

16 Soweit für die Frage, welches Erbrecht zur Anwendung gelangt, staatsvertragliche Regelungen fehlen, ist nach **Art. 25** vorzugehen. Das Haager Übereinkommen über das auf die Rechtsnachfolge von Todes wegen anzuwendende Recht vom 1.8.1989 ist noch nicht in Kraft getreten und von Deutschland noch nicht einmal gezeichnet worden.[21]

17 Als Kollisionsnorm für **eingetragene Lebenspartnerschaften**[22] ist daneben noch der neue Art. 17 b Abs. 1 S. 2[23] zu beachten. Wegen der weiteren Einzelheiten wird auf die Kommentierung dieser Vorschrift verwiesen.

I. Das Erbstatut des Abs. 1

18 **1. Zeitlicher Anwendungsbereich.** Die erbrechtliche Kollisionsnorm des Art. 25 wurde letztmalig am 1.9.1986 geändert. Bei allen Vorgängen, wie zB der Errichtung eines Testaments, die in die Zeit vor dem 1.9.1986 fallen, stellt sich die Frage, ob die Vorschrift in der jetzigen Fassung zur Anwendung gelangt. Gemäß **Art. 220 Abs. 1** kommt es darauf an, wann ein Vorgang aus kollisionsrechtlicher Sicht beendet ist.

Beispiel: Stirbt ein ausländischer Erblasser mit Wohnsitz in Deutschland am 23.4.2004 und hatte er am 1.2.1986 ein Testament errichtet, ist das anwendbare Recht nach folgenden Vorschriften zu ermitteln.

12 Bamberger/Roth/*S.Lorenz*, Art. 4 EBGBG Rn 7.
13 Bamberger/Roth/*S.Lorenz*, Art. 6 EBGBG Rn 7.
14 *Dörner*, ZEV 1996, 90.
15 *Süß*, A Rn 16.
16 BGBl II 1959 S. 233.
17 Bekanntmachung v. 14.8.1992 (BGBl. II S. 1016).
18 Kirgisistan (BGBl. II 1992 S. 1015); Kasachstan (BGBl. II 1992 S. 1120); Georgien (BGBl. II 1992 S. 1128); Armenien (BGBl. II 1993 S. 169); Ukraine (BGBl. II 1993 S. 1189); Usbekistan (BGBl. II 1993 S. 2038); Weißrussland (BGBl. II 1994 S. 2533); Tadschikistan (BGBl. II 1995 S. 255).
19 Vgl *Schotten/Schmellenkamp*, IPR, Rn 265.
20 *Ravlusevicius*, IPRax 2003, 272; Text: IPRax 2003, 298.
21 *Junker*, IPR, Rn 575.
22 *Jakob*, Die eingetragene Lebenspartnerschaft im Internationalen Privatrecht, 2002.
23 In Kraft seit 1.8.2001.

Das **Erbstatut** bestimmt sich nach **Abs. 1** nF Wäre der Ausländer vor dem 1.9.1986 verstorben, würde Art. 24 Abs. 1 aF gelten, da die Rechtsnachfolge von Todes wegen mit dem Eintritt des Erbfalls als kollisionsrechtlich abgeschlossen anzusehen ist und dieser im vorliegenden Verfahren vor Inkrafttreten der Neuregelung des Internationalen Privatrechts am 1.9.1986 liegt.[24] 19

Die **Gültigkeit des Testament** ist nach den Vorschriften, die zum Zeitpunkt der Errichtung galten, zu beurteilen. Insoweit sind Staatsverträge, die am 1.2.1986 galten, bzw das EGBGB in der Fassung, die bis zum 1.9.1986 anwendbar war, zu prüfen. 20

2. Das Staatsangehörigkeitsprinzip des Abs. 1. Das anwendbare materielle Recht richtet sich nach der **Staatsangehörigkeit** des Erblassers. Das Personalstatut bestimmt sich nach Art. 5 Abs. 1 S. 1 und 2, Abs. 2. Bei Ausländern erfolgt danach eine Verweisung auf fremdes Recht. Bei deutschen Staatsangehörigen kommt deutsches Erbrecht zur Anwendung. Die Frage, ob jemand deutscher Staatsangehöriger ist oder war, wird nach dem **Staatsangehörigkeitsgesetz**[25] beantwortet. Der Erwerb der deutschen Staatsangehörigkeit richtet sich dabei nach § 3 StAG. Das deutsche Recht folgt dabei dem Abstammungsprinzip (*ius-sanguinis*-Grundsatz). Die deutsche Staatsangehörigkeit kann durch Geburt, Legitimation, Adoption oder Einbürgerung erlangt werden. Der Erwerb der deutschen Staatsangehörigkeit durch Einbürgerung richtet sich nach § 3 Nr. 5 StAG iVm §§ 8–16 StAG, der Verlust nach §§ 17, 18 und 25 StAG. 21

Bei Doppel- und Mehrstaatern ist gemäß Art. 5 Abs. 1 S. 1 auf die so genannte **effektive Staatsangehörigkeit** abzustellen.[26] Die Zugehörigkeit eines Mehrstaaters bestimmt sich danach, mit welchem Staat die Person am engsten verbunden ist, insbesondere durch ihren gewöhnlichen Aufenthalt oder durch den Verlauf ihres Lebens, Art. 5 Abs. 1 S. 1. Dabei ist aber zu beachten, dass deutsches Recht immer dann zur Anwendung gelangt, wenn die Person „auch Deutscher" ist, Art. 5 Abs. 1 S. 2. Diese Regelung führt zu einem so genannten „Heimwärtsstreben". Auch enthalten die meisten anderen Rechtsordnungen entsprechende Klauseln. So wird zB ein deutsch-österreichischer Doppelstaater von den deutschen Gerichten als Deutscher und von den österreichischen Gerichten als Österreicher behandelt, was zur Konsequenz haben kann, dass international sich widersprechende Entscheidungen ergehen. 22

3. Gesamtverweisung. a) Verweisung. Wird auf das Recht eines anderen Staates verwiesen, so ist gemäß **Art. 4 Abs. 1** auch dessen Internationales Privatrecht anzuwenden, man spricht insoweit von einer **IPR-Verweisung** oder **Gesamtverweisung**.[27] Bevor ausländische Sachnormen angewendet werden, sind die fremden IPR-Vorschriften (inklusive Staatsverträge) zu prüfen. Eine **Ausnahme** besteht dann, wenn Kollisionsnormen des deutschen Rechts ausdrücklich auf „Sachvorschriften" verweisen, Art. 3 Abs. 1 S. 2. Beispiele hierfür finden sich in Art. 4 Abs. 2 (bei der Rechtswahl), Art. 18 (internationales Unterhaltsrecht) und Art. 35 Abs. 1 (vertragliche Schuldverhältnisse). In diesen Fällen spricht man von **Sachnormverweisungen.** 23

Ausländische Rechtsordnungen folgen in ihrem IPR teilweise dem Grundsatz der Sachnormverweisung, so zB das liechtensteinische oder das ägyptische IPR und das IPR-Gesetz der Russischen Föderation.[28] 24

b) Rückverweisung.[29] Das ausländische IPR kann wieder in das deutsche Recht zurückverweisen. Man spricht dann von einer Rückverweisung bzw einem ***renvoi***. In diesem Fall ist dann deutsches Sachrecht anzuwenden, Art. 4 Abs. 1 S. 2, dh die Rückverweisung wird angenommen. Zu einem *renvoi* kommt es vor allem, wenn das ausländische Recht ein anderes Anknüpfungsmoment als das deutsche Recht verwendet. Es muss jeweils geprüft werden, ob das Recht des Staates, auf das verwiesen wird, die Verweisung annimmt, oder ob aufgrund einer anderweitigen Anknüpfung eine **Rück- oder Weiterverweisung** stattfindet.[30] 25

Beispiel: Ein dänischer Staatsangehöriger stirbt in Deutschland, wo er auch seinen letzten Wohnsitz hatte. – Abs. 1 verweist zunächst auf dänisches Recht (IPR-Verweisung). Das dänische IPR verweist auf das Recht des letzten Wohnsitzes des Erblassers, also auf deutsches Recht. Diese Rückverweisung wird angenommen, Art. 4 Abs. 1 S. 2, so dass deutsches materielles Erbrecht zur Anwendung gelangt. 26

Zu einer Rückverweisung kommt es auch, wenn ein in Deutschland lebender schweizerischer Staatsangehöriger stirbt, da Art. 91 Abs. 1 Schweizer IPRG insoweit auf den Wohnsitz abstellt.[31] 27

Weitere Staaten mit Wohnsitzprinzip: Argentinien (Art. 10, 11, 3283 Codigo civil); Brasilien (Art. 10 EGZGB); Chile (Art. 955 Codigo civil); Ecuador (Art. 1019 ff. Codigo civil); El Salvador (Art. 956 Codigo civil); Israel (Sec. 137 ErbG vom 10.11.1965); Kolumbien (Art. 1012, 1053 ff. Codigo civil); Nicaragua; Norwegen. 28

24 BayObLG FamRZ 1998, 514.
25 StAG v. 22.7.1913, letztmals geändert durch Gesetz zur Reform des Staatsangehörigkeitrechts v. 15. Juli 1999, abgedruckt bei Sartorius I Nr. 15.
26 *Heinen*, MittRhNotK 1985, 34.
27 *Süß*, ZEV 2000, 486; *Schotten/Schmellenkamp*, IPR, Rn 17.
28 In Kraft seit dem 1. März 2002, vgl *Hay*, IPR, S. 131.
29 *Süß*, ZEV 2000, 486.
30 Vgl Staudinger/*Dörner*, Art. 25 EGBGB Rn 615.
31 LG Kempten NJW-RR 2002, 1587 = JuS 2003, 298 m. Anm. *Hohloch*.

29 Eine Rückverweisung findet ferner statt, wenn eine Rechtsordnung bestimmt, dass **unbeweglicher Nachlass** sich nach dem Recht des Belegenheitsstaates vererbt. Handelt es sich zB um Grundvermögen in Deutschland, so kommt es bei Erblassern aus folgenden Staaten zu einer **Rückverweisung**:

- **Frankreich**: Besondere Vorschriften im Sinne der Art. 3 a Abs. 2, 25 Abs. 1 bestehen nach französischem Recht nur für in Frankreich belegene Grundstücke; für die sonstigen Nachlassgegenstände bestehen nach französischem Recht keine besonderen, sondern allgemeine Vorschriften im Sinne des Art. 3 a Abs. 2.[32]
- **Belgien**:[33] Bei einem Erblasser mit belgischer Staatsangehörigkeit und ständigem Aufenthalt in Deutschland verweist das belgische Recht für Mobilien auf das deutsche Recht zurück, für Immobilien auf das Recht des Belegenheitsstaates.
- **Südafrika**:[34] Umfasst der Nachlass eines in Südafrika verstorbenen deutschen Erblassers dort gelegenen Grundbesitzes, beurteilt sich die Erbfolge wegen des vorrangigen Belegenheitsstatuts insoweit nach südafrikanischem Recht, so dass für die Erteilung eines Erbscheins deutsche Nachlassgerichte nicht (international) zuständig sind. Für Grundbesitz in Deutschland und bewegliche Gegenstände in Südafrika ist hingegen die Zuständigkeit deutscher Nachlassgerichte gegeben, wobei für die Beurteilung, ob die Zuwendung eines einzelnen Nachlassgegenstandes bloß ein Vermächtnis darstellt, der südafrikanische Grundbesitz infolge der eingetretenen Nachlassspaltung außer Betracht bleiben muss.
- **Rumänien**:[35] Gehört ein in Rumänien belegenes Grundstück zum Nachlass eines deutschen Erblassers, so besteht insoweit keine internationale Zuständigkeit des deutschen Nachlassgerichts. Im Erbschein ist zu vermerken, dass er sich nicht auf den in Rumänien belegenen unbeweglichen Nachlass erstreckt.
- **England**:[36] Hinterlässt ein britischer Erblasser Grundvermögen in Deutschland, richtet sich sowohl die gesetzliche als auch die gewillkürte Erbfolge nach deutschem Recht (*lex rei sitae*). Im Falle von beweglichem Vermögen gilt das Recht seines letzten Domizils.
- **Bundesstaaten der USA**:[37] Die im Wege der Gesamtverweisung angesprochenen erbrechtlichen Kollisionsnormen des Staates Texas (USA) bringen, soweit es den unbeweglichen in der Bundesrepublik Deutschland gelegenen Nachlass (*immovables*) betrifft, eine Rückverweisung auf die *lex rei sitae*, also auf deutsches Recht.

30 **Weitere Staaten mit Wohnsitzprinzip und Belegenheitsrecht** bzgl **Immobilien:** Bahamas, Barbados, Bolivien, Botswana, Indien, Irland, Jamaika, Kanada,[38] Kenia, Malaysia, Malta, Namibia, Neuseeland, Pakistan, Singapur.

31 Auch eine **teilweise Rückverweisung** ist möglich.[39] Hinterlässt zB ein Franzose mit Wohnsitz in Frankreich Vermögen in Deutschland, so wird er hinsichtlich seines beweglichen Vermögens nach französischem, hinsichtlich seines unbeweglichen Vermögens nach deutschem Recht beerbt.[40]

32 **c) Weiterverweisung.** Neben der Rückverweisung ist auch eine Weiterverweisung denkbar. Dies ist der Fall, wenn zB das Kollisionsrecht der fremden Rechtsordnung auf das Recht eines dritten Staates verweist.[41] In diesem Fall ist umstritten, ob es sich um eine IPR- oder eine Sachnormverweisung handelt. Diese Entscheidung will das deutsche IPR grundsätzlich der Rechtsordnung überlassen, welche die Verweisung vornimmt.[42]

33 **Beispiel:** Ein Däne mit Wohnsitz in Frankreich hinterlässt ein Grundstück in Deutschland. – Das deutsche IPR verweist gemäß Abs. 1 in das dänische IPR, das seinerseits in das französische IPR verweist. Dieses verweist dann bezüglich des deutschen Grundstücks in das deutsche Sachrecht, Art. 3 Abs. 2 Code civil iVm Art. 4 Abs. 1 S. 2.

34 Auch eine **teilweise Weiterverweisung** ist möglich.

35 **d) Unteranknüpfung bei Mehrrechtsstaaten.** Enge Bezüge zum Internationalen Privatrecht weist das so genannte **„interlokale Privatrecht"** auf.[43] So kann es geschehen, dass auf das Recht eines fremden Staates verwiesen wird und in diesem Staat mehrere verschiedene Privatrechtsordnungen nebeneinander existieren, zB in den USA (50 Teilrechtsstaaten), Großbritannien,[44] Kanada, Schweiz oder Spanien.[45] Wird auf das Recht eines Staates mit mehreren **Teilrechtsordnungen** verwiesen, so bestimmt gemäß **Art. 4 Abs. 3** das Recht dieses Staates, welche Teilrechtsordnung anzuwenden ist. Es handelt sich damit auch bei diesen Vorschriften um Kollisionsrecht. Man spricht insoweit von Unteranknüpfung.

32 BayObLG NJW-RR 1990, 1033.
33 OLG Köln FamRZ 1992, 860.
34 OLG Zweibrücken FamRZ 1998, 263.
35 BayObLG FamRZ 1997, 318.
36 OLG Zweibrücken Rpfleger 1994, 466.
37 OLG Karlsruhe NJW 1990, 1420.
38 BGH NJW 1972, 1021.
39 Vgl *Schlosshauser-Selbach*, IPR, Rn 126.
40 *Schotten/Schmellenkamp*, IPR, Rn 18.
41 *Kegel/Schurig*, § 10 IV.
42 *V. Hoffmann*, IPR, § 6 Rn 97; Palandt/*Thorn*, Art. 4 Rn 3 EGBGB; MüKo/*Sonnenberger*, Art. 4 EGBGB Rn 28.
43 Vgl dazu *Junker*, IPR, Rn 17.
44 England, Wales, Schottland und Nordirland.
45 Sieben Teilrechtsordnungen, vgl *Kroiß*, Internationales Erbrecht, § 6 Rn 272.

Beispiel: Ein Spanier (Madrilene) stirbt an seinem letzten Wohnsitz in Deutschland. – Nach Abs. 1 ist die Staatsangehörigkeit des Erblassers maßgebliches Anknüpfungskriterium. Es wird auf spanisches IPR verwiesen. Bei Spanien handelt es sich um einen Mehrrechtsstaat mit sieben Teilrechtsordnungen. Nach Art. 4 Abs. 3 S. 1 bestimmt das interlokale spanische Recht, welche Teilrechtsordnung anzuwenden ist.[46] Dabei wird auf die bürgerlich-rechtliche Gebietszugehörigkeit abgestellt.[47] Im vorliegenden Fall ist das „zentralspanische" Erbrecht (Codigo civil) anzuwenden.[48] 36

Bei einigen – vor allem islamischen Staaten (zB Ägypten, Indonesien und Pakistan) – findet auch eine **personale Rechtsspaltung** statt.[49] Eine Unteranknüpfung bestimmt sich dann zB nach der Religion des Betroffenen.[50] 37

4. Nachlassspaltung (Sonderstatut), Art. 3 a Abs. 2. Der Grundsatz der Nachlasseinheit, der das deutsche Recht beherrscht, wird neben der Möglichkeit einer Rechtswahl nach Abs. 2 noch ein weiteres Mal durchbrochen: wenn sich Nachlassgegenstände in einem anderen Staat befinden und sie nach dem Recht dieses Staates besonderen Vorschriften unterliegen, Art. 3 a Abs. 2. Damit wird das Verhältnis von Gesamt- und Einzelstatut geregelt und der Umfang einer Verweisung eingeschränkt.[51] 38

Die Anwendung dieser Vorschrift hat **drei Voraussetzungen**: 39

1. Es muss sich um eine Verweisung im **Familien- oder Erbrecht** handeln (Art. 15, 17 b, 19, 20, 21, 22, 24, 25, 26);
2. das **Vermögen** einer Person muss betroffen sein (Sondervermögen);
3. in dem Staat, wo sich das Vermögen befindet, muss es **besonderen Vorschriften** unterliegen (auch kollisionsrechtliche Vermögensspaltung).[52] Unterstellt das ausländische internationale Privatrecht den gesamten Nachlass – unabhängig davon, ob es sich um beweglichen oder unbeweglichen handelt und wo er belegen ist – seinem materiellen Erbrecht, so stellt dies kein Sonderstatut iSv Art. 3 a Abs. 2, sondern ein gegebenenfalls vom deutschen internationalen Privatrecht abweichendes Gesamtstatut dar.[53]

Beispiel: Ein deutscher Staatsangehöriger lebt und stirbt in Deutschland. Er hinterlässt neben beweglichem Vermögen in Deutschland auch ein Grundstück in Frankreich.[54] – Da sich ein Nachlassgegenstand im Ausland befindet, handelt es sich um einen Fall mit Auslandsberührung, Art. 3. Gemäß Art. 25 Abs. 1 ist grundsätzlich deutsches Erbrecht anzuwenden. Allerdings ist hier Art. 3 a Abs. 2 vorrangig. Das französische Recht sieht eine Vermögensspaltung vor. Während nach französischem IPR für beweglichen Nachlass der letzte Wohnsitz des Erblassers maßgeblich ist, bestimmt sich die Vererbung von unbeweglichem Vermögen nach der ***lex rei sitae***, dh nach dem Recht des Ortes der belegenen Sache. In diesem Fall wäre dies das französische Recht. Das **Einzelstatut** des Art. 3 a Abs. 2 „bricht" das **Gesamtstatut** des Art. 25. Praktisch bedeutsam sind neben den Fällen mit Grundbesitz in Frankreich auch Fälle im Zusammenhang mit Immobilien in Rumänien. Nach dem rumänischen IPR-Gesetz ist für unbewegliche Sachen eine Sonderanknüpfung vorzunehmen, die sich nach dem Recht des Belegenheitsstaates richtet. Gehört ein in Rumänien belegenes Grundstück zum Nachlass eines deutschen Erblassers, so besteht insoweit keine internationale Zuständigkeit des deutschen Nachlassgerichts. Im Erbschein ist zu vermerken, dass er sich nicht auf den in Rumänien belegenen unbeweglichen Nachlass erstreckt.[55] 40

Liegt eine Nachlassspaltung vor, so ist jeder Nachlassteil gesondert zu behandeln.[56] Dies gilt insbesondere für Fragen der Auslegung, zB ob ein Vermächtnis oder eine Erbeinsetzung vorliegt. Es sind dann die Wertverhältnisse bezüglich des einzelnen Nachlassteils maßgeblich. 41

Praktisch bedeutsam ist Art. 3 a Abs. 2 vor allem für die Vererbung von Grundstücken,[57] von landwirtschaftlichen Betrieben im Sinne der Höfeordnung[58] und Gesellschaftsanteilen von Personengesellschaften.[59] 42

46 Das spanische Interlokale Privatrecht ist in den Art. 13–16 des Einführungstitels zum Codigo civil geregelt.
47 *Von Hoffman/Thorn*, Internationales Privatrecht, § 6 Rn 119: im Zweifel ist dabei auf den Geburtsort abzustellen.
48 Zum anwendbaren Recht bzgl Bosnien/Herzogowina IPG 1998 Nr. 37 (Köln).
49 Vgl Palandt/*Thorn*, Einl. vor Art. 3 EGBGB Rn 4.
50 *Schotten/Schmellenkamp*, IPR, Rn 41.
51 *Kegel/Schurig*, § 12 II; *Schotten/Schmellenkamp*, IPR, Rn 21.
52 BGHZ 50, 63, 64–69.
53 OLG München ZEV 2009, 512 = FamRZ 2009, 1358.
54 Vgl dazu auch *Sonnenberger*, IPRax 2002, 169.
55 BayObLGZ 1997, 165–171 = ZEV 1996, 473 = NJW-RR 1997, 201 = FamRZ 1997, 318.
56 OLG Zweibrücken OLGR 1998, 13; *Riering*, MittBayNot 1999, 521.
57 BayObLGZ 97, 165 für den Fall eines in Rumänien belegenen Grundstücks.
58 Beispiele bei *Schotten/Schmellenkamp* IPR, Rn 21; *Kropholler*, IPR, § 26 II 2 a.
59 Palandt/*Thorn*, Art. 3 EGBGB Rn 13.

II. Rechtswahl (Abs. 2)

Literatur: *v. Hoffmann/Thorn*, Internationales Privatrecht, 9. Auflage 2007, § 9 Rn 9 ff.; *Kryzwon*, Die Rechtswahl im Erbrecht, BWNotZ 1987, 4; *Lange*, Rechtswahl als Gestaltungsmittel bei der Nachfolgeplanung, DNotZ 2000, 332; *Mankowski/Osthaus*, DNotZ 1997, 10; *Pünder*, Internationales Erbrecht, MittRhNotK 1989, 1; *Riering*, Die Rechtswahl im internationalen Erbrecht, ZEV 95, 404; *Süß*, Die Wahl deutschen Erbrechts für inländische Grundstücke, ZNotP 2001, 173. *Süß*, Erbrecht in Europa, 2. Aufl. 2008, S. 57 ff.

43 **1. Voraussetzungen.** Durch letztwillige Verfügung kann nur sehr wenig Einfluss auf das anwendbare Recht ausgeübt werden. Der Erblasser kann lediglich für im Inland belegenes unbewegliches Vermögen deutsches Recht wählen, Abs. 2.

44 Dagegen ist die Wahl eines ausländischen Rechts generell ausgeschlossen.[60] Wird gleichwohl eine Rechtswahl vorgenommen, ist diese unbeachtlich.[61] Für deutsche Erblasser kommt der Wahlmöglichkeit praktisch keine Bedeutung zu, da für sie ohnehin deutsches Erbstatut gilt.[62] Die Frage, ob eine Rechtswahl stattgefunden hat, die insoweit, also in Bezug auf das im Inland belegene unbewegliche Vermögen, die Anwendung ausländischen Rechtes ausschließt, ist am Maßstab der deutschen Bestimmung des Abs. 2 und nicht anhand ausländischer Bestimmungen zu messen.[63]

45 **2. Form der Rechtswahl.** Die Form der Rechtswahl entspricht der einer Verfügung von Todes wegen, Abs. 2. Sie ist formwirksam, wenn sie den Formerfordernissen entspricht, die eines der gemäß Art. 26 Abs. 1–4 maßgeblichen Rechte aufstellt.[64] Damit ist in Deutschland die Rechtswahl auch in einem **privatschriftlichen Testament** möglich. Voraussetzung ist, dass die Testierfähigkeit gegeben ist. Die Rechtswahl kann auch konkludent erfolgen.[65]

46 **3. Folgen einer zulässigen Rechtswahl. a) Sachnormverweisung.** Durch eine wirksame Rechtswahl kommt es zu einer Sachnormverweisung, Art. 4 Abs. 2, dh die Rechtswahl zugunsten des deutschen Rechts bezieht sich auf das materielle Erbrecht.

47 **b) Nachlassspaltung.** Liegen die Voraussetzungen für eine zulässige Rechtswahl nach Abs. 2 vor, so kann dies zu einer Nachlassspaltung führen,[66] soweit der Erblasser im Übrigen nicht nach deutschem Recht beerbt wird, zB weil Abs. 1 in ein fremdes Recht verweist und dieses die Verweisung annimmt oder auf das Recht eines Dritten Staates weiter verweist. Was unter den Begriff des **„unbeweglichen Vermögens"** von Abs. 2 fällt, beurteilt sich nach deutschem Recht.[67] Da das BGB den Begriff des unbeweglichen Vermögens nicht kennt, ist die Abgrenzung nicht immer leicht.

48 Unter den Begriff des unbeweglichen Vermögens fallen jedenfalls: Grundstücke; deren Bestandteile (Gebäude)[68] gemäß §§ 93, 94, 96 BGB; das Zubehör gemäß §§ 97, 98 BGB;[69] Wohnungseigentum;[70] Erbbaurechte[71] und beschränkt dingliche Rechte an Grundstücken (Grundpfandrechte, Dienstbarkeiten, Reallast, dingliche Vorkaufsrechte).[72]

49 Dagegen **nicht** Gesellschaftsanteile,[73] Miterbenanteile[74] oder Ansprüche aus Grundstückskauf.[75]

50 Nach *Plünder*[76] gilt folgende **Faustregel**: Alle im Grundbuch eintragbaren Rechte gehören zum unbeweglichen Vermögen.

51 Durch eine beschränkte Rechtswahl können aber auch **„hinkende Rechtsverhältnisse"** vermieden werden, wenn zB ein Franzose mit ständigem Aufenthalt in Deutschland für sein in Deutschland belegenes Vermögen deutsches Erbrecht wählt.[77]

52 **c) Teilrechtswahl.** Schließlich wird auch eine Teilrechtswahl, dh dass der Erblasser nur für einzelne Gegenstände seines inländischen unbeweglichen Vermögens deutsches Recht wählt, für zulässig erachtet.[78] Der Erblasser kann also die Rechtswahl auf einzelne inländische Grundstücke beschränken. Das auf den übrigen Nachlass anwendbare Erbrecht bestimmt sich dann nach Abs. 1.

60 *Lange*, DNotZ 2000, 332.
61 BayObLGZ 1994, 48.
62 Vgl Soergel/*Schurig*, Art. 25 EGBGB Rn 3.
63 LG Stuttgart ZERB 2003, 326.
64 *Lange*, DNotZ 2000, 332.
65 Bamberger/Roth/*S. Lorenz*, Art. 25 EGBGB Rn 21.
66 BayObLG FamRZ 2000, 573; Erman/*Hohloch* Art. 25 EGBGB Rn 20.
67 Palandt/*Thorn*, Art. 25 EGBGB Rn 7; *Flick/Piltz*, Rn 210.
68 MüKo/*Birk*, Art. 25 EGBGB Rn 66; *Krzywon*, BWNotZ 1986, 154.
69 *Dörner*, DNotZ 1988, 94.
70 Bamberger/Roth/*S. Lorenz*, Art. 25 EGBGB Rn 20.
71 *Kropholler*, IPR, § 45 III 3 c; *Lange*, DNotZ 2000, 332.
72 MüKo/*Birk*, Art. 25 EGBGB Rn 62 ff.
73 BGHZ 24, 352; Soergel/*Schurig*, Art. 25 EGBGB Rn 4; *Riering*, ZEV 1995, 404.
74 BGHZ 146, 310; aA *Krywon*, BWNotZ 1986, 160.
75 Palandt/*Thorn*, Art. 25 EGBGB Rn 7; aA *Dörner*, DNotZ 1988, 96.
76 MittRhNotK 1989, 3.
77 *Schotten/Schmellenkamp*, IPR, Rn 300.
78 *V. Hoffmann*, IPR, § 9 Rn 20; Soergel/*Schurig*, Art. 25 EGBGB Rn 11.

4. Widerruflichkeit der Rechtswahl. Wählt ein Ausländer für im Inland belegenes Grundeigentum deutsches Erbrecht, so stellt sich die Frage, nach welchem Recht sich der **Widerruf** dieser Rechtswahl bemisst. In Betracht kommt das nach dem Heimatrecht des Erblassers zu ermittelnde Erbstatut oder das gewählte deutsche materielle Recht. Abzustellen ist entsprechend den Regeln im internationalen Vertragsrecht (Art. 27 Abs. 4, 31 Abs. 1) auf das gewählte Recht.[79] Damit richtet sich auch der Widerruf der Rechtswahl nach deutschem Recht und der Erblasser kann die Rechtswahl jederzeit in einer Form der Verfügung von Todes wegen widerrufen.[80] 53

5. Rechtswahl kraft ausländischen Kollisionsrechts. Sofern ein ausländisches Kollisionsrecht, das nach einer Verweisung gemäß Abs. 1 maßgeblich ist, Parteiautonomie gewährt, wird eine entsprechende Rechtswahl vom deutschen IPR akzeptiert.[81] 54

So **ermöglichen** zB **folgende Rechtsordnungen eine Rechtswahl:** 55

- **Schweiz**: Wahl des Rechts der Staatsangehörigkeit bei objektiver Anknüpfung an den Wohnsitz, Art. 90 Abs. 2 IPRG: „Ein Ausländer kann jedoch durch letztwillige Verfügung oder Erbvertrag den Nachlass einem seiner Heimatrechte unterstellen."
- **Italien**: Wahl des Wohnsitzrechts, Art. 46 Abs. 2 1 des Gesetzes vom 31.5.1995, Nr. 218: „Der Erblasser kann durch eine ausdrückliche Erklärung in Testamentarischer Form die gesamte Rechtsnachfolge von Todes wegen dem Recht des Staates unterstellen, in dem er seinen gewöhnlichen Aufenthalt hat."
- **Rumänien**: unbeschränkte Rechtswahlfreiheit, Art. 68 Abs. 1 IPRG: „Der Erblasser kann die Erbüberlassung seiner Sachen einem anderen Recht unterwerfen als dem nach Art. 66 (Heimatrecht bzgl beweglicher und *lex rei sitae* bzgl unbeweglicher Sachen und Handelsgeschäfte), ohne zur Beseitigung von dessen zwingenden Vorschriften berechtigt zu sein."

Auch das **Ehegüterrecht**, das Auswirkungen auf das Erbstatut haben kann, ist in manchen Staaten wählbar:[82] 56

- **Österreich**, § 19 IPRG: „Das Ehegüterrecht ist nach dem Recht zu bestimmen, das die Parteien ausdrücklich bestimmen…".
- **Frankreich**, Art. 3–6 des Haager Übereinkommens über das auf eheliche Güterstände anzuwendende Recht vom 15.3.1978 (entspricht der Rechtswahlmöglichkeit nach Art. 15 Abs. 2 EGBGB).
- **Spanien**: Art. 9 Abs. 2 1, Abs. 3 Codigo Civil.
- **Italien**: Art. 30 Abs. 1 2 des Gesetzes vom 31.5.1995.

Auch eine Kombination einer Rechtswahl nach Abs. 2 und einer Rechtswahl kraft ausländischem Kollisionsrecht ist möglich. Bestimmt zB ein in Deutschland wohnhafter und verstorbener Schweizer in seinem Testament: „Für den Erbfall wird von mir deutsches Recht gewählt",[83] so ist die Rechtswahl unmittelbar nach Abs. 2 wirksam, soweit sie sich auf das in Deutschland belegene Grundvermögen des Erblassers bezieht. Im Übrigen unterliegt die Rechtsnachfolge nach Abs. 1 dem Schweizer Recht. Da das Schweizer IPR gemäß Art. 91 Abs. 1 schweizerische IPRG beim Tod eines Schweizer Staatsbürgers in Deutschland aber auf das deutsche Recht zurückverweist und diese Rückverweisung auch nach Art. 4 Abs. 1 S. 2 angenommen wird, ist für die Beerbung insgesamt das deutsche materielle Recht anwendbar. 57

III. Umfang des Erbstatuts

1. Reichweite. Nach dem Erbstatut werden **alle mit dem Erbfall zusammenhängenden Fragen** beurteilt.[84] Lediglich die Form letztwilliger Verfügungen wird gesondert angeknüpft, Art. 26. 58

Vom Erbstatut umfasst sind demnach: 59

- der Kreis der gesetzlichen Erben
- die Erbquoten
- das Erbrecht des nichtehelichen Kindes
- das Pflichtteilsrecht[85]
- die Erbfähigkeit
- die Erbunwürdigkeit[86]
- die dingliche Wirkung des Erbfalls
- der Erwerb der Erbschaft

79 *V. Hoffmann*, IPR, § 9 Rn 24.
80 Palandt/*Thorn*, Art. 25 EGBGB Rn 8.
81 *Mankowski/Osthaus*, DNotZ 1997, 10.
82 *Schotten/Schmellenkamp*, IPR, Rn 152 ff; *Hüßtege*, IPR, S. 65.
83 BayObLGZ 2001, 203 = Rpfleger 2001, 597.
84 Palandt/*Thorn*, Art. 25 EGBGB Rn 10 ff; *Schotten/Schmellenkamp*, IPR, Rn 307; MüKo/*Birk*, Art. 25 EGBGB Rn 186 ff.
85 Vgl dazu *Klingelhöffer*, ZEV 1996, 258.
86 OLG Düsseldorf NJW 1963, 2230.

- die Testamentsvollstreckung[87]
- die Haftung für Nachlassverbindlichkeiten
- die Annahme und Ausschlagung der Erbschaft
- Verfügungen von Todes wegen
- die Auslegung von Testamenten
- die Zulässigkeit gemeinschaftlicher Testamente
- die Erbauseinandersetzung.[88]

60 Welche Gegenstände zum Nachlass gehören, bestimmt sich als selbständige Vorfrage nach deutschem IPR.[89] Dabei ist für das Sachenrecht der Grundsatz der ***lex rei sitae***, dh das Recht des Belegenheitsstaates maßgeblich. Für den Erwerb und Verlust von Mitgliedschaftsrechten in Gesellschaften ist das **Gesellschaftsstatut** zu ermitteln.

61 **2. Hypothetisches Erbstatut.** Die **Gültigkeit einer letztwilligen Verfügung** ist nach dem Recht zu beurteilen, das im Zeitpunkt der Verfügung auf die Rechtsnachfolge von Todes wegen anzuwenden wäre, Art. 26 Abs. 5, so genanntes **Errichtungsstatut**.[90]

62 **3. Vorfragen.** Unter einer Vorfrage versteht man jede Frage nach dem Bestehen eines präjudiziellen Rechtsverhältnisses oder einer Rechtslage, die im Tatbestand einer in- bzw ausländischen Kollisions- oder Sachnorm vorausgesetzt wird.[91] Teilweise wird dabei noch zwischen Vor- und Teilfragen differenziert, was aber wenig praktische Bedeutung hat.[92]

63 **Beispiel:**[93] Ein griechischer Staatsangehöriger M hatte mit der griechischen Staatsangehörigen F die Ehe nach griechisch-orthodoxem Ritus vor dem Popen in Köln geschlossen, eine standesamtliche Trauung fand nicht statt und wurde auch nicht nachgeholt. Der Mann stirbt ohne Hinterlassung von Nachkömmlingen an dem letzten gemeinsamen Wohnort in Griechenland. Wer wurde zu welcher Quote Erbe? – Art. 25 verweist in das griechische IPR, das die Verweisung auch annimmt. Nach griechischem Erbrecht „erbt die Ehefrau allein". Es stellt sich hier die Vorfrage, ob eine wirksame Ehe vorliegt.

64 Umstritten ist, ob Vorfragen selbständig, dh nach den Kollisionsnormen der *lex fori*, oder unselbständig, dh nach dem IPR der Hauptfrage anzuknüpfen sind. Im Interesse einer „inneren Entscheidungsharmonie" ist grundsätzlich die **selbständige Anknüpfung** vorzuziehen.[94]

65 So ist nach Ansicht des **BGH**[95] die Vorfrage nach der Gültigkeit einer Ehe im deutschen internationalen Erbrecht grundsätzlich **selbständig** anzuknüpfen. Das Scheidungsurteil eines deutschen Gerichts ist insoweit stets zu beachten.

66 Die Gegenansicht[96] verweist auf die **internationale Entscheidungsharmonie** und knüpft unselbständig an. Bei staatsvertraglichem Kollisionsrecht bedient sich auch die hM[97] der unselbständigen Anknüpfung.

67 Im Beispielsfall (Rn 63) führt die selbständige Anknüpfung zur Nichtehe über Art. 13 Abs. 3 S. 1. Würde man unselbständig anknüpfen, käme man zum griechischen Recht und damit zu einer wirksamen Ehe. Man spricht in einer solchen Situation von einer **„hinkenden Ehe"**. Um diese missliche Lage zu lösen, nimmt eine vermittelnde Meinung eine Abwägung dahin gehend vor, dass geprüft wird, welches Interesse überwiegt.[98] Übertragen auf unseren Beispielsfall heißt dies, dass sich die Vorfrage des Bestehens der Ehe nach griechischem Recht richtet, vor allem weil die Ehegatten zuletzt in Griechenland lebten.

68 Als **Vorfragen, die selbständig anzuknüpfen sind,**[99] kommen in Betracht: die Verwandtschaft, das Bestehen einer Ehe, der maßgebliche Güterstand, die Frage der Ehelichkeit oder Nichtehelichkeit eines Kindes, die Todesvermutung (Art. 9), die Testierfähigkeit,[100] die Rechtsfähigkeit des/der Erben, die Zugehörigkeit eines Gegenstandes zum Nachlass,[101] der sachenrechtliche Eigentumsübergang und die Wirksamkeit der Adoption.

69 Für die Frage der Erbberechtigung des **Adoptivkindes** ist das Adoptionsstatut (vgl Art. 22 EGBGB) maßgeblich.[102] Allerdings beurteilt das Kammergericht[103] den erbrechtlichen Einfluss einer Kindesannahme insbesondere auf gesetzliche Erbrechte grundsätzlich nicht nach dem Adoptionsstatut, sondern nach dem Hei-

87 BayObLG IPrax 1991, 343.
88 BGH NJW 1959, 1317.
89 Palandt/*Thorn*, Art. 25 EGBGB Rn 17.
90 *Junker*, IPR, Rn 587, 589; *Schotten/Schmellenkamp*, IPR, Rn 308.
91 *Kunz*, IPR, Rn 89 ff; *Junker*, IPR, Rn 230 ff; *Kegel/Schurig*, § 9.
92 *Schotten/Schmellenkamp*, IPR, S. 41 aE; *Schlosshauser-Selbach*, IPR, Rn 131.
93 BGHZ 43, 213.
94 Palandt/*Thorn*, Einl. vor Art. 3 EGBGB Rn 29.
95 BGH NJW 1981, 1900.
96 MüKo/*Sonnenberger*, Einl. zu Art. 3 EGBGB Rn 390 ff.
97 Palandt/*Thorn*, Art. 3 EGBGB Rn 30.
98 BVerfG NJW 1983, 511.
99 MüKo/*Birk*, Art. 25 EGBGB Rn 79; *Johnen*, MittRhNotK 1986, 57.
100 BayObLG FamRZ 2003, 1594.
101 BGH BB 1969, 197.
102 BGH FamRZ 1989, 378.
103 KG FamRZ 1988, 434.

matrecht des Erblassers (Erbstatut). Wenn aber das Adoptionsstatut dem Adoptivkind ein gesetzliches Erbrecht versagt, hat es hierbei sein Bewenden, auch wenn ein solches Erbrecht nach dem Erbstatut besteht.

4. Anpassung, Angleichung. Eine Anpassung[104] oder Angleichung ist dann erforderlich, wenn verschiedene nebeneinander anwendbare Rechtsordnungen zu einem Normenwiderspruch kommen. Dieser kann in einem Normenmangel[105] oder einer Normenhäufung[106] liegen. 70

Beispiel: Ein Österreicher ist mit einer Deutschen verheiratet. Gemeinsamer Wohnsitz ist München. Der Österreicher stirbt. Das Ehepaar hat zwei Kinder. Ansprüche der Ehefrau? – Güterrechtliche Ansprüche richten sich nach Art. 15 iVm Art. 14 Abs. 1 nach deutschem Recht. Erbstatut ist nach Abs. 1 österreichisches Recht. Da nun das österreichische Erbrecht einen güterrechtlichen Ausgleich entsprechend §§ 1931 Abs. 3, 1371 BGB nicht kennt, ist eine Anpassung durch **Interessenabwägung** vorzunehmen. Dies ist entweder möglich durch eine Einschränkung des Umfangs der Verweisung oder durch einen Ausgleich auf materiellrechtlicher Ebene. Allerdings verneint das OLG Stuttgart[107] den Ausgleich des Zugewinns durch Erhöhung der Erbquote gemäß § 1371 Abs. 1 BGB, wenn in einem Erbfall österreichisches Erbrecht neben deutschem Güterrecht anzuwenden ist. 71

Möglich ist auch die Umwandlung eines dem deutschen Recht unbekannten Rechtsinstituts in ein dem gleichen Zweck dienendes deutsches Rechtsinstitut (**Transposition**).[108] 72

Es ist auch ein Widerspruch zwischen deutschen und ausländischen Rechtsinstituten denkbar, wenn zB nach ausländischem Erbstatut das Vermächtnis dingliche Wirkung hat. Ein entsprechendes Vindikationslegat ist im Wege der Anpassung in ein schuldrechtliches Vermächtnis (Damnationslegat) umzudeuten.[109] 73

Beispiel:[110] Ein Kolumbianer mit Wohnsitz in Bogota hinterlässt unter anderem ein Grundstück in Köln, das er durch Vermächtnis seinem Sohn S zuwendet. Zur Alleinerbin wurde die deutsche Ehefrau D eingesetzt. D erhält einen Erbschein und wird im Grundbuch eingetragen. – Art. 1012 kolumb. Codigo civil knüpft an den letzten Wohnsitz des Erblassers an. Nach kolumbianischem Recht kommt einem Vermächtnis unmittelbar dingliche Wirkung zu (Vindikationslegat). 74

Nach Abs. 1 findet für die Beerbung kolumbianisches Recht, das die Verweisung auch annimmt, Anwendung. Will S aber in das deutsche Grundbuch eingetragen werden, kommt es zu einer Kollision zwischen dem nach der *lex rei sitae* anwendbaren deutschen Sachenrecht und dem kolumbianischen Erbrecht, da dem deutschen Sachenrecht ein Vindikationslegat (Singularsukzession) unbekannt ist. Dieser Widerspruch wird im Wege der Anpassung gelöst.[111] S steht demnach ein schuldrechtlicher Anspruch gemäß § 2147 BGB gegen D zu. 75

5. Ordre public, Art. 6. a) Allgemeines. Führt die Verweisung ins ausländische Sachrecht, so ist dieses nicht schrankenlos anwendbar.[112] 76

Art. 6 will den „Kernbestand der inländischen Rechtsordnung" schützen.[113] Aus der Vorschrift selbst ergibt sich ihr **Ausnahmecharakter**.[114] Voraussetzungen für die Anwendung des *ordre public* sind (vgl im Einzelnen Art. 6 EGBGB Rn 1 ff): 77

- ein **„eklatanter Verstoß"** gegen die deutschen Wertvorstellungen, wobei auf das „Maß des Widerspruchs" abzustellen ist;
- das **Anwendungsergebnis** muss **im konkreten Fall** unerträglich sein (Entscheidungserheblichkeit) und
- der Sachverhalt muss eine **Binnenbeziehung** aufweisen („Maß der Inlandsbeziehung").

Grundlegende Ausführungen zum *ordre public* enthält die sog. Spanierentscheidung des Bundesverfassungsgerichts.[115] Wird ein Verstoß gegen den *ordre public* bejaht, wird die Anwendung der ausländischen Rechtsnorm für den Einzelfall ausgeschlossen. Das übrige ausländische Recht bleibt dagegen anwendbar. Lücken müssen durch ein Ersatzrecht geschlossen werden, wobei als letzte Möglichkeit deutsches Recht bleibt. 78

Ein ausländischer *ordre public* ist grundsätzlich nicht zu beachten.[116] 79

104 Zum Begriff vgl *v. Hoffmann/Thorn*, IPR, § 6 Rn 31.
105 Beispiel OLG Köln FamRZ 1995, 1200.
106 Fall bei *Kegel/Schurig*, § 8.
107 OLG Stuttgart NJW 2005,2164.
108 *V. Hoffmann*, IPR, § 6 Rn 39.
109 BGH MittBayNot 1995, 224; OLG Hamm IPRax 1994, 49, 55; Staudinger/*Dörner*, Art. 25 EGBGB Rn 847.
110 BGH IPRax 1996, 39.
111 BGH IPRax 1996, 39.
112 *Pattar*, Der Ordre-public-Vorbehalt bei Anwendung islamisch inspirierten Erbrechts im Inland, ErbR 2009, 341; *ders.* Grundzüge des islamischen Erbrechts, ErbR 2009, 272.
113 Vgl Begr. RegE BT-Drucks. 10/504, S. 42.
114 *Schotten/Schmellenkamp*, IPR, Rn 53; *Kunz*, IPR, Rn 278 ff; *Junker*, IPR, Rn 270 ff.
115 BVerfGE 31, 58.
116 Palandt/*Thorn*, Art. 6 EGBGB Rn 8.

80 **b) Verstöße im Einzelnen.** Im Erbrecht ist eine Anwendung des Art. 6 vor allem bei folgenden Fällen denkbar:[117]

81 **aa) Erbunfähigkeit wegen einer bestimmten Religionszugehörigkeit.** Schließt eine Rechtsordnung das Erbrecht im Hinblick auf eine bestimmte Religionszugehörigkeit aus (sog. „Erbhindernis der Religionsverschiedenheit"),[118] liegt ein Verstoß gegen Art. 3 Abs. 3 GG vor, der eine Anwendung des *ordre-public*-Vorbehalts rechtfertigt.[119]

82 **bb) Beschränkung der Testierfreiheit.** Wird die Testierfreiheit zB dergestalt beschränkt, dass ausschließlich Zuwendungen an Organisationen der herrschenden Partei, wie zB in Erbgesetzen kommunistischer Staaten, möglich sind, führt dies zu einem schwerwiegenden Verstoß gegen Art. 14 Abs. 1 S. 1 GG.[120]

83 **cc) Kein Erbrecht der Ehefrau.**[121] Der *ordre public* kann auch in Fällen, in denen zB ein Araber mit mehreren Frauen im Heimatstaat die Ehe wirksam geschlossen hat,[122] bedeutsam sein. Entscheidendes Kriterium für seine Anwendung ist vor allem der hinreichende **Inlandsbezug.** So wird regelmäßig die bloße Belegenheit von Vermögensgegenständen als einziges Merkmal für einen Binnensachverhalt nicht ausreichen, um zur Anwendung der Vorbehaltsklausel zu kommen. Hingegen stellt der Wohnsitz der Beteiligten in Deutschland eine entsprechend größere Inlandsbeziehung dar, die eher die Schrankenwirkung des Art. 6 zulässt.

84 **dd) Diskriminierung weiblicher Erben in islamischen Rechtsordnungen.** Auch die Diskriminierung weiblicher Erben in islamischen Rechtsordnungen kann zur Anwendung der Vorbehaltsklausel führen. So lässt es das deutsch-iranische Niederlassungsabkommen nach Art. 8 Abs. 3 S. 2 NA zu, erbrechtliche Verhältnisse an der Vorbehaltsklausel des Art. 6 GG zu messen.[123] Die Bevorzugung des Ehemannes nach iranischem Nachlassrecht verstößt nicht immer gegen den *ordre public*: es ist nicht abzustellen auf einen abstrakten Verstoß gegen das Verfassungsgebot der Gleichstellung von Mann und Frau, sondern darauf, ob im **konkreten Fall** das Ergebnis der Anwendung iranischen Rechts in untragbarem Widerspruch zu grundlegenden deutschen Gerechtigkeitsvorstellungen steht.[124] Unter anderem sind zu berücksichtigen die Sachgerechtigkeit der Kollisionsregelung und der Inhalt der danach berufenen ausländischen Sachnormen einerseits sowie der Umfang der Inlandsbeziehungen andererseits.

85 **ee) Kein Verstoß gegen den ordre public.** Kein Verstoß gegen den ordre public liegt vor bei Bejahung eines Erbrechts des nichtehelichen Lebenspartners,[125] bei Beschränkung der Dispositionsfreiheit des Erblassers auf einen Bruchteil des Nachlasses[126] und bei vom deutschen Recht abweichenden Erbquoten der Verwandten oder des Ehegatten.

86 **ff) Berücksichtigung der den Erbrechtsausschluss bestätigenden testamentarischen Verfügung des Erblassers.**[127] Ist nach dem gemäß Art. 25 Abs. 1 EGBGB anwendbaren Erbstatut die gesetzliche Erbfolge maßgeblich, nach der ein Abkömmling des Erblassers unter Verstoß gegen den deutschen ordre public von der Erbfolge ausgeschlossen ist, so ist die vom Erblasser in einem formgültigen Testament getroffene Anordnung, diesen Abkömmling von der Erbfolge auszuschließen, bei der Rechtsanwendung gemäß Art. 6 EGBGB zu beachten.[128] Dies kann, bei entsprechend eindeutiger Willensäußerung des Erblassers, dazu führen, dass der Verstoß gegen den ordre public durch Gewährung des nach deutschem Recht unentziehbaren Pflichtteilsanspruchs oder eines im ausländischen Recht vorgesehenen äquivalenten Ausgleichsanspruchs geheilt wird.[129]

IV. Testamentsvollstreckung

87 Auch das Recht, das auf die Testamentsvollstreckung anwendbar ist, bestimmt sich nach dem Erbstatut. Was das Testamentsvollstreckerzeugnis anbelangt, finden über § 2368 Abs. 3 BGB die Grundsätze des Erbscheinsverfahrens Anwendung.

117 *Ferid*, IPR, 3–47.
118 Staudinger/*Dörner*, Art. 25 EGBGB Rn 692.
119 KG Beschluss vom 26.2.2008 – 1 W 59/07 = FamRZ 2008, 1564; OLG Hamm *Beschluss* vom 28.2. 2005 – 15 W 117/04 = ZEV 2005, 436.
120 Erman/*Hohloch* Art. 6 EGBGB Rn 47.
121 IPG 1998 Nr. 35 (Köln); *Obergfell*, Ägyptisches Erbstatut und deutscher ordre public, ErbR 2008, 349.
122 Vgl *Kunz*, IPR, Fall 31, Rn 278.
123 OLG Hamm FamRZ 1993, 111.
124 OLG Hamm FamRZ 1993, 111.
125 BayObLGZ 1976, 163.
126 Staudinger/*Dörner*, Art. 25 EGBGB Rn 697.
127 *Dörner,* Zur Frage eines Verstoßes gegen den deutschen ordre public gemäß Art. 25 Abs. 1 EGBGB bei einem Erbrechtsausschluss nach ägyptischem Recht und der Berücksichtigung der testamentarischen, den Erbrechtsausschluss bestätigenden Verfügung des Erblassers, ZEV 2008, 442; *Rauscher,* Verstoß gegen den deutschen ordre public bei Erbrechtsausschluss nach ägyptischem Recht, FamRZ 2008, 1564.
128 KG ZEV 2008, 440 = FamRZ 2008, 1564.
129 KG aaO.

Bei ausländischem Erbstatut ist auch ein gegenständlich beschränktes Testamentsvollstreckerzeugnis möglich;[130] so zB beschränkt auf den in Deutschland befindlichen unbeweglichen Nachlass, Abs. 2,[131] oder bei in Deutschland befindlichem beweglichem Nachlass im Rahmen einer Nachlassspaltung nach Art. 3 Abs. 3. 88

Ob eine Testamentsvollstreckung nach ausländischem Recht mit der deutschen vergleichbar ist, kann im Einzelfall problematisch sein. Vor allem im **anglo-amerikanischen Rechtskreis** spielen in diesem Zusammenhang verschiedene Rechtsfiguren eine Rolle: 89

- Der *executor*, der durch letztwillige Verfügung ernannt wird, stellt eine „zwischenberechtigte Person" (Treuhänder) dar, die als Testamentsvollstrecker qualifiziert werden kann;
- auch der *administrator*, der für die Verwaltung des Nachlasses (Sammlung, Schuldenbegleichung, Erbschaftsteuer und Verteilung) zuständig ist, kann mit einem Testamentsvollstrecker nach deutschem Recht verglichen werden;
- hingegen entspricht die Position des *trustees* eher der eines Vorerben.[132]

V. Verhältnis zum Güterrecht

1. Allgemeines. Im deutschen Erbrecht spielt das **eheliche Güterrecht** eine entscheidende Rolle für die **Erbquote,** § 1931 Abs. 3 und 4 BGB. Das Erb- und Güterrechtsstatut können aber auseinander fallen. Ursache dafür können gemischt-nationale Ehen,[133] ein Wechsel der Staatsangehörigkeit nach der Heirat oder eine Rechtswahl sein. Vorschriften, die bestimmen, dass die eheliche Gemeinschaft nach dem Tode eines Ehegatten güterrechtlich auseinander zu setzen ist, sind güterrechtlich zu qualifizieren. Erb- und Güterrechtsstatut können vor allem deshalb divergieren, weil bezüglich des anwendbaren Güterrechts auf die gemeinsame Staatsangehörigkeit der Ehegatten oder deren gemeinsamen gewöhnlichen Aufenthalt zur Zeit der Eheschließung angeknüpft wird, Art. 15 Abs. 1, 14 Abs. 1 Nr. 1, 2. 90

Auch können die Ehegatten das Güterrechtsstatut durch **Rechtswahl** bestimmen, Art. 15 Abs. 2.[134] Die Rechtswahl muss notariell beurkundet werden, Art. 15 Abs. 3, 14 Abs. 4. Sie ist auch noch nach der Eheschließung möglich. Bei der Rechtswahl haben die Ehegatten folgende Möglichkeiten: 91

- Wahl des Rechts des Staates, dem einer von ihnen angehört,
- Wahl des Rechts des Staates, in dem einer von ihnen seinen gewöhnlichen Aufenthalt hat, oder
- für unbewegliches Vermögen die Wahl des Rechts des Lageortes.

Auch deutsche Ehegatten können damit für ihre güterrechtlichen Beziehungen eine ausländische Rechtsordnung wählen, wenn einer von ihnen in diesem Land seinen gewöhnlichen Aufenthalt genommen hat, oder für unbewegliches Vermögen, wenn es einer der Ehegatten in dem Land seiner Wahl besitzt, Art. 15 Abs. 2 Nr. 2, Abs. 3. 92

2. Ermittlung des anwendbaren Güterrechts. Nachdem **Art. 15** in seiner aktuellen Fassung erst seit dem 1.9.1986 gilt, stellt sich die Frage, wie das anwendbare Güterrecht in den Fällen ermittelt wird, in denen die Ehe schon früher geschlossen wurde.[135] 93

Die Antwort ist der intertemporalen Regel des **Art. 220 Abs. 1, Abs. 3** zu entnehmen. Soweit eine Ehe vor dem 1.9.1986 aufgelöst wurde, handelt es sich um einen abgeschlossenen güterrechtlichen Vorgang iSd Art. 220 Abs. 1. Demnach ist das bis zu diesem Zeitpunkt geltende Kollisionsrecht maßgeblich. Für am 1.9.1986 bestehende Ehen ist Art. 220 Abs. 3 zu prüfen. Diese Vorschrift stellt auf unterschiedliche Zeitpunkte ab:[136] 94

a) Eheschließung vor dem 1.4.1953. Für Ehen, die vor dem 1.4.1953 geschlossen wurden, bleibt es bei der Anwendung des Art. 15 aF, wobei eine Rechtswahl möglich ist, Art. 220 Abs. 3 S. 6. Allerdings ist eine verfassungskonforme Auslegung geboten. 95

b) Eheschließung ab dem 1.9.1986. Bei Ehen, die ab dem 1.9.1986 geschlossen wurden, gilt Art. 15 in seiner aktuellen Fassung. 96

c) Eheschließung zwischen dem 9.4.1983 und 31.8.1986. Für den Zeitraum vom 9.4.1983 bis 31.8.1986 ist Art. 15 nF ebenfalls – rückwirkend – anwendbar, Art. 220 Abs. 3 S. 5. Das Datum 8.4.1983 ergibt sich daraus, dass an diesem Tag die Entscheidung des Bundesverfassungsgerichts[137] bekannt wurde, in der Art. 15 aF mit Gesetzeskraft für nichtig erklärt wurde. 97

130 *Flick/Piltz*, Rn 344.
131 BayObLGZ 1999, 296 = Rpfleger 2000, 17; Erman/*Hohloch*, Art. 25 EGBGB Rn 20.
132 Staudinger/*Dörner*, Art. 25 EGBGB Rn 854.
133 *Junker*, IPR, Rn 584.
134 Vgl dazu *Schotten/Schmellenkamp*, IPR, Rn 52; *v. Hoffmann*, IPR, § 8 Rn 34 ff.
135 Übergangsrecht bei Altehen; vgl dazu *Schotten/Schmellenkamp*, IPR, Rn 179 ff; MüKo/*Siehr*, Art. 15 EGBGB Rn 142 ff.
136 Vgl dazu *Kunz*, IPR, Rn 637 ff; *Hüßtege*, IPR, S. 67 ff.
137 BVerfGE 63, 181.

98 **d) Eheschließung zwischen dem 1.4.1953 und dem 8.4.1983.** Problematisch ist der Zeitraum 1.4.1953 bis 8.4.1983. Hierfür stellt Art. 220 Abs. 3 eine eigene Kollisionsnorm dar. Dabei ist eine „Anknüpfungsleiter" zu prüfen, Art. 220 Abs. 3 S. 1 Nr. 1–3. Problematisch ist in diesem Zusammenhang die Verfassungsmäßigkeit der Hilfsanknüpfung nach Art. 220 Abs. 3 S. 1 Nr. 3. Der BGH hält sie für verfassungskonform.[138] Auch die Rückwirkung in Art. 220 Abs. 3 S. 1 Nr. 2 wird für unbedenklich erachtet.[139]

99 **e) Sonderregelung für Vertriebene, Aussiedler und Spätaussiedler.** Für volksdeutsche Vertriebene ist das Gesetz über den ehelichen Güterstand von Vertriebenen und Flüchtlingen (VFGüterstandG) zu beachten. Zwar gilt für Personen, die nach §§ 1-4 des Bundesvertriebenengesetzes (BVFG) unter den dort festgelegten Begriff des Vertriebenen fallen, im Hinblick auf die ausländische Staatsangehörigkeit zum Zeitpunkt der Eheschließung grundsätzlich das ausländische Güterstatut. Dieser Güterstand wird aber nach einem dreimonatigen gewöhnlichen Aufenthalt in Deutschland in den gesetzlichen deutschen Güterstand übergeleitet, § 3 iVm § 1 VF GüterstandG. Dabei hat jeder Ehegatte binnen Jahresfrist ein Widerspruchsrecht, § 4 VFGüterstandG. Unterbleibt ein Widerspruch, gilt deutsches Güterrecht.

Für **Spätaussiedler** (Personen, die erst nach dem 1.1.1993 ihre Heimat verlassen haben, § 4 BVFG) gilt diese Regelung nicht unmittelbar. Jedoch neigt die hM zu einer analogen Anwendung.[140] Noch weiter geht das OLG Hamm:[141] Auf die Erbfolge eines Spätaussiedlers, der nach seiner Eheschließung und Übersiedlung aus Russland die deutsche Staatsangehörigkeit erworben hat und nach dem Inkrafttreten des russ. FGB mit Wohnsitz in Deutschland verstorben ist, findet § 1371 BGB Anwendung. Der Senat hält an der gegenläufigen Versteinerungstheorie insoweit nicht mehr fest, als diese die Berücksichtigung nachträglicher Änderungen der ausländischen Kollisionsnormen ausschließt.

100 **3. Qualifikation des § 1371 Abs. 1 BGB.** In den Fällen, in denen das Erbstatut und das Güterrechtsstatut auseinander fallen, ist die Frage der Einordnung (Qualifikation) des § 1371 Abs. 1 BGB entscheidend für die Erbquoten. Zur Anwendbarkeit dieser Vorschrift auf den Fall, in dem der Erblasser nach ausländischem Recht beerbt wird, werden **drei Meinungen** vertreten:[142]

a) Erbrechtliche Einordnung.[143]

Konsequenz: der nach ausländischem Recht ermittelte Erbteil wird um 1/4 erhöht.

b) Doppelqualifikation sowohl erbrechtliche als auch güterrechtliche Einordnung.[144]
c) Güterrechtliche Einordnung.[145]

Konsequenz bei b) und c): keine Erhöhung des Erbteils bei Anwendung ausländischen Rechts.

101 Mit der in der Rechtsprechung überwiegenden Meinung ist § 1371 Abs. 1 BGB **güterrechtlich zu qualifizieren**.[146] Demnach ist der Zugewinn nach dem Güterrechtsstatut zu beurteilen.[147] Dies gilt auch dann, wenn der Zugewinnausgleich pauschaliert durch eine Erhöhung des gesetzlichen Erbteils erfolgt, wie nach § 1371 BGB, jedenfalls dann, wenn deutsches Recht als Erbstatut maßgebend ist. In Fällen eines ausländischen Güterstatuts kann ein erbrechtlicher Zugewinnausgleich auch bei deutschem Erbstatut nicht stattfinden. Kommt es bei Anwendung des deutschen Güterrechts und eines ausländischen Erbrechts zu Widersprüchen, sind diese gegebenenfalls im Wege der **Angleichung** zu lösen.[148]

102 Hingegen ist § 1931 Abs. 4 BGB erbrechtlich zu qualifizieren.[149] Die Anwendung des § 1931 Abs. 4 BGB bei ausländischem Güterrechtsstatut setzt voraus, dass die ausländische Gütertrennung bei abstrakter Betrachtungsweise derjenigen des BGB entspricht bzw mit dieser vergleichbar ist.[150] Die Gütertrennung nach ausländischem Recht muss funktionell jener des deutschen Rechts entsprechen.[151]

138 BGH FamRZ 1986, 1200, 1202.
139 BVerfG, Beschl. v. 18.12.2002–1 BvR 108/96; BGH FamRZ 1987, 793; *Süß*, ZErB 2003, 148.
140 Staudinger/Mankowski Art. 15 EGBGB Rn 439; Soergel/Schurig Art. 15 EGBGB Rn 74; Süß Rpfleger 2003, 53, 59; aA Palandt/Heldrich Anh. zu Art. 15 EGBGB Rn 2.
141 RnotZ 2010, 206 = Rpfleger 2010, 24.
142 Grundlegend zum Meinungsstreit *Clausnitzer/Schotten*, MittRhNotK 1987, 15 ff.
143 Staudinger/*Firsching*, Vorbem. zu Art. 24 EGBGB aF Rn 227.
144 OLG Düsseldorf MittRhNotK 1988, 69.
145 BayObLGZ 1980, 276.
146 BayObLG IPRax 1981, 100; FamRZ 1975, 416; Staudinger/*Dörner*, Art. 25 EGBGB Rn 34; Palandt/*Thorn*, Art. 15 EGBGB Rn 26.
147 OLG Karlsruhe NJW 1990, 1420.
148 LG Mosbach ZEV 1998, 490; Soergel/*Schurig*, Art. 15 EGBGB Rn 40; aA OLG Stuttgart NJW 2005, 2164.
149 Palandt/*Thorn*, Art. 15 EGBGB Rn 28; Staudinger/*Mankowski*, Art. 15 EGBGB Rn 370; Staudinger/*Dörner*, Art. 25 EGBGB Rn 154; Erman/*Hohloch*, BGB 12. Auflage 2008 Art. 15 EGBGB Rn 38; *Jayme*, in FS Ferid 1978, S. 221, 227, 229, 232.
150 OLG Düsseldorf ZEV 2009, 515.
151 Staudinger/*Mankowski*, § 1931 BGB Rn 375.

VI. Pflichtteilsrecht[152]

1. Fehlendes Pflichtteilsrecht in der ausländischen Rechtsordnung. Viele Rechtsordnungen vor allem im anglo-amerikanischen Rechtskreis kennen kein Pflichtteilsrecht (Ausnahmen: Louisiana und Puerto Rico). Hinterlässt zB ein US-Amerikaner bewegliches Vermögen in Deutschland, stünde seinen Abkömmlingen kein Pflichtteilsanspruch zu. Hier stellt sich die Frage, ob diesem Ergebnis der *ordre public* entgegensteht. Der BGH hat dies offen gelassen.[153] 103

Ausdrücklich verneint wurde ein Verstoß gegen den *ordre public* vom OLG Köln[154] – allerdings in einem besonders gelagerten Fall – ohne nähere Begründung mit bloßem Hinweis auf RG JW 1912, 22. In der Literatur wird teilweise[155] differenziert: grundsätzlich ist die Versagung des Pflichtteilsrechts durch die ausländische Rechtsordnung zu respektieren, eine Ausnahme soll jedoch dann gelten, wenn der Pflichtteilsberechtigte der deutschen Sozialhilfe zur Last fallen würde. Andere[156] halten es „für nicht mehr hinnehmbar", den Pflichtteil zulasten eines minderjährigen oder bedürftigen Kindes zu entziehen, es sei denn, dass eine Kompensation – etwa durch Unterhaltsansprüche wie im englischen Recht – erfolgt. 104

2. Nachlassspaltung. Kommt es zu einer Nachlassspaltung, zB weil die ausländische Rechtsordnung das bewegliche Vermögen dem Recht des letzten Domizils und das unbewegliche Vermögen dem Recht des Belegenheitsstaates (*lex rei sitae*) unterwirft, sind **Teilnachlässe** nach der entsprechenden Rechtsordnung zu bilden. Zur Berechnung des Pflichtteils ist dabei von dem Nachlasswert derjenigen Gegenstände auszugehen, auf die deutsches Erbrecht anzuwenden ist.[157] 105

Zwei Grundkonstellationen sind problematisch:[158] 106

a) Kumulierung von Erb- und Pflichtteilsrecht

Beispiel: Deutscher Erblasser vermacht einem Pflichtteilsberechtigten ein Grundstück in den USA und schließt ihn hinsichtlich des in Deutschland belegenen Nachlasses von der Erbfolge aus. – Fraglich ist, ob der Pflichtteilsberechtigte hier hinsichtlich des deutschen Nachlasses den Pflichtteil geltend machen kann. Entschieden wurde diese Problematik für österreichisches Recht[159] dahin gehend, dass „auch der Wert des dem Kläger zukommenden beweglichen Nachlasses der Erblasserin und dessen rechtliches Schicksal berücksichtigt werden" muss. Letztlich wird wohl eine Gesamtbetrachtungsweise vorzunehmen sein. 107

b) Kollisionsrechtliche Mangelfälle

Beispiel: Ein deutscher Erblasser hinterlässt umfangreichen Immobilienbesitz in den USA. Pflichtteilsanspruch des Abkömmlings? – Diese Frage wird teilweise mit einer entsprechenden Anwendung des § 2325 BGB beantwortet.[160] Eine Klärung durch die Rechtsprechung ist noch nicht erfolgt. 108

3. Geltendmachung des Pflichtteilsrechts. Auch die Art und Weise der Geltendmachung des Pflichtteilsrechts richtet sich nach dem **Erbstatut**.[161] Auch die Verjährung des Anspruchs,[162] sein Erlass sowie der Pflichtteilsverzicht[163] bestimmen sich nach dem Erbstatut. 109

4. Gestaltungsmöglichkeiten. Nachdem das Pflichtteilsrecht mit dem Erbstatut, nach deutscher Sichtweise mit der **Staatsangehörigkeit**, gekoppelt ist, kann durch Rechtswahl grundsätzlich keine Änderung herbeigeführt werden. Dem künftigen Erblasser hilft allenfalls ein Wechsel der Staatsangehörigkeit. Die Anwendung der so „gewählten" Rechtsordnung kann aber wiederum mit dem *ordre public* kollidieren. 110

VII. Qualifikationsprobleme

1. Rechtsnachfolge bei Personengesellschaften.[164] Während sich die Vererbung von Anteilen bei **Kapitalgesellschaften** allein nach dem Erbstatut richtet,[165] sind bei **Personengesellschaften** wegen der persönlichen Bindungen des Gesellschafters an die Gesellschaft Sonderregelungen entwickelt worden.[166] 111

152 *Gruber*, ZEV 2001, 463; *Klingelhöffer*, ZEV 1996, 258 ff; Staudinger/*Dörner*, Art. 25 EGBGB Rn 184 ff, 741 ff.
153 BGH NJW 1993, 1920.
154 FamRZ 1976, 170.
155 MüKo/*Birk*, Art. 25 EGBGB Rn 111.
156 Staudinger/*Dörner*, Art. 25 EGBGB Rn 695.
157 BGH NJW 1993, 1921.
158 Vgl *Klingelhöffer*, ZEV 1996, 259.
159 OGH IPRax 1988, 37 ff.
160 Vgl im Einzelnen *Klingelhöffer*, ZEV 1996, S. 260.
161 Staudinger/*Dörner*, Art. 25 EGBGB Rn 187.
162 BGH FamRZ 1996, 727.
163 BGH NJW 1997, 521.
164 *Jülicher*, Die Britische Limited im Nachlass, ErbBstg 2009, 137; *Reimann*, Nachfolgeplanungen bei internationalen Verschmelzungen, ZEV 2009, 586.
165 MüKo/*Birk*, Art. 25 EGBGB Rn 178.
166 OLG Hamm NJW-RR 1991, 837.

112 Es entspricht ständiger höchstrichterlicher Rechtsprechung, dass die Vererbung eines Anteils an einer Personengesellschaft sich abweichend vom Grundsatz der Universalsukzession im Wege der **Einzelrechtsnachfolge** vollzieht und damit außerhalb des gesamthänderisch gebundenen Nachlasses unmittelbar auf den – oder entsprechend geteilt die – Erben übergeht.[167] Diese in der Rechtsprechung entwickelte **Sondererbfolge** beruht darauf, dass eine Erbengemeinschaft aus spezifisch gesellschaftsrechtlichen Gründen nicht Mitglied einer Personengesellschaft sein kann, die uneingeschränkte Anwendung erbrechtlicher Regelungen daher zu dem nicht hinnehmbaren Ergebnis der generellen Unvererblichkeit eines solchen Anteils führen müsste.[168]

113 Letztlich entscheidet das **Gesellschaftsstatut** über das Fortbestehen der Gesellschaft, dh die Vererblichkeit der Gesellschafterstellung und die mögliche Auflösung der Gesellschaft (zB im deutschen Recht §§ 131 Nr. 4, 138 HGB). Wer tatsächlich **Erbe** geworden ist, entscheidet das **Erbstatut.**

114 **2. Vorzeitiger Erbausgleich des nichtehelichen Kindes.** Der § 1934 d BGB in der Fassung bis zum Inkrafttreten des Erbrechtsgleichstellungsgesetzes am 1.4.1998, ermöglichte es dem nichtehelichen Kind, einen Anspruch auf **vorzeitigen Erbausgleich** geltend zu machen. Die Qualifikation dieses Anspruchs ist umstritten. Während teilweise für die Anwendbarkeit des Nichtehelichenstatuts gemäß Art. 19, 20 bzw das Unterhaltsstatut plädiert wird, hält die hM das Erbstatut (Art. 25) für maßgeblich.[169] Aus deutscher Sicht ist nach der **Übergangsvorschrift des Art. 225** das alte Recht noch in den Fällen zu beachten, in denen der vorzeitige Erbausgleich vor dem 1.4.1998 wirksam vereinbart oder rechtskräftig zugesprochen wurde.[170]

C. Weitere praktische Hinweise

I. Die Ermittlung fremden Rechts[171]

115 **1. Gerichtliche Prüfung.** Führt die Anwendung der deutschen Kollisionsnorm zu einer Verweisung in eine fremde Rechtsordnung, so muss das ausländische Recht (das jeweilige IPR und gegebenenfalls das Sachrecht) ermittelt werden.[172]

116 **a) FamG-Verfahren.** Im FamFG-Verfahren, also insbesondere im Erbscheinsverfahren, gebietet der **Amtsermittlungsgrundsatz,** § 26 FamFG (bislang **§ 12 FGG),** dem Gericht die Ermittlung des fremden Rechts.[173] Kommt in einem Verfahren der Freiwilligen Gerichtsbarkeit die Anwendung ausländischen Rechts in Betracht, steht die **Art und Weise** der Ermittlung seines Inhalts im pflichtgemäßen **Ermessen des Gerichts**.[174]

117 **b) Zivilprozess.** Im Zivilprozess darf dazu das Gericht gemäß **§ 293 ZPO Sachverständigengutachten** in Auftrag geben. Erstellt werden diese in der Regel von Universitätsinstituten für Internationales Recht, wobei insbesondere das Max-Planck-Institut für Internationales Recht der Universität Hamburg über einen großen Fundus an einschlägiger Literatur verfügt. Eine Übersicht über Sachverständige, die Rechtsgutachten über ausländisches und internationales Privatrecht anfertigen, findet sich in der DNotZ 2003, 310 ff (zusammengestellt von *Hetger*). Was die Beratungspraxis anbelangt, ist es gegebenenfalls ratsam, einen Rechtsanwalt oder Notar des betreffenden Staates zu konsultieren, um eine umfassende Regelung treffen zu können.

118 Die Art und Weise der Ermittlung des ausländischen Rechts steht zwar grundsätzlich im **Ermessen des Gerichts**.[175] Es müssen aber alle erreichbaren Erkenntnisquellen ausgeschöpft werden. Ein Gutachten eines wissenschaftlichen Instituts kann aber nicht immer ausreichend sein. Nach § 293 ZPO ist das Gericht nicht nur befugt, sondern verpflichtet, das ausländische Recht zu ermitteln und von den ihm zugänglichen Erkenntnisquellen Gebrauch zu machen.[176] Der Richter hat dabei nicht nur auf die positiven Rechtsnormen abzuheben, sondern auch zu berücksichtigen, wie diese aufgrund der Rechtslehre und der Rechtsprechung in der Wirklichkeit gestaltet sind.[177]

119 Dabei besteht ein Ermessen des Tatrichters, wie er sich die notwendigen Erkenntnisse verschafft.[178] Eventuell sind Rechtsauskünfte ausländischer Behörden einzuholen. Eine Verpflichtung zur Auskunftserteilung ergibt sich gegebenenfalls aus dem **Londoner Europäischen Übereinkommen betreffend Auskünfte über ausländisches Recht** vom 7. Juni 1968.[179]

167 BGHZ 22, 186; 68, 225; 108, 187 = NJW 1989, 3152.
168 BGHZ 22, 186.
169 BGH NJW 1986, 2190.
170 Vgl dazu eingehend *Rohlfing*, Erbrecht in der anwaltlichen Praxis, 2. Aufl. 1999, § 2 Rn 17 ff.
171 *Hüßtege*, IPRax 2002, 292.
172 BGH NJW 1992, 3102; 1988, 648.
173 BGH NJW 1995, 1032; *Bumiller/Harders*, FamFG, 9. Aufl. 2009, § 26 Rn 9.
174 BayObLGR 1998, 80.
175 Vgl BGH IPRax 1993, 87.
176 BGH NJW-RR 2002, 1359.
177 BGH v. 30.1.2001 – XI ZR 357/99 m. Anm. *Hüßtege*, IPRax 2002, 292; BGH NJW 1991, 1418.
178 BGH NJW 1995, 1035; *Sommerlad/Schrey*, NJW 1991, 1377.
179 Abgedruckt bei *Jayme/Hausmann*, Nr. 200.

Kann das ausländische Recht nicht ermittelt werden, hat eine **Ersatzanknüpfung** zu erfolgen. Dabei ist zunächst auf „verwandte Rechtsordnungen" abzustellen. Führt auch dies zu keinem Ergebnis, ist nach hM als *ultima ratio* eigenes Recht anzuwenden.[180] 120

2. Kosten. Soweit eine Beweisaufnahme zur Ermittlung des fremden Rechts notwendig ist, fiel früher auch eine Beweisgebühr (§ 31 Ziff. 3 BRAGO) an.[181] Dies galt aber nicht für Verfahren der Freiwilligen Gerichtsbarkeit. Keine die Beweisgebühr auslösende Beweisanordnung lag vor, wenn das Gericht den Parteien den Nachweis von Rechtssätzen des ausländischen Rechts aufgibt oder Behörden um Mitteilung des Wortlauts bestimmter ausländischer Gesetzesvorschriften ersucht.[182] Mit der Abschaffung der Beweisgebühr durch das Rechtsanwaltsvergütungsgesetz (RVG) haben sich diese Probleme erledigt. Die Verfahrens- und die Terminsgebühr nach Nr. 3100 bzw 3104 VV-RVG decken nunmehr den Aufwand des Anwalts sowohl in bürgerlichen Rechtsstreitigkeiten als auch in Verfahren der freiwilligen Gerichtsbarkeit ab. 121

Die Kosten eines von einer Partei eingeholten Rechtsgutachtens sind in der Regel nicht im Rahmen der §§ 91 ff ZPO erstattungsfähig. Ausnahmen können bestehen, wenn es sich um fremdes Recht (§ 293 ZPO) handelt.[183] 122

3. Haftung des Anwalts. Pflichtverletzungen des Anwalts kommen in dreierlei Hinsicht in Betracht: 123

a) Mitwirkung zur Feststellung des ausländischen Rechts. Soweit das ausländische Recht dem Gericht unbekannt ist, bedarf es nach § 293 ZPO des Beweises. Dabei ist fraglich, ob der Prozessbevollmächtigte zur **Beibringung des ausländischen Rechts** verpflichtet ist.[184] Nach der Rechtsprechung gilt aber insoweit ohne Rücksicht auf die Beweislast der Untersuchungsgrundsatz. Das deutsche Internationale Privatrecht ist von Amts wegen zu beachten, wenn bei der Beurteilung eines Rechtsverhältnisses die Anwendung ausländischen Rechts in Betracht kommt.[185] Übersieht der Anwalt die Komponente „Auslandsberührung" oder macht er Fehler bei der Anwendung der Kollisionsnormen, kann dies zu einer Haftung wegen Schlechterfüllung des Anwaltsvertrages führen.[186] 124

b) Auswahl und Überwachung eines ausländischen Anwalts. Diesbezüglich fehlt es noch an Rechtsprechung. Man wird wohl differenzieren müssen, ob der ausländische Anwalt als Prozessbevollmächtigter auftreten soll oder in sonstiger Weise an der Rechtsberatung mitwirkt.[187] Im ersten Fall darf sich der Anwalt darauf verlassen, dass der Kollege seinen Pflichtenkreis vollständig und mit der notwendigen Sorgfalt übernehmen wird. Nur soweit sich Pflichtverstöße aufdrängen, ist ein Tätigwerden des deutschen Anwalts (zB Hinweis an Mandanten, Abhilfeverlangen etc.) nötig. Im zweiten Fall muss sich der Anwalt Fehler des ausländischen Kollegen gegebenenfalls über § 278 BGB zurechnen lassen. 125

c) Anwendung ausländischen Rechts bei Inlandsfällen. Nach der Rechtsprechung[188] besteht die Pflicht des Anwalts, sich die für die Ausführung des ihm erteilten Auftrags erforderlichen Kenntnisse des ausländischen Rechts zu verschaffen. Der Anwalt kann einer Haftung aber mit einem Hinweis an den Mandanten, dass er die ausländische Materie nicht beherrsche, entgehen.[189] Soweit er sich bereit erklärt, sich die notwendigen Kenntnisse zu verschaffen, muss er dann aber alle objektiv vorhandenen Möglichkeiten (Universitätsbibliotheken etc.) ausnutzen. 126

II. Internationales Verfahrensrecht

Das „Internationale Verfahrensrecht" beschränkt sich auf die Fragen der internationalen **Zuständigkeit** der Gerichte und die **Anerkennung** bzw **Vollstreckung** von Entscheidungen. Ansonsten wenden die Gerichte ihr nationales Verfahrensrecht an. Auch hier sind vorrangig staatsvertragliche Regelungen zu beachten. Auf dem Gebiet des Zivilprozessrechts sind insbesondere die Verordnung (EG) Nr. 44/2001 über die gerichtliche Zuständigkeit und die Anerkennung und Vollstreckung von Entscheidungen in Zivil- und Handelssachen (EuGVVO), das „Brüsseler Übereinkommen über die gerichtliche Zuständigkeit und Vollstreckung gerichtlicher Entscheidungen in Zivil- und Handelssachen" (EuGVÜ) und das „Lugano-Übereinkommen" (LugÜ) von Bedeutung. 127

1. Internationale Zuständigkeit. Bei der internationalen Zuständigkeit der deutschen Gerichte handelt es sich um eine Verfahrensvoraussetzung, die **von Amts wegen** zu prüfen ist.[190] 128

180 BGH NJW 1982, 1216.
181 BGH NJW 1966, 1364; Zöller/*Geimer*, ZPO, § 293 Rn 7.
182 Zöller/*Geimer*, ZPO, § 293 Rn 31.
183 OLG München AnwBl 1993, 289; Zöller/*Geimer*, ZPO, § 293 Rn 7.
184 Vgl dazu *Gruber*, MDR 1998, 1399.
185 BGH NJW 1998, 1321.
186 BGH NJW-RR 2003, 850 = JuS 2003, 921 m. Anm. *Hohloch*.
187 Vgl *Gruber*, MDR 1998, 1400.
188 BGH NJW 1972, 1044; OLG Bamberg MDR 1989, 542.
189 OLG Hamm OLGR 1995, 250.
190 Thomas/Putzo/Hüßtege, § 1 ZPO Vorbem Rn 7.

129 **a) Internationales Zivilprozessrecht.** Grundsätzlich gilt im internationalen Verfahrensrecht, dass, soweit keine vorrangigen staatsvertraglichen Regelungen bestehen, die **örtliche Zuständigkeit** die internationale Zuständigkeit indiziert.

130 **aa) EuGVVO, EuGVÜ.**[191][192] Die EuGVVO und das EuGVÜ finden auf dem „Gebiet des Erbrechts einschließlich des Testamentsrechts" **keine Anwendung**, Art. 1 Abs. 2 Nr. 1 EuGVVO/EuGVÜ. Demnach sind alle Ansprüche des Erben auf und an den Nachlass, Klagen auf Feststellung des Erbrechts sowie die Herausgabeklage des Erben gegen einen Erbprätendenten nicht vom Anwendungsbereich der Übereinkommen erfasst.[193]

131 **bb) Örtliche Zuständigkeit.** Für erbrechtliche Streitigkeiten ergibt sich die örtliche Zuständigkeit und ihr folgend die internationale Zuständigkeit aus **§§ 12, 13 ZPO** bzw dem besonderen Gerichtsstand des Vermögens, **§ 23 ZPO**,[194] bzw dem besonderen Gerichtsstand der Erbfolge nach **§§ 27, 28 ZPO.** Für **Gestaltungsklagen,** wie sie in romanischen Rechtsordnungen, zB auf Herabsetzung oder Teilung, vorgesehen sind, ergibt sich die internationale Zuständigkeit der deutschen Gerichte aus einer **entsprechenden Anwendung** des **§ 27 Abs. 1 ZPO.**[195]

132 **b) Internationales Nachlassverfahrensrecht. aa) Gleichlaufgrundsatz.** Anders als im streitigen Zivilprozess galt für Nachlass- und Teilungssachen (FGG-Verfahren), die vor dem 01.09.2009 eingeleitet worden sind, der strenge Gleichlaufgrundsatz,[196] dh Voraussetzung für ein Tätigwerden der deutschen Nachlassgerichte ist, dass deutsches materielles Erbrecht zur Anwendung gelangt.

133 **bb) Einschränkung des Gleichlaufgrundsatzes, § 2369 BGB.** Eine Einschränkung des strengen Gleichlaufgrundsatzes ergab sich aber wiederum aus § 2369 BGB aF **(sog. Fremdrechtserbscheine).** Diese Vorschrift setzte voraus, dass ein inländischer Gerichtsstand für die Erteilung eines Erbscheins fehlte. Insoweit wurde damit zunächst das Prinzip des strengen Gleichlaufs bestätigt. Andererseits sah § 2369 BGB gerade hierfür eine Ausnahme vor, wenn sich Nachlassgegenstände im Inland befinden.

134 Dabei war ein deutsches Gericht bereits dann zum Tätigwerden verpflichtet, wenn der Antragsteller behauptet, dass Nachlassgegenstände im Inland vorhanden sind. Auch wenn ein gegenständlich beschränkter Erbschein das Vorhandensein eines Inlandsvermögens voraussetzt, bezeugt dieser nicht das Bestehen eines solchen Vermögens, sondern nur die Erbfolge.[197]

135 **cc) Die Neuregelung der internationalen Zuständigkeit nach dem FamFG.** Aus § 105 FamFG ergibt sich der neue Grundsatz, dass die internationale Zuständigkeit aus der örtlichen Zuständigkeit abgeleitet wird,[198] sogenannter Grundsatz der Doppelfunktionalität.[199] Damit wird der ungeschriebenen sog. Gleichlauftheorie, wonach die deutschen Gerichte für Nachlasssachen nur bei Anwendung deutschen Sachrechts zuständig seien, eine Absage erteilt.[200]

136 Für die Beibehaltung des Gleichlaufgrundsatzes lässt sich aber anführen, dass das Recht für die praktische (schnelle, billige) Rechtsdurchsetzung gedacht ist und nicht zur Durchsetzung allgemeiner Strukturen.[201] So wurden auch schon bisher Ausnahmen vom Gleichlaufprinzip zugelassen, wenn ein praktisches Bedürfnis bestand. Auch kann die Neuregelung zu einer Ausweitung der internationalen Zuständigkeit auch auf nicht im Inland befindliche Nachlassgegenstände führen.

Auch weiterhin kann es einen gegenständlich beschränkten Erbschein geben, § 2369 Abs. 1 BGB. Dieser lautet nunmehr:

(1) Gehören zu einer Erbschaft auch Gegenstände, die sich im Ausland befinden, kann der Antrag auf Erteilung eines Erbscheins auf die im Inland befindlichen Gegenstände beschränkt werden.

Das örtlich zuständige Nachlassgericht wird einen Erbschein demnach grundsätzlich auch dann ausstellen, wenn die Rechtsnachfolge von Todes wegen einem ausländischen Recht unterliegt. Der Erbschein beansprucht jetzt, auch wenn fremdes Erbrecht zur Anwendung kommt, weltweite Geltung („Weltrechtserbschein").[202] Die Neufassung des § 2369 Abs. 1 BGB geht davon aus, dass auch nach der Ablösung der „Gleichlauftheorie"

191 Verordnung (EG) Nr. 44/2001 über die gerichtliche Zuständigkeit und die Anerkennung und Vollstreckung von Entscheidungen in Zivil- und Handelssachen (EuGVVO).
192 Brüsseler EWG-Übereinkommen über die gerichtliche Zuständigkeit und die Vollstreckung gerichtlicher Entscheidungen in Zivil- und Handelssachen (EuGVÜ).
193 Staudinger/*Dörner*, Art. 25 EGBGB Rn 774.
194 So auch BGH NJW 1996, 1096 für einen Anspruch auf vorzeitigen Erbausgleich.
195 Vgl OLG Düsseldorf DNotZ 1964, 351; Staudinger/*Dörner*, Art. 25 EGBGB Rn 779.
196 Vgl BayObLG FamRZ 2003, 1994; 2000, 573; 1991, 1237; 1998, 1199; *Riering*, MittBayNot 1999, 519.
197 Vgl MüKo/*Promberger*, § 2353 Rn 18, 22.
198 Kroiß, Das neue Nachlassverfahrensrecht, S. 26; Zimmermann, Die Nachlassachen in der FGG – Reform, FGPrax 2006, 190.
199 Palandt/*Thorn*, Art. 25 EGBGB Rn 18.
200 BT-Drucks. 16/6308 S. 221.
201 *Zimmermann*, Die Nachlasssachen in der FGG-Reform, FGPrax 2006, 189, 190.
202 *Kroiß* ZEV 2009, 493.

für den Erben eines Nachlasses, der im In- und Ausland belegen ist, ein Interesse daran bestehen kann, den Antrag auf Erbscheinserteilung auf den inländischen Nachlass zu beschränken.

Denkbar sind insbesondere Fälle von Nachlassspaltung, in denen die Ermittlung der Erbfolge für den im Ausland belegenen Nachlass nach dem anzuwendenden ausländischen Recht zeitaufwändig ist, während die Rechtslage bezüglich des im Inland befindlichen Nachlasses nach dem anzuwendenden deutschen Recht unproblematisch ist. **137**

Die Beschränkung des Antrags ist künftig auch bei Eigenrechtserbscheinen möglich. Hinterlässt zB ein deutscher Erblasser Nachlassgegenstände im Ausland, kann der Erbscheinsantrag vor dem deutschen Nachlassgericht auf die im Inland befindlichen Gegenstände beschränkt werden, § 2369 Abs. 1 BGB. **138**

Eine Beschränkung sollte vor allem dann beantragt werden, wenn abzusehen ist, dass das Ausland den deutschen Erbschein als Nachweis nicht akzeptiert. Wird die Beschränkung vorgenommen, kann dies zwei Vorteile nach sich ziehen: Zum einen wird die Gerichtsgebühr nur aus dem im Inland belegenen Nachlass berechnet, § 107 Abs. 2 Satz 3 KostO nF[203] Zum anderen werden möglicherweise für den im Ausland belegenen Nachlass erforderliche teure Rechtsgutachten gespart. Diese Kosten gehören zu den Auslagen, die der Antragsteller tragen müsste, § 137 Abs. 1 Nr. 5 KostO. **139**

Insoweit kann auch bei einem Erbschein nach einem deutschen Erblasser, ein Antrag dahin gehend gestellt werden, dass eine Beschränkung auf die im Inland befindlichen Gegenstände erfolgt. Nicht möglich ist es aber, die Geltung des Erbscheins auf bestimmte Gegenstände im Ausland oder nur bestimmte Länder zu erstrecken. Dem steht der eindeutige Wortlaut des § 2369 BGB entgegen.[204] Entsprechendes gilt auch für einen Erbschein, der ausschließlich für auf im Ausland befindliches Vermögen erteilt werden sollte. **140**

Die **örtliche Zuständigkeit** bestimmt sich nach § 343 FamFG: **141**

- **Wohnsitz**: In Nachlasssachen ist in erster Linie das Gericht, in dessen Bezirk der Erblasser seinen letzten Wohnsitz hatte, örtlich zuständig, § 343 Abs. 1 FamFG. Der Begriff des Wohnsitzes bestimmt sich nach den §§ 7–11 BGB. Abzustellen ist dabei auf den Mittelpunkt der gesamten Lebensverhältnisse einer Person.[205] Eine Anmeldung beim Einwohnermeldeamt wird nicht vorausgesetzt. Bei mehreren Wohnsitzen des Erblassers ist das Gericht, das zuerst in der Sache tätig geworden ist, zuständig, § 2 Abs. 1 FamFG. Ein Tätigwerden liegt vor, wenn das Gericht eine sachlich gebotene Verfügung trifft. Allein die Registrierung des eingegangenen Antrags reicht hierfür nicht. § 2 Abs. 1 FamFG übernahm fast wörtlich den § 4 FGG und dabei auch den Inhalt von § 36 Abs. 2 ZPO.
- **Aufenthalt**: Hatte der Erblasser keinen inländischen Wohnsitz, so ist das Gericht örtlich zuständig, in dessen Bezirk der Erblasser seinen Aufenthalt hatte, § 343 Abs. 1 FamFG. Abzustellen ist dabei auf den Ort, an dem sich der Erblasser zum Todeszeitpunkt tatsächlich – auch vorübergehend – befand. Unter Aufenthalt im Sinne des § 343 Abs. 1 FamG ist nicht nur der einem Wohnsitz ähnliche ständige oder gewöhnliche Aufenthalt zu verstehen; vielmehr genügt jegliche tatsächliche Anwesenheit an einem Ort, gleichgültig, ob vorübergehend oder von längerer Dauer.[206]
- **Deutsche mit Wohnsitz und Aufenthalt im Ausland**: Ist der Erblasser Deutscher und hatte er zur Zeit des Erbfalls im Inland weder Wohnsitz noch Aufenthalt, ist das Amtsgericht Schöneberg in Berlin zuständig, § 343 Abs. 2 FamFG. Dabei kann das Amtsgericht Schöneberg die Sache aus wichtigen Gründen an ein anderes Gericht verweisen, § 343 Abs. 2 Satz 2 FamFG.
- **Belegenheit von Nachlassgegenständen**: Ist der Erblasser Ausländer und hatte er zur Zeit des Erbfalls weder Wohnsitz noch Aufenthalt in Deutschland, so ist jedes Gericht, in dessen Bezirk sich Nachlassgegenstände befinden, für alle Nachlassgegenstände zuständig, § 343 Abs. 3 FamFG. Diese Neuregelung enthält nicht mehr die Einschränkung „für alle im Inland befindlichen Nachlassgegenstände", wie sie § 73 Abs. 3 FGG vorsah.

2. Erbscheinsverfahren. Der deutsche Nachlassrichter wendet stets deutsches Verfahrensrecht an (sog. *lex fori*-Grundsatz). Damit gelten die §§ 2353 ff BGB und die §§ 1–110, 342 ff. FamFG. **142**

Bei den zu erteilenden Erbscheinen ist wie folgt zu unterscheiden:

a) Eigenrechtserbschein. Kommt materielles deutsches Erbrecht, sei es über Abs. 1 bei deutscher Staatsangehörigkeit des Erblassers oder kraft Rückverweisung zur Anwendung, so wird ein sog. Eigenrechtserbschein erteilt. **143**

Beispiel: Ein Däne mit Wohnsitz in Deutschland verstirbt. – Das dänische internationale Privatrecht verweist auf das deutsche Recht zurück.[207] Diese Rückverweisung wird gemäß Art. 4 Abs. 1 S. 2 angenommen, womit deutsches Erbrecht maßgeblich ist. Was den Inhalt anbelangt, gelten die üblichen Voraussetzungen, **§ 2353**

203 *Zimmermann* ZEV 2009, 57.
204 So auch *Schaal*, BWNotZ 2007, 157.
205 BayObLGZ 93, 89.
206 BayObLG FamRZ 2003, 937.
207 *Ring/Olsen-Ring*, Rn 945.

BGB. Die Rückverweisung wird in den Erbschein aufgenommen:[208] *„Hiermit wird bezeugt, dass (der Erblasser) von (dem Erben) kraft Rückverweisung des dänischen Rechts nach deutschem Recht allein beerbt worden ist."*

144 **b) Gegenständlich beschränkter Eigenrechtserbschein.** Für die Fallkonstellation des **Art. 3 a Abs. 2** oder aufgrund einer **Nachlassspaltung** im ausländischen IPR kann ein gegenständlich beschränkter Eigenrechtserbschein notwendig sein. Deutsches Recht ist dann nur auf einen Teil des Nachlasses anzuwenden.[209] In diesem Fall ist nach der Neufassung des § 2369 BGB ein Vermerk über die gegenständliche Beschränkung in den Erbschein mit aufzunehmen.[210]

145 **c) Fremdrechtserbschein (gegenständlich beschränkter Erbschein).** Nach § 105 FamFG leitet sich die internationale Zuständigkeit der deutschen Nachlassgerichte von der örtlichen Zuständigkeit ab. Die deutschen Nachlassgerichte können demnach auch dann zur Entscheidung berufen sein, wenn ausländisches materielles Erbrecht zur Anwendung gelangt.

146 **Beispiel:** Ein Österreicher mit letztem Wohnsitz in Deutschland hinterlässt bewegliches Vermögen in Deutschland und ein Grundstück in Österreich. – Die Erbfolge regelt sich nach österreichischem Recht, Art. 25 Abs. 1, da das österreichische IPR ebenfalls auf die Staatsangehörigkeit abstellt. Findet auf einen Erbfall österreichisches Recht Anwendung, so kann ein deutsches Nachlassgericht einen Fremdrechtserbschein grundsätzlich nur dann erteilen, wenn der Erbe eine „Erbserklärung" abgegeben hat und der Nachlass von einem österreichischen Verlassenschaftsgericht „eingeantwortet" ist.[211] Sofern eine so genannte „Verlassenschaftsabhandlung" nicht durchgeführt wird, kann das deutsche Nachlassgericht auf eine „Einantwortung" verzichten und eine Erklärung über die Annahme der Erbschaft entgegennehmen.

147 **Inhalt des Fremdrechtserbscheins**:[212]

- Bezeichnung des Erben;[213]
- territoriale und gegenständliche Beschränkung, falls diese nach § 2369 Abs. 1 BGB beantragt wurde, ohne dass aber die im Inland befindlichen Gegenstände einzeln aufzuzählen sind (ein diesbezüglicher Verstoß macht den Erbschein aber nicht ungültig);
- das Recht, nach dem sich die Erbfolge richtet.[214]

148 **Beispiel:** Ein Österreicher mit letztem Wohnsitz in Deutschland verstirbt unter Hinterlassung von beweglichem Nachlass in Deutschland: *„Es wird bezeugt, dass der am... in... verstorbene..., zuletzt wohnhaft..., aufgrund privatschriftlichen Testaments vom... unter Beschränkung auf die im Inland befindlichen Gegenstände von..., wohnhaft..., in Anwendung österreichischen Rechts* ***allein*** *beerbt worden ist."*

149 Die Frage der **Berücksichtigung ausländischer Rechtsbegriffe in deutschen Erbscheinen** ist umstritten. Das BayObLG hat es abgelehnt, ein nach ausländischem Recht dinglich wirkendes Vermächtnis in einen Erbschein aufzunehmen. *Kegel/Schurig*[215] empfehlen dagegen, wichtige Eigenheiten des ausländischen Erbstatuts, die sich auf die Verfügungsmacht des Erben auswirken, im Erbschein zu vermerken. Das OLG Köln[216] weist darauf hin, dass der Erbschein gemäß § 2353 BGB dem Erben erteilt wird und dessen Erbrecht ausweist. Der Vermächtnisnehmer, dem lediglich einzelne Gegenstände zugewandt werden, sei kein Erbe. Seine Aufnahme in einen Erbschein widerspreche deshalb bereits dem klaren Gesetzeswortlaut. Dies gelte auch, wenn nach ausländischem Erbstatut das Vermächtnis dingliche Wirkung hat.

150 Eine nach ausländischem Recht angeordnete **Testamentsvollstreckung** ist ebenfalls zu vermerken.[217] Auch ist ein gegenständlich beschränktes Testamentsvollstreckerzeugnis möglich, **§§ 2368 Abs. 3, 2369 BGB**.

151 Verfahrensrechtlich bedeutsam ist noch, dass für die Vorlage von Nachweisen gemäß § 2356 BGB ausländische öffentliche Urkunden und eidesstattliche Versicherungen ausreichen.[218]

152 **d) Gemischter Erbschein.** Wird der Erblasser **teilweise nach deutschem und teilweise nach ausländischem** Recht beerbt (zB ein Franzose mit beweglichem und unbeweglichem Vermögen in Deutschland), ist sowohl ein **Eigenrechtserbschein** nach § 2353 BGB als auch ein **Fremdrechtserbschein** nach § 2369 BGB zu erteilen. Diese können in einer Urkunde verbunden werden.[219]

153 **Beispiel:** Ein französischer Erblasser mit letztem Wohnsitz in Paris stirbt unter Hinterlassung seiner Ehefrau und drei gemeinsamen Kindern. Er hinterlässt bewegliches und unbewegliches Vermögen in Deutschland. Es

208 Palandt/*Edenhofer*, § 2353 Rn 5.
209 *Hüßtege*, IPR, S. 91.
210 Palandt/*Edenhofer*, § 2369 Rn 3.
211 BayObLG ZEV 1995, 416.
212 Palandt/*Edenhofer*, § 2369 Rn 10.
213 Kersten/Bühling/*Wähler*, § 126 Rn 41.
214 BGH IPRspr 1976 Nr. 15; BayObLG NJW 2003, 216.
215 *Kegel/Schurig*, § 21 IV.
216 OLG Köln NJW 1983, 525.
217 BGH NJW 1963, 46.
218 Kersten/Bühling/*Wähler*, § 126 Rn 43.
219 BayObLG FamRZ 1971, 259.

kommt zur Nachlassspaltung. Hinsichtlich der Immobilien wird er nach deutschem, hinsichtlich der beweglichen Sachen nach französischem Recht beerbt.

Im Beschwerdeverfahren ist folgende Besonderheit zu beachten:[220] Die **Beschwerdeberechtigung** als Zulässigkeitsvoraussetzungen der Beschwerde ist in einem Erbfall mit Auslandsberührung nach dem deutschen Verfahrensrecht zu beurteilen. Nach dem Erbstatut ist demgegenüber zu beurteilen, ob ein Recht des Beschwerdeführers beeinträchtigt ist. 154 155

3. Anerkennung und Vollstreckung ausländischer Entscheidungen. a) Zivilurteile. Die Anerkennung ausländischer Urteile in streitigen Zivilverfahren richtet sich nach **§ 328 ZPO**. Zwar gehen staatsvertragliche Regelungen dem autonomen Recht vor; zu beachten ist aber, dass die EuGVVO, das EuGVÜ und das Luganer Übereinkommen **nicht** auf das „Gebiet des Erbrechts einschließlich des Testamentsrechts", Art. 1 Abs. 2 Nr. 1 EuGVVO/EuGVÜ, anzuwenden sind. 156

Folgende bilaterale Staatsverträge betreffen Entscheidungen in erbrechtlichen Streitigkeiten: 157
- deutsch-österreichischer Vertrag vom 6.6.1959[221]
- deutsch-italienisches Abkommen vom 9.3.1936[222]
- deutsch-spanischer Vertrag vom 14.11.1983[223]
- deutsch-schweizerisches Abkommen vom 2.11.1929[224]
- deutsch-belgisches Abkommen vom 30.6.1958[225]
- deutsch-britisches Abkommen vom 14.7.1960[226]
- deutsch-griechischer Vertrag vom 4.11.1961[227]
- deutsch-niederländischer Vertrag vom 30.8.1962.[228]

Soweit keiner der genannten Staatsverträge einschlägig ist, bestimmt sich die Anerkennung gerichtlicher Entscheidungen in Erbrechtsstreitigkeiten nach § 328 ZPO. Die **Vollstreckung** ausländischer Urteile im Inland richtet sich nach den **§§ 722, 723 ZPO**, falls kein vorrangiger Staatsvertrag vorhanden ist. 158

b) FamFG-Verfahren. Die Anerkennung aller übrigen Entscheidungen und Akte im **Nachlassverfahren** (zB ausländische Erbscheine, Einantwortungsurkunden, Erbrechtszeugnisse, letters of administration etc.) richtet sich nach den Regeln über die Anerkennung ausländischer Akte der Freiwilligen Gerichtsbarkeit.[229] Ob eine Entscheidung der Freiwilligen Gerichtsbarkeit vorliegt, ist nach deutschen Rechtsvorstellungen zu beurteilen.[230] 159

Bei Erbscheinen beantwortet sich die Frage der Anerkennungsfähigkeit entweder nach staatsvertraglichen Regelungen oder nach §§ 108 ff. FamFG (bislang **§ 16 a FGG**).[231] Die oben (Rn 154) genannten bilateralen Anerkennungs- und Vollstreckungsabkommen finden auf im FamFG-Verfahren ergangenen Entscheidungen mit Fürsorgecharakter grundsätzlich keine Anwendung.[232] 160

Lediglich **österreichische Einantwortungsurkunden** können nach dem „Vertrag zwischen der Bundesrepublik Deutschland und der Republik Österreich über die gegenseitige Anerkennung und Vollstreckung von gerichtlichen Entscheidungen, Vergleichen und öffentlichen Urkunden in Zivil- und Handelssachen" vom 6.6.1959[233] anerkannt werden. An sich wäre zwar die EuGVVO bzw das Luganer Übereinkommen vorrangig,[234] jedoch ist deren Anwendungsbereich nicht eröffnet, so dass in Erbschaftssachen der deutsch-österreichische Vertrag weiter gilt. Die Anerkennung darf aber nach Art. 3 Abs. 2 iVm Art. 3 Abs. 1 des Abkommens versagt werden, wenn das Gericht nach den Regeln seines Internationalen Privatrechts andere Gesetze angewendet hat, als sie nach dem Internationalen Privatrecht des Staates, in dem die Entscheidung geltend gemacht wird, anzuwenden gewesen wären, „es sei denn, dass sie auch bei der Anwendung des Internationalen Privatrechts des Staates, in dem sie geltend gemacht wird [werden], gerechtfertigt wäre[n]", Art. 3 Abs. 2 des Abkommens aE[235] 161

220 BayObLG NJW 1988, 2745.
221 BGBl II 1960 S. 1246; abgedruckt bei *Jayme/Hausmann*, Nr. 95.
222 RGBl II 1937 S. 145; abgedruckt bei *Jayme/Hausmann*, Nr. 93.
223 BGBl II 1987 S. 35; abgedruckt bei *Jayme/Hausmann*, Nr. 99.
224 RGBl II 1930 S. 1066; abgedruckt bei *Jayme/Hausmann*, Nr. 92.
225 BGBl II 1959 S. 766; abgedruckt bei *Jayme/Hausmann*, Nr. 94.
226 BGBl II 1961 S. 301; abgedruckt bei *Jayme/Hausmann*, Nr. 96.
227 BGBl II 1963 S. 109; abgedruckt bei *Jayme/Hausmann*, Nr. 97.
228 BGBl II 1965 S. 27; abgedruckt bei *Jayme/Hausmann*, Nr. 98.
229 MüKo/*Birk*, Art. 25 EGBGB Rn 346.
230 Zöller/*Geimer*, ZPO, § 328 Rn 90.
231 Umstr., dafür: *Kropholler*, IPR, § 51 V 2 c; *Firsching*, DNotZ 1963, 333; dagegen: Zöller/*Geimer*, ZPO, § 328 ZPO Rn 90 a; differenzierend: MüKo/*Birk*, Art. 25 EGBGB Rn 348 ff.
232 Vgl Staudinger/*Dörner*, Art. 25 EGBGB Rn 868.
233 Abgedruckt bei *Jayme/Hausmann*, Nr. 95.
234 Thomas/Putzo/*Hüßtege*, ZPO, § 328 Rn 44.
235 MüKo/*Birk*, Art. 25 EGBGB Rn 354.

162 **§ 109 FamFG (bislang § 16 a FGG)** bestimmt in Anlehnung an **§ 328 ZPO** die **Voraussetzungen für einen Ausschluss der Anerkennung:**

- § 328 Abs. 1 Nr. 1 ZPO/§ 109 Abs. 1 Nr. 1 FamFG/§ 16 a Nr. 1 FGG: internationale Zuständigkeit:[236] Die Kriterien, die für die Entscheidungszuständigkeit der deutschen Gerichte aufgestellt sind, bestimmen spiegelbildlich zugleich die internationale Zuständigkeit des ausländischen Gerichts (sog. Spiegelbildtheorie);
- § 328 Abs. 1 Nr. 2 ZPO/§ 109 Abs. 1 Nr. 2 FamFG/§ 16 a Nr. 2 FGG: fehlendes rechtliches Gehör;
- § 328 Abs. 1 Nr. 3 ZPO/§ 109 Abs. 1 Nr. 3 FamFG/§ 16 a Nr. 3 FGG: entgegenstehende Rechtskraft und anderweitige Rechtshängigkeit;
- § 328 Abs. 1 Nr. 4 ZPO/§ 109 Abs. 1 Nr. 4 FamFG /§ 16 a Nr. 4 FGG: *ordre public*;
- § 328 Abs. 1 Nr. 5 ZPO: Gegenseitigkeit.

163 Das LG München[237] hat die Anerkennungsfähigkeit eines in Frankreich ergangenen Urteils, in dem ein Testament für gültig erklärt wird, ohne dass bestimmte Erbquoten festgelegt wurden, nach § 328 ZPO bejaht. Da die internationale Anerkennungszuständigkeit im Sinne von § 328 Abs. 1 Nr. 1 ZPO der französischen Gerichte gegeben und die Gegenseitigkeit zu Frankreich im Sinne von § 328 Abs. 1 Nr. 5 ZPO verbürgt sei, sei dieses Urteil im Inland anzuerkennen. Aufgrund dieses Urteils könne die Gültigkeit des Testamentes daher nicht mehr infrage gestellt werden. Ein deutsches Nachlassgericht sei durch diese Anerkennung nicht an der Erteilung eines Erbscheins gehindert.

164 Die Anerkennung ausländischer Gerichtsentscheidungen auf dem Gebiet der Freiwilligen Gerichtsbarkeit erfordert **kein besonderes Anerkennungsverfahren.**[238]

165 Trotz Anerkennung eines im Ausland erteilten Erbscheins bzw Testamentsvollstreckerzeugnisses ist das deutsche Nachlassgericht zur Entscheidung daran **nicht gebunden**. So ist zB das international zuständige deutsche Nachlassgericht im Erbscheinsverfahren weder an die Feststellungen, die von einer schweizerischen Nachlassbehörde im Zusammenhang mit einer Testamentseröffnung getroffen wurden, noch an eine Erbbescheinigung gebunden.[239] Kommt das deutsche Gericht zum Ergebnis, dass die ausländische Entscheidung falsch ist, ist es nicht gehindert, einen anders lautenden Erbschein zu erteilen.[240]

166 Auch im **Grundbuchverfahren**[241] gilt, dass selbst ein anerkennungsfähiger Erbschein nicht ausreichend sein kann, um eine Eigentumsübertragung zu bewirken. Soweit nach § 35 Abs. 1 S. 1 GBO der Nachweis der Erbfolge nur durch einen Erbschein geführt werden kann, ist darunter vorbehaltlich zwischenstaatlicher Vereinbarungen, an denen es zB für Israel fehlt, nur ein inländischer Erbschein zu verstehen.[242]

167 Ausländische Erbrechtszeugnisse können aber als Beweismittel für die Entscheidung über einen deutschen Erbschein bzw für die in **§ 2356 Abs. 1, 2 BGB** angesprochenen Angaben dienen.[243]

D. Übersicht: Erbrechtliche Anknüpfungspunkte ausländischer Rechtsordnungen[244]

I. Nachlasseinheit mit Staatsangehörigkeitsprinzip

168
- Afghanistan (Art. 25 ZGB)
- Ägypten (Art. 17 ZGB)
- Algerien (Art. 16 ZGB)
- Angola (Art. 62, 31 ZGB)
- Bulgarien
- China (Nationalchina)
- Finnland
- Griechenland (Art. 28 ZGB)
- Indonesien
- Irak
- Italien
- Japan[245]
- Kongo (Zaire, Art. 10 ZGB)

236 BayObLGZ 2003, 68, 75.
237 IPRax 1998, 117.
238 BGH NJW 1989, 2197.
239 BayObLG NJW-RR 1991, 1098.
240 Palandt/*Edenhofer*, § 2369 Rn 12.
241 *Kaufhold*, ZEV 1997, 399.
242 KG NJW-RR 1997, 1094.
243 MüKo/*Birk*, Art. 25 EGBGB Rn 351; Staudinger/*Dörner*, Art. 25 EGBGB Rn 877.
244 Vgl dazu auch Bamberger/Roth/*S.Lorenz*, Art. 25 EGBGB Rn 83; Staudinger/*Dörner*, Anh. Art. 25 f EGBGB Rn 1 ff.
245 *Nishitani*, IPRax 1998, 74.

- Kroatien (Art. 30 IPRG)
- Kuba
- Kuwait
- Libanon
- Libyen (Art. 17 ZGB)
- Marokko
- Moçambique (Art. 62, 31 ZGB)
- Montenegro
- Niederlande
- Österreich (für Sterbefälle seit dem 1.1.79)[246]
- Philippinen (Art. 16 Civil Code)
- Polen (Art. 34 IPRG)
- Portugal (Art. 62 ZGB)
- Saudi-Arabien
- Schweden
- Senegal (Art. 847 FamGB)
- Serbien
- Slowakei (Art. 17 IPRG)
- Slowenien[247] (Art. 32 IPRG)[248]
- Spanien
- Sudan (Art. 11 Abs. 10 ZGB)
- Südkorea (Art. 26 f ZG)
- Syrien (Art. 18 ZGB)
- Tschechien (Art. 17 IPRG)
- Tunesien (Art. 54 IPRG)
- Ungarn (Art. 36 Abs. 1 GesetzesVO 13/1979)
- Vatikan.

II. Nachlasseinheit mit Wohnsitzprinzip

169

- Brasilien
- Dänemark
- Island
- Israel
- Nicaragua
- Norwegen.

III. Nachlassspaltung mit Staatsangehörigkeitsprinzip (bzgl der Mobilien) und Lagerecht der Immobilien (lex rei sitae)

170

- Volksrepublik China
- Jordanien
- Liechtenstein (Art. 29 IPRG: Heimatrecht, Ausnahme: Verlassenschaftsabhandlung durch liechtensteinisches Gericht)[249]
- Rumänien
- San Marino
- Türkei
- Bolivien
- Österreich (für Sterbefälle bis 31.12.78).

IV. Nachlassspaltung mit Wohnsitz bzw Domizilprinzip bzgl der Mobilien und Lagerecht bzgl der Immobilien

171

- Argentinien
- Australien

246 OLG Köln NJW-RR 1997, 1091.
247 *Rudolf*, IPRax 2003, 161.
248 IPRax 2003, 163.
249 *Süß/Haas*, S. 612.

- Belgien
- Burma
- Frankreich
- Großbritannien
- Irland
- Indien
- Kanada
- Luxemburg
- Monaco
- Mongolei[250]
- Neuseeland
- Pakistan
- Südafrika
- Thailand
- USA (mit Ausnahme von Mississippi: Der dort belegene bewegliche Nachlass wird bei gesetzlicher Erbfolge dem Recht von Mississippi unterstellt).

V. Ständiger Aufenthalt des Erblassers als Anknüpfungskriterium

172 – Litauen.[251]

E. Reformbestrebungen

173 Auf Ebene der Europäischen Union ist eine Vereinheitlichung des Internationalen Erb- und Verfahrensrechts geplant. Dazu existiert ein Grünbuch der EU-Kommission zum Erb- und Testamentsrecht vom 1.3.2005.[252] Im November 2005 kam es zu einer Expertenanhörung im Europäischen Parlament.[253] Am 14.10.2009 wurde der Vorschlag der EU-Kommission für eine Verordnung veröffentlicht,[254] die die internationale Zuständigkeit, das anwendbare Recht, die Anerkennung und Vollstreckung von Entscheidungen und öffentlichen Dokumenten auf dem Gebiet des Erbrechts regelt sowie die Schaffung eines europäischen Erbscheins vorsieht („Rom III-VO").

174 **1. Gewöhnlicher Aufenthalt statt Staatsangehörigkeit.**[255] Die wichtigste Änderung für die Ermittlung des anwendbaren Rechts ergibt sich daraus, dass die Verordnung die Anknüpfung des Erbstatuts an die Staatsangehörigkeit des Erblassers, Art. 25 Abs. 1 EGBGB, beseitigt und an Stelle dessen eine Verweisung auf das am letzten gewöhnlichen Aufenthalt des Erblassers geltende Recht vorsieht, Art. 16 des Vorschlags. Die Verordnung enthält aber keine Definition des gewöhnlichen Aufenthalts.

175 **2. Keine Rück- und Weiterverweisungen.** Art. 4 Abs. 1 EGBGB sieht bislang die Möglichkeit von Rück- und Weiterverweisungen vor. Diese sollen künftig im Erbrecht unbeachtlich sein, Art. 26 des Vorschlags. Der Erblasser hat jedoch die Möglichkeit, durch ausdrückliche Erklärung in Form einer Verfügung von Todes wegen die gesamte Erbfolge dem Recht des Staates zu unterstellen, dem er angehört, Art. 17 des Vorschlags.

176 **3. Rechtswahlfreiheit.**[256] Mit der Anknüpfung an den letzten gewöhnlichen Aufenthalt ist das anzuwendende Erbrecht wandelbar. Das Erbrecht kann im Laufe des Lebens des Erblassers mehrfach wechseln, ohne dass es für die Beteiligten erkennbar ist.[257] Nach der Reform ergäbe sich künftig für die Erbfolge nach einem deutschen Staatsangehörigen, dass dieser nach einem ausländischen Recht beerbt wird, wenn er mit letztem gewöhnlichen Aufenthalt außerhalb Deutschlands verstirbt. Er kann dies nur verhindern, indem er eine ausdrückliche Rechtswahl zugunsten seines deutschen Heimatrechts trifft. Ein Ausländer wird künftig nach deutschem Recht beerbt werden, wenn er mit letztem gewöhnlichem Aufenthalt in Deutschland verstirbt. Eine Rechtswahl nach Art. 25 Abs. 2 EGBGB, die ein Ausländer hinsichtlich deutschen unbeweglichen Vermögen vorgenommen hat, wird nach Inkrafttreten der Verordnung nicht mehr anerkannt werden. Das neue Recht wird sich auf alle Erbfälle erstrecken, die nach Inkrafttreten eingetreten sind. Eine frühere Rechtswahl bleibt wirksam, soweit sie gem. Art. 17 des Vorschlags zulässig ist.

177 **4. Formstatut.** Nach dem Erbstatut richten sich gemäß Art. 19 Abs. 2 lit. K des Vorschlags auch die Gültigkeit, Auslegung, Änderung und der Widerruf einer Verfügung von Todes wegen. Die Frage, nach welchem

250 *Nelle*, IPRax 2003, 380; Text: IPRax 2003, 381.
251 *Ravlusevicius*, IPRax 2003, 272; Text: IPRax 2003, 298.
252 Vgl dazu *Dörner* ZEV 2005, 137; *Jayme* IPRax 2006, 200; *Lehmann*, ZErb 2005, 320; ders. FPR 2008, 203.
253 *Mansel*, RabelsZ 70 (2006), S. 685.
254 KOM (2009) 154 endg.; einsehbar auf der homepage des Deutschen Notarinstituts www.dnoti.de.
255 *Kindler*, IPRax 2010, 46.
256 *Kindler*, IPRax 2010, 49.
257 *Süß*, ZErb 2009, 344.

Recht sich die Formwirksamkeit letztwilliger Verfügungen bestimmt, ist ausdrücklich vom Regelungsbereich der Verordnung ausgenommen, Art. 19 Abs. 2 lit. K des Vorschlags. Maßgeblich ist insoweit das Haager Testamentsabkommen (Übereinkommen über das auf die Form letztwilliger Verfügungen anwendbare Recht vom 5.10.1961).[258]

Für die Frage der materiellen Wirksamkeit von Erbverträgen hält Art. 18 des Vorschlages eine Regelung bereit. Die Beteiligten können einen Erbvertrag dem Recht eines Staates unterstellen, das zumindest einer der Beteiligten hätte wählen können. Weiterhin ungeregelt ist die Formwirksamkeit des Erbvertrages. Insoweit wird auch weiterhin ein Rückgriff auf Art. 26 EGBGB erforderlich sein. **178**

5. Internationale Zuständigkeit.[259] Gemäß Art. 4 des Vorschlags sind die Gerichte des Staates, in dem der Erblasser im Zeitpunkt seines Todes seinen gewöhnlichen Aufenthalt hatte, international zuständig. Diese Verweisung führt bei der gesetzlichen Anknüpfung des Erbstatuts zu einem Gleichlauf von forum und lex.[260] **179**

6. Europäisches Nachlasszeugnis. Kap. VI des Verordnungsentwurfs sieht die Einführung eines europäischen Nachlasszeugnisses vor.[261] Dies soll die Nachlassabwicklung erleichtern. Der Entwurf enthält im Anhang auch ein fünfseitiges Formblatt für die Ausstellung des europäischen Nachlasszeugnisses. Aus diesem ergeben sich Angaben zum Gericht, zum Erblasser, zum Antragsteller, zu den Erben und deren Quoten, zu Vorbehalten bei der Erbschaftsannahme, zu Nachlassgegenständen, die einem bestimmten Erben oder Vermächtnisnehmer zustehen und zur Stellung eines Testamentsvollstreckers bzw eines sonstigen Verwalters. Auch die Verfügungsbefugnisse des Testamentsvollstreckers sollen angegeben werden. Nach Art. 42 des Entwurfs sollen dem Zeugnis nahezu die gleichen Gutglaubenswirkungen wie einem deutschen Erbschein zukommen. **180**

7. Übergangsrecht/Inkrafttreten. Die Verordnung soll etwa ein Jahr nach ihrer Veröffentlichung im Amtsblatt in Kraft treten und dann auf alle Erbfälle, die ab diesem Tag eintreten, anzuwenden sein, Art. 51 des Vorschlags. **181**

EU-ErbrechtsVO (Auszug)

Art. 1 Anwendungsbereich

1. [1]Diese Verordnung findet auf die Rechtsnachfolge von Todes wegen Anwendung. [2]Sie gilt nicht für Steuer- und Zollsachen sowie verwaltungsrechtliche Angelegenheiten.

2. In dieser Verordnung bezeichnet der Ausdruck „Mitgliedstaat“ alle Mitgliedstaaten mit Ausnahme Dänemarks[, des Vereinigten Königreichs und Irlands].

3. Vom Anwendungsbereich dieser Verordnung ausgenommen sind:

(a) Fragen des Personenstands sowie Familienverhältnisse und Beziehungen, die vergleichbare Wirkungen entfalten;

(b) die Rechts-, Geschäfts- und Handlungsfähigkeit natürlicher Personen vorbehaltlich des Artikels 19 Absatz 2 Buchstaben c und d;

(c) die Verschollenheit, die Abwesenheit und der mutmaßliche Tod einer natürlichen Person;

(d) Fragen des Ehegüterrechts sowie des Güterrechts, das auf Verhältnisse anwendbar ist, die mit der Ehe vergleichbare Wirkungen entfalten;

(e) Unterhaltspflichten;

(f) Rechte und Vermögenswerte, die auf andere Weise als durch die Rechtsnachfolge von Todes wegen entstehen oder übertragen werden, wie unentgeltliche Zuwendungen, gemeinschaftliches Eigentum mit Anwartschaft des Übergangs auf den Überlebenden, Rentenpläne, Versicherungsverträge und ähnliche Vereinbarungen vorbehaltlich des Artikels 19 Absatz 2 Buchstabe j;

(g) Fragen des Gesellschaftsrechts wie Klauseln im Errichtungsakt oder in der Satzung einer Gesellschaft, eines Vereins oder einer juristischen Person, die das Schicksal der Anteile verstorbener Gesellschafter beziehungsweise Mitglieder regeln;

(h) die Auflösung, das Erlöschen und die Verschmelzung von Gesellschaften, Vereinen und juristischen Personen;

(i) die Errichtung, Funktionsweise und Auflösung eines Trusts;

(j) die Art der dinglichen Rechte an einem Gegenstand und die Publizität dieser Rechte.

258 Vgl Kommentierung zu Art. 26 EGBGB.
259 *Kindler*, IPRax 2010, 45.
260 *Süß*, ZErb 2009, 346.
261 *Süß*, ZErb 2009, 347.

Art. 4 Allgemeine Zuständigkeit

Für erbrechtliche Entscheidungen sind vorbehaltlich der Bestimmungen dieser Verordnung die Gerichte des Mitgliedstaats zuständig, in dessen Hoheitsgebiet der Erblasser im Zeitpunkt seines Todes seinen gewöhnlichen Aufenthalt hatte.

Art. 5 Verweisung an ein zur Beurteilung des Falls geeigneteres Gericht

1. Hat der Erblasser als Erbstatut das Recht eines Mitgliedstaats gemäß Artikel 17 gewählt, kann das nach Artikel 4 befasste Gericht auf Antrag einer Partei und wenn nach seinem Dafürhalten die Gerichte des Mitgliedstaats, dessen Recht der Erblasser gewählt hat, die Erbsache besser beurteilen können, das Verfahren aussetzen und die Parteien auffordern, die Gerichte des betreffenden Mitgliedstaats anzurufen.

2. [1]Das nach Artikel 4 zuständige Gericht setzt eine Frist, innerhalb deren die Gerichte des Mitgliedstaats, dessen Recht der Erblasser gewählt hat, gemäß Absatz 1 anzurufen sind. [2]Werden die Gerichte innerhalb dieser Frist nicht angerufen, so bleibt das befasste Gericht zuständig.

3. [1]Die Gerichte des Mitgliedstaats, dessen Recht der Erblasser gewählt hat, erklären sich spätestens acht Wochen, nachdem sie gemäß Absatz 2 angerufen wurden, für zuständig. [2]Daraufhin erklärt sich das zuerst angerufene Gericht unverzüglich für unzuständig. [3]Anderenfalls bleibt das zuerst angerufene Gericht zuständig.

Art. 16 Allgemeine Kollisionsnorm

Sofern diese Verordnung nichts anderes bestimmt, unterliegt die gesamte Rechtsnachfolge von Todes wegen dem Recht des Staates, in dem der Erblasser im Zeitpunkt seines Todes seinen gewöhnlichen Aufenthalt hatte.

Art. 17 Freie Rechtswahl

1. Eine Person kann die Rechtsnachfolge in ihren gesamten Nachlass dem Recht des Staates unterwerfen, dessen Staatsangehörigkeit sie besitzt.

2. Die Wahl des auf die Rechtsnachfolge anzuwendenden Rechts muss ausdrücklich im Wege einer Erklärung erfolgen, die den Formerfordernissen einer Verfügung von Todes wegen entspricht.

3. Das Zustandekommen und die materielle Wirksamkeit der Rechtswahl unterliegen dem gewählten Recht.

4. Die Änderung oder der Widerruf einer solchen Rechtswahl durch ihren Urheber muss den Formvorschriften für die Änderung oder den Widerruf einer Verfügung von Todes wegen entsprechen.

Art. 18 Erbverträge

1. [1]Ein Erbvertrag, der den Nachlass einer einzigen Person betrifft, unterliegt dem Recht, das auf die Rechtsnachfolge dieser Person anwendbar gewesen wäre, wenn sie an dem Tag verstorben wäre, an dem der Erbvertrag errichtet worden ist. [2]Ist der Erbvertrag nach diesem Recht unwirksam, so wird er dennoch als wirksam angesehen, wenn er nach dem Recht wirksam ist, das im Zeitpunkt des Todes nach dieser Verordnung auf die Rechtsnachfolge anzuwenden ist. [3]Der Erbvertrag unterliegt dann diesem Recht.

2. [1]Ein Erbvertrag, der den Nachlass mehrerer Personen betrifft, ist nur dann materiell wirksam, wenn er nach dem Recht als wirksam gilt, das nach Maßgabe von Artikel 16 auf die Rechtsnachfolge einer der beteiligten Personen anwendbar gewesen wäre, wenn sie an dem Tag verstorben wäre, an dem der Erbvertrag errichtet worden ist. [2]Ist der Erbvertrag nach Maßgabe des auf die Rechtsnachfolge einer einzigen dieser Personen anzuwendenden Rechts wirksam, findet dieses Recht Anwendung. [3]Ist der Erbvertrag nach Maßgabe des auf die Rechtsnachfolge mehrerer dieser Personen anzuwendenden Rechts wirksam, unterliegt der Erbvertrag dem Recht, zu dem er die engste Verbindung aufweist.

3. Die Parteien können ihren Erbvertrag dem Recht unterwerfen, das die Person oder eine der Personen, deren Nachlass betroffen ist, nach Artikel 17 hätte wählen können.

4. Die Anwendung des in diesem Artikel vorgesehenen Rechts steht den Ansprüchen einer Person nicht entgegen, die nicht Partei des Erbvertrags ist und der nach dem gemäß Artikel 16 oder gemäß Artikel 17 bezeichneten Recht ein Pflichtteilsanspruch oder ein anderer Anspruch zusteht, der ihr von der Person, deren Nachlass betroffen ist, nicht aberkannt werden kann.

Art. 19 Regelungsbereich des anzuwendenden Rechts

1. Dem nach Kapitel III bezeichneten Recht unterliegt die gesamte Rechtsnachfolge von Todes wegen vom Eintritt des Erbfalls bis zum endgültigen Übergang des Nachlasses auf die Berechtigten.

2. Diesem Recht unterliegen insbesondere:

(a) die Gründe für den Eintritt des Erbfalls sowie Zeitpunkt und Ort;

(b) die Berufung der Erben oder Vermächtnisnehmer einschließlich der Nachlassansprüche des überlebenden Ehegatten, die Bestimmung der Nachlassquoten dieser Personen, die ihnen vom Erblasser auferlegten Pflichten sowie sonstige Rechte auf den Nachlass, die mit dem Tod entstanden sind;

(c) die Erbfähigkeit;

(d) die besonderen Erbunfähigkeitsgründe;

(e) die Enterbung und die Erbunwürdigkeit;

(f) die Übertragung der Nachlassgüter auf die Erben und Vermächtnisnehmer einschließlich der Bedingungen für die Annahme oder Ausschlagung der Erbschaft oder des Vermächtnisses und deren Wirkungen;

(g) die Rechte der Erben, Testamentsvollstrecker und anderer Nachlassverwalter, insbesondere zur Veräußerung der Güter und Befriedigung der Gläubiger;

(h) die Haftung für Nachlassverbindlichkeiten;

(i) der frei verfügbare Teil des Nachlasses, die Pflichtteile und andere Beschränkungen der Testierfreiheit einschließlich Zuteilungen aus dem Nachlass durch ein Gericht oder eine andere Behörde zugunsten von Personen, die dem Erblasser nahe stehen;

(j) die Ausgleichung und Anrechnung unentgeltlicher Zuwendungen bei der Bestimmung der Anteile von Erben oder Vermächtnisnehmern;

(k) die Gültigkeit, Auslegung, Änderung und der Widerruf einer Verfügung von Todes wegen mit Ausnahme ihrer Formgültigkeit;

(l) die Verteilung des Nachlasses.

Art. 20 Formgültigkeit der Annahme oder Ausschlagung einer Erbschaft oder eines Vermächtnisses

Unbeschadet des Artikels 19 ist die Annahme oder Ausschlagung einer Erbschaft oder eines Vermächtnisses oder eine Erklärung zur Begrenzung der Haftung des Erben oder Vermächtnisnehmers gültig, wenn die gesetzlichen Voraussetzungen des Staates, in dem der Erbe oder Vermächtnisnehmer seinen gewöhnlichen Aufenthalt hat, eingehalten wurden.

Art. 21 Anwendung des Belegenheitsrechts

1. Das auf die Rechtsnachfolge von Todes wegen anzuwendende Recht steht der Anwendung des Rechts des Mitgliedstaats, in dem Nachlassgüter belegen sind, nicht entgegen, soweit dieses Recht für die Annahme oder Ausschlagung einer Erbschaft oder eines Vermächtnisses Formvorschriften vorschreibt, die im Anschluss an die Formvorschriften zu erfüllen sind, die das auf die Rechtsnachfolge von Todes wegen anzuwendende Recht vorschreibt.

2. Das auf die Rechtsnachfolge von Todes wegen anzuwendende Recht steht der Anwendung des Rechts des Mitgliedstaats, in dem Nachlassgüter belegen sind, nicht entgegen, soweit dieses Recht

(a) die Verwaltung und Abwicklung des Nachlasses von der Bestellung eines Verwalters oder Testamentsvollstreckers durch eine Behörde dieses Mitgliedstaats abhängig macht; das auf die Rechtsnachfolge anzuwendende Recht bestimmt die Personen wie Erben, Vermächtnisnehmer, Testa-

mentsvollstrecker oder Verwalter, die mit der Verwaltung und Abwicklung des Nachlasses betraut werden können;

(b) den endgültigen Übergang des Nachlasses auf die Berechtigten von der vorherigen Entrichtung der Erbschaftsteuern abhängig macht.

Kapitel VI
Europäisches Nachlasszeugnis

Art. 36 Einführung eines Europäischen Nachlasszeugnisses

1. [1]Mit dieser Verordnung wird ein Europäisches Nachlasszeugnis eingeführt, das als Nachweis der Stellung als Erbe oder Vermächtnisnehmer und der Befugnisse als Testamentsvollstrecker oder Fremdverwalter gilt. [2]Das Europäische Nachlasszeugnis wird von der nach Maßgabe dieses Kapitels zuständigen Behörde im Einklang mit dem gemäß Kapitel III anzuwendenden Erbstatut erteilt.

2. [1]Die Verwendung des Europäischen Nachlasszeugnisses ist nicht verbindlich. [2]Das Europäische Nachlasszeugnis tritt nicht an die Stelle der innerstaatlichen Verfahren. [3]Die Wirkungen des Europäischen Nachlasszeugnisses werden jedoch auch in dem Mitgliedstaat anerkannt, dessen Behörden das Zeugnis nach Maßgabe dieses Kapitels erteilt haben.

Art. 37 Zuständigkeit für die Erteilung des Europäischen Nachlasszeugnisses

1. Das Europäische Nachlasszeugnis wird auf Antrag jeder Person erteilt, die verpflichtet ist, die Stellung als Erbe oder Vermächtnisnehmer und die Befugnisse als Testamentsvollstrecker oder Fremdverwalter nachzuweisen.

2. Das Europäische Nachlasszeugnis wird von dem zuständigen Gericht des Mitgliedstaats ausgestellt, dessen Gerichte gemäß den Artikeln 4, 5 und 6 zuständig sind.

Art. 38 Inhalt des Antrags

1. Die Person, die die Erteilung eines Europäischen Nachlasszeugnisses beantragt, teilt, soweit ihr bekannt, anhand des Formblatts in Anhang I Folgendes mit:

(a) Angaben zum Erblasser: Name, Vorname(n), Geschlecht, Personenstand, Staatsangehörigkeit, Personenkennziffer (sofern vorhanden), Anschrift des letzten gewöhnlichen Aufenthalts, Todesort und -zeitpunkt;

(b) Angaben zum Antragsteller: Name, Vorname(n), Geschlecht, Staatsangehörigkeit, Personenkennziffer (sofern vorhanden), Anschrift, Verwandschafts- oder Schwägerschaftsverhältnis zum Erblasser;

(c) die sachlichen oder rechtlichen Umstände, die den Anspruch auf den Nachlass und/oder das Recht zur Nachlassverwaltung und/oder Testamentsvollstreckung begründen; hat der Antragsteller Kenntnis von einer Verfügung von Todes wegen, ist dem Antrag eine Kopie dieser Verfügung beizufügen;

(d) ob sie an die Stelle anderer Erben oder Vermächtnisnehmer tritt und wenn ja, den Nachweis ihres Todes oder des Umstands, der sie daran gehindert hat, die Rechtsnachfolge anzutreten;

(e) ob der Erblasser einen Ehevertrag geschlossen hatte; wenn ja, ist dem Antrag eine Kopie des Ehevertrags beizufügen;

(f) ob sie Kenntnis von einer Erbschaftsanfechtung hat.

2. [1]Der Antragsteller muss die Richtigkeit der Angaben anhand von Urkunden nachweisen. [2]Können die Urkunden nicht oder nur mit unverhältnismäßigem Aufwand vorgelegt werden, sind andere Beweismittel zulässig.

3. [1]Das zuständige Gericht trifft geeignete Maßnahmen, um sich von der Richtigkeit der abgegebenen Erklärungen zu überzeugen. [2]Das Gericht verlangt die Abgabe dieser Erklärungen unter Eid, wenn dies nach seinem innerstaatlichen Recht zulässig ist.

Art. 41 Inhalt des Nachlasszeugnisses

1. Das Europäische Nachlasszeugnis wird unter Verwendung des Formblatts in Anhang II erteilt.

2. Das Europäische Nachlasszeugnis enthält folgende Angaben:

(a) das ausstellende Gericht, die sachlichen und rechtlichen Gründe, aus denen das Gericht seine Zuständigkeit für die Erteilung des Nachlasszeugnisses herleitet, sowie das Ausstellungsdatum;

(b) Angaben zum Erblasser: Name, Vorname(n), Geschlecht, Personenstand, Staatsangehörigkeit, Personenkennziffer (sofern vorhanden), Anschrift des letzten gewöhnlichen Aufenthalts, Todesort und -zeitpunkt;

(c) etwaige Eheverträge des Erblassers;

(d) das nach dieser Verordnung auf die Rechtsnachfolge anzuwendende Recht sowie die tatsächlichen und rechtlichen Umstände, auf deren Grundlage das anzuwendende Recht bestimmt wurde;

(e) die sachlichen und rechtlichen Umstände, aus denen sich die Ansprüche und/oder Befugnisse der Erben, Vermächtnisnehmer, Testamentsvollstrecker oder Fremdverwalter herleiten: gesetzliche und/oder testamentarische und/oder erbvertragliche Erbfolge;

(f) Angaben zum Antragsteller: Name, Vorname(n), Geschlecht, Staatsangehörigkeit, Personenkennziffer (sofern vorhanden), Anschrift, Verwandschafts- oder Schwägerschaftsverhältnis zum Erblasser;

(g) gegebenenfalls für jeden Erben die Art der Annahme der Erbschaft;

(h) bei mehreren Erben die Erbquote jedes Erben und gegebenenfalls das Verzeichnis der Nachlassgüter, die einem bestimmten Erben zustehen;

(i) das Verzeichnis der Nachlassgüter, die den Vermächtnisnehmern nach dem auf die Rechtsnachfolge anzuwendenden Recht zustehen;

(j) die erbrechtlichen Beschränkungen nach dem gemäß Kapitel III und/oder letztwilliger oder erbvertraglicher Bestimmungen auf die Rechtsnachfolge anzuwendenden Recht;

(k) das Verzeichnis der Handlungen, die der Erbe, Vermächtnisnehmer, Testamentsvollstrecker und/oder Verwalter nach dem auf die Rechtsnachfolge anzuwendenden Recht an den Nachlassgütern vornehmen kann.

ANHANG I ANTRAG NACH ARTIKEL 38 DER VERORDNUNG ANTRAG AUF ERTEILUNG EINES EUROPÄISCHEN NACHLASSZEUGNISSES

(Artikel 36 ff. der Verordnung […] des Europäischen Parlaments und des Rates über die Rechtsnachfolge von Todes wegen[262]

1. Mitgliedstaat

BE □ BG □ CZ □ DE □ EE □ [IE □] EL □ ES □ FR □ IT □ CY □ LV □ LT □ LU □ HU □ MT □ NL □ AT □ PL □ PT □ RO □SI □ SK □ FI □ SE □ [UK □]

2. Angaben zum Erblasser

2.1. Name:

2.2. Vorname(n):

2.3. Geschlecht:

2.4. Personenstand:

2.5. Staatsangehörigkeit:

2.6. Personenkennziffer*:

2.7. Todestag:

2.8. Todesort:

Anschrift des letzten gewöhnlichen Aufenthalts:

2.9. Straße und Hausnummer/Postfach:

2.10. Ort und Postleitzahl:

2.11. Land:

262 ABl. L […].

3. Angaben zum Antragsteller

3.1. Name:

3.2. Vorname(n):

3.3. Geschlecht:

3.4. Staatsangehörigkeit:

3.5. Personenkennziffer*:

3.6. Straße und Hausnummer/Postfach:

3.7. Ort und Postleitzahl:

3.8. Tel.:

3.9. E-Mail:

3.10. Verhältnis zum Erblasser - verwandt oder verschwägert*:

***falls zutreffend**

4. Zusatzangaben:

4.1. Sachliche oder rechtliche Umstände, die einen Nachlassanspruch belegen:

4.2. Sachliche oder rechtliche Umstände, die die Befugnis zur Testamentsvollstreckung und/oder Verwaltung des Nachlasses belegen:

4.3. Hat der Erblasser eine oder mehrere Verfügungen von Todes wegen hinterlassen? ja □ nein □

Wenn ja, fügen Sie bitte die Verfügung(en) bei.*

4.4. Hatte der Erblasser einen Ehevertrag geschlossen? ja □ nein □

Wenn ja, fügen Sie bitte den Ehevertrag bei.*

4.5. Treten Sie an die Stelle eines anderen Erben oder Vermächtnisnehmers? ja □ nein □

Wenn ja, fügen Sie bitte einen Nachweis über den Tod dieser Person bei oder einen Nachweis über das Ereignis, das diese Person daran hindert, das Erbe oder das Vermächtnis anzutreten.*

4.6. Haben Sie Kenntnis von einer Erbschaftsanfechtung? ja □ nein □

Wenn ja, teilen Sie hierzu bitte Näheres mit.*

4.7. Fügen Sie dem Antrag bitte ein Verzeichnis aller Personen bei, die dem Erblasser nahe standen, mit folgenden Angaben: Namen, Vorname(n), Art des Verhältnisses zum Erblasser, Geburtsdatum, Staatsangehörigkeit und Anschrift.

***Fügen Sie nach Möglichkeit Urkunden oder beglaubigte Abschriften bei.**

Ich erkläre, dass mir nichts bekannt ist, was der Richtigkeit der vorstehenden Angaben entgegen steht.*

Datum:

Unterschrift:

***Artikel 38 Absatz 3, falls die Erklärungen unter Eid abgegeben werden.**

Art. 26 EGBGB Verfügungen von Todes wegen

(1) [1]Eine letztwillige Verfügung ist, auch wenn sie von mehreren Personen in derselben Urkunde errichtet wird, hinsichtlich ihrer Form gültig, wenn diese den Formerfordernissen entspricht

1. **des Rechts eines Staates, dem der Erblasser ungeachtet des Artikels 5 Abs. 1 im Zeitpunkt, in dem er letztwillig verfügt hat, oder im Zeitpunkt seines Todes angehörte,**
2. **des Rechts des Ortes, an dem der Erblasser letztwillig verfügt hat,**
3. **des Rechts eines Ortes, an dem der Erblasser im Zeitpunkt, in dem er letztwillig verfügt hat, oder im Zeitpunkt seines Todes seinen Wohnsitz oder gewöhnlichen Aufenthalt hatte,**
4. **des Rechts des Ortes, an dem sich unbewegliches Vermögen befindet, soweit es sich um dieses handelt, oder**
5. **des Rechts, das auf die Rechtsnachfolge von Todes wegen anzuwenden ist oder im Zeitpunkt der Verfügung anzuwenden wäre.**

[2]Ob der Erblasser an einem bestimmten Ort einen Wohnsitz hatte, regelt das an diesem Ort geltende Recht.

(2) [1]Absatz 1 ist auch auf letztwillige Verfügungen anzuwenden, durch die eine frühere letztwillige Verfügung widerrufen wird. [2]Der Widerruf ist hinsichtlich seiner Form auch dann gültig, wenn diese

einer der Rechtsordnungen entspricht, nach denen die widerrufene letztwillige Verfügung gemäß Absatz 1 gültig war.

(3) [1]Die Vorschriften, welche die für letztwillige Verfügungen zugelassenen Formen mit Beziehung auf das Alter, die Staatsangehörigkeit oder andere persönliche Eigenschaften des Erblassers beschränken, werden als zur Form gehörend angesehen. [2]Das gleiche gilt für Eigenschaften, welche die für die Gültigkeit einer letztwilligen Verfügung erforderlichen Zeugen besitzen müssen.

(4) Die Absätze 1 bis 3 gelten für andere Verfügungen von Todes wegen entsprechend.

(5) [1]Im übrigen unterliegen die Gültigkeit der Errichtung einer Verfügung von Todes wegen und die Bindung an sie dem Recht, das im Zeitpunkt der Verfügung auf die Rechtsnachfolge von Todes wegen anzuwenden wäre. [2]Die einmal erlangte Testierfähigkeit wird durch Erwerb oder Verlust der Rechtsstellung als Deutscher nicht beeinträchtigt.

Haager Übereinkommen über das auf die Form letztwilliger Verfügungen anzuwendende Recht vom 5.10.1961[1]

HaagerTestÜbk Art. 1 [Anknüpfung]

Eine letztwillige Verfügung ist hinsichtlich ihrer Form gültig, wenn diese dem innerstaatlichen Recht entspricht:

a) des Ortes, an dem der Erblasser letztwillig verfügt hat, oder
b) eines Staates, dessen Staatsangehörigkeit der Erblasser im Zeitpunkt, in dem er letztwillig verfügt hat, oder im Zeitpunkt seines Todes besessen hat, oder
c) eines Ortes, an dem der Erblasser im Zeitpunkt, in dem er letztwillig verfügt hat, oder im Zeitpunkt seines Todes seinen Wohnsitz gehabt hat, oder
d) des Ortes, an dem der Erblasser im Zeitpunkt, in dem er letztwillig verfügt hat, oder im Zeitpunkt seines Todes seinen gewöhnlichen Aufenthalt gehabt hat, oder
e) soweit es sich um unbewegliches Vermögen handelt, des Ortes, an dem sich dieses befindet.

Ist die Rechtsordnung, die aufgrund der Staatsangehörigkeit anzuwenden ist, nicht vereinheitlicht, so wird für den Bereich dieses Übereinkommens das anzuwendende Recht durch die innerhalb dieser Rechtsordnung geltenden Vorschriften, mangels solcher Vorschriften durch die engste Bindung bestimmt, die der Erblasser zu einer der Teilrechtsordnungen gehabt hat, aus denen sich die Rechtsordnung zusammensetzt.
Die Frage, ob der Erblasser an einem bestimmten Ort einen Wohnsitz gehabt hat, wird durch das an diesem Orte geltende Recht geregelt.

HaagerTestÜbk Art. 2 [Widerruf letztwilliger Verfügungen]

Artikel 1 ist auch auf letztwillige Verfügungen anzuwenden, durch die eine frühere letztwillige Verfügung widerrufen wird.
Der Widerruf ist hinsichtlich seiner Form auch dann gültig, wenn diese einer der Rechtsordnungen entspricht, nach denen die widerrufene letztwillige Verfügung gemäß Artikel 1 gültig gewesen ist.

HaagerTestÜbk Art. 3 [Bestehende Formvorschriften der Vertragsstaaten]

Dieses Übereinkommen berührt bestehende oder künftige Vorschriften der Vertragsstaaten nicht, wodurch letztwillige Verfügungen anerkannt werden, die der Form nach entsprechend einer in den vorangehenden Artikeln nicht vorgesehenen Rechtsordnungen errichtet worden sind.

1 BGBl II 1965 S. 1145 – Übersetzung; authentisch ist allein der französische Text.

HaagerTestÜbk Art. 4 [Anwendung auf gemeinschaftliche Testamente]

Dieses Übereinkommen ist auf die Form letztwilliger Verfügungen anzuwenden, die zwei oder mehrere Personen in derselben Urkunde errichtet haben.

HaagerTestÜbk Art. 5 [Zur Form gehörig]

[1]Für den Bereich dieses Übereinkommens werden die Vorschriften, welche die für letztwillige Verfügungen zugelassenen Formen mit Beziehung auf das Alter, die Staatsangehörigkeit oder andere persönliche Eigenschaften des Erblassers beschränken, als zur Form gehörend angesehen. [2]Das gleiche gilt für Eigenschaften, welche die für die Gültigkeit einer letztwilligen Verfügung erforderlichen Zeugen besitzen müssen.

HaagerTestÜbk Art. 6 [Allseitige Anwendung des Übereinkommens]

[1]Die Anwendung der in diesem Übereinkommen aufgestellten Regeln über das anzuwendende Recht hängt nicht von der Gegenseitigkeit ab. [2]Das Übereinkommen ist auch dann anzuwenden, wenn die Beteiligten nicht Staatsangehörige eines Vertragsstaates sind oder das aufgrund der vorangehenden Artikel anzuwendende Recht nicht das eines Vertragsstaates ist.

HaagerTestÜbk Art. 7 [Ordre-public-Klausel]

Die Anwendung eines durch dieses Übereinkommen für maßgebend erklärten Rechtes darf nur abgelehnt werden, wenn sie mit der öffentlichen Ordnung offensichtlich unvereinbar ist.

HaagerTestÜbk Art. 8 [Intertemporale Regelung]

Dieses Übereinkommen ist in allen Fällen anzuwenden, in denen der Erblasser nach dem Inkrafttreten des Übereinkommens gestorben ist.

HaagerTestÜbk Art. 9 [Vorbehalt bezüglich der Bestimmung des Wohnsitzrechtes]

Jeder Vertragsstaat kann sich, abweichend von Artikel 1 Abs. 3, das Recht vorbehalten, den Ort, an dem der Erblasser seinen Wohnsitz gehabt hat, nach dem am Gerichtsort geltenden Rechte zu bestimmen.

HaagerTestÜbk Art. 10 [Vorbehalt bezüglich mündlicher Testamente]

Jeder Vertragsstaat kann sich das Recht vorbehalten, letztwillige Verfügung nicht anzuerkennen, die einer seiner Staatsangehörigen, der keine andere Staatsangehörigkeit besaß, ausgenommen den Fall außergewöhnlicher Umstände, in mündlicher Form errichtet hat.

HaagerTestÜbk Art. 11 [Vorbehalt bezüglich bestimmter Formen]

Jeder Vertragsstaat kann sich das Recht vorbehalten, bestimmte Formen im Ausland errichteter letztwilliger Verfügungen aufgrund der einschlägigen Vorschriften seines Rechtes nicht anzuerkennen, wenn sämtliche der folgenden Voraussetzungen erfüllt sind:

a) die letztwillige Verfügung ist hinsichtlich ihrer Form nur nach einem Rechte gültig, das ausschließlich aufgrund des Ortes anzuwenden ist, an dem der Erblasser sie errichtet hat,

b) der Erblasser war Staatsangehöriger des Staates, der den Vorbehalt erklärt hat,

c) der Erblasser hatte in diesem Staate einen Wohnsitz oder seinen gewöhnlichen Aufenthalt und
d) der Erblasser ist in einem anderen Staate gestorben als in dem, wo er letztwillig verfügt hatte.

Dieser Vorbehalt ist nur für das Vermögen wirksam, das sich in dem Staate befindet, der den Vorbehalt erklärt hat.

HaagerTestÜbk Art. 12 [Vorbehalt bezüglich Anordnungen nicht erbrechtlicher Art]

Jeder Vertragsstaat kann sich das Recht vorbehalten, die Anwendung dieses Übereinkommens auf Anordnungen in einer letztwilligen Verfügung auszuschließen, die nach seinem Rechte nicht erbrechtlicher Art sind.

HaagerTestÜbk Art. 13 [Zeitlicher Vorbehalt]

Jeder Vertragsstaat kann sich, abweichend von Artikel 8, das Recht vorbehalten, dieses Übereinkommen nur auf letztwillige Verfügungen anzuwenden, die nach dessen Inkrafttreten errichtet worden sind.

HaagerTestÜbK Art. 14–20 (nicht abgedruckt)

Literatur: Siehe bei Art. 25 EGBGB.

A. Allgemeines

Liegt eine letztwillige Verfügung vor, ist die Formwirksamkeit als **Teilfrage** gesondert anzuknüpfen.[2] **1**
Art. 26 regelt die Frage, welche Formvorschriften für die Errichtung einer letztwilligen Verfügung maßgeblich sind. Dabei ist die Gültigkeit alternativ nach einer Reihe von Rechtsordnungen zu beurteilen, Abs. 1 Nr. 1–5. Umstritten ist, ob Art. 26 vom **Haager Übereinkommen über das auf die Form letztwilliger Verfügungen**

2 *Osterloh-Konrad* ErbR 2008, 78.

anzuwendende Recht vom 5.10.1961[3] **(HaagerTestÜbK)** verdrängt wird. Was Abs. 1–3 anbelangt, kann dies offen bleiben, da diese Vorschriften inhaltsgleich mit der staatsvertraglichen Regelung sind. Allerdings enthalten die Abs. 4 und 5 darüber hinausgehende Regelungen.

2 Die Rechtsprechung[4] und die hM im Schrifttum[5] gehen im Hinblick auf Art. 3 Abs. 2 vom **Vorrang des Staatsvertrages** aus, so dass nur die Abs. 4 und 5 unmittelbare Anwendung finden. Die Kollisionsregeln haben das gemeinsame Ziel, dass der Wille des Erblassers nicht an Formfragen scheitern soll. Die Gültigkeit kann sich alternativ aus einer Reihe von Rechtsordnungen ergeben, Art. 1 Abs. 1 HaagerTestÜbK bzw Art. 26 Abs. 1 Nr. 1–5. Durch die alternativen Anknüpfungsmöglichkeiten des HaagerTestÜbK und des Art. 26 gelangt man regelmäßig zu einer formwirksamen letztwilligen Verfügung. Das Testament muss lediglich nach einer der bezeichneten Rechtsordnungen wirksam sein. Durch diese „Anknüpfungshäufung" wird letztlich die Formgültigkeit der letztwilligen Verfügung begünstigt (*„favour testamenti"*).[6]

3 Die Verweisung nach Abs. 1 bzw Art. 1 Abs. 1 HaagerTestÜbK stellt grundsätzlich eine **Sachnormverweisung** dar, so dass eine Rück- und Weiterverweisung nicht in Betracht kommt.[7] Eine Ausnahme gilt für Abs. 1 Nr. 5. Damit soll sichergestellt werden, dass auch die Erfüllung der Formerfordernisse eines durch Rück- bzw Weiterverweisung berufenen Erbstatuts ausreichend ist.[8]

4 Neben dem HaagerTestÜbK als multilateraler Regelung kommt als bilateraler Vertrag noch das **deutsch-türkische Nachlassabkommen vom 28.5.1929** in Betracht.[9] § 16 dieses Abkommens knüpft alternativ an das Recht des Errichtungsortes oder die Staatsangehörigkeit des Erblassers zum Zeitpunkt der Errichtung an. Die Vorschrift lautet wie folgt:

§ 16

(1) Verfügungen von Todes wegen sind, was ihre Form anbelangt, gültig, wenn die Gesetze des Landes beachtet sind, wo die Verfügungen errichtet sind, oder die Gesetze des Staates, dem der Erblasser zur Zeit der Errichtung angehörte.

(2) Das gleiche gilt für den Widerruf solcher Verfügungen von Todes wegen.

5 Zum Verhältnis der beiden Abkommen ist zu sagen, dass, nachdem zwischenzeitlich[10] das HaagerTestÜbK auch im Verhältnis zur Türkei gilt, § 16 des Nachlassabkommens weitgehend durch das HaagerTestÜbK verdrängt wird. Lediglich für **Erbverträge** bleibt der Anwendungsbereich des deutsch-türkischen Nachlassabkommens eröffnet.[11]

B. Regelungsgehalt

I. Das HaagerTestÜbK

6 **1. Zeitlicher Anwendungsbereich.** In Deutschland trat das HaagerTestÜbK am 1.1.1966 in Kraft.[12] Nach Art. 8 HaagerTestÜbK ist dieses Übereinkommen in allen Fällen anzuwenden, in denen der Erblasser nach dem Inkrafttreten des Übereinkommens gestorben ist. Im Hinblick auf den Zeitpunkt der Errichtung der letztwilligen Verfügung ist wie folgt zu differenzieren:[13]

- Errichtung der letztwilligen Verfügung und Tod des Erblassers **vor** dem 1.1.1966: In diesem Fall finden die autonomen Regelungen des deutschen Kollisionsrechts Anwendung.
- Errichtung der letztwilligen Verfügung **vor** dem 1.1.1966 und Tod des Erblassers **nach** dem 31.5.1966: Das HaagerTestÜbK findet Anwendung.
- Errichtung der letztwilligen Verfügung und Tod des Erblassers **nach** dem 31.5.1965: Das HaagerTestÜbK findet Anwendung.

3 Vertragsstaaten sind u.a.: Australien, Belgien, Bosnien-Herzegowina, Botswana, Dänemark, Estland, Finnland, Frankreich, Griechenland, Irland, Israel, Japan, Kroatien, Luxemburg, Mazedonien, Niederlande, Norwegen, Österreich, Polen, Schweden, Schweiz, Serbien; Slowenien, Spanien, Südafrika, Türkei, Vereinigtes Königreich Großbritannien und Nordirland.
4 BGH WM 1984, 2124.
5 Staudinger/*Dörner*, Art. 26 EGBGB Rn 16; MüKo/*Birk*, Art. 26 EGBGB Rn 2; *Basedow*, NJW 1986, 2975; aA Palandt/*Thorn*, Art. 26 EGBGB Rn 1.
6 *V. Bar*, IPR II, Rn 393.
7 Kersten/Bühling/*Wähler*, § 126 Rn 11; Palandt/*Thorn*, Art. 26 EGBGB Rn 2.
8 BT-Drucks. 10/5632, S. 44.
9 RGBl II 1930 S. 747.
10 Seit dem 22.10.1983 (BGBl. II 1983 S. 720).
11 Staudinger/*Dörner*, Art. 25 EGBGB Rn 183.
12 BGBl II 1966 S. 11.
13 Vgl MüKo/*Birk*, Art. 26 EGBGB Rn 33.

Ist der Erblasser vor dem 1.1.1966 gestorben, beurteilt sich das auf die Formgültigkeit von Verfügungen von Todes wegen anwendbare Recht nach Art. 11 aF[14] 7

a) Regelungsumfang. Art. 1 Abs. 1 HaagerTestÜbK spricht von der „Formgültigkeit letztwilliger Verfügungen". Gemeint sind damit Testamente, nicht jedoch Erbverträge und der Erbverzicht.[15] Demnach bestimmen sich die Formwirksamkeit von Erbverträgen aus deutscher Sicht nach § 26 Abs. 4 und die des Erbverzichts nach Art. 11. Für das Verhältnis des HaagerTestÜbK zu Art. 26 gilt im Übrigen Folgendes: 8

- Art. 1 Abs. 1 HaagerTestÜbK entspricht dem Art. 26 Abs. 1 Nr. 1–4.
- Art. 2 HaagerTestÜbK findet eine entsprechende Regelung in Art. 26 Abs. 2.
- Art. 5 HaagerTestÜbK entspricht dem Art. 26 Abs. 3.
- Art. 3 HaagerTestÜbK ermöglicht zusätzliche Anknüpfungsmöglichkeiten, indem er bestimmt, dass das Übereinkommen bestehende oder künftige Vorschriften der Vertragsstaaten nicht berührt, wodurch letztwillige Verfügungen anerkannt werden, die der Form nach entsprechend einer in den vorangehenden Artikeln nicht vorgesehenen Rechtsordnung errichtet worden sind. Nach deutschem Kollisionsrecht ergeben sich weitere Anknüpfungen aus Art. 26 Abs. 1 S. 1 Nr. 5.[16]

Folgende **Unterschiede zwischen dem HaagerTestÜbK und dem EGBGB** sind zu beachten: 9

- Bei Mehrrechtsstaaten ist Art. 1 Abs. 2 HaagerTestÜbK vorrangig gegenüber Art. 4 Abs. 3 EGBGB.
- Den *ordre-public*-Vorbehalt regelt Art. 7 HaagerTestÜbK, so dass auf Art. 6 EGBGB nicht zurückgegriffen werden muss.
- Eine Besonderheit ergibt sich auch bezüglich des Umfangs der Verweisung: Art. 4 Abs. 1 EGBGB gilt nicht; die Verweisung nach Art. 1 Abs. 1 HaagerTestÜbK stellt eine **Sachnormverweisung** dar, so dass eine Rück- und Weiterverweisung nicht in Betracht kommt.[17] Eine Ausnahme gilt für Art. 3 HaagerTestÜbK iVm Art. 26 Abs. 1 Nr. 5 EGBGB. Damit soll sichergestellt werden, dass auch die Erfüllung der Formerfordernisse eines durch Rück- bzw Weiterverweisung berufenen Erbstatuts ausreichend ist.[18]

b) Anwendungsbereich des HaagerTestÜbk. Vom HaagerTestÜbk bzw von Art. 26 EGBGB werden Verfügungen von Todes wegen, Testamente und gemeinschaftliche Testamente erfasst. Die Formwirksamkeit von Erbverträgen beurteilt sich nach Art. 26 Abs. 4 EGBGB. 10

Ob ein **gemeinschaftliches Testament** als solches zulässig ist, bestimmt sich aber nach dem Erbstatut.[19] Auch die Form des Widerrufs letztwilliger Verfügungen bestimmt sich nach den vorgenannten Regeln, vgl Art. 26 Abs. 2 EGBGB. 11

Nicht unter das HaagerTestÜbK bzw Art. 26 EGBGB fallen die Vorschriften über die **Testierfähigkeit**.[20] Soweit es sich dabei um eine Frage der Geschäftsfähigkeit handelt, muss Art. 7 Abs. 1 EGBGB geprüft werden. Soweit auf eine besondere, nur das Testieren betreffende Fähigkeit abgestellt wird, gilt das Erbstatut. 12

c) Die einzelnen Anknüpfungsmöglichkeiten des Art. 1 Abs. 1 HaagerTestÜbK.[21] Folgende **acht alternative Anknüpfungen** sind möglich: 13

aa) Ort der Errichtung der letztwilligen Verfügung, Art. 1 Abs. 1 lit. a HaagerTestÜbK. Der Errichtungsort ist bei öffentlichen Testamenten ohne weitere Probleme zu ermitteln. Bei privatschriftlichen kommt es letztlich auf den Ort des Abschlusses bzw der Unterschriftsleistung an.[22] 14

bb) Staatsangehörigkeit des Erblassers im Zeitpunkt der Errichtung der letztwilligen Verfügung, Art. 1 Abs. 1 lit. b HaagerTestÜbK.[23] Ähnlich wie bei Art. 25 Abs. 1 EGBGB wird auf das Heimatrecht des Erblassers im Zeitpunkt der Verfügung abgestellt. Anders als bei der Bestimmung des Erbstatuts nach dem autonomen deutschen Kollisionsrecht zählt bei Mehrstaatern jede einzelne Staatsangehörigkeit, nicht nur die effektive.[24] Ein „Heimwärtsstreben" nach Art. 5 Abs. 1 S. 2 EGBGB findet nicht statt. Art. 1 HaagerTestÜbK sieht jede Staatsangehörigkeit als gleichwertig an.[25] Für die Formwirksamkeit des Testaments eines Mehrstaaters reicht die Wirksamkeit nach einem Heimatrecht. 15

cc) Staatsangehörigkeit des Erblassers im Zeitpunkt des Todes, Art. 1 Abs. 1 lit. b HaagerTestÜbK. Das zu bb) (Rn 15) Gesagte gilt auch für die Staatsangehörigkeit des Erblassers zum Zeitpunkt seines Todes. 16

dd) Der Wohnsitz des Erblassers im Zeitpunkt der Errichtung der Verfügung, Art. 1 Abs. 1 lit. c HaagerTestÜbK. Die Frage, ob der Erblasser an einem bestimmten Ort einen Wohnsitz gehabt hat, wird 17

14 Bamberger/Roth/*S.Lorenz*, Art. 26 EGBGB Rn 3; Kersten/Bühling/*Wähler*, § 126 Rn 10.
15 Staudinger/*Dörner*, Art. 26 EGBGB Rn 29.
16 Staudinger/*Dörner*, Art. 26 EGBGB Rn 23.
17 Palandt/*Thorn*, Art. 26 EGBGB Rn 2; MüKo/*Birk*, Art. 26 EGBGB Rn 45.
18 BT-Drucks. 10/5632, S. 44.
19 IPG 1998 Nr. 38 (München).
20 Palandt/*Thorn*, Art. 26 EGBGB Rn 6.
21 BayObLGZ 1982, 331.
22 Staudinger/*Dörner*, Art. 26 EGBGB Rn 43.
23 MüKo/*Birk*, Art. 26 EGBGB Rn 49.
24 Palandt/*Thorn*, Art. 26 EGBGB Rn 4; *Schotten/Schmellenkamp*, IPR, Rn 260.
25 OLG Hamburg IPRspr 1981 Nr. 131.

durch das an diesem Ort geltende Recht geregelt, Art. 1 Abs. 3 HaagerTestÜbK Der Begriff des Wohnsitzes kann damit je nach Fallkonstellation unterschiedlich weit sein. So deckt sich zB der Begriff des *„domicile"* im anglo-amerikanischen Rechtskreis nicht mit dem des Wohnsitzes im deutschen Recht.[26]

18 **ee) Der Wohnsitz des Erblassers im Zeitpunkt des Todes, Art. 1 Abs. 1 lit. c HaagerTestÜbK.** Das zu dd) (Rn 17) Gesagte gilt auch für den Wohnsitz des Erblassers zum Zeitpunkt seines Todes.

19 **ff) Der gewöhnliche Aufenthalt des Erblassers im Zeitpunkt der Errichtung der Verfügung, Art. 1 Abs. 1 lit. d HaagerTestÜbK.** Unter dem gewöhnlichen Aufenthalt ist der **Daseinsmittelpunkt** des Erblassers zu verstehen, dh der Ort, wo sich die Person faktisch aufhält.[27] Dieser Rechtsbegriff erfordert eine „gewisse Zentrierung der Lebensumstände für eine bestimmte Zeit".[28]

20 **gg) Der gewöhnliche Aufenthalt des Erblassers im Zeitpunkt des Todes, Art. 1 Abs. 1 lit. d HaagerTestÜbK.** Das zu ff) (Rn 19) Gesagte gilt auch für den gewöhnlichen Aufenthalt des Erblassers zum Zeitpunkt seines Todes.

21 **hh) Der Lageort des unbeweglichen Vermögens, Art. 1 Abs. 1 lit. e HaagerTestÜbK.** Die vom Recht des Belegenheitsstaates vorgesehene Form gilt aber nur für das in ihrem Geltungsbereich belegene unbewegliche Vermögen.[29] Was unter den Begriff des „unbeweglichen Vermögens" fällt, bestimmt sich wiederum nach der *lex rei sitae*, dh nach dem Recht des Staates, in dem sich die Nachlassgegenstände befinden.

22 **d) Die weiteren Anknüpfungsmöglichkeiten nach Art. 3 HaagerTestÜbK iVm Art. 26 Abs. 1 S. 1 Nr. 5 EGBGB. aa) Das tatsächliche Erbstatut.** Eine letztwillige Verfügung ist hinsichtlich ihrer Form auch dann gültig, wenn sie den Formerfordernissen des Rechts, das auf die Rechtsnachfolge von Todes wegen anzuwenden ist, entspricht, Art. 26 Abs. 1 S. 1 Nr. 5 **Alt. 1** EGBGB.

23 **bb) Das Errichtungsstatut (hypothetisches Erbstatut).** Darüber hinaus ist die Formwirksamkeit auch dann gegeben, wenn die letztwillige Verfügung nach dem Recht formgültig ist, das auf die Rechtsnachfolge von Todes wegen im Zeitpunkt der Verfügung anzuwenden wäre, Art. 26 Abs. 1 S. 1 Nr. 5 **Alt. 2** EGBGB. Die Anwendung des Rechts, das zum Errichtungszeitpunkt auf die Rechtsnachfolge anwendbar wäre, führt dazu, dass ein Statutenwechsel, zB ein Wechsel der Staatsangehörigkeit, die Wirksamkeit der Verfügung nicht beeinflusst.

24 Anders als bei den Anknüpfungsmöglichkeiten nach Art. 1 Abs. 1 HaagerTestÜbK ist bei den weiteren Anknüpfungsmöglichkeiten nach Art. 3 HaagerTestÜbK iVm Art. 26 Abs. 1 S. 1 Nr. 5 EGBGB eine Rückverweisung möglich, Art. 4 Abs. 1 S. 2 EGBGB. Bei Mehrstaatern ist Art. 5 EGBGB zu beachten, dh es kommt auf die effektive Staatsangehörigkeit an. Auch ist immer deutsches Recht anzuwenden, wenn eine Staatsangehörigkeit die deutsche ist, Art. 5 Abs. 1 S. 2 EGBGB.

25 **e) Die Form des Widerrufs letztwilliger Verfügungen.** Nach Art. 2 Abs. 1 HaagerTestÜbK ist Art. 1 HaagerTestÜbK auch auf letztwillige Verfügungen anzuwenden, durch die eine frühere letztwillige Verfügung widerrufen wird. Falls zwischenzeitlich ein Statutenwechsel eingetreten ist, ist der Widerruf auch dann formwirksam, wenn er den Formvorschriften des ursprünglichen Formstatuts entspricht, Art. 2 Abs. 2 HaagerTestÜbK.

26 **2. Das auf die Form von Erbverträgen anwendbare Recht.** Zwar erfasst das HaagerTestÜbK auch gemeinschaftliche Testamente, Art. 4 HaagerTestÜbK; nachdem es aber über Erbverträge keine Regelung enthält, ist diesbezüglich auf autonome Kollisionsnormen zurückzugreifen. Art. 26 Abs. 4 EGBGB bestimmt insoweit, dass die Abs. 1–3 des Art. 26 EGBGB auch für „andere Verfügungen von Todes wegen" entsprechend gelten. Da die Anknüpfungsmöglichkeiten des Art. 26 Abs. 1 EGBGB denen des Art. 1 Abs. 1 HaagerTestÜbK entsprechen, sind die eben dargestellten Grundsätze des HaagerTestÜbK auch entsprechend auf Erbverträge anwendbar.[30]

27 **3. Das für die Form des Erbverzichtes maßgebliche Recht.** Das HaagerTestÜbK gilt nicht für den **Erbverzicht.** Nach wohl hM[31] stellt er auch keine Verfügung von Todes wegen im Sinne des Art. 26 Abs. 4 EGBGB dar. Somit ist auf die allgemeine Kollisionsnorm des Art. 11 EGBGB, der das Formstatut regelt, zurückzugreifen. Demnach ist der Erbverzicht formgültig, wenn er die Formerfordernisse des Rechts des Erbstatuts oder des Rechts des Vornahmeortes erfüllt, Art. 11 Abs. 1 EGBGB.

26 Vgl *Flick/Piltz*, Rn 1019, 1134.
27 BayObLGZ 1979, 193, 196.
28 MüKo/*Birk*, Art. 26 EGBGB Rn 53.
29 MüKo/*Birk*, Art. 26 EGBGB Rn 54.
30 MüKo/*Birk*, Art. 26 EGBGB Rn 130.
31 Staudinger/*Dörner*, Art. 26 EGBGB Rn 29; *Flick/Piltz*, Rn 1155.

II. Art. 26 EGBGB

1. Die einzelnen Anküpfungsmöglichkeiten. Die Anknüpfungsmöglichkeiten des Abs. 1 Nr. 1–5 entsprechen denen des Art. 1 Abs. 1 HaagerTestÜbK. Insoweit darf auf die obige Kommentierung (Rn 13 ff) verwiesen werden. 28

2. Statutenwechsel. Da zwischen der Errichtung der letztwilligen Verfügung und dem Eintritt des Erbfalls Jahre vergehen können, stellt sich nicht selten die Frage, welchen Einfluss dies auf die letztwillige Verfügung haben kann.[32] 29

Nach **Abs. 5 S. 1** unterliegen die Gültigkeit der Errichtung einer letztwilligen Verfügung und die Bindung an sie dem Recht, das anzuwenden wäre, wenn der Erbfall im Zeitpunkt der Verfügung eingetreten wäre. Unter Gültigkeit sind sämtliche Wirksamkeitsvoraussetzungen zu verstehen, welche nach dem Erbstatut zu beurteilen sind,[33] zB die Zulässigkeit der Errichtung von gemeinschaftlichen Testamenten. Was die Formwirksamkeit anbelangt, gelten die in Abs. 1 enthaltenen Anknüpfungspunkte. Artikel 26 Abs. 5 EGBGB regelt auch die Frage, nach welchem Statut sich die Wirksamkeit des Widerrufs einer wechselbezüglichen letztwilligen Verfügung richtet.[34] 30

3. Das gemeinschaftliche Testament.[35] Gemeinschaftliche Testamente von Ehegatten werden von einigen Rechtsordnungen abgelehnt.[36] Die Gültigkeit gemeinschaftlicher Testamente bestimmt sich nach dem **hypothetischen Erbstatut**, dh nach dem Recht, das im Zeitpunkt der Verfügung auf die Rechtsnachfolge anwendbar wäre, Abs. 5 S. 1.[37] Haben die Ehegatten verschiedene Staatsangehörigkeiten, muss die Wirksamkeit nach beiden Rechten geprüft werden.[38] Dabei ist auf das strengere Recht abzustellen, dh das gemeinschaftliche Testament muss kumulativ nach beiden Erbstatuten zulässig sein.[39] Soweit ausländische Rechtsordnungen ein gemeinschaftliches Testament verbieten, ist zu unterscheiden, ob es sich beim gemeinschaftlichen Testament um eine bloße äußerliche Zusammenfassung zweier letztwilliger Verfügungen (testamentum mere simultaneum), um ein gegenseitiges Testament (ohne inneres Wirksamkeitsverhältnis) oder um ein „echtes" gemeinschaftliches Testament (mit wechselbezüglichen Verfügungen) handelt.[40] Art. 26 Abs. 5 regelt auch die Frage, nach welchem Statut sich die Wirksamkeit des Widerrufs einer wechselbezüglichen letztwilligen Verfügung richtet.[41] 31

Das **italienische Recht**[42] sieht schon in der bloßen äußeren Zusammenfassung mehrerer Verfügungen in einer Urkunde einen Unwirksamkeitsgrund. Insoweit handelt es sich um ein materielles Verbot, das sich gegen den Inhalt eines gemeinschaftlichen Testaments richtet. Damit soll der Charakter des Testaments als einseitiges Rechtsgeschäft gewahrt werden.[43] Das Verbot verfolgt hier Sachzwecke (freier Entschluss beim Testieren und keine nachträgliche Gebundenheit).[44] Ein materielles Verbot wird neben dem italienischen Recht auch in Portugal[45] und in Kroatien[46] angenommen. Insoweit kommt Abs. 5 S. 1 zum Tragen, dh die Gültigkeit der Errichtung und die Bindungswirkung richten sich nach dem Erbstatut im Verfügungszeitpunkt.[47] 32

Bei anderen Rechtsordnungen, wie zB im französischen,[48] schweizerischen,[49] niederländischen[50] oder spanischen[51] Recht, sind die **Verbotsnormen als Formvorschriften** zu qualifizieren.[52] Diese Verbote bezwecken eine Klarheit über die Verfügungen jedes Erblassers und haben darüber hinaus eine Warnfunktion.[53] Handelt es sich um ein Verbot, das Formzwecke verfolgt, kann im Ausland wirksam unter Beachtung der Ortsform gemeinschaftlich testiert werden.[54] 33

32 Kersten/Bühling/Wähler, S. 1592.
33 Palandt/*Thorn*, Art. 26 EGBGB Rn 8.
34 OLG Frankfurt ZEV 2009, 516 = FamRZ 2010, 677; *Lorenz* ZEV 2009, 518.
35 *Bachmayer*, Erbrechtliche Gestaltungsmöglichkeiten bei gemischtnationalen Ehen unter besonderer Berücksichtigung Gemeinschaftlicher Testamente und Erbverträge, BWNotZ 2009, 28.
36 *Edenfeld*, ZEV 2001, 461.
37 OLG Frankfurt FamRZ 2010, 677; *Schotten/Schmellenkamp*, IPR, Rn 315.
38 Palandt/*Thorn*, Art. 25 EGBGB Rn 13; MüKo/*Birk*, Art. 26 EGBGB Rn 95; Erman/*Hohloch*, Art. 25 EGBGB Rn 31.
39 MüKo/*Birk*, Art. 26 EGBGB Rn 102 f; *Schotten/Schmellenkamp*, IPR, Rn 315, 319, *Riering*, ZEV 1994, 225; *Hay*, IPR, S. 341; aA OLG Zweibrücken NJW-RR 1992, 587, wonach die Wirksamkeit getrennt nach dem jeweiligen Erbstatut zu beurteilen sein soll.
40 *Sieghörtner*, in: Dittmann/Reimann/Bengel, B Rn 37.
41 OLG Frankfurt FamRZ 2010, 677; dazu Lorenz ZEV 2009, 518.
42 Art. 458, 589 Codice civile.
43 *Hay*, IPR, S. 341.
44 *Kegel/Schurig*, § 21 III.
45 OLG Frankfurt IPRax 1986, 112.
46 DNotI-Report 2001, 97, 98.
47 *Hay*, IPR, S. 340.
48 Art. 986, 1130 Abs. 2 code civil.
49 Das schweizerische ZGB kennt zwar den Erbvertrag, Art. 494 ZGB, nicht aber das gemeinschaftliche Testament.
50 Art. 977 BW; KG FamRZ 2001, 794; *Kropholler*, IPR, § 51 IV 4.
51 Art. 669, 737 Codigo civil.
52 MüKo/*Birk*, Art. 26 EGBGB Rn 100; *Sieghörtner*, in: Dittmann/Reimann/Bengel, B Rn 38; *Kropholler*, IPR, § 51 V 5; Kersten/Bühling/*Wähler*, § 126 Rn 16.
53 *Kegel/Schurig*, § 21 III.
54 *Kegel/Schurig*, § 21 III.

34 Ist ein gemeinschaftliches Testament wegen eines entsprechenden Verbotes unwirksam, kommt noch eine Umdeutung („**Konversion**“) in ein Einzeltestament oder in einen Erbvertrag in Betracht.[55] Die Umdeutung beurteilt sich nach dem Recht des Staates, auf dem die Unwirksamkeit beruht. Entscheidend ist dabei, ob der Erblasser die Erklärung unabhängig von der Wirksamkeit der Erklärung des anderen treffen wollte.[56]

35 **4. Erbvertrag.** Die Gültigkeit eines Erbvertrages bestimmt sich nach dem **hypothetischen Erbstatut**, Abs. 5 S. 1. Beim einseitigen Erbvertrag ist dabei das hypothetische Erbstatut des Verfügenden maßgeblich. Bei zwei- oder mehrseitigen Erbverträgen beurteilt sich die Gültigkeit nach dem hypothetischen Erbstatut aller Verfügenden. Die Grundsätze über die Wirksamkeit gemeinschaftlicher Testamente können weitgehend übernommen werden. Allerdings ist zu beachten, dass es sich beim Erbvertrag um ein zweiseitiges Rechtsgeschäft handelt, während ein gemeinschaftliches Testament einseitige Verfügungen von Todes wegen enthält. In einigen Rechtsordnungen des romanischen Rechtskreises, zB in Frankreich, Italien und im gemeinspanischen Recht besteht ein Verbot von Erbverträgen, welches einen materiellrechtlichen Charakter aufweist.[57] Abgelehnt wird der Erbvertrag auch vom portugiesischen,[58] polnischen[59] und griechischen Recht.[60]

36 **5. Rechtsgeschäfte unter Lebenden auf den Todesfall. a) Erbverzicht.**[61] Die Zulässigkeit eines Erbverzichts beurteilt sich entsprechend Abs. 5 S. 1 nach dem hypothetischen Erbstatut, dh nach dem Recht, das im Zeitpunkt der Erklärung auf die – fiktive – Rechtsnachfolge von Todes wegen anzuwenden wäre[62] (**Errichtungsstatut**);[63] jedoch bestimmt sich die Formgültigkeit nach Art. 11 Abs. 1 und nicht nach Abs. 4, da es sich beim Erbverzicht nicht um eine Verfügung von Todes wegen handelt.[64] Für die Wirkungen des Erbverzichts ist auf das effektive Erbstatut abzustellen.[65]

37 **b) Schenkung von Todes wegen.** Bei Schenkungen von Todes wegen ist zu differenzieren, ob sie im Todeszeitpunkt schon vollzogen sind. Ist dies der Fall, gilt das Schenkungsstatut, dh das Schuldvertragsstatut nach Art. 27, 28; ansonsten gilt das hypothetische Erbstatut, Abs. 5 S. 1.[66] Die Qualifikation erfolgt nach der *lex fori*, dh die Einordnung erfolgt in Deutschland nach den Rechtsgrundsätzen des deutschen Rechts.[67]

38 **c) Erbschaftskauf.** Das auf den Erbschaftskauf anwendbare Recht bestimmt sich nach dem Vertragsstatut.[68] Allein die Frage, ob die Übertragung des Erbteils überhaupt möglich ist, beantwortet sich nach dem Erbstatut. Das Formstatut ist, da es sich um ein Rechtsgeschäft unter Lebenden handelt, nach Art. 11 Abs. 1 zu ermitteln.

39 **6. Testierfähigkeit.** Nach **Abs. 5 S. 2** wird die einmal erlangte Testierfähigkeit durch den Erwerb oder Verlust der Rechtsstellung als Deutscher nicht beeinträchtigt. Die Testierfähigkeit beurteilt sich nach **Art. 7 Abs. 1,** soweit sie von der Geschäftsfähigkeit abhängig gemacht ist; soweit es sich um eine besondere, nur auf das Testieren abgestellte Fähigkeit handelt, nach dem **Erbstatut**.[69] Dies ergibt sich insbesondere aus Abs. 5 S. 2. Diese Vorschrift schützt zum einen das Vertrauen des Erblassers in bereits errichtete letztwillige Verfügungen. Zum anderen hält sie ihm die Möglichkeit zur weiteren Abfassung von letztwilligen Verfügungen offen. Die einmal erlangte Testierfähigkeit bleibt bestehen.

55 *Sieghörtner*, in: Dittmann/Reimann/Bengel, B Rn 39.
56 *Denzler*, IPRax 1982, 181.
57 Kersten/Bühling/*Wähler*, § 126 I 2 b.
58 *Edenfeld*, ZEV 2001, 461.
59 *Edenfeld*, ZEV 2001, 461.
60 *Kegel/Schurig*, § 21 III 2 c: Ausnahmsweise kann aber ein Grieche mit einem Ausländer im Ausland einen Erbvertrag schließen.
61 *Riering*, ZEV 1998, 251.
62 OLG Hamm NJW-RR 1996, 906.
63 *Süß*, § 1 Rn 72.
64 *Kropholler*, IPR, § 51 IV 5 a; Palandt/*Thorn*, Art. 25 EGBGB Rn 5.
65 Staudinger/*Dörner*, Art. 25 EGBGB Rn 385.
66 MüKo/*Birk*, Art. 26 EGBGB Rn 147.
67 OLG Düsseldorf FamRZ 1997, 61; *Lorenz*, ZEV 1996, 406; *Sieghörtner*, in: Dittmann/Reimann/Bengel, B Rn 45.
68 H.M., Staudinger/*Dörner*, Art. 25 Rn 416 ff; *Kropholler*, IPR, § 51 IV 6; *Süß/Haas*, § 1 Rn 89; aA MüKo/*Birk*, Art. 26 EGBGB Rn 155, der auf das Erbstatut abstellt.
69 Vgl Palandt/Thorn, Art. 25 EGBGB Rn 16.

Fünfter Abschnitt
Außervertragliche Schuldverhältnisse

Erster Unterabschnitt
(aufgehoben)

Art. 27 bis 37 EGBGB (aufgehoben)

Art. 27–37 EGBGB wurden das durch Gesetz vom 25.6.2009 zur Anpassung der Vorschriften des Internationalen Privatrechts an die Verordnung (EG) Nr. 593/2008 (BGBl. I S. 1574) mit Wirkung vom 17.12.2009 aufgehoben. Das internationale Schulvertragsrecht wird jetzt durch diese sogenannte Rom I-VO und durch Art. 46 b EGBGB (als Nachfolgenorm von Art. 29 a EGBGB) geregelt. Die Rom I-VO wird in einem gesonderten Band kommentiert. 1

Art. 38 EGBGB Ungerechtfertigte Bereicherung

(1) Bereicherungsansprüche wegen erbrachter Leistung unterliegen dem Recht, das auf das Rechtsverhältnis anzuwenden ist, das auf die Leistung bezogen ist.

(2) Ansprüche wegen Bereicherung durch Eingriff in ein geschütztes Interesse unterliegen dem Recht des Staates, in dem der Eingriff geschehen ist.

(3) In sonstigen Fällen unterliegen Ansprüche aus ungerechtfertigter Bereicherung dem Recht des Staates, in dem die Bereicherung eingetreten ist.

Literatur: *Benecke*, Auf dem Weg zu „Rom II" – Der Vorschlag für eine Verordnung zur Angleichung des IPR der außervertraglichen Schuldverhältnisse, RIW 2003, 830; *Busse*, Die geplante Kodifikation des Internationalen Bereicherungsrechts in Deutschland, RIW 1999, 16; *ders.*, Internationales Bereicherungsrecht, 1998; *Eilinghoff*, Das Kollisionsrecht der ungerechtfertigten Bereicherung nach dem IPR-Reformgesetz von 1999, 2004; *Einsele*, Das Kollisionsrecht der ungerechtfertigten Bereicherung, JZ 1993, 1025; *Fischer*, Die Neuregelung des Kollisionsrechts der ungerechtfertigten Bereicherung und der Geschäftsführung ohne Auftrag im IPR-Reformgesetz von 1999, IPRax 2002, 1; *Freitag/Leible*, Das Bestimmungsrecht des Art. 40 Abs. 1 EGBGB im Gefüge der Privatautonomie im Internationalen Deliktsrecht, ZVglRWiss 99 (2000), 101; *Fuchs*, Zum Kommissions-Vorschlag einer Rom II-Verordnung, GPR 2003–2004, 100; *Hay*, Ungerechtfertigte Bereicherung im internationalen Privatrecht, 1978; *P. Huber*, Das internationale Deliktsrecht nach der Reform, JA 2000, 67; *Jayme*, Anmerkung zu BGH NJW 1987, 185, IPRax 1987, 186; *Junker*, Die IPR-Reform von 1999: Auswirkungen auf die Unternehmenspraxis RIW 2000, 241; *ders.*, Arbeitsstatut und öffentliche Aufgaben, IPRax 1990, 303; *Kreuzer*, Die Vollendung der Kodifikation des deutschen Internationalen Privatrechts durch das Gesetz zum Internationalen Privatrecht der außervertraglichen Schuldverhältnisse und Sachen vom 21.5.1999, RabelsZ 65 (2001), 383; *Kronke/Berger*, Wertpapierstatut, Schadensersatzpflichten der Inkassobank, Schuldnerschutz in der Zession – Schweizer Orderschecks auf Abwegen, IPRax 1991, 316; *Leible/Engel*, Der Vorschlag der EG-Kommission für eine Rom II-Verordnung, EuZW 2004, 7; *Lorenz*, Der Bereicherungsausgleich im deutschen internationalen Privatrecht, in: FS Konrad Zweigert 1981, S. 199; *ders.*, Die Anknüpfung von Bereicherungsansprüchen bei fehlendem Einverständnis über den Rechtsgrund der Vermögensbewegung, IPRax 1985, 328; *Plaßmeier*, Ungerechtfertigte Bereicherung im Internationalen Privatrecht und aus rechtsvergleichender Sicht, 1995; *Reithmann/Martiny*, Internationales Vertragsrecht, 7. Auflage 2010; *Schlechtriem*, Bereicherungsansprüche im internationalen Privatrecht, in: Vorschläge und Gutachten zur Reform des deutschen internationalen Privatrechts der außervertraglichen Schuldverhältnisse, 1983, S. 29; *ders.*, Internationales Bereicherungsrecht, IPRax 1995, 65; *ders.*, Zur bereicherungsrechtlichen Rückabwicklung fehlerhafter Banküberweisungen im IPR, IPRax 1987, 356; *Spickhoff*, Die Restkodifikation des Internationalen Bereicherungsrechts: Außervertragliches Schuld- und Sachenrecht, NJW 1999, 2209; *Staudinger*, Das Gesetz zum Internationalen Privatrecht für außervertragliche Schuldverhältnisse vom 21.5.1999, DB 1999, 1589; *Wagner*, Ein neuer Anlauf zur Vereinheitlichung des IPR für außervertragliche Schuldverhältnisse auf EU-Ebene, EuZW 1999, 709; *ders.*, Zum Inkrafttreten des Gesetzes zum Internationalen Privatrecht für außervertragliche Schuldverhältnisse und für Sachen, IPRax 1999, 210; *ders.*, Der Regierungsentwurf eines Gesetzes zum Internationalen Privatrecht für außervertragliche Schuldverhältnisse und für Sachen, IPRax 1998, 429.

A. Allgemeines

I. Überblick

1 Art. 38 geht auf das IPR-Reformgesetz von 1999[1] zurück. Der Gesetzgeber hat in dieser Vorschrift die bis dahin gewohnheitsrechtlich entwickelten Anknüpfungsregeln des internationalen Bereicherungsrechts kodifiziert; zur Übergangsregelung vgl Rn 53.

2 In Anlehnung an die herrschende Dogmatik des materiellen deutschen Rechts enthält Art. 38 drei separate Anknüpfungen für die verschiedenen Kondiktionsarten.[2] **Abs. 1** erfasst die Fälle der Leistungskondiktion und knüpft an diejenige Rechtsordnung an, der die zugrunde liegende Leistungsbeziehung unterliegt; dies entspricht der vor der Reform von 1999 herrschenden Meinung.[3] Die Eingriffskondiktion richtet sich gem. **Abs. 2** nach dem Recht des Eingriffsorts; dies war vor der Reform umstritten.[4] Die sonstigen Kondiktionsarten werden nach **Abs. 3** dem Recht des Staates unterstellt, in dem die Bereicherung eingetreten ist.

3 Dieses Anknüpfungssystem soll sicherstellen, dass die gesamte Rückabwicklung einer Vermögensverschiebung einer einzigen Rechtsordnung unterstellt wird.[5] Abweichende und vorrangige Anknüpfungen können sich innerhalb des EGBGB aus Art. 41, 42 ergeben (vgl hierzu Rn 23 ff).

II. Vorrangige Staatsverträge und europarechtliche Rechtsakte

4 Am 11.1.2009 ist die **Rom II-Verordnung**[6] in Kraft getreten, die in einem gesonderten Band kommentiert wird. Sie enthält Anknüpfungsregeln für außervertragliche Schuldverhältnisse[7] und verdrängt in ihrem Anwendungsbereich die nationalen IPR-Vorschriften. Für Art. 38 EGBGB verbleibt damit **nur ein sehr begrenzter Anwendungsbereich**: Die vom Anwendungsbereich der Rom II-Verordnung ausgeschlossenen Materien dürften kaum jemals zu Ansprüchen aus ungerechtfertigter Bereicherung führen, so dass Art. 38 EGBGB von wenigen Ausnahmen abgesehen nur noch intertemporal Bedeutung haben dürfte. Die folgende Kommentierung bezieht sich daher primär auf solche „Altfälle". Hinzu kommt, dass Art. 12 lit. e Rom I-VO[8] (als Nachfolgeregelung des auf das EVÜ[9] zurückgehenden Art. 32 Abs. 1 Nr. 5 aF EGBGB) die Rückabwicklung nichtiger Verträge als Materie des Vertragsrechts qualifiziert und damit dem Bereicherungsstatut entzieht (s. dazu Rn 11).

1 Gesetz zum IPR für außervertragliche Schuldverhältnisse und für Sachen v. 21.5.1999 (BGBl. I S. 1026), in Kraft getreten am 1.6.1999.
2 Vgl *Kreuzer*, RabelsZ 65 (2001), 383, 403; *Fischer*, IPRax 2002, 1, 2.
3 Vgl MüKo/*Junker*, Erg.-Bd., Art. 38 EGBGB Rn 4.
4 Vgl *Fischer*, IPRax 2002, 1, 4 mwN.
5 Regierungsentwurf BT-Drucks. 14/343, S. 8.
6 Verordnung (EG) Nr. 864/2007 des Europäischen Parlaments und des Rates v. 11.7.2007 über das auf außervertragliche Schuldverhältnisse anzuwendende Recht, ABl. EG 2007 L 199/40. Zum Übergangsrecht vgl näher MüKo/*Junker*, Vor Art. 38 Rn 12 ff.
7 Der Bereich der ungerechtfertigten Bereicherung ist in Art. 10 Rom II-VO geregelt.
8 Verordnung (EG) Nr. 593/2008 des Europäischen Parlaments und des Rates v. 17.6.2008 über das auf vertragliche Schuldverhältnisse anzuwendende Recht, ABl. EG 2008 L 177/6.
9 Übereinkommen von Rom über das auf vertragliche Schuldverhältnisse anzuwendende Recht von 1980, ABl. EG 1998 C 27/34.

B. Regelungsgehalt

I. Leistungskondiktion (Abs. 1)

1. Anwendungsbereich. a) Voraussetzungen. Anwendungsvoraussetzung für Abs. 1 ist, dass eine auf ein Rechtsverhältnis bezogene Leistung vorliegt und dass eine Bereicherung eingetreten ist. 5

aa) Auf ein Rechtsverhältnis bezogene Leistung. Bei dem Merkmal der **Leistung** handelt es sich richtiger Ansicht nach nicht um eine Vor- bzw Erstfrage, sondern um eine bloße Tatbestandsvoraussetzung, die nach der lex fori ausgelegt wird.[10] Dies bedeutet freilich nicht zwingend, dass der materiellrechtliche Leistungsbegriff (bewusste und zweckgerichtete Mehrung fremden Vermögens) in jeder Hinsicht für die Auslegung des Abs. 1 übernommen wird. Vielmehr sollte man mE iRd Leistungsbegriffs des Abs. 1 das Zwecksetzungserfordernis außen vor lassen.[11] Die Zweckrichtung der Leistung wird ohnehin bei dem Merkmal der „Bezogenheit" der Leistung auf das Rechtsverhältnis berücksichtigt und lässt sich dort wesentlich besser in den Griff bekommen als im Rahmen des Leistungsbegriffs (vgl Rn 8 f). 6

„Leistung" iSd Abs. 1 ist also die bewusste Mehrung fremden Vermögens. Anders formuliert: Abs. 1 ist einschlägig, wenn der Anspruchsteller eine Bereicherung des Anspruchsgegners durch bewusste eigene Handlung geltend macht. Der Leistungsbegriff des Abs. 1 entspricht damit inhaltlich dem materiellrechtlichen Begriff der Zuwendung.[12] 7

Die Leistung muss auf ein **Rechtsverhältnis bezogen** sein. Es genügt, wenn ein solches Rechtsverhältnis nach dem Vorbringen des Anspruchstellers (auch nur vermeintlich) bestand und eine Leistung darauf angestrebt wurde.[13] 8

Bestehen zwischen den Parteien **mehrere Rechtsbeziehungen**, auf die sich die erbrachte Leistung beziehen kann, so kommt es auf die übereinstimmende Zweckbeziehung der Parteien an. Besteht zwischen den Parteien in diesem Punkt Streit bzw Dissens, so ist nach einer Ansicht (Abs. 1 anzuwenden und) auf den Empfängerhorizont abzustellen.[14] ME sollte man hier jedoch Abs. 1 nicht zur Anwendung bringen, sondern auf die örtliche Anknüpfung des Abs. 3 übergehen, die dann idR zum Recht des Empfängers führt.[15] Denn die im materiellen Recht angestellten Wertungs- und Schutzwürdigkeitsüberlegungen des materiellrechtlichen Leistungsbegriffs müssen nicht zwingend ihren Widerhall im Kollisionsrecht finden. Wichtiger ist es mE, die Ermittlung des anwendbaren Bereicherungsrechts relativ schnell und sicher zu ermöglichen und die materiellrechtlichen Wertungsentscheidungen in die Hand der so ermittelten Rechtsordnung zu legen. 9

bb) Bereicherungseintritt. Auch das Merkmal des Bereicherungseintritts ist keine Vor- bzw Erstfrage, sondern eine einfache Tatbestandsvoraussetzung, die nach der lex fori ausgelegt wird.[16] Es genügt, wenn nach dem Vortrag des Bereicherungsgläubigers eine Verbesserung der Vermögenslage des Bereicherungsschuldners vorliegt. 10

b) Verhältnis zu Art. 32 Abs. 1 Nr. 5 aF (bzw Art. 12 lit. e Rom I-VO). Für die bereicherungsrechtliche Rückabwicklung nichtiger Verträge wird Abs. 1 durch die vorrangige Sonderregelung in Art. 32 Abs. 1 Nr. 5 aF bzw deren Nachfolgerregelung in Art. 12 lit. e Rom I-VO verdrängt.[17] Damit wird der Anwendungsbereich des Art. 38 zwar erheblich eingeschränkt, aber nicht etwa auf null reduziert. Unter Abs. 1 fallen insbesondere Klagen auf Rückgabe von Zuviel- und Falschlieferungen sowie die Fälle der condictio ob rem aufgrund der Verfehlung eines über den Vertrag hinausgehenden Zwecks. Außerdem ist Abs. 1 auf die Rückforderung von Leistungen anwendbar, die auf der Grundlage eines (vermeintlichen) gesetzlichen Schuldverhältnisses erfolgt sind.[18] Zur Kondiktion in den Dissensfällen vgl sogleich Rn 21. 11

2. Anknüpfung. Nach Abs. 1 unterliegt die Leistungskondiktion dem Recht, das auf das Rechtsverhältnis anzuwenden ist, auf das die Leistung bezogen ist. Es erfolgt also eine akzessorische Anknüpfung an das Statut der Leistungsbeziehung. Zahlt beispielsweise der Darlehensschuldner eine höhere Summe zurück als vertraglich geschuldet, so richtet sich die Rückforderung des zu viel Geleisteten nach dem auf den Darlehensvertrag anwendbaren Recht. Ob die in Bezug genommene Rechtsbeziehung wirksam ist bzw ob der Rechts- 12

10 *Eilinghoff*, S. 137 ff.
11 So überzeugend *Eilinghoff*, S. 137 ff; Bamberger/Roth/*Spickhoff*, Art. 38 EGBGB Rn 10; ähnlich iE *Busse*, RIW 1999, 16, 17.
12 Vgl *Busse*, RIW 1999, 16, 17.
13 Vgl *Eilinghoff*, S. 149 ff.
14 *Eilinghoff*, S. 170 ff; *Plaßmeier*, S. 337 ff.
15 So zum früheren Recht *Lorenz*, IPRax 1985, 328, 329.
16 Vgl *Eilinghoff*, S. 147 f.
17 MüKo/*Junker*, Art. 38 EGBGB Rn 6 ff; *Fischer*, IPRax 2002, 1, 2; *Junker*, RIW 2000, 241, 243 f; *Kreuzer*, RabelsZ 65 (2001), 383, 406; *Spickhoff*, NJW 1999, 2209, 2211; *Wagner*, IPRax 1998, 429, 431; s. aber teilweise abweichend *Eilinghoff*, S. 194 f (bei Rückabwicklung nach Drohung nicht Art. 32 Abs. 1 Nr. 5); *Busse*, RIW 1999, 16, 17 f.
18 Vgl MüKo/*Junker*, Art. 38 EGBGB Rn 8.

grund von Anfang fehlte oder nachträglich weggefallen ist, ist unerheblich. Die in Bezug genommene Rechtsbeziehung kann auch ein gesetzliches Schuldverhältnis sein.[19]

13 Probleme bereitet die akzessorische Anknüpfung, wenn die zu Grunde liegende Leistungsbeziehung dem **UN-Kaufrechtsübereinkommen (CISG)** unterliegt, das keine besonderen Bereicherungsregeln vorsieht, wohl aber Vorschriften über die Rückabwicklung nach erfolgter Vertragsaufhebung (Art. 81 ff CISG). Nach einer Ansicht ist in diesen Fällen gem. Art. 7 Abs. 2 Fall 2 CISG dasjenige nationale Recht anzuwenden, das aus Sicht des Forumstaats bei Ausklammerung des CISG auf den Vertrag anwendbar wäre.[20] ME ist hingegen danach zu differenzieren, ob es um die Rückgewähr nach erfolgter Vertragsaufhebung geht oder nicht: (1.) Für die Rückgewähr nach erfolgter Vertragsaufhebung stellt Art. 81 Abs. 2 CISG grundsätzlich eine abschließende Regelung dar. Ein Rückgriff auf nationales Bereicherungsrecht ist insofern weder zulässig noch nötig.[21] Eine Ausnahme hiervon wird man für solche Leistungen machen müssen, die auch bei Fortbestand des Vertrages als rechtsgrundlos einzuordnen gewesen wären, zB Doppelzahlungen auf die Kaufpreispflicht. Insofern verweist Abs. 1 auf das nationale Recht, das aus Sicht des Forumstaats bei Ausklammerung des CISG auf den Vertrag anwendbar wäre.[22] (2.) In allen anderen Fällen ist das nationale Recht anzuwenden, das aus Sicht des Forumstaats bei Ausklammerung des CISG auf den Vertrag anwendbar wäre.

II. Eingriffskondiktion (Abs. 2)

14 Nach Abs. 2 unterstehen Ansprüche wegen Bereicherung durch Eingriff in ein geschütztes Interesse dem Recht des Staates, in dem der Eingriff geschehen ist. Diese Anknüpfung soll eine einheitliche Anknüpfung von Ansprüchen aus ungerechtfertigter Bereicherung mit anderen außervertraglichen Herausgabe-, Ersatz- und Abwehransprüchen, insbesondere aus Delikt und Geschäftsführung ohne Auftrag, ermöglichen.[23]

15 **1. Anwendungsbereich.** Abs. 2 erfasst diejenigen Fälle, in denen – nach der Behauptung des Anspruchstellers – eine Bereicherung durch Eingriff in ein geschütztes Interesse eingetreten ist. „Bereicherung" in diesem Sinne ist wie bei Abs. 1 zu verstehen (vgl Rn 10). Die Verwendung des Begriffs **„geschütztes Interesse"** macht deutlich, dass nicht nur Eingriffe in Sachen erfasst werden, sondern auch Eingriffe in Forderungen, Persönlichkeitsrechte oder andere geschützte Interessen. Nach der eindeutigen Absicht des Gesetzgebers sollen jedoch Eingriffe in Immaterialgüterrechte nicht von Abs. 2 erfasst werden;[24] für diese gilt nach wie vor die lex loci protectionis, also das Recht des Schutzlandes.[25] Ein **„Eingriff"** liegt vor, wenn – nach der Behauptung des Anspruchstellers – die Bereicherung nicht auf eigenem Verhalten (zB Leistung, vgl Rn 6 f) beruht, sondern auf einem Verhalten, für das der Anspruchsgegner in irgendeiner Weise verantwortlich gemacht werden kann, ohne dass freilich ein konkreter Nachweis der Urheberschaft erforderlich wäre.[26] Man sollte das Merkmal des Eingriffs bei der Abgrenzung gegenüber Abs. 3 weit verstehen (vgl dazu näher Rn 21 f).

16 Im Einzelnen fallen unter Abs. 2 u.a. bereicherungsrechtliche Ansprüche aus Eingriffen in das allgemeine Persönlichkeitsrecht,[27] aus Eingriffen in die Forderungszuständigkeit,[28] auf Ausgleich wegen der Verfügung eines Nichtberechtigten (aus deutscher Sicht: § 816 Abs. 1 BGB); vgl dazu auch Rn 39. Erfasst werden auch bereicherungsrechtliche Ansprüche infolge von Nutzung, Verwendung und Verbrauch bzw aus Vermischung, Verbindung und Verarbeitung.[29] Allerdings ist insoweit zu beachten, dass Ansprüche aus dem Eigentümer-Besitzer-Verhältnis (§§ 987 ff BGB) sachenrechtlich zu qualifizieren sind und nicht bereicherungsrechtlich (str.).[30]

17 **2. Anknüpfung.** Abs. 2 knüpft an das Recht des Staates an, in dem der Eingriff geschehen ist. Dies ermöglicht in den meisten Fällen den gewünschten Gleichlauf mit dem Sachenrechts- und dem Deliktsstatut. Oft wird bei Eingriffen in Sachen das Eingriffsrecht mit der lex rei sitae identisch sein.[31] Soweit der Eingriff im Rahmen

19 Staudinger/*v. Hoffmann/Fuchs*, Art. 38 EGBGB Rn 8; Bamberger/Roth/*Spickhoff*, Art. 38 EGBGB Rn 9; teilweise aA *Busse*, S. 102, bei nur vermeintlich bestehendem gesetzlichen Schuldverhältnis; hiergegen überzeugend *Eilinghoff*, S. 189 ff.

20 *Eilinghoff*, S. 178 ff.

21 MüKo/*Huber*, Art. 81 CISG Rn 10; Staudinger/*Magnus*, Art. 81 CISG Rn 11.

22 Vgl OLG München RIW 1998, 559 = TranspR-IHR 2001, 23 = CISG-Online Nr. 339; Staudinger/*Magnus*, Art. 81 CISG Rn 10.

23 BT-Drucks. 14/343, S. 9.

24 BT-Drucks. 14/343, S. 9; vgl auch Staudinger/*v. Hoffmann/Fuchs*, Art. 38 EGBGB Rn 16.

25 MüKo/*Junker*, Art. 38 EGBGB Rn 20; Staudinger/*v. Hoffmann/Fuchs*, Art. 38 EGBGB Rn 16 mwN; vgl BGHZ 136, 380, 390 f.

26 Vgl *Eilinghoff*, S. 265 f, 271; *Busse*, S. 226.

27 Staudinger/*v. Hoffmann/Fuchs*, Art. 38 EGBGB Rn 15.

28 Staudinger/*v. Hoffmann/Fuchs*, Art. 38 EGBGB Rn 13 f, auch mit Nachw. zur früher vertretenen Gegenansicht.

29 Bamberger/Roth/*Spickhoff*, Art. 38 EGBGB Rn 16.

30 So zu Recht BGHZ 108, 353, 355 = NJW 1990, 242 = IPRax 1991, 338; *Einsele*, JZ 1993, 1023, 1029; teilweise aA OLG Frankfurt WM 1995, 50, 52; Palandt/*Thorn*, Art. 43 Rn 4; *Kronke/Berger*, IPRax 1991, 316; *Busse*, S. 229, 233.

31 MüKo/*Junker*, Art. 38 EGBGB Rn 22; *Staudinger*, DB 1999, 1589.

eines Rechtsverhältnisses zwischen den Parteien erfolgte, wird häufig eine Anknüpfung an das Statut dieser Rechtsbeziehung über Art. 41 Abs. 1, Abs. 2 Nr. 1 nahe liegen.[32]

Liegen der Ort der **Eingriffshandlung** und der Ort des **Eingriffserfolges** in verschiedenen Staaten, so ist die Regelung des Art. 40 Abs. 1 analog anzuwenden (hM).[33] Grundsätzlich ist demnach die Eingriffshandlung maßgebend; der Bereicherungsgläubiger kann jedoch verlangen, dass stattdessen das Recht des Ortes des Eingriffserfolges angewendet wird. **18**

In den Fällen des Eingriffs in die **Forderungszuständigkeit** bereitet die Bestimmung des Eingriffsorts Probleme. Zwar wäre es denkbar, auf den Ort der „Belegenheit" der Forderung abzustellen. Doch wird über die Frage, wo eine Forderung belegen ist, seit jeher gestritten (denkbar u.a.: gewöhnlicher Aufenthalt bzw Wohnsitz des Schuldners; gewöhnlicher Aufenthalt bzw Wohnsitz des Gläubigers; Belegenheit des Vermögens einer dieser Parteien; Erfüllungsort der Forderung).[34] Auch ist es aus konzeptioneller Sicht nicht zwingend, auf die Belegenheit der Forderung abzustellen. Vielmehr sollte man sich daran orientieren, dass das „geschützte Interesse" iSd Abs. 2 in diesen Fällen die Forderungszuständigkeit des wirklichen Gläubigers, also des Bereicherungsgläubigers, ist. Deshalb ist Eingriffsort mE grundsätzlich der Ort, an dem der Bereicherungsgläubiger seinen gewöhnlichen Aufenthalt hat; bei Gesellschaften und juristischen Personen ist auf den Sitz der Hauptverwaltung abzustellen. Allerdings wird diese Anknüpfung häufig durch eine engere Verbindung nach Art. 41 Abs. 1 verdrängt, insbesondere durch eine Anknüpfung an das Statut der Forderung[35] oder – bei Abtretung verbriefter Forderungen – an den Belegenheitsort der Urkunde.[36] **19**

(Bereicherungs-)Ansprüche des Insolvenzverwalters aufgrund einer **Insolvenzanfechtung** richten sich nach den vorrangigen Vorschriften des Internationalen Insolvenzrechts, dh idR nach der lex concursus, also nach dem Recht des Staates, in dem das Insolvenzverfahren eröffnet wurde. Dies ergibt sich im Anwendungsbereich der Europäischen Insolvenzverordnung (EuInsVO)[37] bereits aus Art. 3 iVm Art. 4 lit. (m), ggf iVm Art. 13 EuInsVO, im Übrigen aus § 339 InsO.[38] Für die **Gläubigeranfechtung** außerhalb des Insolvenzverfahrens gilt gem. § 19 AnfG das Recht, dem die Wirkungen der Rechtshandlungen unterliegen. **20**

III. Sonstige Kondiktionen (Abs. 3)

Abs. 3 bestimmt, dass in „sonstigen Fällen" Ansprüche aus ungerechtfertigter Bereicherung dem Recht des Staates unterliegen, in dem die Bereicherung eingetreten ist. Die praktische Bedeutung der Vorschrift dürfte gering sein. Erfasst werden diejenigen Fälle, in denen weder eine Leistung (vgl Rn 5 ff) noch ein Eingriff in ein geschütztes Interesse (vgl Rn 14 ff) vorliegt. Dies sind im Wesentlichen die rechtsgrundlose Verwendung auf fremdes Gut sowie die abgeirrte Leistung (dh die Erfüllung einer vermeintlichen Vertragspflicht bei völligem Fehlen einer Rechtsbeziehung im Valutaverhältnis, zB Überweisung auf falsches Konto infolge Namensverwechslung).[39] **21**

Der Ort des Eintritts der Bereicherung ist in der Regel der gewöhnliche Aufenthalt bzw Sitz oder Niederlassung des Empfängers,[40] bei der rechtsgrundlosen Verwendung auf fremdes Gut jedoch der Ort der Belegenheit der Sache.[41] **22**

32 Vgl MüKo/*Junker*, Art. 38 EGBGB Rn 29.

33 Staudinger/*v. Hoffmann/Fuchs*, Art. 38 EGBGB Rn 10; MüKo/*Junker*, Art. 38 EGBGB Rn 23; Bamberger/Roth/*Spickhoff*, Art. 38 EGBGB Rn 15; *Eilinghoff*, S. 274 ff; *Fischer*, IPRax 2002, 1, 4 f; *Busse*, RIW 1999, 16, 20; *Kreuzer*, RabelsZ 65 (2001), 383, 407 f; *Spickhoff*, NJW 1999, 2209, 2211; offen gelassen von Regierungsbegründung BT-Drucks. 14/343, S. 9; *Wagner*, IPRax 1999, 210, 210.

34 Vgl nur die Nachw. bei Staudinger/*v. Hoffmann/Fuchs*, Art. 38 EGBGB Rn 13; *Fischer*, IPRax 2002, 1, 5 f; *Eilinghoff*, S. 282 ff.

35 Vgl Staudinger/*v. Hoffman/Fuchs*, Art. 38 EGBGB Rn 13; Palandt/*Heldrich* (67. Aufl. 2008), Art. 38 EGBGB Rn 3.

36 Vgl Staudinger/*v. Hoffmann/Fuchs*, Art. 38 EGBGB Rn 14; *Busse*, S. 140 ff.

37 Verordnung (EG) Nr. 1346/2000 des Rates v. 29.5.2000 über Insolvenzverfahren Abl. EG Nr. L 160 S. 1.

38 Vgl dazu MüKo/*Junker*, Erg.-Bd., Art. 38 EGBGB Rn 26; iE ähnlich Staudinger/*v. Hoffmann/Fuchs*, Art. 38 EGBGB Rn 32 (Art. 41 Abs. 1); *Eilinghoff*, S. 291 f (Art. 41 Abs. 2 Nr. 1), in Anlehnung an BGHZ 88, 147 = IPRax 1984, 264.

39 Staudinger/*v. Hoffmann/Fuchs*, Art. 38 EGBGB Rn 17.

40 Vgl Regierungsbegründung BT-Drucks. 14/343, S. 9; Staudinger/*v. Hoffmann/Fuchs*, Art. 38 EGBGB Rn 17; MüKo/*Junker*, 38 EGBGB Rn 24; *Schlechtriem*, Bereicherungsansprüche, S. 29, 57; differenzierend bei ausländischen Konten Bamberger/Roth/*Spickhoff*, Art. 38 EGBGB Rn 17; *Fischer*, IPRax 2002, 1, 6 f.

41 Staudinger/*v. Hoffmann/Fuchs*, Art. 38 EGBGB Rn 17; MüKo/*Junker*, Art. 38 EGBGB Rn 24.

IV. Vorrangige Anknüpfungen innerhalb des EGBGB

23 Die Regelanknüpfung des Art. 39 tritt zurück, wenn das EGBGB (zu vorrangigen Staatsverträgen und europarechtlichen Sonderregelungen vgl Rn 4) eine vorrangige Sonderanknüpfung vorsieht. Derartige Sonderregeln enthalten die Art. 41, 42.[42]

24 **1. Art. 42 – Rechtswahl.** Art. 42 ermöglicht den Parteien grundsätzlich die nachträgliche Rechtswahl.[43] Haben die Parteien eine solche wirksam geschlossen, so ist das gewählte Recht anwendbar. Auf Art. 38 und Art. 41 kommt es dann nicht mehr an. Ob bei der Leistungskondiktion des Abs. 1 das zugrunde liegende Statut der Leistungsbeziehung die Rechtswahl anerkennt, ist mE unbeachtlich.[44] Zum Schutz der marktschwächeren Partei sollen nach teilweise vertretender Ansicht[45] die Einschränkungen der Rechtswahlfreiheit durch Art. 29 Abs. 1 aF und Art. 30 Abs. 1 aF auch für Art. 42 entsprechend gelten, wenn dem Bereicherungsverhältnis ein Vertrag zugrunde liegt, der in den Anwendungsbereich der Art. 29, 30 aF fällt und wenn ausnahmsweise die Art. 38 ff, und nicht Art. 32 Abs. 1 Nr. 5 aF, für die Leistungskondiktion heranzuziehen sind. Vereinzelt wird die Ansicht vertreten, die Rechtswahl sei bei Bereicherungsansprüchen, die auf Wettbewerbsverstößen beruhen, ausgeschlossen.[46]

25 **2. Art. 41 – Wesentlich engere Verbindung.** Liegt keine Rechtswahl vor, kann die Regelanknüpfung des Art. 38 auch nach Art. 41 verdrängt werden, wenn zu einer anderen Rechtsordnung eine wesentlich engere Verbindung besteht, Art. 41 Abs. 1. Art. 41 Abs. 2 nennt beispielhaft[47] zwei Fälle, in denen eine solche wesentlich engere Verbindung gegeben sein kann, nämlich das Bestehen einer Sonderbeziehung der Beteiligten (Nr. 1) und – in den Fällen des Abs. 2 und des Abs. 3 – den gemeinsamen gewöhnlichen Aufenthalt der Beteiligten (Nr. 2).

26 **a) Gemeinsamer gewöhnlicher Aufenthalt, Art. 41 Abs. 2 Nr. 2.** Gem. Art. 41 Abs. 2 Nr. 2 kann sich in den Fällen des Abs. 2 und Abs. 3 eine wesentlich engere Verbindung daraus ergeben, dass die Beteiligten ihren gewöhnlichen Aufenthalt im Zeitpunkt der Vornahme der Geschäftsführung in demselben Staat haben.[48] Bei Gesellschaften, Vereinen oder Juristischen Personen ist der Ort der Hauptverwaltung bzw der Ort der beteiligten Niederlassung maßgeblich (Art. 41 Abs. 2 Nr. 2 Hs 2 iVm Art. 40 Abs. 2 S. 2). Die Vorschrift ist nach ihrem eindeutigen Wortlaut auf die Fälle der Eingriffskondiktion (Abs. 2) und der sonstigen Nichtleistungskondiktionen (Abs. 3) beschränkt. Eine Anwendung auf die Leistungskondiktion scheidet daher aus.[49] Zu Einzelheiten vgl die Kommentierung zu Art. 41.

27 **b) Besondere rechtliche oder tatsächliche Beziehung im Zusammenhang mit dem Schuldverhältnis, Art. 41 Abs. 2 Nr. 1.** Die Ausweichklausel des Art. 41 Abs. 2 Nr. 1 wird praktisch nur für die Eingriffskondiktion (Abs. 2) und für die sonstigen Nichtleistungskondiktionen (Abs. 3) Bedeutung erlangen. Denn für die Leistungskondiktion sieht Abs. 1 ohnehin die akzessorische Anknüpfung an das Statut der Leistungsbeziehung vor. Eine engere Beziehung zu einem anderen Beziehungsverhältnis zwischen den Parteien ist hier kaum denkbar.[50]

28 Bei den Nichtleistungskondiktionen ermöglicht die Vorschrift insbesondere die Anknüpfung an das Statut eines bereits bestehenden Rechtsverhältnisses zwischen den Parteien (Bsp.: Eingriff im Rahmen einer bereits bestehenden Vertragsbeziehung: akzessorische Anknüpfung an das Vertragsstatut).

29 Um den vom Gesetz gewünschten Gleichlauf zu erreichen, ist es jedoch auch denkbar, akzessorisch an ein gleichzeitig mit der Kondiktion entstehendes anderes gesetzliches Schuldverhältnis anzuknüpfen.[51] Liegt etwa in dem Eingriff gleichzeitig eine deliktische Handlung, so sollte man die bereicherungsrechtlichen Ansprüche mE akzessorisch an das Deliktsstatut anknüpfen, nicht etwa umgekehrt. Im Verhältnis zur Geschäftsführung ohne Auftrag verdient hingegen mE das Bereicherungsstatut den Vorrang (vgl Art. 39 EGBGB Rn 22).

30 **c) Rangverhältnis zwischen Art. 41 Abs. 2 Nr. 1 und Nr. 2.** Art. 41 Abs. 2 enthält keine Regelung des Rangverhältnisses zwischen Nr. 1 und Nr. 2. Liegen im konkreten Fall beide Fallgestaltungen vor (gemeinsamer gewöhnlicher Aufenthalt und Sonderbeziehung), so ist mE der akzessorischen Anknüpfung an das Statut

42 Vgl dazu MüKo/*Junker*, Erg.-Bd., Art. 38 EGBGB Rn 18 ff; Staudinger/*v. Hoffmann/Thorn*, Art. 38 EGBGB Rn 29 ff.

43 Vgl dazu ausf. *Eilinghoff*, S. 108 ff.

44 *Fischer*, IPRax 2002, 11; *Eilinghoff*, S. 116 f (m. Nachw. zur früher vertretenen aA).

45 Vgl *Fischer*, IPRax 2002, 1, 11; *Freitag/Leible*, ZVglRWiss 2000, 101, 115; *Eilinghoff*, S. 114 ff.

46 Vgl *Eilinghoff*, S. 115 f.

47 Vgl Bamberger/Roth/*Spickhoff*, Art. 41 EGBGB Rn 2: zwar kein Regelbeispiel, aber Indizwirkung.

48 So zum früheren Recht bereits OLG Koblenz NJW 1992, 2367 = IPRax 1992, 383; OLG Nürnberg TranspR 1992, 36, 37.

49 Vgl *Eilinghoff*, S. 306 ff; Bamberger/Roth/*Spickhoff*, Art. 41 EGBGB Rn 13.

50 Vgl Staudinger/*v. Hoffmann/Fuchs*, Art. 38 EGBGB Rn 29; *Eilinghoff*, S. 306 ff; *Wagner*, IPRax 1998, 429, 434; aA *Schlechtriem*, IPRax 1995, 65, 70.

51 Vgl MüKo/*Junker*, Art. 38 EGBGB Rn 29.

der Sonderbeziehung der Vorrang zu gewähren.[52] Andernfalls würde der durch die akzessorische Anknüpfung angestrebte Gleichlauf der verschiedenen Anspruchsgrundlagen beeinträchtigt.

V. Insbesondere: Mehrpersonenverhältnisse

Die Behandlung des Bereicherungsausgleichs in Mehrpersonenverhältnissen wirft im Kollisionsrecht ähnlich schwierige Fragen auf wie im materiellen Recht. Die Behandlung ist dementsprechend umstritten.[53] ME ist von folgenden Grundsätzen auszugehen: 31

1. Echter Vertrag zugunsten Dritter. Eine Kondiktion des Versprechenden beim Versprechungsempfänger unterliegt dem Statut des zwischen ihnen bestehenden Deckungsverhältnisses; dies ergibt sich idR bereits aus Art. 32 Abs. 1 Nr. 5 aF, im Übrigen aus Abs. 1 (vgl zur Abgrenzung und zur Rom I-VO Rn 11). Dementsprechend unterliegt die Kondiktion des Versprechensempfängers gegen den Dritten dem Statut des deren Beziehung beherrschenden Valutaverhältnisses; auch hier wird häufig Art. 32 Abs. 1 Nr. 5 aF bzw Art. 12 lit. e Rom I-VO greifen, im Übrigen Abs. 1 (zB wenn das Valutaverhältnis ein gesetzliches Schuldverhältnis ist).[54] Das Vorliegen einer Leistungsbeziehung ist in beiden Fällen bei Zugrundelegung der oben (Rn 6 f) herausgearbeiteten Grundsätze unproblematisch. 32

Die Frage, welches Recht darüber entscheidet, ob der Versprechende direkt beim Dritten kondizieren kann, ist schwieriger zu beantworten, wird aber ganz überwiegend zugunsten einer Anknüpfung an das Statut des Deckungsverhältnisses (Versprechender – Versprechensempfänger) entschieden.[55] Dies ist zutreffend. Es ergibt sich mE aus einer Anwendung des Abs. 1:[56] Eine Leistung iS dieser Vorschrift liegt vor, weil der Versprechende bewusst das Vermögen des Versprechensempfängers mehrt. Es gilt demnach das Statut des Rechtsverhältnisses, auf das sich diese Zuwendung bezieht. Dies ist – aus der Perspektive beider Parteien (hier liegt der entscheidende Unterschied zu den Anweisungsfällen!, vgl Rn 34) – das Deckungsverhältnis, weil sich daraus erst Verpflichtung des Versprechenden und Anspruch des Dritten ergeben. 33

2. Anweisungsfälle. Eine Kondiktion zwischen Anweisendem und Angewiesenem unterliegt gem. Art. 32 Abs. 1 Nr. 5 aF (Art. 12 lit. e Rom I-VO) bzw Art. 38 Abs. 1 dem Statut des zwischen ihnen bestehenden Deckungsverhältnisses. In entsprechender Weise wird die Kondiktion des Anweisenden beim Anweisungsempfänger durch das Statut des Valutaverhältnisses beherrscht.[57] 34

Die Anknüpfung der Kondiktion des Angewiesenen beim Anweisungsempfänger wegen fehlender oder fehlerhafter Anweisung ist umstritten: Nach einer Ansicht[58] ist eine Anknüpfung nach Abs. 3 vorzunehmen, die in der Regel zum Recht am Sitz bzw an der Niederlassung des Empfängers führt. Nach aA ist an das Statut des Deckungsverhältnisses[59] bzw an das Statut des Valutaverhältnisses[60] anzuknüpfen. Vorzugswürdig ist die Anknüpfung an Abs. 3. Die Anwendung des Abs. 1 scheitert mE daran, dass sich nicht eindeutig feststellen lässt, auf welches Rechtsverhältnis die Leistung bezogen ist: Aus Sicht des Empfängers ist dies das Valutaverhältnis, aus Sicht des Angewiesenen das Deckungsverhältnis. Nach der hier vertretenen Ansicht (vgl Rn 9) sollte man deshalb Abs. 1 nicht zur Anwendung bringen und auf die örtliche Anknüpfung des Abs. 3 übergehen, die dann idR zum Recht des Empfängers führt. 35

3. Fälle der abgeirrten Leistung. Die Fälle der abgeirrten Leistung, in denen es im Valutaverhältnis zwischen dem (jetzt kondizierenden) Anweisenden und dem Empfänger an einer Rechtsbeziehung fehlt (in denen der Dritte die Zuwendung zB irrtümlich erhält), fallen mE ebenfalls nicht unter Abs. 1, sondern unter Abs. 3. Dies entspricht dem ausdrücklichen Willen des Gesetzgebers[61] und ist richtig, weil es an einer eindeutig auf ein Rechtsverhältnis bezogenen Leistung iSd Abs. 1 fehlt (vgl Rn 6 f). Über Abs. 3 wird idR das Recht des 36

52 MüKo/*Junker*, Art. 38 EGBGB Rn 30; vgl auch die Nachw. zu Art. 39 bei Art. 39 EGBGB Rn 23 Fn 48.

53 Vgl nur Staudinger/*v. Hoffmann/Fuchs*, Art. 38 EGBGB Rn 18 ff; *Eilinghoff*, S. 195 ff.

54 Vgl zu beiden Fallgruppen Staudinger/*v. Hoffmann/Fuchs*, Art. 38 EGBGB Rn 23; Bamberger/Roth/*Spickhoff*, Art. 38 EGBGB Rn 14; *Eilinghoff*, S. 199 f.

55 Vgl Staudinger/*v. Hoffmann/Fuchs*, Art. 38 EGBGB Rn 23; Bamberger/Roth/*Spickhoff*, Art. 38 EGBGB Rn 14; *Eilinghoff*, S. 202 ff; zum früheren Recht vgl *Einsele*, JZ 1993, 1025, 1027; *Lorenz*, in: FS Zweigert 1981, S. 199, 218 f; *Plaßmeier*, S. 343.

56 AA *Eilinghoff*, S. 205; Art. 32 Abs. 1 Nr. 5.

57 Vgl Staudinger/*v. Hoffmann/Fuchs*, Art. 38 EGBGB Rn 24; Palandt/*Heldrich* (67. Aufl. 2008), Art. 38 EGBGB Rn 2; *Eilinghoff*, S. 207 ff; zum früheren Recht *Einsele*, JZ 1993, 1025, 1027; *Lorenz*, in: FS Zweigert 1981, S. 199, 221 ff.

58 Vgl Staudinger/*v. Hoffmann/Fuchs*, Art. 38 EGBGB Rn 25; so iE zum früheren Recht BGH NJW 1987, 185 ff = IPRax 1987, 186 f m. Anm. *Jayme*, S. 187; iE so auch das OLG Hamburg IPRspr 1986, Nr. 35 a; s.a. *Fischer*, IPRax 2002, 1, 7, der aber über Art. 41 Abs. 2 Nr. 1 das Rechtsverhältnis im Valutaverhältnis für maßgeblich erklärt.

59 So zum früheren Recht *Schlechtriem*, IPRax 1987, 356 f.

60 Vgl Palandt/*Heldrich* (67. Aufl. 2008), Art. 38 EGBGB Rn 2; *Fischer*, IPRax 2002, 1, 7; differenzierend *Eilinghoff*, S. 208 ff; so zum früheren Recht *Jayme*, IPRax 1987, 186 f.

61 BT-Drucks. 14/343, S. 9.

Empfängers maßgeblich sein.[62] Eine abweichende Anknüpfung an das Statut des Deckungsverhältnisses ist mE idR nicht angebracht.

37 **4. Akkreditiv.** ber Kondiktionsansprüche im Valutaverhältnis zwischen Akkreditivauftraggeber (Käufer) und Begünstigtem (Verkäufer) entscheidet über Art. 32 Abs. 1 Nr. 5 aF/Art. 12 lit. e Rom I-VO (bzw Art. 38 Abs. 1, vgl Rn 11) das auf dieses Verhältnis anwendbare Recht, idR also das Kaufvertragsstatut (zur Problematik des UN-Kaufrechts vgl Rn 13). Bei einem Fehler im Deckungsverhältnis zwischen Auftraggeber (Käufer) und Akkreditivbank entscheidet das Statut des Deckungsverhältnisses. Die Direktkondiktion der Akkreditivbank beim Begünstigten (Verkäufer) unterliegt dem Akkreditivstatut, dessen Bestimmung allerdings umstritten ist.[63]

38 **5. Weitergabe der Leistung an Dritte (Weitergabekondiktion bzw Verfolgungsansprüche).** Die sog. Weitergabekondiktion betrifft folgende Fallgestaltung: Eine Person (B, Erstempfänger) hat von einer anderen Person (A, ursprünglich Leistender) eine Sache erhalten und diese an einen Dritten (C, Zweitempfänger) geleistet Der ursprünglich Leistende A verlangt die Sache vom Zweitempfänger C zurück, weil seine Leistung an B ohne Rechtsgrund erfolgt sei. Im Ergebnis unterliegt dieser Anspruch mE dem für das Rechtsverhältnis zwischen Erstempfänger B und Zweitempfänger C geltenden Recht. Dies ergibt sich aus folgenden Überlegungen:

39 Eine Leistung von A an C iSd Abs. 1 (vgl Rn 6 f) liegt nicht vor, weil A nicht bewusst das Vermögen des C gemehrt hat. Ob ein Eingriff iSd Abs. 2 durch den Zweitempfänger vorliegt, ist umstritten. Teilweise wird dies generell verneint,[64] teilweise für den Fall bejaht, dass der Zweitempfänger die Sache vom Nichtberechtigten erhalten hat (im deutschen Recht: § 816 Abs. 1 S. 2 BGB).[65] ME sollte man die Frage, ob ein Eingriff iSd Abs. 2 vorliegt, nicht mit Berechtigungserwägungen überfrachten, sondern einfach darauf abstellen, ob der (behauptete) Bereicherungseintritt auf einem Verhalten beruht, für das der Zweitempfänger in irgendeiner Weise verantwortlich gemacht werden kann. Dies ist sowohl beim Erwerb vom Berechtigten als auch beim Erwerb vom Nichtberechtigten der Fall; beides geht nicht ohne Mitwirkung des Zweitempfängers. Grundsätzlich fallen also alle Fälle unter Abs. 2. Allerdings wird diese Anknüpfung über Art. 41 Abs. 1 zugunsten des Statuts des zwischen Erstempfänger B und Zweitempfänger C bestehenden Rechtsverhältnisses verdrängt. Hierfür sprechen Erwägungen der Schutzwürdigkeit: Der Zweitempfänger soll auf dasjenige Recht vertrauen können, das die Rechtsbeziehung zu „seinem" Leistenden beherrscht (iE hM, str.).[66] Dogmatisch lässt sich dies zwar nicht auf Art. 41 Abs. 2 Nr. 1 stützen, weil zwischen ursprünglich Leistendem und Zweitempfänger keine besondere Beziehung besteht (vgl Art. 41 EGBGB Rn 11 ff), wohl aber auf die allgemeine Ausweichklausel des Art. 41 Abs. 1.

40 **6. Freiwillige Tilgung einer fremden Schuld. a) Kondiktion des Dritten beim Gläubiger.** Hat ein Dritter auf die Schuld eines anderen an den Gläubiger gezahlt und stellt sich nun heraus, dass die Forderung nicht bestand oder nach dem Schuldstatut keine Tilgungswirkung eintrat, so richtet sich die Kondiktion des Dritten beim Gläubiger nach Abs. 1, weil der Dritte bewusst das Vermögen des Gläubigers gemehrt hat, so dass eine Leistung iSd Abs. 1 vorliegt. Angeknüpft wird an das Statut, dass die zu tilgende Forderung beherrscht (Forderungsstatut).[67]

41 **b) Kondiktion des Dritten beim Schuldner.** Will der Dritte beim Schuldner im Wege des Rückgriffs kondizieren (etwa weil seine Zahlung an den Gläubiger zur Tilgung geführt hat), so ist folgendermaßen zu unterscheiden: Wenn zwischen dem Dritten und dem Schuldner kein auf die Schuldtilgung bezogenes Kausalverhältnis bestand, unterliegt die Rückgriffskondiktion des Dritten über Abs. 1 dem Forderungsstatut (hM), weil

62 Str., vgl zum Streitstand Staudinger/*v. Hoffmann/Fuchs*, Art. 38 EGBGB Rn 26; *Eilinghoff*, S. 218 ff; zum früheren Recht für Anknüpfung an das Statut des Deckungsverhältnisses BGH IPRax 1987, 372 = NJW 1987, 1285; *Schlechtriem*, IPRax 1987, 356 f.

63 Staudinger/*v. Hoffmann/Fuchs*, Art. 38 EGBGB Rn 27; *Eilinghoff*, S. 216 ff.

64 *Fischer*, IPRax 2002, 1, 8; *Siehr*, IPR, S. 261.

65 *Eilinghoff*, S. 239 f; s.a. *Schlechtriem*, IPRax 1995, 65, 69 f.

66 So iE (bei teilw. Abweichungen in der Konstruktion) Staudinger/*v. Hoffmann/Fuchs*, Art. 38 EGBGB Rn 28; Erman/*Hohloch*, Art. 38 EGBGB Rn 13; *Eilinghoff*, S. 237 ff (mit Nachw. zu den verschiedenen abweichenden Ansichten); *Schlechtriem*, IPRax 1995, 65, 69 f; *v. Bar*, IPR II, Rn 737; *Busse*, S. 198 ff; aA (in den Fällen des § 822 Kumulation des Statuts A-B und des Statuts B-C) Staudinger/*W.Lorenz*, § 812 Rn 26, § 816 Rn 34; *ders.*, in: FS Zweigert 1981, S. 199, 225 f; aA (kein Fall des Art. 41, sondern durchgängige Anknüpfung nach Art. 38 Abs. 3) *Fischer*, IPRax 2002, 1, 8 f.

67 HM, vgl Staudinger/*v. Hoffmann/Fuchs*, Art. 38 EGBGB Rn 19; Bamberger/Roth/*Spickhoff*, Art. 38 EGBGB Rn 11; Erman/*Hohloch*, Art. 38 EGBGB Rn 8; *Eilinghoff*, S. 229 ff; s.a. zum früheren Recht *v. Bar*, IPR II, Rn 737; *Busse*, S. 191 ff; *Einsele*, JZ 1993, 1025, 1026; *Hay*, S. 32; *Lorenz*, in: FS Zweigert 1981, S. 199, 214 f; *Plaßmeier*, S. 353 f; aA (zum früheren Recht) ArbG Düsseldorf IPRax 1990, 328, das noch auf den Ort der Belegenheit des Vermögens des Bereicherungsschuldners und damit auf dessen Wohnsitz abstellt; dazu krit. *Junker*, IPRax 1990, 303, 308.

eine Leistung iSd Abs. 1 gegeben ist, die sich auf die Forderung bezieht.[68] Auf diese Weise wird ein Gleichlauf mit der in Art. 39 Abs. 2 vorgesehenen Anknüpfung für Rückgriffsansprüche aus GoA erreicht.

War der Dritte hingegen dem Schuldner vermeintlich aufgrund eines Kausalverhältnisses (zB – unwirksamer – Versicherungsvertrag) zur Tilgung beim Gläubiger verpflichtet, so bezog sich seine Leistung in erster Linie auf dieses Kausalverhältnis, und nicht auf die Forderung. Über Abs. 1 gilt also das auf das betreffende Kausalverhältnis anwendbare Recht.[69] Der gewünschte Gleichlauf mit der Anknüpfung von Ansprüchen aus GoA lässt sich erreichen, indem man in diesen Fällen die GoA-Anknüpfung des Art. 39 Abs. 2 über Art. 41 Abs. 1, Abs. 2 Nr. 1 ausschaltet und ebenfalls an das Statut der Kausalbeziehung anknüpft. 42

7. Bürgschaft und Garantie. a) Rückgriff des Bürgen beim Hauptschuldner. Ein Rückgriff des Bürgen, dessen Zahlung zur Tilgung der bestehenden Hauptschuld geführt hat, beim Hauptschuldner wird in aller Regel nicht über das Bereicherungsrecht erfolgen. Vorrangig ist nämlich die in Art. 33 Abs. 3 aF bzw Art. 15 Rom I-VO enthaltene Regel über die cessio legis: Kommt es nach dem Bürgschaftsstatut zu einem gesetzlichen Übergang der Forderung des Gläubigers auf den Bürgen, so bleibt kein Raum für die Anwendung des Bereicherungsrechts.[70] Wenn hingegen keine cessio legis eintritt, kommen bereicherungsrechtliche Ansprüche in Betracht. In diesen Fällen ist – ähnlich wie bei den Fällen der freiwilligen Tilgung fremder Schulden – danach zu unterscheiden, ob der Bürge dem Hauptschuldner gegenüber vertraglich zur Übernahme der Bürgschaft verpflichtet war (zB aufgrund eines Auftrags) oder nicht: 43

Wenn **keine vertragliche Verpflichtung des Bürgen** gegenüber dem Hauptschuldner bestand, gilt Abs. 1, weil der Bürge bewusst das Vermögen des Gläubigers gemehrt hat (Leistung, vgl Rn 6 f). Die Leistung konnte sich sowohl aus Sicht des Bürgen als auch aus Sicht des Hauptschuldners nur auf den Bürgschaftsvertrag beziehen. Maßgebend ist also über Abs. 1 das Bürgschaftsstatut.[71] 44

War der Bürge hingegen dem Hauptschuldner **vertraglich zur Übernahme der Bürgschaft verpflichtet**, so ist – aus der Sicht dieser beiden Parteien – nicht eindeutig feststellbar, auf welches Rechtsverhältnis sich seine Zahlung bezog (auf den Bürgschaftsvertrag oder auf den mit dem Hauptschuldner bestehenden Vertrag). In derartigen Fällen ist nach der hier vertretenen Ansicht (vgl Rn 9) Abs. 1 nicht anwendbar. Weil auch kein Eingriff vorliegt (Abs. 2), gilt grundsätzlich Abs. 3, also das Recht des Ortes des Bereicherungseintritts. Allerdings wird diese Anknüpfung gem. Art. 41 Abs. 1, Abs. 2 Nr. 1 durch eine Anknüpfung an dasjenige Recht verdrängt, welches das Vertragsverhältnis zwischen Bürgen und Hauptschuldner beherrscht.[72] 45

b) Rückgriff des Bürgen beim Gläubiger. Will der Bürge beim Gläubiger kondizieren (etwa weil die Hauptschuld nicht bestand oder der Bürgschaftsvertrag unwirksam war), so greift mE Abs. 1 ein. Die Zahlung des Bürgen ist – sowohl aus dessen Sicht als auch aus der Sicht des Gläubigers – eindeutig auf den Bürgschaftsvertrag bezogen, und nicht etwa auf die Hauptschuld. Es liegt also kein Fall des Dissenses über das Bezugsobjekt vor, der nach der hier vertretenen Auffassung eine Anwendung des Abs. 1 ausschließen würde (vgl Rn 9). Über Abs. 1 gilt deshalb das Bürgschaftsstatut (str.).[73] Normwidersprüche zwischen dem Statut der Hauptschuld und dem Forderungsstatut sind ggf im Wege der Anpassung aufzulösen. 46

c) Garantenzahlungen. Für Zahlungen aus Garantien gelten die für die Bürgschaft maßgeblichen Regeln entsprechend. 47

8. Zessionsfälle. Die Kondiktion des Schuldners beim Zessionar oder beim Zedenten (etwa in den Fällen einer fehlgeschlagenen Abtretung oder der Abtretung einer nicht bestehenden Forderung) richtet sich nach Abs. 1, weil der Schuldner, der auf die (angebliche bzw angeblich abgetretene) Forderung geleistet hat, damit bewusst das Vermögen des Empfängers gemehrt hat. Die Tatsache, dass derartige Fälle im deutschen materiellen Recht aufgrund von Wertungsgesichtspunkten überwiegend als Nichtleistungskondiktionen eingeordnet werden,[74] spielt nach der hier vertretenen Auffassung eines **autonomen kollisionsrechtlichen Leistungsbegriffs** (vgl Rn 6 f) keine Rolle.[75] Die Leistung des Schuldners bezieht sich aus Sicht aller Beteiligten auf die Forderung. Über Abs. 1 wird deshalb das Forderungsstatut (also das Recht, das die Rechtsbeziehung 48

68 Vgl Staudinger/*v. Hoffmann/Fuchs*, Art. 38 EGBGB Rn 19; Bamberger/Roth/*Spickhoff*, Art. 38 EGBGB Rn 13; *Eilinghoff*, S. 44 ff; ähnlich mit anderer Begründung *Fischer*, IPRax 2002, 1, 8; s. zum früheren Recht *Schlechtriem*, Bereicherungsansprüche, S. 29, 77 f; *v. Bar*, IPR II, Rn 737; *Busse*, S. 192; *Plaßmeier*, S. 362 ff.

69 *Eilinghoff*, S. 249 ff; *Schlechtriem*, IPRax 1995, 65, 66 (Fn 14); s.a. zum früheren Recht *Busse*, S. 190 ff; *Einsele*, JZ 1993, 1025, 1026; *Reithmann/Martiny* (6. Aufl. 2004), Rn 365; *Schlechtriem*, Bereicherungsansprüche, S. 29, 77.

70 Staudinger/*v. Hoffmann/Fuchs*, Art. 38 EGBGB Rn 21; *Eilinghoff*, S. 252.

71 So iE *Eilinghoff*, S. 252 f; Staudinger/*v. Hoffmann/Fuchs*, Art. 38 EGBGB Rn 21; *Schlechtriem*, IPRax 1995, 65, 66 Fn 14.

72 So iE *Eilinghoff*, S. 253 f; s.a. zum früheren Recht *Busse*, S. 204.

73 So iE die überwiegende Meinung: Staudinger/*v. Hoffmann/Fuchs*, Art. 38 EGBGB Rn 21; *Eilinghoff*, S. 232 ff; *Schlechtriem*, IPRax 1995, 65, 66 Fn 14; s.a zum früheren Recht *Lorenz*, in: FS Zweigert 1981, S. 199, 217; *Plaßmeier*, S. 354 ff.

74 Vgl zB BGHZ 105, 365.

75 Vgl *Eilinghoff*, S. 223 f.

beherrscht, der die Forderung entstammt, zB das Vertragsstatut oder das Deliktsstatut) zur Anwendung berufen.[76] Im Verhältnis des Schuldners zum Zessionar ist mE Art. 33 Abs. 2 aF keine gegenüber Art. 38 Abs. 1 vorrangige Sonderregelung, weil (bzw wenn) Art. 33 Abs. 2 aF nicht auch die Frage der bereicherungsrechtlichen Rückabwicklung erfasst; ist man in dieser Frage anderer Ansicht, so ändert sich im Ergebnis nichts, weil Art. 33 Abs. 2 aF auch an das Forderungsstatut anknüpft.

49 Im Ergebnis sollte das Forderungsstatut mE auch über eine **Kondiktion des Zedenten beim Zessionar im Falle der Unwirksamkeit der Abtretung** entscheiden.[77] Mangels einer Leistung des Zedenten an den Zessionar (bzgl der vom Schuldner erbrachten Zahlung) greift jedoch nicht Abs. 1, sondern grundsätzlich Abs. 2 (Einziehung der Forderung als Eingriff). Allerdings besteht auch hier mE eine wesentlich engere Verbindung zum Forderungsstatut. Dogmatisch lässt sich dies über eine Anwendung des Art. 41 Abs. 1 begründen. Art. 41 Abs. 2 Nr. 1 passt hingegen nicht, weil das zwischen Zedent und Zessionar bestehende Rechtsverhältnis das Zessionsgrundstatut wäre und nicht das Forderungsstatut.[78] Die Anwendung des Forderungsstatuts ist vorzugswürdig, weil sie eine einheitliche Rückabwicklung nach einer Rechtsordnung ermöglicht, die für alle Beteiligten vorhersehbar war. So entscheidet das Forderungsstatut beispielsweise auch über die Wirksamkeit der Übertragung (Art. 33 Abs. 2).[79]

VI. Einzelfragen

50 **1. Regelungsbereich des Bereicherungsstatuts.** Das Bereicherungsstatut regelt Voraussetzungen, Inhalt und Folgen des Bereicherungsanspruchs.[80] Hierzu gehört auch die Frage des Vorrangs der Leistungskondiktion, ebenso die Frage der Verjährung. Die Vorfrage nach dem Bestehen eines Rechtsgrundes soll nach überwiegender Ansicht[81] unselbständig angeknüpft werden. Ob bzw inwieweit die bereicherungsrechtliche Haftung nicht voll Geschäftsfähiger vom Bereicherungsstatut oder von dem nach Art. 7, 12 berufenen Recht geregelt wird, ist umstritten.[82]

51 **2. Rück- und Weiterverweisung (renvoi).** Die Vorschriften über das auf außervertragliche Schuldverhältnisse anwendbare Recht enthalten keine spezielle Vorschrift über die Beachtung der Rückverweisung. Es gilt deshalb die allgemeine Regelung des Art. 4. Dies führt mE zu folgenden Ergebnissen: Die Rechtswahl nach Art. 42 ist gem. Art. 4 Abs. 2 eine Sachnormverweisung. Die in Abs. 2 und Abs. 3 vorgesehenen Anknüpfungen sind grundsätzlich Gesamtverweisungen;[83] allerdings sollte man sich bei der Eingriffskondiktion aufgrund des angestrebten Gleichlaufs von deliktischer und bereicherungsrechtlicher Anknüpfung an die für das Deliktsstatut gefundene Lösung anlehnen und ggf eine Sinnwidrigkeit der Gesamtverweisung annehmen.[84] Die akzessorischen Anknüpfungen des Abs. 1 und des Art. 41 Abs. 1 iVm Abs. 2 Nr. 1 stellen Sachnormverweisungen dar. Verwiesen wird jeweils auf das Sachrecht, welches über die Hauptverweisung gefunden wurde, an die die akzessorische Anknüpfung gekoppelt ist. Dabei spielt es keine Rolle, ob es sich bei der Hauptverweisung selbst um eine Sachnormverweisung oder eine Gesamtverweisung gehandelt hat.[85] Soweit es sich um einen Fall der Leistungskondiktion handelt, der unter Art. 32 Abs. 1 Nr. 5 aF fällt (vgl Rn 11), handelt es sich wegen Art. 35 aF zwangsläufig um eine Sachnormverweisung. Die in Art. 41 Abs. 2 Nr. 2 vorgesehene Anknüpfung an das Recht des gemeinsamen gewöhnlichen Aufenthalts ist mE ebenfalls eine Sachnormverweisung; die Annahme einer Gesamtverweisung widerspräche dem Sinn der Verweisung (Art. 4 Abs. 1 S. 1 Hs 2), weil Art. 41 insgesamt auf dem Gedanken der engsten Verbindung beruht (sehr str.).[86]

52 **3. Ordre public und Art. 40 Abs. 3.** Der allgemeine ordre-public-Vorbehalt des Art. 6 ist zu beachten, aber entsprechend den allgemeinen Grundsätzen eng zu handhaben.[87] So wird selbst das Eingreifen des § 817 S. 2

76 *Eilinghoff*, S. 223 ff; Staudinger/*v. Hoffmann/Fuchs*, Art. 38 EGBGB Rn 22; s.a. zum früheren Recht *Busse*, S. 206; *Einsele*, JZ 1993, 1025, 1027; *Schlechtriem*, Bereicherungsansprüche, S. 29, 76; *Lorenz*, in: FS Zweigert 1981, S. 199, 220 f.

77 AA *Fischer*, IPRax 2002, 1, 6 (Zessionsgrundstatut).

78 AA *Eilinghoff*, S. 227 f (Anwendung des Forderungsstatuts über Art. 41 Abs. 2 Nr. 1).

79 So iE auch *Eilinghoff*, S. 227 ff.

80 Vgl Staudinger/*v. Hoffmann/Fuchs*, Art. 38 EGBGB Rn 5; Erman/*Hohloch*, Art. 38 EGBGB Rn 14.

81 Vgl Bamberger/Roth/*Spickhoff*, Art. 38 EGBGB Rn 6; *v. Bar*, IPR II, Rn 745; *Siehr*, IPR, S. 261; so iE auch BGH IPRax 1987, 372, 373; aA *Eilinghoff*, S. 260 ff mwN.

82 Vgl *v. Bar*, IPR II, Rn 735 einerseits und *Lorenz*, in: FS Zweigert 1981, S. 199, 206 andererseits; differenzierend Staudinger/*v. Hoffmann/Fuchs*, Art. 38 EGBGB Rn 7; für Günstigkeitsvergleich Bamberger/Roth/*Spickhoff*, Art. 38 EGBGB Rn 7.

83 Vgl Regierungsbegründung BT-Drucks. 13/343, S. 8; Bamberger/Roth/*Spickhoff*, Art. 38 EGBGB Rn 18.

84 Staudinger/*v. Hoffmann/Fuchs*, Art. 38 EGBGB Rn 36; MüKo/*Junker*, Art. 38 EGBGB Rn 35; *Eilinghoff*, S. 324; *Fischer*, IPRax 2002, 1, 9; aA Palandt/*Thorn* Art. 38 EGBGB Rn 3.

85 Erman/*Hohloch*, Art. 38 EGBGB Rn 5; Bamberger/Roth/*Spickhoff*, Art. 38 EGBGB Rn 18; *Eilinghoff*, S. 323 ff.

86 So auch *Eilinghoff*, S. 325 ff; *Siehr*, IPR, S. 242; *P. Huber*, JA 2000, 67, 72 f (zum Deliktsrecht); aA Bamberger/Roth/*Spickhoff*, Art. 41 EGBGB Rn 14; *Fischer*, IPRax 2002, 1, 10; wohl auch Regierungsbegründung BT-Drucks. 14/343, S. 8.

87 Erman/*Hohloch*, Art. 38 EGBGB Rn 4; Bamberger/Roth/*Spickhoff*, Art. 38 EGBGB Rn 19.

nur bei besonders schwerwiegenden Fällen und starkem Inlandsbezug zu einem ordre-public-Verstoß führen können.[88] Nicht anwendbar ist auf die Anknüpfung gem. Art. 38 hingegen der besondere Vorbehalt des Art. 40 Abs. 3; dies ergibt sich aus der systematischen Stellung der Vorschrift.[89]

4. Intertemporales Recht. Art. 38 ist mit dem IPR-Reformgesetz am 1.6.1999 in Kraft getreten. Das IPR-Reformgesetz enthält keine gesonderte Übergangsvorschrift. Diese Lücke ist durch eine analoge Anwendung von Art. 220 Abs. 1 zu schließen.[90] Demnach bleiben auf vor dem 1.6.1999 abgeschlossene Vorgänge die alten Regeln[91] anwendbar. Maßgeblicher Zeitpunkt ist für Abs. 2 der Eingriff, für Abs. 3 der Bereicherungseintritt und für Abs. 1 der Zeitpunkt, in dem die betreffende Leistungsbeziehung entstanden ist.[92] Zum **Vorrang der Rom II-VO** vgl Rn 4. 53

Art. 39 EGBGB Geschäftsführung ohne Auftrag

(1) Gesetzliche Ansprüche aus der Besorgung eines fremden Geschäfts unterliegen dem Recht des Staates, in dem das Geschäft vorgenommen worden ist.

(2) Ansprüche aus der Tilgung einer fremden Verbindlichkeit unterliegen dem Recht, das auf die Verbindlichkeit anzuwenden ist.

Literatur: *Benecke*, Auf dem Weg zu „Rom II" – Der Vorschlag für eine Verordnung zur Angleichung des IPR der außervertraglichen Schuldverhältnisse, RIW 2003, 830; *Fischer*, Die Neuregelung des Kollisionsrechts der ungerechtfertigten Bereicherung und der Geschäftsführung ohne Auftrag im IPR-Reformgesetz von 1999, IPRax 2002, 1; *Fuchs*, Zum Kommissions-Vorschlag einer Rom II-Verordnung, GPR 2003–2004, 100; *von Hoffmann*, Das auf die Geschäftsführung ohne Auftrag anzuwendende Recht in: Vorschläge und Gutachten zur Reform des deutschen Internationalen Privatrechts der außervertraglichen Schuldverhältnisse, 1983, S. 80; *P. Huber*, Das internationale Deliktsrecht nach der Reform, JA 2000, 67; *Junker*, Die IPR-Reform von 1999: Auswirkungen auf die Unternehmenspraxis, RIW 2000, 241; *Kreuzer*, Die Vollendung der Kodifikation des deutschen Internationalen Privatrechts durch das Gesetz zum Internationalen Privatrecht der außervertraglichen Schuldverhältnisse und Sachen vom 21.5.1999, RabelsZ 65 (2001), 383; *Leible/Engel*, Der Vorschlag der EG-Kommission für eine Rom II-Verordnung, EuZW 2004, 7; *Spickhoff*, Die Restkodifikation des Internationalen Privatrechts: Außervertragliches Schuld- und Sachenrecht, NJW 1999, 2209; *Stoll*, Dinglicher Gerichtsstand, Vertragsstatut und Realstatut bei Vereinbarungen zum Miteigentümerverhältnis, IPRax 1999, 29; *Wandt*, Die Geschäftsführung ohne Auftrag im internationalen Privatrecht, 1988; *Wandt*, Zum Rückgriff im IPR, ZVglRWiss 86 (1987), 272.

A. Allgemeines

I. Überblick

Art. 39 wurde durch das am 1.6.1999 in Kraft getretene IPR-Reformgesetz von 1999[1] in das EGBGB eingefügt. 1
Abs. 1 knüpft die Ansprüche aus Geschäftsführung ohne Auftrag an ein neutrales Merkmal an, nämlich an

88 Vgl Bamberger/Roth/*Spickhoff*, Art. 38 EGBGB Rn 19 mwN.
89 Vgl Bamberger/Roth/*Spickhoff*, Art. 38 EGBGB Rn 19; Erman/*Hohloch*, Art. 38 EGBGB Rn 4; Palandt/*Heldrich* (67. Aufl. 2008), Art. 38 EGBGB Rn 5; *Kreuzer*, RabelsZ 65 (2001), 383, 404; aA wohl *Busse*, RIW 1999, 16, 20.
90 Vgl Erman/*Hohloch*, Art. 38 EGBGB Rn 7; Bamberger/Roth/*Spickhoff*, Art. 38 EGBGB Rn 20.
91 Vgl dazu den Überblick bei Staudinger/*v. Hoffmann/Fuchs*, Art. 38 EGBGB Rn 2 und die Kommentierungen zum früheren Recht, zB Palandt/*Heldrich*, 58. Aufl. 1999.
92 Vgl Erman/*Hohloch* (12. Aufl.), Art. 38 EGBGB Rn 7.
1 Gesetz zum Internationalen Privatrecht für außervertragliche Schuldverhältnisse und für Sachen v. 21.5.1999 (BGBl. I S. 1026).

das Recht des Vornahmeorts der Geschäftsführung. Dies entspricht der bereits vor der Reform von 1999 ganz hM. Die neutrale Anknüpfung hat den Vorteil, dass das Kollisionsrecht nicht von dem umstrittenen materiellrechtlichen Verständnis der GoA abhängt (unerwünschte Einmischung in fremde Angelegenheiten und deshalb Abstellen auf den Geschäftsherrn oder willkommene Hilfeleistung und deshalb Abstellen auf den Geschäftsführer?).[2] Auch wird zum Vornahmeort regelmäßig die engste Verbindung bestehen.[3] Schließlich ermöglicht die Anknüpfung an den Vornahmeort häufig einen erwünschten Gleichlauf mit dem Deliktsstatut (Art. 40) und dem Statut der Eingriffskondiktion aus Art. 38 Abs. 2.[4]

2 Für Ansprüche aus der Tilgung fremder Verbindlichkeiten sieht **Abs. 2** eine akzessorische Sonderanknüpfung vor: Es gilt das Recht, dem die Verbindlichkeit unterliegt (Schuldstatut). Der Gesetzgeber rechtfertigt diese Sonderanknüpfung mit dem materiellrechtlichen Grundsatz, dass der Regress an der Befreiung von der ursprünglichen Schuld ansetzt.[5]

II. Vorrangige Staatsverträge und europarechtliche Vorschriften

3 Am 11.1. 2009 ist die **Rom II-Verordnung**[6] in Kraft getreten. Sie enthält Anknüpfungsregeln für außervertragliche Schuldverhältnisse[7] und verdrängt in ihrem Anwendungsbereich die nationalen Vorschriften. Für **Art. 39 EGBGB** verbleibt damit **nur ein sehr begrenzter Anwendungsbereich**: Die vom Anwendungsbereich der Rom II-Verordnung ausgeschlossenen Materien dürften kaum jemals zu Ansprüchen aus Geschäftsführung ohne Auftrag führen, so dass Art. 39 EGBGB von wenigen Ausnahmen abgesehen nur noch intertemporal Bedeutung haben dürfte. Die folgende Kommentierung bezieht sich daher primär auf solche „Altfälle". Die Rom II-Verordnung wird in einem gesonderten Band kommentiert.

4 Vorrangige Staatsverträge (Art. 3 Abs. 2 S. 1) gibt es insbesondere im Bereich der Hilfeleistung auf hoher See. Das **Internationale Übereinkommen von 1989 über Bergung (IÜB)** ist für Deutschland am 8.10.2002 in Kraft getreten.[8] Es findet jedoch innerstaatlich keine unmittelbare Anwendung, sondern wurde durch die Aufnahme bzw Änderung von HGB-Vorschriften (insbes. in den §§ 740 ff HGB) und durch die Einfügung von Art. 8 EGHGB inkorporiert;[9] Art. 8 EGHGB enthält eine einseitige, gegenüber Art. 39 vorrangige Kollisionsnorm, welche im Grundsatz vorsieht, dass die betreffenden Vorschriften des HGB durch das deutsche Gericht unabhängig von den Regeln des Internationalen Privatrechts anzuwenden sind. Hinzuweisen ist in diesem Zusammenhang auf den einschlägigen Gerichtsstand des § 30 ZPO sowie auf die – einen eng begrenzten Kreis von Fällen regelnden – Vorschriften des Art. 7 des Internationalen Übereinkommens v. 10.5.1952 zur Vereinheitlichung von Regeln über den Arrest in Seeschiffe[10] und des Art. 5 Nr. 7 EuGVO.

5 Bis zum 8.10.2002 war für Deutschland das **Brüsseler Übereinkommen v. 23.9.1910 zur Hilfeleistung auf hoher See** in Kraft.[11] Dieses wurde jedoch durch die Bundesrepublik Deutschland gekündigt und ist am 8.10.2002 außer Kraft getreten.[12]

B. Regelungsgehalt

I. Bestimmung des anwendbaren Rechts

6 **1. Grundregel des Abs. 1. a) Anwendungsbereich.** Für Ansprüche aus Geschäftsführung ohne Auftrag gilt nach Abs. 1 grundsätzlich das Recht des Staates, in dem das Geschäft vorgenommen worden ist. Eine Geschäftsführung ohne Auftrag in diesem Sinne setzt voraus, dass der Geschäftsführer mit Fremdgeschäftsführungswillen gehandelt hat.[13] Das Recht des Vornahmeorts ist sowohl für die Ansprüche des Geschäftsherrn als auch für diejenigen des Geschäftsführers maßgeblich.[14] Erfasst werden von Abs. 1 insbesondere die Fälle der Hilfe für andere und der Einwirkung auf fremde Güter.[15] Nicht erfasst werden nach hM Ausgleichsan-

2 Vgl MüKo/*Junker*, Art. 39 EGBGB Rn 1, 5.
3 MüKo/*Junker*, Art. 39 EGBGB Rn 1, 5.
4 MüKo/*Junker*, Art. 39 EGBGB Rn 1, 5; Erman/*Hohloch*, Art. 39 EGBGB Rn 11; Staudinger/*v. Hoffmann/Thorn*, Art. 39 EGBGB Rn 9.
5 Regierungsbegründung BT-Drucks. 13/343, S. 10.
6 Verordnung (EG) Nr. 864/2007 des Europäischen Parlaments und des Rates vom 11.7.2007 über das auf außervertragliche Schuldverhältnisse anzuwendende Recht, ABl. EG 2007 L 199/40.
7 Der Bereich der ungerechtfertigten Bereicherung ist in Art. 10 Rom II-VO geregelt.
8 S. Zustimmungsgesetz v. 18.5.2001 (BGBl. II 2001 S. 510) und Bekanntmachung über das Inkrafttreten (BGBl. II 2002 S. 1202).
9 Art. 1, 2, 10 3. SeerechtsÄndG v. 16.5.2001 (BGBl. I S. 898) und Bekanntmachung über das Inkrafttreten (BGBl. II 2002 S. 1202).
10 BGBl II 1972 S. 653, 658 und BGBl. II 1973 S. 172.
11 RGBl 1913 S. 66; vgl dazu Staudinger/*v. Hoffmann/Thorn*, Art. 39 EGBGB Rn 22 f.
12 BGBl II 2002 S. 33.
13 Staudinger/*v. Hoffmann/Thorn*, Art. 39 EGBGB Rn 2; Bamberger/Roth/*Spickhoff*, Art. 39 EGBGB Rn 4.
14 Regierungsbegründung BT-Drucks. 13/343, S. 9; Bamberger/Roth/*Spickhoff*, Art. 39 EGBGB Rn 4.
15 Regierungsbegründung BT-Drucks. 13/343, S. 9.

sprüche der öffentlichen Hand aus hoheitlichem Tätigwerden.[16] Für die Tilgung fremder Verbindlichkeiten gilt die Sonderregelung in Abs. 2 (vgl Rn 11 ff).

b) Vornahmeort. Die Bestimmung des Vornahmeorts kann im Einzelfall Schwierigkeiten bereiten: Dies gilt zunächst dann, wenn im Rahmen der Geschäftsführung Handlungen in **verschiedenen Staaten** vorgenommen wurden. Einer Ansicht nach ist hier im Einzelfall zu ermitteln, in welchem Staat der Schwerpunkt der vorgenommenen Handlungen lag.[17] Die Gegenmeinung stellt auf den Staat ab, in dem die erste Handlung vorgenommen wurde.[18] Dies ist mE aus Gründen der Rechtssicherheit vorzugswürdig. Im Einzelfall kann immer noch über die Ausweichklausel des Art. 41 Abs. 1 korrigiert werden. 7

Probleme ergeben sich ferner, wenn **Handlungsort** und **Erfolgsort** auseinander fallen (Bsp.: Geschäftsführer gibt in Deutschland (Handlungsort) telefonisch den Auftrag zur Reparatur einer in Österreich (Erfolgsort) belegenen Sache des Geschäftsherrn).[19] Der Begriff „Vornahmeort" ist nicht eindeutig; er könnte sowohl den Handlungs- als auch den Erfolgsort meinen. Eine analoge Anwendung der in Art. 40 vorgesehenen Regelung (Maßgeblichkeit des Handlungsorts, aber Optionsrecht des Geschädigten für den Erfolgsort) ist im Bereich der GoA nicht möglich, weil sich hier – anders als im Deliktsrecht – nicht nur Ansprüche einer Partei ergeben können, sondern Ansprüche beider Parteien.[20] Die hM stellt in diesen Fällen zu Recht allein auf den Erfolgsort ab, weil der Handlungsort einseitig vom Geschäftsführer bestimmt werden kann, was zu Manipulationen im Hinblick auf das anwendbare Recht einladen könnte.[21] 8

Umstritten ist, wie zu verfahren ist, wenn es **mehrere Erfolgsorte** gibt, etwa bei einer Tätigkeit als vermeintlicher Testamentsvollstrecker oder Treuhänder.[22] Hier wird man mE iRd Art. 39 Abs. 1 um eine Schwerpunktbildung trotz der Bedenken hinsichtlich der Rechtssicherheit nicht herumkommen. Allerdings wird meistens über Art. 41 Abs. 1, Abs. 2 Nr. 1 eine akzessorische Anknüpfung an das Rechtsverhältnis in Betracht kommen, welches die Geschäftsführung veranlasst hat. 9

Erfolgt die Geschäftsführung auf **staatsfreiem Gebiet** (zB Hilfeleistung auf hoher See), so geht die Anknüpfung an das Recht des Staates des Vornahmeorts ins Leere.[23] Soweit nicht ohnehin vorrangige Staatsverträge eingreifen (vgl Rn 3 ff), ist die Vorgehensweise umstritten. Einer Ansicht nach ist über die Ausweichklausel des Art. 41 das Recht der engsten Verbindung zu bestimmen.[24] Die Gegenansicht stellt auf das Heimatrecht des Geretteten (bei Schiffen also das Recht der Flagge bzw – str.[25] – des Heimathafens) ab;[26] Art. 41 sei von vornherein nicht einschlägig, weil es bereits an einer Grundanknüpfung nach Art. 39 fehle, von der abgewichen werden könne. ME ist von Folgendem auszugehen: Mangels ausdrücklicher Regelung gilt der allgemeine Grundsatz der Anknüpfung an das Recht der engsten Verbindung, der auch in Art. 41 seinen Ausdruck gefunden hat. Die engste Verbindung besteht freilich in der Regel mit dem Heimatrecht des Geretteten.[27] 10

2. Tilgung fremder Verbindlichkeiten (Abs. 2). Gem. Abs. 2 unterliegen Ansprüche aus der Tilgung einer fremdem Verbindlichkeit dem Recht, das auf die Verbindlichkeit anzuwenden ist. Es erfolgt also eine akzessorische Anknüpfung an das Statut der getilgten Verbindlichkeit, häufig also an das Schuldvertragsstatut. Zahlt etwa ein auftragsloser Geschäftsführer die Werklohnschuld eines anderen, so richtet sich sein Ausgleichsanspruch nach dem Werkvertragsstatut.[28] Richtiger Ansicht nach gilt Art. 39 Abs. 2 nicht nur für die Tilgung fremder Verbindlichkeiten, sondern auch für das auftragslose Stellen einer Sicherheit für die Schuld eines anderen.[29] 11

Bei Erstattungsansprüchen gegen den **Unterhaltsschuldner** geht die Sonderregelung des **Art. 18 Abs. 6 Nr. 3** vor, die das Unterhaltsstatut zur Anwendung beruft. Diese beschränkt sich ihrem Wortlaut nach auf das Ausmaß der Erstattungsansprüche einer Einrichtung, die öffentliche Aufgaben wahrnimmt.[30] Sonstige Erstattungsansprüche gegen unterhaltspflichtige Personen richten sich deshalb nach Art. 39 Abs. 2, der im Ergebnis auf das Unterhaltsstatut verweist.[31] 12

16 Staudinger/*v. Hoffmann/Thorn*, Art. 39 EGBGB Rn 3 mit näheren Ausführungen.
17 Regierungsbegründung BT-Drucks. 13/343, S. 9; Bamberger/Roth/*Spickhoff*, Art. 39 EGBGB Rn 5
18 Staudinger/*v. Hoffmann/Thorn*, Art. 39 EGBGB Rn 14; MüKo/*Junker*, Art. 39 EGBGB Rn 6.
19 Vgl Staudinger/*v. Hoffmann/Thorn*, Art. 39 EGBGB Rn 12.
20 Bamberger/Roth/*Spickhoff*, Art. 39 EGBGB Rn 5.
21 Bamberger/Roth/*Spickhoff*, Art. 39 EGBGB Rn 5; Staudinger/*v. Hoffmann/Thorn*, Art. 39 EGBGB Rn 12; MüKo/*Junker*, Art. 39 EGBGB Rn 7; aA *Fischer*, IPRax 2002, 1, 11 (Handlungsort).
22 Für Abstellen auf den Handlungsort in diesem Fall: Bamberger/Roth/*Spickhoff*, Art. 39 EGBGB Rn 5; aA (Schwerpunktbildung) Staudinger/*v. Hoffmann/Thorn*, Art. 39 EGBGB Rn 13.
23 Bamberger/Roth/*Spickhoff*, Art. 39 EGBGB Rn 5.
24 Regierungsbegründung BT-Drucks. 14/343, S. 9.
25 Vgl dazu näher Staudinger/*v. Hoffmann/Thorn*, Art. 39 EGBGB Rn 34.
26 Vgl Staudinger/*v. Hoffmann/Thorn*, Art. 39 EGBGB Rn 32 ff; Bamberger/Roth/*Spickhoff*, Art. 39 EGBGB Rn 5.
27 Vgl *Fischer*, IPRax 2002, 1, 14.
28 Vgl Bamberger/Roth/*Spickhoff*, Art. 39 EGBGB Rn 6.
29 Bamberger/Roth/*Spickhoff*, Art. 39 EGBGB Rn 6; *Wandt*, S. 198 f.
30 *Kreuzer*, RabelsZ 65 (2001), 383, 409.
31 MüKo/*Junker*, Erg.-Bd., Art. 39 EGBGB Rn 23.

13 Art. 39 ist nicht anwendbar, soweit die vorrangige Vorschrift des **Art. 33 Abs. 3 aF** greift. Dies ist der Fall, wenn der Leistende (Tilgende) dem Gläubiger gegenüber zur Leistung verpflichtet war. Die Frage der Legalzession richtet sich dann nach dem Statut dieser Verpflichtung; Abs. 2 kommt deshalb insoweit nur dann zur Anwendung, wenn eine solche Verpflichtung nicht bestand.[32]

14 War der Tilgende zwar nicht dem Gläubiger zur Zahlung verpflichtet, nahm er aber irrtümlich an, dem **Schuldner** gegenüber aufgrund eines vermeintlichen (in Wirklichkeit jedoch unwirksamen) Kausalverhältnisses (zB Versicherungsvertrag) zur Zahlung verpflichtet zu sein, so ist Art. 39 Abs. 2 grundsätzlich anwendbar. Allerdings wird man hier über Art. 41 Abs. 1, Abs. 2 Nr. 1 eine wesentlich engere Verbindung mit dem Statut des betreffenden Kausalverhältnisses annehmen müssen;[33] vgl hierzu auch Art. 38 EGBGB Rn 42.

II. Einzelfragen

15 **1. Regelungsbereich.** Das nach Art. 39 maßgebliche Statut erfasst sowohl die Ansprüche des Geschäftsführers als auch die des Geschäftsherrn.[34] Es entscheidet über die Berechtigung der Geschäftsführung, über die Voraussetzungen der einzelnen Ansprüche und über deren Folgen.[35]

16 **2. Vorrangige Anknüpfungen innerhalb des EGBGB.** Die Regelanknüpfung des Art. 39 tritt zurück, wenn das EGBGB (zu vorrangigen Staatsverträgen und europarechtlichen Sonderregelungen vgl Rn 3 ff) eine vorrangige Sonderanknüpfung vorsieht. Derartige Sonderregeln enthalten die Art. 41, 42.[36] Zu Art. 18 Abs. 6 Nr. 3 vgl Rn 12, zu Art. 33 Abs. 3 aF vgl Rn 13. Zu Art. 8 EGHGB vgl 3.

17 **a) Art. 42 – Rechtswahl.** Art. 42 ermöglicht den Parteien grundsätzlich die nachträgliche Rechtswahl. Haben die Parteien eine solche wirksam geschlossen, so ist das gewählte Recht anwendbar. Auf Art. 39 und Art. 41 kommt es dann nicht mehr an.

18 **b) Art. 41 – Wesentlich engere Verbindung.** Liegt keine Rechtswahl vor, kann die Regelanknüpfung des Art. 39 auch nach Art. 41 verdrängt werden, wenn zu einer anderen Rechtsordnung eine wesentlich engere Verbindung besteht, Art. 41 Abs. 1. Art. 41 Abs. 2 nennt beispielhaft[37] zwei Fälle, in denen eine solche wesentlich engere Verbindung gegeben sein kann, nämlich das Bestehen einer Sonderbeziehung der Beteiligten (Nr. 1) und den gemeinsamen gewöhnlichen Aufenthalt der Beteiligten (Nr. 2).

19 **aa) Gemeinsamer gewöhnlicher Aufenthalt, Art. 41 Abs. 2 Nr. 2.** Gem. Art. 41 Abs. 2 Nr. 2 kann eine wesentlich engere Verbindung sich daraus ergeben, dass die Beteiligten ihren gewöhnlichen Aufenthalt im Zeitpunkt der Vornahme der Geschäftsführung in demselben Staat haben.[38] Bei Gesellschaften, Vereinen oder Juristischen Personen ist der Ort der Hauptverwaltung bzw der Ort der beteiligten Niederlassung maßgeblich (Art. 41 Abs. 2 Nr. 2 Hs 2 iVm Art. 40 Abs. 2 S. 2). Zur Einschränkung der Anknüpfung nach Art. 41 Abs. 2 Nr. 2 in bestimmten Fällen vgl Rn 23.

20 **bb) Sonderbeziehung, Art. 41 Abs. 2 Nr. 1.** Gem. Art. 41 Abs. 2 Nr. 1 kann sich eine wesentlich engere Verbindung insbesondere aus einer besonderen rechtlichen oder tatsächlichen Beziehung zwischen den Beteiligten im Zusammenhang mit der Geschäftsführung ergeben. Die Vorschrift ermöglicht die akzessorische Anknüpfung der Ansprüche aus GoA an das Statut der betreffenden Sonderverbindung. Die akzessorische Anknüpfung vermeidet Qualifikations- und Anpassungsprobleme, die sich daraus ergeben können, dass die Grenzziehung zwischen GoA und anderen Rechtsinstituten (zB Vertrag, Bereicherung, Eigentümer-Besitzer-Verhältnis) schwierig sein kann.

21 Eine Sonderverbindung kann sich u.a. aus folgenden Beziehungen ergeben: Vertrag;[39] Delikt;[40] sachenrechtlichen Beziehungen;[41] erb-[42] oder familienrechtlichen[43] Beziehungen. Art. 41 Abs. 2 Nr. 1 setzt voraus, dass zwischen der GoA und der betreffenden Sonderbeziehung ein Zusammenhang besteht. Der Regierungsentwurf

32 Vgl Staudinger/*v. Hoffmann/Thorn*, Art. 39 EGBGB Rn 45 ff; Bamberger/Roth/*Spickhoff*, Art. 39 EGBGB Rn 6.
33 AA *Fischer*, IPRax 2002, 1, 15.
34 MüKo/*Junker*, Art. 39 EGBGB Rn 23. Zur Bedeutung einer einheitlichen Anknüpfung vgl auch OLG Koblenz NJW 1992, 2367.
35 Vgl MüKo/*Junker*, Art. 39 EGBGB Rn 23.
36 Vgl dazu Staudinger/*v. Hoffmann/Thorn*, Art. 39 EGBGB Rn 47 ff.
37 Vgl Bamberger/Roth/*Spickhoff*, Art. 41 EGBGB Rn 2.
38 So zum früheren Recht bereits OLG Koblenz NJW 1992, 2367 = IPRax 1992, 383; OLG Nürnberg TranspR 1992, 36, 37.
39 Vgl Regierungsbegründung BT-Drucks. 13/343, S. 13 f; Staudinger/*v. Hoffmann/Thorn*, Art. 39 EGBGB Rn 54; vgl zum früheren Recht auch OLG Koblenz NJW 1992, 2367 = IPRax 1992, 383 (allerdings ohne nähere Ausführungen zur Problematik).
40 Vgl Staudinger/*v. Hoffmann/Thorn*, Art. 39 EGBGB Rn 55.
41 Vgl Staudinger/*v. Hoffmann/Thorn*, Art. 39 EGBGB Rn 55; dazu zum früheren Recht BGH NJW 1998, 1321, 1322 = IPRax 1999, 45 m. Anm. *Stoll*, S. 29.
42 Vgl Staudinger/*v. Hoffmann/Thorn*, Art. 39 EGBGB Rn 55.
43 Vgl Staudinger/*v. Hoffmann/Thorn*, Art. 39 EGBGB Rn 55.

spricht von einem „engen Zusammenhang".[44] Man wird von einem solchen Zusammenhang ausgehen können, wenn die GoA durch die Sonderbeziehung veranlasst oder ausgelöst wurde.[45]

Unterliegt die Sonderverbindung einer Anknüpfung, die ihrerseits eine akzessorische Anknüpfung an ein anderes Statut ermöglicht (wie zum Beispiel das Deliktsstatut, das ebenfalls der Vorschrift des Art. 41 Abs. 1, Abs. 2 Nr. 1 unterliegt), so ist zu entscheiden, welches der beiden Statute man akzessorisch an das andere anknüpft (Bsp.: Anknüpfung des GoA-Statuts an das Deliktsstatut oder des Deliktsstatuts an das GoA-Statut?). Angesichts des schillernden Begriffs der GoA ist hier mE im Zweifel dem anderen Statut der Vorrang zu geben, also das GoA-Statut über Art. 41 Abs. 2 Nr. 1 akzessorisch an das andere Statut (Beispiel: Deliktsstatut) anzuknüpfen (str.).[46] **22**

cc) Abweichungen von Art. 41 Abs. 2 Nr. 2. Art. 41 Abs. 2 enthält keine Regelung des Rangverhältnisses zwischen Nr. 1 und Nr. 2. Liegen im konkreten Fall beide Fallgestaltungen vor (gemeinsamer gewöhnlicher Aufenthalt und Sonderbeziehung), so ist mE der akzessorischen Anknüpfung an das Statut der Sonderbeziehung der Vorrang zu gewähren.[47] Andernfalls würde der durch die akzessorische Anknüpfung angestrebte Gleichlauf der verschiedenen Anspruchsgrundlagen beeinträchtigt. Dies wäre bei der GoA besonders misslich, weil die GoA-Ansprüche häufig von der Frage des Bestehens einer Sonderverbindung abhängen oder mit Ansprüchen aus anderen Sonderverbindungen konkurrieren. Eine einheitliche Behandlung aller Ansprüche und Sonderbeziehungen nach einer Rechtsordnung ist deshalb unerlässlich. Diesem Ziel dient allein die akzessorische Anknüpfung über Art. 41 Abs. 2 Nr. 1. **23**

Das Gleiche gilt im Ergebnis für die Fälle der **Tilgung fremder Schulden**, die gem. Art. 39 Abs. 2 ohnehin akzessorisch an das Schuldstatut angeknüpft werden. Der damit bezweckte Gleichlauf darf nicht durch die Anknüpfung an das davon abweichende gemeinsame Aufenthaltsrecht gefährdet werden. Deshalb ist im Grundsatz davon auszugehen, dass in den Fällen des Art. 39 Abs. 2 auch bei gemeinsamem gewöhnlichen Aufenthalt beider Parteien keine engere Verbindung zum Aufenthaltsrecht besteht. Dogmatisch ist es mE nicht nötig, hier auf eine teleologische Reduktion des Art. 41 Abs. 2 Nr. 2 zurückzugreifen.[48] Vielmehr kann man sich einfach darauf berufen, dass die in Art. 41 Abs. 2 genannten Fälle nicht zwingend zu einer engeren Verbindung iSd Art. 41 Abs. 1 führen müssen, wie der Wortlaut zeigt („kann"). Es bleibt also immer ein gewisser Spielraum für die Einzelfallentscheidung. Dieser kann dazu genutzt werden, die Anknüpfung an das gemeinsame Heimatrecht auszuschalten, wenn sie den wünschenswerten Gleichlauf der einschlägigen Anknüpfungen gefährden würde. Entsprechendes gilt mE für die Fälle der Einwirkung auf fremde Grundstücke. Hier sollte eine Anknüpfung an die lex rei sitae (über Art. 39 Abs. 1 oder ggf über Art. 41 Abs. 1) nicht daran scheitern, dass beide Parteien ihren gewöhnlichen Aufenthalt im gleichen Staat haben.[49] **24**

3. Allgemeine Regeln. a) Renvoi. Die Vorschriften über das auf außervertragliche Schuldverhältnisse anwendbare Recht enthalten keine spezielle Vorschrift über die Beachtung der Rückverweisung. Es gilt deshalb die allgemeine Regelung des Art. 4. Dies führt mE zu folgenden Ergebnissen: **25**

Die Rechtswahl nach Art. 42 ist gem. Art. 4 Abs. 2 eine Sachnormverweisung. Die Anknüpfung an den Vornahmeort in Art. 39 Abs. 1 ist gem. Art. 4 Abs. 1 S. 1 eine Gesamtverweisung;[50] Gründe für eine Sinnwidrigkeit der Gesamtverweisung iSd Art. 4 Abs. 1 S. 1 Hs 2 werden in der Regel nicht vorliegen. Die akzessorischen Anknüpfungen der Art. 39 Abs. 2 und Art. 41 Abs. 1 iVm Abs. 2 Nr. 1 stellen Sachnormverweisungen dar. Verwiesen wird jeweils auf das Sachrecht, welches über die Hauptverweisung gefunden wurde, an die die akzessorische Anknüpfung gekoppelt ist. Dabei spielt es keine Rolle, ob es sich bei der Hauptverweisung selbst um eine Sachnormverweisung oder eine Gesamtverweisung gehandelt hat.[51] Die in Art. 41 Abs. 2 Nr. 2 vorgesehene Anknüpfung an das Recht des gemeinsamen gewöhnlichen Aufenthalts ist mE ebenfalls eine Sachnormverweisung; die Annahme einer Gesamtverweisung widerspräche dem Sinn der Verweisung (Art. 4 Abs. 1 S. 1 Hs 2), weil Art. 41 insgesamt auf dem Gedanken der engsten Verbindung beruht (sehr str.).[52] **26**

44 Regierungsbegründung BT-Drucks. 14/343, S. 9.

45 Staudinger/*v. Hoffmann/Thorn*, Art. 39 EGBGB Rn 56 mwN. So auch zum früheren Recht BGH NJW 1998, 1321 = IPRax 1999, 45 m. Anm. *Stoll*.

46 So auch Erman/*Hohloch*, Art. 39 EGBGB Rn 10; aA jedoch Staudinger/*v. Hoffmann/Thorn*, Art. 39 EGBGB Rn 55: grundsätzlich Vorrang der GoA-Anknüpfung.

47 So auch Staudinger/*v. Hoffmann/Thorn*, Art. 39 EGBGB Rn 52; zum früheren Recht wohl auch BGH NJW 1998, 1321 = IPRax 1999, 45 m. Anm. *Stoll*.

48 So aber Staudinger/*v. Hoffmann/Thorn*, Art. 39 EGBGB Rn 59.

49 So iE auch Staudinger/*von Hoffman/Thorn*, Art. 39 EGBGB Rn 59, auch zu weiteren Bsp.

50 Staudinger/*v. Hoffmann/Thorn*, Art. 39 EGBGB Rn 64; Bamberger/Roth/*Spickhoff*, Art. 41 EGBGB Rn 14.

51 Vgl MüKo/*Junker*, Art. 39 EGBGB Rn 24; Bamberger/Roth/*Spickhoff*, Art. 39 EGBGB Rn 7; Regierungsbegründung BT-Drucks. 14/343, S. 8.

52 So auch Staudinger/*v. Hoffmann/Thorn*, Art. 39 EGBGB Rn 64; *P. Huber*, JA 2000, 67, 72 f; aA Bamberger/Roth/*Spickhoff*, Art. 41 EGBGB Rn 14; MüKo/*Junker*, Erg.-Bd., Art. 39 EGBGB Rn 24 f; *Fischer*, IPRax 2002, 1, 17; wohl auch Regierungsbegründung BT-Drucks. 14/343, S. 8.

27 **b) Ordre public.** Der allgemeine ordre-public-Vorbehalt des Art. 6 ist selbstverständlich zu beachten.[53] Nicht anwendbar ist auf die Anknüpfung der GoA hingegen der besondere Vorbehalt des Art. 40 Abs. 3, was sich aus der systematischen Stellung dieser Vorschrift ergibt.[54]

28 **4. Intertemporaler Anwendungsbereich.** Art. 39 ist mit dem IPR-Reformgesetz am 1.6.1999 in Kraft getreten. Das IPR-Reformgesetz enthält keine gesonderte Übergangsvorschrift. Diese Lücke ist durch eine analoge Anwendung von Art. 220 Abs. 1 zu schließen.[55] Demnach bleiben auf vor dem 1. Juni 1999 abgeschlossene Vorgänge die alten Regeln[56] anwendbar. Diese unterscheiden sich jedoch kaum von den in Art. 39 enthaltenen Regeln, so dass die praktischen Ergebnisse meist die gleichen sein werden.[57] Zum **Vorrang der Rom II-VO** vgl Rn 3.

Art. 40 EGBGB Unerlaubte Handlung

(1) [1]Ansprüche aus unerlaubter Handlung unterliegen dem Recht des Staates, in dem der Ersatzpflichtige gehandelt hat. [2]Der Verletzte kann verlangen, daß anstelle dieses Rechts das Recht des Staates angewandt wird, in dem der Erfolg eingetreten ist. [3]Das Bestimmungsrecht kann nur im ersten Rechtszug bis zum Ende des frühen ersten Termins oder dem Ende des schriftlichen Vorverfahrens ausgeübt werden.

(2) [1]Hatten der Ersatzpflichtige und der Verletzte zur Zeit des Haftungsereignisses ihren gewöhnlichen Aufenthalt in demselben Staat, so ist das Recht dieses Staates anzuwenden. [2]Handelt es sich um Gesellschaften, Vereine oder juristische Personen, so steht dem gewöhnlichen Aufenthalt der Ort gleich, an dem sich die Hauptverwaltung oder, wenn eine Niederlassung beteiligt ist, an dem sich diese befindet.

(3) Ansprüche, die dem Recht eines anderen Staates unterliegen, können nicht geltend gemacht werden, soweit sie

1. **wesentlich weiter gehen als zur angemessenen Entschädigung des Verletzten erforderlich,**
2. **offensichtlich anderen Zwecken als einer angemessenen Entschädigung des Verletzten dienen oder**
3. **haftungsrechtlichen Regelungen eines für die Bundesrepublik Deutschland verbindlichen Übereinkommens widersprechen.**

(4) Der Verletzte kann seinen Anspruch unmittelbar gegen einen Versicherer des Ersatzpflichtigen geltend machen, wenn das auf die unerlaubte Handlung anzuwendende Recht oder das Recht, dem der Versicherungsvertrag unterliegt, dies vorsieht.

Literatur: Lehrbücher und Kommentierungen:

Bamberger/Roth (Hrsg.), Kommentar zum Bürgerlichen Gesetzbuch, Band 3, 2. Auflage 2008; Erman (Hrsg.), Band 2, 12. Auflage 2008; *Kegel/Schurig*, Internationales Privatrecht, 9. Auflage, 2004; *Kropholler*, Internationales Privatrecht, 6. Auflage, 2006; Münchener Kommentar zum BGB, Band 10, 5. Auflage 2010; Soergel (Hrsg.), Band 10, 12. Aufl., 1996; Staudinger (Hrsg.), Art. 38 – 42, Neubearbeitung 2001.

Allgemein zu den Art. 40 – 42:

von Bar, Grundfragen des Internationalen Deliktsrechts, JZ 1985, 961; *von Caemmerer* (Hrsg.), Vorschläge und Gutachten zur Reform des deutschen internationalen Privatrechts der außervertraglichen Schuldverhältnisse, 1983; *Deutsch*, Allgemeines Haftungsrecht, 2. Aufl. 1996; *Freitag/Leible*, Das Bestimmungsrecht des Art. 40 I EGBGB im Gefüge der Parteiautonomie im Internationalen Deliktsrecht, ZVglRWiss 199 (2000), 101; *von Hein*, Das Günstigkeitsprinzip im Internationalen Deliktsrecht, 1999; *ders.*, Günstigkeitsprinzip oder Rosinentheorie?, NJW 1999, 3174; *ders.*, Rück- und Weiterverweisungen im neuen deutschen Internationalen Deliktsrecht, ZVglRWiss 99 (2000), 251; *von Hoffmann*, Internationales Haftungsrecht im Referentenentwurf des Bundesjustizministeriums vom 1.12.93, IPRax 1996, 1; *Koch*, Zur Neuregelung des Internationalen Deliktsrechts: Beschränkung des Günstigkeitsprinzips und Einführung der vertragsakzessorischen Bestimmung des Deliktsstatuts, VersR 1999, 1453; *Hohloch*, Auflockerung als „Lippenbekenntnis"? – Zur Konsolidierung der Tatortregel im deutschen internationalen Deliktsrecht, JuS 1980, 18; *Huber*, Das internationale Deliktsrecht nach der Reform, JA 2000, 67; *Junker*, Die IPR-Reform von 1999 – Auswirkungen auf die Unternehmenspraxis, RIW 2000, 241; *ders.*, Das Bestimmungsrecht des Verletzten nach Art. 40 I EGBGB, Festschrift für Werner Lorenz (2001), S. 321; *Kadner-Graziano*, Gemeineuropäisches Internationales Privatrecht, 2002; *Koziol*, Verhaltensunrecht und Deliktsstatut, Festschrift für Günther Beitzke (1979), S. 575; *Kreuzer*, Die Vollendung der Kodifikation des deutschen Internationalen Privatrechts durch das Gesetz zum Internationalen Privatrecht der außervertraglichen Schuldverhältnisse und Sachen vom 21.5.1999, RabelsZ 65 (2001), 383; *Kropholler*, Ein Anknüpfungssystem für das Deliktsstatut, RabelsZ 33 (1969), 601; *ders./von Hein*, Spezielle Vorbehaltsklauseln im internationalen Privat- und Verfahrensrecht der unerlaubten Handlungen, Festschrift für Hans Stoll (2001), 553; *St. Lorenz*, Zivilprozessuale Konsequenzen der Neuregelung des Internationalen Deliktsrecht: Erste Hinweise für die anwalt-

53 Bamberger/Roth/*Spickhoff*, Art. 39 EGBGB Rn 7.
54 Staudinger/*v. Hoffmann/Thorn*, Art. 39 EGBGB Rn 65
55 Staudinger/*v. Hoffmann/Thorn*, Art. 39 EGBGB Rn 66; *Spickhoff*, NJW 1999, 2209, 2210.
56 Vgl dazu den Überblick bei Staudinger/*v. Hoffmann/Thorn*, Art. 39 EGBGB Rn 5 ff und die Kommentierungen zum früheren Recht.
57 Vgl Staudinger/*v. Hoffmann/Thorn*, Art. 39 EGBGB Rn 66.

liche Praxis, NJW 1999, 2215; *Mansel*, Zustellung einer Klage in Sachen „Tschernobyl", IPRax 1987, 210; *W.-H. Roth*, Der Einfluss des europäischen Gemeinschaftsrechts auf das Internationale Privatrecht, RabelsZ 55 (1991), 623; *Spickhoff*, Die Restkodifikation des Internationalen Privatrechts: Außervertragliches Schuld- und Sachenrecht, NJW 1999, 2209; *ders.*, Die Tatortregel im neuen Deliktskollisionsrecht, IPRax 2000, 1; *Sonnenberger*, La loi allemande du 21 mai 1999 sur le droit international privé des obligations non contractuelles et des biens, Rev. cr. dr. int. priv. 88 (1999), 645; *A. Staudinger*, Das Gesetz zum Internationalen Privatrecht für außervertragliche Schuldverhältnisse und für Sachen vom 21.5.1999, DB 1999, 1589; *G. Wagner*, Fakultatives Kollisionsrecht und prozessuale Parteiautonomie, ZEuP 1999, 6; *R. Wagner*, Der Regierungsentwurf eines Gesetzes zum Internationalen Privatrecht für außervertragliche Schuldverhältnisse und für Sachen, IPRax 1998, 429; *ders.*, Zum Inkrafttreten des Gesetzes zum Internationalen Privatrecht für außervertragliche Schuldverhältnisse und für Sachen, IPRax 1999, 210.

Überblick zur „Rom II – Verordnung":

G. Wagner, Internationales Deliktsrecht, die Arbeiten an der Rom II-Verordnung und der europäische Deliktsgerichtsstand, IPRax 2006, 372; *ders.*, Die neue Rom II-Verordnung, IPRax 2008, 1; *R. Wagner*, Ein neuer Anlauf zur Vereinheitlichung des IPR für außervertragliche Schuldverhältnisse auf EU-Ebene, EuZW 1999, 709; *ders.*, Änderungsbedarf im autonomen deutschen internationalen Privatrecht auf Grund der Rom II-Verordnung, IPRax 2008, 314.

Kernenergieschäden:

Däubler, Haftung für gefährliche Technologien, 1988; *Hager*, Zur Berücksichtigung öffentlich-rechtlicher Genehmigungen bei Streitigkeiten wegen grenzüberschreitender Immissionen, RabelsZ 53 (1989), 306; *Kloepfer/Kohler*, Kernkraftwerk und Staatsgrenze, 1981; *Pfeiffer*, Öffentlich-rechtliche Anlagengenehmigung und deutsches Internationales Privatrecht, Jahrbuch des Umwelt- und Technikrechts 2000, 263; *Siehr*, Grenzüberschreitender Umweltschutz, RabelsZ 45 (1981), 377; *Wandt*, Deliktsstatut und Internationales Umweltrecht, VersR 1998, 529.

Persönlichkeitsverletzungen:

Ahrens, Vermögensrechtliche Elemente postmortaler Persönlichkeitsrechte im Internationalen Privatrecht, Festschrift für Willi Erdmann (2002), S. 3; *Ehmann/Thorn*, Erfolgsort bei grenzüberschreitenden Persönlichkeitsverletzungen, AfP 1996, 20; *Fricke*, Der Unterlassungsanspruch gegen Presseunternehmen zum Schutze des Persönlichkeitsrechts im IPR, 2003; *von Hinden*, Persönlichkeitsverletzung im Internet, 1999; *Hohloch*, Neue Medien und Individualrechtsschutz, ZUM 1986, 165; *Sonnenberger*, Der Persönlichkeitsrechtsschutz nach den Art. 40-42, Festschrift für Dieter Henrich (2000), S. 575; *Stadler*, Die internationale Durchsetzung von Gegendarstellungsansprüchen, JZ 1994, 642; *G. Wagner*, Ehrenschutz und Pressefreiheit im europäischen Zivilverfahrens- und Internationalen Privatrecht, RabelsZ 62 (1998), 243; *ders.*, Geldersatz für Persönlichkeitsverletzungen, ZEuP 2000, 200; *ders.*, Art. 6 of the Commission Proposal: Violation of Privacy – Defamation by Mass Media, ERPL 2005, 21; *ders.*, Internationales Deliktsrecht, die Arbeiten an der Rom II-Verordnung und der europäische Deliktsgerichtsstand, IPRax 2006, 372.

Internetdelikte:

Dethloff, Europäisierung des Wettbewerbsrechts (2001); *Gounalakis/Rhode*, Persönlichkeitsschutz im Internet (2002); *Grandpierre*, Herkunftsprinzip contra Marktortanknüpfung (1999); *Halfmeier*, Vom Cassislikör zur E-Commerce-Richtlinie: Auf dem Weg zu einem europäischen Mediendeliktsrecht, ZEuP 2001, 837; *Lurger/Vallant*, Grenzüberschreitender Wettbewerb im Internet, RIW 2002, 188; *Mankowski*, Das Internet im Internationalen Vertrags- und Deliktsrecht, RabelsZ 63 (1999), 203; *ders.*, Herkunftslandprinzip und deutsches Umsetzungsgesetz zur E-Commerce-Richtlinie, IPRax 2002, 257; *Ohly*, Herkunftslandprinzip und Kollisionsrecht, GRUR Int 2001, 899; *Pichler*, in: Hoeren/Sieber (Hrsg.), Handbuch Multimedia-Recht, 2006, Teil 25: Internationale Gerichtszuständigkeit im Online-Bereich; *Schack*, Internationale Urheber-, Marken- und Wettbewerbsrechtsverletzungen im Internet, MMR 2000, 59; *Spickhoff*, Das IPR der sog. Internetdelikte, in: Leible (Hrsg.), Die Bedeutung des IPR im Zeitalter der neuen Medien, S. 89; *Spindler*, Deliktsrechtliche Haftung im Internet – nationale und internationale Rechtsprobleme, ZUM 1996, 533; *ders.*, Kapitalmarktgeschäfte im Binnenmarkt, IPRax 2001, 400; *ders.*, Internet, Kapitalmarkt und Kollisionsrecht unter besonderer Berücksichtigung der E-Commerce-Richtlinie, ZHR 165 (2001), 324; *ders.*, Das Gesetz zum elektronischen Geschäftsverkehr – Verantwortlichkeit der Diensteanbieter und Herkunftslandprinzip, NJW 2002, 921; *Thünken*, Die EG-Richtlinie über den elektronischen Geschäftsverkehr und das internationale Privatrecht des unlauteren Wettbewerbs, IPRax 2001, 15.

A. Allgemeines

I. Europäische Rechtsvereinheitlichung und autonomes Recht

1 **1. Ablösung durch die Rom II-VO.** Das deutsche autonome internationale Deliktsrecht der Art. 40–42 EGBGB beruht auf dem Gesetz zum Internationalen Privatrecht für außervertragliche Schuldverhältnisse und Sachen aus dem Jahre 1999.[1] Die Vorschriften orientieren sich trotz einiger wichtiger Abweichungen am **vorher praktizierten Gewohnheitsrecht**. Im Zeitpunkt ihres Inkrafttretens zeichnete sich bereits ab, dass die EU alsbald von ihrer mit Art. 65 lit. b) EG idF des Vertrags von Amsterdam begründeten, jetzt in Art. 81 Abs. 2 lit. c) AEUV verankerten Gesetzgebungskompetenz im Bereich des Kollisionsrechts Gebrauch machen würde. Tatsächlich ist die sog. **Rom II-Verordnung** über das auf außervertragliche Schuldverhältnisse anzuwendende Recht (Rom II-VO) im Juli 2007 verkündet worden und am 11.1.2009 in Kraft getreten.[2] Damit ist der Regelungsgegenstand der Art. 40 ff EGBGB – das Kollisionsrecht der unerlaubten Handlungen – einem einheitlichen gemeinschaftsrechtlichen Regime unterstellt worden.[3] Die Kommentierung der Rom II-Verordnung erfolgt in einem gesonderten Band dieses Kommentars.

2 **2. Anwendungsbereich des Europäischen Einheitsrechts.** Die Rom II-VO gilt ausweislich ihres Art. 3 „universell", dh unabhängig davon, ob die Rechtsordnungen zweier Mitgliedstaaten der EU um ihre Anwendung konkurrieren oder der Konflikt zwischen einem Mitgliedstaat und einem Drittstaat besteht. Als unmittelbar geltendes Recht verdrängt sie die Regelungen des autonomen Rechts in ihrem Anwendungsbereich gemäß Art. 288 Abs. 2 AEUV vollständig. Der **Anwendungsvorrang der Rom II-VO** wird in Art. 3 Nr. 1 lit. a) EGBGB nochmals bestätigt. Die für das internationale Deliktsrecht allgemein maßgebende gesetzliche Grundlage ist demnach die europäische Verordnung, über deren Auslegung letztverbindlich der EuGH entscheidet. Die Art. 40 ff EGBGB haben damit ihre praktische Bedeutung eingebüßt. Sie sind nur deshalb nicht aufgehoben worden, weil die Rom II-VO einige Regelungsmaterien aus ihrem Anwendungsbereich ausgenommen hat.[4] Die meisten der in Art. 1 Abs. 2 Rom II-VO enthaltenen Gegenstandsbereiche, wie etwa das Familienrecht oder das Trust-Recht, sind von vornherein nicht deliktsrechtlich zu qualifizieren, so dass die Anwendung der Art. 40 ff EGBGB nicht zur Debatte steht. Anders verhält es sich jedoch mit den beiden Bereichsausnahmen für Kernenergieschäden und Persönlichkeitsverletzungen:

- Gemäß Art. 1 Abs. 2 lit. f) Rom II-VO sind außervertragliche Schuldverhältnisse, die sich aus Schäden durch Kernenergie ergeben, vom Anwendungsbereich der Verordnung ausgenommen.
- Gleiches gilt gemäß Art. 1 Abs. 2 lit. g) Rom II-VO für außervertragliche Schuldverhältnisse aus der Verletzung der Privatsphäre oder der Persönlichkeitsrechte, einschließlich der Verleumdung.

Ferner bleibt gemäß Art. 1 Abs. 1 S. 2 Rom II-VO auch die Amtshaftung im engeren Sinne ausgeklammert, dh die Haftung des Staates „für Handlungen oder Unterlassungen im Rahmen der Ausübung hoheitlicher Rechte" („acta iure imperii").

3 **3. Verbleibender Anwendungsbereich des autonomen Rechts.** Nach der Verabschiedung der Rom II-VO stand der deutsche Gesetzgeber vor der Frage, wie die **geschilderten Regelungslücken geschlossen** werden sollten.[5] Abgesehen von der nicht ernsthaft in Betracht kommenden Lösung einer Neuregelung des autonomen Deliktsrechts allein für Kernenergieschäden und Persönlichkeitsverletzungen standen zwei Optionen zur Debatte: (1) Die Erstreckung der Kollisionsregeln der Rom II-VO auf die in Art. 1 Abs. 2 lit. f), g) ausgenommenen Materien kraft einer nationalen Verweisungsnorm; (2) die Beibehaltung der Art. 40 ff EGBGB als das maßgebliche Kollisionsrecht für diejenigen Materien, die vom Anwendungsbereich der Rom II-VO ausgenommen sind. Der deutsche Gesetzgeber hat sich mit dem Gesetz zur Anpassung der Vorschriften des

1 BGBl. 1999 I S. 1026.
2 Eingehend dazu *G. Wagner*, IPRax 2008, 1.
3 Verordnung (EG) Nr. 864/2007 des Europäischen Parlaments und des Rates v. 11.7.2007 über das auf außervertragliche Schuldverhältnisse anzuwendende Recht („Rom II"), ABl. EG Nr. L 199 v. 31.7.2007, S. 40 ff.
4 Vgl dazu *G. Wagner*, IPRax 2008, 1, 10.
5 Dazu eingehend *R. Wagner*, IPRax 2008, 314.

Internationalen Privatrechts an die Rom II-Verordnung (Verordnung (EG) Nr. 864/2007) für die zweite Lösung entschieden.[6]

Die folgende Kommentierung schildert die allgemeinen Maßgaben der Art. 40 – 42 EGBGB und konzentriert sich sodann allein auf diejenigen Gegenstände, die nicht auf europäischer Ebene geregelt worden sind, also auf **Kernenergieschäden und Persönlichkeitsverletzungen** (Rn 40 ff, 53 ff). Darüber hinaus wird auch das Kollisionsrecht der **Amtshaftung** dargestellt (Rn 59). 4

II. Vorrangige Staatsverträge

Soweit die Bundesrepublik auf dem Gebiet des Kollisionsrechts **Staatsverträge** geschlossen hat, gehen diese gemäß Art. 3 Nr. 2 EGBGB den autonomen Kollisionsregeln vor. Von den für die Art. 40 ff EGBGB verbliebenen Materien ist dies für die Übereinkommen betreffend die Haftung für Kernenergieschäden relevant (Rn 53). 5

III. Die Anknüpfungshierarchie der Art. 40 ff

Die in den Art. 40 ff enthaltenen Anknüpfungsmomente stehen in einer Hierarchie, so dass sich dem Praktiker folgende **Prüfungsreihenfolge** empfiehlt:[7] **(1)** Anwendungsvorrang genießt die von den Parteien gewählte Rechtsordnung, wobei eine Rechtswahl gemäß Art. 42 nur ex post, nach Entstehung des Anspruchs möglich ist (Art. 42 Rn 4). **(2)** Fehlt es an einer Rechtswahl, doch haben Schädiger und Geschädigter ihren gewöhnlichen Aufenthalt in demselben Staat, ist dessen Recht anzuwenden, Art. 40 Abs. 2 (Rn 28 ff). **(3)** Fehlt es auch am gemeinsamen Aufenthaltsort, kommt die Tatortregel des Art. 40 Abs. 1 zum Tragen. Nach dieser ist zur Anwendung berufen entweder **(a)** das Recht des Handlungsorts oder – soweit Handlungs- und Erfolgsort auseinanderfallen – **(b)** das Recht des Erfolgsorts, wenn der Geschädigte entsprechend optiert. **(4)** Abweichend von Art. 40 Abs. 2 und Art. 40 Abs. 1 ist auf der Grundlage von Art. 41 diejenige Rechtsordnung anzuwenden, mit der eine wesentlich engere Verbindung besteht.[8] 6

IV. Rück- und Weiterverweisung

1. Grundsatz Gesamtverweisung. Auch im internationalen Deliktsrecht ist im Regelfall von der **Gesamtverweisung** gemäß Art. 4 Abs. 1 auszugehen. Ursprünglich hatte der Gesetzgeber erwogen, eine Rück- und Weiterverweisung für den Bereich der außervertraglichen Schuldverhältnisse auszuschließen;[9] eine entsprechende Regelung wurde letztlich jedoch nicht aufgenommen, weil „kein zwingender Anlass" zur Abweichung von der Grundregel des Art. 4 Abs. 1 bestehe.[10] Art. 24 Rom II-VO folgt dem entgegengesetzten Prinzip. 7

2. Ausnahme Sachnormverweisung. Gemäß Art. 4 Abs. 1 ist eine Verweisung allerdings dann nicht als Gesamtverweisung zu behandeln, wenn es „dem Sinn der Verweisung" widerspricht. In den Fällen der akzessorischen Anknüpfung nach Art. 41 Abs. 2 Nr. 1 ist ein Renvoi nach dem Sinn der Verweisung ausgeschlossen, da ansonsten die bezweckte einheitliche materiellrechtliche Beurteilung zusammenhängender Rechtsfragen vereitelt werden könnte.[11] Die nachträgliche Rechtswahl erfolgt gemäß Art. 4 Abs. 2 zudem immer zugunsten von Sachnormen. Gleiches gilt für die Ausübung des Bestimmungsrechts gemäß Art. 40 Abs. 1 S. 2.[12] 8

B. Anwendungsbereich des Deliktsstatuts

I. Anspruchsvoraussetzungen

Der Anwendungsbereich des Deliktsstatuts greift weiter als das Recht der **unerlaubten Handlung** iSd §§ 823 ff BGB, von dem in Art. 40 Abs. 1 die Rede ist. Er umfasst die **gesamte außervertragliche Schadenshaftung**, einschließlich der **Billigkeitshaftung** (§ 829 BGB), der **Gefährdungshaftung** und der **Aufopferungshaftung**.[13] 9

6 Gesetz v. 10.12.2008, BGBl. I 2008, 2401; zu den Gründen *R. Wagner*, IPRax 2008, 314, 317.
7 Dazu auch *Junker*, JZ 2000, 477; *Spickhoff*, NJW 1999, 2209, 2213.
8 Graphische Darstellung des Prüfungsprozesses bei *Junker*, RIW 2000, 241, 246.
9 So Art. 42 Abs. 2 RefE idF v. 15.5.1984, in dem auf Art. 35 verwiesen wurde.
10 Vgl BT-Drucks. 14/343, S. 8.
11 Staudinger/*von Hoffmann*, Art. 40 Rn 70.
12 Staudinger/*von Hoffmann*, Art. 40 Rn 70; Erman/*Hohloch*, Art. 40 Rn 13; *Huber*, JA 2000, 67, 73; *Timme*, NJW 2000, 3258, 3259; aA *von Hein*, Das Günstigkeitsprinzip im Internationalen Deliktsrecht, 1999, S. 179; *Looschelders*, VersR 1999, 1316, 1324; Bamberger/Roth/*Spickhoff*, Art. 40 Rn 59; *Vogelsang*, NZV 1999, 497, 501.
13 BT-Drucks. 14/343, S. 11; BGHZ 23, 65, 67; 80, 1, 3 = NJW 1981, 1516 = VersR 1981, 458; Bamberger/Roth/*Spickhoff*, Art. 40 Rn 8; MüKo-BGB/*Junker*, Art. 40 Rn 10.

10 Dem Deliktsstatut sind grundsätzlich alle Voraussetzungen der Haftung zu entnehmen,[14] insbesondere **Rechtsgutsverletzung**,[15] **Kausalität**,[16] **Sorgfaltspflichtverletzung** und die **Rechtswidrigkeit** einschließlich der Rechtfertigungsgründe.[17] Gleiches gilt für das **Verschulden**,[18] also die **Deliktsfähigkeit**,[19] Schuldausschließungsgründe, das Mitverschulden[20] und die **Verjährung**.[21] Bei der Gefährdungshaftung ist die **Haltereigenschaft** auf der Grundlage des Deliktsstatuts festzustellen.[22] Schließlich regelt es auch, unter welchen Voraussetzungen für das Handeln von **Organen juristischer Personen** (§ 31 BGB) und solches von **Verrichtungsgehilfen** (§ 831 BGB) und **Aufsichtsbedürftigen** (§ 832 BGB) gehaftet wird.[23]

11 Kommt die **Verantwortlichkeit mehrerer Täter** in Betracht, bestimmt das Deliktsstatut darüber, ob der Einzelne für einen Teilschaden haftet und unter welchen Voraussetzungen er gesamtschuldnerisch für den Gesamtschaden aufzukommen hat.[24] Wird es gegenüber jedem Beteiligten gesondert festgestellt, kann es zur **Spaltung des Deliktsstatuts** kommen, etwa weil einem Beteiligten gegenüber die Tatortregel durch gemeinsames Heimatrecht (Abs. 2) verdrängt wird, gegenüber einem anderen aber nicht.[25] Mitunter wird dem Geschädigten sogar das Recht eingeräumt, durch selektive Ausübung des Bestimmungsrechts (Abs. 1 S. 2) eine Spaltung des Deliktsstatuts zur differenzierten Ausnutzung des Günstigkeitsprinzips herbeizuführen.[26] Da die Bevorzugung des Geschädigten bei grenzüberschreitenden Delikten keine sachliche Grundlage hat (Rn 20), besteht jedoch kein Anlass, eine solche Rosinenpickerei zuzulassen und damit sowohl den Ausgleich im Innenverhältnis als auch die Schadensabwicklung im Außenverhältnis (Vermeidung der Überkompensation) zu erschweren. Vielmehr ist das Deliktsstatut bei mehreren Tätern **einheitlich** zu bestimmen.[27] Damit richtet sich auch der **Regress im Innenverhältnis** nach dem (einheitlich) anwendbaren Deliktsrecht.[28]

II. Haftungsfolgen

12 Das Deliktsstatut beherrscht darüber hinaus alle **Rechtsfolgen der Haftung**,[29] also Art, Umfang und Höhe des Schadensersatzes,[30] Haftungshöchstbeträge,[31] das Verhältnis der Naturalrestitution und Geldersatz,[32] Vorteilsanrechnung[33] und den Umfang des Ersatzes immaterieller Schäden.[34] Gleiches gilt für die Bestimmung des Kreises der Ersatzberechtigten,[35] die Übertragbarkeit und die Vererbbarkeit und Verjährung deliktischer Ansprüche. Das Deliktsstatut gilt auch für **Unterlassungs- und Beseitigungsansprüche**, aber nicht für solche auf Gegendarstellung (unten Rn 41). Eine entsprechende Regelung findet sich in Art. 15 Rom II-VO.

III. Verhaltensregeln (local data)

13 Würde das Deliktsstatut stets auf sämtliche Voraussetzungen und Folgen der Haftung bezogen, liefe der Schädiger Gefahr, an Verhaltensstandards gemessen zu werden, die dort, wo er gehandelt hat, gar nicht gelten. Damit bräche die Funktion des Deliktsrechts (Rn 15), das Verhalten Einzelner im Interesse der Schadensvermeidung zu steuern und zu koordinieren, zusammen.

14 OLG Celle VersR 1967, 164.
15 OLG Celle VersR 1967, 164.
16 ZB OLG München VersR 1974, 443 f.
17 BGH NJW 1964, 650, 651; OLG Celle VersR 1967, 164 f; MüKo-BGB/*Junker*, Art. 40 Rn 100.
18 OLG Celle VersR 1967, 164 f.
19 Erman/*Hohloch*, Art. 40 Rn 60; MüKo-BGB/*Junker*, Art. 40 Rn 100; einschließlich der Deliktsfähigkeit juristischer Personen BGH WM 1957, 1047, 1049; zur Verantwortlichkeit von Staaten für exterritorial verursachte Schäden AG Bonn NJW 1988, 1393, 1395 – Tschernobyl.
20 OLG Celle VersR 1967, 164; MüKo-BGB/*Junker*, Art. 40 Rn 100; *Kegel/Schurig*, IPR, § 18 IV 2, S. 744.
21 RGZ 129, 385, 388; OLG Celle VersR 1967, 164.
22 LG München I IPRax 1984, 101 = VersR 1984, 95; *Mansel*, VersR 1984, 97, 102 ff; Bamberger/Roth/*Spickhoff*, Art. 40 Rn 10.
23 Vgl BGHZ 80 1, 3 = NJW 1981, 1516 = VersR 1981, 458; BGH VersR 1990, 524, 525 = NJW-RR 1990, 604 = ZIP 1990, 365; OLG Köln NJW-RR 1998, 756 = NZG 1998, 350; *Kegel/Schurig*, IPR, § 18 IV 2, S. 743.
24 BGHZ 8, 288, 293 (implizit); BayObLG IPRax 1982, 249 m.Anm. *von Hoffmann*; Staudinger/*von Hoffmann*, Art. 40 Rn 39; Soergel/*Lüderitz*, Art. 38 Rn 98 mwN.
25 Praktisches Beispiel: AG Bonn VersR 1975, 528.
26 *Freitag/Leible*, ZVglRWiss 99 (2000), 101, 127 ff; Staudinger/*von Hoffmann*, Art. 40 Rn 40.
27 BGH IPRax 1983, 118 m.Anm. *Schricker*; BGH VersR 1990, 524, 525 = NJW-RR 1990, 604; *Wandt*, VersR 1989, 265, 267; aA RGZ 150, 265, 270 f; Staudinger/*von Hoffmann*, Art. 40 Rn 40; MüKo-BGB/*Junker*, Art. 40 Rn 48.
28 Vgl BGH VersR 1989, 54, 55 f = NJW-RR 1989, 670 = NZV 1989, 105; deutlich *Wandt*, VersR 1989, 265, 267.
29 BGHZ 93, 214, 217 f = NJW 1985, 1285 f = JZ 1985, 441, 442.
30 BGH IPRspr 1960/61 Nr. 52; BGH VersR 1989, 54, 55 = NJW-RR 1989, 670 = NZV 1989, 105; OLG Bremen IPRspr 1983 Nr. 45.
31 Erman/*Hohloch*, Art. 40 Rn 63.
32 BGHZ 14, 212, 217.
33 BGH VersR 1967, 1154 f; VersR 1989, 54, 55 = NJW-RR 1989, 670 = NZV 1989, 105; OLG Celle IPRax 1982, 203.
34 *Kegel/Schurig*, IPR, § 18 IV 2, S. 744; Erman/*Hohloch*, Art. 40 Rn 63; vgl auch unten Fn 89.
35 Erman/*Hohloch*, Art. 40 Rn 64; MüKo-BGB/*Junker*, Art. 40 Rn 102; vgl auch BGH VersR 1989, 54, 55 = NJW-RR 1989, 670 = NZV 1989, 105 zur cessio legis.

Dieses Ergebnis wird im Kontext des Europäischen Kollisionsrechts durch Art. 17 Rom II-VO vermieden, nach dem diejenigen Sicherheits- und Verhaltensregeln zu berücksichtigen sind, „die an dem Ort und zu dem Zeitpunkt des haftungsbegründenden Ereignisses gelten". Im autonomen Kollisionsrecht gilt dasselbe auf der Basis der Lehre von den „local data", nach der **örtliche Verhaltens- und Sicherheitsvorschriften stets** und selbst dann **zu berücksichtigen** sind, wenn sie nicht dem Deliktsstatut entstammen.[36] Sie konkretisieren als „Datum" die Tatbestandsmerkmale des fremden Deliktsstatuts, insbesondere die Voraussetzung der Sorgfaltspflichtverletzung, indem sie die „im Verkehr erforderliche Sorgfalt" mitbestimmen. Das Tatortrecht bleibt also maßgeblich für die Frage, ob der Schädiger sorgfaltswidrig gehandelt hat, und damit für den Kern der Haftungsbegründung und der Mitverschuldensprüfung.[37] 14

C. Anknüpfung an den Tatort, Art. 40 Abs. 1

I. Allgemeines

In Übereinstimmung mit dem vor der IPR-Reform von 1999 geltenden Gewohnheitsrecht unterwirft Art. 40 Abs. 1 die Haftung aus unerlaubter Handlung dem Recht des Tatorts (lex loci delicti commissi).[38] Zur Hierarchie der Anknüpfungen und zur Prüfungsreihenfolge oben Rn 6. Mit der Anknüpfung an das Tatortrecht werden die Regelungsziele des Deliktsrechts in das zugehörige Kollisionsrecht verlängert. Das Deliktsrecht kann seine Präventionswirkung nur entfalten und das Verhalten der Rechtssubjekte im Interesse der Schadensvermeidung koordinieren, wenn die von der Haftungsandrohung ausgehenden, inhaltlich differenzierten Anreize zu sorgfältigem Verhalten an alle Personen adressiert werden, die innerhalb eines bestimmten Territoriums agieren und sich deshalb wechselseitig gefährden.[39] 15

II. Handlungsort und Erfolgsort

Während **Art. 4 Abs. 1 Rom II-VO** das Deliktsstatut allein an den Erfolgsort knüpft,[40] sind nach Art. 40 Abs. 1 sowohl der Handlungsort als auch der Erfolgsort relevant. Das **Ubiquitätsprinzip** gilt jedoch nicht ungebrochen, sondern in der besonderen Form einer Primäranknüpfung an den Handlungsort mit Optionsrecht des Geschädigten zugunsten des Erfolgsortrechts. 16

Handlungsort ist der Ort, an dem die für den Schaden **ursächliche deliktische Handlung** ausgeführt worden ist.[41] Ist dem Täter nicht eine Handlung, sondern ein **Unterlassen** vorzuwerfen, ist auf den Ort abzustellen, an dem der Schädiger das Handlungsgebot verletzt hat, also hätte handeln müssen.[42] Ob eine Pflicht zum Handeln bestand, lässt sich nur nach dem jeweils geltenden Ortsrecht beurteilen.[43] Orte, an denen lediglich **Vorbereitungshandlungen** und nicht tatbestandsmäßige Ausführungshandlungen vorgenommen werden, sind keine Handlungsorte im Sinne des Art. 40 Abs. 1 S. 1.[44] Ob eine deliktisch relevante Handlung oder eine bloße Vorbereitungshandlung vorliegt, kann nicht das deutsche Kollisionsrecht entscheiden,[45] das keine Kriterien dafür bereit hält, sondern maßgeblich ist wiederum das Ortsrecht, also die Rechtsordnung, die dort gilt, wo die zu beurteilende Handlung stattgefunden hat.[46] 17

36 BT-Drucks. 14/343, S. 11, in Anknüpfung an die ständige Rspr seit BGHZ 57, 265, 267 f = NJW 1972, 387 = VersR 1972, 255; vgl weiter BGHZ 87, 95, 97 f = NJW 1983, 1972 f = JZ 1983, 713; BGHZ 90, 294, 298 = NJW 1984, 2032 f = JZ 1984, 669 ff; BGHZ 119, 137, 140 = NJW 1992, 3091 = NZV 1992, 438; Bamberger/Roth/*Spickhoff*, Art. 40 Rn 13.

37 BGH NJW-RR 1996, 732 = VersR 1996, 515 = NZV 1996, 272 mwN; OLG Hamm IPRspr 1996 Nr. 41.

38 Vgl schon RGZ 23, 305; RGZ 96, 96, 98; BGH NJW 1964, 2012; Palandt/*Thorn*, Art. 40 Rn 4; *Kropholler*, IPR, § 53 IV 1, S. 522 f; Soergel/*Lüderitz*, Art. 38 Rn 3.

39 Staudinger/*von Hoffmann*, Art. 40 Rn 2; *Koziol*, FS Beitzke, 1979, S. 575, 577 f; *G. Wagner*, RabelsZ 62 (1998), 243, 254 f; ähnlich BGHZ 87, 95, 97 = NJW 1983, 1972 = VersR 1983, 556; 119, 137, 140 = NJW 1992, 3091 = NZV 1992, 438; *Kegel/Schurig*, IPR, § 18 IV 1, S. 721: Tatortregel liegt „im Interesse aller".

40 Dazu *G. Wagner*, IPRax 2008, 1, 4 f.

41 BGHZ 29, 237, 239 f = NJW 1959, 769; Soergel/*Lüderitz*, Art. 38 Rn 4; Staudinger/*von Hoffmann*, Art. 40 Rn 17.

42 Palandt/*Thorn*, Art. 40 Rn 4; Bamberger/Roth/*Spickhoff*, Art. 40 Rn 19; *ders.*, IPRax 2000, 1, 4.

43 Bamberger/Roth/*Spickhoff*, Art. 40 Rn 19.

44 So BGH MDR 1957, 31, 33; BGHZ 35, 329, 333 f; Staudinger/*von Hoffmann*, Art. 40 Rn 17; MüKo-BGB/*Junker*, Art. 40 Rn 25; *Kropholler*, IPR, § 53 IV 1 a, S. 522; aA *Mankowski*, RabelsZ 63 (1999) 203, 263 ff.

45 So aber (unter Rückgriff auf die Dogmatik des deutschen materiellen Deliktsrechts) *Deutsch*, Allgemeines Haftungsrecht, 2. Aufl. 1996, Rn 96; Staudinger/*von Hoffmann*, Art. 40 Rn 17 f; *Stoll*, IPRax 1989, 89, 90: willensgetragene Handlung, die ein rechtlich geschütztes Interesse gefährdet.

46 Bamberger/Roth/*Spickhoff*, Art. 40 Rn 18; MüKo-BGB/*Junker*, Art. 40 Rn 25; Kegel/*Schurig*, IPR, § 18 IV 1 a bb, S. 726.

18 **Der Erfolgsort** ist dort zu lokalisieren, wo das geschützte **Rechtsgut** (zB das Persönlichkeitsrecht oder das Eigentum) **verletzt** wird.[47] Als für die Anknüpfung irrelevant erweist sich damit der sog. **Schadensort**,[48] also der Ort, an dem Folgeschäden eintreten. Andernfalls hätte es der Geschädigte in der Hand, das anwendbare Recht zu wählen, indem er sich nach Eintritt der Rechtsgutsverletzung in den Geltungsbereich der einen oder anderen Rechtsordnung begibt.[49]

III. Mehrere Tatorte

19 **1. Fallgruppen.** Die Tatortregel funktioniert unproblematisch bei sog. **Platzdelikten**, bei denen Handlungs- und Erfolgsort zusammenfallen oder doch zumindest im Geltungsbereich ein und derselben Rechtsordnung liegen. Schwierigkeiten entstehen der Tatortregel im Fall des sog. **Distanzdelikts**, bei dem die unerlaubte Handlung im Geltungsbereich einer Rechtsordnung vorgenommen wird, während der schädliche Erfolg auf dem Territorium einer anderen Jurisdiktion eintritt. Noch komplexer ist die Situation im Fall des **Streudelikts**, bei dem nicht nur Handlung und Rechtsgutsverletzung territorial auseinander fallen, sondern ein und dieselbe deliktische Handlung zu einer Mehrzahl von Erfolgen im Geltungsbereich unterschiedlicher Rechtsordnungen führt. Repräsentative Beispiele sind grenzüberschreitende Umweltbeeinträchtigungen (Rn 23) sowie die Verletzung von Persönlichkeitsrechten durch internationale Massenmedien – Presse, Rundfunk, Fernsehen – oder über das Internet (Rn 43).[50]

20 **2. Ubiquitätsprinzip; Günstigkeitsvergleich.** Wie das früher geltende Gewohnheitsrecht beruht auch Art. 40 Abs. 1 auf dem Ubiquitätsprinzip, nach dem sowohl das Recht am Handlungsort als auch dasjenige am Erfolgsort zur Anwendung berufen sind. Auf diese Weise ist der Zusammenhang mit dem internationalen Zivilprozessrecht (§ 32 ZPO, Art. 5 Nr. 3 EuGVVO) gewahrt und der **Gleichlauf** von internationaler Zuständigkeit und anwendbarem Recht gewährleistet. Um dem Gericht die Bürde der doppelten Rechtsanwendung und der obligatorischen Feststellung von Auslandsrecht abzunehmen, ist die **Wahl zwischen Handlungs- und Erfolgsortrecht** von dem Geschädigten bzw dessen Anwalt zu treffen.[51] Gemäß Art. 40 Abs. 1 findet grundsätzlich das Recht des Handlungsorts Anwendung, bei der es bleibt, wenn nicht der Geschädigte bzw sein Anwalt im ersten Rechtszug bis zum Ende des Vorverfahrens oder des frühen ersten Termins zugunsten des Erfolgsortrechts optiert. Diese Option wird der Anwalt des Geschädigten nur „ziehen", wenn das Erfolgsortrecht für seinen Mandanten günstiger ist als das Recht des Handlungsorts. Die damit ermöglichte Begünstigung des Geschädigten bei Auslandssachverhalten („international bonus") ist **sachlich nicht gerechtfertigt** und im Licht der Grundfreiheiten des AEUV fragwürdig.[52] Noch problematischer ist es, dass der deutsche Gesetzgeber nicht das Erfolgsortrecht für grundsätzlich maßgeblich erklärt hat, sondern ausgerechnet das Handlungsortrecht.[53] Richtigerweise verlangt die Steuerungsfunktion der außervertraglichen Haftung die Anknüpfung des Deliktsstatuts ausschließlich an den Erfolgsort, wie dies der europäische Gesetzgeber in Art. 4 Abs. 1 Rom II-VO auch getan hat.

21 **3. Mehrere Erfolgsorte.** Bei Streudelikten (Rn 19) fallen nicht nur Handlungs- und Erfolgsort auseinander, sondern ein Handlungsort konkurriert mit einer Mehrzahl von Erfolgsorten. Ob auch im Verhältnis der mehreren Erfolgsortrechte zueinander das **Ubiquitätsprinzip** in dem Sinne gilt, dass der Geschädigte unter sämtlichen Erfolgsortrechten die Wahl hat und seinen gesamten Schaden auf der Grundlage der ihm günstigsten Rechtsordnung liquidieren kann, ist zweifelhaft und umstritten. Während ein Teil des Schrifttums das Wahlrecht des Geschädigten in entsprechender Anwendung des Art. 40 Abs. 1 S. 2 bejaht,[54] will die Gegenansicht den **Verletzungsschwerpunkt** ermitteln und allein das dort geltende Recht als Erfolgsortsstatut qualifizieren.[55] Bei Persönlichkeitsverletzungen kommt insbesondere der Sitz des Geschädigten als Haupterfolgsort in Betracht (Rn 45). – Tatsächlich begünstigt ein Wahlrecht zwischen sämtlichen Erfolgsortrechten den Geschädigten grundlos und übermäßig. Die Ermittlung eines Verletzungsschwerpunkts vermag ebenfalls nicht zu überzeugen, weil sie dem Geschädigten de facto erlaubt, mit seinem Sitz auch das anwendbare Recht zu wählen und in den Fällen der Persönlichkeitsverletzungen die gegebenen Unterschiede zwischen den Rechtsordnungen negiert. Die Begünstigung des Geschädigten ist vielmehr auf prozessualem Weg zu vermeiden, indem die

47 RGZ 140, 25, 29; BGHZ 70, 7 = NJW 1978, 495 = VersR 1978, 231.

48 RGZ 140, 25, 29; BGHZ 70, 7 = NJW 1978, 495 = VersR 1978, 231; BGHZ 98, 263, 275 = NJW 1987, 592 ff = WM 1986, 1444 ff; aA zB *Schwind*, Hdb, S. 325 f, der den Ort des Schadenseintritts für maßgeblich erachtet, da der Schaden erst durch den schädigenden Erfolg entstehe.

49 Staudinger/*von Hoffmann*, Art. 40 Rn 24 mit ausführlicher Begründung sowie Fallbeispielen.

50 *G. Wagner*, RabelsZ 62 (1998), 243, 247.

51 BT-Drucks. 14/343, S. 11.

52 *W.-H. Roth*, RabelsZ 55 (1991), 623, 645 f; *ders.*, GS Lüderitz, 2000, S. 635, 654; *G. Wagner*, RabelsZ 62 (1998), 243, 260; ohne Bezug zum Europarecht auch *von Bar*, JZ 1985, 961, 966 ff; aA und zugunsten des Herkunftslandprinzips *Basedow*, RabelsZ 59 (1995), 1, 37 ff.

53 *G. Wagner*, IPRax 2006, 372, 376 f.

54 *Spickhoff*, IPRax 2000, 1, 5.

55 So auch *Ehmann*/*Thorn*, AfP 1996, 20, 23 mwN; Staudinger/*von Hoffmann*, Art. 40 Rn 26.

Zuständigkeit der Gerichte an den mehreren Erfolgsorten auf den dort eingetretenen Schaden begrenzt wird. Eingehend unten Rn 45.

4. Mehrere Handlungsorte. Die Konkurrenz mehrerer Handlungsorte war nach früherem Recht ebenfalls mit Hilfe der **Ubiquitätsregel** und des **Günstigkeitsprinzips** aufzulösen.[56] Diese Lösung wird nunmehr in das neue Recht transponiert, indem Art. 40 Abs. 1 S. 2 analog auf die Wahl zwischen mehreren Handlungsorten angewendet wird, mit der Folge, dass der Geschädigte auch insoweit über ein Bestimmungsrecht zugunsten der ihm (vermeintlich) günstigsten Rechtsordnung verfügt.[57] Diese Lösung führt zu einer sachlich ungerechtfertigten Begünstigung des Geschädigten und lässt sich in Reinkultur nicht realisieren, weil die Frage beantwortet werden muss, welches Recht anwendbar ist, wenn der Geschädigte keine Bestimmung trifft. Der Vorschlag, dann dem Gericht die Wahl zu überantworten, vermag nicht zu überzeugen, weil dann nicht ersichtlich ist, warum sich der Geschädigte bzw sein Anwalt überhaupt der Qual der Wahl unterziehen sollte, wenn das Gericht ohnehin zu seinen Gunsten tätig werden muss. Vorzugswürdig ist deshalb die Ansicht, den Schwerpunkt der Sorgfaltspflichtverletzung zu lokalisieren und nur dort einen Handlungsort anzunehmen.[58] Beides ist aus der Perspektive des Erfolgsortrechts zu beurteilen; aus der Sicht des deutschen Rechts liegt der Handlungsort bei Pressedelikten allein am Verlagssitz als der Verhaltenszentrale (Rn 43).[59] 22

IV. Das Bestimmungsrecht, Art. 40 Abs. 1 S. 2, 3

1. Anwendungsbereich. Das Recht des Geschädigten zur Wahl zwischen Handlungs- und Erfolgsortrecht gilt nicht nur in den für das autonome Recht verbleibenden Materien der Kernenergieschäden und Persönlichkeitsverletzungen, sondern ist durch Art. 46 a EGBGB auch auf die Fälle der Umweltschädigungen gemäß Art. 7 Rom II-VO übertragen worden. 23

2. Rechtsnatur. Die Rechtsnatur des Bestimmungsrechts ist in der Literatur umstritten. Während einerseits eine **prozessuale Qualifizierung** befürwortet wird,[60] sprechen sich andere Stimmen für einen **materiellrechtlichen Charakter** des Optionsrechts aus.[61] Die Wahl zwischen diesen Alternativen hat **Konsequenzen für die anwaltliche Praxis**:[62] Auf der Grundlage der materiellrechtlichen Qualifikation ist der Kläger an die einmal getroffene Wahl schlechthin gebunden, beispielsweise auch dann, wenn er die Klage zurücknimmt, um sie später – uU bei einem anderen Gericht – erneut anhängig zu machen.[63] Zudem soll sich die einseitige Rechtswahl grundsätzlich auf sämtliche Ersatzansprüche aus einem Schadensfall erstrecken.[64] Die prozessuale Auffassung beschränkt die Wirkungen der Bestimmung hingegen auf den anhängigen Rechtsstreit.[65] Die Wahl des Erfolgsortrechts hat nach dieser Meinung keine Geltung für mögliche Folgeprozesse, so dass bei sukzessiver Geltendmachung eines Anspruchs durch mehrere Teilklagen das Bestimmungsrecht in jedem Rechtsstreit erneut ausgeübt werden kann.[66] Letzteres kann der Beklagte verhindern, indem er eine Widerklage erhebt, die auf Feststellung des Nichtbestehens weitergehender Ansprüche gerichtet ist. 24

Für die prozessuale Auffassung sprechen dieselben Gründe, die auch im Übrigen die Differenzierung zwischen materiellrechtlichen Willenserklärungen und Prozesshandlungen tragen: Die Partei eines Rechtsstreits mit einem bestimmten Gegenstandswert hat gar keinen Anlass, ihr Prozessverhalten so einzurichten, dass auch ihre Interessen in möglichen Folgeprozessen über weitergehende Streitwerte gewahrt bleiben. Deshalb geht es nicht an, aus der Disposition im Rahmen eines Rechtsstreits rechtliche Konsequenzen für Streitigkeiten zu ziehen, die noch gar nicht anhängig sind. Hinzu kommt, dass eine Ausübung des Bestimmungsrechts im Anwaltsprozess Postulationsfähigkeit voraussetzt und aus prozessualen Gründen nicht den Wirksamkeitsvoraussetzungen unterliegen sollte, die für Willenserklärungen gelten.[67] Insbesondere eine Anfechtung der Erklärung zur Anwendung des Erfolgsortrechts gemäß §§ 119 ff BGB kommt nicht in Betracht. Schließlich ist eine materiellrechtliche Qualifikation des Bestimmungsrechts auch nicht erforderlich, um seinem rechtspolitischen 25

56 BGH NJW 1964, 2012; OLG Karlsruhe MDR 1978, 61; BAGE 15, 79, 82 = NJW 1964, 990; Soergel/*Lüderitz*, Art. 38 Rn 16.

57 So Bamberger/Roth/*Spickhoff*, Art. 40 Rn 21; Erman/*Hohloch*, Art. 40 Rn 24.

58 Staudinger/*von Hoffmann*, Art. 40 Rn 20; *Looschelders*, VersR 1999, 1316, 1319; Palandt/*Thorn*, Art. 40 Rn 4; MüKo-BGB/*Junker*, Art. 40 Rn 28.

59 Staudinger/*von Hoffmann*, Art. 40 Rn 20; *G. Wagner*, RabelsZ 62 (1998), 243, 281.

60 Erman/*Hohloch*, Art. 40 Rn 28; *St. Lorenz*, NJW 1999, 2215, 2217; Bamberger/Roth/*Spickhoff*, Art. 40 Rn 26; *ders.*, IPRax 2000, 1, 5 f; *Vogelsang*, NVZ 1999, 497, 502.

61 *von Hein*, NJW 1999, 3174, 3175; Staudinger/*von Hoffmann*, Art. 40 Rn 10 f; *Junker*, JZ 2000, 477, 482; *ders.*, FS W. Lorenz, 2001, S. 321, 331 ff; *Kropholler*, IPR, § 53 IV 2 b, S. 526; *Looschelders*, Art. 40 Rn 33; *Pfeiffer*, NJW 1999, 3674, 3675 f.

62 Dazu auch *St. Lorenz*, NJW 1999, 2215.

63 Vgl Fn 61.

64 Besonders deutlich *Kropholler*, IPR, § 53 IV 2 b, S. 526 f.

65 *St. Lorenz*, NJW 1999, 2215, 2217; *Vogelsang*, NZV 1999, 497, 502; aA *von Hein*, NJW 1999, 3174; *Looschelders*, Art. 40 Rn 33; Bamberger/Roth/*Spickhoff*, Art. 40 Rn 27; *ders.*, IPRax 2000, 1, 6.

66 *St. Lorenz*, NJW 1999, 2215, 2217.

67 Vgl nur Thomas/Putzo/*Putzo*, ZPO, Einl. III Rn 17 ff.

Zweck – der Prozessökonomie – genüge zu tun.[68] Die außergerichtliche Streitschlichtung wird nicht behindert,[69] weil Vergleichsverhandlungen im Schatten des Erfolgsortrechts auch dann möglich sind, wenn das Bestimmungsrecht nicht entsprechend ausgeübt worden ist, und die Frage nach dem anwendbaren Deliktsrecht offen bleiben kann, wenn der Vergleichsvertrag wirksam zustande gekommen ist. Die Ausübung des Bestimmungsrechts ist somit als Prozesshandlung zu qualifizieren.

26 **3. Zeitliche Grenzen.** Das Bestimmungsrecht kann nur innerhalb der zeitlichen Grenzen des Art. 40 Abs. 1 S. 3 ausgeübt werden. Ist ein **früher erster Termin** nach § 275 ZPO bestimmt worden, ist das Optionsrecht nach Abschluss der mündlichen Verhandlung verloren. Wählt das Gericht den Weg des **schriftlichen Vorverfahrens** gemäß § 276 ZPO, erlischt das Bestimmungsrecht mit dem Eintritt in die mündliche Verhandlung. Der Geschädigte ist an die einmal getroffene Wahl gebunden, kann sich also nicht etwa für das Rechtsmittelverfahren auf ein anderes Deliktsstatut berufen.[70] Eine Bindung an **außerprozessuale Erklärungen** besteht hingegen nicht, denn das Bestimmungsrecht ist als Prozesshandlung dem Gericht gegenüber auszuüben (Rn 25). Die Möglichkeit zur einverständlichen Rechtswahl gemäß Art. 42 bleibt unberührt. Vgl Art. 42 Rn 4.

27 **4. Richterliche Hinweispflicht.** Der Gesetzgeber der IPR-Reform hat bewusst darauf verzichtet, dem Gericht die Verpflichtung zum Hinweis auf das Bestimmungsrecht aufzuerlegen. Dafür war maßgebend, dass sich die richterliche Hinweispflicht grundsätzlich **nicht** auf die **rechtliche Beratung einer Partei** in deren Interesse erstreckt.[71] Anwendbar bleiben zwar die allgemeinen prozessualen Hinweispflichten der §§ 139, 273 Abs. 1, 278 Abs. 3 ZPO, doch daraus ergibt sich jedenfalls keine Verpflichtung des Gerichts zur Feststellung ausländischen Rechts, zur Durchführung eines Günstigkeitsvergleichs und zur entsprechenden Belehrung des Geschädigten.[72] Verbreitet wird jedoch angenommen, das Gericht sei gehalten, den Geschädigten zumindest auf die **Existenz des Bestimmungsrechts** hinzuweisen, wenn Anhaltspunkte dafür vorliegen, dass die Partei die ihr zustehende Wahlmöglichkeit übersehen hat.[73]

D. Gemeinsamer Sitz oder Aufenthaltsort, Art. 40 Abs. 2

I. Auflockerung der Tatortregel

28 Haben Schädiger und Geschädigter ihren gewöhnlichen Aufenthalt in demselben Staat, wird das Tatortrecht durch das **gemeinsame Aufenthaltsrecht** verdrängt.[74] Dies gilt auch dann, wenn die Beteiligten dieselbe – ausländische – Staatsangehörigkeit haben.[75] Art. 40 Abs. 2 ist allerdings insoweit zu vollmundig formuliert, als bei der Konturierung der deliktischen Sorgfaltspflichten, von denen der Erfolg einer Schadensersatzklage häufig abhängt, doch wieder auf das Tatortrecht zurückgegriffen werden muss (Rn 13 f). Die Auflockerung der Tatortregel durch Abs. 2 ist demnach „rechtsfolgenorientiert" und entsprechend zu begrenzen.[76] Entsprechendes gilt im Europäischen Kollisionsrecht gemäß Art. 4 Abs. 2, **17 Rom II-VO**.[77]

II. Gewöhnlicher Aufenthalt

29 **1. Begriff.** Der Begriff des gewöhnlichen Aufenthalts beurteilt sich nach den allgemeinen Regeln des deutschen Kollisionsrechts (vgl Art. 5 Abs. 1 EGBGB), sollte indessen in den Einzelheiten möglichst in Übereinstimmung mit der Auslegung des Art. 4 Abs. 2 Rom II-VO geführt werden. Art. 40 Abs. 2 S. 2 stellt den Hauptverwaltungssitz von **Gesellschaften, Vereinen und anderen juristischen Personen** dem gewöhnlichen Aufenthalt natürlicher Personen gleich (genauso Art. 23 Abs. 1 Unterabs. 1 Rom II-VO). Ist der Schaden von einer **Niederlassung** verursacht worden oder ist eine solche geschädigt worden, kommt es ausschließlich auf den Ort der Niederlassung an (Art. 23 Abs. 1 Unterabs. 2 Rom II-VO). Bei **Privatpersonen** ist entscheidend, wo sie den Schwerpunkt ihrer familiären, sozialen und beruflichen Bindungen haben.[78] Anders als im bürgerlichen Recht kommt es auf einen entsprechenden Parteiwillen nicht an (vgl im Einzelnen Art. 5 Rn 16).

68 *St. Lorenz*, NJW 1999, 2215, 2217.
69 Anders *Junker*, FS W. Lorenz, 2001, S. 321, 334.
70 Staudinger/*von Hoffmann*, Art. 40 Rn 15; Erman/*Hohloch* Art. 40 Rn 28; MüKo-BGB/*Junker*, Art. 40 Rn 43; nach aA entfaltet die außergerichtliche Ausübung keine Bindungswirkung, vielmehr stehe dem Geschädigten ein ius variandi zu, so *Freitag/Leible*, ZVglRWiss 1999 (2000), 101, 123 ff; *St. Lorenz*, NJW 1999, 2215, 2217.
71 BT-Drucks. 14/343, S. 11 f.
72 *St. Lorenz*, NJW 1999, 2215, 2217; Staudinger/*von Hoffmann*, Art. 40 Rn 16.
73 *Looschelders*, Art. 40 Rn 38.
74 So bereits vor der IPR-Reform von großen Teilen des Schrifttums gefordert, etwa *Deville*, IPRax 1997, 409, 410 f; *Dörner*, JR 1994, 6, 9; MüKo-BGB/*Kreuzer*, 3. Aufl. 1998, Art. 38 Rn 118; *Wandt*, VersR 1993, 409, 414 ff.
75 Bamberger/Roth/*Spickhoff*, Art. 40 Rn 31.
76 *Hohloch*, JuS 1980, 18, 23; Staudinger/*von Hoffmann*, Art. 40 Rn 393.
77 Eingehend *G. Wagner*, IPRax 2008, 1, 5.
78 BGHZ 78, 293, 295 = NJW 1981, 520 ff; BGH NJW 1975, 1068; NJW 1993, 2047, 2048 = FamRZ 1993, 798 ff.

2. Maßgebender Zeitpunkt. Der gemeinsame gewöhnliche Aufenthalt muss **zum Zeitpunkt des Haftungsereignisses** bestehen. Haftungsereignis im Sinne des Art. 40 Abs. 2 S. 1 ist der Tatbestand der unerlaubten Handlung, der den Anspruch zwischen Schädiger und Geschädigtem begründet.[79] Entscheidend ist nicht die Handlung des Schädigers, sondern der Eintritt der Rechtsgutsverletzung.[80] Das Deliktsstatut des gewöhnlichen Aufenthalts ist zur Verhinderung von Manipulationen **unwandelbar**.[81] Fehlte es im Zeitpunkt des Eintritts der Rechtsgutsverletzung an einem gemeinsamen gewöhnlichen Aufenthalt, dann begründet auch dessen spätere Begründung durch Umzug nicht die Anwendung des Art. 40 Abs. 2 S. 1. Genauso wenig lässt ein Wegzug das einmal fixierte Statut des gemeinsamen Aufenthalts wieder zugunsten der Tatortregel zurücktreten.[82] 30

E. Vorbehaltsklausel, Art. 40 Abs. 3

I. Normzweck

Da das Deliktsstatut auch die Haftungsfolgen beherrscht (Rn 12), kann sich ein **deutsches Gericht** dazu genötigt sehen, Schadensersatz in einem Umfang auszuwerfen, den der Kläger nach deutschem Recht niemals beanspruchen könnte. Davor werden inländische Beklagte unabhängig von ihrer Staatsangehörigkeit durch Art. 40 Abs. 3 geschützt,[83] der eine **Konkretisierung** des allgemein in Art. 6 enthaltenen **ordre-public-Vorbehalts** speziell für das internationale Deliktsrecht darstellt.[84] Die Rom II-VO enthält eine allgemeine Vorbehaltsklausel in ihrem Art. 26.[85] Art. 40 Abs. 3 ist Ausdruck der Sorge, das ausländische Recht könne zur Überkompensation des Geschädigten führen,[86] sei es, weil der Schadensumfang zu großzügig bemessen wird (Nr. 1), sei es, weil das ausländische Recht mit der Haftung noch andere als Kompensationszwecke verfolgt (Nr. 2), sei es, dass der ausländische Staat einem für Deutschland bindenden, haftungsbegrenzend wirkenden internationalen Abkommen nicht beigetreten ist (Nr. 3). Wie die in Nr. 1, 2 verwendeten Adjektive „wesentlich" und „offensichtlich" anzeigen, dürfen nach Auslandsrecht begründete Ansprüche über Abs. 3 nicht leichthin abgeschnitten werden, sondern nur „bei **gravierenden Widersprüchen** zu den Grundvorstellungen" des deutschen Rechts.[87] 31

Für die Rechtsanwendung durch **ausländische Gerichte** gilt Art. 40 Abs. 3 nicht. Jedoch macht § 328 Abs. 1 Nr. 4 ZPO die **Anerkennung ausländischer Urteile** davon abhängig, dass der Entscheidungsinhalt nicht dem deutschen ordre public widerspricht. Auf dieser Grundlage hat der BGH einem US-amerikanischen Schadensersatzurteil insoweit die Anerkennung versagt, als der Beklagte zur Zahlung von punitive damages verurteilt wurde.[88] Die Schwelle, bei deren Überschreitung dem ausländischen Urteil die Anerkennung zu versagen ist, liegt höher als diejenige des Art. 40 Abs. 3, denn es ist nicht dasselbe, ob die Entscheidung beispielsweise eines amerikanischen Gerichts (auch) im Interesse des internationalen Rechtsfriedens anzuerkennen ist, oder ob sich ein deutsches Gericht selbst wie eine amerikanische Jury gerieren muss.[89] 32

II. Voraussetzungen

1. Recht eines anderen Staates. Art. 40 Abs. 3 ist nur anwendbar, wenn der geltend gemachte Schadensersatzanspruch ausländischem Recht unterliegt, weil entweder der Tatort im Ausland belegen ist (Abs. 1) oder die Parteien ihren gewöhnlichen Aufenthalt in demselben ausländischen Staat haben (Abs. 2) oder aus sonstigen Gründen eine enge Verbindung zu einem ausländischen Recht besteht, wie der Wortlaut des Art. 41 Abs. 1 klarstellt. Ob sich Abs. 3 auch gegenüber einer Rechtswahl der Parteien zugunsten ausländischen Rechts durchsetzt, mag prima facie zweifelhaft sein, ist im Ergebnis aber zu bejahen.[90] Schließlich ist auch die 33

79 Staudinger/*von Hoffmann*, Art. 40 Rn 403; Erman/*Hohloch* Art. 40 Rn 37.

80 So schon die frühere Rspr, zB BGHZ 87, 95, 103 = NJW 1983, 1972 ff = IPRax 1984, 30 ff; Staudinger/*von Hoffmann*, Art. 40 Rn 403.

81 BGHZ 87, 95, 103 = NJW 1983, 1972 ff = IPRax 1984, 30 ff; BGH NJW 1983, 2771 = VersR 1983, 858 f = IPRax 1984, 328 f; Staudinger/*von Hoffmann*, Art. 40 Rn 403; Erman/*Hohloch* Art. 40 Rn 37.

82 Vgl *Kropholler*, IPR, § 53 IV 3 a, S. 528 f.

83 Eingehend zur Entstehungsgeschichte *Kropholler/von Hein*, FS Stoll, 2001, S. 553, 555 ff.

84 BT-Drucks. 14/343, S. 12; Staudinger/*von Hoffmann*, Art. 40 Rn 411; Bamberger/Roth/*Spickhoff*, Art. 40 Rn 52; *R. Wagner*, IPRax 1998, 429, 433; *Kropholler/von Hein*, FS Stoll, 2001, S. 553, 561 ff.

85 Zu dessen wechselvoller Entstehungsgeschichte *G. Wagner*, IPRax 2006, 372, 388 ff; *ders.*, IPRax 2008, 1, 16 f.

86 BT-Drucks. 14/343, S. 12.

87 Vgl BT-Drucks. 14/343, S. 12.

88 Vgl dazu auch BGHZ 118, 312, 326 ff = NJW 1992, 3096 ff = WM 1992, 1451 ff.

89 Vgl auch OLG Koblenz NJW-RR 2002, 1030, 1031; KG NJW-RR 2002, 1031: kein Zuschlag bei Schmerzensgeldbemessung für US-Bürger; aA *Dethloff*, FS Stoll, 2001, 481, 484; vorsichtiger *Kropholler/von Hein*, FS Stoll, 2001, S. 553, 572.

90 *Huber*, JA 2000, 67, 71; Staudinger/*von Hoffmann*, Art. 40 Rn 415; differenzierend *Kropholler/von Hein*, FS Stoll, 2001, S. 553, 564 f.

Anwendung des Art. 6 sowie die Beachtlichkeit des ordre-public-Einwands der §§ 328 Abs. 1 Nr. 4, 722, 1059 Abs. 2 Nr. 2 b, 1060 Abs. 2 ZPO nicht disponibel (Art. 6 Rn 3).[91]

34 **2. Inlandsbeziehung.** Der Korrektur eines dem an sich anwendbaren ausländischen Recht entsprechenden Ergebnisses mit Rücksicht auf inländische Rechtsprinzipien bedarf es nicht, wenn der Sachverhalt **keinerlei Inlandsbeziehung** aufweist, weil keine der Parteien im Inland ihren gewöhnlichen Aufenthalt hat und auch das geschützte Rechtsgut nicht im Inland belegen ist.[92] Bei der Anwendung des Art. 40 Abs. 3 ist – genauso wie bei Art. 6 (vgl dort Rn 38 ff)[93] – die **Intensität des Inlandsbezugs** zu berücksichtigen:[94] Je stärker die Inlandsbeziehung ausgeprägt ist, desto geringere Anforderungen sind an die Abweichung von inländischen Gerechtigkeitsvorstellungen zu stellen.

35 **3. Die Vorbehalte im Einzelnen.** Auf der Grundlage von **Nr. 1** können die deutschen Gerichte eine **Überkompensation des Geschädigten** abwenden, indem sie nach ausländischem Recht begründete Ersatzansprüche auf dasjenige Maß zurückführen, das zum Ausgleich des Schadens erforderlich, aber auch ausreichend ist. Vermögensschäden lassen sich in aller Regel anhand objektiver Umstände berechnen, so dass die Unterschiede im internationalen Vergleich hier relativ geringfügig sind.[95] Anders liegt es bei immateriellen Schäden, wie etwa dem Schmerzensgeld, weil die „Umrechnung" von Leiden in Geld nicht ohne Willkür zu bewerkstelligen ist, und die von den Gerichten verschiedener Länder und Kulturen gewährten Beträge deshalb erheblich voneinander abweichen. In diesen Fällen ermöglicht Nr. 1 die Rückführung des Ersatzbetrags in die Nähe des in Deutschland üblichen Niveaus, wenn der nach ausländischem Recht zuzuerkennende Betrag „wesentlich weiter" geht als dies in den Augen des deutschen Rechts zum Ausgleich der Beeinträchtigung erforderlich ist.

36 Auch dem Vorbehalt der **Nr. 2** geht es darum, eine Überkompensation des Geschädigten zu vermeiden. Während der Fehler bei Nr. 1 darauf beruht, dass der Schaden nach ausländischem Recht – aus deutscher Sicht – „falsch", weil zu großzügig berechnet wird, verdankt er sich bei Nr. 2 der Berücksichtigung „fremder" Zwecke. Der deutsche Gesetzgeber geht davon aus, dass die legitime Funktion des Deliktsrechts *ausschließlich* darin besteht, den eingetretenen Schaden wieder auszugleichen.[96] Die Regelung richtet sich damit vor allem gegen die US-amerikanischen **punitive damages** (Strafschadensersatz),[97] die auch der Bestrafung des Schädigers dienen.[98]

37 Art. 40 Abs. 3 **Nr. 3** regelt die Fälle, in denen der ausländische Staat einem haftungsbeschränkend wirkenden internationalen Abkommen nicht beigetreten ist, das für die Bundesrepublik Verbindlichkeit beansprucht.[99] Die deutschen Gerichte sollen hier nicht dazu gezwungen werden, durch Anwendung des ausländischen Rechts die völkerrechtliche Bindung Deutschlands zu negieren. Ob sich diese Rechtsfolge bereits aus Art. 3 Abs. 2 ergibt, mag dahinstehen.[100]

38 Der Gesetzgeber zielte mit Abs. 3 Nr. 3 insbesondere auch auf Art. 6 des Übereinkommens vom 29.7.1960 über die Haftung gegenüber Dritten auf dem Gebiet der **Kernenergie**.[101] Selbst bei der Maßgeblichkeit eines ausländischen Deliktsstatuts ist die Haftung des Schädigers auf die in diesem Abkommen genannten Tatbestände und Höchstsummen beschränkt.[102]

III. Rechtsfolge

39 Liegen die Voraussetzungen des Art. 40 Abs. 3 vor, ist der nach ausländischem Recht begründete **Schadensersatzanspruch** auf den mit den Grundvorstellungen des deutschen Rechts zu vereinbarenden Teil zu **redu-**

91 Zu § 328 Abs. 1 Nr. 4 ZPO vgl Zöller/*Geimer*, 28. Aufl. 2010, § 328 Rn 274, § 722 Rn 65; zu §§ 1059 Abs. 2 Nr. 2 b, 1060 Abs. 2 ZPO BGHZ 142, 204, 205; zu § 307 ZPO BGHZ 10, 333, 335; allgemein *G. Wagner*, Prozessverträge, 1998, S. 109 ff.

92 *von Hoffmann*, IPRax 1996, 1, 8; Erman/*Hohloch*, Art. 40 Rn 73; *Kropholler*, IPR, § 53 IV 6, S. 532 f; *Kropholler/von Hein*, FS Stoll, 2001, S. 553, 563 f; *Spickhoff*, NJW 1999, 2209, 2213.

93 Vgl auch *Kropholler*, IPR, § 36 II 2, S. 246.

94 Erman/*Hohloch*, Art. 40 Rn 73; Staudinger/*von Hoffmann*, Art. 40 Rn 416.

95 Beispiel: BGH IPRax 2001, 230, 233: Berechnung des Vermögensschadens in einem US-amerikanischen Versäumnisurteil – kein Verstoß gegen den ordre public.

96 Dazu eingehend und kritisch *G. Wagner*, Gutachten zum 66. Deutschen Juristentag, 2006, S. A 14, A 20 ff; *ders.*, Schadensersatz – Zwecke, Inhalte, Grenzen, in: E. Lorenz (Hrsg.), Karlsruher Forum 2006, S. 9, 18 ff.

97 BGHZ 118, 312, 334 ff = NJW 1992, 3096 ff = WM 1992, 1451 ff; *Kropholler*, IPR, § 53 IV 6, S. 532; *Kropholler/von Hein*, FS Stoll, 2001, S. 553, 566; Staudinger/*von Hoffmann*, Art. 40 Rn 419; für Subsumtion unter Nr. 1 Erman/*Hohloch*, Art. 40 Rn 74; unentschieden Bamberger/Roth/*Spickhoff*, Art. 40 Rn 61.

98 Eingehend *G. Wagner*, AcP 206 (2006), 352, 473 ff; vgl auch *Mörsdorf-Schulte*, Funktion und Dogmatik US-amerikanischer punitive damages, 1999, S. 60 ff, 112; *Brockmeier*, Punitive damages, multiple damages und deutscher ordre public, 1999, S. 17 ff; *Polinsky/Shavell*, 111 Harvard Law Review 869 (1998).

99 BT-Drucks. 14/343, S. 12 f.

100 So *Spickhoff*, NJW 1999, 2209, 2213; aA Staudinger/*von Hoffmann*, Art. 40 Rn 426.

101 Bekanntmachung der Neufassung, BGBl. 1985 II, 963, 965 f.

102 *R. Wagner*, IPRax 1998, 429, 434.

zieren. Da es nur auf die Grundvorstellungen des deutschen Rechts ankommt und nicht jedwede Überschreitung des deutschen Entschädigungsniveaus über Abs. 3 zu korrigieren ist, kann mehr zugesprochen werden, als sich bei Anwendung deutschen Rechts ergeben würde.[103]

F. Persönlichkeitsverletzungen außerhalb des Internet

I. Anwendungsbereich

1. Persönlichkeitsrechte. Grenzüberschreitende Persönlichkeitsverletzungen sind nach Maßgabe des allgemeinen Deliktsstatuts anzuknüpfen.[104] Der seit der *Marlene-Dietrich*-Entscheidung anerkannte **vermögensrechtliche Teil** des Allgemeinen Persönlichkeitsrechts[105] dürfte hingegen auch kollisionsrechtlich wie ein Immaterialgüterrecht zu behandeln und nach Maßgabe des Schutzlandprinzips anzuknüpfen sein.[106] Einschlägig wäre dann Art. 8 Rom II-VO. Existenz und Umfang des Persönlichkeitsrechts sind keine selbständig nach Personalstatut anzuknüpfenden **Vorfragen**, so dass sich auch ein Ausländer in Deutschland auf das im Rahmen von § 823 Abs. 1 BGB anerkannte Allgemeine Persönlichkeitsrecht berufen kann.[107] Nur in Fällen der Verletzung des Namensrechts ist zu beachten, dass sich die Berechtigung zum Führen eines Namens als Vorfrage nur anhand der Heimatrechtsordnung des Namensträgers beurteilen lässt (Art. 10 Abs. 1).[108] 40

2. Beseitigung, Widerruf, Unterlassung und Gegendarstellung. Für Ansprüche auf Beseitigung (Widerruf) und Unterlassung von Persönlichkeitsverletzungen ist ebenfalls das Deliktsstatut maßgeblich.[109] Anders liegt es beim presserechtlichen **Gegendarstellungsanspruch**, der kein Mittel des privatrechtlichen Interessenausgleichs ist, sondern dem Presserecht angehört.[110] Entscheidend ist daher der Sitz bzw die Niederlassung des Presseunternehmens.[111] Im Bereich der Fernsehberichterstattung ist dieses Ergebnis europarechtlich durch Art. 23 Abs. 2 der Fernseh-Richtlinie vorgeprägt (Rn 43).[112] Dies gilt auch für interlokale Fälle, also die Wahl unter den verschiedenen Landes-Pressegesetzen.[113] 41

II. Tatortregel

1. Handlungsort. Entscheidend ist der Ort der tatbestandsmäßigen deliktischen Handlung, nicht der Ort, an dem diese vorbereitet wird (Rn 17). Das Anfertigen von Fotos ist noch keine Verbreitung gemäß § 22 S. 1 KUG[114] und unter diesem Gesichtspunkt noch kein Eingriff in das Persönlichkeitsrecht, doch kann diese **Vorbereitungshandlung ihrerseits als Eingriff** in die Privatsphäre zu würdigen sein und insoweit einen Handlungsort begründen, wie etwa bei Paparazzi-Aufnahmen im Ausland.[115] Passiv legitimiert ist dann allerdings der Fotograf, nicht der Verlag. Verletzungen des **Namensrechts** werden dort begangen, wo der Name zu Unrecht geführt wird.[116] 42

Das Verfassen eines Briefs oder das Drucken eines Artikels begründen keinen Handlungsort.[117] Bei **Briefdelikten** kommt es auf den Absendeort an,[118] bei **Pressedelikten** nach Ansicht des BGH auf den **Erscheinungsort**,[119] während der EuGH (im Rahmen des Art. 5 Nr. 3 EuGVVO) den Handlungsort mit Recht am 43

103 Staudinger/*von Hoffmann* Art. 40 Rn 421; aA Erman/*Hohloch*, Art. 40 Rn 73.
104 BT-Drucks. 14/343, S. 10; Staudinger/*von Hoffmann*, Art. 40 Rn 53 mwN.
105 BGHZ 134, 214 = GRUR 2000, 715 m.Anm. *G. Wagner*.
106 Eingehend *Ahrens*, FS Erdmann, 2002, S. 3, 15 f.
107 Staudinger/*von Hoffmann*, Art. 40 Rn 54 mwN; *Sonnenberger*, FS Henrich, 2000, S. 575, 582.
108 BT-Drucks. 14/343, S. 10; BGHZ 8, 318, 319 f; insoweit dürfte dieser Entscheidung auch heute noch zu folgen sein; vgl *Ahrens*, FS Erdmann, 2002, S. 3, 11 f; *Sonnenberger*, FS Henrich, 2000, S. 575.
109 BT-Drucks. 14/343, S. 10; BGHZ 131, 332, 335; 138, 311, 317; LG Frankfurt/Main NJW-RR 1994, 1493; Staudinger/*von Hoffmann*, Art. 40 Rn 56 mwN; Bamberger/Roth/*Spickhoff*, Art. 40 Rn 53; *Sonnenberger*, FS Henrich, 2000, S. 575, 586; *Fricke*, Der Unterlassungsanspruch gegen Presseunternehmen, 2003, S. 171 ff.
110 Vgl Staudinger/*von Hoffmann*, Art. 40 Rn 70 ff; aA *Hohloch*, ZUM 1986, 165, 176, 179; Bamberger/Roth/*Spickhoff*, Art. 40 Rn 12; *Stadler*, JZ 1994, 642, 646.
111 Staudinger/*von Hoffmann*, Art. 40 Rn 75; aA (Deliktsstatut): MüKo-BGB/*Junker*, Art. 40 Rn 90; Bamberger/Roth/*Spickhoff*, Art. 40 Rn 53.
112 Vgl *Basedow*, RabelsZ 59 (1995), 1, 40.
113 OLG Hamburg AfP 1976, 29, 30; OLG München AfP 1969, 76, 76; Staudinger/*von Hoffmann*, Art. 40 Rn 75; aA (Internationales Deliktsrecht) Bamberger/Roth/*Spickhoff*, Art. 40 Rn 53 mwN in Fn 235.
114 Staudinger/*von Hoffmann*, Art. 40 Rn 58.
115 In diese Richtung EGMR, NJW 2004, 2647, 2649 f. Nr. 59, 68 („Caroline von Monaco"); BGH NJW 2004, 762.
116 Staudinger/*von Hoffmann*, Art. 40 Rn 58.
117 OLG Oldenburg NJW 1989, 400, 401 (Fotos); OLG Hamburg AfP 1998, 643, 643; Staudinger/*von Hoffmann*, Art. 40 Rn 58 (Artikel, Brief); aA Soergel/*Lüderitz*, Art. 38 Rn 5.
118 BGHZ 40, 391, 394; OLG Karlsruhe WRP 1976, 381; Staudinger/*von Hoffmann*, Art. 40 Rn 58; Bamberger/Roth/*Spickhoff*, Art. 40 Rn 54.
119 BGHZ 131, 332, 335 = NJW 1996, 1128; OLG Hamburg, AfP 1998, 643.

Sitz der Niederlassung des Presseunternehmens lokalisiert.[120] Normalerweise werden beide Orte zusammenfallen, doch im Konfliktsfall muss es darauf ankommen, wo sich die **Verhaltenszentrale** befindet, die über den konkreten Inhalt der Publikation entscheidet, also auf den Sitz des Presseunternehmens oder der für die Publikation verantwortlichen Niederlassung.[121] Darüber hinaus soll nach der deutschen Rechtsprechung auch jeder **Verbreitungsort** als Handlungsort in Betracht kommen,[122] was zu einer Vervielfältigung der anwendbaren Rechtsordnungen führt, die dann mit Hilfe des Günstigkeitsprinzips in einen Vorteil für den Geschädigten umgemünzt wird, der die für ihn vorteilhafteste Rechtsordnung aus dem gesamten Verbreitungsgebiet heraussuchen darf.[123] Tatsächlich kommt das Verbreitungsgebiet nur unter dem Gesichtspunkt des Erfolgsorts in Betracht, allerdings mit der Einschränkung, dass nur dort Erfolgsorte eröffnet werden, wo der Geschädigte bekannt ist und also einen Ruf zu verlieren hat. Werden diese Grundsätze auf **Rundfunk- und Fernsehsendungen** übertragen, ergibt sich: Handlungsort ist nicht der Ausstrahlungsort im technischen Sinne, sondern derjenige Ort, an dem die Entscheidungen über das „Inverkehrbringen" der Sendung getroffen werden, regelmäßig also der Sitz der jeweiligen Anstalt.[124]

44 **2. Erfolgsort.** Die mit einem Eingriff in Persönlichkeitsrechte verbundene Rechtsgutsverletzung tritt dort ein, wo der Eingriff vollendet, bei Ehrverletzungen also der Achtungsanspruch des Geschädigten herabgesetzt wird. Bei Briefdelikten kommt es demnach auf den **Empfangsort** an, an dem von dem Inhalt des Schreibens Kenntnis genommen wird.[125] Der Geschädigte sollte nicht die Möglichkeit haben, den Erfolgsort zu verschieben, indem er den Brief an einen anderen Ort transportiert, um ihn erst dort zu lesen. Entsprechendes gilt für die elektronische Post (**E-Mail**).[126] Presseerzeugnisse verursachen Verletzungserfolge dort, wo sie verbreitet werden und der Achtungsanspruch des Betroffenen beeinträchtigt wird, weil er in diesem Gebiet bekannt ist.[127] Wiederum sollte die Verbringung des Druckwerks an einen Ort, wo es nicht bestimmungsgemäß verbreitet wird, irrelevant sein.

45 **3. Mehrere Erfolgsorte.** Selbst bei Zugrundelegung dieser (restriktiven) Grundsätze haben Mediendelikte häufig eine Vielzahl von Erfolgsorten, sind also **Streudelikte** (Rn 19). Es besteht wohl Einigkeit dahin, dass der aus einem schrankenlosen Wahlrecht des Geschädigten folgende „international bonus" zu vermeiden ist; gestritten wird um den richtigen Weg. Wählt der Geschädigte das Erfolgsortstatut gemäß Abs. 1 S. 2, sollen nach dem sog. **Mosaikprinzip** sämtliche Rechtsordnungen gleichzeitig zur Anwendung kommen, jede allerdings beschränkt auf denjenigen Teilschaden, der in ihrem Geltungsbereich eingetreten ist.[128] Diese Ansicht hat die theoretische Exaktheit für sich, dürfte in der Praxis jedoch selbst die besten Anwälte und Richter überfordern.[129] Der Vorschlag, einen **Schwerpunkt-Erfolgsort** am gewöhnlichen Aufenthaltsort des Geschädigten zu bilden,[130] gewährleistet die Beurteilung des Falles anhand einer einzigen Rechtsordnung, ermöglicht dem Geschädigten jedoch in gewissem Umfang die Beeinflussung des Deliktsstatuts, während sie uU das Presseunternehmen mit einem unvorhersehbaren Deliktsstatut konfrontiert, und wird vor allem den unterschiedlichen Schutzstandards und Bewertungsmaßstäben der verschiedenen (Rechts-) Kulturen nicht gerecht.[131] Es überzeugt nicht, einer in Spanien domizilierten Prinzessin zu erlauben, ihren gesamten, durch Äußerungen in einer schwedischen Fernsehsendung verursachten Schaden nach spanischem Recht zu liquidieren, und zwar selbst dann, wenn die inkriminierte Äußerung nur in Spanien, nicht aber in Schweden als ehrabschneidend angesehen wird. Vorzugswürdig ist es vielmehr, mit dem EuGH die **Kognitionsbefugnis** der Gerichte am Erfolgsortgerichtsstand (Art. 5 Nr. 3 EuGVVO, § 32 ZPO) auf den jeweiligen **lokalen Scha-**

120 EuGH 7.3.1995, Rs. C-68/93 (*Shevill* u.a. ./. *Presse Alliance S.A.*), Slg 1995, I-415 (461 f) Nr. 24 f = NJW 1995, 1881; eingehend dazu Stein/Jonas/*G. Wagner*, Art. 5 EuGVVO Rn 168.

121 *Ehmann/Thorn*, AfP 1996, 20, 23; *von Hinden*, Persönlichkeitsverletzungen im Internet, 1999, S. 60 f; *Fricke*, Der Unterlassungsanspruch gegen Presseunternehmen, 2003, S. 217 ff, 226 f.

122 BGH NJW 1977, 1590; BGHZ 131, 332, 335 = NJW 1996, 1128; zustimmend *Sonnenberger*, FS Henrich, 2000, S. 575, 583 f; ähnlich *von Bar*, IPR II, 1991, Rn 662 ff; *Schack*, UFITA 108 (1988), S. 64 ff.

123 Ablehnend *G. Wagner*, RabelsZ 62 (1998), 243, 276 f; *ders.*, ERPL 2005, 21; *Fricke*, Der Unterlassungsanspruch gegen Presseunternehmen, 2003, S. 243 ff.

124 Staudinger/*von Hoffmann*, Art. 40 Rn 58; *Kropholler*, IPR, § 53 V 4, S. 541; Bamberger/Roth/*Spickhoff*, Art. 40 Rn 54.

125 RGZ 23, 305, 306; Staudinger/*von Hoffmann*, Art. 40 Rn 63.

126 Vgl *von Hinden*, Persönlichkeitsverletzungen im Internet, 1999, S. 112 ff.

127 BGHZ 131, 332, 335 = NJW 1996, 1128 ff; nach *von Bar*, IPR II, Rn 664 gibt es bei Persönlichkeitsverletzungen überhaupt keine Erfolgsorte; dagegen *G. Wagner*, RabelsZ 62 (1998), 243, 276 f; *Fricke*, Der Unterlassungsanspruch gegen Presseunternehmen, 2003, S. 190 ff.

128 OLG Hamburg NJW-RR 1995, 790, 792; MüKo-BGB/*Junker*, Art. 40 Rn 79; *Mankowski*, RabelsZ 63 (1999), 203, 269 ff; *Schack*, MMR 2000, 59, 64; *Fricke*, Der Unterlassungsanspruch gegen Presseunternehmen, 2003, S. 253 ff, 264 f.

129 *Prosser*, Interstate Publication, Mich. L. Rev. 51 (1953) 959, 973: „preposterous and unworkable".

130 *Ehmann/Thorn*, AfP 1996, 23; *Fuchs*, JuS 2000, 879, 881; Staudinger/*von Hoffmann*, Art. 40 Rn 61; wohl auch Erman/*Hohloch*, Art. 40 Rn 53.

131 Ablehnend auch Bamberger/Roth/*Spickhoff*, Art. 40 Rn 56, *von Hinden*, Persönlichkeitsverletzungen im Internet, 1999, S. 86 ff; *Fricke*, Der Unterlassungsanspruch gegen Presseunternehmen, 2003, S. 239 f.

den zu beschränken und dort ausschließlich die Berufung auf die lex fori zu gestatten. Entsprechend ist die unbeschränkte Zuständigkeit am Handlungsort kollisionsrechtlich zu ergänzen und auch insoweit der Gleichlauf von Zuständigkeit und anwendbarem Recht herzustellen.[132] Dieser Zusammenhang setzt sich auch gegenüber einem gemeinsamen gewöhnlichen Aufenthalt der Parteien trotz Abs. 2 durch.[133]

G. Internet-Delikte

I. Problemstellung

Bei der Kommunikation im Rahmen des Internet macht die Lokalisation von Handlungs- und Erfolgsort besondere Schwierigkeiten, weil die Informationen über die ganze Welt verbreitet werden. Wird die Tatortregel auf das Internet in naturalistisch-naiver Weise angewendet, ergibt sich die gleichzeitige Anwendung sämtlicher Deliktsrechte dieses Planeten und damit die **kumulative Geltung sämtlicher irgendwo auf der Welt normierten Verhaltensstandards**, soweit sie nicht dem ordre public widersprechen. Die Verbreitung von Informationen über das Internet würde damit wesentlich eingeschränkt. Auf die Gefahr, dass der elektronische Geschäftsverkehr über das Internationale Deliktsrecht abgewürgt wird, hat der europäische Gesetzgeber mit der E-Commerce-Richtlinie reagiert (Rn 49 ff). Im Übrigen ist ihr durch eine normativ angeleitete Konkretisierung der Tatortregel zu begegnen. 46

II. Tatortregel

1. Allgemeine Grundsätze. Außerhalb des Europäischen Binnenmarkts ist der **Handlungsort** nicht am Standort des Servers zu lokalisieren, sondern dort, wo über die Einspeisung einer bestimmten Nachricht entschieden wird.[134] Dabei gilt die widerlegliche Vermutung, dass die Einspeisung von natürlichen Personen an ihrem gewöhnlichen Aufenthaltsort, bei Medienunternehmen am Sitz der Hauptverwaltung oder der verantwortlichen Niederlassung bewirkt worden ist.[135] **Erfolgsorte** eines Internet-Delikts sind nicht sämtliche Orte, an denen die Netzseite von einem Nutzer aufgerufen werden kann,[136] sondern das Gebiet bestimmungsgemäßer Abrufbarkeit der Information.[137] Die Annahme bestimmungsgemäßer Verbreitung der netzbasierten Information in einer bestimmten Jurisdiktion setzt keinen entsprechenden Vorsatz des Verletzers voraus, sondern es reicht aus, wenn nach dem Inhalt der Informationen mit der Kenntnisnahme durch entsprechende Nutzer zu rechnen ist.[138] Dafür ist mindestens erforderlich, dass sich das Angebot seiner sprachlichen Fassung nach an Nutzer aus diesem Staat wendet. Bei Persönlichkeitsverletzungen ist das so bestimmte Verbreitungsgebiet sodann auf diejenigen Staaten zu reduzieren, in denen der Geschädigte bekannt ist (vgl auch oben Rn 43).[139] Erneut ist die Kognitionsbefugnis der Gerichte an den Erfolgsorten auf den jeweiligen **lokalen Schaden** begrenzt (Rn 45), und auch das lokale Deliktsstatut reicht nicht weiter, gilt also nicht auch für solche Rechtsgutsverletzungen und Folgeschäden, die im Gebiet einer anderen Jurisdiktion eingetreten sind. 47

Geht es um die Haftung des **Netzbetreibers**, so gilt der Standort des Servers bzw Providers als Handlungsort.[140] Anbieter fremder Inhalte („**host provider**") haften nach dem Recht des Ortes ihrer „Verhaltenszentrale", an dem die Verbreitung ähnlich einer redaktionellen Verantwortung zu vertreten ist. Für die Lokalisation des 48

132 So, in Anknüpfung an die Entscheidung EuGH 7.3.1995, Rs. C-68/93 (*Shevill* u.a. ./. *Presse Alliance S.A.*), Slg 1995, 415 (461 f) Nr. 30, 33 = NJW 1995, 1881, 1882; *G. Wagner*, RabelsZ 62 (1998), 243, 277 ff; *ders.*, ERPL 2005, 21; *ders.*, IPRax 2006, 372, 385 f; *R. Wagner*, EuZW 1999, 709, 712; *Mankowski*, RabelsZ 63 (1999), 203, 274 ff; ablehnend Staudinger/*von Hoffmann*, Art. 40 Rn 60; *Fricke*, Der Unterlassungsanspruch gegen Presseunternehmen, 2003, S. 312 ff, 324 f.

133 Von einem anderen Ansatz (Mosaikprinzip) ausgehend genauso *Fricke*, Der Unterlassungsanspruch gegen Presseunternehmen, 2003, S. 266 ff.

134 *Gounalakis/Rhode*, Persönlichkeitsschutz im Internet, 2002, Rn 12; *von Hinden*, Persönlichkeitsverletzungen im Internet, 1999, S. 64 ff; *Mankowski*, RabelsZ 63 (1999), 202, 257 f; MüKo-BGB/*Junker*, Art. 40 Rn 75; *Spickhoff*, Das IPR der sog. Internetdelikte, in: Leible (Hrsg.), Die Bedeutung des IPR im Zeitalter der neuen Medien, 2003, S. 89, 97.

135 *von Hinden*, Persönlichkeitsverletzungen im Internet, 1999, S. 71 f.

136 So aber *Mankowski*, RabelsZ 63 (1999), 202, 269.

137 *Pichler*, in: Hoeren/Sieber (Hrsg.), Handbuch Multimedia-Recht, 2004, Teil 25 Rn 198 ff, insbesondere 211 („objektiv bestimmungsgemäße Ausrichtung"); *Gounalakis/Rhode*, Persönlichkeitsschutz im Internet, 2002, Rn 16, 20; aA (zum Zuständigkeitsrecht) BGH GRUR 2010, 261, 263 Nr. 18; *von Hinden*, Persönlichkeitsverletzungen im Internet, 1999, S. 146 ff; *Mankowski*, RabelsZ 63 (1999), 202, 272 ff: Interessenkollision.

138 Im Ergebnis nicht wesentlich anders BGH GRUR 2010, 261, 263 Nr. 21 ff, zum Recht der internationalen Zuständigkeit.

139 AA *von Hinden*, Persönlichkeitsverletzungen im Internet, 1999, S. 144 ff.

140 *Gounalakis/Rhode*, Persönlichkeitsschutz im Internet, 2002, Rn 13; *Spickhoff*, Das IPR der sog. Internetdelikte, in: Leible (Hrsg.), Die Bedeutung des IPR im Zeitalter der neuen Medien, 2003, S. 89, 97; Bamberger/Roth/*Spickhoff*, Art. 40 Rn 55.

Erfolgsorts gelten keine Besonderheiten. Der BGH hat im Rahmen einer Entscheidung zu § 32 ZPO die bloße Abrufbarkeit der inkriminierten Website im Inland für die Erfolgsortzuständigkeit nicht ausreichen lassen.[141] Eine bestimmungsgemäße Ausrichtung des Informationsangebots auf das Inland sei allerdings auch nicht zu verlangen. Vielmehr sei entscheidend, ob „eine Kenntnisnahme von der beanstandeten Meldung nach den Umständen des konkreten Falls im Inland erheblich näher liegt, als die auf Grund der bloßen Abrufbarkeit des Angebots der Fall wäre".[142] Insofern ist nach Ansicht des BGH bereits die Kenntnisnahme durch „eine Person" im Umkreis des Geschädigten ausreichend.[143] In dem vom BGH entschiedenen Fall war die inkriminierte Information in der Online-Ausgabe der New York Times erschienen, die in Deutschland von knapp 15.000 Nutzern gelesen wird. Hier zeigt sich eindrücklich, dass eine vollumfängliche Erfolgsortzuständigkeit zu Alles-oder-nichts-Entscheidungen zwingt, die entweder in die eine oder die andere Richtung übertreiben. Sachgerecht wäre auch hier eine Begrenzung der Erfolgsortzuständigkeit auf den im Inland eingetretenen Schaden und die Maßgeblichkeit des jeweiligen Deliktsstatuts allein für die Folgen der lokalen Rechtsgutsverletzung.

49 **2. Elektronischer Geschäftsverkehr im Binnenmarkt.** Für Teledienste, die aus Mitgliedstaaten der EU heraus erbracht werden, wird das Internationale Deliktsrecht durch die **E-Commerce-Richtlinie** modifiziert.[144] In Art. 3 Abs. 1 der Richtlinie heißt es, jeder Mitgliedstaat müsse dafür Sorge tragen, dass die in seinem Staatsgebiet niedergelassenen Diensteanbieter das dort geltende Recht einhalten, und Abs. 2 fügt hinzu, ein Mitgliedstaat dürfe den freien Dienstleistungsverkehr aus einem anderen Mitgliedstaat nicht aus Gründen einschränken, die in den koordinierten Bereich fallen.[145] Wie sich im Umkehrschluss aus dem Anhang zur Richtlinie ablesen lässt, umfasst der koordinierte Bereich auch die **Haftung für Persönlichkeitsverletzungen.**[146] Unberührt durch die E-Commerce-Richtlinie bleiben ferner u.a. die Rechtswahlfreiheit (Anhang, Lemma 5) sowie der Schutz der Menschenwürde (Art. 3 Abs. 4 lit. a) i) Lemma 1), die in diesem Kontext aber nicht den gesamten Bereich deliktsrechtlichen Persönlichkeitsschutzes umfasst.[147]

50 Art. 3 erlaubt den Schluss, die Tatortregel werde bei Internet-Delikten im Binnenmarkt durch das **Herkunftslandprinzip** abgelöst, nach dem der Anbieter einer Ware oder Dienstleistung, die in ihrem Herkunftsland rechtmäßig in den Verkehr gebracht worden ist, im Ausland selbst dann nicht mit Haftung belegt werden darf, wenn sie dort Schäden verursacht.[148] Allerdings enthält Art. 1 Abs. 4 der E-Commerce-Richtlinie die „Klarstellung", die Richtlinie schaffe keine zusätzlichen Regeln im Bereich des internationalen Privatrechts.[149] Der Widerspruch zu Art. 3 RL ist kein Redaktionsversehen, sondern Ausdruck der rechtspolitischen Kämpfe in Brüssel bzw des am Ende des Gesetzgebungsverfahrens vereinbarten Waffenstillstands.[150] Nach einer Ansicht ist er zugunsten des Herkunftslandprinzips aufzulösen, so dass Art. 3 Abs. 1, 2 RL als **Kollisionsnorm** zu lesen ist, die auf das Sachrecht des Niederlassungsstaats verweist.[151] Die Gegenauffassung versteht Art. 3 Abs. 2 der Richtlinie als **europarechtliche Anwendungsschranke**,[152] nach der aufgrund des IPR berufene, in ihrer Substanz aber gemeinschaftswidrige Sachnormen nicht zur Anwendung kommen, die aufgrund des Tatort- oder Marktortprinzips anwendbar wären, soweit das Marktortrecht schärfere Anforderungen stellt als das Recht des Herkunftslands.[153] Der deutsche Gesetzgeber hat sich nicht in der Lage gesehen, diesen Streit zu lösen, sondern hat den innerhalb der Richtlinie bestehenden Widerspruch in das deutsche Recht übernommen: Während **§ 3 TMG** das Herkunftslandprinzip normiert und davon in § 3 Abs. 3 Nr. 2, 4 zwar das Ver-

141 So zum Recht der internationalen Zuständigkeit BGH GRUR 2010, 261, 264 Nr. 20 ff; NJW 2010, 1752 (1753) Nr. 17 f.

142 BGH NJW 2010, 1752, 1754 Nr. 20; ähnlich BGH GRUR 2010, 261, 264 Nr. 21: Interessenkollision im Einzelfall.

143 BGH NJW 2010, 1752, 1754 Nr. 24; kritisch auch *Staudinger* NJW 2010, 1754 f.

144 Richtlinie 2000/31/EG v. 8.6.2000; umgesetzt durch das Gesetz über rechtliche Rahmenbedingungen für den elektronischen Geschäftsverkehr (EGG) v. 14.12.2001, BGBl. 3721. Die einschlägigen Regelungen finden sich jetzt im Gesetz über die Nutzung von Telediensten – TDG.

145 Zu dessen Umfang *Lurger/Vallant*, RIW 2002, 188, 189.

146 So auch BGH GRUR 2010, 261, 264 f. Nr. 25 ff; *Mankowski*, IPRax 2002, 257, 265.

147 *Spickhoff*, Das IPR der sog. Internetdelikte, in: Leible (Hrsg.), Die Bedeutung des IPR im Zeitalter der neuen Medien, 2003, S. 89, 115 f.

148 Zu den primärrechtlichen Grundlagen des Herkunftslandprinzips vgl oben Rn 20 mit Fn 52.

149 Vgl auch Erwägungsgrund Nr. 23 zur Richtlinie.

150 Scharf *Mankowski*, IPRax 2002, 257: „bewusste Irreführung"; § 1 Abs. 4 RL als eine „Art gesetzgeberischer falsa demonstratio"; *Halfmeier*, ZEuP 2001, 837, 862: „gespielte Unschuld".

151 Erman/*Hohloch*, Art. 40, Rn 51; *Kegel/Schurig*, IPR, § 18 I, S. 682; *Mankowski*, ZVglRWiss 100 (2001), 137, 138 ff; *ders.*, IPRax, 2002, 257; *Spickhoff*, Das IPR der sog. Internetdelikte, in: Leible (Hrsg.), Die Bedeutung des IPR im Zeitalter der neuen Medien, 2003, S. 89, 119 f; *Thünken*, IPRax 2001, 15, 19 f.

152 So, mit Abweichungen im Detail, *Looschelders*, Art. 40 Rn 99 f; Staudinger/*Fezer*, Internationales Wirtschaftsrecht, Rn 449; *Fezer/Koss*, IPRax 2000, 349; *Halfmeier*, ZEuP 2001, 837, 864 f; Staudinger/*von Hoffmann*, Art. 40 Rn 299; *Ohly*, GRUR Int 2001, 899, 902 ff; *Sack*, WRP 2000, 269, 280 f; wohl auch *Spindler*, IPRax 2001, 400, 401; *ders.*, ZHR 165 (2001), 324, 334 ff; *ders.*, NJW 2002, 921, 926.

153 Zu weiteren – sehr komplizierten – Vorschlägen in der Literatur vgl den Überblick bei *Mankowski*, IPRax 2002, 257, 261 ff.

tragsrecht und den Datenschutz, nicht aber die außervertragliche Haftung für Persönlichkeitsverletzungen ausnimmt, insistiert § 1 Abs. 5 TMG darauf, dass das Kollisionsrecht nicht angetastet werde.

In Übereinstimmung mit der **Rechtslage im primären Gemeinschaftsrecht** ist der Interpretation des Herkunftslandprinzips als **Anwendungsschranke** der Vorzug zu geben. Die ausschließliche Anwendung der Rechtsordnung des Herkunftslandes ist überflüssig, wenn die Rechtsordnung am Markt- oder Erfolgsort keine schärferen Anforderungen statuiert als diejenige am Herkunftsort. Sie mag sich für den Diensteanbieter sogar negativ auswirken, wenn die Anforderungen am Markt- oder Erfolgsort großzügiger sind als im Herkunftsland. Vor allem aber erlaubt Art. 3 Abs. 4 lit. a) RL den Marktort- bzw Erfolgsortstaaten die Sanktionierung auch solcher Dienste, die im Herkunftsstaat rechtmäßig sind, wenn die Maßnahmen bestimmten Allgemeinwohlbelangen dienen. Letzteres setzt die Anwendbarkeit von Erfolgsortrecht voraus und entspricht dem aus dem Primärrecht gewohnten Schema, das zunächst einen Eingriff in Grundfreiheiten durch mitgliedstaatliches Recht feststellt (Art. 34, 56 AEUV), um sodann dessen Rechtfertigung durch zwingende Gründe des Allgemeinwohls (Art. 36, 62, 52 AEUV) zu prüfen.[154] 51

Im Anwendungsbereich des Art. 3 RL, § 3 TMG sollten die deutschen **Anwälte und Gerichte also in 4 Schritten** vorgehen:[155] **(1)** Zunächst ist das anwendbare Recht mit Hilfe des deutschen IPR, also der Marktort- bzw Tatortregel zu ermitteln. **(2)** Ergibt sich die Anwendbarkeit des deutschen Sachrechts und ist das Verhalten des Diensteanbieters danach rechtmäßig, ist die Klage abzuweisen. **(3)** Ist das Verhalten nach deutschem Sachrecht rechtswidrig, ist das Recht des Herkunftslandes zu ermitteln (§ 293 ZPO) und anzuwenden. Lässt sich danach ebenfalls eine Haftung begründen, ist der Klage stattzugeben. **(4)** Verpflichtet das Verhalten nach ausländischem Heimatrecht nicht zum Schadensersatz, ist zu prüfen, ob die Anwendung deutschen Rechts im Lichte der Art. 3 Abs. 4 RL, § 3 Abs. 5 TMG gerechtfertigt ist. Ist dies nicht der Fall, ist die Klage abzuweisen. 52

H. Kernenergieschäden

I. Internationale Übereinkommen

Die Haftung für Schäden durch Kernenergie ist in einer Reihe internationaler Übereinkommen geregelt. Zu nennen sind folgende Rechtsakte: 53

- Das **Pariser Übereinkommen** vom 29.7.1960 über die Haftung gegenüber Dritten auf dem Gebiet der Kernenergie in der Fassung des Zusatzprotokolls vom 28.1.1964.[156] Das Änderungsprotokoll vom 16.11.1982 (BGBl. 1985 II S. 691) ist am 25.9.1985 ratifiziert (BGBl. II S. 690) und seine innerstaatliche Geltung durch Art. 1 der Haftungsnovelle zum Atomgesetz vom 22.5.1985 (BGBl. II S. 781) angeordnet worden.
- Das **Brüsseler Zusatzabkommen** zum Pariser Übereinkommen vom 31.1.1963 in der Fassung des Zusatzprotokolls vom 28.1.1964 (BGBl. 1975 II S. 957 und BGBl. 1976 II S. 308), sowie des Änderungsprotokolls vom 16.11.1982 (BGBl. 1985 II S. 970).
- Das **Brüsseler Kernmaterial-Seetransport-Übereinkommen** vom 17.12.1971.[157]
- Das **Brüsseler Reaktorschiff-Übereinkommen** vom 25.5.1962 (BGBl. 1975 II S. 977) ist zwar durch die BRD noch nicht ratifiziert, durch § 25 a AtG aber inhaltlich übernommen worden.

Das Haftungssystem des Pariser Übereinkommens beruht auf dem Prinzip der **Haftungskanalisierung** auf den Inhaber der Kernanlage. Folgerichtig hat die Haftung gemäß Art. 3, 6 Abs. c (ii) PÜ exklusiven Charakter, schließt also die Deliktshaftung aus.[158] Kollisionsrechtlich genießt das PÜ gemäß Art. 3 Nr. 2 EGBGB den Vorrang vor den Art. 40 ff EGBGB.

II. Kollisionsrecht

Soweit sich die Haftung des Inhabers einer Kernanlage **ergänzend nach nationalem Recht** bestimmt (in Deutschland: § 25 AtG), ist kollisionsrechtlich nicht Art. 7 Rom II-VO, sondern das autonome Recht anzuwenden. Insofern ist nicht auf Art. 40 EGBGB zurück zu greifen, sondern primär einschlägig sind **die Spezialregelungen des § 40 AtG.**[159] Gemäß § 40 Abs. 1 AtG kommt das deutsche Atom-Haftungsrecht ergänzend 54

154 Vgl nur *Herdegen*, Europarecht, 12. Aufl. 2010, § 15, Rn 1 ff; mit Blick auf Wettbewerbsbeschränkungen *Grandpierre*, Herkunftsprinzip contra Marktortanknüpfung, 1999, S. 19 ff; *Dethloff*, Europäisierung des Wettbewerbsrechts, 2001, S. 143 ff, 177 ff, 220 ff, 245 ff.

155 *Halfmeier*, ZEuP 2001, 837, 864 f.

156 RatifizG v. 8.7.1975, BGBl. II S. 957; Bek. v. 4.2.1976, BGBl. II S. 308.

157 RatifizG v. 8.7.1975, BGBl. II S. 957; Bek. v. 4.2.1976, BGBl. II S. 307; Text mit deutscher Übersetzung in BGBl. 1975 II S. 1026.

158 Eingehend *Däubler*, Haftung für gefährliche Technologien, 1988, S. 4 ff; vgl auch *Will*, Quellen erhöhter Gefahr, 1980, S. 26.

159 *Kloepfer/Kohler*, Kernkraftwerk und Staatsgrenze, 1981, S. 142 f; *Kühne*, NJW 1986, 2139, 2141; Staudinger/*von Hoffmann*, Art. 40 Rn 149.

zur Anwendung, wenn im Inland eine Klage gegen den Inhaber einer Kernanlage erhoben wird, die in einem (anderen) Vertragsstaat des PÜ belegen ist. Dies gilt ausweislich des § 40 Abs. 2 AtG allerdings nicht für eine Reihe wichtiger Einzelfragen, wie die Identifizierung des Inhabers der Kernanlage, die Limitierung des Haftungsumfangs, die Verjährung von Ersatzansprüchen, die Entscheidung über die Ersatzfähigkeit von Schäden, die in Drittstaaten eingetreten sind, und von Schäden, die durch eine sonstige Strahlungsquelle verursacht worden sind. Insofern ist das Recht des Vertragsstaats, in dem die Kernanlage gelegen ist, berufen. **Art. 40 EGBGB** ist somit **nur dann anzuwenden**, wenn die Haftung des Inhabers einer Kernanlage in Rede steht, die in einem **Drittstaat**, der nicht Vertragsstaat des Pariser Übereinkommens ist, **belegen** ist. In Umkehrung des Ubiquitätsprinzips des Art. 7 Rom II-VO, das primär das Recht des Erfolgsorts beruft, ist im Rahmen des autonomen Rechts grundsätzlich das Recht des Handlungsorts berufen. Dem Geschädigten bleibt es unbenommen, zugunsten des Erfolgsortrechts zu optieren.

III. Grenzüberschreitende Wirkung von Genehmigungen

55 Wegen des für das internationale öffentliche Recht immer noch maßgebenden Territorialitätsprinzips wird ausländischen Anlage- und **Emissionsgenehmigungen von der Rechtsprechung** die Anerkennung versagt,[160] während in der Literatur gefordert wird, Anlagegenehmigungen des Auslands zumindest im Rahmen des Privatrechts anzuerkennen.[161] Dabei wird mitunter übersehen, dass nach deutschem Deliktsrecht die öffentlich-rechtliche Genehmigung eines Verhaltens als solche Rechtsgutsverletzungen nicht zu rechtfertigen und Ersatzansprüche Drittbetroffener nicht auszuschließen vermag.[162] Anders verhält es sich zwar bei privatrechtsgestaltenden Genehmigungen nach Art der immissionsschutzrechtlichen Anlagegenehmigung, doch dann wird die Beschränkung deliktischer und nachbarrechtlicher Abwehrrechte (§§ 7 Abs. 6 AtG, 14 S. 1 BImSchG) durch die Gewährung verschuldensunabhängiger Aufopferungs-Entschädigungsansprüche kompensiert (§§ 7 Abs. 6 AtG, 14 S. 2 BImSchG).[163] Soweit es im ausländischen Genehmigungsstatut an solchen kompensatorischen Ansprüchen fehlt, kommt die Anerkennung der Legalisierungswirkung der Genehmigung im Verhältnis zu Deliktsansprüchen des deutschen Rechts folglich nicht in Betracht;[164] steht die Aufopferungshaftung indessen auch nach Auslandsrecht zur Verfügung, wird schon das Handlungsortrecht selbst zum Erfolg der Klage führen. Die ausländische Genehmigung entfaltet ihre Wirkung also nur im Rahmen des Handlungsortrechts,[165] nicht aber dann, wenn der Geschädigte seinen Anspruch auf (deutsches) Erfolgsortrecht stützt.[166]

56 Anders liegt es in Bezug auf **Unterlassungs- und Beseitigungsansprüche**, die vor inländischen Gerichten gegen ausländische Anlagenbetreiber geltend gemacht werden. Soweit die ausländische Anlagengenehmigung Unterlassungsansprüche ausschließt – was regelmäßig der Fall ist – scheitert der Kläger zwar auf der Basis des Handlungsortrechts, offenbar aber nicht bei der gemäß Art. 44, 40 Abs. 1 S. 2 zulässigen Berufung auf deutsches Erfolgsortrecht. Mit der Vollstreckung des Unterlassungsurteils im Genehmigungsstaat wird der im Inland erfolgreiche Kläger allerdings scheitern. Zur Vermeidung eines derart sinnlosen Urteils mag es geboten sein, die Präklusionswirkung gegenüber nachbarlichen Abwehransprüchen, die der Genehmigung durch das ausländische Verwaltungsrecht verliehen wird, auch im Inland anzuerkennen, wenn die oben (Rn 57) genannten Äquivalenzbedingungen erfüllt sind.[167] Insbesondere die Voraussetzung der Verfahrensbeteiligung ist jedoch ernst zu nehmen; den ausländischen Nachbarn sind effektive und fair ausgestaltete Anhörungs- und Einwendungsbefugnisse einzuräumen.

I. Staatshaftung

57 Im Bereich der Amtshaftung gilt die Tatortregel nicht, sondern sie richtet sich – vorbehaltlich staatsvertraglicher Sonderregelungen[168] – nach dem **Recht des Amtsstaates**.[169] Jeder Staat legt kraft seiner Souveränität die Voraussetzungen fest, unter denen er privaten Dritten für Schäden infolge von Amtspflichtverletzungen

160 BGH DVBl. 1979, 226, 227 f; OLG Saarbrücken NJW 1958, 752, 754.

161 *Hager*, RabelsZ 53 (1989), 306; Staudinger/*von Hoffmann*, Art. 40 Rn 169 f; MüKo-BGB/*Junker*, Art. 40 Rn 191; *Meessen*, AöR 110 (1985), 398, 417; *Siehr*, RabelsZ 45 (1981), 377, 387; Bamberger/Roth/*Spickhoff*, Art. 40 Rn 48; *Wandt*, VersR 1998, 529, 533.

162 MüKo-BGB/*G. Wagner*, § 823 Rn 275, 307 f.

163 Eingehend zu diesem Nexus *G. Wagner*, Öffentlich-rechtliche Genehmigung und privatrechtliche Rechtswidrigkeit, 1989, S. 123 ff, 262 ff.

164 Übereinstimmend *Pfeiffer*, Jahrbuch des Umwelt- und Technikrechts 2000, S. 263, 307.

165 *Hager*, RabelsZ 53 (1989), 293, 301; *Pfeiffer*, Jahrbuch des Umwelt- und Technikrechts 2000, S. 263, 283 f.

166 So wohl auch *Siehr*, RabelsZ 45 (1981), 377, 386.

167 Vgl Fn 160.

168 Dazu Staudinger/*von Hoffmann*, Art. 40 Rn 107 ff.

169 BGH NJW 1976, 2074 = WM 1976, 1137 ff; BGHZ 70, 7 ff = NJW 1978, 495; VersR 1982, 185 f; OLG Köln NJW 1999, 1555, 1556; LG Rostock IPRax 1996, 125, 127; *Mansel*, IPRax 1987, 210, 214; *Schurig*, JZ 1982, 385, 387 ff; *Kropholler*, IPR, § 53 IV 7, S. 534; Bamberger/Roth/*Spickhoff*, Art. 40 Rn 9.

seiner Beamten einzustehen bereit ist. Dies gilt auch dann, wenn die Amtspflichtverletzung im Ausland begangen wurde.[170] Die Anknüpfung an das Recht des Amtsstaates erstreckt sich auch auf die persönliche Haftung des Amtsträgers.[171] Sowohl für die Staatshaftung wie für die persönliche Beamtenhaftung gilt hingegen das Deliktsstatut, wenn es um die Ersatzpflicht für **privatrechtliches Handeln** geht.[172] Die Ersatzpflicht für Delikte von Angehörigen der in Deutschland stationierten **ausländischen Streitkräfte** richtet sich nach Art. VIII NATO-Truppenstatut. Danach wird die persönliche Haftung durch eine Staatshaftung des Entsendestaates abgelöst, für den im Streitfall die Bundesrepublik als Prozessstandschafter auftritt.[173]

Art. 41 EGBGB Wesentlich engere Verbindung

(1) Besteht mit dem Recht eines Staates eine wesentlich engere Verbindung als mit dem Recht, das nach den Artikeln 38 bis 40 Abs. 2 maßgebend wäre, so ist jenes Recht anzuwenden.

(2) Eine wesentlich engere Verbindung kann sich insbesondere ergeben

1. **aus einer besonderen rechtlichen oder tatsächlichen Beziehung zwischen den Beteiligten im Zusammenhang mit dem Schuldverhältnis oder**
2. **in den Fällen des Artikels 38 Abs. 2 und 3 und des Artikels 39 aus dem gewöhnlichen Aufenthalt der Beteiligten in demselben Staat im Zeitpunkt des rechtserheblichen Geschehens; Artikel 40 Abs. 2 Satz 2 gilt entsprechend.**

Literatur: Vgl die Angaben bei Art. 40.

A. Allgemeines

I. Normzweck und Anwendungsbereich

1 Die Anknüpfungsregeln der Art. 38 ff sind ein Versuch des Gesetzgebers, für bestimmte Fallgruppen bzw Anspruchsarten diejenige Rechtsordnung zu identifizieren, mit der der Sachverhalt am engsten verbunden ist. Angesichts der Vielgestaltigkeit der Fälle stellt ein solches Vorhaben eine Gradwanderung zwischen detailgetreuen, dafür aber sachlich angemessenen und in ihren Ergebnissen vorhersehbaren Einzelregelungen und abstrakten Generalisierungen dar (Art. 40 Rn 5). Soweit die Art. 38 ff spezielle Anknüpfungsentscheidungen enthalten, ermöglicht Art. 41 ihre **Korrektur im Wege des Durchgriffs auf das diesen zugrunde liegende allgemeine Prinzip**, nämlich die Berufung derjenigen Rechtsordnung, die mit dem Sachverhalt am engsten verbunden ist. Die Vorschrift erweist sich damit als ein Instrument der Flexibilisierung regelhafter Anknüpfungsentscheidungen im Interesse der Einzelfallgerechtigkeit.[1] Die Parallelregelung für Vertragsschuldverhältnisse findet sich in Art. 28 Abs. 5.

2 Die **Rom II-VO** enthält dem Art. 41 entsprechende Vorschriften für Deliktsansprüche in Art. 4 Abs. 3, für Bereicherungsansprüche in Art. 10 Abs. 4, in Bezug auf Forderungen aus Geschäftsführung ohne Auftrag in Art. 11 Abs. 4 und schließlich für solche aus Verschulden bei Vertragsverhandlungen in Art. 12 Abs. 2 lit. c). Da die Rom II-VO keinerlei Bereichsausnahmen für die zuletzt genannten Ansprüche enthält, kann Art. 41 EGBGB nur noch zur Anwendung kommen, wenn bei Klagen aus unerlaubter Handlung die Anwendung der Rom II-VO gemäß Art. 1 Abs. 1 S. 2, Abs. 2 lit. f), lit. g) ausgeschlossen ist, also bei Ansprüchen aus Amtshaftung, wegen Kernenergieschäden oder wegen Persönlichkeitsverletzungen (Art. 40 Rn 2).

3 Die in Art. 41 Abs. 2 genannten Bespiele für ein mögliches Bestehen einer wesentlich engeren Verbindung sind nicht abschließend („insbesondere") und sollen in erster Linie der Erleichterung der Rechtsanwendung dienen.[2] Es handelt sich also um **Regelbeispiele**. Für das Deliktsrecht ist nur die akzessorische Anknüpfung

170 Erman/*Hohloch*, Art. 40 Rn 58; Soergel/*Lüderitz*, Art. 38 Rn 69; zustimmend BT-Drucks. 14/434, S. 10.
171 Vgl BT-Drucks. 14/343, S. 10, rechte Spalte; BGH NJW 1976, 2074 = WM 1976, 1137 ff; OLG Köln NJW 1999, 1556; LG Rostock NJ 1995, 490; Palandt/*Thorn*, Art. 40 Rn 11; *Kropholler*, IPR, § 53 IV 7, S. 534.
172 Staudinger/*von Hoffmann*, Art. 40 Rn 110; *Kropholler*, IPR, § 53 IV 7, S. 534.
173 Vgl OLG Hamburg, VersR 2001, 996; Staudinger/*von Hoffmann*, Art. 40 Rn 115 ff.
1 BT-Drucks. 14/343, S. 13; *Junker*, JZ 2000, 477, 483.
2 BT-Drucks. 14/343, S. 13.

gemäß Art. 41 Abs. 2 Nr. 1 relevant, da der gemeinsame gewöhnliche Aufenthalt (Art. 41 Abs. 2 Nr. 2) bereits in Art. 40 Abs. 2 als feste Anknüpfungsregel fungiert.

II. Sachnormverweisung

4 Die Frage, ob Art. 41 eine Gesamt- oder Sachnormverweisung darstellt, ist im letzteren Sinn zu entscheiden:[3] Die Berücksichtigung von Rück- und Weiterverweisungen durch das Kollisionsrecht derjenigen Rechtsordnung, zu der die engste Verbindung besteht, **widerspräche dem Sinn der Verweisung** iSd Art. 4 Abs. 1.[4] Es ist nicht entscheidend, dass die fremde Rechtsordnung gar nicht angewendet werden will, wenn das deutsche Kollisionsrecht bzw das dieses anwendende Gericht zu dem Schluss kommt, dass sie angewendet werden sollte, weil sie mit dem Sachverhalt am engsten verbunden ist.

III. Prozessuale Geltendmachung

5 Die wesentlich engere Verbindung zu einer anderen Rechtsordnung ist **von Amts wegen** zu berücksichtigen.[5] Allerdings ist darauf zu achten, dass die durch die Regelanknüpfungen erreichte Rechtssicherheit durch Art. 41 nicht wieder zerstört wird.[6] Abs. 1 ist nur zu konsultieren, wenn ein **Bedürfnis** für die Suche nach einem sachnäheren Recht erkennbar ist.[7]

B. Die akzessorische Anknüpfung gemäß Art. 41 Abs. 2 Nr. 1

I. Zweck

6 Nach Art. 41 Abs. 2 Nr. 1 ist eine wesentlich engere Verbindung aus einer **rechtlichen oder tatsächlichen Sonderbeziehung** zwischen den Beteiligten dazu geeignet, eine wesentlich engere Verbindung zu begründen. Diese Beziehung muss im Zusammenhang mit dem „Schuldverhältnis" bestehen, mit dem Anspruch aus unerlaubter Handlung iSd Art. 40.

7 Die akzessorische Anknüpfung ermöglicht die **Abwicklung des zwischen den Parteien bestehenden Streits auf einheitlicher rechtlicher Grundlage**, was nicht gewährleistet wäre, wenn die Vertragsbeziehung dem Vertragsstatut unterläge und die außervertragliche Haftung nach Maßgabe des Art. 40 anzuknüpfen wäre. Damit wird die Arbeit der Gerichte erleichtert,[8] und die Parteien werden vor zufälligen oder mangelhaft aufeinander abgestimmten Entscheidungen geschützt.[9] Darüber hinaus dürfte es auch den berechtigten Erwartungen von Vertragspartnern entsprechen, dass eine von ihnen im Hinblick auf ein Vertragsverhältnis getroffene Rechtswahl (Art. 3 Rom I-VO) auch dann honoriert wird, wenn sich eine Partei bei einem späteren Streitfall auf eine außervertragsrechtliche Anspruchsgrundlage stützt.

II. Sonderbeziehung

8 Die von Abs. 2 Nr. 1 zusätzlich zu dem gesetzlichen Schuldverhältnis vorausgesetzte Beziehung kann **vertraglicher, gesetzlicher** oder auch bloß tatsächlicher Natur sein. Sie muss **zwischen denselben Parteien** bestehen wie das außervertragliche Schuldverhältnis, um dessen akzessorische Anknüpfung es geht[10] und mit Letzterem im Sachzusammenhang stehen (Rn 10).

9 Das Bedürfnis nach Auflockerung der Tatortregel mit Rücksicht auf **tatsächliche Sonderbeziehungen** wird jedoch weitgehend durch die Anknüpfung an den gemeinsamen gewöhnlichen Aufenthalt gemäß Art. 40 Abs. 2 erfüllt. Daneben dürften kaum noch Fälle verbleiben, in denen die Verdrängung der Tatortregel als unabweisbares Bedürfnis erscheint.

3 *von Hein*, ZVglRWiss 99 (2000), 251, 274 f; *Huber*, JA 2000, 67, 72; aA; Bamberger/Roth/*Spickhoff*, Art. 41 Rn 14; *ders.*, NJW 1999, 2209, 2112, differenzierend Erman/*Hohloch*, Art. 41 Rn 4; MüKo-BGB/*Junker*, Art. 41 Rn 26, 31.

4 *von Hein*, ZVglRWiss 99 (2000), 251, 275; *Huber*, JA 2000, 67, 72; aA Bamberger/Roth/*Spickhoff*, Art. 41 Rn 14; *ders.*, NJW 1999, 2209, 2112.

5 Staudinger/*von Hoffmann*, Art. 41 Rn 33; *von Hein*, Das Günstigkeitsprinzip im Internationalen Deliktsrecht, 1999, S. 151.

6 Erman/*Hohloch*, Art. 41 Rn 1; *von Hoffmann/Thorn*, IPR, § 11 Rn 39.

7 In diesem sachnäheren Recht muss das Rechtsverhältnis seinen Schwerpunkt haben, vgl Bamberger/Roth/*Spickhoff*, Art. 41 Rn 3; MüKo-BGB/*Junker*, Art. 41 Rn 9.

8 So ausdrücklich der Gesetzgeber, BT-Drucks. 14/343, S. 14; Staudinger/*von Hoffmann*, Art. 41 Rn 9; *Spickhoff*, IPRax 2000, 1, 2.

9 *Kropholler*, RabelsZ 33 (1969), 601, 632 f; Staudinger/*von Hoffmann*, Art. 41 Rn 9; *Spickhoff*, IPRax 2001, 1, 2.

10 Staudinger/*von Hoffmann*, Art. 41 Rn 13.

Gemäß Abs. 2 Nr. 1 muss die Sonderbeziehung **„im Zusammenhang mit dem Schuldverhältnis“** stehen. 10
Die akzessorische Anknüpfung des Deliktsstatuts ist folglich nur dann gerechtfertigt, wenn die deliktischen Schutz- und Haftungserwartungen der Beteiligten durch die Sonderverbindung geprägt werden, so dass die Durchbrechung der Tatortregel gerechtfertigt ist.[11] Daran fehlt es, wenn das Delikt **bei Gelegenheit** einer Vertragserfüllung oder sonstigen rechtlichen Sonderbeziehung begangen wird.[12] Positiv kommt es darauf an, dass Schutzpflichten verletzt worden sind, die vom Standpunkt des deutschen Rechts aus gesehen mit den in der Sonderbeziehung wurzelnden kongruent sind.[13]

C. Generalklausel, Abs. 1

Liegen die Voraussetzungen des Art. 41 Abs. 2 Nr. 1 nicht vor, kann über die Generalklausel des 11
Art. 41 Abs. 1 gleichwohl eine Abweichung von den Anknüpfungen des Art. 40 mit Rücksicht auf eine wesentlich engere Verbindung begründet werden.

Art. 42 EGBGB Rechtswahl

[1]Nach Eintritt des Ereignisses, durch das ein außervertragliches Schuldverhältnis entstanden ist, können die Parteien das Recht wählen, dem es unterliegen soll. [2]Rechte Dritter bleiben unberührt.

Literatur: Vgl. die Angaben zu Art. 40.

A. Normzweck

Nach deutschem Verständnis ist das **Deliktsrecht kein zwingendes Recht**, sondern ius dispositivum.[1] Im 1
Übrigen sind die Parteien selbst dann, wenn zwingendes Recht im Spiel ist, nicht gezwungen, ihnen zustehende Ansprüche auch durchzusetzen.[2] Aus diesen normativen Prämissen folgt ohne Weiteres, dass einer Disposition über das Deliktsstatut durch Wahl des anwendbaren Rechts zumindest dann nichts entgegensteht, wenn sie nachträglich, nach Entstehung des Anspruchs erfolgt (zur antizipierten Rechtswahl Rn 3). Die **Rechtswahlfreiheit** wurde dementsprechend von der Rechtsprechung bereits für das alte Kollisionsrecht vor Inkrafttreten des Art. 42 am 1.6.1999 anerkannt.[3]

Für die Praxis bietet Art. 42 den unschätzbaren Vorteil, dass er stets die Möglichkeit der **Rückkehr zur lex** 2
fori ermöglicht.[4] Die Entscheidung des Rechtsstreits aufgrund des vertrauten inländischen Rechts erleichtert dem Gericht und den Anwälten die Arbeit, erhöht die Vorhersehbarkeit der Entscheidung und damit die Chancen für eine außergerichtliche Streitbeilegung durch Vergleich, ermöglicht in schwierigen Fragen eine Fortbildung des materiellen Rechts durch das Gericht und gewährleistet die Kontrolle durch das Revisionsgericht, dem die Interpretation und Fortbildung ausländischen Rechts gemäß §§ 545 Abs. 1, 560 ZPO versperrt ist.[5]

Noch einen Schritt weiter als das EGBGB geht das Europäische Kollisionsrecht. Die Befugnis zur Wahl des 3
Deliktsstatuts findet sich auch in **Art. 14 Abs. 1 Rom II-VO**, die allerdings zu Recht im Handelsverkehr auch die **antizipierte Rechtswahl** vor Eintritt des schadensbegründenden Ereignisses zulässt.

11 *Looschelders*, VersR 1999, 1316, 1321.
12 Bamberger/Roth/*Spickhoff*, Art. 41 Rn 9; Staudinger/*von Hoffmann*, Art. 41 Rn 11; *Looschelders*, Art. 41 Rn 14; *A. Staudinger*, DB 1999, 1589, 1593.
13 Bamberger/Roth/*Spickhoff*, Art. 41 Rn 9; ähnlich *Koch*, VersR 1999, 1453, 1458; *Looschelders*, VersR 1999, 1316, 1321; enger Erman/*Hohloch*, Art. 41 Rn 11.
1 MüKo-BGB/*G. Wagner*, Vor § 823 Rn 74 mwN.
2 *G. Wagner*, Prozeßverträge, 1998, S. 106 ff.
3 BGHZ 42, 385, 389; 98, 263, 274 = NJW 1987, 592 ff = JR 1987, 157 mit Anm. *Schlosser*; BGH VersR 1960, 907, 908; NJW 1974, 410; 1981, 1606, 1607; NJW-RR 1988, 534, 535.
4 Erman/*Hohloch*, Art. 42 Rn 1; Bamberger/Roth/*Spickhoff*, Art. 42 Rn 1.
5 Mit der Änderung des § 545 Abs. 1 ZPO durch das FamFG-RG zum 1.9.2009 ist zweifelhaft geworden, ob die Verletzung ausländischen Rechts weiterhin nicht revisibel ist; dagegen vor allem *Geimer*, in Zöller, 28. Aufl. 2010, § 293 Rn 8 a, 28; *ders.*, Internationales Zivilprozessrecht, 6. Aufl. 2009, Rn 2601 ff; zu den Vorteilen eines Rechtsstreits à la lex fori *G. Wagner*, ZEuP 1999, 6, 7 mwN.

B. Nachträgliche Rechtswahl

4 Anders als im Kontext der Rom II-VO, ist nach dem eindeutigen Wortlaut des Art. 42 EGBGB die Rechtswahl erst **nach Entstehung des Anspruchs** zulässig.[6] Bei deliktischen Schadensersatzansprüchen kommt es nicht auf die Vornahme der für den Schaden ursächlichen Handlung, aber auch nicht auf den Eintritt von Folgeschäden, sondern auf den Eintritt der Rechtsgutsverletzung an.[7] Setzt der Haftungstatbestand eine solche nicht voraus (vgl § 826 BGB), tritt an die Stelle der Rechtsgutsverletzung die primäre Interessenverletzung.[8] Die **antizipierte Rechtswahl ist gleichwohl nicht völlig ausgeschlossen.** Soweit vor dem Schadensereignis zwischen den Parteien ein Rechtsverhältnis, insbesondere ein Vertrag, bestand, lässt sich über die akzessorische Anknüpfung nach Art. 41 Abs. 2 Nr. 1 der Gleichlauf von Vertragsstatut und Deliktsstatut gewährleisten und damit de facto die antizipierte Wahl des Deliktsstatuts ermöglichen.[9] Die für das einseitige Bestimmungsrecht geltende zeitliche **Schranke des Art. 40 Abs. 1 S. 2** gilt für den Rechtswahlvertrag nicht. Damit ist es den Parteien möglich, auch noch nach Ablauf des frühen ersten Termins bzw Beendigung des schriftlichen Vorverfahrens das Erfolgsortrecht zu wählen, das in der Regel mit der lex fori identisch sein wird. Außerhalb eines Rechtsstreits unterliegt die Rechtswahl keinerlei zeitlichen Beschränkungen.[10] Soll mit der Disposition Einfluss auf einen Rechtsstreit genommen werden, sind die für neuen Tatsachenvortrag geltenden zeitlichen Schranken des Verfahrensrechts zu beachten. Der Vortrag neuer Tatsachen in der Revisionsinstanz ist gemäß § 559 ZPO stets unzulässig,[11] während es in der Berufungsinstanz auf die Präklusionsnormen der §§ 529 f ZPO und vor dem Eingangsgericht auf § 296 ZPO ankommt.[12] Da die genannten Beschränkungen neuen Vorbringens auch der Entlastung der Obergerichte und damit öffentlichen Interessen dienen, stehen sie nicht zur Disposition der Parteien.[13]

C. Zustandekommen

5 Das wirksame Zustandekommen einer Rechtswahl ist entsprechend Art. 3 Abs. 5, 10 Abs. 1 Rom I-VO nach dem **Statut zu bestimmen, das durch die Vereinbarung berufen** wird.[14] Sie kann auch formlos erfolgen.[15] Die Rechts- und Geschäftsfähigkeit der Parteien ist jedoch nach Art. 7 – unter Beachtung des Art. 12 – gesondert anzuknüpfen.[16]

6 Die Rechtswahl kann **ausdrücklich oder stillschweigend** erfolgen; die konkludente Erklärung kann auch im Rahmen eines Rechtsstreits abgegeben werden. Auf dieser dogmatischen Grundlage ist die **Rechtsprechung** mit der Annahme stillschweigender Rechtswahlvereinbarungen zugunsten der lex fori im Prozess **großzügig.**[17] Die dadurch herausgeforderte Kritik insistiert darauf, dass eine Rechtswahlvereinbarung – wie jeder andere Vertrag – ein entsprechendes Erklärungsbewusstsein voraussetze, woran es aber fehle, wenn die Parteien sich gleichsam naiv auf deutsches Recht berufen hätten.[18] Parteivortrag auf der Basis der lex fori sei nur zu berücksichtigen, wenn er in Kenntnis der internationalen Verknüpfung des Sachverhalts und der dadurch eröffneten Dispositionsspielräume erfolge.

6 BT-Drucks. 14/343, S. 14; zu Unrecht zweifelnd Staudinger/*von Hoffmann*, Art. 42 Rn 3 ff.

7 Vgl (im Zusammenhang mit Feststellungsklagen) BGH NJW 2001, 1431, 1432.

8 Vgl zu den Details *G. Wagner*, ZInsO 2003, 485, 489 (im Zusammenhang mit der Zulässigkeit der Feststellungsklage).

9 Staudinger/*von Hoffmann*, Art. 42 Rn 5; vgl auch MüKo-BGB/*Junker*, Art. 42 Rn 2; *P. Huber*, JA 2000, 67, 70.

10 Vgl *Junker*, JZ 2000, 477, 478 f: solange das Schuldverhältnis existiert.

11 So aber Erman/*Hohloch*, Art. 42 Rn 8.

12 Ähnlich, wenn auch unspezifisch Staudinger/*von Hoffmann*, Art. 42 Rn 10 mwN; *St. Lorenz*, NJW 1999, 2215, 2217; *Looschelders*, Art. 42 Rn 12; *Micklitz*, VuR 2001, 41, 45.

13 Zöller/*Gummer/Heßler*, § 529 Rn 12; *Rosenberg/Schwab/Gottwald*, Zivilprozessrecht, 17. Aufl. 2010, § 138 Rn 42; MüKo-ZPO/*Rimmelspacher*, § 529 Rn 14.

14 *Freitag/Leible*, ZVglRWiss 99 (2000), 101, 107; *Looschelders*, Art. 42 Rn 15; Bamberger/Roth/*Spickhoff*, Art. 42 Rn 7; aA (lex fori) MüKo-BGB/*Junker*, Art. 42 Rn 9; *ders.*, JZ 2000, 477, 478.

15 MüKo-BGB/*Junker*, Art. 42 Rn 10; *Huber*, JA 2000, 67, 70; differenzierend *Looschelders*, Art. 42 Rn 16.

16 Staudinger/*von Hoffmann*, Art. 42 Rn 9; *Freitag/Leible*, ZVglRWiss 99 (2000), 101, 108.

17 Vgl allgemein BGHZ 40, 320, 323 f; 50, 32, 33; BGH NJW 1970, 1733, 1734; IPRax 1986, 292, 293; NJW 1988, 1592; speziell zur Rechtswahl im Internationalen Deliktsrecht BGHZ 98, 263, 274 = NJW 1987, 592 ff = JR 1987, 157 m. Anm. *Schlosser*; BGH VersR 1963, 241; NJW 1974, 410; 1981, 1606, 1607; 1994, 1408, 1409; NJW-RR 1988, 534, 535.

18 MüKo-BGB/*Junker*, Art. 42 Rn 13; *Looschelders*, Art. 42 Rn 13; *Schack*, NJW 1984, 2736, 2738; *Schlosser*, JR 1987, 160, 161; Bamberger/Roth/*Spickhoff*, Art. 42 Rn 6.

D. Inhalt und Wirkungen

7 Eine nach Art. 42 wirksame Rechtswahl setzt sich sowohl gegen die Anknüpfungen des Art. 40 als auch gegen die Ausweichklausel des Art. 41 durch, vermag jedoch die speziellen **ordre-public-Schranken** des Art. 40 Abs. 3 ebenso wenig zu überspielen wie diejenigen des Art. 6 (Art. 40 Rn 33).

8 Für **reine Inlandssachverhalte** ist die Derogation zwingenden deutschen Rechts durch Wahl einer ausländischen Rechtsordnung ausgeschlossen. Diese Schranke ist in Art. 3 impliziert, der das Kollisionsrecht nur „bei Sachverhalten mit einer Verbindung zu einem ausländischen Staat" zur Anwendung beruft. Explizit steht sie heute in Art. 14 Abs. 2 Rom II-VO sowie in Art. 3 Abs. 2 Rom I-VO. Entsprechendes gilt in Fällen, die ausschließlich Bezüge zu Rechtsordnungen von Mitgliedstaaten aufweisen, im Fall der Wahl des Rechts eines Drittstaats (Art. 3 Abs. 3 Rom I-VO, Art. 14 Abs. 3 Rom II-VO). Unbenommen bleibt die Möglichkeit einer materiellrechtlichen Verweisung.[19] Letztere steht auch im Rahmen der außervertraglichen Haftung zur Verfügung, denn das Deliktsrecht ist kein zwingendes Recht (Rn 1).

9 In Auslandssachverhalten können die Parteien die ihnen genehme Rechtsordnung frei wählen, ohne in territorialer Hinsicht beschränkt zu sein.[20] Die Bezugnahme auf **nicht-staatliche Regelwerke**, etwa die „Principles of European Tort Law"[21] oder Buch VI des DCFR,[22] ist nur im Rahmen einer materiellrechtlichen Verweisung möglich.

10 Wie im Internationalen Vertragsrecht gemäß Art. 3 Abs. 1 S. 3 Rom I-VO ist eine **Teilrechtswahl** auch im Rahmen von Art. 42 zuzulassen.[23] Auch die Schranken dieser Form gewillkürter dépecage sind dieselben wie im Rahmen von Art. 3 Rom I-VO; die Parteien dürfen nicht per kollisionsrechtlichem fiat trennen, was materiellrechtlich zusammengehört.[24] Die lokalen Sorgfaltsgebote und Sicherheitsvorschriften bleiben trotz Rechtswahl stets dieselben und sind als „Datum" im Rahmen der Anwendung des ausländischen Deliktsstatuts zu berücksichtigen (Art. 40 Rn 13 f).[25]

11 Die Rechtswahl nach Art. 42 **wirkt ex-tunc** auf den Eintritt des Schadensereignisses zurück. Wie sich aus Art. 3 Abs. 2 S. 1 Rom I-VO ergibt, können die Parteien die einmal getroffene Bestimmung nachträglich wieder ändern. Auch eine solche Änderung wirkt zurück.[26]

E. Rechte Dritter

12 Nach Art. 42 S. 2 (ebenso Art. 3 Abs. 2 S. 2 Rom I-VO, Art. 14 Abs. 1 S. 2 Rom II-VO) lässt die Rechtswahl Rechte Dritter unberührt.[27] Das ist im Hinblick auf das Prinzip des **Verbots von Verträgen zu Lasten Dritter** eine Selbstverständlichkeit. Praktisch betrifft dies vor allem den Haftpflichtversicherer des Schädigers.[28] Darüber hinaus sind sämtliche Personen geschützt, die zur Erbringung von Ersatzleistungen potentiell verpflichtet sind, wie Unterhaltspflichtige, Arbeitgeber, Sach- und Schadensversicherer[29] sowie Sozialversicherer.[30] Die Parteien des primären Schadensersatzanspruchs haben es somit nicht in der Hand, durch Rechtswahl Regressansprüche abzuschneiden, die nach den §§ 86 VVG, 116 SGB X bzw. ausländischen Parallelnormen bestünden, wenn die Anknüpfungsregeln der Art. 40 ff zugrunde gelegt würden.[31] Wählen die Parteien allerdings ein Deliktsstatut, das die betroffenen Dritten im Vergleich zum sonst anwendbaren Recht begünstigt, besteht kein Grund, diese Vereinbarung mit Hilfe von Art. 42 S. 2 zu invalidieren.

19 Vgl Erwägungsgrund Nr. 13 zur Rom I-VO: „Diese Verordnung hindert die Parteien nicht daran, in ihrem Vertrag auf ein nichtstaatliches Regelwerk oder ein internationales Übereinkommen Bezug zu nehmen".

20 *Freitag/Leible*, ZVglRWiss 99 (2000), 101, 107; *von Hein*, RabelsZ 64 (2000), 595, 603; Palandt/*Heldrich*, Art. 42 Rn 1; Staudinger/*von Hoffmann*, Art. 42 Rn 6; *Huber*, JA 2000, 67, 70; *Kropholler*, § 53 II 5, S. 519; Bamberger/Roth/*Spickhoff*, Art. 42 Rn 4.

21 *European Group on Tort Law*, Principles of European Tort Law, 2005: abgedruckt in ZEuP 2004, 427 ff; vgl auch *Koziol*, ZEuP 2004, 234; *G. Wagner*, 42 CML Rev, 1269 (2005).

22 *v. Bar/Clive/Schulte-Nölke*, Draft Common Frame of Reference, 2009; dazu *G. Wagner*, in: v. Bar/Schulte-Nölke/Schulze (Hrsg.), Der akademische Entwurf für einen Gemeinsamen Referenzrahmen, 2008, S. 161 ff.

23 Bamberger/Roth/*Spickhoff*, Art. 42 Rn 4.

24 *Looschelders*, Art. 42 Rn 10; vgl auch Bamberger/Roth/*Spickhoff*, Art. 42 Rn 4.

25 BGHZ 42, 385, 388; Bamberger/Roth/*Spickhoff*, Art. 42 Rn 4; *Junker*, JZ 2000, 477, 486.

26 Bamberger/Roth/*Spickhoff*, Art. 42 Rn 3; Staudinger/*von Hoffmann*, Art. 42 Rn 14 mwN.

27 Eine Begünstigung Dritter ist nicht ausgeschlossen, *Freitag/Leible*, ZVglRWiss 99 (2000), 101, 109.

28 Bamberger/Roth/*Spickhoff*, Art. 42 Rn 5; *Gruber*, VersR 2001, 16, 20 mwN.

29 *Kreuzer*, RabelsZ 65 (2001), 383, 401.

30 Staudinger/*von Hoffmann*, Art. 42 Rn 17; vgl dort auch zu mittelbar Geschädigten (zB § 844 BGB).

31 *P. Huber*, JA 2000, 67, 70.

Sechster Abschnitt
Sachenrecht

Art. 43 EGBGB Rechte an einer Sache

(1) Rechte an einer Sache unterliegen dem Recht des Staates, in dem sich die Sache befindet.

(2) Gelangt eine Sache, an der Rechte begründet sind, in einen anderen Staat, so können diese Rechte nicht im Widerspruch zu der Rechtsordnung dieses Staates ausgeübt werden.

(3) Ist ein Recht an einer Sache, die in das Inland gelangt, nicht schon vorher erworben worden, so sind für einen solchen Erwerb im Inland Vorgänge in einem anderen Staat wie inländische zu berücksichtigen.

Literatur: *Anton,* Internationales Kulturgüterprivatrecht und Zivilverfahrensrecht, 2010; *ders.,* Wem „gehört" die Monstranz? Diebstahl, Restitution und gutgläubiger Erwerb von Kunstwerken am Beispiel eines gestohlenen Sakralgegenstandes, in: Weller/Kemle/Dreier/Lynen (Hrsg.), Kunst im Markt – Kunst im Recht, 2010, S. 193; *v. Bar*, Theorie und Praxis des internationalen Privatrechts, 2 Bde., 2. Auflage 1889; *Basedow*, Der kollisionsrechtliche Gehalt der Produktfreiheiten im europäischen Binnenmarkt: favor offerentis, RabelsZ 59 (1995), 1; *Behr*, Eigentumsvorbehalt und verlängerter Eigentumsvorbehalt bei Warenlieferungen in die Schweiz, RIW/AWD 1978, 489; *ders.*, Anmerkung zu OLG Hamburg NJW 1977, 1402 und NJW 1978, 222, in: NJW 1978, 223; *Bonomi*, Der Eigentumsvorbehalt in Österreich und Italien unter Berücksichtigung anderer europäischer Rechtssysteme, 1993; *Brödermann/Iversen*; Europäisches Gemeinschaftsrecht und Internationales Privatrecht, 1994; *von Caemmerer*, Bereicherung und unerlaubte Handlung, in: FS Rabel, Bd. 1, 1954, S. 333; *ders.*, Zum internationalen Sachenrecht, eine Miszelle, in: Xenion, FS Zepos 1973, S. 25; *Cammerer*, Das reformierte Internationale Privatrecht der Volksrepublik China, RIW 2011, 230; *Carl/Güttler/Siehr*, Kunstdiebstahl vor Gericht, 2001; *Coing*, Probleme der Anerkennung besitzloser Mobiliarpfandrechte im Raum der EG, ZfRV 8 (1967), 65; *Collins*, Floating Charges, Receivers and Managers and the Conflict of Laws, (1978) 27 I.C.L.Q. 691; *Cranshaw*, Fragen zur Durchsetzung des Eigentumsvorbehalts im Hauptinsolvenzverfahren des Vorbehaltskäufers im Geltungsbereich der EuInsVO, DZWIR 2010, 89; *Davies*, The New Lex Mercatoria: International Interests in Mobile Equipment, (2003) 52 I.C.L.Q. 151; *Dicey/Morris*, The Conflict of Laws, 2 Bde., 13. Auflage 2000; *Dörner*, Keine dingliche Wirkung ausländischer Vindikationslegate im Inland, IPRax 1996, 26; *Drobnig*, Eigentumsvorbehalte bei Importlieferungen nach Deutschland, RabelsZ 32 (1968), 450; *ders.*, Typen besitzloser Sicherungsrechte an Mobilien, ZfRV 13 (1972), 130; *ders.*, American-German Private International Law, 2. Auflage 1972; *ders.*, Mobiliarsicherheiten im internationalen Wirtschaftsverkehr, RabelsZ 38 (1974), 468; *ders.*, Empfehlen sich gesetzliche Maßnahmen zur Reform der Mobiliarsicherheiten? Gutachten F zum 51. Deutschen Juristentag, 1976; *ders.*, Entwicklungstendenzen des deutschen internationalen Sachenrechts, in: Internationales Privatrecht und Rechtsvergleichung im Ausgang des 20. Jahrhunderts – Bewahrung oder Wende?, FS Kegel 1977, S. 141; *ders.*, Amerikanische Gerichte zum internationalen Sachenrecht auf dem Hintergrund der Teilung Deutschlands, IPRax 1984, 61; *ders.*, Die Verwertung von Mobiliarsicherheiten in einigen Ländern der europäischen Union, RabelsZ 60 (1996), 40; *Drobnig/Kronke*, Die Anerkennung ausländischer Mobiliarsicherungsrechte nach deutschem Internationalem Privatrecht, in: Deutsche zivil-, kollisions- und wirtschaftsrechtliche Beiträge zum X. Internationalen Kongreß für Rechtsvergleichung in Budapest, 1978, S. 91; *Duden*, Der Rechtserwerb vom Nichtberechtigten an beweglichen Sachen und Inhaberpapieren im deutschen internationalen Privatrecht, 1934; *Einsele*, Wertpapiere im elektronischen Bankgeschäft, WM 2001, 7; *Eisner*, Eigentumsvorbehalt und Security Interest im Handelsverkehr mit den USA, NJW 1967, 1169; *El-Bitar,* Im Labyrinth des Rechts? Wege zum Kulturgüterschutz, IPRax 2007, 266; *Favoccia*, Vertragliche Mobiliarsicherheiten im internationalen Insolvenzrecht, 1991; *Flume*, Juristische Person und Enteignung im Internationalen Privatrecht, in: FS F.A. Mann 1977, S. 143; *Francq,* Das belgische IPR-Gesetzbuch, RabelsZ 70 (2006), 235; *Frankenstein*, Internationales Privatrecht (Grenzrecht), 2 Bde., 1926, 1929; Frankfurter Kommentar zur Insolvenzordnung, 3. Auflage 2002 (zit.: FK/Bearbeiter); *Furtak*, Abschluß im New Yorker Verfahren De Weerth v. Baldinger um den gutgläubigen Erwerb eines Monet, IPRax 1995, 128; *Geyrhalter*, Das Lösungsrecht des gutgläubigen Erwerbers, 1996; *Gilmore*, Security Interests in Personal Property, 2 Bde., 1965; *Goldt*, Sachenrechtliche Fragen des Grenzüberschreitenden Versendungskaufs aus international-privatrechtlicher Sicht, 2002; *Halsdorfer,* Der Beitritt Deutschlands zum UNESCO-Kulturgutübereinkommen und die kollisionsrechtlichen Auswirkungen des neuen KultGüRückG, IPRax 2008, 395; *dies.,* Sollte Deutschland dem UNIDROIT-Kulturgutübereinkommen 1995 beitreten?, IPRax 2009, 307; *Hartwieg*, Die Klassifikation von Mobiliarsicherheiten im grenzüberschreitenden Handel, RabelsZ 57 (1993), 607; *Hartwieg/Korkisch*, Die geheimen Materialien zur Kodifikation des deutschen Internationalen Privatrechts 1881–1896, 1973; *Heini*, Das neue deutsche IPR für außervertragliche Schuldverhältnisse und für Sachen von 1999 im Vergleich mit dem schweizerischen IPRG, in: Liber Amicorum Kurt Siehr 2000, S. 251; *Henrich*, Vorschläge und Gutachten zur Reform des deutschen Internationalen Sachen- und Immaterialgüterrechts, 1991; *Henrichs*, Das Übereinkommen über internationale Sicherungsrechte an beweglicher Ausrüstung; *Hess/Weis/Wienberg*, Kommentar zur Insolvenzordnung, 2. Auflage 2001; *Heyne*, Kreditsicherheit im Internationalen Privatrecht, 1992; *Hipp*, Schutz von Kulturgütern in Deutschland, 2000; *Hoffmann-Klein*, Die Anerkennung ausländischer, insbesondere US-amerikanischer Sicherungsrechte an Forderungen in Deutschland, 2000; *Hoyer*, Probleme des Bereicherungsstatuts im österreichischen IPR, ZfRV 12 (1971), 1; *Huber*, Anfechtungsgesetz, 9. Auflage 2000; *Hübner*, Internationalprivatrechtliche Anerkennungs- und Substitutionsprobleme bei besitzlosen Mobiliarsicherheiten, ZIP 1980, 825–832; *Jaeger*, Internationaler Kulturgüterschutz, 1993; *Jayme*, Anmerkung zu LG München I, IPRax 1995, 43; *ders.*, Neues Internationales Privatrecht für Timesharing-Verträge, IPRax 1997, 233; *Jayme/Kohler*, Das Internationale Privat- und Verfahrensrecht der EG 1993 – Spannungen zwischen Staatsverträgen und Richtlinien, IPRax 1993, 357; *Junker*, Spaltgesellschaften im deutschen Internationalen Enteignungsrecht, in: Jayme/Furtak, Der Weg zur deutschen Rechtseinheit, 1991, S. 191; *ders.*, Die IPR-Reform von 1999: Auswirkungen auf die Unternehmenspraxis, RIW 2000, 241; *Kaufholdt*, Internationales und europäisches Mobiliarsicherungsrecht, 1999; *Kegel*, Der Griff in die Zukunft – BGHZ 45, 95, JuS 1968, 162; *Keller*, Die EG-Richtlinie 98/26 vom 19.5.1998 über die Wirksamkeit von Abrechnungen in Zahlungs- sowie Wertpapierliefer- und -abrechnungssystemen und ihre Umsetzung in Deutschland, WM 2000, 1269; *Kienle/Weller*, Die Vindikation gestohlener Kulturgüter im IPR, IPRax 2004, 290; *Kindler*, Der Eigentumsvorbehalt mit „sicherem Datum" – ein typischer deutsch-italienischer Konflikt, in: Jayme, Kulturelle Identität und Internationales Privatrecht, 2003, S. 81; *Karrer*, Der Fahrniserwerb kraft guten Glaubens, 1968; *Kipp*, Über Doppelwirkungen im Recht, insbesondere über die Konkurrenz von Nichtigkeit und Anfechtbarkeit, in: FS v. Martitz 1911, S. 211–233; *Knott*, Der Anspruch auf Herausgabe gestohlenen und illegal exportierten Kulturguts, 1990; *Koch*, Gläubigeranfechtung der Schenkung eines ausländischen Grundstücks, IPRax 2008, 417; *Kreuzer*, Gutachtliche Stellungnahme zum Referentenentwurf eines Gesetzes zur Änderung des Internationalen Privatrechts, in: Henrich, Vorschläge und Gutachten zur Reform des deutschen Internationalen Sachen- und Immaterialgüterrechts, 1991, S. 37; *ders.*, Habent sua fata horologia – Zur Vorfrage der Anerkennung fremder staatlicher Steuervollstreckungsakte, IPRax 1990, 365; *Kronke/Berger*, Wertpapierstatut, Schadensersatzpflichten der Inkassobank, Schuldnerschutz in der Saison – Schweizer Orderschecks auf Abwegen, IPRax 1991, 316; *Kubis*, Internationale Gläubigeranfechtung – vor und nach Inkrafttreten der Insolvenzrechtsreform, IPRax 2000, 501; *Kuhn*, Neufassung des Kollisionsrechts für Mobiliarsicherungsgeschäfte in den Vereinigten Staaten von Amerika, IPRax 2000, 332; *Kunze*, Restitution „Entarteter Kunst" – Sachenrecht und Internationales Privatrecht, 2000; *Lainé*, Introduction au droit international privé, Bd. I 1888, Bd. II 1892; *Lalive*, The Transfer of Chattels in the Conflict of Laws, 1955; *Landfermann*, Gesetzliche Sicherungen des vorleistenden Verkäufers, 1987; *Lauterbach*, Vorschläge und Gutachten zur Reform des deutschen internationalen Personen- und Sachenrechts, 1972; *Lewald*, Das deutsche internationale Privatrecht auf Grundlage der Rechtsprechung, 1931; *Looschelders*, Die Anpassung im internationalen Privatrecht, 1995; *W. Lorenz*, Der Bereicherungsausgleich im deutschen internationalen Privatrecht und in rechtsvergleichender Sicht, in: FS Zweigert 1981, 199; *S. Lorenz*, Zur Abgrenzung von Wertpapierrechtsstatut und Wertpapiersachstatut im internationalen Wertpapierrecht, NJW 1995, 176; *Loussouarn/Bourel*, Droit international privé, 6. Auflage 1999; *Lüderitz*, Die Beurteilung beweglicher Sachen im Internationalen Privatrecht, in: Vorschläge und Gutachten zur Reform des deutschen internationalen Personen- und Sachenrechts, vorgelegt im Auftrag der 2. Kommission des Deutschen Rates für Internationales Privatrecht von Lauterbach, 1972, S. 185; *Lüer*, Überlegungen zu einem künftigen deutschen Internationalen Insolvenzrecht, KTS 1990, 377; *Magnus*, Zurückbehaltungsrechte und internationales Privatrecht, RabelsZ 38 (1974), 440; *F.A. Mann*, Nochmals zu völkerrechtswidrigen Enteignungen vor deutschen Gerichten, in: FS Duden 1977, S. 287; *Mansel*, DeWeerth v. Baldinger – Kollisionsrechtliches zum Erwerb gestohlener Kunstwerke, IPRax 1988, 268; *Markianos*, Die res in transitu im deutschen internationalen Privatrecht, RabelsZ 23 (1958), 21; *Meijers*, Nieuwe Bijdrage tot het ontstaan van het beginsel de realiteit, Tijdschrift voor Rechtsgeschiedenis 1922, III, 61; *ders.*, Études d'histoire du droit international privé, 1967, II, S. 145; *ders.*, L'histoire des principes fondamentaux du droit international privé à partir du moyen age spécialement dans l'Europe Occidentale, Rec. des Cours 1934, III, 543; *Morris*, The Transfer of Chattels in the Conflict of Laws, (1945) 22 B.Y.B.I.L. 232; *Müller-Katzenburg*, Internationale Standards im Kulturgüterverkehr und ihre Bedeutung für das Sach- und Kollisionsrecht, 1996; *dies.*, Besitz- und Eigentumssituation bei gestohlenen und sonst abhanden gekommenen Kunstwerken, NJW 1999, 2551; Münchener Kommentar zur Insolvenzordnung, Bd. 3, 2003; *Nerlich/Römermann*, Insolvenzordnung, 2004; *Nott*, Title to Illegally Exported Items of Historic or Artistic Worth, (1984) 33 I.C.L.Q. 203; *Nussbaum*, Deutsches Internationales Privatrecht, 1932 (Neudruck 1974); *Örücü*, Law as Transposition, (2002) 51 I.C.L.Q. 205; *Pfeiffer*, Der Stand des Internationalen Sachenrechts nach seiner Kodifikation, IPRax 2000, 270; *Pissler*, Einführung in das neue Internationale Privatrecht der Republik Korea, RabelsZ 70 (2006), 279; *von Plehwe*, Besitzlose Warenkreditsicherheiten im internationalen Privatrecht, Diss. Bonn, 1987; *ders.*, European Union and the Free Movement of Cultural Goods, (1995) 20 E.L.Rev. 431; *ders.*, Verjährung des dinglichen Herausgabeanspruchs und Ersitzung in Fällen abhanden gekommener Kulturgüter, KUR 2001, 49; *Privat*, Der Einfluß der Rechtswahl auf die rechtsgeschäftliche Mobiliarübereignung im internationalen Privatrecht, 1964; *Raape*, Internationales Privatrecht, 5. Auflage 1961; *Rabel*, The Conflict of Laws, Bd. IV, 1958; *Rakob*, Ausländische Mobiliarsicherungsrechte im Inland, 2001; *Rauscher*, Sicherungsübereignung im deutsch-österreichischen Rechtsverkehr, RIW 1985, 265; *Regel*, Schiffsgläubigerrechte im deutschen, englischen und kanadischen internationalen Privatrecht, Diss. Bonn, 1983; *Reichelt*, Die Unidroit-Konvention 1995 über gestohlene oder unerlaubt ausgeführte Kulturgüter – Grundzüge und Zielsetzungen, in: Reichelt, Neues Recht zum Schutz von Kulturgut, 1997; *Ritterhoff*, Parteiautonomie im internationalen Sachenrecht, 1999; *Rott*, Vereinheitlichung des Rechts der Mobiliarsicherheiten, 2000; *Sailer*, Gefahrübergang, Eigentumsübergang, Verfolgungs- und Zurückbehaltungsrecht beim Kauf beweglicher Sachen im internationalen Privatrecht, 1966; *Savigny*, System des heutigen römischen Rechts, Bd. VIII, 1849; *Schefold*, Grenzüberschreitende Wertpapierübertragungen und Internationales Privatrecht, IPRax 2000, 468; *Schenk*, Die Umsetzung des UNESCO-Übereinkommens von 1970 in Deutschland aus der Sicht des Gesetzgebers, in: Weller/Kemle/Lynen (Hrsg.), Kulturgüterschutz – Künstlerschutz, 2009, S. 61; *Schilling*, Besitzlose Mobiliarsicherheiten im nationalen und internationalen Privatrecht, 1985; *ders.*, Some European Decisions on Non-Possessory Security Rights in Private International Law, (1985) 34 I.C.L.Q. 87; *Schlechtriem*, Bereicherungsansprüche im internationalen Privatrecht, in: v. Caemmerer, Vorschläge und Gutachten zur Reform des deutschen internationalen Privatrechts, 1983, S. 29; *Schmeinck*, International-privatrechtliche Aspekte des Kulturgüterschutzes, 1994; *Schnitzler*, Handbuch des internationalen Privatrechts, 2 Bde., 4. Auflage 1958; *von Schorlemer*, Internationaler Kulturgüterschutz, 1992; *Schröder*, Die Anpassung von Kollisions- und Sachnormen, 1961; *ders.*, Zur Anziehungskraft der Grundstücksbelegenheit im internationalen Privat- und Verfahrensrecht, IPRax 1985, 145; *Schulz-Hombach/Schenk*, Der Gesetzentwurf zur Ausführung des UNESCO-Kulturgutübereinkommens, KUR 2006, 47; *Schurig*, Statutenwechsel und die neuen Normen des deutschen internationalen Sachenrechts, in: FS Stoll 2001, S. 577; *Seif*, Der Bestandsschutz besitzloser Mobiliarsicherheiten in deutschem und englischem Recht, 1997; *Siehr*, Der Eigentumsvorbehalt an beweglichen Sachen im Internationalen Privatrecht, insbesondere im deutsch-italienischen Rechtsverkehr, AWD 1971, 10; *ders.*, Heilung durch Statutenwechsel, in: GS Albert A. Ehrenzweig 1976, S. 129; *ders.*, Kunstraub und das internationale Recht, SJZ 77 (1981), 189 ff, 207 ff; *ders.*, Der gutgläubige Erwerb beweglicher Sachen, ZVglRWiss. 80 (1981), 273–292; *ders.*, Eigentumsvorbehalt im deutsch-schweizerischen Rechtsverkehr, Anmerkung zu BGE 106 II 197 = IPRax 1982, 199, in: IPRax 1982, 207; *ders.*, Das Lösungsrecht des gutgläubigen Käufers im Internationalen Privatrecht, ZVglRWiss. 83 (1984), 100; *ders.*, Nationaler und internationaler Kulturgüterschutz, in: FS Werner Lorenz 1991, S. 525; *ders.*, Gutgläubiger Erwerb von Kunstwerken in New York – De Weerth v. Baldinger erneut vor Gericht, IPRax 1993, 339; *ders.*, Die EG-Richtlinie von 1993 über die Rückgabe von Kulturgütern und der Kunsthandel, in: Reichelt, Neues Recht zum Schutz von Kulturgut, 1997, S. 29; *ders.*, Kulturgüter als res extra commercium im internationalen Rechtsverkehr, in: FS Trinkner 1995, S. 703; *ders.*, Internationales Privatrecht, 2001; *ders.*, Internationales Sachenrecht, ZvglRWiss. 104 (2005), 145; *Sonnenberger*, „Lex rei sitae" und internationales Transportwesen, AWD 1971, 253–257; *ders.*, La loi allemande du 21 mai 1999 sur le droit international privé des obligations non contractuelles et des biens, Rev.crit.d.i.p. 88 (1999), 647; *Sonnentag,* Der renvoi im Internationalen Privatrecht, 2001; *Sovilla,* Eigentumsübergang an beweglichen körperlichen Gegenständen bei internationalen Käufen, 1954; *Spellenberg,* Atypischer Grundstücksvertrag, Teilrechtswahl und nicht ausgeübte Vollmacht, IPRax 1990, 295; *Stadler,* Gestaltungsfreiheit und Verkehrsschutz durch Abstraktion, 1996; *Stoll,* Rechtskollisionen beim Gebietswechsel beweglicher Sachen, RabelsZ 38 (1974), 450–467; *ders.*, Sachenrechtliche Fragen des Kulturgüterschutzes in Fällen mit Auslandsberührung, in: Dolzer/Jayme/Mußgnug, Rechtsfragen des Internationalen Kulturgüterschutzes 1990, S. 53; *ders.,* Vorschläge und Gutachten zur Umsetzung des EU-Übereinkommens über Insolvenzverfahren im deutschen Recht, 1997; *ders.,* Dinglicher Gerichtsstand, Vertragsstatut und Realstatut bei Vereinbarungen zum Miteigentümerverhältnis, IPRax 1999, 29; *ders.*, Forderungsenteignung auf besatzungsvorheitlicher Grundlage und Territorialitätsprinzip, IPRax 2003, 433; *Story,* Commentaries on the Conflict of Laws, Foreign and Domestic, 1. Auflage 1834; *Symeonides,* On the Side of the Angels: Choice of Law and Stolen Cultural Property, in: Liber Amicorum Kurt Siehr 2000, S. 747; *Thoms,* Einzelstatut bricht Gesamtstatut, 1996; *Thorn,* Entwicklungen des Internationalen Privatrechts 2000 bis 2001, IPRax 2002, 349; *Tsche/Mörsdorf-Schulte,* Neuregelung des koreanischen IPR und IZPR, IPRax 2007, 473; *Uhl,* Der Handel mit Kunstwerken im europäischen Binnenmarkt, 1993; *Uhlenbruck,* Insolvenzordnung, 12. Auflage 2003; *van Venrooy,* Internationales Privatrecht: Der gestohlene PKW, JuS 1980, 363; *Virgos/Schmit,* Erläuternder Bericht zu dem EU-Übereinkommen über Insolvenzverfahren, in: Stoll, Vorschläge und Gutachten, 1997, S. 32; *Vrellis,* UNIDROIT-Konvention 1995 über gestohlene oder unerlaubt ausgeführte Kulturgüter – Bedeutung der lex originis, in: Reichelt, Neues Recht zum Schutz von Kulturgut, 1997, S. 69; *Wächter,* Über die Collision der Privatrechtsgesetze verschiedener Staaten, AcP 24 (1841), 230; 25 (1842), 361; *Wagner,* Änderungsbedarf im autonomen deutschen internationalen Privatrecht aufgrund der Rom II-Verordnung?, IPRax 2008, 314; *Weber,* Parteiautonomie im internationalen Sachenrecht?, RabelsZ 44 (1980), 510; *Weidner,* Kulturgüter als res extra commercium im internationalen Sachenrecht, 2001; *Wenckstern,* Die englische Floating Charge im deutschen Internationalen Privatrecht, RabelsZ 56 (1992), 624; *Wendt,* Dingliche Rechte an Luftfahrzeugen, MDR 1963, 448; *Wiedemann,* Entwicklung und Ergebnisse der Rechtsprechung zu den Spaltgesellschaften, in: FS Beitzke 1979, S. 811; *Wilburg,* Die Lehre von der ungerechtfertigten Bereicherung nach österreichischem und deutschem Recht, 1934; *von Wilmowsky,* Kreditsicherheiten im Binnenmarkt, 1997; *ders.,* Europäisches Kreditsicherungsrecht, 1996; *ders.,* Sicherungsrechte im Europäischen Insolvenzübereinkommen, EWS 1997, 295; *C.S. Wolf,* Der Begriff der wesentlich engeren Verbindung im internationalen Sachenrecht, 2002; *M. Wolf,* Privates Bankvertragsrecht im EG-Binnenmarkt, WM 1990, 1941; *Wolff,* Private International Law, Oxford, 2. Auflage 1950 (Neudruck 1977); *ders.,* Das internationale Privatrecht Deutschlands, 3. Auflage 1954; *Wyss,* Rückgabeansprüche für illegal ausgeführte Kulturgüter, in: Fechner/Oppermann/Prott, Prinzipien des Kulturgüterschutzes, 1996, S. 201; *Zaphiriou,* The Transfer of Chattels in Private International Law, 1956; *Zitelmann,* Internationales Privatrecht, Bd. 2: Angewandtes Internationales Privatrecht, 1898; Zürcher Kommentar zum IPRG, 2. Auflage 2004.

A. Allgemeines

1 Das deutsche Internationale Sachenrecht bestimmt das auf sachenrechtliche Fragen anwendbare Recht. Es gelangt auch zur Anwendung, wenn sachenrechtliche **Vorfragen** gesondert angeknüpft werden. Wenngleich das Internationale Sachenrecht nicht stets übereinstimmend kodifiziert wird, beruhen die Grundstrukturen der Internationalen Sachenrechte auf seit Jahrhunderten gewachsener Rechtsüberzeugung. Die **Grundregel** des deutschen Internationalen Sachenrechts, dass Entstehung, Änderung, Übergang und Untergang von Rechten an einer Sache dem Recht des Staates unterliegen, in dem sich die Sache im Zeitpunkt des Aktes, aus dem die Rechtsfolge abgeleitet wird, befindet,[1] beansprucht gewohnheitsrechtliche Geltung.[2] Das Prinzip gilt nahezu universell[3] und wird selten als problematisch empfunden. Es zählte in der Vergangenheit geradezu „naturge-

1 Vgl Art. 43 Abs. 1 S. 1 RefE v. 15.5.1984.
2 BGHZ 39, 173, 174; 100, 321, 324; BGH WM 1967, 1198; 1980, 410, 411; OLG Hamburg RabelsZ 32 (1968), 65, 66; MüKo/*Wendehorst,* Art. 43 Rn 3; *Kegel/Schurig,* § 19 I (S. 765); für das internationale Mobiliarsachenrecht zweifelnd Staudinger/*Stoll,* Int SachenR, Rn 10, 123.
3 Vgl auch *Dicey/Morris*, Bd. 2, Rules 111 ff, 116–117 (S. 917–977); *Lalive*, S. 44 ff; *Morris*, (1945) 22 B.Y.B.I.L. 232, 233 ff; *Loussouarn/Bourel*, Rn 411 ff; *Stadler*, S. 654 ff.

mäß"[4] nicht zu den Brennpunkten kollisionsrechtlicher Reformbestrebungen, nachdem sich der Grundsatz der Anknüpfung an den Lageort einmal durchgesetzt und im Falle von Mobilien die Anknüpfung an den Lageort die personale Anknüpfung nach den Grundsätzen „mobilia personam sequuntur"[5] oder „mobilia ossibus inhaerent"[6] verdrängt hatte.[7] Reminiszenzen an den alten Satz: „personal property has no locality",[8] finden sich in der Beurteilung bestimmter Sachkategorien, deren bestimmungsgemäße Beweglichkeit zu differenzierter kollisionsrechtlicher Beurteilung und zur Suche eines fiktiven „Ruhepunkts" – jetzt etwa unter Anwendung des Art. 46 – Anlass geben kann. Für Grundstücke besteht seit den spätmittelalterlichen Schriften der Kommentatoren kein Streit über die Anknüpfung an den Lageort, mögen auch Fragen der Gesamtrechtsnachfolge im Laufe der Zeit kollisionsrechtlich unterschiedlich beurteilt worden sein. Die immobiliarsachenrechtliche Anknüpfung wurde trotz umstrittener Abgrenzungsfragen insbesondere zwischen Einzel- und Gesamtstatut geradezu als ein „Tabu" bezeichnet.[9]

Prinzipien erfordern **Konkretisierung**. Aus der Beschaffenheit der Sachen (unbeweglich/beweglich), ihrer Zweckbestimmung und Ortsverlagerung, sei es zum dauernden Gebrauch (Transportmittel), sei es vorübergehend (res in transitu), aus der Art der Disposition über das Gut (schlichte Verschaffung über die Grenze; Versandgeschäft) und aus den Zufälligkeiten der tatsächlichen Entwicklung und der Rahmenbedingungen am jeweiligen Lageort (Abhandenkommen und erneute Verfügung; Vollstreckungszugriff Dritter; Insolvenz des Besitzers) ergeben sich hier nur beispielhaft erwähnte Fragestellungen, die es zu regeln gilt. Einzelne Rechte an Sachen unterliegen in Entstehung und Fortbestand besonderen Publizitätsbestimmungen, die Geltendmachung von Rechten gegenüber Dritten mag von der Erfüllung besonderer beweisrechtlicher Anforderungen abhängen, bestimmte Sachen können dem Rechtsverkehr an ihrem Lageort, nicht aber anderswo überhaupt entzogen sein (res extra commercium), und der Kaufmann muss sich darauf einrichten, dass sich von ihm angestrebte Sicherheiten an dem versandten Gut am Bestimmungsort gegenüber Dritten und in der Insolvenz des Empfängers bewähren. Die Antworten sind im deutschen forum zunächst dem deutschen Internationalen Sachenrecht zu entnehmen. Völkerrechtliche Verträge, europäisches Gemeinschaftsrecht und nunmehr insbesondere Art. 43–46 sind heranzuziehen, ohne dass es darauf ankäme, ob sich eine der Parteien auf die Anwendung ausländischen Rechts beruft.[10] Zur Auslegung des nationalen Rechts ist auf die bisherige Praxis zur Anwendung des Belegenheitsrechts zurückzugreifen. 2

I. Rechtsquellen

1. Völkerrechtliche Verträge. Sie betreffen das Internationale Sachenrecht aus Sicht Deutschlands nur in Einzelfragen. So gilt das Genfer Abkommen über die internationale Anerkennung von Rechten an **Luftfahrzeugen** vom 19.6.1948 für Deutschland seit dem 5.10.1959.[11] Nach dem Abkommen gilt statt der lex rei sitae das Recht am Ort des Registers, in dem das Luftfahrzeug geführt wird. Die Anerkennung des Eigentums, besitzloser Pfandrechte, Hypotheken und anderer dinglicher Rechte wird unter der Voraussetzung wirksamer Entstehung nach dem Recht am Ort der Eintragung im Zeitpunkt der Begründung der Rechte und unter der Voraussetzung der Eintragung gewährleistet.[12] Eine versteckte Verweisung auf das Recht des Registerstaats enthält Art. VIII des Vertrags vom 27.1.1967 über die Grundsätze zur Regelung der Tätigkeiten von Staaten bei der Erforschung und Nutzung des Weltraums einschließlich des Mondes und anderer Himmelskörper (Weltraumvertrag, WRV).[13] Das von Deutschland am 11.7.1994 gezeichnete Genfer Abkommen über **Schiffsgläubigerrechte** und **Schiffshypotheken** vom 6.5.1993 ist gezeichnet, aber noch nicht in Kraft.[14] Für Deutschland nicht in Kraft sind weiter das Haager Übereinkommen über das auf den **Trust** anwendbare Recht und die Anerkennung von Trusts vom 1.7.1985, das Abkommen vom 15.4.1958 über das auf den **Eigentumserwerb** bei internationalen Käufen beweglicher Sachen anwendbare Recht, das Übereinkommen vom 9.12.1930 über die Registrierung von **Binnenschiffen**, dingliche Rechte an diesen Schiffen und anderen zusammenhängende Fragen, das Übereinkommen vom 25.1.1965 über die Eintragung von Binnenschiffen, das Übereinkommen vom 28.5.1967 über **Vorzugsrechte** und **Schiffshypotheken** sowie das UNIDROIT- 3

4 *Sturm*, RabelsZ 47 (1983), 386, 388.
5 Zu den Ursprüngen dieser Kollisionsregel *Meijers*, Nieuwe Bijdrage, App. III = Études, 163, 164 f; *ders.*, Rec. des Cours 1934, III, 543, 574 ff, 586 f; *Lainé*, II, S. 228 ff; *Wächter*, AcP 24 (1841), 230, 274 f.
6 Wörtlich verstanden nur auf Prothesen zu beziehen; vgl *Wolff*, P.I.L., S. 510.
7 Zur Rechtsentwicklung *Schmeinck*, S. 115 ff; *Siehr*, ZVglRWiss. 104 (2005), 145, 146 f; *v. Plehwe*, Besitzlose Warenkreditsicherheiten, S. 5–9.
8 *Sill v. Worswick* (1871) 1 H. Bl. 665, 690, 126 E.R. 379, 392.
9 *Ehrenzweig*, zit. nach *Siehr*, ZVglRWiss. 104 (2005), 145, 146.
10 BGHZ 177, 237 Rn 8.
11 BGBl II 1959 S. 129; BGBl. II 1960 S. 1506; vgl *Kegel/Schurig*, § 4 III (S. 243 f) und § 19 VII 2 a (S. 780).
12 Vgl BGH IPRax 1993, 178, 179 f; *Kreuzer*, IPRax 1993, 157, 160 ff; *Kegel/Schurig*, § 19 VII 2 a (S. 780 f).
13 BGBl. 1969, II, 1967; MüKo/*Wendehorst*, Art. 45 Rn 10.
14 *Kegel/Schurig*, § 1 IX (S. 98) und § 19 VII 2 b (S. 781 f); MüKo/*Wendehorst*, Art. 45 Rn 11.

Übereinkommen vom 28.5.1988 über internationales Finanzierungsleasing.[15] Die Kaufrechtsübereinkommen, insbesondere auch das für Deutschland am 1.1.1991 in Kraft getretene und für Deutschland das Einheitliche Gesetz über den internationalen Kauf beweglicher Sachen ablösende, Wiener UN-Übereinkommen über Verträge über den internationalen Warenkauf (CISG), regeln die Fragen des hierauf anwendbaren Rechts nicht.[16]

4 Wesentliche praktische Bedeutung wird möglicherweise die am 16.11.2001 in Kapstadt beschlossene und für die EU am 1.8.2009[17] in Kraft getretene **UNIDROIT-/ICAO-Konvention über internationale Sicherungsrechte an beweglicher Ausrüstung** nebst drei Protokollen betreffend Flugzeuge, Flugzeugtriebwerke und Hubschrauber[18] erlangen. Inzwischen liegt das Protokoll über rollendes Eisenbahnmaterial vom 23.2.2007 vor, das von der Bundesrepublik zwar gezeichnet, aber noch nicht ratifiziert worden ist.[19] Das am 5.6.1990 in Istanbul von sechs Staaten, darunter der Bundesrepublik Deutschland, gezeichnete Übereinkommen über gewisse internationale Aspekte des **Konkurses** ist noch nicht in Kraft getreten.[20] Das den Kulturgüterschutz betreffende **UNIDROIT-Übereinkommen über gestohlene oder rechtswidrig ausgeführte Kulturgüter** vom 24.6.1995[21] ist von der Bundesrepublik Deutschland nicht ratifiziert worden; ein Eintritt in die völkerrechtliche Verpflichtung der DDR, die am 3.10.1990 Vertragsstaat war, ist nicht erfolgt.[22] Eine wesentliche Neuerung bedeutet nunmehr der lang erwartete Beitritt Deutschlands zum **UNESCO-Übereinkommen vom 14.11.1970 über Maßnahmen zum Verbot und zur Verhütung der rechtswidrigen Einfuhr, Ausfuhr und Übereignung von Kulturgut (UNESCO-Kulturgutübereinkommen)** durch Gesetz vom 20.4.2007.[23] Das Abkommen ist zugleich mit der **Richtlinie 93/7/EWG** durch das Ausführungsgesetz mit Neufassung des Kulturgüterrückgabegesetzes vom 18.5.2007/26.10.2007[24] umgesetzt worden.[25]

5 **2. Europarecht.** Europarechtlich sind sachenrechtliche Teilfragen auf den Gebieten des Insolvenzrechts und des Kulturgüterschutzes geregelt worden. Bei **Insolvenzverfahren** mit grenzüberschreitender Wirkung ist die am 31.5.2002 in Kraft getretene Verordnung (EG) Nr. 1346/2000 des Rates über Insolvenzverfahren (InsVO) vom 29.5.2000[26] zu beachten; im Übrigen gelten die kollisionsrechtlichen Bestimmungen zum deutschen Internationalen Insolvenzrecht (etwa § 339 InsO). Das Europäische Übereinkommen über Insolvenzverfahren vom 23.11.1995[27] ist nicht in Kraft getreten, sondern durch die Verordnung vom 29.5.2000 ersetzt worden.[28] Dem **Kulturgüterschutz** dient die Richtlinie 93/7/EWG des Rates über die Rückgabe von unrechtmäßig aus dem Hoheitsgebiet eines Mitgliedstaates verbrachten Kulturgütern vom 15.3.1993, die in Art. 12 eine die sachrechtliche Rückgaberegelung ergänzende einheitliche Kollisionsnorm dahin vorsieht, dass sich die Frage des Eigentums an dem Kulturgut nach erfolgter Rückkehr nach dem Recht des ersuchenden Mitgliedstaates beurteilt.[29] Dadurch soll einer sukzessiven Anwendung der leges rei sitae entgegengewirkt und die sachenrechtliche „Wäsche" von Kulturgütern bei Anwendung des international-sachenrechtlichen Grundprinzips[30] verhindert werden. Die Richtlinie 93/7/EWG ist durch das Kulturgüterrückgabegesetz (KultGüRückG) vom 15.5.1998[31] mit Wirkung vom 22.10.1998 in das deutsche Recht umgesetzt worden. Es wurde als Art. 1 des Kulturgutsicherungsgesetzes vom 15.10.1998 beschlossen. Die besondere Kollisionsnorm des Art. 12 der Richtlinie wird durch § 4 Abs. 1 und § 8 KultGüRückG umgesetzt.[32]

6 **Umstritten** ist, ob und in welchem Maße das gewohnheitsrechtlich fundierte einzelstaatliche Internationale Sachenrecht mit seinen Regeln über den Statutenwechsel und die Wirkung nach anderen Rechtsordnungen begründeter dinglicher Rechte **mit den gemeinschaftsrechtlichen Grundfreiheiten in Einklang** steht. Es wird die Ansicht vertreten, dass die materiell-sachenrechtliche Disharmonie in den Mitgliedstaaten, das kol-

15 MüKo/*Wendehorst,* Art. 45 Rn 12, die jedoch zu Recht darauf hinweist, dass das Abkommen für verschiedene Staaten in Kraft getreten ist und deshalb bei einer Weiterverweisung zu beachten sein kann.
16 Art. 4 S. 2 lit. b CISG; Art. 8 S. 2 EKG.
17 ABl. EU L 121/07; vgl Palandt/*Thorn*, Art. 45 Rn 3.
18 In deutscher Übersetzung abgedruckt in IPRax 2003, 276–288, 289–297; dazu *Kronke*, in: Liber Amicorum Kegel 2002, S. 33, 34 ff; *Henrichs*, IPRax 2003, 210 ff; *Davies*, (2003) 52 I.C.L.Q. 151 ff.
19 MüKo/*Wendehorst,* Art. 45 Rn 12.
20 Staudinger/*Stoll*, Int SachenR, Rn 117.
21 Dazu MüKo/*Kreuzer*, nach Art. 38 EGBGB Anh. I Rn 177–179.
22 MüKo/*Kreuzer*, 3. Aufl., nach Art. 38 EGBGB Anh. I Rn 167, Fn 765; MüKo/*Wendehorst,* Art. 43 Rn 178; dazu rechtspolitisch *Halsdorfer*, IPRax 2009, 307 ff.
23 BGBl. 2007, II, 626; dazu *Schulz-Hombach/Schenk,* KUR 2006, 47 ff; *Halsdorfer,* IPRax 2008, 395 ff.
24 BGBl. 2007, I, 757; 2547.
25 Im Einzelnen MüKo/*Wendehorst,* Art. 43 Rn 178 und Fn 287; *Schenk,* Umsetzung, S. 61, 63 ff.
26 Abgedruckt und kommentiert in Uhlenbruck/*Lüer*, S. 3150 ff; MüKo-InsO/*Reinhart*, Art. 102 EGInsO, Anh. I, S. 855 ff.
27 ZIP 1996, 976–983 = *Stoll*, Vorschläge und Gutachten, S. 3 ff.
28 *Kegel/Schurig*, § 4 III (S. 257 f).
29 MüKo/*Kreuzer*, 3. Aufl., nach Art. 38 EGBGB Anh. I Rn 195; Staudinger/*Stoll*, Int. SachR, Rn 115; *Jayme/Kohler*, IPRax 1993, 357, 359 f; *v. Plehwe*, (1995) 20 E.L.Rev. 431, 447 f.
30 Zu dessen Wirkweise etwa *Winkworth v. Christie*, Manson and Woods Ltd. [1980] 1 All E.R. 1121 (Ch.), und hierzu *v. Plehwe*, (1995) 20 E.L.Rev. 431, 440 f mwN.
31 BGBl I 1998 S. 3162; IPRax 2000, 314.
32 Dazu *Fuchs*, IPRax 2000, 281, 285; *Looschelders*, IPR, Art. 43 Rn 6; MüKo/*Wendehorst*, Erg.-Bd., Art. 43 EGBGB Rn 10.

lisionsrechtliche Prinzip der lex rei sitae sowie die Wandelbarkeit des Sachstatuts mit der Folge eines Statutenwechsels bei Verbringung der Sache über die Grenze eine Behinderung der Warenverkehrsfreiheit bedeute[33] und dass die Grundfreiheiten des EG-Vertrags auf der Ebene des Sachrechts oder des Kollisionsrechts zu verwirklichen seien. Die Freiheit des Warenverkehrs wird für die Zulassung einer Rechtswahl im Internationalen Sachenrecht herangezogen.[34] Ungeachtet der aus dem Internationalen Sachenrecht entwickelten Bedenken gegen die Zulassung kollisionsrechtlicher Parteiautonomie bestehen gemeinschaftsrechtliche Zweifel an der Berechtigung des Ansatzes. **Art. 295 EG** (vormals Art. 222 EGV) lässt die Eigentumsordnung in den verschiedenen Mitgliedstaaten unberührt. Rechtsvereinheitlichung wird auf den in **Art. 293 EG** (Art. 220 EGV) genannten Gebieten angestrebt. Der Europäische Gerichtshof stellt auf die lex rei sitae ab.[35] Gegen die Anwendung der noch nicht harmonisierten nationalen Kollisionsrechte ist bei grundsätzlicher Äquivalenz der verschiedenen Lösungsansätze nichts einzuwenden. Solange sich eine kollisionsrechtliche Rechtsvereinheitlichung nicht abzeichnet, lassen sich – kollisionsrechtliche oder sachrechtliche – Bedenken gegen die Anwendung der nationalen Kollisionsnormen nicht erheben.[36] Parteiautonomie ist dann, wenn die Wirkungen erga omnes und nicht nur unter den Vertragsbeteiligten eintreten sollen, mit dem sachenrechtlichen Interesse des Verkehrsschutzes nicht zu vereinbaren. Allgemein lässt sich nicht feststellen, dass der Grundsatz der Warenverkehrsfreiheit ein Überwiegen des Interesses des (Weiter-)Verkäufers als Sicherungsnehmer oder andererseits des den Warenumschlag finanzierenden Finanz- oder Warenkreditgebers ergäbe. Beide können sich auf die Grundfreiheiten zur Begründung ihrer konträren Interessen berufen. Den Ausgleich bieten nur die differenzierten einzelstaatlichen Kollisionsnormen in ihrer sukzessiven Anwendung auf den Einzelfall.

3. EGBGB. Das deutsche Internationale Sachenrecht hat nach langjährigen Vorarbeiten seine Regelung nun 7
im Gesetz zum Internationalen Privatrecht für außervertragliche Schuldverhältnisse und für Sachen vom 21.5.1999[37] mit Wirkung zum 1.6.1999 gefunden. Art. 43–46 beruhen auf der früheren Rechtspraxis und auf der wissenschaftlichen Bearbeitung des Internationalen Sachenrechts; sie sind auf dieser Grundlage auszulegen.[38] Die Anwendbarkeit des Art. 43 steht nicht zur Disposition der Parteien und ist auch im Revisionsverfahren von Amts wegen zu prüfen.[39]

Die **Wurzeln** der schließlich im Jahr 1999 in Kraft gesetzten Kodifikation reichen weit zurück. Erste gesetz- 8
liche Regelungen finden sich in § 17 S. 2 des Codex maximilianeus bavaricus civilis von 1756, dem Bayerischen Landrecht, sowie in § 10 des BGB für das Königreich Sachsen von 1863 und in § 5 Abs. 2 des Entwurfs eines gesamtdeutschen BGB von *Mommsen* von 1878. Das Preußische Allgemeine Landrecht von 1794 knüpft dagegen noch personal an.[40] Eine differenzierte Regelung findet sich in § 10 des von *Gebhard* im Auftrag der Ersten Kommission zur Ausarbeitung des Entwurfs eines Bürgerlichen Gesetzbuches für das Deutsche Reich 1887 verfassten (zweiten) Entwurfs, dem im weiteren Verlauf des Gesetzgebungsverfahrens allerdings kein Erfolg beschieden war. Das Internationale Sachenrecht fand im EGBGB zunächst keinen Platz.[41]

Im 20. Jahrhundert hat der **Deutsche Rat für Internationales Privatrecht** 1970/1972 und 1981/1984 Vor- 9
schläge für eine Reform des deutschen Internationalen Sachen- und Immaterialgüterrechts vorgelegt.[42] Am 15.5.1984 lag ein Referentenentwurf zur Ergänzung des Internationalen Privatrechts (außervertragliche Schuldverhältnisse und Sachen) vor.[43] Mit dem Referentenentwurf befasste sich sodann *Kreuzer* in einer gutachtlichen Stellungnahme, die in Empfehlungen in der Form eines Abänderungsvorschlags für den Referentenentwurf 1984 und eines Gesetzesvorschlags für die Regelung des Internationalen Sachenrechts mündete.[44] Darauf folgte der Referentenentwurf von 1993,[45] auf dem das Gesetz nunmehr beruht.

II. Normzweck

Mit Art. 43–46 hat der Gesetzgeber eine gewollt knappe und lückenhafte **Kodifikation** des Internationalen 10
Sachenrechts geschaffen. Es handelt sich im Wesentlichen um die gesetzliche Bestätigung eines bestehenden, **gewohnheitsrechtlich** legitimierten außergesetzlichen Rechtszustandes, um eine „codification à droit constant".[46] Die Regelungen dienen der Klarstellung und Bekräftigung einer in weiten Teilen bereits einmütigen

33 *Wolf*, WM 1990, 1947 f; *Basedow*, RabelsZ 59 (1995), 1, 43 f; *v. Wilmowsky*, Europäisches Kreditsicherungsrecht, S. 77 ff, 94 ff.
34 *V. Wilmowsky*, Europäisches Kreditsicherungsrecht, S. 150–152.
35 EuGH Urt. v. 13.7.1962, Rs. 17 und 20/61, Slg 1962, 655, 691; *Schilling*, S. 23.
36 Vgl auch *Kreuzer*, RabelsZ 65 (2001), 383, 462; MüKo/*Sonnenberger*, Einl. IPR Rn 160 f.
37 BGBl I 1999 S. 1026.
38 Vgl Begründung des Gesetzesentwurfs, BT-Drucks. 14/343, S. 5–19.
39 BGHZ 177, 237 Rn 8; 136, 380, 386; BGH NJW 2009, 2824, 2825 Rn 6.
40 Einl. § 28 ALR.
41 Zum Ganzen *Hartwieg/Korkisch*, passim; *v. Plehwe*, Besitzlose Warenkreditsicherheiten, S. 65–75.
42 *Henrich*, Vorschläge und Gutachten, S. 170 f.
43 Abgedruckt bei *Henrich*, Vorschläge und Gutachten, S. 171 f.
44 *Kreuzer*, in: Henrich, Vorschläge und Gutachten, S. 167–170.
45 Abgedruckt in IPRax 1995, 132 f.
46 *Kreuzer*, RabelsZ 65 (2001), 383, 435, 457.

Auffassung, teilweise allerdings auch der Fortschreibung einer Linie, die durch die Rechtsprechung zuvor nur vorgezeichnet werden konnte.[47] Als Neuerung ist Art. 46 zu nennen, der – ähnlich Art. 28 Abs. 5 – eine Ausweich- oder Berichtigungsklausel für das Internationale Sachenrecht einführt.

11 **Art. 43** enthält **Grundregeln** des deutschen Internationalen Sachenrechts, die allerdings weiterer Konkretisierung durch Rechtsprechung und Lehre bedürfen. **Abs. 1** statuiert den Grundsatz der Anknüpfung an die lex rei sitae. Es entspricht dem Verkehrsinteresse und den Interessen am inneren und äußeren Entscheidungseinklang, Tatbestände, die sachenrechtliche Folgen erzeugen sollen, nach dem Recht der Belegenheit zu beurteilen. **Abs. 2** trägt dem Grundsatz Rechnung, dass Sachenrechte **Wirkungen** nur gemäß dem jeweiligen Belegenheitsrecht entfalten können. Als einseitige Kollisionsnorm sieht **Abs. 3** eine **Anrechnung** an anderen Belegenheitsorten verwirklichter Tatbestandselemente nach Gelangen der Sache in das Inland und nachfolgender Tatbestandsvollendung vor. Der nun kollisionsrechtlich ausgestaltete „Griff in die Zukunft"[48] betrifft **gestreckte Tatbestände**, insbesondere grenzüberschreitende Verkehrsgeschäfte, aber auch den originären Rechtserwerb etwa durch Ersitzung.

12 **Transportmittel** unterfallen, soweit sie nicht in Art. 45 eine besondere Regelung erfahren haben, im Grundsatz den Regelungen des Art. 43. Ob Art. 46 eine Sonderanknüpfung gebietet, ist eine weiterhin offene Frage, die von der Rechtsprechung zu lösen sein wird. Art. 43 muss in Verbindung mit der Ausweichklausel des Art. 46 gelesen werden. Art. 43, 45 und 46 fügen sich in die jüngere europäische kollisionsrechtliche Gesetzgebung ein, die durchweg Anknüpfungsnormen für das Sachenrecht enthält.[49] Eine umfassende Kodifikation hat der deutsche Gesetzgeber aber nicht beabsichtigt; das deutsche Internationale Sachenrecht hat im Gesetz nur eine partielle Regelung gefunden. So wurde bewusst davon abgesehen, Regelungen für Sachen auf dem Transport (res in transitu) oder auf staatsfreiem Gebiet sowie hinsichtlich der für den persönlichen Gebrauch bestimmten Sachen, ferner für gesetzliche Mobiliarsicherheiten (mit Ausnahme der Sicherungsrechte an besonders geregelten Transportmitteln, Art. 45 Abs. 2 S. 1), Rechte an Rechten, Fragen der Ersitzung, Wertpapiere, Immaterialgüterrechte oder dingliche Wirkungen vom Hoheitsakten zu regeln.[50] Die Verfasser des Entwurfs sind davon ausgegangen, dass die Ausweichklausel des Art. 46 die erforderliche Flexibilität gewährleistet.[51]

13 Sachenrechtliche Verweisungen sind in der Regel (Ausnahme: Art. 45 Abs. 2 S. 1) **Gesamtverweisungen**. Verweisen die Kollisionsnormen des berufenen Rechts zurück oder weiter, so wird der renvoi befolgt. Es gilt Art. 4.[52]

B. Regelungsgehalt

I. Anknüpfung an das Belegenheitsrecht (Abs. 1)

14 Abs. 1 statuiert den Grundsatz der lex rei sitae. Entstehung, Änderung und Übergang von Rechten an einer Sache unterliegen dem Recht des Staates, in dem sich die Sache im Zeitpunkt des Aktes, aus dem die Rechtsfolge abgeleitet wird, befindet.[53] Der Sache nach entspricht die deutsche Regelung insbesondere auch den IPR-Gesetzen Österreichs[54] und der Schweiz.[55] Die Lage der Sache im Zeitpunkt der Vollendung des Sachverhalts, aus dem Erwerb, Verlust oder Rechtsänderungen abgeleitet werden, gibt Maß[56] und bestimmt das

47 Vgl einerseits Art. 43 Abs. 3, andererseits die kollisionsrechtlich motivierte, aber im Kern materiellrechtlich „in die Zukunft greifende" Strickmaschinen-Entscheidung BGHZ 45, 95; dazu *Kegel*, JuS 1968, 162.
48 *Kegel*, JuS 1968, 162.
49 Vgl den rechtsvergleichenden Überblick von *Kreuzer*, RabelsZ 65 (2001), 383, 439–441.
50 BT-Drucks. 14/343, S. 14.
51 BT-Drucks. 14/343, S. 15.
52 BT-Drucks. 14/343, S. 15; so auch die bisherige Rspr, BGHZ 108, 353, 357; BGH NJW 1995, 2097, 2098; 1997, 461, 464.
53 Vgl Art. 43 Abs. 1 S. 1 RefE v. 15.5.1984.
54 § 31 Abs. 1 IPRG.
55 Art. 100 Abs. 1 IPRG.
56 So genannte Konzentration des Tatbestandes: *Zitelmann*, Bd. 2, S. 331; *Wengler*, RabelsZ 23 (1958), 535, 558.

zuweilen so genannte (unwandelbare) „Bestandsstatut".[57] Angeknüpft wird ausschließlich an den räumlichen Zustand der Sache.

1. Sachlicher Geltungsbereich der lex rei sitae. a) Grundsatz. Die Fähigkeit einer Sache, Gegenstand von Rechten zu sein, bestimmt sich – anders als die Fähigkeit einer Person, die Rechte an einer Sache innezuhaben und über sie zu verfügen (Personalstatut) – nach dem Recht am Ort ihrer **Belegenheit**.[58] Eine **Rechtswahl** des Sachstatuts ist de lege lata ausgeschlossen.[59] Ebenso kann allein die lex loci rei sitae als das der Sache in jeder Beziehung „nähere" Recht die **Qualifikation** eines rechtserheblichen Sachverhalts als dinglich vornehmen.[60] Gehört das zu beurteilende Lebensverhältnis zum Typus des dinglichen Rechts, so richten sich weiter die Modalitäten seines **Erwerbs** – ob originär oder derivativ bleibt gleich –, seiner **Inhaltsänderung** und **Übertragung** nach dem Belegenheitsrecht.[61] Das gilt auch für die Voraussetzungen **gutgläubigen Erwerbs**[62] wie für die Voraussetzungen originären Eigentumserwerbs kraft **Ersitzung** oder kraft (nicht im deutschen materiellen Recht vorgesehener) **akquisitiver Verjährung**. Insgesamt richten sich die Voraussetzungen eines **Verlustes** des dinglichen Rechts ebenfalls nach der lex rei sitae im Zeitpunkt des Eintritts des anzuknüpfenden Vorgangs. Auch der **Inhalt** des dinglichen Rechts ist nach dem Recht des (jeweiligen) Ortes der Belegenheit der Sache zu bestimmen. 15

Kausalverhältnis und dingliches **Erfüllungsgeschäft** sind in ihrer kollisionsrechtlichen Beurteilung zu unterscheiden.[63] Lässt das Belegenheitsstatut Verfügungen kausal sein, indem es den Eigentumsübergang als Vertragswirkung auffasst oder die Wirksamkeit der Verfügung von derjenigen des ihr zugrunde liegenden Verpflichtungstatbestandes abhängig macht, wie dies in den Rechtsordnungen des Konsensprinzips festzustellen ist, so ändert dies nichts daran, dass die Obligation selbständig angeknüpft wird und dem Schuldstatut untersteht, andererseits dingliche Wirkungen ausschließlich nach dem Lagerecht zu bestimmen sind. Dementsprechend liegt es allein beim Sachstatut, dem materiellrechtlichen Gedanken einer **Akzessorietät** von Einzel- oder Globalsicherungen auch kollisionsrechtlich Rechnung zu tragen und die dingliche Position dem Schuldstatut zu unterwerfen oder selbständig anzuknüpfen. Die lex rei sitae hat das letzte Wort.[64] 16

Handelt es sich um eine Einzelverfügung über Mobilien unter Lebenden, so entscheidet das Lagerecht über den Kreis der begründ- und erwerbbaren Rechte. **Typenzwang** (numerus clausus der Sachenrechte)[65] oder Gestaltungsfreiheit im dinglichen Rechtsverkehr richten sich als materiell-sachenrechtliche Ordnungsprinzipien nach der jeweils anwendbaren lex rei sitae. Das Belegenheitsstatut beherrscht den gesamten „**Zuweisungsgehalt**"[66] des dinglichen Rechts.[67] Entsprechend der von *Wilburg* entwickelten (materiellrechtlichen) Fortwirkungslehre[68] folgen damit grundsätzlich auch die den dinglichen Rechtsschutz ergänzenden und fortsetzenden Bereicherungsansprüche aus rechtsgrundlosem Eingriff dem Statut, das Inhalt und Ausübung des dinglichen Rechts, in dessen Bestand eingegriffen wurde, regelt. Darüber besteht im Ergebnis Einigkeit.[69] Das folgt nun auch aus Art. 10 Abs. 1 der Rom II-Verordnung.[70] Bei Sachen fallen lex rei sitae, lex loci actus (Recht 17

57 BGH NJW-RR 2010, 983, 984 Rn 21 im Anschluss an MüKo/*Wendehorst*, Art. 43 Rn 128; eine sicherlich nicht optimale Bezeichnung, wie *Wendehorst* (aaO) konzediert. Andere sprechen – ebenfalls zu kurz greifend – vom (unwandelbaren) Entstehungsstatut (*Looschelders*, Art. 43 Rn 48) oder vom „Begründungsstatut" (*Rakob*, S. 2). Die Gegenüberstellung zum wandelbaren Wirkungsstatut (*Looschelders*, aaO; MüKo/*Wendehorst*, aaO, Rn 129) erschließt den Sinn. Freilich sind derlei schlagwortartige Verkürzungen nicht wirklich erkenntnissteigernd und zuweilen nur vor dem Hintergrund eines Vorverständnisses methodischer Streitfragen (etwa Substitution versus Anpassung versus Transposition: s. dazu Rn 28–32) verständlich. Ebenso wenig vermag der Gedanke („Theorie") vom „temporal gespaltenen Sachstatut" (vgl MüKo/*Wendehorst*, aaO, Rn 122 f) als Erklärung des Unterschiedes von zeitpunktbezogener Tatbestandsverwirklichung an einem bestimmten situs und der Tatbestandswirkung an verschiedenen, sukzessiven Lageorten zu überzeugen. Eine „temporale Sachverhaltsaufspaltung" (*Looschelders*, aaO, Rn 48) führt bei notwendiger Differenzierung zwischen Tatbestand und Wirkung nicht zu einem gespaltenen Statut (zur materiell- und kollisionsrechtlichen Rechtsspaltung allgemein *Kegel/Schurig*, § 11 (S. 414 ff)).

58 RGZ 18, 39, 45.

59 Vgl BGH NJW 2009, 2824, 2825 Rn 6 mwN; anders nunmehr § 37 des am 1.4.2011 in Kraft getretenen IPRG der VR China; vgl *Cammerer*, RIW 2011, 230, 233 f sowie 239 [Text].

60 LG München WM 1957, 1378, 1379; IPG 1953 Nr. 17 (Heidelberg); Soergel/*Lüderitz*, Art. 38 EGBGB Anh. II Rn 9; differenzierend MüKo/*Kreuzer*, nach Art. 38 EGBGB Anh. I Rn 16 (autonom funktional).

61 Dazu gehört etwa die Frage, ob Verfügungen kausal oder abstrakt sind: BGH IPRspr 1980 Nr. 3, und, wenn kausal, ob zum rechtsgeschäftlichen „Titel" die Übergabe der Sache hinzutreten muss.

62 OLG Celle JZ 1979, 608.

63 RGZ 18, 39, 46; 152, 53, 63 f; BGHZ 1, 109, 114; 52, 239, 240 f.

64 Staudinger/*Stoll*, Int. SachR, Rn 149.

65 Zu den Durchbrechungen des Faustpfandprinzips deutscher Prägung vgl BGHZ 50, 45 ff; 39, 173, 176 f; *Schröder*, Anpassung, S. 122–124.

66 *Wilburg*, S. 27 f.

67 Vgl Staudinger/*Stoll*, Int. SachR, Rn 149–151; *Bydlinski*, ZfRV 2 (1961), 22, 29 f.

68 Vgl *Wilburg*, S. 27 f, 49, 114; ferner *v. Caemmerer*, in: FS Rabel I 1954, S. 333, 375.

69 Vgl BGH NJW 1960, 774; BGHZ 35, 267, 269; OLG Saarbrücken, IPRspr 1966–1967 Nr. 53 (S. 179); OLG Düsseldorf VersR 2000, 461.

70 Palandt/*Thorn*, Art. 10 Rom II-VO Rn 8.

des Eingriffsortes) und lex loci delicti commissi (Deliktsstatut) in aller Regel zusammen.[71] Verarbeitung, Verbindung und Vermischung von sowie die unberechtigte, aber wirksame Verfügung über Sachen vollziehen sich am Ort ihrer Belegenheit und gemäß der dort geltenden Rechtsordnung. Versagt die lex rei sitae den dinglichen Rechtschutz, dann ist sie andererseits dazu berufen, Schadensersatz oder kondiktionsrechtlichen Ausgleich zuzuerkennen, den „Preis" des Rechtsverlustes[72] festzusetzen. Unter dem übergreifenden Gesichtspunkt der Bestandsgarantie bilden schuldrechtliche oder – wie im englischen common law[73] – dingliche **Wertverfolgung** (Surrogation) eine Einheit.[74]

18 Die Ansprüche prägen in ihrer Gesamtheit den Zuweisungsgehalt des dinglichen Rechts. Im Interesse der Rechtsklarheit und des inneren Entscheidungseinklangs ist diesem Zusammenhang der Sachenrechte[75] auch kollisionsrechtlich durch adhäsionsweise[76] Anknüpfung an die lex rei sitae Rechnung zu tragen. Das gilt auch in den Fällen, in denen mehrere kraft ihrer dinglichen Berechtigung an derselben Sache zu einer „**Pfandgemeinschaft**" (*Heck*) verbunden sind. Der „dinglichen Gebundenheit"[77] des an die Stelle des Objekts getretenen Erlöses wird Rechnung getragen und der kondiktionsrechtliche Ausgleich innerhalb der Pfandgemeinschaft nicht nach dem Vollstreckungs-, sondern nach dem Sachstatut beurteilt. Das Sachstatut zieht das Bereicherungsstatut in diesen Fällen nach sich.[78]

19 Von der Abgrenzung des Sachstatuts von anderen auf Einzelfragen anwendbaren Rechten aufgrund Sonderanknüpfung von Teil- und Vorfragen, etwa aufgrund Beurteilung des Kausalgeschäfts nach dem Schuldvertragsstatut, der vollstreckungsrechtlichen Wirksamkeit eines Eingriffs nach dem Vollstreckungsstatut oder der Beurteilung der Form nach dem Formstatut, zu unterscheiden ist die Überlagerung des für einzelne Sachen geltenden Sachstatuts durch ein **Vermögens- oder Gesamtstatut**.[79] Die einheitliche Bestimmung des anwendbaren Rechts für alle einer Vermögensmasse zugehörenden Gegenstände ist einerseits eine Frage des Geltungsbereichs und der Grenzen des Vermögensstatuts.[80] Andererseits gilt, dass dingliche Wirkungen, die das Gesamtstatut bezüglich einzelner Sachen anordnet, nur dann und in dem Umfang eintreten können, wenn und soweit sie das maßgebliche Einzelstatut, also das Recht der belegenen Sache, zulässt. Deshalb ist etwa ein vom Erbstatut vorgesehenes Vindikationslegat einer in Deutschland belegenen Sache nur einem Damnationslegat als dem mit der deutschen Sachenrechtsordnung zu vereinbarenden Funktionsäquivalent gleichzustellen.[81]

20 Soweit dieses Ergebnis verkürzt auf die Formel „Einzelstatut bricht Gesamtstatut" gebracht wird,[82] führt dies an sich in die Irre, weil es sich um ein **Qualifikations- und Anpassungsproblem** handelt, das nur durch das Kollisionsrecht des Gerichtsstaates gelöst werden kann. Die lex fori weist durch ihr Kollisionsrecht dem Gesamtstatut einen Aufgabenbereich zu, innerhalb dessen es unter Ausschluss anderer (Einzel-)Statuten gelten soll.[83] Der Normwiderspruch wird durch Anpassung gelöst.[84] Art. 3 a Abs. 2 ordnet den Vorrang eines vom Gesamtstatut verschiedenen Belegenheitsstatuts, also den Vorrang der lex rei sitae, an, soweit das Belegenheitsrecht für die in seinem Gebiet befindlichen Vermögensgegenstände besondere Vorschriften aufstellt. Dem Vorrang des Belegenheitsstatuts liegen das Interesse an der Vermeidung undurchsetzbarer Rechtslagen sowie die Auffassung zugrunde, die größere Sachnähe spreche für den Vorrang des Einzelstatuts.[85] Die Regelung lässt sich indes nicht darauf verkürzen, dass das Belegenheitsrecht als Einzelstatut vorgehe und in seiner Anwendung auf dingliche Rechtspositionen beschränkt sei. Denn über Art. 3 a Abs. 2 werden alle Verweisungen angesprochen, die das Vermögen einer Person einem bestimmten Recht unterstellen. Dazu zählen auch die kollisionsrechtlichen Vorstellungen, die eine Vermögensspaltung vorsehen, etwa durch die unterschiedliche Anknüpfung beweglichen und unbeweglichen Vermögens, durch die Anordnung einer Spaltung des Güterrechtsstatuts oder einer Nachlassspaltung. Dagegen fällt eine abweichende Beurteilung (Anknüpfung) des Gesamtstatuts selbst nicht unter Art. 3 a Abs. 2.[86]

21 **b) Anfechtung.** Die Anfechtung einer Rechtshandlung richtet sich außerhalb des Insolvenzverfahrens nach dem Recht, dem die Wirkungen der Rechtshandlung unterliegen (**§ 19 AnfG**), im Falle der Anfechtung einer

71 *Schlechtriem*, 50; *Lorenz*, in: FS Zweigert 1981, S. 199, 228.
72 *Wilburg*, S. 27.
73 Manhatten Bank N.A.v. British-Israel Bank (London) Ltd. [1981] Ch. 105.
74 Staudinger/*Stoll*, Int. SachR, Rn 150.
75 Anders mag es sich bei Eingriffen in Immaterialgüterrechte und Forderungen verhalten; vgl dazu *Lorenz*, in: FS Zweigert 1981, S. 229 f; *Schlechtriem*, S. 49 ff.
76 *Hoyer*, ZfRV 12 (1971), 1, 6 f.
77 RG HansRGZ 1930, B 451, 453.
78 Vgl BGHZ, 35, 267, 269; *Regel*, S. 37, zum Rechtsverhältnis zwischen Rechten der Schiffsgläubiger und Schiffshypotheken an demselben Schiff.
79 MüKo/*Kreuzer*, 3. Aufl., nach Art. 38 EGBGB Anh. I Rn 17.
80 MüKo/*Kreuzer*, 3. Aufl., nach Art. 38 EGBGB Anh. I Rn 17.
81 BGH NJW 1995, 58, 59.
82 Vgl *Ferid*, Rn 3–138, 7–30; Raape/*Sturm*, § 12, 1 (S. 185).
83 Staudinger/*Stoll*, Int. SachR, Rn 184; *Thoms*, S. 58.
84 *Dörner*, IPRax 1996, 26, 27.
85 BGHZ 131, 22, 29.
86 Palandt/*Thorn*, Art. 3 a Rn 6; *Thoms*, S. 59.

Übereignung also vordergründig nach der hierfür maßgebenden lex rei sitae.[87] Die Gesetzesfassung gibt mit einem Anklang an die nicht weiter präzisierte lex causae allerdings ebenso wenig Erhellung wie die Gesetzesbegründung.[88] Zu denken wäre auch an eine Schwerpunktanknüpfung unter Heranziehung des Schuldstatuts jedenfalls dann, wenn der Schwerpunkt der anfechtbaren Rechtshandlung nicht mit dem Belegenheitsort übereinstimmt. Denn der Anfechtungsgrund manifestiert sich in der Kausalabrede, und der Verfügungstatbestand stellt nur den Erfüllungsakt dar. Kommt es zu einem Statutenwechsel und wird auf den im Ausland übereigneten Gegenstand im Inland zugegriffen, nachdem die Sache in das Inland verbracht worden ist,[89] dann soll nach einer Auffassung dementsprechend das Recht des neuen situs über die Anfechtbarkeit entscheiden.[90] Das erscheint nur dann nicht richtig, wenn, wie manche vertreten,[91] an die (dinglichen) Wirkungen der ursprünglichen Rechtshandlung angeknüpft wird. Dann gilt für die Anfechtbarkeit das sachenrechtliche Erststatut, weil sich danach auch die Wirksamkeit und die Wirkung der Übereignung bestimmen.[92] Zumindest wird darauf abzustellen sein, ob die (fehlende) Pflicht zur Rückgewähr oder Duldung der Zwangsvollstreckung als mit dem Sachstatut wandelbarer Teil des dem jeweiligen Lagerecht unterstehenden „Inhalts" des dinglichen Rechts begriffen wird. Noch weitergehend – und vorzugswürdig – sollte der „Sitz"[93] des anfechtbaren Rechtsverhältnisses als dessen Schwerpunkt aufgrund umfassender Einzelfallwürdigung jedenfalls dann maßgeblich sein, wenn Schuldstatut und (früheres und/oder aktuelles) Belegenheitsrecht auseinanderfallen, Vermögen als Objekt der anfechtbaren Rechtshandlung möglicherweise, aber nicht notwendig in mehreren Staaten verstreut lokalisiert ist. Die Anknüpfung an die jeweilige lex rei sitae der einzelnen Verfügungsobjekte hätte je nach situs und Rechtsordnung beliebige Ergebnisse zur Folge, obwohl nur ein Statut die kausale Grundlage beherrscht. Die bewusste Wahl anfechtungsfeindlicher Belegenheitsrechte stünde kreativer Vermögensverwaltung offen. Es erscheint sinnvoll, die Auslegung des § 19 AnfG im Ergebnis Art. 13 VO (EG) 1346/2000 (EuInsVO) bzw § 339 InsO insoweit anzunähern, als die Wirkungen der anfechtbaren Rechtshandlung, wenngleich anders als nach jenen Bestimmungen nicht nur ausnahmsweise, nach ihrem Schwerpunkt lokalisiert werden. Das kann das Vertragsstatut Soweit dieses Ergebnis verkürzt auf die Formel „Einzelstatut bricht Gesamtstatut" gebracht wird,[94] führt dies an sich in die Irre, weil es sich um ein **Qualifikations- und Anpassungsproblem** handelt, das nur durch das Kollisionsrecht des Gerichtsstaates gelöst werden kann. Die lex fori weist durch ihr Kollisionsrecht dem Gesamtstatut einen Aufgabenbereich zu, innerhalb dessen es unter Ausschluss anderer (Einzel-)Statuten gelten soll.[95] Der Normwiderspruch wird durch Anpassung gelöst.[96] Art. 3 a Abs. 2 ordnet den Vorrang eines vom Gesamtstatut verschiedenen Belegenheitsstatuts, also den Vorrang der lex rei sitae, an, soweit das Belegenheitsrecht für die in seinem Gebiet befindlichen Vermögensgegenstände besondere Vorschriften aufstellt. Dem Vorrang des Belegenheitsstatuts liegen das Interesse an der Vermeidung undurchsetzbarer Rechtslagen sowie die Auffassung zugrunde, die größere Sachnähe spreche für den Vorrang des Einzelstatuts.[97] Die Regelung lässt sich indes nicht darauf verkürzen, dass das Belegenheitsrecht als Einzelstatut vorgehe und in seiner Anwendung auf dingliche Rechtspositionen beschränkt sei. Denn über Art. 3 a Abs. 2 werden alle Verweisungen angesprochen, die das Vermögen einer Person einem bestimmten Recht unterstellen. Dazu zählen auch die kollisionsrechtlichen Vorstellungen, die eine Vermögensspaltung vorsehen, etwa durch die unterschiedliche Anknüpfung beweglichen und unbeweglichen Vermögens, durch die Anordnung einer Spaltung des Güterrechtsstatuts oder einer Nachlassspaltung. Dagegen fällt eine abweichende Beurteilung (Anknüpfung) des Gesamtstatuts selbst nicht unter Art. 3 a Abs. 2.[98]

Die Anfechtung einer Rechtshandlung richtet sich außerhalb des Insolvenzverfahrens nach dem Recht, dem die Wirkungen der Rechtshandlung unterliegen (**§ 19 AnfG**), im Falle der Anfechtung einer Übereignung also vordergründig nach der hierfür maßgebenden lex rei sitae.[99] Die Gesetzesfassung gibt mit einem Anklang an die nicht weiter präzisierte lex causae allerdings ebenso wenig Erhellung wie die Gesetzesbegründung.[100] Zu denken wäre auch an eine Schwerpunktanknüpfung unter Heranziehung des Schuldstatuts jedenfalls dann, wenn der Schwerpunkt der anfechtbaren Rechtshandlung nicht mit dem Belegenheitsort übereinstimmt. Denn

87 OLG Stuttgart ZIP 2007, 1966; OLG Düsseldorf ZInsO 2010, 1934, Revision unter IX ZR 143/10 anhängig (jeweils Grundstückserwerb); *Huber*, § 19 Rn 8; zum früheren Anfechtungsrecht BGH NJW 1999, 1395; OLG Düsseldorf IPRax 2000, 534, 537.

88 Vgl BT-Drucks. 12/3803, S. 58 f; *Kubis*, IPRax 2000, 501, 505 f mit einem Überblick über den Meinungsstand.

89 Vgl die Konstellation in LG Berlin NJW-RR 1994, 1525; dazu *Huber*, § 19 Rn 8.

90 *Huber*, § 19 Rn 8.

91 Oben Fn 86.

92 Vgl BGH NJW 1997, 461, 462.

93 Zum „Sitz" des Rechtsproblems unten Art. 46 Rn 1.

94 Vgl *Ferid*, Rn 3–138, 7–30; Raape/*Sturm*, § 12, 1 (S. 185).

95 Staudinger/*Stoll*, Int. SachR, Rn 184; *Thoms*, S. 58.

96 *Dörner*, IPRax 1996, 26, 27.

97 BGHZ 131, 22, 29.

98 Palandt/*Thorn*, Art. 3 a Rn 6; *Thoms*, S. 59.

99 OLG Stuttgart ZIP 2007, 1966; OLG Düsseldorf ZInsO 2010, 1934, Revision unter IX ZR 143/10 anhängig (jeweils Grundstückserwerb); *Huber*, § 19 Rn 8; zum früheren Anfechtungsrecht BGH NJW 1999, 1395; OLG Düsseldorf IPRax 2000, 534, 537.

100 Vgl BT-Drucks. 12/3803, S. 58 f; *Kubis*, IPRax 2000, 501, 505 f mit einem Überblick über den Meinungsstand.

der Anfechtungsgrund manifestiert sich in der Kausalabrede, und der Verfügungstatbestand stellt nur den Erfüllungsakt dar. Kommt es zu einem Statutenwechsel und wird auf den im Ausland übereigneten Gegenstand im Inland zugegriffen, nachdem die Sache in das Inland verbracht worden ist,[101] dann soll nach einer Auffassung dementsprechend das Recht des neuen situs über die Anfechtbarkeit entscheiden.[102] Das erscheint nur dann nicht richtig, wenn, wie manche vertreten,[103] an die (dinglichen) Wirkungen der ursprünglichen Rechtshandlung angeknüpft wird. Dann gilt für die Anfechtbarkeit das sachenrechtliche Erststatut, weil sich danach auch die Wirksamkeit und die Wirkung der Übereignung bestimmen.[104] Zumindest wird darauf abzustellen sein, ob die (fehlende) Pflicht zur Rückgewähr oder Duldung der Zwangsvollstreckung als mit dem Sachstatut wandelbarer Teil des dem jeweiligen Lagerecht unterstehenden „Inhalts" des dinglichen Rechts begriffen wird. Noch weitergehend – und vorzugswürdig – sollte der „Sitz"[105] des anfechtbaren Rechtsverhältnisses als dessen Schwerpunkt aufgrund umfassender Einzelfallwürdigung jedenfalls dann maßgeblich sein, wenn Schuldstatut und (früheres und/oder aktuelles) Belegenheitsrecht auseinanderfallen, Vermögen als Objekt der anfechtbaren Rechtshandlung möglicherweise, aber nicht notwendig in mehreren Staaten verstreut lokalisiert ist. Die Anknüpfung an die jeweilige lex rei sitae der einzelnen Verfügungsobjekte hätte je nach situs und Rechtsordnung beliebige Ergebnisse zur Folge, obwohl nur ein Statut die kausale Grundlage beherrscht. Die bewusste Wahl anfechtungsfeindlicher Belegenheitsrechte stünde kreativer Vermögensverwaltung offen. Es erscheint sinnvoll, die Auslegung des § 19 AnfG im Ergebnis Art. 13 VO (EG) 1346/2000 (EuInsVO) bzw § 339 InsO insoweit anzunähern, als die Wirkungen der anfechtbaren Rechtshandlung, wenngleich anders als nach jenen Bestimmungen nicht nur ausnahmsweise, nach ihrem Schwerpunkt lokalisiert werden. Das kann das Vertragsstatut sein.[106] Die Frage ist offen und bedarf weiterhin höchstrichterlicher Klärung.[107]

22 **c) Immobilien.** Auf **Grundstücke** bezogene Sachverhalte unterfallen Abs. 1. Entstehung, Inhalt, Änderung und Verlust dinglicher Rechte richten sich also nach dem Belegenheitsrecht im Zeitpunkt der Vollendung des Tatbestandes, aus dem die dingliche Rechtsfolge abgeleitet werden soll.[108] Etwaige Drittwirkungen schuldrechtlicher Rechtsverhältnisse richten sich nach dem Belegenheitsrecht. Erst recht gilt dies, wenn das Recht der Belegenheit eine **Gebrauchsüberlassung** dinglich qualifiziert oder ihr dinglicher Charakter überwiegt, so dass schon die Begründung des Nutzungsverhältnisses am Maßstab des Belegenheitsrechts auszurichten ist.[109] Ob dann eine Rechtswahl in Betracht kommt,[110] hängt wesentlich davon ab, ob und in welchem Umfang im Internationalen Sachenrecht eine Rechtswahl zugelassen wird. Bei schuldrechtlicher Qualifikation wird ohne ausdrückliche oder stillschweigende Rechtswahl Art. 28 Abs. 3 auf das Recht der belegenen Sache verweisen. Der schuldrechtliche Charakter des Anspruchs auf Früchte des gemeinschaftlichen Gegenstandes steht ebenso wenig wie derjenige von Ansprüchen aus §§ 987 ff BGB einer Anknüpfung an das Recht des Lageortes entgegen.[111] Eine andere Frage ist es, ob das sachenrechtlich geprägte gesetzliche Schuldverhältnis unter Miteigentümern einer Rechtswahl entsprechend Art. 27 EGBGB zugänglich ist. Gestattet das Recht des Lageortes eine Rechtswahl, dann ist diese von der maßgeblichen lex rei sitae sanktionierte parteiautonome Gestaltung hinzunehmen.[112]

23 **Timesharing**-Verträge lassen sich nicht pauschal anknüpfen. Im Einzelfall sind die angestrebten Rechtsfolgen funktional zu betrachten und dingliche Rechtswirkungen ausschließlich nach Maßgabe der lex rei sitae in Voraussetzung und Inhalt zu beurteilen.[113] Für die sachenrechtlichen Fragen verbleibt es auch dann bei der lex rei sitae, wenn im Übrigen § 8 des Teilzeit-Wohnrechtegesetzes in Umsetzung des Art. 9 der **Richtlinie 94/47/EG** zum Schutz der Erwerber im Hinblick auf bestimmte Aspekte von Verträgen über den Erwerb von Teilzeitnutzungsrechten an Immobilien vom 26.10.1994[114] anzuwenden ist.[115] Nichts anderes wird nach Ersetzung der Time-Sharing Richtlinie durch die am 23.2.2009 in Kraft getretene und bis zum 23.2.2011 umzusetzende **Richtlinie 2008/122/EG** vom 14. Januar 2009 über den Schutz der Verbraucher im Hinblick auf bestimmte Aspekte von Teilnutzungsverträgen, Verträgen über langfristige Urlaubsprodukte sowie Wiederverkaufs- und Tauschverträgen gelten.

101 Vgl die Konstellation in LG Berlin NJW-RR 1994, 1525; dazu *Huber*, § 19 Rn 8.
102 *Huber*, § 19 Rn 8.
103 Oben Fn 86.
104 Vgl BGH NJW 1997, 461, 462.
105 Zum „Sitz" des Rechtsproblems unten Art. 46 Rn 1.
106 Vgl zu § 339 InsO insoweit ohne Begründung OLG München, Urt. v. 23.4.2008, 15 U 2983/07, juris Rn 210 (NZB in diesem Punkt mangels ausreichenden Vortrags des Anfechtungsgegners zurückgewiesen: BGH, Beschl. v. 22.4.2010, IX ZR 94/08).
107 Beachte aber IX ZR 143/10 (anhängig); vgl iÜ jüngst BGH NJW-RR 2010, 983, 984 Rn 21 zur Konstellation eines Ortswechsels aufgrund eines nach Erststatut begründeten Vindikationsanspruchs und erlangten vorläufig vollstreckbaren Titels (wesentlich engere Verbindung iS von Art. 46 angenommen).
108 BGHZ 52, 239, 240.
109 Staudinger/*Stoll*, Int. SachR, Rn 164 zur englischen lease.
110 Vgl Staudinger/*Stoll*, Int. SachR, Rn 164.
111 BGH RIW 1998, 318 f.
112 BGH RIW 1998, 318 f.
113 Im Einzelnen Staudinger/*Stoll*, Int. SachR, Rn 169; MüKo/*Martiny*, Art. 28 EGBGB Rn 125 f.
114 NJW 1995, 375.
115 *Jayme*, IPRax 1997, 233, 236.

Grundpfandrechte unterstehen dem Recht des belasteten Grundstücks. Dieses bestimmt auch, ob sich das Grundpfandrecht auf Grundstücksbestandteile, Zubehör oder Versicherungsansprüche erstreckt. Art und Weise der Haftungsdurchsetzung richten sich ebenfalls nach dem Recht des Lageortes.[116] Die durch das Grundpfandrecht **gesicherte Forderung** ist getrennt anzuknüpfen und nach dem Vertragsstatut zu beurteilen. Das gilt auch für **akzessorische Grundpfandrechte**; andererseits steht es den Parteien frei, einen Gleichlauf durch (schuldrechtliche) Rechtswahl nach Art. 27 herzustellen, also das Forderungsstatut zum Sachstatut (nicht aber umgekehrt) zu „ziehen".[117] Dementsprechend richten sich Verfügungen über die gesicherte Forderung nach dem Schuldvertragsstatut, andererseits die Verfügung über das Grundpfandrecht nach dem Belegenheitsrecht,[118] was bei akzessorischen Grundpfandrechten infolge **Normwiderspruchs** eine **Angleichung** erforderlich machen kann.[119] Fälle, in denen dem ausländischen Recht unterfallende Forderungen durch Hypotheken an Inlandsgrundstücken oder umgekehrt deutschem Recht unterstehende Forderungen durch akzessorische Grundpfandrechte an ausländischen Grundstücken gesichert sind, erfordern eine sorgfältige Betrachtung der Normzwecke der jeweils auf Teilfragen anwendbaren Rechtsordnungen, um die kollisionsrechtlich interessengemäße Lösung herbeizuführen.[120] 24

d) Wertpapiere. Verfügungen über Wertpapiere, die mit rechtsbegründender Wirkung in ein Register eingetragen oder auf einem Konto verbucht werden, unterliegen nach der besonderen Kollisionsnorm des **§ 17 a DepotG** vom 8.12.1999 dem Recht des Staates, unter dessen Aufsicht das Register geführt wird (lex libri registri), in dem unmittelbar zugunsten des Verfügungsempfängers die rechtsbegründende Eintragung vorgenommen wird oder in dem sich die kontoführende Haupt- oder Zweigstelle des Verwahrers befindet, die dem Verfügungsempfänger die rechtsbegründende Gutschrift erteilt.[121] Entscheidend ist, ob die Eintragung in das Register oder die Buchung auf dem Konto nach dem Recht des maßgeblichen Registerstaates oder Staates der verbuchenden Stelle **rechtsbegründende Wirkung** erzeugt. Bei Verfügungen über **Einzelurkunden** ist diese Voraussetzung nicht erfüllt.[122] Für Depotübertragungen unmittelbar zwischen Käufer und Verkäufer gilt nach wie vor der Grundsatz der lex rei sitae.[123] Soweit Buchungen nur die Bedeutung von Verlautbarungen eines Eigentumsübertragungswillens oder Zertifikate wie zB in Großbritannien nur die Wirkung von Beweisurkunden haben oder, wie nach schweizerischem Recht, die Buchung sammelverwahrter Wertpapiere ebenfalls nur dem **Beweis** dient,[124] bleibt die praktische Bedeutung des § 17 a DepotG gering. In der Auslegung der Norm ist zu beachten, dass § 17 a DepotG auch der Umsetzung der **Richtlinie 98/26/EG** vom 19.5.1998 über die Wirksamkeit von Abrechnungen in Zahlungs- sowie in Wertpapierliefer- und -abrechnungssystemen („Finalitätsrichtlinie") dient, deren Art. 9 Abs. 2 sich allerdings nur auf dingliche Sicherheiten an Wertpapieren bezieht.[125] Außerhalb des Anwendungsbereichs des § 17 a DepotG ist international-sachenrechtlich nach Art. 43 Abs. 1 anzuknüpfen: Das **Recht am Papier** unterliegt der lex cartae sitae (Wertpapiersachstatut),[126] während das **Recht aus dem Papier** sich nach dem Forderungsstatut (Wertpapierrechtsstatut) richtet.[127] Ob überhaupt ein Wertpapier vorliegt, richtet sich nach der für das verbriefte Recht maßgeblichen Rechtsordnung, dem Wertpapierrechtsstatut.[128] Das Wertpapierrechtsstatut bestimmt auch darüber, ob das verbriefte Recht durch Übertragung des Papiers veräußert werden kann und ob der Inhaber des Papiers als Inhaber des Rechts gilt; das Wertpapiersachstatut entscheidet dagegen die Frage, wie die Übertragung des Papiers zu erfolgen hat und welche Wirkungen Sachverhalte, die sich auf das Eigentum am Papier beziehen, hervorbringen.[129] 25

2. Veränderung des Lageorts: Statutenwechsel (Abs. 2). a) Grundsatz. Gelangen Sachen aus einem Staatsgebiet in ein anderes, und haben sich sowohl nach dem ersten Belegenheitsstatut (Erst- oder Ausgangsstatut) als auch nach dem neuen Belegenheitsrecht (Zweit- oder Endstatut)[130] oder weiteren situs-Rechten Vorgänge ereignet, die im Zeitpunkt ihres Eintritts nach dem jeweiligen Lagerecht Rechtswirkungen erzeugten, dann bedarf es einer Norm, die eine Relation zwischen den aufgrund des **Statutenwechsels** in Betracht zu ziehenden konfligierenden Belegenheitsrechten herstellt. Stimmen die Rechtsordnungen überein, besteht ein „false conflict", der keiner kollisionsrechtlichen Entscheidung bedarf.[131] Auszugehen ist von dem weithin anerkannten, § 31 Abs. 1 öst. IPRG entnommenen Rechtssatz, dass der Erwerb und Verlust dinglicher Rechte 26

116 Staudinger/*Stoll*, Int. SachR, Rn 243, 244.
117 Staudinger/*Stoll*, Int. SachR, Rn 245.
118 BGH NJW 1951, 400, 401; Bamberger/Roth/*Spickhoff*, Art. 43 EGBGB Rn 7.
119 Staudinger/*Stoll*, Int. SachR, Rn 247.
120 Vgl die Analyse von Staudinger/*Stoll*, Int. SachR, Rn 247.
121 Dazu *Schefold*, IPRax 2000, 468, 474–476; *Einsele*, WM 2001, 7, 15 f.
122 *Einsele*, WM 2001, 7, 15; *Keller*, WM 2000, 1269, 1281.
123 *Einsele*, WM 2001, 7, 15.
124 Vgl den Überblick bei *Einsele*, WM 2001, 7, 15 f.
125 Vgl im Einzelnen *Schefold*, IPRax 2000, 468, 474 ff; *Keller*; WM 2000, 1269, 1275 ff; *Einsele*, WM 2001, 7, 15 f.
126 BGHZ 108, 353, 356; BGH NJW 1994, 939, 940.
127 Bamberger/Roth/*Spickhoff*, Art. 43 EGBGB, Rn 11.
128 RGZ 119, 215, 216; *S. Lorenz*, NJW 1995, 176, 177; Bamberger/Roth/*Spickhoff*, Art. 43 EGBGB, Rn 11.
129 *S. Lorenz*, NJW 1995, 176, 177.
130 Zur Terminologie *Lüderitz*, S. 193, 204.
131 BGHZ 120, 334, 347 (Mitte); Chase Manhattan Bank N.A.v. Israel-British Bank (London) Ltd. [1981] Ch. 105, 127.

an körperlichen Sachen einschließlich des Besitzes nach dem Recht desjenigen Staates zu beurteilen sind, in dem sich die Sachen bei Vollendung des dem Erwerb oder Verlust zugrunde liegenden Sachverhalts befinden. Eine ähnliche Regelung enthält Art. 100 Abs. 1 des Schweizer IPRG. Wird eine Sache von einem Land in ein anderes gebracht, so folgt daraus ein Wechsel der Belegenheitsrechte, ein Statutenwechsel und somit ein „conflit mobile". Stets ist diejenige Rechtsordnung die „stärkere", in deren Herrschaftsbereich die Sache gegenwärtig belegen ist. Die aktuelle lex rei sitae entscheidet als (wandelbares) „Wirkungsstatut",[132] ob sie die außerhalb des Staatsgebiets entstandene Rechtsposition anerkennen will, ob und in welchem Umfang sie für deren Weiterexistenz – insbesondere im Verhältnis zu Dritten – bestimmte Voraussetzungen verlangt und welchen Inhalt sie dem „importierten" Recht zubilligt.[133] Das drückt Art. 43 Abs. 2 aus.

27 **b) Vollendete Tatbestände und schlichter Statutenwechsel.** Abs. 2 muss in Verbindung mit Abs. 1 gelesen werden. Der international-sachenrechtliche Grundsatz der Anerkennung bestehender Rechte hat zur Folge, dass nach dem Erststatut verwirklichte dingliche Tatbestände („**vollendete** oder **abgeschlossene Tatbestände**") den Statutenwechsel überdauern und vom Zweitstatut hingenommen werden.[134] Lässt das Erststatut den gutgläubigen Erwerb abhanden gekommener Sachen zu, dann wird der vollendete sachenrechtliche Tatbestand (gutgläubiger Erwerb im Erst-Staat) nach Gelangen der Sache nach Deutschland ungeachtet § 935 BGB respektiert. Das gilt auch dann, wenn Erst- und Endstatut identisch sind und die Schaffung eines solchen dinglichen Tatbestandes nicht vorsehen, bei zwischenzeitlicher Belegenheit in einem Drittstaat aber eine dort wirksame **Zwischenverfügung** über die Sache oder das Recht getroffen worden ist.[135] Unbeachtlich ist entgegen einer früher in den USA verbreitet vertretenen Auffassung,[136] ob die Sache den Geltungsbereich des Ausgangsstatuts mit, ohne oder gegen den Willen des ursprünglich Berechtigten verlassen hat.[137] Der (materiellrechtlich fundierte) Rechtsgedanke der „security of title" ist dem der „security of transactions" gewichen.[138]Auf die Umstände der Verbringung der Sache kommt es – wird von den Besonderheiten grenzüberschreitender Verkehrsgeschäfte abgesehen – nicht an. Das Verkehrsinteresse gebietet eine Anwendung des jeweiligen Belegenheitsrechts aufgrund ausschließlich räumlich-temporaler, also objektiver Anknüpfung. Ihm liefe die andernfalls bestehende Notwendigkeit umständlicher, zeitraubender und nicht unbedingt verlässlicher Nachforschungen nach den Umständen des Lageortswechsels zuwider. Nach dem jeweils anzuwendenden Sachstatut mag materiellrechtlich eine Pflicht oder Obliegenheit zur Erforschung der Provenienz anzunehmen sein.[139] Kollisionsrechtlich besteht sie nicht.

28 **Einmal begründete dingliche Rechte** bestehen nach einem Statutenwechsel grundsätzlich fort, in ihrer Ausübung jedoch begrenzt durch das neue Sachstatut, welches ihren **Inhalt** nunmehr bestimmt (Abs. 2). Nach einer früheren Belegenheitsordnung begründete dingliche Rechte bedürfen nach einem Lageort- und Statutenwechsel der **Einfügung in die neue Sachenrechtsordnung**. Wie dieses Ergebnis zu erreichen ist, wird unterschiedlich beurteilt. Im Ergebnis herrscht jedoch seit jeher Einigkeit darüber, dass dingliche Rechte nur gemäß den vom situs vorgesehenen Rechtsschutzformen Wirkung erzeugen können, somit ein materiellrechtlicher Vergleich erforderlich wird und das „passende" äquivalente Institut des inländischen Rechts zu ermitteln ist, wobei die äußere Grenze durch die zwingenden Vorstellungen der materiellen Sachenrechtsordnung (Stichwort: numerus clausus der Sachenrechte) gezogen wird. Mangels materieller Rechtseinheit erfordern Anerkennung und Anpassung der unter der Geltung des Erststatuts begründeten dinglichen Rechte eine **funktionale Betrachtung** auf rechtsvergleichender Grundlage. Umsicht und Großzügigkeit kennzeichnen den erreichten kollisionsrechtlichen Besitzstand.[140] Überholt sind ältere Auffassungen, die etwa dem besitzlosen Pfandrecht unter Hinweis auf das deutsche Faustpfandprinzip die Anerkennung versagten, weil es sich entweder bei einem besitzlosen Pfandrecht um ein aliud gegenüber dem Besitzpfand[141] oder bei dem Besitz um eine Dauervoraussetzung der Geltendmachung des Pfandrechts – ähnlich der Registereintragung besitzloser

132 *Looschelders*, Art. 43 Rn 48; MüKo/*Wendehorst*, Art. 43 Rn 129.
133 Zürcher Kommentar/*Heini*, Art. 100 Rn 11.
134 Vgl auch *Dicey/Morris*, Rule 116 (1) (S. 963).
135 Beispiel: Winkworth v. Christie, Manson & Woods Ltd. [1980] 1 All E.R. 1121, [1980] 2 W.L.R. 937 (Slade J.): Kunstdiebstahl in England, gutgläubiger Erwerb in Italien, Rückschaffung zum Zwecke der Versteigerung nach England; es bleibt beim Eigentumsübergang auf den italienischen Erwerber.
136 Exemplarisch Goetschius v. Brightman et al., 245 N.Y. 186, 156 N.E. 660, 662 (1927); anders aber bereits Churchill Motors, Inc. v. A.C. Lohman, Inc., 16 App. Div. 2 d 560, 229 N.Y.S. 2 d 570, 572 (1962).
137 Vgl Winkworth v. Christie, Manson & Woods Ltd., aaO, 1128, 1134 / 937, 945; ebenso Embiricos v. Anglo-Austrian Bank [1904] 2 K.B. 870, 874 (Walton J.), aff'd [1905] 1 K.B. 677, 683 f, 685 f, 686 (C.A.).
138 Im Einzelnen *v. Plehwe*, Besitzlose Warenkreditsicherheiten, S. 27–29 mwN.
139 Zum deutschen materiellen Recht: RGZ 58, 162, 164; Staudinger/*Wiegand*, § 932 Rn 56; MüKo/*Quack*, § 932 Rn 48 aE; *Müller-Katzenburg*, NJW 1999, 2551, 2556; *v. Plehwe*, KUR 2001, 49, 53.
140 Vgl *Drobnig*, RabelsZ 38, (1974), 468, 479.
141 So insb. *v. Savigny*, § 368 (S. 197).

Mobiliarsicherheiten nach ausländischem Recht – handele.[142] Die Entstehung besitzloser Pfandrechte ist dem deutschen materiellen Recht bekannt.[143]

Die **Lehre von der Dauerbedingung** hat im Kern ihren Grund im ordre public, der in seiner negativen Ausgestaltung (Art. 6) nicht zur generellen Begrenzung und Definition von Kollisionssätzen, deren Bestehen er voraussetzt und deren Anwendung er nur im Einzelfall modifizieren soll, taugt. Der BGH hat deshalb früh den dogmatisch kaum erklärbaren Versuch aufgegeben, ausländischen dinglichen Rechten unter Hinweis auf den deutschen numerus clausus der Sachenrechte die Anerkennung zu versagen und den Satz aufgegriffen,[144] dass das neue Statut die Sache mit der **sachenrechtlichen Prägung** übernimmt, die ihr das bisherige Statut verliehen hat.[145] Ausländische besitzlose Pfandrechte und andere dingliche Rechte werden folglich toleriert (rezipiert); einer Transformation ihres Inhalts bedarf es nicht. 29

In der kollisionsrechtlichen Literatur wird gleichwohl überwiegend von der Notwendigkeit einer **Transposition** (Transformation, Umsetzung) des „importierten" dinglichen Rechts in äquivalente Rechtstypen des neuen situs gesprochen.[146] Trifft es zu, dass das neue Belegenheitsrecht die Sache mit der sachenrechtlichen Prägung übernimmt, die sie unter der Herrschaft des alten Statuts empfangen hat,[147] dann ist es zumindest missverständlich, in diesem Zusammenhang von einer Transposition zu sprechen.[148] Die strenge Transpositionslehre erfordert die Umsetzung des Rechts. Darum geht es aber bei genauer Betrachtung nicht. Vielmehr bleibt nach ganz überwiegender Auffassung auch dann, wenn von einer Transposition gesprochen wird, das fremde Recht als solches bestehen; es wird als solches ausgeübt und lediglich in seiner **Wirkung** einem funktionsäquivalenten inländischen Sachenrechtstyp zugeordnet.[149] Das ist ein Vorgang der Anpassung.[150] Die nach US-amerikanischem Recht an einem Flugzeug begründete (chattel) mortgage wird wie ein deutsches Registerpfandrecht behandelt.[151] Erforderlich ist ein materiellrechtlicher **Typenvergleich** auf funktionell-rechtsvergleichender Grundlage,[152] der das fremde Recht auch dann fortbestehen, jedoch ruhen lässt, wenn es der inländischen Sachenrechtsordnung überhaupt nicht verträglich ist.[153] In diesem Zusammenhang von „Inlandsprägung" zu sprechen,[154] ist wiederum missverständlich, weil das Recht durch bloßen Statutenwechsel keine neue „Prägung" erfährt. Entscheidend ist, dass andernorts wirksam begründete Sachenrechte nach einem Statutenwechsel fortbestehen, inhaltlich aber dann (in dem Zeitpunkt), wenn es auf ihre Anerkennung ankommt,[155] an verwandte Sachenrechtstypen des neuen Statuts zur Bestimmung ihres „Inhalts", also ihrer sachenrechtlichen Wirkungen am neuen Lageort, anzupassen sind.[156] 30

Der Meinungsstreit, ob **Transposition** im engeren oder im weiteren Sinne, **Substitution**[157] oder die schlichte **Hinnahme** des nach dem Erststatut begründeten dinglichen Rechts und seiner Ausübung nach Maßgabe der neuen Belegenheitsrechtsordnung[158] den Vorgang richtig erfassen, ist für die Praxis weitgehend bedeutungslos.[159] Auswirkungen hat der Methodenstreit vor allem insofern, als die Transpositionslehre bei Identität von forum und situs infolge unbewussten Heimwärtsstrebens dazu verleitet, dass ein im Ausland begründetes Sachenrecht durch den Statutenwechsel eine inhaltliche Aufwertung ohne Rücksicht auf den Inhalt des um- oder durchzusetzenden Rechts erfährt. Denn es wird nur auf das funktionsäquivalente Institut im Regelungsbündel des neuen Statuts abgestellt. So wird etwa die italienische **Mobiliarhypothek** an einem Kraftfahrzeug in Sicherungseigentum transformiert, und es wird nunmehr ein Herausgabeanspruch gewährt, den das ursprünglich „prägende" Erststatut nicht vorsieht.[160] Dadurch wird das dingliche Recht regelwidrig nur infolge 31

142 Vgl *Wengler*, RabelsZ 23 (1958), 535, 547.
143 § 1253 Abs. 1 S. 1 BGB; vgl BGHZ 39, 173, 178; *Raape*, S. 609; *Schröder*, Anpassung, S. 124; *Stoll*, RabelsZ 38 (1974), 450, 462.
144 *Lewald* Nr. 245 (S. 184).
145 BGHZ 39, 173, 175; 45, 95, 97.
146 *Lewald*, Nr. 245 (S. 184); *Drobnig*, RabelsZ 38 (1974), 468, 479 ff; *ders.*, in: FS Kegel 1977, S. 141, 144, 149 f; MüKo/*Kreuzer*, 3. Aufl., nach Art. 38 EGBGB Anh. I Rn 86; Bamberger/Roth/*Spickhoff*, Art. 43 EGBGB Rn 12; *Schilling*, S. 43 ff, 241 ff; *Heyne*, S. 190; *Goldt*, S. 189–202.
147 BGHZ 45, 95, 97.
148 Vgl BGH NJW 1991, 1415, 1416; Hinnahme und Transposition kombinierend *Junker*, RIW 2000, 241, 254.
149 Vgl BGH IPRax 1993, 178, 179; NJW 1991, 1415, 1416; *Looschelders*, Art. 43 Rn 51.
150 Vgl *Looschelders*, Anpassung, S. 270.
151 BGH IPRax 1993, 178, 179.
152 *Drobnig*, in: FS Kegel 1977, S. 141, 149 f; MüKo/*Kreuzer*, 3. Aufl., nach Art. 38 EGBGB Anh. I Rn 86.
153 Soergel/*Lüderitz*, Art. 38 EGBGB, Anh. II, Rn 52.
154 Erman/*Hohloch*, Art. 43 EGBGB Rn 21; zust. Soergel/*Lüderitz*, Art. 38 EGBGB, Anh. II, Rn 52, Fn 12 („Kompromissformel").
155 *Goldt*, S. 104, der allerdings vor konkreter Bewährungsprobe in Durchsetzung, Zwangsvollstreckung oder Insolvenz missverständlich ein „Ruhen" des importierten Rechts annimmt.
156 BGH NJW 1991, 1415, 1416; BT-Drucks. 14/343, S. 16.
157 Vgl *Rakob*, S. 34, 36 ff; *Looschelders*, IPR, Art. 43 Rn 51; MüKo/*Sonnenberger*, Einl. IPR Rn 602 ff.
158 MüKo/*Kreuzer*, 3. Aufl., nach Art. 38 EGBGB Anh. I Rn 86, Fn 383; MüKo/*Wendehorst*, Art. 43 Rn 152 f (vor dem Hintergrund der Theorie vom gespaltenen Sachstatut); Erman/*Hohloch*, Art. 43 Rn 21; *Rakob*, S. 34; *v. Plehwe*, Besitzlose Warenkreditsicherheiten, S. 92 (Rezeption).
159 Vgl auch MüKo/*Wendehorst*, Art. 43 Rn 152 f.
160 Vgl BGH NJW 1991, 1415, 1416; dazu zu Recht krit. *Stoll*, IPRax 2000, 259, 262; *Rakob*, S. 42; billigend dagegen *Hoffmann-Klein*, S. 334 f.

des Statutenwechsels inhaltlich verstärkt. Wird das dingliche Recht aber mit der sachenrechtlichen **Prägung**, die es am früheren Lageort erfahren hat, übernommen, dann ist nicht nur eine inhaltliche Beschränkung des neuen Belegenheitsrechts im Sinne des Art. 43 Abs. 2, sondern auch eine etwaige und das Recht „prägende" Begrenzung der Rechtswirkungen nach dem Ausgangsstatut zu berücksichtigen, wobei zwischen sachenrechtlicher Prägung und räumlich begrenzten, insbesondere verfahrensrechtlich fundierten, Beschränkungen und Rechtswirkungen zu unterscheiden ist.[161] Das Ergebnis einer räumlichen Interpretation von Sachnormen kann der Annahme einer den Statutenwechsel überdauernden „Prägung" entgegenstehen.[162]

32 Die Prüfung muss folglich **materiellrechtsvergleichend** verlaufen; sie erfordert deshalb auch die **sachrechtliche Feststellung des Erststatuts**. Soweit verträglich, kann der Rechtsinhalt auch über die vom neuen Belegenheitsrecht für das funktionsäquivalente Recht vorgesehenen Wirkungen hinausreichen, ein „importiertes" Pfandrecht etwa das dem deutschen Recht insoweit fremde Recht zur Nutzung der Sache gewähren.[163] Andererseits endet, wie am neuen situs zu beachten ist, das englische lien bereits mit jeder Besitzaufgabe, nicht erst mit der Rückgabe. Dieses Zurückbehaltungsrecht kann deshalb, obschon zweifellos pfandähnlich, nicht in jeder Hinsicht als Faustpfand behandelt werden.[164] Hierdurch unterscheidet es sich wiederum vom lien früheren US-amerikanischen Rechts, das reinen Pfandcharakter hatte. Entsprechend behutsam sind im Inland unbekannte Rechtsinstitute wie das – als Minus zum Eigentumsvorbehalt wirkende – right of stoppage in transitu (Anhalterecht)[165] zu beurteilen. Mit inhaltlichen, materiell-sachenrechtlichen Beschränkungen sind **verfahrensrechtliche Beschränkungen** des Ausgangsstatuts nicht zu verwechseln. Sie geben dem dinglichen Recht nicht sein Gepräge, sondern bedeuten nur verfahrensrechtliche Voraussetzungen seiner Durchsetzung im jeweiligen forum, wie nicht immer erkannt wird.[166]

33 Die Anerkennung eines nach Erststatut wirksam begründeten Rechts hindert nicht dessen **Verlust** als Folge eines neuen sachenrechtlichen Tatbestands gemäß dem Zweitstatut. So erlischt das nach Art. 934 Abs. 2 ZGB in der Schweiz entstandene und hier ohne weiteres anzuerkennende[167] (und schon den deutschen Partikularrechten bekannte) **Lösungsrecht** des gutgläubigen Erwerbers abhanden gekommener Sachen infolge **Weiterveräußerung** nach Statutenwechsel,[168] wenn das den neuen sachenrechtlichen Vorgang beherrschende Belegenheitsrecht dies vorsieht.[169]

34 **Herausgabeansprüche** des (vermeintlichen) Eigentümers unterliegen ebenso wie Folgeansprüche wegen der Unmöglichkeit der Herausgabe der lex rei sitae.[170] Fallen das den letzten dinglichen Tatbestand beherrschende Sachstatut und das Recht des aktuellen Lageorts zusammen, dann ist dieser Befund unproblematisch.[171] Die Voraussetzungen des Vindikationsanspruchs erga omnes und seiner Surrogate zählen jedoch zu den **Wirkungen** des dinglichen Rechts, die stets nur nach dem aktuellen Belegenheitsrecht erzeugt werden können. Deshalb handelt es sich zwar um Rechtsfragen, die dem Sachstatut unterfallen und trotz ihrer verbreiteten Relativität als dinglich zu qualifizieren sind.[172] Sie sind jedoch nach dem (wandelbaren) **Wirkungsstatut** zu beantworten.[173]Die **Verwertung** des dinglichen Rechts richtet sich nach den Bestimmungen des Staates, in dessen Gebiet die Sache im Zeitpunkt der Verwertung oder Vollstreckung belegen ist. Die aktuelle lex rei sitae entscheidet folglich darüber, ob etwa die unbestimmte Übereignung von Sachgesamtheiten mit wech-

161 IdS auch BGHZ 45, 95, unter Annahme eines nach Ausgangsstatut relativ wirkenden Eigentumsvorbehalts. Allerdings verkennt die Entscheidung den räumlichen Geltungsbereich der italienischen (verfahrensorientierten) Sachnormen, die allein auf Beweissicherung und Verhinderung fraudulöser Vorgänge im italienischen Vollstreckungsverfahren gerichtet sind; vgl *Siehr*, AWD 1971, 10, 21 f; *v. Plehwe*, Besitzlose Warenkreditsicherheiten, S. 115 f. Richtigerweise wirkte der Eigentumsvorbehalt auch ohne „Griff in die Zukunft" (*Kegel*) bereits mit dem Verlassen des italienischen Rechtsraums gegenüber Dritten. Mit dem Statutenwechsel ändert sich die Wirkung des Sicherungsrechts durch Wegfall der verfahrensrechtlichen Restriktion am Ausgangs-situs mit der Folge, dass der Eigentumsvorbehalt jedenfalls mit dem Gelangen der Vorbehaltsware auf deutsches Rechtsgebiet drittwirksam ist.

162 S. Fn 141, 146.

163 Vgl *Schröder*, Anpassung, S. 125.

164 Vgl dazu LG München I WM 1957, 1378; *Drobnig*, American-German P.I.L., S. 199.

165 Vgl *Landfermann*, S. 5–10.

166 Beispiel fehlerhafter Erfassung des Ausgangsstatuts: BGHZ 45, 95; dazu *Siehr*, AWD 1971, 10, 21 f; *Kindler*, S. 88; *v. Plehwe*, Besitzlose Warenkreditsicherheiten, S. 115 f.

167 Vgl *Raape*, S. 602; *Duden*, S. 39 ff, 51 ff, 58 f; *Karrer*, S. 84 f; Staudinger/*Stoll*, Int. SachR, Rn 307; IPG 1980–81 Nr. 18 (Kiel), S. 157 f; IPG 1982 Nr. 15 (Hamburg), S. 164 mwN; *Siehr*, ZVglRWiss. 83 (1984), 100, 109 ff; offen gelassen in BGHZ 100, 321, 326.

168 BGHZ 100, 321, 327; dazu *Stoll*, IPRax 1987, 357, 359.

169 Im Einzelnen Staudinger/*Stoll*, Int. SachR, Rn 308.

170 BGH NJW 2009, 2824, 2825 Rn 7.

171 So in BGH NJW 2009, 2824 ff: deutsches Recht.

172 MüKo/*Wendehorst*, Art. 43 Rn 46, 100.

173 Oben Rn 26; BGH NJW-RR 2010, 983, 984 Rn 21; MüKo/*Wendehorst,* Art. 43 Rn 129 f; missverständlich (wegen Identität des Belegenheitsrechts jedoch nicht entscheidungserheblich) deshalb BGH NJW 2009, 2824, 2825 Rn 7, der (aaO) zur Beurteilung des Herausgabeanspruchs und der aus dem Eigentümer-Besitzer-Verhältnis folgenden Sekundäransprüche nicht auf das aktuelle Belegenheitsrecht, sondern auf „das Recht des Ortes, an dem sich das herauszugebende Fahrzeug bei der anderweitigen Veräußerung durch die Bekl. befunden hat", abstellt.

selndem Bestand gegenüber einer Einzelzwangsvollstreckung oder in der Insolvenz durchsetzbar oder berücksichtigungsfähig ist. Das an anderem situs begründete Recht muss sich in die „**Gläubigerordnung**" des Verwertungs- oder Vollstreckungsstatuts einfügen.[174] Allerdings beanspruchen nicht alle materiellrechtlichen Ordnungsprinzipien auch international Geltung.[175] Der gebotene Typenvergleich auf funktional-rechtsvergleichender Grundlage führt sodann etwa dazu, dass ein der Kaufpreissicherung dienendes US-amerikanisches security interest („purchase money security interest") wie ein Eigentumsvorbehalt durchgesetzt wird. Das der Finanzsicherung dienende security interest wird dagegen wie eine Sicherungsübereignung behandelt. In diesem Umfang hat der parteiautonom bestimmte Sicherungszweck kollisionsrechtliche Auswirkung.

Kann das fremde Recht am neuen situs keine Rechtswirkungen entfalten, weil es mit der neuen Sachenrechtsordnung **unverträglich** ist, so gilt das Recht nach überwiegender Auffassung zwar fort, es **ruht** allerdings.[176] Bei Rückkehr der Sache oder im Falle einer Verlagerung in ein Rechtsgebiet, das das Recht hinnimmt, lebt es wieder auf. Die Frage ist aber umstritten. Einzelne Autoren vertreten die Auffassung, dass Rechte an einer Sache, die nicht nach Art. 43 Abs. 2 Inlandswirkungen entfalten können, erlöschen und dadurch im Sinne eines „**Reinigungseffekts**" („effet de purge") eine neue sachenrechtliche Prägung erhalten (rechtsvernichtender Statutenwechsel).[177] Den Rechtsuntergang gebietet Art. 43 Abs. 2 indes **nicht**. Ist ein dingliches Recht mit der internen Sachenrechtsordnung unverträglich, so kann es Dritten lediglich für die Dauer seiner Belegenheit im Inland nicht entgegengehalten werden. Das hat zur weiteren Folge, dass die Sache eine neue sachenrechtliche Prägung aufgrund neuer sachenrechtlicher Vorgänge ohne Rücksicht auf das am früheren situs „wohlerworbene" Recht erfahren kann. Unverträglichkeit ist jedoch mit Zurückhaltung anzunehmen. Insbesondere gibt der deutsche sachenrechtliche Typenkanon in aller Regel keinen Anlass, das am früheren Lageort begründete, aber dort an andere Voraussetzungen geknüpfte oder mit anderen Wirkungen versehene Recht nicht anzugleichen und im Inland durchzusetzen. Art. 184 hat als intertemporale Kollisionsnorm bereits frühzeitig den richtigen Weg gewiesen[178] und nach den Partikularrechten begründete dingliche Rechte „mit dem sich aus den bisherigen Gesetzen ergebenden Inhalt und Rang bestehen" lassen. 35

War ein Vorgang unter der Geltung des Erststatuts dagegen **ohne dingliche Rechtswirkungen**, so verbleibt es grundsätzlich bei diesem Befund.[179] Der Versuch, eine Sache zu übereignen, obwohl diese an ihrem Lageort eine res extra commercium[180] ist, muss fehlschlagen; der Versuch einer Verfügung bleibt auch nach dem Gelangen der Sache in einen anderen Staat ohne dingliche Rechtswirkung.[181] Das gilt aus deutscher Sicht im Grundsatz auch für den Eigentumsvorbehalt als einem Tatbestand lediglich aufschiebend bedingter, also **Nicht-Übereignung**, mag er auch international verbreitet als Sicherungsrecht begriffen werden und mag er im Rahmen gestreckter Tatbestände besonderer Beurteilung unterliegen (dazu unten). Gleiches gilt, wenn Voraussetzungen dinglicher Rechtsänderung gemäß dem Belegenheitsrecht nicht erfüllt werden. Rechtsunerhebliche Tatbestandselemente sind (grundsätzlich)[182] verbraucht, „**erschöpft**", wodurch der im Zeitpunkt des Vorgangs maßgeblichen lex rei sitae Rechnung getragen wird.[183] Das hindert jedoch nicht die Wirksamkeit neuer sachenrechtlicher Vorgänge gemäß dem Zweitstatut, ebenso wenig die Vollendung offener Tatbestände. Deshalb kann auch über eine Sache, die am Ort der Erstbelegenheit extra commercium ist, nach dem Zweitstatut verfügt werden, wenn es dies zulässt.[184] Zwischen **Verfügungsverboten**, die in ihrem Geltungsbereich eine dingliche Rechtsänderung hindern, **Staatseigentum**, das als wohlbestehendes dingliches Recht auch nach einem Statutenwechsel anzuerkennen ist, und bloßen **Ausfuhrverboten**, deren Verletzung in der Regel[185] die Verwirklichung sachenrechtlicher Tatbestände nicht aufhält, ist im Einzelfall zu unterscheiden.[186] Kollisionsrechtlich ist zwischen **positiv abgeschlossenen**, **negativ abgeschlossenen** und **offenen Tatbeständen**, deren Sachverhaltselemente einer Neubewertung nach Grenzübertritt zugänglich sind, zu differenzieren.[187] 36

Eine besondere Kollisionsnorm für **Kulturgüter** sieht Art. 12 der **Richtlinie 93/7/EWG** des Rates vom 15.3.1993 über die Rückgabe von unrechtmäßig aus dem Hoheitsgebiet eines Mitgliedstaats verbrachten Kulturgütern vor, indem das Eigentum am Kulturgut nach dessen Rückkehr in den Ausgangsstaat dessen Sachen- 37

174 *Stoll*, RabelsZ 38 (1974), 450, 463.
175 *Schröder*, Anpassung, S. 123 ff.
176 Soergel/*Lüderitz*, Art. 38 EGBGB Anh. II Rn 52; *Looschelders*, IPR, § 43 Rn 54; *Kropholler*, IPR, § 54 III 1 c (S. 561 f); *Rakob*, 38; *Pfeiffer*, IPRax 2000, 270, 273; Staudinger/*Stoll*, Int. SachR, Rn 356; Zürcher Kommentar/*Heini*, Art. 100 Rn 15.
177 So insb. *Kegel/Schurig*, § 19 III (S. 772 f); *Rabel*, S. 91.
178 *Schröder*, Anpassung, S. 124 f.
179 *Dicey/Morris*, Rule 116 (2) (S. 963); MüKo/*Wendehorst*, Art. 43 Rn 142: „Nein" bleibt „Nein".
180 Allein die öffentliche Widmung macht aus einer Sache allerdings noch keine rex extra commercium; vgl BGH NJW 1990, 899, 900 (Hamburger Stadtsiegel); eingehend *Weidner*, S. 15 ff, 95 f.
181 *Siehr*, in: FS Trinkner 1995, S. 703, 711 f; *Weidner*, S. 112 f; *Schmeinck*, S. 109.
182 Ausnahme: gestreckte sachenrechtliche Tatbestände.
183 „Negative Rechtsänderungskontinuität": MüKo/*Kreuzer*, 3. Aufl., nach Art. 38 EGBGB Anh. I Rn 61, vgl Staudinger/*Stoll*, Int. SachR, Rn 289; MüKo/*Wendehorst*, Art. 43 EGBGB Rn 134 f.
184 *Schmeinck*, S. 109.
185 Ausnahme: Verfall des Eigentums bei illegaler Ausfuhr; vgl Att.-Gen. New Zealand v. Ortiz [1982] 2 W.L.R. 10 (Q.B.), [1982] 3 W.L.R. 570 (C.A.), [1984] A.C. 41, [1983] 2 W.L.R. 809 (H.L.).
186 Eingehend *v. Schorlemer*, S. 535–559.
187 MüKo/*Wendehorst*, Art. 43 Rn 133–135.

rechtsordnung untersteht. Dementsprechend bestimmte § 4 Abs. 1 des die Richtlinie umsetzenden **Kulturrückgabegesetzes** (KultGüRückG) vom 15.10.1998,[188] dass sich das Eigentum an Kulturgut, das nach den Bestimmungen des Gesetzes in das Bundesgebiet zurückgegeben wird, nach den deutschen Sachvorschriften richtet. Allseitig wird dieser Ausnahmetatbestand zur sachenrechtlichen Regelanknüpfung gemäß Abs. 1 und 2 in § 8 KultGüRückG ausgedrückt. §§ 4 Abs. 1 und 8 KultGüRückG ergaben die Umsetzung der kollisionsrechtlichen Vorgabe der Richtlinie. Inzwischen ist Deutschland dem **UNESCO-Übereinkommen-Übereinkommen über Maßnahmen zum Verbot und zur Verhütung der rechtswidrigen Einfuhr, Ausfuhr und Übereignung von Kulturgut** vom 14.11.1970 beigetreten;[189] das Gesetz ist am 26.4.2007, das Übereinkommen für die Bundesrepublik Deutschland sodann am 29.2.2008 in Kraft getreten.[190] Sachenrechtliche Kollisionsnormen enthält das UNESCO-Kulturgutübereinkommen nicht, wenngleich seine Zielvorgaben und Art. 13 d mit dem Gebot der Anerkennung des Ursprungsschutzes von res extra commercium auf die kollisionsrechtliche Beurteilung im Sinne eines favor originis interpretationsleitend einwirken werden und sollten.[191] Das Übereinkommen wurde nunmehr gemeinsam mit der Richtlinie 93/7/EWG durch das **Gesetz zur Ausführung des UNESCO-Übereinkommens vom 14. November 1970 über Maßnahmen zum Verbot und zur Verhütung der rechtswidrigen Einfuhr, Ausfuhr und Übereignung von Kulturgut und zur Umsetzung der Richtlinie 93/7/EWG des Rates vom 15. März 1993 über die Rückgabe von inrechtmäßig aus dem Hoheitsgebiet eines Mitgliedstaats verbrachten Kulturgütern (Kulturgüterrückgabegesetz – KultGüRückG)**[192] umgesetzt, das KultGüRückG vom 15.5.1998 damit ersetzt. Die sachenrechtlichen Kollisionsnormen finden sich nun in §§ 5 Abs. 1, 9 KultGüRückG nF. Die jedenfalls für den Fall der Rückgabe angeordnete Anknüpfung an das Erststatut ohne Rücksicht auf einen – häufig fraudulös herbeigeführten – zwischenzeitlichen Statutenwechsel und dessen nachträgliche Aufhebung entspricht im Ansatz einer verbreiteten Forderung nach Anwendung der lex originis, des Rechts des Herkunftsstaates (Erststatut), auf Kulturgüter.[193] Ein Teil des Schrifttums befürwortet dagegen in Diebstahlsfällen eine Anknüpfung an das Recht der Belegenheit im Zeitpunkt des Abhandenkommens der Sache („lex furti").[194] Obwohl der Handel mit abhanden gekommenen Kunstwerken und deren grenzüberschreitende Verschiebung außerordentlich schwierig zu bekämpfen sind und Ergebnisse wie im Fall Winkworth v. Christie, Manson & Woods nicht befriedigen, liegt die Ursache in materiellrechtlicher Disharmonie der nationalen Sachenrechtsordnungen. Im Einzelfall kann das **Ergebnis der Rechtsanwendung** dann gegen den inländischen ordre public verstoßen, wie im Fall „Gotha" vom englischen High Court obiter erwogen.[195] Alle im kollisionsrechtlichen Obersatz formulierten Vorschläge zur Änderung oder Vermeidung der Regelanknüpfung leiden dagegen unter der Unbestimmtheit der Tatbestandsmerkmale der Sonderanknüpfung, insbesondere auch in der Frage der Klassifikation des „Kulturguts" oder „Kunstwerks".[196] An der Regelanknüpfung an die lex rei sitae ist im Verkehrsinteresse an der Klarheit sachenrechtlicher Verhältnisse festzuhalten.[197] Die Lösung läge richtigerweise auf materiellrechtlicher Ebene,[198] was auch für die in Kunstrückführungsfällen oftmals streitentscheidenden Verjährungs-

188 IPRax 2000, 340.

189 Gesetz v. 20.4.2007, BGBl. II, 626 ff.

190 BGBl. 2008, II, 235 f; dazu *Halsdorfer*, IPRax 2008, 395, 396.

191 Einschränkend MüKo/*Wendehorst*, Art. 43 Rn 178; vgl *Halsdorfer*, aaO, 397 f.

192 Erlassen durch Art. 1 des Gesetzes zur Ausführung des UNESCO-Übereinkommens v. 14.11.1970 (Ausführungsgesetz zum Kulturgutübereinkommen – KGÜAG) v. 18.5.2007, BGBl. 2007, I, 757, ber. durch Gesetz v. 26.10.2007, BGBl. 2007, I, 2547; Gesetzesbegründung BT-Drucks. 16/1371, S. 12 ff.

193 Vgl *Institut de Droit international*, La vente internationale d'objets d'art sous l'angle de la protection du patrimonie culturel, Art. 2 f; *Jayme*, Neue Anknüpfungsmaximen für den Kulturgüterschutz, S. 42 ff; *ders.*, IPRax 1990, 347; vgl *Fuchs*, IPRax 2000, 281, 284; *Hipp*, S. 197–199.

194 *Hanisch*, in: FS Müller-Freienfels 1986, S. 193, 215; *Mansel*, IPRax 1988, 268, 271; vgl *Hipp*, 195.

195 City of Gotha and Federal Republic of Germany v. Sotheby's and Cobert Finance S.A. (Q.B. 1998, n.v.), in: Carl/Güttler/Siehr, 78, S. 200–216, für den Fall der Verjährung nach „active concealment"; Ablehnung der Anwendung deutschen Verjährungsrechts wegen Verstoßes gegen den englischen ordre public erwogen (obiter).

196 Vgl etwa *Institut de Droit international*, IPRax 1991, 432 (Art. 1 Abs. 1 lit. a): „objet d'art, celui qui est identifié comme appartenant au patrimonie culturel d'un pays par son classement, enregistrement ou tout autre procédé de publicité internationalement admis en la matière".

197 Staudinger/*Stoll*, Int. SachR, Rn 295; MüKo/*Wendehorst*, Art. 43 Rn 182-189 mit ausführlicher Darstellung des Meinungsstandes; *Siehr*, in: FS Trinkner 1995, S. 703, 715 ff; *Fuchs*, IPRax 2000, 281, 284.

198 Vgl auch *v. Plehwe*, KUR 2001, 49, 50–61.

fragen gilt.[199] Bei §§ 5 Abs. 1, 9 KultGüRückG handelt es sich indes um Sonder-Kollisionsnormen, die in ihrem Anwendungsbereich die Regelanknüpfung verdrängen. Im Ergebnis wird der Auffassung zuzustimmen sein, die in §§ 5 Abs. 1, 9 KultGüRückG in Bezug auf Tatsachen, die sich im Zeitraum zwischen unrechtmäßiger Verbringung und Rückgabe zugetragen haben, eine Sachnormverweisung auf die lex originis erblickt.[200]

c) Gestreckte Tatbestände (Abs. 3). Von der Erschöpfung einzelner Tatbestandselemente, die eine dingliche Rechtsänderung nach dem Recht des Ortes der Belegenheit der Sache nicht bewirkt haben, ist der nicht abgeschlossene, **offene** oder **gestreckte Tatbestand** zu unterscheiden. Sind die Voraussetzungen dinglicher Rechtsänderung nach dem Erststatut nicht vollständig erfüllt und gelangt die Sache nunmehr in den Geltungsbereich einer neuen Lagerechtsordnung, dann ist der gesamte Vorgang einheitlich nach dem Zweitstatut zu beurteilen, wenn es sich nach der hierfür allein maßgeblichen Auffassung der zweiten lex rei sitae um einen unvollendeten Tatbestand handelt.[201] Das Zweitstatut legt sich dann hinsichtlich der unter der Geltung des Erststatuts verwirklichten Tatbestandselemente rückwirkende Kraft bei.[202] **38**

Ein **Beispiel** eines gestreckten Tatbestandes ist die **Ersitzung**. Hat der Besitz am ursprünglichen situs mangels hinreichender Dauer nicht zum originären Rechtserwerb geführt, dann ist es Sache des Zweitstatuts, den anhaltenden „Zustand" des Besitzes insgesamt neu zu bewerten und darin frühere Besitzzeiten einzurechnen.[203] Es bietet sich eine Analogie zu Art. 185, 169 Abs. 1 EGBGB an.[204] Die Frage ist praktisch bedeutsam, weil der originäre Erwerb durch Ersitzung stets als zweiter Erwerbsgrund in Betracht zu ziehen ist.[205] Entsprechendes gilt für die **Verjährung** des dinglichen Herausgabeanspruchs. Ihre Vollendung wird man als abgeschlossenen Tatbestand ansehen müssen. Haben Besitzzeiten nach dem Erststatut hingegen nicht zur Vollendung der Verjährung geführt, so verbleibt es zunächst bei diesem Ergebnis. Das Zweitstatut ist aber nicht gehindert, frühere Besitzzeiten verjährungsrechtlich neu oder anders zu bewerten, wie dies auch intertemporal gilt (Art. 229 § 6 EGBGB). War der Vindikationsanspruch – wie in der Schweiz[206] – unverjährbar, die Dauer des Besitzes nach dem Erststatut also ohne Rechtswert, dann hindert dieser Befund nicht eine Neubewertung der gesamten Besitzzeit nach dem Zweitstatut, das den Herausgabeanspruch verjähren lässt.[207] Das gilt auch für den vom LG München I[208] entschiedenen Fall des wiederholten Statutenwechsels Deutschland/Schweiz/Deutschland. Frühere Besitzzeiten gehen – entgegen *Jayme*[209] – nicht dadurch „unter", dass das Zweitstatut (Schweiz) sie verjährungsrechtlich als unbeachtlich ansieht. Auch in dieser Frage ist ein „Reinigungseffekt" („**effet de purge**") abzulehnen.[210] Über die Rechtserheblichkeit früherer Besitzzeiten entscheidet allein das Endstatut. **39**

199 Akzeptabel nunmehr § 11 Abs. 2 KultGüRückG: 75 Jahre für Teile öffentlicher Sammlungen; Unverjährbarkeit bei Unverjährbarkeit im Ursprungsstaat. Bedauerlich hingegen § 11 Abs. 1: 30 Jahre für alle übrigen Kunstwerke. Im Regelfall verschwinden auftragsentwendete Kunstwerke für längere Zeit in unzugänglichen privaten Sammlungen. Jede absolute Frist begünstigt den illegalen Kunstbesitz und -handel, weshalb eine Anknüpfung an Kenntnis oder fahrlässige Unkenntnis („laches") entsprechend New Yorker Vorbild vorzugswürdig ist; vgl Kunstsammlungen zu Weimar and Rep. of Germany v. Elicofon, 20 I.L.M. 1122, 1146-1152 (E.D.N.Y. 1981), aff'd 678 F.2 d 1150 (2 d Cir. 1982); De Weerth v. Baldinger, 836 F. 2 d 103 (2 d Cir. 1987); Guggenheim v. Lubell, 569 N.E.2 d 426, 428 ff (N.Y.Ct. App. 1991); Rep. of Turkey v. Met. Museum of Art, 762 F.Supp. 44, 46 (S.D.N.Y. 1992), rev'd aus anderen Gründen 38 F.3 d 1266 (2 d Cir. 1994); dazu *Siehr*, IPRax 1993, 339 f; *Furtak*, IPRax 1995, 128 f; zu den Sorgfaltsanforderungen eines (deutschen) Museums beim Erwerb eines wertvollen Gemäldes („Il Miracolo di Sant' Antonio" von Giovanni Battista Tiepolo) aus dem Ausland (Frankreich) instruktiv jüngst OLG Celle, Urt. v. 17.9.2010, 4 U 30/08, juris Rn 34 ff (Frage der Ersitzung nach deutschem Belegenheitsrecht nach Export aus Frankreich).

200 *Fuchs*, IPRax 2000, 281, 285; MüKo/*Wendehorst*, Art. 43 Rn 189 mwN; vgl auch BT-Drucks. 343, S. 15.

201 MüKo/*Kreuzer*, 3. Aufl., nach Art. 38 EGBGB Anh. I Rn 60; *Looschelders*, IPR, Art. 43 Rn 55; Staudinger/*Stoll*, Int. SachR, Rn 289, 354; MüKo/*Wendehorst*, Art. 43 Rn 135.

202 *Lüderitz*, S. 193; vgl Staudinger/*Stoll*, Int. SachR, Rn 289 aE.

203 So bereits *Zitelmann*, I 157, II 340; BGE 94 II 297, 306–308 (obiter) im Verfahren Koerfer./. Goldschmidt; richtig deshalb LG München I IPRax 1995, 43; vgl auch *Knott*, S. 79–81; *v. Plehwe*, Besitzlose Warenkreditsicherheiten, S. 31–35; *ders.*, KUR 2001, 49, 50; aA *Müller-Katzenburg*, NJW 1999, 2551, 2557 Fn 80.

204 *Zitelmann*, Bd. 2, S. 353; *Raape*, S. 605.

205 *Kipp*, in: FS v. Martitz 1911, S. 211, 220–222: Lehre von den Doppelwirkungen im Recht.

206 BGE 48 II 38, 44–47.

207 Vgl *v. Plehwe*, KUR 2001, 49, 51; anders wohl *Jayme*, IPRax 1995, 43 (sachenrechtliche Vorprägung).

208 Vgl Bericht und Anm. von *Jayme*, IPRax 1995, 43.

209 IPRax 1995, 43.

210 Ebenso im Ergebnis (aber insbesondere mit Blick auf eine – von ihr zutreffend abgelehnte – Umwandlung infolge Transposition ieS) MüKo/*Wendehorst*, Art. 43 Rn 147.

40 Der **gestreckte Erwerbstatbestand** hat in **Abs. 3** eine **teilweise Regelung** gefunden. Die **einseitige Kollisionsnorm**[211] betrifft den Fall, dass der Erwerb des dinglichen Rechts im Ausland im Zeitpunkt des Statutenwechsels noch nicht vollendet wurde. Anders, wenn der inländische Verfügungstatbestand nicht zur Vollendung gelangt ist. Beispiel ist der deutsch-französische Versendungskauf mit Besitzverschaffung in Frankreich: mangels Besitzübertragung ist der Übereignungsvorgang nach deutschem Lagerecht nicht abgeschlossen. Ob und unter welchen Voraussetzungen sich der Übereignungstatbestand vollendet, ist nach dem Statutenwechsel vom französischen Belegenheitsrecht zu beantworten,[212] das auch bereits mit Grenzübertritt kraft des Konsensprinzips die Vollendung des Erwerbstatbestandes eintreten lassen kann. Aus deutscher Sicht (Art. 43 Abs. 3) werden im umgekehrten Fall die am Erst-situs geschaffenen Tatbestandselemente „wie inländische" berücksichtigt. Es liegt also eine (einseitige) Anordnung der Substitution vor. Die Substitution selbst ist – wie stets – ein sachnormbezogener Vorgang, ihre Anordnung hingegen kollisionsrechtlich. Die Norm ist auf **internationale Verkehrsgeschäfte**, also Fälle abredegemäßer Verbringung der Sache und damit des qualifizierten Statutenwechsels, zugeschnitten.[213] Es gilt das „Anrechnungsprinzip".[214] Die Übereignung einer im Zeitpunkt der Einigung in der Schweiz belegenen Sache wird auch ohne Übergabe, die in der Schweiz Voraussetzung der Eigentumsverschaffung ist,[215] mit Grenzübertritt wirksam, wenn die bisherigen Vorgänge die Voraussetzungen des dinglichen Tatbestands der inländischen Sachenrechtsordnung erfüllen.[216]

41 Wesentliche praktische Bedeutung hat die Bestimmung für **besitzlose Mobiliarsicherheiten**, die am Ausgangs-situs nicht (dritt-)wirksam entstanden sind, die aber ihre Sicherungswirkung in Einzelvollstreckung und Insolvenz bestimmungsgemäß im Inland entfalten sollen. Dazu zählt auch der **Eigentumsvorbehalt**, der nicht – nach deutschem materiellem Recht sonst korrekt[217] – als Nicht-Übereignung mit der Folge, dass sich auch bei Unwirksamkeit der aufschiebenden Bedingung an dem Befund fehlender Einigung nichts ändert,[218] sondern vielmehr **kollisionsrechtlich** als Sicherungsrecht wie eine **Mobiliarhypothek**, **Sicherungsübereignung** oder ein **besitzloses (Register-)Pfandrecht** begriffen wird. Der Eigentumsvorbehalt gilt kollisionsrechtlich als **abgeschlossener Tatbestand**.[219] Deshalb nimmt die Begründung des Regierungsentwurfs die Vereinbarung eines Eigentumsvorbehalts im Rahmen eines Importgeschäfts, der am Ausgangs-situs nicht drittwirksam entstanden ist, im Inland aber vollwirksam wäre,[220] als Anwendungsbeispiel des Abs. 3.[221] Es handelt sich nicht um ein Redaktionsdefizit,[222] sondern um die kollisionsrechtliche Würdigung eines (auch ipr-) rechtsvergleichend gewonnenen Befundes. Durchweg wird der (einfache) Eigentumsvorbehalt nicht nur als aufschiebend bedingte und deshalb Noch-Nicht-Übereignung, sondern als Sicherungsrecht aufgefasst. Diese funktionale Einordnung scheitert nur im Falle des abredewidrigen EV. Aber auch dann wird die erfolgreiche Geltendmachung eines darauf gestützten Vindikationsanspruchs nur unter den Voraussetzungen des jeweiligen Wirkungsstatuts möglich sein. Mit der deutschen Regelung ist sichergestellt, dass der Eigentumsvorbehalt bei Importgeschäften ab Grenzübertritt und ohne die Notwendigkeit einer materiellrechtlichen Hilfskonstruktion[223] wirkt, wie vor der Neuregelung im Schrifttum gefordert.[224] Allerdings wird der Verkehrsschutz zu beachten und nach den jeweiligen leges rei sitae getroffenen **Zwischenverfügungen** der Vorrang einzuräumen sein. Das folgt indes schon unmittelbar aus Art. 43 Abs. 1 und 3 und dem Gebot, Zwischenverfügungen als **abgeschlossene Tatbestände** zu beachten; einer Korrektur des Gesetzes bedarf es deshalb nicht.[225]

211 BT-Drucks. 14/343, S. 16; Erman/*Hohloch*, Art. 43 Rn 29; *Staudinger*, DB 1999, 1594; aA (Sachnorm) Palandt/*Thorn*, Art. 43 Rn 11; *Kreuzer*, in: Henrich, Vorschläge und Gutachten, S. 37, 73; *ders.*, RabelsZ 65 (2001), 383, 449; *Junker*, RIW 2000, 241, 254.
212 BGH NJW 2009, 2824, 2825 Rn 9.
213 *Looschelders*, IPR, Art. 43 Rn 58–60.
214 Erman/*Hohloch*, Art. 43 Rn 26.
215 Art. 714 Abs. 1 ZGB.
216 *Kreuzer*, in: Henrich, Vorschläge und Gutachten, S. 37, 73.
217 BGH NJW 1953, 217, 218; BGHZ 64, 395, 397.
218 Vgl *Schröder*, Anpassung, S. 126; *Nussbaum*, S. 308; *Behr*, RIW/AWD 1978, 489, 496; ferner *Gilmore*, Bd. 1, § 3.2 (S. 66) zum frühen common law des conditional sale.
219 Str.; aA etwa *Soergel/Lüderitz*, Art. 38 Anh. II Rn 97; MüKo/*Wendehorst*, Art. 43 Rn 168; *Stoll*, IPRax 2000, 259, 263; *Schurig*, FS Stoll (2001), S. 577, 585 f.
220 Beispiel nach BGHZ 45, 95 (allerdings fehlerhafte Deutung des italienischen materiellen und Verfahrensrechts; vgl *Siehr*, AWD 1971, 10; *Kindler*, S. 88; *v. Plehwe*, Besitzlose Warenkreditsicherheiten, S. 115 f).
221 BT-Drucks. 14/343, S. 16; Erman/*Hohloch*, Art. 43 Rn 28; missverständlich *Looschelders*, Art. 43 Rn 62, der zunächst Abs. 2 für den Strickmaschinenfall (BGHZ 45, 95) heranzieht.
222 So aber MüKo/*Wendehorst*, Art. 43 Rn 168 aE.
223 Antezipierte Rückübereignung an den „Vorbehalts"-Verkäufer: BGHZ 45, 95.
224 *Drobnig*, RabelsZ 32 (1968), 450, 469 im Anschluss an § 9–103 (3) S. 2 UCC 1962; *Kegel*, JuS 1968, 162, 165; *Deutscher Rat*, § C, in: Lauterbach, Vorschläge und Gutachten, S. 30; ähnlich *Siehr*, AWD 1971, 10, 20 f; *Lüderitz*, S. 206, 211 f; *v. Plehwe*, Besitzlose Warenkreditsicherheiten, S. 120–127, 325–330 mwN.
225 AA MüKo/*Wendehorst*, Art. 43 Rn 171 f mit Reformvorschlag.

Die Wirksamkeit einer **Verarbeitungsklausel** beim verlängerten Eigentumsvorbehalt richtet sich nach dem Vertragsstatut (Art. 33 Abs. 1 und 2).[226] Anders als Art. 44 RefE 1984 bezieht sich Abs. 3 ähnlich Art. 102 Schweizer IPRG nicht nur auf vereinbarte Sicherungsrechte. Das schließt es deshalb nicht aus, auch den vertragswidrigen, **einseitigen Eigentumsvorbehalt** in seinen Anwendungsbereich einzubeziehen. Denn die kollisionsrechtliche Interessenlage bleibt gleich. Im Falle des **Exportgeschäfts** findet Abs. 3 als inlandsbezogene einseitige Kollisionsnorm keine Anwendung. Es bleibt jeder neuen lex rei sitae überlassen zu entscheiden, ob früher verwirklichte Tatbestandselemente nach Statutenwechsel Rechtswirkungen erzeugen oder als unselbständige Elemente eines Gesamttatbestandes Berücksichtigung finden.[227] **Formlose besitzlose Sicherheiten** wie etwa der deutschrechtliche Eigentumsvorbehalt werden häufig nicht als drittwirksam anerkannt oder – allenfalls mit Schonfristen – den Publizitätsvorschriften des Bestimmungsstaats unterworfen.[228] Ihre Drittwirksamkeit steht dann unter der Bedingung der Erfüllung von Form- oder Publizitätsvorschriften am Ort der neuen Belegenheit der Sache als **Wirkungsstatut**. 42

d) Besitzlose Mobiliarsicherheiten und Statutenwechsel. Je nach Fallgestaltung gelten Abs. 2 oder 3. 43
Auch dann, wenn der Statutenwechsel – etwa im Rahmen eines **internationalen Verkehrsgeschäfts** – beabsichtigt war, wird ausschließlich objektiv angeknüpft. Für abgeschlossene Tatbestände bedeutet dies die Anwendung des Abs. 2 und die sukzessive Geltung der leges rei sitae. Im Schrifttum gegen die objektive Anknüpfung geäußerte Zweifel[229] sowie der Vorschlag einer parteiautonomen Bestimmung des Sachstatuts, teils auch unter Zulassung stillschweigender **Rechtswahl**,[230] haben sich gegen das Verkehrsinteresse nicht durchgesetzt. Art. 104 des Schweizer IPRG lässt eine Rechtswahl zwar zu, aber nur insofern inter partes wirken, als sie einem Dritten nicht entgegengehalten werden kann. Der Dritte kann sich jedoch, wenn es ihm dient, auf die sachenrechtsbezogene Rechtswahl der an der Verfügung Beteiligten berufen.[231] Eine vergleichbare Regelung wäre de lege ferenda zu erwägen.[232] Das reformierte IPR der VR **China** sieht nun in § 37 S. 1 IPRG 2010 die unbeschränkte Möglichkeit der Rechtswahl vor; in Ermangelung einer solchen gilt nach S. 2 die lex rei sitae im Zeitpunkt der Tatbestandsverwirklichung.[233]

Besondere Probleme verursachen **Globalsicherheiten**, insbesondere auch besitzlose Pfandrechte an Unternehmen oder Sachgesamtheiten, darunter insbesondere sog. **floating charges**.[234] Nach einer Auffassung können Sicherungsrechte an Rechts- oder Sachgesamtheiten und Unternehmen mangels entsprechender Rechtstypen im deutschen Recht nicht als solche, sondern nur aufgrund Transposition ihrer Bestandteile in funktionsäquivalente Rechtsfiguren des deutschen Rechts anerkannt werden.[235] Anders seien die etwa in einer floating charge englischen Rechts (Unternehmens-Generalhypothek) vereinten vertraglichen, vertretungsrechtlichen, dinglichen und liquidationsverfahrensrechtlichen Aspekte nicht unter zureichender Beachtung von Dritt- und Verkehrsschutzinteressen zu erfassen.[236] Dem ist insofern zuzustimmen, als die verschiedenen Aspekte kollisionsrechtlich auseinander zu halten und Einzel- oder Vorfragen möglicherweise gesondert anzuknüpfen sind. Richtigerweise ist in den dinglichen Wirkungen wie auch sonst zwischen der Entstehung der Sicherheit, die sich als Unternehmenspfandrecht nach dem Unternehmensstatut richtet,[237] und der Durchsetzung der dinglichen Rechtselemente am situs zu unterscheiden. 44

In der Beurteilung einer floating charge muss weiter danach unterschieden werden, ob „**Kristallisierung**“, die Umwandlung in eine „fixed charge“, eingetreten ist.[238] Ob heute noch unter Hinweis auf den materiellrechtlichen Bestimmtheitsgrundsatz, der nach herkömmlicher Auffassung die Verpfändung oder Sicherungsübereignung eines Unternehmens oder sonstigen Inbegriffs von Vermögensgegenständen ausschließt,[239] die Vornahme dinglicher Einzelakte am neuen situs gefordert werden kann,[240] erscheint zweifelhaft. Inländische materiellrechtliche Ordnungsprinzipien setzen sich nicht ohne weiteres kollisionsrechtlich durch. Mit Recht 45

226 Bamberger/Roth/*Spickhoff*, Art. 43 EGBGB Rn 12.
227 S. bereits oben Rn 40; BT-Drucks. 14/343, S. 16; *Kreuzer*, in: Henrich, Vorschläge und Gutachten, S. 37, 73–75; *ders.*, RabelsZ 65 (2001), 383, 450; Erman/*Hohloch*, Art. 43 EGBGB Rn 29.
228 Vgl etwa §§ 9–103, §§ 9–301 ff UCC (§§ 9–103 UCC aF) zum Erfordernis der „perfection“ des Sicherungsrechts nach (oder vorbereitend zum) Import des Sicherungsguts; Art. 102 Abs. 2 und 3 Schweizer IPRG (Schonfrist für die Registrierung, jedoch ohne Drittwirksamkeit des Eigentumsvorbehalts).
229 Übersichten bei MüKo/*Kreuzer*, 3. Aufl., nach Art. 38 EGBGB Anh. I Rn 73; Staudinger/*Stoll*, Int. SachR, Rn 288–294; Erman/*Hohloch*, Art. 43 EGBGB Rn 24.
230 Staudinger/*Stoll*, Int. SachR, Rn 292; enger *Drobnig*, RabelsZ 32 (1968), 450, 460–462; *ders.*, in: FS Kegel 1977, S. 141, 150 f (ausdrückliche Rechtswahl).
231 Zürcher Kommentar/*Heini*, Art. 104 Rn 10.
232 Vgl auch *Stadler*, S. 675.
233 Gesetz der Volksrepublik China über das Internationale Privatrecht v. 28.10.2010, abgedr. m. Übers. v. *Cammerer* in RIW 2011, 235 ff.
234 Ferner etwa floating lien gem. § 9 UCC, nantissement du fonds de commerce; vgl MüKo/*Kreuzer*, 3. Aufl., nach Art. 38 EGBGB Anh. I Rn 99; Staudinger/*Stoll*, Int. SachR, Rn 195.
235 MüKo/*Kreuzer*, 3. Aufl., nach Art. 38 EGBGB Anh. I Rn 99; *Wenckstern*, RabelsZ 56 (1992), 624, 652 f.
236 *Wenckstern*, RabelsZ 56 (1992), 624, 652.
237 Staudinger/*Stoll*, Int. SachR, Rn 195; *Collins*, (1978) 27 I.C.L.Q. 691 ff.
238 Vgl *Wenckstern*, RabelsZ 56 (1992), 624, 637 ff, 654 ff.
239 BGH NJW 1968, 392, 393; vgl OLG Hamm WM 1976, 1125, 1126; *Wenckstern*, RabelsZ 56 (1992), 624, 663.
240 Dafür Staudinger/*Stoll*, Int. SachR, Rn 195.

wurde die früher emphatisch vertretene Auffassung, das besitzlose Pfandrecht sei mit dem inländischen numerus clausus der Sachenrechte unvereinbar, zu den Akten gelegt. Art. 5 Abs. 1 der **VO (EG) 1346/2000** des Rates der EU vom 29.5.2000 über Insolvenzverfahren berücksichtigt auf Wunsch Großbritanniens dingliche Rechte „sowohl an bestimmten Gegenständen als auch an einer Mehrheit von nicht bestimmten Gegenständen mit wechselnder Zusammensetzung". Darunter fällt auch die englische floating charge.[241] Der grenzüberschreitenden Entwicklung des materiellen Kreditsicherungsrechts hat die kollisionsrechtliche Beurteilung (jedenfalls) Rechnung zu tragen. Die Auffassung, dass das Generalpfandrecht hinsichtlich der ins Inland gelangten Sachen ruhe,[242] ist zwar aus herkömmlicher materiell-sachenrechtlicher Perspektive folgerichtig, heute aber kollisionsrechtlich nicht mehr gerechtfertigt.

II. Sondertatbestände

46 **1. Res in transitu.** Art. 43 sieht keine Sonderanknüpfung vor für Sachen ohne festen Lageort, etwa als Transitgut oder auch nur persönliche Habe eines Reisenden. Allerdings ist Art. 46 zu beachten.[243] Art. 45 betrifft Transportmittel, nicht aber Sachen „auf der Reise".[244]

47 Auf der Ebene des Art. 43 ist danach zu unterscheiden, ob Vorgänge zu beurteilen sind, die einen Bezug zum jeweiligen Lageort vorweisen. Wird über die Sache auf dem Transport in der Weise verfügt, dass das Gut am Ort seiner Belegenheit an einen Dritten veräußert oder als Sicherungsmittel zur Kreditbeschaffung eingesetzt wird, so gebietet das Verkehrsinteresse die Anwendung dieser lex rei sitae. Wie die Verpfändung unterliegt auch die Pfändung der Sache dem Recht des Lageortes, das insgesamt als Vollstreckungsstatut wirkt. Auch gesetzliche Pfandrechte für den Transport der Sache oder sonstige Leistungen entstehen nach der jeweiligen Belegenheitsordnung.[245]

48 **Abs. 3** ist auf Transportvorgänge nicht anzuwenden. Der bloße Grenzübertritt in den Bereich einer Rechtsordnung, die an die Vollendung des dinglichen Tatbestandes geringere Anforderungen stellt, lässt den Tatbestand nicht zur Vollendung gelangen.[246]

49 Soweit kein Bezug zum Lageort besteht, stellt sich unabhängig von der Sonderanknüpfung nach Art. 46 die Frage der Zulassung einer **Rechtswahl.** Für den Bereich der internationalen Verkehrsgeschäfte wird sie mit Recht abgelehnt.[247] Dieser Ausschluss gilt wegen der Verschiedenheit der Interessenlage aber nicht notwendig für res in transitu.[248] Werden Drittinteressen nicht berührt, so ist nichts dagegen einzuwenden, eine auf Absende- und Bestimmungsland beschränkte Rechtswahl zuzulassen.[249] Die Frage ist allerdings praktisch bedeutungslos.[250] Lässt man eine Rechtswahl zu, so ist in den Fällen, in denen eine Rechtswahl nicht getroffen worden ist, Art. 46 zu beachten.[251]

50 **2. Transportmittel.** Rechte an Luft-, Wasser- und Schienenfahrzeugen haben eine besondere Regelung in Art. 45 erfahren. Die dort nicht erfassten Transportmittel, insbesondere Kraftfahrzeuge, unterfallen damit Art. 43. Seit jeher ist aber im Streit, ob die Besonderheit bestimmungsgemäßer Beweglichkeit des Guts nicht eine Sonderanknüpfung erfordert. Insofern ist die Anwendung des Art. 46 in Betracht zu ziehen. Richtigerweise wird die Abgrenzung nahe dem Bezug zum Lageort und der Beeinträchtigung von Verkehrsinteressen zu treffen sein. Die Entstehung gesetzlicher Sicherungsrechte folgt ebenso wie die Wirkung von Vollstreckungsakten dem Recht der aktuellen Belegenheit. Soweit Verfügungen über das Transportmittel auf rechtsgeschäftlicher Grundlage und die Begründung, Veränderung und der Verlust rechtsgeschäftlich begründeter Sicherungsrechte in Rede stehen, wird Art. 46 heranzuziehen sein (s. dort).

51 **3. Insolvenzrechtliche Fragen.** Gegenstand des Insolvenzverfahrens ist das Vermögen des Schuldners. Nach § 35 InsO erfasst das Insolvenzverfahren das gesamte Vermögen, das dem Schuldner zur Zeit der Eröffnung des Verfahrens gehört und das er während des Verfahrens erlangt (Insolvenzmasse). Anknüpfungspunkt ist die **Rechtsträgerschaft**, nicht aber die Belegenheit der Vermögensgegenstände, die zur Insolvenzmasse gehören. Die Insolvenzmasse erfasst nicht nur das im Inland belegene, sondern das gesamte Vermögen des

241 MüKo-InsO/*Reinhart*, Art. 5 EuInsVO Rn 6; ebenso bereits Art. 5 des EU-Übk, vgl *Virgos/Schmit*, S. 32, 73 Nr. 104.
242 *V. Bar*, IPR II, Rn 761.
243 Bamberger/Roth/*Spickhoff*, Art. 43 EGBGB Rn 8.
244 *Kegel/Schurig*, § 19 IV (S. 774).
245 *Kegel/Schurig*, § 19 IV (S. 774); *Looschelders*, IPR, Art. 43 Rn 63.
246 *Kegel/Schurig*, § 19 IV (S. 774).
247 BT-Drucks. 14/343, S. 16, im Anschluss an BGH NJW 1997, 461, 462; *Kreuzer*, in: Henrich, Vorschläge und Gutachten, S. 37, 75–81; *Ritterhoff*, S. 176.
248 Vgl auch *Looschelders*, IPR, Art. 43 Rn 64.
249 Dafür *Looschelders*, IPR, Art. 43 Rn 65; *Kegel/Schurig*, § 19 IV (S. 774); vgl auch *Raape*, S. 616 f; Erman/*Hohloch*, Art. 45 EGBGB Rn 13; Staudinger/*Stoll*, Int. SachR, Rn 368 m. Überblick zum Meinungsspektrum.
250 Vgl Erman/*Hohloch*, Art. 45 EGBGB Rn 13; MüKo/*Kreuzer*, 3. Aufl., nach Art. 38 EGBGB Anh. I Rn 128; BT-Drucks. 14/343, S. 14.
251 *Looschelders*, IPR, Art. 43 Rn 65.

Schuldners, also auch sein Auslandsvermögen,[252] woran sich nach der Reform des deutschen Insolvenzrechts nichts geändert hat.[253] Umgekehrt erfasst das ausländische Insolvenzverfahren auch das im Inland befindliche Vermögen des Schuldners (Art. 102 Abs. 1 InsO).[254] Sinnvollerweise enthält bei Inlandsverfahren bereits der Insolvenzeröffnungsbeschluss die ausdrückliche Klarstellung, dass sich das inländische Insolvenzverfahren auch auf das ausländische Schuldnervermögen erstreckt und der Insolvenzverwalter gehalten ist, das Vermögen „nach den rechtlichen Bestimmungen des jeweiligen Belegenheitsstaates in Besitz zu nehmen und zugunsten der in- und ausländischen Gläubiger zu verwerten".[255]

Das zur Insolvenzmasse gehörende Vermögen des Schuldners ist regelmäßig mit Rechten Dritter belastet. **52** Kollisionsrechtlich können sich Konflikte zwischen dem inländischen Insolvenzstatut und einer ausländischen lex rei sitae ergeben, wenn nach ausländischem Belegenheitsrecht begründete dingliche Rechte infrage stehen. Es gilt der **Grundsatz**, dass sich Verfügungen über dingliche Rechte und deren Inhalt allein nach dem Recht der Belegenheit richten, das Insolvenzstatut aber die wirtschaftliche Zuordnung des einzelnen Vermögensgegenstands zur Insolvenzmasse regelt, soweit der Schuldner über ihn verfügen kann.[256] Die gebotene Abgrenzung zwischen Sachenrechtsstatut und Insolvenzstatut ist im Einzelnen umstritten. Manches spricht für die Ansicht, dass entsprechend § 47 S. 2 InsO die dinglichen Voraussetzungen eines Anspruchs auf Aussonderung eines Gegenstandes als Vorfrage ausschließlich nach dem jeweiligen Sachstatut zu beurteilen sind, weil solches Vermögen nicht zum Vermögen des Schuldners zählt.[257]

Ob freilich **Aussonderung** zu gewähren ist, ist eine insolvenzrechtliche Frage, die nur nach der lex fori concursus beurteilt werden kann. **53** Im Einzelnen wird es nicht zu vermeiden sein, dass wie im Regelfall des Art. 43 Abs. 2 ein materiellrechtlicher Typenvergleich erforderlich ist und sachenrechtliche Vorfragen, wenn sie auftreten, gesondert angeknüpft werden; im Übrigen nimmt das Insolvenzstatut als Gesamtstatut die Verteilung des Schuldnervermögens vor, soweit nicht Spezialvorschriften vereinzelter Bereiche eingreifen.[258] **Art. 102 Abs. 2 EGInsO** sieht eine einseitige Kollisionsnorm für die **Anfechtung** durch den ausländischen Insolvenzverwalter vor. Sie ergibt eine Kumulation dahin, dass die insolvenzrechtliche Anfechtung nur dann Erfolg hat, wenn der Vorgang sowohl nach dem Insolvenz(eröffnungs)statut als auch nach dem Statut, das für die Wirkungen der Rechtshandlung maßgeblich ist, angefochten werden kann.[259] Die allseitige Anwendung dieser Kollisionsnorm wird befürwortet,[260] bedarf aber höchstrichterlicher Klärung.[261] Ob man als Wirkungsstatut wie nach wohl mehrheitlicher Auffassung zu § 19 AnfG[262] die lex rei sitae im Zeitpunkt der Verfügung anzusehen haben muss, erscheint offen. Vorzuziehen ist eine Schwerpunktanknüpfung der anfechtbaren Rechtshandlung ohne Bindung an die leges rei sitae einzelner Vermögensbestandteile.[263] Zu beachten ist, dass **Art. 13 VO (EG) 1346/2000** eine von Art. 102 Abs. 2 EGInsO aF abweichende, aber mit § 339 InsO übereinstimmende Verteilung der Beweislast zulasten des Anfechtungsgegners vorsieht.[264]

Art. 5 VO (EG) 1346/2000 nimmt eine gesonderte Anknüpfung des dinglichen Rechts an körperlichen oder **54** unkörperlichen, beweglichen oder unbeweglichen Gegenständen des Schuldners vor, unbeschadet einer möglichen Anfechtbarkeit nach dem Insolvenzstatut (Art. 4 Abs. 2 lit. m der Verordnung).[265] Kollisionsrechtlich legt Art. 5 VO nahe, dass das sachenrechtliche Einzelstatut dem Insolvenzstatut vorgeht und keine Überlagerung stattfindet. Uneingeschränkte Verfügungsfreiheit nach dem Belegenheitsrecht, ungeachtet des ausländischen Insolvenzverfahrens, ist die Folge.[266] Für den Eigentumsvorbehalt wird dies durch Art. 7 der Verordnung nochmals gesondert herausgestellt. Zum Verhältnis von EuGVVO und EuInsVO hat der EuGH jüngst klargestellt, dass der Gesetzgeber den Begriff der „Zivil- und Handelssachen" habe weit, den der Insolvenzsachen dagegen eng fassen wollen. Eine Durchsetzung des (deutschen einfachen) Eigentumsvorbehalts nach Statutenwechsel unterliege auch dann nur der EuGVVO, wenn über das Vermögen des Käufers, dem die Sache in einem anderen Mitgliedsstaat ausgeliefert worden ist, am neuen Belegenheitsort das Insolvenzverfahren eröffnet worden ist.[267]

252 BGHZ 68, 16, 17; BGH ZIP 1983, 961, 962; Uhlenbruck/*Lüer*, Art. 102 Rn 74; MüKo-InsO/*Reinhart*, Art. 102 Rn 230.
253 Uhlenbruck/*Lüer*, Art. 102 Rn 74.
254 So bereits BGHZ 95, 256 unter Aufgabe von BGH NJW 1960, 774.
255 AG Köln, Konkurseröffnungsbeschluss v. 24.1.1986 im Kaußen-Fall; vgl *Lüer*, KTS 1990, 377, 382; dazu auch Uhlenbruck/*Lüer*, Art. 102 Rn 74 aE.
256 Uhlenbruck/*Lüer*, Art. 102 Rn 77.
257 Vgl Uhlenbruck/*Lüer*, Art. 102 Rn 81.
258 Vgl im Einzelnen Uhlenbruck/*Lüer*, Art. 102 Rn 78–83.
259 Aufgrund Vorwirkung der Norm bereits angewandt in BGH ZIP 1997, 150, 153.
260 Uhlenbruck/*Lüer*, Art. 102 Rn 86–89; *Nerlich*, in: Nerlich/Römermann, § 143 Rn 68; vgl *Weis*, in: Hess/Weis/Wienberg, Art. 102 Rn 87.
261 MüKo-InsO/*Reinhart*, Art. 102 Rn 138.
262 Dazu oben Rn 21.
263 S. Rn 21.
264 Dazu FK/*Wimmer*, Anh. I Rn 350 f.
265 Dazu *v. Wilmowsky*, EWS 197, 295 ff; ferner *Virgos/Schmit*, S. 32, 69–73 zu Art. 5 EU-Übereink.
266 Uhlenbruck/*Lüer*, VO(EG) 1346/2000, Art. 5 Rn 2.
267 EuGH, Urt. v. 10.9.2009, Rs. C-292/08, Slg 2009, I, 8421 Rn 29-33, 38 – German Graphics; dazu *Cranshaw*, DZWIR 2010, 89 ff unter II 2.

55 Für die Praxis ergibt sich in Kollisionsfällen aus der Konkurrenz von Einzel- und Gesamtstatut im Falle der Insolvenz ein erhebliches Streitpotenzial. Insolvenzrechtliche Fragestellungen sind unter Einschluss der Möglichkeit ausländischer Insolvenzverfahren, die Vermögen am Belegenheitsort erfassen, in der Gestaltung dinglicher Rechtsverhältnisse zu berücksichtigen.

C. Exkurs: Enteignung

56 Hoheitsakte, die einen Eingriff in privatrechtliche Rechtspositionen im Wege der Enteignung zum Gegenstand haben, dienen auch dann, wenn sie zugunsten einzelner Privater wirken, der Durchsetzung staats- oder wirtschaftspolitischer Ziele. Hierdurch unterscheiden sie sich etwa von dem Hoheitsakt der Insolvenzeröffnung, der der Gesamtvollstreckung im Sinne der Verwirklichung der par conditio creditorum und damit der Privatrechtsgestaltung dient. Das könnte dafür sprechen, solchen aus der Sicht des Zivilrechts „artfremden"[268] Eingriffen in dem Sinne die Anerkennung zu versagen,[269] dass die fremdstaatliche Enteignung nicht in das fremde Recht übernommen und dessen Akten gleichgesetzt wird.[270] Indes greift diese ausschließlich internationalprivatrechtlich ausgerichtete Sicht zu kurz. Soweit sich der enteignende Staat in den Grenzen seiner Macht hält, ist die Enteignung hinzunehmen und die fremde Anordnung anzuwenden. Macht wird Recht.[271]

I. Territorialitätsprinzip

57 Nach deutschem internationalem Enteignungsrecht wird die Enteignung eines fremden Staates einschließlich der entschädigungslosen „**Konfiskation**" grundsätzlich als wirksam angesehen, soweit dieser Staat in den Grenzen seiner Macht geblieben ist.[272] Die Wirkung einer Enteignung ist nach der verfassungsgemäßen[273] ständigen Rechtsprechung des BGH durch das **Territorialitätsprinzip** begrenzt.[274] Danach erfasst eine solche Hoheitsmaßnahme nur das der Gebietshoheit des enteignenden Staates unterliegende, nicht dagegen das im Ausland belegene Vermögen.[275] Die Bestimmungen des öffentlichen Rechts wirken nach hergebrachter Auffassung nicht über die Landesgrenzen hinaus. Die territoriale Begrenzung folgt aus dem öffentlichen Kollisionsrecht.[276] Das gilt als **allgemeiner Grundsatz** über den Bereich der Enteignung hinaus. So fällt etwa in Deutschland belegenes Vermögen nicht an die englische Krone, wenn eine englische Company Limited gemäß ihrem Gesellschaftsstatut wegen Nichterfüllung der Publizitätspflichten im Register gelöscht wird; zum Zwecke der **Liquidation** besteht die Gesellschaft für **in Deutschland belegenes Vermögen** als **Restgesellschaft** fort.[277]

58 Entscheidend ist folglich, wo der enteignete Vermögensgegenstand im Zeitpunkt der Enteignung belegen war.[278] Ist das Enteignungsstatut lex rei sitae, dann unterliegen ihm das **Eigentum** und alle übrigen **dinglichen Rechte**.[279] Ein Hoheitsakt, der ein dingliches Recht an einer beweglichen oder unbeweglichen Sache betrifft, wird (grundsätzlich, Art. 6) als wirksam anerkannt, wenn der handelnde Staat nach seiner Rechtsordnung wirksam handelte und sich die Sache in seinem Gebiet in dem Zeitpunkt befand, als der Hoheitsakt Wirkung entfalten sollte.[280] Im Grundsatz kann zur Abgrenzung auf Art. 43 Abs. 1 zurückgegriffen werden,[281] sofern die öffentlich-rechtliche Überlagerung des Enteignungsvorgangs beachtet wird.[282] Für sachenrechtliche Vorgänge ist die Beurteilung unumstritten; entscheidend ist der Lageort.

59 Schwierigkeiten bereitet die Feststellung der „Belegenheit" von **Forderungen**, **Mitgliedschaftsrechten** und sonstigen **nichtdinglichen Rechten**. Die Enteignung von Mitgliedschaftsrechten an Kapital- und Personengesellschaften richtet sich in ihren Wirkungen nach herrschender Auffassung nicht nach dem Gesellschaftsstatut (mit der sonst drohenden Folge der Erfassung im Ausland belegener Vermögenswerte der Gesellschaft), sondern nach dem (jeweiligen) Lageort des Gesellschaftsvermögens.[283] Die Entstehung von „**Spaltgesellschaften**" ist die gesellschaftsrechtliche Folge.[284]

268 Staudinger/*Stoll*, Int. SachR, Rn 196 f.
269 Vgl BGHZ 95, 256, 265 (Inlandswirkungen des Auslandskonkurses) mit Hinweis auf BGHZ 31, 367, 371 (Enteignung).
270 Staudinger/*Stoll*, Int. SachR, Rn 196; vgl auch BGHZ 31, 367, 371 f.
271 *Kegel/Schurig*, § 23 II 1 (S. 1099); anders *Stoll*, IPRax 2003, 433, 434; *ders.*, Rn 196.
272 BVerfGE 84, 90, 123.
273 BVerfGE 84, 90, 123 f.
274 BGHZ 62, 340, 343; BGH NJW 2002, 2389, 2390.
275 BGHZ 25, 127, 129; 62, 340, 343; 104, 240, 245; BGH NJW 2002, 2389, 2390.
276 BGHZ 31, 367, 371.
277 Thür. OLG ZIP 2007, 1709.
278 BGHZ 23, 333, 336; BGH NJW 2002, 2389, 2390; vgl *Müller-Katzenburg*, Internationale Standards, S. 239 f, zur Anwendung im Bereich des Kulturgüterschutzes.
279 *Kegel/Schurig*, § 23 II 2 (S. 1099), § 23 II 4 (S. 1102).
280 Allg. Grundsatz, vgl auch *Dicey/Morris*, Rule 120 (S. 995).
281 *Looschelders*, IPR, Art. 43 Rn 69.
282 Vgl *Kegel/Schurig*, § 23 II 3 und 4 (S. 1101 f, 1102 ff).
283 BGHZ 32, 256; 33, 195, 197; *Kegel/Schurig*, § 23 II 4 (S. 1105).
284 BGHZ 56, 66, 69; (GS) 62, 340, 343 f; BGH WM 1990, 1065; NJW-RR 1992, 168; *Wiedemann*, in: FS Beitzke 1979, S. 811, 813 ff; *Flume*, in: FS F.A. Mann 1977, S. 143, 146 ff; *Junker*, S. 191, 194 ff.

Bei **hypothekarisch gesicherten Forderungen** ist zu unterscheiden:[285] die Enteignung der Hypothek richtet sich unzweifelhaft nach der lex rei sitae (des Grundstücks)[286] und lässt den Bestand der Hypothekenforderung grundsätzlich unberührt, es sei denn, auch die Forderung ist im Enteignungsstaat als Schuldnerwohnsitz belegen und wird von der Enteignung erfasst.[287] Wird die Forderung enteignet, ist auf deren „Belegenheit" abzustellen. Der Bestand des Grundpfandrechts wird durch die Forderungsenteignung nicht berührt; die Hypothek wird deshalb nicht zur Eigentümergrundschuld.[288] Die Rechtsprechung stellt im Falle des „typischen Realkredits" darauf ab, dass der Schwerpunkt des Schuldverhältnisses am Ort der Belegenheit der Sicherheit liegt.[289] Ohne eine solche Zweckverbindung und bei Personenverschiedenheit von persönlichem Schuldner und Eigentümer des belasteten Grundstücks neigt der BGH zur getrennten Anknüpfung.[290] Die Abgrenzung ist höchstrichterlich nicht abschließend geklärt.[291] 60

Schiffe können auf hoher See oder in fremdem Hafen nicht wirksam enteignet werden.[292] Im Falle der Enteignung von **Wertpapieren** ist – wie stets – zwischen der Enteignung des Papiers und jener der verbrieften Forderung zu unterscheiden. Die Enteignung des Wertpapiers muss im Einklang mit der lex cartae sitae stehen; das verbriefte Recht wird nach dem Wertpapierrechtsstatut enteignet.[293] 61

II. Ordre public

Die ausländische Enteignung ist, wenn sie in den beschriebenen Grenzen erfolgt, nach dem (insofern positiven)[294] Territorialitätsgrundsatz im Allgemeinen hinzunehmen. **Im Einzelfall** kann das Ergebnis der Anerkennung allerdings zu einer Unvereinbarkeit mit wesentlichen Grundsätzen des deutschen Rechts, insbesondere mit den Grundrechten, führen und deshalb nach Art. 6 ausgeschlossen sein. Es muss eine hinreichende Inlandsbeziehung bestehen. Die Entschädigungslosigkeit der Maßnahme oder ein ihr nach inländischen Gerechtigkeitsvorstellungen sonst anhaftender Makel genügen nicht, um der auf im Ausland belegenes Vermögen bezogenen Enteignung die Wirksamkeit abzusprechen.[295] Auf die Völkerrechtswidrigkeit der Enteignung kommt es nicht allein an,[296] obwohl sie bei hinreichender Binnenbeziehung den Ausschlag geben kann.[297] Eine Diskriminierung oder entschädigungslose Enteignung von Angehörigen des Gerichtsstaates kann zur Anwendung des ordre public führen.[298] 62

Art. 44 EGBGB Von Grundstücken ausgehende Einwirkungen

Für Ansprüche aus beeinträchtigenden Einwirkungen, die von einem Grundstück ausgehen, gelten die Vorschriften der Verordnung (EG) Nr. 864/2007 mit Ausnahme des Kapitels III entsprechend.

Literatur: *Freitag/Leible*, Das Bestimmungsrecht des Art. 40 Abs. 1 EGBGB im Gefüge der Parteiautonomie im Internationalen Deliktsrecht, ZVglRWiss. 99 (2000), 101; *Hager*, Zur Berücksichtigung öffentlich-rechtlicher Genehmigungen bei Streitigkeiten wegen grenzüberschreitender Emissionen, RabelsZ 53 (1989), 293; *Heiderhoff*, Bestimmungsrecht nach Art. 40 Abs. 1 S. 2 EGBGB und Anwaltshaftung, IPRax 2002, 366; *von Hein*, Günstigkeitsprinzip oder Rosinentheorie? – Erwiderung auf Lorenz (NJW 1999, 2215), NJW 1999, 3174; *ders.*, Grenzüberschreitende Produkthaftung für „Weiterfresserschäden", RIW 2000, 820; *Henrich*, Vorschläge und Gutachten zur Reform des deutschen Internationalen Sachen- und Immaterialgüterrechts, 1991; *Koch*, Zur Neuregelung des Internationalen Deliktsrechts: Beschränkung des Günstigkeitsprinzips und Einführung der vertragsakzessorischen Bestimmung des Deliktsstatuts?, VersR 1999, 1453; *Kreuzer*, Gutachtliche Stellungnahme zum Referentenentwurf eines Gesetzes zur Änderung des Internationalen Privatrechts, in: Henrich, Vorschläge und Gutachten zur Reform des deutschen Internationalen Sachen- und Immaterialgüterrechts, 1991, S. 37; *ders.*, Umweltstörungen und Umweltschäden im Kollisionsrecht, in: Kunig u.a., Umweltschutz im Völkerrecht und Kollisionsrecht, 1992; *ders.*, Die Vollendung der Kodifikation des deutschen Internationalen Privatrechts durch das Gesetz zum Internationalen Privatrecht der außervertraglichen Schuldverhältnisse und Sachen vom 21.5.1999, RabelsZ 65 (2001), 383;

285 Vgl *Kegel/Schurig*, § 23 II 4 (S. 1107 f).
286 Soergel/*v. Hoffmann*, Art. 38 EGBGB Anh. III Rn 47 mwN.
287 *Wolff*, § 29 VI 2 (S. 153).
288 *Stoll*, IPRax 2003, 433, 436.
289 BGH WM 1969, 1348, 1349 mwN.
290 BGH NJW 2002, 2389, 2390 f; zust. *Kegel/Schurig*, § 23 II 4 (S. 1108).
291 Im Grundsatz offen gelassen in BGH NJW 2002, 2389, 2390.
292 Soergel/*v. Hoffmann*, Art. 38 EGBGB Anh. III Rn 37.
293 KG NJW 1961, 1214–1216; *Kegel/Schurig*, § 23 II 4 (S. 1108 f).
294 Zur Unterscheidung der positiven und negativen Funktionen des Territorialitätsprinzips Staudinger/*Stoll*, Int. SachR, Rn 205, 206 ff; *v. Bar/Mankowski*, IPR I, § 4 Rn 144 ff, 149 ff.
295 BVerfGE 84, 90, 123 f; BGHZ (GS) 62, 340, 343; KG NJW 1988, 341, 343; weiter gehend aber BGHZ 104, 240, 244 (entschädigungslose Enteignung nicht anzuerkennen); vgl Erman/*Hohloch*, Anh. zu Art. 46 EGBGB Rn 4; *Stoll*, IPRax 2003, 433, 434, Fn 10.
296 HM, vgl Staudinger/*Stoll*, Int. SachR, Rn 210; aA etwa *F.A. Mann*, in: FS Duden 1977, S. 292 f; *Looschelders*, IPR, Art. 43 Rn 68.
297 Staudinger/*Großfeld*, Int. GesR, Rn 820; MüKo/*Kreuzer*, 3. Aufl., nach Art. 38 EGBGB Anh. III Rn 42.
298 Staudinger/*Stoll*, Int. SachR, Rn 210; MüKo/*Kreuzer*, 3. Aufl., nach Art. 38 EGBGB Anh. III Rn 42.

S. Lorenz, Zivilprozessuale Konsequenzen der Neuregelung des Internationalen Deliktsrechts: Erste Hinweise für die anwaltliche Praxis, NJW 1999, 2215; *Pfeiffer*, Der Stand des Internationalen Sachenrechts nach seiner Kodifikation, IPRax 2000, 270; *Raape*, Internationales Privatrecht, 5. Auflage 1961; *Schurig*, Ein ungünstiges Günstigkeitsprinzip – Anmerkungen zu einer misslungenen gesetzlichen Regelung des internationalen Deliktsrechts, in: GS Lüderitz 2000, S. 699; *Spickhoff*, Die Tatortregel im neuen Deliktskollisionsrecht, IPRax 2000, 1; *ders.*, Internationale Umwelthaftungsstandards und das neue Internationale Umwelthaftungsrecht, Jahrbuch des Umwelt- und Technikrechts 2000, 385; *Wagner*, Der Regierungsentwurf eines Gesetzes zum Internationalen Privatrecht für außervertragliche Schuldverhältnisse und für Sachen, IPRax 1998, 429; *Wandt*, Deliktsstatut und Internationales Umwelthaftungsrecht, SZIER 1997, 147 = VersR 1998, 529; *U. Wolf*, Deliktsstatut und internationales Umweltrecht, 1995; *Zürcher Kommentar* zum IPRG, 2. Auflage 2004.

A. Allgemeines

I. Normzweck

1 Art. 44 unterstellt Ansprüche aus beeinträchtigenden **Emissionen**, die von einem Grundstück ausgehen, dem nach der **Rom II-VO** zu bestimmenden **Deliktsstatut**. Die Vorläufervorschrift war mit ihrer Verweisung auf Art. 40 aF durch das Gesetz vom 21.5.1999 eingefügt worden und ging auf einen Vorschlag des Deutschen Rates für Internationales Privatrecht zur Ergänzung des IPR-Neuregelungsgesetzes vom 25.7.1986 zurück.[1] Die Vorschrift des Art. 44 entsprach in ihrem früheren Wortlaut der Empfehlung von *Kreuzer* in seiner gutachtlichen Stellungnahme zum Referentenentwurf 1984.[2] Nunmehr wird auf das Deliktsstatut verwiesen. Das bedeutet einerseits die Geltung von Art. 4 Rom II-VO und damit einen grundlegenden Wechsel hin zur Maßgeblichkeit des Erfolgsorts unter weitgehendem[3] Verzicht auf Ubiquitätsregel und Günstigkeitsprinzip.[4] Andererseits bewirken Schwerpunktanknüpfung (Art. 4 Abs. 2 und 3 Rom II-VO) und Rechtswahl (Art. 14 Rom II-VO) eine Auflockerung der Grundregel.

2 Mit der Vorschrift sollen unverändert Schwierigkeiten der **Abgrenzung zwischen Deliktsstatut und Sachenrechtsstatut** beseitigt werden. Die dem deutschen Recht geläufige sachenrechtliche Qualifikation der Abwehr störender Einwirkungen (§§ 1004, 906 BGB) tritt international hinter der deliktsrechtlichen Einordnung zurück. Die von der früher herrschenden Lehre vertretene gesonderte Anknüpfung deliktsrechtlicher Ansprüche nach dem Recht des Tatortes und dinglicher Abwehransprüche nach dem Recht des Lageortes[5] wurde als wenig sachgerecht angesehen.[6] Während für sachenrechtliche Ansprüche ausschließlich die lex rei sitae maßgebend ist und damit auf den Lageort des beeinträchtigten Grundstücks anzuknüpfen wäre, können Deliktsstatut und Nachbarrechtsstatut jedenfalls bei Ansprüchen aus **Umweltschädigungen** im Sinne des Art. 7 Rom II-VO auseinander fallen, wenn der Geschädigte das Handlungsortsrecht, nämlich das Lageortsrecht des beeinträchtigenden Grundstücks, wählt oder dieses Recht von Amts wegen als günstiger angewandt wird. Ubiquitätsregel und Günstigkeitsprinzip stehen zu der sachenrechtlichen Anknüpfung dinglicher Abwehransprüche in einem Spannungsverhältnis. In dieser (früheren) Situation hat das Bemühen um eine einheitliche Beurteilung des Lebenssachverhalts nach einer Rechtsordnung zwingend zur Folge, dass Deliktsansprüche sachstatutakzessorisch angeknüpft werden, weil sachenrechtliche Ansprüche nach früherem Recht ausnahmslos nach dem Recht der Belegenheit anzuknüpfen waren.[7] Funktional handelt es sich bei der Abwehr von Einwirkungen von anderen Grundstücken dagegen nicht um ein sachenrechtliches Thema, sondern um Deliktsrecht.[8] Es hat sich deshalb die Ansicht durchgesetzt, dass alle privatrechtlichen **Abwehransprüche** des Umweltrechts für kollisionsrechtliche Zwecke **deliktsrechtlich zu qualifizieren** sind.[9] Die bisherige Rechtsprechung hat indes überwiegend eine sachenrechtliche Qualifikation der Ansprüche und Beurteilung

1 Erste Kommission des Deutschen Rates für Internationales Privatrecht, Art. 43 a, in: Henrich, Vorschläge und Gutachten, S. 1, 5; *Kreuzer*, RabelsZ 65 (2001), 383, 450.

2 Vgl *Kreuzer*, in: Henrich, Vorschläge und Gutachten, S. 37, 147.

3 Ausnahme: außervertragliche Schuldverhältnisse aus einer Umweltschädigung, Art. 7 Rom II-VO.

4 Palandt/*Thorn*, Art. 4 Rom II Rn 1.

5 Vgl auch BGH IPRspr 1978 Nr. 40 (S. 71, 73).

6 Vgl Staudinger/*Stoll*, Int. SachR, Rn 234; Erman/*Hohloch*, Art. 44 EGBGB Rn 1.

7 Im Einzelnen *Kreuzer*, in: Henrich, Vorschläge und Gutachten, S. 37, 145 f.

8 *Kreuzer*, in: Henrich, Vorschläge und Gutachten, 37, 146 f; Staudinger/*Stoll*, Int. SachR, Rn 235.

9 Staudinger/*Stoll*, Int. SachR, Rn 235; Erman/*Hohloch*, Art. 44 EGBGB Rn 1 f.

nach der lex rei sitae vertreten.[10] Freilich wird sich nunmehr bei Anwendung der Art. 44 EGBGB, 4 Abs. 1 Rom II-VO regelmäßig ein Gleichlauf ergeben, sofern nicht Art. 7 Rom II-VO greift.

Die Neuregelung vermeidet die Schwierigkeiten bei unterschiedlicher Anknüpfung von nachbarrechtlichen und deliktsrechtlichen Ansprüchen und verweist einheitlich auf die deliktsrechtliche Regelanknüpfung. Damit wird zugleich eine einheitliche Statutbestimmung ohne Rücksicht darauf gewährleistet, ob der Geschädigte auch dinglich berechtigt ist oder nicht.[11] Die Regelungssystematik der Art. 44, 40 Abs. 1 findet in Art. 99 Abs. 2, 138 Schweizer IPRG eine Entsprechung. 3

II. Anwendungsbereich

1. Staatsverträge. Staatsvertragliche Regelungen sind nur für Teilbereiche festzustellen. So gelten auf dem Gebiet der **Atomhaftung** das Pariser Übereinkommen vom 29.7.1960 über die Haftung gegenüber Dritten auf dem Gebiet der Kernenergie mit Zusatz- und Ergänzungsprotokollen,[12] ferner das Abkommen zwischen der Bundesrepublik Deutschland und der schweizerischen Eidgenossenschaft über die Haftung gegenüber Dritten auf dem Gebiet der Kernenergie vom 22.10.1986.[13] Art. 4 des deutsch-schweizerischen Abkommens knüpft an das schädigende Ereignis an, indem in erster Linie das Recht des „Ereignisstaates" als maßgebend bezeichnet wird (Art. 4 iVm Art. 3 Abs. 1 des Abkommens). Bei im Verlauf einer Beförderung entstandenen Schäden gibt das Recht des Vertragsstaates Maß, der die Beförderung zuerst bewilligt hat, wenn der Ort des Ereignisses nicht mehr ermittelt werden kann (Art. 4 iVm Art. 3 Abs. 2 des Abkommens). Bei **Ölverschmutzungsschäden** kann das internationale Übereinkommen vom 29.11.1969 über die zivilrechtliche Haftung für Ölverschmutzungsschäden zu beachten sein;[14] es ist mit Wirkung vom 15.5.1998 durch das Protokoll vom 27.11.1992 abgelöst worden.[15] 4

2. Sachlicher Anwendungsbereich. Art. 44 betrifft grenzüberschreitende **Emissionen** und damit in erster Linie unwägbare Stoffe wie Gase, Dämpfe, Gerüche, Rauch, Ruß, Wärme, Geräusche und Erschütterungen. Weiter werden aber auch Einwirkungen aller Art, etwa durch Flüssigkeiten oder so genannte Grobemissionen erfasst. Negative und immaterielle Einwirkungen fallen ebenfalls darunter. Es werden grenzüberschreitende Emissionen durch die Zuführung oder Ableitung von Wasser, die Entziehung von Grundwasser, radioaktive Strahlung, die Verbreitung von Krankheitserregern, die Beeinträchtigung des Empfangs von Rundfunk und Fernsehen oder auch nur des Ausblicks oder des ästhetischen oder sittlichen Empfindens erfasst, sofern die Einwirkungen **von einem Grundstück ausgehen**.[16] Dem Grundstück stehen Grundstücksteile oder Eigentumswohnungen gleich. Auf die Art der dinglichen Berechtigung am Grundstück oder grundstücksgleichen Recht (Erbbaurechtsgrundstück) kommt es nicht an.[17] Einwirkungen gehen von einem Grundstück auch dann aus, wenn es als „**Basis**" für unmittelbar emittierende Störquellen, etwa als Flugplatz, Parkplatz, Rennstrecke oder Hafen bestimmungsgemäß dient.[18] Einer Analogie zu Art. 44 bedarf es in diesen Fällen hinreichenden Grundstücksbezugs nicht.[19] Die Mobilität der „eigentlichen" Störquellen (Flugzeuge, Pkw, Rennwagen, Schiffe) hindert wegen der Konzentration der Störung durch den spezifischen **Gebrauchszweck** des Grundstücks die Anwendung des Art. 44 nicht. 5

Art. 44 gilt nach verbreiteter Auffassung nicht für Fragen des internationalen **Anliegerrechts.** Geht es um Interessenkonflikte, die sich aus der Nachbarschaftslage zweier Grundstücke ergeben, und folglich um die **Abgrenzung** der Inhalte des jeweiligen Grundeigentums oder um **Inhaltsbeschränkungen** durch Duldungspflichten (Überbau, Notweg), dann dominiert der Bezug zum Lageort. Nach einer – allerdings umstrittenen[20] – Ansicht ist in diesen Fällen ausschließlich an die lex rei sitae, und zwar des beeinträchtigten Grundstücks, anzuknüpfen.[21] Das entspricht nunmehr der Regelanknüpfung nach Art. 44 EGBGB, 4 Abs. 1 Rom II-VO. Ansonsten gilt Art. 44 für alle sachenrechtlich begründeten Ansprüche wegen Grundstücksemissionen, 6

10 BGH IPRspr 1978 Nr. 40 (S. 71, 73); OLG München IPRspr 1976 Nr. 29 b (S. 94); LG Traunstein IPRspr 1976 Nr. 29 a (S. 93); anders LG Passau IPRspr 1952–1953 Nr. 33 (S. 107, 108): Anknüpfung des deliktsrechtlichen Anspruchs an den Handlungsort (zugleich Belegenheitsort des störenden Grundstücks).

11 BT-Drucks. 14/343, S. 16 f; *Looschelders*, Art. 44 Rn 1; *Kreuzer*, RabelsZ 65 (2001), 383, 450; *Wagner*, IPRax 1998, 429, 435; Staudinger/*Junker*, Art. 40 EGBGB Rn 80.

12 MüKo/*Wendehorst*, Art. 44 EGBGB Rn 3 und Fn 3; *Looschelders*, Art. 40 Rn 118.

13 Abgedruckt bei *Kegel/Schurig*, § 18 IV 4 (S. 750 f); vgl *Looschelders*, Art. 40 Rn 118.

14 Wenn Art. 44 auf Schiffsemissionen analog angewandt wird; dafür MüKo/*Wendehorst*, Art. 44 EGBGB Rn 4, 13; aA Palandt/*Heldrich*, Art. 44 EGBGB Rn 1.

15 Im Einzelnen *Looschelders*, Art. 40 Rn 9; MüKo/*Wendehorst*, Art. 44 EGBGB Rn 4.

16 Palandt/*Heldrich*, Art. 44 EGBGB Rn 1; *Looschelders*, Art. 44 Rn 3; Erman/*Hohloch*, Art. 44 EGBGB Rn 6.

17 Erman/*Hohloch*, Art. 44 EGBGB Rn 6.

18 MüKo/*Wendehorst*, Art. 44 EGBGB Rn 12 f.

19 Für Analogie MüKo/*Wendehorst*, Art. 44 EGBGB Rn 13.

20 Abl. Staudinger/*Stoll*, Int. SachR, Rn 236; ähnlich wohl Erman/*Hohloch*, Art. 44 EGBGB Rn 10.

21 MüKo/*Kreuzer*, 3. Aufl., nach Art. 38 EGBGB Anh. I Rn 43; *Looschelders*, Art. 44 Rn 4; Bamberger/Roth/*Spickhoff*, Art. 44 EGBGB Rn 2.

auch für Ansprüche aus Aufopferung,[22] auf Unterlassung und auf Beseitigung.[23] Rein deliktsrechtliche Ansprüche unterstehen dagegen von vornherein Art. 40–42.[24] Im Übrigen ist die Ausweichklausel des Art. 46 stets zu bedenken.[25]

B. Regelungsgehalt

I. Grundsatz

7 Ansprüche aus beeinträchtigenden Einwirkungen unterliegen nach Art. 44 iVm Art. 4 Abs. 1 Rom II-VO dem Recht des **Erfolgsorts** als **Tatortrecht**. Das zuvor im Internationalen Deliktsrecht geltende **Günstigkeitsprinzip**, demzufolge bei Konkurrenz mehrerer Deliktsorte in verschiedenen Rechtsgebieten das für den Geschädigten materiell günstigste Recht zur Anwendung gelangen sollte,[26] ist abgeschwächt und nunmehr nur bei Ansprüchen aus **Umweltschäden** zu bedenken (Art. 7 Rom II-VO). An die Stelle uneingeschränkter elektiver Konkurrenz[27] tritt nun der **Grundsatz der Anknüpfung an den Erfolgsort**.

8 **1. Handlungsort.** Handlungsort ist der Ort des Grundstücks, von dem die schädlichen Umwelteinwirkungen ausgehen.[28] Das Recht des Grundstücks, von dem die Einwirkung ausgeht, entspricht dem Recht des Handlungsortes im Internationalen Deliktsrecht. Maßgebend ist das Recht des Ortes, an welchem die für den Eintritt der Rechtsgutsverletzung maßgebende Ursache gesetzt wurde.[29] Dementsprechend sieht Art. 138 des Schweizer IPRG, auf den Art. 99 Abs. 2 IPRG bei Ansprüchen aus Emissionen verweist, vor, dass Handlungsort im Falle von schädigenden Einwirkungen, die von einem Grundstück ausgehen, der Ort der **Grundstücksbelegenheit** ist.[30]

9 **2. Erfolgsort.** Nach Art. 44 EGBGB iVm Art. 4 Abs. 1 Rom II-VO ist Erfolgsort der Ort des Eintritts des Schadens, der **Rechtsgutsverletzung**, der Verletzung des rechtlich geschützten Interesses.[31] Erfolgsort kann deshalb der Ort des gewöhnlichen Aufenthalts im Falle einer Körper- oder Gesundheitsverletzung, der Ort der Belegenheit des geschädigten Grundstücks im Falle der Sachbeeinträchtigung oder jeder andere Ort der tatbestandsmäßigen Deliktsvollendung sein.[32] Im Falle von **Streudelikten**, die schädigende Auswirkungen in mehreren Staaten erzeugen, findet das jeweilige Recht des Erfolgsortes auf den in seinem Geltungsbereich eingetretenen Schaden Anwendung.[33]

10 **3. Bestimmungsrecht.** Art. 7 Rom II-VO, auf den Art. 44 im Falle von Umweltschäden ebenfalls verweist, gewährt dem Verletzten das Recht, zu verlangen, dass anstelle des Rechts des Erfolgsortes das Recht des Ortes des Eintritts des schädigenden Ereignisses (Handlungsort) angewandt wird. Darin liegt eine Abweichung vom früheren Recht vor Einführung des Art. 40 Abs. 1 S. 2 aF, das Handlungs- und Erfolgsort als gleichwertige Anknüpfungspunkte ansah und im Sinne des Günstigkeitsprinzips entweder dem Geschädigten ein **Wahlrecht**[34] oder dem Gericht eine **Wahlpflicht**[35] zuwies, und nunmehr eine Umkehr des Art. 40 Abs. 1 S. 2 aF, bedingt durch den Wechsel der Regelanknüpfung im internationalen Deliktsrecht. Das Bestimmungsrecht nach Art. 7 Rom II-VO gestattet in ihrem beschränkten Anwendungsbereich nunmehr lediglich die „**Abwahl**“ des Rechts des Erfolgsortes. Art. 138 Schweizer IPRG sieht dagegen die schlichte Wahl des anwendbaren Rechts für Ansprüche aus Grundstücksemissionen vor.

11 Die **Qualifikation des Bestimmungsrechts** ist umstritten. Die praktische Bedeutung des Meinungsstreits ist beträchtlich.[36] Teilweise wird das Bestimmungsrecht **verfahrensrechtlich** eingeordnet und die Ausübung als reine Prozesshandlung mit der Folge der Invariabilität und des Ausschlusses von Anfechtung und Widerruf angesehen.[37] Nach anderer Auffassung handelt es sich um ein **kollisionsrechtliches Gestaltungsrecht**, das als solches und nach Sinn und Zweck der Option invariabel sei und im Prozess nur innerhalb der **Präklusi-**

22 *Looschelders*, Art. 44 Rn 5.
23 Palandt/*Thorn*, Art. 44 Rn 2.
24 Erman/*Hohloch*, Art. 44, EGBGB Rn 10; *Looschelders*, Art. 44 Rn 5.
25 Palandt/*Heldrich*, Art. 44 EGBGB Rn 2; Erman/*Hohloch*, Art. 44 EGBGB Rn 12.
26 Vgl BGH NJW 1964, 2012; MüKo/*Kreuzer*, 3. Aufl., Art. 38 EGBGB Rn 50; Soergel/*Lüderitz*, Art. 38 EGBGB Rn 16, 24.
27 MüKo/*Kreuzer*, 3. Aufl., Art. 38 EGBGB Rn 50.
28 Vgl auch § 32 a ZPO zum ausschließlichen Gerichtsstand der Umwelteinwirkung; *Spickhoff*, Jahrbuch, S. 385, 391.
29 Palandt/*Heldrich*, Art. 40 EGBGB Rn 3.
30 Vgl Züricher Kommentar/*Heini*, Art. 138 Rn 7; im Übrigen Erman/*Hohloch*, Art. 44 EGBGB Rn 7; *Looschelders*, Art. 44 Rn 8.
31 Erman/*Hohloch*, Art. 44 EGBGB Rn 8.
32 Erman/*Hohloch*, Art. 44 EGBGB Rn 8; Palandt/*Heldrich*, Art. 40 EGBGB Rn 4; *Looschelders*, Art. 44 Rn 8.
33 Palandt/*Thorn*, Art. 4 Rom II-VO Rn 8; *Wagner*, IPRax 2008, 1, 4.
34 Vgl BGH NJW 1964, 2012; 1974, 410; MüKo/*Kreuzer*, 3. Aufl., Art. 38 EGBGB Rn 50–51.
35 RGZ 138, 243, 246; OLG München IPRspr 1975 Nr. 23; Soergel/*Lüderitz*, Art. 38 EGBGB Rn 24.
36 Vgl iE Staudinger/*v. Hoffmann*, Art. 40 EGBGB Rn 10.
37 Vgl Erman/*Hohloch*, Art. 40 EGBGB Rn 28; Bamberger/Roth/*Spickhoff*, Art. 44 EGBGB Rn 24.

onsfrist des Art. 46 a ausgeübt werden könne.[38] Nach weiterer Ansicht liegt ein verfahrensrechtliches, durch die Präklusionsvorschrift befristetes Optionsrecht mit ius variandi (außerhalb der Präklusion) vor.[39] Auch für den Fall der Qualifikation als Gestaltungsrecht wird außerhalb der Präklusion vereinzelt ein ius variandi angenommen.[40] Richtigerweise wird man de lege lata wohl ein kollisionsrechtliches Gestaltungsrecht annehmen müssen, dessen Ausübung den Erklärenden bindet und das, wenn die Erklärung im deutschen Prozess erfolgt, unter Beachtung des Art. 46 a erfolgen muss.

Durchgreifenden Bedenken begegnet die **Präklusion.**[41] Das Bestimmungsrecht ist nur im ersten Rechtszug bis zum Ende des frühen ersten Termins oder bis zum Ende des schriftlichen Vorverfahrens auszuüben (Art. 40 Abs. 1 S. 3). Daraus ergibt sich frühzeitiger Handlungsbedarf des Prozessanwalts:[42] Sachgerecht kann das Bestimmungsrecht nur aufgrund eines privat veranlassten Rechtsvergleichs der putativ anwendbaren Rechtsordnungen ausgeübt werden. Das setzt die intensive Ermittlung der in Betracht kommenden ausländischen Rechtsordnung(en) und die Einschaltung dafür Fachkundiger[43] voraus. Es erscheint bei dieser Sachlage zweifelhaft, ob die Regelung des Art. 46 a der Überprüfung nach **Art. 20 Abs. 3 GG** dann standhält, wenn der Geschädigte **mittellos** ist und er die in der Regel mit erheblichen Kosten verbundenen[44] Nachforschungen und Gutachten zur vergleichbaren Günstigkeit der in Betracht kommenden Rechtsordnungen, also mindestens des Inhalts eines fremden Rechts, nicht aufbringen kann. Wird eine alternative Anknüpfung an Handlungs- und Erfolgsort, wie in Art. 7 Rom II-VO geschehen, gesetzlich vorgesehen und nunmehr anstelle der Wahl des günstigsten Rechts durch den nach § 293 ZPO verfahrenden Tatrichter dem – gerade auch in Immissionsschutzsachen häufig wirtschaftlich schwachen – Geschädigten die **Obliegenheit privater Auslandsrechtserkundung** auferlegt, dann ist der Konflikt mit dem **verfassungsrechtlichen Grundsatz**, dass die mittellose Partei nicht aufgrund ihrer **Mittellosigkeit** prozessuale **Nachteile** erleiden darf (Art. 20 Abs. 3, 3 Abs. 1, 2 Abs. 1 und 1 Abs. 1 GG), abzusehen.[45] Die gesetzliche Regelung ist in ihren Auswirkungen grundgesetzwidrig. Der Mittellose kann, wie der Gesetzgeber nicht beachtet hat, seiner kollisionsrechtlichen Eigenverantwortung nicht gerecht werden. Art. 7 Rom II-VO sowie Art. 46 a EGBGB setzen nach wie vor die rationale Bestimmung des anwendbaren Rechts (Derogation) an die Stelle des kollisionsrechtlichen „Sprungs ins Dunkle".[46] Die Gewährleistung der Nutzung gesetzlich vorausgesetzter Gestaltungsfreiheit ist wegen der Verzahnung von kollisionsrechtlicher Option und prozessualer Präklusion indes nicht vorgesehen. § 114 ZPO setzt wiederum hinreichend substantiierten Vortrag voraus, der ohne (im Vorfeld eingeholte) sachverständige Hilfe nicht zu leisten ist. Das Problem ist bislang nicht erörtert,[47] obschon nahe liegend. In Verfahren mittelloser Geschädigter wird ggf auf eine konkrete **Normenkontrolle** des Art. 46 a und der Verweisung in Art. 44 hinzuwirken sein. 12

Um den **Gleichlauf** der rechtlichen Beurteilung zu gewährleisten, kann das Bestimmungsrecht nach Art. 7 Rom II-VO nur einheitlich für sachenrechtliche und deliktische Ansprüche ausgeübt werden.[48] Wird das Bestimmungsrecht **gespalten** ausgeübt, liegt keine wirksame Bestimmung vor.[49] Es gilt dann das Recht des Erfolgsortes. 13

Vom einseitigen Bestimmungsrecht nach Art. 7 Rom II-VO ist die **Rechtswahl** aufgrund übereinstimmenden Parteiwillens nach Art. 44 EGBGB, 14 Rom II-VO zu unterscheiden. Sie ist nunmehr auch für Ansprüche aus Grundstücksemissionen vorgesehen, weil Art. 44 nicht mehr nur auf Art. 40 Abs. 1 aF, sondern jetzt insgesamt auf die Bestimmungen der Rom II-VO (mit Ausnahme ihres Kapitels III) verweist. Damit lässt sich inzwischen auch eine nachträglich als fehlerhaft oder allseits unerwünscht erkannte einseitige Bestimmung des anwendbaren Rechts – wie auch sonst im Internationalen Deliktsrecht – durch übereinstimmende Rechtswahl abändern. 14

4. Engere Verbindung. Besteht im Einzelfall eine wesentlich engere Verbindung zu einer anderen Rechtsordnung als der nach Art. 44 EGBGB, 4 Rom II-VO maßgebenden, ist die Ausweichklausel des Art. 4 15

38 MüKo/*Junker*, Art. 40 EGBGB Rn 37; *Looschelders*, Art. 44 Rn 33; Staudinger/*v. Hoffmann*, Art. 40 EGBGB Rn 11 aE; *v. Hein*, NJW 1999, 3174, 3175.
39 *S. Lorenz*, NJW 1999, 2215, 2217.
40 *Freitag/Leible*, ZVglRWiss. 99 (2000), 101, 123 ff.
41 Krit. auch *Schurig*, in: GS Lüderitz 2000, S. 699, 704.
42 Eingehend *Heiderhoff*, IPRax 2002, 366, 369 ff.
43 *Koch*, VersR 1999, 1453, 1454; *v. Hein*, RIW 2000, 820, 823; *Heiderhoff*, IPRax 2002, 366.
44 Vgl auch *Spickhoff*, Jahrbuch, S. 385, 393.
45 Nur die konkrete gesetzliche Regelung ist am Grundgesetz zu messen. Auf die Frage, ob der Gesetzgeber auch anders hätte handeln *können*, kommt es nicht an; häufig verkannt, vgl etwa Bamberger/Roth/*Spickhoff*, Art. 40 EGBGB Rn 27 unter Ablehnung (anderer) verfassungsrechtlicher Einwände.
46 *Raape*, § 13 I (S. 90).
47 Vgl BT-Drucks. 13/343, S. 11; das gilt auch für das Schrifttum, vgl etwa Erman/*Hohloch*, Art. 40 EGBGB Rn 28; *Looschelders*, Art. 40 Rn 34–39; MüKo/*Junker*, Art. 40 EGBGB Rn 30–39; Staudinger/*v. Hoffmann*, Art. 40 EGBGB Rn 16; Bamberger/Roth/*Spickhoff*, Art. 44 EGBGB Rn 23–28; *Spickhoff*, Jahrbuch, 385, 393.
48 *Pfeiffer*, IPRax 2000, 270, 274; *Looschelders*, Art. 44 Rn 9; Palandt/*Heldrich*, Art. 44 EGBGB Rn 2.
49 *Looschelders*, Art. 44 Rn 9.

Abs. 3 Rom II-VO zu beachten, die in ihrem Anwendungsbereich die sonst zu beachtende[50] Ausweichklausel des Art. 46 verdrängt. Sachgerecht wird sie auch bei **Groß- oder Summationsemissionen** heranzuziehen sein.[51]

II. Einfluss öffentlich-rechtlicher Genehmigungen

16 Auch im Anwendungsbereich des Art. 44 ist die Frage der Beachtlichkeit privatrechtsgestaltender öffentlich-rechtlicher Genehmigungen zu beachten. In erster Linie ist hierzu auf die Kommentierung zur Rom II-VO zu verweisen. Aus der Perspektive des grundstücksbezogenen Emissionsschutzes gilt Folgendes:

17 **1. Territorialitätsprinzip.** Die bisherige Rechtsprechung steht auf dem Standpunkt, dass die öffentlich-rechtliche Genehmigung einer emittierenden Anlage, etwa eines Flughafens, auf das Hoheitsgebiet der Belegenheit beschränkt sei und im Ausland keine Wirkung entfalten könne.[52] Dieser Grundsatz gelte auch für die Abwehr von Emissionen, die ihre Rechtfertigung in dem Verwaltungsakt eines fremden Staates finden. Verweist das Kollisionsrecht nicht auf die Rechtsordnung, der der Verwaltungsakt entstammt, bleibt sonach die Genehmigung unerheblich.[53]

18 **2. Grundsatz.** Unter Berücksichtigung dieser – allerdings spärlichen und aus heutiger Sicht der Nachprüfung würdigen – Rechtsprechung lassen sich folgende Grundsätze formulieren:

19 Öffentlich-rechtliche Genehmigungen emittierender Anlagen sind – nach deutscher verwaltungsrechtlicher Auffassung – begünstigende Verwaltungsakte mit drittbelastender Doppelwirkung. Gelangt deutsches Recht aufgrund Verweisung durch Art. 44 EGBGB iVm den Bestimmungen der Rom II-VO zur Anwendung, sind spezialgesetzliche (materiellrechtliche) **Präklusionstatbestände** zu beachten. So werden Unterlassungs- und Beseitigungsansprüche etwa nach § 11 Abs. 1 WHG, § 14 BImSchG aufgrund Unanfechtbarkeit der Genehmigung ausgeschlossen.

20 Verweist das Kollisionsrecht des Gebietsstaats auf das Recht der Belegenheit des emittierenden Grundstücks (**Handlungsort**), so ist nichts dagegen einzuwenden, etwaige öffentlich-rechtliche Genehmigungen, die auf der Grundlage jener Rechtsordnung ergangen sind, zu beachten.[54] Dies ist keine Frage des Territorialitätsprinzips, sondern der **privatrechtsgestaltenden Wirkung** öffentlich-rechtlicher Genehmigungsakte. Voraussetzung ihrer „Anerkennung" ist freilich, dass emissionsbetroffene Bewohner des Immissionsstaats gleiche Beteiligungsrechte im Genehmigungsverfahren des Emissionsstaates genießen.[55] Werden Ausländer im Genehmigungsverfahren wesentlich benachteiligt, ist der privatrechtlichen Präklusion durch Genehmigung die Grundlage entzogen.[56]

21 Ist auf das **Recht des Erfolgsortes** abzustellen, dann ergibt sich die – umstrittene – Frage, ob und unter welchen Voraussetzungen (Sonderanknüpfung der Rechtswidrigkeit; Lehre von der Tatbestandswirkung; Datumstheorie) die ausländische Genehmigung im Wege der **Vorfragenanknüpfung** zu berücksichtigen ist. Werden vergleichbare Standards und Verfahrensgarantien auch für Gebietsansässige potenziell betroffener Immissionsstaaten beachtet, bestehen gegen eine „Anerkennung" der Genehmigung des Emissionsstaates als der inländischen Genehmigung des Immissionsstaats funktionsäquivalent keine Bedenken.[57]

22 **Sachstatutfremde Genehmigungen** sind unter den gleichen Voraussetzungen der Vergleichbarkeit mit einer dem Sachstatut entsprechenden Genehmigung zu berücksichtigen.[58] Die daran anschließende Frage, ob eine ausländische Genehmigung weiter gehende Wirkungen als eine vergleichbare inländische entfalten kann, ist umstritten[59] und bislang höchstrichterlich nicht geklärt. Richtigerweise wird auf die Umstände des Einzelfalls abzustellen sein und man der „fremden" Genehmigung nicht von vornherein die Eignung zu weiter gehender Wirkung absprechen können. Die Korrektur erfolgt im Einzelfall ggf über Art. 6.

50 BT-Drucks. 13/343, S. 17; Palandt/*Heldrich*, Art. 44 EGBGB Rn 2; Erman/*Hohloch*, Art. 44 EGBGB Rn 12; Bamberger/Roth/*Spickhoff*, Art. 44 EGBGB Rn 3.

51 Erman/*Hohloch*, Art. 44 EGBGB Rn 9, 12.

52 BGH IPRspr 1978 Nr. 40 (S. 71, 72 f); OLG Saarbrücken NJW 1958, 752, 754; vgl Staudinger/*v. Hoffmann*, Art. 40 EGBGB Rn 167; *Looschelders*, Art. 40 Rn 116.

53 BGH IPRspr 1978 Nr. 40 (S. 73); vgl *Wandt*, VersR 1998, 529, 533 Fn 44.

54 *Spickhoff*, Jahrbuch, S. 385, 389; *Hager*, RabelsZ 53 (1989), 293, 300 f, 306 ff; *Wandt*, VersR 1998, 529, 533 ff; Staudinger/*v. Hoffmann*, Art. 40 EGBGB Rn 164.

55 Soergel/*Lüderitz*, Art. 38 EGBGB Anh. II Rn 42; *Spickhoff*, Jahrbuch, S. 385, 389 f.

56 *Wandt*, VersR 1998, 529, 536.

57 *Roßbach*, NJW 1988, 590, 592–593; *Wandt*, VersR 1998, 529, 536 f; *Wolf*, S. 181 f, 189–197; Staudinger/*v. Hoffmann*, Art. 40 EGBGB Rn 170; *Hager*, RabelsZ 53 (1989), 293, 304–306.

58 *Wolf*, 235; *Kreuzer*, Umweltstörungen, S. 245, 293 f.

59 Bejahend Soergel/*Lüderitz*, Art. 38 EGBGB Rn 42; *Wandt*, VersR 1998, 529, 533; verneinend Staudinger/*v. Hoffmann*, Art. 40 EGBGB Rn 169; Staudinger/*Stoll*, Int. SachR, Rn 240; vgl *Looschelders*, Art. 40 Rn 117.

Art. 45 EGBGB Transportmittel

(1) [1]Rechte an Luft-, Wasser- und Schienenfahrzeugen unterliegen dem Recht des Herkunftstaats. [2]Das ist

1. bei Luftfahrzeugen der Staat ihrer Staatszugehörigkeit,
2. bei Wasserfahrzeugen der Staat der Registereintragung, sonst des Heimathafens oder des Heimatorts,
3. bei Schienenfahrzeugen der Staat der Zulassung.

(2) [1]Die Entstehung gesetzlicher Sicherungsrechte an diesen Fahrzeugen unterliegt dem Recht, das auf die zu sichernde Forderung anzuwenden ist. [2]Für die Rangfolge mehrere Sicherungsrechte gilt Artikel 43 Abs. 1.

Literatur: *Drobnig*, Vorschlag einer besonderen sachenrechtlichen Kollisionsnorm für Transportmittel, in: Henrich, Vorschläge und Gutachten zur Reform des deutschen internationalen Sachen- und Immaterialgüterrechts, 1991; *Junker*, Die IPR-Reform von 1999: Auswirkungen auf die Unternehmenspraxis, RIW 2000, 241; *Kreuzer*, Gutachtliche Stellungnahme zum Referentenentwurf eines Gesetzes zur Ergänzung des Internationalen Privatrechts, in: Henrich, Vorschläge und Gutachten zur Reform des deutschen internationalen Sachen- und Immaterialgüterrechts, 1991, S. 37; *ders.*, Die Inlandswirksamkeit fremder besitzloser vertraglicher Mobiliarsicherheiten: Die italienische Autohypothek und das US-Amerikanische mortgage an Luftfahrzeugen, IPRax 1993, 157; *ders.*, Die Vollendung der Kodifikation des deutschen Internationalen Privatrechts durch das Gesetz zum Internationalen Privatrecht der außervertraglichen Schuldverhältnisse und Sachen vom 21.5.1999, RabelsZ 65 (2001), 383; *Pfeiffer,* Der Stand des Internationalen Sachenrechts nach seiner Kodifikation, IPRax 2000, 270; *Regel*, Schiffsgläubigerrechte im deutschen, englischen und kanadischen internationalen Privatrecht, Diss. Bonn, 1983; *Schurig*, Statutenwechsel und die neuen Normen des deutschen internationalen Sachenrechts, in: FS Stoll 2001, S. 577; *Zweigert/Drobnig*, Das Statut der Schiffsgläubigerrechte, VersR 1971, 581.

A. Allgemeines

Mit Art. 45 hat der Gesetzgeber nun eine **Sonderanknüpfung** für wichtige Gruppen bestimmungsgemäß beweglicher Güter, nämlich bestimmte Fahrzeuge, getroffen. Die Regelung geht auf einen Vorschlag des Deutschen Rates für Internationales Privatrecht zurück,[1] der allerdings knapper gefasst war, bei Schienenfahrzeugen den Herkunftsstaat nicht definierte und die jetzt in Abs. 2 S. 2 enthaltene Sonderregelung für die Rangfolge von Sicherungsrechten (Ausnahme von der Ausnahme mit Verweis auf Art. 43 Abs. 1) noch nicht vorsah.[2] 1

Die nun getroffene gesetzliche Sonderregelung beendet eine Jahrzehnte alte, in Praxis und Lehre geführte Diskussion über die kollisionsrechtliche Beurteilung bestimmter Transportmittel, die auf Dauer dem Personen- oder Güterverkehr mit dem Ausland dienen. Vorrangig sind **Staatsverträge** zu berücksichtigen. Dazu zählen das **Genfer Abkommen über die internationale Anerkennung von Rechten an Luftfahrzeugen** vom 19.6.1948, das für Deutschland am 5.10.1959 in Kraft getreten ist.[3] Auf der Grundlage des Abkommens, das kollisionsrechtlich an die Stelle des Rechts der belegenen Sache das Recht des Registerortes setzt (Art. 1 Abs. 1 des Abkommens),[4] ist das materielle Recht im Gesetz über Rechte an Luftfahrzeugen vom 26.2.1959 neu geregelt worden.[5] Luftfahrzeuge werden danach mit **besitzlosen Registerpfandrechten** belastet, wie sie auch international allgemein üblich sind.[6] Das **Genfer Übereinkommen über Schiffsgläubigerrechte und Schiffshypotheken** vom 6.5.1993 ist von Deutschland am 11.7.1994 gezeichnet worden, aber noch nicht in Kraft getreten.[7] Auch dieses Abkommen sieht die Anknüpfung an den Registerstaat vor. Das gilt auch für Rang und Drittwirkung von Sicherungsrechten, die ebenfalls dem Recht des Staates unterliegen, in dem das Schiff registriert ist.[8] Das an anderer Stelle (Art. 43 Rn 4) angesprochene und am 1.8.2009 für die EU in Kraft getretene[9]**Abkommen von Kapstadt über Sicherungsrechte an beweglichen Ausrüstungsgegenständen** 2

1 BT-Drucks. 14/343, S. 17.
2 Vorschläge für eine Reform des deutschen Internationalen Sachen- und Immaterialgüterrechts, vorgelegt von der Ersten Kommission des Deutschen Rates für Internationales Privatrecht, in: Henrich, Vorschläge und Gutachten, S. 1–2.
3 BGBl II 1959 S. 129; BGBl. II 1960 S. 1506; vgl dazu *Kegel/Schurig*, § 4 III (S. 243 f), § 19 VII 2 a (S. 780 f).
4 Vgl BGH IPRax 1993, 178; *Kreuzer*, IPRax 1993, 157 ff.
5 BGBl I 1959 S. 57.
6 Vgl im Einzelnen *Kegel/Schurig*, § 19 VII 2 a (S. 780 f) mwN.
7 Vgl *Kegel/Schurig*, § 1 IX (S. 98), § 19 VII 2 b (S. 781 f).
8 *Kegel/Schurig*, § 19 VII 2 b (S. 782).
9 Oben Fn 17.

vom 16.11.2001 betrifft Transportmittel nur mittelbar. Zwei Protokolle befassen sich mit Raumfahrtmaterial und mit rollendem Eisenbahnmaterial, ein weiteres mit Besonderheiten der Flugzeugausrüstung.

3 Art. 45 formuliert allgemeine Kollisionsnormen für besondere Güter, soweit nicht staatsvertragliche Regelungen vorrangig eingreifen. Die Notwendigkeit der Sonderanknüpfung folgt aus der **besonderen Beweglichkeit** der Güter, die bestimmungsgemäß grenzüberschreitend und häufig auch auf oder über staatsfreiem Gebiet eingesetzt werden. Insofern bestimmt die Regelung einen **rechtlichen Schwerpunkt**. In ihrem Zweck entspricht sie teilweise der allgemeinen Sonderanknüpfung des Art. 46. Herkunftsstaat und Heimatort bezeichnen die engste Verbindung, die allerdings stets nur eine rechtliche ist und hierdurch teilweise vom Ansatz des Art. 46 abweicht. Denn Register- und Zulassungsort bezeichnen nicht notwendig den tatsächlichen Schwerpunkt der Belegenheit oder auch nur der sachbezogenen Vorgänge.

4 Entsprechend Art. 43 sprechen auch die Einzelregelungen des Art. 45 **Gesamtverweisungen** aus, so dass **Rück- und Weiterverweisungen** nach Art. 4 Abs. 1 zu beachten sind.[10] Umstritten ist dies freilich für Abs. 2 S. 1, der einen Gleichlauf mit dem Forderungsstatut anstrebt und dessen Zweck durch eine Rück- oder Weiterverweisung vereitelt würde.[11] Die akzessorische Anknüpfung führt hier zu einer **Sachnormverweisung**.[12]

B. Regelungsgehalt

I. Grundsatz: Recht des Herkunftsstaates

5 Abs. 1 S. 1 knüpft dingliche Rechte grundsätzlich an das Recht des Herkunftsstaates an, weil sich bei Luft-, Wasser- und Schienenfahrzeugen der Lageort bestimmungsgemäß ändert und eine Anknüpfung dinglicher Rechtsverhältnisse an das Recht des Ortes der Belegenheit weder praktikabel noch sachangemessen wäre.

6 **1. Luftfahrzeuge.** Die Regelung gilt für Luftfahrzeuge aller Art, insbesondere also für Flugzeug, Zeppelin oder Ballon.[13] Angeknüpft wird an das Recht der „**Staatszugehörigkeit**“. Darunter ist bei Luftfahrzeugen das Recht des Staates zu verstehen, in dem das Luftfahrzeug **registriert** ist.[14] Bei **Raumfahrzeugen** erfolgt die Registrierung aufgrund des (New Yorker) Übereinkommens vom 14.1.1975 über die Registrierung von in den Weltraum gestarteten Gegenständen.[15] Die für **registrierte Luftfahrzeuge** getroffene Regelung steht im Einklang mit dem Übereinkommen vom 19.6.1948 über die internationale Anerkennung von Rechten an Luftfahrzeugen und den hierzu ergangenen deutschen Ausführungsvorschriften (§§ 103 ff LuftfzRG).[16] Entscheidend ist allein die öffentlich-rechtliche, nicht aber eine etwaige Registrierung im privatrechtlichen Register.[17] Soweit Luftfahrzeuge entweder nicht eintragungspflichtig oder nicht eingetragen worden sind, ist die **engste Verbindung** maßgeblich. In diesem Fall wird nicht auf Abs. 1, der auf die durch die Registereintragung definierte Staatszugehörigkeit abstellt, sondern auf Art. 46 zurückzugreifen sein.[18] Ist das Flugzeug noch im Bau oder noch nicht seiner Bestimmung zugeführt, dann finden die allgemeinen Anknüpfungsregeln, insbesondere Art. 43, Anwendung.[19]

7 **2. Wasserfahrzeuge.** Für Wasserfahrzeuge wird der Herkunftsstaat in erster Linie durch den Staat der **Registereintragung** bestimmt. In zweiter Linie ist der Herkunftsstaat der Staat des **Heimathafens** oder des **Heimatortes** (Abs. 1 S. 2 Nr. 2). Die Anknüpfung an den Registerort ist international weit verbreitet.[20] In der Regel ist der Registerort zugleich Heimathafen des Seeschiffes oder Heimatort des Binnenschiffes.[21] In der Konkurrenz der möglichen Anknüpfungsfaktoren räumt Art. 45 in Übereinstimmung mit der bisherig herrschenden Meinung[22] dem Registerort den Vorrang ein. Das Recht des Registerortes ist auch dann maßgeblich, wenn Registerort und Heimathafen auseinander fallen oder ein Heimathafen etwa wegen der Ausführung von Frachtreisen in so genannter „wilder Trampfahrt“ ohne gewerbliche Niederlassung des Schiffsunternehmers

10 *Looschelders*, Art. 45 Rn 3.
11 Palandt/*Heldrich*, Art. 45 EGBGB Rn 1, Art. 4 EGBGB Rn 9; *Looschelders*, Art. 45 Rn 3; MüKo/*Wendehorst*, Art. 45 EGBGB Rn 79; aA Bamberger/Roth/*Spickhoff*, Art. 45 EGBGB Rn 10.
12 MüKo/*Wendehorst*, Art. 45 EGBGB Rn 79.
13 Palandt/*Heldrich*, Art. 45 EGBGB Rn 2.
14 BT-Drucks. 14/343, S. 17; Art. 17 (Chicagoer) Übereinkommen über die internationale Zivilluftfahrt v. 7.12.1944 (BGBl. II 1956 S. 411); *Kreuzer*, RabelsZ 65 (2001), 383, 452; MüKo/*Wendehorst*, Art. 45 EGBGB Rn 60; *Looschelders*, Art. 45 Rn 6.
15 BGBl II 1979 S. 650; MüKo/*Wendehorst*, Art. 45 EGBGB Rn 60.
16 *Looschelders*, Art. 45 Rn 6; vgl MüKo/*Kreuzer*, 3. Aufl., nach Art. 38 EGBGB Anh. I Rn 167; ferner BT-Drucks. 14/343, S. 17.
17 MüKo/*Wendehorst*, Art. 45 EGBGB Rn 61.
18 Vgl (aber systematisch unklar) MüKo/*Wendehorst*, Art. 45 EGBGB Rn 62; vgl auch Staudinger/*Stoll*, Int. SachR, Rn 405; MüKo/*Kreuzer*, 3. Aufl., nach Art. 38 EGBGB Anh. I Rn 163.
19 MüKo/*Kreuzer*, 3. Aufl., nach Art. 38 EGBGB Anh. I Rn 163; Staudinger/*Stoll*, Int. SachR, Rn 405.
20 *Kreuzer*, RabelsZ 65 (2001), 383, 453 Fn 440 mwN.
21 Staudinger/*Stoll*, Int. SachR, Rn 376.
22 Vgl MüKo/*Kreuzer*, 3. Aufl., nach Art. 38 EGBGB Anh. I Rn 138; Staudinger/*Stoll*, Int. SachR, Rn 376, jeweils mwN.

nicht festzustellen ist.[23] Das Recht des Registerortes bleibt auch dann sachenrechtlich maßgebendes Heimatstatut, wenn das Schiff ausnahmsweise die **Flagge** eines anderen Staates führt, „ausgeflaggt" worden ist.[24]

Auf **nicht-registrierte Schiffe** ist das Recht des Heimathafens oder Heimatortes anzuwenden. Schon bislang wurde in Ermangelung eines Registrierungsortes überwiegend an das Recht des regelmäßigen Standortes angeknüpft.[25] Insbesondere gilt diese Regelung auch für Sport- und Vergnügungsboote. Der Heimathafen nicht in ein Schiffsregister eingetragener Schiffe ist der nächstliegende Anknüpfungspunkt für die Auswahl unter den mehreren in Betracht kommenden Rechtsordnungen.[26] Nicht auszuschließen ist freilich, dass gleichwohl eine **wesentlich engere Verbindung** zu einer anderen Rechtsordnung besteht, weshalb Art. 46 zu bedenken ist.[27] 8

3. Schienenfahrzeuge. Bei Schienenfahrzeugen ist Herkunftsstaat der Staat der **Zulassung**. Es handelt sich um eine zweckmäßige Anknüpfung, weil jeder einzelne Eisenbahnwagen – gleichgültig ob in öffentlichem oder privatem Eigentum stehend – eine nationale Zulassung mit **Kennzeichen** nach international einheitlichem Standard erhält. Häufig fallen der **Sitz des Eigentümers** und der **Zulassungsort** zumindest in der Weise zusammen, dass sich beide im selben Staat befinden. Die Anknüpfung an den Zulassungsort ist deshalb sachgerecht.[28] Der Zulassungsort bedeutet – nicht anders als der Registerort oder Heimathafen – einen fiktiven „Ruhepunkt", an den vorhersehbar und deshalb auch im Interesse der Verkehrssicherheit angeknüpft werden kann.[29] Die Maßgabe des Zulassungsorts findet verfahrensrechtliche Entsprechung in Art. 18 des **Übereinkommens über den internationalen Eisenbahnverkehr (COTIF)**.[30] Nach Art. 18 § 3 COTIF können das rollende Material der Eisenbahn sowie die der Beförderung dienenden bahneigenen Gegenstände aller Art, die Container, Ladegeräte und Decken in einem anderen Mitgliedstaat als demjenigen, dem die Eigentumsbahn angehört, nur aufgrund einer Entscheidung der Gerichte des Zulassungsstaates mit **Arrest** belegt oder **gepfändet** werden. Privatwagen der Eisenbahn können dementsprechend nur aufgrund einer Entscheidung der Gerichte des Staates des Sitzes des Wageneigentümers gepfändet werden, die auch allein für den Arrest zuständig sind.[31] Zu einer Abweichung von der Regel des Abs. 1 S. 2 über Art. 46 besteht kein Anlass.[32] 9

II. Ausnahme: gesetzliche Sicherungsrechte

1. Entstehung. Hinsichtlich der Entstehung gesetzlicher Sicherungsrechte an Fahrzeugen im Sinne des Abs. 1 bestimmt Abs. 2, dass sie dem Recht unterliegen, das auf die zu sichernde Forderung anzuwenden ist (lex causae, Forderungsstatut). Die Kollisionsnorm betrifft ausschließlich gesetzliche Sicherungsrechte und damit nicht die rechtsgeschäftlich begründeten Mobiliarsicherheiten, deren Entstehung (und Inhalt) sich allein nach dem Recht des Herkunftsstaates im Sinne von Abs. 1 richtet.[33] Abs. 2 S. 1 spricht eine **Sachnormverweisung** aus (Rn 4). An die Stelle des Heimatstatuts des Sicherungsgutes tritt das Forderungsstatut der gesicherten Forderung, womit in der Praxis in erster Linie die dinglichen gesetzlichen Sicherungsrechte an Wasserfahrzeugen in Gestalt so genannter **Schiffsgläubigerrechte** angesprochen sind.[34] Schiffsgläubigerrechte entstehen ohne Registereintragung oder Besitzerlangung; es handelt sich um publizitätslose Mobiliarsicherheiten an einem Schiff zur Sicherung von Forderungen, die bei der Verwendung des Schiffes oder durch Verwendungen auf das Schiff entstehen.[35] Art. 6 steht auch hier der Anerkennung nicht entgegen.[36] Die Anknüpfung entspricht der zuletzt überwiegenden Auffassung in Rechtsprechung und Lehre.[37] 10

2. Rangfolge. Für die Rangfolge mehrerer Sicherungsrechte verweist Abs. 2 S. 2 auf Art. 43 Abs. 1, also auf das **Recht des Belegenheitsortes** (lex rei sitae) im Zeitpunkt der Geltendmachung des betreffenden Rechts als Wirkungsstatut.[38] **Ausnahmsweise** wird **Art. 46** dann anzuwenden sein, wenn die leges causae der Siche- 11

23 Vgl BGHZ 58, 170; Staudinger/*Stoll*, Int. SachR, Rn 376; *Drobnig*, in: Henrich, Vorschläge und Gutachten, S. 13, 33.
24 Staudinger/*Stoll*, Int. SachR, Rn 377 mN.
25 BT-Drucks. 14/343, S. 17; *Kreuzer*, RabelsZ 65 (2001), 383, 453.
26 BGH NJW 1995, 2097, 2098; RIW 2000, 704, 705.
27 *Looschelders*, Art. 45 Rn 9; weiter gehend *Stoll*, IPRax 2000, 259, 266 (Heimathafen und Heimatort als „wenig signifikantes Anknüpfungsmoment" mit der Folge erstrangiger Prüfung des Art. 46).
28 Im Einzelnen *Kreuzer*, in: Henrich, Vorschläge und Gutachten, S. 37, 132–133; vgl BT-Drucks. 14/343, S. 17.
29 Vgl auch Staudinger/*Stoll*, Int. SachR, Rn 410.
30 Abgedruckt u.a. bei MüKo-HGB/*Mutz*, Bd. 7, S. 1523, 1531 f.
31 Dazu Staudinger/*Stoll*, Int. SachR, Rn 410.
32 AA *Looschelders*, Art. 45 Rn 11; Bamberger/Roth/*Spickhoff*, Art. 45 EGBGB Rn 6 (für den Fall reiner Binnensachverhalte bei Auslandszulassung).
33 Beispiel: mortgage (Mobiliarhypothek) aufgrund aircraft security agreement an US-amerikanisch registriertem Privatflugzeug; BGH NJW 1992, 362 f.
34 *Kreuzer*, RabelsZ 65 (2001), 383, 454; BT-Drucks. 14/343, S. 18.
35 *Kreuzer*, RabelsZ 65 (2001), 383, 454; Staudinger/*Stoll*, Int. SachR, Rn 389.
36 BGH NJW 1991, 1418; aA RGZ 80, 129; vgl Bamberger/Roth/*Spickhoff*, Art. 43 Rn 12.
37 OLG Hamburg, VersR 1975, 826; 1979, 933; IPRax 1990, 400, 401; Staudinger/*Stoll*, Int. SachR, Rn 389; *Zweigert/Drobnig*, VersR 1971, 589–591; im Einzelnen *Regel*, S. 13–26.
38 BT-Drucks. 14/343, S. 18.

rungsrechte **übereinstimmend** eine andere Rangfolge festlegen als das aktuelle Belegenheitsrecht.[39] Zweifelhaft ist, ob damit etwas gewonnen werden kann, dass Abs. 2 S. 2 auf die Bedeutung einer „formalen Ordnungsvorschrift", wie von *Stoll*[40] vertreten, reduziert wird. Entscheidend bleibt, dass sich die Rangfolge nach der aktuellen lex rei sitae des Sicherungsguts richtet, sofern nicht Art. 46 eingreift. Das Rangfolgenstatut[41] ist als Wirkungsstatut – richtigerweise – **wandelbar**. Vorrangig ist auch hier eine sich aus **Staatsverträgen** ergebende Rangfolge von Sicherungsrechten zu beachten. Das gilt insbesondere für das Genfer Übereinkommen über die internationale Anerkennung von Rechten an Luftfahrzeugen vom 19.6.1948.[42]

III. Sonstige Transportmittel und Anlagen

12 Art. 45 behandelt nur einige Transportmittel. Nicht geregelt sind insbesondere **Kraftfahrzeuge** und darunter wiederum insbesondere die im grenzüberschreitenden Verkehr eingesetzten Lastkraftwagen. Der Gesetzgeber hat Kraftfahrzeuge in Übereinstimmung mit dem Deutschen Rat allgemein bewusst von einer Sonderregelung, insbesondere von einer Anknüpfung an den Zulassungsort oder den regelmäßigen Standort, wie verschiedentlich befürwortet,[43] ausgenommen.[44] Denn es sei mit der allgemeinen Anknüpfung an das Recht der Belegenheit auszukommen.[45] Das erscheint zweifelhaft, weil die Anknüpfung an den Zulassungsort sachgerechte Ergebnisse ergibt und die Kennzeichen eines Fahrzeuges mit Leichtigkeit den Standort oder Ort der letzten Zulassung für den Straßenverkehr und damit seine „Herkunft" offenbaren. Gegenüber der schlichten Anwendung des Art. 43 sollte deshalb die Anwendung des Art. 46 in Betracht gezogen werden.[46] Dafür, dass zum Recht des Zulassungsortes eine wesentlich engere Verbindung besteht, spricht eine widerlegbare tatsächliche Vermutung. **Bohrinseln** und sonstige **Offshore-Anlagen** unterfallen den allgemeinen Regeln, da nicht zum Transport und regelmäßigen Lageortwechsel bestimmt.[47] Auf hoher See wird auf Abs. 1 S. 2 Nr. 2,[48] sonst auf Art. 46 abzustellen sein. **Haus-** oder **Hotelboote** unterfallen ebenso wie **Schiffsbauwerke** oder **Schiffswracks** den allgemeinen Regeln des Art. 43.[49]

Art. 46 EGBGB Wesentlich engere Verbindung

Besteht mit dem Recht eines Staates eine wesentlich engere Verbindung als mit dem Recht, das nach den Artikeln 43 und 45 maßgebend wäre, so ist jenes Recht anzuwenden.

Literatur: *Benecke,* Abhandenkommen und Eigentumserwerb im Internationalen Privatrecht, ZVglRWiss 101 (2002), 362; *Drobnig*, Vorschlag einer besonderen sachenrechtlichen Kollisionsnorm für Transportmittel, unveröff. Gutachten vom 12.7.1982 zur Vorbereitung einer Beschlußfassung der Ersten Kommission des Deutschen Rates für Internationales Privatrecht; *ders.*, Vorschlag einer besonderen sachenrechtlichen Kollisionsnorm für Transportmittel, in: Henrich, Vorschläge und Gutachten zur Reform des deutschen internationalen Sachen- und Immaterialgüterrechts, 1991; *Geisler*, Die engste Verbindung im Internationalen Privatrecht, 2001; *Junker*, Die IPR-Reform von 1999: Auswirkungen auf die Unternehmenspraxis, RIW 2000, 241; *Kegel*, Buchbesprechung, AcP 178 (1978), 118; *Keller/Siehr*, Allgemeine Lehren des internationalen Privatrechts, 1986; *Kondring*, Die internationalprivatrechtliche Behandlung der rei vindicatio bei Sachen auf dem Transport, IPRax 1993, 371; *Kreuzer*, Berichtigungsklauseln im Internationalen Privatrecht, in: FS Zajtay 1982, S. 295; *ders.*, Gutachtliche Stellungnahme zum Referentenentwurf eines Gesetzes zur Ergänzung des Internationalen Privatrechts, in: Henrich, Vorschläge und Gutachten zur Reform des deutschen internationalen Sachen- und Immaterialgüterrechts, 1991, 37; *ders*, Die Vollendung der Kodifikation des deutschen Internationalen Privatrechts durch das Gesetz zum Internationalen Privatrecht der außervertraglichen Schuldverhältnisse und Sachen vom 21.5.1999, RabelsZ 65 (2001), 383; *Looschelders*, Die Anpassung im Internationalen Privatrecht, 1995; *Looschelders/Bottek*, Die Rechtsstellung des Versicherers bei Verbringung gestohlener Kfz ins Ausland, VersR 2001, 401; *Müller*, Kollisionsrechtliche Behandlung von Reisegepäck und individuellem Verkehrsmittel auf der Auslandsreise, RIW 1982, 461; *Neuhaus*, Die Grundbegriffe des internationalen Privatrechts, 2. Auflage 1976; *Pfeiffer*, Der Stand des Internationalen Sachenrechts nach seiner Kodifikation, IPRax 2000, 217; *v. Plehwe*, Besitzlose Warenkreditsicherheiten im internationalen Privatrecht, Diss. Bonn, 1987; *v. Savigny*, System des heutigen römischen Rechts, Bd. 8, 1849 (Neudruck 1974); *Schurig*, Ein ungünstiges Günstigkeitsprinzip, in: GS Lüderitz 2000, S. 699; *Stadler*, Gestaltungsfreiheit und Verkehrsschutz durch Abstraktion, 1996; *Stoll*, Zur gesetzlichen Regelung des internatio-

39 BT-Drucks. 14/343, S. 18.
40 IPRax 2000, 259, 268.
41 MüKo/*Wendehorst*, Art. 45 EGBGB Rn 75.
42 MüKo/*Wendehorst*, Art. 45 EGBGB Rn 75.
43 Vgl Staudinger/*Stoll*, Int. SachR, Rn 411, *Drobnig*, in: Henrich, Vorschläge und Gutachten, S. 13, 19–21.
44 BT-Drucks. 14/343, S. 17.
45 BT-Drucks. 14/343, S. 17; ebenso *Kreuzer*, in: Henrich, Vorschläge und Gutachten, S. 37, 125–127; MüKo/*Kreuzer*, 3. Aufl., nach Art. 38 EGBGB Anh. I Rn 134; Erman/*Hohloch*, Art. 45 EGBGB Rn 6.
46 Vgl auch Bamberger/Roth/*Spickhoff*, Art. 45 EGBGB Rn 7 (Art. 45 Abs. 1 S. 2 Nr. 3 analog oder Art. 46).
47 Staudinger/*Stoll*, Int. SachR, Rn 397; *Looschelders*, Art. 45 Rn 10.
48 *Looschelders*, Art. 45 Rn 10; Bamberger/Roth/*Spickhoff*, Art. 45 EGBGB Rn 5; MüKo/*Kreuzer*, nach Art. 38 EGBGB Anh. I Rn 162; Staudinger/*Stoll*, Int. SachR, Rn 397.
49 Bamberger/Roth/*Spickhoff*, Art. 45 EGBGB Rn 5; Erman/*Hohloch*, Art. 45 EGBGB Rn 8.

nalen Sachenrechts in Art. 43–46 EGBGB, IPRax 2000, 259; *C.S. Wolf*, Der Begriff der wesentlich engeren Verbindung im Internationalen Sachenrecht, 2002; *Zürcher Kommentar* zum IPRG, 2. Auflage 2004.

A. Allgemeines

Ähnlich Art. 28 Abs. 1 S. 1 und Art. 41 sieht Art. 46 für die sachenrechtlichen Kollisionsnormen der Art. 43–45 eine so genannte **Ausweichklausel** (Ausnahmeklausel) vor. Man kann diese Regelungstechnik kritisieren und sie im Anschluss an *Ehrenzweig* als „non rules" bezeichnen,[1] die reden, ohne zu sprechen. Die Windfahne wird zum Wegweiser.[2] Doch hat die Suche nach dem „**Sitz**" des Rechtsverhältnisses, nämlich die Suche nach der Rechtsordnung, der das Rechtsverhältnis „seiner eigenthümlichen Natur nach angehört oder unterworfen ist",[3] eine lange Tradition.[4] Präziser wird allerdings heute nach dem „Sitz" eines Rechtsproblems gefragt.[5] Damit ist eine rechtliche Wertung aufgrund der „Lokalisation" von Sachverhaltselementen gemeint, wie sie bereits *Savigny* durch Unterscheidung verschiedener Klassen von beweglichen Sachen aufgrund ihrer Mobilität[6] beschrieben hat. Die Ausweichklausel soll es also ermöglichen, bestimmten **typischen** oder auch **ungewöhnlichen Interessenlagen** im Einzelfall Rechnung zu tragen, ohne dass damit der **Zweck der Regelanknüpfung** aus dem Blick verloren werden darf. Während die kollisionsrechtliche **Anpassung** die Einfügung eines fremden Rechtsphänomens in die inländische Rechtsordnung und der ordre public den Ausschluss der Anwendung eines fremden, zur Anwendung berufenen Rechts aufgrund eines untragbaren Anwendungsergebnisses ermöglicht, sieht die Ausweichklausel die Abweichung von der Regelanknüpfung deshalb vor, weil die Regelanknüpfung im Einzelfall oder für eine bestimmte Fallgruppe nicht das Prinzip der engsten Verbindung verwirklicht.[7] Stets geht es um die richtige, interessengemäße kollisionsrechtliche Beurteilung eines einmaligen oder typisierten besonderen Sachverhalts, wie die allgemeine Ausweichklausel des Art. 15 Abs. 1 Schweizer IPRG treffend zum Ausdruck bringt. 1

Nach Sinn und Zweck der Regelung handelt es sich bei der Verweisung in Art. 46 nicht um eine Gesamt-, sondern um eine **Sachnormverweisung**.[8] Das sich nach Art. 46 ergebende Sachstatut verdrängt das sonst aus Art. 43–45 folgende Sachstatut insgesamt.[9] Ob die Ausweichklausel darüber hinaus als allgemeines „Einfallstor" für europarechtliche Vorgaben und Maßstäbe dienen kann,[10] erscheint deshalb zweifelhaft, weil die Ausweichklausel das **Prinzip der engsten Verbindung** verwirklichen, nicht aber die Regelanknüpfungen korrigieren soll. Europarechtlichen Vorgaben ist schon auf der Tatbestandsebene der Regelanknüpfungen Rechnung zu tragen.[11] 2

B. Regelungsgehalt

I. Grundsatz

Die Ausweichklausel des Art. 46 ist für die Fälle bestimmt, in denen eine **wesentlich engere Verbindung** zu einer anderen Rechtsordnung als der sich nach Art. 43–45 ergebenden besteht. Erforderlich ist eine „**extreme Sachferne**" der durch die Regelanknüpfungen berufenen Rechtsordnung.[12] Umgekehrt formuliert, ist für das Eingreifen der Ausweichklausel ein **besonders gewichtiges Näheverhältnis** („viel engerer Zusammenhang")[13] des zu beurteilenden Lebenssachverhalts zu einer anderen als der regelmäßig berufenen Rechtsordnung erforderlich.[14] 3

Die wesentlich engere Verbindung kann einerseits typisiert („formalisiert"), andererseits aufgrund einer Gesamtabwägung aller Umstände im Einzelfall festgestellt werden.[15] Art. 46 dient damit sowohl der **Einzel-** 4

1 Vgl *Kegel/Schurig*, § 6 I 4 b (S. 305); *Schurig*, in: GS Lüderitz 2000, S. 699, 701; *v. Bar/Mankowski*, IPR I, § 7 Rn 92.
2 *Kegel*, AcP 178 (1978), 118, 120.
3 *V. Savigny*, S. 108.
4 Vgl auch *v. Bar/Mankowski*, IPR I, § 7 Rn 92, 108 zum anglo-amerikanischen „grouping of contacts".
5 *Keller/Siehr*, § 9 II 3 (S. 58).
6 *V. Savigny*, S. 178–181.
7 Vgl auch *Looschelders*, Art. 46 Rn 1 u. 2; *ders.*, Anpassung, S. 214 ff zur Abgrenzung.
8 Art. 4 Abs. 1 S. 1 im Umkehrschluss; vgl *Looschelders*, Art. 46 Rn 5, Art. 43 Rn 9; Erman/*Hohloch*, Art. 43 EGBGB Rn 5.
9 Erman/*Hohloch*, Art. 46 Rn 8.
10 Dafür *Pfeiffer*, IPRax 2000, 270, 275.
11 Vgl auch MüKo/*Wendehorst*, Art. 46 EGBGB Rn 10.
12 BT-Drucks. 14/343, S. 18 f; MüKo/*Wendehorst*, Art. 46 EGBGB Rn 11.
13 Art. 15 Abs. 1 Schweizer IPRG.
14 *C.S. Wolf*, S. 9.
15 *C.S. Wolf*, S. 17 ff.

fallkorrektur als auch der korrigierenden Anknüpfung von Fallgruppen oder **typisierten Sachverhalten**.[16] Zugleich ist allerdings das Anliegen des Internationalen Sachenrechts, für Rechtssicherheit und Rechtsklarheit zu sorgen, zu beachten, so dass eine „wesentlich" engere Verbindung im Einzelfall eher **selten** festzustellen sein wird.[17]

5 Die Ausweichklausel dient, soweit sie allgemein typisch-atypische Fallgestaltungen erfasst, der sachgerechten Regelung **verdeckter Gesetzeslücken**, wenn davon ausgegangen wird, dass die Regelanknüpfungen insgesamt das Prinzip der engsten Verbindung verwirklichen sollen. In diesen Fällen bedarf die uneingeschränkte Norm (Anknüpfung an die lex rei sitae) der Einschränkung, was dann für atypische Fallgruppen allgemein mit Hilfe der Ausnahmeregel geschieht.[18] Dagegen ist die Ausweichklausel kein Mittel, um grundsätzliche Weichenstellungen der Regelanknüpfungen zu korrigieren. So kann auf diesem Wege **nicht** die **Rechtswahl** im Internationalen Sachenrecht Bedeutung gewinnen, und sei es auch nur über die Annahme einer indiziellen Bedeutung schuldrechtlicher Rechtswahl für das Vorliegen einer wesentlich engeren Verbindung.[19] Verkehrsinteressen stehen in der Beurteilung dinglicher Tatbestände und deren (Dritt-)Wirkungen regelmäßig entgegen.[20]Auch möglicherweise berechtige **Erwartungen der Parteien** sind international-sachenrechtlich ohne Bedeutung.[21] Als **objektive Kriterien** der Annahme einer wesentlich engeren Verbindung wird man eine wesentlich stärkere **Einbettung** des Sachverhalts – allgemein oder im Einzelfall – in eine andere Rechts- und Sozialsphäre, **Isolation** oder **Zufall** des nach der Regelanknüpfung gewonnenen Anknüpfungspunkts, den **inneren Entscheidungseinklang** und den **äußeren Entscheidungseinklang** heranziehen können,[22] ohne dass damit auf die Gewichtung der kollisionsrechtlichen Interessen im Einzelfall verzichtet werden kann.[23] Das materiellrechtliche Ergebnis oder Schwierigkeiten bei der Ermittlung fremden Rechts sind dagegen unbeachtlich, desgleichen der auf anderer Ebene zu lösende Tatbestand der Gesetzesumgehung.[24]

II. Anwendungsfälle

6 **1. Internationale Verkehrsgeschäfte.** Ein möglicher Anwendungsbereich der Ausweichklausel betrifft den sonst so bezeichneten **qualifizierten Statutenwechsel** im Rahmen internationaler Verkehrsgeschäfte.[25] Auf sachenrechtlicher Ebene bietet allerdings Art. 43 Abs. 3 eine angemessene Lösung, um im Ergebnis Vorwirkungen des Bestimmungsstatuts zu erzeugen. Eine vertragsakzessorische Anknüpfung ist aus Gründen des Verkehrsschutzes abzulehnen.[26] Dass bei internationalen Verkehrsgeschäften eine im Sinne der Ausweichklausel eindeutig wesentlich engere Verbindung zu einer der bestimmungsgemäß beteiligten Rechtsordnungen (insbesondere des Absende- und des Bestimmungsstaates) bestünde, lässt sich im Regelfall nicht feststellen.[27]

7 **2. Kraftfahrzeuge.** Für Kraftfahrzeuge bietet sich die Anknüpfung an das Recht des Zulassungsstaates an (Art. 45 Rn 12). Durch das Kennzeichen ist das Fahrzeug – nicht anders als ein Schienenfahrzeug im Sinne von Art. 45 Abs. 1 S. 2 Nr. 3 – nach seiner Herkunft, seinem regelmäßigen Standort „ausgewiesen". Frühere Vorschläge der Literatur, den Zulassungsstaat heranzuziehen,[28] sind vom Gesetzgeber jedoch nicht gebilligt worden. Damit scheidet eine Analogie zu Art. 45 Abs. 1 S. 2 Nr. 3[29] ebenso wie eine pauschale Anwendung des Art. 46 auf Kraftfahrzeuge aus. Allenfalls kann daran gedacht werden, in der Zulassung eines Kfz einen Umstand zu erblicken, der eine **widerlegbare Vermutung** für eine wesentlich engere Verbindung des Fahrzeugs zum Zulassungsstaat begründet. Sie wird schon dann zu widerlegen sein, wenn der Zulassungsort, wie im Zeitalter der Kabotage im gewerblichen und grenznahen Bereich häufig, aus fiskalischen Gründen gewählt

16 Erman/*Hohloch*, Art. 46 EGBGB Rn 6.
17 Erman/*Hohloch*, Art. 46 EGBGB Rn 6; *Junker*, RIW 2000, 241, 245, 252.
18 *Kreuzer*, in: Henrich, Vorschläge und Gutachten, S. 37, 159 f.
19 MüKo/*Wendehorst*, Art. 46 Rn 20; *Junker*, RIW 2000, 241, 252; aA Palandt/*Thorn*, Art. 46 Rn 3 unter Hinweis auf BT-Drucks. 14/343, S. 19; *Staudinger*, DB 1999, 1589, 1594 (schuldrechtliche Rechtswahl als Indiz für wesentlich engere Verbindung); differenzierend *Pfeiffer*, IPRax 2000, 270, 274 (Wirkung inter partes); vgl *Looschelders*, Art. 46 Rn 8.
20 Vgl auch *Pfeiffer*, IPRax 2000, 270, 274; *Benecke*, ZVglRWiss 101 (2002), 362, 370.
21 So auch das Schweizer Recht in denjenigen Bereichen, in denen die Parteiautonomie nicht zugelassen ist; anders aber im Allg.; vgl Zürcher Kommentar/*Keller/Girsberger*, Art. 15 Rn 79–86; *Looschelders*, Art. 46 Rn 9.
22 Zürcher Kommentar/*Keller/Girsberger*, Art. 15 Rn 56–78; zu den formalen und materiellen Maximen der Anknüpfung im Übrigen *Neuhaus*, § 20 (S. 160 ff); *Kreuzer*, Berichtigungsklauseln, S. 295, 304 ff.
23 Zürcher Kommentar/*Keller/Girsberger*, Art. 15 Rn 56.
24 Zürcher Kommentar/*Keller/Girsberger*, Art. 15 Rn 90–92.
25 Vgl *Looschelders*, Art. 46 Rn 12–15.
26 Vgl BGH NJW 1997, 461, 462; *Kreuzer*, RabelsZ 65 (2001), 383, 455; aA *Stadler*, S. 680; *Stoll*, IPRax 2000, 259, 265.
27 *Looschelders*, Art. 46 Rn 15.
28 *Drobnig*, Vorschlag v. 12.7.1982, S. 11; *ders.*, Vorschlag, in: Henrich, Vorschläge und Gutachten, S. 13, 30; *v. Plehwe*, Besitzlose Warenkreditsicherheiten, S. 329 f.
29 Dafür Bamberger/Roth/*Spickhoff*, Art. 45 EGBGB Rn 7.

wird und mit dem regelmäßigen Standort (etwa Hof der Spedition; Abstellplatz des mobile home) nicht übereinstimmt.

Ein besonderes Problem bereitet der **Eigentumserwerb des Versicherers** nach Nichtherbeischaffung des **gestohlenen Fahrzeugs**. Ist auf den Versicherungsvertrag deutsches Recht und damit § 13 Abs. 7 AKB anzuwenden, dann ist der Eigentumserwerb des Versicherers durch die Nichtherbeischaffung des Kraftfahrzeugs binnen eines Monats aufschiebend bedingt.[30] Für den dinglichen Tatbestand wäre aber auf die lex rei sitae abzustellen. Das kann etwa bedeuten, dass Versicherer und Versicherungsnehmer im Staat X residieren, das Fahrzeug bei Eigentumserwerb inzwischen aber im Staat Y steht.[31] In diesem Fall zufälliger Verlagerung des Anknüpfungspunkts ist die Anwendung des Art. 46 sachgerecht und geboten.[32] 8

3. Res in transitu. Für Sachen „auf der Reise" (*Kegel*), die sich also auf dem Weg vom Absende- zum Bestimmungsstaat befinden und Gebiete von Drittstaaten berühren, hat der Gesetzgeber wiederum bewusst keine Regelung getroffen.[33] Es wird auf die geringe praktische Bedeutung verwiesen und die Lösung der Praxis überlassen, die Art. 43 Abs. 3 oder Art. 46 heranziehen oder einen anderen Weg beschreiten mag.[34] Ganz überwiegend wird eine Anknüpfung an das Recht des **Bestimmungsortes** befürwortet.[35] Die Ausnahme entfällt aber, wenn die Sache Gegenstand eines Platzgeschäfts am Ort ihrer jeweiligen Belegenheit ist oder gesetzliche Sicherungsrechte aufgrund von Verwendungen auf die Sache oder Transportleistungen in Rede stehen (dazu Art. 43 Rn 47). Sie kommt ferner nicht für Transportmittel in Betracht (wohl aber für das Transportgut). 9

4. Sonstige Fälle. Eine Sonderanknüpfung nach Art. 46 ist ferner für **gruppeninterne Verfügungen**, etwa Verfügungen unter Mitgliedern einer Reisegruppe im Ausland,[36] oder für Rechte an **Reisegepäck** möglich;[37] es gilt das (gemeinsame) Heimatrecht, sofern nicht Ortsgeschäfte mit Bedeutung für Drittinteressen anfallen. Bei **Kulturgütern** verbietet sich eine pauschale Ablehnung[38] der Sonderanknüpfung ebenso wie ein verfrühter Rekurs auf Art. 46. Schon die Klassifikation ist keineswegs einheitlich und so unstet wie die Definition des Kunstbegriffs. Vorzuziehen ist stets eine eingehende Prüfung sachenrechtlicher (Vor-)**Prägung** im Rahmen der Anwendung der **Regelanknüpfung**,[39] sofern nicht Sonderanknüpfungen greifen.[40] Darüber hinaus mag im Einzelfall Art. 46 Anwendung finden. Ausschlaggebend sind die **Gesamtumstände des Einzelfalls** unter Berücksichtigung insbesondere der **Eintragung** von Kulturgütern in amtliche oder allgemein anerkannte **Verzeichnisse** privater Träger, der Veröffentlichung des rechtmäßigen situs des Kulturguts und somit der **öffentlichen Bekanntgabe** des rechtlichen und tatsächlichen Schwerpunkts des dinglichen Rechtsverhältnisses am einzelnen Werk, mittelbar auch der Usancen des seriösen Handels und damit auch einheitlicher materiellrechtlicher Maßstäbe (due diligence; Provenienzprüfung). Die Sonderanknüpfung an das Recht des Ortes (illegaler) **archäologischer Ausgrabungen** liegt nahe. Eine Sonderanknüpfung muss bei diesen Gütern eine Frage des Einzelfalls bleiben. 10

30 Vgl OLG Brandenburg VersR 2001, 361, 362.

31 Vgl die Konstellation im Fall des OLG Brandenburg VersR 2001, 361.

32 *Looschelders/Bottek*, VersR 2001, 401, 402; *Looschelders*, Art. 46 Rn 21; vgl auch *Benecke*, ZVglRWiss 101 (2002), 362, 372 f; aA Palandt/*Heldrich*, Art. 43 EGBGB Rn 3.

33 BT-Drucks. 14/343, S. 14.

34 BT-Drucks. 14/343, S. 14.

35 Vgl Staudinger/*Stoll*, Int. SachR, Rn 368; Bamberger/Roth/*Spickhoff*, Art. 46 EGBGB Rn 7; *Looschelders*, Art. 46 Rn 18; *Kropholler*, § 54 IV (S. 551); *Pfeiffer*, IPRax 2000, 270, 275; aA MüKo/*Wendehorst*, Art. 46 EGBGB Rn 29 (Regelanknüpfung).

36 Bamberger/Roth/*Spickhoff*, Art. 46 EGBGB Rn 6; *Kreuzer*, in: Henrich, Vorschläge und Gutachten, S. 37, 159.

37 *Müller*, RIW 1982, 461, 469 f; s. bereits *v. Savigny*, § 366 (S. 178 f).

38 So aber *Stoll*, IPRax 2000, 259, 269.

39 *Stoll*, IPRax 2000, 259, 269.

40 Oben Rn 5; Bamberger/Roth/*Spickhoff*, Art. 46 Rn 5.

Siebter Abschnitt
Besondere Vorschriften zur Durchführung von Regelungen der Europäischen Gemeinschaft nach Artikel 3 Nr. 1

Erster Unterabschnitt
Durchführung der Verordnung (EG) Nr. 864/2007

Art. 46 a EGBGB Umweltschädigungen

Die geschädigte Person kann das ihr nach Artikel 7 der Verordnung (EG) Nr. 864/2007 zustehende Recht, ihren Anspruch auf das Recht des Staates zu stützen, in dem das schadensbegründende Ereignis eingetreten ist, nur im ersten Rechtszug bis zum Ende des frühen ersten Termins oder dem Ende des schriftlichen Vorverfahrens ausüben.

Literatur: s. Angaben zu Art. 44; ferner: *Brand*, Grundstock für ein europäisiertes Kollisionsrecht – Das Gesetz zur Anpassung der Vorschriften des IPR an die Rom II-VO, GPR 2008, 298; *v. Hein*, Europäisches Internationales Deliktsrecht nach der Rom II-Verordnung, ZEuP 2009, 6; *Junker*, Die Rom II-Verordnung: Neues Internationales Deliktsrecht auf europäischer Grundlage, NJW 2007, 3675; *Wagner*, Änderungsbedarf im autonomen deutschen Internationalen Privatrecht aufgrund der Rom II-Verordnung?, IPRax 2008, 314.

A. Allgemeines

I. Normzweck

1 Die Bestimmung dient der Durchführung der Rom II-VO. Sie ist durch **das IPR-Anpassungsgesetz vom 10.12.2008** in das EGBGB eingefügt worden und am 11.01.2009 in Kraft getreten.[1] **Art. 7 Rom II-VO** gewährt dem Verletzten das **Bestimmungsrecht**, zu verlangen, dass anstelle des Rechts des Erfolgsortes das Recht des Ortes des Eintritts des schädigenden Ereignisses (Handlungsort) angewandt wird (dazu im Einzelnen Art. 44 Rn 10–15). Art. 7 Rom II-VO konkretisiert die prozessualen Anforderungen an die Ausübung des Bestimmungsrechts nicht; diese, insbesondere auch die Statuierung von (Ausschluss-)Fristen, wurde dem nationalen Recht überlassen.[2] Art. 46 a ordnet eine **Präklusionsfrist** (s. Art. 44 Rn 11 f) an, die alle in Deutschland geführten Verfahren betrifft.[3]

II. Anwendungsbereich

2 Art. 46 a betrifft ausschließlich das Bestimmungsrecht nach **Art. 7 Rom II-VO**. Insofern tritt die Norm neben Art. 40 Abs. 1 S. 2, 3 EGBGB, der für den noch verbliebenen Geltungsbereich des deutschen internationalen Deliktsrechts Maß gibt. Vom einseitigen Bestimmungsrecht ist die Möglichkeit der **Rechtswahl** durch übereinstimmende Willenserklärungen nach Art. 14 Rom II-VO zu unterscheiden.

B. Regelungsgehalt

3 Art. 46 a entspricht Art. 40 Abs. 1 S. 2, 3, dem er nachgebildet ist. Sachliche Unterschiede bestehen nicht.[4] Zwar ist Art. 7 Rom II-VO **autonom** auszulegen, wie in der Auslegung und Anwendung des Art. 46 a zu bedenken ist,[5] jedoch sind die Anforderungen an die Ausübung des Bestimmungsrechts gleich (s. im Einzelnen Art. 44 Rn 11–15).[6] Das Bestimmungsrecht ist nur im ersten Rechtszug bis zum Ende des frühen ersten Termins (oder des schriftlichen Vorverfahrens) auszuüben. Es handelt sich bei zutreffender Betrachtung um ein **kollisionsrechtliches Gestaltungsrecht**, dessen Ausübung den Erklärenden bindet.[7]Seine **Präklusion** ist den

1 BGBl. I 2008, 2401; MüKo/*Junker*, Art. 46 a Rn 1.
2 Rom II-VO, Erw. 25 S. 2; MüKo/*Junker*, Art. 46 a Rn 1; Palandt/*Thorn*, Art. 46 a Rn 1.
3 MüKo/*Junker*, Art. 46 a Rn 1.
4 MüKo/*Junker*, Art. 46 a Rn 2; *Brand*, GPR 2008, 298, 301; *Wagner*, IPRax 2008, 314, 318.
5 MüKo/*Junker*, Art. 46 a Rn 4.
6 Palandt/*Thorn*, Art. 46 a Rn 2; MüKo/*Junker*, Art. 46 a Rn 3-8.
7 Vgl Art. 44 Rn 11 mwN zum Meinungsstand; MüKo/*Junker*, Art. 46 a Rn 6.

bereits ausgeführten **grundlegenden und verfassungsrechtlichen Bedenken** ausgesetzt (s. Art. 44 Rn 12). Da auch Art. 7 Rom II-VO und Art. 46 a das Leitbild rationaler, **informierter Bestimmung** des anwendbaren Rechts zugrunde liegt und eine rationale Entscheidung den informierten **Rechtsvergleich** bedingt, der nicht ohne fachkundigen Beistand zu leisten ist, erfordert die drohende Präklusion frühzeitige (privat-)gutachterliche Bemühungen. Der mittellosen, auf Verfahrenskostenhilfe angewiesenen Partei wird die effektive Nutzung des Bestimmungsrechts schon aus materiellen Gründen nicht möglich sein, was indes mit dem **verfassungsrechtlichen Grundsatz** der **Gleichstellung** mittelloser und bemittelter Parteien (Art. 20 Abs. 3, 3 Abs. 1, 2 Abs. 1 und 1 Abs. 1 GG) nicht zu vereinbaren ist (s. Art. 44 Rn 12 mwN).

Zweiter Unterabschnitt
Durchführung der Verordnung (EG) Nr. 593/2008

Art. 46 b EGBGB Verbraucherschutz für besondere Gebiete

(1) Unterliegt ein Vertrag auf Grund einer Rechtswahl nicht dem Recht eines Mitgliedstaats der Europäischen Union oder eines anderen Vertragsstaats des Abkommens über den Europäischen Wirtschaftsraum, weist der Vertrag jedoch einen engen Zusammenhang mit dem Gebiet eines dieser Staaten auf, so sind die im Gebiet dieses Staates geltenden Bestimmungen zur Umsetzung der Verbraucherschutzrichtlinien gleichwohl anzuwenden.

(2) Ein enger Zusammenhang ist insbesondere anzunehmen, wenn der Unternehmer

1. in dem Mitgliedstaat der Europäischen Union oder einem anderen Vertragsstaat des Abkommens über den Europäischen Wirtschaftsraum, in dem der Verbraucher seinen gewöhnlichen Aufenthalt hat, eine berufliche oder gewerbliche Tätigkeit ausübt oder

2. eine solche Tätigkeit auf irgendeinem Wege auf diesen Mitgliedstaat der Europäischen Union oder einen anderen Vertragsstaat des Abkommens über den Europäischen Wirtschaftsraum oder auf mehrere Staaten, einschließlich dieses Staates, ausrichtet

und der Vertrag in den Bereich dieser Tätigkeit fällt.

(3) Verbraucherschutzrichtlinien im Sinne dieser Vorschrift sind in ihrer jeweils geltenden Fassung:

1. die Richtlinie 93/13/EWG des Rates vom 5. April 1993 über missbräuchliche Klauseln in Verbraucherverträgen (ABl. L 95 vom 21. 4. 1993, S. 29);

2. die Richtlinie 97/7/EG des Europäischen Parlaments und des Rates vom 20. Mai 1997 über den Verbraucherschutz bei Vertragsabschlüssen im Fernabsatz (ABl. L 144 vom 4. 6. 1997, S. 19);

3. die Richtlinie 1999/44/EG des Europäischen Parlaments und des Rates vom 25. Mai 1999 zu bestimmten Aspekten des Verbrauchsgüterkaufs und der Garantien für Verbrauchsgüter (ABl. L 171 vom 7. 7. 1999, S. 12);

4. die Richtlinie 2002/65/EG des Europäischen Parlaments und des Rates vom 23. September 2002 über den Fernabsatz von Finanzdienstleistungen an Verbraucher und zur Änderung der Richtlinie 90/619/EWG des Rates und der Richtlinien 97/7/EG und 98/27/EG (ABl. L 271 vom9. 10. 2002, S. 16);

5. die Richtlinie 2008/48/EG des Europäischen Parlaments und des Rates vom 23. April 2008 über Verbraucherkreditverträge und zur Aufhebung der Richtlinie 87/102/EWG des Rates (ABl. L 133 vom 22. 5. 2008, S. 66).

(4) Unterliegt ein Teilzeitnutzungsvertrag, ein Vertrag über ein langfristiges Urlaubsprodukt, ein Wiederverkaufsvertrag oder ein Tauschvertrag im Sinne von Artikel 2 Absatz 1 Buchstabe a bis d der Richtlinie 2008/122/EG des Europäischen Parlaments und des Rates vom 14. Januar 2009 über den Schutz der Verbraucher im Hinblick auf bestimmte Aspekte von Teilzeitnutzungsverträgen, Verträgen über langfristige Urlaubsprodukte sowie Wiederverkaufs- und Tauschverträgen (ABl. L 33 vom 3. 2. 2009, S. 10) nicht dem Recht eines Mitgliedstaats der Europäischen Union oder eines anderen Vertragsstaats des Abkommens über den Europäischen Wirtschaftsraum, so darf Verbrauchern der in Umsetzung dieser Richtlinie gewährte Schutz nicht vorenthalten werden, wenn

1. eine der betroffenen Immobilien im Hoheitsgebiet eines Mitgliedstaats der Europäischen Union oder eines anderen Vertragsstaats des Abkommens über den Europäischen Wirtschaftsraum belegen ist oder

2. im Falle eines Vertrags, der sich nicht unmittelbar auf eine Immobilie bezieht, der Unternehmer eine gewerbliche oder berufliche Tätigkeit in einem Mitgliedstaat der Europäischen Union oder einem anderen Vertragsstaat des Abkommens über den Europäischen Wirtschaftsraum ausübt

oder diese Tätigkeit auf irgendeine Weise auf einen solchen Staat ausrichtet und der Vertrag in den Bereich dieser Tätigkeit fällt.

Literatur: *Basedow*, Internationales Verbrauchervertragsrecht – Erfahrungen, Prinzipien und europäische Reform, in: FS Jayme 2004, S. 3; *Baumert*, Die Umsetzung des Art. 6 Abs. 2 der AGB-Richtlinie im System des europäischen kollisionsrechtlichen Verbraucherschutzes, EWS 1995, 57; *Bitterich*, Die analoge Anwendung des Art. 29 a Abs. 1 EGBGB auf Verbraucherschutzrichtlinien ohne kollisionsrechtlichen Rechtsetzungsauftrag, VuR 2002, 155; *ders.*, Die kollisionsrechtliche Absicherung der AGB-Richtlinie (Art. 6 Abs 2) – Rechtszersplitterung statt Kollisionsrechtseinheit in Europa, ZfRV 2002, 123; *ders.*, Die Neuregelung des Internationalen Verbrauchervertragsrechts in Art. 29 a EGBGB, 2003; *Brinker*, Die Vereinbarkeit des § 12 AGBGB mit dem Art. 6 Abs. 2 der EG-Richtlinie über missbräuchliche Klauseln in Verbraucherverträgen, 2000; *Bröcker*, Verbraucherschutz im Europäischen Kollisionsrecht, ZEuP 1998, 37; *Ehle*, Wege zu einer Kohärenz der Rechtsquellen im Europäischen Kollisionsrecht der Verbraucherverträge, 2002; *Fallon-Francq*, Towards Internationally Mandatory Directives for Consumer Contracts?, in: Liber Amicorum Kurt Siehr 2000, S. 155; *Freitag/Leible*, Ergänzung des kollisionsrechtlichen Verbraucherschutzes durch Art. 29 a EGBGB, EWS 2000, 342; *dies.*, Von den Schwierigkeiten der Umsetzung kollisionsrechtlicher Richtlinienbestimmungen, ZIP 1999, 1296; *Heiss*, Die Richtlinie über den Fernabsatz von Finanzdienstleistungen an Verbraucher aus Sicht des IPR und des IZVR, IPRax 2003, 100; *Kieninger*, Der grenzüberschreitende Verbrauchervertrag zwischen Richtlinienkollisionsrecht und Rom I-Verordnung, in: FS Kropholler, 2008, S. 499; *Klauer*, Das europäische Kollisionsrecht der Verbraucherverträge zwischen Römer-EVÜ und EG-Richtlinien, 2002; *Kluth*, Die Grenzen des kollisionsrechtlichen Verbraucherschutzes. Eine vergleichende Untersuchung der Regelungen von Art. 29, 29 a EGBGB und des Art. 6 der Rom I-Verordnung, 2009; *Leible*, Kollisionsrechtlicher Verbraucherschutz im EVÜ und in EG-Richtlinien, in: Schulte-Nölke/Schulze, Rechtsangleichung und nationale Privatrechte, 1999, S. 353; *ders.*, Verbesserung des kollisionsrechtlichen Verbraucherschutzes, in: Leible (Hrsg.), Das Grünbuch zum Internationalen Vertragsrecht, 2004, S. 133; *Looschelders*, Der Schutz von Verbrauchern und Versicherungsnehmern im Internationalen Privatrecht, FS E. Lorenz 2004, S. 441; *Mankowski*, § 12 AGBG im System des Internationalen Verbrauchervertragsrechts, BB 1999, 1225; *Martiny*, Neues deutsches internationales Vertragsrecht, RIW 2009, 737; *Mellwig*, Der Begriff des „engen Zusammenhangs" in Art. 29 a EGBGB, 2. Aufl., 2001; *Otte*, Anwendbares Recht bei grenzüberschreitendem Timesharing, RabelsZ 62 (1998), 405; *Paefgen*, Kollisionsrechtlicher Verbraucherschutz im Internationalen Vertragsrecht und europäisches Gemeinschaftsrecht, ZEuP 2003, 266; *Reithmann/Martiny*, Internationales Vertragsrecht, 7. Auflage 2010; *Roth/Schulze*, Verbraucherschutz im Electronic Commerce – Schutzmechanismen und grenzüberschreitende Geschäfte nach dem Referentenentwurf eines Fernabsatzgesetzes, RIW 1999, 924; *Rühl*, § 12 AGBG im System des internationalen Verbraucherschutzrechts, RIW 1999, 321; *Rusche*, Der „enge Zusammenhang" im Sinne des Art. 29 a EGBGB, IPRax 2001, 420; *Schinkels*, „Horizontalrichtlinie" und kollisionsrechtlicher Verbraucherschutz – zugleich ein Beitrag zum Verhältnis von Art. 3 Abs. 4, und 6 Abs. 2 Rom-I-VO, in: Stürner (Hrsg.), Vollharmonisierung im Europäischen Verbraucherrecht?, 2010, S. 113; *Sonnenberger*, Die Umsetzung kollisionsrechtlicher Regelungsgebote in EG-Richtlinien, ZEuP 1996, 383; *Staudinger*, Artikel 6 Absatz 2 der Klauselrichtlinie und § 12 AGBG, 1998; *ders.*, Art. 29 a EGBGB des Referentenentwurfs zum Fernabsatzgesetz, IPRax 1999, 414; *ders.*, Internationales Verbraucherschutzrecht made in Germany, RIW 2000, 416; *ders.*, Rom, Brüssel, Berlin und Amsterdam – Chiffren eines Europäischen Kollisionsrechts für Verbraucherverträge, ZfRV 2000, 93; *ders.*, Das Transportrechtsreformgesetz und seine Bedeutung für das Internationale Privatrecht, IPRax 2001, 183; *ders.*, Die ungeschriebenen kollisionsrechtlichen Regelungsgebote der Handelsvertreter-, Haustürwiderrufs- und Produkthaftungsrichtlinie, NJW 2001, 1974; *ders.*, Der Rückgriff des Unternehmers in grenzüberschreitenden Sachverhalten, ZGS 2002, 63; *Stoll*, Zur Neuordnung des internationalen Verbrauchervertragsrechts, in: FS Max-Planck-Institut 2001, S. 463; *Thorn*, Verbraucherschutz bei Verträgen im Fernabsatz, IPRax 1999, 1; *R. Wagner*, Zusammenführung verbraucherschützender Kollisionsnormen aufgrund EG-Richtlinien in einem neuen Art. 29 a EGBGB, IPRax 2000, 249; *Wegner*, Internationaler Verbraucherschutz beim Abschluß von Timesharingverträgen: § 8 Teilzeitwohnrechtegesetz, 1998; *dies.*, Internationaler Verbraucherschutz für Time-Sharing-Erwerber nach dem neuen Art. 29 a EGBGB, VuR 2000, 227.

A. Allgemeines

I. Unionsrecht

Die **Verbesserung des Verbraucherschutzes** ist eines der erklärten Vertragsziele der Europäischen Union (Art. 4 Abs. 2 lit. f, 12, 169 AEUV). Die zu seiner Verwirklichung auf der Grundlage von Art. 114 AEUV erlassenen Richtlinien zum zivilrechtlichen Verbraucherschutz beschränken sich seit geraumer Zeit nicht auf die Angleichung des materiellen Rechts, sondern enthalten auch internationalprivatrechtliche Vorgaben. Kollisionsrechtliche Regelungen finden sich in Art. 6 Abs. 2 der Richtlinie über missbräuchliche Klauseln in Verbraucherverträgen,[1] Art. 12 Abs. 2 der Richtlinie über Teilnutzungsverträge, Verträge über langfristige Urlaubsprodukte sowie Wiederverkaufs- und Tauschverträge,[2] Art. 12 Abs. 2 der Fernabsatz-Richtlinie,[3] Art. 7 Abs. 2 der Verbrauchsgüterkauf-Richtlinie,[4] Art. 12 Abs. 2 der Richtlinie über den Fernabsatz von Finanzdienstleistungen[5] sowie Art. 22 Abs. 4 der Richtlinie über Verbraucherkreditverträge.[6] Die angeführten Vorschriften weisen zwar durchaus Unterschiede auf, doch überwiegen die gemeinsamen Strukturmerkmale. Archetypisch ist Art. 12 Abs. 2 der Richtlinie über den Fernabsatz von Finanzdienstleistungen. Danach treffen die Mitgliedstaaten „die erforderlichen Maßnahmen um sicherzustellen, dass der Verbraucher den durch diese Richtlinie gewährten Schutz nicht dadurch verliert, dass das Recht eines Drittstaates als das auf den Vertrag anzuwendende Recht gewählt wird, wenn der Vertrag eine enge Verbindung mit dem Hoheitsgebiet eines oder mehrerer Mitgliedstaaten aufweist." 1

Vorschriften wie diese dienen der **Abgrenzung des Anwendungsbereichs des angeglichenen Rechts**. Seine 2
Geltung soll auch bei einer Verbindung des Sachverhalts mit dritten, dh nicht der Union angehörigen Staaten, gesichert werden. Sie sind folglich normbezogen. Ihr Ansatz ist ein statutarischer.[7] Sie erinnern auf den ersten Blick an die bekannten Eingriffsnormen. Von Eingriffsnormen unterscheiden sie sich jedoch dadurch, dass sie bzw die entsprechenden nationalen Umsetzungsnormen keinen unbedingten Geltungswillen haben. Das angeglichene nationale Recht soll bei Sachverhalten mit Drittstaatsberührung nicht stets zur Geltung gelangen. Es soll nur sichergestellt werden, dass der Verbraucher bei Vorliegen der entsprechenden situativen Voraussetzungen („enger Zusammenhang") den „durch die Richtlinien gewährten Schutz nicht verliert" bzw dieser ihm „nicht vorenthalten wird". „Nicht verlieren" bzw „nicht vorenthalten" bedeutet dem Wortsinn nach lediglich, dass der Verbraucher durch die Anwendung fremden Rechts nicht schlechter gestellt, dh der durch die Richtlinien (meist nur) garantierte Mindeststandard nicht unterschritten werden darf. Gewährt das Recht dritter Staaten hingegen weiter gehenden Verbraucherschutz, soll seine Anwendung nicht ausgeschlossen werden.

1 Richtlinie 93/13/EWG des Rates v. 5. April 1993 über missbräuchliche Klauseln in Verbraucherverträgen, ABlEG 1993 Nr. L 95/29.

2 Richtlinie 2008/122/EG des Europäischen Parlaments und des Rates v. 14. Januar 2009 über den Schutz der Verbraucher im Hinblick auf bestimmte Aspekte von Teilnutzungsverträgen, Verträge über langfristige Urlaubsprodukte sowie Wiederverkaufs- und Tauschverträge, ABlEU 2009 Nr. L 33/10, welche die Vorgängerrichtlinie 94/47/EG des Europäischen Parlaments und des Rates v. 26. Oktober 1994 zum Schutz der Erwerber im Hinblick auf bestimmte Aspekte von Verträgen über den Erwerb von Teilnutzungsrechten an Immobilien, ABlEG 1994 Nr. L 280/83, ersetzt.

3 Richtlinie 97/7/EG des Europäischen Parlaments und des Rates v. 20. Mai 1997 über den Verbraucherschutz bei Vertragsabschlüssen im Fernabsatz, ABlEG 1997 Nr. L 144/19.

4 Richtlinie 1999/44/EG des Europäischen Parlaments und des Rates v. 25. Mai 1999 zu bestimmten Aspekten des Verbrauchsgüterkaufs und der Garantien für Verbrauchsgüter, ABlEG 1999 Nr. L 171/12.

5 Richtlinie 2002/65/EG des Europäischen Parlaments und des Rates v. 23. September 2002 über den Fernabsatz von Finanzdienstleistungen an Verbraucher und zur Änderung der Richtlinie 90/619/EWG des Rates und der Richtlinien 97/7/EG und 98/27/EG, ABlEG 2002 Nr. L 271/16.

6 Richtlinie 2008/48/EG des Europäischen Parlaments und des Rates v. 23. April 2008 über Verbraucherkreditverträge und zur Aufhebung der Richtlinie 87/102/EWG des Rates, ABlEU 2008 Nr. L 133/66.

7 *Kieninger*, in: FS Kropholler, 2008, S. 499, 501.

Sämtliche kollisionsrechtlichen Richtlinienbestimmungen sehen also eine **Alternativanknüpfung mit einem Günstigkeitsvergleich** vor.[8]

3 Die kollisionsrechtlichen Richtlinienvorgaben sind von der Überzeugung getragen, dass der Verbraucher nicht stets des Schutzes umgesetzten Unionsrechts bedarf, sondern dieses nur Anwendung finden soll, sofern er berechtigterweise auf die Geltung „seines Rechts" vertrauen darf. Allerdings verzichten die Richtlinienbestimmungen mit Ausnahme von Art. 12 Abs. 2 der Richtlinie über Teilnutzungsverträge, Verträge über langfristige Urlaubsprodukte sowie Wiederverkaufs- und Tauschverträge auf eine nähere Konkretisierung des **erforderlichen Inlandsbezugs** und lassen ganz allgemein einen „engen Zusammenhang" bzw eine „enge Verbindung" genügen. Variabel zu sein scheint der räumliche Bezugspunkt, dh das Gebiet, mit dem der Vertrag in einem „engen Zusammenhang" stehen muss: Mal ist es „das Gebiet der Mitgliedstaaten", mal „das Gebiet eines oder mehrerer Mitgliedstaaten" oder schließlich schlicht die „Gemeinschaft", seit Lissabon nunmehr zu verstehen als die „Union". Dabei handelt es sich jedoch lediglich um terminologische, nicht aber inhaltliche Unterschiede. Vorausgesetzt wird stets, dass der jeweilige Sachverhalt mindestens einen engen Zusammenhang mit einem Mitgliedstaat der Union aufweist.

4 Außer der Richtlinie über Teilnutzungsverträge, Verträge über langfristige Urlaubsprodukte sowie Wiederverkaufs- und Tauschverträge sehen alle Richtlinien eine Sonderanknüpfung von Verbraucherverträgen nur bei einer **Rechtswahl der Parteien**, nicht aber bei ihrem Fehlen vor.[9]

5 Der Vorschlag für eine Richtlinie des Europäischen Parlaments und des Rates über Rechte der Verbraucher,[10] der die AGB-Richtlinie, die Verbrauchsgüterkauf-Richtlinie, die Fernabsatz-Richtlinie sowie die Haustürgeschäfte-Richtlinie zu einer vom Prinzip der **Vollharmonisierung** ausgehenden sog. **„Horizontalrichtlinie"** zusammenführen soll, verzichtet nunmehr auf eigenständige kollisionsrechtliche Vorschriften.[11] Zwar betont Erwägungsgrund 59 des Vorschlags, dass den Verbrauchern der mit dieser Richtlinie gewährte Schutz nicht entzogen werden können soll. Indes heißt es gleich im folgenden Satz, dass immer dann, wenn auf den Vertrag das Recht eines Drittstaats anwendbar ist, „sich die Beurteilung der Frage, ob der Verbraucher weiterhin von dieser Richtlinie geschützt wird, nach der Verordnung (EG) Nr. 593/2008 des Europäischen Parlaments und des Rates über das auf vertragliche Schuldverhältnisse anzuwendende Recht (Rom I) richten" sollte. Das Schicksal des Vorschlags ist derzeit freilich völlig ungewiss.[12]

II. Verhältnis zur Rom I-VO

6 **1. Grundsätzliches.** Der **„Vorschlag für eine Verordnung** des Europäischen Parlaments und des Rates über das auf vertragliche Schuldverhältnis anzuwendende Recht (Rom I)"[13] sah noch eine Marginalisierung des Richtlinienkollisionsrechts vor.[14] Zwar sollte nach dessen Art. 22 lit. a die Rom I-VO die Anwendung oder den Erlass von Rechtsakten durch Organe der Europäischen Union nicht berühren, die in besonderen Bereichen Kollisionsnormen für vertragliche Schuldverhältnisse enthalten. Jedoch wurde insoweit auf das in Anhang I enthaltene Verzeichnis solcher „derzeit geltenden Rechtsakte" verwiesen. Die in Art. 46 b Abs. 3 EGBGB aufgeführten Richtlinien fanden sich dort aber nicht. Damit wären sie mit Inkrafttreten der Rom I-VO grundsätzlich entfallen.[15] Art. 23 der geltenden Rom I-VO spiegelt dies jedoch nicht wieder. Der Gemeinschaftsgesetzgeber hat – wohl zur Vermeidung von tatsächlichen oder vermeintlichen Schutzlücken (dazu Rn 8 ff) – auf den häufig geforderten „Abschied vom Richtlinienkollisionsrecht" verzichtet.

8 Wie hier z B. *Ehle*, S. 198; *Jayme*, in: Hommelhoff/Jayme/Mangold, Europäischer Binnenmarkt, Internationales Privatrecht und Rechtsangleichung, 1995, S. 35, 46; *Jayme/Kohler*, IPRax 1995, 343, 345 und 346; *Klauer*, Das europäische Kollisionsrecht der Verbraucherverträge zwischen Römer-EVÜ und EG-Richtlinien, 2002, S. 220; *Leible*, in: Schulte-Nölke/Schulze, Europäische Rechtsangleichung und nationale Privatrechte, 1999, S. 353, 364; *Sonnenberger*, in: FS Fikentscher 1998, S. 281, 295; *Staudinger*, Artikel 6 Absatz 2 der Klauselrichtlinie und § 12 AGBG, 1998, S. 30 f; *Thorn*, IPRax 1999, 1, 8; aA *Kapnopoulou*, Das Recht der missbräuchlichen Klauseln in der Europäischen Union, 1997, S. 154; *Kretschmar*, Die Richtlinie 93/13/EWG des Rates v. 5.4.1993 über missbräuchliche Klauseln in Verbraucherverträgen und das deutsche AGB-Gesetz, 1998, S. 282; *Mäsch*, EuZW 1995, 8, 13; *Rauscher*, EuZW 1996, 650, 651; *Wegner*, Internationaler Verbraucherschutz beim Abschluss von Timesharingverträgen: § 8 Teilzeitwohnrechtegesetz, 1998, S. 180; *von Wilmowsky*, ZEuP 1995, 735, 760.

9 Zur Kritik vgl *Leible*, in: Schulte-Nölke/Schulze, Europäische Rechtsangleichung und nationale Privatrechte, 1999, S. 353, 366 f.

10 KOM (2008) 614 endg.

11 Ausführlich dazu *Schinkels*, in: Stürner (Hrsg.), Vollharmonisierung im Europäischen Verbraucherrecht?, 2010, S. 113.

12 Vgl zuletzt zur Lesung im Europäischen Parlament TA/2011/116/P7.

13 KOM (2005) 650 endg.

14 Vgl dazu *Bitterich*, RIW 2006, 262, 264 f; *Mankowski*, IPRax 2006, 101, 112.

15 *Solomon*, in: Leible (Hrsg.), Ein neues Internationales Vertragsrecht für Europa, 2007, S. 89, 107.

Bereits dies und der stattdessen verabschiedete **Art. 23 Rom I-VO** machen deutlich, dass eine Norm wie Art. 46 b EGBGB durch den Erlass der Rom I-VO **nicht unzulässig** geworden ist.[16] Einer solchen Annahme steht außerdem der Umstand entgegen, dass der Unionsgesetzgeber selbst von einem Nebeneinander von Richtlinienkollisionsrecht und Rom I-VO ausgeht; denn anders wäre es nicht erklärlich, dass sich auch in der nur zwei Monate vor der Rom I-VO verabschiedeten revidierten Verbraucherkredit-Richtlinie eine entsprechende Kollisionsnorm findet.[17] 7

2. Fortwährende Defizite von Art. 6 Rom I-VO. Der durch Art. 6 Rom I-VO gewährte Verbraucherschutz ist unvollkommen. Der **räumlich-situative Anwendungsbereich der Norm ist zu eng**, um den in verbraucherschützenden EU-Richtlinien enthaltenen kollisionsrechtlichen Vorgaben zu genügen. Die Vorschrift schützt nicht den „aktiven" oder „dynamischen" Verbraucher, der sich aus eigenem Antrieb auf den Auslandsmarkt begibt, sondern allein den „passiven" Verbraucher, der vom Anbieter auf seinem heimatlichen Markt angesprochen wird. Sie verlangt eine Nähebeziehung des Vertrags zum Aufenthaltsstaat des Verbrauchers. Daran ändert auch die Weite des in Art. 6 Abs. 1 lit. b Rom I-VO verwendeten Tatbestandsmerkmals des Ausrichtens wenig, da selbst für lit. b stets ein mindestens auch auf diesen Staat gerichtetes Tätigwerden des Unternehmers erforderlich ist. Die Richtlinien dagegen lassen bereits einen hinreichenden Bezug zum Gebiet der Union genügen.[18] Sie verzichten zudem auf eine Art. 6 Abs. 1 lit. a, b Rom I-VO vergleichbare Konkretisierung des notwendigen Unionsbezugs und fordern lediglich einen „engen Zusammenhang" des Sachverhalts mit der Europäischen Union.[19] 8

Darüber hinaus ist auch der **sachliche Anwendungsbereich des Art. 6 Rom I-VO nicht weit genug**, um den unionsrechtlich geforderten kollisionsrechtlichen Verbraucherschutz zu gewähren. So gilt zB Art. 6 Rom I-VO nur für Verträge, die nicht nach Art. 6 Abs. 4 Rom I-VO ausgenommen sind (mit Rückausnahmen in Art. 6 Abs. 4 lit. b, c Rom I-VO). Die Anzahl der von den Richtlinien erfassten Vertragstypen ist jedoch wesentlich größer. Außerdem belässt es zB Art. 6 Abs. 4 lit. a Rom I-VO bei Verträgen über die Erbringung von Dienstleistungen bei der alleinigen Geltung des gewählten Rechts eines Drittstaats, wenn die dem Verbraucher geschuldeten Dienstleistungen ausschließlich in einem anderen als dem Staat erbracht werden müssen, in dem der Verbraucher seinen gewöhnlichen Aufenthalt hat; Art. 6 Abs. 2 Klausel-Richtlinie verlangt in derartigen Fällen hingegen schon dann nach einer AGB-Kontrolle am Maßstab umgesetzten Unionsrechts, wenn der Vertrag aufgrund sonstiger Umstände einen engen Zusammenhang mit dem Gebiet der Europäischen Union aufweist.[20] 9

3. Defizite von Art. 3 Abs. 4 Rom I-VO. Das Richtlinienkollisionsrecht und damit zugleich die Umsetzungsnorm des Art. 46 b EGBGB ist auch nicht durch die Drittstaatenklausel des Art. 3 Abs. 4 Rom I-VO überflüssig geworden. Denn diese kann nicht in allen Fällen die Beachtung der Richtlinienvorgaben sichern. Zum einen fordert Art. 3 Abs. 4 Rom I-VO, dass **alle anderen Elemente** des Sachverhalts zum Zeitpunkt der Rechtswahl in einem oder mehreren Mitgliedstaaten belegen sind, während die in Art. 46 b EGBGB aufgeführten Richtlinien einen **„engen Zusammenhang** mit dem Gebiet der Mitgliedstaaten" genügen lassen. Und zum anderen bleibt der Kreis der von Art. 3 Abs. 4 Rom I-VO erfassten Staaten hinter dem des Richtlinienkollisionsrechts zurück. Zwar gelingt es der Rom I-VO, Dänemark über den „Kunstgriff" des Art. 1 Abs. 4 Rom I-VO einzubeziehen, obgleich die Rom I-VO nicht für Dänemark gilt,[21] doch bleiben die Vertragsstaaten des EWR außen vor, obwohl diese ebenfalls die maßgeblichen Richtlinie in nationales Recht umgesetzt haben, insbesondere im Bereich des zivilrechtlichen Verbraucherschutzes.[22] 10

16 So aber *Kluth*, Die Grenzen des kollisionsrechtlichen Verbraucherschutzes. Eine vergleichende Untersuchung der Regelungen von Art. 29, 29 a EGBGB und des Art. 6 der Rom I-Verordnung, 2009, S. 314 ff; im Ergebnis wie hier dagegen *Kieninger*, in: FS Kropholler, 2008, 499, 502; *Leible*, in: Gebauer/Wiedmann (Hrsg.), Zivilrecht unter europäischem Einfluss, 2. Aufl., 2010, § 10 Rn 194; *Mankowski*, IHR 2008, 133, 135.

17 Vgl Art. 22 Abs. 4 VerbrKr-RL.

18 *Dazu Leible*, in: Schulte-Nölke/Schulze, Europäische Rechtsangleichung und nationale Privatrechte, 1999, S. 353, 365 f.

19 Dazu *Leible*, in: Schulte-Nölke/Schulze, Europäische Rechtsangleichung und nationale Privatrechte, 1999, S. 353, 375 ff.

20 Vgl allg. zu Divergenzen im sachlichen Anwendungsbereich der EG-Richtlinien und Art. 29 EGBGB *Bitterich*, Die Neuregelung des Internationalen Verbrauchervertragsrechts in Art. 29 a EGBGB, 2003, S. 168; speziell zum Vergleich zwischen Art. 6 Abs. 2 Klausel-RL und Art. 29 EGBGB *Staudinger*, Artikel 6 Absatz 2 der Klauselrichtlinie und § 12 AGBG, 1998, S. 90.

21 Vgl dazu *Leible*, in: Cashin Ritaine/ Bonomi (Hrsg.), Le nouveau règlement européen «Rome I» relatif à la loi applicable aux obligations contractuelles, 2008, S. 61, 73. Diese Einbeziehung aus Sicht der übrigen Mitgliedstaaten ändert freilich nichts daran, dass Art. 6 Rom I-VO nicht in Dänemark gilt und es auch deshalb nach wie vor Richtlinienkollisionsrechts bedarf, vgl *Kieninger*, in: FS Kropholler, 2008, S, 499, 510; *Schinkels*, in: Stürner (Hrsg.), Vollharmonisierung im Europäischen Verbraucherrecht?, 2010, S. 113, 119 ff.

22 Zur Kritik vgl *Leible*, in: Cashin Ritaine/ Bonomi (Hrsg.), Le nouveau règlement européen «Rome I» relatif à la loi applicable aux obligations contractuelles, 2008, S. 61, 72 f.

III. Entstehung von Art. 46 b EGBGB

11 Der deutsche Gesetzgeber begnügte sich zunächst mit der Schaffung von Spezialkollisionsnormen in **§ 12 AGBG und § 8 TzWrG**. Rechtstechnisch hätte er es auch im Rahmen der im Jahre 2000 anstehenden Umsetzung der Fernabsatz-Richtlinie bei dieser Vorgehensweise belassen können. Er entschied sich gleichwohl und mit guten Gründen[23] für eine „**zentrale Umsetzung**" in einer Norm des EGBGB, da das Verhältnis der in verschiedenen Einzelgesetzen enthaltenen Sonderkollisionsnormen zueinander und insbesondere zu Art. 29 EGBGB aF vielfältige Abgrenzungsprobleme aufwarf und die Situation mit einer Umsetzung von Art. 12 Abs. 2 der Fernabsatz-Richtlinie durch Schaffung einer weiteren Sonderkollisionsnorm, diesmal im Fernabsatzgesetz, noch komplizierter geworden wäre. Eine einheitliche Norm verdeutlicht außerdem, dass die verschiedenen Richtlinienbestimmungen trotz ihres nicht immer kongruenten Wortlauts gemeinsame Strukturelemente aufweisen, und ermöglicht so eine Systematisierung des über Art. 29 EGBGB aF hinausreichenden kollisionsrechtlichen Verbraucherschutzes in bestimmten Bereichen des angeglichenen Binnenmarktrechts. Und sie ermöglichte schließlich, der zwischenzeitlich an den Vorschriften der § 12 AGBG und § 8 TzWrG geäußerten Kritik[24] Rechnung zu tragen.

12 Der im Jahre 1999 veröffentlichte Referentenentwurf[25] erfuhr in der Literatur deutliche Kritik,[26] wurde daraufhin bis zum Regierungsentwurf[27] grundlegend überarbeitet und passierte dann unverändert das Gesetzgebungsverfahren.[28] **Art. 29 a EGBGB** aF trat am 30.6.2000 in Kraft.[29] Zugleich wurden § 8 TzWrG, § 12 AGBG aufgehoben. Nachfolgend kam es zu zwei Änderungen. Im Zuge der Schuldrechtsmodernisierung wurde der Integration verbraucherschutzrechtlicher Nebengesetze in das BGB Rechnung getragen und der Verweis auf das TzWrG durch einen Verweis auf die entsprechenden Normen des BGB ersetzt sowie in Abs. 4 eine neue Nr. 4 aufgenommen.[30] Diese Änderung trat zum 1.1.2002 in Kraft. Abs. 3 Nr. 5 fand im Zuge der Umsetzung der Richtlinie über den Fernabsatz von Finanzdienstleistungen Aufnahme in Art. 29 a aF.[31]

13 Bei der Überführung des EVÜ in eine Verordnung (Rom I-VO) und der hieraus resultierenden Aufhebung der Art. 27–29 sowie 30–37[32] wurde Art. 29 a aus Gründen der leichteren Auffindbarkeit in Art. 46 b eingefügt.[33] Bei dieser Gelegenheit wurden die Regelbeispiele des Art. 29 a Abs. 2 EGBGB, die auf der Konzeption des Art. 5 Absatz 2 EVÜ beruhten, geändert und der Vorschrift des Art. Art. 6 Abs. 1 der Rom I-VO nachgebildet, um für **Kohärenz** zwischen der Rom-I-VO und dem autonomen deutschen Recht zu sorgen.[34] Zugleich wurde die neue Verbraucherkredit-Richtlinie mit einbezogen (Art. 46 b Abs. 4 Nr. 6 EGBGB aF). Die Vorschrift trat zeitgleich mit der Rom I VO zum 17.12.2009 in Kraft.[35] Sie wurde zuletzt mit Wirkung zum 23.2.2011 durch das „Gesetz zur Modernisierung der Regelungen über Teilzeit-Wohnrechteverträge, Verträge über langfristige Urlaubsprodukte sowie Vermittlungsverträge und Tauschsystemverträge" geändert,[36] mit dem die neue Timesharing-Richtlinie in deutsches Recht umgesetzt wurde. Aus dem ehemaligen Abs. 4 wurde unter Streichung des Verweises auf die alte Timesharing-Richtlinie 94/47/EG nunmehr Abs. 3, während in Abs. 4 die durch die neue Richtlinie notwendig gewordenen Änderungen eingefügt wurden.[37]

23 So bereits zum Referentenentwurf *Freitag/Leible*, ZIP 1999, 1296, 1301; *Micklitz/Reich*, BB 1999, 2093, 2098; für eine „zentrale Umsetzung" im österreichischen Recht scheinbar auch Czernich/Heiss/*Heiss*, Art. 5 EVÜ Rn 3; krit. gegenüber einer solchen „Einheitslösung" hingegen *Staudinger*, IPRax 1999, 414, 420 („richtliniengeprägter Fremdkörper innerhalb eines völkervertraglichen Umfelds"), und wohl auch *Kronke*, RIW 1996, 985, 992 („nicht falsch,… jeweils eigenständig zu regeln").

24 Vgl zB zu § 12 AGBGB *Mankowski*, BB 1999, 1225; *Rühl*, RIW 1999, 321; *Staudinger*, Artikel 6 Absatz 2 der Klauselrichtlinie und § 12 AGBG, 1998, S. 139 ff; zu § 8 TzWrG *Otte*, RabelsZ 62 (1998), 405; *Wegner*, Internationaler Verbraucherschutz beim Abschluss von Timesharingverträgen: § 8 Teilzeitwohnrechtegesetz, 1998.

25 Vgl IPRax 1999, Heft 4, S. VII.

26 Vgl vor allem *Freitag/Leible*, ZIP 1999, 1296; *Roth/Schulze*, RIW 1999, 924; *Staudinger*, IPRax 1999, 414.

27 BT-Drucks. 14/2658. Zur Stellungnahme des Bundesrates und zur Gegenäußerung der Bundesregierung vgl BT-Drucks. 14/2920; zum Bericht des Rechtsausschusses vgl BT-Drucks. 14/3195.

28 Ausf. zur Entstehungsgeschichte *Bitterich*, Die Neuregelung des Internationalen Verbrauchervertragsrechts in Art. 29 a EGBGB, 2003, S. 298 ff; *Wagner*, IPRax 2000, 249, 255 ff.

29 Vgl BGBl. I 2000 S. 897.

30 BGBl I 2001 S. 3138.

31 Durch das Gesetz zur Änderung der Vorschriften über Fernabsatzverträge bei Finanzdienstleistungen v. 2.12.2004 (BGBl. I S. 3102).

32 Gesetz zur Anpassung der Vorschriften des Internationalen Privatrechts an die Verordnung (EG) Nr. 593/2008 v. 25. Juni 2009, BGBl. 2009 I S. 1574.

33 Vgl BT-Drucks. 16/12104, S. 10; vgl auch jurisPK-BGB/*Limbach*, Art. 46 b EGBGB Rn 2.

34 BT-Drucks. 16/12104, S. 10.

35 Vgl BT-Drucks. 16/12104, S. 11.

36 BGBl. 2011 I S. 34.

37 Vgl dazu auch BT-Drucks. 17/2764, S. 21.

IV. Struktur

Abs. 1 ordnet für den Fall der Wahl des Rechts eines Drittstaats die Geltung der Normen zur Umsetzung der in Abs. 3 aufgeführten Verbraucherschutzrichtlinien des EU-Mitgliedstaats bzw Vertragsstaats des EWR an, mit dessen Gebiet der Vertrag eine enge Beziehung aufweist. Was unter dem Begriff der „engen Beziehung" zu verstehen ist, erläutert Abs. 2 anhand von zwei Regelbeispielen. Abs. 4 enthält eine Sonderregelung für Timesharing-Verträge. **14**

V. E-Commerce

Art. 46 b ist auch bei Verbrauchergeschäften im E-Commerce zu beachten. § 3 Abs. 3 Nr. 2 TMG[38] nimmt „die Vorschriften für vertragliche Schuldverhältnisse in Bezug auf Verbraucherverträge" ausdrücklich vom kollisionsrechtlich verstehenden **Herkunftslandprinzip** des § 3 TMG aus. Von dieser Ausnahme werden alle vertraglichen Pflichten der Parteien und alle diesbezüglichen Normen einschließlich der kollisionsrechtlichen Verweisungsregeln erfasst. Damit bleibt es bei der Geltung der allgemeinen kollisionsrechtlichen Bestimmungen einschließlich Art. 46 b.[39] **15**

B. Regelungsgehalt

I. Geltung allgemeiner Regeln

1. Auslegung. Bei der Auslegung von Art. 46 b ist sein unionsrechtlicher Ursprung zu beachten. Es greifen die allgemeinen Prinzipien der **richtlinienkonformen Auslegung**. Bei Zweifeln über die Vereinbarkeit der in Art. 46 b enthaltenen Umsetzung von Richtlinienvorgaben ist gem. Art. 267 AEUV an den EuGH vorzulegen. **16**

Führt die Auslegung und Anwendung des Art. 46 b zu Konflikten mit Vorschriften der Rom I-VO, ist zu differenzieren: Soweit Art. 46 b unmittelbar der Umsetzung der in Abs. 3 genannten Richtlinien dient, ist gem. Art. 23 Rom I-VO der **Vorrang der Richtlinien** vor der Rom I-VO zu berücksichtigen, so dass Letztere verdrängt wird (vgl aber auch Rn 7 und 23 ff). Soweit die Bundesrepublik in Art. 46 b indes Regelungen getroffen hat, die nicht unmittelbar von den betroffenen Richtlinien inspiriert sind, bedeutet jede Abweichung von den Regelungen der Rom I-VO einen Verstoß gegen den **Vorrang des Unionsrechts**. Sie ist dann nicht anwendbar. **17**

2. Rück- und Weiterverweisung. Ein **renvoi** des Rechts, auf das verwiesen wird, ist **unbeachtlich**, Art. 4 Abs. 1 S. 1 Hs 2.[40] Führt die Verweisung zu einem Mehrrechtsstaat, ist nach Art. 4 Abs. 3 eine Unteranknüpfung vorzunehmen. **18**

3. Ordre public. Art. 21 Rom I-VO ist zwar grundsätzlich anwendbar,[41] doch sind Anwendungsfälle nur schwer vorstellbar, da der durch die Richtlinie für die nationalen Rechte vorgegebene Schutzstandard gerade Ausdruck eines **gemeineuropäischen Gerechtigkeitsempfindens** ist. **19**

Die ordre-public-Klausel kann nicht herangezogen werden, um die Anwendung des Rechts eines Mitgliedstaats der EU oder Vertragsstaats des EWR zu verhindern, der die Richtlinie (noch) nicht in nationales Recht umgesetzt hat.[42] Es erscheint bereits fraglich, ob die der Umsetzung einer verbraucherschützenden EU-Richtlinie dienenden Vorschriften des deutschen Rechts zum unverzichtbaren Kernbestand des inländischen Rechts zu zählen sind.[43] Genauso wenig wird man außerdem einen gesamteuropäischen ordre public bemühen können, da auch hierfür nicht die schlichte Nichtbeachtung des Unionsrechts genügt, sondern es ebenso eines Verstoßes gegen grundlegende europäische Gerechtigkeitsvorstellungen bedarf.[44] Zudem stellt das Unionsrecht für die Fälle einer unterbliebenen Richtlinien-Umsetzung das Instrument der Staatshaftung zur Verfügung, das insoweit Vorrang vor der ordre-public-Klausel beansprucht.[45] **20**

4. Intertemporales Recht. Der deutsche Gesetzgeber hat bei der Einführung von Art. 29 a aF auf eine Norm zum **intertemporalen Kollisionsrecht** verzichtet, „da erforderlichenfalls die Grundsätze des Art. 220 ergänzend herangezogen werden können".[46] Daher gilt im Grundsatz, dass die Norm nur auf nach dem 30.6.2000 abgeschlossene Verträge Anwendung finden kann, während sich das anwendbare Recht bei einem früheren **21**

38 BGBl. 2007 I, 251.
39 Näher dazu mwN MüKo/*Martiny*, Art. 9 Rom I-VO Anhang III Rn 43 ff.
40 Palandt/*Thorn*, Art. 46 b EGBGB Rn 5.
41 Erman/*Hohloch*, Art. 29 a EGBGB Rn 6; *Looschelders*, Art. 29 a Rn 13; Staudinger/*Magnus*, Art. 29 a EGBGB Rn 22; MüKo/*Martiny*, Art. 46 b EGBGB Rn 121; *Staudinger*, RIW 2000, 416, 419.
42 Ähnlich Erman/*Hohloch*, Art. 29 a EGBGB Rn 6.
43 *Staudinger*, RIW 2000, 416, 420; *Looschelders*, Art. 29 a Rn 14.
44 Vgl (zum EuGVÜ) auch EuGH Slg 2000, I-2973 – Renault/Maxicar.
45 Staudinger/*Magnus*, Art. 29 a EGBGB Rn 22.
46 BT-Drucks. 14/2658, S. 50.

Vertragsschluss nach § 12 AGBG oder § 8 TzWrG bestimmt. Bei **Dauerschuldverhältnissen** geht die hM freilich und zu Recht davon aus, dass es sich bei ihnen nicht um abgeschlossene Vorgänge handelt und ihre nach dem Stichtag eintretenden Wirkungen daher nach neuem IPR zu beurteilen sind.[47] Das muss auch für Timesharing-Verträge gelten, die deshalb grundsätzlich dem Regelungsregime des Art. 29 a aF unterstehen, selbst wenn sie vor dem 30.6.2000 abgeschlossen wurden.[48]

22 Nichts anderes gilt für die erfolgte Änderung von Art. 29 a aF im Zuge ihrer Überführung in Art. 46 b und dessen Modifikation durch das Gesetz zur Modernisierung der Regelungen über Teilzeit-Wohnrechteverträge usw. (vgl Rn 13).

II. Verhältnis zu anderen Vorschriften

23 **1. Art. 6 Rom I-VO.** Gem. Art. 23 Rom I-VO genießen Vorschriften des Gemeinschaftsrechts, seit Lissabon nunmehr Vorschriften des Unionsrechts, die Kollisionsnormen für besondere Bereiche enthalten, Vorrang vor den Vorschriften der Rom I-VO. Aus diesem Vorrang des Unionsrechts wird verschiedentlich ein **allgemeiner Anwendungsvorrang** des Art. 46 b vor Art. 6 Rom I-VO abgeleitet.[49] Das überzeugt jedoch nicht. Denn EU-Richtlinien geben dem nationalen Gesetzgeber nur das zu erreichende Ziel vor, nicht aber, wie es zu verwirklichen ist. Soweit dem Regelungsanliegen der kollisionsrechtlichen Richtlinienvorgaben bereits mit der Anwendung von Art. 6 Rom I-VO Genüge getan ist, hat es folglich damit sein Bewenden. Art. 46 b EGBGB greift daher nur, sofern der Anwendungsbereich des Art. 6 Rom I-VO nicht eröffnet ist (zu den Einzelheiten vgl Rn 8 ff).[50] Dabei ist außerdem Art. 3 Abs. 4 Rom I-VO zu beachten (vgl folgende Rn).

24 **2. Art. 3 Abs. 4 Rom I-VO.** Gem. Art. 3 Abs. 4 Rom I-VO berührt immer dann, wenn alle anderen Elemente des Sachverhalts zum Zeitpunkt der Rechtswahl in einem oder mehreren Mitgliedstaaten belegen sind, die Wahl des Rechts eines Drittstaats durch die Parteien nicht die Anwendung der Bestimmungen des Gemeinschaftsrechts, von denen nicht durch Vereinbarung abgewichen werden kann. Die Norm soll die Beachtung zwingenden Unionsrechts sicherstellen, da sich für die Union ein reiner Binnenmarktfall nicht anders darstellt als für ihre Mitgliedstaaten ein reiner Inlandsfall.[51] Im Unterschied zu Art. 46 b lässt Art. 3 Abs. 4 Rom I-VO keinen engen Zusammenhang genügen, sondern verlangt – abgesehen von der Rechtswahl- und gegebenenfalls einer Gerichtsstandsklausel – einen **ausschließlichen Bezug** zur Union. Art. 46 b kann daher überhaupt nur zur Anwendung kommen, wenn der Sachverhalt einen über eine Rechtswahl- und Gerichtsstandsklausel hinausreichenden Drittstaatenbezug aufweist.[52] Da andererseits aber ein enger Gemeinschaftsbezug notwendig ist, ist der Anwendungsbereich von Art. 46 b sehr reduziert.

25 **3. Art. 9 Rom I-VO.** Ein Rückgriff auf Art. 9 Rom I-VO ist im sachlichen und räumlichen Anwendungsbereich des Art. 46 b **ausgeschlossen.**[53] Das gilt selbst dann, wenn der Staat, auf dessen Recht Art. 46 b verweist, eine Richtlinie noch nicht oder nicht richtlinienkonform umgesetzt hat. Der Gesetzgeber hat dieses Problem im Übrigen erkannt, von einer abweichenden Regelung aber ausdrücklich abgesehen, weshalb auch von keiner unbewussten, ausfüllungsbedürftigen Regelungslücke ausgegangen werden kann.[54]

III. Anwendungsvoraussetzungen

26 **1. Anwendungsbereich. a) Persönlicher Anwendungsbereich.** Art. 46 b spricht nur ganz allgemein von „Verträgen“, ohne seinen Anwendungsbereich auf „Verbraucherverträge“ iSd Abs. 3 zu beschränken.[55] Es kommt also auf den ersten Blick für die Verweisung nicht darauf an, ob der Vertrag überhaupt in den

47 Vgl zB BAG IPRax 1994, 123, 124 f; OLG Hamm RIW 1993, 940; MüKo/*Sonnenberger*, Art. 220 EGBGB Rn 24; Staudinger/*Dörner*, Art. 220 EGBGB Rn 62; Staudinger/*Magnus*, Vor Art. 27–37 EGBGB Rn 48; *Hess*, Intertemporales Privatrecht, 1998, S. 247; *Looschelders*, Art. 220 Rn 5; *v. Bar/Mankowski*, IPR I, § 4 Rn 177; aA OLG Koblenz RIW 1993, 935; Erman/*Hohloch*, Art. 220 EGBGB Rn 12; Soergel/*Schurig*, Art. 220 EGBGB Rn 14; offen gelassen von BGH NJW 1993, 2754.

48 Staudinger/*Magnus*, Art. 29 a EGBGB Rn 24; aA *Staudinger*, RIW 2000, 416, 420.

49 MüKo/*Martiny*, Art. 46 b EGBGB Rn 117. Vgl für die Vorgängernomen zB Erman/*Hohloch*, Art. 29 a EGBGB Rn 24; MüKo/*Martiny*, Band 10, 4. Aufl. 2006, Art. 29 a EGBGB Rn 115; Staudinger/*Magnus*, Art. 29 a EGBGB Rn 25; *v. Hoffmann/Thorn*, IPR, § 10 Rn 73 c.

50 So auch *Kluth*, Die Grenzen des kollisionsrechtlichen Verbraucherschutzes, 2009, S. 227 f.

51 Näher *Leible*, in: Cashin Ritaine/Bonomi (Hrsg.), Le nouveau règlement européen «Rome I» relatif à la loi applicable aux obligations contractuelles, 2008, S. 61, 72 f.

52 Vgl das Beispiel bei *Kieninger*, in: FS Kropholler, 2008, S. 499, 503.

53 Palandt/*Thorn*, Art. 46 b EGBGB Rn 8; Erman/*Hohloch*, Art. 29 a EGBGB Rn 7; *Looschelders*, Art. 29 a Rn 11.

54 *Staudinger*, RIW 2000, 416, 417; *Looschelders*, Art. 29 a Rn 11; BT-Drucks. 14/2658, S. 50.

55 Krit. dazu bereits *Freitag/Leible*, ZIP 1999, 1296, 1301. Vgl hierzu auch *Kluth*, Die Grenzen des kollisionsrechtlichen Verbraucherschutzes, 2009, S. 232 f.

persönlichen Regelungsbereich der in Abs. 3 aufgeführten Verbraucherschutzrichtlinien fällt.[56] Doch sollten im Hinblick auf den Regelungszweck der Vorschrift die in Abs. 3 genannten Richtlinien zugleich bei der Bestimmung der Reichweite des Abs. 1 berücksichtigt und dieser damit teleologisch reduziert werden:[57] Art. 46 b gilt nur für solche Verträge, die von den **Richtlinien des Abs. 3** erfasst werden.[58]

Damit ist der persönliche Anwendungsbereich der Vorschrift nur beim Vorliegen eines **Verbrauchergeschäfts** eröffnet. Vorausgesetzt wird ein Vertrag mit einer natürlichen Person, die zu einem Zweck handelt, der nicht ihrer gewerblichen oder beruflichen Tätigkeit zugerechnet werden kann (vgl auch § 13 BGB). Aus der Richtlinienorientierung der Vorschrift ergibt sich weiterhin, dass ihr nur solche Verträge unterfallen, bei denen der zu privaten Zwecken Handelnde eine natürliche und keine juristische Person ist.[59] **27**

Der den Richtlinien zugrunde liegende **Verbraucherbegriff** ist freilich nicht eindimensional, sondern **zweiseitig funktional**. Die Anwendung von Art. 46 b kommt daher nur in Betracht, wenn die andere Vertragspartei beim Abschluss des Vertrages im Rahmen ihrer gewerblichen oder beruflichen Tätigkeit handelt (vgl auch § 14 BGB). Verträge zwischen Privatpersonen sind folglich vom Anwendungsbereich der Norm ausgeschlossen. Ob ein Vertrag zur „beruflichen oder gewerblichen Tätigkeit" der Vertragsparteien zu zählen ist oder nicht, ist jeweils unter Zugrundelegung des Empfängerhorizonts der anderen Vertragspartei zu beurteilen. Entscheidend sind die objektiv erkennbaren Umstände des Rechtsgeschäfts, sofern es nicht ausnahmsweise an einer Schutzbedürftigkeit fehlt. **28**

b) Sachlicher Anwendungsbereich. Für den sachlichen Anwendungsbereich von Abs. 1 folgt aus der hier favorisierten teleologischen Reduktion der Vorschrift, dass von ihr nicht Verträge aller Art, sondern nur solche erfasst werden, die zugleich in den sachlichen Anwendungsbereich der **in Abs. 3 aufgeführten Richtlinien** fallen.[60] **29**

c) Räumlicher Anwendungsbereich. aa) Grundsatz. Abs. 1 verlangt für die Eröffnung des räumlichen Anwendungsbereichs der Vorschrift, dass der Vertrag einen **„engen Zusammenhang"**[61] mit dem Gebiet eines Mitgliedstaats der EU (vgl Art. 355 AEUV) oder Vertragsstaats des EWR-Abkommens aufweist. Die Erstreckung auf die Vertragsstaaten des Abkommens über den Europäischen Wirtschaftsraum (EWR)[62] rechtfertigt sich aus Art. 7 des EWR-Abkommens. Die Vorschrift erklärt die in den Anhängen zu diesem Abkommen aufgeführten Rechtsakte für die Vertragsparteien verbindlich und verpflichtet Vertragsstaaten des EWR zur Umsetzung in innerstaatliches Recht. Für den Bereich des Verbraucherschutzes verweist Art. 72 des EWR-Abkommens auf die in Anhang XIX enthaltenen Bestimmungen, zu denen u.a. die in Abs. 3 aufgeführten Richtlinien zählen. Von Bedeutung ist das EWR-Abkommen im Verhältnis zu Island, Liechtenstein und Norwegen. **30**

bb) Regelbeispiele. Abs. 2 präzisiert den Begriff des „engen Zusammenhangs" anhand zweier **Regelbeispiele** („insbesondere"). Danach ist ein enger Zusammenhang insbesondere dann anzunehmen, wenn der Unternehmer in einem Mitgliedstaat der Europäischen Union oder einem anderen Vertragsstaat des Abkom- **31**

56 So etwa Erman/*Hohloch*, Art. 29 a EGBGB Rn 12; *Looschelders*, Art. 29 a Rn 17; Staudinger/*Magnus*, Art. 29 a EGBGB Rn 35; *Mankowski*, in: Spindler/Wiebe, Internet-Auktionen, 2001, E Rn 202; *Schlechtriem*, in: FS Lorenz 2001, S. 565, 567; *Wagner*, IPRax 2000, 249, 255.

57 In der Sache führt das meist ohnehin zu keinem anderen Erg., da derjenige, der eine teleologische Reduktion des persönlichen Anwendungsbereich der Vorschrift ablehnt, dann auf der Rechtsfolgenseite den persönlichen Anwendungsbereich der in Bezug genommenen Richtlinie beachten muss, vgl *Freitag/Leible*, EWS 2000, 342, 344. Relevant kann der Streit freilich werden, wenn die Richtlinie vor allem, aber nicht nur verbraucherschützende Normen enthält und ihrem Anwendungsbereich unter Umständen auch Geschäfte zwischen Unternehmern unterfallen können, wie dies etwa im Hinblick auf den Lieferantenregress bei der Verbrauchsgüterkauf-Richtlinie der Fall ist. Vgl zur Bedeutung von Art. 46 b EGBGB beim Rückgriff des Unternehmers in grenzüberschreitenden Sachverhalten einerseits *Staudinger*, ZGS 2002, 63, und andererseits *Looschelders*, Art. 29 a Rn 17.

58 *Bitterich*, Die Neuregelung des Internationalen Verbrauchervertragsrechts in Art. 29 a EGBGB, 2003, S. 335 f; *Freitag/Leible*, EWS 2000, 342, 344; Palandt/*Thorn*, Art. 46 b EGBGB Rn 3; MüKo/*Martiny*, Art. 46 b EGBGB Rn 17 und 21; Reithmann/Martiny/*Martiny*, Rn 4233; *Staudinger*, ZGS 2002, 63; *Graf von Westphalen*, in: Graf von Westphalen, Vertragsrecht und AGB-Klauselwerke, Bd. I, Rechtswahlklauseln, 2003, Rn 38.

59 *Freitag/Leible*, EWS 2000, 342, 344; MüKo/*Martiny*, Art. 46 b EGBGB Rn 20; Palandt/*Thorn*, Art. 46 b EGBGB Rn 3.

60 *Bitterich*, Die Neuregelung des Internationalen Verbrauchervertragsrechts in Art. 29 a EGBGB, 2003, S. 335 f; *Kluth*, Die Grenzen des kollisionsrechtlichen Verbraucherschutzes, 2009, S. 234; *Freitag/Leible*, EWS 2000, 342, 344; MüKo/*Martiny*, Art. 46 b EGBGB Rn 21; *Staudinger*, IPRax 2001, 183, 186; Reithmann/Martiny/*Martiny*, Rn 4234; Palandt/*Thorn*, Art. 46 b EGBGB Rn 3; Erman/*Hohloch*, Art. 29 a EGBGB Rn 10; *Looschelders*, Art. 29 a Rn 18.

61 Ausf. dazu zB *Mellwig*, Der Begriff des „engen Zusammenhangs" in § 29 a EGBGB, 2005; *Rusche*, IPRax 2001, 420; *Kluth*, Die Grenzen des kollisionsrechtlichen Verbraucherschutzes, 2009, S. 236 ff.

62 Abkommen über den Europäischen Wirtschaftsraum v. 2.5.1992 (BGBl. II 1993 S. 267) in der Fassung des Anpassungsprotokolls v. 17.3.1993 (BGBl. II 1993 S. 1294), in Kraft getreten am 1.1.1994.

mens über den Europäischen Wirtschaftsraum, in dem der Verbraucher seinen gewöhnlichen Aufenthalt hat, eine berufliche oder gewerbliche Tätigkeit ausübt (Abs. 2 lit. a) oder eine solche Tätigkeit auf irgendeinem Weg auf diesen Mitgliedstaat der Europäischen Union oder einen anderen Vertragsstaat des Abkommens über den Europäischen Wirtschaftsraum oder auf mehrere Staaten, einschließlich dieses Staates, ausrichtet (Abs. 2 lit. b), und der Vertrag in den Bereich dieser Tätigkeit fällt. Die Regelbeispiele müssen nicht kumulativ vorliegen, sondern stehen in einem **Alternativverhältnis**.[63]

32 Die Formulierung der Regelbeispiele entspricht der Formulierung der räumlich-situativen Anwendungsvoraussetzungen des Art. 6 Rom I-VO, die lediglich um den EWR erweitert wurde.[64] Bei einer Auslegung der Norm sollte daher auf **Kohärenz** mit möglicher EuGH-Rechtsprechung geachtet werden.[65]

33 Von der **Ausübung** einer beruflichen oder gewerblichen Tätigkeit in einem anderen Mitgliedstaat der EU oder Vertragsstaat des EWR ist auszugehen, wenn sich der Vertragspartner aktiv am dortigen Wirtschaftsverkehr beteiligt, indem er zB vor Ort Dienstleistungen erbringt.[66] Eine (Zweig-)Niederlassung im Wohnsitzstaat des Verbrauchers ist nicht erforderlich.

34 Von einem **Ausrichten** der Tätigkeit ist auszugehen, wenn ein Unternehmer aktiv den Abschluss von Verträgen mit Verbrauchern eines bestimmten Mitgliedstaats der EU oder Vertragsstaats des EWR anstrebt, ohne selbst oder durch Vertreter vor Ort tätig zu sein.[67] Bei Internetwerbung mittels Websites ist zu prüfen, ob vor einem möglichen Vertragsschluss mit dem Verbraucher aus diesen Websites und der gesamten Tätigkeit des Unternehmers hervorgeht, dass dieser mit Verbrauchern aus einem oder mehreren Mitgliedstaaten der EU oder Vertragsstaaten des EWR, darunter dem Aufenthaltsstaat des Verbrauchers, in dem Sinne Geschäfte zu tätigen beabsichtigte, dass er zu einem Vertragsschluss mit ihnen bereit war.[68] Allein die bloße Zugänglichkeit der Website reicht hingegen nicht aus. Gleiches gilt für die Angabe einer elektronischen Adresse oder anderer Adressdaten oder die Verwendung einer Sprache oder Währung, die in dem Staat der Niederlassung des Gewerbetreibenden die üblicherweise verwendete Sprache und/oder Währung sind.[69]

35 Nach zT vertretener Auffassung soll beim Vorliegen der Voraussetzungen des Abs. 2 ein enger Zusammenhang iSv Abs. 1 zwar regelmäßig, aber nicht zwangsläufig zu bejahen sein.[70] Das überzeugt angesichts des Wortlauts der Vorschrift („ist… anzunehmen") indes nicht.[71]

36 **cc) Weitere Fälle.** Von einem „**engen Zusammenhang**" ist nicht nur bei Erfüllung der Voraussetzungen des Abs. 2 auszugehen. Ein enger Zusammenhang iSv Abs. 1 kann durchaus auch bei anderen Sachverhaltskonstellationen vorliegen. Es genügt jeder andere Zusammenhang, der eine dem Regelbeispiel des Abs. 2 vergleichbare Nähebeziehung erkennen lässt. Erforderlich ist eine **Gesamtwürdigung der Umstände des Einzelfalls**.[72] Zu berücksichtigen sind sämtliche Merkmale, die auch ansonsten zur Lokalisierung von Schuldverhältnissen herangezogen werden, wie etwa der Sitz der Parteien, der Abschluss- oder Erfüllungsort des Vertrages, die Belegenheit des Vertragsgegenstands, die Vertragssprache und -währung usw.[73] Weist nach einer Gewichtung die Mehrheit von ihnen auf das Gebiet der Europäischen Union oder des EWR, ist von einem engen Zusammenhang iSv Abs. 1 auszugehen.

37 Ein enger Zusammenhang ist auf jeden Fall gegeben, wenn der Vertrag aufgrund seines Bezugs zum Unionsterritorium bzw dem Gebiet des EWR bei **objektiver Anknüpfung** gem. Art. 4 oder 6 Abs. 1 Rom I-VO dem Recht eines Mitgliedstaates unterläge.[74] Abs. 1 fordert nicht, dass der Verbraucher seinen gewöhnlichen Aufenthalt in einem Mitgliedstaat der EU oder Vertragsstaat des EWR hat. Indes ist im Hinblick auf den Zweck der der Vorschrift zugrunde liegenden Richtlinien, in der EU ansässige Verbraucher zu schützen, auch im

63 Reithmann/Martiny/*Martiny*, Rn 4241.

64 *Martiny*, RIW 2009, 743; Reithmann/Martiny/*Martiny*, Rn 4241.

65 Reithmann/Martiny/*Martiny*, Rn 4241 f; Palandt/*Thorn*, Art. 46 b EGBGB Rn 3.

66 *Leible/Lehmann*, RIW 2008, 528, 538.

67 *Leible/Müller*, NJW 2011, 495.

68 Zu den maßgeblichen Kriterien vgl EuGH, verb. Rs. C-585/08 und C-144/09, NJW 2011, 505 – Pammer und Hotel Alpenhof = EuZW 2011, 98 m.Anm. *Clausnitzer* = EWiR 2011, 111 (*Mankowski*), sowie dazu *Leible/Müller*, NJW 2011, 495; *Staudinger/Steinrötter*, EWS 2011, 70.

69 EuGH, verb. Rs. C-585/08 und C-144/09, NJW 2011, 505 – Pammer und Hotel Alpenhof.

70 Staudinger/*Magnus*, Art. 29 a EGBGB Rn 47; *Looschelders*, Art. 29 a Rn 32.

71 In dem von Staudinger/*Magnus*, Art. 29 a EGBGB Rn 47 angegebenen Beispielsfall fehlt es schon an der Kausalität.

72 Näher Bamberger/Roth/*Spickhoff*, Art. 29 a EGBGB Rn 12.

73 Vgl ausf. dazu und vor allem zur Relevanz dieser Kriterien *Bitterich*, Die Neuregelung des Internationalen Verbrauchervertragsrechts in Art. 29 a EGBGB, 2003, S. 371 ff.

74 *Bitterich*, Die Neuregelung des Internationalen Verbrauchervertragsrechts in Art. 29 a EGBGB, S. 370 f; *Freitag/Leible*, EWS 2000, 342, 345. Ähnlich u.a. *Jayme/Kohler*, Rev. crit. d.i.p. 84 (1995), 1, 20 f, 25 f; *Krebber*, ZVglRWiss 97 (1998), 124, 134 zur Klausel-Richtlinie.

Rahmen von Abs. 1 der gewöhnliche Aufenthalt des Verbrauchers im Unionsgebiet oder EWR-Gebiet notwendige Anknüpfungsvoraussetzung.[75]

Abs. 1 verlangt seinem Wortlaut nach einen engen **Zusammenhang des Sachverhalts** mit dem **Gebiet „eines" dieser Staaten**. Das ist freilich zu eng formuliert und wird dem Regelungsansinnen der Richtlinien nicht gerecht,[76] die das Unionsgebiet kollisionsrechtlich wie einen einheitlichen Rechtsraum behandeln.[77] Für die Anwendung von Abs. 1 muss es daher bereits genügen, wenn der Sachverhalt mehrere schwache Bezüge zu unterschiedlichen Mitgliedstaaten der EU und/oder Vertragsstaaten des EWR aufweist, sofern sie gemeinsam die Wesentlichkeitsschwelle erreichen.[78] 38

2. Anwendbarkeit eines Drittstaatenrechts aufgrund einer Rechtswahl. Abs. 1 ist nur anwendbar, wenn der Vertrag aufgrund einer **Rechtswahl** nicht dem Recht eines Staates unterliegt, der Mitglied der Europäischen Union oder Vertragsstaat des EWR-Abkommens ist. Daraus folgt zweierlei. Zum einen ist die Vorschrift auf die **subjektive Anknüpfung** beschränkt. Vorausgesetzt wird eine wirksame Rechtswahlvereinbarung, die sowohl ausdrücklich als auch konkludent erfolgen kann. Ob und wann eine solche vorliegt, beurteilt sich nach den allgemeinen Grundsätzen. Eine Korrektur des Ergebnisses einer objektiven Anknüpfung mithilfe von Art. 46 b ist daher – außerhalb des Anwendungsbereichs von Abs. 4 – ausgeschlossen (zur Möglichkeit einer Analogie vgl Rn 52). Zum anderen hilft Art. 46 b bei der Wahl des Rechts eines Mitgliedstaats der EU bzw Vertragsstaats des EWR nicht weiter, mag dieses auch unionsrechtswidrig hinter dem Richtlinienstandard zurückbleiben. 39

Entsprechend ihres Regelungszwecks findet die Vorschrift nur Anwendung, wenn durch die Wahl drittstaatlichen Rechts die der Umsetzung der in Abs. 3 aufgezählten Richtlinien dienenden nationalen Vorschriften verdrängt werden. Wurde hingegen **drittstaatliches Recht gewählt**, sichern aber bereits Art. 6 Abs. 2 Rom I-VO oder Art. 3 Abs. 4 Rom I-VO die Anwendung der nationalen Umsetzungsnormen, bleibt für Art. 46 b kein Raum.[79] Es kommt daher nicht auf die grundsätzliche Anwendbarkeit eines drittstaatlichen Rechts an, sondern darauf, ob aufgrund der Rechtswahl die Verbraucherschutzvorschriften des EU-Mitgliedstaates bzw EWR-Vertragsstaats, zu dem die engste Beziehung besteht, ausgeschaltet worden sind. Das setzt eine vorrangige Prüfung von Art. 6 Rom I-VO sowie Art. 3 Abs. 4 Rom I-VO voraus.[80] 40

Darüber hinaus genügt auch nicht jede mit der Wahl eines Drittstaatenrechts einhergehende Verdrängung richtliniendeterminierter Verbraucherschutzvorschriften. Sind die nationalen Umsetzungsnormen allein deshalb nicht anzuwenden, weil das gewählte Drittstaatenrecht für den Verbraucher günstiger ist, bleibt es bei dessen Geltung.[81] Art. 46 b soll den kollisionsrechtlichen Verbraucherschutz verbessern, nicht aber einschränken. Auch wenn der deutsche Gesetzgeber das **Günstigkeitsprinzip** richtlinienwidrig nicht in Art. 46 b übernommen hat, hat er doch durch die Postulierung des Vorrangs von Art. 6 Rom I-VO vor Art. 46 b[82] zu erkennen gegeben, dass er immerhin insoweit nicht hinter dem durch Art. 6 Rom I-VO gewährten Verbraucherschutzstandard zurückbleiben möchte. 41

IV. Rechtsfolgen

1. Grundsatz. Art. 46 b verweist auf die „geltenden Bestimmungen zur Umsetzung der Verbraucherschutzrichtlinien" desjenigen Staates, zu dessen Gebiet der Vertrag einen engen Zusammenhang aufweist. Dessen 42

75 *Bitterich*, Die Neuregelung des Internationalen Verbrauchervertragsrechts in Art. 29 a EGBGB, 2003, S. 385; *Freitag/Leible*, EWS 2000, 342, 345; Erman/*Hohloch*, Art. 29 a EGBGB Rn 16; *Looschelders*, Art. 29 a Rn 33; Staudinger/*Magnus*, Art. 29 a EGBGB Rn 50; *Staudinger*, IPRax 1999, 414, 416; MüKo/*Martiny*, Art. 46 b EGBGB Rn 71; offen gelassen von *Staudinger*, RIW 2000, 416, 418; aA *Fetsch*, Eingriffsnormen und EG-Vertrag, 2002, S. 262.

76 So stellen Art. 6 Abs. 2 der Klauselrichtlinie und Art. 7 Abs. 3 der Verbrauchsgüterkauf-Richtlinie auf den engen Zusammenhang des Vertrages „mit dem Gebiet der Mitgliedstaaten" ab, gem. Art. 12 Abs. 2 der Fernabsatzrichtlinie genügt eine enge Beziehung zu „einem oder mehreren Mitgliedstaaten".

77 Vgl *Leible*, in: Schulte-Nölke/Schulze, Europäische Rechtsangleichung und nationale Privatrechte, 1999, S. 353, 366.

78 Zutr. *Freitag*, in: Leible/Sosnitza, Versteigerungen im Internet, 2004, Rn 865.

79 *Leible*, in: Gebauer/Wiedmann (Hrsg.), Zivilrecht unter europäischem Einfluss, 2. Aufl., 2010, Kap. 10 Rn 201.

80 *Martiny*, RIW 2009, 745; Palandt/*Thorn*, Art. 6 Rom I Rn 2; wohl auch jurisPK-BGB/*Limbach*, Art. 46 b EGBGB Rn 14; vgl auch die Regierungsbegründung für die weitgehend inhaltsgleiche Vorgängernorm Art. 29 EGBGB, BT-Drucks. 14/2658, S. 50: „Artikel 29 ist vor 29 a zu prüfen." Ebenso *Freitag/Leible*, EWS 2000, 342, 346; *Looschelders*, in: FS E. Lorenz 2004, S. 441, 447; Bamberger/Roth/*Spickhoff*, Art. 29 a EGBGB Rn 7; Staudinger/*Magnus*, Art. 29 a EGBGB Rn 25; *Tonner*, BB 2000, 1413, 1419; aA *v. Hoffmann/Thorn*, IPR, § 10 Rn 73 c; *Kegel/Schurig*, S. 677 (Art. 29 a EGBGB ist lex specialis im Verhältnis zu Art. 29 EGBGB).

81 *Ehle*, S. 204. *Freitag/Leible*, EWS 2000, 342, 346; Erman/*Hohloch*, Art. 29 a EGBGB Rn 24; *Staudinger*, RIW 2000, 416, 419.

82 Vgl für die Vorgängernorm Art. 29 a EGBGB BT-Drucks. 14/2658, S. 50.

Normen sind, sofern sie der Umsetzung der Verbraucherschutz-Richtlinien dienen, „gleichwohl anzuwenden", dh trotz der Vereinbarung des Rechts eines Drittlandes. Damit hat der Gesetzgeber – entgegen der Stellungnahme des Bundesrates[83] und in Abweichung sowohl vom Referentenentwurf[84] als auch der in § 12 AGBG, § 8 TzWrG gewählten Regelungstechnik – vom **lex-fori-Prinzip**, dh der schlichten Berufung der Umsetzungsnormen des (deutschen) Forums, Abstand genommen und so jedenfalls im Bereich der subjektiven Anknüpfung dem Willen des Richtliniengebers weitgehend Rechnung getragen. Die nunmehr gefundene Lösung vermeidet das andernfalls eintretende „Heimwärtsstreben" und verhindert, dass der Sachverhalt einem Recht unterstellt werden kann, zu dem er – abgesehen von der internationalen Zuständigkeit – keine oder jedenfalls keine hinreichenden Berührungspunkte aufweist. Sie vermindert außerdem etwaige Anreize zum *forum shopping*[85] und trägt dem im Internationalen Privatrecht herrschenden „Prinzip der engsten Verbindung" Rechnung.

43 **2. Reichweite der Verweisung.** Der in Art. 46 b Abs. 1 enthaltene Verweis ist ausdrücklich auf die „geltenden Bestimmungen zur Umsetzung der Verbraucherschutzrichtlinien" beschränkt. Das können sowohl die Richtlinien transformierende **Sondergesetze** als auch ihrer Umsetzung dienende Normen des **allgemeinen Zivilrechts** sein.[86] Für alle übrigen, den schuldrechtlichen Inhalt des Vertrags betreffenden Fragen bleibt hingegen das durch die Rechtswahl berufene Statut maßgeblich.

44 Sämtliche Richtlinien mit Ausnahme der Richtlinie über den Fernabsatz von Finanzdienstleistungen[87] und der Richtlinie über Verbraucherkreditverträge[88] führen zu keiner Totalharmonisierung, sondern beschränken sich auf die Statuierung von **Mindeststandards** und stellen es den Mitgliedstaaten frei, strengere Bestimmungen zu erlassen oder aufrechtzuerhalten, um einen höheren Schutz für die Verbraucher sicherzustellen. Auch derartige „überschießende" Normen werden von der durch Abs. 1 ausgesprochenen Verweisung erfasst.[89]

45 Zu beachten ist allerdings, dass die Eröffnung des sachlichen Anwendungsbereichs des Abs. 1 nicht notwendig zu einer Berufung der nationalstaatlichen Umsetzungen aller in Abs. 3 aufgezählten Verbraucherschutzrichtlinien führt. Wird zB ein bestimmter Vertragstyp nur von der Verbrauchsgüterkauf-Richtlinie erfasst, kommen auch nur die der Umsetzung dieser Richtlinie dienenden Normen des EU-Mitgliedstaats bzw Vertragsstaats des EWR-Abkommens, zu dem die engste Beziehung besteht, über Art. 46 b zur Anwendung. Nicht nur der sachliche Anwendungsbereich von Art. 46 b, sondern auch der **Umfang** des durch diese Vorschrift berufenen mitgliedstaatlichen Rechts ist also an den Richtlinieninhalt rückzukoppeln.[90]

46 **3. Bezug zu mehreren Staaten.** Weist der Sachverhalt tatsächlich Bezüge zu mehreren Mitgliedstaaten der EU oder Vertragsstaaten des EWR auf, ist dasjenige Recht anzuwenden, zu dem **der engste Bezug** besteht.[91] Welcher Staat dies im Einzelnen ist, ist nach den auch für Art. 4 Rom I-VO wesentlichen Kriterien zu bestimmen. Besteht ein Bezug hingegen nur zu einem Mitgliedstaat der EU bzw Vertragsstaat des EWR und ansonsten zu einem oder mehreren Drittstaat(en), bedarf es keiner besonderen Nähebestimmung. In diesem Fall genügt bereits das Vorliegen des Tatbestandsmerkmals des „engen Zusammenhangs", um die Umsetzungsnormen des berührten EU-/EWR-Staats zur Anwendung zu bringen.[92]

47 **4. Günstigkeitsvergleich.** Sämtliche kollisionsrechtlichen Richtlinienbestimmungen sehen ebenso wie Art. 6 Rom I-VO eine Alternativanknüpfung mit einem Günstigkeitsvergleich vor (vgl Rn 2). Angewendet werden soll das dem Verbraucher vorteilhafteste Recht. Das kann auch das gewählte Recht des Drittlandes sein. Abs. 1 bestimmt hingegen, dass die der Umsetzung der Verbraucherschutzrichtlinien dienenden Normen

83 Der Bundesrat präferierte das im Referentenentwurf vorgesehene lex-fori-Prinzip (vgl nächste Fn), da der Aufwand der Ermittlung des betreffenden ausländischen Verbraucherschutzrechts und die damit verbundene Mehrbelastung der deutschen Gerichte nicht lohne, weil die angeglichenen ausländischen Sachrechte ohnehin deckungsgleich seien, vgl BT-Drucks. 14/2920, S. 7.

84 Der Referentenentwurf sah noch die Anwendung der „Vorschriften des AGB-Gesetzes, des Fernabsatzgesetzes, des Fernunterrichtschutzgesetzes und des Teilzeit-Wohnrechtegesetzes" vor. Zur Kritik vgl *Freitag/Leible*, ZIP 1999, 1296, 1300; *Micklitz/Reich*, BB 1999, 2093, 2098; *Roth/Schulze*, RIW 1999, 924, 931; *Staudinger*, IPRax 1999, 414, 417.

85 Ähnlich die Gegenäußerung der Bundesregierung zur Stellungnahme des Bundesrates, vgl BT-Drucks. 14/2920, S. 16.

86 *Freitag/Leible*, EWS 2000, 342, 346; *Looschelders*, Art. 29 a Rn 35; MüKo/*Martiny*, Art. 46 b EGBGB Rn 74; Staudinger/*Magnus*, Art. 29 a EGBGB Rn 53.

87 Erwägungsgrund 13 Richtlinie 2002/65/EG.

88 Erwägungsgrund 9 Richtlinie 2008/48/EG.

89 *Freitag/Leible*, EWS 2000, 342, 346; *Looschelders*, Art. 29 a Rn 36; Staudinger/*Magnus*, Art. 29 a EGBGB Rn 53; MüKo/*Martiny*, Art. 46 b EGBGB Rn 75; aA wohl *Siehr*, IPR, S. 159 („nur das verbraucherrechtliche Minimum"); ähnlich *Freitag*, in: Leible/Sosnitza, Versteigerungen im Internet, 2004, Rn 873.

90 *Freitag/Leible*, EWS 2000, 342, 346; MüKo/*Martiny*, Art. 46 b EGBGB Rn 75.

91 BT-Drucks. 14/2658, S. 50; *Freitag/Leible*, EWS 2000, 342, 345; *Looschelders*, Art. 29 a Rn 39; Staudinger/*Magnus*, Art. 29 a EGBGB Rn 52; Bamberger/Roth/*Spickhoff*, Art. 29 a EGBGB Rn 15; PWW/*Remien*, exArt. 29 a EGBGB Rn 5; aA *v. Hoffmann/Thorn*, IPR, § 10 Rn 73 d (Staat der Kontaktaufnahme).

92 *Looschelders*, Art. 29 a Rn 40; Staudinger/*Magnus*, Art. 29 a EGBGB Rn 52.

anzuwenden *sind*. Ein **Günstigkeitsvergleich findet also nicht statt**, hätte doch andernfalls formuliert werden müssen, dass der Verbraucher durch eine Rechtswahl „den Schutz nicht verliert" oder „ihm der Schutz nicht entzogen werden darf".[93] Angesichts des eindeutigen Wortlauts der Vorschrift und des sich aus den Materialien ergebenden subjektiven Willens des Gesetzgebers[94] bleibt auch kein Raum für die Gewinnung eines anderen Ergebnisses mittels richtlinienkonformer Auslegung;[95] denn auch die Pflicht zur richtlinienkonformen Auslegung angeglichenen Rechts erlaubt keine Auslegung contra legem. Eine teleologische Reduktion der Vorschrift auf einen Günstigkeitsvergleich kommt folglich nicht in Betracht.[96] Vgl aber auch Rn 41.

5. Unterbliebene oder mangelhafte Richtlinienumsetzung. Hat der Staat, auf dessen Recht Art. 46 b rekurriert, die entsprechende Richtlinie **gar nicht umgesetzt**, geht die Verweisung scheinbar ins Leere, da auf die „Bestimmungen zur Umsetzung der Verbraucherschutzrichtlinien" verwiesen wird.[97] Indes ist ganz allgemein von den geltenden und nicht nur den zur Umsetzung ergangenen Bestimmungen die Rede. Der Grundsatz der richtlinienkonformen Auslegung erfasst aber auch vor dem Inkrafttreten einer Richtlinie existentes nationales Recht;[98] die nationalen Gerichte müssen sich bei dessen Auslegung und Anwendung ebenfalls „so weit wie möglich am Wortlaut und Zweck der Richtlinie ausrichten, um das mit der Richtlinie verfolgte Ziel zu erreichen und auf diese Weise Art. 189 Abs. 3 EGV [aF, nunmehr Art. 288 Abs. 3 AEUV] nachzukommen".[99] Daher ist auch bei einer gänzlich fehlenden Richtlinienumsetzung zunächst zu prüfen, ob sich ein richtlinienkonformes Ergebnis mit Hilfe des bereits vorhandenen Normbestandes erreichen lässt. Nur wenn das nicht möglich ist, bleibt es bei einer vollumfänglichen Anwendung des gewählten Rechts.[100] Ein Rückgriff auf die lex fori oder das Recht eines umsetzungstreuen Staates, zu dem die nächst engere Beziehung besteht, kommt auf keinen Fall in Betracht. 48

Normen, die eine der in Abs. 3 aufgeführten Richtlinien **fehlerhaft umsetzen**, sind gleichwohl zu ihrer Umsetzung ergangen und werden folglich ebenfalls durch Art. 46 b zur Anwendung berufen. Der deutsche Richter ist gehalten, ein möglichst richtlinienkonformes Ergebnis im Wege der richtlinienkonformen Auslegung des berufenen Rechts herbeizuführen. Lassen das die Grenzen der richtlinienkonformen Auslegung nicht zu, ist auch in diesem Fall das richtlinienwidrige Ergebnis hinzunehmen.[101] 49

Die dem Verbraucher in beiden Konstellationen entstehenden Nachteile sind vom umsetzungssäumigen bzw fehlerhaft umsetzenden Staat, nicht aber von Deutschland zu ersetzen, sofern die Voraussetzung einer **Staatshaftung** wegen unterlassener oder mangelhafter Richtlinienumsetzung vorliegen.[102] 50

6. Verbraucherschutzrichtlinien. a) Erfasste Richtlinien. Verbraucherschutzrichtlinien iSv Abs. 1 sind die **in Abs. 3 aufgezählten Richtlinien**, dh die Klausel-Richtlinie, die Fernabsatz-Richtlinie, die Verbrauchsgüterkauf-Richtlinie, die Richtlinie über den Fernabsatz von Finanzdienstleistungen sowie die Richtlinie über 51

93 *Martiny*, RIW 2009, 744; jurisPK-BGB/*Limbach*, Art. 46 b EGBGB Rn 29; PWW/*Remien*, exArt. 29 a EGBGB Rn 7; PWW-*Remien*, Art. 46 b EGBGB Rn 4; *Freitag/Leible*, EWS 2000, 342, 347; Bamberger/Roth/*Spickhoff*, Art. 29 a EGBGB Rn 15; Palandt/*Thorn*, Art. 46 b EGBGB Rn 5.

94 In der Begründung des Gesetzentwurfs der Bundesregierung wird mehrfach darauf hingewiesen, dass die Umsetzungsnormen anzuwenden *sind* (vgl BT-Drucks. 14/2658, S. 50). Ein Rekurs auf das Günstigkeitsprinzip findet sich dagegen nirgendwo, und zwar nicht einmal ansatzweise. Der Rechtsausschuss des Bundestages äußerte keine Bedenken. Da der Bundestag die Formulierung trotz der in der Literatur wiederholt geäußerten Bedenken (vgl zB *Freitag/Leible*, ZIP 1999, 1296, 1299; *Jayme/Kohler*, IPRax 1995, 343, 345 und 346; *Mankowski*, BB 1999, 1225, 1228; *Micklitz/Reich*, BB 1999, 2093, 2099; *Roth/Schulze*, RIW 1999, 924, 931; *Staudinger*, IPRax 1999, 414, 417; *Thorn*, IPRax 1999, 1, 8) übernommen hat, kann auch nicht von einem gesetzgeberischen Irrtum ausgegangen werden.

95 *Freitag*, in: Leible/Sosnitza, Versteigerungen im Internet, 2004, Rn 875; *Freitag/Leible*, EWS 2000, 342, 347; *v. Hoffmann/Thorn*, IPR, § 10 Rn 73 d; Erman/*Hohloch*, Art. 29 a EGBGB Rn 21; *Looschelders*, Art. 29 a Rn 41; *Tonner*, BB 2000, 1413, 1419; aA PWW/*Remien*, exArt. 29 a EGBGB Rn 7.

96 AA *Bitterich*, Die Neuregelung des Internationalen Verbrauchervertragsrechts in Art. 29 a EGBGB, 2003, S. 410; *Doehner*, Die Schuldrechtsreform vor dem Hintergrund der Verbrauchsgüterkauf-Richtlinie, 2004, S. 297; *Siehr*, IPR, S. 159; *Staudinger*, RIW 2000, 416, 419; *Wagner*, IPRax 2000, 249, 255; wohl auch MüKo/*Martiny*, Art. 46 b EGBGB Rn 80.

97 *Freitag/Leible*, EWS 2000, 342, 347; *Looschelders*, Art. 29 a Rn 37; Reithmann/Martiny/*Martiny*, Rn 4244; MüKo/*Martiny*, Art. 46 b EGBGB Rn 76; Staudinger/*Magnus*, Art. 29 a EGBGB Rn 32; *Schlechtriem*, in: FS Lorenz 2001, S. 565, 566 in Fn 4; *Staudinger*, RIW 2000, 416, 417; *ders.*, ZfRV 2000, 93, 101.

98 Vgl dazu *Leible/Sosnitza*, NJW 1998, 2507.

99 EuGH Slg 1990, I-4135, 4159 Rn 8 – Marleasing.

100 Zutr. *Bitterich*, Die Neuregelung des Internationalen Verbrauchervertragsrechts in Art. 29 a EGBGB, 2003, S. 420; insoweit wird an *Freitag/Leible*, EWS 2000, 342, 347, nicht festgehalten.

101 *Freitag/Leible*, EWS 2000, 342, 347; Palandt/*Thorn*, Art. 46 b EGBGB Rn 5; Reithmann/Martiny/*Martiny*, Rn 4243; MüKo/*Martiny*, Art. 46 b EGBGB Rn 77; PWW/*Remien*, exArt. 29 a EGBGB Rn 6; *Staudinger*, RIW 2000, 416, 417.

102 *Freitag/Leible*, EWS 2000, 342, 347; MüKo/*Martiny*, Art. 46 b EGBGB Rn 77; *Staudinger*, RIW 2000, 416, 417.

Verbraucherkreditverträge.[103] Nur das der Umsetzung dieser Richtlinien dienende nationale Recht wird durch Abs. 1 berufen. Ansonsten bleibt es bei der Anwendung des gewählten Drittstaatenrechts.

52 **b) Analoge Anwendung von Art. 46 b. aa) Objektive Anknüpfung.** Der über Art. 46 b Abs. 1 gewährte ergänzende kollisionsrechtliche Verbraucherschutz ist, abgesehen von Timesharing-Verträgen (Abs. 4), auf eine **Korrektur der subjektiven Anknüpfung** beschränkt. Gelangt drittstaatliches Recht nicht aufgrund einer Rechtswahl, sondern kraft objektiver Anknüpfung zur Anwendung, wird dies hingenommen. Das ist bedenklich, da es dazu führen kann, dass der Schutz des Verbrauchers trotz eines vergleichbaren Unionsbezugs hinter dem bei einer Rechtswahl gewährten zurückbleibt und Art. 6 Abs. 1 Rom I-VO aufgrund seines begrenzten Anwendungsbereichs nur bedingt zum Ausgleich dieses Mankos in der Lage ist.[104] Indes ist diese Vernachlässigung der objektiven Anknüpfung auch den kollisionsrechtlichen Vorgaben der Verbraucherschutzrichtlinien eigen.[105] Der deutsche Gesetzgeber hat dem bewusst Rechnung getragen und im Zuge der Formulierung von Art. 46 b ausdrücklich auf eine Regelung des von § 12 AGBGB noch erfassten Falls der objektiven Anknüpfung verzichtet.[106] Angesichts dieses klaren gesetzgeberischen Willens scheidet eine analoge Anwendung von Art. 46 b aus.[107]

53 **bb) Verbraucherschutzrichtlinien ohne geschriebene kollisionsrechtliche Vorgaben.** Die Verbraucherschutzrichtlinien „älteren Typs", dh die Haustürgeschäfte-Richtlinie[108] sowie die Pauschalreise-Richtlinie[109] enthalten keine geschriebenen kollisionsrechtlichen Vorgaben. Allerdings hat der EuGH in der Rechtssache **„Ingmar"** zur Handelsvertreter-Richtlinie[110] entschieden, dass deren Art. 17 und 18, die dem Handelsvertreter nach Vertragsbeendigung gewisse Ansprüche gewähren, „auch dann anzuwenden (sind), wenn der Handelsvertreter seine Tätigkeit in einem Mitgliedstaat ausgeübt hat, der Unternehmer seinen Sitz aber in einem Drittland hat und der Vertrag vereinbarungsgemäß dem Recht dieses Landes unterliegt".[111] Der EuGH begründet dies u.a. damit, dass die Richtlinie dem Schutz des schwächeren Vertragspartners dient[112] und außerdem die Wettbewerbsbedingungen innerhalb der Union vereinheitlichen soll,[113] weshalb die Einhaltung ihrer Bestimmungen im Unionsgebiet „für die Verwirklichung dieser Ziele des EG-Vertrags" unerlässlich sei.[114] Daher sei es „für die […] Rechtsordnung [der Union] von grundlegender Bedeutung, dass ein Unternehmer mit Sitz in einem Drittland, dessen Handelsvertreter seine Tätigkeit innerhalb der [Union] ausübt, diese Bestimmungen nicht schlicht durch eine Rechtswahlklausel umgehen kann. Der Zweck dieser Bestimmungen erfordert nämlich, dass sie unabhängig davon, welchem Recht der Vertrag nach dem Willen der Parteien unterliegen soll, anwendbar sind, wenn der Sachverhalt einen starken [Unions]bezug aufweist, etwa weil der Handelsvertreter seine Tätigkeit im Gebiet eines Mitgliedstaats ausübt".[115]

54 Auch wenn die Ausführungen des EuGH alles andere als überzeugend sind,[116] lässt sich ihnen doch ein **verallgemeinerungsfähiges Konzept** entnehmen, dass sich mit dem kollisionsrechtlichen Ansatz der Verbraucherschutzrichtlinien neueren Typs deckt. Dies gilt auch unter Geltung der Rom I-VO. Zwar wurde in der Rom I-VO die Ingmar-Rechtsprechung in Art. 3 Abs. 4 Rom I-VO und Art. 9 Rom I-VO kodifiziert. Die Kodifizierung erfolgte jedoch nicht vollständig, sodass immer noch einige Schutzlücken bestehen (vgl bereits Rn 10).[117] Die Mitgliedstaaten sind daher auch bei Verbraucherschutzrichtlinien ohne geschriebene kollisionsrechtliche Regelungsvorgaben verpflichtet, durch geeignete Maßnahmen dafür Sorge zu tragen, dass der durch die jeweilige Richtlinie garantierte Standard vor einer Wahl drittstaatlichen Rechts bewahrt wird, sofern der Sachverhalt einen Zusammenhang mit dem Gebiet der EU-Mitgliedstaaten aufweist.[118] Dem kann durch

103 JurisPK-BGB/*Limbach*, Art. 46 b EGBGB Rn 3.
104 Beispiele bei *Jayme*, in: FS Trinkner 1995, S. 575, 577; *Kronke*, RIW 1996, 985, 991; *Thorn*, IPRax 1999, 1, 8.
105 Zur Kritik vgl *Leible*, in: Schulte-Nölke/Schulze, Europäische Rechtsangleichung und nationale Privatrechte, 1999, S. 353, 366 f.
106 BT-Drucks. 14/2658, S. 50.
107 Ebenso *Bitterich*, Die Neuregelung des Internationalen Verbrauchervertragsrechts in Art. 29 a EGBGB, 2003, S. 461 f; Erman/*Hohloch*, Art. 29 a EGBGB Rn 26; *Rusche*, IPRax 2001, 420, 424.
108 Richtlinie 85/577/EWG des Rates v. 20. Dezember 1985 betreffend den Verbraucherschutz im Falle von außerhalb von Geschäftsräumen geschlossenen Verträgen, ABlEG 1985 Nr. L 372/31.
109 Richtlinie 90/314/EWG des Rates v. 13. Juni 1990 über Pauschalreisen, ABlEG 1990 Nr. L 158/52.
110 Richtlinie 86/653/EWG des Rates v. 18. Dezember 1986 zur Koordinierung der Rechtsvorschriften der Mitgliedstaaten betreffend die selbständigen Handelsvertreter, ABlEG 1986 Nr. L 382/17.
111 EuGH Slg 2000, I-9305 – Ingmar. Vgl dazu u.a. *Freitag/Leible*, RIW 2001, 287; *Jayme*, IPRax 2001, 190; *Michaels/Kamann*, EWS 2001, 301; *Nemeth/Rudisch*, ZfRV 2001, 179; *Schurig*, in: FS Jayme 2004, S. 837; *Schwarz*, ZVglRWiss 101 (2002), 45.
112 EuGH Slg 2000, I-9305, 9333 Rn 20 – Ingmar.
113 EuGH Slg 2000, I-9305, 9334 Rn 23 – Ingmar.
114 EuGH Slg 2000, I-9305, 9334 Rn 24 – Ingmar.
115 EuGH Slg 2000, I-9305, 9335 Rn 25 – Ingmar.
116 Vgl zur Kritik etwa *Freitag/Leible*, RIW 2001, 287, 291 f.
117 *Heiss*, in: Ferrari/Leible, Rome I Regulation, 2009, S. 8.
118 Zur Übertragbarkeit der Ingmar-Grundsätze vgl zB *Bitterich*, VuR 2002, 155, 157 ff; *Lurger*, in: Leible, Die Bedeutung des Internationalen Privatrechts im Zeitalter der neuen Medien, 2003, S. 33, 46; *Staudinger*, NJW 2001, 1974, 1976 ff; außerdem zB mwN *v. Bar/Mankowski*, IPR I, § 4 Rn 101.

eine analoge Anwendung von Art. 46 b nachgekommen werden,[119] sofern nicht bereits Art. 3 Abs. 4 Rom I-VO oder Art. 9 Rom I-VO greifen.[120]

V. Anknüpfung von Teilnutzungsverträgen, Verträgen über langfristige Urlaubsprodukte, Wiederverkaufs- und Tauschverträgen (Abs. 4)

1. Allgemeines. Abs. 4 enthält eine **Sonderregelung** für grenzüberschreitende Teilnutzungsverträge, Verträge über langfristige Urlaubsprodukte sowie Wiederverkaufs- und Tauschverträge. Er passt den inhaltlich verunglückten[121] Art. 46 b Abs. 3 aF, der Art. 29 a Abs. 3 aF wortwörtlich übernahm, an die kollisionsrechtlichen Vorgaben von Art. 12 Abs. 2 der Richtlinie 2008/122/EG, die am 23.2.2009 in Kraft trat[122] und von den Mitgliedstaaten bis zum 23.3.2011 in nationales Recht umzusetzen war,[123] an und erweitert dabei den Anwendungsbereich der Norm sowohl in persönlicher als auch in sachlicher Hinsicht erheblich.[124] 55

2. Verhältnis zu Abs. 1. Abs. 1 ist auf grenzüberschreitende Teilnutzungsverträge, Verträge über langfristige Urlaubsprodukte sowie Wiederverkaufs- und Tauschverträge nicht anwendbar, da die Richtlinie 2008/122/EG, deren Art. 12 Abs. 2 mittels Abs. 4 umgesetzt wird, in Abs. 3 nicht erwähnt wird. Abs. 4 ist mithin **lex specialis** zu Abs. 1. 56

3. Verhältnis zu Art. 3 Abs. 4 und Art. 6 Rom I-VO. Ebenso wie Abs. 1 greift auch Abs. 4 nur, wenn die Anknüpfung der in diesem Abs. aufgeführten Verträge nach der Rom I-VO zum Recht eines Drittstaates führt (zur Anknüpfung vgl Rn 39). Art. 6 Rom I-VO ist also ebenso wie Art. 3 Abs. 4 Rom I-VO **vorrangig** zu prüfen. Im Gegensatz zu Abs. 1 (vgl dazu Rn 47) geht Abs. 4 aber von einem **Günstigkeitsprinzip** aus, belässt es also bei der Anwendung drittstaatlichen Rechts, wenn dies für den Verbraucher von Vorteil ist. 57

4. Anwendungsvoraussetzungen. a) Teilnutzungsvertrag, Vertrag über ein langfristiges Urlaubsprodukt, Wiederverkaufs- oder Tauschvertrag. aa) Vertragsgegenstand. Abs. 4 verlangt zunächst das alternative Vorliegen bestimmter **Vertragstypen**: Es muss sich um einen Teilnutzungsvertrag, einen Vertrag über ein langfristiges Urlaubsprodukt oder einen Wiederverkaufs- oder einen Tauschvertrag handeln. Der sachliche Anwendungsbereich wurde im Vergleich zur Vorgängervorschrift Art. 46 b Abs. 3 aF– die lediglich Timesharing-Verträge über Immobilien erfasste – mithin erheblich erweitert. Was mit den dergestalt bezeichneten Vertragstypen gemeint ist, erschließt sich durch den Verweis auf **Art. 2 Abs. 1 Richtlinie 2008/122/EG.** 58

Ein **Teilnutzungsvertrag** ist gem. Art. 2 Abs. 1 lit. a Richtlinie 2008/122/EG ein Vertrag mit einer Laufzeit von mehr als einem Jahr, mit dem der Verbraucher gegen Entgelt das Recht erwirbt, eine oder mehrere Übernachtungsunterkünfte für mehr als einen Nutzungszeitraum zu nutzen. Im Gegensatz zur Vorgängerregelung, die lediglich Verträge über Unterkünfte in Immobilien umfasste,[125] sind laut Definition nunmehr Verträge über sämtliche Formen von Unterkünften und folglich auch über Unterkünfte in Mobilien – wie zB Wohnmobilen, Hausbooten und Kreuzfahrtschiffen – erfasst.[126] Auch die Art der Ausgestaltung des Teilnutzungsvertrags[127] ist nunmehr irrelevant.[128] Allerdings muss der Vertrag auf die Zurverfügungstellung einer Unterkunft abzielen. Verträge über die Vermietung von Wohnmobilstell- oder Bootsliegeplätzen werden daher 59

119 Für eine analoge Anwendung auch *Bitterich*, Die Neuregelung des Internationalen Verbrauchervertragsrechts in Art. 29 a EGBGB, 2003, S. 470 ff; *ders.*, VuR 2002, 155, 161 ff; *Mankowski*, MDR 2002, 1352, 1353; *ders.*, in: Spindler/Wiebe, Internet-Auktionen, 2001, E Rn 63; *Paefgen*, ZEuP 2003, 266, 291 f; *Pfeiffer*, in: FS Geimer 2002, S. 821, 832; *Rauscher*, Fälle und Lösungen nach höchstrichterlichen Entscheidungen: Internationales Privatrecht mit Internationalem Verfahrensrecht, 2002, S. 130 und 170; *Staudinger*, NJW 2001, 1974, 1977; *v. Bar/Mankowski*, IPR I, § 4 Rn 103; de lege ferenda für eine Aufnahme in Art. 29 a und bis dahin de lege lata für eine Anknüpfung nach Art. 34 *Fetsch*, Eingriffsnormen und EG-Vertrag, 2002, S. 288, 291 und 294; PWW/*Remien*, exArt. 29 a EGBGB Rn 10; gegen eine analoge Anwendung Palandt/*Thorn*, Art. 46 b EGBGB Rn 2; Erman/*Hohloch*, Art. 29 a EGBGB Rn 26; *Looschelders*, Art. 29 a Rn 43; Staudinger/*Magnus*, Art. 29 a EGBGB Rn 53; MüKo/*Martiny*, Art. 46 b EGBGB Rn 112; Bamberger/Roth/*Spickhoff*, Art. 29 a EGBGB Rn 8.

120 Vgl *Heiss*, in: Ferrari/Leibe, Rome I Regulation, 2009, S. 8.

121 Zu kritisieren war insbes. die allfällige Berufung deutschen Rechts sowie das komplizierte Zusammenspiel mit den übrigen Absätzen, vgl zB BT-Drucks. 14/2920, S. 7 sowie *Mäsch*, DNotZ 1997, 180, 206 ff; *Otte*, RabelsZ 62 (1998), 405, 426 ff; *Jayme*, IPRax 1997, 233, 234; *Wegner*, Internationaler Verbraucherschutz beim Abschluss von Timesharingverträgen: § 8 Teilzeitwohnrechtegesetz, 1998, S. 205 ff; *Freitag/Leible*, ZIP 1999, 1296, 1300; *Staudinger*, IPRax 1999, 414, 417; *Kluth*, Die Grenzen des kollisionsrechtlichen Verbraucherschutzes, 2009, S. 252 ff.

122 Vgl Art. 19 Richtlinie 2008/122/EG.

123 Art. 16 Abs. 1 Richtlinie 2008/122/EG.

124 Vgl BT-Drucks. 17/2764, S. 1.

125 Vgl Art. 46 b Abs. 3 aF, basierend auf Art. 1 und 2 Richtlinie 94/47/EG.

126 KOM (2007) 303 endg., S. 9 f.

127 Zu den einzelnen Ausgestaltungen vgl zB mwN Reithmann/Martiny/*Mankowski* Rn 4284 ff; *Wegner*, Internationaler Verbraucherschutz beim Abschluss von Timesharingverträgen: § 8 Teilzeitwohnrechtegesetz, 1998, S. 22 ff; *Otte*, RabelsZ 62 (1998), 404, 408 ff.

128 So auch Reithmann/Martiny/*Mankowski*, Rn 4292; *Gaedtke*, VuR 2008, 130, 131.

schon definitionsgemäß nicht erfasst. Dasselbe gilt für Vereinbarungen über Logenplätze bei Sportveranstaltungen.[129] Überdies sind Mehrfachreservierungen von Unterkünften, einschließlich Hotelzimmern, die nicht zu Rechten und Pflichten führen, die über solche aus Einzelreservierungen hinausgehen, nicht als Teilnutzungsvertrag zu qualifizieren. Auch gewöhnliche Mietverträge sind nicht betroffen, da sich diese auf einen einzelnen ununterbrochenen Nutzungszeitraum und nicht auf mehrere Nutzungszeiträume beziehen.[130] Das Erfordernis der Entgeltlichkeit ist schließlich weit auszulegen und bereits dann erfüllt, wenn der Verbraucher zu Beginn einen gewissen Betrag zahlt und in der Folge bei jeder Nutzung der Unterkunft eine weitere Zahlung leistet.[131]

60 Ein **Vertrag über ein langfristiges Urlaubsprodukt** wird in Art. 2 Abs. 1 lit. b Richtlinie 2008/122/EG definiert als Vertrag mit einer Laufzeit von mehr als einem Jahr, mit dem der Verbraucher gegen Entgelt in erster Linie das Recht auf Preisnachlässe oder sonstige Vergünstigungen in Bezug auf eine Unterkunft erwirbt, und zwar unabhängig davon, ob damit Reise- oder sonstige Leistungen verbunden sind. Hierunter fallen etwa die so genannten „Travel Discount Clubs".[132] Dagegen werden herkömmliche Treuesysteme, bei denen Nachlässe auf künftige Aufenthalte in den Häusern einer Hotelkette gewährt werden, nicht erfasst, da die Mitgliedschaft in einem solchen System nicht gegen Entgelt erworben wird oder der Verbraucher mit der Entrichtung von Entgelt nicht in erster Linie das Recht auf Preisnachlässe oder sonstige Vergünstigungen in Bezug auf eine Unterkunft erwirbt.[133]

61 Ein **Wiederverkaufsvertrag** ist gem. Art. 2 Abs. 1 lit. c Richtlinie 2008/122/EG ein Vertrag, mit dem ein Gewerbetreibender gegen Entgelt einen Verbraucher dabei unterstützt, ein Teilnutzungsrecht oder ein langfristiges Urlaubsprodukt zu veräußern oder zu erwerben. Kaufverträge zwischen Verbrauchern sind nicht erfasst, da reine Privatgeschäfte nicht in den Anwendungsbereich der Richtlinie fallen (vgl Rn 63). Tritt der Gewerbetreibende nicht als Vermittler auf, sondern kauft er selbst ein Teilnutzungsrecht, das er dann an einen Verbraucher weiterveräußert, handelt es sich um einen Erwerb von Teilnutzungsrechten nach Art. 2 Abs. 1 lit. a.[134]

62 Um einen **Tauschvertrag** handelt es sich gem. Art. 2 Abs. 1 lit. d Richtlinie 2008/122/EG bei jedem Vertrag, mit dem ein Verbraucher gegen Entgelt einem Tauschsystem beitritt, das ihm Zugang zu einer Übernachtungsunterkunft oder anderen Leistungen im Tausch gegen die Gewährung vorübergehenden Zugangs für andere Personen zu den Vergünstigungen aus den Rechten, die sich aus dem Teilnutzungsvertrag des Verbrauchers ergeben, ermöglicht. Entgeltlichkeit in diesem Sinne liegt auch dann vor, wenn eine kostenlose Einführungsphase vorgesehen ist oder die Gebühr für den ersten Zeitraum von einem Dritten bezahlt wird. Tauschaktionen während der Laufzeit des Vertrages über die Mitgliedschaft in einer Tauschorganisation sind hingegen nicht erfasst.[135]

63 **bb) Vertragsparteien.** Auch wenn Abs. 4 nur von einem „Vertrag" spricht, genügt nicht jeder Vertrag iSd Abs. 4. In Abkehr von der Vorgängerrichtlinie 94/47/EG und des hierauf basierenden Art. 46 b Abs. 3 aF, die noch einen Vertrag zwischen einem Verkäufer und einem Erwerber forderten,[136] gilt die Richtlinie 2008/122/EG nunmehr lediglich für **Geschäfte zwischen Gewerbetreibenden und Verbrauchern**. Diese Neuerung beruht darauf, dass der Begriff „Erwerber" für einen Verbraucher bei einem Vertrag über den Wiederverkauf von Nutzungsrechten nicht zutreffend ist,[137] Wiederverkaufsverträge aber von der Richtlinie 2008/122/EG und damit auch von Art. 46 b Abs. 4 erfasst sind.

64 Die Begriffe „Gewerbetreibender" und „Verbraucher" werden in Art. 2 Abs. 1 der Richtlinie 2008/122/EG definiert. Ein **Gewerbetreibender** ist gem. Art. 2 Abs. 1 lit. e Richtlinie 2008/122/EG eine natürliche oder juristische Person, die für die Zwecke ihrer gewerblichen, geschäftlichen, handwerklichen oder beruflichen Tätigkeit handelt, sowie jede Person, die im Namen oder im Auftrag eines Gewerbetreibenden handelt. Dies ist identisch mit dem in Abs. 4 verwendeten Begriff des Unternehmers (vgl auch § 14 BGB). Ein **Verbraucher** (vgl auch § 13 BGB) ist hingegen gem. Art. 2 Abs. 1 lit. f. Richtlinie 2008/122/EG jede natürliche Person, die zu Zwecken handelt, die nicht ihrer gewerblichen, geschäftlichen, handwerklichen oder beruflichen Tätigkeit zugerechnet werden können.[138]

65 **b) Geltung drittstaatlichen Rechts aufgrund subjektiver oder objektiver Anknüpfung.** Abs. 4 erfasst ferner nur Fälle, in denen es aufgrund einer **subjektiven oder objektiven Anknüpfung** zur Geltung dritt-

129 KOM (2007) 303 endg., S. 10.
130 Erwägungsgrund 6 Richtlinie 2008/122/EG.
131 KOM (2007) 303 endg., S. 10.
132 KOM (2007) 303 endg., S. 10.
133 Erwägungsgrund 7 Richtlinie 2008/122/EG; KOM (2007) 303 endg., S. 10.
134 KOM (2007) 303 endg., S. 10.
135 KOM (2007) 303 endg., S. 11.
136 Vgl Art. 2 Richtlinie 94/47/EG.
137 KOM (2007) 303 endg., S. 11.
138 KOM (2007) 303 endg., S. 10.

staatlichen Rechts käme. Von Relevanz bei der hierfür erforderlichen kollisionsrechtlichen Vorprüfung sind Art. 3, 4 und 6 Verordnung (EG) Nr. 593/2008[139] (Rom I-VO) sowie Art. 43 Abs. 1.

Im Rahmen des **Art. 6 Rom I-VO** ist vor allem die Rückausnahme des Art. 6 Abs. 4 lit. c Rom I-VO für Verträge über Teilnutzungsrechte an Immobilien im Sinne der Richtlinie 94/47/EG zu beachten. Der Verweis auf die Richtlinie 94/47/EG bezieht sich infolge ihrer Reform nunmehr auf die aktuelle Richtlinie 2008/122/EG.[140] Das hat zur Folge, dass Art. 6 Rom I-VO in sachlicher Hinsicht auf **Teilnutzungsverträge** iSd Richtlinie 2008/122/EG Anwendung findet. Dieses Ergebnis kann auch nicht unter Verweis auf Art. 6 Abs. 4 lit. a Rom I-VO konterkariert werden. Denn durch die systematische Stellung der Rückausnahme für Teilnutzungsverträge im Sinne der Richtlinie 2008/122/EG in Art. 6 Abs. 4 lit. c Rom I-VO wird klargestellt, dass Teilnutzungsverträge grundsätzlich nicht als Dienstleistungsverträge charakterisiert werden können. Zwar stellen derartige Verträge typengemischte Verträge dar, die auch dienstvertragliche Elemente enthalten. Diese dienstvertraglichen Elemente sind jedoch grundsätzlich als Nebenleistung zu qualifizieren. Eine Qualifikation als Hauptleistung kommt aufgrund der Gefahr einer Aushöhlung der Rückausnahme in Art. 6 Abs. 4 lit. c Rom I-VO nur in eng umgrenzten Ausnahmefällen in Betracht. Zu fordern sind jedenfalls Serviceleistungen, die im Vergleich mit der Gebrauchsüberlassung ein höheres, zumindest aber gleiches Gewicht haben.[141] 66

Anders ist hingegen bei **Wiederverkaufs- und Tauschverträgen** sowie Verträgen über ein **langfristiges Urlaubsprodukt** zu entscheiden. Sie sind als Dienstleistungsverträge iSd Art. 57 AEUV zu qualifizieren, bei denen, sofern die Dienstleistungen ausschließlich in einem Land erbracht werden, in dem der Verbraucher nicht seinen gewöhnlichen Aufenthalt hat, eine Ausnahme nach Art. 6 Abs. 4 lit. a Rom I-VO in Betracht kommt.[142] 67

Außerhalb des Anwendungsbereich von Art. 6 Rom I-VO ist zwischen den einzelnen Verträgen, die in den sachlichen Anwendungsbereich der Richtlinie 2008/122/EG fallen (Teilnutzungsverträge, Verträge über ein langfristiges Urlaubsprodukt, Wiederverkaufsverträge, Tauschverträge), zu differenzieren. 68

Die Anknüpfung von **Teilnutzungsverträgen** erfolgt je nach ihrer Ausgestaltung (schuldrechtlich, dinglich oder gesellschaftsrechtlich)[143] unterschiedlich. **Schuldrechtlich ausgestaltete Teilnutzungsverträge** sind bei einer wirksamen Rechtswahl nach Art. 3 Abs. 1 Rom I-VO an das gewählte Recht anzuknüpfen.[144] Fehlt es an einer wirksamen Rechtswahl, ist weiter nach dem Nutzungsobjekt zu differenzieren. Schuldrechtliche Teilnutzungsverträge über **Immobilien** sind grundsätzlich nach Art. 4 Abs. 1 lit. c Alt. 2 Rom I-VO an das Recht am Belegenheitsort anzuknüpfen.[145] Dies ergibt sich aus Art. 6 Abs. 4 lit. c Rom I-VO, der derartige Verträge systematisch zu den Verträgen nach Art. 4 Abs. 1 lit. c Alt. 2 Rom I-VO zählt. Sofern der Vertrag kein konkretes Nutzungsobjekt benennt, ist das anwendbare Recht über Art. 4 Abs. 4 Rom I-VO zu bestimmen.[146] Bei Nutzungsrechten an mehreren Immobilien ist gegebenenfalls auf Art. 4 Abs. 3 Rom I-VO zurückzugreifen.[147] Eine Charakterisierung als Dienstleistungsvertrag und eine Anknüpfung nach Art. 4 Abs. 1 lit. b Rom I-VO ist nur in eng umgrenzten Ausnahmefällen möglich. Art. 4 Abs. 1 lit. d Rom I-VO spielt praktisch keine Rolle, da Gewerbetreibende und Verbraucher in den wenigsten Fällen in demselben Staat ansässig sind und Gewerbetreibende überdies in den meisten Fällen als Gesellschaften organisiert sind.[148] Schuldrechtliche Teilnutzungsverträge über **Mobilien** sind hingegen mangels einer besonderen Anknüpfungsregel in Art. 4 Abs. 1 Rom I-VO nach Art. 4 Abs. 2 Rom I-VO anzuknüpfen. Anzuwenden ist folglich das Recht am gewöhnlichen Aufenthaltsort des Anbieters als Erbringer der charakteristischen Leistung. In Ausnahmefällen kommt eine Anknüpfung nach Art. 4 Abs. 3 Rom I-VO in Betracht. 69

Bei **dinglich ausgestalteten Teilnutzungsverträgen** ist zwischen Verpflichtungs- und Verfügungsgeschäft zu unterscheiden. Verpflichtungsgeschäfte sind bei wirksamer Rechtswahl nach Art. 3 Abs. 1 Rom I-VO an das gewählte Recht und mangels Rechtswahl – je nach Nutzungsobjekt – grundsätzlich nach Art. 4 Abs. 1 lit. c Alt. 1 Rom I-VO an das Recht am Belegenheitsort der Immobilie (bei Verträgen über Immobilien)[149] oder Art. 4 Abs. 2 Rom I-VO an den gewöhnlichen Aufenthaltsort des Anbieters als Leistungserbringer (bei Verträgen über Mobilien) anzuknüpfen. Verfügungsgeschäfte unterliegen hingegen gem. Art. 43 Abs. 1 70

139 Verordnung (EG) Nr. 593/2008 des Europäischen Parlaments und des Rates v. 17.6.2008 über das auf vertragliche Schuldverhältnisse anzuwendende Recht (Rom I), ABlEU 2008 L 177/6.

140 Art. 18 Richtlinie 2008/122/EG; vgl auch *Staudinger*, in: Gebauer/Wiedmann (Hrsg.), Zivilrecht unter europäischem Einfluss, 2. Aufl., 2010, Kap. 11 Rn 61.

141 So auch Reithmann/Martiny/*Mankowski*, Rn 4303 mwN.

142 Vgl Reithmann/Martiny/*Mankowski*, Rn 4307; *Kelp*, Time-Sharing-Verträge, 2005, S. 240, 245 f, 247 f; *Mäsch*, in: Hildenbrand/Kappus/Mäsch, Time-Sharing und Teilzeit-Wohnrechtegesetz (TzWrG), 1997, 3. Kapitel, § 8 TzWrG, Rn 49 f.

143 Zu den einzelnen Ausgestaltungsformen zB mwN Reithmann/Martiny/*Mankowski*, Rn 4284 ff; *Wegner*, Internationaler Verbraucherschutz beim Abschluss von Timesharingverträgen: § 8 Teilzeitwohnrechtegesetz, 1998, S. 22 ff; *Otte*, RabelsZ 62 (1998), 404, 408 ff.

144 Reithmann/Martiny/*Mankowski*, Rn 4320.

145 Reithmann/Martiny/*Mankowski*, Rn 4323.

146 Reithmann/Martiny/*Mankowski*, Rn 4328.

147 So auch Reithmann/Martiny/*Mankowski*, Rn 4326.

148 Reithmann/Martiny/*Mankowski*, Rn 4325.

149 Reithmann/Martiny/*Mankowski*, Rn 4329.

EGBGB dem Recht am Belegenheitsort. Dies gilt auch für die Verhältnisse zwischen den einzelnen Berechtigten.[150]

71 Bei **gesellschaftsrechtlich ausgestalteten Teilnutzungsverträgen** muss zwischen dem originären Erwerb durch Beitritt und dem derivativen Erwerb durch Anteilsübertragung differenziert werden.[151] Ersterer unterliegt den Anknüpfungsregeln des Internationalen Gesellschaftsrechts,[152] Letzterer als Rechtskauf bei Vorliegen einer wirksamen Rechtswahl gem. Art. 3 Abs. 1 Rom I-VO dem gewählten Recht, mangels Rechtswahl gem. Art. 4 Abs. 2 Rom I-VO dem Recht am Ort der Niederlassung des Rechtsverkäufers.[153]

72 Für **Verträge über ein langfristiges Urlaubsprodukt** ist bei einer wirksamen Rechtswahl nach Art. 3 Abs. 1 Rom I-VO das gewählte Recht maßgeblich. Mangels Rechtswahl unterstehen sie als Dienstleistungsverträge nach Art. 4 Abs. 1 lit. b Rom I-VO dem Recht am gewöhnlichen Aufenthaltsort des Anbieters.

73 Auch **Wiederverkaufsverträge** sind bei einer wirksamen Rechtswahl nach Art. 3 Abs. 1 Rom I-VO anzuknüpfen. Fehlt es an einer (wirksamen) Rechtswahl, ist für sie als Dienstleistungsverträge nach Art. 4 Abs. 1 lit. b Rom I-VO auf das Recht am gewöhnlichen Aufenthaltsort des Gewerbetreibenden als Leistungserbringer abzustellen.

74 Auf **Tauschverträge** findet bei einer wirksamen Rechtswahl nach Art. 3 Abs. 1 Rom I-VO das gewählte Recht und mangels Rechtswahl nach Art. 4 Abs. 1 lit. b Rom I-VO das Recht am Niederlassungsort des Tauschsystems Anwendung.

75 **c) Belegenheit der Immobilie im Hoheitsgebiet eines EU-/EWR-Staats oder Vertrag aufgrund Ausübung einer Tätigkeit in Mitgliedstaat bzw Ausrichten dieser Tätigkeit auf einen EU-/EWR-Staat.** Abs. 4 ist nur unter bestimmten räumlich-situativen Voraussetzungen anwendbar, und zwar entweder bei einer Belegenheit der Immobilie im Hoheitsgebiet eines EU-/EWR-Staats (Alt. 1) oder, im Falle eines Vertrags über Mobilien, bei einen Vertragsschluss basierend auf einer gewerblichen oder beruflichen Tätigkeit des Gewerbetreibenden in einem EU-/EWR-Staat oder einem Ausrichten dieser Tätigkeit auf einen EU-/EWR-Staat (Alt. 2). Die erste Alternative wirft keine großen Schwierigkeiten auf. Die zweite Alternative entspricht weitgehend den räumlich-situativen Anforderungen des Art. 6 Rom I-VO, [154] ist aber insgesamt großzügiger, da der Staat, in dem der Unternehmer seine Tätigkeit ausübt oder auf den er diese ausrichtet, nicht der Aufenthaltsstaat des Verbrauchers sein muss, sondern ein beliebiger EU-/EWR-Staat sein kann.

76 **5. Rechtsfolgen.** Sind die Anwendungsvoraussetzungen des Abs. 4 erfüllt, werden nicht etwa das Lageortrecht oder das Recht des Staates berufen, zu dem der Sachverhalt die engsten Verbindungen aufweist; als Rechtsfolge sieht Abs. 4 vielmehr vor, dass Verbrauchern der Schutz, der ihnen durch die Richtlinie 2008/122/EG in der von dem Mitgliedstaat umgesetzten Form gewährt wird, nicht vorenthalten werden darf. Dies hat zur Folge, dass Verbraucher durch die Anwendung fremden Rechts **nicht schlechter gestellt** werden dürfen, als es die zur Umsetzung der Richtlinie ergangenen mitgliedstaatlichen Vorschriften vorsehen.[155] Abs. 4 geht also wie Art. 6 Rom I-VO vom **Günstigkeitsprinzip** aus. Anzuwenden sind bei fehlender Günstigkeit drittstaatlichen Rechts dann diejenigen Normen im **Staat des angerufenen Gerichts**, die der Richtlinienumsetzung dienen.[156] Ein weitergehender Schutz durch die Mitgliedstaaten ist aufgrund der angestrebten **Vollharmonisierung** nicht erlaubt.[157]

Art. 46 c EGBGB Pflichtversicherungsverträge

(1) Ein Versicherungsvertrag über Risiken, für die ein Mitgliedstaat der Europäischen Union oder ein anderer Vertragsstaat des Abkommens über den Europäischen Wirtschaftsraum eine Versicherungspflicht vorschreibt, unterliegt dem Recht dieses Staates, sofern dieser dessen Anwendung vorschreibt.

(2) Ein über eine Pflichtversicherung abgeschlossener Vertrag unterliegt deutschem Recht, wenn die gesetzliche Verpflichtung zu seinem Abschluss auf deutschem Recht beruht.

150 Reithmann/Martiny/*Mankowski* Rn 4330.
151 *Wegner,* Internationaler Verbraucherschutz beim Abschluss von Timesharingverträgen: § 8 Teilzeitwohnrechtegesetz, 1998, S. 36.
152 Zum internationalen Gesellschaftsrecht vgl *Leible*, in: Michalski (Hrsg.), GmbHG, 2. Aufl., 2010, Syst. Darst. 2.
153 Reithmann/Martiny/*Mankowski* Rn 4332, 4335 mwN.
154 Reithmann/Martiny/*Mankowski* Rn 4344.
155 *Leible*, in: Schulte-Nölke/Schulze (Hrsg.), Europäische Rechtsangleichung und nationale Privatrechte, 1999, S. 353, 364; *Jayme*, in: Hommelhoff/Jayme/Mangold (Hrsg.), Europäischer Binnenmarkt, Internationales Privatrecht und Rechtsangleichung, 1995, S. 35, 46; *Klauer*, Das europäische Kollisionsrecht der Verbraucherverträge zwischen Römer-EVÜ und EG-Richtlinien, 2002, S. 220.
156 BT-Drucks. 17/2764, S. 21. Vgl dazu auch *Staudinger*, in: Gebauer/Wiedmann (Hrsg.), Zivilrecht unter europäischem Einfluss, 2. Aufl., 2010, Kap. 11 Rn 61.
157 Vgl Erwägungsgrund 3 Richtlinie 2008/122/EG.

Literatur: *Basedow/Drasch*, Das neue Internationale Versicherungsvertragsrecht, NJW 1991, 785; *Basedow/Scherpe*, Das internationale Versicherungsvertragsrecht und „Rom-I", FS Heldrich 2005, S. 511; *Beckmann/Matusche-Beckmann*, Versicherungsrechts-Handbuch, 2009; *Bonnamour*, Le nouveau droit des contrats internationaux: le règlement (CE) no. 593/2008 sur la loi applicable aux obligations contractuelles: article 7: contrats d'assurance, Revue Lamy droit des affaires, No. 29, 2008, 76; *Caamiña Domínguez*, Los contratos de seguro en el art. 7 del Reglamento Roma I, Cuadernos de derecho transnacional vol. 1 nº 2, 2009, 30; *Cox/Merret/Smith*, Private International Law of Reinsurance and Insurance, 2006; *Dörner*, Internationales Versicherungsvertragsrecht, 1997; *Ehling*, Die Versicherung internationaler klinischer Prüfungen von Arzneimitteln, RPG 2010, 31; *Fricke*, Kollisionsrecht im Umbruch – Perspektiven für die Versicherungswirtschaft, VersR 2005, 726, *ders.*, Das Versicherungs-IPR im Entwurf der Rom-I-Verordnung: ein kurzer Überblick über die Änderungen, VersR 2006, 745; *ders.*, Das internationale Privatrecht der Versicherungsverträge nach Inkrafttreten der Rom I-Verordnung, VersR 2008, 443; *Gruber*, Internationales Versicherungsvertragsrecht, 1999; *ders.*, Insurance Contracts, in: *Leible/Ferrari* (Hrsg.), Rome I Regulation, 2009, S. 107; *Heinze*, Insurance contracts under the Rome I Regulation, NiPR 2009, 445; *Heiss*, Das Kollisionsrecht der Versicherungsverträge nach Rom I und II, VersR 2006, 185; *ders.*, Mobilität und Versicherung, VersR 2006, 448; *ders.*, Reform des internationalen Versicherungsvertragsrechts, ZVersWiss. 96 (2007), 503; *ders.*, Versicherungsverträge in „Rom I": Neuerliches Versagen des europäischen Gesetzgebers, in: FS Kropholler, 2008, S. 459; *ders.*, Insurance contracts in Rome I: another rexent failure of the european legislature, YPIL 10 (2008), 261; *Honsell* (Hrsg.), Berliner Kommentar zum Versicherungsvertragsgesetz, 1999; *Imbusch*, Das IPR der Versicherungsverträge über innerhalb der EG belegene Risiken, VersR 1993, 1059; *Kramer*, Conflict of Laws on Insurance Contracts in Europe, in: Hendrikse/Rinkes (Hrsg.), Insurance and Europe, Paris 2007, S. 85; *dies.* The new European Conflict of Law Rules on Insurance Contracts in Rome I: a Complex Compromise, The Icfai University Journal of Insurance Law 2008, Vol. VI, No. 4, 23; *Liauh*, Internationales Versicherungsvertragsrecht, 2000; *Looschelders*, Der Schutz von Verbrauchern und Versicherungsnehmern im Internationalen Privatrecht, in: FS E. Lorenz 2004, S. 441; *Looschelders/Smarowos*, Das internationale Versicherungsvertragsrechts nach Inkrafttreten der Rom I-Verordnung, VersR 2010, 1; *Merret*, The Scope of Conflict of Laws Provisions in the European Insurance Directives, JPrivIntL 2 N°2, 2006, 409; *dies.* Choice of law in Insurance Contracts under the Rome I Regulation, JPrivIntL 5 N°1, 2009, 49; *Merkin*, The Rome I Regulation and Reinsurance, JPrivIntL 5 N °1, 2009, 69 ff; *Mewes*, Internationales Versicherungsvertragsrecht unter besonderer Berücksichtigung der europäischen Dienstleistungsfreiheit im Gemeinsamen Markt, 1995; *Morse*, Party Autonomy in International Insurance Contract Law, in: Reichert-Facilides/Jessurun d'Oliveira (Hrsg.), International Insurance Contract Law, 1993, S. 23; *Navarro Contreras*, El nuevo régimen de los contratos de seguro en el comercio internacional, 2000; *Perner*, Das internationale Versicherungsvertragsrecht nach Rom I, IPRax 2009, 218; *Philip*, Private International Law of Insurance in Denmark and the European Communities, in: Festskrift till Grönfors 1991, S. 347; *Piroddi*, I contratti di assicurazioni tra mercato interno e diritto internazionale privato, in: *Boschiero* (Hrsg.), La nuova disciplina comunitaria della legge applicabile ai contratti (Roma I), 2009, S. 247; *Pocar*, Conflitti di legge e di giurisdizioni in materia di assicurazioni nella Comunità economica europea, Riv.dir.int.priv.proc. 23 (1987), 417; *Reichert-Facilides/Jessurun d'Oliveira* (Hrsg.), International Insurance Contract Law in the EC, 1993; *Reithmann/Martiny*, Internationales Vertragsrecht, 7. Auflage 2010; *Richter*, Internationales Versicherungsvertragsrecht: Eine kollisionsrechtliche Untersuchung unter besonderer Berücksichtigung des Rechts der Europäischen Gemeinschaften, 1980; *Roth*, Das Allgemeininteresse im europäischen Internationalen Versicherungsvertragsrecht, VersR 1993, 129; *ders.*, Dienstleistungsfreiheit und Allgemeininteresse im europäischen internationalen Versicherungsvertragsrecht, in: Reichert-Facilides (Hrsg.), Aspekte des internationalen Versicherungsvertragsrechts im europäischen Wirtschaftsraum, 1994, S. 1; *ders.*, Internationales Versicherungsvertragsrecht, 1985; *ders.*, Internationales Versicherungsvertragsrecht in der Europäischen Union – Ein Vorschlag zu seiner Neuordnung, in: FS E. Lorenz 2004, S. 631; *Rothe*, Über deutsches internationales Privatversicherungsrecht, 1934; *Seatzu*, Insurance in Private International Law: A European Perspective, 2003; *Schnyder*, Parteiautonomie im europäischen Versicherungskollisionsrecht, in: Reichert-Facilides (Hrsg.), Aspekte des internationalen Versicherungsvertragsrechts im europäischen Wirtschaftsraum, 1994, S. 49; *Staudinger*, Internationales Versicherungsvertragsrecht – (k)ein Thema für Rom I?, in: Leible/Ferrari (Hrsg.), Ein neues Internationales Vertragsrecht für Europa – Der Vorschlag für eine Rom I-Verordnung, 2007, S. 225; *Stehl*, Die Überwindung der Inkohärenz des internationalen Privatrechts der Bank- und Versicherungsverträge, 2008; *Uebel*, Die deutschen Kollisionsnormen für (Erst-)Versicherungsverträge mit Ausnahme der Lebensversicherung über in der Europäischen Wirtschaftsgemeinschaft belegene Risiken, 1994; *van Schoubroeck*, The new European conflicts-of-law rules from an insurance perspective, Revue européenne de droit de la consommation 4/2009, 7; *Wandt*, Internationales Privatrecht der Versicherungsverträge, in: Reichert-Facilides/Schnyder (Hrsg.), Versicherungsrecht in Europa – Kernperspektiven am Ende des 20. Jahrhunderts, 1998, S. 85.

A. Allgemeines

I. Entstehung von Art. 46 c EGBGB und Verhältnis zur Rom I-VO

Die **Anknüpfung von Versicherungsverträgen** richtet sich nach Art. 7 Rom I-VO und andernfalls nach den allgemeinen Regeln der Art. 3, 4 und 6 Rom I-VO, sofern sie nicht überhaupt vom Anwendungsbereich der Rom I-VO ausgenommen sind (vgl Art. 1 Abs. 2 lit. j Rom I-VO). Daher sind auch Pflichtversicherungsverträge grundsätzlich nach Art. 7 Rom I-VO anzuknüpfen. Allerdings eröffnet Art. 7 Abs. 4 lit. b Rom I-VO den Mitgliedstaaten die Möglichkeit, für Pflichtversicherungen abweichend von Art. 7 Abs. 2 und 3 Rom I-VO 1 vorzuschreiben, dass auf diese das Recht des Mitgliedstaats anzuwenden ist, der die Versicherungspflicht vorschreibt.

2 Deutschland hat von dieser Option durch die Schaffung von Art. 46 c EGBGB Gebrauch gemacht. Die Vorschrift trat zeitgleich mit der Rom I-VO **zum 17.12. 2009 in Kraft**, während die Art. 7-15 EGVVG zum gleichen Zeitpunkt aufgehoben wurden.[1] Abgesehen von redaktionellen Verbesserungen entspricht die Regelung inhaltlich dem bisherigen Art. 12 Abs. 1 und 2 EGVVG.[2]

II. Normzweck

3 Sieht ein Mitgliedstaat eine Versicherungspflicht vor, kann nach Art. 7 Abs. 4 lit. a Rom I-VO der Vertrag auf Erfüllung der besonderen Bestimmungen dieses Staates zur Pflichtversicherung geprüft werden, auch wenn er eigentlich einem anderen Recht unterliegt. Dies kann zu einem mitunter unerfreulichen „**Rechtsmix**"[3] von Normen des Versicherungsvertragsstatuts und den besonderen Bestimmungen zur Pflichtversicherung des die Versicherungspflicht anordnenden Staates führen und lässt sich vermeiden, wenn die Mitgliedstaaten von der ihnen eröffneten Option des Art. 7 Abs. 4 lit. b Rom I-VO Gebrauch machen. Damit erhalten sie – wie schon zuvor durch Art. 8 Abs. 4 lit. c der RL 88/357/EWG – die Möglichkeit, bei **Pflichtversicherungen** abweichend von der allgemeinen Anknüpfung von Versicherungsverträgen das Recht des Staates anzuwenden, der die Pflichtversicherung vorschreibt.

4 Zweck des diese Option nutzenden Art. 46 c ist es, dem starken territorialen Bezug von **öffentlich-rechtlichen Versicherungspflichten** sowie dem jeweiligen besonderen öffentlichen Interesse an einem effektiven Versicherungsschutz Rechnung zu tragen.[4] Eine Norm wie Art. 46 c hilft zugleich Normkonflikte zu vermeiden und fördert den internationalen Entscheidungseinklang.[5] Sofern nicht alle Mitgliedstaaten von der Option des Art. 7 Abs. 4 lit. b Rom I-VO Gebrauch machen, führt sie allerdings zu einer Zersplitterung des Kollisionsrechts der Pflichtversicherungsverträge.[6]

B. Anwendung des die Versicherungspflicht anordnenden Rechts (Abs. 1)

I. Erfasste Versicherungsverträge

5 Art. 46 c erfasst Versicherungsverträge „über Risiken, für die ein Mitgliedstaat der Europäischen Union oder ein anderer Vertragsstaat des Abkommens über den Europäischen Wirtschaftsraum eine Versicherungspflicht vorschreibt". Der Begriff des Versicherungsvertrags ist ebenso auszulegen wie in **Art. 7 Rom I-VO**. Die Vorschrift gilt daher sowohl für Groß[7]- als auch Massenrisikoverträge (einschließlich der Lebensversicherung). Bei Großrisikoverträgen ist der Ort der Risikobelegenheit unbeachtlich, während bei Massenrisikoverträgen das Risiko innerhalb der Mitgliedstaaten belegen sein muss (vgl aber Rn 8).

6 Um Pflichtversicherungen handelt es sich bei solchen Direktversicherungsverträgen, zu deren Abschluss der Versicherungsnehmer aufgrund von Rechtsvorschriften verpflichtet ist.[8] Es bedarf also der Anordnung einer Versicherungspflicht durch einen Mitgliedstaat der EU oder Vertragsstaat des EWR. Erforderlich ist eine **hoheitliche Anordnung** der Versicherungspflicht. Die Begründung einer Versicherungspflicht durch vertragliche Vereinbarung genügt hingegen nicht.[9]

7 Ebenso wie schon unter Geltung von Art. 12 EGVVG aF stellt sich auch heute die Frage, ob Versicherungsverträge genauso anzuküpfen sind, wenn die Versicherungspflicht **auf dem Recht eines Drittstaates** beruht.

1 Vgl Art. 2 des Gesetzes zur Anpassung der Vorschriften des Internationalen Privatrechts an die Verordnung (EG) 593/2008, vom 25.6.2009, BGBl. S. 1574.
2 Vgl BT-Drucks. 16/12104, S. 11.
3 *Perner*, IPRax, 2009, 222; *Heiss*, ZVersWiss, 2009, 519; *Heinze*, NiPr 2009, 451.
4 Soergel/*v. Hoffmann*, Art. 37 EGBGB Rn 126; MüKo/*Martiny*, Art. 37 EGBGB Rn 142; Prölss/Martin/*Armbrüster*, VVG, 27. Aufl. 2004, Art. 12 EGVVG Rn 1; ähnlich *Perner*, IPRax 2009, 221; *Looschelders/Smarowos*, VersR 2010, 7; Langheid/Wandt/*Looschelders*, Art. 7 Rom I-VO Rn 102.
5 JurisPK-BGB/*Junker*, Art. 46 c Rn 2.
6 *Fricke*, VersR 2008, 449.
7 Vgl dazu die Definition in Art. 5 lit. d RL 73/239/EWG.
8 Honsell/*Dörner*, Berliner Kommentar zum Versicherungsvertragsgesetz, 1999, Art. 12 EGVVG Rn 4.
9 JurisPK-BGB/*Junker*, Art. 46 c Rn 8.

Für eine solche Anknüpfung sprechen gute Gründe.[10] Denn nur so lässt sich legitimen öffentlichen Interessen von Drittstaaten hinreichend Rechnung tragen. Eine derartige Lösung bewahrt außerdem den Versicherungsnehmer vor unterschiedlichen oder widersprüchlichen Anforderungen an die Versicherungspflicht.[11] Allerdings spricht Art. 7 Abs. 4 lit. b Rom I-VO ausdrücklich nur von „Mitgliedstaat".[12] Überwinden lässt sich dies jedoch durch eine analoge Anwendung der insoweit lückenhaften Norm, die bereits bei ihrem Erlass als ergänzungs- und reformbedürftig angesehen wurde.[13] Dies gestattet dann auch die nachfolgend angezeigte analoge Anwendung von Art. 46 c Abs. 1.[14]

Eine analoge Anwendung von Art. 7 Abs. 4 lit. b Rom I-VO und Art. 46 c Abs. 1 EGBGB ist auf jeden Fall bei Vorliegen eines Vertrags über die Versicherung eines Massenrisikos angezeigt, das **außerhalb eines Mitgliedstaates belegen** ist, sofern die Versicherungspflicht von einem Mitgliedstaat vorgeschrieben wird;[15] denn nur so lässt sich der angestrebte Gleichlauf zwischen der Versicherungspflicht und der zu ihr führenden Tätigkeit sicherstellen.[16] 8

II. Vorgeschriebene Anwendung

Allein das Bestehen einer Versicherungspflicht genügt freilich nicht. Der jeweilige Mitgliedstaat muss darüber hinaus auch sein eigenes Recht angewendet wissen wollen. Die Beibehaltung des bereits in Art. 12 Abs. 1 EGVVG aF formulierten Zusatzes „sofern dieser dessen Anwendung vorschreibt" soll bewirken, dass die Ausnahmeregelung für Pflichtversicherungsverträge **einschränkend gehandhabt** werden kann.[17] Eine uneingeschränkte Verweisung hätte nach Ansicht des Gesetzgebers den Nachteil gehabt, dass sie zur Anwendung eines Rechts führen könnte, das aus dessen Sicht gar nicht angewendet werden will.[18] Dies würde aber dem Sinn der Ermächtigung in Art. 7 Abs. 4 lit. b Rom I-VO widersprechen. Eine Regelung wie Art. 46 c Abs. 1 ist zudem auch deshalb verordnungskonform, weil sie dem mit der Rom I-VO verfolgten Vereinheitlichungszweck entspricht und den Entscheidungseinklang wahren hilft.[19] 9

Für sich selbst äußert Deutschland diesen **Anwendungswillen** in Abs. 2. Für das ausländische Recht ist er den dort einschlägigen Normen insbes. des Pflichtversicherungsrechts, den dazu gehörenden Gesetzesbegründungen sowie der Rechtsprechung und Literatur zu entnehmen. Ergibt sich daraus, dass das jeweilige Recht seine Anwendung nicht vorschreibt, bleibt es bei der Anknüpfung nach Art. 7 Abs. 2 oder 3 Rom I-VO.[20] Auch in diesem Fall ist freilich Art. 7 Abs. 4 lit. a Rom I-VO anwendbar.[21] 10

III. Rechtsfolge

Art. 46 c verlangt zwingend die Anwendung des Rechts desjenigen Staates, der die Versicherungspflicht vorschreibt. Eine subjektive oder objektive Anknüpfung des Pflichtversicherungsvertrags nach Art. 7 Abs. 2 und 3 Rom I-VO kommt aufgrund dieser von Art. 46 Abs. 1 angeordneten und durch Art. 7 Abs. 4 lit. b Rom I-VO legitimierten **Sonderanknüpfung** nicht in Betracht. 11

Fraglich ist, wie bei einer durch **mehrere Staaten angeordneten Versicherungspflicht** für dasselbe Risiko zu verfahren ist. Nach zT vertretener Auffassung soll es dann zu einer Statutenspaltung kommen, sofern sich der Vertrag in mehrere sachlich-räumliche Komplexe zerlegen lässt.[22] Das deckt sich mit der Anordnung von Art. 7 Abs. 5 Rom I-VO für den Fall mehrfacher Risikobelegenheit (vgl nachfolgende Rn). Fehlt es an einer 12

10 *Heinze*, NiPR 2009, 450; PWW/*Ehling*, Art. 7 Rom I-VO Rn 17; *Gruber*, in: Leible/Ferrari (Hrsg.), Rome I Regulation, 2009, S. 124; *Perner*, IPRax 2009, 218, 221; für eine entsprechende Heranziehung von Art. 12 EGVVG, wenn die Versicherungspflicht auf dem Recht eines Nicht-Mitgliedstaats beruht, *Basedow/Drasch*, NJW 1991, 785, 794; Honsell/*Dörner*, Berliner Kommentar zum VVG, 1999, Art. 12 EGVVG Rn 7; MüKo/*Martiny*, Art. 37 EGBGB Rn 143; Soergel/*v. Hoffmann*, Art. 37 EGBGB Rn 128; *Lübbert/Vogel*, RuS 2000, 311, 313; Prölss/Martin/*Armbrüster*, VVG, 27. Aufl. 2004; differenzierend je nachdem, ob das Risiko innerhalb oder außerhalb der EU bzw EWR belegen ist, *W.-H. Roth*, in: Beckmann/Matusche-Beckmann, § 4 Rn 100.

11 *Looschelders/Smarowos*, VersR 2010, 7.

12 Zutr. Langheid/Wandt/*Looschelders*, Art. 7 Rom I-VO Rn 106.

13 Vgl etwa *Heiss*, YPIL 10 (2008), 261, 281.

14 MüKo/*Martiny*, Art. 46 c Rn 7.

15 PWW/*Ehling*, Art. 46 c Rn 2; *Ehling*, RPG 2010, 35.

16 Näher *Perner*, IPRax 2009, 218, 222.

17 BT-Drucks. 16/12104, S. 10.

18 BT-Drucks. 16/12104, S. 10.

19 *Martiny*, RIW 2009, 751.

20 *Martiny*, RIW 2009, 750; Reithmann/Martiny/*Schnyder*, 2010, Rn 4757; Palandt/*Thorn*, Art. 7 Rom I, Rn 9.

21 MüKo/*Martiny*, Art. 46 c Rn 6.

22 So Honsell/*Dörner*, Berliner Kommentar zum VVG, 1999, Art. 12 EGVVG Rn 11.

Teilbarkeit des Vertrages, sollte auf den gesamten Vertrag das Recht desjenigen Staates angewendet werden, zu dem dieser die engste Verbindung aufweist.[23]

13 Gem. Art. 12 Abs. 3 EGVVG aF war immer dann, wenn ein Versicherungsvertrag die Deckung für Risiken sicherstellte, die in mehreren Mitgliedstaaten belegen waren, von denen mindestens einer eine Versicherungspflicht vorschreibt, der Vertrag so zu behandeln, als bestünde er aus mehreren Verträgen, von denen sich jeder auf jeweils einen Mitgliedstaat bezieht. Der deutsche Gesetzgeber hat diese Norm ersatzlos gestrichen, da es ihrer im Hinblick auf Art. 7 Abs. 5 Rom I-VO nicht bedurfte.[24] Deckt also der Vertrag **Risiken in mehreren Mitgliedstaaten** und schreibt mindestens einer dieser Staaten eine **Versicherungspflicht** vor, ist er so zu behandeln, als bestünde er aus mehreren Verträgen, von denen sich jeder auf jeweils einen Mitgliedstaat bezieht. Auch dann ist freilich Art. 46 c heranzuziehen, da Art. 7 Abs. 5 Rom I-VO die Vertragsaufspaltung ausdrücklich „für die Zwecke von Abs. 4" anordnet. Es ist daher für jeden Vertragsteil zu prüfen, ob der betreffende Mitgliedstaat die Anwendung seines Rechts verlangt. Fehlt es daran, bleibt es – wie in Rn 10 beschrieben – bei der Anwendung von Art. 7 Abs. 2 und 3 Rom I-VO.[25]

14 Zu einer Vertragsspaltung (bei vorausgesetzter Teilbarkeit des Vertrages) kommt es weiterhin bei einem Massenrisikovertrag, wenn Risiken innerhalb und außerhalb der EU belegen sind. Für innerhalb der EU belegene Risiken richtet sich die Anknüpfung dann nach Art. 46 c, für die übrigen Risiken gelten Art. 3, 4 und 6 Rom I-VO, sofern man nicht Art. 7 Abs. 4 Rom I-VO und Art. 46 c analog anwendet.

C. Anwendung deutschen Rechts (Abs. 2)

15 Art. 46 c Abs. 2 ordnet die Geltung deutschen Rechts für einen über eine Pflichtversicherung abgeschlossenen Vertrag für diejenigen Fälle an, in denen die gesetzliche Verpflichtung zu seinem Abschluss auf **deutschem Recht** beruht. Eine Rechtswahl ist unzulässig.[26] Die noch in Art. 12 Abs. 2 S. 2 EGVVG aF enthaltene Ausnahme „sofern nicht durch oder aufgrund eines Gesetzes etwas anderes angeordnet ist" wurde nicht übernommen.

16 Die gesetzliche Verpflichtung zum Abschluss eines Versicherungsvertrags kann auf **Bundes- oder Landesrecht** beruhen.[27] Erforderlich, aber auch ausreichend ist es, dass sich die Pflicht aus einem Gesetz im materiellen Sinne ergibt. Daher kann zur Begründung einer Versicherungspflicht iSv Abs. 2 auch verfassungskonformes **Standesrecht** genügen.[28]

D. Sonstiges

17 **Maßgeblicher Zeitpunkt** für das Bestehen der Versicherungspflicht ist der des Vertragsschlusses.[29] Entsteht die Versicherungspflicht nachträglich, so kommt es bei einem entsprechenden Anwendungswillen des sie anordnenden Staates ebenso zu einem **Statutenwechsel** wie bei ihrem nachträglichen Wegfall.[30]

Anhang zu Artikel 46 c EGBGB: Internationales Wertpapierrecht

Literatur: *v. Bar*, Wertpapiere im deutschen Internationalen Privatrecht, in: FS W. Lorenz, 1991, S. 273; *Basedow*, Kollisionsrechtliche Aspekte der Seerechtsreform 1986, IPRax 1987, 333; *Baumbach/Hefermehl/Casper*, Wechselgesetz und Scheckgesetz mit Nebengesetzen und einer Einführung in das Wertpapierrecht, 23. Auflage 2008; *Bernstein*, Wechselkollisionsrecht und excuses for nonperformance bei Enteignung des Wechselschuldners – Nachlese zum chilenischen Kupferstreit in Hamburg, in: FS Reimers, 1979, S. 229; *Bülow*, Heidelberger Kommentar zum Wechselgesetz/Scheckgesetz und zu den Allgemeinen Geschäftsbedingungen, 4. Auflage 2004; *Dittrich*, Effektengiroverkehr mit Auslandsberührung, 2002; *Drobnig*, Vergleichende und kollisionsrechtliche Probleme der Girosammelverwahrung von Wertpapieren im Verhältnis Deutschland – Frankreich, in: FS Zweigert, 1981, S. 73; *Ege*, Das Kollisionsrecht der indirekt gehaltenen Wertpapiere, 2006; *Eidenmüller*, Internationale Entwicklungen im Recht der Kreditsicherheiten, in: Hadding/Hopt/Schimansky (Hrsg.), Bankrechtstag 2004, S. 117; *Einsele*, Wertpapierrecht als Schuldrecht, 1995; *dies.*, Kollisionsrechtliche Behandlung von Wertpapieren und Reichweite der Eigentumsvermutung des § 1006 BGB, IPRax 1995, 163; *dies.*, Bank- und Kapitalmarktrecht, 2006; *Eschelbach*, Deutsches internationales Scheckrecht, 1990; *Freitag*, Die Golddollaranleihe der Stadt Dresden von 1925

23 So etwa Staudinger/*Armbrüster*, Anh. I zu Art. 37 EGBGB Rn 79; *Kramer*, S. 261 f; Prölss/Martin/*Armbrüster*, VVG, 27. Aufl. 2004, Art. 12 EGVVG Rn 2; *Reichert-Facilides*, in: Reichert-Facilides, (Hrsg.), Aspekte des internationalen Versicherungsvertragsrechts im Europäischen Wirtschaftsraum, 1994, S. 75, 84.
24 BT-Drucks. 16/12104, S. 10.
25 AA Reithmann/Martiny/*Schnyder*, Rn 4758.
26 Palandt/*Thorn*, Art. 7 Rom I, Rn 9.
27 JurisPK-BGB/*Junker*, Art. 46 c Rn 12.
28 *Basedow/Drasch*, NJW 1991, 794.
29 PWW/*Ehling*, Art. 46 c Rn 7; jurisPK-BGB/*Junker*, Art. 46 c Rn 10.
30 Näher Honsell/*Dörner*, Berliner Kommentar zum VVG, 1999, Art. 12 EGVVG Rn 8; jurisPK-BGB/*Junker*, Art. 46 c Rn 10.

vor dem BGH – das auf im Ausland platzierte Anleihen anwendbare Recht, IPRax 2007, 24; *ders.*, in: Derleder/Knops/Bamberger (Hrsg.), Handbuch zum deutschen und europäischen Bankrecht, 2. Auflage 2008, § 62; *v. Hein*, Die Internationale Prospekthaftung im Lichte der Rom II-Verordnung, in: FS Hopt, 2008, S. 371; *Hellgardt/Ringe*, Internationale Kapitalmarkthaftung als Corporate Governance, ZHR 173 (2009), 802; *Kieninger*, Übertragung von Gesellschaftsanteilen im englischen Internationalen Privatrecht, IPRax 1997, 449; *Kronke/Berger*, Wertpapierstatut, Schadensersatzpflichten der Inkassobank, Schuldnerschutz in der Zession – Schweizer Orderschecks auf Abwegen, IPRax 1991, 316; *Kumpan*, Finanzinstrument, in: Basedow/Hopt/Zimmermann (Hrsg.), Handwörterbuch des Europäischen Privatrechts, Bd. I, 2009, S. 601; *Kümpel*, Bank- und Kapitalmarktrecht, 3. Auflage 2004; *Lehmann*, Finanzinstrumente, 2009; *S. Lorenz*, Zur Abgrenzung von Wertpapierrechtsstatut und Wertpapiersachstatut im internationalen Wertpapierrecht, NJW 1995, 176; *Mankowski*, Warenübereignung durch Dokumentenübertragung und Internationales Privatrecht, in: FS Herber, 1999, S. 147; *ders.*, Konnossemente und die Rom I-VO, TranspR 2008, 417; *Morawitz*, Das internationale Wechselrecht, 1991; *Reuschle*, Grenzüberschreitender Effektengiroverkehr, RabelsZ 68 (2004), 687; *Schefold*, Zur Rechtswahl im internationalen Scheckrecht, IPRax 1987, 150; *ders.*, Grenzüberschreitende Wertpapierübertragungen und Internationales Privatrecht, IPRax 2000, 468; *ders.*, Kollisionsrechtliche Lösungsansätze im Recht des grenzüberschreitenden Effektengiroverkehrs – die Anknüpfungsregelungen der Sicherheitenrichtlinie (EG) und der Haager Konvention über das auf zwischenverwahrte Wertpapiere anwendbare Recht, FS Jayme, 2004, Bd. I, S. 805; *Schlechtriem*, Zur Abdingbarkeit von Art. 93 Abs. 1 WG, IPRax 1989, 155; *Schwarz*, Finanzsicherheiten und Verwahrung (Wertpapiere), in: Basedow/Hopt/Zimmermann (Hrsg.), Handwörterbuch des Europäischen Privatrechts, Bd. I, 2009, S. 608 und Bd. II, 2009, S. 1720; *ders.*, Abwicklung von Wertpapiergeschäften (im Erscheinen); *Straub*, Zwei Wechselfälle der Parteiautonomie, IPRax 1994, 432; *Weber*, Internationale Prospekthaftung nach der Rom II-Verordnung, WM 2008, 1581; *Welter*, in: Schimansky/Bunte/Lwowski (Hrsg.), Bankrechtshandbuch, Bd. I, 3. Auflage 2007, § 26; *Wust*, Die grenzüberschreitende Verbuchung von Wertpapieren, 2011.

A. Allgemeines

I. Internationales Wertpapierrecht als Querschnittsmaterie

Obwohl der Sammelbegriff „internationales Wertpapierrecht" (IWPR) auf ein eigenständiges Rechtsgebiet hindeutet, ist das IWPR in erster Linie eine **Kombination** verschiedener **Teildisziplinen des IPR**, insb. des internationalen Schuld- und Sachenrechts, aber auch zB des internationalen Gesellschaftsrechts.[1] Das IWPR folgt jedoch durchaus **eigenen Grundsätzen:** Während das in einem Wertpapier verbriefte Recht („Recht aus dem Papier") dem **Wertpapierrechtsstatut (Hauptstatut)** untersteht, wird die sachenrechtliche Zuordnung des Wertpapiers („Recht an dem Papier") vom **Wertpapiersachstatut** bestimmt (siehe Rn 10 ff).[2] Die zT fließende Trennlinie zwischen IWPR und allg. IPR verläuft vor allem entlang des Wertpapierbegriffs (vgl Rn 2 ff) sowie entlang der Rechtsquellen (vgl Rn 5 ff). 1

II. Begriff des Wertpapiers

Im Gegensatz zum deutschen Sachrecht existiert im IWPR noch **kein einheitlicher Wertpapierbegriff**.[3] In staatsvertraglich geregelten Materien, etwa im internationalen Scheck- und Wechselrecht, ist jedoch ein **abkommenautonomes Begriffsverständnis** maßgeblich. Darüber hinaus zwingen sowohl die technische und 2

1 *V. Bar*, in: FS W. Lorenz, 1991, S. 273 ff; *Welter*, in: Schimansky/Bunte/Lwowski (Hrsg.), Bd. I, § 26 Rn 114.

2 BGHZ 108, 353, 356 = NJW 1990, 242 = IPRax 1991, 338 m.Anm. *Kronke/Berger*, 316; MüKo/*Wendehorst*, Art. 43 EGBGB Rn 194; Palandt/*Thorn*, Art. 43 EGBGB Rn 1.

3 So bereits *v. Bar*, in: FS W. Lorenz, 1991, S. 273 f.

rechtliche Fortentwicklung des Wertpapierhandels als auch die Europäisierung von Teilbereichen des IWPR insgesamt zu einem **weiten** und zunehmend **unionsrechtlich fundierten Wertpapierverständnis** (vgl Rn 3 f).[4]

3 **1. Entmaterialisierung von Wertpapieren.** Der Handel mit Effekten am Kapitalmarkt wird immer häufiger elektronisch abgewickelt. An die Stelle der physischen Ausgabe von effektiven Stücken tritt zT eine **Depotkontobuchung**, **Registereintragung** oder die Verbriefung in einer **Globalurkunde**.[5] Einige ausländische Wertpapiersysteme, zB in Frankreich, verzichten bereits weitgehend auf Papiere und setzen **Wertrechte** an die Stelle von Verbriefungen.[6] Damit ist ein Funktionsverlust der Urkunde verbunden, dem auch das IWPR Rechnung zu tragen hat: Der Begriff des Wertpapiers muss im Kollisionsrecht **weit gefasst** werden und auch unverbriefte (Wert-)Rechte beinhalten. Dieses Verständnis ist bei intermediärverwahrten Papieren gerade durch die Finalitäts-RL 98/26/EG[7] und Finanzsicherheiten-RL 2002/47/EG[8] vorgezeichnet (vgl Rn 20).[9]

4 **2. Einfluss des Europarechts.** Darüber hinaus fördert die **Europäisierung des IPR** durch Rom I und II ein **unionsrechtlich-autonomes Verständnis** des (handelbaren) Wertpapiers.[10] Der Wertpapierbegriff in Art. 1 Abs. 2 lit. d Rom I und Art. 1 Abs. 2 lit. c Rom II ist verordnungsübergreifend zu bestimmen[11] und dürfte künftig auch auf das autonome IWPR ausstrahlen: Denn die jeweiligen Art. 1 Abs. 2 Rom I und II grenzen den Anwendungsbereich des europäischen IPR von dem des nationalen bzw staatsvertraglichen Kollisionsrecht ab und erzwingen somit mittelbar eine deckungsgleiche Begriffsbildung. Da die Ausschlusstatbestände in Rom I und II insb. **Konflikte** mit bestehenden **völkerrechtlichen Abkommen** vermeiden sollen,[12] spricht viel dafür, sich etwa bei der Ausfüllung der Begriffe „Scheck" und „Wechsel" in Art. 1 Abs. 2 lit. d Rom I sowie Art. 1 Abs. 2 lit. c Rom II auch an den in den jeweiligen Staatsverträgen geprägten Begrifflichkeiten zu orientieren.[13]

III. Rechtsquellen

5 **1. Spezielle Regelungen des IWPR.** **Eigene Kollisionsnormen** existieren vor allem für **Wechsel** in Art. 91-98 WG sowie für **Schecks** in Art. 60-66 ScheckG (siehe Rn 25 ff). Triebfeder dieser Kodifikationen des IWPR waren die Genfer Abkommen vom 7.6.1930[14] und vom 19.3. 1931.[15] Das autonome deutsche Recht enthält ferner eine einseitige Kollisionsnorm für **Konnossemente** in Art. 6 EGHGB (siehe Rn 37 ff). Bestimmte Fragen des **internationalen Effektengiroverkehrs** wiederum sind in § 17 a DepotG geregelt (siehe Rn 19 ff). Diese Kollisionsnorm geht zumindest partiell auf Art. 9 Abs. 2 Finalitäts-RL 98/26/EG sowie Art. 9 Finanzsicherheiten-RL 2002/47/EG[16] zurück. An der Schnittstelle von IWPR und **internationalem Insolvenzrecht** finden sich in der EuInsVO[17] sowie zB in der RL 93/22/EWG[18] ebenfalls europarechtliche Vorgaben.

4 Das kollisionsrechtliche Wertpapierverständnis ist kaum mehr nur das „Geschöpf einer nationalen Rechtsordnung"; anders noch Staudinger/*Stoll*, IntSachenR Rn 412.

5 Statt aller *Schwarz*, in: Basedow/Hopt/Zimmermann (Hrsg.), Bd. II, S. 1720, 1721 f.

6 Eingehend auch zu weiteren Staaten *Lehmann*, Finanzinstrumente, S. 61 ff; MüKo/*Wendehorst*, Art. 43 EGBGB Rn 201. Vgl bereits *Drobnig*, in: FS Zweigert, 1981, S. 73 ff.

7 RL des Europäischen Parlaments und des Rates vom 19. Mai 1998 über die Wirksamkeit von Abrechnungen in Zahlungs- sowie Wertpapierliefer- und -abrechnungssystemen, ABl. EG 1998 Nr. L 166/45, zuletzt geändert durch RL 2009/44/EG des Europäischen Parlaments und des Rates vom 6. Mai 2009, ABl. EU 2009 Nr. L 146/37.

8 RL 2002/47/EG des Europäischen Parlaments und des Rates vom 6. Juni 2002 über Finanzsicherheiten, ABl. EG 2002 Nr. L 168/43, zuletzt geändert durch RL 2009/44/EG des Europäischen Parlaments und des Rates vom 6. Mai 2009, ABl. EU 2009 Nr. L 146/37.

9 Vgl MüKoHGB/*Einsele*, Depotgeschäft Rn 192.

10 *Mankowski*, TranspR 2008, 417, 418; Reithmann/Martiny/*Mankowski*, Rn 2875; MüKo/*Martiny*, Art. 1 Rom I Rn 51; Staudinger/*Magnus*, Art. 1 Rom I Rn 67. Vgl nur Art. 1 Abs. 2 lit. d Rom I, Art. 1 Abs. 2 lit. c Rom II. Vgl zur Europäisierung des sachrechtlichen Wertpapierbegriffs auch *Kumpan*, in: Basedow/Hopt/Zimmermann (Hrsg.), Bd. I, S. 601 f.

11 MüKo/*Martiny*, Art. 1 Rom I Rn 51 f.

12 MüKo/*Martiny*, Art. 1 Rom I Rn 26. Siehe zu Art. 37 Nr. 1 EGBGB bereits BGHZ 99, 207, 210 = NJW 1987, 1145 = IPRax 1988, 26 m.Anm. *Basedow*, 15; BGH NJW 1994, 187 = IPRax 1994, 452 m.Anm. *Straub*, 432; *Basedow*, IPRax 1987, 333, 338.

13 So zu Recht schon Reithmann/Martiny/*Mankowski*, Rn 2876 f.

14 Abkommen über Bestimmungen auf dem Gebiete des internationalen Wechselprivatrechts, RGBl. II 1933, S. 444.

15 Abkommen über Bestimmungen auf dem Gebiete des internationalen Scheckprivatrechts, RGBl. II 1933, S. 594.

16 Vgl dazu Reg. Begr. BR-Drucks. 563/03, S. 13.

17 VO (EG) Nr. 1346/2000 des Rates vom 29. Mai 2000 über Insolvenzverfahren, ABl. EG 2000 Nr. L 160/1. Siehe aber insbesondere den Ausschluss in Art. 1 Abs. 2 und Erwägungsgrund Nr. 9 sowie die Regelung des Art. 9 Abs. 1 EuInsVO. Dazu *Einsele*, Bank- und Kapitalmarktrecht, S. 448 f.

18 RL 93/22/EWG des Rates vom 10. Mai 1993 über Wertpapierdienstleistungen ABl. EG 1993 Nr. L 141/27.

Die auf verschiedene Rechtsakte verstreuten Regelungen des IWPR erfassen allerdings nur einzelne Aspekte des Kollisionsrechts der Wertpapiere. Rechtsprechung und Lehre haben die **Lückenhaftigkeit** des IWPR zumindest für das autonome deutsche Kollisionsrecht durch die Entwicklung **allg. Grundsätze** (vgl Rn 10 ff) überwunden. 6

2. Internationales Schuldrecht und IWPR. **Rom I und II** erfassen auch schuldrechtliche **Rechtsfragen mit Wertpapierbezug**, soweit Art. 1 Abs. 2 lit. d Rom I bzw Art. 1 Abs. 2 lit. c Rom II nicht entgegenstehen. Rom I und II finden demnach keine Anwendung auf Verpflichtungen aus **(Eigen-)Wechseln** und **Schecks**. Verpflichtungen aus anderen handelbaren Wertpapieren, insb. **Inhaber- und Orderpapieren,** sind insoweit ausgeschlossen, als spezifisch wertpapierrechtliche Funktionen im Zusammenhang mit der **Handelbarkeit** der Papiere in Rede stehen.[19] Grds. findet damit Rom I zB auf **Depotverträge**[20] und den **Anleihenkauf**,[21] Rom II dagegen etwa auf die Haftung für **Informationspflichtverletzungen**[22] sowie die **Kapitalmarkt-** und insb. **Prospekthaftung**[23] Anwendung, da hier idR jeweils keine genuin wertpapierrechtlichen Verpflichtungen betroffen sind.[24] 7

Soweit sich iÜ durch die Ausschlusstatbestände in Art. 1 Abs. 2 Rom I bzw Rom II **Regelungslücken** im wertpapierbezogenen internationalen Schuldrecht ergeben, sind diese im vertraglichen Kontext durch entsprechende Anwendung der Verweisungsnormen von Rom I zu schließen: Die in Art. 3 ff Rom I niedergelegten **allg. Grundsätze** des **internationalen Schuldrechts** sind Bestandteil des (ungeschriebenen) **autonomen deutschen IPR,** so dass das Unionsrecht ihrer Heranziehung, zB bei einer Rechtswahl in Wechseln, Schecks oder Konnossementen, nicht entgegensteht (vgl auch Rn 27 f, 38).[25] Im außervertraglichen Bereich ist entsprechend auf Art. 40 ff EGBGB zurückzugreifen. 8

IV. Formfragen

Außerhalb des internationalen Wechsel- und Scheckrechts (siehe dazu Rn 31) ist das auf die Form von Wertpapiergeschäften anwendbare Recht grds. nach Art. 11 EGBGB zu ermitteln.[26] Im Anwendungsbereich von Rom I und II sind entsprechend Art. 11 Rom I bzw ggf Art. 21 Rom II maßgeblich (vgl Art. 11 EGBGB Rn 2 ff). 9

B. Grundsätze des IWPR: Wertpapierrechts- und Wertpapiersachstatut

Im IWPR wird gemeinhin zwischen **Wertpapierrechtsstatut (Hauptstatut)** und **Wertpapiersachstatut** unterschieden: Das Wertpapierrechtsstatut bestimmt Art und Umfang des in der Urkunde verbrieften Rechts, mithin das **Recht aus dem Papier**. Das Wertpapiersachstatut entscheidet hingegen über die sachenrechtliche Zuordnung des Wertpapiers als Vermögensgegenstand, also über das **Recht am Papier**.[27] 9a

I. Wertpapierrechtsstatut (Hauptstatut)

Das Wertpapierrechtsstatut bestimmt zunächst, ob überhaupt ein **Wertpapier** vorliegt: Es beherrscht regelmäßig den Akt der Verbriefung, entscheidet über die **Qualität** des Papiers als Inhaber-, Order- oder Rekta- 10

19 MüKo/*Martiny*, Art. 1 Rom I Rn 51 ff; Reithmann/Martiny/*Mankowski*, Rn 2372. Siehe zum EVÜ nur *v. Bar*, in: FS W. Lorenz, 1991, S. 273, 283 f.

20 MüKo/*Martiny*, Art. 4 Rom I Rn 89; Reithmann/Martiny/*Freitag*, Rn 1283.

21 Reithmann/Martiny/*Freitag*, Rn 1360 und 1364.

22 Reithmann/Martiny/*Mankowski*. Rn 2522 ff und 2501 ff. Vgl zuletzt auch OLG Düsseldorf, BeckRS 2008, 19577.

23 *V. Hein*, in: FS Hopt, 2008, S. 371, 379 ff; Palandt/*Thorn*, Art. 1 Rom II Rn 3; *Weber*, WM 2008, 1581, 1584; jurisPK-BGB/*Wurmnest*, Art. 4 Rom II-VO Rn 20. Siehe zur internationalen Kapitalmarkthaftung zB *Hellgardt/Ringe*, ZHR 173 (2009), 802 ff. Vgl zuletzt auch BGH, BeckRS 2010, 9049.

24 Reithmann/Martiny/*Freitag*, Rn 1275, 1360 und 1364. Vgl auch MüKo/*Martiny*, Art. 1 Rom I Rn 56.

25 So zu Recht auch MüKo/*Martiny*, Art. 1 Rom I Rn 55; *Mankowski*, TranspR 2008, 417, 423 (Konnossement); Reithmann/Martiny/*Freitag*, Rn 1359 (Anleihe). Siehe zur entsprechenden Anwendung der Art. 27 ff EGBGB bereits BGH NJW 1994, 187 = IPRax 1994, 452 m.Anm. *Straub*, 432; (Wechsel); BGH WM 1989, 1756, 1757 (Scheck); BGHZ 99, 207, 209 f = NJW 1987, 1145 = IPRax 1988, 26, m.Anm. *Basedow*, 15 (Konnossement).

26 Eingehend *v. Bar*, in: FS W. Lorenz, 1991, S. 273, 279 ff. Siehe zB zur Briefhypothek nach deutschem Recht Staudinger/*Stoll*, IntSachenR Rn 415.

27 BGHZ 108, 353, 356 = NJW 1990, 242 = IPRax 1991, 338 m.Anm. *Kronke/Berger*, 316; OLG Düsseldorf, IPRspr 2003 Nr. 53, 153, 154 f. MüKo/*Wendehorst*, Art. 43 EGBGB Rn 194; Palandt/*Thorn*, Art. 43 EGBGB Rn 1.

papier und grenzt es von bloßen Beweisurkunden ab.[28] Damit beantwortet es zugleich, auf welche Weise – durch Übertragung des Papiers oder des Rechts – über das verbriefte Recht verfügt werden kann.[29]

11 Zur Ermittlung des Wertpapierrechtsstatuts ist auf die **Rechtsordnung** abzustellen, der das in der Urkunde **verbriefte Recht** unterliegt.[30] Wenn und soweit das Statut des verbrieften Rechts **Parteiautonomie** gewährt, kann daher auch das Wertpapierrechtsstatut mittelbar durch eine Rechtswahl von den Parteien bestimmt werden.[31]

12 **1. Verbriefte Forderungen.** Ist das in einem Wertpapier verbriefte Recht eine Forderung, folgt das Wertpapierrechtsstatut grds. dem **Forderungsstatut**.[32] Das Forderungsstatut wird gem. Art. 3 Rom I in erster Linie durch die Rechtswahl der Parteien, andernfalls anhand der objektiven Anknüpfungen in Art. 4 ff Rom I bestimmt.[33]

13 **2. Verbriefung von Mitgliedschaftsrechten.** Bei verbrieften gesellschaftsrechtlichen Mitgliedschaftsrechten unterliegt das Wertpapierrechtsstatut dem Gesellschaftsstatut (siehe Anh. zu Art. 12 EGBGB Rn 1 ff).[34] Das Gesellschaftsstatut entscheidet über die Qualität des Wertpapiers als **Namens- oder Inhaberaktie** und bestimmt somit auch den jeweiligen **Übertragungsmodus**. An der Schnittstelle von IWPR und internationalem Gesellschaftsrecht sind mit Blick auf Mitgliedschaftsrechte problematische Aufspaltungen möglich: Während das Wertpapiersachstatut (siehe unten Rn 16) über die sachenrechtliche Zuordnung des Papiers befindet, entscheidet das Wertpapierrechts- und somit das Gesellschaftsstatut darüber, ob und wann die Mitgliedschaft übergeht. In Grenzfällen können daher **Wertpapierinhaberschaft und Mitgliedschaftsrecht** sowohl kollisions- als auch sachrechtlich nach einer internationalen Wertpapiertransaktion **auseinanderfallen**. Dies führt nicht zuletzt mit Blick auf die Ausübung der **Aktionärsrechte** iSd Aktionärs-RL 2007/36/EG[35] potentiell zu Komplikationen.[36]

14 **3. Verbriefte Sachenrechte.** Werden Sachenrechte in einem Wertpapier, etwa in einem Grundschuld- oder Hypothekenbrief, verbrieft, so unterliegt das Wertpapierstatut gem. Art. 43 EGBGB dem Recht am **Belegenheitsort** der Sache (vgl Art. 43 EGBGB Rn 1 ff). Bei **Traditionspapieren** entscheidet nach hM das Recht am Lageort der Waren darüber, ob die Übergabe der Waren durch die Begebung des Papiers mit **sachenrechtlicher Wirkung** ersetzt werden kann.[37]

II. Wertpapiersachstatut

15 Das Wertpapiersachstatut ist iwS Teil des internationalen Sachenrechts und folgt im Wesentlichen dessen Grundsätzen (vgl Art. 43 EGBGB Rn 1 ff),[38] soweit nicht Sonderregelungen, zB in § 17 a DepotG, bestehen (siehe Rn 20 ff).

28 OLG Karlsruhe VersR 2002, 1251 = IPRspr 2001 Nr. 44, 93; OLG Düsseldorf IPRspr 2003 Nr. 53, 153, 154 f; *v. Bar*, in: FS W. Lorenz, 1991, S. 273; *Kieninger*, IPRax 1997, 449, 454; Reithmann/Martiny/*Freitag*, Rn 1352; Staudinger/*Stoll*, IntSachenR Rn 412. Siehe zu den Einzelfragen bei den verschiedenen Wertpapiertypen MüKo/*Wendehorst*, Art. 43 EGBGB Rn 196 ff.

29 Vgl etwa RGZ 119, 215, 216; BGH NJW 1994, 939, 940 = IPRspr 1994, Nr. 54, 111= IPRax 1995, 173 m.Anm. *Einsele*, 163. MüKo/*Wendehorst*, Art. 43 EGBGB Rn 195.

30 BGHZ 108, 353, 356 = NJW 1990, 242 = IPRax 1991, 338 m.Anm. *Kronke/Berger*, 316; *S. Lorenz*, NJW 1995, 176, 177; *Welter* in: Schimansky/Bunte/Lwowski (Hrsg.), Bd. I, § 26 Rn 118.

31 In diesem Sinne auch Staudinger/*Stoll*, IntSachenR Rn 416.

32 ZB OLG Karlsruhe VersR 2002, 1251 = IPRspr 2001 Nr. 44, 93. Bei Anleihen kann das Zahlungsgeschäft kraft Rechtswahl in den Anleihebedingungen uU einem anderen als dem für die schuldrechtliche Begründung und Existenz der Forderung selbst maßgeblichen Recht unterstellt werden, zur „dépéçage" bei Staatsanleihen zuletzt BGHZ 164, 361, 365 ff = IPRspr 2005 Nr. 26 b, 62 = IPRax 2007, 43 m.Anm. *Freitag*, 24; *M. Stürner*, jurisPR-BGHZivilR 3/2006. Vgl auch RGZ 118, 370, 371 ff = IPRspr 1926 Nr. 121, 100; RGZ 126, 196, 206 = IPRspr 1930 Nr. 34, 82. Siehe auch Staudinger/*Stoll*, IntSachenR Rn 416.

33 Siehe zu den subjektiven und objektiven Anknüpfung zB bei Anleihen nur Reithmann/Martiny/*Freitag*, Rn 1351 ff; *Welter*, in: Schimansky/Bunte/Lwowski (Hrsg.), Bd. I, § 26 Rn 119.

34 RG IPRspr 1934 Nr. 11, 21 f; BGH NJW 1994, 939, 940 = IPRspr 1994, Nr. 54, 111= IPRax 1995, 173 m.Anm. *Einsele*, 163; *Welter* in: Schimansky/Bunte/Lwowski (Hrsg.), Bd. I, § 26 Rn 121.

35 RL 2007/36/EG des Europäischen Parlaments und des Rates vom 11. Juli 2007 über die Ausübung bestimmter Rechte von Aktionären in börsennotierten Gesellschaften, ABl. EU 2007 Nr. L 184/17.

36 Eingehend *Schwarz*, Abwicklung von Wertpapiergeschäften, § 12.

37 RGZ 119, 215, 216 (zum Konnossement). Vgl auch RGZ 103, 30, 31. Siehe ferner nur *v. Bar*, in: FS W. Lorenz, 1991, S. 273, 280 und 294; Soergel/*Lüderitz*, Art. 38 Anh. II Rn 15.

38 Reithmann/Martiny/*Freitag*, Rn 1353; *Einsele*, Wertpapierrecht als Schuldrecht, S. 399 ff. Vgl BGHZ 108, 353, 356 = NJW 1990, 242 = IPRax 1991, 338 m.Anm. *Kronke/Berger*, 316; OLG Düsseldorf IPRspr 2003 Nr. 53, 153, 154 f.

1. Grundregel: lex cartae sitae. Das im Rahmen des Wertpapiersachstatuts anwendbare Recht wird idR anhand des **Lageorts** des Wertpapiers bestimmt. Die **lex cartae sitae** findet auf rechtsgeschäftliche Verfügungen über Wertpapiere ebenso wie auf gesetzliche Erwerbstatbestände Anwendung, wobei auf den Belegenheitsort im **Zeitpunkt** der Vollendung des jeweiligen Erwerbstatbestandes abzustellen ist.[39] Das Belegenheitsrecht beherrscht damit vor allem den Erwerb und Verlust von Eigentum sowie anderer **dinglicher Rechte** an dem Wertpapier und bestimmt wie die Eigentums- und Besitzverhältnisse im Einzelnen ausgestaltet sind.[40] Die lex cartae sitae regelt ferner **Rechtsvermutungen** (zB § 1006 BGB)[41] und entscheidet, ob ein **gutgläubiger Erwerb** möglich ist.[42] 16

2. Registrierte Wertrechte: lex libri siti. Bei unverbrieften registrierten bzw verbuchten Anleihenverbindlichkeiten wird teilweise eine dingliche (Mit-)Berechtigung des Inhabers an den Wertpapieren fingiert.[43] Mangels physischer Lokalisierbarkeit des fiktiven Papiers muss dann kollisionsrechtlich auf das Recht am **Ort der Registerführung (Buchstatut)** abgestellt werden.[44] 17

C. Internationaler Effektengiroverkehr

In der Praxis tritt bei Wertpapieren die **elektronisierte** und **zentralisierte Fremdverwahrung** durch Intermediäre oftmals an die Stelle der Streifbandverwahrung effektiver Stücke (siehe auch Rn 3).[45] Insbes. der **grenzüberschreitende Effektengiroverkehr** im Rahmen gegenseitiger Kontoverbindungen stellt die Tauglichkeit des Lageorts als Anknüpfungspunkt des Wertpapiersachstatuts zunehmend in Frage.[46] Darüber hinaus drängen auch die Abkehr von Verbriefungen sowie eher zufällige Verwahrungsorte zu neuen Ansätzen im IWPR der indirekt verwahrten Wertpapiere.[47] Eine völlige Aufgabe des Wertpapiersach- und Wertpapierrechtsstatuts zugunsten eines einheitlichen Depotstatuts hat sich bislang nicht durchsetzen können.[48] Jedoch existieren mittlerweile zT **spezielle Kollisionsnormen.** 18

I. § 17 a DepotG

1. Anwendungsbereich. § 17 a 1. und 2. Var. DepotG beruhen jeweils auf Art. 9 Abs. 2 Finalitäts-RL 98/26/EG während § 17 a 2. Var. DepotG zusätzlich Art. 9 Finanzsicherheiten-RL 2002/47/EG in innerstaatliches Recht überführt.[49] Indem § 17 a DepotG keine Beschränkung auf Sicherungsgeschäfte enthält, geht die Regelung erheblich über die sekundärrechtlichen Vorgaben hinaus. § 17 a DepotG erfasst **dingliche Rechtsfragen** im Zusammenhang mit **intermediärverwahrten Wertpapieren** und Sammelbeständen, nicht aber Verfügungen über effektive Stücke.[50] Nach hM findet die Norm **keine Anwendung** auf Verfügungen über **schuldrechtliche Wertgutschriften**;[51] diese unterliegen vielmehr entsprechend Art. 14 Abs. 2 Rom I dem Forderungsstatut.[52] **Wertrechte** werden dagegen von § 17 a DepotG erfasst.[53] 19

2. Ort der Register- bzw Kontoführung. § 17 a DepotG löst sich von der Anknüpfung an den Lageort des Wertpapiers und hält gem. dem sog. **PRIMA**-Konzept[54] zwei Kollisionsnormen bereit: Nach § 17 a 1. Var. 20

39 *Reuschle*, RabelsZ 68 (2004), 687, 705; MüKo/*Wendehorst*, Art. 43 EGBGB Rn 195.

40 Statt vieler *Einsele*, Wertpapierrecht als Schuldrecht, S. 399 ff; Reithmann/Martiny/*Freitag*, Rn 1353.

41 BGH NJW 1994, 939, 940 = IPRspr 1994, Nr. 54, 111= IPRax 1995, 173 m.Anm. *Einsele*, 163; JurisPK/*Kieninger*, Art. 43 EGBGB Rn 19.

42 RGZ 41, 152, 153. Siehe zuletzt etwa OLG Karlsruhe VersR 2002, 1251 = IPRspr 2001 Nr. 44, 93 zu in Deutschland belegenen Schweizer Sparurkunden. Vgl auch RGZ 28, 109, 111.

43 ZB normiert § 6 Abs. 2 BSchuWG bei Bundesanleihen eine „Verdinglichung" der Wertrechte, siehe zur Vorgängerregelung im BWpVerwG nur *Kümpel*, Rn 11.263 ff.

44 Siehe im Einzelnen MüKo/*Wendehorst*, Art. 43 EGBGB Rn 201 f und 205.

45 So schon zB *Drobnig*, in: FS Zweigert, 1981, S. 73 ff.

46 Eingehend MüKo/*Wendehorst*, Art. 43 EGBGB Rn 209 ff. Siehe auch MüKoHGB/*Einsele*, Depotgeschäft Rn 183 ff zu den einzelnen zwischen der Clearstream Banking AG und ausländischen Verwahrern bestehenden gegenseitigen Kontoverbindungen iSd § 5 Abs. 4 DepotG.

47 *Einsele*, Wertpapierrecht als Schuldrecht, S. 456 ff; Reithmann/Martiny/*Mankowski*, Rn 2414; *Schefold*, IPRax 2000, 468, 469 f. Siehe auch Erwägungsgrund Nr. 8 Finanzsicherheiten-RL 2002/47/EG.

48 Für die Aufgabe der Trennung plädieren mit beachtlichen Argumenten *Schefold*, in: FS Jayme, 2004, Bd. I, S. 805, 813; MüKo/*Wendehorst*, Art. 43 EGBGB Rn 212 ff. Kritisch *v. Bar/Mankowski*, IPR, Bd. I, § 3 Rn 63.

49 Siehe Reg. Begr. BR-Drucks. 563/03, S. 13. Eingehend *Ege*, S. 105 ff und 126.

50 Reg. Entw. BT-Drucks. 14/1539, 16; *Schefold*, IPRax 2000, 468, 475; *Ege*, S. 108 ff; MüKo/*Wendehorst*, Art. 43 EGBGB Rn 204.

51 Reg. Entw. BT-Drucks. 14/1539, 16; Baumbach/*Hopt*, § 17 a DepotG Rn 1; MüKoHGB/*Einsele*, Depotgeschäft Rn 196. Dezidiert aA *Ege*, S. 123 f; MüKo/*Wendehorst*, Art. 43 EGBGB Rn 241 ff.

52 Statt vieler *Reuschle*, RabelsZ 68 (2004), 687, 707 (zu Art. 33 Abs. 2 EGBGB).

53 Ebenroth/Boujong/Joost/Strohn/*Scherer*, § 17 a DepotG Rn VI 539.

54 „**P**lace of **R**elevant **I**nter**m**ediary **A**pproach". Dazu *Wust*, S. 280 ff.

DepotG ist auf Verfügungen über Wertpapiere, die mit rechtsbegründender Wirkung in ein Register eingetragen werden, das Recht des Staates anzuwenden, der die **Registeraufsicht** führt.[55] Erfolgt hingegen eine rechtsbegründende Verbuchung auf einem Konto, ist gem. § 17 a 2. Var. DepotG das Recht der kontoführenden **Haupt- oder Zweigstelle** des Verwahrers maßgeblich.

21 **3. Rechtsbegründende Wirkung.** Ebenso wie die deutsche Fassung der Finalitäts-RL verlangt auch § 17 a DepotG, dass eine Registereintragung (Verbuchung) nicht – wie in vielen Fällen[56] – nur deklaratorische, sondern **rechtsbegründende** Wirkung entfaltet. Die **Europarechtskonformität** dieses Erfordernisses ist zweifelhaft, da andere Sprachfassungen der Finalitäts-RL keine derartige Einschränkung enthalten, was auf einen Übersetzungsfehler in der deutschen Fassung hindeutet.[57] Obschon sich Teile des Schrifttums[58] strikt am Wortlaut des § 17 a DepotG orientieren, dürften die besseren Argumente dafür streiten, dass die Norm auch lediglich verlautbarende Eintragungen erfasst.[59] Inwieweit eine Registereintragung (Verbuchung) „rechtsbegründend" wirkt, ist eine **Vorfrage**, die angesichts der von § 17 a DepotG angestrebten Vereinheitlichung unselbstständig angeknüpft und durch das Statut der Hauptfrage beantwortet werden sollte.[60] Entsprechend ist hierfür das Recht am Register- bzw Kontoführungsort maßgeblich.

22 **4. Sachnormverweisung.** § 17 a DepotG enthält eine Sachnormverweisung. Soweit die Vorschrift der Richtlinienumsetzung dient, folgt dies unmittelbar aus den Vorgaben des Unionsrechts.[61] Auch iÜ würde eine Gesamtverweisung dem Zweck der Kollisionsrechtsvereinheitlichung durch § 17 a DepotG zuwiderlaufen.[62]

II. Haager Wertpapier-Übereinkommen (HWpÜ) und UNIDROIT-Übereinkommen

23 Die Haager Konferenz hat am 5.7.2006 eine neue Fassung des HWpÜ angenommen.[63] Das Übereinkommen ist jedoch derzeit nur von zwei Staaten ratifiziert worden.[64] Indem das HWpÜ den Parteien eine **begrenzte Rechtswahlmöglichkeit** eröffnet, weicht es vom PRIMA-Ansatz der Finalitäts-RL und der Finanzsicherheiten-RL ab.[65] Die EU hat sich bereits gegen die Zeichnung des HWpÜ entschieden.[66] Auch ein Beitritt der Mitgliedstaaten und u.a. Deutschlands erscheint nicht zuletzt angesichts der **potentiellen Konflikte** zwischen den Regelungen des HWpÜ und den § 17 a DepotG zugrunde liegenden Vorgaben des europäischen Sekundärrechts unwahrscheinlich.[67] Darüber hinaus wurde am 9.10.2009 in Genf ein **UNIDROIT-Übereinkommen**[68] zur Sachrechtsvereinheitlichung verabschiedet, welches bislang nur ein Staat gezeichnet hat. Das Schicksal dieses Übereinkommens ist beim aktuellen Stand (2011) ebenfalls ungewiss.

55 Vgl OLG Frankfurt, BeckRS 2011, 3881.

56 Siehe zu Beispielen aus den deutschen, US-amerikanischen, österreichischen und schweizerischen (deklaratorische Wirkung) sowie der französischen Rechtsordnung (rechtsbegründende Wirkung) nur *Einsele*, Bank- und Kapitalmarktrecht, S. 444 f.

57 Vgl nur die englische („legally recorded") und französische („inscrit légalement") Fassung von Art. 9 Abs. 2 RL 98/26/EG. Siehe zur sprachfassungsübergreifenden Auslegung von Unionsrechtsakten in st. Rspr nur EuGH EuZW 2009, 855, 856 mwN.

58 ZB Baumbach/*Hopt*, § 17 a DepotG Rn 1; MüKoHGB/*Einsele*, Depotgeschäft Rn 198 f; *Einsele*, Bank- und Kapitalmarktrecht, S. 444 ff. Dagegen behandelt das OLG Düsseldorf IPRspr 2003 Nr. 53, 154 f, bereits keinen Fall des Effektengiroverkehrs und musste sich mit der Europarechtskonformität der Einschränkung in § 17 a DepotG im Verhältnis zum Nicht-EU-Staat Schweiz überdies nicht auseinandersetzen.

59 Dafür zB *Eidenmüller*, in: Hadding/Hopt/Schimansky (Hrsg.), S. 117, 135 f; *Ege*, S. 74 ff; *Kümpel*, Rn 11.439 ff; MüKo/*Wendehorst*, Art. 43 EGBGB Rn 222 und 244 ff. Im Ergebnis auch *Schefold*, IPRax 2000, 468, 475 f.

60 *Eidenmüller*, in: Hadding/Hopt/Schimansky (Hrsg.), S. 117, 135; *Ege*, S. 123 f.

61 Siehe Art. 9 Abs. 1 S. 2 RL 2002/47/EG.

62 Ebenso MüKo/*Wendehorst*, Art. 43 EGBGB Rn 251. AA *Reuschle*, RabelsZ 68 (2004), 687, 723.

63 Hague Convention on the Law Applicable to Certain Rights in Respect of Securities Held with an Intermediary, abrufbar unter <www.hcch.net >.

64 Das Inkrafttreten des WHpÜ setzt voraus, dass mindestens drei Staaten das Übereinkommen ratifizieren bzw ihm beitreten, vgl Art. 19, 17 WHpÜ.

65 Aus diesem Grund wird das Übereinkommen zT als „AAA"-basiert („Account Agreement Approach") bezeichnet, statt aller MüKo/*Wendehorst*, Art. 43 EGBGB Rn 238.

66 SEC(2008) 491 endg.

67 Vgl nur *Schwarz*, in: Basedow/Hopt/Zimmermann (Hrsg.), Bd. I, S. 608, 612.

68 UNIDROIT Convention on Substantive Rules for Intermediated Securities, abrufbar unter <http://www.unidroit.org>. Dazu *Wust*, S. 414 ff.

D. Internationales Wechsel- und Scheckrecht

I. Allgemeines

24 Ungeachtet ihrer staatsvertraglichen Wurzeln[69] finden die Art. 91-98 WG und Art. 60-66 ScheckG als autonomes Recht **auch gegenüber Nichtvertragsstaaten** der Genfer Abkommen Anwendung.[70] Soweit das deutsche internationale Wechsel- und Scheckrecht Regelungslücken enthält, sind diese durch Rückgriff auf die **allg. Grundsätze des IWPR** zu füllen (vgl Rn 10 ff).

25 Im interamerikanischen Wechsel- und Scheckverkehr sind zT die Abkommen von Panama von 1975 sowie die Konvention von Montevideo über internationales Scheckrecht von 1979 zu beachten.[71] Noch nicht in Kraft getreten ist das UNCITRAL-Übereinkommen über internationale gezogene Wechsel und internationale eigene Wechsel v. 9.12.1988.[72]

26 **1. Rechtswahl.** Die Art. 91-98 WG und Art. 60-66 ScheckG enthalten ebenso wenig wie die ihnen zugrunde liegenden Genfer Abkommen ausdrückliche Regelungen in Bezug auf die Rechtswahlbefugnis der Parteien. Da sich aus der Entstehungsgeschichte der Abkommen jeweils kein Ausschluss der Parteiautonomie herleiten lässt, ist eine von Art. 91-98 WG bzw Art. 60-66 ScheckG abweichende **Rechtswahl zulässig**.[73] Im Verhältnis zu Dritten ist eine Rechtswahl im Interesse des Verkehrsschutzes jedoch nur beachtlich, wenn sie nach wertpapierrechtlichen Grundsätzen in der Urkunde **dokumentiert** wird.[74]

27 Obwohl Verpflichtungen aus Wechseln und Schecks gem. Art. 1 Abs. 2 lit. d Rom I nicht von der Verordnung erfasst werden, kann auf die in Art. 3 ff Rom I niedergelegten allg. Rechtsgedanken als Bestandteil des autonomen deutschen IPR zurückgegriffen werden (vgl Rn 8). Soweit schuldrechtliche Rechtsverhältnisse im Zusammenhang mit Wechseln und Schecks nicht zur Förderung der Umlauffähigkeit der Papiere besonders ausgestaltet sind und damit dem autonomen IWPR unterstehen, ist Rom I unmittelbar anwendbar.[75]

28 **2. Renvoi.** Die noch hM lässt Rück- und Weiterverweisungen im internationalen Wechsel- und Scheckrecht zu.[76] Dagegen spricht jedoch, dass die Art. 91-98 WG und Art. 60-66 ScheckG auf internationalen Abkommen beruhen und ein Renvoi somit dem Sinn der Verweisung gem. Art. 4 Abs. 1 S. 1, 2. Hs EGBGB zuwiderläuft. Soweit **Art. 91 Abs. 1 S. 2 WG** resp. **Art. 60 Abs. 1 S. 2 ScheckG** einen Renvoi zur Bestimmung der Wechsel- bzw Scheckfähigkeit explizit gestatten, handelt es sich hierbei um nicht verallgemeinerungsfähige Ausnahmeregelungen.[77] **Rück- und Weiterverweisungen** sind daher iÜ **ausgeschlossen**.[78]

II. Sonderregelungen für Wechsel: Art. 91-98 WG

29 **1. Wechselfähigkeit.** Art. 91 WG normiert die **passive**, Art. 7 EGBGB hingegen die **aktive** Wechselfähigkeit natürlicher Personen, wobei im Ergebnis jeweils das **Heimatrecht** der Person zur Anwendung kommt.

69 Siehe zu den Genfer Abkommen vom 7.6.1930 und 19.3.1931 oben Rn 5.

70 BGHZ 21, 155, 157 = NJW 1956, 1597 (Wechsel) sowie zum Scheck etwa IPG 1984 Nr. 21 [Hamburg] (Scheck). Siehe zum Ganzen MüKo/*Martiny*, Art. 1 Rom I Rn 29 und 42.

71 Eingehend *Samtleben*, RabelsZ 44 (1980), 257, 261 ff und 295 ff. Siehe zu den Mitgliedstaaten der Abkommen *Samtleben*, RabelsZ 56 (1992), 1, 89 f und 102 f; Baumbach/Hefermehl/*Casper*, Vor Art. 91 WG Rn 4 und Vor Art. 60 ScheckG Rn 2.

72 Derzeit liegen nur 5 von 10 erforderlichen Ratifikationen vor. Der aktuelle Ratifikationsstand ist abrufbar unter <www.uncitral.org>.

73 Siehe zum Wechselrecht nur RGZ 145, 121, 124; BGHZ 104, 145, 146 ff = NJW 1988, 1979 = IPRax 1989, 170 m.Anm. *Schlechtriem*, 155; BGH NJW 1994, 187 = IPRax 1994, 452 m.Anm. *Straub*, 432; OLG Saarbrücken WM 1998, 2465, 2467 = IPRspr 1997 Nr. 53, 93; *Morawitz*, S. 149 ff; Baumbach/Hefermehl/*Casper*, Art. 93 WG Rn 2. Siehe zum Scheckrecht zB BGHZ 108, 353, 356 = NJW 1990, 242 = IPRax 1991, 338 m.Anm. *Kronke/Berger*, 316; OLG Hamm NJW-RR 1992, 499 f = IPRspr 1991, Nr. 59, 106; LG München II IPRspr 1985, Nr. 42 a, 112, 113 f = IPRax 1987, 175 m.Anm. *Schefold*, 150. AA Soergel/*Kegel*, 11. Aufl., Vor Art. 7 EGBGB Rn 339; *Eschelbach*, S. 143 ff.

74 LG Hamburg IPRspr 1964 Nr. 221 a, 662, 663 (Wechsel); Baumbach/Hefermehl/*Casper*, Vor Art. 91 WG Rn 2 und Vor Art. 60 ScheckG Rn 1. Vgl auch BGHZ 104, 145, 147 ff = NJW 1988, 1979 = IPRax 1989, 170 m.Anm. *Schlechtriem*, 155.

75 Demnach sind die Art. 3 ff Rom I zB maßgeblich für die schuldrechtlichen Beziehungen zwischen Aussteller und Begünstigtem, für das Rechtsverhältnis zwischen Aussteller und Bezogenem, insb. aufgrund Girovertrags, vgl *Freitag*, in: Derleder/Knops/Bamberger (Hrsg.), § 62 Rn 5 ff.

76 Siehe zum Wechsel zB OLG Koblenz IPRspr 1976 Nr. 20, 77, 79; LG Mainz WM 1975, 149, 150; *Bernstein*, in: FS Reimers, 1979, S. 229, 234. Siehe zum Scheckrecht nur BGHZ 108, 353, 357 = NJW 1990, 242 = IPRax 1991, 338 m.Anm. *Kronke/Berger*, 316; BGH NJW 2004, 1456, 1458 = IPRspr 2003, Nr. 149, 478; OLG Düsseldorf IPRspr 1976 Nr. 19, 72, 73; IPG 1984 Nr. 21 [Hamburg]. Differenzierend *Eschelbach*, S. 163 ff.

77 Vgl mit Blick auf die Entstehungsgeschichte der Abkommen *Morawitz*, S. 137 ff.

78 Wie hier LG Hamburg IPRspr 1964 Nr. 221 a, 662, 663 (Wechsel); *v. Bar*, in: FS W. Lorenz, 1991, S. 273, 290 f; MüKo/*Martiny*, Art. 1 Rom I Rn 41 und 50; Soergel/*v. Hoffmann*, Art. 37 EGBGB Rn 25 und 28.

Gem. Art. 91 Abs. 1 S. 2 WG ist eine Rück- oder Weiterverweisung auf eine andere Rechtsordnung zu beachten. Die Wechselfähigkeit juristischer Personen und Personenvereinigungen folgt den Regeln des **internationalen Gesellschaftsrechts** (siehe Anh. zu Art. 12 EGBGB Rn 1 ff).

30 **2. Form.** Gem. Art. 92 WG richtet sich die Formwirksamkeit einer Wechselerklärung nach dem Recht des **tatsächlichen Ausstellungsorts**.[79] Zur Form zählen die in Art. 1, 2 WG enthaltenen Anforderungen an die Gültigkeit der Erklärung, wie zB die Unterschrift des Ausstellers.[80] Nach 92 Abs. 2 WG ist die Formwirksamkeit für zeitlich nachfolgende Wechselerklärungen stets gesondert und unabhängig zu bestimmen. Soweit zumindest die inländischen Formerfordernisse gewahrt sind, schützt Art. 92 Abs. 3 WG das Vertrauen anderer Inländer in die Wirksamkeit der Erklärung.

31 **3. Wirkungen der Wechselerklärung (Wirkungsstatut).** Mangels Rechtswahl (vgl Rn 27) ist nach Art. 93 Abs. 1 WG für die Erklärungen des Akzeptanten einer Tratte und des Ausstellers eines Solawechsels das Recht des Zahlungsortes maßgeblich. Auf alle sonstigen Wechselerklärungen, zu denen auch die Ehrenannahme und die Wechselbürgschaft zählen,[81] ist gem. Art. 93 Abs. 2 WG das Recht des Zeichnungsortes anzuwenden. Zum **Wirkungsstatut** gem. Art. 93 WG gehört alles, was die **Haftung** des Wechselschuldners betrifft, also insb. Entstehungsvoraussetzungen, Umfang, Erlöschen, Einreden,[82] das Erfordernis eines Begebungsvertrages sowie Rechtserhaltungsmaßnahmen.[83] Art. 93 WG ist nach hM auch auf Verfügungen über Wechsel durch **Indossament**[84] und den Erwerb des Wechsels im **Wechselrücklauf** anzuwenden.[85]

32 Die **Abtretung** der Ansprüche und Rechte aus einem Wechsel unterliegt analog Art. 14 Abs. 2 Rom I dem Statut der abzutretenden Forderung.[86] Nach Art. 95 WG bestimmt das Recht am Ausstellungsort, ob der Inhaber eines gezogenen Wechsels zugleich die zu Grunde liegende Forderung erwirbt.[87] Für das Verhältnis des Schuldners der Grundforderung gegenüber altem und neuem Gläubiger gilt dann entsprechend Art. 15 Rom I das Statut der übergegangenen Forderung.[88]

33 Das Recht des Ausstellungsortes entscheidet gem. Art. 94 WG, ob **Rückgriffsfristen** zu beachten sind.[89] Form und Fristen von **Rechtserhaltungsmaßnahmen (Protest)** unterliegen nach Art. 97 WG dem Recht des Staates, in dem die Handlungen vorzunehmen sind.[90] Das Recht des Zahlungsortes bestimmt gem. Art. 98 WG die bei **Verlust** oder **Diebstahl** des Wechsels erforderlichen Maßnahmen.

III. Sonderregelungen für Schecks: Art. 60–66 ScheckG

34 Die Art. 60 ff ScheckG sind im Wesentlichen an die Regelungen des WG angelehnt, so dass auf die dortigen Erläuterungen verwiesen werden kann (vgl Rn 30 ff). Gem. der scheckspezifischen Regelung in Art. 61 ScheckG richtet sich die Fähigkeit einer Person, **Bezogener** zu sein, nach dem Recht des Landes, in dem der Scheck zahlbar ist.[91]

35 Hinsichtlich der **Wirkungen** der Scheckerklärung stellt Art. 63 ScheckG – ebenso wie Art. 92 Abs. 2 WG – auf das Recht des Zeichnungsortes ab.[92] Allerdings verweist Art. 65 für bestimmte **Nebenabreden** abweichend vom Wirkungsstatut nicht auf das Recht des Zeichnungs-, sondern vielmehr auf das des Zahlungsortes.[93] Art. 64 und 66 ScheckG enthalten Sonderregelungen für **Rückgriffsfristen** sowie Form und Fristen des **Protests**.

79 *V. Bar*, in: FS W. Lorenz, 1991, S. 273, 282; Baumbach/Hefermehl/*Casper*, Art. 92 WG Rn 1. Siehe zum Gutglaubensschutz bezüglich des in der Urkunde angegebenen Ausstellungsortes OLG Frankfurt WM 1980, 418 f; MüKo/*Martiny*, Art. 1 Rom I Rn 30.

80 BGHZ 21, 155, 157 f = NJW 1956, 1597; BGH WM 1960, 374, 375 = IPRspr 1960 Nr. 4, 6. Eingehend Baumbach/Hefermehl/*Casper*, Art. 92 WG Rn 1; *Bülow*, Art. 92 WG Rn 1.

81 BGH NJW 1963, 252.

82 Jedoch unterliegen der Neubeginn und die Hemmung der Verjährung angesichts des Vorbehalts Deutschlands zum Genfer Wechselabkommen ausschließlich deutschem Recht, vgl Bek. v. 30.11.1933, RGBl. II 1933, S. 974.

83 Vgl BGH WM 1999, 1561, 1562 f = IPRspr 1999, Nr. 44, 105. Beispielhafte Aufzählung mwN bei MüKo/*Martiny*, Art. 1 Rom I Rn 35; Soergel/*v. Hoffmann*, Art. 37 EGBGB Rn 20 ff.

84 BGHZ 21, 155, 163 = NJW 1956, 1597; BGH WM 1999, 1561, 1562 f = IPRspr 1999, Nr. 44, 105.

85 Eingehend, jeweils mwN auch zur abweichenden Auffassung MüKo/*Martiny*, Art. 1 Rom I Rn 37 f; Soergel/*v. Hoffmann*, Art. 37 EGBGB Rn 21 f.

86 BGHZ 104, 145, 149 = NJW 1988, 1979 = IPRax 1989, 170 m.Anm. *Schlechtriem*, 155 (zu Art. 33 Abs. 2 EGBGB). Für eine Analogie zu Art. 14 Abs. 2 Rom I nunmehr auch MüKo/*Martiny*, Art. 1 Rom I Rn 38.

87 Siehe zB im französischen Recht Art. L.511-7 Abs. 3 C.Com.

88 MüKo/*Martiny*, Art. 1 Rom I Rn 39. Vgl auch *Bülow*, Art. 95 WG Rn 1 (zu Art. 33 EGBGB).

89 *Morawitz*, S. 97 ff.

90 Vgl BGHZ 21, 155, 163 = WM 1956, 1131. Siehe auch *v. Bar*, in: FS W. Lorenz, 1991, 273, 283.

91 Baumbach/Hefermehl/*Casper*, Art. 61 ScheckG Rn 1 f; *Bülow*, Art. 61 ScheckG Rn 1 f.

92 Siehe zur Reichweite des Wirkungsstatuts BGH NJW 2004, 1456, 1458 = IPRspr 2003, Nr. 149, 478; *Bülow*, Art. 63 ScheckG Rn 1 ff.

93 Baumbach/Hefermehl/*Casper*, Art. 65 ScheckG Rn 1 ff; *Bülow*, Art. 65 ScheckG Rn 1 ff.

E. Konnossement (internationaler Seetransport)

Auch im internationalen Seetransportrecht werden Verbriefungen bereits vielfach durch elektronische Buchungsvorgänge ersetzt.[94] Diese allgemeine Tendenz der **Entmaterialisierung** (vgl Rn 3) wird durch die sog. **Rotterdam Rules** voraussichtlich noch verstärkt werden.[95] 36

Auf Ebene des Kollisionsrechts ist umstritten, inwieweit Konnossemente unter die **Ausnahme** in Art. 1 Abs. 2 lit. d iVm Erwägungsgrund Nr. 9 Rom I fallen.[96] Dessen ungeachtet ist eine **Rechtswahl** auch unter Geltung von Rom I **zulässig**; sie richtet sich nach den in Art. 3 Rom I normierten Grundsätzen.[97] Die Parteiautonomie wird allerdings durch **Art. 6 EGHGB** begrenzt: Die in § 662 HGB inkorporierten Hague-Rules[98] sowie die sie modifizierenden Visby-Rules[99] setzen sich als **zwingendes Recht** gegenüber einer Rechtswahl durch.[100] 37

Über die Eigenschaft des Konnossements als **Traditionspapier** entscheidet nach hM das **Warensachstatut**, also das Recht des Staates, in dem die Sachen belegen sind (vgl Rn 15).[101] 38

Drittes Kapitel
Angleichung

Art. 47 EGBGB Vor- und Familiennamen

(1) [1]Hat eine Person nach einem anwendbaren ausländischen Recht einen Namen erworben und richtet sich ihr Name fortan nach deutschem Recht, so kann sie durch Erklärung gegenüber dem Standesamt
1. aus dem Namen Vor- und Familiennamen bestimmen,
2. bei Fehlen von Vor- oder Familiennamen einen solchen Namen wählen,
3. Bestandteile des Namens ablegen, die das deutsche Recht nicht vorsieht,
4. die ursprüngliche Form eines nach dem Geschlecht oder dem Verwandtschaftsverhältnis abgewandelten Namens annehmen,
5. eine deutschsprachige Form ihres Vor- oder ihres Familiennamens annehmen; gibt es eine solche Form des Vornamens nicht, so kann sie neue Vornamen annehmen.

[2]Ist der Name Ehename, so kann die Erklärung während des Bestehens der Ehe nur von beiden Ehegatten abgegeben werden.

(2) Absatz 1 gilt entsprechend für die Bildung eines Namens nach deutschem Recht, wenn dieser von einem Namen abgeleitet werden soll, der nach einem anwendbaren ausländischen Recht erworben worden ist.

(3) § 1617 c des Bürgerlichen Gesetzbuchs gilt entsprechend.

(4) Die Erklärungen nach den Absätzen 1 und 2 müssen öffentlich beglaubigt oder beurkundet werden.

Literatur: *Christof Böhmer,* Die Transliteration ausländischer Namen, IPRax 1994, 80; *Bornhofen,* Das Gesetz zur Reform des Personenstandsrechts, StAZ 2007, 33; *Henrich,* Die Angleichung im Internationalen Namensrecht – Namensführung nach Statutenwechsel, StAZ 2007, 197; *Hepting,* Angleichung im internationalen Namensrecht – Was tun bei fehlenden Vor- oder Familiennamen?, StAZ 2001, 257; *ders.,* Die Angleichung in Art. 47 EGBGB, StAZ 2008, 161; *Hochwald,* Namens-

94 Siehe zu Art. 14 Abs. 3 United Nations Convention on the Carriage of Goods by Sea 1978 (Hamburg Rules) bereits *Basedow,* ZEuP 1993, 100, 113. Siehe zur Bolero bill of lading nur *v. Bernstorff,* RIW 2001, 504 ff.

95 Vgl Art. 8 ff und 35 ff der am 23.9.2009 verabschiedeten und noch nicht in Kraft getretenen United Nations Convention on Contracts for the International Carriage of Goods Wholly or Partly by Sea (Rotterdam Rules), abrufbar unter <www.uncitral.org>.

96 Eingehend zB MüKo/*Martiny,* Art. 1 Rom I Rn 51 und Art. 5 Rom I Rn 112 f; *Mankowski,* TranspR 2008, 417 ff; Reithmann/Martiny/*Mankowski,* Rn 2886. Vgl auch *Basedow,* IPRax 1987, 333, 338 ff (zu Art. 27 ff EGBGB). Vgl etwa zu Herausgabe- und Schadensersatzansprüchen BGHZ 99, 207, 209 = NJW 1987, 1145 = IPRax 1988, 26 m.Anm. *Basedow,* 15.

97 *Mankowski,* TranspR 2008, 417, 423; MüKo/*Martiny,* Art. 5 Rom I Rn 112. Vgl zuletzt BGHZ 169, 281, 285 = IPRspr 2006 Nr. 33, 59.

98 Internationales Abkommen vom 25.8.1924 zur Vereinheitlichung von Regeln über Konnossemente, Bek. v. 30. 12. 1939, RGBl. II 1939, S. 1052.

99 Diese sind von Deutschland nicht ratifiziert worden und müssen in bestimmten Konstellationen dennoch beachtet werden, siehe dazu Reithmann/Martiny/*Mankowski,* Rn 2921 f.

100 Siehe zu der im Einzelnen umstrittenen vorrangigen Anwendung von Art. 6 EGHGB nur MüKo/*Martiny,* Art. 5 Rom I Rn107 f; Palandt/*Thorn,* Art. 5 Rom I Rn 8; Reithmann/Martiny/*Mankowski,* Rn 2923 ff. Siehe auch den weitergehenden Ansatz von *Basedow,* IPRax 1987, 333, 338 ff.

101 RGZ 103, 30, 31; 119, 215, 216; *v. Bar,* in: FS W. Lorenz, 1991, S. 273, 280 und 294; Staudinger/*Stoll,* IntSachenR Rn 370 und 415. AA *Mankowski,* in: FS Herber, 1999, S. 147, 150 ff; Reithmann/Martiny/*Mankowski,* Rn 2913 (Konnossementstatut).

führung einer aus Sri Lanka stammenden Familie nach Einbürgerung, StAZ 2009, 49; *dies.*, Gestattet Art. 47 Abs. 1 Nr. 5 EGBGB mehrere Vornamen anzunehmen, wenn es keine deutsche Form eines Vornamens gibt?, StAZ 2010, 335; *Kissner,* Angleichung nach Art. 47 EGBGB; Eindeutschung des Familiennamens des Vaters im Rahmen einer Namenserteilung nach § 1617 a Abs. 2 BGB, StAZ 2009, 315; *Kraus,* Ermöglicht Art. 47 EGBGB die Übersetzung eines ausländischen Familiennamens?, StAZ 2009, 250; *Krömer,* Namensführung in einer pakistanisch-deutschen Ehe nach Rechtswahl zugunsten deutschen Rechts und Angleichungserklärung gemäß Art. 47 EGBGB, StAZ 2008, 48; *Mäsch,* Art. 47 EGBGB und die neue Freiheit im Internationalen Namensrecht – oder Casanovas Heimfahrt, IPRax 2008, 17; *Rauhmeier,* Angleichung irakischer Namen nach Statutenwechsel; Namensführung der Kinder, StAZ 2010, 270; *ders.*, Angleichung irakischer Namen nach Statutenwechsel, StAZ 2010, 337.

A. Allgemeines

I. Systematische Einordnung

1 Art. 47 ist eine Sachnorm. Er befasst sich mit namensrechtlichen Möglichkeiten, wenn eine Person von einem ausländischen zum deutschen Statut für den Namen wechselt (sog. Eingangsstatutenwechsel). Dies ist insbesondere der Fall, wenn jemand, der bisher Ausländer war, nun die deutsche Staatsangehörigkeit erwirbt. Ausländische Rechtsordnungen kennen in ihrem Namensrecht oft Gestaltungen, welche dem deutschen Namensrecht fremd sind, zB Zwischennamen, Vatersnamen oder Großvatersnamen. Nach dem Statutenwechsel untersteht der Namensträger aber deutschem Recht, und deutsches Recht muss eine Antwort finden, wie es um die Weiterführung bisher geführter Namen steht. Dabei geht es um einen Ausgleich zwischen deutschem Namensrecht und dem im Namen dokumentierten Persönlichkeitsschutz. Art. 47 kodifiziert die Lösungen, die sich für die wichtigsten Anpassungsfragen entwickelt haben. Er will Kontinuität mit der vorherigen Rechtsprechung insbesondere zu § 94 BVFG. Denn das Erklärungsrecht des Art. 47 ist § 94 BVFG nachgebildet.[1] Dies zieht bei der Auslegung eine Orientierung an der Auslegung des § 94 BVFG nach sich.[2] Dies gilt umso mehr, weil Abs. 1 S. 1 Nrn. 3–5 sogar in ihrem Wortlaut § 94 Abs. 1 S. 1 Nrn. 1–3 BVFG nachgebildet sind.[3]

2 Die kollisionsrechtliche Bewältigung von Namensfragen bewegt sich in einem **sachrechtlich bedingten Spannungsfeld**:[4] Dessen einer Pol ist die privatrechtliche Identifizierungs- und Kennzeichnungsfunktion des Namens für das Individuum, das persönliche Interesse am Namen als höchstpersönlichem Erkennungszeichen; dessen anderer Pol sind die Belange des öffentlichen Rechts, namentlich Kontrolle und Registrierung anhand der Identifizierungs- und Ordnungsfunktion des Namens. Außerdem gibt es die verfassungsrechtliche Dimension, dass der Name in Deutschland als Teil des allgemeinen Persönlichkeitsrechts durch Art. 2 Abs. 1 iVm Art. 1 Abs. 1 GG geschützt ist; diese Dimension gilt es auch in Fällen mit Auslandsbezug zu beachten.[5]

3 Hinzu treten **unterschiedliche Traditionen** und erhebliche Divergenzen in den Sachrechten. Das Internationale Namensrecht muss in hohem Maße Phänomene und Gestaltungen bewältigen, welche das deutsche Sachrecht nicht kennt (zB Vaternamen, Mittelnamen, Beinamen, persönliche Namen). Namen müssen so eindeutig

1 Stellungnahme des Bundesrates, BT-Drucks. 16/1831, 71; Staudinger/*Hepting,* Art. 10 EGBGB Rn 189; Erman/*Hohloch,* Art. 47 EGBGB Rn 2; jurisPK-BGB/*Janal,* Art. 47 EGBGB Rn 1; Palandt/*Thorn,* Art. 47 EGBGB Rn 3.
2 Bamberger/Roth/*Mäsch,* Art. 47 EGBGB Rn 5.
3 Stellungnahme des Bundesrates, BT-Drucks. 16/1831, 71.
4 *Looschelders,* IPR, Art. 10 EGBGB Rn 1.
5 S. zB BVerfG StAZ 2001, 207 = NJWE-FER 2001, 193.

wie möglich sein. Daher kennen viele Staaten formelle Registrierungs- und Eintragungsverfahren, andere indes nicht. Umgekehrt ist das deutsche Prinzip der Kombination mindestens eines Vornamens mit einem Familiennamen vielen Rechten unbekannt. Bei späterem deutschem Namensstatut kann dies zu Kollisionen führen. Zweck des Art. 47 sind Anpassung an eine deutsche Umwelt und soziale Integration in ein deutsches Umfeld.[6]

Art. 47 entscheidet anstehende Sachfragen selbst. Er enthält keine Verweisungsnorm, keine Kollisionsnorm 4
im eigentlichen Sinn,[7] sondern ist Sachnorm des deutschen Rechts.[8] Dies zeigt sich bereits an der Kapitelüberschrift „Angleichung“. Vielmehr setzt Art. 47 in allen seinen Absätzen, auch in Abs. 2, voraus, dass deutsches Recht Namensstatut ist, dass also deutsches Recht über Art. 10 EGBGB zum Zeitpunkt der Angleichungserklärung das für den Namen des Berechtigten maßgebliche Recht ist.[9] Vorausgesetzt ist in den Fällen des Abs. 1 aber, dass nach einem zuvor anwendbaren ausländischen Recht bereits ein Name rechtsgültig erworben wurde, der nun nach dem Grundsatz der Namenskontinuität unter deutschem Recht als dem neuen Namensstatut im Prinzip weiterzuführen wäre.[10] Art. 47 EGBGB ist gegebenenfalls, soweit nötig, im Lichte der allgemeinen Angleichungsregeln auszulegen, die helfen mögen, eventuelle Lücken durch Analogien zu schließen.[11]

II. Praktische Bedeutung

Namensrechtliche Fragen treten aus deutscher Sicht in der Praxis der deutschen Standesämter häufig auf. Der 5
typische Statutenwechsel wird deshalb der Eingangsstatutenwechsel hin zum deutschen Recht sein, dass ein Ausländer Deutscher wird und sich danach namensrechtliche Folgefragen stellen. Den wichtigsten sich daraus ergebenden Fallgruppen widmet sich Art. 47.[12] Die praktische Bedeutung des Art. 47 ist nicht zu unterschätzen. Die von ihm angesprochenen Fragen stellen sich in der Standesamtspraxis regelmäßig. Es ist kein Zufall, dass sich der Gesetzgeber auf Druck aus der Praxis, also von den Standesämtern, veranlasst sah, Art. 47 zu schaffen, obwohl er zuvor Art. 10 EGBGB mehrfach und umfangreich in vergleichsweise kurzer Zeit novelliert hatte. Ebenso wenig ist es Zufall, dass der Anstoß zu Art. 47 vom Bundesrat und damit von den Bundesländern ausging, denen ihre Standesämter und Standesamtsaufsichten die einschlägigen Probleme nahe brachten.

III. Entstehungsgeschichte

Art. 47 ist Teil der Personenstandsrechtsreform und wurde durch das Gesetz zur Reform des Personenstands- 6
rechts (Personenstandsrechtsreformgesetz – PStRG) vom 19.2.2007 (BGBl. 2007 I 122) mit Art. 2 Abs. 15 lit. b PStRG in das EGBGB eingefügt. Er sollte gemäß Art. 5 Abs. 2 PStRG mit dem 1.1.2009 in Kraft treten. Jedoch setzte Art. 4 Abs. 1 lit. a 7. Gesetz zur Änderung des Bundesvertriebenengesetzes[13] Art. 47 bereits mit Wirkung ab dem 24.5.2007 in Kraft.

Im Regierungsentwurf[14] war noch keine Regelung wie Art. 47 vorgesehen. Auf Anregung des Bundesra- 7
tes[15] wurde sie letztendlich durch den Innenausschuss eingefügt.[16]

Anlass für die Neuschaffung des Art. 47 waren die zuvor in der Praxis der Standesämter aufgetretenen 8
Schwierigkeiten, deutsches Namensrecht und vorherige Namensführung bei Eingebürgerten miteinander in möglichst großen Einklang zu bringen. Probleme bereiteten insbesondere Zuwanderer aus arabischen Staaten, aus Pakistan und aus Indien. Auch Zuwanderer aus dem skandinavischen Raum stellten vor Probleme. Insoweit bietet Art. 47 eine gesetzliche Grundlage für eine schon zuvor rechtsschaffend geübte Praxis so genannter **Angleichungserklärungen**.[17] Für Vertriebene und Flüchtlinge im Sinne des BVFG besteht mit § 94 BVFG eine Sonderregelung fort (unten Rn 59). Die Angleichungserklärung ist Willenserklärung und Verfahrenserklärung zugleich.[18]

Infolge der Umstellung des Personenstandsrechts auf das neue Behördensystem zum 1.1.2009 sind Erklärun- 9
gen nach Art. 47 Abs. 1–3 nicht mehr gegenüber dem Standesbeamten, sondern gegenüber dem Standesamt abzugeben. Für die Übergangszeit zwischen dem vorweggezogenen Inkrafttreten des Art. 47 zum 24.5.2007

6 Staudinger/*Hepting,* Art. 10 EGBGB Rn 186; *Kraus,* StAZ 2009, 250.
7 Siehe nur Erman/*Hohloch,* Art. 47 EGBGB Rn 3.
8 Siehe nur Palandt/*Thorn,* Art. 47 EGBGB Rn 2; jurisPK-BGB/*Janal,* Art. 47 EGBGB Rn 2.
9 Palandt/*Thorn,* Art. 47 EGBGB Rn 2.
10 OLG Frankfurt StAZ 2006, 142; Palandt/*Thorn,* Art. 47 EGBGB Rn 5; *Kraus,* StAZ 2010, 19, 20; *Hochwald,* StAZ 2010, 335 f.
11 *Hepting,* StAZ 2008, 161, 164; *Hochwald,* StAZ 2010, 335, 336; *Rauhmeier,* StAZ 2010, 337.
12 Siehe nur *Hochwald,* StAZ 2010, 335.
13 Vom 16.5.2007, BGBl. 2007 I 748.
14 BT-Drucks. 16/1831.
15 Stellungnahme des Bundesrates, BT-Drucks. 16/1831, 70 f.
16 Beschlussempfehlung und Bericht des Innenausschusses, BT-Drucks. 16/3309, 12.
17 *Hepting,* StAZ 2008, 161, 164; Erman/*Hohloch,* Art. 47 EGBGB Rn 2.
18 Erman/*Hohloch,* Art. 47 EGBGB Rn 4.

bis zum 1.1.2009 wurden durch Art. 5; 7 7. G zur Änderung des Bundesvertriebenengesetzes in Abs. 4 drei Sätze, nämlich die Sätze 2 bis 4 eingefügt, die mit Ablauf des 31.12.2008 außer Kraft getreten sind.

IV. Optionsmöglichkeit für den Namensträger

10 Art. 47 eröffnet den Namensträger Optionen. Er zwingt den Namensträger aber nicht dazu, diese Optionen auch wahrzunehmen. Gibt der Namensträger keine Angleichungserklärung ab, obwohl er dies könnte, so bleibt es im Grundsatz bei der bisherigen Namensführung.[19] Es besteht keine Ausübungs- oder Angleichungspflicht.[20] Allerdings liegt in der bloßen Nichtausübung auch keine willentliche Option für den bisherigen Namen, die es fortan zu beachten gälte. Vielmehr bleibt dann eine objektive Anpassung von Gesetzes wegen unter Art. 10 EGBGB möglich.[21] Im Prinzip gilt der Grundsatz der Namenskontinuität.[22]

11 Übt der Namensträger ein Optionsrecht in dem von diesem gezogenen Rahmen aus, so kann er den Rahmen voll ausschöpfen und innerhalb des Rahmens nach seinem Belieben vorgehen. Der Gesetzgeber hat dies abstrakt zugelassen. Eine Kontrollmöglichkeit mit Vetorecht für das Standesamt oder sonstige Behörden besteht nicht.[23] Ein Prinzip der einschränkenden Auslegung als immanente Grenze[24] findet keinen Anhaltspunkt im Gesetz oder in den Materialien. Der Namensträger kann Tatbestände des Abs. 1 nach seinem Belieben miteinander kombinieren; die Tatbestände stehen in keinem hierarchischen Verhältnis zueinander.[25]

B. Wechsel unter deutsches Namensstatut (Abs. 1)

I. Erwerb der deutschen Staatsangehörigkeit

12 Für die Anwendbarkeit des Abs. 1 erforderlich ist grundsätzlich der Erwerb der deutschen Staatsangehörigkeit, die Einbürgerung in Deutschland.[26] Denn das Namensstatut richtet sich gemäß Art. 10 Abs. 1 EGBGB grundsätzlich nach der Staatsangehörigkeit des Namensträgers, und deutsches Recht wird damit Namensstatut, wenn der Namensträger Deutscher wird.

II. Sonstiger Wechsel unter deutsches Namensstatut

13 Allerdings ist auch jeder andere **Eingangsstatutenwechsel** hin zum deutschen Recht als Namensstatut ausreichend.[27] Jeder andere Tatbestand, der einen Wechsel des Namensstatuts hin zum deutschen Recht begründet, löst also gleichermaßen die Anwendbarkeit des Art. 47 aus wie der Erwerb der deutschen Staatsangehörigkeit. Denkbar ist auch der Erwerb der deutschen Staatsangehörigkeit als Folge eines Personenstandsfalls, zB der Annahme als Kind.[28]

14 Der bloße **Zuzug** nach Deutschland reicht dagegen für einen Wechsel unter ein deutsches Namensstatut nicht aus. Dies gilt auch für privilegiert zuzugsberechtigte Gruppen wie sog. **Kontingentflüchtlinge**[29] oder sog. **analoge Kontingentflüchtlinge**. Letzteres umfasst jüdische Übersiedler aus der ehemaligen Sowjetunion.[30] Der Wechsel des gewöhnlichen Aufenthalts nach Deutschland hinein führt primär dann zu deutschem Recht als Namensstatut, wenn der gewöhnliche Aufenthalt für Staatenlose, Asylberechtigte und anerkannte Flüchtlinge anstelle der Staatsangehörigkeit die Grundanknüpfung bildet[31] und über Art. 10 Abs. 1 iVm Art. 5 Abs. 2 EGBGB jetzt deutsches Recht berufen ist.[32] Denkbar ist die Berufung deutschen Rechts nach Aufenthaltswechsel aber auch, wenn das Heimatrecht des Namensträgers, auf das Art. 10 Abs. 1 EGBGB verweist, seinerseits an den jeweils aktuellen gewöhnlichen Aufenthalt oder Wohnsitz anknüpft und so eine Rückverweisung über Art. 4 Abs. 1 S. 2 EGBGB beim deutschen Recht endet.

19 Siehe nur AG Leipzig, StAZ 2011, 215, 216; *Rauhmeier,* StAZ 2010, 337, 338.
20 Palandt/*Thorn,* Art. 47 EGBGB Rn 5.
21 Staudinger/*Hepting,* Art. 10 EGBGB Rn 159; *Henrich,* StAZ 2007, 197, 199; *Hepting,* StAZ 2008, 161, 176; *Rauhmeier,* StAZ 2010, 337, 338. Anderer Ansicht Palandt/*Thorn,* Art. 47 EGBGB Rn 3.
22 AG Leipzig StAZ 2011, 215, 216.
23 Entgegen *Henrich,* StAZ 2007, 197, 199.
24 Dafür *Hepting,* StAZ 2008, 161, 166.
25 *Krömer,* StAZ 2008, 48, 49; *Hepting,* StAZ 2008, 161, 176 f; *Küsters,* StAZ 2008, 187; jurisPK-BGB/*Janal,* Art. 47 EGBGB Rn 4; *Hochwald,* StAZ 2010, 335, 337.
26 Siehe nur *Hepting,* StAZ 2008, 161, 163.
27 Siehe nur *Hepting,* StAZ 2008, 161, 163.
28 *Hepting,* StAZ 2008, 161, 163.
29 Aufgenommen nach dem Gesetz über Maßnahmen für im Rahmen humanitärer Hilfsaktionen aufgenommene Flüchtlinge vom 22.7.1980, BGBl. 1980 I 1057.
30 *Homeyer,* StAZ 2009, 83 unter Hinweis auf das Phänomen nach einem Beschluss der Regierungschefs des Bundes und der Länder auf der Ministerpräsidentenkonferenz vom 9.1.1991 und die Terminologie bei OVG Saarlouis 14.6.2007 – 2 R 12/06.
31 *Rauhmeier,* StAZ 2010, 337.
32 *Hepting,* StAZ 2008, 161, 163.

Ein Wechsel unter deutsches Recht als Namensstatut kann sich auch aus einer **Wahl deutschen Rechts** unter Art. 10 Abs. 2 oder 3 EGBG B ergeben.[33] Abs. 1 setzt nicht voraus, dass das deutsche Namensstatut sich nur aus objektiven Gegebenheiten ergeben müsste, sondern lässt auch eine zulässige Rechtswahl ausreichen. Allerdings muss man dabei die **Grenzen des jeweiligen Rechtswahltatbestands** beachten: Art. 10 Abs. 2 EGBGB erlaubt eine Rechtswahl nur für den Ehenamen, unterstellt die Ehegatten aber nicht in toto deutschem Recht als Namensstatut. Dies limitiert die Optionen unter Art. 47 Abs. 1 EGBGB auf diejenigen, welche Ehe- und Familiennamen betreffen.[34] 15

III. Bestimmung von Vor- und Familiennamen (Abs. 1 S. 1 Nr. 1)

Abs. 1 S. 1 Nr. 1 erlaubt dem Namensträger, aus den vorhandenen Bestandteilen seines Namens, wie er sie unter dem alten Namensstatut geführt hat, einen Vor- und einen Familiennamen zu bestimmen, wenn bisher keiner der Namensbestandteile eine entsprechende Funktion hatte. Es erfolgt eine Auswahl und Funktionszuschreibung unter bereits vorhandenen Namensbestandteilen, aus dem „Namensvorrat“.[35] Abs. 1 S. 1 Nr. 1 regelt die in der Standesamtspraxis so genannten „Sortier-Erklärungen“.[36] 16

Vorausgesetzt ist, dass es nicht bereits Vor- und Familiennamen gibt.[37] Wer unter dem alten Statut Vor- und Familiennamen hatte, behält nach dem Wechsel unter deutsches Namensstatut genau diese Vor- und Familiennamen. Wenn es einen Familiennamen gibt, dann ist und bleibt dieser Familienname; dann entsteht kein Recht, nach dem Eingangsstatutenwechsel den Familiennamen neu zu bestimmen.[38] Wer etwa nach altem Recht nach Anerkennung den Namen seines nichtehelichen Vaters als Familiennamen führte, kann dies nicht nun unter deutschem Recht gleichsam korrigieren wollen.[39] 17

Erfasst ist von Abs. 1 S. 1 Nr. 1 zuvörderst der Fall, dass bisher ein persönlicher Eigenname und ein weiterer Namensteil geführt wurden, der kein Familienname war.[40] Namenszusätze wie „Singh“, „Kaur“, „Begum“, „Khan“ oder „Mirza“ können zu Familiennamen werden.[41] „Singh“ mag zwar ursprünglich eine religiöse Konnotation gehabt haben; dies macht „Singh“ jedoch nicht ungeeignet als deutschen Familiennamen.[42] Gewählt werden darf in jedem Fall nur *ein* Familienname, nicht deren mehrere.[43] Wird ein Eigenname zum Familiennamen bestimmt, so bleiben andere Eigennamen wegen des Prinzips der Namenskontinuität als solche bestehen.[44] Werden alle bisherigen Eigennamen (oder der einzige Eigenname als einziger Name) zu Vornamen bestimmt, so muss ergänzend Nr. 2 herangezogen werden, um einen Familiennamen zu ergänzen.[45] 18

In Nr. 1 gibt es keine Einschränkung hinsichtlich der Ausübung des Wahlrechts. Nr. 1 schreibt nicht vor, welchen Namen der Namensträger zum Vor- oder Familiennamen bestimmen kann.[46] Der Namensträger hat die freie Wahl, welchen Namensbestandteil er zum Vor- und welchen er zum Familiennamen machen will (immer vorausgesetzt, es hat nicht bereits Vor- oder Nachname gegeben). Er kann auch die Reihenfolge der bisherigen Namen beliebig bestimmen.[47] Anders als bei der originären Namensgebung für ein Kind gibt es keine Grenzen, denn die gewählten Namen sind ja schon vorhanden und werden ja bereits geführt, wenn auch in anderer Funktion. Der Namensträger ist auch nicht gehindert, einen bisherigen persönlichen Eigennamen zum Familiennamen zu machen,[48] auch wenn dieser zuvor in der Funktion eher einem Vornamen des deutschen Rechts entsprochen hätte.[49] Ebenfalls ist denkbar, dass ein Vatersname zum Familiennamen erhoben wird (zB Ibn Saud oder Olofson).[50] Wenn ein Name zuvor funktionell einem Vornamen entsprach und Rufname war, so fehlt es bereits nicht an einem Vornamen.[51] Eine gewisse Grenze, gewonnen aus dem deutschen Namensrecht, zieht nur § 45 Abs. 2 PStV: „Bei der Namensbestimmung nach [Art. 47 EGBGB] sind die allgemeinen 19

33 Stellungnahme des Bundesrates, BT-Drucks. 16/1831, 78; *Krömer,* StAZ 2008, 48; *Hepting,* StAZ 2008, 161, 164; *Rauhmeier,* StAZ 2010, 170, 171.
34 *Henrich,* StAZ 2007, 197, 203.
35 So plastisch Erman/*Hohloch,* Art. 47 EGBGB Rn 5.
36 AG Leipzig StAZ 2011, 215, 216; *Hepting,* StAZ 2008, 161, 166; *Rauhmeier,* StAZ 2010, 170; *ders.,* StAZ 2010, 337.
37 *Hepting,* StAZ 2008, 161, 166; jurisPK-BGB/*Janal,* Art. 47 EGBGB Rn 5; *Rauhmeier,* StAZ 2010, 337.
38 *Henrich,* StAZ 2007, 197, 199.
39 *Henrich,* StAZ 2007, 197, 199.
40 Bamberger/Roth/*Mäsch,* Art. 47 EGBGB Rn 6. Teilweise anderer Ansicht *Henrich,* StAZ 2007, 197, 200.
41 *Mäsch,* IPRax 2008, 17, 18; *Hepting,* StAZ 2008, 161, 169 f; jurisPK-BGB/*Janal,* Art. 47 EGBGB Rn 5 sowie BayObLG StAZ 2000, 235, 236.
42 BayObLG StAZ 2000, 235, 236; *Hepting,* StAZ 2001, 257, 266 f, gegen BayObLG StAZ 1987, 170; *Krömer,* StAZ 1996, 90; *Jauß,* StAZ 1997, 214, 215 (für „Kaur“); *ders.,* StAZ 2000, 182.
43 *Hepting,* StAZ 2008, 161, 167.
44 *Hepting,* StAZ 2008, 161, 168.
45 *Henrich,* StAZ 2007, 197, 200; *Mäsch,* IPRax 2008, 17, 18; *Hepting,* StAZ 2008, 161, 168.
46 *Hochwald,* StAZ 2009, 49, 51; vgl auch zuvor OLG Hamm StAZ 2006, 357; KG StAZ 2008, 42 = FamRZ 2008, 1181; LG Rottweil IPRspr 2003 Nr. 4 S. 17.
47 LG München I StAZ 2006, 168.
48 *Hochwald,* StAZ 2009, 49, 51.
49 Vgl AG Leipzig StAZ 2011, 215,216.
50 LAG Leipzig StAZ 2011, 215, 217; *Henrich,* StAZ 2007, 197, 202; *Hochwald,* StAZ 2009, 49, 51 und zuvor KG StAZ 2008, 42; LG Tübingen FamRZ 2004, 730.
51 Im Ergebnis ähnlich, wenn auch auf anderem Weg, *Henrich,* StAZ 2007, 197, 199.

Grundsätze des deutschen Namensrechts zu beachten. Insbesondere soll der zum Familiennamen bestimmte Namensteil grundsätzlich nur aus einem Namen bestehen und sich als solcher von dem gewählten Vornamen unterscheiden." Indes beschreibt auch dies nur einen namensrechtlichen Normalzustand,[52] von dem Abweichungen möglich sind.[53]

IV. Wahl von Vor- und Familiennamen (Abs. 1 S. 1 Nr. 2)

20 Fehlt es bisher ganz an einem Vor- oder Familiennamen und ist auch kein Bestandteil eines mehrgliedrigen Namens vorhanden, der dazu bestimmt werden könnte, so kann der Namensträger den fehlenden Vor- oder Familiennamen nach Abs. 1 S. 1 Nr. 2 ergänzen. Bestimmt er dagegen einen bereits vorhandenen Namen zum Vor- oder Familiennamen, so ist dies ein Fall von Abs. 1 S. 1 Nr. 1, nicht Nr. 2. Nr. 2 meint den Fall der Ergänzung, des Neuschaffens. Die Konstellation, dass „Eigenname + religiöser Zusatz" Vor- und Familienname werden, gehört unter Nr. 1,[54] nicht unter Nr. 2.[55] Ebenso fällt die Auswahl eines Familiennamens aus mehreren persönlichen Eigennamen unter Nr. 1,[56] nicht unter Nr. 2.[57] Namensergänzung kommen zuvörderst bei singulären und solitären Eigennamen in Betracht.[58] Es besteht kein Grundsatz, dass ein singulärer Eigenname in einen Familiennamen zu transponieren wäre,[59] so dass nur die Ergänzung eines Vornamens möglich wäre.[60] Andererseits hat insbesondere für Vornamen die Auswahl aus einem Bestand von mehreren bereits vorhandenen Namen Vorrang.[61] Im Gegensatz zu § 94 Abs. 1 S. 1 Nr. 4 BVFG ist hier keine komplette Neubestimmung des Familiennamens möglich.[62]

21 Abs. 1 S. 1 Nr. 2 erlaubt seinem Wortlaut nach die freie Wahl eines Vor- oder Familiennamens. Er enthält weder ausdrückliche Beschränkungen noch explizite Vorgaben hinsichtlich der Auswahl. Im Extremfall könnte der Indonesier mit dem einzigen Namen „Sukarno" als Eigennamen sich Goethe, Gates oder Gorbatschow zum Familiennamen wählen.[63] Die Materialien sprechen freilich für den gesamten Abs. 1, dh einschließlich Nr. 2, davon, eine für das deutsche Namensrecht passende Namens*form* ermöglichen zu wollen.[64] Dies spricht gegen eine vollkommen freie Namenswahl.[65] Auch die als Prinzip gewollte Kontinuität mit den bisherigen Rechtsprechungsregeln spricht dagegen, dass in Nr. 2 die absolute Novität einer vollkommen freien Namenswahl verankert wäre. Zieht man ergänzend die Rechtsprechung zu § 3 NamÄndG heran und betont die Ordnungsfunktion des Familiennamens, so wird man für den Familiennamen dahingehend einschränken können, dass der gewählte Name auf Personen hindeutet, zu denen der Namensträger gewichtige soziale Bindungen aufweist.[66] Beispiele wären etwa Eigennamen eines Elternteils oder eines nahen Verwandten.[67] Eigennamen des gerade verehrten Fußballidols dagegen wären kein taugliches Wahlobjekt unter deutschem Recht.

22 Ergänzt werden darf nur *ein* Familienname, nicht aber deren mehrere.[68] Der Funktion des Familiennamens ist vollauf genügt, wenn es einen gibt. Mehrere Familiennamen für eine Person sieht das deutsche Recht nicht vor.

23 Wird ein Familienname ergänzt, so werden damit die anderen Namen des Namensträgers automatisch zu Vornamen,[69] da es eben unter deutschem Recht nur einen Familiennamen geben kann und kein anderer Name neben einem Familiennamen Familienname sein kann.

24 Dass eine Person keinen Vor-, sondern nur einen Familiennamen hat, dürfte ein nur theoretisch denkbarer Fall sein. Namen sollen individualisieren und abgrenzen, und ein bloßer Familienname als einziger Name gewährleistet keine Abgrenzung innerhalb der Familie mit demselben Familiennamen.

V. Ablegen von Namensbestandteilen (Abs. 1 S. 1 Nr. 3)

25 Nach Abs. 1 S. 1 Nr. 3 kann der Namensträger Namensbestandteile ablegen, welche das deutsche Recht nicht vorsieht. Dies zielt insbesondere auf sog. **Zwischennamen**, seien diese (wie meist) aus einem Vatersnamen gebildet oder nicht. Zwischennamen gebildet aus Vatersnamen sind häufig im slawischen Rechtskreis (zB Michail Sergejewitsch Gorbatschow). In den USA finden sich dagegen Zwischen- oder Mittelnamen, welche

52 Staudinger/*Hepting*, Art. 10 EGBGB Rn 179; *Hepting*, StAZ 2008, 161, 167.
53 *Rauhmeier*, StAZ 2010, 337.
54 Bamberger/Roth/*Mäsch*, Art. 47 EGBGB Rn 6.
55 So aber *Henrich*, StAZ 2007, 197, 200.
56 Bamberger/Roth/*Mäsch*, Art. 47 EGBGB Rn 9.
57 So aber Staudinger/*Hepting*, Art. 10 EGBGB Rn 163.
58 JurisPK-BGB/*Janal*, Art. 47 EGBGB Rn 6.
59 So aber *Hepting*, StAZ 2008, 161, 168.
60 jurisPK-BGB/*Janal*, Art. 47 EGBGB Rn 6.
61 *Rauhmeier*, StAZ 2010, 170.
62 *Rauhmeier*, StAZ 2010, 170.
63 *Mäsch*, IPRax 2008, 17, 19.
64 Beschlussempfehlung und Bericht des Innenausschusses, BT-Drucks. 16/3309, 13.
65 Bamberger/Roth/*Mäsch*, Art. 47 EGBGB Rn 8.
66 Bamberger/Roth/*Mäsch*, Art. 47 EGBGB Rn 8 unter Hinweis auf BVerwG NJW 1997, 1594, 1595.
67 Bamberger/Roth/*Mäsch*, Art. 47 EGBGB Rn 8.
68 Staudinger/*Hepting*, Art. 10 EGBGB Rn 163; Erman/*Hohloch*, Art. 47 EGBGB Rn 5.
69 Erman/*Hohloch*, Art. 47 EGBGB Rn 5.

den Geburtsnamen der Mutter oder den Familiennamen der mütterlichen Linie heranziehen (zB John *Fitzgerald* Kennedy).

26 Indes ergibt sich eine Einschränkung: Ist der Mittelname (zB nach schwedischem oder norwegischem Recht) der Funktion nach der eigene Geburtsfamilienname vor einem Ehenamen als neuen Familiennamen, so kennt das deutsche Recht einen solchen Namensbestandteil, nämlich als dem Ehenamen vorangestellten Geburtsnamen. Der Unterschied dürfte allein im Bindestrich liegen (den das deutsche Recht zwischen Geburts- und Ehenamen setzten würde, das ausländische Recht aber nicht). Hier kann der Mittelname nicht nach Abs. 1 S. 1 Nr. 3 abgelegt werden; wohl aber ist ein Widerruf entsprechend § 1355 Abs. 4 S. 4 BGB möglich.[70] Wieder anders verhält es sich bei Mittelnamen (wiederum zB nach schwedischem oder norwegischem Recht), bei denen Kinder den Familiennamen des einen und den Mittelnamen des anderen Elternteils erhalten haben, auch wenn sie danach heißen wie das letztere Elternteil: Für diese Kinder ist es ein echter Mittelname, kein vorangestellter Geburtsname.[71]

27 Vatersnamen allgemein kennt das deutsche Recht auch nicht in dieser Funktion, so dass jeglicher Vatersname oder Großvatersname abgelegt werden kann (zB ben Salah, bin Ibrahim oder ibn Mahmud aus arabischen Rechtskreisen, aus denselben Rechtskreisen auch Vaters- und Großvatersnamen bei Frauen, zB Soad Mohammed Ibrahim Mussalam).[72] Gleichermaßen kennt das deutsche Recht keine Namensbestandteile, die eine Religionszugehörigkeit ausdrücken (wie es zB „Singh“ oder „Kaur“ eignet). Auch sie können nach Abs. 1 S. 1 Nr. 3 abgelegt werden.[73] Dasselbe gilt für alle anderen Namenszusätze, die keine eigentliche Namens- oder Identifikationsfunktion erfüllen.[74]

VI. Entgendrifizierung geschlechtsspezifischer Namen (Abs. 1 S. 1 Nr. 4 Var. 1)

28 Insbesondere der slawische Rechtskreis kennt spezifische Namensformen für Frauen mit geschlechtsspezifischen Endungen (wie häufig in slawischen Rechtsordnungen, namentlich -ová nach tschechischem, -ska nach polnischem oder -owa bzw -owna nach russischem Recht). Das Phänomen kennen indes auch andere Rechte (zB das griechische mit -oulou statt -oulos). Die Namensträgerin würde die geschlechtsspezifische Form nach einem Wechsel unter deutsches Recht im Prinzip beibehalten. Damit können sich aber Probleme ergeben, vor allem mit Blick auf Familiennamen und die Vererbung von Namen auf männliche Nachkommen. Daher erlaubt Abs. 1 S. 1 Nr. 4 Var. 1 der Namensträgerin einen Wechsel zur männlichen Grundform. -ová würde also komplett entfallen (zB Gruber statt Gruberová), aus -owa oder -owna würde -ow,[75] aus -ska -ski[76] und aus -oulou -oulos.

VII. Grundform bei nach Verwandtschaftsverhältnis abgewandelten Namen (Abs. 1 S. 1 Nr. 4 Var. 2)

29 Einige Rechtskreise kennen nach dem Verwandtschaftsgrad abgewandelte Namensformen, etwa -witsch im russischen Recht, -dóttir im isländischen Recht, -son nach skandinavischen Rechtsordnungen, ibn, ben oder bent nach arabischen Rechtsordnungen. Abs. 1 S. 1 Nr. 4 Var. 2 erlaubt, solche verwandtschaftsgeformten Namen in die Grundform zu überführen.[77] Indes kann dies nicht für alle Namensarten gelten: Will der Namensträger einen Vaters- oder Großvatersnamen grundsätzlich beibehalten, so würde dieser seines spezifischen Gehalts entkleidet, wenn er auf die Grundform reduziert würde. Ein Vatersname muss also, soll er beibehalten werden, in der spezifischen Form erhalten bleiben, welche das Verwandtschaftsverhältnis anzeigt. Nicht anwendbar ist Abs. 1 S. 1 Nr. 4 Var. 2 außerdem bei Namen, die zwar ein Verwandtschaftsverhältnis anzeigten, aber eigenständig geworden sind, etwa bei -son im norwegischen oder isländischen Modell.

VIII. Eindeutschung von Vor- oder Familiennamen (Abs. 1 S. 1 Nr. 5)

30 **1. Grundsätzliches.** Abs. 1 S. 1 Nr. 5 gibt ein Recht auf Eindeutschung des Vor- wie des Familiennamens. Zum Zweck der Integration soll der Namensträger eine Möglichkeit erhalten, seinen Namen sprachlich an sein deutsches soziales Umfeld anzupassen.[78] Eine **Unverträglichkeitsgrenze** besteht **nicht** mehr. Nach früherem Recht musste erst eine solche, vergleichsweise hohe Schwelle überschritten sein, bevor man jenseits des BVFG an eine Eindeutschung denken konnte. Der Wechsel unter deutsches Namensstatut gab unter früherem Recht

70 *Henrich,* StAZ 2007, 197, 201.
71 *Henrich,* StAZ 2007, 197, 201.
72 *Henrich,* StAZ 2007, 197, 202.
73 *Hepting,* StAZ 2008, 161, 172 f; jurisPK-BGB/*Janal,* Art. 47 EGBGB Rn 7; *Hochwald,* StAZ 2010, 335, 336.
74 Erman/*Hohloch,* Art. 47 EGBGB Rn 5.
75 *Hochwald,* StAZ 2010, 335, 336.
76 Vgl *Henrich,* StAZ 2007, 197, 203.
77 jurisPK BGB/*Janal,* Art. 47 EGBGB Rn 8.
78 LG München I StAZ 2009, 146, 147; AG Marburg StAZ 2010, 210; *Hepting,* StAZ 2008, 161, 164; Palandt/*Thorn,* Art. 47 EGBGB Rn 5.

kein automatisches Recht auf Eindeutschung. Eine ausdrückliche Ausnahme davon waren § 94 Abs. 1 S. 1 Nr. 3 BVFG für Deutsche iSv Art. 116 Abs. 1 GG und deren Angehörige und § 3 a NamÄndG für eingebürgerten Angehörigen einer namensrechtlichen Repressalien ausgesetzten deutschen Minderheit im Ausland. Abs. 1 S. 1 Nr. 5 verallgemeinert nun § 94 Abs. 1 S. 1 Nr. 3 BVFG. Mit dem Wechsel unter das deutsche Namensstatut entsteht ein Recht auf **Eindeutschung**. Nach einem solchen Wechsel hat der Namensträger ein Recht auf Änderung seines Namens in eine deutschsprachige Form sowohl beim Vor- als auch beim Familiennamen. Eine eigene Begründung für diese deutliche Ausdehnung des eindeutschungsberechtigten Personenkreises findet sich in den Materialien nicht.

31 **Eindeutschung** heißt **nicht Übersetzung** ins Deutsche.[79] Denn ausdrücklich wird nur eine deutschsprachige *Form* des Namens als Wahlobjekt zugelassen. Nr. 5 ist § 94 Abs. 1 S. 1 Nr. 3 BVFG nachgebildet. § 94 Abs. 1 S. 1 Nr. 5 BVFG enthält aber neben der dortigen Nr. 3 (Eindeutschung) einen eigenen, selbständigen Tatbestand der Übersetzung ins Deutsche. An einem Pendant zu § 94 Abs. 1 S. 1 Nr. 5 BVFG fehlt es aber in Art. 47. Der Gesetzgeber des BVFG hat dies noch nach Art. 47 bekräftigt und § 94 Abs. 1 S. 1 Nrn. 4 und 5 BVFG als *Erweiterung* des Arsenals aus Art. 47 Abs. 1 bewertet.[80] Auch werden in den Materialien zum BVFG Eindeutschung und Übersetzung ausdrücklich nebeneinander gestellt,[81] so dass keines von beiden Unterfall des anderen sein kann. Systematik und Genese tragen daher einen strengen Umkehrschluss auf ein enges Verständnis von Eindeutschung.[82] In die gleiche Richtung weist die Herstellung möglichst großer Kontinuität im Internationalen Namensrecht, denn vor der Schaffung des Art. 47 wurde eine Übersetzung jedenfalls nicht zugelassen.[83] Ein „Taylor“ kann sich also nicht über Abs. 1 S. 1 Nr. 5 in „Schneider“ umbenennen, ein „Krejči“ ebenfalls nicht,[84] ein „Carpenter“ nicht „Zimmermann“[85] und ein „Casanova“ nicht „Neuhaus“.[86] Vielmehr geht es nur um eine deutsche Form der Schreibweise. Aus einem polnischen „Filip“ etwa würde ein deutscher „Philipp“,[87] aus einem russischen „Krošenko“ ein deutscher „Kroschenko“.[88] Eindeutschung kann insbesondere phonetische Eindeutschung meinen.[89]

32 Das Recht auf Eindeutschung besteht sowohl isoliert für den Vor- als auch isoliert für den Nachnamen. Der Namensträger kann also seinen Vornamen eindeutschen lassen und seinen ausländischen Nachnamen beibehalten und umgekehrt. Er kann aber auch beide gleichzeitig oder sukzessive eindeutschen lassen. Ziel einer Veränderung ist unter Nr. 5 jedenfalls ein deutscher Name als Zielname.[90] Die Eindeutschung *zusätzlich* als weiteren Namen zum weiterhin geführten ausländischen Namen vornzunehmen ist unzulässig.[91]

33 **2. Eindeutschung von Vornamen.** Für die **Eindeutschung von Vornamen** gibt es eine Liste in StAZ 1966, 212. Freilich ist diese Liste nur ein Ausgangspunkt und sowohl fortzuschreiben als auch behutsam zu modernisieren. Denn auch im Deutschen sind viele Vornamen erst in den letzten Jahrzehnten modern geworden oder „einbürgert“ worden, während gleichzeitig „ältere“ Namen ungebräuchlich wurden. Zu „Mahmud“ etwa erscheint ein deutsches Pendant „Mohammed“ denkbar. Unproblematisch dürften „Paul“ statt „Pawel“ oder „Pablo“, „Johannes“ oder „Hans“ statt „Jean“, „Juan“ oder „John“ sein.[92] Insoweit bringt der Statutenwechsel dem Neubürger Vorteile, während ein Deutscher, der immer nur Deutscher war, denselben Namen nicht ändern könnte.[93]

34 Fehlt es an einem deutschen Äquivalent zu dem ausländischen Vornamen, so kann der Namensträger nach Nr. 5 Hs 2 einen neuen Vornamen annehmen. Dieser neue Vorname ersetzt dann den bisherigen, nicht eindeutschungsfähigen. Bei der Namenswahl sind die Grenzen des deutschen Rechts für Vornamen zu beachten;[94] insbesondere muss ein Vorname als solcher erkennbar sein und das Geschlecht des Namensträgers erkennen lassen. Eine russische „Ljubov“ darf sich jedenfalls nicht „Ludwig“ nennen. Zu „Ljubov“ gibt es kein deutsches Pendant,[95] auch nicht zu „Xin“.[96] An Stelle von „Ahmed“ aber könnte etwa „Axel“ treten.

79 Bamberger/Roth/*Mäsch,* Art. 47 EGBGB Rn 15; *Mäsch,* IPRax 2008, 17, 21; *Hepting,* StAZ 2008, 161, 175; *Kraus,* StAZ 2009, 250 f AA *Henrich,* StAZ 2007, 197, 203.
80 Begründung der Bundesregierung zum Entwurf eines Siebten Gesetzes zur Änderung des BVFG, BT-Drucks. 16/4017, 14.
81 Begründung der Bundesregierung zum Entwurf eines Siebten Gesetzes zur Änderung des BVFG, BT-Drucks. 16/4017, 14.
82 Bamberger/Roth/*Mäsch,* Art. 47 EGBGB Rn 15; *Mäsch,* IPRax 2008, 17, 21; *Kraus,* StAZ 2009, 250.
83 *Hepting,* StAZ 2008, 161, 175; *Kraus,* StAZ 2009, 250 unter Hinweis auf OLG Hamburg OLGZ 1990, 25, 30.
84 *Kraus,* StAZ 2009, 250.
85 Entgegen *Henrich,* StAZ 2007, 197, 203.
86 *Mäsch,* IPRax 2008, 17, 21.
87 Beispiel aus OLG Celle FamRZ 1994, 1322.
88 *Kissner,* StAZ 2009, 315.
89 *Hepting,* StAZ 2008, 161, 175; *Kissner,* StAZ 2009, 315.
90 Vgl AG Marburg StAZ 2010, 210.
91 AG München StAZ 2010, 334.
92 jurisPK-BGB/*Janal,* Art. 47 EGBGB Rn 9.
93 *Hepting,* StAZ 2008, 161, 175; Bamberger/Roth/*Mäsch,* Art. 47 EGBGB Rn 14; jurisPK-BGB/*Janal,* Art. 47 EGBGB Rn 9.
94 Bamberger/Roth/*Mäsch,* Art. 47 EGBGB Rn 16 unter Hinweis auf *Grünberger,* AcP 207 (2007), 314; außerdem *Hochwald,* StAZ 2010, 335, 336; vgl auch § 45 Abs. 2 PStV.
95 *Hochwald,* StAZ 2010, 335, 337.
96 AG München StAZ 2010, 334.

Der Namensträger kann auch mehrere neue Vornamen annehmen, soweit es jeweils an einem deutschen Pendant zu dem bisherigen ausländischen Vornamen fehlt.[97] Die Äquivalenzprüfung ist für jeden Vornamen einzeln vorzunehmen. Dass es für einen der Vornamen ein deutsches Äquivalent gibt, sperrt nicht die Ersetzung eines anderen, für den es kein deutsches Pendant gibt.[98] Insgesamt kann der Namensträger die Zahl seiner Vornamen durch Eindeutschung jedoch nicht erhöhen. Er enthält kein Recht, zusätzliche Namen anzunehmen.[99] Weder kann er mehrere deutsche Vornamen anstelle nur eines ausländischen, der kein deutsches Pendant hat, wählen[100] noch einen deutschen Vornamen *zusätzlich* zum weiter geführten ausländischen Vornamen.[101] 35

3. Eindeutschung von Familiennamen. Die Eindeutschung von Familiennamen darf nicht im Wege der Übersetzung vonstatten gehen, da diese eben eine andere, zur Eindeutschung als solcher alternative Technik wäre. Daher geht es um eine Eindeutschung der Schreibweisen. Dies ist insbesondere dann möglich, wenn der ausländische Name eine Transskription eines ursprünglich deutschen Namens in die betreffende ausländische Schreibweise war.[102] Aus einem kyrillisch-russischen „Ablhanedz" kann so wieder das ursprüngliche „Abelhans" werden,[103] aus einem „Gelvih" das ursprünglich „Hellwich",[104] aus „Meierow" „Meier".[105] Typische Beispiele betreffen die Re-Germanisierung nach vorangegangener Russifizierung, Polonisierung, Anglisierung, Amerikanisierung oder Italianisierung:[106] „Schuster" aus „Shuster",[107] „Busch" aus „Bush".[108] Daneben kann die Eindeutschung zum Entfallen diakritischer Zeichen führen („Eremenko" aus „Erëmenko").[109] Die Eindeutschung kann auch dem Deutschen unbekannte Laute (etwa das englische „th") entfallen lassen.[110] Bei Familiennamen gelten strengere Maßstäbe als bei Vornamen; insbesondere besteht keine ausdrückliche Ersatzmöglichkeit, einen völlig neuen Namen zu bilden.[111] Nr. 5 darf nicht dazu benutzt werden, den Familiennamen schlicht auszutauschen.[112] 36

IX. Einschränkung bei Ehenamen (Abs. 1 S. 2)

Eine gewichtige Einschränkung ergibt sich bei der Angleichung von **Ehenamen**. Ehenamen betreffen während bestehender Ehe immer beide Ehegatten. Daher kann nicht ein Ehegatte einseitig über den Ehenamen oder dessen Schreibweise verfügen. Dies gilt selbst für einen Ehegatten, dessen Geburtsname Ehename geworden ist. Abs. 1 S. 2 ordnet konsequent an, dass während bestehender Ehe ein Name, der Ehename geworden ist, nur durch Erklärung beider Ehegatten geändert werden kann. Die Erklärung kann eine gemeinsame Erklärung beider Ehegatten sein. Auch inhaltlich übereinstimmende Einzelerklärungen beider Ehegatten je für sich reichen aus. Gleichlauf in der Ehe ist das Ziel.[113] Beide Ehegatten haben je für sich die Möglichkeiten nach Abs. 1 S. 1 Nrn. 1–5, soweit deren Voraussetzungen vorliegen; darüber kann im Gleichschritt eine Änderung auch eines Ehenamens möglich sein.[114] Allerdings setzt Abs. 1 S. 2 nicht ausdrücklich voraus, dass beide Ehegatte deutschem Namensstatut unterstehen müssten.[115] 37

Nach Auflösung des Ehebandes gilt Abs. 1 S. 2 nicht mehr. Nach einer wirksamen Scheidung kann jeder Ehegatte den vorherigen Ehenamen je für sich angleichen lassen, wenn die Voraussetzungen eines Tatbestandes aus Abs. 1 S. 1 für ihn vorliegen. Dies gilt auch für einen Ehegatten, der den Namen des anderen Ehegatten als Ehenamen angenommen hat und diesen vorherigen Ehenamen nach der Scheidung weiterführt. 38

Für die materielle Berechtigung zur Änderung des Ehenamens reicht es aus, wenn einer der Ehegatten änderungsberechtigt ist.[116] Schließt sich der andere Ehegatte dem Änderungsbegehren des Berechtigten an, so ist der Ehename entsprechend anzugleichen. 39

97 Ähnlich AG Marburg StAZ 2010, 210.
98 AA Bamberger/Roth/*Mäsch,* Art. 47 EGBGB Rn 16.
99 Ebenso *Hochwald,* StAZ 2010, 335, 336. Anders AG Marburg StAZ 2010, 210: Ersetzung eines nicht eindeutschungsfähigen Vornamens durch mehrere Vornamen, deren erster ein deutscher sein muss.
100 *Hochwald,* StAZ 2010, 335, 336.
101 AG München StAZ 2010, 334.
102 Bamberger/Roth/*Mäsch,* Art. 47 EGBGB Rn 17.
103 BayObLG StAZ 1995, 214.
104 OLG Karlsruhe FGPRax 2002, 173.
105 Stellungnahme des Bundesrates, BT-Drucks. 16/1831, 79; LG München I StAZ 2009, 146, 147.
106 Erman/*Hohloch,* Art. 47 EGBGB Rn 5.
107 *Henrich,* StAZ 2007, 197, 203.
108 LG München I StAZ 2009, 146, 147; *Hepting,* StAZ 2008, 161, 167, 175.
109 BayObLG StAZ 1995, 214; LG München I StAZ 2009, 146, 147.
110 LG München I StAZ 2009, 146, 147.
111 LG München I StAZ 2009, 146, 147; *Hepting,* StAZ 2008, 161, 175.
112 LG München I StAZ 2009, 146, 147.
113 Erman/*Hohloch,* Art. 47 EGBGB Rn 5.
114 Erman/*Hohloch,* Art. 47 EGBGB Rn 5.
115 Vgl Palandt/*Thorn,* Art. 47 EGBGB Rn 6.
116 Bamberger/Roth/*Mäsch,* Art. 47 EGBGB Rn 18 unter Hinweis auf OLG Karlsruhe FGPRax 2002, 173 zu § 94 BVFG.

X. Lücken im System

40 Bei deutschstämmigen Aussiedlern hat die Verwaltungspraxis ein Bedürfnis nach der Übersetzung ausländischer Familiennamen zutage gefördert, und der Gesetzgeber hat dieses Bedürfnis in § 94 Abs. 1 S. 1 Nr. 5 BVFG anerkannt. Ein vergleichbares Bedürfnis kann man aber allgemein sehen. Es lässt sich jedenfalls nicht sachgerecht auf den vom BVFG erfassten Personenkreis beschränken. Zumindest de lege ferenda sollte in Abs. 1 eine Parallele zu § 94 Abs. 1 S. 1 Nr. 5 BVFG eingefügt werden. De lege lata könnte man mit viel Mut an eine Analogie zu § 94 Abs. 1 S. 1 Nr. 5 denken,[117] da eine erweiternde Auslegung des Art. 47 Abs. 1 S. 1 Nr. 5 methodisch versperrt sein.

C. Namenswahl bei abgeleitetem Namen (Abs. 2)

I. Grundsätzliches

41 Angleichungsbedarf kann sich nicht nur bei einem Wechsel unter deutsches Namensstatut ergeben, sondern auch beim originären Erwerb solcher Namen unter deutschem Recht, die von einem nach ausländischem Recht gebildeten Namen abgeleitet werden sollen. Dem will Abs. 2 Rechnung tragen, indem Abs. 1 für entsprechend anwendbar erklärt wird, wenn ein Name nach deutschem Recht gebildet werden soll, der von einem Namen abgeleitet werden soll, der nach einem anwendbaren ausländischen Recht erworben worden ist. Zu betonen ist: Der Name, *von dem* abgeleitet werden soll, ist der Name einer anderen Person als derjenigen, deren Name gebildet werden soll. Nur bei Personenverschiedenheit kann der Vorbildname nach einem anwendbaren ausländischen Recht bestehen, während die jetzt anstehende Namensbildung unter deutschem Recht erfolgt. Der Sache nach geht es um die Namensbildung von Kindern mit von Anfang an deutschem Namensstatut, die einen Familiennamen eines Elternteils nach §§ 1616 ff BGB erhalten sollen, während für jenen Elternteil ein ausländisches Namensstatut gilt oder zum Zeitpunkt seiner eigenen Familiennamensbildung galt. Ein Statutenwechsel ist für das Namensstatut des Kindes gerade nicht vorausgesetzt.[118]

42 Die entsprechende Anwendung des Abs. 1 kann sich nicht auf Abs. 1 S. 1 Nr. 3 erstrecken. Denn hier geht es um eine originäre Namensbildung eines eigenständigen Namensträgers unter deutschem Recht, so dass beim Kind keine Namensbestandteile vorkommen können, welche das deutsche Recht nicht vorsieht.[119] Keine Entsprechung ist zudem für Abs. 1 S. 2 denkbar. Die Namensableitung kann keinen Namen betreffen, der in diesem Zeitpunkt Ehename des Namensträgers wäre.

II. Namensgebender Elternteil ohne Familiennamen (Abs. 2 iVm Abs. 1 S. 1 Nr. 1 oder Nr. 2)

43 Eine Namensbildung nach §§ 1616 ff BGB in Ableitung vom Familiennamen eines Elternteils ist schlechterdings nicht denkbar, wenn das namensgebende Elternteil nach seinem Namensstatut überhaupt keinen Familiennamen hat. Ein nicht existenter Familienname kann nicht weitergegeben werden. Andererseits ist Kind und Eltern nicht zuzumuten, dass eine Ableitung nur vom Namen des anderen Elternteils zulässig wäre, wenn dieses einen weitergabefähigen Familiennamen hat. Die Eltern haben das Recht, zu bestimmen, von wem der Name des Kindes abgeleitet werden soll. Daher kann für das Kind eine Bestimmung nach Abs. 2 iVm Abs. 1 S. 1 Nr. 1 oder eine Wahl nach Abs. 2 iVm Abs. 1 S. 1 Nr. 2 getroffen werden, je nachdem, ob der namensgebende Elternteil einen familiennamensfähigen Namen hat (dann Nr. 1) oder nicht (Nr. 2). Insbesondere soll ein nach ius soli deutsches Kind aus den Namen der Eltern einen Familiennamen bestimmen können, wenn die Eltern nach ihren Namensstatuten nur Eigennamen führen.[120]

44 Auf den Namen des Elternteils hat die Namenswahl für das Kind keinen Einfluss.[121] Insoweit wird das Prinzip der Namensidentität zwischen Kind und zumindest einem Elternteil durchbrochen.[122]

III. Namensgebende Mutter mit weiblicher Familiennamensform (Abs. 2 iVm Abs. 1 S. 1 Nr. 4 Var. 1)

45 Trägt die Mutter eine weibliche Namensform und gibt sie den Namen in dieser Form weiter, so eröffnet Abs. 2 iVm Abs. 1 S. 1 Nr. 4 Var. 1 jedenfalls die Möglichkeit, für einen Sohn die männliche Stammform des Namens herbeizuführen. Für eine Tochter müsste die Möglichkeit zur Entgendrifizierung gleichermaßen gelten. Solche Optionen sind zu begrüßen, auch wenn nicht unmittelbar aus den Materialien ersichtlich ist, dass der Gesetzgeber sie spezifisch im Auge gehabt hätte.[123]

117 Dagegen *Kraus,* StAZ 2009, 250, 251.
118 OLG München StAZ 2009, 11, 12.
119 Im Ergebnis ebenso Bamberger/Roth/*Mäsch,* Art. 47 EGBGB Rn 19.
120 *Kissner,* StAZ 2009, 315.
121 Bamberger/Roth/*Mäsch,* Art. 47 EGBGB Rn 20.
122 *Kissner,* StAZ 2009, 315.
123 Bamberger/Roth/*Mäsch,* Art. 47 EGBGB Rn 21.

Abs. 2 iVm Abs. 1 S. 1 Nr. 4 Var. 1 muss nicht bemüht werden, wenn der Vater den Familiennamen weitergibt oder wenn man annimmt, dass der Familienname der Mutter in der männlichen Stammform übergeht, auch wenn die Mutter selber eine weibliche Form führt. Denn in beiden Fällen ist bereits Entgendrifizierung eingetreten, wenn auch auf einem anderen Wege. Allerdings könnte man Abs. 2 iVm Abs. 1 S. 1 Nr. 4 Var. 1 gerade als Beleg dafür ansehen, dass beim Namenserwerb von der Mutter zunächst einmal deren weibliche Namensform auf die Kinder übergeht.[124] Dass anderenfalls das Optionsrecht wenig Sinn ergäbe, kann freilich nicht das Argument sein,[125] denn damit geriete man in einen Zirkel, weil umgekehrt das Optionsrecht den Übergang der geschlechtsspezifischen Form, nicht der Grundform voraussetzt. 46

Gleichberechtigungskonform ist Abs. 2 iVm Abs. 1 S. 1 Nr. 4 Var. 1 dahin zu verstehen, dass dann, wenn es keine „neutrale" Form und keine Stammform im eigentlichen Sinn gibt, sowohl die männliche als auch die weibliche Namensform gewählt werden kann.[126] 47

IV. Eindeutschung eines fremdsprachigen Namens (Abs. 2 iVm Abs. 1 S. 1 Nr. 5)

Die Eindeutschung eines fremdsprachigen Namens ist nach Abs. 2 iVm Abs. 1 S. 1 Nr. 5 ebenfalls möglich. Sie kommt in Betracht, wenn ein Kind mit deutschem Namensstatut den fremdsprachigen Namen eines Elternteils erhalten hat, welchen dieses Elternteil unter einem ausländischen Recht erworben hat. Richtigerweise sollte man den Erweb nach ausländischem Recht auf die unmittelbar weitergebende Generation beschränken und nicht weiter in die Vergangenheit zurückgreifen; anderenfalls drohte man im Extremfall Angehörigen von Familien, die im 17. Jahrhundert in das Heilige Römische Reich Deutscher Nation und einen seiner Gliedstaaten eingewandert sind, Eindeutschungsmöglichkeiten zu eröffnen.[127] 48

Unbeachtlich ist dagegen, ob der weitergebende Elternteil immer noch dem ausländischen Namensstatut untersteht oder inzwischen ebenfalls ein deutsches Namensstatut hat und ob jener Elternteil von einer ihm persönlich offen stehenden Möglichkeit zur Eindeutschung bisher keinen Gebrauch gemacht hat.[128] Der Grundsatz der Namensidentität zwischen Kind und Elternteil leidet auch hier,[129] dies erlaubt aber nicht, aus Abs. 2 keine Verweisung auf Abs. 1 S. 1 Nr. 5 herauszulesen.[130] Zumeist, nämlich bei phonetischer Eindeutschung, sind im Alltag und im mündlichen Umgang gewünschter und bisheriger Familienname sowieso allenfalls schwer zu unterscheiden.[131] 49

D. Angleichungserklärung

Die Angleichung ist gegenüber dem **örtlich zuständigen Standesamt** abzugeben. Welches Standesamt örtlich zuständig ist, bestimmt sich nach § 42 Abs. 2 PStG. 50

Dabei ist die **Form** des Abs. 4 zu wahren. Gefordert sind öffentliche Beglaubigung oder öffentliche Beurkundung. Grundsätzlich fordert dies die Einschaltung eines Notars. Indes ist auch die öffentliche Beglaubigung oder Beurkundung durch den Standesbeamten selber möglich. Abs. 4 S. 2 in der bis 31.12.2008 geltenden Fassung besagte dies ausdrücklich. Nach dem Inkrafttreten des PStRG ergibt es sich aus § 43 Abs. 1 S. 1 PStG. Gebühren und Auslagen sind in diesem Fall nach § 43 Abs. 1 S. 2 PStG nicht vorgesehen, wie auch Abs. 4 S. 3 in der bis 31.12.2008 geltenden Fassung besagte. § 94 Abs. 2 S. 2 BVFG spricht parallele Gebührenfreiheit aus. 51

Eine **Frist** für die Ausübung des Angleichungsrechts aus Art. 47 besteht nicht. Weder in Abs. 1 noch in Abs. 2 wird eine Frist bestimmt. Daraus ist ein Umkehrschluss zu ziehen. Er wird auch teleologisch gestützt, da sich ein eventueller Anpassungsbedarf durch Zeitablauf nach dem auslösenden Ereignis weder erledigt noch abschwächt. Im Gegenteil kann sich ein solcher Bedarf erst im Laufe der Zeit herausstellen, zB bei weiteren Behördenkontakten und dabei auftretenden Namensproblemen. Eine Namensänderung ist daher auch noch nach Jahrzehnte etwa nach der Einbürgerung oder nach der Eheschließung möglich. Die Formulierung des Abs. 2 ist ebenfalls nicht geeignet, etwa eine Monatsfrist nach § 1617 Abs. 2 auslösen zu können.[132] 52

Bei Minderjährigen wird die Erklärung vom gesetzlichen Vertreter abgegeben. Wer gesetzlicher Vertreter ist, bestimmt sich gemäß Art. 7 EGBGB nach dem Personalstatut des Minderjährigen. 53

124 OLG München StAZ 2009, 11, 12 f sowie *Hepting,* StAZ 2008, 161, 177; *Kraus,* StAZ 2010, 19, 21.
125 Entgegen OLG München StAZ 2009, 11, 13.
126 OLG München StAZ 2009, 11, 13; *Hepting,* StAZ 2008, 161, 173.
127 Bamberger/Roth/*Mäsch,* Art. 47 EGBGB Rn 22.
128 Bamberger/Roth/*Mäsch,* Art. 47 EGBGB Rn 22.
129 *Kissner,* StAZ 2009, 315 f.
130 Dahin aber *Hepting,* StAZ 2008, 161, 164.
131 *Kissner,* StAZ 2009, 315, 316.
132 Bamberger/Roth/*Mäsch,* Art. 47 EGBGB Rn 26.

E. Rechtsfolgen

54 Angleichungserklärungen entfalten Wirkungen ab ihrem Wirksamwerden, also mit dem Zugang beim Standesamt. Sie wirken nur **ex nunc** und haben keine rückwirkende Kraft, wie sich aus „fortan" (also ab Ausübung) ergibt.[133]

55 Angleichungserklärungen sind verbindlich für die Namensführung. Als Gestaltungserklärungen vertragen sie keinen Schwebezustand und sind daher grundsätzlich **nicht widerruflich**.[134] Einmal erklärt, hat der Erklärende keine Möglichkeit, sie nach seinem Belieben zurück zu nehmen. Nur eine Anfechtung wegen **Willensmängeln** steht in den engen Grenzen der §§ 119; 120; 123 BGB zu Gebote. Die Angleichungserklärung ist eine Erklärung unter deutschem Sachrecht, und deshalb richten sich auch Voraussetzungen und Folgen von Willensmängeln nach deutschem Recht.[135]

56 Freilich bleibt eine Mitverantwortung des aufnehmenden Standesamtes hinsichtlich der Richtigkeit von gewolltem Namen und Schreibweise. Wird der Namensträger vor der Angleichungserklärung hinsichtlich der Schreibweise seines Namens nicht oder fehlerhaft beraten, so steht ihm daher ein **Folgenbeseitigungsanspruch** gegenüber dem Standesamt zu, der sich in einem Widerrufsrecht und einem Recht zur nochmaligen Namenserklärung gegenüber dem Standesamt materialisiert.[136]

57 Hinsichtlich der **Namensführung von Abkömmlingen** erklärt Abs. 3 § 1617 c BGB für entsprechend anwendbar. Namensänderungen von Eltern haben damit nur unter den Voraussetzungen des § 1617 c BGB Bedeutung auch für den Familiennamen von Kindern. Die Namensänderung wird grundsätzlich nicht automatisch erstreckt.[137] Eine Ausnahme, also automatische Erstreckung, gilt für Kinder ebenso wie unter § 94 Abs. 1 S. 3 BVFG nur, wenn diese das fünfte Lebensjahr noch nicht vollendet haben.

58 Für Kinder, welche das fünfte Lebensjahr vollendet haben, wird ebenso wie unter § 94 Abs. 1 S. 3 BVFG nur erstreckt, wenn diese selber, vertreten durch die jeweiligen gesetzlichen Vertreter, eine entsprechende Erklärung gegenüber dem Standesamt abgeben (Abs. 3 iVm § 1617 c Abs. 1 S. 1 BGB). Nach der Vollendung des vierzehnten Lebensjahres können Kinder eine solche Erklärung nur selber abgeben, allerdings wiederum nur mit Zustimmung ihres gesetzlichen Vertreters (Abs. 3 iVm § 1617 c Abs. 1 S. 2 BGB). Bei volljährigen Abkömmlingen erfolgt keine wie auch immer geartete Erstreckung, denn diese sind eigenverantwortlich und werden in der Regel ein eigenes Recht zur Namensänderung haben.[138]

F. Intertemporale Anwendbarkeit

59 Die sachrechtlichen Optionen aus Art. 47 stehen jedem deutschen Neubürger offen. Es ist nicht erforderlich, dass die Einbürgerung nach dem Inkrafttreten von Art. 47 hätte erfolgt sein müssen. Vielmehr kann jeder, der Deutscher geworden ist, die Optionen nach Art. 47 wahrnehmen, auch wenn er vor dem 24.5.2007 Deutscher geworden ist.[139] Gleichermaßen bleibt Abs. 2 eröffnet, wenn das eröffnende Ereignis vor dem 24.5.2007 lag.[140]

G. Verhältnis zu § 94 BVFG

60 Neben Art. 47 besteht § 94 BVFG fort. Er lautet in der seit dem 1.1.2009 geltenden Fassung:

BVFG § 94 Familiennamen und Vornamen

(1) [1]Vertriebene und Spätaussiedler, deren Ehegatten und Abkömmlingen die Deutsche im Sinne des Artikels 116 Absatz 1 des Grundgesetzes sind, können durch Erklärung gegenüber dem Bundesverwaltungsamt im Verteilungsverfahren oder dem Standesamt

1. **Bestandteile des Namens ablegen, die das deutsche Recht nicht vorsieht,**
2. **die ursprüngliche Form eines nach dem Geschlecht oder dem Verwandtschaftsverhältnis abgewandelten Namens annehmen,**

133 Bamberger/Roth/*Mäsch,* Art. 47 EGBGB Rn 30; *Hepting,* StAZ 2008, 161, 163; jurisPK-BGB/*Janal,* Art. 47 EGBGB Rn 4, jeweils unter Hinweis auf OLG Hamm NJW-RR 1994, 1220 zu § 94 BVFG.
134 Bamberger/Roth/*Mäsch,* Art. 47 EGBGB Rn 29 im Anschluss an OLG München FGPRax 2007, 26 zu § 94 BVFG.
135 Bamberger/Roth/*Mäsch,* Art. 47 EGBGB Rn 27.
136 Bamberger/Roth/*Mäsch,* Art. 47 EGBGB Rn 29 im Anschluss an LG Bremen StAZ 1998, 115 sowie LG Bremen StAZ 1997, 237; LG Kassel StAZ 1997, 212 zu § 94 BVFG.
137 *Rauhmeier,* StAZ 2010, 170.
138 Bamberger/Roth/*Mäsch,* Art. 47 EGBGB Rn 31.
139 Bamberger/Roth/*Mäsch,* Art. 47 EGBGB Rn 32.
140 Bamberger/Roth/*Mäsch,* Art. 47 EGBGB Rn 32.

3. eine deutschsprachige Form ihres Vor- oder ihres Familiennamens annehmen; gibt es es eine solchen Form des Vornamens nicht, so können sie neue Vornamen annehmen,
4. im Falle der Führung eines gemeinsamen Familiennamens durch Ehegatten einen Ehenamen nach § 1355 Absatz 1 des Bürgerlichen Gesetzbuchs bestimmen und eine Erklärung nach § 1355 Absatz 4 des Bürgerlichen Gesetzbuchs abgeben,
5. den Familiennamen in einer deutschen Übersetzung annehmen, sofern die Übersetzung einen im deutschen Sprachraum in Betracht kommenden Familiennamen ergibt.

²Wird in den Fällen der Nummern 3 bis 5 der Familienname als Ehename geführt, so kann die Erklärung während des Bestehens der Ehe nur von beiden Ehegatten abgegeben werden. ³Auf den Geburtsnamen eines Abkömmlings, welcher das fünfte Lebensjahr vollendet hat, erstreckt sich die Namensänderung nur dann, wenn er sich der Namenserklärung durch Erklärung gegenüber dem Bundesverwaltungsamt im Verteilungsverfahren oder dem Standesamt anschließt. ⁴Ein in der Geschäftsfähigkeit beschränktes Kind, welches das vierzehnte Lebensjahr vollendet hat, kann die Erklärung nur selbst abgeben; es bedarf hierzu der Zustimmung seines gesetzlichen Vertreters.

(2) ¹Die Erklärungen nach Absatz 1 müssen öffentlich beglaubigt oder beurkundet werden; im Verteilungsverfahren kann auch das Bundesverwaltungsamt die Erklärungen öffentlich beglaubigen oder beurkunden. ²Gebühren und Auslagen werden nicht erhoben.

Der Gesetzgeber hat § 94 BVFG in Kraft belassen, obwohl er Art. 47 neu geschaffen hat, und § 94 BVFG sogar noch zum 1.1.2009 redaktionell geändert, indem der Standesbeamte durch das Standesamt ersetzt wurde. § 94 BVFG wurde weder aufgehoben noch mit einer Auslauffrist versehen. Im Gegenteil wurde er vom Gesetzgeber wegen angeblicher bereichsspezifischer Besonderheiten in Kraft belassen.[141] Der Bundesrat hatte die Konsolidierung in einer Vorschrift angeregt,[142] dies wurde aber von der Bundesregierung abgelehnt.[143] Diese Genese spricht eindeutig für ein Nebeneinander beider Vorschriften.[144] 61

Richtigerweise sollte man § 94 BVFG für den in ihm genannten Personenkreis als vordringliche Spezialvorschrift zu Art. 47 bewerten[145] und zuerst anwenden. Denn dieser Personenkreis ist enger und spezieller als der von Art. 47 erfasste. Jedoch sollte man § 94 BVFG keine verdrängende Ausschließlichkeit beimessen. Vielmehr sollte man zuerst § 94 BVFG anwenden und dann, wenn dieser nicht zu dem vom Namensträger gewünschten Ergebnis führt, auf Art. 47 zurückfallen können.[146] § 94 BVFG ist nicht anzuwenden, wenn es sich nicht um Spätaussiedler handelt.[147] 62

Art. 48 bis 218 EGBGB

(nicht abgedruckt)

Fünfter Teil
Übergangsvorschriften aus Anlaß jüngerer Änderungen des Bürgerlichen Gesetzbuchs und dieses Einführungsgesetzes

Art. 219 bis 228 EGBGB

(nicht abgedruckt)

141 Gegenäußerung der Bundesregierung, BT-Drucks. 16/4017, 20.
142 Stellungnahme des Bundesrates, BT-Drucks. 16/4017, 17.
143 Gegenäußerung der Bundesregierung, BT-Drucks. 16/4017, 20.
144 *Kraus,* StAZ 2009, 250, 251; Palandt/*Thorn,* Art. 47 EGBGB Rn 4.
145 Erman/*Hohloch,* Art. 47 EGBGB Rn 4.
146 Palandt/*Thorn,* Art. 47 EGBGB Rn 4.
147 OLG Frankfurt StAZ 2006, 142; *Homeyer,* StAZ 2008, 86.

Art. 229 EGBGB Weitere Überleitungsvorschriften

Art. 229 § 1 EGBGB Überleitungsvorschrift zum Gesetz zur Beschleunigung fälliger Zahlungen

(1) [1]§ 284 Abs. 3 des Bürgerlichen Gesetzbuchs in der seit dem 1. Mai 2000 geltenden Fassung gilt auch für Geldforderungen, die vor diesem Zeitpunkt entstanden sind. [2]Vor diesem Zeitpunkt zugegangene Rechnungen lösen die Wirkungen des § 284 Abs. 3 nicht aus. [3]§ 288 des Bürgerlichen Gesetzbuchs und § 352 des Handelsgesetzbuchs in der jeweils seit dem 1. Mai 2000 geltenden Fassung sind auf alle Forderungen anzuwenden, die von diesem Zeitpunkt an fällig werden.

(2) [1]§§ 632 a, 640, 641, 641 a und 648 a in der jeweils ab dem 1. Mai 2000 geltenden Fassung gelten, soweit nichts anderes bestimmt wird, nicht für Verträge, die vor diesem Zeitpunkt abgeschlossen worden sind. [2]§ 641 Abs. 3 und § 648 a Abs. 5 Satz 3 in der seit dem 1. Mai 2000 geltenden Fassung sind auch auf vorher abgeschlossene Verträge anzuwenden. [3]§ 640 gilt für solche Verträge mit der Maßgabe, dass der Lauf der darin bestimmten Frist erst mit dem 1. Mai 2000 beginnt.

A. Eintritt des Verzuges (Abs. 1 S. 1 und 2)

1 Der **§ 284 Abs. 3 BGB** aF **war vom 1.5.2000 bis zum 31.12.2001 in Kraft** und wurde dann durch § 286 Abs. 3 BGB abgelöst. In Art. 229 § 1 ist nur geregelt, inwieweit § 284 Abs. 3 BGB aF auch auf vor dem 1.5.2000 entstandene Forderungen (Altforderungen) anwendbar ist. Forderungen, die nach dem 31.12.2001 entstanden sind, fallen nach Art. 229 § 5 S. 1 unter den neuen § 286 Abs. 3 BGB (dazu näher, insbesondere zu Besonderheiten bei Altforderungen aus Dauerschuldverhältnissen, Rn 4).

2 Abs. 1 S. 1 regelt eine **Ausnahme von dem allgemeinen Grundsatz** des intertemporalen Kollisionsrechts: § 284 Abs. 3 BGB aF ist **auch auf Geldforderungen anwendbar, die vor dem 1.5.2000 entstanden** sind.[1] Damit kann auch bei diesen Altforderungen Verzug nach § 284 Abs. 3 BGB aF durch Rechnung oder Zahlungsaufforderung und Ablauf der 30-Tage-Frist eintreten.[2] Dies gilt nach Abs. 1 S. 2 jedoch nur, wenn die Rechnung oder Zahlungsaufforderung nach dem 30.4.2000 zugegangen ist. Möglich ist es daher, zur Herbeiführung der Wirkungen von § 284 Abs. 3 aF nach dessen Inkrafttreten dem Schuldner eine zweite Rechnung oder Zahlungsaufforderung zugehen zu lassen.[3]

3 Bei vor dem 1.5.2000 entstandenen Altforderungen führt die in Abs. 1 S. 1 und 2 angeordnete Rechtsfolge nicht dazu, dass ein bereits vor dem 1.5.2000 eingetretener Verzug durch eine nach dem 30.4.2000 zugegangene Rechnung oder Zahlungsaufforderung endete und erst nach Ablauf der 30-Tage-Frist wieder eintrat.[4] Zwar ist wegen der missglückten Formulierung ("Abweichend von Absätzen 1 und 2...") sehr umstritten, ob § 284 Abs. 3 BGB aF nur eine zusätzliche Möglichkeit zur Begründung des Verzuges regelte oder außerdem den Eintritt des Verzuges auf andere Weise (insbesondere durch Mahnung oder Kalendergeschäft nach § 284 Abs. 1 und 2 BGB aF) sperrte.[5] Doch selbst wenn man eine Sperrwirkung von § 284 Abs. 3 BGB aF annimmt,[6] ist die hier im Übergangsrecht angeordnete **Wirkung für Altforderungen einschränkend dahin auszulegen**, dass **ein einmal begründeter Verzug nicht enden soll**.[7] Ohnehin ist es nach den von Fehlern und Unsorgfältigkeiten geprägten Gesetzesmaterialien zweifelhaft, dass eine Sperrwirkung von § 284 Abs. 3 BGB aF beabsichtigt war.[8] Keinesfalls kann aber angenommen werden, dass eine Rückwirkung in Forderun-

1 AA *Fabis*, ZIP 2000, 865, 867, der Art. 229 § 1 wegen verfassungsrechtlicher Bedenken dahin korrigieren will, dass § 284 Abs. 3 BGB aF auf Altverträge nicht anwendbar ist. – Abgesehen davon, dass wegen des eindeutigen Normbefehls von Art. 229 § 1 keine verfassungskonforme Auslegung, sondern allenfalls eine Vorlage nach Art. 100 GG an das BVerfG in Betracht käme, sind die Bedenken von *Fabis* nur teilweise berechtigt (dazu Rn 3).

2 Anders, abweichend vom Gesetzeswortlaut, freilich die Gesetzesbegründung in BT-Drucks. 14/2752, S. 14 ("nur für neue Forderungen und Verträge"); diese Abweichung wird zu Recht für bedeutungslos erachtet, *Brambring*, DNotZ 2000, 245, 253; Bamberger/Roth/*Grüneberg*, 1. Aufl. § 286 Rn 85; es handelt sich erkennbar um ein Redaktionsversehen.

3 Staudinger/*Löwisch*, Art. 229 § 1 EGBGB Rn 1; Bamberger/Roth/*Grüneberg*, 1. Aufl. § 286 Rn 85.

4 *Brambring*, DNotZ 2000, 245, 253; Bamberger/Roth/*Grüneberg*, § 286 1. Aufl. Rn 85.

5 Dazu genauer AnwK-SchuldR/*Schulte-Nölke*, § 286 Rn 39.

6 So die wohl hM, zB OLG Bamberg MDR 2001, 927 (m. Anm. *Schimmel*) und, statt vieler, *Huber*, JZ 2000, 743, 744, Palandt/*Heinrichs*, 60. Aufl., § 284 BGB Rn 24; *Medicus*, DNotZ 2000, 256, 257, unter Hinw. auf den Wortlaut und Abs. 3 S. 2; AnwK-SchuldR/*Schulte-Nölke*, § 286 Rn 39; dagegen, mit beachtlichen Gründen, zB Staudinger/*Löwisch*, (2001) § 284 Rn 79 ff;.

7 *Henkel/Kesseler*, NJW 2000, 3089, 3095; *Schimmel/Buhlmann*, MDR 2000, 737, 741.

8 BT-Drucks. 14/2752, S. 11.

gen, für die bereits Verzug besteht, gewollt war und damit eine verfassungsrechtlich geschützte Vermögensposition entwertet werden sollte. [9]

Gem. Art. 229 § 5 S. 1 bleibt **§ 284 Abs. 3 BGB** aF **auch nach der Schuldrechtsreform** für Forderungen, die vor dem 1.1.2002 entstanden sind (einschließlich der vor dem 1.5.2000 entstandenen Altforderungen) **anwendbar**.[10] Für diese vor dem 1.1.2002 entstandenen Geldforderungen, wenn sie nicht aus einem Dauerschuldverhältnis stammen, kann deshalb immer noch nach 284 Abs. 3 BGB aF Verzug eintreten. Praktische Bedeutung hat dies insbesondere für **Geldforderungen, die keine Entgeltforderungen** sind (zB Geldforderung auf Schadensersatz), da der neue § 286 Abs. 3 BGB nur noch Entgeltforderungen erfasst. Außerdem sah eine Begründung des Verzuges nach § 284 Abs. 3 BGB aF **keine Hinweispflicht bei Verbrauchern** vor (anders nun § 286 Abs. 3 S. 1 BGB). Wenn die Geldforderung gegen einen Verbraucher vor dem 1.1.2002 entstanden ist, kann also auch nach diesem Datum noch ohne Hinweis Verzug durch Rechnungsstellung und Fristablauf eintreten. Für **Dauerschuldverhältnisse** ist nach Art. 229 § 5 S. 2 seit dem 1.1.2003 das neue Schuldrecht rückwirkend anwendbar. Der § 284 Abs. 3 BGB war also auf vor dem 1.1.2002 entstandene Dauerschuldverhältnisse nur bis zum 31.12.2002 anwendbar. Seit dem 1.1.2003 kann also bei alten Dauerschuldverhältnissen nicht mehr für Geldforderungen, die nicht Entgeltforderungen sind, Verzug durch Rechnungsstellung und Fristablauf eintreten. Bei Forderungen aus einem Dauerschuldverhältnis gegen Verbraucher bedarf es seitdem überdies des Hinweises nach dem neuen § 286 Abs. 1 S. 1 BGB. 4

B. Höhe des Verzugszinssatzes (Abs. 1 S. 3)

Auch die in § 288 BGB idF v. 1.5.2000 getroffene Regelung war **vom 1.5.2000 bis zum 31.12.2001 in Kraft.** Vorher galt ein statischer Verzugszinssatz nach § 288 BGB (idF v. 1.1.1900) in Höhe von 4% bzw nach § 352 HGB von 5%. Nach § 288 BGB idF v. 1.5.2000 belief sich der – nun dynamische – Verzugszins auf 5 Prozentpunkte über dem Basiszinssatz nach dem Diskontsatz-Überleitungsgesetz. Seit dem 1.1.2002 gilt der neue § 288 BGB, der den Basiszinssatz nach § 247 BGB als Bezugsgröße festlegt und einen Verzugszins von 5 Prozentpunkten bzw bei Entgeltforderungen aus Geschäften, an denen kein Verbraucher beteiligt ist, auf 8 Prozentpunkte über dem Basiszinssatz vorsieht. 5

Nach Abs. 1 S. 3 ist § 288 BGB idF v. 1.5.2000 auf **alle Forderungen anzuwenden, die vom 1.5.2000 an fällig werden**. Es kommt also weder auf den Entstehungszeitpunkt des Schuldverhältnisses noch auf den Eintritt des Verzuges an.[11] Für **Forderungen, die in mehreren Teilen nacheinander fällig werden**, gilt § 288 BGB idF v. 1.5.2000 nur für diejenigen Forderungsteile, die vom 1.5.2000 an fällig werden.[12] 6

Die Höhe des Verzugszinses für vor dem 1.1.2002 entstandene Forderungen lässt sich wegen der zweifachen Änderung von § 288 BGB nur noch im **Zusammenspiel der drei maßgeblichen Übergangsvorschriften** bestimmen, nämlich: 7

- Art. 229 § 1 S. 3,
- Art. 229 § 5 S. 1 und 2,
- Art. 229 § 7 Abs. 1 Nr. 1.

Einzelheiten ergeben sich aus folgender Übersicht und den anschließenden Beispielen.

Übersicht – Höhe des Verzugszinses:

In Kraft befindliche Regelung	Zinshöhe	**Übergangsrecht**
Bis 30.4.2000: § 288 BGB idF v. 1.1.1900	4%	Art. 170 ff (wohl inzwischen gegenstandslos, da kaum mehr vor dem 1.1.1900 entstandene Forderungen bestehen dürften)
§ 352 HGB	5%	

9 Insoweit richtig der Hinw. von *Fabis*, ZIP 2000, 865, 867 auf BVerfGE 58, 300, 351 (schonende Übergangsregelung bei Eingriff in bestehende Vermögenspositionen); BVerfGE 68, 193, 222 (Forderungen fallen in den Schutzbereich von Art. 14 GG).

10 Palandt/*Grüneberg*, Art. 229 § 5 EGBGB Rn 3.

11 *Henkel/Kesseler*, NJW 2000, 3089, 3096.

12 Staudinger/*Löwisch*, Art. 229 § 1 EGBGB Rn 4.

1.5.2000 – 31.12.2001: § 288 idF v. 1.5.2000	5 Prozentpunkte über dem Basiszinssatz nach dem Diskontsatz-Überleitungsgesetz, also: 1.5. – 31.8.2000: 8,42% 1.9.2000 – 31.8.2001: 9,26% 1.9.2001 – 31.12.2001: 8,62%	Art. 229 § 1 Abs. 1 S. 3: § 288 idF v. 1.5.2000 gilt nur für Forderungen, die vom 1.5.2000 an fällig werden; also keine Wirkung für vor dem 1.5.2000 fällig gewordene Forderungen; Zinssatz bleibt für diese Forderungen auch nach dem 30.4.2000 unverändert bei 4% oder 5%
Seit 1.1.2002: § 288 idF v. 1.1.2002	5 Prozentpunkte (bzw nach § 288 Abs. 2: 8 Prozentpunkte) über dem Basiszinssatz nach § 247 BGB, also: 1.1. – 30.6.2002: 7,57% (10,57%) 1.7. – 31.12.2002: 7,47% (10,47%) 1.1. – 30.6.2003: 6,97% (9,97%) 1.7. – 31.12.2003: 6,22% (9,22%) 1.1. – 30.6.2004: 6,14% (9,14%) 1.7. – 31.12.2004: 6,13% (9,13%) 1.1. – 30.6.2005: 6,21% (9,21%) 1.7. – 31.12.2005: 6,17% (9,17%) 1.1. – 30.6.2006: 6,37% (9,37%) 1.7. – 31.12.2006: 6,95% (9,95%) 1.1. – 30.6.2007: 7,70% (10,70%) 1.7. – 31.12.2007: 8,19% (11,19%) 1.1. – 30.6.2008: 8,32% (11,32%) 1.7. – 31.12.2008: 8,19% (11,19%) 1.1. – 30.6.2009: 6,62% (9,62%) 1.7. – 31.12.2009: 5,12% (8,12%) 1.1. – 30.6.2010: 5,12% (8,12%) 1.7. – 31.12.2010: 5,12% (8,12%) 1.1. – 30.6.2011: 5,12% (8,12%) 1.7. – 31.12.2011: 5,37% (8,37%)	§ 288 idF v. 1.1.2002 gilt a) für Forderungen, die nach dem 31.12.2001 entstanden sind (Art. 229 § 5 S. 1) b) mit Wirkung vom 1.1.2002 an auch für Forderungen, die nach dem 30.4.2000 fällig geworden sind (Art. 229 § 7 Abs. 1 Nr. 1 iVm Art. 229 § 1 Abs. 1 S. 3) c) mit Wirkung vom 1.1.2003 an auch für vor dem 1.1.2002 entstandene Forderungen aus Dauerschuldverhältnissen (Art. 229 § 5 S. 2)

Beispiele:

1. Forderung ist vor dem 1.5.2000 fällig geworden und stammt nicht aus einem Dauerschuldverhältnis: Der Verzugszinssatz beträgt unverändert 4% (oder nach § 352 HGB 5%).
2. Forderung ist vor dem 1.5.2000 fällig geworden und stammt aus einem Dauerschuldverhältnis: Der Verzugszinssatz beträgt 4% (oder nach § 352 HGB 5%) bis 31.12.2002, vom 1.1.2003 an gilt § 288 idF v. 1.1.2002; Verzugszinssatz nach § 288 Abs. 1 BGB (in Klammern der Verzugseinsatz nach § 288 Abs. 2 BGB):

1.1. – 30.6.2003:	6,97% (9,97%),
1.7. – 31.12.2003:	6,22% (9,22%),
1.1. – 30.6.2004:	6,14% (9,14%) etc.

3. Forderung ist nach dem 30.4.2000 fällig geworden: Der Verzugszinssatz bestimmte sich bis zum 31.12.2001 nach § 288 (idF v. 1.5.2000), also:

1.5. – 31.8.2000:	8,42%
1.9.2000 – 31.8.2001:	9,26%
1.9.2001 – 31.12.2001:	8,62%

Seit 1.1.2002 gilt § 288 (idF v. 1.1.2002), also:

1.1. – 30.6.2002:	7,57% (10,57%)
1.7. – 31.12.2002:	7,47% (10,47%)
1.1. – 30.6.2003:	6,97% (9,97%)
1.7. – 31.12.2003:	6,22% (9,22%)
1.1. – -30.6.2004:	6,14% (9,14%)
1.7. – 31.12.2004:	6,13% (9,13%)
1.1. – 30.6.2005:	6,21% (9,21%)
1.7. – 31.12.2005:	6,17% (9,17%)
1.1. – 30.6.2006:	6,37% (9,37%)
1.7. – 31.12.2006:	6,95% (9,95%)
1.1. – 30.6.2007:	7,70% (10,70%)
1.7. – 31.12.2007:	8,19% (11,19%)
1.1. – 30.6.2008:	8,32% (11,32%)
1.7. – 31.12.2008:	8,19% (11,19%)
1.1. – 30.6.2009:	6,62% (9,62%)
1.7. – 31.12.2009:	5,12% (8,12%)
1.1. – 30.6.2010:	5,12% (8,12%)
1.7. – 31.12.2010:	5,12% (8,12%)
1.1. – 30.6.2011:	5,12% (8,12%)
1.7 – 31.12.2011:	5,37% (8,37%)

8 Bei **rechtskräftig titulierten Altforderungen** auf den gesetzlichen Verzugszins ist zu unterscheiden. Gewährt ein vor dem 1.1.2002 entstandener Titel den statischen Prozentsatz von 4% oder 5%, so bleibt es wegen der Rechtskraft des Titels dabei, auch wenn das materielle Recht iVm dem Übergangsrecht später zu einem Umspringen der Verzinsung auf einen höheren dynamischen Verzugszinssatz führen würde. Lautet der vor dem 1.1.2002 entstandene Titel jedoch auf einen dynamischen Verzugszinssatz in Höhe von 5 Prozentpunkten über dem Basiszinssatz, so führt Art. 229 § 7 Abs. 1 Nr. 1 dazu, dass vom 1.1.2002 an sich der Basiszinssatz nach § 247 BGB und nicht mehr nach dem (ohnehin inzwischen aufgehobenen)[13] Diskontsatz-Überleitungsgesetz bestimmt.

9 Wie das Beispiel 2 in Rn 7 zeigt, führt die in Art. 229 § 5 S. 2 vom 1.1.2003 an angeordnete **Rückwirkung des neuen Schuldrechts für Dauerschuldverhältnisse zu eigenartigen Ergebnissen**. Der jahrelang statische Verzugszins in Höhe von 4% (oder 5%) für eine vor dem 1.5.2000 fällig gewordene Forderung aus einem Dauerschuldverhältnis (zB Forderung auf Mietzins) springt plötzlich zum 1.1.2003 auf den dynamischen Zinssatz nach § 288 BGB idF v. 1.1.2002. Zwar lässt sich bezweifeln, dass Art. 229 § 5 S. 2 auch den Zweck haben sollte, zum 1.1.2003 den statischen Verzugszinssatz für derart alte Forderungen zu verändern, wenn sie aus einem Dauerschuldverhältnis stammen. Doch ergibt sich diese Wirkung aus der Anwendung des Gesetzeswortlauts.[14] Durchschlagende Gründe, von diesem Ergebnis abzuweichen, sind nicht ersichtlich, zumal Übergangsrecht immer zu Brüchen führen kann. Insbesondere kann Art. 229 § 7 nicht dahin ausgelegt werden, dass über die hier geregelten Fälle hinaus keine Veränderung der Zinshöhe bei Altforderungen eintreten soll. Ohnehin dürfte die praktische Bedeutung des Problems wegen der in vielen Fällen eintretenden Verjährung schnell abnehmen.

C. Änderungen im Werkvertragsrecht (Abs. 2)

10 Abs. 2 S. 1 hat **nur klarstellenden Charakter**. Die hier genannten Vorschriften gelten – von den in S. 2 und 3 geregelten Ausnahmen abgesehen – nur für Verträge, die unter der Geltung des Gesetzes zur Beschleunigung

13 Gesetz zu Aufhebung des Diskontsatz-Überleitungsgesetzes, in Kraft getreten am 4.4.2002 (BGBl. I 2002 S. 1220).

14 Ähnlich wohl Palandt/ *Grüneberg*, Art. 229 § 5 EGBGB Rn 5; Staudinger/*Löwisch*, Art 229 § 1 EGBGB Rn 3, der Art. 229 § 5 S. 2 auf § 284 Abs. 3 BGB idF v. 1.5.2000 anwendet; allg. zur Wirkung von Art. 229 § 5 S. 2, Staudinger/*Löwisch*, Art. 229 § 5 EGBGB Rn 4.

fälliger Zahlungen, also nach dem 30.4.2000 abgeschlossen worden sind.[15] Der zweite Halbsatz des Abs. 2 S. 1 ("soweit nicht etwas anderes bestimmt ist") dient dazu, den Parteien die vertragliche Regelung der Anwendbarkeit des früheren Rechts zu ermöglichen.[16] Für die vor dem 1.5.2000 abgeschlossenen Werkverträge **bleibt es damit grundsätzlich bei der früheren Rechtslage**. Daran ändert auch der später eingeführte Art. 229 § 5 S. 2 nichts, der für Dauerschuldverhältnisse die Geltung des neuen Schuldrechts mit Wirkung vom 1.1.2003 anordnet. Denn Art. 229 § 5 hat, wie die Überschrift deutlich macht, nur den Zweck, die mit dem Gesetz zur Modernisierung des Schuldrechts vorgenommenen Änderungen auf alte Dauerschuldverhältnisse zu erstrecken.[17] Die in Abs. 2 genannten Bestimmungen sind aber, abgesehen von einer redaktionellen Änderung,[18] vom Gesetz zur Modernisierung des Schuldrechts unberührt geblieben.

11 Als **Ausnahme** zu Abs. 2 S. 1 erstreckt Abs. 2 S. 2 die Geltung der §§ 641 Abs. 3, 648 a Abs. 5 S. 3 BGB idF v. 1.5.2000 auf vor dem 1.5.2000 geschlossene Werkverträge. Für § 641 Abs. 3 BGB ist dies nur formell eine Ausnahme von Abs. 2 S. 1. Da § 641 Abs. 3 BGB lediglich die **Übernahme der von der Rechtsprechung entwickelten Grundsätze über den Druckzuschlag** ins Gesetz bezweckt,[19] dient die Überleitungsvorschrift insoweit nur der Klarstellung, dass diese Grundsätze in ihrer nunmehr kodifizierten Form auch für Altverträge weiter gelten.[20] Anders verhält es sich mit der **Stärkung der Position des Unternehmers nach gescheitertem Sicherheitsverlangen** durch § 648 a Abs. 5 S. 3 BGB. Diese sachlich neue Regelung erhält durch Abs. 2 **Wirkung für vor dem 1.5.2000 geschlossene Altverträge** (nicht aber die gleichfalls neue Schadensvermutung des § 648 a Abs. 5 S. 4 BGB).[21] Als weitere Ausnahme ordnet Abs. 2 S. 3 die Geltung des § 640 idF v. 1.5.2000 für vor diesem Zeitpunkt geschlossene Altverträge an. Freilich beginnt eine zur Herbeiführung der in § 640 Abs. 1 S. 3 BGB geregelten Abnahmefiktion gesetzte **Frist für die Abnahme erst mit dem 1.5.2000 zu laufen**, auch wenn die Fristsetzung schon vor diesem Tag erfolgt ist. Fristbeginn ist nach § 187 Abs. 2 S. 1 BGB in diesem Fall der 1.5.2000, 0.00 Uhr.

Art. 229 § 2 EGBGB Übergangsvorschriften zum Gesetz vom 27. Juni 2000

Die §§ 241 a, 361 a, 361 b, 661 a und 676 h des Bürgerlichen Gesetzbuchs sind nur auf Sachverhalte anzuwenden, die nach dem 29. Juni 2000 entstanden sind.

A. Allgemeines

1 Mit Art. 2 Abs. 2 Nr. 4 b des Gesetzes vom 27.6.2000[1] über Fernabsatzverträge und andere Fragen des Verbraucherrechts sowie zur Umstellung von Vorschriften auf Euro (FernAbsG-Umsetzung der Richtlinie 98/7/EG des Europäischen Parlaments und des Rates vom 20.5.1997 über den Verbraucherschutz bei Vertragsabschlüssen im Fernabsatz [FARL],[2] die nach ihrem Art. 15 eine Umsetzungsfrist bis zum Ablauf des 4.6.2000 bestimmt hatte, und der Richtlinie 98/27/EG des Europäischen Parlaments und des Rates vom 19.5.1996 über Unterlassungsklagen zum Schutz der Verbraucherinteressen)[3] ist Art. 229 § 2 in das EGBGB aufgenommen worden. Die Regelung ist in ihren wesentlichen Teilen am 30.6.2000 in Kraft getreten.

15 So die Beschlussempfehlung des Rechtsausschusses, BT-Drucks. 14/2752, S. 14.
16 Staudinger/*Löwisch*, Art. 229 § 1 EGBGB Rn 8; ähnlich für die gleiche Formulierung in Art. 229 § 5 Erman/*Schmidt-Räntsch*, Anh. Einl. § 241, Art. 229 § 5 EGBGB Rn 9.
17 So wohl auch Staudinger/*Löwisch*, Art. 229 § 5 EGBGB Rn 41; im Erg. ebenso Erman/*Schmidt-Räntsch*, Anh. Einl. § 241, Art. 229 § 5 EGBGB Rn 10: alte Überleitungsvorschriften bleiben wirksam neben Art. 229 § 5; insoweit aA *Schmidt-Kessel*, NJW 2003, 3748, 3749.
18 In § 640 Abs. 2 BGB ist lediglich der Verweis an die neue Zählung der Paragraphen angepasst worden.
19 BT-Drucks. 14/1246, S. 7.
20 Staudinger/*Löwisch*, Art. 229 § 1 EGBGB Rn 7; Palandt/*Sprau*, § 641 Rn 1; Erman/*Schwenker*, § 641 Rn 16.
21 Palandt/*Sprau*, § 648 a Rn 20.
1 BGBl I S. 897, ber. S. 1139 – dazu BT-Drucks. 14/2658 vom 9.2.2000.
2 ABlEG Nr. L 144, S. 19.
3 ABlEG Nr. L 166, S. 51.

B. Regelungsgehalt

I. Übergangsregelungen (Abs. 1)

Abs. 1 normiert als Überleitungsregelung, dass 2

- § 241 a BGB (Lieferung unbestellter Sachen und Erbringung unbestellter sonstiger Leistungen durch einen Unternehmer an einen Verbraucher),
- § 361 a BGB (alt – Widerrufsrecht bei Verbraucherverträgen),[4]
- § 361 b BGB (alt – Rückgaberecht bei Verbraucherverträgen),
- § 661 a BGB (Gewinnzusagen und vergleichbare Mitteilungen von Unternehmer an Verbraucher über angeblich gewonnene Preise) sowie
- § 676 h BGB (alt – Missbrauch von Zahlungskarten)

nur für neue Verträge gelten,[5] mithin für Sachverhalte, die nach dem 29.6.2000 entstanden sind. § 676 h BGB ist infolge der Neuregelung des Rechts des Zahlungsverkehrs durch das VerbrKrRL-UG mit Wirkung vom 31.10.2009 entfallen.[6] Der Gesetzgeber wollte damit eine Geltung des neuen Rechts unabhängig von den Entstehungsvoraussetzungen und dem Wirksamwerden der jeweils zugrunde liegenden vertragsrechtlichen Beziehungen zwischen den Beteiligten sicherstellen.[7]

II. Verordnungsermächtigung des Bundesjustizministeriums (Abs. 2 alt)

Nach Abs. 2 alt als Verpflichtung und Ermächtigungsnorm (Übergangsregelung zur Einführung der Regelbetrags-Verordnung) hatte das Bundesministerium der Justiz die Regelbeträge nach der Regelbetrag-Verordnung durch Rechtsverordnung, die nicht der Zustimmung des Bundesrates bedurfte (vgl Art. 80 Abs. 2 GG), rechtzeitig zum 1.1.2002 auf Euro umzustellen und hierbei auf volle Euro aufzurunden, wobei § 1612 a BGB (Wahlrecht) entsprechend galt. Abs. 2 alt ist infolge Art. 3 Nr. 8 Abs. 6 Nr. 2 UändG (zusammen mit der gleichzeitig erfolgten Außerkraftsetzung der Regelbetrags-Verordnung) mit Wirkung zum 1.1.2008 aufgehoben worden. Nach **§ 1612 a BGB** aF konnte ein minderjähriges Kind von einem Elternteil, mit dem es nicht in einem Haushalt lebt, den Unterhalt als Prozentsatz eines oder des jeweiligen Regelbetrages nach Maßgabe der Regelbetrag-Verordnung verlangen (nach § 1612 a Abs. 1 S. 1 BGB nF als „Prozentsatz des jeweiligen Mindestunterhalts"), deren Berechnungs- und Betragsangaben ursprünglich auf DM lauteten. Die Regelbeträge waren – getrennt nach den Altersstufen des Kindes – entsprechend der Entwicklung des durchschnittlich verfügbaren Arbeitsentgelts in einem zweijährigen Rhythmus rechtzeitig neu festzusetzen – wozu § 1612 a Abs. 4 S. 3 BGB das Bundesministerium der Justiz durch eine (der Zustimmung des Bundesrats bedürftige) Rechtsverordnung ermächtigte (Dynamisierung der Unterhaltsrenten durch Anpassung des Regelbetrags in der Regelbetrag-Verordnung, womit – ohne das Erfordernis einer Abänderungsklage – parallel der konkret geschuldete Unterhalt über dem individuellen Prozentsatz des Unterhaltstitels angeglichen wurde).[8] 3

Eine ergänzende Ermächtigung in Art. 229 war erforderlich, da die Regelbeträge nach der Regelbetrag-Verordnung im Zuge der nächsten Anpassung aufgrund § 1612 a BGB aF mit Wirkung vom 1.1.2002 durch die Ablösung der DM durch den Euro als gesetzliches Zahlungsmittel auf Euro umgestellt werden sollten.[9] 4

Gesetzgeberischer Handlungsbedarf bestand zwar nicht hinsichtlich auf den Stichtag 1.1.2002 noch auf DM lautender Unterhaltstitel (da diese Alttitel gem. Art. 14 der EGVO Nr. 974/98 des Rates vom 3.5.1998 ausdrücklich in Euro umgerechnet werden konnten), wohl aber im Hinblick auf in Euro umzustellende DM-Beträge in den unterschiedlichsten gesetzlichen Regelungen. So entschied sich der Gesetzgeber bereits 2000 (ohne allerdings für die Zwischenzeit die Verwendung des Euro verbindlich zu machen) – "eher zufällig und für die Fachöffentlichkeit teilweise überraschend"[10] – mit dem Fernabsatzgesetz auch die Euroumstellung vorzunehmen[11] (**en-bloc-Glättung** und **Umstellung auf Euro**). Ausgenommen blieben davon zunächst nur die Haftungshöchstsummen. 5

Somit erfolgte durch Art. 2 Abs. 1 Nr. 15 FernAbsG mit Wirkung ab dem 30.7.2000 die Euroumstellung – bspw auch bezüglich der Berechnungsregeln und Wertgrenzen in § 1612 a Abs. 2 S. 2 und Abs. 4 S. 2 BGB aF (Aufrundung der Beträge oder Regelbeträge bei der Berechnung des Kindesunterhalts). 6

4 Vgl. zum Widerruf der auf den Abschluss des Darlehensvertrags gerichteten Willenserklärung eines vor dem 1.1.2002 geschlossenen Vertrags, wenn nachträglich über das Widerrufsrecht falsch belehrt worden ist OLG Oldenburg WM 2009, 1835.

5 Rechtsausschuss, BT-Drucks. 14/3195, S. 34.

6 Palandt/*Weidenkaff*, Art. 229 § 2 EGBGB Rn 2.

7 Staudinger/*Martinek*, Art. 239 § 2 EGBGB Rn 1.

8 Staudinger/*Martinek*, Art. 229 § 2 EGBGB Rn 2.

9 RegE, BT-Drucks. 14/2658, S. 50.

10 Staudinger/*Martinek*, Art. 229 § 2 EGBGB Rn 3.

11 RegE, BT-Drucks. 14/2618, S. 1 und 31.

7 Nach Art. 2 Abs. 2 Nr. 4 b FernAbsG sollte die Umstellung der Regelbetrag-Verordnung auf Euro und der Übergangsvorschriften des Art. 229 § 2 Abs. 2 S. 2 erst bei der nächsten Verordnungsanpassung zum 1.1.2002 erfolgen (mit paralleler Aufrundung der DM- auch auf volle Euro-Beträge im Rahmen der Umstellung).

8 Gem.Art. 12 S. 1 FernAbsG waren die Vorschriften über den Regelbetrag in § 1612 a BGB aF erst zum 1.1.2002 in Kraft getreten. Mit der Zweiten Verordnung zur Änderung der Regelbetrags-Verordnung vom 8.5.2001[12] wurden die seit dem 1.7.1999 geltenden Regelbeträge für den Unterhalt minderjähriger Kinder zum 1.7.2001 an das geänderte Lohnniveau angepasst. Zugleich wurden für die Zeit ab dem 1.1.2002 die Regelbeträge in Euro umgestellt.

III. Die qualifizierte elektronische Signatur (Abs. 3 alt)

9 Die zwischenzeitlich ebenfalls wieder aufgehobene (in § 126 b BGB bzw dem SigG aufgegangene), gleichfalls durch Art. 2 Abs. 2 Nr. 4 b FernAbsG ins EGBGB als Abs. 3 aufgenommene (provisorische) Definition der elektronischen Signatur erfolgte durch einen Verweis auf Art. 5 der Richtlinie 1999/93/EG des Europäischen Parlaments und des Rates vom 13.12.1999 über gemeinschaftliche Rahmenbedingungen für elektronische Signaturen (EG-Signaturrichtlinie).[13] Die Vorschrift war im Zuge der Umsetzung der Richtlinie durch eine generelle Definition im SigG abzulösen.[14]

Art. 229 § 3 EGBGB Übergangsvorschriften zum Gesetz zur Neugliederung, Vereinfachung und Reform des Mietrechts vom 19. Juni 2001

(1) Auf ein am 1. September 2001 bestehendes Mietverhältnis oder Pachtverhältnis sind

1. **im Falle einer vor dem 1. September 2001 zugegangenen Kündigung § 554 Abs. 2 Nr. 2, §§ 565, 565 c Satz 1 Nr. 1 b, § 565 d Abs. 2, § 570 des Bürgerlichen Gesetzbuchs sowie § 9 Abs. 1 des Gesetzes zur Regelung der Miethöhe jeweils in der bis zu diesem Zeitpunkt geltenden Fassung anzuwenden;**
2. **im Falle eines vor dem 1. September 2001 zugegangenen Mieterhöhungsverlangens oder einer vor diesem Zeitpunkt zugegangenen Mieterhöhungserklärung die §§ 2, 3, 5, 7, 11 bis 13, 15 und 16 des Gesetzes zur Regelung der Miethöhe in der bis zu diesem Zeitpunkt geltenden Fassung anzuwenden; darüber hinaus richten sich auch nach dem in Satz 1 genannten Zeitpunkt Mieterhöhungen nach § 7 Abs. 1 bis 3 des Gesetzes zur Regelung der Miethöhe in der bis zu diesem Zeitpunkt geltenden Fassung, soweit es sich um Mietverhältnisse im Sinne des § 7 Abs. 1 jenes Gesetzes handelt;**
3. **im Falle einer vor dem 1. September 2001 zugegangenen Erklärung über eine Betriebskostenänderung § 4 Abs. 2 bis 4 des Gesetzes zur Regelung der Miethöhe in der bis zu diesem Zeitpunkt geltenden Fassung anzuwenden;**
4. **im Falle einer vor dem 1. September 2001 zugegangenen Erklärung über die Abrechnung von Betriebskosten § 4 Abs. 5 Satz 1 Nr. 2 und § 14 des Gesetzes zur Regelung der Miethöhe in der bis zu diesem Zeitpunkt geltenden Fassung anzuwenden;**
5. **im Falle des Todes des Mieters oder Pächters die §§ 569 bis 569 b, 570 b Abs. 3 und § 594 d Abs. 1 des Bürgerlichen Gesetzbuchs in der bis zum 1. September 2001 geltenden Fassung anzuwenden, wenn der Mieter oder Pächter vor diesem Zeitpunkt verstorben ist, im Falle der Vermieterkündigung eines Mietverhältnisses über Wohnraum gegenüber dem Erben jedoch nur, wenn auch die Kündigungserklärung dem Erben vor diesem Zeitpunkt zugegangen ist;**
6. **im Falle einer vor dem 1. September 2001 zugegangenen Mitteilung über die Durchführung von Modernisierungsmaßnahmen § 541 b des Bürgerlichen Gesetzbuchs in der bis zu diesem Zeitpunkt geltenden Fassung anzuwenden;**
7. **hinsichtlich der Fälligkeit § 551 des Bürgerlichen Gesetzbuchs in der bis zum 1. September 2001 geltenden Fassung anzuwenden.**

(2) Ein am 1. September 2001 bestehendes Mietverhältnis im Sinne des § 564 b Abs. 4 Nr. 2 oder Abs. 7 Nr. 4 des Bürgerlichen Gesetzbuchs in der bis zum 1. September 2001 geltenden Fassung kann noch bis zum 31. August 2006 nach § 564 b des Bürgerlichen Gesetzbuchs in der vorstehend genannten Fassung gekündigt werden.

12 BGBl I S. 841.
13 ABlEG 2000 Nr. L 13, S. 12.
14 Rechtsausschuss, BT-Drucks. 14/3195, S. 34.

(3) Auf ein am 1. September 2001 bestehendes Mietverhältnis auf bestimmte Zeit sind § 564 c in Verbindung mit § 564 b sowie die §§ 556 a bis 556 c, 565 a Abs. 1 und § 570 des Bürgerlichen Gesetzbuchs in der bis zu diesem Zeitpunkt geltenden Fassung anzuwenden.

(4) Auf ein am 1. September 2001 bestehendes Mietverhältnis, bei dem die Betriebskosten ganz oder teilweise in der Miete enthalten sind, ist wegen Erhöhungen der Betriebskosten § 560 Abs. 1, 2, 5 und 6 des Bürgerlichen Gesetzbuchs entsprechend anzuwenden, soweit im Mietvertrag vereinbart ist, dass der Mieter Erhöhungen der Betriebskosten zu tragen hat; bei Ermäßigungen der Betriebskosten gilt § 560 Abs. 3 des Bürgerlichen Gesetzbuchs entsprechend.

(5) [1]Auf einen Mietspiegel, der vor dem 1. September 2001 unter Voraussetzungen erstellt worden ist, die § 558 d Abs. 1 und 2 des Bürgerlichen Gesetzbuchs entsprechen, sind die Vorschriften über den qualifizierten Mietspiegel anzuwenden, wenn die Gemeinde ihn nach dem 1. September 2001 als solchen veröffentlicht hat. [2]War der Mietspiegel vor diesem Zeitpunkt bereits veröffentlicht worden, so ist es ausreichend, wenn die Gemeinde ihn später öffentlich als qualifizierten Mietspiegel bezeichnet hat. [3]In jedem Fall sind § 558 a Abs. 3 und § 558 d Abs. 3 des Bürgerlichen Gesetzbuchs nicht anzuwenden auf Mieterhöhungsverlangen, die dem Mieter vor dieser Veröffentlichung zugegangen sind.

(6) [1]Auf vermieteten Wohnraum, der sich in einem Gebiet befindet, das aufgrund

1. **des § 564 b Abs. 2 Nr. 2, auch in Verbindung mit Nr. 3, des Bürgerlichen Gesetzbuchs in der bis zum 1. September 2001 geltenden Fassung oder**
2. **des Gesetzes über eine Sozialklausel in Gebieten mit gefährdeter Wohnungsversorgung vom 22. April 1993 (BGBl. I S. 466, 487)**

bestimmt ist, sind die am 31. August 2001 geltenden vorstehend genannten Bestimmungen über Beschränkungen des Kündigungsrechts des Vermieters bis zum 31. August 2004 weiter anzuwenden. [2]Ein am 1. September 2001 bereits verstrichener Teil einer Frist nach den vorstehend genannten Bestimmungen wird auf die Frist nach § 577 a des Bürgerlichen Gesetzbuchs angerechnet. [3]§ 577 a des Bürgerlichen Gesetzbuchs ist jedoch nicht anzuwenden im Falle einer Kündigung des Erwerbers nach § 573 Abs. 2 Nr. 3 jenes Gesetzes, wenn die Veräußerung vor dem 1. September 2001 erfolgt ist und sich die veräußerte Wohnung nicht in einem nach Satz 1 bezeichneten Gebiet befindet.

(7) § 548 Abs. 3 des Bürgerlichen Gesetzbuchs ist nicht anzuwenden, wenn das selbständige Beweisverfahren vor dem 1. September 2001 beantragt worden ist.

(8) § 551 Abs. 3 Satz 1 des Bürgerlichen Gesetzbuchs ist nicht anzuwenden, wenn die Verzinsung vor dem 1. Januar 1983 durch Vertrag ausgeschlossen worden ist.

(9) § 556 Abs. 3 Satz 2 bis 6 und § 556 a Abs. 1 des Bürgerlichen Gesetzbuchs sind nicht anzuwenden auf Abrechnungszeiträume, die vor dem 1. September 2001 beendet waren.

(10) [1]§ 573 c Abs. 4 des Bürgerlichen Gesetzbuchs ist nicht anzuwenden, wenn die Kündigungsfristen vor dem 1. September 2001 durch Vertrag vereinbart worden sind. [2]Für Kündigungen, die ab dem 1. Juni 2005 zugehen, gilt dies nicht, wenn die Kündigungsfristen des § 565 Abs. 2 Satz 1 und 2 des Bürgerlichen Gesetzbuchs in der bis zum 1. September 2001 geltenden Fassung durch Allgemeine Geschäftsbedingungen vereinbart worden sind.

(11) [1]Nicht unangemessen hoch im Sinn des § 5 des Wirtschaftsstrafgesetzes 1954 sind Entgelte für Wohnraum im Sinn des § 11 Abs. 2 des Gesetzes zur Regelung der Miethöhe in der bis zum 31. August 2001 geltenden Fassung, die

1. **bis zum 31. Dezember 1997 nach § 3 oder § 13 des Gesetzes zur Regelung der Miethöhe in der bis zum 31. August 2001 geltenden Fassung geändert oder nach § 13 in Verbindung mit § 17 jenes Gesetzes in der bis zum 31. August 2001 geltenden Fassung vereinbart oder**
2. **bei der Wiedervermietung in einer der Nummer 1 entsprechenden Höhe vereinbart**

worden sind. [2]Für Zwecke des Satzes 1 bleiben die hier genannten Bestimmungen weiterhin anwendbar.

Literatur: *Barg*, Fristen zur Kündigung von Altmietverträgen, NZM 2006, 83; *Beuermann*, Ablauf der Sperrfrist für eine Eigenbedarfskündigung, Grundeigentum 2008, 1533; *Blank*, Zeitmietverträge und Verlängerungsklausel, WuM 2007, 514; *Börstinghaus*, Neues zu den Altkündigungsfristen in der Wohnraummiete – Zur Änderung der Überleitungsvorschriften des Mietrechtsreformgesetzes, NJW 2005, 1900; *Derleder*, Rechtseinheit mit Blinden Flecken – Sieben Jahre Mietrechtsreform, KJ 2008, 394; *Eisenhardt*, Altvertragliche Verlängerungsklauseln im neuen Recht, WuM 2005, 487; *Franke*, Die Übergangsvorschriften des neuen Mietrechts (Art. 229 § 3 EGBGB), ZMR 2001, 951; *ders.*, Verjährung im Mietrecht – Änderungen durch das MietrechtsreformG und das SchuldrechtsmodernisierungsG, DWW 2002, 86; *Gellwitzki*, Verkürzung von Altvertragskündigungsfristen und formularmäßige Altzeitmietverträge mit Verlängerungsklauseln, WuM 2005, 436; *Horst*, Vertragslaufzeiten und Kündigungsfristen im Wohn- und Gewerbemietrecht, DWW 2007, 326; *Jansen*, Das Übergangsrecht der Mietrechtsreform, NJW 2001, 3151; *Koch*, Juristische Methodik und Gestaltungswille des (Miet-) Gesetzgebers. Zum Fortbestand der Altvertragskündigungsfristen, NZM 2004, 1; *Langenberg*, Schönheitsreparaturen nach der Schuldrechtsreform, NZM 2002, 972; *Lindner*, Stolpersteine bei Kündigungen im Mietrecht, AnwBl 2005, 213; *Mansel/Budzikiewicz*, Das neue Verjährungsrecht, 2002, § 10; *Rolfs/Barg*, Fristen zur Kündigung von Altmietverträgen, NZM 2006, 83; *Schimmel/*

Meyer, Fortbestand der Altmietvertragskündigungsfristen auch nach der Schuldrechtsreform, NJW 2004, 1633; *Schmidt-Kessel*, Mieters Altvertragskündigungsfristen – schuldrechtsmodernisiert ade!, NJW 2003, 3748; *Wichert*, Kündigungsfristen des Wohnraummieters seit dem 1.6.2005, ZMR 2006, 419; *Wiek*, Rätselhaftes Übergangsrecht, WuM 2007, 227.

A. Allgemeines

I. Übergangsrecht der Mietrechtsreform

1 Art. 229 § 3 ist durch das **Gesetz zur Neugliederung, Vereinfachung und Reform des Mietrechts vom 19.6.2001 (Mietrechtsreformgesetz)** in das Gesetz eingefügt worden.[1]

Mit dem Mietrechtsreformgesetz wollte der Gesetzgeber im Jahre 2001 die bisweilen veralteten, nicht mehr den gesellschaftlichen Gegebenheiten entsprechenden mietrechtlichen Regelungen modernisieren. Zugleich hat er diesen Bereich neu gegliedert und wieder weitgehend im BGB zusammengefasst. Vgl auch Vor §§ 535–580 a Rn 158 ff.

Das neue Mietrecht soll nach den Vorstellungen des Gesetzgebers schnellstmöglich Anwendung finden und der alte als unbefriedigend empfundene Rechtszustand so beendet werden.[2] Das neue Mietrecht gilt daher grundsätzlich ab dem 1.9.2001. **Für Pachtvertrag** und **Landpachtvertrag** gilt dies auch, soweit auf die Vorschriften des Mietrechts verwiesen wird.

2 **Bei Mietverträgen vor dem 1.9.2001** ist jedoch zu berücksichtigen, dass solche Verträge am 1.9.2001 zum Teil **schon lange bestanden**, Mieter und Vermieter sich auf die bis zu diesem Zeitpunkt geltende alte Rechtslage **eingestellt** und den Vertrag dementsprechend **ausgestaltet hatten**. Bei **Pacht-** und **Landpachtvertrag** verhält es sich entsprechend.

Der sofortigen Geltung kann zudem entgegenstehen, dass die Parteien am 1.9.2001 **bereits Rechtshandlungen** wie zB eine Kündigung oder ein Mieterhöhungsverlangen auf der Grundlage des alten Rechts **vorgenommen haben können**. Auch insoweit kann ihr **Vertrauen** nun geschützt sein.

3 **Um diesen Schutz** zu gewährleisten, kommt es nicht immer zur sofortigen Anwendbarkeit: **Vor dem 1.9.2001 abgeschlossene Sachverhalte** bleiben vom neuen Recht **unberührt**. Dies gilt etwa für vor dem 1.9.2001 fällig gewordene Mietansprüche, auch wenn diese noch nicht erfüllt worden sind.[3]

Art. 229 § 3 Abs. 1–3 sowie **Abs. 6** erklären für die in ihnen genannten Fälle die bis zum 31.8.2001 geltenden Vorschriften für weiterhin, zumindest beschränkt, anwendbar. **Gem. Abs. 4 und 5** sowie **Abs. 7–10** finden die hier erwähnten neuen Vorschriften auf Altverträge grds. keine Anwendung. **Abs. 11** regelt einen Sonderfall.

4 **Die Rechtsprechung** geht darüber hinaus davon aus, dass beim **Fehlen von Übergangsvorschriften** das alte Recht aus Gründen des Vertrauensschutzes und der Rechtssicherheit weiter gelten können muss. Andernfalls könne es zu einer verfassungsrechtlich unzulässigen Rückwirkung kommen.

Dies kann zB Relevanz erlangen, wenn ein vermietetes **Grundstück vor dem 1.9.2001 veräußert** wird und der Mieter eine **Kaution** geleistet hat. Hier soll zugunsten des Erwerbers § 572 BGB aF und nicht § 566 a BGB Anwendung finden, so dass der Erwerber nur bei Vorliegen der in § 572 BGB aF genannten Voraussetzungen die Pflichten aus der Kaution übernimmt.[4]

II. Weitere Neuerungen, insb. Schuldrechtsreform

5 **Für Miet- und Pachtverträge** aus dem Gebiet der ehemaligen **DDR** gelten gem. **Art. 232 § 2 und § 3** seit der Wiedervereinigung im Grundsatz die **Regelungen des BGB**. **Anders verhält es sich** allerdings auch hier, wenn Sachverhalte **vor dem 3.10.1990 abgeschlossen** worden sind.[5] Haben die **Parteien** später **weitere Vereinbarungen** getroffen, ist die Frage, ob (überhaupt) noch ein vor dem 3.10.1990 geschlossener Vertrag vorliegt, danach zu beantworten, ob die Parteien mit Ersetzungswillen eine **neue Regelung treffen** oder lediglich eine **Korrektur des alten Vertrages** wollten.[6]

1 BGBl. I 2001 S. 1149.
2 BT-Drucks. 14/4553, S. 1, 75.
3 BGH NJW 2003, 2601, 2602.
4 BGH NJW-RR 2005, 962 – Wohnraummiete; BGH NJW-RR 2006, 443, 444 – Gewerberaummiete.
5 BGH ZMR 1997, 174; BGH NZM 1999, 478, 479; OLG Dresden NZM 2003, 493.
6 BGH NJW 2008, 97, 98.

Das **Schuldrechtsanpassungsgesetz** (SchuldRAnpG) hat diese Rechtslage **im Jahre 1994** ergänzt. Die **Ergänzungen** enthalten insbesondere **Entschädigungsregelungen** für Rechtsverhältnisse an Grundstücken aus dem Gebiet der ehemaligen **DDR**, die aufgrund eines **Miet-, Pacht- oder sonstigen Nutzungsvertrages** von einem **anderen als dem Grundstückseigentümer** bis zum Ablauf des 2.10.1990 mit **Billigung staatlicher Stellen** mit einem Wohn- oder gewerblichen Zwecken dienenden Bauwerk bebaut worden sind.[7]

Durch das **Mietrechtreformgesetz** sind **Art. 232 § 2 und § 3** zum 1.9.2001 an die geänderten **Begrifflichkeiten** im Miet- und Pachtrecht **angepasst worden**.

Die **Schuldrechtsreform** hat Teile des BGB im Jahr 2002 grundlegend geändert. **Art. 229 § 5 S. 2** bestimmt für Miet- und Pachtverhältnisse, die vor dem 1.1.2002 entstanden sind, dass vom 1.1.2003 an das BGB in der dann geltenden Fassung anzuwenden ist. Das heißt: Sind Miet- oder Pachtverträge **ab dem 1.1.2002** entstanden, gilt ohne weiteres das neue Schuldrecht. Sind Miet- oder Pachtverträge **vor dem 1.1.2002** entstanden, gilt erst nach einer Übergangsfrist von einem Jahr das neue Schuldrecht; vor dem 1.1.2003 gilt das alte Recht. Auf diese Weise sollte den Parteien die Möglichkeit der Anpassung gegeben werden.[8] **6**

Sind Miet- oder Pachtverträge **vor dem 1.9.2001** entstanden, war zunächst umstritten, ob durch Art. 229 § 5 S. 2 das Übergangsrecht des Art. 229 § 3 ausgeschlossen („überlagert") wird.[9] **Art. 229 § 3** geht jedoch, wie bereits in der Vorauflage vertreten, als **Spezialregelung** dem Art. 229 § 5 vor. Folge hiervon ist insb., dass der Bestandsschutz des Art. 229 § 3 Abs. 10 auch nach der Schuldrechtsreform weiter gilt. Dies gilt auch für Art. 229 § 3 Abs. 1 Nr. 7 oder Abs. 3.[10]

Sonderfragen der **Verjährung** nach der Schuldrechtsreform regelt Art. 229 § 6 Abs. 1. Gem. **Art. 229 § 6 Abs. 1 S. 1** kommen die Verjährungsregelungen der Schuldrechtsreform grds. auf alle am 1.1.2002 bestehenden Ansprüche, soweit sie (nach altem) Recht noch nicht verjährt sind, zur Anwendung. Gem. **Art. 229 § 6 Abs. 1 S. 2** bestimmen sich allerdings der Beginn, die Hemmung, die Ablaufhemmung und der Neubeginn der Verjährung für den Zeitraum vor dem 1.1.2002 nach dem BGB in der bis zu diesem Zeitpunkt geltenden Fassung. Art. 229 § 6 Abs. 2–4 regelt Ausnahmen.

Das **Gesetz zur Änderung schadensersatzrechtlicher Vorschriften vom 19.7.2002** hat Änderungen des Schadensersatzrechts zum 1.8.2002 mit sich gebracht. Gem. Art. 229 § 8 Abs. 1 sind diese Neuregelungen des Schadensersatzrechts anzuwenden, wenn das schädigende Ereignis nach dem 31.7.2002 eingetreten ist. Dies gilt auch im Falle bestehender Miet- oder Pachtverträge.[11] **7**

Zum 1.6.2005 ist **Art. 229 § 3 Abs. 10** durch einen **S. 2 ergänzt** worden. **Gem. Art. 229 § 3 Abs. 10 S. 2** gilt der **Bestandsschutz des Abs. 10 S. 1 nicht** mehr für **Kündigungen, die nach dem 1.6.2005** zugehen, wenn die Kündigungsfristen des § 565 Abs. 2 S. 1 und 2 BGB in der bis zum 1.9.2001 geltenden Fassung durch AGB vereinbart worden sind.[12] Der **Gesetzgeber** hat mit dieser Ergänzung auf eine Entscheidung des BGH aus dem Jahr 2003 **reagiert**, nach der das alte Recht auch fort galt, wenn Formularklauseln im Mietvertrag lediglich das alte Recht wörtlich oder sinngemäß wiedergaben; vgl hierzu auch noch Rn 34 ff. **8**

Im Jahr 2007 wurde Art. 229 § 3 Abs. 11 angefügt. **Abs. 11 ersetzt** § 1 des Gesetzes über die Angemessenheit von Entgelten beim Übergang in das Vergleichsmietensystem, der in der ehemaligen DDR belegenen Wohnraum betraf und im Jahr 2007 aufgehoben worden ist; vgl hierzu auch noch Rn 37.[13]

B. Regelungsgehalt

I. Laufende Verfahren (Abs. 1)

Seit dem 1.9.2001 gilt das **neue Miet- und Pachtrecht**. **Inwieweit dieses Recht** auch auf **Miet- und Pachtverträge** anzuwenden ist, die **vor dem 1.9.2001 abgeschlossen** worden sind, ist von Fall zu Fall zu entscheiden; vgl bereits Rn 2 ff. **Dies gilt auch**, wenn der Vertrag vor dem 1.9.2001 geschlossen worden ist, die vereinbarte **Mietzeit aber erst nach dem 31.8.2001** begonnen hat.[14] **9**

Art. 229 § 3 Abs. 1–11 sieht hier für bestimmte Konstellationen die **Anwendung des alten Rechts** vor. **Fehlen Übergangsvorschriften**, kann das **alte Recht** auch darüber hinaus aus Gründen des Vertrauensschutzes und der Rechtssicherheit weiter anzuwenden sein; vgl bereits Rn 2 ff.

Abs. 1 betrifft Ausnahmen für sog. **laufende Verfahren**. Laufende Verfahren sind **Kündigungen**, Mieterhöhungsverlangen, Betriebskostenänderungen, Betriebskostenabrechnungen und Mitteilungen betreffend **10**

7 Vgl hierzu etwa BGH NJW 2008, 97, 98; *Schnabel*, NJW 2005, 3473.

8 Krit. ggü diesem Hinausschieben des Wirksamwerdens des neuen Schuldrechts auf den 1.1.2003 etwa *Heß*, NJW 2002, 253, 256.

9 So insb. *Schmidt-Kessel*, NJW 2003, 3748.

10 BGH NJW 2005, 1572, 1573; BGH NJW 2006, 1867; BGH NJW-RR 2007, 668; BGH NZM 2007, 728; BGH NJW 2009, 1491, 1492.

11 Vgl etwa *Langenberg*, NZM 2002, 972, 976.

12 BGBl. I 2005, 1425.

13 BGBl. I 2007, 2614.

14 BGH NJW-RR 2007, 10 – zu Art. 229 § 3 Abs. 3.

Modernisierungsmaßnahmen, die sich **vor dem 1.9.2001 ereignet** haben sowie die **Fälligkeit der Miete** bei Altverträgen, hinsichtlich derer nunmehr, dh nach dem 31.8.2001, Divergenzen bestehen.

Abs. 1 ordnet insoweit die **Weitergeltung bestimmter alter Vorschriften** an. Auf eine Aufzählung der alten Vorschriften in den Fällen, in denen sie den neuen Vorschriften inhaltlich entsprechen, hat der Gesetzgeber ausdrücklich verzichtet.[15] **Allerdings: Die Fälle des Abs. 1 Nr. 1 . 6** dürften sich heute durch **Zeitablauf erledigt** haben; sie werden daher nur noch knapp dargestellt. **Zu sonstigen Verfahren** vgl Abs. 2–11 sowie Rn 17 ff.

11 **Abs. 1 Nr. 1** betrifft **Kündigungen von Altverträgen**, die dem anderen Vertragsteil vor dem 1.9.2001 zugegangen sind.

Hier kommen anstelle des § 569 Abs. 3 Nr. 2 und Abs. 4 BGB der § 554 Abs. 2 Nr. 2 BGB aF, anstelle der §§ 580 a Abs. 1–3, 573 c, 573 d Abs. 2, 580 a Abs. 4, 576 Abs. 1 Nr. 1 BGB die §§ 565, 565 c S. 1 Nr. 1 b BGB aF, zudem § 565 d Abs. 2 BGB aF und § 570 BGB aF sowie anstelle des § 561 Abs. 1 BGB der § 9 Abs. 1 MHG zur Anwendung. Offen ist, ob anstelle von § 569 Abs. 3 BGB der § 554 a BGB aF versehentlich vergessen wurde.[16]

Bei **Kündigungen vor dem 1.9.2001** gelten so insb. die Kündigungsfristen des § 565 BGB aF weiter. Bei **Zugang der Kündigungserklärung ab dem 1.9.2001** gilt demgegenüber grds. das neue Recht.[17] Die Wiederholung einer bereits ausgesprochenen Kündigung ab dem 1.9.2001 mit den dann ggf kürzeren Kündigungsfristen soll wirksam sein.[18] Vgl zu Fortbestehen und Kündigung auch noch Rn 20 ff.

12 **Abs. 1 Nr. 2** betrifft **Mieterhöhungsverlangen** und **Mieterhöhungserklärungen** bei Wohnraummietverhältnissen, die dem anderen Vertragsteil **vor dem 1.9.2001 zugegangen** sind.

Die **diesbezüglichen Regelungen** waren vor dem 1.9.2001 insb. im Gesetz zur Regelung der Miethöhe (MHG) enthalten. Seit dem 1.9.2001 finden sich diese insb. in den **§§ 557–558 e BGB**. Für **Mieterhöhungsverlangen** bzw Mieterhöhungserklärungen, die vor dem 1.9.2001 zugegangen sind, sollen die alten Vorschriften der §§ 2, 3, 5, 7, 11–13, 15 und 16 MHG weiter gelten, wobei es teils als verfassungswidrig angesehen wird, dass Abs. 1 Nr. 2 nicht auch auf § 8 MHG verweist.[19]

Entscheidend ist auch hier der **Zeitpunkt des Zugangs.**[20] Sind Mieterhöhungsverlangen bzw Mieterhöhungserklärungen **ab dem 1.9.2001 zugegangen**, gilt das neue Recht.[21] **Dies gilt insbesondere** für die in § 558 Abs. 3 BGB auf 20% abgesenkte **Kappungsgrenze**, und zwar auch, wenn der Vermieter den bisherigen Erhöhungsspielraum von 30% in den letzten Jahren nicht voll ausgenutzt hatte. Hatte er dort schon um 20% erhöht, ist eine weitere Erhöhung erst wieder nach Ablauf der Drei-Jahres-Frist möglich.[22] Vgl auch Rn 25.

13 **Abs. 1 Nr. 3** betrifft Erklärungen über **Betriebskostenänderungen** bei Wohnraummietverhältnissen.

Seit dem 1.9.2001 enthält **§ 560 BGB** die hier im Falle von Veränderungen einschlägigen Rechte des Vermieters und des Mieters. Sind Erklärungen über eine Betriebskostenänderung **vor dem 1.9.2001 zugegangen**, bleibt das bisherige Recht der § 4 Abs. 2– 4 MHG weiterhin anwendbar.[23]

14 **Abs. 1 Nr. 4** betrifft die mit der Mietrechtsreform entfallene, aber bis zur Mietrechtsreform in § 4 Abs. 5 S. 1 Nr. 2 MHG und § 14 MHG geregelte Möglichkeit für den Vermieter, **Betriebskosten durch einseitige Erklärung auf eine Direktabrechnung umzustellen. Gem. Abs. 1 Nr. 4** gelten die §§ 4 Abs. 5 S. 1 Nr. 2; 14 MHG für Erklärungen fort, die dem anderen Vertragsteil **vor dem 1.9.2001 zugegangen** sind.

15 **Abs. 1 Nr. 5** betrifft die Fälle, in denen der **Mieter oder Pächter stirbt**. Seit dem 1.9.2001 enthalten hier die **§§ 563 ff, 577 Abs. 4, 580, 584 Abs. 2, 594 d BGB** die einschlägigen Regelungen.

Ist der Mieter oder Pächter **vor dem 1.9.2001 verstorben**, sollen gem. **Abs. 1 Nr. 5** weiterhin die alten Vorschriften betreffend das außerordentliche Kündigungsrecht, das Eintritts- und Fortsetzungsrecht sowie das Vorkaufsrecht Anwendung finden. In diesen Fällen gelten demzufolge die §§ 569–569 b, 570 b Abs. 3 und § 594 d Abs. 1 BGB aF weiter.

Entscheidend für die Zuordnung ist der **Zeitpunkt des Todes**. Ist der **Mieter von Wohnraum** verstorben und nimmt hier der **Vermieter sein Kündigungsrecht** gegenüber den Erben wahr, muss gem. **Abs. 1 Nr. 5** aE zudem die Kündigungserklärung vor dem 1.9.2001 den Erben zugegangen sein. Andernfalls kommen die neuen Vorschriften zur Anwendung.

Kritisiert wird hier, dass das Gesetz zur **Beendigung der Diskriminierung gleichgeschlechtlicher Gemeinschaften** vom 16.2.2001 die Rechtslage bereits zum 1.8.2001 weitgehend an den heutigen Rechtszustand

15 BT-Drucks. 14/4553, S. 1, 75.
16 BGH NZM 2005, 300.
17 BGH NJW 2003, 2739; BGH NZM 2009, 30, 31.
18 *Jansen*, NJW 2001, 3151, 3153; *Franke*, ZMR 2001, 951, 952.
19 BVerfG NZM 2003, 896 – offen gelassen, da Vorlage unzulässig.
20 BGH NZM 2004, 136.
21 BGH NJW 2006, 1126.
22 So auch *Jansen*, NJW 2001, 3151, 3153.
23 BGH NZM 2004, 253.

angepasst hatte. Abs. 1 Nr. 5 müsse sich daher auch auf die Anwendung der bis zum 31.7.2001 geltenden Vorschriften beziehen.[24]

Abs. 1 Nr. 6 betrifft **Modernisierungsmaßnahmen** bei Wohnraum. Einschlägig sind seit dem 1.9.2001 die **§§ 554, 559** ff **BGB**. Hiernach können **Modernisierungskosten** nicht mehr nur Maßnahmen betreffend zur nachhaltigen Einsparung von Heizenergie, sondern **alle** nachhaltig Energie einsparenden **Maßnahmen** betreffend **umgelegt werden**. Das **Wirksamwerden** der Mieterhöhung nach erfolgter Modernisierung ist zudem **auf drei Monate verlängert**. **16**

Ist die Mitteilung der Durchführung einer (geplanten) Modernisierung dem anderen Vertragsteil **vor dem 1.9.2001 zugegangen**, ist gem. **Abs. 1 Nr. 6** (weiterhin) § 541 b BGB aF anzuwenden. Dies entspricht der rechtlichen Situation bei Mieterhöhungsverlangens gem. Abs. 1 Nr. 2; vgl bereits Rn 12. **Ist die Mieterhöhungserklärung** demgegenüber **nach dem 31.8.2001** zugegangen, gelten für die Mieterhöhung die neuen Vorschriften.

Abs. 1 Nr. 7 betrifft die **Fälligkeit der Miete oder Pacht** bei bestehenden Miet- oder Pachtverhältnissen. **Anders als** die vorstehend behandelten Regelungen der Abs. 1 Nr. 1–6, denen heute kaum noch praktische Bedeutung zukommt, ist **Abs. 1 Nr. 7** heute noch von erheblicher praktischer **Relevanz**; vgl bereits Rn 10. **17**

Nach **§ 551 BGB aF** war die Miete, soweit die Parteien keine anderen Vereinbarungen getroffen hatten, am **Ende der Mietzeit** bzw der jeweils vereinbarten Zeitabschnitte zu entrichten. **Art. 1 Nr. 7** ordnet an, dass es für Verträge, die **vor dem 1.9.2001 geschlossen** worden sind, auch zukünftig bei der alten Regelung verbleibt.

Für diese **(Alt-)Verträge** ist § 551 Abs. 1 S. 2 BGB aF so über den 31.8.2001 hinaus in Geltung geblieben und nicht durch die seither geltenden §§ 579; 556 b Abs. 1 BGB ersetzt worden. Art. 229 § 5 S. 2 EGBGB steht dem nicht entgegen.[25] Dies gilt auch, wenn die Parteien die Fälligkeit im Altvertrag vertraglich vorverlegt hatten, diese Vereinbarung aber unwirksam war.[26]

Hatten die **Parteien** in einem (Alt-) Wohnungsmietvertrag bereits eine dem heutigen § 556 b Abs. 1 BGB entsprechende Fälligkeitsregelung getroffen, sollen für deren Auslegung die für die **Auslegung des § 556 b Abs. 1 BGB** maßgeblichen Gesichtspunkte, etwa dass der **Samstag keinen Werkvertrag** darstellt, gelten.[27]

Bei **Verträgen**, die **nach dem 31.8.2001 geschlossen** worden sind, gelten nunmehr die **§§ 579, 556 b Abs. 1 BGB**, nach denen die Miete teils **am Ende** der Mietzeit bzw der vereinbarten Zeitabschnitte, teils **spätestens bis zum dritten Werktag** der einzelnen Zeitabschnitte, nach denen sie bemessen ist, zu entrichten ist.

II. Spätere Verfahren (Abs. 2–10)

Während es in **Art. 229 § 3 Abs. 1** um die Anwendung alten Rechts auf **am 1.9.2001 (bereits) laufende Verfahren** geht, regeln die **Abs. 2–10** die Anwendung des alten Rechts auf Verträge, die vor dem 1.9.2001 geschlossen, bei denen **Verfahren (Kündigungen, Mieterhöhungen, etc.)** aber erst nach dem 31.8.2001 eingeleitet worden sind: **18**

Beachte: Die Fälle der Abs. 2, Abs. 5, Abs. 6 S. 1, Abs. 7 und Abs. 9 dürften sich heute, wie bereits die Fälle der Abs. 1 Nr. 1–6, durch Zeitablauf **erledigt** haben; vgl bereits Rn 10. Auch sie werden daher nur noch knapp dargestellt. Andererseits sind **Abs. 10 S. 2** und **Abs. 11** nachträglich angefügt worden.

Abs. 2 betrifft Fälle, in denen der Vermieter dem Mieter entweder **Wohnungen** in von ihm selbst bewohnten, in der Zeit vom **1.6.1990 bis 31.5.1999** ausgebauten **Drei-Familien-Häusern** oder **vor dem 1.6.1995 Ferienhäuser** in Feriengebieten **überlassen hat**. Diese Mietverhältnisse konnten vom Vermieter nach altem Recht im Rahmen des § 564 b BGB aF erleichtert gekündigt werden. **19**

Abs. 2 bestimmt hier, dass diese Mietverhältnisse **trotz des Wegfalls** der einschlägigen Vorschriften zum 1.9.2001 aus Gründen des Vertrauensschutzes noch für eine Übergangszeit von fünf Jahren, nämlich **bis zum 31.8.2006**, weiterhin vom Vermieter gem. § 564 b Abs. 4 Nr. 2 BGB aF bzw gem. § 564 b Abs. 7 Nr. 4 BGB aF **erleichtert gekündigt** werden können. Entscheidend ist der Zeitpunkt des **Zugangs der Kündigung**.

Abs. 3 betrifft **am 1.9.2001** bestehende **Zeitmietverträge**. **Eine Übergangsvorschrift** war hier insb. deshalb erforderlich, weil Wohnraummietverhältnisse auf bestimmte Zeit nach neuem Mietrecht nur noch unter den einschränkenden Voraussetzungen des **§ 575 BGB** eingegangen werden können. Der (bisherige) einfache Zeitmietvertrag des § 564 c Abs. 1 BGB aF ist entfallen. Das alte Mietrecht war insoweit zu kompliziert. § 575 BGB ist § 564 c Abs. 2 BGB aF nachgebildet.[28] **20**

Aus Gründen des Vertrauensschutzes sollen am 1.9.2001 bestehende **Zeitmietverträge auch weiterhin wirksam** als Zeitmietverträge bestehen bleiben. Die **Beendigung** solcher bestehender Zeitmietverträge richtet

24 Staudinger/*Rolfs*, § 563 Rn 55.
25 BGH NJW 2009, 1491, 1492; BGH NJW 2010, 2882, 2883.
26 BGH NJW 2009, 1491, 1493.
27 BGH NJW 2010, 2882, 2883.
28 *Jansen*, NJW 2001, 3151, 3153.

sich nach altem Recht, und zwar nach § 564 c BGB aF iVm § 564 b BGB aF, nach den §§ 556 a - 556 c BGB aF, nach 565 a Abs. 1 BGB aF und nach § 570 BGB aF Art. 229 § 5 EGBGB steht dem nicht entgegen; vgl bereits Rn 6.[29]

21 Für das **Bestehen** des Zeitmietvertrages am 1.9.2001 kommt es auf den **Zeitpunkt des Vertragsschlusses** und nicht auf den Zeitpunkt des Beginns des Mietverhältnisses an. Dies ergibt sich aus dem Wortlaut von Abs. 3 wie aus der Gesetzesbegründung.[30] **Beachte**: **Diese Verträge** können auch weiterhin in den (Sonder-)Fällen des § 570 BGB BGB aF **gekündigt werden**.[31]

22 **Im Einzelnen gilt**: Bei **Wohnraummietverträgen auf Zeit**, die vor dem 1.9.2001 geschlossen worden sind, kann der Mieter grds. wie in der Zeit vor dem 1.9.2001 gem. **§ 564 c BGB aF** Verlängerung verlangen. Liegt seitens des Vermieters kein Kündigungsgrund iSd § 564 b BGB aF vor, verlängert sich der Vertrag auf unbestimmte Zeit.

Zeitmietverträge über Wohnraum mit Verlängerungsklausel nach § 565 a BGB aF behalten ihre Gültigkeit. Bei solchen Mietverträgen tritt gem. **§ 565 a Abs. 1 BGB aF** die Verlängerung ein, wenn der Vertrag nicht nach den Vorschriften des § 565 BGB BGB aF gekündigt wird. Entsprechende vertragliche Vereinbarungen bleiben wirksam.[32]

Um einen Zeitmietvertrag gem. **§ 565 a Abs. 1 BGB aF** handelt es sich auch dann, wenn der ursprüngliche Ablauftermin verstrichen ist. Verlängert das Vertragsverhältnis sich nach den Vereinbarungen der Parteien jeweils um zwölf Monate, liegt weiterhin ein Zeitmietvertrag und kein Mietvertrag auf unbestimmte Zeit vor.[33]

23 **Abs. 4** betrifft vor dem 1.9.2001 abgeschlossene **Wohnraummietverträge**, bei denen **Brutto- oder Teilinklusivmieten mit Betriebskostenerhöhungsvorbehalt** vereinbart worden sind. Bis zur Mietrechtsreform galt hier weitgehend der Grundsatz der Vertragsfreiheit, gesetzliche Vorschriften existierten nur ganz am Rande.

Nach **neuem Recht** können Erhöhungen von Betriebskosten gem. **§ 560 BGB**, abgesehen von **Betriebskostenvorauszahlungen**, bei denen die Höhe der zu zahlenden Betriebskosten ohnehin erst nach einer Abrechnung endgültig festgestellt wird, nur **noch bei Betriebskostenpauschalen** auf den Mieter umgelegt werden, **soweit dies vereinbart ist**.[34]

24 **Bis zur Mietrechtsreform** durften die Parteien jedoch darauf vertrauen, dass der Mietvertrag mit dem ursprünglich geschlossenen Inhalt, einschließlich eines **Erhöhungsvorbehalts bei Brutto- oder Teilinklusivmieten** fortbesteht. Die Rechtsprechung hatte dies zum Rechtszustand vor dem 1.9.2001 anerkannt. **Dieses Vertrauen** soll auch **weiterhin geschützt werden**.[35]

Abs. 4 bestimmt daher, dass bei alten **Brutto- oder Teilinklusivmieten mit Betriebskostenerhöhungsvorbehalt** bei **Erhöhungen der Betriebskosten** § 560 Abs. 1, 2, 5 und 6 BGB entsprechend anzuwenden ist. **Sinken die Betriebskosten**, ist der vom Mieter zu zahlende Betrag entsprechend § 560 Abs. 3 BGB herabzusetzen.

25 **Abs. 5** betrifft die **Überleitung von Mietspiegeln**. Mit dem 1.9.2001 wurde der qualifizierte Mietspiegel iSd **§ 558 d BGB** neu eingeführt. Folge hiervon ist u.a., dass der Vermieter dem Mieter bei Mieterhöhungsverlangen bestimmte **Angaben mitzuteilen** hat und dass dem Mietspiegelwert im Mieterhöhungsrechtsstreit eine **Vermutung der Richtigkeit** zukommt.

Sind Mieterhöhungsverlangen seit dem 1.9.2001 zugegangen (zum Zugang vor dem 1.9.2001 vgl Rn 12), gilt im Grundsatz das **neue Recht. Abs. 5** enthält jedoch eine **Überleitung** für solche **Mietspiegel**, die zwar vor dem 1.9.2001 erstellt wurden, jedoch hinsichtlich ihrer wissenschaftlichen Qualität und Aktualität denen gem. § 558 d Abs. 1 und 2 BGB entsprechen.

26 Gem. **Abs. 5 S. 1** sollen auf diese Mietspiegel im Interesse einer möglichst schnellen Umsetzung des Mietrechtsreformgesetzes die Vorschriften über den qualifizierten Mietspiegel grds. angewendet werden. Voraussetzung ist, dass die Gemeinde den Mietspiegel **nach Inkrafttreten als solchen veröffentlicht**.

War der **Mietspiegel** zuvor bereits veröffentlicht, ist eine Neuveröffentlichung entbehrlich. In diesem Fall genügt gem. **Abs. 5 S. 2** der zu veröffentlichende Hinweis, dass es sich bei dem bereits veröffentlichten Mietspiegel um einen qualifizierten Mietspiegel handelt. **Abs. 5 S. 3** betrifft Mieterhöhungsverlangen, die hiervor (und seit dem 1.9.2001) zugegangen sind.

27 **Abs. 6** betrifft **Kündigungsbeschränkungen** bei **Veräußerung einer in Wohnungseigentum umgewandelten** vermieteten Wohnung. Vor dem 1.9.2001 konnten für diese Fälle durch Rechtsverordnungen der Lan-

29 BGH NZM 2007, 728; BGH NJW 2008, 1661; BGH NJW 2009, 1491, 1492.
30 BGH NJW-RR 2007, 10.
31 *Jansen*, NJW 2001, 3151, 3153.
32 BGH NJW 2007, 2760; BGH NZM 2007, 327; BGH NJW 2008, 1661.
33 BGH NJW 2008, 1661; BGH NZM 2010, 693.
34 *Börstinghaus*, NZM 2004, 121.
35 BT-Drucks. 14/5663, S. 59, 84.

desregierungen auf der Grundlage des § 564 b Abs. 2 BGB aF bzw des Gesetzes über eine Sozialklausel in Gebieten mit gefährdeter Wohnungsversorgung vom 22. 4. 1993 Gebiete bestimmt werden, in denen verlängerte **Kündigungssperrfristen** galten.

Abs. 6 S. 1 legt fest, dass am **1.9.2001 bestehende Sperrfristen**, die auf Rechtsverordnungen auf der Grundlage des § 564 b Abs. 2 Nr. 2 BGB aF, auch iVm § 564 b Abs. 2 Nr. 3 BGB aF, oder des Gesetzes über eine Sozialklausel in Gebieten mit gefährdeter Wohnungsversorgung vom 22.4.1993 beruhen und Kündigungssperrfristen von fünf oder zehn Jahre begründen, für eine Übergangszeit längstens **bis zum 31.8.2004 weiter gelten**.

Die Übergangsfrist bis zum 31.8.2004 ermöglicht es den **Landesregierungen**, währenddessen **neue Rechtsverordnungen** auf der Grundlage des § 577 a BGB zu erlassen, soweit sie dies für erforderlich halten.[36] Denn die alten Rechtsverordnungen sind mit der Neuregelung im Grunde hinfällig geworden.[37] **Gem. Abs. 6 S. 2** werden zudem bereits **verstrichene Fristen** nach den alten Vorschriften auf die neuen Fristen nach § 577 a BGB **angerechnet**. 28

Dies bedeutet: Wurde eine Wohnung zB im Dezember 2001 umgewandelt und veräußert und galt zu diesem Zeitpunkt (weiterhin) eine Fünf-Jahres-Sperrfrist, so besteht die Kündigungssperre bis Dezember 2006, vorausgesetzt, die Fünf-Jahres-Sperrfrist wird durch Landesverordnung bis zum 31.8.2004 erneuert. Andernfalls läuft die Kündigungssperre nur noch bis Dezember 2004, dem Ablauf der Drei-Jahres-Mindestsperrfrist gem. § 577 a Abs. 1 BGB.[38]

Abs. 6 S. 3 betrifft die bei **Kündigung wegen anderweitiger wirtschaftlicher Verwertung** iSv § 573 Abs. 2 Nr. 3 BGB neu eingeführte dreijährige (Mindest-)Sperrfrist des **§ 577 a Abs. 1 BGB**. Für **Veräußerungen vor dem 1.9.2001** bleibt es insoweit aus Gründen des Vertrauensschutzes beim alten Recht, dh, der Erwerber kann, falls zum Zeitpunkt der Veräußerung keine Sperrfrist bestand, auch nach dem 1.9.2001 **ohne Sperrfrist** nach § 573 Abs. 2 Nr. 3 BGB kündigen. 29

Abs. 7 betrifft die mit der Mietrechtsreform geschaffene Vorschrift des **§ 548 Abs. 3 BGB**. **Gem. § 548 Abs. 3 BGB** wurde die sechsmonatige Verjährungsfrist des § 548 Abs. 1 und Abs. 2 BGB durch den Antrag einer Partei auf Durchführung eines **selbständigen Beweisverfahrens** unterbrochen, um so eine Verfahrensstraffung sowie eine Gerichtsentlastung zu erreichen.[39] Vor dem 1.9.2001 wurde dem selbständigen Beweisverfahren nicht diese Wirkung zugesprochen.[40] 30

Abs. 7 bestimmt, dass bei **Altverträgen** die **verjährungsunterbrechende Wirkung** des § 548 Abs. 3 BGB nur bei **ab dem 1.9.2001 beantragten Verfahren** und nicht bei bis zum 31.8.2001 beantragten Verfahren zur Geltung kommt. Auf diese Weise soll verhindert werden, dass es in Hinblick auf die erfassten Ersatzansprüche des Vermieters sowie das Wegnahmerecht des Mieters zu einer rückwirkenden Unterbrechung der Verjährung kommt.[41]

Mit der **Schuldrechtsreform** wurde **§ 548 Abs. 3 BGB aufgehoben**. Seit dem 1.1.2002 ist hier **§ 204 Abs. 1 Nr. 7 BGB** einschlägig. **§ 204 Abs. 1 Nr. 7 BGB** regelt die Hemmung der Verjährung durch Zustellung des Antrags auf Durchführung eines selbständigen Beweisverfahrens. Dies gilt auch für Miet- und Pachtverträge. **Überleitungsvorschriften** enthält **Art. 229 § 6**. 31

Gem. Art. 229 § 6 Abs. 1 S. 1 kommt das **neue Verjährungsrecht** grds. auf alle am **1.1.2002 bestehenden und noch nicht verjährten** sowie auf die **danach entstehenden Ansprüche** zur Anwendung.[42] Dies gilt auch vorliegend, wobei sich Neuerungen insb. in Hinblick auf die **Hemmung** (statt Unterbrechung) ergeben. Für vor dem 1.1.2002 verjährte Ansprüche gilt das bis dahin geltende Recht fort; vgl hierzu auch schon Rn 6.

Abs. 8 betrifft Überleitungsfragen bei der **Verzinsungspflicht von Mietsicherheiten** bei Wohnraum. **Vor dem 1.1.1983** konnte die Verzinsung überlassener Geldbeträge wirksam ausgeschlossen werden. **Seit dem 1.1.1983** hat der Vermieter eine ihm zur Sicherheit überlassene **Geldsumme zu verzinsen**, eine zum Nachteil des Mieters abweichende Vereinbarung ist unwirksam. **Heute** ist dies in **§ 551 Abs. 3 BGB** geregelt. 32

Abs. 8 schließt für Altsicherheiten an die Übergangsvorschriften aus Art. 4 des Gesetzes zur Erhöhung des Angebots an Mietwohnungen vom 20.12.1983 (BGBl. I S. 1912) sowie aus Art. 6 des Vierten MietRÄndG vom 21.7.1993 (BGBl. I S. 1257) an. Vereinbarungen, durch die vor Einführung der Verzinsungspflicht, also **vor dem 1.1.1983** eine **Verzinsung wirksam ausgeschlossen** worden ist, bleiben damit auch **weiterhin wirksam**.

Im Übrigen, dh in den Fällen, in denen eine Verzinsungspflicht von Mietsicherheiten nicht vor dem 1.1.1983 ausgeschlossen worden ist, gilt **§ 551 Abs. 3 BGB**, der an die Stelle des § 550 b BGB aF getreten ist.[43] **Ergän-**

36 BT-Drucks. 14/5663, S. 59, 84.
37 BT-Drucks. 14/4553, S. 1, 76.
38 *Jansen*, NJW 2001, 3151, 3153.
39 BT-Drucks. 14/5663, S. 59, 77.
40 BGH NJW 1995, 252.
41 BT-Drucks. 14/4553, S. 1, 77 sowie hierzu *Franke*, DWW 2002, 86.
42 BGH NJW 2005, 739, 740.
43 BGH NJW 2009, 1673.

zend: **§ 566 a BGB**, der das Schicksal von Mietsicherheiten bei Veräußerung von Wohnungen regelt, ist bei Wohnungserwerben vor dem 1.9.2001 nicht anzuwenden. Vor dem 1.9.2001 gilt § 572 BGB aF weiter; vgl bereits Rn 4.[44]

33 **Abs. 9** betrifft erneut Fragen der **Betriebskostenabrechnung** bei Mietverträgen aus der Zeit vor dem 1.9.2001; vgl bereits Rn 13 und Rn 23 f. Hier geht es um Fälle, in denen die Parteien **(Betriebskosten-) Vorauszahlungen** vereinbart haben. Um **Sicherheit** und Klarheit zu schaffen, hat der Gesetzgeber im neuen Recht in **§ 556 Abs. 3 BGB** Abrechnungsfristen und in **§ 556 a BGB** für Zweifelsfälle Abrechnungsmaßstäbe vorgesehen.

Abs. 9 nimmt jedoch aus **Vertrauensgründen** Mietverträge, soweit deren **Abrechnungszeiträume vor dem 1.9.2001 beendet waren**, von den neuen Regelungen einer jährlichen Abrechnungsfrist und einer Ausschlussfrist für Nachforderungen des Vermieters gem. § 556 Abs. 3 S. 2–6 BGB sowie der Umlage nach erfasstem Verbrauch, sonst nach Umlage gem. § 556 a Abs. 1 BGB aus.[45]

34 **Abs. 10** betrifft die **Verlängerung von Kündigungsfristen** aufgrund Vertrages. Zwar sind die Fristen der ordentlichen Kündigung des **§ 573 c BGB** gem. § 573 c Abs. 4 BGB (nunmehr) nicht (mehr) zum Nachteil des Mieters abdingbar. **Abs. 10 S. 1** stellt jedoch aus Gründen des **Vertrauensschutzes** sicher, dass **vor dem 1.9.2001 wirksam vereinbarte Fristen** in der Folge **wirksam bleiben.**

35 **Haben die Parteien** im **Individualvertrag** längere Kündigungsfristen vereinbart, bleiben diese weiterhin wirksam. Bei **Formularklauseln** soll dies ebenfalls gelten. Dies soll **selbst dann** gelten, wenn eine Formularklausel die damalige **gesetzliche Regelung wörtlich oder sinngemäß wiedergibt**, ggf auch mit einer Wiedergabe des Gesetzestextes in einer Fußnote.[46] Art. 229 § 5 S. 2 steht dem nicht entgegen; vgl bereits Rn 6.[47]

Grund ist, dass die Fristen in den Parteiwillen aufgenommen werden und hierdurch einen von der gesetzlichen Regelung losgelösten, vertraglichen Geltungsgrund erhalten. Eine Grenze ist erreicht, wenn eine Formularklausel auf die „gesetzlichen Kündigungsfristen" und auf eine formularmäßige Fußnote verweist, in der den dort aufgeführten Kündigungsfristen der Zusatz vorangestellt ist „Die gesetzlichen Kündigungsfristen für Wohnraum betragen z.Zt.: …"[48]

36 **Der Gesetzgeber** hat auf diese, Verlängerungen der Kündigungsfristen weitgehend zulassende, Rechtsprechung mit Einfügung des **Abs. 10 S. 2** durch das Gesetz zur Änderung des EGBGB vom 26.5.2005 reagiert. **S. 1 gilt hiernach nicht** für Kündigungen, die **ab dem 1.6.2005 zugehen**, wenn die Kündigungsfristen des § 565 Abs. 2 S. 1 und 2 BGB aF (der bis zum 1.9.2001 galt) durch **Allgemeine Geschäftsbedingungen vereinbart** worden sind.[49]

Folge hiervon ist, dass in Altmietverträgen vereinbarte längere Kündigungsfristen **weiter gelten**. **Bei Verweisen** auf § 565 BGB aF in Formularverträgen ist demgegenüber **seit dem 1.6.2005 nach neuem Recht zu kündigen**. **Beachte**: **Soweit längere Kündigungsfristen** wirksam vereinbart sind, bedeutet dies freilich auch, dass der Vermieter sich nun, wenn er den Mietvertrag schnell beenden möchte, **nicht auf die heutige, kürzere Frist des Gesetzes berufen kann**.[50]

37 **Abs. 11** ist durch das Zweite Gesetz über die Bereinigung von Bundesrecht im Zuständigkeitsbereich der Justiz vom 29.11.2007 eingefügt worden.[51] **Abs. 11 ersetzt** § 1 des Gesetzes über die Angemessenheit von Entgelten beim Übergang in das Vergleichsmietensystem, der in der ehemaligen **DDR** belegenen Wohnraum betraf und im Jahr 2007 aufgehoben worden ist; vgl hierzu auch schon Rn 8.

Art. 229 § 4 EGBGB Übergangsvorschrift zum Zweiten Gesetz zur Änderung reiserechtlicher Vorschriften

(1) Die §§ 651 k und 651 l des Bürgerlichen Gesetzbuchs sind in ihrer seit dem 1. September 2001 geltenden Fassung nur auf Verträge anzuwenden, die nach diesem Tag geschlossen werden.

(2) Abweichend von § 651 k Abs. 2 Satz 1 des Bürgerlichen Gesetzbuchs gelten für die nachfolgenden Zeiträume folgende Haftungshöchstsummen:

44 BGH NJW-RR 2005, 962; BGH NJW 2005, 3494; BGH NJW-RR 2006, 443.
45 AG Dortmund NZM 2004, 96.
46 BGH NJW 2003, 2739; BGH NJW 2004, 1447; BGH NJW 2005, 2154; BGH NJW 2006, 1867, 1868 und auch BGH NJW-RR 2007, 668 – zu einem Fall des Beitritts.
47 BGH NJW 2005, 1572; BGH NJW 2006, 1867, 1868; BGH NJW-RR 2007, 668.
48 BGH NJW 2006, 1867, 1868.
49 BGBl. I 2005, 1425 sowie hierzu etwa *Börstinghaus* NJW 2005, 1900.
50 BGH NJW 2008, 1661, 1662.
51 BGBl. I 2007, 2614.

1. **vom 1. November 1994 bis zum 31. Oktober 1995 70 Millionen Deutsche Mark,**
2. **vom 1. November 1995 bis zum 31. Oktober 1996 100 Millionen Deutsche Mark,**
3. **vom 1. November 1996 bis zum 31. Oktober 1997 150 Millionen Deutsche Mark,**
4. **vom 1. November 1997 bis zum 31. Oktober 2000 200 Millionen Deutsche Mark und**
5. **vom 1. November 2000 bis zum 1. September 2001 110 Millionen Euro.**

Literatur: *Eckert*, Die Abwicklung von Reisepreiszahlungen an das vermittelnde Reisebüro in der Insolvenz des Reiseveranstalters, RRa 1999, 43; *ders.*, Der Mißbrauch von Sicherungsscheinen und die Haftung des Insolvenzabsicherers, RRa 2002, 50; *Führich*, Reiserecht, 6.Auflage 2010, *ders.*, Zur Notwendigkeit der Reform der Insolvenzversicherung für Reiseveranstalter, RRa 1999, 83; *ders.*, Zweite Novelle des Reisevertragsrechts zur Verbesserung der Insolvenzsicherung und der Gastschulaufenthalte, NJW 2001, 3083; Klein, Reiserechtliche Besonderheiten des Gastschulaufenthaltes, RRa 2004, 50; ders., Neues zum Gastschulrecht, RRa 2008, 2; *Seyderhelm*, Reiserecht, 1997; *Tonner*, Der Reisevertrag, 5. Auflage 2007; *ders.*, Das Schicksal von Zahlungen des Reisenden an das Reisebüro bei Insolvenz des Reisebüros oder des Reiseveranstalters, RRa 2000, 3; *ders.*, Der Regierungsentwurf eines zweiten Reiserechtsänderungsgesetzes, RRa 2001, 67; *ders.*, Die Insolvenzabsicherung im Pauschalreiserecht und das Zweite Reiserechtsänderungsgesetz, 2002; *ders.*, Zur Reformbedürftigkeit des Reiserechts auf europäischer Ebene, RRa 2005, 146.

A. Allgemeines

Als Übergangsvorschrift für die Anwendung des § 651 k ist **Art. 229 § 4 EGBGB** heranzuziehen. Mit § 651 k BGB ist Art. 7 der EG-Pauschalreiserichtlinien in deutsches Recht umgesetzt worden. Damit wird der Reiseveranstalter verpflichtet, im Falle seiner Zahlungsunfähigkeit oder Insolvenz die **Erstattung der von Reisenden gezahlten Beträge** und die **Rückreise** sicherzustellen. 1

Steht nicht fest, ob der Reiseveranstalter zum Zeitpunkt der Rückreise bereits zahlungsunfähig war, bestehen noch keine Ansprüche gegenüber dem Sicherungsgeber.[1] 2

Durch das am 1.10.1979 in Kraft getretene **Reisevertragsgesetz** vom 4.5.1979[2] sind §§ 651 a–651 l aF in das BGB eingefügt worden. Am 13.6.1990 wurde durch den EG-Ministerrat eine **Richtlinie über Pauschalreisen** verabschiedet,[3] welche insbesondere verstärkte Informationspflichten der Reiseveranstalter und den Zwang zur Absicherung des Insolvenzrisikos vorsah. Die Richtlinie war von den Mitgliedstaaten bis zum 31.12.1992 in nationales Recht umzusetzen, was neben anderen Mitgliedstaaten auch von Deutschland versäumt wurde. Das **Umsetzungsgesetz** trat erst am 1.11.1994 in Kraft.[4] 3

Die **Umsetzung der Pauschalreiserichtlinie** hat Konsequenzen für die geforderte Insolvenzversicherung der Reiseveranstalter, da **inhaltliche Defizite** der Umsetzung einen Schadensersatzanspruch begründen können.[5] 4

Die Regelung des § 651 k Abs. 2 BGB geriet insoweit in die Kritik, als die umzusetzende EG-Pauschalreiserichtlinie keine Haftungsbeschränkung vorsieht.[6] In der ursprünglichen Fassung eines Diskussionsentwurfs für das Zweite Reiserechtsänderungsgesetz griff der Gesetzgeber die Kritik und die bestehenden Bedenken auf und wollte eine **unbeschränkte Haftung** verbindlich machen. Nach einer Anhörung im Dezember 2000 kehrte der Regierungsentwurf jedoch nach Intervention des Bundeswirtschaftsministers zum geltenden Recht zurück. Anlass waren Bedenken der Versicherungswirtschaft, die geforderte unbeschränkte Haftung sei nicht realisierbar und insbesondere nicht rückversicherbar. Damit sieht der Gesetzgeber weiterhin mehr oder weniger bewusst von einer hinreichenden Umsetzung des Art. 7 der Pauschalreiserichtlinie nach den verbindlichen Vorgaben des EuGH ab mit der Begründung, der EuGH habe ein System mit Deckungshöchstsummen nicht per se für unzulässig erklärt und keineswegs ein System verlangt, das jedes auch nur theoretische Risiko ausschließe, zumal die Sicherungslücke zwar theoretisch, nicht aber faktisch bestehe.[7] 5

Durch das **„Zweite Gesetz zur Änderung reiserechtlicher Vorschriften“**[8] ist § 651 k BGB allerdings ergänzt worden durch einen **Einwendungsausschluss** des Versicherers gemäß §§ 334, 651 k Abs. 3 S. 2 BGB, eine 6

1 AG Köln RRa 1999, 119.
2 BGBl I S. 509.
3 BGBl I S. 1322; zum Inhalt der Richtlinie: *Tonner*, EuZW 1990, 409; *Kahn*, NJW 1993, 2647.
4 BGBl I S. 1322.
5 „Rechberger“-Urteil des EuGH NJW 1999, 3181 = RRa 1999, 227.
6 *Führich*, Reiserecht, § 651 k Rn 584; *Seyderhelm*, § 651 k Rn 19; *Tonner*, Reisevertrag, § 651 k Rn 9.
7 Begr. BT-Drucks. 14/5944, S. 11.
8 BGBl I S. 1658, auch RRa 2001, 192.

Überprüfungspflicht des Sicherungsscheins durch den Reisevermittler und die **Fiktion der Inkassovollmacht** des Reisevermittlers.

B. Regelungsgehalt

I. Anwendung der §§ 651 k und 651 l BGB (Abs. 1)

7 Nach Abs. 1 gelten §§ 651 k und 651 l BGB in ihrer seit dem 1.9.2001 geltenden Fassung nur für Verträge, die nach diesem Tag geschlossen wurden.

8 **1. Einwendungsausschluss.** Der Einwendungsausschluss des Versicherers ist normiert in **§ 651 k Abs. 3 S. 2 BGB** iVm § 334 BGB. Die Formulierung ist dabei an den gleich gelagerten Fall des § 158 c VVG a.F. bzw. § 117 VVG n.F. angelehnt.

9 Mit der Regelung des § 651 k Abs. 3 S. 2 BGB wird klargestellt, dass Einwendungen des Kundengeldabsicherers wie eine Nichtzahlung der Prämie oder eine Obliegenheitsverletzung des Veranstalters dem Reisenden nicht entgegengehalten werden können. Zudem wird der Verbraucherschutz für den Fall gestärkt, dass ein Kundengeldabsicherer einen bestehenden Insolvenzschutz, gleich aus welchen Gründen, kündigt, da sich dieser nicht darauf berufen kann, der Sicherungsschein sei nach Beendigung des Kundengeldabsicherungsvertrages ausgestellt worden. Der Reisende soll damit vor der Gefahr geschützt werden, dass insolvenzgefährdete Reiseveranstalter unberechtigt weiterhin Sicherungsscheine aushändigen, obwohl der Versicherungsvertrag tatsächlich nicht mehr besteht.

10 Der den Reisenden schützende **Insolvenzabsicherungsvertrag** muss zwischen Reiseveranstalter und Versicherer abgeschlossen werden. Dieser Vertrag ist nach allgemeiner Meinung ein Vertrag zugunsten Dritter gemäß § 328 BGB. Damit wird aber auch § 334 BGB anwendbar, der dem Versicherer erlauben würde, Einwendungen aus dem Vertrag mit dem Reiseveranstalter dem Reisenden entgegenzuhalten. Dieses Ergebnis konnte mit Art. 7 der EG-Pauschalreiserichtlinie nicht vereinbar sein, da der Reisende in diesem Fall schutzlos wäre. Es wurde daher bislang davon ausgegangen, dass § 334 BGB im Versicherungsvertrag stillschweigend abbedungen sei, um zu einem richtlinienkonformen Ergebnis zu gelangen.[9] Durch die Klarstellung in § 651 k Abs. 3 S. 2 BGB ist diese Fiktion nicht mehr erforderlich. Allerdings greift die Vorschrift nicht, wenn der Reiseveranstalter es unterlässt, einen Absicherungsvertrag abzuschließen.

11 **2. Überprüfung des Sicherungsscheins.** Nach **§ 651 k Abs. 3 S. 4 BGB** muss der Reisevermittler, der den Sicherungsschein aushändigt, diesen auf seine **Gültigkeit** hin überprüfen. Verletzt er diese Pflicht und erlangt der Reisende infolgedessen keinen Anspruch gegen den Absicherer, ist der Reisevermittler dem Reisenden aus pVV des Geschäftsbesorgungsvertrages zum Schadenersatz verpflichtet, welcher auf Rückzahlung des gezahlten Reisepreises bzw. auf Zahlung des Ausfallschadens des Reisenden gerichtet ist. Diese Sanktion erweist sich als effektiv, da der Vermittler von der Insolvenz des Reiseveranstalters in aller Regel nicht betroffen ist.[10] Geregelt werden die Anforderungen an einen Sicherungsschein in **§ 9 BGB-InfoV**.

12 **3. Inkassovollmacht.** Wird der Reisepreis über das Reisebüro eingezogen und wird dieses zwischen der Zahlung durch den Kunden und der Weiterleitung an den Reiseveranstalter insolvent, entsteht das Problem, ob der Kunde ein zweites Mal zahlen muss, um in den Genuss der gebuchten Reise zu gelangen, oder ob der Reiseveranstalter die Reiseleistungen erbringen muss, ohne eine werthaltige Gegenleistung zu erhalten.[11] Der Reiseveranstalter musste sich dies nach bisheriger Rechtslage nur dann zurechnen lassen, wenn das Reisebüro Inkassovollmacht hatte.[12] Ansonsten konnte er noch einmal die Bezahlung des Reisepreises verlangen. Allein aus der Reisevermittlung war nicht auf eine Inkassovollmacht schließen.[13]

13 Mit **§ 651 k Abs. 4 BGB** ist klargestellt worden, dass ein Reisevermittler als von dem Reiseveranstalter zur Annahme von Zahlungen ermächtigt gilt, wenn er mit der Vermittlung betraut und die Annahme von Zahlungen nicht ausdrücklich ausgeschlossen ist. Dabei handelt es sich um eine gesetzliche **Fiktion der Inkassovollmacht**. Die Regel des § 97 HGB, nach welcher der Handelsvertreter im Zweifel keine Inkassovollmacht hat, wird verdrängt.[14]

14 Die gesetzliche **Fiktion der Inkassovollmacht gilt nicht**, wenn der Reiseveranstalter gemäß § 651 k Abs. 4 S. 4 BGB die Einnahme von Zahlungen entsprechend § 56 HGB **in hervorgehobener Form** gegenüber dem Reisebüro ausgeschlossen hat. Dazu ist eine Klausel in den allgemeinen Reisebedingungen nicht ausreichend, sondern ein klarer Hinweis in der Reisebestätigung erforderlich.[15]

9 *Führich*, Reiserecht, § 16 Rn 586; *Seyderhelm*, § 651 k Rn 24; aA *Tempel*, RRa 1998, 19, 30: Garantievertrag.
10 *Führich*, Reiserecht, § 16 Rn 589.
11 LG Aachen NJW-RR 1999, 1005; LG Hamburg RRa 2000, 123; LG Düsseldorf RRa 2000, 153; AG Düsseldorf RRa 1999, 177; 2000, 101; 2000, 153.
12 LG Essen RRa 1993, 12; LG Frankfurt/M. RRa 1994, 82.
13 LG Frankfurt/M. RRa 1994, 82; LG Düsseldorf RRa 1999, 176; 1999, 215.
14 Begr. BT-Drucks. 14/5944, S. 12.
15 Begr. BT-Drucks. 14/5944, S. 13.

Der Reiseveranstalter muss sich die Zahlung auch nur dann zurechnen lassen, wenn er überhaupt den **Rechtsschein einer Inkassovollmacht** verursacht hat, etwa durch Übergabe eines Sicherungsscheins. Steht der Reiseveranstalter allerdings in keinerlei Geschäftsbeziehung zu dem Reisevermittler, so dass dieser nicht in der Lage ist, dem Kunden einen Sicherungsschein zu verschaffen oder noch anderweitig einen Anschein der Bevollmächtigung zu erwecken, soll der Kunde nicht schutzwürdig sein. 15

Der bösgläubige Kunde, der eine Beschränkung der Inkassobefugnis kennt oder kennen muss, wird allerdings nicht geschützt. 16

Die bei Insolvenz des Reiseveranstalters entstehenden Ansprüche entfallen nicht dadurch, dass der Reisepreis durch das Reisebüro nicht an den Veranstalter weitergeleitet wurde.[16] Hat ein Reisebüro als Handelsvertreter und Inkassobevollmächtigter des Reiseveranstalters Anzahlungen unter Beachtung des § 651 k BGB eingezogen, schuldet es dem Reiseveranstalter auch im Falle der Insolvenz des Reiseveranstalters Schadensersatz, wenn es die Anzahlungen vertragswidrig dem Reisenden zurückerstattet oder für von diesem anderweitig gebuchte Reisen verwendet.[17] 17

4. Gastschulaufenthalte. **§ 651 l BGB** ist eingefügt worden als besondere Vorschrift über Gastschulaufenthalte. Auslöser für die Einbeziehung war ein Urteil des EuGH zu der Frage, ob eine Schülerreise, bei der die Beförderung ins Gastland, die Auswahl der Gastfamilie sowie die Möglichkeit eines Schulbesuches organisiert wurden, als Pauschalreise im Sinne der Richtlinie qualifiziert werden kann.[18] Danach erfüllt zwar die Organisation der Beförderung mit Linienflügen das Tatbestandsmerkmal der „Beförderung" im Sinne von Art. 2 Nr. 1 a der Richtlinie, der Aufenthalt eines Schülers in einer Gastfamilie, in der er wie ein Familienmitglied behandelt wird, wird jedoch nicht als Unterbringung im Sinne der Richtlinie angesehen. 18

In Deutschland wurden die Vorschriften über Pauschalreisen auf einen Schüleraustausch gleichwohl angewendet.[19] Um den meist unerfahrenen Reisenden den Schutz des Pauschalreiserechts nicht zu versagen, ist der Anwendungsbereich auf Gastschulaufenthalte durch § 651 l BGB gesetzlich festgelegt worden. 19

II. Haftungshöchstsummen des § 651 k Abs. 2 BGB (Abs. 2)

Mit Abs. 2 sind die Haftungshöchstsummen des § 651 k Abs. 2 BGB gestaffelt worden. Seit dem 1.9.2001 beziffern sich die Haftungshöchstbeträge auf 110.000 EUR. 20

Art. 229 § 5 EGBGB Allgemeine Überleitungsvorschrift zum Gesetz zur Modernisierung des Schuldrechts vom 26. November 2001

¹Auf Schuldverhältnisse, die vor dem 1. Januar 2002 entstanden sind, sind das Bürgerliche Gesetzbuch, das AGB-Gesetz, das Handelsgesetzbuch, das Verbraucherkreditgesetz, das Fernabsatzgesetz, das Fernunterrichtsschutzgesetz, das Gesetz über den Widerruf von Haustürgeschäften und ähnlichen Geschäften, das Teilzeit-Wohnrechtegesetz, die Verordnung über Kundeninformationspflichten, die Verordnung über Informationspflichten von Reiseveranstaltern und die Verordnung betreffend die Hauptmängel und Gewährfristen beim Viehhandel, soweit nicht ein anderes bestimmt ist, in der bis zu diesem Tag geltenden Fassung anzuwenden. ²Satz 1 gilt für Dauerschuldverhältnisse mit der Maßgabe, dass anstelle der in Satz 1 bezeichneten Gesetze vom 1. Januar 2003 an nur das Bürgerliche Gesetzbuch, das Handelsgesetzbuch, das Fernunterrichtsschutzgesetz und die Verordnung über Informationspflichten nach Bürgerlichem Recht in der dann geltenden Fassung anzuwenden sind.

Literatur: *Armbrüster/Wiese*, Die Folgen der Schuldrechtsreform für vor dem 1.1.2002 begründete Dauerschuldverhältnisse, DStR 2003, 334; *Brambring*, Schuldrechtsreform und Grundstückskaufvertrag, DNotZ 2001, 590; *Heinrichs*, Das neue AGB-Recht und seine Bedeutung für das Mietverhältnis, NZM 2003, 6; *Hertel*, Vorwirkungen des neuen Schuldrechts auf notarielle Angebote, DNotZ 2001, 742; *ders.*, in: Amann/Brambring/Hertel (Hrsg.), Vertragspraxis nach neuem Schuldrecht, 2. Auflage 2003, 415 (zitiert: *Hertel*); *Heß*, Das neue Schuldrecht – In-Kraft-Treten und Übergangsregelungen, NJW 2002, 253; *ders.*, Die Übergangsregelungen zum Schuldrechtsmodernisierungsgesetz, DStR 2002, 455; *Kirsch*, Schuldrechtsreform und Unternehmen – Umstellungen bei Langzeitverträgen, NJW 2002, 2520; *Schaffelhuber*, Das Schicksal des Haustürwiderrufsrechts bei vor dem 1. Januar 2002 entstandenen Schuldverhältnissen – intertemporale und materiellrechtliche Anwendungsprobleme des § 355 Abs. 3 BGB, WM 2005, 765; *Stoffels*, Altverträge nach der Schuldrechtsreform – Überlegungen zum Vertrauensschutz im Arbeitsvertragsrecht, NZA 2005, 726; *Ziegler/Rieder*, Vertragsgestaltung und Vertragsanpassung nach dem Schuldrechtsmodernisierungsgesetz, ZIP 2001, 1789.

16 LG Aachen RRa 1999, 72.
17 BGH NJW 2003, 743 = RRa 2003, 7.
18 „AFS"-Urteil des EuGH EuZW 1999, 219 = RRa 1999, 132.
19 OLG Köln RRa 2001, 3; NJW-RR 2008, 364 = RRa 2007, 133; LG Düsseldorf RRa 2001; LG Köln, RRa 2004, 130; LG Berlin, RRa 2005, 227.

A. Allgemeines[1]

1 Art. 229 § 5 bestimmt als intertemporales Kollisionsrecht[2] den zeitlichen Geltungsbereich der durch das SchuldRModG geänderten Vorschriften. Die **allgemeine Überleitungsvorschrift** sieht in S. 1 vor, dass trotz Inkrafttretens der Neuregelungen am 1.1.2002 auf Schuldverhältnisse, die vor diesem Datum entstanden sind, das BGB sowie die in der Vorschrift genannten Sondergesetze in der bis zum 31.12.2001 geltenden Fassung weiterhin Anwendung finden. Die Regelung übernimmt damit den bereits in Art. 170 und Art. 232 § 1 für das Inkrafttreten des BGB im Jahr 1900 bzw für das Inkrafttreten des Einigungsvertrages zugrunde gelegten allgemeinen Rechtsgedanken, nach welchem ein Rechtsverhältnis nur dem im Zeitpunkt seiner Entstehung gültigen Recht unterfällt.[3] Erfolgt eine Gesetzesänderung, nachdem ein Tatbestand bereits vollständig abgeschlossen ist, besitzen die Neuregelungen grundsätzlich keine rückwirkende Kraft, sofern der Gesetzgeber die Rückwirkung nicht ausdrücklich anordnet (vgl hierzu auch Art. 229 § 6 Rn 54).[4]

2 Weniger restriktiv als die Fälle derartiger echter Rückwirkung werden jene der unechten Rückwirkung beurteilt. Eine solche liegt vor, wenn infolge der Änderung des Gesetzes die betreffenden Neuregelungen nicht nur für künftige Rechtsbeziehungen Wirkung entfalten, sondern mit dem Inkrafttreten der Reform ex nunc auch auf noch nicht abgeschlossene Tatbestände Anwendung finden sollen.[5] Eine derartige Anordnung ist in S. 2 für **Dauerschuldverhältnisse** vorgesehen.[6] Diese werden neuem Recht unterstellt, selbst wenn sie vor dem 1.1.2002 entstanden sind. Dadurch soll verhindert werden, dass auf unbestimmte Zeit altes und neues Recht parallel heranzuziehen sind.[7] Um den Parteien jedoch die Möglichkeit zu geben, ihre Verträge an die geänderten Regelungen anzupassen, finden in diesen Fällen die Neuerungen des SchuldRModG erst ab dem 1.1.2003 Anwendung (vgl hierzu auch Rn 53 f, 58 ff).

3 Aus dem Umstand des Inkrafttretens des SchuldRModG am 1.1.2002 sowie aus S. 1 im Gegenschluss folgt, dass für **Schuldverhältnisse,** die **nach dem 31.12.2001 entstanden** sind, ausschließlich neues Recht zur Anwendung kommt (zur Möglichkeit der materiellrechtlichen Verweisung auf altes Recht s. Rn 21 f). Dies gilt auch für Dauerschuldverhältnisse.[8] Zwar ist deren Überleitung in S. 2 grundsätzlich einer gesonderten Regelung unterworfen; auch diese betrifft jedoch nur solche Rechtsverhältnisse, die noch vor dem 1.1.2002

1 Die erste Bearbeitung der Kommentierung des Art. 229 § 5 durch Prof. Dr. Mansel erschien im Dezember 2001 in Dauner-Lieb/Heidel/Lepa/Ring (Hrsg.), AnwK-SchuldR, 2002.

2 Allgemein hierzu *Heß*, Intertemporales Privatrecht, 1998; *Strohbach*, in: Jayme/Furtak (Hrsg.), 1991, S. 131 ff.

3 Dass die Art. 170, 232 § 1 einen allgemeinen Rechtsgedanken zum Ausdruck bringen, ist allgM: BGHZ 10, 391, 394; 44, 192, 194; BAG NZA 2004, 597, 600 mwN; Palandt-Archiv Teil II/*Heinrichs*, Art. 232 § 1 EGBGB Rn 1, unter: http://rsw.beck.de/rsw/upload/Palandt/PalArch2009_Teil_II.pdf#page=13; MüKo/*Krüger*, Art. 170 EGBGB Rn 3; Art. 232 § 1 EGBGB Rn 1; Staudinger/*Rauscher*, Art. 232 § 1 EGBGB Rn 1; Staudinger/*Hönle*, Art. 170 EGBGB Rn 1, 4; Soergel/*Hartmann*, Art. 170 EGBGB Rn 1; Art. 232 § 1 EGBGB Rn 1; *Hertel*, DNotZ 2001, 742, 743.

4 Vgl hierzu MüKo/*Krüger*, Art. 170 EGBGB Rn 7; Staudinger/*Hönle*, Art. 170 EGBGB Rn 4.

5 MüKo/*Krüger*, Art. 170 EGBGB Rn 8 mwN.

6 Zur Einordnung des S. 2 als unechte Rückwirkung vgl *Armbrüster/Wiese*, DStR 2003, 334; *Heinrichs*, NZM 2003, 6, 8.

7 BT-Drucks. 14/6040, S. 273.

8 Staudinger/*Löwisch*, Art. 229 § 5 EGBGB Rn 32; speziell für Miet- und Pachtverträge: AnwK-BGB/*Klein-Blenkers*, Art. 229 § 3 EGBGB Rn 6, 62. Vgl auch LAG Frankfurt, Urt. v. 25.4.2003 – 17 Sa 1723/02, juris Tz 62; LAG Hamm NZA 2003, 499, 500; im Erg. ebenso Henssler/von Westphalen/*Bereska*, Praxis der Schuldrechtsreform, 2. Aufl., 2003, Art. 229 § 5 EGBGB Rn 15.

zur Entstehung gelangt sind, nicht aber jene, die zwischen dem 31.12.2001 und dem 1.1.2003 entstanden sind. Dies resultiert aus der Konzeption des S. 2, nach der hinsichtlich der Bestimmung der von der Überleitung gem. S. 2 erfassten Dauerschuldverhältnisse auf die Regelung in S. 1 verwiesen wird. Nach dem 31.12.2001 begründete Dauerschuldverhältnisse unterfallen daher, nicht anders als jene Rechtsverhältnisse, die auf einen einmaligen Leistungsaustausch gerichtet sind, dem neuen Recht.

Keine Anwendung findet die Überleitung nach S. 1, wenn die Parteien die Norm wirksam abbedungen haben (s. hierzu Rn 8 ff) oder aber eine speziellere Regelung eingreift. Derartige Sondervorschriften finden sich in S. 2 (für Dauerschuldverhältnisse), in Bezug auf die Neuregelung des **Verjährungsrechts** und hinsichtlich der **Zinsvorschriften**.[9] Diese unterliegen in Art. 229 § 6 (Verjährungsrecht)[10] und Art. 229 § 7 (Zinsvorschriften) einer eigenen Übergangsregelung (s. die dortigen Kommentierungen). 4

Zu dem Verhältnis von Art. 229 § 5 S. 1 und S. 2 zu älteren und jüngeren Übergangsvorschriften s. Rn 49, 62 ff.

B. Regelungsgehalt

I. Anwendungsbereich (S. 1 und 2)

1. Sachlicher Anwendungsbereich. Die Vorschrift des Art. 229 § 5 bezieht sich zunächst auf alle **zivilrechtlichen Schuldverhältnisse**, unabhängig von dem Grund ihrer Entstehung und der Dauer der Bindung. Erfasst sind rechtsgeschäftliche (insb. vertragliche; s. Rn 26 ff) ebenso wie auf Gesetz beruhende Schuldverhältnisse (zB aus c.i.c. bzw § 311 Abs. 2 BGB, GoA, Delikt oder ungerechtfertigter Bereicherung; s. hierzu Rn 40 ff), mehrseitige ebenso wie einseitig begründete Rechtsverhältnisse (zB Auslobung,[11] Vermächtnis,[12] vgl § 657 BGB und §§ 1939, 2174 BGB).[13] Die allgemeine Regelung des S. 1 differenziert zudem nicht zwischen Schuldverhältnissen, die auf einen einmaligen Leistungsaustausch gerichtet sind, und Dauerschuldverhältnissen (zu diesem Begriff s. auch Rn 55 f). Beide Formen werden, sofern sie noch vor dem 1.1.2002 entstanden sind, zunächst gem. S. 1 auch nach dem 31.12.2001 weiterhin altem Recht unterstellt. Für Dauerschuldverhältnisse grenzt S. 2 die Anwendbarkeit der alten Regelungen dann allerdings auf ein Jahr nach Inkrafttreten des SchuldRModG ein (näher Rn 53 f, 58 ff). 5

Bedeutung besitzt die Überleitungsregelung des Art. 229 § 5 nicht nur für das 2. Buch des BGB, sondern auch für **sachenrechtliche** (zB Eigentümer-Besitzer-Verhältnis,[14] §§ 987 ff BGB), **familienrechtliche**[15] (zB Unterhaltsansprüche, §§ 1360 ff, 1569 ff, 1601 ff BGB) oder **erbrechtliche Tatbestände**[16] (zB Vermächtnis, vgl §§ 1939, 2174 BGB oder Pflichtteilsansprüche, §§ 2303 ff BGB), sofern das allgemeine Schuldrecht auf diese Anwendung findet.[17] Gleiches gilt im Hinblick auf zivilrechtliche Schuldverhältnisse, die in **Sondergesetzen** (zB HGB,[18] VerlG etc.) geregelt sind. Unterfallen diese nicht einer den Vorschriften der §§ 241 ff BGB vorgehenden spezielleren Regelung, ist der allgemeine Teil des Schuldrechts entsprechend heranzuziehen.[19] 6

9 BT-Drucks. 14/6040, S. 273; vgl auch *Wiek*, WuM 2004, 407, 408, der darauf hinweist, dass die Formulierung in S. 1 „soweit nicht ein anderes bestimmt ist" lediglich die speziellere Überleitung für Verjährungs- und Zinsregelungen in Art. 229 §§ 6 und 7 erfasst, nicht jedoch andere Übergangsregelungen des EGBGB wie jene, die anlässlich der Mietrechtsreform in Art. 229 § 3 eingefügt wurde. AA *Armbrüster/Wiese*, DStR 2003, 334, 339 (die in S. 1 aE formulierte Ausnahmeklausel gilt auch für Dauerschuldverhältnisse mit der Konsequenz, dass neben Art. 229 §§ 6 und 7 auch andere Überleitungsvorschriften, insb. jene des Art. 229 § 3, der Regelung in S. 2 vorgehen); ebenso *Lützenkirchen*, ZMR 2004, 323; *Maciejewski*, MM 2004, 165; Erman/*Schmidt-Räntsch*, Anh. Einl. § 241 (Art. 229 § 5) Rn 8 f. Zu der Frage des Vorrangs des Art. 229 § 3 Abs. 10 Vor Art. 229 § 5 S. 2 vgl auch Rn 62.

10 Zu dem Verhältnis von Art. 229 § 5 und 229 § 6 vgl auch BAG NZA 2007, 1154, 1157 f.

11 Vgl zur Überleitung der Auslobung sowie zum Stiftungsgeschäft (§§ 80 ff BGB) auch Staudinger/*Löwisch*, Art. 229 § 5 EGBGB Rn 16.

12 Vgl zur Überleitung des Vermächtnisses Staudinger/*Löwisch*, Art. 229 § 5 EGBGB Rn 22.

13 AnwK-SchuldR/*Mansel*, Art. 229 § 5 EGBGB Rn 5.

14 Vgl zur Überleitung des Eigentümer-Besitzer-Verhältnisses Erman/*Schmidt-Räntsch*, Anh. Einl. § 241 (Art. 229 § 5) Rn 6.

15 Vgl zur Überleitung familienrechtlicher Schuldverhältnisse (konkret zum Unterhalt) Staudinger/*Löwisch*, Art. 229 § 5 EGBGB Rn 21.

16 Vgl zur Überleitung erbrechtlicher Schuldverhältnisse Staudinger/*Löwisch*, Art. 229 § 5 EGBGB Rn 22.

17 Staudinger/*Löwisch*, Art. 229 § 5 EGBGB Rn 5.

18 Zum Entstehungszeitpunkt des Schuldverhältnisses im Fall einer Spezifizierung nach § 375 HGB vgl Staudinger/*Löwisch*, Art. 229 § 5 EGBGB Rn 15.

19 Palandt/*Grüneberg*, Einl. Vor § 241 Rn 6; Jauernig/*Mansel*, Vor § 241 Rn 6.

Soweit von dieser Verweisung auch Vorschriften betroffen sind, die durch das SchuldRModG eingefügt bzw novelliert wurden, beantwortet sich die Frage der Überleitung nach Art. 229 § 5.[20]

7 Neben zivilrechtlichen können auch **öffentlich-rechtliche Schuldverhältnisse** von der Übergangsregelung des Art. 229 § 5 betroffen sein, sofern die §§ 241 ff BGB auf diese entsprechend zur Anwendung gebracht werden.[21] Für öffentlich-rechtliche Verträge ist die ergänzende Geltung der Vorschriften des BGB in § 62 S. 2 VwVfG sowie in den entsprechenden Landesgesetzen[22] explizit normiert.[23] Als Ausdruck eines allgemeinen Rechtsgedankens kommt die Heranziehung der Regeln des allgemeinen Schuldrechts aber auch bei anderen Sonderverbindungen des öffentlichen Rechts in Betracht;[24] so etwa bei öffentlich-rechtlichen Benutzungs- und Leistungsverhältnissen der Daseinsvorsorge.[25] Sofern hier nach Inkrafttreten des SchuldRModG auf die neuen Vorschriften rekurriert wird, richtet sich deren intertemporale Anwendbarkeit gleichfalls nach Art. 229 § 5.

8 **2. Abdingbarkeit.** S. 1 unterstellt alle vor dem 1.1.2002 entstandenen Schuldverhältnisse grundsätzlich den Regelungen, die bis zum 31.12.2001 gegolten haben, es sei denn, etwas anderes wurde bestimmt. Ausnahmen in diesem Sinne sehen die als leges speciales dem S. 1 vorgehenden Vorschriften in S. 2 sowie in Art. 229 §§ 6 und 7 vor (vgl Rn 4). Darüber hinaus können aber auch parteiautonome Abweichungen in gewissem Maße der Überleitung nach S. 1 vorgehen. Dies gilt grds. sowohl für die Abbedingung alten und die Wahl neuen Rechts als auch für den umgekehrten Fall. Allerdings ist die Vereinbarung neuen Rechts in wesentlich weiterem Umfang zulässig (Rn 10 ff) als die von Art. 229 § 5 abweichende Wahl des alten Rechts (Rn 19 ff).

9 **a) Intertemporale oder materiellrechtliche Verweisung, Nichtigkeit.** Sofern die Parteien iRd allgemeinen Vertragsfreiheit (§ 311 Abs. 1 BGB) statt des nach Art. 229 § 5 anwendbaren alten Rechts die Anwendung neuen Rechts vereinbaren wollen, ist zunächst zu klären, ob dadurch nur iRd dispositiven Rechts die dispositiven Normen des alten Rechts durch das neue Recht ersetzt werden können (**materiellrechtliche Verweisung**) oder ob auch die Möglichkeit besteht, insgesamt das alte Recht einschließlich seiner zwingenden Vorschriften durch das neue Recht umfassend zu substituieren (**kollisionsrechtliche Verweisung**, intertemporale kollisionsrechtliche Rechtswahl).[26] Dieselbe Frage stellt sich umgekehrt, wenn statt des anwendbaren neuen Rechts (vgl hierzu Rn 3) die Anwendung alten Rechts vereinbart werden sollte. In beiden Fällen, dh sowohl hinsichtlich der Wahl neuen als auch der Vereinbarung alten Rechts, wäre eine Abbedingung auch des anwendbaren zwingenden Rechts und seine Ersetzung durch das nach den Überleitungsvorschriften intertemporal nicht anzuwendende Recht nur dann möglich, wenn der Gesetzgeber abweichend von Art. 229 § 5 eine intertemporale kollisionsrechtliche Rechtswahl zuließe. Sollte dies nicht der Fall sein, wäre die Partei-

20 AA wohl Staudinger/*Löwisch*, Art. 229 § 5 EGBGB Rn 5, der zu bedenken gibt, dass die Verweisung auf die Bestimmungen des allgemeinen Schuldrechts in Sondergesetzen auch künftig ohne Ansehung des Art. 229 § 5 als eine solche auf den alten Rechtszustand zu verstehen sein könnte. Soweit damit für eine statische Verweisung auf die Regelungen des BGB in der bis zum 31.12.2001 gültigen Fassung votiert werden sollte, kann dem jedoch nicht gefolgt werden. Die durch das SchuldRModG novellierten Vorschriften können nur noch in dem Umfang nach dem 31.12.2001 zur Anwendung gebracht werden, der durch Art. 229 § 5 vorgegeben ist. Im Übrigen sind die Bestimmungen außer Kraft gesetzt und können auch den außerhalb des BGB geregelten Schuldverhältnissen nicht mehr zugrunde gelegt werden. Sollten sich im Einzelfall die schuldrechtlichen Neuregelungen als für die Zwecke des Sondergesetzes unpassend erweisen, ist durch Auslegung zu ermitteln, wie diese Lücke zu schließen ist. Fehlt es an einer analogiefähigen Vorschrift, muss im Wege einer umfassenden Interessen- und Normzweckanalyse durch Rechtsfortbildung eine interessengerechte Lösung entwickelt werden. Zu dem parallelen Problem der Anwendbarkeit des novellierten Verjährungsrechts auf außerhalb des BGB geregelte Ansprüche vgl § 194 BGB Rn 10 ff.

21 Vgl Staudinger/*Löwisch*, Art. 229 § 5 EGBGB Rn 5, der allerdings die Anwendbarkeit des Art. 229 § 5 nicht allg. aus der subsidiären Geltung auch des neuen Schuldrechts im öffentlichen Recht ableitet, sondern eine Verweisung des öffentlichen Rechts auf die Regelung des Art. 229 § 5 verlangt, um diese heranziehen zu können. Die Anwendbarkeit der Übergangsregelung resultiert jedoch nicht aus einem abstrakten (ausdrücklichen oder impliziten) Verweis auf Art. 229 § 5, sondern ergibt sich erst nachgelagert aus dem Inkrafttreten des neuen materiellen Rechts für Schuldverhältnisse, sei es inner- oder außerhalb des BGB. Erst wenn feststeht, dass ein Schuldverhältnis grds. neuem Recht unterfallen kann, stellt sich die Frage der Überleitung und damit auch der Anwendbarkeit des Art. 229 § 5.

22 S. zu der Annahme einer dynamischen Verweisung in § 62 VwVfG auch *Guckelberger*, Die Verjährung im Öffentlichen Recht, 2004, S. 617 f (dort insb. zu den Vorschriften des Verjährungsrechts). Soweit die dem § 62 S. 2 VwVfG entsprechenden Regelungen der Landesgesetze auf die Vorschriften des BGB verweisen, hält *Guckelberger* diese allerdings für verfassungswidrig und votiert für die Fortgeltung alten Rechts (aaO, S. 634 f).

23 Vgl hinsichtlich der anwendbaren Normen des BGB die Bsp. bei *Kopp/Ramsauer*, VwVfG, 11. Aufl. 2010, § 62 Rn 8 f.

24 BGHZ 21, 214, 218; 59, 303, 305; 135, 341, 344; st. Rspr.

25 BGHZ 135, 341, 344; Jauernig/*Mansel*, Vor § 241 Rn 9; weitere Bsp. schuldrechtsähnlicher Sonderverbindungen im öffentlichen Recht finden sich bei Palandt/*Grüneberg*, § 280 Rn 11.

26 Zu den Begriffen der kollisionsrechtlichen oder materiellrechtlichen Rechtswahl s. *Kegel/Schurig*, S. 654 f.

vereinbarung gem. § 134 BGB nichtig, da zwingende Rechtsvorschriften Verbotsgesetze sind.[27] Zur Anwendung käme dann das nach Art. 229 § 5 gesetzlich zur Anwendung berufene Recht. Im Einzelfall kann eine nichtige intertemporale kollisionsrechtliche Rechtswahl der Parteien auch nach § 140 BGB in eine materiellrechtliche umgedeutet werden,[28] sofern dies dem Parteiwillen entspricht. Im Zweifel wird anzunehmen sein, dass der Parteiwille auf eine ersatzweise materiellrechtliche Rechtswahl gerichtet ist.

b) Vereinbarung neuen Rechts. aa) Zulässigkeit einer intertemporalen kollisionsrechtlichen Wahl. Eine kollisionsrechtliche intertemporale Wahl des neuen Rechts an Stelle des kraft gesetzlicher Anordnung anwendbaren alten Rechts ist zulässig. Die **Überleitungsvorschrift** ist nach einhelliger Ansicht in dem Sinne **dispositiv**, als die Parteien abweichend von der Regelung des S. 1 die Geltung neuen Rechts – einschließlich der Ersetzung des alten zwingenden Rechts durch das neue zwingende Recht – auch für solche Schuldverhältnisse vereinbaren können, die vor dem 1.1.2002 entstanden sind (Altschuldverhältnisse; s. näher Rn 14).[29] Entsprechendes gilt in Bezug auf **Dauerschuldverhältnisse**, sofern diese abweichend von der in S. 2 vorgesehenen Übergangsfrist schon vor dem 1.1.2003 den neuen Regelungen unterstellt werden sollen. 10

Die Zulässigkeit einer solchen intertemporalen kollisionsrechtlichen Wahl des neuen Rechts, die zur **vollständigen Ersetzung des alten durch das neue Recht** einschließlich der zwingenden Rechtsnormen führt, ist jedoch weder im Gesetz statuiert noch äußert sich der Gesetzgeber hierzu in der Begründung[30] bzw ergibt sich ihre Zulässigkeit indirekt aus Art. 229 § 5.[31] Zwar hat der Gesetzgeber für Dauerschuldverhältnisse, die gem. S. 2 nach dem 1.1.2003 dem neuen Recht unterstehen sollen, eine einjährige Übergangsfrist vorgesehen, innerhalb derer die Parteien das Dauerschuldverhältnis an das veränderte Recht anpassen können.[32] Die Regelung enthält jedoch keine verallgemeinerungsfähige Aussage dahin gehend, dass eine intertemporale kollisionsrechtliche Rechtswahl grundsätzlich zulässig sein soll. Vielmehr trägt sie nur der besonderen Situation Rechnung, in der sich die Parteien eines Dauerschuldverhältnisses befinden. 11

Die Befugnis nach S. 2, Anpassungen an das neue Recht vornehmen zu können, hat zur Folge, dass umfassende Neuregelungen des **Dauerschuldverhältnisses** auf der Grundlage des neuen Rechts schon vor dem 1.1.2003 wirksam werden können. Danach haben die Parteien nicht nur das Recht, das Dauerschuldverhältnis mit Wirkung zum 1.1.2003 dem neuen Recht anzupassen; vielmehr können sie es bereits vor dem Stichtag ab einem von ihnen gewählten Zeitpunkt als Ganzes dem neuen Recht unterstellen. Durch eine solche Abrede wird das nach S. 1 eigentlich weiter anwendbare bisherige zwingende Recht durch das neue Recht umfassend verdrängt. Diese intertemporale kollisionsrechtliche Rechtswahl sieht der Gesetzgeber jedoch lediglich für Altdauerschuldverhältnisse und nur für die Zeit zwischen dem 31.12.2001 und dem 1.1.2003 vor (s. Rn 53 f). Den Parteien soll durch die zeitliche Verschiebung in S. 2 ein Privileg gewährt werden, das diese annehmen können, aber nicht annehmen müssen. Entscheiden sie sich gegen den angebotenen Zeitaufschub, ist das zulässig. Allerdings haben diese Möglichkeit ausschließlich die Vertragspartner eines Dauerschuldverhältnisses. Eine darüber hinausgehende allgemeine Aussage hat der Gesetzgeber nicht getroffen. 12

Auch der Rückgriff auf die Auslegung der intertemporalen Vorschriften des Art. 170 (Inkrafttreten des BGB 1900) und des Art. 232 § 1 (Inkrafttreten des BGB im Beitrittsgebiet 1990), an welchen sich Art. 229 § 5 ausrichtet (Rn 1),[33] hilft nicht weiter, da dort die Frage der Zulässigkeit materiellrechtlicher und kollisionsrechtlicher Verweisungen nicht ausreichend geklärt ist. In der vor Inkrafttreten des SchuldRModG erschienenen Literatur wurde regelmäßig nicht (ausdrücklich) erörtert, ob eine Wahl des neuen an Stelle des ansonsten 13

27 Vgl *Herb*, FamRZ 1988, 123, 126; anders *Heß*, Intertemporales Privatrecht, 1998, S. 381, der auf einen Verstoß gegen den intertemporalen ordre public abstellt.

28 Im Einzelfall mag auch ein Fall der Teilnichtigkeit (Nichtigkeit der kollisionsrechtlichen Wirksamkeit der materiellrechtlichen Verweisung nach § 139 BGB) gegeben sein.

29 Ebenso Palandt/*Grüneberg*, Art. 229 § 5 EGBGB Rn 2; *Heß*, NJW 2002, 253, 255; Staudinger/*Löwisch*, Art. 229 § 5 EGBGB Rn 47; Erman/*Schmidt-Räntsch*, Anh. Einl. § 241 (Art. 229 § 5) Rn 9. Vgl zu Art. 170 und 232 § 1 auch: Staudinger/*Hönle*, Art. 170 EGBGB Rn 2; Staudinger/*Rauscher*, Art. 232 § 1 EGBGB Rn 39; MüKo/*Säcker*, 4. Aufl. 2006, Art. 232 § 1 EGBGB Rn 4; *Strohbach*, in: Jayme/Furtak (Hrsg.), 131, 137.

30 Vgl BT-Drucks. 14/6040, S. 273: Die Klausel in S. 1 aE („soweit nicht ein anderes bestimmt ist") wird hier lediglich auf S. 2 und Art. 229 §§ 5 und 6 bezogen.

31 AA Erman/*Schmidt-Räntsch*, Anh. Einl. § 241 BGB (Art. 229 § 5) Rn 9 (die Zulässigkeit der Wahl neuen Rechts ergibt sich unmittelbar aus S. 1).

32 BT-Drucks. 14/6040, S. 273.

33 Allerdings nimmt der Gesetzgeber nur iRd Art. 229 § 6 und nicht auch des Art. 229 § 5 in der Gesetzesbegründung ausdrücklich Bezug auf diese anderen Übergangsbestimmungen, s. BT-Drucks. 14/6040, S. 273. Zudem enthalten die Art. 170 und 232 § 1 Übergangsrecht, das wegen interlokaler Rechtsvereinheitlichung erforderlich wurde. Für die Fälle des Art. 232 § 1 bestand auch eine interlokale Rechtswahlmöglichkeit (s.a. die Argumentation bei Staudinger/*Rauscher*, Art. 232 § 1 EGBGB Rn 39). Art. 229 § 5 enthält hingegen rein intertemporales Übergangsrecht. Daher sind die Vorschriften insoweit nicht ohne weiteres vergleichbar.

anwendbaren alten Rechts unter Abwahl auch des alten zwingenden Rechts und der Ersetzung durch das neue zwingende Recht zulässig ist.[34]

14 Für die Zulässigkeit einer solchen kollisionsrechtlichen Wahl neuen Rechts und damit für die Abdingbarkeit des Art. 229 § 5 (vgl Rn 10) spricht allerdings die folgende Überlegung: Bei S. 1 handelt es sich um eine Ausprägung des allgemeinen Rechtsgedankens, demzufolge der Gesetzgeber grundsätzlich in abgeschlossene Tatbestände nicht nachträglich eingreifen kann (s. Rn 1). Damit wird in S. 1 der Schutz der Parteien vor einer echten Rückwirkung von Gesetzesänderungen festgeschrieben. Dieser Schutz findet seine Grenzen jedoch dann, wenn sich die Parteien selber der neuen Rechtslage auch für ein Altschuldverhältnis öffnen wollen. Das Rückwirkungsverbot soll das Vertrauen in die Bestandskraft der bei Begründung eines Rechtsverhältnisses gegebenen Rechtslage schützen, nicht jedoch die Parteiautonomie einschränken. Dem Gesetzgeber, nicht den Parteien sind verfassungsrechtlich die Hände gebunden, wenn die Unterstellung altrechtlicher Tatbestände unter neues Recht in Rede steht.

Angesichts dessen bestehen keine Bedenken, den Parteien die Option zu eröffnen, statt des nach S. 1 anwendbaren bisherigen Rechts das neue Recht zu wählen, zumal dieses einen höheren Schutzstandard erreicht (Verbrauchsgüterkauf und weitere Neuregelungen) und ansonsten in weiten Teilen die zwingenden Regeln des bisherigen Rechts übernommen hat.[35] Zudem liegt es im anerkennenswerten Interesse der Parteien, wenn diese ihre gesamten Rechtsbeziehungen, soweit sie noch nicht abgeschlossen sind, einheitlich dem neuen Recht unterstellen dürfen. Auf diese Weise wird eine umfassende einheitliche Regelung der offenen Rechtsfragen erreicht.

15 Es spricht nichts dafür, dass das Fehlen einer die intertemporale Rechtswahl behandelnden Regelung in Art. 229 § 5 das Ergebnis einer bewussten gesetzgeberischen Entscheidung ist. Die mangelnde Auseinandersetzung mit der Problematik in den Gesetzgebungsmaterialien dürfte darauf zurückzuführen sein, dass die Frage vor der Schuldrechtsreform nicht Gegenstand der Erörterung in Literatur und Rechtsprechung war.

Grenzen der intertemporalen kollisionsrechtlichen Rechtswahl sind die **Rechte Dritter**; hier ist an eine analoge Anwendung der Art. 3 Abs. 2 S. 2 Alt. 2 Rom I-VO[36] und 14 S. 2 Rom II-VO[37] zu denken.

16 **bb) Vornahme der Rechtswahl.** Die Vereinbarung neuen Rechts kann sowohl **ausdrücklich** als auch **konkludent** erfolgen.[38] Dabei ist Letzteres vor allem dann in Betracht zu ziehen, wenn die Parteien im Prozess entgegen der Vorgabe von S. 1 und S. 2 übereinstimmend auf der Grundlage neuen Rechts argumentieren.[39]

17 **cc) Rückwirkung.** Erfolgt die Unterstellung unter das neue Recht nach Entstehung des Schuldverhältnisses (was bei Altschuldverhältnissen regelmäßig der Fall sein dürfte), ist zu entscheiden, ob der Vereinbarung Rückwirkung zukommen soll oder ob ihr lediglich Geltung für die Zukunft beizulegen ist. Insofern wird zu differenzieren sein: Liegt kein Dauerschuldverhältnis vor, würde eine Wirkung ex nunc kaum Konsequenzen nach sich ziehen, so dass im Zweifel davon auszugehen ist, dass die Parteien eine rückwirkende Vereinbarung treffen wollten.

18 Liegt hingegen ein **Dauerschuldverhältnis** vor und wird dieses vor dem 1.1.2003 neuem Recht unterstellt, wirkt diese Vereinbarung im Zweifel nicht zurück.[40] Hier liegt es näher, eine vorgezogene Umsetzung des S. 2 anzunehmen als die ggf mit Schwierigkeiten verbundene Rückwirkung. Zur Zulässigkeit der Rückwirkung einer nach dem 1.1.2002 erklärten Rechtswahl mit Wirkung ab dem 1.1.2002 s. noch Rn 54.

19 **c) Vereinbarung alten Rechts. aa) Unzulässigkeit einer intertemporalen kollisionsrechtlichen Wahl.** Eine kollisionsrechtliche Rechtswahl (Rn 9) des alten Rechts statt des intertemporal nach S. 1 oder nach S. 2 anzuwendenden neuen Rechts ist nicht möglich.[41] Das Gesetz sieht eine solche Wahlmöglichkeit nicht vor (vgl Rn 11). Ein die Wahl zulassender gesetzgeberischer Wille ist – anders als im umgekehrten Fall (Rn 14) – nicht anzunehmen, da das neue Recht in weiterem Umfang als das alte über zwingende Vorschriften

34 Die Problematik wurde zuerst in AnwK-SchuldR/*Mansel*, Art. 229 § 5 EGBGB Rn 6 ff ausführlich diskutiert. Den dort gefundenen Ergebnissen hat sich die neuere Kommentarliteratur im Erg. angeschlossen.

35 Im Erg. ebenso Staudinger/*Löwisch*, Art. 229 § 5 EGBGB Rn 47.

36 Vgl hierzu die Kommentierung bei Art. 3 Rom I-VO.

37 Vgl hierzu die Kommentierung bei Art. 14 Rom II-VO.

38 Ebenso Palandt/*Grüneberg*, Art. 229 § 5 EGBGB Rn 2.

39 Vgl zu Art. 232 § 1: BGH ZIP 1995, 1860, 1862; Staudinger/*Rauscher*, Art. 232 § 1 EGBGB Rn 39; MüKo/*Säcker*, 4. Aufl. 2006, Art. 232 § 1 EGBGB Rn 4.

40 Vgl auch Staudinger/*Rauscher*, Art. 232 § 1 EGBGB Rn 42.

41 Ebenso Palandt/*Grüneberg*, Art. 229 § 5 EGBGB Rn 2; Staudinger/*Löwisch*, Art. 229 § 5 EGBGB Rn 48; *Medicus*, in: Haas/Medicus/Rolland/Schäfer/Wendtland, Das neue Schuldrecht, 2002, S. 79, 87 (Rn 26); Erman/*Schmidt-Räntsch*, Anh. Einl. § 241 (Art. 229 § 5) Rn 9; wohl auch *Brambring*, DNotZ 2001, 590; aA *Hertel*, DNotZ 2001, 742, 746; *ders.*, in: Amann/Brambring/Hertel, aaO, S. 420 ff unter Hinweis auf die Vertragsfreiheit (§ 311 Abs. 1 BGB). IRd parallelen Art. 232 § 1 war nicht abschließend geklärt, ob eine intertemporale kollisionsrechtliche oder nur eine materiellrechtliche Rechtswahl zulässig sein soll, s. Palandt-Archiv Teil II/*Heinrichs*, Art. 232 § 1 EGBGB Rn 2; MüKo/*Säcker*, 4. Aufl. 2006, Art. 232 § 1 EGBGB Rn 6; Staudinger/*Rauscher*, Art. 232 § 1 EGBGB Rn 45.

verfügt, die in Umsetzung von EG-Richtlinien geschaffen wurden. Als Beispiel ist nur an die Normen des Verbrauchsgüterkaufs zu denken. Ihrer Geltung sollen die Parteien sich nicht durch eine kollisionsrechtliche Rechtswahl entziehen können. Dies gilt auch hinsichtlich der zum 1.1.2003 erfolgten Umstellung altrechtlicher **Dauerschuldverhältnisse** auf neues Recht. Eine Verlängerung der in S. 2 vorgesehenen einjährigen Übergangsfrist durch die kollisionsrechtliche Wahl alten Rechts ist ausgeschlossen.[42]

Der Gedanke, eine kollisionsrechtliche Rechtswahl des alten statt des neuen Rechts könne zulässig sein, wenn die zwingenden Normen des neuen Rechts als **intertemporale Eingriffsnormen**[43] neben denen des gewählten alten Rechts zur Anwendung kämen, ist nicht weiterführend, da bei einer solchen Lösung sowohl das alte als auch zusätzlich das neue zwingende Recht zu prüfen wäre. Das könnte zu nicht auflösbaren Wertungswidersprüchen führen. 20

bb) Materiellrechtliche Verweisung. Den Parteien steht es jedoch frei, iRd dispositiven neuen Rechts nach dem 1.1.2002 weiterhin die Geltung alten Rechts zu vereinbaren (allgemeine Vertragsfreiheit, § 311 Abs. 1 BGB).[44] Dadurch kann aber nicht von zwingenden neuen Regelungen abgewichen werden (materiellrechtliche Verweisung, Rn 9).[45] 21

Das gilt auch für **Dauerschuldverhältnisse**, soweit diese über den 31.12.2002 hinaus altem Recht unterstehen sollen.[46] Ob eine solche Vereinbarung ratsam ist, erscheint allerdings zweifelhaft. Im Ergebnis würde ein gemischtes System entstehen aus den (vereinbarten) Normen des alten Rechts und den zwingenden Regelungen der neuen Kodifikation. Diese Zweigleisigkeit kann zu Wertungswidersprüchen und Friktionen führen, die (entgegen der Intention der Parteien) die Rechtsanwendung eher erschweren als erleichtern würden.[47] 22

II. Voraussetzungen der Fortgeltung alten Rechts (S. 1)

Die Fortgeltung alten Rechts nach S. 1 setzt voraus, dass sich der **Entstehungstatbestand** des betroffenen Schuldverhältnisses vor dem 1.1.2002 vollständig erfüllt hat.[48] Dies ist der Fall, wenn sämtliche für die Entstehung des Schuldverhältnisses erforderlichen Umstände vor dem Stichtag eingetreten sind.[49] Abzustellen ist dabei auf die Voraussetzungen, die sich aus den Bestimmungen des bisherigen Rechts ergeben.[50] 23

Nicht das Entstehen des einzelnen Anspruchs (wie in § 198 BGB aF und jetzt in §§ 199, 200 BGB für das Verjährungsrecht von Relevanz), sondern das Entstehen des Schuldverhältnisses selbst ist entscheidend.[51] Daher können, anders als bei Art. 229 § 6 (s. dort Rn 6), die zur Auslegung insbesondere des § 198 BGB aF gefundenen Ergebnisse nicht für die Auslegung des S. 1 nutzbar gemacht werden. 24

Da S. 2 insofern auf S. 1 verweist, als die Bedingungen für die Fortgeltung alten Rechts am Stichtag betroffen sind, gelten für die Frage, wann ein **Dauerschuldverhältnis** entstanden ist, die gleichen Voraussetzungen wie für alle übrigen Schuldverhältnisse.[52] 25

1. Verträge. a) Grundsatz: Angebot und Annahme. Bei vertraglichen Schuldverhältnissen kommt es auf den Zeitpunkt des Vertragsschlusses an (vgl § 305 BGB aF bzw § 311 Abs. 1 BGB). Dieser erfolgt, soweit 26

42 *Armbrüster/Wiese*, DStR 2003, 334, 340; Staudinger/*Löwisch*, Art. 229 § 5 EGBGB Rn 48; vgl auch *Heß*, NJW 2002, 253, 255, der für Dauerschuldverhältnisse nach dem 31.12.2002 eine Wahl alten Rechts generell ablehnt.

43 Zu diesem Begriff s. *Heß*, Intertemporales Privatrecht, 1998, S. 497.

44 *Armbrüster/Wiese*, DStR 2003, 334, 341; *Brambring*, DNotZ 2001, 590; MüKo/*Krüger*, Art. 229 § 5 EGBGB Rn 15; *Medicus*, in: Haas/Medicus/Rolland/Schäfer/Wendtland, aaO, S. 79, 87 f (Rn 27 f). Zur Wahl alten Rechts in AGB s. Palandt/*Grüneberg*, Art. 229 § 5 EGBGB Rn 2 (Abweichungen von Art. 229 § 5 in AGB sind gem. § 307 Abs. 2 Nr. 1 BGB unwirksam); *Medicus*, in: Haas/Medicus/Rolland/Schäfer/Wendtland, aaO, S. 79, 88 (Rn 28) (Wahl alten Rechts in AGB verstößt gegen das Transparenzgebot des § 307 Abs. 1 S. 2 BGB); ähnlich Erman/*Schmidt-Räntsch*, Anh. Einl. § 241 (Art. 229 § 5) Rn 9 (jedenfalls Rechtsfolge des § 305 c BGB, ggf auch Nichtigkeit nach § 307 Abs. 1 S. 2 BGB); aA Staudinger/*Löwisch*, Art. 229 § 5 EGBGB Rn 50 (Wahl alten Rechts in AGB ist grds. zulässig).

45 Palandt/*Grüneberg*, Art. 229 § 5 EGBGB Rn 2; *Heß*, NJW 2002, 253, 255; Staudinger/*Löwisch*, Art. 229 § 5 EGBGB Rn 49; Erman/*Schmidt-Räntsch*, Anh. Einl. § 241 (Art. 229 § 5) Rn 9.

46 Staudinger/*Löwisch*, Art. 229 § 5 EGBGB Rn 48.

47 Ebenso *Armbrüster/Wiese*, DStR 2003, 334, 341.

48 Palandt/*Grüneberg*, Art. 229 § 5 EGBGB Rn 3; *Medicus*, in: Haas/Medicus/Rolland/Schäfer/Wendtland, aaO, S. 79, 86 (Rn 21); Erman/*Schmidt-Räntsch*, Anh. Einl. § 241 (Art. 229 § 5) Rn 2. Vgl auch zu Art. 232 § 1: BAG DtZ 1996, 188; Palandt-Archiv Teil II/*Heinrichs*, Art. 232 § 1 EGBGB Rn 2; Staudinger/*Rauscher*, Art. 232 § 1 EGBGB Rn 44; MüKo/*Säcker*, 4. Aufl. 2006, Art. 232 § 1 EGBGB Rn 5; vgl zu Art. 170: RGZ 76, 394, 397; MüKo/*Krüger*, Art. 170 EGBGB Rn 4.

49 Soergel/*Hartmann*, Art. 170 EGBGB Rn 3.

50 Staudinger/*Rauscher*, Art. 232 § 1 EGBGB Rn 44.

51 Staudinger/*Löwisch*, Art. 229 § 5 EGBGB Rn 7.

52 Vgl *Armbrüster/Wiese*, DStR 2003, 334, 336.

die Parteien nichts Abweichendes vereinbart haben, mit dem **Wirksamwerden der Annahmeerklärung**.[53] Unstreitig findet daher **altes Recht** Anwendung, sofern die Annahme noch vor dem 1.1.2002 zugegangen ist (§ 130 BGB) oder in sonstiger Weise wirksam wurde (Zugangsverzicht, § 151 BGB).[54]

27 **Neues Recht** kommt dagegen zur Anwendung, wenn das Angebot vor Inkrafttreten des Schuldrechtsreformgesetzes abgegeben, die Annahme aber erst danach erklärt worden ist.[55] Hierfür spricht in erster Linie der Wortlaut des S. 1, der auf das Entstehen des Rechtsverhältnisses und nicht auf die Abgabe des Angebotes abstellt. Entstanden ist ein Rechtsgeschäft erst mit Angebot *und* Annahme. Zwar mag die Geltung neuen Rechts dem Willen der Parteien, insbesondere des Anbietenden, nicht immer entsprechen. Soll der Vertrag jedoch entgegen der gesetzlichen Überleitungsvorschrift weiterhin altem Recht unterliegen, muss der entsprechende Wille zumindest konkludent zum Ausdruck gebracht worden sein (s. hierzu Rn 16).[56] Die nur immanente Vorstellung des Anbietenden, dass das zum Zeitpunkt des Angebotes geltende Recht auf den Vertrag Anwendung finden wird, bewirkt eine entsprechende Vereinbarung keinesfalls, da eine derartige Erwartungshaltung nicht Teil des Angebotes ist. Zudem wäre selbst dann, wenn der Anbietende in seine Offerte tatsächlich die Anwendung alten Rechts auf den intendierten Vertrag einbezogen haben sollte, die mit der Annahme zustande gekommene Rechtswahlvereinbarung nur insofern zulässig, als dadurch nicht von den zwingenden Vorschriften des neuen Rechts abgewichen wird (vgl Rn 21).[57]

28 Sollte der Annehmende die **Rückwirkung** der Annahmeerklärung **erklären**, um dadurch die Anwendbarkeit alten Rechts zu erreichen, ist dies grundsätzlich ebenfalls möglich. Da eine derartige Erklärung jedoch zu einer indirekten Abwahl der zwingenden Normen des neuen Rechts führte, ist sie nicht anders zu behandeln als eine ausdrückliche Rechtswahlklausel. Ihr kommt nur insoweit Wirkung zu, als sie die dispositiven Regeln des neuen Rechts erfasst.[58] Zwingende Vorschriften bleiben dagegen unberührt (Rn 21).

29 Fehlt es an einer wirksamen Wahl alten Rechts, ist damit ausschließlich neues Recht heranzuziehen, wenn ein vor dem 1.1.2002 abgegebenes Angebot nach dem Stichtag angenommen wird. Liegt eine zulässige materiellrechtliche Verweisung vor, kommt jedenfalls den zwingenden Normen des neuen Rechts Wirkung zu.

30 **b) Bedingung/Befristung.** Da S. 1 lediglich auf die Entstehung des Schuldverhältnisses und nicht auf dessen Wirksamwerden abstellt, bleibt das bisherige Recht maßgeblich, wenn der Vertrag vor dem Stichtag aufschiebend bedingt oder befristet abgeschlossen wurde.[59] Treten die Voraussetzungen der Bedingung oder Befristung erst nach dem 31.12.2001 ein, ändert dies nichts an dem Umstand, dass der Vertrag selber bereits vor diesem Zeitpunkt entstanden ist.

31 **c) Optionsvertrag.** Gleiches gilt, wenn die Parteien noch vor dem 1.1.2002 einen **Optionsvertrag** geschlossen haben. Hier wird der anderen Vertragspartei das Recht eingeräumt, durch einseitige Willenserklärung einen inhaltlich bereits (unter altem Recht) ausgehandelten Vertrag zustande zu bringen oder zu modifizie-

53 LAG Köln NZA-RR 2003, 406, 407; *Armbrüster/Wiese*, DStR 2003, 334, 336; *Heß*, NJW 2002, 253, 255; *Medicus*, in: Haas/Medicus/Rolland/Schäfer/Wendtland, aaO, S. 79, 86 (Rn 21); *Ziegler/Rieder*, ZIP 2001, 1789, 1793; ebenso zu Art. 232 § 1: *Heß*, Intertemporales Privatrecht, 1998, S. 148; Palandt-Archiv Teil II/*Heinrichs*, Art. 232 § 1 EGBGB Rn 2; MüKo/*Säcker*, 4. Aufl. 2006, Art. 232 § 1 EGBGB Rn 6; Staudinger/*Rauscher*, Art. 232 § 1 EGBGB Rn 45–48.

54 Palandt/*Grüneberg*, Art. 229 § 5 EGBGB Rn 3; Erman/*Schmidt-Räntsch*, Anh. Einl. § 241 (Art. 229 § 5) Rn 3.

55 *Armbrüster/Wiese*, DStR 2003, 334, 336; *Brambring*, DNotZ 2001, 590; *Hertel*, DNotZ 2001, 742, 743 f (aA aber *ders.*, in: Amann/Brambring/Hertel, aaO, S. 418 f); MüKo/*Krüger*, Art. 229 § 5 EGBGB Rn 3; Staudinger/*Löwisch*, Art. 229 § 5 EGBGB Rn 10; *Rolland*, in: Haas/Medicus/Rolland/Schäfer/Wendtland, aaO, S. 371 (Rn 2); Erman/*Schmidt-Räntsch*, Anh. Einl. § 241 (Art. 229 § 5) Rn 3; ebenso zu Art. 232 § 1: Palandt-Archiv Teil II/*Heinrichs*, Art. 232 § 1 EGBGB Rn 2; MüKo/*Säcker*, 4. Aufl. 2006, Art. 232 § 1 EGBGB Rn 6; Staudinger/*Rauscher*, Art. 232 § 1 EGBGB Rn 47; zu Art. 170: MüKo/*Krüger*, Art. 170 EGBGB Rn 4. AA Palandt/*Grüneberg*, Art. 229 § 5 EGBGB Rn 3; *Heß*, NJW 2002, 253, 255 (im Zweifel entspreche es dem Willen der Parteien, den Vertrag altem Recht zu unterstellen); ebenso zu Art. 232 § 1: Soergel/*Hartmann*, Art. 232 § 1 EGBGB Rn 4; zu Art. 170: Staudinger/*Kanzleitner/Hönle*, Art. 170 EGBGB Rn 8.

56 Staudinger/*Löwisch*, Art. 229 § 5 EGBGB Rn 10; zu Art. 232 § 1 vgl auch: Palandt-Archiv Teil II/*Heinrichs*, Art. 232 § 1 EGBGB Rn 2; MüKo/*Säcker*, 4. Aufl. 2006, Art. 232 § 1 EGBGB Rn 6; Staudinger/*Rauscher*, Art. 232 § 1 EGBGB Rn 45.

57 *Armbrüster/Wiese*, DStR 2003, 334, 336.

58 Erman/*Schmidt-Räntsch*, Anh. Einl. § 241 (Art. 229 § 5) Rn 3.

59 Henssler/von Westphalen/*Bereska*, aaO, Art. 229 § 5 EGBGB Rn 7; *Brambring*, DNotZ 2001, 590; Palandt/*Grüneberg*, Art. 229 § 5 EGBGB Rn 3; *Hertel*, DNotZ 2001, 742, 744; MüKo/*Krüger*, Art. 229 § 5 EGBGB Rn 5; Staudinger/*Löwisch*, Art. 229 § 5 EGBGB Rn 13; Erman/*Schmidt-Räntsch*, Anh. Einl. § 241 (Art. 229 § 5) Rn 4; *Ziegler/Rieder*, ZIP 2001, 1789, 1793; vgl auch zu Art. 232 § 1: BGHZ 134, 170, 175 f; Palandt-Archiv Teil II/*Heinrichs*, Art. 232 § 1 EGBGB Rn 2; MüKo/*Säcker*, 4. Aufl. 2006, Art. 232 § 1 EGBGB Rn 6; Staudinger/*Rauscher*, Art. 232 § 1 EGBGB Rn 49; zu Art. 170: MüKo/*Krüger*, Art. 170 EGBGB Rn 4; Staudinger/*Hönle*, Art. 170 EGBGB Rn 8; Soergel/*Hartmann*, Art. 170 EGBGB Rn 3.

ren.[60] Macht der Vertragspartner von dieser ihm vor dem 1.1.2002 eingeräumten Möglichkeit nach dem Stichtag Gebrauch, bleibt dennoch altes Recht anwendbar.[61] Zwar wurde der Vertrag erst nach dem 31.12.2001 wirksam, das Schuldverhältnis ist jedoch schon mit dem Abschluss des Optionsvertrages zur Entstehung gelangt.[62]

Liegt demgegenüber kein Optionsvertrag, sondern lediglich ein **Optionsrecht** in der Form eines einseitig eingeräumten bindenden Vertragsangebotes vor (sog. „Festofferte"),[63] ist die Frage des anwendbaren Rechts im Fall der Annahme durch den Berechtigten nicht anders zu beantworten als bei der Annahme eines nicht bindenden Angebotes: Maßgeblich ist der Zeitpunkt des Wirksamwerdens der Annahmeerklärung (Rn 26 f).[64] Danach findet altes Recht nur dann Anwendung, wenn das Angebot noch vor dem 1.1.2002 angenommen wurde; neues Recht ist hingegen heranzuziehen, wenn die Annahmeerklärung nach dem 31.12.2001 wirksam wurde (vgl Rn 27).

d) Genehmigungsbedürftigkeit. Uneinigkeit besteht in der Literatur, welchem Recht ein vor dem 1.1.2002 geschlossener, jedoch genehmigungsbedürftiger Vertrag untersteht, sofern die Genehmigung erst nach dem 31.12.2001 erteilt wurde. Verbreitet wird danach differenziert, ob der Genehmigung Rückwirkung zukommt oder ob diese lediglich ex nunc wirkt. Im Fall einer **Rückwirkung** (zB nach § 184 Abs. 1 BGB iVm den Genehmigungstatbeständen des BGB) wird, soweit ersichtlich einhellig, angenommen, dass der Vertrag altem Recht unterliegt, da infolge der rückwirkenden Genehmigung das Schuldverhältnis noch vor dem Stichtag entstanden ist.[65] **32**

Die Anwendbarkeit alten Rechts wird verschiedentlich auch dann vertreten, wenn die Genehmigung nur ex nunc wirkt, der Vertrag mithin erst nach dem 31.12.2001 wirksam geworden ist. Gefolgert wird dies aus dem Umstand, dass die Parteien auch vor Einholung der Genehmigung schon vertraglich gebunden sind, sich insbesondere nicht einseitig von dem Vertrag lossagen können.[66] Nach anderer Auffassung soll dagegen in den Fällen, in denen einer Genehmigung keine Rückwirkung zukommt, stets neues Recht heranzuziehen sein.[67] Da der Vertrag erst nach dem Stichtag wirksam werde, sei auch das Schuldverhältnis erst nach dem Stichtag iSd S. 1 entstanden.[68] Letzteres wird zT pauschal bei **öffentlich-rechtlichen Genehmigungen** angenommen, deren Erteilung nach dem 31.12.2001, anders als im Regelfall die privatrechtliche Genehmigung, stets zur Anwendung neuen Rechts führe.[69] **33**

Die Entscheidung für die Anwendbarkeit neuen oder alten Rechts allgemein von der Zuordnung der Genehmigung zum privaten oder zum öffentlichen Recht abhängig zu machen, erscheint indes nicht tragfähig. Auch zahlreichen behördlichen Genehmigungen kommt letztendlich Rückwirkung zu.[70] Es besteht kein Grund, Rechtsgeschäfte, die aufgrund einer nach dem 31.12.2001 erteilten behördlichen Genehmigung mit rückwirkender Kraft Wirksamkeit erlangen, anders zu behandeln als solche, die von einer privatrechtlichen Genehmigung abhängig sind.[71] In beiden Fällen entsteht der betreffende Vertrag noch vor dem 1.1.2002. Auch würde die intertemporale Entscheidung zwischen altem und neuem Recht bei behördlichen Genehmigungen ansonsten dem Zufall überlassen. Da alle für die Entstehung des Vertrages erheblichen rechtsgeschäftlichen Tatbestandsvoraussetzungen bereits vor dem 1.1.2002 erfüllt wurden, wäre die Frage des anwendbaren Rechts trotz **34**

60 Erman/*Armbrüster*, Vor § 145 Rn 52; Staudinger/*Bork*, Vor §§ 145–156 Rn 71; Jauernig/*Jauernig*, Vor § 145 Rn 6; vgl auch BGHZ 94, 29, 31.

61 *Brambring*, DNotZ 2001, 590; *Hertel*, S. 416; *ders.*, DNotZ 2001, 742, 747; Staudinger/*Löwisch*, Art. 229 § 5 EGBGB Rn 11; Erman/*Schmidt-Räntsch*, Anh. Einl. § 241 (Art. 229 § 5) Rn 4; vgl auch *Hertel*, S. 420.

62 Staudinger/*Löwisch*, Art. 229 § 5 EGBGB Rn 11.

63 Vgl hierzu Staudinger/*Bork*, Vor §§ 145–156 Rn 70; Jauernig/*Jauernig*, Vor § 145 Rn 6.

64 Staudinger/*Löwisch*, Art. 229 § 5 EGBGB Rn 11.

65 *Armbrüster/Wiese*, DStR 2003, 334, 336; Palandt/*Grüneberg*, Art. 229 § 5 EGBGB Rn 3; *Hertel*, S. 416; *Heß*, NJW 2002, 253, 255; MüKo/*Krüger*, Art. 229 § 5 EGBGB Rn 7; AnwK-SchuldR/*Mansel*, Art. 229 § 5 EGBGB Rn 26; Erman/*Schmidt-Räntsch*, Anh. Einl. § 241 (Art. 229 § 5) Rn 4; im Erg. ebenso Henssler/von Westphalen/*Bereska*, aaO, Art. 229 § 5 EGBGB Rn 8; Staudinger/*Löwisch*, Art. 229 § 5 EGBGB Rn 14; *Rolland*, in: Haas/Medicus/Rolland/Schäfer/Wendtland, aaO, S. 371 (Rn 3); *Ziegler/Rieder*, ZIP 2001, 1789, 1793, die jedoch nicht zwischen der Genehmigungswirkung ex tunc und ex nunc unterscheiden, sondern ein vor dem 1.1.2002 abgeschlossenes genehmigungsbedürftiges Rechtsgeschäft unabhängig von dem Zeitpunkt der Genehmigung stets altem Recht unterstellen wollen.

66 Staudinger/*Löwisch*, Art. 229 § 5 EGBGB Rn 14; ähnlich *Ziegler/Rieder*, ZIP 2001, 1789, 1793, die darauf abstellen, dass Antrag und Annahme bereits vor dem 1.1.2002 wirksam geworden sind.

67 *Armbrüster/Wiese*, DStR 2003, 334, 336; *Hertel*, S. 417; *ders.*, DNotZ 2001, 742, 744; *Heß*, NJW 2002, 253, 255; Erman/*Schmidt-Räntsch*, Anh. Einl. § 241 (Art. 229 § 5) Rn 4; wohl auch Palandt/*Grüneberg*, Art. 229 § 5 EGBGB Rn 3.

68 *Hertel*, S. 417.

69 So ohne nähere Begründung Erman/*Schmidt-Räntsch*, Anh. Einl. § 241 (Art. 229 § 5) Rn 4.

70 Vgl die Bsp. bei Palandt/*Grüneberg*, § 275 Rn 36; zur grundsätzlichen Rückwirkung auch öffentlich-rechtlicher Genehmigungen s. Rn 37 sowie Palandt/*Ellenberger*, Einf. Vor § 182 Rn 6; *Hertel*, S. 417.

71 Im Erg. ebenso *Rolland*, in: Haas/Medicus/Rolland/Schäfer/Wendtland, aaO, S. 371 (Rn 3).

Rückwirkung der Genehmigung allein von dem unkalkulierbaren Zeitpunkt des Tätigwerdens der Behörde abhängig. Die Regelung des S. 1 bietet für eine derartige Differenzierung keine Grundlage.

35 Dem vorstehenden Argument kommt nicht nur Bedeutung im Fall rückwirkender öffentlich-rechtlicher Genehmigungen zu, es kann auch für die Frage fruchtbar gemacht werden, welches Recht zur Anwendung kommt, wenn die Genehmigung ausnahmsweise nicht ex tunc, sondern ex nunc wirkt. Als Beispiel für eine derartige Genehmigung werden verschiedentlich die **Freistellungen des BKartA nach dem GWB** in der Fassung vor Inkrafttreten der 7. GWB-Novelle genannt.[72] Wirksam wurden diese erst durch Zustellung; Rückwirkung kommt ihnen nicht zu.[73] Hieraus zugleich die Anwendung neuen Rechts auf den zivilrechtlichen Vertrag folgern zu wollen, erscheint jedoch als zu kurz gegriffen. Unabhängig davon, dass auch in diesem Fall Bedenken bestehen, die Entscheidung über die Anwendung des maßgeblichen Rechts von der zeitlichen Organisation der Behörde abhängig zu machen, können die jeweiligen Rechtsfolgen der Genehmigung jedenfalls in ihrer zeitlichen Wirkung durchaus getrennt betrachtet werden. So findet sich auch der Vorschlag, die Freistellung im Fall durchgeführter, legalisierbarer und dann tatsächlich legalisierter Kartelle, soweit die zivilrechtlichen Konsequenzen betroffen sind, auf den Zeitpunkt des Vertrages bzw auf den Zeitpunkt, in dem die Voraussetzungen der §§ 2 ff GWB aF erstmals vorlagen, rückzubeziehen. Anderenfalls könne es ggf zu Abwicklungsproblemen kommen.[74] Diese Überlegung kann auf die Frage des intertemporal anwendbaren Rechts übertragen werden. Es besteht kein Grund, rechtsgeschäftliche Vereinbarungen, die unter altem Recht getroffen und aus denen möglicherweise bereits Verpflichtungen erwachsen sind (etwa jene, alles zu tun, um die Genehmigung zu erlangen),[75] aufgrund einer nach dem 31.12.2001 erteilten behördlichen Genehmigung ex nunc neuem Recht zu unterstellen. Soweit die Parteien bereits vor dem 1.1.2002 alle rechtsgeschäftlichen Tatbestandsvoraussetzungen für den Vertragsschluss erfüllt haben, ist das Schuldverhältnis iSd Art. 229 § 5 S. 1 entstanden, so dass unabhängig von dem Zeitpunkt und der (öffentlich-rechtlichen) Wirkung der Genehmigung altes Recht zur Anwendung kommt.

36 Damit wird in den meisten Fällen für vor dem 1.1.2002 geschlossene Verträge, die nach dem 31.12.2001 genehmigt wurden, altes Recht heranzuziehen sein. Auszugehen ist hiervon immer dann, wenn sich die Parteien schon vor dem 1.1.2002 vertraglich gebunden haben. Ob dies zutrifft, entzieht sich allerdings einer pauschalen Bewertung; die Frage wird letztendlich für jede Genehmigung einzeln zu entscheiden sein. **Ausnahmen** von dem vorstehenden Grundsatz sind denkbar. So etwa in dem folgenden, vom BGH zu entscheidenden Fall:[76]

Der Beklagte hatte sich in einem Vorvertrag dazu verpflichtet, durch Abschluss eines Hauptvertrages von dem Kläger nach Ablauf einer bestimmten Zeit ein Grundstück zu erwerben. Als der Verpflichtete zum Abschluss des Hauptvertrages aufgefordert wurde, weigerte er sich jedoch, dem nachzukommen. Dennoch wurde der Kaufvertrag abgeschlossen, wobei für den Beklagten ein vollmachtloser Vertreter auftrat. Der Verkäufer erhob daraufhin Klage, um eine Verurteilung zur Genehmigung der vollmachtlosen Vertretung zu erwirken (§ 177 BGB). Der BGH hielt eine entsprechende Verurteilung aufgrund der Verpflichtung aus dem Vorvertrag für zulässig, führte jedoch aus, dass der Verpflichtete durch die Verurteilung in zeitlicher Hinsicht nicht schlechter stehen dürfe als im Fall der Verurteilung zur Annahme eines Angebotes. Der Genehmigung sei daher (abweichend von § 184 Abs. 1 BGB) keine Rückwirkung zuzusprechen. Der Verpflichtete habe die Wirkung des § 184 Abs. 1 BGB konkludent abbedungen, indem er zu erkennen gab, dass er den Vertrag weder inhaltlich noch zeitlich billige. Angesichts dessen könnten die Rechtsfolgen der Verurteilung zur Erteilung der Genehmigung – ebenso wie bei einer Verurteilung zur Annahme eines Angebotes – erst mit der Rechtskraft des Urteils eintreten.[77]

37 Hätte sich der vorstehende Fall in einer Überleitungssituation abgespielt, wäre das Schuldverhältnis erst mit Wirksamwerden der Genehmigung ex nunc entstanden. Hier wäre selbst dann, wenn der (schwebend unwirksame) Vertrag noch vor dem 1.1.2002 abgeschlossen worden sein sollte, ausschließlich der Zeitpunkt der

72 *Hertel,* S. 417 (mit der Folge der Unterstellung des Vertrages unter neues Recht); Staudinger/*Löwisch*, Art. 229 § 5 EGBGB Rn 14 (trotz Genehmigungswirkung ex nunc Anwendung alten Rechts; Gleiches gelte im Fall einer nachträglich erteilten Arbeitsgenehmigung gem. § 284 Abs. 1 SGB III).

73 Langen/Bunte/*Bunte*, KartR, 9. Aufl. 2001, § 1 Rn 222; Immenga/Mestmäcker/*Immenga*, GWB, 3. Aufl. 2001, § 10 Rn 8.

74 Immenga/Mestmäcker/*Zimmer*, aaO, § 1 Rn 325. Mit Inkrafttreten der 7. GWB-Novelle am 13.7.2005 (BGBl. I 2005, S. 1081) hat dieses Problem allerdings an Bedeutung verloren. Die Novelle beinhaltet einen Übergang vom bisherigen System der Freistellung kraft Verwaltungsakts auf die Legalausnahme. Eine Genehmigung der Kartellbehörde ist daher nicht mehr erforderlich; vielmehr sind wettbewerbsbeschränkende Vereinbarungen nunmehr ex lege vom Kartellverbot freigestellt, sofern die entsprechenden Voraussetzungen vorliegen. Am hier relevanten Stichtag des 1.1.2002 galt aber noch das alte System der Freistellung.

75 Vgl Palandt/*Grüneberg*, § 275 Rn 36.

76 BGHZ 108, 380 ff.

77 BGHZ 108, 380, 384.

Erteilung der Genehmigung (dh der Rechtskraft des Urteils) maßgeblich, um das intertemporal anwendbare Recht zu bestimmen.

Soweit die Parteien die Regelung des **§ 184 Abs. 1 BGB abbedingen** und der Genehmigung lediglich Wirkung ex nunc zuerkennen, führt dies, sofern der Vertrag noch vor dem 1.1.2002 geschlossen, die Genehmigung jedoch erst nach dem 31.12.2001 erteilt wurde, zu einer indirekten Wahl neuen Rechts. Diese ist zwar grundsätzlich zulässig (vgl Rn 10 ff), darf jedoch nicht dazu führen, dass Rechte Dritter beeinträchtigt werden (s. Rn 15). Sollten die Parteien die Rückwirkung der Genehmigung daher erst nach Vertragsschluss ausschließen wollen, ist dies möglich, bereits begründete Rechte Dritter werden dadurch im Fall der Anwendung neuen Rechts jedoch nicht berührt.[78] **38**

e) Vorvertrag. Haben die Parteien vor dem 1.1.2002 einen Vorvertrag geschlossen (Angebot und Annahme vor dem Stichtag), die daraus resultierende Pflicht zum Abschluss des Hauptvertrages jedoch erst nach dem 31.12.2001 erfüllt (dh zumindest Annahmeerklärung nach dem Stichtag), unterliegt der Vorvertrag noch altem Recht, der Hauptvertrag indes bereits neuem Recht.[79] Sollte die Überführung des altrechtlichen Vorvertrages in den neurechtlichen Hauptvertrag zu Friktionen führen, kann dem ggf durch eine Anpassung auf der Grundlage des Wegfalls der Geschäftsgrundlage begegnet werden.[80] **39**

2. Gesetzliche Schuldverhältnisse. Ein gesetzliches Schuldverhältnis ist entstanden, wenn alle Tatbestandsvoraussetzungen für dessen Begründung erfüllt sind.[81] Nicht erforderlich ist, dass bereits sämtliche Ereignisse eingetreten sind, aus denen sich der konkrete Anspruch ergibt.[82] So kommt etwa bei Ansprüchen aus **unerlaubter Handlung** altes Recht zur Anwendung, wenn die pflichtwidrige Handlung vor dem 1.1.2002 vorgenommen wurde, der Schaden aber erst nach dem Stichtag eintritt oder sich danach weiterentwickelt.[83] Wann der Geschädigte Kenntnis erlangt von dem Schaden und der Person des Schädigers (vgl § 852 Abs. 1 BGB aF/§ 199 Abs. 1 BGB und zu deren Überleitung Art. 229 § 6 Rn 17, 20 ff, 56 ff), ist für die Frage des nach Art. 229 § 5 anwendbaren Rechts irrelevant.[84] **40**

Ebenfalls auf den Zeitpunkt des pflichtwidrigen Handelns kommt es an bei Ansprüchen aus culpa in contrahendo, sofern diese deliktisch qualifiziert werden.[85] Dies betrifft die Fallgruppe der vorvertraglichen Pflichtverletzungen, bei der durch das Institut der c.i.c. eine Verletzung des Körpers oder des Eigentums ausgeglichen werden soll.[86] Soweit eine vertragliche Qualifikation der c.i.c. vorgenommen wird (etwa bei uneigentlicher Prospekthaftung,[87] Abbruch von Vertragsverhandlungen),[88] ist dagegen der Zeitpunkt der Begründung des vorvertraglichen Schuldverhältnisses maßgeblich, mithin der Moment, in dem die Pflicht zur Rücksichtnahme **41**

78 Vgl zu der entsprechenden Problematik im Fall nachträglicher Rechtswahl im internationalen Privatrecht auch Art. 3 Abs. 2 S. 2 Alt. 2 Rom I-VO sowie dazu MüKo/*Martiny*, Art. 3 Rom I-VO Rn 83 f; Bamberger/Roth/*Spickhoff*, Art. 27 EGBGB Rn 49; Soergel/*von Hoffmann*, Art. 27 EGBGB Rn 78 ff; Erman/*Hohloch*, Art. 27 EGBGB Rn 24 und Art. 14 S. 2 Rom II-VO sowie dazu Palandt/*Thorn*, Art. 14 Rom II-VO Rn 12; Palandt/*Heldrich*, 67. Aufl. 2008, Art. 42 EGBGB Rn 2; *Looschelders*, IPR, Art. 42 Rn 19; oben Art. 42 EGBGB Rn 13.

79 Palandt/*Grüneberg*, Art. 229 § 5 EGBGB Rn 3; Staudinger/*Löwisch*, Art. 229 § 5 EGBGB Rn 12; *Rolland*, in: Haas/Medicus/Rolland/Schäfer/Wendtland, aaO, S. 371, 372 (Rn 5); aA *Hertel*, S. 426 f (im Zweifel soll der Hauptvertrag altem Recht unterstehen).

80 Staudinger/*Löwisch*, Art. 229 § 5 EGBGB Rn 12 mit dem zutreffenden Hinweis, dass bei einer Anpassung des (altem Recht unterstehenden) Vorvertrages noch nicht auf § 313 BGB verwiesen werden kann; *Rolland*, in: Haas/Medicus/Rolland/Schäfer/Wendtland, aaO, S. 371, 372 (Rn 5); vgl auch *Hertel*, S. 427.

81 MüKo/*Krüger*, Art. 229 § 5 EGBGB Rn 8; Erman/*Schmidt-Räntsch*, Anh. Einl. § 241 (Art. 229 § 5) Rn 6; *Ziegler/Rieder*, ZIP 2001, 1789, 1793.

82 Vgl zu Art. 232 § 1: Staudinger/*Rauscher*, Art. 232 § 1 EGBGB Rn 51; MüKo/*Säcker*, 4. Aufl. 2006, Art. 232 § 1 EGBGB Rn 7; Staudinger/*Löwisch*, Art. 229 § 5 EGBGB Rn 8.

83 MüKo/*Krüger*, Art. 229 § 5 EGBGB Rn 8; Staudinger/*Löwisch*, Art. 229 § 5 EGBGB Rn 8, 17; Erman/*Schmidt-Räntsch*, Anh. Einl. § 241 (Art. 229 § 5) Rn 6. Zur Überleitung im Fall von Dauerdelikten, wiederholten Handlungen und pflichtwidrigem Unterlassen s. Staudinger/*Löwisch*, Art. 229 § 5 EGBGB Rn 17 sowie zu der entsprechenden Problematik iRd Art. 232 § 10 die Kommentierungen bei MüKo/*Wagner*, 4. Aufl. 2006, Art. 232 § 10 EGBGB Rn 11; Staudinger/*Rauscher*, Art. 232 § 10 EGBGB Rn 6 ff; Palandt-Archiv Teil II/*Sprau*, Art. 232 § 10 EGBGB Rn 1.

84 Vgl zu Art. 232 § 10: Staudinger/*Rauscher*, Art. 232 § 10 EGBGB Rn 4.

85 *Rolland*, in: Haas/Medicus/Rolland/Schäfer/Wendtland, aaO, S. 371, 372 f; vgl auch *Heß*, Intertemporales Privatrecht, 1998, S. 167.

86 *Rolland*, in: Haas/Medicus/Rolland/Schäfer/Wendtland, aaO, S. 371, 373; im Erg. ebenso Erman/*Schmidt-Räntsch*, Anh. Einl. § 241 (Art. 229 § 5) Rn 6; wohl auch *Heß*, NJW 2002, 253, 255. AA Staudinger/*Löwisch*, Art. 229 § 5 EGBGB Rn 19, der aus § 311 Abs. 2 BGB ableitet, dass stets der Zeitpunkt des Beginns der Vertragsverhandlungen bzw der sonstigen Anbahnung eines Vertrages oder ähnlicher geschäftlicher Kontakte maßgeblich für die Entstehung des Schuldverhältnisses ist. Die Regelungen des reformierten Schuldrechts können jedoch nicht herangezogen werden, wenn die Entstehung eines Schuldverhältnisses vor dem 1.1.2002 in Rede steht (vgl Rn 23).

87 Vgl hierzu Palandt/*Grüneberg*, § 311 BGB Rn 71.

88 S. *Heß*, Intertemporales Privatrecht, 1998, S. 167 (Fn 306).

sowie ggf zur Aufklärung der anderen Partei zur Entstehung gelangte.[89] Im Ergebnis ist diese Unterscheidung allerdings von geringer Bedeutung, da der Reformgesetzgeber das Institut der c.i.c. ohne sachliche Änderungen in §§ 280 Abs. 1, 311 Abs. 2 und 3 BGB übernommen hat.[90]

42 Bei Ansprüchen aus positiver Forderungsverletzung der **Geschäftsführung ohne Auftrag** entsteht das gesetzliche Schuldverhältnis mit dem Handlungsbeginn des Geschäftsführers, nicht erst im Zeitpunkt des Verstoßes gegen die Ausführungspflicht.[91]

43 Im Fall der **ungerechtfertigten Bereicherung** soll nach überwiegender Ansicht der Literatur – ohne Differenzierung zwischen den einzelnen Tatbeständen des § 812 BGB – auf den Zeitpunkt abzustellen sein, in dem der rückzugewährende Vermögensvorteil vom Schuldner rechtsgrundlos erlangt wurde.[92] Diesem Ansatz ist nur insoweit zuzustimmen, als ein Anspruch auf Herausgabe nach § 812 Abs. 1 S. 1 Alt. 1 BGB (condictio indebiti) in Rede steht. Hier entsteht das bereicherungsrechtliche Schuldverhältnis bereits in dem Moment, in dem der Schuldner die Leistung rechtsgrundlos erhalten hat. Entsprechend findet altes Recht Anwendung, wenn die Vermögensmehrung noch vor dem 1.1.2002 erfolgt ist; neues Recht ist hingegen heranzuziehen, wenn die Leistungshandlung erst nach dem 31.12.2001 stattgefunden hat.

44 Kommt es erst nachträglich zu einem Wegfall des rechtlichen Grundes (condictio ob causam finitam, § 812 Abs. 1 S. 2 Alt. 1 BGB), kann nicht unbesehen auf den Moment der Leistungshandlung rekurriert werden.[93] Vielmehr ist danach zu unterscheiden, ob der Rechtsgrund ex tunc oder ex nunc weggefallen ist. Da das Rückabwicklungsverhältnis erst in dem Moment entsteht, in dem sämtliche Tatbestandsvoraussetzungen erfüllt sind, ist auf den Zeitpunkt abzustellen, in dem Vermögensverschiebung und Wegfall des Rechtsgrundes erstmals zusammentreffen. Sollte der Rechtsgrund lediglich für die Zukunft entfallen, entsteht erst in diesem Moment auch das bereicherungsrechtliche Schuldverhältnis;[94] neues Recht findet danach Anwendung, wenn der Rechtsgrund erst nach dem 31.12.2001 weggefallen ist. Fällt der Rechtsgrund dagegen rückwirkend weg, ist der Zeitpunkt der Leistung maßgeblich; das Schuldverhältnis entsteht in diesem Fall mit der Gewährung des Vermögensvorteils.[95]

45 Auch bei der **Zweckverfehlungskondiktion** (§ 812 Abs. 1 S. 2 Alt. 2 BGB) kann nicht auf den Zeitpunkt der Vermögensverschiebung abgestellt werden. Maßgeblich ist vielmehr der Nichteintritt des bezweckten Erfolges.[96] Grund ist auch hier, dass erst mit der Zweckverfehlung alle Voraussetzungen für die Entstehung des bereicherungsrechtlichen Tatbestandes erfüllt sind.

46 Der Entstehungstatbestand der **Eingriffskondiktion** (§ 812 Abs. 1 S. 1 Alt. 2 BGB) ist in dem Zeitpunkt vollendet, in dem der Schuldner sich die geschützte Rechtsposition des Gläubigers zu Eigen macht.[97]

III. Rechtsfolgen (S. 1)

47 **1. Anwendbares Recht.** Nach S. 1 gelten für Schuldverhältnisse, die vor dem 1.1.2002 entstanden sind (vgl Rn 23 ff), weiterhin das BGB sowie die bis zu diesem Zeitpunkt bestehenden Sonderregelungen des AGBG, des HGB, des VerbrKrG, des FernAbsG, des FernUSG, des HWiG, des TzWrG, der VO über Kundeninformationspflichten, der VO über Informationspflichten von Reiseveranstaltern und der ViehhauptmängelVO in der bis zum 31.12.2001 gültigen Fassung. Für Schuldverhältnisse, die auf einen einmaligen Leistungsaustausch gerichtet sind, gilt dies ohne zeitliche Einschränkung. Soweit Dauerschuldverhältnisse in Rede stehen, die

89 *Rolland*, in: Haas/Medicus/Rolland/Schäfer/Wendtland, aaO, S. 371, 373; vgl insoweit auch Staudinger/*Löwisch*, Art. 229 § 5 EGBGB Rn 19.

90 Vgl Palandt/*Grüneberg*, Art. 229 § 5 EGBGB Rn 4; *Medicus*, in: Haas/Medicus/Rolland/Schäfer/Wendtland, aaO, S. 79, 86 f (Rn 21), die aus diesem Grund auch keine Stellung nehmen zu der Frage, wann der Entstehungstatbestand der c.i.c. iSd Art. 229 § 5 S. 1 verwirklicht ist.

91 Ebenso Henssler/von Westphalen/*Bereska*, Praxis der Schuldrechtsreform, 2. Aufl. 2003, Art. 229 § 5 EGBGB Rn 11; Palandt/*Grüneberg*, Art. 229 § 5 EGBGB Rn 4; Staudinger/*Löwisch*, Art. 229 § 5 EGBGB Rn 18; Erman/*Schmidt-Räntsch*, Anh. Einl. § 241 (Art. 229 § 5) Rn 6; vgl auch *Heß*, Intertemporales Privatrecht, 1998, S. 167.

92 So Henssler/von Westphalen/*Bereska*, aaO, Art. 229 § 5 EGBGB Rn 11; Palandt/*Grüneberg*, Art. 229 § 5 EGBGB Rn 4; Staudinger/*Löwisch*, Art. 229 § 5 EGBGB Rn 20; Erman/*Schmidt-Räntsch*, Anh. Einl. § 241 (Art. 229 § 5) Rn 6. Ebenso zu Art. 232 § 1: Staudinger/*Rauscher*, Art. 232 § 1 EGBGB Rn 51.

93 So aber wohl Staudinger/*Löwisch*, Art. 229 § 5 EGBGB Rn 20, der im Fall des Fehlschlagens eines vor dem 1.1.2002 geschlossenen Vertrages auf den Zeitpunkt der Vermögensverschiebung abstellt, um den für die Entstehung des bereicherungsrechtlichen Rückabwicklungsverhältnisses maßgeblichen Moment zu bestimmen. Zu der hier vertretenen Ansicht vgl aber auch *Heß*, Intertemporales Privatrecht, 1998, S. 167 (Zeitpunkt des nachträglichen Wegfalls des Rechtsgrundes).

94 Vgl etwa die bei Palandt/*Sprau*, § 812 BGB Rn 97, genannten Beispiele der vorzeitigen Beendigung eines Miet- oder Leihvertrages.

95 Insoweit übereinstimmend Staudinger/*Löwisch*, Art. 229 § 5 EGBGB Rn 20.

96 Vgl *Heß*, Intertemporales Privatrecht, 1998, S. 167.

97 Vgl *Heß*, Intertemporales Privatrecht, 1998, S. 167.

noch vor dem 1.1.2002 entstanden sind, findet S. 1 zunächst ebenfalls Anwendung (vgl Rn 53, 58), die Fortgeltung alten Rechts ist jedoch auf die Zeit bis zum 31.12.2002 beschränkt (näher bei Rn 59 ff).

Eine Sonderregelung für die Kontrolle Allgemeiner Geschäftsbedingungen in Verträgen, die vor Inkrafttreten des AGBG am 1.4.1977 geschlossen worden sind, ist abweichend von der Fassung des Regierungsentwurfs[98] nicht mehr vorgesehen. Die insofern maßgebliche **Überleitungsvorschrift** des bisherigen **§ 28 Abs. 2 AGBG** findet nach S. 1 aufgrund der Verweisung auf das AGBG in der am 31.12.2001 geltenden Fassung ohnehin weiter Anwendung, so dass es einer darüber hinausgehenden Übergangsbestimmung nicht bedurfte.[99] Entsprechendes gilt für die Überleitungsvorschriften des § 6 FernAbsG, § 27 FernUSG, § 9 HWiG, § 11 TzWrG und § 19 VerbrKrG.[100] 48

Gleichfalls anwendbar bleiben die dem S. 1 zeitlich vorgehenden **Übergangsregelungen des EGBGB.**[101] Dies ergibt sich zwar nicht unmittelbar aus der Formulierung des S. 1, der nicht auf das EGBGB verweist, und kann auch aus der Klausel in S. 1 aE „soweit nicht ein anderes bestimmt ist" nicht abgeleitet werden, da sich dieser Vorbehalt nur auf die Regelungen in S. 2 sowie auf Art. 229 §§ 6 und 7 bezieht (vgl Rn 4). Jedoch bestimmt S. 1 die Anwendbarkeit des BGB in der bis zum 31.12.2001 geltenden Fassung. Zu den Vorschriften, die an diesem Tag Geltung beanspruchten, gehören auch jene Regelungen einer älteren Fassung des BGB, die aufgrund des intertemporalen Kollisionsrechts in bestimmten Altfällen weiterhin anwendbar sind.[102] Andernfalls käme es zu einer nicht zu rechtfertigenden Rückwirkung der am 31.12.2001 aktuell gültigen Fassung des materiellen Rechts auf Schuldverhältnisse, die bis zu diesem Tag einer älteren Fassung unterlagen (vgl hierzu auch Rn 1). Eine derartige Zielsetzung ist auch den Gesetzesmaterialien nicht zu entnehmen; vielmehr sollte der Rechtszustand, wie er am 31.12.2001 bestand, für die betreffenden Schuldverhältnisse grundsätzlich auch nach diesem Tag fortbestehen – unabhängig davon, welche Gesetzesfassung damit zur Anwendung kommt. 49

2. Reichweite. a) Wirksamkeit, Inhalt und Abwicklung des Schuldverhältnisses. Findet nach S. 1 altes Recht Anwendung, so betrifft dies grundsätzlich das gesamte Schuldverhältnis, auch wenn einzelne daraus resultierende Ansprüche erst nach dem 31.12.2001 entstanden sein sollten.[103] Von Bedeutung sind die bisherigen Vorschriften daher nicht nur für die **Begründung** der (gesetzlichen) Schuldverhältnisse bzw die Wirksamkeit der (ein- oder zweiseitigen) Rechtsgeschäfte,[104] sondern auch für den **Inhalt** und die **Abwicklung** der Verpflichtungen.[105] Hierunter fallen u.a. der Umfang der Leistungspflicht, die Voraussetzungen und Folgen einer Leistungsstörung,[106] die Modalitäten der Erfüllung, das Erlöschen des Schuldverhältnisses, die Voraussetzungen und Wirkungen eines Rücktrittsrechts sowie das Bestehen und die Geltendmachung von Einreden oder Einwendungen.[107] Auch ein nach dem 31.12.2001 vorgenommener **Schuldner- oder Gläubigerwechsel** hat keinen Einfluss auf die Unterstellung des Schuldverhältnisses unter das alte Recht.[108] Gleiches gilt im Hinblick auf die **Abtretung** einer aus einem Altschuldverhältnis resultierenden Forderung.[109] Die Fortgeltung alten Rechts bezieht sich in den letztgenannten Fällen allerdings nur auf das vor dem 1.1.2002 entstandene Schuldverhältnis; der nach dem 31.12.2001 geschlossene Abtretungsvertrag bzw die dem Schuld- 50

98 Vgl hierzu BT-Drucks. 14/6040, S. 273 sowie die Beschlussempfehlung des Rechtsausschusses, BT-Drucks. 14/7052, S. 207.

99 Vgl auch *Heinrichs*, NZM 2003, 6, 7.

100 BT-Drucks. 14/6040, S. 273; Palandt/*Grüneberg*, Art. 229 § 5 EGBGB Rn 5.

101 Im Erg. ebenso Staudinger/*Löwisch*, Art. 229 § 5 EGBGB Rn 4; Erman/*Schmidt-Räntsch*, Anh. Einl. § 241 (Art. 229 § 5) Rn 8 f.

102 Vgl *Schimmel/Meyer*, NJW 2004, 1633, 1634 zu der ähnlichen Formulierung in S. 2.

103 BAG NZA 2004, 597, 600; LAG Köln NZA-RR 2003, 406, 407; LAG Mainz LAGReport 2004, 104 (Tz 43); *Heß*, NJW 2002, 253, 255; MüKo/*Krüger*, Art. 229 § 5 EGBGB Rn 9; Erman/*Schmidt-Räntsch*, Anh. Einl. § 241 (Art. 229 § 5) Rn 8; Palandt/*Grüneberg*, Art. 229 § 5 EGBGB Rn 5. Ebenso zu Art. 232 § 1: *Heß*, Intertemporales Privatrecht, 1998, S. 144; BGH DtZ 1996, 140, 141; Palandt-Archiv Teil II/*Heinrichs*, Art. 232 § 1 EGBGB Rn 5; MüKo/*Säcker*, 4. Aufl. 2006, Art. 232 § 1 EGBGB Rn 11; Staudinger/*Rauscher*, Art. 232 § 1 EGBGB Rn 52; zu Art. 170: MüKo/*Krüger*, Art. 170 EGBGB Rn 5; Staudinger/*Hönle*, Art. 170 EGBGB Rn 10.

104 Vgl Palandt-Archiv Teil II/*Heinrichs*, Art. 232 § 1 EGBGB Rn 5; MüKo/*Säcker*, 4. Aufl. 2006, Art. 232 § 1 EGBGB Rn 12; Staudinger/*Rauscher*, Art. 232 § 1 EGBGB Rn 52; Staudinger/*Hönle*, Art. 170 EGBGB Rn 12.

105 BAG NZA 2004, 597, 600; BB 2004, 1858; Palandt/*Grüneberg*, Art. 229 § 5 EGBGB Rn 5; *Heß*, NJW 2002, 253, 255; Staudinger/*Löwisch*, Art. 229 § 5 EGBGB Rn 29; Erman/*Schmidt-Räntsch*, Anh. Einl. § 241 (Art. 229 § 5) Rn 8. Vgl auch Soergel/*Hartmann*, Art. 232 § 1 EGBGB Rn 3; Palandt-Archiv Teil II/*Heinrichs*, Art. 232 § 1 EGBGB Rn 7; MüKo/*Säcker*, 4. Aufl. 2006, Art. 232 § 1 EGBGB Rn 13; MüKo/*Krüger*, Art. 170 EGBGB Rn 5.

106 LAG Frankfurt, Urt. v. 28.11.12003 – 17 Sa 1066/03, juris Tz 27.

107 Hierzu und zu weiteren Bsp. vgl auch Palandt-Archiv Teil II/*Heinrichs*, Art. 232 § 1 EGBGB Rn 7; MüKo/*Säcker*, 4. Aufl. 2006, Art. 232 § 1 EGBGB Rn 13; Staudinger/*Hönle*, Art. 170 EGBGB Rn 12.

108 Staudinger/*Löwisch*, Art. 229 § 5 EGBGB Rn 25; Erman/*Schmidt-Räntsch*, Anh. Einl. § 241 (Art. 229 § 5) Rn 7; vgl auch Staudinger/*Hönle*, Art. 170 EGBGB Rn 12.

109 Staudinger/*Löwisch*, Art. 229 § 5 EGBGB Rn 25.

ner- oder Gläubigerwechsel zugrunde liegenden Abreden richten sich als neue Schuldverhältnisse ausschließlich nach neuem Recht (vgl hierzu auch Rn 51 f).[110]

51 **b) Nachträgliche Änderungen.** Nicht mehr von den zur Zeit des Vertragsschlusses geltenden Regelungen erfasst sind hingegen neue Umstände, die von außen auf das Schuldverhältnis einwirken und dieses nachträglich verändern.[111] In derartigen Fällen findet auf den die Veränderung bewirkenden Tatbestand, unabhängig von dem modifizierten Schuldverhältnis, das im Zeitpunkt der nachträglichen Vornahme gültige Recht Anwendung.[112] Tritt das Ereignis erst nach dem 31.12.2001 ein, sind für dessen Bewertung mithin ausschließlich die Regelungen des neuen Rechts heranzuziehen. Dies betrifft etwa die Wirkungen von **Schuldanerkenntnis**[113] und **Vergleich**,[114] den **Schuldbeitritt**,[115] die nachträgliche **Verlängerung**[116] oder die vorzeitige **Aufhebung des Vertrages**,[117] Voraussetzungen und Wirkung eines **Erfüllungsgeschäftes**[118] sowie einer **Vertragsübernahme** bzw eines sonstigen Wechsels der Vertragsparteien. Von wesentlicher Bedeutung ist die Unanwendbarkeit alten Rechts in diesen Fällen allerdings nicht, da die Schuldrechtsreform die genannten Punkte im Wesentlichen unberührt gelassen hat. Soweit die Problematik bislang in der Rechtsprechung relevant geworden ist, stand im Wesentlichen die Anwendbarkeit der §§ 305 ff und 312, 355 BGB in Rede. Bedeutung gewinnen können darüber hinaus aber auch die Änderungen der §§ 121 und 124 BGB, sofern eine nachträglich das Schuldverhältnis ändernde Abrede angefochten wird;[119] die maßgebliche Überleitungsvorschrift wäre dann allerdings nicht Art. 229 § 5, sondern Art. 229 § 6 (s. dort Rn 65 ff).

52 Die Anwendbarkeit neuen Rechts auf solche Umstände, die das Schuldverhältnis nachträglich (dh nach dem 31.12.2001) verändern, führt jedoch nicht dazu, dass im gegebenen Fall auch die unmodifizierten Teile neuem Recht zu unterstellen wären. Grundsätzlich bleiben auf diese weiterhin die im Zeitpunkt der Entstehung des Schuldverhältnisses gültigen Regelungen anwendbar.[120] Nur dann, wenn sich das Rechtsgeschäft infolge der nachträglichen Modifikationen letztlich als neuer Vertrag darstellt, sind auf diesen insgesamt die neuen Regelungen zur Anwendung zu bringen.[121] Unabhängig davon steht es den Parteien natürlich frei, das Schuldverhältnis in Verbindung mit dessen Abänderung kraft Rechtswahl als Ganzes neuem Recht zu unterstellen (zur Wahl neuen Rechts vgl auch Rn 10 ff). Eine solche parteiautonome Entscheidung für die Anwendung des reformierten Schuldrechts kann ggf auch konkludent durch die Neugestaltung des Rechtsverhältnisses erfolgen.[122]

53 **3. Dauerschuldverhältnisse (S. 2). a) Verschiebung des Überleitungszeitpunkts.** S. 2 bestimmt, dass auf Dauerschuldverhältnisse, die vor dem 1.1.2002 entstanden sind, **ab dem 1.1.2003 neues Recht** anzuwenden ist. Bis zu diesem Zeitpunkt gelten das BGB und die in S. 1 genannten Sondergesetze in der bis zum 31.12.2001 gültigen Fassung. Dadurch sollte den Parteien die Möglichkeit gegeben werden, ihre Verträge an

110 Staudinger/*Löwisch*, Art. 229 § 5 EGBGB Rn 25; *Rolland*, in: Haas/Medicus/Rolland/Schäfer/Wendtland, aaO, S. 371, 372 (Rn 7).

111 BAG NZA 2004, 597, 600. Vgl auch Palandt-Archiv Teil II/*Heinrichs*, Art. 232 § 1 EGBGB Rn 8; MüKo/*Säcker*, 4. Aufl. 2006, Art. 232 § 1 EGBGB Rn 14; Staudinger/*Rauscher*, Art. 232 § 1 EGBGB Rn 93; Staudinger/*Hönle*, Art. 170 EGBGB Rn 11.

112 Staudinger/*Löwisch*, Art. 229 § 5 EGBGB Rn 23; insoweit übereinstimmend auch *Heß*, NJW 2002, 253, 255; *Medicus*, in: Haas/Medicus/Rolland/Schäfer/Wendtland, aaO, S. 79, 87 (Rn 22).

113 BAG NZA 2005, 1193, 1198; Palandt/*Grüneberg*, Art. 229 § 5 EGBGB Rn 5.

114 Staudinger/*Löwisch*, Art. 229 § 5 EGBGB Rn 26.

115 Palandt/*Grüneberg*, Art. 229 § 5 EGBGB Rn 5; vgl zum Schuldbeitritt auch BGH NJW-RR 2007, 668, 669.

116 Staudinger/*Löwisch*, Art. 229 § 5 EGBGB Rn 24.

117 BAG NZA 2004, 597, 600; BB 2004, 1858 f (jeweils zur Frage des anwendbaren Rechts auf nachträgliche Vereinbarungen über die Beendigung eines Arbeitsverhältnisses); LAG Mainz, Urt. v. 23.7.2003 – 9 Sa 444/03, juris Tz 31 (Aufhebungsvertrag); *Mengel*, BB 2003, 1278, 1279; Palandt/*Grüneberg*, Art. 229 § 5 EGBGB Rn 5. AA LAG Köln NZA-RR 2003, 406, 407; LAG Mainz LAGReport 2004, 104 (Tz 42 f); LAG Potsdam ZIP 2003, 1214, 1215: Nach dem 31.12.2001 getroffene Vereinbarungen über die Beendigung eines vor dem 1.1.2002 geschlossenen Arbeitsvertrages unterliegen als actus contrarius ebenfalls altem Recht; LAG Chemnitz, Urt. v. 30.9.2003 – 5 Sa 184/03, juris Tz 78 (Abwicklungsvertrag); Palandt/*Grüneberg*, Art. 229 § 5 EGBGB Rn 7; *Kienast/Schmiedl*, DB 2003, 1440, 1442; Erman/*Schmidt-Räntsch*, Anh. Einl. § 241 (Art. 229 § 5) Rn 7.

118 Palandt/*Grüneberg*, Art. 229 § 5 EGBGB Rn 5.

119 Vgl BAG NZA 2004, 597, 599; LAG Hamm NZA-RR 2003, 401 f, jeweils allerdings ohne Hinweis auf die insoweit bestehende Übergangsproblematik.

120 BGH NJW-RR 2007, 668, 669 (der Schuldbeitritt ändert nichts daran, dass der Vertrag auch hinsichtlich des Beitretenden weiterhin altem Recht unterliegt); *Hertel*, S. 427; Staudinger/*Löwisch*, Art. 229 § 5 EGBGB Rn 23; Erman/*Schmidt-Räntsch*, Anh. Einl. § 241 (Art. 229 § 5) Rn 7. AA *Heß*, NJW 2002, 253, 255; *Medicus*, in: Haas/Medicus/Rolland/Schäfer/Wendtland, aaO, S. 79, 87 (Rn 22): Im Regelfall sei davon auszugehen, dass eine Änderung des alten Schuldverhältnisses nach dem 31.12.2001 zu der Anwendbarkeit neuen Rechts auf das gesamte Rechtsverhältnis führt.

121 BGH NJW-RR 2007, 668, 669; *Hertel*, S. 427; Erman/*Schmidt-Räntsch*, Anh. Einl. § 241 (Art. 229 § 5) Rn 7; Palandt/*Grüneberg*, Art. 229 § 5 EGBGB Rn 3. Vgl auch Staudinger/*Löwisch*, Art. 229 § 5 EGBGB Rn 24 für den Fall der Novation oder der Bestätigung nichtiger Rechtsgeschäfte gem. § 141 BGB.

122 *Hertel*, S. 427; Staudinger/*Löwisch*, Art. 229 § 5 EGBGB Rn 24.

die geänderte Rechtslage anzupassen (vgl Rn 11 f). Machen sie hiervon bis zum 31.12.2002 keinen Gebrauch, finden ab dem Stichtag die neuen Vorschriften Anwendung. Dies kann ggf zu einer Änderung des Vertragsinhaltes führen, wenn die Parteien für einzelne Fragen keine individuelle Abrede getroffenen haben und das neue Recht in den betreffenden Punkten von den bisherigen Regelungen abweicht. Entsprechendes gilt, wenn die Vertragspartner zwar eine individualvertragliche Regelung getroffen haben, diese aber den zwingenden Vorschriften des neuen Rechts widerspricht. In dem Fall sind die abweichenden Vertragsbestimmungen nach dem Stichtag gem. § 134 BGB nichtig. Zur Anwendung kommen die zwingenden neuen Normen.

Der Gesetzgeber hat den Parteien eine **einjährige Übergangsfrist** zur Anpassung ihres Dauerschuldverhält- 54
nisses an das neue Recht eingeräumt.[123] Den Parteien steht es jedoch offen, durch eine kollisionsrechtliche Rechtswahl (s. Rn 10 ff) ihr dem bisherigen Recht unterstehendes Dauerschuldverhältnis schon vor dem 1.1.2003 dem neuen Recht zu unterstellen. Wird die Wahl des neuen Rechts nach dem 1.1.2002 erklärt, dann können die Parteien eine rückwirkende Anwendung des neuen Rechts ausdrücklich oder stillschweigend vereinbaren (s. Rn 17 f). Von der Befugnis zur rückwirkenden Wahl des neuen Rechts ist auszugehen, da es den Parteien offen stehen muss, alle ihre Rechtsverhältnisse mit Wirkung zu einem Stichtag einheitlich neu zu ordnen. Zur Grenze der drittbelastenden Rechtswahl s. Rn 15.

b) Begriff des Dauerschuldverhältnisses. Der Begriff des Dauerschuldverhältnisses ist gesetzlich nicht 55
definiert. Obwohl sich der Terminus außer in S. 2 auch an verschiedenen Stellen im BGB findet (vgl §§ 308 Nr. 3, 309 Nr. 1 und 9, 313 Abs. 3 S. 2 und 314 Abs. 1 S. 1 BGB), hat der Gesetzgeber bewusst auf eine Legaldefinition verzichtet. Um Abgrenzungsschwierigkeiten zu vermeiden und eine mögliche Weiterentwicklung nicht zu behindern, soll ausweislich der Begründung des Regierungsentwurfs auch nach der Schuldrechtsreform auf die in Rechtsprechung und Literatur verwendeten Kriterien zurückgegriffen werden.[124] Nach diesen sollen sich Dauerschuldverhältnisse grundsätzlich dadurch auszeichnen, dass während ihrer Laufzeit fortwährend neue Leistungs- und Schutzpflichten entstehen und dem Zeitaspekt besondere Bedeutung zukommt.[125] Unstreitig als Dauerschuldverhältnisse anzusehen seien daher insbesondere **Miet-, Pacht-, Leih-, Verwahrungs-** und **Versicherungsverträge** sowie **Dienst-,**[126] **Arbeits-**[127] und **Gesellschaftsverträge**. Hinzu kommen sollen nicht normierte Vertragsverhältnisse wie etwa **Leasingverträge**, **Belegarztverträge** oder **Bezugsverträge**, aber auch solche Schuldverhältnisse, die nicht auf gegenseitigen Verträgen beruhen, wie zB **Unterwerfungserklärungen aus Wettbewerbsverhältnissen**.[128] Offen gelassen wurde die Einordnung von Ratenlieferungs- und Darlehensverträgen sowie von Langzeitverträgen, Bürgschaften und kumulativer Schuldübernahme.[129]

Ob das dem materiellen Recht, insbesondere dem § 314 BGB, zugrunde gelegte Begriffsverständnis auch iRd 56
S. 2 Gültigkeit beanspruchen soll, ist den Gesetzgebungsmaterialien nicht zu entnehmen. In der Literatur wird die Frage streitig behandelt. Verbreitet findet sich die Auffassung, der Begriff des Dauerschuldverhältnisses sei in S. 2 nicht anders zu verstehen als im materiellen Recht, so dass die Umstellung auf das neue Recht am 1.1.2003 lediglich diejenigen Altschuldverhältnisse betreffe, die auch materiellrechtlich als Dauerschuldverhältnisse gelten.[130] Dem wird entgegengehalten, der kollisionsrechtliche Begriff des Dauerschuldverhältnisses könne nicht unbesehen mit jenem des materiellen Rechts gleichgesetzt werden.[131] Vielmehr habe sich die Auslegung des S. 2 an dem Zweck der Norm zu orientieren, einer parallelen Anwendung neuen und alten Rechts auf unbestimmte Zeit entgegenzuwirken und möglichst schnell intertemporale Rechtseinheit herzustellen.[132] Angesichts dieser Zielsetzung sei das kollisionsrechtliche Verständnis des Dauerschuldverhältnisses weiter als jenes des materiellen Rechts und nehme über die in §§ 308 Nr. 3, 309 Nr. 1 und 9, 313 Abs. 3 S. 2 und 314 Abs. 1 S. 1 BGB erfassten Rechtsgeschäfte hinaus auch gesetzliche Schuldverhältnisse[133] sowie

123 BT-Drucks. 14/6040, S. 273.
124 BT-Drucks. 14/6040, S. 177 f.
125 BT-Drucks. 14/6040, S. 176 f.
126 OLG Stuttgart, Urt. v. 27.9.2006-4 U 74/06, juris Tz 45.
127 Vgl auch BAG NZA 2009, 1286, 1294; NJW 2008, 458, 459; LAG Chemnitz, Urt. v. 30.9.2003 – 5 Sa 184/03, juris Tz 78; LAG Köln NZA-RR 2003, 406, 407; LAG Mainz LAGReport 2004, 104 (Tz 43); *Wisskirchen/Stühm*, DB 2003, 2225 (auch befristete Arbeitsverhältnisse und solche mit fester Altersgrenze).
128 BT-Drucks. 14/6040, S. 177.
129 BT-Drucks. 14/6040, S. 178.
130 *Medicus*, in: Haas/Medicus/Rolland/Schäfer/Wendtland, aaO, S. 79, 87 (Rn 24) (Zugrundelegung des bisherigen Begriffsverständnisses); Erman/*Schmidt-Räntsch*, Anh. Einl. § 241 (Art. 229 § 5) Rn 11 (Begriff des Dauerschuldverhältnisses ist in § 313 Abs. 3 BGB und in Art. 229 § 5 S. 2 gleich auszulegen); wohl auch Henssler/von Westphalen/*Bereska*, Praxis der Schuldrechtsreform, 2. Aufl. 2003, Art. 229 § 5 EGBGB Rn 12; Palandt/*Grüneberg*, Art. 229 § 5 EGBGB Rn 7; *Rolland*, in: Haas/Medicus/Rolland/Schäfer/Wendtland, aaO, S. 371, 372 (Rn 9); *Wagner*, ZfIR 2002, 257, 258.
131 Vgl *Armbrüster/Wiese*, DStR 2003, 334, 335; *Heß*, NJW 2002, 253, 256; *Kirsch*, NJW 2002, 2520, 2521, 2523; Staudinger/*Löwisch*, Art. 229 § 5 EGBGB Rn 33 ff.
132 So zuerst *Heß*, NJW 2002, 253, 256.
133 Staudinger/*Löwisch*, Art. 229 § 5 EGBGB Rn 34, 39 (zB familienrechtliche Unterhaltspflichten; Testamentsvollstreckung, Insolvenzverwaltung).

weitere Vertragstypen in Bezug, sofern die vertragliche Beziehung nur von gewisser Dauer und ausreichender Intensität sei.[134] Wie weit dieser Kreis zu ziehen ist, wird dann allerdings nicht einheitlich bewertet.[135] Konsens besteht damit nur insofern, als allgemein angenommen wird, dass S. 2 jedenfalls jene Dauerschuldverhältnisse erfasst, die auch materiellrechtlich als solche gelten.

In der Rechtsprechung wurden als Dauerschuldverhältnisse iSd S. 2 allerdings bereits **Darlehensverträge,**[136] die **Schuldmitübernahme für eine Darlehensschuld**,[137] **Steuerberaterverträge,**[138] **Tauschverträge,**[139] **Vertragshändlerverträge**[140] und **Zins-Swap-Verträge**[141] anerkannt. Kein Dauerschuldverhältnis soll hingegen durch einen **Aufhebungsvertrag** begründet werden.[142]

57 **c) Rahmenverträge.** Die in S. 2 vorgesehene Verschiebung des Überleitungszeitpunkts kann für die Zeit zwischen dem 31.12.2001 und dem 1.1.2003 zu Anwendungsschwierigkeiten führen, wenn ein vor dem 1.1.2002 begründetes Dauerschuldverhältnis als Rahmenvertrag (zB Factoringvertrag, Franchisevertrag oder Vertragshändlervertrag) konzipiert wurde. Stellt die Wahrnehmung der darin vorgesehenen Einzelleistungen jeweils den Abschluss eines eigenständigen Vertrages dar (zB einen Kauf- oder Bezugsvertrag), unterliegt der Rahmenvertrag nach S. 2 bis zum 31.12.2002 altem Recht, wohingegen nach S. 1 die Einzelverträge ab dem 1.1.2002 bereits neuem Recht unterfallen würden.[143] Dies zieht vor allem mit Blick auf die zwingenden Normen des neuen Rechts unter Umständen Wertungswidersprüche nach sich, die die Abwicklung der Vertragsverhältnisse erheblich erschweren können. Sollten die Parteien angesichts der zu erwartenden Friktionen den Rahmenvertrag und die Einzelverträge nicht ohnehin schon zum 1.1.2002 angepasst haben, können sie eine Angleichung auch noch nachträglich durch Vereinbarung einer rückwirkenden Anwendung des neuen Rechts erreichen (vgl Rn 17 f).[144]

58 **d) Anwendbares Recht.** Dauerschuldverhältnisse, die vor dem 1.1.2002 entstanden sind, unterliegen **bis zum 31.12.2002** weiterhin altem Recht in dem in S. 1 bezeichneten Umfang (vgl Rn 47). Insofern unterscheiden sich Dauerschuldverhältnisse zunächst nicht von jenen Altschuldverhältnissen, die auf den einmaligen Austausch von Leistungen gerichtet sind.

59 **Am 1.1.2003** kam es gem. S. 2 dann zu einem Statutenwechsel. Mit dem Stichtag fanden anstelle der in S. 1 aufgeführten Gesetze nur noch das BGB, das HGB, das FernUSG und die BGB-InfoV in der an diesem Tag geltenden Fassung Anwendung.

60 Nicht mehr verwiesen wird damit auf **§ 28 Abs. 2 AGBG**. Die Übergangsregelung, die für vor dem 1.4.1977 abgeschlossene Verträge eine Inhaltskontrolle ausschließlich nach § 9 AGBG vorsah, fand über S. 1 trotz Aufhebung des AGBG zunächst auch nach dem 31.12.2001 auf Altverträge weiter Anwendung. Für Dauerschuldverhältnisse, für die am 1.1.2003 die Überleitung nach S. 2 eingreift, findet sich eine dem S. 1 entsprechende Verweisung auf die Regelung des § 28 Abs. 2 AGBG jedoch nicht mehr. Gültigkeit besitzen seit dem 1.1.2003 auch für alte Dauerschuldverhältnisse (einschließlich jener, die vor dem 1.4.1977 entstanden sind)[145] nur noch die §§ 305 ff BGB.[146] Soweit die Neuregelungen von den Vorgaben des alten Rechts abweichen, kann dies zur Unwirksam bislang gesetzeskonformer Klauseln führen.[147]

134 *Heß*, NJW 2002, 253, 256; *Kirsch*, NJW 2002, 2520, 2523; vgl auch *Schmidt-Kessel*, ZGS 2002, 311, 318.

135 Vgl *Anker/Zacher*, BauR 2002, 1772, 1775: Werkverträge, sofern am 1.1.2003 noch nicht erfüllt worden ist; *Armbrüster/Wiese*, DStR 2003, 334, 335 f, 342: Einbezogen sind Sukzessivlieferungsverträge, sofern die Gesamtliefermenge zunächst nicht bestimmt ist; nicht von S. 2 erfasst sind hingegen Langfrist- sowie Raten- und Teillieferungsverträge; weiter dagegen *Heß*, NJW 2002, 253, 256: Sukzessivlieferungsverträge sind erfasst, sofern sich die Abnahme (auch eines bestimmten) Gesamtkontingents über längere Zeit hinziehen soll; ähnlich *Kirsch*, NJW 2002, 2520, 2523: Alle Vertriebsvereinbarungen und Langzeitlieferverträge, auch wenn bestimmte Abnahmekontingente oder eine feste Abnahmemenge vereinbart sind; Staudinger/*Löwisch*, Art. 229 § 5 EGBGB Rn 36: Vertriebs- und Zulieferverträge; nicht erfasst sind hingegen Termingeschäfte sowie im Regelfall Werkverträge (Rn 37).

136 BGH NJW 2010, 602, 603; OLG München, Urt. v. 18.11.2008 – 5 U 3901/08, juris, Tz 12; Brandenburg. OLG, Urt. v. 9.7.2008 – 3 U 168/07, juris, Tz 14; OLG Bamberg WM 2006, 907, 908; LG Paderborn, Urt. v. 27.3.2009 – 2 O 480/07, juris, Tz 47.

137 OLG Celle WM 2007, 1319, 1323.

138 OLG Köln DStRE 2009, 634, 635.

139 BGH NJW-RR 2008, 172.

140 OLG Düsseldorf, Urt. v. 1.10.2008 – VI-U (Kart) 5/08, juris, Tz 45; Urt. v. 26.6.2008 – VI-U (Kart) 31/07, juris, Tz 40.

141 LG Krefeld, Urt. v. 19.1.2006 – 5 O 462/04, juris Tz 30.

142 LAG Niedersachsen, Urt. v. 9.10.2009 – 10 Sa 1692/08, juris Tz 29.

143 Vgl *Ziegler/Rieder*, ZIP 2001, 1789, 1793; Erman/*Schmidt-Räntsch*, Anh. Einl. § 241 (Art. 229 § 5) Rn 5.

144 Vgl *Kirsch*, NJW 2002, 2520, 2523.

145 AG Hamburg, Urt. v. 11.9.2006 – 644 C 248/04, juris Tz 93; Palandt/*Grüneberg*, Art. 229 § 5 EGBGB Rn 7.

146 *Armbrüster/Wiese*, DStR 2003, 334, 338; *Heinrichs*, NZM 2003, 6, 7; vgl auch BGH NJW 2009, 1491, 1492; BAG, NJW 2008, 458, 459; BAG, Urt. v. 13.3.2007 – 9 AZR 433/06, juris, Tz 34 f; BAG NJW 2006, 3303, 3305; LAG Frankfurt BB 2009, 1242, 1244; LAG Berlin-Brandenburg, Urt. v. 10.1.2008 – 20 Sa 1636/07, juris, Tz 31.

147 Kritisch *Stoffels*, NZA 2005, 726.

Den neuen Vorschriften kommt allerdings nur **Wirkung ex nunc** zu (unechte Rückwirkung, vgl Rn 2).[148] Der Entstehungstatbestand richtet sich auch weiterhin nach altem Recht.[149] AGB, die unter altem Recht wirksam einbezogen wurden, bleiben dies selbst dann, wenn die Voraussetzungen der §§ 305 f BGB nicht erfüllt sein sollten.[150] Sofern durch das SchuldRModG neue Klauselverbote eingeführt worden sind, müssen sich ab dem 1.1.2003 jedoch auch Altverträge an diesen messen lassen (vgl Rn 60); Wirkung kommt einem Verstoß gegen die Neuregelungen aber nur für die Zeit nach dem 31.12.2002 zu;[151] für den Zeitraum vor dem 1.1.2003 bleibt die betreffende Klausel weiterhin wirksam.[152] 61

Durch S. 2 unberührt geblieben sind die dem Art. 229 § 5 zeitlich vorgehenden Übergangsregelungen in **Art. 229 § 2 Abs. 1**[153] und in **Art. 229 § 3**.[154] Praktische Bedeutung gewonnen hat die Frage des Konkurrenzverhältnisses vor allem in Bezug auf Art. 229 § 3 Abs. 10, der die Anwendbarkeit des § 573 c Abs. 4 BGB auf vor dem 1.9.2001 abgeschlossene Mietverträge regelt.[155] Wäre S. 2 hier der Vorrang einzuräumen vor der Vorschrift des Art. 229 § 3 Abs. 10, hätte dies zur Folge, dass in Altverträgen zulasten des Mieters von der Kündigungsfrist nach § 573 c Abs. 1 S. 1 BGB abweichende Vereinbarungen mit Ablauf des 31.12.2002 unwirksam geworden wären.[156] Diese Konsequenz dürfte jedoch weder vom Gesetzgeber intendiert gewesen sein, noch ist sie zwingend aus S. 2 zu folgern.[157] Die Vorschriften der Art. 229 §§ 3 und 5 haben unterschiedliche Regelungsbereiche und konkurrieren nicht mit-, sondern stehen nebeneinander.[158] In der höchstrichterlichen Rechtsprechung wurde dies inzwischen auch für Art. 229 § 3 Abs. 1 Nr. 7[159] und 229 § 3 Abs. 3 bestätigt.[160] 62

Streitig ist auch die Frage, in welchem Verhältnis S. 2 zu **Art. 229 § 9** (Überleitungsvorschrift zum OLG-Vertretungsänderungsgesetz) steht.[161] Verschiedentlich wird S. 2 als vermeintlich speziellerer Regelung der Vorrang vor Art. 229 § 9 eingeräumt mit der Folge, dass sämtliche durch das OLG-Vertretungsänderungsgesetz eingefügten Neuerungen am 1.1.2003 auch auf Altverträge Anwendung finden sollen.[162] Überzeugender erscheint jedoch auch hier, bei Dauerschuldverhältnissen, die vor dem 1.1.2002 entstanden sind, die Regelung des Art. 229 § 9 als lex specialis zu S. 2 zu betrachten.[163] Für die am 1.1.2003 nach S. 2 übergeleiteten Alt- 63

148 OLG Stuttgart, Urt. v. 27.9.2006 – 4 U 74/06, juris, Tz 45; Staudinger/*Löwisch*, Art. 229 § 5 EGBGB Rn 44; vgl auch BGH NJW-RR 2008, 172 (auf Ansprüche aus einem Dauerschuldverhältnis, die vor dem 1.1.2003 zu erfüllen waren, findet auch nach dem Stichtag das BGB in der bis zum 31.12.2001 geltenden Fassung Anwendung; die Daten im Leitsatz der Entscheidung enthalten offensichtlich Tippfehler).

149 LG Paderborn, Urt. v. 27.3.2009 – 2 O 480/07, juris, Tz 47.

150 *Armbrüster/Wiese*, DStR 2003, 334, 338; *Heinrichs*, NZM 2003, 6, 8 unter Hinweis auf den neuen § 305 Abs. 2 Nr. 2 BGB.

151 Zur Frage einer möglichen geltungserhaltenden Reduktion der nach neuem Recht beanstandeten Klausel vgl *Armbrüster/Wiese*, DStR 2003, 334, 338 (Aufrechterhaltung in dem nach §§ 305 ff BGB erlaubten Maße grds. zulässig); *Wisskirchen/Stühm*, DB 2003, 2225, 2227; dagegen *Heinrichs*, NZM 2003, 6, 9 (keine geltungserhaltende Reduktion im Fall nachträglicher Gesetzesänderungen).

152 Staudinger/*Löwisch*, Art. 229 § 5 EGBGB Rn 44 (nach neuem Recht unwirksame allgemeine Arbeitsbedingungen besitzen bis zum 31.12.2002 Gültigkeit).

153 *Armbrüster/Wiese*, DStR 2003, 334, 339.

154 BGH NJW 2005, 1572 f; LG Duisburg NJW 2004, 3125; AG Heilbronn NZM 2004, 946; *Klein-Blenkers*, Art. 229 § 3 EGBGB Rn 6, 61; *Maciejewski*, MM 2004, 165. AA AG Villingen-Schwenningen, Urt. v. 8.6.2004 – 7 C 635/03, juris, Tz 30; Staudinger/*Löwisch*, Art. 229 § 5 EGBGB Rn 4 (frühere Übergangsvorschriften sind durch S. 2 überholt).

155 Vgl hierzu auch die Entscheidung in BGHZ 155, 178 ff sowie in Reaktion auf diese die Einführung eines neuen Art. 229 § 3 Abs. 10 S. 2 durch das Gesetz v. 26.5.2005 (BGBl. I S. 1425).

156 So LG Leipzig NZM 2005, 178 f; Staudinger/*Löwisch*, Art. 229 § 5 EGBGB Rn 41 (für Kündigungen nach dem 1.1.2003 ist die kurze Kündigungsfrist für Mieter nach § 573 c Abs. 1 BGB zwingend); ebenso *Schmidt-Kessel*, NJW 2003, 3748, 3749 und im Anschluss AG Bückeburg NJW 2004, 1807; AG Villingen-Schwenningen, Urt. v. 8.6.2004 – 7 C 635/03, juris, Tz 31; ferner AG Osnabrück WuM 2004, 498.

157 Ebenso BGH NJW 2005, 1572, 1573 f; BGH, Urt. v. 21.6.2005 – VIII ZB 83/04, juris, Tz 3; LG Berlin, Urt. v. 6.2.2006 – 67 S 363/05, juris, Tz 9 ff; LG Duisburg NJW 2004, 3125 f; AG Charlottenburg Grundeigentum 2005, 311; ausf. hierzu *Beuermann*, GE 2004, 146 f; *Lützenkirchen*, ZMR 2004, 323; *Schimmel/Meyer*, NJW 2004, 1633, 1634 f; *Wiek*, WuM 2004, 407, 408 f; im Erg. ebenso *Armbrüster/Wiese*, DStR 2003, 334, 339; vgl auch LG Freiburg (Breisgau), Urt. v. 7.7.2005 – 3 S 12/05, juris, Tz 37, unter Hinweis auf die Einführung des neuen Art. 229 § 3 Abs. 10 S. 2 zum 1.6.2005.

158 S. insb. *Wiek*, WuM 2004, 407, 408.

159 BGH NJW 2009, 1491, 1492 f.

160 BGH NZM 2007, 728, 729.

161 Ausf. hierzu *Schaffelhuber*, WM 2005, 765 ff.

162 So Staudinger/*Löwisch*, Art. 229 § 9 EGBGB Rn 7; AnwK-BGB/*Ring*, Art. 229 § 9 EGBGB Rn 13; *Schmidt-Kessel*, ZGS 2002, 311, 318 f.

163 So auch BGH NJW 2006, 3349 f; OLG Stuttgart ZIP 2008, 1579; Brandenburg. OLG, Beschl. v. 31.1.2007 – 3 W 49/05, juris, LS 1.; LG Paderborn, Urt. v. 27.3.2009 – 2 O 480/07, juris, Tz 48; *Armbrüster/Wiese*, DStR 2003, 334, 337, 340; einschränkend BGH NJW 2010, 602, 603 (Art. 229 § 9 ist nur hinsichtlich der dort aufgeführten Vorschriften des BGB lex specialis zu S. 2; nicht verdrängt wird S. 2 im Hinblick auf den Erlöschenstatbestand des § 2 Abs. 1 S. 4 HWiG aF [bis zum 30.9.2000 geltende Fassung]. § 2 Abs. 1 S. 4 HWiG aF findet daher keine Anwendung mehr, wenn ein Altdarlehen erst nach dem 31.12.2002 vollständig zurückgeführt wird.).

schuldverhältnisse kann daher lediglich § 355 Abs. 2 BGB nach Maßgabe des Art. 229 § 9 Abs. 2 Bedeutung gewinnen.[164] Den in Art. 229 § 9 Abs. 1 genannten Vorschriften, die bis zum 31.12.2002 auf vor dem 1.1.2002 entstandene (Dauer-)Schuldverhältnisse keine Anwendung fanden, kommt hingegen auch nach dem Stichtag nicht über S. 2 Wirkung zu.

64 Sofern die in S. 2 genannten Gesetze **nach dem 31.12.2002 geändert** werden, ist eine Anwendung dieser Neuerungen auch auf die zum 1.1.2003 übergeleiteten Dauerschuldverhältnisse nicht ausgeschlossen. Bei der in S. 2 ausgesprochenen Verweisung auf die am 1.1.2003 geltenden Gesetze handelt es sich um eine **dynamische Verweisung**.[165] Nachträgliche Änderungen sind daher nach Maßgabe der für diese vorgesehenen Übergangsregelungen zu beachten.

Art. 229 § 6 EGBGB Überleitungsvorschrift zum Verjährungsrecht nach dem Gesetz zur Modernisierung des Schuldrechts vom 26. November 2001

(1) [1]Die Vorschriften des Bürgerlichen Gesetzbuchs über die Verjährung in der seit dem 1. Januar 2002 geltenden Fassung finden auf die an diesem Tag bestehenden und noch nicht verjährten Ansprüche Anwendung. [2]Der Beginn, die Hemmung, die Ablaufhemmung und der Neubeginn der Verjährung bestimmen sich jedoch für den Zeitraum vor dem 1. Januar 2002 nach dem Bürgerlichen Gesetzbuch in der bis zu diesem Tag geltenden Fassung. [3]Wenn nach Ablauf des 31. Dezember 2001 ein Umstand eintritt, bei dessen Vorliegen nach dem Bürgerlichen Gesetzbuch in der vor dem 1. Januar 2002 geltenden Fassung eine vor dem 1. Januar 2002 eintretende Unterbrechung der Verjährung als nicht erfolgt oder als erfolgt gilt, so ist auch insoweit das Bürgerliche Gesetzbuch in der vor dem 1. Januar 2002 geltenden Fassung anzuwenden.

(2) Soweit die Vorschriften des Bürgerlichen Gesetzbuchs in der seit dem 1. Januar 2002 geltenden Fassung anstelle der Unterbrechung der Verjährung deren Hemmung vorsehen, so gilt eine Unterbrechung der Verjährung, die nach den anzuwendenden Vorschriften des Bürgerlichen Gesetzbuchs in der vor dem 1. Januar 2002 geltenden Fassung vor dem 1. Januar 2002 eintritt und mit Ablauf des 31. Dezember 2001 noch nicht beendigt ist, als mit dem Ablauf des 31. Dezember 2001 beendigt, und die neue Verjährung ist mit Beginn des 1. Januar 2002 gehemmt.

(3) Ist die Verjährungsfrist nach dem Bürgerlichen Gesetzbuch in der seit dem 1. Januar 2002 geltenden Fassung länger als nach dem Bürgerlichen Gesetzbuch in der bis zu diesem Tag geltenden Fassung, so ist die Verjährung mit dem Ablauf der im Bürgerlichen Gesetzbuch in der bis zu diesem Tag geltenden Fassung bestimmten Frist vollendet.

(4) [1]Ist die Verjährungsfrist nach dem Bürgerlichen Gesetzbuch in der seit dem 1. Januar 2002 geltenden Fassung kürzer als nach dem Bürgerlichen Gesetzbuch in der bis zu diesem Tag geltenden Fassung, so wird die kürzere Frist von dem 1. Januar 2002 an berechnet. [2]Läuft jedoch die im Bürgerlichen Gesetzbuch in der bis zu diesem Tag geltenden Fassung bestimmte längere Frist früher als die im Bürgerlichen Gesetzbuch in der seit diesem Tag geltenden Fassung bestimmten Frist ab, so ist die Verjährung mit dem Ablauf der im Bürgerlichen Gesetzbuch in der bis zu diesem Tag geltenden Fassung bestimmten Frist vollendet.

(5) Die vorstehenden Absätze sind entsprechend auf Fristen anzuwenden, die für die Geltendmachung, den Erwerb oder den Verlust eines Rechts maßgebend sind.

(6) Die vorstehenden Absätze gelten für die Fristen nach dem Handelsgesetzbuch und dem Umwandlungsgesetz entsprechend.

Literatur: *Amann*, in: Amann/Brambring/Hertel (Hrsg.), Vertragspraxis nach neuem Schuldrecht, 2. Auflage 2003, S. 430 (zitiert: *Amann*); *Assmann/Wagner*, Die Verjährung so genannter Altansprüche der Erwerber von Anlagen des freien Kapitalanlagemarkts, NJW 2005, 3169; *Besch/Kiene*, Die Verjährung von Anlegeransprüchen gegenüber Anlagevermittler und Anlageberater zum 1.1.2004, DB 2004, 1819; *Budzikiewicz*, Ablaufhemmung und intertemporales Kollisionsrecht, AnwBl 2002, 394; *dies.*, Die Verjährung im neuen Darlehensrecht, WM 2003, 264; *Gerneth*, Zur Auslegung des Art. 229 § 6 EGBGB, BKR 2006, 312; *Gsell*, Schuldrechtsreform: Die Überleitungsregelungen für die Verjährungsfristen, NJW 2002, 1297; *Heß*, Das neue Schuldrecht – In-Kraft-Treten und Übergangsregelungen, NJW 2002, 253; *ders.*, Die Übergangsregelungen zum Schuldrechtsmodernisierungsgesetz, DStR 2002, 455; *Höpker*, Verkäuferregress (§§ 478, 479 BGB), Diss. Hamburg, 2003, abrufbar unter: www.sub.uni-hamburg.de/disse/1137/dissertation.pdf, S. 348; *Kandelhard*, Ist es wirklich schon zu spät? – Zum Ablauf der allgemeinen Verjährungsfrist nach intertemporalem Verjährungsrecht, NJW 2005, 630; *Mansel/Budzikiewicz*, Das neue Verjährungsrecht, 2002; *dies.*, Verjährungsanpassungsgesetz: Neue Verjährungsfristen, insbeson-

164 *Armbrüster/Wiese*, DStR 2003, 334, 340.
165 *Armbrüster/Wiese*, DStR 2003, 334, 336.

dere für die Anwaltshaftung und im Gesellschaftsrecht, NJW 2005, 321; *Möller*, Verjährung von Altansprüchen nach neuem Schuldrecht – Zur Auslegung der Überleitungsnorm des Art. 229 § 6 Abs. 4 EGBGB, WM 2008, 476; *Pfeiffer*, Der Übergang von der Unterbrechung zur Hemmung der Verjährung, ZGS 2002, 275; *Piekenbrock*, Befristung, Verjährung, Verschweigung und Verwirkung, 2006, S. 481; *Rohlfink*, Grob fahrlässige Unkenntnis und Beginn der Regelverjährung bei Alt- bzw. Überleitungsfällen, MDR 2006, 721; *Schulte-Nölke/Hawxwell*, Zur Verjährung von vor der Schuldrechtsreform entstandenen Ansprüchen, NJW 2005, 2117; *Stenzel*, Zur Verjährung von vor der Schuldrechtsreform entstandenen Ansprüchen – Stichtagsprinzip oder Einheitslösung?, ZGS 2006, 130.

A. Allgemeines[1]

I. Normzweck und Normstruktur

Abweichend von der Regelung des Art. 229 § 5, der allgemein den zeitlichen Anwendungsbereich der durch das SchuldRModG[2] eingefügten Neuerungen bestimmt, enthält Art. 229 § 6 für die zum 1.1.2002 im BGB geänderten Vorschriften des Verjährungsrechts eine gesonderte, höchst detaillierte Übergangsnorm, der im Rahmen ihres Anwendungsbereichs als lex specialis **Vorrang vor Art. 229 § 5 S. 1 und 2** zukommt.[3] Die Vorschrift orientiert sich hinsichtlich ihres Abs. 1 S. 1 und 2 sowie der Abs. 4 und 5 an dem Vorbild der **Art. 169 und 231 § 6**, die eine entsprechende Funktion bei Inkrafttreten des BGB bzw bei Wirksamwerden des Beitritts übernommen hatten und inzwischen als Ausdruck eines allgemeinen Rechtsgedankens anerkannt sind.[4] Ebenso wie Art. 169 Abs. 1 und 231 § 6 Abs. 1 sieht auch Art. 229 § 6 Abs. 1 die Anwendbarkeit des neuen Verjährungsrechts auf die am Stichtag bereits bestehenden, jedoch noch nicht verjährten Ansprüche vor und unterstellt damit grundsätzlich alle am 1.1.2002 noch nicht abgelaufenen Verjährungsfristen *ex nunc* dem neuen Recht. Soweit altes und neues Recht differieren, werden in Art. 229 § 6 Abs. 2–4 zusätzlich eine Reihe von Sonderregelungen statuiert, die die Verjährung im Fall einer Fristverlängerung (Abs. 3) oder Fristverkürzung (Abs. 4) unter neuem Recht sowie für solche Sachverhaltskonstellationen regeln, in denen es bis zum 31.12.2001 zu einer Unterbrechung der Verjährung kam, seit dem 1.1.2002 aber nur noch ein Hemmungstatbestand vorgesehen ist (Abs. 2). Während Abs. 2 lediglich eine Klarstellung im Verhältnis zu Abs. 1 enthält, kann aufgrund der Regelungen der Abs. 3 und 4 auch nach dem 31.12.2001 altes Recht in den Fällen weiterhin Geltung beanspruchen, in denen dieses zu einem – verglichen mit den neuen Vorschriften – 1

1 Die erste Bearbeitung der Kommentierung des Art. 229 § 6 durch Prof. Dr. Mansel erschien im Dezember 2001 in Dauner-Lieb/Heidel/Lepa/Ring (Hrsg.), AnwK-SchuldR, 2002. Die Aktualisierung und Erweiterung dieser Erstbearbeitung wurde unter Einbeziehung der Ausführungen in *Mansel/Budzikiewicz*, Das neue Verjährungsrecht, 2002, § 10, durchgeführt.

2 Gesetz zur Modernisierung des Schuldrechts v. 26.11.2001 (BGBl. I S. 3138).

3 BGH NJW 2006, 44; NJW 2005, 739, 740; *Amann*, S. 430.

4 MüKo/*Grothe*, Art 229 § 6 EGBGB Rn 1; Vor § 194 BGB Rn 37; Palandt/*Ellenberger*, Überblick Vor § 194 Rn 24; Art. 231 § 6 EGBGB Rn 1; vgl auch Staudinger/*Rauscher*, Art. 231 § 6 EGBGB Rn 4 und OVG Lüneburg, Beschl. v. 20.11.2009-4 LA 709/07, juris Tz 12 (entsprechende Anwendung von Art. 169 EGBGB, um die intertemporale Anwendbarkeit der zum 1.4.2005 geänderten Verjährungsregelung in § 4 Abs. 4 RGebStV zu bestimmen).

früheren Verjährungseintritt führt (vgl im Einzelnen Rn 45 f, 57 ff). Dies entspricht der Zielsetzung des Gesetzgebers, den neuen Verjährungsregelungen möglichst schnell Wirkung zukommen zu lassen und hiervon nur dann abzuweichen, wenn altes Recht die Verjährung schneller herbeiführen würde als die Bestimmungen des SchuldRModG.

2 Über Abs. 5 finden die Abs. 1–4 auch auf **Ausschlussfristen** und **Ersitzungstatbestände** Anwendung, die durch das SchuldRModG geändert wurden. Die Vorschrift ist Art. 231 § 6 Abs. 3 nachgebildet. Bedeutung gewinnt sie vor allem hinsichtlich der Fristen der §§ 121 Abs. 2 und 124 Abs. 3 BGB, die von früher dreißig Jahren auf heute zehn Jahre herabgesetzt wurden (vgl hierzu auch Rn 67 f).

II. Auskunftsansprüche

3 Eine Besonderheit ist bei Auskunftsansprüchen zu beachten: Sollen diese einen Leistungsanspruch vorbereiten, richtet sich die Frage des anwendbaren Verjährungsrechts nach der Verjährung des betreffenden Leistungsanspruchs. Ist dieser am 1.1.2002 schon verjährt, findet (auch) auf den Auskunftsanspruch altes Recht Anwendung. Läuft die Verjährungsfrist für den Leistungsanspruch dagegen noch über den 31.12.2001 hinaus, unterliegt der Auskunftsanspruch (ebenso wie der Leistungsanspruch) den neuen Verjährungsregeln.[5]

III. Überleitung außerhalb des BGB

4 Zahlreiche **andere Gesetze**, in welchen Verjährungsregeln durch das SchuldRModG geändert wurden, haben eigenständige verjährungsrechtliche Übergangsvorschriften. Im Wesentlichen verweisen diese allerdings auf Art. 229 § 6, s. § 147 PatG; § 31 GebrMG; § 165 Abs. 3 MarkenG; § 137 i UrhG; § 26 Abs. 2 HalblSchG; § 17 Abs. 4 GeschmMG; § 170 a BBergG; § 41 Abs. 7 SorSchG; § 102 VwVfG; § 70 SGB I; § 120 Abs. 5 SGB X.[6] Soweit sich für die in dem Gesetz zur Anpassung von Verjährungsvorschriften an das Gesetz zur Modernisierung des Schuldrechts (**Verjährungsanpassungsgesetz**) vorgesehenen neuen Verjährungsregeln die Frage der Überleitung stellt, bezieht sich der insofern maßgebliche neue Art. 229 § 12 grundsätzlich ebenfalls auf Art. 229 § 6.[7]

Zur entsprechenden Anwendung des Art. 229 § 6 Abs. 1–5 auf die Fristen des HGB, des UmwG und der KostO s. Rn 69 f.

B. Regelungsgehalt

I. Intertemporaler Anwendungsbereich des neuen Verjährungsrechts (Abs. 1 S. 1)

5 **1. Grundsatz.** Die durch das SchuldRModG in das BGB eingefügten Verjährungsregelungen sind am 1.1.2002 in Kraft getreten.[8] Anwendung finden sie damit in jedem Fall auf solche Ansprüche, die aus einem Rechtsverhältnis resultieren, das nach dem 31.12.2001 entstanden ist (vgl auch Rn 11). Nach Abs. 1 S. 1 soll das neue Verjährungsrecht darüber hinaus grundsätzlich auch hinsichtlich solcher Ansprüche heranzuziehen sein, die bereits vor dem 1.1.2002 entstanden, jedoch an diesem Tag noch nicht verjährt sind. Die Regelung weicht damit für das neue Verjährungsrecht von dem in Art. 229 § 5 S. 1 festgeschriebenen Grundsatz ab, dass alte Schuldverhältnisse weiterhin altem Recht unterfallen. Gleiches gilt für Dauerschuldverhältnisse, soweit sich diese nach Art. 229 § 5 S. 2 noch bis zum 31.12.2002 nach den bis zum 31.12.2001 gültigen Vorschriften richten.[9]

6 Der Begriff des „bestehenden" Anspruchs in Abs. 1 S. 1 ist ebenso auszulegen wie derjenige der **Anspruchsentstehung** in § 199 Abs. 1 Nr. 1 BGB bzw § 198 S. 1 BGB aF.[10] Maßgeblich für das Eingreifen der Überleitungsregelung ist mithin regelmäßig die Erfüllung aller Tatbestandsvoraussetzungen sowie die Fälligkeit des Anspruchs (vgl § 199 BGB Rn 15 ff, 43 ff).[11] Nur in Ausnahmefällen wird die Entstehung des Anspruchs – und damit auch die Anwendbarkeit des Art. 229 § 6 – nicht durch die Anspruchsfälligkeit, sondern durch ein früheres Ereignis bestimmt. Bedeutung kommt dem vor allem bei (vertraglichen oder deliktischen) Schadensersatzansprüchen zu, die bereits dann iSd Verjährungsrechts entstanden sind, wenn sich die Vermögenslage des Geschädigten durch das schadenstiftende Ereignis verschlechtert und sich diese Verschlechterung

5 Ebenso Staudinger/*Peters*, Art. 229 § 6 EGBGB Rn 4.
6 Vgl hierzu auch *Guckelberger*, Die Verjährung im Öffentlichen Recht, 2004, S. 647 f.
7 Ausf. hierzu *Mansel/Budzikiewicz*, NJW 2005, 321, 324.
8 Art. 9 Abs. 1 S. 3 SchuldRModG.
9 *Amann*, S. 430.
10 Ebenso wohl *Gsell*, NJW 2002, 1297, 1302; aA MüKo/*Grothe*, Art 229 § 6 EGBGB Rn 1; Palandt/*Ellenberger*, Art. 229 § 6 EGBGB Rn 2.
11 Ebenso *Wagner*, ZIP 2005, 558.

wenigstens dem Grunde nach verwirklicht hat.[12] Hier finden die Abs. 1–4 schon dann Anwendung, wenn die letztgenannten Voraussetzungen vor dem 1.1.2002 erfüllt waren.

Ob bzw wann ein Anspruch entstanden ist, stellt hingegen keine Frage des Verjährungsrechts dar, sondern ist nach den Bestimmungen zu entscheiden, die Art. 229 § 5 für anwendbar erklärt.[13] 7

Beispiel: Durch ein mangelhaftes, im August 2001 geliefertes Fernsehgerät kommt es im Oktober 2001 zu einem Wohnungsbrand. Erst im März des Folgejahres wird durch einen Gutachter festgestellt, dass infolge der Hitzeentwicklung auch Teile der in der Wand verlegten Stromleitungen beschädigt wurden. Die aus der Fehlerhaftigkeit der Kaufsache resultierenden Ansprüche auf Ersatz des Mangelfolgeschadens sind hier schon vor dem Stichtag entstanden, auch wenn Teile des Schadens erst nach dem 31.12.2001 entdeckt wurden, mithin auch die diesbezüglichen Reparaturkosten erst nach der Erstschädigung anfielen und die Ansprüche folglich nach dem Stichtag fällig geworden sind. Die Verjährung der Ansprüche aus pVV[14] und § 823 Abs. 1 BGB richtet sich in diesem Fall bis zum 31.12.2001 nach § 477 Abs. 1 bzw § 852 BGB aF. Ab dem 1.1.2002 kommt dann neues Recht nach Maßgabe des Art. 229 § 6 zur Anwendung. 8

Nach Abs. 1 S. 1 unterfällt ein vor dem 1.1.2002 entstandener Anspruch allerdings nur dann der Übergangsregelung, wenn er noch nicht verjährt ist. Ob am Stichtag bereits **Verjährung eingetreten** ist, beurteilt sich nach den bis zum 31.12.2001 maßgeblichen Verjährungsvorschriften (vgl auch Rn 18). 9

Erfasst werden von Art. 229 § 6 sowohl **Ansprüche**, die sich auf das BGB stützen, als auch solche, die in anderen Gesetzen geregelt sind, deren Verjährung sich jedoch ganz oder teilweise nach den §§ 194 ff BGB richtet, sei es aufgrund partieller oder allgemeiner Verweisung, sei es aufgrund entsprechender Anwendung im Wege der Lückenfüllung (vgl hierzu die Bsp. in § 195 BGB Rn 27 ff).[15] Letzteres schließt auch jene außerhalb des BGB normierten Ansprüche mit ein, deren Verjährung aufgrund Verweisung den für unerlaubte Handlungen geltenden Vorschriften des BGB unterliegt (vgl etwa § 8 Abs. 6 BDSG; § 32 Abs. 8 GenTG; § 11 HPflG; § 14 StVG; § 17 UmweltHG). Da das neue Recht – abgesehen von der Verjährung des deliktischen Bereicherungsanspruchs nach § 852 BGB (= § 852 Abs. 3 BGB aF) – keine Sondervorschriften für die deliktische Verjährung kennt, sind in diesem Fall ab dem 1.1.2002 ebenfalls die §§ 194 ff BGB heranzuziehen[16] (zur Überleitung der deliktischen Verjährung s. auch Rn 17). 10

2. Nach dem 31.12.2001 entstandene Ansprüche. a) Neues Rechtsverhältnis. Da das neue Verjährungsrecht am 1.1.2002 in Kraft getreten ist und die Übergangsregelung des Art. 229 § 6 nur solche Ansprüche betrifft, die vor dem Stichtag entstanden sind, ist zu folgern, dass Ansprüche, die auf einem Rechtsverhältnis beruhen, das nach dem 31.12.2001 zur Entstehung gelangte, lediglich den **neuen Verjährungsvorschriften** unterliegen.[17] Sollte daher am 1.1.2002 (oder später) ein Kaufvertrag geschlossen worden sein und stellt sich die Kaufsache als mangelhaft heraus, so richtet sich die Verjährung der daraus resultierenden Gewährleistungsansprüche ausschließlich nach §§ 438, 479 BGB sowie, hinsichtlich eventueller Verjährungsvereinbarungen, der (Ablauf-)Hemmung oder einem Neubeginn, nach §§ 202 ff BGB. 11

Zu der Frage, wann ein Rechtsverhältnis iSd Übergangsrechts entstanden ist, s. Art. 229 § 5 Rn 23 ff.

b) Altes Rechtsverhältnis. Ebenfalls ausschließlich neues Verjährungsrecht findet Anwendung, wenn das Rechtsverhältnis, auf das sich der Anspruch stützt, noch vor dem 1.1.2002 begründet wurde, der **Anspruch** selber jedoch erst **nach dem Stichtag entstanden** ist.[18] Dies ergibt sich zwar, anders als im Fall eines neuen 12

12 Näher *Mansel/Budzikiewicz*, § 3 Rn 80 f.

13 Vgl zu Art. 231 § 6: Staudinger/*Rauscher*, Art. 231 § 6 EGBGB Rn 2 (die Voraussetzungen der Fälligkeit unterstehen nicht der Überleitungsvorschrift für die Verjährung).

14 Gem. Art. 229 § 5 S. 1 kommen hier nicht die §§ 437 Nr. 3, 280 Abs. 1 BGB, sondern das Institut der pVV des alten Rechts zur Anwendung; vgl Art. 229 § 5 Rn 26 ff, 50.

15 BT-Drucks. 14/6040, S. 273. Zur Anwendbarkeit des Art. 229 § 6 auf die Verjährung öffentlich-rechtlicher Ansprüche vgl *Stumpf*, NVwZ 2003, 1198, 1201 (Anwendbarkeit grds. bejaht; Ausnahme, wenn die Verjährung für Ansprüche von Grundrechtsträgern ggü. dem Hoheitsträger früher eintreten würde als nach altem Recht); *Guckelberger*, aaO, S. 647 f. Zu der vorgelegten Frage der Auswirkungen der durch das SchuldRModG eingeführten Neuerungen auf das öffentliche Recht vgl auch Art. 229 § 5 Rn 7.

16 *Mansel/Budzikiewicz*, § 2 Rn 37; Staudinger/*Peters*, Art. 229 § 6 EGBGB Rn 2.

17 *Gsell*, NJW 2002, 1297, 1302; Palandt/*Ellenberger*, Art. 229 § 6 EGBGB Rn 3; *Mansel/Budzikiewicz*, § 10 Rn 3; im Erg. ebenso Staudinger/*Peters*, Art. 229 § 6 EGBGB Rn 5; Erman/*Schmidt-Räntsch*, Anh. Vor § 194 (Art. 229 § 6) Rn 3, die dies allerdings nicht aus Art. 229 § 6 Abs. 1 S. 1 bzw Art. 9 Abs. 1 S. 3 SchuldRModG, sondern aus Art. 229 § 5 herleiten. Geht man jedoch davon aus, dass der Gesetzgeber die Überleitung des Verjährungsrechts in Art. 229 § 6 umfassend regeln wollte, bleibt kein Raum für einen partiellen Rückgriff auf Art. 229 § 5; ebenso *Gsell*, NJW 2002, 1297, 1302; *Heß*, NJW 2002, 253, 256.

18 Ebenso BGH NJW-RR 2008, 459; NJW 2006, 44; NJW 2005, 739, 740; OLG Saarbrücken NJW-RR 2006, 163; OLG Celle, NZBau 2009, 127, 130; OLG Celle, Urt. v. 17.2.2009-16 U 78/08, juris Tz 58 f; LG Lübeck WM 2008, 490, 491; Erman/*Schmidt-Räntsch*, Anh. Vor § 194 (Art. 229 § 6) Rn 3; Palandt/*Ellenberger*, Art. 229 § 6 Rn 2; *Budzikiewicz*, AnwBl 2002, 394, 395 (entgegen dem als anderer Ansicht ausgewiesenen Zitat bei MüKo/*Grothe*, Art 229 § 6 EGBGB Rn 2).

Schuldverhältnisses (s. Rn 11), nicht unmittelbar aus Art. 229 § 6 Abs. 1 S. 1 iVm Art. 9 Abs. 1 S. 2 SchuldRModG; der dem Abs. 1 S. 1 zugrunde liegende Gedanke ist in einem solchen Fall aber zumindest entsprechend heranzuziehen.[19] Es wäre widersprüchlich, lediglich solche Ansprüche, die bereits vor dem 1.1.2002 entstanden, jedoch noch nicht verjährt sind, dem neuen Recht zu unterstellen, nicht jedoch jene, die zwar gleichfalls auf einem Altschuldverhältnis beruhen, jedoch erst nach dem Stichtag zur Entstehung gelangen.[20]

13 Die Anlehnung an Abs. 1 S. 1 erstreckt sich allerdings nicht auch auf die Abs. 3 und 4. Ein **Fristenvergleich** findet bei Ansprüchen, die nach dem Stichtag entstanden sind, nicht statt – unabhängig davon, ob sie einem neuen oder einem alten Schuldverhältnis entspringen.[21] Die Abs. 3 und 4 beziehen sich ausschließlich auf die in Abs. 1 S. 1 zugrunde gelegte Situation eines am 1.1.2002 bereits entstandenen Anspruchs, für dessen prinzipielle Unterstellung unter das neue Recht in bestimmten Fällen Ausnahmen statuiert werden. Soweit Abs. 4 betroffen ist, der den Fall behandelt, dass das **neue Recht kürzere Fristen** vorsieht als das alte, würde eine entsprechende Anwendung auf Ansprüche, die nach dem 31.12.2001 entstanden sind, ohnehin leerlaufen. Der in Abs. 4 S. 2 vorgesehene Fall eines früheren Ablaufs der alten längeren Frist ist hier nicht denkbar, da sich der Verjährungsbeginn für beide Fristen gem. Abs. 1 S. 1 (analog) einheitlich nach neuem Recht richten würde. Auch eine Sonderberechnung der neuen Frist gem. Abs. 4 S. 1 ab dem 1.1.2002 kommt nicht in Betracht, da die Gefahr eines Fristablaufs vor dem Stichtag, der durch die Regelung begegnet werden soll, nicht eintreten kann (vgl hierzu Rn 57). Es bleibt daher bei dem nach neuem Recht zu bestimmenden, unmodifizierten Fristbeginn.

14 Für den Fall einer **Fristverlängerung** unter neuem Recht sieht Abs. 3 unter dem Gesichtspunkt des Schuldnerschutzes den Eintritt der Verjährung nach Ablauf der Verjährungsfrist des alten Rechts vor. Hierbei handelt es sich um eine Ausnahmevorschrift, für deren analoge Anwendung auf nach dem 31.12.2001 entstandene Ansprüche kein Grund besteht. Der Aspekt des Schuldnerschutzes kommt selbst bei Altansprüchen nur dann zum Tragen, wenn der Schuldner die kürzere altrechtliche Verjährungsfrist tatsächlich bei Begründung des Schuldverhältnisses in seine Kalkulation einbezogen hat. Dies wird vor allem bei möglichen Gewährleistungsansprüchen zutreffen. Hier mag zB der Verkäufer oder Werkunternehmer nach Ablieferung oder Übergabe der Kaufsache bzw Abnahme des Werkes vor dem 1.1.2002 durch die Verlängerung der Verjährungsfristen in §§ 438 und 634 a BGB überrascht worden sein. Diese Situation hat sich jedoch mit Inkrafttreten des SchuldRModG geändert. Die neue Rechtslage ist bekannt; der Schuldner kann auf die veränderte rechtliche Situation reagieren. Sollte daher die Anwendbarkeit des neuen Verjährungsrechts tatsächlich das Äquivalenzverhältnis der vertraglich geschuldeten Leistungen beeinflussen, steht die Möglichkeit offen, ggf noch vor Erbringung der geschuldeten Leistung eine Anpassung des Vertrages auf der Grundlage des Instituts des Wegfalls der Geschäftsgrundlage (nach neuem Recht: § 313 BGB) durchzuführen.[22] Diese mag – je nach den Interessen der Parteien – ausnahmsweise durch Heranziehung der alten Verjährungsfristen erfolgen,[23] kann aber auch in einer Veränderung der Gegenleistung etc. bestehen. In jedem Fall erweist sich eine Vertragsanpassung als wesentlich flexibler als die starre Übertragung des Abs. 3.[24] Von einer statischen Analogie zu Abs. 3 sollte daher abgesehen werden.[25] Dies gilt nicht zuletzt auch vor dem Hintergrund, dass das Ziel des Gesetzgebers die schnelle Durchsetzung des neuen Rechts war.

19 BGH NJW-RR 2008, 459; *Leenen*, DStR 2002, 34, 42; *Mansel/Budzikiewicz*, § 10 Rn 3; im Erg. auch Staudinger/*Peters*, Art. 229 § 6 EGBGB Rn 10; grds. wohl ebenso *Gsell*, NJW 2002, 1297, 1302 f, allerdings mit einer Ausnahme bei kauf- und werkvertraglichen Gewährleistungsansprüchen (dort analoge Anwendung des Art. 229 § 6 Abs. 3 und 4); dem schließt sich *Höpker*, S. 350 (Fn 2487) an.

20 MüKo/*Grothe*, Vor § 194 Rn 38; Art 229 § 6 EGBGB Rn 2; *Gsell*, NJW 2002, 1297, 1302 f; *Leenen*, DStR 2002, 34, 42; aA wohl *Dobmaier*, AnwBl 2002, 107, 109, der vorschlägt, vorsorglich weiterhin die Verjährungsfristen des alten Rechts zur Anwendung zu bringen.

21 *Budzikiewicz*, AnwBl 2002, 394, 395 f; *Leenen*, DStR 2002, 34, 42; *Mansel/Budzikiewicz*, § 10 Rn 3 f; Staudinger/*Peters*, Art. 229 § 6 EGBGB Rn 10; *Wagner*, ZIP 2005, 558; grds. auch *Gsell*, NJW 2002, 1297, 1302 f mit Ausnahme des Gewährleistungsrechts; aA BGH NJW 2006, 44 f; OLG Celle NZBau 2009, 127, 130; OLG Celle, Urt. v. 17.2.2009 – 16 U 78/08, juris, Tz 60 ff; LAG München, Urt. v. 26.9.2007 – 7 Sa 353/07, juris, Tz 33; *Amann*, S. 431; MüKo/*Grothe*, Art 229 § 6 EGBGB Rn 10; Palandt/*Ellenberger*, Art. 229 § 6 EGBGB Rn 2, 5; PWW/*Kesseler*, Art. 229 § 6 EGBGB Rn 4; *Heß*, DStR 2002, 455, 458; Erman/*Schmidt-Räntsch*, Anh. Vor § 194 (Art. 229 § 6) Rn 3, 8; wohl auch OLG Hamm NZBau 2004, 332, 333 (das Gericht wendet für einen nach dem 31.12.2001 entstandenen Anspruch unter Hinweis auf Abs. 3 die Frist des § 196 Abs. 1 Nr. 1 BGB aF an, entnimmt den Verjährungsbeginn dann jedoch § 199 Abs. 1 BGB. Letzteres wird – unzutreffend – aus Abs. 1 S. 2 hergeleitet).

22 Vgl auch Staudinger/*Löwisch*, Art. 229 § 5 EGBGB Rn 31.

23 Vgl auch *Budzikiewicz*, AnwBl 2002, 394, 396.

24 AA MüKo/*Grothe*, Art 229 § 6 EGBGB Rn 2 und 4. Aufl. 2003, Vor § 194 Rn 36 (dem evt. enttäuschten Vertrauen einer Partei in den Fortbestand des alten Rechts könne nur über § 242 BGB begegnet werden).

25 AA BGH NJW 2006, 44 f; LG Kaiserslautern NJW-RR 2005, 1114, 1115; *Gsell*, NJW 2002, 1297, 1303 (Ausdehnung des Fristenvergleichs nach Abs. 3 und 4 auf Gewährleistungsrechte).

Beispiele: Am 15.11.2001 wird ein Kaufvertrag über einen Gegenstand abgeschlossen, der vereinbarungsgemäß am 8.1.2002 geliefert wird. Etwaige **Gewährleistungsansprüche** wären hier erst mit der Lieferung und damit nach dem in Abs. 1 S. 1 bezeichneten Stichtag des 1.1.2002 entstanden. Die Frage der Verjährung richtet sich daher ausschließlich nach den neuen Vorschriften, dh nach § 438 BGB (und ggf nach § 479 BGB). Abs. 3 findet keine Anwendung, obwohl die Frist des § 438 Abs. 1 Nr. 3 BGB länger ist als die bis zum 31.12.2001 maßgebliche Sechsmonatsfrist des § 477 Abs. 1 S. 1 BGB aF. Soweit der Vertrag in dem Bewusstsein der Geltung des § 477 BGB aF abgeschlossen worden sein sollte, kann das Äquivalenzverhältnis, wurde es denn beeinträchtigt, ggf durch einen Rückgriff auf das Institut des Wegfalls der Geschäftsgrundlage wieder hergestellt werden. 15

Ebenfalls ausschließlich auf die verjährungsrechtlichen Neuregelungen ist abzustellen, wenn **anwaltliche Vergütungsansprüche** geltend gemacht werden, die gem. § 16 S. 1 BRAGO[26] nach dem 31.12.2001 fällig geworden (und damit iSd Verjährungsrechts entstanden) sind, der Anwaltsvertrag jedoch schon vor dem 1.1.2002 abgeschlossen wurde.[27] Hier kommt nur noch die dreijährige Regelverjährung nach §§ 195, 199 BGB zum Tragen; die bisherige kürzere Zweijahresfrist der §§ 196 Abs. 1 Nr. 15, 198 S. 1, 201 S. 1 BGB aF bleibt außer Betracht.[28] Eine Anpassung scheidet in diesem Fall aus. Die Verjährungsfrist des Vergütungsanspruchs hat regelmäßig keine Auswirkungen auf das Äquivalenzverhältnis. 16

c) Sonderfall der Maximalfrist des § 852 Abs. 1 BGB aF. Nach § 852 Abs. 1 BGB aF verjährte der Anspruch aus einer unerlaubten Handlung in drei Jahren, gerechnet ab dem Zeitpunkt, in dem der Verletzte von dem Schaden und dem Ersatzpflichtigen Kenntnis erlangte, ohne Rücksicht auf diese Kenntnis in 30 Jahren von der Begehung der schädigenden Handlung an. Ebenso wie die neue Regelung des § 199 Abs. 2 und 3 S. 1 Nr. 2 BGB sah damit § 852 Abs. 1 BGB aF eine maximale Verjährungsfrist vor, die bereits mit der Setzung der Schadensursache, nicht erst mit der Entstehung des Schadens und damit des Ersatzanspruches anlief. Sollte das schädigende Ereignis nunmehr vor dem 1.1.2002 eingetreten, der Schaden aber erst nach dem Stichtag aufgetreten sein,[29] stellt sich die Frage, wie die Kollision zwischen der bereits angelaufenen Dreißigjahresfrist des § 852 Abs. 1 BGB aF und den ab dem 1.1.2002 maßgeblichen Fristen der §§ 195, 199 BGB zu lösen ist. Da der Schadensersatzanspruch erst nach dem 31.12.2001 entstand, das Schuldverhältnis aber bereits vor dem Stichtag begründet wurde, ist nach den oben dargestellten Grundsätzen (s. Rn 12 ff) ab dem 1.1.2002 ausschließlich neues Verjährungsrecht zur Anwendung zu bringen. Ein Fristenvergleich ist ausgeschlossen (würde hier aber auch zu keinem abweichenden Ergebnis führen). Da den Bestimmungen des SchuldRModG jedoch keine Rückwirkung zukommt, ist bis zum Stichtag weiter auf die Regelungen des alten Rechts abzustellen. Das gilt hinsichtlich des Fristbeginns (hier des Beginns der Frist des § 852 Abs. 1 BGB) ebenso wie in Bezug auf eine etwaige Hemmung oder einen vor dem 1.1.2002 bewirkten Neubeginn der Verjährung. Insoweit können die Vorgaben des Abs. 1 S. 2 und 3, Abs. 2 entsprechend herangezogen werden. Mit dem Stichtag wird dann die Regelung des § 852 Abs. 1 BGB aF durch jene des § 199 Abs. 2 bzw Abs. 3 S. 1 Nr. 2 BGB ausgetauscht (vgl auch Rn 42 ff). 17

3. Am 1.1.2002 bereits verjährte Ansprüche. Ansprüche, die am 1.1.2002 nach altem Recht bereits verjährt sind, unterliegen weiterhin den Vorschriften des bis zum 31.12.2001 gültigen Verjährungsrechts (Umkehrschluss aus Abs. 1 S. 1);[30] eine vor dem 1.1.2002 eingetretene Verjährung bleibt mithin selbst dann bestehen, wenn der betreffende Anspruch unter neuem Recht erst später verjährt wäre.[31] 18

Beispiel: Im März 2001 lässt A seinen Rasenmäher reparieren (Abnahme des Werkes am 27.3.2001). Wurde die Reparatur mangelhaft ausgeführt, sind die daraus resultierenden Gewährleistungsansprüche gem. § 638 Abs. 1 BGB aF bereits mit Ablauf des 27.9.2001 verjährt. Hierbei bleibt es auch nach Inkrafttreten des neuen Rechts. Die Regelung des § 634 a Abs. 1 Nr. 1 und Abs. 2 BGB, nach der die Verjährung erst zwei Jahre nach der Abnahme des Werkes eingetreten wäre, findet keine Anwendung.

26 Die Vorschrift ist mit Wirkung zum 1.7.2004 in § 8 Abs. 1 RVG übernommen worden. Für Altfälle findet gem. § 61 RVG aber weiterhin § 16 BRAGO Anwendung.

27 Ausf. hierzu *Mansel*, NJW 2002, 418, 419.

28 So wohl auch *Amann*, DNotZ 2002, 94, 108.

29 Vgl hierzu das Bsp. bei *Mansel/Budzikiewicz*, Jura 2003, 1, 6: Ein Bauarbeiter wird bei Sanierungsarbeiten Astbeststaub ausgesetzt, von dessen Vorhandensein die Baufirma Kenntnis hatte. Sollte der aus dieser Kontaminierung resultierende Gesundheitsschaden (Lungenkrebs) erst Jahre nach dem Einsatz auftreten, wäre der zu diesem Zeitpunkt entstandene Schadensersatzanspruch dennoch spätestens 30 Jahre nach den Bauarbeiten verjährt.

30 OLG Karlsruhe OLGR 2004, 405, 407.

31 *Budzikiewicz*, AnwBl 2002, 394, 395; Palandt/*Ellenberger*, Art. 229 § 6 EGBGB Rn 3; Bamberger/Roth/*Henrich*, § 194 Rn 19; *Heß*, NJW 2002, 253, 256 f; *Mansel/Budzikiewicz*, § 10 Rn 5; vgl auch OLG Celle VersR 2003, 1293, 1294.

19 Erhebt der Schuldner die Verjährungseinrede allerdings erst nach Inkrafttreten des SchuldRModG, bestimmt sich die **Wirkung** der Einrede nicht mehr nach §§ 222 ff BGB aF, sondern nach §§ 214 ff BGB.[32] Dies folgt zwar nicht unmittelbar aus dem Wortlaut des Abs. 1, ergibt sich jedoch aus der gesetzgeberischen Zielsetzung, die neuen Verjährungsvorschriften möglichst schnell und umfänglich zur Anwendung kommen zu lassen. Inhaltlich ergeben sich dadurch keine Änderungen, da das neue Recht insoweit den alten Regelungen entspricht.

II. Beginn, Neubeginn, Hemmung und Ablaufhemmung

20 **1. Verjährungsbeginn (Abs. 1 S. 2 Alt. 1).** Der Beginn der Verjährung bestimmt sich gem. Abs. 1 S. 2 Alt. 1 für den Zeitraum vor dem 1.1.2002 auch weiterhin nach altem Recht. Eine am Stichtag bereits angelaufene Verjährungsfrist wird nicht rückwirkend modifiziert.[33] Das gilt auch für die Fälle, in denen nach den neuen Verjährungsvorschriften der Verjährungslauf erst nach dem 31.12.2001 begonnen hätte.[34] Von Relevanz ist dies vor allem in solchen Fallkonstellationen, in denen der Beginn der Verjährung vor dem 1.1.2002 gem. § 198 BGB aF objektiv zu ermitteln war, nach neuem Recht aber der subjektiven Anknüpfung des § 199 Abs. 1 BGB unterliegt. Hier wird der Verjährungsbeginn nicht nach dem 31.12.2001 neu bestimmt, wenn die gem. § 199 Abs. 1 Nr. 2 erforderliche Kenntnis erst nach dem 31.12.2001 eingetreten sein sollte, vielmehr bleibt die unter § 198 BGB aF begründete alte Rechtslage bestehen.[35]

21 Das Stichtagsprinzip findet gleichermaßen Anwendung, wenn die Anforderungen an den Beginn der Verjährung unter neuem Recht gelockert wurden, die Verjährung mithin früher in Lauf gesetzt wird als dies in der gleichen Situation unter altem Recht der Fall gewesen wäre (so etwa bei Ansprüchen, die bisher der Verjährung nach § 852 Abs. 1 BGB aF unterfielen, nach der Reform aber gem. §§ 195, 199 BGB verjähren).[36] Auch hier kommt es im Übergangsfall nicht zu einer Rückwirkung. Sofern die Voraussetzungen für den Beginn der Verjährung nach altem Recht bis zum 1.1.2002 nicht vorlagen, kann gem. Abs. 1 S. 1 eine weniger restriktive neue Regelung den Fristlauf frühestens am 1.1.2002 (0.00 h) auslösen (vgl für den Beispielsfall des Deliktsrechts Rn 43 f). Letzteres kommt vor allem dann in Betracht, wenn sich die (noch nicht unter altem Recht angelaufene) Verjährung nach dem 31.12.2001 nach §§ 195, 199 BGB richtet. Sollten hier die Voraussetzungen des § 199 Abs. 1 BGB bereits vor dem 1.1.2002 vorgelegen, insbesondere der Gläubiger Kenntnis iSd § 199 Abs. 1 Nr. 2 BGB gehabt haben, beginnt die neue Regelverjährung des § 195 BGB am 1.1.2002 um 0.00 h (nicht erst am 31.12.2002 um 24.00 h).[37]

22 Hinsichtlich des vom Wortlaut des § 199 Abs. 1 BGB ausnahmsweise abweichenden Fristbeginns am 1.1.2002 (statt am 31.12. des Jahres, in dem die Voraussetzungen des § 199 Abs. 1 Nr. 1 und 2 erstmals vorlagen) kann auf Abs. 4 S. 1 verwiesen werden, der (beispielsweise) im Fall der Konkurrenz zwischen der vor dem 1.1.2002 bereits angelaufenen alten Regelverjährung nach §§ 195, 198 BGB aF und der neuen Frist der §§ 195, 199 Abs. 1 BGB die kürzere Dreijahresfrist gleichfalls bereits ab dem 1.1.2002 berechnet (vgl hierzu auch Rn 57, 60 ff). Die dieser Regelung zugrunde liegenden Überlegungen gelten entsprechend: Der Gläubiger soll nicht schlechter, aber auch nicht besser stehen, als dies der Fall wäre, wenn neues Recht ohne die Übergangsregelung des Art. 229 § 6 zur Anwendung gelangte. Sollten daher am 1.1.2002 alle Voraussetzungen der §§ 195, 199 Abs. 1 BGB erfüllt sein, beginnt die Dreijahresfrist des § 195 BGB aufgrund der Übergangssituation ausnahmsweise statt am 31.12.2001 (oder ggf am 31.12. eines früheren Jahres) am 1.1.2002 und endet am 31.12.2004. Dem Gläubiger stehen damit die vollen drei Jahre des § 195 BGB zur Verfügung – aber auch nicht mehr.

23 Sollten die Voraussetzungen des § 199 Abs. 1 Nr. 2 BGB erst nach dem 31.12.2001 erfüllt werden, der Gläubiger also erst am 1.1.2002 oder zu einem späteren Zeitpunkt Kenntnis im Sinne dieser Vorschrift erlangen, bleibt es hingegen bei dem in Abs. 1 S. 1 statuierten Grundsatz: Die Verjährung beginnt zum Schluss des betreffenden Jahres, dh frühestens am 31.12.2002.[38]

32 Ebenso Henssler/von Westphalen/*Bereska*, Praxis der Schuldrechtsreform, 2. Aufl. 2003, Art. 229 § 6 EGBGB Rn 4; MüKo/*Grothe*, Art 229 § 6 EGBGB Rn 3; *Heinrichs*, BB 2001, 1417, 1422 (Fn 39); *Mansel/Budzikiewicz*, § 10 Rn 5; *Schimmel*, JA 2002, 977, 984; aA *Heß*, NJW 2002, 253, 257; Staudinger/*Peters*, Art. 229 § 6 EGBGB Rn 3, 26.

33 Ebenso OLG Celle, Urt. v. 6.5.2009-3 U 294/08, juris Tz 34, zu der vergleichbaren Problematik der intertemporalen Anwendbarkeit der durch das Verjährungsanpassungsgesetz novellierten Verjährungsregelungen nach Art. 229 § 12 Abs. 1 iVm Art. 229 § 6 Abs. 1 S. 2.

34 MüKo/*Grothe*, Art 229 § 6 EGBGB Rn 5.

35 Staudinger/*Peters*, Art. 229 § 6 EGBGB Rn 15.

36 Vgl hierzu *Mansel/Budzikiewicz*, § 3 Rn 130 f.

37 Ebenso *Amann*, S. 432; *Heß*, NJW 2002, 253, 258 (Fn 70); *Leenen*, DStR 2002, 34, 42; aA Staudinger/*Peters*, Art. 229 § 6 EGBGB Rn 11.

38 Ebenso OLG Karlsruhe ZIP 2009, 1611 f; *Heß*, NJW 2002, 253, 258; anders *Amann*, S. 433, der den Verjährungsbeginn entgegen Abs. 1 S. 1 auch nach dem 1.1.2002 weiter entsprechend altem Recht (im dort diskutierten Beispielsfall: § 852 Abs. 1 BGB aF) bestimmt, wenn dies zu einem früheren Verjährungseintritt führt als unter Zugrundelegung neuen Rechts.

2. Hemmung, Neubeginn. a) Grundsatz (Abs. 1 S. 2 Alt. 2 und 4, S. 3). Nach Abs. 1 S. 2 Alt. 2 und 4 richten sich die Hemmung sowie der Neubeginn der Verjährung – nach bisheriger Terminologie die Verjährungsunterbrechung – bis zum 31.12.2001 nach altem Recht. War die danach eingetretene Hemmung bzw Unterbrechung bereits vor dem 1.1.2002 wieder beendet, ergeben sich keine Überleitungsprobleme. Der Tatbestand beurteilt sich ausschließlich nach den alten Verjährungsregeln.[39] **24**

Erstreckt sich die Dauer der Hemmung oder der Unterbrechung dagegen über den 1.1.2002 hinaus, unterliegen diese bis zum 31.12.2001 dem bisherigen Recht, danach den neuen Vorschriften. Dies gilt sowohl in den Fällen, in denen die alten und die neuen Regelungen inhaltlich identisch sind (hier kommt es lediglich zu einem Austausch der Vorschriften), als auch dann, wenn das SchuldRModG neue Hemmungstatbestände eingeführt hat (s. hierzu auch Rn 34 f). **25**

Das Stichtagsprinzip gilt nach Abs. 1 S. 3 Alt. 1 auch für den Fall, dass eine vor dem 1.1.2002 bewirkte Unterbrechung rückwirkend durch einen nach Ablauf des 31.12.2001 eintretenden Umstand wieder entfällt (vgl §§ 212 Abs. 1, 213 S. 2 und S. 1 iVm 212 a S. 3, 214 Abs. 2, 215 Abs. 2, 216 BGB aF). Die Vorschrift stellt klar, dass der Sachverhalt hier insgesamt nach altem Recht zu beurteilen ist.[40] Bedeutung hat die Regelung in erster Linie für die Fälle des § 212 Abs. 1 BGB aF. Danach gilt die **Unterbrechung durch Klageerhebung** als nicht erfolgt, wenn die Klage zurückgenommen oder durch ein nicht in der Sache selbst entscheidendes Urteil rechtskräftig abgewiesen wird. **26**

Sollte die rückwirkende Beseitigung der Unterbrechung nach § 212 Abs. 1 BGB aF dazu führen, dass die Verjährungsfrist schon vor dem 1.1.2002 abgelaufen ist, bleibt es auch nach dem Stichtag bei diesem Ergebnis (vgl auch Rn 18).[41] Ist die Verjährung am 31.12.2001, 24.00 h dagegen trotz der Wirkung des § 212 Abs. 1 BGB aF noch nicht eingetreten, kommt (weiterhin) die Regelung des Abs. 2 zur Anwendung: Die Verjährung gilt trotz der rückwirkenden Aufhebung der Unterbrechung ab dem 1.1.2002, 0.00 h als gehemmt (vgl Rn 28).[42] Hierzu kommt es, weil die Verjährungsunterbrechung vor ihrer rückwirkenden Beseitigung mit Ablauf des 31.12.2001 noch nicht abgeschlossen war. Gem. Abs. 2 gilt die Unterbrechung in dem Fall aber mit Ablauf des Stichtages als beendet und die Verjährung nunmehr gem. § 204 Abs. 1 Nr. 1 BGB als gehemmt. Diese Hemmung wird nicht rückwirkend aufgehoben, wenn ein Fall des § 212 Abs. 1 BGB aF eintritt. Eine dem § 212 Abs. 1 BGB aF entsprechende Vorschrift ist in das neue Recht nicht aufgenommen worden. Es kommt vielmehr die Regelung des § 204 Abs. 2 BGB zur Anwendung, die vorsieht, dass die Hemmung erst sechs Monate nach Beendigung des Verfahrens endet, dem Anspruchsinhaber somit die restliche Verjährungsfrist zuzüglich sechs Monaten zur Verfügung steht.[43] **27**

Beispiel: Am 15.4.2001 vollendet ein Werkunternehmer Arbeiten an einem Grundstück. Der Besteller moniert die Werkleistung als mangelhaft und erhebt im November 2001 Klage. Am 5.3.2002 nimmt er diese wieder zurück. Hier ist die einjährige Verjährungsfrist des § 638 Abs. 1 S. 1 BGB aF zunächst gem. § 209 Abs. 1 BGB aF durch Erhebung der Klage unterbrochen worden. Diese Unterbrechung wurde dann durch Klagerücknahme wieder aufgehoben (§ 212 Abs. 1 BGB aF). Da die Frist des § 638 Abs. 1 S. 1 BGB aF jedoch (auch ohne Unterbrechung) mit Ablauf des 31.12.2001 noch nicht vollständig abgelaufen war, kommt die Regelung des Art. 229 § 6 Abs. 2 EGBGB zum Tragen. Danach galt die Verjährung vor Klagerücknahme ab dem 1.1.2002 nicht mehr als unterbrochen, sondern nur noch als gehemmt (vgl § 204 Abs. 1 Nr. 1 BGB). Diese Hemmung besteht auch nach Klagerücknahme fort. Beendet wird die Hemmung gem. § 204 Abs. 2 S. 1 Alt. 2 BGB erst sechs Monate nach Beendigung des Verfahrens, dh am 5.9.2002. Dem Besteller steht daher nach Klagerücknahme immer noch eine Bedenkzeit von sechs Monaten zur Verfügung zuzüglich der noch nicht abgelaufenen Verjährungsfrist. **28**

Eine Abs. 1 S. 3 Alt. 1 entsprechende Regelung sieht Abs. 1 S. 3 Alt. 2 für den Fall vor, dass eine vor dem 1.1.2002 bewirkte Verjährungsunterbrechung rückwirkend durch einen nach Ablauf des 31.12.2001 eintretenden Umstand als erfolgt bewertet wird. Auch hier kommt ausschließlich altes Recht zum Tragen. Ein Beispiel hierfür gibt **§ 212 Abs. 2 BGB aF**, wonach die Verjährung als durch Erhebung der ersten Klage unterbrochen gilt, wenn der Berechtigte nach Klagerücknahme oder Abweisung durch Prozessurteil innerhalb von sechs Wochen erneut Klage erhebt. Ebenfalls rückwirkend zu einer Unterbrechung der Verjährung kommt es, wenn der Gläubiger vor dem 1.1.2002 Klage eingereicht oder einen Mahnbescheid beantragt hat, die Zustellung aber erst nach dem 31.12.2001, jedoch noch demnächst iSd **§ 167 ZPO** (§§ 270 Abs. 3, 693 Abs. 2 ZPO aF) erfolgt ist.[44] Die Rückbeziehung der Zustellung bewirkt in diesem Fall auch die rückwirkende **29**

39 *Amann*, S. 434 mit Hinweis auf die Augenblicksunterbrechung durch Anerkenntnis nach § 208 BGB aF; vgl auch BGH NJW-RR 2006, 948, 949.

40 Vgl auch BGH NJW 2007, 2034, 2035; OLG Köln, Urt. v. 4.7.2006 – 3 U 5/06, juris Tz 26 (beide zu § 215 Abs. 2 S. 1 BGB aF).

41 Staudinger/*Peters*, Art. 229 § 6 EGBGB Rn 22.

42 AA BGH NJW 2007, 2034, 2035; OLG Köln, Urt. v. 4.7.2006 – 3 U 5/06, juris, Tz 26 ff; MüKo/Grothe, Art 229 § 6 EGBGB Rn 7.

43 Staudinger/*Peters*, Art. 229 § 6 EGBGB Rn 22.

44 BGH NJW 2008, 1674 f; Palandt/*Ellenberger*, Art. 229 § 6 EGBGB Rn 8; MüKo/*Grothe*, Art 229 § 6 EGBGB Rn 7.

Unterbrechung der Verjährung. Nicht zu fordern ist, dass zum Zeitpunkt der Zustellung ohne die Rückbeziehung bereits Verjährung eingetreten wäre. Selbst wenn die Zustellung nach dem 31.12.2001 noch in unverjährter Zeit erfolgt, ist die Frist bis zum Stichtag unterbrochen; am 1.1.2002 läuft sie dann neu an, wobei die Verjährung sofort gehemmt ist (Art. 229 § 6 Abs. 2 EGBGB).[45]

30 **b) Umwandlung von Unterbrechungs- in Hemmungstatbestände (Abs. 2).** Führt ein Sachverhalt, der unter altem Recht die Unterbrechung der Verjährung bewirkt hat, nach neuem Recht zu einer Verjährungshemmung, so gilt nach Abs. 2 eine Unterbrechung, die vor dem 1.1.2002 noch nicht aufgehoben ist, als mit Ablauf des 31.12.2001 beendet; die neue (und neuem Recht unterstehende)[46] Verjährung ist mit Beginn des 1.1.2002 gehemmt.[47] Die Regelung erfasst vor allem den Fall, dass nach altem Recht eine Verjährungsunterbrechung nach Maßgabe des § 209 BGB aF (**gerichtliche Geltendmachung**) herbeigeführt wurde. Besteht die Unterbrechung am 31.12.2001 um 24.00 h noch fort, gilt sie mit Ablauf dieses Tages als beendet, ab dem 1.1.2002 wird die nach neuem Recht zu bestimmende Verjährungsfrist gem. § 204 BGB gehemmt.[48]

31 **Beispiel:** Am 15.6.2000 schließen K und V einen Kaufvertrag. V übergibt noch am selben Tag die Kaufsache, K zahlt jedoch nicht. Daraufhin erhebt V am 16.8.2001 Klage gegen K.

Gem. Abs. 1 S. 2 Alt. 1 bestimmt sich der Beginn der Verjährung hier nach altem Recht (vgl Rn 20). Dieses unterstellte den Anspruch auf Kaufpreiszahlung grundsätzlich der dreißigjährigen Regelverjährung der §§ 195, 198 BGB aF,[49] so dass die Verjährungsfrist am 16.6.2000 in Lauf gesetzt wurde. Durch die Klageerhebung im August 2001 ist die Verjährung gem. § 209 BGB aF iVm Art. 229 § 6 Abs. 1 S. 2 Alt. 4 (vgl Rn 24) unterbrochen worden. Geht man nunmehr davon aus, dass bis zum Ablauf des 31.12.2001 keine rechtskräftige Entscheidung in der Sache ergangen ist, gilt die Unterbrechung nach Art. 229 § 6 Abs. 2 mit Ablauf dieses Tages als beendet. Die Verjährung beginnt am 1.1.2002, 0.00 h, neu, ist aber sofort gem. § 204 Abs. 1 Nr. 1 BGB iVm Art. 229 § 6 Abs. 1 S. 1 gehemmt. Die gehemmte Verjährungsfrist muss dabei nicht die alte, unterbrochene Frist sein; vielmehr ist die maßgebliche Frist nach den Vorgaben des Art. 229 § 6 Abs. 1 S. 1, Abs. 3 und 4 (vgl Rn 42 ff) neu zu bestimmen.[50] Im Beispielsfall führt dies zu § 195 BGB, da die dort statuierte Verjährungsfrist kürzer ist als die alte dreißigjährige Frist des § 195 BGB aF (Art. 229 § 6 Abs. 4).

32 Das Ende der Hemmung richtet sich gem. Art. 229 § 6 Abs. 1 S. 2 Alt. 2 nunmehr nach § 204 Abs. 2 BGB. Die Verjährungsfrist läuft dementsprechend erst sechs Monate nach der rechtskräftigen Entscheidung oder einer anderweitigen Beendigung des Verfahrens weiter.[51] Im vorliegenden Fall bedeutet dies, dass die gesamte Verjährungsfrist des § 195 BGB noch zur Verfügung steht. Diese beginnt – abweichend von § 199 Abs. 1 BGB – taggenau sechs Monate nach dem in § 204 Abs. 2 BGB genannten Zeitpunkt.

33 Zu bemerken bleibt, dass im Fall der Hemmung nach § 204 Abs. 1 Nr. 1 BGB die Fortsetzung des Fristlaufs dann keine Rolle mehr spielt, wenn das Verfahren durch eine Entscheidung iSd § 197 Abs. 1 Nr. 3 oder 4 Alt. 1 BGB abgeschlossen wurde. In diesem Fall ersetzt die neue Titelverjährung nach § 197 BGB die alte Anspruchsverjährung.

34 **c) Neue Hemmungstatbestände.** Sieht das neue Recht einen Hemmungstatbestand vor, der dem alten Recht noch unbekannt war (zB im **allgemeinen Verjährungsrecht**: § 203 BGB,[52] soweit dieser über §§ 639 Abs. 2, 651 g Abs. 2 S. 3,[53] 852 Abs. 2 BGB aF hinausgeht, und § 207 BGB, soweit dieser über § 204 BGB aF hinausgeht, § 204 Abs. 1 Nr. 7 BGB, insoweit als andere als die in §§ 477 Abs. 2, 548 Abs. 3, 639 Abs. 1 BGB aF genannten Fälle erfasst sind, §§ 204 Abs. 1 Nr. 9, 208 BGB[54] sowie im besonderen Schuldrecht etwa für **Verbraucherdarlehen** § 497 Abs. 3 BGB),[55] kommt hinsichtlich der Anwendung dieser Regelungen auf

45 BGH NJW 2008, 1674 f; aA OLG München NJW-RR 2005, 1108, 1109; LG Bochum IBR 2005, 245.

46 OLG Düsseldorf BauR 2006, 996 (auch die neu anlaufende Verjährungsfrist bestimmt sich nach neuem Recht).

47 Vgl auch *Weyer*, BauR 2006, 1347, 1349.

48 Vgl BGH NJW 2008, 1674, 1675; 2007, 2034, 2035; KG Berlin ZMR 2006, 207; OLG Düsseldorf BauR 2006, 996; OLG Düsseldorf, Urt. v. 25.2.2005 – 22 U 79/04, juris, Tz 39, 42 ff; Palandt/*Ellenberger*, Art. 229 § 6 EGBGB Rn 7 f; Erman/*Schmidt-Räntsch*, Anh. Vor § 194 (Art. 229 § 6) Rn 7.

49 In zwei Jahren verjährten allerdings Ansprüche der Kaufleute etc. für die Lieferung von Waren, sofern die Leistung nicht für den Gewerbebetrieb des Schuldners erfolgte (§ 196 Abs. 1 Nr. 1 BGB aF).

50 Palandt/*Ellenberger*, Art. 229 § 6 EGBGB Rn 8; *Lorenz/Riehm*, Lehrbuch zum neuen Schuldrecht, 2002, Rn 677; *Pfeiffer*, ZGS 2002, 275 f.

51 S. auch BGH VersR 2006, 533, 534.

52 Vgl zur Anwendbarkeit des § 203 BGB auch BGH NJW-RR 2007, 1358, 1360; KG ZEV 2008, 481, 482.

53 Zur Überleitung einer unter altem Recht nach § 651 g Abs. 2 S. 3 BGB aF, unter neuem Recht nach § 203 BGB gehemmten Verjährung s.a. § 203 BGB Rn 58.

54 Vgl hierzu OLG Hamm NJW 2006, 2498, 2499.

55 Zum zeitlichen Anwendungsbereich des § 497 Abs. 3 BGB vgl *Budzikiewicz*, WM 2003, 264, 274; BGH NJW 2011, 1870, 1871; OLG Thüringen, Urt. v. 25.8.2008 – 5 U 404/07, juris, Tz 20; OLG Karlsruhe ZGS 2007, 274, 275 f; OLG Stuttgart, Urt. v. 13.3.2006 – 6 U 248/05, juris, Tz 7 f; OLG Celle WM 2007, 1319, 1323; OLG Hamm WM 2007, 1328, 1329; OLG Köln WM 2007, 1324, 1325.

bereits angelaufene Verjährungsfristen wiederum Abs. 1 S. 1 zur Anwendung.[56] Danach greifen die neuen Hemmungstatbestände ab dem 1.1.2002 *ex nunc* ein.[57] Dem neuen Verjährungsrecht kommt auch hier keine Rückwirkung zu, so dass eine bislang unbekannte Hemmung erst nach dem 31.12.2001 eintreten kann, frühestens also am 1.1.2002 (0.00 h), sofern zu diesem Zeitpunkt die Voraussetzungen der Norm erfüllt sind.[58] Sollten sich zB **Verhandlungen** über einen Anspruch oder die den Anspruch begründenden Umstände, die vor dem 1.1.2002 begonnen haben und nicht bereits von §§ 639 Abs. 2, 651 g Abs. 2 S. 3 oder 852 Abs. 2 BGB aF erfasst wurden, über den 31.12.2001 hinaus hinziehen, wäre die Verjährung erst ab dem 1.1.2002 nach § 203 S. 1 BGB gehemmt.[59] Gleiches gilt für die Ablaufhemmung nach § 203 S. 2 BGB. Auch diese kann nur dann eingreifen, wenn auch die Hemmung gem. § 203 S. 1 BGB nach dem 31.12.2001 zum Tragen gekommen ist. Haben die Verhandlungen noch vor dem 1.1.2002 geendet, kann auf § 203 S. 2 BGB selbst dann nicht zurückgegriffen werden, wenn das Ende der Verhandlungen weniger als drei Monate vor dem Stichtag lag.

Beispiel:[60] V macht einen bislang der Verjährungsfrist des § 195 BGB aF unterfallenden Kaufpreisanspruch gegen K am 15.8.2001 gerichtlich geltend. Am 15.12.2001 wird auf Antrag beider Parteien das Ruhen des Verfahrens angeordnet (§ 251 ZPO aF). Zugleich nehmen K und V Vergleichsverhandlungen auf, die jedoch am 15.9.2003 für gescheitert erklärt werden. 35

In dem vorstehenden Beispielsfall endet die durch Klageerhebung bewirkte Unterbrechung der Verjährung (§ 209 Abs. 1 aF iVm Art. 229 § 6 Abs. 1 S. 2 Alt. 4) gem. § 211 Abs. 2 BGB aF iVm Art. 229 § 6 Abs. 1 S. 2 Alt. 4 am 15.12.2001 mit der Anordnung des Ruhens des Verfahrens nach § 251 ZPO aF. Der Verjährungslauf beginnt demgemäß am 16.12.2001 erneut, ist jedoch aufgrund der Sperrwirkung des § 251 Abs. 2 ZPO aF sofort nach § 202 Abs. 1 BGB aF gehemmt.[61] Keine Hemmungswirkung kommt dagegen den Vergleichsverhandlungen der Parteien zu; eine dem § 203 BGB entsprechende Regelung sah das alte Recht (mit Ausnahme von §§ 639 Abs. 2, 651 g Abs. 2 S. 3, 852 Abs. 2 BGB aF) nicht vor. Die vorbeschriebene Rechtslage hat bis zum 31.12.2001 Bestand. Ab dem 1.1.2002 kommen nach Abs. 1 S. 1 die neuen Verjährungsvorschriften zum Tragen. Nach diesen fällt die Verjährungshemmung aufgrund der Anordnung des Ruhens des Verfahrens mit Ablauf des 31.12.2001 weg, da die Vorschrift des § 251 Abs. 2 ZPO aF aufgehoben wurde und mithin eine diesbezügliche Hemmung nicht mehr erforderlich ist. Zugleich tritt mit Beginn des 1.1.2002 jedoch die Hemmungswirkung nach § 203 BGB ein (Art. 229 § 6 Abs. 1 S. 1). Gehemmt wird allerdings nicht mehr die alte Frist des § 195 BGB aF, sondern gem. Abs. 4 S. 1 die kürzere Frist des neuen § 195 BGB. Deren Hemmung dauert bis zum Scheitern der Verhandlung am 15.9.2003 an (§ 203 Abs. 1 BGB). Danach, dh am 16.9.2003, beginnt die (volle) dreijährige Frist des § 195 BGB – in Abweichung von § 199 Abs. 1 BGB taggenau – zu laufen. Sie endet am 15.9.2006.

3. Ablaufhemmung (Abs. 1 S. 2 Alt. 3). Gem. Abs. 1 S. 2 Alt. 3 richtet sich die Ablaufhemmung bis zum 31.12.2001 ebenfalls nach den Regelungen des alten Rechts. Ist der Anspruch danach unter Berücksichtigung der Ablaufhemmung bereits vor dem 1.1.2002 verjährt, bleibt es auch nach Inkrafttreten des Reformgesetzes bei dieser Rechtslage (s. Rn 18).[62] Ist die Verjährung am Stichtag noch nicht eingetreten, kommen ab dem 1.1.2002 die neuen Vorschriften (zB §§ 210 Abs. 1, 211, 438 Abs. 3 S. 2, 479 Abs. 2, 634 a Abs. 3 S. 2 BGB[63]) zur Anwendung.[64] Dabei ist es ohne Bedeutung, ob die Verjährungsfrist nach altem Recht gerade aufgrund der Ablaufhemmung oder aufgrund des normalen ungehemmten Fristlaufs noch nicht abgelaufen war. 36

Keine Schwierigkeiten bereitet die Überleitung, wenn nach altem wie nach neuem Recht unter denselben Voraussetzungen eine **fristidentische Ablaufhemmung** vorgesehen ist (vgl etwa § 207 BGB aF, der in § 211 37

56 AA wohl OLG Celle, Beschl. v. 12.3.2002 – 15 WF 44/02, juris, Tz 3, dort zur Anwendbarkeit der §§ 1600 b Abs. 6 S. 2, 210 BGB (nach Abs. 5 iVm Abs. 1 S. 2 sollen auf am 1.1.2002 bereits angelaufene Fristen die neuen Hemmungsregeln nicht anzuwenden sein).

57 Ebenso BGH NJW 2011, 1870, 1871; KG ZEV 2008, 481, 482; OLG Thüringen, Urt. v. 25.8.2008 – 5 U 404/07, juris, Tz 20; OLG Karlsruhe EzFamR §§ 488 ff BGB Nr. 10 (Tz 65); Hamm NJW 2006, 2498, 2499; Palandt/*Ellenberger*, Art. 229 § 6 EGBGB Rn 7; PWW/*Kesseler*, Art. 229 § 6 EGBGB Rn 6.

58 Zu der Frage, ob für den Fall, dass das Eingreifen eines der neuen Hemmungstatbestände der §§ 203 f, 208 BGB zu einem späteren Verjährungseintritt führt als unter altem Recht, die Übergangsregelungen der Abs. 3 und 4 entsprechend heranzuziehen sind, vgl *Budzikiewicz*, AnwBl 2002, 394, 399.

59 *Eidenmüller*, SchiedsVZ 2003, 163, 166; Palandt/*Ellenberger*, Art. 229 § 6 EGBGB Rn 7; *ders.*, BB 2001, 1417, 1422; Bamberger/Roth/*Henrich*, § 194 Rn 22; Staudinger/*Peters*, Art. 229 § 6 EGBGB Rn 17; *Heß*, NJW 2002, 253, 257; *Kirchhof*, WM 2002, 2037, 2039; Erman/*Schmidt-Räntsch*, Anh. Vor § 194 (Art. 229 § 6) Rn 4.

60 Dem Beispiel bei *Ott*, MDR 2002, 1, 2, nachgebildet.

61 BGH NJW 1968, 692, 694; Palandt/*Heinrichs*, 60. Aufl. 2001, § 211 Rn 6.

62 Vgl Staudinger/*Peters*, Art. 229 § 6 EGBGB Rn 18.

63 Zum zeitlichen Anwendungsbereich des § 634 a BGB s.a. BGH NJW 2011, 1224, 1225.

64 Erman/*Schmidt-Räntsch*, Anh. Vor § 194 (Art. 229 § 6) Rn 4; aA OLG Celle, Beschl. v. 12.3.2002 – 15 WF 44/02, juris Tz 3 (keine Anwendung des § 210 BGB auf eine vor dem 1.1.2002 für die Anfechtung der Vaterschaft angelaufene Frist).

BGB aufgenommen wurde). Hier werden die bisherigen Vorschriften am Stichtag durch die Neuregelungen substituiert.

38 Durch das SchuldRModG sind jedoch auch einige **neue Ablaufhemmungstatbestände** eingefügt worden (zB §§ 210 Abs. 1 S. 1 Alt. 1, 438 Abs. 3 S. 2, 479 Abs. 2, 634 a Abs. 3 S. 2 BGB), die gleichfalls gem. Abs. 1 S. 1 seit dem 1.1.2002 Anwendung finden. Hier stellt sich die Frage, ob die neuen Tatbestände auch dann zum Tragen kommen sollen, wenn dies zu einer Fristverlängerung führt, die den Verjährungseintritt über den Zeitpunkt hinauszögert, zu dem nach altem Recht Verjährung eingetreten wäre. Im Schrifttum wird dieses Problem zumeist anhand der Ablaufhemmung des § 479 Abs. 2 BGB (**Händlerregress**) diskutiert. Nach verbreiteter Ansicht soll die Vorschrift auch dann heranzuziehen sein, wenn die Gewährleistungsansprüche des Unternehmers gegen seinen Lieferanten noch vor dem 1.1.2002 entstanden sind.[65] Begründet wird dies mit dem ansonsten drohenden Abbruch in der Regresskette.

39 Dem ist jedoch entgegenzuhalten, dass sich ein solcher Abbruch selbst bei Heranziehung des § 479 Abs. 2 BGB auf Altansprüche nicht immer vermeiden ließe. Dies resultiert in erster Linie aus dem Umstand, dass selbst dann, wenn man die Ablaufhemmung des § 479 Abs. 2 BGB auf vor dem 1.1.2002 entstandene Ansprüche anwenden wollte, die Fristverlängerung nur dann Wirkung zeitigen würde, wenn die betreffenden Gewährleistungsansprüche am 1.1.2002 noch nicht verjährt waren.[66] Anderenfalls bliebe dem Händler der Rückgriff, ungeachtet der Regelung des § 479 Abs. 2 BGB, ohnehin versagt. Hinzu kommt, dass dem Hersteller oder Lieferanten, der den Vertrag mit seinem Abnehmer noch unter altem Recht geschlossen hat, die Möglichkeit einer Ablaufhemmung nach § 479 Abs. 2 BGB im Zeitpunkt des Vertragsschlusses zumeist noch nicht bewusst gewesen sein dürfte, so dass er keine Veranlassung hatte, diesen preisbildenden Faktor in seine Kalkulation einfließen zu lassen.[67] Würde nunmehr nachträglich der Verjährungslauf über § 479 Abs. 2 BGB verlängert, droht ein Eingriff in das Äquivalenzverhältnis der geschuldeten Leistungen. Die Situation stellt sich ähnlich dar wie im Fall der Einführung neuer Verjährungsfristen, für deren Überleitung in Abs. 3 und 4 Sonderregelungen aufgestellt wurden (vgl auch Rn 45 f, 57 ff). Angesichts der vergleichbaren Konsequenzen, die eine Fristverlängerung durch Einführung neuer (statischer) Verjährungsfristen und eine Verschiebung des Fristendes durch Ablaufhemmung für den Schuldner mit sich bringt, sollte erwogen werden, die Regelungen der Abs. 3 und 4 auf den Fall der neuen Ablaufhemmungen im Wege der teleologischen Extension entsprechend zur Anwendung zu bringen.[68] Die Heranziehung der neuen Tatbestände der Ablaufhemmung würde dann von einem Vergleich des Fristendes nach altem und neuem Recht abhängen:

40 **a) Verlängerung der Verjährungsfrist unter neuem Recht.** Sollte die Verjährungsfrist des neuen Rechts länger sein als jene der alten Regelungen, verhinderte Abs. 3 sowohl die Heranziehung der längeren neuen Frist als auch die Anwendung eines neuen Ablaufhemmungstatbestandes. Hiervon erfasst würden vor allem jene Fälle, in denen ein kaufrechtlicher Gewährleistungsanspruch gem. Art. 229 § 6 Abs. 3 weiterhin der Verjährungsfrist des § 477 BGB aF unterliegt, nach dem 31.12.2001 aber gem. Art. 229 § 6 Abs. 1 S. 1 der Eintritt einer Ablaufhemmung nach § 479 Abs. 2 BGB infrage steht. Die Anwendung des § 479 Abs. 2 BGB auf die Verjährungsfrist des § 477 BGB aF wäre hier ausgeschlossen.[69]

41 **b) Verkürzung der Verjährungsfrist unter neuem Recht.** Ist die vor dem 1.1.2002 angelaufene Verjährungsfrist hingegen länger als diejenige, die nach neuem Recht maßgeblich wäre, findet gem. Abs. 4 S. 1 die neue kürzere Verjährungsfrist beginnend mit dem 1.1.2002 Anwendung. Deren Ablauf kann grds. nach den neuen Vorschriften gehemmt werden. Sollte die Verschiebung des Fristendes allerdings dazu führen, dass die Verjährung zu einem späteren Zeitpunkt eintritt, als dies bei Heranziehung der alten Frist der Fall gewesen wäre, greift Abs. 4 S. 2 ein. Die Regelung legt auch in Bezug auf die neuen Ablaufhemmungstatbestände eine Obergrenze fest. Das Ende der neuen Verjährungsfrist kann danach maximal bis zu dem Zeitpunkt hinausgeschoben werden, zu dem bei Zugrundelegung der alten Verjährungsfrist die Verjährung eingetreten wäre. Eine darüber hinausgehende Ablaufhemmung kommt nicht zum Tragen. Relevant wird die vorstehende Alternative vor allem im Hinblick auf die Ablaufhemmung nach §§ 438 Abs. 3 S. 2 und 634 a Abs. 3 S. 2 BGB.[70]

65 MüKo/*Grothe*, Art 229 § 6 EGBGB Rn 6; Palandt/*Ellenberger*, Art. 229 § 6 EGBGB Rn 7; *Heß*, NJW 2002, 253, 259 f; *ders.*, DStR 2002, 455, 460 f; Staudinger/*Peters*, Art. 229 § 6 EGBGB Rn 10, 18; *Pfeiffer*, ZGS 2002, 17; *ders.*, in: Westermann (Hrsg.), Das Schuldrecht 2002, S. 215, 249.

66 Ebenso Palandt/*Ellenberger*, Art. 229 § 6 EGBGB Rn 7; *Heß*, NJW 2002, 253, 260; *Magnus*, RIW 2002, 577, 584; Staudinger/*Peters*, Art. 229 § 6 EGBGB Rn 10; aA *Pfeiffer*, ZGS 2002, 17 f; *ders*, in: Westermann (Hrsg.), aaO, S. 215, 250 (Anwendung des § 479 Abs. 2 BGB auch auf bereits verjährte Ansprüche).

67 *Höpker*, S. 352; *Mansel*/*Budzikiewicz*, § 10 Rn 23.

68 Ausf. hierzu *Budzikiewicz*, AnwBl 2002, 394, 398 f; ebenso *Höpker*, S. 352 f; aA MüKo/Grothe, Art 229 § 6 EGBGB Rn 9; *Pfeiffer*, ZGS 2002, 17; *ders.*, in: Westermann (Hrsg.), aaO, S. 215, 249 f (Abs. 3 und 4 sind im Fall der Ablaufhemmung unanwendbar, da diese nicht zu einer Fristveränderung führen).

69 Im Erg. ebenso *Magnus*, RIW 2002, 577, 584.

70 *Budzikiewicz*, AnwBl 2002, 394, 399; *Höpker*, S. 353.

III. Verjährungsfristen

1. Gleiche Fristen nach altem und neuem Recht (Abs. 1 S. 1). Sehen das bisherige und das neue Recht die gleiche Verjährungsfrist vor, so kommt im Fall der Überleitung diese (übereinstimmende) Frist gem. Abs. 1 S. 1 auch nach dem 31.12.2001 zur Anwendung; es findet lediglich ein Austausch der maßgeblichen Normen statt.[71] Dies gilt für gesetzliche und wirksam vereinbarte vertragliche Fristen gleichermaßen. Konnte unter altem Recht die Verjährungsfrist wirksam verlängert oder verkürzt werden (zB nach § 477 Abs. 1 S. 2 BGB aF), läuft diese vertraglich bestimmte Frist nach dem 31.12.2001 unverändert weiter; lediglich die Frage der Wirksamkeit richtet sich jetzt grundsätzlich nach § 202 (vgl Rn 48 ff). Zu berücksichtigen ist allerdings, dass das Vorliegen identischer Fristen nicht notwendig auch den gleichen Fristablauf nach sich zieht. Ist die Verjährung nach altem Recht aufgrund eines Ereignisses unterbrochen worden, das nach neuem Recht nur eine Hemmung nach sich zieht (vgl Rn 30 ff), so beginnt die (zeitlich identische) Verjährungsfrist nach den Vorgaben des alten Rechts erneut zu laufen, wenn die Unterbrechung noch vor dem 1.1.2002 beendet ist. Ist die Unterbrechung nach altem Recht hingegen am 31.12.2001 noch nicht beendet, dann beginnt die Verjährung gem. der Regelung des Abs. 2 (Rn 30) ab dem 1.1.2002 erneut, wird aber bei Vorliegen eines Hemmungstatbestands nach neuem Recht sofort mit Beginn des 1.1.2002 gehemmt. In jedem Fall tritt die Verjährung zu einem späteren Zeitpunkt ein als dies zuträfe, wenn ausschließlich neues Recht herangezogen würde. 42

Ähnliches gilt im Hinblick auf die Verjährung **deliktischer Ansprüche**, die nach neuem wie nach altem Recht grds. einer dreijährigen Verjährungsfrist unterliegen. Gem. § 852 Abs. 1 BGB aF begann die deliktische Verjährung vor dem 1.1.2002 grds. nur bei positiver Kenntnis des Verletzten von dem Schaden und der Person des Ersatzpflichtigen. Nach neuem Recht genügt jetzt auch grob fahrlässige Unkenntnis, um den Verjährungslauf auszulösen (§ 199 Abs. 1 Nr. 2 BGB). Liegt grobe Fahrlässigkeit iSd § 199 Abs. 1 Nr. 2 BGB bereits vor dem 1.1.2002 vor, beginnt die Verjährung aufgrund der Regelung in Abs. 1 S. 1 nunmehr schon ab dem 1.1.2002 (aber auch nicht vorher) zu laufen,[72] selbst wenn die nach § 852 Abs. 1 BGB aF erforderliche positive Kenntnis erst zu einem späteren Zeitpunkt eintreten sollte (vgl auch Rn 21). Damit unterscheidet sich trotz gleicher Frist unter altem und neuem Recht der konkrete Fristablauf, wenn auf das neue Tatbestandsmerkmal der groben Fahrlässigkeit abzustellen ist. 43

Beispiel: A erleidet am 15.6.2000 durch unerlaubte Handlung des B eine Verletzung seines Eigentums. Bereits am 15.8.2000 hätte er von der Person des Schädigers Kenntnis erlangen können; jedoch hat er von der Möglichkeit der Kenntnisnahme bis heute keinen Gebrauch gemacht. In diesem Fall begann die dreißigjährige Frist des § 852 Abs. 1 Alt. 2 BGB aF am 16.6.2000 zu laufen, die dreijährige kenntnisabhängige Frist des § 852 Abs. 1 Alt. 1 BGB aF hingegen kam mangels positiver Kenntnis nie zum Tragen. Aufgrund der ab dem 1.1.2002 anwendbaren verjährungsrechtlichen Neuregelungen wurde am 1.1.2002 die alte Frist des § 852 Abs. 1 Alt. 2 BGB aF durch die gleichlange des § 199 Abs. 3 S. 1 Nr. 2 BGB ersetzt (vgl auch Rn 17);[73] aufgrund grob fahrlässiger Unkenntnis des A ist zudem die dreijährige subjektive Verjährungsfrist des § 195 BGB am 1.1.2002 in Lauf gesetzt worden. Parallel begann am 1.1.2002 gem. Abs. 4 S. 1 die – im Verhältnis zu § 852 Abs. 1 Alt. 2 BGB aF kürzere – zehnjährige Frist des § 199 Abs. 3 S. 1 Nr. 1 BGB zu laufen. Für den konkreten Verjährungseintritt ist indes nur die Frist maßgeblich, deren Ablauf zuerst erfolgt. Hier wäre dies die Frist des § 195 BGB, die am 31.12.2004 abgelaufen ist (die Frist des § 199 Abs. 3 S. 1 Nr. 1 BGB endet demgegenüber erst am 31.12.2011, die des § 199 Abs. 3 S. 1 Nr. 2 BGB am 15.6.2030). 44

2. Verlängerung der Verjährungsfrist unter neuem Recht (Abs. 3). a) Gesetzliche Fristverlängerung. Unterliegt ein Anspruch unter Anwendung alten Rechts einer kürzeren Verjährungsfrist, als dies nach neuem Recht der Fall ist, behält nach Abs. 3 die kürzere Frist auch über den 31.12.2001 hinaus Geltung. Voraussetzung hierfür ist allerdings, dass der Anspruch bereits vor dem 1.1.2002 bestanden hat. Ist lediglich das Rechtsverhältnis, dem der Anspruch entstammt, vor diesem Tag begründet worden, der Anspruch selbst jedoch erst später entstanden (vgl Rn 12 ff), kommt ausschließlich die neue, längere Frist zum Tragen (vgl hierzu auch Rn 14 ff). 45

Die Vorschrift des Abs. 3 dient dem **Schuldnerschutz**.[74] Bedeutung gewinnt sie vor allem im Hinblick auf die verlängerten kaufvertraglichen Gewährleistungsfristen (§ 438 Abs. 1 BGB): Mängelansprüche, die vor dem 1.1.2002 entstanden und an diesem Tag noch nicht verjährt sind, unterliegen nach Maßgabe der Überleitungsregelung auch weiterhin der sechsmonatigen Frist des § 477 Abs. 1 BGB aF. Übergibt der Verkäufer somit am 1.9.2001 eine fehlerhafte Kaufsache an den Käufer, verjähren dessen Gewährleistungsansprüche bereits am 1.3.2002 und nicht gem. § 438 Abs. 1 Nr. 3, Abs. 2 BGB erst am 1.9.2003. 46

71 Staudinger/*Peters*, Art. 229 § 6 EGBGB Rn 13.

72 AA Staudinger/*Peters*, Art. 229 § 6 EGBGB Rn 13; *Kandelhard*, NJW 2005, 630, 631 ff (Fristbeginn am 31.12.2002).

73 AA wohl *Amann,* S. 432, wonach alle in § 199 Abs. 2–4 statuierten Höchstfristen erst am 1.1.2002 anlaufen.

74 Vgl BT-Drucks. 14/6040, S. 273.

47 Als Ausnahmevorschrift kann die Regelung in Abs. 3 nicht verallgemeinert werden; auf die Änderung **tarifvertraglicher Verfallfristen** ist sie daher weder direkt noch analog anwendbar.[75]

48 **b) Vertragliche Fristverlängerung.** Die vertragliche Verlängerung der Verjährungsfrist war unter altem Recht gem. § 225 S. 1 BGB aF – von speziellen Ausnahmen abgesehen (vgl §§ 477 Abs. 1 S. 2; 638 Abs. 2 BGB aF; §§ 439 Abs. 4, 463, 475 a HGB) – unzulässig. Verstießen die Parteien gegen diese Vorgabe, war die vereinbarte Fristverlängerung nach § 134 BGB nichtig. Unter neuem Recht ist eine Erschwerung der Verjährung nach Maßgabe des § 202 Abs. 2 BGB nunmehr grundsätzlich (dh innerhalb der von § 202 Abs. 2 BGB gezogenen Grenzen sowie vorbehaltlich besonderer Regelungen, zB §§ 439 Abs. 4, 463, 475 a HGB, und der Inhaltskontrolle nach §§ 307 ff BGB; vgl § 202 BGB Rn 47 ff) zulässig. Damit stellt sich die Frage, wie eine vor dem 1.1.2002 getroffene nichtige Vereinbarung über die Verlängerung der Verjährungsfrist nach dem Stichtag zu behandeln ist.

49 **aa) Verjährung ist bereits eingetreten.** Ist der Anspruch am 1.1.2002 bereits verjährt, weil nach bisherigem Recht die vertraglich vereinbarte Fristverlängerung gem. § 225 S. 1 BGB aF iVm § 134 BGB nichtig war, bleibt es auch nach dem Stichtag bei diesem Ergebnis (vgl Rn 18); den neuen Verjährungsvorschriften kommt insofern **keine Rückwirkung** zu.[76]

50 **bb) Verjährung ist noch nicht eingetreten.** Läuft die in Ermangelung einer wirksamen vertraglichen Fristvereinbarung maßgebliche gesetzliche Verjährungsfrist dagegen noch über den 31.12.2001 hinaus, finden nach Abs. 1 S. 1 ab dem 1.1.2002 die neuen Verjährungsregeln Anwendung. Danach sind vertragliche Fristverlängerungen iRd § 202 Abs. 2 BGB grundsätzlich zulässig,[77] so dass eine bis zum 31.12.2001 nichtige Verjährungsabrede **mit Wirkung *ex nunc* geheilt** werden kann, sofern die betreffende Abrede nach den Maßstäben des neuen Rechts[78] wirksam wäre.[79] Im Schrifttum wird zu dieser bereits in der Erstauflage[80] vertretenen Ansicht verschiedentlich angemerkt, eine unter altem Recht nichtige Verjährungsvereinbarung könne nicht durch eine Liberalisierung der Gesetzeslage geheilt, sondern allenfalls gem. § 141 Abs. 2 BGB bestätigt werden.[81] Letztlich sei jedes Rechtsgeschäft nach der Rechtslage seines Vornahmezeitpunktes zu bewerten und daher nicht ersichtlich, wie es zu einer Heilung kommen könne.[82]

51 Hierzu ist zu bemerken, dass die Heilung unwirksamer Rechtsgeschäfte durch Statutenwechsel, die im internationalen Privatrecht anerkannt ist, auch im intertemporalen Kollisionsrecht nicht unbekannt ist.[83] Die Möglichkeit der Validation wird in verschiedenen Fallgestaltungen diskutiert – u.a. auch in Bezug auf die Aufhebung von Nichtigkeitsgründen. Steht, wie im Fall der §§ 225 S. 1 BGB aF/202 Abs. 2 BGB, die Lockerung oder Aufhebung von Tatbeständen in Rede, die unter altem Recht die Nichtigkeit einer Vereinbarung nach sich zogen, wird für eine Heilung vorgebracht, dass der Gesetzgeber unter der Neuregelung regelmäßig kein

75 BAG AuA 2008, 178.

76 Erman/*Schmidt-Räntsch*, Anh. Vor § 194 (Art. 229 § 6) Rn 4.

77 AA BAG EzA § 4 TVG Ausschlussfristen Nr. 192 (Tz 18); AG Stendal, Urt. v. 14.12.2007 – 1 Ca 1965/05, juris Tz 54: Art. 229 § 6 findet keine Anwendung auf die Kontrolle von Vereinbarungen über die Verjährung. Die Anwendbarkeit von § 202 BGB richtet sich nach der allgemeinen Überleitungsregelung in Art. 229 § 5. Siehe hiergegen aber die nachstehenden Ausführungen in Fn 81.

78 Vgl *Heß*, DStR 2002, 455, 459 mit Fn 59, der darauf hinweist, dass sich die Anwendung der §§ 307 ff BGB auf vor dem 1.1.2002 getroffene Verjährungsabreden entgegen der hierfür grds. maßgeblichen Überleitungsvorschrift des Art. 229 § 5 ausnahmsweise aus Art. 229 § 6 Abs. 1 S. 1 rechtfertigt.

79 Ebenso *Eidenmüller*, SchiedsVZ 2003, 163, 166; MüKo/*Grothe*, Art 229 § 6 EGBGB Rn 11; *Heß*, DStR 2002, 455, 459; *Mansel/Budzikiewicz*, § 10 Rn 30; allg. zur „Validation" im intertemporalen Kollisionsrecht *Heß*, Intertemporales Privatrecht, 1998, S. 368 ff. AA Bamberger/Roth/*Henrich*, § 194 Rn 25; *Lakkis*, AcP 203 (2003), 763, 783; Staudinger/*Peters*, Art. 229 § 6 EGBGB Rn 9, 25; Erman/*Schmidt-Räntsch*, Anh. Vor § 194 (Art. 229 § 6) Rn 4.

80 AnwK-SchuldR/*Mansel*, Art. 229 § 6 EGBGB Rn 20.

81 Bamberger/Roth/*Henrich*, § 194 Rn 25; Erman/*Schmidt-Räntsch*, Anh. Vor § 194 BGB (Art. 229 § 6) Rn 4. Ähnlich *Lakkis*, AcP 203 (2003), 763, 783, die jedoch darauf abstellt, dass Verjährungsvereinbarungen nicht von Art. 229 § 6 erfasst werden. § 202 BGB sei keine unmittelbare gesetzliche Verjährungsregelung, sondern eine Schranke der Privatautonomie, deren intertemporale Anwendbarkeit der allgemeinen Überleitungsregel des Art. 229 § 5 unterfalle. Nach Art. 229 § 5 S. 1 bleibe für vor dem 1.1.2002 entstandene Schuldverhältnisse aber altes Recht und damit auch § 225 BGB aF weiter anwendbar. Dem ist entgegenzuhalten, dass Art. 229 § 6 Abs. 1 S. 1 generell die Vorschriften über die Verjährung, dh insbesondere die §§ 194 ff BGB (und damit auch § 202 BGB) in Bezug nimmt; eine Einschränkung auf solche Regelungen, die die Modalitäten der Verjährung unmittelbar gesetzlich festlegen, ist der Norm nicht zu entnehmen. Es besteht auch vor dem Hintergrund der Überleitung kein Grund, gesetzlich statuierte und vertraglich vereinbarte Verjährungsfristen unterschiedlichen Übergangsbestimmungen zu unterwerfen. Aufgrund der auch im intertemporalen Privatrecht diskutierten Möglichkeit einer Heilung durch Statutenwechsel ist die Neuregelung des § 202 BGB durchaus auch für Altansprüche von Bedeutung (hierzu sogleich); im Erg. ebenso *Heß*, DStR 2002, 455, 459.

82 Staudinger/*Peters*, Art. 229 § 6 EGBGB Rn 9.

83 Ausf. hierzu *Heß*, Intertemporales Privatrecht, 1998, S. 368 ff.

Interesse mehr habe, die alte Nichtigkeitsvorschrift weiter durchzusetzen.[84] Dies gelte zumindest dann, wenn Dritte von der Validation nicht betroffen sind.[85] Hierauf ist auch im Fall der vertraglichen Fristverlängerung unter altem Recht abzustellen. Die Heilung einer nichtigen Verjährungsvereinbarung wird zumeist nur die an dem Rechtsgeschäft Beteiligten tangieren, so dass nach dem 31.12.2001 ausschließlich deren Interessen in Rede stehen. Haben die Parteien jedoch vor dem 1.1.2002 in Unkenntnis der tatsächlichen Rechtslage angenommen, die Verlängerung der Verjährungsfrist wirksam vereinbaren zu können, und ggf sogar die Leistung des von der Vereinbarung Begünstigten in Abhängigkeit von dieser Absprache bestimmt, sollte dieses Äquivalenzverhältnis, soweit eine Heilung nach Inkrafttreten des SchuldRModG möglich ist, nicht ohne Not weiter gestört und der Neuregelung des § 202 Abs. 2 BGB nach dem 31.12.2001 Wirkung zugesprochen werden. Die Parteien demgegenüber auf die bloße Möglichkeit der Bestätigung nach § 141 Abs. 2 BGB zu verweisen, würde den von der Nichtigkeit benachteiligten Gläubiger der Gefahr aussetzen, eine entsprechende Erklärung von dem bislang begünstigten Schuldner nicht mehr zu erlangen. Konsequenz wäre ggf die Nichtigkeit des gesamten Rechtsgeschäfts (§ 139 BGB), das dann rückabgewickelt werden müsste.

Die vorstehenden Erwägungen sind entsprechend zugrunde zu legen, wenn die Parteien in dem **Bewusstsein der Neuregelung** des § 202 Abs. 2 BGB bereits vor dem 1.1.2002 eine dieser Vorschrift entsprechende Fristverlängerung vereinbart haben sollten.[86] 52

Da die Heilung, sofern man eine solche zulässt, zu einer Fristverlängerung führt, bliebe noch zu klären, ob der neue Verjährungslauf angesichts der **Regelung des Abs. 3** überhaupt Berücksichtigung finden kann oder ob nicht vielmehr nur die unverlängerte gesetzliche Verjährungsfrist zur Anwendung kommt. Letzteres dürfte abzulehnen sein. Die Vorschrift erklärt lediglich die gesetzliche Verlängerung der Verjährungsfrist für unbeachtlich; vertragliche Fristverlängerungen werden ausweislich des Wortlauts der Norm von dieser nicht erfasst („Ist die Verjährungsfrist nach dem Bürgerlichen Gesetzbuch..."').[87] Zudem dient die Regelung dem Schutz des Schuldners, der vor einer Fristverlängerung unter neuem Recht bewahrt werden soll, mit der er bei Entstehung des Anspruchs nicht zu rechnen brauchte. Die vertragliche Absprache ist jedoch beiden Parteien bekannt, so dass es eines gesetzlichen Schutzes nicht bedarf. Abs. 3 findet daher auf den Fall der vertraglichen Fristverlängerung unter neuem Recht infolge Validation keine Anwendung.[88] 53

c) Abkürzung der Verjährungsfrist bei Haftung wegen Vorsatzes. Gem. § 202 Abs. 1 BGB kann nach neuem Recht bei Haftung wegen Vorsatzes die Verjährung nicht mehr im Voraus vertraglich erleichtert werden. Unter altem Recht (§ 225 S. 2 BGB aF) wurde eine Verkürzung der Verjährungsfrist hingegen zT auch für vorsätzliches Verschulden als zulässig erachtet.[89] Sollte nunmehr über Art. 229 § 6 Abs. 1 S. 1 die Neuregelung in § 202 Abs. 1 BGB auch für die Bewertung derartiger vor dem 1.1.2002 vereinbarter Verjährungserleichterungen heranzuziehen sein, wäre die Abrede gem. § 134 BGB mit Inkrafttreten des SchuldRModG am 1.1.2002 ex nunc nichtig; anstelle der vertraglich vereinbarten Frist käme in Abhängigkeit von Art. 229 § 6 Abs. 3 und 4 die gesetzliche längere Verjährungsfrist zur Anwendung. Eine derartige Neubewertung der ursprünglich zulässigen Verjährungserleichterung würde jedoch gegen den bereits in Art. 170 und 232 § 1 formulierten und für die Zwecke des SchuldRModG in Art. 229 § 5 S. 1 übernommenen Grundsatz verstoßen, dass ein Schuldverhältnis nur dem im Zeitpunkt seiner Entstehung gültigen Recht unterfällt (vgl Art. 229 § 5 Rn 1). Nach dem Prinzip der *lex temporis actus* können die Parteien grundsätzlich darauf vertrauen, dass die Normen, die im Zeitpunkt ihres rechtserheblichen Handelns galten, auch ex post bei der Bewertung ihres Vorgehens herangezogen werden.[90] Bereits erworbene vertragliche Rechte sollen durch Änderungen des diesen zugrunde liegenden Gesetzes nicht nachträglich wieder abgesprochen werden.[91] Ausnahmen können in Übereinstimmung mit den Vorgaben des Verfassungsrechts durch den Gesetzgeber statuiert werden, sind jedoch angesichts des grundsätzlichen Rückwirkungsverbotes eng auszulegen.[92] 54

Der Regelung des Art. 229 § 6 Abs. 1 S. 1 das Gebot einer Neubewertung der bereits unter altem Recht erlangten Verjährungserleichterung bei Haftung wegen Vorsatzes und damit den Eingriff in einen abgeschlossenen Tatbestand entnehmen zu wollen, erscheint vor diesem Hintergrund als zu weitgehend. Die Anwendung neuen Rechts wäre nur dann zulässig, wenn das nunmehr in § 202 Abs. 1 BGB aufgenommene Verbot einer entsprechenden Vereinbarung Ausdruck eines fundamentalen Wertewandels wäre, dessen Ausweitung auch auf alte Tatbestände zwingend erforderlich erscheint.[93] Letzteres dürfte jedoch nicht der Fall sein. Die Regelung des § 202 BGB bezweckt gegenüber § 225 BGB aF grundsätzlich eine erhebliche Erweiterung der Vertragsfreiheit (vgl § 202 BGB Rn 7). Zwar findet diese (u.a.) ihre Grenze in dem Ausschluss der Verjährungserleichterung in Fällen vorsätzlicher Schädigung; nachträgliche Vereinbarungen betreffend die Haftung wegen 55

84 *Heß*, Intertemporales Privatrecht, 1998, S. 369 f.
85 *Heß*, Intertemporales Privatrecht, 1998, S. 371.
86 Zur Parteiautonomie im intertemporalen Kollisionsrecht vgl *Heß*, Intertemporales Privatrecht, 1998, S. 376 ff.
87 Ebenso *Heß*, DStR 2002, 455, 459 (Fn 56).
88 Ebenso MüKo/*Grothe*, Art 229 § 6 EGBGB Rn 11.
89 So zB RGZ 135, 174, 176 f; BGHZ 9, 1, 5; Palandt/*Heinrichs*, 61. Auflage 2002, § 276 Rn 57.
90 *Heß*, Intertemporales Privatrecht, 1998, S. 366.
91 *Heß*, aaO, S. 143.
92 *Heß*, aaO, S. 18.
93 Vgl *Heß*, aaO, S. 19.

Vorsatzes sind jedoch auch weiterhin möglich. Zum Teil wird auch eine teleologische Reduktion der Vorschrift erwogen, soweit die Haftung für vorsätzliches Handeln durch den Erfüllungsgehilfen in Rede steht.[94] Hieraus resultiert, dass es sich bei der Regelung des § 202 Abs. 1 BGB zwar um eine wesentliche Neuerung der Schuldrechtsreform handelt, jedoch nicht ersichtlich ist, dass das Verbot der im Voraus vereinbarten Verjährungserleichterung einen derart gesteigerten Stellenwert einnimmt, dass sich daraus eine Rückwirkung auf abgeschlossene Tatbestände rechtfertigen ließe. Die Verjährung von Ansprüchen wegen vorsätzlicher Schädigung bleibt in gewissem Umfang auch unter neuem Recht disponibel. Der Unterschied zwischen nachträglicher Abbedingung und im Voraus vereinbarter Verjährungserleichterung erscheint jedoch nicht so gravierend, als dass dies *ex post* die Nichtigkeit der Vereinbarung rechtfertigen würde. Bislang zulässige Verjährungserleichterungen bei Haftung wegen Vorsatzes bleiben daher auch nach dem Stichtag weiter wirksam.[95]

56 **d) Mittelbare Verjährungserschwerungen.** Die vorstehend dargelegten Grundsätze zur Frage der Rückwirkung des neuen Verjährungsrechts gelten entsprechend, sofern die Parteien unter altem Recht mittelbare Verjährungserschwerungen verabredet haben (vgl hierzu § 202 BGB Rn 37). Auch diese bleiben angesichts des grundsätzlichen Rückwirkungsverbotes (s. zu diesem näher Rn 54) neuer Regelungen auf abgeschlossene Tatbestände in der Form wirksam, die sie unter altem Recht erfahren haben. Soweit die Regelung des § 202 (ggf in Verbindung mit §§ 307 ff BGB) mit den Regelungen des alten Rechts inhaltlich übereinstimmt, finden allerdings gem. Art. 229 § 6 Abs. 1 S. 1 nach dem 31.12.2001 die neuen Regelungen Anwendung (vgl auch Rn 42).

57 **3. Verkürzung der Verjährungsfrist unter neuem Recht (Abs. 4).** Abs. 4 erfasst den zu Abs. 3 reziproken Fall, dass ein Anspruch nach den Vorschriften des neuen Verjährungsrechts in kürzerer Frist verjährt, als dies nach den Regeln des alten Rechts zutraf. Um zu vermeiden, dass am Stichtag nach Abs. 1 S. 1 eine neue Fristenregelung zur Anwendung gelangt, nach der die Frist ggf am 1.1.2002 schon abgelaufen ist, sieht Abs. 4 S. 1 im Interesse des **Gläubigerschutzes** vor, dass die kürzere neue Frist zwar heranzuziehen ist, diese jedoch frühestens am 1.1.2002 zu laufen beginnt.

58 Auf der anderen Seite soll der neue Fristbeginn aber auch nicht zu einer unangemessenen Verlängerung des Verjährungslaufs führen. Abs. 4 S. 2 bestimmt daher, dass es bei der alten Verjährungsfrist bleibt, wenn danach die Verjährung früher eintritt, als dies bei der Lösung nach Abs. 4 S. 1 der Fall wäre.

59 Es ist somit stets ein Vergleich durchzuführen zwischen dem Verjährungslauf nach altem Recht und demjenigen, der sich aus der Anwendung der neuen kürzeren Frist (gerechnet ab dem 1.1.2002) ergibt. Zur Anwendung kommt jeweils die Frist, die im konkreten Einzelfall früher abläuft. Es gilt folglich ein **Günstigkeitsprinzip** für den Schuldner.

60 Von Bedeutung ist die Regelung des Abs. 4 vor allem bei Ansprüchen, die vor dem 1.1.2002 der regelmäßigen dreißigjährigen Verjährung nach § 195 BGB aF unterlagen und jetzt unter die Frist der §§ 195, 199 BGB fallen. Hier kann die Vorschrift zum Teil zu erheblichen Fristverkürzungen führen,[96] wie das folgende **Beispiel** zeigt:

61 Haben die Parteien am 1.10.1988 einen Kaufvertrag geschlossen, so verjährte der Erfüllungsanspruch des Käufers unter altem Recht (§ 195 BGB aF) in 30 Jahren am 1.10.2018. Gem. Abs. 4 kommen nunmehr ab dem 1.1.2002 die neuen Verjährungsregeln zum Tragen. Die Verjährung des Erfüllungsanspruchs richtet sich damit ab dem Stichtag nach der kürzeren dreijährigen Frist der §§ 195, 199 BGB und tritt dementsprechend unter Berücksichtigung von Abs. 4 S. 1 frühestens am 31.12.2004 ein (relative Frist, § 199 Abs. 1 BGB). Gerechnet wird die Verjährungsfrist nach §§ 195, 199 Abs. 1 BGB ab dem 1.1.2002 (0.00 h), sofern der Gläubiger von den anspruchsbegründenden Umständen und der Person des Schuldners bereits am 31.12.2001 Kenntnis hatte oder haben musste (was bei einem Kaufvertrag stets zutreffen dürfte). In diesem Fall soll die Regelung des Abs. 4 nicht dazu führen, dass der Verjährungsbeginn erst am Schluss des Jahres 2002 eintritt.[97] Der Gläubiger stünde sonst besser, als dies der Fall wäre, wenn neues Recht ohne die Übergangsregelung des Art. 229 § 6 zur Anwendung gelangte. Dem Gläubiger würde ein Jahr geschenkt, ohne dass sich dies unter Interessenschutzgesichtspunkten rechtfertigen ließe. Die Berechnung zum Jahresschluss soll lediglich den Rechtsverkehr entlasten; der Gläubiger hat aber keinen Anspruch darauf, dass ihm über die dreijährige kenntnisabhängige Frist des § 195 BGB hinaus eine weitere Karenzzeit zur Verfügung steht.

62 Erlangt der Gläubiger die erforderliche Kenntnis von den anspruchsbegründenden Tatsachen und der Person des Schuldners ausnahmsweise erst nach dem 31.12.2001 (bei vertraglichen Erfüllungsansprüchen ist das

94 Erman/*Schmidt-Räntsch*, § 202 Rn 8.
95 Im Erg. ebenso *Lakkis*, AcP 203 (2003), 763, 783.
96 Vgl *Ziegler/Rieder*, ZIP 2001, 1789, 1798 f.
97 Dem hat sich die Rspr angeschlossen: BGH NJW 2007, 1584, 1586; OLG Hamm, Urt. v. 26.4.2007 – 22 U 117/06, juris, Tz 144; OLG Köln ZGS 2006, 280; OLG Köln, Urt. v. 23.3.2007 – 19 U 162/06, juris, Tz 27, 30; OLG Karlsruhe, Urt. v. 21.12.2006 – 12 U 198/06, juris, Tz 9 ff; OLG Thüringen OLG-NL 2006, 82; LG Köln ZGS 2006, 38; ebenso Erman/*Schmidt-Räntsch*, Anh. Vor § 194 (Art. 229 § 6) Rn 9; MüKo/*Grothe*, Vor § 194 Rn 39; Art 229 § 6 EGBGB Rn 13; aA Staudinger/*Peters*, Art. 229 § 6 EGBGB Rn 11; *Kandelhard*, NJW 2005, 630, 631 ff.

kaum denkbar), dann beginnt nach § 199 Abs. 1 BGB ab dem Schluss des entsprechenden Jahres die relative Frist des § 199 Abs. 1 BGB zu laufen.[98] Die Verjährung tritt spätestens am 31.12.2011 (Höchstfrist, § 199 Abs. 4 BGB) ein. Nach der Wertung des Abs. 4 sind in dem Beispielsfall allein diese Daten maßgeblich, da sie im Vergleich zur alten Rechtslage zu einem früheren Fristablauf führen, als dies bei Anwendung von § 195 BGB aF der Fall wäre. Hätten die Parteien den Kaufvertrag dagegen am 1.10.1973 geschlossen, liefe die Frist des § 195 BGB aF bereits am 1.10.2003 ab. Die Verjährung würde danach früher eintreten als unter Heranziehung der §§ 195, 199 BGB, so dass hier nach Abs. 4 S. 2 ausschließlich auf das frühere Ablaufdatum abzustellen ist.

Das vorstehende Beispiel hat gezeigt, dass die in Abs. 4 S. 1 angeordnete Berechnung der kürzeren neuen Frist ab dem 1.1.2002 nicht so zu verstehen ist, dass in den von Abs. 4 erfassten Übergangsfällen alle neuen Fristen ab dem 1.1.2002 zu laufen beginnen. Der Gesetzgeber wollte insbesondere bei der **Regelverjährungsfrist** des § 195 BGB nicht die dazu gehörige Regelung des **Fristbeginns** nach § 199 Abs. 1 BGB ausschalten und die Dreijahresfrist des § 195 BGB in den Übergangsfällen zu einer objektiv beginnenden Frist machen.[99] Dazu besteht keine Veranlassung. Mit der Vorschrift des Abs. 4 S. 1 ist vielmehr gemeint, dass erst ab dem 1.1.2002 die neuen Berechnungsregeln eingreifen und dass der früheste Verjährungsbeginn der neuen Verjährungsfristen der 1.1.2002 ist. Einen späteren Beginn will Abs. 4 S. 1 aber nicht ausschließen. Daher sind die neuen kürzeren Fristen einschließlich der dazugehörigen Regeln des Fristbeginns anzuwenden. Auf den 1.1.2002 als Fristbeginn ist mithin nur dann abzustellen, wenn der Gläubiger in diesem Zeitpunkt gem. § 199 Abs. 1 Nr. 2 BGB auch Kenntnis von den den Anspruch begründenden Umständen und der Person des Schuldners hatte oder ohne grobe Fahrlässigkeit hätte erlangen müssen.[100] War dies nicht der Fall, wird die Frist des § 195 BGB erst mit dem Schluss des Jahres in Lauf gesetzt, in dem die Voraussetzungen des § 199 Abs. 1 Nr. 2 BGB erfüllt sind.[101] Dies gilt auch dann, wenn die Voraussetzungen des § 199 Abs. 1 Nr. 2 BGB zwar vor dem 1.1.2002 erfüllt waren, nicht aber am Stichtag selbst (etwa weil dem Gläubiger die Adresse des Schuldners nicht mehr bekannt ist). Auch in diesem Fall beginnt die Frist des § 195 BGB nicht schon am 1.1.2002 zu laufen, sondern erst, wenn der Gläubiger nach dem 31.12.2001 erneut Kenntnis erlangt hat oder ohne grobe Fahrlässigkeit hätte erlangen müssen.[102] 63

Der Verweis auf die kürzere Frist des neuen Rechts meint im Fall der Regelverjährung nach §§ 195, 199 BGB sowohl die subjektive Frist der §§ 195, 199 Abs. 1 BGB als auch die objektiven Fristen des § 199 Abs. 2–4 BGB.[103] Nach Art. 229 § 6 Abs. 4 S. 2 ist auf die in dem konkreten Einzelfall kürzere Frist abzustellen.[104] Die Verjährungshöchstfristen des § 199 Abs. 2-4 BGB sind dabei stets vom 1.1.2002 an zu berechnen (vgl Rn 62).[105] 64

98 OVG Thüringen, Urt. v. 29.10.2009 – 2 KO 893/07, juris, Tz 31 (Besoldungsanspruch); VG Meiningen, Urt. v. 20.5.2009 – 2 K 252/08 Me, juris, Tz 36 (Zinsanspruch); LG Düsseldorf, Teilurt. v. 5.10.2009 – 2 b O 2/08, juris, Tz 46 (Anspruch aus pVV); Palandt/*Ellenberger*, Art. 229 § 6 EGBGB Rn 6; Erman/*Schmidt-Räntsch*, Anh. Vor § 194 (Art. 229 § 6) Rn 9; vgl auch *Gsell*, NJW 2002, 1297, 1298 f.

99 So auch BGH NJW-RR 2008, 258, 259; NJW 2007, 1584, 1586 f (m. zahlr. N.); OLG Karlsruhe ZIP 2009, 1611 f; OLG Düsseldorf NJOZ 2009, 3749, 3751 f; OLG Hamm, Urt. v. 12.2.2009 – 4 U 171/08, juris, Tz 72; OLG Köln, Urt. v. 25.10.2007 – 18 U 164/06, juris, Tz 48; OLG München, Urt. v. 20.7.2007 – 25 U 2757/06, juris, Tz 21; KG, Urt. v. 30.1.2007 – 4 U 192/05, juris, Tz 122 ff; OLG Karlsruhe ZIP 2006, 1885, 1857 f; OLG Braunschweig ZIP 2006, 180; 183; OLG Bamberg NJW 2006, 304; OLG Celle, Urt. v. 16.1.2007 – 16 U 160/06, juris, Tz 89 ff; *Gerneth*, BKR 2006, 312, 315; *Schulte-Nölke/Hawxwell*, NJW 2005, 2117, 2119; *Stenzel*, ZIP 2006, 130, 131 ff; *Rohlfink*, MDR 2006, 721, 722; MüKo/*Grothe*, Vor § 194 Rn 39; Art 229 § 6 EGBGB Rn 13; *Möller*, WM 2008, 476, 477 ff; *Piekenbrock*, Befristung, Verjährung, Verschweigung und Verwirkung, 2006, S. 486 (mit Fn 38); *Witt*, NJW 2007, 1588; *Schmidt*, NJW 2007, 2447, 2448; aA OLG Celle ZIP 2006, 2163, 2166; OLG Hamm WM 2006, 1477, 1480; OLG Frankfurt, Urt. v. 20.12.2006 – 19 U 18/06, juris, Tz 28 ff; LG Berlin ZGS 2006, 160; *Assmann/Wagner*, NJW 2005, 3169, 3170 ff; *Wagner*, BKR 2007, 18 ff; wohl auch PWW/*Kesseler*, Art. 229 § 6 EGBGB Rn 5.

100 BGH NJW 2011, 1278; NJW-RR 2010, 1574, 1575; NJW 2007, 2034; NJW 2007, 1584, 1586; OLG Düsseldorf NJOZ 2009, 3749, 3752; OLG Köln, Urt. v. 23.3.2007 – 19 U 162/06, juris, Tz 26, 30; LAG Berlin-Brandenburg, Urt. v. 10.7.2007 – 3 Sa 765/07, juris, Tz 41; LG Köln, Urt. v. 15.1.2008 – 3 O 213/07, juris, Tz 15; Palandt/*Ellenberger*, Art. 229 § 6 EGBGB Rn 6.

101 Erman/*Schmidt-Räntsch*, Anh. Vor § 194 (Art. 229 § 6) Rn 9.

102 OLG Karlsruhe ZIP 2009, 1611, 1612 (Kenntnis von der Anschrift des Schuldners geht vor dem 1.1.2002 wieder verloren, weil der Schuldner seinen Wohnsitz gewechselt hat).

103 So auch Palandt/*Ellenberger*, Art. 229 § 6 EGBGB Rn 6; Erman/*Schmidt-Räntsch*, Anh. Vor § 194 (Art. 229 § 6) Rn 9.

104 Ebenso BGH NJW 2007, 2034; NJW 2007, 1584, 1586; OLG Bamberg NJW 2006, 304; *Amann*, S. 432; MüKo/*Grothe*, Vor § 194 Rn 39; Art 229 § 6 EGBGB Rn 13; Palandt/*Ellenberger*, Art. 229 § 6 EGBGB Rn 6; Bamberger/Roth/*Henrich*, § 194 Rn 26; *Heß*, NJW 2002, 253, 258; Erman/*Schmidt-Räntsch*, Anh. Vor § 194 (Art. 229 § 6) Rn 9.

105 BGH NJW 2007, 2034; NJW 2007, 1584, 1586; Palandt/*Ellenberger*, Art. 229 § 6 EGBGB Rn 6; *Schulte-Nölke/Hawxwell*, NJW 2005, 2117, 2119; *Stenzel*, ZGS 2006, 130, 135; *Witt*, NJW 2007, 1588.

65 **4. Anspruchskonkurrenz.** Die Bestimmung der Verjährungsfrist ist im Fall konkurrierender Ansprüche für jeden Anspruch getrennt vorzunehmen.

IV. Analoge Anwendung

66 **1. Ausschlussfristen, Ersitzung (Abs. 5).** Nach Abs. 5 sind die Absätze 1–4 entsprechend auf Fristen anzuwenden, die für die Geltendmachung, den Erwerb oder den Verlust eines Rechts maßgebend sind. Zur Anwendung gelangen dabei lediglich die abstrakten Vorgaben, nach denen intertemporal das maßgebende Recht zu bestimmen ist. Die Vorschrift ist nicht in der Weise zu verstehen, dass etwa die in Abs. 5 bezeichneten Ausschlussfristen nunmehr den Regelungen des Verjährungsrechts unterliegen.[106] Ob Letzteres der Fall ist, richtet sich ausschließlich nach materiellem Recht; Abs. 5 nimmt hierauf keinen Einfluss.

67 Von Bedeutung ist die Vorschrift vor allem hinsichtlich der von dreißig auf zehn Jahre abgesenkten **Ausschlussfristen** für die Anfechtung in §§ 121 Abs. 2 und 124 Abs. 3 BGB (alte und neue Fassung)[107] sowie im Hinblick auf § 1600 b iVm §§ 206, 210 BGB.[108] Darüber hinaus findet Abs. 5 aber auch Anwendung, soweit **Ersitzungstatbestände** neu geregelt wurden (vgl §§ 939, 941 BGB).[109]

68 **Beispiel:** Unterlag der Anfechtungsberechtigte am 15.7.1995 von ihm unbemerkt einem Erklärungsirrtum, richtet sich die Ermittlung der maßgeblichen Ausschlussfrist für die Erklärung der Anfechtung nach Abs. 5 iVm Abs. 1. Danach ist seit dem 1.1.2002 grundsätzlich nicht mehr die dreißigjährige Frist des § 121 Abs. 2 BGB aF, sondern die zehnjährige Frist des § 121 Abs. 2 BGB heranzuziehen. Nach Abs. 5 iVm Abs. 4 S. 1 wird die im Vergleich zu § 121 Abs. 2 BGB aF kürzere Frist des neuen § 121 Abs. 2 BGB am 1.1.2002 in Lauf gesetzt und endet dementsprechend am 31.12.2011.[110] Hätte der Betroffene die anfechtbare Willenserklärung allerdings schon am 15.7.1974 abgegeben, wäre nach Abs. 5 iVm Abs. 4 S. 2 weiter auf die Frist des § 121 Abs. 2 BGB aF abzustellen. Die alte dreißigjährige Frist liefe hier bereits am 15.7.2004 ab und somit früher, als dies unter Heranziehung des neuen § 121 Abs. 2 BGB der Fall wäre.

69 **2. HGB und UmwG (Abs. 6).** Die Regelung des Abs. 6 stellt klar, dass die Bestimmungen der Abs. 1–5 auch für die durch das SchuldRModG im HGB sowie im UmwG neu geregelten Fristen Anwendung finden, und zwar unabhängig davon, ob es sich um Verjährungsfristen oder um sonstige Fristen handelt.[111]

70 **3. KostO.** Obwohl es insofern an einer ausdrücklichen Verweisung auf Art. 229 § 6 fehlt, findet die Vorschrift auch entsprechende Anwendung auf die zum 1.1.2002 geänderte Verjährungsfrist für die Kostenforderungen der **Gebührennotare**.[112] Seit Inkrafttreten des SchuldRModG unterliegt der Kostenanspruch nicht mehr der bislang zweijährigen Verjährungsfrist der §§ 196 Abs. 1 Nr. 15, 198, 201 BGB aF, sondern der vierjährigen Frist des § 17 KostO. Die Überleitung für vor dem 1.1.2002 fällig gewordene Ansprüche richtet sich nach Abs. 1–3 analog.

Art. 229 § 7 EGBGB Überleitungsvorschrift zu Zinsvorschriften nach dem Gesetz zur Modernisierung des Schuldrechts vom 26. November 2001

Art. 229 § 7 regelt das Übergangsrecht zu § 247 BGB. Da der neue Zinssatz ab dem 1.1.2002 gilt, wird vom Abdruck abgesehen, vgl im Bedarfsfall 1. Auflage.

106 Staudinger/*Peters*, Art. 229 § 6 EGBGB Rn 28.
107 Vgl BT-Drucks. 14/6040, S. 273. Ob Abs. 5 auch auf die Ausschlussfrist des § 355 Abs. 3 BGB Anwendung findet, ist str.; dagegen *Schmidt-Kessel*, ZGS 2002, 311, 318; aA wohl Staudinger/*Peters*, Art. 229 § 6 EGBGB Rn 28.
108 OLG Celle, Beschl. v. 12.3.2002 – 15 WF 44/02, juris, Tz 3 (allerdings wird dort im Erg. die Anwendbarkeit des § 210 BGB unzutr. abgelehnt); zu Art. 231 § 6 vgl auch Staudinger/*Rauscher*, Art. 231 § 6 EGBGB Rn 83.
109 S. hierzu Staudinger/*Peters*, Art. 229 § 6 EGBGB Rn 30; zu Art. 231 § 6 vgl auch Staudinger/*Rauscher*, Art. 231 § 6 EGBGB Rn 81.
110 Vgl Palandt/*Ellenberger*, Art. 229 § 6 EGBGB Rn 10; Staudinger/*Peters*, Art. 229 § 6 EGBGB Rn 29.
111 Zu den Änderungen des HGB und des UmwG s. Art. 5 Abs. 16 und 17 SchuldRModG.
112 Ausf. *Mansel/Budzikiewicz*, § 10 Rn 42 ff; ebenso Henssler/von Westphalen/*Bereska*, Praxis der Schuldrechtsreform 2. Aufl. 2003, Art. 229 § 6 EGBGB Rn 15; MüKo/*Grothe*, Art 229 § 6 EGBGB Rn 15; Staudinger/*Peters*, Art. 229 § 6 EGBGB Rn 3; Erman/*Schmidt-Räntsch*, Anh. Vor § 194 (Art. 229 § 6) Rn 2; Palandt/*Ellenberger*, Art. 229 § 6 EGBGB Rn 11; aA *Amann*, S. 338 f, 434 (Anwendung des § 161 KostO).

Art. 229 § 8 EGBGB Übergangsvorschriften zum Zweiten Gesetz zur Änderung schadensersatzrechtlicher Vorschriften vom 19. Juli 2002

(1) Die durch das Zweite Gesetz zur Änderung schadensersatzrechtlicher Vorschriften im

1. Arzneimittelgesetz,
2. Bürgerlichen Gesetzbuch,
3. Bundesberggesetz,
4. Straßenverkehrsgesetz,
5. Haftpflichtgesetz,
6. Luftverkehrsgesetz,
7. Bundesdatenschutzgesetz,
8. Gentechnikgesetz,
9. Produkthaftungsgesetz,
10. Umwelthaftungsgesetz,
11. Handelsgesetzbuch,
12. Bundesgrenzschutzgesetz,
13. Bundessozialhilfegesetz,
14. Gesetz über die Abgeltung von Besatzungsschäden,
15. Atomgesetz,
16. Bundesversorgungsgesetz,
17. Pflichtversicherungsgesetz und

in der Luftverkehrs–Zulassungs–Ordnung geänderten Vorschriften sind mit Ausnahme des durch Artikel 1 Nr. 2 des Zweiten Gesetzes zur Änderung schadensersatzrechtlicher Vorschriften eingefügten § 84 a des Arzneimittelgesetzes und des durch Artikel 1 Nr. 4 des Zweiten Gesetzes zur Änderung schadensersatzrechtlicher Vorschriften geänderten § 88 des Arzneimittelgesetzes anzuwenden, wenn das schädigende Ereignis nach dem 31. Juli 2002 eingetreten ist.

(2) Der durch Artikel 1 Nr. 2 des Zweiten Gesetzes zur Änderung schadensersatzrechtlicher Vorschriften eingefügte § 84 a des Arzneimittelgesetzes ist auch auf Fälle anzuwenden, in denen das schädigende Ereignis vor dem 1. August 2002 eingetreten ist, es sei denn, dass zu diesem Zeitpunkt über den Schadensersatz durch rechtskräftiges Urteil entschieden war oder Arzneimittelanwender und pharmazeutischer Unternehmer sich über den Schadensersatz geeinigt hatten.

(3) Der durch Artikel 1 Nr. 4 des Zweiten Gesetzes zur Änderung schadensersatzrechtlicher Vorschriften geänderte § 88 des Arzneimittelgesetzes ist erst auf Fälle anzuwenden, in denen das schädigende Ereignis nach dem 31. Dezember 2002 eingetreten ist.

Art. 229 § 9 EGBGB Überleitungsvorschrift zum OLG-Vertretungsänderungsgesetz vom 23. Juli 2002

(1) [1]Die §§ 312 a, 312 d, 346, 355, 358, 491, 492, 494, 495, 497, 498, 502, 505 und 506 des Bürgerlichen Gesetzbuchs in der seit dem 1. August 2002 geltenden Fassung sind, soweit nichts anderes bestimmt ist, nur anzuwenden auf

1. Haustürgeschäfte, die nach dem 1. August 2002 abgeschlossen worden sind, einschließlich ihrer Rückabwicklung und
2. andere Schuldverhältnisse, die nach dem 1. November 2002 entstanden sind.

[2]§ 355 Abs. 3 des Bürgerlichen Gesetzbuchs in der in Satz 1 genannten Fassung ist jedoch auch auf Haustürgeschäfte anzuwenden, die nach dem 31. Dezember 2001 abgeschlossen worden sind, einschließlich ihrer Rückabwicklung.

(2) § 355 Abs. 2 ist in der in Absatz 1 Satz 1 genannten Fassung auch auf Verträge anzuwenden, die vor diesem Zeitpunkt geschlossen worden sind, wenn die erforderliche Belehrung über das Widerrufs- oder Rückgaberecht erst nach diesem Zeitpunkt erteilt wird.

Literatur: *Artz*, Die Neuregelung des Widerrufsrechts bei Verbraucherverträgen, BKR 2002, 606; *Martens*, Nachbelehrung und Verwirkung des Widerrufsrechts bei Haustürgeschäften, VuR 2008, 121; *Schmidt-Kessel*, Die gesetzliche Ausweitung der Widerrufsrechte nach *Heininger*, ZGS 2002, 311.

A. Allgemeines

1 Die Überleitungsvorschrift ist durch Art. 25 Abs. 3 Nr. 1 OLG-VertrÄndG vom 23.7.2002[1] als Folge der „Heininger"-Entscheidung des EuGH vom 13.12.2001[2] eingefügt worden.[3] Die Überleitungsvorschrift des Art. 229 § 5 S. 2 EGBGB wird im Hinblick auf den Erlöschenstatbestand des § 2 Abs. 1 S. 4 HWiG aF durch Art. 229 § 9 EGBGB nicht verdrängt, da Letztere zwar lex specialis zu Art. 229 § 5 S. 2 EGBGB ist,[4] aber nach ihrem eindeutigen Wortlaut nur für die dort aufgeführten Vorschriften des BGB gilt. Dass mit der ab dem 1.8.2002 geltenden Neuregelung des BGB durch das OLG-VertrÄndG vom 23.7.2002 zugleich – und entgegen dem in Art. 229 § 5 EGBGB erklärten gesetzgeberischen Willen – die Erlöschensvorschrift des § 2 Abs. 1 S. 4 HWG aF sieben Monate nach ihrem Außerkrafttreten für nach dem 1.12003 eintretende Umstände wie die vollständige und vorzeitige Ablösung eines Darlehens wiederaufleben sollte, lässt sich Art. 229 § 9 EGBGB nicht entnehmen. Ganz im Gegenteil sprechen der Wortlaut und die Gesetzesbegründung, die mehrfach das unbefristete Bestehen des Widerrufsrechts bei Haustürgeschäften im Falle einer unterlassenen oder nicht ordnungsgemäßen Widerrufsbelehrung in den Vordergrund rückt[5] und darauf besonderen Wert legt, dagegen.[6]

2 Die Regelung unterscheidet zwischen Haustürgeschäften (Abs. 1 S. 1 Nr. 1 und Abs. 1 S. 2, Rn 7 ff) und anderen Schuldverhältnissen (Abs. 1 S. 1 Nr. 2, Rn 3 ff) und trifft in Abs. 2 eine Sonderregelung über die Nachholung von Belehrungen, die zunächst unterlassen (versäumt) worden waren (Rn 11 f).

B. Regelungsgehalt

I. Allgemeine Übergangsregelung für „andere Schuldverhältnisse" als Haustürgeschäfte (Abs. 1 S. 1 Nr. 2)

3 Abs. 1 S. 1 Nr. 2 trifft die allgemeine Übergangsregelung, wonach auf andere Schuldverhältnisse (als Haustürgeschäfte nach § 312 BGB, für die Abs. 1 S. 1 Nr. 1 und Abs. 1 S. 2 eine Sonderregelung trifft, Rn 7 ff) – nämlich auf Fernabsatzverträge (§ 312 b BGB), Teilzeit-Wohnrechte-Verträge (§ 485 BGB), Verbraucherdarlehensverträge (§ 495 BGB) sowie Fernunterrichtsverträge (§ 4 FernUSG), sofern die genannten Vertragstypen nicht zugleich Haustürgeschäfte sind – die durch das OLG-VertrÄndG neu gefassten Vorschriften (der §§ 312 a, 312 d, 346, 355, 358, 491, 492, 494, 495, 497, 498, 502, 505 und 506 BGB) nur Anwendung finden, wenn das Schuldverhältnis **nach dem 1.11.2002** (dh ab dem 2.11.2002) entstanden ist[7] (iSd Eintritts der schuldrechtlichen Bindung infolge der Annahme,[8] aus der sich Verpflichtungen des Schuldners ergeben).[9]

4 **Beachte**: Für **vor diesem Stichtag** abgeschlossene Verbraucherdarlehensverträge bleibt es nach § 495 Abs. 2 BGB aF grundsätzlich dabei, dass der Widerruf – unabhängig von einer entsprechenden Abrede (§ 506 Abs. 2 BGB aF) – dann als nicht erfolgt gilt, wenn der Darlehensnehmer das Darlehen nicht binnen einer Frist von zwei Wochen zurückzahlt.[10]

5 Die Ausdehnung des Widerrufsrechts auf Immobiliardarlehensverträge nach § 495 BGB erfasst nur nach dem 1.11.2002 abgeschlossene Verträge.

6 **Beachte**: Einige der durch das OLG-VertrÄndG neu gefassten Vorschriften (Rn 3) werden dergestalt stufenweise eingeführt, dass sie für eine Übergangszeit (nach Art. 34 S. 2 OLG-VertrÄndG bis zum 30.6.2005) noch **abdingbar** sind (danach gilt § 506 Abs. 1 BGB aF uneingeschränkt, die Abs. 2–4 aF entfallen), was durch die Formulierung „soweit nichts anderes bestimmt ist" zum Ausdruck kommt. So kann bspw nach § 506 Abs. 2 BGB aF (nur noch befristet – wie nach § 495 Abs. 2 BGB aF generell, Rn 4) durch besondere schriftliche Vereinbarung bestimmt werden, dass der Widerruf bei Verbraucherdarlehensverträgen als nicht erfolgt gilt, wenn das gewährte Darlehen nicht binnen zwei Wochen zurückgezahlt wird. Vgl zudem § 506 Abs. 3 BGB

1 BGBl I S. 2850.
2 EuGH NJW 2002, 281.
3 Zunächst – versehentlich – infolge eines Redaktionsversehens als § 8 (dazu *Schmidt-Kessel*, ZGS 2002, 311, 317 Fn 44), was durch BGBl. I (2002), S. 4410 berichtigt wurde.
4 BGH WM 2006, 1995.
5 BT-Drucks. 14/9266, S. 44 ff und 50.
6 BGH NJW 2010, 158 = WM 2010, 34.
7 BGH NJW 2006, 3349.
8 Palandt/*Grüneberg*, Art. 229 § 9 EGBGB Rn 3.
9 Staudinger/*Löwisch*, Art. 229 § 9 EGBGB Rn 1.
10 Palandt/*Grüneberg*, Art. 229 § 9 EGBGB Rn 3.

aF, wonach das für Verbraucherdarlehensverträge durch das OLG-VertrÄndG (neu) eingeführte Widerrufsrecht befristet noch vertraglich ausgeschlossen werden kann.

II. Sonderreglung für Haustürgeschäfte (Abs. 1 S. 1 Nr. 1 und Abs. 1 S. 2)

Auf Haustürgeschäfte (§ 312 BGB) „einschließlich ihrer Rückabwicklung" finden die durch das OLG-VertrÄndG neu gefassten Vorschriften in Abweichung von der allgemeinen Regel des Abs. 1 S. 1 Nr. 2 (Rn 3 ff) nur Anwendung, wenn der Vertrag (dh die Annahme)[11] **nach dem 1.8.2002** abgeschlossen (dh nach diesem Stichtag wirksam ge-)worden ist[12] (**Abs. 1 S. 1 Nr. 1**). 7

Beachte: § 506 Abs. 2–4 BGB aF in der bis zum 30.6.2005 geltenden Fassung findet auf Haustürgeschäfte ohnehin keine Anwendung.[13] Abs. 1 S. 1 Nr. 1 gelangt auch dann zur Anwendung, wenn für das Haustürgeschäft zugleich aus einem weiteren Grund – bspw nach § 495 BGB bzw gem. § 4 FernUSG – ein Widerrufsrecht besteht.[14] 8

§ 355 Abs. 3 BGB aF (wonach das Widerrufsrecht nach nicht ordnungsgemäßer Belehrung des Verbrauchers nicht erlischt) findet nach **Abs. 1 S. 2** auch rückwirkend schon Anwendung auf Haustürgeschäfte, die **nach dem 31.12.2001** abgeschlossen worden sind. Damit trägt der Gesetzgeber der "Heininger"-Entscheidung des EuGH[15] auch für die Zeit zwischen dem 1.1.2002 und dem 1.8.2002 Rechnung, wonach die HausTWRL es gebietet, dass das Widerrufsrecht bei Haustürgeschäften dann nicht erlischt, wenn der Verbraucher nicht ordnungsgemäß über sein Widerrufsrecht belehrt worden ist.[16] 9

Beachte: Auch für davor abgeschlossene Haustürgeschäfte besteht ein unbefristetes Widerrufsrecht,[17] da § 7 Abs. 2 VerbrKrG aF gegen Gemeinschaftsrecht verstößt[18] und daher richtlinienkonform dahin gehend auszulegen war, dass er auf Haustürgeschäfte nicht anzuwenden ist.[19] 10

III. Nachholung der Widerrufsbelehrung (Abs. 2)

§ 355 Abs. 2 BGB idF des OLG-VertrÄndG gestattet es dem Unternehmer, eine nicht bzw nicht ordnungsgemäß erfolgte Belehrung (die keiner Unterschrift des Verbrauchers mehr bedarf) zu wiederholen (Heilung von Belehrungsmängeln) mit der Folge, dass dadurch eine Widerrufsfrist von einem Monat in Lauf gesetzt wird. **Abs. 2** erstreckt die Regelung des § 355 Abs. 2 BGB auf Altverträge (Möglichkeit der Nachholung einer Belehrung zu den neuen Konditionen auch für Altverträge), wenn die erforderliche Belehrung über das Widerrufs- oder Rückgaberecht erst **nach diesem Zeitpunkt** (dh dem **1.8.2002** für Haustürgeschäfte [Rn 7] und dem **1.11.2002** für andere Schuldverhältnisse [Rn 3]) erteilt worden ist – unabhängig davon, wann diese abgeschlossen worden sind, und erfasst somit auch Verträge aus der Zeit vor Inkrafttreten des SchuldRModG.[20] 11

Obgleich Abs. 2 bei wörtlicher Auslegung an sich nicht entsprechende Verträge erfasst, die **am** 1.8. bzw **am** 1.11.2002 geschlossen worden sind,[21] ist diesbezüglich eine teleologische Betrachtung geboten, sofern die Belehrung jeweils nach dem 1.8. bzw 1.11.2002 erteilt worden ist,[22] was zur Anwendbarkeit führt. 12

IV. Art. 229 § 5 S. 2 EGBGB

Art. 229 § 5 S. 2 ist als Spezialvorschrift für **Dauerschuldverhältnisse** zu qualifizieren[23] (wonach das BGB auch auf vor dem 1.1.2002 entstandene Dauerschuldverhältnisse ab dem 1.1.2003 in der dann geltenden Fassung anzuwenden ist), hinter den der bloß das Widerrufsrecht regelnde Art. 229 § 9 zurückzutreten hat.[24] Dies vermeidet zugleich, dass § 355 Abs. 3 BGB aF (in seiner gemeinschaftsrechtswidrigen Fassung in der Zeit vor dem OLG-VertrÄndG) auf Altverträge zur Anwendung gelangt.[25] Das einem Darlehensnehmer nach dem 13

11 Palandt/*Grüneberg*, Art. 229 § 9 EGBGB Rn 2.
12 BGH NJW 2006, 3349.
13 Staudinger/*Löwisch*, Art. 229 § 9 EGBGB Rn 4.
14 Palandt/*Grüneberg*, Art. 229 § 9 EGBGB Rn 2.
15 EuGH NJW 2002, 281.
16 Staudinger/*Löwisch*, Art. 229 § 9 EGBGB Rn 5.
17 Palandt/*Grüneberg*, Art. 229 § 9 EGBGB Rn 2.
18 EuGH NJW 2002, 281.
19 So BGH NJW 2002, 1881.
20 Palandt/*Grüneberg*, Art. 229 § 9 EGBGB Rn 4.
21 Auf diese würde § 355 Abs. 2 BGB weder nach Art. 229 § 9 Abs. 1 noch nach Art. 229 § 9 Abs. 2 Anwendung finden: so *Artz*, BKR 2002, 603, 309.
22 Staudinger/*Löwisch*, Art. 229 § 9 EGBGB Rn 6.
23 Brandenburgisches OLG Beschl. v. 31.1.2007, 3 W 49/05 unter Bezugnahme auf BGH NJW 2006, 3349 = ZGS 2006, 423: Die durch das OLG-Vertretungsänderungsgesetz v. 23.7.2002 eingeführten Widerrufsregelungen für Verbraucherverträge sind nur anwendbar auf Haustürgeschäfte, die nach dem 1.8.2002 abgeschlossen worden sind, und auf andere Schuldverhältnisse, die nach dem 1.11.2002 entstanden sind. Art. 229 § 9 ist lex specialis zu Art. 229 § 5 S. 2 (dazu auch schon vorstehende Rn 1).
24 Staudinger/*Löwisch*, Art. 229 § 9 EGBGB Rn 7 – arg.: Sinn und Zweck des Art. 229 § 5 S. 2 EGBGB, ab dem 1.1.2003 „einheitliches Recht" zu schaffen.
25 *Schmidt/Kessel*, ZGS 2002, 311, 319.

HausTWiG zustehende Widerrufsrecht erlischt nicht nach § 2 Abs. 1 S. 4 HausTWiG, wenn die vollständige Ablösung des Darlehens erst nach dem 1.1.2003 erfolgt ist.[26] § 2 Abs. 1 S. 4 HausTWiG ist bei verbundenen Geschäften dahingehend auszulegen, dass für die beiderseits vollständige Erbringung der Leistungen lediglich auf die Leistungen in dem Vertrag abzustellen ist, der widerrufen werden soll, nicht dagegen auch auf die Leistungen in dem verbundenen anderen Vertrag.[27]

Art. 229 § 10 EGBGB Überleitungsvorschrift zum Gesetz zur Änderung der Vorschriften über die Anfechtung der Vaterschaft und das Umgangsrecht von Bezugspersonen des Kindes, zur Registrierung von Vorsorgeverfügungen und zur Einführung von Vordrucken für die Vergütung von Berufsbetreuern vom 23. April 2004

Im Fall der Anfechtung nach § 1600 Abs. 1 Nr. 2 des Bürgerlichen Gesetzbuchs beginnt die Frist für die Anfechtung gemäß § 1600 b Abs. 1 des Bürgerlichen Gesetzbuchs nicht vor dem 30. April 2004.

Art. 229 § 11 EGBGB Überleitungsvorschrift zu dem Gesetz zur Änderung der Vorschriften über Fernabsatzverträge bei Finanzdienstleistungen vom 2. Dezember 2004

(1) [1]Auf Schuldverhältnisse, die bis zum Ablauf des 7. Dezember 2004 entstanden sind, finden das Bürgerliche Gesetzbuch und die BGB-Informationspflichten-Verordnung in der bis zu diesem Tag geltenden Fassung Anwendung. [2]Satz 1 gilt für Vertragsverhältnisse im Sinne des § 312 b Abs. 4 Satz 1 des Bürgerlichen Gesetzbuchs mit der Maßgabe, dass es auf die Entstehung der erstmaligen Vereinbarung ankommt.

(2) Verkaufsprospekte, die vor dem Ablauf des 7. Dezember 2004 hergestellt wurden und die der Neufassung der BGB-Informationspflichten-Verordnung nicht genügen, dürfen bis zum 31. März 2005 aufgebraucht werden, soweit sie ausschließlich den Fernabsatz von Waren und Dienstleistungen betreffen, die nicht Finanzdienstleistungen sind.

1 Durch Art. 2 Nr. 2 des Gesetzes zur Änderung der Vorschriften über Fernabsatzverträge bei Finanzdienstleistungen vom 2.12.2004[1] (Änderung des EGBGB) wurde (nachdem § 10 gegenüber dem ursprünglichen RegE bereits durch die Überleitungsvorschrift zum Gesetz zur Änderung der Vorschriften über die Anfechtung der Vaterschaft und das Umgangsrecht von Bezugspersonen des Kindes u.a. vom 23.4.2004[2] mit Wirkung vom 30.4.2004 belegt ist)[3] der neue § 11 als notwendige **Überleitungsvorschrift** eingefügt.

2 Die neuen Vorschriften des Fernabsatzrechts (Änderungen des BGB in den §§ 312 b, c und d sowie § 355 und 357 sowie der BGB-InfoV alt in § 1), die nunmehr auch Finanzdienstleistungen mit einbeziehen, gelten danach nur für Verträge, die **nach** dem Inkrafttreten des Gesetzes abgeschlossen werden (dh bei dem ein bis zum 7.12.2004 gemachtes Angebot nach diesem Zeitpunkt angenommen wird, **Abs. 1 S. 1**). Für Schuldverhältnisse, die bis zum Inkrafttreten abgeschlossen werden, gilt das alte Recht.

3 Für **Vertragsverhältnisse**[4] (iSd § 312 b Abs. 4 S. 1 BGB) normiert **Abs. 1 S. 2** eine besondere Überleitungsvorschrift, nach der es für Vertragsverhältnisse iSd § 312 b Abs. 4 S. 1 BGB (die eine erstmalige Vereinbarung mit daran anschließenden aufeinander folgenden Vorgängen oder eine daran anschließende Reihe getrennter, in einem zeitlichen Zusammenhang stehender Vorgänge der gleichen Art umfassen – worauf die Vorschriften über Fernabsatzverträge nur auf die erste Vereinbarung Anwendung finden) auf die **Entstehung der erstmaligen Verpflichtung** ankommt. Dies liegt darin begründet, dass der Schutzzweck der Richtlinie 2002/65/EG des Europäischen Parlaments und des Rates vom 23.9.2002 über den Fernabsatz von Finanzdienstleistungen an Verbraucher und zur Änderung der Richtlinie 90/619/EWG des Rates und der Richtlinie 97/7/EG

26 BGH NJW 2010, 602 in Abgrenzung zu BGH WM 2006, 1995.

27 OLG Stuttgart ZIP 2008, 1579 = ZGS 2008, 436.

1 BGBl I S. 3102, 3104.

2 BGBl I S. 598.

3 Beschlussempfehlung und Bericht des Rechtsausschusses, BT-Drucks. 15/3483, S. 23.

4 Der RegE sprach noch von „Dauerschuldverhältnissen". Nach der Beschlussempfehlung und dem Bericht des Rechtsausschusses (BT-Drucks. 15/3483, S. 23) ist die Textänderung lediglich redaktioneller und klarstellender Art.

und 98/27/EG[5] (Richtlinie über den Fernabsatz von Finanzdienstleistungen – FinFARL) es zwar nicht verlangt, dass Altvereinbarungen neuen Sachverhalten gleichgestellt werden. Anders verhält es sich aber mit Sachverhalten nach § 312 b Abs. 4 S. 2 BGB (wonach, wenn aufeinander folgende Vorgänge oder eine daran anschließende Reihe, in einem zeitlichen Zusammenhang stehender Vorgänge der gleichen Art ohne eine solche Vereinbarung aufeinander folgen, die Vorschriften über Informationspflichten des Unternehmers nur für den ersten Vorgang gelten): Vorgänge innerhalb einer Reihe sind nur von den Informationspflichten, nicht jedoch vom Widerrufsrecht ausgenommen. Daher erschien es dem Gesetzgeber sachgerecht, dass beim ersten Vorgang nach Inkrafttreten des Gesetzes zur Änderung der Vorschriften über Fernabsatzverträge bei Finanzdienstleistungen (auch wenn dieser Vorgang eine bereits begonnene Reihe fortsetzt) die Informationspflichten nach neuem Recht Anwendung finden.[6]

Distanzhandelsunternehmen bieten ihre Waren regelmäßig über Kataloge an, die nur halbjährlich oder jährlich eine Neuauflage erfahren, wobei Produktion und Distribution erhebliche Kosten mit sich bringen. Der Bundesrat regte daher an, der Branche eine Übergangsfrist zu gewähren, vergleichbar § 6 Abs. 2 FernAbsG alt.[7] Die Bundesregierung widersetzte sich zunächst dieser Prüfbitte, eine Übergangsfrist für Verkaufsprospekte aufzunehmen, da eine entsprechende Vorgabe weder aus der FARL noch der FinFARL resultiert[8] und die Richtlinienkonformität der entsprechenden Altregelung in § 6 Abs. 2 FernAbsG alt in der Literatur bezweifelt wird.[9] Der Rechtsausschuss[10] hat sich gleichwohl für die Aufnahme einer entsprechenden Regelung entschieden. 4

Abs. 2 soll dem Bedürfnis der Distanzhandelsunternehmen nach einer **Aufbrauchfrist** für bereits hergestellte Verkaufsprospekte, die lediglich den Anforderungen der früher geltenden Fassung der BGB-InfoV genügen (und vor dem 8.12.2004 hergestellt worden sind), Rechnung tragen (wofür der Verwender die Beweislast trägt),[11] soweit dies vor dem Hintergrund der Vorgaben der FinFARL zulässig ist: Für Finanzdienstleistungen begegnet die Richtlinienkonformität einer Aufbrauchfrist, die über die Umsetzungsfrist der FinFARL (dh dem 9.10.2004) hinausgeht, erheblichen Bedenken, weshalb eine Aufbrauchfrist nur gelten soll, soweit ausschließlich Waren und sonstige Dienstleistungen angeboten werden, die nicht Finanzdienstleistungen sind.[12] Die Aufbrauchfrist entfällt auch für Verträge, die nach dem 31.3.2005 abgeschlossen worden sind (dh bei denen die Annahmeerklärung nach diesem Zeitpunkt wirksam geworden ist).[13]

Art. 229 § 12 EGBGB Überleitungsvorschrift zum Gesetz zur Anpassung von Verjährungsvorschriften an das Gesetz zur Modernisierung des Schuldrechts

(1) [1]Auf die Verjährungsfristen gemäß den durch das Gesetz zur Anpassung von Verjährungsvorschriften an das Gesetz zur Modernisierung des Schuldrechts vom 9. Dezember 2004 (BGBl. I S. 3214) geänderten Vorschriften

1. im Arzneimittelgesetz,
2. im Lebensmittelspezialitätengesetz,
3. in der Bundesrechtsanwaltsordnung,
4. in der Insolvenzordnung,
5. im Bürgerlichen Gesetzbuch,
6. im Gesetz zur Regelung der Wohnungsvermittlung,
7. im Handelsgesetzbuch,
8. im Umwandlungsgesetz,
9. im Aktiengesetz,
10. im Gesetz betreffend die Gesellschaften mit beschränkter Haftung,
11. im Gesetz betreffend die Erwerbs- und Wirtschaftsgenossenschaften,
12. in der Patentanwaltsordnung,
13. im Steuerberatungsgesetz,
14. in der Verordnung über Allgemeine Bedingungen für die Elektrizitätsversorgung von Tarifkunden,
15. in der Verordnung über Allgemeine Bedingungen für die Gasversorgung von Tarifkunden,

5 ABlEG Nr. 271, S. 16.
6 RegE, BT-Drucks. 15/2946, S. 24.
7 Stellungnahme des Bundesrates, BT-Drucks. 15/2946, S. 33.
8 Gegenäußerung der Bundesregierung, BT-Drucks. 15/2946, S. 39.
9 Vgl MüKo/*Wendehorst*, § 6 FernAbsG Rn 4.
10 Beschlussempfehlung, BT-Drucks. 15/3483, S. 7.
11 Palandt/*Grüneberg*, Art. 229 § 11 EGBGB Rn 2.
12 Beschlussempfehlung und Bericht des Rechtsausschusses, BT-Drucks. 15/3483, S. 23.
13 Palandt/*Grüneberg*, Art. 229 § 11 EGBGB Rn 2.

16. in der Verordnung über Allgemeine Bedingungen für die Versorgung mit Wasser,
17. in der Verordnung über Allgemeine Bedingungen für die Versorgung mit Fernwärme,
18. im Rindfleischetikettierungsgesetz,
19. in der Telekommunikations-Kundenschutzverordnung und
20. in der Verordnung über die Allgemeinen Beförderungsbedingungen für den Straßenbahn- und Obusverkehr sowie für den Linienverkehr mit Kraftfahrzeugen

ist § 6 entsprechend anzuwenden, soweit nicht ein anderes bestimmt ist. [2]An die Stelle des 1. Januar 2002 tritt der 15. Dezember 2004, an die Stelle des 31. Dezember 2001 der 14. Dezember 2004.

(2) [1]Noch nicht verjährte Ansprüche, deren Verjährung sich nach Maßgabe des bis zum 14. Dezember 2004 geltenden Rechts nach den Regelungen über die regelmäßige Verjährung nach dem Bürgerlichen Gesetzbuch bestimmt hat und für die durch das Gesetz zur Anpassung von Verjährungsvorschriften an das Gesetz zur Modernisierung des Schuldrechts längere Verjährungsfristen bestimmt werden, verjähren nach den durch dieses Gesetz eingeführten Vorschriften. [2]Der Zeitraum, der vor dem 15. Dezember 2004 abgelaufen ist, wird in die Verjährungsfrist eingerechnet.

Literatur: *Mansel/Budzikiewicz*, Verjährungsanpassungsgesetz: Neue Verjährungsfristen, insbesondere für die Anwaltshaftung und im Gesellschaftsrecht, NJW 2005, 321, 324 ff; *Thiessen*, Überleitungsfragen zur neuen Verjährung im Kapitalgesellschaftsrecht, NJW 2005, 2120; *M. Wagner*, Neues Verjährungsrecht in der zivilrechtlichen Beratungspraxis, ZIP 2005, 558; *Diller/Beck*, Neuregelung der Verjährung für Anwaltshaftung – Der Irrgarten der Übergangsregelungen, ZIP 2005, 976

A. Allgemeines

1 Die Norm beinhaltet die Übergangsvorschriften für die vom VerjAnpG bewirkten Änderungen, dessen Hauptzweck die Erweiterung des Anwendungsbereichs der Regelverjährung ist (näher Vor §§ 194-218 BGB Rn 14). Im Grundsatz gilt die Überleitungsvorschrift des Art. 229 § 6 entsprechend (Abs. 1; Rn 2 f). Eine Sonderregel gilt für Ansprüche aus Kapitalaufbringung und Kapitalerhaltung (Abs. 2; Rn 4).

B. Regelungsgehalt

I. Entsprechende Anwendbarkeit von Art. 229 § 6 (Abs. 1)

2 Abs. 1 gilt für alle Verjährungsfristen, die sich nach Vorschriften richten, die durch das VerjAnpG geändert werden. Dies gilt auch für Änderungen, die sich durch Streichung einer Sonderverjährungsnorm ergeben, indem der Rückgriff auf die regelmäßige Verjährung eröffnet wird. Im **Gesetzentwurf der Bundesregierung**[1] findet sich hierzu folgende Erläuterung: "Wie in § 6 gilt damit auch hier der Grundsatz, dass sich die Verjährung von am Tag des Inkrafttretens dieses Gesetzes bestehenden und nicht verjährten Ansprüchen nach den neu geltenden Verjährungsregelungen berechnet. Ist die sich neu ergebende Verjährungsfrist länger als die alte (indem beispielsweise eine kürzere Sondervorschrift als drei Jahre ersatzlos gestrichen wird), gilt – vorbehaltlich Absatz 2 [...] – in entsprechender Anwendung von § 6 Abs. 3 allerdings nur die kürzere Verjährungsfrist. Wenn umgekehrt die sich neu ergebende Verjährungsfrist kürzer als die bisherige ist (Beispiel: eine über drei Jahre liegende Sondervorschrift wird ersatzlos gestrichen), gilt entsprechend § 6 Abs. 4 die kürzere Verjährungsfrist und wird ab dem Tag des Inkrafttretensdieses Gesetzes bemessen, sie läuft allerdings längstens bis zur Vollendung der alten längeren Frist. Soweit § 6 Regelungen zu spezifischen konzeptionellen Veränderungen durch die Schuldrechtsmodernisierung, zB den Wegfall der Unterbrechung (vgl § 6 Abs. 2), enthält, die im Gesetz zur Anpassung der Verjährungsvorschriften kein Gegenstück haben, bleiben diese Regelungen, die schon durch § 6 selbst übergeleitet worden sind, durch die Überleitungsvorschrift in Abs. 1 unberührt und gelten unverändert fort."

3 Der Verweis auf Art. 229 § 6 führt im Regelfall dazu, dass die Verjährungsfrist im Sinne eines Günstigkeitsprinzips für den Schuldner abgekürzt wird (Abs. 1 iVm Art. 229 § 6 Abs. 3 bzw 4).[2] Umstritten ist die Übergangsregelung bei der Verjährungsfrist für Schadensersatzansprüche gegen Rechtsanwälte, Steuerberater und Patentanwälte.[3]

1 BT-Drucks. 15/3653, S. 16.
2 Für Einzelheiten siehe *Mansel/Budzikiewicz*, NJW 2005, 321, 324 f; Palandt/*Ellenberger*, Art. 229 § 12 EGBGB Rn 2 f.
3 Näher *Mansel/Budzikiewicz*, NJW 2005, 321, 325 ff; *M. Wagner*, ZIP 2005, 558; *Diller/Beck*, ZIP 2005, 976.

II. Sondervorschriften für Kapitalaufbringung und -erhaltung (Abs. 2)

Für Ansprüche auf Kapitalaufbringung und Kapitalerhaltung im Recht der GmbH, der AG und der eG wurde durch das VerjAnpG eine zehnjährige Verjährungsfrist eingeführt (siehe § 195 BGB Rn 32). Nach Abs. 2 gilt diese Frist auch für Altfälle, allerdings unter Anrechnung des bis zum 15.12.2004 abgelaufenen Zeitraums. Dies betrifft aber lediglich die seit dem 1.1.2002 (dem Datum des Inkrafttretens des SchuldRModG) verstrichenen Zeiträume; Abs. 2 ist insoweit verfassungskonform auszulegen.[4] Für mit Ablauf des 31.12.2001 bereits auf der Grundlage der 30-Jahres-Frist des § 195 BGB aF verjährten Ansprüche kommt eine Neuberechnung nicht in Betracht.[5] 4

Art. 229 § 13 EGBGB (aufgehoben)

Art. 229 § 14 EGBGB Übergangsvorschrift zum Zweiten Betreuungsrechtsänderungsgesetz vom 21. April 2005

Die Vergütungs- und Aufwendungsersatzansprüche von Vormündern, Betreuern und Pflegern, die vor dem 1. Juli 2005 entstanden sind, richten sich nach den bis zum Inkrafttreten des Zweiten Betreuungsrechtsänderungsgesetzes vom 21. April 2005 (BGBl. I S. 1073) geltenden Vorschriften.

Art. 229 § 15 EGBGB Übergangsvorschrift zum Minderjährigenhaftungsbeschränkungsgesetz

Soweit der volljährig Gewordene Verbindlichkeiten vor dem Inkrafttreten des Minderjährigenhaftungsbeschränkungsgesetzes vom 25. August 1998 (BGBl. I S. 2487) am 1. Januar 1999 erfüllt hat oder diese im Wege der Zwangsvollstreckung befriedigt worden sind, sind Ansprüche aus ungerechtfertigter Bereicherung ausgeschlossen.

Art. 229 § 16 EGBGB Überleitungsvorschrift zum Gesetz zur Ergänzung des Rechts zur Anfechtung der Vaterschaft vom 13. März 2008

Im Fall der Anfechtung nach § 1600 Abs. 1 Nr. 5 des Bürgerlichen Gesetzbuchs beginnt die Frist für die Anfechtung gemäß § 1600 b Abs. 1 a des Bürgerlichen Gesetzbuchs nicht vor dem 1. Juni 2008.

Art. 229 § 17 EGBGB Übergangsvorschrift zum Gesetz zur Klärung der Vaterschaft unabhängig vom Anfechtungsverfahren

Ist eine Klage auf Anfechtung der Vaterschaft wegen Fristablaufs rechtskräftig abgewiesen worden, so ist eine Restitutionsklage nach § 641 i der Zivilprozessordnung auch dann nicht statthaft, wenn ein nach § 1598 a des Bürgerlichen Gesetzbuchs in der Fassung des Gesetzes zur Klärung der Vaterschaft unabhängig vom Anfechtungsverfahren vom 26. März 2008 (BGBl. I S. 441) eingeholtes Abstammungsgutachten die Abstammung widerlegt.

Art. 229 § 18 EGBGB Übergangsvorschrift zum Risikobegrenzungsgesetz

(1) [1]§ 498 des Bürgerlichen Gesetzbuchs ist in seiner seit dem 19. August 2008 geltenden Fassung nur auf Verträge anzuwenden, die nach dem 18. August 2008 geschlossen werden. [2]Zudem ist § 498 des

4 BGH NJW-RR 2008, 843; NJW-RR 2008, 1254; dazu *Herrler*, ZIP 2008, 1568.

5 OLG Düsseldorf NJW-RR 2006, 1188.

Bürgerlichen Gesetzbuchs in seiner seit dem 19. August 2008 geltenden Fassung auf bestehende Vertragsverhältnisse anzuwenden, die nach dem 18. August 2008 vom Darlehensgeber übertragen werden.

(2) § 1192 Abs. 1 a des Bürgerlichen Gesetzbuchs findet nur Anwendung, sofern der Erwerb der Grundschuld nach dem 19. August 2008 erfolgt ist.

(3) § 1193 Abs. 2 des Bürgerlichen Gesetzbuchs in der seit dem 19. August 2008 geltenden Fassung ist nur auf Grundschulden anzuwenden, die nach dem 19. August 2008 bestellt werden.

Art. 229 § 19 EGBGB Überleitungsvorschrift zum Forderungssicherungsgesetz

(1) Die Vorschriften der §§ 204, 632 a, 641, 648 a und 649 des Bürgerlichen Gesetzbuchs in der seit dem 1. Januar 2009 geltenden Fassung sind nur auf Schuldverhältnisse anzuwenden, die nach diesem Tag entstanden sind.

(2) § 641 a des Bürgerlichen Gesetzbuchs ist auf Schuldverhältnisse, die vor dem 1. Januar 2009 entstanden sind, in der bis zu diesem Zeitpunkt geltenden Fassung anzuwenden.

Art. 229 § 20 EGBGB Übergangsvorschrift zum Gesetz zur Änderung des Zugewinnausgleichs- und Vormundschaftsrechts vom 6. Juli 2009

(1) Bei der Behandlung von Haushaltsgegenständen aus Anlass der Scheidung ist auf Haushaltsgegenstände, die vor dem 1. September 2009 angeschafft worden sind, § 1370 des Bürgerlichen Gesetzbuchs in der bis zu diesem Tag geltenden Fassung anzuwenden.

(2) Für Verfahren über den Ausgleich des Zugewinns, die vor dem 1. September 2009 anhängig werden, ist für den Zugewinnausgleich § 1374 des Bürgerlichen Gesetzbuchs in der bis zu diesem Tag geltenden Fassung anzuwenden.

(3) § 1813 Absatz 1 Nummer 3 des Bürgerlichen Gesetzbuchs in der Fassung vom 1. September 2009 gilt auch für vor dem 1. September 2009 anhängige Vormundschaften (§ 1773 des Bürgerlichen Gesetzbuchs), Pflegschaften (§ 1915 Absatz 1 des Bürgerlichen Gesetzbuchs) und Betreuungen (§ 1908 i Absatz 1 Satz 1 des Bürgerlichen Gesetzbuchs).

Art. 229 § 21 EGBGB Übergangsvorschrift für die Gesellschaft bürgerlichen Rechts im Grundbuchverfahren

§ 899 a des Bürgerlichen Gesetzbuchs sowie § 47 Absatz 2 Satz 2 und § 82 Satz 3 der Grundbuchordnung gelten auch, wenn die Eintragung vor dem Zeitpunkt des Inkrafttretens gemäß Artikel 5 Absatz 2 des Gesetzes zur Einführung des elektronischen Rechtsverkehrs und der elektronischen Akte im Grundbuchverfahren sowie zur Änderung weiterer grundbuch-, register- und kostenrechtlicher Vorschriften am 18. August 2009 erfolgt ist.

Art. 229 § 22 EGBGB Übergangsvorschrift zum Gesetz zur Umsetzung der Verbraucherkreditrichtlinie, des zivilrechtlichen Teils der Zahlungsdiensterichtlinie sowie zur Neuordnung der Vorschriften über das Widerrufs- und Rückgaberecht vom 29. Juli 2009

(1) [1]Auf Schuldverhältnisse, die die Ausführung von Zahlungsvorgängen zum Gegenstand haben und die vor dem 31. Oktober 2009 entstanden sind, ist Artikel 248 §§ 4 und 13 nicht anzuwenden. [2]Ist mit der Abwicklung eines Zahlungsvorgangs vor dem 31. Oktober 2009 begonnen worden, sind das Bürgerliche Gesetzbuch und die BGB-Informationspflichten-Verordnung jeweils in der bis dahin geltenden Fassung anzuwenden.

(2) Soweit andere als die in Absatz 1 geregelten Schuldverhältnisse vor dem 11. Juni 2010 entstanden sind, sind auf sie das Bürgerliche Gesetzbuch und die BGB-Informationspflichten-Verordnung jeweils in der bis dahin geltenden Fassung anzuwenden.

(3) Abweichend von Absatz 2 sind § 492 Abs. 5, § 493 Abs. 3, die §§ 499, 500 Abs. 1 sowie § 504 Abs. 1 und § 505 Abs. 2 des Bürgerlichen Gesetzbuchs auf unbefristete Schuldverhältnisse anzuwenden, die vor dem 11. Juni 2010 entstanden sind; § 505 Abs. 1 ist auf solche Schuldverhältnisse in Ansehung der Mitteilungen nach Vertragsschluss anzuwenden.

Art. 229 § 23 EGBGB Überleitungsvorschrift zum Gesetz zur Änderung des Erb- und Verjährungsrechts

(1) [1]Die Vorschriften des Bürgerlichen Gesetzbuchs über die Verjährung in der seit dem 1. Januar 2010 geltenden Fassung sind auf die an diesem Tag bestehenden und nicht verjährten Ansprüche anzuwenden. [2]Der Beginn der Verjährung und die Verjährungsfrist bestimmen sich nach den Vorschriften des Bürgerlichen Gesetzbuchs in der vor dem 1. Januar 2010 geltenden Fassung, wenn bei Anwendung dieser Vorschriften die Verjährung früher vollendet wird als bei Anwendung der entsprechenden Vorschriften nach Satz 1.

(2) [1]Bestimmen sich der Beginn und die Verjährungsfrist nach den Vorschriften des Bürgerlichen Gesetzbuchs in der seit dem 1. Januar 2010 geltenden Fassung, beginnt die Frist nicht vor dem 1. Januar 2010. [2]Läuft die nach den Vorschriften des Bürgerlichen Gesetzbuchs in der vor dem 1. Januar 2010 geltenden Fassung bestimmte Verjährungsfrist früher ab als die Verjährungsfrist nach dem Bürgerlichen Gesetzbuch in der seit dem 1. Januar 2010 geltenden Fassung, ist die Verjährung mit Ablauf der Frist nach den vor dem 1. Januar 2010 geltenden Vorschriften vollendet.

(3) Die Hemmung der Verjährung bestimmt sich für den Zeitraum vor dem 1. Januar 2010 nach den Vorschriften des Bürgerlichen Gesetzbuchs in der bis zu diesem Tag geltenden Fassung.

(4) [1]Im Übrigen gelten für Erbfälle vor dem 1. Januar 2010 die Vorschriften des Bürgerlichen Gesetzbuchs in der vor dem 1. Januar 2010 geltenden Fassung. [2]Für Erbfälle seit dem 1. Januar 2010 gelten die Vorschriften des Bürgerlichen Gesetzbuchs in der seit dem 1. Januar 2010 geltenden Fassung, unabhängig davon, ob an Ereignisse aus der Zeit vor dem Inkrafttreten dieser Vorschriften angeknüpft wird.

Literatur: *Baumann/Karsten*, Die Reform des Erbrechts und verjährungsrechtlicher Vorschriften, RNotZ 2010, 95; *Löhnig*, Das neue familien- und erbrechtliche Verjährungsrecht, FamRZ 2009, 2053; *Otte*, Die Verjährung familienrechtlicher Ansprüche, ZGS 2010, 15.

A. Intertemporaler Anwendungsbereich des neuen Verjährungsrechts

I. Verjährungsbeginn und Verjährungsfristen (Abs. 1 und 2)

Art. 229 § 23 enthält die Übergangsvorschrift für die zum 1.1.2010 durch das ErbVerjÄndG[1] eingefügten Neuerungen.[2] Die Regelung entspricht hinsichtlich der Überleitung des novellierten Verjährungsrechts im Wesentlichen den Regelungen in Art. 229 § 6. Wie **Art. 229 § 6 Abs. 1 S. 1** sieht auch Art. 229 § 23 Abs. 1 S. 1 die Anwendbarkeit des neuen Verjährungsrechts auf die am Stichtag bereits bestehenden, aber noch nicht verjährten Ansprüche vor und unterstellt damit grundsätzlich alle am 1.1.2010 noch nicht abgelaufenen Verjährungsfristen ex nunc den Verjährungsvorschriften in der seit dem 1.1.2010 geltenden Fassung (vgl hierzu auch die Kommentierung des Art. 229 § 6 Abs. 1 S. 1, insbes. Rn 5 ff). 1

Um zu verhindern, dass am 1.1.2010 gem. Abs. 1 S. 1 eine neue Fristenregelung zur Anwendung gelangt, nach der die Frist ggf am Stichtag schon abgelaufen ist, sieht **Abs. 2 S. 1** im Interesse des **Gläubigerschutzes** vor, dass die neue Frist nicht vor dem 1.1.2010 zu laufen beginnt. Bedeutung kommt der Regelung des Abs. 2 S. 1 vor allem bei familien- und erbrechtlichen Ansprüchen zu, die vor dem 1.1.2010 der dreißigjährigen Frist 2

1 Gesetz zur Änderung des Erb- und Verjährungsrechts v. 24.9.2009 (BGBl I S. 3142).

2 S. hierzu den Überblick bei *Baumann/Karsten*, RNotZ 2010, 95 ff; *Keim*, MittBayNot 2010, 85 ff; *Lange*, DNotZ 2009, 732 ff; *Wälzholz*, DStR 2009, 2104 ff.

des § 197 Abs. 1 Nr. 2 BGB aF unterlagen, jetzt aber nach §§ 195, 199 BGB verjähren. In diesen Fällen (wie auch sonst bei der Umstellung auf die Regelverjährung nach §§ 195, 199 BGB) ist gem. Abs. 2 S. 1 selbst dann auf den 1.1.2010 als Fristbeginn abzustellen, wenn der Gläubiger bereits vor dem Stichtag Kenntnis von den den Anspruch begründenden Umständen und der Person des Schuldners hatte oder ohne grobe Fahrlässigkeit hätte erlangen müssen (vgl § 199 Abs. 1 Nr. 2 BGB).[3] Sollten die Voraussetzungen des § 199 Abs. 1 Nr. 2 BGB am Stichtag nicht vorgelegen haben, wird die Frist des § 195 BGB erst mit dem Schluss des Jahres in Lauf gesetzt, in dem die Voraussetzungen des § 199 Abs. 1 Nr. 2 BGB erfüllt sind. Nichts Anderes gilt, wenn die Voraussetzungen des § 199 Abs. 1 Nr. 2 BGB zwar vor dem 1.1.2010 erfüllt waren, nicht aber am Stichtag selbst. Auch in diesem Fall beginnt die Frist des § 195 BGB erst dann, wenn der Gläubiger nach dem 31.12.2009 erneut Kenntnis erlangt hat oder ohne grobe Fahrlässigkeit hätte erlangen müssen.[4]

Die **Verjährungshöchstfristen** des § 199 BGB sind in Überleitungsfällen stets vom 1.1.2010 an zu berechnen.[5]

3 Die Anwendung der neuen Regelungen zum 1.1.2010 soll jedoch nicht dazu führen, dass die Verjährung später eintritt, als dies unter altem Recht der Fall gewesen wäre. Nach Maßgabe der **Abs. 1 S. 2** und **Abs. 2 S. 2**, die Art. 229 § 6 Abs. 3 und 4 entlehnt sind (s. dort Rn 45 ff), findet zum **Schutz des Schuldners** daher weiterhin altes Recht Anwendung, wenn danach die Verjährung im konkreten Fall früher eintreten sollte als nach den Regelungen des neuen Rechts (einschließlich der ab dem 1.1.2010 laufenden Verjährungshöchstfristen des § 199 BGB).[6] Dies entspricht der Zielsetzung des Gesetzgebers, das neue Verjährungsrecht zwar möglichst schnell zur Anwendung zu bringen, in Überleitungsfällen den Fristenlauf aber nicht zu Lasten des Schuldners zu verlängern.[7]

4 Auf altes Recht ist demzufolge auch weiterhin abzustellen, wenn die Verjährungsfrist nach neuem Recht länger ist als nach den alten Regelungen (vgl § 1302 BGB aF und § 195 BGB). Doch auch bei unverändertem Verjährungsbeginn und gleicher Verjährungsfrist (vgl § 1390 Abs. 3 S. 1 BGB aF und §§ 195, 1390 Abs. 3 S. 1 BGB) beeinflusst die Neuregelung den Verjährungseintritt nicht. Im Übrigen ist in jedem Einzelfall ein Vergleich des Verjährungseintritts nach neuem und altem Recht vorzunehmen.

II. Hemmung (Abs. 3)

5 Die **Verjährungshemmung** richtet sich gem. Abs. 3 bis zum 31.12.2009 nach altem Recht, danach kommen gem. Abs. 1 S. 1 die durch das ErbVerjÄndG eingefügten Regelungen zum Tragen. Neuerungen haben sich insoweit vor allem bei der Verjährungshemmung aus familiären Gründen in § 207 Abs. 1 S. 2 Nr. 2 BGB ergeben (s. dazu § 207 BGB Rn 3). Zudem wurde in § 1600 b Abs. 5 S. 3 BGB ein ergänzender Verweis auf § 204 Abs. 1 Nr. 4, 8, 13, 14 und Abs. 2 BGB aufgenommen (s. dazu § 1600 b Rn 20).

Zur Überleitung der Neuerungen in § 207 BGB s. auch die Kommentierung bei § 207 BGB Rn 29.

B. Erbrechtliche Vorschriften

6 Soweit es sich nicht um verjährungsrechtliche Fragen handelt, kommen für Erbfälle, die vor dem 1.1.2010 eingetreten sind, gem. **Abs. 4 S. 1** weiterhin die Regelungen des alten Rechts zur Anwendung. Für Erbfälle, die nach dem 31.12.2009 eingetreten sind, kommt gem. **Abs. 4 S. 2** neues Recht zum Tragen. Dies gilt auch dann, wenn an Ereignisse aus der Zeit vor Inkrafttreten des ErbVerjÄndG angeknüpft wird.[8]

7 So können etwa **Pflegeleistungen**, die vor dem Stichtag erbracht wurden, nach Maßgabe der Neuregelung in § 2057 a Abs. 1 S. 2 BGB ausgeglichen werden, sofern der Erbfall nach dem 31.12.2009 eingetreten ist. Sind

3 Vgl LG Würzburg BtPrax 2011, 135; LG Schweinfurt BtPrax 2011, 135, 136, beide zu dem nach §§ 1908 i Abs. 1, 1836 e Abs. 1 S. 1 BGB auf die Staatskasse übergegangenen Anspruch des Betreuers gegen den Betreuten nach § 1836 BGB. Nicht deutlich wird in den Entscheidungen allerdings, dass in casu primär auf die Kenntnis des ursprünglichen Gläubigers (dh des Betreuers), nicht auf die Kenntnis der Staatskasse abzustellen ist. Hatte der Betreuer vor dem Forderungsübergang bereits Kenntnis iSd § 199 Abs. 1 Nr. 2 BGB, muss sich die Staatskasse diese entgegenhalten lassen (vgl hierzu auch *Mansel/Budzikiewicz*, Das neue Verjährungsrecht, 2002, § 3 Rn 128). In der Übergangskonstellation spielte dieser Umstand freilich keine Rolle: Die Frist des § 195 BGB konnte in keinem Fall vor dem 1.1.2010 zu laufen beginnen, unabhängig davon, wann die Beteiligten im Einzelnen Kenntnis von dem Anspruch erlangt hatten.

4 Vgl zu der parallelen Problematik i.R.d. Art. 229 § 6 die Entscheidung des OLG Karlsruhe ZIP 2009, 1611, 1612 (Kenntnis von der Anschrift des Schuldners geht vor dem Stichtag wieder verloren, weil der Schuldner seinen Wohnsitz gewechselt hat).

5 Palandt/*Ellenberger*, Art. 229 § 23 EGBGB Rn 1; MüKo/*Grothe*, Art. 229 § 23 EGBGB Rn 3.

6 S. hierzu auch *Löhnig*, FamRZ 2009, 2053, 2054 f; *Otte*, ZGS 2010, 15, 16, der zudem darauf hinweist, dass Abs. 2 S. 2 keinen über Abs. 1 S. 2 hinausgehenden Regelungsgehalt besitzt (aaO Fn 8).

7 Vgl BT-Drucks. 16/8954, S. 26.

8 Vgl hierzu auch *Baumann/Karsten*, RNotZ 2010, 95, 101; Palandt/*Ellenberger*, Art. 229 § 23 EGBGB Rn 4.

in einer Verfügung von Todes wegen, die vor dem 1.1.2010 erstellt wurde, zu Lasten eines Erben **Beschränkungen und Beschwerungen** angeordnet, so hat der Erbe gleichwohl nach § 2306 BGB das freie Wahlrecht zwischen belastetem Erbteil und Pflichtteil, wenn es erst nach dem 31.12.2009 zum Erbfall gekommen ist. Entsprechendes gilt hinsichtlich der Frage, in welchem Umfang eine **Schenkung pflichtteilsergänzungspflichtig** ist. Sollte der Erblasser bereits vor dem 1.1.2010 verstorben sein, kommt weiterhin § 2325 Abs. 3 BGB aF zur Anwendung, dh die Schenkung ist in vollem Umfang ergänzungspflichtig, wenn zur Zeit des Erbfalls noch nicht zehn Jahre seit der Leistung des verschenkten Gegenstands verstrichen sind. Verstirbt der Erblasser nach dem 31.12.2009, greift die neue Pro-rata-Regelung des § 2325 Abs. 3 BGB. Auch bei den **Pflichtteilsentziehungsgründen** ist für die Anwendung der neuen Regelungen in § 2333 BGB allein maßgebend, ob der Erbfall nach dem 31.12.2009 eingetreten ist. Unerheblich ist, wann der Entziehungsgrund eingetreten ist und ob der Erblasser die Verfügung von Todes wegen vor dem 1.1.2010 oder nach Inkrafttreten des ErbVerjÄndG erstellt hat.[9]

Umstritten ist, ob die erbrechtlichen Neuerungen auch dann anzuwenden sind, wenn vor dem Stichtag ein **Zuwendungsverzichtsvertrag** geschlossen wurde, der Erbfall aber erst nach dem 31.12.2009 eintritt. Die Verweisung in § 2352 S. 3 BGB umfasst in der neuen Fassung nicht mehr nur die §§ 2347, 2348 BGB, sondern schließt § 2349 BGB ein und erstreckt damit den Zuwendungsverzicht eines Abkömmlings oder Seitenverwandten des Erblassers auch auf die Abkömmlinge des Verzichtenden, sofern die Parteien nicht eine anderweitige Regelung getroffen haben. Unter altem Recht fehlte eine entsprechende Verweisung; eine analoge Anwendung des § 2349 BGB wurde überwiegend abgelehnt (vgl § 2352 BGB Rn 13). Für Übergangskonstellationen wird jetzt unter Berufung auf Art. 229 § 23 Abs. 4 verbreitet die Ansicht vertreten, dass die Neuerungen in §§ 2352 S. 3, 2349 BGB auch auf Altverträge Anwendung finden, sofern der Erbfall nach dem 31.12.2009 eingetreten ist. Unbillige Ergebnisse seien durch Auslegung des Verzichtsvertrages zu vermeiden: Im Regelfall ergebe sich aus der Auslegung, dass die Parteien nur jene Rechtsfolgen herbeiführen wollten, die dem Vertrag nach altem Recht zukamen; damit hätten sie ein anderes iSd § 2349 bestimmt.[10] Zu überzeugen vermag dieser Ansatz gleichwohl nicht. Dogmatisch schlüssiger ist es, **Art. 229 § 23 Abs. 4 teleologisch zu reduzieren** und § 2352 S. 3 BGB in seiner neuen Fassung nur auf solche Zuwendungsverzichtsverträge anzuwenden, die nach dem 31.12.2009 geschlossen werden. Als Grundlage der teleologischen Reduktion trägt der allgemeine Rechtsgedanke, dass ein Rechtsverhältnis regelmäßig nur dem im Zeitpunkt seiner Entstehung gültigen Recht unterfallen soll (vgl Art. 229 § 5 Rn 1). Ebenso wie sich gemeinschaftliche Testamente und Erbverträge nach einer Rechtsänderung gemeinhin weiter nach der lex prior richten,[11] ist für einen Erbverzichtsvertrag ein Statutenwechsel grundsätzlich auszuschließen.[12] Nach dem Prinzip der lex temporis actus durften die Parteien des Verzichtsvertrages davon ausgehen, dass die Rechtslage, die im Zeitpunkt ihres rechtserheblichen Handelns galt, auch ex post bei der Bewertung ihres Vorgehens die maßgebliche ist.[13] Ausnahmen von dem Verbot der Rückwirkung können in Übereinstimmung mit den Vorgaben des Verfassungsrechts zwar durch den Gesetzgeber statuiert werden, bedürfen jedoch der Rechtfertigung. Dabei ist schon fraglich, ob der Gesetzgeber den Neuerungen in § 2352 S. 3 BGB tatsächlich rückwirkende Kraft beimessen wollte. So finden sich in den Erläuterungen des Regierungsentwurfs zu Art. 229 § 23 Abs. 4 zwar zahlreiche Beispiele, der Zuwendungsverzichtsvertrag ist jedoch nicht darunter.[14] Nicht ausgeschlossen erscheint daher, dass die vorliegende Konstellation schlicht übersehen wurde.[15] Die Anwendung neuen Rechts auf den unter altem Recht abgeschlossenen Verzichtsvertrag wäre aber ohnedies nur zulässig, wenn die in §§ 2352 S. 3, 2349 BGB aufgenommene Erstreckung des Zuwendungsverzichts auf Abkömmlinge Ausdruck eines fundamentalen Wertewandels ist, dessen Ausweitung auch auf alte Tatbestände zwingend erforderlich erscheint.[16] Letzteres dürfte jedoch kaum der Fall sein. Die Parteien sind nach § 2349 BGB frei, jederzeit eine von der Erstreckung des Zuwendungsverzichts abweichende Regelung zu treffen. Damit nimmt die Novellierung aber keinen derart gesteigerten Stellenwert ein, dass sich daraus eine Rückwirkung auf abgeschlossene Tatbestände rechtfertigen ließe. Auf Zuwendungsverzichtsverträge, die vor dem 1.1.2010 geschlossen wurden, sollte daher auch weiterhin altes Recht zur Anwendung gebracht werden, unabhängig davon, ob der Erbfall bis zum oder nach dem 31.12.2009 eingetreten ist. 8

9 Vgl BT-Drucks. 16/8954, S. 26 f.
10 *Baumann/Karsten*, RNotZ 2010, 95, 100 f; *Keim*, MittBayNot 2010, 85, 92; vgl auch *Klinck*, ZEV 2009, 533, 536 f; differenzierend Staudinger/*Schotten*, § 2352 BGB Rn 45 ff; aA *Wälzholz*, DStR 2009, 2104, 2108 (bei Erbfällen nach dem 31.12.2009 gilt uneingeschränkt neues Recht).
11 Heß, Intertemporales Privatrecht, 1998, S. 237, 329.
12 Vgl Heß, aaO, S. 233.
13 Heß, aaO, S. 366.
14 BT-Drucks. 16/8954, S. 27.
15 Hierfür spricht auch, dass in den Erläuterungen zur Neufassung des § 2352 darauf hingewiesen wird, dass der Erblasser, der die Erstreckung des Zuwendungsverzichts auf die Abkömmlinge ausschließen will „künftig ausdrücklich bestimmen [muss], dass diese vermutete Erstreckung nicht gilt", BT-Drucks. 16/8954, S. 26.
16 Heß, aaO, S. 303 f.

Art. 229 § 24 EGBGB Übergangsvorschrift zu dem Gesetz zur Erleichterung elektronischer Anmeldungen zum Vereinsregister und anderer vereinsrechtlicher Änderungen

[1]Ausländische Vereine und Stiftungen, denen vor dem 30. September 2009 die Rechtsfähigkeit im Inland verliehen wurde, bleiben rechtsfähig. [2]Auf die Vereine sind § 33 Absatz 2 und § 44 des Bürgerlichen Gesetzbuchs in der bis zum 29. September 2009 geltenden Fassung weiter anzuwenden.

Art. 229 § 25 EGBGB Übergangsvorschriften zum Gesetz zur Modernisierung der Regelungen über Teilzeit-Wohnrechteverträge, Verträge über langfristige Urlaubsprodukte sowie Vermittlungsverträge und Tauschsystemverträge

(1) Auf einen vor dem 23. Februar 2011 abgeschlossenen Teilzeit-Wohnrechtevertrag sind die §§ 481 bis 487 des Bürgerlichen Gesetzbuchs in der bis zu diesem Tag geltenden Fassung anzuwenden.

(2) Auf einen vor dem 23. Februar 2011 abgeschlossenen Vertrag über ein langfristiges Urlaubsprodukt im Sinne von § 481 a des Bürgerlichen Gesetzbuchs, auf einen Vermittlungsvertrag im Sinne von § 481 b Absatz 1 des Bürgerlichen Gesetzbuchs oder einen Tauschsystemvertrag im Sinne von § 481 b Absatz 2 des Bürgerlichen Gesetzbuchs sind die §§ 481 bis 487 des Bürgerlichen Gesetzbuchs nicht anzuwenden.

Art. 229 § 26 EGBGB Überleitungsvorschrift zum Gesetz zur Bekämpfung der Zwangsheirat und zum besseren Schutz der Opfer von Zwangsheirat sowie zur Änderung weiterer aufenthalts- und asylrechtlicher Vorschriften

Die Aufhebung einer vor dem 1. Juli 2011 geschlossenen Ehe ist ausgeschlossen, wenn die Ehe nach dem bis dahin geltenden Recht zu diesem Zeitpunkt nicht mehr hätte aufgehoben werden können.

Art. 229 § 27 EGBGB Übergangsvorschrift zum Gesetz zur Anpassung der Vorschriften über den Wertersatz bei Widerruf von Fernabsatzverträgen und über verbundene Verträge vom 27. Juli 2011

Sowohl Artikel 246 § 2 Absatz 3 Satz 1 als auch § 360 Absatz 3 des Bürgerlichen Gesetzbuchs sind bis zum Ablauf des 4. November 2011 auch im Fall der Übermittlung der Widerrufs- und der Rückgabebelehrungen nach den Mustern gemäß den Anlagen 1 und 2 in der Fassung des Gesetzes zur Umsetzung der Verbraucherkreditrichtlinie, des zivilrechtlichen Teils der Zahlungsdiensterichtlinie sowie zur Neuordnung der Vorschriften über das Widerrufs- und Rückgaberecht vom 29. Juni 2009 (BGBl. I S. 2355) anzuwenden.

1 Durch Art. 2 Nr. 1 des Gesetzes zur Anpassung der Vorschriften über den Wertersatz bei Widerruf von Fernabsatzverträgen und über verbundene Verträge vom 27.7.2011[1] ist eine Änderung des EGBGB durch Neueinfügung eines § 27 als Übergangsvorschrift zum vorbezeichneten Gesetz erfolgt. Diese Übergangsvorschrift gilt für Informationen und Belehrungen über das Widerrufs- und Rückgaberecht, die den vom 11.6.2010 bis zum Inkrafttreten des Gesetzes zur Anpassung der Vorschriften über den Wertersatz bei Widerruf von Fernabsatzverträgen und über verbundene Verträge vom 27.7.2011 entsprechen: Auch wenn die Muster dieser (alten) Fassung Verwendung finden, gelten sowohl die Belehrungs- als auch die Informationspflicht über das Widerrufsrecht für einen Zeitraum von drei Monaten nach Inkrafttreten der Neuregelung als erfüllt.[2]

1 BGBl. I S. 1600.
2 RegE, BT-Drucks. 17/5097, S. 26 = BR-Drucks. 855/10, S. 25.

Infolge des zum 11.6.2010 in Kraft getretenen Gesetzes zur Umsetzung der Verbraucherkreditrichtlinie, des zivilrechtlichen Teils der Zahlungsdiensterichtlinie sowie zur Neuordnung der Vorschriften über das Widerrufs- und Rückgaberecht vom 29.7.2009[3] (fortan: VerbrKrRL-UG)[4] waren die Muster für die Widerrufs- und die Rückgabebelehrung mit Wirkung vom 11.6.in das EGBGB überführt worden (zugleich war eine Änderung der §§ 312, 312 c, 312 d, 312 e, 355 bis 357 und § 359 – weiterhin eine Neueinführung der §§ 359 a und 360 und eine teilweise Auslagerung der Informationspflichten in Art. 246 §§ 1 bis 3 EGBGB). Der Gesetzgeber hat dabei das Ziel verfolgt, den Unternehmen eine ordnungsgemäße Belehrung zu erleichtern, indem er den Mustern Gesetzesrang verliehen hat,[5] wodurch früher gehegte Zweifel an der Wirksamkeit aus Gründen der Rechtssicherheit ausgeräumt wurden.[6] 2

Da eine Vielzahl der Unternehmen die damit zu Gesetzesrang erstarkten Muster tatsächlich verwendet, erfüllen sie ordnungsgemäß ihre Belehrungspflicht. Letztere ist Voraussetzung dafür, dass das Widerrufsrecht grundsätzlich gemäß § 355 Abs. 4 S. 1 und 3 spätestens sechs Monate nach Vertragsschluss erlischt.[7] 3

Der Inhalt der Belehrung der infolge des VerbrKrRL-UG eingeführten gesetzlichen Muster entspricht im Wesentlichen dem Inhalt der Muster nach der neuen Rechtslage infolge des Gesetzes zur Anpassung der Vorschriften über den Wertersatz bei Widerruf von Fernabsatzverträgen und über verbundene Verträge vom 27.7.2011.[8] 4

Vor diesem Hintergrund hat es der Gesetzgeber sowohl für vertretbar als auch für sachgerecht erachtet, Unternehmen, die im Vertrauen auf die frühere Rechtslage nach Maßgabe des VerbrKrRL-UG ihre Kataloge gestaltet und Belehrungen gedruckt haben, für eine Übergangszeit von drei Monaten nach Inkrafttreten des Gesetzes zur Anpassung der Vorschriften über den Wertersatz bei Widerruf von Fernabsatzverträgen und über verbundene Verträge vom 27.7.2011 – mithin bis zum 4.11.2011 – deren weitere Verwendung zu gestatten.[9] Darüber hinaus soll die Übergangsfrist auch eine Anpassung der Geschäftspraxis an die neuen Muster ermöglichen.[10] 5

Sechster Teil
Inkrafttreten und Übergangsrecht aus Anlaß der Einführung des Bürgerlichen Gesetzbuchs und dieses Einführungsgesetzes in dem in Artikel 3 des Einigungsvertrages genannten Gebiet

Artikel 230 bis 237

(nicht abgedruckt)

Siebter Teil
Durchführung des Bürgerlichen Gesetzbuchs, Verordnungsermächtigungen, Informationspflichten

Art. 238 EGBGB Reiserechtliche Vorschriften

(1) [1]Das Bundesministerium der Justiz wird ermächtigt, im Einvernehmen mit dem Bundesministerium für Wirtschaft und Technologie durch Rechtsverordnung ohne Zustimmung des Bundesrates,

1. soweit es zum Schutz des Verbrauchers bei Reisen erforderlich ist, Vorschriften zu erlassen, durch die sichergestellt wird,

a) dass die Beschreibungen von Reisen keine irreführenden, sondern klare und genaue Angaben enthalten und

3 BGBl. I S. 2355. Dazu RegE, BR-Drucks. 848/08; RegE mit Stellungnahme der Bundesrates und Gegenäußerung der Bundesregierung, BT-Drucks. 16/11643; Bericht des Rechtsausschusses, BT-Drucks. 16/13669.
4 Dazu näher *Knuth*, ZGS 2010, 253; *Schröder*, NJW 2010, 1937.
5 RegE, BT-Drucks. 17/5097, S. 26 = BR-Drucks. 855/10, S. 25.
6 Palandt/*Grüneberg*, Vor §§ 312 ff Rn 2.
7 Näher NK-BGB/*Ring*, § 355 BGB Rn..
8 RegE, BT-Drucks. 17/5097 vom 17.3.2010, S. 26 = BR-Drucks. 855/10, S. 25.
9 RegE, BT-Drucks. 17/5097, S. 26 = BR-Drucks. 855/10, S. 25.
10 RegE, BT-Drucks. 17/5097, S. 26 = BR-Drucks. 855/10, S. 25.

b) dass der Reiseveranstalter dem Verbraucher die notwendigen Informationen erteilt und

2. soweit es zum Schutz des Verbrauchers vor Zahlungen oder Reisen ohne die vorgeschriebene Sicherung erforderlich ist, den Inhalt und die Gestaltung der Sicherungsscheine nach § 651 k Abs. 3 und der Nachweise nach § 651 k Abs. 5 des Bürgerlichen Gesetzbuchs festzulegen und zu bestimmen, wie der Reisende über das Bestehen der Absicherung informiert wird.

²Zu dem in Satz 1 Nr. 1 genannten Zweck kann insbesondere bestimmt werden, welche Angaben in einem vom Veranstalter herausgegebenen Prospekt und in dem Reisevertrag enthalten sein müssen sowie welche Informationen der Reiseveranstalter dem Reisenden vor dem Vertragsabschluss und vor dem Antritt der Reise geben muss.

(2) Der Kundengeldabsicherer (§ 651 k Abs. 2 des Bürgerlichen Gesetzbuchs) ist verpflichtet, die Beendigung des Kundengeldabsicherungsvertrags der zuständigen Behörde unverzüglich mitzuteilen.

1 Am 13.6.1990 wurde durch den EG-Ministerrat eine **Richtlinie über Pauschalreisen** verabschiedet,[1] welche für die Mitgliedstaaten vorsieht, Reiseveranstalter zu verpflichten, detaillierte Informationen über die Reise zu erteilen.

2 Die Verordnungsermächtigung des **§ 651 a Abs. 5 BGB** ist Inhalt des Art. 238 als Rechtsgrundlage.[2] Durch die Zusammenfassung der Verordnungsermächtigungen, welche im Bürgerlichen Gesetzbuch geregelte Schuldverhältnisse und nicht ausschließlich das Reiserecht betreffen, soll eine größere Übersichtlichkeit erzielt werden.

3 Mit dem **Gesetz zur Modernisierung des Schuldrechts** werden die nach **Abs. 1 Nr. 1** festzulegenden Informationspflichten der Reiseveranstalter, welche bislang in der Verordnung über die Informationspflichten von Reiseveranstaltern (InfVO)[3] enthalten waren, mit Ergänzungen in Abschnitt 3 der BGB-InfoV vom 2.1.2002 als **Informations- und Nachweispflichten von Reiseveranstaltern** geregelt[4] und redaktionell zu den **§§ 4–11 und § 15 BGB-InfoV** (idF der VO v. 13.3.2002,[5] v. 28.3.2002[6] und v. 5.8.2002[7]). Durch die 4. ÄndVO vom 23.10.2008[8] wurde § 4 Abs. 2 BGB-InfoV neu gefasst, um eine Änderung des Prospektpreises zu ermöglichen.[9] Damit hat der Verordnungsgeber einen Schritt in die Richtung der Zulässigkeit flexibler Preise getan und damit die in dieser Hinsicht bestehenden Nachteile des katalogbasierten gegenüber dem Internetvertrieb teilweise ausgeglichen.[10]

4 Die nach **Abs. 1 Nr. 2** vorgesehenen **Anforderungen an einen Sicherungsschein** werden in **§ 9 BGB-InfoV** geregelt. Der Sicherungsschein war zuvor in Form und Inhalt uneinheitlich, da § 651 k BGB keinen verbindlichen Inhalt vorgegeben hat. So wurde er als einzelne Urkunde, aber auch im Katalog oder auf der Reisebestätigung, abgedruckt. Ob das jeweilige Dokument daher den gesetzlichen Anforderungen genügt, war für den Reisenden nur schwerlich erkennbar.[11]

5 Art. 238 hat den Gesetzgeber ermächtigt, den Inhalt und die Gestaltung des Sicherungsscheins durch eine Verordnung festzulegen, und zu bestimmen, wie der Reisende über das Bestehen der Absicherung informiert wird. Die Befugnis, eine einheitliche inhaltliche und optische Ausgestaltung festzulegen, ist durch die **Erste Verordnung zur Änderung der BGB-InfoV** vom 13.3.2002[12] mit Wirkung zum 1.5.2002 umgesetzt worden. Ein Reiseveranstalter mit Sitz in Deutschland hat nach **§ 9 Abs. 1 BGB-InfoV für den Sicherungsschein ein bestimmtes Muster** zu verwenden, welches im Anhang der BGB-InfoV einzusehen ist.[13]

6 **Abs. 2** regelt eine Mitteilungspflicht des Kundengeldabsicherers über die Beendigung des Absicherungsvertrages, mit welcher bezweckt wird, der Behörde die Möglichkeit einer unverzüglichen Maßnahme, insbesondere gewerberechtlicher Art, einzuräumen.

1 BGBl I S. 1322; zum Inhalt der Richtlinie: *Tonner*, EuZW 1990, 409; *Kahn*, NJW 1993, 2647.
2 BT-Drucks. 14/5944, S. 10.
3 BGBl I S. 3436.
4 BGBl I 2002 S. 342.
5 BGBl I 2002 S. 1141.
6 BGBl I 2002 S. 1230.
7 BGBl I 2002 S. 3003.
8 BGBl. I 2008 S. 2069.
9 *Führich*, Preisanpassung im Prospekt des Reiseveranstalters nach neuem Recht, RRa 2009, 162.
10 BGH NJW 2010, 2521; vgl *Tonner*, Preisangaben in Reisekatalogen – ein Auslaufmodell?, VuR 2008, 210, 212 f.
11 BGH NJW 2001, 1934 = RRa 2001, S. 146.
12 BGBl I 2002, S. 1141, 1230.
13 BGBl I 2002, S. 1230; BGBl. I 2002, S. 3003.

Art. 239 EGBGB (weggefallen)

Vorbemerkungen zu Art. 240–242 EGBGB

Literatur: *Brich*, Informationspflichten des Unternehmers im Fernabsatzvertrag und elektronischen Geschäftsverkehr, ZAP Fach 2, 333; *ders.*, Informationspflichten des Unternehmers im Fernabsatzvertrag und elektronischen Geschäftsverkehr, in: Henssler/v. Westphalen (Hrsg.), Die Praxis der Schuldrechtsreform, 2. Auflage 2003; *Dörner*, Rechtsgeschäfte im Internet, AcP 202 (2002), 363; *Maisch*, Musterhafte Widerrufsbelehrung des Bundesjustizministeriums?, NJW 2002, 2931; *Meub*, Fernabsatz und E-Commerce nach neuem Recht, DB 2002, 359; *Ranke*, Einbeziehung von AGB und Erfüllung von Informationspflichten, MMR 2002, 509; *Steins*, Entwicklung der Informationspflichten im E-commerce durch Rechtsprechung und Schuldrechtsreform, WM 2002, 53.

Die Art. 240–242 (eingefügt mit Wirkung zum 1.1.2002 in das EGBGB durch Art. 2 Nr. 3 SchuldRModG)[1] ermächtigten das Bundesministerium der Justiz, weitere unternehmerische Informationspflichten gegenüber dem Verbraucher für Fernabsatzverträge (Art. 240), im elektronischen Geschäftsverkehr (Art. 241) sowie Informations- und Produktpflichten bei Teilzeit-Wohnrechteverträgen (Art. 242) durch **Rechtsverordnung** zu regeln. Zwecks Vermeidung einer unübersichtlichen Regelungssituation wurden die neuen und die bestehenden Informationspflichten zunächst aus der **Verordnung über Informationspflichten von Reiseveranstaltern** sowie der **Verordnung über Kundeninformationspflichten** mit Art. 4 SchuldRModG in einer übergreifenden einheitlichen **„Verordnung über Informations- und Nachweispflichten nach bürgerlichem Recht"** vom 2.1.2002 (BGB-InfoV)[2] **zusammengefasst**.[3] 1

Beachte: Mit Inkrafttreten des VerbrKrRL-UG vom 29.7.2009[4] zum 11.6.2010 sind Art. 240 und Art. 241 EGBGB **gegenstandslos** geworden.[5] Inhalt und Gestaltung der Belehrung über das Widerrufs- und Rückgaberecht finden sich seit dem 11.6.2010 in Art. 246 §§ 1 bis 3 EGBGB sowie in den Musterbelehrungen der Anlagen 1 und 2 – mithin nicht mehr in Verordnungsregelungen, sondern (aus Gründen der Rechtssicherheit) in Vorschriften des formellen Gesetzesrechts. Nachstehend wird letztmalig für „Altfälle" die **alte**, vor dem 11.6.2010 geltende **Rechtslage** im Hinblick auf Art. 240 und 241 EGBGB dargestellt:

In den §§ 1–3 dieser Verordnung wurden die Informationspflichten eingestellt, die sich aus der Fernabsatzrichtlinie 97/7/EG (FARL),[6] der Richtlinie über den Fernabsatz bei Finanzdienstleistungen 2002/65/EG (FinFARL),[7] der Teilzeitnutzungsrechterichtlinie 94/47/EG[8] sowie der E-Commerce-Richtlinie 2000/31/EG (ECRL)[9] ergeben. 2

Die entsprechenden Regelungen der BGB-InfoV sollten im Verbraucherschutzinteresse inhaltlich durch Vorgaben über die Modalitäten des Vertragsabschlusses im Fernabsatz, im elektronischen Geschäftsverkehr sowie im Falle von Teilzeit-Wohnrechten die §§ 312 c, 312 e bzw 481 ff BGB ausfüllen.[10] 3

Die Art. 240–242 EGBGB schafften hinsichtlich dieser Informationspflichten die **Verordnungsermächtigung** für die Regelungsbereiche Fernabsatz, Teilzeit-Wohnrechteverträge und elektronischer Geschäftsverkehr. 4

Der Gesetzgeber hatte sich wegen der schnellen Veränderungen gerade in den Bereichen des Fernabsatzes und des elektronischen Geschäftsverkehrs und dem daraus resultierenden Bedürfnis nach einer möglichst schnellen Anpassung der Informationspflichten an die neuere technische Entwicklung für eine Regelung im Verordnungswege entschieden.[11] 5

Art. 240 EGBGB Informationspflichten für Fernabsatzverträge

Das Bundesministerium der Justiz wird ermächtigt, im Einvernehmen mit dem Bundesministerium für Wirtschaft und Technologie durch Rechtsverordnung ohne Zustimmung des Bundesrates unter Beachtung der vorgeschriebenen Angaben nach der Richtlinie 97/7/EG des Europäischen Parlaments und des Rates vom 20. Mai 1997 über den Verbraucherschutz bei Vertragsabschlüssen im Fernabsatz (ABl. EG Nr. L 144 S. 19) und der Richtlinie 2002/65/EG des Europäischen Parlaments und des Rates vom

1 Vom 26.11.2001 (BGBl. I S. 3138).
2 BGBl I S. 342, zuletzt geändert durch die Zweite Änderungsverordnung v. 1.8.2002 (BGBl. I S. 2958) mit Wirkung v. 1.9.2002 – idF der Neubekanntmachung v. 5.8.2002 (BGBl. I S. 3002).
3 BT-Drucks. 14/6040, S. 277 li. Sp.
4 BGBl. I S. 2355.
5 Palandt/*Grüneberg*, Art. 245 EGBGB Rn 1.
6 ABl. EG Nr. L 144, S. 19.
7 ABl. EG Nr. L 271, S. 16.
8 ABl. EG Nr. L 280, S. 83.
9 ABl. EG Nr. L 178, S. 1.
10 Zutr. Staudinger/*Thüsing*, Vorbem. zu Art. 240 und 241 EGBGB Rn 1.
11 BT-Drucks. 14/6040, S. 274 re. Sp.

23. September 2002 über den Fernabsatz von Finanzdienstleistungen an Verbraucher und zur Änderung der Richtlinie 90/619/EWG des Rates und der Richtlinien 97/7/EG und 98/27/EG (ABl. EG Nr. L 271 S. 16) festzulegen:

1. **über welche Einzelheiten des Vertrags, insbesondere zur Person des Unternehmers, zur angebotenen Leistung und zu den Allgemeinen Geschäftsbedingungen, Verbraucher vor Abschluss eines Fernabsatzvertrags zu informieren sind,**
2. **welche Informationen nach Nummer 1 Verbrauchern zu welchem Zeitpunkt in Textform mitzuteilen sind und**
3. **welche weiteren Informationen, insbesondere zu Widerrufs- und Kündigungsrechten, zum Kundendienst und zu Garantiebedingungen, Verbrauchern nach Vertragsschluss in Textform mitzuteilen und in welcher Weise sie hervorzuheben sind.**

1 **Beachte**: Mit Inkrafttreten des VerbrKrRL-UG vom 29.7.2009[1] zum 11.6.2010 ist Art. 240 EGBGB **gegenstandslos** geworden.[2] Inhalt und Gestaltung der Belehrung über das Widerrufs- und Rückgaberecht für Fernabsatzverträge finden sich seit dem 11.6.2010 in Art. 246 § 1 und § 2 EGBGB sowie in den Musterbelehrungen der Anlagen 1 und 2 – mithin nicht mehr in Verordnungsregelungen, sondern (aus Gründen der Rechtssicherheit) in Vorschriften des formellen Gesetzesrechts.

Nachstehend sei allerdings letztmalig für „Altfälle" die **alte**, vor dem 11.6.2010 geltende **Rechtslage** dargestellt:

Art. 240 schaffte die **Verordnungsermächtigung** für Informationspflichten bei Fernabsatzverträgen, wobei die auf dieser Grundlage erlassene Rechtsverordnung die vorgeschriebenen Angaben der Fernabsatzrichtlinie 97/7/EG[3] (FARL) des Europäischen Parlaments und des Rates über den Verbraucherschutz bei Vertragsabschlüssen im Fernabsatz vom 20.5.1997[4] und der Richtlinie 2002/65/EG des Europäischen Parlaments und des Rates vom 23.9.2002 über den Fernabsatz von Finanzdienstleistungen an Verbraucher (FinFARL) zu beachten hatte.

2 Damit bot Art. 240 die gesetzliche Grundlage für die in § 1 BGB-InfoV erfolgte Konkretisierung der in § 312 c BGB normierten Informationspflichten des Unternehmers gegenüber dem Verbraucher bei Fernabsatzverträgen (§ 312 b BGB) die – keine selbständige Vertragsart bildend – dadurch gekennzeichnet sind, dass der Vertragsschluss im Rahmen eines für den Fernabsatz organisierten Vertriebs- oder Dienstleistungssystems unter ausschließlicher Verwendung von Fernkommunikationsmitteln (§ 312 b Abs. 2 BGB) geschlossen werden.[5] Der Unternehmer hatte den Verbraucher nach § 312 c Abs. 1 Nr. 1 BGB aF rechtzeitig vor Abschluss eines Fernabsatzvertrags in einer dem eingesetzten Fernkommunikationsmittel entsprechenden Weise klar und verständlich über die Einzelheiten des Vertrags (vorvertragliche Informationspflicht) zu informieren.[6] Die Informationspflichten waren auf der Rechtsgrundlage des Art. 240 in § 1 BGB-InfoV näher ausgestaltet worden. Art. 240 gestattete die Festlegung

- vorvertraglicher Informationspflichten, insbesondere hinsichtlich der Person des Unternehmers, zur angebotenen Leistung und zu den AGB (Nr. 1),
- welche Informationen Verbrauchern zu welchem Zeitpunkt in Textform (§ 126 b BGB) mitzuteilen sind (Nr. 2) und
- welche weiteren Informationen (insbesondere zu Widerrufs- und Kündigungsrechten, zum Kundendienst und zu Garantiebedingungen) Verbrauchern nach Vertragsschluss in Textform (§ 126 b BGB) mitzuteilen und in welcher Weise sie hervorzuheben sind (Nr. 3).

3 Beim Abschluss von Fernabsatzverträgen trafen den Unternehmer gegenüber dem Verbraucher die Informationspflichten nach Maßgabe des § 1 BGB-InfoV (früher: § 2 FernAbsG).

4 **Beachte**: Ein Verstoß gegen § 1 BGB-InfoV vermochte zugleich einen Verstoß gegen § 4 Nr. 11 UWG zu begründen. So führte bspw ein Verstoß gegen die notwendigen Pflichtangaben (nach § 312 c BGB, Art. 240 EGBGB iVm § 1 BGB-InfoV) bei Werbefaxschreiben zugleich zu einem wettbewerbsrechtlichen Unlauterkeitsvorwurf[7] – ebenso wie eine Verletzung des § 312 e Abs. 1 Nr. 2 BGB aF.[8] An dieser wettbewerbsrecht-

1 BGBl. I S. 2355.
2 Palandt/*Grüneberg*, Art. 240 EGBGB Rn 1.
3 ABl. EG Nr. L 144, S. 19.
4 BT-Drucks. 14/6040, S. 274.
5 *Meub*, DB 2002, 359; Staudinger/*Thüsing*, Art. 240 EGBGB Rn 1.
6 Dem entsprach inhaltlich § 312 c Abs. 1 S. 1 BGB aF in der Neufassung von Art. 1 Nr. 2 des Gesetzes zur Änderung von Vorschriften über Fernabsatzverträge bei Finanzdienstleistungen (BGBl. I 2004 S. 3102), wonach der Unternehmer dem Verbraucher rechtzeitig vor Abgabe von dessen Vertragserklärung in einer dem eingesetzten Fernkommunikationsmittel entsprechenden Weise klar und verständlich ... die Informationen zur Verfügung zu stellen hatte, für die dies in der Rechtsverordnung nach Art. 240 EGBGB bestimmt ist.
7 Vgl etwa LG Frankfurt/M. NJW-RR 2002, 1468; OLG Frankfurt/M. DB 2001, 1610.
8 LG Berlin MMR 2002, 630.

lichen Beurteilung vermochte auch eine **nachträgliche Erfüllung** der notwendigen Verbraucherinformationen nichts mehr zu ändern.[9]

Art. 241 EGBGB Informationspflichten für Verträge im elektronischen Geschäftsverkehr

Das Bundesministerium der Justiz wird ermächtigt, im Einvernehmen mit dem Bundesministerium für Wirtschaft und Technologie durch Rechtsverordnung ohne Zustimmung des Bundesrates unter Beachtung der vorgeschriebenen Angaben nach der Richtlinie 2000/31/EG des Europäischen Parlaments und des Rates vom 8. Juni 2000 über bestimmte rechtliche Aspekte der Dienste der Informationsgesellschaft, insbesondere des elektronischen Geschäftsverkehrs, im Binnenmarkt („Richtlinie über den elektronischen Geschäftsverkehr", ABl. EG Nr. L 178 S. 1) festzulegen, welche Informationen dem Kunden über technische Einzelheiten des Vertragsschlusses im elektronischen Geschäftsverkehr, insbesondere zur Korrektur von Eingabefehlern, über den Zugang zu Vertragstext und Verhaltenskodizes sowie über die Vertragssprache vor Abgabe seiner Bestellung zu erteilen sind.

Beachte: Mit Inkrafttreten des VerbrKrRL-UG vom 29.7.2009[1] zum 11.6.2010 ist Art. 241 EGBGB **gegenstandslos** geworden.[2] Inhalt und Gestaltung der Belehrung über das Widerrufs- und Rückgaberecht für Verträge im elektronischen Geschäftsverkehr finden sich seit dem 11.6.2010 in Art. 246 § 3 EGBGB – mithin nicht mehr in Verordnungsregelungen, sondern (aus Gründen der Rechtssicherheit) in Vorschriften des formellen Gesetzesrechts. 1

Nachstehend sei letztmalig für „Altfälle" die **alte**, vor dem 11.6.2010 geltende **Rechtslage** dargestellt:

Art. 241 (der der Regelungstechnik des Art. 240 folgt), eingefügt durch Art. 2 Nr. 3 SchuldRModG, schaffte für das Bundesministerium der Justiz (im Einvernehmen mit dem Bundesministerium für Wirtschaft und Arbeit) die **Verordnungsermächtigung** im Hinblick auf Informationspflichten für Verträge im elektronischen Geschäftsverkehr (vgl § 3 BGB-InfoV mit der Regelung der Informationen, die ein Unternehmer beim Abschluss von Verträgen im elektronischen Geschäftsverkehr seinen Vertragspartnern gegenüber vor Vertragsabschluss nach § 312 e BGB zu erbringen hatte), wobei die auf dieser Grundlage erlassene Rechtsverordnung die vorgeschriebenen Angaben der E-Commerce-Richtlinie 2000/31/EG[3] (ECRL) zu beachten hatte.[4] Insoweit diente § 3 BGB-InfoV (neben § 312 e BGB) der Umsetzung von Art. 10 Abs. 1–3 sowie Art. 11 Abs. 1 und 2 ECRL,[5] wobei eine weitgehende Identität mit dem Richtlinienrecht bestand.[6]

§ 312 e Abs. 1 Nr. 2 BGB aF verwies dabei auf die auf der Grundlage von Art. 241 erlassene BGB-InfoV. 2

Beachte: Da Verträge im elektronischen Geschäftsverkehr regelmäßig zugleich als solche im Fernabsatz zu 3
qualifizieren sind, kam es zu Überschneidungen im Anwendungsbereich[7] mit der Folge, dass der Unternehmer sowohl die Informationspflichten nach Maßgabe von Art. 240 (dh § 1 BGB-InfoV) als auch jene nach Art. 241 (mithin § 3 BGB-InfoV) zu beachten hatte.

Art. 242 EGBGB Informationspflichten bei Teilzeit-Wohnrechteverträgen, Verträgen über langfristige Urlaubsprodukte, Vermittlungsverträgen sowie Tauschsystemverträgen

Art. 242 § 1 EGBGB Vorvertragliche und vertragliche Pflichtangaben

(1) Als vorvertragliche Informationen nach § 482 Absatz 1 des Bürgerlichen Gesetzbuchs für den Abschluss eines Teilzeit-Wohnrechtevertrags, eines Vertrags über ein langfristiges Urlaubsprodukt, eines Vermittlungsvertrags oder eines Tauschsystemvertrags sind die Angaben nach den Anhängen der Richtlinie 2008/122/EG des Europäischen Parlaments und des Rates vom 14. Januar 2009 über den Schutz der Verbraucher im Hinblick auf bestimmte Aspekte von Teilzeitnutzungsverträgen, Verträgen

9 LG Duisburg WRP 2001, 981.
1 BGBl. I S. 2355.
2 Palandt/*Grüneberg*, Art. 241 EGBGB Rn 1.
3 ABl. EG Nr. L 178, S. 1.
4 BT-Drucks. 14/6040, S. 274.
5 BT-Drucks. 14/6040, S. 170.
6 Staudinger/*Thüsing*, Art. 241 EGBGB Rn 1.
7 *Meub*, DB 2002, 359, 361; Staudinger/*Thüsing*, Art. 241 EGBGB Rn 2.

über langfristige Urlaubsprodukte sowie Wiederverkaufs- und Tauschverträgen (ABl. L 33 vom 3.2.2009, S. 10) in leicht zugänglicher Form zur Verfügung zu stellen, und zwar

1. für einen Teilzeit-Wohnrechtevertrag die Angaben nach Anhang I der Richtlinie,
2. für einen Vertrag über ein langfristiges Urlaubsprodukt die Angaben nach Anhang II der Richtlinie,
3. für einen Vermittlungsvertrag die Angaben nach Anhang III der Richtlinie,
4. für einen Tauschsystemvertrag die Angaben nach Anhang IV der Richtlinie.

(2) Die Angaben in den Teilen 1 und 2 der Anhänge nach Absatz 1 Nummer 1 bis 4 sind in einem Formblatt nach den in den Anhängen enthaltenen Mustern zur Verfügung zu stellen. Die Angaben nach Teil 3 des Anhangs können in das Formblatt aufgenommen oder auf andere Weise zur Verfügung gestellt werden. Werden sie nicht in das Formblatt aufgenommen, ist auf dem Formblatt darauf hinzuweisen, wo die Angaben zu finden sind.

Art. 242 § 2 EGBGB Informationen über das Widerrufsrecht

Einem Teilzeit-Wohnrechtevertrag, einem Vertrag über ein langfristiges Urlaubsprodukt, einem Vermittlungsvertrag oder einem Tauschsystemvertrag ist ein Formblatt gemäß dem Muster in Anhang V der Richtlinie 2008/122/EG des Europäischen Parlaments und des Rates vom 14. Januar 2009 über den Schutz der Verbraucher im Hinblick auf bestimmte Aspekte von Teilzeitnutzungsverträgen, Verträgen über langfristige Urlaubsprodukte sowie Wiederverkaufs- und Tauschverträgen (ABl. L 33 vom 3.2.2009, S. 10) in der Sprache nach § 483 Absatz 1 des Bürgerlichen Gesetzbuchs beizufügen, in das die einschlägigen Informationen zum Widerrufsrecht deutlich und verständlich eingefügt sind.

1 Seit 1.1.1997 hat das **Teilzeitwohnrechtegesetz**[1] (TzWrG) Verträge über die Teilzeitnutzung von Wohngebäuden geregelt. Das sog. „Time-Sharing-Gesetz" setzte die **EU-Time-Sharing-Richtlinie 94/47/EG** vom 26.10.1994[2] um und wurde als Verbraucherschutzgesetz konzipiert. Im Gegensatz zur Pauschalreiserichtlinie ist die Umsetzung durch den Gesetzgeber fristgerecht vor der Umsetzungsfrist zum 29.4.1997[3] erfolgt. Art. 242 war Grundlage von § 2 BGB-InfoV.[4]

2 Am 23.2.2009 ist die **Richtlinie 2008/122/EG** des Europäischen Parlaments und des Rates vom 14. Januar 2009 über den Schutz der Verbraucher im Hinblick auf bestimmte Aspekte von Teilzeitnutzungsverträgen, Verträgen über langfristige Urlaubsprodukte sowie Wiederverkaufs- und Tauschverträgen in Kraft getreten.[5] Diese Richtlinie löst die Richtlinie 94/47/EG des Europäischen Parlaments und des Rates vom 26. Oktober 1994 zum Schutz der Erwerber im Hinblick auf bestimmte Aspekte von Verträgen über den Erwerb von Teilzeitnutzungsrechten an Immobilien ab. Sie erweitert den Anwendungsbereich in Bezug auf Teilzeit-Wohnrechte und erfasst erstmals auch Verträge über langfristige Urlaubsprodukte, Vermittlungsverträge und Tauschsystemverträge. Die Richtlinie regelt Einzelheiten der vorvertraglichen und vertraglichen Information der Verbraucher sowie der Vertragsform. Ferner enthält sie Vorgaben zum Widerrufsrecht.

3 Zur der erforderlichen Umsetzung bis zum 23.2.2011 in nationales Recht ist am 18.8.2010 der Entwurf eines Gesetzes zur Modernisierung der Regelungen über Teilzeit-Wohnrechteverträge, Verträge über langfristige Urlaubsprodukte sowie Vermittlungsverträge und Tauschsystemverträge vorgelegt worden.[6]

4 Damit werden die Informationspflichten verbessert, das Widerrufsrecht ausgeweitet und der Schutz auf bisher noch nicht gesetzlich geregelte Vertragsformen ausgedehnt, um Umgehungsgeschäfte zu verhindern. Der Schutz soll bereits bei Teilzeit-Wohnrechten von mehr als einem Jahr greifen. Zudem sollen sämtliche Teilzeit-Nutzungsrechte an Übernachtungsimmobilien erfasst werden, so dass eine Nutzung zu Erholungszwecken nicht erforderlich ist.

5 Die neuen Regelungen in **Art. 242 EGBGB** nF zu Informations- und Prospektpflichten bei Teilzeit-Wohnrechteverträgen, Verträgen über langfristige Urlaubsprodukte, Vermittlungsverträgen sowie Tauschsystemverträgen lösen die Vorschriften im bisherigen § 2 BGB-InfoV über Informationspflichten bei und den Vertragsinhalt von Teilzeit-Wohnrechteverträgen ab.

6 Art. 242 EGBGB wird durch das Gesetz zur Modernisierung der Regelungen über Teilzeit-Wohnrechteverträge, Verträge über langfristige Urlaubsprodukte sowie Vermittlungsverträge und Tauschsystemverträge neu gefasst. Statt einer Verordnungsermächtigung enthält diese Vorschrift nunmehr unmittelbar die näheren Vorschriften über die vorvertraglichen und vertraglichen Informationspflichten bei Teilzeit-Wohnrechteverträgen,

1 BGBl I 1996 S. 2154.
2 ABlEG 1994 Nr. L 280, S. 82.
3 30 Monate nach der Veröffentlichung im ABl der EG.
4 BGB-InfoV v. 2.1.2002 (BGBl. I 2002 S. 342), geregelt idF der VO v. 13.3.2002 (BGBl. I 2002 S. 1141), v. 28.3.2002 (BGBl. I 2002 S. 1230) und v. 5.8.2002 (BGBl. I 2002 S. 3003).
5 ABl. L 33 vom 3.2.2009, S. 10.
6 BT-Drucks. 17/2764.

Verträgen über langfristige Urlaubsprodukte, Vermittlungsverträgen sowie Tauschsystemverträgen und verweist auf die entsprechenden Formblätter in den Anhängen zur Richtlinie 2008/122/EG. Da von den Vorgaben der Richtlinie nicht abgewichen werden darf, der Pflichtenkatalog also ohne eine Änderung der Richtlinie nicht geändert werden kann, ist keine innerstaatliche Regelung in einer Rechtsverordnung erforderlich, da deren grundsätzlicher Vorteil der unkomplizierten Änderung hier nicht zum Tragen kommt. Auch entspricht es dem Vorgehen bei der Umsetzung der Verbraucherkreditrichtlinie und der Neuordnung der Regelungen über die Musterwiderrufs- und Rückgabebelehrung, die zivilrechtlichen Informationspflichten unmittelbar im EGBGB gebündelt zu regeln.

Erfüllt der Unternehmer seine Informationspflichten nicht vollständig, kann dies unter Umständen eine Irreführung durch Unterlassen im Sinne von § 5 a Absatz 2 und 4 UWG darstellen, die wettbewerbsrechtlich geahndet werden kann. **7**

Die Regelung in **Art. 242 § 1 Abs. 1 EGBGB** nF regelt die inhaltlichen Einzelheiten der Informationspflichten und verweist für die einzelnen Vertragsarten auf den jeweils einschlägigen Anhang der Richtlinie mit deren Fundstelle im Amtsblatt der Europäischen Union. **8**

Art. 242 § 1 Abs. 2 EGBGB nF schreibt vor, dass die Informationspflichten nach Art. 242 § 1 Absatz 1 EGBGB nF unter Verwendung des Formblatts zu erfüllen sind, wie es in dem jeweils einschlägigen Muster im Anhang der Richtlinie vorgegeben ist. Die Angaben nach den Teilen 1 und 2 müssen dabei unmittelbar auf dem Formblatt enthalten sein. Bei den Angaben nach Teil 3 steht es dem Unternehmer frei, zu entscheiden, ob er diese Angaben ebenfalls direkt auf dem Formblatt machen oder die Informationen auf eine andere Weise erteilen möchte, beispielsweise eingebunden in die beschreibenden Texte seines Prospekts. Soweit der Unternehmer die Angaben an anderer Stelle macht, muss er allerdings auf dem Formblatt angeben, wo genau der Verbraucher die entsprechenden Informationen finden kann. **9**

Die Regelung in **Art. 242 § 2 EGBGB** nF verweist hinsichtlich des Formblatts mit Informationen über das Widerrufsrecht auf den entsprechenden Anhang. **10**

Da die Richtlinie in Anhang V ein eigenes, verpflichtendes Formblatt für die Belehrung über das Widerrufsrecht enthält, findet die allgemeine **Musterwiderrufsbelehrung** aus der Anlage 1 zu Art. 246 § 2 Absatz 3 Satz 1 EGBGB bei Teilzeit-Wohnrechteverträgen, Verträgen über ein langfristiges Urlaubsprodukt, Vermittlungsverträgen sowie Tauschsystemverträgen keine Anwendung. Der Gestaltungshinweis Nummer 6, der die Kostentragungspflicht im Falle des Widerrufs eines Teilzeit-Wohnrechtevertrags betrifft, wird damit gegenstandslos. **11**

Art. 243 EGBGB Ver- und Entsorgungsbedingungen

[1]Das Bundesministerium für Wirtschaft und Technologie kann im Einvernehmen mit dem Bundesministerium der Justiz durch Rechtsverordnung mit Zustimmung des Bundesrates die Allgemeinen Bedingungen für die Versorgung mit Wasser und Fernwärme sowie die Entsorgung von Abwasser einschließlich von Rahmenregelungen über die Entgelte ausgewogen gestalten und hierbei unter angemessener Berücksichtigung der beiderseitigen Interessen

1. **die Bestimmungen der Verträge einheitlich festsetzen,**
2. **Regelungen über den Vertragsschluss, den Gegenstand und die Beendigung der Verträge treffen sowie**
3. **die Rechte und Pflichten der Vertragsparteien festlegen.**

[2]Satz 1 gilt entsprechend für Bedingungen öffentlich-rechtlich gestalteter Ver- und Entsorgungsverhältnisse mit Ausnahme der Regelung des Verwaltungsverfahrens.

Mit Art. 2 Nr. 3 SchuldRModG ist Art. 243 in das EGBGB eingefügt worden.[1] Art. 243 (der mit § 27 AGBG aF vor der Schuldrechtsreform 2002 für die Wasser- und Fernwärmeversorgung[2] wörtlich übereinstimmt[3] bzw – hinsichtlich der Abwasserversorgung – mit Art. 2 Abs. 2 Überweisungsgesetz)[4] ermächtigt das Bundesministerium für Wirtschaft und Arbeit im Einvernehmen mit dem Bundesjustizministerium durch **Rechtsverordnung** (die der Zustimmung des Bundesrates bedarf) die Allgemeinen Bedingungen für die Versorgung mit Wasser und Fernwärme sowie die Entsorgung von Abwasser (einschließlich von Rahmenbedingungen über die Entgelte) ausgewogen zu gestalten. Hierbei können unter angemessener Berücksichtigung der beiderseitigen Interessen die Bestimmungen der Verträge einheitlich festgelegt, Regelungen über den Vertrags- **1**

1 Dazu BT-Drucks. 14/6040, S. 274.

2 „Das war schon damals eine systematische Verlegenheitslösung, weil es für Wasser- und Fernwärmeversorgung ein dem EnWG vergleichbares Gesetz nicht gibt", so Staudinger/*Schlosser*, Art. 243 EGBGB Rn 1.

3 Palandt/*Sprau*, Art. 243 EGBGB Rn. 1.

4 Vom 21.7.1999 (BGBl. I S. 1642).

schluss, den Gegenstand und die Beendigung der Verträge getroffen und die Rechte und Pflichten der Vertragsparteien festgelegt werden.

2 Die Ermächtigung gilt entsprechend für Bedingungen öffentlich-rechtlich gestalteter Ver- und Entsorgungsverhältnisse mit Ausnahme der Regelung des Verwaltungsverfahrens.

3 Auf der Grundlage von § 27 AGBG aF wurden folgende fortgeltenden Verordnungen über Ver- und Entsorgungsbedingungen erlassen:
– die Verordnung über Allgemeine Bedingungen für die Versorgung mit Fernwärme (AVB-FernwärmeVO) vom 20.6.1980[5] und die
– Verordnung über Allgemeine Bedingungen über die Versorgung mit Wasser (AVB-WasserVO) vom 20.6.1980,[6]

die mit rückwirkender Kraft zum 1.4.1980 in Kraft treten sollten.[7]

4 Allgemeine Bedingungen für die Entsorgung von Abwässern sind zwar in Vorbereitung, aber noch nicht erlassen.

5 Den AVB kommt (als Verordnungen) **Rechtsnormcharakter** zu.[8]

6 Verträge mit Sonderabnehmern und Industriekunden sind allerdings gem. § 1 Abs. 2 AVB-FernwärmeVO bzw § 1 Abs. 2 AVB-WasserVO bei der Fernwärme- bzw Wasserversorgung aus dem Geltungsbereich der jeweiligen Verordnung ausgeschlossen, womit auf entsprechende, nach dem 31.3.1980 abgeschlossene Verträge die AVB nur kraft Einbeziehung gelten, mithin die §§ 305 ff BGB (mit Einschränkungen)[9] Anwendung finden.[10]

7 **Beachte**: Im Anwendungsbereich der AVB (als Rechtsnormen, Rn 5) kommt **keine AGB-Kontrolle** nach Maßgabe der §§ 305 ff BGB in Betracht[11] (anders ggf bei den auf der Grundlage von AVB durch Energieversorgungsunternehmen verwendeten besonderen „ergänzende[n] Bedingungen").[12] Sie unterliegen als Verordnungen keiner AGB-Inhaltskontrolle, sondern einer Prüfung im Hinblick auf die Einhaltung der Ermächtigung, dh auf Angemessenheit und Ausgewogenheit.[13] Gleichermaßen ist eine Anwendbarkeit der Missbräuchliche-Klausel-RL 93/13/EWG ausgeschlossen.[14]

8 Auch eine Entgeltfestlegung in den AVB ist nach Maßgabe des europäischen Wettbewerbsrechts statthaft.[15]

Art. 244 EGBGB Abschlagszahlungen beim Hausbau

Das Bundesministerium der Justiz wird ermächtigt, im Einvernehmen mit dem Bundesministerium für Wirtschaft und Technologie durch Rechtsverordnung ohne Zustimmung des Bundesrates auch unter Abweichung von § 632 a des Bürgerlichen Gesetzbuchs zu regeln, welche Abschlagszahlungen bei Werkverträgen verlangt werden können, die die Errichtung oder den Umbau eines Hauses oder eines vergleichbaren Bauwerks zum Gegenstand haben, insbesondere wie viele Abschläge vereinbart werden können, welche erbrachten Gewerke hierbei mit welchen Prozentsätzen der Gesamtbausumme angesetzt werden können, welcher Abschlag für eine in dem Vertrag enthaltene Verpflichtung zur Verschaffung des Eigentums angesetzt werden kann und welche Sicherheit dem Besteller hierfür zu leisten ist.

5 BGBl I S. 742.
6 BGBl I S. 750.
7 Nach BGHZ 100, 1, 5 war die Rückwirkung **nicht** verfassungswidrig.
8 Staudinger/*Schlosser*, Art. 243 EGBGB Rn 3.
9 Palandt/*Sprau*, Art. 243 EGBGB Rn 1.
10 Palandt/*Sprau*, Art. 243 EGBGB Rn 1; Staudinger/*Schlosser*, Art. 243 EGBGB Rn 3.
11 KG VersR 1985, 288.
12 So Staudinger/*Schlosser*, Art. 243 EGBGB Rn 3.
13 BGH NJW-RR 2006, 133; Palandt/*Sprau*, Art. 243 EGBGB Rn 1; Palandt/*Grüneberg*, § 310 Rn 6. Eine Inhaltskontrolle nach den §§ 307 ff BGB ist daher gegenüber einer als Verordnung erlassenen Allgemeinen Versorgungsbedingung (AVB) nicht statthaft, BGHZ 100, 1, 8.
14 Staudinger/*Schlosser*, Art. 243 EGBGB Rn 3; aA *Rott/Butters*, Öffentliche Dienstleistungen und Vertragsgerechtigkeit im Lichte des Gemeinschaftsrechts, VuR 1999, 197.
15 Vgl näher EuGH JZ 2002, 453; zudem Staudinger/*Schlosser*, Art. 243 EGBGB Rn 4.

A. Allgemeines

I. Entstehungsgeschichte

1 Die Vorschrift wurde durch das SchuldRModG[1] in das EGBGB eingefügt. Hierdurch sollte die bis dahin in § 27 a AGBG geregelte Verordnungsermächtigung übernommen werden.[2] § 27 a AGBG stimmte – von geringfügigen sprachlichen Abweichungen abgesehen[3] – wörtlich mit Art. 244 überein.[4] § 27 a AGBG war durch das Gesetz zur Beschleunigung fälliger Zahlungen vom 30.3.2000[5] auf Empfehlung des Rechtsausschusses des Bundestages[6] eingefügt worden. Der Verordnungsgeber hat von der Ermächtigung noch unter der Geltung des § 27 a AGBG durch die Verordnung über Abschlagszahlungen bei Bauträgerverträgen vom 23.5.2001[7] Gebrauch gemacht (zum Inhalt der VO s. § 632 a Rn 36 ff). Durch Art. 2 Nr. 2 des FoSiG[8] wurde der Anwendungsbereich des Art. 244 geändert. Die Vorschrift gilt nunmehr auch für Werkverträge, die den Umbau eines Hauses oder eines vergleichbaren Bauwerks zum Gegenstand haben. Entsprechende Ergänzungen finden sich in § 632 a nF sowie in § 1 S. 1 AbschlagsV (vgl § 632 a Rn 38).

II. Normzweck

2 Die Verordnungsermächtigung steht im sachlichen Zusammenhang mit der durch das Gesetz zur Beschleunigung fälliger Zahlungen eingefügten Regelung des **§ 632 a BGB**,[9] die einen gesetzlichen Anspruch des Werkunternehmers auf Abschlagszahlungen vorsieht. Der Anspruch aus § 632 a ist allerdings zum Schutz des Bestellers an enge Voraussetzungen gekoppelt. Bei Verträgen, welche eine Werkleistung im Zusammenhang mit der Errichtung oder dem Umbau eines Hauses zum Gegenstand haben, sah der Gesetzgeber ein Bedürfnis für eine „differenzierte Regelung“[10] welche den Parteien die Möglichkeit einräumt, unter erleichterten Voraussetzungen **Abschlagszahlungen** zu vereinbaren. Die Ermächtigung sollte die Grundlage für eine Verordnung mit entsprechendem Inhalt schaffen.

3 Dem Gesetzgeber schwebte dabei das Modell der §§ 3 und 7 MaBV vor. Die dort getroffene Regelung sollte auf alle Verträge über den Bau von Häusern oder vergleichbaren Bauwerke erstreckt werden, auch wenn diese nicht von der MaBV erfasst werden.[11] Damit sollte zugleich im Wege einer „vorweggenommenen AGB-Kontrolle“[12] klargestellt werden, dass das Modell der MaBV einen gerechten Ausgleich der Interessen der Vertragsparteien und keine unangemessene Benachteiligung des Bestellers iSd § 307 Abs. 1 BGB darstellt.

B. Regelungsgehalt

I. Adressat

4 Adressat der Ermächtigung ist der Bundesminister der Justiz,[13] der Einvernehmen mit dem Bundesminister für Wirtschaft und Arbeit herzustellen hat. Einer Zustimmung des Bundesrates bedarf es nach der ausdrücklichen Anordnung nicht.[14]

II. Anwendungsbereich

5 Die Ermächtigung bezieht sich auf **Werkverträge**, die **die Errichtung oder den Umbau** eines Hauses oder eines vergleichbaren Bauwerkes zum Gegenstand haben. Unter Errichtung ist die erstmalige Herstellung des

1 Art. 3 Nr. 3 des Gesetzes zur Modernisierung des Schuldrechts v. 26.11.2001 (BGBl. I S. 3138).
2 Vgl auch BT-Drucks. 14/6040, S. 37, 274.
3 § 27 a AGBG lautete: "Das Bundesministerium der Justiz wird ermächtigt, im Einvernehmen mit dem Bundesministerium für Wirtschaft und Technologie durch Rechtsverordnung, *die der Zustimmung des Bundesrates nicht bedarf*, auch unter Abweichung von § 632 a des Bürgerlichen Gesetzbuches zu regeln, [...]".
4 Aufgrund der Umbenennung des Ministeriums für Wirtschaft und Technologie in Ministerium für Wirtschaft und Arbeit wurde der Text des Art. 244 nach Inkrafttreten durch Art. 66 der 8. Zuständigkeitsverordnung v. 25.11.2003 (BGBl. I S. 2304) an die neue Terminologie angepasst.
5 BGBl. I S. 330.
6 BT-Drucks. 14/2752, S. 7, 14.
7 Sog. Abschlagsverordnung (AbschlagsV), auch Hausbauverordnung genannt (BGBl. I S. 189); zur Terminologie vgl die Internetseite des Bundesministeriums der Justiz http://www.gesetze-im-internet.de/abschlagsv/index.html.
8 Gesetz zur Sicherung von Werkunternehmeransprüchen und zur verbesserten Durchsetzung von Forderungen vom 23.10.2008 (BGBl. I S. 2022).
9 Art. 1 Nr. 3 des Gesetzes zur Beschleunigung fälliger Zahlungen v. 30.3.2000 (BGBl. I S. 330).
10 BT-Drucks. 14/2752, S. 14.
11 BT-Drucks. 14/2752, S. 14.
12 BT-Drucks. 14/2752, S. 14.
13 Die Terminologie in Art. 244 EGBGB weicht insoweit von Art. 80 Abs. 1 GG ab, da von "Bundesministerium" statt – wie in Art. 80 Abs. 1 GG vorgesehen – von „Bundesminister" die Rede ist.
14 Vgl zur Frage der Zustimmungspflichtigkeit von Verordnungen auch Art. 80 Abs. 2 GG.

Bauwerkes auf einem Grundstück zu verstehen. Aufgrund der Erweiterung durch das FoSiG sind nunmehr aber auch Verträge erfasst, deren Inhalt sich auf den **Umbau** eines bereits bestehenden Bauwerks bezieht. Unter Umbau sind in Anlehnung an § 2 Nr. 6 HOAI Umgestaltungen eines vorhandenen Objekts mit wesentlichen Eingriffen in Konstruktion und Bestand zu verstehen. Dies gilt auch, wenn die Maßnahmen ausschließlich der Modernisierung dienen.[15] Nicht erfasst werden Werkleistungen, die sich in der planerischen Vorbereitung der Bauleistungen erschöpfen (zB statische Berechnungen, Bodengutachten etc.).[16] Ausgenommen sind auch Werkverträge mit Architekten, soweit sich die Leistung des Architekten auf die Planung des Hauses beschränkt. Verträge mit Lieferanten von Baustoffen oder Bauteilen sind schon deshalb nicht betroffen, weil es sich nicht um Werkverträge handelt.

6 Darüber hinaus muss der Werkvertrag auf die Errichtung eines Hauses oder eines vergleichbaren Bauwerkes gerichtet sein. **Häuser** sind Bauwerke, die als dauernder Aufenthaltsort für Menschen dienen. Hierunter fallen nicht nur Wohnhäuser, sondern auch Geschäfts- und Bürogebäude.[17] Vergleichbar mit Häusern sind **andere Bauwerke**,[18] wenn sie einen ähnlichen Verwendungszweck haben. Vergleichbare Bauwerke müssen daher zwar nicht zum dauerhaften Aufenthalt durch Menschen bestimmt, aber doch wenigstens dazu geeignet sein, von Menschen betreten zu werden. Die Vergleichbarkeit ist daher etwa zu bejahen bei Lagerhallen, Scheunen oder Heizkraftwerken, nicht dagegen bei Gleisanlagen oder Kanalisationen.

7 Ausreichend ist, dass die Werkleistung **Teil der zur Errichtung oder zum Umbau des Bauwerkes notwendigen Arbeiten** ist. Die Ermächtigung bezieht sich daher nicht nur auf Werkverträge, welche die Errichtung oder den Umbau des gesamten Hauses oder Bauwerkes, sondern auch auf Verträge, welche nur die Erstellung einzelner Gewerke (zB die Elektroinstallation oder die sanitären Anlagen) zum Gegenstand haben.[19]

8 Erfasst werden in jedem Falle Bauleistungen, die von dem Werkunternehmer auf dem Grundstück des Bestellers zur Herstellung eines Bauwerkes ausgeführt werden. Die Vorschrift findet aber auch auf Verträge mit Bauträgern Anwendung.[20] Dies gilt unabhängig davon, wie man den Bauträgervertrag ansonsten in das System der gesetzlichen Vertragstypen einordnet (hierzu näher vor § 631 Rn 28). Dabei geht der Gesetzgeber davon aus, dass hinsichtlich der Bauleistung die werkvertraglichen Regeln gelten. Da die Frage der Abschlagszahlung die Frage betrifft, inwieweit entgegen § 641 BGB bereits vor der Abnahme ein (pauschaliertes) Entgelt für den bereits erbrachten Teil der Werkleistung gezahlt werden soll, sind hierauf die für Werkverträge geltenden Bestimmungen anzuwenden.

III. Regelungsgegenstände

9 Die Verordnung muss sich auf die Regelung von Abschlagszahlungen beziehen. Eine **Abschlagszahlung** ist eine Anzahlung auf die Vergütung für das Gesamtwerk, die im Hinblick auf bereits erbrachte Teilleistungen erfolgt. Hierdurch unterscheidet sie sich von Vorauszahlungen, denen noch keine Leistungen des Werkunternehmers gegenüberstehen bzw die ohne Rücksicht auf den Umfang solcher Leistungen erfolgen.[21]

10 In der Verordnung kann bestimmt werden, wie viele Abschläge vereinbart werden können, welche Gewerke zu berücksichtigen sind und welcher Prozentsatz der Gesamtbausumme (gemeint ist wohl der Gesamtwerklohn für die Bauleistung) hierfür angesetzt werden kann. Der Gesetzgeber hat hierbei erkennbar die in § 3 Abs. 2 S. 2 Nr. 2 MaBV vorgesehene Staffelung vor Augen. Es geht also darum, Vereinbarungen zuzulassen, die im Falle der Fertigstellung einzelner Gewerke Abschlagszahlungen in einer Höhe vorsehen, die in etwa dem Anteil des Gewerkes an der gesamten Bauleistung entspricht. Die Gesetzesformulierung bringt dies nur unvollkommen zum Ausdruck, weil sie auf eine abstrakte Festlegung einer bestimmten Anzahl von Abschlagszahlungen hindeutet. Eine solche macht aber keinen Sinn, und zwar weder in Gestalt einer Höchst- noch einer Mindestanzahl.[22]

11 Der Verordnungsgeber kann bei der Regelung der Abschlagszahlungen vom Inhalt des § 632 a BGB abweichen. Es ist gerade Sinn der Ermächtigung, die Vereinbarung eines Anspruches auf Abschlagszahlungen zugunsten des Werkunternehmers bei Errichtung eines Hauses oder eines vergleichbaren Bauwerkes unter weniger strengen Voraussetzungen zuzulassen. Die Vorschrift trifft freilich keine Aussage darüber, in welcher Hinsicht und in welchem Umfange die Verordnung von der Grundnorm des BGB abweichen darf (vgl hierzu

15 BT-Drucks. 16/511, S. 15, wo noch auf § 3 Nr. 5 und 6 HOAI Bezug genommen wird (jetzt § 2 Nr. 6 und 7 HOAI).
16 Staudinger/*Peters*, Art. 244 EGBGB Rn 2.
17 Enger *Kiesel*, NJW 2000, 1673, 1681: nur Wohnhäuser.
18 Zum Begriff des Bauwerkes vgl Palandt/*Sprau*, § 634 a Rn 10.
19 Staudinger/*Peters*, Art. 244 EGBGB Rn 2.
20 Ebenso *Basty*, DNotZ 2001, 421 ff; MüKo/*Busche*, Art. 244 Rn 2; *Pause*, NZBau 2002, 648, 649; *Quadbeck*, MDR 2000, 1111, 1112; *Sorge/Vollrath*, DNotZ 2001, 261, 263 (zu § 632 a); *Ullmann*, NJW 2002, 1073, 1077; aA Staudinger/*Peters*, Art. 244 EGBGB Rn 3.
21 BGH BauR 1984, 166, 168; *Basty*, DNotZ 2001, 421, 424; *Thode*, ZfBR 1999, 116, 124.
22 Zutr. Staudinger/*Peters*, Art. 244 EGBGB Rn 4.

auch § 632 a Rn 44). Insbesondere schreibt sie nicht vor, ob Abschlagszahlungen für die Werkleistung von einer Absicherung des Bestellers abhängig sind. Dies wird man aber nicht dahin interpretieren dürfen, dass der Gesetzgeber Vereinbarungen über Abschlagszahlungen auch ohne entsprechende Sicherheitsleistung ermöglichen wollte. Es sollte lediglich eine gegenüber § 632 a BGB "differenzierte Regelung" ermöglicht werden, also keine grundsätzliche Abkehr von dem in dieser Vorschrift vorgezeichneten Interessenausgleich erfolgen. Die Verordnung sieht denn auch in § 1 vor, dass die Abschlagszahlung nur bei Gewährung ausreichender Sicherheit wirksam vereinbart werden kann.

In der Verordnung kann auch geregelt werden, welcher Abschlag für eine in dem Vertrag enthaltene Verpflichtung zur Verschaffung des Eigentums angesetzt werden kann und welche Sicherheit dem Besteller hierfür zu leisten ist. Die gesetzliche Formulierung ist ungenau, weil allein die Verpflichtung zur Verschaffung des Eigentums noch keine Leistung darstellt, für die ein Abschlag gefordert werden könnte.[23] Gemeint ist vielmehr, dass – wie in § 3 Abs. 1 Nr. 1 MaBV geregelt – eine Abschlagszahlung vorgesehen werden kann, wenn die Erfüllung der Pflicht zur Verschaffung des Eigentums gewährleistet ist, dh wenn der Unternehmer dem Besteller im Hinblick auf das Eigentum an dem Grundstück eine gesicherte Erwerbsposition (etwa durch Bestellung einer Eigentumsvormerkung) verschafft hat. 12

Art. 245 EGBGB Belehrung über Widerrufs- und Rückgaberecht

Das Bundesministerium der Justiz wird ermächtigt, durch Rechtsverordnung, die der Zustimmung des Bundesrates nicht bedarf,

1. **Inhalt und Gestaltung der dem Verbraucher gemäß § 355 Abs. 3 Satz 1, § 356 Abs. 2 Satz 2 und den diese ergänzenden Vorschriften des Bürgerlichen Gesetzbuchs mitzuteilenden Belehrung über das Widerrufs- und Rückgaberecht festzulegen und**
2. **zu bestimmen, wie diese Belehrung mit den auf Grund der Artikel 240 bis 242 zu erteilenden Informationen zu verbinden ist.**

Literatur: *Bahr*, Muster für Widerrufsbelehrung aus BGB-InfoVO ist nichtig, K&R 2006, 479; *Faustmann*, Zur Wirksamkeit von Widerrufsbelehrungen bei Übernahme des amtlichen Musters der BGB-InfoV unter Berücksichtigung der Entscheidung des LG Halle vom 13.5.2005, VuR 2006, 384; *Lejeune*, Die Reform der Widerrufsbelehrungen für den Online Handel, CR 2008, 226; *Masuch*, Neufassung des Musters für Widerrufsbelehrungen, BB 2005, 344; *ders.*, Neues Muster für Widerrufsbelehrungen, NJW 2008, 1700; *Schirmbacher*, Musterhafte Widerrufsbelehrung – Neuerungen und kein Ende, BB 2009, 1088; *Wege*, Gerichtsfeste Widerrufsbelehrung bei Haustürgeschäften: trotz Musters des Bundesjustizministeriums eine Herausforderung, BB 2007, 1012.

A. Allgemeines

Der Gesetzgeber war sich im Klaren, dass es Unternehmern angesichts der zunehmenden Informationspflichten zunehmend schwerer fällt, ihrer Informationspflicht, die gleichwohl zum Schutz der Verbraucher unabdingbar ist, fehlerfrei nachzukommen. Daher ist eine **korrekte Abfassung der Widerrufsbelehrung** und ihre korrekte Verbindung mit den Verbraucherinformationen sowohl für den Unternehmer als auch für den Verbraucher von entscheidender Bedeutung. Es sind in der Vergangenheit immer wieder Rechtsstreitigkeiten darüber entstanden, ob ein Unternehmer den Verbraucher ordnungsgemäß über das diesem zustehende Widerrufs- oder Rückgaberecht belehrt hat. Vor diesem Hintergrund erschien es dem Gesetzgeber aus Gründen der **Vereinfachung für die Geschäftspraxis** der Unternehmer, aber auch im Interesse der **Rechtssicherheit** und im Interesse einer **Entlastung der Rechtspflege** zweckmäßig, im Verordnungswege den gesetzlich erforderlichen Inhalt und die Gestaltung der Belehrung einheitlich festzulegen. Dem diente die **Verordnungsermächtigung** des Art. 245, der durch Art. 2 Nr. 3 SchuldRModG[1] (aufgrund eines Vorschlags des Rechtsausschusses)[2] zum 1.1.2002 in das EGBGB eingefügt worden ist. 1

23 Staudinger/*Peters*, Art. 244 EGBGB Rn 4.
1 Vom 26.11.2001 (BGBl. I S. 3138).
2 BT-Drucks. 14/7052, S. 80.

Beachte: Mit Inkrafttreten des VerbrKrRL-UG vom 29.7.2009[3] zum 11.6.2010 ist Art. 245 **gegenstandslos** geworden.[4] Inhalt und Gestaltung der Belehrung über das Widerrufs- und Rückgaberecht finden sich seit dem 11.6.2010 in Art. 246 § 1 und § 2 sowie in den Musterbelehrungen der Anlagen 1 und 2 – mithin nicht mehr in Verordnungsregelungen, sondern (aus Gründen der Rechtssicherheit) in Vorschriften des formellen Gesetzesrechts.

Nachstehend sei letztmalig die **alte**, vor dem 11.6.2010 geltende **Rechtslage** dargestellt:

B. Regelungsgehalt

I. Die Ermächtigung zum Erlass einer Verordnung, die die inhaltliche und äußerliche Ausgestaltung des Widerrufs- und Rückgaberechts regelt (Nr. 1)

2 Das Bundesministerium der Justiz wurde durch Art. 245 Nr. 1 ermächtigt, durch Rechtsverordnung festzulegen, wie die Belehrung über das Widerrufsrecht und das Rückgaberecht inhaltlich und äußerlich ausgestaltet sein müssen, um den Anforderungen des § 355 Abs. 3 S. 1 BGB bzw jenen des § 356 Abs. 2 S. 2 BGB (vormals § 355 Abs. 2 S. 1 bzw § 356 Abs. 1 S. 1 Nr. 1 BGB aF, wobei infolge des VerbrKrRL-UG ab dem 11.6.2010 die Verweisung aus redaktionellen Gründen auf die genannten Vorschriften geändert worden ist) zu entsprechen.

3 Durch die Zweite Verordnung zur Änderung der BGB-Informationspflichten-Verordnung (BGB-InfoV) vom 1.8.2002[5] hatte das Bundesministerium der Justiz mit Wirkung vom 1.9.2002 von dieser Ermächtigung Gebrauch gemacht, indem ein aus einem Paragraphen (nämlich § 14 BGB-InfoV – Form der Widerrufs- und Rückgabebelehrung, Verwendung von Mustern) nebst zwei Anlagen bestehender Abschnitt ("Belehrung über das Widerrufs- und Rückgaberecht") in die BGB-InfoV aufgenommen wurde: Nach § 14 Abs. 1 BGB-InfoV genügte die Belehrung über das **Widerrufsrecht** den Anforderungen des § 355 Abs. 2 BGB und den diesen ergänzenden Vorschriften des BGB, wenn das Muster der Anlage 2 in Textform verwendet wurde.[6] Die Belehrung über das **Rückgaberecht** genügte nach § 14 Abs. 2 BGB-InfoV den Anforderungen des § 356 Abs. 1 S. 2 Nr. 1 BGB und den diesen ergänzenden Vorschriften des BGB, wenn das Muster der Anlage 3 verwendet wurde.

4 In der entsprechenden Verordnung wurden also auch besondere, dh **zusätzliche Belehrungsinhalte** bspw nach §§ 358 Abs. 5, 485 Abs. 2 oder 495 Abs. 2 S. 3 BGB aF geregelt und es wurde bestimmt, wie der Unternehmer diese Inhalte mit der „üblichen“ Belehrung verbinden konnte, um eine doppelte Information zu vermeiden.[7]

II. Die Ermächtigung zum Erlass einer Verordnung, wie die Belehrung über das Widerrufs- und Rückgaberecht mit weiter gehenden Informationspflichten verbunden werden kann (Nr. 2)

5 Das Bundesministerium der Justiz wurde durch Art. 245 Nr. 2 ermächtigt, durch Rechtsverordnung zu bestimmen, wie die Belehrung über das Widerrufs- und Rückgaberecht mit den aufgrund der Art. 240–242 zu erteilenden Informationen (bei Fernabsatzverträgen, Verträgen im elektronischen Geschäftsverkehr und Teilzeit-Wohnrechteverträgen) verbunden werden konnte.[8]

6 Von dieser Verordnungsermächtigung wurde (mit einer Ausnahme) kein Gebrauch gemacht. Diese Ausnahme war **§ 1 Abs. 3 S. 2 BGB-InfoV** (vgl auch § 1 Abs. 4 S. 2 BGB-InfoV idF von Art. 3 Nr. 1 des Entwurfs eines Gesetzes zur Änderung der Vorschriften über Fernabsatzverträge bei Finanzdienstleistungen, wonach der Unternehmer zur Erfüllung seiner Informationspflicht nach Abs. 1 Nr. 10 [erweiterte Informationspflichten hinsichtlich des Widerrufs- oder Rückgaberechts] das in § 14 BGB-InfoV für die Belehrung über das Widerrufs- oder Rückgaberecht bestimmte Muster verwenden konnte). Hier wurden Widerrufsbelehrung und

3 BGBl. I S. 2355.
4 Palandt/*Grüneberg*, Art. 245 EGBGB Rn 1.
5 BGBl I S. 2002, 2958.
6 Vgl aber LG Halle BB 2006, 1817 (dazu *Faustmann*, VuR 2006, 384), wonach § 14 Abs. 1 BGB-InfoV und seine Anlage 2 nichtig sein sollen, da sie nicht mit den gesetzlichen Regelungen in den §§ 355 Abs. 2, 187 Abs. 1 BGB übereinstimmten und sich deswegen auch nicht in den Grenzen der Verordnungsermächtigung in Art. 245 Nr. 1 EGBGB bewegten. Zudem LG Koblenz BB 2007, 239: Das Muster einer Widerrufsbelehrung in der Anlage 2 zu § 14 BGB-InfoV verstoße für den Fall eines Haustürgeschäftes, bei dem die beiderseitigen Leistungen erst nach Ablauf der Widerrufsfrist erbracht werden, gegen § 312 Abs. 2 BGB und sei deshalb nichtig. Weiterhin BGH BB 2007, 1296: Eine Widerrufsbelehrung, die lediglich über die Pflichten des Verbrauchers im Falle des Widerrufs, nicht jedoch über dessen wesentliche Rechte informiert, entspreche nicht den Anforderungen des Gesetzes.
7 Begründung der Beschlussempfehlung des Rechtsausschusses, BT-Drucks. 14/7052, S. 208.
8 OLG Koblenz NJW 2006, 919.

Pflichtangaben miteinander verbunden.[9] § 1 Abs. 3 S. 2 BGB-InfoV bestimmte, dass der Unternehmer zur Erfüllung seiner Informationspflicht nach § 1 Abs. 3 S. 1 Nr. 1 BGB-InfoV (über die Bedingungen, Einzelheiten der Ausübung und Rechtsfolgen des Widerrufs- oder Rückgaberechts sowie über den Ausschluss des Widerrufs- oder Rückgaberechts) das in § 14 BGB-InfoV für die Belehrung über das Widerrufs- oder Rückgaberecht bestimmte Muster verwenden konnte.

III. Nichtigkeit der Musterbelehrungen?

Die Musterbelehrungen nach § 14 BGB-InfoV alt (Anlage 2 und 3) mussten sich im Rahmen der Ermächtigungsgrundlage des Art. 245 halten und durften auch nicht gegen höherrangiges Recht (mithin die jeweiligen Voraussetzungen des Widerrufs- und Rückgaberechts nach BGB)[10] verstoßen (da sie ansonsten nicht den Anforderungen des BGB „genügten" – vgl den Wortlaut von § 14 Abs. 1 und 2 BGB-InfoV alt). **7**

Vor diesem Hintergrund vertrat *Kaiser*[11] die Auffassung, dass die Musterbelehrungen, die teilweise hinter den Anforderungen des BGB zurückblieben, wegen Überschreitens der Ermächtigungsgrundlage und wegen Verstoßes gegen höherrangiges Recht nichtig seien – der Gesetzgeber sei daher verpflichtet, nachzubessern, und bis zur „Nachbesserung" komme den Musterbelehrungen allenfalls eine „Leitbildfunktion" zu: „Verwendet ein Unternehmer ein Muster… spricht zwar nicht die Verordnung, aber zumindest eine tatsächliche Vermutung dafür, dass er den Verbraucher ordnungsgemäß belehrt hat".[12] **8**

Fraglich erschien mir nach altem Recht aber, ob ein Zurückbleiben hinter den Anforderungen des BGB (unterstellt man einmal, dieses traf zu) tatsächlich als Überschreitung der Ermächtigungsgrundlage zu qualifizieren war. Diskutiert wurde (bei Annahme einer Nichtigkeit der Musterbelehrungen) ein Amtshaftungsanspruch aus § 839 BGB iVm Art. 34 GG. „Bejaht man die drittschützende Wirkung des § 14 BGB-InfoV samt Musterbelehrungen, könnte der die nichtigen Muster verwendende Unternehmer Schadensersatz von der Bundesrepublik verlangen, ggf gemindert um einen Mitverschuldensanteil iSd § 254 Abs. 1 BGB".[13] **9**

Der Gesetzgeber hat zwischenzeitlich – wie bereits anfangs dargestellt (Rn 1) – die aus der Verordnungsermächtigung resultierenden Probleme der Musterbelehrungen infolge des VerbKrRL-UG dadurch gelöst, dass die Musterbelehrungen nunmehr in (formellen) Gesetzesrang erhoben wurden (vgl Anlage 1 und 2 zu Art. 246 § 2 Abs. 3 S. 1). **10**

Art. 246 § 1 EGBGB Informationspflichten bei Fernabsatzverträgen

(1) Bei Fernabsatzverträgen muss der Unternehmer dem Verbraucher rechtzeitig vor Abgabe von dessen Vertragserklärung folgende Informationen in einer dem eingesetzten Fernkommunikationsmittel entsprechenden Weise klar und verständlich und unter Angabe des geschäftlichen Zwecks zur Verfügung stellen:

1. **seine Identität, anzugeben ist auch das öffentliche Unternehmensregister, bei dem der Rechtsträger eingetragen ist, und die zugehörige Registernummer oder gleichwertige Kennung,**
2. **die Identität eines Vertreters des Unternehmers in dem Mitgliedstaat, in dem der Verbraucher seinen Wohnsitz hat, wenn es einen solchen Vertreter gibt, oder die Identität einer anderen gewerblich tätigen Person als dem Anbieter, wenn der Verbraucher mit dieser geschäftlich zu tun hat, und die Eigenschaft, in der diese Person gegenüber dem Verbraucher tätig wird,**
3. **die ladungsfähige Anschrift des Unternehmers und jede andere Anschrift, die für die Geschäftsbeziehung zwischen diesem, seinem Vertreter oder einer anderen gewerblich tätigen Person gemäß Nummer 2 und dem Verbraucher maßgeblich ist, bei juristischen Personen, Personenvereinigungen oder Personengruppen auch den Namen eines Vertretungsberechtigten,**
4. **die wesentlichen Merkmale der Ware oder Dienstleistung sowie Informationen darüber, wie der Vertrag zustande kommt,**
5. **die Mindestlaufzeit des Vertrags, wenn dieser eine dauernde oder regelmäßig wiederkehrende Leistung zum Inhalt hat,**
6. **einen Vorbehalt, eine in Qualität und Preis gleichwertige Leistung (Ware oder Dienstleistung) zu erbringen, und einen Vorbehalt, die versprochene Leistung im Fall ihrer Nichtverfügbarkeit nicht zu erbringen,**

9 Staudinger/*Kaiser*, Art. 245 EGBGB Rn 23.
10 Staudinger/*Kaiser*, Art. 245 EGBGB Rn 3: „Nur innerhalb dieser Normen ermächtigt auch Art. 245 EGBGB das Bundesjustizministerium zur näheren Ausgestaltung der Belehrung".
11 Staudinger/*Kaiser*, Art. 245 EGBGB Rn 3.
12 Staudinger/*Kaiser*, Art. 245 EGBGB Rn 3.
13 Staudinger/*Kaiser*, Art. 245 EGBGB Rn 4.

7. den Gesamtpreis der Ware oder Dienstleistung einschließlich aller damit verbundenen Preisbestandteile sowie alle über den Unternehmer abgeführten Steuern oder, wenn kein genauer Preis angegeben werden kann, seine Berechnungsgrundlage, die dem Verbraucher eine Überprüfung des Preises ermöglicht,
8. gegebenenfalls zusätzlich anfallende Liefer- und Versandkosten sowie einen Hinweis auf mögliche weitere Steuern oder Kosten, die nicht über den Unternehmer abgeführt oder von ihm in Rechnung gestellt werden,
9. die Einzelheiten hinsichtlich der Zahlung und der Lieferung oder Erfüllung,
10. das Bestehen oder Nichtbestehen eines Widerrufs- oder Rückgaberechts sowie die Bedingungen, Einzelheiten der Ausübung, insbesondere den Namen und die Anschrift desjenigen, gegenüber dem der Widerruf zu erklären ist, und die Rechtsfolgen des Widerrufs oder der Rückgabe einschließlich Informationen über den Betrag, den der Verbraucher im Fall des Widerrufs oder der Rückgabe gemäß § 357 Abs. 1 des Bürgerlichen Gesetzbuchs für die erbrachte Dienstleistung zu zahlen hat,
11. alle spezifischen zusätzlichen Kosten, die der Verbraucher für die Benutzung des Fernkommunikationsmittels zu tragen hat, wenn solche zusätzlichen Kosten durch den Unternehmer in Rechnung gestellt werden, und
12. eine Befristung der Gültigkeitsdauer der zur Verfügung gestellten Informationen, beispielsweise die Gültigkeitsdauer befristeter Angebote, insbesondere hinsichtlich des Preises.

(2) Bei Fernabsatzverträgen über Finanzdienstleistungen muss der Unternehmer dem Verbraucher rechtzeitig vor Abgabe von dessen Vertragserklärung ferner folgende Informationen in der in Absatz 1 genannten Art und Weise zur Verfügung stellen:
1. die Hauptgeschäftstätigkeit des Unternehmers und die für seine Zulassung zuständige Aufsichtsbehörde,
2. gegebenenfalls den Hinweis, dass sich die Finanzdienstleistung auf Finanzinstrumente bezieht, die wegen ihrer spezifischen Merkmale oder der durchzuführenden Vorgänge mit speziellen Risiken behaftet sind oder deren Preis Schwankungen auf dem Finanzmarkt unterliegt, auf die der Unternehmer keinen Einfluss hat, und dass in der Vergangenheit erwirtschaftete Erträge kein Indikator für künftige Erträge sind,
3. die vertraglichen Kündigungsbedingungen einschließlich etwaiger Vertragsstrafen,
4. die Mitgliedstaaten der Europäischen Union, deren Recht der Unternehmer der Aufnahme von Beziehungen zum Verbraucher vor Abschluss des Fernabsatzvertrags zugrunde legt,
5. eine Vertragsklausel über das auf den Fernabsatzvertrag anwendbare Recht oder über das zuständige Gericht,
6. die Sprachen, in welchen die Vertragsbedingungen und die in dieser Vorschrift genannten Vorabinformationen mitgeteilt werden, sowie die Sprachen, in welchen sich der Unternehmer verpflichtet, mit Zustimmung des Verbrauchers die Kommunikation während der Laufzeit dieses Vertrags zu führen,
7. einen möglichen Zugang des Verbrauchers zu einem außergerichtlichen Beschwerde- und Rechtsbehelfsverfahren und gegebenenfalls die Voraussetzungen für diesen Zugang und
8. das Bestehen eines Garantiefonds oder anderer Entschädigungsregelungen, die nicht unter die Richtlinie 94/19/EG des Europäischen Parlaments und des Rates vom 30. Mai 1994 über Einlagensicherungssysteme (ABl. EG Nr. L 135 S. 5) und die Richtlinie 97/9/EG des Europäischen Parlaments und des Rates vom 3. März 1997 über Systeme für die Entschädigung der Anleger (ABl. EG Nr. L 84 S. 22) fallen.

(3) [1]Bei Telefongesprächen hat der Unternehmer dem Verbraucher nur Informationen nach Absatz 1 zur Verfügung zu stellen, wobei eine Angabe gemäß Absatz 1 Nr. 3 nur erforderlich ist, wenn der Verbraucher eine Vorauszahlung zu leisten hat. [2]Satz 1 gilt nur, wenn der Unternehmer den Verbraucher darüber informiert hat, dass auf Wunsch weitere Informationen übermittelt werden können und welcher Art diese Informationen sind, und der Verbraucher ausdrücklich auf die Übermittlung der weiteren Informationen vor Abgabe seiner Vertragserklärung verzichtet hat.

Literatur: *Ernst*, Noch mehr Informationspflichten – Die DL-InfoV, CR 2010, 481; *Hartmann*, Belehrung im elektronischen Fernabsatz, CR 2010, 371; *Taeger*, Informationspflicht über den Datenschutz im M-Commerce, DuD 2010, 246; *Vander*, Die Werbunng mit Garantien bei Fernabsatzgeschäften, KGR 2011, 86; *Voigt/Heilmann*, Hinweise zur rechtssicheren Ausgestaltung gewerblicher Warenangebote bei eBay, ITRB 2010, 106.

A. Allgemeines

§ 1 ist infolge des VerbrKrRL-UG in das EGBGB eingefügt worden und am 11.6.2010 in Kraft getreten. Die Regelung transformiert Art. 4 und 5 FARL sowie Art. 3 und 5 FinFARL und trifft Regelungen über die Art und Weise, die Form und den Inhalt der bei Feranabsatzverträgen iSv § 312 d Abs. 1 S. 1 BGB zu erteilenden Informationen.[1] 1

B. Regelungsgehalt

I. Transparenzgebot (Abs. 1)

1. Einleitung. Nach Abs. 1 muss der Unternehmer bei Fernabsatzverträgen dem Verbraucher rechtzeitig vor Abgabe von dessen Vertragserklärung bestimmte Informationen in einer dem eingesetzten Fernkommunikationsmittel entsprechenden Weise klar und verständlich und unter Angabe des geschäftlichen Zwecks zur Verfügung stellen. Die Bestimmung entspricht im Wesentlichen § 312 c Abs. 1 S. 1 BGB aF. Der Gesetzgeber hat es als sachgerecht erachtet, die Art und Weise sowie den Zeitpunkt der Informationserteilung aus dem BGB „auszulagern“ und zusammen mit den Informationen zu regeln.[2] Die Auflistung der Informationen in Abs. 1 Nr. 1 bis 12 entspricht § 1 Abs. 1 Nr. 1 bis 12 BGB-InfoVO aF. 2

In Abs. 1 (**vorvertragliche Informationspflichten**) werden (aufgrund Art. 1 Nr. 2 des Gesetzes zur Änderung der Vorschriften über Fernabsatzverträge bei Finanzdienstleistungen[3] bereits in § 312 c Abs. 1 S. 1 BGB aF allgemein für **alle Fernabsatzverträge**) in Umsetzung von Art. 4 FARL[4] und Art. 3 FinFARL[5] in sprachlich gestraffter Form der Offenlegungsvorbehalt des § 2 Abs. 1 FernAbsG sowie das Transparenzgebot nach § 2 Abs. 2 FernAbsG („in einer dem eingesetzten Fernkommunikationsmittel entsprechenden Weise klar und verständlich“) und unter Angabe des geschäftlichen Zwecks der Informationen zusammengeführt: Der Unternehmer hat dem Verbraucher rechtzeitig **vor** Abgabe von dessen Vertragserklärung klar und verständlich sowie in einer dem eingesetzten Fernkommunikationsmittel entsprechenden Weise (mithin telefonisch, per E-Mail oder postalisch)[6] und unter Angabe des geschäftlichen Zwecks folgende „Informationen zur Verfügung zu stellen“ (**Vorabinformationspflicht**):.[7]

Das Gesetz zur Änderung der Vorschriften über Fernabsatzverträge bei Finanzdienstleistungen hat zwecks redaktioneller Klarstellung die frühere Begrifflichkeit „informieren“ durch „Informationen zur Verfügung stellen“ ersetzt, was sowohl dem Wortlaut von Art. 4 Abs. 1 FARL („über … Informationen verfügen“) näher liegt als auch dem Wortlaut von Art. 3 Abs. 1 S. 1 FinFARL entspricht. Damit soll die Regelung das Missverständnis ausschließen, es sei ein „Informationserfolg“ iS eines nachprüfbaren Erkenntnisgewinns beim

1 Palandt/*Grüneberg*, Art. 246 § 1 EGBGB Rn 1.
2 RegE, BT-Drucks. 16/11643, S. 198.
3 Vom 2.12.2004 (BGBl. I S. 3102).
4 Richtlinie 97/7/EG.
5 Richtlinie 2002/65/EG.
6 BMJ-RegE, S. 387.
7 Nach OLG Hamm, VuR 2009, 353 regelte die Musterbelehrung nach der BGB-InfoVO aF lediglich die Belehrung in Textform, nicht jedoch die Vorausbelehrung nach § 312 c Abs. 1 aF.

Verbraucher geschuldet, wofür die Richtlinien aber keinen Anhaltspunkt bieten.[8] Die neue Formulierung soll vielmehr sicherstellen, dass der Verbraucher die Informationen „zur Kenntnis nehmen und eine informierte Entscheidung treffen kann".[9]

3 Die weiteren Änderungen des Abs. 1 (§ 312 c Abs. 1 S. 1 alt, durch das Gesetz zur Änderung der Vorschriften über Fernabsatzverträge bei Finanzdienstleistungen) waren redaktioneller Art: Abs. 1 Nr. 2 aF wurde an den Gesetzeswortlaut der Richtlinienvorgaben (Art. 4 Abs. 2 FARL sowie Art. 3 Abs. 2 FinFARL) angenähert, Abs. 1 Nr. 1 aF umformuliert (zumal eine Bezugnahme auf die Altformulierung „Einzelheiten des Vertrages" missverständlich erschien, da Art. 3 FinFARL neben Angaben über den Fernabsatzvertrag auch solche über den Anbieter, die Finanzdienstleistung und den Rechtsbehelf vorsieht).[10]

4 **Neu** infolge des Gesetzes zur Änderung der Vorschriften über Fernabsatzverträge bei Finanzdienstleistungen[11] (und abweichend vom früheren Recht) ist die Umschreibung des Zeitpunktes, zu dem die Vorabinformationen erteilt werden müssen: **rechtzeitig vor Abgabe der Vertragserklärung** (Rn 8 ff) **des Verbrauchers** (in Übereinstimmung mit Art. 3 Abs. 1 FARL: „rechtzeitig, bevor der Verbraucher durch einen Fernabsatzvertrag oder durch ein Angebot gebunden ist"). Die Neufassung präzisiert Fälle, in denen der Verbraucher auf eine Präsentation des Unternehmers hin (bspw im Internet oder im Fernsehen – als bloße invitatio ad offerendum) eine Bestellung (und damit selbst ein bindendes Angebot zum Vertragsabschluss) abgibt, wodurch der Vertragsabschluss durch Annahme des Unternehmers (mittels Erklärung oder Warenzusendung gemäß § 151) zustande kommt: Es reicht nach der neuen Regelung nicht aus, dass der Verbraucher die notwendigen Informationen erst nach Abgabe seines Angebots (aber vor Vertragsschluss) erhält. Er muss sie vielmehr vor Abgabe seines eigenen Angebots erhalten, um sie bei seiner Entscheidung über den Vertragsschluss berücksichtigen zu können.[12]

5 **Vertragserklärung** ist die auf den Vertragsabschluss gerichtete Willenserklärung, unabhängig davon, ob es sich um das Angebot oder die Annahme handelt. Damit erfasst die Regelung beide in Art. 3 Abs. 1 FARL genannten Fälle (Verbraucherbindung durch Vertrag oder durch sein Angebot). Werden vom Verbraucher in enger zeitlicher Abfolge mehrere Erklärungen abgegeben (vgl § 150 Abs. 2), soll es nach Ansicht des Gesetzgebers grundsätzlich ausreichen, dass die Informationspflichten einmal erfüllt werden (soweit deren Schutzzweck dadurch erfüllt wird).[13]

6 Der Bundesrat hatte im Gesetzgebungsverfahren in seiner Stellungnahme zum Gesetz zur Änderung der Vorschriften über Fernabsatzverträge bei Finanzdienstleistungen darum gebeten, das Wort „Vertragserklärung" durch „Willenserklärung" zu ersetzen, da sie nicht der deutschen Rechtsterminologie entspreche.[14] Der Begriff wurde zwar auch in § 492 Abs. 1 S. 5 alt und § 502 Abs. 1 S. 1 alt verwendet, dort allerdings in anderem Zusammenhang. Die „Vertragserklärung" war dort jeweils iSv zu unterzeichnender Vereinbarung gemeint. Demgegenüber werde im RegE der Begriff „Vertragserklärung" iSd Abgabe einer Willenserklärung[15] verwendet. Es bestehe aber kein Anlass und sei vielmehr dogmatisch bedenklich, auch an dieser Stelle von einer Vertragserklärung zu sprechen.[16]

7 Dem vermochte sich die Bundesregierung nicht anzuschließen: Eine Ersetzung des Wortes „Vertragserklärung" durch das Wort „Willenserklärung" erschien ihr nicht angezeigt. Die dogmatischen Bedenken des Bundesrates gegen den Begriff „Vertragserklärung" wurden nicht geteilt. Der Begriff werde zwar nicht im Allgemeinen Teil des BGB verwendet, habe aber in verschiedenen Vorschriften des Darlehensvertragsrechts (nunmehr § 492 Abs. 1 S. 5, § 502 Abs. 1 S. 1, § 506 Abs. 4 alt) Eingang gefunden.[17] Der Hinweis, er werde dort in einem anderen Sinne verwendet, sei nicht nachvollziehbar, da auch dort die zum Vertragsschluss führende Erklärung des Verbrauchers bzw Darlehensnehmers gemeint sei.[18] Der Begriff „Vertragserklärung" habe den Vorteil, dass er das Gemeinte in einem Wort kennzeichne. Allein der Hinweis auf eine „Willenserklärung" sei insoweit nicht ausreichend. Der Begriff sei schließlich so verständlich, dass klar werde, was gemeint sein soll, nämlich die auf den Vertragsschluss gerichtete Willenserklärung des Verbrauchers – unabhängig davon, ob sie den Antrag oder die Annahme des Antrags darstelle.[19]

8 RegE, BT-Drucks. 15/2946, S. 20.
9 RegE, BT-Drucks. 14/2658, S. 38 zu § 2 Abs. 2 FernAbsG.
10 RegE, BT-Drucks. 15/2946, S. 20.
11 Vom 2.12.2004 (BGBl. I S. 3102).
12 RegE, BT-Drucks. 15/2946, S. 20.
13 RegE, BT-Drucks. 15/2946, S. 20.
14 Stellungnahme des Bundesrates, BT-Drucks. 15/2946, S. 32.
15 Vgl Erstes Buch des BGB, Abschnitt 3 Titel 2.
16 So Stellungnahme des Bundesrates, BT-Drucks. 15/2946, S. 32.
17 Vgl Gegenäußerung der Bundesregierung, BT-Drucks. 15/2946, S. 41.
18 So Palandt/*Weidenkaff*, Voraufl. (68. Aufl.) § 502 Rn 4 unter Verweis auf § 151 BGB.
19 Gegenäußerung der Bundesregierung, BT-Drucks. 15/2946, S. 41.

Maßgeblich ist der **Zeitpunkt** der Abgabe der Vertragserklärung durch den Verbraucher, weil dadurch dem Schutzzweck der Norm (dem Verbraucher alle für seine Entscheidung über den Vertragsschluss wesentlichen Informationen zu geben) am ehesten Rechnung getragen wird.[20] 8

Dass die Willenserklärung eines Verbrauchers gemäß § 130 Abs. 1 S. 1 erst mit Zugang wirksam wird, könne vernachlässigt werden, da die Informationen nach Abgabe (aber vor Zugang) seiner Willenserklärung dem Verbraucher allenfalls dann von Nutzen sind, wenn er unmittelbar einen Widerruf erklärt (vgl § 130 Abs. 1 S. 2) – doch erschien es dem Gesetzgeber nicht sinnvoll, den Verbraucher gewissermaßen in den Widerruf „zu treiben".[21] Im Übrigen ist nach Art. 4 Abs. 2 FinFARL im Zusammenhang mit den Informationspflichten ein „Mehr" an Verbraucherschutz im Zusammenhang mit den Informationspflichten auch zulässig. 9

Im Hinblick auf die **Rechtzeitigkeit** der Informationen fehlt eine Definition in der FinFARL. Es lässt sich auch keine konkretisierende, für alle Einzelfälle passende Beschreibung finden.[22] Somit muss die Bestimmung des konkret gebotenen Zeitpunktes der Auslegung durch die Rechtsprechung überlassen werden. Dabei ist als Maßstab in jedem Falle zu berücksichtigen, ob die Erteilung der Information zu dem konkreten Zeitpunkt zur Erreichung des Schutzzwecks der Norm der Vorabinformationspflicht (dh der Verbraucher soll „die ihm angebotene Finanzdienstleistung entsprechend beurteilen und folglich seine Entscheidung in Kenntnis aller Umstände treffen" können – vgl Erwägungsgrund 21 der FinFARL) genügt.[23] 10

2. Vorvertragliche Offenlegungsverpflichtung (Informationspflicht) (Abs. 1). a) Keine tatsächliche Kenntnisnahme erforderlich. **Abs. 1** (der auch für § 312 c Abs. 2 – telefonische Kontaktaufnahme – gilt) normiert die sog. **vorvertragliche Informationsverpflichtung** des Unternehmers. Der Unternehmer hat dem Verbraucher rechtzeitig vor Abgabe von dessen Vertragserklärung in einer dem eingesetzten Fernkommunikationsmittel entsprechenden Weise (dh auf Internet-Webseiten, in Katalogen oder Werbeprospekten[24] bzw auch im Rahmen eines Telefonats)[25] klar und verständlich und unter Angabe des geschäftlichen Zwecks die entsprechenden Informationen zur Verfügung zu stellen. Dies ist ausreichend, aber auch erforderlich,[26] dh auf eine **tatsächliche Kenntnisnahme** durch den Verbraucher kommt es **nicht** an,[27] da dieser nur in die Lage versetzt werden soll, eine Beurteilung des Angebots mit abschließender Entscheidung unter Berücksichtigung aller Umstände vorzunehmen (arg.: Erwägungsgrund 21 FinFARL).[28] Dies hat zur Folge, dass es im **Internet** genügt, dass der Unternehmer auf seiner Web-Site entsprechende Informationen vorhält, die der Verbraucher vor Bestellabgabe mühelos zur Kenntnis nehmen kann.[29] Daher mag es auch zwar – aus Gründen der Beweissicherung – zweckmäßig sein, den Verbraucher per Mausklick die Kenntnisnahme der Information bestätigen zu lassen.[30] Materiellrechtlich ist dies jedoch nicht erforderlich. Es reicht ein ausdrücklicher Hinweis auf die Informationsbereitstellung sowie die Möglichkeit zumutbarer Kenntnisnahme aus, mithin das Vorliegen der Voraussetzungen, die für eine Einbeziehung von AGB nach § 305 Abs. 2 auch erforderlich sind.[31] Der BGH erachtet Informationen im Internet, die über einen doppelten Link zugängig sind, als ausreichend.[32] 11

b) Inhalt. Der Verbraucher muss **rechtzeitig** (Rn 10 und 21 ff) vom Unternehmer vor Abgabe von dessen Vertragserklärung in einer (sowohl im Hinblick auf den Umfang als auch der Art der Bereitstellung der Information) dem eingesetzten Fernkommunikationsmittel entsprechenden Weise[33] klar und verständlich über einige Aspekte (Einzelheiten des Vertrags), die vor allem, wenn auch nicht nur, die essentialia negotii eines Vertrags betreffen, informiert werden. 12

Ob dem Tatbestandsmerkmal „in einer dem eingesetzten Fernkommunikationsmittel entsprechenden Weise" genügt worden ist, ist im Rahmen einer Einzelbetrachtung unter besonderer Berücksichtigung der konkreten Situation des Verbrauchers zu bestimmen.[34] 13

20 RegE, BT-Drucks. 15/2946, S. 20.
21 RegE, BT-Drucks. 15/2946, S. 20.
22 Vgl RegE, BT-Drucks. 14/2658, S. 38.
23 RegE, BT-Drucks. 15/2946, S. 20.
24 KG NJW 2006, 3215; MüKo/*Wendehorst*, § 312 c Rn 78; *Rott*, BB 2005, 53, 55; Palandt/*Grüneberg*, § 312 c Rn 4.
25 Vgl § 1 Abs. 3 BGB-InfoVO aF, nunmehr Art. 246 § 1 Abs. 3 EGBGB.
26 Der Verbraucher muss über die Informationen verfügen, so Art. 4 Abs. 1 FARL.
27 *Meents*, Verbraucherschutz bei Rechtsgeschäften im Internet, 1998, S. 188 f; Palandt/*Grüneberg*, § 312 c Rn 4: „Dass der Verbraucher sie auch tatsächlich vollständig zur Kenntnis nimmt, ist angesichts des Umfangs der Informationen nicht zu erwarten und auch nicht erforderlich".
28 So Palandt/*Grüneberg*, § 312 c Rn 4.
29 BGH NJW 2008, 1595: Für die Möglichkeit der Kenntnisverschaffung kann es genügen, wenn bei einer Bestellung über das Internet die AGB des Anbieters über einen auf der Bestellseite gut sichtbaren Link aufgerufen und ausgedruckt werden können.
30 In diesem Sinne *Arnold*, CR 1997, 526, 530.
31 So *Fuchs*, ZIP 2000, 1273, 1277.
32 BGH NJW 2006, 3633 – Tz. 3.
33 Das ursprünglich im Regierungsentwurf verwendete Wort „angepasste", das im deutschen Legislativsprachgebrauch ungewöhnlich ist, wurde vom Gesetzgeber durch das Wort „entsprechende" ersetzt, Rechtsausschuss, BT-Drucks. 14/3195, S. 31.
34 Dazu *Piepenbrock/Schmitz*, K&R 2000, 378, 380.

14 Was den **Umfang** der Information anbelangt, wird eine Zumutbarkeitsprüfung für den Unternehmer vorzunehmen sein.[35] Es ist auch zwischen telefonischen und schriftlichen Geschäftskontakten zu differenzieren, da bei Ersteren weniger Informationen (auch um den Verbraucher nicht mit sprachlichen Informationen zu überlasten) verlangt werden könne als bei Letzteren.[36] Bei technischen Problemen einer Bereitstellung aller gesetzlich vorgesehenen Informationspflichten sind die nach der Wertigkeit objektiv wichtigen (nicht die für den Unternehmer subjektiv günstigen) Informationen zur Verfügung zu stellen mit einem entsprechenden Hinweis auf die Unzumutbarkeit einer Bereitstellung weiterer Informationen.[37]

15 Im Hinblick auf die **Art** des Hinweises ist es ausreichend aber auch notwendig, das Kommunikationsmittel für die Verbraucherinformation zu nutzen, das auch für den Vertragsschluss Verwendung finden soll.[38]

16 **Beachte:** Die bloße Eröffnung einer Möglichkeit, über einen „Link“ (vgl aber zwischen Möglichkeit eines „doppelten Links“ vorstehende Rn 11 aE) an die gesetzlich vorgeschriebenen Informationen zu gelangen, ist **unzureichend**.[39] Wer als Unternehmen Waren über das Internet absetzt, genügt der aus Abs. 1 folgenden Pflicht, den Verbraucher vor Abgabe seiner Vertragserklärung über ein bestehendes Widerrufsrecht zu informieren, auch dann, wenn eine solche Information im Internet in AGB eingebettet ist, ohne eine hervorgehobene und deutlich gestaltete Form aufzuweisen. Besagte Form gebietet § 1 Abs. 4 S. 3 BGB-InfoVO aF (nunmehr Art. 246 § 2 Abs. 3 EGBGB) erst bei Erfüllung der aus Art. 246 § 2 Abs. 1 S. 1 Nr. 2 EGBGB folgenden (weiteren) Pflicht, den Verbraucher ferner über ein solches Recht in Textform (§ 126 b) spätestens bis zur Lieferung der Waren zu belehren.[40]

17 Der Unternehmer muss den Verbraucher vorvertraglich nicht über sämtliche in Art. 146 EGBGB enthaltenen Vertragseinzelheiten informieren, sondern nur über diejenigen, die in § 1 Abs. 1 bis 3 ausdrücklich bestimmt sind, mithin die

- nach Art. 246 § 1 Abs. 1 Nr. 1 bis 12 EGBGB (§ 1 Abs. 1 BGB-InfoVO aF) 12 Informationen, die allgemein für **alle Fernabsatzverträge** zu geben sind, und die
- nach Art. 246 § 1 Abs. 2 Nr. 1 bis 8 EGBGB (§ 1 Abs. 2 BGB-InfoVO aF) (weiteren) 8 zusätzlichen Informationen, die ein Anbieter von **Finanzdienstleistungen** zu erfüllen hat, sowie die
- nach Art. 246 § 1 Abs. 3 EGBGB (§ 1 Abs. 3 BGB-InfoVO aF) notwendigen Informationspflichten bei **Telefonkontakten**.

Die Gestaltung von Homepages kann sich schwierig gestalten.[41]

18 Die vorvertragliche Informationspflicht wird durch die Kontaktaufnahme via Fernkommunikationsmittel ausgelöst (dh sie entsteht bereits im Stadium der **Vertragsanbahnung**),[42] unabhängig davon, von wem diese ausgeht.

19 Die entsprechenden Informationspflichten nach Art. 246 § 1 EGBGB entsprechen im Einzelnen den Vorgaben in Art. 4 Abs. 1 a–i FARL[43] (respektive Art. 3 Abs. 1 FinFARL). „Die einzelnen Informationselemente sprechen für sich.“[44] Sie spezifizieren den Hauptgegenstand des Vertrags und sollen in eindeutiger Weise den Vertragspartner des Verbrauchers erkennbar werden lassen.[45] In AGB, die in mit Verbrauchern über die Internethandelsplattform eBay zu schließenden Kaufverträge verwendet werden, hält folgende Klausel nach Ansicht des BGH[46] der Inhaltskontrolle nicht stand: „Der Verbraucher kann die erhaltene Ware nach Angabe von Gründen innerhalb eines Monats durch Rücksendung der Ware zurückgeben. Die Frist beginnt frühestens mit Erhalt der Ware und dieser Belehrung“. Aus dem Erfordernis einer möglichst umfassenden, unmissverständlichen und aus dem Verständnis der Verbraucher eindeutigen Rückgabebelehrung lässt sich keine Pflicht ableiten, für jeden im Fernabsatz angebotenen Artikel gesondert anzugeben, ob dem Verbraucher insoweit ein Rückgaberecht zusteht.[47] In AGB der vorbezeichneten Art hält auch folgende Klausel nach Ansicht des

35 *Härting*, FernAbsG, § 2 Rn 25.
36 Erman/*Saenger*, § 312 c Rn 24.
37 Erman/*Saenger*, § 312 c Rn 24.
38 Erman/*Saenger*, § 312 c Rn 25: Bei schriftlichen Informationen ist eine Textzeile am Ende des Schriftstücks ausreichend, bei einer Kontaktaufnahme via Videotext ist ein deutlich sichtbarer Hinweis auf eine andere Seite, auf der die Information zur Kenntnis genommen werden kann, erforderlich, und bei Internetnutzung (Homepage) sind Vorkehrungen zu treffen, damit der Nutzer die gesetzlich vorgegebenen Angaben vor Vertragsschluss auch tatsächlich abruft; *Lütcke*, § 312 c Rn 65.
39 Umstr., so aber OLG Frankfurt/M. MMR 2001, 529 = CR 2001, 782; aA *Horn*, MMR 2002, 209, 212; *Mankowski*, CR 2001, 767, 771; *Steins*, MMR 2001, 529.
40 KG NJW 2006, 3215.
41 Vgl bspw für eBay: *Lorenz*, VuR 2008, 321; bzw für Rechtsanwaltshomepages: *Axmann/Degen*, NJW 2006, 1457; *Schöttle*, NJW 2005, 1979.
42 „Der Vertragsschluss wird als Kontinuum begriffen von der ersten rechtsgeschäftlichen Kontaktaufnahme bis zur Durchführung des Vertrags“, so *Fuchs*, ZIP 2000, 1273, 1276 unter Bezugnahme auf *Reich*, EuZW 1997, 581, 582.
43 Krit. zum Umfang der Informationspflichten *Härting*, CR 1999, 507, 508 f
44 RegE, BT-Drucks. 14/2658, S. 37.
45 *Fuchs*, ZIP 2000, 1273, 1276; *Reich*, EuZW 1997, 581, 584.
46 BB 2009, 2713.
47 So BGH BB 2009, 2713.

BGH[48] einer Inhaltskontrolle nicht stand: „Im Falle einer wirksamen Rückgabe sind die beiderseits empfangenen Leistungen zurück zu gewähren und ggf gezogene Nutzungen (zB Gebrauchsvorteile) herauszugeben. Bei einer Verschlechterung der Ware kann Wertersatz verlangt werden. Dies gilt nicht, wenn die Verschlechterung der Ware ausschließlich auf deren Prüfung – wie sie dem Verbraucher etwa im Ladengeschäft möglich gewesen wäre – zurückzuführen ist.“.

c) Zeitpunkt. Die aufgelisteten Informationen müssen dem Verbraucher „rechtzeitig“ vor Abgabe der Vertragserklärung des Verbrauchers (mithin seiner auf Vertragsschluss gerichteten Willenserklärung, unabhängig davon, ob diese Angebot oder Annahme ist – vgl zur Sonderregelung eines Telefongesprächs: § 312 c Abs. 2 neu (Abs. 1 S. 2 aF) – Rn 95 ff) zur Verfügung gestellt werden. Der Terminus **„rechtzeitig“** wird weder in der FARL (bzw FinFARL) noch in den §§ 312 b ff näher definiert. Vielmehr überlässt Abs. 1 die Bestimmung des Zeitpunktes, der als **„rechtzeitige Information“** gelten kann, der Auslegung durch die Judikatur. Maßgeblich sind die Umstände des Einzelfalls.[49] Der Gesetzgeber ging davon aus, dass sich keine konkretisierende, dh für alle Einzelumstände passende Bestimmung der Rechtzeitigkeit finden lässt.[50] Außerhalb einer starren Betrachtungsweise ist dem Einzelfall unter besonderer Berücksichtigung des Zwecks der Informationspflicht Rechnung zu tragen,[51] um eine informierte Entscheidung des Verbrauchers pro oder contra Vertragsschluss zu gewährleisten.[52] 20

Die Regelung will sicherstellen, dass der Verbraucher die übermittelten Informationen zur Kenntnis nehmen und auf dieser Grundlage eine informierte Entscheidung treffen kann. Dh die Informationen müssen noch eine tatsächliche Einwirkung auf den Entschluss des Verbrauchers haben können,[53] was anhand der tatsächlichen Umstände des Vertragsabschlusses sowie des Umfangs und der Bedeutung des Geschäfts zu ermitteln ist.[54] Zweifelsfragen gehen jedoch zulasten des Informationspflichtigen.[55] Dies setzt aber voraus, dass eine Ausübung von Druck seitens des Unternehmers auf den Verbraucher, indem Ersterer etwa die Gültigkeitsdauer seines Angebots so kurz bemisst[56] und dem Verbraucher die notwendigen Informationen erst so spät übermittelt, dass diesem keine „angemessene Zeit“ für eine freie Entscheidungsfindung verbleibt, verhindert wird. 21

Die Informationsübermittlung darf zwar einerseits nicht mit dem Vertragsabschluss selbst zusammenfallen. Andererseits kann es aber – je nach den Umständen des konkreten Einzelfalles – auch ausreichend sein, wenn die Informationen den Verbraucher erst unmittelbar (kurz) vor Vertragsabschluss (aber in jedem Fall vor Abgabe seiner Vertragserklärung) erreichen, wenn dies im Hinblick auf den Umfang der Informationen sowie die Bedeutung des Geschäfts für den Verbraucher noch angemessen ist. Nicht mehr rechtzeitig sind Informationen, die **nach** Abgabe der Willenserklärung des Verbrauchers (aber noch vor der Annahmeerklärung des Unternehmers) erteilt werden.[57] Der Gesetzgeber erachtet in der Regel das Kriterium der „Rechtzeitigkeit“ dann als gewahrt, wenn die Information in Werbeprospekten, Katalogen oder auf Internet-Web-Seiten enthalten sind, aufgrund deren der Verbraucher sich zu einer Bestellung entschließt.[58] Im Falle einer Anzeigen-, Fernseh- oder Radiowerbung selbst, die zur Warenbestellung eine Telefonnummer oder eine Internetadresse benennt, muss die Information noch nicht gegeben werden[59] – anders aber dann, wenn eine Werbeanzeige (schon) ein Bestellformular enthält.[60] **Mindestfristen** für eine Überlegungszeit zwischen Informationsertei- 22

48 BB 2009, 2713.
49 BT-Drucks. 15/2946, S. 20.
50 RegE, BT-Drucks. 14/2658, S. 37.
51 So RegE, BT-Drucks. 14/2658, S. 58; *Lütcke*, § 312 c Rn 70; aA *Micklitz/Reich*, Die Fernabsatzrichtlinie im deutschen Recht, 1998, S. 21: generell drei Tage bei befristetem Angebot.
52 Erman/*Saenger*, § 312 c Rn 22.
53 Vgl LG Magdeburg NJW-RR 2003, 409.
54 Erman/*Saenger*, § 312 c Rn 22.
55 Erman/*Saenger*, § 312 c Rn 22.
56 ZB blinkender Icon im Internet „Dieses Angebot gilt nur noch 2 Minuten“, *Fuchs*, ZIP 2000, 1273, 1277.
57 So zutr. *Lütcke*, § 312 c Rn 73: Eine entsprechende (allenfalls noch bei rein formaler Betrachtung des Gesetzeswortlauts) vereinbare Auslegung widerspricht dem Gesetzeszweck (Schaffung einer Grundlage für eine informierte Verbraucherentscheidung); ebenso Erman/*Saenger*, § 312 c Rn 22.
58 RegE, BT-Drucks. 14/2658, S. 38. So auch MüKo/*Wendehorst*, § 312 c Rn 25.
59 OLG Hamburg GRUR-RR 2005, 236: Die Fernseh-, Radio- oder Anzeigenwerbung eines Versandhandelsunternehmens, in der zur Bestellung der Produkte eine Telefonnummer oder Internetadresse angegeben ist, muss nicht bereits über die Einzelheiten des Fernabsatzvertrages gemäß Art. 246 § 1 Abs. 1 EGBGB (§ 312 c Abs. 1 S. 1 BGB aF, § 1 Abs. 1 BGB-InfoVO aF) informieren. Zudem Palandt/*Grüneberg*, § 312 c Rn 5.
60 OLG Hamburg GRUR-RR 2005, 236.

lung und Vertragsschluss (bspw drei Werktage) sind wegen fehlender Praktikabilität und Erforderlichkeit abzulehnen.[61]

23 Sie finden zudem auch weder im Gesetz noch in der FARL bzw der FinFARL eine Grundlage.[62]

Die Widerrufsfrist bei einem Fernabsatzgeschäft im eBay-Angebotsformat „Sofort kaufen" beträgt einen Monat.[63]

24 **d) Transparenzgebot: Klarheit und Verständlichkeit der Information. aa) Einleitung.** Abs. 1 S. 1 statuiert in seinem Einleitungssatz neben dem Gebot der „Rechtzeitigkeit" (Rn 10 und 20 ff) zugleich auch jenes der „**Transparenz**" (das gleichermaßen für Abs. 2 gilt). Unter Heranziehung der Vorgabe in Art. 4 Abs. 2 Hs 1 FARL („Die Informationen... müssen klar und verständlich... erteilt werden") wird **Klarheit** und **Verständlichkeit** der Information gefordert. Klarheit und Verständlichkeit müssen sich – in Anlehnung an Art. 4 Abs. 2 FARL – nach den Möglichkeiten der verwendeten Fernkommunikationsmittel („in einer dem eingesetzten Fernkommunikationsmittel entsprechenden Weise") richten. Die nähere Interpretation dessen, was unter Klarheit und Verständlichkeit im Einzelnen zu verstehen ist, überlässt der Gesetzgeber wiederum bewusst der Rechtspraxis.[64] Dem „fernabsatzrechtlichen Transparenzgebot"[65] wird dann entsprochen, wenn der Unternehmer (entsprechend dem Transparenzgebot nach § 9 AGBG aF [§ 307 Abs. 1 S. 2])[66] vernünftigerweise erwarten darf, dass der Verbraucher seine Angaben verstehen wird.[67] So ist es etwa um den Anforderungen des Abs. 1 an eine klare und verständliche zur Verfügungstellung der Informationen iSv Abs. 1 Nr. 1 bis 12 (§ 1 Abs. 1 BGB-InfoV aF) im Internet zu genügen nicht erforderlich, dass die Angaben auf der Startseite bereitgehalten werden oder im Laufe eines Bestellvorgangs zwangsläufig aufgerufen werden müssen.[68] Eine klare und verständliche Information des Verbrauchers über zusätzlich zum Warenpreis anfallende Liefer- und Versandkosten im Online-Warenhandel kann erfolgen, ohne dass die Versandkosten noch einmal in einer (auf der für die Bestellung eingerichteten Internetseite unmittelbar vor Abschluss des Bestellvorgangs erscheinenden) „Bestell-Übersicht" neben dem Warenpreis der Höhe nach ausgewiesen werden müssen.[69] Die Klausel „Wenn Sie uns keinen bestimmten Wunsch mitteilen, wird der Wert der Rücksendung Ihrem Kundenkonto gutgeschrieben oder Sie erhalten beim Nachnahmekauf einen Verrechnungsscheck" in AGB für den Versandhandel verstößt gegen das Transparenzgebot.[70] Es stellt einen Verstoß gegen die Pflicht zur „klaren und verständlichen" Belehrung über „die Rechtsfolgen des Widerrufs" dar, wenn ein Belehrungstext den irrigen Eindruck erweckt, allein durch die Ingebrauchnahme der Sache, dh auch ohne rechtzeitige Belehrung

61 So zutr. *Fuchs*, ZIP 2000, 1273, 1277: „Welche Zeitspanne zwischen der Kenntnisnahme der Information... und der Abgabe der Bestellung vergangen ist, lässt sich in der Praxis gar nicht überprüfen. Außerdem wäre die Festlegung einer bestimmten (Mindest-)Überlegungsfrist... eine Bevormundung des Verbrauchers und unverhältnismäßige Einschränkung der Privatautonomie. Sie ist auch deshalb strikt abzulehnen, weil die Richtlinie durch Schaffung eines verlässlichen Rechtsrahmens die Verwendung moderner Fernkommunikationstechniken im Binnenmarkt fördern will und viele Dienste gerade darauf angelegt sind, sofort genutzt zu werden (zB im Bereich der Telekommunikation)". AA ist *Micklitz*, in: Micklitz/Reich, Die Fernabsatzrichtlinie im deutschen Recht, 1998, S. 21.

62 Palandt/*Grüneberg*, § 312 c Rn 5; Staudinger/*Thüsing*, § 312 c Rn 20.

63 OLG Hamburg MMR 2008, 44 in Fortführung von OLG Hamburg NJW-RR 2007, 839: Verwendet ein Verkäufer für den Beginn der Widerrufsfrist die Formulierung aus der Musterbelehrung gemäß Anlage 2 zu § 14 BGB-InfoV aF („Die Frist beginnt frühestens mit Erhalt dieser Belehrung"), liegt zumindest kein erheblicher Wettbewerbsverstoß iSd § 3 UWG vor, auch wenn diese Belehrung unvollständig ist, weil sie § 312 d Abs. 2 nicht berücksichtigt (Fristbeginn nicht vor Eingang der Ware beim Empfänger). Eine in den AGB des Verkäufers enthaltene Widerrufsbelehrung, wonach bei Ausübung des Widerrufsrechts durch Rücksendung der Ware unfreie Pakete vom Verkäufer nicht angenommen würden, ist wettbewerbswidrig gemäß den §§ 357 Abs. 2 S. 2, 312 c Abs. 1 S. 1 BGB (aF) iVm § 1 Abs. 1 Nr. 10 BGB-InfoV (aF), §§ 3, 4 Nr. 11 UWG. Ein nicht besonders hervorgehobener Hinweis in den AGB einer eBay-Verkäuferin, dass sich die Preise inklusive Mehrwertsteuer verstünden, genügt nicht den Anforderungen von § 1 Abs. 2 Nr. 1, Abs. 6 PAngV. Angebote im „Sofort kaufen"-Format bei eBay versteht der Verkehr als bindende Verkaufsangebote. Zeichnet sich der Verkäufer in seinem AGB von dieser Bindung wieder frei, wird der Verkehr iSd § 5 Abs. 2 Nr. 2 UWG über die Bedingungen in die Irre geführt, unter denen die Waren geliefert oder die Dienstleistungen erbracht werden.

64 BT-Drucks. 14/3591, S. 31. So darf die von einem Unternehmer verwendete Widerrufsbelehrung zwar in Format und Schriftgröße von der Musterbelehrung abweichen – sie muss also (auch bei Verwendung des Textes der Musterbelehrung) deutlich gestaltet sein: BGH WM 2011, 86 = MDR 2011, 113. Vgl zudem Hanseatisches OLG Hamburg K&R 2010, 821: Sofern eine Widerrufsbelehrung, welche der Musterbelehrung nach Anlage 2 zu § 14 Abs. 1 und Abs. 3 BGB-InfoVO aF entspricht, mit den Worten „Verbraucher haben das folgende Widerrufsrecht:" eingeleitet wird, führt dies nicht dazu, dass die Belehrung unklar oder intransparent würde.

65 Erman/*Saenger*, § 312 c Rn 18.

66 Erman/*Saenger*, § 312 c Rn 18: Wenngleich die Vorgaben nach § 312 c weiter gehend seien.

67 Vgl RegE, BT-Drucks. 14/2658, S. 38; *Härting*, FernAbsG, § 2 Rn 65; *Lütcke*, § 312 c Rn 56.

68 BGH NJW 2006, 3633 Tz. 33; vgl auch OLG Frankfurt/M. MMR 2001, 529; OLG Karlsruhe WRP 2002, 849.

69 BGH NJW 2006, 211.

70 So BGH NJW 2006, 211.

in Textform hierüber, könne die Wertersatzpflicht eintreten.[71] Die Aussage in einer Widerrufsbelehrung auf den Angebotsseiten im Internet – „die Frist beginnt frühestens mit Erhalt dieser Belehrung", ist nicht nur nicht hinreichend „klar und verständlich", sondern sogar irreführend iSv § 5 UWG (arg.: erhebliche Teile des angesprochenen Verkehrs gehen bei der Lektüre der Widerrufsbelehrung davon aus, die maßgebliche Belehrung schon wegen dieser Lektüre erhalten zu haben, weil der „Erhalt" einer Belehrung nach allgemeinem Sprachgebrauch nicht unbedingt die körperliche Entgegennahme voraussetzt; weiterhin fehlt jeglicher Hinweis darauf, dass die eigentliche Belehrung des Käufers über sein Widerrufsrecht erst später mit der eigentlichen Bestellung erfolgt, und dann auch in besonderer Textform (§ 126 b), und dass erst diese Belehrung den Lauf von Fristen auslöst).[72] Die Einblendung der nach Abs. 1 erforderlichen Verbraucherinformation auf einer externen Grafikdatei wird den gesetzlichen Anforderungen nicht gerecht, wenn diese Einblendung aus technischen Gründen nicht erfolgt, wenn auf eBay-Angebote über WAP zugegriffen wird.[73] Ein Link auf die vollständige Widerrufsbelehrung ist nur dann ausreichend, wenn die Kennzeichnung dieses Links hinreichend klar erkennen lässt, dass überhaupt eine Widerrufsbelehrung aufgerufen werden kann.[74] Wird beim Internetversandhandel der Verbraucher über sein Widerrufsrecht (§ 312 d Abs. 1, § 355) erst nach Vertragsschluss informiert, weil die betreffende AGB-Bestimmung zuvor nur zum Download bereitgehalten, aber nicht verkörpert übermittelt wird (§ 126 b), und fehlt in der Widerrufsbelehrung die dann maßgebliche Widerrufsfrist von einem Monat (§ 355 Abs. 2 S. 2), so verstößt das gegen Abs. 1 und Abs. 1 Nr. 10 weil es in der rechtzeitigen, vor Abgabe der Vertragserklärung des Verbrauchers zu erfolgenden Belehrung fehlt.[75] Heißt es in dem eBay-Internetauftritt des gewerblichen Verkäufers unter der Unterschrift „Garantie" „Wir verkaufen ausschließlich an Gewerbetreibende, ein Widerrufsrecht wird deshalb ausgeschlossen", so ist aufgrund des versteckten Standortes dieser Aussage ein Verkauf an Verbraucher nicht mit hinreichender Sicherheit ausgeschlossen, weshalb der gewerbliche Verkäufer unter dem Gesichtspunkt des Umgehungstatbestandes von seiner Verpflichtung, über die gesetzlichen Widerrufsmöglichkeiten für Verbraucher zu informieren, nicht befreit ist.[76]

Dem Transparenzgebot wird nicht nur bei Wahrung der Textform (§ 126 b) genügt (arg. e contrario zu Abs. 2, wonach die nachvertraglichen Informationspflichten in Textform zu geben sind), sondern auch mündliche Hinweise oder solche via E-Mail bzw auf dem Postwege (wobei jedoch Probleme im Zusammenhang mit dem Zeitpunkt der Informationspflicht entstehen können) mögen im Einzelfall genügen.[77] **25**

Besonderheiten hinsichtlich der technischen Möglichkeiten des eingesetzten Kommunikationsmittels können sich zB bei der Verwendung des Telefons ergeben, da der Verbraucher hier nicht so detailliert informiert werden kann (hier mögen, sofern der Verbraucher einverstanden ist, mehr summarische Angaben ausreichen)[78] wie etwa bei der Verwendung schriftlich fixierter Informationsträger. Besteht der Verbraucher jedoch am Telefon auf spezifizierten Informationen, muss der Unternehmer diese nachreichen. **26**

bb) Transparenzgebot und Fremdsprache. Das Erfordernis der Klarheit und Verständlichkeit hat ggf zur Konsequenz, dass dem Transparenzgebot auch dann entsprochen sein kann, wenn die Information **nicht** in deutscher Sprache[79] erfolgt.[80] Weder im BGB noch in Art. 246 EGBGB bzw in der FARL finden sich ausdrückliche Vorgaben darüber, in welcher Sprache die erforderlichen Informationen zu erteilen sind.[81] **27**

Beachte: Sofern jedoch deutsch die Verhandlungssprache ist und der Vertrag deutschem Recht untersteht, müssen die notwendigen Informationen in Deutsch erteilt werden.[82] Dies gilt auch für den E-Commerce, selbst wenn im Internet englisch weitgehend Verkehrssprache sein dürfte.[83]

So kann etwa im Falle englischsprachiger Internet-Angebote (Englisch als Lingua franca des Internet) eine entsprechende Information wegen des speziellen Kundenkreises durchaus transparent sein, weil der angesprochene Verbraucher der englischen Sprache mächtig und damit für ihn die Information verständlich ist. Voraussetzung dafür ist aber, dass der Unternehmer anhand von Indizien davon ausgeht und damit rechnen kann, dass die notwendigen Informationen (in fremder Sprache) von dem von ihm angesprochenen Kunden-

71 OLG Stuttgart ZGS 2008, 197.
72 OLG Hamm ZIP 2007, 824.
73 OLG Frankfurt/M. CR 2008, 259 – LS
74 OLG Frankfrut/M. NJW-RR 2007, 482.
75 OLG Hamburg NJW-RR 2007, 839.
76 OLG Hamm MMR 2008, 469.
77 Erman/*Saenger*, § 312 c Rn 18; *Lütcke*, § 312 c Rn 55.
78 Enger Palandt/*Grüneberg*, § 312 c Rn 3: Die Informationspflicht bei Telefongesprächen werde nur unwesentlich gemildert.
79 Zu Sprachanforderungen näher *Fuchs*, ZIP 2000, 1273, 1278; *Lütcke*, § 312 c Rn 60; *Wilmer/Hahn*, § 312 c Rn 11.
80 Hinsichtlich des Verhältnisses von Sprache und Transparenz überlässt der Erwägungsgrund 8 der FARL die Regelungsbefugnis den Mitgliedstaaten.
81 Wenngleich die Gesetzesbegründung (RegE, BT-Drucks. 14/2658, S. 38) im Grundsatz von einem nur deutschsprachigen Verbraucher ausgeht – selbst beim Aufsuchen englischsprachiger Angebote. Damit verbietet sich ein Rückgriff auf die AGB-Judikatur, nach der allein die Verhandlungssprache maßgeblich ist, so *Fuchs*, ZIP 2000, 1273, 1278.
82 Palandt/*Grüneberg*, § 312 c Rn 2 unter Bezugnahme auf die parallele AGB-Problematik, vgl dazu *ders.*, § 305 Rn 42.
83 Palandt/*Grüneberg*, § 312 c Rn 2.

kreis tatsächlich verstanden werden. Voraussetzung dafür ist, dass die Umstände der Vertragsanbahnung einschlägige, fundierte Fremdsprachenkenntnisse des Verbrauchers erkennen lassen.[84]

28 **Beachte:** Der Umstand eines Vertragsabschlusses allein im Internet begründet für den Unternehmer jedoch noch kein Indiz dafür, dass der Verbraucher (als Internetnutzer) Kenntnisse der englischen (oder einer anderen verwendeten) Sprache hat. Darauf kann sich ein Unternehmer also nicht verlassen.[85]

29 Den Unternehmer trifft also die Verpflichtung, sorgfältig zu prüfen, ob und in welchem Umfang er sich Fremdsprachen bedienen kann.[86] Dies wird dann meist aber doch zur Konsequenz haben, dass Geschäftsbedingungen und umfangreichere Leistungsbeschreibungen in deutscher Sprache zu erfolgen haben,[87] so der Unternehmer vor allem auf den deutschen Markt fixiert ist.

30 Zweifelsfälle gehen (im Interesse eines effektiven Verbraucherschutzes) stets zulasten des Unternehmers, zumal dieser auch in der Lage ist (bspw durch das Vorhalten mehrsprachiger Informationen), ausreichend Vorsorge zu treffen.[88]

31 Regelmäßig dürfte die Sprache am Wohnsitz bzw am gewöhnlichen Aufenthaltsort des Verbrauchers die für die Fernkommunikation maßgebliche Verkehrssprache sein.[89] Bei bloßer Verwendung der deutschen Sprache können im grenzüberschreitenden Geschäftsverkehr für **ausländische Verbraucher** Probleme auftreten. Dem kann nur wie folgt begegnet werden: Vom Leistungsangebot her wird sichergestellt, dass allein mit Verbrauchern in Deutschland Verträge abgeschlossen werden. Oder es erfolgt ein Hinweis auf der Internet-Web-Site, dass Leistungen nur an Kunden mit Wohnsitz oder gewöhnlichem Aufenthalt in Deutschland erbracht werden.

32 Andererseits besteht durchaus die Möglichkeit, worauf *Fuchs*[90] hinweist, dass die Judikatur künftig auch im Kontext Fernabsatz in Anlehnung an ihre Judikatur zu den Allgemeinen Geschäftsbedingungen auf die sog. **Verhandlungssprache**[91] abstellt. Dieser Auffassung ist auch im E-Commerce zuzustimmen (obgleich sich hier Englisch als Verkehrssprache durchgesetzt hat): Untersteht ein Vertrag deutschem Recht und ist Deutsch auch Verhandlungssprache, sind die Informationen gleichermaßen in Deutsch zu erteilen.[92] Dies hätte zur Konsequenz, dass der Verbraucher, der sich im Rahmen von Vertragsverhandlungen in einer Fremdsprache auf einen Vertragsschluss in einer für ihn fremden Sprache einlässt, als nicht schutzwürdig angesehen wird. Er muss es akzeptieren, dass die gesetzlich geforderten Informationen eben nur in der Fremdsprache parat sind.[93]

Beachte: Abs. 2 Nr. 6 (§ 1 Abs. 2 Nr. 6 BGB-InfoV aF) räumt dem Anbieter von Finanzdienstleistungen das Recht zur Bestimmung der Sprachen ein, in denen er seine Vertragsbedingungen und seine Informationen abfasst, mithin auch die Sprache, in der er mit dem Kunden kommuniziert.[94]

84 Erman/*Saenger*, § 312 c Rn 19; *Lütcke*, § 312 c Rn 61; weniger streng: *Wilmer/Hahn*, § 312 c Rn 11.

85 Erman/*Saenger*, § 312 c Rn 19: Was – wegen der zunehmend grenzüberschreitenden Geschäftskontakte via Fernabsatz – vom Unternehmer verstärkt zu beachten ist; vgl auch Palandt/*Grüneberg*, § 312 c Rn 2.

86 ZB wird der Unternehmer „nicht damit rechnen können, dass ein deutscher Durchschnittsverbraucher Geschäftsbedingungen oder umfangreichere Leistungsbeschreibungen ohne weiteres in Englisch oder in anderen Sprachen verstehen kann. Es wird sich deshalb meist empfehlen, derartige Texte in deutscher Fassung bereit zu halten", RegE, BT-Drucks. 14/2658, S. 38.

87 BT-Drucks. 14/2658, S. 38.

88 Erman/*Saenger*, § 312 c Rn 19.

89 *Fuchs*, ZIP 2000, 1273, 1277 unter Bezugnahme auf *Reich*, EuZW 1997, 581, 584.

90 ZIP 2000, 1273, 1278.

91 Dazu näher Palandt/*Grüneberg*, § 305 Rn 39: Wenn die Vertragsverhandlungen im Hinblick auf einen in Deutschland abgeschlossenen Vertrag (der Vertrag also deutschem Recht unterstehe) in deutscher Sprache geführt worden seien, bestehe grundsätzlich keine Verpflichtung, Ausländern die AGB zu übersetzen (unter Bezugnahme auf BGHZ 87, 115) – vorbehaltlich der Notwendigkeit erläuterbarer Hinweise hinsichtlich Verträgen mit erheblicher wirtschaftlicher Tragweite (Palandt/*Grüneberg*, § 310 Rn 26).

92 Palandt/*Grüneberg*, § 312 c Rn 2.

93 Voraussetzung dafür ist allerdings, so *Fuchs* (ZIP 2000, 1273, 1278), dass die Informationsübermittlung „auch als oder im Rahmen von AGB erfolgen kann. Die Gesetzesbegründung geht davon aus, dass die Anforderungen an die Transparenz nach § 2 Abs. 2 FernAbsG je nach den Umständen des Einzelfalls über das AGB-rechtliche Transparenzgebot hinausgehen könnten"; dazu näher RegE, BT-Drucks. 14/2658, S. 38. Im Übrigen ist zu berücksichtigen, dass die allg. Vorschriften über die Einbeziehung und Wirksamkeit von AGB unberührt bleiben, weshalb *Micklitz* (in: Micklitz/Reich, Die Fernabsatzrichtlinie im deutschen Recht, 1998, S. 20) Bedenken gegen eine Integration der dem Verbraucher zu übermittelnden Informationen in AGB äußert. Zum einen dürften zwingend mitzuteilende Informationen nicht unter sonstigen AGB versteckt werden – zumindest sei die Belehrung über das Widerrufsrecht optisch von den übrigen AGB abzugrenzen. Zum anderen seien die Informationsrechte des Verbrauchers subjektive Rechte im Sinne des Gemeinschaftsrechts. Dies schließe eine Umsetzung in AGB aus. Krit. zum letzteren Argument *Fuchs*, aaO: Eine von den übrigen AGB getrennte Darstellung der gemäß § 2 Abs. 2 FernAbsG zu übermittelnden Informationen sei nicht erforderlich, auch wenn die Anforderungen an eine transparente und unmissverständliche Gestaltung der AGB durch das FernAbsG tendenziell noch höher geschraubt würden.

94 Palandt/*Grüneberg*, § 312 c Rn 2.

cc) Transparenzgebot im Fernabsatzvertrag und Allgemeine Geschäftsbedingungen. Auch die §§ 305 ff statuieren ein Transparenzgebot als tragendes Prinzip. Es findet in § 305 Abs. 2 Nr. 1 (AGB müssen für den Kunden verständlich sein),[95] in § 305 c Abs. 1 (Überraschende Klauseln), in der Unklarheitenregel des § 305 c Abs. 2) und in einigen Klauselverboten der §§ 308 und 309 (§§ 10 und 11 AGBG aF)[96] seinen Ausdruck und ist zugleich Maßstab der Inhaltskontrolle. Dieses Transparenzgebot findet letztlich in Art. 5 der Richtlinie 93/13/EWG seine Grundlage.[97] Es verpflichtet den Verwender, seine AGB so zu gestalten, dass der rechtsunkundige Durchschnittsbürger in der Lage ist, die ihn benachteiligende Wirkung einer Klausel ohne die Einholung von Rechtsrat zu erkennen.[98] 33

Das Transparenzgebot nach Abs. 1 kann – nach den Umständen des konkret in Rede stehenden Einzelfalles – über das Transparenzgebot der gerade dargestellten §§ 305 ff hinausgehen. Zwar sind Überschneidungen möglich, wenn die für Fernabsatzverträge erforderlichen Informationen dessen Vorgaben genügen und zugleich als oder im Rahmen von AGB dem Verbraucher übermittelt werden. Doch gehen die Informationspflichten nach Abs. 1 iVm Abs. 1 Nr. 1 bis 12 (§ 1 Abs. 1 BGB-InfoV aF) über die allgemeinen vertragsrechtlichen Grundsätze und über die Vorgaben der §§ 305 ff hinaus. Auf der anderen Seite hat der Gesetzgeber im Hinblick auf das alte FernAbsG darauf hingewiesen, dass durch dessen § 2 Abs. 2 „weder die Vorschriften über die Einbeziehung und Wirksamkeit von Allgemeinen Geschäftsbedingungen nach dem AGB-Gesetz noch sonstige Formvorschriften des Bürgerlichen Rechts" berührt werden, „die für den Vertragsabschluss mittels Fernkommunikationsmittel auch weiterhin zunächst unverändert neben den Regelungen des Fernabsatzgesetzes Anwendung finden und eingehalten werden müssen."[99] Entsprechendes muss für das Verhältnis der §§ 312 b ff zu den §§ 305 ff gelten. 34

Dh, § 312 c Abs. 1 iVm Art. 246 § 1 EGBGB trifft keine inhaltliche Aussage zum Verhältnis dieser Regelung zu den Einbeziehungsvoraussetzungen der §§ 305 ff.[100] 35

Fraglich ist, ob die Informationsangabe zusammen (uno actu) mit anderen Allgemeinen Geschäftsbedingungen bereits der Vorgabe des Abs. 1 genügt. Dies mag aus Zweckmäßigkeitsüberlegungen für den Unternehmer sinnvoll sein. Doch soll – nach Ansicht des Gesetzgebers[101] – das Transparenzgebot des § 312 c Abs. 1 iVm Art. 246 § 1 S. 1 EGBGB jenes der §§ 305 ff überwiegen mit der Folge, dass eine entsprechende Informationsangabe des Unternehmers – trotz der grundsätzlichen Möglichkeit, die entsprechenden Informationsangaben in Vertriebsbedingungen sprachlich umzuformulieren[102] – dem Gebot der Klarheit und Verständlichkeit nach Abs. 1 grundsätzlich **nicht** genügt.[103] Etwas anderes mag allein für Ausnahmefälle gelten, wenn die Informationspflichten (auch in AGB) eindeutig zur Kenntnis genommen werden können und in den AGB nicht untergehen.[104] 36

Ob AGB in einen Fernabsatzvertrag wirksam einbezogen worden sind, hängt allein davon ab, ob der Unternehmer seiner Obliegenheit nach § 305 bzw § 305 a genügt hat[105] – „die Einhaltung der Informationspflichten aus dem FernAbsG" (nunmehr Abs. 1 [§ 312 c iVm BGB-InfoV aF]) „ist zur Einbeziehung weder erforderlich noch ausreichend".[106] 37

e) Verzicht auf das Lauterkeits- und das Geschäftsfähigkeitserfordernis. aa) Einleitung. Der Gesetzgeber[107] hat bewusst davon abgesehen, die Vorgaben von Art. 4 Abs. 2 Hs 2 FARL in das deutsche Recht zu transformieren. 38

bb) Lauterkeitserfordernis. Der Verzicht auf eine besondere Umsetzung des Lauterkeitserfordernisses (Rn 38) war deshalb möglich, weil Informationen, die der Lauterkeit bei Handelsgeschäften widersprechen, in der Regel als unlauterer Wettbewerb nach § 3 UWG zu qualifizieren sind. 39

cc) Erfordernis der Geschäftsfähigkeit. Im Hinblick auf geschäftsunfähige bzw in der Geschäftsfähigkeit beschränkte Personen wird deren Schutz nach deutschem Recht nicht durch formale Anforderungen an die diesem Personenkreis zu erteilenden Informationen sichergestellt. Vielmehr ist der Schutz dieser Personengruppe in Deutschland dergestalt erweitert, dass Rechtsgeschäften von Geschäftsunfähigen bzw beschränkt Geschäftsfähigen keine oder nur eine stark eingeschränkte Wirksamkeit zukommt: Die Willenserklärung eines 40

95 OLG Schleswig NJW 1995, 2858 .
96 Etwa in § 308 Nr. 1 (Annahme- und Leistungsfrist), Nr. 2 (Nachfrist) und Nr. 3 BGB (Rücktrittsvorbehalt).
97 *Heinrichs*, in: FS Trinkner 1995, S. 157.
98 BGHZ 106, 49.
99 RegE, BT-Drucks. 14/2658, S. 38.
100 So die hM: Erman/*Saenger*, § 312 c Rn 20; *Fuchs*, ZIP 2000, 1278; *Grigoleit*, NJW 2002, 1151, 1156; *Lütcke*, § 312 c Rn 59; *Riehm*, Jura 2000, 505, 510; aA MüKo/*Wendehorst*, § 312 c Rn 22: § 312 c Abs. 1 als besondere Einbeziehungsvoraussetzung für AGB.
101 RegE, BT-Drucks. 14/2658, S. 38.
102 Vgl HK-BGB/*Micklitz*, § 312 c Rn 35.
103 Ähnlich Erman/*Saenger*, § 312 c Rn 21: Eine Integration wird aufgrund der an das Transparenzgebot zu stellenden erhöhten Anforderungen im Regelfall (bei bloßer Integration der Informationspflichten in bereits existierende AGB-Formulare) zu verneinen sein – Gefahr des Überlesens und der Verschleierung.
104 Erman/*Saenger*, § 312 c Rn 21; *Fuchs*, ZIP 2000, 1278; *Lütcke*, § 312 c Rn 59.
105 So *Grigoleit*, NJW 2002, 1156; aA MüKo/*Wendehorst*, § 312 c Rn 22.
106 Palandt/*Grüneberg*, § 312 c Rn 12.
107 RegE, BT-Drucks. 14/2658, S. 38.

Geschäftsunfähigen ist nach § 105 Abs. 1 nichtig. Der beschränkt Geschäftsfähige bedarf zu einer Willenserklärung, durch die er nicht lediglich einen rechtlichen Vorteil erlangt, der Einwilligung seines gesetzlichen Vertreters (§ 107). Schließt der Minderjährige einen Vertrag ohne die erforderliche Einwilligung des gesetzlichen Vertreters, so hängt die Wirksamkeit des Vertrags nach § 108 Abs. 1 von der (nachträglichen) Genehmigung (§ 184 Abs. 1) des Vertreters ab.

41 **dd) Fazit.** Dies bedeutet zusammengefasst, dass das deutsche Recht strengere Kriterien anlegt als die Richtlinienvorgabe, was nach Art. 14 FARL statthaft ist. Aus diesem Grunde war es entbehrlich, „besondere Anforderungen an die Form und den Inhalt der zu erteilenden Informationen zu stellen“.[108]

42 **3. Der „geschäftliche Zweck“.** Der Unternehmer muss als weiteren Informationsgegenstand den Verbraucher auch über den **geschäftlichen Zweck des Vertrags** informieren (Abs. 1 – „Angabe des geschäftlichen Zwecks“),[109] wobei aber nicht der geschäftliche Zweck des **Vertrags**, sondern der geschäftliche Zweck des **Kontakts** gemeint ist.[110] Statt von „geschäftlicher Zweck“ (§ 2 Abs. 1 S. 1 FernAbsG aF) sprach § 312 c Abs. 1 S. 1 Nr. 2 sowie S. 2 BGB-RegE zunächst von „gewerblichem Zweck“ in Entsprechung der Terminologie des Art. 4 Abs. 3 FARL („kommerzieller Zweck“). Damit sollte das Gewollte deutlicher herausgestellt werden, dass es um die Offenlegung der Gewinnerzielungsabsicht des Unternehmers geht.[111] Im Rahmen des Gesetzgebungsverfahrens[112] wurde davon allerdings wieder Abstand genommen. Es bleibt bei der Terminologie „geschäftlicher Zweck“ in Abs. 1. Der Bundesrat hatte gegen eine Änderung der Altformulierung (von § 2 FernAbsG) grundsätzliche Erwägungen der Rechtskontinuität eingewendet: Inhaltliche Änderungen des FernAbsG, das erst zum 30.6.2000 in Kraft getreten war, sollten – soweit sie nicht unbedingt notwendig sind – vermieden werden. Eine Änderung der Terminologie in „gewerblicher Zweck“ sei aber auch sachlich falsch und führe dazu, dass die FARL unzureichend umgesetzt werde: Die FARL erfasst nach ihrem Art. 1 alle Verträge zwischen Verbrauchern und Lieferern. Unter Lieferer ist jede natürliche oder juristische Person zu verstehen, die im Rahmen ihrer gewerblichen oder beruflichen Tätigkeit handelt (so Art. 2 Nr. 3 FARL). Unter einem „kommerziellen Zweck“ iSv Art. 4 Abs. 2 FARL kann daher keineswegs nur ein gewerblicher Zweck verstanden werden. Hierdurch würden nämlich berufliche Tätigkeiten, die nicht gewerblicher Natur sind, nicht erfasst, obgleich sie der FARL unterfallen (zB selbstständige Tätigkeiten). Die Bundesregierung hat diesem Änderungsvorschlag zugestimmt.[113] Die Bezeichnung „geschäftlicher Zweck“ bleibt somit in Abs. 1 erhalten.

43 Der **geschäftliche Zweck** der Fernkommunikation muss für den Verbraucher unzweideutig erkennbar sein (sog. **Offenlegungsvorbehalt**).[114] Die Notwendigkeit einer Erkennbarkeit der **Identität des Unternehmers** resultiert aus Abs. 1 Nr. 1 (§ 1 Abs. 1 Nr. 1 BGB-InfoV aF respektive § 2 Abs. 1 FernAbsG aF). Damit schließt die Regelung unlautere Vertragsanbahnungsmethoden (täuschende Vorgehensweisen) aus, zB dadurch, dass der Unternehmer unter dem Vorwand eines „Interviews“ oder der Durchführung einer „Meinungsumfrage“ sich dem Verbraucher nähert und sich dessen Vertrauen erschleicht oder dass private bzw gemeinnützige Zwecke als Motiv des Unternehmers vorgegeben werden, um in Kontakt zum Verbraucher zu treten. Die kommerziellen Absichten des Unternehmers sind also offen zu legen, um einer Überrumpelungsgefahr des Verbrauchers entgegen zu wirken.[115]

Abs. 1 statuiert aber keine weiter gehenden **Offenlegungspflichten** (bspw über den genauen Gegenstand des Verkaufsgesprächs), womit als Gesprächszweck, der anzugeben ist, ein Hinweis auf „Werbung“ bzw „Vertragsanbahnung“ ausreichen soll.[116]

Einer Aufklärung des Verbrauchers (über den „geschäftlichen Zweck“) soll es (entsprechend dem Normzweck) dann nicht bedürfen, wenn sich aus den Umständen bereits eindeutig die Gewinnerzielungsabsicht des Unternehmers ergibt.[117]

II. Vorvertragliche Informationspflichten (Abs. 1)

Literatur: *Berger*, Widerrufsrecht bei eBay – eine vollkommen unsichere und verworrene Rechtslage, ZGS 2007, 414; *Brich*, Informationspflichten des Unternehmers im Fernabsatzvertrag und elektronischen Geschäftsverkehr, ZAP Fach 2, S. 333; *Gabriel/Rothe*, Schnäppchen im Trend – Rechtsfragen bei der Veräußerung von Restposten in Online-Auktionen,

108 RegE, BT-Drucks. 14/2658, S. 38.
109 Krit. zur systematischen Stellung außerhalb der BGB-InfoV: MüKo/*Wendehorst*, § 312 c Rn 70.
110 *Lütcke*, § 312 c Rn 12; Palandt/*Grüneberg*, § 312 c Rn 4.
111 BMJ-RegE, S. 388.
112 BR-Drucks. 338/01 – zu Art. 1 Abs. 1 Nr. 13 (§ 312 c Abs. 1 S. 1 Nr. 2, S. 2 BGB).
113 Gegenäußerung – zu Nr. 57 – zu Art. 1 Abs. 1 Nr. 13 (§ 312 c Abs. 1 S. 1 Nr. 2, S. 2 BGB).
114 Die §§ 312 b ff lassen die Frage, ob derartige Vertragsanbahnungsmethoden überhaupt wettbewerbsrechtlich zulässig sind (unzumutbare und damit unlautere Belästigung im Falle unerbetener Telefon- [§ 7 Abs. 2 Nr. 2 UWG], Telefax- oder E-Mail-Werbung [§ 7 Abs. 2 Nr. 3 UWG]), ausdr. offen; dazu näher *Ring*, FernAbsG, Art. 10 FARL Rn 7 ff.
115 Erman/*Saenger*, § 312 c Rn 17.
116 So *Härting*, FernAbsG, § 2 Rn 22.
117 Umstr., so aber Erman/*Saenger*, § 312 c Rn 17; aA *Lütcke*, § 312 c Rn 52.

VuR 2004, 212; *Härting*, Informationspflichten der Anbieter von Mehrwertdiensten – 0190-Nummern im Fernabsatzrecht, CR 2003, 204; *Kaestner/Tews*, Informations- und Gestaltungspflichten bei Internet-Auktionen, WRP 2004, 391 und 509; *Lorenz*, Informationspflichten bei eBay, VuR 2008, 321; *Ranke*, Einbeziehung von AGB und Erfüllung von Informationspflichten, MMR 2002, 509; *Marx/Bäuml*, Die Information des Verbrauchers zum Widerrufsrecht im Fernabsatz –„klar und verständlich"?, WRP 2004, 162; *Rösler/Zagouras*, Neue verbraucherschützende Grundlagen bei Mehrwertdiensten, NJW 2002, 2930; *Schöttle*, Neue Informationspflichten für den Fernabsatz im Internet, ZAP 2005, 473; *Schützle*, Fernabsatzrechtliche Informationspflichtverstöße immer „spürbar", VR 2009, 443; *Steins*, Entwicklung der Informationspflichten im E-Commerce durch Rechtsprechung und Schuldrechtsreform, WM 2002, 53; *Taeger*, Informationspflicht über den Datenschutz im M-Commerce, DuD 2010, 2010; *Taeger/Rose*, Informationspflichten beim Klingeltonvertrieb im M-Commerce, K&R 2007, 233; *Teuber/Melber*, Online-Auktionen – Pflichten der Anbieter durch das Fernabsatzrecht, MDR 2004, 185; *Woitke*, Informations- und Hinweispflichten im E-Commerce, BB 2003, 2469; *Wüstenberg*, Die Informations- und Handlungspflichten der Mehrwertdienstanbieter vor, bei und nach Vertragsschluss, TMR 2004, 65.

Abs. 1 gibt im Hinblick auf allgemeine Fernabsatzverträge den **alten Informationspflichtenkatalog** des § 1 Abs. 1 BGB-InfoVO aF respektive § 2 Abs. 2 und 3 FernAbsG unter im Wesentlichen wörtlicher Übernahme des „in ihren Abgrenzungen wenig klaren, juristisch-handwerklich schwachen" Richtlinientextes (Art. 4 Abs. 1 a–i und Art. 5 FARL und Art. 3 und 5 FinFARL)[118] Gesetzestextes wieder.[119] „Die einzelnen Informationselemente sprechen für sich", so hingegen der Gesetzgeber.[120] Sie spezifizieren den Hauptgegenstand des Vertrags und sollen in eindeutiger Weise den Vertragspartner des Verbrauchers erkennbar werden lassen.[121] Abs. 1 ist (auch im Zusammenhang mit § 2 UKlaG bzw § 8 Abs. 1 iVm § 4 Nr. 11) selbst richtlinienkonform auszulegen.[122] 44

§ 1 BGB-InfoV aF ist durch das VersbrKrRL-UG zum 11.6.2010 aufgehoben worden. Der alte Regelungsgehalt von § 1 Abs. 1 bis 3 aF findet sich in Art. 246 § 1 EGBEB, der Regelungsgehalt von § 1 Abs. 4 BGB-InfoV in Art. 246 § 2 Abs. 1 S. 2 Nr. 2 bis 4 sowie in Abs. 3 EGBGB.

Mit der Neufassung von § 1 BGB-InfoVO aF infolge Art. 3 Nr. 1 des Gesetzes zur Änderung der Vorschriften über Fernabsatzverträge bei Finanzdienstleistungen[123] wurde der Kreis der Informationspflichten etwas ausgeweitet. Dies zielte darauf ab, den Anforderungen von Art. 3 FinFARL gerecht zu werden. Die Ausweitung erfasst teilweise Informationspflichten, die aufgrund Art. 3 FARL bereits bestehen, technisch aber etwas erweitert werden müssen. Zum Teil betrifft dies aber auch Informationspflichten, die im alten Informationspflichtenkatalog keine Parallele hatten und speziell für Finanzdienstleistungen vorgesehen werden mussten.

In **Abs. 1 Nr. 1–12** werden die **vorvertraglichen Informationspflichten** im Fernabsatzrecht konkretisiert, um den Verbraucher in die Lage zu versetzen, Pro und Contra des Vertrags abzuwägen und eine überlegte Entscheidung darüber zu treffen, ob er am Vertrag festhalten will oder nicht.[124] Der Informationskatalog entspricht im Wesentlichen § 1 Abs. 1 BGB-InfoV aF, enthält aber auch einige Ergänzungen, soweit diese aufgrund von Art. 3 Abs. 1 FinFARL geboten sind und soweit diese ihrer Art nach für eine Ausdehnung auf alle Fernabsatzverträge dem Gesetzgeber geeignet erschienen. Dabei war es Leitgedanke, den Verbraucher bei dem ihn mit erheblichen Risiken belastenden (und auch mit erheblichem Informationsbedarf verbundenen) Distanzgeschäft entsprechend den europarechtlichen Vorgaben mit umfassenden Informationen zu versorgen. Zugleich sollen weder der Verbraucher überfordert noch die Unternehmer überlastet werden.[125] 45

Mit den vorvertraglichen Informationspflichten nach den Nrn. 5, 6, 7, 8, 9 und 12 – aber auch mit den nachvertraglichen Informationspflichten (in Art. 246 § 2 EGBGB) – übermittelt der Unternehmer dem Verbraucher zugleich alle oder einen Teil der auf den Vertrag anzuwendenden AGB mit der Folge, dass die Informationen (sofern sie den Anforderungen des § 305 Abs. 2 genügen – widrigenfalls die AGB nicht Vertragsbestandteil werden) zu einer parallelen Einbeziehung der AGB führen, ohne dass es einer doppelten Information (nach § 305 bzw Art. 246 EGBGB bedürfte.[126]

1. Identität des Unternehmers (Nr. 1). Abs. 1 Nr. 1 (entsprechend § 2 Abs. 2 Nr. 1 FernAbsG) verpflichtet den Unternehmer in Umsetzung von Art. 4 Abs. 1 a FARL bzw Art. 3 Abs. 1 a FinFARL zur Angabe seiner Identität (Name [Vor-[127] und Nachname bei natürlichen Personen], Firma und Rechtsform[-zusatz]),[128] wobei auch das öffentliche Unternehmensregister anzugeben ist, bei dem der Rechtsträger eingetragen ist, und die zugehörige Registriernummer oder die „gleichwertige Kennung". 46

118 Krit. zum Umfang der Informationspflichten *Härting*, CR 1999, 507, 508 f.
119 BT-Drucks. 14/6040, S. 277.
120 RegE, BT-Drucks. 14/2658, S. 37.
121 *Fuchs*, ZIP 2000, 1273, 1276; *Reich*, EuZW 1997, 581, 584.
122 Palandt/*Grüneberg*, Voraufl. (68. Aufl.) § 1 BGB-InfoV Rn 1.
123 Vom 2.12.2004 (BGBl. I S. 3102, 3104).
124 *Meub*, DB 2002, 359, 360.
125 RegE, BT-Drucks. 15/2946, S. 25.
126 Palandt/*Grüneberg*, § 1 BGB-InfoV Rn 18.
127 KG NJW-RR 2007, 1050.
128 *Brich*, in: Henssler/v. Westphalen, Praxis der Schuldrechtsreform, § 1 BGB-InfoV Rn 3 .

47 Der **Unternehmer genügt der Verpflichtung** zur Offenlegung seiner Identität **nicht**, wenn sich diese erst dann offenbart, nachdem man über einen Link „Kontakt" auf eine andere Internet-Seite gelangt und er dort unter der Überschrift „Impressum" aufgeführt ist.[129]

48 Nr. 1 hat gegenüber der Altfassung eine Ergänzung um das Erfordernis einer verpflichtenden Angabe der Registernummer oder einer gleichwertigen Kennung erfahren, was Art. 3 Abs. 1 d FinFARL entspricht. Angesichts des geringen zusätzlichen Aufwands, des aber erheblichen zusätzlichen Informationswertes auch im Hinblick auf die Informationsmöglichkeiten mittels eines europaweiten elektronischen Handelsregisters,[130] erschien dem Gesetzgeber eine Ausdehnung dieser Informationsverpflichtung auf alle Fernabsatzverträge sinnvoll.[131] Geringfügige Abweichungen vom Richtlinientext dienen größerer Praktikabilität: Die Benennung des Registers wurde aufgenommen, da die Mitteilung der bloßen Handelsregisternummer wertlos ist, wenn nicht das zugehörige Gericht bekannt ist.

49 Der Begriff „**Unternehmensregister**" umfasst außer dem Handelsregister alle weiteren denkbaren Register (bspw für Genossenschaften das Genossenschaftsregister oder für Partnerschaftsgesellschaften das Partnerschaftsgesellschaftsregister).

50 Die Begrifflichkeit „**gleichwertige Kennung**" ist zur Zeit ohne Bedeutung, kann aber in der Zukunft einmal, zB bei Einführung einer einheitlichen Wirtschaftsnummer oÄ, relevant werden.[132]

51 Der **Bundesrat** hat im Gesetzgebungsverfahren zur Einbeziehung von Finanzdienstleistungen darum gebeten, die Nr. 1 wie folgt neu zu fassen (dh zu begrenzen): „seine Identität und ladungsfähige Anschrift". In Abs. 2 Nr. 1 sollten die Wörter „das öffentliche Unternehmensregister, bei dem der Rechtsträger eingetragen ist, die zugehörige Registernummer oder gleichwertige Kennung" angefügt werden. Dies wurde mit erhöhten Risiken bei Distanzgeschäften mit Finanzdienstleistungen begründet, die jedoch im normalen Versandhandel mit Waren nicht bestünden.[133] Eine Ausweitung der Informationspflichten sollte deshalb auch auf den Fernabsatz von Finanzdienstleistungen beschränkt bleiben.

52 Die Bundesregierung vermochte diesem Vorschlag des Bundesrates nicht zu folgen: Insbesondere sei nicht ersichtlich, dass die Angabe des einschlägigen Registers und der entsprechenden Kennung den Unternehmer über Gebühr belaste. Es handele sich hier lediglich um eine relativ kurze Angabe, die die Informationsanforderungen nicht überfrachte.[134] Im Hinblick auf Informationsmöglichkeiten mittels eines europaweiten elektronischen Handelsregisters[135] (Rn 48) gewinne der Informationsmehrwert besondere Bedeutung.[136]

53 **2. Identität des Vertreters (Nr. 2).** Abs. 1 Nr. 2 verpflichtet den Unternehmer zur Zurverfügungstellung der Identität eines Vertreters des Unternehmers in dem Mitgliedstaat, in dem der Verbraucher seinen Wohnsitz hat,[137] wenn es einen solchen Vertreter gibt, oder die Identität einer anderen gewerblich tätigen Person als des Anbieters, wenn der Verbraucher mit dieser geschäftlich zu tun hat, und weiterhin die Angabe der Eigenschaft, in der diese Person gegenüber dem Verbraucher tätig wird. Nr. 2 wurde wegen Art. 3 Abs. 1 Nr. 1 b und c FinFARL neu aufgenommen. Auch hier erschien dem Gesetzgeber angesichts des Verhältnisses von Aufwand und Informationswert eine Ausdehnung auf alle Fernabsatzverträge sinnvoll.[138]

54 **3. Ladungsfähige Anschrift des Unternehmers (Nr. 3).** Abs. 1 Nr. 3 verpflichtet den Unternehmer zur Angabe seiner ladungsfähigen Anschrift und jeder anderen Anschrift, die für seine Geschäftsbeziehung, jene seines Vertreters oder einer anderen gewerblich tätigen Person (nach Nr. 2, Rn 53) und den Verbraucher maßgeblich ist – bei juristischen Personen, Personenvereinigungen oder Personengruppen auch zur Angabe des Namens eines Vertretungsberechtigten.

55 Nr. 3 geht über die Vorgabe von Art. 4 Abs. 1 a FARL insoweit hinaus, als das deutsche Recht **zusätzlich** über die Identität des Unternehmers hinaus (Rn 46 ff) auch die Angabe seiner ladungsfähigen Anschrift (Adresse) iSv § 253 Abs. 2 Nr. 1 iVm § 130 Nr. 1 ZPO (dh die geographische Anschrift,[139] mithin Land, Ort, Postleitzahl, Straße und Hausnummer) verlangt, womit die bloße Benennung der Postanschrift (Postfachadresse) nicht

129 OLG Frankfurt/M. CR 2001, 782; OLG Karlsruhe GRUR 2002, 730. Bei einem Fernabsatzgeschäft im Internet genügt der Unternehmer seiner Verpflichtung zur klaren und unmissverständlichen Angabe seiner Identität und Anschrift nicht, wenn diese Informationen für den Verbraucher nur über einen Link „Kontakt" zu erreichen und dort unter „Impressum" angeführt sind.

130 Vgl den Vorschlag für eine Richtlinie des Europäischen Parlaments und des Rates zur Änderung der Richtlinie 68/151/EWG in Bezug auf die Offenlegungspflichten bestimmter Gesellschaftsformen v. 3.6.2002 (ABlEG Nr. C 227 G S. 377).

131 RegE, BT-Drucks. 15/2946, S. 25.

132 RegE, BT-Drucks. 15/2946, S. 25.

133 Stellungnahme des Bundesrates, BT-Drucks. 15/2946, S. 33.

134 Gegenäußerung der Bundesregierung, BT-Drucks. 15/2946, S. 39.

135 Vgl dazu die Richtlinie 2003/58/EG des Europäischen Parlaments und des Rates zur Änderung der Richtlinie 68/151/EWG in Bezug auf die Offenlegungspflichten bestimmter Gesellschaftsformen v. 15.7.2003 (ABlEG Nr. L 221, S. 13).

136 Gegenäußerung der Bundesregierung, BT-Drucks. 15/2946, S. 39.

137 KG GRUR-RR 2008, 352.

138 RegE, BT-Drucks. 15/2946, S. 25.

139 Staudinger/*Thüsing*, Art. 240 EGBGB Rn 8.

(mehr) ausreicht.[140] Damit soll es dem Unternehmer unmöglich gemacht werden, sich durch eine Flucht in die Anonymität einer Rechtsverfolgung zu entziehen.[141]

Nr. 3 zielt darauf ab, dass der Verbraucher für eventuelle Beschwerden einen Ansprechpartner finden kann.[142] Ziel der Norm ist es, eine schnelle Kontaktaufnahme und eine unmittelbare sowie effiziente Kommunikation zu ermöglichen.[143] Zur Benennung der Telefon- oder Fax-Nummer (bzw der E-Mail- und Internet-Adresse) bzw weiterer Niederlassungsangaben ist der Unternehmer (sofern Nr. 3 nicht anwendbar sein sollte) – nach umstrittener Auffassung[144] – zumindest nach § 242 BGB verpflichtet.[145] Nicht erforderlich ist die Angabe der ladungsfähigen Anschrift der dem Wohnort des Verbrauchers räumlich nächsten Niederlassung.[146] Sofern der Unternehmer eine Beschwerdestelle vorhält, ist deren Anschrift anzugeben (auch wenn diese keine Niederlassung im Rechtssinne ist).[147] Die Regelung enthält zudem keine Beschränkung auf die Fälle einer Vorauszahlung. Damit kann der Verbraucher sein Recht in jedem Falle durchsetzen. Bei **juristischen Personen**, **Personenvereinigungen** oder **Personengruppen** ist auch der Name eines Vertretungsberechtigten zu benennen, wobei die Benennung eines Prokuristen oder Generalbevollmächtigten ausreichen soll.[148] 56

Die Angabe nach Nr. 3 (ladungsfähige sowie sonstige für die Geschäftsbeziehung unter Einschluss der nach Nr. 2 zu benennenden Personen maßgebliche Anschrift) war früher nicht im Katalog der Vorabinformationen enthalten, sondern nur für die Mitteilung in Textform gemäß Abs. 3 Nr. 3 aF vorgesehen. Da aber für Finanzdienstleistungen eine entsprechende Angabe im Katalog der Vorabinformationen nach Art. 3 Abs. 1 Nr. 1 a FinFARL enthalten sein muss und auch hier ein erheblicher Informationsmehrwert für den Verbraucher einen relativ geringen zusätzlichen Informationsaufwand des Unternehmers aufwiegt, wurde diese Angabe in den Katalog der Vorabinformationen für **alle** Fernabsatzverträge aufgenommen.[149] 57

Der **Bundesrat** hat im Rahmen des Gesetzgebungsverfahrens zur Einbeziehung von Finanzdienstleistungen darum gebeten, die Nr. 2 (Rn 53) und Nr. 3 zu streichen und als Nr. 1 a (gleich Nr. 2 aF) bzw Nr. 1 b (gleich Nr. 3 aF) in Abs. 2 von § 1 BGB-InfoV aF neu einzufügen, da, was die in Nr. 2 und 3 genannten zusätzlichen Verpflichtungen anbelangt, es zum Schutz des Verbrauchers nicht erforderlich und für die Unternehmen unverhältnismäßig belastend sei, diese detaillierten Informationspflichten (die bei dem komplexen Abschluss eines Finanzdienstleistungsgeschäftes angemessen seien) in vollem Umfang auf alle Fernabsatzverträge zu übertragen, dh auch solche, die einmalige Sachleistungen von relativ geringem Wert zum Gegenstand haben.[150] Die Nrn. 2 und 3 sollten (nach Ansicht des Bundesrates) gestrichen werden und stattdessen in den spezifisch auf Fernabsatzverträge über Finanzdienstleistungen zugeschnittenen Abs. 2 (Rn 90 ff) eingefügt werden. 58

Die **Bundesregierung** vermochte sich dem Vorschlag des Bundesrates nicht anzuschließen:[151] Bei der in Abs. 1 Nr. 2 geforderten Information handele es sich nicht um eine detaillierte Informationspflicht, die den Unternehmer überfordere, sondern vielmehr bloß um die Benennung eines Vertreters oder eines anderen („untechnisch" gefasst) „Beauftragten" des Unternehmers, mit dem der Verbraucher geschäftlich zu tun hat. Um die Übermittlung umfangreicher Personallisten gehe es insoweit nicht. Gleiches gelte für die ladungsfähige Anschrift des Unternehmers oder einer anderen für diese Geschäftsbeziehung relevanten Anschrift. Jene werde sich ohnehin in einer Vielzahl der Fälle bereits in der geschäftlichen Präsentation des Unternehmers finden, sodass eine Mehrbelastung hier nicht ersichtlich sei. Bereits das früher geltende Recht sah eine Vorabinformation über die ladungsfähige Anschrift des Unternehmers vor (Abs. 1 Nr. 2 aF). Durch die zusätzliche Information über eine sonstige für die Geschäftsbeziehung maßgebliche Anschrift werde dem Schutzbedürfnis des Verbrauchers in Situationen Rechnung getragen, in denen er nicht mit dem Unternehmer selbst, sondern mit einer anderen gewerblichen Person zu tun habe. 59

140 So OLG Hamburg WRP 2003, 1011, 1012 = NJW 2004, 1114: § 312 c Abs. 1 BGB iVm der BGB-InfoV aF verlangte die Angabe einer „ladungsfähigen Anschrift". Vgl auch Palandt/*Grüneberg*, Art. 246 § 1 Rn 5; *Hoffmann*, NJW 2004, 2569, 2570; MüKo/*Wendehorst*, § 312 c BGB Rn 44; anders noch BGH NJW 2002, 2391 = GRUR 2002, 720 = WRP 2002, 832 = DB 2002, 1317 = WM 2002, 1352 = EWiR 2002, 701 (*Mankowski*).

141 *Härting*, FernAbsG, § 2 Rn 24; *Lütcke*, § 312 c BGB Rn 12; HK-BGB/*Micklitz*, § 312 c BGB Rn 69.

142 Erman/*Saenger*, § 312 c BGB Rn 7.

143 Palandt/*Grüneberg*, Art. 246 § 1 Rn 5.

144 AA hingegen EuGH NJW 2008, 3553: auch eine elektronische Anfragemaske soll statt dessen ausreichend sein; OLG Hamm NJW-RR 2004, 1054; Palandt/*Grüneberg*, Art. 246 § 1 Rn 5.

145 So zutr. Palandt/*Grüneberg*, Art. 246 § 1 Rn 5; Staudinger/*Thüsing*, Art. 240 EGBGB Rn 8: sofern er sich dieser Kommunikationsmittel bedient; aA MüKo/*Wendehorst*, § 312 c BGB Rn 44.

146 HK-BGB/*Micklitz*, § 312 c BGB Rn 71.

147 Palandt/*Grüneberg* Art. 246 § 1 Rn 5.

148 Palandt/*Grüneberg* Art. 246 § 1 Rn 5.

149 RegE, BT-Drucks. 15/2946, S. 25.

150 Stellungsnahme des Bundesrates, BT-Drucks. 15/2946, S. 34.

151 Gegenäußerung der Bundesregierung, BT-Drucks. 15/2946, S. 39.

60 Bei dieser Gelegenheit schlug die Bundesregierung – nach erneuter Prüfung – vor, Abs. 1 Nr. 2 (Rn 53) im Hinblick auf den verwendeten Begriff „Anbieter" durch die Begrifflichkeit des „Unternehmers" neu zu fassen:[152] Die Abweichung von der ursprünglichen Wortwahl des RegE ist nur redaktioneller Art. Bei der Beschreibung der „anderen gewerblich tätigen Person" wird nicht mehr (wie im RegE) auf den „Anbieter" (eine Begrifflichkeit, die die FinFARL verwendet), sondern in Übereinstimmung mit dem Regelungskontext (vgl § 14 BGB) auf den „Unternehmer" Bezug genommen.[153]

61 **4. Wesentliche Merkmale der Ware oder Dienstleistung sowie Informationen darüber, wie der Vertrag zustande kommt (Nr. 4).** Abs. 1 Nr. 3 (entsprechend § 2 Abs. 2 Nr. 2 FernAbsG) fasst Art. 4 Abs. 1 b FARL zusammen (vgl auch Art. 3 Abs. 1 Nr. 2 a FinFARL, der zu einer Beschreibung der wesentlichen Merkmale der Finanzdienstleistung als Vorabinformation verpflichtet) und verpflichtet zu einer **Beschreibung der wesentlichen Merkmale der zu erbringenden Leistung** (Ware oder Dienstleistung) im Sinne einer Produktbeschreibung. Dies kann nicht mittels AGB geschehen. Vielmehr muss der Unternehmer eine detaillierte (wenn auch nicht weitschweifige) und übersichtliche Beschreibung geben, die nicht unbedingt eine Garantiehaftung begründet,[154] aus der der Verbraucher die für seine Kaufentscheidung maßgebenden Merkmale entnehmen kann.[155]

62 **„Wesentliche Merkmale"** ist deskriptiv zu verstehen im Sinne einer wahrheitsgetreuen (wenngleich von Werbung nicht ganz freien) Produktbeschreibung[156] unter Beachtung der Besonderheiten des in Rede stehenden Einzelfalls (sowie unter Berücksichtigung der Verkehrsauffassung und Verkehrspraxis und dessen, was ein verständiger Verbraucher üblicher- und berechtigterweise erwarten darf).[157] Dabei hat auch die Nennung der „essentialia negotii" zu erfolgen.[158] Der Verbraucher soll sich in die Lage versetzt sehen, das Leistungsangebot des Unternehmers (aufgrund der Gefahren des Fernabsatzes) bewerten zu können. Dies hat zur Folge, dass nicht alle Einzelheiten angegeben werden müssen.[159] Auch sind die angegebenen Merkmale nicht als solche schon zugesicherte Eigenschaften. Je preiserheblicher ein Merkmal ist, umso eher ist es anzugeben.[160]

63 Die Angabe von **Informationen, wie der Vertrag zustande kommt**,[161] führt nicht dazu, dass der Unternehmer rechtlich bewerten soll, wann der Vertrag zustande kommt. Die entsprechenden Informationen sollen vielmehr den angestrebten tatsächlichen Ablauf – das **Wie** – verdeutlichen und vor allem auch angeben, ob der Unternehmer sich eine Annahme von Angeboten des Verbrauchers vorbehalten will.[162] Dh, der Unternehmer muss dem Verbraucher die Handlung benennen (dh die Erklärung des Verbrauchers), die nach seiner (Rechts-)Ansicht den Vertrag zustande bringt (Annahmeerklärung, um dem Verbraucher die Gefahr zu nehmen, über die Angebotsannahme im Unklaren zu bleiben) – bspw eine Auftragsbestätigung, eine elektronische Bestätigung oder die Auslieferung der Ware.[163]

64 Eine Vorabinformation darüber, wie der Vertrag zustande kommt, enthält der Informationskatalog der FinFARL zwar nicht. Diese Information erscheint jedoch auch im Zusammenhang mit Finanzdienstleistungen sinnvoll. Sie hängt außerdem eng mit den in der FinFARL vorgesehenen Angaben über vorvertraglich und vertraglich anwendbares Recht und Vertragssprache (Art. 3 Abs. 1 Nr. 3 e–g FinFARL) zusammen.[164]

65 **Beachte**: Sofern nach der Gesetzeslage der Vertrag allerdings schon früher oder auch erst später zustande kommt, ist allein die objektive Rechtslage (und nicht die Information des Unternehmers nach Nr. 3) maßgeblich.[165]

66 Der Gesetzgeber hielt es hingegen nicht für notwendig, die Informationspflicht nach Abs. 1 Nr. 4 (entsprechend § 2 Abs. 2 Nr. 2 FernAbsG)[166] um eine Verpflichtung des Unternehmers zu ergänzen, den Verbraucher auch darüber zu informieren, **wann** der Vertrag zustande kommt.[167] Diese Pflicht wird vor allem bei sog. **Internetversteigerungen** praktisch werden. Es gibt solche Versteigerungen in der Form der echten Verstei-

152 Gegenäußerung der Bundesregierung, BT-Drucks. 15/2946, S. 39.
153 Gegenäußerung der Bundesregierung, BT-Drucks. 15/2946, S. 39.
154 Palandt/*Grüneberg*, Art. 246 § 1 EGBGB Rn 6.
155 Palandt/*Grüneberg*, Art. 246 § 1 EGBGB Rn 6 unter Bezugnahme auf LG Magdeburg, NJW-RR 2003, 409. Als „wesentliche Merkmale" kommen nach *Woitke*, BB 2003, 2469, 2470 bspw bei Bekleidungsgegenständen folgende in Betracht: Farbe, Größe, Schnitt, Waschbarkeit.
156 Erman/*Saenger*, § 312 c BGB Rn 8.
157 Staudinger/*Thüsing*, Art. 240 EGBGB Rn 9 – Anhaltspunkte gibt die Judikatur zu § 119.
158 Bamberger/Roth/*Schmidt-Räntsch*, § 1 BGB-InfoV Rn 6; HK-BGB/*Micklitz*, § 312 c BGB Rn 74. Vgl zur im Rahmen eines Fernabsatzgeschäfts angebotenen Dienstleistung der Weiterleitung eines Lottotipps an eine Lottogesellschaft: OLG Karlsruhe GRUR 2002, 730.
159 So RegE, BT-Drucks. 14/2658, S. 38.
160 Staudinger/*Thüsing*, Art. 240 EGBGB Rn 9.
161 Entsprechend der Gegenäußerung der BReg zu Nr. 147 der Stellungnahme des Bundesrats.
162 Beschlussempfehlung und Bericht des Rechtsausschusses, BT-Drucks. 14/7052, S. 209.
163 Palandt/*Grüneberg*, Art. 246 § 1 EGBGB Rn 6.
164 RegE, BT-Drucks. 15/2946, S. 25.
165 Palandt/*Grüneberg*, Art. 246 § 1 EGBGB Rn 6.
166 Rechtsausschuss, BT-Drucks. 14/3195, S. 30.
167 So *Brich*, in: Henssler/v. Westphalen, Praxis der Schuldrechtsreform, § 1 BGB-InfoV Rn 6; Staudinger/*Thüsing*, Art. 240 EGBGB Rn 10.

gerung, bei der der Vertrag nach Ablauf der Bietfrist unmittelbar mit dem Meistbietenden zustande kommt (§ 156 BGB – bei dem das Widerrufs- und Rückgaberecht des Verbrauchers nach § 312 d Abs. 4 Nr. 5 BGB ausgeschlossen ist), und solche, die als Kauf gegen Höchstgebot zu qualifizieren sind, bei denen der Vertrag nach Ablauf der Bietfrist nicht automatisch mit dem Meistbietenden zustande kommt.[168] Vielmehr können sich Einlieferer und Versteigerer noch überlegen, ob sie den Vertrag zu diesem – unter Umständen unterhalb des Einstandspreises liegenden – Gebot überhaupt annehmen. Der Gesetzgeber hält es nicht für angezeigt, den Parteien hier eine bestimmte Gestaltungsform vorzugeben. Es erschien ihm aber geboten, „dass der Verbraucher darüber informiert wird, um welche Art von „Versteigerung" es sich handelt. Dann kann der Verbraucher sofort feststellen, ob er sich an dieser beteiligen sollte oder nicht."[169]

5. Die Mindestlaufzeit des Vertrags (Nr. 5). Angaben über die Mindestlaufzeit (dh der Zeitraum, der als unterste Grenze für das Bestehen der vertraglichen Bindung vereinbart ist – Dauer des Vertrags)[170] des Vertrags sind in Umsetzung von Art. 4 Abs. 1 i FARL bzw Art. 3 Abs. 1 Nr. 3 b FinFARL nach Abs. 1 Nr. 5 (entsprechend § 2 Abs. 2 Nr. 3 FernAbsG) dem Verbraucher zur Verfügung zu stellen, wenn dieser eine dauernde oder eine regelmäßig wiederkehrende Leistung (worunter **Ratenlieferungsverträge nicht** fallen, wohl aber echte Dauerschuldverhältnisse und Wiederkehrschuldverhältnisse)[171] zum Inhalt hat (und wenn zur Beendigung des Vertrags eine Kündigung erforderlich sein sollte, auch die Dauer der Kündigungsfrist).[172] Sofern der Vertrag keine Mindestlaufzeit beinhaltet, muss auch dies angegeben werden.[173] 67

Beachte auch das neben der Nr. 5 anwendbare Klauselverbot nach § 309 Nr. 9 BGB. 68

6. Vorbehalt der Erbringung einer gleichwertigen Leistung (Nr. 6 Fall 1). Abs. 1 Nr. 6 Fall 1 (entsprechend § 2 Abs. 2 Nr. 4 Fall 1 FernAbsG) geht letztlich auf die Optionsmöglichkeit nach Art. 7 Abs. 3 FARL zurück (wonach die Mitgliedstaaten dem Unternehmer die Möglichkeit einräumen können, eine Ersetzungsbefugnis zu vereinbaren, was zugleich eine entsprechende Unterrichtung des Verbrauchers zur Voraussetzung hat) und stellt klar, dass der Unternehmer den Verbraucher darüber informieren muss, wenn er sich im Einklang mit § 308 Nr. 4 BGB in Allgemeinen Geschäftsbedingungen das Recht vorbehalten möchte, statt der versprochenen Leistung eine (nach Qualität und Preis) gleichwertige Leistung zu erbringen (**Austausch- und Lieferungsvorbehalte**) – bspw auch die Erbringung einer Dienstleistung durch einen Dritten.[174] 69

Die FinFARL sieht zwar eine derartige Angabe nicht vor. Nachdem aber auch bei Finanzdienstleistungen im Einzelfall die Erbringung einer qualitätsmäßig und preislich gleichwertigen Dienstleistung denkbar ist, erschien es dem Gesetzgeber sinnvoll, dieses Informationserfordernis für Fernabsatzverträge allgemein vorzusehen.[175] 70

Beachte: Der Unternehmer, der eine versprochene Ware oder Dienstleistung nicht liefern kann, ist grundsätzlich nicht zur Ersetzung berechtigt. Möglich sind aber abweichende Vereinbarungen (vgl §§ 243, 262, 308 Nr. 4 BGB).[176] 71

Eine zulässige **Ersetzungsbefugnis** kommt in der Praxis wegen der sehr engen Auslegung, die § 308 Nr. 4 BGB nach hA[177] erfährt, zwar nicht häufig vor. Sollte eine entsprechende Klausel gleichwohl nach einer AGB-Prüfung zulässig sein, muss in jedem Falle der Verbraucher auf sie ausdrücklich hingewiesen werden. Diese Notwendigkeit sichert Abs. 1 Nr. 6 Fall 1. 72

Beachte: Sowohl die mitgeteilte Mindestlaufzeit (Nr. 5, Rn 67 f) als auch Vorbehalte (Nr. 6, Rn 69 ff) werden nur dann Inhalt des Fernabsatzvertrags, wenn sie den Anforderungen der §§ 307 ff BGB – insbesondere § 309 Nr. 9, § 308 Nr. 4 oder Nr. 8 bzw § 307 BGB – genügen,[178] wodurch deren Anwendungsbereich (und damit mittelbar auch jener der Informationspflichten) erheblich beschränkt ist.[179] 73

7. Vorbehalt der Nichterbringung einer Leistung bei Nichtverfügbarkeit (Nr. 6 Fall 2). Abs. 1 Nr. 6 Fall 2 (entsprechend § 2 Abs. 2 Nr. 4 Fall 2 FernAbsG) geht auf Art. 7 Abs. 2 FARL zurück und knüpft (im Falle der Verwendung entsprechender AGB) an § 308 Nr. 8 BGB an. Der Verbraucher ist vor Vertrags- 74

168 Zur Problematik der „Internetversteigerungen" siehe bereits § 312 b BGB Rn 140 ff.
169 Rechtsausschuss, BT-Drucks. 14/3195, S. 31.
170 Erman/*Saenger*, § 312 c BGB Rn 9. Früheste Möglichkeit einer ordentlichen Kündigung (zuzüglich einzuhaltender Kündigungsfrist): MüKo/*Wendehorst*, § 312 c BGB Rn 51.
171 Ratenlieferungsverträge können ggf aber Nr. 8 unterfallen: *Brich*, in: Henssler/*v. Westphalen*, Praxis der Schuldrechtsreform, § 1 BGB-InfoV Rn 11; *Lütcke*, § 312 c BGB Rn 24 – arg.: Hier liegt der Umfang der geschuldeten Leistung bereits bei Vertragsabschluss fest.
172 So Palandt/*Grüneberg*, Art. 246 § 1 EGBGB Rn 7.
173 *Held/Schulz*, BKR 2005, 270, 272; Palandt/*Grüneberg*, Art. 246 § 1 EGBGB Rn 7.
174 MüKo/*Wendehorst*, § 312 c BGB Rn 53.
175 RegE BT-Drucks. 15/2946, S. 25.
176 Zur Problematik der Ersetzungsbefugnis vgl auch die Regierungsbegründung zum Entwurf eines Gesetzes über Fernabsatzverträge und andere Fragen des Verbraucherrechts sowie zur Umstellung von Vorschriften auf Euro, BT-Drucks. 14/2648, S. 19.
177 Wolf/Lindacher/Pfeiffer/*Dammann*, § 308 Nr. 4 Rn 29.
178 Palandt/*Grüneberg*, Art. 246 § 1 EGBGB Rn 7.
179 Erman/*Saenger*, § 312 c BGB Rn 10; HK-BGB/*Micklitz*, § 312 c BGB Rn 83; *Lütcke*, § 312 c BGB Rn 28; MüKo/*Wendehorst*, § 312 c BGB Rn 54.

schluss also über allgemeine Leistungsvorbehalte zu informieren, deren Wirksamkeit sich nach § 308 Nr. 8 BGB richtet und durch die Informationspflicht nicht präjudiziert wird. Der Unternehmer muss sich gegenüber dem Verbraucher verpflichten, „unverzüglich" (§ 121 Abs. 1 S. 1 BGB) über die Nichtleistung zu informieren und „unverzüglich" ggf bereits erbrachte Gegenleistungen dem Verbraucher zurückzuerstatten.[180]

75 **8. Preisangabe (Nr. 7).** Abs. 1 Nr. 7 (entsprechend § 2 Abs. 2 Nr. 5 FernAbsG) verpflichtet den Unternehmer in Umsetzung von Art. 4 Abs. 1 c FARL bzw Art. 3 Abs. 1 Nr. 2 b FinFARL, dem Verbraucher (in Ergänzung sonstiger allgemeiner Vorschriften, wie bspw der PAngVO) Informationen über **den Gesamtpreis der Ware oder Dienstleistung** (dh den Endpreis iSv § 1 Abs. 1 S. 1 PAngVO)[181] **einschließlich aller damit verbundenen Preisbestandteile** (bspw auch Liefer- und Versandkosten – dazu aber noch Rn 81) **sowie alle über den Unternehmer abgeführten Steuern** (MwSt)[182] oder, wenn kein genauer Preis angegeben werden kann, über die Grundlage für seine Berechnung, die dem Verbraucher eine Überprüfung des Preises ermöglicht, zur Verfügung zu stellen.

76 Bei einem (zusammengesetzten) **Gesamtpreis** sind im Sinne einer transparenten Gestaltung der unternehmerischen Leistung nicht nur die Einzelsumme, sondern auch die einzelnen Bestandteile zu benennen.[183]

77 Beim Vertrieb eines Loseblattwerks mit Ergänzungslieferungen im Fernabsatz ist bspw der Warenpreis (einschließlich aller Vertragsbestandteile) und nicht nur der Preis für das Grundwerk und der Preis pro Seite der Ergänzungslieferung anzugeben.[184]

78 Unzulässig sind Nettopreisangaben – auch versehen mit dem Zusatz „zzgl MwSt".[185] Nr. 7 tritt ergänzend und selbstständig neben die PAngVO und lässt diese ansonsten unberührt.[186] Dies hat zur Folge, dass keine (der PAngVO korrespondierende) Verpflichtung besteht, über den Preis bereits in Werbemaßnahmen zu informieren. Es reicht aus, dass die Offenlegung des Preises gegenüber dem Verbraucher unmittelbar nach der Kontaktaufnahme erfolgt[187] – wobei etwas anderes dann gelten soll, wenn der Werbung bereits ein Bestellcoupon beiliegt.[188]

79 **Werbesendungen im Hörfunk** stellen nach § 9 Abs. 1 Nr. 4 PAngVO ohne Angabe von Preisen zulässige mündliche Angebote dar, die keine Informationspflichten nach § 312 c Abs. 1 BGB iVm Art. 246 § 1 Abs. 1 Nr. 7 auslösen.[189]

80 **9. Die weiteren Informationspflichten (Nr. 8–12).** Die Informationspflichten nach Abs. 1 Nr. 8–12 (entsprechend § 2 Abs. 2 Nr. 6–10 FernAbsG) entsprechen den Vorgaben in Art. 4 Abs. 1 c–h FARL bzw Art. 3 Abs. 1 Nr. 2 d–g sowie Nr. 3 a–d FinFARL.

81 Nach **Nr. 8** (**Liefer- und Versandkosten** als zusätzliche Leistung, dh sofern diese nicht Bestandteil der Leistung und damit ohnehin nach Nr. 7 als „sonstige Preisbestandteile" in den Endpreis einzuberechnen sind – dazu Rn 37 ff)[190] sind in Umsetzung von Art. 4 Abs. 1 d FARL und Art. 3 Abs. 1 Nr. 2 d FinFARL nicht nur diese selbst, sondern auch alle möglichen anderen **Nebenkosten** (iSv § 1 Abs. 2 S. 1 und 2 PAngVO)[191] mitzuteilen.[192] Weiterhin ist ein Hinweis auf mögliche weitere Steuern oder Kosten zu geben, die nicht über den Unternehmer abgeführt oder von ihm in Rechnung gestellt werden. Sofern die Nebenkosten nach Art und Umfang der Bestellung unterschiedlich hoch sind, ist eine abstrakte Angabe erforderlich – **nicht** hingegen eine konkrete Berechnung nach Maßgabe der Einzelbestellung.[193] Die erforderlichen Informationen müssen sich – um Zuordnungsprobleme zu vermeiden – in unmittelbarem Zusammenhang mit dem Warenangebot selbst befinden.[194] Im Online-Handel ist der Ausweis der Information auf einer gesonderten Seite notwendig,[195] allerdings ist nach Ansicht des BGH[196] keine nochmalige Angabe neben dem Warenpreis auf der „Bestellübersicht" erforderlich.

180 *Brich*, in: Henssler/v. Westphalen, Praxis der Schuldrechtsreform, § 1 BGB-InfoV Rn 15; MüKo/*Wendehorst*, § 312 c BGB Rn 55.

181 BGH NJW 2006, 20.

182 OLG Frankfurt/M. ZGS 2008, 287: Der Verstoß gegen die preisangabenrechtliche Verpflichtung (§ 1 Abs. 2 Nr. 1 PAngV), bei Angeboten zum Abschluss von Fernabsatzverträgen auch anzugeben, dass die geforderten Preise die Umsatzsteuer enthalten, stellt idR keinen „wesentlichen Wettbewerbsverstoß" iVm § 3 UWG dar. Etwas anderes gilt jedoch bei einer unzureichenden Information über die Liefer- und Versandkosten (§ 1 Abs. 2 Nr. 2 PAngV).

183 Erman/*Saenger*, § 312 c BGB Rn 11; HK-BGB/*Micklitz*, § 312 c BGB Rn 11.

184 So LG Bonn VuR 2002, 257.

185 So MüKo/*Wendhorst*, § 312 c BGB Rn 57; Staudinger/*Thüsing*, Art. 240 EGBGB Rn 15.

186 *Brich*, in: Henssler/v. Westphalen, Praxis der Schuldrechtsreform, § 1 BGB-InfoV Rn 16.

187 BGH NJW 2003, 3343.

188 Palandt/*Grüneberg*, Art. 246 § 1 EGBGB Rn 8: Notwendigkeit einer Information über den Preis.

189 BGH NJW 2003, 3343.

190 Wer diese zu tragen hat, entscheidet die vertragliche Vereinbarung, HK-BGB/*Micklitz*, § 312 c BGB Rn 88.

191 BGH NJW 2006, 211.

192 Palandt/*Grüneberg*, Art. 246 § 1 EGBGB Rn 8.

193 BGH NJW 2006, 211.

194 So *Woitke*, BB 2003, 2469, 2470.

195 Palandt/*Grüneberg*, Art. 246 § 1 EGBGB Rn 8 .

196 NJW 2006, 211. Dazu auch *Ernst*, GRUR 2006, 631.

Nach **Nr. 9 (Zahlungs-, Lieferungs- und Erfüllungsdetails)**[197] ist der Verbraucher in Umsetzung von Art. 4 Abs. 1 e FARL bzw Art. 3 Abs. 1 Nr. 2 f FinFARL darüber zu informieren, zu welchem Zeitpunkt (dh wann) und auf welchem Wege (wie) die Zahlung (bspw Ort, Kontonummer oder akzeptierte Zahlungsmittel – zB Währung, Lastschriftverfahren, Scheck- oder Kreditkartenzahlung)[198] erfolgen soll bzw wann und wie die Lieferung[199] erfolgt. 82

Nach **Nr. 10** sind (in deutlicher Erweiterung von Nr. 9 aF – bloßer Hinweis auf das Bestehen des Widerrufs- oder Rückgaberechts, wohingegen umfangreichere Angaben nach Abs. 3 Nr. 1 aF in Textform gefordert waren) **Informationen über das Bestehen oder Nichtbestehen eines Widerrufs- oder Rückgaberechts** zu geben[200] *sowie* über die Bedingungen, Einzelheiten der Ausübung,[201] insbesondere Namen und Anschrift desjenigen, gegenüber dem der Widerruf zu erklären ist,[202] und die Rechtsfolgen des Widerrufs oder der Rückgabe,[203] einschließlich Informationen über den Betrag, den der Verbraucher im Falle des Widerrufs oder der Rückgabe gemäß § 357 Abs. 1 BGB für die erbrachte Dienstleistung zu zahlen hat. Im Falle eines **Links** muss dieser klar und erkennbar darauf hinweisen, dass eine Widerrufsbelehrung aufgerufen werden kann.[204] Es reicht jedenfalls nicht aus, dass der Verbraucher zwecks Informationserlangung unter „Angaben zum Verbraucher" erst auf „mich" klicken muss.[205] Die Formulierung „Das Widerrufsrecht besteht nur, wenn Sie Verbraucher im Sinne von § 13 BGB sind" genügt nicht den Anforderungen nach Nr. 10.[206] 83

Die Erweiterung liegt darin begründet, dass Art. 3 Abs. 1 Nr. 3 a–d FinFARL eine Vorabinformation über Einzelheiten der Ausübung und die Rechtsfolgen des Widerrufsrechts fordert. Nachdem ohnehin eine Widerrufsbelehrung nach § 312 d Abs. 1 iVm § 355 Abs. 2 BGB erforderlich ist, erschien dem Gesetzgeber eine Aufnahme dieser umfangreicheren Angaben in den Katalog der Vorabinformationen sachgerecht. Im Hinblick darauf, dass die Informationspflicht in Anlehnung an Abs. 3 aF die Rechtsfolgen des Widerrufs und der Rückgabe umfasst – die Formulierung ist redaktionell an die Überschrift zu § 357 BGB angepasst worden – und insoweit über Art. 3 Abs. 1 Nr. 3 a FinFARL hinausgeht, erschien eine zusätzliche Aufnahme eines Hinweises über die Folgen der Nichtausübung des Rechts, wie dies die FinFARL vorsieht, entbehrlich. Denn jene ergeben sich bereits im Umkehrschluss aus der Information über die Rechtsfolgen der Ausübung.[207] 84

197 Der in Nr. 8 verwendete Terminus „Einzelheiten" verpflichtet zu Angaben, „die über das typischerweise bei Vertragsverhandlungen mit Verbrauchern als kaufmännischen und juristischen Laien zur Sprache Kommende hinausgehen" (Erman/*Saenger*, § 312 c BGB Rn 13).

198 Erman/*Saenger*, § 312 c BGB Rn 13.

199 Informationen, auf die ein vernünftiger Verbraucher (unter Berücksichtigung der Verkehrsanschauung) Wert legt: Erman/*Saenger*, § 312 c BGB Rn 13; MüKo/*Wendehorst*, § 312 c BGB Rn 63.

200 So ist nach KG GRUR-RR 2010, 215 über die auch für den Unternehmer geltende 30-Tagefrist (zur Erstattung von Zahlungen des Verbrauchers nach Ausübung des Widerrufsrechts) sowie über die Gefahrtragung des Unternehmers bei Rücksendung der Ware nach Ausübung des Widerrufsrechts zu informieren (zu § 1 Abs. 1 Nr. 10 BGB-InfoV aF).

201 **Unzutreffend** sind bspw folgende Angaben (Beispiele nach Palandt/*Grüneberg*, Art. 246 § 1 EGBGB Rn 10): Die Widerrufsfrist beginne „frühestens mit Erhalt dieser Belehrung" (so OLG Hamm ZIP 2007, 842); eine unfreie Rücksendung der Ware werde nicht angenommen (OLG Hamburg ZGS 2007, 270); bzw mit Ingebrauchnahme der Sache trete die Wertersatzpflicht ein (OLG Stuttgart ZGS 2008, 197). Die Widerrufsfrist beginne „frühestens mit Erhalt dieser Belehrung", wenn die Belehrung im Rahmen eines Internetangebots vorab erteilt wird und so noch keinen Beginn des Widerrufsrechts auslösen kann: OLG Hamm GRUR-RR 2010, 217. Vgl auch OLG Hamm K&R 2009, 813 zu einer für Handy und Smartphones optimierten Internetadresse eines Online-Versandhändlers, die anders als die über Computer abrufbare Internetadresse bei Aufruf von Bestellseiten weder eine Belehrung über das Widerrufs- oder Rückgaberecht noch eine (vollständige) Angabe zu Versandkosten enthält, sondern nur den Hinweis „Diese Seite stellt das Angebot nicht vollständig dar. Um das Angebot mit allen Details zu sehen, gehen Sie bitte zu …, um sich vollständig zu informieren, bevor Sie ein Gebot abgeben, oder einen Artikel kaufen". **Zulässig** seien hingegen (Beispiele nach Palandt/*Grüneberg*, aaO): Die Frist beginne „frühestens mit Erhalt der Ware und dieser Belehrung" (so OLG Köln GRUR-RR 2008, 88).

202 Bspw. die Angabe von Name und Anschrift eines vom Unternehmer verschiedenen Widerrufsempfängers iS § 355 Abs. 2 S. 1: Palandt/*Grüneberg*, Art. 246 § 1 EGBGB Rn 10.

203 Erforderlich sind auch Angaben über eine anteilige Vergütungspflicht nach den §§ 357 Abs. 1, 346 Abs. 2 S. 1 Nr. 2 sowie eine mögliche Wertersatzpflicht (so KG GRUR-RR 2008, 129 und 352; ebenso wie über Abschluss- und Erlöschensgründe des Widerrufs- oder Rückgaberechts: Palandt/*Grüneberg*, Art. 246 § 1 EGBGB Rn 10.

204 OLG Frankfurt/M. NJW-RR 2007, 482.

205 OLG Hamburg NJW-RR 2007, 839; OLG Hamm NJW 2005, 2319: Es ist unzulässig, im geschäftlichen Verkehr zu Zwecken des Wettbewerbs im Internet Verbraucher zur Abgabe von Angeboten aufzufordern, wenn auf das Widerrufsrecht auf die Weise hingewiesen wird, dass auf „mich" unter der Rubrik „Angaben zum Verkäufer" geklickt werden muss, damit der Käufer von seinem Widerrufsrecht erfährt.

206 LG Kiel VuR 2010, 390.

207 RegE, BT-Drucks. 15/2946, S. 26.

85 Eine unbillige Belastung der Unternehmer wird nicht zuletzt dadurch vermieden, dass das in Anlage 1 und 2 enthaltene Muster eine Vorgabe enthält, wie die Informationspflicht nach dem neuen Abs. 1 Nr. 10 erfüllt werden kann (vgl Art. 246 § 2 Abs. 3 S. 1 EGBGB).[208]

86 Der in Art. 3 Abs. 1 Nr. 3 a FinFARL ausdrücklich geforderte Hinweis auf die Pflicht des Verbrauchers zur Zahlung einer anteiligen Vergütung nach Art. 7 Abs. 1 FinFARL wird durch die Verweisung auf § 357 Abs. 1 BGB abgedeckt. Die anteilige Vergütungspflicht des Verbrauchers wird nach deutschem Recht über § 357 Abs. 1 iVm § 346 Abs. 2 Nr. 1 BGB konstruiert. Dabei ist die Formulierung „Informationen über den Betrag" klarer und praxisnäher als die deutsche Sprachfassung der Richtlinie.[209] In einer Reihe von Fallkonstellationen (bspw Zinszahlungen) dürfte eine genaue Bezifferung des Betrages nicht möglich sein. Eine entsprechende Angabe sieht auch das Musterformular in Anlage 2 vor.[210]

87 Eine Besonderheit ergibt sich noch in **Nr. 11 (unübliche Kosten**, die dem Verbraucher durch die Nutzung der eingesetzten Fernkommunikationsmittel [bspw. Telefon- und Internetkosten] im Rahmen der Vertragsanbahnung [zB sog. 0190-Nummern] entstehen können – entsprechend § 2 Abs. 2 Nr. 9 FernAbsG): Der Unternehmer muss dem Verbraucher in Umsetzung von Art. 4 Abs. 1 g FARL bzw Art. 3 Abs. 1 Nr. 2 g FinFARL Informationen zur Verfügung stellen, wenn vorvertraglich durch die Nutzung seines Angebots oder im Falle bei ihm getätigter Bestellungen spezifische, zusätzliche Kosten für die Benutzung des Fernkommunikationsmittels entstehen (sofern diese zusätzlichen Kosten ihm durch den Unternehmer in Rechnung gestellt werden). Davon werden über dem üblichen Grundtarif (dh dem Tarif, der allgemein für bestimmte Anrufe ins Festnetz oder ins Mobilfunknetz im In- oder Ausland anfällt) liegende Kosten des Fernkommunikationsmittels (insbesondere des Internets) erfasst. Nach der Intention der FARL sollen Telekommunikationskosten nur dann anzugeben sein, wenn mit ihnen ein zusätzlicher Service abgegolten wird.[211] Die Regelung umfasst erhöhte Telefon- und Internetkosten im Rahmen der Vertragsanbahnung – bspw bei Verwendung sog. 0190-Nummern[212] (bei deren Anwahl bereits besondere Gebühren entstehen), aber auch bei Verwendung von Mobilfunknetzen oder ausländischen Telefonnetzen. Durch die entsprechende Informationsverpflichtung soll dem Verbraucher vor Augen geführt werden, dass es nicht bei den normalen, ihm bekannten (geringen) Fernkommunikationskosten bleibt.[213]

88 Im Hinblick auf die Informationspflicht nach **Nr. 12 (Gültigkeitsdauer für befristete Angebote)** sind Informationen zur Verfügung zu stellen, die Auskunft über die Befristung der Gültigkeitsdauer der zur Verfügung gestellten Informationen geben, bspw die Gültigkeitsdauer befristeter Angebote (insbesondere hinsichtlich des Preises). Die Angabe geht auf die Zeitspanne (ggf mit Benennung des Datums) ein, innerhalb deren der Unternehmer seine Leistung unter normalen Umständen allen Verbrauchern (bspw in Prospekten oder Katalogen) als „invitatio ad offerendum" zum Erwerb anträgt.[214] Nr. 12 erweitert im Hinblick auf Art. 3 Abs. 1 Nr. 2 e FinFARL die in Abs. 1 Nr. 11 aF (früher) vorgesehene Vorabinformation über die Gültigkeitsdauer befristeter Angebote (insbesondere Preise) auf jegliche Angaben mit begrenzter zeitlicher Gültigkeit. Der Anschaulichkeit halber werden nach wie vor die wohl praktisch häufigsten Fälle des befristeten Angebots bzw Preises genannt.[215]

89 **Beachte**: Im Zusammenhang mit den (vorvertraglichen) Informationspflichten der Nrn. 5, 6, 7, 8, 9 und 12 erfolgt idR eine Information des Verbrauchers durch Mitteilung aller oder eines Teils der Unternehmer-AGB, was (sofern § 305 Abs. 2 BGB genügt wird) zugleich zu deren Einbeziehung als Vertragsbestandteil führt – womit eine **doppelte Information** (dh sowohl nach Art. 246 § 1 Abs. 1 als auch nach § 305 BGB) **nicht erforderlich** ist.[216] Voraussetzung ist allerdings in jedem Falle, dass den Anforderungen nach § 305 Abs. 2 BGB Rechnung getragen wird. Ansonsten werden die AGB nicht Vertragsbestandteil.[217]

III. Besonderheiten vorvertraglicher Informationspflichten bei Fernabsatzverträgen über Finanzdienstleistungen (Abs. 2)

90 Abs. 2 nennt die Informationen, die der Unternehmer bei Fernabsatzverträgen über Fianzdienstleistungen dem Verbraucher rechtzeitig vor Abgabe von dessen Vertragserklärung in der in Abs. 1 genannten Art und Weise zur Verfügung zu stellen hat, wobei die Auflistung der Informationen der Altregelung des § 1 Abs. 2 Nr. 1 bis 8 BGB-InfoV entspricht.[218]

208 RegE, BT-Drucks. 15/2946, S. 26.
209 Vgl englisch: „information on the amount"; französisch: „informations sur le montant".
210 RegE, BT-Drucks. 15/2946, S. 26.
211 RegE, BT-Drucks. 14/2658, S. 39.
212 Palandt/*Grüneberg*, Art. 246 § 1 EGBGB Rn 11.
213 Erman/*Saenger*, § 312 c BGB Rn 15.
214 Erman/*Saenger*, § 312 c BGB Rn 16. Insoweit ist die Begrifflichkeit „Angebote" allerdings falsch. Vgl auch *Brich*, in: Henssler/v. Westphalen, Praxis der Schuldrechtsreform, § 1 BGB-InfoV Rn 25; MüKo/*Wendehorst*, § 312 c BGB Rn 67.
215 RegE, BT-Drucks. 15/2946, S. 26.
216 Palandt/*Grüneberg*, Art. 246 § 1 EGBGB Rn 22.
217 Palandt/*Grüneberg*, Art. 246 § 1 EGBGB Rn 22.
218 RegE, BT-Dr. 16/11643, S. 196.

§ 1 Abs. 2 BGB-InfoV aF des Gesetzes zur Änderung der Vorschriften über Fernabsatzverträge bei Finanzdienstleistungen[219] regelte die besonderen (**zusätzlich** – dh über jene des Abs. 1 hinausgehend) Vorabinformationspflichten für den **Fernabsatz von Finanzdienstleistungen**. Diese werden der Klarheit halber und zur Verdeutlichung des von Abs. 1 (Rn 46 ff) abweichenden Regelungsgehalts in einem **gesonderten Abs. 2** geregelt. Dabei handelt es sich jeweils um **Vorabinformationspflichten aus der FinFARL**, deren Ausdehnung auf alle Fernabsatzverträge dem Gesetzgeber nicht sinnvoll erschien.[220]

1. Hauptgeschäftstätigkeit (Nr. 1). Abs. 2 Nr. 1 verpflichtet den Unternehmer in Umsetzung von Art. 3 Abs. 1 Nr. 1 a FinFARL, Informationen über die Hauptgeschäftstätigkeit des Unternehmers und die für seine Zulassung zuständige Aufsichtsbehörde (soweit für die unternehmerische Tätigkeit eine Zulassung erforderlich ist, wie bspw nach § 32 KWG)[221] dem Verbraucher zur Verfügung zu stellen (entsprechend Art. 3 Abs. 1 Nr. 1 e FinFARL). **91**

2. Risiken bei Preisschwankungen (Nr. 2). Abs. 2 Nr. 2 entspricht nahezu wörtlich Art. 3 Abs. 1 Nr. 2 c FinFARL: Ggf hat der Unternehmer dem Verbraucher einen Hinweis zu geben, dass sich die Finanzdienstleistung auf Finanzinstrumente bezieht, die wegen ihrer spezifischen Merkmale oder der durchzuführenden Vorgänge mit speziellen Risiken behaftet sind oder deren Preis Schwankungen auf dem Finanzmarkt unterliegt, auf die der Unternehmer keinen Einfluss hat, und dass in der Vergangenheit erwirtschaftete Erträge kein Indikator für künftige Erträge sind.[222] **92**

3. Kündigungsbedingungen (Nr. 3). Abs. 2 Nr. 3 verpflichtet den Unternehmer in Umsetzung von Art. 3 Abs. 1 Nr. 3 c FinFARL, dem Verbraucher die vertraglichen Kündigungsbedingungen, dh Informationen über die Voraussetzungen einer Kündigung, die Kündigungsfrist sowie den Adressaten der Kündigungserklärung (einschließlich etwaiger Vertragsstrafen im Hinblick auf deren Voraussetzung und Höhe), zur Verfügung zu stellen. Im Falle eines Dauerschuldverhältnisses muss auch ein Hinweis auf das Kündigungsrecht aus wichtigem Grund (§ 314) erfolgen.[223] **93**

4. Weitere Informationspflichten (Nr. 4–8). Die Nrn. 4–8 geben nahezu wortgleich die Informationspflichten nach Art. 3 Abs. 1 Nrn. 3 e–g und Nr. 4 a und b FinFARL wieder (wobei der Unternehmer wohl aber keine Garantie für die Richtigkeit dieser Informationen übernimmt):[224] **94**

– Mitgliedstaaten der Europäischen Union, deren Recht der Unternehmer der Aufnahme von Beziehungen zum Verbraucher (dh der Vertragsanbahnung) vor Abschluss des Fernabsatzvertrags zugrunde legt (Nr. 4);
– eine Vertragsklausel über das auf den Fernabsatzvertrag anwendbare Recht oder über das zuständige Gericht (Nr. 5);
– die Sprachen,[225] in welchen die Vertragsbedingungen und die in § 1 genannten Vorabinformationen mitgeteilt werden (sowie die Sprachen, in welchen sich der Unternehmer verpflichtet, mit Zustimmung des Verbrauchers die Kommunikation während der Laufzeit des Vertrags zu führen – Nr. 6, was sich ggf schon konkludent aus der Fassung des Internettextes ergeben kann);[226]
– einen möglichen Zugang des Verbrauchers zu einem außergerichtlichen Beschwerde- und Rechtsbehelfsverfahren und ggf die Voraussetzungen für diesen Zugang (Nr. 7, wobei sich die zuständige Schlichtungsstelle nach § 14 Abs. 1 S. 1 Nr. 1 und Abs. 3 UKlaG ergibt)[227] und
– das Bestehen eines Garantiefonds oder anderer Entschädigungsregelungen, die nicht unter die Richtlinie 94/19/EG des Europäischen Parlaments und des Rates vom 30.5.1994 über Einlagensicherungssysteme[228] und die Richtlinie 97/9/EG des Europäischen Parlaments und des Rates vom 3.3.1997 über Systeme für die Entschädigung der Anleger[229] fallen (Nr. 8). Der Regelung unterfallen bspw die Sicherungseinrichtungen der regionalen Sparkassen- und Giroverbände bzw der Deutschen Volks- und Raiffeisenbanken.[230]

219 Vom 2.12.2004 (BGBl. I S. 3102).
220 RegE, BT-Drucks. 15/2946, S. 26.
221 Palandt/*Grüneberg*, Art. 246 § 1 EGBGB Rn 14.
222 Dazu auch *Rott*, VuR 2005, 53, 57.
223 Palandt/*Grüneberg*, Art. 246 § 1 EGBGB Rn 16 .
224 So Palandt/*Grüneberg*, Art. 246 § 1 EGBGB Rn 17 unter Bezugnahme auf *Rott*, BB 2005, 53, 57.
225 Sofern mehr Sprachen angeboten werden, sind alle Informationen in allen Sprachen zu geben: Palandt/*Grüneberg*, Art. 246 § 1 EGBGB Rn 18 – zudem müsse der Verbraucher (durch eine sichere Navigation) zu der ihm vertrauten Sprache geführt werden.
226 Palandt/*Grüneberg*, Art. 246 § 1 EGBGB Rn 18: Vorsorglich sollte allerdings eine entsprechende ausdrückliche Klarstellung erfolgen), womit der Unternehmer sich auf *eine* Verhandlungs- und Vertragssprache beschränken kann.
227 Palandt/*Grüneberg*, Art. 246 § 1 EGBGB Rn 19.
228 ABlEG Nr. L 135, S. 5.
229 ABlEG Nr. L 84, S. 22.
230 Palandt/*Grüneberg*, Art. 246 § 1 EGBGB Rn 20: Sicherungseinrichtungen, die nach § 12 EAEG keiner Entschädigungseinrichtung iSd EAEG zugeordnet sind.

IV. Einschränkung der vorvertraglichen Informationspflichten bei telefonischer Kontaktaufnahme (Abs. 3)

95 Abs. 3 entspricht § 1 Abs. 3 BGB-InfoV aF,[231] wobei S. 1 bestimmt, dass der Unternehmer bei Telefongesprächen dem Verbraucher nur die Informationen nach Abs. 1 (Rn 46 ff) zur Verfügung zu stellen hat, wobei eine Angabe nach Abs. 1 Nr. 3 (Rn 54 ff) nur erforderlich ist, wenn der Verbraucher eine Vorauszahlung zu leisten hat. S. 2 regelt, dass S. 1 nur gilt, wenn der Unternehmer den Verbraucher darüber informiert hat, dass auf Wunsch weitere Informationen übermittelt werden können und welcher Art diese Informationen sind, und der Verbraucher ausdrücklich auf die Übermittlung der weiteren Informationen vor Abgabe seiner Vertragserklärung verzichtet hat.

Abs. 3 **beschränkt die Informationspflichten** des Unternehmers für den Fall einer telefonischen Kontaktaufnahme: Bei Telefongesprächen hat der Unternehmer dem Verbraucher nach § 312 c Abs. 1 BGB **nur Informationen nach Abs. 1** (Rn 46 ff) zur Verfügung zu stellen (so Abs. 3 S. 1) – wobei (wie gerade ausgeführt) eine Angabe nach Abs. 1 Nr. 3 (Rn 54 ff) nur erforderlich ist, wenn der Verbraucher eine Vorauszahlung zu leisten hat. Die Informationspflichten nach Abs. 2 entfallen hingegen grundsätzlich bei Fernabsatzverträgen (auch über Finanzdienstleistungen). Die Verpflichtung zur Zurverfügungstellung der Informationen nach Abs. 3 S. 1 gilt nach S. 2 nur, wenn der Unternehmer den Verbraucher darüber informiert hat, dass **auf Wunsch weitere Informationen** übermittelt werden können und welcher Art diese Informationen sind, und der Verbraucher ausdrücklich auf die Übermittlung der weiteren Informationen vor Abgabe seiner Vertragserklärung verzichtet hat. Der Unternehmer trägt dafür die **Beweislast**.[232]

96 Eine Einschränkung des umfangreichen Informationskataloges für Finanzdienstleistungen enthält Art. 3 Abs. 3 FinFARL. In der allgemeinen Fernabsatzrichtlinie (FARL) fehlt eine solche Vorschrift. Dies dürfte sich daraus erklären, dass hier ohnehin weniger Vorabinformationen erforderlich sind.[233]

97 Abs. 3 trifft eine **einheitliche Regelung** für alle Fernabsatzverträge. Dies bot sich an, weil der „Sockel" an Grundinformationen, der auch bei Finanzdienstleistungen nach Art. 3 Abs. 3 b FinFARL bei Telefongesprächen zu erteilen ist, im Wesentlichen dem deutlich verkürzten Informationskatalog nach Art. 4 Abs. 1 FARL entspricht. Zwar sind die in Abs. 1 Nr. 5, 6, 9 und 12 bezeichneten Angaben nicht im reduzierten Informationskatalog des Art. 3 Abs. 3 b FinFARL enthalten. Hier handelt es sich aber ohnehin nur um Informationen, die bei bestimmten Vertragskonstellationen relevant werden, so dass sich eine unbillige Belastung der Unternehmer durch die allgemeine Verweisung auf Abs. 1 nicht ergibt.[234]

98 Zur Angabe der Anschrift nach Abs. 1 Nr. 3 (Rn 54 ff) stellt Abs. 3 S. 1 in seinem zweiten Halbsatz klar, dass diese nur erforderlich ist, wenn eine **Vorauszahlung** zu leisten ist (vorstehende Rn 95). Dies entspricht Art. 4 Abs. 1 a FARL. Die Angabe der Anschrift ist im Katalog nach Art. 3 Abs. 3 b FinFARL nicht enthalten. Eine Anschriftenangabe im Rahmen von Telefongesprächen erscheint nach der Lebenserfahrung auch unpraktikabel und ungewöhnlich. Ein Bedürfnis besteht zudem nach Ansicht des Gesetzgebers nur bei einer Vorauszahlungspflicht des Verbrauchers, denn in diesem Fall benötigt dieser zur Geltendmachung eines etwaigen Rückzahlungsanspruchs auch die Anschrift des Unternehmers.[235]

99 **Abs. 3 S. 2** entspricht Art. 3 Abs. 3 S. 2 FinFARL. Das Erfordernis einer ausdrücklichen Zustimmung des Verbrauchers ist dabei Art. 3 Abs. 3 S. 1 FinFARL entnommen. Abs. 3 S. 2 trifft eine allgemeine Regelung, weil es auch für Fernabsatzverträge über Waren und sonstige Dienstleistungen sinnvoll erscheint, den Verbraucher zu unterrichten, welche Art von Informationen ihm noch erteilt werden könnten. Der Aufwand hierzu ist auch im Rahmen eines Telefongesprächs gering.[236]

100 Unberührt bleibt in jedem Fall die allgemeine Vorschrift in § 312 c Abs. 2 BGB (§ 312 c Abs. 1 S. 2 BGB aF), wonach bereits zu Beginn des Telefongesprächs Identität und geschäftlicher Zweck offen zu legen sind[237] sowie die Informationspflicht nach Art. 246 § 2 Abs. 3 (§ 1 Abs. 4 BGB-InfV aF).[238]

101 Der **Bundesrat** hatte im Rahmen des Gesetzgebungsverfahrens zur Einbeziehung von Finanzdienstleistungen darum gebeten, in § 1 Abs. 3 S. 1 BGB-InfoV aF die Wörter „gemäß § 312 c Abs. 1 des Bürgerlichen Gesetzbuchs" zu streichen und nach S. 1 folgenden Satz einzufügen: „Liegt eine Finanzdienstleistung nicht vor, so findet Absatz 1 Nr. 5, 6, 9 und 12 keine Anwendung".[239] Dies wurde damit begründet, dass der Verweis in Abs. 3 auf § 312 c Abs. 1 BGB überflüssig sei, da bereits Abs. 1 (auf den verwiesen wird) auf § 312 c Abs. 1 BGB Bezug nimmt. Durch die Streichung entfielen mögliche Unklarheiten hinsichtlich des Bezugs der Wendungen „nach Absatz 1" und gemäß „Absatz 1 Nr. 3". Mit dem neu einzufügenden S. 2 werde klargestellt,

231 RegE, BT-Drucks. 16/11643, S. 196.
232 *Rott*, BB 2005, 53, 58.
233 RegE, BT-Drucks. 15/2946, S. 26.
234 RegE, BT-Drucks. 15/2946, S. 27.
235 RegE, BT-Drucks. 15/2946, S. 27.
236 RegE, BT-Drucks. 15/2946, S. 27.
237 RegE, BT-Drucks. 15/2946, S. 27.
238 Palandt/*Grüneberg*, Art. 246 § 1 EGBGB Rn 21.
239 Stellungnahme des Bundesrates, BT-Drucks. 15/2946, S. 34.

dass die in Abs. 1 Nr. 5, 6, 9 und 12 bezeichneten Angaben nicht bei allgemeinen Fernabsatzverträgen Anwendung finden. Es handele sich nicht nur um Informationen, die bei bestimmten Vertragskonstellationen relevant werden, sodass sich durch die allgemeine Verweisung auf Abs. 1 eine unbillige Belastung der Anbieter ergebe.[240]

Die **Bundesregierung** ist dem entgegengetreten:[241] Die Änderung in Abs. 3 S. 1 sollte nicht vorgenommen werden, weil die Bestimmung hierdurch an Klarheit verliere. Die Verweisungen auf § 312 c Abs. 1 BGB und auf § 1 Abs. 1 BGB-InfoV aF erfüllten nicht denselben Zweck: Die Verweisung auf § 312 c Abs. 1 BGB stelle klar, dass § 1 Abs. 3 BGB-InfoV aF die Vorabinformationspflicht nach § 312 c Abs. 1 BGB aF (und nicht etwa die Mitteilungspflicht nach § 312 c Abs. 2 BGB aF) modifiziere. Die Bezugnahme auf § 1 Abs. 1 BGB-InfoV aF mache demgegenüber deutlich, dass Inhalt der Vorabinformationspflicht die „Informationen nach Absatz 2 aF mit nachfolgend genannten Modifikationen" seien.[242] Die Bundesregierung verstand den Änderungsvorschlag des Bundesrates zu Abs. 3 S. 2 aF so, dass eine unnötige Aufblähung der Informationspflichten im Zusammenhang mit Telefongesprächen vermieden werden soll. Um eine solche handele es sich allerdings nicht hinsichtlich der Angaben nach Abs. 1 Nr. 5, 6, 9 und 12, deren Herausnahme aus der Liste der beim allgemeinen Fernabsatz am Telefon zu erteilenden Informationen der Bundesrat vorschlug. Denn Art. 4 Abs. 1 FARL sieht in den Buchstaben i, e und h dem Regelungsgehalt des Abs. 1 Nr. 5, 9 und 12 entsprechende Informationspflichten vor.[243] Die Angabe nach Abs. 1 Nr. 6 (Rn 69 ff) geht auf Art. 7 Abs. 2 und 3 FARL zurück.[244] Eine Reduzierung der Vorabinformationspflichten bei Telefongesprächen sei nicht vorgesehen. Art. 4 Abs. 3 FARL enthält vielmehr eine zusätzliche Anforderung, nämlich dass „bei Telefongesprächen darüber hinaus[245] zu Beginn des Gesprächs die Identität des Lieferers und der kommerzielle Zweck des Gesprächs ausdrücklich offen zu legen" sind. Die vom Bundesrat vorgeschlagene Änderung bedeute demnach, (unzulässigerweise) hinter die (Mindest-)Vorgaben der FARL zurückzugehen.[246] Einen für Telefongespräche reduzierten Informationskatalog enthält allerdings die FinFARL in ihrem Art. 3 Abs. 3 b. Die in Abs. 1 Nr. 5, 6, 9 und 12 bezeichneten Angaben sind in diesem reduzierten Informationskatalog enthalten. In diesem Zusammenhang sei aufgefallen, dass der RegE versehentlich auf die FARL Bezug nehme. Gemeint sei allerdings die FinFARL.[247] Somit stelle sich letztlich nur die Frage, ob die zur Diskussion stehenden Angaben für Telefongespräche beim Fernabsatz von Finanzdienstleistungen ausgenommen werden sollten. Dies führte – nach Ansicht der Bundesregierung – zu dem Ergebnis, dass beim Telefonvertrieb von Finanzdienstleistungen geringere Informationspflichten gelten würden als beim Telefonvertrieb von Waren und sonstigen Dienstleistungen. Das aber erscheine angesichts der anerkanntermaßen erhöhten Schutzwürdigkeit des Verbrauchers bei Finanzdienstleistungen wertungsmäßig nicht nachvollziehbar. Die Bundesregierung hält weiter daran fest, dass für eine Differenzierung auch kein praktisches Bedürfnis bestehe, weil es sich nur um Informationen handele, die bei bestimmten Vertragskonstellationen relevant werden.[248] 102

Art. 246 § 2 EGBGB Weitere Informationspflichten bei Fernabsatzverträgen

(1) [1]Der Unternehmer hat dem Verbraucher ferner die in Satz 2 bestimmten Informationen in Textform mitzuteilen, und zwar bei

1. **Finanzdienstleistungen rechtzeitig vor Abgabe von dessen Vertragserklärung oder, wenn auf Verlangen des Verbrauchers der Vertrag telefonisch oder unter Verwendung eines anderen Fernkommunikationsmittels geschlossen wird, das die Mitteilung in Textform vor Vertragsschluss nicht gestattet, unverzüglich nach Abschluss des Fernabsatzvertrags,**
2. **sonstigen Dienstleistungen und bei der Lieferung von Waren alsbald, spätestens bis zur vollständigen Erfüllung des Vertrags, bei Waren spätestens bis zur Lieferung an den Verbraucher.**

[2]Der Unternehmer hat dem Verbraucher gemäß Satz 1 mitzuteilen:

1. **die Vertragsbestimmungen einschließlich der Allgemeinen Geschäftsbedingungen,**
2. **die in § 1 Abs. 1 genannten Informationen,**
3. **bei Finanzdienstleistungen auch die in § 1 Abs. 2 genannten Informationen und**

240 Stellungnahme des Bundesrates, BT-Drucks. 15/2946, S. 34.
241 Stellungnahme der Bundesregierung, BT-Drucks. 15/2946, S. 39.
242 Gegenäußerung der Bundesregierung, BT-Drucks. 15/2946, S. 39.
243 Gegenäußerung der Bundesregierung, BT-Drucks. 15/2940, S. 40.
244 Vgl dazu RegE zu § 2 Nr. 3 und 4 FernAbsG aF, BT-Drucks. 14/2658, S. 39.
245 Gemeint ist: Über die zuvor in den Absätzen 1 und 2 enthaltenen Reglungen hinaus.
246 Gegenäußerung der Bundesregierung, BT-Drucks. 15/2946, S. 40.
247 Gegenäußerung der Bundesregierung, BT-Drucks. 15/2946, S. 40.
248 Gegenäußerung der Bundesregierung, BT-Drucks. 15/2940, S. 40.

4. bei der Lieferung von Waren und sonstigen Dienstleistungen ferner

a) die in § 1 Abs. 2 Nr. 3 genannten Informationen bei Verträgen, die ein Dauerschuldverhältnis betreffen und für eine längere Zeit als ein Jahr oder für unbestimmte Zeit geschlossen sind, sowie

b) Informationen über Kundendienst und geltende Gewährleistungs- und Garantiebedingungen.

(2) [1]Eine Mitteilung nach Absatz 1 Satz 1 Nr. 2 in Verbindung mit Absatz 1 Satz 2 ist entbehrlich bei Dienstleistungen, die unmittelbar durch Einsatz von Fernkommunikationsmitteln erbracht werden, sofern diese Leistungen in einem Mal erfolgen und über den Betreiber der Fernkommunikationsmittel abgerechnet werden. [2]Der Verbraucher muss sich in diesem Fall aber über die Anschrift der Niederlassung des Unternehmers informieren können, bei der er Beanstandungen vorbringen kann.

(3) [1]Zur Erfüllung seiner Informationspflicht gemäß Absatz 1 Satz 2 Nr. 2 in Verbindung mit § 1 Abs. 1 Nr. 10 über das Bestehen eines Widerrufs- oder Rückgaberechts kann der Unternehmer die in den Anlagen 1 und 2 für die Belehrung über das Widerrufs- oder Rückgaberecht vorgesehenen Muster in Textform verwenden. [2]Soweit die nach Absatz 1 Satz 2 Nr. 2 in Verbindung mit § 1 Abs. 1Nr. 3 und 10, nach Absatz 1 Satz 2 Nr. 3 in Verbindung mit § 1 Abs. 2 Nr. 3 und nach Absatz 1 Satz 2 Nr. 4 Buchstabe b mitzuteilenden Informationen in den Vertragsbestimmungen einschließlich der Allgemeinen Geschäftsbedingungen enthalten sind, bedürfen sie einer hervorgehobenen und deutlich gestalteten Form.

A. Nachvertragliche Informationspflichten (Abs. 1 S. 1)

I. Überblick

1 Die Verpflichtung des Unternehmers zu nachträglichen Informationen (bei Zustandekommen des Vertrags) normiert infolge des VerbraucherRL-UG zum 11.6.2010 (entsprechend § 2 Abs. 3 FernAbsG aF – in Ersetzung von § 312 c Abs. 2 und 3 BGB aF und § 1 Abs. 4 BGB-InfoV aF) **Abs. 1 S. 1** (Verpflichtung des Unternehmers, dem Verbraucher die bezeichneten Inhalte in Textform [§ 126b] mitzuteilen) – wobei sich der Katalog der Informationspflichten (§ 2 Abs. 3 S. 2 FernAbsG aF) in Abs. 1 S. 2 findet.

2 Der Unternehmer hat dem Verbraucher nach Abs. 1 S. 1 (ferner) die Informationen des S. 2 in Textform (§ 126 b) mitzuteilen. Die Informationen sollen nämlich den Verbraucher in die Lage versetzen, sich über den Vertragsinhalt zu vergewissern. Damit soll ihm die Entscheidungsmöglichkeit eröffnet werden, ob er von seinem Widerrufs- respektive Rückgaberecht Gebrauch machen will oder nicht.[1] Sind die Informationen dem Verbraucher schon nach § 1 Abs. 1 in Textform zur Verfügung gestellt worden, soll eine nochmalige Übermittlung entbehrlich sein.[2]

3 **Gegenstand der Mitteilungspflicht** sind die Vertragsbestimmungen einschließlich der AGB sowie die in Abs. 1 S. 2 bestimmten Informationen (Letztere allerdings nur in dem dort bestimmten Umfang und der dort bestimmten Art und Weise).

4 Die Verpflichtung zur Mitteilung der **Vertragsbestimmungen** resultiert aus Art. 5 Abs. 1 FinFARL.

1 Palandt/*Grüneberg*, Art. 246 § 2 EGBGB Rn 9.
2 *Grigoleit*, NJW 2002, 1157; Palandt/*Grüneberg*, Art. 246 § 2 EGBGB Rn 2.

Die AGB (iSv § 305 Abs. 1) hat der Gesetzgeber der Klarheit halber und wegen ihrer besonderen praktischen Relevanz gesondert bezeichnet (obgleich sie – ohne weiteres – den „Vertragsbestimmungen" iSv Art. 5 Abs. 1 FinFARL zugehörig sind).[3] Eine gesonderte Mitteilungspflicht (neben den Einbeziehungserfordernissen des § 305 Abs. 2) erschien deshalb erforderlich, weil die AGB-rechtliche Einbeziehung nicht zwingend eine Mitteilung in Textform (§ 126 b) voraussetzt. 5

Auch § 312 e Abs. 1 Nr. 4 (Erfordernis, dem Kunden die Möglichkeit zu verschaffen, die Vertragsbedingungen einschließlich der AGB bei Vertragsschluss abzurufen und in wiedergabefähiger Form zu speichern) macht eine Mitteilung der Vertragsbestimmungen (einschließlich der AGB) nicht entbehrlich, da die genannte Norm zum einen nur für Verträge im elektronischen Geschäftsverkehr (dh **nicht** im Rahmen der Telekommunikation – dazu § 312 e Rn 19: inhaltliche Reduktion der Begrifflichkeiten Tele- und Mediendienste) gilt und die Verpflichtung zum anderen (hinsichtlich des für ihre Erfüllung vorgeschriebenen Zeitpunktes und ihres Inhalts) hinter den Anforderungen der FinFARL zurückbleibt.[4] 6

Unter **Vertragsbestimmungen** sind nur der den Vertragsinhalt bestimmende „eigentliche" Vertragstext sowie die AGB zu verstehen, was mit den in Abs. 1 S. 2 bestimmten Informationen nicht deckungsgleich ist.[5] 7

Beachte: Die Verpflichtung nach Abs. 1 zur Mitteilung der Vertragsbedingungen (einschließlich AGB) erfasst iS einer einheitlichen Verbraucherschutzlösung **alle Fernabsatzverträge** (und nicht nur jene über Finanzdienstleistungen). Die Unternehmer werden dadurch nach Ansicht des Gesetzgebers nicht unbillig belastet, da sie gerade im Hinblick auf die Einbeziehungserfordernisse für AGB ohnehin bereits in der Mehrzahl der Fälle dem Verbraucher die Vertragsbedingungen mitteilen.[6] 8

Abs. 1 S. 1 differenziert – entsprechend den unterschiedlichen Richtlinienvorgaben – jedoch im Hinblick auf den Zeitpunkt, zu dem die Mitteilung gegeben werden muss, zwischen dem Fernabsatz 9

– von **Finanzdienstleistungen** (Nr. 1 – in Umsetzung von Art. 5 Abs. 1 und 2 FinFARL) und jenen
– von **sonstigen Dienstleistungen und der Lieferung von Waren** (Nr. 2).

Bei **Finanzdienstleistungen** (Abs. 1 S. 1 Nr. 1) muss der Unternehmer grundsätzlich rechtzeitig vor Abgabe der Vertragserklärung durch den Verbraucher (Hs 1) oder (wenn auf Verlangen des Verbrauchers der Vertrag telefonisch oder unter Verwendung eines anderen Fernkommunikationsmittels geschlossen wird [bspw. SMS], das die Mitteilung in Textform vor Vertragsschluss nicht gestattet – entsprechend Art. 5 Abs. 2 FinFARL) unverzüglich (§ 121 Abs. 1 S. 1) nach Abschluss des Fernabsatzvertrags (Hs 2 – unverzügliche Nachholung der Mitteilung) dem Verbraucher die notwendigen Informationen in Textform (§ 126 b) mitteilen. Ein Finanzdienstleistungsanbieter muss – neben den Vertragsbedingungen – alle 20 Informationen nach Art. 246 § 1 Abs. 1 Nr. 1 bis 12 und Abs. 2 Nr. 1 bis 8 zur Verfügung stellen. 10

Im Hinblick auf den Fernabsatz von **Waren und (sonstige) Dienstleistungen** (die nicht Finanzdienstleistungen sind) sind dem Verbraucher nach Abs. 1 S. 1 Nr. 2 die Informationen alsbald, spätestens bis zur vollständigen Erfüllung des Vertrags, bei Waren spätestens bis zur Lieferung an den Verbraucher mitzuteilen. Nach wie vor ist es nicht ausgeschlossen, dass die Informationen auch bereits schon „vor Vertragsschluss schriftlich oder auf einem anderen verfügbaren **dauerhaften Datenträger** erteilt werden" (Art. 5 Abs. 1 S. 1 Hs 2 FARL). 11

Der Bundesrat hatte darum gebeten, im weiteren Verlauf des Gesetzgebungsverfahrens zur Neuregelung von Finanzdienstleistungen im Fernabsatz zu prüfen, ob die Verpflichtung zur Mitteilung der Vertragsbestimmungen einschließlich der AGB **nicht** auf Fernabsatzverträge über Finanzdienstleistungen beschränkt werden sollte:[7] Die von der FARL nicht vorgeschriebene Mitteilung der Vertragsbestimmungen einschließlich der AGB bedeute für die Unternehmen einen erheblichen organisatorischen und finanziellen Mehraufwand. Dieser könne nicht durch eine möglichst einheitliche Regelung der Mitteilungspflichten gerechtfertigt werden. Zwar seien die Unternehmen wegen der Einbeziehungserfordernisse für AGB in etlichen Fällen bereits gehalten, dem Verbraucher die Vertragsbedingungen mitzuteilen. Dies rechtfertige es jedoch nicht, die Wirtschaft generell mit einer Mitteilungspflicht zu belasten, deren Nutzen fragwürdig sei. Wenn es einem Unternehmer zweckmäßig erscheine, in allen Geschäftsbereichen die gleichen Informationen zur Verfügung zu stellen, so stehe es ihm frei.[8] 12

Die Bundesregierung konnte sich der Prüfbitte des Bundesrates nicht anschließen und hält an ihrer Auffassung fest, dass die Unternehmer durch eine einheitliche Regelung der Verpflichtung der Mitteilung der Vertragsbestimmungen einschließlich der AGB für **alle Fernabsatzverträge** nicht unbillig belastet würden.[9] Dies gelte zum einen im Hinblick darauf, dass die Unternehmer gerade im Hinblick auf die Einbeziehungserfordernisse 13

3 RegE, BT-Drucks. 15/2946, S. 21.
4 RegE, BT-Drucks. 15/2946, S. 21.
5 Vgl Rechtsausschuss, BT-Drucks. 14/7052, S. 192 zu § 312 e Abs. 4; zudem RegE, BT-Drucks. 15/2946, S. 21.
6 RegE, BT-Drucks. 15/2946, S. 21.
7 Stellungnahme des Bundesrates, BT-Drucks. 15/2946, S. 32.
8 Stellungnahme des Bundesrates, BT-Drucks. 15/2946, S. 32.
9 Gegenäußerung der Bundesregierung, BT-Drucks. 15/2946, S. 37.

für AGB ohnehin bereits in der Mehrzahl der Fälle dem Verbraucher die Vertragsbedingungen mitzuteilen haben. Darüber hinaus gelte gemäß § 312 e Abs. 1 Nr. 4 für den elektronischen Geschäftsverkehr (dh bei Verwendung eines Tele- oder Mediendienstes), dass der Unternehmer dem Kunden die Möglichkeit zu verschaffen hat, die Vertragsbestimmungen einschließlich der AGB bei Vertragsschluss abzurufen und in wiedergabefähiger Form zu speichern. Die zusätzlichen Anforderungen an die Unternehmer seien damit letztlich gering.[10]

14 **Abs. 1 S. 1 Nr. 2** gestattet die Nachholung der Mitteilung bis zur vollständigen Erfüllung des Vertrags. Die Regelung gilt aber **nicht** für Finanzdienstleistungen, da die FinFARL eine entsprechende Vorschrift nicht vorsieht – und Mehrwertdienste bei Finanzdienstleistungen praktisch ohnehin nicht vorstellbar sind.[11]

15 **Beachte:** Ob eine Mitteilung zum erforderlichen Zeitpunkt erfolgt ist, bemisst sich sowohl in den Fällen von Abs. 1 S. 1 Nr. 1 als auch Abs. 1 S. 1 Nr. 2 – entsprechend § 312 c Abs. 1 BGB iVm Art. 246 § 1 EGBGB (Rn 24 ff) – danach, ob der Schutzzweck des § 312 c durch die Mitteilung zum konkreten Zeitpunkt erfüllt wird. Zweck der Mitteilung in Textform ist ein **zusätzlicher Schutz des Verbrauchers**, da die mit Hilfe elektronischer Technologien verbreiteten Informationen häufig nicht beständig sind[12] (vgl Erwägungsgrund 13 der FARL).

II. Die Pflichten im Einzelnen

16 Der Unternehmer wird nach Abs. 1 zu **zweierlei** verpflichtet: Er hat dem Verbraucher (sofern er dies nicht schon vor Vertragsschluss getan hat) einige (nicht sämtliche, vgl Abs. 1 S. 2 Nr. 1 bis 4) der **vor** Vertragsabschluss erteilten Informationen mitzuteilen, nämlich nach Abs. 1 S. 2

- die Vertragsbestimmungen einschließlich der Allgemeinen Geschäftsbedingungen (Nr. 1),
- die in § 1 Abs. 1 Nr. 1 bis 12 (§ 1 Abs. 1 BGB-InfoV aF) genannten Informationen (Nr. 2) sowie
- bei Finanzdienstleistungen auch die in § 1 Abs. 2 Nr. 1 bis 8 (§ 1 Abs. 2 BGB-InfoV aF) genannten Informationen (Nr. 3).

17 – Der Unternehmer muss dem Verbraucher **im Übrigen** weitere Informationen (zu denen er vorvertraglich nach Abs. 1 noch nicht verpflichtet war) alsbald nach Vertragsabschluss in Textform (§ 126 b) zur Verfügung stellen (sog. **echte vertragliche Zusatzinformationen**). Dabei handelt es sich um solche (zusätzlichen) Informationen, nämlich bei der Lieferung von Waren oder sonstigen Dienstleistungen ferner nach Nr. 4
  - die in § 1 Abs. 2 Nr. 3 (§ 1 Abs. 2 Nr. 3 BGB-InfoV aF) genannten Informationen bei Verträgen, die ein Dauerschuldverhältnis betreffen und für längere Zeit als ein Jahr oder für unbestimmte Zeit geschlossen sind (lit. a), sowie
  - Informationen über Kundendienst und geltende Gewährleistungs- und Garantiebedingungen (lit. b).

die er vorvertraglich nach § 1 Abs. 1 noch nicht geben musste. Diese Zusatzinformationen sind in Abs. 1 S. 2 Nr. 4 Buchst. a und b (§ 1 Abs. 4 S. 1 Nr. 3 Buchst. a und b BGB-InfoV aF in wörtlicher Übernahme des § 2 Abs. 3 FernAbsG aF) geregelt, nämlich Informationen über Kundendienst und geltende Gewährleistungs- und Garantiebedingungen (Lit. b) sowie die Kündigungsbedingungen bei Verträgen, die ein Dauerschuldverhältnis betreffen und für eine längere Zeit als ein Jahr oder für unbestimmte Zeit geschlossen (§ 126 b) werden (Lit. a). Diese Informationen sind dem Verbraucher nach Vertragsschluss auch dann **nochmals** in Textform zu übermitteln, wenn der Unternehmer sie ihm vorvertraglich schon hat zugehen lassen.[13]

18 Aus § 2 Abs. 3 S. 2 folgt das sehr wichtige Erfordernis, dass auf bestimmte zusätzlichen Informationen **„in einer hervorgehobenen und deutlich gestalteten Form"** aufmerksam gemacht werden muss, nämlich auf jene nach

- § 2 Abs. 1 S. 2 Nr. 2 iVm § 1 Abs. 1 Nr. 3 und 10 (§ 4 Abs. 4 S. 1 Nr. 1 iVm Abs. 1 Nr. 3 und 10 BGB-InfoV aF),
- § 2 Abs. 1 S. 2 Nr. 3 iVm § 1 Abs. 2 Nr. 3 (§ 4 Abs. 4 S. 1 Nr. 2 iVm Abs. 2 Nr. 3 BGB-InfoV aF) sowie
- § 2 Abs. 1 S. 2 Nr. 4 lit. b (§ 4 Abs. 4 S. 1 Nr. 3 b BGB-InfoV aF).

19 Dieses Erfordernis liegt darin begründet, dass der Verbraucher nicht durch eine Informationsflut erschlagen werden soll und er so für ihn besonders wichtige Angaben übersieht.[14]

10 So die Gegenäußerung der Bundesregierung, BT-Drucks. 15/2946, S. 38.

11 RegE, BT-Drucks. 15/2946, S. 21.

12 Rechtsausschuss, BT-Drucks. 14/3195, S. 31 zum Tatbestandsmerkmal „alsbald" im allg. Fernabsatz.

13 MüKo/*Wendehorst*, § 312 c Rn 83; aA *Grigoleit*, NJW 2002, 1157; Palandt/*Grüneberg*, Art. 246 § 2 EGBGB Rn 2.

14 Erman/*Saenger*, § 312 c Rn 30.

Erforderlich ist daher, dass die entsprechenden Informationen in einer geeigneten Form die Aufmerksamkeit des Verbrauchers erregen.[15] Diesem Erfordernis wird nicht genügt, wenn die Informationen drucktechnisch unterschiedslos mit allen anderen vermischt (kombiniert) werden.[16] 20

III. Bestätigung der Information bei sonstigen Dienstleistungen und der Lieferung von Waren (Abs. 1 S. 1 Nr. 2)

1. Überblick. Abs. 1 S. 1 Nr. 2 (entsprechend § 2 Abs. 3 FernAbsG aF) setzt – mit einigen redaktionellen Straffungen und konkretisierenden Klarstellungen – im Wesentlichen wörtlich Art. 5 FARL um. Die Art. 4 und 5 FARL verpflichten den Unternehmer zwar grundsätzlich, dem Verbraucher **vor** Vertragsschluss alle notwendigen Informationen zu erteilen. Diese Vorgabe relativiert die FARL jedoch zugleich wieder, indem sie konstatiert, dass dies nur in einer „dem eingesetzten Fernkommunikationsmittel angepassten Weise" zu erfolgen hat. Diese Einschränkung trägt dem Umstand Rechnung, dass bereits in rein tatsächlicher Hinsicht eine Informationsübermittlung nicht bei allen Fernkommunikationsmitteln in gleicher Weise möglich ist.[17] Die Unterschiedlichkeit der Medien hat denn auch den Richtliniengeber zu einer Regelung veranlasst, nach der Informationen, die wegen des eingesetzten Fernkommunikationsmittels vor Vertragsschluss nicht zugeleitet werden **können**, auch vor Vertragsschluss nicht zugeleitet werden **müssen**. 21

Damit dem Verbraucher kein Informationsnachteil entsteht, ist der Unternehmer jedoch verpflichtet, alle Informationen in jedem Falle nach Vertragsabschluss dem Verbraucher zur Verfügung zu stellen, womit eventuelle Informationsdefizite beim Verbraucher jedenfalls nachträglich kompensiert werden. „Die Zeit bis zur Information des Verbrauchers soll sich naturgemäß nicht allzu lang hinziehen, damit er über alle Informationen verfügt, wenn er entscheidet, ob er den Vertrag widerruft oder nicht."[18] 22

Abs. 1 S. 1 Nr. 2 iVm Abs. 3 (§ 1 Abs. 4 BGB-InfoV aF) (in Anlehnung an Art. 5 Abs. 1 erster Unterabsatz FARL, der zugleich eine redaktionelle Straffung erfährt) verpflichtet daher den Unternehmer, dem Verbraucher **alsbald**, spätestens bis zur vollständigen Erfüllung des Vertrags, bei Waren spätestens bei Lieferung an den Verbraucher (die nicht notwendigerweise mit der Erfüllung einhergeht), die in § 2 Abs. 1 S. 2 Nr. 2 bis 4 (§ 1 Abs. 4 S. 1 Nr. 1 und 3 BGB-InfoV aF) bestimmten Informationen in dem dort bestimmten Umfang und in der dort bestimmten Art und Weise (§ 2 Abs. 3 S. 2, entsprechend § 1 Abs. 4 S. 3 BGB-InfoV aF) in Textform (§ 126 b) mitzuteilen. 23

Beachte: Für die Wertersatzpflicht geht allerdings § 357 Abs. 3 vor.[19]

Da Abs. 1 S. 1 Nr. 2 den spätestmöglichen Termin normiert, ist der Unternehmer natürlich nicht daran gehindert, seine nachvertraglichen Informationspflichten auch schon im Vorfeld des Vertragsabschlusses zu erfüllen.[20] 24

Der Gesetzgeber[21] war der Auffassung, dass die ursprünglich im Regierungsentwurf verwendete Formulierung „*unmittelbar nach Vertragsschluss*" den Bedürfnissen der Praxis nicht voll gerecht werde: Bspw. bei telefonischer Anzeigenannahme könnte diesem Erfordernis nicht entsprochen werden. „Hier werden die erforderlichen – nicht allzu umfangreichen – Informationen auf dem Datenträger im Lastschriftverfahren an den Verbraucher übermittelt. Dafür ist aber eine größere zeitliche Flexibilität vonnöten."[22] 25

Gleichermaßen hat der Gesetzgeber davon Abstand genommen, die entsprechende Formulierung aus der FARL "*rechtzeitig während der Erfüllung des Vertrags*" zu übernehmen. Auch sie löst die Anwendungsschwierigkeiten nicht. Die letztendlich gewählte Formulierung "*alsbald, spätestens bis zur vollständigen Erfüllung des Vertrags*" bringt am deutlichsten zum Ausdruck, dass die Informationen dem Verbraucher **alsbald** (mit einem abschließenden spätesten Bezugszeitpunkt) weitergegeben werden müssen. 26

Die Verpflichtung, nach Abs. 1 S. 1 Nr. 2 sicherzustellen, dass dem Verbraucher die notwendigen Informationen zu einem bestimmten Zeitpunkt zur Verfügung stehen, besteht unabhängig davon, ob die Leistung dem 27

15 So Rechtsausschuss, BT-Drucks. 14/3195, S. 61.
16 Erman/*Saenger*, § 312 c Rn 30.
17 „So können beispielsweise dem Verbraucher im Briefverkehr durchaus Geschäftsbedingungen zugesendet, ihm diese Geschäftsbedingungen aber bei telefonischem Abschluss kaum vorgelesen werden. Allerdings können auch am Telefon Informationen über den Unternehmer vermittelt werden, indem man etwa Ansagegeräte einsetzt", Rechtsausschuss, BT-Drucks. 14/3195, S. 31.
18 Rechtsausschuss, BT-Drucks. 14/3195, S. 31.
19 OLG Köln GRUR-RR 2008, 88; aA hingegen OLG Hamburg ZGS 2007, 399: Wie und wann der Hinweis auf die Haftung des Käufers für Verschlechterungen der Sache nach Ausübung des Widerrufsrechts gemäß § 357 Abs. 3 S. 1 zu erteilen ist, richtet sich für den Fernabsatz von Waren nach den §§ 312 c Abs. 1und 2 iVm § 1 Abs. 1 Nr. 10 und Abs. 4 Nr. 1 BGB-InfoV aF Hierbei handelt es sich um Spezialvorschriften für den Fernabsatz, die in ihrem Anwendungsbereich § 357 Abs. 3 S. 1 vorgehen.
20 So Erman/*Saenger*, § 312 c Rn 36.
21 Rechtsausschuss, BT-Drucks. 14/3195, S. 31.
22 Rechtsausschuss, BT-Drucks. 14/3195, S. 31.

Verbraucher selbst oder einem Dritten gegenüber erbracht wird. In jedem Fall muss diese Bestätigung für den Verbraucher in Textform (§ 126 b) mitgeteilt werden.

28 Bei Auslegung des unbestimmten Rechtsbegriffs „alsbald“ ist ein großzügigerer Rahmen als bei „Unverzüglichkeit“ (iSv § 121 Abs. 1 – „ohne schuldhaftes Zögern“) zugrunde zu legen, dh es reicht idR aus, wenn der Unternehmer die Information zusammen mit der Erfüllung erteilt.[23]

29 Im Unterschied zu Art. 5 FARL verwendet das deutsche Recht in Abs. 1 nicht den Terminus „**Bestätigung**“. Dies liegt darin begründet, dass im deutschen Recht diese Begrifflichkeit in § 141 bzw § 144 (Bestätigung eines nichtigen bzw eines anfechtbaren Rechtsgeschäfts) bereits belegt ist, und zwar nur für eine rechtsgeschäftliche Handlung, mit der ein Rechtsgeschäft nachträglich Wirksamkeit erlangt. Der Gesetzgeber sah im Übrigen auch keine Notwendigkeit, den genannten Terminus aufzugreifen, da es nach Art. 5 Abs. 1 erster Unterabsatz FARL ausreichend ist, wenn der Verbraucher nach Vertragsabschluss und spätestens bei der Lieferung der Ware bzw vor der Erbringung der Dienstleistung die Informationen erhält. Ausreichend, aber auch erforderlich ist somit nur, dass der Unternehmer dem Verbraucher die erforderlichen Angaben in entsprechender Form alsbald, spätestens bis zur vollständigen Erfüllung des Vertrags, zur Verfügung stellt, sofern dies nicht bereits schon vor bzw bei Vertragsabschluss geschehen ist. Der Begriff „spätestens“ bringt zum Ausdruck, dass die Verbraucherinformation auch schon vor dem Vertragsabschluss erfolgen kann. Die Verbraucherinformation kann singulär, aber auch im Zusammenhang mit anderen Mitteilungen des Unternehmers (etwa verbunden mit einer Rechnungsstellung) erfolgen.

30 Die die Vorgaben von Art. 5 Abs. 2 FARL umsetzende Verpflichtung nach Abs. 1 S. 1 Nr. 2, die vorvertraglichen Informationspflichten und die weiteren Informationen (nachvertragliche Informationspflichten) nach Abs. 1 S. 2 und Abs. 3 (§ 1 Abs. 4 BGB-InfoV aF) in der dort bestimmten Art und Weise alsbald (spätestens bis zur vollständigen Erfüllung des Vertrags, bei Waren spätestens bei der Lieferung an den Verbraucher) in Textform (§ 126 b) mitzuteilen, gilt nach **Abs. 2 S. 1** (entsprechend § 312 c Abs. 2 S. 3 BGB aF, respektive § 2 Abs. 3 S. 3 FernAbsG aF) **nicht** für geschuldete **Dienstleistungen**,[24] die unmittelbar[25] unter Einsatz von Fernkommunikationsmitteln[26] erbracht werden, sofern diese Leistungen in einem Mal erfolgen (Beschränkung auf einen einmaligen Leistungsaustausch)[27] und über den Betreiber der Fernkommunikationsmittel abgerechnet werden (Einschränkung des Abs. 1 über nachvertragliche Informationspflichten). „Betreiber des Fernkommunikationsmittels“ ist der Betreiber des Mediums – bspw ein Internet-Provider bei einem E-Mail-Kontakt bzw eine Telefongesellschaft bei einer Fernsprechverbindung.[28] Dabei geht es etwa um die **Telefonauskunft** oder **telefonische Ansagedienste** (wie Wetter- und Bahnverbindungsansagen oder Veranstaltungshinweise)[29] bzw auch um den Download von Software oder Musik.[30] Bei Vorliegen der beiden genannten gesetzlichen Voraussetzungen brauchen die Informationen dem Verbraucher also **nicht** in **Textform** (§ 126 b) mitgeteilt zu werden. Vielmehr muss der Verbraucher aber über die Stelle informiert werden, bei der er Beschwerden vorbringen kann (**Abs. 2 S. 2**).[31] Eine nachvertragliche Informationspflicht des Unternehmers entfällt.

31 Dies liegt darin begründet, dass in entsprechenden Ausnahmefällen (die durch eine sofortige Erbringung der Dienstleistung gekennzeichnet sind) eine Informationsverpflichtung zu Verzögerungen führen würde. Diese stünde dem Spezifikum der (vom Verbraucher gewünschten) sofortigen Leistung (Erfordernis eines sofortigen Leistungsaustauschs) und damit dem Verbraucherinteresse entgegen.[32]

32 **Aber:** Auch im zuletzt genannten Fall muss der Verbraucher nach **Abs. 2 S. 2** (der wörtlich dem Art. 5 Abs. 2 S. 2 FARL entspricht) die Möglichkeit haben, sich über die Anschrift der Niederlassung des Unternehmers zu informieren, bei der er **Beanstandungen** vorbringen kann. Damit wird dem Informationsbedürfnis des Verbrauchers Rechnung getragen. Dem wird nicht Rechnung getragen, wenn der Verbraucher erst eine

23 Erman/*Saenger*, § 312 c Rn 36.
24 Dazu krit. *Lütcke*, § 312 c Rn 127.
25 Unmittelbarkeit in dem Sinne, dass Vertragsabschluss und Leistungserbringung zeitlich in solchem Zusammenhang erfolgen, dass keine Gelegenheit zur Informationserteilung mehr besteht, ohne dass für den Verbraucher die Leistung ihren Sinn verlöre, so Erman/*Saenger*, § 312 c Rn 40 unter Bezugnahme auf *Wilmer/Hahn*, Fernabsatzrecht, 2001, § 312 c Rn 24.
26 Zum Begriff näher Palandt/*Grüneberg*, § 312 b Rn 7.
27 So zutr. MüKo/*Wendehorst*, § 312 c Rn 114; wobei die einzelne vertragliche Verpflichtung unter Berücksichtigung der Verkehrsanschauung maßgeblich ist, Erman/*Saenger*, § 312 c Rn 41, Dauerschuldverhältnisse sind also keine einmalige Leistung. Erman/*Saenger* (aaO) wendet sich mit Recht wegen des eindeutigen Gesetzeswortlauts und § 312 f S. 2 gegen eine teleologische Reduktion des Tatbestandsmerkmals „einmalige Leistung“, wie sie in der Literatur vertreten wird (vgl bspw *Meents*, CR 2000, 610, 612; *Wilmer/Hahn*, aaO, § 312 c Rn 26: Abs. 3 sei auch auf Leistungen anwendbar, die nicht in einem Mal erbracht werden).
28 Erman/*Saenger*, § 312 c Rn 42.
29 *Micklitz*, in: Micklitz/Reich, Die Fernabsatzrichtlinie im deutschen Recht, 1998, S. 23.
30 Erman/*Saenger*, § 312 c Rn 38; *Meents*, CR 2000, 610, 612.
31 Palandt/*Grüneberg*, Art. 246 § 2 EGBGB Rn 10.
32 Erman/*Saenger*, § 312 c Rn 38.

weiter gehende Aufklärung betreiben muss, um die Anschrift der Niederlassung des Unternehmers in Erfahrung zu bringen.[33] Damit entspricht Abs. 2 S. 2 der Regelung des § 2 Abs. 2 S. 3 und 4 FernAbsG aF.

2. Form der Information. a) Textform. Das Textformerfordernis (§ 126 b)[34] der nachvertraglichen Informationsverpflichtung nach Abs. 1 S. 1 hat das ursprüngliche Erfordernis einer Zurverfügungstellung der Information auf einem „dauerhaften Datenträger" abgelöst.[35] 33

Nach der entsprechenden Vorgabe der FARL hat der Unternehmer dem Verbraucher nach Abs. 1 S. 1 die gemäß Abs. 1 S. 2 Nr. 2 bestimmten Informationen, die (**vor** Vertragsabschluss) zu erteilen sind, in **Textform** (§ 126 b) (nachträglich) alsbald mitzuteilen. Der Gesetzgeber erachtete es im Kontext mit dem FernAbsG aF als ausreichend, wenn der Unternehmer verpflichtet wird, die Informationen dem Verbraucher auf einem **dauerhaften Datenträger**[36] (als funktionelles Äquivalent für die Schriftform im elektronischen Zeitalter,[37] sofern er Beweisfunktion hat) „zur Verfügung zu stellen".[38] Damit war er nicht der sprachlich etwas weiter gehenden Formulierung des Regierungsentwurfs – „der Unternehmer hat sicherzustellen, dass die Informationen... zur Verfügung stehen" – gefolgt. Diese Formulierung hätte nämlich das Missverständnis begründen können, als habe der Unternehmer außer dem Risiko, dass die übermittelten Informationen nicht ankommen, auch noch eine besondere Organisationsverantwortung zu tragen, was nicht intendiert ist.[39] 34

Der Gesetzgeber folgte im Kontext mit dem alten FernAbsG dem Petitum des Bundesrats,[40] die Definition des „dauerhaften Datenträgers" nicht im Fernabsatzgesetz selbst (vorgesehen in § 2 Abs. 4 des Regierungsentwurfs), sondern in § 361 a Abs. 3 S. 1 aF einzustellen. Dies sollte im Rahmen der Schuldrechtsreform zunächst eine Entsprechung durch die Neuregelung des § 360 BGB-RegE finden: „Dort wird der Begriff an zentraler Stelle verwandt. Der Regelungstechnik des Bürgerlichen Gesetzbuchs entspricht es in der Tat eher, solche Schlüsselbegriffe dort zu definieren und nicht auf Definitionen in Nebengesetzen zurückzugreifen."[41] Die Regelung des § 360 BGB-RegE wurde jedoch im Laufe des Gesetzgebungsverfahrens aufgegeben.[42] Die in Abs. 1 S. 1 nunmehr erfolgte Formulierung – **„in Textform mitzuteilen"** – ist eine Anpassung an das Gesetz zur Anpassung der Formvorschriften des Privatrechts und anderer Vorschriften an den modernen Rechtsgeschäftsverkehr vom 13.7.2001,[43] das mit dem neuen § 126 b die „Textform" eingeführt und legaldefiniert hat. 35

Die **Textform** hat nämlich dieselbe Zielrichtung wie der „dauerhafte Datenträger" (iSv § 361 a Abs. 3 S. 1 aF, respektive § 360 BGB-RegE). Die Textform führt nach dem Gesetz gewordenen Vorschlag des Vermittlungsausschusses[44] iVm der Zugangsvorschrift des § 130 zu denselben Ergebnissen wie eine Verwendung der Terminologie „dauerhafter Datenträger". Vor diesem Hintergrund hat der Gesetzgeber im Interesse einer einheitlichen Begrifflichkeit den Begriff des „dauerhaften Datenträgers" aufgegeben und durch jenen der „Textform" ersetzt.[45] Dies schließt es somit aber nicht aus, die im Kontext mit dem Begriff des „dauerhaften Datenträgers" diskutierten Problempunkte auch im Zusammenhang mit der „Textform" zu erörtern. 36

Die Aufgabe der Begrifflichkeit „dauerhafter Datenträger" und seine Ersetzung durch den Terminus „Textform" erforderte des Weiteren auch eine Änderung des Verbs „zur Verfügung stellen" durch das im BGB in vergleichbarem Zusammenhang gebrauchte (zB in den §§ 170 ff, 510 Abs. 2 S. 3) Verb „mitteilen". 37

Der Gesetzgeber war der Auffassung, dass damit – entgegen geäußerter Befürchtungen von Unternehmerseite – keine Verschärfung der bisherigen Informationspflichten einhergeht:[46] Zwar ist nach § 126 b ein ausdrücklicher Hinweis auf die Person des Erklärenden und ein Kenntlichmachen des Abschlusses der Erklärung erforderlich, doch folgt daraus nicht, dass der Unternehmer seinen Informationspflichten nach § 312 c in Zukunft nur noch durch persönlich unterschriebene Erklärungen nachkommen kann. Es reicht vielmehr – wie bisher auch – aus, dass für den Verbraucher aus dem „Informationsdokument" selbst erkennbar ist, **von wem die Informationen stammen** und **wo das Dokument endet**. 38

33 Erman/*Saenger*, § 312 c Rn 43.
34 Vgl auch OLG Hamburg MMR 2007, 320, wonach eine Widerrufsbelehrung, die auf einer abrufbaren Angebotsseite bei eBay steht, keine Mitteilung in Textform darstellen soll, vor allem dann nicht, wenn sich die Widerrufsbelehrung in der von eBay vorgehaltenen Rubrik „Mein eBay" befindet. Ebenso OLG Düsseldorf MMR 2009, 363.
35 *Horn*, MMR 2002, 209, 212; HK-BGB/*Micklitz*, § 312 c Rn 52 ff. Vgl auch Erman/*Saenger*, § 312 c Rn 35: „Es bleibt abzuwarten, ob sich hiermit die Fragen erledigt haben, die bei der Auslegung des Begriffs des dauerhaften Datenträgers mit Blick auf die europarechtlichen Vorgaben aufgeworfen wurden"; dazu OLG München K&R 2001, 313. Vgl zudem *Meents*, CR 2000, 610, 611. Krit. *Lütcke*, § 312 c Rn 106.
36 Legaldefinition in § 361 a Abs. 3 S. 1 BGB aF.
37 *Tonner*, BB 2000, 1413, 1417.
38 Rechtsausschuss, BT-Drucks. 14/3195, S. 31.
39 Rechtsausschuss, BT-Drucks. 14/3195, S. 31.
40 Prüfbitte, BT-Drucks. 14/2920, S. 5. Dazu die Gegenäußerung der Bundesregierung, BT-Drucks. 14/2920, S. 15.
41 Rechtsausschuss, BT-Drucks. 14/3195, S. 31.
42 Dazu AnwK-SchuldR/*Ring*, § 360 RegE Rn 1.
43 BGBl. I S. 1542.
44 BT-Drucks. 14/6353.
45 Beschlussempfehlung und Bericht des Rechtsausschusses, BT-Drucks. 14/7052, S. 191.
46 Beschlussempfehlung und Bericht des Rechtsausschusses, BT-Drucks. 14/7052, S. 191.

39 Hinsichtlich der **Angaben zur Herkunft** der Informationen reicht es aus, wenn der Unternehmer auf dem Dokument seinen Namen (bzw bei juristischen Personen die Firma) oder auch nur das dem Verbraucher bekannte Logo angibt. Weiter gehende Konkretisierungen (etwa wer innerhalb des Unternehmens, zB welche Abteilung, welcher Mitarbeiter usw., die Information abgegeben hat) sind **nicht** erforderlich. Die **Kenntlichmachung des Informationsabschlusses** steht dem Unternehmer weit gehend frei. § 126 b sieht nur vor, dass der Abschluss zB durch Nachbildung der Namensunterschrift „oder anders" erkennbar gemacht wird. Eine entsprechende andere Möglichkeit der Kenntlichmachung liegt typischerweise in einem bereits bislang schon gebräuchlichen Hinweis wie „Die Erklärung ist ohne Unterschrift gültig" oder „Diese Erklärung ist nicht unterschrieben". Als weitere Möglichkeit kommt eine bloße Namensnennung (zB „X-GmbH" bzw „gez. Y") oder auch nur der Hinweis „Ende der Erklärung" in Betracht, da eine entsprechende Kenntlichmachung dem Unternehmen ohne weiteres zumutbar ist.[47]

40 **b) Form des Mediums.** Die Informationsübermittlung in Textform setzt nicht voraus, dass der Inhalt dem Schriftformerfordernis des § 126 genügt, was zweierlei voraussetzen würde: eine schriftliche Fixierung auf Papier und zusätzlich eine eigenhändige Namensunterschrift durch den Aussteller. Letztere hat für den Informationswert jedoch keine Bedeutung. Aus diesem Grund reicht (zB für den Fernabsatz) ein **Schriftstück** aus, das die für den Verbraucher notwendigen Informationen enthält. Erforderlich ist eine schriftliche Fixierung, nicht jedoch auch noch eine eigenständige Namensunterschrift.[48] Erforderlich ist aber eine Urkunde bzw eine andere zur dauerhaften Wiedergabe in Zeichen geeignete Form, bspw mittels Post oder Fax übermittelte Texte oder auch CD-Roms, E-Mails oder Disketten[49] (zur Homepage noch nachstehende Rn 56 aE).

41 Die Verwendung der Begrifflichkeit „Textform" (§ 126 b) – Abgabe einer Erklärung in einer Urkunde oder auf andere zur dauerhaften Wiedergabe in Schriftzeichen geeignete Weise – erfasst umfassend (neben Schriftstücken) alle für die Übermittlung von Informationen geeigneten Medien, sofern diese nur zweierlei sicherstellen, nämlich dass die Informationen dem Verbraucher in einer lesbaren Form zugehen **und** dass sie diesem für eine angemessene Zeit in einer inhaltlich unveränderten Wiedergabe zur Verfügung stehen.

42 Neben einer (schriftlich fixierten) Urkunde kommen damit auch weitere „dauerhafte Datenträger", die die notwendigen Verbraucherinformationen enthalten können, in Betracht – dh solche, bei denen die Übermittlung durch ein **anderes Medium** erfolgt. Der Gesetzgeber hat das Medium bewusst nicht näher bestimmt.[50] Darunter fallen bspw mittels Post oder Fax übermittelte Texte.[51]

43 Voraussetzung dafür ist aber, dass dieses **andere Medium** den Zugang zu den Informationen in einer für den Verbraucher **lesbaren Form** sicherstellt. Lesbarkeit bedeutet nicht Maschinenlesbarkeit, sondern Schriftzeichen-Lesbarkeit.[52] Lesbare Form setzt voraus, dass dem Verbraucher in angemessener Zeit die Möglichkeit eröffnet wird, eine inhaltlich unveränderte Form der Informationen zu erlangen. Außer einer (schriftlichen) Urkundenform können somit auch **elektronische Medien**, wie etwa Diskette, E-Mail oder CD-ROM dem Erfordernis eines entsprechenden Datenträgers genügen. **Mündliche Erklärungen** mögen zwar technisch auf einem dauerhaften Datenträger speicherbar sein (zB auf einem Anrufbeantworter, auf Voice-Mail-Boxen oder soundfiles) – ihnen fehlt jedoch die „lesbare Form".

44 Textform fordert **nicht** die **körperliche Übergabe** eines dauerhaften Datenträgers. Notwendig ist nur der **Zugang** („mitzuteilen") der Information beim Verbraucher[53] iSv § 130.[54]

45 Neben einer körperlichen Übergabe der gerade genannten elektronischen Medien ist bei einem Fernabsatzvertrag via **Internet**, um unangemessene Behinderungen des elektronischen Geschäftsverkehrs zu vermeiden, daher insbesondere auch an diese besondere Vertriebsform angepasste Informationsübermittlungen zu denken – etwa Informationen per **E-Mail** oder in einer vergleichbaren Weise durch **Datenfernübertragung**. Hier wäre es wenig sinnvoll, vom Unternehmer zu verlangen, dem Verbraucher auch noch ein Schriftstück, eine Diskette oder eine CD-ROM zuzuschicken. Der Gesetzgeber hat die Übermittlungsform als solche sinnvollerweise nicht geregelt. Die moderne Informationsübermittlung setzt aber des Weiteren voraus, dass sichergestellt ist, dass die Informationen dem Verbraucher in einer ausreichenden **dauerhaften Form** zugehen. Dies kann im Falle von E-Mails dadurch gewährleistet werden, dass die Informationen auf einem Server beim Online-Provider des Verbrauchers ankommen, auf den der Verbraucher durch einen Abruf seiner E-Mails auch regelmäßig zugreift. Damit ist die Information zugegangen.

47 Beschlussempfehlung und Bericht des Rechtsausschusses, BT-Drucks. 14/7052, S. 191.
48 RegE, BT-Drucks. 14/2658, S. 40 – zu § 361 a Abs. 3 S. 1 BGB aF.
49 Palandt/*Grüneberg*, Art. 246 § 2 EGBGB Rn 6.
50 RegE, BT-Drucks. 14/2658, S. 40 – zu § 361 a Abs. 3 S. 1 BGB aF.
51 Palandt/*Grüneberg*, Art. 246 § 2 EGBGB Rn 6.
52 So RegE, BT-Drucks. 14/2658, S. 41 – zu § 361 a Abs. 3 S. 1 BGB aF.
53 So RegE, BT-Drucks. 14/2658, S. 40 – zu § 361 a Abs. 3 S. 1 BGB aF.
54 Zur Problematik des Zugangs von Willenserklärungen im Internet näher *Koch*, Internet-Recht, 1998, S. 135 ff; *Ultsch*, NJW 1997, 3007, 3008.

Etwas anderes gilt dann, wenn die Informationen lediglich auf der **Web-Site** (Homepage) des Unternehmers bereitgestellt sind. Damit wird noch kein Zugang begründet. Der Gesetzgeber[55] geht aber davon aus, dass ein (tatsächlicher) Abruf durch Herunterladen (Downloaden) der Informationen aus dem World Wide Web (WWW) des Internets den Zugang begründen kann,[56] der auch dem Erfordernis der **Dauerhaftigkeit** genügen kann, wenn der Verbraucher die dabei erlangten Informationen bei sich auf seiner Festplatte, einer CD-ROM oder einer Diskette abgespeichert (Download) bzw einen Ausdruck gefertigt hat.[57] 46

Ein **Zugang** kann auch für den Fall **nicht** angenommen werden, dass ein Unternehmer auf seiner Homepage Verbraucher dazu auffordert, sich die Informationen auf jeden Fall herunterzuladen: Dies reicht aufgrund der klaren Gesetzesregelung „mitzuteilen" – ohne den konkreten Einzelnachweis, dass dies tatsächlich geschehen ist – für einen Zugang **nicht** aus,[58] obgleich es gute Gründe dafür geben mag, eine eindeutige und unmissverständliche Aufforderung des Unternehmers, die Informationen herunterzuladen oder auszudrucken, als hinreichend anzusehen.[59] Die bloße Möglichkeit zumutbarer Kenntnisnahme (wie vergleichsweise nach § 305 Abs. 2 Nr. 2 bezüglich der Einbeziehung von AGB in einen Vertrag) genügt jedenfalls nicht.[60] 47

Jedenfalls hat der BGH 2010 in seiner **Holzhocker-Entscheidung**[61] entschieden, dass die dem Verbraucher bei Fernabsatzverträgen nach den §§ 312 c, 355 zu erteilenden Informationen nicht nur vom Unternehmer in einer zu „dauerhaften Wiedergabe" geeigneten Weise abgegeben werden müssen, sondern dem Verbraucher auch in einer zur „dauerhaften Wiedergabe" geeigneten Weise zugehen müssen, womit eine Speicherung dieser Informationen auf der Website des Unternehmers ebenso wenig für das Anlaufen der Widerrufsfrist von zwei Wochen gemäß § 355 Abs. 2 S. 1 iVm Abs. 3 ausreicht wie die Möglichkeit, diese Informationen nach Vertragsschluss bei eBay abzurufen: Ist durch das Gesetz für die Verbraucherinformation und für die Widerrufsbelehrung Textform (§ 126 b) vorgeschrieben, so müsse die Erklärung in einer Urkunde oder auf andere zur dauerhaften Wiedergabe in Schriftzeichen geeigneten Weise abgegeben werden, die Person des Erklärenden genannt und der Abschluss der Erklärung durch Nachbildung der Namensunterschrift oder auf andere Weise erkennbar gemacht werden, womit die Abgabe einer Erklärung in einer zur „dauerhaften Wiedergabe" geeigneten Weise erforderlich sei.[62] Bei der Auslegung sei zu berücksichtigen, dass die Vorschriften des Fernabsatzrechts der Umsetzung der FARL sowie der FinFARL dienten.[63] Nach Art. 5 Abs. 1 FARL muss der Verbraucher die ihm gegenüber zu gebenden Informationen schriftlich oder auf einem anderen für ihn verfügbaren dauerhaften Datenträger bestätigt bekommen. Art. 5 Abs. 1 FinFARL bestimmt, dass dem Verbraucher die ihm zu erteilenden Informationen in Papierform oder auf einem anderen für ihn verfügbaren und zugleich dauerhaften Datenträger zu übermitteln sind. Der Begriff „dauerhafter Datenträger" bezeichnet dabei nach Art. 2 f FinFARL jedes Medium, das es dem Verbraucher gestattet, an ihn persönlich gerichtete Informationen der Art zu speichern, dass er sie in der Folge für eine für die Zwecke der Informationen angemessene Dauer einsehen kann, und das die unveränderte Wiedergabe der gespeicherten Informationen ermöglicht. Gemäß dem Erwägungsgrund 20 der FinFARL gehören zu den dauerhaften Datenträgern insbesondere Disketten, CD-ROMs, DVDs und die Festplatte des Computers des Verbrauchers, auf der die elektronische Post gespeichert wird – **Internet-Websites** hingegen nur dann, wenn sie die in der Definition des Begriffs „dauerhaftes Medium" enthaltenen Voraussetzungen erfüllen.[64] Textform wird auch nicht dadurch gewahrt, dass einem Käufer die Widerrufsbelehrung bei eBay unter der Rubrik „Ich habe gekauft" bis zu 60 Tage nach dem Vertragsschluss abrufbar zur Verfügung gestellt wird.[65]

55 RegE, BT-Drucks. 14/2658, S. 40 – zu § 361 a Abs. 3 S. 1 BGB aF.

56 Bamberger/Roth/*Schmidt-Räntsch*, § 312 c Rn 30; MüKo/*Wendehorst*, § 312 c Rn 106; Palandt/*Grüneberg*, Art. 246 § 2 EGBGB Rn 6.

57 So auch OLG Köln GRUR-RR 2008, 88; LG Kleve NJW-RR 2003, 196; aA hingegen OLG München NJW 2001, 2263; OLG Sachsen-Anhalt NJW-RR 2008, 776: Die Möglichkeit, eine im Internet veröffentliche Widerrufsbelehrung zu speichern und zu reproduzieren, reicht nicht aus, um die Textform des § 126 b zu wahren. Vgl aber auch Thüringisches OLG WRP 2007, 1008: Einer Mitteilung der Widerrufsbelehrung in Textform iSv Abs. 1 S. 1 genügt weder die Möglichkeit des Ausdruckens oder Abspeicherns der Angebotsseite noch die vorläufige Speicherung in temporären Internet-Dateien oder in persönlichen eBay-Account des Käufers.

58 RegE, BT-Drucks. 14/2658, S. 40 f – zu § 361 a Abs. 3 S. 1 BGB aF.

59 *Fuchs*, ZIP 2000, 1273, 1279 unter Bezugnahme auf *Waldenberger*, K&R 1999, 345, 348, der vorschlägt, Abspeicherung oder Ausdruck der Informationen zur Bedingung des Vertragsabschlusses zwischen Unternehmer und Verbraucher zu machen.

60 Deshalb erscheint „es in der Praxis ratsam, die zum Download bereitgestellten Informationen dem Verbraucher nochmals zB per E-Mail oder in anderer Form zu senden", so *Fuchs*, ZIP 2000, 1273, 1279.

61 BGH NJW 2010, 3566 = ZIP 2010, 2249 = ZGS 2010, 560.

62 BGH NJW 2010, 3566 – Rn 17.

63 BGH NJW 2010, 3566 – Rn 18.

64 BGH NJW 2010, 3566 – Rn 18 unter Bezugnahme auf die korrespondierende Bestimmung des Art. 13 Abs. 1 a der Richtlinie 2002/92/EG und der dazu ergangenen Entscheidung des EFTA-Gerichtshofs VersR 2010, 793 – Rn 65 f. – Inconsult.

65 BGH NJW 2010, 3566 – Rn 20 unter Bezugnahme auf EFTA-Gerichtshof VersR 2010, 793 – Rn 65.

48 Die **erforderliche Dauerhaftigkeit** kann zB bei flüchtigen Speichermedien (etwa dem Arbeitsspeicher eines Computers, der beim Abschalten gelöscht wird) fehlen. Hingegen ist die bloß begrenzte technische Lebensdauer von Disketten, Festplatten und anderen Speichermedien **unschädlich**. Die Informationen müssen dem Verbraucher aber für eine den Erfordernissen des Rechtsgeschäfts entsprechende Zeit zur Verfügung stehen.

49 **c) Keine Möglichkeit nachträglicher Veränderung.** Im Falle der vorab dargestellten **modernen Kommunikationsmedien** ist sicherzustellen, dass der Unternehmer die abgegebenen Informationen **nicht mehr nachträglich verändern kann**. Die Möglichkeit einer nachträglichen Veränderung durch den Unternehmer – wie etwa im Falle, dass eine Information nicht individuell per E-Mail übermittelt wird, sondern der Unternehmer sie nur zum Abruf im WWW des Internets, dh auf seinem Server, bereithält[66] – muss ausgeschlossen werden, dh die Wiedergabe der Informationen gegenüber dem Verbraucher muss inhaltlich unverändert möglich sein.

50 In diesem Zusammenhang kommt es nicht darauf an, ob die Informationen auf dem Datenträger **überhaupt** nicht mehr geändert werden können. Allein entscheidend ist, dass zumindest der Unternehmer die Informationen nicht mehr nachträglich verändern kann. Diesem darf kein physischer oder Online-Zugriff mehr auf das Medium zustehen, auf dem die Daten abgespeichert sind. Dieser **Ausschluss des Zugriffs** kann bei sog. „Readonly"-Medien (wie zB CD-ROM), daneben aber auch ggf (im konkreten Einzelfall) bei überschreibbaren Medien (wie etwa Disketten oder Festplatten) der Fall sein.[67]

51 Im Falle eines bloßen Vorhaltens einer Information im Internet stellt der Unternehmer **nicht** sicher, dass der Verbraucher sich die Informationen auch tatsächlich herunterlädt. Dann ist auch nicht gewährleistet, dass die Informationen auf der Homepage des Unternehmers noch nach Vertragsabschluss weiterhin unverändert dem Verbraucher zur Verfügung stehen.[68]

52 **Zusammengefasst** lässt sich sagen, dass das Textformerfordernis (§ 126 b) technikoffen formuliert ist. Bei strikter Orientierung am Schutzzweck der Norm im Verbraucherschutzinteresse werden moderne Kommunikationsmedien zur Übermittlung der notwendigen Informationen an den Verbraucher nicht ausgeschlossen, sofern diese dem Erfordernis der Dauerhaftigkeit genügen und sichergestellt ist, dass die Informationen nicht mehr nachträglich verändert werden können.

53 Ausreichend, aber auch erforderlich ist, dass die Informationen dem Verbraucher in einer Urkunde oder in einer anderen lesbaren Form mitgeteilt werden (**Erfordernis des Zugangs der Informationen**). Der Gesetzgeber hat aber die Übermittlung der Informationen als solche nicht näher ausgestaltet. Insoweit gilt Folgendes: Notwendig ist ein **Zugang in lesbarer Form**. „Zugang" rekurriert auf § 130. Erforderlich ist also, dass die Informationen den Verbraucher – welches zulässige Übermittlungsmedium der Unternehmer im jeweiligen Fall auch immer nutzen sollte – tatsächlich erreichen können (**Möglichkeit eines tatsächlichen Zugangs**).

54 Im Hinblick auf den **Zeitpunkt des Zugangs** sollen die allgemeinen Grundsätze gelten[69] – auch für Informationsangebote im WWW. Dies bedeutet im letzteren Falle, dass das bloße Bereithalten von Informationen auf dem Unternehmer-Server allein nicht ausreicht. Der Zeitpunkt des Zugangs liegt bei diesen Medien erst dann vor, wenn der Verbraucher sich die Informationen tatsächlich auf seine Festplatte heruntergeladen bzw ausgedruckt hat. Die Beweispflicht dafür (mithin für den notwendigen Zugang der Information) trägt der Unternehmer. Die bloße Aufforderung des Unternehmers gegenüber dem Verbraucher, Letzterer möge sich die Informationen herunterladen, reicht ohne konkreten Einzelnachweis nicht aus.

55 **d) Lesbarkeitserfordernis.** Weiterhin ist erforderlich, dass die Informationen für den Verbraucher auch unter Berücksichtigung von dessen konkreten Möglichkeiten lesbar sind (**Lesbarkeitserfordernis**). Dabei ist auf die konkreten Möglichkeiten des Verbrauchers abzustellen.[70] Der Unternehmer genügt daher diesem Erfordernis zB dann nicht, wenn er dem Verbraucher elektronische Informationen in Datei-Formaten übermittelt, die dieser mittels seiner Computerprogramme nicht lesen bzw nicht problemlos konvertieren kann. Dies gilt gleichermaßen etwa für den Fall, dass der Unternehmer dem Verbraucher eine CD-ROM mit Informationen zugehen lässt, auf die der Verbraucher keinen Zugriff nehmen kann, weil er keinen Computer mit CD-ROM-Laufwerk hat.[71] Doch weist *Fuchs*[72] zutreffend darauf hin, dass es dem Unternehmer weder zumutbar noch möglich ist, konkrete Nachforschungen hinsichtlich der EDV-Ausstattung seiner Kunden anzustellen: „Daher muss es ausreichen, dass sich der Unternehmer eines gängigen, im Markt verbreiteten Mediums oder Programms bedient, jedenfalls wenn der Unternehmer vorab klarstellt, welcher Form der Informationsüber-

66 Dadurch wird nämlich nicht ausreichend sichergestellt, dass der Verbraucher die Daten tatsächlich herunterlädt bzw die Informationen auf der Unternehmer-Homepage auch noch nach Vertragsschluss unverändert zur Verfügung stehen, so *Fuchs*, ZIP 2000. 1273, 1278.

67 RegE, BT-Drucks. 14/2658, S. 41 – zu § 361 a Abs. 3 S. 1 BGB aF.

68 RegE, BT-Drucks. 14/2658, S. 40 – zu § 361 a Abs. 3 S. 1 BGB aF.

69 RegE, BT-Drucks. 14/2658, S. 40 unter Bezugnahme auf *Ultsch*, NJW 1997, 3007, 3008.

70 RegE, BT-Drucks. 14/2658, S. 41 – zu § 361 a Abs. 3 S. 1 BGB aF.

71 RegE, BT-Drucks. 14/2658, S. 41 – zu § 361 a Abs. 3 S. 1 BGB aF.

72 ZIP 2000, 1273, 1279.

mittlung er sich grundsätzlich gegenüber seinen Kunden bedient, und dem Verbraucher zusätzlich die Option einräumt, im Einzelfall eine andere Form, zum Beispiel schriftliche Mitteilung, zu wählen."[73]

e) Dauer der Zugriffsmöglichkeit. Auch die **Dauer der Zugriffsmöglichkeit** ist bedeutsam. „Dauerhaft" kann keineswegs mit „ewig" gleichgesetzt werden. Vielmehr kann darunter lediglich ein **angemessener Zeitraum** zu verstehen sein, der nach dem konkreten Rechtsgeschäft zu bestimmen ist. Damit kann die Zeitspanne bei kurzfristig abzuwickelnden Rechtsgeschäften kurz, bei solchen mit längerer Abwicklungsdauer hingegen länger sein. Dem Verbraucher müssen die notwendigen Informationen also für eine den **Erfordernissen des Rechtsgeschäfts entsprechende Zeit** zur Verfügung stehen. Diesem Erfordernis genügen auch Disketten, Festplatten sowie andere digitale Datenträger, deren Lebensdauer zeitlich begrenzt ist. Unzureichend sind jedoch flüchtige Speichermedien, wie zB der Arbeitsspeicher eines Computers, der beim Abschalten gelöscht wird. 56

f) Beweislast. Nach § 360 S. 2 RegE sollte den Unternehmer, der die Übermittlung der Informationen sicherzustellen hat (etwa im Falle einer gerichtlichen Auseinandersetzung mit dem Verbraucher) auch die **Beweislast** für den Informations- oder Erklärungsinhalt treffen. Durch den Wegfall des § 360 S. 2 RegE soll die Beweislast für den Informations- und Erklärungsinhalt nach Ansicht des Gesetzgebers aus **allgemeinen Beweisgrundsätzen** folgen. Daraus folgt zB, dass der Unternehmer beim Herunterladen von Informationen aus dem WWW zu beweisen hat, dass der Verbraucher die Informationen nicht nur auf seinen Arbeitsspeicher geladen (was im Hinblick auf die erforderliche Dauer der Zugriffsmöglichkeit unzureichend wäre), sondern auf der Festplatte gespeichert bzw einen Ausdruck gefertigt hat. Dh, die Widerrufsfrist beginnt erst zu laufen, wenn der Unternehmer (der insoweit die **Beweislast** trägt) den Zugang der Information und deren Vollständigkeit beweist.[74] Vor diesem Hintergrund ist der Unternehmer gut beraten , Vorkehrungen zu treffen, die es ihm erlauben, den Nachweis (Beweislast!) zu führen, dass der (aus Verbraucherschutzgründen notwendige) Zugang der Informationen beim Verbraucher erfolgt ist. Der Unternehmer hat es in der Hand, Verfahren einzusetzen, die ihm die Beweisführung über den Zeitpunkt der Informationsübermittlung und die eindeutige Identifizierung des übermittelten Informationsinhalts erlauben – bspw dadurch, dass der Unternehmer sich den Zugang der Information durch den Verbraucher **bestätigen lässt**. Dies gilt sinngemäß für Erklärungen des Verbrauchers gegenüber dem Unternehmer. 57

3. Informationspflichten und Prozess. Der Verbraucher kann im Rahmen eines Gerichtsprozesses leicht in eine ihm ungünstige Lage geraten, wenn der Unternehmer den vom Verbraucher vorgetragenen Inhalt der Informationen bestreitet. Insoweit gilt Folgendes: Der Unternehmer hat, wie bereits ausgeführt, die Übermittlung der Informationen sicherzustellen. Insoweit ist es auch angemessen, ihm (nach allgemeinen Grundsätzen) die Beweislast für den Informations- oder den Erklärungsinhalt aufzuerlegen.[75] Der Gesetzgeber[76] hat die Ansicht vertreten, dass der Unternehmer Verfahren einsetzen kann, „die nicht nur eine eindeutige Bestimmung des Zeitpunktes der Übermittlung, sondern auch eine eindeutige Identifizierung des übermittelten Inhalts der Information ermöglichen". 58

B. Die nachvertraglichen Informationspflichten im Einzelnen (Abs. 1 S. 2)

Der Unternehmer hat dem Verbraucher nach Abs. 1 S. 2 (der im Wesentlichen § 1 Abs. 4 S. 1 BGB-InfoV aF entspricht, wobei davon abweichend in Nr. 1 die Pflicht zur Mitteilung der Vertragsbedingungen einschließlich der Allgemeinen Geschäftsbedingungen aus § 312 c Abs. 2 S. 1 BGB aF übernommen wurde)[77] gemäß Satz 1 mitzuteilen: 59

1. die Vertragsbestimmungen einschließlich der Allgemeinen Geschäftsbedingungen,
2. die in § 1 Abs. 1 genannten Informationen,
3. bei Finanzdienstleistungen auch die in § 1 Abs. 2 genannten Informationen und
4. bei der Lieferung von Waren und sonstigen Dienstleistungen ferner
   a) die in § 1 Abs. 2 Nr. 3 genannten Informationen bei Verträgen, die ein Dauerschuldverhältnis betreffen und für eine längere Zeit als ein Jahr oder für unbestimmte Zeit geschlossen sind, sowie
   b) Informationen über Kundendienst und geltende Gewährleistungs- und Garantiebedingungen.

Der Gesetzgeber hat die Neufassung in Abs. 1 S. 2 als sachgerecht angesehen, da sie zu einer deutlichen Vereinfachung des Wortlauts des § 312 c BGB führt.[78]

73 *Fuchs*, ZIP 2000, 1273, 1279: „Denn auch nach Auffassung des Gesetzgebers soll der Fernabsatz, insbesondere der elektronische Geschäftsverkehr, nicht durch formale Informationsanforderungen stärker belastet werden, als dies zum Schutze des Verbrauchers unbedingt notwendig ist" – unter Bezugnahme auf RegE, BT-Drucks. 14/2658, S. 40.

74 Palandt/*Grüneberg*, Art. 246 § 2 EGBGB Rn 6 und *ders.*, § 355 Rn 23.

75 RegE, BT-Drucks. 14/2658, S. 41.

76 RegE, BT-Drucks. 14/2658, S. 41.

77 RegE, BT-Drucks. 11643, S. 196.

78 RegE, BT-Drucks. 11643, S. 196.

Abs. 1 S. 2 regelt die Mitteilungspflicht des Unternehmers nach Abs. 1 S. 1 (**nachvertragliche Informationspflichten**), die der Unternehmer dem Verbraucher in Textform (§ 126 b) zu übermitteln hat. Sind die Informationen bereits vorvertraglich erteilt worden, „besteht keine Verpflichtung zur Wiederholung" (vorstehende Rn 2).[79]

Abs. 1 S. 2 differenziert – je nach Vertragskonstellation – wie folgt:

I. Vertragsbestimmungen einschließlich der Allgemeinen Geschäftsbedingungen (Nr. 1)

60 Abs. 1 S. 2 Nr. 1 – mit der Benennung der Vertragsbestimmungen einschließlich der Allgemeinen Geschäftsbedingungen – ist aus § 312 c Abs. 2 S. 1 BGB aF übernommen.[80]

II. Allgemeine Informationspflichten bei allen Fernabsatzverträgen (Nr. 2)

61 Bei allen Fernabsatzverträgen ist nach Abs. 2 S. 1 Nr. 2 die in § 1 Abs. 1 (Rn 46 ff) enthaltene Gruppe von Angaben dem Verbraucher mitzuteilen. Es sind mithin Angaben zu machen über

- die Identität des Unternehmers (Nr. 1 – Rn 46 ff),
- die Identität eines Vertreters des Unternehmers (Nr. 2 – Rn 53),
- die ladungsfähige Anschrift des Unternehmers (Nr. 3 – Rn 54 ff),
- die wesentlichen Merkmale der Ware oder Dienstleistung (Nr. 4 – Rn 61 ff),
- die Mindestlaufzeit des Vertrags (Nr. 5 – Rn 67 f),
- einen Vorbehalt, eine in Qualität und Preis gleichwertige Leistung zu erbringen (Nr. 6 1. Alt. – Rn 69 ff) bzw die versprochene Leistung im Falle ihrer Nichtverfügbarkeit nicht zu erbringen (Nr. 6 2. Alt. – Rn 74),
- den Gesamtpreis der Ware oder Dienstleistung (Nr. 7 – Rn 75 ff),
- ggf zusätzlich anfallende Liefer- und Versandkosten (Nr. 8 – Rn 80 ff),
- Details der Zahlung, Lieferung oder Erfüllung (Nr. 9 – Rn 80 ff),
- das Bestehen oder Nichtbestehen eines Widerrufs- oder Rückgaberechts (Nr. 10 – Rn 80 ff),
- alle spezifischen, zusätzlichen Kosten (Nr. 11 – Rn 80 ff) bzw
- einer Befristung der Gültigkeitsdauer der zur Verfügung stehenden Informationen (Nr. 12 – Rn 80 ff).

62 Abs. 1 S. 2 Nr. 2 entspricht Art. 5 Abs. 1 S. 1 iVm Art. 4 Abs. 1 FARL und deckt zugleich einen Teil der Mitteilungserfordernisse nach Art. 5 Abs. 1 iVm Art. 3 Abs. 1 FinFARL ab.[81]

III. Nachvertragliche Informationspflichten bei Fernabsatzverträgen über Finanzdienstleistungen (Nr. 3)

63 Bei Fernabsatzverträgen über Finanzdienstleistungen (dazu § 312 b Rn. 77) sind nach Abs. 1 S. 2 Nr. 3 **zusätzlich** die in § 1 Abs. 2 bezeichneten Angaben (Rn 90 ff) in Textform (§ 126 b BGB) mitzuteilen, mithin:

- die Hauptgeschäftstätigkeit des Unternehmers (Nr. 1 – Rn 91),
- ggf ein Hinweis, dass sich die Finanzdienstleistung auf Finanzierungsinstrumente bezieht, die wegen ihrer spezifischen Merkmale oder der durchzuführenden Vorgänge mit speziellen Risiken behaftet sind oder deren Preis Schwankungen auf dem Finanzmarkt unterliegt (Nr. 2 – Rn 92),
- vertragliche Kündigungsbedingungen (einschließlich etwaiger Vertragsstrafen) (Nr. 3 – Rn 93),
- Mitgliedstaaten der Europäischen Union, deren Recht der Unternehmer der Aufnahme von Beziehungen zum Verbraucher vor Abschluss des Fernabsatzvertrags zugrunde legt (Nr. 4 – Rn 94),
- eine Vertragsklausel über das auf den Fernabsatzvertrag anwendbare Recht oder über das zuständige Gericht (Nr. 5 – Rn 94),
- die Sprachen, in welchen die Vertragsbedingungen und die in dieser Vorschrift genannten Vorabinformationen mitgeteilt werden (Nr. 6 – Rn 94),
- ein möglicher Zugang des Verbrauchers zu einem außergerichtlichen Beschwerde- und Rechtsbehelfsverfahren (Nr. 7 – Rn 94) bzw
- das Bestehen eines Garantiefonds oder anderer Entschädigungsregelungen (Nr. 8 – Rn 94).

64 Abs. 1 S. 2 Nr. 3 komplettiert die Umsetzung von Art. 5 Abs. 1 iVm Art. 3 Abs. 1 FinFARL.[82]

79 Palandt/*Grüneberg*, Art. 246 § 2 EGBGB Rn 2.
80 RegE, BT-Drucks. 11643, S. 196.
81 RegE, BT-Drucks. 15/2946, S. 27.
82 RegE, BT-Drucks. 15/2946, S. 27.

IV. Weitere nachvertragliche Informationspflichten bei der Lieferung von Waren und sonstigen Dienstleistungen (Nr. 4)

Abs. 1 S. 2 Nr. 4 benennt schließlich die zusätzlichen Angaben, die bei Waren und sonstigen Dienstleistungen dem Verbraucher in Textform (§ 126 b BGB) mitzuteilen sind, nämlich bei der Lieferung von Waren und sonstigen Dienstleistungen zudem 65

- die in § 1 Abs. 2 Nr. 3 genannten Informationen bei Verträgen, die ein Dauerschuldverhältnis betreffen und für eine längere Zeit als ein Jahr oder für unbestimmte Zeit geschlossen sind (lit. a – Rn 67), sowie
- Informationen über Kundendienst und geltende Gewährleistungs- und Garantiebedingungen (lit. b – Rn 68).

Diese zusätzlichen Informationserfordernisse resultieren aus Art. 5 Abs. 1 S. 2 FARL (und waren bisher in Abs. 3 Nr. 3 und 4 aF umgesetzt). 66

1. Kündigungsbedingungen (Buchst. a). Die nachvertragliche Informationspflicht des Unternehmers umfasst nach Abs. 1 S. 2 Nr. 4 Buchst. a (entsprechend § 2 Abs. 3 S. 2 Nr. 4 FernAbsG) auch die in § 1 Abs. 2 Nr. 3 genannten Informationen bei Verträgen, die ein Dauerschuldverhältnis betreffen und für eine längere Zeit als ein Jahr oder für unbestimmte Zeit geschlossen sind. Anzugeben sind also die vertraglichen Kündigungsbedingungen (dh die Kündigungsvoraussetzungen, die Kündigungsfrist und den Adressaten der Kündigungserklärung) einschließlich etwaiger Vertragsstrafen. Dies bedeutet, dass die nachträgliche Informationspflicht auch die Kündigungsbedingungen (dh die Kündigungsvoraussetzungen, die Kündigungsfrist und die Angabe des Adressaten der Kündigungserklärung sowie einen Hinweis auf ein Kündigungsrecht aus „wichtigem Grund" nach § 314 BGB)[83] umfasst bei Verträgen, die ein Dauerschuldverhältnis (iSv § 309 Nr. 9 BGB ein Vertragsverhältnis, das die regelmäßige Lieferung von Waren oder die regelmäßige Erbringung von Dienst- oder Werkleistungen zum Gegenstand hat) betreffen und für eine längere Zeit als ein Jahr[84] oder für unbestimmte Zeit geschlossen werden. Ein Dauerschuldverhältnis setzt begrifflich ein dauerndes Verhalten bzw eine Verpflichtung zu wiederkehrenden Leistungen voraus sowie die Abhängigkeit des Gesamtumfangs der Leistung von der Dauer der Rechtsbeziehung.[85] 67

2. Kundendienst und geltende Gewährleistungs- und Garantiebedingungen (Buchst. b). Dem Verbraucher sind nach Abs. 1 S. 2 Nr. 4 Buchst. b (entsprechend § 2 Abs. 3 S. 2 Nr. 3 FernAbsG) des Weiteren Informationen über den Kundendienst und geltende Gewährleistungs- und Garantiebedingungen zu erteilen, um den Verbraucher in die Lage zu versetzen, von seinen Rechten auch Gebrauch zu machen.[86] Bei den „Gewährleistungsbedingungen" wird es sich wohl nur um solche handeln, die dem Verbraucher zum Nachteil gereichen, mithin solche, die vom dispositiven Recht abweichen.[87] Dh, dass eine detaillierte Informationsverpflichtung des Unternehmers hinsichtlich seiner Sachmängelhaftung nur dann besteht, wenn im Fernabsatzvertrag von den gesetzlichen Regelungen abgewichen wird.[88] So hat der BGH[89] entschieden, dass – sofern für die Haftung nur die gesetzlichen Vorschriften gelten – weder auf diesen Umstand noch auf den Inhalt der (gesetzlichen) Vorschrift hingewiesen werden muss. Die Belehrung muss aus sich heraus und auch ohne Zuhilfenahme des Gesetzestextes verständlich sein.[90] Sofern der **Unternehmer keinen Kundendienst unterhält** (bzw bei fehlender Garantiezusage), sind entsprechende Angaben nach Abs. 1 S. 2 Nr. 4 Buchst. b nicht erforderlich – besteht jedoch eine **Händler- oder Herstellergarantie**, muss der Unternehmer die damit verbundenen Rechte spezifizieren.[91] 68

83 *Brich*, in: Henssler/v. Westphalen, Praxis der Schuldrechtsreform, § 1 BGB-InfoV Rn 37; *Lütcke*, § 312 c BGB Rn 96; Palandt/*Grüneberg*, Art. 246 § 2 EGBGB Rn 5.

84 *Lütcke* (§ 312 c BGB Rn 97) will Buchst. a (zu Abs. 3 Nr. 5 aF) entsprechend dem Schutzzweck der Norm auch auf Verträge anwenden, die nur für ein Jahr gelten, sich aber ohne Kündigungsfrist um ein weiteres Jahr verlängern.

85 MüKo/*Gaier*, § 324 BGB Rn 5; Palandt/*Grüneberg*, § 314 BGB Rn 2.

86 Erman/*Saenger*, § 312 c BGB Rn 33.

87 So *Härting*, CR 1999, 507, 510; aA Bamberger/Roth/*Schmidt-Räntsch*, § 1 BGB-InfoV Rn 26; *Lütcke*, § 312 c BGB Rn 32; Staudinger/*Thüsing*, Art. 240 EGBG Rn 28: Bei jeder Abweichung des Unternehmers von der geltenden gesetzlichen Mängelhaftung, auch zum Vorteil des Verbrauchers.

88 So zutr. Palandt/*Grüneberg*, Art. 246 § 2 EGBGB Rn 5; *Lütcke*, § 312 c Rn 93; MüKo/*Wendehorst*, § 312 c Rn 66. Erman/*Saenger*, (§ 312 c BGB Rn 33) meint hingegen, dass der Unternehmer *stets* zu Informationen über die Gewährleistungsbedingungen verpflichtet sei und daher „den Verbraucher auch über die geltenden gesetzlichen Bestimmungen zu unterrichten" habe.

89 NJW 2008, 1595.

90 Staudinger/*Thüsing*, Art. 240 EGBGB Rn 28.

91 Palandt/*Grüneberg*, Art. 246 § 2 EGBGB Rn 5: Fehlen entsprechende Garantien hingegen gänzlich, braucht der Unternehmer keine Angaben (nach Abs. 3 Nr. 2 aF) zu machen.

C. Mitteilungspflicht bei unmittelbarer Erbringung der Leistung unter Einsatz von Fernkommunikationsmitteln in einem Mal (Abs. 2)

69 Eine Mitteilung nach Abs. 1 S. 1 Nr. 2 iVm Abs. 1 S. 2 ist gemäß Abs. 2 S. 1 entbehrlich bei Dienstleistungen, die unmittelbar durch Einsatz von Fernkommunikationsmitteln erbracht werden, sofern diese Leistungen in einem Mal erfolgen und über den Betreiber der Fernkommunikationsmittel abgerechnet werden. Der Verbraucher muss sich in diesem Fall nach Abs. 2 S. 2 aber über die Anschrift der Niederlassung des Unternehmers informieren können, bei der er Beanstandungen vorbringen kann.

D. Die Verwendung von Mustern (Abs. 3 S. 1)

70 Zur Erfüllung seiner Informationspflicht gemäß Abs. 1 S. 2 Nr. 2 iVm § 1 Abs. 1 Nr. 10 über das Bestehen eines Widerrufs- oder Rückgaberechts kann der Unternehmer gemäß Abs. 3 S. 1 die in den Anlagen 1 und 2 für die Belehrung über das Widerrufs- oder Rückgaberecht vorgesehenen Muster in Textform verwenden.

E. Form der Zurverfügungstellung der Informationen (Abs. 3 S. 2)

71 Soweit die nach Abs. 1 S. 2 Nr. 2 iVm § 1 Abs. 1 Nr. 3 und 10, nach Abs. 1 S. 2 Nr. 3 iVm § 1 Abs. 2 Nr. 3 und nach Abs. 1 S. 2 Nr. 4 Buchstabe b mitzuteilenden Informationen in den Vertragsbestimmungen einschließlich der Allgemeinen Geschäftsbedingungen enthalten sind, bedürfen sie nach Abs. 3 S. 2 einer hervorgehobenen und deutlich gestalteten Form. Abs. 3 S. 2 verlangt, dass die Informationen nach § 1 Abs. 1 Nr. 3 (Anschrift – Rn 54 ff) und § 1 Abs. 1 Nr. 10 (Widerrufs- und Rückgaberecht – Rn 80 ff), Abs. 2 Nr. 3 (Kündigungsbedingungen – Rn 93) sowie Abs. 1 S. 2 Nr. 4 b (Kundendienst/Garantie – Rn 94), wenn diese in den Vertragsbestimmungen (einschließlich AGB) enthalten sind, **hervorgehoben** und **deutlich gestaltet** sind.

72 Damit greift Abs. 3 S. 2 den Regelungsgedanken aus dem bisherigen § 1 Abs. 3 aF auf:[92] Ziel dieser Regelung war es, dem Verbraucher die Auffindung der für ihn wesentlichen Informationen zu erleichtern.[93] Der Katalog der hervorzuhebenden Bestimmungen stammt aus Art. 5 Abs. 2 FARL, der diese Angaben als Mindestinformationen hervorhebt, die „auf jeden Fall" zu übermitteln sind. Zwar enthält die FinFARL einen derartigen Katalog nicht. Sie lässt jedoch hinsichtlich der Informationspflichten ein Mehr an Verbraucherschutz bei der Umsetzung zu. Eine Hervorhebung der genannten Informationen erscheint auch bei Finanzdienstleistungen sinnvoll, da diese für den Verbraucher (insbesondere für die Geltendmachung seiner vertraglichen Rechte) von besonderer Bedeutung sind. In der Regelung des Abs. 3 S. 2 ist eine Abgrenzung gegenüber den Vertragsbestimmungen erforderlich, weil diese durch den Unternehmer im Grundsatz zu übermitteln sind.[94]

Art. 246 § 3 EGBGB Informationspflichten bei Verträgen im elektronischen Geschäftsverkehr

Bei Verträgen im elektronischen Geschäftsverkehr muss der Unternehmer den Kunden unterrichten

1. **über die einzelnen technischen Schritte, die zu einem Vertragsschluss führen,**
2. **darüber, ob der Vertragstext nach dem Vertragsschluss von dem Unternehmer gespeichert wird und ob er dem Kunden zugänglich ist,**
3. **darüber, wie er mit den gemäß § 312 g Absatz 1 Satz 1 Nummer 1 des Bürgerlichen Gesetzbuchs zur Verfügung gestellten technischen Mitteln Eingabefehler vor Abgabe der Vertragserklärung erkennen und berichtigen kann,**
4. **über die für den Vertragsschluss zur Verfügung stehenden Sprachen und**
5. **über sämtliche einschlägigen Verhaltenskodizes, denen sich der Unternehmer unterwirft, sowie über die Möglichkeit eines elektronischen Zugangs zu diesen Regelwerken.**

Literatur: *Härting/Schätzle*, Nutzungsbedingungen in Sicial Networks, ITRB 2011, 40; *Hartmann*, Belehrung im elektronischen Fernabsatz, CR 2010, 371; *Horst*, Electronic Contracting durch Einbezug von Internet-AGB, DWW 2002, 324; *Kaestner/Tews*, Informations- und Gestaltungspflichten bei Internet-Auktionen, WRP 2004, 509; *Koch/Schimmel*, Ersatzteile im Online-Versandhandel, JA 2006, 190; *Leible*, Vertragsschluss bei Internetauktionen, DSWR 2006, 50; *Lejeune*, Die Reform der Widerrufsbelehrungen für den Online Handel, CR 2008, 226; *Leverenz*, Auswirkungen des § 312 e BGB auf das Versicherungsgeschäft im Internet, VersR 2003, 698; *Micklitz/Ebers*, Der Abschluss von privaten Versicherungsverträgen im Internet, VersR 2002, 641; *Müller-ter Jung*, Die Visualisierung als Ausweg, BB 2010, 1874; *Voigt/Heilmann*, Hinweise zur rechtlichen Ausgestaltung gewerblicher Warenangebote bei eBay, ITBR 2010, 107.

92 RegE, BT-Drucks. 15/2946, S. 27.
93 Vgl dazu RegE zur Vorgängervorschrift des § 2 Abs. 3 S. 3 FernAbsG, BT-Drucks. 14/2658, S. 39.
94 RegE, BT-Drucks. 15/2946, S. 27.

A. Allgemeines

Seit dem 11.6.2010 findet sich infolge des VerbrKrRL-UG der Regelungsgehalt des § 3 BGB-InfoV aF in Art. 246 § 3 EGBGB. § 3 entspricht § 3 BGB-InfoV aF[1] in Normierung der Kundeninformationspflichten des Unternehmers bei Verträgen im elektronischen Geschäftsverkehr. Die Regelung, die § 312 e Abs. 1 S. 1 Nr. 2 BGB ergänzt,[2] wiederholt im Wesentlichen wörtlich den Richtlinientext des Informationspflichtenkataloges des Art. 10 Abs. 1 a–d ECRL (entsprechend § 3 Nr. 1–4) und Art. 10 Abs. 2 ECRL (§ 3 Nr. 5), womit sie richtlinienkonform auszulegen ist. Sie gilt über § 8 Abs. 4 VVG auch für den Versicherungsvertrag.[3] 1

Beachte: § 3 erfasst Informationspflichten gegenüber dem „**Kunden**“, der sowohl Verbraucher (§ 13 BGB) als auch Unternehmer (§ 14 BGB) sein kann. Tritt dem Unternehmer ein Verbraucher gegenüber, sind zusätzlich die Pflichten nach § 1 Abs. 1 zu beachten. Da ein Vertrag im elektronischen Geschäftsverkehr zugleich auch Fernabsatzvertrag ist (aber nicht umgekehrt), gelangen – sofern es sich um einen Vertrag zwischen einem Unternehmer und einem Verbraucher handelt – neben den Informationspflichten gemäß § 3 auch jene nach § 1 Abs. 1 zur Anwendung. 2

Beachte zudem: Die Informationspflichten sind ohne Rücksicht auf die wirtschaftliche Bedeutung des Geschäfts – selbst bei einer Kleinstbestellung – mit einer korrespondierenden Informationspflicht zu erfüllen. 3

B. Regelungsgehalt

Nr. 1–5 regeln die **vorvertraglichen Informationspflichten** des Unternehmers gegenüber dem Kunden bei Verträgen im elektronischen Geschäftsverkehr. 4

I. Informationen über die einzelnen zum Vertragsschluss führenden technischen Schritte (Nr. 1)

Der Unternehmer ist nach Nr. 1 verpflichtet, den Kunden (in verständlicher, dh laiengerechter Sprache [und umfassender als nach § 1 Abs. 1 Nr. 4 2. Hs]) über die einzelnen technischen[4] Schritte, die zum Vertragsschluss führen, zu unterrichten (dh, er hat insbesondere Angaben darüber zu machen, durch welche Erklärung des Kunden dieser seine vertragliche Verpflichtung begründet und durch welche Handlung – bspw eine elektronische Bestätigung bzw die Auslieferung der Ware durch den Unternehmer – letztlich der Vertrag im elektronischen Geschäftsverkehr zustande kommt (bzw das Internet-Angebot des Unternehmers als Geschäftskontakt, wie im Regelfalle, bloße invitatio ad offerendum[5] ist) – womit diese Informationsverpflichtung über den Regelungsgehalt des § 1 Abs. 1 Nr. 4 Hs 2 (§ 1 Rn 63 ff) hinausgeht.[6] Die entsprechenden Informationen können (unter Beachtung des Transparenzgebotes) auch gesammelt im Rahmen von AGB festgelegt werden.[7] 5

1 RegE, BT-Drucks. 16/11643, S. 199.
2 Zu Rechtsfragen mobiler Agentensysteme in E-Commerce *Gitter*/*Roßnagel*, K&R 2003, 64.
3 Palandt/*Grüneberg*, Art. 246 § 3 EGBGB Rn 1.
4 „Technisch“ iwS durch Klarstellung, durch welche Handlungen des Kunden der Vertrag zustande kommt (bspw das Angebot durch Klicken des Bestellbuttons, die Annahme durch Bestätigungs-Mail): *Lütcke*, Fernabsatzrecht, 2002, § 312 e BGB Rn 35; Staudinger/*Thüsing*, Art. 241 EGBGB Rn 4.
5 *Dörner*, AcP 202 (2002), 378: Definition des Rechtscharakters der Website als invitatio ad offerendum.
6 Palandt/*Grüneberg*, Art. 246 § 3 EGBGB Rn 2.
7 So *Brich*, in: Henssler/v. Westphalen, Praxis der Schuldrechtsreform, § 3 BGB-InfoV Rn 3; Staudinger/*Thüsing*, Art. 241 EGBGB Rn 4.

II. Speicherung des Vertragstextes und dessen Zugänglichkeit für den Kunden (Nr. 2)

6 Der Kunde ist nach Nr. 2 auch darüber zu informieren, ob[8] der Vertragstext nach dem Vertragsschluss vom Unternehmer gespeichert wird und ihm zugänglich ist – genauer, wie und in welcher Weise er die gespeicherten Vertragsinhalte abrufen kann.[9] Dies liegt darin begründet, dass dem Kunden nach § 312 e Abs. 1 S. 1 Nr. 4 BGB im Zeitpunkt des Vertragsschlusses die Möglichkeit eröffnet sein muss, die Vertragsbestimmungen (einschließlich der AGB) abzurufen und in wiedergabefähiger Form zu speichern. Sollte dies nach Vertragsschluss nicht mehr möglich sein, führt die Information dazu, dass der Kunde den Vertragstext noch rechtzeitig abrufen und speichern kann.[10] Der Nr. 2 genügt bspw ein Hinweis nicht, wonach die für die Geschäftsabwicklung notwendigen Daten unter Einhaltung der geltenden datenschutzrechtlichen Bestimmungen gespeichert werden.[11]

III. Möglichkeiten, wie der Kunde Eingabefehler vor Abgabe der Bestellung erkennen und berichtigen kann (Nr. 3)

7 Eine Kundeninformationspflicht des Unternehmers besteht nach Nr. 3 weiterhin darüber, wie der Kunde mit den gemäß § 312 e Abs. 1 S. 1 Nr. 1 BGB zur Verfügung gestellten („angemessenen, wirksamen und zugänglichen") technischen Mitteln Eingabefehler vor Abgabe der Bestellung erkennen und berichtigen kann – eine Vorgabe, die *Grüneberg*[12] neben § 312 e Abs. 1 S. 1 Nr. 1 BGB zu Recht als „überflüssig" qualifiziert, womit ein Hinweis des Unternehmers ausreicht, dass die Kundenangaben auch noch nach Anklicken des Bestellbuttons durch Anzeige in einem Bestellfenster korrigierbar sind.[13] Ein ausdrücklicher und ausführlicher Hinweis soll dann nicht erforderlich sein, wenn die Gestaltung des Angebots selbst transparent und aus sich heraus verständlich ist,[14] wofür aber strenge Kriterien gelten sollen.[15] Der Unternehmer muss den Kunden im elektronischen Geschäftsverkehr also darüber informieren, wie er mit den zur Verfügung gestellten technischen Mitteln Eingabefehler vor Abgabe der Bestellung zum einen erkennen und zum anderen berichtigen kann, wobei der Unternehmer dieser Pflicht grundsätzlich schon mit einem Hinweis darauf genügt, dass die Eingabe nach Anklicken des Bestell-Buttons noch einmal überprüft werden kann.[16] Darüber hinaus muss der Kunde auch darauf hingewiesen werden, wie er verfahren soll, wenn sich die Angaben als falsch erweisen.[17]

IV. Die für den Vertragsschluss zur Verfügung stehenden Sprachen (Nr. 4)

8 Den Unternehmer trifft nach Nr. 4 eine Verpflichtung, über die für den Vertragsschluss zur Verfügung stehenden Sprachen zu informieren – wobei daraus aber nicht der Schluss gezogen werden darf, dass der Unternehmer sich nicht auf eine Vertragssprache, idR Deutsch, beschränken darf, die sich auch bereits schon aus seinem Internetauftritt konkludent ergeben kann.[18] Bei reinen Inlandsverträgen kann eine Beschränkung auf „Deutsch" vorgenommen werden.[19] Es besteht aber keine Verpflichtung des Unternehmers, den Vertragsschluss in einer bestimmten Sprache zu ermöglichen. *Grüneberg*[20] rät gleichwohl an, eine ausdrückliche Klarstellung vorzunehmen.

9 Bietet der Unternehmer dennoch seine Leistungen in verschiedenen Sprachen an (womit Nr. 4 letztlich nur Sinn macht),[21] muss er dem Kunden alle erforderlichen Informationen in diesen Sprachen zur Verfügung stellen. Dem Kunden ist durch eine „sichere Navigation" der Weg zu der ihm vertrauten Sprache zwecks Vertragsschlusses zu weisen.[22]

10 Ein **Vertragsschlussangebot nur in einer anderen Sprache als Deutsch** soll dann statthaft sein, wenn sich dieses seiner Art nach nur an Personen wendet, deren Muttersprache nicht Deutsch ist.[23]

8 Das (missverständliche) Tatbestandsmerkmal „ob" ist im Hinblick auf die letztlich aus § 312 e Abs. 1 S. 2 Nr. 4 BGB resultierende Verpflichtung nach Nr. 2 als „wie" zu interpretieren, Staudinger/*Thüsing*, Art. 241 EGBGB Rn 5.
9 *Lütcke*, Fernabsatzrecht, 2002, § 312 e BGB Rn 37.
10 Palandt/*Grüneberg*, Art. 246 § 3 EGBGB Rn 3.
11 So LG Stuttgart NJW-RR 2004, 911.
12 Palandt/*Grüneberg*, Art. 246 § 3 EGBGB Rn 4.
13 Palandt/*Grüneberg*, Art. 246 § 3 EGBGB Rn 4.
14 *Brich*, in: Henssler/v. Westphalen, Praxis der Schuldrechtsreform, § 3 BGB-InfoV Rn 5.
15 So Staudinger/*Thüsing*, Art. 241 EGBGB Rn 6.
16 Hanseatisches OLG Hamburg MMR 2010, 696 = GRUR-RR 2010, 480 – Rn 10 f.
17 Hanseatisches OLG Hamburg MMR 2010, 696 = GRUR-RR 2010, 480 – Rn 12.
18 AA Palandt/*Grüneberg*, § 3 BGB-InfoVO Rn 5: Der Unternehmer könne sich auf eine Vertragsstrafe beschränken und ein entsprechender Wille könne sich ggf auch schon konkludent aus der Fassung des Internettextes ergeben.
19 Staudinger/*Thüsing*, Art. 241 EGBGB Rn 7.
20 Palandt/*Grüneberg*, Art. 246 § 3 EGBGB Rn 5.
21 Staudinger/*Thüsing*, Art. 241 EGBGB Rn 7.
22 Palandt/*Grüneberg*, Art. 246 § 3 EGBGB Rn 5.
23 Vgl RegE, BT-Drucks. 14/2658, S. 38: bspw ein Kassetten-Sprachkurs Deutsch.

V. Hinweis auf Verhaltenskodizes und die Möglichkeit eines elektronischen Zugangs zu diesen (Nr. 5)

Der Kunde ist nach Nr. 5 über sämtliche einschlägigen Verhaltenskodizes (dh Regelwerke, denen sich der Unternehmer – meist zu Werbezwecken – unabhängig vom Vertragsschluss mit dem einzelnen Kunden freiwillig unterwirft, um damit im Wettbewerb eine besondere Unternehmens- und/oder Produktqualität dokumentieren zu können)[24] zu informieren sowie über die Möglichkeit eines elektronischen Zugangs zu diesen Regelwerken (Abruf). Unterwirft sich der Unternehmer dem Verhaltenskodex eines bestimmten Unternehmerverbandes, hat er diesen auch auf seiner Internetpräsentation abrufbar bereitzuhalten[25] – hilfsweise ist er verpflichtet, durch einen deutlich wahrnehmbaren Link auf seiner Internetseite den Weg zum relevanten Regelwerk zu weisen.[26] Hat sich der Unternehmer keinem entsprechenden Regelwerk unterworfen (wozu er ausweislich des Wortlauts der Norm auch nicht verpflichtet ist)[27] bzw fehlt ein entsprechender Verhaltenskodex ganz, bedarf es keines entsprechenden Hinweises (dh keiner Fehlanzeige),[28] selbst wenn entsprechende Selbstverpflichtungen in der Branche üblich sein sollten.[29] 11

Art. 247 bis 248 EGBGB (nicht abgedruckt)

24 Palandt/*Grüneberg*, Art. 246 § 3 EGBGB Rn 6.
25 Staudinger/*Thüsing*, Art. 241 EGBGB Rn 8.
26 *Brich*, in: Henssler/v. Westphalen, Praxis der Schuldrechtsreform, § 3 BGB-InfoV Rn 11.
27 Staudinger/*Thüsing*, Art. 241 EGBGB Rn 8: Den Unternehmer trifft weder eine Verpflichtung, über entsprechende Kodizes zu verfügen, noch diese für den Verbraucher vorzuhalten.
28 So Meyer, BB 2004, 2739, 2741; Palandt/*Grüneberg*, Art. 246 § 3 EGBGB Rn 6.
29 Bamberger/Roth/*Schmidt-Räntsch*, § 312 e BGB Rn 25; *Lütcke*, Fernabsatzrecht, 2002, § 312 e BGB Rn 41.

Allgemeines Gleichbehandlungsgesetz (AGG)

Vom 14. August 2006 (BGBl. I S. 1897)

Zuletzt geändert durch Gesetz vom 5. Februar 2009 (BGBl. I S. 160)
(FNA 402-40)

Vorbemerkung – Ursprung, Entwicklung, Inhalt des AGG

Literatur: *Adomeit/Mohr*, Kommentar zum Allgemeinen Gleichbehandlungsgesetz, 2007; *Bauer/Göpfert/Krieger*, Allgemeines Gleichbehandlungsgesetz – Kommentar, 2. Auflage 2008; Beckscher Online-Kommentar zum Arbeitsrecht, hrsg. v. Rolfs/Giesen/Kreikebohm/Udsching, Stand 2010; *Däubler/Bertzbach*, Allgemeines Gleichbehandlungsgesetz, 2. Auflage 2008; *Dornbusch/Fischermeier/Löwisch*, Fachanwaltskommentar Arbeitsrecht, 3. Auflage 2010; Erfurter Kommentar zum Arbeitsrecht, hrsg. v. Müller-Glöge/Preis/Schmidt,10. Auflage 2010; *Hey* (Hrsg.), Kommentar zum AGG, 2009; *Henssler/Willemsen/Kalb*, Arbeitsrecht Kommentar, 3. Auflage 2008; *Hümmerich/Boecken/Düwell*, NomosKommentar Arbeitsrecht, 2. Auflage 2010; KR-Gemeinschaftskommentar zum Kündigungsschutzrecht und zu sonstigen kündigungsschutzrechtlichen Vorschriften, Becker/Etzel/Bader u.a., 9. Auflage 2009; *Meinel/Heyn/Herms*, Allgemeines Gleichbehandlungsgesetz – Arbeitsrechtlicher Kommentar, 2. Auflage 2010; *Prütting/Wegen/Weinreich*, BGB-Kommentar, 5. Auflage 2010; *Rolfs/Giesen/Kreikebohm/Udsching*, Arbeitsrecht Kommentar, 2008; *Rudolf/Mahlmann*, Gleichbehandlungsrecht, 2007; *Rühl/Schmid/Viethen*, Allgemeines Gleichbehandlungsgesetz, 2007; *Rust/Falke* (Hrsg.), AGG – Allgemeines Gleichbehandlungsgesetz mit weiterführenden Vorschriften. Kommentar, 2007; *Schieck* (Hrsg.), Allgemeines Gleichbehandlungsgesetz (AGG) – Ein Kommentar aus europäischer Perspektive, 2007; *Schieck*, Europäisches Arbeitsrecht, 3. Auflage 2007; *Schleusener/Suckow/Voigt*, AGG, Kommentar zum Allgemeinen Gleichbehandlungsgesetz, 2. Auflage 2008; *Schrader/Schubert*, Das neue AGG, 2006; *Thüsing*, Arbeitsrechtlicher Diskriminierungsschutz – Das neue Allgemeine Gleichbehandlungsgesetz und andere arbeitsrechtliche Benachteiligungsverbote, 2007; *Wendeling-Schröder/Stein*, Allgemeines Gleichbehandlungsgesetz, 2008.

1 Seit dem 18.8.2006 gilt das Allgemeine Gleichbehandlungsgesetz (AGG), das umfassend Diskriminierungen aufgrund der ethnischen Herkunft oder einer rassistischen Diskriminierung, des Geschlechts, der Religion oder Weltanschauung, einer Behinderung, des Alters oder der sexuellen Identität verhindern oder beseitigen soll.[1] Das politische Ziel der Gleichbehandlung ist dabei Kern des Selbstverständnisses der Europäischen Union als Werte- und Wirtschaftsgemeinschaft und hat eine lange Tradition im europäischen Integrationsprozess.

2 Mit Art. 13 EGV Abs. 1 als Ermächtigungsgrundlage, welcher den europäischen Richtliniengeber ermächtigt, geeignete Maßnahmen zu treffen, um eine Diskriminierung aus Gründen des Geschlechts, der Rasse, der ethnischen Herkunft, der Religion oder der Weltanschauung, einer Behinderung, des Alters oder der sexuellen Ausrichtung zu verhindern und zu bekämpfen, wurden vier EG-Antidiskriminierungs-Richtlinien erlassen, die innerhalb bestimmter Fristen umgesetzt werden mussten. Dabei handelte es sich um Richtlinie 2000/43/EG vom 29.6.2000 (sog. Antirassismusrichtlinie),[2] Richtlinie 2000/78/EG vom 27.11.2000 (sog. Rahmenrichtlinie Beschäftigung),[3] Richtlinie 2002/73/EG vom 23.9.2002 (sog. Gender-Richtlinie)[4] sowie Richtlinie 2004/113/EG vom 13.12.2004 (sog. Gleichbehandlungsrichtlinie wegen des Geschlechts außerhalb der Arbeitswelt).[5] Infolge der Umsetzung der Richtlinien zur Verwirklichung des Grundsatzes der Gleichbehandlung vom 14.8.2006[6] trat dann das Allgemeine Gleichbehandlungsgesetz – AGG als Art. 1 am 18.8.2006 in Kraft.

3 In seiner Querschnittsfunktion ersetzt dieses Artikelgesetz nicht nur vorhandene Schutzvorschriften, sondern ergänzt vielfach bestehende Antidiskriminierungsbestimmungen. Abgelöst wurden die Paragraphen 611 a, 611 b und 612 Abs. 3 BGB sowie das Beschäftigtenschutzgesetz. Andere Gleichbehandlungsregelungen, wie zB Art. 141 Abs. 1 EGV zur Entgeltgleichheit bei Männern und Frauen, Art. 3 GG, § 81 SGB IX, § 75 BetrVG oder TzBfG behalten weiter ihre Bewandtnis für die deutsche Rechtsprechung. Für Kündigungen gelten gem. § 2 Abs. 4 AGG ausschließlich die Bestimmungen zum allgemeinen und besonderen Kündigungsschutz. In der Praxis bedeutet dies ein Abgrenzungsproblem, welches es notwendig macht, neben den Spezialgesetzen auch das AGG heran zu ziehen und, die Europarechtskonformität vorausgesetzt, daraufhin zu entscheiden, ob sich ein Nebeneinander bzw eine Ergänzung der Vorschriften oder eine Bevorzugung der Spezialregelungen ergibt.[7]

1 *Wendeling-Schröder*, NZA 2004, 1320.
2 Vgl ABl. EG Nr. L 180 v. 19.7.200, 22.
3 Vgl ABl. EG Nr. L 303 v. 2.12.2000, 16.
4 Vgl ABl. EG Nr. L 269 v. 5.10.2002, 15; *Rust*, NZA 2003, 72 ff.
5 Vgl ABl. EG Nr. L 373 v. 21.12.2004, 37 ff; *Riesenhuber/Franck*, JZ 2004, 529 ff; *Pirstner-Ebner*, EuZW 2004, 205 ff.
6 BGBl. I S. 1897.
7 *Schrader/Schubert*, Das neue AGG, 2006, S. 15, Rn 2 u. 3.

Mit Inkrafttreten des AGG wurde ein mehrjähriger Gesetzgebungsprozess abgeschlossen, der durch den Beschluss der vier EG-Gleichbehandlungsrichtlinien in Gang gesetzt wurde.[8] Ein Verweis auf Gerichtsentscheidungen zum Gleichbehandlungsgrundsatz oder auf vorhandene Schutzvorschriften im Grundgesetz, im BGB oder im Beschäftigtenschutzgesetz genügte nicht als Nachweis der Umsetzungspflicht.[9] Die europäische Gesetzgebung knüpft mit ihren Richtlinie zur Gleichbehandlung an internationale völkerrechtliche Entwicklungen an. Bereits die UNO-Charta von 1945 hält in Art. 1 Nr. 3 als Ziel fest „eine internationale Zusammenarbeit herbeizuführen, um internationale Probleme wirtschaftlicher, kultureller und humanitärer Art zu lösen und die Achtung vor den Menschenrechten und Grundfreiheiten für alle ohne Unterschied der Rasse, des Geschlechts, der Sprache oder der Religion zu fördern und zu festigen.“[10] 4

Die Umsetzung der EG-Richtlinien in den Mitgliedsstaaten wurde, je nach Ausgangssituation, unterschiedlich zügig vorgenommen. In Deutschland erfolgte die Umsetzung der vier Richtlinien in Form des AGG mit einer Ausnahme stark verfristet. Zunächst erschien dem Gesetzgeber eine Dringlichkeit der Umsetzung nicht gegeben zu sein, da in Art. 3 GG allgemeine Gleichheitsgrundsätze mit mittelbarer Wirkung auf das Privatrecht verankert waren. Mit Inkrafttreten des SGB IX am 1.1.2002 wurde die Integration behinderter Menschen in die Gesellschaft forciert. Bereits Ende Dezember 2001 wurde von Seiten des Justizministeriums ein Vorschlag zur Umsetzung der Antirassismus-Richtlinie mit Ausdehnung auf die Merkmale Religion oder Weltanschauung, Geschlecht, Alter, Behinderung, sexuelle Identität vorgelegt, der zur Einfügung der §§ 319 a–319 e BGB geführt und damit zu einer Ächtung der Diskriminierung im Zivilrecht geführt hätte.[11] Dieser Vorschlag wurde jedoch unter harscher Kritik und mit Blick auf die Bundestagswahlen im September 2002 verworfen.[12] Ein Entwurf eines einheitlichen Antidiskriminierungsgesetzes, das grundsätzlich alle Rechtsgebiete und Diskriminierungsformen beinhaltete, wurde dann erst am 16.12.2004 von den Koalitionsfraktionen als „Gesetz zur Umsetzung europäischer Antidiskriminierungs-Richtlinien“ vorgelegt.[13] Dieses enthielt als 1. Artikel das ADG – Antidiskriminierungsgesetz.[14] Infolge der vorgezogenen Bundestagswahlen im September 2005 wurde der Gesetzgebungsprozess noch einmal verzögert, im folgenden Mai 2006 jedoch legte die Bundesregierung schließlich einen Gesetzentwurf vor, der inhaltlich und strukturell fast identisch mit dem ADG war, welcher im vorangegangenen Jahr nicht mehr verabschiedet werden konnte.[15] Der Name des Gesetzes wurde in diesem Entwurf allerdings in „Allgemeines Gleichbehandlungsgesetz –AGG“ geändert.[16] Nach kritischer Stellungnahme verlangte der Bundesrat einige Änderungen,[17] welchen in den Beratungen des Rechtsauschusses weitgehend nachgekommen wurde.[18] Nach einer Debatte stimmte der Bundestag in seiner Sitzung am 29.6.2006 mit großer Mehrheit zu und nach erfolgter Sitzung am 7.7.2006 legte zudem der Bundesrat keinen Einspruch ein. Darauf folgend wurde am 17.8.2006 das Gesetz im Bundesgesetzblatt verkündet und trat entsprechend seinem Art. 4 am folgenden Tage, dem 18.8.2006 in Kraft. Der Bundestag beschloss am 26.10.2006 im Rahmen eines Korrekturgesetzes die notwendig gewordenen „Änderungen von Vorschriften im Allgemeinen Gleichbehandlungsgesetz und anderen Gesetzen“,[19] welche am 12.12.2006 in Kraft traten.[20] 5

Das AGG ist als Art. 1 Kernstück des als Artikelgesetz konzipierten „Gesetzes zur Umsetzung europäischer Richtlinien zur Verwirklichung des Grundsatzes der Gleichbehandlung“. Der Gesetzgeber hat dabei an dem Grundsatz festgehalten, in einem einheitlichen, umfassenden und eigenständigen Gesetz mit einem grundsätzlichen Diversity-Ansatz, den arbeitsrechtlichen und zivilrechtlichen Schutz vor Benachteiligungen zu regeln. Diese Art der Regelung ist anwenderfreundlicher als eine solche, bei der in mehreren Gesetzen einzelne Teile geändert werden und erleichtert somit den Rechtsschutz der Betroffenen. 6

Das AGG selbst ist in sieben Abschnitte gegliedert: 7

Abschnitt 1 enthält in den §§ 1–5 einen „Allgemeinen Teil“ mit Bestimmungen, die für alle vom Gesetz betroffenen Rechtsgebiete gleichermaßen gelten. 8

Abschnitt 2 (§§ 6–18) beinhaltet unter der Überschrift „Schutz der Beschäftigten vor Benachteiligung“ den Schwerpunkt des AGG. Dabei ist von besonderer Bedeutung das Benachteiligungsverbot nach § 7, dem in den § 8–10 einige Rechtfertigungsgründe („Zulässige unterschiedliche Behandlung“) als Durchbrechungsmöglichkeiten folgen. Die § 11–18 enthalten neben der Schadensersatzpflicht nach § 15 auch präventive Regelungen. 9

8 *Däubler/Bertzbach*, AGG-Handkommentar, 2007, S. 21, Rn 3.
9 Vgl *Rühl/Viethen/Schmid*, Allgemeines Gleichbehandlungsgesetz, 2007, S. 43.
10 Art. 1 Nr. 3, Charta der Vereinten Nationen v. 24.10.1945.
11 Vgl *Rühl/Viethen/Schmid*, S. 4.
12 *Däubler/Bertzbach*, AGG-Handkommentar, 2007, S. 21, Rn 8.
13 BT-Drucks. 15/4538.
14 Vgl *Rühl/Viethen/Schmid*, Allgemeines Gleichbehandlungsgesetz, 2007, S. 6.
15 BR-Drucks. 329/06 = BT-Drucks. 16/1780.
16 *Däubler/Bertzbach*, AGG-Handkommentar, 2007, S. 21, Rn 9.
17 BT-Drucks. 16/1852 = BR-Drucks. 329/06 Beschluss.
18 Ausschussdrucks. 16(11)337.
19 BT-Drucks. 741/06.
20 BGBl. I 2006, 2745 f.

10 Abschnitt 3 (§§ 19–21) regelt den zivilrechtlichen Benachteiligungsschutz, bestimmt im Einzelnen die erfassten Verträge und enthält einen abgestuften Diversity-Ansatz.

11 Abschnitt 4 (§§ 22 u. 23) beinhaltet den prozessualen Teil und somit zwei für einen wirksamen Diskriminierungsschutz zentrale Regelungen: Die Beweislasterleichterung und die Unterstützungsmöglichkeit durch sog. Antidiskriminierungsverbände.

12 Die weiteren Abschnitte 5, 6 und 7 (§§ 24–33) enthalten die Regelungen über öffentlich-rechtliche Dienstverhältnisse, die neue Antidiskriminierungsstelle des Bundes sowie Schlussvorschriften.

Abschnitt 1
Allgemeiner Teil

§ 1 AGG Ziel des Gesetzes

Ziel des Gesetzes ist, Benachteiligungen aus Gründen der Rasse oder wegen der ethnischen Herkunft, des Geschlechts, der Religion oder Weltanschauung, einer Behinderung, des Alters oder der sexuellen Identität zu verhindern oder zu beseitigen.

I. Überblick

1 § 1 fixiert das Hauptziel und somit den eigentlichen Zweck des AGG. Danach soll das AGG Benachteiligungen „aus Gründen der Rasse oder wegen der ethnischen Herkunft, des Geschlechts, der Religion oder Weltanschauung, einer Behinderung, des Alters oder der sexuellen Identität" in dem durch § 2 Abs. 1 geregelten sachlichen Anwendungsbereich verhindern oder beseitigen. Diese in § 1 formulierte Zweckbestimmung ist mittlerweile gesetzessystematisch üblich und entspricht auch der europäischen Rechtsetzung.

2 Der Regelungsgehalt des § 1 geht jedoch über die bloße Zweckbestimmung des AGG hinaus. Neben der abschließenden gesetzlichen Aufzählung der maßgeblichen Merkmale, die Benachteiligungen verhindern oder beseitigen sollen, ergibt sich aus § 1, dass ausdrücklich nur „Benachteiligungen" erfasst werden und somit nicht jede unterschiedliche Behandlung sanktioniert werden soll.

3 Die in § 1 enthaltenen Diskriminierungsmerkmale stimmen mit denjenigen des Art. 13 EG-Vertrag und den aufgrund dieser Bestimmung ergangenen Richtlinien 2000/43/EG, 2000/78/EG, 2002/73/EG und 2004/113/EG überein. Das Gesetz geht über den Gesamtinhalt dieser Richtlinien aber noch hinaus. Erfassen die EG-Richtlinien jeweils nur einen Teil der Diskriminierungstatbestände, die für einen speziellen Bereich gelten, so wird in § 1 umfassend allen Diskriminierungstatbeständen Rechnung getragen. Diese gelten nach der sog. großen Lösung auch einheitlich für den in § 2 definierten Anwendungsbereich. Mit dem Gesetz verfolgt der Gesetzgeber den Zweck der Verbesserung und Ausweitung des Schutzes vor Diskriminierungen im Sinne von Art. 3 GG[1] und will verhindern, dass im Rahmen des durch § 2 vorgegebenen Anwendungsbereichs Benachteiligungen für Personen aufgrund der in § 1 genannten Merkmale entstehen. Denn wie aus § 5 ersichtlich ist, hat das Gesetz sowohl eine präventive als auch eine repressive Funktion. Mit seinen Regelungen sollen die Bürger für die aufgeführten Diskriminierungsmerkmale sensibilisiert und mögliche Zugangsbarrieren wie etwa die Unkenntnis über die eigenen Rechte, über Ansprechpartner und über die Möglichkeit der Unterstützung bei der Durchsetzung überwunden werden.[2]

II. Funktion und Anwendungsbereich

4 Auch wenn in § 1 die Zielbestimmung des AGG formuliert ist, kommt diesem im Hinblick auf die vom Gesetz erfassten Formen der Benachteiligung eine erhebliche Bedeutung zu. § 1 beinhaltet keinen eigenen Tatbestand

1 BT-Drucks. 16/1780 S. 20.
2 BT-Drucks. 16/1780 S. 30.

und auch eine bestimmte Rechtsfolge wird durch ihn nicht geregelt. Vielmehr erlangt er seine erhebliche Bedeutung dadurch, dass er den sachlichen Anwendungsbereich für verschiedene Regelungen aus dem AGG, die auf ihn Bezug nehmen, bestimmt. Die verschiedenen in § 1 genannten Tatbestände stehen dabei nebeneinander. Es können daher mehrere Tatbestände gleichzeitig erfüllt sein. Die Diskriminierungsmerkmale in § 1 sind dabei abschließend, so dass ein Schutz wegen der Benachteiligung aufgrund anderer Ursachen durch das AGG nicht geregelt wird. Der Begriff der Benachteiligung selbst wird in § 3 geregelt.

Hinsichtlich des Anwendungsbereiches ist der sachliche vom persönlichen Anwendungsbereich zu unterscheiden. 5

Der sachliche Anwendungsbereich des § 1 bezieht sich sowohl auf Arbeitsverhältnisse als auch auf allgemeine zivilrechtliche Massengeschäfte und Versicherungsverträge. Als Lebensbereiche sind zum einen der Zugang zu unselbständiger und selbständiger Erwerbstätigkeit – unabhängig von Tätigkeitsfeld und beruflicher Position – sowie der berufliche Aufstieg geschützt. Zum anderen sind erfasst die Beschäftigungs- und Arbeitsbedingungen, einschließlich des Entgelts, der Beendigung und des beruflichen Aufstiegs. Die Norm betrifft nur Beschäftigte in einem Abhängigkeitsverhältnis und gilt sowohl für individual- als auch für kollektivrechtliche Vereinbarungen.[3] 6

Der persönliche Anwendungsbereich für den Schutz der Beschäftigten ist in § 6 geregelt. Geschützt sind demnach Arbeitnehmer, Auszubildende sowie arbeitnehmerähnliche Personen, darüber hinaus Bewerber (§ 6 Abs. 1 S. 2) sowie Selbständige und Organmitglieder (§ 6 Abs. 3), soweit es um Bedingungen für den Zugang zur Erwerbstätigkeit und den berufliche Aufstieg geht. Im allgemeinen Zivilrechtsverkehr sind die Personen erfasst, die entsprechend § 2 Abs. 1. Nr. 8 in der Öffentlichkeit den Zugang zu und die Versorgung mit Gütern und Dienstleistungen einschließlich Wohnraum suchen oder nachfragen. 7

III. Benachteiligung

Als eine der zentralen Normen des Gleichbehandlungsrechts nennt § 3 die Formen einer Benachteiligung und gilt, soweit nicht anders geregelt, sowohl für den arbeitsrechtlichen als auch für den zivilrechtlichen Teil. Zu unterscheiden sind unmittelbare und mittelbare Benachteiligungen. Benachteiligungen sind dabei grundsätzlich Zurücksetzungen, die sich auf ein „verpöntes" Merkmal nach § 1 AGG beziehen. Die Benachteiligung aufgrund eines der in § 1 genannten Merkmale darf jedoch nicht mit Mobbing verwechselt werden.[4] Nach der Rechtsprechung des BAG sind unter Mobbing zu verstehen „fortgesetzte, aufeinander aufbauende oder ineinander übergreifende, der Anfeindung, Schikane oder Diskriminierung dienende Verhaltensweisen, die nach Art und ihrem Ablauf im Regelfall einer übergeordneten, von der Rechtsordnung nicht gedeckten Zielsetzung förderlich sind und jedenfalls in ihrer Gesamtheit das allgemeine Persönlichkeitsrecht, die Ehre oder die Gesundheit des Betroffenen verletzen."[5] Im Ergebnis ist damit insbesondere dann von einer Mobbinghandlung auszugehen, wenn unerwünschte Verhaltensweisen bezwecken oder bewirken, dass die Würde des Arbeitnehmers verletzt und ein durch Einschüchterungen, Anfeindungen, Erniedrigungen, Entwürdigungen oder Beleidigungen gekennzeichnetes Umfeld geschaffen wird (BAG 24.4.2008 – 8 AZR 347/07). Damit kann bei einer Mobbinghandlung in dieser auch zugleich eine Verletzung des AGG liegen. Regelmäßig geht der Vorwurf bei einer Mobbinghandlung aber weit darüber hinaus. 8

Das AGG unterscheidet fünf verschiedene Benachteiligungsformen und definiert so die unerwünschten Handlungen:[6] 9

1. Unmittelbare Benachteiligung. Der Begriff der unmittelbaren Benachteiligung ist in § 3 Abs. 1 definiert. Eine unmittelbare Benachteiligung liegt danach vor, wenn eine Person eine weniger günstige Behandlung erfährt als eine andere Person in vergleichbarer Lage erfährt, erfahren hat oder erfahren würde und dabei offen und ausdrücklich an ein in § 1 AGG genanntes Merkmal angeknüpft wird.[7] 10

2. Mittelbare Benachteiligung. Eine mittelbare Benachteiligung liegt nach § 3 Abs. 2 AGG vor, wenn dem Anschein nach neutrale Vorschriften, Maßnahmen, Kriterien oder Verfahren, Personen wegen eines in § 1 genannten Merkmals gegenüber anderen Personen in besonderer Weise benachteiligen können, es sei denn, die betreffenden Vorschriften, Kriterien oder Verfahren sind durch ein rechtmäßiges Ziel sachlich gerechtfertigt und die Mittel sind zur Erreichung dieses Ziels erforderlich und angemessen.[8] 11

3. Belästigung. Belästigung ist definiert als unerwünschte Verhaltensweisen im Zusammenhang mit den Benachteiligungsmerkmalen, die bezwecken oder bewirken, dass die Würde der betreffenden Person verletzt 12

3 BT-Drucks. 329/06 32.
4 *Schrader/Schubert*, Das neue AGG, 2006, S. 40, Rn 99.
5 BAG, 8. Senat, Urt. v. 16.5.2007 – 8 AZR 709/06; vgl zur alten Rspr: BAG, 15.1.1997 – 7 ABR 14/96.
6 Vgl im Einzelnen hierzu die Kommentierung zu § 3 AGG.
7 BT-Drucks. 329/06, S. 33; *Wernsmann*, JZ 2005, 224 ff (227).
8 *Schleusener/Suckow/Voigt*, Kommentar zum Allgemeinen Gleichbehandlungsgesetz, 2. Aufl. 2008, § 1 Rn 18.

wird und ein von Einschüchterungen, Anfeindungen, Erniedrigungen, Entwürdigungen oder Beleidigungen gekennzeichnetes Umfeld geschaffen wird (§ 3 Abs. 3). Hierbei kommt es nicht auf eine Vergleichsperson an, vielmehr stellt die unerwünschte Verhaltensweise selbst die Belästigung dar.

13 **4. Sexuelle Belästigung.** Der Begriff der sexuellen Belästigung ist festgelegt als unerwünschtes, sexuell bestimmtes Verhalten, welches bezweckt oder bewirkt, dass die Würde der betreffenden Person verletzt wird und ein von Einschüchterungen, Anfeindungen, Erniedrigungen, Entwürdigungen oder Beleidigungen gekennzeichnetes Umfeld geschaffen wird (§ 3 Abs. 4). Bisher war der Schutz vor sexueller Belästigung am Arbeitsplatz im Beschäftigtenschutzgesetz geregelt. Das Beschäftigtenschutzgesetz ist nun im AGG integriert.

14 **5. Anweisung zur Benachteiligung.** Es reicht aber auch schon aus, dass eine Anweisung zur Benachteiligung besteht. Eine solche liegt vor, wenn jemand eine Person zu einem Verhalten bestimmt, das einen Beschäftigten oder eine Beschäftigte benachteiligt oder benachteiligen kann (§ 3 Abs. 5). Hierfür ist nicht erforderlich, dass der Angewiesene die Handlung tatsächlich ausgeführt hat.

IV. Benachteiligungsgründe

15 Für die in § 1 genannten Benachteiligungsmerkmale enthält das AGG keine Legaldefinitionen und auch in der Gesetzesbegründung[9] finden sich nur wenige Erläuterungen zu den „verpönten" Merkmalen. Zur erforderlichen Konkretisierung der Merkmale sind aus diesem Grund die zugrunde liegenden europäischen Richtlinien, der EG-Vertrag sowie das Grundgesetz und einfaches nationales Recht heranzuziehen.

16 **1. Aus Gründen der Rasse und wegen ethnischer Herkunft.** Die Begriffe „aus Gründen der Rasse" und „wegen ethnischer Herkunft" verbindet, dass sie sich einer klaren juristischen Begriffsbildung entziehen und vielmehr beide eine gesellschaftlich anzutreffende subjektive Vorstellung vom Bestehen bestimmter Differenzierungsmerkmale von Menschen umschreiben. Das Begriffspaar Rasse und ethnische Herkunft geht zurück auf Art. 13 EG-Vertrag und die RL 2000/43/EG. Die Verwendung des Begriffes Rasse wurde als durchaus problematisch angesehen.[10] Die EU weist in ihren Erwägungsgründen zur Antirassismusrichtlinie sämtliche Argumentationen, mit denen versucht wird, die Existenz verschiedener menschlicher Rassen zu belegen, zurück und betont, dass die Verwendung dieses Begriffs nicht die Akzeptanz solcher Argumentationen bedeutet.[11] Mit dem AGG wird versucht, dieser Begründung Rechnung zu tragen. Es spricht von einem Verbot „von Benachteiligungen aus Gründen der Rasse" und meint damit das Verbot rassistischer Diskriminierungen. Die Mitgliedstaaten und die Kommission haben letztlich an diesem Tatbestandsmerkmal festgehalten, weil „Rasse" den sprachlichen Anknüpfungspunkt zum Begriff des „Rassismus" bildet und die hiermit verbundene Signalwirkung genutzt werden sollte. Gleichzeitig sollten allerdings Theorien zurückgewiesen werden, mit denen versucht wird, die Existenz verschiedener menschlicher Rassen zu belegen. Das Begriffspaar Rasse und ethnische Herkunft taucht ursprünglich zuerst in völkerrechtlichen Pakten der Vereinten Nationen auf[12] und bezieht von daher auch seinen Bedeutungsgehalt.

17 Mit Benachteiligungen „wegen der Rasse" sind Diskriminierungen wegen bestimmter, wirklich oder vermeintlicher vererbbarer körperlicher Eigenschaften gemeint, die gemeinhin mit einer nach biologischen Kriterien bestimmten Menschengruppe verbunden werden, zB die Hautfarbe, die Augenform, die körperliche Statur oder andere biologische Merkmale.[13] Für die Annahmen des Merkmals einer Benachteiligung „aus Gründen der Rasse" kommt es ausschließlich darauf an, dass dies der Vorstellungswelt des Benachteiligenden entspricht.[14]

18 Elemente, welche die ethnische Herkunft konkretisieren helfen, sind die gemeinsame Geschichte einer Gruppe, die sie von anderen unterscheidet. Dazu zählen weiter eigene kulturelle, soziale oder familiäre Traditionen und Bräuche, gemeinsame geografische Herkunft, gemeinsame Sprache und Literatur.[15] So hat mit diesen Kriterien das House of Lords die Sikhs in Indien von anderen Gruppen des Punjab abgegrenzt[16] und ebenso wurde diese Kriterien während des Nazi-Regimes auf Juden, Sinti und Roma angewandt. Der Diskriminierungsgrund der ethnischen Herkunft ist weit auszulegen, damit der vom Gesetzgeber bezweckte umfassende Schutz vor jeglicher Fremdenfeindlichkeit lückenlos gewährleistet wird.[17] Nicht als Diskriminierung aufgrund der Rasse sind grundsätzlich solche wegen der Nationalität zu verstehen. Entscheidend ist aber immer die subjektive Vorstellung des Diskriminierenden, so dass hierüber ein lückenloser Schutz gewährleistet werden soll.

9 BT-Drucks. 16/1780, S. 20 ff.
10 Vgl Präambel Nr. 6 der RL 2000/43/EG.
11 BT-Drucks. 16/1780, S. 31.
12 Vgl BGBl. 1969 II S. 961.
13 *Thüsing*, NZA 2004, Sonderbeilage Heft 22, S. 3 (9); *Däubler/Bertzbach*, AGG-Kommentar, § 1, Rn 24.
14 *Worzalla*, AGG, C 1 1.2.2.1.; Schiek/*Schiek*, AGG – Ein Kommentar aus europäischer Perspektive, 2007, § 1 Rn 10.
15 *Thüsing*, NZA 2004, Sonderbeilage Heft 22, S. 3 (9).
16 Vgl *Deakin/Morris*, Labour Law, 4. Aufl. 2006, S. 630.
17 BT-Drucks. 16/1780, S. 30.

2. Geschlecht und sexuelle Identität. Der Begriff Geschlecht ist nur insoweit eindeutig, als er die biologische Trennung der Menschen in Mann und Frau vornimmt. Ziel ist es, eine Benachteiligung, die an das Merkmal „Frau" oder „Mann" anknüpft, zu verhindern. Der EuGH hat auch Maßnahmen im Hinblick auf eine Geschlechtsumwandlung (Transsexualität) als vom Schutzbereich der Richtlinien über die Gleichbehandlung von Mann und Frau erfasst angesehen.[18] 19

Sexuelle Identität meint die sexuelle Orientierung hinsichtlich des gleichen Geschlechts, des anderen Geschlechts oder beider Geschlechter. Die Kommission machte in ihrem Vorschlag zur RL 2000/78/EG auf die Unterscheidung zwischen dem Begriff der sexuellen Ausrichtung und des sexuellen Verhaltens aufmerksam und wies darauf hin, dass „sexuelles Verhalten" nicht unter die Richtlinie falle. Ausweislich der Begründung des Entwurfs haben für die Aufnahme dieses Kriteriums in das AGG zwei Entscheidungen des EMRG eine wesentliche Rolle gespielt, die die Untersuchung der Homosexualität von Mitgliedern englischer Streitkräfte und ihre anschließende Entlassung zum Gegenstand hatten.[19] Sexuelle Vorlieben wie Pädophilie, Nekrophilie oder Sodomie, die strafbar sind, werden nicht vom Schutzbereich der Norm erfasst. 20

3. Religion und Weltanschauung. In der Rechtsprechung des EMRG wird für eine Religion eine klare Struktur und ein Glaubenssystem gefordert. Die Diskriminierungsmerkmale „Religion" und „Weltanschauung" sind jedoch weder in der Richtlinie 2000/787EG noch in der deutschen Gesetzesbegründung definiert oder erläutert. Man kann Religion aber als die überindividuelle Sinngebung des Daseins bezeichnen, die in Gemeinschaft gefunden und bezeugt wird.[20] Dagegen kommt Weltanschauung ohne ein transzendentes Element (Gott, Gottheit) aus. Voraussetzung ist aber auch hier, da beide Begriffe auf eine Stufe gestellt sind, dass eine gewisse Kohärenz des Denkens erkennbar ist. Das BAG hat daher Scientology die Eigenschaft einer Religions- und Weltanschauungsgemeinschaft versagt, weil kommerzielle Momente dominierten.[21] Fraglich ist, ob nur die Religion und die Weltanschauung selbst geschützt werden oder auch deren Ausübung. Die Begründung der englischen Antidiskriminierungsvorschriften macht eine Unterscheidung zwischen dem religiösen Bekenntnis und der Manifestation des religiösen Glaubens, zB in der Form von Kleidung oder im Äußern bestimmter Meinungen. Einschränkungen der Manifestation des Glaubens könnten deshalb nicht Gegenstand unmittelbarer Diskriminierung, sondern nur mittelbarer Diskriminierung sein, also abhängig von Rechtfertigungsgründen.[22] 21

Geschützt sind auch äußerliche Kennzeichen, durch die eine bestimmte Religiosität gezeigt werden soll, zB Kreuzzeichen, religiöse Piercings (Naturvölker im Amazonasgebiet), Kopftücher oder Turbane der Sikhs. 22

Im Einzelfall streitig können zB sein die Verweigerung von einzelnen vertraglich geschuldeten Tätigkeiten und damit verbunden ein mögliches Leistungsverweigerungsrecht wie Kondomverkauf, Entwicklung von Medikamenten als Vorbereitung zu einem Nuklearkrieg oder Teilnahme an Opernaufführung mit blasphemischem Inhalt. 23

4. Behinderung. Der Begriff Behinderung, wird gem. der Gesetzesbegründung entsprechend den Definitionen in § 2 Abs. 1 S 1 SGB IX und § 3 BGG konkretisiert. Danach ist behindert, dessen körperliche Funktion, geistige Fähigkeit oder seelische Gesundheit mit hoher Wahrscheinlichkeit länger als sechs Monate von dem für das Lebensalter typischen Zustand abweicht und dessen Teilnahme am Leben in der Gesellschaft daher beeinträchtigt ist. Mit diesem sozialrechtlich entwickelten Begriff sollen sich nach Meinung des Gesetzgebers die meisten Sachverhalte der ungerechtfertigten Benachteiligung Behinderter erfassen lassen.[23] Eine gemeinschaftsrechtliche Definition des Begriffs der Behinderung fehlt, so dass der Gesetzgeber für die Rechtspraxis im nationalen Raum die Anlehnung an SGB IX empfiehlt. Der EuGH betont hingegen, dass eine gemeinschaftsrechtliche Definition gefunden werden muss.[24] Diese dürfte sich nach hier bestehender Auffassung jedoch nicht allzu sehr von dem entfernen, was bereits in § 2 Abs. 1 SGB IX festgelegt ist, da die dort gegebene Legaldefinition Vorstellungen folgt, wie sie von der WHO entwickelt wurden und bekanntermaßen der Unterscheidung von Schädigungen, Fähigkeitsstörungen und Beeinträchtigungen folgt.[25] Wesentlich ist danach, dass Behinderung als Krankheitsfolge verstanden wird. Der EuGH hält für den Begriff der Behinderung die Wahrscheinlichkeit einer langen Dauer der Einschränkung für wesentlich, lässt jedoch offen, welche Zeitkomponente konkret zugrunde zu legen ist.[26] In Deutschland wird hierfür ein Zeitraum von sechs Monaten zugrunde gelegt. Vergleichbare Regelungen in Großbritannien gehen von zwölf Monaten aus.[27] Eine Krankheit ist zwar eine Voraussetzung für eine Behinderung. Die Krankheit an sich entspricht aber noch nicht dem Begriff der Behinderung. Es müssen vielmehr weitere Erschwernisse hinzukommen, die den Betroffenen behindern oder dauerhaft einschränken. 24

18 EuGH Rs C-13/94, Slg 1996, I-2143.
19 Vgl *Meyer-Ladewig*, EMRK, Art. 8 Rn 7 mwN.
20 Staudinger/*Richardi*, § 611 Rn 84.
21 BAG, NZA 1995, 823.
22 Vgl *Deakin*/*Morris*, Labour Law, 2006, S. 631.
23 BT-Drucks. 16/1780 S. 31.
24 EuGH Rs C-13/05 Rn 40 – Navas.
25 Vgl ausf. HK-SGB IX/*Welti*, § 2 Rn 19.
26 EuGH Rs C-13/05 – Navas.
27 Vgl *Deakin*/*Morris*, Labour Law, 2006, S. 720.

25 **5. Alter.** Alter ist zu definieren als die seit der Geburt eines Menschen verstrichene Zeitspanne.[28] Die Gesetzesbegründung betont zutreffend, dass Alter jede Form der Anknüpfung an das konkrete Lebensalter betrifft, es also nicht ausschließlich um den Schutz älterer Menschen vor Benachteiligung geht, wenngleich diese Gruppe den Schwerpunkt des Anwendungsbereichs darstellt.[29]

§ 2 AGG Anwendungsbereich

(1) Benachteiligungen aus einem in § 1 genannten Grund sind nach Maßgabe dieses Gesetzes unzulässig in Bezug auf:

1. die Bedingungen, einschließlich Auswahlkriterien und Einstellungsbedingungen, für den Zugang zu unselbstständiger und selbstständiger Erwerbstätigkeit, unabhängig von Tätigkeitsfeld und beruflicher Position, sowie für den beruflichen Aufstieg,

2. die Beschäftigungs- und Arbeitsbedingungen einschließlich Arbeitsentgelt und Entlassungsbedingungen, insbesondere in individual- und kollektivrechtlichen Vereinbarungen und Maßnahmen bei der Durchführung und Beendigung eines Beschäftigungsverhältnisses sowie beim beruflichen Aufstieg,

3. den Zugang zu allen Formen und allen Ebenen der Berufsberatung, der Berufsbildung einschließlich der Berufsausbildung, der beruflichen Weiterbildung und der Umschulung sowie der praktischen Berufserfahrung,

4. die Mitgliedschaft und Mitwirkung in einer Beschäftigten- oder Arbeitgebervereinigung oder einer Vereinigung, deren Mitglieder einer bestimmten Berufsgruppe angehören, einschließlich der Inanspruchnahme der Leistungen solcher Vereinigungen,

5. den Sozialschutz, einschließlich der sozialen Sicherheit und der Gesundheitsdienste,

6. die sozialen Vergünstigungen,

7. die Bildung,

8. den Zugang zu und die Versorgung mit Gütern und Dienstleistungen, die der Öffentlichkeit zur Verfügung stehen, einschließlich von Wohnraum.

(2) [1]Für Leistungen nach dem Sozialgesetzbuch gelten § 33 c des Ersten Buches Sozialgesetzbuch und § 19 a des Vierten Buches Sozialgesetzbuch. [2]Für die betriebliche Altersvorsorge gilt das Betriebsrentengesetz.

(3) [1]Die Geltung sonstiger Benachteiligungsverbote oder Gebote der Gleichbehandlung wird durch dieses Gesetz nicht berührt. [2]Dies gilt auch für öffentlich-rechtliche Vorschriften, die dem Schutz bestimmter Personengruppen dienen.

(4) Für Kündigungen gelten ausschließlich die Bestimmungen zum allgemeinen und besonderen Kündigungsschutz.

I. Überblick

1 In § 2 werden die sachlichen Anwendungsbereiche des AGG festgelegt. Beinhaltet sind der Zugang zu Beruf und Beschäftigung (einschließlich einer selbständigen Tätigkeit), die Beschäftigungs- und Arbeitsbedingungen, die Berufsbildung und -ausbildung, die Mitgliedschaft in Gewerkschaften und beruflichen Vereinigungen,

28 *Schiek*, Europäisches Arbeitsrecht, 2007, S. 251.
29 BT-Drucks. 16/1780 S. 31; *Körner*, NZA 2008, 497; *Waltermann*, NJW 2008, 2529.

der Sozialschutz und soziale Leistungen, die Bildung sowie der „Zugang zu und die Versorgung mit Gütern und Dienstleistungen, die der Öffentlichkeit zur Verfügung stehen, einschließlich von Wohnraum". Regelungstechnisch hat sich der Gesetzgeber weitestgehend an die neuen Richtlinien angelehnt.[1] § 2 Abs. 1 Nr. 1–4 entsprechen Art. 3 Abs. 1 lit. a–d der RL 2000/43/EG, 2000/78/EG und 76/207/EWG. Die Nr. 5–8 korrespondieren wortgleich mit Art. 3 Abs. 1 lit. e–h RL 2000/43/EG. Die Regelung ist nicht abschließend, sondern wird erweitert um die Bestimmungen der Abschnitte 2–5.[2] Sie ist zwingendes Recht und kann daher weder in individuellen, noch in Tarifverträgen oder in anderen kollektivrechtlichen Vereinbarungen abbedungen werden.[3]

II. Anwendungsbereich des Abs. 1

§ 2 Abs. 1 Nr. 1–4 reglementieren das Verbot der Benachteiligung des § 1 für den Zugang und die Ausübung von abhängiger Arbeit, Beschäftigung iSd § 6 AGG sowie selbständiger Erwerbstätigkeit. Insoweit bilden die Nr. 1–4 des § 2 Abs. 1 das Pendant zu den Vorschriften der Art. 3 Abs. 1 RL 2000/43/EG, Art. 3 Abs. 1 RL 2000/78/EG und Art. 3 Abs. 1 RL 76/207/EWG idF der RL 2002/73/EG. § 2 erfasst nicht nur den Zugang, Inhalt und Beendigung abhängiger und selbständiger Arbeit, sondern auch das gesamte Umfeld, insbesondere den Bereich der beruflichen Aus- und Weiterbildung (Nr. 3). 2

1. Zugang zur unselbständigen und selbständigen Tätigkeit. § 2 Abs. 1 Nr. 1 entsprechend ist das AGG auf alle Bedingungen für den Zugang zu unselbständiger und selbständiger Erwerbstätigkeit anzuwenden. 3

Ganz überwiegend[4] wird eine Tätigkeit als Erwerbstätigkeit bezeichnet, wenn der Bewerber aus der angestrebten Tätigkeit eine Gegenleistung erhält, die zur Schaffung einer Lebensgrundlage dient. Darunter fällt auch die Tätigkeit von Behinderten in Werkstätten für Behinderte auf Grundlage der §§ 136 ff SGB IX. Tätigkeiten ohne Erwerbszweck, zB Wehr- oder Zivildienst, sowie unbezahlte,[5] freiwillige Tätigkeiten fallen nicht darunter. Jedoch sind die Vorschriften des AGG auf Wehr- und Zivildienst gem. § 24 Nr. 3 AGG anwendbar. Unbezahlte Praktika, die zwecks Berufserfahrung vor späteren, bezahlten Arbeitsverhältnissen absolviert werden, sind nach dem Zweck des § 2 AGG einzubeziehen, „normale Praktika" und Volontariate, aber auch Ein-Euro-Jobs (nach § 16 Abs. 3SGB) dagegen nicht. 4

a) Unselbständige Erwerbstätigkeit. Die unselbständige Erwerbstätigkeit im Sinne des von Art. 114 EG geprägten Arbeitnehmerbegriffs ist nicht deckungsgleich mit dem Arbeitsverhältnis, sondern ist umfassender. Danach fallen unter den Arbeitnehmerbegriff sämtliche Formen abhängiger Beschäftigung, also jede Tätigkeit, die für eine bestimmte Zeit weisungsgebunden für einen anderen erbracht und vergütet wird.[6] 5

b) Selbständige Erwerbstätigkeit. Die selbständige Erwerbstätigkeit ist, entsprechend dem Umkehrschluss aus § 7 Abs. 1 SGB und der Bestimmung des Begriffs zur unselbständigen Erwerbstätigkeit des EuGH,[7] jede Tätigkeit, die unabhängig von Weisungen gegen Vergütung und auf eigene Rechnung erfolgt. Erfasst werden durch den Begriff auch alle Unternehmer iSd § 14 BGB.[8] Hierzu gehören freiberufliche und unternehmerische Tätigkeiten, und wegen der weiten Auslegung jedes (wenn auch nur einmalige) Dienstverhältnis. Auch Gesellschafter einer GbR, soweit die Aufnahme in den Gesellschaftskreis Voraussetzung für die Erwerbstätigkeit ist, fallen unter diese Begriffsbestimmung.[9] 6

2. Zugang zur Erwerbstätigkeit. Den Zugang zu einer Tätigkeit erstrebt, wer sich um eine Ersteinstellung oder Wiedereinstellung bewirbt.[10] Demnach fallen unter den Begriff des Zugangs der vorvertragliche Kontakt und die Vertragsschlusssituation.[11] Es sind alle individual- oder kollektivrechtlichen Modalitäten, die mit dem Vorgang der Auswahl oder der Einstellung für eine Tätigkeit verknüpft sind, also das Bewerbungsverfahren, die Stellenausschreibung, die Fragen des Arbeitgebers im Vorstellungsgespräch, das Anfordern besonderer Bewerbungsunterlagen, die Verwendung von Personalfragebögen, das Auswahlverfahren, die Auswahlrichtlinien (§ 95 BetrVG) oder besondere Aufgabenstellungen für die Bewerber, von diesem Begriff erfasst. Wird eine ablehnende Einstellungsentscheidung auf ein Benachteiligungsmerkmal des § 1 AGG gestützt oder dadurch motiviert, liegt darin daher eine Benachteiligung beim Zugang zur Erwerbstätigkeit. Eine solche Benachteiligung kann nach Ansicht der Rechtsprechung nicht dadurch gerechtfertigt werden, dass neben den merkmalsbezogenen auch noch andere, sachliche Gründe für diese Differenzierung vorliegen.[12] Der Zugang zur **selbständigen Erwerbstätigkeit** ist parallel zur unselbständigen Erwerbstätigkeit geregelt. Für andere selbständig Tätige ist jeweils festzustellen, ob durch eine nachteilige Maßnahme überhaupt der Zugang zur 7

1 Vgl BT-Drucks. 16/1780 S. 31.
2 BT-Drucks. 16/1780 S. 31.
3 *Meinel/Heyn/Herms*, AGG Kommentar, 2007, § 2 Rn 4.
4 Andere Auslegung, *Bauer/Göpfert/Krieger*, AGG, § 2 Rn 12.
5 *Schmidt/Senne*, RdA 2002, S. 80 (82).
6 EuGH v. 13.1.2004, NZA 2004, 201 (204).
7 EuGH v. 13.1.2004, NZA 2004, 201 (204).
8 *Däubler/Bertzbach*, AGG Kommentar, 2008, § 2 Rn 15.
9 *Bauer/Göpfert/Krieger*, AGG, § 2 Rn 16.
10 EuGH v. 9.2.1999, Slg 1999, I- 623.
11 ErfK/*Schlachter*, AGG, § 2, Rn 4.
12 BVerfG v. 16.11.1993, NZA 1994, 745.

Erwerbstätigkeit betroffen sein kann. Die Vergabe von einzelnen Aufträgen an Selbständige entscheidet nicht über den Zugang zur Erwerbstätigkeit, sondern ist Bestandteil der Berufsausübung. Zugangsbedingungen können etwa vorliegen bei Abschluss eines Franchisevertrages, eines Vertrages als Partner in einem freien Beruf oder als „fester" freier Mitarbeiter. Der berufliche Aufstieg besteht in der Übertragung einer nach der Verkehrsanschauung höherwertigen Tätigkeit, also einer Änderung des Tätigkeitsbereichs oder der Verantwortung.[13] Eine höhere Gegenleistung allein führt noch nicht zu einem beruflichen Aufstieg.[14]

8 **3. Beschäftigungs- und Arbeitsbedingungen.** § 2 Abs. 1 Nr. 2 gilt ausschließlich für Beschäftigte iSd § 6 und setzt im Gegensatz zu Abs. 1 Nr. 1 das Bestehen eines Beschäftigungsverhältnisses voraus. Die Vorschrift untersagt Benachteiligungen iSd § 1 hinsichtlich der Beschäftigungs- und Arbeitsbedingungen einschließlich Arbeitsentgelt und Entlassungsbedingungen, insbesondere in individual- und kollektivrechtlichen Vereinbarungen sowie Maßnahmen bei der Durchführung und Beendigung eines Beschäftigungsverhältnisses und beim beruflichen Aufstieg.

9 **a) Begriff der Beschäftigungs- und Arbeitsbedingungen.** Nach der Rechtsprechung des EuGH ist der Begriff der Beschäftigungs- und Arbeitsbedingungen weit zu verstehen. Darunter fallen alle Bedingungen für die Ausübung einer Erwerbstätigkeit mit Ausnahme der Zugangsbedingungen, die bereits Abs. 1 Nr. 1 erfasst.[15] Zu diesen Ausübungsbedingungen zählen insbesondere das Entgelt für die erbrachte Leistung,[16] die Entlassungsbedingungen und die nachwirkenden Folgen im beendeten Beschäftigungsverhältnis.[17]

10 **b) Arbeitsentgelt.** Der Begriff des Arbeitsentgelts wird durch die Rechtsprechung des EuGH und des BAG zu Art. 141 EG, § 612 Abs. 3 BGB bestimmt. Der Gesetzgeber setzt darin die RL 75/117/EWG, RL 2000/43/EG und RL 2000/78/EG um. Nach dieser Legaldefinition fallen unter den Entgeltbegriff erbrachte gegenwärtige oder künftige Leistungen sowie Leistungen nach dem Ende des Arbeitsverhältnisses und Leistungen an Dritte, etwa an Familienangehörige des Beschäftigten nach seinem Tod.[18] Ob eine Leistung vom Arbeitgeber freiwillig, kraft gesetzlicher Verpflichtung, aufgrund vertraglicher Vereinbarung oder kollektivvertraglicher Regelung erbracht wird, ist für die Einordnung als Entgelt unerheblich.[19]

11 **c) Entlassungsbedingungen.** Zu den Beschäftigungs- und Arbeitsbedingungen gehören nach § 2 Abs. 1 Nr. 2 auch die Entlassungsbedingungen. Entlassungsbedingungen sind sämtliche Bestimmungen, Umstände und Voraussetzungen, die die Beendigung des Arbeitsverhältnisses regeln oder an dieses anknüpfen. Damit unterliegen Befristungsregeln, Anfechtungen, Aufhebungsverträge, vereinbarte Kündigungsfristen, Rückzahlungspflichten und auch Kündigungen dem Anwendungsbereich des AGG, wobei die vorrangige Spezialregelung in Abs. 4 zu beachten ist, die den Anwendungsbereich des AGG für Kündigungen erheblich einschränkt oder sogar ausschließt.[20] Altersgrenzen für das Ausscheiden aus dem Beschäftigungsverhältnis unterfallen dem Anwendungsbereich des AGG und der Richtlinie 2000/78/EG.[21] Geschäftsführer und Vorstandsmitglieder werden nicht von der Regelung erfasst, so dass deren Abberufung grundsätzlich nicht an den Maßstäben des AGG zu überprüfen ist. Lediglich solche Geschäftsführer, die ausnahmsweise Arbeitnehmer iSd § 6 Abs. 1 S. 1 Nr. 1 sind, werden auch hinsichtlich ihres Ausscheidens aus dieser Position vom AGG geschützt.[22]

12 **aa) Individual- und kollektivrechtliche Vereinbarungen.** Die Rechtsgrundlage der Arbeits- und Entlassungsbedingungen ist für den Anwendungsbereich des AGG unerheblich. Von Abs. 1 Nr. 2 erfasst sind auch sämtliche individual- und kollektivvertraglichen Regelungen sowie Maßnahmen. Der Gesetzgeber hat in Nr. 2 klargestellt, dass der Begriff der Vereinbarungen weit zu verstehen ist.[23] Individualrechtliche Vereinbarungen sind sämtliche einzelvertragliche Regelungen zwischen dem Arbeitgeber und dem Arbeitnehmer. Kollektivrechtliche Vereinbarungen sind Verbands- und Firmenverträge, Betriebsvereinbarungen bzw im öffentlichen Dienst die Dienstvereinbarungen und vergleichbare kollektive Regelungen.[24] Daher ist neben Abs. 1 Nr. 2 für die Betriebsverfassung zusätzlich auch immer § 75 Abs. 1 BetrVG zu beachten.

13 **bb) Maßnahmen des Arbeitgebers.** Die Aufzählung in § 2 Abs. 1 Nr. 2 ist nicht abschließend. Durch das Wort „insbesondere" verdeutlicht der Gesetzgeber, dass jede Maßnahme der Kontrolle des AGG unterworfen ist. Darunter fallen auch die Maßnahmen des Arbeitgebers, die bei der Durchführung und Beendigung eines Beschäftigungsverhältnisses sowie beim Aufstieg getroffen werden. Als Maßnahmen sind sämtliche Anord-

13 *Bauer/Göpfert/Krieger*, AGG, § 2 Rn 17; ErfK/*Schlachter*, AGG, § 2 Rn 6.
14 ErfK/*Schlachter*, AGG, § 2 Rn 6.
15 *Bauer/Göpfert/Krieger*, AGG, § 2 Rn 17; ErfK/*Schlachter*, AGG, § 2 Rn 26.
16 EuGH v. 13.7.1995, NZA-RR, 1996, 121.
17 BT-Drucks. 16/1780, S. 31; *Thüsing*, Diskriminierungsschutz, 2007, Rn 98.
18 Ausf. z. Entgeltbegriff § 8 AGG Rn 8, *Schleusner/Suckow/Voigt*, AGG, § 2 Rn 9.
19 *Streinz-Eichenhofer*, Art. 141 EG Rn 10; *Schleusner/Suckow/Voigt*, AGG, § 2 Rn 9.
20 *Schleusner/Suckow/Voigt*, AGG, § 2 Rn 9.
21 EuGH v. 16.10.2007, NZA 2007, 1219, (1221); *Temming*, NZA 2007, 1193, (1194).
22 *Meinel/Heyn/Herms*, AGG Kommentar, 2007, § 2 Rn 28.
23 BT-Drucks. 16/1780 S. 31.
24 BT-Drucks. 15/4538 S. 29.

nungen des Arbeitgebers, also bspw Weisungen, einseitige Leistungsbestimmungen, Versetzungen und Umsetzungen zu betrachten.[25]

4. Zugang zur Berufsbildung und Berufsberatung. § 2 Abs. 1 Nr. 3 erstreckt den sachlichen Anwendungsbereich des Gesetzes auch auf den Zugang zu allen Formen und Ebenen der Berufsberatung und der beruflichen Bildung. Dabei ist der Zugang zu allen Formen und allen Ebenen der Berufsbildung einschließlich der Berufsausbildung, der beruflichen Weiterbildung und der Umschulung sowie der praktischen Berufserfahrung vom sachlichen Anwendungsbereich erfasst. 14

Die Berufsberatung erstreckt sich gem. § 30 SGB III auf Rat und Auskunft. Vom Wortlaut erfasst werden die Berufsberatung sowohl bei privaten wie öffentlichen Trägern, die berufliche Bildung einschließlich ihrer schulischen und betriebspraktischen Teile, alle Formen zur Ermöglichung berufspraktischer Erfahrungen wie Praktikum, Volontariat, Traineeprogramm, sowie die Berufsausbildung, die Fortbildung und die Umschulung.[26] Die Berufsberatung erfolgt grundsätzlich durch die jeweiligen Stellen der Bundesagentur für Arbeit. Der Begriff der Berufsbildung ist auch in der systematischen Gesamtschau der anderen Merkmale des § 2 Abs. 1 Nr. 3 AGG sehr weit zu verstehen und erfasst sämtliche Formen der betrieblichen Aus- und Weiterbildung. Die Berufsausbildung ist in Anlehnung an § 1 Abs. 3 BBiG als Vermittlung der notwendigen Fertigkeiten, Kenntnisse und Fähigkeiten zur Ausübung einer beruflichen Tätigkeit zu definieren. Damit ist die Ausbildung in einem anerkannten Ausbildungsberuf einschließlich der Ausbildung an Berufsschulen, Fachschulen, Fachakademien, Hochschulen, Universitäten und ähnlichen Einrichtungen erfasst. Im Schutzbereich der Norm liegt allerdings nur der Zugang, nicht jedoch die Ausgestaltung oder die Beendigung des Ausbildungsvertrages.[27] Da die Berufsberatung und Berufsbildung im bestehenden Beschäftigungsverhältnis Teil der Arbeitsbedingungen ist, sind diese grundsätzlich auch von Abs. 1 Nr. 2 erfasst. Auch wenn Abs. 1 Nr. 3 grundsätzlich als speziellere Regelung vorgeht,[28] ist der Zugang zur beruflichen Bildung oder praktischen Berufserfahrung ein maßgeblicher und umfangender Bestandteil der Arbeitsbedingungen.[29] § 2 Abs. 1 Nr. 3 hat nur dort eine selbständige Bedeutung, wo die Berufsberatung und die Berufsbildung in keinerlei Zusammenhang mit der konkreten Erwerbstätigkeit bei einem Dritten, der nicht Vertragspartner der Erwerbstätigkeit ist, stehen. Dies kann man sich bei öffentlichen Stellen etwa der Arbeitsverwaltung vorstellen, da dort die Berufsberatung und berufliche Aus- und Weiterbildung sowie die Umschulung unabhängig von einer Erwerbstätigkeit angeboten werden.[30] Die Richtlinie will erreichen, dass staatliche Leistungen der beruflichen Beratung und Bildung benachteiligungsfrei angeboten werden. § 2 Abs. 1 Nr. 3 lässt sich jedenfalls nicht entnehmen, dass die Arbeitsbedingungen, also die Ausgestaltung und die Beendigung von Ausbildungsverhältnissen nicht dem Anwendungsbereich des AGG unterfallen.[31] Da die Berufsbildung eine unselbständige Erwerbstätigkeit darstellt, greift bereits Abs. 1 Nr. 2. Auch § 6 Abs. 1 Nr. 2 AGG bezieht alle zur Berufsbildung Beschäftigten in den persönlichen Anwendungsbereich des Gesetzes ein und nimmt anders als § 6 Abs. 3 AGG keine Begrenzung auf den Zugang zu dieser Tätigkeit vor. 15

5. Mitgliedschaft und Mitwirkung in einer Berufsvereinigung. Eine Benachteiligung aus einem der in § 1 AGG genannten Gründe ist nach Maßgabe des AGG auch unzulässig bei der Mitgliedschaft und Mitwirkung in einer Beschäftigten- oder Arbeitgebervereinigung oder einer Vereinigung, deren Mitglieder einer bestimmten Berufsgruppe angehören, einschließlich der Inanspruchnahme der Leistungen solcher Vereinigungen. Da durch die Richtlinien ein umfassender Schutz vor Benachteiligungen in Beschäftigung und Beruf geboten werden soll, kommt nach der Ansicht des Gesetzgebers der Möglichkeit der ungehinderten Mitwirkung in entsprechenden Berufsverbänden und ähnlichen Vereinigungen erhebliche Bedeutung zu.[32] Da der Gesetzgeber in § 18 Abs. 1 Nr. 1 AGG nur von der Tarifvertragspartei spricht und zudem in der Gesetzesbegründung sogar nur die Rede von berufsbezogenen Vereinigungen auf Beschäftigten- oder Arbeitgeberseite ist,[33] ist insoweit unbestimmt, was er mit einer Beschäftigten- oder Arbeitgebervereinigung meint. Teils werden Gewerkschaften und Arbeitgeberverbände, aber auch Innungen, kassenärztliche Vereinigungen oder Anwaltsvereine unter diesen Begriff gefasst.[34] Mitglieder einer bestimmten Berufsgruppe bilden eine Vereinigung, wenn sie bei ihrer beruflichen Tätigkeit eine gewisse Ähnlichkeit aufweisen.[35] Außerdem muss die Vereinigung spezifisch an die Erwerbstätigkeit anknüpfen und ihrer Interessenwahrung dienen.[36] Am Erwerb der Mitgliedschaft muss ein grundlegendes Interesse bestehen. Der Anwendungsbereich in Abs. 1 Nr. 4 ist um den Zusatz in § 18 Abs. 1 Nr. 2 AGG zu ergänzen, da Abs. 1 Nr. 4 nur die Anwendung dieser Norm bezweckt. Der Zusatz in § 18 Abs. 1 Nr. 2 aE AGG bezieht sich aber nicht nur auf Vereinigungen mit überragender 16

25 BT-Drucks. 16/1780 S. 31.
26 DB/*Däubler* Rn 34.
27 *Bauer/Göpfert/Krieger*, AGG, § 2 Rn 33.
28 ArbG Köln v. 31.5.2007 – 22 Ca 8421/06 – NRWE.
29 Vgl *Thüsing*, Diskriminierungsschutz, Rn 101.
30 Vgl EuGH v. 15.5.1986 222/84; EuGH v. 8.11.1983, 165/82.
31 So Ansicht *Bauer/Göpfert/Krieger*, AGG, § 2 Rn 33; zu Recht daher *Schleusner/Suckow/Voigt*, AGG § 2 Rn 12.
32 BT-Drucks. 16/1780 S. 31.
33 BT-Drucks. 16/1780 S. 31.
34 *Bauer/Göpfert/Krieger*, AGG, § 2 Rn 34.
35 *Schleusner/Suckow/Voigt*, AGG, § 18 Rn 27.
36 Vgl *Thüsing*, Diskriminierungsschutz, 2007, Rn 102.

Machtstellung. Hierzu sollen insbesondere nichttariffähige Koalitionen und öffentlich-rechtliche Zweckverbände gehören.[37] Auch die jeweiligen Zusammenschlüsse von Vereinigungen unterwirft Abs. 1 Nr. 4 dem Anwendungsbereich des AGG. Als problematisch erweist es sich, dass der Gesetzgeber in § 18 Abs. 1 Nr. 2 AGG den Anwendungsbereich auf Vereinigungen mit überragender Machtstellung im wirtschaftlichen oder sozialen Bereich erweitert, die er in Abs. 1 Nr. 4 nicht nennt. Aus dem Gesetzeswortlaut des § 18 AGG folgt, dass der Gesetzgeber auch solche Vereinigungen, selbst wenn sie sich nicht aus Mitgliedern einer bestimmten Berufsgruppe zusammensetzen, dem sachlichen Anwendungsbereich des Abs. 1 Nr. 4 unterwerfen möchte. § 2 Abs. 1 Nr. 4 gewährleistet Schutz vor Benachteiligungen bei der Mitgliedschaft, Mitwirkung und Inanspruchnahme der Leistungen der Vereinigungen. Dabei werden die Bedingungen für die Aufnahme als Mitglied und die Wahrnehmung von Mitgliedschaftsrechten erfasst. Dieser Schutz umfasst auch eine benachteiligungsfreie Betätigung und Inanspruchnahme von Leistungen, wie etwa Unterstützungszahlungen in Arbeitskämpfen, die Rechtsberatung und den Rechtsschutz der Vereinigung.[38] Die Mitgliedschaft, Mitwirkung und damit auch ein Anspruch auf die vorenthaltene Leistung gewährt § 18 Abs. 2 AGG.[39]

17 **6. Sozialschutz.** § 2 Abs. 1 Nr. 5 untersagt Benachteiligungen aufgrund der Benachteiligungsmerkmale des § 1 AGG bezüglich des Sozialschutzes. Der Sozialschutz und die soziale Sicherheit werden hauptsächlich öffentlich-rechtlich organisiert und werden von staatlichen Stellen angeboten. Der Begriff des Sozialschutzes wird aber weder im Gesetz selbst, noch in der Begründung dazu oder in den zugrunde liegenden Richtlinien erläutert. Eine Definition kann jedoch anhand der Aufgabenbeschreibung des Ausschusses für Sozialschutz der Europäischen Kommission erfolgen: Sozialschutz erstreckt sich dementsprechend auf das gesamte System der sozialen Sicherung, das der Absicherung von sozialen und wirtschaftlichen Lebensrisiken dient und vom Solidaritätsgrundsatz geprägt ist.[40] Für sozialversicherungsrechtliche Leistungen nach Abs. 2 S. 1 gilt das AGG hingegen nicht. Ansprüche auf Leistungen von betrieblichen Sozialeinrichtungen für die eigenen Beschäftigten unterliegen Abs. 1 Nr. 2. Regelungsgegenstand der Nr. 5 sind dagegen soziale Einrichtungen staatlicher Träger, die ihre Rechtsgrundlage nicht im SGB finden, wie Obdachlosenheime oder privatrechtliche Versicherungen zur Absicherung sozialer Risiken wie private Lebens-, Kranken- oder Unfallversicherungen. Aus dem systematischen Zusammenhang könnte abgeleitet werden, dass mit den besonders genannten Gesundheitsdiensten nur die staatlich organisierten allgemeinen Gesundheitssysteme betroffen werden sollen. Dies ist jedoch nicht mit dem Schutzzweck des Benachteiligungsverbotes in Einklang zu bringen. Wie die Gesundheitseinrichtungen organisiert sind, öffentlich oder privat, ist in den Mitgliedstaaten unterschiedlich geregelt. Der Geltungsbereich des Benachteiligungsverbotes kann jedoch von solchen Zufälligkeiten nicht abhängen. Arzt- und Behandlungsverträge werden folglich grundsätzlich vom Benachteiligungsverbot erfasst werden.[41] Zu den Gesundheitsdiensten gehört jede Form der Gesundheitsvorsorge und -förderung, des Gesundheitsschutzes und der medizinischen Versorgung einschließlich psychotherapeutischer Behandlung durch Psychologen.[42]

18 **7. Soziale Vergünstigungen.** Als soziale Vergünstigungen iSd § 2 Abs. 1 Nr. 6 werden im Recht der Personenfreizügigkeit iSd Art. 7 II VO 1612/68 alle Arten von sozialen Vorteilen bezeichnet. Gemeint sind damit nicht nur Vergünstigungen, auf die ein gesetzlicher Anspruch besteht, sondern auch Leistungen, die nach freiem Ermessen erbracht werden.[43] Dazu gehören insbesondere solche Angebote von Gütern und Dienstleistungen an die Allgemeinheit wie öffentliche Schwimmbäder oder Büchereien. Darüber hinaus zählen hierzu aber auch Sonderrabatte oder Sonderkonditionen von Banken oder Verkehrsmitteln und kulturellen Einrichtungen. Sie können von öffentlichen oder von privaten Einrichtungen gewährt werden. Für soziale Vergünstigungen, die auf zivilrechtlichen Verträgen beruhen, ist § 19 Abs. 2 zu beachten.[44] Eine Rechtfertigung für solche Vergünstigungen kann aus § 20 AGG folgen. Eine Rechtfertigung für staatliche Vergünstigungen, wie beispielweise „Behinderten-Tickets", kann sich aus § 5 AGG ergeben.

19 **8. Bildung.** Beim Zugang zu Bildungseinrichtungen im Sinne des § 2 Abs. 1 Nr. 7 ist gleichfalls eine schutzzweckorientierte weite Auslegung geboten. Dadurch erfasst ist jede Form der Vermittlung von Wissen, die nicht primär dem Beruf oder der Berufsausbildung dient. Einbezogen sind nicht nur die staatlichen, sondern auch privat organisierte Unterrichtsangebote, unabhängig von deren Inhalt wie Grundbildung, weiterführende Angebote, Studium und Weiterbildung. Damit sind alle Unterrichtsverträge mit privaten Anbietern einbezogen wie zB Reit-, Tanz-, Musik-, Sprach-, Fahr-, oder Zeichenschulen, solange kein beruflicher Bezug besteht.[45] Bei diesen Verträgen ist das Benachteiligungsverbot des § 19 Abs. 2 zu berücksichtigen. Für betriebliche Bildungsmaßnahmen gilt wiederum Abs. 1 Nr. 2, für die Berufsbildung Abs. 1 Nr. 3.

37 *Schleusner/Suckow/Voigt*, AGG § 18 Rn 34, 36.
38 *Bauer/Göpfert/Krieger*, AGG, § 18 Rn 15, 16.
39 BT-Drucks. 16/1780 S. 39.
40 Vgl Beschl. d. Rates 2004/689/EG im Amtsbl. der EU, L 314/8.
41 *Däubler/Bertzbach*, AGG Kommentar, 2008, § 2 Rn 46.
42 *Wiedemann/Thüsing*, DB 2002, 463 (465).
43 EuGH, Urt. v. 14.1.1982, EuGHE 1982, 33.
44 *Meinel/Heyn/Herms*, AGG Kommentar, 2007, § 2 Rn 44.
45 *Bauer/Göpfert/Krieger*, AGG, § 2 Rn 49.

9. Zugang zur Versorgung mit Gütern und Dienstleistungen. § 2 Abs. 1 Nr. 8 erweitert das Benachteiligungsverbot hinsichtlich des Zugangs auf Güter und Dienstleistungen, die der Öffentlichkeit zur Verfügung stehen. Das AGG geht hiermit über den durch die entsprechenden Richtlinien geforderten Schutz hinaus.[46] Im Normtext des § 2 Abs. 1 Nr. 8 übernimmt der Gesetzgeber den Sprachgebrauch der Richtlinie,[47] so dass die verwendeten Begriffe durch den gemeinschaftsrechtlichen Sprachgebrauch konkretisiert werden können. „Güter" sind dementsprechend Gegenstände der Warenverkehrsfreiheit des Art. 23 EG und somit körperliche Gegenstände, die das Objekt von Handelsgeschäften sein können. Der Begriff der Dienstleistungen ist gemäß der Dienstleistungsfreiheit aus Art. 50 EG zu verstehen und ist daher nicht auf Dienst- bzw Werkverträge iSd §§ 611, 631 BGB beschränkt. Die Legaldefinition in Art. 50 EG meint stattdessen selbständige, entgeltliche Tätigkeiten vornehmlich im gewerblichen, kaufmännischen, handwerklichen und freiberuflichen Bereich. Sie sind für die Zwecke des Diskriminierungsverbotes um den Zugang zu Darlehen und Finanzdienstleistungen sowie um den gesamten Kultur-, Sport- und Freizeitbereich zu ergänzen.[48] Der Wortlaut des Gesetzes bezieht zudem Verträge über Wohnraum ausdrücklich in den Schutzbereich ein. Dabei ist der Begriff des Wohnraums weit auszulegen. Es werden Kauf-, Miet- und andere Verträge umfasst, die zur Versorgung mit Wohnraum dienen können, unabhängig davon, ob sie mit dem Eigentümer oder einem Makler bzw Verwalter geschlossen werden. Das Benachteiligungsverbot erfasst dabei jedoch nur solche Vertragsbeziehungen, bei denen die Anbieter einem unbestimmten Personenkreis Angebote unterbreiten.[49] Welchen Umfang dabei die angesprochene Öffentlichkeit hat, ist unerheblich. Es kommt darauf an, dass sich das Angebot überhaupt über einen personalisierten Adressatenkreis hinaus an „unbestimmte" Empfänger richtet, wie es bei Anzeigen, Aushängen, Veröffentlichungen im Internet, Schaufensterauslagen, Werbeprospekten usw regelmäßig der Fall ist. Leistungen, die mit Rücksicht auf ein bestehendes Arbeitsverhältnis erbracht werden (Werkdienstwohnungen, AG-Darlehen), sind vom Schutzzweck der Norm nicht erfasst, hier gilt die Sonderregelung für Beschäftigungsverhältnisse. 20

Erfasst sind Benachteiligungen beim Zugang zum Vertragsschluss, dh im Rahmen der Vertragsanbahnungsphase, einschließlich einer Verweigerung des Abschlusses aus Gründen des § 1. Darunter fallen auch Benachteiligungen, die in Form der Gestaltung von Vertragsbedingungen erfolgen. Werden gerade den von § 1 geschützten Personen wesentlich ungünstigere Vertragsbedingungen angeboten als anderen Kunden, handelt es sich dabei um ein Mittel, sie vom Vertragsschluss abzuhalten; es wird also der Sache nach eine diskriminierende Zugangsschranke errichtet. 21

III. Verhältnis des AGG zu Leistungen nach dem SGB gem. § 2 Abs. 2 AGG

Der Geltungsbereich des Art. 3 Abs. 1 lit. e RL 2000/43/EG dehnt sich auch auf den Sozialschutz einschließlich der sozialen Sicherheit und der Gesundheitsdienste aus. Soweit Leistungen nach dem SGB betroffen sind, verweist Abs. 2 auf die zeitgleich mit dem AGG geschaffenen neuen § 33 c SGB I und § 19 a SGB IV. Gem. § 33 c SGB I sind Benachteiligungen aus Gründen der Rasse, der ethnischen Herkunft oder einer Behinderung bei der Inanspruchnahme sozialer Rechte verboten. In ähnlicher Weise bestimmt § 19 a SGB IV, dass bei der Inanspruchnahme von Leistungen, die sich auf den Zugang zu allen Formen und allen Ebenen der Berufsberatung, der Berufsbildung, der beruflichen Weiterbildung, der Umschulung einschließlich der praktischen Berufserfahrung beziehen, aus keinerlei in den Antidiskriminierungsrichtlinien genannten Gründen benachteiligt werden darf. Dabei geht aber sowohl aus § 33 c SGB I als auch aus § 19 a SGB IV hervor, dass über die Frage, ob Ansprüche nach dem SGB bestehen, allein die besonderen Teile des SGB maßgeblich sind. 22

§ 2 Abs. 2 S. 2 entsprechend sollen für die betriebliche Altersvorsorge die auf Grundlage des Betriebsrentengesetzes geregelten Benachteiligungsverbote gelten. In der Begründung des Gesetzgebers wird darauf hingewiesen, dass nach wie vor die RL 86/378/EWG zur Verwirklichung des Grundsatzes der Gleichbehandlung von Männern und Frauen bei den betrieblichen Systemen der sozialen Sicherheit maßgeblich ist.[50] Solchen Bestimmungen kommt lediglich eine Hinweisfunktion zu, soweit der Gesetzgeber in den Sonderbestimmungen Benachteiligungsverbote geregelt hat, die mit den Anforderungen des AGG inhaltlich vergleichbar sind.[51] Für das Betriebsrentenrecht gilt das jedoch nicht, da hier keine gesetzlichen Diskriminierungsverbote bestehen.[52] Die Altersversorgung unterliegt gemeinschaftsrechtlich dem Entgeltbegriff iSd Art. 141 EG Rn 25 f, sofern es sich nicht um ein den staatlichen Systemen gleichgestelltes Sicherungssystem handelt, auf das sich die RL 2000/78/EG nicht erstreckt, Art. 3 III RL. Die betriebliche Altersversorgung darf weitergehend vom Benachteiligungsverbot nicht ausgenommen werden. Das BAG versteht Abs. 2 S. 2 als bloße Kollisi- 23

46 *Meinel/Heyn/Herms*, AGG Kommentar, 2007, § 2 Rn 46.
47 EU-Richtlinie 2000/43/EG.
48 Aktionsprogramm zur Bekämpfung von Diskriminierungen, ABlEG 2000 Nr. L 303 aus 23.
49 *Nickel*, NJW 2001, 2669.
50 BT-Drucks. 16/1780 S. 32.
51 Krit. *Steinmeyer*, ZfA 2007, 27 (32).
52 Krit. *Däubler/Bertzbach*, AGG, Kommentar, 2008, § 2 Rn 129.

onsregel, so dass, wenn im BetrAVG keine Sonderregeln bestehen, das AGG immer anwendbar bleibt.[53] Auch bei der Auslegung des BetrAVG ist der Vorrang des Gemeinschaftsrechts zu verwirklichen.[54] Kann eine Benachteiligung danach festgestellt werden, können die Rechtsfolgen der RL beansprucht werden.

IV. Verhältnis des AGG zu sonstigen Benachteiligungsverboten gem. § 2 Abs. 3 AGG

24 § 2 Abs. 3 stellt klar, dass das AGG weder einen Anspruch auf eine umfassende noch einen Anspruch auf eine stets vorrangig wirkende Regelung des gesamten Rechts der Benachteiligungsverbote erhebt. Solche Rechtsvorschriften zu Diskriminierungsverboten an anderen Stellen, wie zB § 4 TzBfG oder § 75 BetrVG bleiben daneben selbständig anwendbar, auch wenn sie inhaltlich den Tatbeständen des AGG nahe stehen. Anwendbar bleibt auch der allgemeine arbeitsrechtliche Gleichbehandlungsgrundsatz.[55] Das folgt aus der sowohl im deutschem Recht wie im Gemeinschaftsrecht geläufigen Unterscheidung zwischen speziellen Diskriminierungsverboten und allgemeinem Gleichheitssatz.[56] Der Hinweis auf besondere öffentlich-rechtliche Schutzvorschriften meint etwa Mutterschutz oder den Schutz behinderter Menschen, der gleichfalls unberührt bleiben soll; die Anwendung solcher Bestimmungen bleibt also unabhängig vom Vorliegen der Voraussetzungen einer zulässigen „positiven Maßnahme" gem. § 5 stets möglich.

V. Verhältnis des AGG zu den Kündigungsvorschriften gem. § 2 Abs. 4 AGG

25 Mit § 2 Abs. 4 regelt der Gesetzgeber einen absoluten Vorrang der Bestimmungen zum allgemeinen und besonderen Kündigungsschutz vor dem AGG. Dies erstaunt, eröffnet der Gesetzgeber doch in § 2 Abs. 1 Nr. 2 den Anwendungsbereich des AGG für sämtliche Entlassungsbedingungen und Maßnahmen bei der Beendigung des Beschäftigungsverhältnisses. Außerdem traf der Gesetzgeber in § 10 S. 3 Nr. 6, 7 aF Sonderregeln für die Rechtfertigung benachteiligender Entlassungen. Die in Kraft getretene Fassung des Abs. 4 löst jedoch die Formulierung des ursprünglichen Regierungsentwurfs ab, wonach für Kündigungen „vorrangig" die Bestimmungen des Kündigungsschutzgesetzes gelten sollen. Der Gesetzgeber hat diesen absoluten Vorrang weiter unterstrichen, indem er jetzt auch die Sonderregeln zu benachteiligenden Kündigungen in § 10 S 3 Nr. 6, 7 aF gestrichen hat.[57] Zwar wurde gleich nach dem Bekanntwerden des geänderten Wortlauts der Bereichsausnahme für das Kündigungsrecht die Europarechtswidrigkeit der Regelung angeprangert. Die Richtlinie verlangt bekanntlich den Schutz vor Diskriminierungen auch in Bezug auf die Entlassungsbedingungen. Den Gesetzgeber hat dies nicht beeindruckt: Die Arbeitsgerichte würden das AGG richtlinienkonform auslegen und es dementsprechend anwenden. Dann würde sich zeigen, wie die Rechtsprechung dazu aussieht. Zweifellos bestehe ein Spannungsverhältnis. Das sei überhaupt nicht wegzudiskutieren.[58]

26 Die Konsequenzen aus dem Verstoß gegen die Pflicht zur Umsetzung der Richtlinie wurden kontrovers diskutiert: Zum Teil wurde vertreten, benachteiligende Kündigungen könnten ausreichend mithilfe der §§ 138, 242 BGB, § 1 KSchG sanktioniert werden.[59] Andere sahen bei den Sanktionen und der Beweislast ein Umsetzungsdefizit und gelangten unter Bezugnahme auf die Rechtsprechung des EuGH vom 22.11.2005 zur Unanwendbarkeit des Abs. 4.[60] Andere begrenzten die Ausnahme auf die Anwendung der §§ 7 Abs. 1, 15 Abs. 1. § 15 Abs. 2 sollte jedoch Anwendung finden.[61] Der Ausschluss in Abs. 4 beziehe sich nur auf die Wirksamkeitsprüfung der Kündigung. Die Ministerialen, die das Gesetz maßgeblich geprägt haben, gingen davon aus, dass das Umsetzungsdefizit dort zu einer Anwendung des AGG führe, wo das KSchG keine Anwendung findet, also während der ersten sechs Monate des Arbeitsverhältnisses und im Kleinbetrieb.[62]

27 Das BAG hat die Streitfrage entschieden: Die Diskriminierungsverbote des AGG – einschließlich der ebenfalls im AGG vorgesehenen Rechtfertigungen für unterschiedliche Behandlungen – sind bei der Auslegung der unbestimmten Rechtsbegriffe des Kündigungsschutzgesetzes in der Weise zu beachten, dass sie Konkretisierungen des Begriffs der Sozialwidrigkeit darstellen.[63]

28 Diese richtlinienkonforme Auslegung des Abs. 4 ist wegen des klaren Wortlauts und des klaren gesetzgeberischen Willens problematisch. Der Gesetzgeber hat diesen Willen mit dem Aufheben des § 10 S. 3 Nr. 6, 7

53 BAG, Urt. v. 11.12.2007, NZA 2008, 532; BAG, Urt. v. 14.1.2009, NZA 2009, 490.
54 BAG, Urt. v. 28.7.2005, NZA-RR 2006, 591.
55 *Bauer*, AGG Rn 52; *Hinrichs/Zwanziger*, DB 2007, 574; aA *Maier/Mehlich*, DB 2007, 113.
56 EuGH v. 8.10.1980, Slg 1980, I- 2747; 12.7.2001 EuZW 2001, 728; 12.12.2002 NZA 2003, 211.
57 BT-Drucks. 16/3007 S. 20.
58 Bundestag Plenarprotokoll 16/43 S. 4049.
59 APS/Preis 1. Teil J Rn 71 e; *Hamacher/Ulrich*, NZA 2007, 657; ErfK/*Schlachter*, AGG § 2 Rn 16; KR/*Pfeiffer* § 2 AGG Rn 8.
60 ArbG Osnabrück v. 5.2.2007, NZA 2007, 626; ArbG Osnabrück v. 3.7.2007, NZA 2007, 982; *Thüsing*, Diskriminierungsschutz, Rn 115; wohl auch Bamberger/Roth/*Fuchs*, AGG § 2 Rn 10; *Sagan*, NZA 2006, 1257.
61 Vgl *Bauer/Göpfert/Krieger*, § 2 Rn 67, 68.
62 *Rühl/Schmid/Viethen*, Allgemeines Gleichbehandlungsgesetz, 2007, S. 56.
63 BAG, Urt. v. 6.11.2008, NZA 2009, 361.

aF nach dem Inkrafttreten des AGG am 18.10.2006 noch unterstrichen.[64] Da Abs. 4 auch nicht wegen eines der verpönten Merkmale benachteiligt, lässt sich die Unanwendbarkeit auch nicht mit der Rechtsprechung des EuGH begründen.[65] Benachteiligende Kündigungen sollten eher mithilfe der Generalklauseln der §§ 138, 242 BGB oder § 1 KSchG sanktioniert werden.[66] Insoweit ist eine richtlinienkonforme Auslegung möglich und geboten, da der Gesetzgeber die Anwendung dieser Instrumente auf diskriminierende Kündigungen verlangt.[67] Er hält die dort anerkannten Instrumente für sachgerechter. Eine Kündigung etwa, die vor der Schwangerschaft und hauptsächlich aus dem Grund ausgesprochen wird, dass sich eine Arbeitnehmerin in einem vorgerückten Stadium einer künstlichen Befruchtung befindet, verstößt gegen das allgemeine Verbot der Benachteiligung wegen des Geschlechts und ist schon aufgrund der §§ 138, 242 BGB unwirksam.[68]

Unklar ist auch nach der Entscheidung des BAG, wie bei Kündigungen mit der Darlegungs- und Beweislast **29** umzugehen ist. § 22 kann im Rahmen der Prüfung der Sozialwidrigkeit keine Anwendung finden. Die Darlegung der sozialen Rechtfertigung obliegt auf den ersten Blick dem Arbeitgeber, § 1 Abs. 2 S 4 KSchG. Freilich muss der Arbeitnehmer die Sozialwidrigkeit wegen fehlerhafter Sozialauswahl darlegen, § 1 Abs. 3 S 3 KSchG. Die Erleichterung der Beweislast für den Benachteiligten ist aber durch die Richtlinien zwingend vorgeschrieben.[69] Es müssen daher aufgrund richtlinienkonformer Auslegung des § 138 Abs. 2 ZPO dem § 22 angepasste abgestufte Darlegungs- und Beweispflichten bei Kündigungen angewandt werden. Dafür spricht, dass die Grundsätze der abgestuften Darlegungs- und Beweislast auf Generalklauseln beruhen.[70] Um hier eine europarechtskonforme Auslegung sicherzustellen, muss der Beschäftigte in den Genuss der Privilegierung kommen, die zu einer Umkehr der Beweislast führen kann. Sofern er also Umstände beweist, die den Rückschluss auf eine Benachteiligung wegen eines unzulässigen Merkmals vermuten lassen, muss der Arbeitgeber darlegen und gegebenenfalls beweisen, dass die Kündigung allein oder auch (str) aus anderen Gründen erfolgt ist.

Probleme bestehen auch bei den Sanktionen benachteiligender Kündigungen. Kann der unzulässig durch eine **30** (unwirksame) Kündigung Benachteiligte Entschädigung oder Schadensersatz verlangen? Nach der hier und auch vom BAG vertretenen Ansicht ist klar, dass die Sanktionen des § 15 Abs. 1, 2 keine Anwendung auf benachteiligende Kündigungen finden.[71] Der Wille des Gesetzgebers und der Wortlaut des Gesetzes erlauben keine richtlinienkonforme Auslegung, der Gesetzgeber habe nur die Wirksamkeitsprüfung von Kündigungen dem Anwendungsbereich des AGG entziehen wollen. Wenn der Gesetzgeber bestimmt, dass für Kündigungen ausschließlich andere Regelungen als das AGG gelten, ist natürlich auch die Anwendung des § 15 Abs. 1, 2 ausgeschlossen. Das belegt auch das Gesetzgebungsverfahren.[72] Der Bundesrat hatte die Änderung mit der Begründung verlangt, dass ausschließlich die Bestimmungen des KSchG gelten sollen, wenn die Benachteiligung in einer Kündigung liegt.[73]

Warum aber sollte ein Arbeitnehmer, dem eine diskriminierende Kündigung erklärt wurde, schlechter behan- **31** delt werden als ein Arbeitnehmer, der durch andere Maßnahmen im bestehenden Arbeitsverhältnis benachteiligt wird? Jener kann gleichsam die Unwirksamkeit der Behandlung sowie Schadensersatz und Entschädigung geltend machen. Eine solche Differenzierung begegnet erheblichen Schwierigkeiten im Lichte der Diskriminierungsrichtlinien, die neben der Nichtigkeit zusätzlich gleichsam wirkende und effiziente Sanktionen erfordern (Art. 16, 17 Richtlinie 2000/78). Die Unwirksamkeit der Kündigung ist eine Sanktion, nach der Systematik der Richtlinie ist sie aber wohl nicht ausreichend. Die Problematik verdeutlichen auch Fälle, in denen es im Vorfeld der Kündigung zu benachteiligenden Äußerungen des Arbeitgebers kommt.[74] Der benachteiligte Beschäftigte hat möglicherweise ein Wahlrecht, ähnlich wie in den §§ 9, 10, 12 KSchG oder in Anlehnung an § 628 Abs. 2 BGB: Nimmt er die Kündigung hin, indem er sie durch den Ablauf der Dreiwochenfrist der Wirksamkeitsfiktion des § 7 KSchG zuführt, kann er jedenfalls eine Entschädigung nach § 15 Abs. 2 verlangen.[75] Auch §§ 823 Abs. 2, 823 Abs. 1, 826 BGB können helfen. Der Gekündigte kann zudem neben dem Angriff gegen die Kündigung seinerseits die fristlose Kündigung wegen der Vertragspflichtverletzung des Arbeitgebers erklären und dann den entgangenen Verdienst, sonstigen Schadensersatz und eine Entschädigung verlangen. Die Frist des § 626 Abs. 2 BGB dürfte gelten.

Klagt der Arbeitnehmer gegen eine Kündigung und macht nach § 15 eine Entschädigung geltend, sind die **32** Gebührenstreitwerte nicht auf den Quartalsverdienst nach § 42 Abs. 3 S 1 GKG begrenzt.[76]

64 BT-Drucks. 16/3007 S. 22.
65 EuGH, Urt. v. 22.11.2005, NZA 2005, 1345; BAG, Urt. v. 26.4.2006, NZA 2006, 1162, (1166); so auch *Schleusener/Suckow/Voigt*, AGG § 2 Rn 24.
66 So auch BAG, Urt. v. 24.1.2008 – 6 AZR 96/07; vgl auch BAG, Urt. v. 23.6.1994, NZA 1994, 1080.
67 BT-Drucks. 16/2022 S 12.
68 Vgl EuGH, Urt. v. 26.2.2008, NZA 2008, 459.
69 Art. 10 RL 2000/78/EG.
70 *Zöller/Greger*, ZPO, § 138 Rn 8 b; Musielak/*Stadler*, ZPO, § 138 Rn 10.
71 AA *Bauer/Göpfert/Krieger*, AGG § 2 Rn 64 (69).
72 BT-Drucks. 16/2022 S. 12.
73 BR-Drucks. 329/06 S. 3.
74 Vgl LAG Hamm, Urt. v. 11.12.2007 – 9 Sa 1564/07.
75 Unklar *Willemsen/Schweibert*, NJW 2006, 2583, (2585) einerseits, (2590) andererseits.
76 LAG Nürnberg, Urt. v. 4.9.2008 – 4 Ta 126/08.

§ 3 AGG Begriffsbestimmungen

(1) [1]Eine unmittelbare Benachteiligung liegt vor, wenn eine Person wegen eines in § 1 genannten Grundes eine weniger günstige Behandlung erfährt, als eine andere Person in einer vergleichbaren Situation erfährt, erfahren hat oder erfahren würde. [2]Eine unmittelbare Benachteiligung wegen des Geschlechts liegt in Bezug auf § 2 Abs. 1 Nr. 1 bis 4 auch im Falle einer ungünstigeren Behandlung einer Frau wegen Schwangerschaft oder Mutterschaft vor.

(2) Eine mittelbare Benachteiligung liegt vor, wenn dem Anschein nach neutrale Vorschriften, Kriterien oder Verfahren Personen wegen eines in § 1 genannten Grundes gegenüber anderen Personen in besonderer Weise benachteiligen können, es sei denn, die betreffenden Vorschriften, Kriterien oder Verfahren sind durch ein rechtmäßiges Ziel sachlich gerechtfertigt und die Mittel sind zur Erreichung dieses Ziels angemessen und erforderlich.

(3) Eine Belästigung ist eine Benachteiligung, wenn unerwünschte Verhaltensweisen, die mit einem in § 1 genannten Grund in Zusammenhang stehen, bezwecken oder bewirken, dass die Würde der betreffenden Person verletzt und ein von Einschüchterungen, Anfeindungen, Erniedrigungen, Entwürdigungen oder Beleidigungen gekennzeichnetes Umfeld geschaffen wird.

(4) Eine sexuelle Belästigung ist eine Benachteiligung in Bezug auf § 2 Abs. 1 Nr. 1 bis 4, wenn ein unerwünschtes, sexuell bestimmtes Verhalten, wozu auch unerwünschte sexuelle Handlungen und Aufforderungen zu diesen, sexuell bestimmte körperliche Berührungen, Bemerkungen sexuellen Inhalts sowie unerwünschtes Zeigen und sichtbares Anbringen von pornographischen Darstellungen gehören, bezweckt oder bewirkt, dass die Würde der betreffenden Person verletzt wird, insbesondere wenn ein von Einschüchterungen, Anfeindungen, Erniedrigungen, Entwürdigungen oder Beleidigungen gekennzeichnetes Umfeld geschaffen wird.

(5) [1]Die Anweisung zur Benachteiligung einer Person aus einem in § 1 genannten Grund gilt als Benachteiligung. [2]Eine solche Anweisung liegt in Bezug auf § 2 Abs. 1 Nr. 1 bis 4 insbesondere vor, wenn jemand eine Person zu einem Verhalten bestimmt, das einen Beschäftigten oder eine Beschäftigte wegen eines in § 1 genannten Grundes benachteiligt oder benachteiligen kann.

I. Normzweck

1 § 3 beinhaltet eine Legaldefinition der Verhaltensweisen, die durch das AGG unterbunden werden sollen. Dem Regelungsvorbild der umzusetzenden RL entsprechend werden die bislang bereits anerkannten Formen der unmittelbaren und mittelbaren Benachteiligung ausdrücklich definiert und um die verschiedenen Arten von Belästigung ergänzt. Die Definitionen gelten für das gesamte AGG, wobei der Gesetzgeber in § 3 Abs. 4 den Anwendungsbereich **sexueller Belästigungen** auf Arbeitsbedingungen begrenzt, so dass diese im Zivilrechtsverkehr nicht als Benachteiligung gelten, was äußerst zweifelhaft ist. Andere als sexuelle Belästigungen waren nicht ausdrücklich angesprochen, sondern lediglich nach allgemeinen vertragsrechtlichen Grundsätzen als Nebenpflichtverletzung eingeordnet worden. Ebenso wenig war die Anweisung zur Diskriminierung besonders gesetzlich geregelt worden, konnte aber nach allgemeinen Grundsätzen dem Organisationsverantwortlichen AG zugerechnet werden. Die Überschrift „Begriffsbestimmung" ist daher unglücklich gewählt, da der Gesetzgeber nur die Benachteiligung, nicht aber andere Begriffe definiert. Er orientiert sich dabei an den Richtlinien, die nahezu identische Definitionen der „Diskriminierung" enthalten. Er hat jedoch den in den Richtlinien benutzten Begriff der Diskriminierung durch Benachteiligung ersetzt.[1] Hierdurch soll gezeigt werden, dass nicht jede Ungleichbehandlung iSd § 1 AGG zwingend eine Diskriminierung darstellt.

2 Eine Ungleichbehandlung iSd § 1 AGG kann nämlich nach den §§ 5, 8–10 und § 20 sachlich gerechtfertigt und somit rechtlich zulässig sein.

II. Benachteiligung

3 Als eine der Kernbestimmungen des Gleichbehandlungsrechts nennt § 3 die wichtigsten Formen einer Benachteiligung und gilt, soweit nicht anders geregelt, sowohl für den arbeitsrechtlichen als auch für den zivilrechtlichen Teil. Zu unterscheiden sind unmittelbare und mittelbare Benachteiligungen. Benachteiligungen sind

1 *Meinel/Heyn/Herms*, AGG Kommentar, 2007, § 3 Rn 1.

dabei grundsätzlich Zurücksetzungen, die sich auf ein „verpöntes“ Merkmal beziehen. Die Benachteiligung aufgrund eines der in § 1 genannten Merkmale darf jedoch nicht mit Mobbing verwechselt werden.[2] Nach der Rechtsprechung des BAG sind unter Mobbing „fortgesetzte, aufeinander aufbauende oder ineinander übergreifende, der Anfeindung, Schikane oder Diskriminierung dienende Verhaltensweisen, die nach Art und ihrem Ablauf im Regelfall einer übergeordneten, von der Rechtsordnung nicht gedeckten Zielsetzung förderlich sind und jedenfalls in ihrer Gesamtheit das allgemeine Persönlichkeitsrecht, die Ehre oder die Gesundheit des Betroffenen verletzen“ zu verstehen.[3] Im Ergebnis ist damit insbesondere dann von einer Mobbinghandlung auszugehen, wenn unerwünschte Verhaltensweisen bezwecken oder bewirken, dass die Würde des Arbeitnehmers verletzt und ein durch Einschüchterung, Anfeindung, Erniedrigung, Entwürdigung oder Beleidigung gekennzeichnetes Umfeld geschaffen wird.[4] Damit kann bei einer Mobbinghandlung in dieser auch zugleich eine Verletzung des AGG liegen. Regelmäßig geht der Vorwurf bei einer Mobbinghandlung aber weit darüber hinaus.

Das AGG unterscheidet fünf verschiedene Benachteiligungsformen und definiert so die unerwünschten Handlungen. 4

1. Unmittelbare Benachteiligung (Abs. 1). Der Begriff der unmittelbaren Benachteiligung ist in § 3 Abs. 1 definiert. Eine unmittelbare Benachteiligung liegt demnach vor, wenn eine Person eine weniger günstige Behandlung erfährt als eine andere Person in vergleichbarer Lage erfährt, erfahren hat oder erfahren würde und dabei offen und ausdrücklich an ein in § 1 AGG genanntes Merkmal angeknüpft wird.[5] Die nachteilig wirkende Maßnahme muss also entweder ausdrücklich oder dem Sinne nach an dem verbotenen Differenzierungsmerkmal anknüpfen, so dass die von der Unterscheidung benachteiligte und die nicht benachteiligte Gruppe jeweils hinsichtlich des Merkmals homogen zusammengesetzt sind.[6] Für die Feststellung einer Ungleichbehandlung bedarf es eines Vergleichs zwischen mindestens zwei Personen, wobei der Vergleich auch mit einer hypothetischen Vergleichsperson gezogen werden kann. Anknüpfungspunkt ist danach die unterschiedliche Behandlung von Beschäftigten, welche beispielsweise in der Ablehnung eines Vertragsschlusses, im Diktieren ungünstigerer Vertragsbedingungen oder in der Kündigung eines Vertragsverhältnisses bestehen kann. Die Maßnahme ist eine ungünstigere Behandlung als sie einer Vergleichsperson zuteilwird, wenn diese aktuell besser behandelt wird. Die Vergleichsperson muss identische oder im Wesentlichen gleichartige Tätigkeiten wie der Anspruchsteller ausüben; dies ist anhand eines Gesamtvergleichs aller vertraglich geschuldeten Tätigkeiten festzustellen.[7] Außer hinsichtlich des Merkmals gem. § 1 darf es zwischen der Vergleichsperson und dem Anspruchsteller keine wesentlichen Unterschiede geben. 5

Wie nach bisherigem Recht ist ein Vergleich mit einer anderen Person entbehrlich, wenn es sich um Fälle von **Schwangerschaft und Mutterschaft** handelt. Dies wird durch Abs. 1 S 2 klargestellt. Wie sich auch der Gesetzesbegründung entnehmen lässt,[8] knüpft die Regelung insoweit an die einschlägige Rechtsprechung des EuGH, insbesondere die Rechtsache Dekker, an, in der die Entbehrlichkeit des Hinweises auf eine männliche Vergleichsperson naheliegenderweise judiziert wurde.[9] 6

Die Benachteiligung muss nicht durch positives Tun erfolgen, sondern kann auch dann gegeben sein, wenn ein Unterlassen vorliegt.[10] Jedoch bedarf es einer tatsächlichen Benachteiligung bzw einer hinreichenden Gefahr und somit einer Widerholungsgefahr (bei bereits erfolgter Benachteiligung) oder einer ernsthaften Erstbegehungsgefahr.[11] Eine lediglich abstrakte Gefahr der Benachteiligung ist nicht ausreichend. Die Zurücksetzung muss „wegen“ eines der in § 1 genannten Diskriminierungsmerkmale erfolgen. Die Maßnahme, welche den Beschäftigten benachteiligt, muss daher durch eines oder durch mehrere der Merkmale in § 1 motiviert sein.[12] 7

Unmittelbare Benachteiligungen sind grundsätzlich einer Rechtfertigung entzogen. Darin unterscheidet sich die unmittelbare von der mittelbaren Diskriminierung, bei der objektive Rechtfertigungsgründe zum Ausschluss des Benachteiligungstatbestandes führen können.[13] Eine unmittelbare Diskriminierung kann aber wegen der explizit vorgesehenen Rechtfertigungsgründe in den §§ 8 und 10 sowie im Zivilrecht in § 20 gerechtfertigt sein. 8

2. Mittelbare Benachteiligung Abs. 2. Eine mittelbare Benachteiligung liegt nach § 3 Abs. 2 vor, wenn dem Anschein nach neutrale Vorschriften, Maßnahmen, Kriterien oder Verfahren, Personen wegen eines in § 1 genannten Merkmals gegenüber anderen Personen in besonderer Weise benachteiligen können, es sei denn, 9

2 *Schrader/Schubert*, Das neue AGG, 2006, S. 40, Rn 99.
3 BAG, Urt. v. 16.5.2007 – 8 AZR 709/06; vgl zur alten Rspr BAG v. 15.1.1997 – 7 ABR 14/96.
4 BAG, Urt. v. 24.4.2008 – 8 AZR 347/07.
5 BT-Drucks. 329/06, S. 33; *Wernsmann*, JZ 2005, 224 ff (227).
6 LAG Köln 15.2.2008, NZA-RR 2008, 622.
7 BAG Urt. v. 23.8.1995, NZA 1996, 579; BAG Urt. v. 11.4.2006, NZA 2006, 1217.
8 Vgl BT-Drucks. 16/1780 S. 32.
9 EuGH Rs C-117/88, Slg 1990, I-3941 – Dekker.
10 BT-Drucks. 329/06 S. 33; *Stork*, ZEuS 2005, 1 ff (36).
11 BT-Drucks. 329/06 S. 33.
12 BT-Drucks. 329/06 S. 33.
13 Ausf zur unmittelbaren Benachteiligung, deren Abgrenzung und Fallgruppen *Rupp*, RdA 2009, 307.

die betreffenden Vorschriften, Kriterien oder Verfahren sind durch ein rechtmäßiges Ziel sachlich gerechtfertigt und die Mittel sind zur Erreichung dieses Ziels erforderlich und angemessen.[14] Im Unterschied zur unmittelbaren Diskriminierung erfolgt die unterschiedliche Behandlung nicht direkt aufgrund eines Merkmals aus § 1, sondern tritt als rein tatsächliche Folge der getroffenen Entscheidung auf.[15] Zur Abgrenzung ist die Bildung einer Vergleichsgruppe notwendig, wobei üblicherweise auf statistische Verfahren zurückgegriffen wird.[16] Dieser Vergleich mit anderen Beschäftigtengruppen muss ergeben, dass die angeblich mittelbar benachteiligte Gruppe tatsächlich oder hypothetisch eine nachteilige Behandlung im Vergleich zu anderen Beschäftigten erfährt oder erfahren könnte. Dies ist der Fall, wenn die betroffene Beschäftigtengruppe ungünstiger behandelt wird, als es sonst im Betrieb der fraglichen Art üblich ist. Ohne statistische Daten ist der Nachweis einer mittelbaren Diskriminierung ungleich schwieriger, aber rechtlich möglich.[17] Der Tatbestand der mittelbaren Benachteiligung liegt nicht vor, wenn ein sachlicher Grund die Ungleichbehandlung rechtfertigt und die eingesetzten Mittel erforderlich und angemessen sind. Ist daher ein milderes Mittel möglich, kann trotz Vorliegen eines sachlichen Grundes eine Diskriminierung vorliegen.

10 Eines Rückgriffs auf § 8 für die sachliche Rechtfertigung bedarf es nicht, da aufgrund der Systematik des AGG die Rechtfertigungsgründe nur für unmittelbare Benachteiligungen im Sinne des § 3 Abs. 1 relevant sind. Denn von einer mittelbaren Benachteiligung kann nach der Legaldefinition des § 3 Abs. 2 nur gesprochen werden, wenn die betreffenden Vorschriften, Kriterien und Verfahren nicht bereits durch ein rechtmäßiges Ziel sachlich gerechtfertigt sind und die Mittel zur Erreichung dieses Ziels angemessen und erforderlich sind. Andernfalls liegt bereits begrifflich keine Benachteiligung vor. Liegen sachlich rechtfertigende Gründe vor, müssen ebenfalls die speziellen Rechtfertigungsgründe, die das Gesetz in den §§ 5, 10 sowie § 20 vorsieht, regelmäßig nicht mehr geprüft werden.[18]

11 Entsprechend der unmittelbaren Benachteiligung genügt eine abstrakte Gefährdungslage nicht aus. Die benachteiligten Personen müssen konkret betroffen sein, es muss also eine hinreichend konkrete Gefahr vorliegen, dass den Betroffenen eine Benachteiligung im Vergleich zu Angehörigen einer anderen Gruppe droht.[19] Da subjektive Elemente im Gesetzestext fehlen, kann eine mittelbare Benachteiligung fahrlässig, aber auch schuldlos erfolgen.

12 **3. Belästigung Abs. 3.** Mit § 3 Abs. 3, wonach auch eine Belästigung eine Benachteiligung darstellt, will der Gesetzgeber insbesondere den bisher nur unzureichenden Schutz vor Belästigung am Arbeitsplatz komplettieren und gleichzeitig die Durchsetzung der entsprechenden Rechte von Beschäftigten erleichtern.[20] Belästigung ist definiert als unerwünschte Verhaltensweise im Zusammenhang mit den Benachteiligungsmerkmalen, die bezwecken oder bewirken, dass die Würde der betreffenden Person verletzt wird und ein von Einschüchterungen, Anfeindungen, Erniedrigungen, Entwürdigungen oder Beleidigungen gekennzeichnetes Umfeld geschaffen wird (§ 3 Abs. 3). Wesentlicher Unterschied zwischen Belästigung und Benachteiligung ist zunächst, dass es bei einer Belästigung in Abs. 3 nicht auf die schlechtere Behandlung eines Betroffenen im Vergleich zu einer anderen Person ankommt, da die unerwünschte Verhaltensweise selbst die Belästigung darstellt. Eine Belästigung liegt vor, wenn sie subjektiv bezweckt wird oder wenn sie zwar unvorsätzlich erfolgt, aber dennoch objektiv kausal bewirkt wird. Ein Umfeld wird grundsätzlich nicht durch ein einmaliges, sondern durch ein fortdauerndes Verhalten geschaffen. Jedwede Handlung und Verhaltensweise, die dem systematischen Prozess der Schaffung eines bestimmten Umfeldes zuzuordnen sind, sind somit in die Betrachtung mit einzubeziehen. Einzelne zurückliegende Handlungen oder Verhaltensweisen dürfen nicht bei der Beurteilung unberücksichtigt gelassen werden.[21] Belästigungen iSd § 3 Abs. 3 können das Umfeld eines Arbeitnehmers nur dann kennzeichnen, wenn sie für das Arbeitsverhältnis eine prägende Bedeutung haben. Eine prägende Bedeutung kann grundsätzlich nur dann angenommen werden, wenn einzelne Tathandlungen aufeinander aufbauen und ineinander greifen, also systematisch dazu dienen, die Würde des Betroffenen zu verletzen.[22] Soweit sich eine systematische Verbindung einzelner Tathandlungen nicht feststellen lässt, fehlt es am feindlichen Umfeld. Einmalige Belästigungshandlungen fallen daher regelmäßig nicht in den Schutzbereich des § 3 Abs. 3.

13 **4. Sexuelle Belästigung Abs. 4.** Der Begriff der sexuellen Belästigung ist festgelegt als unerwünschtes, sexuell bestimmtes Verhalten, welches bezweckt oder bewirkt, dass die Würde der betreffenden Person verletzt und ein von Einschüchterungen, Anfeindungen, Erniedrigungen, Entwürdigungen oder Beleidigungen gekennzeichnetes Umfeld geschaffen wird (§ 3 Abs. 4). Bisher war der Schutz vor sexueller Belästigung am Arbeitsplatz im Beschäftigtenschutzgesetz geregelt. Das Beschäftigtenschutzgesetz ist nun im AGG integriert.

14 *Schleusener/Suckow/Voigt*, AGG § 1 Rn 18.
15 *Annuß*, BB 2006, 1629 (1631); *Hey*, AGG, § 3 Rn 11.
16 BT-Drucks. 329/06, S. 33, BAG, Urt. v. 8.6.2005 = NZA 2006, 611 ff.
17 EuGH Urt. v. 23.5.1996 = EuroAS 1996, 97 (O´Flynn); *Schiek*, NZA, 873 ff (875).
18 BT-Drucks. 329/06 S. 34.
19 BT-Drucks. 329/06 S. 34.
20 BT-Drucks. 16/1780 S. 28.
21 BAG Urt. v. 25.10.2007, NZA 2007, 223 (225).
22 LAG Düsseldorf, Urt. v. 18.6.2008 – 7 Sa 383/08.

Abs. 4 verweist für seinen Geltungsbereich hinsichtlich der bezweckten oder bewirkten Verletzung der Würde, einschließlich des Beispiels der Schaffung eines feindlichen Umfeldes, auf die Voraussetzungen nach Abs. 3. Allerdings ist hier die Schaffung eines feindlichen Umfeldes nur beispielhaft, muss aber nicht zwingend zur Würdeverletzung hinzutreten.[23] Wann eine Verhaltensweise **sexuell bestimmt** ist, ist nicht vom subjektiv erstrebten Ziel des Handelnden aus zu bestimmen.[24] Für die Unerwünschtheit der Verhaltensweise ist es ausreichend, wenn aus Sicht einer objektiven Beobachterin bzw eines Beobachters davon auszugehen ist, dass das entsprechende Verhalten von den Betroffenen nicht erwünscht ist oder nicht akzeptiert wird.

Sexuelle Handlungen sind unabhängig von einer besonderen Schwere stets eine Belästigung.[25] Das deutlichste Anwendungsbeispiel bilden sexuell bestimmte körperliche Berührungen und entsprechende Bemerkungen, etwa Äußerungen über sexuelles Verhalten oder Neigungen, Partnerwahl, Ausstrahlung oder Erscheinungsbild An- oder Abwesender.[26] Zeigen und sichtbares Anbringen **pornographischer Darstellungen** meint im strafrechtlichen Sprachgebrauch die Darbietung vergröbernder, verzerrender Darstellung der Sexualität ohne Sinnzusammenhang mit anderen Lebensäußerungen.[27] 14

Abweichend zum Regelungsgehalt des § 3 BeschSchG verlangt das AGG kein vorsätzliches Verhalten mehr.[28] Ob es überhaupt schuldhaftes Verhalten voraussetzt, ist unklar. Da das Diskriminierungsverbot wegen sexueller Belästigung auf der Struktur des Belästigungstatbestandes in § 3 Abs. 3 aufbaut, kann auf die dortigen Ausführungen verwiesen werden. Von § 3 Abs. 3 abweichend sind auch die einmaligen Belästigungshandlungen vom Schutzbereich des Abs. 3 erfasst 15

5. Anweisung zur Benachteiligung Abs. 5. Eine Anweisung zur Benachteiligung liegt vor, wenn jemand eine Person zu einem Verhalten bestimmt, das einen Beschäftigten oder eine Beschäftigte benachteiligt oder benachteiligen kann (§ 3 Abs. 5). Hierfür ist nicht erforderlich, dass der Angewiesene die Handlung tatsächlich ausgeführt hat. 16

§ 4 AGG Unterschiedliche Behandlung wegen mehrerer Gründe

Erfolgt eine unterschiedliche Behandlung wegen mehrerer der in § 1 genannten Gründe, so kann diese unterschiedliche Behandlung nach den §§ 8 bis 10 und 20 nur gerechtfertigt werden, wenn sich die Rechtfertigung auf alle diese Gründe erstreckt, derentwegen die unterschiedliche Behandlung erfolgt.

I. Normzweck

§ 4 ist eine Klarstellungsvorschrift, die für Fälle der sog. Mehrfachdiskriminierung bestimmt, dass jede Ungleichbehandlung für sich einer Rechtfertigung bedarf. Sie trägt dem Umstand Rechnung, dass bestimmte Personengruppen typischerweise der Gefahr ausgesetzt sind, gleich in mehrfacher Hinsicht benachteiligt zu werden. 1

II. Regelungsgehalt

Die Vorschrift besagt, dass eine Ungleichbehandlung wegen mehrerer in § 1 genannten Gründe nicht dadurch insgesamt zulässig wird, dass hinsichtlich eines Merkmals ein Rechtfertigungsgrund vorliegt.[1] Vielmehr muss jede Benachteiligung gerechtfertigt sein.[2] Entgegen dem Wortlaut können Mehrfachbenachteiligungen dabei nicht nur nach den §§ 8–10 und 20, sondern natürlich auch durch positive Maßnahmen nach § 5 gerechtfertigt werden.[3] 2

Die Norm ist zudem über den Wortlaut hinaus auch auf mittelbare Benachteiligungen oder eine Kombination von mittelbaren und unmittelbaren Benachteiligungen anzuwenden.[4] 3

23 *Annuß*, BB 2006, 1629 (1632).
24 So aber: *Worzalla* NZA 1994, 1016, 1018; HWK/*Annuß/Rupp* Rn 17.
25 BAG 9.1.1986, AP BGB § 626 Ausschlussfrist Nr. 20; LAG HM Urt. v. 13.2.1997, NZA-RR 1997, 250; 255.
26 BayVGH, Urt. v. 12.8.2004, NVwZ-RR 2005, 49; LAG NI Urt. v. 25.11.2008, NZA-RR 2009, 249; LAG SH Urt. v. 4.3.2009, ArbRB 2009, 194.
27 BGH, Urt v. 21.6.1990, NJW 1990, 3026; OLG D Urt. v. 28.3.1974 NJW 1974, 1474.
28 Vgl ErfK/*Schlachter*, AGG § 3 Rn 14.
1 ErfK/*Schlachter*, AGG § 4 Rn 1.
2 *Rühl/Schmid/Viethen*, III 6 d (S. 77).
3 ErfK/*Schlachter*, AGG § 4 Rn 1; Schleusener/Suckow/Voigt/*Voigt*, § 4 Rn 3.
4 BeckOK/*Roloff*, AGG § 4 Rn 1; Däubler/Bertzbach/*Däubler*, § 4 Rn 10; Schleusener/Suckow/Voigt/*Voigt*, § 4 Rn 5.

III. Beweislastverteilung

4 Im Rahmen des § 4 ist die Beweislastregel des § 22 mit der Maßgabe anzuwenden, dass bei Vorliegen der Vermutungsvoraussetzungen hinsichtlich jedes einzelnen Merkmals bewiesen werden muss, dass keine ungerechtfertigte Ungleichbehandlung vorliegt.[5] Andererseits liegt eine Benachteiligung wegen eines in § 1 genannten Grundes nicht vor, wenn der Kandidat schon objektiv überhaupt nicht geeignet ist, er also unabhängig von einer Ungleichbehandlung nicht als Bewerber in Frage kommt.[6]

§ 5 AGG Positive Maßnahmen

Ungeachtet der in den §§ 8 bis 10 sowie in § 20 benannten Gründe ist eine unterschiedliche Behandlung auch zulässig, wenn durch geeignete und angemessene Maßnahmen bestehende Nachteile wegen eines in § 1 genannten Grundes verhindert oder ausgeglichen werden sollen.

I. Allgemeines

1 § 5 normiert einen Rechtfertigungsgrund[1] für Ungleichbehandlungen. Danach sind Ungleichbehandlungen über die Fälle der §§ 8–10 und § 20 hinaus zulässig, wenn sie der Bekämpfung bestehender oder der Vermeidung künftiger Nachteile dienen sollen. Voraussetzung für die Rechtfertigung einer an sich gem. § 7 oder § 19 verbotenen Ungleichbehandlung ist die Geeignetheit und Angemessenheit der zur Zielerreichung ergriffenen Maßnahme.

2 Die Norm ist ein Eingeständnis an die gesellschaftliche Wirklichkeit und die Konsequenz aus der Erkenntnis, dass Diskriminierungsverbote allein nicht ausreichen, um Chancengleichheit herzustellen.[2] Vor diesem Hintergrund sollen dem Gesetzgeber, den Tarifvertragsparteien und den Arbeitgebern die Möglichkeit gegeben werden, Fehlentwicklungen durch „positive Maßnahmen"[3] zu begegnen. Sie setzt damit Art. 5 der Richtlinie 2000/43/EG, Art. 7 Abs. 1 der Richtlinie 2000/78/EG, Art. 2 Abs. 8 der Richtlinie 76/207/EWG und Art. 6 der Richtlinie 2004/113/EG um.

II. Voraussetzungen

3 Voraussetzung für die Zulässigkeit einer Ungleichbehandlung ist die Geeignetheit und Angemessenheit der Maßnahme. Diesbezüglich kann an die von der Rechtsprechung zu § 611 a BGB aF entwickelten Grundsätze angeknüpft werden.[4] Die Maßnahmen müssen objektiv geeignet, erforderlich und angemessen sein und es muss im konkreten Einzelfall eine Abwägung mit den Belangen der von der Begünstigung ausgeschlossenen Personen stattfinden.[5]

4 **1. Geeignetheit.** Die Maßnahme ist geeignet, wenn objektiv die Wahrscheinlichkeit besteht, dass das angestrebte Ziel durch sie erreicht wird.[6] Welche Anforderungen an die Wahrscheinlichkeit zu stellen sind, wird kontrovers diskutiert. Zum Teil wird vertreten, nur schlechterdings ungeeignete Maßnahmen seien unzulässig, allein die Möglichkeit der Erreichung des Ziels reiche aus.[7] Damit wird dem Zweck des § 5, Förderprogramme zur Erreichung der Chancengleichheit zu ermöglichen, sehr weitgehend Rechnung getragen. Andererseits ist zweifelhaft, ob derartig geringe Anforderungen die Benachteiligungen der von der Begünstigung ausgeschlossenen Personen rechtfertigen können.[8] Sachgerechter erscheint es daher darauf abzustellen, dass es wahrscheinlicher ist, das Ziel zu erreichen als es zu verfehlen.

5 Vgl Däubler/Bertzbach/*Däubler*, § 4 Rn 14.
6 Schleusener/Suckow/Voigt/*Voigt* § 4 Rn 9.
1 Vgl zur Rechtsnatur Däubler/Bertzbach/*Hinrichs*, § 5 Rn 5.
2 Däubler/Bertzbach/*Hinrichs*, § 5 Rn 3; Däubler/Bertzbach/*Blanke*/*Graue*, Einl. Rn 232; *Hey*, § 5 Rn 3.
3 Im Angelsächsischen hat sich seit den Bemühungen zur Herstellung von Chancengleichheit für afroamerikanische Bürger in den 1960er-Jahren der Begriff „affirmative action" etabliert.
4 ErfK/*Schlachter*, AGG § 5 Rn 4.
5 ErfK/*Schlachter*, AGG § 5 Rn 4; Däubler/Bertzbach/*Hinrichs* § 5 Rn 25, 28; *Hey*, § 5 Rn 12, 16; *Rühl*/*Schmidt*/*Viethen*, S. 76; vgl auch EuGH 19.3.2002 – Rs. C-476/99 (Lommers) Rn 39.
6 *Hey*, § 5 Rn 13; Schleusener/Suckow/Voigt/*Voigt*, § 5 Rn 18.
7 Vgl *Meinel*/*Heyn*/*Harms*, § 5 Rn 9.
8 Schleusener/Suckow/Voigt/*Voigt*, § 5 Rn 18.

2. Erforderlichkeit. Die Maßnahme ist erforderlich, wenn keine gleichermaßen geeignete mildere Maßnahme zur Erreichung des Zwecks zur Verfügung steht.[9] 5

3. Angemessenheit. Die Maßnahmen müssen zudem angemessen sein, die Verhältnismäßigkeit zwischen Förderung und Gleichbehandlung muss gewahrt bleiben.[10] Zur Beurteilung der Angemessenheit ist im konkreten Einzelfall eine Abwägung zwischen den bestehenden bzw zu befürchtenden Nachteilen, den Förderungszielen, den Fördermaßnahmen und deren Auswirkungen auf die jeweils benachteiligten Personen vorzunehmen.[11] Unzulässig ist eine Maßnahme etwa dann, wenn sie einen völligen Ausschluss für die benachteiligten Personen bedeutet.[12] 6

Die Abwägung ist grundsätzlich gruppenbezogen vorzunehmen, zugleich müssen allerdings Vorkehrungen getroffen werden, die gewährleisten, dass im Einzelfall keine unzumutbaren Härten entstehen.[13] Eine entsprechende „Sollbruchstelle" kann etwa durch Öffnungs- oder Härtefallklauseln kreiert werden.[14] 7

III. Frauenförderung

Die Bedeutung ambitionierter positiver Maßnahmen zur Frauenförderung wird entsprechend dem derzeitigen nationalen und internationalen Trend, der mittlerweile auch die Dax-Konzerne erreicht hat (Frauenquoten nicht nur in Führungspositionen, sondern sogar schon bei Bewerbungen, vgl u.a. Handelsblatt vom 18.6.2010 und 28.1.2011: Gastbeitrag von Kristina Schröder zur FlexiQuote für Frauen in Führungssituationen), wohl weiter zunehmen, zumal sich die bisherigen Maßnahmen als weitestgehend wirkungslos erwiesen haben und der Anteil an Frauen in höheren Führungsebenen auf niedrigem Niveau stagniert. 8

Hinsichtlich der Rechtfertigung von Fördermaßnahmen ist entsprechend den genannten Zulässigkeitsvoraussetzungen darauf zu achten, dass die Maßnahme nicht zu überproportionalen Benachteiligungen der männlichen Arbeitnehmer und Bewerber führt. Insbesondere darf dem Geschlecht bei gleicher Qualifikation nicht der absolute Vorrang eingeräumt werden.[15] Vielmehr muss gewährleistet sein, dass die entsprechende Beförderungs- bzw Einstellungsentscheidung auf Grundlage einer objektiven Beurteilung getroffen wird, bei der die besondere persönliche Lage jedes Kandidaten berücksichtigt wird.[16] 9

Zulässig ist die Frauenförderung auch dann, wenn ein Arbeitgeber grundsätzlich nur den Arbeitnehmerinnen Kindertagesstättenplätze zur Verfügung stellt.[17] Dies rechtfertigt sich dadurch, dass die Geburt eines Kindes aufgrund unzureichender Kinderbetreuungsangebote gerade bei weiblichen Arbeitnehmern überproportional häufig zur Aufgabe der Beschäftigung führen kann.[18] Die Anforderungen an die Angemessenheit der Maßnahme sind gewahrt, wenn alleinerziehenden Vätern durch eine Härtefallklausel ebenfalls Zugang zu den Betreuungseinrichtungen gewährt wird.[19] 10

9 *Hey* § 5 Rn 15; Däubler/Bertzbach/*Hinrichs*, § 5 Rn 27.
10 *Wiedemann/Thüsing*, NZA 2002, 1234 (1240).
11 Däubler/Bertzbach/*Hinrichs*, § 5 Rn 28; Schleusener/Suckow/Voigt/*Voigt*, § 5 Rn 21; *Hey*, § 5 Rn 16.
12 ErfK/*Schlachter*, AGG § 5 Rn 4; *Hey*, § 5 Rn 16.
13 Schleusener/Suckow/Voigt/*Voigt*, § 5 Rn 21; Däubler/Bertzbach/*Hinrichs*, § 5 Rn 28 f.
14 Vgl EuGH v. 19.3.2002 – C-476/99 (Lommers); Schleusener/Suckow/Voigt/*Voigt*, § 5 Rn 23; Däubler/Bertzbach/*Hinrichs*, § 5 Rn 29.
15 EuGH v. 17.10.1995 – C-450/93 (Kalanke); *Thüsing*, Arbeitsrechtlicher Diskriminierungsschutz, S. 165 (Rn 405); *Hey* § 5 Rn 19.
16 EuGH v. 28.3.2000 – C-158/97 (Badeck); *Thüsing*, Arbeitsrechtlicher Diskriminierungsschutz, S. 165 (Rn 405).
17 EuGH v. 19.3.2002 – C-476/99 (Lommers).
18 EuGH v. 19.3.2002 – C-476/99 (Lommers).
19 Schleusener/Suckow/Voigt/*Voigt*, § 5 Rn 23.

Abschnitt 2
Schutz der Beschäftigten vor Benachteiligung

Unterabschnitt 1
Verbot der Benachteiligung

§ 6 AGG Persönlicher Anwendungsbereich

(1) [1]Beschäftigte im Sinne dieses Gesetzes sind

1. Arbeitnehmerinnen und Arbeitnehmer,
2. die zu ihrer Berufsbildung Beschäftigten,
3. Personen, die wegen ihrer wirtschaftlichen Unselbstständigkeit als arbeitnehmerähnliche Personen anzusehen sind; zu diesen gehören auch die in Heimarbeit Beschäftigten und die ihnen Gleichgestellten.

[2]Als Beschäftigte gelten auch die Bewerberinnen und Bewerber für ein Beschäftigungsverhältnis sowie die Personen, deren Beschäftigungsverhältnis beendet ist.

(2) [1]Arbeitgeber (Arbeitgeber und Arbeitgeberinnen) im Sinne dieses Abschnitts sind natürliche und juristische Personen sowie rechtsfähige Personengesellschaften, die Personen nach Absatz 1 beschäftigen. [2]Werden Beschäftigte einem Dritten zur Arbeitsleistung überlassen, so gilt auch dieser als Arbeitgeber im Sinne dieses Abschnitts. [3]Für die in Heimarbeit Beschäftigten und die ihnen Gleichgestellten tritt an die Stelle des Arbeitgebers der Auftraggeber oder Zwischenmeister.

(3) Soweit es die Bedingungen für den Zugang zur Erwerbstätigkeit sowie den beruflichen Aufstieg betrifft, gelten die Vorschriften dieses Abschnitts für Selbstständige und Organmitglieder, insbesondere Geschäftsführer oder Geschäftsführerinnen und Vorstände, entsprechend.

I. Regelungsinhalt

1 § 6 enthält Legaldefinitionen der Begriffe „Beschäftigte" und „Arbeitgeber" und bestimmt damit den persönlichen Anwendungsbereich dieses Abschnitts. Neben den Arbeitnehmern, Auszubildenden und arbeitnehmerähnlichen Personen werden gem. § 6 Abs. 1 S. 2 auch Personen geschützt, die noch nicht bzw nicht mehr Arbeitnehmer sind sowie nach § 6 Abs. 3 in begrenztem Umfang auch Selbständige und Organmitglieder. Beamte und Richter sind keine Beschäftigten im Sinne des AGG, sie werden aber über § 24 unter Berücksichtigung ihrer besonderen Rechtsstellung in den Schutzbereich einbezogen.

II. Arbeitnehmer

2 Arbeitnehmer ist, wer aufgrund eines privatrechtlichen Vertrages im Dienste eines anderen zur Erbringung weisungsgebundener Arbeit in persönlicher Abhängigkeit verpflichtet ist. Anhand des Merkmals der Weisungsgebundenheit ist die Abgrenzung insbesondere zu den freien Mitarbeitern vorzunehmen, die Selbständige sind. Anzuknüpfen ist insoweit an die von § 84 Abs. 1 S. 2 HGB aufgestellten Kriterien, also daran, ob die Tätigkeit im Wesentlichen frei gestaltet und die Arbeitszeit selbst bestimmt werden kann.[1]

3 „Ein-Euro-Jobber" sind keine Arbeitnehmer, was durch § 16 d S. 2 SGB II klargestellt wird. Sie erbringen ihre Tätigkeit nicht aufgrund eines privatrechtlichen Vertrages, sondern aufgrund öffentlichen Rechts.[2]

III. Die zu ihrer Berufsbildung Beschäftigten

4 Nach § 6 Abs. 1 Nr. 2 sind die zu ihrer Berufsbildung Beschäftigten ebenfalls Beschäftigte im Sinne des AGG. Die Norm unterstellt damit Auszubildende und Lehrlinge dem Schutz des 2. Abschnitts des AGG, erfasst daneben aber auch Personen, die an anderen Berufsbildungsmaßnahmen im Sinne des § 1 BBiG – Fortbildung,

1 Däubler/Bertzbach/*Schrader/Schubert*, § 6 Rn 3.
2 Däubler/Bertzbach/*Schrader/Schubert*, § 6 Rn 3 a.

Umschulung und Berufsausbildungsvorbereitung – teilnehmen, sofern sie dem Weisungsrecht des Ausbilders hinsichtlich Inhalt, Zeit und Ort der Tätigkeit unterliegen.[3]

IV. Arbeitnehmerähnliche Personen

Arbeitnehmerähnliche Personen sind Selbständige, die zwar in wesentlich geringerem Maße persönlich abhängig sind, die aber aufgrund ihrer wirtschaftlichen Abhängigkeit ebenso wie Arbeitnehmer sozial schutzbedürftig sind.[4] Der Begriff entspricht damit dem des § 5 Abs. 1 S. 2 AGG.[5] Die wirtschaftliche Abhängigkeit kann sich bei einer Tätigkeit des Selbständigen für mehrere Arbeitgeber daraus ergeben, dass maßgeblich die regelmäßige Vergütung von einem von ihnen die Existenzgrundlage sichert.[6] 5

Als arbeitnehmerähnliche Personen gelten auch die in Heimarbeit Beschäftigten. Davon erfasst werden gem. § 1 Abs. 1 HAG Heimarbeiter und Hausgewerbetreibende, die in § 2 Abs. 1 und 2 legaldefiniert sind. 6

V. Bewerber und ehemalige Arbeitnehmer

§ 6 Abs. 1 S. 2 unterstellt auch Bewerber für ein Beschäftigungsverhältnis dem Schutz des AGG. Bewerber sind nur die Personen, die sich ernsthaft auf eine Stelle bewerben, nicht „AGG-Hopper".[7] Ein Bewerber darf zudem für das anvisierte Beschäftigungsverhältnis nicht objektiv völlig ungeeignet sein.[8] 7

Personen, deren Beschäftigungsverhältnis bereits beendet ist, werden ebenfalls vor Ungleichbehandlungen des ehemaligen Arbeitgebers geschützt, etwa hinsichtlich der Aufnahme in ein Alumni-Netzwerk, der Erteilung von Arbeitszeugnissen oder der Gewährung von Mitarbeiterrabatten.[9] 8

VI. Arbeitgeber

Arbeitgeber ist zunächst jede natürliche oder juristische Person oder rechtsfähige Personengesellschaft, die aufgrund eines Arbeitsvertrages unselbständige, weisungsabhängige Dienstleistungen von einem Arbeitnehmer fordern kann. Maßgeblich für die Anwendung des 2. Abschnitts des AGG ist nach dem Wortlaut jedoch nur die tatsächliche Beschäftigung eines Beschäftigten im Sinne des Abs. 1, so dass es auf das Vorhandensein oder die Wirksamkeit eines zugrunde liegenden Vertrages nicht ankommt.[10] Der Begriff des Arbeitgebers ist daher mittelbar über den Begriff des Beschäftigten zu bestimmen.[11] 9

Durch § 6 Abs. 2 S. und 3 wird sichergestellt, dass Beschäftigte auch gegenüber solchen Personen geschützt werden, die zwar nicht ihre Arbeitgeber sind, ihnen aber in vergleichbarer Position gegenüberstehen.[12] Bei einer Arbeitnehmerüberlassung ist daher auch der Entleiher als Arbeitgeber im Sinne des AGG anzusehen.[13] Daneben bleibt natürlich auch der Verleiher Arbeitgeber.[14] Bei den in Heimarbeit Beschäftigten tritt an die Stelle des Arbeitgebers der Auftraggeber oder Zwischenmeister (§ 2 Abs. 3 HAG). 10

VII. Selbständige und Organmitglieder

Von den Beschäftigten in Abs. 1 zu unterscheiden sind Selbständige, wobei die Abgrenzung nach den in § 84 Abs. 1 S. 2 HGB enthaltenen Kriterien erfolgt, also danach, ob die Person ihre Tätigkeit im Wesentlichen frei gestalten und ihre Arbeitszeit bestimmen kann. Darunter fallen insbesondere Freiberufler, freie Handelsvertreter, Berater und freie Mitarbeiter.[15] Sie erfahren über § 6 Abs. 3 (einen gegenüber den Beschäftigten nach Abs. 1 abgeschwächten) Schutz vor Ungleichbehandlungen hinsichtlich des Zugangs zur Erwerbstätigkeit und den Aufstiegsmöglichkeiten. Die Einschränkung des Schutzes rechtfertigt sich durch das geringere Ausmaß an persönlicher und wirtschaftlicher Abhängigkeit gegenüber dem jeweiligen Vertragspartner. 11

3 *Hey*, § 6 Rn 7; ErfK/*Schlachter*, AGG § 6 Rn 2; Prütting/Wegen/Weinreich/*Lingemann*, § 6 Rn 2; Schiek/*Schmidt*, § 6 Rn 4.
4 Däubler/Bertzbach/*Schrader/Schubert*, § 6 Rn 11; Schiek/*Schmidt*, § 6 Rn 5; Henssler/Willemsen/Kalb/*Annuß/Rupp*, § 6 Rn 5.
5 Hümmerich/Boecken/Düwell/*v. Steinau-Steinrück/Schneider*, § 6 Rn 3; *Bauer/Göpfert/Krieger*, § 6 Rn 8.
6 *Bauer/Göpfert/Krieger*, § 6 Rn 8.
7 Prütting/Wegen/Weinreich/*Lingemann*, § 6 Rn 3.
8 Rolfs/Giesen/Kreikebohm/Udsching/*Roloff*, § 6 Rn 2; ErfK/*Schlachter*, AGG § 6 Rn 3; Hümmerich/Boecken/Düwell/*v. Steinau-Steinrück/Schneider*, § 6 Rn 5.
9 *Bauer/Göpfert/Krieger*, § 6 Rn 14.
10 Dornbusch/Fischermeier/Löwisch/*Kramer*, § 6 Rn 3; *Bauer/Göpfert/Krieger*, § 6 Rn 14; Prütting/Wegen/Weinreich/*Lingemann*, § 6 Rn 5.
11 Schleusener/Suckow/Voigt/*Schleusener*, § 6 Rn 15.
12 Henssler/Willemsen/Kalb/*Annuß/Rupp*, § 6 Rn 6.
13 Rolfs/Giesen/Kreikebohm/Udsching/*Roloff*, § 6 Rn 3.
14 Schiek/*Schmidt*, § 6 Rn 9; Prütting/Wegen/Weinreich/*Lingemann*, § 6 Rn 5.
15 Hümmerich/Boecken/Düwell/*v. Steinau-Steinrück/Schneider*, § 6 Rn 9; Schiek/*Schmidt*, § 6 Rn 13.

12 Der gleiche abgeschwächte Schutz gilt für Organmitglieder, insbesondere für Geschäftsführer einer GmbH (§ 35 GmbHG) und Vorstände einer AG (§ 76 AktG). Als Organe des Arbeitgebers haben diese im Grundsatz eine Arbeitgeberstellung inne und sind regelmäßig weniger schutzbedürftig als die in Abs. 1 genannten Personen.[16] Als „beruflicher Aufstieg" im Sinne des Abs. 3 kommen für diese insbesondere die Ernennung zum Sprecher oder Vorstandsvorsitzenden in Betracht.[17]

§ 7 AGG Benachteiligungsverbot

(1) Beschäftigte dürfen nicht wegen eines in § 1 genannten Grundes benachteiligt werden; dies gilt auch, wenn die Person, die die Benachteiligung begeht, das Vorliegen eines in § 1 genannten Grundes bei der Benachteiligung nur annimmt.

(2) Bestimmungen in Vereinbarungen, die gegen das Benachteiligungsverbot des Absatzes 1 verstoßen, sind unwirksam.

(3) Eine Benachteiligung nach Absatz 1 durch Arbeitgeber oder Beschäftigte ist eine Verletzung vertraglicher Pflichten.

I. Allgemeines

1 § 7 enthält eine der zentralen Aussagen des AGG. Diese Vorschrift normiert das arbeitsrechtliche Verbot von Benachteiligungen wegen eines in § 1 genannten Grundes. Eine derartige Regelung gab es bereits zuvor in § 611 a BGB aF, allerdings war diese auf die Diskriminierung wegen des Geschlechts beschränkt und wurde durch das weitergehende AGG abgelöst. Die von der Rechtsprechung zu § 611 a BGB aF entwickelten Grundsätze sind weiterhin anwendbar.

2 Die Norm enthält im Wesentlichen nur Klarstellungen und ist nicht aus sich heraus verständlich, sondern muss im Gesamtkontext gelesen werden:[1] Eine Benachteiligung zieht nicht stets Rechtfolgen nach sich, sondern kann nach §§ 8–10 und § 5 gerechtfertigt sein. Die Unterscheidung zwischen unmittelbarer und mittelbarer Benachteiligung, Belästigung, und Anweisung zur Benachteiligung wird nach den Legaldefinitionen des § 3 vorgenommen. Die Rechtsfolgen eines Verstoßes ergeben sich aus § 7 Abs. 2 und §§ 13–16 sowie § 134 BGB. Der geschützte Personenkreis ergibt sich aus § 6 und § 24.

3 Abs. 2 enthält die Klarstellung, dass Kollektiv- und Individualvereinbarungen nichtig sind, wenn sie gegen das Benachteiligungsverbot verstoßen.[2]

4 Abs. 3 stellt klar, dass ein Verstoß gegen das Benachteiligungsverbot eine Vertragspflichtverletzung darstellt.

5 **1. Geschützter Personenkreis.** Zum geschützten Personenkreis gehören die in § 6 Abs. 1 legaldefinierten Beschäftigten, darüber hinaus in begrenztem Umfang auch Selbständige und Organmitglieder nach § 6 Abs. 3 sowie – unter Berücksichtigung ihrer besonderen Rechtsstellung – Beamte und Richter nach § 24.

6 **2. Adressat der Regelung.** Das Benachteiligungsverbot richtet sich an den Arbeitgeber, daneben aber auch an Arbeitskollegen und Dritte. Den Arbeitgeber trifft eine im Einzelnen durch § 12 konkretisierte Pflicht, im Rahmen des ihm Möglichen und Zumutbaren präventive Maßnahmen zur Vermeidung von Verstößen Dritter zu ergreifen bzw auf begangene Verstöße von Beschäftigten entsprechend zu reagieren. Arbeitskollegen und Dritte haften ihrerseits nach den Regeln des allgemeinen Deliktsrechts.[3]

16 Schleusener/Suckow/Voigt/*Schleusener*, § 6 Rn 16.
17 Hümmerich/Boecken/Düwell/*v.Steinau-Steinrück*/*Schneider*, § 6 Rn 8.
1 *Bauer/Göpfert/Krieger*, § 7 Rn 1.
2 Palandt/*Weidenkaff*, AGG § 7 Rn 5.
3 Wendeling-Schröder/Stein/*Wendeling-Schröder*, § 7 Rn 6; Palandt/*Weidenkaff*, AGG § 7 Rn 7.

II. Erscheinungsformen der Benachteiligung

Ein Verstoß gegen das Benachteiligungsverbot liegt vor, wenn eine geschützte Person wegen eines in § 1 genannten Grundes benachteiligt wird und diese Benachteiligung nicht nach den §§ 8–10 oder § 5 gerechtfertigt ist. 7

Nach Abs. 1 Hs 2 gilt dies auch dann, wenn die geschützte Person das Merkmal nicht aufweist, der Benachteiligende dies aber annimmt. Stützt also ein Arbeitgeber etwa aufgrund des „untypischen" äußeren Erscheinungsbildes eine Benachteiligung auf die vermeintliche Zugehörigkeit zu einer bestimmten Ethnie, so stellt dies auch dann einen Verstoß gegen das Benachteiligungsverbot dar, wenn die Person tatsächlich nicht zu dieser Ethnie gehört.[4] Ebenso stellt es einen Verstoß gegen § 7 dar, wenn der Arbeitgeber aufgrund bestimmter Tatsachen davon ausgeht, dass eine Mitarbeiterin schwanger ist und ihr deshalb kündigt. Besteht die Schwangerschaft tatsächlich nicht, ist die Kündigung nicht gem. § 9 MuSchG, sondern gem. § 7 unwirksam.[5] § 7 Abs. 1 Hs 2 bietet zudem den praktischen Vorteil, dass eine unter Umständen schwierige Beweisaufnahme zum Vorliegen etwaiger Merkmale des § 1 entbehrlich ist, etwa wenn ein Arbeitgeber einen Mitarbeiter wegen dessen vermeintlich homosexueller Ausrichtung benachteiligt.[6] 8

Ein Verstoß gegen das Benachteiligungsverbot liegt auch dann vor, wenn der in § 1 genannte Grund nur eines von mehreren Motiven innerhalb eines Motivbündels darstellt.[7] 9

1. Benachteiligung im Einstellungs- und Bewerbungsverfahren. Der Schutz des AGG beginnt bereits mit der Ausschreibung eines Arbeitsplatzes, § 11, und schützt den Bewerber in der Vertragsanbahnungsphase vor unzulässigen Differenzierungen wegen eines in § 1 genannten Grundes. Wird ein Bewerber (auch) wegen eines in § 1 genannten Grundes bei einer Bewerbung nicht berücksichtigt, so kann er unter den Voraussetzungen des § 15 Abs. 2 S. 2 Schadensersatz oder eine angemessene Entschädigung verlangen, selbst wenn er bei einem hypothetisch korrekten Verfahren nicht eingestellt worden wäre. Dies gilt aber nur dann, wenn der Bewerber für die ausgeschriebene Stelle überhaupt geeignet ist. Ist der Bewerber bereits objektiv ungeeignet oder fehlt es an der Ernstlichkeit der Bewerbung besteht kein Anspruch.[8] In keinem Falle kann der Bewerber wegen des Verstoßes die Einstellung verlangen, § 15 Abs. 6. 10

Der Bewerber wird schon durch Fragen, die auf eine gem. §§ 7, 2 Abs. 1 Nr. 1 verbotene Differenzierung abzielen, benachteiligt, so dass die wahrheitswidrige Beantwortung nicht widerrechtlich im Sinne des § 123 Abs. 1 BGB ist, eine darauf gestützte Anfechtung mithin den Arbeitsvertrag nicht beseitigen kann. Es besteht also ein „Recht zur Lüge" bei diskriminierenden Fragen.[9] Ein Anfechtungsgrund bestünde nur bei der wahrheitswidrigen Beantwortung zulässiger Fragen. Eine Frage ist aber nur zulässig, wenn der Arbeitgeber berechtigte Interessen mit der Frage verfolgt. Eine verbotene Differenzierung kann aber kein berechtigtes Interesse des Arbeitgebers darstellen. 11

§ 7 verbietet auch eine Benachteiligung bei Befristung und Entfristung eines Beschäftigungsverhältnisses wegen eines in § 1 genannten Grundes.[10] Verfolgt etwa ein Arbeitgeber die Praxis, weibliche Bewerber aufgrund des Geschlechts nur befristet einzustellen während er männliche Bewerber unbefristet einstellt, so stellt dies einen Verstoß gegen das Benachteiligungsverbot dar und die Befristungsabrede ist unwirksam.[11] Das Arbeitsverhältnis ist damit auf unbestimmte Zeit geschlossen.[12] Anders verhält es sich hingegen bei einer gegen § 7 verstoßenden Entscheidung, einen befristeten Vertrag nicht zu entfristen. Einen Anspruch auf eine Entfristung besteht nicht, da dies im Ergebnis einen Einstellungsanspruch bedeuten würde, der durch § 15 Abs. 6 ausgeschlossen wird. Unter den Voraussetzungen des § 15 Abs. 1 und 2 besteht aber ein finanzieller Entschädigungsanspruch.[13] 12

2. Benachteiligung bei Beförderungen. Ebenso wie bei der Einstellungsentscheidung darf der Arbeitgeber nach § 2 Abs. 1 Nr. 1 auch eine Entscheidung über eine Beförderung nicht unzulässig auf einen der in § 1 genannten Gründe stützen. Im Rahmen des § 12 ist der Arbeitgeber auch verpflichtet, präventive Maßnahmen zu ergreifen, um bereits im Vorfeld der eigentlichen Beförderungsentscheidungen Chancengleichheit herzustellen, etwa durch Zugang zu Fortbildungsmaßnahmen und Schulungen. 13

3. Benachteiligung bei Entlassungsbedingungen. Das Benachteiligungsverbot gilt gem. § 2 Abs. 1 Nr. 2 auch bei Entlassungsbedingungen, also bei Kündigungen, Aufhebungsverträgen und auch bei Anfech- 14

4 Rust/Falke/*Rust*, § 7 Rn 22.
5 Schleusener/Suckow/Voigt/*Schleusener*, § 7 Rn 31.
6 Wendeling-Schröder/Stein/*Wendeling-Schröder*, § 7 Rn 12; Rust/Falke/*Rust*, § 7 Rn 23; *Bauer/Göpfert/Krieger*, § 7 Rn 12.
7 MüKo/*Thüsing*, AGG § 7 Rn 5.
8 Schleusener/Suckow/Voigt/*Schleusener*, § 7 Rn 8.
9 Schleusener/Suckow/Voigt/*Schleusener*, § 7 Rn 9; ErfK/*Schlachter*, AGG § 7 Rn 1.
10 Vgl EuGH C-438/99, Slg 2001, I-6915, NZA 2001, 1243, 1246 (Jiménez Melgar).
11 Däubler/Bertzbach/*Däubler*, § 7 Rn 15.
12 Vgl LAG Köln v. 26.5.1994 – 10 Sa 244/94 zu § 611 a BGB aF; Schleusener/Suckow/Voigt/*Schleusener*, § 7 Rn 12.
13 Schleusener/Suckow/Voigt/*Schleusener*, § 7 Rn 11.

tungen von Arbeitsverträgen.[14] Knüpft etwa ein Arbeitgeber eine Kündigung ungerechtfertigt an Merkmale des § 1, so ist die Kündigung nach § 4 KSchG unwirksam. Ebenso wie bei anderen Kündigungsgründen gilt sie allerdings gem. § 7 als wirksam, wenn sie nicht innerhalb der Frist des § 4 S. 1 angegriffen wird.[15] Dem steht § 2 Abs. 4 nicht entgegen.[16]

III. Benachteiligung wegen der Rasse oder der ethnischen Herkunft

15 Die Feststellung einer ungerechtfertigten Benachteiligung wegen der Rasse oder ethnischen Herkunft ist in der Praxis oftmals schwierig, weil (vordergründig) Merkmale herangezogen werden, die in § 1 nicht genannt werden, die aber unter Umständen eine mittelbare Benachteiligung gem. § 3 Abs. 2 darstellen. So ist ein gebürtiger Spanier durch die Anforderungen schriftlicher Deutschkenntnisse „in besonderer Weise" benachteiligt im Sinne des § 3 Abs. 2, da diese Anforderungen durch Deutsche und Bildungsinländer wesentlich leichter zu erfüllen sind als durch einen im Ausland aufgewachsenen Arbeitnehmer. Damit liegt eine mittelbare Benachteiligung wegen der ethnischen Herkunft vor, die gem. § 3 Abs. 2 rechtfertigungsbedürftig ist. Die Benachteiligung soll nach Ansicht des LAG Hamm[17] nicht gerechtfertigt sein, wenn es dem Arbeitgeber möglich ist, durch zumutbare Umorganisation der Betriebsabläufe dafür zu sorgen, dass die Arbeitsaufgaben auch ohne schriftliche Deutschkenntnisse erfüllt werden können. Das BAG[18] gab hingegen der Revision des Beklagten statt und wies die Klage des Arbeitnehmers ab, weil dem Arbeitnehmer ausreichend Gelegenheit gegeben worden war, sich die erforderlichen Deutschkenntnisse anzueignen.

16 Mit der Anknüpfung an die Ethnie geht häufig auch eine Anknüpfung an die Religion einher, so dass insoweit gem. § 4 eine Rechtfertigung bezüglicher beider Merkmale vorliegen muss.

IV. Benachteiligung wegen des Geschlechts

17 Verboten ist eine ungerechtfertigte Benachteiligung wegen des Geschlechts. Neben der Frauen- oder Männerbenachteiligung werden von dem Verbot richtigerweise auch die Benachteiligungen von Transsexuellen oder Hermaphroditen erfasst.[19]

18 Fraglich und problematisch ist die häufig nicht offen zutage tretende Benachteiligung weiblicher Arbeitnehmer, die im Einzelfall nicht evident ist, die sich aber unter Umständen an Statistiken ablesen lässt. So hat es die 15. Kammer des LAG Berlin-Brandenburg[20] für die Indizwirkung nach § 22 ausreichen lassen, wenn in einem Unternehmen alle 27 Führungspositionen von Männern besetzt sind, die Belegschaft aber zu 2/3 aus Frauen besteht. Deutlich zurückhaltender und ausdrücklich sich von der 15. Kammer distanzierend hat die 2. Kammer desselben Gerichts[21] festgestellt, dass die isolierte Betrachtung der Geschlechterverteilung in der Gesamtbelegschaft keine Indizwirkung begründen könne, da diese nichts über die Qualifikation für und die Anzahl von Bewerbungen auf Führungspositionen aussage.[22]

19 § 3 Abs. 1 S. 2 stellt klar, dass eine Benachteiligung wegen Schwangerschaft oder Mutterschaft als unmittelbare Benachteiligung wegen des Geschlechts gilt. Eine Benachteiligung wegen Schwangerschaft kann nicht durch erhöhte Kosten oder organisatorischen Mehraufwand gerechtfertigt werden, etwa für die bedarfsgerechte Umgestaltung des Arbeitsplatzes.[23]

V. Benachteiligung wegen der Religion oder der Weltanschauung

20 Eine Benachteiligung wegen der Religion oder der Weltanschauung ist verboten und kann nur ausnahmsweise gerechtfertigt sein, da in aller Regel jegliche Relevanz für die zu erbringende Arbeitsleistung fehlt. Damit fehlt es etwa an einem „berechtigten Interesse" des Arbeitgebers an der Beantwortung von Fragen, die auf die Kenntniserlangung bezüglich entsprechender Zugehörigkeiten oder Sympathien abzielen. Insoweit besteht ein „Recht zur Lüge" des Bewerbers, eine Anfechtung wegen arglistiger Täuschung nach § 123 BGB scheidet damit aus. Problematisch können vorgeschobene indirekte Fragen oder Gesten sein, etwa die Frage nach der Arbeitsbereitschaft an Sonntagen oder die Einladung zum Mittagessen während des Ramadans.[24] Hier ist im Einzelfall zu prüfen, ob tatsächlich ein berechtigtes Interesse an der Beantwortung der Frage besteht. Ein

14 *Hey*, § 2 Rn 12; Däubler/Bertzbach/*Däubler*, § 7 Rn 16.
15 Schleusener/Suckow/Voigt/*Schleusener*, § 7 Rn 27.
16 Vgl die Kommentierung zu § 2 Abs. 4.
17 V. 17.7.2008 – 16 Sa 544/08, NZA 2009, 13 ff m. abl. Anm. *Hunold*.
18 V. 28.10.2010 – 2 AZR 764/08.
19 *Thüsing*, Arbeitsrechtlicher Diskriminierungsschutz, Rn 182 (S. 73 f).
20 V. 26.11.2008 – 15 Sa 517/08, BeckRS 2008, 58124.
21 V. 12.2.2009 – 2 Sa 2070/08, NZA-RR 2009, 357.
22 Vgl auch *Löw*, BB 2009, 336 zu Konsequenzen für die Praxis in Unternehmen.
23 Rust/Falke/*Rust*, § 7 Rn 80; vgl auch § 8 Abs. 2.
24 Vgl Däubler/Bertzbach/*Däubler*, § 7 Rn 32.

solches kann sich etwa aus arbeitstechnischen Anforderungen des Arbeitsplatzes ergeben (zB Dauerbetrieb von Maschinen).

Eine Verletzung des Benachteiligungsverbots liegt regelmäßig auch dann vor, wenn eine Ungleichbehandlung wegen des Tragens religiöser Symbole oder der Befolgung religiöser Gebote, etwa dem mehrfachen täglichen Beten, erfolgt. Eine Rechtfertigung kommt aber in Betracht, wenn es dadurch zu schwerwiegenden Betriebsstörungen kommt, die auch durch zumutbare organisatorische Umstrukturierungen nicht vermieden werden können.[25] 21

Eine zusätzliche Rechtfertigungsmöglichkeit bietet sich für Religionsgemeinschaften nach § 9. 22

VI. Benachteiligung wegen Behinderung

Eine direkte Anknüpfung an die Behinderteneigenschaft ohne Bezug zum konkreten Aufgabenbereich verstößt gegen das Benachteiligungsverbot. Wesentlich problematischer ist allerdings eine Benachteiligung, die im Zusammenhang mit einer verminderten Leistungsfähigkeit besteht. Hier ist flankierend § 81 Abs. 4 S. 1 Nr. 4 und 5 SGB IX zu berücksichtigen, der den Arbeitgeber verpflichtet, den Arbeitsplatz behindertengerecht einzurichten und auszustatten. Kommt der Arbeitgeber dieser Pflicht nicht nach, so ist eine Kündigung wegen fehlender Leistungsfähigkeit des Behinderten unwirksam.[26] 23

VII. Benachteiligung wegen des Alters

Eine Diskriminierung wegen des Alters kommt sowohl bei älteren als auch bei jüngeren Personen in Betracht.[27] Hier fehlt es in vielerlei Hinsicht noch an einer Sensibilisierung des Gesetzgebers, der Sozialpartner und der Bevölkerung, da Erfahrungen in diesem Bereich größtenteils fehlen. Insofern sorgt der Schutz vor Altersdiskriminierung für besonders viel Prüfungsbedarf. Nachdem der EuGH in der Mangold-Entscheidung[28] festgestellt hat, dass die Befristungsmöglichkeit für ältere Arbeitnehmer gem. § 14 Abs. 3 S. 4 TzBfG aF eine ungerechtfertigte Benachteiligung wegen des Alters darstellt, ist jüngst auch § 622 Abs. 2 S. 2 BGB Opfer des ungeschriebenen primärrechtlichen Verbots der Altersdiskriminierung geworden.[29] Die Nichtberücksichtigung von Arbeitszeiten vor dem 25. Lebensjahr bei der Berechnung der Kündigungsfristen stellt danach eine ungerechtfertigte Benachteiligung wegen des Alters dar. 24

Die Frage nach dem Alter im Vorstellungsgespräch ist regelmäßig unzulässig.[30] Sie ist aber gerechtfertigt, wenn etwa eine Verbeamtung in Frage kommt, die ihrerseits nur bis zu einem bestimmten Höchstalter möglich ist.[31] 25

VIII. Benachteiligung wegen der sexuellen Identität

Eine Rechtfertigung einer Ungleichbehandlung wegen der sexuellen Identität ist im Regelfall ausgeschlossen, da ein Zusammenhang mit der beabsichtigten Tätigkeit kaum vorliegen wird. Dementsprechend ist auch die Frage nach der sexuellen Orientierung im Bewerbungsgespräch unzulässig, eine wahrheitswidrige Antwort mithin nicht widerrechtlich. Auch die Frage, ob der Bewerber in einer gleichgeschlechtlichen Lebenspartnerschaft lebt, ist verboten.[32] In der Praxis nicht häufig, aber durchaus denkbar, ist auch eine Benachteiligung Heterosexueller gegenüber Homosexuellen, etwa die Ablehnung einer Bewerbung eines heterosexuellen Rechtsanwalts in einer Kanzlei mit der Begründung, man stelle nur Homosexuelle ein.[33] 26

§ 8 AGG Zulässige unterschiedliche Behandlung wegen beruflicher Anforderungen

(1) Eine unterschiedliche Behandlung wegen eines in § 1 genannten Grundes ist zulässig, wenn dieser Grund wegen der Art der auszuübenden Tätigkeit oder der Bedingungen ihrer Ausübung eine wesentliche und entscheidende berufliche Anforderung darstellt, sofern der Zweck rechtmäßig und die Anforderung angemessen ist.

25 Däubler/Bertzbach/*Däubler*, § 7 Rn 53; *Bauschke*, AGG im öffentlichen Dienst, § 1 Rn 21.
26 Palandt/*Weidenkaff*, AGG § 1 Rn 7.
27 Rust/Falke/*Rust*, § 1 Rn 83.
28 V. 22.11.2005 – C-144/04 (Mangold).
29 EuGH v. 19.1.2010 – C-555/07 (Kücükdeveci), NZA 2010, 85 m.Anm. *Preis/Temming*, NZA 2010, 185.
30 Däubler/Bertzbach/*Däubler*, § 7 Rn 37.
31 BAG v. 11.4.2006 – 9 AZR 528/05, NZA 2006, 1217; Palandt/*Weidenkaff*, AGG § 1 Rn 9; Däubler/Bertzbach/*Däubler*, § 7 Rn 37.
32 Däubler/Bertzbach/*Däubler*, § 7 Rn 38.
33 Beispiel nach *Steinkühler*, AGG, Rn 27(S. 26).

(2) Die Vereinbarung einer geringeren Vergütung für gleiche oder gleichwertige Arbeit wegen eines in § 1 genannten Grundes wird nicht dadurch gerechtfertigt, dass wegen eines in § 1 genannten Grundes besondere Schutzvorschriften gelten.

I. Allgemeines

1 § 8 normiert die Voraussetzungen, unter denen eine unmittelbare Benachteiligung gerechtfertigt werden kann. Bei der mittelbaren Benachteiligung ist die Rechtfertigung hingegen bereits auf der Tatbestandsebene zu berücksichtigen, das heißt, es liegt schon begrifflich keine Benachteiligung vor, wenn die Maßnahmen ein legitimes Ziel verfolgen und darüber hinaus angemessen und erforderlich sind, § 3 Abs. 2.[1] Belästigungen und sexuelle Belästigungen sind demgegenüber überhaupt nicht zu rechtfertigen.[2]

2 Gegenüber den speziellen Rechtfertigungsmöglichkeiten der §§ 9 und 10 ist § 8 allgemeiner, es besteht aber kein Subsidiaritäts- oder Exklusivitätsverhältnis. Der Arbeitgeber muss sich nicht auf einen Rechtfertigungsgrund festlegen, Maßnahmen können vielmehr auch „mehrfach gerechtfertigt" sein.[3]

II. Rechtfertigungsvoraussetzungen

3 § 8 Abs. 1 enthält einen einheitlichen Rechtfertigungsgrund für alle in § 1 genannten Gründe. Eine Differenzierung zwischen den einzelnen Merkmalen findet nicht statt. Dies bedeutet aber keine Absenkung gegenüber dem von § 611 a BGB aF geforderten Standard der „unverzichtbaren Voraussetzung" für die Ungleichbehandlung nach Geschlecht.[4] Das Merkmal der „wesentlichen und entscheidenden berufliche Anforderung" in § 8 Abs. 1 bietet ein ähnliches Schutzniveau wie das der „unverzichtbaren Voraussetzung".[5] Damit können auch die von der Rechtsprechung zu § 611 a BGB aF entwickelten Grundsätze für die Auslegung des § 8 fruchtbar gemacht werden.[6]

4 Eine Benachteiligung wegen eines in § 1 genannten Merkmals ist gem. § 8 Abs. 1 gerechtfertigt, wenn das Differenzierungsmerkmal wegen der Art der Tätigkeit oder der Bedingungen ihrer Ausübung eine wesentliche und entscheidende berufliche Anforderung darstellt. Dies gilt aber nur, soweit ein legitimer Zweck verfolgt wird und die Anforderung angemessen ist.

5 **1. Wesentliche und entscheidende berufliche Anforderung.** Voraussetzung für die Rechtfertigung einer Benachteiligung ist eine wesentliche und entscheidende berufliche Anforderung. Bloße Zweckmäßigkeitserwägungen können also eine Benachteiligung nicht rechtfertigen. Die Anforderung muss vielmehr erforderlich und angemessen (im engeren Sinne) sein.[7] Zu berücksichtigen ist jedoch, dass die Erstellung eines Anforderungsprofils für einen Mitarbeiter grundsätzlich zur freien unternehmerischen Entscheidung des Arbeitgebers gehört.[8] Unter Berücksichtigung der Betriebsabläufe kann der Arbeitgeber daher ein dem eingerichteten Arbeitsplatz entsprechendes Anforderungsprofil entwickeln, das zur Beurteilung von Neueinstellungen oder Beförderungen heranzuziehen ist.[9]

6 Auch antizipierte Kundenerwartungen können wesentliche berufliche Anforderungen darstellen und Ungleichbehandlungen rechtfertigen. Diese müssen aber angesichts der Schutzpflicht des Arbeitgebers aus § 12 substantiiert sein und die Schwelle von bloßen Vermutungen überschreiten.[10] Nicht ausreichend sind Befürchtungen, die Kundschaft werde weibliche Finanzberater nicht akzeptieren oder polnischstämmige Arbeiter nicht in Wohnräume lassen. Die Wesentlichkeitsschwelle ist erst erreicht, wenn das Merkmal einen elementaren Stellenwert für die auszuübende Tätigkeit hat und nicht nur Nebenaspekte betrifft.

7 Unzulässig ist auch der Ausschluss von weiblichen Bewerbern aufgrund einer durchschnittlich niedrigeren kardiopulmonalen Leistungsfähigkeit und geringeren Muskelmasse bei Frauen. Denn diese Eigenschaften stehen nicht in einem unmittelbaren Zusammenhang zum Geschlecht, sondern stellen allenfalls Durchschnitts-

1 *Hey*, § 8 Rn 4.
2 *Thüsing*, Arbeitsrechtlicher Diskriminierungsschutz, Rn 318 (S. 128).
3 Vgl *Hey* § 8 Rn 1.
4 Däubler/Bertzbach/*Brors*, § 8 Rn 18.
5 Schleusener/Suckow/Voigt/*Schleusener*, § 8 Rn 5.
6 *Hey*, § 8 Rn 6; *Thüsing*, Arbeitsrechtlicher Diskriminierungsschutz, Rn 321 (S. 129 f).
7 *Thüsing*, Arbeitsrechtlicher Diskriminierungsschutz, Rn 322 (S. 130).
8 Schleusener/Suckow/Voigt/*Schleusener*, § 8 Rn 7.
9 Schleusener/Suckow/Voigt/*Schleusener*, § 8 Rn 7.
10 Vgl BAG v. 10.10.2002 – 2 AZR 472/01, E 103, 111, zur Kündigung einer Mitarbeiterin eines Kaufhauses wegen des Tragens eines Kopftuches, m.Anm. *Braun*, ArbRB 2003, 131.

werte dar.[11] Der Arbeitgeber kann daher etwa für harte körperliche Arbeit zulässigerweise bestimmte körperliche Konstitutionen in seinem Anforderungsprofil festschreiben, nicht jedoch an das Geschlecht anknüpfen.[12]

2. Rechtmäßigkeit des Zwecks. Die Differenzierung nach einem in § 1 genannten Merkmal muss gem. **8**
§ 8 Abs. 1 einen legitimen Zweck verfolgen. Sie darf also nicht ihrerseits den mit dem AGG verfolgten Zwecken widersprechen. Ein gegen die Wertungen des AGG widersprechendes Geschäftskonzept kann daher nicht zur Rechtfertigung einer Benachteiligung herangezogen werden.[13] So kann eine Physiotherapeutenpraxis eine homosexuelle Masseurin nicht mit dem Hinweis, man wolle die homophobe Kundschaft nicht verschrecken, benachteiligen.

3. Angemessenheit der Anforderung. Die Anforderung, die an die auszuübende Tätigkeit gestellt wird, **9**
muss angemessen sein, um eine Benachteiligung rechtfertigen zu können.[14] Neben der Willkürkontrolle ist dazu nach der Gesetzesbegründung eine Abwägung zwischen beruflichem Zweck und dem Schutz vor Benachteiligungen zu treffen.[15] Die Anforderung ist angemessen, wenn sie geeignet, erforderlich und verhältnismäßig im engeren Sinne ist. Die Anforderung ist geeignet, wenn die Erreichung des Ziels wahrscheinlich ist. Sie ist erforderlich, wenn kein gleichermaßen geeignetes milderes Mittel zur Erreichung des Zwecks zur Verfügung steht. Die Verhältnismäßigkeit im engeren Sinne ist gegeben, wenn die Anforderung unter Berücksichtigung des anvisierten Ziels und der Benachteiligung der geschützten Person angemessen ist.[16]

III. Entgeltgleichheit

§ 8 Abs. 2 stellt eine Ausnahme zum Rechtfertigungsgrund in § 8 Abs. 1 dar.[17] Die Norm regelt den Grundsatz **10**
der Entgeltgleichheit und stellt klar, dass eine geringere Vergütung für gleiche oder gleichwertige Arbeit nicht dadurch gerechtfertigt werden kann, dass für ein in § 1 genanntes Merkmal Schutzvorschriften bestehen. Die Vorschrift löst damit den auf das Merkmal des Geschlechts beschränkten § 612 Abs. 3 BGB aF ab und erstreckt sie auf alle in § 1 genannten Gründe.[18] Dem Arbeitgeber ist also insbesondere verwehrt, zur Rechtfertigung auf durch die Befolgung von Schutzvorschriften entstehende zusätzliche Kosten zu verweisen. Relevant ist dies etwa für zusätzliche Kosten, die durch den Mutterschutz nach §§ 3, 4, 6 und 8 MuSchG anfallen oder die Kosten für die Einrichtung eines behindertengerechten Arbeitsplatzes nach § 81 Abs. 4 Nr. 4 SGB IX.[19]

Unter „gleicher Arbeit" versteht man identische oder zumindest gleichartige Tätigkeiten. Die Arbeit ist gleich- **11**
artig, wenn hinsichtlich Qualifikation, Arbeitseinsatz und sonstigen Anforderungen keine ins Gewicht fallenden Unterschiede erkennbar sind, die Tätigkeiten also im Wesentlichen austauschbar sind.[20] Die Arbeit ist „gleichwertig" im Sinne des § 8 Abs. 2, wenn sie nach objektiven Maßstäben der Arbeitsbewertung denselben Arbeitswert hat.[21]

§ 9 AGG Zulässige unterschiedliche Behandlung wegen der Religion oder Weltanschauung

(1) Ungeachtet des § 8 ist eine unterschiedliche Behandlung wegen der Religion oder der Weltanschauung bei der Beschäftigung durch Religionsgemeinschaften, die ihnen zugeordneten Einrichtungen ohne Rücksicht auf ihre Rechtsform oder durch Vereinigungen, die sich die gemeinschaftliche Pflege einer Religion oder Weltanschauung zur Aufgabe machen, auch zulässig, wenn eine bestimmte Religion oder Weltanschauung unter Beachtung des Selbstverständnisses der jeweiligen Religionsgemeinschaft oder Vereinigung im Hinblick auf ihr Selbstbestimmungsrecht oder nach der Art der Tätigkeit eine gerechtfertigte berufliche Anforderung darstellt.

(2) Das Verbot unterschiedlicher Behandlung wegen der Religion oder der Weltanschauung berührt nicht das Recht der in Absatz 1 genannten Religionsgemeinschaften, der ihnen zugeordneten Einrichtungen ohne Rücksicht auf ihre Rechtsform oder der Vereinigungen, die sich die gemeinschaftliche

11 Vgl Däubler/Bertzbach/*Brors*, § 8 Rn 21.
12 Vgl LAG Köln v. 8.11.2000 – 3 Sa 974/00, NZA-RR 2001, 232; vgl auch BVerfG v. 24.1.1995 – 1 BvR 569/94 zu Art. 3 GG.
13 Schleusener/Suckow/Voigt/*Schleusener*, § 8 Rn 17, 34.
14 *Hey*, § 8 Rn 23; *Thüsing*, Arbeitsrechtlicher Diskriminierungsschutz, Rn 322 (S. 130).
15 BT-Drucks. 16/1780, S. 35.
16 *Hey*, § 8 Rn 23.
17 *Hey*, § 8 Rn 44.
18 ErfK/*Schlachter*, AGG § 8 Rn 6.
19 ErfK/*Schlachter*, AGG § 8 Rn 6; Schleusener/Suckow/Voigt/*Schleusener*, § 8 Rn 72.
20 *Thüsing*, Arbeitsrechtlicher Diskriminierungsschutz, Rn 363 (S. 147 f).
21 BT-Drucks. 8/3317 S. 10; BAG v. 26.1.2005 – 4 AZR 509/03, NZA 2005, 1059; *Thüsing*, Arbeitsrechtlicher Diskriminierungsschutz, Rn 364 (S. 148); *Hey*, § 8 Rn 50.

Pflege einer Religion oder Weltanschauung zur Aufgabe machen, von ihren Beschäftigten ein loyales und aufrichtiges Verhalten im Sinne ihres jeweiligen Selbstverständnisses verlangen zu können.

I. Allgemeines

1 § 9 regelt einen gegenüber § 8 spezielleren Rechtfertigungsgrund für Ungleichbehandlungen durch Religions- und Weltanschauungsgemeinschaften, ohne aber § 8 zu verdrängen.[1] § 9 bietet vielmehr eine zusätzliche, deutlich erweiterte Rechtfertigungsmöglichkeit.[2] Die Norm stellt geringere Anforderungen an die Rechtfertigung von Benachteiligungen als § 8. Hintergrund ist die Richtlinie 2000/78/EG, die es den Mitgliedsstaaten ermöglicht, bereits geltende Regeln und Gepflogenheiten beizubehalten, wonach eine Ungleichbehandlung wegen der Religion oder Weltanschauung keine Benachteiligung bedeutet, wenn die Religion oder Weltanschauung nach der Art der Tätigkeit oder der Umstände ihrer Ausübung eine wesentliche und gerechtfertigte berufliche Anforderung angesichts des Ethos der Organisation darstellt.[3] Von dieser Möglichkeit hat der Gesetzgeber vor dem Hintergrund der verfassungsrechtlichen Vorgaben zum Selbstbestimmungsrecht der Kirchen und Weltanschauungsgemeinschaften aus Art. 140 GG in Verbindung mit § 136 Abs. 3 WRV bzw 137 Abs. 7 WRV Gebrauch gemacht.[4] § 9 stellt allerdings nur einen Rechtfertigungsgrund bezüglich des Merkmals der Religion und Weltanschauung dar. Anderweitige Benachteiligungen wegen anderer in § 1 genannter Merkmale müssen gem. § 4 jeweils nach dem für sie geltenden Maßstab gerechtfertigt werden. Findet eine Benachteiligung etwa wegen der Religion und der sexuellen Orientierung statt, so kann nur Erstere gem. § 9 gerechtfertigt sein, bezüglich der Benachteiligung wegen der sexuellen Orientierung muss die Benachteiligung nach dem strengeren Maßstab des § 8 gerechtfertigt werden, damit die Benachteiligung insgesamt zulässig ist.

II. Religionsgemeinschaften und Weltanschauungsvereinigungen

2 § 9 privilegiert kirchliche und weltanschaulich geprägte Arbeitgeber, also zunächst Religionsgemeinschaften, aber auch die den Religionsgemeinschaften zugeordneten Einrichtungen und Weltanschauungsvereinigungen. Unter einer Religionsgemeinschaft versteht man eine juristische Person oder sonstige Vereinigung mit einer gewissen Organisationsstruktur, deren Mitglieder oder Anhänger auf der Grundlage gemeinsamer religiöser Überzeugung ihre Übereinstimmung über Sinn und Bewältigung des menschlichen Lebens bezeugen.[5] Erfasst werden also insbesondere die Kirchen. Scientology ist hingegen weder eine Religionsgemeinschaft noch eine Weltanschauungsvereinigung.[6] Zu den, den Religionsgemeinschaften zugeordneten ebenfalls privilegierten Einrichtungen, zählen auch kirchliche Kindergärten und konfessionelle Krankenhäuser.[7]

3 Unter Weltanschauungsvereinigungen versteht man Zusammenschlüsse, deren Mitglieder über eine umfassende Gewissheit über bestimmte Aussagen zum Weltganzen, sowie zu Sinn, Ursprung und Ziel des menschlichen Lebens miteinander verbunden sind. Die Abgrenzung zur Religion ergibt sich daraus, dass die Religion eine den Menschen überschreitende und umgreifende (transzendente) Wirklichkeit als Grundlage hat, während sich eine Weltanschauung auf immanente Bezüge beschränkt.[8] Diese Unterscheidung kann mitunter schwierig sein, hat aber in der Praxis keine Auswirkungen, da an beide Fälle die gleichen Rechtsfolgen geknüpft werden.[9]

III. Zulässigkeit unterschiedlicher Behandlung

4 Nach dem in § 1 normierten Zweck des AGG soll eine Ungleichbehandlung wegen der Religion oder Weltanschauung verhindert oder beseitigt werden. Sie ist gem. § 7 grundsätzlich verboten. Da dies aber mit dem verfassungsrechtlich verankerten Selbstbestimmungsrecht der Religions- und Weltanschauungsgemeinschaf-

1 *Schleusener/Suckow/Voigt*, § 9 Rn 6.
2 *Bauer/Göpfert/Krieger*, § 9 Rn 5; *Thüsing*, Arbeitsrechtlicher Diskriminierungsschutz, S. 196, Rn 480.
3 *Adomeit/Mohr*, § 9 Rn 3; MüKo/*Thüsing*, AGG § 9 Rn 2.
4 *Bauer/Göpfert/Krieger*, § 9 Rn 1, 6; *Wendeling-Schröder/Stein*, § 9 Rn 6.
5 BAG Urt. v. 22.3.1995 – 5 AZB 21/94, E 79, 319; Palandt/*Weidenkaff*, AGG § 9 Rn 2.
6 BAG Urt. v. 22.3.1995 – 5 AZB 21/94, E 79, 319; *Bauer/Göpfert/Krieger*, § 9 Rn 9.
7 Palandt/*Weidenkaff*, AGG§ 9 Rn 2.
8 BAG Urt. v. 22.3.1995 – 5 AZB 21/94, E 79, 319; *Hey*, § 9 Rn 16.
9 Däubler/Bertzbach/*Wedde*, § 9 Rn 32.

ten kollidiert, hat der Gesetzgeber mit § 9 den kirchlich oder weltanschaulich geprägten Arbeitgebern die Möglichkeit gegeben, ihren jeweiligen Besonderheiten in Beschäftigungsverhältnissen Rechnung zu tragen.

1. Berufliche Anforderung unter Beachtung des Selbstverständnisses und der Selbstbestimmung. Nach dem Wortlaut des § 9 Abs. 1 gibt es zwei alternative Tatbestände, die eine berufliche Anforderung begründen können. Zum einen kann sich die berufliche Anforderung aus der Art der Tätigkeit ergeben, zum anderen („oder") aber auch aus dem Selbstverständnis der Religions- oder Weltanschauungsgemeinschaft. In letzterer Variante muss also dem Wortlaut nach kein Zusammenhang zu der auszuübenden Tätigkeit bestehen. Die zugrunde liegende Richtlinie 2000/78/EG sieht eine Rechtfertigung hingegen nur dann vor, wenn sich die berufliche Anforderung aus der Art der Tätigkeit oder den Umständen ihrer Ausübung ergibt. Das Selbstverständnis der Gemeinschaft allein, also ohne Bezug zur Tätigkeit, kann eine Ungleichbehandlung demnach grundsätzlich nicht rechtfertigen. Europarechtskonform ist daher eine Ungleichbehandlung wegen der Religion oder Weltanschauung wohl nur gerechtfertigt, wenn die Zugehörigkeit zu einer bestimmten Gemeinschaft – kumulativ – nach dem Selbstverständnis der Gemeinschaft und der Art der Tätigkeit eine gerechtfertigte berufliche Anforderung darstellt.[10] 5

Relevant wird dies regelmäßig bei Einstellungen oder Kündigungen, etwa nach einem Kirchenaustritt. So kann ein kirchlicher Arbeitgeber bei der Besetzung von Positionen, die auf die Vermittlung, Verkündigung oder praktische Umsetzung einer Religion gerichtet sind, auf eine bestimmte Religionszugehörigkeit bestehen und eine aktive Glaubensausübung voraussetzen. Auch die generelle Festlegung in der Grundordnung einer Kirche, nach der pastorale und katechetische Aufgaben nur von Kirchenangehörigen wahrgenommen werden können, ist zulässig.[11] 6

2. Loyales und aufrichtiges Verhalten des Beschäftigten. Religions- und Weltanschauungsgemeinschaften können von ihren Beschäftigten ein aufrichtiges und loyales Verhalten im Sinne ihres Selbstverständnisses verlangen.[12] Wie weit diese Pflichten gehen, kann im Einzelfall schwierig zu ermitteln sein. Ebenso schwierig ist die Frage, welche Rechtsfolgen im Einzelfall an Verstöße gegen Verhaltenspflichten geknüpft werden können. In der Gesetzesbegründung wird ausdrücklich darauf hingewiesen, dass die arbeitsrechtlichen Folgen eines Verstoßes unter Berücksichtigung des Verhältnismäßigkeitsgrundsatzes von den Arbeitsgerichten beurteilt werden müssen.[13] Ein Maßstab zur Bestimmung des Umfangs der Loyalitätspflichten ist die Nähe der Tätigkeit des Beschäftigten zu den „Kerngebieten" des Arbeitgebers, also Vermittlung, Verkündigung, Repräsentation und Umsetzung der Religion. 7

In der Praxis beschäftigen Kündigungen nach einem Kirchenaustritt, einer Scheidung oder einer Wiederverheiratung des Beschäftigten die Arbeitsgerichte. Diese sehen die Kündigungen vielfach als wirksam an und verneinen einen Verstoß gegen das Benachteiligungsverbot. Damit wird der effektiven Umsetzung der Grundordnungen der Kirchen sehr weitgehend Rechnung getragen. Bestimmt die Grundordnung, dass Beschäftigte, die aus der Kirche austreten, nicht beschäftigt werden können, so kann eine Kündigung gerechtfertigt und wirksam sein.[14] Zu berücksichtigen ist das Selbstverständnis der Kirchen, wonach alle Beschäftigten an dem Gebot der Verkündigung und Vermittlung der Religion mitwirken, so dass das Loyalitätsgebot die Pflicht umfasst, nicht während des Beschäftigungsverhältnisses aus der Kirche auszutreten.[15] Der Kirchenaustritt stellt nach Kirchenrecht eines der schwersten Vergehen gegen den Glauben und die Einheit der Kirche dar. Die Kirche betrachtet den Ausgetretenen als Abtrünnigen und dem Kirchenbann verfallen. Nach Auffassung des LAG Mainz[16] ist daher mit dem Kirchenaustritt das Vertrauensverhältnis zwischen Arbeitgeber und Beschäftigtem irreparabel zerstört. 8

Vor dem Hintergrund des verfassungsrechtlich verbürgten Selbstbestimmungsrechts der Kirche hat jüngst auch das LAG Düsseldorf[17] einen ähnlich strengen Maßstab hinsichtlich der Loyalitätspflichten der Beschäftigten eines kirchlichen Arbeitgebers angesetzt und eine Wiederverheiratung eines Chefarztes eines kirchlichen Krankenhauses als grundsätzlich kündigungsrelevanten Pflichtenverstoß gewertet. 9

Von Bedeutung für den Umfang der Loyalitätspflichten ist auch die Einordnung homosexueller Ausrichtung und ihrer Betätigung. Geht man davon aus, dass § 9 strikt nur eine Rechtfertigungsmöglichkeit für die Benachteiligung wegen der Religion oder Weltanschauung bietet und homosexuelle Praktiken, Lebensgestaltung oder Veranlagung stets unter den Schutz der sexuellen Identität nach § 1 zu stellen sind, so muss eine Benachteiligung konsequenterweise gem. § 4 dem strengen Maßstab des § 8 genügen.[18] Eine Rechtfertigung wäre dann in aller Regel mangels Relevanz für die ausgeübte Tätigkeit nicht möglich.[19] Anders wäre es zu beurteilen, 10

10 *Schleusener/Suckow/Voigt*, § 9 Rn 24; ErfK/*Schlachter*, § 9 Rn 3.
11 Däubler/Bertzbach/*Wedde*, § 9 Rn 55.
12 Däubler/Bertzbach/*Wedde*, § 9 Rn 61.
13 BT-Drucks. 16/1780, S. 35; Däubler/Bertzbach/*Wedde*, § 9 Rn 60.
14 LAG Rheinland-Pfalz Urt. v. 2.7.2008 – 7 Sa 250/08.
15 *Schleusener/Suckow/Voigt*, § 9 Rn 32.
16 LAG Rheinland-Pfalz Urt. v. 2.7.2008 – 7 Sa 250/08.
17 LAG Düsseldorf Urt. v. 18.3.2010 – 5 Sa 996/09.
18 Vgl ErfK/*Schlachter*, AGG § 9 Rn 4; Däubler/Bertzbach/*Wedde*, § 9 Rn 66; *Schleusener/Suckow/Voigt*, § 9 Rn 36.
19 Vgl *Schleusener/Suckow/Voigt*, § 9 Rn 36.

wenn man zwischen der homosexuellen Veranlagung und ihrer Betätigung differenziert und die Privilegierung der kirchlichen Arbeitgeber nach § 9 auf Merkmale ausdehnt, die nach dem Selbstverständnis der Kirche im „Sachzusammenhang" mit der Religionszugehörigkeit und den damit verbundenen Loyalitätsobliegenheiten stehen.[20] Nach der Rechtsprechung ist wohl darauf abzustellen, ob die Beschäftigten das Selbstverständnis ihres Arbeitgebers dergestalt beachten, dass sie ihre abweichenden persönlichen Grundhaltungen nicht aktiv vermitteln oder verbreiten.[21]

§ 10 AGG Zulässige unterschiedliche Behandlung wegen des Alters

[1]Ungeachtet des § 8 ist eine unterschiedliche Behandlung wegen des Alters auch zulässig, wenn sie objektiv und angemessen und durch ein legitimes Ziel gerechtfertigt ist. [2]Die Mittel zur Erreichung dieses Ziels müssen angemessen und erforderlich sein. [3]Derartige unterschiedliche Behandlungen können insbesondere Folgendes einschließen:

1. **die Festlegung besonderer Bedingungen für den Zugang zur Beschäftigung und zur beruflichen Bildung sowie besonderer Beschäftigungs- und Arbeitsbedingungen, einschließlich der Bedingungen für Entlohnung und Beendigung des Beschäftigungsverhältnisses, um die berufliche Eingliederung von Jugendlichen, älteren Beschäftigten und Personen mit Fürsorgepflichten zu fördern oder ihren Schutz sicherzustellen,**
2. **die Festlegung von Mindestanforderungen an das Alter, die Berufserfahrung oder das Dienstalter für den Zugang zur Beschäftigung oder für bestimmte mit der Beschäftigung verbundene Vorteile,**
3. **die Festsetzung eines Höchstalters für die Einstellung auf Grund der spezifischen Ausbildungsanforderungen eines bestimmten Arbeitsplatzes oder auf Grund der Notwendigkeit einer angemessenen Beschäftigungszeit vor dem Eintritt in den Ruhestand,**
4. **die Festsetzung von Altersgrenzen bei den betrieblichen Systemen der sozialen Sicherheit als Voraussetzung für die Mitgliedschaft oder den Bezug von Altersrente oder von Leistungen bei Invalidität einschließlich der Festsetzung unterschiedlicher Altersgrenzen im Rahmen dieser Systeme für bestimmte Beschäftigte oder Gruppen von Beschäftigten und die Verwendung von Alterskriterien im Rahmen dieser Systeme für versicherungsmathematische Berechnungen,**
5. **eine Vereinbarung, die die Beendigung des Beschäftigungsverhältnisses ohne Kündigung zu einem Zeitpunkt vorsieht, zu dem der oder die Beschäftigte eine Rente wegen Alters beantragen kann; § 41 des Sechsten Buches Sozialgesetzbuch bleibt unberührt,**
6. **Differenzierungen von Leistungen in Sozialplänen im Sinne des Betriebsverfassungsgesetzes, wenn die Parteien eine nach Alter oder Betriebszugehörigkeit gestaffelte Abfindungsregelung geschaffen haben, in der die wesentlich vom Alter abhängenden Chancen auf dem Arbeitsmarkt durch eine verhältnismäßig starke Betonung des Lebensalters erkennbar berücksichtigt worden sind, oder Beschäftigte von den Leistungen des Sozialplans ausgeschlossen haben, die wirtschaftlich abgesichert sind, weil sie, gegebenenfalls nach Bezug von Arbeitslosengeld, rentenberechtigt sind.**

I. Allgemeines

1 Die Regelung des § 10 AGG setzt die europäischen Vorgaben des Art. 6 der Rahmen-Richtlinie 2000/78/EG um. Folgerichtig ist die Umsetzung der Richtlinie nach den europäischen Vorgaben auszulegen und so zu handhaben, dass Widersprüche zu europäischem Gemeinschaftsrecht zu vermeiden sind. Insoweit ist auch die Rechtsprechung des EuGH zu beachten, die vorgibt, dass – „soweit wie möglich" – das innerstaatliche Recht

20 Für eine Ausweitung der Rechtfertigungsmöglichkeiten über den Wortlaut des § 9 hinaus *Thüsing*, Arbeitsrechtlicher Diskriminierungsschutz, S. 200 f, Rn 488, 491.

21 Vgl BAG Urt. v. 21.2.2001 – 2 AZR 139/00, ZIP 2001, 1825; Däubler/Bertzbach/*Wedde*, § 9 Rn 66.

anhand des Wortlauts und des Zwecks der innerstaatlichen Richtlinie zu interpretieren ist.[1] Das BAG wendet diesen Grundsatz gleichfalls an.[2]

Aus dem Wortlaut der Regelung des § 10 AGG ergibt sich grundsätzlich, dass die im Grundsatz untersagte Diskriminierung wegen des Alters nur in Ausnahmefällen gerechtfertigt ist. Insoweit ist auch die Rechtsprechung des EuGH zu verstehen. Der EuGH gibt schon in seiner Entscheidung vom 15.5.1986 zu verstehen, dass eine Differenzierung grundsätzlich an eine stets enge Auslegung gebunden ist.[3] 2

In der Begründung der RL 2000/78/EG hat der Rat einerseits das Verbot der Altersdiskriminierung als ein wesentliches Element zur Erreichung der Ziele der beschäftigungspolitischen Leitlinien und zur Förderung der Vielfalt im Bereich der Beschäftigung betont, vor allem aber gleichzeitig hervorgehoben, dass Ungleichbehandlungen wegen des Alters unter bestimmten Umständen bzw unter Darlegung von Rechtfertigungsgründen gerechtfertigt sein können, wobei allerdings der unterschiedlichen Situation in den Mitgliedstaaten Rechnung zu tragen sei. Allerdings bedarf es einer Differenzierung zwischen einer Ungleichbehandlung, die gerechtfertigt sein kann durch rechtmäßige Ziele im Bereich der Beschäftigungspolitik, des Arbeitsmarktes und der beruflichen Bildung und einer Diskriminierung, die zu verbieten ist. Dieses Spannungsverhältnis drückt sich auch in Art. 6 RL 2000/78/EG aus, der einen umfassenden Katalog der Rechtfertigung von Ungleichbehandlungen vorsieht.[4] Wegen dieses breiten Spielraums ist auch von einem Diskriminierungsverbot zweiter Klasse gesprochen worden.[5] 3

Der gesetzgeberischen Intention zufolge sollte unter Berücksichtigung der unterschiedlichen Interessenlagen der Arbeitnehmer flexible Lösungsmöglichkeiten ergreifen.[6] Bei Inkrafttreten des AGG enthielt § 10 noch die Nr. 6 und 7 (die jetzige Nr. 6 war Nr. 8), die die Berücksichtigung des Alters bei der Sozialauswahl im Rahmen betriebsbedingter Kündigungen und Vereinbarungen der Unkündbarkeit von Beschäftigten betrafen. Durch das Zweite Gesetz zur Änderung des Betriebsrentengesetzes vom 2.12.2006[7] sind diese Vorschriften gestrichen worden. Der Gesetzgeber war der Auffassung, dass sie im Hinblick auf die in § 2 Abs. 4 angeordnete ausschließliche Geltung der Bestimmungen zum allgemeinen und besonderen Kündigungsschutz für Kündigungen leer liefen und deshalb zu streichen waren.[8] 4

Die Formulierung in § 10 AGG zeigt, dass der Gesetzgeber der allgemeinen, in der Rechtsprechung des EuGH entwickelten Dogmatik zur Rechtfertigung unterschiedlicher Behandlungen folgt. Ausgangspunkt muss stets ein legitimes Ziel[9] und das gewählte Mittel objektiv und angemessen sein.[10] Die in § 10 S. 2 enthaltene, nicht abschließende („insbesondere") Aufzählung möglicher rechtfertigender Tatbestände dient der Konkretisierung durch Gruppenbildung. Stets ist aber bei jeder Nr. nach dem legitimen Ziel und der Objektivität und Angemessenheit der Regelung zu fragen.[11] 5

II. Generalklausel Nr. 1

Ziel der Nr. 1 ist die Eingliederung sowohl jugendlicher als auch älterer Arbeitnehmer. Aus der Praxis der Vergangenheit stehen Regelungen auf dem Prüfstand, die in Differenzierung nach dem Lebensalter älteren Arbeitnehmern eine günstigere Position zudenken. Hierher gehören Regelungen der Staffelung der Vergütung oder des Urlaubs nach Lebensalter. Eine Staffelung des Urlaubs nach dem Lebensalter dürfte unbedenklich sein, da sie dem Gesundheitsschutz älterer Arbeitnehmer dient.[12] Die Gehaltsstaffelung nach dem Lebensalter wird zT als unmittelbare Diskriminierung betrachtet, die nicht gerechtfertigt ist.[13] Die Regelung in § 622 Abs. 2 S. 2 BGB, wonach bei der Berechnung der Dauer der Betriebszugehörigkeit nur die Zeit nach der Vollendung des 25. Lebensjahres des Arbeitnehmers berücksichtigt werden könne, wurde als fragwürdig angesehen.[14] Nunmehr hat der EuGH entschieden,[15] dass das Unionsrecht, insbesondere das Verbot der Diskriminierung wegen des Alters, das durch die Richtlinie 2000/78/EG lediglich konkretisiert wurde, dahin 6

1 EuGH 5.10.2004 – Rs. C-397/0, NZA 2004, 1145 – Pfeiffer; EuGH 10.4.1984 – Rs. 14/83, NZA 1984, 157 – von Colson und Kamann.
2 BAG Urt. v. 18.2.2003 – 9 AZR 272/01, AP Nr. 22 zu § 611 a BGB.
3 EuGH Johnston 15.5.1986 – Rs. 222/84, Slg 1651.
4 Ausf. EuGH Rs C-388/07, NZA 2009, 305 – Age Concern England; Rs C-341/08, DB 2010, 171 – Petersen.
5 *Schmidt/Senne*, RdA 2002, 80 (89).
6 Vgl BT-Drucks. 16/1780 S 36; *Schlachter*, ZESAR 2006, 391.
7 BGBl. I S. 2742.
8 Vgl BT-Drucks. 16/3007.
9 LAG Berlin-Brandenburg, ZTR 2008, 110, „danach muss dieses Ziel rechtmäßig sein", was auch immer damit gemeint sein mag, denn dies ist Voraussetzung eines Rechtfertigungsgrundes.
10 BAG, NZA 2009, 945 „zur Zuordnung zum ‚Personalüberhang' und Versetzung zum ‚Stellenpool' um einer ausgewogenen Personalstruktur willens".
11 *Schlachter*, ZESAR 2006, 391; vgl für Art. 6 RL 2000/78/EG EuGH Rs C-88/08, NZA 2009, 891.
12 *Wisskirchen*, AGG, S. 30.
13 Vgl *Bertelsmann*, ZESAR 2005, 242 (246); zurückhaltender *Waltermann*, NZA 2005, 1265 (1269 f); *Wiedemann/Thüsing*, NZA 2002, 1234 (1241); bzgl der Lebensaltersstufen des BAT vgl LAG Berlin-Brandenburg, NZA-RR 2009, 378; LAG Hessen, NZA 2009, 799; *Dornbusch/Kasprzyk*, NZA 2009, 1000.
14 Vgl *Waltermann*, NZA 2005, 1265 (1268).
15 EuGH Rs C-555/07, NZA 2010, 85 – Kücükdeveci.

auszulegen ist, dass es der Regelung des § 622 Abs. 2 S. 2 BGB entgegensteht. Nach Auffassung des EuGH obliegt es dem nationalen Gericht, in einem Rechtsstreit zwischen Privaten die Beachtung des unionsrechtlichen Verbots der Diskriminierung wegen des Alters sicherzustellen, indem es erforderlichenfalls entgegenstehende Vorschriften des innerstaatlichen Rechts unangewendet lässt. Unabhängig davon, ob es von seiner Vorlagebefugnis Gebrauch macht, hat der Gerichtshof außerdem implizit die Entscheidungen der vorgenannten Landesarbeitsgerichte bestätigt.[16]

7 Der schwierigen Situation der Eingliederung älterer Arbeitnehmer versuchen die verschiedenen Rechtsordnungen mit unterschiedlichen Mitteln gerecht zu werden. § 14 Abs. 3 TzBfG aF hatte das Ziel einer besseren Integration von älteren Arbeitnehmern in den Arbeitsmarkt dadurch realisieren wollen, dass es die sachgrundlose Befristung bei der Begründung von Arbeitsverhältnissen mit 52 bzw 58 Jahre alten Arbeitnehmern zugelassen hat. In der Rechtssache Mangold[17] hat der EuGH das von § 14 Abs. 3 TzBfG verfolgte Ziel der Integration älterer Arbeitnehmer ausdrücklich anerkannt. Er hat aber die Angemessenheit der früheren Regel im Hinblick auf dieses Ziel verneint, weil unterschiedslos alle Arbeitnehmer in diesem Alterssegment pauschal betrachtet werden.[18] Die Befristungsregelungen des HRG bewirken nach der Rechtsprechung des BAG keine unzulässige Altersdiskriminierung.[19]

III. Mindestalter Nr. 2

8 Der Gesetzeswortlaut beschränkt sich nicht auf die Anknüpfung an die Festlegung von Mindestanforderungen an das Alter, sondern fügt die Berufserfahrung hinzu. Hier zeigt sich die Zielrichtung der Norm, die Lebensalter und berufliche Qualifikation koppeln und damit ein bestimmtes Qualifikationsprofil in bestimmten Berufen zulassen will. Vor diesem Hintergrund ist die Zulässigkeit von solchen Regelungen zu bejahen, die ein Mindestalter als Qualifikationserfordernis statuieren. Die Rechtsprechung hat sich bislang allerdings noch nicht um eine Grenzziehung bemüht.[20]

9 Wird ein Mitarbeiter für den Führungskräftenachwuchs gesucht, dann kann auch ein sehr junges Höchstalter gerechtfertigt sein. Maßgeblich ist, welche Zeit nach den regelmäßigen Karrierewegen des Unternehmens erforderlich wäre, um die angestrebte Führungsposition zu erreichen und welche Zeit dann noch angemessen ist, diese Position im Unternehmen ausführen zu können. Das Ergebnis scheint paradox, aber ist dennoch richtig: Je jünger man im Unternehmen Führungskraft wird, desto älter kann der Führungskräftenachwuchs sein. Generell gilt, dass Altersgrenzen eher akzeptabel sind, wo sie als weiche Zielvorgaben mit der Möglichkeit zur Einzelabwägung formuliert werden als wo harte Ausschlusskriterien genannt werden, die auch bei geringfügiger Überschreitung einen Bewerber aus dem Auswahlpool ausschließen („Der Bewerber sollte Anfang 40 sein" ist also vorzugswürdig gegenüber „Wir suchen einen Bewerber bis Alter 45 Jahre").

10 Eine mittelbare Diskriminierung wegen des Alters, die einen ähnlichen Effekt wie die Festsetzung von Höchst- und Mindestalter haben kann, ist das Erfordernis einer bestimmten Anzahl von Jahren Berufserfahrung. Als Mindestqualifikation kann sie gerechtfertigt sein durch die Erfordernisse der Tätigkeit und auch zur Vermeidung von überqualifizierten Bewerbern kann sie als Höchstrahmen erlaubt sein („Wir suchen Bewerber mit drei bis sechs Jahren Berufserfahrung") Hinsichtlich der Vermeidung von Überqualifikationen dürfte jedoch ein strengerer Maßstab angebracht sein als im Hinblick auf eine Mindestdauer von Berufsjahren.

IV. Höchstalter Nr. 3

11 Ausweislich der Gesetzesbegründung liegt der Regelung die gesetzgeberische Intention zugrunde, dass vor allem bei älteren Beschäftigten, deren Rentenalter absehbar ist, einer aufwändigen Einarbeitung am Arbeitsplatz auch eine betriebswirtschaftlich sinnvolle Mindestdauer einer produktiven Arbeitsleistung gegenüberstehen muss.[21] Dies beschreibt den wichtigsten Anwendungsbereich der Vorschrift. Für den öffentlichen Dienst ist meist eine bestimmte Altersschwelle normiert, jenseits derer Einstellungen nicht mehr vorgenommen werden können bzw sollen. Ob hinsichtlich der normierten Altersgrenzen eine angemessene Regelung hinsichtlich des vom Gesetzgeber formulierten Ziels getroffen wurde, ist allerdings zweifelhaft.[22] Festzustellen ist wohl, dass im Rahmen einer gerichtlichen Überprüfung zahlreiche Vorschriften ihre Kompatibilität mit dem Gemeinschaftsrecht nicht unter Beweis stellen können. Dies gilt umso mehr, wenn man bedenkt, dass gegenwärtig die Tendenz zur Erweiterung des Rentenalters aufgrund der demografischen Entwicklung anzunehmen ist. Als mit der RL 2000/78/EG kompatibel allerdings hat es das BAG angesehen, wenn ein privatrechtlicher Schulträger mit Lehrern, die einen Wechsel in ein Beamtenverhältnis zu einem anderen Bundesland

16 Von *Medem*, NZA 2009, 1072.
17 EuGH Rs C-144/04, Slg 2005, I-9981, NZA 2005, 1345 – Mangold.
18 Krit. *Kast/Herrmann*, BB 2007, 1841 (1846).
19 BAG ZTR 2008, 506.
20 BAG ZTR 2008, 506, BAG DB 2006, 2349.
21 BT-Drucks. 16/1780 S. 36.
22 *Thüsing*, ZESAR 2009, 83.

in Aussicht stellen, einen Arbeitsvertrag mit beamtenrechtlicher Besoldung und Versorgung abschließt, um sie an seine Schule zu binden und den Abschluss eines solchen Vertrages mit Lehrern ablehnt, für die ein solcher Wechsel aufgrund der Überschreitung des beamtenrechtlichen Höchsteinstellungsalters nicht mehr in Frage kommt.[23]

Es geht bei § 10 Nr. 3 AGG aber nicht nur um ältere Arbeitnehmer. Vom Wortlaut erfasst ist auch ein Höchstalter bei jüngeren Mitarbeitern. Häufig ist nach Vorschriften, vor allem des öffentlichen Dienstes, ein Eintritt in eine bestimmte Laufbahngruppe nur bis zu einem maximalen Höchstalter von 30, 32 oder 35 Lebensjahren möglich. Zudem existieren Altershöchstgrenzen für die Besetzung von Stellen, die der Habilitation sog. Nachwuchswissenschaftler dienen.[24] Zweifelhaft bleibt, ob diese Altersgrenzen in Zukunft Bestand haben. Der EuGH beanstandete eine innerstaatliche Regelung, die das Höchstalter für die Einstellung in die Laufbahn des mittleren feuerwehrtechnischen Dienstes auf 30 Jahre festlegt, gemeinschaftsrechtlich nicht.[25] Der EuGH hielt es aber für berücksichtigenswert, den biologischen Zusammenhang zwischen dem Alter der Angehörigen des mittleren feuerwehrtechnischen Dienstes und deren – für die Einsatzbereitschaft und das ordnungsgemäße Funktionieren der Berufsfeuerwehr erforderlichen – volle körperliche Eignung zur Ausübung dieses Dienstes anzuerkennen. Höchstaltersgrenzen bezüglich der Einstellung und Übernahme in das Beamtenverhältnis werden indes vom BVerwG[26] auch ohne vergleichbar strengen Rechtfertigungsmaßstab als durch das AGG nicht als ausgeschlossen angesehen.[27] 12

Zur Höchstaltersgrenze für die Einstellung in den Vorbereitungsdienst für den mittleren Polizeivollzugsdienst des Landes Berlin vgl BVerwG NVwZ 2010, 251, zur Zulässigkeit von Altershöchstgrenzen im öffentlichen Dienst vgl VGH Kassel NVwZ 2010,140 m.Anm. *Rombach*, NVwZ 2010,102, zur Altersgrenze für Einstellung als Beamter vgl BVerwG NVwZ 2009, 840. 13

V. Altersgrenzen in der betrieblichen Altersversorgung iSd Nr. 4

Die RL 2000/78/EG hat den nationalen Gesetzgebern einen weiten Spielraum bei der Festlegung von Altersgrenzen in betrieblichen Systemen der sozialen Sicherheit eingeräumt, um den bislang bestehenden nationalen Gepflogenheiten Rechnung zu tragen. Diese Altersgrenzen werden akzeptiert. So soll etwa nach LAG Köln vom 18.1.2008 der Verlust der Betriebsrenten-Anwartschaft bei Ausscheiden aus dem Arbeitsverhältnis vor dem 35. Lebensjahr keine Altersdiskriminierung sein. Dies gelte nur insoweit, als nicht eine Diskriminierung wegen des Geschlechts in einer solchen Altersregelung liegt.[28] Hieran könnte man denken, wenn man eine mittelbare Benachteiligung von Frauen erkennen würde, weil diese wegen Mutterschaft vorzeitig aus Arbeitsverhältnissen ausscheiden. Der Vorbehalt des LAG scheint daher eher akademischer Natur zu sein, da Erkenntnisse über ein solches vorzeitiges Ausscheiden nicht bekannt sind. 14

Einschlägig ist weiterhin auch die RL 86/318/EWG. Der 3. Senat des BAG hat, vor Inkrafttreten des AGG, in einem Verfahren nach Art. 234 EG dem EuGH die Frage vorgelegt, ob die RL 2000/78/EG sowie die Grundsätze der Entscheidung Mangold[29] einer Klausel einer betrieblichen Ruhegeldordnung entgegenstehen, die den Anspruch auf Witwen-/Witwerrente davon abhängig macht, dass die Witwe oder der Witwer nicht über 15 Jahre jünger als der Arbeitnehmer ist.[30] Auch wenn man von einer horizontalen Wirkung der Richtlinie ausgeht und eine Benachteiligung anzunehmen wäre, ist die Regelung, wie das BAG selbst ausgeführt hat,[31] sachlich gerechtfertigt.[32] Nach der entsprechenden Entscheidung des EuGH[33] enthält das Gemeinschaftsrecht kein Verbot der Diskriminierung aus Gründen des Alters, dessen Schutz die Gerichte der Mitgliedstaaten zu gewährleisten haben, wenn die möglicherweise diskriminierende Behandlung keinen gemeinschaftsrechtlichen Bezug aufweist. Hierzu wird ausgeführt, dass ein solcher gemeinschaftsrechtlicher Bezug weder durch Art. 13 EG hergestellt wird, noch durch die RL 2000/78/EG vor Ablauf ihrer Umsetzungsfrist. Im Gegensatz zur Entscheidung Mangold sind die in Rede stehenden Versorgungsrichtlinien keine Maßnahmen zur Umsetzung von Gemeinschaftsbestimmungen. 15

In diesem Sinne ist auch die Rechtsprechung des BAG zu verstehen.[34] Danach sind Altersgrenzen und Stichtagsregelungen in Versorgungssystemen unvermeidbar und stellen keine verbotene Diskriminierung dar. Interessant ist allerdings der Hinweis, dass mit der Einordnung der Nr. 4 (Festsetzung von Altersgrenzen bei 16

23 BAG NJW 2006, 2875 = NZA 2006, 1217.
24 So zB das LAG Köln, Unwirksamkeit einer diesbzgl Befristung gem. § 7 Abs. 2, ZTR 2009, 596.
25 EuGH Rs C-229/08, BeckRS 2010, 90031 – Wolf.
26 BVerwG NVwZ 2009, 840.
27 Dazu: *Kühling/Bertelsmann*, NVwZ 2010, 87.
28 In Anlehnung an Art. 6 Abs. 2 RL 2000/78/EG.
29 EuGH Rs C-144/04, Slg 2005, I-9981.
30 BAG, 3 AZR 352/05 (A), Vorlagebeschl. v. 27.6.2006.
31 Rn 48 des BAG Vorlagebeschl.
32 Vgl EuGH, Rs 170/84, Slg, 1986, 1607 Rn 36 – Bilka.
33 EuGH, Rs C-427/06, NZA 2008, 1119 – Bartsch; hierzu und zur allgemeinen Problematik der Altersabstandsklauseln vgl *Bauer/Arnold*, NJW 2008, 3377; *Preis/Temming*, NZA 2008, 1209.
34 BAG Urt. v. 11.8.2009 – 3 AZR 23/08.

den betrieblichen Systemen der sozialen Sicherheit) in die allgemeinen Rechtfertigungsgründe des § 10 AGG der Gesetzgeber über die zwingenden Richtlinienvorgaben hinausgegangen ist.

17 Diese überobligatorische Richtlinienumsetzung des Art. 6 Abs. 2 der Richtlinie 2000/78/EG war wohl vom Gesetzgeber nicht beabsichtigt. Insoweit hält das BAG in seiner Entscheidung fest: § 10 S. 1 und 2, 3 Nr. 4 sind gemeinschaftsrechtskonform. Aus Art. 6 Abs. 2 der Richtlinie 2000/78/EG folgt, dass die Mitgliedstaaten, soweit es um die dort genannten betrieblichen Systeme der sozialen Sicherheit geht, bei der Umsetzung in nationales Recht nicht verpflichtet sind, die Voraussetzungen des Art. 6 Abs. 1 der Richtlinie einzuhalten. Die Festsetzung von Altersgrenzen in den betrieblichen Systemen der sozialen Sicherheit ist somit europarechtlich in der Regel zulässig.[35]

VI. Vereinbarungen über die Beendigung des Beschäftigungsverhältnisses bei Anspruch auf Altersrente Nr. 5

18 Vereinbarungen, welche die Beendigung des Beschäftigungsverhältnisses ohne Kündigung zu einem Zeitpunkt vorsehen, zu dem Beschäftigte eine Rente wegen Alters beantragen können, sind in der Praxis sehr häufig. Eine spezielle Regelung für diesen fraglichen Kreis trifft § 41 SGB VI, eine Regelung, die vom AGG unberührt bleibt.[36] Eine Individualvereinbarung dieser Art unterliegt den Grundsätzen der Privatautonomie und dürfte nicht zu beanstanden sein. Anders ist es mit kollektivrechtlichen Vereinbarungen.[37] Diese zwingen den Arbeitnehmer, vorzeitig die Rente wegen Alters in Anspruch zu nehmen. Verbunden ist diese mit Rentenabschlägen (vgl § 77 SGB VI) oder aber, wenn dies nicht der Fall sein sollte, nimmt es dem betroffenen Arbeitnehmer zugleich die Möglichkeit weiterzuarbeiten und dadurch zusätzliche Versicherungsjahre und Entgeltpunkte zu erwerben, welche sich Renten erhöhend auswirken.

19 In der Rechtssache Palacios de la Villa hat der EuGH[38] entschieden, dass die in Tarifverträgen enthaltene Klausel über die Zwangsversetzung in den Ruhestand wirksam ist. In dieser wurde als Voraussetzung lediglich verlangt, dass der Arbeitnehmer die im nationalen Recht auf 65 Jahre festgesetzte Altersgrenze für den Eintritt in den Ruhestand erreicht und die übrigen sozialversicherungsrechtlichen Voraussetzungen für den Bezug einer beitragsbezogenen Altersrente erfüllt, sofern diese Maßnahme, auch wenn sie auf das Alter abstellt, objektiv und angemessen ist sowie im Rahmen des nationalen Rechts durch ein legitimes Ziel, das in Beziehung zur Beschäftigungspolitik und zum Arbeitsmarkt steht, gerechtfertigt ist und die Mittel, die zur Erreichung dieses im Allgemeininteresse liegenden Ziels eingesetzt werden, nicht als dafür unangemessen und nicht erforderlich erscheinen.[39] Nicht mehr angemessen ist es danach, die Beendigung des Arbeitsverhältnisses auch dann vorzusehen, wenn der Arbeitnehmer vor dem Erreichen des für die Regelaltersrente maßgeblichen Alters eine vorzeitige Rente beanspruchen könnte, diese aber mit Rentenabschlägen verbunden wäre.

20 So folgert das BAG allgemein, dass tarifliche Regelungen über die Beendigung von Arbeitsverhältnissen aufgrund von Befristungen der arbeitsgerichtlichen Befristungskontrolle unterfallen. Dazu gehören auch tarifvertragliche Altersgrenzen, nach denen das Arbeitsverhältnis bei Erreichen eines bestimmten Lebensalters endet.[40] Auch tarifliche Altersgrenzenregelungen bedürfen zu ihrer Wirksamkeit eines sie rechtfertigenden Sachgrunds iSv § 14 Abs. 1 TzBfG. Dem steht die verfassungsrechtlich durch Art. 9 Abs. 3 GG geschützte Tarifautonomie nicht entgegen.[41]

21 Der Senat unterscheidet bei der Beendigung von Arbeitsverhältnissen aufgrund einer auf das Erreichen eines bestimmten Lebensalters des Arbeitnehmers bezogenen Regelung zwischen den an das gesetzliche Rentenalter anknüpfenden Altersgrenzen und solchen, die eine Beendigung des Arbeitsverhältnisses vor diesem Zeitpunkt vorsehen. Bei einer auf das Rentenalter bezogenen Altersgrenze endet das Arbeitsverhältnis zu einem Zeitpunkt, in dem der Arbeitnehmer Anspruch auf eine Rente wegen Alters iSd § 35 SGB VI hat. Eine in einem Tarifvertrag enthaltene Befristung des Arbeitsverhältnisses auf den Zeitpunkt des Erreichens des Regelrentenalters hat der Senat als sachlich gerechtfertigt iSd § 14 Abs. 1 S. 1 TzBfG angesehen, wenn der Arbeitnehmer nach dem Inhalt des Arbeitsvertrags und der Vertragsdauer eine Altersversorgung in der gesetzlichen Rentenversicherung erwerben kann oder er bei Abschluss des Arbeitsvertrags die für den Bezug einer Altersrente erforderliche Wartezeit erfüllt hat.[42] Altersgrenzen, die die Beendigung des Arbeitsverhältnisses zu einem Zeitpunkt vorsehen, in dem der Arbeitnehmer noch keine Altersrente beziehen kann, konnten nach der bereits vor Inkrafttreten des TzBfG am 1.1.2001 ergangenen Rechtsprechung des BAG die Befristung des

35 Vgl *Bauer*, GWR 2010, 99.
36 *Fuchs/Reichold*, Tarifvertragsrecht, 2006, Rn 135.
37 Vgl hierzu die Vorlage des ArbG Hamburg an den EuGH m.Anm. *Thüsing*, ZESAR 2009, 129.
38 EuGH, NZA 2007, 1219.
39 Vgl hierzu auch *Bauer/Krieger*, NJW 2007,3672; *Bayreuther*, DB 2007, 2425; *Kocher*, RdA 2008,238; *v. Roetteken*, ZTR 2008, 350; *Temming*, NZA 2007, 1193; bereits im Vorfeld der Entscheidung *Waas*, EuZW 2007, 359.
40 BAG Urt. v. 27.11.2002, NZA 2003,1056.
41 BAG Urt. v. 21.7.2004, NZA 2004, 1352.
42 BAG Urt. v. 18.6.2008, NZA 2008, 1302.

Arbeitsvertrags nur rechtfertigen, wenn das Erreichen eines bestimmten Lebensalters wegen der vom Arbeitnehmer ausgeübten Tätigkeit zu einer Gefährdung wichtiger Rechtsgüter führen kann. Dies hat der Senat bei tariflichen Altersgrenzen von 60 Jahren für Piloten angenommen und diese für rechtswirksam gehalten[43] Dies gilt auch für die Rechtslage nach Inkrafttreten des TzBfG am 1.1.2001. Für eine derartige Altersgrenzenregelung besteht mithin ein sachlicher Grund. Entsprechend ist auch die Rechtsprechung der Verwaltungsgerichte zu beamtenrechtlichen Regelungen. Die Festsetzung einer Altersgrenze, mit deren Erreichen der Beamte von Gesetzes wegen in den Ruhestand tritt, steht mit den Vorgaben der Richtlinie 2000/78/EG und des AGG in Einklang. Sie stellt keine unzulässige Altersdiskriminierung dar.[44]

Die Festlegung einer Altersgrenze, mit deren Erreichen der Beamte zwangsweise in den Ruhestand tritt, führt **22** zwar dazu, dass dieser Beamte allein wegen seines Alters von der weiteren aktiven Berufstätigkeit bei seinem Dienstherrn ausgeschlossen wird und stellt damit eine unmittelbare Benachteiligung wegen des Alters iSv Art. 2 Abs. 11 a der Richtlinie 2000/78/EG des Rates bzw iSv § 3 Abs. 1 iVm § 1 AGG dar. Sie ist aber deshalb zulässig, wenn sie durch einen der in der Richtlinie bzw im AGG vorgesehenen Gründe gerechtfertigt ist.

Die Anwendbarkeit der Regelung ist auch nicht nur auf abhängig Beschäftigte begrenzt. Zwar sieht das **23** BSG[45] Anhaltspunkte dafür, die Maßstäbe zur Rechtfertigung von Altersgrenzen, die sich aus den Richtlinien und dem AGG sowie aus dem Urteil des EuGH ergeben, seien nur auf abhängig Beschäftigte anwendbar und könnten nur solche Altersgrenzen rechtfertigen, die zugleich den Beginn der Zahlung der Altersrente markieren. Solche Eingrenzungen ergeben sich aber weder aus den Regelungen der RL noch aus denen des AGG. Deren beider Geltungsbereich erfasst nach deren ausdrücklichem Wortlaut sowohl unselbständige als auch selbstständige Erwerbstätigkeiten. Die Ausnahmetatbestände sind zwar teilweise auf „Beschäftigte" zugeschnitten, aber nicht ausschließlich. Die einleitenden Sätze in Art. 6 Abs. 1 S. 2 RL und in § 10 S. 3 AGG („insbesondere") ergeben, dass die im Folgenden aufgeführten Rechtfertigungstatbestände nicht abschließend sind, vielmehr andere vergleichbare Rechtfertigungen denkbar sind.[46] Eine Eingrenzung ergibt sich zudem nicht aus dem Urteil des EuGH vom 16.10.2007, dieses betrifft zwar den Fall eines abhängig Beschäftigten, die Urteilsbegründung ist aber weder von ihrem Wortlaut noch von ihrem Kontext her auf den Fall des abhängig Beschäftigten beschränkt.

VII. Differenzierung nach dem Alter in Sozialplänen Nr. 6

1. Einführung. § 10 Nr. 6 will eine weithin geübte Praxis bestätigen, die darin besteht, dass in Sozialplänen **24** das Lebensalter und die Betriebszugehörigkeit eine entscheidende Rolle spielen.[47] Ob Alter und Betriebszugehörigkeit nur alternativ oder auch kumulativ berücksichtigt werden dürfen, ist umstritten.[48] Die Richtlinie 2000/78/EG verbietet unmittelbare Diskriminierungen von Arbeitnehmern wegen ihres Alters beim Arbeitsentgelt. Zum Entgelt iSd Richtlinie zählen nach zutreffender Ansicht auch Abfindungen,[49] wonach es sich bei Regelungen über den Anspruch auf Abfindung um Beschäftigungsbedingungen handeln soll. Eine unmittelbare Diskriminierung iSv Art. 2 Abs. 2 lit. a Richtlinie 2000/78/EG setzt voraus, dass eine individuelle Person wegen ihres Alters eine weniger günstige Behandlung erfährt, als eine andere Person in einer vergleichbaren Situation erfährt, erfahren hat oder erfahren würde, und diese Schlechterbehandlung vom Arbeitgeber nicht gerechtfertigt werden kann. Inhaltlich handelt es sich um ein sog. Anknüpfungsverbot, wie das BAG im Urteil vom 11.11.2008 durch Hervorhebung der Vokabel „gerade" zu Recht betont. Nach herrschender Ansicht setzt das Verbot von unmittelbaren (Entgelt-)Diskriminierungen trotzdem kein Verschulden voraus.[50] Das ist zweifelhaft, weil derjenige, der einen anderen unmittelbar wegen eines verbotenen Merkmals diskriminiert, dies jedenfalls in voller Kenntnis der Umstände tun muss, da nur so dem Unmittelbarkeitserfordernis der Diskriminierung Rechnung getragen werden kann. Eine mittelbare Diskriminierung liegt nach Art. 2 Abs. 2 lit. b Richtlinie 2000/78/EG vor, wenn dem Anschein nach neutrale Vorschriften, Kriterien oder Verfahren Personen wegen eines bestimmten Alters in besonderer Weise benachteiligen können, es sei denn, diese Vorschriften, Kriterien oder Verfahren sind durch ein rechtmäßiges Ziel sachlich gerechtfertigt und die Mittel zur Erreichung des Zieles angemessen und erforderlich. Während die unmittelbare Diskriminierung also an individuelle Ungleichbehandlungen anknüpft, stellt die mittelbare Diskriminierung auf einen Vergleich von Personengruppen ab. Ihr Tatbestand ist grundsätzlich erfüllt, wenn in der benachteiligten Gruppe weitaus mehr Arbeitnehmer mit dem geschützten Merkmal vorhanden sind als in der bevorzugten. Es ist umstritten, ob der entsprechende Nachweis zwingend durch Statistiken geführt werden muss, oder ob schon eine bloße Bewer-

43 Vgl BAG Urt. v. 20.12.1984, NZA 1986, 325.
44 VGH Kassel, Beschl. v. 28.9.2009 – 1 B 2487/09.
45 BSG Urt. v. 6.2.2008 – B 6 KA 41/06.
46 Unstr., vgl zB MüKo/*Thüsing*, 2007, AGG § 10 Rn 9; Rust/Falke/*Bertelsmann*, § 10 Rn 36, 39–41; Bamberger/Roth/*Fuchs*, 2008, AGG, § 10 Rn 2.
47 *Willemsen/Schweibert*, NJW 2006, 2585 (2587); *Krieger/Arnold*, NZA 2008, 1153; *Temming*, RdA 2008, 205.
48 *Oelkers*, NJW 2008, 614.
49 AA das Hess. LAG v. 23.10.2007.
50 *Jacobs*, RdA 2009, 193; *Stoffels*, RdA 2009, 210.

tung der überwiegenden Betroffenheit einer Personengruppe ausreicht.[51] Das BAG hat diese Fragestellung bislang offen lassen können.[52]

25 Im Arbeitsrecht steht eine mittelbare Diskriminierung wegen des Alters vor allem bei der Anknüpfung an Kriterien in Rede, die wie die Dauer der Betriebszugehörigkeit, das Dienstalter oder die Berufserfahrung nur dem Anschein nach neutral sind, tatsächlich jedoch überwiegend Menschen mit einem bestimmten Alter oder einer bestimmten Altersgruppe betreffen können. Im Unterschied zur unmittelbaren Diskriminierung kann der Tatbestand der mittelbaren Diskriminierung grundsätzliche durch „schlichte" Sachgründe widerlegt werden. Für den Bereich der Altersdiskriminierung gibt es freilich weitgehende Überschneidungen mit Art. 6 Richtlinie 2000/78/EG, der für unmittelbare Altersdiskriminierungen weitergehendere Rechtfertigungsmöglichkeiten als für die sonstigen Schutzmerkmale vorsieht. Der deutsche Gesetzgeber hat Art. 6 Richtlinie 2000/78/EG in § 10 S. 1, 2 und S. 3 Nr. 1–4 AGG nahezu wortgleich umgesetzt, wobei die Vorschrift neben einem Katalog möglicher Rechtfertigungsgründe in ihrem S. 1 eine Generalklausel enthält. Der EuGH hat eine derartige Regelungstechnik zwischenzeitlich als rechtmäßig eingestuft.

26 Nach Art. 6 S. 1 Richtlinie 2000/78/EG können die Mitgliedstaaten Altersdiskriminierungen durch legitime Ziele aus dem Bereich der Beschäftigungspolitik, des Arbeitsmarktes und der beruflichen Bildung rechtfertigen, sofern die Mittel zur Erreichung dieser Ziele angemessen und erforderlich, also verhältnismäßig sind. In einem ersten Schritt ist zu ermitteln, ob eine Regelung/Maßnahme einem legitimen Ziel dient. Nach deutschem Verständnis sind dies eigentlich nicht nur Ziele im Interesse der Allgemeinheit, sondern auch solche einzelner Arbeitgeber, da der Gesetzgeber als Gemeinwohlbelang sämtliche rechtmäßigen Interessen und Zwecke einstufen kann. Folgerichtig betont das BAG in seinem Urteil vom 6.11.2008,[53] dass auch betriebs- und unternehmensbezogene Zwecke einer Altersgruppenregelung, zu denen auch die Erhaltung der Altersstruktur gehört, legitime Ziele sein können.

27 Demgegenüber meint der EuGH in seinem Urteil Age Concern England, dass Art. 6 Richtlinie 2000/78/EG ausschließlich sozialpolitische Zielsetzungen erlaubt, weshalb „rein individuelle Beweggründe, die der Situation des Arbeitgebers eigen sind, wie Kostenreduzierung oder Verbesserung der Wettbewerbsfähigkeit" ausscheiden. Auf der anderen Seite erklärte der Gerichtshof in der Palacios – Entscheidung Maßnahmen als zulässig, zu denen sich die „betreffenden nationalen Stellen aufgrund politischer, wirtschaftlicher, sozialer, demografischer und/oder haushaltsbezogener Erwägungen und in Anbetracht der konkreten Arbeitsmarktlage in einem bestimmten Mitgliedstaat veranlasst sehen können". In Abgrenzung dazu wird man die Age Concern England-Entscheidung deshalb dahin gehend deuten müssen, dass zwar durchaus (staatliche oder kollektive) Regelungen im Interesse der Unternehmen, nicht jedoch individuelle Maßnahmen der Unternehmen im Eigeninteresse über Art. 6 der Richtlinie 2000/78/EG gerechtfertigt werden können. Das BAG hat deshalb im Urteil vom 26.5.2009[54] wiederum offen gelassen, ob man „auch reine Arbeitgeberinteressen" als legitime Ziele erachten darf.

28 In einem zweiten Prüfungsschritt sind die Regelungen/Maßnahmen nach Art. 6 Abs. 1 S. 1 Richtlinie 2000/78/EG einer Verhältnismäßigkeitsprüfung zu unterziehen, während es in der Mangold-Entscheidung noch den Eindruck machte, als ob der Gerichtshof einen strengen Prüfungsmaßstab anlegen würde. Auch das BAG betont in seinem Urteil vom 21.7.2009,[55] dass der Gleichbehandlungsgrundsatz die Gerichte lediglich verpflichtet, rechtswidrige Vertragsgestaltungen zu verhindern, nicht hingegen bessere Lösungen als die Betriebspartner zu finden.

29 Auch bestehen in der Sozialplanrechtsprechung des BAG Inkonsistenzen, die der 1. Senat auch in seinen grundlegenden Urteilen aus dem Jahre 2008 und 2009 nicht ausräumen konnte. Die aktuelle Sozialplanrechtsprechung sieht vor, dass rentennahen Jahrgängen die Kompensationsfunktion von Abfindungen vorenthalten wird und sie stattdessen mit geringeren Überbrückungszahlungen vorlieb nehmen müssen, während den restlichen Arbeitnehmern echte Entschädigungs- bzw Abfindungsleistungen ausbezahlt werden. Gleichzeitig gibt das BAG vor, Sozialplänen käme insgesamt nur Überbrückungscharakter zu. Als Argument führt das BAG § 112 Abs. 2 Nr. 2 S. 1 BetrVG an.

30 Dieser kategorischen Ausschließlichkeit ist unter anderem entgegenzuhalten, dass beispielsweise § 112 Abs. 2 Nr. 1 BetrVG selbst vergangenheitsorientierte Kriterien enthält (betriebliche Rentenanwartschaften) und dass der Reformgesetzgeber von 2001 Sozialplänen durchaus noch Entschädigungs- bzw Abfindungscharakter beigemessen hat. Zudem ist der durch das BetrVG eingeräumte Gestaltungsspielraum der Betriebsparteien weiter als derjenige der Einigungsstelle. Das heißt, § 112 BetrVG kann aufgrund seiner systematischen Stellung das Ermessen gar nicht beschränken.[56]

51 Vgl *Adomeit/Mohr*, JZ 2009, 183 ff.
52 BAG v. 11.11.2008, AP BetrVG 1972 § 112.
53 BAG Urt. v. 6.11.2008 – 2 AZR 709/07.
54 BAG NZA 2009, 849.
55 BAG NJW 2009, 3319.
56 *Preis/Temming*, NZA 2010, 185.

Nicht zu beanstanden ist, wenn das BAG dem Sozialplan in seinem Urteil vom 11.11.2008 trotz der Formulierung in Nr. 4.1 des zu beurteilenden Sozialplans, dass eine Abfindung „für den Verlust des Arbeitsplatzes" gewährt werden soll, einen zulässigen, weil zukunftsgerichteten Zweck zugesprochen hat. So ist nach der Regelungssystematik und dem Grundsatz der gesetzeskonformen Auslegung vom Grundsatz zwar davon auszugehen, dass die Betriebspartner den Geldleistungen trotz des missverständlichen Wortlauts einen Überbrückungscharakter zusprechen wollten, da sie diese nach dem Alter und der Rentennähe berechneten. Sofern sie ergänzend auf die Betriebszugehörigkeit abgestellt haben, kann mit dem BAG auch dieser Umstand als Indiz für einen Ausgleich künftiger Nachteile gewertet werden. 31

Allerdings zeigt die Art und Weise der Berechnung der so genannten „Überbrückungsleistungen" rentenferner Arbeitnehmer, dass es sich bei diesen dem Grunde nach um echte Abfindungsleistungen handelt. Dies gilt umso mehr, als die Berechnung solcher Überbrückungsleistungen mit Hilfe der Betriebszugehörigkeit erfolgt, also anhand vergangenheitsbezogener Kriterien. Das KSchG zeigt, wozu dieses Kriterium hauptsächlich dient. Mit ihm werden Abfindungen ermittelt, die erdienten Bestandsschutz abgelten, vgl §§ 1 a, 9, 10 KSchG sowie § 113 BetrVG. 32

Die vorstehend skizzierten Widersprüchlichkeiten und die hiermit einhergehende schwer zu rechtfertigende Vorenthaltung von Abfindungsleistungen rentennaher Jahrgänge, die zum Aufbau einer Altersvorsorge dienen könnten, kann der EuGH am Maßstab des Verbots der Altersdiskriminierung überprüfen. Dem steht auch nicht entgegen, dass die gesamte Problematik von der Zweckrichtung der Sozialplanleistungen iSd § 112 BetrVG abhängt, für dessen Auslegung der EuGH nicht zuständig ist. Im Ergebnis wird der erdiente Bestandsschutz älterer Arbeitnehmer durch die widersprüchliche Rechtsprechung des BAG verzerrt wiedergegeben, ja sogar teilweise vernichtet. Dies bewirkt der Wechsel von einer pauschalierten hin zu einer konkreten Berechnungsweise, die der 1. Senat für einen zulässigen „Systemwechsel" hält. Nach seiner Ansicht muss dann nicht auf die Dauer der Betriebszugehörigkeit abgestellt, sondern es können andere Kriterien für die Ermittlung des Überbrückungsbedarfs rentennaher Jahrgänge herangezogen werden. 33

2. Ausnahmefälle und Differenzierungskriterien. Ausdrücklich anerkannt wird, dass eine verhältnismäßig starke Betonung des Lebensalters rechtlich zulässig ist, weil sich darin auch wesentlich die geringeren Chancen auf dem Arbeitsmarkt ausdrücken. Umgekehrt kann auch eine stärkere Berücksichtigung älterer Arbeitnehmer ausgeschlossen sein, weil sie anderweitig wirtschaftlich abgesichert sind.[57] 34

Aus der Notwendigkeit, die besondere Situation älterer Arbeitnehmer bei der Gestaltung von Sozialplänen zu berücksichtigen, kann andererseits nicht die Notwendigkeit besonders hoch angesetzter Höchstbetragsregelungen gefordert werden.[58] Werden Sozialplanabfindungen in Abhängigkeit von Alter und/oder Betriebszugehörigkeit berechnet, bedeutet das eine Benachteiligung jüngerer Arbeitnehmer zugunsten der als besonders schutzwürdig angesehenen Älteren. Demgemäß liegt in einer Begrenzung dieses Schutzes der Älteren eigentlich keine eigenständige Benachteiligung, sondern bloß eine gewisse Zurücknahme der durch die Berechnung der Abfindung anhand Alter und Betriebszugehörigkeit bewirkten Benachteiligung der jüngeren Arbeitnehmer. Diese Sichtweise haben mittlerweile der 1. Senat des BAG für Höchstbetragsklauseln und der 2. Senat für die Altersgruppenbildung im Rahmen von § 1 Abs. 3 S. 2 KSchG bestätigt.[59] 35

Hiervon unterscheiden sich Sozialplanklauseln, wonach Arbeitnehmer bei Rentennähe nur geminderte Leistungen erhalten oder ganz vom Anwendungsbereich ausgeschlossen werden, dadurch, dass die Betroffenen auf den ersten Blick erhebliche Einschnitte bei den nominal zu beanspruchenden Leistungen hinnehmen müssen. Gleichwohl spricht Einiges dafür, auch hier bereits den Tatbestand einer Benachteiligung wegen des Alters zu verneinen, da Sozialpläne die durch eine Betriebsänderung entstehenden wirtschaftlichen Nachteile ausgleichen sollen, ein solcher Nachteil jedoch zu verneinen ist, wenn Arbeitnehmer bei typisierender Betrachtung bereits anderweitig wirtschaftlich abgesichert sind. 36

In seiner Leitentscheidung betont das BAG nunmehr ausdrücklich, dass Sozialpläne eine nach Lebensalter oder Betriebszugehörigkeit gestaffelte Abfindungsregelung vorsehen können. Sie dürfen für rentenberechtigte Arbeitnehmer Sozialplanleistungen reduzieren oder ganz ausschließen. Die damit verbundene unterschiedliche Behandlung wegen des Alters ist durch § 10 S. 3 Nr. 6 gedeckt. Weiterhin verstößt diese Regelung nicht gegen das gemeinschaftsrechtliche Verbot der Altersdiskriminierung. Die Regelung ist iSv Art. 6 Abs. 1 der Richtlinie 2000/78/EG durch ein vom nationalen Gesetzgeber verfolgtes legitimes Ziel gerechtfertigt. Es entspricht einem allgemeinen sozialpolitischen Interesse, dass Sozialpläne danach unterscheiden können, welche wirtschaftlichen Nachteile den Arbeitnehmern drohen, die durch eine Betriebsänderung ihren Arbeitsplatz 37

57 Für Arbeitnehmer, die in vorgezogenen Ruhestand gehen können, vgl LAG Köln BB 2007, 2572; vgl auch BAG NZA 2009, 210; NZA 2009, 495; NZA 2009, 849.

58 Vgl BAG NZA 2000, 732; zur Zulässigkeit von Höchstbetragsklauseln auch im Hinblick auf Altersdiskriminierung vgl BAG DB 2008, 69; vgl auch LAG Köln, ZIP 2008, 2186.

59 *Mohr*, SAE 2007, 360; *Thüsing*, BB 2007, 1506, *Bauer/Krieger*, NZA 2007, 674.

verlieren.[60] Weiter folgert das BAG, dass der Gesetzgeber die wegen eines sozialpolitischen Ziels für geboten erachtete Ungleichbehandlung nicht im Detail selbst regeln kann, sondern er kann den zur Ausgestaltung berufenen Tarifvertrags- und Betriebsparteien Gestaltungs- und Beurteilungsspielräume einräumen. Dies wird sowohl in Art. 16 lit b Richtlinie 2000/78/EG als auch an ihrem 36. Erwägungsgrund deutlich.[61] Ob die Bevorzugung der Jüngeren oder genauer eine gewisse Zurücknahme des Schutzes der Älteren gerechtfertigt ist, ist also vornehmlich eine Frage der Verhältnismäßigkeit im Einzelfall. Dabei ist die typisierende Einschätzung der Betriebsparteien plausibel, dass Arbeitnehmern, die bei Beendigung des Arbeitsverhältnisses Anspruch auf vorgezogene Altersrente haben, geringere wirtschaftliche Nachteile als anderen drohen, weshalb ihnen angesichts der zukunftsgerichteten Überbrückungsfunktion von Sozialplänen lediglich gewisse Ausgleichsbeträge zustehen.[62] So ist die Kürzung bzw der Ausschluss von Abfindungen geeignet, das zulässige Ziel der verteilungsgerechten Überbrückung zwischen Jung und Alt zu erreichen. Die Ungleichbehandlung der älteren Arbeitnehmer ist auch erforderlich, da angesichts der begrenzten Sozialplanmittel keine mildere Maßnahme ersichtlich ist, um diejenigen Beschäftigten, die nicht durch einen Rentenanspruch abgesichert sind, in gleicher Weise adäquat abzusichern. Schließlich ist die Ungleichbehandlung regelmäßig verhältnismäßig im engeren Sinne, da bei der gebotenen pauschalierenden Betrachtung individuelle Härten außer Ansatz bleiben müssen. Dasselbe gilt für den Umstand, dass Arbeitnehmer aufgrund einer Stichtagsregelung nur aufgrund weniger Tage nicht in den Genuss der „regulären" Abfindungszahlungen gelangen. Auch der EuGH sieht die Möglichkeit eines Bezuges von Altersrente in Zusammenhang mit der Überprüfung von allgemeinen Altersgrenzen als Aspekt an, der eine übermäßige Belastung älterer Beschäftigter ausschließt, sofern die Rente nicht ausnahmsweise als unangemessen niedrig einzustufen ist.[63] Unter Geltung des AGG folgt dieses Ergebnis ergänzend aus § 10 Abs. 3 Nr. 6, da die Erfüllung eines Regelbeispiels die Verhältnismäßigkeit im Einzelfall indiziert.[64]

38 Nicht notwendig ist also, dass den Arbeitnehmern die volle Vergütung erstattet wird, zB durch Übernahme in eine Beschäftigungs- und Qualifizierungsgesellschaft. Diskriminierungsrechtlich zulässig ist ebenfalls der mit einer Begrenzung der Abfindung für rentennahe Jahrgänge einhergehende „Systemwechsel", da die Betriebsparteien nicht auf eine Berechnungsformel innerhalb des Sozialplanes beschränkt sind, sofern die unterschiedliche Behandlung von Sachverhalten sachlich gerechtfertigt ist. Ein zureichender Sachgrund ist jedoch gegeben, wenn sich die voraussichtlichen wirtschaftlichen Nachteile bei rentennahen Jahrgängen genauer einschätzen lassen als bei rentenfernen. Es gilt insoweit nichts anderes als beim betriebsverfassungsrechtlichen Gleichbehandlungsgrundsatz.

39 Gedeckt im Rahmen der Gestaltungs- und Beurteilungsspielräume sind ohne weiteres auch Stichtagsregelungen. Die Betriebsparteien können in Sozialplänen Stichtage vorsehen, wenn diese selbst und die damit verbundene Grenzziehung am gegebenen Sachverhalt orientiert und somit sachlich vertretbar sind.[65]

40 **3. Zu den Rechtsfolgen einer Diskriminierung.** Nicht Stellung nehmen musste das BAG bislang zu der Frage, ob ein Verstoß gegen Diskriminierungsverbote in einem Sozialplan einen Anspruch auf „Anpassung nach oben" begründet oder die Betriebsparteien lediglich zur Neuverhandlung der Verteilungsgrundsätze verpflichtet.[66] Zwar sind Unternehmen nach deutschem Recht grundsätzlich darin frei, das Volumen eines Sozialplans zu bestimmen, so dass auch ein Gleichheitsverstoß zu keiner wesentlichen Erhöhung führen kann.[67] Demgemäß ist eine nach gerichtlicher Feststellung diskriminierende Bestimmung regelmäßig insgesamt nichtig, da nicht angenommen werden kann, dass die Betriebspartner die Begünstigung allen Arbeitnehmern gewährt hätten, wenn ihnen die Gleichheitswidrigkeit bewusst gewesen wäre.[68]

41 Arbeitnehmern wird deshalb vom Schrifttum zu einer Klage auf Feststellung der Unwirksamkeit des Sozialplans in Folge der Diskriminierung und auf Verhandlung neuer Verteilungsgrundsätze geraten.[69] Der EuGH hat einen entsprechenden Entscheidungsspielraum der Betriebsparteien bislang jedoch noch nicht anerkannt. Demgemäß wird zT ein genereller Herstellungsanspruch benachteiligter Arbeitnehmer „nach oben" befürwortet.[70] Bei diskriminierenden Kollektivregelungen besteht für Arbeitgeber folglich ein nicht unerhebliches Zahlungsrisiko. Es ist deshalb in Kollektivvereinbarungen eine ergänzende Regelung zu erwägen, wonach sich das finanzielle Volumen auch bei der Gleichheitswidrigkeit einzelner Bestimmungen nicht ändert, sondern nur die Ansprüche der übrigen Arbeitnehmer verhältnismäßig gekürzt und die überzahlten Beträge

60 BAG Urt. v. 26.5.2009 – 1 AZR 198/08.
61 Vgl EuGH NZA 2007, 1219 (Palacios de la Villa).
62 BAG v. 26.5.2009, NZA 2009, 845.
63 EuGH v. 16.10.2007 – Rs. C-411/05, AP EWG Richtlinie Nr. 2000/78 Nr. 8, Rn 73 – Palacios.
64 Vgl *Bauer/Göpfert/Krieger*, § 10 Rn 25; aA ArbG Köln v. 20.3.2008 – 22 Ca 8411/07.
65 BAG NZA 2009, 386.
66 So der Vortrag des beklagten Arbeitgebers in BAG v. 26.5.2009, NZA 2009, 849.
67 BAG Urt. v. 21.10.2003 – 3 AZR 84/03.
68 *Adomeit/Mohr*, § 8 Rn 109 ff; *Kamanabrou*, Sonderbeilage zu NZA 3/2006, 138 (143); s. im Einzelnen *Temming*, RdA 2008, 217.
69 HK-AGG/*Brors*, § 10 Rn 136.
70 ArbG Köln v. 20.3.2008 – 22 Ca 8411/07, Rn 49; *Wiedemann*, NZA 2007,59; *Temming*, RdA 2008,218.

zurückgefordert werden können.[71] Ob der EuGH einer derartigen Bestimmung beitreten wird, kann freilich nicht prognostiziert werden. Zusätzlich können diskriminierte Arbeitnehmer unter den Voraussetzungen des § 15 einen Entschädigungsanspruch geltend machen.[72] Voraussetzung hierfür ist nach vorzugswürdiger Ansicht eine „echte" Diskriminierung, anders als bei der Entgeltungleichbehandlung also eine materielle Persönlichkeitsverletzung. Demgegenüber setzt ein Entschädigungsanspruch nach § 15 nach dem 8. Senat des BAG nicht voraus, dass der Arbeitnehmer in seinem allgemeinen Persönlichkeitsrecht verletzt worden ist. Bei einem Verstoß des Arbeitgebers gegen das Benachteiligungsverbot sei vielmehr grundsätzlich das Entstehen eines immateriellen Schadens beim Arbeitnehmer anzunehmen, welcher zu einem Entschädigungsanspruch führen soll.[73]

Unterabschnitt 2
Organisationspflichten des Arbeitgebers

§ 11 AGG Ausschreibung

Ein Arbeitsplatz darf nicht unter Verstoß gegen § 7 Abs. 1 ausgeschrieben werden.

I. Normzweck

§ 11 geht zurück auf die Vorschrift des § 611 b BGB aF, die für die Gleichbehandlung von Mann und Frau maßgeblich war. Auch die jetzige Vorschrift hat Appellfunktion. Sie soll den Arbeitgeber schon bei der Ausschreibung zwingen, jedwede benachteiligende Information zu unterlassen. Der Gesetzgeber wollte gegenüber dem bisherigen § 611 b BGB aF eine Straffung des Wortlauts vornehmen.[1] Diese Straffung hat aber auch dazu geführt, dass der frühere Hinweis auf die Zulässigkeit geschlechtsspezifischer Ausschreibung weggefallen ist. Der Sache nach kann das neue Recht aber nicht anders verstanden werden, denn die Rechtfertigungsgründe der §§ 8–10 können selbstverständlich bereits in der Ausschreibung Berücksichtigung finden. 1

II. Das Gebot diskriminierungsfreier Ausschreibung

Mit dem Ausschreibungsgebot des § 11 soll erreicht werden, dass der ausschreibende Arbeitgeber schon in der Wortwahl seinen Willen zu erkennen gibt, den Arbeitsplatz ohne Rücksicht auf das Vorliegen eines der in § 1 genannten Merkmale zu besetzen. Vgl hierzu im Hinblick auf die Benachteiligung wegen des Geschlechts im Einstellungsverfahren *Ohlendorf/Schreier*, BB 2008, 2458, zum Hinweis auf besonderes Interesse an Bewerbungen von Frauen wegen entsprechender Unterrepräsentanz LAG Düsseldorf, ZTR 2009, 27 und zum ausnahmsweisen Unterlassen des Hinweises auf erwünschte Bewerbungen schwerbehinderter Menschen LAG Köln, LAGE § 22 AGG Nr. 1 a). 2

Ausschreibung meint jede Bekanntgabe, also die irgendwie geartete ernsthafte Mitteilung der Einstellungsabsicht, die bislang unbekannte Interessenten zu einer Bewerbung veranlassen soll. Auch mündliche Bekundungen eines Einstellungsvorhabens genügen. Insoweit ist die Regelung auf das schriftliche Verfahren nicht begrenzt. Damit werden auch öffentliche Äußerungen im Zusammenhang eines konkreten Stellenbesetzungsverfahrens erfasst.[2] Die Bekanntgabe kann darüber hinaus erfolgen zB durch Anzeige, Mitteilung am Schwarzen Brett, im Intranet oder Internet, an die Bundesanstalt für Arbeit (BAA) oder an eine Personalberatung. Ob öffentlich oder betriebsintern ausgeschrieben wird, ist unerheblich. Folglich verpflichtet § 11 zusammenfassend zur merkmalsneutralen Ausschreibung. 3

Die Pflicht trifft primär den Arbeitgeber, der das Rechtsverhältnis begründen will. Zudem ist Adressat dieser Verpflichtung aber auch jeder Dritte, dem sich der Arbeitgeber zur Abfassung und Veröffentlichung der Mitteilung bedient:[3] Verstöße Dritter gegen das Verbot sind dem Arbeitgeber in diesem Falle zurechenbar.[4] Der Arbeitgeber kann sich seiner Verpflichtung durch Einschaltung von Hilfspersonen nicht entziehen. Die Einhaltung der Verpflichtung muss durch Überwachung sichergestellt sein.[5] Das gilt nicht, wenn sich der die Ausschreibung formulierende Dritte die Informationen nicht vom Arbeitgeber, sondern über eine (noch neutral 4

71 *Mohr*, Anm. zu LAG Köln v. 4.6.2007 – 14 Sa 201/07; BB 2007,2576.
72 *Jacobs*, RdA 2009, 153 ff.
73 BAG v. 22.1.2009, NZA 2009, 945.
1 BT-Drucks. 16/1780 S. 36.
2 EuGH 10.7.2008, NZA 2008, 929.
3 *Diller*, NZA 2007, 649.
4 BAG, 5.2.2004, AP BGB § 611 a Nr. 23; BVerfG 21.9.2006, NZA 2007, 195; LAG HM 24.4.2008, AuA 2009, 49; *Bauer*, AGG, Rn 7; krit. *Thüsing*, AGG, Rn 667.
5 BVerfG Urt. v. 21.9.2006, NZA 2008, 492.

abgefasste) Anzeige der BAA verschafft und diskriminierend abgeändert hatte.[6] Bedient sich der Arbeitgeber zur Stellenausschreibung eines Dritten (Personalberatungsunternehmen, BAA) und verletzt ein so eingeschalteter Dritter die Pflicht zur geschlechtsneutralen Stellenausschreibung, so ist diese Pflichtverletzung dem Arbeitgeber zuzurechnen.[7] Keine Ausschreibung liegt vor, wenn gezielt Personen zur Bewerbung aufgefordert werden; ggf kann darin allerdings bereits selbst eine Benachteiligung liegen.

5 Gegen § 7 verstößt die Ausschreibung, wenn sie nach einem Merkmal des § 1 differenziert. Eine merkmalsbezogene Ausschreibung ist jedoch zulässig, wenn das Differenzierungskriterium wegen Vorliegens von Ausnahmen oder Rechtfertigungsgründen verwendet werden darf.[8] Merkmalsneutral ist eine Ausschreibung, die nicht selbst auf ein verbotenes Merkmal abstellt. Das setzt für das Merkmal „Geschlecht" die Verwendung von Berufsbezeichnungen in beiden Formen oder eines geschlechtsneutralen Oberbegriffs voraus.

6 Verlangt der Arbeitgeber beispielsweise, von einem Bewerber die Beherrschung der deutschen Sprache, hat er die Grenzen, die durch Art. 39 Abs. 2 EG, Art. 3 Abs. 3 GG und das AGG gesetzt werden, zu beachten. Insoweit ist es gerechtfertigt, von allen Bewerbern diejenigen Sprachfertigkeiten zu fordern, die für eine angemessene betriebliche Kommunikation erforderlich sind. Darüber hinaus kann der Arbeitgeber die Einstellung eines Bewerbers von denjenigen sprachlichen Fähigkeiten abhängig machen, die eine Qualifikationsvoraussetzung für die Arbeitsstelle sind. Der Arbeitgeber darf beim Abschluss des Arbeitsvertrags und beim Nachweis der Arbeitsbedingungen ausschließlich die deutsche Sprache verwenden. Das Sprachrisiko trägt der Arbeitnehmer.[9]

7 Die Beschränkung des Bewerberkreises in einer innerbetrieblichen Stellenausschreibung auf Arbeitnehmer im ersten Berufs-/Tätigkeitsjahr kann eine mittelbare Benachteiligung wegen des Alters darstellen. Eine mittelbare Benachteiligung iSv § 3 Abs. 2 kommt in Betracht, wenn dem Anschein nach neutrale Vorschriften, Kriterien oder Verfahren Personen wegen eines in § 1 genannten Grundes gegenüber anderen Personen in besonderer Weise benachteiligen können. Hierzu bedarf es, zumindest im Bereich der Altersdiskriminierung, keines statistischen Nachweises, dass die in Frage stehende Regelung eine bestimmte Altersgruppe tatsächlich benachteiligt. Es ist ausreichend, wenn die Regelung hierzu typischerweise geeignet ist. Eine mittelbare Ungleichbehandlung wegen des Alters kann allerdings durch ein legitimes Ziel und die Wahl von verhältnismäßigen Mitteln zu seiner Durchsetzung gerechtfertigt werden. Die Voraussetzungen für einen „groben Verstoß" des Arbeitgebers iSd § 17 Abs. 2 S. 1 gegen seine sich aus dem AGG ergebenden Pflichten entsprechen den im Rahmen des § 23 Abs. 3 S. 1 BetrVG geltenden Anforderungen.[10]

8 Eine Stellenausschreibung, in der ausdrücklich „junge" Beamte gesucht werden, ohne dass hierfür einer der Rechtfertigungsgründe des AGG vorliegt, verletzt die Pflicht zur neutralen Stellenausschreibung nach § 11. Nach § 11, wonach ein Arbeitsplatz nicht unter Verstoß gegen § 7 ausgeschrieben werden darf, greift das Benachteiligungsverbot bereits im Anbahnungszeitraum. Eine Ausschreibung verstößt gegen § 7, wenn Personen, die ein in § 1 genanntes Merkmal aufweisen, vom Kreis der für die zu besetzende Stelle in Betracht kommenden Personen ausgeschlossen werden, ohne dass hierfür einer der Rechtfertigungsgründe des AGG vorliegt. Damit darf grundsätzlich nicht, wie hier, nach „jungen" Bewerbern gesucht werden.[11]

9 An eine Verletzung des Gebots zur neutralen Stellenausschreibung nach § 11 knüpft das Gesetz jedoch keine unmittelbaren Rechtsfolgen an. So scheidet ein Entschädigungsanspruch nach § 15 allein wegen einer Verletzung des § 11 aus. Ist eine solche Verletzung aber festzustellen, wie hier, löst dies die Beweislastumkehr nach § 22 aus.[12] Denn die Verletzung der Pflicht zur neutralen Stellenausschreibung führt gem. § 22 als Indiz für die Vermutung einer Benachteiligung zur Umkehr der Beweislast mit der Folge, dass der Arbeitgeber die Vermutung der Benachteiligung zu widerlegen hat und damit nunmehr selbst die Beweislast dafür trägt, dass kein Verstoß gegen die Bestimmungen zum Schutz vor Benachteiligungen vorgelegen hat. Der Beklagte hat also nachzuweisen, dass das unzulässige Kriterium „Alter" keinen Einfluss auf das Auswahlverfahren gehabt hat. Ein zulässiges weiteres Differenzierungsmerkmal sieht das LAG Düsseldorf, wenn der öffentliche Arbeitgeber in einer ansonsten geschlechtsneutral gehaltenen Ausschreibung darauf hinweist, dass „ein besonderes Interesse an Bewerbungen von Frauen" bestehe. Hierdurch werden männliche Stellenbewerber nicht iSd AGG unzulässig benachteiligt, wenn in der für die Stelle maßgeblichen Vergleichsgruppe Frauen unterrepräsentiert sind.[13]

6 LAG HM Urt. v. 24.4.2008, AuA 2009, 49.
7 BAG, NZA 2004, 540 m.Anm. *Herresthal*; vgl BVerfG, NZA 2007,195; aA *Adomeit/Mohr*, NJW 2007, 2522; ausf. *Diller*, NZA 2007, 649.
8 *Thüsing*, AGG, Rn 622.
9 *Oberrath*, DB 2009, 2434.
10 BAG Beschl. v. 18.8.2009 – 1 ABR 47/08; LAG Hessen Beschl. v. 6.3.2008 9 – TaBV 251/07.
11 *Bauer/Göpfert/Krieger*, § 11 Rn 5, 6.
12 *Wendelin-Schröder/Stein*, § 11 Rn 25, § 22, Rn 28, *Bauer/Göpfert/Krieger*, § 11 Rn 8, § 22 Rn 11.
13 LAG Düsseldorf Urt. v. 12.11.2008 – 12 Sa 1102/08.

III. Rechtsfolgen

Entschädigungsansprüche aus § 15 Abs. 2 sind ausgeschlossen. Ein Verstoß begründet eine Vermutung für einen Verstoß gegen das Benachteiligungsverbot selbst.[14] Die Vermutung ist widerleglich, etwa durch Einstellung eines Bewerbers, der einer durch die Formulierung der Ausschreibung an sich ausgeschlossenen Gruppe angehört.[15] 10

Obwohl die jetzige Fassung des § 11 im Gegensatz zur früheren Regelung des § 611 b BGB dies nicht expressis verbis zum Ausdruck bringt, gilt aber auch nach jetzigem Recht, dass die Rechtfertigungsgründe der §§ 8–10 auch in der Ausschreibung Berücksichtigung finden können. Wenn für eine Rolle bei Theater, Film oder im Rahmen einer Modenschau nur ein Mann oder eine Frau sinnvollerweise eingesetzt werden kann, kann dies auch in der Ausschreibung erfolgen. Und eine Religionsgemeinschaft kann bereits in der Ausschreibung auf Religionszugehörigkeit oder Loyalitätspflichten hinweisen. Ebenso kann der Rechtfertigungsgrund des § 3 Abs. 2 in der Ausschreibung Berücksichtigung finden, wenn sich diese nur auf Berufsanfänger bezieht.[16] 11

Wie früher bei § 611 b BGB, so ist auch bei § 11 die enge Verbindung mit der Beweisregel des § 22 zu sehen. Die bisher vom EuGH und dem BAG sowie dem BVerfG ergangene Rechtsprechung hinsichtlich der Beachtung des Gleichbehandlungsgebotes von Mann und Frau bei Ausschreibungen kann weiterhin Geltung beanspruchen. 12

§ 12 AGG Maßnahmen und Pflichten des Arbeitgebers

(1) [1]Der Arbeitgeber ist verpflichtet, die erforderlichen Maßnahmen zum Schutz vor Benachteiligungen wegen eines in § 1 genannten Grundes zu treffen. [2]Dieser Schutz umfasst auch vorbeugende Maßnahmen.

(2) [1]Der Arbeitgeber soll in geeigneter Art und Weise, insbesondere im Rahmen der beruflichen Aus- und Fortbildung, auf die Unzulässigkeit solcher Benachteiligungen hinweisen und darauf hinwirken, dass diese unterbleiben. [2]Hat der Arbeitgeber seine Beschäftigten in geeigneter Weise zum Zwecke der Verhinderung von Benachteiligung geschult, gilt dies als Erfüllung seiner Pflichten nach Absatz 1.

(3) Verstoßen Beschäftigte gegen das Benachteiligungsverbot des § 7 Abs. 1, so hat der Arbeitgeber die im Einzelfall geeigneten, erforderlichen und angemessenen Maßnahmen zur Unterbindung der Benachteiligung wie Abmahnung, Umsetzung, Versetzung oder Kündigung zu ergreifen.

(4) Werden Beschäftigte bei der Ausübung ihrer Tätigkeit durch Dritte nach § 7 Abs. 1 benachteiligt, so hat der Arbeitgeber die im Einzelfall geeigneten, erforderlichen und angemessenen Maßnahmen zum Schutz der Beschäftigten zu ergreifen.

(5) [1]Dieses Gesetz und § 61 b des Arbeitsgerichtsgesetzes sowie Informationen über die für die Behandlung von Beschwerden nach § 13 zuständigen Stellen sind im Betrieb oder in der Dienststelle bekannt zu machen. [2]Die Bekanntmachung kann durch Aushang oder Auslegung an geeigneter Stelle oder den Einsatz der im Betrieb oder der Dienststelle üblichen Informations- und Kommunikationstechnik erfolgen.

I. Normzweck

§ 12 ist eine gesetzliche Konkretisierung der dem Arbeitgeber gegenüber seinem Arbeitnehmer obliegenden Fürsorgepflicht.[1] Zudem bezweckt die Regelung die Gewähr eines effektiven Rechtsschutzes. Angelehnt hat sich der Gesetzgeber an die Struktur des BSchG, welches der Bewältigung sexueller Belästigungen diente und durch das AGG aufgehoben worden ist. So regelte § 2 Abs. 1 BSchG die Verpflichtung von Arbeitgebern und Dienstvorgesetzten, die Beschäftigten vor sexueller Belästigung am Arbeitsplatz zu schützen, wobei dieser Schutz auch vorbeugende, präventive Maßnahmen umfasste. § 4 Abs. 1 BSchG konkretisierte diese Pflichten insoweit, als dass die Norm verlangte, dass Arbeitgeber und Dienstvorgesetzte bei sexueller Belästigung die im Einzelfall angemessenen arbeitsrechtlichen Maßnahmen gegen die Täter zu ergreifen haben, wobei beispielhaft Abmahnung, Umsetzung, Versetzung oder Kündigung genannt wurden. Wenn von der Benachteili- 1

14 So schon zu § 611 a BGB aF BAG 14.3.1989, AP BGB § 611 a Nr. 5, 6.
15 LAG BE 16. 5. 2001, BuW 2001, 1056.
16 *Wichert/Zange*, DB 2007, 970.
1 BAG NZA 2008, 223.

gung von Dritten ausgegangen worden war, so war auch unter Geltung des BSchG das Einschreiten des Arbeitgebers anerkannt. Alle diese Elemente sind jetzt erweitert auf sämtliche Benachteiligungsgründe in § 12 Abs. 1–4 enthalten. Abs. 5 enthält eine Informationspflicht über das AGG, die prozessualen Erfordernisse nach § 61 b ArbGG sowie die für das Beschwerderecht zuständigen Stellen.

II. Erforderliche Maßnahmen (Abs. 1)

2 Abs. 1 verlangt vom Arbeitgeber, Schutzmaßnahmen zur Verhinderung von Benachteiligungen zu treffen. Prävention erhält dadurch einen hohen Stellenwert. Die Verhinderung des Eintritts von Benachteiligungen wird für wichtiger angesehen als Ausgleichsansprüche nach deren Eintritt. Hinsichtlich der Erforderlichkeit von Maßnahmen des Arbeitgebers verweist die Gesetzesbegründung auf objektive Gesichtspunkte. Nicht maßgeblich soll die subjektive Einschätzung auf Arbeitgeber- oder Arbeitnehmerseite sein. Welche Maßnahmen geboten sind, kann je nach Größe des Betriebs unterschiedlich zu beurteilen sein.[2] Einschränkend kann die Verpflichtung immer nur soweit verstanden werden, wie der Arbeitgeber rechtlich und tatsächlich zur Pflichterfüllung in diesem Bereich in der Lage ist.[3]

Einige Einzelfälle mögen das verdeutlichen:

3 Nicht zumutbar ist es dem Arbeitgeber, außerhalb des betrieblichen Geschehens für die Sicherheit eines „Stalking"-Opfers zu sorgen, selbst wenn die „Stalking"-Handlungen im Zusammenhang mit einer betrieblichen Veranstaltung entstanden sind und nicht nur außerhalb, sondern auch während der Tätigkeit im Betrieb stattfinden. Hat der Arbeitgeber zum Beispiel einen „Stalker" in einen anderen Bereich als das Opfer versetzt, um den Kontakt der beiden Personen zu reduzieren, so ist er vom Haftungsrisiko befreit, wenn der „Stalker" dem Opfer abends vor der Haustür auflauert.

4 Innerhalb des betrieblichen Zusammenhangs ist es dem Arbeitgeber unzumutbar, auf solche Belästigungen zu reagieren, die sich (vollkommen) jenseits seiner Kenntnisnahmemöglichkeiten abspielen. Stellt ein Mitarbeiter in der Produktion einer Kollegin zum Beispiel dadurch nach, dass er sie ständig anschaut, den Raum verlässt, wenn sie den Raum verlässt, und ihr kleine Liebesbriefe im Arbeitskittel hinterlässt, so haftet der Arbeitgeber nicht, wenn ihm weder die betroffene Arbeitnehmerin noch ein anderer Mitarbeiter von dem Problem berichtet hat. Der Arbeitgeber ist nicht gehalten, ein Bespitzelungssystem in der Belegschaft zu installieren, welches es ihm ermöglicht, alle Vorgänge zu erfassen,[4] die eine Belästigung darstellen könnten. Ein Haftungsrisiko unter dem Gesichtspunkt des Organisationsverschuldens besteht in diesen Fällen des „heimlichen Stalkings" nur dann, wenn der Arbeitgeber seine präventive Pflicht verletzt hat, auf die Unzulässigkeit solcher Belästigungen hinzuweisen, und insbesondere im Rahmen einer Schulung, auf deren Unterbleiben hinzuweisen (§ 12 Abs. 2).

5 Handelt es sich bei dem Täter um einen nicht betriebs- oder unternehmenszugehörigen Dritten, bei dem arbeitsrechtliche Maßnahmen ausgeschlossen sind, so kann es auch hier im Rahmen der Fürsorgepflicht geboten sein, dem „Stalking"-Opfer in begrenztem Umfang zu helfen. Wird ein Mitarbeiter zum Beispiel durch häufige Telefonanrufe am Arbeitsplatz belästigt, so sollte der Arbeitgeber diesem die Zuweisung einer anderen Nummer vorschlagen. Zusätzlich könnte dem Mitarbeiter die Zusicherung gegeben werden, die neue Telefonnummer keinem Anrufer mehr mitzuteilen. Schützt sich der Mitarbeiter auf zivilrechtlichem Weg durch eine einstweilige Verfügung gegen den „Stalker", könnte sich der Arbeitgeber zur Beweissicherung, dass der „Stalker" gegen die einstweilige Verfügung verstößt, zum Einrichten einer Fangschaltung bereit erklären.

6 § 12 bringt in den Fällen des „Stalking" nicht nur „zusätzliche Mühen", sondern auch Vorteile für den Arbeitgeber mit sich. So trifft den Arbeitgeber gem. § 12 Abs. 2 zwar grundsätzlich eine Handlungspflicht im Hinblick auf Schutzvorkehrungen zugunsten seiner Beschäftigten vor Belästigungen. Jedoch soll der Arbeitgeber auch die Möglichkeit haben, Verantwortung auf seine Beschäftigten zu übertragen. Maßgebliches Instrumentarium hierfür ist gem. § 12 die Schulung. Hat der Arbeitgeber diese Obliegenheit der Schulung der Beschäftigten erfüllt, haftet er grundsätzlich nicht mehr, wenn ein geschulter Mitarbeiter eine Belästigung, zum Beispiel durch „Stalking"-Handlungen gegenüber einem anderen Mitarbeiter, begeht.

III. Aufklärung und Schulung (Abs. 2)

7 Die Sollvorschrift des Abs. 2 setzt den Gedanken der Verhinderung von Benachteiligungen des Abs. 1 fort, indem dem Arbeitgeber aufgegeben wird, durch Hinweise auf die Problematik von Benachteiligungen diese zu verhindern. Die in Abs. 2 S. 2 genannte Schulung beschreibt eine konkrete Möglichkeit, wie der Arbeitgeber seiner Verpflichtung nach Abs. 1 nachkommen kann, wobei er damit gleichzeitig die Erfüllung (nur) seiner

2 Zur Tauglichkeit von Ethikrichtlinien vgl *Schneider/Sittard*, NZA 2007, 654; *Müller-Bonanni/Sagan*, BB-Special 5/2008, 28.

3 BT-Drucks.16/1780 S. 37.

4 Zur Einrichtung eines „Frühwarnsystems": *Bauer/Göpfert/Krieger*, § 12 Rn 51.

präventiven Schutzpflichten[5] nach Abs. 1 erreicht. In seinem Beschluss vom 10.9.2007 hat das VG Frankfurt am Main ein Mitbestimmungsrecht des Personalrates gem. § 74 Abs. 1 Nr. 8 HessPersVG im Zusammenhang mit solchen Schulungen befürwortet, wobei es auch mit § 76 Abs. 2 Nr. 6 BPersVG, § 98 Abs. 1 BetrVG argumentiert.[6]

Überdies stellt sich die Frage, ob der Arbeitgeber durch die Einführung von Ethikrichtlinien nicht sogar eine Exkulpation iSv § 12 Abs. 2 erreichen kann. Der Maßstab der Exkulpation entspricht dem der „Erforderlichkeit". In der Gesetzesbegründung findet sich zu § 12 Abs. 2 nur die Aussage, die Vorschrift beschreibe „eine konkrete Möglichkeit, wie der Arbeitgeber seiner Verpflichtung nach Abs. 1 nachkommen kann".[7] Es gilt also im Verhältnis von Abs. 2 S. 2 zu Abs. 1 das Gleiche wie im Verhältnis von Abs. 2 S. 1 zu Abs. 1. Wenn dem so ist, muss die Vornahme erforderlicher Maßnahmen dem Arbeitgeber die Exkulpation erlauben, unabhängig davon, auf welchem Weg er dies erreicht. 8

Was unter „geschult" zu verstehen ist, wird vom Gesetzgeber nicht näher erläutert. Der Duden versteht unter Schulung eine „intensive Ausbildung", so dass unter Schulung nach allgemeinem Sprachgebrauch jede Form der Wissensvermittlung zu verstehen ist, soweit Fragen gestellt und Feedback gegeben werden kann. Bezüglich der inhaltlichen Ausformung kann es soweit geboten sein, dass alle verbotenen Benachteiligungsgründe genannt und die verbotenen Handlungen erläutert werden. Ähnlich ist das Verständnis von Schulungen im Rahmen von § 37 Abs. 6 BetrVG. Schulungen bestehen danach in der Vermittlung von Kenntnissen. Zumindest in kleineren Betrieben kann eine Schulung in einer Betriebsversammlung durchgeführt werden, wenn den Arbeitnehmern anhand von Beispielen die verbotenen Verhaltensweisen näher gebracht werden und auf die arbeitsrechtlichen Konsequenzen hingewiesen wird. 9

Wenn das Gesetz den Arbeitgeber nun dazu verpflichtet, die Einhaltung der gesetzlichen Vorgaben durch Präventivmaßnahmen zu gewährleisten, muss der Arbeitgeber dies auch individualarbeitsrechtlich umsetzen können. Durch eine Anweisung zur Ausstellung einer Empfangsbestätigung der Gleichstellungsrichtlinien, wird die Treuepflicht des Arbeitnehmers näher konkretisiert. Eine solche Anweisung entspricht auch billigem Ermessen iSd § 106 S. 1 GewO, da der Arbeitgeber ein anerkennenswertes Interesse auf seiner Seite hat, will er doch schließlich den gesetzlichen Organisationspflichten entsprechen. Auf der anderen Seite wird vom Arbeitnehmer auch nicht zu viel verlangt. Schließlich ergibt sich die Zulässigkeit einer solchen Anweisung aus dem Umstand, dass mittels Weisung auch die Teilnahme an Schulungsveranstaltungen während der Arbeitszeit verlangt werden kann. 10

IV. Benachteiligungen durch Beschäftigte (Abs. 3)

Abs. 3 verlangt ein Einschreiten des Arbeitgebers gegen solche Beschäftigte, die gegen das Benachteiligungsverbot des § 7 Abs. 1 verstoßen haben. Beispielhaft zählt Abs. 3 die Abmahnung, Umsetzung, Versetzung oder Kündigung auf. Im Hinblick auf den diesbezüglich möglichen Auswahlermessensspielraum des Arbeitgebers hat der benachteiligte Beschäftige grundsätzlich nur Anspruch auf die Ausübung rechtsfehlerfreien Ermessens.[8] Die reaktiven Maßnahmen sind auch in dem Fall zu ergreifen, dass ein Beschäftigter einen anderen im Wege des „Stalking" belästigt.[9] Nach der Rechtsprechung des BAG kommt zudem eine analoge Anwendung des Abs. 3 auf Fälle des sogenannten „Mobbings" in Frage.[10] 11

Das BAG hat in seinem mehrfach in der Literatur auch bereits im Hinblick auf verschiedene dogmatische wie rechtspraktische Weise besprochenen Urteil vom 25.10.2007[11] aus der gesetzlichen Reaktionspflicht des Arbeitgebers einen einklagbaren Anspruch des benachteiligten Arbeitnehmers abgeleitet. So habe der Arbeitgeber die Pflicht, seine Arbeitnehmer vor Belästigungen durch Vorgesetzte, Mitarbeiter oder Dritte, auf die er Einfluss hat, zu schützen und ihnen einen menschengerechten Arbeitsplatz zur Verfügung zu stellen. Diese allgemeine, aus § 242 BGB hergeleitete Verpflichtung hätte der Gesetzgeber für den Fall der sexuellen Belästigung bereits früher in § 3 Abs. 2 BSchG klargestellt und in 4 Abs. 1 Nr. 1 BSchG näher konkretisiert. Mit Erlass des AGG ist diese Pflicht schließlich auf Benachteiligungen aus den in § 1 Abs. 1 AGG genannten Gründen erweitert und in § 12 Abs. 3 AGG noch weiter konkretisiert worden. In der Sache könne der betreffende Arbeitnehmer hierzu zwar „in der Regel" nicht die Ergreifung bestimmter Schutzmaßnahmen – also etwa die Kündigung des Belästigers – verlangen. Vielmehr steht dem Arbeitgeber insoweit ein Ermessensspielraum zu. Dementsprechend hätte der Arbeitnehmer aber zunächst einmal auch nur Anspruch auf rechtsfehlerfreie Ausübung dieses Ermessens durch den Arbeitgeber. Kann mithin „nach objektiver Betrachtungsweise eine rechtsfehlerfreie Ermessensentscheidung des Arbeitgebers [jedoch] nur das Ergebnis haben [...], eine bestimmte Maßnahme zu ergreifen" – mit anderen Worten: ist sein Ermessen „auf Null" reduziert –, 12

5 *Hoch*, BB 2007, 1732.
6 VG Frankfurt, NZA-RR 2008, 52.
7 BT-Drucks. 16/1780, S. 37.
8 BAG Urt. v. 25.10.2007, NZA 2008, 223.
9 *Göpfert/Siegrist*, NZA 2007, 473.
10 BAG, NZA 2008, 223; krit. *Gehlhaar*, NZA 2009, 825.
11 BAG Urt. v. 25.10.2007, NZA 2008, 223.

besteht folglich allerdings auch ein Anspruch auf Durchführung dieser konkreten Maßnahme. Theoretisch wäre es nach Auffassung des BAG also durchaus möglich, dass ein Arbeitgeber gerichtlich dazu verurteilt wird, einen bestimmten Arbeitnehmer beispielsweise abzumahnen, zu versetzen oder sogar zu entlassen.

13 Allerdings hat sich eine Kündigung an den hergebrachten Grundsätzen und gesetzlichen Voraussetzungen – gerade bei einer zu bejahenden Anwendbarkeit des KSchG – zu orientieren.[12] Nach dem in § 12 Abs. 3 übernommenen Verhältnismäßigkeitsgrundsatz hat selbst bei sexuellen Belästigungen der Kündigung des Arbeitsverhältnisses – von Extremfällen abgesehen – regelmäßig eine Abmahnung vorauszugehen. Sind mehrere Maßnahmen geeignet und möglich, die Benachteiligung infolge sexueller Belästigung für eine Arbeitnehmerin abzustellen, so hat der Arbeitgeber diejenige zu wählen, die auch den Täter am wenigsten belastet. Dies gilt umso mehr, wenn in der Dienststelle eine Dienstvereinbarung oder in einem Betrieb eine Betriebsvereinbarung gilt, die gestufte Gegenmaßnahmen des Arbeitgebers für den Fall sexueller Belästigungen vorsieht. Unter den Voraussetzungen des § 104 BetrVG kann der Betriebsrat vom Arbeitgeber die Entlassung oder Versetzung verlangen. Dies setzt voraus, dass ein Arbeitnehmer durch gesetzwidriges Verhalten oder durch eine grobe Verletzung der in § 75 Abs. 1 BetrVG enthaltenen Grundsätze, insbesondere durch rassistische oder fremdenfeindliche Betätigungen den Betriebsfrieden wiederholt ernsthaft gestört haben.

V. Benachteiligungen durch Dritte (Abs. 4)

14 Aus Gründen der Effektivität des Schutzes vor Benachteiligungen wird die Arbeitgeberverpflichtung auch auf Benachteiligungen durch Dritte (zB Kunden) ausgedehnt. Gerade in Kundenbeziehungen sei die Form einer angemessenen Reaktion anhand der konkreten Umstände des Einzelfalls zu bestimmen. Die Bestimmung trägt der Tatsache Rechnung, dass Beschäftigte mit anderen Personen, insbesondere Beschäftigten aus anderen Unternehmen in Beziehung treten, teilweise auch auf deren Betriebsgelände arbeiten. Dies gilt erst recht bei gemeinsamen Betrieben mehrerer Unternehmen iSd § 1 BetrVG.

15 Insoweit führt das BAG in einem Beschluss vom 27.4.2004 aus: Um das nach § 87 Abs. 1 Nr. 1 BetrVG mitbestimmungspflichtige Ordnungsverhalten geht es auch, wenn der Vertragsarbeitgeber seine Arbeitnehmer anweist, sich nach den in einem Kundenbetrieb bestehenden Regeln zu verhalten. Der Arbeitgeber übernimmt in einem solchen Fall die Verhaltensregelungen des Dritten und gibt sie seinen Arbeitnehmern vor. Hiergegen kann der Arbeitgeber nicht erfolgreich einwenden, ihm selbst seien die Verhaltensregeln durch den Dritten vorgegeben. Allerdings steht die betriebliche Ordnung in einem Kundenbetrieb nicht zur Disposition des Arbeitgebers. Dieser hat aber als Vertragspartner des Kunden die Möglichkeit, darauf Einfluss zu nehmen, unter welchen Bedingungen „seine" Arbeitnehmer dort zu arbeiten haben. Dementsprechend obliegt es nach der Rechtsprechung des Senats dem Arbeitgeber, sich in mitbestimmungspflichtigen Angelegenheiten Dritten gegenüber nicht in einer Weise zu binden, die eine Einflussnahme des Betriebsrats faktisch ausschließt.[13] Vielmehr muss der Arbeitgeber durch eine entsprechende Vertragsgestaltung sicherstellen, dass die ordnungsgemäße Wahrnehmung der Mitbestimmungsrechte des Betriebsrats gewährleistet ist.[14]

VI. Information und Bekanntmachung (Abs. 5)

16 Zur Umsetzung von Art. 10 RL 2000/43/EG, Art. 12 RL 2000/78/EG und Art. 8 RL 76/207/EWG verpflichtet Abs. 5 den Arbeitgeber, das AGG, die prozessualen Erfordernisse des § 61 b ArbGG sowie die für die Behandlung von Beschwerden nach § 13 zuständigen Stellen im Betrieb oder in der Dienststelle bekannt zu machen, wobei S. 2 eine mögliche Erfüllung dieser Pflicht beschreibt.

Unterabschnitt 3
Rechte der Beschäftigten

§ 13 AGG Beschwerderecht

(1) [1]Die Beschäftigten haben das Recht, sich bei den zuständigen Stellen des Betriebs, des Unternehmens oder der Dienststelle zu beschweren, wenn sie sich im Zusammenhang mit ihrem Beschäftigungsver-

12 LAG Niedersachsen Urt. v. 13.10.2009 – 1 Sa 832/09.

13 Vgl BAG 16.6.1998 – 1 ABR 67/97, BAGE 89, 128 = AP BetrVG 1972 § 87 Lohngestaltung Nr. 92 = EzA BetrVG 1972 § 87 Betriebliche Lohngestaltung Nr. 92, zu B II 1 b dd der Gründe; 18.4.2000 – 1 ABR 22/99, AP BetrVG 1972 § 87 Überwachung Nr. 33 = EzA BetrVG 1972 § 87 Betriebliche Ordnung Nr. 27, zu B II 1 b der Gründe.

14 BAG Urt. v. 18.4.2000 – 1 ABR 22/99.

hältnis vom Arbeitgeber, von Vorgesetzten, anderen Beschäftigten oder Dritten wegen eines in § 1 genannten Grundes benachteiligt fühlen. [2]Die Beschwerde ist zu prüfen und das Ergebnis der oder dem beschwerdeführenden Beschäftigten mitzuteilen.

(2) Die Rechte der Arbeitnehmervertretungen bleiben unberührt.

I. Einleitung

Mit dem Beschwerderecht des Arbeitnehmers in § 84 BetrVG hat der Gesetzgeber ein Instrumentarium installiert, das für die nachfolgende Gesetzgebung Vorbildcharakter entfalten sollte. Dazu zählt im weitesten Sinne nicht nur das in § 17 Abs. 2 ArbSchG geregelte Recht des Arbeitnehmers zur Beschwerde bei der zuständige Behörde, sondern auch das vormals in § 3 BSchG aufgenommene Beschwerderecht des Beschäftigten, das sich deutlich an § 84 BetrVG orientierte. Ohne dass die gemeinschaftsrechtlichen Vorgaben in den RL 2000/43/EG, 2000/78/EG und 2006/54/EG dies zwingend geboten,[1] hat der Gesetzgeber mit § 13 die vormals in § 3 BSchG ausgeformte Rechtsposition mit nahezu unverändertem Wortlaut fortgeschrieben. Trotz der durch den Gesetzeswortlaut naheliegenden Parallelen zu § 84 BetrVG fällt im Hinblick auf die personelle Reichweite des Beschwerderechts nach § 13 ein signifikanter Unterschied ins Auge. Dieser betrifft insbesondere die Gruppe der leitenden Angestellten, die wegen § 5 Abs. 3 BetrVG nicht zu den Arbeitnehmern im Sinne des BetrVG zählen und deshalb nicht in den personellen Anwendungsbereich des § 84 BetrVG einbezogen sind.[2] Demgegenüber ist der personelle Anwendungsbereich des § 13 – nicht anders als die Vorläuferbestimmung in § 3 BSchG – durch den Rückgriff auf den „Beschäftigten" deutlich weiter gefasst. Maßgebend ist hierfür der in § 6 Abs. 1 definierte Beschäftigtenbegriff, der wegen des vom BetrVG befreiten Kontextes mit den „Arbeitnehmerinnen und Arbeitnehmern" unstreitig auch die Gruppe der leitenden Angestellten einschließt. Vor allem aber dehnt § 6 Abs. 1 S. 3 das Recht zur Beschwerde auf arbeitnehmerähnliche Beschäftigte nach § 13[3] sowie Heimarbeiter aus.[4] Keine Bedeutung für § 13 hat die Erweiterung des Beschäftigtenbegriffs in § 6 Abs. 1 S. 2 auf Bewerber für ein Beschäftigungsverhältnis sowie Personen, deren Beschäftigungsverhältnis beendet ist.[5] Zwar fingiert § 6 Abs. 1 S. 2 diese Personengruppe als Beschäftigte iS des AGG, § 13 Abs. 1 S. 1 verlangt aber für die Beschwerde ausdrücklich einen „Zusammenhang mit ihrem Beschäftigungsverhältnis". 1

Zweifelsfragen wirft die Einbeziehung der Leiharbeitnehmer auf, wobei ihr Recht zur Beschwerde nach § 13 im Betrieb des Verleihers unproblematisch ist. Anders ist dies im Hinblick auf den Betrieb des Entleihers, da die Leiharbeitnehmer dort nicht zu den Beschäftigten iS des § 6 Abs. 1 zählen. Aus diesem Grunde legt § 14 Abs. 2 S. 3 AÜG ausdrücklich fest, dass § 84 BetrVG auch bezüglich der im Entleiherbetrieb tätigen Leiharbeitnehmer gilt; für die Sachverhalte einer nicht gewerbsmäßigen Arbeitnehmerüberlassung gilt dies analog. Hinsichtlich des Beschwerderechts nach § 13 ist die Rechtslage nicht vergleichbar eindeutig. Allerdings hält § 6 Abs. 2 im Hinblick auf die Arbeitnehmerüberlassung fest, dass Dritte, denen ein Arbeitnehmer überlassen wird, als Arbeitgeber „im Sinne dieses Abschnitts" gelten und zu diesem auch § 13 zählt. Hieraus ist zu schließen, dass die dort an den Arbeitgeber adressierten Pflichten ihn auch in seiner Eigenschaft als Entleiher treffen sollen, so dass das Beschwerderecht nach § 13 den im Entleiherbetrieb tätigen Leiharbeitnehmern ebenfalls zusteht. 2

Im Hinblick auf den Arbeitgeber wirft der personelle Anwendungsbereich des § 13 keine rechtlichen Probleme auf. Insoweit ist die Legaldefinition in § 6 Abs. 2 S. 1 maßgebend, womit zugleich feststeht, dass § 13 – nicht anders als zuvor § 3 BSchG – unabhängig von der Zahl der Beschäftigten zur Anwendung gelangt,[6] also auch 3

1 *Oetker*, NZA 2008, 264.

2 DKK/*Buschmann*, BetrVG, 10. Aufl. (2006), § 81 Rn 4; *Fitting*, BetrVG, 23. Aufl. (2006), § 81 Rn 2; *Galperin/Löwisch*, BetrVG, 6. Aufl. (1982), § 84 Rn 3; *Rose*, in: Hess/Worzalla/Glock/Nicolai/Rose/Schlochauer (HSWGNR), BetrVG, 7. Aufl. (2008), Vor §§ 81–86 Rn 10; HWK/*Schrader*, 2. Aufl. (2006), § 81 BetrVG Rn 2; *Stege/Weinspach/Schiefer*, BetrVG, 9. Aufl. (2002), §§ 84–86 Rn 1 a; *Richardi/Thüsing*, BetrVG, 11. Aufl. (2008), § 84 Rn 2.

3 *Oetker*, NZA 2008, 264.

4 BAG NZA 2008, 264; enger demgegenüber § 8 des Diskussionsentwurfs für ein Arbeitsvertragsgesetz von *Henssler/Preis*, da § 3 Abs. 1 des Entwurfs § 8 von der entsprechenden Anwendung ausklammert, was jedoch wegen der insoweit fehlenden verbindlichen Vorgaben nicht im Widerspruch zu den Richtlinien 2000/43/EG, 2000/78/EG und 2006/54/EG steht.

5 *Oetker*, NZA, 264, *Gach/Julis*, BB 2007, 773.

6 Rust/Falke/*Bücker*, § 13 Rn 4; MüKo/*Thüsing*, AGG § 13 Rn 4. Ebenso zu § 3 BeschSchG HWK/*Thüsing*, § 3 BeschSchG Rn 2.

für sogenannten Kleinarbeitgeber gilt, mag auch die Bildung einer „zuständigen Stelle" und deren Bekanntmachung im Betrieb eher absurd erscheinen.

II. Zuständige Stelle

4 Der Arbeitgeber muss in jedem **Betrieb** eine zuständige Stelle bestimmen. Der Begriff der zuständigen Stelle ist **umfassend** zu verstehen, wobei Aufgaben der Stelle auch durch einen Vorgesetzen, den Betriebsrat oder einen Gleichstellungsbeauftragen übernommen werden. Maßgeblich ist, dass die zuständige Stelle dem Betrieb zugeordnet werden kann. Eine externe Beschwerdestelle, etwa der Anwalt des Arbeitgebers, kann nicht zur zuständigen Stelle werden.[7] Soweit keine ausdrückliche Bestimmung der zuständigen Stellen vorgenommen wird, ist zuständige Stelle in der Regel der unmittelbare Vorgesetzte oder der nächst höhere Vorgesetzte, falls sich die Beschwerde gegen den unmittelbaren Vorgesetzen wendet.[8]

5 Dem Betriebsrat kommt kein Mitbestimmungsrecht hinsichtlich der Frage zu, wo der Arbeitgeber eine Beschwerdestelle errichtet. Die ganz überwiegende Meinung in der Literatur geht zutreffend davon aus, dass der Arbeitgeber mitbestimmungsfrei auch die Stelle, die für die Behandlung von Beschwerden nach dem AGG zuständig sein soll, auswählen und benennen kann. Zu diesem Ergebnis gelangt man durch Auslegung anhand des Wortlauts, der Gesetzessystematik und unter Berücksichtigung des vom Gesetzgeber verfolgten Gesetzeszwecks.

6 **1. Meinungsstand in der Literatur.** *Thüsing*[9] weist auf die §§ 84, 85 BetrVG hin und verweist Arbeitnehmer auf diese Vorschriften, falls der Betriebsrat bei Beschwerden ebenfalls eingeschaltet werden soll. *Bauer/Göpfert/Krieger*[10] gehen klar davon aus, dass kein Mitbestimmungsrecht des Betriebsrats bei der Errichtung der Beschwerdestelle besteht. Es gelte vielmehr, dass die Bestimmung der Zuständigkeit durch den Arbeitgeber erfolge, Arbeitnehmern bliebe es zudem unbenommen, nach den §§ 84 ff BetrVG vorzugehen, da das betriebsverfassungsrechtliche Beschwerderecht neben dem Beschwerderecht aus dem AGG stehe. Auch *Schleusener/Suchow/Voigt*[11] betonen, dass es dem Arbeitgeber freisteht zu entscheiden, wo er die Beschwerdestelle ansiedelt. *Schrader/Schubert*[12] gehen ebenfalls davon aus, dass der Arbeitgeber die Beschwerdestelle bestimmt. Auch *Schiefer/Ettwig/Krych*[13] vertreten die Auffassung, § 13 und die §§ 84 ff BetrVG stünden nebeneinander. Die Bestimmung der zuständigen Stelle falle in die Organisationshoheit des Arbeitgebers. Er bestimme daher, wer die Beschwerdestelle bildet und wie sie ausgestaltet sein soll.

7 **2. Stand der Rechtsprechung.** Das BAG hat sich in seiner Entscheidung vom 21.7.2009 dieser Betrachtung angeschlossen und festgestellt, dass ein Mitbestimmungsrecht weder aus dem AGG noch aus § 87 Abs. 1 Nr. 1 BetrVG folgt.[14] Ebenso wenig besteht ein Mitbestimmungsrecht bei der **personellen Besetzung** einer Beschwerdestelle. Der Betriebsrat hat allerdings gem. § 87 Abs. 1 Nr. 1 BetrVG mitzubestimmen bei der Einführung und Ausgestaltung des Verfahrens einer Beschwerdestelle. Das Mitbestimmungsrecht umfasst auch ein entsprechendes Initiativrecht.[15] Errichtet der Arbeitgeber eine **überbetriebliche Beschwerdestelle**, steht das Mitbestimmungsrecht beim Beschwerdeverfahren nicht dem örtlichen Betriebsrat, sondern dem **Gesamtbetriebsrat** zu. Nach § 12 Abs. 5 ist die im Betrieb für Beschwerden zuständige Stelle bekanntzumachen.

III. Beschwerderecht

8 Der Beschäftigte kann sich beschweren, wenn er sich benachteiligt **fühlt**. Zu den Benachteiligungen wird verwiesen auf die Kommentierung zu § 3. Das Vorliegen einer objektiven Benachteiligung oder begründete Anhaltspunkte für ihr Vorliegen sind nicht erforderlich.[16] Wer den Arbeitnehmer vermeintlich benachteiligt, ist ebenfalls unerheblich, auch Kollegen und Dritte sind erfasst, der Betriebsrat nicht.[17] Der Beschäftigte kann die Beschwerde **formlos** bei der zuständigen Stelle vorbringen. Sie kann auch **anonym** erfolgen; der Beschäftigte verzichtet jedoch konkludent mit einer solchen Beschwerde auf das Mitteilungsrecht. Die zuständige Stelle hat die Beschwerde zu prüfen und dem Beschäftigten das Ergebnis mitzuteilen. Da der Arbeitgeber nicht die zuständige Stelle sein muss, muss er gewährleisten, dass er von begründeten Beschwerden Kenntnis erlangt. Ansonsten kann er die vom Gesetzgeber in § 12 geforderten Maßnahmen nicht ergreifen. Die Durchführung des Beschwerdeverfahrens ist keine Voraussetzung für die Ansprüche aus den §§ 12, 15.[18]

7 *Bauer/Göpfert/Krieger*, § 13 Rn 7.
8 *Gach/Julis*, BB 2007, 773.
9 *Thüsing*, Arbeitsrechtlicher Diskriminierungsschutz, 2007, S. 237 Rn 587; MüKo/*Thüsing*, 5. Aufl. (2007), AGG § 13 Rn 11.
10 *Bauer/Göpfert/Krieger*, AGG § 13 Rn 4 ff.
11 *Schleusener/Suchow/Voigt*, 1. Aufl. (2006), Allgemeines Gleichbehandlungsgesetz, § 13 Rn 12.
12 *Schrader/Schubert*, Rn 445.
13 *Schiefer/Ettwig/Krych*, u.a., Das Allgemeine Gleichbehandlungsgesetz, 2006, S. 169 ff.
14 BAG 21.7.2009, NZA 2009, 1049.
15 BAG 21.7.2009, NZA 2009, 1049.
16 *Bauer/Göpfert/Krieger*, § 13 Rn 4.
17 *Oetker*, NZA 2008, 264.
18 BeckOK AGG § 13 Rn 2.

Das Beschwerderecht ist §§ 84, 85 BetrVG nachgebildet und besteht gem. § 13 Abs. 2 ausdrücklich neben diesem. Nach § 84 Abs. 1 S. 1 BetrVG hat der Arbeitnehmer das Recht, sich bei der zuständigen Stelle oder dem Betriebsrat zu beschweren, wenn er sich vom Arbeitgeber oder von Arbeitnehmern des Betriebs benachteiligt, ungerecht behandelt oder in sonstiger Weise beeinträchtigt fühlt. Eine solche Beeinträchtigung liegt zB bei einer sexuellen Belästigung durch den Arbeitgeber oder andere Arbeitnehmer vor. Das Beschwerderecht umfasst das Recht, in angemessener Form sein Anliegen vorzutragen.[19] Vertragswidriges Verhalten, insbesondere Beleidigungen oder Verleumdungen, werden vom Schutz des § 13 nicht umfasst. Auch besteht kein Anspruch auf Freistellung für die Beschwerde. Der Arbeitgeber kann den Arbeitnehmer auf die Pausenzeiten zur Beschwerdeleistung verweisen, wenn dem nicht arbeitstechnische Gründe entgegenstehen. 9

Bisherige Erfahrungen in der Praxis in Bezug auf das BSchG zeigen, dass das Beschwerderecht aus §§ 84, 85 BetrVG im Hinblick auf sexuelle Belästigungen wenig genutzt worden ist. Eine deutlich andere Entwicklung hat sich auch durch das Beschwerderecht in § 3 Abs. 1 S. 1 BSchG nicht abgezeichnet und wird wohl auch nicht im Hinblick auf § 13 erfolgen. Um etwa sexuell Belästigte zu ermutigen, ihre Rechte verstärkt wahrzunehmen, wird vorgeschlagen, den Beschäftigten jeweils Ansprechpartner des eigenen Geschlechts anzubieten und bei Beschwerden gegenüber dem Betriebsrat auf das im Rahmen des § 85 BetrVG bestehende Erfordernis, den Namen des Beschwerdeführers zu nennen, zu verzichten.[20] 10

IV. Prüfungs- und Mitteilungspflicht

Die Beschwerdestelle muss die Beschwerde **prüfen**. Sie muss den **tatsächlichen Anhaltspunkten** nachgehen, die eine Benachteiligung begründen können. Sie ist **befugt**, den **Beschwerdeführer** sowie **Kollegen anzuhören**, um den Sachverhalt zu erkunden. Jede Maßnahme muss gemessen an der Intensität der Beschwerde und des hervorgerufenen Verdachts **verhältnismäßig** sein. Die Betriebspartner können das **Verfahren** in einer entsprechenden **Betriebsvereinbarung** festlegen.[21] Das Ergebnis der Prüfung ist dem Beschwerdeführer **mitzuteilen**. Die Beschwerdestelle kann dem Beschäftigten die bei der Prüfung gesammelten Erkenntnisse eröffnen. Das kann auch **formlos** geschehen. Das Ergebnis dürfte **vertraulich** sein; in aller Regel hat der **Arbeitgeber** aber ein berechtigtes Interesse daran, darüber unterrichtet zu werden, sobald der Beschwerdestelle tatsächlich begründete – und nicht nur gefühlte – Benachteiligungen zur Kenntnis gelangen. 11

Der Arbeitgeber oder Dienstvorgesetzte hat die Beschwerde zu prüfen und den Sachverhalt durch Anhörung beider Seiten und ggf Dritter mit den ihm zur Verfügung stehenden Mitteln aufzuklären.[22] Es dürfen also keine Erfolg versprechenden Beweismittel außer Acht gelassen werden. Soweit erforderlich ist die belästigende Person aufzufordern ihr pflichtwidriges Verhalten einzustellen bzw eine Wiederholung zu unterlassen. Es soll sichergestellt werden, dass die persönliche Integrität und die Würde der als Opfer betroffenen Beschäftigten ab dem Zeitpunkt der Einleitung eines förmlichen Beschwerdeverfahrens gewahrt werden.[23] Daraus folgt, dass es sich um Maßnahmen im Vorfeld von arbeitsrechtlichen Sanktionen des § 12 Abs. 3 handelt. Werden keine vorläufigen schützenden Maßnahmen ergriffen, kommen Schadensersatzansprüche gegen den Arbeitgeber in Betracht. Die Beurteilung, welche Maßnahmen geeignet sind, um das Betriebsklima wiederherzustellen, obliegt dem Arbeitgeber. 12

Um die Rechte von Betroffenen im Hinblick auf Arbeitslosengeldansprüche im Falle einer Eigenkündigung wegen Benachteiligung nicht zu beeinträchtigen, muss ein Nachweis über die Einleitung des Beschwerdeverfahrens erteilt werden, dh der von einer Benachteiligung (insbesondere einer sexuellen Belästigung) betroffene Beschäftigte sollte frühzeitig darauf hinwirken, dass die Benachteiligung aktenkundig gemacht wird. Falls nämlich ein Versuch zur Beseitigung der sexuellen Belästigung erfolglos unternommen worden ist, entfällt nach den Durchführungsanweisungen der Bundesagentur für Arbeit hinsichtlich des Arbeitslosengeldes bzw der Arbeitslosenhilfe eine Sperrzeit beim Leistungsbezug wegen Eigenkündigung aufgrund Unzumutbarkeit der Fortsetzung des Arbeitsverhältnisses. 13

V. Verhältnis zu anderen Beschwerderechten

Nach § 13 Abs. 2 bleiben die Rechte der Arbeitnehmervertretung unberührt. Hiervon sind insbesondere die §§ 39, 80, 84, 85, 86, 87, 89 BetrVG betroffen.[24] 14

§ 13 Abs. 2 stellt klar, dass Rechte der Arbeitnehmervertretungen unberührt bleiben. Neben dem Beschwerderecht nach § 85 BetrVG besteht das Recht des Betriebsrates, Unterlassung zu verlangen nach § 17 Abs. 2 iVm § 23 BetrVG. 15

19 MüKo/*Thüsing*, AGG § 13 Rn 2.
20 ErfK/*Schlachter*, BeschSchG § 3 Rn 2.
21 Vgl *Bauer/Göpfert/Krieger*, § 13 Rn 10.
22 Für das BeschSchG BT-Drucks. 12/5468 S. 47.
23 MüKo/*Thüsing*, AGG § 13 Rn 7.
24 *Oetker*, NZA 2008, 264.

§ 14 AGG Leistungsverweigerungsrecht

[1]Ergreift der Arbeitgeber keine oder offensichtlich ungeeignete Maßnahmen zur Unterbindung einer Belästigung oder sexuellen Belästigung am Arbeitsplatz, sind die betroffenen Beschäftigten berechtigt, ihre Tätigkeit ohne Verlust des Arbeitsentgelts einzustellen, soweit dies zu ihrem Schutz erforderlich ist. [2]§ 273 des Bürgerlichen Gesetzbuchs bleibt unberührt.

I. Einleitung

1 Die Vorschrift ist § 4 Abs. 2 BSchG nachgebildet und berechtigt den Beschäftigten, die Tätigkeit ohne Verlust des Entgeltanspruchs einzustellen, wenn der Arbeitgeber – oder iVm § 24 der Dienstvorgesetzte – keine ausreichenden Maßnahmen zur Unterbindung der Benachteiligung ergreift. Der Wortlaut stellt klar, dass ein Leistungsverweigerungsrecht nur dann besteht, wenn im konkreten Einzelfall dazu Anlass besteht. Das kann insbesondere der Fall sein, wenn der Arbeitgeber auf eine Beschwerde nicht ausreichend reagiert oder bei einer Benachteiligung durch den Arbeitgeber oder den Dienstvorgesetzten selbst. Die Verletzung der allgemeinen Verpflichtung zu Schutzmaßnahmen nach § 12 Abs. 2 allein genügt nicht.[1]

II. Voraussetzungen des Leistungsverweigerungsrechts

2 Die Berechtigung zur **Einstellung der Tätigkeit** ist im Hinblick auf die Leistungsverweigerung lex specialis zu § 275 Abs. 3 BGB, im Hinblick auf die Entgeltpflicht des Arbeitgebers lex specialis zu § 326 Abs. 2 BGB. Sie setzt voraus, dass die Belästigung tatsächlich stattgefunden hat. Je nach ihrer Art kommt es auf den Aspekt der Fortsetzung oder Wiederholungsgefahr an. Bei einem schwerwiegenden Fall reicht jedoch schon der erste Vorfall am betreffenden Arbeitsplatz aus. Dem **Untätigbleiben** gleichgestellt wird der Fall einer **offensichtlich ungeeigneten Maßnahme** zur Unterbindung der Benachteiligung. Das Leistungsverweigerungsrecht der belästigten Beschäftigten betrifft im Falle der Belästigung lediglich die **konkreten Tätigkeiten am Ort der Belästigung**, erstreckt sich also grundsätzlich nicht auf den Betrieb oder die Dienststelle. Als weitere Voraussetzung muss die Einstellung der Tätigkeit zum Schutz des Beschäftigten **erforderlich** sein, dh die Art der Belästigung muss die Konsequenz der Einstellung der Tätigkeit an diesem Arbeitsplatz rechtfertigen. Ein Leistungsverweigerungsrecht entfällt, wenn es ein anderes, milderes Mittel zur Unterbindung der Belästigung gibt.

III. Rechtsfolgen des Leistungsverweigerungsrechts

3 Das Recht zur Arbeitsverweigerung führt nicht zum Entgeltverlust. Für die aufgrund berechtigter Leistungsverweigerung unterbliebene Arbeitsleistung hat der Beschäftigte einen Anspruch auf Fortzahlung des Arbeitsentgelts. Es sind die Bezüge zu zahlen, die er erhalten hätte, wenn er während dieser Zeit gearbeitet hätte; es gilt das **Lohnausfallprinzip**. Weitergezahlt wird nur das aufgrund des Arbeitsverhältnisses geschuldete Arbeitsentgelt. Wird ein Beschäftigter regelmäßig über die vertraglich geschuldete Arbeitsleistung hinaus zu weiteren Arbeitseinsätzen herangezogen, ist während der Leistungsverweigerung das Entgelt auch für die ausgefallenen zusätzlichen Arbeitseinsätze fortzuzahlen.[2] Der Arbeitgeber ist dagegen nicht verpflichtet, den Ausfall eines Entgelts, das von ihm nicht geschuldet wird, zu ersetzen, zB ein Trinkgeld, das dem Bedienungspersonal in Gaststätten von den Gästen freiwillig gegeben wird.[3] Das steht in Übereinstimmung mit der Rechtsprechung zur Lohnfortzahlung infolge Krankheit, wonach ebenfalls ein Anspruch auf Ersatz der entgangenen Trinkgelder nur besteht, wenn sich der Arbeitgeber im Arbeitsvertrag hierzu verpflichtet hat.

4 Es besteht ein konnexer, fälliger und durchsetzbarer Anspruch des Arbeitnehmers auf Schutzmaßnahmen durch den Arbeitgeber, wenn dessen bisherige Maßnahmen nicht ausreichen und hinter dem zurückbleiben, was nach § 12 erforderlich ist.[4]

1 MüKo/*Thüsing*, AGG § 14 Rn 1; vgl BT-Drucks. 15/4538 S. 35.

2 MüKo/*Thüsing*, AGG § 14 Rn 12.

3 EFZG/*Schmitt*, § 4 Rn 86; ErfK/*Dörner*, EFZG § 4 Rn 31.

4 MüKo/*Thüsing*, AGG § 14 Rn16.

IV. Zurückbehaltungsrecht

Durch den Verweis auf § 273 Abs. 1 BGB wird klargestellt, dass das allgemeine Leistungsverweigerungsrecht für andere Fallkonstellationen unberührt bleibt. Das ist auch systematisch richtig, da die Vorschriften unterschiedliche Ziele verfolgen: § 273 Abs. 1 BGB soll Zwang auf den Vertragspartner zur Erfüllung einer Verbindlichkeit ausüben, während § 14 dem Schutz des Beschäftigten vor weiteren Belästigungen oder sexuellen Belästigungen dient.[5] Das allgemeine Zurückbehaltungsrecht bleibt damit für Benachteiligungen relevant, die keine Belästigung oder keine sexuelle Belästigung darstellen, soweit der Beschäftigte hier die Erfüllung einer Verpflichtung des Arbeitgebers, etwa zur Beseitigung oder Unterlassung verlangt. Der Beschäftigte muss einen Anspruch gegen den Arbeitgeber haben, etwa aus §§ 12, 13, 15.[6] Das Zurückbehaltungsrecht kann bei den vorgenannten Ansprüchen auch neben das Leistungsverweigerungsrecht des § 14 treten.[7] 5

§ 15 AGG Entschädigung und Schadensersatz

(1) [1]Bei einem Verstoß gegen das Benachteiligungsverbot ist der Arbeitgeber verpflichtet, den hierdurch entstandenen Schaden zu ersetzen. [2]Dies gilt nicht, wenn der Arbeitgeber die Pflichtverletzung nicht zu vertreten hat.

(2) [1]Wegen eines Schadens, der nicht Vermögensschaden ist, kann der oder die Beschäftigte eine angemessene Entschädigung in Geld verlangen. [2]Die Entschädigung darf bei einer Nichteinstellung drei Monatsgehälter nicht übersteigen, wenn der oder die Beschäftigte auch bei benachteiligungsfreier Auswahl nicht eingestellt worden wäre.

(3) Der Arbeitgeber ist bei der Anwendung kollektivrechtlicher Vereinbarungen nur dann zur Entschädigung verpflichtet, wenn er vorsätzlich oder grob fahrlässig handelt.

(4) [1]Ein Anspruch nach Absatz 1 oder 2 muss innerhalb einer Frist von zwei Monaten schriftlich geltend gemacht werden, es sei denn, die Tarifvertragsparteien haben etwas anderes vereinbart. [2]Die Frist beginnt im Falle einer Bewerbung oder eines beruflichen Aufstiegs mit dem Zugang der Ablehnung und in den sonstigen Fällen einer Benachteiligung zu dem Zeitpunkt, in dem der oder die Beschäftigte von der Benachteiligung Kenntnis erlangt.

(5) Im Übrigen bleiben Ansprüche gegen den Arbeitgeber, die sich aus anderen Rechtsvorschriften ergeben, unberührt.

(6) Ein Verstoß des Arbeitgebers gegen das Benachteiligungsverbot des § 7 Abs. 1 begründet keinen Anspruch auf Begründung eines Beschäftigungsverhältnisses, Berufsausbildungsverhältnisses oder einen beruflichen Aufstieg, es sei denn, ein solcher ergibt sich aus einem anderen Rechtsgrund.

I. Überblick

§ 15 ist die zentrale Haftungsnorm des AGG. Sie regelt Ansprüche des Opfers von ungerechtfertigten Benachteiligungen auf Ersatz des materiellen und immateriellen Schadens. Gem. § 15 Abs. 1 ist der Arbeitgeber bei einem Verstoß gegen das arbeitsrechtliche Benachteiligungsverbot zum Ersatz des materiellen Schadens verpflichtet. Die Haftung entfällt, wenn sich der Arbeitgeber nach § 15 Abs. 1 S. 2 exkulpieren kann. Nach § 15 Abs. 2 besteht eine Pflicht zur angemessenen Entschädigung für immaterielle Schäden. Letztere ist gem. § 15 Abs. 2 S. 2 in der Höhe auf drei Monatsgehälter beschränkt, wenn der Beschäftigte (zu dem gem. § 6 Abs. 1 S. 2 auch der Bewerber zählt) auch bei benachteiligungsfreier Auswahl nicht eingestellt worden wäre. § 15 Abs. 3 enthält eine Haftungsprivilegierung für den Fall, dass es durch die Anwendung von Kollektivvereinbarungen zu Benachteiligungen kommt. Der Arbeitgeber haftet hier nur, wenn ihm vorsätzliches oder grob fahrlässiges Handeln zur Last gelegt werden kann. Abs. 4 normiert eine materielle Ausschlussfrist, die sowohl für den Schadensersatzanspruch nach Abs. 1 als auch für den Entschädigungsanspruch nach Abs. 2 gilt. § 15 Abs. 5 enthält die Klarstellung, dass andere Ansprüche neben denen aus § 15 bestehen bleiben. Nach § 15 Abs. 6 ist ein Anspruch auf Einstellung wegen eines Verstoßes gegen das Benachteiligungsverbot ausgeschlossen, es sei denn, dieser ergibt sich aus einer anderen Anspruchsgrundlage. 1

5 BT-Drucks. 16/1780, S. 37.
6 *Bauer/Göpfert/Krieger*, AGG, § 14 Rn 17.
7 BeckOK/*Roloff*, AGG § 14 Rn 5.

II. Ersatz materieller und immaterieller Schäden, § 15 Abs. 1 und 2

2 § 15 Abs. 1 regelt die Pflicht zum Ersatz des materiellen Schadens, Abs. 2 die des immateriellen Schadens. Dabei ist die Schadensersatzregelung als Haftung für vermutetes Verschulden ausgestaltet. Für einen Schadensersatzanspruch nach Abs. 1 und Abs. 2 müssen (1) ein ungerechtfertigter Verstoß gegen das Benachteiligungsverbot des § 7 durch den Arbeitgeber und (2) (vermutetes) Verschulden des Arbeitgebers vorliegen; (3) schließlich muss der Anspruch innerhalb der Ausschlussfrist des Abs. 4 formgerecht geltend gemacht werden.

3 **1. Verstoß gegen das Benachteiligungsverbot.** Ein Verstoß gegen das Benachteiligungsverbot liegt zunächst vor, wenn der Arbeitgeber selbst gegen § 7 verstößt. Handelt es sich um eine juristische Person, so sind ihr die Verstöße ihrer Organe nach § 31 BGB zuzurechnen.[1] Darüber hinaus haftet der Arbeitgeber aber auch dann, wenn ihm die Handlungen Dritter analog § 278 BGB zuzurechnen sind.[2] Dabei kommen grundsätzlich alle Formen der Benachteiligung im Sinne des § 3 in Betracht, also unmittelbare und mittelbare Benachteiligungen sowie Belästigung und die Anweisung zur Benachteiligung.[3] Die Einordnung als Erfüllungsgehilfe bereitet keine Probleme, wenn der diskriminierende Arbeitnehmer den Arbeitgeber rechtsgeschäftlich vertritt, etwa bei Verhandlungen mit dem Arbeitnehmer.[4] Schwieriger ist dies jedoch im Rahmen von Benachteiligungen und (sexuellen) Belästigungen durch Arbeitskollegen zu beurteilen.[5] Hier stellt sich die Frage, ob der diskriminierende Arbeitnehmer im Zeitpunkt der Diskriminierung tatsächlich Erfüllungsgehilfe des Arbeitgebers, also mit dem Willen des Arbeitgebers bei der Erfüllung seiner Arbeitgeberpflichten als Hilfsperson tätig geworden ist.[6] Praktisch relevant und problematisch sind dabei die Fälle, in denen einzelne Mitarbeiter wiederholt oder sogar regelmäßig von Arbeitskollegen diskriminiert werden (sog. Mobbing). Hier ist richtigerweise danach zu differenzieren, ob es sich um Vorgesetzte oder (innerhalb der Betriebshierarchien) um gleichgeordnete Mitarbeiter handelt.[7] Bei Ersteren hat sich der Arbeitgeber teilweise seiner Einflussmöglichkeiten begeben und diese auf einen Arbeitnehmer übertragen.[8] Der mit zusätzlichen Kompetenzen ausgestattete Arbeitnehmer hat dadurch gesteigerte Einwirkungsmöglichkeiten gegenüber seinen Arbeitskollegen.[9] Er wird damit regelmäßig als Erfüllungsgehilfe anzusehen sein.[10] Anders ist dies nur bei einem Exzess des Diskriminierenden, der schlechterdings nicht seinem Arbeitsbereich zugeordnet werden kann, sondern nur „bei Gelegenheit" der Tätigkeit vorgenommen wurde.[11] Nutzt der Vorgesetzte hingegen seine gegenüber dem Opfer hervorgehobene Position aus, so handelt er „in Erfüllung" seiner Pflichten und der Verstoß gegen das Benachteiligungsverbot ist dem Arbeitgeber zuzurechnen.[12] Anders ist dies bei gleichgeordneten Mitarbeitern. Hier ist zunächst darauf abzustellen, ob der Arbeitgeber seinen (Fürsorge-)Pflichten nachgekommen ist, die auch darin bestehen, für ein diskriminierungsfreies Arbeitsumfeld zu sorgen.[13] Hat der Arbeitgeber es versäumt, durch präventive Maßnahmen Benachteiligungen vorzubeugen oder durch repressive Maßnahmen auf begangene Verstöße zu reagieren und duldet er Benachteiligungen durch seine Arbeitnehmer, so können ihm auch Verstöße der Arbeitnehmer untereinander zuzurechnen sein und zur Schadensersatzpflicht führen.[14]

4 **2. Vermutetes Verschulden.** Gem. § 15 Abs. 1 S. 2 (und damit auch nach Abs. 2) haftet der Arbeitgeber – parallel zur Haftung bei Vertragspflichtverletzungen nach dem wortgleichen § 280 Abs. 1 S. 2 BGB – für vermutetes Verschulden. Ob das Verschuldenserfordernis europarechtskonform ist, wird unterschiedlich beurteilt. Überwiegend wird insoweit vertreten, dass eine Haftung nicht von einem Verschuldenserfordernis abhängig gemacht werden dürfe.[15] Dafür spricht die Rechtsprechung des EuGH, wonach es zwar den Mitgliedsstaaten überlassen bleibt, eine geeignete Sanktion für Verstöße gegen das Diskriminierungsverbot auszuwählen, eine zivilrechtliche Haftung allerdings so ausgestaltet werden muss, dass jeder Verstoß zur vollen Haftung führt. Rechtfertigungsmöglichkeiten des nationalen Rechts dürfen danach nicht berücksichtigt werden. Art. 6 der RL 76/207/EWG setze voraus, dass die Sanktion geeignet ist, einen tatsächlichen und wirksamen Rechtsschutz zu gewährleisten. Sie müsse ferner eine abschreckende Wirkung gegenüber dem Arbeitgeber haben. Wenn die Haftung eines Arbeitgebers für Verstöße gegen den Grundsatz der Gleichbehandlung davon abhinge, dass ein Verschulden des Arbeitgebers nachgewiesen werde und kein durch das anwendbare

1 *Schrader/Schubert*, AGG, Rn 489 (S. 151).
2 Däubler/Bertzbach/*Deinert*, § 15 Rn 26; *Hey*, § 15 Rn 19; Wendeling-Schröder/Stein/*Stein*, § 15 Rn 7; Schiek/*Kocher*, § 15 Rn 21 f.
3 Däubler/Bertzbach/*Deinert*, § 15 Rn 2.
4 Vgl MüKo/*Thüsing*, AGG § 15 Rn 25.
5 Vgl *Meinel/Heyn/Herms*, § 15 Rn 13 ff.
6 Vgl MüKo/*Thüsing*, AGG § 15 Rn 25.
7 Schleusener/Suckow/Voigt/*Voigt*, § 15 Rn 44 ff.
8 *Willemsen/Schweibert*, NJW 2006, 2583(2590).
9 *Meinel/Heyn/Herms*, § 15 Rn 16.
10 Schleusener/Suckow/Voigt/*Voigt*, § 15 Rn 44.
11 Vgl *Willemsen/Schweibert*, NJW 2006, 2583 (2590).
12 *Meinel/Heyn/Herms*, § 15 Rn 18.
13 Däubler/Bertzbach/*Deinert*, § 15 Rn 140.
14 Vgl Schiek/*Kocher*, § 15 Rn 22.
15 VG Frankfurt v. 21.4.2008 – 9 E 3856/07; *Meynel/Heyn/ Herms*, § 15 Rn 7 ff; ErfK/*Schlachter*, AGG § 15 Rn 1; MüKo/*Thüsing*, § 15 Rn 24; Däubler/Bertzbach/*Deinert*, § 15 Rn 30; Rolfs/Giesen/Kreikebohm/Udsching/*Roloff*, § 15 Rn 2 f; Rust/Falke/Bücker, § 15 Rn 11; Schiek/*Kocher*, § 15 Rn 19 f.

nationale Recht anerkannter Rechtfertigungsgrund vorliege, würde dies die praktische Wirksamkeit dieser Grundsätze erheblich beeinträchtigen.[16]

Hinzu kommt, dass die Umsetzung einer Richtlinie gem. Art. 8 e Abs. 2 RL 76/207/EWG keinesfalls als Rechtfertigung für die Absenkung des von den Mitgliedstaaten bereits garantierten Schutzniveaus in Bezug auf Diskriminierungen in den von der Richtlinie abgedeckten Bereichen benutzt werden darf.[17] Gegenüber § 611 a BGB aF und § 81 SGB IX aF stellt das Verschuldenserfordernis in § 15 Abs. 1 aber einen Rückschritt dar, da diese Normen einen verschuldensunabhängigen Anspruch auf Ersatz materieller und immaterieller Schäden vorsahen.[18] Auch insoweit ist die Vereinbarkeit des Verschuldenserfordernisses mit dem Europarecht problematisch.[19] 5

Teilweise wird die Vereinbarkeit mit dem Europarecht unter Hinweis auf die verschuldensunabhängige Pflicht zur Entschädigung nach § 15 Abs. 2 bejaht.[20] Damit sei eine hinreichende Sanktionierung diskriminierenden Verhaltens gewährleistet.[21] Zudem sei auch im sonstigen deutschen Deliktsrecht üblicherweise ein Verschulden Voraussetzung für eine Schadensersatzpflicht.[22] Da sich letztere Ansicht nur schwerlich mit der Rechtsprechung des EuGH vereinbaren lässt, plädieren *Meinel/Heyn/Herms*[23] für eine Auslegung des Begriffs „Vertretenmüssens" in § 15 Abs. 1 S. 2 in dem Sinne, dass dieser nur die Zurechnung des Verstoßes betreffe, also kein Verschuldenserfordernis aufstelle. 6

Rechtssicherheit wird wohl erst eine Entscheidung des EuGH bieten. Gelegenheit dazu erhält er durch die Vorlage des VG Frankfurt vom 21.4.2008.[24] 7

3. Ausschlussfrist. Für die Ansprüche aus Abs. 1 und 2 besteht eine zweistufige Ausschlussfrist:[25] Der Beschäftigte muss seine Ansprüche – soweit die Tarifvertragsparteien nichts anderes vereinbart haben – innerhalb einer Ausschlussfrist von zwei Monaten formgerecht geltend machen, § 15 Abs. 4. An diese Frist zur Geltendmachung schließt sich eine dreimonatige Klagefrist nach § 61 b Abs. 1 ArbGG an. 8

Zum Teil werden Zweifel an der europarechtlichen Vereinbarkeit der Ausschlussfrist angemeldet.[26] Dagegen wird insbesondere angeführt, die Frist genüge nicht den Anforderungen hinsichtlich der Gleichwertigkeit[27] mit anderen nationalen Fristenregelungen und auch nicht den Anforderungen an den Effektivitätsgrundsatz.[28] Zudem liege ein Verstoß gegen das Verschlechterungsverbot darin, dass die Frist des § 15 Abs. 4 gegenüber der Sechsmonatsfrist des § 611 a Abs. 4 S. 3 BGB aF kürzer sei und damit die bisherige Rechtslage unzulässig verschlechtere.[29] 9

Teile des Schrifttums[30] und das BAG[31] verneinen hingegen einen Verstoß gegen europarechtliche Vorgaben. Das BAG beschränkt sich in seiner Prüfung allerdings auf die von ihm zu entscheidende Konstellation einer Belästigung nach § 3 Abs. 3 („verstößt zumindest insoweit nicht gegen europäisches Gemeinschaftsrecht, […], als sie die Geltendmachung eines Entschädigungsanspruches wegen einer Belästigung iSd. § 3 Abs. 3 AGG in einem bestehenden Arbeitsverhältnis betrifft").[32] 10

Für die europarechtliche Vereinbarkeit der Ausschlussfrist spricht, dass kurze Ausschlussfristen im Arbeitsrecht nicht unüblich sind. Sie tragen dem Bedürfnis nach baldiger Rechtssicherheit und Rechtsklarheit im Beschäftigungsverhältnis Rechnung. Zudem weist das BAG zu Recht darauf hin, dass Art. 7 Abs. 3 der RL2000/43/EG einzelstaatliche Regelungen über die Fristen für die Rechtsverfolgung betreffend den Gleichbehandlungsgrundsatz ausdrücklich unberührt lässt und auch die anderen Antidiskriminierungsrichtlinien (Art. 9 Abs. 3 der RL2000/78/EG des Rates vom 27.11.2000 zur Festlegung eines allgemeinen Rahmens für die Verwirklichung der Gleichbehandlung in Beschäftigung und Beruf und Art. 17 Abs. 3 der RL2006/54/EG des Europäischen Parlaments und des Rates vom 5.7.2006 zur Verwirklichung des Grundsatzes der Chancengleichheit und Gleichbehandlung von Männern und Frauen in Arbeits- und Beschäftigungsfragen [Neufassung]) entsprechende Regelungen enthalten.[33] 11

16 EuGH v. 8.11.1990 – C-177/88, NZA 1991, 171(172 f).
17 Rust/Falke/*Bücker*, § 15 Rn 11.
18 Däubler/Bertzbach/*Deinert*, § 15 Rn 30.
19 Rolfs/Giesen/Kreikebohm/Udsching/*Roloff*, § 15 Rn 3.
20 *Bauer/Göpfert/Krieger*, § 15 Rn 15; Wendeling-Schröder/Stein/*Stein*, § 15 Rn 16.
21 Wendeling-Schröder/Stein/*Stein*, § 15 Rn 16.
22 *Bauer/Göpfert/Krieger*, § 15 Rn 15.
23 *Meinel/Heyn/Herms* § 15 Rn 9.
24 VG Frankfurt – 9 E 3856/07.
25 Däubler/Bertzbach/*Deinert*, § 15 Rn 98.
26 LAG Hamburg v. 3.6.2009 – 5 Sa 3/09, ArbuR 2009, 368; *Gaul/Koehler*, BB 2010, 503 (505 f); Rust/Falke/*Bücker*, § 15 Rn 50; Wendeling-Schröder/Stein/*Stein*, § 15 Rn 78; Schiek/*Kocher*, § 15 Rn 56.
27 Vgl dazu Schiek/*Kocher*, § 15 Rn 56.
28 LAG Hamburg v. 3.6.2009 – 5 Sa 3/09, ArbuR 2009, 368; *Gaul/Koehler*, BB 2010, 503 (505 f).
29 Rust/Falke/*Bücker*, § 15 Rn 50.
30 Däubler/Bertzbach/*Deinert*, § 15 Rn 100.
31 BAG v. 24.9.2009 – 8 AZR 705/08.
32 BAG v. 24.9.2009 – 8 AZR 705/08, Rn 40.
33 BAG v. 24.9.2009 – 8 AZR 705/08; Däubler/Bertzbach/*Deinert*, § 15 Rn 100.

III. Rechtsfolge: Umfang des Schadens

12 Die Rechtsfolge des § 15 Abs. 1 ist Schadensersatz. Der Umfang des Schadens richtet sich grundsätzlich nach § 249 ff BGB. Abs. 6 stellt jedoch klar, dass ein Anspruch auf Einstellung oder Beförderung nicht besteht, soweit er sich nicht aus anderen Rechtsgründen ergibt.

13 In Betracht kommen regelmäßig Schadensersatzansprüche wegen entgangenen Gewinns gem. §§ 252 BGB.[34] Der unter Verstoß gegen das Benachteiligungsverbot übergangene Bewerber für ein Beschäftigungsverhältnis oder eine Beförderung kann Schadensersatz in Höhe der Vergütung bzw der Lohndifferenz verlangen. Problematisch ist allerdings für welchen Zeitraum dieser Anspruch geltend zu machen ist bzw ob er überhaupt zeitlich zu begrenzen ist. Eine irgendwie geartete Grenze – wie etwa § 15 Abs. 2 S. 2 für den Anspruch auf Entschädigung – setzt § 15 Abs. 1 nicht. Das LAG Berlin-Brandenburg[35] hat einer unter Verstoß gegen das Benachteiligungsverbot bei einer Beförderungsentscheidung übergangenen Beschäftigten tatsächlich einen zeitlich unbegrenzten Anspruch auf Zahlung der Lohndifferenz zugesprochen. Gegen einen zeitlich unbegrenzten Anspruch sprechen jedoch grundlegende Wertungen des Schadensersatzrechts. So ist ein Schadensumfang zunächst auf die Vereinbarkeit mit dem deliktsrechtlichen Bereicherungsverbot zu untersuchen. Insoweit ist festzuhalten, dass die Arbeitsleistung im Synallagma zur Vergütung steht. Die vorenthaltene höhere Position zeichnet sich aber regelmäßig gerade nicht allein durch eine höhere Vergütung, sondern auch durch erhöhte Anforderungen an Qualifikation, Arbeitseinsatz und Verantwortung aus. Häufig gelten ab einer bestimmten Führungsebene auch Überstunden als durch die monatliche Vergütung mit abgegolten, auch wenn diese vertraglichen Regelungen kaum noch mit der bundesarbeitsgerichtlichen Rechtsprechung zu vereinbaren sind. Sicher ist, dass dies unbegrenzt nicht mehr möglich ist. Jedenfalls Überstunden, die über den nach ArbZG zulässigen Umfang geleistet werden, können nicht abgegolten werden[36]. Spricht man dem diskriminierten Beschäftigten zeitlich unbegrenzt eine Aufstockung seines Gehalts zu, so erhält das Opfer dauerhaft mehr, als seine Gegenleistung wert ist. Der Kompensationsgedanke des Schadensersatzrechts wäre damit wohl verletzt und die Grenze zur verbotenen Bereicherung überschritten. Für eine Begrenzung des Anspruchs sprechen auch der Rechtsgedanke des § 615 S. 2 BGB und die Schadensminderungspflicht aus § 254 BGB. Denn ohne zeitliche Begrenzung könnte der diskriminierte Bewerber dauerhaft seiner „einfacheren“ Tätigkeit nachgehen, würde aber stets von Gehaltssteigerungen des ihm gegenüber bevorzugten Beschäftigten partizipieren, ohne jedoch den erhöhten Anforderungen an die höher vergütete Tätigkeit nachkommen zu müssen. Zudem bliebe auch die übliche Fluktuation in Betrieben unberücksichtigt. Zuzugeben ist dem LAG Berlin-Brandenburg jedoch, dass die Konzepte der Literatur zur zeitlichen Begrenzung allesamt nicht besonders überzeugend sind.[37] Dies kann allerdings schwerlich eine Rechtfertigung für eine Absage an jegliche zeitliche Begrenzung sein. Wenngleich es einem Blick in die Kristallkugel gleicht, so ist dennoch die voraussichtliche Zeit, bis zu der erneut eine vergleichbare Beförderungsentscheidung getroffen wird, als Maßstab heranzuziehen. Der Bewerberin im genannten Fall wäre daher die Lohndifferenz bis zum Datum der voraussichtlichen nächsten Beförderungsentscheidung zu zahlen. Im Übrigen ist ihr eine angemessene Entschädigung nach § 15 Abs. 2 zu gewähren.

14 Ähnlich problematisch und im Ergebnis genauso zu lösen sind die Fälle des unter Verstoß gegen § 7 übergangenen bestqualifizierten Bewerbers. Diesem ist die Vergütung für die Dauer der zu erwartenden Tätigkeit bei dem Arbeitgeber zu zahlen. Auch wenn die Prognose schwer zu treffen sein dürfte, stellt sie gegenüber einem zeitlich unbegrenzten Anspruch das sachgerechtere Instrument zur Schadenskompensation dar.[38]

15 Der Umfang des Schadensersatzes nach Abs. 2 wegen eines Schadens, der nicht Vermögensschaden ist, ist an das Kriterium der Angemessenheit geknüpft. Auch hier geht es nur um einen Entgeltanspruch, wie die gesetzliche Regelung eindeutig vorgibt. Die Entschädigung darf aber bei einer Nichteinstellung drei Monatsgehälter nicht übersteigen, wenn der oder die Beschäftigte auch bei benachteiligungsfreier Auswahl nicht eingestellt worden wäre. Hier also führt die fehlende Kausalität zwischen Benachteiligung und Nichteinstellung nicht zum Entfallen des Anspruchs, sondern nur zu dessen höchstbetragsmäßiger Begrenzung auf drei Monatsgehälter.

IV. Entsprechende Anwendung

16 § 15 ist auf Verstöße gegen die Benachteiligungsverbote des Gendiagnostikgesetzes gem. §§ 4, 21 Abs. 1 GenDG entsprechend anzuwenden.

34 Schiek/*Kocher*, § 15 Rn 10.
35 LAG Berlin-Brandenburg v. 26.11.2008 – 15 Sa 517/08, LAGE § 22 Nr. 1.
36 BAG v. 28.9.2005 – 5 AZR 52/05, NZA 2006, 149; *Melms*, in: Moll, Münchener Arbeitsrechtshandbuch, § 8 IV 2 b kk).
37 Vgl verschiedene Lösungsansätze bei *Hey*, § 15 Rn 48 ff
38 Vgl *Hey*, § 15 Rn 52.

§ 16 AGG Maßregelungsverbot

(1) [1]Der Arbeitgeber darf Beschäftigte nicht wegen der Inanspruchnahme von Rechten nach diesem Abschnitt oder wegen der Weigerung, eine gegen diesen Abschnitt verstoßende Anweisung auszuführen, benachteiligen. [2]Gleiches gilt für Personen, die den Beschäftigten hierbei unterstützen oder als Zeuginnen oder Zeugen aussagen.

(2) [1]Die Zurückweisung oder Duldung benachteiligender Verhaltensweisen durch betroffene Beschäftigte darf nicht als Grundlage für eine Entscheidung herangezogen werden, die diese Beschäftigten berührt. [2]Absatz 1 Satz 2 gilt entsprechend.

(3) § 22 gilt entsprechend.

I. Einleitung

1 Der Wortlaut der Vorschrift knüpft an die Inanspruchnahme von Rechten nach diesem Abschnitt an. Es gelten die allgemeinen Grundsätze zum Begriff der Benachteiligung, die sich aus § 3 ergeben. Das Verbot erstreckt sich auf sämtliche Verhaltensweisen des Arbeitgebers im Anwendungsbereich des AGG. Kündigungen sind damit anders als bei § 612 a BGB nicht vom Wortlaut der Vorschrift umfasst. Die Vorschrift normiert ein gesetzliches Verbot iSd § 134 BGB.[1] Folgerichtig ist eine Vereinbarung, die hiergegen verstößt, nichtig.[2] Das Gleiche gilt daher auch für einseitige rechtsgestaltende Maßnahmen, wie etwa die Kündigung, so dass auf der Rechtsfolgenseite die Grundsätze der Vorschriften des Kündigungsrechts ihren Anwendungsbereich finden. Ist dem Arbeitnehmer ein materieller Schaden entstanden, kann er Schadensersatz aus § 280 BGB verlangen. Wie § 612 a BGB und nach richtiger Auffassung anders als § 7 Abs. 1 ist auch § 16 Schutzgesetz iSv § 823 Abs. 2 BGB; auch hierauf kann ein Schadensersatzanspruch gestützt werden.

II. Voraussetzungen

2 Die Benachteiligung muss wegen der Inanspruchnahme von Rechten des zweiten Abschnitts des AGG erfolgen. Inanspruchnahme bedeutet wie bei § 612 a BGB „Ausübung von Rechten", also ihr Geltendmachen.[3] Die Ausübung des Rechts muss zulässig sein. Es ergibt sich aus dem Verweis in der Gesetzesbegründung auf § 612 a BGB, dass die allgemeinen Grundsätze gelten: Die Zulässigkeit bestimmt sich nach der objektiv geltenden Rechtslage, Irrtümer gehen zulasten des Beschäftigten.[4] Da aber einige Rechte des AGG an die subjektive Sichtweise des Beschäftigten anknüpfen, etwa das Beschwerderecht, kommt es dort auf die subjektive Sicht des Beschäftigten an.[5] Der Inanspruchnahme von Rechten nach diesem Gesetz gleichgestellt ist die Weigerung, eine gegen dieses Gesetz verstoßende Anweisung auszuführen.[6] Dies hat Vorbilder im ausländischen Diskriminierungsrecht (§ 704 (a) Title VII Civil Rights Act; sec. 30 RRA; sec. 39 SDA).[7] Auch im Hinblick auf diese Fälle regelt § 16 einen Sonderfall der Sittenwidrigkeit. Eine gegen das Gesetz verstoßende Anweisung liegt insbesondere in Anweisungen zur Benachteiligung nach § 3. Nicht erfasst vom Maßregelungsverbot sind über die Weigerung hinausgehende Akte des Beschäftigten. Diese darf der Arbeitgeber mit Sanktionen belegen, soweit sie eine Vertragspflichtverletzung darstellen.

3 Irrt der Benachteiligte über Rechte aus dem AGG oder die Rechtmäßigkeit einer Anweisung, so geht dies zu seinen Lasten. Der Wortlaut des § 16 ist klar und damit enger als das Diskriminierungsrecht anderer Länder.

4 Den gleichen Schutz erfahren die, die den Beschäftigten bei der Geltendmachung seiner Rechte oder der Verweigerung diskriminierender Weisungen unterstützen oder als Zeugen aussagen. Nicht erfasst sind Falschaussagen.

5 Als Grad schuldhaften Handelns lässt sich auf die Maßstäbe aus dem allgemeinen Schuldrecht zurückgreifen. Vertragspflichtverletzungen will das Gesetz nicht privilegieren. Zeugen oder Unterstützer müssen Beschäftigte des Arbeitgebers sein, damit sie sich auf den Schutz des § 16 berufen können.[8] Dritte hingegen darf der Arbeitgeber sanktionieren. Folglich gilt nichts anderes als bei den sonstigen arbeitsrechtlichen Maßregelungsverboten nach § 612 a BGB, § 5 TzBfG oder § 84 Abs. 3 BetrVG.

1 *Kamanabrou*, RdA 2006, 321.
2 BAG NZA 1988, 18; vgl BAG (22.5.2003), NZA 2004, 399, *Hamacher/Ulrich*, NZA 2007, 657.
3 ErfK/*Preis*, BGB § 612 a Rn 5.
4 ErfK/*Preis*, BGB § 612 a Rn 5.
5 BAG NZA 1988, 18; LAG Hamm DB 1988,917; diff. *Schwarze*, NZA 1993, 967.
6 MüKo/*Thüsing*, § 16 Rn 7.
7 *Leder/Thüsing*, NZA 2008, 982.
8 BT-Drucks. 16/1780, S. 34.

6 Der Begriff der Unterstützung meint jedes willentliche Handeln und jede öffentliche Parteinahme zugunsten des Benachteiligten bei der Geltendmachung seiner Rechte oder der Weigerung der Ausführung einer Anweisung. Wichtig ist, dass die Unterstützung nicht gegen vertragliche Pflichten verstoßen darf.

7 Noch strenger als Abs. 1 verbietet Abs. 2 jede Entscheidung des Arbeitgebers, die auf der Zurückweisung oder Duldung benachteiligender Verhaltensweisen durch den betroffenen Beschäftigten oder einer Verhaltensweise nach Abs. 1 beruht und diesen Beschäftigten berührt. Der benachteiligte Beschäftigte ist damit vor jeder Entscheidung des Arbeitgebers geschützt, die auf seinem Verhalten bei der Benachteiligung beruht. Es bedarf anders als bei Abs. 1 und § 612 a BGB keiner Benachteiligung. Jede Anknüpfung an das Verhalten ist ausgeschlossen. Nicht geschützt sind jedoch andere Beschäftigte, die die Benachteiligung eines Kollegen dulden. Auch das qualifizierte Unterlassen kann eine Benachteiligung darstellen. Hier kommen Maßnahmen des Arbeitgebers nach § 12 Abs. 3 AGG in Betracht.[9]

III. Rechtsfolge

8 Die Rechtsfolgen bestimmen sich nicht nach §§ 12–15, sondern nach den allgemeinen Grundsätzen des § 612 a BGB. Zwar enthält § 16 ein besonderes Benachteiligungsverbot im AGG. Systematisch und grammatikalisch scheidet eine Anwendung des § 15 aber aus: § 15 knüpft nur an die Benachteiligung wegen der in § 1 genannten Merkmale an, nicht aber an § 16. § 16 folgt § 15 zudem systematisch nach, ohne für die Rechtsfolgen auf diese Norm zu verweisen. Die Entscheidung oder Maßnahme nach § 16 ist allein unwirksam.[10] Der Beschäftigte hat aber Ansprüche aus §§ 280, 823, 1004 BGB.[11]

IV. Beweislast

9 Anders als § 612 a BGB erleichtert es Abs. 3 dem Betroffenen, die Kausalität der Benachteiligung wegen eines der Merkmale des § 16 zu beweisen.[12] Es genügt, dass er darlegt und beweist, weniger günstig als eine Vergleichsperson behandelt worden zu sein, und dass er Umstände beweist, die eine überwiegende Wahrscheinlichkeit für die Benachteiligung wegen dieses Verhaltens begründen.[13] Für Abs. 2 genügt es, dass der Beschäftigte Umstände beweist, die das Beruhen der Entscheidung des Arbeitgebers auf seinem Verhalten nach Abs. 2 überwiegend wahrscheinlich erscheinen lassen.

Unterabschnitt 4
Ergänzende Vorschriften

§ 17 AGG Soziale Verantwortung der Beteiligten

(1) Tarifvertragsparteien, Arbeitgeber, Beschäftigte und deren Vertretungen sind aufgefordert, im Rahmen ihrer Aufgaben und Handlungsmöglichkeiten an der Verwirklichung des in § 1 genannten Ziels mitzuwirken.

(2) [1]In Betrieben, in denen die Voraussetzungen des § 1 Abs. 1 Satz 1 des Betriebsverfassungsgesetzes vorliegen, können bei einem groben Verstoß des Arbeitgebers gegen Vorschriften aus diesem Abschnitt der Betriebsrat oder eine im Betrieb vertretene Gewerkschaft unter der Voraussetzung des § 23 Abs. 3 Satz 1 des Betriebsverfassungsgesetzes die dort genannten Rechte gerichtlich geltend machen; § 23 Abs. 3 Satz 2 bis 5 des Betriebsverfassungsgesetzes gilt entsprechend. [2]Mit dem Antrag dürfen nicht Ansprüche des Benachteiligten geltend gemacht werden.

9 MüKo/*Thüsing*, § 16 Rn 3.
10 ErfK/*Preis*, BGB § 612 a Rn 23.
11 *Willemsen/Schweibert*, NJW 2006, 2583.
12 *Schleusener/Suckow/Voigt*, AGG § 16 Rn 19.
13 Die Norm soll die Vorgaben der Beweislastrichtlinie 97/80/EG erfüllen. Insoweit ist wohl die Verweisung auf § 22 AGG zu verstehen, auf welche verwiesen wird. Laut Begr. d. GE (BT-Drucks. 16/1780, S. 47) dient sie der Umsetzung von Art. 8 der Richtlinie 2000/43/EG, Art. 10 der Richtlinie 2000/78/EG und Art. 10 der Richtlinie 2004/113/EG.

I. Einleitung

Verstößt der Arbeitgeber „grob" gegen die Vorschriften des Allgemeinen Gleichbehandlungsgesetzes (AGG), so kann nach § 17 Abs. 2 S 1 in betriebsratsfähigen Betrieben der Betriebsrat oder eine im Betrieb vertretene Gewerkschaft „unter der Voraussetzung des § 23 Abs. 1 Satz 1 des Betriebsverfassungsgesetzes die dort genannten Rechte gerichtlich geltend machen". § 23 Abs. 3 S. 2–5 des BetrVG gelten entsprechend.[1] Damit ist das ausgedrückt, was in der rechtspolitischen Diskussion recht unscharf als „Klagerecht des Betriebsrates" bezeichnet wird. Betriebsrat und Gewerkschaften werden, um ihrer sozialen Verantwortung nachkommen zu können, zur Durchsetzung des Antidiskriminierungsrechts im Betrieb mit betriebsverfassungsrechtlichem Instrumentarium ausgestattet.[2] 1

Abs. 1 setzt Art. 11 Abs. 2 der RL 2000/43/EG, Art. 2 Abs. 5, Art. 13 Abs. 2 der RL 2000/78/EG und Art. 8 b Abs. 2 und 3 der RL 2002/73/EG um. Tarifvertragsparteien, Arbeitgeber, Beschäftigte und deren Vertretungen sind aufgefordert, im Rahmen ihrer Aufgaben und Handlungsmöglichkeiten an der Verwirklichung dieses Ziels mitzuwirken. Die Diskriminierungsverbote erfassen damit auch Tarifverträge, Betriebs- und Dienstvereinbarungen. Der Appell schafft keine rechtlichen Pflichten oder zusätzlichen Gestaltungsrechte, drückt jedoch eine Erwartungshaltung des Gesetzgebers aus: Die **Akteure des Arbeitsrechts und Arbeitslebens** sollen nicht nur von verpönten Diskriminierungen Abstand nehmen, sondern sie sollen zur umfassenden Realisierung des Verbots aktiv beitragen. Das Gesetz kann etwa Anlass dafür sein, Personalprozesse in Unternehmen und Betrieben unter dem Gesichtspunkt des Benachteiligungsschutzes zu überprüfen und ggf neu zu definieren oder Verhaltenskodizes zu vereinbaren.[3] 2

Zur Betonung ihrer Verantwortlichkeit wird den Betriebsräten und den im Betrieb vertretenen Gewerkschaften die Möglichkeit eröffnet, unter der Voraussetzung des § 23 Abs. 3 S. 1 BetrVG die dort genannten Rechte gerichtlich geltend zu machen. Liegt ein grober Verstoß des Arbeitgebers gegen Vorschriften des zweiten Abschnitts vor, können Betriebsräte oder im Betrieb vertretene Gewerkschaften eine erforderliche Handlung, Duldung oder Unterlassung des Arbeitgebers verlangen, um Benachteiligungen wirksam zu unterbinden. Das Antragsrecht des § 23 Abs. 3 S. 1 BetrVG ist belegschaftsnützig und damit kollektivrechtsbezogen. Der Gesetzgeber will dem Betriebsrat und den im Betrieb vertretenen Gewerkschaften eine Möglichkeit geben, das „Mindestmaß gesetzmäßigen Verhaltens im Rahmen der betriebsverfassungsrechtlichen Ordnung" aufrechtzuerhalten. Dies belegt zum einen die Begrenzung des Antragsrechts auf „grobe" Verstöße und zum anderen gerade die (bislang selbstverständliche) Begrenzung auf Verstöße gegen betriebsverfassungsrechtliche Pflichten. Weil § 23 Abs. 3 BetrVG der Durchsetzung der Mitbestimmungsordnung dienen soll, haben auch der Betriebsrat und die im Betrieb vertretene Gewerkschaft das Antragsrecht und nicht etwa einzelne Arbeitnehmer oder auch Arbeitnehmergruppen. Aus diesem Grunde hat das BAG auch (bisher) die Anwendung des § 23 Abs. 3 BetrVG abgelehnt, wenn um die Unterlassung von Verletzungen des allgemeinen Persönlichkeitsrechts der Arbeitnehmer gestritten wurde – auch ein Hinweis auf § 75 BetrVG half da nicht weiter.[4] Hinsichtlich der Zuwiderhandlung des Arbeitgebers gegen eine rechtskräftige gerichtliche Entscheidung verweist die Regelung auf die Vorschrift des § 23 Abs. 3 S. 2 und 3 BetrVG. 3

In Kleinstbetrieben unterhalb der Schwelle des § 1 Abs. 1 S. 1 BetrVG (dh in der Regel fünf ständig beschäftigte wahlberechtigte Arbeitnehmer, von denen drei wählbar sind), sowie in kirchlichen Einrichtungen (§ 118 Abs. 2 BetrVG) und in Einrichtungen des öffentlichen Dienstes (§ 130 BetrVG), die dem BPersVG oder den Landespersonalvertretungsgesetzen unterliegen, besteht ein entsprechender Anspruch nicht – auch nicht für die im Betrieb vertretene Gewerkschaft, denn die „Voraussetzung des § 23 BetrVG", der die Anwendbarkeit des BetrVG beinhaltet, liegt hier nicht vor.[5] 4

Die Vorschrift des § 23 BetrVG sieht ein **zweistufiges Verfahren** vor: Die Verurteilung zu einem Ordnungsgeld oder zu einem Zwangsgeld kommt dann Betracht, wenn das Arbeitsgericht dem Arbeitgeber aufgegeben hat, eine Handlung zu unterlassen, die Vornahme einer Handlung zu dulden oder eine Handlung vorzunehmen, und dieser Entscheidung nicht entsprochen wird. Das Verfahren gegen den Arbeitgeber gliedert sich deshalb in das **Erkenntnisverfahren** (§ 23 Abs. 3 S. 1 BetrVG) und das **Vollstreckungsverfahren** (§ 23 Abs. 3 S. 2–5 BetrVG). Nur auf letzteres verweist das AGG. Für das Erkenntnisverfahren ist der grobe Verstoß des Arbeitgebers gegen seine Verpflichtungen aus dem AGG nur eine Zulässigkeitsvoraussetzung. Bezweckt wird zwar ein gesetzeskonformes Verhalten des Arbeitgebers; es geht hier aber nicht um eine Beseitigung gesetzeswidriger Beeinträchtigung, sondern das Erkenntnisverfahren ist auf ein zukünftiges Verhalten des Arbeit- 5

1 ErfK/*Schlachter*, AGG § 17 Rn 1, Hess. LAG AuR 2008, 315, *Hayen*, AuR 2007, 6.

2 Die Vorschrift war politisch umstritten, fand sich aber bereits im Entwurf eines Gesetzes zum Schutz vor Diskriminierung (ADG) v. 16.12.2004, BT-Drucks. 15/4538. Letzte Änderungen des Gesetzentwurfs gehen auf die Beschlussempfehlung des Rechtsausschusses zurück, BT-Drucks. 16/2022; vgl Beil. zu NZA Heft 16/2006, S. 14 ff (21 f); vgl *Klumpp*, NZA 2006, 904.

3 MüKo/*Thüsing*, AGG § 17 Rn 1.

4 BAG, NZA 2003, 166.

5 MüKo/*Thüsing*, AGG§ 17 AGG Rn 5.

gebers gerichtet. Darin liegt die eigenständige Bedeutung des hier geregelten Zwangsverfahrens gegenüber negatorischen Klagen. Wenn jedoch die grobe Pflichtverletzung des Arbeitgebers erwiesen ist, wird dem Arbeitgeber im Erkenntnisverfahren die Verpflichtung auferlegt, zur Sicherung gesetzeskonformen Verhaltens eine Handlung zu unterlassen, die Vornahme einer Handlung zu dulden oder eine Handlung vorzunehmen. Sofern der Arbeitgeber seiner Verpflichtung aus dieser arbeitsgerichtlichen Entscheidung nicht nachkommt, schließt sich das in § 23 Abs. 3 S. 2–5 BetrVG geregelte Vollstreckungsverfahren an, um die arbeitsgerichtliche Entscheidung durch gerichtlich auferlegte Zwangsmaßnahmen durchzusetzen.[6]

II. Voraussetzungen

6 Die Voraussetzungen für einen „groben Verstoß" des Arbeitgebers iSd § 17 Abs. 2 s.1 AGG gegen seine sich aus dem AGG ergebenden Pflichten entsprechen den im Rahmen des § 23 Abs. 3 S. 1 BetrVG geltenden Anforderungen.[7] Ein grober Verstoß des Arbeitgebers gegen seine sich aus dem AGG ergebenden Pflichten liegt vor, wenn es sich um eine objektiv erhebliche und offensichtlich schwerwiegende Pflichtverletzung handelt, wobei es auf ein Verschulden nicht ankommt.[8] Ein grober Verstoß ist regelmäßig zu bejahen, wenn der Arbeitgeber mehrfach und erkennbar gegen seine sich aus dem AGG ergebenden Pflichten verstoßen hat. Allerdings scheidet ein grober Verstoß des Arbeitgebers dann aus, wenn er seine Rechtsposition in einer schwierigen und ungeklärten Rechtsfrage verteidigt.[9]

7 **1. Betrieb iSd § 1 Abs. 1 BetrVG.** Der Anspruch setzt voraus, dass ein Betrieb besteht, der die Voraussetzungen des § 1 Abs. 1 S. 1 BetrVG erfüllt. Aus dieser Formulierung folgt, dass ein Betriebsrat nicht tatsächlich gewählt sein muss.[10] In dem Betrieb müssen also in der Regel mindestens fünf wahlberechtigte Arbeitnehmer, von denen drei wählbar sind, ständig beschäftigt sein. Arbeitnehmer im Sinne des BetrVG sind Arbeiter und Angestellte einschließlich der zu ihrer Berufsausbildung Beschäftigten, unabhängig davon, ob sie im Betrieb, im Außendienst oder mit Telearbeit beschäftigt werden. Als Arbeitnehmer gelten auch die in Heimarbeit Beschäftigten, die in der Hauptsache für den Betrieb arbeiten. Freie Mitarbeiter, Organmitglieder oder leitende Angestellte gelten nicht als Arbeitnehmer.[11] Obwohl der Anspruch jegliche Form grober Verstöße gegen das AGG sanktioniert, weichen die Personen, die den Anwendungsbereich bestimmen und die Personen, die vom Anspruch geschützt werden, erheblich voneinander ab: Nach § 6 werden auch die arbeitnehmerähnlichen Personen, sämtliche in Heimarbeit Beschäftigten und Bewerber sowie die leitenden Angestellten, Organmitglieder und Geschäftsführer geschützt.

8 Ob § 17 Abs. 2 auch in öffentlichen Dienststellen anwendbar ist, ist umstritten.[12] Der Gesetzgeber hat zu dieser Frage des Anwendungsbereichs keine Stellung genommen.[13]

9 **2. Verstoß gegen Vorschriften des 2. Abschnittes des AGG.** Zunächst muss ein Verstoß gegen die §§ 6–16 vorliegen. Hier kommen alle Verstöße gegen das AGG im Zusammenhang mit den Arbeitsbedingungen der Beschäftigten und ihrem Zugang zur Beschäftigung in Betracht. Aber auch der Verstoß des Arbeitgebers gegen die Pflichten aus den §§ 11–16 AGG berechtigt zum Antrag nach Abs. 2.[14] Da sich der persönliche Anwendungsbereich auch auf den Zugang zur Erwerbstätigkeit und den beruflichen Aufstieg von Selbständigen und Organmitgliedern erstreckt, können die Antragsberechtigten auch bei Benachteiligungen dieser Personen von ihrem Recht nach Abs. 2 Gebrauch machen.

10 **3. Grober Verstoß.** Der Verstoß gegen die Pflichten des zweiten Abschnitts des AGG muss grob sein. Hier finden die bekannten Grundsätze des § 23 Abs. 3 S. 1 BetrVG Anwendung. Ein Verschulden des Arbeitgebers ist nicht erforderlich. Maßgeblich ist, ob die grobe Pflichtverletzung objektiv erheblich und offensichtlich schwerwiegend ist. Sogar ein einmaliger Verstoß gegenüber einem einzelnen Arbeitnehmer soll eine grobe Pflichtverletzung darstellen können.[15] Der Anspruch des Benachteiligten kann aber, anders als der Gesetzgeber meint, nicht nur in Entschädigungs- oder Schadensersatzansprüchen, sondern auch in Unterlassungs-, Vornahme- oder Beseitigungsansprüchen nach §§ 15 Abs. 5, 12 Abs. 1, 3, 4 bestehen, und damit identisch sein mit dem Anspruch aus § 23 Abs. 3 S. 1 BetrVG. Es sind daher zunächst Zweifel anzumelden, ob wirklich der schwere Verstoß gegenüber einem einzelnen Beschäftigten zum Antrag berechtigt, da sich dann der Anspruch des Einzelnen mit dem des Betriebsrats oder der Gewerkschaft decken kann, nämlich gewisse Benachteiligungen eines bestimmten Arbeitnehmers zu unterlassen oder bestimmte Schutzmaßnahmen zu ergreifen. Auch hier käme es zu der vom Gesetzgeber nicht gewollten Prozessstandschaft des Betriebsrats.[16] Diese Parallelität

6 MüKo/*Thüsing*, AGG § 17 Rn 6.
7 BAG, Beschl. v. 18.8.2009 – 1 ABR 47/08, NZA 2010, 222.
8 BAG v. 29.4.2004, NZA 2004, 670.
9 BAG NZA 1992, 670; BAG v. 8.8.1989, BAGE 62, 314, NZA 1990, 198.
10 *Thüsing*, Diskriminierungsschutz, 1 Aufl. 2007, Rn 618.
11 *Besgen/Roloff*, NZA 2007, 670.
12 Bejahend *Besgen/Roloff*, NZA 2007, 670; aA *Bauer/Göpfert/Krieger*, AGG § 17 Rn 28.
13 BT-Drucks. 16/2022 S. 12.
14 Vgl BT-Drucks. 16/1780, 39.
15 *Thüsing*, Diskriminierungsschutz, Rn 616.
16 Vgl BT-Drucks. 16/2022, 12.

kann aber auch eintreten, wenn der Arbeitgeber mehrere Arbeitnehmer benachteiligt und der Betriebsrat die Unterlassung dieser Benachteiligungen begehrt. Das Problem hängt daher nicht mit dem Merkmal des groben Verstoßes zusammen, sondern mit der Auslegung der Ausnahme in Abs. 2 S. 2.[17] Es bleibt daher bei dem allgemeinen Grundsatz, dass der einmalige Verstoß von Abs. 2 S. 1 erfasst ist, sofern er eine gewisse Schwere erreicht.[18] Fraglich ist, ob ein grober Verstoß auch schon dann zu bejahen ist, wenn der Arbeitgeber die Vornahme präventiver Maßnahmen nach § 12 Abs. 1 AGG unterlässt.[19]

„Grob" iSd § 17 Abs. 2 S. 1 meint auch nicht die schwere, isolierte Benachteiligung eines einzelnen Arbeitnehmers, sondern die schwere belegschaftsbezogene Benachteiligung. Damit scheidet ein Antragsrecht bei nicht belegschaftsbezogenen „individuellen" Diskriminierungen aus. Sie sind der Rechtsverfolgung des betroffenen Arbeitnehmers vorbehalten. Man muss also in § 17 Abs. 2 S. 1 (ebenso etwa wie grundsätzlich in § 87 Abs. 1 BetrVG) immer den kollektiven Bezug mitlesen.[20] 11

4. Antragsberechtigung. Antragsberechtigt sind nur der **Betriebsrat** oder eine **im Betrieb vertretene Gewerkschaft**, nicht aber die Jugend- und Auszubildendenvertretung.[21] Kirchliche Mitarbeitervertretungen oder Personalräte sind ebenfalls nicht antragsberechtigt. Der Betriebsrat und die im Betrieb vertretene Gewerkschaft können den Antrag nach § 17 Abs. 2 S. 1 beim Arbeitsgericht einreichen. Zwischen den beiden Antragstellern besteht kein Rangverhältnis. Selbst wenn im Betrieb ein Betriebsrat gewählt wurde, besteht das Antragsrecht der im Betrieb vertretenen Gewerkschaft fort. Eine Gewerkschaft ist im Betrieb vertreten, wenn sie zumindest ein Mitglied unter den im Betrieb beschäftigten Arbeitnehmern aufweist. Dieses ist zum Nachweis der Antragsberechtigung ggf (ausreichend ist, dass das Mitglied seine Mitgliedschaft bei einem Notar nachweist und dieser dann ohne Namensnennung des Mitglieds bescheinigt, dass ein solcher Nachweis erfolgt ist) zu benennen. Die **Gewerkschaft** ist auch dann **antragsberechtigt**, wenn der **Betrieb keinen Betriebsrat hat**. § 17 Abs. 2 setzt nicht das Bestehen eines Betriebsrats voraus, sondern allein dessen Betriebsratsfähigkeit (s. Rn 7). 12

Die Antragsberechtigung ist eine **Verfahrensvoraussetzung**; sie muss deshalb in jedem Stadium des Verfahrens, also auch noch im Zeitpunkt der letzten mündlichen Anhörung in der Rechtsbeschwerdeinstanz bestehen.[22] Wechselt der Betriebsrat, so hat dies auf den Fortgang des Verfahrens keinen Einfluss.[23] 13

5. Antrag. Für die Einleitung des Verfahrens genügt nicht, dass lediglich festgestellt werden soll, der Arbeitgeber habe gegen Pflichten aus dem Gesetz grob verstoßen; ein derartiger Antrag kann nicht die Grundlage für das hier geregelte Zwangsverfahren bilden. Vollstreckungsfähig ist vielmehr nur ein Antrag, der auf ein **zukünftiges Verhalten** gerichtet ist.[24] Daher ist es auch ausgeschlossen, einen Antrag, durch den das hier gestaltete Zwangsverfahren eingeleitet werden soll, in einen Feststellungsantrag umzudeuten.[25] 14

6. Entscheidung des Arbeitsgerichts. Es handelt es sich um ein arbeitsgerichtliches Beschlussverfahren nach §§ 2 a, 80 ff ArbGG.[26] Zu beteiligen ist neben dem Antragsteller der Arbeitgeber. Der oder die betroffenen Arbeitnehmer sind nicht zu beteiligen. Die Voraussetzungen des § 83 Abs. 3 ArbGG liegen nicht vor, denn die betriebsverfassungsrechtliche Stellung des Arbeitnehmers ist nicht unmittelbar berührt. Die bloße Zugehörigkeit des Arbeitnehmers zum betrieblichen Kollektiv und damit der „guten Ordnung des Betriebes" begründet nicht seine Beteiligtenfähigkeit. Das betriebsverfassungsrechtliche Beschlussverfahren hat auch keine präjudizielle Wirkung für ein etwaiges individualrechtliches Verfahren des oder der betroffenen Arbeitnehmer, so dass auch aus diesem Grunde eine Beteiligung des Arbeitnehmers entbehrlich ist. Dies schließt nicht aus, dass der oder die betroffenen Arbeitnehmer im Beschlussverfahren, schon wegen des Amtsermittlungsgrundsatzes, angehört werden.[27] 15

III. Beweiserleichterungen für den Betriebsrat

Das AGG sieht in **§ 22** Beweiserleichterungen vor. Beweist im Streitfall eine Partei Indizien, die eine Benachteiligung wegen eines in **§ 1** genannten Grundes vermuten lassen, trägt die andere Partei die Beweislast dafür, dass kein Verstoß gegen die Bestimmungen zum Schutz vor Benachteiligung vorgelegen hat. Die Vorschrift zielt erkennbar auf das individualrechtliche Verfahren ab und nicht auf das besondere Verfahren nach **§ 17 Abs. 2** iVm **§ 22 Abs. 3 BetrVG**. Dennoch stellt sich die Frage, ob die Grundsätze der Beweiserleichterung auch im kollektivrechtlichen Verfahren nach **§ 17 Abs. 2** Anwendung finden. Nach der systematischen Stellung und dem Wortlaut des **§ 22** kommt eine Anwendung auch im Beschlussverfahren in Betracht. Allerdings 16

17 BeckOK/*Roloff*, AGG § 17 Rn 8.
18 *Besgen/Roloff*, NZA 2007, 670.
19 So wohl *Schleusener/Suckow/Voigt*, AGG § 17 Rn 16; jurisPR-ArbR/*Düwell*, 28/2006, Anm. 7; verneinend: BeckOK/*Roloff*, AGG § 17 Rn 8.
20 *Klumpp*, NZA 2006, 904.
21 MüKo/*Thüsing*, AGG § 17 Rn 10.
22 *Richardi/Thüsing*, BetrVG § 19 Rn 43.
23 *Richardi/Thüsing*, BetrVG § 23 Rn 96.
24 MüKo/*Thüsing*, AGG § 17 Rn 13; *Fitting*, BetrVG § 23 Rn 76; HSG/*Schlochauer*, BetrVG § 23 Rn 67.
25 MüKo/*Thüsing*, AGG § 17 Rn 13.
26 *Besgen/Roloff*, NZA 2007, 670.
27 *Besgen/Roloff*, NZA 2007, 670.

würde die Anwendung von **§ 22** eine Aufhebung des in **§ 83 Abs. 1 S. 1 ArbGG** vorgegebenen Amtsermittlungsgrundsatzes im Beschlussverfahren darstellen. Dies spricht gegen eine Anwendung, wie auch § 17 Abs. 2 auf die Tatbestandsvoraussetzungen des **§ 23 Abs. 3 BetrVG** verweist. Das Betriebsverfassungsrecht sieht aber Beweiserleichterungen nicht vor.[28]

IV. Kosten

17 Die Kosten eines Beschlussverfahrens nach § 17 Abs. 2 muss der Arbeitgeber nach § 40 BetrVG umfassend übernehmen, sofern sie erforderlich sind. Die Geltendmachung der Rechte aus § 17 Abs. 2 bezieht sich unmittelbar auf eine Betriebsratstätigkeit, die der Gesetzgeber dem Betriebsrat nunmehr zusätzlich außerhalb der Betriebsverfassung eingeräumt hat. Im Übrigen sind auch die Streitigkeiten nach § 80 BetrVG über den Umfang der allgemeinen Aufgaben des Betriebsrats betriebsverfassungsrechtliche Rechtsstreitigkeiten nach §§ 80 ff ArbGG. Das Zwangsvollstreckungsverfahren folgt den Vorgaben des § 23 Abs. 3 S. 2–5 BetrVG, § 17 Abs. 2 S. 1 AGG. Wie bei § 23 Abs. 3 S. 1 BetrVG scheidet auch für den Anspruch aus § 17 Abs. 2 der Erlass einer einstweiligen Verfügung aus.[29] Der Antrag aus § 17 Abs. 2 dient nicht dazu, das ordnungsgemäße Verhalten des Arbeitgebers unmittelbar zu sichern, sondern Verstöße zu sanktionieren.

§ 18 AGG Mitgliedschaft in Vereinigungen

(1) Die Vorschriften dieses Abschnitts gelten entsprechend für die Mitgliedschaft oder die Mitwirkung in einer

1. **Tarifvertragspartei,**
2. **Vereinigung, deren Mitglieder einer bestimmten Berufsgruppe angehören oder die eine überragende Machtstellung im wirtschaftlichen oder sozialen Bereich innehat, wenn ein grundlegendes Interesse am Erwerb der Mitgliedschaft besteht,**

sowie deren jeweiligen Zusammenschlüssen.

(2) Wenn die Ablehnung einen Verstoß gegen das Benachteiligungsverbot des § 7 Abs. 1 darstellt, besteht ein Anspruch auf Mitgliedschaft oder Mitwirkung in den in Absatz 1 genannten Vereinigungen.

I. Einleitung

1 Die Vorschrift stellt klar, dass für die Mitgliedschaft und Mitwirkung in Tarifvertragsparteien und Berufsorganisationen die Regelungen über die Benachteiligungsverbote und deren Rechtsfolgen entsprechend denjenigen im Rahmen eines Beschäftigungsverhältnisses gelten. Damit setzt der nationale Gesetzgeber Art. 3 Abs. 1 lit. d der RL 2000/43/EG, 2000/78/EG und 76/207/EWG um.

II. Anwendungsbereich

2 Abs. 1 übernimmt die Begriffe der Mitgliedschaft und Mitwirkung des § 2 Abs. 1 Nr. 4. Trotz des abweichenden Wortlauts unterfällt auch die Inanspruchnahme von Leistungen der Vereinigungen dem Anwendungsbereich des Abs. 1.[1] Auch der Begriff der Vereinigung, deren Mitglieder einer bestimmten Berufsgruppe angehören, entspricht § 2 Abs. 1 Nr. 4. Neu führt der Gesetzgeber den Begriff der Tarifvertragspartei ein. Nach § 2 Abs. 1 TVG sind Gewerkschaften, einzelne Arbeitgeber sowie Vereinigungen von Arbeitgebern Tarifvertragsparteien. Konsequenterweise dürfte allerdings auf den Koalitionsbegriff abzustellen sein, da dieser eher den Anforderungen des Art. 3 Abs. 1 lit. d der RL 2000/78/EG entspricht, wo ganz klar von Arbeitgeber- und Arbeitnehmervereinigungen die Rede ist.

3 Daneben erfasst Abs. 1 Nr. 2 auch Vereinigungen mit überragender Machtstellung. Hierzu zählen Vereinigungen mit monopolartiger Stellung.[2]

4 Gemeinsame Voraussetzung aller Vereinigungen des Abs. 1 ist, dass ein grundlegendes Interesse des Beschäftigten an der Mitgliedschaft besteht. Das gilt auch für Tarifvertragsparteien, wo ein solches Interesse jedoch regelmäßig besteht, wenn die Vereinigung für den Beschäftigten maßgebliche Tarifverträge abschließt. Dane-

28 *Bauer/Göpfert/Krieger*, AGG § 17 Rn 28.
29 *Bauer/Göpfert/Krieger*, AGG § 17 Rn 26.
1 BT-Drucks. 16/1780, 39.
2 BT-Drucks. 16/1780, 39; *Bauer/Göpfert/Krieger*, AGG § 18 Rn 11; BGH NJW 1985, 1216.

ben besteht ein grundlegendes Interesse, wenn ein sachlicher Grund rechtlicher, wirtschaftlicher oder sozialer Natur besteht und dieser über die durchschnittlichen Interessen hinausgeht.[3] Bei Vereinigungen mit einer überragenden Machtstellung folgt aus dieser Stellung das gesteigerte Interesse des Beschäftigten, sofern er für die Ausübung seiner Beschäftigung auf die Mitgliedschaft angewiesen ist.[4]

III. Normzweck

§ 18 bestimmt eine entsprechende Geltung der Vorschriften dieses Gesetzes. Damit ist eine Benachteiligung wegen eines in § 1 genannten Grundes grundsätzlich unzulässig bei der Entscheidung über die Mitgliedschaft und die Mitwirkung in einer Organisation nach Abs. 1. Vor Inkrafttreten des AGG galt nichts anderes. Die Aufnahme in eine Gewerkschaft durfte auch zu diesem Zeitpunkt nicht aus unsachlichen Gründen abgelehnt werden.[5] Bei der Willensbildung war das Gebot der Gleichbehandlung der Mitglieder und das Verbot der Willkür zu beachten, wobei für Vereinigungen, die den Zugang zu wesentlichen Vorteilen beherrschten, besondere Anforderungen zu stellen waren.[6] 5

Differenzierungen in den Rechten und Pflichten der Mitglieder werden ebenso von § 18 erfasst. Insoweit berühren sich die besonderen Benachteiligungsverbote des AGG mit dem allgemeinen vereinsrechtlichen Gleichbehandlungsgrundsatz. Es gelten die möglichen Rechtfertigungsgründe der §§ 8 ff entsprechend. Unzulässig ist die mittelbare Benachteiligung bei der Aufnahme; die Rechtfertigungsschwelle ist aber niedriger. Bei der unmittelbaren Benachteiligung kommt es darauf an, dass ein in § 1 genannter Grund wegen der Art der Mitgliedschaft eine wesentliche und entscheidende mitgliedschaftliche Anforderung darstellt, sofern der Zweck rechtmäßig und die Anforderung angemessen ist. Bei der mittelbaren Benachteiligung ist erforderlich, dass der zum Ausschluss von der Mitgliedschaft führende Grund durch ein rechtmäßiges Ziel sachlich gerechtfertigt ist und die Mittel zur Erreichung dieses Ziels angemessen und erforderlich sind.[7] 6

Vom Benachteiligungsverbot erfasst werden entsprechend den Vorgaben der Richtlinien auch die „Inanspruchnahme der Leistungen solcher Organisationen". Nicht entsprechend gelten die Vorschriften dieses Abschnitts für Benachteiligungen, insbesondere (sexuelle) Belästigungen durch andere Mitglieder einer Vereinigung nach Abs. 1. 7

Wer unzulässig wegen eines in § 1 genannten Grundes nicht in die Vereinigung aufgenommen wurde, hat gegen die Vereinigung einen Anspruch auf Mitgliedschaft.[8] Bei dem Anspruch auf Mitgliedschaft geht es um den Anspruch auf Abgabe einer Willenserklärung der Vereinigung auf Mitgliedschaft. Der Anspruch auf Mitgliedschaft besteht nur, soweit die übrigen Voraussetzungen für die Mitgliedschaft erfüllt sind.[9] Wer unzulässig wegen eines in § 1 AGG genannten Grundes an der Mitwirkung in der Vereinigung gehindert wurde, hat einen Anspruch auf Mitwirkung. Bei dem Anspruch auf Mitwirkung geht es wohl um die Duldung eines Verhaltens oder die Unterlassung von Behinderungen einer bestimmte Mitwirkungshandlung.[10] Dies gilt auch für Mitglieder, die aus dem Arbeitsleben ausgeschieden sind. Auch deren Beteiligungsrechte müssen unter bestimmten Voraussetzungen gewährleistet sein. Insoweit das BAG: Gewerkschaftsmitglieder, die Betriebsrentner sind, haben einen Anspruch darauf, an den sie betreffenden Entscheidungen tarifpolitisch ebenso mitzuwirken, wie Gewerkschaftsmitglieder, die noch aktive Arbeitnehmer sind.[11] 8

§ 22 und die darin enthaltene Beweislastregel finden entsprechende Anwendung für die Voraussetzungen der Benachteiligung nach § 3 und die Rechtfertigung. Für die besonderen Anforderungen der Vereinigung des Abs. 1 greift § 22 nicht.[12] Allenfalls eine abgestufte Darlegungs- und Beweislast hilft hier dem Anspruchsteller bei dem Beweis, dass es sich um eine Vereinigung nach Abs. 1 handelt. 9

IV. Rechtsweg

Für die Ansprüche aus Abs. 1 scheidet eine sachliche Zuständigkeit der Arbeitsgerichte aufgrund § 2 ArbGG aus: § 2 Abs. 1 Nr. 2 ArbGG erfasst nicht den Streit der Parteien über Mitgliedschaftsrechte.[13] Allein der Streit über die Aufnahme und den Ausschluss eines Mitglieds könnte wegen des Bezugs zur Vereinigungsfreiheit die sachliche Zuständigkeit des Arbeitsgerichts nach § 2 Abs. 1 Nr. 2 ArbGG begründen, was aber ebenfalls überwiegend abgelehnt wird.[14] Es sind die ordentlichen Gerichte zuständig.[15] 10

3 *Schleusener/Suckow/Voigt*, AGG § 18 Rn 31.
4 BeckOK/*Roloff*, AGG § 18 Rn 3.
5 BGHZ 93, 151.
6 OLG Celle NJW-RR 1995, 1273.
7 MüKo/*Thüsing*, AGG § 18 Rn 12.
8 BeckOK/*Roloff*, AGG § 18 Rn 5.
9 BT-Drucks. 16/1780, 39; *Schleusener/Suckow/Voigt*, AGG § 18 Rn 62.
10 BeckOK/*Roloff*, AGG § 18 Rn 5.
11 BAG NZA 2008, 1244.
12 *Schleusener/Suckow/Voigt*, AGG § 18 Rn 52.
13 *Schwab/Weth/Walker*, ArbGG § 2 Rn 72.
14 BGH 28.9.1972, AP GG Art. 9 Nr. 21; BGH 22.9.1980, AP GG Art. 9 Nr. 33; G/M/P/M-G/*Matthes* ArbGG § 2 Rn 47; aA *Schwab/Weth/Walker*, ArbGG § 2 Rn 72.
15 *Däubler/Bertzbach*, AGG § 18 Rn 22.

Abschnitt 3
Schutz vor Benachteiligung im Zivilrechtsverkehr

§ 19 AGG Zivilrechtliches Benachteiligungsverbot

(1) Eine Benachteiligung aus Gründen der Rasse oder wegen der ethnischen Herkunft, wegen des Geschlechts, der Religion, einer Behinderung, des Alters oder der sexuellen Identität bei der Begründung, Durchführung und Beendigung zivilrechtlicher Schuldverhältnisse, die

1. typischerweise ohne Ansehen der Person zu vergleichbaren Bedingungen in einer Vielzahl von Fällen zustande kommen (Massengeschäfte) oder bei denen das Ansehen der Person nach der Art des Schuldverhältnisses eine nachrangige Bedeutung hat und die zu vergleichbaren Bedingungen in einer Vielzahl von Fällen zustande kommen oder

2. eine privatrechtliche Versicherung zum Gegenstand haben,

ist unzulässig.

(2) Eine Benachteiligung aus Gründen der Rasse oder wegen der ethnischen Herkunft ist darüber hinaus auch bei der Begründung, Durchführung und Beendigung sonstiger zivilrechtlicher Schuldverhältnisse im Sinne des § 2 Abs. 1 Nr. 5 bis 8 unzulässig.

(3) Bei der Vermietung von Wohnraum ist eine unterschiedliche Behandlung im Hinblick auf die Schaffung und Erhaltung sozial stabiler Bewohnerstrukturen und ausgewogener Siedlungsstrukturen sowie ausgeglichener wirtschaftlicher, sozialer und kultureller Verhältnisse zulässig.

(4) Die Vorschriften dieses Abschnitts finden keine Anwendung auf familien- und erbrechtliche Schuldverhältnisse.

(5) [1]Die Vorschriften dieses Abschnitts finden keine Anwendung auf zivilrechtliche Schuldverhältnisse, bei denen ein besonderes Nähe- oder Vertrauensverhältnis der Parteien oder ihrer Angehörigen begründet wird. [2]Bei Mietverhältnissen kann dies insbesondere der Fall sein, wenn die Parteien oder ihre Angehörigen Wohnraum auf demselben Grundstück nutzen. [3]Die Vermietung von Wohnraum zum nicht nur vorübergehenden Gebrauch ist in der Regel kein Geschäft im Sinne des Absatzes 1 Nr. 1, wenn der Vermieter insgesamt nicht mehr als 50 Wohnungen vermietet.

I. Überblick über das zivilrechtliche Benachteiligungsverbot

1 Für die bürgerlich-rechtlichen Beziehungen galt vor Normierung des AGG das allgemeine Gleichbehandlungsgebot nur durch die mittelbare Drittwirkung der Grundrechte, insbesondere des Art. 3 GG.[1] Mit § 19 hat der Gesetzgeber nun ein unmittelbar geltendes zivilrechtliches Benachteiligungsverbot geschaffen.[2]

2 Die Norm dient damit in erster Linie der Umsetzung der Antirassismus-RL 2000/43/EG vom 29.6.2000 (ABl EG Nr. L 180 S 22) und der Gleichbehandlungs-RL 2004/113/EG vom 13.12.2004 (ABl EG Nr. L 373

1 *Gaier/Wendtland*, AGG § 19 Rn 1 ff, 5 ff; BeckOK/*Wendtland*; AGG § 19 Rn 1; *Meinel/Heyn/Herms*, AGG, § 19 Rn 1; *Rühl/Schmid/Viethen*, AGG, S. 95; zur bisherigen Rechtslage: vgl nur *Schrader/Schubert*, AGG, Rn 597 ff und *Koppenfels*, WM 2002, 1498, 1492 f jeweils mwN.

2 *Gaier/Wendtland*, § 19 AGG Rn 7; BeckOK/*Wendtland*; § 19 AGG Rn 1; Däubler/Bertzbach/*Franke/Schlichtmann*, § 19 AGG Rn 1; MüKo/*Thüsing*, AGG Vor § 19 Rn 1; *Rühl/Schmidt/Viethen*, AGG, S. 95 f.

S 37), deren Vorgaben jeweils Verbote von Diskriminierungen aus Gründen der Rasse und der ethnischen Herkunft bzw von Ungleichbehandlungen wegen des Geschlechts enthalten.[3]

Der Gesetzgeber begnügte sich bei Normierung des § 19, der Diskriminierungen auch im allgemeinen Zivilrechtsverkehr verbietet, nicht damit, die europäischen Vorgaben nachzuvollziehen, sondern ging mit Statuierung des § 19 über diese hinaus. Er erweiterte den europarechtlich geforderten Anwendungsbereich durch die Erstreckung des Diskriminierungsverbots auf Ungleichbehandlungen aus Gründen der Religion, einer Behinderung, des Alters oder der sexuellen Identität.[4] Damit trägt die Bestimmung dem allgemeinen gesellschaftlichen Grundkonsens Rechnung, dass Unterscheidungen auch nach diesen Merkmalen im Zivilrechtsverkehr grds. unerwünscht sind.[5] 3

II. Die unzulässige Benachteiligung nach Abs. 1

Nach § 19 Abs. 1 ist eine Benachteiligung aus Gründen der Rasse oder wegen der ethnischen Herkunft, des Geschlechts, der Religion, einer Behinderung, des Alters oder sexuellen Identität bei Begründung, Durchführung und Beendigung sogenannter Massengeschäfte oder vergleichbarer Geschäfte unzulässig. Bezüglich der einzelnen Diskriminierungsmerkmale kann an dieser Stelle auf die Kommentierung zu § 1 verwiesen werden. 4

In Bezug auf das Tatbestandsmerkmal der Benachteiligung ist darauf hinzuweisen, dass eine § 7 Abs. 1 entsprechende Regelung nicht normiert wurde, nach der das Benachteiligungsverbot auch dann Geltung beanspruchen würde, wenn die diskriminierende Person das Vorliegen eines Diskriminierungsmerkmals nur annimmt. Dennoch geht die ganz hM zu Recht davon aus, dass eine unzulässige Benachteiligung im Rahmen des § 19 auch in diesen Fällen, in denen der Benachteiligende sich in einem Tatbestandsirrtum befindet, anzunehmen ist. Für die Beurteilung des diskriminierenden Verhaltens kann es richtigerweise keinen Unterschied machen, ob das Opfer der Diskriminierung tatsächlich das Diskriminierungsmerkmal erfüllt. Die Gegenansicht würde zu dem untragbaren Ergebnis führen, dass jemand, der bspw aufgrund seiner Homosexualität diskriminiert wurde, eben diese vor Gericht beweisen müsste.[6] 5

Im Weiteren kann zur Bestimmung der Tatbestandsmerkmals der Benachteiligung auf die Kommentierung zu § 3 verwiesen werden. 6

1. Massengeschäfte, Abs. 1 Nr. 1 Alt. 1. § 19 Abs. 1 schließt in seiner ersten Alternative zunächst Massengeschäfte in seinen Anwendungsbereich ein.[7] 7

Erfasst werden nach dem Wortlaut der Norm Rechtsgeschäfte, die typischerweise ohne Ansehen der Person in einer Vielzahl von Fällen zu vergleichbaren Bedingungen zustande kommen. Damit scheiden einmalige Sachverhalte aus dem Anwendungsbereich der Vorschrift aus, wobei es entscheidend auf die Sicht des Anbieters ankommt, da das Benachteiligungsgebot an diesen und nicht den Kunden adressiert ist.[8] 8

Die Norm erfasst in erster Linie diejenigen Leistungen, die von Unternehmern iSv § 14 BGB erbracht werden, dh von natürlichen oder juristischen Personen, die in Ausübung ihrer gewerblichen oder beruflichen Tätigkeit handeln.[9] Die Unternehmereigenschaft ist aber keine Tatbestandsvoraussetzung, so dass auf der einen Seite Unternehmer, die eine individualisierte Leistung erbringen nicht erfasst werden, auf der anderen Seite aber auch Privatpersonen erfasst werden, die bspw im Internet eine Vielzahl von Geschäften abschließen.[10] 9

Das Schuldverhältnis muss in einer Vielzahl von Fällen zustande kommen. Ein einmaliger Sachverhalt reicht danach nicht aus. Es muss sich aus der Sicht des Anbieters bei dem Geschäft um eines von vielen handeln.[11] Erforderlich ist, dass sie darauf ausgerichtet sind, regelmäßig wiederkehrend in zahlenmäßig nicht nur 10

3 Däubler/Bertzbach/*Franke/Schlichtmann*, § 19 AGG Rn 4 f; BeckOK/*Wendtland*; § 19 AGG Rn 1; MüKo/*Thüsing*, AGG Vor § 19 Rn 3 ff; *Rühl/Schmid/Viethen*, AGG, S. 96; vgl auch *Nickel* NJW 2001, 2668.

4 MüKo/*Thüsing*, AGG Vor § 19 Rn 5; Bamberger/Roth//*Wendtland*; AGG § 19 Rn 1; Däubler/Bertzbach/*Franke/Schlichtmann*, AGG § 19 Rn 8 ff.

5 Vgl BR-Drucks. 329/06 S 20; BeckOK/*Wendtland*; AGG § 19 Rn 1; MüKo/*Thüsing*, AGG Vor § 19 Rn 7; Däubler/Bertzbach/*Franke/Schlichtmann*, AGG § 19 Rn 8 ff; *Rühl/Schmid/Viethen*, S. 96 f.

6 Ganz hM, vgl nur Däubler/Bertzbach/*Franke/Schlichtmann*, AGG § 19 Rn 19; Hey/*Weimann*, AGG § 19 Rn 4 ff; MüKo/*Thüsing*, AGG § 19 Rn 145 f.

7 Däubler/Bertzbach/*Franke/Schlichtmann*, AGG § 19 Rn 25; *Meinel/Heyn/Herms*, AGG § 19 Rn 8; *Jauernig*, AGG § 19 Rn 2; vgl auch MüKo/*Thüsing*, AGG § 19 Rn 4 ff, der die erfassten Geschäfte auf solche gem. § 2 Abs. 1 Nr. 5–8 beschränken will. Dieser Ansicht ist mit der ganz hM nicht zu folgen, vgl nur *Schrader/Schubert*, AGG, Rn 634.

8 Vgl BT-Drucks. 16/1780 S. 41; *Meinel/Heyn/Herms*, AGG, § 19 Rn 9; Däubler/Bertzbach/*Franke/Schlichtmann*, AGG § 19 Rn 28 ff; *Jauernig*, AGG § 19 Rn 4; *Gaier/Wendtland*, AGG § 19 Rn 19 mwN; Stork, ZEuS 2005, 29.

9 Däubler/Bertzbach/*Franke/Schlichtmann*, AGG § 19 Rn 27; *Gaier/Wendtland*, AGG § 20 Rn 19; vgl BT-Drucks. 16/1780 S. 41.

10 Däubler/Bertzbach/*Franke/Schlichtmann*, AGG § 19 Rn 27; *Jauernig*, AGG § 19 Rn 5; Bamberger/Roth/*Wendtland*; AGG § 19 Rn 3; *Meinel/Heyn/Herms*, AGG, § 19 Rn 9; krit.: *Stork*, ZEuS 2005, 1 ff, 28 ff.

11 *Meinel/Heyn/Herms*, AGG § 19 Rn 9; *Jauernig*, AGG § 19 Rn 4; BT-Drucks. 16/1780, S. 41.

unbedeutendem Umfang geschlossen zu werden. Ist das der Fall, wird bereits das erste Geschäft dieser Art erfasst.[12]

11 Das Gesetz fordert, dass das Geschäft typischerweise ohne Ansehen der Person zustande kommt. Dies wird man annehmen müssen, sofern der Anbieter im Rahmen seiner Kapazitäten grds. und ohne weiteres bereit ist, den Vertrag mit jeder zahlungswilligen und zahlungsfähigen Person zu schließen, die mit seinen Bedingungen einverstanden ist.[13] Dies wird regelmäßig dann der Fall sein, wenn das Angebot die Nachfrage übersteigt.[14] Wer sich hingegen zielgerichtet nur an einzelne, konkret individualisierte Personen wendet, unterliegt nicht dem Benachteiligungsverbot.[15]

12 Somit fallen unproblematisch die Bargeschäfte des täglichen Lebens, wie sie zB im Einzelhandel, in Gaststätten oder in Freizeiteinrichtungen getätigt werden, unter den Begriff des Massengeschäfts.[16] Darüber hinaus scheidet eine pauschalierende Einordnung bestimmter Vertragsarten danach, ob es sich bei ihnen typischerweise um Massengeschäfte handelt oder nicht, weitgehend aus.[17] Die Beurteilung, ob ein Massengeschäft iSv Abs. 1 Nr. 1 vorliegt, bedarf vielmehr einer individuellen Betrachtung der konkreten Umstände des Einzelfalls.

13 Erforderlich ist, dass das Geschäft nach seiner Art grds. auch mit allen Vertragspartnern zu vergleichbaren Bedingungen geschlossen, durchgeführt und beendet wird.[18] Dieses Merkmal wird in den wenigsten Fällen eigenständige Bedeutung erlangen, da Geschäfte, die „ohne Ansehen der Person" des Vertragspartners geschlossen werden, typischerweise auch zu vergleichbaren Bedingungen begründet, durchgeführt und beendet werden.[19] Unerheblich ist dabei, ob einzelne Vertragspartner – etwa wegen besonderen Verhandlungsgeschicks – im Einzelfall Preisnachlässe erreichen.[20] Ein Indiz für solchermaßen vergleichbare Bedingungen ist die Verwendung von AGB.[21] Maßstab ist eine allgemeine, typisierende Betrachtungsweise, nach der es allein darauf ankommt, ob der individualisierte Anbieter das Geschäft typischerweise mit allen Vertragspartnern zu ähnlichen Bedingungen abschließt.[22]

14 **2. Vergleichbare Geschäfte, Abs. 1 Nr. 1 Alt. 2.** Erfasst werden von § 19 Abs. 1 Nr. 1 auch Geschäfte, bei denen das Ansehen der Person zwar eine gewisse Rolle spielt, aber nur nachrangige Bedeutung hat, wie dies der Fall ist, wenn allein die wirtschaftliche Bonität über den Vertragsschluss entscheidet.[23] Beispiele hierfür sind kleinere Konsumentenkredite[24] oder Handy-Verträge, die der Anbieter zwar grds. mit jedermann schließt, den Vertragsschluss aber vom Ergebnis einer standardisierten Bonitätsprüfung, wie einer zuvor eingeholten Schufa-Auskunft, abhängig macht.[25]

15 Die Alt. 2 des § 19 Abs. 1 Nr. 1 umfasst inhaltlich auch die Massengeschäfte der Alt. 1 und ist damit vom Gesetzgeber als Auffangtatbestand konzipiert, für Fälle in denen ein Ansehen der Person nicht zweifelsfrei verneint werden kann.[26]

16 **3. Privatrechtliche Versicherungsverträge, Abs. 1 Nr. 2.** Dem zivilrechtlichen Diskriminierungsverbot unterliegen nach Abs. 1 Nr. 2 auch privatrechtliche Versicherungsverträge. Ein Versicherungsgeschäft liegt vor, wenn gegen Entgelt für den Fall eines bestimmten Ereignisses bestimmte Leistungen übernommen werden, wobei das übernommene Risiko auf eine Vielzahl durch die gleiche Gefahr bedrohter Personen verteilt wird und der Risikoübernahme eine auf dem Gesetz der großen Zahl beruhende Kalkulation zugrunde liegt.[27]

12 *Gaier/Wendtland,* AGG § 19 Rn 20; Bamberger/Roth/*Wendtland*, AGG § 19 Rn 3.

13 Bamberger/Roth//*Wendtland*; AGG § 19 Rn 4; *Jauernig*, AGG § 19 Rn 4; *Meinel/Heyn/Herms*, AGG § 19 Rn 11; *Maier-Reimer*, NJW 2006, 2577, 2579.

14 Däubler/Bertzbach/*Franke/Schlichtmann*, AGG § 19 Rn 25; *Stork*, ZEuS 2005, 25.

15 Vgl *Meinel/Heyn/Herms*, AGG § 19 Rn 12; *v. Westphalen*, ZGS 2002, 283, 285; *Wiedemann/Thüsing*, DB 2002, 463, 465.

16 Däubler/Bertzbach/*Franke/Schlichtmann*, AGG § 19 Rn 25; *Meinel/Heyn/Herms*, AGG, § 19 Rn 12; vgl auch BT-Drucks. 16/1780, S. 41.

17 *Gaier/Wendtland* AGG § 19 Rn 24.

18 Vgl hierzu *Meinel/Heyn/Herms*, AGG, § 19 Rn 16; *Jauernig*, § 19 AGG Rn 3; MüKo/*Thüsing*, AGG § 19 Rn 32 ff.

19 Däubler/Bertzbach/*Franke/Schlichtmann*, AGG § 19 Rn 33; *Meinel/Heyn/Herms*, AGG, § 19 Rn 16.

20 BT-Drucks. 16/1780, S. 41; Däubler/Bertzbach/*Franke/Schlichtmann*, AGG § 19 Rn 33; Bamberger/Roth//*Wendtland*; AGG § 19 Rn 6, *Meinel/Heyn/Herms*, AGG, § 19 Rn 16; *Jauernig* AGG, § 19 Rn 3.

21 MüKo/*Thüsing*, AGG § 19 Rn 43; Däubler/Bertzbach/*Franke/Schlichtmann*, AGG § 19 Rn 33.

22 Vgl BT-Drucks. 16/1780, S. 41; Däubler/Bertzbach/*Franke/Schlichtmann*, AGG § 19 Rn 33; Bamberger/Roth//*Wendtland*, AGG § 19 Rn 6; *Schrader/Schubert*, AGG, Rn 634.

23 MüKo/*Thüsing*, AGG Vor § 19 Rn 43; Bamberger/Roth/*Wendtland*, AGG § 19 Rn 4.

24 *Gaier/Wendtland*, AGG § 19 Rn 22; Palandt/*Grüneberg*, AGG § 19 Rn 3; *Schürnbrand*, BKR 2007, 305.

25 Bamberger/Roth//*Wendtland*; AGG § 19 Rn 5 f; MüKo/*Thüsing*, AGG Vor § 19 Rn 43.

26 MüKo/*Thüsing*, AGG § 19; Rn 41; Däubler/Bertzbach/*Franke/Schlichtmann*, AGG § 19 Rn 35; *Rühl/Schmid/Viethen*, S. 124; vgl *Schrader/Schubert*, AGG, Rn 639.

27 BVerG v. 29.9.1992 – 1 A 26/91, VersR 1993, 1217; *Bauer/Göpfert/Krieger*, AGG, § 19 Rn 11; *Meinel/Heyn/Herms*, AGG, § 19 Rn 19.

Viele Versicherungsverträge werden grundsätzlich nur aufgrund einer Risikoanalyse im Einzelfall und damit gerade nicht ohne Ansehen der Person abgeschlossen, wie bspw Lebens- oder Krankenversicherungen. Durch Abs. 1 Nr. 2 werden aber auch diese in den Anwendungsbereich der Vorschrift einbezogen, unabhängig davon, ob es sich um ein Massengeschäft iSv Abs. 1 Nr. 1 handelt oder nicht.[28] Soweit das in Rede stehende Geschäft im Einzelfall (auch) die Voraussetzungen von Abs. 1 Nr. 1 erfüllt, geht die Regelung in Abs. 1 Nr. 2 als Spezialvorschrift vor.[29] **17**

Nach Abs. 1 Nr. 2 sind Unterscheidungen bei der Auswahl von Versicherungsnehmern und der inhaltlichen Ausgestaltung von Versicherungsverträgen grds. verboten, wenn sie auf Merkmalen iSv Abs. 1 beruhen. Da dies aber nur dann gilt, wenn die Ungleichbehandlung aus sachlich nicht gerechtfertigtem Grund erfolgt, werden Unterscheidungen bspw bei der Festlegung von Versicherungsprämien oder der Gewährung von Versicherungsleistungen nicht erfasst, wenn die zugrunde liegende Berücksichtigung von Merkmalen iS von Abs. 1 Nr. 1 aus einer risikoadäquaten Kalkulation folgt, die wiederum anerkannte Prinzipien zugrunde legt und auf relevanten und genauen versicherungsmathematischen und statistischen Daten beruht.[30] **18**

Der EuGH hat in der Rechtssache C-236/09 aber nun am 1.3.2011 entschieden, dass ab Ende 2012 die Versicherungsgesellschaften geschlechtsneutrale Unisex-Tarife anbieten müssen. Die Berücksichtigung des Geschlechts als prämienrelevanten Risikofaktor innerhalb der Policen sei diskriminierend und daher unzulässig. Ab Ende 2012 müssen Versicherungen sogenannte Unisex-Tarife anbieten. Der EuGH führte als Urteilsbegründung die EU-Gleichstellungsrichtlinie von 2004 an. Nach dieser müssen Unisex-Tarife eigentlich schon seit dem 21.12.2007 angeboten werden, jedoch wurde einschränkend eine Überprüfung des Sachverhalts nach fünf Jahren veranschlagt. Bislang konnten die Assekuranzen aufgrund einer Ausnahme auch das Geschlecht der Versicherten in ihre statistische Risikokalkulation einbeziehen. Dies ist nach dem Urteil des EuGH ab dem 21.12.2012 nicht mehr zulässig. Da Frauen beispielsweise eine höhere Lebenserwartung haben, veranschlagen die Versicherer bisher eine niedrigere Prämie innerhalb der Risikolebensversicherung, verlangen aber auch höhere Beiträge bei der privaten Rentenversicherung als bei männlichen Versicherungsnehmern. Auch in der Kfz-Versicherung wirkt sich das Geschlecht des Versicherten auf die Prämie aus: Da Autofahrerinnen statistisch gesehen in weniger Unfälle verwickelt sind, zahlen sie eine niedrigere Prämie als männliche Fahrzeughalter. **19**

Die EU-Generalanwältin *Juliane Kokott* hatte auf eine Überprüfung der gängigen Ausnahmeregelung gedrängt. Sie betrachtet die geschlechterspezifisch differenzierte Beitragserhebung der Versicherungsunternehmen als ungerechtfertigt. Nach Ansicht von *Kokott* sollen in Zukunft nur noch rein biologische „Risiken" zur Beitragsberechnung herangezogen werden. Ein Beispiel hierfür ist etwa die Einkalkulierung einer eventuellen Schwangerschaft in den Beitragssatz der privaten Krankenversicherung[31].

III. Sonstige Verträge, Abs. 2

§ 19 Abs. 2 enthält ein weitergehendes zivilrechtliches Benachteiligungsverbot aus Gründen der Rasse und ethnischen Herkunft für die von § 2 Abs. 1 Nr. 5–8 genannten Schuldverhältnisse. Damit ist eine Benachteiligung, die an die benannten Merkmale bei Abschluss, Durchführung und Beendigung von Rechtsgeschäften anknüpft, untersagt, die den Sozialschutz, einschließlich der sozialen Sicherheit und der Gesundheitsdienste, die sozialen Vergünstigungen, die Bildung oder den Zugang zu und die Versorgung mit Gütern und Dienstleistungen, die der Öffentlichkeit zur Verfügung stehen, einschließlich von Wohnraum, zum Inhalt haben.[32] Insoweit kann auf die Kommentierung von § 2 Abs. 1 Nr. 5–8 verwiesen werden. **20**

Die Vorschrift dient in erster Linie der Umsetzung von Art. 3 Abs. 1 lit. h der Antirassismus-RL 2000/43/EG vom 29.6.2000.[33] Erfasst werden deshalb nicht nur die in § 19 Abs. 1 genannten Massengeschäfte oder vergleichbare Rechtsgeschäfte, sondern auch einmalige Schuldverhältnisse aller Art, die den Zugang zu den Gütern und Dienstleistungen einschließlich Wohnraum zum Gegenstand haben, sofern der Vertragsschluss öffentlich angeboten wird. **21**

28 BT-Drucks. 16/1780, S. 42; MüKo/*Thüsing*, AGG § 19 Rn 50; *Meinel/Heyn/Herms*, AGG, § 19 Rn 19; *Jauernig*, AGG § 19 Rn 7; *Schrader/Schubert*, AGG, Rn 650; *Maier-Reimer*, NJW 2006, 1577, 1581.

29 Vgl BR-Drucks. 329/06, S. 45; *Meinel/Heyn/Herms*, AGG, § 19 Rn 19; Bamberger/Roth/*Wendtland*, AGG, § 19 Rn 7.

30 Vgl Kommentierung zu § 20 AGG sowie Bamberger/Roth/*Wendtland*, AGG, § 19 Rn 7; *Meinel/Heyn/Herms*, AGG, § 19 Rn 21. Ausf.h auch *Thüsing/v. Hoff*, VersR 2007, 1 ff.

31 Vgl. bereits den Schlussantrag der Generalanwältin beim EuGH v. 30.9.2011, BeckRS 2010, 91147; krit. dazu: *Schwintowski*, VersR 2011,164.

32 *Meinel/Heyn/Herms*, AGG, § 19 Rn 22; Bamberger/Roth/*Wendtland*, AGG, § 19 Rn 9; *Jauernig*, AGG § 19 Rn 8.

33 *Meinel/Heyn/Herms*, AGG, § 19 Rn 22; MüKo/*Thüsing* AGG, § 19 Rn 65 ff.

IV. Gerechtfertigte Ungleichbehandlungen bei der Vermietung von Wohnraum, Abs. 3

22 Nach § 19 Abs. 3 ist eine unterschiedliche Behandlung bei der Vermietung von Wohnraum im Hinblick auf die Schaffung und Erhaltung sozial stabiler Bewohnerstrukturen und ausgewogener Siedlungsstrukturen sowie ausgeglichener wirtschaftlicher, sozialer und kultureller Verhältnisse zulässig.

23 Unter Bewohnerstrukturen ist die Zusammensetzung der Bewohner eines Mietshauses oder eines Mietgebäudekomplexes zu verstehen, während mit dem Begriff Siedlungsstrukturen die Zusammensetzung der Menschen, die in einem abgegrenzten Bereich leben, gemeint ist.[34]

24 Inhaltlich hat die Regelung dem Anliegen, insbesondere der Wohnungswirtschaft, Rechnung getragen und einige strukturpolitische Fördergrundsätze des § 6 Nr. 3, 4 WoFG wörtlich übernommen.[35] Hierdurch soll es den Wohnungsgesellschaften ermöglicht werden, in geeigneter Weise „Ghettobildungen" zu bekämpfen, indem sie auf die Einhaltung eines bestimmten Ausländeranteils in einer Siedlung achten.[36] Hintergrund ist der Gedanke, dass ein stärkerer sozialer Zusammenhalt zum Rückgang von Diskriminierungen wegen der ethischen Herkunft oder aus anderen Gründen beitragen könne.[37]

25 Maßgeblich sind dabei nicht die subjektiven Vorstellungen oder Zielsetzungen des Vermieters. Vielmehr ist entscheidend, welche Strukturen bei objektiver Betrachtung zur Integration der verschiedenen Bevölkerungsgruppen geboten sind.[38] Die Darlegungs- und Beweislast für das Vorliegen der Voraussetzungen des Rechtfertigungsgrundes trägt der Vermieter, der sich darauf beruft.[39] Umstritten ist aufgrund dieser Zielsetzung der Norm, welche Vermieter sich überhaupt auf den Rechtfertigungsgrund des § 19 Abs. 3 berufen können.[40] Richtigerweise steht nur solchen Vermietern die Rechtfertigung einer Ungleichbehandlung nach § 19 Abs. 3 offen, die überhaupt die Möglichkeit haben, auf die Schaffung und Erhaltung sozial stabiler Bewohnerstrukturen und ausgewogener Siedlungsstrukturen sowie ausgeglichener wirtschaftlicher, sozialer und kultureller Verhältnisse Einfluss zu nehmen, wie bspw öffentliche Träger oder private Großvermieter.[41]

26 § 19 Abs. 3 stellt eine Klarstellung zum Rechtfertigungsgrund des § 20 Abs. 1 S. 1 dar, indem er den sachlichen Grund, der eine Diskriminierung rechtfertigen kann, für den Bereich der Wohnungsvermietung näher beschreibt.[42] Insofern hat § 19 Abs. 3 in Bezug auf die Diskriminierungsmerkmale des Geschlechts, der Religion, einer Behinderung, des Alters oder sexuellen Identität rein deklaratorische Bedeutung.[43]

27 Problematisch ist allerdings, ob nach § 19 Abs. 3 auch eine Ungleichbehandlung aus Gründen der Rasse und der ethnischen Herkunft gerechtfertigt werden kann. Zumindest der Wortlaut der Norm enthält keine Einschränkung in dieser Hinsicht.[44] Darüber hinaus wird teilweise auch die Stellung der Vorschrift außerhalb des § 20 zur Begründung der Ansicht herangezogen, dass § 19 Abs. 3 auch eine Ungleichbehandlung aufgrund der Rasse oder Ethnie rechtfertigen könne. Nach zutreffender Ansicht hat § 19 Abs. 3 aber auch im Hinblick auf die von § 20 Abs. 1 S. 1 nicht erfassten Diskriminierungsmerkmale Rasse und ethnische Herkunft keinen eigenen Regelungsgehalt.[45] Da die Antirassismus-RL 2000/43/EG vom 29.6.2000 (ABl EG L 180 S 22) eine Ausnahme vom Verbot der Diskriminierung aus Gründen der Rasse und der ethnischen Herkunft nicht vorsieht, werden rassistisch motivierte Ungleichbehandlungen bei richtlinienkonformer Auslegung der Bestimmung vom Rechtfertigungsgrund nicht erfasst.[46]

34 MüKo/*Thüsing*, AGG § 19 Rn 86; Hey/*Weimann*, AGG, § 19 Rn 146.

35 BT-Drucks. 16/1780, S. 42; Däubler/Bertzbach/*Ambrosius*, AGG § 19 Rn 40 ff; *Meinel/Heyn/Herms*, AGG, § 19 Rn 64; vgl auch *Picker*, ZfA 2005, 167, 186.

36 Bamberger/Roth//*Wendtland*; § 19 AGG Rn 28; *Jauernig*, AGG § 19 Rn 9; *Rühl/Schmid/Viethen*, S. 102; *Derleder*, NZM 2008, 510; *Altenmüller*, VBlBW 2002, 365, 369.

37 BT-Drucks. 16/1780 S. 42; *Rühl/Schmid/Viethen*, S. 102.

38 Vgl *Gaier/Wendtland*, § 19 Rn 126.

39 *Gaier/Wendtland*, § 19 Rn 128; Bamberger/Roth/*Wendtland*, AGG § 19 Rn 31; MüKo/*Thüsing*, AGG § 19; Rn 79; *Meinel/Heyn/Herms*, AGG, § 19 Rn 67.

40 Vgl Hey/*Weimann*, AGG, § 19 Rn 144 f mwN.

41 Hey/*Weimann*, AGG, § 19 Rn 144 f; *Meinel/Heyn/Herms*, AGG, § 19 Rn 67.

42 Umstr., die Gegenansicht sieht in § 19 Abs. 3 eine Beschränkung des Tatbestandes. Vgl ausführlich Hey/*Weimann*, AGG, § 19 Rn 133 f mwN.

43 Däubler/Bertzbach/*Franke/Schlichtmann,* AGG § 19 Rn 40; *Meinel/Heyn/Herms*, AGG, § 19 Rn 67; *Maier-Reimer*, NJW 2006, 2577, 2580.

44 Hey/*Weimann*, AGG, § 19 Rn 148; *Metzger*, WuM 2007, 48.

45 Däubler/Bertzbach/*Franke/Schlichtmann,* § 19 AGG Rn 40 ff; *Jauernig*, AGG § 19 Rn 9.

46 Ganz hM, vgl nur *Gaier/Wendtland*, AGG § 19 Rn 12; MüKo/*Thüsing*, AGG § 19; Rn 89; Däubler/Bertzbach/*Franke/Schlichtmann,* AGG § 19 Rn 45; *Jauernig*, AGG § 19 Rn 9; *Meinel/Heyn/Herms*, AGG, § 19 Rn 66, vgl zur Zulässigkeit von ethnischen Höchstquoten ausf. Däubler/Bertzbach/*Ambrosius*, AGG, § 19 Rn 45 ff.

V. Herausnahme von familien- und erbrechtlichen Schuldverhältnissen, Abs. 4

Durch § 19 Abs. 4 AGG werden familien- und erbrechtliche Schuldverhältnisse von dem Benachteiligungsverbot im Zivilrechtsverkehr ausgenommen.[47] 28

Familienrechtliche Schuldverhältnisse sind die Rechtsverhältnisse, der durch Ehe, Verwandtschaft, Schwägerschaft oder Lebenspartnerschaft verbundenen Personen, jedoch nur, soweit sie spezifisch familienrechtliche Regelungsgegenstände betreffen.[48] Erforderlich ist damit, dass familienrechtliche Rechtsbeziehungen geregelt werden, wie sie im vierten Buch des BGB oder im Lebenspartnerschaftsgesetz vorgesehen sind.[49] Nicht erfasst werden damit Kauf- oder Dienstverträge, auch wenn sie unter Angehörigen geschlossen werden. Diese können aber unter die Bereichsausnahme des § 19 Abs. 5 für besondere Nähe- oder Vertrauensverhältnisse fallen.[50] 29

Erbrechtliche Schuldverhältnisse sind nach ganz hM diejenigen Rechtsverhältnisse, die durch die gesetzliche oder gewillkürte Rechtsfolge entstehen.[51] Der Wortlaut der Norm ist allerdings unglücklich, da eine letztwillige Verfügung zwischen dem Erblasser und dem Begünstigten bzw Benachteiligten keine Leistungspflicht und damit kein Schuldverhältnis begründet. Nach hM ist diese dennoch von der Ausnahme erfasst, da die Bestimmung in Abs. 4 gerade sicherstellen sollte, dass der Erblasser von der ihm verfassungsrechtlich garantierten Testierfreiheit (vgl Art. 14 Abs. 1 S. 1 GG) ohne Beschränkung durch das zivilrechtliche Benachteiligungsverbot Gebrauch machen und insoweit beliebig durch Testament (§ 1937 BGB) oder Erbvertrag (§ 1941 BGB) über seinen Nachlass verfügen kann.[52] Teilweise wird dagegen vertreten, dem Wortlaut folgend seien nur Verträge auf dem Gebiet des Erbrechts, wie Erbverträge, Erbverzicht, Verträge über den Erbenausgleich unter künftigen Miterben, Erbauseinandersetzungsvereinbarungen oder sonstige Abmachungen unter den Nachlassbeteiligten von der Vorschrift erfasst.[53] 30

Die Bedeutung dieses Streits ist jedoch gering, da Abs. 4 nach zutreffender hM ohnehin rein deklaratorische Bedeutung hat. Richtigerweise sind nämlich Fälle, in denen tatsächlich ein, eigentlich von den Benachteiligungsverboten des § 19 erfasstes Rechtsgeschäft, erst durch Abs. 4 aus dem Anwendungsbereich ausgeschieden werden würde, kaum denkbar. 31

Bei keinem denkbaren familien- oder erbrechtlichen Rechtsgeschäft handelt es sich um ein Massengeschäft oder einem solchen vergleichbares Rechtsgeschäft iSd Abs. 1.[54] 32

Nicht anders verhält es sich mit Diskriminierungen aufgrund des Rasse und der ethischen Herkunft, die zwar auch bei Individualgeschäften untersagt sind, was sich aber auf die in § 2 Abs. 1 Nr. 5–8 genannten Geschäfte beschränkt. Familien- und erbrechtliche Geschäfte, die hierunter zu subsumieren wären, lassen sich aber auch mit Mühe kaum konstruieren. Auch die in der amtlichen Begründung angeführten Vereinbarungen über eine vorweggenommene Erbfolge, würden auch ohne die Klarstellung durch Abs. 4 keinem Benachteiligungsverbot unterliegen, da sie schon keine Güter und Dienstleistungen zum Gegenstand haben, die der Öffentlichkeit zur Verfügung stehen iSd § 2 Abs. 1 Nr. 8. Auch eine durch andere Vorschriften vermittelte Wirkung des AGG ist nicht ersichtlich. Jedenfalls würde wegen der engen persönlichen Beziehung zwischen den Vertragspartnern Abs. 5 eingreifen und zum Schutz der Privatsphäre die Wirkung eines Benachteiligungsverbots verhindern. Dass Abs. 4 nach alledem in der Praxis mehr als klarstellende Bedeutung zukommen könnte, ist nicht ersichtlich.[55] 33

Damit erübrigt sich aber auch die in der Literatur vereinzelt geführt Diskussion, ob Abs. 4 einer richtlinienkonformen Auslegung bedürfe. Vertreten wird bspw, dass Abs. 4 bzgl der Merkmale Rasse und ethische Herkunft auf Fälle des Familienlebens und der Privatsphäre beschränkt werden müsse, da nur für diese Bereiche die Antirassismusrichtlinie eine Ausnahme vorsehe. Mangels konstitutiver Bedeutung kann aber nach zutreffender Auffassung Abs. 4 kaum die Notwendigkeit einer verfassungskonformen Auslegung begründen.[56] 34

47 Hey/*Weimann*, AGG, § 19 Rn 164; Bamberger/Roth/*Wendtland*, AGG, § 19 Rn 18; Däubler/Bertzbach/*Ambrosius*, AGG, § 19 Rn 56.

48 Däubler/Bertzbach/*Ambrosius*, AGG, § 19 Rn 56 a; Bamberger/Roth/*Wendtland*, AGG, § 19 Rn 19.

49 Vgl ausf. hierzu MüKo/*Thüsing*, AGG § 19 Rn 92 und zum inhaltsgleichen Begriff des § 310 Abs. 4 S. 1 BGB Bamberger/Roth/*Becker*, BGB, § 310 Rn 24 ff.

50 Däubler/Bertzbach/*Ambrosius*, AGG, § 19 Rn 56 a; vgl auch *Jauernig*, AGG § 19 Rn 10.

51 Hey/*Weimann*, AGG, § 19 Rn 166; Däubler/Bertzbach/*Ambrosius*, AGG, § 19 Rn 56 a; Bamberger/Roth/*Wendtland*, AGG, § 19 Rn 18.

52 So auch Bamberger/Roth/*Wendtland*, AGG, § 19 Rn 18; Däubler/Bertzbach/*Ambrosius*, AGG, § 19 Rn 56 a; *Gaier/Wendtland*, AGG, § 19 Rn 39; *Bauer/Göpfert/Krieger*, AGG, § 19 Rn 15; *Jauernig*, AGG § 19 Rn 10.

53 So wohl MüKo/*Thüsing*, AGG § 19 Rn 93.

54 Vgl hierzu Däubler/Bertzbach/*Ambrosius*, AGG, § 19 Rn 56; Bamberger/Roth/*Wendtland*, AGG, § 19 Rn 18; *Gaier/Wendtland*, AGG, § 19 Rn 39; *Meinel/Heyn/Herms*, AGG, § 19 Rn 28.

55 Däubler/Bertzbach/*Ambrosius*, AGG, § 19 Rn 56; *Meinel/Heyn/Herms*, AGG, § 19 Rn 28; *Maier-Reimer*, NJW 2006, 2577, 2580; ähnlich auch MüKo/*Thüsing*, AGG § 19 Rn 91 ff.

56 Vgl zum dem angesprochenen Problem ausf.: Hey/*Weimann*, AGG, § 19 Rn 177 ff mwN.

35 Das Nichteingreifen des AGG für die genannten Rechtsverhältnisse schließt jedoch nicht aus, dass diese im Einzelfall aufgrund eines Verstoßes gegen Art. 3 GG sittenwidrig und daher nach § 138 BGB unwirksam sein können. Bei der Beurteilung, ob ein solcher Fall vorliegt, sind jedoch stets die kollidierenden Grundrechte der Art. 6 und 14 GG zu beachten.[57]

VI. Verträge mit besonderem Nähe- oder Vertrauensverhältnis, Abs. 5

36 **1. Das besondere Nähe- und Vertrauensverhältnis.** Eine weitere Ausnahme vom zivilrechtlichen Benachteiligungsverbot regelt § 19 Abs. 5 S. 1, nach dem die Vorschriften des dritten Abschnitts des AGG keine Anwendung finden auf Schuldverhältnisse, die ein besonderes Nähe- oder Vertrauensverhältnis zwischen den Parteien oder ihren Angehörigen begründen.

37 Auch diese Ausnahmeregelung wird in der Praxis nur begrenzt Auswirkungen entfalten können.[58]

38 **a) Benachteiligungsverbot des Abs. 1.** Nach zutreffender Ansicht, hat die Ausnahmeregelung für Massengeschäfte des Abs. 1 keine Bedeutung, da Verträge mit einem besonderen Nähe oder Vertrauensverhältnis ersichtlich keine Massengeschäfte sein können. Ein Massengeschäft liegt nach der Legaldefinition des Abs. 1 Nr. 1 nur dann vor, wenn das Ansehen der Person typischerweise keine, oder nur eine untergeordnete Rolle spielt. Bei Geschäften die ein besonderes Nähe- oder Vertrauensverhältnis begründen, spielt das Ansehen der Person aber ersichtlich eine vorrangige Rolle, so dass ein Massengeschäft nicht vorliegen kann.[59]

39 Sofern Stimmen in der Literatur davon ausgehen, dass auch Massengeschäfte denkbar seien, bei denen ein besonderes Nähe- oder Vertrauensverhältnis begründet wird, kann diesen nicht gefolgt werden. Das vermeintliche Argument, dass auch Fälle denkbar seien, in denen das Ansehen der Person von Bedeutung sei, aber kein Nähe- oder Vertrauensverhältnis begründet werde, führt nicht weiter.[60] Maßgebend ist richtigerweise allein, ob es immer, wenn ein Nähe- oder Vertrauensverhältnis begründet wird, auch auf das Ansehen der Person des Vertragspartners ankommt und damit kein Massengeschäft vorliegen würde.

40 Dies wird teilweise mit dem Argument abgelehnt, dass es bei der Beurteilung, ob ein Massengeschäft vorliege, auf eine typisierende Betrachtung ankomme und es damit im Einzelfall eben doch auf die Person des Vertragspartners ankommen könne, obwohl eine Massengeschäft vorliege.[61] Diese Ansicht verkennt aber, dass das konkrete Geschäft für den konkreten Anbieter typischerweise ein Massengeschäft darstellen muss. Für eine vorrangige Bedeutung der Person des Geschäftspartners ist dann aber kein Raum.

41 Als Beispiel für ein solches Massengeschäft, bei dem ein besonderes Vertrauens- und Näheverhältnis begründet wird, wird teilweise (Nachhilfe-)Unterricht angesehen, der in der Wohnung des Lehrers stattfindet.[62] Dies überzeugt aber ebenfalls nicht. Wenn diese Nachhilfe für den Nachhilfelehrer ein Massengeschäft darstellt, für ihn die Person, der Nachhilfeschüler, somit keine Rolle spielt, dann wird für ihn ersichtlich durch die Nachhilfe auch kein solches Nähe- oder Vertrauensverhältnis begründet, das eine Ausnahme nach Abs. 5 S. 1 begründen könnte.

42 Wenn er dagegen den Schülern durch die Nachhilfe einen solchen Zugang zu seinem Privatleben gewährt, dass ein besonderes Nähe- oder Vertrauensverhältnis begründet wird, dann spielt für ihn die Person des Vertragspartners auch eine entscheidende Rolle.

43 Es wäre im Übrigen auch gar nicht einsichtig, warum ein Nachhilfelehrer, der grundsätzlich jeden Schüler, unabhängig von seiner Person und unabhängig davon, ob er den einzelnen Schülern vertraut, in seiner Wohnung unterrichtet, ein Kind einer anderen Ethnie, aufgrund seiner Ethnie ablehnen dürfen sollte. Lehnt er das Kind aber bspw wegen schlechter Deutschkenntnisse ab, so stellt dies schon keine verbotene Diskriminierung dar, da eine funktionierende Kommunikation für den Unterricht notwendig ist.

44 **b) Benachteiligungsverbot des Abs. 2.** Damit bleibt als Anwendungsbereich des Abs. 5 S. 1 allein die Diskriminierung aufgrund der Rasse oder wegen der ethnischen Herkunft gem. Abs. 2, da diese auch ohne Vorliegen eines Massengeschäfts untersagt sind.[63] Bei den hier in Betracht kommenden Geschäften gem. § 2 Abs. 1 Nr. 8 reicht es aus, dass sie der Öffentlichkeit zur Verfügung stehen, was wiederum ein öffentliches Anbieten erfordert.[64] Ein öffentliches Anbieten ist aber auch bei Geschäften denkbar, die ein enges persönliches Verhältnis iSd Abs. 5 S. 1 herbeiführen.

57 Däubler/Bertzbach/*Ambrosius*, AGG, § 19 Rn 57; Bamberger/Roth/*Wendtland*, AGG, § 19 Rn 21; Hey/*Weimann*, AGG, § 19 Rn 191.

58 Däubler/Bertzbach/*Ambrosius*, AGG, § 19 Rn 58; MüKo/*Thüsing*, AGG § 19 Rn 108; vgl aber auch Hey/*Weimann*, AGG, § 19 Rn 287.

59 *Meinel/Heyn/Herms*, AGG, § 19 Rn 32; Däubler/Bertzbach/*Ambrosius*, AGG, § 19 Rn 58.

60 So aber Hey/*Weimann*, AGG, § 19 Rn 292.

61 So Hey/*Weimann*, AGG, § 19 Rn 289.

62 So wohl Hey/*Weimann*, AGG, § 19 Rn 295.

63 Däubler/Bertzbach/*Ambrosius*, AGG, § 19 Rn 59.

64 Vgl die Kommentierung zu § 2 Abs. 1 Nr. 8; *Meinel/Heyn/Herms*, AGG, § 19 Rn 32.

Nach zutreffender hM muss Abs. 5 S. 1 in diesen Fällen richtlinienkonform ausgelegt werden. Die Antirassismus-Richtlinie sieht keine Ausnahme für den „Nähe"- oder „Vertrauensbereich" vor.[65] Auf diese wurde Abs. 5 S. 1 aber ausweislich der amtlichen Begründung gestützt (Erwägungsgrund 4).[66] Der damit maßgebliche Erwägungsgrund 4 verlangt allerdings, dass der Schutz der Privatsphäre und des Familienlebens sowie der in diesem Kontext getätigten Geschäfte gewahrt bleibt.[67] 45

Somit ist Abs. 5 S. 1 richtlinienkonform dahin gehend auszulegen, dass seine Bereichsausnahme nur soweit reicht, wie durch die betroffenen Geschäfte dem Vertragspartner der Zugang zur Privatsphäre und/oder dem eigenen Familienleben eröffnet wird.[68] Da das eigene Familienleben einen Teilbereich der Privatsphäre darstellt, kommt ihm bei der richtlinienkonformen Auslegung keine eigene Bedeutung zu.[69] 46

Nach der Gesetzesbegründung soll Abs. 5 S. 1 eingreifen, wenn eine Beziehung vorliegt, die über das hinausgeht, was ohnehin jedem Schuldverhältnis an persönlichem Kontakt zugrunde liege, zB ein bedeutendes Geschäft oder ein besonders enger oder langer Kontakt.[70] Diese Definition ist aber nach hM zu weit und daher europarechtswidrig. Weder die wirtschaftliche Bedeutung des Geschäfts, noch die Dauer eines Schuldverhältnisses bestimmt, ob die Privatsphäre des Anbieters betroffen ist. Ein Rückgriff auf diese Definition ist damit ausgeschlossen.[71] 47

Damit kommt die Bereichsausnahme des Abs. 5 S. 1 nur dann zur Anwendung, wenn Geschäfte öffentlich angeboten werden, bei deren Durchführung dem Vertragspartner Zugriff auf die eigene Privatsphäre gewährt wird. 48

Damit käme Abs. 5 S. 1 zur Anwendung, wenn bspw eine Pflegekraft öffentlich nach Patienten sucht und anbietet, bei ihren Patienten für die Dauer ihrer Tätigkeit einzuziehen. Durch den Einzug in den Haushalt der Pflegeperson würde die Pflegekraft ihre Privatsphäre dem Zugriff der Pflegeperson und deren, ebenfalls im Haushalt lebenden, Angehörigen öffnen. Das grundsätzlich nach Abs. 2 iVm § 2 Abs. 1 Nr. 8 geltende Benachteiligungsverbot, wäre nach Abs. 5 S. 1 deshalb nicht anzuwenden.[72] 49

Da das Benachteiligungsverbot des § 19 sich nach zutreffender Auffassung auf die Anbieterseite beschränkt, läge kein Fall des Abs. 5 S. 1 vor, wenn jemand für sich oder einen Angehörigen eine Pflegekraft sucht.[73] 50

Im obigen Bsp des Nachhilfelehrers kann Abs. 5 S. 1 zur Anwendung kommen, wenn die Nachhilfestunden öffentlich angeboten werden. Ein weiteres Beispiel für den Anwendungsbereich des Abs. 5 S. 1 wäre eine öffentlich angebotene Kinderbetreuung, bei der die zu betreuenden Kinder in der eigenen Wohnung, gemeinsam mit den eigenen Kindern beaufsichtigt werden sollen. Ebenfalls als Beispiel für einen Fall des Abs. 5 S. 1 wird das öffentliche Angebot von Krankengymnastik, bspw in einer Zeitung genannt, bei dem die Behandlung in der Privatwohnung des Therapeuten stattfindet.[74] 51

c) Angehörige. Die Bereichsausnahme des Abs. 5 S. 1 soll nach ihrem Wortlaut nicht nur dann eingreifen, wenn zwischen den Vertragspartnern ein besonderes Nähe- oder Vertrauensverhältnis begründet wird, sondern auch dann, wenn diese Beziehung zu Angehörigen der Vertragsparteien entsteht. Nach zutreffender hM ist auch bei der Auslegung des Begriffs „Angehörige" der richtlinienkonforme Zweck der Vorschrift zu beachten, den Schutz der Privatsphäre sowie des Familienlebens sicherzustellen.[75] Damit besteht zwar grundsätzlich Übereinstimmung mit dem Angehörigenbegriff des § 573 Abs. 1 Nr. 2 BGB, so dass jedenfalls der engere Familienkreis wie, Eltern, Kinder, Ehe- oder Lebenspartner und Geschwister erfasst sind, darüber hinaus werden aber auch weiter entfernte Verwandtschaftsgrade wie Schwager, Neffe, Vetter erfasst, sofern ein enge, tatsächlich Bindung besteht.[76] 52

2. Das besondere Nähe- und Vertrauensverhältnis bei Wohnungsmiete. Nach Abs. 5 S. 2 kann bei Mietverhältnissen insbesondere dann ein solches, besonderes Nähe- und Vertrauensverhältnis begründet werden, wenn die Parteien oder ihre Angehörigen Wohnraum auf demselben Grundstück nutzen. Abs. 5 S. 2 hat 53

65 Däubler/Bertzbach/*Ambrosius*, AGG, § 19 Rn 59; *Meinel/Heyn/Herms*, AGG, § 19 Rn 31 f; MüKo/*Thüsing*, § 19 AGG Rn 106; wohl auch *Jauernig*, AGG § 19 Rn 11; Bamberger/Roth/*Wendtland*, AGG, § 19 Rn 22; Hey/*Weimann*, AGG, § 19 Rn 217.

66 Däubler/Bertzbach/*Ambrosius*, AGG, § 19 Rn 59.

67 Däubler/Bertzbach/*Ambrosius*, AGG, § 19 Rn 59; Rudolf/Mahlmann/*Armbrüster*, § 7 Rn 84.

68 Vgl Däubler/Bertzbach/*Ambrosius*, AGG, § 19 Rn 59; Hey/*Weimann*, AGG, § 19 Rn 295; *Gaier/Wendtland*, AGG, § 19 Rn 59; MüKo/*Thüsing*, AGG § 19 Rn 111.

69 Hey/*Weimann*, AGG, § 19 Rn 295; *Gaier/Wendtland*, AGG, § 19 Rn 59.

70 BT-Drucks. 16/1780, S. 42.

71 So auch die ganz hM, vgl nur Däubler/Bertzbach/*Ambrosius*, AGG, § 19 Rn 59; Hey/*Weimann*, AGG, § 19 Rn 295; *Meinel/Heyn/Herms*, AGG, § 19 Rn 34; Bamberger/Roth/*Wendtland*, AGG, § 19 Rn 22.

72 Ähnlich Däubler/Bertzbach/*Ambrosius*, AGG, § 19 Rn 59, der zu Recht für den Fall einer Pflegekraft grundsätzlich einen Zugriff auf die Privatsphäre ablehnt.

73 Vgl Däubler/Bertzbach/*Ambrosius*, AGG, § 19 Rn 59; aA Rust/Falke/*Bittner*, AGG, § 19 Rn 133; Rudolf/Mahlmann/*Armbrüster*, § 7 Rn 86.

74 *Meinel/Heyn/Herms*, AGG, § 19 Rn 32.

75 Däubler/Bertzbach/*Ambrosius*, AGG, § 19 Rn 59 a; *Meinel/Heyn/Herms*, AGG, § 19 Rn 36.

76 Däubler/Bertzbach/*Ambrosius*, AGG, § 19 Rn 59 a; Rust/Falke/*Eggert*, AGG, § 19 Rn 147; *Meinel/Heyn/Herms*, § 19 Rn 36; MüKo/Thüsing, AGG § 19 Rn 114.

damit nur deklaratorische, keine konstitutive Wirkung, da schon das Wort „kann" klarstellt, dass dies nicht zwingend der Fall ist, vielmehr noch im Einzelfall anhand der allgemeinen Regeln festgestellt werden muss.[77] Es ist stets zu prüfen, ob die Atmosphäre zwischen den Bewohnern von besonderer Nähe und Vertrauen geprägt ist.[78] So wird ein besonderes Nähe- und Vertrauensverhältnis bspw vorliegen, wenn der Vermieter nur ein Zimmer seiner Wohnung untervermietet. Kaum anzunehmen wäre ein solches Verhältnis aber, wenn in einem Hochhaus mit mehreren hundert Einheiten, der Vermieter selbst eine seiner Wohnungen nutzt.[79]

54 Da Abs. 5 S. 2 keine konstitutive Bedeutung hat, kann schon mangels Regelung keine analoge Anwendung in Betracht kommen.[80] Allein der Rechtsgedanke, dass dem Vertragspartner insbesondere dann Zugriff auf die eigene Privatsphäre eingeräumt wird, wenn er Wohnraum nutzt, der in unmittelbarerer Nähe zum Vermieter liegt, wird auch auf andere Fälle übertragbar sein, so dass bspw das von Abs. 5 S. 1 geforderte Verhältnis auch bei Reihenhäusern bestehen kann, obwohl Mieter und Vermieter auf verschiedenen Grundstücken leben.

55 **3. Großvermietung als Massengeschäft, Abs. 5 S. 3.** Nach Abs. 5 S. 3 ist die Vermietung von Wohnraum zum nicht nur vorübergehenden Gebrauch in der Regel kein Geschäft im Sinne des Abs. 1 Nr. 1, wenn der Vermieter insgesamt nicht mehr als 50 Wohnungen vermietet.

56 Systematisch ist die Regelung eher in Abs. 1 zu verorten, da sie den dort geregelten Begriff des Massengeschäftes für Großvermieter konkretisiert, mit der Bereichsausnahme des Abs. 5 S. 1 und 2 aber nichts zu tun hat.[81] Abs. 5 S. 3 stellt eine in beide Richtungen widerlegbare Regelvermutung auf.[82]

57 Ihren Sinn findet die Regelung nach der Gesetzesbegründung darin, dass die Vermietung von Wohnraum meist kein Massengeschäft iSd Abs. 1 Nr. 1 Alt. 1 ist, da die Vermieter die ihre Vertragspartner regelmäßig nach vielfältigen Kriterien aus dem Bewerberkreis auswählen. Die Alt. 2 komme aber in Betracht, wenn ein Vermieter eine Vielzahl von Wohnungen anbiete und daher der Person des Vertragspartners nur nachrangige Bedeutung zukomme.[83]

58 Sowohl die Vereinbarkeit der Norm mit den europarechtlichen Vorgaben, als auch mit der Verfassung ist umstritten. Die ganz hM kommt aber zu Recht zu dem Ergebnis, dass die Regelvermutung des Abs. 5 S. 3 sowohl europarechts- als auch verfassungskonform ist.[84]

VII. Verhältnis zu anderen Vorschriften

59 Das zivilrechtliche Benachteiligungsverbot erfasst Verhaltensweisen, die bereits Gegenstand anderer rechtlicher Regelungen sind und bspw nach den §§ 823 ff BGB, insbesondere § 826 BGB, Schadensersatzansprüche auslösen können. Diese anderen gesetzlichen Regelungen bleiben von den Bestimmungen des AGG grds. unberührt.[85] Wegen näherer Einzelheiten vgl die Kommentierung von § 21.

60 Auf die Beschäftigungsverhältnisse iSv § 6 (vgl dort) finden die §§ 19 ff keine Anwendung, da zum einen Beschäftigungsverhältnisse keine Geschäfte iSd Abs. 1 sind und zum anderen Abs. 2 die Geschäfte des § 2 Abs. 1 Nr. 1–4nicht in seinen Anwendungsbereich aufnimmt.[86]

§ 20 AGG Zulässige unterschiedliche Behandlung

(1) ¹Eine Verletzung des Benachteiligungsverbots ist nicht gegeben, wenn für eine unterschiedliche Behandlung wegen der Religion, einer Behinderung, des Alters, der sexuellen Identität oder des Geschlechts ein sachlicher Grund vorliegt. ²Das kann insbesondere der Fall sein, wenn die unterschiedliche Behandlung

1. **der Vermeidung von Gefahren, der Verhütung von Schäden oder anderen Zwecken vergleichbarer Art dient,**

77 Däubler/Bertzbach/*Ambrosius*, AGG, § 19 Rn 60.
78 So auch Däubler/Bertzbach/*Ambrosius*, AGG, § 19 Rn 60; Rust/Falke/*Eggert*, AGG, § 19 Rn 140; *Gaier/Wendtlandt*, AGG, § 19 Rn 48; MüKo/*Thüsing*, AGG § 19 Rn 117.
79 Ähnlich: Däubler/Bertzbach/*Ambrosius*, AGG, § 19 Rn 60.
80 So aber Rudolf/Mahlmann/*Armbrüster*, AGG § 7 Rn 90; Däubler/Bertzbach/*Ambrosius*, AGG, § 19 Rn 60.
81 Däubler/Bertzbach/*Ambrosius*, AGG, § 19 Rn 60; *Meinel/Heyn/Herms*, AGG, § 19 Rn 13; *Jauernig*, § 19 AGG Rn 12.
82 HM, vgl nur Hey/*Weimann*, AGG, § 19 Rn 346 ff; *Meinel/Heyn/Herms*, AGG, § 19 Rn 13; aA Däubler/Bertzbach/*Ambrosius*, AGG, § 19 Rn 61, der die Möglichkeit eines Großvermieters, zu beweisen, dass er dem Ansehen der Person seiner Vertragspartners nicht nur nachrangige Bedeutung beimisst, für mit dem Gesetzeszweck unvereinbar hält.
83 BT-Drucks. 16/1780 S. 42; vgl auch Däubler/Bertzbach/*Ambrosius*, AGG, § 19 Rn 60.
84 Vgl hierzu ausführlich Hey/*Weimann*, AGG, § 19 Rn 328 ff; Däubler/Bertzbach/*Ambrosius*, AGG, § 19 Rn 62 jeweils mwN.
85 *Gaier/Wendtland*, AGG, 19 Rn 35 ff.
86 Vgl nur *Meinel/Heyn/Herms*, AGG, § 19 Rn 6.

2. dem Bedürfnis nach Schutz der Intimsphäre oder der persönlichen Sicherheit Rechnung trägt,
3. besondere Vorteile gewährt und ein Interesse an der Durchsetzung der Gleichbehandlung fehlt,
4. an die Religion eines Menschen anknüpft und im Hinblick auf die Ausübung der Religionsfreiheit oder auf das Selbstbestimmungsrecht der Religionsgemeinschaften, der ihnen zugeordneten Einrichtungen ohne Rücksicht auf ihre Rechtsform sowie der Vereinigungen, die sich die gemeinschaftliche Pflege einer Religion zur Aufgabe machen, unter Beachtung des jeweiligen Selbstverständnisses gerechtfertigt ist.

(2) [1]Eine unterschiedliche Behandlung wegen des Geschlechts ist im Falle des § 19 Abs. 1 Nr. 2 bei den Prämien oder Leistungen nur zulässig, wenn dessen Berücksichtigung bei einer auf relevanten und genauen versicherungsmathematischen und statistischen Daten beruhenden Risikobewertung ein bestimmender Faktor ist. [2]Kosten im Zusammenhang mit Schwangerschaft und Mutterschaft dürfen auf keinen Fall zu unterschiedlichen Prämien oder Leistungen führen. [3]Eine unterschiedliche Behandlung wegen der Religion, einer Behinderung, des Alters oder der sexuellen Identität ist im Falle des § 19 Abs. 1 Nr. 2 nur zulässig, wenn diese auf anerkannten Prinzipien risikoadäquater Kalkulation beruht, insbesondere auf einer versicherungsmathematisch ermittelten Risikobewertung unter Heranziehung statistischer Erhebungen.

I. Überblick

Sinn und Zweck der Regelung ist es, sozial nicht verwerfliche oder sogar erwünschte sowie objektiv notwendige Unterscheidungen weiterhin zu ermöglichen.[1] 1

Die Norm regelt daher, wann eine unterschiedliche Behandlung aus Gründen der Religion, einer Behinderung, des Alters, der sexuellen Identität oder des Geschlechts zulässig ist, obwohl sie den Tatbestand des § 19 Abs. 1 erfüllt.[2] Der Wortlaut der Norm, die davon spricht, dass eine „Verletzung des Benachteiligungsverbots nicht gegeben" ist, wenn einer der genannten Rechtfertigungsgründe vorliegt, wird teilweise als missverständlich gerügt, da auch bei Eingreifen des § 20 eine Verletzung des Benachteiligungsverbotes vorliege, diese allerdings ausnahmsweise zulässig, also gerechtfertigt sei.[3] Die wohl hM geht dagegen mit dem Wortlaut des Gesetzes davon aus, dass es bei Eingreifen des § 20 an einer Verletzung fehlt.[4] Da nach allen Ansichten die Regelung als Rechtfertigungsgrund ausgestaltet ist, trifft die volle Darlegungs- und Beweislast den Benachteiligenden und richtet sich nach den allgemeinen Grundsätzen des Zivilprozessrechts.[5] Sofern nur eine mittelbare Benachteiligung vorliegt richtet sich die Beweislast nach § 22, da in diesen Fällen die Frage der Zulässigkeit der Benachteiligung schon auf Tatbestandsebene und nicht im Rahmen der Rechtfertigung zu prüfen ist.[6] 2

Nicht erfasst werden vom Rechtfertigungsgrund des § 20 Benachteiligungen aufgrund der „Rasse" und der „ethnischen Herkunft". Eine Ungleichbehandlung aufgrund dieser Merkmale steht damit nicht der Möglichkeit der Rechtfertigung offen.[7] Dies liegt daran, dass rassistisch motivierte Differenzierungen in jedem Fall inak- 3

1 *Meinel/Heyn/Herms*, AGG, § 20 Rn 2; Bamberger/Roth/*Wendtland*, AGG, § 20 Rn 1.

2 MüKo/*Thüsing*, AGG, § 20 Rn 1; *Meinel/Heyn/Herms*, AGG, § 20 Rn 1; vgl auch Bamberger/Roth/*Wendtland*, AGG, § 20 Rn 2, der eine verfassungskonforme Auslegung und hierdurch eine Anwendung auch auf Ungleichbehandlungen aufgrund der Weltanschauung befürwortet.

3 *Jauernig*, AGG § 20 Rn 1; für die Wortwahl des Gesetzes.

4 *Meinel/Heyn/Herms*, AGG, § 20 Rn 1; *Rühl/Schmid/Viethen*, AGG, S. 129.

5 BT-Drucks. 16/1780, S. 43; *Meinel/Heyn/Herms*, AGG, § 20 Rn 2; Bamberger/Roth/*Wendtland*, AGG, § 20 Rn 27; Däubler/Bertzbach/*Franke/Schlichtmann*, AGG, § 20 Rn 8.

6 Vgl die Kommentierung dort sowie *Meinel/Heyn/Herms*, AGG, § 20 Rn 3; Bamberger/Roth/*Wendtland*, AGG, § 20 Rn 27; Däubler/Bertzbach/*Franke/Schlichtmann*, AGG, § 20 Rn 5.

7 *Jauernig*, AGG § 20 Rn 2; *Meinel/Heyn/Herms*, AGG, § 20 Rn 1; Däubler/Bertzbach/*Franke/Schlichtmann*, AGG, § 20 Rn 3; *Rühl/Schmid/Viethen*, AGG, S. 131; Bamberger/Roth/*Wendtland*, AGG, § 20 Rn 3.

zeptabel sind.[8] Hinsichtlich dieses Merkmalpaares sieht daher schon die Antirassismusrichtlinie keine Rechtfertigungsmöglichkeiten vor.[9]

4 Bei Mehrfachdiskriminierungen ist § 4 zu beachten.[10] Hieraus folgt, dass bei Diskriminierungen wegen mehr als einem Merkmal jeder der entsprechenden Gründe einer eigenen Rechtfertigung bedarf.

II. Die sachlichen Gründe, Abs. 1

5 Die in Abs. 1 S. 2 genannten sachlichen Gründe beziehen sich allein auf Benachteiligungen bei der Begründung, Durchführung und Beendigung von Massengeschäften iSv § 19 Abs. 1 Nr. 1. Für Benachteiligungen im Rahmen von privatrechtlichen Versicherungsverträgen gelten allein die Rechtfertigungsgründe des Abs. 2 als lex specialis.[11]

6 Abs. 1 stellt klar, dass eine Verletzung des Benachteiligungsverbots nicht gegeben ist, wenn ein sachlicher Grund vorliegt. Wann ein sachlicher Grund vorliegt, ist anhand der Umstände des Einzelfalls durch eine wertende Betrachtung nach den Grundsätzen von Treu und Glauben zu prüfen. Durch die Vielzahl der möglichen Sachverhalte, ist eine abschließende Aufzählung der in Betracht kommenden sachlichen Gründe nicht möglich. Abs. 1 S. 2 erleichtert die Konkretisierung des unbestimmten Rechtsbegriffs des sachlichen Grundes dadurch, dass er die wichtigsten Fallgruppen anhand von Regelbeispielen aufzeigt.[12] Da diese nicht abschließend sind, ist auch dann das Vorliegen eines sachlichen Grundes möglich, wenn keins der Regelbeispiele erfüllt ist. In diesem Fall muss der als sachlicher Grund in Betracht kommende Umstand von einigem Gewicht und in diesem mit den Regelbeispielen des Abs. 1 S. 1 vergleichbar sein.[13]

7 Die Frage, ob für das Vorliegen eines sachlichen Grundes eine umfassende Verhältnismäßigkeitsprüfung durchzuführen ist, ist umstritten. Teilweise wird dies verneint und allein darauf abgestellt, dass der Benachteiligende mit der Ungleichbehandlung ein nachvollziehbares und nicht völlig willkürliches Ziel verfolge.[14] Die Vertreter der Gegenauffassung fordern dagegen zu Recht eine umfassende Verhältnismäßigkeitsprüfung.[15] Dem Anbieter ist hierbei ein gewisser Prognose- und Einschätzungsspielraum zuzuerkennen.[16]

8 **1. Vermeidung von Gefahren, Abs. 1 S. 2 Nr. 1.** Nach Nr. 1 ist eine unterschiedliche Behandlung gerechtfertigt, die der Vermeidung von Gefahren, der Verhütung von Schäden oder anderen Zwecken vergleichbarer Art dient. Das Regelbeispiel soll in erster Linie bei der Abwicklung von Massengeschäften die Einhaltung und Durchsetzung von Verkehrssicherungspflichten ermöglichen, indem es Benachteiligungen im Rahmen von Gefahrabwehrmaßnahmen erlaubt.[17] Das Regelbeispiel berücksichtigt somit sowohl das Interesse des Anbieters, Haftungsrisiken auszuschließen als auch die Schutzinteressen der Nachfrageseite sowie Dritter und der Allgemeinheit.[18] Erforderlich ist allerdings, dass die benachteiligenden Maßnahmen zur Abwehr von Gefahren für Rechtsgüter jeder Art geboten, also geeignet und erforderlich, sind.[19]

9 Von dem Regelbeispiel der Nr. 1 erfasst wären zB Fahrgeschäfte eines Freizeitparks, die vom Betreiber nur für Personen eines bestimmten Alters oder ab einer bestimmten Größe frei gegeben werden, oder die nur von Personen genutzt werden dürfen, die keine körperlichen Behinderungen aufweisen.[20] Ein Beispiel für eine gerechtfertigte Benachteiligung von Frauen sind Flugreisebeschränkungen für Schwangere.[21] Ebenfalls auf Nr. 1 können sich Einrichtungen berufen, die Opfern sexueller Gewalt Zuflucht bieten und nur den Angehörigen eines Geschlechts offen stehen.[22]

8 Vgl BR-Drucks. 329/06 S 46; vgl Gaier/*Wendtland*, AGG, § 20 Rn 95.

9 Däubler/Bertzbach/*Franke/Schlichtmann*, AGG, § 20 Rn 3; *Rühl/Schmid/Viethen*, AGG, S. 131; MüKo/*Thüsing*, AGG § 20 Rn 2; aA *Derleder/Sabatte*, WuM 2005, 3 ff, 6 f im Hinblick auf das Wohnraummietrecht; zur Begrenzung des Anwendungsbereichs nach § 19 Abs. 5 S. 1 s. dort.

10 Vgl die Ausführungen dort sowie Däubler/Bertzbach/*Franke/Schlichtmann*, AGG, § 20 Rn 6; *Meinel/Heyn/Herms*, AGG, § 20 Rn 1; *Rühl/Schmid/Viethen*, AGG, S. 133.

11 Bamberger/Roth/*Wendtland*, AGG, § 20 Rn 4; *Meinel/Heyn/Herms*, AGG, § 20 Rn 4.

12 Vgl BR-Drucks. 329/06, S. 46 f; Bamberger/Roth/*Wendtland*, AGG, § 20 Rn 5; Däubler/Bertzbach/*Franke/Schlichtmann*, AGG, § 20 Rn 9 ff; *Meinel/Heyn/Herms*, AGG, § 20 Rn 10; *Rühl/Schmid/Viethen*, AGG, S. 134.

13 Däubler/Bertzbach/*Franke/Schlichtmann*, AGG, § 20 Rn 11; Rudolf/Mahlmann/*Armbrüster*, AGG, § 7 Rn 135.

14 So *Bauer/Göpfert/Krieger*, AGG, § 20 Rn 6.

15 Hierzu ausf.: *Meinel/Heyn/Herms*, AGG, § 20 Rn 8 f, 11 f sowie Däubler/Bertzbach/*Franke/Schlichtmann*, AGG, § 20 Rn 12, je mwN.

16 Vgl Fn 15 sowie Bamberger/Roth/*Wendtland*, AGG, § 20 Rn 7.

17 BR-Drucks. 329/06, S. 47; Bamberger/Roth/*Wendtland*, AGG, § 20 Rn 6; *Meinel/Heyn/Herms*, AGG, § 20 Rn 11; Däubler/Bertzbach/*Franke/Schlichtmann*, AGG, § 20 Rn 12; *Schrader/Schubert*, AGG, Rn 646.

18 Däubler/Bertzbach/*Franke/Schlichtmann*, AGG, § 20 Rn 12; *Meinel/Heyn/Herms*, AGG, § 20 Rn 11.

19 BR-Drucks. 329/06, S. 47. sowie Fn 15.

20 Däubler/Bertzbach/*Franke/Schlichtmann*, AGG, § 20 Rn 12.

21 Palandt/*Grünberg* AGG,§ 20 Rn 3; Däubler/Bertzbach/*Franke/Schlichtmann*, AGG, § 20 Rn 12.

22 BT-Drucks. 16/1780, S. 43; Däubler/Bertzbach/*Franke/Schlichtmann*, AGG, § 20 Rn 12.

Der Gefahr, dass die Rechtfertigung über Nr. 1 zu einem bloßen Begründungsgebot verkommen könnte, ist bei der Durchführung der Verhältnismäßigkeitsprüfung zu begegnen.[23] 10

2. Schutz der Intimsphäre und der persönlichen Sicherheit, Abs. 1 S. 2 Nr. 2. Hiernach liegt ein rechtfertigender Grund für eine Ungleichbehandlung vor, wenn diese dem Bedürfnis nach Schutz der Intimsphäre oder der persönlichen Sicherheit Rechnung trägt. Dieses Regelbeispiel trägt dem Umstand Rechnung, dass es insbesondere Unterscheidungen nach dem Geschlecht gibt, die dem Bedürfnis nach Schutz der Intimsphäre und der persönlichen Sicherheit dienen, die gesellschaftlich akzeptiert und erwünscht sind.[24] So sind hiernach bspw Frauentage in Saunen und Schwimmbädern (Intimsphäre) oder Frauenparkplätze (Sicherheit) gerechtfertigt.[25] 11

Im Rahmen der durchzuführenden Verhältnismäßigkeitsprüfung ist ein nachvollziehbares Schutzbedürfnis als legitimer Zweck zu fordern.[26] Eine konkrete Gefährdungslage ist dagegen nicht erforderlich.[27] 12

3. Gewährung besonderer Vorteile, Abs. 1 S. 2 Nr. 3. Nach Nr. 3 ist eine Ungleichbehandlung gerechtfertigt, wenn sie der Gewährung besonderer Vorteile dient und an der Durchsetzung der Gleichbehandlung kein Interesse besteht. Der Begriff des Vorteils umfasst insbesondere Preisnachlässe, daneben aber auch jede andere Form von Sonderkonditionen bei der Abwicklung von Massengeschäften.[28] 13

In der Struktur ähnelt das Regelbeispiel der Nr. 3 bedingt einer positiven Maßnahme nach § 5.[29] Allerdings wird nicht verlangt, dass durch die Vorteilsgewährung bestehende Nachteile ausgeglichen werden.[30] Auch wenn ein solcher Nachteilsausgleich damit keine Voraussetzung des Regelbeispiels ist, so wird dies in vielen Fällen dennoch der Fall sein, da ein Interesse an der Durchsetzung der Gleichbehandlung iSd Vorschrift insbesondere dann fehlt, wenn die bevorzugte Gruppe typischerweise weniger leistungsfähig ist.[31] So sind hiernach bspw Rabatte für Schüler oder Rentner gerechtfertigt. Das Regelbeispiel erfasst aber auch Fälle, in denen die Bevorzugung keine Nachteile ausgleichen soll, sondern bspw der verstärkten Ansprache bestimmter Kundenkreise dient. Diese Bevorzugungen sind dann letztlich nur Ausdruck einer auf Wettbewerb beruhenden Wirtschaft.[32] So wären nach Nr. 3 Verkaufsaktionen möglich, die bspw bestimmte Produkte an die Angehörigen eine bestimmten Gruppe vergünstigt anbieten, also bspw Wasserkocher an Frauen über 45.[33] Weitere Beispiele wären ein vergünstigter Eintritt für weibliche Besucher einer Diskothek oder geringere Teilnehmergebühren für männliche Kunden einer Tanzschule. 14

Der Rechtfertigungsgrund greift dagegen nicht ein, wenn die Bevorzugung einzelner Personen in erster Linie die Ausgrenzung anderer bezweckt. In diesem Fall besteht das Interesse an der Durchsetzung des Gleichbehandlungsgebots fort, da nicht die Förderung, sondern die Benachteiligung im Vordergrund steht.[34] 15

Das ist nach der durch das zivilrechtliche Benachteiligungsverbot normierten Werteordnung nicht hinnehmbar. Dies kann insbesondere dann der Fall sein, wenn das geforderte Entgelt weit über dem marktüblichen Preisniveau liegt, und die Rabatte nur zu einer Absenkung auf die übliche Vergütung führen.[35] Ein Beispiel hierfür wäre der in diesem Sinne überteuerte Verkauf von Speisen und Getränken in einer Gaststätte an Menschen mit Behinderungen, während Menschen ohne sichtbare Behinderungen in den Genuss der rabattierten Preise kommen. 16

4. Religion, Abs. 1 S. 2 Nr. 4. Die Vorschrift regelt die Fälle, in denen eine Benachteiligung aufgrund der Religion einer Person gerechtfertigt sein kann. Vorausgesetzt wird hiernach, dass die Benachteiligung im Hinblick auf die Ausübung der Religionsfreiheit oder auf das Selbstbestimmungsrecht der Religionsgemeinschaften unter Beachtung des jeweiligen Selbstverständnisses gerechtfertigt ist. Neben den Religionsgemeinschaften werden auch die ihnen zugeordneten Einrichtungen ohne Rücksicht auf ihre Rechtsform sowie die Vereinigungen erfasst, die sich die gemeinschaftliche Pflege einer Religion zur Aufgabe machen. 17

Sinn der Vorschrift ist es, der Glaubensfreiheit des Einzelnen aus Art. 4 Abs. 1 GG Rechnung zu tragen. Darüber hinaus berücksichtigt die Vorschrift auch Art. 140 GG iVm Art. 137 Abs. 3 WRV, wonach den Reli- 18

23 Vgl Däubler/Bertzbach/*Franke/Schlichtmann*, AGG, § 20 Rn 14; *Meinel/Heyn/Herms*, AGG, § 20 Rn 11.

24 Vgl BR-Drucks. 329/06, S. 47; Bamberger/Roth/*Wendtland*, AGG, § 20 Rn 9; Däubler/Bertzbach/*Franke/Schlichtmann*, AGG, § 20 Rn 16.

25 Bamberger/Roth/*Wendtland*, AGG, § 20 Rn 9; *Jauernig*, § 20 AGG Rn 5.

26 Vgl *Schrader/Schubert*, AGG, Rn 646.

27 Vgl *Meinel/Heyn/Herms*, AGG, § 20 Rn 13; Däubler/Bertzbach/*Franke/Schlichtmann*, AGG, § 20 Rn 17.

28 BT-Drucks. 16/1780, S. 447; *Meinel/Heyn/Herms*, AGG, § 20 Rn 14; *Rühl/Schmid/Viethen*, AGG, S. 138.

29 Vgl Kommentierung dort sowie Bamberger/Roth/*Wendtland*, AGG, § 20 Rn 12.

30 Däubler/Bertzbach/*Franke/Schlichtmann*, AGG, § 20 Rn 17; *Stork*, ZEuS 2005, 1, 44 f.

31 Vgl *Meinel/Heyn/Herms*, AGG, § 20 Rn 14; Bamberger/Roth/*Wendtland*, AGG, § 20 Rn 13; *Schrader/Schubert*, AGG, Rn 648.

32 BT-Drucks. 16/1780, S. 44; *Meinel/Heyn/Herms*, AGG, § 20 Rn 14.

33 Däubler/Bertzbach/*Franke/Schlichtmann*, AGG, § 20 Rn 18; *Stork*, ZEuS 2005, 1 ff, 45.

34 BR-Drucks. 329/06, S. 47.

35 BT-Drucks. 16/1780, S. 44; Bamberger/Roth/*Wendtland*, AGG, § 20 Rn 13; *Meinel/Heyn/Herms*, AGG, § 20 Rn 14; *Bauer/Göpfert/Krieger*, AGG, § 20 Rn 9.

gionsgemeinschaften selbst, sowie den ihnen zugeordneten Einrichtungen die Freiheit bei der Ordnung und Verwaltung ihrer Angelegenheiten innerhalb der für alle geltenden Gesetze zugesichert wird.[36] Einrichtungen sind ohne Rücksicht auf ihrer Rechtsform den Religionsgemeinschaften zugeordnet, wenn sie nach ihrem Selbstverständnis zur Wahrnehmung und Erfüllung eines Teils des Auftrags der Religionsgemeinschaften berufen sind.[37] Beispiele für solche Einrichtungen sind kirchliche Krankenhäuser, Schulen, Jugendherbergen usw. Der Rechtsfertigungsgrund gilt daneben auch für Vereinigungen, die sich die gemeinschaftliche Pflege einer Religion zur Aufgabe gemacht haben, was insb. Dachverbände erfasst.[38]

19 Um sich auf den Rechtfertigungsgrund der Nr. 4 berufen zu können, muss der Benachteiligende konkret, substantiiert und objektiv nachvollziehbar darlegen, dass der behauptete Glaubensinhalt tatsächlich besteht und darüber hinaus aufzeigen, dass aus einem Zwang, gegen diesen Glaubensinhalt handeln zu müssen, ein Gewissenskonflikt folgen würde.[39] Ein islamischer Metzger, der unter Berufung auf den Rechtfertigungsgrund der Nr. 4 kein Fleisch an Frauen verkaufen will, die kein Kopftuch tragen, müsste daher ein konkretes Glaubensverbot dieses Inhalts darlegen.[40] Es reicht nicht aus, dass die Frauen gegen ein Gebot seines Glaubens verstoßen. Das Ziel diese Frauen zu einem „glaubenskonformen" Verhalten anzuhalten, kann damit nicht zur Rechtfertigung der Benachteiligung führen. Nur wenn seine Religion dem Metzger verbietet, Fleisch an Frauen zu verkaufen, die kein Kopftuch tragen, kommt eine Rechtfertigung überhaupt in Betracht.

20 Schließlich ist auch im Hinblick auf eine Rechtfertigung im Rahmen der Nr. 4 eine Verhältnismäßigkeitsprüfung durchzuführen.[41]

21 Nach hM führt eine Verfassungskonforme Auslegung der Vorschrift dazu, dass neben der Religion auch Weltanschauungen gleichberechtigt erfasst werden.[42]

III. Privatrechtliche Versicherungen, Abs. 2

22 Die Vorschrift enthält einen speziellen Rechtfertigungsgrund für Benachteiligungen aufgrund des Geschlechts (S. 1 und 2), der Religion, einer Behinderung, des Alters oder der sexuellen Identität (S. 3) bei Anbahnung, Durchführung und Beendigung von privatrechtlichen Versicherungsverträgen. Die Vorschrift geht Abs. 1 als lex specialis vor, mit der Folge, dass Versicherern nur die Ungleichbehandlung aufgrund risikoadäquater Kalkulation offen steht und nicht, wie im Rahmen des Abs. 1 aus jedem sachlichen Grund.[43] Durch die Vorschrift soll damit sichergestellt werden, dass die auch im Interesse der Versicherten liegende Differenzierung nach Risikofaktoren, die zu den Grundprinzipien privatrechtlicher Versicherung gehört, vom AGG unberührt bleibt.[44] Daneben soll aber sichergestellt werden, dass in sämtlichen Privatversicherungen Willkür ausgeschlossen ist.[45]

23 Eine Ungleichbehandlung aus Gründen der Rasse und der ethnischen Herkunft wird von der Vorschrift nicht erfasst und ist damit auch im Bereich der privatrechtlichen Versicherungen ausnahmslos verboten.[46]

24 **1. Ungleichbehandlung wegen des Geschlechts, Abs. 2 S. 1.** Nach Abs. 2 S. 1 ist eine Ungleichbehandlung bei den Prämien oder Leistungen wegen des Geschlechts gerechtfertigt, wenn dessen Berücksichtigung bei einer auf relevanten und genauen versicherungsmathematischen und statistischen Daten beruhenden Risikobewertung ein bestimmender Faktor ist. S. 1 vollzieht Art. 5 Abs. 2 S. 1 der Gender-Richtlinie wörtlich nach. Das Geschlecht muss bei der Risikobewertung ein bestimmender Faktor sein. Es reicht nicht aus, wenn das Geschlecht bei der Risikobewertung nur ein Faktor unter vielen ist.[47]

25 Der Wortlaut der Norm erfasst ausdrücklich nur „Ungleichbehandlung bei den Prämien oder Leistungen". Nach ganz hM ist die Vorschrift aber für sämtliche Differenzierungen anzuwenden, also insb. auch auf die

36 BT-Drucks. 16/1780, S. 44; vgl auch *Meinel/Heyn/Herms*, AGG, § 20 Rn 16; Bamberger/Roth/*Wendtland*, AGG, § 20 Rn 16; *Rühl/Schmid/Viethen*, AGG, S. 140; sowie zum Regelbeispiel insgesamt *Thüsing*, JZ 2004, 172 ff.

37 BT-Drucks. 16/1780, S. 44; BVerfGE 70, 138, 162; 57, 220, 242; 53, 366, 391; 46, 73, 85 f; Bamberger/Roth/*Wendtland*, AGG, § 20 Rn 16.

38 Vgl OVG Münster, NVwZ-RR 2004, 492, 494; *Meinel/Heyn/Herms*, AGG, § 20 Rn 19.

39 BT-Drucks. 16/1780, S. 45; Bamberger/Roth/*Wendtland*, AGG, § 20 Rn 16; *Meinel/Heyn/Herms*, AGG, § 20 Rn 18; vgl auch BVerGE 94, 82 ff.

40 Vgl BT-Drucks. 19/1780, S. 45; BVerfGE 94, 82 ff; *Meinel/Heyn/Herms*, AGG, § 20 Rn 18.

41 Ausf. hierzu Däubler/Bertzbach/*Ambrosius*, AGG, § 20 Rn 25.

42 HM, vgl nur Däubler/Bertzbach/*Ambrosius*, AGG, § 20 Rn 20; Bamberger/Roth/*Wendtland*, AGG, § 20 Rn 18.

43 Däubler/Bertzbach/*Ambrosius*, AGG, § 20 Rn 36; aA *Armbrüster*, VersR 2006, 1297, 1301.

44 BR-Drucks. 329/06, S. 48; Bamberger/Roth/*Wendtland*, AGG, § 20 Rn 18.

45 *Schrader/Schubert*, AGG, Rn 652.

46 Vgl hierzu nur *Meinel/Heyn/Herms*, AGG, § 20 Rn 21; Bamberger/Roth/*Wendtland*, AGG, § 20 Rn 22.

47 Vgl BR-Drucks. 329/06 S. 48 f; *Meinel/Heyn/Herms*, AGG, § 20 Rn 25; Däubler/Bertzbach/*Ambrosius*, AGG, § 20 Rn 41; *Rühl/Schmid/Viethen*, AGG, S. 145.

Entscheidung des Versicherers den Vertrag überhaupt abzuschließen.[48] Ein anderes Ergebnis wird zu Recht für sachwidrig befunden. Wenn schon ein benachteiligender Vertragsinhalt den weitergehenden Voraussetzungen des Abs. 2 S. 1 standhalten muss, dann muss dies erst recht für die deutlich wichtigere Frage des Vertragsschlusses an sich gelten.[49]

Relevant und genau im Sinne der Vorschrift sind nur solche Daten, die eine stichhaltige Aussage über das Merkmal „Geschlecht" als versicherungsmathematischen Risikofaktor erlauben. Voraussetzung hierfür ist, dass die Daten nach allgemein anerkannter Methode verlässlich erhoben sowie regelmäßig aktualisiert werden und auch der Öffentlichkeit zugänglich sind.[50] Nach der Entscheidung des EuGH am 1.3.2011 in der Rechtssache C-236/09 wird man diese Rechtsauffassung hingegen wegen Verstoßes gegen Gemeinschaftsrecht nicht mehr aufrecht erhalten können (vgl hierzu § 19 Rn 16). 26

2. Ungleichbehandlung wegen Schwangerschaft oder Mutterschaft, Abs. 2 S. 2. Nach Abs. 2 S. 2 der Vorschrift, dürfen Kosten im Zusammenhang mit Schwangerschaft oder Mutterschaft auf keinen Fall zu unterschiedlichen Prämien oder Leistungen führen. Es handelt sich hierbei um eine spezielle, unmittelbare Benachteiligung aufgrund des Geschlechts.[51] Die Bestimmung stellt in Übereinstimmung mit Art. 5 Abs. 3 der Gender-Richtlinie ausdrücklich klar, dass die hierdurch entstehenden Kosten unter keinen Umständen zu unterschiedlichen Versicherungsleistungen oder Prämien führen dürfen. Ebenso wie in Abs. 2 S. 1 wird man auch hier über den Wortlaut hinaus, nicht nur Prämien oder Leistungen als erfasst ansehen können, sondern jede Diskriminierung bei der Begründung, Durchführung oder Beendigung von Versicherungsverträgen. Somit dürfen erwartete Kosten im Zusammenhang mit Schwangerschaft oder Mutterschaft auch nicht dazu führen, dass bspw eine private Krankenversicherung gar nicht erst abgeschlossen wird.[52] 27

3. Ungleichbehandlung wegen Religion, Behinderung, Alter oder sexueller Identität, Abs. 2 S. 3. Nach Abs. 2 S. 3 ist eine unterschiedliche Behandlung wegen der Religion oder Weltanschauung, einer Behinderung, des Alters oder der sexuellen Identität zulässig, sofern diese auf anerkannten Prinzipien risikoadäquater Kalkulation beruht, insbesondere auf einer versicherungsmathematisch ermittelten Risikobewertung unter Heranziehung statistischer Erhebungen. Diesem Rechtfertigungsgrund liegt der Gedanke zugrunde, dass als Risikomerkmale ohnehin nur solche Umstände geeignet sind, die zu vertretbaren Kosten statistisch erfassbar sind und in einer deutlichen statistischen Korrelation zur Schadenserwartung stehen.[53] Der Begriff „anerkannte Prinzipien risikoadäquater Kalkulation" stellt dabei eine Zusammenfassung der Grundsätze dar, die von den Versicherungsmathematikern bei der Berechnung von Prämien und Deckungsrückstellungen angewendet werden.[54] Gesetzliche Grundlagen dieser Grundsätze finden sich bspw in den §§ 11, 65 VAG oder § 341 f HGB.[55] Ausweislich der Gesetzesbegründung sind hierbei bestimmte Rechnungsgrundlagen, mathematische Formeln und kalkulatorische Herleitungen zu verwenden, wobei grds. auch (falls vorhanden oder mit vertretbarem Aufwand erstellbar) statistisches Material (zB Sterbetafeln) heranzuziehen ist. Darüber hinaus ist hierbei auch auf anerkannte medizinische Erfahrungswerte und Einschätzungstabellen der Rückversicherer zurückzugreifen.[56] 28

IV. Sonstige Rechtfertigungsgründe (außerhalb des AGG)

Grundsätzlich kommen neben § 20 auch die anderen Rechtfertigungsgründe, insbesondere § 34 StGB in Betracht.[57] 29

§ 21 AGG Ansprüche

(1) [1]Der Benachteiligte kann bei einem Verstoß gegen das Benachteiligungsverbot unbeschadet weiterer Ansprüche die Beseitigung der Beeinträchtigung verlangen. [2]Sind weitere Beeinträchtigungen zu besorgen, so kann er auf Unterlassung klagen.

48 Vgl BT-Drucks. 19/1780; S. 45; Däubler/Bertzbach/*Ambrosius*, AGG, § 20 Rn 40; *Meinel/Heyn/Herms*, AGG, § 20 Rn 25; Gaier/*Wendtland*, AGG, § 20 Rn 96; aA *Thüsing/v. Hoff*, VersR 2007, 1, 2.

49 Vgl Däubler/Bertzbach/*Ambrosius*, AGG, § 20 Rn 40, vgl auch *Rühl/Schmid/Viethen*, AGG, S. 142 f.

50 BT-Drucks. 16/1780, S. 45.

51 *Meinel/Heyn/Herms*, AGG, § 20 Rn 27.

52 So auch Däubler/Bertzbach/*Ambrosius*, AGG, § 20 Rn 53.

53 BT-Drucks. 16/1780, S. 45 unter Verweis auf *Wandt*, VersR 2004, 1341, 1432; *Meinel/Heyn/Herms*, AGG, § 20 Rn 28; Bamberger/Roth/*Wendtland*, AGG, § 20 Rn 25.

54 BT-Drucks. 16/1780, S. 45; *Schrader/Schubert*, AGG, Rn 658.

55 BT-Drucks. 16/1780, S. 45; *Meinel/Heyn/Herms*, AGG, § 20 Rn 28.

56 BT-Drucks. 16/1780, S. 45.

57 Vgl *Meinel/Heyn/Herms*, AGG, § 20 Rn 29 mwN.

(2) [1]Bei einer Verletzung des Benachteiligungsverbots ist der Benachteiligende verpflichtet, den hierdurch entstandenen Schaden zu ersetzen. [2]Dies gilt nicht, wenn der Benachteiligende die Pflichtverletzung nicht zu vertreten hat. [3]Wegen eines Schadens, der nicht Vermögensschaden ist, kann der Benachteiligte eine angemessene Entschädigung in Geld verlangen.

(3) Ansprüche aus unerlaubter Handlung bleiben unberührt.

(4) Auf eine Vereinbarung, die von dem Benachteiligungsverbot abweicht, kann sich der Benachteiligende nicht berufen.

(5) [1]Ein Anspruch nach den Absätzen 1 und 2 muss innerhalb einer Frist von zwei Monaten geltend gemacht werden. [2]Nach Ablauf der Frist kann der Anspruch nur geltend gemacht werden, wenn der Benachteiligte ohne Verschulden an der Einhaltung der Frist verhindert war.

I. Überblick

1 § 21 regelt die Rechtsfolgen eines Verstoßes gegen das zivilrechtliche Benachteiligungsverbot des § 19 in Form von Ansprüchen auf Beseitigung und Unterlassung sowie Schadenersatz. Die Norm dient der Umsetzung von Art. 15 der Antirassismusrichtlinie 2000/43/EG und Art. 14 der Gleichbehandlungsrichtlinie 2004/113/EG. Danach müssen die Mitgliedsstaaten Sanktionen normieren, die „wirksam, verhältnismäßig und abschreckend“ sind.[1] Mit dem Erfordernis einer „abschreckenden“ Wirkung der Sanktion ist aber kein „Strafcharakter“ des Schadensersatzanspruches verbunden.[2] Es handelt sich mithin nur um einen Schadensausgleich, nicht etwa um einen Strafschadensersatz.[3]

II. Beseitigungs- und Unterlassungsanspruch, Abs. 1

2 Abs. 1 regelt einen Beseitigungsanspruch für gegenwärtige Beeinträchtigungen und einen Unterlassungsanspruch für zukünftige. § 15 enthält keine entsprechenden Ansprüche für den arbeitsrechtlichen Diskriminierungsschutz.[4]

3 Da die Ansprüche „unbeschadet weiterer Ansprüche“ bestehen, kommen daneben auch andere Ansprüche auf Beseitigung und Unterlassung wie bspw aus den §§ 1004, 823 BGB wegen Verletzung des allgemeinen Persönlichkeitsrechts in Betracht. Darüber hinaus kommen aber auch weitergehende Ansprüche in Betracht, wie bspw auf Schadenersatz, der häufig nicht mit der bloßen Naturalrestitution erledigt ist.[5]

4 **1. Beseitigungsanspruchs, S. 1.** Nach S. 1 kann der Benachteiligte bei einem Verstoß gegen das Benachteiligungsverbot unbeschadet weiterer Ansprüche die Beseitigung der Benachteiligung verlangen.

5 **a) Gegenwärtiger Verstoß gegen des Benachteiligungsverbot.** Ein Verstoß gegen das Benachteiligungsverbot setzt eine nicht gerechtfertigte Benachteiligung iSd § 19 voraus. Da das Tatbestandsmerkmal „Verstoß“ nur dann vorliegt, wenn die Benachteiligung nicht gerechtfertigt ist, geht die ganz hM zu Recht davon aus, dass das Vorliegen von Rechtfertigungsgründen bereits an dieser Stelle des Tatbestands zu prüfen ist und lehnt einen eigenständigen Prüfungspunkt „Rechtswidrigkeit“ ab.[6]

6 Nach zutreffender Ansicht richtet sich der Anspruch gegen den Störer, dem die Benachteiligung zuzurechnen ist. Hat der Anbieter einer Leistung die Benachteiligung nicht selbst, auch nicht mittelbar verursacht, sondern ein für diesen tätiger Arbeitnehmer, ist nach zutreffender Ansicht dennoch der Anbieter und Arbeitgeber Störer

1 Vgl *Meinel/Heyn/Herms* § 21 Rn 3; Däubler/Bertzbach/*Deinert*, § 21 Rn 3 ff; Bamberger/Roth/*Wendtland*, AGG, § 21 Rn 1.
2 BT-Drucks. 16/1730, S. 46; *Meinel/Heyn/Herms*, § 21 Rn 3.
3 Däubler/Bertzbach/*Deinert*, § 21 Rn 10.
4 S. Kommentierung dort, vgl weiter Däubler/Bertzbach/*Deinert*, § 21 Rn 16.
5 Vgl nur Däubler/Bertzbach/*Deinert*, § 21 Rn 17.
6 So *Meinel/Heyn/Herms*, § 21 Rn 6; Däubler/Bertzbach/*Deinert*, § 21 Rn 21 b; aA nach der die Rechtswidrigkeit aber bei Erfüllung des Tatbestandes indiziert ist: Bamberger/Roth/*Wendtland*; AGG, § 21 Rn 4; MüKo/*Thüsing*, AGG § 21 Rn 10.

und damit alleiniger Anspruchsgegner. Nur so kann der systematische Gleichschritt mit den arbeitsrechtlichen Ansprüchen und den anderen zivilrechtlichen Ansprüchen wegen Verletzung des Gleichbehandlungsgebots gewahrt bleiben.[7]

Schließlich muss die Beeinträchtigung noch gegenwärtig sein, was sich schon aus der Natur des Beseitigungsanspruchs ergibt, da nur eine noch fortdauernde Beeinträchtigung beseitigt werden kann.[8] 7

Ein Verschulden ist für den Anspruch aus § 21 Abs. 1 S. 1 nicht erforderlich. Ausreichend ist der objektive Verstoß gegen das Benachteiligungsverbot.[9] 8

b) Ausschlussfrist. Der Anspruch muss innerhalb der Ausschlussfrist des Abs. 5 geltend gemacht werden.[10] 9

c) Rechtsfolgen. Rechtsfolge ist ein Anspruch auf Beseitigung der Beeinträchtigung, was nach zutreffender hM nicht die Wiederherstellung des ursprünglichen Zustands bedeutet, sondern die Beseitigung der Beeinträchtigung für die Zukunft verlangt.[11] Der Anspruch erfasst schon nach seinem Wortlaut allein die Beeinträchtigung und nicht etwa die aus der Beeinträchtigung sich ergebenden, weiteren Nachteile. Diese Auslegung dient auch der Abgrenzung des verschuldensunabhängigen Beseitigungsanspruchs und des verschuldensabhängigen Schadensersatzanspruchs.[12] 10

Umstritten ist, ob aus Abs. 1 S. 1 ein Kontrahierungsanspruch folgt. Die hM geht hierbei zu Recht davon aus, dass der Beseitigungsanspruch dann, wenn die Benachteiligung in der Weigerung zum Abschluss eines Vertrages liegt, auch einen Kontrahierungszwang auslösen kann.[13] Jede diskriminierende Verweigerung eines Vertragsschlusses ist eine Benachteiligung, die so lange andauert, wie der Vertragsschluss verweigert wird. Diese Beeinträchtigung kann auch für die Zukunft nur dadurch beseitigt werden, dass der Vertrag abgeschlossen wird. Hieraus folgt aber auch, dass ein Kontrahierungszwang nur in Betracht kommt, wenn die Diskriminierung in dem verweigerten Vertragsschluss selbst liegt und nicht, wenn diskriminiert wurde, aber ohnehin kein Vertrag zustande gekommen wäre.[14] 11

Soweit die Beseitigung nicht (mehr) möglich ist, ist der Anspruch nach § 275 BGB ausgeschlossen.[15] 12

2. Unterlassungsanspruch, S. 2. Nach S. 2 kann der Benachteiligte auf Unterlassung klagen, wenn weitere Beeinträchtigungen zu besorgen sind. 13

a) Drohender Verstoß gegen das Benachteiligungsverbot. Wie bei dem Beseitigungsanspruch, verlangt auch der Unterlassungsanspruch einen Verstoß gegen das Benachteiligungsverbot des § 19. Im Gegensatz zum Beseitigungsanspruch muss dieser aber nicht gegenwärtig sind, sondern muss als zukünftiger Verstoß zu besorgen sein. 14

Auch wenn der Wortlaut der Norm „weitere" Beeinträchtigungen verlangt und dies bei einer engen Auslegung erfordern würde, dass es bereits zu Beeinträchtigungen gekommen ist, geht die hM davon aus, dass sowohl eine Wiederholungs- als auch eine begründete Erstbegehungsgefahr den Unterlassungsanspruch begründen kann.[16] Wiederholungsgefahr ist die auf Tatsachen gegründete, objektive ernstliche Besorgnis weiterer Störungen.[17] Sie wird vermutet, wenn bereits ein Verstoß gegen das Benachteiligungsverbot vorliegt.[18] Eine Erstbegehungsgefahr setzt dagegen ernsthafte und greifbare tatsächliche Anhaltspunkte dafür voraus, dass sich der Anspruchsgegner in naher Zukunft in der näher bezeichneten Weise rechtswidrig verhalten wird.[19] 15

Die bevorstehende Benachteiligung muss konkret drohen. Ein bloßer Verdacht genügt dagegen ebenso wenig, wie die nur subjektive Befürchtung des Benachteiligten.[20] 16

b) Weitere Voraussetzungen. Die weiteren Voraussetzungen entsprechen denen des Beseitigungsanspruchs. Die dort gemachten Ausführungen gelten entsprechend. Der Anspruch ist insbesondere verschuldensabhängig und muss innerhalb der Ausschlussfrist des Abs. 5 geltend gemacht werden. 17

7 So MüKo/*Thüsing*, AGG § 21 Rn 13; Däubler/Bertzbach/*Deinert*, § 21 Rn 21 b; aA *Meinel/Heyn/Herms*, § 21 Rn 6, die § 278 BGB analog anwenden.

8 *Meinel/Heyn/Herms*, § 21 Rn 6, Däubler/Bertzbach/*Deinert*, § 21 Rn 21 a; *Jauernig*, AGG § 21 Rn 3.

9 BT-Drucks. 16/1780, S. 46; Däubler/Bertzbach/*Deinert*, § 21 Rn 22; *Meinel/Heyn/Herms*, § 21 Rn 7.

10 Vgl dort.

11 Däubler/Bertzbach/*Deinert*, § 21 Rn 22; *Thüsing/v. Hoff*, VersR 2007, 1, 9.

12 Palandt/*Grünberg* AGG § 21 Rn 3; Bamberger/Roth/*Wendtland*; AGG, § 21 Rn 8; *Meinel/Heyn/Herms*, § 21 Rn 9; Däubler/Bertzbach/*Deinert*, § 21 Rn 23; *Thüsing/v. Hoff*, VersR 2007, 1, 9.

13 *Bauer/Göpfert/Krieger*, § 31 Rn 6; *Meinel/Heyn/Herms*, § 21 Rn 11; Däubler/Bertzbach/*Deinert*, § 21 Rn 24; Bamberger/Roth/*Wendtland*; AGG, § 21 Rn 13 ff; *Schwab*, DNotZ 2006, 649, 667; *Thüsing/v. Hoff*, VersR 2007, 1, 9; *dies*. NJW 2007, 21, 121 ff jeweils mwN; aA *Jauernig*, AGG § 21 Rn 3; wohl auch Palandt/*Grünberg*, AGG § 21 Rn 3.

14 Vgl nur Däubler/Bertzbach/*Deinert*, § 21 Rn 24.

15 *Meinel/Heyn/Herms*, § 21 Rn 12; Bamberger/Roth/*Wendtland*, AGG, § 21 Rn 20.

16 Vgl MüKo/*Thüsing*, AGG § 21 Rn 38; Palandt/*Grünberg*, AGG § 21 Rn 4; zu § 1004 BGB: BGH NJW 2004, 3701, 3703.

17 Vgl BGH NJW 2005, 594, 595.

18 Vgl BGH NJW 2004, 1035, 1036; *Meinel/Heyn/Herms*, § 21 Rn 14.

19 Vgl BGH NJW-RR 2001, 1483, 1485.

20 BT-Drucks. 16/1780, S. 46; *Meinel/Heyn/Herms*, § 21 Rn 14.

18 **c) Rechtsfolgen.** Rechtsfolge ist ein Anspruch auf Unterlassung. Dies ist nicht mit bloßer Untätigkeit gleichzusetzen. Wenn die Beeinträchtigung durch Untätigkeit erst erfolgte, kann der Unterlassungsanspruch auf eine Tätigkeit gerichtet sein, bspw bei einem diskriminierenden unterlassenen Vertragsschluss.[21]

III. Schadensersatzanspruch

19 **1. Vermögensschaden, Abs. 2 S. 1.** Nach Abs. 2 S. 1 ist der Benachteiligende zum Ersatz der Vermögensschäden verpflichtet, die durch eine Verletzung des Benachteiligungsverbots entstanden sind. Die Benachteiligung muss ihm zurechenbar und rechtswidrig sowie ursächlich für den Vermögensschaden sein.

20 Darüber hinaus muss der Anspruchsgegner die Verletzung iSd §§ 276, 278 BGB zu vertreten haben.[22] Zu beachten ist, dass nach der Vorsatztheorie zwar das Bewusstsein der Rechtswidrigkeit mit zum Vorsatz zählt, an die Annahme eines entschuldigten Rechtsirrtums sind aber hohe Anforderungen zu stellen.[23] Abs. 2 S. 2 enthält eine Beweislastumkehr zulasten des Benachteiligenden.

21 Nach der vom BGH grds. angewendeten Differenzhypothese ist derjenige Schaden zu ersetzen, der sich aus einem Vergleich der tatsächlichen, infolge des schädigenden Ereignisses eingetretenen Vermögenslage mit der hypothetischen Vermögenslage ohne das schädigende Ereignis ergibt.[24] Der Anspruch umfasst auch mittelbare Nachteile und Folgeschäden. Er ist der Höhe nach nicht begrenzt. Insbesondere ist er bei Dauerschuldverhältnissen nicht auf die Dauer der maßgeblichen Kündigungsfrist zu beschränken. Dies würde voraussetzen, dass der Benachteiligende den Vertrag hypothetisch ohne weiteres unter Einhaltung dieser Frist hätte kündigen können. Liegt die Benachteiligung aber bspw gerade in dem verweigerten Abschluss des Vertrages, so wäre auch die aus gleichem Grund ausgesprochene Kündigung eine nach § 19 untersagte Benachteiligung und würde ebenfalls den Schadenersatzanspruch auslösen. Für eine Begrenzung des Schadensersatzanspruchs unter dem Gesichtspunkt des rechtmäßigen Alternativverhaltens ist damit aber in solchen Fällen kein Raum, da die Kündigung als Alternativverhalten ebenfalls rechtswidrig wäre.[25]

22 **2. Immaterieller Schaden, Abs. 2 S. 3.** Nach Abs. 2 S. 3 ist der Benachteiligende auch zum Ersatz des immateriellen Schadens verpflichtet. Die Vorschrift stellt eine gesetzliche Anordnung der Ersatzfähigkeit eines immateriellen Schadens iSd § 253 Abs. 1 BGB dar.[26] Im Gegensatz zum Anspruch aus Abs. 2 S. 1 besteht der Schadensersatzanspruch aus S. 3 unabhängig von einem Verschulden des Benachteiligenden. Dies zeigt insbesondere die systematische Stellung des Abs. 2 S. 2, der das Verschuldenserfordernis regelt und nach dem materiellen Schadensersatz in S. 1 und vor dem immateriellen Schadensersatz in S. 3 steht.[27]

23 Voraussetzung für einen Anspruch aus Abs. 2 S. 3 ist eine schwerwiegende Verletzung, bei der die Benachteiligung nicht auf anderem Wege befriedigend ausgeglichen werden kann.[28]

24 Wegen der weiteren Voraussetzungen kann auf die von der Rechtsprechung entwickelten Regeln zum Ersatz des immateriellen Schadens bei Verletzung des Persönlichkeitsrechts zurückgegriffen werden.[29] Im Rahmen des Schadensersatzes steht daher der Gesichtspunkt der Genugtuung im Vordergrund.[30] Die Bemessung des zu leistenden Schadensersatzes hat sich in erster Linie an diesem Zweck auszurichten.[31] Weitere Bemessungsfaktoren sind bspw der Präventionsgedanke, die Intensität der Persönlichkeitsrechtsverletzung, das Ausmaß des Verschuldens, die wirtschaftlichen Verhältnisse des Benachteiligenden und sein bisheriges Verhalten.[32]

21 Vgl Däubler/Bertzbach/*Deinert*, § 21 Rn 30; MüKo/*Thüsing*, AGG § 21 Rn 39.

22 Zur Vereinbarkeit des Verschuldenserfordernisses mit dem Gemeinschaftsrecht vgl nur dagegen: Däubler/Bertzbach/*Deinert*, § 21 Rn 38; dafür: *Meinel/Heyn/Herms*, § 21 Rn 18 jeweils mwN.

23 BGH NJW 1992, 2014; NJW 1977, 1875; NJW 1984, 1028; Bamberger/Roth/*Wendtland*; AGG, § 21 Rn 23.

24 BGH NJW-RR 2006, 1403, 1404; Däubler/Bertzbach/*Deinert*, § 21 Rn 41.

25 So auch Däubler/Bertzbach/*Deinert*, § 21 Rn 47; aA *Meinel/Heyn/Herms*, § 21 Rn 20; MüKo/*Thüsing*, AGG § 21 Rn 58; *Bauer/Göpfert/Krieger*, § 21 Rn 11.

26 BT-Drucks. 16/1780, S. 46; *Meinel/Heyn/Herms*, § 21 Rn 21.

27 So auch die wohl hM, vgl nur *Jauernig*, AGG § 21 Rn 9; *Meinel/Heyn/Herms*, § 21 Rn 21; Däubler/Bertzbach/*Deinert*, § 21 Rn 57; *Bauer/Göpfert/Krieger*, § 21 Rn 12; *Maier-Reimer*, NJW 2006, 2577, 2581; zur Gegenauffassung vgl Palandt/*Grünberg*, AGG § 21 Rn 6; Bamberger/Roth/*Wendtland*; AGG, § 21 Rn 25; *Rühl/Schmid/Viethen*, S. 158.

28 Vgl BT-Drucks. 16/1780, S. 46; Bamberger/Roth/*Wendtland*; AGG, § 21 Rn 26 f; *Meinel/Heyn/Herms*, § 21 Rn 21, vgl auch BGH NJW 2005, 215; NJW 2000, 2195, 2197.

29 BT-Drucks. 16/1780, S. 46; Bamberger/Roth/*Wendtland*; AGG, § 21 Rn 25.

30 BT-Drucks. 16/1780, S. 46 unter Hinweis auf BGH NJW 1996, 984, 985; NJW 1996, 985, 987.

31 BT-Drucks. 16/1780, S. 46.

32 Vgl Däubler/Bertzbach/*Deinert*, § 21 Rn 60 ff; *Jauernig*, AGG § 21 Rn 9; MüKo/*Thüsing*, AGG § 21 Rn 62 f.

IV. Deliktsrechtliche Ansprüche, Abs. 3

Abs. 3 stellt klar, dass Ansprüche aus unerlaubter Handlung unberührt bleiben. Bedeutung kann dies insbesondere dann erlangen, wenn ein Anspruch aus Abs. 1 und 2 aufgrund der Ausschlussfrist des Abs. 5 entfallen ist, da diese sich nicht auf andere Ansprüche wie denen aus unerlaubter Handlung erstreckt. Über die Regelung des Abs. 3 hinaus, bleiben auch alle anderen in Betracht kommenden Ansprüche von § 21 unberührt, so dass insgesamt das Günstigkeitsprinzip gilt, der Benachteiligte sich also die Ansprüche aussuchen kann, die er am leichtesten durchsetzen kann.[33] 25

V. Unwirksamkeit abweichender Vereinbarungen, Abs. 4

Nach Abs. 4 kann sich der Benachteiligende nicht auf eine Vereinbarung berufen, die vom Benachteiligungsverbot abweicht. Die Bestimmung geht § 139 BGB als lex specialis vor. Da dem Betroffenen mit einer Rückabwicklung des Vertrages in der Regel nicht geholfen ist, soll nur die diskriminierende Regelung unwirksam sein, der Vertrag im Übrigen aber Bestand haben.[34] 26

Für einseitige Rechtsgeschäfte gilt § 134 BGB, für AGB bleibt § 307 BGB anwendbar.[35]

VI. Ausschlussfrist und Verjährung, Abs. 5

1. Ausschlussfrist. Nach Abs. 5 muss ein Anspruch nach Abs. 1 und 2 grds. innerhalb einer Frist von zwei Monaten geltend gemacht werden. Eine erstmalige Geltendmachung nach Ablauf dieser Frist ist nach S. 2 nur möglich, wenn der Benachteiligte die Frist ohne Verschulden nicht eingehalten hat. 27

Die Frist beginnt in dem Zeitpunkt, in dem der Anspruch entsteht, also erstmals geltend gemacht werden kann.[36] Für den Ablauf der Frist ist auf die §§ 187 ff BGB abzustellen. 28

Zur Geltendmachung des Anspruchs reicht eine formlose Mitteilung des Benachteiligten an den Anspruchsgegner, mit der er deutlich macht, dass er aufgrund der – ausreichend bestimmt zu benennenden – Diskriminierung Ansprüche geltend machen will. Schriftform wie im Falle des § 15 Abs. 4 ist nicht erforderlich.[37] 29

Die Einhaltung der Ausschlussfrist ist vom Gericht von Amts wegen zu prüfen. Im Gegensatz zur Verjährung handelt es sich nicht um eine bloße Einrede. Vielmehr führt der Ablauf der Ausschlussfrist zum Erlöschen des betreffenden Rechts. 30

Nach S. 2 kann ausnahmsweise auch nach Ablauf der Ausschlussfrist eine Geltendmachung erfolgen, wenn der Anspruchssteller den Fristablauf nicht zu vertreten hat. Was der Anspruchssteller zu vertreten hat, richtet sich nach den §§ 276, 278 BGB.[38] 31

2. Verjährung. Auch nach der Geltendmachung der Ansprüche nach Abs. 5 können diese in der Frist des § 195 BGB verjähren, wenn die Geltendmachung nicht zu einer Hemmung geführt hat. Es gelten hierfür die allgemeinen Regeln des §§ 194 ff BGB.[39] 32

Abschnitt 4
Rechtsschutz

§ 22 AGG Beweislast

Wenn im Streitfall die eine Partei Indizien beweist, die eine Benachteiligung wegen eines in § 1 genannten Grundes vermuten lassen, trägt die andere Partei die Beweislast dafür, dass kein Verstoß gegen die Bestimmungen zum Schutz vor Benachteiligung vorgelegen hat.

I. Überblick

Wegen seiner systematischen Stellung, seinem neutralen Wortlaut (Partei) und dem gesetzgeberischen Willen ist § 22 auf alle Fälle von Benachteiligungen nach dem AGG anzuwenden. Demnach gilt seine Beweislastre- 1

33 Vgl Bamberger/Roth/*Wendtland*, AGG, § 21 Rn 35 ff.
34 BT-Drucks. 16/1780, S. 46; *Jauernig*, AGG § 21 Rn 11; Bamberger/Roth/*Wendtland*; AGG § 21 Rn 39.
35 Bamberger/Roth/*Wendtland*, AGG § 21 Rn 39.
36 MüKo/*Thüsing*, § 21 AGG Rn 66; Bamberger/Roth/*Wendtland*, AGG § 21 Rn 25.
37 Bamberger/Roth/*Wendtland*, AGG § 21 Rn 32.
38 MüKo/*Thüsing*, AGG § 21 Rn 69.
39 Vgl *Jauernig*, AGG § 21 Rn 13; Bamberger/Roth/*Wendtland*, AGG § 21 Rn 34.

gelung für alle Ansprüche, die ein Arbeitnehmer wegen unzulässigen Benachteiligungen aus dem AGG gegen den Arbeitgeber geltend macht und somit auch für den Anspruch auf ein gleiches Entgelt und Schutz gem. § 12 Abs. 1.[1] Entsprechend den allgemeinen Beweislastregeln, nach denen derjenige, der sich auf für ihn günstige Tatsachen beruft, diese auch zu beweisen hat, wäre an sich der Benachteiligte verpflichtet, den Beweis für eine Diskriminierung wegen eines der in §§ 1, 19 Abs. 1 bezeichneten Merkmale zu erbringen. Aufgrund der Tatsache, dass es sich jedoch um Lebensbereiche handelt, in denen der Anspruchsteller nach diesen Regeln typischerweise in Beweisnot geraten würde, enthält die Bestimmung eine Beweislastregel die vom allgemeinen Prinzip abweicht.[2] Die Regelung versucht einen prozessualen Mittelweg zwischen zwei Prinzipien zu gehen, nämlich der grundsätzlichen vollen Beweislast des Anspruchstellers und der Möglichkeit einer vollständigen Beweislastumkehr auf den Beklagten.[3] Sie folgt so dem vom EuGH entwickelten Gedanken, dass in solchen Fällen eine Verlagerung der Beweislast auf die beklagte Partei zur wirksamen Anwendung des Gleichbehandlungsgrundsatzes erforderlich ist.[4] Die Vorschrift ist derjenigen in § 611 a Abs. 1 S. 3 BGB aF nachgebildet.[5] Sie erfüllt die Vorgaben der Beweislast-RL 97/80/EG vom 15.12.1997 [6] und dient der Umsetzung von Art. 8 der Antirassismus-RL 2000/43/EG vom 29.6.2000,[7] Art. 10 der Rahmen-RL Beschäftigung 2000/78/EG vom 27.11.2000 [8] und von Art. 10 der Gleichbehandlungsrichtlinie 2004/113/EG vom 13.12.2004.[9]

2 Der maßgebliche Zeitpunkt, ob ein Diskriminierungstatbestand vorliegt, ist der Zeitpunkt der Entscheidung über die Maßnahme selbst.[10] Ein Nachschieben von Gründen durch den Anspruchsgegner ist nur unter sehr eingeschränkten Vorrausetzungen möglich, nämlich nur dann, wenn objektiv geeignete Auswahlgründe tatsächlich unberücksichtigt blieben, aber im Streit um die Verletzung dieses Gesetzes entdeckt und nachträglich vorgebracht werden.[11] Auf diesen Zeitpunkt bezieht sich deshalb auch die Darlegungs- und Beweislastverteilung von diskriminierten Arbeitnehmern und den diskriminierenden Arbeitgebern.

II. Anspruchsteller

3 Den Kläger trifft für anspruchsbegründende Tatsachen grundsätzlich die volle Darlegungslast.[12] Er hat alle Tatsachen vorzutragen, die den vom Diskriminierungsverbot umfassten Tatbestand erfüllen, insbesondere schlüssig darzulegen, dass er gegenüber einer anderen Person benachteiligt (ungünstig behandelt) worden ist.[13] Dafür, dass diese Ungleichbehandlung auch auf einem der in §§ 1, 19 Abs. 1 AGG genannten Gründe beruht, genügt es allerdings, dass er nur sogenannte Vermutungstatsachen vorträgt, aus denen auf eine unzulässige Benachteiligung geschlossen werden kann.[14] Dementsprechend muss er bei einer unmittelbaren Benachteiligung darlegen, dass er im Vergleich zu anderen Arbeitnehmern ungünstiger behandelt worden ist wobei jedoch der Vergleich mit einer hypothetischen Vergleichsperson genügt. Bei einer mittelbaren Benachteiligung bedarf es des Vortrages konkreter Informationen über Struktur und tatsächliche Auswirkungen der betreffenden Vorschriften, Kriterien oder Verfahren. Nach § 3 Abs. 2 AGG ist hierfür bereits die Möglichkeit der Benachteiligung ausreichend. Hat der Kläger die tatsächlichen Anspruchsvoraussetzungen dargelegt, hat er im Bestreitensfall nach allgemeinen Grundsätzen den Vollbeweis dafür zu führen, dass er gegenüber einer anderen Person benachteiligt worden ist.[15] Dasselbe für die von ihm dargelegten Vermutungstatsachen; auch diese hat der Kläger grundsätzlich mit den in der ZPO vorgesehenen Beweismitteln nachzuweisen.[16] Stehen ihm dabei keine anderen Beweismittel, insbesondere Zeugen zur Verfügung, hat das Gericht alle zulässigen Möglichkeiten der Anhörung (§ 141 ZPO) und Vernehmung (§ 448 ZPO)[17] des Klägers auszuschöpfen.[18] Die Anforderungen an das Beweismaß sind hier allerdings abgesenkt; es genügt, wenn das Gericht das Vorliegen der Vermutungstatsachen für überwiegend wahrscheinlich hält.[19]

1 BT-Drucks. 16/1780 S. 47; *Windel*, RdA 2007, 1 (8).
2 Vgl *Gaier*, in: Gaier/Wendtland Rn 134.
3 Schleusener/Suckow/Voigt/*Voigt* § 22 Rn 10.
4 Vgl EuGH Rs C-127/92, Slg 1993, I-5535 = SAE 1995, 45 – Enderby; Rs C-400/93, Slg 1995, I-1275 = SAE 1996, 265, 268 – Royal Copenhagen.
5 BR-Drucks. 329/06 S. 51.
6 ABl EG Nr. L 14 S. 6.
7 ABl EG Nr. L 180 S. 22.
8 ABl EG Nr. L 303 S. 16.
9 ABl EG Nr. L 373 S. 37.
10 BVerfG v. 16.11.1993 – 1 BvR 258/86, AP § 611 a BGB Nr. 9; v. 23.8.2000 – 1 BvR 1032/00, AP § 611 a Nr. 19, MüKo/*Müller-Glöge*, § 611 a BGB Rn 85.
11 Vgl BVerfG v. 16.11.1993 – 1 BvR 258/86, AP § 611 a BGB Nr. 9.
12 Vgl *Gaier*, in: Gaier/Wendtland Rn 164.
13 Vgl MüKo/*Müller-Glöge*, § 611 a Rn 34; *Schlachter*, RdA 1998, 321 (324); BT-Drucks. 16/1852.
14 BR-Drucks. 329/06 S. 51.
15 BR-Drucks. 329/06 S. 51.
16 BR-Drucks. 329/06 S. 51.
17 Vgl BGH NJW 1999, 363 zu § 448 ZPO „Vieraugengespräch".
18 BR-Drucks. 329/06 S. 51.
19 BR-Drucks. 329/06 S. 51 unter Hinweis auf die entsprechende Auslegung von § 611 a Abs. 1 S. 3 BGB aF in BAG NJW 2004, 2112 (2114).

III. Anspruchgegner

Ist es seitens des Anspruchsstellers gelungen, Vollbeweis dafür zu erbringen, dass er gegenüber einer anderen Person ungünstig behandelt worden ist und hat er hinreichende Vermutungstatsachen, aus denen auf eine Diskriminierung geschlossen werden kann, zumindest soweit unter Beweis gestellt, dass das Gericht ihr Vorliegen für überwiegend wahrscheinlich hält, trifft den Antragsgegner grundsätzlich die volle Darlegungs- und Beweislast dafür, dass ausschließlich andere Gründe erheblich waren, dass also in seinem Motivbündel weder das Vorliegen des verpönten Merkmals als negatives noch das Fehlen des verpönten Merkmals als positives Kriterium enthalten ist.[20] Daneben kann er rechtfertigende Umstände darlegen und beweisen, was auch aus der Formulierung in den §§ 8 Abs. 1, 9, 10 folgt.[21] 4

§ 22 verlagert ausdrücklich die Beweislast auf den Anspruchsgegner. Daher genügt es nicht, dass dieser lediglich einen Gegenbeweis erbringt, der nur die Überzeugung des Gerichts von der zu beweisenden Tatsache erschüttert.[22] Der Anspruchsgegner hat vielmehr einen Hauptbeweis in der Form des Beweises des Gegenteils zu erbringen. Misslingt ihm dies, ergeht eine Beweislastentscheidung zu seinen Ungunsten und er ist so zu behandeln, als sei eine unzulässige Benachteiligung des Anspruchstellers erfolgt. Der Beweis ist geführt, wenn das Gericht davon überzeugt ist, dass eine Diskriminierung durch den Anspruchsgegner nicht vorliegt. Hierfür ist keine absolute oder unumstößliche Sicherheit erforderlich, vielmehr reicht es aus, wenn ein für das praktische Leben brauchbarer Grad von Gewissheit erreicht wird, der etwaigen Zweifeln Schweigen gebietet, ohne sie völlig auszuschließen.[23] Dabei hat das Gericht im Rahmen der Beweiswürdigung nachgeschobene, nämlich nicht bereits zum Zeitpunkt der Benachteiligung zutage getretene Gründe besonders kritisch zu würdigen.[24] Für die Beweisführung stehen dem Anspruchsgegner alle Beweismittel des Strengbeweisverfahrens zur Verfügung. Neben dem Beweis durch Augenschein gem. §§ 371 ff ZPO, durch Zeugen gem. §§ 373 ff ZPO, durch Sachverständige gem. §§ 402 ff ZPO und durch Urkunden gem. §§ 415 ff ZPO kann er sich demnach auch der Parteivernehmung gem. §§ 445 ff ZPO des Anspruchstellers bedienen.[25] 5

Der Anspruchsgegner hat zu beweisen, dass andere als die in §§ 1, 19 Abs. 1 bezeichneten Gründe ursächlich für die unterschiedliche Behandlung waren. Da eine unmittelbare Diskriminierung iSd § 3 Abs. 1 AGG nicht voraussetzt, dass die Diskriminierung allein aus den in §§ 1, 19 Abs. 1 bezeichneten Gründen geschehen ist, muss der Anspruchsgegner in diesem Fall auch deren Mitursächlichkeit ausschließen können.[26] Die Erwägungen, die er seiner Entscheidung zugrunde gelegt hat, müssen auch nicht etwa vernünftig sein. Soweit die Diskriminierungsmerkmale nicht eingreifen, kann der Anspruchsgegner seine Entscheidung auch willkürlich treffen und auch irrationale Gründe vorbringen.[27] Entscheidend ist allein der Nachweis, dass ein solcher und nicht etwa ein in §§ 1, 19 Abs. 1 AGG genannter Grund die Diskriminierung stützt. 6

Im Fall der mittelbaren Benachteiligung iSd § 3 Abs. 2 AGG hat der Anspruchsgegner den vollen Beweis sowohl für die Verfolgung eines sachlich rechtfertigenden Ziels als auch für die Erforderlichkeit und Angemessenheit der hierbei angewandten neutralen Mittel zu erbringen.[28] Bei einer Belästigung iSd § 3 Abs. 3 AGG muss er das Gericht dahin gehend überzeugen, dass zumindest eines der Tatbestandsmerkmale nicht gegeben ist. So etwa, wenn es ihm gelingt nachzuweisen, dass ein Zusammenhang der unerwünschten Verhaltensweise mit einem der in §§ 1, 19 Abs. 1 genannten Diskriminierungsmerkmale nicht gegeben ist. 7

§ 23 AGG Unterstützung durch Antidiskriminierungsverbände

(1) [1]Antidiskriminierungsverbände sind Personenzusammenschlüsse, die nicht gewerbsmäßig und nicht nur vorübergehend entsprechend ihrer Satzung die besonderen Interessen von benachteiligten Personen oder Personengruppen nach Maßgabe von § 1 wahrnehmen. [2]Die Befugnisse nach den Absätzen 2 bis 4 stehen ihnen zu, wenn sie mindestens 75 Mitglieder haben oder einen Zusammenschluss aus mindestens sieben Verbänden bilden.

(2) [1]Antidiskriminierungsverbände sind befugt, im Rahmen ihres Satzungszwecks in gerichtlichen Verfahren als Beistände Benachteiligter in der Verhandlung aufzutreten. [2]Im Übrigen bleiben die Vorschriften der Verfahrensordnungen, insbesondere diejenigen, nach denen Beiständen weiterer Vortrag untersagt werden kann, unberührt.

20 BR-Drucks. 329/06 S. 51, BAG v. 21.7.2009 NZA 2009, 1087 (1090).
21 *Windel*, RdA 2007, 1 (6).
22 *Gaier*, in: Gaier/Wendtland, Rn 170.
23 Vgl BGH NJW-RR 1994, 567 (568); BGHZ 53, 245 (256) = NJW 1970, 946.
24 BR-Drucks. 329/06 S. 51 unter Bezugnahme auf BVerfGE 89, 276 (290).
25 Vgl *Gaier*, in: Gaier/Wendtland, Rn171.
26 *Gaier*, in: Gaier/Wendtland, Rn 174.
27 *Gaier*, in: Gaier/Wendtland, Rn 174.
28 *Gaier*, in: Gaier/Wendtland, Rn 177.

(3) Antidiskriminierungsverbänden ist im Rahmen ihres Satzungszwecks die Besorgung von Rechtsangelegenheiten Benachteiligter gestattet.

(4) Besondere Klagerechte und Vertretungsbefugnisse von Verbänden zu Gunsten von behinderten Menschen bleiben unberührt.

I. Überblick

1 Das AGG stellt vor allem individualrechtliche Ansprüche zu Verfügung, die von den Betroffenen selbst durchgesetzt werden müssen. Die Erfahrungen von Diskriminierungsopfern haben gezeigt, dass sie oft ihre Rechte nicht wahrnehmen, zB weil sie ihre Erfolgsaussichten sehr negativ einschätzen oder Angst vor einem langwierigen und kostspieligen Prozess haben, den sie sich nicht leisten können.

2 Um die mit dem Gesetz erhofften Ziele zu erreichen, gestattet der Gesetzgeber mit § 23 den in Abs. 1 definierten Antidiskriminierungsverbänden die Unterstützung benachteiligter Personen bei der Durchsetzung von Rechten aus dem AGG. Diese **Mitwirkungsbefugnis** war entsprechend der Richtlinien Art. 7 Abs. 2 RL 2000/43/EG, Art. 9 Abs. 2 RL 2000/78/EG, Art. 6 Abs. 3 RL 2002/73/EG, Art. 8 Abs. 3 RL 2004/113/EG durch den Gesetzgeber zu gewährleisten.

3 Die Unterstützung der Antidiskriminierungsverbände kann dadurch erfolgen, dass die Verbände im Namen der Benachteiligten, oder zu deren Unterstützung und mit deren Einwilligung an den zur Durchsetzung der Richtlinien vorgesehenen Gerichts- oder Verwaltungsverfahren beteiligt werden.[1] Die Verbände sind nicht lediglich auf die Vertretung von Mitgliedern beschränkt, benötigen aber stets die Zustimmung der Betroffenen. Diese Beistandsmöglichkeit stellt aber keine Verbandsklage dar. In der Praxis bedeutet dies für die Betroffenen, dass die Verbände ihnen nicht das Prozessrisiko und die damit verbundenen Kosten abnehmen können. In einer früheren Fassung des AGG war vorgesehen, dass Betroffene Schadensersatz- und Entschädigungsforderungen an Antidiskriminierungsverbände abtreten können. Intention dieser Regelung war es, Betroffene zu entlasten und stattdessen Verbände zu ermächtigen, vor Gericht jenseits einer individuellen Betroffenheit strukturelle Diskriminierungen adressieren zu können. Das AGG in der jetzigen Fassung sieht diese Möglichkeit nicht mehr vor.[2] Das Fehlen eines eigenständigen Verbandsklagerechts steht weder im Widerspruch zum Gemeinschaftsrecht noch hat der EuGH seine Einführung gefordert.[3]

II. Anforderungen an einen Antidiskriminierungsverband, Abs. 1

4 Abs. 1 nennt die **Anforderungen** an einen Verband, welchem die Rechte aus Abs. 2–4 zugesprochen werden und enthält insoweit eine Legaldefinition. Maßgeblich ist nach dieser, dass der Verband sich nicht gewerbsmäßig sowie dauerhaft der besonderen Interessen benachteiligter Personengruppen annimmt und mindestens 75 Mitglieder aufweist (bei Dachverbänden: mindestens 7 Mitgliedsverbände). Die hohe Mitgliederzahl soll wohl die Ernsthaftigkeit des Anliegens der Verbände und ihre Leistungsfähigkeit für die Interessenwahrung belegen. Rechtsfähig müssen die Personenzusammenschlüsse nicht sein, nicht eingetragene Vereine genügen mithin. Satzungsgemäß muss sich der Verband den Interessen von Personen oder Gruppen annehmen, die wegen eines Merkmals nach § 1 benachteiligt werden. Eine inhaltlich oder überregional umfassende Zuständigkeit zur Interessenwahrung braucht sich der Verband nicht zuzulegen, doch darf der Benachteiligungsschutz nicht nur zufällige Nebenfolge des Verbandszwecks sein. Das Vorliegen dieser Voraussetzungen ist von den Gerichten zu prüfen, die über den Streitfall zu entscheiden haben, an dem sich der Verband beteiligen möchte.

III. Vertretungsbefugnisse, Abs. 2

5 Sind die Voraussetzungen des Abs. 1 durch einen Verband erfüllt, ist dieser gem. Abs. 2 befugt, im Rahmen seines Satzungszwecks in gerichtlichen Verfahren, in denen eine Vertretung durch Anwälte nicht gesetzlich vorgeschrieben ist, als Beistand Benachteiligter in der Verhandlung aufzutreten. Als Rechtsbeistand wird der bezeichnet, der neben dem Benachteiligten zu dessen Unterstützung beim mündlichen Vortrag auftritt.[4] Abs. 2 lässt ausdrücklich nur noch das Auftreten der Verbände als **Rechtsbeistand** zu, die im Gesetzesentwurf

1 *Thüsing/Burg*, ZTR 2007, 71.
2 *Däubler/Bertzbach*, Rn 3 f.
3 EuGH, Urt. v. 10.7.2008, NZA 2008, 929.
4 Baumbach/Lauterbach/Albers/*Hartmann*, § 90 ZPO Rn3.

vorhandene Befugnis, als Prozessbevollmächtigte aufzutreten, wurde gestrichen. Der Rechtsbeistand tritt neben der Partei zu ihrer Unterstützung auf, nicht an ihrer Stelle, daher bedarf er keiner Vollmacht. Die Antidiskriminierungsverbände nach Abs. 1 müssen das Tätigwerden als Beistand in Gerichtsverfahren satzungsmäßig vorgesehen haben. Auftreten können die Verbände im Einverständnis mit den Betroffenen. Gem. § 90 Abs. 2 ZPO gilt dann das vom Beistand vorgetragene als Vortrag der Partei, falls diese nicht sofort berichtigt oder widerruft.

Gem. Abs. 2 S. 2 bleiben die jeweiligen Vorschriften der Verfahrensordnungen unberührt, womit die Frage, ob ein Verband als Rechtsbeistand den Benachteiligten unterstützen kann, immer davon abhängt ob die jeweilige Verfahrensordnung den Auftritt von Beiständen für statthaft erklärt.[5] 6

Im Falle eines Obsiegens des Benachteiligten als Antragsteller, trägt gem. § 91 ZPO die unterliegende Partei die Kosten des Rechtsstreits. Soweit ein Beistand für diesen tätig war, sind dessen Kosten zu erstatten, soweit diese zur Rechtsverfolgung notwendig waren.[6] Dabei sind nur solche als notwendig anzusehen, die objektiv erforderlich und geeignet erscheinen, das streitige Recht zu verfolgen oder zu verteidigen.[7] Nicht notwendig ist die Unterstützung durch einen Rechtsbeistand, wenn der Benachteiligte bereits durch einen Prozessbevollmächtigten vertreten wird.[8] 7

IV. Rechtsberatung, Abs. 3

§ 23 Abs. 3 gestattet den Antidiskriminierungsverbänden, deren Satzungszweck die Rechtsbesorgung in Diskriminierungsfragen umfasst, die Besorgung solcher Rechtsangelegenheiten und stellt die Verbände vom Verbot außergerichtlicher und gerichtlicher **Rechtsberatung** frei. Eine solche wäre nach Art. 1 § 1 Abs. 1 S. 1 RBerG erlaubnispflichtig, wenn sie wiederholt betrieben werden soll. Rechtsberatung liegt vor, wenn eine Tätigkeit geeignet ist, Rechte zu verwirklichen oder Rechtsverhältnisse zu gestalten. Damit ist eine Beratung über die Rechtslage im Einzelfall ebenso zulässig wie die Wahrung fremder Rechte gegenüber Dritten, etwa das Abfassen von Schriftsätzen oder Klagen.[9] Zulässig ist Rechtsbesorgung für außenstehende Dritte, nicht nur für Verbandsmitglieder. Außerhalb von Gerichtsverfahren umfasst die Erlaubnis auch das Auftreten als Vertreter für benachteiligte Personen. 8

V. Besondere Klagerechte und Vertretungsbefugnisse, Abs. 4

§ 23 Abs. 4 regelt den **Vorrang von Sonderregelungen** zur Rechtsstellung von Behindertenverbänden und hat insoweit Klarstellungsfunktion. Die Sonderstellung von Behindertenverbänden, wie etwa die der Vorschrift zum Verbandsklagerecht gem. § 63 SGB IX soll sich durch die Rechte der Antidiskriminierungsverbände nicht verändern.[10] 9

Abschnitt 5
Sonderregelungen für öffentlich-rechtliche Dienstverhältnisse

§ 24 AGG Sonderregelung für öffentlich-rechtliche Dienstverhältnisse

Die Vorschriften dieses Gesetzes gelten unter Berücksichtigung ihrer besonderen Rechtsstellung entsprechend für

1. **Beamtinnen und Beamte des Bundes, der Länder, der Gemeinden, der Gemeindeverbände sowie der sonstigen der Aufsicht des Bundes oder eines Landes unterstehenden Körperschaften, Anstalten und Stiftungen des öffentlichen Rechts,**
2. **Richterinnen und Richter des Bundes und der Länder,**
3. **Zivildienstleistende sowie anerkannte Kriegsdienstverweigerer, soweit ihre Heranziehung zum Zivildienst betroffen ist.**

5 Vgl § 90 ZPO, § 90 ZPO iVm § 46 ArbGG, § 67 Abs. 2 VwGO; § 73 Abs. 5 SGG.

6 Baumbach/Lauterbach/Albers/*Hartmann*, Übers. § 91ZPO, Rn 23; *Bauer/Göpfert/Krieger*, § 23 Rn 15.

7 OLG Bamberg, JurBüro 2003, 144 ff; Musielak/*Wols*, ZPO Kommentar § 91 Rn 8.

8 *Bauer/Göpfert/Krieger*, § 23 Rn 15.

9 *Däubler/Bertzbach*, § 23 Rn 27.

10 *Düwell*, BB 2006, 1741 (1745); *Kocher*, ZEuP 2004, 261 (263).

I. Überblick

1 § 24 bezieht die Beamten des Bundes, der Länder, der Gemeinden, der Gemeindeverbände sowie der sonstigen der Aufsicht des Bundes oder eines Landes unterstehenden Körperschaften, Anstalten und Stiftungen des öffentlichen Rechts in den Anwendungsbereich des AGG ein und ist somit eine Sonderregelung für bestimmte öffentlich-rechtliche Dienstverhältnisse. Dies war geboten, weil die Gleichbehandlungsrichtlinien nach europarechtlichen Vorgaben auch Beamte erfassen.[1] Die Einbeziehung der Beschäftigtengruppe der Beamten muss aber unter Berücksichtigung ihrer besonderen Rechtsstellung erfolgen.[2]

II. Geschützte Personen, Nr. 1–3

2 **1. Beamte (Nr. 1).** Nach § 24 Nr. 1 gehören zu dessen Schutzbereich Beamte und Beamtinnen des Bundes, der Länder, der Gemeinden und Gemeindeverbände. Auch Beamte und Beamtinnen sonstiger Körperschaften, Anstalten und Stiftungen des öffentlichen Rechts unterfallen dem Schutz des § 24, vorausgesetzt das diese unter der Aufsicht des Bundes oder eines Landes stehen und nach Maßgabe des § 121 Nr. 2 BRRG dienstherrnfähig sind.

3 **2. Richter (Nr. 2).** Ebenfalls vom Schutzbereich des § 24 erfasst sind Richter und Richterinnen des Bundes und der Länder. Entsprechend der Konkretisierung „Bundes und der Länder" sind **nur Richter an staatlichen Gerichten**, dh solche Spruchkörper, die ihre Existenz aus staatlichem Recht ableiten, erfasst. Zur Bestimmung des Richterbegriffs können die Art. 92, 97 Abs. 1 GG herangezogen werden. Hiernach sind Richter sämtliche Personen, die Rechtsprechung ausüben. Neben Berufsrichtern werden damit auch ehrenamtliche[3] oder nebenamtliche Richter erfasst.[4] Rechtspfleger,[5] die Einigungsstelle nach dem BetrVG,[6] Spruchkörper der Sozialversicherungs- und Versorgungsverwaltung[7] oder beispielsweise Gemeindebeamte als Friedensrichter[8] sind somit nicht vom Schutzbereich des § 24 erfasst.

4 **3. Zivildienstleistende u. anerkannte Kriegsdienstverweigerer (Nr. 3).** Zudem werden gem. § 24 Nr. 3 Zivildienstleistende und anerkannte Kriegsdienstverweigerer, soweit ihre Heranziehung zum Zivildienst betroffen ist, in den Schutzbereich des § 24 einbezogen. Nicht einbezogen werden Personen, die freiwillig ein soziales oder ökologisches Jahr oder ersatzweise einen Auslandsdienst nach § 14 b ZDG absolvieren. Diese werden jedoch durch § 6 Abs. 1 S. 1 Nr. 1 erfasst und unterliegen somit der unmittelbaren Anwendung des AGG.

III. Anwendung in entsprechender Weise

5 Gem. § 24 finden die Vorschriften des AGG unter Berücksichtigung der besonderen Rechtsstellung der in § 24 Nr. 1–3 genannten Personen entsprechend Anwendung. Bei einer Reihe von Vorschriften des AGG lässt sich die Frage einer entsprechenden Anwendung relativ einfach beantworten, da eine solche generell entweder von vornherein nicht in Betracht kommt oder aber sich von selbst versteht. Bei anderen Vorschriften kann eine solche Feststellung nicht so offensichtlich getroffen werden.

6 Die Konsequenzen einer nicht direkten, sondern lediglich entsprechenden Anwendung liegen zum einen in den Grenzen des **Leistungsverweigerungsrechts**. Das Leistungsverweigerungsrecht nach § 14 gilt für den öffentlichen Dienst nicht, soweit im Einzelfall dienstliche Belange entgegenstehen. Eine solche Einschränkung ist wegen der sachgerechten und kontinuierlichen Erfüllung öffentlicher Aufgaben mit Blick auf die Gemeinwohlverpflichtung des öffentlichen Dienstes notwendig.[9] Für Soldaten besteht nach dem SoldGG ein solches Recht nicht. Zum anderen bestehen Unterschiede in der Einordnung der **Benachteiligung als Vertragspflichtverletzung**. Diese kann in Bezug auf den Beamten nur eine Pflichtverletzung im öffentlich-rechtlichen Sonderstatus nach den Grundsätzen der Staatshaftung sein. Ansonsten sind die Vorschriften des arbeitsrechtlichen Teils des AGG eins zu eins auch auf den Personenkreis des § 24 zu übertragen.

1 Art. 3 Abs. 1 RL 2000/ 43/ EG, RL 2000/ 78/ EG, RL 2002/ 73/ EG.
2 BT-Drucks. 15/4538, S. 57; BT-Drucks. 16/2780, S. 49.
3 BVerwGE 93, 90 (92); BAGE 40, 75 (85); *Jarass/ Pieroth,* GG Art. 97 Rn 2.
4 Von Münch/Kunig/*Meyer*, GG Art. 97 Rn 7.
5 BVerfGE 30, 170 (171 f).
6 BVerfG NJW 1988, 1135.
7 Von Münch/Kunig/*Meyer*, GG Art. 92 Rn 15; offen gelassen von BVerfGE 77, 1 (42).
8 BVerfGE 10, 200 (216 ff); *Jarass/Pieroth,* GG Art. 97 Rn 8 f mwN.
9 BT-Drucks. 17/1780, S. 49.

Abschnitt 6
Antidiskriminierungsstelle

§ 25 AGG Antidiskriminierungsstelle des Bundes

(1) Beim Bundesministerium für Familie, Senioren, Frauen und Jugend wird unbeschadet der Zuständigkeit der Beauftragten des Deutschen Bundestages oder der Bundesregierung die Stelle des Bundes zum Schutz vor Benachteiligungen wegen eines in § 1 genannten Grundes (Antidiskriminierungsstelle des Bundes) errichtet.

(2) [1]Der Antidiskriminierungsstelle des Bundes ist die für die Erfüllung ihrer Aufgaben notwendige Personal- und Sachausstattung zur Verfügung zu stellen. [2]Sie ist im Einzelplan des Bundesministeriums für Familie, Senioren, Frauen und Jugend in einem eigenen Kapitel auszuweisen.

I. Überblick

Primäres Anliegen des Gesetzgebers ist es, durch die §§ 25–30 eine zentrale und unabhängige Anlaufstelle für von Benachteiligungen betroffene Personen zu schaffen. Die Antidiskriminierungsstelle soll dem Schutz vor Benachteiligungen wegen eines in § 1 genannten Grundes dienen und der Beseitigung und Verhinderung von Diskriminierungen Nachdruck verleihen.[1] Die **Bezeichnung einer Antidiskriminierungsstelle** wird von den RL 2000/43/EG, RL 76/207/EWG und RL 2004/113/EG gefordert. Diese Vorgabe geht auf eine Empfehlung der beim Europarat bestehenden „Commission against Racism and Intolerance" über „Specialised bodies to combat racism, xenophobia, antisemitism and intolerance at national level" vom 13.6.1997 zurück. Bereits in diesem Dokument wird den Mitgliedstaaten die Einrichtung von Antidiskriminierungsstellen nahegelegt. **RL 2000/78/EG** fordert eine Antidiskriminierungsstelle dagegen nicht. Sie muss also nur für die Diskriminierungsmerkmale Geschlecht, Rasse und ethnische Herkunft errichtet werden.[2] Die insofern weitgehend wortgleichen Richtlinien fordern nicht die Schaffung, sondern bloß die Benennung einer Stelle. Es liegt demnach im Ermessen der Mitgliedstaaten, die Kompetenzen einer bereits bestehenden Behörde zu erweitern oder eine neue Stelle zu schaffen. Auch Organisationsform und -struktur sind nicht vorgegeben, die Richtlinien sprechen lediglich davon, „eine oder mehrere" Stellen zu bezeichnen. Es bleibt also den Mitgliedstaaten überlassen, ob sie einen zentralen oder einen dezentralen Aufbau wünschen. 1

II. Errichtung einer Antidiskriminierungsstelle gem. Abs. 1

Nach § 25 Abs. 1 ist eine Antidiskriminierungsstelle zu errichten und dem Bundesministerium für Familie, Senioren, Frauen und Jugend zuzuordnen. Deutschland schließt sich damit den Mitgliedstaaten an, die nicht schlicht die Kompetenzen einer bestehenden Behörde erweitern, sondern eine neue Stelle schaffen. Die Besonderheit besteht darin, dass die bestehenden Stellen erhalten bleiben und eine neue Aufgabenteilung stattfindet. Der Abs. 1 des § 25 stellt – wie ebenfalls die Regelungen in § 27 Abs. 2, 3 und 4 – auch klar, dass ihre Errichtung die Zuständigkeiten anderer Beauftragter des Bundestages oder der Bundesregierung unberührt lässt. Im Ergebnis hat der Gesetzgeber das so genannte und favorisierte „**Kombimodell**"[3] umgesetzt und will somit bürokratischen Mehraufwand, Aufgabenüberschneidungen und Doppelzuständigkeiten vermeiden. 2

Die **Zuständigkeit** erstreckt sich auf die Diskriminierungsmerkmale Rasse oder ethnische Herkunft, Geschlecht, Religion oder Weltanschauung, Alter und sexuelle Identität sowie Behinderung und umfasst somit den Geltungsbereich der vier Antidiskriminierungs-Richtlinien 2000/43/EG, 2000/78/EG, 76/207/EWG und 2004/113/EG. Die durch den Gesetzgeber vollzogene Umsetzung geht damit über die Anforderungen der Richtlinien hinaus, nach denen eine Stelle für die Diskriminierungsmerkmale Religion, Weltanschauung, Behinderung, Alter und sexuelle Identität nicht verlangt wird. Da durch die Antidiskriminierungsstelle jedoch die Zusammenarbeit mit Nichtregierungsorganisationen und zwischen den Sozialpartnern gefördert werden soll, was hinsichtlich aller Diskriminierungsmerkmale von den Richtlinien verlangt wird, ist der weite Zuständigkeitsbereich folgerichtig. Die Erweiterung über die Anforderungen der Richtlinien hinaus, begründet der Gesetzgeber damit, dass im Mittelpunkt der Aufgaben die Beratung stehen werde. Primär sollen Betroffene hinsichtlich ihrer neuen Rechte aufgeklärt und bei der Verfolgung dieser Rechte unterstützt werden.[4] Dies ist nicht nur in Bezug auf Rasse, ethnische Herkunft und Geschlecht, sondern auf alle Diskriminierungsmerkmale erforderlich. Durch die **Konzentration der Kompetenzen** hinsichtlich aller Diskriminierungsmerkmale wird 3

1 BT-Drucks. 16/1780, S. 26.
2 BT-Drucks. 16/1780, S. 49.
3 *Wolff/Scheiwe* in: *Rust* u.a. (Hrsg.) S. 325, 331 ff.
4 BT-Drucks. 16/1780, S. 49.

der Gesetzgeber Forderungen aus der Wissenschaft gerecht. Von dieser wurde eine Stelle gefordert, um klare Strukturen zu schaffen, ein einheitliches Schutzniveau zu gewährleisten sowie Mehrfachdiskriminierungen effektiv zu begegnen.

III. Ausstattung der Antidiskriminierungsstelle gem. Abs. 2

4 Gem. § 25 Abs. 2 S. 1 hat die Antidiskriminierungsstelle Anspruch auf die für die Erfüllung ihrer Aufgaben notwendige Personal- und Sachausstattung, die in einem eigenen Kapitel des Einzelplans des Bundesministeriums auszuweisen ist. Damit besteht ein Anspruch der Antidiskriminierungsstelle auf Gewährung der erforderlichen Mittel.[5] Im Gesetzesentwurf werden die **Kosten für die Errichtung und Aufgabenwahrnehmung** der Antidiskriminierungsstelle auf jährlich 5,6 Mio. EUR geschätzt. [6]

5 Die Antidiskriminierungsstelle des Bundes wurde bereits 2006 errichtet (vgl www.antidiskrimierungsstelle.de).

§ 26 AGG Rechtsstellung der Leitung der Antidiskriminierungsstelle des Bundes

(1) [1]Die Bundesministerin oder der Bundesminister für Familie, Senioren, Frauen und Jugend ernennt auf Vorschlag der Bundesregierung eine Person zur Leitung der Antidiskriminierungsstelle des Bundes. [2]Sie steht nach Maßgabe dieses Gesetzes in einem öffentlich-rechtlichen Amtsverhältnis zum Bund. [3]Sie ist in Ausübung ihres Amtes unabhängig und nur dem Gesetz unterworfen.

(2) Das Amtsverhältnis beginnt mit der Aushändigung der Urkunde über die Ernennung durch die Bundesministerin oder den Bundesminister für Familie, Senioren, Frauen und Jugend.

(3) [1]Das Amtsverhältnis endet außer durch Tod

1. mit dem Zusammentreten eines neuen Bundestages,
2. durch Ablauf der Amtszeit mit Erreichen der Altersgrenze nach § 51 Abs. 1 und 2 des Bundesbeamtengesetzes,
3. mit der Entlassung.

[2]Die Bundesministerin oder der Bundesminister für Familie, Senioren, Frauen und Jugend entlässt die Leiterin oder den Leiter der Antidiskriminierungsstelle des Bundes auf deren Verlangen oder wenn Gründe vorliegen, die bei einer Richterin oder einem Richter auf Lebenszeit die Entlassung aus dem Dienst rechtfertigen. [3]Im Falle der Beendigung des Amtsverhältnisses erhält die Leiterin oder der Leiter der Antidiskriminierungsstelle des Bundes eine von der Bundesministerin oder dem Bundesminister für Familie, Senioren, Frauen und Jugend vollzogene Urkunde. [4]Die Entlassung wird mit der Aushändigung der Urkunde wirksam.

(4) [1]Das Rechtsverhältnis der Leitung der Antidiskriminierungsstelle des Bundes gegenüber dem Bund wird durch Vertrag mit dem Bundesministerium für Familie, Senioren, Frauen und Jugend geregelt. [2]Der Vertrag bedarf der Zustimmung der Bundesregierung.

(5) [1]Wird eine Bundesbeamtin oder ein Bundesbeamter zur Leitung der Antidiskriminierungsstelle des Bundes bestellt, scheidet er oder sie mit Beginn des Amtsverhältnisses aus dem bisherigen Amt aus. [2]Für die Dauer des Amtsverhältnisses ruhen die aus dem Beamtenverhältnis begründeten Rechte und Pflichten mit Ausnahme der Pflicht zur Amtsverschwiegenheit und des Verbots der Annahme von Belohnungen oder Geschenken. [3]Bei unfallverletzten Beamtinnen oder Beamten bleiben die gesetzlichen Ansprüche auf das Heilverfahren und einen Unfallausgleich unberührt.

I. Ernennungsverfahren Abs. 1

1 Die Ernennung der Leitung der Antidiskriminierungsstelle erfolgt, auf Vorschlag der Bundesregierung nach Abs. 1 S. 1, durch den Bundesminister für Familie, Senioren, Frauen und Jugend.[1] Für das Vorschlagsverfahren im Kabinett findet die Geschäftsordnung der Bundesregierung Anwendung. Als öffentlich-rechtliches Amtsverhältnis beginnt das Amt nach Abs. 2 mit der Aushändigung der Urkunde. Spezielle subjektive Vorrausetzungen für die zur Leitung der Antidiskriminierungsstelle des Bundes zu ernennende Person setzt § 26 nicht voraus. Der Leiter muss lediglich die generellen Vorrausetzungen zur Bekleidung öffentlicher Ämter besitzen.

2 Wird ein Bundesbeamter zur Leitung der Antidiskriminierungsstelle ernannt, scheidet er nach Abs. 5 S. 1 aus seinem bisherigen Amt aus. Für die Dauer der Leitung der Antidiskriminierungsstelle ruhen nach Abs. 5 S. 2

5 BT-Drucks. 16/1780, S. 49.
6 BT-Drucks. 16/1780, S. 3.

1 BT-Drucks. 15/1438, S. 9 zu § 27 AGG; dazu *Raasch,* ZESAR 2005, 209 (216).

und 3 die Rechte und Pflichten aus dem Beamtenverhältnis mit den dort genannten Ausnahmen. So haben nach Abs. 5 S. 3 Beamte, die bei einem Dienstunfall vor der Ernennung verletzt worden sind, noch Anspruch auf das Heilverfahren und einen Unfallausgleich aus § 30 BeamtVG. Inhaltsgleiche Regelungen finden sich etwa für Abgeordnete in § 5 Abs. 1 AbgG, für Bundesverfassungsrichter in § 101 Abs. 1 BVerfGG, für Bundesminister in § 18 Abs. 1 BMinG und für den Präsidenten der Bundesnetzagentur in § 4 Abs. 6 Bundesnetzagenturgesetz.

II. Beginn und Ende des Amtsverhältnisses Abs. 2 und 3

Das Amtsverhältnis beginnt gem. Abs. 2 mit der Aushändigung der Ernennungsurkunde durch den Bundesminister für Familie, Senioren, Frauen und Jugend. Zudem ist vor dem für das Ministerium zuständigen Mitglied der Bundesregierung, unabhängig von der Aushändigung und ohne konstitutive Wirkung, bei der Amtsübernahme ein Eid nach Art. 56 GG zu leisten.[2] 3

Abs. 3 benennt die Fälle der Beendigung des Amtsverhältnisses. Nach Nr. 1 endet das Amtsverhältnis mit dem Zusammentreten eines neuen Bundestages – es ist mithin jeweils an die Dauer einer Legislaturperiode gekoppelt –, nach Abs. 3 S. 1 Nr. 2 und 3 außer durch Tod mit Erreichen der Altersgrenze nach § 41 Abs. 1 BBG sowie mit der Entlassung. Eine Entlassung erfolgt nach S. 2 auf Verlangen der Leitung der Antidiskriminierungsstelle des Bundes oder in den Fällen, die bei einer Richterin oder einem Richter auf Lebenszeit eine solche rechtfertigen. Die Entlassung wird durch das Bundesministerium für Familie, Senioren, Frauen und Jugend auf Verlangen des Leiters oder Vorschlag der Bundesregierung vorgenommen. Die Sätze 3 und 4 regeln die Modalitäten der Beendigung des Amtsverhältnisses. 4

III. Rechtsverhältnis

Abs. 1 S. 2 sieht vor, dass die Leitung der Antidiskriminierungsstelle des Bundes in einem **öffentlich-rechtlichen Amtsverhältnis zum Bund** steht. Nach Abs. 1 S. 3 ist die Leitung in der Ausübung des Amtes unabhängig und nur dem Gesetz unterworfen ist. Entsprechend der Regierungsbegründung soll ihre Rechtsstellung den Vorgaben aus Art. 13 der RL 2000/43/EG, Art. 8 a der RL 76/207/EWG und Art. 12 der RL 2004/113/EG gerecht werden.[3] Die Richtlinie fordert zwar lediglich die unabhängige Ausführung der Aufgaben, was der Gesetzgeber bei allen Aufgaben bis auf die in § 27 Abs. 4 geregelte Berichts- und Empfehlungsausarbeitung in § 27 aufgenommen hat, Voraussetzung einer tatsächlich unabhängigen Arbeit ist aber nicht nur die Unabhängigkeit der Berichts- und Empfehlungsausarbeitung, sondern auch die Erledigung der anderen Aufgaben. Auch diese fordern die Richtlinien daher mittelbar. Die Ausgestaltung im deutschen Recht wird diesen Anforderungen wohl gerecht, bleibt aber gegenüber dem Entwurf vom 16.12.2004 zurück.[4] Die notwendige Unabhängigkeit besteht, da eine vorzeitige Entlassung durch den Bundesminister nach § 26 Abs. 3 S. 2 nur unter den Voraussetzungen einer Richterentlassung möglich ist. Demnach wird ein Richter entlassen, wenn er nicht mehr Deutscher iS des Art. 116 GG ist oder ohne Genehmigung seinen Wohnsitz im Ausland nimmt, wenn er in ein sonstiges öffentlich-rechtliches Dienst- oder Amtsverhältnis eintritt oder Soldat wird, wenn er sein Mandat im Bundes- oder Landtag nicht niederlegt, wenn er dienstunfähig wird oder seine Entlassung schriftlich verlangt (Abs. 2 Nr. 4). Da eine Altersgrenze nicht festgelegt ist, spielen die Berufung nach Erreichen der Altersgrenze sowie das Erreichen der Altersgrenze keine Rolle für die Leitung der Antidiskriminierungsstelle. Genauso wenig dürfte die Weigerung, den Richtereid zu leisten von Bedeutung sein. Die Leitung der Antidiskriminierungsstelle kann dementsprechend nur unter sehr engen Voraussetzungen entlassen werden. 5

In der, einer Legislaturperiode entsprechenden, vierjährigen Amtszeit hat die Leitung demnach ausreichende Freiheiten. Die Ausgestaltung entspricht den **europarechtlichen Vorgaben**. Nach der Gesetzesbegründung soll durch die Unabhängigkeit außerdem eine hohe Akzeptanz der Antidiskriminierungsstelle bei den diskriminierten Personen ermöglicht werden. Diese würden sich mit ihren häufig persönlichen und existenziellen Problemen bevorzugt an eine Stelle wenden, die die Gewähr für eine unabhängige Unterstützung bietet.[5] Das zwischen der Leitung der Antidiskriminierungsstelle und dem Bundesministerium für Familie, Senioren, Frauen und Jugend bestehende Dienstverhältnis wird gem. Abs. 4 durch Vertrag geregelt. Inhalt sollen nach der Gesetzesbegründung neben Regelungen zur Bezahlung und Versorgung insbesondere solche betreffend Nebentätigkeiten, Annahme von Belohnungen und Geschenken, Amtsverschwiegenheit, Aussagegenehmigung, Vertretungsfragen und der Dienst- und Rechtsaufsicht sein.[6] 6

2 BT-Drucks. 16/1780, S. 56.
3 BT-Drucks. 16/1780, S. 49.
4 BT-Drucks. 15/4538.
5 BT-Drucks. 16/1780, S. 49.
6 BT-Drucks. 16/1780, S. 50.

§ 27 AGG Aufgaben

(1) Wer der Ansicht ist, wegen eines in § 1 genannten Grundes benachteiligt worden zu sein, kann sich an die Antidiskriminierungsstelle des Bundes wenden.

(2) [1]Die Antidiskriminierungsstelle des Bundes unterstützt auf unabhängige Weise Personen, die sich nach Absatz 1 an sie wenden, bei der Durchsetzung ihrer Rechte zum Schutz vor Benachteiligungen. [2]Hierbei kann sie insbesondere

1. **über Ansprüche und die Möglichkeiten des rechtlichen Vorgehens im Rahmen gesetzlicher Regelungen zum Schutz vor Benachteiligungen informieren,**
2. **Beratung durch andere Stellen vermitteln,**
3. **eine gütliche Beilegung zwischen den Beteiligten anstreben.**

[3]Soweit Beauftragte des Deutschen Bundestages oder der Bundesregierung zuständig sind, leitet die Antidiskriminierungsstelle des Bundes die Anliegen der in Absatz 1 genannten Personen mit deren Einverständnis unverzüglich an diese weiter.

(3) Die Antidiskriminierungsstelle des Bundes nimmt auf unabhängige Weise folgende Aufgaben wahr, soweit nicht die Zuständigkeit der Beauftragten der Bundesregierung oder des Deutschen Bundestages berührt ist:

1. **Öffentlichkeitsarbeit,**
2. **Maßnahmen zur Verhinderung von Benachteiligungen aus den in § 1 genannten Gründen,**
3. **Durchführung wissenschaftlicher Untersuchungen zu diesen Benachteiligungen.**

(4) [1]Die Antidiskriminierungsstelle des Bundes und die in ihrem Zuständigkeitsbereich betroffenen Beauftragten der Bundesregierung und des Deutschen Bundestages legen gemeinsam dem Deutschen Bundestag alle vier Jahre Berichte über Benachteiligungen aus den in § 1 genannten Gründen vor und geben Empfehlungen zur Beseitigung und Vermeidung dieser Benachteiligungen. [2]Sie können gemeinsam wissenschaftliche Untersuchungen zu Benachteiligungen durchführen.

(5) Die Antidiskriminierungsstelle des Bundes und die in ihrem Zuständigkeitsbereich betroffenen Beauftragten der Bundesregierung und des Deutschen Bundestages sollen bei Benachteiligungen aus mehreren der in § 1 genannten Gründe zusammenarbeiten.

I. Inanspruchnahme der Antidiskriminierungsstelle, Abs. 1

1 § 27 Abs. 1 sieht vor, dass die Antidiskriminierungsstelle des Bundes jedem zur Verfügung stehen soll, der glaubt, wegen eines in § 1 genannten Grundes benachteiligt worden zu sein. Dabei soll dem Benachteiligten eine möglichst zentrale und leicht zu erreichende Unterstützung zur Verfügung gestellt werden.[1] Entsprechend der Gesetzesbegründung ist der Zugang zur Antidiskriminierungsstelle voraussetzungsfrei möglich und insbesondere nicht davon abhängig, ob die Benachteiligung einen Bereich betrifft, in dem Diskriminierungen verboten sind.[2] Es genügt, dass ein vom Betroffenen als nachteilig empfundener Sachverhalt, von diesem mündlich, telefonisch, schriftlich oder auf dem elektronischen Weg bei der Antidiskriminierungsstelle vorgetragen wird, wobei die Anrufung weder an eine Frist noch an eine Form gebunden ist.[3]

II. Unterstützung der Benachteiligten, Abs. 2

2 Abs. 2 reglementiert die Behandlung der Vorträge seitens Betroffener durch die Antidiskriminierungsstelle. Dabei ist es nicht notwendig, dass eine Benachteiligung tatsächlich gegeben ist, vielmehr reicht schon das subjektive Gefühl des Betroffenen aus, benachteiligt worden zu sein.[4] Der Betroffene soll Abs. 1 S. 1 entsprechend durch die Stelle bei der Durchsetzung seiner Rechte zum Schutz vor Diskriminierung unterstützt werden.

3 Infolgedessen informiert die Antidiskriminierungsstelle gem. Abs. 2 S. 2 Nr. 1 den Betroffenen über dessen zum Schutz vor Diskriminierung gesetzlich bestehenden Ansprüche und deren rechtliche Durchsetzbarkeit, leistet jedoch keine Rechtsberatung.[5] Weiter hat die Stelle entsprechend Abs. 2 S. 2 Nr. 2 die Möglichkeit über

1 BT-Drucks. 16/1780, S. 50.
2 BT-Drucks. 16/1780, S. 50.
3 BT-Drucks. 16/1780, S. 50.
4 BT-Drucks. 16/1780, S. 50.
5 Ebenso *Bauer/Göpfert/Krieger*, § 27 Rn 12.

die eigene Beratung hinaus, auch Hilfe von anderen Stellen zu vermitteln, womit gewährleistet wird, dass die Betroffenen nicht nur die allgemeine Unterstützung der Antidiskriminierungsstelle erfahren, sondern je nach Sachverhalt auch einzelfallbezogene Beratung erhalten.[6] Abs. 2 S. 2 Nr. 3 räumt der Antidiskriminierungsstelle zudem ein, eine gütliche Streitbeilegung zwischen den beteiligten Parteien anzustreben und entstandene Streitigkeiten zu schlichten. Zu diesem Zweck ist die Antidiskriminierungsstelle gem. § 28 Abs. 1 befugt, die Parteien um Stellungnahmen zu ersuchen, wodurch eine gütliche Einigung und Streitbeilegung schon frühzeitig beurteilt werden kann.[7]

Abs. 2 S. 3 gibt der Antidiskriminierungsstelle auf, Eingaben von Betroffenen, für die andere Beauftragte der Bundesregierung oder des Bundestages zuständig sind, an diese weiterzuleiten. Mit S. 3 sollen etwaige Doppelzuständigkeit, Überschneidung von Aufgaben sowie bürokratischer Mehraufwand unterbunden werden.[8] Die Weiterleitung, welche unverzüglich zu erfolgen hat, ist jedoch aus datenschutzrechtlichen Gründen an ein Einverständnis des Benachteiligten gebunden.[9] 4

III. Weitere Aufgaben, Abs. 3

Zu den weiteren Aufgaben der Antidiskriminierungsstelle gehören entsprechend Abs. 3 die Öffentlichkeitsarbeit, Maßnahmen zur Verhinderung von Diskriminierungen im Sinne des § 1 und die Durchführung von wissenschaftlichen Untersuchungen zu den in § 1 aufgeführten Benachteiligungen. Hierdurch soll zum einem der für die Stelle erforderliche Bekanntheitsgrad in der breiten Öffentlichkeit gewährleistet werden.[10] Zum anderen erhält die Antidiskriminierungsstelle die Möglichkeit gem. Nr. 2 Präventivmaßnahmen und Sensibilisierungsmaßnahmen zu ergreifen um etwaigen Diskriminierungen entgegen zu wirken.[11] S. 1 Nr. 3 reglementiert die Durchführung wissenschaftlicher Untersuchungen. Diese könne nach Delegation der Antidiskriminierungsstelle auch durch Dritte durchgeführt werden.[12] 5

IV. Berichterstattung und gemeinsame Untersuchungen, Abs. 4

Gem. Abs. 4 haben die Antidiskriminierungsstelle und die in ihrem Zuständigkeitsbereich betroffenen Beauftragten der Bundesregierung und des Deutschen Bundestages alle 4 Jahre dem Deutschen Bundestag Berichte über Benachteiligungen und den Entwicklungsstand des Antidiskriminierungsrechts vorzulegen. Dazu gehören auch Empfehlungen zur Vermeidung und Beseitigung von Benachteiligung aus den in § 1 genannten Gründen. 6

V. Mehrfachdiskriminierungen, Abs. 5

In Abs. 5 sieht der Gesetzgeber die Zusammenarbeit der Antidiskriminierungsstelle und der jeweiligen zuständigen Beauftragten der Bundesregierung und des Deutschen Bundestages bei Mehrfachdiskriminierungen vor. Eine Zusammenarbeit kann beispielsweise in der Verfassung gemeinsamer Berichte und Empfehlungen sowie der Ausarbeitung und Auswertung wissenschaftlicher Untersuchungen erfolgen. 7

§ 28 AGG Befugnisse

(1) Die Antidiskriminierungsstelle des Bundes kann in Fällen des § 27 Abs. 2 Satz 2 Nr. 3 Beteiligte um Stellungnahmen ersuchen, soweit die Person, die sich nach § 27 Abs. 1 an sie gewandt hat, hierzu ihr Einverständnis erklärt.

(2) [1]Alle Bundesbehörden und sonstigen öffentlichen Stellen im Bereich des Bundes sind verpflichtet, die Antidiskriminierungsstelle des Bundes bei der Erfüllung ihrer Aufgaben zu unterstützen, insbesondere die erforderlichen Auskünfte zu erteilen. [2]Die Bestimmungen zum Schutz personenbezogener Daten bleiben unberührt.

I. Überblick

§ 28 regelt die Ermittlungsbefugnisse der Antidiskriminierungsstelle. Abs. 1 räumt dieser gegenüber Bundesbehörden und sonstigen öffentlichen Stellen des Bundes insbesondere Auskunftsrechte ein, wobei andere 1

6 BT-Drucks. 16/1780, S. 50.
7 BT-Drucks. 16/1780, S. 50.
8 BT-Drucks. 16/1780, S. 49.
9 BT-Drucks. 16/1780, S. 51.
10 BT-Drucks. 16/1780, S. 57.
11 BT-Drucks. 16/1780, S. 51.
12 BT-Drucks. 16/1780, S. 51.

Beteiligte dagegen nur um Stellungnahmen ersucht werden dürfen. Diese sind der Antidiskriminierungsstelle gegenüber nicht zur Auskunft verpflichtet.

II. Stellungnahmen der Beteiligten, Abs. 1

2 Abs. 1 erlaubt der Antidiskriminierungsstelle des Bundes darüber hinaus, die Beteiligten um Stellungnahmen zu ersuchen. Der Begriff der Beteiligten entspricht demjenigen in § 27 Abs. 2 S. 2 Nr. 3. Die Vorschrift stärkt entsprechend der Gesetzesbegründung die in § 27 Abs. 2 S. 1 geregelte **Ombudsfunktion** der Antidiskriminierungsstelle.[1] Um eine qualitativ gute und umfassende Beratung zu leisten oder die Möglichkeiten einer gütlichen Beilegung ausloten zu können, sind auftretende Sachverhalte aufzuklären. Hierzu wird die Antidiskriminierungsstelle des Bundes vielfach auf Informationen der Beteiligten und auf Kontakte zu diesen angewiesen sein. Mit der Möglichkeit, Stellungnahmen der Beteiligten einzuholen, ist die Erwartung verbunden, dass die gegenseitige Bereitschaft der Beteiligten, eine gütliche Beilegung gemeinsam zu erarbeiten und anzunehmen, erhöht werde.[2] Eine **Verpflichtung zur Abgabe einer Stellungnahme** besteht jedoch nicht.[3] Die Verweigerung der Stellungnahme löst keine rechtlichen Sanktionen aus.[4] Der Gesetzgeber hat sich dafür entschieden, die Antidiskriminierungsstelle als Ansprechpartner einzurichten, die dem Betroffenen Informationen zur Verfügung stellt und ihn an andere Personen verweist. Eine endgültige Lösung für den Einzelnen wird von der Antidiskriminierungsstelle nur auf dem Wege der gütlichen Einigung angestrebt, aber nicht selbst erstritten. Die Antidiskriminierungsstelle kann nur auf diese Weise dem Vorwurf der Parteilichkeit entgehen, der sonst gegen ihre Berichte und Empfehlungen erhoben würde. Damit die Stelle tätig werden und Stellungnahmen ersuchen kann, muss der Betroffene aus datenschutzrechtlichen Gründen sein Einverständnis erklärt haben.

III. Unterstützung durch Bundesbehörden und öffentliche Stellen des Bundes, Abs. 2

3 Abs. 2 entspricht im Wesentlichen **§ 15 Abs. 3 des Gesetzes zur Gleichstellung behinderter Menschen (BGG)** und räumt der Antidiskriminierungsstelle des Bundes, mit Ausnahme des eigenständigen Akteneinsichtsrechts, die gleichen Auskunftsrechte gegenüber allen Bundesbehörden und sonstigen öffentlichen Stellen des Bundes ein, die der Beauftragte der Bundesregierung für die Belange behinderter Menschen hat. Landesbehörden sind durch diese Vorschrift nicht verpflichtet.[5] Weitgehende Ermittlungsbefugnisse stehen der Antidiskriminierungsstelle nicht zu, so dass ihren Möglichkeiten zur Unterstützung von Benachteiligten Grenzen gezogen sind.[6]

4 S. 2 verweist auf die Regelungen des BDSG, also insbesondere auf § 15 BDSG, der die Datenübermittlung an öffentliche Stellen regelt, die danach grundsätzlich der Einwilligung des Betroffenen bedarf. In der Gesetzesbegründung wird auf **§ 24 Abs. 4 S. 4 BDSG** hingewiesen, der entsprechend anwendbar sei und nach dem dem Bundesbeauftragten für den Datenschutz und die Informationsfreiheit Auskunft und Zutritt nicht gewährt werden muss, wenn die oberste Bundesbehörde feststellt, dass dies die Sicherheit des Bundes oder des Landes gefährden würde.[7]

§ 29 AGG Zusammenarbeit mit Nichtregierungsorganisationen und anderen Einrichtungen

Die Antidiskriminierungsstelle des Bundes soll bei ihrer Tätigkeit Nichtregierungsorganisationen sowie Einrichtungen, die auf europäischer, Bundes-, Landes- oder regionaler Ebene zum Schutz vor Benachteiligungen wegen eines in § 1 genannten Grundes tätig sind, in geeigneter Form einbeziehen.

I. Überblick

1 Nach § 29 soll die Antidiskriminierungsstelle des Bundes bei ihrer Tätigkeit Nichtregierungsorganisationen sowie andere Einrichtungen, die die Aufgabe haben, vor Benachteiligungen zu schützen, einbeziehen. Gem. der Gesetzesbegründung entspricht die Vorschrift den Vorgaben aus Art. 12 der Richtlinie 2000/43/EG,

1 BT-Drucks. 16/1780, S. 51.
2 BT-Drucks. 16/1780, S. 51.
3 Krit. *Raasch*, ZESAR 2005, 209 (217).
4 Schiek/*Laskowski*, § 28 Rn 2.
5 Vgl BT-Drucks. 16/1780, S. 52.
6 *Bauer/Göpfert/Krieger*, § 28 Rn 20.
7 BT-Drucks. 16/1780, S. 52; krit. *Adomeit/Mohr*, §§ 25–30 Rn 13; empfl. analoge Anwendung MüKo/*Thüsing*, AGG § 28 Rn 5.

Art. 8 c der Richtlinie 76/207/EWG, Art. 14 der Richtlinie 2000/78/EG sowie Art. 11 der Richtlinie 2004/113/EG im Hinblick auf die Zusammenarbeit mit den Nichtregierungsorganisationen.[1]

II. Einbeziehung

Neben der Regelung in § 29 enthält auch § 30 eine Umsetzung der Richtlinienvorgaben. Während § 29 die Förderung des Dialogs zu einer Aufgabe der Antidiskriminierungsstelle selbst macht, schafft § 30 mit dem Beirat ein zusätzliches Organ, das der Antidiskriminierungsstelle zugeordnet wird.[2] Nichtregierungsorganisationen sind Verbände oder Gruppen, die nicht von der Regierung oder anderen staatlichen Stellen abhängig sind und gemeinsame Interessen vertreten. Nach den Antidiskriminierungsrichtlinien der EU sollen nur solche nichtstaatlichen Organisationen einbezogen werden, die ein rechtmäßiges Interesse daran haben, sich an der Bekämpfung von Diskriminierungen zu beteiligen.[3] Der deutsche Gesetzgeber hat diese Einschränkung jedoch nicht übernommen, so dass sich alle Nichtregierungsorganisationen, die sich mit Diskriminierungen auseinandersetzen, beteiligen können.[4] Die Zusammenarbeit mit den Nichtregierungsorganisationen muss in einer geeigneten Form stattfinden. Was eine „geeignete Form" ist, ist aufgrund des unbestimmten Rechtsbegriffes allerdings unklar. Da es sich bei § 29 um eine Soll-Vorschrift handelt, besteht jedoch ein Anspruch auf Einbeziehung für die Nichtregierungsorganisationen nicht. 2

§ 30 AGG Beirat

(1) [1]Zur Förderung des Dialogs mit gesellschaftlichen Gruppen und Organisationen, die sich den Schutz vor Benachteiligungen wegen eines in § 1 genannten Grundes zum Ziel gesetzt haben, wird der Antidiskriminierungsstelle des Bundes ein Beirat beigeordnet. [2]Der Beirat berät die Antidiskriminierungsstelle des Bundes bei der Vorlage von Berichten und Empfehlungen an den Deutschen Bundestag nach § 27 Abs. 4 und kann hierzu sowie zu wissenschaftlichen Untersuchungen nach § 27 Abs. 3 Nr. 3 eigene Vorschläge unterbreiten.

(2) [1]Das Bundesministerium für Familie, Senioren, Frauen und Jugend beruft im Einvernehmen mit der Leitung der Antidiskriminierungsstelle des Bundes sowie den entsprechend zuständigen Beauftragten der Bundesregierung oder des Deutschen Bundestages die Mitglieder dieses Beirats und für jedes Mitglied eine Stellvertretung. [2]In den Beirat sollen Vertreterinnen und Vertreter gesellschaftlicher Gruppen und Organisationen sowie Expertinnen und Experten in Benachteiligungsfragen berufen werden. [3]Die Gesamtzahl der Mitglieder des Beirats soll 16 Personen nicht überschreiten. [4]Der Beirat soll zu gleichen Teilen mit Frauen und Männern besetzt sein.

(3) Der Beirat gibt sich eine Geschäftsordnung, die der Zustimmung des Bundesministeriums für Familie, Senioren, Frauen und Jugend bedarf.

(4) [1]Die Mitglieder des Beirats üben die Tätigkeit nach diesem Gesetz ehrenamtlich aus. [2]Sie haben Anspruch auf Aufwandsentschädigung sowie Reisekostenvergütung, Tagegelder und Übernachtungsgelder. [3]Näheres regelt die Geschäftsordnung.

I. Überblick

In § 30 setzt der Gesetzgeber **zwei Richtlinien** um. Zum einen Art. 12 der RL 2000/43/EG, Art. 14 der RL 2000/78/EG, Art. 8 c der RL 76/207/EWG (Art. 22 RL 2006/54/EG) und Art. 11 der RL 2004/113/EG, durch welche ebenso wie durch § 29 der Dialog mit den Nichtregierungsorganisationen gefördert werden soll, zum anderen soll durch Umsetzung der Art. 11 Abs. 1 der RL 2000/43/EG, Art. 13 Abs. 1 der RL 2000/78/EG und Art. 8 b Abs. 1 der RL 76/207/EWG (Art. 21 der RL 2006/54/EG) der Dialog zwischen Arbeitgebern und Arbeitnehmern gefördert werden. 1

1 BT-Drucks. 16/1780, S. 52.
2 MüKo/*Thüsing*, AGG § 29 Rn 5.
3 Art. 12 RL 2000/ 43/ EG; Art. 8 c RL 76/ 207/ EWG; Art. 14 RL 2000/ 78/ EG.
4 *König*, ZRP 2003, 315 (317).

II. Errichtung des Beirats, Abs. 1

2 Gem. § 30 Abs. 1 wird der Antidiskriminierungsstelle zur Förderung des Dialoges mit gesellschaftlichen Gruppen und Organisationen ein Beirat beigeordnet. Da seine Mitglieder ressortmäßig durch das zuständige Bundesministerium berufen werden, ist der Beirat kein autonomes Organ.[1] Durch den Beirat sollen verschiedene gesellschaftliche Gruppen und Organisationen in die Tätigkeit der Antidiskriminierungsstelle eingebunden werden und dieser ihre Erfahrungen und Kompetenzen zur Verfügung stellen.[2]

III. Berufung der Beiratsmitglieder, Abs. 2

3 Die Besetzung und Berufung des Beirats ist in Abs. 2 geregelt. Dementsprechend werden die Mitglieder des Beirats vom Bundesministerium für Familie, Senioren, Frauen und Jugend einvernehmlich mit der Leitung der Antidiskriminierungsstelle und den zuständigen Beauftragten der Bundesregierung oder des Deutschen Bundestages berufen. Zu jedem Beiratsmitglied muss zudem ein Stellvertreter berufen werden, welcher das ordentliche Mitglied bei dessen Verhinderung mit allen Rechten und Pflichten vertritt.[3] Die Berufung der Beiratsmitglieder soll in einem transparenten Auswahlverfahren erfolgen. In den Beirat sollen Vertreter gesellschaftlicher Gruppen und Organisationen sowie Experten in Benachteiligungsfragen, unter Beachtung des BGremBG, berufen werden. Wer ein geeignetes Beiratsmitglied ist und wer die Qualifikationen hierfür aufweist, ist wiederum unklar.[4] Um die Vorgaben der EU-Richtlinien zum sozialen Dialog umzusetzen, ist bei der Berufung der Beiratsmitglieder sicherzustellen, dass die Tarifpartner in diesem vertreten sind.[5] Zur Gewährleistung der Diskussionsfähigkeit ist die Höchstzahl der Beiratsmitglieder gem. Abs. 2 S. 3 auf sechzehn Personen begrenzt. Der Rat ist dabei gem. Abs. 2 S. 4 zu gleichen Teilen mit Frauen und Männern zu besetzen, wobei das zahlenmäßige Verhältnis von Gruppenvertretern und Experten sowie deren Amtszeit nicht geregelt ist.[6]

IV. Geschäftsordnung des Beirats, Abs. 3

4 Gem. Abs. 3 muss die Geschäftsordnung des Beirats die Zustimmung des Ministeriums für Familie, Senioren, Frauen und Jugend haben. Gegenstand der Geschäftsordnung können beispielsweise Regelungen zum Vorsitz, zur Häufigkeit der Sitzungen und zum Verfahren der Beschlussfassung sein,[7] wobei diese Aufzählung nicht abschließend ist.

V. Ehrenamtliche Tätigkeit der Beiratsmitglieder, Abs. 4

5 Die Tätigkeit der Beiratsmitglieder erfolgt gem. Abs. 4 auf ehrenamtlicher Basis, wobei ihnen eine Aufwandsentschädigung sowie Reisekostenvergütung, Tagegelder und Übernachtungsgelder zustehen. Bedingt durch diese Ehrenamtlichkeit können sie ihre Berufung ablehnen und die Tätigkeit als Mitglied des Beirats jederzeit beenden.[8]

Abschnitt 7
Schlussvorschriften

§ 31 AGG Unabdingbarkeit

Von den Vorschriften dieses Gesetzes kann nicht zu Ungunsten der geschützten Personen abgewichen werden.

1 Gem. § 31 darf von den Bestimmungen des AGG nicht zuungunsten der geschützten Personen abgewichen werden. Das Abweichverbot sichert den gesetzlichen Mindeststandard auf dem Gebiet des allgemeinen Antidiskriminierungsrechts. Alle Vorschriften des Gleichbehandlungsgesetzes sind damit einseitig zwingendes Recht. Nach der Gesetzesbegründung stellt § 31 eine Umsetzung der europarechtlichen Vorgaben[1] dar, weil

1 BT-Drucks. 16/1780, S. 52.
2 BT-Drucks. 16/1780.
3 BT-Drucks. 16/1780, S. 52.
4 *Bauer/Göpfert/Krieger,* § 30 Rn 25.
5 Art. 12 RL 2000/43/EG; Art. 8 c RL 76/207/EWG; Art. 14 RL 2000/78/EG.
6 Krit. *Raasch,* ZESAR 2005, 209 (217).
7 BT-Drucks. 16/1780, S. 52.
8 BT-Drucks. 16/1780, S. 52.
1 Art. 6 Abs. 1 RL 2000/43/EG, Art. 8 Abs. 1 RL 2000/78/EG, Art. 8 e Abs. 1 Rl 76/207/EWG geändert d. RL 2002/73/EG und Art. 7 Abs. 1 Rl 2004/113/EG.

die im Gesetz enthaltenen Schutzvorschriften zwingender Natur sind.[2] Der zwingende Charakter bezieht sich auf die Gründe, die eine mittelbare Diskriminierung im Sinne des § 3 Abs. 2 ausschließen können. Weder im Individualvertrag noch in kollektiven Vereinbarungen kann zuungunsten der Beschäftigten davon abgewichen werden. Die Anwendbarkeit des AGG kann also nicht ausgeschlossen werden, ebenso wenig dessen Rechtsfolgen.[3]

§ 21 Abs. 4 bestimmt, dass eine diskriminierende Abrede in einem Vertrag nicht etwa über § 139 BGB zu dessen Nichtigkeit führt. Der Benachteiligende kann sich vielmehr nicht auf die jeweiligen Bestimmungen berufen. 2

Eine Ausweitung des Diskriminierungsschutzes über die gesetzlichen Regelungen hinaus steht den Mitgliedsstaaten und im Rahmen des § 5 den Sozialpartnern frei. 3

§ 15 Abs. 4 erlaubt es den Tarifvertragsparteien die zweimonatige Ausschlussfrist für die Geltendmachung von Entschädigungs- und Schadensersatzansprüchen nach § 15 Abs. 1 und Abs. 2 zu verändern. Demzufolge kann in Tarifverträgen auch eine verkürzte Ausschlussfrist vereinbart werden.[4] Sonstige Fristverkürzungen, außer eben dieser Ausnahme, sind entsprechend der Gesetzesbegründung wegen § 31 unzulässig.[5] Im Gegensatz dazu sind Fristverlängerungen gemäß dem Günstigkeitsprinzip, wonach jede Art von abweichender Vereinbarung statthaft ist, wenn sie für den Beschäftigten oder Verbraucher günstiger ist als die gesetzliche Regelung, erlaubt, da sie für den Benachteiligten vorteilhaft sind. Demnach muss jedoch, um einen Verstoß gegen § 31 feststellen zu können, ein Günstigkeitsvergleich durchgeführt werden.[6] Verstoßen vertragliche Abweichungen gegen das Unabdingbarkeitsgebot § 31, so sind die entsprechenden Vereinbarungen gem. § 134 BGB nichtig. An die Stelle der einzelvertraglichen Regelung treten die gesetzlichen Vorschriften, wobei die gegen § 31 verstoßende Regelung zwar keine Anwendung findet, die Vereinbarung im Übrigen aber voll wirksam bleibt.[7] 4

§ 32 AGG Schlussbestimmung

Soweit in diesem Gesetz nicht Abweichendes bestimmt ist, gelten die allgemeinen Bestimmungen.

Die in § 32 geregelte Schlussbestimmung stellt klar, dass die allgemeinen, für das jeweilige Beschäftigungsverhältnis geltenden, Gesetze unberührt bleiben. Der Gesetzgeber verdeutlicht damit, dass die Vorschriften des BGB, insbesondere des Schuldrechts und Deliktsrechts, ferner zB Kündigungsschutzgesetz, Gewerbeordnung, Handelsgesetzbuch und das Betriebsverfassungsgesetz oder die Personalvertretungsgesetze ergänzend anzuwenden sind, soweit dieses Gesetz keine abschließende spezielle Regelung enthält.[1] Was dabei unter abschließenden speziellen Regelungen zu verstehen ist, erscheint unklar. Eindeutig ist hiervon nur bei § 15 Abs. 6 auszugehen, der einen Anspruch auf Begründung eines Arbeitsverhältnisses bzw auf Beförderung wegen Verletzung von Diskriminierungsverboten ausschließt. Weitere Beispiele für spezielle Sonderregelungen sind nicht ersichtlich. Insbesondere ist nicht davon auszugehen, dass das Verbot der Benachteiligung wegen Behinderung einen Rückgriff auf Art. 3 Abs. 3 S. 2 GG ausschließt.[2] Zudem ist eine unmittelbar diskriminierende Kündigung weiterhin wegen Verstoßes gegen Art. 1 und Art. 2 GG angreifbar.[3] 1

§ 33 AGG Übergangsbestimmungen

(1) Bei Benachteiligungen nach den §§ 611 a, 611 b und 612 Abs. 3 des Bürgerlichen Gesetzbuchs oder sexuellen Belästigungen nach dem Beschäftigtenschutzgesetz ist das vor dem 18. August 2006 maßgebliche Recht anzuwenden.

(2) [1]Bei Benachteiligungen aus Gründen der Rasse oder wegen der ethnischen Herkunft sind die §§ 19 bis 21 nicht auf Schuldverhältnisse anzuwenden, die vor dem 18. August 2006 begründet worden sind. [2]Satz 1 gilt nicht für spätere Änderungen von Dauerschuldverhältnissen.

(3) [1]Bei Benachteiligungen wegen des Geschlechts, der Religion, einer Behinderung, des Alters oder der sexuellen Identität sind die §§ 19 bis 21 nicht auf Schuldverhältnisse anzuwenden, die vor dem

2 BT-Drucks. 16/1780, S. 53.
3 MüKo/*Thüsing*, AGG § 32 Rn 1.
4 *Bauer/Göpfert/Krieger*, § 31 Rn 4; aA *Däubler/Bertzbach*, § 31 Rn 5.
5 BT-Drucks. 16/1780, S. 53.
6 *Schleusener/Suckow/Voigt*, § 31Rn 7.
7 *Bauer/Göpfert/Krieger*, § 31 Rn 20.
1 BT-Drucks. 16/1780, S. 53.
2 BAG, Urt. v. 28.7. 2004 – 10 AZR 19/04, DB 2004, 2219.
3 BAG, Urt. v. 23.6.1994 – 2 AZR 617/93, NZA 1994, 1080.

1. Dezember 2006 begründet worden sind. ²Satz 1 gilt nicht für spätere Änderungen von Dauerschuldverhältnissen.

(4) ¹Auf Schuldverhältnisse, die eine privatrechtliche Versicherung zum Gegenstand haben, ist § 19 Abs. 1 nicht anzuwenden, wenn diese vor dem 22. Dezember 2007 begründet worden sind. ²Satz 1 gilt nicht für spätere Änderungen solcher Schuldverhältnisse.

I. Überblick

1 § 33 regelt den zeitlichen Anwendungsbereich des Gesetzes. Für das Zivilrecht, insbesondere für Versicherungsverträge, sind dabei Übergangsregelungen enthalten, die für das Arbeitsrecht fehlen, weil sie die europäischen Vorgaben hier nicht vorsehen. Diese Regelungen haben sich im Laufe der Gesetzgebung verschiedentlich geändert.[1]

II. Übergangsregelungen für Beschäftigungsverhältnisse, Abs. 1

2 Auf Beschäftigungsverhältnisse fand gem. § 33 Abs. 1 bis zum Inkrafttreten des AGG das bis dato geltende Recht zum Schutz vor Benachteiligungen und sexuellen Belästigungen Anwendung. Dasselbe galt für § 81 Abs. 2 SGB IX, obwohl § 33 diese Vorschrift nicht nennt, da sich die Gesetzesbegründung auch explizit auf § 81 Abs. 2 SGB IX bezieht.[2] Diskriminierungen, die vor dem 18.8.2006 und somit vor Inkrafttreten des AGG stattgefunden haben, werden nicht nach dem AGG beurteilt und sanktioniert. Diese Benachteiligungen werden entsprechend der alten Rechtslage beurteilt.[3] Maßgeblich für die Anwendbarkeit des AGG ist der Zeitpunkt der Vornahme der benachteiligenden Handlung. Auf die Erlangung der Kenntnis des Benachteiligten von der Handlung ist nicht abzustellen,[4] wobei dieser Zeitpunkt jedoch maßgeblich für den Beginn der Geltendmachungsfrist ist. Dauerschuldverhältnisse oder Benachteiligungen mit einem Dauertatbestand werden ebenfalls erst ab Inkrafttreten des AGG nach diesem beurteilt und sanktioniert. Die Benachteiligung vor Inkrafttreten des AGG beurteilt sich dabei nach der alten Rechtslage wodurch es zu gespaltenen Rechtsanwendung kommen kann.[5]

III. Übergangsregelung für zivilrechtliche Schuldverhältnisse, Abs. 2 – 4

3 Für die unter § 19 fallenden zivilrechtlichen Schuldverhältnisse fanden die Übergangsregelungen der Abs. 2–4 des § 33 Anwendung. Abs. 2 betrifft dabei Benachteiligungen aus Gründen der Rasse oder wegen der ethnischen Herkunft, Abs. 3 die sonstigen Benachteiligungsgründe und Abs. 4 Schuldverhältnisse, die eine privatrechtliche Versicherung im Sinne des § 19 Abs. 1 Nr. 1 zum Inhalt haben. Mit Abs. 2 und 3 verhindert der Gesetzgeber, dass Dauerschuldverhältnisse für eine unbestimmbare Zeit dem Geltungsbereich des AGG entzogen werden. Das AGG ist dem folgend ab Inkrafttreten auch auf etwaige Änderungen von bestehenden Dauerschuldverhältnissen anwendbar.

4 Entsprechend Abs. 4 galt für privatrechtliche Versicherungsverträge eine besonders lange Übergangsfrist, wodurch den speziellen Anliegen der Versicherer, eine ausreichende Vorlaufzeit zu haben, nachgekommen wurde.[6] Grundsätzlich gilt das neue Recht nur für Versicherungsverträge, die ab dem 22.12.2007 abgeschlossen wurden. Für Verträge, die vor dem 21.12.2007 geschlossen wurden, findet das AGG nur auf etwaige Änderungen dieser und nicht auf den gesamten Vertrag Anwendung. Daraus resultiert, dass solche privatrechtlichen Versicherungsverträge dem Geltungsbereich des AGG entzogen werden, die vor dem Stichtag geschlossen worden sind und deren Inhalt nicht geändert wurden.[7]

1 BT-Drucks. 15/4835, S. 11.
2 BT-Drucks. 16/1780, S. 53.
3 BT-Drucks. 16/1780, S. 53.
4 AA *Däubler/Bertzbach*, § 33 Rn 4.
5 Diff. *Bauer/Göpfert/Krieger*, § 33 Rn 10.
6 BT-Drucks. 16/1780, S. 53.
7 Str.: keine Rechtfertigung, Rust/*Falke*, § 33 Rn 21; aA *Däubler/Bertzbach*, § 33 Rn 21.

Gesetz über die Spende, Entnahme und Übertragung von Organen und Geweben
(Transplantationsgesetz – TPG)

In der Fassung der Bekanntmachung vom 4. September 2007

(BGBl. I S. 2206)

FNA 212-2

Zuletzt geändert durch Art. 3 G zur Änderung arzneimittelrechtlicher und anderer Vorschriften vom 17.7.2009 (BGBl. I S. 1990)

Abschnitt 1
Allgemeine Vorschriften

§ 1 TPG Anwendungsbereich

(1) [1]Dieses Gesetz gilt für die Spende und die Entnahme von menschlichen Organen oder Geweben zum Zwecke der Übertragung sowie für die Übertragung der Organe oder der Gewebe einschließlich der Vorbereitung dieser Maßnahmen. [2]Es gilt ferner für das Verbot des Handels mit menschlichen Organen oder Geweben.

(2) Dieses Gesetz gilt nicht für

1. Gewebe, die innerhalb ein und desselben chirurgischen Eingriffs einer Person entnommen werden, um auf diese rückübertragen zu werden,
2. Blut und Blutbestandteile.

§ 1 a TPG Begriffsbestimmungen

Im Sinne dieses Gesetzes

1. sind Organe, mit Ausnahme der Haut, alle aus verschiedenen Geweben bestehenden Teile des menschlichen Körpers, die in Bezug auf Struktur, Blutgefäßversorgung und Fähigkeit zum Vollzug physiologischer Funktionen eine funktionale Einheit bilden, einschließlich der Organteile und einzelnen Gewebe eines Organs, die zum gleichen Zweck wie das ganze Organ im menschlichen Körper verwendet werden können, mit Ausnahme solcher Gewebe, die zur Herstellung von Arzneimitteln für neuartige Therapien im Sinne des § 4 Absatz 9 des Arzneimittelgesetzes bestimmt sind;
2. sind vermittlungspflichtige Organe die Organe Herz, Lunge, Leber, Niere, Bauchspeicheldrüse und Darm im Sinne der Nummer 1, die nach § 3 oder § 4 entnommen worden sind;
3. sind nicht regenerierungsfähige Organe, alle Organe, die sich beim Spender nach der Entnahme nicht wieder bilden können;
4. sind Gewebe alle aus Zellen bestehenden Bestandteile des menschlichen Körpers, die keine Organe nach Nummer 1 sind, einschließlich einzelner menschlicher Zellen;
5. sind nächste Angehörige in der Rangfolge ihrer Aufzählung
   a) der Ehegatte oder der eingetragene Lebenspartner,
   b) die volljährigen Kinder,
   c) die Eltern oder, sofern der mögliche Organ- oder Gewebespender zur Todeszeit minderjährig war und die Sorge für seine Person zu dieser Zeit nur einem Elternteil, einem Vormund oder einem Pfleger zustand, dieser Sorgeinhaber,
   d) die volljährigen Geschwister,
   e) die Großeltern;
6. ist Entnahme die Gewinnung von Organen oder Geweben;
7. ist Übertragung die Verwendung von Organen oder Geweben in oder an einem menschlichen Empfänger sowie die Anwendung beim Menschen außerhalb des Körpers;

8. ist Gewebeeinrichtung eine Einrichtung, die Gewebe zum Zwecke der Übertragung entnimmt, untersucht, aufbereitet, be- oder verarbeitet, konserviert, kennzeichnet, verpackt, aufbewahrt oder an andere abgibt;
9. ist Einrichtung der medizinischen Versorgung ein Krankenhaus oder eine andere Einrichtung mit unmittelbarer Patientenbetreuung, die fachlich-medizinisch unter ständiger ärztlicher Leitung steht und in der ärztliche medizinische Leistungen erbracht werden;
10. ist schwerwiegender Zwischenfall jedes unerwünschte Ereignis im Zusammenhang mit der Entnahme, Untersuchung, Aufbereitung, Be- oder Verarbeitung, Konservierung, Aufbewahrung oder Abgabe von Geweben, das die Übertragung einer ansteckenden Krankheit, den Tod oder einen lebensbedrohenden Zustand, eine Behinderung oder einen Fähigkeitsverlust von Patienten zur Folge haben könnte oder einen Krankenhausaufenthalt erforderlich machen oder verlängern könnte oder zu einer Erkrankung führen oder diese verlängern könnte; als schwerwiegender Zwischenfall gilt auch jede fehlerhafte Identifizierung oder Verwechslung von Keimzellen oder Embryonen im Rahmen von Maßnahmen einer medizinisch unterstützten Befruchtung;
11. ist schwerwiegende unerwünschte Reaktion eine unbeabsichtigte Reaktion, einschließlich einer übertragbaren Krankheit, beim Spender oder Empfänger im Zusammenhang mit der Entnahme oder der Übertragung von Geweben, die tödlich oder lebensbedrohend verläuft, eine Behinderung oder einen Fähigkeitsverlust zur Folge hat oder einen Krankenhausaufenthalt erforderlich macht oder verlängert oder zu einer Erkrankung führt oder diese verlängert.

§ 2 TPG Aufklärung der Bevölkerung, Erklärung zur Organ- und Gewebespende, Organ- und Gewebespenderegister, Organ- und Gewebespendeausweise

(1) [1]Die nach Landesrecht zuständigen Stellen, die Bundesbehörden im Rahmen ihrer Zuständigkeit, insbesondere die Bundeszentrale für gesundheitliche Aufklärung, sowie die Krankenkassen sollen auf der Grundlage dieses Gesetzes die Bevölkerung über die Möglichkeiten der Organ- und Gewebespende, die Voraussetzungen der Organ- und Gewebeentnahme und die Bedeutung der Organ- und Gewebeübertragung einschließlich einer möglichen medizinischen Anwendung von aus Geweben hergestellten Arzneimitteln aufklären. [2]Sie sollen auch Ausweise für die Erklärung zur Organ- und Gewebespende (Organ- und Gewebespendeausweise) zusammen mit geeigneten Aufklärungsunterlagen bereithalten. [3]Die Krankenkassen und die privaten Krankenversicherungsunternehmen stellen diese Unterlagen in regelmäßigen Abständen ihren Versicherten, die das sechzehnte Lebensjahr vollendet haben, zur Verfügung mit der Bitte, eine Erklärung zur Organ- und Gewebespende abzugeben.

(2) [1]Wer eine Erklärung zur Organ- und Gewebespende abgibt, kann in eine Organ- und Gewebeentnahme nach § 3 einwilligen, ihr widersprechen oder die Entscheidung einer namentlich benannten Person seines Vertrauens übertragen (Erklärung zur Organ- und Gewebespende). [2]Die Erklärung kann auf bestimmte Organe oder Gewebe beschränkt werden. [3]Die Einwilligung und die Übertragung der Entscheidung können vom vollendeten sechzehnten, der Widerspruch kann vom vollendeten vierzehnten Lebensjahr an erklärt werden.

(3) [1]Das Bundesministerium für Gesundheit kann durch Rechtsverordnung mit Zustimmung des Bundesrates einer Stelle die Aufgabe übertragen, die Erklärungen zur Organ- oder Gewebespende auf Wunsch der Erklärenden zu speichern und darüber berechtigten Personen Auskunft zu erteilen (Organ- und Gewebespenderegister). [2]Die gespeicherten personenbezogenen Daten dürfen nur zum Zwecke der Feststellung verwendet werden, ob bei demjenigen, der die Erklärung abgegeben hatte, eine Organ- oder Gewebeentnahme nach § 3 oder § 4 zulässig ist. [3]Die Rechtsverordnung regelt insbesondere

1. die für die Entgegennahme einer Erklärung zur Organ- oder Gewebespende oder für deren Änderung zuständigen öffentlichen Stellen (Anlaufstellen), die Verwendung eines Vordrucks, die Art der darauf anzugebenden Daten und die Prüfung der Identität des Erklärenden,
2. die Übermittlung der Erklärung durch die Anlaufstellen an das Register sowie die Speicherung der Erklärung und der darin enthaltenen Daten bei den Anlaufstellen und dem Register,
3. die Aufzeichnung aller Abrufe im automatisierten Verfahren nach § 10 des Bundesdatenschutzgesetzes sowie der sonstigen Auskünfte aus dem Register zum Zwecke der Prüfung der Zulässigkeit der Anfragen und Auskünfte,
4. die Speicherung der Personendaten der nach Absatz 4 Satz 1 auskunftsberechtigten Ärzte bei dem Register sowie die Vergabe, Speicherung und Zusammensetzung der Benutzerkennungen und Passwörter für ihre Auskunftsberechtigung,
5. die Löschung der gespeicherten Daten und
6. die Finanzierung des Registers.

(4) [1]Die Auskunft aus dem Register darf ausschließlich an den Erklärenden sowie an einen von einem Krankenhaus dem Register als auskunftsberechtigt benannten Arzt erteilt werden, der weder an der Entnahme noch an der Übertragung der Organe oder Gewebe des möglichen Organ- oder Gewebespenders beteiligt ist und auch nicht Weisungen eines Arztes untersteht, der an diesen Maßnahmen beteiligt ist. [2]Die Anfrage darf erst nach der Feststellung des Todes gemäß § 3 Abs. 1 Satz 1 Nr. 2 erfolgen. [3]Die Auskunft darf nur an den Arzt weitergegeben werden, der die Organ- oder Gewebeentnahme vornehmen oder unter dessen Verantwortung die Gewebeentnahme nach § 3 Abs. 1 Satz 2 vorgenommen werden soll, und an die Person, die nach § 3 Abs. 3 Satz 1 über die beabsichtigte oder nach § 4 über eine in Frage kommende Organ- oder Gewebeentnahme zu unterrichten ist.

(5) Die Bundesregierung kann durch allgemeine Verwaltungsvorschrift mit Zustimmung des Bundesrates ein Muster für den Organ- und Gewebespendeausweis festlegen und im Bundesanzeiger bekannt machen.

Abschnitt 2
Entnahme von Organen und Geweben bei toten Spendern

§ 3 TPG Entnahme mit Einwilligung des Spenders

(1) [1]Die Entnahme von Organen oder Geweben ist, soweit in § 4 oder § 4 a nichts Abweichendes bestimmt ist, nur zulässig, wenn

1. **der Organ- oder Gewebespender in die Entnahme eingewilligt hatte,**
2. **der Tod des Organ- oder Gewebespenders nach Regeln, die dem Stand der Erkenntnisse der medizinischen Wissenschaft entsprechen, festgestellt ist und**
3. **der Eingriff durch einen Arzt vorgenommen wird.**

[2]Abweichend von Satz 1 Nr. 3 darf die Entnahme von Geweben auch durch andere dafür qualifizierte Personen unter der Verantwortung und nach fachlicher Weisung eines Arztes vorgenommen werden.

(2) Die Entnahme von Organen oder Geweben ist unzulässig, wenn

1. **die Person, deren Tod festgestellt ist, der Organ- oder Gewebeentnahme widersprochen hatte,**
2. **nicht vor der Entnahme bei dem Organ- oder Gewebespender der endgültige, nicht behebbare Ausfall der Gesamtfunktion des Großhirns, des Kleinhirns und des Hirnstamms nach Verfahrensregeln, die dem Stand der Erkenntnisse der medizinischen Wissenschaft entsprechen, festgestellt ist.**

(3) [1]Der Arzt hat den nächsten Angehörigen des Organ- oder Gewebespenders über die beabsichtigte Organ- oder Gewebeentnahme zu unterrichten. [2]Die entnehmende Person hat Ablauf und Umfang der Organ- oder Gewebeentnahme aufzuzeichnen. [3]Der nächste Angehörige hat das Recht auf Einsichtnahme. [4]Er kann eine Person seines Vertrauens hinzuziehen.

§ 4 TPG Entnahme mit Zustimmung anderer Personen

(1) [1]Liegt dem Arzt, der die Organ- oder Gewebeentnahme vornehmen oder unter dessen Verantwortung die Gewebeentnahme nach § 3 Abs. 1 Satz 2 vorgenommen werden soll, weder eine schriftliche Einwilligung noch ein schriftlicher Widerspruch des möglichen Organ- oder Gewebespenders vor, ist dessen nächster Angehöriger zu befragen, ob ihm von diesem eine Erklärung zur Organ- oder Gewebespende bekannt ist. [2]Ist auch dem nächsten Angehörigen eine solche Erklärung nicht bekannt, so ist die Entnahme unter den Voraussetzungen des § 3 Abs. 1 Satz 1 Nr. 2 und 3, Satz 2 und Abs. 2 Nr. 2 nur zulässig, wenn ein Arzt den nächsten Angehörigen über eine in Frage kommende Organ- oder Gewebeentnahme unterrichtet und dieser ihr zugestimmt hat. [3]Kommt eine Entnahme mehrerer Organe oder Gewebe in Betracht, soll die Einholung der Zustimmung zusammen erfolgen. [4]Der nächste Angehörige hat bei seiner Entscheidung einen mutmaßlichen Willen des möglichen Organ- oder Gewebespenders zu beachten. [5]Der Arzt hat den nächsten Angehörigen hierauf hinzuweisen. [6]Der nächste Angehörige kann mit dem Arzt vereinbaren, dass er seine Erklärung innerhalb einer bestimmten, vereinbarten Frist widerrufen kann; die Vereinbarung bedarf der Schriftform.

(2) [1]Der nächste Angehörige ist nur dann zu einer Entscheidung nach Absatz 1 befugt, wenn er in den letzten zwei Jahren vor dem Tod des möglichen Organ- oder Gewebespenders zu diesem persönlichen Kontakt hatte. [2]Der Arzt hat dies durch Befragung des nächsten Angehörigen festzustellen. [3]Bei meh-

reren gleichrangigen nächsten Angehörigen genügt es, wenn einer von ihnen nach Absatz 1 beteiligt wird und eine Entscheidung trifft; es ist jedoch der Widerspruch eines jeden von ihnen beachtlich. [4]Ist ein vorrangiger nächster Angehöriger innerhalb angemessener Zeit nicht erreichbar, genügt die Beteiligung und Entscheidung des zuerst erreichbaren nächsten Angehörigen. [5]Dem nächsten Angehörigen steht eine volljährige Person gleich, die dem möglichen Organ- oder Gewebespender bis zu seinem Tode in besonderer persönlicher Verbundenheit offenkundig nahegestanden hat; sie tritt neben den nächsten Angehörigen.

(3) Hatte der mögliche Organ- oder Gewebespender die Entscheidung über eine Organ- oder Gewebeentnahme einer bestimmten Person übertragen, tritt diese an die Stelle des nächsten Angehörigen.

(4) [1]Der Arzt hat Ablauf, Inhalt und Ergebnis der Beteiligung der nächsten Angehörigen sowie der Personen nach Absatz 2 Satz 5 und Absatz 3 aufzuzeichnen. [2]Die nächsten Angehörigen sowie die Personen nach Absatz 2 Satz 5 und Absatz 3 haben das Recht auf Einsichtnahme.

§ 4 a TPG Entnahme bei toten Embryonen und Föten

(1) [1]Die Entnahme von Organen oder Geweben bei einem toten Embryo oder Fötus ist nur zulässig, wenn

1. der Tod des Embryos oder Fötus nach Regeln, die dem Stand der Erkenntnisse der medizinischen Wissenschaft entsprechen, festgestellt ist,
2. die Frau, die mit dem Embryo oder Fötus schwanger war, durch einen Arzt über eine in Frage kommende Organ- oder Gewebeentnahme aufgeklärt worden ist und in die Entnahme der Organe oder Gewebe schriftlich eingewilligt hat und
3. der Eingriff durch einen Arzt vorgenommen wird.

[2]In den Fällen des Satzes 1 Nr. 3 gilt § 3 Abs. 1 Satz 2 entsprechend. [3]Die Aufklärung und die Einholung der Einwilligung dürfen erst nach der Feststellung des Todes erfolgen.

(2) [1]Der Arzt hat Ablauf, Inhalt und Ergebnis der Aufklärung und der Einwilligung nach Absatz 1 Satz 1 Nr. 2 aufzuzeichnen. [2]Die entnehmende Person hat Ablauf und Umfang der Organ- oder Gewebeentnahme aufzuzeichnen. [3]Die Frau, die mit dem Embryo oder Fötus schwanger war, hat das Recht auf Einsichtnahme. [4]Sie kann eine Person ihres Vertrauens hinzuziehen. [5]Die Einwilligung kann schriftlich oder mündlich widerrufen werden.

(3) In den Fällen des Absatzes 1 gilt die Frau, die mit dem Embryo oder Fötus schwanger war, nur für die Zwecke der Dokumentation, der Rückverfolgung und des Datenschutzes als Spenderin.

§ 5 TPG Nachweisverfahren

(1) [1]Die Feststellungen nach § 3 Abs. 1 Satz 1 Nr. 2 und Abs. 2 Nr. 2 sind jeweils durch zwei dafür qualifizierte Ärzte zu treffen, die den Organ- oder Gewebespender unabhängig voneinander untersucht haben. [2]Abweichend von Satz 1 genügt zur Feststellung nach § 3 Abs. 1 Satz 1 Nr. 2 die Untersuchung und Feststellung durch einen Arzt, wenn der endgültige, nicht behebbare Stillstand von Herz und Kreislauf eingetreten ist und seitdem mehr als drei Stunden vergangen sind.

(2) [1]Die an den Untersuchungen nach Absatz 1 beteiligten Ärzte dürfen weder an der Entnahme noch an der Übertragung der Organe oder Gewebe des Spenders beteiligt sein. [2]Sie dürfen auch nicht Weisungen eines Arztes unterstehen, der an diesen Maßnahmen beteiligt ist. [3]Die Feststellung der Untersuchungsergebnisse und ihr Zeitpunkt sind von den Ärzten unter Angabe der zugrunde liegenden Untersuchungsbefunde unverzüglich jeweils in einer Niederschrift aufzuzeichnen und zu unterschreiben. [4]Dem nächsten Angehörigen sowie den Personen nach § 4 Abs. 2 Satz 5 und Abs. 3 ist Gelegenheit zur Einsichtnahme zu geben. [5]Sie können eine Person ihres Vertrauens hinzuziehen.

(3) [1]Die Feststellung nach § 4 a Abs. 1 Satz 1 Nr. 1 ist durch einen Arzt zu treffen, der weder an der Entnahme noch an der Übertragung der Organe oder Gewebe des Embryos oder Fötus beteiligt sein darf. [2]Er darf auch nicht Weisungen eines Arztes unterstehen, der an diesen Maßnahmen beteiligt ist. [3]Die Untersuchungsergebnisse und der Zeitpunkt ihrer Feststellung sind von den Ärzten unter Angabe der zugrunde liegenden Untersuchungsbefunde unverzüglich jeweils in einer gesonderten Niederschrift aufzuzeichnen und zu unterschreiben. [4]Der Frau, die mit dem Embryo oder Fötus schwanger war, ist Gelegenheit zur Einsichtnahme zu geben. [5]Sie kann eine Person ihres Vertrauens hinzuziehen.

§ 6 TPG Achtung der Würde des Organ- und Gewebespenders

(1) Die Organ- oder Gewebeentnahme bei verstorbenen Personen und alle mit ihr zusammenhängenden Maßnahmen müssen unter Achtung der Würde des Organ- oder Gewebespenders in einer der ärztlichen Sorgfaltspflicht entsprechenden Weise durchgeführt werden.

(2) [1]Der Leichnam des Organ- oder Gewebespenders muss in würdigem Zustand zur Bestattung übergeben werden. [2]Zuvor ist dem nächsten Angehörigen Gelegenheit zu geben, den Leichnam zu sehen.

(3) Die Absätze 1 und 2 gelten entsprechend für tote Embryonen und Föten.

§ 7 TPG Datenerhebung und -verwendung; Auskunftspflicht

(1) Die Erhebung und Verwendung personenbezogener Daten eines möglichen Organ- oder Gewebespenders, eines nächsten Angehörigen oder einer Person nach § 4 Abs. 2 Satz 5 oder Abs. 3 und die Übermittlung dieser Daten an die nach Absatz 3 Satz 1 auskunftsberechtigten Personen ist zulässig, soweit dies zur Klärung, ob eine Organ- oder Gewebeentnahme nach § 3 Abs. 1 und 2, § 4 Abs. 1 bis 3 sowie § 9 Abs. 2 Satz 2 zulässig ist und ob ihr medizinische Gründe entgegenstehen, sowie zur Unterrichtung des nächsten Angehörigen nach § 3 Abs. 3 Satz 1 erforderlich ist.

(2) [1]Zur unverzüglichen Auskunft über die nach Absatz 1 erforderlichen Daten sind verpflichtet:

1. **Ärzte, die den möglichen Organ- oder Gewebespender wegen einer dem Tode vorausgegangenen Erkrankung behandelt hatten,**
2. **Ärzte, die über den möglichen Organ- oder Gewebespender eine Auskunft aus dem Organ- und Gewebespenderegister nach § 2 Abs. 4 erhalten haben,**
3. **die Einrichtung der medizinischen Versorgung, in der der Tod des möglichen Organ- oder Gewebespenders nach § 3 Abs. 1 Satz 1 Nr. 2 festgestellt worden ist,**
4. **Ärzte, die bei dem möglichen Organ- oder Gewebespender die Leichenschau vorgenommen haben,**
5. **die Behörden, in deren Gewahrsam oder Mitgewahrsam sich der Leichnam des möglichen Organ- oder Gewebespenders befindet oder befunden hat, und**
6. **die von der Koordinierungsstelle (§ 11) oder einer gewebeentnehmenden Gewebeeinrichtung beauftragte Person, soweit sie Auskunft über nach Absatz 1 erforderliche Daten erhalten hat.**

[2]Die Pflicht zur unverzüglichen Auskunft besteht erst, nachdem der Tod des möglichen Organ- oder Gewebespenders nach § 3 Abs. 1 Satz 1 Nr. 2 festgestellt ist.

(3) [1]Ein Recht auf Auskunft über die nach Absatz 1 erforderlichen Daten haben

1. **Ärzte, die die Entnahme von Organen nach § 3 oder § 4 beabsichtigen und in einem Krankenhaus tätig sind, das nach § 108 des Fünften Buches Sozialgesetzbuch oder nach anderen gesetzlichen Bestimmungen für die Übertragung solcher Organe zugelassen ist oder mit einem solchen Krankenhaus zum Zwecke der Entnahme solcher Organe zusammenarbeitet,**
2. **Ärzte, die die Entnahme von Geweben nach § 3 oder § 4 beabsichtigen oder unter deren Verantwortung Gewebe nach § 3 Abs. 1 Satz 2 entnommen werden sollen und in einer Einrichtung der medizinischen Versorgung tätig sind, die solche Gewebe entnimmt oder mit einer solchen Einrichtung zum Zwecke der Entnahme solcher Gewebe zusammenarbeitet, und**
3. **die von der Koordinierungsstelle beauftragte Person.**

[2]Die Auskunft soll für alle Organe oder Gewebe, deren Entnahme beabsichtigt ist, zusammen eingeholt werden. [3]Sie darf erst eingeholt werden, nachdem der Tod des möglichen Organ- oder Gewebespenders nach § 3 Abs. 1 Satz 1 Nr. 2 festgestellt ist.

Abschnitt 3
Entnahme von Organen und Geweben bei lebenden Spendern

§ 8 TPG Entnahme von Organen und Geweben

(1) [1]Die Entnahme von Organen oder Geweben zum Zwecke der Übertragung auf andere ist bei einer lebenden Person, soweit in § 8 a nichts Abweichendes bestimmt ist, nur zulässig, wenn

1. die Person
   a) volljährig und einwilligungsfähig ist,
   b) nach Absatz 2 Satz 1 und 2 aufgeklärt worden ist und in die Entnahme eingewilligt hat,
   c) nach ärztlicher Beurteilung als Spender geeignet ist und voraussichtlich nicht über das Operationsrisiko hinaus gefährdet oder über die unmittelbaren Folgen der Entnahme hinaus gesundheitlich schwer beeinträchtigt wird,
2. die Übertragung des Organs oder Gewebes auf den vorgesehenen Empfänger nach ärztlicher Beurteilung geeignet ist, das Leben dieses Menschen zu erhalten oder bei ihm eine schwerwiegende Krankheit zu heilen, ihre Verschlimmerung zu verhüten oder ihre Beschwerden zu lindern,
3. im Fall der Organentnahme ein geeignetes Organ eines Spenders nach § 3 oder § 4 im Zeitpunkt der Organentnahme nicht zur Verfügung steht und
4. der Eingriff durch einen Arzt vorgenommen wird.

[2]Die Entnahme einer Niere, des Teils einer Leber oder anderer nicht regenerierungsfähiger Organe ist darüber hinaus nur zulässig zum Zwecke der Übertragung auf Verwandte ersten oder zweiten Grades, Ehegatten, eingetragene Lebenspartner, Verlobte oder andere Personen, die dem Spender in besonderer persönlicher Verbundenheit offenkundig nahestehen.

(2) [1]Der Spender ist durch einen Arzt in verständlicher Form aufzuklären über
1. den Zweck und die Art des Eingriffs,
2. die Untersuchungen sowie das Recht, über die Ergebnisse der Untersuchungen unterrichtet zu werden,
3. die Maßnahmen, die dem Schutz des Spenders dienen, sowie den Umfang und mögliche, auch mittelbare Folgen und Spätfolgen der beabsichtigten Organ- oder Gewebeentnahme für seine Gesundheit,
4. die ärztliche Schweigepflicht,
5. die zu erwartende Erfolgsaussicht der Organ- oder Gewebeübertragung und sonstige Umstände, denen er erkennbar eine Bedeutung für die Spende beimisst, sowie über
6. die Erhebung und Verwendung personenbezogener Daten.

[2]Der Spender ist darüber zu informieren, dass seine Einwilligung Voraussetzung für die Organ- oder Gewebeentnahme ist. [3]Die Aufklärung hat in Anwesenheit eines weiteren Arztes, für den § 5 Abs. 2 Satz 1 und 2 entsprechend gilt, und, soweit erforderlich, anderer sachverständiger Personen zu erfolgen. [4]Der Inhalt der Aufklärung und die Einwilligungserklärung des Spenders sind in einer Niederschrift aufzuzeichnen, die von den aufklärenden Personen, dem weiteren Arzt und dem Spender zu unterschreiben ist. [5]Die Niederschrift muss auch eine Angabe über die versicherungsrechtliche Absicherung der gesundheitlichen Risiken nach Satz 1 enthalten. [6]Die Einwilligung kann schriftlich oder mündlich widerrufen werden. [7]Satz 3 gilt nicht im Fall der beabsichtigten Entnahme von Knochenmark.

(3) [1]Bei einem Lebenden darf die Entnahme von Organen erst durchgeführt werden, nachdem sich der Spender und der Empfänger, die Entnahme von Geweben erst, nachdem sich der Spender zur Teilnahme an einer ärztlich empfohlenen Nachbetreuung bereit erklärt hat. [2]Weitere Voraussetzung für die Entnahme von Organen bei einem Lebenden ist, dass die nach Landesrecht zuständige Kommission gutachterlich dazu Stellung genommen hat, ob begründete tatsächliche Anhaltspunkte dafür vorliegen, dass die Einwilligung in die Organspende nicht freiwillig erfolgt oder das Organ Gegenstand verbotenen Handeltreibens nach § 17 ist. [3]Der Kommission muss ein Arzt, der weder an der Entnahme noch an der Übertragung von Organen beteiligt ist, noch Weisungen eines Arztes untersteht, der an solchen Maßnahmen beteiligt ist, eine Person mit der Befähigung zum Richteramt und eine in psychologischen Fragen erfahrene Person angehören. [4]Das Nähere, insbesondere zur Zusammensetzung der Kommission, zum Verfahren und zur Finanzierung, wird durch Landesrecht bestimmt.

§ 8 a TPG Entnahme von Knochenmark bei minderjährigen Personen

[1]Die Entnahme von Knochenmark bei einer minderjährigen Person zum Zwecke der Übertragung ist abweichend von § 8 Abs. 1 Satz 1 Nr. 1 Buchstabe a und b sowie Nr. 2 mit folgender Maßgabe zulässig:
1. Die Verwendung des Knochenmarks ist für Verwandte ersten Grades oder Geschwister der minderjährigen Person vorgesehen.
2. Die Übertragung des Knochenmarks auf den vorgesehenen Empfänger ist nach ärztlicher Beurteilung geeignet, bei ihm eine lebensbedrohende Krankheit zu heilen.
3. Ein geeigneter Spender nach § 8 Abs. 1 Satz 1 Nr. 1 steht im Zeitpunkt der Entnahme des Knochenmarks nicht zur Verfügung.

4. [1]Der gesetzliche Vertreter ist entsprechend § 8 Abs. 2 aufgeklärt worden und hat in die Entnahme und die Verwendung des Knochenmarks eingewilligt. [2]§ 1627 des Bürgerlichen Gesetzbuchs ist anzuwenden. [3]Die minderjährige Person ist durch einen Arzt entsprechend § 8 Abs. 2 aufzuklären, soweit dies im Hinblick auf ihr Alter und ihre geistige Reife möglich ist. [4]Lehnt die minderjährige Person die beabsichtigte Entnahme oder Verwendung ab oder bringt sie dies in sonstiger Weise zum Ausdruck, so ist dies zu beachten.
5. Ist die minderjährige Person in der Lage, Wesen, Bedeutung und Tragweite der Entnahme zu erkennen und ihren Willen hiernach auszurichten, so ist auch ihre Einwilligung erforderlich.

[2]Soll das Knochenmark der minderjährigen Person für Verwandte ersten Grades verwendet werden, hat der gesetzliche Vertreter dies dem Familiengericht unverzüglich anzuzeigen, um eine Entscheidung nach § 1629 Abs. 2 Satz 3 in Verbindung mit § 1796 des Bürgerlichen Gesetzbuchs herbeizuführen.

§ 8 b TPG Entnahme von Organen und Geweben in besonderen Fällen

(1) [1]Sind Organe oder Gewebe bei einer lebenden Person im Rahmen einer medizinischen Behandlung dieser Person entnommen worden, ist ihre Übertragung nur zulässig, wenn die Person einwilligungsfähig und entsprechend § 8 Abs. 2 Satz 1 und 2 aufgeklärt worden ist und in diese Übertragung der Organe oder Gewebe eingewilligt hat. [2]Für die Aufzeichnung der Aufklärung und der Einwilligung gilt § 8 Abs. 2 Satz 4 entsprechend.

(2) Absatz 1 gilt entsprechend für die Gewinnung von menschlichen Samenzellen, die für eine medizinisch unterstützte Befruchtung bestimmt sind.

(3) Für einen Widerruf der Einwilligung gilt § 8 Abs. 2 Satz 6 entsprechend.

§ 8 c TPG Entnahme von Organen und Geweben zur Rückübertragung

(1) Die Entnahme von Organen oder Geweben zum Zwecke der Rückübertragung ist bei einer lebenden Person nur zulässig, wenn

1. die Person
   a) einwilligungsfähig ist,
   b) entsprechend § 8 Abs. 2 Satz 1 und 2 aufgeklärt worden ist und in die Entnahme und die Rückübertragung des Organs oder Gewebes eingewilligt hat,
2. die Entnahme und die Rückübertragung des Organs oder Gewebes im Rahmen einer medizinischen Behandlung erfolgen und nach dem allgemein anerkannten Stand der medizinischen Wissenschaft für diese Behandlung erforderlich sind und
3. die Entnahme und die Rückübertragung durch einen Arzt vorgenommen werden.

(2) [1]Die Entnahme von Organen oder Geweben zum Zwecke der Rückübertragung bei einer Person, die nicht in der Lage ist, Wesen, Bedeutung und Tragweite der vorgesehenen Entnahme zu erkennen und ihren Willen hiernach auszurichten, ist abweichend von Absatz 1 Nr. 1 nur zulässig, wenn der gesetzliche Vertreter oder ein Bevollmächtigter entsprechend § 8 Abs. 2 Satz 1 und 2 aufgeklärt worden ist und in die Entnahme und die Rückübertragung des Organs oder Gewebes eingewilligt hat. [2]Die §§ 1627, 1901 Abs. 2 und 3 sowie § 1904 des Bürgerlichen Gesetzbuchs sind anzuwenden.

(3) [1]Die Entnahme von Organen oder Geweben zum Zwecke der Rückübertragung bei einem lebenden Embryo oder Fötus ist unter den Voraussetzungen des Absatzes 1 Nr. 2 und 3 nur zulässig, wenn die Frau, die mit dem Embryo oder Fötus schwanger ist, entsprechend § 8 Abs. 2 Satz 1 und 2 aufgeklärt worden ist und in die Entnahme und die Rückübertragung des Organs oder Gewebes eingewilligt hat. [2]Ist diese Frau nicht in der Lage, Wesen, Bedeutung und Tragweite der vorgesehenen Entnahme zu erkennen und ihren Willen hiernach auszurichten, gilt Absatz 2 entsprechend.

(4) Für die Aufzeichnung der Aufklärung und der Einwilligung gilt § 8 Abs. 2 Satz 4 entsprechend.

(5) Für einen Widerruf der Einwilligung gilt § 8 Abs. 2 Satz 6 entsprechend.

Abschnitt 3 a
Gewebeeinrichtungen, Untersuchungslabore, Register

§ 8 d TPG Besondere Pflichten der Gewebeeinrichtungen

(1) [1]Eine Gewebeeinrichtung, die Gewebe entnimmt oder untersucht, darf unbeschadet der Vorschriften des Arzneimittelrechts nur betrieben werden, wenn sie einen Arzt bestellt hat, der die erforderliche Sachkunde nach dem Stand der medizinischen Wissenschaft besitzt. [2]Die Gewebeeinrichtung ist verpflichtet,

1. die Anforderungen an die Entnahme von Geweben nach dem Stand der medizinischen Wissenschaft und Technik einzuhalten, insbesondere an die Spenderidentifikation, das Entnahmeverfahren und die Spenderdokumentation,

2. sicherzustellen, dass nur Gewebe von Spendern entnommen werden, bei denen eine ärztliche Beurteilung nach dem Stand der medizinischen Wissenschaft und Technik ergeben hat, dass der Spender dafür medizinisch geeignet ist,

3. sicherzustellen, dass die für Gewebespender nach dem Stand der medizinischen Wissenschaft und Technik erforderlichen Laboruntersuchungen in einem Untersuchungslabor nach § 8 e durchgeführt werden,

4. sicherzustellen, dass die Gewebe für die Aufbereitung, Be- oder Verarbeitung, Konservierung oder Aufbewahrung nur freigegeben werden, wenn die ärztliche Beurteilung nach Nummer 2 und die Laboruntersuchungen nach Nummer 3 ergeben haben, dass die Gewebe für diese Zwecke geeignet sind,

5. vor und nach einer Gewebeentnahme bei lebenden Spendern Maßnahmen für eine erforderliche medizinische Versorgung der Spender sicherzustellen und

6. eine Qualitätssicherung für die Maßnahmen nach den Nummern 2 bis 5 sicherzustellen.

[3]Das Nähere regelt eine Rechtsverordnung nach § 16 a.

(2) Eine Gewebeeinrichtung hat unbeschadet ärztlicher Dokumentationspflichten jede Gewebeentnahme und -abgabe und die damit verbundenen Maßnahmen sowie die Angaben über Produkte und Materialien, die mit den entnommenen oder abgegebenen Geweben in Berührung kommen, für die in diesem Gesetz geregelten Zwecke, für Zwecke der Rückverfolgung, für Zwecke einer medizinischen Versorgung des Spenders und für Zwecke der Risikoerfassung und Überwachung nach den Vorschriften des Arzneimittelgesetzes oder anderen Rechtsvorschriften nach Maßgabe einer Rechtsverordnung nach § 16 a zu dokumentieren.

(3) [1]Jede Gewebeeinrichtung führt eine Dokumentation über ihre Tätigkeit einschließlich der Angaben zu Art und Menge der entnommenen, untersuchten, aufbereiteten, be- oder verarbeiteten, konservierten, aufbewahrten, abgegebenen oder anderweitig verwendeten, eingeführten und ausgeführten Gewebe sowie des Ursprungs- und des Bestimmungsortes der Gewebe und macht eine Darstellung ihrer Tätigkeit öffentlich zugänglich. [2]Sie übermittelt der zuständigen Bundesoberbehörde jährlich einen Bericht mit den Angaben zu Art und Menge der entnommenen, aufbereiteten, be- oder verarbeiteten, aufbewahrten, abgegebenen oder anderweitig verwendeten, eingeführten und ausgeführten Gewebe. [3]Der Bericht erfolgt auf einem Formblatt, das die Bundesoberbehörde herausgegeben und im Bundesanzeiger bekannt gemacht hat. [4]Das Formblatt kann auch elektronisch zur Verfügung gestellt und genutzt werden. [5]Der Bericht ist nach Ablauf des Kalenderjahres, spätestens bis zum 1. März des folgenden Jahres zu übermitteln. [6]Die zuständige Bundesoberbehörde stellt die von den Gewebeeinrichtungen übermittelten Angaben anonymisiert in einem Gesamtbericht zusammen und macht diesen öffentlich bekannt. [7]Ist der Bericht einer Gewebeeinrichtung unvollständig oder liegt er bis zum Ablauf der Frist nach Satz 5 nicht vor, unterrichtet die zuständige Bundesoberbehörde die für die Überwachung zuständige Behörde. [8]Die Gewebeeinrichtungen übersenden der zuständigen Behörde mindestens alle zwei Jahre oder auf Anforderung eine Liste der belieferten Einrichtungen der medizinischen Versorgung.

§ 8 e TPG Untersuchungslabore

[1]Die für Gewebespender nach § 8 d Abs. 1 Satz 2 Nr. 3 vorgeschriebenen Laboruntersuchungen dürfen nur von einem Untersuchungslabor vorgenommen werden, für das eine Erlaubnis nach den Vorschriften des Arzneimittelgesetzes erteilt worden ist. [2]Das Untersuchungslabor ist verpflichtet, eine Quali-

tätssicherung für die nach § 8 d Abs. 1 Satz 2 Nr. 3 vorgeschriebenen Laboruntersuchungen sicherzustellen.

§ 8 f TPG Register über Gewebeeinrichtungen

(1) [1]Das Deutsche Institut für Medizinische Dokumentation und Information führt ein öffentlich zugängliches Register über die im Geltungsbereich dieses Gesetzes tätigen Gewebeeinrichtungen und stellt seinen laufenden Betrieb sicher. [2]Das Register enthält Angaben zu den Gewebeeinrichtungen und ihrer Erreichbarkeit sowie zu den Tätigkeiten, für die jeweils die Herstellungserlaubnis, die Erlaubnis für die Be- oder Verarbeitung, Konservierung, Lagerung oder das Inverkehrbringen oder die Einfuhrerlaubnis nach den Vorschriften des Arzneimittelgesetzes erteilt worden ist. [3]Die zuständigen Behörden der Länder übermitteln dem Deutschen Institut für Medizinische Dokumentation und Information die Angaben nach Satz 2. [4]Das Deutsche Institut für Medizinische Dokumentation und Information kann für die Benutzung des Registers Entgelte verlangen. [5]Der Entgeltkatalog bedarf der Zustimmung des Bundesministeriums für Gesundheit im Benehmen mit dem Bundesministerium der Finanzen. [6]Von der Zahlung von Entgelten sind die zuständigen Behörden der Länder und die Europäische Kommission befreit.

(2) [1]Das Bundesministerium für Gesundheit kann durch Rechtsverordnung mit Zustimmung des Bundesrates die in das Register aufzunehmenden Angaben nach Absatz 1 Satz 2 im Einzelnen bestimmen sowie Näheres zu ihrer Übermittlung durch die zuständigen Behörden der Länder und der Benutzung des Registers regeln. [2]In der Rechtsverordnung kann auch eine Übermittlung der Angaben an Einrichtungen und Behörden innerhalb und außerhalb des Geltungsbereichs dieses Gesetzes vorgesehen werden.

Abschnitt 4
Vermittlung und Übertragung bestimmter Organe, Transplantationszentren, Zusammenarbeit bei der Entnahme von Organen und Geweben

§ 9 TPG Zulässigkeit der Organübertragung, Vorrang der Organspende

(1) [1]Die Übertragung von Herz, Niere, Leber, Lunge, Bauchspeicheldrüse und Darm darf nur in dafür zugelassenen Transplantationszentren (§ 10) vorgenommen werden. [2]Die Übertragung vermittlungspflichtiger Organe ist nur zulässig, wenn die Organe durch die Vermittlungsstelle unter Beachtung der Regelungen nach § 12 vermittelt worden sind. [3]Sind vermittlungspflichtige Organe im Geltungsbereich dieses Gesetzes entnommen worden, ist ihre Übertragung darüber hinaus nur zulässig, wenn die Entnahme unter Beachtung der Regelungen nach § 11 durchgeführt wurde.

(2) [1]Die mögliche Entnahme und Übertragung eines vermittlungspflichtigen Organs hat Vorrang vor der Entnahme von Geweben; sie darf nicht durch eine Gewebeentnahme beeinträchtigt werden. [2]Die Entnahme von Geweben bei einem möglichen Spender vermittlungspflichtiger Organe nach § 11 Abs. 4 Satz 2 ist erst dann zulässig, wenn eine von der Koordinierungsstelle beauftragte Person dokumentiert hat, dass die Entnahme oder Übertragung von vermittlungspflichtigen Organen nicht möglich ist oder durch die Gewebeentnahme nicht beeinträchtigt wird.

§ 10 TPG Transplantationszentren

(1) [1]Transplantationszentren sind Krankenhäuser oder Einrichtungen an Krankenhäusern, die nach § 108 des Fünften Buches Sozialgesetzbuch oder nach anderen gesetzlichen Bestimmungen für die Übertragung von in § 9 Abs. 1 Satz 1 genannten Organen zugelassen sind. [2]Bei der Zulassung nach § 108 des Fünften Buches Sozialgesetzbuch sind Schwerpunkte für die Übertragung dieser Organe zu bilden, um eine bedarfsgerechte, leistungsfähige und wirtschaftliche Versorgung zu gewährleisten und die erforderliche Qualität der Organübertragung zu sichern.

(2) Die Transplantationszentren sind verpflichtet,

1. **Wartelisten der zur Organübertragung angenommenen Patienten mit den für die Organvermittlung nach § 12 erforderlichen Angaben zu führen sowie unverzüglich über die Annahme eines Pati-**

enten zur Organübertragung und seine Aufnahme in die Warteliste zu entscheiden und den behandelnden Arzt darüber zu unterrichten, ebenso über die Herausnahme eines Patienten aus der Warteliste,
2. über die Aufnahme in die Warteliste nach Regeln zu entscheiden, die dem Stand der Erkenntnisse der medizinischen Wissenschaft entsprechen, insbesondere nach Notwendigkeit und Erfolgsaussicht einer Organübertragung,
3. die auf Grund der §§ 11 und 12 getroffenen Regelungen zur Organentnahme und Organvermittlung einzuhalten,
4. jede Organübertragung unverzüglich so zu dokumentieren, dass eine lückenlose Rückverfolgung der Organe vom Empfänger zum Spender ermöglicht wird; bei der Übertragung von vermittlungspflichtigen Organen ist die Kenn-Nummer (§ 13 Abs. 1 Satz 1) anzugeben, um eine Rückverfolgung durch die Koordinierungsstelle zu ermöglichen,
5. vor und nach einer Organübertragung Maßnahmen für eine erforderliche psychische Betreuung der Patienten im Krankenhaus sicherzustellen und
6. nach Maßgabe der Vorschriften des Fünften Buches Sozialgesetzbuch Maßnahmen zur Qualitätssicherung, die auch einen Vergleich mit anderen Transplantationszentren ermöglichen, im Rahmen ihrer Tätigkeit nach diesem Gesetz durchzuführen; dies gilt für die Nachbetreuung von Organspendern nach § 8 Abs. 3 Satz 1 entsprechend.

§ 11 TPG Zusammenarbeit bei der Entnahme von Organen und Geweben, Koordinierungsstelle

(1) [1]Die Entnahme von vermittlungspflichtigen Organen einschließlich der Vorbereitung von Entnahme, Vermittlung und Übertragung ist gemeinschaftliche Aufgabe der Transplantationszentren und der anderen Krankenhäuser in regionaler Zusammenarbeit. [2]Zur Organisation dieser Aufgabe errichten oder beauftragen der Spitzenverband Bund der Krankenkassen, die Bundesärztekammer und die Deutsche Krankenhausgesellschaft oder die Bundesverbände der Krankenhausträger gemeinsam eine geeignete Einrichtung (Koordinierungsstelle). [3]Sie muss auf Grund einer finanziell und organisatorisch eigenständigen Trägerschaft, der Zahl und Qualifikation ihrer Mitarbeiter, ihrer betrieblichen Organisation sowie ihrer sachlichen Ausstattung die Gewähr dafür bieten, dass die Maßnahmen nach Satz 1 in Zusammenarbeit mit den Transplantationszentren und den anderen Krankenhäusern nach den Vorschriften dieses Gesetzes durchgeführt werden. [4]Die Transplantationszentren müssen in der Koordinierungsstelle angemessen vertreten sein.

(2) [1]Der Spitzenverband Bund der Krankenkassen, die Bundesärztekammer, die Deutsche Krankenhausgesellschaft oder die Bundesverbände der Krankenhausträger gemeinsam und die Koordinierungsstelle regeln durch Vertrag die Aufgaben der Koordinierungsstelle mit Wirkung für die Transplantationszentren und die anderen Krankenhäuser. [2]Der Vertrag regelt insbesondere
1. die Anforderungen an die im Zusammenhang mit einer Organentnahme zum Schutz der Organempfänger erforderlichen Maßnahmen sowie die Rahmenregelungen für die Zusammenarbeit der Beteiligten,
2. die Zusammenarbeit und den Erfahrungsaustausch mit der Vermittlungsstelle,
3. die Unterstützung der Transplantationszentren bei Maßnahmen zur Qualitätssicherung,
4. den Ersatz angemessener Aufwendungen der Koordinierungsstelle für die Erfüllung ihrer Aufgaben nach diesem Gesetz einschließlich der Abgeltung von Leistungen, die Transplantationszentren und andere Krankenhäuser im Rahmen der Organentnahme erbringen.

(3) [1]Der Vertrag nach den Absätzen 1 und 2 sowie seine Änderung bedarf der Genehmigung durch das Bundesministerium für Gesundheit und ist im Bundesanzeiger bekannt zu machen. [2]Die Genehmigung ist zu erteilen, wenn der Vertrag oder seine Änderung den Vorschriften dieses Gesetzes und sonstigem Recht entspricht. [3]Der Spitzenverband Bund der Krankenkassen, die Bundesärztekammer und die Deutsche Krankenhausgesellschaft oder die Bundesverbände der Krankenhausträger gemeinsam überwachen die Einhaltung der Vertragsbestimmungen.

(4) [1]Die Transplantationszentren und die anderen Krankenhäuser sind verpflichtet, untereinander und mit der Koordinierungsstelle zur Entnahme vermittlungspflichtiger Organe sowie zur Entnahme von Geweben bei möglichen Spendern vermittlungspflichtiger Organe zusammenzuarbeiten. [2]Die Krankenhäuser sind verpflichtet, den endgültigen, nicht behebbaren Ausfall der Gesamtfunktion des Großhirns, des Kleinhirns und des Hirnstamms von Patienten, die nach ärztlicher Beurteilung als Spender vermittlungspflichtiger Organe in Betracht kommen, dem zuständigen Transplantationszentrum mitzuteilen, das die Koordinierungsstelle unterrichtet. [3]Kommen diese Patienten zugleich als Gewebe-

spender in Betracht, ist dies gleichzeitig mitzuteilen. [4]Das zuständige Transplantationszentrum klärt in Zusammenarbeit mit der Koordinierungsstelle, ob die Voraussetzungen für eine Organ- oder Gewebeentnahme vorliegen. [5]Hierzu erhebt das zuständige Transplantationszentrum die Personalien dieser Patienten und weitere für die Durchführung der Organentnahme und -vermittlung oder der Gewebeentnahme erforderliche personenbezogene Daten. [6]Die Krankenhäuser sind verpflichtet, dem zuständigen Transplantationszentrum diese Daten zu übermitteln; dieses übermittelt die Daten an die Koordinierungsstelle.

(5) [1]Die Koordinierungsstelle veröffentlicht jährlich einen Bericht, der die Tätigkeit jedes Transplantationszentrums im vergangenen Kalenderjahr nach einheitlichen Vorgaben darstellt und insbesondere folgende, nicht personenbezogene Angaben enthält:

1. Zahl und Art der durchgeführten Organübertragungen nach § 9 und ihre Ergebnisse, getrennt nach Organen von Spendern nach den §§ 3 und 4 sowie nach § 8,
2. die Entwicklung der Warteliste, insbesondere aufgenommene, transplantierte, aus anderen Gründen ausgeschiedene sowie verstorbene Patienten,
3. die Gründe für die Aufnahme oder Nichtaufnahme in die Warteliste,
4. Altersgruppe, Geschlecht, Familienstand und Versichertenstatus der zu den Nummern 1 bis 3 betroffenen Patienten,
5. die Nachbetreuung der Spender nach § 8 Abs. 3 Satz 1 und die Dokumentation ihrer durch die Organspende bedingten gesundheitlichen Risiken,
6. die durchgeführten Maßnahmen zur Qualitätssicherung nach § 10 Abs. 2 Nr. 6.

[2]In dem Vertrag nach Absatz 2 können einheitliche Vorgaben für den Tätigkeitsbericht und die ihm zugrunde liegenden Angaben der Transplantationszentren vereinbart werden.

§ 12 TPG Organvermittlung, Vermittlungsstelle

(1) [1]Zur Vermittlung der vermittlungspflichtigen Organe errichten oder beauftragen der Spitzenverband Bund der Krankenkassen, die Bundesärztekammer und die Deutsche Krankenhausgesellschaft oder die Bundesverbände der Krankenhausträger gemeinsam eine geeignete Einrichtung (Vermittlungsstelle). [2]Sie muss auf Grund einer finanziell und organisatorisch eigenständigen Trägerschaft, der Zahl und Qualifikation ihrer Mitarbeiter, ihrer betrieblichen Organisation sowie ihrer sachlichen Ausstattung die Gewähr dafür bieten, dass die Organvermittlung nach den Vorschriften dieses Gesetzes erfolgt. [3]Soweit sie Organe vermittelt, die außerhalb des Geltungsbereichs dieses Gesetzes entnommen werden, muss sie auch gewährleisten, dass die zum Schutz der Organempfänger erforderlichen Maßnahmen nach dem Stand der Erkenntnisse der medizinischen Wissenschaft durchgeführt werden. [4]Es dürfen nur Organe vermittelt werden, die im Einklang mit den am Ort der Entnahme geltenden Rechtsvorschriften entnommen worden sind, soweit deren Anwendung nicht zu einem Ergebnis führt, das mit wesentlichen Grundsätzen des deutschen Rechts, insbesondere mit den Grundrechten, offensichtlich unvereinbar ist.

(2) [1]Als Vermittlungsstelle kann auch eine geeignete Einrichtung beauftragt werden, die ihren Sitz außerhalb des Geltungsbereichs dieses Gesetzes hat und die Organe im Rahmen eines internationalen Organaustausches unter Anwendung der Vorschriften dieses Gesetzes für die Organvermittlung vermittelt. [2]Dabei ist sicherzustellen, dass die Vorschriften der §§ 14 und 15 sinngemäß Anwendung finden; eine angemessene Datenschutzaufsicht muss gewährleistet sein.

(3) [1]Die vermittlungspflichtigen Organe sind von der Vermittlungsstelle nach Regeln, die dem Stand der Erkenntnisse der medizinischen Wissenschaft entsprechen, insbesondere nach Erfolgsaussicht und Dringlichkeit für geeignete Patienten zu vermitteln. [2]Die Wartelisten der Transplantationszentren sind dabei als eine einheitliche Warteliste zu behandeln. [3]Die Vermittlungsentscheidung ist für jedes Organ unter Angabe der Gründe zu dokumentieren und unter Verwendung der Kenn-Nummer dem Transplantationszentrum und der Koordinierungsstelle zu übermitteln.

(4) [1]Der Spitzenverband Bund der Krankenkassen, die Bundesärztekammer, die Deutsche Krankenhausgesellschaft oder die Bundesverbände der Krankenhausträger gemeinsam und die Vermittlungsstelle regeln durch Vertrag die Aufgaben der Vermittlungsstelle mit Wirkung für die Transplantationszentren. [2]Der Vertrag regelt insbesondere

1. die Art der von den Transplantationszentren nach § 13 Abs. 3 Satz 3 zu meldenden Angaben über die Patienten sowie die Verwendung dieser Angaben durch die Vermittlungsstelle in einheitlichen Wartelisten für die jeweiligen Arten der durchzuführenden Organübertragungen,
2. die Erfassung der von der Koordinierungsstelle nach § 13 Abs. 1 Satz 4 gemeldeten Organe,

3. die Vermittlung der Organe nach den Vorschriften des Absatzes 3 sowie Verfahren zur Einhaltung der Vorschriften des Absatzes 1 Satz 3 und 4,
4. die Überprüfung von Vermittlungsentscheidungen in regelmäßigen Abständen durch eine von den Vertragspartnern bestimmte Prüfungskommission,
5. die Zusammenarbeit und den Erfahrungsaustausch mit der Koordinierungsstelle und den Transplantationszentren,
6. eine regelmäßige Berichterstattung der Vermittlungsstelle an die anderen Vertragspartner,
7. den Ersatz angemessener Aufwendungen der Vermittlungsstelle für die Erfüllung ihrer Aufgaben nach diesem Gesetz,
8. eine vertragliche Kündigungsmöglichkeit bei Vertragsverletzungen der Vermittlungsstelle.

(5) [1]Der Vertrag nach den Absätzen 1 und 4 sowie seine Änderung bedarf der Genehmigung durch das Bundesministerium für Gesundheit und ist im Bundesanzeiger bekannt zu machen. [2]Die Genehmigung ist zu erteilen, wenn der Vertrag oder seine Änderung den Vorschriften dieses Gesetzes und sonstigem Recht entspricht. [3]Der Spitzenverband Bund der Krankenkassen, die Bundesärztekammer und die Deutsche Krankenhausgesellschaft oder die Bundesverbände der Krankenhausträger gemeinsam überwachen die Einhaltung der Vertragsbestimmungen.

Abschnitt 5
Meldungen, Dokumentation, Rückverfolgung, Datenschutz, Fristen

§ 13 TPG Meldungen, Begleitpapiere vermittlungspflichtiger Organe

(1) [1]Die Koordinierungsstelle verschlüsselt in einem mit den Transplantationszentren abgestimmten Verfahren die personenbezogenen Daten des Organspenders und bildet eine Kenn-Nummer, die ausschließlich der Koordinierungsstelle einen Rückschluss auf die Person des Organspenders ermöglicht. [2]Die Kenn-Nummer ist in die Begleitpapiere für das entnommene Organ aufzunehmen. [3]Die Begleitpapiere enthalten daneben alle für die Organübertragung erforderlichen medizinischen Angaben. [4]Die Koordinierungsstelle meldet das Organ, die Kenn-Nummer und die für die Organvermittlung erforderlichen medizinischen Angaben an die Vermittlungsstelle und übermittelt nach Entscheidung der Vermittlungsstelle die Begleitpapiere an das Transplantationszentrum, in dem das Organ auf den Empfänger übertragen werden soll. [5]Das Nähere wird im Vertrag nach § 11 Abs. 2 geregelt.

(2) Die Koordinierungsstelle darf Angaben aus den Begleitpapieren mit den personenbezogenen Daten des Organspenders zur weiteren Information über diesen nur gemeinsam verwenden, insbesondere zusammenführen und an die Transplantationszentren weitergeben, in denen Organe des Spenders übertragen worden sind, soweit dies zur Abwehr einer zu befürchtenden gesundheitlichen Gefährdung der Organempfänger erforderlich ist.

(3) [1]Der behandelnde Arzt hat Patienten, bei denen die Übertragung vermittlungspflichtiger Organe medizinisch angezeigt ist, mit deren schriftlicher Einwilligung unverzüglich an das Transplantationszentrum zu melden, in dem die Organübertragung vorgenommen werden soll. [2]Die Meldung hat auch dann zu erfolgen, wenn eine Ersatztherapie durchgeführt wird. [3]Die Transplantationszentren melden die für die Organvermittlung erforderlichen Angaben über die in die Wartelisten aufgenommenen Patienten nach deren schriftlicher Einwilligung an die Vermittlungsstelle. [4]Der Patient ist vor der Einwilligung darüber zu unterrichten, an welche Stellen seine personenbezogenen Daten übermittelt werden. [5]Duldet die Meldung nach Satz 1 oder 3 wegen der Gefahr des Todes oder einer schweren Gesundheitsschädigung des Patienten keinen Aufschub, kann sie auch ohne seine vorherige Einwilligung erfolgen; die Einwilligung ist unverzüglich nachträglich einzuholen.

§ 13 a TPG Dokumentation übertragener Gewebe durch Einrichtungen der medizinischen Versorgung

Die Einrichtungen der medizinischen Versorgung haben dafür zu sorgen, dass für Zwecke der Rückverfolgung oder für Zwecke der Risikoerfassung nach den Vorschriften des Arzneimittelgesetzes oder anderen Rechtsvorschriften jedes übertragene Gewebe von dem behandelnden Arzt oder unter dessen Verantwortung nach Maßgabe einer Rechtsverordnung nach § 16 a dokumentiert wird.

§ 13b TPG Meldung schwerwiegender Zwischenfälle und schwerwiegender unerwünschter Reaktionen bei Geweben

[1]Die Einrichtungen der medizinischen Versorgung haben

1. jeden schwerwiegenden Zwischenfall, der auf die Entnahme, Untersuchung, Aufbereitung, Be- oder Verarbeitung, Konservierung, Aufbewahrung oder Abgabe einschließlich des Transports der verwendeten Gewebe zurückgeführt werden kann, und

2. jede schwerwiegende unerwünschte Reaktion, die bei oder nach der Übertragung der Gewebe beobachtet wurde und mit der Qualität und Sicherheit der Gewebe im Zusammenhang stehen kann,

unverzüglich nach deren Feststellung zu dokumentieren und der Gewebeeinrichtung, von der sie das Gewebe erhalten haben, unverzüglich nach Satz 2 zu melden. [2]Dabei haben sie alle Angaben, die für die Rückverfolgbarkeit und für die Qualitäts- und Sicherheitskontrolle erforderlich sind, nach Maßgabe einer Rechtsverordnung nach § 16 a mitzuteilen.

§ 13c TPG Rückverfolgungsverfahren bei Geweben

(1) Jede Gewebeeinrichtung legt ein Verfahren fest, mit dem sie jedes Gewebe, das durch einen schwerwiegenden Zwischenfall oder eine schwerwiegende unerwünschte Reaktion beeinträchtigt sein könnte, unverzüglich aussondern, von der Abgabe ausschließen und die belieferten Einrichtungen der medizinischen Versorgung unterrichten kann.

(2) [1]Hat eine Gewebeeinrichtung oder eine Einrichtung der medizinischen Versorgung den begründeten Verdacht, dass Gewebe eine schwerwiegende Krankheit auslösen kann, so hat sie der Ursache unverzüglich nachzugehen und das Gewebe von dem Spender zu dem Empfänger oder umgekehrt zurückzuverfolgen. [2]Sie hat ferner vorangegangene Gewebespenden des Spenders zu ermitteln, zu untersuchen und zu sperren, wenn sich der Verdacht bestätigt.

§ 14 TPG Datenschutz

(1) [1]Ist die Koordinierungsstelle, die Vermittlungsstelle oder die Gewebeeinrichtung eine nichtöffentliche Stelle im Geltungsbereich dieses Gesetzes, findet § 38 des Bundesdatenschutzgesetzes mit der Maßgabe Anwendung, dass die Aufsichtsbehörde die Ausführung der Vorschriften über den Datenschutz auch insoweit kontrolliert, als deren Anwendungsbereich weiter ist, als in § 38 Abs. 1 Satz 1 des Bundesdatenschutzgesetzes vorausgesetzt. [2]Dies gilt auch für die Verwendung personenbezogener Daten durch Personen mit Ausnahme des Erklärenden, an die nach § 2 Abs. 4 Auskunft aus dem Organ- und Gewebespenderegister erteilt oder an die die Auskunft weitergegeben worden ist.

(2) [1]Die an der Erteilung oder Weitergabe der Auskunft nach § 2 Abs. 4 beteiligten Personen mit Ausnahme des Erklärenden, die an der Stellungnahme nach § 8 Abs. 3 Satz 2, die an der Mitteilung, Unterrichtung oder Übermittlung nach § 11 Abs. 4 sowie die an der Organ- oder Gewebeentnahme, der Organvermittlung oder -übertragung oder der Gewebeabgabe oder -übertragung beteiligten Personen dürfen personenbezogene Daten der Spender und der Empfänger nicht offenbaren. [2]Dies gilt auch für personenbezogene Daten von Personen, die nach § 3 Abs. 3 Satz 1 über die beabsichtigte oder nach § 4 oder § 4 a über eine in Frage kommende Organ- oder Gewebeentnahme unterrichtet worden sind. [3]Die im Rahmen dieses Gesetzes erhobenen personenbezogenen Daten dürfen für andere als in diesem Gesetz genannte Zwecke nicht verwendet werden. [4]Sie dürfen für gerichtliche Verfahren verwendet werden, deren Gegenstand die Verletzung des Offenbarungsverbots nach Satz 1 oder 2 ist. [5]Die in Absatz 1 Satz 1 genannten Stellen haben technische und organisatorische Maßnahmen zu treffen, damit die Daten gegen unbefugtes Hinzufügen, Löschen oder Verändern geschützt sind und keine unbefugte Weitergabe erfolgt.

(3) [1]Von diesen Vorschriften unberührt bleibt im Falle der Samenspende das Recht des Kindes auf Kenntnis der eigenen Abstammung. [2]Im Falle der Knochenmarkspende darf abweichend von Absatz 2 die Identität des Gewebespenders und des Gewebeempfängers gegenseitig oder den jeweiligen Verwandten bekannt gegeben werden, wenn der Gewebespender und der Gewebeempfänger oder ihre gesetzlichen Vertreter darin ausdrücklich eingewilligt haben.

§ 15 TPG Aufbewahrungs- und Löschungsfristen

(1) [1]Die Aufzeichnungen über die Beteiligung nach § 4 Abs. 4, über die Aufklärung nach § 4 a Abs. 2, zur Feststellung der Untersuchungsergebnisse nach § 5 Abs. 2 Satz 3 und Abs. 3 Satz 3, zur Aufklärung nach § 8 Abs. 2 Satz 4, auch in Verbindung mit § 8 a Satz 1 Nr. 4, § 8 b Abs. 1 und 2, § 8 c Abs. 1 Nr. 1 Buchstabe b und Abs. 2 und 3 und zur gutachtlichen Stellungnahme nach § 8 Abs. 3 Satz 2 sowie die Dokumentationen der Organentnahme, -vermittlung und -übertragung sind mindestens zehn Jahre aufzubewahren. [2]Die in diesen Aufzeichnungen und Dokumentationen enthaltenen personenbezogenen Daten sind spätestens bis zum Ablauf eines weiteren Jahres zu löschen. [3]Satz 2 ist nicht anzuwenden, wenn die dort genannten Daten zusammen mit den in Absatz 2 genannten Angaben aufbewahrt werden; diese Daten sind spätestens nach Ablauf von 30 Jahren zu löschen oder zu anonymisieren.

(2) [1]Abweichend von Absatz 1 müssen zum Zwecke der Rückverfolgung die nach § 8 d Abs. 2 zu dokumentierenden Angaben mindestens 30 Jahre lang nach Ablauf des Verfalldatums des Gewebes und die nach § 13 a zu dokumentierenden Daten mindestens 30 Jahre lang nach der Übertragung des Gewebes aufbewahrt werden und unverzüglich verfügbar sein. [2]Nach Ablauf der Aufbewahrungsfrist sind die Angaben zu löschen oder zu anonymisieren.

Abschnitt 5 a
Richtlinien zum Stand der Erkenntnisse der medizinischen Wissenschaft, Verordnungsermächtigung

§ 16 TPG Richtlinien zum Stand der Erkenntnisse der medizinischen Wissenschaft bei Organen

(1) [1]Die Bundesärztekammer stellt den Stand der Erkenntnisse der medizinischen Wissenschaft in Richtlinien fest für

1. die Regeln zur Feststellung des Todes nach § 3 Abs. 1 Satz 1 Nr. 2 und die Verfahrensregeln zur Feststellung des endgültigen, nicht behebbaren Ausfalls der Gesamtfunktion des Großhirns, des Kleinhirns und des Hirnstamms nach § 3 Abs. 2 Nr. 2 einschließlich der dazu jeweils erforderlichen ärztlichen Qualifikation,

1a. die Regeln zur Feststellung des Todes nach § 4 a Abs. 1 Satz 1 Nr. 1,

2. die Regeln zur Aufnahme in die Warteliste nach § 10 Abs. 2 Nr. 2 einschließlich der Dokumentation der Gründe für die Aufnahme oder die Ablehnung der Aufnahme,

3. die ärztliche Beurteilung nach § 11 Abs. 4 Satz 2,

4. die Anforderungen an die im Zusammenhang mit einer Organentnahme zum Schutz der Organempfänger erforderlichen Maßnahmen einschließlich ihrer Dokumentation, insbesondere an

   a) die Untersuchung des Organspenders, der entnommenen Organe und der Organempfänger, um die gesundheitlichen Risiken für die Organempfänger, insbesondere das Risiko der Übertragung von Krankheiten, so gering wie möglich zu halten,

   b) die Konservierung, Aufbereitung, Aufbewahrung und Beförderung der Organe, um diese in einer zur Übertragung oder zur weiteren Aufbereitung und Aufbewahrung vor einer Übertragung geeigneten Beschaffenheit zu erhalten,

5. die Regeln zur Organvermittlung nach § 12 Abs. 3 Satz 1 und

6. die Anforderungen an die im Zusammenhang mit einer Organentnahme und -übertragung erforderlichen Maßnahmen zur Qualitätssicherung.

[2]Die Einhaltung des Standes der Erkenntnisse der medizinischen Wissenschaft wird vermutet, wenn die Richtlinien der Bundesärztekammer beachtet worden sind.

(2) Bei der Erarbeitung der Richtlinien nach Absatz 1 Satz 1 Nr. 1, 1 a und 5 sollen Ärzte, die weder an der Entnahme noch an der Übertragung von Organen beteiligt sind, noch Weisungen eines Arztes unterstehen, der an solchen Maßnahmen beteiligt ist, bei der Erarbeitung der Richtlinien nach Absatz 1 Satz 1 Nr. 2 und 5 Personen mit der Befähigung zum Richteramt und Personen aus dem Kreis der Patienten, bei der Erarbeitung von Richtlinien nach Absatz 1 Satz 1 Nr. 5 ferner Personen aus dem Kreis der Angehörigen von Organspendern nach § 3 oder § 4 angemessen vertreten sein.

§ 16 a TPG Verordnungsermächtigung

[1]Das Bundesministerium für Gesundheit kann durch Rechtsverordnung mit Zustimmung des Bundesrates nach Anhörung der Bundesärztekammer und weiterer Sachverständiger die Anforderungen an Qualität und Sicherheit der Entnahme von Geweben und deren Übertragung regeln, sofern dies zur Abwehr von Gefahren für die Gesundheit von Menschen oder zur Risikovorsorge erforderlich ist. [2]In der Rechtsverordnung kann insbesondere das Nähere zu den Anforderungen an

1. die Entnahme und Übertragung von Geweben einschließlich ihrer Dokumentation und an den Schutz der dokumentierten Daten,
2. die ärztliche Beurteilung der medizinischen Eignung als Gewebespender,
3. die Untersuchung der Gewebespender,
4. die Meldung von Qualitäts- und Sicherheitsmängeln und schwerwiegenden unerwünschten Reaktionen durch Einrichtungen der medizinischen Versorgung und
5. die Aufklärung und die Einholung der Einwilligung der Gewebespender oder der Zustimmung zu einer Gewebeentnahme

geregelt werden. [3]Das Bundesministerium für Gesundheit kann die Ermächtigung nach Satz 1 durch Rechtsverordnung ohne Zustimmung des Bundesrates auf die zuständige Bundesoberbehörde übertragen.

§ 16 b TPG Richtlinien zum Stand der Erkenntnisse der medizinischen Wissenschaft zur Entnahme von Geweben und deren Übertragung

(1) [1]Die Bundesärztekammer kann ergänzend zu den Vorschriften der Rechtsverordnung nach § 16 a in Richtlinien den allgemein anerkannten Stand der Erkenntnisse der medizinischen Wissenschaft im Einvernehmen mit der zuständigen Bundesoberbehörde zur Entnahme von Geweben und deren Übertragung feststellen, insbesondere zu den Anforderungen an

1. die ärztliche Beurteilung der medizinischen Eignung als Gewebespender,
2. die Untersuchung der Gewebespender und
3. die Entnahme, Übertragung und Anwendung von menschlichen Geweben.

[2]Bei der Erarbeitung der Richtlinien ist die angemessene Beteiligung von Sachverständigen der betroffenen Fach- und Verkehrskreise einschließlich der zuständigen Behörden von Bund und Ländern sicherzustellen. [3]Die Richtlinien werden von der zuständigen Bundesoberbehörde im Bundesanzeiger bekannt gemacht.

(2) Die Einhaltung des Standes der Erkenntnisse der medizinischen Wissenschaft wird vermutet, wenn die Richtlinien der Bundesärztekammer nach Absatz 1 beachtet worden sind.

Abschnitt 6
Verbotsvorschriften

§ 17 TPG Verbot des Organ- und Gewebehandels

(1) [1]Es ist verboten, mit Organen oder Geweben, die einer Heilbehandlung eines anderen zu dienen bestimmt sind, Handel zu treiben. [2]Satz 1 gilt nicht für

1. die Gewährung oder Annahme eines angemessenen Entgelts für die zur Erreichung des Ziels der Heilbehandlung gebotenen Maßnahmen, insbesondere für die Entnahme, die Konservierung, die weitere Aufbereitung einschließlich der Maßnahmen zum Infektionsschutz, die Aufbewahrung und die Beförderung der Organe oder Gewebe, sowie
2. Arzneimittel, die aus oder unter Verwendung von Organen oder Geweben hergestellt sind und den Vorschriften über die Zulassung nach § 21 des Arzneimittelgesetzes, auch in Verbindung mit § 37 des Arzneimittelgesetzes, oder der Registrierung nach § 38 oder § 39 a des Arzneimittelgesetzes unterliegen oder durch Rechtsverordnung nach § 36 des Arzneimittelgesetzes von der Zulassung oder nach § 39 Abs. 3 des Arzneimittelgesetzes von der Registrierung freigestellt sind, oder Wirkstoffe im Sinne des § 4 Abs. 19 des Arzneimittelgesetzes, die aus oder unter Verwendung von Zellen hergestellt sind.

(2) Ebenso ist verboten, Organe oder Gewebe, die nach Absatz 1 Satz 1 Gegenstand verbotenen Handeltreibens sind, zu entnehmen, auf einen anderen Menschen zu übertragen oder sich übertragen zu lassen.

Abschnitt 7
Straf- und Bußgeldvorschriften

§ 18 TPG Organ- und Gewebehandel

(1) Wer entgegen § 17 Abs. 1 Satz 1 mit einem Organ oder Gewebe Handel treibt oder entgegen § 17 Abs. 2 ein Organ oder Gewebe entnimmt, überträgt oder sich übertragen lässt, wird mit Freiheitsstrafe bis zu fünf Jahren oder mit Geldstrafe bestraft.

(2) Handelt der Täter in den Fällen des Absatzes 1 gewerbsmäßig, ist die Strafe Freiheitsstrafe von einem Jahr bis zu fünf Jahren.

(3) Der Versuch ist strafbar.

(4) Das Gericht kann bei Organ- oder Gewebespendern, deren Organe oder Gewebe Gegenstand verbotenen Handeltreibens waren, und bei Organ- oder Gewebeempfängern von einer Bestrafung nach Absatz 1 absehen oder die Strafe nach seinem Ermessen mildern (§ 49 Abs. 2 des Strafgesetzbuchs).

§ 19 TPG Weitere Strafvorschriften

(1) Wer

1. **entgegen § 8 Abs. 1 Satz 1 Nr. 1 Buchstabe a oder Buchstabe b oder Nr. 4 oder § 8 c Abs. 1 Nr. 1 oder Nr. 3, Abs. 2 Satz 1, auch in Verbindung mit Abs. 3 Satz 2, oder § 8 c Abs. 3 Satz 1 ein Organ oder Gewebe entnimmt,**
2. **entgegen § 8 Abs. 1 Satz 2 ein Organ entnimmt oder**
3. **entgegen § 8 b Abs. 1 Satz 1, auch in Verbindung mit Abs. 2, ein Organ oder Gewebe zur Übertragung auf eine andere Person verwendet oder menschliche Samenzellen gewinnt,**

wird mit Freiheitsstrafe bis zu fünf Jahren oder mit Geldstrafe bestraft.

(2) Wer entgegen § 3 Abs. 1 Satz 1 oder Abs. 2, § 4 Abs. 1 Satz 2 oder § 4 a Abs. 1 Satz 1 ein Organ oder Gewebe entnimmt, wird mit Freiheitsstrafe bis zu drei Jahren oder mit Geldstrafe bestraft.

(3) Wer

1. **entgegen § 2 Abs. 4 Satz 1 oder Satz 3 eine Auskunft erteilt oder weitergibt,**
2. **entgegen § 13 Abs. 2 eine Angabe verwendet oder**
3. **entgegen § 14 Abs. 2 Satz 1, auch in Verbindung mit Satz 2, oder Satz 3 personenbezogene Daten offenbart oder verwendet,**

wird mit Freiheitsstrafe bis zu einem Jahr oder mit Geldstrafe bestraft.

(4) In den Fällen der Absätze 1 und 2 ist der Versuch strafbar.

(5) Handelt der Täter in den Fällen des Absatzes 2 fahrlässig, ist die Strafe Freiheitsstrafe bis zu einem Jahr oder Geldstrafe.

§ 20 TPG Bußgeldvorschriften

(1) Ordnungswidrig handelt, wer vorsätzlich oder fahrlässig

1. **entgegen § 5 Abs. 2 Satz 3 oder Abs. 3 Satz 3 eine Aufzeichnung nicht, nicht richtig, nicht vollständig oder nicht rechtzeitig macht,**
2. **entgegen § 8 d Abs. 1 Satz 2 Nr. 3 in Verbindung mit einer Rechtsverordnung nach § 16 a Satz 2 Nr. 3 nicht sicherstellt, dass eine Laboruntersuchung durchgeführt wird,**
3. **entgegen § 8 d Abs. 2 in Verbindung mit einer Rechtsverordnung nach § 16 a Satz 2 Nr. 1 eine Gewebeentnahme, eine Gewebeabgabe, eine damit verbundene Maßnahme oder eine dort genannte Angabe nicht, nicht richtig, nicht vollständig oder nicht rechtzeitig dokumentiert,**
4. **entgegen § 9 Abs. 1 ein Organ überträgt,**

5. entgegen § 10 Abs. 2 Nr. 4 die Organübertragung nicht, nicht richtig, nicht vollständig oder nicht rechtzeitig dokumentiert,
6. entgegen § 13 a in Verbindung mit einer Rechtsverordnung nach § 16 a Satz 2 Nr. 1 nicht dafür sorgt, dass ein übertragenes Gewebe dokumentiert wird,
7. entgegen § 13 b Satz 1 in Verbindung mit einer Rechtsverordnung nach § 16 a Satz 2 Nr. 4 einen Qualitäts- oder Sicherheitsmangel oder eine schwerwiegende unerwünschte Reaktion nicht, nicht richtig, nicht rechtzeitig oder nicht vollständig dokumentiert oder eine Meldung nicht, nicht richtig, nicht vollständig oder nicht rechtzeitig macht,
8. einer Rechtsverordnung nach § 16 a Satz 1 oder einer vollziehbaren Anordnung auf Grund einer solchen Rechtsverordnung zuwiderhandelt, soweit die Rechtsverordnung für einen bestimmten Tatbestand auf diese Bußgeldvorschrift verweist.

(2) Die Ordnungswidrigkeit kann mit einer Geldbuße bis zu dreißigtausend Euro geahndet werden.

Abschnitt 8
Schlussvorschriften

§ 21 TPG Zuständige Bundesoberbehörde

Zuständige Bundesoberbehörde im Sinne dieses Gesetzes ist das Paul-Ehrlich-Institut.

§ 22 TPG Verhältnis zu anderen Rechtsbereichen

Die Vorschriften des Embryonenschutzgesetzes und des Stammzellgesetzes bleiben unberührt.

§ 23 TPG Bundeswehr

Im Geschäftsbereich des Bundesministeriums der Verteidigung obliegt der Vollzug dieses Gesetzes bei der Überwachung den zuständigen Stellen und Sachverständigen der Bundeswehr.

§ 24 TPG (Änderung des Strafgesetzbuchs)

§ 25 TPG Übergangsregelungen

(1) Bei Inkrafttreten dieses Gesetzes bestehende Verträge über Regelungsgegenstände nach § 11 gelten weiter, bis sie durch Vertrag nach § 11 Abs. 1 und 2 abgelöst oder durch Rechtsverordnung nach § 11 Abs. 6 ersetzt werden.

(2) Bei Inkrafttreten dieses Gesetzes bestehende Verträge über Regelungsgegenstände nach § 12 gelten weiter, bis sie durch Vertrag nach § 12 Abs. 1 und 4 abgelöst oder durch Rechtsverordnung nach § 12 Abs. 6 ersetzt werden.

§ 26 TPG (Inkrafttreten, Außerkrafttreten)

Literaturverzeichnis: *Borowy*, Die postmortale Organentnahme und ihre zivilrechtlichen Folgen, 2000, 1999; *Deutsch, Erwin*, Sicherheit bei Blut und Blutprodukten: Das Transfusionsgesetz von 1998, NJW 1998, 3377; Deutsch, Sicherheit von Blut und Blutprodukten: Das Transfusionsrecht von 1998, NJW 1998, 337; *Dreier/van den Daele/Engelhard/Kubernatis/Klimt/Kopetzki/Schlitt/Taupitz*, Organmangel – Ist der Tod auf der Warteliste unvermeidbar? 2006, 111 ff.; *Gallwas*, Der andere Standpunkt: Anmerkungen zu den verfassungsrechtlichen Vorgaben für ein Transplantationsgesetz, JZ 1996, 851; Höfling, Kommentar zum Transplantationsgesetz (TPG) 2003, 114 ff.; Höfling, Transplantationsmedizin-Rechtslage und offene Fragen, Stellungnahme anlässlich der Expertenanhörung in der Enquete-Kommission „Recht und Ethik der modernen Medizin" des Deutschen Bundestages am 6.11.2000; Höfling, Transplantationsmedizin-Rechtslage und offene Fragen, Stellungnahme anlässlich der Expertenanhörung in der Enquete-Kommission „Recht und Ethik der modernen Medizin" des Deutschen Bundestages am 6.11.2000 ausführlich zum „Recht auf ein Organ"?; Höfling/in der Schmitten, TPG S. 154 ff.;

Höfling/*Rixen*, TPG, 185 f.; Höfling/*Rixen*, Transplantationsgesetz, 170 ff.; Höfling/*Rixen*, Transplantationsgesetz, 2003, 136 ff.; Höfling/*Rixen*, Verfassungsfragen der Transplantationsmedizin, 1996; *Lilie*, Transplantationsgesetz – Was nun?, in: Medizin-Recht-Ethik, Rechtsphilosophische Hefte Bd. 8, 1998, 89 (94); NJW 1998, 778; *Rixen*, Datenschutz im Transplantationsgesetz, Datenschutz und Datensicherheit (DuD) 1998, 75 (75, 80); *Rixen*, Die Regelung des Transplantationsgesetzes zur postmortalen Organspende vor dem Bundesverfassungsgericht, NJW 1999, 3389 ff.; *Rixen*, Die Regelung des Transplantationsgesetzes zur postmortalen Organspende vor dem Bundesverfassungsgericht, NJW 1999, 3389; *Rixen*, Lebensschutz am Lebensende, 1999, 269 ff.; *Rixen*, Lebensschutz am Lebensende, 1999; Höfling/*Rixen*, TPG S. 136 ff.; *Rixen*, Transplantation und Hirntod: Aktuelle Rechtsfragen aus Sicht der Krankenpflege, in Hirntod-Transplantation. Aspekte, Fragen und Probleme aus pflegerischer Sicht, Hrsg. von der DRK-Schwesternschaft Lübeck e.V. 1996, S. 45; *Schachtschneider/Siebold*, Die „erweiterte Zustimmungslösung" des Transplantationsgesetzes im Konflikt mit dem Grundgesetz, DÖV 2000, 129 ff.; Seidennath, Bernhard, Lebendspende von Organen zur Auslegung des § 8 Abs. 1 S. 2 TPG, MedR 1998, 253; Stengel-Steike/Steike, Xenotransplantation-Medizinische Probleme und Rechtsfragen AnwBl. 2000, 574 (577);

A. Zur Geschichte der Organtransplantation

I. Transplantationsmedizin

1 **1. Geschichtliches.** Die **Geschichte der deutschen Organtransplantation** beginnt im Jahre 1963: Damals entnahm der Chirurg und Urologe Professor Dr. Wilhelm Brosig vom Berliner Klinikum Charlottenburg einer Leiche eine Niere und transplantierte sie einer Patientin (Empfängerin). Die Empfängerin dieser Niere lebte damit noch über 26 Jahre. Ein Jahr später, im Jahre 1964, transplantierte Brosig eine Niere von einem Lebendspender. In den Jahren danach wurde über eine erste erfolgreiche Pankreastransplantation und eine Lebertransplantation in den USA berichtet. Im Jahre 1967 erregte die erste erfolgreiche Herztransplantation durch den Chirurgen Dr. Christiaan N. Barnard in Kapstadt/Südafrika weltweites Aufsehen. Der Patient überlebte 18 Tage. Bei der zweiten Herztransplantation, die Barnard durchführte, überlebte der Empfänger bereits 1 ½ Jahre.

2 **Erfolgreiche klinische Transplantationen** waren bislang nur zwischen eineiigen Zwillingen durchgeführt worden, so zB eine Hauttransplantation durch J. B. Brown im Jahre 1937, für die Niere durch Joseph E. Murray im Jahre 1954 und für das Knochenmark durch E. D. Thomas im Jahre 1959. Der Chirurg Murray wurde später für seinen Transplantationserfolg mit dem Nobelpreis ausgezeichnet.

3 Im Jahre 1959 führte Joseph E. Murray die erste erfolgreiche Nierentransplantation zwischen genetisch verschiedenen Personen (Lebendspende) durch. Zur Vermeidung von Abstoßungsreaktionen erfolgte eine Ganzkörper-Röntgenbestrahlung und eine Gabe von Kortison. Die implantierte Niere funktionierte so 20 Jahre lang.

Drei Jahre später führte Joseph E. Murray die erste erfolgreiche Transplantation der Niere eines Verstorbenen durch. Abstoßungsreaktionen wurden medikamentös erfolgreich vorgebeugt. Man forschte weiter an der Entwicklung von Medikamenten mit stärkerer immunsuppressiver Wirkung, um auch **allogene Transplantationen**, dh Transplantationen zwischen genetisch verschiedenen Personen erfolgreich durchführen zu können.

Schon lange vorher hatte man versucht, Transplantationen zwischen verschiedenen Individuen durchzuführen 4
– die technischen Voraussetzungen hierfür waren deutlich besser geworden und damit die Möglichkeiten verschiedenster Organtransplantationen – aber für die immunologischen Probleme schien zunächst keine Lösung in Sicht: Organtransplantate besitzen eigene Gefäße, die anastomosiert werden müssen. Gewebetransplantate bestehen aus vitalen oder avitalen Gewebe, das initial per diffusionem bzw später über einsprossende Empfängerkapillare ernährt werden. Wegen der engen Verbindung von transplantierten Organen und Geweben mit dem Empfängerorganismus muss eine möglichst hohe Komptabilität gefunden werden. Lange kannte man die Ursachen/Mechanismen für die Abstoßungsreaktionen nicht.

Seit der **Entdeckung der Blutgruppen A, B und O** im Jahre 1901 durch den Wiener Arzt Karl Landsteiner 5
und ein Jahr später des vierten Typs AB von Alfredo von Castello und Adriano Sturli sowie der Entdeckung und Erforschung der Gewebekompatibilität und Immunreaktion als Grundlage einer modernen Transplantationsimmunologie im Jahre 1944 durch Sir Peter Medawar, liefen fortan umfangreiche wissenschaftliche Forschungsprojekte zur Ergründung der Mechanismen, die für die Abstoßungsreaktion des Körpers gegenüber einem Spendeorgan verantwortlich waren. Wenige Jahre später entdeckte der französische Hämatologe Jean Dausset die T-Lymphozyten des Menschen, diejenigen Antigene, an denen das Immunsystem erkennen kann, ob es sich um körpereigenes oder körperfremdes Gewebe handelt. Damit war die entscheidende Voraussetzung zur Beherrschung der Abstoßung körperfremder Organe und Gewebe geschaffen.

Anfang der 60-Jahre führten neuere Forschungsergebnisse zur Entwicklung selektiver immunsuppressiver 6
(Azathioprin, Mycophenolat, Mofetil) Methoden zur Gewebetypisierung und den Möglichkeiten zur Dialysebehandlung.

Aber erst die neueren Forschungen zur **Unterdrückung des Immunsystems** (Immunsuppression) bei trans- 7
plantierten Patienten ermöglichten dann erste Erfolge der Organtransplantation zwischen genetisch unterschiedlichen Individuen. Die initial eingesetzten Methoden der Immunsuppression waren insgesamt aber nur schlecht steuerbar, unter anderem durch Bestrahlung, Zytostatika, hochdosierte Kortikosteroide blieb das Risiko von Komplikationen, insbesondere von lebensbedrohlichen Infektionen, sehr hoch.

Den **Durchbruch zur routinemäßigen klinischen Transplantation** brachte Ende der 70-Jahre die Einfüh- 8
rung des Immunsuppressivums Ciclosporin: Die Organtransplantationen wurden mehr und mehr mit zunehmend besseren Ergebnissen durchgeführt. Je nach Stärke der genetischen Differenz zwischen Spender und Empfänger werden die Transplantate in **autologe, syngene, allogene oder xenogene Transplantate** unterschieden. Bei den **autologen Transplantaten** ist der Spender- und Empfängerorganismus identisch. **Syngene Transplantate** stammen von genetisch identischen Individuen (dh von einem eineiigen Zwilling). Immunologisch entsprechen sie autologen Transplantaten. **Allogene Transplantationen** setzen begrifflich genetisch unterschiedliche Individuen der gleichen Spezies voraus. Letztere Transplantationen dürften den Normalfall klinischer Transplantation darstellen. Nicht zuletzt wird bei der **xenogenen Transplantation** über die Speziesbarrieren hinweg transplantiert. Im Vorfeld einer Transplantation kommt es entscheidend darauf an, die Unterschiedlichkeit der Gewebemerkmale von Spender und Empfänger zu diagnostizieren. Es muss in jedem Fall eine Kompatibilität der Blutgruppen zwischen Spender und Empfänger gesichert sein. Vor jeder Organtransplantation wird ein **Crossmatch** durchgeführt. Dabei wird Serum des Empfängers mit Lymphozyten des Spenders in Verbindung gebracht und auf **Zytotoxizität** überprüft. Fällt ein Crossmatch-Befund positiv aus, ist von spezifischen Antikörpern beim Empfänger gegen Antigene des Spenders auszugehen. Die Transplantation darf nicht erfolgen, sie ist kontraindiziert. Trotz sorgfältigster Abklärung spezifischer Antikörper des Empfängers gegen Antigene des Spenders ist ein erhöhtes Risiko einer therapeutisch nicht beinflussbaren **hyperakuten Abstoßung, nicht immer sicher auszuschließen** und zwar prinzipiell zu jedem Zeitpunkt nach der Transplantation, meistens jedoch in den ersten postoperativen Wochen.

Tritt ein solcher Fall ein, muss über die klinische **Basisimmunsuppression mit hochdosierten Steroiden** 9
versucht werden, eine Rückbildung des angelaufenen Abstoßungsprozesses mit Normalisierung der gestörten Transplantatfunktion zu erreichen. Diese Therapie durch Hemmung des Immunsystems führt wiederum zu einem deutlich erhöhten Infektionsrisiko. Auch ist unter langfristiger Immunsuppression das **Tumorrisiko** erhöht. Es gibt aber auch eine Vielzahl von **nicht-immunologischen Nebenwirkungen,** wie zB ein **arterieller Hypertonus, Nierenfunktionsstörungen**, eine **Hyperurikämie, neurologische Störungen** und ein **Diabetes mellitus.** Ferner kann es **zu verzögerter Wundheilung, Muskelschwäche**, zu einer **Fettsucht mit cushingoiden Habitus, zu aseptischen Knochennekrosen, zu einem Katarakt** kommen.

Heute gibt es eine Vielzahl von immunsuppressiven Medikamenten, mit denen im Rahmen von Organtrans- 10
plantationen hyperakute und akute Abstoßungsreaktionen in der überwiegenden Zahl der Fälle verhindert oder gestoppt werden können. Die Einjahres-Patienten- und Organüberlebensraten betragen aufgrund dessen für

die meisten Transplantationen von vermittlungspflichtigen Organen ca. 90 % oder mehr. Mittels der mittlerweile entwickelten Medikamente zur Beherrschung der immunologischen Reaktionen, die durch T-Lymphozyten vermittelt werden, können diese Vorgänge meist gehemmt oder gestoppt werden. Problematisch ist und bleibt die Immunreaktion gegen Bakterien – durch Granulozyten oder B-Lymphozyten und Antikörper – weitgehend unbeeinflusst. Das Infektionsrisiko für den Empfänger ist weiterhin erhöht, insbesondere bei Virusinfektionen. Auch konnte mittlerweile festgestellt werden, dass die Immunreaktionen eines Empfängers auf das Transplantat im Laufe der Zeit weniger stark reagiert. Das hat zur Konsequenz, dass dazu parallel das Infektionsrisiko, je länger das Transplantat gehalten werden kann, abnimmt. Anderes gilt für das erhöhte Tumorrisiko, das mit der Dauer der immunsuppressiven Behandlung steigt. Die nicht-immunologischen Nebenwirkungen versucht man heute mit der Kombination von Medikamenten mit unterschiedlichem Nebenwirkungsspektrum zu begegnen. Eine intensive Überwachung und Kontrolle, mithin eine umfassende medizinische Betreuung des Empfängers, zur Minimierung bzw im günstigsten Fall Vermeidung dieser Nebenwirkungen ist hierzu erforderlich.

11 **2. Wichtige Organisationen.** Im Jahre 1967 gründete der Immunologe Jon van Rood zur besseren **Vermittlung** passender Organe und Spender die **Stiftung Eurotransplant** mit Sitz in Leiden in den Niederlanden. **Eurotransplant (ET)** ist die Vermittlungsstelle für Organspenden in den Beneluxländern, Deutschland, Österreich, Slowenien und Kroatien. An der internationalen Zusammenarbeit dieser Länder sind alle Transplantationszentren, Gewebetypisierungslaboratorien und Krankenhäuser, in denen Organspenden durchgeführt werden, beteiligt. Neben dem vorrangigen Ziel von Eurotransplant, eine optimale Verfügbarkeit von Spenderorganen bzw Geweben zu erreichen, steht die Förderung von Forschungen zur Verbesserung der Transplantationsergebnisse, sowie die Erhöhung von verfügbaren Organen oder Geweben durch Werbung auf ihrem Programm. Neben Eurotransplant gibt es noch verschiedene Organisationen in Skandinavien (**seit 1969 Scandiatransplant** für die Länder Dänemark, Finnland, Island, Norwegen und Schweden, **seit 2002 Balttransplant** für die Länder Estland, Lettland und Litauen, für die USA **United Network for Organ Sharing (UNOS)** sowie weitere Organisationen in den USA, Australien, Neuseeland und England, die alle im Wesentlichen ein und dasselbe Ziel haben, nämlich die Vermittlung von Organspenden. Denn ein zentrales Problem ist und bleibt die limitierte Verfügbarkeit von Spenderorganen, trotz aller Bemühungen der mit der Organvermittlung befassten Institutionen.

12 Nach Angaben der **Deutschen Stiftung Organtransplantation (DSO)**, basierend auf den Zahlen des Jahres 2009 spendeten 1.217 Menschen nach ihrem Tod ihre Organe. Das waren 19 Organspender mehr als im Jahre 2008. Nach den Zahlen für das Jahr 2010 ist ein weiterer kleiner Anstieg zu verzeichnen: Nach ihrem Tod spendeten 79 Menschen mehr als im Jahr 2009 ihre Organe, also 1.296 Menschen. In Deutschland wurden, ebenfalls nach Angaben der DSO, im Jahre 2009 4.709 Organe transplantiert, im Jahr 2010 sind es 5.083 Organe. Gleichwohl ist der Bedarf größer als das Angebot. Denn Jahr für Jahr warten in Deutschland rund 12.000 schwerkranke Menschen auf ein Spenderorgan.

13 Die **DSO** ist **bundesweite Koordinierungsstelle für Organspenden.** Die DSO sieht ihre Aufgaben in einer umfassenden Förderung von Organspende und Transplantation in Deutschland. Organisatorisch ist die DSO eine rechtsfähige Stiftung des bürgerlichen Rechts mit Sitz der Hauptverwaltung in Frankfurt am Main. Deutschland ist in sieben Regionen aufgeteilt, die jeweils von einem Geschäftsführenden Arzt geleitet werden.[1] Die DSO betreibt **intensive Öffentlichkeitsarbeit,** um der Organspende eine größere gesellschaftliche Anerkennung zu verschaffen und Ziel ist, dass mehr Menschen noch zu Lebzeiten sich für die Organspende entscheiden.

14 Die DSO ist ausschließlich für die **Koordinierung der postmortalen Organspende von vermittlungspflichtigen Organen** verantwortlich. Die DSO hat am 27. Juni 2000 die Aufgaben der Koordinierungsstelle nach § 11 TPG 1997 übernommen. Ihr Aufgabenbereich als Koordinierungsstelle ist in einem Vertrag mit der Bundesärztekammer, den Spitzenverbänden, Bund der Krankenkassen und der Deutschen Krankenhausgesellschaft geregelt. Dieser Vertrag war auch die Grundlage, Deutschland in sieben organisatorische Regionen für die Arbeit der DSO einzuteilen. Die DSO hat die Verantwortung für den gesamten Organspendeprozess, einschließlich des Transportes zu übernehmen. Bundesweit koordiniert die DSO etwa 1.400 Krankenhäuser und ca. 50 Transplantationszentren. Die Organ**vermittlung** gehört nicht zu den Aufgaben der DSO. Diese wurde der Stiftung Eurotransplant im niederländischen Leiden übertragen. Die Finanzierung der DSO als Koordinierungsstelle wird durch ein festes, mit den Krankenkassen Jahr für Jahr neu zu verhandelndes Budget sichergestellt.

15 Seit der Verabschiedung des Transplantationsgesetzes im Jahre 1997 kann nur bei älteren Organspendern ein deutlicher Zuwachs verzeichnet werden. Die Zahl der Organspender über 64 Jahre hat sich von 135 im Jahre 1998 auf 352 im Jahre 2007 mehr als verdoppelt. Das erhöhte Spenderalter bringt aber wiederum Probleme

1 Es gibt die Regionen Nord, Nord-Ost, Ost, Nordrhein-Westfalen, Mitte, Baden-Württemberg und Bayern.

mit sich, denn es führt unter anderem dazu, dass die Qualität der Spenderorgane abnimmt. Es bedarf dann aufwendiger Verfahren zur Prüfung der Organqualität, die sich letztlich in einem verkürzten Transplantatüberleben niederschlagen kann.

II. Transplantationsrecht

Die begrenzte Zahl der zur Verfügung stehenden Spenderorgane veranlasste den Gesetzgeber 1996 den **Entwurf eines Gesetzes über die Spende, Entnahme und Übertragung von Organen (Transplantationsgesetz – TPG)** in den Bundestag einzubringen.[2] Vorausgegangen waren lange Kontroversen über die, gesetzlich zu normierenden ethischen und rechtlichen Voraussetzungen der Organspende. Besonders umstritten war die Frage, welche Voraussetzungen erfüllt sein müssen, wenn der Spender zu Lebzeiten keinen Organspendeausweis erworben hatte. Der Gesetzgeber hat sich hier für die **erweiterte Zustimmungslösung** entschieden, d. h., dass Angehörige entscheiden, ob die Organe für eine Transplantation zur Verfügung stehen, wenn der Verstorbene selbst keine Erklärung abgegeben hat. **Vor- und Nachteile dieses Modelles** sind auch heute noch mit Blick auf den gravierenden Organmangel heftig umstritten. In der Begründung heißt es unter anderem, dass durch eine Organtransplantation vielen schwerkranken Menschen das Leben gerettet oder die Krankheit weitgehend geheilt oder gelindert und damit die Lebensqualität entscheidend verbessert werden kann. **Organ- und Gewebeübertragung** seien in den letzten 25 Jahren aufgrund der Entwicklung von Wissenschaft und Forschung im Bereich der Transplantationsmedizin zum **Standard der medizinischen Versorgung** geworden. Allerdings sei die fehlende Bereitschaft zur Organ- und Gewebespende zu beklagen. Für manche Organe, wie zB für Niere, Leber, Herz und Augenhornhaut fehle etwa die Hälfte der benötigten Transplantate. Eine Vielzahl von, in deutschen Transplantationszentren verpflanzten Organen, erfolge nur durch die Vermittlung von **ET in Leiden/Niederlande**, sodass im erheblichen Umfang mehr Spenderorgane aus den Nachbarländern in Deutschland transplantiert würden. Man befürchte, dass die benachbarten Länder dies nicht auf Dauer hinnehmen werden.[3] 16

Bislang seien die rechtlichen Voraussetzungen für die Spende und Entnahme von menschlichen Organen, Organteilen und Geweben zum Zwecke der Transplantation in Deutschland nicht speziell gesetzlich geregelt. Zwar gäbe es den **Transplantationskodex**, den sich die deutschen Transplantationszentren im Jahre 1987 gegeben und zu dessen Einhaltung sie sich verpflichtet hätten. Die in der ehemaligen DDR auf diesem Rechtsgebiet erlassenen Vorschriften gelten zwar nach dem Einigungsvertrag im Beitrittsgebiet als Landesrecht fort, allerdings nur insoweit, als sie mit dem Grundgesetz vereinbar sind. Bei einzelnen Bestimmungen bestünden verfassungsrechtliche Bedenken, von daher würden sie nicht mehr angewandt. Eine Lösung dieses gravierenden Problems im Rahmen des Gesundheitswesens könne nur in der Schaffung klarer Rechtsgrundlagen gesehen werden. Alternativen hierzu gäbe es nicht. Das TPG wurde am 25. Juni 1997 vom Deutschen Bundestag verabschiedet und trat, nach dem der Bundesrat am 26. September 1997 zugestimmt hatte, im Wesentlichen zum 1. Dezember des Jahres in Kraft. Mittlerweile wurde das TPG durch das Gesetz über Qualität und Sicherung von menschlichen Geweben und Zellen (Gewebegesetz) ergänzt. Dieses beruht auf den europarechtlichen Vorgaben der EG-Rechtlinie 2004/23/EG. Am 23. Mai 2007 wurde im Bundestag das **Gesetz über Qualität und Sicherung von menschlichen Geweben und Zellen (Gewebegesetz)** verabschiedet. Es ist am 1. August 2007 in Kraft getreten. Zuvor hatte **der Nationale Ethikrat in Deutschland**[4] am 24. April 2007 eine Stellungnahme mit dem Ziel, die Zahl der Organspenden zu erhöhen, veröffentlicht. Von dort wurde die **Widerspruchsregelung** favorisiert. Eine diesbezügliche Änderung des TPG wurde indes vom Gesetzgeber abgelehnt, nach wie vor hat nach dem TPG die erweiterte Zustimmungslösung Geltung. Das Gewebegesetz hat bis heute unverändert Fortgeltung. 17

Inwieweit sich hieran in nächster Zukunft etwas ändert, bleibt abzuwarten. Zwar gilt es für Deutschland als Mitgliedstaat der EU, die EU-Richtlinie 2010/53/EU vom 7. Juli 2010 zu Qualitäts- und Sicherheitsstandards für Organtransplantationen bis Ende August 2012 umzusetzen. Gegenstand dieser Richtlinie ist insbesondere die Festlegung der EU weiter, einheitlicher Qualitäts- und Sicherheitsstandards für Entnahmekrankenhäuser, Transplantationszentren und andere Bereitstellungsorganisationen sowie Anforderungen an die Charakterisierung des Spenderorgans und das System der Rückverfolgbarkeit und die Meldung schwerwiegender Zwischenfälle und schwerwiegender unerwünschter Reaktionen. Die Umsetzung der Richtlinie 2010/53/EU erfordert damit keine grundlegenden Änderungen der Strukturen im Transplantationsgesetz (TPG). 18

Das Bundeskabinett hat zwischenzeitlich am 06.06.2011 den Entwurf der Bundesregierung für ein Gesetz zur Änderung des Transplantationsgesetzes beschlossen. Der Gesetzesentwurf enthält die notwendigen Änderungen des Transplantationsgesetzes, die in einem engen sachlichen Zusammenhang mit der Umsetzung der 19

2 BT-Drucks. 13/4355 vom 16.4.1996.
3 BT-Drucks. 13/4355 vom 16.4.1966.
4 Nationaler Ethikrat (Hrsg.) 2007, Die Zahl der Organspenden erhöhen – Zu einem drängenden Problem der Transplantationsmedizin in Deutschland.

Richtlinie stehen. Eine Abänderung der derzeit geltenden erweiterten Zustimmungslösung ist aber nicht vorgesehen; gleichwohl ist die Diskussion zur Neufassung des Transplantationsgesetzes auch in diesem Punkt neu entbrannt und die Ablösung der erweiterten Zustimmungslösung durch die Widerspruchslösung wird diskutiert. Es bleibt abzuwarten, ob sich im weiteren Gesetzgebungsverfahren bis zur Verabschiedung des neuen Transplantationsgesetzes hieran etwas ändert.

B. Das Transplantationsgesetz (TPG) im Einzelnen

I. Allgemeine Vorschriften

20 **1. Regelungsbereich.** Der Gesetzgeber knüpft auch im TPG 2007 an das im Transplantationswesen herrschende Verständnis an, wonach in Deutschland die **Organtransplantation** zum **„Standard der medizinischen Versorgung"**[5] gehört. Seit Inkrafttreten des TPG 1997 war grundsätzlich die Zulässigkeit der Organtransplantation als **Heilbehandlung** normiert. Organentnahme durch einen Arzt ist dementsprechend keine Leichenschändung und es wird auch nicht die Totenruhe gestört. Das TPG trifft keine abschließenden Regelungen betreffend aller, mit einer Organtransplantation zusammenhängenden Rechtsfragen. Die einzelnen Bundesländer haben hierzu eine Vielzahl von Ausführungsgesetzen erlassen, und zwar mit verschiedenen Regelungsinhalten zur Einrichtung einer gutachterlichen Kommission zur Lebensspende gemäß TPG, zur Bestellung von Transplantationsbeauftragten, zur Bestimmung der zuständigen Stellen für die Aufklärung der Bevölkerung, zur Anerkennung von Transplantationszentren, zur Auskunftsverpflichtung, zum Verfahren der Kommission bei Lebendspenden.[6] Das TPG normiert im Wesentlichen spenderbezogene Regelungen, insbesondere die Zulässigkeit des Entnahmevorganges. Empfängerbezogen sind die Regeln über die Organzutei-

5 BT-Drucks. 13/4355, 10.

6 Die Ausführungsgesetze der Bundesländer im Einzelnen: Baden-Württemberg: Kammergesetz vom 16. März 1996 (GBI S. 314) zuletzt geändert durch Gesetz vom 25. November 1999 (GBI.S. 454); Gesetz zur Änderung des Landeskrankenhausgesetzes vom 14. Februar 2006 (GBI.vom 17. Februar 2006; Satzung der Landesärztekammer BaWü über die Gebühren für die Tätigkeit der Kommissionen nach dem TPG; Bayern: Gesetz zur Ausführung des TPG und des Transfusionsgesetzes (AGTTG) vom 24. November 1999 (GVBI. S. 464). Letzte berücksichtigte Änderung: mehrfach geänd. (GVBI v. 8.2.2010, 55); Verordnung über die Vergütung für die Tätigkeit der Transplantationsbeauftragten nach Art. 9 Abs. 2 Satz 2 des Gesetzes zur Ausführung des TPG und des TfG (Transplantationsbeauftragtenvergütungsverordnung – TBV); Verordnung über die Höhe der Vergütung nach Art. 5 Abs. 1 des Gesetzes zur Ausführung des TPG- und des TfG (AGTTG) und über die Kostenerstattung nach Art. 5 Abs. 2 AGTTG; Berlin: Berliner Kammergesetz vom 05. Oktober 1999 (GVBI. S. 538); Brandenburg: Verordnung zur Ausführung des Transplantationsgesetzes (TPGAV) vom 9. Dezember 1999 (GVBI. 2000 S. 24); Bremen: Gesetz über die Berufsvertretung, die Berufsausübung, die Weiterbildung und die Berufsgerichtsbarkeit der Ärzte, Zahnärzte, Psychotherapeuten, Tierärzte und Apotheker (Heilberufsgesetz) in der Fassung vom 5. Januar 2000 (GBI. S. 9); Hamburg: Hamburgisches Kammergesetz für die Heilberufe (HmbKGH) vom 14. Dezember 2005 (GVBI. S. 495); Hessen: Hessisches Gesetz zur Ausführung des TPG vom 29. November 2000 (GVBI. S. 514); Verordnung über die Höhe der Aufwandsentschädigung nach § 3 Abs. 1 Satz 1 und die Kostenerstattung nach § Abs. 2 des Hessischen Gesetzes zur Ausführung des TPG; Gesetz zur Änderung des Hessischen Gesetzes zur Ausführung des Transplantationsgesetzes (HAGTPG) vom 14. Dezember 2006 (GVBI. S. 711); Mecklenburg-Vorpommern: Gesetz zur Ausführung des TPG (Transplantationsausführungsgesetz – TPGAG M-V) vom 24. November 2000 (GVOBI. M-V S. 541); Landesverordnung zur Regelung von Zuständigkeiten und zur Übertragung von Verordnungsermächtigungen nach dem TPG; Niedersachsen: Kammergesetze für die Heilberufe und zur Errichtung einer Psychotherapeutenkammer vom 19. Juni 1996 (Nds. GVBI. S. 259), zuletzt geändert durch Gesetz vom 16. Dezember 1999 (Nds. GVBI. S. 423); Nordrhein-Westfalen: Krankenhausgestaltungsgesetz des Landes Nordrhein-Westfalen (KHGG NRW) und Gesetz zur Änderung des Gesetzes zur Ausführung des Transplantationsgesetzes (AG-TPG) vom 11. Dezember 2007 (GVBI. NRW 2007 Nr. 34 v. 28.12.2007, 702); Gesetz zur Ausführung des TPG (AG-TPG) vom 9. November 1999 (GVBI. NRW S. 599) zuletzt geändert durch Gesetz vom 5. April 2005 (GVBI. NRW S. 408); Rheinland-Pfalz: Landesgesetz zur Ausführung des TPG (AGTPG) vom 30. November 1999 (GVBI. S. 424); Saarland: Saarländisches Ausführungsgesetz zum Transplantationsgesetz (AGTPG) vom 26. Januar 2000 (ABI. S. 886); Verfahrensordnung nach § 2 Abs. 5 des Saarländischen Ausführungsgesetzes zum TTPG; Sachsen: Sächsisches Ausführungsgesetz zum TPG (SächsAGTPG) vom 7. November 2005; Sachsen-Anhalt: Gesundheitsdienstgesetz vom 14. Juni 2000 (GVBI. S. 424) Verordnungsermächtigung für das Ministerium für Arbeit, Frauen, Gesundheit und Soziales; Schleswig-Holstein: Schleswig-Holsteinisches Gesetz zur Ausführung des TPG (AG-TPG) vom 9. April 2008 (GS Schl.-H. II, Gl.Nr. 212-2); Landesverordnung zur Bestimmung der Zuständigkeiten nach dem TPG vom 2. Dezember 1999 (GVOBI. Schl.-H. 2000 S. 4), GS Schl.-H. II, Gl.Nr. 200-0302, geändert durch Verordnung vom 16. April 2002 (GVOBI. Sch.-H. S. 70); Thüringen: Gesetz über die Berufsvertretungen, die Berufsausübung, Weiterbildung und die Berufsgerichtsbarkeit der Ärzte, Zahnärzte und Apotheker (Heilberufegesetz) in der Fassung vom 29. Januar 2002 (GVBI. S. 125).

lung, geregelt in den Vorschriften der §§ 9 ff TPG. Die Zulässigkeit der Implantation von Spenderorganen beim Empfänger, ist praktisch nicht regelt. Hier gelten die allgemein arztrechtlichen Grundsätze: Der Gesetzgeber hat im Rahmen des Gesetzgebungsverfahrens wie folgt formuliert: „Die allgemeinen Regeln und Rechtsgrundsätze, die für die Zulässigkeit des ärztlichen Heileingriffes gelten, werden durch diese Vorschrift nicht berührt".[7]

Durch das **Gewebegesetz**[8] hat das TPG eine ganze Reihe von Veränderungen, Teiländerungen, aber auch Neuregelungen bzw die Aufhebung einiger Bestimmungen erfahren. Das TPG gilt für die Spende und die Entnahme von menschlichen Organen oder Geweben zum Zwecke der Übertragung von menschlichen Organen oder Geweben einschließlich der Vorbereitung dieser Maßnahmen (§ 1 Abs. 1 S. 1 TPG). 21

Der **Handel mit menschlichen Organen und/oder Geweben** ist nach § 1 Abs. 1 S. 2 TPG verboten. Das TPG stellt klar, dass seine Bestimmungen nicht für Gewebe gelten, die innerhalb ein und desselben chirurgischen Eingriffes einer Person entnommen werden, um sie auf diese rückzuübertragen (§ 1 Abs. 2 Nr. 1 TPG) und für Blut und Blutbestandteile (§ 1 Abs. 2 Nr. 2 TPG). Nachdem es wiederholt zu HIV-Infektionen durch Blut und Blutprodukte gekommen war,[9] und damit eine lebhafte Debatte über die Notwendigkeit der Sicherheit und Kontrolle im Blutspendewesen auslöste, wurde das Gesetzgebungsverfahren zur Regelung des Transfusionswesens auf den Weg gebracht. Das Transfusionsgesetz vom 1. Juli 1998[10] (TFG) regelt die Sicherheit von Blutprodukten.[11] 22

2. Begriffsbestimmungen. Die, durch das Gesetz über Qualität und Sicherheit von menschlichen Geweben und Zellen (Gewebegesetz) vom 1. August 2007 neueingeführte Vorschrift des § 1 a TPG definiert seine verschiedenen Begrifflichkeiten: 23

- „Organe" im Sinne des TPG sind, mit Ausnahme der Haut, alle aus verschiedenen Geweben bestehenden Teile des menschlichen Körpers, die …eine funktionelle Einheit bilden, einschließlich der Organteile und einzelnen Gewebe oder Zellen eines Organs, die den gleichen Zweck, wie das ganze Organ im menschlichen Körper zu dienen in der Lagen sind;
- „vermittlungspflichtige" Organe sind das Herz, die Lunge, die Leber, die Niere, die Bauchspeicheldrüse und der Darm, wobei die Bestimmungen der §§ 3 und 4 TPG eingehalten werden müssen;
- „nicht regenerierungsfähige" Organe sind Organe, die sich nach der Entnahme nicht mehr regenerieren können;
- „Gewebe im Sinne des TPG" sind alle aus Zellen bestehenden Bestandteile des menschlichen Körpers, die nicht Organe im Sinne Nr. 1 der Vorschrift des § 1 a TPG sind;
- „nächste Angehörige" sind der Ehegatte oder eingetragene Lebenspartner (Nr. 5 a), die volljährigen Kinder (Nr. 5 b), die Eltern oder bei Eintritt des Todes minderjährigen Organ- oder Gewebespender sorgeberechtigte Elternteil, ein Pfleger oder ein Vormund (Nr. 5 c);
- die „volljährigen Geschwister" (Nr. 5 d); und „die Großeltern" (Nr. 5 e);
- die „Entnahme" bedeutet die Gewinnung von Organen oder Geweben (Nr. 6);
- die „Übertragung" bedeutet die Verwendung von Organen oder Geweben in oder an einem menschlichen Empfänger (Nr. 7);
- eine „Gewebeeinrichtung" ist eine Einrichtung, die sämtliche, in Zusammenhang mit der Gewinnung, Untersuchung und Übertragung auf einen Empfänger erforderlichen Maßnahmen ergreift (Nr. 8);
- eine „Einrichtung der medizinischen Versorgung" ist ein Krankenhaus, eine andere Einrichtung mit unmittelbarer Patientenbetreuung, unter ständiger ärztlicher Leitung, die medizinische Leistungen erbringt (Nr. 9);
- ein „schwerwiegender Zwischenfall" ist jedes unerwünschte Ereignis im Zusammenhang mit der Organentnahme und deren Aufbereitung für die Implantation beinhaltet (Nr. 10);

7 Vgl BT-Drucks. 13/4355, 20 zu § 8 TPG (= § 7 des Entwurfes.).

8 (Gesetz über Qualität und Sicherung von menschlichen Geweben und Zellen – Gewebegesetz -, BGBl. I 1574, in Kraft getreten am 1. August 2007) Dieses Gesetz diente der Umsetzung der Richtlinie 2004/23/EG des Europäischen Parlaments und des Rates vom 31. März 2004 zur Festlegung von Qualitäts- und Sicherheitsstandards für die Spende, Beschaffung, Testung, Verarbeitung, Konservierung, Lagerung und Verteilung von menschlichen Geweben und Zellen (ABl. EU Nr. L 102 S. 48). Die Verpflichtungen aus der Richtlinie 98/34/EG des Europäischen Parlaments und des Rates vom 22. Juni 1998 über ein Informationsverfahren auf dem Gebiet der Normen und technischen Vorschriften und der Vorschriften für die Dienste der Informationsgesellschaft (ABl. EG Nr. L 204 S. 37), geändert durch die Richtlinie 98/48/EG des Europäischen Parlaments und des Rates vom 20. Juli 1998 (ABl. EG Nr. L 217 S. 18), sind beachtet worden.

9 S. Abschlussbericht des 3. Untersuchungsausschusses der 12. Legislaturperiode, BT-Drucks. 12/8591, dargestellt bei *Hart*, MedR 1995, 61.

10 BGBl. I S. 1752.

11 *Deutsch*, *Erwin*, Sicherheit bei Blut und Blutprodukten: Das Transfusionsgesetz von 1998, NJW 1998, 3377.

– eine „schwerwiegende unerwünschte Reaktion" ist eine unbeabsichtigte Reaktion im Zusammenhang mit der Entnahme oder Übertragung von Geweben, die tödlich oder lebensbedrohend, oder schwere bleibende Behinderungen oder Fähigkeitsverluste herbeizuführen in der Lage sind (Nr. 11).

24 Mit dieser Vorschrift des § 1 a TPG hat der Gesetzgeber die wesentlichen Begrifflichkeiten des TPG aufgezählt und damit auch Anwendungsbereich und Regelungsinhalte gesetzlich normiert: Was also unter einem Organ, Organteilen oder Gewebe zu verstehen ist, fasst der Gesetzgeber in der Legaldefinition „Organe" zusammen und folgt damit dem medizinischen Verständnis. Desweiteren benennt der Gesetzgeber die „vermittlungspflichtigen" Organe, als da sind, das Herz, die Lunge, die Leber, die Nieren, die Bauchspeicheldrüse und der Darm, einschließlich der Teile dieser Organe, wie zB Gehörknöchelchen, Knochen bzw Knochengelenke, harte Hirnhaut, die Haut an sich sowie Faszien.[12] Das TPG stellt klar, dass es sich um „menschliche" Organe oder Gewebe handeln muss. Eindeutig nicht in den Anwendungsbereich des TPG fällt damit die Übertragung tierischer Organe (**Xenotransplantation**).[13] Die Entnahme und Übertragung von zB eines Herzschrittmachers oder Gelenkprothesen fällt nicht unter den Anwendungsbereich des TPG.

25 **3. Bestimmungen zur Bevölkerungsaufklärung, zur Erklärung zur Organ- und Gewebespende, zum Organ- und Gewebespenderegister, zu Organ- und Gewebespendeausweisen (§ 2 TPG). a) Verpflichtung zur Aufklärung der Bevölkerung.** § 2 TPG spricht für die nach Landesrecht zuständigen Stellen, die Bundesbehörden im Rahmen ihrer Zuständigkeit, insbesondere aber für die Bundeszentrale für gesundheitliche Aufklärung und die gesetzlichen und privaten Krankenkassen die Verpflichtung aus, die Bevölkerung umfassend über Sinn und Zweck der Organspende, deren Zulässigkeitsvoraussetzungen sowie deren Bedeutung für das Gesundheitswesen aufzuklären.[14]

26 Auch wenn der Wortlaut des § 2 TPG suggerieren könnte, dass es keine Verpflichtung zur Aufklärung und Information der Bevölkerung gäbe, mithin eine solche im freien Ermessen stünde, so lässt die Intension des damaligen Gesetzgebers, die auch in der Neufassung des TPG Fortgeltung gefunden hat, daran keinen Zweifel. Es heißt nämlich dort in der Begründung, dass „eine umfassende, wiederholte und eingehende Aufklärung der Bevölkerung (…) Voraussetzung und Grundlage einer bewussten Entscheidung der Bürger über eine mögliche Organspende (…) sei.[15]

27 Die Aufklärung soll sich an alle, auch potenzielle Organ- und Gewebespender richten. Adressaten der Aufklärung, dieser Information also, sind auch Personen, die erst in Zukunft nach den gesetzlichen Bestimmungen des TPG berechtigt oder verpflichtet sein können. Gemeint sind, alle zur Bevölkerung gehörigen Personen, und zwar unabhängig von der Staatsangehörigkeit, auch diejenigen, die sich im Ausland befinden, sofern sie nur über einen hinreichenden Bezug zum deutschen Gesundheitssystem verfügen und damit letztlich Teile des hiesigen Transplantationssystems sind. **Diese Aufklärung erfolgt im öffentlichen Interesse**. Dabei soll informiert und aufgeklärt werden über

– die Möglichkeit des Erwerbs eines Organ- und Gewebespendeausweises,
– die Möglichkeit, die Erklärungen zur Organ- und Gewebespende zu speichern zum Zwecke berechtigen Personen Auskunft zu erteilen (Organ- und Gewebespenderegister)

Mit dieser Aufklärung, so dass das Ziel des Gesetzgebers, soll der Wissensstand der Bevölkerung verbessert, ihr Problembewusstsein bezogen auf den gravierenden Organmangel und den daraus resultierenden Problemen geschärft werden. Jedem potenziellen Organ- und Gewebespender muss vor Augen geführt werden, dass er selber einmal in die Situation kommen könnte, in der er auf eine Organspende zur Lebenserhaltung angewiesen ist.

28 **b) Einwilligung und Widerspruch, Entscheidungsübertragung.** Minderjährige können vom vollendeten 16. Lebensjahr an ihre Einwilligung erteilen oder die Entscheidung auf eine namentlich benannte Person ihres Vertrauens übertragen, den Widerspruch kann er vom vollendeten 14. Lebensjahr an erklären (§ 2 Abs. 2 S. 2 TPG).

29 Das Bundesministerium für Gesundheit ist gem. § 2 Abs. 3 TPG durch Rechtsverordnung mit Zustimmung des Bundesrates berechtigt, einer Stelle die Aufgabe zu übertragen, ein **sog. Organ- und Gewebespenderegister** einzurichten und darüber hinaus Bestimmungen darüber zu treffen, wer zur Auskunft berechtigt ist.

II. Entnahme von Organen und Geweben bei toten Spendern (§§ 3 – 7 TPG)

30 Das TPG unterscheidet bei der Zulässigkeit zwischen der Entnahme beim **toten Organspender** und beim **lebenden Organspender.**

12 BT-Drucks. 13/4355, 30.
13 Vgl Stengel-Steike/Steike, Xenotransplantation-Medizinische Probleme und Rechtsfragen AnwBl. 2000, 574 (577.).
14 Zu den einzelnen zuständigen Stellen nach Landesrecht vgl *Höfling*, Kommentar zum TPG 2003, 114 ff zu § 2 TPG aF
15 BT-Drucks. 13/4355, 17.

In beiden Fällen sind die normierten Zulässigkeitsvoraussetzungen des TPG zwingend einzuhalten. Das TPG regelt die Spende und **Entnahme von menschlichen Organen oder Geweben** zum Zwecke der Übertragung, sowie die **Übertragung der Organe oder der Gewebe** einschließlich der Vorbereitung dieser Maßnahmen. Klargestellt ist unter anderem, dass das TPG für Organe und Gewebe des **menschlichen Körpers** gilt.[16] Ob die Organe bzw das Gewebe nach der Entnahme einer besonderen Aufbereitung bedürfen, ist nicht entscheidend.[17] Geregelt ist im TPG die **Übertragung von Mensch zu Mensch** in den medizinisch bekannten verschiedenen Varianten **(Autotransplantation, Isotransplantation, intrauterine Gewebetransplantationen auf Embryo oder Fötus).** 31

1. Zulässigkeitsvoraussetzungen der Organentnahme bei toten Organspendern. a) Entnahme mit Einwilligung des Spenders. Nach § 3 des Transplantationsgesetzes ist die Organentnahme bei toten Organspendern unter den Bedingungen zulässig, dass 32

- der Organspender vor seinem Tod in die Entnahme eingewilligt hatte, 33
- der Tod des Organspenders nach den Regeln, die dem Stand der Erkenntnisse der medizinischen Wissenschaft entsprechen, festgestellt ist und
- der Eingriff durch einen Arzt vorgenommen wird.

Ohne **schriftliche Zustimmung oder Ablehnung** des potenziellen Organspenders, kann die Organentnahme nach § 3 TPG nur durchgeführt werden, wenn nächste Angehörige der Organentnahme zustimmen. Bei Widerspruch des toten Spenders ist die Organ- und Gewebeentnahme unzulässig (§ 3 Abs. 2 Nr. 1 TPG). Gleiches gilt, wenn der Tod vor Entnahme des Organes oder des Gewebes nicht endgültig festgestellt ist. 34

Neueingeführt durch das TPG 2007 ist die Bestimmung, dass die Entnahme von Geweben, in Abweichung der Bestimmung Satz 1 Nr. 3 des § 3 TPG nicht nur durch einen Arzt, sondern auch durch andere, dafür qualifizierte Personen, allerdings unter der Verantwortung und fachlichen Weisung durch einen Arzt, vorgenommen werden dürfen (§ 3 Abs. 1 S. 2 TPG). 35

Mit dem TPG 1997 wurde erstmals die rechtliche Grundlage für Organtransplantationen in Deutschland geschaffen. Die rechtliche Grundlage bildet auch nach wie vor die sog. „erweiterte Zustimmungslösung", d. h., dass Angehörige im TPG 2007 entscheiden, ob die Organe für eine Transplantation zur Verfügung stehen, wenn der Verstorbene selbst keine Erklärung (Organspendeausweis) abgegeben oder aber einen Widerspruch gegen die Organentnahme formuliert hat. Das TPG 2007 hält also an diesem Konzept fest. Gerade um diese Regelung war zuvor jahrelang gestritten worden. Es gab verschiedene Modelle, die diskutiert wurden, angelehnt an die unterschiedlichen Modelle in anderen europäischen Ländern. So unterschiedlich diese Modelle im Einzelnen sind, sie alle respektieren den zu Lebzeiten geäußerten Widerspruch gegen eine Organentnahme nach dem Tode. 36

Diskutiert wurden

- die **enge Zustimmungslösung**: Die Organentnahme ist verboten, wenn der potenzielle Spender zu Lebzeiten nicht ausdrücklich zugestimmt hat. Eine fehlende Einwilligung kann später durch niemanden stellvertretend nachgereicht werden, weder von nächsten Angehörigen, noch von persönlich besonders verbundenen volljährigen Personen, noch von einer Person, der der Verstorbene die Entscheidungszuständigkeit zu Lebzeiten noch übertragen hatte; 37
- die **Informationslösung**: Die Organentnahme ist danach nur zulässig, wenn der potenzielle Spender zu Lebzeiten zugestimmt hat. Liegen weder Zustimmung noch Widerspruch des Verstorbenen vor, werden die Angehörigen hinzugezogen und gebeten, innerhalb einer angemessenen Frist über die Organentnahme zu entscheiden. Läuft die Frist ohne Entscheidung der Angehörigen ab, werden die Organe entnommen; 38
- die **erweiterte Zustimmungslösung**: Die Organentnahme ist grundsätzlich unzulässig, wenn der potenzielle Spender zu Lebzeiten nicht einwilligt. Die Einwilligung kann aber nach seinem Tod ersatzweise von den Angehörigen erteilt werden. Das deutsche Transplantationsgesetz folgt diesem Modell, das auch in Großbritannien, Holland, Schweden und Dänemark Gesetz geworden ist; 39
- die **Widerspruchslösung**: Die Organentnahme ist grundsätzlich zulässig, wenn der potenzielle Spender zu Lebzeiten nicht ausdrücklich schriftlich widersprochen hat. Angehörigen brauchen nicht zu Rate gezogen werden. Diese Widerspruchslösung stieß auf harrsche Kritik des Landes Rheinland-Pfalz, aber auch seitens der Mediziner. Von daher nahm der Gesetzgeber von dieser Widerspruchlösung, die in den Ländern Frankreich, Belgien und Österreich gilt, Abstand. 40

In allen europäischen Ländern gilt, ebenso wie auch im deutschen Transplantationsgesetz, der „Hirntod" als der Zeitpunkt des Todes, ab dem eine Organentnahme unter Wahrung der Pietät zulässig, allerdings nur dann, sofern sie gestattet ist. Überwiegend gelten die Systeme der Widerspruchslösung und der Zustimmungslö-

16 BT-Drucks. 13/4355, 16.
17 BT-Drucks. 13/4355, 16.

sung.[18] Angesichts des gravierenden Organmangels werden immer wieder Stimmen laut, die das deutsche System der erweiterten Zustimmungslösung kritisieren. Man befürchtet, dass die europäischen Nachbarländer auf Dauer nicht mehr bereit sein werden, erheblich mehr Organe vom Ausland nach Deutschland zu vermitteln, wenn dort grundsätzlich eine viel geringere Bereitschaft zur Organspende besteht.

41 **b) Organentnahme mit Zustimmung Dritter.** § 4 TPG regelt die **Organentnahme mit Zustimmung anderer Personen**, nämlich für den Fall, dass dem Arzt, der die Organentnahme durchführen soll weder eine schriftliche Einwilligung noch ein schriftlicher Widerspruch des potenziellen Organspenders vorliegt. In einem solchen Fall sind dessen nächste Angehörigen bei der Entscheidungsfindung hinzuziehen. Wer zu dem Kreis der nächsten Angehörigen gehört, bestimmt § 1 a Nr. 5 TPG. Danach sind **„nächste Angehörige"**

- der Ehegatte oder der eingetragene Lebenspartner,
- die volljährigen Kinder,
- die Eltern, sofern der mögliche Organ- oder Gewebespender zur Todeszeit minderjährig war und die Sorge für seine Person zu dieser Zeit nur einem Elternteil, einem Vormund oder einem Pfleger zustand, dieser Sorgeinhaber;
- die volljährigen Geschwister,
- die Großeltern.

Zur Organentnahme ist nur berechtigt, wer die Berufsbezeichnung „Arzt" oder „Ärztin" führt. Arzt ist, wer approbiert oder nach den Vorschriften des § 2 Abs. 2, 3 oder 4 BÄO zur Ausübung des ärztlichen Berufes befugt ist, einer Facharztqualifikation bedarf es nicht.

42 Grundsätzlich gilt, dass die **persönliche Entscheidung des potenziellen Spenders** Vorrang vor der Orientierung an dessen mutmaßlichem Willen hat. Erst dann, wenn weder eine Einwilligung (Organspendeausweis) oder ein Widerspruch fehlen, sind die nächsten Angehörigen hinzuziehen. Diese haben dann die Entscheidungskompetenz, müssen über die in Aussicht genommene Organentnahme unterrichtet werden und können dann, unter Berücksichtigung des mutmaßlichen Willens des Organspenders, ihre Zustimmung erteilen oder auch nicht. Sie können sich dabei ausbedingen, dass sie ihre Zustimmung innerhalb einer bestimmten Frist widerrufen dürfen. Bevor aber abschließend über die Entscheidungszuständigkeit nächster Angehöriger entschieden werden kann, muss nochmals Nachfrage gehalten werden, ob nicht vielleicht doch, eine bis dato nicht bekannte, wirksame Erklärung des potenziellen Organspenders vorliegt. Wenn auch Anhaltspunkte für einen mutmaßlichen Willen des potenziellen Organspenders fehlen, dürfen nächste Angehörige nach eigenem, „ethisch verantwortbarem Ermessen"[19] entscheiden. Dabei handelt es sich um eine eigenständige Entscheidung, die an die Stelle der Entscheidung des Verstorbenen tritt.

43 Haben der nächste Angehörige und der Arzt eine schriftliche Vereinbarung zum Widerruf der Zustimmung innerhalb einer bestimmten Frist getroffen, und macht er hiervon keinen Gebrauch, dann gilt die Zustimmung durch Zeitablauf als erteilt. Diese Möglichkeit des Widerrufes der primär erteilten Zustimmung zur Organentnahme soll den nächsten Angehörigen noch eine gewisse Bedenkzeit einräumen.

44 § 4 Abs. 2 TPG bestimmt im Einzelnen, wann nächste Angehörige im Sinne des § 1 a Nr. 5 TPG überhaupt eine **Entscheidungszuständigkeit** erlangen, nämlich nur dann, wenn sie innerhalb der letzten zwei Jahre vor dem Tod des potenziellen Organ- oder Gewebespenders mit diesem in persönlichem Kontakt standen. Kommen mehrere nächste Angehörige in Betracht, so genügt es, wenn ein nächster Angehöriger zustimmt. Widersprüchliche Entscheidungen mehrerer nächster Angehöriger sind zu berücksichtigen. Volljährige Personen, die dem Verstorbenen, zB durch die Betreuung und Pflege bis zu seinem Tod persönlich ganz besonders verbunden waren, gelten als nächste Angehörige im Sinne des TPG. Grundlage einer solchen Verbindung kann aber auch eine gemeinsame Lebensplanung mit besonderer innerer Bindung sein. Nicht dazu gehören bloß ökonomisch motivierte Zweckwohngemeinschaften. Eine besondere persönliche Verbundenheit kann aber demgegenüber auch bei räumlich getrennten Personen bejaht werden (zB eheähnliche Lebensgemeinschaft im Rahmen einer Wochenendbeziehung). Bei einer derartigen Fallkonstellation muss der Arzt sehr genau die Einzelumstände im Vorfeld einer Organentnahme eruieren. Als Indiz kann hier zB dienen, ob diese volljährige Person den Verstorbenen zB in der Endphase seines Lebens begleitet hat oder nicht.[20] Für den Fall, dass der Verstorbene nachgewiesenermaßen einer Person seines Vertrauens die Entscheidungsfindung übertragen hatte, tritt diese anstelle der nächsten Angehörigen (§ 4 Abs. 3 TPG). Für den Fall, dass der potenzielle Organspender weder nächste Angehörige hat oder keine von diesen nach § 4 Abs. 2 S. 5 TPG gleichgestellten

18 Die Widerspruchsregelung mit Einspruchsrecht der Angehörigen gilt in Belgien, Finnland und Norwegen; die erweiterte Zustimmungsregelung gilt in Dänemark, Deutschland, Griechenland, Großbritannien/Irland, den Niederlanden und der Schweiz.

19 BT-Drucks. 12/8027, 9; vgl *Walter*, Organentnahme nach dem Transplantationsgesetz: Bedürfnisse der Angehörigen; FamRZ 1998, 201 (208); vgl Höfling/*Rixen*, TPG S. 170 ff.

20 Höfling/*Rixen*, TPG S. 170 ff

Personen oder ist keiner dieser Personen überhaupt erreichbar, so ist eine Organentnahme definitiv unzulässig.[21]

45 Nicht entscheidungsbefugt ist in jedem Fall ein amtlich bestellter Betreuer, weil das Betreuungsverhältnis mit dem Tode des Betreuten erlischt.[22] Insbesondere mit den Bestimmungen des § 4 Abs. 2 und 3 TPG soll dem Bestimmungsrecht des Verstorbenen Rechnung getragen werden.

46 Abgerundet wird das **Verfahren um die Entscheidungszuständigkeit** für den Fall einer beabsichtigten Organentnahme durch die Verpflichtung des Arztes im Detail über Verlauf, Inhalt und Ergebnis der Beteiligung involvierter Personen einen Bericht zu erstellen. Die beteiligten Personen haben ein Einsichtsrecht in diese Dokumentation. Mit dieser Regelung wollte der Gesetzgeber Transparenz und Verfahrenssicherung, aber auch die Kontrolle der ärztlichen Beratung erzielen, nicht zuletzt auch im Nachhinein Rechtsklarheit zu haben.[23]

47 Diese Entscheidungszuständigkeit „nächster Angehöriger" oder „nahestehender Personen" gemäß § 4 Abs. 2 TPG ist hinsichtlich seiner Auswirkungen häufig kritisiert worden. Organentnahmen erfolgten in der Regel „fremdbestimmt". Nur ein sehr geringer Teil der sogenannten „Hirntoten" habe vorab schriftlich in die Organentnahme eingewilligt. Es wird von Zustimmungsraten von bis zu 7,5 % maximal gesprochen. Zahlen aus dem Jahre 2007 zeigen, dass nur 81 der insgesamt 1.313 „Hirntoten" (6,2 %) vorab schriftlich eingewilligt hatten. Explantiert wurde also in den allermeisten Fällen nach „stellvertretender" Zustimmung der nächsten Angehörigen, diese obwohl, „die überwiegenden Mehrheit" nach Darstellung des Sozialforschungsinstitutes „IGES" in Berlin, im Auftrag des Bundesgesundheitsministerium (BMG) den Willen des potenziellen Organspenders gar nicht kennen. Dieser „stellvertretenden" Entscheidung stehe viel eher kritisch gegenüber. Die Statistik der DSO gibt, ebenfalls für das Jahr 2007, 530 Fälle bekannt, bei denen über diese „stellvertretende" Zustimmung der Angehörigen eine Organentnahme erfolgte.

48 Die DSO selbst fordert, um geringere Ablehnungsquoten zu erzielen, dass Mediziner für die Gesprächsführung mit Angehörigen geschult werden. Das Angehörigengespräch kurz nach der Feststellung des „Hirntodes", leide insbesondere darunter, dass Kliniken dafür oft keine geeigneten, ruhigen Räume hätten und Mediziner nicht ausreichend geschult seien. Hinzukomme auch der Zeitdruck, der sich unmittelbar aus dem Organspendeprozess selbst ergebe.

49 Neben der Schulung der beratenden Mediziner fordert die DSO, dass ihre Mitarbeiter an allen Angehörigengesprächen zu beteiligen seien. Dies wird mit einer eigenen Erhebung begründet, wonach nach Gesprächen, die ein DSO-Koordinator geführt habe, der überwiegende Anteil der Angehörigen der Organentnahme zugestimmt habe, wohingegen bei Gesprächen ausschließlich durch Ärzte des Krankenhauses nur etwa die Hälfte der Angehörigen in die Organentnahme eingewilligt hätten. Diese DSO-Forderung dürfte nur bedingt mit einem grundsätzlich „ergebnisoffen" zu führenden Angehörigengesprächen vereinbar sein. Dafür spricht, dass die DSO ihre Koordinatoren als „Anwalt auch der Patienten auf der Warteliste" sieht. Im Übrigen geht es, dass muss klargestellt sein, um Geld: Für jedes beschaffte und transplantierte Organ eines „Hirntoten" kann die DSO der Krankenkasse des Empfängers eine „Organisationspauschale" von mehreren Euro in Rechnung stellen.

50 **c) Entnahme bei toten Embryonen und Föten.** Die Vorschrift des neueingeführten § 4 a TPG enthält **Regelungen zur Entnahme von Organen oder Geweben bei toten Embryonen und Föten.** Für diese Fallkonstellationen entsprechen die Bestimmungen des § 4 a TPG denjenigen des § 4 TPG mit der Besonderheit, dass die Frau, die mit dem Embryo oder Fötus schwanger war, nur für die Zwecke der Dokumentation, der Rückverfolgung und des Datenschutzes als Spenderin gilt. Das Verfahren rund um die Zustimmung der Organ- oder Gewebeentnahme ist identisch mit dem Verfahren nach § 4 TPG. Entscheidungszuständigkeit hat hier die Frau, die mit dem Embryo oder Fötus schwanger war. Den Arzt treffen die gleichen Aufklärungspflichten. Voraussetzung ist auch hier, dass der Tod des Embryos oder Fötus festgestellt ist. Vorher darf über die Frage einer möglichen Organ- oder Gewebeentnahme nicht aufgeklärt werden.

51 **d) Nachweisverfahren (§ 5 TPG).** § 5 TPG regelt das **Nachweisverfahren zur Todesfeststellung**. Detailliert wird dort geregelt, wer, wie und wann den Tod attestieren darf. Diese Vorschrift enthält damit verfahrensrechtliche Anforderungen für den Nachweis des Todes. § 5 Abs. 1 S. 1 TPG bezieht sich auf den Nachweis des endgültigen, nicht behebbaren Ausfall der gesamten Hirnfunktion, wo hingegen § 5 Abs. 1 S. 2 TPG sich auf den Nachweis des nicht behebbaren Stillstandes von Herz- und Kreislauf bezieht. § 5 Abs. 1 S. 1 TPG bestimmt, dass der Nachweis immer den Regeln der medizinischen Wissenschaft entsprechend zu erfolgen hat. Mögliche Fehlbeurteilungen sollen dadurch ausgeräumt werden, dass diese Feststellungen, von zwei verschiedenen, dafür qualifizierten Ärzten getroffen werden, jedenfalls dann, wenn es um den endgültigen Nachweis eines nicht behebbaren Ausfalls der gesamten Hirnfunktion geht. Geht es indes um den Nachweis eines

21 BT-Drucks. 13/8027, 11.
22 *Borowy*, Die postmortale Organentnahme und ihre zivilrechtlichen Folgen, 2000, 199 mwN.
23 BT-Drucks. 13/8027, 11.

nicht behebbaren Stillstandes von Herz- und Kreislauf und sind seither mehr als drei Stunden vergangen, dann genügt die Untersuchung und Feststellung nur durch einen hierfür qualifizierten Arzt (§ 5 Abs. 1 S. 2 TPG). Was den „Nachweis nach den Regeln der medizinischen Wissenschaft" angeht, hat die Bundesärztekammer im Rahmen ihrer Richtlinien-Kompetenz näher ausgeführt.[24] Nach § 5 Abs. 2 TPG muss die Unabhängigkeit der, mit der Feststellung des Todes betrauten Ärzte garantiert sein. Die Ärzte dürfen insbesondere nicht an der Entnahme, aber auch nicht an der Übertragung der Organe beteiligt sein. Die Untersuchungsergebnisse und die daraus resultierenden Feststellungen sind in einer Niederschrift unverzüglich festzuhalten und den nächsten Angehörigen Gelegenheit zur Einsichtnahme zu geben. Die gleiche Regelung gilt auch für die Entnahme und Übertragung von Organen oder Gewebe eines toten Embryos oder Fötus gem. den Bestimmungen des § 5 Abs. 3 TPG. Auch hier muss der Frau, die mit dem Embryo oder Fötus schwanger war, Gelegenheit zur Einsichtnahme gegeben werden.

52 **e) Achtung der Würde des Organ- und Gewebespenders.** § 6 TPG bestimmt, dass Organe und Gewebeentnahmen unter Achtung der Würde des Spenders in einer, „der ärztlichen Sorgfaltspflicht entsprechenden Weise" durchgeführt werden müssen. Davon umfasst sind alle Maßnahmen zur Vorbereitung, Durchführung der Organentnahme nach den hierfür geltenden Regeln der Transplantationschirurgie, aber auch die weitere Versorgung des Leichnams bis zur seiner Herausgabe aus dem Gewahrsam des Krankenhauses, in der Regel bis zur Übergabe an ein Bestattungsinstitut. Den nächsten Angehörigen muss Gelegenheit gegeben werden, den Leichnam nochmals zu sehen (§ 6 Abs. 2 S. 2 TPG). Anlass für diese Bestimmungen sah der Gesetzgeber im Wesentlichen in einem **fortwirkenden Persönlichkeitsrecht mit dem Anspruch auf einen pietätvollen Umgang nach dem Tod**.[25] Allerdings werden Verstöße gegen die Bestimmungen des § 6 Abs. 1 TPG weder durch eine Strafe noch ein Bußgeld sanktioniert.[26]

53 **f) Datenerhebung und Verwendung; Auskunftspflicht (§ 7 TPG).** Zur Erfüllung der **„Gemeinwohlaufgabe Transplantationswesen"** formuliert die Bestimmung des § 7 TPG unter Eingriff in die Privatsphäre den Zugriff auf alle, für das Gelingen einer Transplantation erforderlichen Daten unter Berücksichtigung des verfassungsrechtlichen Verhältnismäßigkeitsgrundsatzes.[27] Auskunftsberechtigt ist der Arzt, der die Organentnahme durchzuführen beabsichtigt nach den Vorschriften der §§ 3 und 4 TPG. Der Arzt muss in einem nach § 108 des SGB V oder nach anderen gesetzlichen Bestimmungen für die Übertragung der Organe zugelassenen Krankenhaus tätig sein. Auch die von der Koordinierungsstelle beauftragte Person ist auskunftsberechtigt. Es handelt sich dabei um einen regulären Auskunftsanspruch.[28] Die Bestimmung des § 7 Abs. 2 TPG bestimmt den Kreis der auskunftsberechtigten Personen, Behörden etc. abschließend. Auskunftsverpflichtet sind danach auch nach dem TPG 2007

- Ärzte, die den potenziellen Organspender vor seinem Tod behandelt haben,
- Ärzte, die Auskunft aus dem Organ- und Gewebespenderegister nach § 2 Abs. 4 erhalten haben,
- die medizinische Versorgungseinrichtung, in der der Tod des Organ- oder Gewebespenders nach § 3 Abs. 1 S. 1 Nr. 2 TPG festgestellt worden ist,
- Ärzte, die die Leichenschau vorgenommen haben,
- die Behörden, in deren Gewahrsam oder Mitgewahrsam sich der Leichnam befindet oder befunden hat sowie
- die von der Koordinierungsstelle oder gewebeentnehmenden Gewebeeinrichtung beauftragte Person.

54 Die **Auskunftspflicht** besteht erst **nach Feststellung des Todes**. Auskunftsberechtigt sind darüber hinaus auch Ärzte, die die Entnahme von Organen und Geweben beabsichtigten, in einem Krankenhaus tätig sind, das nach § 108 SGB V oder nach anderen gesetzlichen Bestimmungen für die Übertragung solcher Organe zugelassen ist oder mit einem solchen Krankenhaus zum Zwecke der Entnahme solcher Organe zusammenarbeitet.

55 **2. Hirntod-Konzept des TPG.** Im Rahmen des Gesetzgebungsverfahrens zum TPG 1997 war die Frage, wann ein Mensch tot bzw wann von einem nicht behebbaren Ausfall der Gesamtfunktion des Großhirns, des Kleinhirns und des Hirnstammes auszugehen sei, äußerst kontrovers diskutiert worden. Der Gesetzgeber entschied sich für den **„Hirntod" als Kriterium für den Tod des Individuums** ohne jedoch zu definieren, was der Hirntod ist. Diese Aufgabe hat er an die Bundesärztekammer delegiert (§ 16 TPG). Das TPG 2007 hat an diesem Kriterium des „Hirntodes" festgehalten. Dass ein Mensch, bei dem ein durchbluteter Kreislauf, wie er bei intensivmedizinisch behandelten Patienten, die für eine Transplantation in Frage kommen, vorhanden ist, widerspreche dem nicht. Es gibt aber auch Stimmen, die einen Menschen im Zustand des sog. Hirntodes,

24 Vgl Richtlinien der BÄK im Einzelnen, abrufbar unter http://www. Bundesaerztekammer.de/organtransplantation.

25 BT-Drucks. 13/4255, 19.

26 Vgl Höfling/*Rixen*, TPG S. 185 f.

27 Vgl dazu *Rixen*, Datenschutz im Transplantationsgesetz, Datenschutz und Datensicherheit (DuD) 1998, 75 (80.).

28 BT-Drucks. 13/8017, 41.

solange er noch einen Kreislauf hat, nicht als tot ansehen, also nicht mit einer Leiche gleichsetzen wollen.[29] Auf insbesondere verfassungsrechtliche Bedenken stößt[30] die Tatsache, menschliches Leben nicht ausschließlich biologisch, sondern durch menschlich-kognitive Leistung zu definieren.[31]

Letztlich entzieht sich der Gesetzgeber durch diese Form der Delegation auf die Bundesärztekammer der abschließenden Entscheidung über die Voraussetzungen der Todesfeststellung. Nicht der Gesetzgeber, sondern die Bundesärztekammer bestimmt, dass ein Mensch, der „hirnorganisch schwerst geschädigt" ist, als „tot" im Sinne des TPG anzusehen ist. Mit anderen Worten: Der Mensch ist nicht tot im biologischen Sinne, sondern wird für tot erklärt. **56**

Liest man in der Ursprungsbegründung zum Transplantationsgesetz 1997 nach, erscheint auch der Regelungsbereich im § 3 Abs. 1, 2 TPG im Zusammenhang mit der Vorschrift des § 3 Abs. 2 Nr. 2 TPG nicht nachvollziehbar. Zurecht ist daher in der Literatur vehement kritisiert worden, dass sich der Gesetzgeber nicht zu einer eindeutigen Entscheidung habe durchringen können.[32] Die Kritik gründet im Wesentlichen darauf, dass zwar der Gesetzgeber in seiner Begründung zum Entwurf eines Transplantationsgesetzes zwischen einer „direkten" Feststellung des Gesamthirntodes unter intensivmedizinischen Bedingungen bei künstlicher Aufrechterhaltung der Atmungs- und Kreislauffunktion und der „indirekten" Feststellung des Gesamthirntodes anhand äußerlich erkennbaren Todeszeichen nach Eintritt des Herzstillstandes unterschieden wissen will. Nach den Standards der Bundesärztekammer kann aber der Gesamthirntod nur unter intensivmedizinischen Bedingungen bei künstlicher Aufrechterhaltung der Atmungs- und Kreislauffunktion eintreten und erkennbar sein.[33] **57**

Kritiker dieser Hirntod-Konzeption meinen, dass der Gesetzgeber mit seinem Hirntod-Konzept aus rechtlicher Sicht die Auseinandersetzung mit dem Grundrecht auf Leben gem. Art. 2 Abs. 1 S. 1 GG „umschifft" hat. Die Bundesärztekammer darf nach dem TPG den Todesbegriff bzw die Voraussetzungen, unter denen die Todesfeststellung erfolgen darf, bestimmen, sie hat insoweit vom Gesetzgeber die Richtlinienkompetenz erhalten. Aber ist der „Hirntod" wirklich der Tod im biologischen Sinne? Die (richtige) Antwort auf diese Frage ist von ganz entscheidender Bedeutung: Denn solange der Tod nicht sicher und endgültig festgestellt ist, besteht das Grundrecht auf Leben. Ist ein Mensch tot, genießt er nur mehr den Schutz der Bestimmungen des § 6 TPG: Die Organ-und Gewebeentnahme darf nur unter Achtung seiner Würde und entsprechend den Maßstäben ärztlicher Sorgfaltspflicht erfolgen. Es liege auf der Hand, dass rechtliche und biologisch-medizinische Wertungen im Zusammenhang mit der Todesfeststellung nicht in Widerspruch treten dürfen, so die Kritiker des gesetzgeberischen Hirntod-Konzeptes weiter.[34] Die Bundesärztekammer hat im Rahmen ihrer Richtlinienkompetenz sogar normative Feststellungen getroffen, was der Tod eines Menschen ist, woran man ihn erkennen kann und nicht zuletzt, wie die Todeskriterien einwandfrei nachgewiesen werden können. Nach dem Wortlaut der Vorschrift des § 16 TPG erscheint schon fraglich, ob die Bundesärztekammer damit allein nicht schon ihre Kompetenz überschritten hat. Der Gesetzgeber hatte bislang angesichts der von der Bundesärztekammer erlassenen Richtlinien offensichtlich keine Bedenken. Vielleicht hat er sich derartige normative Feststellungen der Bundesärztekammer sogar erhofft. Denn diese Aufgabe hat der Gesetzgeber durch das TPG delegiert, und dies, obwohl das Bundesverfassungsgericht im Rahmen seiner sog. Wesentlichkeitsjudikatur sehr deutlich ausgeführt hat, dass er zumindest die Grundstrukturen des Verfahrens sowie die zentralen Vermittlungskriterien selbst zu regeln habe. **58**

29 Höfling/*Rixen*, Verfassungsfragen der Transplantationsmedizin, 1996; umfassende Systematisierung bei *Rixen*, Lebensschutz am Lebensende, 1999; Höfling/*Rixen*, TPG S. 136 ff; *Lilie*, Transplantationsgesetz – Was nun?, in: Medizin-Recht-Ethik, rechtsphilosophische Hefte Bd. 8, 1998, 89 (94.).

30 *Gallwas*, Der andere Standpunkt: Anmerkungen zu den verfassungsrechtlichen Vorgaben für ein Transplantationsgesetz, JZ 1996, 851; Isensee, Grundrechtsschutz nach dem Tod, in: Finikorn (Hrsg.), Hirntod als Todeskriterium, 2000, 69 (74.).

31 Vgl Höfling/*in der Schmitten*, TPG S. 154 ff.

32 Höfling/*Rixen*, Transplantationsgesetz, 2003, 136 ff; *Lilie*, Transplantationsgesetz – Was nun?, in: Medizin-Recht-Ethik, rechtsphilosophische Hefte Bd. 8, 1998, 89 (94.).

33 Vgl Wissenschaftlicher Beirat der Bundesärztekammer, Kriterien des Hirntodes – 3. Fortschreibung 1997, DEBl. 1997, C-957/958, wo es wörtlich heißt: „Der Hirntod wird definiert als Zustand der irreversibel erloschenen Gesamtfunktion des Großhirn, des Kleinhirn und des Hirnstammes. Dabei wird durch kontrollierte Beatmung die Herz- und Kreislauffunktion noch künstlich aufrechterhalten."

34 *Lilie*, Transplantationsgesetz – Was nun?, in: Medizin-Recht-Ethik. Rechtsphilosophische Hefte Bd. 8, 1998, S. 89 (94); vgl auch Zusammenstellung der unterschiedlichen Standpunkte und Rechtsauffassungen bei: Höfling/*Rixen*, Transplantationsgesetz, 2003, S. 136 ff; Deutsch, Sicherheit bei Blut und Blutprodukten: Das Transfusionsgesetz von 1998, NJW 1998, 778; Rixen, Transplantation und Hirntod: Aktuelle Rechtsfragen aus Sicht der Krankenpflege, in Hirntod-Transplantation. Aspekte, Fragen und Probleme aus pflegerischer Sicht, Hrsg. von der DRK-Schwesternschaft Lübeck e.V. 1996, S. 45; Rixen, Lebensschutz am Lebensende, 1999, S. 346.

59 Es erstaunt, dass sich das Bundesverfassungsgericht bislang, aus nicht nachvollziehbaren Gründen, dieser Problematik nicht angenommen hat.[35] Wenn es nach dem Grundgesetz dem Gesetzgeber zwar erlaubt ist, seine Normsetzungsbefugnis durch ausdrückliche gesetzliche Ermächtigung auf andere, hier zB die Bundesärztekammer, zu delegieren, gleichzeitig aber in den Grundrechtsbereich lediglich durch ein Gesetz oder aufgrund eines Gesetzes eingegriffen werden darf, dann obliegt ihm (dem Gesetzgeber) die Verpflichtung, grundlegende Entscheidungen selbst zu verantworten. Diese geltende gesetzliche Regelung begegnet damit auch weiterhin erheblichen verfassungsrechtlichen Bedenken.[36]

60 Zusammenfassend gilt: Die damals rund um die Verabschiedung des TPG 1997 aufgeflammte Diskussion um das Hirntod-Konzept hat bis heute nicht an Bedeutung verloren, da auch in der Neufassung des TPG in den Vorschriften der §§ 16, 16 a und 16 b TPG an der früheren Konzeption festgehalten wird. Auch weiterhin wird auf die Richtlinien zum Stand der Erkenntnisse der medizinischen Wissenschaft bei der Organspende durch die Bundesärztekammer abgestellt und weitere Einzelheiten in die Kompetenz der Bundesärztekammer gestellt. Nach Maßgabe des TPG gehört die Regelung der Organvermittlung aber originär den eigentlichen Vertragspartnern des § 12 TPG. Der Bundesärztekammer obliegt nach § 16 Abs. 1 Nr. 5 TPG (nur) den „Stand der Erkenntnisse der medizinischen Wissenschaft" festzustellen, unter anderem auch für die Regeln zur Organvermittlung nach § 12 Abs. 3 S. 1 TPG. Demgegenüber hat die Bundesärztekammer aber „Richtlinien zur Organtransplantation gem. § 16 TPG"[37] erlassen. Die Literatur spricht von „Kompetenzüberschreitung", und meint, dass dies zwangsläufig erheblichen verfassungsrechtlichen Bedenken begegnen muss.[38]

61 Noch ein Blick in **die organspezifischen Richtlinien der Bundesärztekammer**: Bei der Nierentransplantation ist neben dem Kriterium „der Dringlichkeit" und „Erfolgsaussicht" noch das Kriterium der „Chancengleichheit" hinzugefügt. Ferner wird zwischen unterschiedlichen Gruppen von Wartelistenpatienten ein Ausgleichsverfahren installiert und zwar zum Ausgleich von Vermittlungsnachteilen. Sonderkonditionen erhalten etwa sog. hochimmunisierte Patienten bezüglich der Wartezeit: Ab Beginn der Nierenersatztherapie wird jeder Tag als Dringlichkeitsfaktor gewertet und insgesamt mit einer 30 %-igen Gewichtung versehen. All diese zusätzlichen, von der Bundesärztekammer entwickelten Kriterien, dienen nicht dem Empfänger, sondern eher einem Interessensausgleich zwischen den Transplantationszentren. Ähnliches gilt für die Regelungen bezüglich der Organvermittlung zur Lebertransplantation. Auch hier stehen nicht patientenspezifische Argumente im Vordergrund. *Höfling*[39] meint daher zu Recht, dass „….eine solche weitreichende – im wahrsten Sinne des Wortes existenzielle – Entscheidungskompetenz nicht einer privatrechtlichen Arbeitsgemeinschaft, dh der Bundesärztekammer, hätte übertragen werden dürfen".

62 Es bleibt nun abzuwarten, ob der Gesetzgeber bei einer weiteren Novellierung des TPG sich mit dieser Kritik auseinandersetzt und aus seiner Verantwortung heraus und in dem Wissen um die Bedeutung der Angelegenheit „Organ- und Gewebeentnahme" für das Gesundheitswesen die wesentlichen Regelungen des Transplantationsrechtes selbst trifft.

63 Bei realistischer Betrachtungsweise dürfte allerdings derzeit nur wenig Hoffnung bestehen, dass sich der Gesetzgeber erneut mit der Auffassung der Kritiker des Hirntod-Konzeptes im Rahmen einer Novellierung des TPG auseinandersetzen wird. Dies ergibt sich aus dem Bericht zur Situation der Transplantationsmedizin, welcher 10 Jahre nach Inkrafttreten des Transplantationsgesetzes zur Unterrichtung der Bundesregierung erfolgte.[40]

64 Der Deutsche Bundestag hatte entsprechend der Beschlussempfehlung des Ausschusses für Gesundheit vom 23. Mai 2007 das Bundesministerium für Gesundheit gebeten, die Rahmenbedingungen der Transplantationsmedizin auf der Grundlage der Erfahrungen der beteiligten Stellen zu evaluieren und sodann dem Deutschen Bundestag im Jahr 2008 einen Bericht zur Situation der Transplantationsmedizin in Deutschland 10 Jahre nach Inkrafttreten des Transplantationsgesetzes (TPG) vorzulegen. Besonderer Schwerpunkt dieser Berichterstattung sollten die Themen der Gewinnung und Vermittlung von Organen, der Informationen und Aufklärung der Bevölkerung, der Spenderinnen und Spender und ihrer Angehörigen sowie eventueller Ände-

35 BVerfG (1. Kammer des 1. Senates), NJW 1999, 3403 = EuGRZ 1999, 241 f; vgl auch *Rixen*, Die Regelung des Transplantationsgesetzes zur postmortalen Organspende vor dem Bundesverfassungsgericht, NJW 1999, 3389 ff; *Schachtschneider/Siebold*, Die „erweiterte Zustimmungslösung" des Transplantationsgesetzes im Konflikt mit dem Grundgesetz, DÖV 2000, 129 ff; Höfling/*Rixen*, Transplantationsgesetz, 2003, 136 ff

36 Rixen, Die Regelung des Transplantationsgesetzes zur postmortalen Organspende vor dem Bundesverfassungsgericht, NJW 1999, 3389.

37 Richtlinien der BÄK im Einzelnen, abrufbar unter http://www. Bundesaerztekammer.de/organtransplantation.

38 Vgl Isensee, Grundrechtsschutz nach dem Hirntod, in Firnkorn (Hrsg.) Hirntod als Todeskriterium, 2000, 69 (74.).

39 *Höfling*, Transplantationsmedizin-Rechtslage und offene Fragen, Stellungnahme anlässlich der Expertenanhörung in der Enquete-Kommission „Recht und Ethik der modernen Medizin" des Deutschen Bundestages am 6.11.2000, die an Aktualität mit Blick auf die Neufassung des TPG nichts verloren hat.

40 BT-Drucks. 16/12554.

rungsbedarf sein. Mit der Berichterstattung wurde das Institut für Gesundheits- und Sozialforschung GmbH (IGES) beauftragt. Besagter Bericht[41] hält zunächst in Anlehnung an den Gesetzeswortlaut des § 3 Abs. 2 Nr. 2 TPG fest, dass die Todesfeststellung erst dann getroffen werden könne, wenn der endgültige, nicht behebbare Ausfall der Gesamtfunktion des Großhirns, des Kleinhirns und des Hirnstamms (kurz: Hirntod) nach Verfahrensregeln, die dem Stand der Erkenntnisse der medizinischen Wissenschaft entsprechen, festgestellt ist. Der Hirntod sei somit eine notwendige Bedingung der Organentnahme.

Das Hirntod-Kriterium für die Todesfeststellung sei weithin akzeptiert.[42] Die weiterhin geringe Bereitschaft zur Organspende beruhe eher darauf, dass das Konzept zur Feststellung des Hirntodes der Bevölkerung schlecht zu vermitteln bzw verständlich zu machen sei.[43] **65**

Diskutiert werden auch als Maßnahme der Qualitätssicherung der Hirntod-Diagnostik ein zusätzlicher Befähigungsnachweis für die in diesem Bereich eingesetzten Ärzte. Die DSO führt schon Schulungen durch. Angedacht sei auch die Möglichkeit einer Fortbildung durch die jeweiligen Landesärztekammern. Auch sollen vor Ort bei der Abwicklung der Hirntodfeststellung organisatorische Verbesserungen erarbeitet werden, zB durch mehr Konsiliardienste mit qualifizierten Ärzten. **66**

Der Bericht schließt damit, dass sich das Hirntod-Konzept in der Praxis im Wesentlichen bewährt habe. Diskutiert werde über den Einsatz zusätzlicher apparativer Diagnostik. Während in der Fachwelt das Hirntod-Konzept akzeptiert sei, bestünden in der Bevölkerung hingegen häufig noch Zweifel. Das non-heart-beating-donor-Verfahren (NHBD), also die Organentnahme bei herz-kreislauf-toten Spendern sei in einer Vielzahl europäischer Länder u.a. in Österreich, in der Schweiz, den Niederlanden, in Großbritannien, Spanien sowie in den USA zulässig. Da in Deutschland dieses Verfahren keine Geltung hat, dürfen – entsprechend § 12 Abs. Satz 4 TPG – im Ausland nach dem NHBD-Verfahren entnommene Organe nicht implantiert werden. Nach alledem ist mit großen Veränderungen im Transplantationsrecht nicht zu rechnen. **67**

III. Entnahme von Organen und Geweben bei lebenden Spendern (§§ 8 ff TPG)

1. Entwicklung von Lebendspenden in Deutschland. Die Lebendspende nimmt seit einigen Jahren an Bedeutung zu. Lange bestand bzgl Lebendspenden kein gesteigertes Interesse. Der eklatante Organmangel in Deutschland, an dem sich auch seit Inkrafttreten des TPG 1997 nichts wesentlich geändert hat, mag einer der Gründe für das wachsende Interesse der Bevölkerung an der Lebendspende sein. **68**

Der wesentliche Grund dürfte aber sein, dass die Lebendspende unter medizinischen Gesichtspunkten im Vergleich zur postmortalen Organspende erhebliche Vorteile mit sich bringt. Gemeint ist dabei zunächst einmal die optimale Organqualität (ohne Vorschädigung), sorgfältige Klärung evtl bestehender immunologischer Risiken, lange Wartezeiten sind vermeidbar, und es handelt sich um einen illektiven, planbaren Eingriff innerhalb des normalen Tagesablaufes eines Krankenhauses. Die Kurz- und Langzeitergebnisse derartiger Lebendspenden, bezogen auf die Transplantatüberlebensrate belegen dies. Man kann also heute davon ausgehen, dass sich dieser Trend auch in Zukunft fortsetzen wird. Aber nicht nur das: In der Diskussion rund um die Zulässigkeit von Lebendspenden scheint die Tendenz zu steigen, den Kreis der offenkundig nahestehenden Personen großzügig auszulegen, wenn die Spendenbereitschaft aus einer persönlichen Verbundenheit, die den lebenden Spender auch mögliche Folgen und spätfolgende Operationen in Kauf nehmen lässt, sowie auf Freiwilligkeit resultiert und von finanziellen Interessen absolut unbeeinflusst bleibt.[44] **69**

Organtransplantationen von Lebendspendern betreffen in erster Linie die Nieren als paarig angelegte Organe sowie Teile der Leber.[45] Auch ist die Lebendspende von Lungenflügeln, Teilen der Bauchspeicheldrüse und Segmenten des Dünndarms möglich, auch wenn unter Zugrundelegung des vorhandenen Datenmateriales der Jahre bis 2007 ab in Kraft treten des Transplantationsgesetzes 1997 wieder eine rückläufige Tendenz der Lebendspende zu beobachten ist, ohne dass deren Bedeutung der Lebendspende an sich geringer geworden sei. Ursache für das besondere Interesse für die Lebendspende im Einzelfall ist nach Auffassung aller Experten der gravierende Organmangel, dh die Anzahl der postmortal gespendeten Organe reicht nicht aus, um allen Patienten, die dringend einer Organtransplantation bedürfen, zeitnah ein Spenderorgan zur Verfügung stellen zu können.[46] **70**

2. Voraussetzungen der Lebendspende. Die Organspende unter Lebenden ist nur unter engbegrenzten Voraussetzungen zulässig. Damit soll unter anderem sichergestellt werden, dass die Lebendspende nur auf freiwilliger Basis und mit einem möglichst geringen medizinischen Risiko für den Spender erfolgt. **71**

41 BT-Drucks. 16/12554, 25 ff.
42 BT-Drucks. 16/12554, 26 ff.
43 Die Deutsche Bischofskonferenz und der Rat der EKD (1990) Organtransplantationen, Erklärung der Deutschen Bischofskonferenz und des Rates der EKD Bonn/Hannover haben das Hirntod-Konzept akzeptiert.
44 Seidennath, Bernhard, Lebendspende von Organen zur Auslegung des § 8 Abs. 1 S. 2 TPG, MedR 1998, 253.
45 BT-Drucks. 15/5050, 8.
46 BT-Drucks. 15/5050, 13.

72 Die gesetzlichen Bestimmungen zur Transplantation von Lebendspenden enthalten in den meisten europäischen Ländern hinsichtlich des Empfängerkreises keine Einschränkungen.[47] In der Vergangenheit wurden zunehmend gute Ergebnisse bei der Lebendorganspende erzielt, was zwangsläufig die Diskussion um Restriktionen des Empfängerkreises nach geltendem Transplantationsrecht entfacht hat. Verschiedene Modelle werden hier diskutiert.[48] An einer sog. **Cross-Over oder Überkreuzlebendspende** sind zwei Paare dergestalt beteiligt, dass jeweils ein Partner des Paares als Spender und einer als Empfänger für das andere Paar eingesetzt wird. Es gibt damit in dieser Viererkonstellation zwei Spender und Empfängerpaare, die unter einander die Organe austauschen. Grund hierfür ist, dass eine direkte Spende zwischen einem Paar aus medizinischen Gründen nicht möglich ist. Diese sog. Überkreuzlebendspende ist im TPG nicht geregelt. Das Bundessozialgericht hat durch Urteil vom 10. Dezember 2003[49] bestätigt, dass im Einzelfalle eine Überkreuzspende möglich ist, wenn „eine hinreichend gefestigte und intensive Beziehung zwischen dem jeweiligen Organspender und Empfänger für den im Vorfeld der Operation tätigen Psychologen oder Arzt eindeutig feststellbar ist". Eine solche Überkreuztransplantation ist aber grundsätzlich auch dann möglich, wenn sich die Paare erst kurz vor der Operation kennengelernt haben und daher die Dauer der Beziehung relativ kurz war.

73 Die **Zulässigkeit von Cross-Over-Lebendspenden** hat trotz aller Diskussionen und Bemühungen um tragfähige Lösungsansätze bislang noch keinen abschließenden Konsens gefunden. Man sieht bei dieser Überkreuzlebendspende die Gefahr verdeckter Vermittlungstätigkeit, die einen Handel mit Organen begünstigen könnte. Auch gegenüber der Einrichtung von **sog. Poolmodellen** herrscht Skepsis.

74 Voraussetzung für die Lebendspende ist nach § 8 Abs. 1 TPG, dass der Spender volljährig und einwilligungsfähig ist sowie nach einer umfangreichen Aufklärung durch einen Arzt zugestimmt hat. Es muss nach ärztlicher Beurteilung die Geeignetheit des Spenders festgestellt sein und es darf nicht zuletzt kein, über das normale Operationsrisiko hinausgehende schwere gesundheitliche Beeinträchtigung zu erwarten sein. Nach § 8 Abs. 1 S. 1 Nr. 3 TPG gilt für die Lebendspende der **Grundsatz der Subsidiarität** gegenüber der Spende von postmortalen Organen, dh im Zeitpunkt der Organentnahme darf kein geeignetes Organ eines Verstorbenen verfügbar sein. Die Lebendspende sieht der Gesetzgeber demnach als die letzte Möglichkeit an. Eine Lebendspende ist nach § 8 Abs. 1 S. 2 TPG bei nicht regenierungsfähigen Organen (die Nieren, die Lungenlappen, Teile der Bauchspeicheldrüse sowie die Leber und die Leberteilsegmente), nur unter Eheleuten, Verlobten, eingetragenen Lebenspartnern, nahen Verwandten und anderen, einander persönlich engverbundenen Personen zulässig. Lebendspenden dürfen mithin nicht ungerichtet oder an Fremde oder anonyme Empfänger erfolgen. Die Verfassungsbeschwerde eines an einer Niereninsuffizienz und Diabetes erkrankten Mannes mit dem Versuch, die Organentnahme von einem lebenden Spender durchzusetzen, hatte keinen Erfolg.[50] Damals wollte ein 61-jähriger Mann im Einverständnis mit dem Arzt dem Erkrankten eine Niere spenden. Das Bundesverfassungsgericht[51] hat durch Beschluss die Sache wegen mangelnder Erfolgsaussicht nicht zur Entscheidung angenommen und im Wesentlichen damit begründet, dass der erkrankte Mann mit dem potenziellen Spender nicht verwandt und auch keine nähere Beziehung zu ihm hätte.[52] Eine Lebendspende sei unter diesen Bedingungen nach den Bestimmungen des TPG verboten.

75 Das Landessozialgericht Nordrhein-Westfalen hat in seinem Urteil vom 31. Januar 2001[53] die Berufung eines deutschen Lebendspendeempfängers gegen das Urteil des Sozialgerichtes Aachen vom 25. Mai 2000[54] auf Kostenerstattung für eine in der Schweiz durchgeführte Cross-Over-Transplantation zurückgewiesen. Die Verfassungsmäßigkeit der Vorschrift des § 8 Abs. 1 S. 2 TPG aF wurde bestätigt. Zur Begründung führte das Gericht aus, dass die Krankenkasse diese Leistung als Sachleistung von seiner Krankenversicherung nicht verlangen könne, da es sich bei dieser Transplantation entweder um eine gesetzlich verbotene Lebendspende oder aber eine wegen der fehlenden Zulässigkeitsvoraussetzungen des § 8 TPG rechtlich unzulässige Lebendspende handele.

76 Der Lebendspender ist umfassend aufzuklären, wie die Vorschrift des § 8 Abs. 2 TPG regelt. Die Aufklärung muss alles umfassen, was im Zusammenhang mit der Organentnahme an möglichen gesundheitlichen Risiken

47 GMK-Arbeitsgruppe Bioethik und Recht, Teilbericht Lebendspende 2008, 11.

48 Z. B. die Einrichtung eines Spenderpools und anonyme Lebendspende, Lebendspende- oder Organpool – Austausch, Ringtausch, vgl hierzu den Bericht zur Situation der Transplantationsmedizin 10 Jahre nach in Kraft treten des Transplantationsgesetzes, BT-Drucks. 16/12554, 32 ff.

49 B 9 VS 1/01 R, MedR 2004, 330 ff.

50 Vgl *Höfling*, Transplantationsmedizin-Rechtslage und offene Fragen, Stellungnahme anlässlich der Expertenanhörung in der Enquete-Kommission „Recht und Ethik der modernen Medizin" des Deutschen Bundes am 6.11.2000 ausführlich zum „Recht auf ein Organ"?

51 BVerfG, Beschluss v. 11.8.1999, NJW 1999, 3399 ff.

52 BVerfG, 1 BvR 2181/98 vom 11.8.1999, Abs.-Nr. (1 bis 93); vgl *Höfling*, Transplantationsmedizin-Rechtslage und offene Fragen, Stellungnahme anlässlich der Expertenanhörung in der Enquete-Kommission „Recht und Ethik der modernen Medizin" des Deutschen Bundestages am 6.11.2000 ausführlich zum „Recht auf ein Organ?"; BVerfG, Beschluss vom 11.8.1999, NJW 1999, 3399 ff.

53 Az: (LSG) L 10 VS 28/00.

54 Az: (SG) S. 3 VS 182/99.

und daraus resultierenden eventuellen mittelbaren Folgen, wie zB Spätfolgen eintreten können. Darüber muss es eine ausführliche Niederschrift geben, die der Lebendspender zu unterzeichnen hat. Der Lebendspender, aber auch der Empfänger hat sich zur Teilnahme an einer ärztlich empfohlenen Nachbetreuung zu erklären.

Die Organentnahme bei lebenden Personen ist an eine gutachterliche Stellungnahme einer **Lebendspende-kommission (LSK)** geknüpft (§ 8 Abs. 3 S. 2 TPG). Das Gutachten muss dabei bestätigen können, dass die Einwilligung in die Organentnahme freiwilliger Art ist. Auch begründeten Anhaltspunkten für einen gewerblichen Organhandel ist durch die LSK nachzugehen. 77

Versicherungsrechtliche Absicherung des Lebendspenders ist unbefriedigend. Die Kosten des Spenders im Rahmen der Lebendspende sind durch dessen Krankenversicherung abgedeckt. Dies gilt für den Fall einer komplikationslosen Organentnahme für alle, damit verbundenen Maßnahmen (Eignungsuntersuchung, Gutachten der LSK, Voruntersuchungen, die Organentnahme, Krankenhauskosten, Verdienstausfall, Fahrtkosten wegen Arbeitsunfähigkeit in Folge der Organentnahme). Im Falle von Komplikationen bei der Organentnahme besteht kein Anspruch auf Ausgleichszahlungen durch die Krankenkasse des Empfängers. Hier bedarf es noch der Entwicklung eines ausreichenden Versicherungsmodelles zur Absicherung des Spenders bei Eintritt späterer Komplikationen oder Folgeschäden. 78

3. Entnahme von Knochenmark bei Minderjährigen. § 8 a TPG regelt die **Entnahme von Knochenmark bei minderjährigen Personen.** Danach ist, in Abweichung von § 8 Abs. 1 S. 1 Nr. 1 a und b sowie Nr. 2 TPG bei Minderjährigen die Entnahme von Knochenmark zulässig, wenn dieses für dessen Verwandte ersten Grades oder dessen Geschwister verwendet werden soll, diese Übertragung nach ärztlicher Beurteilung geeignet ist, eine lebensbedrohliche Krankheit zu heilen, ein geeigneter Spender nicht zur Verfügung steht und die gesetzlichen Vertreter entsprechend § 8 Abs. 2 TPG aufgeklärt worden und in die Entnahme und Verwendung eingewilligt haben. Hier gilt die Vorschrift des § 1627 BGB. Auch der Minderjährige ist aufzuklären. Lehnt dieser die beabsichtigte Entnahme und/oder Verwendung ab, so ist dies zwingend zu beachten. Sofern der Minderjährige in der Lage ist die Bedeutung und Tragweite der beabsichtigten Entnahme erkennen zu können, ist in jedem Fall seine Einwilligung erforderlich. Hier hat sich der Gesetzgeber klar und ausdrücklich für den Minderjährigenschutz entschieden. 79

Die gesetzlichen Vertreter müssen dem Familiengericht unverzüglich Mitteilung machen über die beabsichtigte Knochenmarkentnahme, um dortige Entscheidung nach § 1629 Abs. 2 S. 3 iVm § 1796 BGB herbeizuführen. 80

4. Sektionsrecht. Das TPG 2007 enthält auch weiterhin keine Regelungen zum **Recht der Sektionen (= Leichenöffnung, Autopsie, Obduktion)**. Das sog. Sektionsrecht unterliegt keinen einheitlichen Regelungen. In den einzelnen Landesgesetzen finden sich zum Teil spezielle Regelungen für die Sektionen.[55] 81

Neben der Gesetzgebungskompetenz der Länder für Fragen des Leichenwesens bzw des öffentlichen Gesundheitswesens, gibt es bundesrechtliche Spezialregelungen (wie etwa die Bestimmungen der §§ 87, 89 StPO[56] zur Leichenöffnung oder zur Obduktion bei Seuchenverdacht § 26 Abs. 3 S. 2 = IfSG).[57] Das IfSG trat am 1. Januar 2001 in Kraft. Davor war die Obduktionsmöglichkeit im BundesseuchG geregelt, das mit in Kraft treten des IfSG außer Kraft trat. 82

5. Gewebeeinrichtungen, Untersuchungslabore, Register. Die Vorschriften der §§ 8 d bis f regeln die besonderen Pflichten der Gewebeeinrichtungen, Untersuchungslabore. Das **Deutsche Institut für medizinische Dokumentation und Information** führt ein öffentlich zugängliches Register über die im Geltungsbereich des TPG tätigen Gewebeeinrichtungen und stellt deren laufenden Betrieb sicher. Der Gesetzgeber hat das Bundesministerium für Gesundheit ermächtigt, durch Rechtsverordnung mit Zustimmung des Bundesrates die, in das Geweberegister aufzunehmenden Angaben in Einzelnen zu bestimmen sowie weitere Einzelheiten zu ihrer Übermittlung und Benutzung zu regeln. 83

55 Den landesrechtlichen Vorschriften lässt sich diese Ergänzungsfunktion zT ausdrücklich entnehmen, vgl § 5 Abs. 1 S. 1 Bestattungsgesetz Mecklenburg-Vorpommern vom 3. Juli 1998 (GVBl. 617) oder § 15 Abs. 1 Nr. 1 Bestattungsgesetz Sachsen vom 8. Juli 1994 (GVBl. 1321), § 15 Bestattungsgesetz Sachsen vom 8. Juli 1994 (GVBl. 1321), insbesondere § 15 Abs. 2 S. 3 und 4: „Die Obduktion ist unter Wahrung der Ehrfurcht vor dem toten Menschen durchzuführen und auf das zur Erreichung ihres Zweckes notwendige Maß, in der Regel auf die Öffnung der drei Körperhöhlen, zu beschränken. Gewebeproben dürfen entnommen werden, soweit der Zweck der Obduktion dies erfordert.“ § 5 Bestattungsgesetz Mecklenburg-Vorpommern vom 3. Juli 1997 (GVBl. 617); § 17 Abs. 4 Bremer Gesetz über das Leichenwesen vom 27. Oktober 1992, BremGBl. 627, regelt die Zulässigkeit anatomischer Sektionen, § 11 und § 12 beziehen sich auf die Obduktionen; s. auch § 19 Bestattungsgesetz Sachsen-Anhalt vom 5. Februar 2002 (GVBl. 46); § 8 bis 16 Bestattungsgesetz Brandenburg vom 7. November 2001 (GVBl. I 226.).

56 S. auch Nr. 35 Abs. 1 RiStBV.

57 IfSG (Infektionsschutzgesetz).

IV. Vermittlung und Übertragung bestimmter Organe, Transplantationszentren, Zusammenarbeit bei Entnahme von Organen und Geweben (§ 9 ff TPG)

84 **1. Zulässigkeit der Organübertragung, Vorrang der Organspende (§ 9 TPG).** § 9 TPG regelt die eigentliche **Organisation des Transplantationswesens.** Diese Vorschrift enthält darüber hinaus die Legaldefinition der „vermittlungspflichtigen" Organe, nämlich Herz, Niere, Leber, Lunge, Bauchspeicheldrüse und Darm. Diese Organtransplantationen dürfen nur in eigens dafür zugelassenen Transplantationszentren durchgeführt werden. Vermittlungsfähige Organe, die im Geltungsbereich des TPG entnommen worden sind, sind nur unter Beachtung der Regelungen nach § 11 TPG zulässig.

85 Klar bestimmt auch § 9 Abs. 2 TPG, dass die Entnahme eines vermittlungspflichtigen Organes der Entnahme von Geweben vorgeht (Vorrang der Organspende). Nur dann, wenn eine von der Koordinierungsstelle beauftragte Person dokumentiert hat, dass die Entnahme oder Übertragung von vermittlungspflichtigen Organen nicht möglich ist, oder durch die Gewebeentnahme nicht beeinträchtigt wird, ist eine Gewebeentnahme möglich (§ 9 Abs. 2 Satz 2 TPG).

86 **2. Transplantationszentren (§ 10 TPG).** § 10 TPG enthält **Bestimmungen/Regelungen rund um die Transplantationszentren.** Grundsätzlich darf eine Transplantation nur in einem Krankenhaus erfolgen, oder in Einrichtungen an Krankenhäusern, die nach § 108 SGB V dann nach anderen gesetzlichen Bestimmungen für die Übertragung zugelassen sind. Zur Sicherung einer bedarfsgerechten, leistungsfähigen und wirtschaftlichen Versorgung sind bei den einzelnen Transplantationszentren Schwerpunkte für die Übertragung von Organen zu bilden. Es gibt also keine eigenen Zulassungsvoraussetzungen nach dem TPG für ein Transplantationszentrum. Die Zulassung als Transplantationszentrum richtet sich nach den grundsätzlichen, für allgemeine Krankenhäuser geltenden Vorschriften der Zulassung. Bedenken gegen die Zulassungspflichtigkeit von Transplantationszentren aus dem Grundgesetz heraus, stellen sich nicht. Diese Bestimmungen über die Zulassungspflichtigkeit von Transplantationszentren stellen zulässige Berufsausübungsregelungen nach Art. 12 Abs. 1 Satz 2 GG dar.

87 Die Zulassung eines Krankenhauses erfolgt für die Übertragung von Organen und Geweben, also zur Implantation entnommener Organe. Nicht zulassungspflichtig sind die Krankenhäuser, in denen Explantationen durchgeführt werden.

88 § 10 Abs. 2 enthält grundlegende Regelungen zu den Pflichten von Transplantationszentren: So sind Transplantationszentren zB verpflichtet, Listen der zur Organübertragung angenommenen Patienten zu führen (Wartelisten). Die für die Organvermittlung nach § 12 erforderlichen Angaben sind darin aufzulisten. Über die Annahme zur Organtransplantation und die Aufnahme in die Warteliste ist unverzüglich, nach Vorliegen aller erforderlichen Daten, zu entscheiden. Der Wunsch des Patienten ist zu berücksichtigen. Hinsichtlich der Aufnahmekriterien gelten die Richtilinien der BÄK nach § 16 TPG. Letzteres gilt auch für den Fall, dass ein Patient aus der Warteliste gestrichen wird.

89 **3. Zusammenarbeit bei der Organentnahme, Koordinierungsstelle (§ 11 TPG).** Unterstützung können die Transplantationen erfahren durch die sog. Koordinierungsstelle: Nach § 11 Abs. 1 Satz 2 richten oder beauftragen die Spitzenverbände der Krankenkassen gemeinsam, die Bundesärztekammer und die Deutsche Krankenhausgesellschaft, oder die Bundesverbände der Krankenhausträger gemeinsam eine geeignete Einrichtung (Koordinierungsstelle), um der gemeinschaftlichen Aufgabe der Entnahme von vermittlungspflichtigen Organen einschl. deren Vorbereitung von Entnahme, Vermittlung und Übertragung gerecht werden zu können. Das Gesetz schreibt in § 11 Abs. 1 Satz 3 vor, dass diese Koordinierungsstelle aufgrund einer finanziell und organisatorisch eigenständigen Trägerschaft geführt werden soll. In dieser Koordinierungsstelle müssen die Transplantationszentren angemessen vertreten sein. Die Beteiligten sind zur Zusammenarbeit und gegenseitigen Unterstützung verpflichtet. Durch den zwischen dem AOK-Bundesverband, dem Bundesverband der Betriebskrankenkassen, dem IKK-Bundesverband, dem Bundesverband der landwirtschaftlichen Krankenkassen, dem Verband der Angestellten Krankenkassen e.V., dem AEV-Arbeiter-Ersatzkassen-Verband e.V., der Bundesknappschaft, der See-Krankenkasse, der Bundesärztekammer sowie der Deutschen Krankenhausgesellschaft und der DSO wurde letztere mit den Aufgaben der Koordinierungsstelle betraut.[58]

90 Die **Aufgaben der Koordinierungsstelle** werden von den Vertragspartnern gemeinsam geregelt. Geregelt werden dabei insbesondere die Anforderungen an alle, in Zusammenhang mit einer Organentnahme zum Schutz des Organempfängers stehenden erforderlichen Maßnahmen sowie die Rahmenbedingungen für die Zusammenarbeit der Beteiligten, der Erfahrungsaustausch mit der Vermittlungsstelle, die Unterstützung der Transplantationszentren, Maßnahmen rund um die Qualitätssicherung sowie den angemessenen Aufwendungsersatz der Koordinierungsstelle für die Erfüllung ihrer Aufgaben nach diesem Gesetz sowie nicht zuletzt die Abgeltung von Leistungen, die Transplantationszentren und andere Krankenhäuser im Rahmen der Organentnahme erbringen (§ 11 Abs. 2 Satz 2).

58 Inkrafttreten dieses Vertrages am 16. Juli 2000.

Dieser Vertrag bedarf der Genehmigung durch das Bundesministerium für Gesundheit und ist im Bundesanzeiger bekannt zu machen. Gemeinschaftliche Aufgabe ist insbesondere auch die **Zusammenarbeit der Transplantationszentren und der anderen Krankenhäuser mit der Koordinierungsstelle.** Gemeinsam muss geklärt werden, ob im Einzelfall die Voraussetzungen für eine Organentnahme vorliegen. 91

Die Zusammenarbeit ist insofern von ganz besonderer Bedeutung, da auch weiterhin, mehr als 10 Jahre nach Inkrafttreten des EPG 1997, immer noch ein **erheblicher Organmangel** besteht und viele Patienten auf der Warteliste versterben, weil es kein für sie passendes Organ gibt. Die fehlende Bereitschaft, in der Bevölkerung zur Organspende wird hinsichtlich ihrer Ursachen immer wieder diskutiert. Grundsätzlich haben repräsentative Umfragen ergeben, dass die Organspende generelle Zustimmung findet. Gleichwohl besteht auch weiterhin eine gewisse Zurückhaltung des Einzelnen bei der Beschaffung eines eigenen Organspendeausweises.[59] 92

Es wird weiterhin darüber nachgedacht, wie man die Spendebereitschaft in der Bevölkerung erhöhen kann. So besteht zB Konsens dahingehend, dass der Verlauf, insbesondere die Gesprächsführung bei der Aufklärung der nächsten Angehörigen zur Einholung der Zustimmung zur Organentnahme von erheblicher Bedeutung ist. Gelingt es nicht, die nächsten Angehörigen in einem offenen, aber auch einfühlsamen Gespräch für die Organentnahme zu gewinnen, ist die Ablehnung vorprogrammiert. Gefordert wird in diesem Zusammenhang u.a. eine spezielle Schulung der mit diesen Aufgaben betreuten Ärzte. Gegebenenfalls sollen sich die Ärzte Hilfestellung durch speziell ausgebildete Koordinatoren holen. Über die jährlich durchgeführten Transplantationen hat jede Koordinierungsstelle jedes Jahr einen Bericht zu fertigen und zu veröffentlichen und die damit maßgebliche Datenlage im Transplantationswesen bekannt zu geben. 93

4. Organvermittlung, Vermittlungsstelle (§ 12 TPG). § 12 TPG regelt den **Bereich der Organvermittlung** und fordert insoweit die Einrichtung oder Beauftragung einer Vermittlungsstelle, die ihren Sitz auch außerhalb seines Geltungsbereiches haben kann und Organe im Rahmen eines internationalen Organaustausches unter Anwendung der Vorschriften des Gesetzes für die Organvermittlung vermittelt. Die **Stiftung Eurotransplant (ET)** ist zentrale Vermittlungsstelle für postmortal gespendete Organe in Belgien, Deutschland, Luxemburg, Niederlande, Österreich und Slowenien. Die zwei Hauptziele sind die Optimierung der Verträglichkeit durch Vergrößerung der Spender- und Empfängergruppe, sowie eine möglichst gerechte Organverteilung durch vereinbarte Verteilungsregelungen. Liegen die Voraussetzungen für eine Organspende bei einem im Krankenhaus verstorbenen Menschen vor, so informiert dieses zunächst einmal die DSO und dessen zuständiger Koordinator informiert die Zentrale von Eurotransplant und veranlasst die notwendigen medizinischen Untersuchungen des Spenders, vor allen Dingen der Blut- und Gewebemerkmale. Diese Informationen gibt der Koordinator der DSO wiederum an Eurotransplant, die mit diesen Daten die infrage kommenden Organspender auswählen kann. 94

Mit Vertrag vom 10. April 2000 hat die **Stiftung Eurotransplant den Status der Vermittlungsstelle im Sinne des § 12 Abs. 1 Satz 1 TPG 1997** erhalten. Bei diesem Vertrag mit der Vermittlungsstelle handelt es sich ausdrücklich um einen privatrechtlichen Vertrag. Die Vermittlungsstelle hat klar definierte Aufgabenbereiche zu erfüllen. Die Einzelheiten werden durch einen Vertrag mit Wirkung für die Transplantationszentren zwischen dem Spitzenverband Bund der Krankenkassen, die Bundesärztekammer und die Deutsche Krankenhausgesellschaft oder die Bundesverbände der Krankenhausträger gemeinsam geregelt.[60] 95

In diesem Vertrag ist die Art der, von den Transplantationszentren nach § 13 Abs. 3 Satz 3 zu meldenden Angaben sowie die Verwendung dieser Angaben durch die Vermittlungsstelle in einheitlichen Wartelisten für die jeweiligen Arten der durchzuführenden Organübertragungen geregelt. Festgelegt ist eine regelmäßige Überprüfung von Vermittlungsentscheidungen durch eine eigens hierfür bestimmte Prüfungskommission, die Zusammenarbeit und Erfahrungsaustausch mit der Koordinationsstelle und den Transplantationszentren muss definiert sein, unter den Vertragspartnern bedarf es der regelmäßigen Berichterstattung. Für den Fall der Vertragsverletzung besteht die Kündigungsmöglichkeit. Dieser Vertrag bedarf der Genehmigung durch das Bundesministerium für Gesundheit und ist im Übrigen im Bundesanzeiger bekannt zu machen. Die Überwachung der Einhaltung der Vertragsbestimmungen ist Sache des Spitzenverbandes Bund der Krankenkassen, der Ärztekammer und der Deutschen Krankenhausgesellschaft oder der Bundesverbände der Krankenhausträger. 96

Der Vertrag über die Vermittlungsstelle ist erst nach Ablauf der Zwei-Jahres-Frist des § 12 Abs. 6 TPG, am 10. April 2000, von den Vertragspartnern geschlossen,[61] am 27.6.2000 vom Bundesministerium für Gesundheit genehmigt[62] und am 15. Juli 2000 im Bundesanzeiger bekanntgemacht worden.[63] Dieses Fristversäumnis wird allgemeinhin für unschädlich erachtet. 97

59 *Dreier/van den Daele/Engelhard/Kubernatis/Klimt/Kopetzki/Schlitt/Taupitz*, Organmangel – ist der Tod auf der Warteliste unvermeidbar? 2006, 111 ff.

60 Seit dem 1. Juli 2008 ist die Formulierung „die Spitzenverbände der Krankenverbände gemeinsam" durch „der Spitzenverband Bund der Krankenkassen" ersetzt worden (Art. 42 Nr. 2, Art. 46 Abs. 9 des Gesetzes vom 26. März 2007, BGBl. I S. 378).

61 BAnz Nr. 131 a, 17.

62 BAnz Nr. 131 a, 3.

63 BAnz Nr. 131 a, 1 ff.

V. Meldungen, Dokumentation, Rückverfolgung, Datenschutz, Frist (§§ 13–15 TPG)

98 Die **personenbezogenen** Daten des Organspenders werden, gemäß § 13 Abs. 1 TPG, von der Koordinierungsstelle – in Absprache mit den Transplantationszentren – verschlüsselt und mit einer **Kenn-Nummer** versehen, die ausschließlich ihr die Möglichkeit eines Rückschlusses auf die Person des Organspenders ermöglicht. Die Kenn-Nummer wird in die Begleitpapiere übernommen. Zusätzlich werden, für die Organvermittlung erforderlichen medizinischen Angaben ebenfalls in die Begleitpapiere aufgenommen und nach Entscheidung der Vermittlungsstelle an das Transplantationszentrum weitergeleitet, in dem das Organ auf den Empfänger übertragen werden soll. Die Einrichtung einer derartigen Kenn-Nummer dient dem Schutz der persönlichen Daten des Organspenders. Eine Zusammenführung der verschlüsselten Daten unter der Kenn-Nummer mit den weiteren erforderlichen medizinischen Angaben bedarf der Begründung: Die Datenzusammenführung darf nur in den Fällen erfolgen, in denen dies nach Implantation zur Abwehr einer zu befürchtenden gesundheitlichen Gefährdung des Organempfängers erforderlich ist. Dies stellt die einzige Ausnahme für eine Datenzusammenführung dar.

99 Der für die Organübertragung vorgesehene Patient (Empfänger) ist an das Transplantationszentrum, in dem die Organübertragung vorgenommen werden soll, von dem behandelnden Arzt zu melden, wenn insoweit seine Einwilligung vorliegt. Die **Organübertragung muss „medizinisch angezeigt"** sein. Das Transplantationszentrum wiederum meldet alle für die Organvermittlung erforderlichen Daten an die Vermittlungsstelle, und zwar nach schriftlicher Einwilligung des Empfängers. Auf eine derartige schriftliche Einwilligung kann verzichtet werden, wenn die Gefahr des Todes oder einer schweren Gesundheitsschädigung des Patienten keinen Aufschub bietet. Die Einwilligung muss unverzüglich nachgeholt werden.

100 Der neu eingeführte § 13 a TPG regelt die **Dokumentation übertragener Gewebe** durch Einrichtungen der medizinischen Versorgung. Hier geht es um die **Zwecke der Rückverfolgung oder für Zwecke der Risikoerfassung** nach den Vorschriften des Arzneimittelgesetzes oder anderer Rechtsvorschriften, wo jedes übertragene Gewebe dokumentiert wird. § 16 a TPG gibt dem Bundesministerium für Gesundheit insoweit die Verordnungsermächtigung. Gleiches gilt für die Meldung schwerwiegender Zwischenfälle und schwerwiegender unerwünschter Reaktionen bei Geweben, die der unverzüglichen Meldung nach Feststellung bedürfen. In diesem Zusammenhang haben dann alle Angaben, die für die Rückverfolgbarkeit sind, für die Qualitäts- und Sicherheitskontrolle erforderlich sind, mitgeteilt zu werden.

101 Kommt es zu einer **schwerwiegenden unerwünschten Reaktion bei der Übertragung von Gewebe,** so muss dieses unverzüglich ausgesondert, von der Abgabe ausgeschlossen und die bereits belieferten Einrichtungen der medizinischen Versorgung müssen dementsprechend unterrichtet werden. Mit der Ursachenforschung ist unverzüglich zu beginnen. Gleichermaßen müssen vorangegangene Gewebespenden des Spenders ermittelt, untersucht und ggf gesperrt werden, wenn sich der initiale Verdacht bestätigen lässt.

102 § 14 TPG enthält **Datenschutzbestimmungen**. Hier geht es wesentlich um den kontrollierten Umgang mit personenbezogenen Daten. Sofern es sich bei den, an der Organtransplantation im weitesten Sinne beteiligten Einrichtungen (Krankenhäuser, Koordinierungsstelle, Vermittlungsstelle, Transplantationszentrum) um öffentliche Stellen handelt, liegt der Datenschutz bei dem zuständigen Landesdatenschutzbeauftragten. Bei nichtöffentlichen Stellen greift die Vorschrift des § 38 Abs. 1 BDSG. Im Rahmen des TPG erhobene personenbezogene Daten dürfen für andere Zwecke nicht verwendet werden. Die entsprechenden Einrichtungen haben organisatorische Maßnahmen zu ergreifen, die entsprechende Datenweitergabe zu verhindern in der Lage sind. Gleiches gilt für das Hinzufügen, das Verändern oder das Löschen bestimmter Daten.

103 § 14 Abs. 3 bestimmt demgegenüber, dass im Falle einer Samenspende das Recht des Kindes auf Kenntnis der eigenen Abstammung von diesen Vorschriften unberührt bleibt. Bei der Knochenmarkspende darf ebenfalls in Abweichung des Abs. 2, unter der Voraussetzung, dass Gewebespender und Gewebeempfänger wirklich eingewilligt haben, die Identität beider gegenseitig bekanntgegeben werden.

104 Nach den **Aufbewahrungs- und Löschungsfristen des § 15 TPG** sind sämtliche, im Zusammenhang mit der Organentnahme, -vermittlung und -übertragung gewonnenen Daten mindestens 10 Jahre aufzubewahren. Die personenbezogenen Daten sind spätestens bis zum Ablauf eines weiteren Jahres zu löschen. Anderes gilt bei der Gewebeübertragung: Zum Zwecke der Rückverfolgung müssen die nach § 8 d Abs. 2 TPG dokumentierten Angaben mindestens 30 Jahre nach Ablauf des Verfalldatums des Gewebes, die nach § 13 a zu dokumentierenden Daten mindestens 30 Jahre nach Übertragung des Gewebes, aufbewahrt werden bzw unverzüglich verfügbar sein. Danach sind die Angaben zu löschen, oder aber zu anonymisieren. Die 10-Jahres-Frist knüpft an die allgemeine Aufbewahrungsfrist des ärztlichen Berufsrechts an, wonach ärztliche Aufzeichnungen 10 Jahre nach Abschluss der Behandlung aufzubewahren sind, soweit nicht gesetzlich eine längere Aufbewahrungspflicht angeordnet ist.[64]

64 Vgl § 10 Abs. 3 Muster-Berufsordnung für die deutschen Ärztinnen und Ärzte.

VI. Richtlinien zum Stand der Erkenntnisse der medizinischen Wissenschaft, Verordnungsermächtigung

Der Gesetzgeber des TPG 2007 hat mit seiner neuen Vorschrift des § 16 a TPG die Regelungskompetenz zu den einzelnen Anforderungen an Qualität und Sicherheit der Entnahme von Geweben und deren Übertragung auf das Bundesministerium für Gesundheit übertragen. Mit Zustimmung des Bundesrates darf das Bundesministerium für Gesundheit Rechtsverordnungen nach Anhörung der Bundesärztekammer und weiterer Sachverständiger erlassen, allerdings nur dann, wenn dies zur Abwehr von Gefahren für die Gesundheit von Menschen oder zur Risikovorsorge erforderlich ist. Ergänzend hierzu darf die Bundesärztekammer gemäß § 16 b TPG Richtlinien zum Stand der Erkenntnisse der medizinischen Wissenschaft zur Entnahme von Geweben und deren Übertragung erlassen. Auferlegt wird der Bundesärztekammer dabei eine angemessene Beteiligung von Sachverständigen der betroffenen Fach- und Verkehrskreise einschließlich der zuständigen Behörden von Bund und Ländern. Die Richtlinien müssen im Bundesanzeiger veröffentlicht werden. 105

Die Bundesärztekammer hat den Stand der Erkenntnisse der medizinischen Wissenschaft in Richtlinien definiert, und zwar 106

- Regeln für die Feststellung des Todes,
- die Vorgehensweise in Form von Verfahrensregeln und nicht zuletzt
- Bestimmungen zur Qualifikation der daran beteiligten Ärzte getroffen.

Bei Einhaltung dieser, von der Bundesärztekammer erlassenen Richtlinien wird vermutet, dass der Stand der Erkenntnisse der medizinischen Wissenschaft gewährleistet ist.

Nach den Richtlinien der BÄK[65] wird der Hirntod in Deutschland in drei Schritten, unabhängig durch zwei Ärzte, diagnostiziert: 107

- es muss eine primäre-supratentorielle oder infratentorielle oder eine sekundäre Hirnschädigung vorliegen. Umstände müssen ausgeschlossen sein, die eine Diagnosestellung verfälschen könnten, wie zB dämpfende Medikamente, primäre Unterkühlung, etc.;
- es müssen die klinischen Symptome des Ausfalls der Hirnfunktion vorliegen, als da sind das Koma, der Ausfall der Hirnstammreflexe, beidseits erloschene Pupillen, Lichtreflexe, beidseits erloschener Kornealreflex, das Fehlen der Trigeminus-Schmerzreaktion, das Fehlen des Pharyngeal- und Trachealreflexes, das Fehlen des okulozephalen Reflexes sowie der Ausfall der Spontanatmung;
- nicht zuletzt muss dieser Hirnfunktionsausfall irreversibel sein. Dieser Nachweis muss, je nach Alter des Patienten, nach 12 bis 72 Stunden nochmals wiederholt werden. Bei Kindern im Alter unter zwei Jahren ist eine apparative Zusatzdiagnostik durch ein EEG, evozierte Potentiale, eine transkranielle Dopplersonographie, oder eine ***Perfusions*-Szintigrafie durchzuführen.**

Die Bundesärztekammer ist ein nicht eingetragener Verein des Privatrechts. Ihre Mitglieder sind die ihrerseits als öffentlich-rechtliche Körperschaften organisierten Landesärztekammern. Die Bundesärztekammer ist eine Dachorganisation auf Bundesebene. Mit Erschaffung des § 16 Abs. 1 TPG hat der Gesetzgeber der Bundesärztekammer Richtlinienkompetenz eingeräumt. Zu den verfassungsrechtlichen Bedenken bezüglich dieser gesetzgeberischen Delegation hatten bereits ausgeführt. Letztlich hat der Gesetzgeber damit einer privatrechtlichen Institution über das Konstrukt der Beleihung die Kompetenz zur Festlegung grundlegender Eckdaten des gesamten, durch das TPG verfassten Transplantationssystems eingeräumt. Die Bundesärztekammer darf die Kriterien der Todesfeststellung für die Organentnahme bestimmen, sie darf ferner Kriterien für die Aufnahme möglicher Organempfänger in die Warteliste bis zu konkreten Angaben für die Zuteilung knapper Organe, aber nicht zuletzt auch zu den bestehenden ärztlichen Pflichten Regeln aufstellen.[66] Die Bundesärztekammer übt damit im eigentlichen Sinne „öffentliche Gewalt“ aus. Nach Art. 20 Abs. 2 GG bedarf aber jede Ausübung öffentlicher Gewalt einer demokratischen Legitimation. Tatsächlich trifft nämlich die Bundesärztekammer im Rahmen ihrer diversen Richtlinien nicht nur lediglich „Feststellungen“, sondern sie trifft viele grundsätzliche Entscheidungen, wie zB die Frage, ab wann ein Mensch als „tot“ im Sinne des TPG anzusehen ist oder wer auf der Warteliste vorrangig ist. Die Schaffung von Rechtsgrundlagen muss aber allein dem Gesetzgeber vorbehalten bleiben. 108

VII. Verbotsvorschriften (§ 17 TPG)/Straf- und Bußgeldvorschriften (§§ 18 ff TPG)

Der kommerzielle Handel mit Organen ist nach den Vorschriften der §§ 17 und 18 des TPG strikt verboten. Organhandel kann mit bis zu fünf Jahren Freiheitsentzug bestraft werden. Jeder, also sowohl der behandelnde Arzt, das medizinische Personal oder ein potenzieller Organempfänger, der sich ein solches gegen Entgelt 109

65 Der Wortlaut der aktuellen Richtlinien ist abrufbar unter http://www. Bundesaerztekammer.de/organtransplantation.

66 Höfling/*Höfling*, TPG, 364 ff.

übertragen lässt, fällt unter die Strafvorschrift des § 18 TPG. Sanktioniert können diese Verstöße mit Freiheitsstrafe von bis zu 5 Jahren oder mit Geldstrafe werden.

110 Der Versuch ist nach § 18 Abs. 3 TPG strafbar. Das Gesetz sieht ferner in § 18 Abs. 4 TPG vor, dass das Gericht in Fällen, in denen Organ- oder Gewebespender involviert sind, von einer Bestrafung nach Abs. 1 TPG absehen oder aber nach seinem Ermessen mildern (§ 49 Abs. 2 StGB) kann. Diese Möglichkeit besteht aber nur dann, wenn es sich nicht um einen gewerbsmäßigen Organ- und Gewebehandel im Sinne des § 2 des § 18 TPG handelt.

111 § 19 TPG stellt unter Strafe jede Entnahme und Verwendung zur Übertragung auf eine andere Person oder die Gewinnung menschlicher Samenzellen unter Verstoß gegen das TPG. § 19 Abs. 3 TPG regelt die Verstöße gegen den Datenschutz, insbesondere die Auskunftserteilung an Nichtberechtigte, Verwendung entsprechender Angaben und die unzulässige Offenbarung oder Verwendung von personenbezogenen Daten. Auch derartige Verstöße sind strafbar. Diese Verstöße sind auch im Versuchsstadium strafbar.

112 § 20 regelt die, im Zusammenhang mit dem TPG möglichen Ordnungswidrigkeiten. Das Bußgeld kann im Einzelfall mit bis zu 30.000,00 Euro geahndet werden.

113 Die Schlussvorschriften beinhalten formale Regelungen, wie zB die Benennung der zuständigen Bundesoberbehörde, nämlich das Paul-Ehrlich-Institut, benennt die Vorschriften im Strafgesetzbuch, die durch das TPG geändert worden sind, Übergangsregelungen sowie das Datum des Inkrafttretens des Gewebegesetzes und des Außerkrafttretens des TPG (1997).

Stichwortverzeichnis

Angaben ohne Nennung eines Paragrafen beziehen sich auf den jeweiligen Länderbericht.